Unser Service: Sie erhalten zusätzlich die Online-Version des Haufe HGB Bilanz Kommentar

Einfach über diesen QR-Code registrieren, falls Sie noch kein Kunden-Konto bei uns nutzen:

So bleiben Sie immer auf dem neusten Stand.

HAUFE
HGB BILANZ KOMMENTAR

15. Auflage

herausgegeben von

KLAUS BERTRAM
HARALD KESSLER
STEFAN MÜLLER

Haufe Group
Freiburg · München · Stuttgart

Zitiervorschlag:
Autor, in Bertram/Kessler/Müller, Haufe HGB Bilanz Kommentar, 15. Aufl. 2024, § … Rz …

> **Bibliografische Information der Deutschen Nationalbibliothek**
> Die Deutsche Nationalbibliothek verzeichnet diese Publikation in der Deutschen Nationalbibliografie; detaillierte bibliografische Daten sind im Internet über http://dnb.dnb.de abrufbar.

HAUFE HGB BILANZ KOMMENTAR

ISBN 978-3-648-17767-9   Bestell-Nr. 02001-0015

15. Auflage 2024, © Haufe-Lexware GmbH & Co. KG

Herausgeber: Klaus Bertram, Prof. Dr. Harald Kessler, Prof. Dr. Stefan Müller
[mitbegründet von Prof. Ralph Brinkmann, Herausgeber Auflage 1–10]

Haufe-Lexware GmbH & Co. KG | Munzinger Straße 9 | 79111 Freiburg
Telefon: 0761 898-0 | E-Mail: info@haufe.de
Internet: https://www.haufe.de

Kommanditgesellschaft, Sitz und Registergericht Freiburg, HRA 4408
Komplementäre: Haufe-Lexware Verwaltungs GmbH,
Sitz und Registergericht Freiburg, HRB 5557; Martin Laqua

Geschäftsführung: Iris Bode, Jörg Frey, Matthias Schätzle, Christian Steiger
Beiratsvorsitzende: Andrea Haufe

USt-IdNr.: DE 812398835

Redaktion: Sabrina Preisinger (V. i. S. d. P.), Sharina Hill, Sarina Chermiti
E-Mail: Bilanz-Kommentar@haufe.de Internet: www.haufe.de/finance

Aus Gründen der besseren Lesbarkeit verwenden wir in unseren Kommentierungen bei Personenbezeichnungen und personenbezogenen Hauptwörtern die männliche Form. Entsprechende Begriffe gelten im Sinne der Gleichbehandlung grundsätzlich für alle Geschlechter. Die verkürzte Sprachform hat nur redaktionelle Gründe und beinhaltet keine Wertung.

Die Angaben entsprechen dem Wissensstand bei Redaktionsschluss am 15.10.2024. Alle Angaben/Daten nach bestem Wissen, jedoch ohne Gewähr für Vollständigkeit und Richtigkeit. Dieses Werk sowie alle darin enthaltenen einzelnen Beiträge und Abbildungen sind urheberrechtlich geschützt. Jede Verwertung, die nicht ausdrücklich vom Urheberrechtsschutz zugelassen ist, bedarf der vorherigen Zustimmung des Verlages. Das gilt insbesondere für Vervielfältigungen, Bearbeitungen, Übersetzungen, Mikroverfilmungen, Auswertungen durch Datenbanken und für die Einspeicherung und Verarbeitung in elektronische Systeme.

Druckvorstufe: Reemers Publishing Services GmbH, Krefeld
Druck: Druckerei C.H. Beck, Nördlingen

Zur Herstellung der Bücher wird nur alterungsbeständiges Papier verwendet.

Das Thema Nachhaltigkeit liegt uns am Herzen:

Vorwort zur 15. Auflage

Ganz Deutschland diskutiert seit dem 6.11.2024 über das Aus der Ampelkoalition. Da erscheint es ein schwieriges Unterfangen, mit Neuigkeiten zur Rechnungslegung Aufmerksamkeit zu erzeugen, selbst wenn man mit der Neuauflage eines etablierten Kommentars aufwarten kann. Die seismischen Wellen, die dieses politische Beben ausgelöst hat, drohen allerdings auch die Unternehmensberichterstattung zu erschüttern.

Dabei stand vor wenigen Wochen die Ampel wörtlich und im übertragenen Sinn noch auf Grün. Mit dem am 24.7.2024 vorgelegten Regierungsentwurf zur Umsetzung der Corporate Sustainability Reporting Directive (CSRD) schien der Weg für eine breit angelegte Nachhaltigkeitsberichterstattung geebnet. Nach dem Willen der EU sollen ab dem kommenden Jahr in einer ersten Stufe Unternehmen von öffentlichem Interesse (PIE) mit mehr als 500 Mitarbeitern umfassend im Lagebericht über ihren ökologischen Fußabdruck, die Wahrnehmung ihrer sozialen Verantwortung und ihre Governance im Geschäftsjahr 2024 informieren. Die übrigen großen Kapitalgesellschaften trifft diese Herausforderung ab dem Geschäftsjahr 2025. Nach dem Ende der Regierungskoalition ist unklar, wie es weitergeht. Sollte das CSRD-Umsetzungsgesetz die Ziellinie vor Jahresschluss nicht mehr erreichen, bleibt es für 2024 bei der bisherigen nichtfinanziellen (Konzern-)Berichterstattung – aus Sicht der berichtsbereiten Unternehmen eine befremdliche Vorstellung (mehr hierzu im Anhang zu diesem Vorwort). An Kollateralschäden wie das laufende Vertragsverletzungsverfahren will man erst gar nicht denken.

So oder so: Mit der Neuauflage unseres Kommentars sind Sie vorbereitet. Auf Basis des Regierungsentwurfs haben wir sämtliche neuen Vorschriften bereits kommentiert. Sie geben sich durch ein nachgestelltes „-E" sowie Titel und Kopfzeile in Kursivschrift zu erkennen. Änderungen fortbestehender Paragrafen sind in die Kommentierung eingearbeitet oder in einem gesonderten Abschnitt zusammengefasst. Wir sind dabei, wenn das endgültige Gesetz in das Bundesgesetzblatt aufgenommen wird, und werden online berichten. Hilfestellung bei der praktischen Umsetzung der Anforderungen leistet der ebenfalls neu aufgelegte Haufe-ESRS-Kommentar.

Zwei erfreulichere Hinterlassenschaften der Ampel sollen nicht unerwähnt bleiben: Zur Entlastung der Unternehmen hat das Vierte Bürokratieentlastungsgesetz die Aufbewahrungsfristen für Buchungsbelege von zehn auf acht Jahre verkürzt. Um knapp 630 Mio. Euro soll diese Maßnahme die Unternehmen jährlich entlasten. Übrigens: Den zusätzlichen Erfüllungsaufwand für die Nachhaltigkeitsberichterstattung veranschlagt der Regierungsentwurf des CSRD-Umsetzungsgesetzes mit rund 1,58 Mrd. Euro.

Aber da war ja noch die Anhebung der monetären Schwellenwerte zur Bestimmung der Unternehmensgrößenklassen nach den §§ 267, 267a HGB. Auch wenn die Maßnahme nur dem Inflationsausgleich dient, bedeutet die mit ihr vielfach verbundene Rückstufung für zahlreiche Gesellschaften eine echte Entlastung, sei es durch weniger strenge Anforderungen an die Rechnungslegung oder den Entfall der

Prüfungspflicht. Die aus der rückwirkenden Geltung der geänderten Größenkriterien erwachsenden Anwendungsfragen haben wir ausführlich kommentiert.

Was war ansonsten in der Welt der nationalen Rechnungslegung zu beobachten? Mit DRÄS 14 hat das DRSC seine Empfehlungen zur Bilanzierung latenter Steuern in DRS 18 an die Änderungen des HGB durch die Mindestbesteuerungsrichtlinie angepasst. Vom IDW liegt ein Änderungsentwurf vor, der eine Anpassung der Stellungnahme zur Rechnungslegung von Personenhandelsgesellschaften an die Option zur Körperschaftsbesteuerung sowie zum Gesetz zur Modernisierung des Personengesellschaftsrechts (IDW ERS FAB 7) vorsieht. Für den Feinschliff sorgen hier und da die (Finanz-)Gerichte, indem sie Streitigkeiten zwischen Steuerpflichtigen und der Verwaltung zum Anlass nehmen, ihre Auslegung der handelsrechtlichen GoB zu präzisieren und fortzuentwickeln. Nicht zuletzt finden in dieser Auflage aktuelle Stimmen aus der Fachliteratur gebührend Resonanz.

Mit den Nachhaltigkeitsberichten steht auch der Abschlussprüfung eine neue Herausforderung ins Haus. Auch wenn bei Redaktionsschluss unklar war, wen der Gesetzgeber zur Prüfung dieser Berichte zulassen wird, sind weitreichende Neuerungen zu erwarten, denen die einschlägigen Kommentierungen – ebenfalls auf Basis des Regierungsentwurfs zum CSRD-Umsetzungsgesetz – nachgehen.

Ein Werk wie diesen Kommentar fortwährend auf dem Stand der Zeit zu halten, verlangt eine vertrauensvolle Zusammenarbeit aller Mitwirkenden. In leicht veränderter personeller Besetzung hat uns das Team von Haufe-Lexware unverändert professionell unterstützt. Unser besonderer Dank an Sabrina Preisinger, Dr. Ulrike Hoffmann-Dürr, Michael Bernhard, Sharina Hill und Sarina Chermiti schließt die Anerkennung unserer KollegInnen und MitarbeiterInnen ein. Damit die Ampel im persönlichen Umfeld nicht auf Rot springt, waren wir erneut auf das wohlwollende Verständnis der uns besonders nahe Stehenden angewiesen. Unser aufrichtiger Dank kann die Bedeutung dieser Unterstützung nur andeuten.

Wie immer nach dem Abschluss einer Neuauflage wollen wir auch im kommenden Jahr mehr Fortschritt wagen und liefern, gleichzeitig die Anliegen der Nutzer dieses Kommentars im Blick behalten. Ihre Stimme ist wichtig, um das Werk gemeinsam weiter voranzubringen. Bei uns können Sie sie jederzeit abgeben, ganz bequem online an Bilanz-Kommentar@Haufe.de. Gerne nehmen wir Ihre Wünsche und Anregungen entgegen.

*Mannheim, St. Ingbert, Oldenburg,
im Oktober 2024*

*Klaus Bertram
Harald Kessler
Stefan Müller*

Anhang zum Vorwort

Konsequenzen einer verspäteten Umsetzung der CSRD ins HGB

Stefan Müller

Nach dem Ende der bisherigen Regierungskoalition sind der Fortgang und die Finalisierung der Umsetzung der CSRD ungewiss. Das IDW hat sich mit den Auswirkungen einer nicht bis zum 31.12.2024 erfolgenden Umsetzung der CSRD in deutsches Recht befasst.

Der deutsche Gesetzgeber hat sich mit der Umsetzung der Nachhaltigkeitsberichterstattungsrichtlinie (Corporate Sustainability Reporting Directive, kurz CSRD) viel zu viel Zeit genommen. Nun droht neben dem bereits eingeleiteten Vertragsverletzungsverfahren durch die EU für die nicht zeitgerecht erfolgte Umsetzung noch die Gefahr der unbilligen Rückwirkung des Gesetzes. Durch den Verlust der Mehrheit der Regierung im Bundestag scheint die nötige 2. und 3. Lesung mit Verabschiedung des Umsetzungsgesetzes im Bundestag nicht mehr rechtzeitig vor der letzten Sitzung des Bundesrats am 20.12.2024 möglich zu sein. Somit muss mit nicht unerheblicher Wahrscheinlichkeit davon ausgegangen werden, dass die CSRD erst im Laufe des Jahres 2025 in das HGB integriert werden wird. Daher muss über die Folgen nachgedacht werden, die daraus für die Berichterstattung erwachsen.

Was für die bisher schon zur nichtfinanziellen Berichterstattung verpflichteten Unternehmen gilt

Das Institut der Wirtschaftsprüfer hat am 14.11.2024 ein Mitgliederrundschreiben dazu verfasst, in dem auch die Ergebnisse eines unabhängigen juristischen Gutachtens zur Beantwortung von Zweifelsfragen eingegangen sind. Zur Frage der rückwirkenden gesetzlichen Verpflichtung ist dies aber ziemlich eindeutig: **Es kann nicht erst im Jahr 2025 eine neue Pflicht für das Jahr 2024 rückwirkend gesetzlich verankert werden.**

Damit würden Unternehmen mit kalenderjahrgleichem Geschäftsjahr ihre Rechnungslegung nach der am 31.12.2024 geforderten Rechtslage aufzustellen haben. Für den konkreten Fall bedeutet dies, dass die schon bisher zur nichtfinanziellen Berichterstattung verpflichteten Unternehmen auch für das Jahr 2024 eine nichtfinanzielle Erklärung oder einen nichtfinanziellen Bericht nach den aktuell geltenden §§ 289b ff. HGB bzw. im Konzern nach §§ 315b ff. HGB zu erstellen haben.

Anwendung der ESRS

Wenn die §§ 289c Abs. 6, 315c Abs. 1 Satz 1 Nr. 2 HGB i.d.F. des RegE CSRD-UmsG nicht bis zum 31.12.2024 in Kraft treten, besteht für die dann weiter nötige nichtfinanzielle Berichterstattung über das Geschäftsjahr 2024 nicht die Notwendigkeit, die bereits veröffentlichten ESRS zu Grunde zu legen. Dies gilt nach Ansicht des IDW ungeachtet des Umstands, dass der erste Satz der ESRS mittels einer delegierten EU-Verordnung in EU-Recht übernommen worden ist. Es fehle an der Verankerung im HGB. Dennoch dürfen die (vorliegenden) ESRS angewendet werden, da die bisherigen §§ 289d bzw. 315d HGB die Verwendung von Rahmenwerken ausdrücklich zulassen und daher die ESRS als ein zulässiges Rahmenwerk anzusehen sind.

Selbst eine nur teilweise Anwendung eines bestimmten ESRS wird vom IDW als zulässig angesehen. Beides steht allerdings unter der Voraussetzung, dass die berichtspflichtige Gesellschaft die im Einzelnen zugrunde gelegten ESRS bzw. die Berichtsinhalte der nur teilweise zugrunde gelegten ESRS in ihrer nichtfinanziellen (Konzern-) Berichterstattung nach Maßgabe von § 289d Satz 2 bzw. § 315c Abs. 3 i.V.m. § 289d Satz 2 HGB eindeutig bezeichnet. Insgesamt sind die bestehenden handelsrechtlichen Berichtspflichten nach §§ 289c, 315c HGB zu erfüllen.

Pflicht zur EU-Taxonomie-Berichterstattung bleibt bestehen
Unberührt von der Erfüllung der Pflicht zur nichtfinanziellen (Konzern-)Berichterstattung für 2024 unter Zugrundelegung des ersten Satzes der ESRS bleibt die Pflicht zur Berichterstattung nach Artikel 8 der EU-Taxonomie-Verordnung.

Auswirkung auf die Prüfung des Nachhaltigkeitsberichts
Da die neue Prüfpflicht für einen Nachhaltigkeitsbericht noch nicht im HGB verankert ist, bleibt es auch bei der bisherigen Regelung: „Im Hinblick auf die Vorgaben nach den §§ 289b bis 289e und den §§ 315b und 315c ist nur zu prüfen, ob die nichtfinanzielle Erklärung oder der gesonderte nichtfinanzielle Bericht, die nichtfinanzielle Konzernerklärung oder der gesonderte nichtfinanzielle Konzernbericht vorgelegt wurde" (§ 317 Abs. 2 Satz 4 HGB). Die inhaltliche Prüfung obliegt dem Aufsichtsrat, der allerdings einen Wirtschaftsprüfer für diese Prüfung zusätzlich hinzuziehen kann.

Was für die neu ab 2025 verpflichteten Unternehmen gilt

Für die vielen neu ab dem Jahr 2025 verpflichteten Unternehmen (große Kapitalgesellschaften und Personenhandelsgesellschaften nach § 264a HGB sowie alle zur Konzernrechnungslegung nach HGB verpflichtete Mutterunternehmen) dürfte sich aus einer verspäteten Gesetzesverabschiedung grundsätzlich keine Änderung ergeben. Solange in 2025 die Rechtslage für 2025 geändert wird, ist dem nachzukommen, auch wenn dies natürlich erhebliche Unsicherheiten mit sich bringt. Nicht zuletzt fehlen den dann erstmals zur Nachhaltigkeitsberichterstattung verpflichteten Unternehmen auch Vorbilder für die eigene Berichterstattung. Denn in diesem Szenario ist der Nachhaltigkeitsbericht sowohl für kapitalmarktorientierte wie für die anderen betroffenen Unternehmen jeweils erstmals für das Geschäftsjahr 2025 zu erstellen. Einzig besteht die Möglichkeit, dass der Gesetzgeber im Jahr 2025 zumindest für die kapitalmarktorientierten Unternehmen mit vom Kalenderjahr abweichendem Geschäftsjahr eine Berichterstattung über die Periode 2024/2025 fordern kann. Damit würden allerdings nur sehr wenige und auch deutlich spätere Vorbilder vorliegen.

Transformation sollte ungeachtet der politischen Unsicherheiten fortgesetzt werden

Unabhängig von diesen Überlegungen gilt, dass zwar über die bürokratische Umsetzung gestritten werden kann, nicht aber um die dringende Notwendigkeit zur Nachhaltigkeitstransformation. Daher sollten – so auch das IDW – die begonnenen Anstrengungen zur Nachhaltigkeitsberichterstattung nun nicht angesichts der politischen Unsicherheiten ausgesetzt, sondern konsequent fortgesetzt werden, auch, um die eigene Transformation der Geschäftsmodelle voranzutreiben und damit – bei aller Unsicherheit – langfristig zukunftssicherer zu werden.

Autorenverzeichnis

WP/StB/CVA Klaus BERTRAM; DELTA Revision GmbH Wirtschaftsprüfungsgesellschaft Steuerberatungsgesellschaft, Mannheim, DELTA TAX GmbH & Co. KG Steuerberatungsgesellschaft, St. Leon-Rot

WP/StB Thomas BUDDE; Budde Scholten Mersmann PartG mbB Accounting-Partners Wirtschaftsprüfungsgesellschaft, Düsseldorf

Dr. Jochen CASSEL; Managing Director und CFO der Joyn GmbH, München

Michael DILßNER, M. Sc.; Vorstand Finanzen tradepool AG, Celle

WP/StB Harm DODENHOFF; MÖHRLE HAPP LUTHER GmbH Wirtschaftsprüfungsgesellschaft, Hamburg

WP/StB Andreas DÖRSCHELL; FALK GmbH & Co KG Wirtschaftsprüfungsgesellschaft Steuerberatungsgesellschaft, Mannheim

WP/StB Dipl.-Kfm. Tobias DREIXLER; RWT Crowe GmbH Wirtschaftsprüfungsgesellschaft Steuerberatungsgesellschaft, Reutlingen

WP/StB Carsten ERNST; WirtschaftsTreuhand GmbH Wirtschaftsprüfungsgesellschaft Steuerberatungsgesellschaft, Stuttgart

WP/StB Lukas GRAF; tätig in eigener Praxis, Meißen

WP/StB Klaus HEININGER; FALK GmbH & Co KG Wirtschaftsprüfungsgesellschaft Steuerberatungsgesellschaft, Frankfurt a. M.

WP/StB Prof. Dr. Georg HENI; WirtschaftsTreuhand GmbH Wirtschaftsprüfungsgesellschaft Steuerberatungsgesellschaft, Stuttgart

Prof. Dr. Sabine HEUSINGER-LANGE; Technische Hochschule Bingen, Professur für Rechnungswesen und Controlling

CVA Prof. Dr. Harald KESSLER; KLS Accounting & Valuation GmbH, Köln

CPA/CVA Prof. Dr. Axel KIHM; Hochschule für Wirtschaft und Gesellschaft Ludwigshafen, Professur für Betriebswirtschaftslehre, insb. Financial Accounting

PD Dr. Markus KREIPL; Partner bei der Hevella Beteiligungen GmbH und Privatdozent an der Helmut-Schmidt-Universität/Universität der Bundeswehr Hamburg, Institut für Betriebswirtschaftliche Steuerlehre, Professur für Betriebswirtschaftslehre, insb. Rechnungslegung und Wirtschaftsprüfungswesen

MBA/CPA Andreas KRIMPMANN; Krimpmann MBA – CPA Unternehmensberatung, Berlin

WP/StB Georg LANFERMANN; Präsident des DRSC – Deutsches Rechnungslegungs Standards Committee e. V., Berlin

CVA Dr. Markus LEINEN; KLS Accounting & Valuation GmbH, Köln

WP/StB Cornelia LINDE; FALK GmbH & Co KG Wirtschaftsprüfungsgesellschaft Steuerberatungsgesellschaft, Heidelberg

RA/StB Annette MEIER-BEHRINGER; Reisinger, Schlierf und Kollegen Steuerberatungsgesellschaft mbH, Ingolstadt

Prof. Dr. Stefan MÜLLER; Helmut-Schmidt-Universität/Universität der Bundeswehr Hamburg, Institut für Betriebswirtschaftliche Steuerlehre, Professur für Betriebswirtschaftslehre, insb. Rechnungslegung und Wirtschaftsprüfungswesen

RA/StB Daniel MÜNSTER; diwika Gruber Münster Wiemers Partnerschaft, Freising

Sean NEEDHAM, M. Sc.; Helmut-Schmidt-Universität/Universität der Bundeswehr Hamburg; Professur für Betriebswirtschaftslehre, insb. Rechnungslegung und Wirtschaftsprüfungswesen

Dr. Nadine OTTER, M. Sc.; Wissenschaftliche Mitarbeiterin an der Professur für Allgemeine Betriebswirtschaftslehre, insb. Rechnungslegung und Wirtschaftsprüfungswesen an der Helmut-Schmidt-Universität, Hamburg

Prof. Dr. Karsten PAETZMANN; Universität Hamburg, Institut für Recht und Ökonomik

Dipl.-Kfm. Benjamin PAULUS; Head of Accounting der Techniplas International Group und Master Business Coach (DBCA)

Laura PETERS, M. Sc.; Wissenschaftliche Mitarbeiterin an der Professur für Betriebswirtschaftslehre, insb. Rechnungslegung und Wirtschaftsprüfungswesen an der Helmut-Schmidt-Universität, Hamburg

Dr. Jens REINKE; Continental AG, Hannover

Dipl.-Oec. Jürgen Lars SACKBROOK; Technische Universität Clausthal, Institut für Wirtschaftswissenschaft, Lehrstuhl für Betriebswirtschaftslehre, insb. Unternehmensrechnung, Clausthal-Zellerfeld

Patrick SAILE, M. Sc., M.I. Tax; Wissenschaftlicher Mitarbeiter an der Professur für Betriebswirtschaftslehre, insb. Rechnungslegung und Wirtschaftsprüfungswesen an der Helmut-Schmidt-Universität, Hamburg

RA/StB/WP Dr. Holger SEIDLER; Berlin

StB Prof. Dr. Andreas STUTE, LL.M.; Professur für Unternehmensprüfung und betriebliche Steuerlehre an der Hochschule Bielefeld

WP/StB Dipl.-Kfm. Georg VAN HALL; Budde Scholten Mersmann PartG mbB AccountingPartners Wirtschaftsprüfungsgesellschaft, Düsseldorf

WP/StB Dipl.-Oec. Dirk VELDKAMP; PKF FASSELT Partnerschaft mbB Wirtschaftsprüfungsgesellschaft Steuerberatungsgesellschaft Rechtsanwälte, Duisburg

Dr. Lina WARNKE, M.A.; AGA Unternehmensverband und Helmut-Schmidt-Universität/Universität der Bundeswehr Hamburg; Professur für Betriebswirtschaftslehre, insb. Rechnungslegung und Wirtschaftsprüfungswesen

Dr. Christian WOBBE; Jade Hochschule Wilhelmshaven/Oldenburg/Elsfleth

Prof. Dr. Inge WULF; Technische Universität Clausthal, Institut für Wirtschaftswissenschaft, Lehrstuhl für Betriebswirtschaftslehre, insb. Unternehmensrechnung, Clausthal-Zellerfeld

Inhalt

Vorwort zur 15. Auflage		3
Autorenverzeichnis		7
Inhaltsverzeichnis		9
§ 238	Buchführungspflicht	15
§ 239	Führung der Handelsbücher	35
§ 240	Inventar	59
§ 241	Inventurvereinfachungsverfahren	79
§ 241a	Befreiung von der Pflicht zur Buchführung und Erstellung eines Inventars	90
§ 242	Pflicht zur Aufstellung	95
§ 243	Aufstellungsgrundsatz	99
§ 244	Sprache. Währungseinheit	109
§ 245	Unterzeichnung	112
§ 246	Vollständigkeit. Verrechnungsverbot	118
§ 247	Inhalt der Bilanz	171
§ 248	Bilanzierungsverbote und -wahlrechte	200
§ 249	Rückstellungen	214
§ 250	Rechnungsabgrenzungsposten	299
§ 251	Haftungsverhältnisse	310
§ 252	Allgemeine Bewertungsgrundsätze	331
§ 253	Zugangs- und Folgebewertung	433
§ 254	Bildung von Bewertungseinheiten	575
§ 255	Bewertungsmaßstäbe	625
§ 256	Bewertungsvereinfachungsverfahren	711
§ 256a	Währungsumrechnung	723
§ 257	Aufbewahrung von Unterlagen. Aufbewahrungsfristen	745
§ 258	Vorlegung im Rechtsstreit	768
§ 259	Auszug bei Vorlegung im Rechtsstreit	773
§ 260	Vorlegung bei Auseinandersetzungen	775
§ 261	Vorlegung von Unterlagen auf Bild- oder Datenträgern	777
§ 263	Vorbehalt landesrechtlicher Vorschriften	780
§ 264	Pflicht zur Aufstellung; Befreiung	782
§ 264a	Anwendung auf bestimmte offene Handelsgesellschaften und Kommanditgesellschaften	848
§ 264b	Befreiung der offenen Handelsgesellschaften und Kommanditgesellschaften i. S. d. § 264a von der Anwendung der Vorschriften dieses Abschnitts	856
§ 264c	Besondere Bestimmungen für offene Handelsgesellschaften und Kommanditgesellschaften i. S. d. § 264a	868
§ 264d	Kapitalmarktorientierte Kapitalgesellschaft	890
§ 265	Allgemeine Grundsätze für die Gliederung	899

§ 266	Gliederung der Bilanz	910
§ 267	Umschreibung der Größenklassen	969
§ 267a	Kleinstkapitalgesellschaften	984
§ 268	Vorschriften zu einzelnen Posten der Bilanz. Bilanzvermerke	996
§ 270	Bildung bestimmter Posten	1019
§ 271	Beteiligungen. Verbundene Unternehmen	1024
§ 272	Eigenkapital	1044
§ 274	Latente Steuern	1117
§ 274a	Größenabhängige Erleichterungen	1167
§ 275	Gliederung	1179
§ 276	Größenabhängige Erleichterungen	1265
§ 277	Vorschriften zu einzelnen Posten der Gewinn- und Verlustrechnung	1269
§ 284	Erläuterung der Bilanz und der Gewinn- und Verlustrechnung	1281
§ 285	Sonstige Pflichtangaben	1331
§ 286	Unterlassen von Angaben	1394
§ 288	Größenabhängige Erleichterungen	1400
§ 289	Inhalt des Lageberichts	1404
§ 289a	Ergänzende Vorgaben für bestimmte Aktiengesellschaften und Kommanditgesellschaften auf Aktien	1444
§ 289b	Pflicht zur nichtfinanziellen Erklärung; Befreiungen	1451
§ 289c	Inhalt der nichtfinanziellen Erklärung	1467
§ 289d	Nutzung von Rahmenwerken	1493
§ 289e	Weglassen nachteiliger Angaben	1508
§ 289f	Erklärung zur Unternehmensführung	1510
§ 289g-E	Format des Lageberichts, Verordnungsermächtigung	1525
§ 289h-E	Versicherungen bei Kapitalgesellschaften, die Inlandsemittenten sind	1527
§ 290	Pflicht zur Aufstellung	1529
§ 291	Befreiende Wirkung von EU/EWR-Konzernabschlüssen	1554
§ 292	Befreiende Wirkung von Konzernabschlüssen aus Drittstaaten	1576
§ 293	Größenabhängige Befreiungen	1592
§ 294	Einzubeziehende Unternehmen. Vorlage- und Auskunftspflichten	1612
§ 296	Verzicht auf die Einbeziehung	1624
§ 297	Inhalt	1641
§ 298	Anzuwendende Vorschriften. Erleichterungen	1691
§ 299	Stichtag für die Aufstellung	1721
§ 300	Konsolidierungsgrundsätze. Vollständigkeitsgebot	1738
§ 301	Kapitalkonsolidierung	1756
§ 303	Schuldenkonsolidierung	1849
§ 304	Behandlung der Zwischenergebnisse	1866
§ 305	Aufwands- und Ertragskonsolidierung	1887
§ 306	Latente Steuern	1893
§ 307	Anteile anderer Gesellschafter	1918

§ 308	Einheitliche Bewertung	1943
§ 308a	Umrechnung von auf fremde Währung lautenden Abschlüssen	1964
§ 309	Behandlung des Unterschiedsbetrags	1985
§ 310	Anteilmäßige Konsolidierung	2003
§ 311	Definition. Befreiung	2024
§ 312	Wertansatz der Beteiligung und Behandlung des Unterschiedsbetrags	2036
§ 313	Erläuterung der Konzernbilanz und der Konzern-Gewinn- und Verlustrechnung. Angaben zum Beteiligungsbesitz	2071
§ 314	Sonstige Pflichtangaben	2098
§ 315	Inhalt des Konzernlageberichts	2134
§ 315a	Ergänzende Vorschriften für bestimmte Aktiengesellschaften und Kommanditgesellschaften auf Aktien	2168
§ 315b	Pflicht zur nichtfinanziellen Konzernerklärung; Befreiungen	2183
§ 315c	Inhalt der nichtfinanziellen Konzernerklärung	2203
§ 315d	Konzernerklärung zur Unternehmensführung	2225
§ 315e	Konzernabschluss nach internationalen Rechnungslegungsstandards	2242
§ 315e-E	Format des Konzernlageberichts, Verordnungsermächtigung	2253
§ 315f-E	Versicherungen bei Mutterunternehmen, die Inlandsemittenten sind	2262
§ 315g-E	Konzernabschluss nach internationalen Rechnungslegungsstandards	2268
§ 315h-E	Tochterunternehmen mit Sitz im Inland von obersten Mutterunternehmen mit Sitz in einem Drittstaat	2269
§ 315i-E	Inländische Zweigniederlassungen unverbundener Unternehmen mit Sitz in einem Drittstaat	2274
§ 315j-E	Inländische Zweigniederlassungen verbundener Unternehmen mit Sitz in einem Drittstaat	2279
§ 315k-E	Inhalt des Nachhaltigkeitsberichts; Verordnungsermächtigung	2284
§ 316	Pflicht zur Prüfung	2290
§ 316a	Abschlussprüfung bei Unternehmen von öffentlichem Interesse	2300
§ 317	Gegenstand und Umfang der Prüfung	2309
§ 318	Bestellung und Abberufung des Abschlussprüfers	2357
§ 319	Auswahl der Abschlussprüfer und Ausschlussgründe	2383
§ 319b	Netzwerk	2416
§ 320	Vorlagepflicht. Auskunftsrecht	2422
§ 321	Prüfungsbericht	2440
§ 321a	Offenlegung des Prüfungsberichts in besonderen Fällen	2501
§ 322	Bestätigungsvermerk	2514
§ 323	Verantwortlichkeit des Abschlussprüfers	2601
§ 324	Prüfungsausschuss	2630

§ 324a	Anwendung auf den Einzelabschluss nach § 325 Abs. 2a	2638
§ 324b-E	Pflicht zur Prüfung des Nachhaltigkeitsberichts	2644
§ 324c-E	Gegenstand und Umfang der Prüfung des Nachhaltigkeitsberichts	2646
§ 324d-E	Bestellung und Abberufung des Prüfers des Nachhaltigkeitsberichts	2648
§ 324e-E	Auswahl der Prüfer des Nachhaltigkeitsberichts und Ausschlussgründe	2651
§ 324f-E	Netzwerk	2654
§ 324g-E	Vorlagepflicht	2656
§ 324h-E	Auskunftsrechte	2658
§ 324i-E	Prüfungsvermerk über den Nachhaltigkeitsbericht	2660
§ 324j-E	Verantwortlichkeit des Prüfers des Nachhaltigkeitsberichts	2665
§ 324k-E	Bericht durch eine akkreditierte unabhängige dritte Partei	2667
§ 324l-E	Prüfung durch eine akkreditierte unabhängige dritte Partei	2670
§ 324m-E	Prüfungsausschuss	2673
§ 325	Offenlegung	2675
§ 325a	Zweigniederlassungen von Kapitalgesellschaften mit Sitz im Ausland	2730
§ 326	Größenabhängige Erleichterungen für kleine Kapitalgesellschaften und Kleinstkapitalgesellschaften bei der Offenlegung	2747
§ 327	Größenabhängige Erleichterungen für mittelgroße Kapitalgesellschaften bei der Offenlegung	2758
§ 327a	Erleichterung für bestimmte kapitalmarktorientierte Kapitalgesellschaften	2765
§ 328	Form, Format und Inhalt der Unterlagen bei der Offenlegung, Veröffentlichung und Vervielfältigung	2769
§ 328a-E	Offenlegung der Rechnungslegungsunterlagen von Kapitalgesellschaften mit Sitz im Ausland	2790
§ 328b-E	Offenlegung der Nachhaltigkeitsberichte von Kapitalgesellschaften mit Sitz in einem Drittstaat	2792
§ 329	Prüfungs- und Unterrichtungspflicht der das Unternehmensregister führenden Stelle	2797
§ 330	Verordnungsermächtigung für Formblätter und andere Vorschriften	2804
§ 331	Unrichtige Darstellung	2814
§ 331a	Unrichtige Versicherung	2833
§ 332	Verletzung der Berichtspflicht	2837
§ 333	Verletzung der Geheimhaltungspflicht	2847
§ 333a	Verletzung der Pflichten bei Abschlussprüfungen	2857
§ 334	Bußgeldvorschriften	2860
§ 335	Festsetzung von Ordnungsgeld; Verordnungsermächtigungen	2881
§ 335a	Beschwerde gegen die Festsetzung von Ordnungsgeld; Rechtsbeschwerde; Verordnungsermächtigung	2905

§ 335b	Anwendung der Straf- und Bußgeld sowie der Ordnungsgeldvorschriften auf bestimmte offene Handelsgesellschaften und Kommanditgesellschaften	2911
§ 335c	Mitteilung an die Abschlussprüferaufsichtsstelle	2912
§§ 336–341y	nicht kommentiert	2913
§§ 342–342p	Ergänzende Vorschriften für bestimmte umsatzstarke multinationale Unternehmen und Konzerne [Ertragsteuerinformationsbericht]	2914
§ 342q	Privates Rechnungslegungsgremium	2921
§ 342r	Rechnungslegungsbeirat	2946

Stichwortverzeichnis 2948

Hinweis:
Kommentierungen der Art. 66 EGHGB und Art. 67 EGHGB sowie ergänzendes Schrifttum zu den einzelnen Kommentierungen finden Sie auf Ihrer Online-Version.

§ 238 Buchführungspflicht

(1) ¹Jeder Kaufmann ist verpflichtet, Bücher zu führen und in diesen seine Handelsgeschäfte und die Lage seines Vermögens nach den Grundsätzen ordnungsmäßiger Buchführung ersichtlich zu machen. ²Die Buchführung muß so beschaffen sein, daß sie einem sachverständigen Dritten innerhalb angemessener Zeit einen Überblick über die Geschäftsvorfälle und über die Lage des Unternehmens vermitteln kann. ³Die Geschäftsvorfälle müssen sich in ihrer Entstehung und Abwicklung verfolgen lassen.
(2) Der Kaufmann ist verpflichtet, eine mit der Urschrift übereinstimmende Wiedergabe der abgesandten Handelsbriefe (Kopie, Abdruck, Abschrift oder sonstige Wiedergabe des Wortlauts auf einem Schrift-, Bild- oder anderen Datenträger) zurückzubehalten.

Inhaltsübersicht	Rz
1 Überblick	1–15
1.1 Inhalt	1–5
1.2 Normenzusammenhang	6–10
1.3 Verletzung der Buchführungspflicht	11–15
2 Buchführungspflicht des Kaufmanns	16–29
2.1 Gewerbebetrieb	19–24
2.2 In kaufmännischer Weise eingerichteter Geschäftsbetrieb	25–26
2.3 Handelsgesellschaft als Kaufmann	27–28
2.4 Keine Buchführungspflicht für Scheinkaufleute	29
3 Beginn und Ende der Buchführungspflicht	30–33
4 Einzelheiten der handelsrechtlichen Buchführung	34–53
4.1 Grundsätze ordnungsmäßiger Buchführung	34
4.2 Handelsgeschäft und Geschäftsvorfall	35–38
4.3 Überblick über die Geschäftsvorfälle und die Lage des Unternehmens	39
4.4 Nachvollziehbarkeit der Geschäftsvorfälle von ihrer Entstehung bis zur Abwicklung	40
4.5 Sachverständiger Dritter	41–42
4.6 Handelsbücher des Kaufmanns	43–53
5 Persönlicher Anwendungsbereich und Ort der Buchführung	54–61
5.1 Zur Buchführung verpflichtete Person	54–59
5.2 Ort der Buchführung	60–61
6 Grundsätze ordnungsmäßiger Konzernbuchführung	62–66
7 Aufbewahrungspflicht einer Kopie der abgesandten Handelsbriefe (Abs. 2)	67

1 Überblick

1.1 Inhalt

1 § 238 Abs. 1 Satz 1 HGB regelt die **Buchführungspflicht**; mit Buchführung meint das Gesetz die **kaufmännische Buchführung**. Keine kaufmännische Buchführung ist bspw. die über § 241a HGB zugelassene Einnahmenüberschussrechnung.

2 Buchführungspflichtig ist nur der **Kaufmann**; Kfm. ist, wer nach den §§ 1 ff. HGB Kfm. ist oder als Kfm. gilt (Rz 16).

3 Mit der Buchführungspflicht nach § 238 Abs. 1 Satz 1 HGB ist grds. die Pflicht zur Einhaltung der gesamten Vorschriften der §§ 238–241 HGB sowie der nichtkodifizierten GoB verbunden. An die Buchführungspflicht knüpft auch die Bilanzierungspflicht nach §§ 242 ff. HGB an sowie die damit verbundenen weiteren Rechnungslegungspflichten. Dies gilt nicht, wenn der Kfm. nach § 241a HGB auf die kaufmännische Buchführung verzichtet (§ 241a Rz 6).

4 § 238 Abs. 1 Sätze 2 und 3 HGB formulieren **grundlegende Anforderungen** an eine ordnungsmäßige Buchführung; die Buchführung muss für einen sachverständigen Dritten in angemessener Zeit nachvollziehbar sein und die Geschäftsvorfälle müssen sich in ihrer Entstehung und Abwicklung nachverfolgen lassen.

5 § 238 Abs. 2 HGB regelt die **Aufbewahrungspflicht einer Kopie aller Handelsbriefe**. Diese Vorschrift hat nur klarstellenden Charakter, da sich eine Aufbewahrungspflicht bereits aus der Nachvollziehbarkeitsforderung des § 238 Abs. 1 Satz 3 HGB ergibt. Detaillierte Vorschriften zu Aufbewahrung und Vorlage der Buchführung enthalten die §§ 257–261 HGB.

1.2 Normenzusammenhang

6 Die Vorschriften der §§ 238–241a HGB bilden den ersten Unterabschnitt des ersten Abschnitts des Dritten Buchs des HGB und enthalten die Vorschriften zu den Handelsbüchern. Die folgenden Vorschriften bauen auf § 238 HGB auf und beinhalten im Einzelnen:

7 § 239 HGB regelt die Art und Weise der **Führung der Handelsbücher** und enthält die kodifizierten Teile der **Grundsätze ordnungsmäßiger Buchführung**.

8 In § 240 HGB werden die **Inventurpflicht des Kaufmanns** sowie die Inventurerleichterungs- und Bewertungsvereinfachungsvorschriften zum **Festwert** und zur **Gruppenbewertung** geregelt. Die Inventur ist das Bindeglied zwischen Buchführung und Jahresabschlusserstellung, die in den Vorschriften der §§ 242 ff. HGB geregelt ist.

9 § 241 HGB regelt **Inventurerleichterungsvorschriften** wie die Stichprobeninventur und die anderen Inventurverfahren (wie bspw. die permanente Inventur) sowie zur vor- bzw. nachverlegten Inventur.

10 § 241a HGB regelt für kleingewerbetreibenden Einzelkaufleute das Wahlrecht auf den **Verzicht auf die kaufmännische Buchführung**. Im Falle eines Verzichts entfällt über § 242 Abs. 4 HGB auch die Pflicht zur Jahresabschlusserstellung. Stattdessen muss der EKfm. eine Einnahmenüberschussrechnung erstellen.

1.3 Verletzung der Buchführungspflicht

11 Die Verletzung der **öffentlich-rechtlichen Verpflichtung** zur Buchführung ist im Insolvenzfall strafbewehrt nach § 283 Abs. 1 Nr. 5 StGB (ordnungswidrige

Führung oder Nichtführung von Handelsbüchern bei Überschuldung, drohender oder eingetretener Insolvenz) und § 283b StGB (Verletzung der Buchführungspflicht). Die Strafe kann bei besonders schweren Fällen bis zu zehn Jahre Haft betragen.
Klarstellend ist anzufügen, dass für die Strafvorschriften zwischen Verstößen gegen die Grundsätze ordnungsmäßiger Buchführung und **Verstößen gegen die Grundsätze ordnungsmäßiger Bilanzierung** zu unterscheiden ist. Verstöße gegen die Bilanzierungsvorschriften betreffen Verstöße, die Bilanzierungsvorschriften und nicht die Buchführungsvorschriften betreffen (bspw. stellt der Fehlansatz einer Rückstellung einen Bilanzierungsverstoß, das Weglassen von Einnahmen (Schwarzgeld) einen Buchführungsverstoß dar (Vollständigkeitsverstoß)). Die **BaFin-Fehlerfeststellungen** betreffen nahezu ausschl. Verstöße gegen die Bilanzierungsvorschriften. Bedeutung hat diese Unterscheidung i. R. d. Strafvorschriften, da diese für die Bilanzierungsvorschriften anders geregelt sind (§§ 331 f.).

Ist das Unt **prüfungspflichtig**, so führt eine ordnungswidrige Buchführung i. d. R. zu einer Einschränkung des Bestätigungsvermerks. Fehlt der Buchführung jedoch die Beweiskraft und ist eine hinreichend sichere Beurteilung nicht möglich (bspw. unvollständige, nicht zeitgerechte Buchung, Fehlen von Handelsbüchern, fehlende oder schwerwiegend mangelhafte Bestandsnachweise), so ist eine Versagung des Bestätigungsvermerks erforderlich (§ 322 Rz 92).[1]

12

Die Verletzung der handelsrechtlichen Buchführungspflicht stellt wegen der gleichlautenden steuerlichen Vorschriften auch eine **Verletzung steuerlicher Pflichten** dar. Bei fehlender Beweiskraft der Buchführung können nach § 162 Abs. 2 Satz 2 AO die Steuern nach § 158 AO geschätzt werden. Die FinVerw kann zur Erzwingung der Erledigung der Buchführungspflicht nach §§ 328, 329 AO ein Zwangsgeld von bis zu 25.000 EUR androhen und festsetzen. Sind im Einzelfall die Buchführungsmängel als Steuergefährdung anzusehen, kann nach § 379 Abs. 1 Satz 1 Nr. 3 AO ein Bußgeld von bis zu 5.000 EUR verhängt werden; bei leichtfertiger Steuerverkürzung nach § 378 Abs. 1 Satz 1 AO i. V. m. § 370 Abs. 1 AO ist eine Geldbuße von bis zu 50.000 EUR möglich. Soweit Buchführungsverstöße ausländische Niederlassungen oder Betriebsstätten betreffen, kann dies eine Verletzung ausländischer, steuerlicher Buchführungspflichten darstellen.

13

Weiter kann die fehlende Beweiskraft der Buchführung wegen Buchführungsmängeln zum Verlust eines **Rechtsstreits** führen, wenn der Kfm berechtigte Ansprüche nicht beweisen kann.[2]

14

Die Buchführung liegt in der **Verantwortung des Kaufmanns**; soweit er seinen Pflichten nicht nachkommt oder diese nicht mit der Sorgfalt eines ordentlichen Kfm. erfüllt, kann er schadenersatzpflichtig werden (bspw. § 43 GmbHG; § 93 AktG).[3]

15

---

[1] Vgl. IDW, WPH Edition, Wirtschaftsprüfung & Rechnungslegung, 18. Aufl. 2023, Kap. M Tz 1157 und 1159.

[2] Vgl. Anzinger, in Anzinger/Oser/Schlotter, Rechnungslegung und Prüfung, Tb. 1, 7. Aufl., 2023, § 238 HGB Rz 8.

[3] Zu weitergehenden steuerlichen Buchführungspflichten vgl. Frotscher/Watrin, in Frotscher/Geurts, EStG, § 5 EStG Rz 3 ff., Stand: 34/2019.

2 Buchführungspflicht des Kaufmanns

16 § 238 Abs. 1 HGB verpflichtet **jeden Kaufmann** zur Buchführung. Kfm. i. S. d. § 1 HGB ist, wer ein **Handelsgewerbe** gem. § 1 Abs. 1 HGB betreibt. Nach § 1 Abs. 2 HGB ist ein Handelsgewerbe jeder **Gewerbebetrieb**, der einen **in kaufmännischer Weise eingerichteten Geschäftsbetrieb** erfordert.[4]

17 Als Kfm. gilt auch, wer kein Kfm. i. S. d. § 1 HGB ist, aber sein gewerbliches Kleinunternehmen nach § 2 HGB im Handelsregister eintragen lässt (**im Handelsregister eingetragenes Kleingewerbe**).

18 Zur Frage der **Handelsgesellschaft** als Kfm. vgl. Rz 27f.

2.1 Gewerbebetrieb

19 Ein **Gewerbebetrieb** aufgrund einer gewerblichen Tätigkeit liegt vor, wenn der Kfm.
- eine selbstständige Tätigkeit nachhaltig ausübt,
- in Gewinnerzielungsabsicht handelt und
- sich am allgemeinen wirtschaftlichen Verkehr beteiligt.

20 Eine **selbstständige Tätigkeit** setzt voraus, dass der Kfm. im Außenverhältnis ungebunden ist, er also rechtlich selbstständig ist. Wirtschaftliche Abhängigkeit oder interne Bindung des Kfm. an Weisungen oder Zustimmungen sind nicht schädlich für eine selbstständige Tätigkeit.

21 Eine Tätigkeit ist **nachhaltig**, wenn sie auf Dauer angelegt und auf eine Vielzahl von Geschäften ausgerichtet ist. Eine Tätigkeit gilt auch dann als nachhaltig, wenn sie nur für eine bestimmte Zeitdauer geplant, als Nebentätigkeit ausgeübt oder unterbrochen wird.

22 Nach hM ist für einen Gewerbebetrieb **Gewinnerzielungsabsicht** erforderlich.

23 Die **Teilnahme am allgemeinen wirtschaftlichen Verkehr** erfordert, dass der Kfm. seine Leistungen der Allgemeinheit – also einer unbestimmten Anzahl von Personen – anbietet.

24 **Kein Gewerbebetrieb** liegt vor bei Ausübung eines freien Berufs oder bestimmten land- und forstwirtschaftlichen Tätigkeiten.

2.2 In kaufmännischer Weise eingerichteter Geschäftsbetrieb

25 Ein Handelsgewerbe begründet nur dann die Kaufmannseigenschaft, wenn es **einen in kaufmännischer Weise eingerichteten Geschäftsbetrieb** erfordert. Der Begriff „in kaufmännischer Weise", der das Handelsgewerbe vom Kleingewerbe abgrenzt, ist zunächst an der Größe orientiert – man spricht von einem „Klein"gewerbe, wenn die Unternehmensstrukturen nicht „in kaufmännischer Weise" angelegt sind. Entscheidend ist aber nicht die Größe allein, sondern der Begriff „eingerichtet": Maßgeblich sind also – unabhängig von der Größe – die **„eingerichteten" Strukturen**. Ob die eingerichteten Strukturen einem in kaufmännischer Weise eingerichteten Geschäftsbetrieb entsprechen, entscheidet sich nach dem **Gesamtbild von Art und Umfang des Geschäftsbetriebs**.[5]

---

[4] Vgl. Kliem/Lewe, in Beck Bil-Komm., 14. Aufl. 2024, § 238 HGB Rz 6f.

[5] Vgl. Anzinger, in Anzinger/Oser/Schlotter, Rechnungslegung und Prüfung, Tb. 1, 7. Aufl., 2023, § 238 HGB Rz 66; Aigner, Das neue Bilanzrecht nach HGB, 2009, S. 32.

Dieses Gesamtbild bestimmt sich bspw. nach Art und Umfang
- der laufenden Geschäfte,
- der angebotenen Leistungen und Waren,
- der Kapitaleinlagen,
- des Geschäftslokals,
- des Sach- und Finanzanlagevermögens,
- der Anzahl der Mitarbeiter,
- der Inanspruchnahme von Dienstleistungen,
- der übrigen Geschäftsbeziehungen sowie
- der Höhe der Umsätze und
- der Anzahl der Betriebsstätten.[6]

Feste Größengrenzen gibt es nicht; das Gesamtbild ist also eine Frage des Einzelfalls.[7]

> **Praxis-Beispiel 1**
> Der EKfm. befindet sich in der Gründungsphase und einziger Geschäftszweck ist die Entwicklung einer neuen Software. Er erzielt noch keine Umsätze, erwirtschaftet aber große Verluste, da er 100 Mitarbeiter beschäftigt. Für die Zukunft plant er Millionenumsätze. Er ist Kfm. nach § 1 Abs. 1 HGB, da er einen in kaufmännischer Weise eingerichteten Geschäftsbetrieb unterhält.

> **Praxis-Beispiel 2**
> Ein Kleingewerbetreibender programmiert in seiner Garage im Nebenerwerb Software. Er hat keine Angestellten, durchschnittlicher Jahresumsatz 10.000 EUR bzw. Einnahmenüberschuss 2.500 EUR. Er ist nicht Kfm., da er keinen in kaufmännischer Weise eingerichteten Geschäftsbetrieb hat und damit § 1 HGB nicht erfüllt ist. Damit ist das HGB insgesamt nicht anwendbar; es besteht keine Buchführungspflicht nach §§ 238 ff. HGB.

Liegt kein in kaufmännischer Weise eingerichteter Geschäftsbetrieb vor, so ist der Gewerbetreibende ein **Kleingewerbetreibender** und nicht Kfm. Kleingewerbetreibende sind nicht nach §§ 238 ff. HGB buchführungspflichtig.[8]

26

2.3 Handelsgesellschaft als Kaufmann

Die Vorschriften für Kfl. sind nach § 6 Abs. 1 HGB auch auf **Handelsgesellschaften** anzuwenden. Zu den Handelsgesellschaften gehören die Personengesellschaften (OHG, KG, KapCoGes, wie bspw. die typische GmbH & Co. KG) und die Kapitalgesellschaften (SE, AG, KGaA, GmbH, UG). Die EWIV (Europäische wirtschaftliche Interessenvereinigung) ist wie eine OHG zu behandeln.[9]

27

---

[6] Vgl. Anzinger, in Anzinger/Oser/Schlotter, Rechnungslegung und Prüfung, Tb. 1, 7. Aufl., 2023, § 238 HGB Rz 66.
[7] Vgl. Kliem/Lewe, in Beck Bil-Komm., 14. Aufl. 2024, § 238 HGB Rz 8.
[8] Vgl. Kliem/Lewe, in Beck Bil-Komm., 14. Aufl. 2024, § 238 HGB Rz 7.
[9] Vgl. EWIV-Ausführungsgesetz v. 14.4.1988, BGBl 1988 I S. 514, geändert am 23.10.2008, BGBl 2008 I S. 2026, 2041.

28 **Keine Handelsgesellschaften** sind die (typische und atypische) stille Gesellschaft gem. §§ 230 ff. HGB, die eG und der VVaG. Die Partnerschaftsgesellschaft ist nach § 1 Abs. 1 PartG nur den freien Berufen zugänglich, betreibt also kein Handelsgewerbe und ist nicht Kfm. Dies gilt auch für den Fall einer beschränkten Berufshaftung.

2.4 Keine Buchführungspflicht für Scheinkaufleute

29 **Scheinkaufleute** sind keine Kfl., werden aber in analoger Anwendung des § 5 HGB in bestimmten Fällen wie solche behandelt. Scheinkaufleute sind handelsrechtlich nicht buchführungspflichtig.

3 Beginn und Ende der Buchführungspflicht

30 Die Buchführungspflicht der §§ 238 ff. HGB beginnt mit der **Aufnahme eines Handelsgewerbes** i.S.d. § 1 HGB und bei einem Kleingewerbebetreibenden mit der Einrichtung eines **in kaufmännischer Weise eingerichteten Geschäftsbetriebs** bzw. der früheren freiwilligen **Eintragung im Handelsregister** nach § 2 HGB.

31 Bei Handelsgesellschaften beginnt die Buchführungspflicht mit der Gründung (Abschluss des Gesellschaftsvertrags). Bei einem Tätigwerden vor der Gründung kann eine Buchführungspflicht nach §§ 238 ff. HGB dann bestehen, wenn der Handelnde Kfm. i.S.d. § 1 HGB ist oder eine Handelsgesellschaft i.S.d. § 6 Abs. 1 HGB vorliegt.[10]

32 Die Buchführungspflicht endet, wenn die Kaufmannseigenschaft endet. Bei einem **Handelsgewerbe** endet die Buchführungspflicht, wenn der Kfm. sein Handelsgewerbe tatsächlich einstellt. Fraglich ist, was als **tatsächliche Einstellung des Handelsgewerbes** anzusehen ist. Eine zeitweilige Stilllegung, ein Liquidations- oder Abwicklungsbeschluss, Vermögenslosigkeit, Löschung im Handelsregister (bei fortbestehendem Handelsgewerbe) oder Insolvenzeröffnung reichen für eine tatsächliche Einstellung nicht aus. Für den **Kaufmann** ist die endgültige Einstellung des Geschäftsbetriebs maßgebend. Bei **Handelsgesellschaften** endet die werbende Tätigkeit mit der Auflösung der Handelsgesellschaft; die Kaufmannseigenschaft erlischt jedoch erst mit dem Ende der Abwicklung der Gesellschaft. Damit besteht auch für den Abwicklungszeitraum Buchführungspflicht.[11]

33 Bei einem **Kleingewerbebetreibenden**, der sich freiwillig nach § 2 HGB im Handelsrecht hat eintragen lassen, endet die Kaufmannseigenschaft mit der Löschung aus dem Handelsrecht; dies gilt entsprechend, wenn ein einstmaliges Handelsgewerbe zum Kleingewerbe herabsinkt.[12]

4 Einzelheiten der handelsrechtlichen Buchführung

4.1 Grundsätze ordnungsmäßiger Buchführung

34 Die Vorschriften des § 238 Abs. 1 HGB verpflichten den Kfm., bei der Führung seiner Bücher die **Grundsätze ordnungsmäßiger Buchführung** (GoB) ein-

---

[10] Vgl. Anzinger, in Anzinger/Oser/Schlotter, Rechnungslegung und Prüfung, Tb. 1, 7. Aufl., 2023, § 238 HGB Rz 77.
[11] Dies gilt auch in Insolvenzfällen, vgl. IDW RH HFA 1.012.4.
[12] Vgl. Kliem/Lewe, in Beck Bil-Komm., 14. Aufl. 2024, § 238 HGB Rz 16.

zuhalten. Die Anordnung in § 238 Abs. 1 HGB, dass die GoB einzuhalten sind, hat klarstellenden Charakter (zu Einzelheiten zu den GoB vgl. § 239 Rz 5ff.).

4.2 Handelsgeschäft und Geschäftsvorfall

Die Buchführungspflicht betrifft nur **„seine"** **Handelsgeschäfte**. 35

„Seine" Handelsgeschäfte sind die Geschäfte, die seinem kaufmännischen Geschäftsbetrieb zuzuordnen sind. Nicht von der Buchführungspflicht erfasst sind die Privatgeschäfte des Kfm. 36

Zum Begriff der **Handelsgeschäfte** vgl. Viertes Buch des HGB (§§ 343 ff. HGB). 37

Die Buchführungspflicht erstreckt sich weiter nur auf **Geschäftsvorfälle**; Umstände oder Gegebenheiten, die die wirtschaftliche Lage des Kfm. beeinflussen, aber zu keinem Geschäftsvorfall geführt haben, können in der Buchführung dagegen nicht verzeichnet werden.[13] 38

> **Praxis-Beispiel**
> Der einzige Konkurrent des Kfm. geht in Insolvenz, wodurch der Kfm. Monopolstellung erlangt, womit sich seine Ertragslage in Zukunft wesentlich verbessern wird. Es liegt kein Geschäftsvorfall vor, der gebucht werden kann.

4.3 Überblick über die Geschäftsvorfälle und die Lage des Unternehmens

Nach § 238 Abs. 1 Satz 2 HGB müssen die Handelsbücher einen Überblick über die Geschäftsvorfälle und die Lage des Unt ermöglichen. Dies setzt eine richtige, zeitgerechte, vollständige und geordnete Buchführung voraus (§ 239 Rz 15 ff.). 39

4.4 Nachvollziehbarkeit der Geschäftsvorfälle von ihrer Entstehung bis zur Abwicklung

Nach § 238 Abs. 1 Satz 3 HGB müssen sich alle Geschäftsvorfälle in ihrer Entstehung und Abwicklung nachverfolgen lassen. Dazu muss die Buchführung ihre **Belegfunktion** erfüllen (§ 239 Rz 40). Bei einer papierbasierten wie auch elektronischen Buchführung bedeutet dies, dass sich die Geschäftsvorfälle von den Belegen zu den Buchungen und von den Buchungen zurück zu den Belegen verfolgen lassen müssen. Bei einer digitalen oder automatisierten Buchführung erfordert dies ggf. eine Verfahrensdokumentation (§ 239 Rz 42 f.). 40

4.5 Sachverständiger Dritter

Die Bücher müssen nach § 238 Abs. 1 Satz 2 HGB für einen **sachverständigen Dritten** nachvollziehbar sein. Das Gesetz bestimmt nicht, welches Maß an Sachkunde erforderlich ist, um sachverständiger Dritter zu sein. Ausreichende Sachkunde erfordert, die Technik der Buchführung zu beherrschen, Bilanzen vollständig lesen und beurteilen zu können. Als sachkundige Personen sind bspw. entsprechend erfahrene Buchhalter, Betriebsprüfer des Finanzamts, Steuerberater, vereidigte Buchprüfer und Wirtschaftsprüfer sowie die BaFin 41

---

[13] Vgl. Moxter, Bilanzlehre, Bd. I, 3. Aufl. 1986, S. 9.

bzw. die APAS anzusehen. Die Stellung als sachverständiger Dritter setzt also hinreichende Kenntnisse im Bereich der Buchführung und Rechnungslegung voraus, wobei der erforderliche Sachverstand abhängig von der Art, Größe und Komplexität der Buchführung ist. So können für bestimmte Sachverhalte bspw. Branchenkenntnisse, technische Kenntnisse oder Programmierungskenntnisse erforderlich sein (bspw. komplexes EDV-basiertes Warenwirtschaftssystem oder eine digitalisierte und automatisierte Buchführung).[14]

Die Digitalisierung und Automatisierung der Buchführung verändert die Anforderungen an einen sachverständigen Dritten. Erforderlich ist zusätzlich die Kenntnis der EDV-Systeme und ggf. die Fähigkeit zum Nachvollziehen von Verfahrensdokumentationen (§ 239 Rz 42f.). Es ist zweifelhaft, ob in Zukunft Buchhalter noch stets als sachverständige Dritte anzusehen sind. Bei entsprechenden Kenntnissen ist dies aber weiterhin zu bejahen. Für Amtspersonen und Berufsträger ist die Sachkunde hingegen zu unterstellen. Bei Berufsträgern ergibt sich eine entsprechende Fortbildungspflicht aus § 57 Abs. 2a StBerG bzw. § 43 Abs. 2 Satz 4 WPO sowie § 5 BS WP/VBP.

42 Die Nachvollziehbarkeit muss in **angemessener Zeit** möglich sein; das Gesetz bestimmt nicht, was als angemessener Zeitraum gilt. Die Bestimmung der angemessenen Zeit ist deshalb eine Frage des Einzelfalls und abhängig von Art, Umfang und Komplexität der Buchführung.

4.6 Handelsbücher des Kaufmanns

43 Das Gesetz schreibt nicht vor, welches **Buchführungssystem** der Kfm. für seine Handelsbücher zu verwenden hat. Es kommen folgende Buchführungssysteme infrage:[15]
- kameralistische Buchführung,
- einfache Buchführung,
- doppelte Buchführung.

44 Die **kameralistische Buchführung** wird in der Praxis durch öffentliche Haushalte und öffentliche Betriebe angewandt, aber mit den Initiativen zur Umstellung der Rechnungslegung der öffentlichen Haushalte auf die doppelte Buchführung zunehmend verdrängt und hat für die kaufmännische Rechnungslegung keine Bedeutung.

45 Die **einfache Buchführung** ermittelt die Bestände auf den Bilanzkonten durch Inventur und den Periodenerfolg über den Weg des Vermögensvergleichs; eine GuV entsteht dabei nicht. Eine solche Buchführung erlaubt nur sehr eingeschränkt die Verschaffung eines Überblicks über die Lage des Unt. Sie ist deshalb nur bei Handwerkerbuchführungen und Kleinstunternehmen zulässig und genügt dort für steuerliche Zwecke.

Die einfache Buchführung ist einer Digitalisierung und Automatisierung nicht zugänglich, da Inventuren i.d.R. nicht automatisiert vorgenommen werden. Die einfache Buchführung hat in der Praxis ohnehin keine Bedeutung mehr. Die

---

[14] Vgl. Anzinger, in Anzinger/Oser/Schlotter, Rechnungslegung und Prüfung, Tb. 1, 7. Aufl., 2023, § 238 HGB Rz 100.
[15] Vgl. IDW RS ÖFA 1.7; Kliem/Lewe, in Beck Bil-Komm., 14. Aufl. 2024, § 238 HGB Rz 122–127; Drüen, in Tipke/Kruse, AO FGO, § 141 AO Rz 26, Stand: 5/2017.

Literatur weist zurecht darauf hin, dass mit der EÜR in § 241a HGB eine einfache Alternative gesetzlich verankert wurde.[16]

46 Die **doppelte Buchführung** ist das vorherrschende Buchführungssystem. Sämtliche Geschäftsvorfälle werden im Soll und im Haben erfasst, wodurch ein (geschlossenes) Buchführungssystem entsteht, das systemimmanent rechnerische und buchungstechnische Kontrollen enthält. Bei kaufmännischen EDV-Buchführungsprogrammen ist die doppelte Buchführung durch die Programmierung vorgegeben und damit alternativlos.

Wesentlicher Vorteil der doppelten Buchführung sind die Abgleich- und Kontrollmöglichkeiten, die sich aus der doppelten Erfassung eines Buchungssatzes jeweils im Soll und Haben ergeben. Diese Funktion wird durch die Automatisierung der Buchführung an Bedeutung gewinnen. Automatisierte Buchungsvorgänge können bspw. mit Hilfe von Ausgleichs-, Verrechnungs- oder Transitkonten überwacht werden, bei denen die Vorteile der doppelten Erfassung für Zwecke der Überwachung und Abstimmung automatisiert ablaufender Buchungsprozesse genutzt werden.

> **Praxis-Beispiel**
> Ein Buchführungsprogramm soll über eine Automatikfunktion zur Aufrechnung von Kundenforderungen mit Lieferantenverbindlichkeiten verfügen. Wird ein solcher Verrechnungslauf gestartet, werden bei identischem Gläubiger und Schuldner Forderungen und Verbindlichkeiten unter Abzug von Skonto miteinander aufgerechnet. Die Verrechnung erfolgt über ein Aufrechnungs-Transitkonto, um den automatischen Buchungsvorgang überwachen zu können. Bei ordnungsgemäßem Ablauf müssen sich die Gesamtbeträge der aufgerechneten Forderungen und Verbindlichkeiten entsprechen, das Transitkonto also einen Saldo von 0,00 EUR aufweisen. Ist dies nicht der Fall, ist der Aufrechnungslauf fehlerhaft abgelaufen.

47 Kein zulässiges Buchführungssystem ist die **Einnahmenüberschussrechnung**. Dies ergibt sich daraus, dass sie für den Kfm. erst zulässig wird, wenn er nach § 241a HGB auf die Buchführung verzichtet (§ 241a Rz 6).

48 Das Gesetz macht keine Vorschriften zur **Art der Buchführung**, ob bspw. die Bücher manuell oder mithilfe der EDV geführt werden. In der Praxis kommen heute weitgehend nur noch EDV-Buchführungen vor.

49 Das Gesetz bestimmt auch nicht, welche **Handelsbücher** i.R.d. Buchführungspflicht zu führen sind. Dies ist auch sachgerecht, da der Kfm. im Einzelfall entsprechend der GoB entscheiden muss, welche Nebenbücher er in welcher Form benötigt, um den Überblick über die Lage des Unt wahren zu können. Folgende Handelsbücher können unterschieden werden:
1. Grundbuch (oder Journal),
2. Hauptbuch und
3. Nebenbuch (oder Hilfsbuch).

---

[16] Vgl. Kliem/Lewe, in Beck Bil-Komm., 14. Aufl. 2024, § 238 HGB Rz 125.

50 Unter einem **Grundbuch (oder Journal)** wird die zeitlich geordnete Aufzeichnung von Geschäftsvorfällen verstanden. Durch das Grundbuch kann die Zeitgerechtigkeit der Buchführung (§ 239 Rz 22) nachgewiesen werden.

51 Als **Hauptbuch** wird die sachlich geordnete Zusammenstellung der Geschäftsvorfälle bezeichnet. Die sachlich geordnete Zusammenstellung erfolgt über die Zuordnung auf Sachkonten. Der Kfm. legt dazu einen Kontenplan (auch Kontenrahmen genannt) an, in dem alle Sachkonten des Unt verzeichnet sind und hinreichend untergliedert sein müssen. Ein Untergliederungserfordernis oder -interesse kann sich bspw. aus betriebswirtschaftlichen Informationsinteressen, gesetzlichen Ausweis- und Gliederungsvorschriften oder aufgrund steuerrechtlicher Vorschriften ergeben. Insb. § 5b EStG (E-Bilanz) erfordert eine sehr detaillierte Gliederung des Sachkontenplans in der Buchführung, wenn die für das Besteuerungsverfahren erforderlichen Positionen bereits mit der Buchführung erfasst werden sollen. In EDV-Buchführungsprogrammen sind meist ein oder mehrere Musterkontenrahmen hinterlegt, die an die individuellen Bedürfnisse des Kfm. angepasst werden können. Die modernen Kontenrahmen orientieren sich am Industrie-Kontenrahmen,[17] der dem Abschlussgliederungsprinzip folgt, sich also an den Gliederungsvorschriften der §§ 266, 275 HGB orientiert. Aber es sind auch branchenbezogene Kontenrahmen üblich. Zur Mindestgliederung der Bilanz vgl. § 247 Rz 11.

52 Als **Nebenbuch** wird ein gesondert geführtes Buch für ein bestimmtes Hauptbuchkonto (Sachkonto) bezeichnet. Mit der Führung eines Nebenbuchs vermeidet der Kfm., dass bei vielbebuchten Sachkonten Klarheit und Übersichtlichkeit der Kontenführung verloren gehen. Nebenbücher werden häufig für das Anlagevermögen, für die Lagerwirtschaft (bspw. bei einer permanenten Inventur), für Kunden (Debitoren), Lieferanten (Kreditoren), die Kasse und die Lohn- und Gehaltsabrechnung geführt. Im Nebenbuch werden die Geschäftsvorfälle in übersichtlicher Weise verzeichnet, während im Hauptbuch z.T. nur die Bestandsveränderung des Kontos in Summe gebucht wird.

Das Erfordernis zur Führung eines Nebenbuchs ist grds. im Einzelfall anhand der GoB zu bestimmen. Neben Art und Umfang der Buchführung sind auch technische Anforderungen einzubeziehen. Die Automatisierung einer Buchführung kann die Führung von Nebenbüchern erforderlich machen, wenn andernfalls eine Kontrolle der automatischen Systeme nicht mehr oder nur noch unter unverhältnismäßigem Aufwand möglich ist.

53 Keine Einigkeit besteht, ob auch das **Wareneingangsbuch** nach § 143 AO bzw. das **Warenausgangsbuch** nach § 144 AO Handelsbücher sind.[18] Jedoch sind Aufzeichnungen zum Wareneingang bzw. Warenausgang i.d.R. Unterlagen, die nach § 238 Abs. 1 Satz 3 HGB zum Nachvollziehen der zugrunde liegenden Geschäftsvorfälle erforderlich sind. Darüber hinaus werden i.R.d. internen Kontrollsystems insb. bei großen Buchführungen stets Aufzeichnungen zu den Warenbewegungen erforderlich sein (bspw. Lieferschein/Liefermeldung für die Prüfung der inhaltlichen Richtigkeit einer Lieferantenrechnung), sodass die

---

[17] Vgl. beispielhaft für einen Kontenrahmen: Bundesverband der Deutschen Industrie e.V., Industriekontenrahmen IKR, 3. Aufl. 1990; Kliem/Lewe, in Beck Bil-Komm., 14. Aufl. 2024, § 238 HGB Rz 117.
[18] Zustimmend: Oser, in Küting/Weber, HdR-E, § 238 HGB Rz 13, Stand: 1/2023; ablehnend: Kliem/Lewe, in Beck Bil-Komm., 14. Aufl. 2024, § 238 HGB Rz 119.

Frage, ob hier Handelsbücher vorliegen oder nicht, anhand der jeweiligen Umstände entschieden werden muss. Die Frage hat aber für die Praxis nahezu keine materielle Bedeutung, da die Führung der Wareneingangs- und Warenausgangsbücher steuerlich vorgeschrieben ist.

5 Persönlicher Anwendungsbereich und Ort der Buchführung

5.1 Zur Buchführung verpflichtete Person

Die zur Buchführung **verpflichtete Person ist der Kaufmann**, der auch die Verantwortung für eine den GoB entsprechende Erledigung dieser Pflicht trägt. Es handelt sich nicht um eine höchstpersönliche Pflicht, weshalb der Kfm. für die Erledigung seiner Pflicht auch Hilfspersonen bzw. Dritte einsetzen darf bzw. innerhalb des Kreises der verpflichteten Personen die Pflicht einzelnen Personen zuweisen darf (bspw. Finanzvorstand). 54

Der Kfm. hat beim Einsatz von **Hilfspersonen** oder von **Dritten** Folgendes zu beachten: 55

- Der Kfm. muss sich bei der Zusammenstellung des Kreises der Verpflichteten bzw. bei der Auswahl von Hilfspersonen oder Dritten von deren **persönlicher Eignung** überzeugen. Eine Person ist i.d.S. geeignet, wenn an ihrer Zuverlässigkeit, Gesetzestreue und Verschwiegenheit kein Zweifel besteht.
- Der Kfm. muss sich von der **fachlichen Eignung** der mit der Buchführung beauftragten Person überzeugen. Dazu gehört, dass er sich von der Fachkompetenz und – bei der Übertragung von Leitungsaufgaben – auch von den Führungsqualitäten der beauftragten Person überzeugt. Erworbene Berufsabschlüsse (bspw. Bilanzbuchhalter) zusammen mit entsprechender Berufserfahrung können ein Hinweis für eine ausreichende fachliche Eignung sein. Mit der Digitalisierung und Automatisierung der Buchführung erlangen EDV-Kenntnisse sowie die Fähigkeit zum Umgang und Verständnis von Buchführungsprogrammen eine zentrale Bedeutung.
- Er muss sich davon überzeugen, dass ein sachgerecht aufgebautes und funktionsfähiges **internes Kontrollsystem** eingerichtet ist, das die Einhaltung der GoB und die Aufbewahrung der Buchführung sicherstellt. Dies gilt auch bei einer Auslagerung der Buchführung auf Dritte. Dazu gehören mit Bezug auf Hilfspersonen insb. eine sachgerechte Organisation der Arbeitsabläufe und die Erteilung von Arbeitsanweisungen sowie die Einrichtung von Kontrollen. Soweit Kontrollprozesse digital abgebildet werden oder automatisch erfolgen, muss der EDV-Einsatz umfassend durchgesetzt werden und die Anwender entsprechend geschult werden. Für die Überwachung digital abgebildeter interner Kontrollsysteme gilt, dass i.R.e. Softwareprüfung die Ordnungsmäßigkeit der Prozesse untersucht und ggf. eine Verfahrensdokumentation (§ 239 Rz 42f.) erstellt werden muss.
- Der Kfm. muss seinen **Aufsichtspflichten** nachkommen. Dazu sind uneingeschränkte **Kontrollrechte** erforderlich; der Kfm. muss sich stets das uneingeschränkte **Weisungsrecht** vorbehalten. Dies gilt insb. auch, wenn er die Buchführung auf Dritte auslagert. Weiter muss er in angemessenem Umfang eigene Kontrollen vornehmen. Dazu gehören zumindest eine **regelmäßige Durchsicht auf Plausibilität** und die Nachverfolgung und Beseitigung **festgestellter Fehler**. Für die Kontrolltätigkeit können auch automatische systeminterne Kontrollen oder externe Kontrollen (bspw. Massendatenanalysen)

sinkt. Weiter ermöglicht eine strikt regelgebundene Software auch die Bedienung durch normal qualifiziertes Personal, wenn durch den Softwareaufbau, das Berechtigungskonzept und ein funktionierendes Kontroll- und Fehlerbehebungssystems Fehlbedingungen auf ein Minimum reduziert oder vollständig ausgeschlossen werden.

> **Praxis-Beispiel**
> Der Einkäufer eines Unt verfügt über keine Buchhaltungskenntnis. Durch ein automatisches System kann er in die Lage versetzt werden, die Buchführung des Unt fehlerfrei vorzunehmen, wenn das Softwaresystem sachgerecht aufgebaut ist und über ausreichend automatische Kontrollen verfügt.
> Der Einkaufsbereich des Einkäufers sei der Kaffeehandel des Unt, für den eine eigene Kostenstelle angelegt ist. Über diese Kostenstelle hinaus verweigert das Bestellsystem aufgrund des Berechtigungskonzepts jedwede Bestellung, zudem darf er nur bei inländischen Lieferanten bestellen, was anhand der in den Stammdaten hinterlegten Länderangaben und der Umsatzsteuer-ID-Nummer geprüft wird. Das dafür vorgesehene Sachkonto ist für die Position „Rohkaffee" im System hinterlegt und kann nicht geändert werden. Die Bestelldaten werden an das Rechnungswesen und die Wareneingangsstelle über eine Schnittstelle weitergegeben. Auch der Wareneingang wird digital geprüft und mit einem digitalen „Frei"-Zeichen versehen. Die vom Lieferanten übermittelte elektronische Rechnung (bspw. im Format EDI, ZUGFeRD) wird softwaregestützt mit dem „Frei"-Vermerk aus dem Warenlager und den Bestelldaten abgeglichen. Soweit alles übereinstimmt, wird die Rechnung vollautomatisch gebucht und ohne weitere Prüfung in den Zahllauf übergeben. Bei Abweichungen wird die Rechnung an die prozessunabhängige Reklamationsabteilung weitergeleitet, die den Fall klärt und manuell bucht.
> Ein solcher Prozess hat ein deutlich höheres Sicherheitsniveau, als eine Buchung mittels künstlicher Intelligenz.

> **Tipp**
> Der Einsatz künstlicher Intelligenz bietet sich eher für unstrukturierte Prozesse, Geschäftsvorfälle, die nicht massenhaft auftreten und für kleinere Unt an. Die erforderliche Kompetenz zum Betrieb solcher Systeme muss bei Berufsträgern wie bspw. einem StB vorhanden sein. Im Übrigen führt das Outsourcing an einen StB dazu, dass eine umfassende Unternehmenskenntnis nicht vorhanden ist, die aber über die Lerndatei und die künstliche Intelligenz tw. kompensiert wird. Aber wichtig: Steuerberater haften für ihre Buchungsautomaten!

> **Hinweis**
> Das IDW hat mit EPS 861 „Prüfung von KI-Systemen" (Stand: 25.2.2022) einen Entwurf eines Prüfungsstandards veröffentlicht, der den prüferischen Umgang mit KI-Systemen regeln soll (gültig ab Beauftragung 28.2.2022). Die dort formulierten umfangreichen Voraussetzungen sind jedoch auch für die Bilanzierung relevant. Mit der Einführung von automatisierten Buchhaltungssystemen nähern sich die erforderlichen Kontrollerfordernisse, die dem Kfm. oder einem von ihm beauftragten StB obliegen, Techniken an, wie sie in der Abschlussprüfung – insbes. der IT- und Datenprüfung – Anwendung finden. Diese Anforderungen sind im Qualitätssicherungssystem einer Kanzlei zu verankern und entsprechend umzusetzen. Vor dem Hintergrund der umfangreichen Anforderungen dürfte dem Einsatz regelbasierter Prozesse einmal mehr der Vorzug vor dem Einsatz von KI zu geben sein.

Bei **Handelsgesellschaften** ist die Geschäftsführung der Ges. das für die Buchführung verantwortliche Organ (§ 114 HGB – ggf. i.V.m. § 161 Abs. 2 HGB –, § 91 AktG, § 41 GmbHG, § 6 EWIV-Ausführungsgesetz); bei **juristischen Personen, die Vollhafter einer Personengesellschaft sind** (bspw. GmbH & Co. KG), liegt die Verantwortung für die Buchführung beim geschäftsführenden Organ der juristischen Person. **59**

5.2 Ort der Buchführung

Das HGB trifft keine Regelung, an welchem **Ort** die nach §§ 238 ff. HGB vorgeschriebene Buchführung erfolgen muss. Deshalb bestehen handelsrechtlich keine Bedenken, die Buchführung bei Dritten oder im Ausland vornehmen zu lassen, wenn dort die handelsrechtlichen und sonstigen deutschen gesetzlichen Vorschriften sowie die GoB eingehalten werden. **60**

Zur **Sicherung der Besteuerung** hat jedoch der Steuergesetzgeber in § 146 Abs. 2 Satz 1 AO vorgeschrieben, dass die Handelsbücher grds. in Deutschland zu führen und aufzubewahren sind. Dies gilt nach § 146 Abs. 2 Satz 2 AO nicht für ausländische Betriebsstätten, wenn nach ausländischem Recht Bücher zu führen sind und der Kfm. dieser Pflicht nachkommt.[21] Mit dem Jahressteuergesetz 2009 hatte der Gesetzgeber diese Vorschrift gelockert und § 146 Abs. 2a AO eingefügt, nach dem – auf Antrag – die elektronischen Bücher und sonstigen elektronischen Aufzeichnungen in einem anderen EU-/EWR-Staat geführt werden dürfen, wenn mit diesem Staat eine Amtshilfevereinbarung besteht und der Zugriff der FinVerw auf die Buchführungsdaten sichergestellt ist.[22] Mit dem Jahressteuergesetz 2010 hat der Gesetzgeber auch die **Verlagerung der elektronischen Bücher und sonstigen elektronischen Aufzeichnungen in Länder außerhalb der EU/EWR** zugelassen und die Zustimmung der ausländischen Stelle zum Datenzugriff gestrichen. **61**

Die Vorschrift erlaubte und erlaubt nur die **Verlagerung der elektronischen Bücher und der sonstigen elektronischen Aufzeichnungen**, nicht jedoch die

---

21 Vgl. Kliem/Lewe, in Beck Bil-Komm., 14. Aufl. 2024, § 238 HGB Rz 138 ff.
22 Vgl. Lange/Regnier, DB 2009, S. 1256 f.

Verlagerung der Papierdokumentation. Immerhin ermöglicht die Vorschrift es damit bspw. internationalen Konzernen, ihre weltweite Buchführung auf einem ausländischen Server zu speichern.

> **Praxis-Beispiel**
> Ein ausländischer, börsennotierter Konzern setzt eine internationale Buchführungssoftware ein, die bei den Tochtergesellschaften einheitlich zum Einsatz kommt. Sämtliche Daten der elektronischen Buchführung liegen auf einem Server in den USA, die Buchhalter der weltweiten Tochtergesellschaften greifen über einen Cloud-Zugang darauf zu. Handelsrechtlich bestehen gegen eine Lagerung der elektronischen Buchhaltungsdaten in den USA normalerweise keine Bedenken.
> Steuerlich darf die Lagerung der elektronischen Buchführung in den USA nur mit Zustimmung des Finanzamts erfolgen. Papierbelege müssen weiter in Deutschland aufbewahrt werden. Deren Lagerung in den USA ist steuerlich unzulässig; mit dem ersetzenden Scannen bzw. den elektronischen Rechnungen wird diese Beschränkung faktisch bedeutungslos.

6 Grundsätze ordnungsmäßiger Konzernbuchführung

62 In der Praxis wird z. T. von **Konzernbuchführung** gesprochen. Es handelt sich hierbei jedoch nicht um eine Buchführung, sondern um die Bilanzierung von Konzernsachverhalten. Diese befasst sich mit der
- Festlegung der einzubeziehenden Jahresabschlüsse (Konsolidierungskreis),
- Anpassung der einbezogenen Jahresabschlüsse an die konzerneinheitlichen Ansatz- und Bewertungsvorschriften (HB II) und Fortschreibung der Anpassungsbuchungen,
- Umrechnung von Fremdwährungsabschlüssen,
- Kapitalkonsolidierung,
- Schuldenkonsolidierung,
- Zwischengewinneliminierung,
- Aufwands- und Ertragskonsolidierung,
- Ermittlung der im Konzernabschluss anzusetzenden latenten Steuern,
- der Ermittlung und Fortschreibung von konsolidierungsbedingten Anpassungen und
- der Erfassung und Fortschreibung von originären Konzerngeschäftsvorfällen.

63 Die Vorschriften zur Konzernrechnungslegung selbst nehmen keinen Bezug auf die **Buchführungspflichten** der §§ 238 ff. HGB und schreiben damit zunächst keine Konzernbuchführung vor.

64 Jedoch verlangt § 297 Abs. 2 Satz 2 HGB, dass der Konzernabschluss unter Beachtung der GoB ein den tatsächlichen Verhältnissen entsprechendes Bild der Vermögens-, Finanz- und Ertragslage vermittelt. In Art. 27 Abs. 1 EGHGB spricht der Gesetzgeber von einer Einbeziehung in den Konzernabschluss entsprechend der **Grundsätze ordnungsmäßiger Konzernbuchführung**; in § 342q Abs. 2 HGB hat der Gesetzgeber für die Verlautbarungen des DRSC die Vermutung formuliert, dass es sich um Grundsätze ordnungsmäßiger Konzernbuchführung handelt, wenn die Verlautbarungen vom BMJ bekannt gemacht worden sind.

Der Auffassung,[23] die **GoB für die Buchführung seien auf den Konzernabschluss analog anzuwenden, kann nicht uneingeschränkt zugestimmt werden.** Der Gesetzgeber bezeichnet mit dem Begriff Buchführung die laufende Aufzeichnung von Geschäftsvorfällen bzw. die Inventur – in Abgrenzung zu Aufzeichnungen, die für die Erstellung eines Jahresabschlusses anzufertigen sind, also nicht laufend, sondern nur innerhalb der Aufstellungsfristen erfolgen müssen. Der Konzernabschluss nach HGB erfordert jedoch keine laufenden Aufzeichnungen und auch keine Inventur konzernspezifischer Vermögensgegenstände oder Schulden, da es sich um rechnerische Posten handelt, die keiner Inventurpflicht unterliegen. Lediglich nach IFRS ist als seltener Ausnahmefall bspw. eine zeitnahe Designation für das Hedge Accounting (die Bilanzierung von Sicherungsbeziehungen) auf Konzernebene vorgeschrieben, wobei sich nur bei abweichender Behandlung der Sicherungsbeziehung im IFRS-Einzel- und IFRS-Konzernabschluss ein originärer Konzerngeschäftsvorfall ergibt (IAS 39.88). Für solche originären Konzerngeschäftsvorfälle gelten die in den §§ 238–241 HGB kodifizierten GoB analog.

65

Deshalb formuliert der Gesetzgeber nicht präzise, wenn er von Grundsätzen ordnungsmäßiger Konzernbuchführung spricht – gemeint sind **Grundsätze ordnungsmäßiger Konzernbilanzierung**.

Die GoB sind wie folgt in eingeschränktem Umfang auf die Konzernbilanzierung übertragbar: Auch Abschlussbuchungen für den Konzernabschluss müssen die Anforderung der **Nachvollziehbarkeit** erfüllen (§ 239 Rz 15 ff.), weswegen sie dem Grundsatz der **Geordnetheit** (§ 239 Rz 27) entsprechen müssen. **Abkürzungen** müssen erläutert und eine **lebende Sprache** verwendet werden (§ 239 Rz 5 ff.). Diese formalen Grundsätze gelten in gleicher Weise für die laufende Buchführung wie für die Bilanzierung. Unterschiede zeigen sich jedoch beim Grundsatz der **Zeitgerechtigkeit** nach § 239 Abs. 2 HGB (§ 239 Rz 22). Dieser gilt für die laufende Buchführung, nicht jedoch für die Inventur und die Bilanzierung. Die 30-Tage-Frist (§ 239 Rz 26) ist für die Abschlussbuchungen für den Konzernabschluss nicht umsetzbar. Für die Abschlussbuchungen ist lediglich zu fordern, dass sie **vor der Aufstellung des Konzernabschlusses** vorgenommen wurden. Für das **Vollständigkeitserfordernis** des § 239 Abs. 2 HGB gelten für die Konzernbuchführung großzügigere Regeln wie für die Buchführung: § 296 Abs. 2 HGB erlaubt die Nichteinbeziehung unwesentlicher TU, ebenso gelten für die Schuldenkonsolidierung in § 303 Abs. 2 HGB, für die Zwischengewinneliminierung in § 304 Abs. 2 HGB, für die Aufwands- und Ertragskonsolidierung in § 305 Abs. 2 HGB und für die einheitliche Bewertung in § 308 Abs. 2 Satz 3 HGB Wesentlichkeitshürden, während in der Buchführung alle – auch unbedeutende Geschäftsvorfälle – zu erfassen sind. Für die **Richtigkeit** der Konzernbuchführung kann ebenfalls nur ein am Wesentlichkeitsgrundsatz angelehnter Maßstab gelten.

66

IDW RS HFA FAIT 4 befasst sich mit der Ordnungsmäßigkeit der **IT-gestützten Konzernbuchführung**. An die Ordnungsmäßigkeit eines IT-Prozesses sind

---

[23] Vgl. ADS, Rechnungslegung und Prüfung der Unternehmen, 6. Aufl. 1995–2001, § 238 HGB Rz 54 f. (in Neuauflage nicht mehr enthalten).

andere Anforderungen zu stellen als an die Konzernbilanzierung, da die Ordnungsmäßigkeit eines Systems, nicht die Ordnungsmäßigkeit eines Konzernabschlusses zu beurteilen ist. Die an ein IT-System zu stellenden, strengeren Anforderungen können nicht auf die Konzernbilanzierung übertragen werden. Der begrifflichen Gleichsetzung von Zeitgerechtigkeit und Periodengerechtigkeit kann auch aus IT-Sicht nicht gefolgt werden.

7 Aufbewahrungspflicht einer Kopie der abgesandten Handelsbriefe (Abs. 2)

67 § 238 Abs. 2 HGB schreibt die **Zurückbehaltung einer Kopie der abgesandten Handelsbriefe** vor. An diese Vorschrift zur Zurückbehaltung knüpfen die Aufbewahrungsfristen des § 257 HGB an (§ 257 Rz 8). Zum Begriff **Handelsbrief** vgl. § 257 Rz 13. Zum Begriff **vollständige Kopie** bzw. zur **Aufbewahrung auf Datenträgern** vgl. § 257 Rz 17 ff.

§ 239 Führung der Handelsbücher

(1) ¹Bei der Führung der Handelsbücher und bei den sonst erforderlichen Aufzeichnungen hat sich der Kaufmann einer lebenden Sprache zu bedienen. ²Werden Abkürzungen, Ziffern, Buchstaben oder Symbole verwendet, muß im Einzelfall deren Bedeutung eindeutig festliegen.

(2) Die Eintragungen in Büchern und die sonst erforderlichen Aufzeichnungen müssen vollständig, richtig, zeitgerecht und geordnet vorgenommen werden.

(3) ¹Eine Eintragung oder eine Aufzeichnung darf nicht in einer Weise verändert werden, daß der ursprüngliche Inhalt nicht mehr feststellbar ist. ²Auch solche Veränderungen dürfen nicht vorgenommen werden, deren Beschaffenheit es ungewiß läßt, ob sie ursprünglich oder erst später gemacht worden sind.

(4) ¹Die Handelsbücher und die sonst erforderlichen Aufzeichnungen können auch in der geordneten Ablage von Belegen bestehen oder auf Datenträgern geführt werden, soweit diese Formen der Buchführung einschließlich des dabei angewandten Verfahrens den Grundsätzen ordnungsmäßiger Buchführung entsprechen. ²Bei der Führung der Handelsbücher und der sonst erforderlichen Aufzeichnungen auf Datenträgern muß insbesondere sichergestellt sein, daß die Daten während der Dauer der Aufbewahrungsfrist verfügbar sind und jederzeit innerhalb angemessener Frist lesbar gemacht werden können. ³Absätze 1 bis 3 gelten sinngemäß.

Inhaltsübersicht	Rz
1 Überblick	1–4
2 Die kodifizierten Grundsätze ordnungsmäßiger Buchführung.	5–30
2.1 Lebende Sprache (Abs. 1 Satz 1)	5–13
2.2 Abkürzungen, Ziffern, Buchstaben und Symbole (Abs. 1 Satz 2)	14
2.3 Vollständigkeit (Abs. 2)	15–17
2.4 Richtigkeit (Abs. 2)	18–21
2.5 Zeitgerechte Erfassung (Abs. 2)	22–29
2.6 Geordnetheit (Abs. 2)	30
3 Unveränderlichkeit (Abs. 3)	31–36
4 Führung der Handelsbücher (Abs. 4 Satz 1)	37–55
4.1 Einführung	37
4.2 Belegbuchführung	38
4.3 Datenträger-/EDV-Buchführung	39–55
5 Verfügbarkeit und Lesbarmachung (Abs. 4 Satz 2)	56–60

1 Überblick

§ 239 HGB regelt für Kfl. Einzelheiten zur Führung der Handelsbücher; für Nichtkaufleute enthält § 146 AO nahezu inhaltsgleiche Anforderungen. § 239 HGB enthält folgende Regelungen:

- Abs. 1 regelt die **Sprache**, in der die Bücher zu führen sind (Rz 5 f.), und benennt Voraussetzungen für die Verwendung von **Abkürzungen** u. a. (Rz 14),
- Abs. 2 enthält Vorschriften zu den **formalen Anforderungen an die Eintragungen** in den Handelsbüchern (Rz 15 f.),
- Abs. 3 verlangt die **Unveränderlichkeit der Eintragungen** in den Handelsbüchern (Rz 31 f.) und
- Abs. 4 erlaubt die Führung von Handelsbüchern als **geordnete Ablage** (Rz 38) oder **auf Datenträgern** (Rz 39 f.).

2 Die Vorschrift des § 239 HGB enthält also Vorgaben zur **äußeren Form** der Handelsbücher.

3 Zum Normenzusammenhang der Vorschrift zu den §§ 238, 240–241a HGB vgl. § 238 Rz 6.

4 Zum **Anwendungsbereich** der Vorschrift vgl. § 238 Rz 1. Betreffend **Wegfall der Pflicht zur Führung von Handelsbüchern** vgl. § 241a Rz 4.

2 Die kodifizierten Grundsätze ordnungsmäßiger Buchführung

2.1 Lebende Sprache (Abs. 1 Satz 1)

5 § 239 Abs. 1 Satz 1 HGB schreibt vor, dass der Kfm. seine Handelsbücher in einer **lebenden Sprache** führen muss. Im Normalfall wird ein nach HGB buchführungspflichtiger Kfm. seine Handelsbücher allein schon aus praktischen Erwägungen heraus in **deutscher Sprache** führen. Die Vorschrift lässt aber auch zu, dass der Kfm. seine Handelsbücher in einer Fremdsprache führt. Soweit er sich einer **Fremdsprache** bedient, kann die FinVerw nach § 146 Abs. 3 Satz 2 AO auf Kosten des Kfm. die Vorlage von Übersetzungen verlangen.

6 Sinn und Zweck dieser Vorschrift ist es, dem Kfm. die Benutzung seiner **Muttersprache** zu erlauben, um ihm die Führung der Handelsbücher und die Selbstinformation über die Lage seines Unt. zu erleichtern.[1]

Die **sorbische (wendische) Sprache** ist in den sorbischen Heimatkreisen in Sachsen (Landkreise Bautzen und Görlitz) bzw. dem angestammten Siedlungsgebiet in Brandenburg (Cottbus, Landkreise Dahme-Spreewald, Oberspreewald-Lausitz und Spree-Neiße) der deutschen Sprache gleichgestellt und darf ohne Kosten- und sonstige Nachteile vor deutschen Behörden verwendet werden (§ 8 SächsSorbG, § 9 SWG). Dies muss auch für die Buchführung gelten. Als lebende Sprache ist ihre Verwendung stets auch außerhalb der genannten Gebiete zulässig, es greift jedoch dann keine Regelung zum Kostenschutz mehr. Für den Jahresabschluss darf die sorbische Sprache nicht verwendet werden (Rz 13).

> **Praxis-Beispiel**
> Der japanische Kfm. J kommt nach Düsseldorf und eröffnet ein Reisebüro, das sich auf Reiseangebote für die dort ansässigen Japaner spezialisiert. Der Kfm. J spricht nur japanisch. Er darf seine Handelsbücher in japanischer Sprache führen.

---

[1] Vgl. Drüen, in Tipke/Kruse, AO FGO, § 146 AO Rz 53.

Der Kfm. darf aber auch eine **andere Fremdsprache** wählen;[2] dies kann zweckmäßig sein, um bspw. die Kontrolle durch ein ausländisches MU durch eine konzernweit einheitliche Sprache in der Buchführung zu erleichtern.

> **Praxis-Beispiel**
> Die D-GmbH ist eine Vertriebstochter der UK Ltd. in London, hat nur im Vertrieb tätige Geschäftsführer und Angestellte und lässt die Buchführung durch einen deutschen StB erledigen. Damit der Beteiligungscontroller in England die Eintragungen in der Buchführung durch den StB nachvollziehen kann, hat er ihm nach § 239 Abs. 1 Satz 1 HGB zulässigerweise den Auftrag erteilt, für die Buchführung die englische Sprache zu verwenden.

Bei der Wahl der Sprache gelten **grds. keine Beschränkungen**. Es besteht auch keine Bindung an die Sprache eines MU oder TU bzw. einer ausländischen Zweigniederlassung.[3]

> **Praxis-Beispiel**
> Eine in Deutschland neu gegründete GmbH führt ihre Handelsbücher in englischer Sprache, obwohl sie keine ausländischen Zweigniederlassungen hat und keine Geschäftsaktivitäten mit dem Ausland unterhält. Der Gesellschaftszweck sieht jedoch eine Expansion des Geschäfts ins Ausland vor, weshalb sich die Ges. von vornherein entschieden hat, die gesamten Bücher der Ges. in einer Weltsprache zu führen.

Es ist zulässig und in vielen Fällen sogar unvermeidbar, die Buchführung eines Unt in **mehreren lebenden Sprachen** zu führen – die Formulierung in § 239 Abs. 1 HGB „eine (…) lebende Sprache" ist nicht so auszulegen, dass nur eine unternehmenseinheitliche Sprache für die gesamte Buchführung zulässig ist. Es ist stets zulässig, eine **Niederlassungsbuchführung** in der jeweiligen Landessprache zu führen.

> **Praxis-Beispiel**
> Die deutsche M-GmbH hat ihren Sitz in Meißen. Daneben hat die M-GmbH eine Zweigniederlassung in Arita (Japan).
> Die Buchführung in Meißen erfolgt in deutscher Sprache, für die Niederlassungsbuchführung in Arita verwendet die Ges. die dortige Landessprache – also das Japanische –, da die Buchhalter vor Ort nur japanisch sprechen. Die Führung der Handelsbücher der Ges. in deutscher und japanischer Sprache ist nach § 239 Abs. 1 HGB zulässig, da es sich um lebende Sprachen handelt.
> Der Jahresabschluss der M-GmbH muss dagegen nach § 244 HGB in deutscher Sprache aufgestellt werden.

---

[2] Vgl. Kliem/Lewe, in Beck Bil-Komm., 14. Aufl. 2024, § 239 HGB Rz 5; a.A. Kußmaul, in Küting/Weber, HdR-E, § 239 HGB Rz 2, Stand: 6/2022.

[3] Vgl. Niederberger, in Anzinger/Oser/Schlotter, Rechnungslegung und Prüfung, Tb. 1, 7. Aufl., 2023, § 239 HGB Rz 35; a.A. Kußmaul, in Küting/Weber, HdR-E, § 239 HGB Rz 2, Stand: 6/2022.

10 Die Verwendung unterschiedlicher Sprachen in einer Buchführung darf jedoch nicht in einer solchen Weise erfolgen, dass die **Nachvollziehbarkeit** (§ 238 Rz 40) der Buchführung grundlegend beeinträchtigt wird; dennoch ist die Verwendung mehrerer Sprachen zulässig.

> **Praxis-Beispiel**
> Ein deutsches Unt unterhält Niederlassungen in Belgien. Die Buchhaltungsabteilung ist in Liège (BE) ansässig und verwendet die französische Sprache. Die Niederlassung in Antwerpen bucht ihre Ausgangsrechnungen selbst und verwendet dafür die niederländische Sprache. Die monatlichen Abgrenzungen und Umlagen bucht die Zentrale in Deutschland in deutscher Sprache. Die Verwendung unterschiedlicher Sprachen ist zulässig – im Übrigen sind Französisch, Niederländisch und Deutsch offizielle Landessprachen in Belgien.

11 Abzulehnen ist eine **willkürliche Wahl** einer Sprache. Willkürlich ist die Wahl einer Sprache, wenn es für die Wahl keine sachlichen Gründe gibt oder die Wahl der Sprache treuwidrig ist. Nach der hier vertretenen Auffassung ist es unzulässig, dass der Kfm. eine Fremdsprache für die Buchführung verwendet, um bspw. einem Kommanditisten die Einsichtsrechte in die Buchführung nach § 166 Abs. 1 HGB zu erschweren. Es ist auch nicht mit der Sorgfaltspflicht eines Kfm. vereinbar, wenn durch Verwendung einer Fremdsprache hohe Übersetzungskosten bspw. bei Betriebsprüfungen anfallen. Die Auffassung, ein deutscher Kfm. dürfe für seine deutsche Buchführung nur die deutsche Sprache verwenden,[4] ist zu restriktiv und übersieht, dass der Kfm. ein berechtigtes Interesse an der Verwendung einer Fremdsprache haben kann (Rz 8).

12 Nicht zulässig ist die Verwendung einer „**toten**" **Sprache**. Der Gesetzgeber hat nicht bestimmt, was er als „tote" Sprache versteht. Dazu gehören nach allgemeiner Auffassung Latein, Altgriechisch und sonstige historische, nicht mehr gesprochene Sprachen; dazu gehören auch Kunstsprachen wie Esperanto, Kurzschrift oder Programmiersprachen.[5] Keine tote Sprache ist das Hebräische.[6] Ob auch Dialekte, sterbende Sprachen oder exotische Sprachen dem Gedanken der lebenden Sprache entsprechen, ist in der Literatur nicht abschließend geklärt.[7] Jedoch spricht vieles dafür, eine (noch) lebende Sprache dann wie eine „tote" Sprache zu behandeln, wenn es faktisch unmöglich ist, innerhalb angemessener Zeit eine Übersetzung oder einen Dolmetscher (bspw. wegen § 146 Abs. 3 Satz 2 AO) zu beschaffen, da ein solcher Umstand die Nachvollziehbarkeit behindert

---

[4] Vgl. Kußmaul, in Küting/Weber, HdR-E, § 239 HGB Rz 2, Stand: 6/2022.
[5] Vgl. Kliem/Lewe, in Beck Bil-Komm., 14. Aufl. 2024, § 239 HGB Rz 5; Drüen, in Tipke/Kruse, AO FGO, § 146 AO Rz 52.
[6] Vgl. Drüen, in Tipke/Kruse, AO FGO, § 146 AO Rz 52.
[7] Bejahend: vgl. Drüen, in Tipke/Kruse, AO FGO, § 146 AO Rz 52, der in diesem Zusammenhang ausführt, dass eine Sprache nicht so weit verbreitet sein müsse, dass jederzeit ein Dolmetscher kurzfristig erreichbar sei, es aber offenlässt, wie der Fall zu behandeln ist, wenn ein Dolmetscher nur schwer oder überhaupt nicht erreichbar ist; kritisch Niederberger, in Anzinger/Oser/Schlotter, Rechnungslegung und Prüfung, Tb. 1, 7. Aufl., 2023 § 239 HGB Rz 34; a.A. Kliem/Lewe, in Beck Bil-Komm., 14. Aufl. 2024, § 239 HGB Rz 5.; Hoffmann/Lüdenbach, NWB-Kommentar Bilanzierung, 15. Aufl. 2023, § 239 HGB Rz 2 gehen davon aus, dass eine tote Sprache sei, welche von niemandem als Muttersprache gesprochen wird.

und der Beweiskraft der Buchführung nach § 258 HGB entgegensteht.[8] Die Forderung einer jederzeitigen Verfügbarkeit eines Dolmetschers oder Übersetzers ist zu restriktiv. Eine (noch) lebende Sprache ist nach der hier vertretenen Auffassung einer toten Sprache gleichzustellen, wenn die Sprache für Dinge des täglichen Geschäftslebens keine Begriffe vorhält, also **keine allgemeine Sprachfortentwicklung** (bspw. auch mittels Lehnwörter) mehr stattfindet. Nach diesem Maßstab sind Dialekte i.d.R. als lebende Sprachen einzustufen, exotische oder sehr seltene Sprachen dann als tote Sprachen einzustufen, wenn die allgemeine Sprachfortentwicklung beendet ist.

Keine freie Sprachwahl hat der Kfm. dagegen beim gesetzlichen **Jahres- und Konzernabschluss** nach HGB bzw. **Einzel- und Konzernabschluss** nach IFRS; diese sind stets in deutscher Sprache aufzustellen (§ 244 Rz 4, § 298 Rz 8, § 315e Rz 17, § 325 Rz 54). Bei der **Offenlegung** des Jahresabschlusses einer ausländischen KapG mit Zweigniederlassung in Deutschland ist nach § 325a HGB eine Offenlegung in **englischer Sprache** zulässig (§ 325a Rz 39).

13

2.2 Abkürzungen, Ziffern, Buchstaben und Symbole (Abs. 1 Satz 2)

Die Verwendung von **Abkürzungen, Ziffern, Buchstaben und Symbolen** ist grds. zulässig;[9] soweit diese allgemein verständlich sind, unterliegt deren Anwendung keinen Einschränkungen. Soweit diese nicht allgemein verständlich sind, ist ein Abkürzungsverzeichnis anzulegen. Dieses unterliegt dann als Teil der Buchführung den Aufbewahrungs- und Beweissicherungsvorschriften der §§ 257–261 HGB. Nicht zulässig ist es jedoch, die gesamte Buchführung in Kurzschrift zu führen. Insb. moderne, komplexe Buchführungsprogramme kennzeichnen Buchungsvorgänge durch Abkürzungen, Buchungsschlüssel, Buchstaben oder Zahlen, die in der Programmdokumentation vollständig erläutert sein müssen.

14

> **Praxis-Beispiel**
> Der Kfm. hat sein Buchführungsprogramm so programmieren lassen, dass offene Forderungen aus L&L, die älter als sechs Monate sind, automatisch um 50 % einzelwertberichtigt werden. Das Programm vermerkt dabei als Buchungstext die Abkürzung „EWB6M50 %". Diese Abkürzung muss in der Programmdokumentation erläutert werden.

2.3 Vollständigkeit (Abs. 2)

Die Buchführung muss **vollständig** sein; es gilt der Grundsatz „kein Beleg ohne Buchung", also die Verpflichtung zur lückenlosen Erfassung aller Geschäftsvorfälle.[10] An die erfassten Geschäftsvorfälle knüpfen dann die Aufbewahrungsvorschriften der §§ 257f. HGB an (§ 257 Rz 10).

15

---

[8] Vgl. Kliem/Lewe, in Beck Bil-Komm., 14. Aufl. 2024, § 239 HGB Rz 5; Kußmaul, in Küting/Weber, HdR-E, § 239 HGB Rz 2, Stand: 6/2022.

[9] Vgl. ADS, Rechnungslegung und Prüfung der Unternehmen, 6. Aufl. 1995–2001, § 239 HGB Rz 12, 15; Kliem/Lewe, in Beck Bil-Komm., 14. Aufl. 2024, § 239 HGB Rz 8; Drüen, in Tipke/Kruse, AO FGO, § 146 AO Rz 56; IDW RS FAIT 1.39.

[10] Zur steuerlichen Anknüpfung an die Verfolgbarkeit in der Buchführung vgl. Siewert, in Frotscher/Geurts, EStG, § 6b EStG Rz 99, Stand: 3/2024.

> **Praxis-Beispiel**
> Der Kfm. betreibt eine Gaststätte. Einen Teil der Umsätze bucht er ein, den Rest steckt er „schwarz" ein. Die Buchführung des Kfm. ist unvollständig, da seine Umsätze nicht lückenlos in seinen Handelsbüchern verzeichnet sind.

16 Zur Sicherung der Vollständigkeit muss der Kfm. ein **internes Kontrollsystem** einrichten, das für die vollständige Erfassung aller Geschäftsvorfälle sorgt.[11]

17 Die Vollständigkeit der Buchführung ist jedoch dadurch begrenzt, dass **nur Geschäftsvorfälle** gebucht werden müssen.[12] Chancen, Risiken, Möglichkeiten oder Umstände, die zwar den Wert eines Unt wesentlich beeinflussen können, aber zu keinem Geschäftsvorfall geführt haben (und auch keine Rückstellung oder Abschreibung erfordern), werden durch die Buchführung nicht erfasst.

2.4 Richtigkeit (Abs. 2)

18 Die Forderung nach **Richtigkeit der Buchführung** bezieht sich auf Dokumente, Belege, Geschäftsvorfälle, Buchungen und Konten. Richtig bedeutet, dass der Gegenstand der Geschäftsvorfälle zutreffend abgebildet und die Buchung der Technik nach richtig vorgenommen wird.[13] Es ist nicht zulässig, fiktive Buchungen vorzunehmen.

> **Praxis-Beispiel**
> Der Kfm. lässt sich zum Jahresende eine Rechnung über eine nicht empfangene Leistung ausstellen. In der Rechnung ist der Vorgang so dargestellt, als sei die Leistung bereits empfangen worden. Der Kfm. bucht sofort Aufwand – dies ist eine fiktive Buchung, da kein Geschäftsvorfall vorliegt. Im Folgejahr empfängt er die Leistung; eine Buchung nimmt er nicht mehr vor. Der Vorgang ist in beiden Gj nicht richtig dargestellt.

19 Die Sicherstellung der Richtigkeit wird durch die Automatisierung der Buchführung eine neue Qualität erhalten. Die Softwarehersteller programmieren derzeit sog. **Buchungsautomaten**. Darunter ist eine Buchhaltungssoftware zu verstehen, die über Lernprogramme hinaus durch den Einsatz künstlicher Intelligenz Buchführungsaufgaben autonom und aus Fehlern lernend erledigen kann. Es kann nicht ausgeschlossen werden, dass sich die Rechnungslegungssoftware nicht zutreffend verhält, sich ein unzutreffendes Buchungsverhalten antrainiert oder antrainiert wird und deshalb systematisch Buchungsfehler macht. Der Einsatz eines Buchungsautomaten enthebt den Kfm. nicht von seiner Verpflichtung, die Richtigkeit der Buchführung sicherzustellen. Der Kfm. hat deshalb bei Einführung des Buchungsautomaten sein internes Kontrollsystem so anzupassen, dass es wirksam verhindert, dass in wesentlichem Umfang Buchungsfehler auftreten und unerkannt bleiben.

---

[11] Vgl. Niederberger, in Anzinger/Oser/Schlotter, Rechnungslegung und Prüfung, Tb. 1, 7. Aufl., 2023, § 239 HGB Rz 53; Quick/Wolz, in Baetge/Kirsch/Thiele, Bilanzrecht, § 239 HGB Rz 22, Stand: 3/2020.
[12] Vgl. Moxter, Bilanzlehre, Bd. II, 3. Aufl. 1986, S. 9.
[13] Vgl. Quick/Wolz, in Baetge/Kirsch/Thiele, Bilanzrecht, § 239 HGB Rz 25, Stand: 3/2020.

Bei Betriebsprüfungen werden Buchhaltungsdaten z. T. mittels Massendatenprüfungen auf ihre Richtigkeit – oder vielmehr auf Auffälligkeiten – hin untersucht. Dabei kommen „Prüfverfahren" wie bspw. der **Benford-Test** oder **Chi-Quadrat-Test** zum Einsatz. Zeigen diese Tests auffällige Werte, wird dies tw. als Verstoß gegen das Richtigkeitsgebot der Buchführung aufgefasst. Es stellt sich deshalb die Frage, ob es so etwas wie eine **„digitale Richtigkeit"** der Buchführung gibt.

20

Das **Benford-Gesetz**[14] beruht auf der Auswertung einer großen Zahlenmenge und kommt zu dem Ergebnis, dass die Anfangsziffern von Zahlen ungleich verteilt sind. Nach Benford ist dabei die 1 die häufigste Anfangsziffer. Die übrigen Anfangsziffern bis zur 9 kommen dabei mit stetig abnehmender Wahrscheinlichkeit vor. Eine vom Menschen „zufällig" gewählte Verteilung weicht dagegen von der „natürlichen" Verteilung nach Benford ab. Wird die Buchführung bspw. manipuliert, kann es zu auffälligen Abweichungen vom Benford-Gesetz kommen. Betriebsprüfer machen sich diese Erkenntnis bei der Datenprüfung zunutze. Es könnte deshalb angenommen werden, dass eine Abweichung vom Benford-Gesetz per se ein Verstoß gegen die Richtigkeit der Buchführung darstellt.

> **Praxis-Beispiel**
> Die Datenauswertung eines Internet-Shops ergibt, dass die Anfangsziffern des Bestellwerts auffällig sind. Die Anfangsziffern 2 und 5 kommen auffällig häufig vor, die Anfangsziffer 1 ungewöhnlich selten. Der Betriebsprüfer legt dieses Prüfungsergebnis in der Schlussbesprechung vor und verlangt eine Erklärung.
> Für diese Auffälligkeit gibt es eine plausible Erklärung, die den Verdacht einer Manipulation ausräumt. Für Einkäufe unter 20,00 EUR wird vom Internet-Shop ein Mindermengenzuschlag von 5,00 EUR erhoben, weswegen viele Kunden weitere Artikel kaufen, bis die 20,00 EUR-Grenze erreicht oder überschritten ist. Deshalb kommt die 2 als Anfangsziffer ungewöhnlich häufig vor, die Anfangsziffer 1 dagegen so gut wie gar nicht. Dies gilt in gleicher Weise für die 5, da ab einem Bestellwert von 50,00 EUR die Versandkostenpauschale von 3,50 EUR entfällt.

Der **Chi-Quadrat-Test**[15] beruht ebenfalls auf der Erkenntnis, dass Menschen unbewusst Zahlen vorziehen oder meiden und damit manipulierte Zahlen nicht der „natürlichen" Zahlenverteilung entsprechen.

Festzuhalten ist, dass es eine „digitale Richtigkeit" der Buchführung nicht gibt. Es gibt keinen zwingenden sachlogischen Zusammenhang, der von einer Auffälligkeit nach dem Chi-Quadrat-Test oder Benford-Test auf eine Manipulation und damit die fehlende Richtigkeit der Buchführung schließen lässt. Vielmehr ist eine Auffälligkeit lediglich ein Indiz, aber ohne weitere Nachweise kann die Ordnungsmäßigkeit der Buchführung nicht in Frage gestellt werden.

---

14 Klindwort, Handbuch der Datenprüfung, 2006, S. 68f., 81f.; Goldshteyn/Gabriel/Thelen, Massendatenanalysen in der Jahresabschlussprüfung, 2013, S. 218.

15 Klindwort, Handbuch der Datenprüfung, 2006, S. 68f., 81f.; Goldshteyn/Gabriel/Thelen, Massendatenanalysen in der Jahresabschlussprüfung, 2013, S. 218.

Wie dargestellt kann eine auffällige Buchhaltung vollständig richtig sein. Im Übrigen kann auch eine manipulierte Buchführung die Tests ohne Beanstandung durchlaufen, da diese Tests erst ab einem bestimmten Auffälligkeitsniveau anschlagen. Dies gilt für einmalige Manipulationen ebenso wie auch für systematische Manipulationen.

21 Auch zur Sicherung der Richtigkeit muss der Kfm. ein angemessenes **internes Kontrollsystem** einrichten.

2.5 Zeitgerechte Erfassung (Abs. 2)

22 Der Kfm. muss die Eintragungen in seinen Büchern und die sonst erforderlichen Aufzeichnungen **zeitgerecht** vornehmen.[16]

23 Was noch zeitgerecht ist, schreibt das Gesetz nicht ausdrücklich vor. Bei der Auslegung des Begriffs „zeitgerecht" ist deshalb auf den Sinn und Zweck der Vorschrift abzustellen. Die zeitgerechte Buchführung soll sicherstellen,
- dass der Kfm. sich kurzfristig einen Überblick über seine wirtschaftlichen Verhältnisse verschaffen kann,
- dass eine nachträgliche Verfälschung der Bücher verhindert wird und
- dass die Buchführung nicht in Unordnung gerät.

Die Frage der Zeitgerechtigkeit ist deshalb eine Frage des Einzelfalls und hängt wesentlich von der **Manipulations- und Verlustanfälligkeit, dem Umfang und der Komplexität der Buchführung** sowie der **wirtschaftlichen Lage** des Unternehmens ab.

> **Praxis-Beispiel**
> Der Kfm. hat bisher seine Buchführung für den gesamten Monat am Monatsende erledigt. Dies war wegen der guten Wirtschaftslage und der Größe des Geschäfts bisher als zeitgerecht anzusehen.
> Aufgrund des Ausfalls einer großen Forderung gerät der Kfm. in Zahlungsschwierigkeiten; die Banken drohen mit Kreditkündigung. Es ist nun nicht mehr sachgerecht, dass der Kfm. solange zuwartet, da er die geltenden Fristen für die Insolvenzanmeldung nicht mehr rechtzeitig einhalten könnte.

24 § 146 Abs. 1 Satz 2 AO a.F. schrieb bisher vor, dass **Kassenvorgänge täglich** festgehalten werden **sollen**. Mit dem Gesetz zum Schutz vor Manipulationen an digitalen Grundaufzeichnungen vom 22.12.2016 wurde nunmehr in § 146 Abs. 1 Satz 2 AO n.F. geregelt, dass Kassenvorgänge täglich festzuhalten **sind**. Damit besteht nunmehr steuerlich eine **Pflicht zur täglichen Kassenführung**. Zur täglichen Führung genügt ein täglicher Eintrag im Kassenbuch – die zusätzliche EDV-mäßige Erfassung kann später erfolgen. Zur Frage der Zeitgerechtigkeit und Unveränderlichkeit bei ausschl. elektronischer Kassenführung wird auf Rz 36 verwiesen. Die Pflicht zur täglichen Erfassung von umfangreichen Kassen und mit Bareinnahmen ist handels- wie steuerrechtlich unstritten. Fraglich ist aber, ob diese strengen Vorschriften auch für sog. **„Erstattungskassen"** gelten, also Kleinkassen, die nur zur Rückerstattung von Barauslagen gegen Quittungseinrei-

---

[16] Vgl. Niederberger, in Anzinger/Oser/Schlotter, Rechnungslegung und Prüfung, Tb. 1, 7. Aufl., 2023, § 239 HGB Rz 60 f.

chung dienen.17 Bareinnahmen sind in solchen Kassen fast nie zu verzeichnen. Nach alter Rechtslage konnte die Frage gestellt werden, ob die Anordnung „sollen" als Pflicht zu verstehen war oder weiter ausgelegt werden durfte. Nach neuer Rechtslage ist auch die Führung unbedeutender Kassen zwingend täglich vorzunehmen. Nach der hier vertretenen Auffassung ist eine nicht tägliche Führung reiner „Erstattungskassen" nur als formalen Verstoß gegen die (steuerlichen) GoB aufzufassen.

Die Buchführung muss also stets so zeitgerecht sein, dass der Kfm. solche Vorschriften erfüllen kann, die an die Zeitgerechtigkeit der Buchführung anknüpfen. Dies sind bspw. die Vorschriften zur **Insolvenzanmeldung** (§§ 17, 18 InsO), zur Anzeige des **hälftigen Verzehrs des Stammkapitals** (z. B. § 49 Abs. 3 GmbHG) und zur rechtzeitigen Anmeldung von **Sozialabgaben** sowie der **Lohn- und Umsatzsteuer**. 25

Die Erfassung von Geschäftsvorfällen in der laufenden Buchführung muss **nicht unmittelbar** erfolgen; die Zeitgerechtigkeit ist dabei in Abhängigkeit von der Größe des Unt zu beurteilen – bei großen Unternehmen ist normalerweise eine Erfassung innerhalb weniger Tage erforderlich (im Normalfall max. zehn Tage), bei kleineren, wirtschaftlich soliden Unt kann die Erfassung bis **höchstens einen Monat** aufgeschoben werden; bei einem Buchungsrückstand von mehr als einem Monat ist im Regelfall von einer nicht mehr zeitgerechten, also einer formal nicht mehr ordnungsmäßigen Buchführung auszugehen. Bei einer **Buchführung durch Dritte** – bspw. durch einen StB – erfolgt eine Erfassung im Buchführungssystem oft erst später; dies ist kein Verstoß gegen den Grundsatz der zeitgerechten Erfassung, wenn der Kfm. seinen Buchführungspflichten (in der Zwischenzeit) bspw. durch geordnete Ablage nachkommt.18 26

Im Einzelfall kann aber auch eine **kürzere Erfassungsfrist geboten** sein.

> **Praxis-Beispiel**
> Ein Ekfm unterhält ein Day-Trading-Konto, auf dem er betriebliche und private Spekulationsgeschäfte ausführt. Ein gemeinsames Konto kann hier nur geführt werden, wenn vor der Ausführung des Geschäfts eine eindeutige und unveränderliche Zuordnung getroffen wird. Selbst eine Erfassung noch am gleichen Tag (wie bei Bargeschäften) würde nicht ausreichen, um eine nachträgliche, willkürliche Zuordnung zum Privat- oder Betriebsvermögen auszuschließen.

Die Frage der Zeitgerechtigkeit wird aktuell durch die Stellungnahme des BMF zu den „Grundsätzen zur ordnungsmäßigen Führung von Büchern, Aufzeichnungen und Unterlagen in elektronischer Form sowie zum Datenzugriff (GoBD)" aufgegriffen.19 Die GoB sind im Handelsrecht geregelt bzw. als handelsrechtliche Übung nicht kodifizierte GoB und gelten – soweit in Steuergesetzen nichts Abweichendes geregelt ist – über die Maßgeblichkeit auch für das 27

---

17 Vgl. Graf, MBP 10/2016, S. 168 f.
18 Vgl. Niederberger, in Anzinger/Oser/Schlotter, Rechnungslegung und Prüfung, Tb. 1, 7. Aufl., 2023, § 239 HGB Rz 62; Drüen, in Tipke/Kruse, AO FGO, § 146 AO Rz 12 m.w.N.
19 Vgl. BMF, Schreiben v. 14.11.2014, IV A 4, S 0316/13/10003; Graf, BBP 1/2016, S. 7.

Steuerrecht. Die Stellungnahme des BMF ist als Darstellung des geltenden Rechts zu verstehen, eine über die Steuergesetze hinausgehende abweichende Auslegung entgegen Handelsrecht oder höchstrichterlicher Rechtsprechung wäre deshalb rechtswidrig. Die in der Praxis z.T. verbreitete Auffassung, aufgrund der GoBD ergäben sich neue Anforderungen für die laufende Buchführung, ist deshalb nicht zutreffend. Das BMF vertritt zu Recht die Auffassung, dass Geschäftsvorfälle zeitgerecht zu erfassen sind. Eine Zeitspanne von zehn Tagen für unbare Geschäftsvorfälle entspricht der höchstrichterlichen Rechtsprechung, war schon immer auch handelsrechtlich geboten und wird in Übereinstimmung mit der hM hier schon immer vertreten. Dies gilt in gleicher Weise für die Auffassung des BMF, dass eine geordnete Ablage (Rz 33) die Zeitgerechtigkeit der Buchführung dauerhaft sicherstellen kann. Solange die Buchführung rechtzeitig in einer geordneten Ablage geführt wird, liegt kein Verstoß gegen die Zeitgerechtigkeit vor, wenn eine Monatsbuchhaltung erst nach Ablauf der zehn Tage in der EDV gebucht (oder festgeschrieben) wird[20] oder eine sog. Quartals- bzw. Jahresbuchhaltung geführt wird. Es handelt sich bei der späteren Buchung um eine zusätzlich zur geordneten Ablage geführte EDV-Buchführung. Ein Sicherungsbedürfnis gegen Manipulationen besteht hier nicht, da beide Buchführungen übereinstimmen müssen und miteinander abgeglichen werden können. Die tw. in der Praxis diskutierten Handlungsnotwendigkeiten bei verzögerter Buchung entsprechen weder der gültigen Rechtslage – noch dem BMF-Schreiben.

28 Die Anforderungen an die Zeitgerechtigkeit der laufenden Buchführung lassen sich nicht auf die Inventur bzw. Jahresabschlusserstellung übertragen. Die Buchung von Inventuren ist nur insofern zeitgerecht erforderlich, als i.R.e. Buchinventur oder einer sonstigen permanenten Erfassung Geschäftsvorfälle die Grundlage sind. Die Buchung der Inventur sollte zeitnah zur Auswertung der Inventare vorgenommen werden, die Abschlussbuchungen zeitnah zur Abschlusserstellung. Die Nichtanwendbarkeit der Anforderungen aus der Zeitgerechtigkeit auf die Inventur ergibt sich bereits daraus, dass im Falle einer nachverlegten Inventur eine Bestandsaufnahme bis zu zwei Monate nach dem Abschlussstichtag zulässig ist. Dies gilt in gleicher Weise für die Jahresabschlussbuchungen. Im Übrigen gibt es für diese Buchungen kein vordringliches Schutzbedürfnis gegen Manipulationen. Dies ergibt sich daraus, dass Bilanzierungswahlrechte im Laufe der Abschlusserstellung unterschiedlich ausgeübt werden dürfen. Ebenso sind für Bewertungs- bzw. Ermessensentscheidungen wertaufhellende Tatsachen oder bessere Kenntnis zu berücksichtigen oder es bestehen auch hier Wahlrechte, die noch abweichend ausgeübt werden dürfen. Wenn schon die Grundsätze ordnungsmäßiger Bilanzierung fordern oder erlauben, dass diese Buchungssätze an die aktuellen Gegebenheiten angepasst werden müssen oder dürfen, so entfällt damit auch die Notwendigkeit einer zeitgerechten Erfassung zum Schutz vor Manipulationen. Daraus folgt, dass nur die laufende Buchführung zeitgerecht erfasst werden muss, nicht aber die Inventur und die Abschlussbuchungen.

29 Bei der Zeitgerechtigkeit ist zu bedenken, dass diese heute im Vergleich zu früher für die Manipulationsabwehr und die Beweissicherung durch technische Entwicklungen einen großen Teil ihrer Bedeutung verloren hat. Barzahlungen, nicht

---

[20] Vgl. Niederberger, in Anzinger/Oser/Schlotter, Rechnungslegung und Prüfung, Tb. 1, 7. Aufl., 2023, § 239 HGB Rz 64.

adressierte Quittungen, Abschriften statt Kopien, Eigenbelege und mündliche Abreden haben heute im Geschäftsleben keine so zentrale Bedeutung mehr wie früher. Heute werden Bestellvorgängen elektronisch vorgenommen und dokumentiert, adressierte und detaillierte Rechnungen selbst bei Kleinstbeträgen ausgestellt, Rechnungen auf Webseiten zur Einsicht bzw. zum Abruf bereitgehalten, selbst kleinste Zahlungen durch Kontenüberweisung oder Kreditkartenbuchung eindeutig identifiziert. Diese vielfältigen elektronischen Spuren erlauben heute auch bei einer formal ordnungswidrigen, weil nicht zeitgerechten Erfassung in der Buchführung eine spätere manipulationsfreie Nachholung der Buchführungspflichten. Ein Zeitgerechtigkeitsmangel ist deshalb heute in vielen Fällen behebbar. Diese Entwicklung wird sich mit der Digitalisierung und Automatisierung der Buchführung fortsetzen.

Nicht heilbar bleibt auch heute eine fehlenden Zeitgerechtigkeit bspw. bei nicht aufgezeichneten Bargeschäften, ohne Willkür nicht mehr der Betriebs- oder Privatsphäre zuordenbare Geschäfte, eine verspätete Insolvenzanmeldung oder eine unrettbar chaotische Buchhaltung – wenn also nicht behebbare oder nicht abgrenzbare Fehler vorliegen.

Für die Schwere eines Buchführungsverstoßes kommt es wesentlich auf dessen formale bzw. materielle Bedeutung an. Eine materiell nicht mehr zeitgerechte und damit ordnungswidrige Buchführung liegt i. R. e. Abschlussprüfung nur dann vor, wenn ein schwerer, nicht behebbarer Fehler verbleibt oder der Fehler nicht abgrenzbar ist; in diesem Fall ist ein eingeschränkter bzw. versagter Bestätigungsvermerk zu erteilen. I. R. d. Besteuerungsverfahrens kommt es dann regelmäßig zu Schätzungen oder Hinzuschätzungen. Kleinere Verstöße gegen die Zeitgerechtigkeit beeinträchtigen dagegen die Ordnungsmäßigkeit der Buchführung i. d. R. nicht, insb. dann nicht, wenn sie behoben wurden.

2.6 Geordnetheit (Abs. 2)

Die Eintragungen in der Buchführung sind **geordnet** vorzunehmen;[21] geordnet bedeutet, dass der gesamte Buchungsstoff in journal- und kontenmäßiger Ordnung verfügbar ist.[22] Dies erfordert:

- die Einrichtung eines sachgerecht aufgebauten und funktionsfähigen internen Kontrollsystems, das die geordnete Erfassung, Kontierung und Buchung der Geschäftsvorfälle sicherstellt,
- die Anlage eines den Bedürfnissen des Kfm. entsprechenden Kontenplans (Kontenrahmens),
- die tatsächlich geordnete Erfassung der Geschäftsvorfälle unter Vergabe von Belegnummern.

---

[21] Vgl. Niederberger, in Anzinger/Oser/Schlotter, Rechnungslegung und Prüfung, Tb. 1, 7. Aufl., 2023, § 239 HGB Rz 71 f.; Kliem/Lewe, in Beck Bil-Komm., 14. Aufl. 2024, § 239 HGB Rz 13, als Beispiel für einen Kontenrahmen: vgl. Bundesverband der Deutschen Industrie e.V., Industriekontenrahmen IKR, 3. Aufl. 1990.

[22] Zur steuerlichen Anknüpfung an die Verfolgbarkeit in der Buchführung vgl. Siewert, in Frotscher/Geurts, EStG, § 6d EStG Rz 28, Stand: 9/2019.

3 Unveränderlichkeit (Abs. 3)

31 Die Eintragung in den Büchern muss nach § 239 Abs. 3 Satz 1 HGB in einer unveränderlichen Form erfolgen. Die Eintragungen dürfen nicht wegradiert und überschrieben werden; ihr ursprünglicher Inhalt muss feststellbar bleiben. Soweit fehlerhafte Eintragungen in den Büchern vorgenommen wurden, müssen diese offen korrigiert werden – bspw. durch Stornobuchungen.

32 Zur Unveränderlichkeit gehört auch, dass der Kfm. nach § 239 Abs. 3 Satz 2 HGB keine unvollständigen Eintragungen macht oder Platzhalter lässt, denn solche Eintragungen können bzw. müssen später verändert werden. Solche Eintragungen lassen ungewiss, ob sie ursprünglich und zeitgerecht oder erst später gemacht wurden.

33 Unveränderlichkeit bedeutet heute insb. auch die Unveränderlichkeit von Buchungen in den EDV-Buchführungsprogrammen. Diese sind nur unveränderlich und damit ordnungsgemäß, wenn Buchungen nicht einfach gelöscht oder später verändert werden können. Dazu muss das EDV-Buchführungsprogramm seiner Programmierung nach den GoB entsprechen und ein funktionsfähiges internes Kontrollsystem bestehen, das die ordnungsgemäße Anwendung sicherstellt. Das interne Kontrollsystem eines Unt muss dabei so ausgestaltet sein, dass es die Manipulation der Buchführungsdaten in einem EDV-Buchführungsprogramm wirksam verhindert.[23]

> **Praxis-Beispiel**
> In einem Konzern sind kritische SAP-Berechtigungen vergeben (wie bspw. SAP_ALL etc.), mit denen eine Manipulation der Buchführungsdaten möglich ist.[24] Das interne Kontrollsystem des Unt ist nicht sachgerecht aufgebaut und muss geändert werden. Kritische Berechtigungen dürfen nur zur Programmierung und Anpassung des Programms verwendet werden oder – unter strengsten Sicherungsmaßnahmen und der Dokumentation der Eingriffe – für die Reparatur bspw. einer defekten Datenbank.

34 Soweit Buchungen nicht unmittelbar festgeschrieben und damit unveränderlich werden, muss eine Festschreibung sehr zeitnah erfolgen (Rz 31). Bei automatischen und/oder elektronischen Buchungsbelegen ist eine andere als unmittelbare Festschreibung nur im Ausnahmefall ordnungsgemäß.

35 In einigen EDV-Buchführungssystemen ist eine Vorerfassung von Buchungen möglich; diese Buchungen können später geändert werden, ohne dass die Änderung in der Buchführung erkennbar ist (bspw. als Stornobuchung). Erst durch eine spätere Festschreibung wird die Buchführung dann unveränderlich. Es wird in der Literatur[25] die Auffassung vertreten, dies sei zulässig und kein Verstoß gegen die Unveränderbarkeit der Buchführung. Dieser Auffassung ist grds. zuzustimmen, solange die vorerfassten Buchungen innerhalb angemessener Zeit

---

[23] Vgl. Kliem/Lewe, in Beck Bil-Komm., 14. Aufl. 2024, § 239 HGB Rz 16.
[24] Vgl. Warnhinweis des Bundesamts für Sicherheit in der Informationstechnologie, https://www.bsi.bund.de/DE/Themen/ITGrundschutz/ITGrundschutzKataloge/Inhalt/_content/m/m04/m04261.html, Abruf 14.8.2018 – inzwischen aufgehoben.
[25] Vgl. Niederberger, in Anzinger/Oser/Schlotter, Rechnungslegung und Prüfung, Tb. 1, 7. Aufl., 2023, § 239 HGB Rz 88.

im EDV-System festgeschrieben werden. Hierbei ist eine Orientierung an den Grundsätzen zur Zeitgerechtigkeit (Rz 22 ff.) geboten; das Festschreibungsintervall ist dabei entsprechend Art, Umfang, Organisation der Buchführung und der Manipulationsanfälligkeit sachgerecht festzulegen. Bei großen Einheiten wird eine nicht unmittelbare Festschreibung nur im Ausnahmefall noch als ordnungsgemäß anzusehen sein. Eine nicht unmittelbar erfolgende Festschreibung wird aber auch von der Finanzverwaltung als möglich angesehen.[26]

Der Grundsatz der Unveränderlichkeit der Buchführung soll verhindern, dass die Buchführung manipuliert wird. Es besteht jedoch keine Notwendigkeit, jeden Tippfehler, Zahlendreher oder die Fehleinspielungen von Daten („Datenmüll") im Einzelnen zu dokumentieren, da es sich hier nicht um eine Manipulation, sondern einen fehlgeschlagenen Buchungsvorgang handelt. Eine Vielzahl von Stornobuchungen würde im Übrigen die Nachvollziehbarkeit der Buchführung beeinträchtigen. Das interne Kontrollsystem des Kfm. muss allerdings sicherstellen, dass solche dokumentationslose Korrekturen nur in einem engen zeitlichen Rahmen möglich sind und dass die Festschreibung und Vollständigkeit der Buchführung angemessen überwacht wird.

Soweit die Buchführung in der Form einer geordneten Ablage geführt wird, wird die Unveränderlichkeit durch die geordnete Ablage hergestellt, nicht durch eine nachgelagerte Erfassung in einer zusätzlichen EDV-Buchführung. Es liegt deshalb kein Verstoß gegen die Unveränderlichkeit vor, wenn ein mit der Buchführung beauftragter StB, WP oder vBP die Festschreibung nicht innerhalb der Fristen für die Zeitgerechtigkeit vornimmt und bis zur Jahresabschlusserstellung offen hält. Dem steht auch nicht entgegen, dass das BMF das Offenhalten von Stapelbuchungen bis zur Jahresabschlusserstellung und darüber hinaus – zutreffend – grds. für ordnungswidrig hält.[27] Entscheidend ist, dass hier keine Manipulationsmöglichkeit besteht, wenn die Buchführung in Form der geordneten Ablage mit der zusätzlichen EDV-Buchführung (abgesehen von Buchungsirrtümern) übereinstimmen muss und beide miteinander abstimmbar sind. Zu den Besonderheiten betreffend Unveränderlichkeit der Buchungen für Inventur und Abschluss wird auf die Ausführungen in Rz 22 ff. zur Zeitgerechtigkeit verwiesen; in analoger Anwendung folgt für die Unveränderlichkeit, dass hier weniger strenge Anforderungen wie für die laufende Buchführung gelten. Nachbuchungen müssen nur zeitnah zur Abschlusserstellung festgeschrieben werden. Eine Buchhaltungssoftware für Berufsträger (WP, StB, vBP) verstößt deshalb nicht per se gegen die Anforderungen der GoB, wenn eine Festschreibung der Buchführung erst bei bspw. der Offenlegung bzw. der Übermittlung der E-Bilanz erzwungen wird.

Bei einer **elektronischen Kassenführung** (ohne manuelles Kassenbuch) müssen die Buchungen unmittelbar unveränderlich sein. Eine nur tägliche Festschreibung ist nicht ausreichend.

36

Der Gesetzgeber hat mit dem Gesetz zum Schutz vor Manipulationen an digitalen Grundaufzeichnungen vom 22.12.2016 auf Betrugssoftware und technische Defizite von veralteten Kassensysteme reagiert. Mit dem Gesetz werden die steuerlichen Vorschriften in den §§ 146, 146a und 146b AO geändert bzw. neu geregelt. Diese steuerlichen Buchführungsvorschriften gelten für Kassen, die Buchführun-

---

26 Vgl. BMF, Schreiben v. 14.11.2014, IV A 4, S 0316/13/10003, Rz. 85, 110.
27 Vgl. BMF, Schreiben v. 14.11.2014, IV A 4, S 0316/13/10003, Rz. 109.

gen betreffen, die der deutschen Besteuerung unterliegen. Der Gesetzgeber hat mit diesem Gesetz insb. die Anforderungen an elektronische Registrierkassen sowie ähnliche Aufzeichnungsgeräte deutlich verschärft. Seit 1.1.2018 ist nach § 146b AO eine unangemeldete Kassennachschau zur Prüfung der Ordnungsmäßigkeit der Kassenführung zulässig. Ab 2020 müssen Registrierkassen eine zertifizierte elektronische Sicherheitseinrichtung nach § 146 Abs. 3 AO besitzen.

4 Führung der Handelsbücher (Abs. 4 Satz 1)

4.1 Einführung

37 Grds. ist der Kfm. in der Wahl seiner Buchführungsform frei. Abs. 4 der Vorschrift lässt explizit eine Belegbuchführung wie auch eine EDV- bzw. Datenträger-Buchführung zu; daneben sind auch klassische Buchführungsformen wie gebundene Bücher oder Loseblatt-Buchführungen zulässig. Es ist möglich, für abgeschlossene Teilbereiche der Buchführung unterschiedliche Buchführungsformen zu wählen. Die gewählten Buchführungsformen müssen gem. Abs. 4 Satz 3 den Grundsätzen ordnungsmäßiger Buchführung entsprechen; diese Anforderung hat jedoch nur klarstellenden Charakter.

4.2 Belegbuchführung

38 Bei der Belegbuchführung handelt es sich meist um eine Sammlung von Belegdoppeln, die so geordnet werden, dass die Belegsammlung zum einen die Journalfunktion und zum andern auch die Kontenfunktion erfüllt. Dazu wird der Beleg einmal nach der zeitlichen Ordnung (Journal) und das Doppel nach einer sachlichen Ordnung (Sachkonto, Kontenfunktion) abgelegt. Die Belegbuchführung hat in ihrer Reinform heute nur noch geringe Bedeutung. Die Belegbuchführung ist heute insoweit noch von Bedeutung, als die Erfassung der Buchführung in der EDV durch Dritte erfolgt – bspw. durch einen StB – und während der Zeit der Bearbeitung durch den Dritten der Kfm. die Buchführung durch geordnete Belegsammlung fortführt.[28] Wegen der Bedeutung der **geordneten Ablage** für die GoBD der Finanzverwaltung wird insb. auf Rz 26f., Rz 30 verwiesen.

4.3 Datenträger-/EDV-Buchführung

39 Die Buchführung auf **Datenträgern** ist nach § 239 Abs. 4 HGB zulässig; als Datenträger kommen infrage:
- Mikrofilm oder andere Bildträger und
- EDV-Datenträger.

40 Bei der **Mikrofilm**-Buchführung erfolgt die Dokumentation der Buchführung nicht in Papierform, sondern auf Mikrofilm; diese Form der Buchführung spielt in der heutigen Praxis keine wesentliche Rolle mehr.

41 Bei der **EDV-Buchführung** handelt es sich um eine Buchführung, die auf Computern geführt und gespeichert wird. Bei einer EDV-Buchführung, die der Kfm. auch für Zwecke der Besteuerung in Deutschland führt, kann die FinVerw heute nach § 147 Abs. 6 AO die Einsicht in bzw. die Übergabe der in der

---

[28] Vgl. Niederberger, in Anzinger/Oser/Schlotter, Rechnungslegung und Prüfung, Tb. 1, 7. Aufl., 2023, § 239 HGB Rz 99.

Buchführung gespeicherten Daten verlangen; damit ist bei EDV-Buchführungen eine Datenarchivierung entsprechend der Grundsätze der §§ 257f. HGB praktisch vorgeschrieben.

Grundlegend für die Zulässigkeit der EDV-Buchführung ist, dass sie folgende Funktionen erfüllt: **42**
- Belegfunktion (Rz 48),
- Journalfunktion (Rz 53) und
- Kontenfunktion (Rz 50).

Die Erfüllung dieser Funktionen sichert die **Nachvollziehbarkeit** der Buchführung (§ 238 Rz 44); es ist weiter erforderlich, dass der Kfm. eine aussagekräftige Verfahrensdokumentation besitzt und nachweisen kann, dass er die darin enthaltenen Verfahrensvorschriften eingehalten hat. Dazu muss der Kfm. ein sachgerecht aufgebautes und funktionsfähiges **internes Kontrollsystem** vorweisen können.

Die **Verfahrensdokumentation** wurde durch die Veröffentlichung der GoBD durch die Finanzverwaltung erstmals auf breiter Ebene in der Fachwelt wahrgenommen.[29] Sie war aber bereits in den GoBS – dem Vorgängerschreiben zu den GoBD – aus dem Jahr 1995 umfassend dargestellt. Es ist deshalb unstrittig, dass eine Verfahrensdokumentation erforderlich sein kann. **43**

Nach den GoBS war eine Verfahrensdokumentation für jedes DV-gestützte Buchführungssystem vorgeschrieben. Die GoBS waren auf Großrechnersysteme wie auch für PC-Systeme anzuwenden; bei Fremdsoftware galten kleinere Erleichterungen. Sie umfasst insbes. eine Beschreibung
- der sachlogischen Lösung
  (Aufgabenstellung, Anwenderoberflächen für Ein- und Ausgabe, Beschreibung der Datenbestände, Verarbeitungsregeln, Datenaustausch, maschinelle und manuelle Kontrollen, Fehlermeldungen und Fehlerbehebung, Schlüsselverzeichnisse und Schnittstellen zu anderen Systemen),
- der programmtechnischen Lösung
  (programmtechnische Umsetzung der sachlogischen Lösung, Tabellen zur Programmsteuerung),
- Maßnahmen zur Wahrung der Datenintegrität
  (bspw. Datensicherheit, Zugriffsberechtigungen),
- Maßnahmen zur Wahrung der Programmidentität
  (Freigabeerklärung, Testläufe, Daten für Testläufe sowie Anweisungen für die Programmeinsatzkontrollen),
- Arbeitsanweisungen für den Anwender
  (Handbücher, vorgeschriebene Kontrollen und Abstimmungen, Bedienung von Schnittstellen).

Durch die Verfahrensdokumentation muss ein Verständnis der Zusammenhänge zwischen Geschäftsvorfall einerseits und dessen Buchung sowie datentechnischer Verarbeitung andererseits ermöglicht werden, um einem sachverständigen Dritten innerhalb angemessener Zeit das Nachvollziehen der Geschäftsvorfälle sowie der Datenverarbeitungsroutinen zu ermöglichen.[30]

---

[29] BMF, Schreiben v. 14.11.2014, IV A 4 – S 0316/13/10003.
[30] BMF, Schreiben v. 7.11.1995, IV A 8 – S 0316–52/95, BStBl I 1995, S. 738 – inzwischen aufgehoben.

Ausgehend von einer Beschreibung des internen Kontrollsystems ist der Nachweis der Funktionsfähigkeit des internen Kontrollsystems Bestandteil der Verfahrensdokumentation.

44 Mit den GoBD wurden die Anforderungen an eine Verfahrensdokumentation neu formuliert. Auch nach den GoBD ist eine Verfahrensdokumentation für jedes DV-System vorgeschrieben; wesentliche inhaltliche Änderungen im Vergleich zu den GoBS sind nicht zu erkennen. Die Verfahrensdokumentation soll folgende Bestandteile umfassen:
- Allgemeine Beschreibung des Systems,
- Anwenderdokumentation,
- Technische Systemdokumentation,
- Betriebsdokumentation.

Aus den GoBS und den GoBD ergibt sich, dass die Verfahrensdokumentation hauptsächlich auf individuelle, individuell angepasste, automatisierte und komplexe Buchführungsprogramme zielt. Es ist einsichtig, dass solche Buchführungssysteme nicht unmittelbar nachvollziehbar sind und deshalb eine Verfahrensdokumentation zum Verständnis erforderlich ist.

45 Fraglich ist, was für einfache Systeme gilt. Die Verfahrensdokumentation ist historisch mit der EDV-Buchführung verbunden, für eine händische Buchführung wurde und wird sie nicht verlangt. Für eine händische Buchführung wird also unterstellt, dass sie ein sachverständiger Dritter bei ordnungsgemäßer Führung in angemessener Zeit nachvollziehen kann. Einfache Vorgänge wie die Rechnungsprüfung, die Kontierung, Buchung, die Buchführung, die Bilanzierung, die Belegablage etc. gelten damit als offensichtlich nachvollziehbar. Interessant ist, dass die Finanzverwaltung erstmals mit den GoBD erkannt hat, dass auch EDV-Systeme ohne Verfahrensdokumentation nachvollziehbar sein können und hat damit – zurecht – Erleichterungen bei der Verfahrensdokumentation geregelt. Zunächst hält die Finanzverwaltung eine Beschränkung auf das zum Verständnis Erforderliche für zulässig; dieser Auffassung ist uneingeschränkt zuzustimmen. Weiter wird ausgeführt, es läge kein formaler Mangel vor, der die Verwerfung der Buchführung rechtfertige, wenn eine fehlende oder ungenügende Verfahrensdokumentation die Nachvollziehbarkeit und Nachprüfbarkeit der Buchführung nicht beeinträchtige. Dieser Auffassung ist entgegenzutreten:
- Ein EDV-System, das offensichtlich technisch nachvollziehbar ist, bedarf keiner Verfahrensdokumentation, da sich die Notwendigkeit einer Verfahrensdokumentation gerade aus dem Erfordernis der Nachvollziehbarkeit ableitet.
- Eine fehlende, aber für die Nachvollziehbarkeit erforderliche Verfahrensdokumentation ist stets ein wesentlicher formaler Mangel, der bspw. bei einer Abschlussprüfung zu beanstanden ist. Die Tatsache, dass bisher „alles gut gegangen ist", ist keine Rechtfertigung dafür, auf eine Verfahrensdokumentation weiterhin zu verzichten.
- Ein unwesentlicher formeller Mangel rechtfertige noch nie das Verwerfen einer Buchführung, insb. dann nicht, wenn der Mangel geheilt ist – oder, wie hier, die Nachvollziehbarkeit nicht wesentlich beeinträchtigt ist. Zum Verwerfen einer Buchführung bedarf es eines besonders schweren formalen oder eines nennenswerten materiellen Mangels.

Es dürfte sich daher eher um eine unglücklich gewählte Formulierung handeln. Es ist deshalb zu begrüßen, dass die Finanzverwaltung mit den GoBD – zurecht –

die Anforderungen an eine Verfahrensdokumentation herabsetzt. Diese Erleichterungen sollten bei einfachen Systemen genutzt werden dürfen.

Handelsrechtlich leitet sich die Erfordernis für eine Verfahrensdokumentation aus den Grundsätzen der **Nachvollziehbarkeit** und der **Richtigkeit** der Buchführung ab. Eine Verfahrensdokumentation ist stets erforderlich, wenn diese für die **Nachvollziehbarkeit** eines Systems geboten ist. Offensichtlich nachvollziehbare Systeme bedürfen insoweit keiner Verfahrensdokumentation.

> **Praxis-Beispiel**
> Ein Unt setzt eine komplexe Buchführungssoftware ein, die für Zwecke des Unt individuell angepasst wurde. Dabei wurden Buchungsläufe programmiert, die automatische Buchungen erzeugen.
> Es ist einem sachverständigen Dritten nicht zuzumuten, sich in den Programmcode einarbeiten zu müssen, um die automatisch erzeugten Buchungen nachzuvollziehen zu können. Eine Verfahrensdokumentation ist erforderlich, in der insb. die automatischen Abläufe und deren Ergebnis dargelegt sind.

Beim Einsatz von **Standardsoftware** hat der Anwender regelmäßig keinen Zugriff auf die Programmierebene. Damit fehlt jeder Einfluss auf die Programmfunktionen und den Softwarebetrieb. Die Ordnungsmäßigkeit des Programms ist zudem i. d. R. durch ein Softwaretestat nachgewiesen. Der Zugriff auf die Dokumentation des Softwareanbieter ist regelmäßig nicht durchsetzbar, da dieser kein Interesse an der Verbreitung seiner Betriebsgeheimnisse hat. Nach der hier vertretenen Auffassung genügt es, wenn eine Anwenderdokumentation vorhanden ist und das interne Kontrollsystem des Unt angemessen dokumentiert ist.

> **Praxis-Beispiel**
> Ein StB setzt die Standardsoftware der Branche ein. Die Software wird als Cloud-Lösung über Internet-Zugriff zur Verfügung gestellt und durch den Softwareanbieter administriert. Der StB verfügt über eine Kopie des Softwaretestats sowie entsprechende Anwenderhandbücher.
> Nach der hier vertretenen Auffassung verfügt er über eine ausreichende technische Dokumentation. Ob er zusätzlich i. R. e. ordnungsmäßen Kanzleiorganisation eine schriftliche Dokumentation seines internen Kontrollsystems benötigt, ist eine Frage des Einzelfalls.

Aber auch beim Einsatz von Standardsoftware kann sich die Notwendigkeit einer Verfahrensdokumentation ergeben.

> **Praxis-Beispiel**
> Ein Logistikunternehmen setzt für die Verwaltung des Logistikgeschäfts eine Branchensoftware ein. In dieser Software erzeugt er die Rechnungen an seine Kunden. Die Rechnungsdaten lassen sich daraus als elektronischer Datensatz exportieren.
> Für die Finanzbuchhaltung nutzt das Unt die Standardbuchführungssoftware seines StB. Diese kann aber die Daten aus der Branchensoftware nicht ein-

> lesen, weswegen sich das Unt eine Schnittstelle hat programmieren lassen. Für diese Schnittstelle ist eine Verfahrensdokumentation erforderlich.
> Im Übrigen ist hier eine Regelung zum internen Kontrollsystem geboten. Die Schnittstelle ist regelmäßig auf ordnungsgemäßen Betrieb zu untersuchen. Die Umsatzsumme in der Logistiksoftware muss der Umsatzsumme in der Finanzbuchführung entsprechen. Treten Abweichungen auf, so ist zu untersuchen, ob Übertragungsfehler, Buchungsfehler oder technische Fehler an der Schnittstelle aufgetreten sind. Soweit erklärbare Abweichungen bestehen (bspw. Stornos, Forderungsverluste, Skonti werden nur in der Finanzbuchführung gebucht), sind diese Abweichungen zu dokumentieren, da andernfalls die Nachvollziehbarkeit gestört ist. Es ist nicht zu beanstanden, wenn dies bspw. mittels gesonderter Sachkonten erfolgt.

Durch die anstehende Automatisierung der Buchführung wird die Verfahrensdokumentation weiter an Bedeutung gewinnen. Automatisierte Prozesse bedürfen zu ihrer Nachvollziehbarkeit regelmäßig einer Verfahrensdokumentation.

> **Praxis-Beispiel**
> Ein Unt setzt für die Bearbeitung seiner Kreditoren-Rechnungen einen Dienstleister ein. Dieser Dienstleister erhält sämtliche in Papierform erhaltenen Rechnungen, scannt diese ein und vernichtet diese nach einer kurzen Aufbewahrungsdauer von bspw. drei Monaten (sog. ersetzendes Scannen). Der Dienstleister erhält weiter in elektronischer Form sämtliche Bestelldaten des Unt. Die Schrifterkennungssoftware des Dienstleisters gleicht die Bestelldaten mit der Kreditoren-Rechnung ab: Bei Differenzen meldet er diese an das Unt und diese müssen durch die Buchhalter des Unt geklärt werden. Soweit Bestellung und Rechnung übereinstimmen, erzeugt der Dienstleister aus den Rechnungsdaten und der darauf vermerkten Bankverbindung einen Datensatz für den Zahllauf. Die Zahllaufdaten werden an das Unt übermittelt und ohne wesentliche weitere Prüfung zur Ausführung elektronisch an die Hausbank übermittelt.
> Die Nachvollziehbarkeit eines solchen Systems erfordert eine Verfahrensdokumentation. Diese muss neben der Beschreibung des Verfahrens und der Abläufe beim Dienstleister insb. auch eine Beschreibung enthalten, welche Daten wie miteinander abgeglichen werden. Zudem müssen Regelungen für das interne Kontrollsystem des Unt enthalten sein, die die Überwachung des Prozesses regeln.

> **Praxis-Beispiel**
> Ein Unt hat einen Buchführungsroboter programmieren lassen. Dies ist eine Software, die menschliche Aufgaben übernimmt. Der Roboter greift automatisch auf zwei Softwaremodule zu – in einem Modul werden die Debitoren geführt, das andere Modul verwaltet die Bankbewegungen. Sobald der Roboter eine Entsprechung (bspw. Rechnungsnummer, Kundenname etc.) erkennt, bucht er automatisch die offene Forderung und die eingegangene Zahlung auf ein Zahlungsausgleichskonto und versieht die Buchung mit einem Auszifferungskennzeichen, mittels dessen das Ausgleichskonto automatisch ausgeziffert wird.

> Für den Buchführungsroboter ist eine Verfahrensdokumentation verpflichtend. Diese muss insb. erläutern, nach welchen Kriterien er Forderung und Zahlung miteinander verbindet und wie er ggf. aus Fehlern in der Vergangenheit lernt (Lernsoftware). Das interne Kontrollsystem des Unt muss Regelungen vorsehen, wie der Roboter zu überwachen ist.

Eine Verfahrensdokumentation ist auch bei **elektronischen Registrierkassen** erforderlich. Das Fehlen der Anweisungen für die Kassenprogrammierung und insb. ein Fehlen der Programmierprotokolle ist nach BFH-Rechtsprechung[31] ein schwerer formaler Buchführungsmangel, der grds. eine Hinzuschätzung rechtfertigt. Dies gilt im Ausnahmefall nur dann nicht, wenn der Nachweis geführt werden kann, dass ausnahmsweise keine Manipulation vorgenommen wurde – was bei Kassen einfacherer Bauart der Fall sein kann. Diese Urteilsgrundsätze wurden i. E. durch den BFH[32] bestätigt; in diesem Urteil geht der BFH davon aus, dass komplexe Kassensysteme (ggf. mit größerem Aufwand) manipulierbar sind, weswegen bei diesen Kassen die Urteils-Anforderungen stets erfüllt sein müssen. Eine Verfahrensdokumentation ist auch erforderlich, wenn eine solche für die Einhaltung der **Richtigkeit** der Buchführung notwendig ist.

> **Praxis-Beispiel**
> Im einem komplexen Buchführungssystem wurden Daten eingespielt. Die Daten waren falsch formatiert – in ein Zahlenfeld wurde versehentlich Texte eingespielt. Dabei haben die systemseitigen Kontrollen des Programms versagt und die Einspielung nicht zurückgewiesen. Aufgrund der fehlerhaften Einspielung stürzt das Programm ab und kann nicht mehr benutzt werden. Sowohl das Programm wie auch der Datenbestand müssen repariert werden. Eine Stornobuchung kann den Fehler nicht beseitigen.
> Die Verfahrensdokumentation hat Regelungen zur Wahrung der Programmidentität und Datenintegrität zu enthalten, was durch ein funktionsfähiges internes Kontrollsystem sicherzustellen ist.
> Die erforderlichen Änderungen am Programm müssen dokumentiert werden (bspw. Fehlermeldung bei Einspielen von Text in Zahlenfelder). Änderungen an Buchführungsdaten dürfen weiter nur unter strengen Sicherungsmaßnahmen vorgenommen werden, um Manipulationen der Buchführung auszuschließen. Die „harten" Änderungen an den Buchführungsdaten müssen ebenfalls dokumentiert werden, da sie nicht über Stornobuchungen nachvollzogen werden können.

> **Praxis-Beispiel**
> Ein Kassensystem für Apotheker verfügt über einen geheimen Button. Wird dieser aktiviert, startet der Betrugsmodus. Mit der Betrugssoftware lassen sich nach Belieben Umsätze und Warenwirtschaft manipulieren. Der Betrugsmodus wurde bei der Erstellung der Verfahrensdokumentation „übersehen".

---

[31] BFH, Urteil v. 25.3.2015, X R 20/13, BStBl II 2015 S. 743.
[32] BFH, Beschluss v. 23.2.2018, X B 65/17.

> Die Verfahrensdokumentation ist unvollständig. Ihre Unvollständigkeit ist zumindest ein schwerer formeller Mangel. Ob auch ein materieller Mangel vorliegt, ist eine Frage des Einzelfalls, wobei hier auf die Kenntnis des Benutzers bzw. Auffälligkeiten in der Buchführung abzustellen ist.

Zur Verfahrensdokumentation gehört auch die Dokumentation des internen Kontrollsystems. Das interne Kontrollsystem ist dabei in Abhängigkeit von der Größe, Art, Umfang, Fachkompetenz des eingesetzten Personals und Komplexität angemessen zu dokumentieren.

> **Praxis-Beispiel**
> Bei einem international agierenden Konzern ist unstrittig, dass das interne Kontrollsystem stets umfassend dokumentiert werden muss (Unternehmenshandbuch, Bilanzierungsrichtlinie etc.).
> Die Geschäftsleitung hat sich regelmäßig davon zu überzeugen, dass das interne Kontrollsystem wirksam ist.

> **Praxis-Beispiel**
> Ein EKfm. mit wenigen Angestellten führt seine Bücher selbst. Es erscheint nicht sachgerecht, dass er sein eigenes Handeln umfassend dokumentieren muss. Es kann aber zum Nachweis der Funktionsfähigkeit des internen Kontrollsystems geboten sein, Kontrolltätigkeiten über eine Checkliste zu dokumentieren, zentrale Auswertungen abzuzeichnen und wesentliche Ergebnisse zu dokumentieren.

Es ist unstrittig, dass der Umfang der Dokumentation des internen Kontrollsystems eine Frage des Einzelfalls, also **skalierbar** ist. Insb. besteht keine Notwendigkeit, offensichtliche und leicht nachvollziehbare Abläufe (bspw. Rechnungsprüfung etc.) umfassend zu dokumentieren. Dagegen ist die technische Verfahrensdokumentation keiner Skalierung zugänglich, da es hier um die Verständlichmachung eines technischen Ablaufs geht.

> **Praxis-Beispiel**
> Ein Unt führt seine Bücher digital, die Originalbelege werden nach dem ersetzenden Scannen vernichtet. Der StB des Unt empfiehlt, die „Verfahrensdokumentation" der Bundessteuerberaterkammer[33] zu verwenden. Eingesetzt wird die Standardsoftware des StB.
> Zunächst ist festzuhalten, dass es sich bei dieser „Verfahrensdokumentation" der Bundessteuerberaterkammer nicht um eine Verfahrensdokumentation im technischen Sinne handelt. Vielmehr handelt es sich um eine Dokumentation des internen Kontrollsystems. Die Dokumentation des internen Kontrollsystems des Mandanten kann in Abhängigkeit von Art, Umfang, Kompetenz und Komplexität der Buchhaltung sowie der Kompetenz der eingesetzten Mitarbeiter geboten sein. Nach der hier vertretenen Auffassung ist es zulässig, diese „Verfahrensdokumentation" sachgerecht zu skalieren.

---

[33] Vgl. Berufsrechtliches Handbuch der Bundessteuerberaterkammer, Stand: 7/2023.

> **Praxis-Beispiel**
> Ein StB ist alleine, also ohne Angestellte tätig. Er führt die Bücher seiner Mandanten im Verfahren des ersetzenden Scannens. Dazu verwendet er die Standardsoftware der StB.
> Dabei werden die Rechnungen eingescannt und als Scan in die Software übertragen. Die Software verfügt über ein Schrifterkennungsprogramm, das die auf der Rechnung aufgedruckten Daten erkennen kann. Aus den erkannten Daten zusammen mit einem im Hintergrund laufenden Lernprogramm erstellt die Software einen Buchungsvorschlag, den der StB zu prüfen, ggf. zu bearbeiten und dann für Zwecke der Buchung zu bestätigen hat. Der gescannte Beleg wird an den Buchungssatz angehängt. Eine vollautomatische Buchung liegt nicht vor.
> Die Anwendung der Software ist offensichtlich nachvollziehbar, das verfügbare Anwenderhandbuch erläutert hinreichend die Programmfunktionen und deren sachgerechte Benutzung. Ein Softwaretestat soll vorliegen.
> Nach der hier vertretenen Auffassung ist entsprechend der Erleichterungsregel der Finanzverwaltung keine technische Verfahrensdokumentation erforderlich. Weiter erscheint eine umfassende Dokumentation des internen Kontrollsystems entsprechend der „Verfahrensdokumentation" der Bundessteuerberaterkammer als entbehrlich. Wesentlich notwendiger dürften Checklisten sein, in denen der Arbeitsfortschritt dokumentiert ist. Denn der StB muss ausschließen können, dass er Originalbelege vernichtet, die er nicht oder in ungenügender Qualität eingescannt hat.

Zusammenfassend wird für die Verfahrensdokumentation hier folgende Auffassung vertreten: **47**

- Eine Verfahrensdokumentation ist stets erforderlich, wenn dies für das technische Verständnis, also der Nachvollziehbarkeit einer Buchführungssoftware, erforderlich ist. Weiter ist sie erforderlich, wenn Eingriffe in die Buchführung bzw. die Buchführungsdaten erforderlich sein können und eine Verfahrensdokumentation dann für die Sicherstellung der Richtigkeit der Buchführung geboten ist. Diese Anforderungen treffen regelmäßig auf **individuelle, komplexe Buchführungssysteme** zu.
- Für eine **Standardsoftware**, die keine Eingriffe in die Programmierung und den Datenbestand zulässt, genügt nach der hier vertretenen Auffassung für die Nachvollziehbarkeit und Richtigkeit eine angemessene Anwenderdokumentation sowie ein Softwaretestat. Bei diesen Programmen kann i.d.R. unterstellt werden, dass ein sachverständiger Dritter sie in angemessener Zeit nachvollziehen kann. Jedoch sind ggf. vorgenommene **Benutzereinstellungen** (bspw. Preisverzeichnis eines Gastwirts in der Kassensoftware) oder sonstige **individuelle Anpassungen** und Programmierungen (bspw. Exportschnittstellen) nach den allgemeinen Grundsätzen einer Verfahrensdokumentation zu behandeln.
- Die Verfahrensdokumentation hat im Regelfall eine **Dokumentation des internen Kontrollsystems** zu enthalten. Der Umfang der Dokumentation ist abhängig von der Komplexität der Software und der Prozesse, der Größe und Art des Unt sowie dem Wissensstand der eingesetzen Benutzer. Bei kleineren Unt kann nach der hier vertretenen Auffassung auf die Regelung von offensichtlichen Prozessen verzichtet

48 werden, bei ganz kleinen Unt (bspw. nur eine Person) kann eine Dokumentation des internen Kontrollsystems im Ausnahmefall entbehrlich sein.

48 Eine Buchführung ist nur nachvollziehbar i.S.v. Abs. 1, wenn sich von jedem Beleg ausgehend sein Aufgehen in einem Posten der Bilanz oder GuV nachvollziehen lässt und wenn von jedem Posten der Bilanz und der GuV ausgehend sich die darin aufgegangenen Belege ermitteln lassen. Deshalb verlangt die **Belegfunktion**[34] der Buchführung für jede Buchung, dass sie durch Beleg nachgewiesen ist, also der Grundsatz „keine Buchung ohne Beleg" eingehalten ist. I.R.e. EDV-Buchführung erfordert dies für konventionelle Belege (bspw. Papierbelege) deren sachgerechte Erstellung und Eingabe und für elektronische Belege eine sachgerechte Programmierung und Speicherung der Belege, also einen vorschriftsgemäßen Betrieb des Programms.

49 Grds. ist **jeder Geschäftsvorfall einzeln** zu berücksichtigen; es ist jedoch zulässig, Geschäftsvorfälle verdichtet zu berücksichtigen, wenn über die Verdichtung ein Beleg erstellt wird, aus dem sich die Einzelvorgänge nachvollziehen lassen (bspw. detaillierte Lohnbuchführung im Nebenbuch, Buchung im Hauptbuch nur in verdichteter Form). Steuerlich sind Kassenvorgänge nach § 146a Abs. 1 AO einzeln aufzuzeichnen.

Grds. sind ein Kreditgeschäft und der zugehörige Tilgungsvorfall als unterschiedliche Geschäftsvorfälle gesondert zu erfassen. Lediglich bei sehr einfachen, übersichtlichen Buchführungen ist es nach R 5.2 Abs. 1 EStR 2012 zulässig, beide Geschäftsvorfälle in einen zusammenzufassen, also bspw. Aufwand direkt an Bank oder Bank direkt an Ertrag zu buchen. Voraussetzung dafür ist, dass die Übersichtlichkeit der Buchführung gewahrt bleibt. Zulässig ist eine solche Buchführung bspw. bei Kleinhandwerkern, Vorratsgesellschaften, einer Komplementär-GmbH, Holdinggesellschaften ohne Geschäftsbetrieb etc.

50 Für die **Anlagenbuchführung** vertritt das BMF die Auffassung[35], dass auch für langlebige VG (bspw. Gebäude) eine Aufbewahrungspflicht für den Ursprungsbeleg greift, um laufende Abschreibungen nachvollziehen zu können. Dieser Auffassung ist folgendes entgegenzuhalten:
- Die Buchführung der vorangegangenen Jahre muss mit ihrer Beweiskraft einen verlorengegangenen Beleg ersetzen können. Es geht bspw. nicht an, dass bei einer im Betriebsvermögen gehaltenen Wohnimmobilie, deren AK und laufenden Abschreibung mehreren Betriebsprüfungen unterlagen, im 50. Abschreibungsjahr die Anerkennung versagt wird, nur weil in Verkennung der Aufbewahrungsanforderungen der Finanzverwaltung der Beleg bereits vor Jahren geschreddert wurde.
- Die Berechnung der Abschreibung ist ein mechanischer Rechenvorgang, der sich aus den historischen AK und der damals festgelegten Nutzungsdauer ergibt und sich damit auch noch in vielen Jahren mechanisch fortführen lässt. Dazu bedarf es keines Ursprungsbelegs.
- Auch die in den vorangegangenen Jahren erstellten Inventare sind Buchführungsunterlagen, die Beweiskraft haben müssen. Das BMF stellt dies entgegen dem Gesetzeswortlaut ohne Begründung faktisch in Frage. Es kann noch

---

[34] Vgl. IDW RS FAIT 1.33, 1.36, 1.37, 1.40, 1.41; Niederberger, in Anzinger/Oser/Schlotter, Rechnungslegung und Prüfung, Tb. 1, 7. Aufl., 2023, § 239 HGB Rz 99.
[35] Vgl. BMF, Schreiben v. 14.11.2014, IV A 4, S 0316/13/10003, Rz. 81.

weitergehender eingewandt werden, dass in vielen Fällen die Beweiskraft des Ursprungsbelegs für den Nachweis der laufenden Abschreibung verbraucht ist: Bei handels- oder steuerlichen Bewertungswahlrechten (bspw. § 6b EStG, § 7g EStG), beim Übergang zwischen Abschreibungsmethoden sowie bei außerplanmäßigen Abschreibungen bzw. späteren Wertaufholungen lassen sich die zutreffenden Bilanzansätze und laufenden Abschreibungen nicht anhand des Ursprungsbelegs nachvollziehen. Vielmehr ergibt sich die laufende Abschreibung ausschl. aus den in den vorangegangenen Jahren erstellten Inventaren des Kfm., die hier alleine die Beweiskraft der Buchführung sicherstellen.

- Weiter sind die Vorschriften des § 257 Abs. 1, 4 und 5 HGB eindeutig: Weder ist erkennbar, dass eine Nutzungsdauer von AV über die gesetzliche Aufbewahrungsfrist hinaus die Frist nach § 257 Abs. 5 HGB hemmt, noch ist erkennbar, dass aufgrund einer planwidrigen Regelungslücke der Gesetzgeber eine Verlängerung der Aufbewahrungsfrist für Ursprungsbelege des AV gewollt haben könnte. Da an einen Verstoß gegen die Aufbewahrungspflicht ggf. strafrechtliche Konsequenzen anknüpfen, ist die Vorschrift auch nicht auslegungsfähig.

Die Auffassung des BMF ist also nach hier vertretener Auffassung rechtswidrig. Die Aufbewahrung ist dennoch zur Vermeidung von Auffassungsunterschieden mit der Finanzverwaltung zu empfehlen.

Für jeden Beleg muss der Kfm. eine Buchung erstellen, die folgende Informationen enthält: **51**

- Konto,
- Gegenkonto,
- Betrag (oder Mengenangaben bei automatischer Berechnung),
- Belegnummer bzw. ein Ordnungskriterium,
- Belegdatum,
- Buchungsdatum,
- Buchungstext bzw. Buchungsschlüssel und
- ggf. einen Steuerschlüssel bei Umsatzsteuerpflicht bzw. Vorsteuerabzugsberechtigung.

Jede Buchung muss zudem autorisiert sein (bspw. durch ein Handzeichen, ggf. auch über eine Benutzerkennung bei EDV-Programmen). **52**

Unter der **Journalfunktion** der Buchführung versteht man, dass alle Buchungen in ihrer zeitlichen Abfolge dokumentiert sind. Dadurch wird der Nachweis der Zeitgerechtigkeit der Buchführung nach Abs. 2 geführt. Bei einer EDV-Buchführung erfordert dies eine ordnungsgemäße Protokollierung aller Eingaben und Vorgänge durch das Programm. **53**

Die **Kontenfunktion**[36] der Buchführung verlangt, dass alle Geschäftsvorfälle in eine sachliche Ordnung gebracht, also zu inhaltlich gleichartigen, aussagekräftigen Einheiten verdichtet werden. Dazu legt der Kfm. einen Kontenrahmen an; dieser enthält die Sachkonten des Hauptbuchs und die Personenkonten der Nebenbücher (§ 238 Rz 52). Die Nebenbücher werden vom EDV-Buchführungsprogramm nur als Saldo ins Hauptbuch übernommen (bei manuellen Buchführungen per Hand), weswegen hier die Kontenfunktion auch für das Nebenbuch erfüllt sein und der Nachweis der Abstimmung von Neben- zu Hauptbuch **54**

---

[36] Vgl. IDW RS FAIT 1.46; IDW PS 880.

geführt werden muss. Die Sachkonten werden dann zu den Posten der Bilanz und GuV bspw. entsprechend den Bilanz- und GuV-Gliederungsvorschriften verdichtet. Für die EDV-Buchführung bedeutet dies, dass die Programmfunktionen eine solche Verdichtung des Buchungsstoffs vorsehen müssen und dass diese Funktionen auch ordnungsgemäß arbeiten.

55 Im Ergebnis ist es erforderlich, dass der Kfm. die Ordnungsmäßigkeit des EDV-Buchführungsprogramms nachweisen kann; dies kann durch ein **Softwaretestat** erfolgen, aber auch durch die Prüfung der Ordnungsmäßigkeit durch einen WP.

5 Verfügbarkeit und Lesbarmachung (Abs. 4 Satz 2)

56 Abs. 4 Satz 2 **schreibt für auf Datenträgern geführten Büchern** (Rz 39f.) vor, dass die geführten Handelsbücher während der Dauer der Aufbewahrungsfrist
- **verfügbar** sind und
- innerhalb einer **angemessenen Frist**
- **lesbar** gemacht werden können.

57 Eine gleichlautende Vorschrift enthält § 257 Abs. 3 Satz 1 Nr. 2 HGB, der eine Archivierung auf Bild- oder Datenträgern nur dann erlaubt, wenn die Daten für die Dauer der Aufbewahrungsfrist verfügbar und innerhalb angemessener Frist lesbar gemacht werden können (§ 257 Rz 19).

58 **Verfügbar** bedeutet in diesem Zusammenhang, dass der Kfm. über diese Unterlagen verfügen können muss; soweit sich die Unterlagen nicht in seinem Verfügungsbereich befinden, muss er sich vertragliche Zugriffsrechte zusichern lassen (bspw. bei Rechenzentren, Buchführung durch Dritte).

59 Die Lesbarmachung in **angemessener Frist** ist Voraussetzung für die Beweisfunktion der Buchführung nach § 258 HGB; zur Frage der angemessenen Frist vgl. § 238 Rz 42.

60 **Lesbarmachung** bedeutet, dass die gespeicherten Daten nicht nur als gespeicherte Datensätze vorhanden sind, sondern in lesbarer Form dargestellt werden können.[37] Die steuerrechtlichen Vorschriften des § 147 Abs. 6 AO sehen in diesem Zusammenhang vor, dass die Daten der Buchführung der FinVerw auf deren Wunsch hin überlassen werden; damit setzt Lesbarmachung auch Maschinenlesbarkeit voraus. Dies gilt auch für „Altdaten" beim Wechsel von Buchführungsprogrammen oder Softwareversionen.

---

[37] Vgl. Niederberger, in Anzinger/Oser/Schlotter, Rechnungslegung und Prüfung, Tb. 1, 7. Aufl., 2023, § 239 HGB Rz 111 f.

§ 240 Inventar

(1) Jeder Kaufmann hat zu Beginn seines Handelsgewerbes seine Grundstücke, seine Forderungen und Schulden, den Betrag seines baren Geldes sowie seine sonstigen Vermögensgegenstände genau zu verzeichnen und dabei den Wert der einzelnen Vermögensgegenstände und Schulden anzugeben.
(2) ¹Er hat demnächst für den Schluß eines jeden Geschäftsjahrs ein solches Inventar aufzustellen. ²Die Dauer des Geschäftsjahrs darf zwölf Monate nicht überschreiten. ³Die Aufstellung des Inventars ist innerhalb der einem ordnungsmäßigen Geschäftsgang entsprechenden Zeit zu bewirken.
(3) ¹Vermögensgegenstände des Sachanlagevermögens sowie Roh-, Hilfs- und Betriebsstoffe können, wenn sie regelmäßig ersetzt werden und ihr Gesamtwert für das Unternehmen von nachrangiger Bedeutung ist, mit einer gleichbleibenden Menge und einem gleichbleibenden Wert angesetzt werden, sofern ihr Bestand in seiner Größe, seinem Wert und seiner Zusammensetzung nur geringen Veränderungen unterliegt. ²Jedoch ist i.d.R. alle drei Jahre eine körperliche Bestandsaufnahme durchzuführen.
(4) Gleichartige Vermögensgegenstände des Vorratsvermögens sowie andere gleichartige oder annähernd gleichwertige bewegliche Vermögensgegenstände und Schulden können jeweils zu einer Gruppe zusammengefaßt und mit dem gewogenen Durchschnittswert angesetzt werden.

Inhaltsübersicht	Rz
1 Überblick	1–2
2 Inventur und Inventar (Abs. 1 und 2)	3–41
2.1 Inventurpflicht (Abs. 1 und Abs. 2 Satz 1 und 3)	3–17
2.1.1 Eröffnungsinventur	3–4
2.1.2 Schlussinventur	5–8
2.1.3 Inventurgrundsätze	9–15
2.1.4 Inventurstichtag	16–17
2.2 Inventurverfahren	18–22
2.3 Inventurdurchführung	23–33
2.3.1 Inventurplanung	23
2.3.2 Inventurvorbereitung	24
2.3.3 Zählen, Messen, Wiegen	25
2.3.4 Inventurüberwachung	26–29
2.3.5 Inventurauswertung	30–33
2.4 Inventar	34–41
3 Dauer des Geschäftsjahrs und Abschlussstichtag	42–49
4 Festwert- und Gruppenbewertungsverfahren (Abs. 3 und 4)	50–79
4.1 Vorbemerkung	50–51
4.2 Festwertverfahren (Abs. 3)	52–66
4.3 Gruppenbewertungsverfahren (Abs. 4)	67–79

1 Überblick

1 Zum Anwendungsbereich und Normenzusammenhang vgl. § 238 Rz 2 ff. § 240 HGB enthält in Abs. 1 und 2 die Pflicht zur Aufstellung des **Inventars** (Rz 34 f.). Daraus leitet sich die **Inventurpflicht** (Rz 3 f.) ab. In Abs. 3 und 4 sind mit dem Festwertverfahren und dem Gruppenbewertungsverfahren **Inventur- und Bewertungserleichterungsverfahren** (Rz 50 f.) geregelt.

2 Das Inventar und die dafür erforderliche Inventur gem. §§ 240, 241 HGB sind Bindeglied zwischen der laufenden Buchführung nach §§ 238, 239 HGB und der Aufstellung des Jahresabschlusses nach §§ 242 ff. HGB. Dabei sind Inventur und Inventar Teil der Buchführung und das Inventar als **Handelsbuch** nach § 257 HGB aufbewahrungspflichtig. Inventur und Inventar haben folgende Funktionen:

- Sie dienen dem **Abschluss der Buchführung** für das jeweilige Gj (bzw. der Vorbereitung der Buchführung beim Eröffnungsinventar).
- Die Inventur dient der **Korrektur der Buchführung**; durch Vergleich der Buchbestände mit den tatsächlich erfassten Beständen kann der Kfm. Fehler in seiner Buchführung feststellen und berichtigen.
- Sie dient damit der dauerhaften Erhaltung der **Richtigkeit** und der **Vollständigkeit** der Buchführung (§ 239 Abs. 2 HGB).
- Dadurch sichert sie die **Selbstinformationsfunktion** nach § 238 Abs. 1 HGB und macht die Buchführung **für Dritte nachvollziehbar**.
- Sie führt den Nachweis über das Vorhandensein von VG und Schulden; dient also der Sicherung der **Beweiskraft** der Buchführung nach § 258 HGB.[1]

2 Inventur und Inventar (Abs. 1 und 2)

2.1 Inventurpflicht (Abs. 1 und Abs. 2 Satz 1 und 3)

2.1.1 Eröffnungsinventur

3 § 240 Abs. 1 HGB schreibt dem Kfm. vor, zu Beginn seines Handelsgewerbes ein **Eröffnungsinventar** aufzustellen; das Eröffnungsinventar ist Grundlage für die nach § 242 Abs. 1 HGB aufzustellende Eröffnungsbilanz (§ 242 Rz 3).

4 Nach dem Gesetzeswortlaut sind darin Grundstücke, Forderungen, Bargeld, sonstige VG und Schulden des Kfm. mit ihrem Wert zu verzeichnen. Der Gesetzeswortlaut ist unvollständig und die Aufzählung nur beispielhaft (bspw. fehlen Sachanlagen). Aufzuzeichnen sind sämtliche VG und sämtliche Schulden, d.h. alles, was **der Kaufmann in sein Betriebsvermögen bei Eröffnung eingelegt** hat.

2.1.2 Schlussinventur

5 Nach § 240 Abs. 2 Satz 1 HGB hat der Kfm. ein Inventar auch **am Ende eines jeden Gj** aufzustellen. Das **Schlussinventar** muss ebenfalls sämtliche vorhandenen VG und Schulden verzeichnen. Zur Frage des Endes des Gj vgl. Rz 44 f. Auch für **Zwischenabschlüsse** ist grds. eine **Zwischeninventur** erforderlich, wobei hier mangels Bedeutung der Inventur für die Besteuerung bzw. dem Zweck der Rechnungslegung nach h.M. großzügiger als bei Inventuren auf den Abschluss-

---

[1] Zu weitergehenden steuerlichen Buchführungspflichten vgl. Frotscher/Watrin, in Frotscher/Geurts, EStG, § 5 EStG Rz 5, Stand: 3/2019.

stichtag mit Schätz- und Vereinfachungsverfahren gearbeitet werden darf, solange dadurch nicht die richtige Darstellung der Vermögens-, Finanz- und Ertragslage beeinträchtigt wird.[2]

Für einige VG bzw. Schulden besteht **keine Inventurpflicht** bzw. deren Inventurpflicht ist strittig. Dies betrifft

- den Geschäfts- und Firmenwert,
- vor Einführung des BilMoG gebildete Sonderposten mit Rücklageanteil,
- die Rechnungsabgrenzungsposten,
- vor Einführung des BilMoG gebildete Bilanzierungshilfen und
- vor Einführung des BilMoG gebildete Aufwandsrückstellungen.

Die fehlende Inventurpflicht begründet die Literatur damit, dass es sich um **rein rechnerische Posten** handelt.[3] Damit ergibt sich auch keine Inventurpflicht für die **latenten Steuern**, da es sich hier um einen rechnerischen Posten handelt. Die Dokumentation von **Bewertungseinheiten** (§ 254 Rz 48) fällt dagegen nicht in den Bereich der Inventur, da im Regelfall eine Erfassung bereits in der laufenden Buchführung erforderlich ist, soweit nicht eine Zuordnung zur Bewertungseinheit offensichtlich ist und noch bei Aufstellung des Jahresabschlusses erfolgen darf.

Für **selbst geschaffene immaterielle VG des AV** lässt § 248 Abs. 2 HGB (§ 248 Rz 10) ein Aktivierungswahlrecht zu. Da es sich nicht um rein rechnerisch ermittelte Posten handelt, besteht bei Aktivierung wegen des Grundsatzes der Ansatzstetigkeit (§ 246 Rz 134) dauerhaft Inventurpflicht; bei Nichtaktivierung entfällt die Inventurpflicht.

Die Frage, ob eine Inventurpflicht besteht oder nicht, ist nicht etwa nur akademischer Natur; besteht eine Inventur- bzw. Inventarpflicht für einen Posten, sind die **engen Fristen** (grds. Stichtagsinventur vgl. Rz 16 f., bei Erfüllung der Voraussetzungen vor- oder nachverlegte Stichtagsinventur, § 241 Rz 28) für ihre Erfassung einzuhalten, nicht jedoch die **längeren Aufstellungsfristen** für den Jahresabschluss bspw. nach §§ 243 Abs. 3, 264 HGB.

2.1.3 Inventurgrundsätze

§ 240 HGB enthält selbst keine Inventurgrundsätze; die Vorschrift verweist auch nicht ausdrücklich auf die GoB. In der Literatur haben sich jedoch **Grundsätze ordnungsmäßiger Inventur** (GoI) herausgebildet.[4]

Diese Grundsätze ordnungsmäßiger Inventur (GoI) fordern:

- die **Vollständigkeit** der Inventur,
- die **Richtigkeit** der Inventur,
- die **Einzelerfassung** der Bestände,
- die **Nachprüfbarkeit** der Inventur.
- Erleichternd gilt auch für Inventur und Inventar der **Wirtschaftlichkeitsgrundsatz**.

Der Grundsatz der **Vollständigkeit** ergibt sich zum einen aus dem Vollständigkeitsgrundsatz der GoB in § 239 Abs. 2 HGB – aber auch nach § 246 Abs. 1 HGB sind sämtliche VG in den Jahresabschluss aufzunehmen. Der Grundsatz der Vollständigkeit verlangt, dass alle inventurpflichtigen VG und Schulden im

---

2 Vgl. IDW, WPH Edition, Wirtschaftsprüfung & Rechnungslegung, 18. Aufl. 2023, Kap. G Tz 189.
3 Vgl. ADS, Rechnungslegung und Prüfung der Unternehmen, 6. Aufl. 1995–2001, § 240 HGB Rz 8.
4 Vgl. St HFA 1/1990.

Rahmen der Inventur erfasst werden. Der Kfm. muss deshalb sein internes Kontrollsystem so ausgestalten, dass durch die Inventur eine vollständige Erfassung aller VG und Schulden sichergestellt ist.

12 Die **Richtigkeit** der Inventur erfordert, dass
- der VG seiner **Art** nach zutreffend erfasst wird,
- die **Menge** durch Zählen, Messen und Wiegen ggf. unter Anwendung von Schätz- und Stichprobenverfahren zuverlässig erfasst wird; dabei sind insb. **Doppelzählungen** zu vermeiden,
- **bewertungsrelevante Umstände** vollständig und zutreffend erfasst werden (bspw. Schäden, Qualitätsstufe, nutzlose Überbestände, technisch überholte Bestände oder unbrauchbare Bestände).

13 Der Grundsatz der **Einzelerfassung** erfordert grds. die Erfassung jedes einzelnen vorhandenen VG bzw. jeder einzelnen vorhandenen Schuld. Dies ergibt sich aus dem Einzelbewertungsgrundsatz des § 252 Abs. 1 Nr. 3 HGB. Das Gesetz lässt folgende Ausnahmen vom Grundsatz der Einzelerfassung zu:
- Ansatz zum Festwert (Rz 52 ff.),
- die Gruppenbewertung (Rz 67 ff.),
- die Stichprobeninventur (§ 241 Rz 2).

14 Die Inventur und das Inventar müssen **nachprüfbar** sein. Dies ergibt sich aus dem Nachprüfbarkeitserfordernis für einen Dritten in § 238 Abs. 1 Satz 2 HGB. Dazu muss die Inventur dokumentiert werden; dies erfordert, dass
- eine **Inventurrichtlinie** erstellt wird, die entsprechend der Größe des Unt, dem Umfang der Inventur sowie deren Bedeutung für den Jahresabschluss angemessene Inventurmaßnahmen vorsieht,
- die Inventur anhand von **Aufnahmelisten** dokumentiert wird,
- der **Abschluss der Inventur** dokumentiert ist (bspw. Überprüfung der Vollständigkeit der Erfassungslisten, Verdichtung der Bestände).

15 Der **Wirtschaftlichkeitsgrundsatz** ist eng auszulegen. Der Grundsatz der Vollständigkeit nach § 239 Abs. 2 HGB hat für Inventur und Inventar Vorrang. Die zulässigen Vereinfachungsregeln sind weitgehend gesetzlich geregelt. Zulässig sind:
- Ansatz zum Festwert (Rz 52 ff.),
- Gruppenbewertung (Rz 67 ff.),
- Buchinventur (Rz 22),
- Stichprobeninventur (§ 241 Rz 2) und
- Vor- oder Nachverlegung der Inventur (§ 241 Rz 28).

Die Nichtaufnahme von Beständen darüber hinaus ist regelmäßig unzulässig. Vereinfachend dürfen Wertmerkmale (bspw. regelmäßig auftretende Beschädigungen) etwa durch pauschale Abschläge berücksichtigt werden. Die Nichtaufnahme von **schwer erfassbaren, unbedeutenden Beständen** ist aber nicht zu beanstanden.

> **Praxis-Beispiel**
> Der Kfm. unterhält einen EDV-Handel (Hardware) mit zehn Angestellten. In geringem Umfang repariert er auch defekte Geräte; dafür hat er eine Sammlung von Spezialschrauben beschafft. Der Wert der Schraubenbestände ist unbedeutend. Es ist nicht zu beanstanden, wenn solche Kleinstbestände nicht inventarisiert werden.

2.1.4 Inventurstichtag

§ 240 HGB schreibt keinen **Inventurstichtag** vor, sondern regelt lediglich, dass „zu Beginn" des Handelsgewerbes und „für den Schluss" eines Gj ein Inventar erstellt werden muss. Damit bleibt offen, ob die Inventur am jeweiligen Abschlussstichtag erfolgen muss oder auch an einem anderen Tag erfolgen darf. In § 241 Abs. 2 HGB heißt es, dass es bei Anwendung von anderen Inventurverfahren (bspw. der permanenten Inventur) „für diesen Zeitpunkt" keiner Inventur bedarf, wenn durch andere Verfahren die Bestände an diesem Tag ermittelt werden können. § 241 Abs. 3 HGB erlaubt die vor- und nachverlegte Inventur. Daraus ergibt sich, dass der Gesetzgeber in § 240 Abs. 1 und 2 HGB von einer **Stichtagsinventur**, also einer Inventur am Abschlussstichtag, als Normalfall ausgeht.[5] Als Stichtagsinventur gilt auch eine **ausgeweitete Stichtagsinventur**. Hierbei handelt es sich um eine Inventur, die wenige Tage vor oder nach dem Abschlussstichtag stattfindet.[6] Steuerlich ist nach R 5.3 Abs. 1 EStR 2012 im Normalfall ein Zeitraum von zehn Tage vor bzw. nach dem Abschlussstichtag zugelassen.

16

> **Praxis-Beispiel**
> Der Abschlussstichtag ist der 31.12., aber vom 24.12. bis 6.1. sind Betriebsferien. Lediglich im Versand arbeitet ein Notdienst, der eilige Ersatzteile dem Lager entnimmt und versendet. Die Inventur findet erst am 7.1. statt. Die nach dem 1.1. vom Notdienst entnommenen Ersatzteile müssen gesondert erfasst werden, damit der Bestand nach Menge und Wert auf den 31.12. zurückgerechnet werden kann.

Die Stichtagsinventur ist die einzig zulässige Form der Inventur bei **nicht bestandszuverlässigen Beständen**; hierbei handelt es sich um Bestände, bei denen das interne Kontrollsystem keine zuverlässige buchmäßige Fortschreibung gewährleisten kann. Welche Bestände darunter fallen, ist eine Frage des Einzelfalls. Für folgende Bestände wird dies vermutet:[7]

17

- besonders wertvolle Stoffe/Bestände (bspw. Edelmetalle, medizinische Wirkstoffe),
- verderbliche Bestände,
- Bestände, die bspw. verdunsten oder versickern können oder die schlecht gelagert sind,
- zerbrechliche Bestände,
- Bestände mit hohen Ausschussquoten,
- Posten mit negativem oder unplausiblem Buchbestand,
- im Gj nicht bewegte Bestände und
- schwund- oder diebstahlgefährdete Bestände.

2.2 Inventurverfahren

§ 240 HGB schreibt kein bestimmtes Inventurverfahren vor. Das Gesetz geht jedoch vom Normalfall einer **körperlichen Bestandsaufnahme** aus. Darunter

18

---

[5] A. A. ADS, Rechnungslegung und Prüfung der Unternehmen, 6. Aufl. 1995–2001, § 240 HGB Rz 5.
[6] Vgl. ADS, Rechnungslegung und Prüfung der Unternehmen, 6. Aufl. 1995–2001, § 240 HGB Rz 38.
[7] Vgl. St HFA 1/1981 i.d.F. 1990.

versteht man die Inaugenscheinnahme der Bestände, also deren Zählen, Messen und Wiegen. Bei der körperlichen Bestandsaufnahme erfasst der Kfm. sämtliche vorhandenen VG und Schulden in Inventurlisten und verzeichnet dort Menge und Art der Bestände sowie wertrelevante Umstände (bspw. Schäden). Durch Hinzufügen des Stichtagswerts entsteht aus der Inventarliste das Inventar.[8]

19 Von der körperlichen Bestandsaufnahme sind Inventurverfahren zu unterscheiden, bei denen nicht die Bestände selbst aufgenommen werden, sondern das Bestandserfassungs- und -fortschreibungssystem auf seine Ordnungsmäßigkeit bzw. Bestandszuverlässigkeit untersucht wird. Eine solche Systemprüfung setzt voraus, dass ein sachgerechtes und funktionsfähiges internes Kontrollsystem eingerichtet ist. Die Untersuchung des Systems ist dabei darauf ausgerichtet, mit einem risikoorientierten Ansatz Schwächen im internen Kontrollsystem zu entdecken und zu beseitigen sowie dadurch verursachte Bestandsabweichungen oder Bewertungsfehler zu ermitteln und zu berichtigen.

20 Diese Systemprüfung richtet sich auf eine Aussage zur Bestandszuverlässigkeit des Bestandserfassungs- und -fortschreibungssystems. Bestätigt diese Untersuchung die Bestandszuverlässigkeit, werden die vom System ermittelten Bestände bzw. Bestandswerte angesetzt. Ist dies nicht der Fall, muss der Kfm. (insoweit) die Bestände durch körperliche Bestandsaufnahme erfassen. Ist dies nicht (mehr) möglich, ist die Inventur (insoweit) ordnungswidrig.

21 Die Systemprüfung eines Bestandserfassungs- und -fortschreibungssystems hat folgende **Anwendungsbereiche**:
- **Buchinventur**, soweit sie sich auf ordnungsgemäß geführte Handelsbücher stützt (z. B. Inventur von nicht-körperlichen VG und Schulden, Rz 22),
- **Stichprobeninventur** (§ 241 Rz 2) bei Testverfahren,
- **Permanente Inventur** (§ 241 Rz 18),
- **Einlagerungsinventur** (§ 241 Rz 20),
- **Systemgestützte Werkstattinventur** (§ 241 Rz 27) bei Einsatz eines Bestandsfortschreibungssystems und
- **Bestandsfortschreibung bzw. -rückrechnung bei der vor- bzw. nachverlegten Stichtagsinventur** (§ 241 Rz 28).

22 Bei der **Buchinventur** handelt es sich um eine Inventur auf der Grundlage der vom Kfm. laufend geführten Bücher und der darin fortgeschriebenen Bestände. Eine Buchinventur ist u. U. unverzichtbar bei VG und Schulden ohne physische Substanz wie bspw.:
- Immaterielle VG des AV oder des UV,
- Girosammelverwahrte Wertpapiere,
- Forderungen,
- unfertige Leistungen,
- Anzahlungen,
- Rückstellungen und
- Verbindlichkeiten.

---

[8] Vgl. ADS, Rechnungslegung und Prüfung der Unternehmen, 6. Aufl. 1995–2001, § 240 HGB Rz 4.

2.3 Inventurdurchführung

2.3.1 Inventurplanung

Der Kfm. muss die Inventur planen. Diese Planung hält er in einer **Inventurrichtlinie** fest. Sie enthält grundlegenden Regelungen zur Inventur.[9] Erfordernis und Umfang einer Inventurrichtlinie ist abhängig von der Größe des Unt, dem Umfang der Bestände und deren Bedeutung für den Jahresabschluss. Die Inventurrichtlinie muss bspw. enthalten:

- Inventurorte,
- Inventurzeitpunkte,
- Regelungen zu den Inventurabläufen,
- anzuwendende Inventur- und ggf. Stichprobenverfahren,
- Verantwortlichkeiten (Inventurleitung und -überwachung, Zähler, Schreiber),
- Regelungen zum Personaleinsatz (Anzahl der erforderlichen Personen, deren Mindestqualifikation, Sicherstellung der Unabhängigkeit von Zähler und Schreiber),
- Arbeitsanweisungen für die mit der Inventur betrauten Personen,
- Vorschriften zur Kennzeichnung erfasster Bestände.

2.3.2 Inventurvorbereitung

Für einen ordnungsmäßigen und reibungslosen Ablauf einer Inventur sind **Inventurvorbereitungen** erforderlich. Dazu gehören insb.:

- Vorkehrungen zur **Ermöglichung der Inventur** (bspw. Zutritt, Ruhen des Betriebs bzw. Absprachen zur Inventur bei laufendem Betrieb, Einweisung der mit der Inventur betrauten Mitarbeiter, Abgrenzung der Aufnahmebereiche, Bereitstellung der erforderlichen Arbeitsmittel wie bspw. Aufnahmebögen, Waagen, Zollstöcke).
- Maßnahmen zur Sicherstellung der **Vollständigkeit** der Inventur (bspw. Ermittlung von Fremdlägern bei Dritten, Abgrenzung von für Dritte gelagerten Bestände (Fremdbestände), Maßnahmen zur Erfassung von unterwegs befindlichen Beständen, Abgrenzung und Einbeziehung von versandfertigen Beständen).
- Maßnahmen zur **Richtigkeit** der Inventur (bspw. Aufnahme von bereits erkennbaren, wertbeeinflussenden Faktoren wie bspw. Schäden, Staub; Aufräumen des Lagers; Ausgrenzung wertloser oder unbrauchbarer Bestände).

2.3.3 Zählen, Messen, Wiegen

Für die Inventurdurchführung ist Folgendes erforderlich:[10]

- Im Regelfall ist die Inventur von einem **Team** aus Zähler und Schreiber, die zur Sicherstellung des Vier-Augenprinzips nicht voneinander weisungsabhängig sind und nicht in einem engen beruflichen Verhältnis stehen, durchzuführen.

---

[9] Vgl. ADS, Rechnungslegung und Prüfung der Unternehmen, 6. Aufl. 1995–2001, § 240 HGB Rz 48, 49.
[10] Vgl. WP-Handbuch, Bd. I, 14. Aufl. 2014, Abschn. R Rz 435f., diese Auffassung ist seit der 15. Aufl. 2017 des WP-Handbuchs nicht mehr enthalten.

> die Möbel und die zum Betrieb erforderlichen Geräte (bspw. in der Küche oder Wäscherei). Die Teller, Gläser, Bestecke und Stoffservietten sind gemessen an der Bilanzsumme von nachrangiger Bedeutung und dürfen deshalb zu einem Festwert zusammengefasst werden.

57 Der Festwert darf hinsichtlich Größe, Wert oder Zusammensetzung **nur geringen Veränderungen** unterliegen. Ein Festhalten an einem bereits angesetzten Festwert ist unzulässig, wenn wesentliche Veränderungen eintreten.

> **Praxis-Beispiel**
> **Veränderung der Größe**
> Die Gaststätte wird um einen Biergarten mit 240 Sitzplätzen erweitert. Dafür werden zusätzliche Gläser, Teller und Besteckteile benötigt. Die Fortführung des bisherigen Festwerts ist unzulässig, da sich die Größe des Bestands wesentlich verändert hat. Es ist nicht zulässig, die Zukäufe im Jahr der Anschaffung in voller Höhe als Aufwand zu buchen. Der Kfm. muss deshalb eine Inventur vornehmen und einen neuen Festwert ermitteln.

> **Praxis-Beispiel**
> **Veränderung Wert**
> Der Kfm. hat bisher Edelstahlbesteck beschafft. Er bekommt von einem Restaurantführer einen Stern verliehen. Er ersetzt sein Edelstahlbesteck Stück für Stück durch Silberbesteck. Der Kfm. darf den Festwert für die Bestecke nicht unverändert fortführen, da Silberbesteck ein Vielfaches des Edelstahlbestecks kostet.

> **Praxis-Beispiel**
> **Veränderung Zusammensetzung**
> Der Kfm. betreibt eine Gastwirtschaft und ändert aus Altersgründen im Gj das Konzept; das Angebot an Speisen stellt er ein und richtet sich auf den Ausschank von Getränken aus. Deshalb kauft er keine Teller und Bestecke mehr, benötigt aber mehr Gläser, von denen er reichlich neue beschafft. Er darf den Festwertposten, in dem er Teller, Gläser und Bestecke zusammengefasst hat, nicht unverändert fortführen, da sich die Zusammensetzung des Postens wesentlich verändert hat.

58 Die in den Festwert einbezogenen VG müssen **regelmäßig ersetzt** werden. In diesem Fall entsprechen die Aufwendungen für den Ersatz der VG in etwa den Abschreibungen, die sich ergeben hätten, wären die VG aktiviert und abgeschrieben worden. Deshalb ist ein Festwert bei **nicht abnutzbarem Vermögen** nicht zulässig, auch wenn das nicht abnutzbare Vermögen zum Sachanlagevermögen gehört. Im Ergebnis sind so faktisch auch **besonders langlebige** und **nur in geringer Zahl vorhandene VG** ausgeschlossen, da hier nur ab und zu ein VG ersetzt werden muss. Ein unmittelbarer Ersatz ist nicht erforderlich; es genügt, wenn in regelmäßigen Abständen die Bestände aufgefüllt werden. Nach einer geäußerten Auffassung sei der Verbrauch des Jahres grds. bis zum Abschluss-

stichtag zu ersetzen, da sonst die Voraussetzung nicht erfüllt sei, dass der Bestand nur geringen Veränderungen unterliege.[19] Eine solch enge Auslegung entspricht jedoch nicht dem Gedanken des Festwerts; eine Auffüllung ist nur regelmäßig, nicht jedoch vor jedem Abschlussstichtag erforderlich. Entscheidend ist, dass der nicht ersetzte Teil der VG nicht soweit ins Gewicht fällt, dass nicht mehr von einer geringfügigen Veränderung ausgegangen werden kann.[20]

> **Praxis-Beispiel**
> Der Kfm. betreibt eine Gaststätte; im lebhaften Betrieb über Weihnachten und bei der Silvesterveranstaltung der Gaststätte geht das eine oder andere Glas zu Bruch. Für die Gläser hat der Kfm. zulässigerweise einen Festwert bilanziert. Abschlussstichtag ist der 31.12. Der Kfm. ersetzt aus Zeitmangel die zerbrochenen Gläser erst Mitte Januar. Der Wert und der Anteil der zerbrochenen Gläser soll hier unwesentlich sein. Deshalb ist die Beibehaltung des Festwerts zum 31.12. zulässig.

Liegt keine kurzfristige, geringfügige Bestandsschwankung vor, ist die Fortführung des Festwerts unzulässig. **59**

> **Praxis-Beispiel**
> Die Silvesterveranstaltung in der Gaststätte endet noch vor dem Silvesterfeuerwerk in einer handgreiflichen Auseinandersetzung; fast alle Gläser gehen zu Bruch. Der Kfm. beschafft bereits am 2.1. Ersatz. Eine Fortführung des Festwerts ist unzulässig, da es sich hier nicht um eine geringfügige Bestandsschwankung handelt.

Für die im Festwert zusammengefassten VG schreibt § 240 HGB vor, dass i. d. R. eine **Inventur alle drei Jahre** vorgenommen werden muss. Das **Steuerrecht** schreibt dagegen vor, dass für den Festwert i. d. R. alle drei Jahre, spätestens alle fünf Jahre eine Inventur erforderlich ist.[21] Das Steuerrecht erscheint somit weniger streng als das Handelsrecht; in der Praxis sind die Unterschiede jedoch eher theoretischer Natur. Zunächst bedeutet „i. d. R.", dass der Kfm. **jedes Jahr** prüfen muss, ob er den Festwert des Vj beibehalten darf. Dazu muss er sich versichern, dass die Anwendungsvoraussetzungen weiter erfüllt sind (Rz 53). Sind diese Anwendungsvoraussetzungen erfüllt, so kann er insgesamt für drei Jahre auf eine Inventur verzichten. Ergibt sich aber bereits vorher eine wesentliche Änderung des Festwerts seiner Größe, Art oder Zusammensetzung nach, so ist eine Inventur bereits zum nächsten Abschlussstichtag erforderlich. Am Ende des dritten Jahrs ist dann i. d. R. eine Inventur vorzunehmen, jedoch kann der Kfm. darauf verzichten, wenn dies **sachlich gerechtfertigt** ist. Abzulehnen ist die Auffassung, dass die Verlängerung der Drei-Jahres-Frist dann zulässig sei, wenn der Festwert anhand plausibler Schlüsselgrößen angepasst wird;[22] dies entspricht nicht dem Gedanken des Festwerts, der ein Festhalten am Vorjahreswert erlaubt, **60**

---

[19] Vgl. ADS, Rechnungslegung und Prüfung der Unternehmen, 6. Aufl. 1995–2001, § 240 HGB Rz 78.
[20] Vgl. Kliem/Lewe, in Beck Bil-Komm., 14. Aufl. 2024, § 240 HGB Rz 90, 92.
[21] Vgl. R 5.4 Abs. 3 Satz 1 EStR 2012.
[22] Vgl. ADS, Rechnungslegung und Prüfung der Unternehmen, 6. Aufl. 1995–2001, § 240 HGB Rz 96.

nicht jedoch laufende Anpassungen anhand plausibler Verhältniszahlen zulässt. Es kommt deshalb vielmehr darauf an, dass der Festwert **in hohem Maße nur geringen Veränderungen** unterliegt. Ob dies der Fall ist, kann nur im Einzelfall beurteilt werden.

61 Die Fünf-Jahres-Frist des Steuerrechts wird auch für das Handelsrecht als Obergrenze gelten müssen. Zwar schreibt das Handelsrecht eine solche Obergrenze nicht ausdrücklich vor, jedoch widerspricht es dem Vorsichtsprinzip, wenn der Kfm. einen Wert ungeprüft und nur auf der Grundlage von Plausibilitätsüberlegungen dauerhaft in unveränderter Höhe ansetzt.

62 Eine Besonderheit ergibt sich bei der **erstmaligen Bildung** des Festwerts. Der Festwert geht davon aus, dass die darin enthaltenen VG im Durchschnitt die Hälfte der betrieblichen Nutzungsdauer bereits durchlaufen haben und deshalb die Ersatzbeschaffungen des Gj in etwa den laufenden Abschreibungen entsprechen. Dies gilt nicht, wenn sämtliche im Festwert zusammengefassten VG neu beschafft wurden, denn im Jahr der Anschaffung sind zunächst die vollen AK anzusetzen. Deshalb sind hier Abschreibungen vom Festwert solange erforderlich, bis der Restbuchwert den **Anhaltewert** erreicht hat. Der Kfm. darf als Anhaltewert einen vorsichtigen Wert wählen, sodass ein Bereich von 40–50 % der AK als zulässiger Bereich anzusehen ist.[23]

> **Praxis-Beispiel**
> Der Kfm. gründet eine Gaststätte. Dazu beschafft er 1.000 neue Besteckteile zu 5 EUR/Stück, für die er zulässigerweise einen Festwert ansetzen darf. Die AK im Jahr der Gründung betragen damit 5.000 EUR. Die Nutzungsdauer der Besteckteile sei zehn Jahre; zerstörte oder verloren gegangene Besteckteile werden regelmäßig ersetzt. Der Kfm. wählt als Anhaltewert 2.500 EUR (50 % der AK). Er schreibt deshalb den Festwert zunächst für fünf Jahre mit 500 EUR/Jahr ab, bis der Anhaltewert von 2.500 EUR erreicht ist. Ersatzbeschaffungen bucht er sofort als Aufwand.

63 Besonderheiten ergeben sich auch bei einer **späteren Anpassung** des Festwerts. Ergibt die Inventur des Festwerts **Mindermengen**, muss der Kfm. den Festwert grds. herabsetzen, wobei unterschiedliche Auffassungen über die zulässige Toleranz bestehen. Einerseits wird die Auffassung vertreten, dass „immer" eine Anpassung erforderlich sei, eine andere Auffassung verlangt nur „grds." eine Abwertung, ohne auszuführen, welche Ausnahmen zugelassen sind. Das Steuerrecht formuliert die Abwertung ebenfalls nur als „Kann"-Vorschrift.[24] Eine Überbewertung eines Aktivpostens ist mit dem Vorsichtsprinzip unvereinbar und kann nur hingenommen werden, wenn sie unbedeutend ist. Jedoch entspricht es der Vereinfachungs- und Erleichterungsfunktion des Festwerts, dass kleine Schwankungen hingenommen werden. Deshalb ist es zulässig, wenn der Kfm. eine Herabsetzung des Festwerts unterlässt, wenn die festgestellte Unterschreitung des Festwerts auf einer **kurzfristigen, geringfügigen Schwankung**

---

[23] Vgl. ADS, Rechnungslegung und Prüfung der Unternehmen, 6. Aufl. 1995–2001, § 240 HGB Rz 101.
[24] Vgl. R 5.4 Abs. 3 Satz 4 EStR 2012.

beruht (Rz 60), also wertmäßig unbedeutend ist und eine Wiederauffüllung der Bestände geplant ist.

Bei der Feststellung von **Mehrmengen** fordern Kommentierung[25] und Steuerrecht[26] übereinstimmend, dass eine Erhöhung des Festwerts erst erforderlich ist, wenn der im Rahmen der Inventur festgestellte Wert 10 % über dem bisherigen Anhaltewert liegt. Eine Erhöhung des Festwerts bei einer Überschreitung von weniger als 10 % ist zwar zulässig, aber entbehrlich.

Die **Aufgabe des Festwerts** ist erforderlich, wenn die Voraussetzungen für dessen Bildung entfallen sind. Es gilt der Grundsatz der **Bewertungsstetigkeit**, der die freiwillige Aufgabe nur in begründeten Ausnahmefällen zulässt (§ 252 Rz 150f.).

Das Steuerrecht erlaubt derzeit nach § 6 Abs. 2a EStG die Bildung eines **Sammelpostens für GWG**, deren AK mehr als 250 EUR betragen, aber 1.000 EUR nicht übersteigen, alternativ dazu kann der Kfm. auch die Sofortabschreibung von GWG mit AK über 250 EUR aber unter 800 EUR wählen. Der Kfm. könnte deshalb daran denken, handelsrechtlich einen Festwert und steuerlich GWG anzusetzen. Eine solche abweichende Behandlungsmöglichkeit in Handels- und Steuerbilanz besteht jedoch nicht, da die Finanzverwaltung sich dafür entschieden hat, für den Festwert die uneingeschränkte Maßgeblichkeit der Handels- für die Steuerbilanz anzunehmen; unter Vereinfachungsgesichtspunkten ist dies zu begrüßen. Somit ist ein handelsrechtlicher Festwert in gleicher Höhe in der Steuerbilanz anzusetzen.[27]

4.3 Gruppenbewertungsverfahren (Abs. 4)

Nach § 240 Abs. 4 HGB kann der Kfm. verschiedene VG oder Schulden zu einer Gruppe zusammenfassen und als Gruppe bewerten (**Gruppenbewertungsverfahren**). Die Gruppenbewertung ist ein Vereinfachungsverfahren für Inventur und Bewertung.[28]

Für die Anwendung müssen folgende Voraussetzungen erfüllt sein:
- Zugelassen sind VG des **Vorratsvermögens**, sonstige **bewegliche VG** und **Schulden**.
- Es muss sich beim **Vorratsvermögen** zusätzlich um **gleichartige** VG handeln.
- Bei den sonstigen beweglichen VG und den Schulden sind dagegen **gleichartige** oder **annähernd gleichwertige** VG oder Schulden zugelassen.

Die zu einer Gruppe zusammengefassten VG oder Schulden dürfen mit dem gewogenen **Durchschnittswert** bewertet werden. Auch bei einer Durchschnittsbewertung muss das **Niederstwertprinzip** (§ 253 Rz 278) eingehalten werden.

Zum Begriff **Vorratsvermögen** vgl. § 266 Rz 65. Der Begriff **bewegliche Vermögensgegenstände** umfasst sowohl bewegliche VG des AV (§ 266 Rz 37) wie auch des UV (§ 266 Rz 65); ausgeschlossen sind unbewegliche VG (wie bspw. Grundstücke, Immobilien; § 266 Rz 38). Einige bewegliche VG sind einer Gruppenbewertung nicht zugänglich (wie bspw. Forderungen aus L&L). Die Grup-

---

25 Vgl. ADS, Rechnungslegung und Prüfung der Unternehmen, 6. Aufl. 1995–2001, § 240 HGB Rz 102.
26 Vgl. R 5.4 Abs. 3 Satz 2 EStR 2012.
27 Vgl. BMF, Schreiben v. 12.3.2010, IV C 6 – S-2133/09/10001, Rz 7.
28 Vgl. Kliem/Lewe, in Beck Bil-Komm., 14. Aufl. 2024, § 240 HGB Rz 130f.

Graf

penbewertung darf auch für **Schulden** (zum Begriff der Schulden vgl. § 247 Rz 111) angewandt werden (bspw. Urlaubsrückstellung, Mehrarbeitsrückstellung, Garantierückstellung).

71 Nach § 253 Abs. 2 HGB sind Rückstellungen mit einer Laufzeit von mehr als einem Jahr abzuzinsen. Es ist fraglich, ob eine **Abzinsung von Rückstellungen im Rahmen der Gruppenbewertung** möglich ist. § 240 Abs. 4 HGB erlaubt keinen Verzicht auf eine Abzinsung. Deshalb sind auch in eine Gruppenbewertung einbezogene Rückstellungen abzuzinsen. Ob diese Abzinsung vereinfacht erfolgen kann, ist eine Frage des Einzelfalls.

72 Für **eine den Altersvorsorgeverpflichtungen vergleichbare langfristige Verpflichtung** (bspw. eine Altersteilzeitverpflichtung) ergibt sich eine zusätzliche Fragestellung: Solche Rückstellungen dürfen entweder nach § 253 Abs. 2 Satz 1 HGB bei individueller Bewertung mit dem laufzeitgerechten Zins oder bei pauschaler Bewertung alternativ nach § 253 Abs. 2 Satz 2 HGB mit dem durchschnittlichen Marktzins für eine Restlaufzeit von 15 Jahren abgezinst werden. Da die Gruppenbewertung nie ein Einzelbewertungsverfahren ist, könnte somit nur noch eine Bewertung mit dem durchschnittlichen Marktzins für eine Restlaufzeit von 15 Jahren zulässig sein. Die Gruppenbewertung von Altersvorsorgeverpflichtungen ist grds. zulässig. Soweit Gruppen nach Restlaufzeiten zusammengefasst werden, ist eine Abzinsung nach Jahresscheiben sachgerecht. Bei einer Gruppenzusammenfassung nach Periodenscheiben, die mehrere Jahre umfassen, kann vereinfachend mit einer durchschnittlichen Restlaufzeit gearbeitet werden, soweit damit kein wesentlicher Bewertungsfehler verbunden ist.[29]

73 Beim Gruppenbewertungsverfahren handelt es sich um ein **Inventurerleichterungs- und Bewertungsvereinfachungsverfahren**. Die Inventurerleichterung ergibt sich daraus, dass nur der Gruppenbestand erfasst werden muss. Die Bewertungsvereinfachung besteht in der Bewertung mit dem gewogenen Durchschnittswert. Der gewogene Durchschnitt wird dabei aus dem Gewicht der Zugangswerte der einzelnen VG oder Schulden ermittelt.

74 Zulässig ist nur der **gewogene Durchschnitt**, nicht jedoch der arithmetische Mittelwert, denn der arithmetische Mittelwert berücksichtigt nicht die Zusammensetzung des Bestands und führt nicht zu zutreffenden Werten. Zulässig ist die freie Wahl zwischen

- dem **einfachen gewogenen Durchschnitt** und
- dem **gleitenden gewogenen Durchschnitt**.

> **Praxis-Beispiel**
> Der Kfm. fasst die Gruppen von VG A und B im Rahmen einer Gruppenbewertung zusammen. Dabei sollen die in der folgenden Tabelle aufgeführten Geschäftsvorfälle zu verzeichnen sein.
> Beim gleitend gewogenen Durchschnitt wird nach jedem Bestandszu- bzw. -abgang ein neuer Durchschnittswert errechnet, beim einfach gewogenen Durchschnitt werden zunächst alle Zugänge erfasst, dann ein Durchschnittswert ermittelt und die Abgänge zu dem daraus ermittelten Durchschnittswert angesetzt. Die beiden Verfahren führen deshalb zu unterschiedlichen Ergebnissen.

---

[29] Vgl. IDW RS HFA 34.7 und 34.39.

Gleitender gewogener Durchschnitt

Tag	Vorfall	Menge	Preis	Wert gesamt	kum. Wert	Bestand	Durchschnitt
1.1.	Bestand A				100,00	100	1,0000
15.1.	Zugang B	100	1,10	110,00	210,00	200	1,0500
31.3.	Abgang A	−50	1,05	−52,50	157,50	150	1,0500
20.6	Zugang A	150	1,15	172,50	330,00	300	1,1000
15.7.	Abgang A	−200	1,10	−220,00	110,00	100	1,1000
10.9.	Zugang A	100	1,20	120,00	230,00	200	1,1500
19.11.	Zugang B	200	1,25	250,00	480,00	400	1,2000
6.12.	Abgang B	−300	1,20	−360,00	120,00	100	1,2000
27.12.	Zugang B	100	1,30	130,00	250,00	200	1,2500
31.12.	Bestand A + B				250,00	200	1,2500

Einfacher gewogener Durchschnitt

Tag	Vorfall	Menge	Preis	Wert	kum. Wert	Bestand gesamt	Durchschnitt
1.1.	Bestand A				100,00	100	1,0000
15.1.	Zugang B	100	1,10	110,00			
20.6	Zugang A	150	1,15	172,50			
10.9.	Zugang A	100	1,20	120,00			
19.11.	Zugang B	200	1,25	250,00			
27.12.	Zugang B	100	1,30	130,00			
	Summe	650		782,50	882,50	750	1,1767
31.3.	Abgang A	−50					
15.7.	Abgang A	−200					
6.12.	Abgang B	−300					
	Summe	−550			−647,19	−550	−1,1767
31.12.	Bestand A + B				235,31	200	1,1767

Grds. ist das gewählte Verfahren wegen des **Grundsatzes der Bewertungsstetigkeit** beizubehalten (§ 252 Rz 141), sofern nicht ein Ausnahmetatbestand erfüllt ist (§ 252 Rz 150 f.). 75

Bei **Vorratsvermögen** ist die **Gleichartigkeit** der einbezogenen VG erforderlich. Gleichartigkeit setzt nach h. M. nicht voraus, dass es sich um gleiche VG handelt, vielmehr genügt Gattungszugehörigkeit oder Funktionsgleichheit. 76

Bei **sonstigen beweglichen VG oder Schulden** fordert das Gesetz **Gleichartigkeit** oder eine **annähernde Gleichwertigkeit** (Rz 75). Bei der annähernden Gleichwertigkeit bestehen unterschiedliche Auffassungen in der Literatur: Eine 77

Auffassung[30] geht davon aus, dass die annähernde Gleichwertigkeit entgegen dem Gesetzeswortlaut stets – ungeschriebene – Anwendungsvoraussetzung ist, also auch beim Vorratsvermögen. Nach aktueller h.M. wird diese Auffassung nicht geteilt.[31] Für die erste Auffassung spricht jedoch, dass erhebliche Wertunterschiede zu einer Überbewertung führen können, wenn die Gewichtung der einbezogenen VG oder Schulden in den Durchschnittsbewertungssatz wesentlich von ihrer Gewichtung im Bestand abweichen. Eine Preisabweichung von höchstens 20 % sei gerade noch zulässig. Da das Gruppenbewertungsverfahren nicht wie beim Festwertverfahren nur bei „nachrangiger Bedeutung" angewandt werden darf, wird man der Auffassung zustimmen müssen, dass die Gruppenbewertung nicht zu einer bedeutsamen Über- oder Unterbewertung führen darf (Rz 56). Deshalb ist eine annähernde Gleichwertigkeit i.d.R. Anwendungsvoraussetzung bei bedeutsamen Beständen, nicht aber bei Gruppen von **nachrangiger Bedeutung**.

78 Die **Aufgabe des Gruppenbewertungsverfahrens** ist stets erforderlich, wenn die Voraussetzungen für dessen Anwendung entfallen sind; in diesem Fall ist stattdessen eine Einzelbewertung erforderlich.[32] Ansonsten gilt der Grundsatz der **Bewertungsstetigkeit,** der die freiwillige Aufgabe der Gruppenbewertung nur in begründeten Ausnahmefällen zulässt (§ 252 Rz 150).

79 Zur Anwendung der **Bewertungsvereinfachungsverfahren** bei Anwendung des Festwert- oder Gruppenbewertungsverfahrens vgl. § 256 Rz 8.

---

[30] Vgl. ADS, Rechnungslegung und Prüfung der Unternehmen, 6. Aufl. 1995–2001, § 240 HGB Rz 126, 128.
[31] Vgl. Kliem/Lewe, in Beck Bil-Komm., 14. Aufl. 2024, § 240 HGB Rz 136.
[32] Vgl. ADS, Rechnungslegung und Prüfung der Unternehmen, 6. Aufl. 1995–2001, § 240 HGB Rz 118.

§ 241 Inventurvereinfachungsverfahren

(1) ¹Bei der Aufstellung des Inventars darf der Bestand der Vermögensgegenstände nach Art, Menge und Wert auch mit Hilfe anerkannter mathematisch-statistischer Methoden auf Grund von Stichproben ermittelt werden. ²Das Verfahren muß den Grundsätzen ordnungsmäßiger Buchführung entsprechen. ³Der Aussagewert des auf diese Weise aufgestellten Inventars muß dem Aussagewert eines auf Grund einer körperlichen Bestandsaufnahme aufgestellten Inventars gleichkommen.

(2) Bei der Aufstellung des Inventars für den Schluß eines Geschäftsjahrs bedarf es einer körperlichen Bestandsaufnahme der Vermögensgegenstände für diesen Zeitpunkt nicht, soweit durch Anwendung eines den Grundsätzen ordnungsmäßiger Buchführung entsprechenden anderen Verfahrens gesichert ist, daß der Bestand der Vermögensgegenstände nach Art, Menge und Wert auch ohne die körperliche Bestandsaufnahme für diesen Zeitpunkt festgestellt werden kann.

(3) In dem Inventar für den Schluß eines Geschäftsjahrs brauchen Vermögensgegenstände nicht verzeichnet zu werden, wenn
1. der Kaufmann ihren Bestand auf Grund einer körperlichen Bestandsaufnahme oder auf Grund eines nach Absatz 2 zulässigen anderen Verfahrens nach Art, Menge und Wert in einem besonderen Inventar verzeichnet hat, das für einen Tag innerhalb der letzten drei Monate vor oder der ersten beiden Monate nach dem Schluß des Geschäftsjahrs aufgestellt ist, und
2. auf Grund des besonderen Inventars durch Anwendung eines den Grundsätzen ordnungsmäßiger Buchführung entsprechenden Fortschreibungs- oder Rückrechnungsverfahrens gesichert ist, daß der am Schluß des Geschäftsjahrs vorhandene Bestand der Vermögensgegenstände für diesen Zeitpunkt ordnungsgemäß bewertet werden kann.

Inhaltsübersicht

		Rz
1	Überblick	1
2	Stichprobeninventur (Abs. 1)	2–15
	2.1 Anwendungsvoraussetzungen	2
	2.2 Anerkanntes mathematisch-statistisches Verfahren	3–6
	2.3 Einhaltung der GoB	7–9
	2.4 Bestandszuverlässigkeit der Lagerbuchführung	10–13
	2.5 Gleichwertiger Aussagewert wie eine körperliche Bestandsaufnahme	14–15
3	Andere Inventurverfahren (Abs. 2)	16–27
	3.1 Anwendungsvoraussetzungen	16–17
	3.2 Permanente Inventur	18–19
	3.3 Einlagerungsinventur	20–26
	3.4 Systemgestützte Werkstattinventur	27
4	Vorverlegte oder nachverlegte Inventur (Abs. 3)	28–42
	4.1 Überblick	28–30
	4.2 Anwendungsvoraussetzungen	31
	4.3 Anwendung eines anderen Inventurverfahrens	32

4.4	Frist	33
4.5	Besonderes Inventar	34–35
4.6	Zeitweilige Bestandszuverlässigkeit	36–38
4.7	Zugelassene Bestände	39
4.8	Probleme der vorverlegten bzw. nachverlegten Inventur	40–42
5	Kombination und Wechsel zwischen Inventurverfahren	43–45

1 Überblick

1 Zum Anwendungsbereich und Normenzusammenhang vgl. § 238 Rz 2 ff.
§ 241 HGB erlaubt die Anwendung von **Inventurvereinfachungsverfahren**. Dazu gehören:
- die **Stichprobeninventur** mithilfe von mathematisch-statistischen Verfahren gem. § 241 Abs. 1 HGB,
- die **anderen Inventurverfahren** gem. § 241 Abs. 2 HGB auf der Grundlage der geführten Handelsbücher und
- die **vorverlegte und nachverlegte Stichtagsinventur**, bei der die Inventur an einem abweichenden Inventurstichtag stattfindet und auf den Abschlussstichtag fortgeschrieben bzw. zurückgerechnet wird.

2 Stichprobeninventur (Abs. 1)

2.1 Anwendungsvoraussetzungen

2 Die **Stichprobeninventur** ist unter folgenden Voraussetzungen anwendbar:[1]
- Verwendung einer anerkannten mathematisch-statistischen Methode (Rz 3),
- das angewandte Verfahren entspricht den GoB (Rz 7),
- der Aussagewert des Inventars ist dem einer Stichtagsinventur gleichwertig (Rz 14) und
- es liegt eine bestandszuverlässige Lagerbuchführung vor (Rz 10).

2.2 Anerkanntes mathematisch-statistisches Verfahren

3 Es dürfen nur **anerkannte** mathematisch-statistische Verfahren verwendet werden. Der Gesetzgeber definiert nicht, was als anerkannt gilt. Anerkannt sind Verfahren, für die die Mathematik beweisen kann, dass sie bei sachgerechter Anwendung mit hinreichend großer Wahrscheinlichkeit eine zutreffende Aussage erlauben.

4 Anerkannte **mathematisch-statistische Verfahren** sind Schätz- oder Testverfahren, die sich folgendermaßen unterscheiden:
- **Schätzverfahren** ermitteln auf der Grundlage einer Stichprobe eine unbekannte Größe des Gesamtbestands (bspw. Fehleranteil, Fehleranzahl, durchschnittlicher Wert etc.).
- **Testverfahren** untersuchen auf Grundlage einer Stichprobe, ob der Buchbestand bestandszuverlässig ist. Dazu darf die festgestellte Bestandsabweichung in der Stichprobe einen bestimmten Wert nicht überschreiten. Trifft dies zu, ist der Buchbestand mit einer hinreichend großen Wahrscheinlichkeit richtig.

---

[1] Vgl. Kliem/Lewe, in Beck Bil-Komm., 14. Aufl. 2024, § 241 HGB Rz 5, 9 f.; HFA 1/1990.

Zu den **zugelassenen Verfahren** gehören auch die freie und gebundene Hochrechnung, die einfache und geschichtete Mittelwertschätzung, die Differenzen-, Verhältnis- und Regressionsschätzung und der Sequenzialtest. **Nicht zugelassen** ist das Monetary-Unit-Sampling-Verfahren, da es eine Tendenz zur Über- oder Unterschätzung aufweist.

Mathematisch-statistische Verfahren sind stets mit einer **Fehlerwahrscheinlichkeit** behaftet; dies bedeutet, dass die getroffene Aussage (bspw. tatsächlicher Bestand entspricht dem Buchbestand) mit einer gewissen Wahrscheinlichkeit falsch ist. Der Kfm. muss deshalb die Stichprobe so wählen, dass diese Fehlerwahrscheinlichkeit hinreichend klein ist. In der Literatur werden ein Sicherheitsgrad von 95 % bzw. ein (relativer) Stichprobenfehler von 1 % als noch hinnehmbar genannt.

2.3 Einhaltung der GoB

Das mathematisch-statistische Verfahren muss den **Grundsätzen ordnungsmäßiger Buchführung** entsprechen. Die Vorschrift hat klarstellenden Charakter, da der Einsatz ordnungswidriger Verfahren ohnehin unzulässig ist.

Zu den Anforderungen an ein Inventurverfahren betreffend Einhaltung der GoB siehe § 240 Rz 9ff.

Die Anwendung von Stichprobenverfahren ist kein Verstoß gegen den Grundsatz der **Einzelerfassung**, der **Vollständigkeit** oder der **Einzelbewertung** (§ 252 Rz 54). Bei Anwendung der Stichprobenverfahren ergibt sich die Einzelerfassung nicht durch die körperliche Bestandsaufnahme der einzelnen Bestände. Vielmehr kommt es entweder zu einer sachgerechten Hochrechnung der Bestände oder das Stichprobenverfahren bestätigt die Bestandszuverlässigkeit der Lagerbuchführung, die die Bestände einzeln erfasst.[2]

2.4 Bestandszuverlässigkeit der Lagerbuchführung

Anwendungsvoraussetzung für die Inventurvereinfachungsverfahren des § 241 HGB ist die **dauerhafte Bestandszuverlässigkeit**. Für die vor- bzw. nachverlegte Stichtagsinventur muss Bestandszuverlässigkeit **lediglich für den Fortschreibungszeitraum** gegeben sein. Dazu muss das Bestandsführungssystem permanent die Bestände so erfassen, fortschreiben und korrigieren, dass die Buchbestände zu jedem Zeitpunkt nicht mehr als unwesentlich von den tatsächlichen Beständen im Lager abweichen. Dazu ist die Einrichtung eines sachgerecht aufgebauten und funktionsfähigen **internen Kontrollsystems** erforderlich; dies erfordert, dass der Kfm. auf der Grundlage einer Analyse der Bestandszuverlässigkeitsrisiken ein System von **Sicherungsmaßnahmen** und **Kontrollen** einrichtet.

Zu den **Sicherungsmaßnahmen** gehören bspw. physische und logische Zugangskontrollen sowie bauliche Sicherungsmaßnahmen (bspw. Tresor, Mauer, Alarmanlage, Behälter) oder organisatorische Sicherungsmaßnahmen (bspw. Verfahrensabläufe, Werkschutz). Auf Grundlage der eingerichteten Sicherungsmaßnahmen und einer Einschätzung der verbleibenden Risiken für die Bestandszuverlässigkeit unter Berücksichtigung von in der Vergangenheit ermittelten

---

[2] Vgl. Wrangler, in Anzinger/Oser/Schlotter, Rechnungslegung und Prüfung, Tb. 1, 7. Aufl., 2023, § 241 HGB Rz 36.

Bestandsabweichungen muss der Kfm. entscheiden, welche Kontrollen erforderlich sind, um die Bestandszuverlässigkeit dauerhaft zu gewährleisten.

12 Die erforderlichen **Kontrollen** beziehen sich sowohl auf die eingerichteten Sicherungsmaßnahmen als auch auf die in den Büchern verzeichneten Bestände. Das Gesetz enthält keine Vorschrift, wie häufig die Kontrollen vorzunehmen sind. Die gesetzliche Regelung muss deshalb in Abhängigkeit vom erforderlichen Niveau der Bestandszuverlässigkeit ausgelegt werden. Trotzdem wird übereinstimmend die Auffassung vertreten, alle Bestände seien zumindest einmal pro Jahr zu erfassen. Bei einer solchen Orientierung an der Dauer des Gj von normalerweise zwölf Monaten bleibt allerdings unklar, warum bei Halbjahresfinanzberichten nach § 115 Abs. 3 WpHG keine Verkürzung des Erfassungsintervalls gefordert wird. Dies legt den Schluss nahe, dass die Forderung nach einmal jährlicher Erfassung anhand der üblichen Geschäftsjahresdauer gegriffen und aus den GoB nicht unmittelbar herleitbar ist. Bei einer Systemprüfung eines Bestandsfortschreibungssystems (§ 240 Rz 19) ergibt sich die erforderliche Erfassungshäufigkeit nicht aus der Geschäftsjahresdauer, sondern aus den Bestandszuverlässigkeitsrisiken. Deshalb ist bei geringen Bestandszuverlässigkeitsrisiken eine seltenere Erfassung denkbar; dies wird aber von der h. M. abgelehnt.

13 Führen die Ergebnisse aus der Anwendung des Stichprobenverfahrens (bspw. bei einem Sequenzialtest) zu einer **Ablehnung der Bestandszuverlässigkeit**, ist eine ordnungsmäßige Inventur auf der Grundlage einer Systemprüfung des Bestandsfortschreibungssystems (§ 240 Rz 19) nicht mehr möglich. Eine ordnungsmäßige Inventur ist dann nur noch durch körperliche Bestandsaufnahme möglich.

2.5 Gleichwertiger Aussagewert wie eine körperliche Bestandsaufnahme

14 Die Forderung nach einem **gleichwertigen Aussagewert wie die körperliche Bestandsaufnahme** wird auch als Grundsatz der **Aussageäquivalenz** bezeichnet.[3]

15 Die Forderung nach einem gleichwertigen Aussagewert steht in engem Zusammenhang mit der Forderung nach Einhaltung der GoB. Diese Anforderung hat klarstellenden Charakter, da eine Methode mit nicht gleichwertigem Aussagegehalt weder GoB noch GoI entspricht noch ein geeignetes Stichprobenverfahren ist (Rz 3 f.).

3 Andere Inventurverfahren (Abs. 2)

3.1 Anwendungsvoraussetzungen

16 Nach § 240 Abs. 2 HGB darf der Kfm. auf eine Stichtagsinventur verzichten, wenn durch **andere Verfahren** eine ordnungsmäßige Bestandsermittlung möglich ist. Folgende Anwendungsvoraussetzungen muss der Kfm. erfüllen:
- Das angewandte Verfahren muss den **Grundsätzen ordnungsmäßiger Buchführung** entsprechen.
- Es muss Bestandszuverlässigkeit gegeben sein.
- Der Bestand muss sich nach **Art, Menge und Wert** ohne körperliche Bestandsaufnahme feststellen lassen können.

---

[3] Vgl. Kliem/Lewe, in Beck Bil-Komm., 14. Aufl. 2024, § 241 HGB Rz 26 f.; Wangler, in Anzinger/Oser/Schlotter, Rechnungslegung und Prüfung, Tb. 1, 7. Aufl., 2023, § 241 HGB Rz 38.

Andere Inventurverfahren i. S. d. § 241 Abs. 2 HGB sind bspw.   **17**
- die permanente Inventur (Rz 18),
- die Einlagerungsinventur (Rz 20) und
- die systemgestützte Werkstattinventur (Rz 27).

3.2 Permanente Inventur

Bei der **permanenten Inventur** handelt es sich um ein Bestandsfortschreibungsverfahren, bei dem sämtliche Bestandsbewegungen unmittelbar erfasst und die jeweiligen Bestände nach Art, Menge und Wert fortgeschrieben werden. Bei ordnungsmäßiger Bestandsbuchführung ist es jederzeit möglich, aus den geführten Aufzeichnungen die aktuellen Bestände zu ermitteln. Soweit die Buchbestände von den tatsächlichen Beständen auf Lager nicht wesentlich abweichen – das System also bestandszuverlässig ist –, bedarf es keiner Stichtagsinventur zur Feststellung der Bestände.   **18**

Das Gesetz fordert, dass bei einer permanenten Inventur **Art, Menge und Wert** der Bestände aufgezeichnet werden.[4] In der Praxis führt die Fortschreibung der Werte zu Problemen. Dies liegt daran, dass bei Zugängen (bspw. Lagereingang) meist nur Art und Menge an der Erfassungsstelle bekannt sind, während der Wert der Bestände an anderer Stelle bekannt ist (bspw. Einkaufsabteilung, Rechnungswesen). Weiter ändern sich zum Zeitpunkt des Zugangs bekannte Werte später noch durch bspw. Skonti, Rabatte, nachträgliche Preisnachlässe (Boni). Die Zu- und Abgänge müssen laufend bewertet werden, um sie weiterverrechnen zu können (bspw. für laufende Einrechnung von Bestandsentnahmen in die HK unfertiger Erzeugnisse). Deshalb erfordert eine permanente Inventur einen schnellen betriebsinternen Belegfluss und eine umgehende Buchung von Belegen. Soweit zur Umgehung dieses Problems mit festen Verrechnungspreisen gearbeitet wird, müssen bei Inventaraufstellung entsprechende Wertanpassungen vorgenommen werden.   **19**

3.3 Einlagerungsinventur

§ 241 Abs. 2 HGB lässt eine **Einlagerungsinventur** zu. Hier werden Art, Menge und Wert nur bei der Einlagerung erfasst. Die Bestände werden ohne Inventur bis zur Auslagerung fortgeführt. Bei der Auslagerung wird der gesamte Bestand als Abgang behandelt, Teilabgänge werden als Gesamtauslagerung und Einlagerung des nicht verbrauchten Restbestands abgebildet.   **20**

Anwendungsgebiet der Einlagerungsinventur sind **vollautomatische Lagersysteme** (bspw. Hochregallager). Ein Hochregallager ist ein zugangsgesperrter Lagerraum mit einem automatischen Einlagerungs- bzw. Auslagerungssystem, bei dem jeder gelagerten Einheit ein bestimmter Lagerplatz zugewiesen ist. Dadurch kann der gelagerte Bestand jederzeit nach Art, Menge und Wert identifiziert werden. Deshalb können Ein- und Auslagerungsvorgänge für die Inventur genutzt werden.   **21**

Dazu muss das IKS sicherstellen, dass **räumliche Sicherungsmaßnahmen** eingerichtet sind. Die Einlagerungsinventur baut darauf, dass das Lager ein sicherer,   **22**

---

[4] Steuerliche Anforderungen vgl. Frotscher/Watrin, in Frotscher/Geurts, EStG, § 5 EStG Rz 19, Stand: 3/2019.

im Normalfall für Personen unzugänglicher Lagerplatz ist. Dies ist für die Annahme der Bestandszuverlässigkeit von zentraler Bedeutung, da Schwund, unzulässige Teilauslagerungen und Beschädigungen dann nahezu ausgeschlossen sind.

23 Besonderheiten ergeben sich bei der **Bewertung der Bestände**; da es prinzipiell möglich ist, jedem eingelagerten Bestand individuelle AHK zuzuweisen, stellt sich die Frage, ob die Bestandsbewertung stets **individuell** erfolgen muss oder ob ein **Verbrauchsfolgeverfahren** nach § 256 HGB angewandt werden kann. Beide Bewertungsverfahren sind handelsrechtlich zulässig, müssen aber stetig angewandt werden.
Das BMF lehnt dagegen die Anwendung des Lifo-Verfahrens nach § 6 Abs. 1 Nr. 2a EStG ab, wenn ohne zusätzlichen Aufwand die individuellen AK zugeordnet werden können.[5] Diese Auffassung wird in der Literatur kritisiert.[6] Dass durch geschickte Bestandsführung die Lifo-Methode nachgebildet werden kann und darüber hinaus eigentlich nicht zugelassene Verbrauchsfolgen (wie bspw. Hifo) hergestellt und steuerlich anerkannt werden müssen (Rz 24), scheint der Finanzverwaltung entgangen zu sein.

24 Bei einer **individuellen Bewertung** der Bestände stellt sich die Frage, ob das Unt durch Steuerung der Entnahmen auch Verbrauchsfolgen herstellen darf, die als Verbrauchsfolgeverfahren nicht anerkannt sind (bspw. Hifo, Lofo, Kifo, Kilo etc.), sich aber durch tatsächliche Entnahmen ergeben. Zunächst ist festzuhalten, dass die Verbrauchsfolgeverfahren eine Verbrauchsfiktion aufstellen, die nicht der tatsächlichen Verbrauchsfolge entsprechen muss. Bei der Einlagerungsinventur handelt es sich jedoch bei individueller Bewertung um eine tatsächliche Verbrauchsfolge. Eine nachgewiesene, tatsächliche Verbrauchsfolge ist deshalb stets anzuerkennen. Dies gilt auch steuerlich (Rz 23).

25 Werden bei der Einlagerungsinventur **Verbrauchsfolgeverfahren** gem. § 256 HGB angewandt, gelten für die Wahl des angewandten Verfahrens die allgemeinen Grundsätze (§ 256 Rz 17) und damit eine Beschränkung auf die handelsrechtlich zulässigen Verbrauchsfolgeverfahren.

26 In der Literatur wird laut h.M. gefordert, dass innerhalb des Gj **unbewegte Bestände** zumindest einmal im Jahr aufzunehmen sind (zur Kritik daran vgl. Rz 10 f.). Die Kombination von Einlagerungsinventur und Stichprobeninventur ist zulässig (Rz 44 f.).

3.4 Systemgestützte Werkstattinventur

27 Die **systemgestützte Werkstattinventur** ist ein Inventurverfahren, mit dem Bestände unterschiedlichen Fertigungsstands entsprechend der erreichten Fertigungsstufe erfasst und bewertet werden. Die Erfassung kann durch körperliche Bestandsaufnahme oder durch Produktionssteuerungsdaten erfolgen und ist auch bei laufendem Betrieb möglich, wenn der Fertigungsstand aufgezeichnet wird und diese Aufzeichnungen für die Inventur herangezogen werden können.[7]

---

[5] Vgl. BMF, Schreiben v. 12.5.2015, IV C 6, S2174/07/10001.
[6] Vgl. Westhoff/Graf, BPP 2015, S. 147; Graf, MBP 2015, S. 8.
[7] Vgl. Wangler, in Anzinger/Oser/Schlotter, Rechnungslegung und Prüfung, Tb. 1, 7. Aufl., 2023, § 241 HGB Rz 52.

Praxis-Beispiel
Die Fertigung in einem Betrieb erfolge nach Fertigungsstationen. Für jede Fertigungsstation werden Standardherstellungskosten ermittelt und nach Passieren der Fertigungsstation den HK des Halbfertigprodukts zugeschlagen.

Fertigungs-stand	HK/Stk	kumulierte HK über passierte Stationen	Anzahl	Bestand je Station
Station 1	150 EUR	150 EUR	150	22.500 EUR
Station 2	300 EUR	450 EUR	310	157.500 EUR
Station 3	75 EUR	525 EUR	420	220.500 EUR
…	…	…	…	…
Summe				… EUR

4 Vorverlegte oder nachverlegte Inventur (Abs. 3)

4.1 Überblick

§ 241 Abs. 3 HGB erlaubt dem Kfm. eine **vor- oder nachverlegte Stichtagsinventur**. Die vor- oder nachverlegte Stichtagsinventur ist zunächst ihrer Art nach eine Stichtagsinventur, die an einem (oder mehreren) Tag(en) vor bzw. nach dem Abschlussstichtag stattfindet. Die ermittelten Bestände werden in einem **besonderen Inventar** festgehalten und bewertet und bis zum Abschlussstichtag **dem Wert nach** fortgeschrieben bzw. auf den Abschlussstichtag zurückgerechnet; eine Fortschreibung bzw. Rückrechnung von Art und Menge ist nicht erforderlich.[8]

Die **Wertrückrechnung** wird wie folgt vorgenommen:

	Bestände am nachverlegten Inventurstichtag (Art, Menge, Wert)
+	Wert Abgänge seit dem Abschlussstichtag
−	Wert Zugänge seit dem Abschlussstichtag
=	Wert der Bestände am Abschlussstichtag

Die **Wertfortschreibung** wird wie folgt vorgenommen:

	Bestände am vorverlegten Inventurstichtag (Art, Menge, Wert)
+	Wert Zugänge bis zum Abschlussstichtag
−	Wert Abgänge bis zum Abschlussstichtag
=	Wert der Bestände am Abschlussstichtag

---

[8] Vgl. Wrangler, in Anzinger/Oser/Schlotter, Rechnungslegung und Prüfung, Tb. 1, 7. Aufl., 2023, § 241 HGB Rz 55.

4.2 Anwendungsvoraussetzungen

31 Der Kfm. darf die vor- bzw. nachverlegte Stichtagsinventur nach dem Gesetzeswortlaut unter folgenden Voraussetzungen anwenden:
- Der Kfm. nimmt eine **körperliche Bestandsaufnahme** vor oder er schreibt seine Bestände durch ein **anderes Inventurverfahren** i.S.d. § 241 Abs. 2 HGB fort und
- die körperliche Bestandsaufnahme findet **innerhalb von drei Monaten vor bzw. innerhalb von zwei Monaten nach dem Abschlussstichtag** statt und
- das Ergebnis der Bestandaufnahme wird in einem **besonderen Inventar** verzeichnet und
- der Kfm. nimmt eine **wertmäßige Bestandsfortschreibung bzw. Rückrechnung** vor, die den **GoB** entspricht.
- Darüber hinaus muss **Bestandszuverlässigkeit** für den Fortschreibungs- bzw. Rückrechnungszeitraum gegeben sein.
- Nach dem Gesetzeswortlaut ist die Anwendung nur für **VG** zulässig, jedoch ist die Anwendung nach h.M. auch für **Rückstellungen** zulässig.

4.3 Anwendung eines anderen Inventurverfahrens

32
> **Praxis-Beispiel**
> Der Kfm. führt seine Bestände i.R.e. permanenten Inventur (= anderes Inventurverfahren i.S.d. § 241 Abs. 2 HGB). Statt regelmäßig einzelne Teilbestände zu zählen, nimmt er für den gesamten Bestand am 15.11. eine vorverlegte Inventur vor und schreibt den Bestand mithilfe der permanenten Inventur auf den Abschlussstichtag am 31.12. fort.

Die Anwendung der vor- oder nachverlegten Stichtagsinventur bei der Anwendung anderer Inventurverfahren ist zulässig, i.d.R. aber wenig hilfreich, da sie keine Erleichterung bringt.

4.4 Frist

33 Die Bestandsaufnahme darf nur innerhalb des Zeitraums von **drei Monaten vor** bzw. **zwei Monaten nach dem Abschlussstichtag** vorgenommen werden, wobei der Kfm. – für jedes Gj neu – den Tag frei wählen kann (auch eine Verteilung auf mehrere Tage ist zulässig). Es ist auch zulässig, die Grundsätze der ausgeweiteten Stichtagsinventur auf den ersten möglichen bzw. letzten zulässigen Termin der vor- bzw. nachverlegten Inventur anzuwenden, wenn die Anwendungsvoraussetzungen für eine ausgeweitete Stichtagsinventur erfüllt sind, also auch eine mengen- und wertmäßige Fortschreibung der Bestände erfolgt.

4.5 Besonderes Inventar

34 Beim **besonderen Inventar** handelt es sich um ein Inventar, das auf den vor oder nach dem Abschlussstichtag liegenden Erfassungsstichtag (bzw. mehrere Erfassungsstichtage) aufgestellt wird.

35 Das besondere Inventar ist die Ausgangsbasis für die wertmäßige Fortschreibung bzw. Rückrechnung der Bestände auf den Abschlussstichtag.

4.6 Zeitweilige Bestandszuverlässigkeit

Zum Begriff **Bestandszuverlässigkeit** s. Rz 10f. 36

Anders als bei den übrigen Inventurvereinfachungsverfahren des § 241 HGB ist hier Bestandszuverlässigkeit **nur für den Rückrechnungs- bzw. Fortschreibungszeitraum** erforderlich. 37

Die vor- bzw. nachverlegte Inventur ist deshalb i.d.R. nicht für Bestände zulässig, die **nicht die Vermutung der Bestandszuverlässigkeit** in sich tragen (§ 240 Rz 17). 38

4.7 Zugelassene Bestände

Dem Gesetzeswortlaut nach darf die vor- oder nachverlegte Stichtagsinventur nur auf **Vermögensgegenstände** angewandt werden. Nach h.M. ist aber die Anwendung auf die Inventur **bestimmter Rückstellungen** zulässig (insb. Personalbestand für Pensionsrückstellung). Für die Inventur der Pensionsverpflichtungen können die Personaldaten, die Bewertungsparameter und der maßgebliche Zinssatz in Übereinstimmung mit den Fristen für die vorverlegte Stichtagsinventur bis zu drei Monate vor dem Abschlussstichtag erhoben werden, sofern nicht bis zum (oder seit dem) Abschlussstichtag wesentliche Änderungen eingetreten sind.[9] 39

4.8 Probleme der vorverlegten bzw. nachverlegten Inventur

Ein wesentliches Problem stellt die Anwendung des **Niederstwerttests** auf die Bestände (§ 253 Rz 278) dar. Bei der **vorverlegten Stichtagsinventur** werden die Bestände an einem Tag vor dem Abschlussstichtag aufgezeichnet, zum Durchschnittswert bewertet und zu Bestandsgruppen zusammengefasst. Abgänge nach dem Inventurstichtag werden zu den ermittelten Durchschnittswerten ausgebucht. Zugänge nach dem vorverlegten Inventurstichtag werden jedoch nicht der Menge nach, sondern nur mit ihrem Zugangswert erfasst. Soweit sich Preisminderungen bis zum Abschlussstichtag ergeben, verfügt der Kfm. nicht über eine Bestandsmenge, die er auf den niedrigeren beizulegenden Wert abwerten kann. Deshalb birgt die vorverlegte Stichtagsinventur die **Gefahr der Überbewertung** der Bestände zum Abschlussstichtag. Bei der Gruppenbildung muss der Kfm. deshalb darauf achten, dass die in der Gruppe zusammengefassten Bestände der gleichen Wertentwicklung unterliegen. Die Abwertung einer Gruppe von Beständen kann dann bspw. mithilfe von Preisindizes erfolgen.[10] 40

> **Praxis-Beispiel**
> Der Abschlussstichtag des Kfm. ist der 31.12.; er nimmt am 15.11. eine vorverlegte Stichtagsinventur vor. In seinem Bestand befindet sich eine große Zahl Schraubensorten. Die Schrauben werden nach Gewicht abgepackt. Die Wertentwicklung der Schrauben sei stark vom Weltmarktpreis von Metallen abhängig. I.R.d. vorverlegten Stichtagsinventur am 15.11. erfasst und bewertet der Kfm. seine gesamten Bestände und erstellt ein besonderes Inventar. Für die Schraubenbestände bildet er Bestandsgruppen nach dem Gewicht der Schraubenpäckchen.

---

[9] Vgl. IDW RS HFA 30.14, 30.65.
[10] Vgl. ADS, Rechnungslegung und Prüfung der Unternehmen, 6. Aufl. 1995–2001, § 241 HGB Rz 38 (in Neuauflage nicht mehr enthalten).

§ 241 Inventurvereinfachungsverfahren

Für die Schraubenpäckchen mit 500 g Gewicht soll sich folgendes besonderes Inventar ergeben haben:

Art	Menge	Wert
Sorte 1	X Stück	X EUR
Sorte 2	Y Stück	Y EUR
...	...	...
Sorte N	N Stück	N EUR
Schrauben 500 g	2.175 Stück	4.350 EUR

Damit ergibt sich ein Durchschnittswert von 2 EUR je Päckchen Schrauben zu 500 g.
Nach dem Inventurstichtag entnimmt der Kfm. 450 Päckchen und erwirbt 300 Päckchen zu 1,50 EUR neu hinzu. Dadurch ergibt sich folgende Wertfortschreibung:

Bestand 15.11.	4.350 EUR
Abgänge (450 Päckchen zu 2 EUR)	−900 EUR
Zugänge (300 Päckchen zu 1,50 EUR)	450 EUR
Bestand 31.12.	**3.900 EUR**

Vom 15.11. bis 31.12. soll sich der Wert eines Päckchens Schrauben aufgrund des gesunkenen Weltmarktpreises für Metalle im Durchschnitt von 2 EUR auf 1,50 EUR vermindert haben, er ist also um 25 % gesunken. Der Kfm. muss deshalb den Bestand aufgrund des Niederstwertprinzips abwerten.
Da bei der vorverlegten Stichtagsinventur die Bestandsmengen normalerweise nicht fortgeschrieben werden, ist es vertretbar, die allgemeine Preisentwicklung für Schrauben auf den fortgeschriebenen Bestandswert anzuwenden:

Fortgeschriebener Bestand 31.12.	3.900 EUR
Wertminderung 25 %	−975 EUR
Bilanzansatz 31.12.	**2.925 EUR**

Bei einer mengenmäßigen Bestandsfortschreibung wäre ein Bestand von 2.025 Päckchen Schrauben ermittelt worden, der bei einem Wert am Abschlussstichtag von 1,50 EUR zu einem Bilanzansatz nach Wertberichtigung von 3.037,50 EUR geführt hätte. Der Bewertungsfehler durch die Indizierung des Endbestands statt der Abwertung anhand der tatsächlichen Bestandsmenge ist bei der vorverlegten Stichtagsinventur i.d.R. hinnehmbar klein (im Beispiel ca. 3,5 % Unterbewertung des Bestands); im Übrigen führen konstant sinkende Preise nach dem Erfassungsstichtag bei diesem Verfahren regelmäßig zu Unterbewertungen, wenn Zugänge zu geminderten Preisen zu verzeichnen sind. Überbewertungen sind nur bei schwankenden Preisen nach dem Erfassungsstichtag denkbar.

41 Ein weiteres Problem stellt die Anwendung des **Lifo-Verfahrens** dar (§ 256 Rz 25). Das Lifo-Verfahren geht davon aus, dass die zuletzt erworbenen Bestände zuerst wieder entnommen werden. Da die Bestandsfortschreibung nur dem Wert, nicht aber der Menge nach erfolgt, ist die Ermittlung des Lifo-Abgangswerts von Abgängen nach dem Inventurstichtag nicht möglich; deshalb ist bei Anwendung des Lifo-Verfahrens zusätzlich eine art- und mengenmäßige Fortschreibung erforderlich.[11]

42 Ein grundlegendes Problem der **nachverlegten Stichtagsinventur** ist, dass bei Problemen mit der Bestandsrückrechnung die Inventur nicht den GoI entspricht. In der Praxis ist eine nachverlegte Stichtagsinventur deshalb nur zu empfehlen, wenn der Kfm. Probleme mit der Bestandsrückrechnung mit an Sicherheit grenzender Wahrscheinlichkeit ausschließen kann. Es ist empfehlenswert, die Bestandsfortschreibung zunächst i. R. e. vorverlegten Stichtagsinventur zu testen und erst in späteren Jahren zur nachverlegten Stichtagsinventur überzugehen.

5 Kombination und Wechsel zwischen Inventurverfahren

43 **Eine Kombination verschiedener Inventurverfahren** ist zulässig.

> **Praxis-Beispiel**
> Der Kfm. führt sein Warenlager teilweise i. R. e. permanenten Inventur, teilweise nimmt er die Bestände durch Stichprobeninventur auf. Dabei hat er klar festgelegt, welche Bestandsgruppen nach welchem Verfahren aufzunehmen sind. Diese Kombination von Inventurverfahren ist zulässig.

44 Für die **Wahl der Inventurverfahren** gilt kein Stetigkeitsgebot; daran hat sich auch durch die Einführung des **Ansatzstetigkeitsprinzips** i. R. d. BilMoG nichts geändert.

45 Ein solches Stetigkeitsgebot wäre im Übrigen auch nicht sachgerecht. Da alle zulässigen Inventurverfahren die GoB und GoI einhalten müssen, führen sie bei sachgerechter Anwendung zu einem ordnungsgemäßen Ergebnis.

---

[11] Vgl. Kliem/Lewe, in Beck Bil-Komm., 14. Aufl. 2024, § 241 HGB Rz 60.

§ 241a Befreiung von der Pflicht zur Buchführung und Erstellung eines Inventars

¹Einzelkaufleute, die an den Abschlussstichtagen von zwei aufeinander folgenden Geschäftsjahren nicht mehr als jeweils 800.000 Euro Umsatzerlöse und jeweils 80.000 Euro Jahresüberschuss aufweisen, brauchen die §§ 238 bis 241 nicht anzuwenden. ²Im Fall der Neugründung treten die Rechtsfolgen schon ein, wenn die Werte des Satzes 1 am ersten Abschlussstichtag nach der Neugründung nicht überschritten werden.

Inhaltsübersicht

		Rz
1	Überblick	1–5
	1.1 Normenzusammenhang	1–3
	1.2 Inhalt, Zweck und Grenzen der Vorschrift	4–5
2	Verzicht auf die kaufmännische Buchführung (Satz 1)	6–18
	2.1 Persönlicher Anwendungsbereich	6–10
	2.1.1 Anwendungsvoraussetzungen	6–7
	2.1.2 In kaufmännischer Weise eingerichteter Geschäftsbetrieb	8
	2.1.3 Anwendung des § 241a HGB bei freiwilliger Eintragung im Handelsregister	9
	2.1.4 Vereinfachtes Prüfungsschema	10
	2.2 Rechnungslegung bei Befreiung von der Buchführungspflicht	11–12
	2.3 Zeitlicher Anwendungsbereich	13–15
	2.4 Wahlrechtsausübung und Dauer des Wegfalls der kaufmännischen Buchführungspflicht	16–18
	2.4.1 Erklärung der Wahlrechtsausübung	16–17
	2.4.2 Dauer des Wegfalls	18
3	Besonderheiten bei der Neugründung (Satz 2)	19–22

1 Überblick

1.1 Normenzusammenhang

1 Die §§ 238–241 HGB regeln die Buchführungspflichten und die Vorschriften zum Inventar. **§ 241a HGB** ist eine im Zuge des BilMoG geschaffene Ausnahmeregelung, die **kleine Einzelkaufleute von der kaufmännischen Buchführung der §§ 238–241 HGB ausnimmt**.

2 Bei Verzicht auf die kaufmännische Buchführung lässt die Folgevorschrift des § 242 Abs. 4 HGB auch die Bilanzierungspflicht nach §§ 242ff. HGB entfallen (§ 242 Rz 12).

3 § 141 Abs. 1 AO schreibt unter Bezugnahme auf §§ 238, 240, 241, 242 Abs. 1 HGB und §§ 243–256 HGB eine **steuerliche Rechnungslegung** vor. Damit hat der Gesetzgeber bei steuerlicher Buchführungspflicht nach § 141 AO eine Verzichtsmöglichkeit nach § 241a HGB ausgeschlossen. Ansonsten wäre bei Unter-

schreitung der Grenzen des § 241a HGB auch die steuerliche Buchführungs- und Bilanzierungspflicht weggefallen.

1.2 Inhalt, Zweck und Grenzen der Vorschrift

§ 241a HGB befreit **Einzelkaufleute** (Rz 8) von den Buchführungspflichten der §§ 238–241 HGB. Dadurch können EKfl statt der kaufmännischen Buchführung und der Erstellung eines Jahresabschlusses nach §§ 242 ff. HGB eine Einnahmenüberschussrechnung erstellen. Diese Vorschrift ist nicht auf PersG, Genossenschaften oder die KleinstKapG (§ 267a Rz 1 ff.) übertragbar.

Die Vorschrift sollte einen wesentlichen Beitrag zum **Bürokratieabbau** leisten.[1] In der Praxis hat die Vorschrift keine breite Bedeutung erlangt. Folgender, begrenzter Anwenderkreis kommt in Betracht:
- EKfl., die sich freiwillig nach § 2 HGB im HR haben eintragen lassen und die bisher die Grenzen des § 141 AO nicht überschritten haben.
- EKfl., die Kfm. i. S. d. § 1 HGB sind, aber die Grenzen des § 241a HGB (noch) nicht überschreiten (bspw. in Gründungs- oder Verlustphase).

2 Verzicht auf die kaufmännische Buchführung (Satz 1)

2.1 Persönlicher Anwendungsbereich

2.1.1 Anwendungsvoraussetzungen

§ 241a HGB kann jeder **EKfm.** anwenden. Dies setzt voraus, dass Kaufmannseigenschaft (§ 238 Rz 16) gegeben ist, also ein Handelsgewerbe (§ 238 Rz 16) vorliegt, das einen in kaufmännischer Weise eingerichteten Geschäftsbetrieb erfordert (§ 238 Rz 25 f.).

Einzelkaufmann ist, wer sein Handelsgewerbe alleine und nicht zusammen mit anderen Kfl. in einer Handelsgesellschaft (§ 6 HGB) betreibt. Unschädlich ist eine stille Gesellschaft i. S. d. §§ 230 f. HGB.

2.1.2 In kaufmännischer Weise eingerichteter Geschäftsbetrieb

Zum Begriff „in kaufmännischer Weise eingerichteter Geschäftsbetrieb" s. § 238 Rz 25 f.

2.1.3 Anwendung des § 241a HGB bei freiwilliger Eintragung im Handelsregister

Soweit für einen Gewerbebetrieb kein in kaufmännischer Weise eingerichteter Geschäftsbetrieb vorliegt, gilt dieser als Handelsgewerbe, wenn er gem. § 2 HGB **freiwillig im Handelsregister eingetragen** ist (§ 238 Rz 17). Durch eine freiwillige Eintragung entsteht Buchführungspflicht nach §§ 238 f. HGB.

---

[1] Vgl. BT-Drs. 16/10067 v. 30.7.2008 S. 46.

2.1.4 Vereinfachtes Prüfungsschema

Abb. 1: Schema zur Prüfung der Buchführungspflicht

2.2 Rechnungslegung bei Befreiung von der Buchführungspflicht

§ 241a HGB enthält keine Bestimmung, welche Form der Rechnungslegung anstatt der kaufmännischen Buchführung nach §§ 238–241 HGB anzuwenden ist.

zur Aufstellung einer Eröffnungsbilanz besteht.[5] Stichtag für die dann zu erstellende Eröffnungsbilanz ist der erste Tag des folgenden Gj.

3 Jahresabschluss

Gem. der Legaldefinition des § 242 Abs. 3 HGB setzt sich der Jahresabschluss aus Bilanz und GuV zusammen. Für KapG und KapCoGes wird diese Definition gem. § 264 Abs. 1 Satz 1 HGB um den Anhang erweitert. Der Jahresabschluss für kapitalmarktorientierte Unt i. S. d. § 264d HGB, die nicht zur Aufstellung eines Konzernabschlusses verpflichtet sind, ist um eine Kapitalflussrechnung und einen Eigenkapitalspiegel zu erweitern. Zusätzlich kann – freiwillig – eine Segmentberichterstattung erstellt werden (§ 246 Abs. 1 Satz 2 HGB).

7

Die **Bilanz**, in diesem Fall die Jahresbilanz, ist gem. § 242 Abs. 1 Satz 1 HGB zum Schluss eines jeden Gj aufzustellen.[6] Das Gj darf den Zeitraum von zwölf Monaten nicht überschreiten. Gj mit einem geringeren Zeitraum (Rumpfgeschäftsjahr) sind in dem ersten Gj nach Gründung, bei einer Unternehmensveräußerung oder -insolvenz oder bei einer Umstellung auf einen anderen regelmäßigen Abschlussstichtag möglich.[7]

8

Bei der Aufstellung sind alle Geschäftsvorfälle zu berücksichtigen, die bis zum Bilanzstichtag stattgefunden haben. Die Bilanz stellt als Teil des Jahresabschlusses eine zeitpunktbezogene Gegenüberstellung der Vermögensgegenstände und Schulden zum Bilanzstichtag dar. Für die Bewertung sind die Verhältnisse am Abschlussstichtag maßgeblich. Die Berücksichtigung der Geschäftsvorfälle bis zum Abschlussstichtag wird als **Stichtagsprinzip** bezeichnet (§ 252 Rz 96). Ereignisse, die nach dem Bilanzstichtag bekannt werden, sind insoweit zu berücksichtigen, als ihre Verursachung vor dem Bilanzstichtag liegt. Hierbei handelt es sich um **wertaufhellende** Tatsachen, die bei der Erstellung des Jahresabschlusses Berücksichtigung finden müssen (§ 252 Rz 63). Demgegenüber sind **wertbegründende** Tatsachen, die wertverändernde Verhältnisse nach dem Abschlussstichtag begründen, in der Rechnungslegung des folgenden Gj abzubilden. Über den Maßgeblichkeitsgrundsatz des § 5 Abs. 1 Satz 1 EStG haben die handelsrechtlichen Bilanzansätze insofern Bedeutung, da sie die Grundlage für die steuerliche Gewinnermittlung bilden.[8]

Als weiterer Teil des Jahresabschlusses ist zum Schluss des Gj eine **GuV** aufzustellen. Die GuV wird in § 242 Abs. 2 HGB als Gegenüberstellung der Aufwendungen und Erträge des Gj definiert. Sie stellt somit ein zeitraumbezogenes Informationsinstrument dar. Im Gegensatz zur Bilanz, welche den Status zum Abschlussstichtag abbildet, enthält die GuV die Erträge und Aufwendungen, die seit dem letzten Abschlussstichtag zu verzeichnen waren.

9

---

[5] Vgl. Kersting, BB 2008, S. 791. Nach Sinn und Zweck der Regelung wird man es genügen lassen müssen, dass ein Überschreiten der Schwellenwerte nicht zu erwarten ist; vgl. AEAO zu § 141 Nr. 4 S. 5: Danach soll bei einmaligem Überschreiten der Buchführungsgrenze auf Antrag Befreiung von der Buchführungspflicht bewilligt werden, wenn nicht zu erwarten ist, dass die Grenze auch später überschritten wird. Dies sollte für die handelsrechtliche Rechnungslegung analog gelten.

[6] Zum steuerlichen Wj. vgl. Frotscher, in Frotscher/Geurts, EStG, § 4a EStG Rz 9, Stand: 5/2021.

[7] Vgl. Hegmanns/Scholz, in Küting/Weber, HdR-E, § 242 HGB Rn 13a, Stand: 9/2023; zur Umstellung des steuerlichen Wj. vgl. Schmidt/Heinike, in Schmidt, EStG, 42. Aufl. 2023, § 4a Rz. 10ff.

[8] Vgl. Drüen, in Anzinger/Oser/Schlotter, Rechnungslegung und Prüfung, Tb. 1, 7. Aufl., 2023, § 242 HGB Rz 42 ff.

10 Die **Gliederung** des Jahresabschlusses für Kapitalgesellschaften und Personengesellschaften i.S.d. § 264a HGB ist durch die ausführlichen Gliederungsvorschriften in den §§ 264c i.V.m. §§ 265 ff. HGB vorgeschrieben. Einzelkaufleute und PersG mit einer natürlichen Person als Vollhafter sind bei Aufstellung der Bilanz mit Ausnahme der Mindestgliederung (§ 247 Rz 10 ff.) gem. § 247 Abs. 1 HGB an keine bestimmte Gliederungsvorschrift gebunden, soweit sie nicht besondere branchenbezogene Vorschriften zu beachten haben. Eine detaillierte Gliederung der GuV nach dem Gesamtkostenverfahren oder Umsatzkostenverfahren, wie sie § 275 Abs. 2 und 3 HGB verlangt, ist für sie nicht zwingend vorgeschrieben, die freiwillige Übernahme dieser Gliederungskriterien ist aber üblich (§ 275 Rz 2). Die Aufstellung des Jahresabschlusses hat unter Beachtung der Grundsätze ordnungsmäßiger Buchführung (GoB) und insb. unter Beachtung des Grundsatzes der Klarheit und Übersichtlichkeit gem. § 243 Abs. 2 HGB zu erfolgen. I.d.R. stellt eine Anlehnung an die für PersG gem. § 264a HGB geltenden größenabhängigen Gliederungsvorschriften des HGB eine Basis für die Bestimmung der notwendigen Gliederungstiefe sowie die Postenbezeichnungen für EKfl. und PersG, die nicht dem § 264a HGB unterliegen, dar.[9]

11 **Unrichtige Darstellungen** in der Eröffnungsbilanz sowie im Jahresabschluss können bei Kapitalgesellschaften und Personenhandelsgesellschaften zu Freiheitsstrafen, Geldstrafen oder Ordnungswidrigkeiten mit Geldbuße führen. Für steuerliche Zwecke kann eine Nichterstellung der Bilanz zu einer Schätzung der Besteuerungsgrundlagen durch das Finanzamt gem. § 162 AO führen.[10]

4 Erleichterungen

12 Die Erleichterungen des Abs. 4 gelten nur für Einzelkaufleute i.S.d. § 241a HGB. Für Einzelkaufleute, die die Erleichterungen des § 241a HGB in Anspruch nehmen wollen, besteht mangels Buchführungspflicht auch keine Aufstellungspflicht für eine Eröffnungsbilanz bzw. einen Jahresabschluss. § 242 Abs. 4 HGB folgt somit unmittelbar den Überlegungen zur Inanspruchnahme des § 241a HGB. Für die steuerliche Aufstellungspflicht ist gleichwohl § 141 AO einschlägig.[11] Auch wenn keine Aufstellungspflicht für eine Bilanz besteht, ist für steuerliche Zwecke eine Abgrenzung zwischen Privat- und Betriebsvermögen erforderlich.[12]

13 Es ist nicht erforderlich, dass eine Eröffnungsbilanz oder ein Jahresabschluss nach Maßgabe der handelsrechtlichen Vorschriften aufgestellt werden muss, um zu beurteilen und festzustellen, dass eine gesetzliche Verpflichtung dazu nicht besteht. Es ist vielmehr ausreichend, wenn nach überschlägiger Ermittlung unter Berücksichtigung der handelsrechtlichen Vorschriften zum Jahresabschluss ein Überschreiten der Schwellenwerte nicht zu erwarten ist. Diese Überwachungsverpflichtung, ob die Befreiungsvorschriften weiterhin vorliegen, besteht fort.[13]

---

[9] Vgl. IDW RS HFA 7.41 n.F.; zu weiteren Gliederungsvorschriften für Personenhandelsgesellschaften vgl. IDW RS HFA 7.40–58 n.F.
[10] Vgl. Kliem/Lewe, in Beck Bil-Komm., 14. Aufl. 2024, § 242 HGB Rz 12.
[11] Vgl. Oser u.a., WPg 2008, S. 675.
[12] Vgl. Frotscher/Watrin, in Frotscher/Geurts, EStG, § 4 EStG Rz 36, Stand 8/2019.
[13] Vgl. BT-Drs. 16/10067 v. 30.7.2008 S. 46 f.

§ 243 Aufstellungsgrundsatz

(1) Der Jahresabschluß ist nach den Grundsätzen ordnungsmäßiger Buchführung aufzustellen.
(2) Er muß klar und übersichtlich sein.
(3) Der Jahresabschluß ist innerhalb der einem ordnungsmäßigen Geschäftsgang entsprechenden Zeit aufzustellen.

Inhaltsübersicht

		Rz
1	Überblick	1–2
2	Grundsätze ordnungsmäßiger Buchführung (Abs. 1)	3–19
	2.1 Begriff und Rechtsnatur	3–7
	2.2 Systematisierungsansätze zur Einteilung	8–19
3	Grundsatz der Klarheit und Übersichtlichkeit (Abs. 2)	20–32
	3.1 Geltungsbereich	20
	3.2 Konkretisierung des Grundsatzes	21–30
	3.3 Rechtsfolgen bei Verstößen	31
	3.4 Maßgeblichkeit (§ 5 Abs. 1 Satz 1 EStG)	32
4	Frist zur Aufstellung des Jahresabschlusses (Abs. 3)	33–38
	4.1 Bedeutung	33
	4.2 Handelsrechtliche Auslegung	34–35
	4.3 Steuerliche Auslegung	36
	4.4 Rechtsfolgen bei Versäumen der Frist	37–38

1 Überblick

§ 243 Abs. 1 HGB verpflichtet den Kaufmann, seinen Jahresabschluss nach den Grundsätzen ordnungsmäßiger Buchführung (GoB) aufzustellen. Der Begriff der „Grundsätze ordnungsmäßiger Buchführung" ist von zentraler Bedeutung, da diese den übergeordneten Maßstab für die Ordnungsmäßigkeit von Jahresabschlüssen darstellen. Im Folgenden werden die handelsrechtlichen GoB kommentiert; Ausführungen zur Maßgeblichkeit der Handels- für die Steuerbilanz, zum Wegfall der umgekehrten Maßgeblichkeit sowie zu Steuerlatenzen im Fall möglicher Abweichungen zwischen Handels- und Steuerbilanz erfolgen in der Kommentierung zu § 274 HGB (§ 274 Rz 133). 1

§ 243 Abs. 2 HGB normiert den Grundsatz der Klarheit und Übersichtlichkeit, damit wirtschaftliche Sachverhalte, die im Jahresabschluss abgebildet werden, eindeutig, verständlich und nachvollziehbar sind.

Gegenstand des § 243 Abs. 3 HGB ist die Frist zur Aufstellung des Jahresabschlusses.

Die Vorschriften des § 243 HGB gelten für alle Kaufleute. Sie gelten für Einzelabschlüsse und über die ausdrückliche Erwähnung der GoB sowie der Klarheit und Übersichtlichkeit in § 297 Abs. 2 Satz 1 und 2 HGB auch für Konzernabschlüsse. § 243 Abs. 3 HGB wird für KapG und KapCoGes in § 264 Abs. 1 HGB konkretisiert. 2

2 Grundsätze ordnungsmäßiger Buchführung (Abs. 1)
2.1 Begriff und Rechtsnatur

3 Nach § 243 Abs. 1 HGB ist der Jahresabschluss nach den Grundsätzen ordnungsmäßiger Buchführung (GoB) aufzustellen. Der Begriff der GoB wird vom Gesetzgeber mehrfach gebraucht, aber nicht definiert. Es handelt sich um einen **unbestimmten Rechtsbegriff**,[1] der im Zusammenwirken von Rechtsprechung, fachkundigen Praktikern und Vertretern der Betriebswirtschaftslehre auszulegen ist. Mit dem Begriff der GoB werden sämtliche handelsrechtliche Buchführungs- und Bilanzierungsgrundsätze bezeichnet. Diese haben die Aufgabe, eine Leitlinie für die Behandlung aller Sachverhalte in Buchführung und Jahresabschluss zu bieten, selbst wenn keine kodifizierten Rechnungslegungsvorschriften existieren.

4 Die GoB umfassen den obersten Beurteilungsmaßstab der prinzipienbasierten deutschen Rechnungslegung, die im Gegensatz zu der eher regelbasierten Rechnungslegung anglo-amerikanischer Prägung steht. Sie beinhalten sowohl die kodifizierten gesetzlichen Vorschriften als auch nicht kodifizierte Rechnungslegungsnormen. Wegen der umfassenden Kodifizierung von GoB etwa bereits durch das BiRiLiG 1985 haben nicht kodifizierte Grundsätze deutlich an Bedeutung verloren.[2] Diese Tendenz hat sich im Zuge des **BilMoG** insb. durch die tendenzielle Einschränkung von Bilanzierungs- und Bewertungswahlrechten fortgesetzt.

5 Bei der Ermittlung der GoB werden die induktive, die deduktive sowie die hermeneutische Methode unterschieden.[3] Bei der **induktiven** Methode wird das Verhalten eines durchschnittlichen ehrbaren Kfm. empirisch festgestellt und daraus die GoB abgeleitet. Die Auffassung, dass die GoB nicht durch statistische Erhebungen, sondern durch Nachdenken ermittelt werden sollten, führte zu der **deduktiven** Methode. Diese Methode versucht, aus den Zwecken des handelsrechtlichen Abschlusses ein System von GoB zu entwickeln, wobei Entscheidungshilfen heranzuziehen sind, wie z.B.:[4]

– Gesetze und die zugrundeliegenden EG-/EU-Richtlinien;
– Rechtsprechung des BGH (RG), des EuGH, des BFH;
– Stellungnahmen des IDW zur Rechnungslegung (IDW St/HFA, IDW RS u.a.) einschl. der zugehörigen Hinweise (IDW RH);
– gutachterliche Stellungnahmen des DIHT und der IHK;
– die gesicherten Erkenntnisse der BWL, der Fachliteratur sowie der Bilanzierungspraxis ordentlicher Kaufleute.

Die **hermeneutische** Methode, die durch eine ganzheitliche Betrachtungsweise charakterisiert ist, verbindet schließlich Elemente der Induktion und der Deduktion. Die hermeneutische Methode verlangt zur Ableitung der GoB die Berücksichtigung verschiedener Kriterien wie Gesetzeswortlaut und -sinn, dessen Bedeutungszusammenhang sowie Entstehungsgeschichte und Zielsetzung des Gesetzgebers. Eine allseits akzeptierte Lehre zur Ermittlung der GoB hat sich in der Literatur bislang noch nicht herausgebildet.

---

[1] Vgl. Leffson, Die Grundsätze ordnungsmäßiger Buchführung, 7. Aufl. 1987, S. 18 f.
[2] Vgl. Drüen, in Anzinger/Oser/Schlotter, Rechnungslegung und Prüfung, Tb. 1, 7. Aufl., 2023, § 243 HGB Rz 28.
[3] Zu den folgenden Ausführungen vgl. z.B. Kirsch, StuB 2008, S. 453 f.; ADS, 6. Aufl. 1995–2001, § 243 HGB, Rz 13 ff.
[4] Vgl. IDW, WPH Edition, Wirtschaftsprüfung & Rechnungslegung, 18. Aufl. 2023, Kap. F Tz 5.

Mit der Diskussion um einen zunehmenden Einfluss der **IFRS** auf die deutsche Rechnungslegung wird deren mögliche Anerkennung als GoB diskutiert.[5] Die stärkere Betonung der Informationsfunktion sowie die Kodifizierung der wirtschaftlichen Betrachtungsweise in Anlehnung an die IFRS-Terminologie zum wirtschaftlichen Eigentum i.R.d. BilMoG zeigen eine Annäherung an die IFRS. Der Gesetzgeber hat dabei ausdrücklich auf das Fortbestehen der bisherigen handelsrechtlichen GoB hingewiesen: „Insbesondere behalten das Vorsichtsprinzip, das Realisationsprinzip und das Stichtagsprinzip ihre bisherige Bedeutung. Einige der im Gesetzentwurf enthaltenen Vorschriften wurden lediglich punktuell anders gewichtet, d.h. die Informationsfunktion des handelsrechtlichen Jahresabschlusses wird insoweit stärker betont."[6] Handelsrechtliche GoB i.S.d. § 243 Abs. 1 HGB sind Rechtsnormen und „bilden ein selbständiges Regelungswerk, das nicht etwa die IFRS einschließt oder von diesen verdrängt wird".[7] Da die IFRS ausschließlich auf Informationsvermittlung abzielen und das HGB darüber hinaus v.a. eine Gewinnausschüttungsbemessungsfunktion hat, bestehen insoweit grundlegende Unterschiede zwischen den Regelwerken. Es erscheint unwahrscheinlich, dass Gerichte einer Auslegung der Rechtsnormen der handelsrechtlichen GoB durch die IFRS folgen würden. Soweit dennoch bei Fehlen detaillierter und eigenständiger HGB-Rechnungslegungsnormen Auslegungshinweise in den IFRS gesehen werden (§ 246 Rz 18), sind diesen enge Grenzen gesetzt und auf die vom Gesetzgeber selektiv und kasuistisch aufgegriffenen und aus den IFRS in das HGB übernommenen Vorschriften beschränkt. IFRS können bei der Anwendung des HGB-Bilanzrechts lediglich als Erkenntnisquelle des Rechtsvergleichs, aber nicht als Rechtsquelle im juristischen Sinn berücksichtigt werden.

Die Klärung bedeutender (steuerlicher) Streitfälle erfolgt durch die gerichtliche Letzt-Instanz, den **BFH**, in seltenen Fällen auch durch den BGH. Trotz der häufigen Befassung mit grundsätzlichen Fragen der GoB ist der BFH kein GoB-Standardsetzer, seine Rechtsprechung gilt vielmehr als eine von mehreren Erkenntnisquellen für die Ableitung der GoB.[8] Im Zuge der durch das BilMoG vorgenommenen zunehmenden Abkopplung der Handels- von der Steuerbilanz hat der Einfluss der BFH-Rechtsprechung auf die handelsrechtlichen GoB tendenziell abgenommen.

2.2 Systematisierungsansätze zur Einteilung

Die GoB werden im Schrifttum nicht einheitlich systematisiert. Mehrere Systematisierungen verwenden die Einteilung in Grundsätze der Informationsvermittlung und materielle Grundsätze. Letztere lassen sich wiederum in übergeordnete Systemgrundsätze und in Periodisierungsgrundsätze unterteilen.[9]

Zu den Grundsätzen der Informationsvermittlung gehören:
- Bilanzklarheit und Übersichtlichkeit (§ 243 Abs. 2 HGB)
- Richtigkeit und Willkürfreiheit (§§ 243 Abs. 1, 264 Abs. 2 HGB)

---

[5] Vgl. ADS, Rechnungslegung und Prüfung der Unternehmen, 6. Aufl. 1995–2001, § 243 HGB Rz 23a.
[6] Vgl. BT-Drs. 16/10067 v. 30.7.2008 S. 35.
[7] Moxter, WPg 2009, S. 7.
[8] Vgl. IDW PS 201 n.F. (09.2022), Rz. 9.
[9] Vgl. Kirsch, StuB 2008, S. 455ff.

- Vollständigkeit (§ 246 Abs. 1 HGB)
- Bilanzkontinuität (§§ 246 Abs. 3, 252 Abs. 1 Nrn. 1 und 6 HGB)
- Vergleichbarkeit (§ 252 Abs. 1 Nr. 6 HGB)
- Wirtschaftlichkeit und Wesentlichkeit

Zu den materiellen Grundsätzen gehören als Systemgrundsätze:
- Einzelbewertung (§ 252 Abs. 1 Nr. 3 HGB)
- Unternehmensfortführung (§ 252 Abs. 1 Nr. 2 HGB)
- Pagatorik (§ 252 Abs. 1 Nr. 5 HGB)

Zu den materiellen Grundsätzen gehören als Periodisierungsgrundsätze:
- Vorsichts-, Realisations- und Imparitätsprinzip (§ 252 Abs. 1 Nr. 4 HGB)
- Anschaffungskostenprinzip (§ 253 Abs. 1 HGB)
- Grundsatz der Periodenabgrenzung

Die Grundsätze der Informationsvermittlung haben durch das BilMoG – trotz z.T. unveränderter Formulierungen im HGB – deutlich an Gewicht gewonnen. Hierfür seien als Beispiele die Stärkung des Grundsatzes der Bilanzklarheit und Übersichtlichkeit durch ausgeweitete Anhangangaben sowie die Stärkung des Grundsatzes der Willkürfreiheit durch Abschaffung ehemaliger Bilanzierungs- und Bewertungswahlrechte genannt. Auch die ggf. vorzunehmende Verrechnung von VG mit Verbindlichkeiten oder Rückstellungen dient neben der Betonung der wirtschaftlichen Betrachtungsweise dem Ziel der Informationsvermittlung.

10 Der **Grundsatz der Bilanzklarheit und Übersichtlichkeit** (§ 243 Abs. 2 HGB) wird in Rz 20 ff. behandelt.

11 Nach dem **Grundsatz der Richtigkeit und Willkürfreiheit** (§§ 243 Abs. 1, 264 Abs. 2 HGB) ist ein Jahresabschluss nur dann richtig, wenn er entsprechend den zum Zeitpunkt der Bilanzaufstellung einschlägigen gesetzlichen Vorschriften und unter Beachtung der dann vorliegenden Erkenntnisse aufgestellt worden ist. Da ein Jahresabschluss aber niemals absolut richtig sein kann, müssen die Anforderungen an die Richtigkeit relativiert werden. Ansätze und Werte im Jahresabschluss müssen in nachprüfbarer, objektiver Form aus ordnungsgemäßen Belegen und aus ordentlichen Büchern nach den gültigen Vorschriften hergeleitet sein. Die Positionen müssen zutreffend bezeichnet sein und das umfassen, was in der jeweiligen Position auszuweisen ist. Schätzwerte können nur nach subjektivem Ermessen i. R. e. zulässigen Bandbreite willkürfrei und vertretbar festgelegt werden. Spätere Erkenntnisse aufgrund zwischenzeitlich ergangener Urteile oder besseren Wissens über die Bewertung sind für die Frage der Richtigkeit unbeachtlich.

12 Zu Ausführungen zum **Grundsatz der Vollständigkeit** (§ 246 Abs. 1 HGB) wird auf § 246 Rz 5 ff. verwiesen.

13 Hinter den **Grundsätzen der Bilanzkontinuität** und der **Vergleichbarkeit** (§§ 246 Abs. 3, 252 Abs. 1 Nrn. 1 und 6 HGB, vgl. § 252 Rz 15 ff. bzw. Rz 180 ff.) steht der Grundgedanke der besseren Vergleichbarkeit. Die bisher schon strengen Stetigkeitsvorgaben für KapG i.w.S. hinsichtlich der Gliederung in § 265 Abs. 1 HGB und das Gebot der Bewertungsstetigkeit in § 252 Abs. 1 Nr. 6 HGB wurden durch das BilMoG um das Gebot der Stetigkeit für den Bilanzansatz in § 246 Abs. 3 HGB (§ 246 Rz 134 ff.) ergänzt.

14 Der **Grundsatz der Wesentlichkeit und der Wirtschaftlichkeit** ist im HGB nicht explizit geregelt. An verschiedenen Stellen verlangt das Gesetz nur Angaben, wenn es sich um „erhebliche Beträge" handelt, sie „von Bedeutung" sind,

„erhebliche Unterschiede" bestehen oder Beträge „einen nicht unerheblichen Umfang" haben.[10]

Ab wann eine Abweichung oder ein Fehler als unwesentlich anzusehen ist, richtet sich danach, welche Bedeutung das Weglassen einer Angabe oder eine fehlerhafte Darstellung für Entscheidungen der Adressaten des Jahresabschlusses hat. Dieses lässt sich naturgemäß nicht verallgemeinern oder in allgemein gültigen Schwellen- oder Grenzwerten ausdrücken. Die in Deutschland üblicherweise verwendeten Bandbreiten für die Festlegung der Wesentlichkeit für den Abschluss als Ganzes liegen zwischen 0,25–4 % der Bilanzsumme, 0,5–3 % der Umsatzerlöse oder 3–10 % des Gewinns vor Steuern.[11] Eine Entscheidung ist grds. unter Berücksichtigung aller Umstände des Einzelfalls zu treffen.

Vor dem Hintergrund der damit verbundenen wirtschaftlichen Vereinfachung für Zwecke der handelsrechtlichen Rechnungslegung wird die Bildung eines steuerlich motivierten Sammelpostens i.S.d. § 6 Abs. 2a EStG (AHK über 250 bis 1.000 EUR) als ausnahmsweise zulässig angesehen. Dies gilt auch für die in der Praxis weit verbreitete Berücksichtigung der GWG-Grenze von 800 EUR. Die GWG-Betragsgrenze darf aus Vereinfachungsgründen regelmäßig auch handelsrechtlich für die Beurteilung herangezogen werden, ob ein einzelner grundsätzlich aktiv oder passiv als RAP abzugrenzender Betrag als unwesentlich/geringfügig anzusehen ist, der dann bejahendenfalls ausnahmsweise nicht angesetzt zu werden braucht.

Der **Grundsatz der Einzelbewertung** (§ 252 Abs. 1 Nr. 3 HGB) wird eingeschränkt durch die Bildung von Bewertungseinheiten nach § 254 HGB. Für weitere Ausführungen zum Grundsatz der Einzelbewertung wird auf § 252 Rz 60 ff. verwiesen. **15**

Der Grundsatz **der Fortführung der Unternehmenstätigkeit** (Going-concern-Prinzip) wird unter § 252 Rz 34 ff. kommentiert. **16**

Hinsichtlich des **Grundsatzes der Pagatorik** sowie des **Grundsatzes der Periodenabgrenzung** wird auf die Kommentierung unter § 252 Rz 134 ff. verwiesen. **17**

Das **Vorsichts-, das Realisations- und das Imparitätsprinzip** (§ 252 Abs. 1 Nr. 4 HGB) werden unter § 252 Rz 97 ff. und das **Anschaffungskostenprinzip** (§ 253 Abs. 1 HGB) unter § 253 Rz 17 ff. ausführlich kommentiert. **18**

Für den **Konzernabschluss** umfassen die GoB auch die **Grundsätze ordnungsmäßiger Konsolidierung**. Zusätzlich werden die Konzern-GoB durch § 342q Abs. 1 Satz 1 Nr. 1 HGB, der die Entwicklung von Empfehlungen zur Anwendung der Grundsätze über die Konzernrechnungslegung an ein privates Rechnungslegungsgremium überträgt, erweitert (§ 342q Rz 1 ff.). Diese Aufgabe wird in Deutschland durch das DRSC wahrgenommen. Die vom DRSC herausgegebenen Standards (DRS) haben gem. § 342q Abs. 2 HGB Gültigkeit, sobald sie vom BMJV bekannt gemacht werden. **19**

---

[10] Vgl. IDW, WPH Edition, Wirtschaftsprüfung & Rechnungslegung, 18. Aufl. 2023, Kap. F Tz 950.
[11] Vgl. IDW, F & A zu ISA 320 bzw. IDW PS 250 n.F., Tz. 3.3.3.

3 Grundsatz der Klarheit und Übersichtlichkeit (Abs. 2)

3.1 Geltungsbereich

20 Laut § 243 Abs. 2 HGB muss der Jahresabschluss klar und übersichtlich sein. Der Grundsatz der Klarheit und Übersichtlichkeit gilt für **alle Kaufleute**, also auch für KapG und KapCoGes sowie für Unt, die unter das PublG fallen. Der Grundsatz ist demnach **rechtsformunabhängig**. Er gilt für den Jahresabschluss (§ 243 Abs. 2 HGB) und ausdrücklich auch für den Konzernabschluss (§ 297 Abs. 2 Satz 1 HGB). Wird für Zwecke der Offenlegung ein IFRS-Einzelabschluss gem. § 325 Abs. 2a HGB verwendet, gilt das Gebot der Klarheit und Übersichtlichkeit auch für diesen.

Der Grundsatz der Klarheit und Übersichtlichkeit bezieht sich auf den **gesamten Jahresabschluss**, also auf Bilanz und GuV sowie bei KapG und KapCoGes auch auf den Anhang, und darüber hinaus auch auf den Lagebericht (§ 289 Rz 20). Er gilt zudem für kapitalmarktorientierte Unt (§ 264d HGB) auch hinsichtlich der Kapitalflussrechnung, des EK-Spiegels sowie ggf. der Segmentberichterstattung.

3.2 Konkretisierung des Grundsatzes

21 Die Forderung nach Klarheit und Übersichtlichkeit bezieht sich auf eine möglichst weitgehende Erkennbarkeit des **formellen Inhalts** des Jahresabschlusses. Hierzu zählen eine klare und übersichtliche Gliederung, aber auch eine klare Bezeichnung von Posten und Angaben sowie eine klare Darstellung und Erläuterung von Angaben und Inhalten im Anhang.

22 Der Grundsatz der Klarheit und Übersichtlichkeit für Jahresabschlüsse von EKfl. und PersG ist neben § 243 Abs. 2 HGB in § 246 Abs. 2 HGB (Verrechnungsverbot sowie Einschränkungen dieses Verbots, vgl. § 246 Rz 103 ff.) und § 247 Abs. 1 HGB (gesonderter Ausweis und hinreichende Aufgliederung von AV und UV, EK, Schulden und RAP, vgl. § 247 Rz 2 ff.) enthalten. Für KapG und KapCoGes wird der Grundsatz in den §§ 264–288 HGB präzisiert.

Konkrete **Gliederungsvorschriften** für Bilanz und GuV sind für KapG und KapCoGes in § 266 HGB (Gliederung der Bilanz, vgl. § 266 Rz 7 ff.), § 275 HGB (Gliederung der GuV, vgl. § 275 Rz 28 ff.), § 264c HGB (besondere Bestimmungen, vgl. § 264c Rz 8 ff.) sowie § 265 HGB (allgemeine Grundsätze, vgl. § 265 Rz 20 ff.) vorgegeben. Weitergehende Gliederungsvorschriften bestehen im HGB für Genossenschaften (§§ 336 ff. HGB), Kredit- und Finanzdienstleistungsinstitute (§§ 340 ff. HGB) sowie VersicherungsUnt und Pensionsfonds (§§ 341 ff. HGB). Außerhalb des HGB gibt es weitere Gliederungsvorschriften.[12] Diese Einzelvorschriften gehen dem subsidiär geltenden allgemeinen Grundsatz des § 243 Abs. 2 HGB vor.

23 Für **EKfl.** und **PersG**, die den strengeren Gliederungsvorschriften des Zweiten Abschnitts des Dritten Buchs nicht unterliegen, stellt sich die Frage, inwieweit diese Gliederungsvorgaben dennoch beachtet werden müssen, um dem allgemeinen Grundsatz der Klarheit und Übersichtlichkeit zu genügen. Hierzu gibt IDW RS HFA 7 die Leitlinie, nach der im Regelfall eine Anlehnung an die

---

[12] Z.B. Verordnungen über die Gliederung von Jahresabschlüssen von Wohnungsunternehmen, Krankenhäusern und Pflegeeinrichtungen sowie die für Konzernabschlüsse zusätzlich als GoB vermuteten DRS, aber auch im GmbHG und AktG.

für KapCoGes geltenden größenabhängigen Gliederungsvorschriften des HGB eine Grundlage für die Bestimmung der notwendigen Gliederungstiefe sowie für die Postenbezeichnung der übrigen PersG darstellen.[13] In der **Praxis** hat sich durch die starke Verbreitung von EDV-Standardbilanzierungssoftware eine weitgehend freiwillige Verwendung der für KapG und KapCoGes vorgeschriebenen Gliederungsvorschriften und Postenbezeichnungen bei den übrigen Kfl. durchgesetzt. Dies ist sinnvoll, da dadurch der Jahresabschluss für einen Dritten (z. B. Kreditinstitute) in der gewohnten Form lesbar ist und etwaige Unklarheiten vermieden werden. Des Weiteren ist der Jahresabschluss mit dem anderer Unt besser vergleichbar. In Einzelfällen ist der Kfm. dessen ungeachtet nicht daran gehindert, den ihm durch die gesetzlichen Vorschriften eingeräumten Gestaltungsspielraum bei der Gliederung auszunutzen.

Als grundlegende Rahmenbedingungen für diese Gestaltungsspielräume sind zu nennen:

- Die Bilanz und die GuV können demnach sowohl in **Konten- als auch in Staffelform** aufgestellt werden. Dagegen müssen KapG und KapCoGes nach § 266 Abs. 1 Satz 1 HGB die Bilanz in Kontoform und nach § 275 Abs. 1 Satz 1 HGB die GuV in Staffelform aufstellen. 24

- Die im ersten Jahr gewählte Form und Gliederung des Jahresabschlusses sowie die Bezeichnungen für die Posten der Bilanz und GuV sind in den darauffolgenden Jahren **beizubehalten**. Abweichungen sind nur in Ausnahmefällen zulässig. Diese in § 265 Abs. 1 HGB für KapG und KapCoGes geregelte Vorschrift gilt aufgrund des Gebots der Klarheit und Übersichtlichkeit auch für EKfl. und andere PersG. 25

- Der Grundsatz der Klarheit und Übersichtlichkeit wurde vom Gesetzgeber weiterhin im **Verrechnungsverbot** des § 246 Abs. 2 HGB präzisiert. Gem. § 246 Abs. 2 Satz 1 HGB dürfen Posten der Aktivseite nicht mit Posten der Passivseite, Aufwendungen nicht mit Erträgen und Grundstücksrechte nicht mit Grundstückslasten verrechnet werden (§ 246 Rz 104 ff.). Es gibt mehrere **Ausnahmen** von diesem allgemeinen Saldierungsverbot, v. a. das die Klarheit und Übersichtlichkeit des Jahresabschlusses fördernde Verrechnungsgebot von Altersvorsorgeverpflichtungen mit Deckungsvermögen sowie der entsprechenden Aufwendungen mit Erträgen (§ 246 Abs. 2 Satz 2 HGB; § 246 Rz 104). 26

- Nach § 265 Abs. 8 HGB brauchen Posten der Bilanz und der GuV, die sowohl im aktuellen Jahresabschluss wie auch im Vorjahresabschluss **keinen Betrag** aufweisen, nicht aufgeführt zu werden (§ 265 Rz 29). 27

- Entsprechend den Größenverhältnissen der Unt können die Zahlen des Jahresabschlusses auf volle EUR, TEUR oder Mio. EUR **gerundet** werden. Sofern die Aussagefähigkeit der Zahlenangaben erhalten bleibt, kann so die Übersichtlichkeit verbessert werden, sodass dem Grundsatz der Klarheit und Übersichtlichkeit unter Verzicht auf größtmögliche Genauigkeit besser entsprochen werden kann. 28

- Nach § 265 Abs. 5 HGB dürfen **neue Posten** hinzugefügt werden, wenn ihr Inhalt nicht bereits von einem der vorgeschriebenen Posten abgedeckt wird (§ 265 Rz 22 f.). Bei neu eingefügten Posten nach § 265 Abs. 5 HGB sollte 29

---

[13] Vgl. IDW RS HFA 7.41.

darauf geachtet werden, dass die gewählte Bezeichnung dem Grundsatz der Klarheit entspricht. Dieser ist erfüllt, wenn der Posten so bezeichnet ist, dass aus der Bezeichnung eindeutig hervorgeht, was er beinhaltet. Bei Einfügen neuer Posten ist zu berücksichtigen, dass Bilanz und GuV nicht unübersichtlich werden. Eine zu weitgehende Untergliederung sollte daher vermieden werden.

30 • **Anhang** und **Lagebericht**[14] – auch sofern sie freiwillig aufgestellt werden – unterliegen ebenfalls dem Grundsatz der Klarheit und Übersichtlichkeit. Beide müssen klar gegliedert, verständlich geschrieben sowie eindeutig formuliert sein und sich auf wesentliche Inhalte beschränken. Die Aussagen im Anhang sind gem. § 284 Abs. 1 Satz 1 HGB entsprechend ihrer Reihenfolge in der Bilanz und der GuV darzustellen. Die gleichen Grundsätze gelten für die Kapitalflussrechnung, den EK-Spiegel sowie ggf. die Segmentberichterstattung.

3.3 Rechtsfolgen bei Verstößen

31 Ein Verstoß gegen § 243 Abs. 2 HGB kann verschiedene Sanktionen nach sich ziehen. Die Folgen führen von der Einschränkung des Bestätigungsvermerks (im Falle der Prüfung gem. § 316 HGB) bis hin zur Nichtigkeit des Jahresabschlusses nach § 256 Abs. 4 AktG. Darüber hinaus kann ein Verstoß in besonders gravierenden Fällen Freiheits- und Geldstrafen (§ 331 Nr. 1 HGB) oder Bußgelder (§ 334 Abs. 1 Nr. 1a HGB) zur Folge haben. Für Unt, die dem PublG unterliegen, ergeben sich die strafrechtlichen Konsequenzen und die Bußgelder aus den §§ 17 Abs. 1 Nr. 1 und 20 Abs. 1 Nr. 1a PublG.

3.4 Maßgeblichkeit (§ 5 Abs. 1 Satz 1 EStG)

32 Das Steuerrecht enthält keine Formvorschriften für die Steuerbilanz. Der in § 243 Abs. 2 HGB geregelte Grundsatz der Klarheit und Übersichtlichkeit gilt über die Maßgeblichkeit nach § 5 Abs. 1 Satz 1 EStG gleichermaßen auch für die Steuerbilanz.

4 Frist zur Aufstellung des Jahresabschlusses (Abs. 3)

4.1 Bedeutung

33 Dieser Vorschrift kommt nur eingeschränkte Bedeutung zu, sie gilt als Zeitrahmen nur für EKfl. und (reine) PersG, die nicht als KapCoGes nach § 264a HGB oder vom PublG erfasst sind, da in zahlreichen Einzelbestimmungen konkrete Fristen zur Aufstellung des Jahresabschlusses vorgeschrieben sind. So ist für AG, KGaA, GmbH und SE nach § 264 Abs. 1 HGB und für die unter das PublG fallenden Unt nach § 5 Abs. 1 PublG eine dreimonatige Frist nach Beendigung des Gj für die Aufstellung des Jahresabschlusses vorgesehen. Für kleine KapG/KapCoGes und Kleinstgesellschaften beträgt die Frist bis zu sechs Monate (§ 264 Abs. 1 Satz 3 HGB), für Genossenschaften fünf Monate (§ 336 Abs. 1 Satz 2 HGB), für Kreditinstitute drei Monate (§ 26 Abs. 1 KWG) und für

---

[14] Der Lagebericht ist nicht Teil des Jahresabschlusses. Im Hinblick auf den Grundsatz der Klarheit und Übersichtlichkeit gilt hier jedoch nichts anderes. Vgl. für den Konzernlagebericht DRS 20 (§ 289 Rz 23).

VersicherungsUnt vier Monate (§ 341a Abs. 1 HGB; für RückversicherungsUnt mit Bilanzstichtag 31.12. kommt eine Frist von zehn Monaten in Betracht, § 341a Abs. 5 HGB).

4.2 Handelsrechtliche Auslegung

Nach dem Wortlaut des § 243 Abs. 3 HGB, wonach der „Jahresabschluss innerhalb der einem ordnungsmäßigen Geschäftsgang entsprechenden Zeit aufzustellen" ist, wird für alle Kfl., für die keine spezialgesetzliche Regelung gilt, keine eindeutig festgelegte Frist zur Aufstellung des handelsrechtlichen Jahresabschlusses kodifiziert. Deswegen handelt es sich um einen unbestimmten Rechtsbegriff, der einer Auslegung bedarf.[15] Bei der Auslegung ist auf die Verhältnisse des betreffenden Unt und die billigerweise zu stellenden Anforderungen abzustellen. Im Schrifttum wird einerseits die Auffassung vertreten, dass die Frist bis zu sechs Monate betragen sollte.[16] Andere Autoren halten einen längeren Zeitraum für angebracht, da nur die EKfl. und PersG, bei denen die Gesellschafter größere Mitspracherechte haben, von dieser Vorschrift betroffen seien.[17] Die hM im Schrifttum sieht in Übereinstimmung mit dem BFH[18] auch handelsrechtlich eine maximale Frist von zwölf Monaten als ausreichend an. 34

Für Unt, die sich in der Krise befinden, erhalten die Aufstellungsfristen ein elementares Gewicht, da dort Gläubigerschutzinteressen in besonderem Maße betroffen sind. Sobald Anhaltspunkte für eine Krise vorliegen, ist der Jahresabschluss zeitnah und ohne schuldhaftes Zögern aufzustellen. Hierzu wird eine Frist von zwei bis drei Monaten genannt.[19] 35

4.3 Steuerliche Auslegung

Für die Aufstellung der Steuerbilanz gibt es keine explizit normierten Fristen. Die für die Abgabe der Steuererklärungen geltenden Fristen (§ 149 Abs. 2 AO) greifen nur in eingeschränktem Maße für die Steuerbilanz.[20] Diese wird nur als „Unterlage" nach § 150 Abs. 4 Satz 1 AO den Steuererklärungen beigefügt. Die Steuerbilanz ist jedoch keine Steuererklärung i.S.d. § 152 AO. Aus diesem Grund ist ein Verspätungszuschlag bei nicht fristgerechter Steuerbilanzaufstellung nicht zulässig.[21] 36

Allerdings wird die Buchführung als nicht mehr ordnungsgemäß betrachtet, wenn die Steuerbilanz zu spät aufgestellt wird. Dies bedeutet, dass auch steuerlich die Frist gem. § 243 Abs. 3 HGB einzuhalten ist.[22] In der Literatur wird von

---

[15] Vgl. Drüen, in Anzinger/Oser/Schlotter, Rechnungslegung und Prüfung, Tb. 1, 7. Aufl., 2023, § 243 HGB Rz 55.
[16] Vgl. Hopt/Merkt, in Hopt, Beck HGB-Kurzkomm. , 43. Aufl. 2024, § 243 HGB Rn 11.
[17] Vgl. Drüen, in Anzinger/Oser/Schlotter, Rechnungslegung und Prüfung, Tb. 1, 7. Aufl., 2023, § 243 HGB Rz 57, sowie Justenhoven/Usinger, in Beck Bil-Komm., 14. Aufl. 2024, § 243 HGB Rz 191.
[18] Vgl. BFH, Urteil v. 6.12.1983, VIII R 110/79, BStBl 1984 II S. 227.
[19] Vgl. Baetge/Fey/Fey/Klönne, in Küting/Weber, HdR-E, § 243 HGB Rz 94, Stand: 2/2022 m.w.N.
[20] Zum Begriff Steuerbilanz vgl. Frotscher/Watrin, in Frotscher/Geurts, EStG, § 5 EStG Rz 35, Stand: 3/2019.
[21] Vgl. ADS, Rechnungslegung und Prüfung der Unternehmen, 6. Aufl. 1995–2001, § 243 HGB Rz 46 m.w.N.
[22] Vgl. Justenhoven/Usinger, in Beck Bil-Komm., 14. Aufl. 2024, § 243 HGB Rz 95 m.w.N.

einer steuerlich akzeptierten Frist von einem Jahr für die Aufstellung des Jahresabschlusses ausgegangen.[23]

4.4 Rechtsfolgen bei Versäumen der Frist

37 Die Frist zur Aufstellung des Jahresabschlusses ist durch keine Sanktionen gesichert. Die Buchführung wird aber bei Überschreiten der Frist für die Abschlusserstellung nicht mehr als ordnungsgemäß angesehen und damit liegt eine Verletzung des § 243 Abs. 1 HGB vor. Diese Verletzung wiederum stellt eine Ordnungswidrigkeit gem. § 334 Abs. 1 Nr. 1a HGB dar.

38 Wird der Anforderung an Unt, die sich in der Krise befinden, ihren Jahresabschluss zeitnah und ohne schuldhaftes Zögern aufzustellen (Rz 35), nicht nachgekommen, sind gem. §§ 283, 283b StGB sowohl Geld- als auch Freiheitsstrafen vorgesehen. Überdies können weitere strafrechtliche Folgen für die Handelnden aus einer Insolvenz des Unt herrühren.

---

[23] Vgl. Baetge/Fey/Fey/Klönne, in Küting/Weber, HdR-E, § 243 HGB Rz 89, Stand: 2/2022.

§ 244 Sprache. Währungseinheit

Der Jahresabschluß ist in deutscher Sprache und in Euro aufzustellen.

Inhaltsübersicht	**Rz**
1 Überblick	1–3
2 Sprache	4
3 Währung	5–7
4 Folgen bei Nichtbeachtung	8–10
5 Anwendung im Konzernabschluss	11–12

1 Überblick

§ 244 HGB regelt die Verpflichtung zur Aufstellung des Jahresabschlusses in **deutscher Sprache** und in **Euro**. Die Vorschrift ist gem. § 325 Abs. 2a Satz 3 HGB auch auf den **IFRS-Einzelabschluss** anzuwenden. § 244 HGB ist nicht nur von sämtlichen inländischen Unt, sondern auch von Niederlassungen ausländischer Unt zu beachten, soweit sie die Kaufmannseigenschaft besitzen.

Der Jahresabschluss setzt sich zusammen aus **Bilanz** und **Gewinn- und Verlustrechnung** (§ 242 Abs. 3 HGB) und ist ggf. um einen Anhang zu erweitern (§§ 264 Abs. 1 Satz 1, 264a Abs. 1, 336 Abs. 1 HGB). Im Falle kapitalmarktorientierter Unt (§ 264d HGB) besteht der Jahresabschluss zudem aus einer **Kapitalflussrechnung** und einem **Eigenkapitalspiegel** sowie auf freiwilliger Basis aus einer Segmentberichterstattung. Obwohl keine gesetzliche Verpflichtung dazu besteht, ist auch ein ggf. aufgestellter **Lagebericht** in deutscher Sprache zu verfassen. Dies gilt ebenso für **Sonderbilanzen** (z.B. Liquidationsbilanz).[1]

Mangels eigener Definition richtet sich § 244 HGB an jeden, der verpflichtet ist, einen Jahresabschluss aufzustellen, somit nach § 242 HGB an Kfl. Ausnahmen für Kfl. i.S.d. § 241a HGB regelt § 242 Abs. 4 HGB. § 244 HGB ist auf Jahresabschlüsse von inländischen Unt sowie auf inländische Niederlassungen ausländischer Unt anzuwenden, wenn Letztere die Kaufmannseigenschaft besitzen.[2] Auch für ausländische Zweigniederlassungen eines inländischen Kfm. gelten die Regelungen des § 244 HGB, auf ausländische Tochtergesellschaften inländischer Unt sind diese hingegen in deren Einzelabschluss nicht anzuwenden.[3]

2 Sprache

Während § 239 Abs. 1 Satz 1 HGB den Kfm. lediglich verpflichtet, die **Handelsbücher** und sonstigen Aufzeichnungen in einer lebenden Sprache zu führen, bestimmt § 244 HGB, dass der **Jahresabschluss** für handelsrechtliche Zwecke nur in deutscher Sprache aufgestellt werden darf. Es ist also möglich, die Bücher in einer fremden Sprache zu führen, z.B. bei Tochtergesellschaften oder Zweigniederlassungen ausländischer Muttergesellschaften, solange sichergestellt ist,

---

[1] Vgl. Justenhoven/Meyer, in Beck Bil-Komm., 14. Aufl. 2024, § 244 HGB Rz 2.
[2] Vgl. Justenhoven/Meyer, in Beck Bil-Komm., 14. Aufl. 2024, § 244 HGB Rz 7.
[3] Vgl. Düren, in Anzinger/Oser/Schlotter, Rechnungslegung und Prüfung, Tb. 1, 7. Aufl. 2023, § 244 HGB Rz 46.

dass der Jahresabschluss in deutscher Sprache aufgestellt wird. Zu den möglichen Konsequenzen der Führung der Bücher in fremder Sprache vgl. § 239 Rz 5.
Nicht ausdrücklich erwähnt ist die Sprache, in der der **Lagebericht** aufgestellt werden muss. Einen Hinweis liefert § 291 Abs. 1 Satz 1 HGB, wonach neben dem Konzernabschluss ein Konzernlagebericht in deutscher Sprache verfasst sein muss, um die befreiende Wirkung i.S.v. § 291 HGB zu erlangen. Dem Sinn und Zweck der Regelung nach gilt dies auch für den Jahresabschluss. Mangelnde Kenntnisse der deutschen Sprache setzen diese Regelung nicht außer Kraft.[4]
In der Praxis ist eine verbreitete Verwendung englischer Begriffe in Geschäftsberichten zu beobachten.[5] Um dem Deutschgebot des § 244 HGB als Ausprägung des Klarheitsgebots (§§ 243 Abs. 2, 297 Abs. 2 Satz 1 HGB) zu entsprechen, sind fremdsprachige Begriffe zumindest angemessen, z.B. im Text oder in einem Glossar, zu erläutern oder zu definieren, soweit sie nicht aus dem Kontext verständlich sind.

3 Währung

5 Die Pflicht zur Aufstellung des Jahresabschlusses in Euro bezieht sich auf den **Jahresabschluss** und den **Lagebericht**. Zum Bilanzstichtag sind daher in Fremdwährung erfasste Vermögensgegenstände und Schulden in Euro umzurechnen. Dies gilt auch dann, wenn nur einzelne Vermögensgegenstände oder Verbindlichkeiten (z.B. Wertpapiere an ausländischen Börsen) in fremder Währung erfasst und bewertet sind (zur Währungsumrechnung von VG und Verbindlichkeiten vgl. die Kommentierung zu § 256a HGB).[6] Zur Umrechnung zum Bilanzstichtag ist § 256a HGB für den Jahresabschluss anzuwenden. Zu beachten ist, dass bei Kapitalgesellschaften und Personenhandelsgesellschaften gem. § 284 Abs. 2 Nr. 2 HGB die Grundlagen für die Währungsumrechnung im Anhang anzugeben sind.

6 Die Führung von Handelsbüchern in ausländischer Währung (z.B. bei inländischen Niederlassungen ausländischer Unt bzw. bei ausländischen Niederlassungen inländischer Unt) ist zulässig.[7]

7 Eine **Rundung** der Angabe im Jahresabschluss auf volle EUR, TEUR oder Mio. EUR zur übersichtlicheren Darstellung ist abhängig von der Größe des Unt zulässig.[8]

4 Folgen bei Nichtbeachtung

8 Die Nichtbeachtung des § 244 HGB stellt bei Kapitalgesellschaften und Personenhandelsgesellschaften eine **Ordnungswidrigkeit** gem. § 334 Abs. 1 Nr. 1a HGB dar und kann gem. § 334 Abs. 3 HGB mit einer Geldbuße belegt werden.

---

[4] Vgl. Hegmanns/Schloz, in Küting/Weber, HdR-E, § 244 HGB Rz 6, Stand: 9/2023.
[5] Vgl. Empirische Untersuchung von DAX 30-Geschäftsberichten 2009, Olbrich/Fuhrmann, AG 2011, S. 328; die Autoren legen bei zu häufiger Verwendung englischer Begriffe den Verdacht eines Verstoßes gegen § 244 HGB und einer Verschleierung i.S.d. § 400 Abs. 1 Nr. 1 AktG nahe.
[6] Vgl. Justenhoven/Meyer, in Beck Bil-Komm., 14. Aufl. 2024, § 244 HGB Rz 7.
[7] Vgl. Hegmanns/Schloz, in Küting/Weber, HdR-E, § 244 HGB Rz 8, Stand: 9/2023.
[8] Vgl. Düren, in Anzinger/Oser/Schlotter, Rechnungslegung und Prüfung, Tb. 1, 7. Aufl. 2023, § 243 HGB Rz 31.

Sofern der Jahresabschluss der Prüfung durch einen Wirtschaftsprüfer bzw. vereidigten Buchprüfer unterliegt, kann ein Verstoß gegen § 244 HGB eine **Modifikation bzw. im Extremfall eine Versagung des Bestätigungsvermerks** zur Folge haben. Dabei richten sich die Modifikation oder Versagung des Bestätigungsvermerks nach der Art der Beanstandung. Ist demnach eine eingeschränkt positive Gesamtaussage zu Jahresabschluss und Lagebericht noch möglich, kann die Modifikation/Einschränkung des Bestätigungsvermerks ausreichen. Sofern der Verstoß den gesamten Jahresabschluss betrifft und die Beeinträchtigung der Lesbarkeit wesentlich ist, wird eine Modifikation des Bestätigungsvermerks nicht mehr angemessen sein. In diesem Fall ist es erforderlich, einen Versagungsvermerk zu erteilen.[9]

Darüber hinaus kann u. U. ein **Insolvenzstraftatbestand** i. S. v. **§§ 283 ff. StGB** vorliegen, wenn die Übersicht über den Stand des Vermögens durch den Mangel erschwert wird.[10]

5 Anwendung im Konzernabschluss

Die Regelungen des § 244 HGB sind gem. § 298 Abs. 1 HGB auf den **Konzernabschluss** bzw. gem. § 315e Abs. 1 HGB auf den **IFRS-Konzernabschluss** anzuwenden. Die Umrechnung und Darstellung in Euro ist hier von besonderer praktischer Relevanz, da gem. § 294 Abs. 1 HGB auch ausländische TU eines inländischen MU in den Konzernabschluss einzubeziehen sind.[11] Die gesetzlichen Regelungsnormen der §§ 290–315 HGB enthielten bis zum Inkrafttreten des § 308a HGB keine expliziten Vorgaben zur Währungsumrechnung. Mit § 308a HGB liegen gesetzliche Vorschriften zur Umrechnung von Fremdwährungsabschlüssen vor (s. Kommentierung zu § 308a HGB).

Für **befreiende Konzernabschlüsse** i. S. v. §§ 291 f. HGB i. V. m. der Konzernabschlussbefreiungsverordnung ergibt sich keine Aufstellungspflicht in Euro, da Befreiungsvoraussetzung hier nur die Offenlegung in deutscher Sprache ist.[12]

---

[9] Vgl. Hegmanns/Schloz, in Küting/Weber, HdR-E, § 244 HGB Rz 12, Stand: 9/2023, sowie IDW PS 400 n. F. (10.2021) i. V. m. IDW PS 405 n. F. (10.2021).
[10] Vgl. Kleindiek, in BeckOGK HGB, 2. Aufl. 2024, § 244 Rz 13.
[11] Vgl. Hegmanns/Schloz, in Küting/Weber, HdR-E, § 244 HGB Rz 1, Stand: 9/2023.
[12] Vgl. Justenhoven/Meyer, in Beck Bil-Komm., 14. Aufl. 2024, § 244 HGB Rz 5.

§ 245 Unterzeichnung

¹Der Jahresabschluß ist vom Kaufmann unter Angabe des Datums zu unterzeichnen. ²Sind mehrere persönlich haftende Gesellschafter vorhanden, so haben sie alle zu unterzeichnen.

Inhaltsübersicht	Rz
1 Überblick	1–2
2 Unterzeichnungspflichtige	3–10
2.1 Einzelkaufmann	3
2.2 Personengesellschaften	4–5
2.3 Kapitalgesellschaften	6–7
2.4 Sonstige Rechtsformen	8–10
3 Unterzeichnung	11–15
3.1 Ort und Name	11–13
3.2 Zeitpunkt	14–15
4 Rechtsfolgen	16–18
5 Anwendung im Konzernabschluss	19
6 CSRD-Umsetzungsgesetz: Änderungen	20

1 Überblick

1 § 245 HGB regelt die **Verpflichtung des Kaufmanns zur Unterzeichnung** des datierten Jahresabschlusses. Dieser setzt sich zusammen aus Bilanz und GuV (§ 242 Abs. 3 HGB) bzw. im Falle von Kapitalgesellschaften und Personenhandelsgesellschaften aus Bilanz, GuV und Anhang (§§ 264 Abs. 1 Satz 1, 264a Abs. 1, 336 Abs. 1 HGB). Kapitalmarktorientierte Unt (§ 264d HGB) haben den Jahresabschluss, um eine Kapitalflussrechnung (KFR) und einen Eigenkapitalspiegel zu erweitern. Der Jahresabschluss kann zudem durch eine Segmentberichterstattung erweitert werden (§ 264 Abs. 1 Satz 2 HGB). Darüber hinaus verpflichtet § 264 Abs. 2 Satz 3 HGB die gesetzlichen Vertreter einer Kapitalgesellschaft/Personenhandelsgesellschaften, die Inlandsemittent i.S.v. § 2 Abs. 14 WpHG ist, schriftlich zu versichern, dass – verkürzt dargestellt – der Jahresabschluss nach bestem Wissen ein den tatsächlichen Verhältnissen entsprechendes Bild i.S.v. § 264 Abs. 2 Satz 1 HGB vermittelt. Dieser sog. Bilanzeid ist nicht Teil des Jahresabschlusses und Lageberichts und ist auch nicht vom Abschlussprüfer zu prüfen (§ 264 Rz 104 ff.).

2 Eine gesetzliche Pflicht zur Unterzeichnung des **Lageberichts** besteht nicht. Gleichwohl wird in der Literatur eine Unterzeichnung diskutiert und ist – insb. zur Erfüllung der Beweisfunktion – wünschenswert.[1] Teilweise wird davon ausgegangen, dass eine besondere Unterzeichnung des Lageberichts nicht vorgesehen ist.[2] Darüber hinaus ergibt sich aus § 242 Abs. 1 Satz 2 HGB die Pflicht zur Unterzeichnung der Eröffnungsbilanz. Weiterhin findet § 245 HGB auf **Sonderbilanzen** (z.B.

---

[1] Vgl. ADS, Rechnungslegung und Prüfung der Unternehmen, 6. Aufl. 1995–2001, § 245 HGB Rz 3 m.w.N.; Ellerich/Swart, in Küting/Weber, HdR-E, § 245 HGB Rz 7, Stand: 11/2017; Ballwieser, in MünchKomm. HGB, 4. Aufl. 2020, § 245 HGB Rz 4.

[2] Vgl. IDW, WPH Edition, Wirtschaftsprüfung & Rechnungslegung, 17. Aufl. 2021, Kap. F Tz 1357.

Liquidationsbilanz gem. § 270 Abs. 2 Satz 2 AktG, § 71 Abs. 2 Satz 2 GmbHG oder Verschmelzungsbilanz gem. § 17 Abs. 2 Satz 2 UmwG) Anwendung, soweit die Jahresabschlussvorschriften für diese gelten.[3] Sofern ein IFRS-Einzelabschluss anstelle eines HGB-Jahresabschluss gem. § 325 Abs. 2 HGB offengelegt wird, ergibt sich nach § 325 Abs. 2a Satz 3 HGB ebenfalls eine Unterzeichnungspflicht.[4] Zwischenberichte börsenorientierter Unt unterliegen dagegen keiner Unterzeichnungspflicht i. S. d. § 245 HGB. Soweit Einzelkaufleute gem. § 241a HGB von der Buchführung befreit sind, betrifft die Unterschriftspflicht die den Jahresabschluss ersetzende Rechnungslegung, wie z. B. eine Einnahmenüberschussrechnung.

2 Unterzeichnungspflichtige

2.1 Einzelkaufmann

Der Jahresabschluss ist vom Einzelkaufmann zu unterzeichnen. Es handelt sich dabei um eine **höchstpersönliche Rechtshandlung**, eine Vertretung durch Bevollmächtigte ist nicht zulässig.[5] Die Unterzeichnungspflicht wird auch nicht durch eine fehlende kaufmännische Ausbildung oder mangelnde Kenntnisse in Buchführung und Bilanzierung des Kaufmanns eingeschränkt. Er muss sich geeigneten fremden Sachverstand organisieren oder sich die entsprechenden Fachkenntnisse aneignen. Gleichwohl sind **Sonderfälle** möglich:[6] Die Unterzeichnungspflicht für Minderjährige beschränkt sich auf den oder die gesetzlichen Vertreter. Für eine Erbengemeinschaft sind alle Mitglieder unterzeichnungspflichtig. Ist eine inländische Zweigniederlassung eines ausländischen Unt verpflichtet, selbstständig Rechnung zu legen (bspw. Versicherungsunternehmen, Kreditinstitute), so ist der Geschäftsleiter oder Hauptbevollmächtigte dieser Zweigstelle unterzeichnungspflichtig. Im Fall der Insolvenz unterzeichnet der Insolvenzverwalter auch bei Fortführung des Geschäftsbetriebs.

3

2.2 Personengesellschaften

Gem. § 245 Satz 2 HGB haben **alle persönlich haftenden Gesellschafter** den Jahresabschluss zu unterzeichnen. Dies gilt auch dann, wenn einzelne phG von der Geschäftsführung ausgeschlossen sind.[7] Somit sind bspw. alle Gesellschafter einer OHG oder alle Komplementäre einer KG unterzeichnungspflichtig.

4

Für die **GmbH & Co. KG** als Sonderform der Personenhandelsgesellschaft ist nach h. M. in sinngemäßer Anwendung des § 41 GmbHG der Jahresabschluss von sämtlichen Geschäftsführern der GmbH zu unterzeichnen.[8] Diese Regelungen sind auch für die GmbH & Co. OHG anzuwenden.

5

---

[3] Vgl. ADS, Rechnungslegung und Prüfung der Unternehmen, 6. Aufl. 1995–2001, § 245 HGB Rz 3.
[4] Vgl. Justenhoven/Meyer, in Beck Bil-Komm., 14. Aufl. 2024, § 245 HGB Rz 2.
[5] Vgl. ADS, Rechnungslegung und Prüfung der Unternehmen, 6. Aufl. 1995–2001, § 245 HGB Rz 13a, Ellerich/Swart, in Küting/Weber, HdR-E, § 245 HGB Rz 5, Stand: 11/2017 m. w. N.
[6] Vgl. Kleindiek, in BeckOGK HGB, § 245 Rz 17, Stand: 1.6.2022 sowie Böcking/Gros, in Ebenroth u. a., HGB, 4. Aufl. 2020, § 245 HGB Rz 6 m. w. N., sowie ADS, Rechnungslegung und Prüfung der Unternehmen, 6. Aufl. 1995–2001, § 245 HGB Rz 9 m. w. N.
[7] Vgl. ADS, Rechnungslegung und Prüfung der Unternehmen, 6. Aufl. 1995–2001, § 245 HGB Rz 10.
[8] Vgl. Justenhoven/Meyer, in Beck Bil-Komm., 14. Aufl. 2024, § 245 HGB Rz 7, sowie Ellerich/Swart, in Küting/Weber, HdR-E, § 245 HGB Rz 3a, Stand: 11/2017; a. A. bspw. ADS, Rechnungslegung und Prüfung der Unternehmen, 6. Aufl. 1995–2001, § 245 HGB Rz 11 m. w. N.: unterzeichnungspflichtig sind nur so viele GF, wie zur Vertretung notwendig sind.

2.3 Kapitalgesellschaften

6 Der Jahresabschluss ist von **sämtlichen Geschäftsführern** einer GmbH bzw. von **sämtlichen Vorstandsmitgliedern** einer AG zu unterzeichnen. Die Unterzeichnungspflicht gilt auch dann, wenn einzelne Unterzeichnungspflichtige nicht mit dem Jahresabschluss einverstanden sind.[9] Wenn Meinungsverschiedenheiten zwischen den Unterzeichnungspflichtigen allerdings daraus resultieren, dass der Jahresabschluss nicht im Einklang mit den gesetzlichen Vorschriften und den Grundsätzen ordnungsmäßiger Buchführung steht, kann oder ggf. muss ein Geschäftsführer oder Vorstandsmitglied allerdings seine Unterschrift verweigern.[10]

Für Personen, die zum Zeitpunkt der Unterzeichnung (Rz 14) keine Stellung mehr innehaben, die ansonsten zur Unterzeichnung verpflichtet sind (z.B. ehemalige Vorstandsmitglieder), besteht keine Unterzeichnungspflicht. Dagegen besteht für die gesetzlichen Vertreter einer Kapitalgesellschaft, die zwischen Abschlussstichtag und Unterzeichnungszeitpunkt bestellt werden, Unterzeichnungspflicht.

7 Sind mehrere Personen unterzeichnungspflichtig, so besteht die Unterzeichnungspflicht sämtlicher Personen auch dann, wenn eine oder mehrere Personen aus wichtigem Grund (z.B. Reise oder Krankheit) abwesend sind. Eine Vertretung durch einen Mitunterzeichnungspflichtigen ist nicht zulässig (höchstpersönliche Rechtshandlung).[11] Nur wenn die Mitwirkung einer unterzeichnungspflichtigen Person durch **höhere Gewalt** (z.B. lebensgefährliche Krankheit o.ä. langfristige Verhinderung) unmöglich ist, kann eine Mitwirkungspflicht nicht gefordert werden. Bei der KGaA als weitere Form der Kapitalgesellschaft haben ebenfalls alle persönlich haftenden Gesellschafter zu unterzeichnen. Für eine Kapitalgesellschaft in Abwicklung unterzeichnet der Abwickler.[12] Bei der SE haben sämtliche Leitungsmitglieder den Jahresabschluss zu unterzeichnen.[13]

2.4 Sonstige Rechtsformen

8 Für die eG sind sämtliche Mitglieder eines Vorstands unterzeichnungspflichtig.[14] Dies gilt auch für ehrenamtliche Vorstandsmitglieder.

9 Unternehmensverbundene Stiftungen haben im unternehmerischen Bereich die handelsrechtlichen Rechnungslegungspflichten einzuhalten. Damit ist von sämtlichen Vorständen einer Stiftung eine Unterzeichnung zu fordern. Das gilt auch für steuerbegünstigte Stiftungen, die einen steuerpflichtigen oder steuerbefreiten Geschäftsbetrieb führen, der nach Art und Umfang ein kaufmännisches Gewerbe darstellt.[15]

---

[9] Vgl. Ellerich/Swart, in Küting/Weber, HdR-E, § 245 HGB Rz 3, Stand: 11/2017 m.w.N.
[10] Vgl. Oser, DB 2011, S. 717ff.
[11] Vgl. Justenhoven/Meyer, in Beck Bil-Komm., 14. Aufl. 2024, § 245 HGB Rz 8, sowie ADS, Rechnungslegung und Prüfung der Unternehmen, 6. Aufl. 1995–2001, § 245 HGB Rz 13a.
[12] Vgl. ADS, Rechnungslegung und Prüfung der Unternehmen, 6. Aufl. 1995–2001, § 245 HGB Rz 11ff.
[13] Nach Art. 61 EG Verordnung 2157/2001 unterliegt die SE hinsichtlich der Aufstellung ihres Jahresabschlusses, des Lageberichts, der Prüfung sowie der Offenlegung den Vorschriften, die für AG in dem Sitzstaat der SE gelten. Für Kreditinstitute oder Finanzinstitute regelt Art. 62 der Verordnung Besonderheiten.
[14] Vgl. Justenhoven/Meyer, in Beck Bil-Komm., 14. Aufl. 2024, § 245 HGB Rz 5.
[15] Vgl. IDW RS HFA 5.26.

Sofern ein Verein auch ein Handelsgewerbe betreibt, gelten ebenfalls die handelsrechtlichen Rechnungslegungsvorschriften. Ferner kann sich die Verpflichtung zur Anwendung dieser Vorschriften aus Spezialgesetzen ergeben (Krankenhausbuchführungsverordnung, Pflegebuchführungsverordnung, Werkstättenverordnung, Heimgesetz, Rettungsdienstgesetz, Kindergartengesetz).[16] Somit ist auch hier eine Unterzeichnung durch sämtliche Vorstände gefordert.

3 Unterzeichnung

3.1 Ort und Name

Eine gesetzliche Vorschrift zur Platzierung der Unterschrift liegt nicht vor. Sie ist so zu platzieren, dass sie den **gesamten Jahresabschluss abdeckt**,[17] damit die Übernahme der Verantwortung für alle Teile des Jahresabschlusses deutlich wird.[18] Grundsätzlich erfolgt die Unterschrift auf der letzten Seite des Jahresabschlusses, d. h. regelmäßig unter der Gewinn- und Verlustrechnung bzw. am Ende des Anhangs, soweit dieser aufzustellen ist oder freiwillig aufgestellt wird.[19] Eine grundsätzliche Reihenfolge der Bestandteile des Jahresabschlusses ist nicht gesetzlich vorgeschrieben.[20] Sie sind in der Form miteinander zu verbinden, dass sie eine Urkundeneinheit bilden und eine nachträgliche Trennung der Bestandteile ersichtlich wird. Soweit eine solche Urkundeneinheit besteht, genügt eine Unterschrift auf der letzten Seite der Urkunde. Falls eine Urkundeneinheit nicht gewährleistet wird, muss jedes Blatt des Jahresabschlusses unterschrieben werden.[21]

Die Unterschrift hat mit dem Namen zu erfolgen (ungenügend z. B. Faksimile). Eine Unterzeichnung entsprechend der beim Registergericht aufbewahrten Unterschrift inkl. Firmenzusatz ist nicht erforderlich.[22]

Die eigenhändige Unterschrift kann gem. § 126a BGB, seit der sog. EIDAS Verordnung (EU Nr. 910/2014), durch eine qualifiziert elektronische Unterschrift ersetzt werden, sofern gesetzlich nichts anderes geregelt ist.[23]

3.2 Zeitpunkt

Gem. § 245 Satz 1 HGB ist der Jahresabschluss unter Angabe des Datums zu unterzeichnen. Bei Ges., für die keine Feststellung des Jahresabschlusses vorgesehen ist, bezieht sich die Unterzeichnungspflicht auf den aufgestellten Jahresabschluss.

In der Literatur ist strittig, ob sich die **Unterzeichnungspflicht** auf den aufgestellten oder festgestellten Jahresabschluss bezieht. So wird z. T. bereits die

---

16 Vgl. IDW RS HFA 14.8f.
17 Vgl. ADS, Rechnungslegung und Prüfung der Unternehmen, 6. Aufl. 1995–2001, § 245 HGB Rz 6.
18 Vgl. Kleindiek, in BeckOGK HGB, § 245 HGB Rz 11, Stand 1.6.2022.
19 Vgl. Ellerich/Swart, in Küting/Weber, HdR-E, § 245 HGB Rz 10, Stand: 11/2017 m.w.N., sowie ADS, Rechnungslegung und Prüfung der Unternehmen, 6. Aufl. 1995–2001, § 245 HGB Rz 6 m.w.N.
20 Vgl. Justenhoven/Meyer, in Beck Bil-Komm., 14. Aufl. 2024, § 245 HGB Rz 1.
21 Vgl. Kleindiek, in BeckOGK HGB, § 245 HGB Rz 11, Stand 1.6.2022.
22 Vgl. ADS, Rechnungslegung und Prüfung der Unternehmen, 6. Aufl. 1995–2001, § 245 HGB Rz 5.
23 Vgl. Justenhoven/Meyer, in Beck Bil-Komm., 14. Aufl. 2024, § 245 HGB Rz 9.

Unterzeichnung des aufgestellten Jahresabschlusses verlangt.[24] Nach h. M.[25] bezieht sich die Unterzeichnungspflicht jedoch auf den festgestellten Jahresabschluss. Entscheidende Funktion der Unterzeichnung ist die Dokumentation der Verantwortlichkeit und Vollständigkeit des Jahresabschlusses. Da der aufgestellte Jahresabschluss oftmals z. B. durch wertaufhellende Ereignisse oder auch durch die Jahresabschlussprüfung noch Änderungen unterliegt, bezieht sich die gesetzliche Unterzeichnungspflicht u. E. auf den **festgestellten Jahresabschluss (endgültige Fassung)**.[26] Dessen ungeachtet ist gleichwohl für Zwecke der Dokumentation (z. B. der rechtzeitigen Aufstellung des Jahresabschlusses) eine Unterzeichnung bereits des aufgestellten Jahresabschlusses allein aus praktischen Gründen zu empfehlen. Sofern in diesem Fall der aufgestellte Jahresabschluss dem später festgestellten Jahresabschluss entspricht, genügt die Unterzeichnung des aufgestellten Jahresabschluss.[27] In diesem Fall stellt die Unterschrift unter den aufgestellten Jahresabschluss gleichzeitig das Ende des Wertaufhellungszeitraums und damit das Ende der Jahresabschlussarbeiten dar. Soweit aus arbeitstechnischen Gründen Teile des Abschlusses während eines längeren Aufstellungszeitraums schon früher aufgestellt sind, kann der Wertaufhellungszeitpunkt insofern auch vorher enden.

15 Die Angabe des Datums sollte in der Form Tag, Monat und Jahr erfolgen, da so die **Nachweisfunktion** der Unterzeichnung eindeutig erfüllt wird.

4 Rechtsfolgen

16 Durch die Unterzeichnung dokumentieren die Unterzeichnenden die Richtigkeit und Vollständigkeit des Jahresabschlusses. Sie hat eine **Beweisfunktion** i. S. d. § 416 ZPO, sodass an ihr bspw. die Einhaltung der Aufstellungsfrist geprüft werden kann.[28] Bei kapitalmarktorientierten Unt wird dies durch den Bilanzeid des Vorstands noch verstärkt.

17 In der Literatur werden darüber hinaus **zivilrechtliche Folgen** aus der Unterzeichnung diskutiert. So wird die Ableitung schuldrechtlicher Ansprüche von Gläubigern verneint. Die in Anwendung des Vorsichtsprinzips erfolgte Passivierung einer nicht anerkannten Schuld führt demnach nicht zum Schuldanerkenntnis. Demgegenüber wird die Ableitung gesellschaftsrechtlicher Ansprüche der Mitgesellschafter oder Gewinnbeteiligten in Betracht gezogen. Der Eintritt solcher gesellschaftsrechtlicher Wirkungen ist jedoch stets Auslegungssache.[29] Teilweise wird eine zivilrechtliche Seite der Unterzeichnungspflicht auch verneint, da die Unterzeichnung lediglich als äußerer Tatbestand des Vertragskon-

---

[24] Vgl. Küting/Kaiser, WPg 2000, S. 585 ff.
[25] Vgl. BGH, Urteil v. 28.1.1985, II ZR 79/84, BB 1985 S. 567; Ellerich/Swart, in Küting/Weber, HdR-E, § 245 HGB Rz 13, Stand: 11/2017.
[26] Vgl. Ellerich/Swart, in Küting/Weber, HdR-E, § 245 HGB Rz 13, Stand: 11/2017.
[27] Vgl. ADS, Rechnungslegung und Prüfung der Unternehmen, 6. Aufl. 1995–2001, § 245 HGB Rz 8.
[28] Vgl. Justenhoven/Meyer, in Beck Bil-Komm., 14. Aufl. 2024, § 245 HGB Rz 11, sowie OLG Frankfurt, Urteil v. 10.5.1988, U 285/86, BB 1989, S. 395.
[29] Vgl. Ellerich/Swart, in Küting/Weber, HdR-E, § 245 HGB Rz 1, Stand: 11/2017 m. w. N., sowie ADS, Rechnungslegung und Prüfung der Unternehmen, 6. Aufl. 1995–2001, § 245 HGB Rz 15 m. w. N.; Kleindiek, in BeckOGK HGB, § 245 HGB Rz 4, Stand 1.6.2022.

senses zwischen Gesellschaftern einer OHG oder KG hinsichtlich der bilanzmäßigen Ermittlung des Gewinns einzustufen ist.[30]

Ist der Jahresabschluss nicht unterzeichnet, entspricht er aber im Übrigen den gesetzlichen Anforderungen, hat dies keine strafrechtlichen Konsequenzen. Vielmehr handelt es sich bei Unt in der Rechtsform der Kapitalgesellschaft und Personenhandelsgesellschaft bei **fehlender Unterzeichnung** um eine Ordnungswidrigkeit i. S. v. § 334 Abs. 1 Nr. 1a HGB.[31] Eine fehlende Unterzeichnung zieht insb. keine Nichtigkeit des Jahresabschlusses nach sich.[32]

5 Anwendung im Konzernabschluss

Die Regelungen des § 245 HGB sind gem. § 298 Abs. 1 Satz 1 HGB auf den **Konzernabschluss** bzw. gem. § 315e Abs. 1 HGB auf den **IFRS-Konzernabschluss** anzuwenden. Die Unterzeichnungspflicht bezieht sich in diesem Fall auf die gesetzlichen Vertreter des MU. Bei Zusammenfassung von Konzernanhang und Anhang des Jahresabschlusses des MU gem. § 298 Abs. 3 HGB ist es ausreichend, wenn die Unterschrift nur einmal erfolgt.[33]

6 CSRD-Umsetzungsgesetz: Änderungen

> **Hinweis**
> Die Kommentierung basiert auf dem **Regierungsentwurf eines CSRD-Umsetzungsgesetzes**.[34] Nach Veröffentlichung der finalen Fassung wird die Kommentierung in Ihrem Haufe HGB Bilanz Kommentar Online aktualisiert. Die **Online-Version** ist beim Kauf der Printausgabe inklusive.

Der bisherige Wortlaut, dass der Jahresabschluss vom Kfm. „zu unterzeichnen" ist, wird durch den Wortlaut „schriftlich aufzustellen" ersetzt. Damit wird klargestellt, dass § 126 Abs. 1 BGB auf § 245 HGB Anwendung findet und eine Ersetzung der eigenhändigen Unterschrift durch eine qualifiziert elektronische Signatur möglich ist.

Mit der Änderung soll zugleich klargestellt werden, dass bereits der aufgestellte Jahresabschluss der Schriftform bedarf. Die bisherige h. M. sah es als ausreichend an, wenn der festgestellte Jahresabschluss unterzeichnet wurde. Insoweit ist zukünftig darauf zu achten, dass der aufgestellte Jahresabschluss von sämtlichen Mitgliedern des Geschäftsführungsorgans unterzeichnet bzw. qualifiziert elektronisch signiert wurde.

---

[30] Vgl. Kleindiek, in BeckOGK HGB, § 245 HGB Rz. 2, Stand 1.6.2022.
[31] Vgl. Justenhoven/Meyer, in Beck Bil-Komm., 14. Aufl. 2024, § 245 HGB Rz 18.
[32] Vgl. OLG Frankfurt, Urteil v. 10.5.1988, 5 U 285/86, BB 1989 S. 395.
[33] Vgl. Ellerich/Swart, in Küting/Weber, HdR-E, § 245 HGB Rz 15ff., Stand: 11/2017.
[34] Regierungsentwurf eines Gesetzes zur Umsetzung der Richtlinie (EU) 2022/2464 des Europäischen Parlaments und des Rates vom 14. Dezember 2022 zur Änderung der Verordnung (EU) Nr. 537/2014 und der Richtlinien 2004/109/EG, 2006/43/EG und 2013/34/EU hinsichtlich der Nachhaltigkeitsberichterstattung von Unternehmen, BT-Drs. 20/12787 v. 9.9.2024.

§ 246 Vollständigkeit. Verrechnungsverbot

(1) ¹Der Jahresabschluss hat sämtliche Vermögensgegenstände, Schulden, Rechnungsabgrenzungsposten sowie Aufwendungen und Erträge zu enthalten, soweit gesetzlich nichts anderes bestimmt ist. ²Vermögensgegenstände sind in der Bilanz des Eigentümers aufzunehmen; ist ein Vermögensgegenstand nicht dem Eigentümer, sondern einem anderen wirtschaftlich zuzurechnen, hat dieser ihn in seiner Bilanz auszuweisen. ³Schulden sind in die Bilanz des Schuldners aufzunehmen. ⁴Der Unterschiedsbetrag, um den die für die Übernahme eines Unternehmens bewirkte Gegenleistung den Wert der einzelnen Vermögensgegenstände des Unternehmens abzüglich der Schulden im Zeitpunkt der Übernahme übersteigt (entgeltlich erworbener Geschäfts- oder Firmenwert), gilt als zeitlich begrenzt nutzbarer Vermögensgegenstand.

(2) ¹Posten der Aktivseite dürfen nicht mit Posten der Passivseite, Aufwendungen nicht mit Erträgen, Grundstücksrechte nicht mit Grundstückslasten verrechnet werden. ²Vermögensgegenstände, die dem Zugriff aller übrigen Gläubiger entzogen sind und ausschließlich der Erfüllung von Schulden aus Altersversorgungsverpflichtungen oder vergleichbaren langfristig fälligen Verpflichtungen dienen, sind mit diesen Schulden zu verrechnen; entsprechend ist mit den zugehörigen Aufwendungen und Erträgen aus der Abzinsung und aus dem zu verrechnenden Vermögen zu verfahren. ³Übersteigt der beizulegende Zeitwert der Vermögensgegenstände den Betrag der Schulden, ist der übersteigende Betrag unter einem gesonderten Posten zu aktivieren.

(3) ¹Die auf den vorhergehenden Jahresabschluss angewandten Ansatzmethoden sind beizubehalten. ²§ 252 Abs. 2 ist entsprechend anzuwenden.

Inhaltsübersicht

		Rz
1	Überblick	1–4
2	Vollständigkeit der Bilanz	5–97
2.1	Begriffsabgrenzung	5–10
2.2	Personelle, sachliche und zeitliche Zurechnung	11–15
2.3	Zurechnung von Vermögensgegenständen	16–84
2.3.1	Wirtschaftliches Eigentum	16–18
2.3.2	Treuhandverhältnisse	19–27
2.3.3	Leasing	28–52
2.3.3.1	Begriff	28–30
2.3.3.2	Operating-Leasing	31
2.3.3.3	Finanzierungs-Leasing	32–33
2.3.3.4	Zurechnung von Leasinggegenständen	34–50
2.3.3.5	Bilanzierung von Leasingverträgen	51–52
2.3.4	Factoring	53–57
2.3.5	Dingliche Sicherungsrechte	58
2.3.6	Kommissionsgeschäfte	59–62
2.3.7	Pensionsgeschäfte	63–66
2.3.8	Asset Backed Securities	67–72
2.3.9	Derivatgeschäfte	73–79
2.3.10	Strukturierte Finanzinstrumente	80–82

	2.3.11 Wertgarantien bei Veräußerungsgeschäften	83
	2.3.12 Nießbrauch	84
2.4	Zurechnung von Schulden	85–88
2.5	Geschäfts- oder Firmenwert	89–97
	2.5.1 Überblick	89–91
	2.5.2 Ansatz des Geschäfts- oder Firmenwerts	92–94
	2.5.3 Ermittlung des Geschäfts- oder Firmenwerts	95–96
	2.5.4 Negativer Geschäfts- oder Firmenwert	97
3 Vollständigkeit der Gewinn- und Verlustrechnung		98–102
4 Verrechnungsverbot/-gebot		103–133
4.1	Grundsätzliches Verrechnungsverbot	103
4.2	Verrechnungsgebot von Vermögensgegenständen und Schulden (Abs. 2 Satz 2)	104–126
	4.2.1 Gesetzliche Regelung	104–106
	4.2.2 Deckungsvermögen	107–113
	4.2.2.1 Anforderungen	107
	4.2.2.2 Insolvenzsicherheit	108–109
	4.2.2.3 Praxisfälle	110–113
	4.2.3 Erfasste Altersversorgungsverpflichtungen	114–117
	4.2.4 Saldierung	118–122
	4.2.5 Steuerliche Auswirkungen	123
	4.2.6 Sonstige Auswirkungen	124–126
4.3	Weitere Einschränkungen des Verrechnungsverbots in der Bilanz	127–132
4.4	Einschränkungen des Verrechnungsverbots in der Gewinn- und Verlustrechnung	133
5 Stetigkeit, Ansatzmethoden und Beibehaltungsgebot		134–139

1 Überblick

§ 246 Abs. 1 HGB normiert den Grundsatz der **Vollständigkeit**. Gem. § 246 Abs. 1 Satz 1 HGB hat der Kfm. sämtliche Vermögensgegenstände (VG), Schulden, Rechnungsabgrenzungsposten (RAP) sowie Aufwendungen und Erträge in seinen Jahresabschluss aufzunehmen, soweit gesetzlich nichts anderes bestimmt ist. VG sind nach § 246 Abs. 1 Satz 2 HGB in die Bilanz des Eigentümers aufzunehmen, es sei denn, sie sind wirtschaftlich einem anderen zuzurechnen und dann bei diesem zu bilanzieren. Dieser Grundsatz der **wirtschaftlichen Zurechnung** von VG wurde durch das BilMoG zur Klarstellung im HGB verankert. Inhaltlich entspricht die Vorschrift § 39 AO.
Bei der Zurechnung von **Schulden** ist weiterhin grds. die rechtliche Zuordnung maßgeblich: § 246 Abs. 1 Satz 3 HGB schreibt vor, dass Schulden in der Bilanz des Schuldners auszuweisen sind. Mit § 246 Abs. 1 Satz 4 HGB wird der entgeltlich erworbene **Geschäfts- oder Firmenwert** (GoF) im Weg einer Fiktion zum zeitlich begrenzt nutzbaren VG erhoben. Hieraus folgt, dass der entgeltlich erworbene GoF aktivierungspflichtig ist und den allgemeinen handelsrechtlichen Bewertungsvorschriften unterliegt.

1

2 Das allgemeine **Verrechnungsverbot** des § 246 Abs. 2 Satz 1 HGB besagt, dass Posten der Aktivseite nicht mit Posten der Passivseite, Aufwendungen nicht mit Erträgen und Grundstücksrechte nicht mit Grundstückslasten verrechnet werden dürfen. Dieses Verbot der Verrechnung wird durch die in § 246 Abs. 2 Satz 2 HGB geregelte **Verrechnungspflicht** für bestimmte VG und Schulden bzw. Aufwendungen und Erträge eingeschränkt. Danach sind VG, die dem Zugriff aller übrigen Gläubiger entzogen sind und ausschl. der Erfüllung von Schulden aus Altersversorgungsverpflichtungen oder vergleichbaren langfristig fälligen Verpflichtungen dienen, mit diesen Schulden zu verrechnen. Entsprechendes gilt für die zugehörigen Aufwendungen und Erträge aus der Abzinsung und aus dem zu verrechnenden Vermögen. Soweit die Verrechnung von VG und Schulden zu einem Aktivüberhang führt, ist dieser gesondert als letzter Posten der Aktivseite auszuweisen.

3 Durch § 246 Abs. 3 HGB wird die Bewertungsstetigkeit des § 252 Abs. 1 Nr. 6 HGB um das Gebot der **Ansatzstetigkeit** ergänzt. Die auf den vorhergehenden Jahresabschluss angewandten Ansatzmethoden sind demnach grds. beizubehalten.

4 Als Vorschrift des Ersten Abschnitts im Dritten Buch des HGB gilt § 246 HGB für alle Kfl. Die Vorschrift ist auf Jahresabschlüsse und gem. § 298 Abs. 1 HGB auch auf Konzernabschlüsse anzuwenden.

2 Vollständigkeit der Bilanz

2.1 Begriffsabgrenzung

5 Das Vollständigkeitsgebot des § 246 Abs. 1 Satz 1 HGB bezieht sich auf Vermögensgegenstände (VG), Schulden, Rechnungsabgrenzungsposten (RAP), Aufwendungen und Erträge. Die Begriffe VG und Schulden werden im Gesetz nicht definiert, sondern sind aus den GoB abzuleiten.

Der Begriff des **Vermögensgegenstands** umfasst körperliche Gegenstände (Sachen i. S. d. § 90 BGB) und immaterielle Werte, soweit denen eine rechtliche oder tatsächliche Position von wirtschaftlichem Wert im Geschäftsverkehr beizumessen ist. Maßgebende Kriterien für das Vorliegen eines VG sind die selbstständige Bewertbarkeit und die selbstständige Verkehrsfähigkeit. Der handelsrechtliche Begriff des VG entspricht grds. dem bilanzsteuerlichen Begriff des (aktiven, nicht des passiven bzw. negativen) Wirtschaftsguts. Allerdings stellt die Rechtsprechung des BFH stärker auf die selbstständige Bewertbarkeit ab und misst der selbstständigen Verkehrsfähigkeit nur insoweit Bedeutung zu, als Wirtschaftsgüter im Zusammenhang mit der Veräußerung des Betriebs übertragen werden können. Der Gesetzgeber hält ausdrücklich an dieser Definition des VG fest.[1]

Mit dem BilMoG wurden mehrere neue Varianten von Aktivposten geschaffen: der derivative GoF als zeitlich begrenzt nutzbaren VG (Rz 89 ff.), die optionalen aktiven latenten Steuern als „Sonderposten eigener Art" (§ 266 Rz 101) sowie die optional selbst geschaffenen immateriellen VG des AV (§ 248 Rz 10 ff.).

6 Der Begriff der **Schulden** umfasst Verbindlichkeiten, Rückstellungen und sog. Eventualschulden, die als Haftungsverhältnisse unter der Bilanz zu vermerken sind (§ 247 Rz 111 ff., § 251 Rz 5 ff.).

---

[1] Vgl. BT-Drs. 16/10067 v. 30.7.2008 S. 35.

§ 250 HGB definiert **Rechnungsabgrenzungsposten** als Ausgaben vor dem Abschlussstichtag, soweit sie Aufwand für eine bestimmte Zeit nach diesem Tag darstellen, bzw. Einnahmen vor dem Abschlussstichtag, soweit sie Ertrag für eine bestimmte Zeit nach diesem Tag darstellen. Ausgaben bzw. Einnahmen nach dem Abschlussstichtag, die Aufwand bzw. Ertrag der abgelaufenen Rechnungsperiode betreffen, sind als VG oder Schulden unter den Forderungen bzw. Verbindlichkeiten/Rückstellungen auszuweisen (§ 250 Rz 1).

Neben der Vollständigkeit der Bilanz regelt § 246 Abs. 1 Satz 1 HGB, dass die GuV sämtliche Aufwendungen und Erträge zu enthalten hat. Die Begriffe Aufwendungen und Erträge werden gesetzlich nicht definiert. Das Handelsrecht versteht unter **Aufwendungen** den einer Rechnungslegungsperiode zuzurechnenden bewerteten Verbrauch von Gütern und Dienstleistungen, während **Erträge** alle bewerteten Vermögensmehrungen einer Abrechnungsperiode beinhalten.

Das Vollständigkeitsgebot wird durch gesetzlich geregelte Ansatzverbote sowie Ansatzwahlrechte durchbrochen. **Ansatzverbote** schließen die Einbeziehung von VG und Schulden in die Bilanz aus. § 248 HGB zählt eine Reihe von Ansatzverboten auf. Beispielhaft sei hier zum einen das in § 248 Abs. 2 Satz 2 HGB normierte Verbot der Aktivierung von selbst geschaffenen Marken, Drucktiteln, Verlagsrechten, Kundenlisten oder vergleichbaren immateriellen VG des AV genannt (§ 248 Rz 47).

Zum anderen regelt § 249 Abs. 2 HGB, dass für andere als in Abs. 1 genannte Zwecke (dort bspw. Rückstellungen für ungewisse Verbindlichkeiten oder Drohverlustrückstellungen) Rückstellungen nicht gebildet werden dürfen.

Ansatzwahlrechte, bei denen sich der Kfm. für oder gegen die Einbeziehung von VG und Schulden in die Bilanz entscheiden kann, wurden durch das BilMoG, wie bspw. im Fall der Ingangsetzungs- und Erweiterungsaufwendungen oder der Aufwandsrückstellungen, erheblich eingeschränkt, mit dem Aktivierungswahlrecht für selbst geschaffene immaterielle VG des AV jedoch auch erweitert. Verblieben sind lediglich das Aktivierungswahlrecht für den positiven Saldo aus aktiven und passiven latenten Steuern (§ 266 Rz 101), das Disagio (§ 268 Rz 39) sowie das Passivierungswahlrecht für bestimmte Pensionsverpflichtungen nach Art. 28 Abs. 1 EGHGB (§ 249 Rz 77).

2.2 Personelle, sachliche und zeitliche Zurechnung

Voraussetzung für die Aufnahme von VG, Schulden, RAP sowie Aufwendungen und Erträgen in den Jahresabschluss ist, dass diese in personeller Hinsicht einem bestimmten Kfm. sowie in sachlicher Hinsicht seinem Betriebs- und nicht seinem Privatvermögen zuzurechnen sind. Die **personelle Zurechnung** ist in § 246 Abs. 1 Satz 2 und Satz 3 HGB geregelt. Gem. § 246 Abs. 1 Satz 2 HGB ist beim Auseinanderfallen von rechtlichem und wirtschaftlichem Eigentum das wirtschaftliche Eigentum für die Zurechnung des VG maßgebend. Bei Schulden ist die rechtliche Zurechnung maßgebend. Angesichts der großen Bedeutung der personellen Zurechnung von VG und Schulden für die Bilanzierung wird diese ausführlich erläutert (Rz 16ff.).

Die **sachliche Zurechnung** von VG zum Betriebsvermögen eines **Ekfm.** bestimmt sich primär nach ihrer tatsächlichen Verwendung. Verbindlichkeiten des

Kfm. rechnen zum Betriebsvermögen, wenn sie durch den Gewerbebetrieb verursacht sind, d. h., ihre Gegenleistung für das Unt bestimmt ist. Steuerschulden des Kfm., die durch das Unt verursacht sind, dürfen in der Bilanz ausgewiesen werden. In Zweifelsfällen gelten von einem Kfm. vorgenommene Rechtsgeschäfte gem. § 344 Abs. 1 HGB als zum Betrieb seines Handelsgewerbes gehörig.

13 VG sind einer **PersG** sachlich zuzurechnen, wenn sie Gesellschaftsvermögen (Gesamthandsvermögen) sind. Dabei wird nicht unterschieden, ob die VG betrieblich genutzt werden oder nicht. VG, die der Ges. auf der Grundlage einer gesellschaftsvertraglichen Einbringung zwar nicht zivilrechtlich, sondern zur Nutzung und dem Wert nach (quoad sortem) überlassen worden sind, gehören wirtschaftlich zum Gesellschaftsvermögen und sind zu bilanzieren.[2] VG, die einzelnen Gesellschaftern gehören, dürfen handelsrechtlich auch dann nicht von der Ges. bilanziert werden, wenn sie ihrem Geschäftsbetrieb dienen (steuerlich sog. Sonderbetriebsvermögen). Als Schulden sind in der Bilanz einer PersG allein Gesamthandsverbindlichkeiten auszuweisen.

14 Einer **KapG** sind alle eingegangenen Rechtsgeschäfte und die daraus resultierenden VG sachlich zuzurechnen. Dabei sind die allgemeinen Vertretungsvorschriften, insb. der §§ 164 ff. BGB, §§ 78 ff. AktG, §§ 35 ff. GmbHG, maßgeblich. Auf den wirtschaftlichen Zusammenhang mit dem Betrieb des Unt kommt es nicht an, da eine KapG nicht über Privatvermögen verfügt. Zudem sind der KapG sämtliche in ihrem Namen begründete Schulden unabhängig von deren Veranlassung zuzurechnen. Für diese Zurechnung sind ebenfalls die allgemeinen Vertretungsvorschriften maßgeblich. Von den Anteilseignern im eigenen Namen eingegangene Schulden können nicht bei der KapG bilanziert werden, auch wenn sie in wirtschaftlichem Zusammenhang mit dem Betrieb des Unt stehen.

15 Der Zeitpunkt des Zu- bzw. Abgangs von VG und Schulden in der Bilanz folgt grds. der zivilrechtlichen Rechtslage (Entstehen, Erwerb, Übertragung, Erlöschen). In vielen Fällen ist die Behandlung in der Bilanz jedoch nicht an die formalrechtliche Entstehung eines Rechts oder einer Verbindlichkeit geknüpft. Stattdessen ist die wirtschaftliche Betrachtungsweise maßgebend, die z. B. bei folgenden Fallkonstellationen zu beachten ist:[3]
- Zeitpunkt der Umsatzrealisation (Verfügungsmacht, Risikotragung),
- Abgrenzung schwebender Geschäfte,
- Aktivierung von Gewinnansprüchen,
- bedingte, befristete und gestundete Forderungen,
- Erfüllung, Aufrechnung und Erlass einer Forderung sowie
- bedingte Verbindlichkeiten.

Vgl. zur zeitlichen Erfassung bzw. Auflösung von aufschiebend bedingten bzw. auflösend bedingten Verbindlichkeiten § 247 Rz 120 und Rz 121.

---

[2] Vgl. IDW RS HFA 7.11 n. F.
[3] Vgl. Stutzmann, in Anzinger/Oser/Schlotter, Rechnungslegung und Prüfung, Tb. 1, 7. Aufl., 2023, § 246 HGB Rz 51 ff.

2.3 Zurechnung von Vermögensgegenständen
2.3.1 Wirtschaftliches Eigentum

Nach § 246 Abs. 1 Satz 2 HGB sind VG in der Bilanz des Eigentümers aufzunehmen. Nur wenn ein VG nicht dem zivilrechtlichen Eigentümer, sondern einem anderen zuzurechnen ist, hat ihn der andere – der wirtschaftliche Eigentümer – in seiner Bilanz aufzunehmen. Der Grundsatz der **wirtschaftlichen Zurechnung** ist immer dann von Bedeutung, wenn rechtliches und wirtschaftliches Eigentum auseinanderfallen. Inhaltlich entspricht § 246 Abs. 1 Satz 2 HGB der Regelung des § 39 AO.[4]

Nach § 39 AO ist wirtschaftlicher Eigentümer grds. derjenige, der – ohne das rechtliche Eigentum haben zu müssen – die **tatsächliche Sachherrschaft** über einen VG in einer Weise ausübt, dass dadurch der nach bürgerlichem Recht Berechtigte wirtschaftlich auf Dauer von der Einwirkung ausgeschlossen ist. Die tatsächliche Sachherrschaft über einen VG hat i.d.R. derjenige, bei dem Besitz, Gefahr, Nutzen und Lasten des betreffenden VG liegen. Diese Elemente müssen jedoch nicht kumulativ gegeben sein und sind nicht als gleichrangig zu verstehen; ihre wirtschaftliche Bedeutung ist von der Art des jeweiligen Gegenstands abhängig. Das wirtschaftliche Eigentum umfasst hiernach regelmäßig das Verwertungsrecht durch Nutzung oder Veräußerung des Gegenstands, die Chancen und Risiken aus der laufenden Nutzung und die Chance der Wertsteigerung sowie das Risiko der Wertminderung bzw. des Verlusts einschl. des Risikos des zufälligen Untergangs.[5] Der Ausschluss des zivilrechtlichen Eigentümers von der Sachherrschaft muss für die gewöhnliche Nutzungsdauer des betreffenden VG gegeben sein. Maßgebend für den Zeitpunkt der Erlangung des wirtschaftlichen Eigentums ist der vereinbarte Übergang der Chancen und Risiken.

> **Praxis-Beispiel**
> Ein Unternehmer (U) hat am 23.12.01 bei der X-GmbH Ware erworben. Die Lieferung erfolgte unter Eigentumsvorbehalt (§ 449 BGB) am 30.12.01. Am gleichen Tag erhielt U eine Rechnung, die er am 12.1.02 beglichen hat. Wem ist die Ware am 31.12.01 bilanziell zuzurechnen?
> Beim Eigentumsvorbehalt besitzt U zwar nicht das zivilrechtliche Eigentum an der Ware, er kann aber i.R.d. normalen Geschäftsbetriebs frei über sie verfügen. U besitzt die tatsächliche Sachherrschaft über die Ware und trägt das Risiko ihres Untergangs. Er ist als wirtschaftlicher Eigentümer der Ware zu betrachten und muss sie in seine Bilanz aufnehmen.

Im Einzelfall richtet sich die Frage nach dem Übergang des wirtschaftlichen Eigentums nach dem **Gesamtbild der Verhältnisse**. Danach kann wirtschaftliches Eigentum u. U. auch dann anzunehmen sein, wenn einzelne seiner Merkmale nicht in vollem Umfang vorliegen. Es ist einzelfallbezogen nicht zwingend ausgeschlossen, dass sowohl der rechtliche als auch der wirtschaftliche Eigentü-

---

[4] Vgl. BT-Drs. 16/12407 v. 24.3.2009 S. 84.
[5] Vgl. IDW ERS HFA 13.7 n. F.

mer einen VG bilanzieren.[6] Bei Zweifelsfragen zum Übergang des wirtschaftlichen Eigentums könnten sich beim Fehlen detaillierter und eigenständiger HGB-Rechnungslegungsnormen ergänzend die Auslegungshinweise in den IFRS anbieten.[7] Der Auslegung des HGB durch die IFRS sind jedoch enge Grenzen gesetzt (§ 243 Rz 6).

2.3.2 Treuhandverhältnisse

19 Der Begriff der **Treuhand** ist gesetzlich nicht geregelt. Ein Treuhandverhältnis liegt vor, wenn aufgrund einer vertraglichen Vereinbarung oder Kraft Gesetz die Befugnisse an einem VG vom Treugeber an den Treunehmer (Treuhänder) übertragen wird. Es handelt sich mithin um die anvertraute Verfügung über Sachen und Rechten, die im Interesse einer anderen Person ausgeübt werden soll. Neben der Übertragung des rechtlichen Eigentums vereinbaren die Parteien hierbei, dass der Treuhänder über den VG (Treugut) zwar im eigenen Namen, aber nur für Rechnung des Treugebers verfügen darf. Bei einem Treuhandverhältnis verwaltet der Treuhänder das Treugut im Interesse und für Rechnung des Treugebers. Der Treuhänder erhält für seine Tätigkeit i. d. R. lediglich eine Vergütung.

Bei einer rechtsgeschäftlichen Treuhand fallen das rechtliche und wirtschaftliche Eigentum i. d. R. auseinander. Die **bilanzielle Behandlung** des Treuguts richtet sich nach dem wirtschaftlichen Eigentum (§ 246 Abs. 1 Satz 2 HGB). Eine Ausnahme stellt die ausdrückliche Regelung für Institute (Kredit- und Finanzdienstleistungsinstitute) sowie Zweigstellen i. S. d. § 1 RechKredV[8] in § 6 RechKredV dar, wonach das Treugut immer in der Bilanz eines Instituts, allerdings unter gesonderter Bezeichnung bzw. unter der Bilanz einer Kapitalanlagegesellschaft auszuweisen ist.

Grds. wird das Treugut in der Bilanz des **Treugebers** (i. d. R. rechtlicher Eigentümer) aktiviert. Das gilt auch dann, wenn der Treuhänder das Treugut zu treuen Händen für den Treugeber **selbst hergestellt oder erworben** hat.[9] Im Wesentlichen lassen sich drei Formen der Treuhand unterscheiden:

20 Eine **Vollrechtstreuhand** (auch als fiduziarische bzw. echte Treuhand bekannt) liegt vor, wenn der Treuhänder das zivilrechtliche Eigentum an dem Treugut erwirbt. Trotz des rechtlichen Eigentumsübergangs sehen die vertraglichen Regelungen vor, dass die Risiken des Untergangs sowie die Nutzungen und Lasten beim Treugeber verbleiben. Darüber hinaus hat der Treugeber ggü. dem Treuhänder einen Anspruch auf Rückübertragung des treuhänderisch gehaltenen Vermögens. Damit tritt zwar der Treuhänder im Rechtsverkehr nach außen als Eigentümer auf, im Innenverhältnis ist jedoch allein der Treugeber weiterhin berechtigt und verpflichtet.[10] Der Treugeber verfügt somit auch weiterhin wirtschaftlich über das Treugut. In diesem Fall sind die übertragenen VG dem Treugeber zuzurechnen und in seiner Bilanz zu aktivieren.

---

[6] Vgl. IDW ERS HFA 13.6 n. F. Zu einem Beispiel im Zusammenhang mit Pensionsgeschäften vgl. IDW ERS HFA 13.20 n. F.
[7] Ebenso Kirsch, StuB 2008, S. 458, und Lüdenbach/Hoffmann, DStR, Beihefter zu Heft 50/2007, S. 3 ff. Beachte aber die zurückhaltendere Formulierung des in BT-Drs. 16/10067 v. 30.7.2008 S. 34.
[8] Vgl. Verordnung über die Rechnungslegung der Kreditinstitute und Finanzdienstleistungsinstitute v. 11.12.1998, BGBl 1998 I S. 3659.
[9] Vgl. IDW, WPH Edition, Wirtschaftsprüfung & Rechnungslegung, 18. Aufl. 2023, Kap. F Tz 41.
[10] Vgl. IDW ERS HFA 13.50 n. F.

Dagegen bleibt i. R. d. **Ermächtigungstreuhand** (unechte Treuhand) der Treugeber Vollrechtsinhaber. Er ermächtigt lediglich den Treuhänder i. R. d. § 185 BGB, das Treugut zu verwalten. Somit liegt im Unterschied zur Vollrechtstreuhand neben dem wirtschaftlichen auch das rechtliche Eigentum beim Treugeber. Der Treuhänder wird weder zivilrechtlich noch wirtschaftlich zum Eigentümer. In diesem Fall ist das Treugut (erst recht) bei dem Treugeber zu aktivieren. **21**

Bei einer **doppelseitigen Treuhand** wird das Treugut vom Gläubiger und Schuldner (beide sind Treugeber) auf einen Dritten (Treuhänder) übertragen. Dieser verwaltet das Treugut im Interesse beider Treugeber. Diese Art der Treuhand kommt insb. im gerichtlichen Vergleichsverfahren oder im außergerichtlichen Liquidationsvergleich vor. Wachsende Bedeutung haben in diesem Zusammenhang auch die sog. Contractual Trust Arrangements (CTA) zur bilanziellen Auslagerung von Pensionsverpflichtungen. Bei der doppelseitigen Treuhand ist regelmäßig von den Parteien gewünscht, das wirtschaftliche Eigentum an dem Treugut aufrechtzuerhalten, sodass es bei einem Treugeber zu bilanzieren ist. Wer von den beiden Treugebern bilanzieren muss, hängt innerhalb dieser Beziehung ebenfalls vom wirtschaftlichen Eigentum ab. Da sich das Interesse des Gläubigers weitgehend auf die Befriedigung seiner Forderungen beschränkt, wird dies i. d. R. der Schuldner sein, der weiterhin Nutzen und Lasten aus dem übertragenen Treugut behalten will.[11] **22**

Umstritten ist die Frage, ob das Treugut in Anlehnung an § 6 Abs. 1 RechKredV trotz der Zurechnung zum Treugeber ebenfalls in der **Bilanz des Treuhänders** zu erfassen ist. Nach dieser Vorschrift haben die betroffenen Institute das Treugut in der Bilanz zu aktivieren und eine Herausgabeverpflichtung ggü. dem Treugeber als Treuhandverbindlichkeit zu passivieren. Mangels gesetzlicher Regelung bleibt für alle anderen Fälle unklar, ob der offene Ausweis analog § 6 Abs. 1 RechKredV ebenfalls auf die anderen Treuhänder Anwendung findet. Dies könnte noch am ehesten auf die Vollrechtstreuhand zutreffen, da der Treuhänder hier juristisch zum Eigentümer wird. Die h. M. geht jedoch weiterhin davon aus, dass der Treuhänder das Treugut nicht in der eigenen Bilanz zu aktivieren hat, jedoch zumindest ein Hinweis im Jahresabschluss, bspw. als Vermerk im Anhang einer KapG, erfolgen muss.[12] Eine völlige Nichtberücksichtigung der Treuhand ließe die tatsächlich bestehenden Rechtsbeziehungen des Treuhänders außer Acht (z. B. die Eintragung im Grundbuch). Es wird jedoch auch die Auffassung vertreten, auf einen Ausweis könne gänzlich verzichtet werden.[13] **23**

Teile des Schrifttums raten zu einem Ausweis auf der Aktivseite unter der Bilanz[14]

> **Praxis-Beispiel**
> Ein Unternehmer (U) möchte sich an einer PersG beteiligen. Aus wirtschaftlichen Gründen möchte er ggü. seinen Konkurrenten und Abnehmern geheim

---

[11] Vgl. Justenhoven/Meyer, in Beck Bil-Komm., 14. Aufl. 2024, § 246 HGB Rz 20.
[12] Vgl. Stutzmann, in Anzinger/Oser/Schlotter, Rechnungslegung und Prüfung, Tb. 1, 7. Aufl., 2023, § 246 HGB Rz 246 f.
[13] Vgl. Winnefeld, Bilanz-Handbuch, 4. Aufl. 2006, D Rn 170.
[14] Vgl. IDW, WPH Edition, Wirtschaftsprüfung & Rechnungslegung, 18. Aufl. 2023, Kap. F Tz 41.

> bleiben. Das kann U (Treugeber) durch die Einschaltung eines T (Treuhänders) erreichen. Im Auftrag des U beteiligt sich T an der PersG. Formal ist T somit der Inhaber der Beteiligung. Nach der zusätzlich im Innenverhältnis U-T getroffenen Treuhandabrede stehen die laufenden Erträge bzw. Aufwendungen dem U zu. Er trägt auch das Risiko der Wertschwankungen beim Verkauf der Beteiligung. T ist an Weisungen des U gebunden. Für seine Tätigkeit erhält T eine Treuhandvergütung.
> **Ergebnis**: Zivilrechtliches und wirtschaftliches Eigentum fallen auseinander. Die Beteiligung ist in der Bilanz des U zu aktivieren. Auch die Gewinne aus der Beteiligung sind bei U zu erfassen und zu versteuern.
> Die treuhänderisch gehaltenen Gesellschaftsanteile sowie daraus resultierende Gewinne sind bei U unter „Beteiligungen" bzw. „Erträgen aus Beteiligungen" auszuweisen. Verpflichtungen des Treugebers auf Aufwendungsersatz ggü. dem Treuhänder sind unter den „Sonstigen Verbindlichkeiten" auszuweisen. Im Fall umfangreicher Verbindlichkeiten aus Treuhandgeschäften kann ein gesonderter Posten gebildet werden, der als „Verbindlichkeiten aus Treuhandgeschäften" bezeichnet wird.

24 Die **Bewertung** des Treuguts ist von der Gestaltung des Treuhandverhältnisses abhängig. Wird das Treugut unmittelbar durch den Treuhänder erworben oder hergestellt, so wird das Treugut durch den Treugeber mit den **AHK** aktiviert und – je nach Gestaltung – entweder der Aufwendungsersatzanspruch ggü. dem Treuhänder oder eine Drittverbindlichkeit passiviert. Ist dagegen das Treugut vom Treugeber erworben oder hergestellt, so findet eine Änderung der wirtschaftlichen Zugehörigkeit nicht statt. In diesem Fall ist der **Buchwert** des Treuguts in der Bilanz des Treugebers unverändert fortzuführen.

25 Die **Verbindlichkeiten** ggü. Dritten, die der Treuhänder i. R. d. Treuhandverhältnisses im eigenen Namen laufend eingeht, sind von diesem zu passivieren, da der Treuhänder ungeachtet des Treuhandverhältnisses das Risiko der Inanspruchnahme durch den Dritten trägt. Da er jedoch aus dem Treuhandverhältnis wirtschaftlich letztlich nicht belastet sein soll, ist im Gegenzug ein Freistellungs- bzw. Erstattungsanspruch ggü. dem Treugeber zu aktivieren. Die Bewertung dieses Erstattungsanspruchs richtet sich nach allgemeinen Grundsätzen und somit insb. nach der Beurteilung der Werthaltigkeit dieses Anspruchs.

26 Zwar ist der Treuhänder allein aufgrund seiner Eigenschaft als Treuhänder nicht grds. buchführungspflichtig. Wenn der Umfang des Treuhandauftrags jedoch eine eigene Rechnungslegung erfordert, hat der Treuhänder entweder eine Treuhandbuchführung einzurichten oder einen besonderen Kontenkreis (**Treuhandkreis**) in seiner eigenen Buchführung einzufügen. Im letztgenannten Fall muss er die strikte Trennung des Treuguts und der dazugehörigen Einnahmen und Ausgaben von seinem eigenen Vermögen beachten. In der eigenen Buchführung hat der Treuhänder neben den vorgenannten Verbindlichkeiten und Forderungen dagegen lediglich seinen Anspruch aus der Treuhandvergütung auszuweisen.

27 In der **Steuerbilanz** ist gem. § 39 Abs. 2 Nr. 1 AO wie nach HGB die wirtschaftliche Zugehörigkeit für die Zuordnung maßgeblich. Auch danach ist das Treugut stets beim Treugeber zu aktivieren, wenn er wirtschaftlicher Eigentümer ist.

> **Praxis-Beispiel**[15]
> **1. Sachverhalt**
> Ein LG überlässt einen Leasinggegenstand dem LN über die gesamte wirtschaftliche Nutzungsdauer. Darüber hinaus erhält der LN eine günstige Kaufoption zum Ende der Vertragslaufzeit eingeräumt.
> **2. Sachverhalt**
> Ein LG überlässt einen Leasinggegenstand dem LN über die Hälfte der wirtschaftlichen Nutzungsdauer. Nach Ablauf dieses Leasingvertrags wird ein Anschlussvertrag geschlossen, der die zweite Hälfte der wirtschaftlichen Nutzungsdauer sowie eine günstige Kaufoption umfasst.
> **Ergebnis:**
> **1. Sachverhalt**
> Der LG ist erkennbar von Ertrag und Substanz ausgeschlossen. Darüber hinaus ist der LG auch von der Entscheidungsbefugnis über die Ertragserzielung und über die Verwendung der Substanz ausgeschlossen, da der Leasinggegenstand zum Zeitpunkt einer evtl. Nichtausübung der Option durch den LN bereits wirtschaftlich verbraucht ist. Es erfolgt eine Zurechnung zum LN.
> **2. Sachverhalt**
> Der LG ist auch hier während der wirtschaftlichen Nutzungsdauer von Ertrag und Substanz ausgeschlossen. Jedoch steht dies zum Beginn der wirtschaftlichen Nutzungsdauer nicht fest. Vielmehr hält sich der LG die Möglichkeit einer anderweitigen Verwendung offen. Es erfolgt zunächst eine Zurechnung zum LG. Mit Abschluss des zweiten Vertrags steht dagegen der Ausschluss des LG hinsichtlich Ertrag und Substanz fest. Fortan erfolgt die Zurechnung des Leasinggegenstands beim LN.

Aufgrund der Vielzahl an Möglichkeiten der Vertragsgestaltung ist keine allgemeingültige Aussage über die Zurechnung des Leasinggegenstands zu treffen. Vielmehr ist unter Zugrundelegung des jeweiligen Einzelfalls die Zurechnung des Leasingobjekts zu würdigen.[16]

Die **Zurechnung bei Operating-Leasingverträgen** ist unstritig. Der Leasinggegenstand wird dem Leasinggeber zugerechnet. Da der Vertrag ähnlich dem Mietvertrag eine Kündigungsmöglichkeit vorsieht, entscheidet der Leasingnehmer über die Nutzungsdauer. Die Entscheidungsbefugnis über die Art der Ertragserzielung sowie über die Verwendung der Substanz ist dem Leasinggeber definitionsgemäß nicht dauerhaft entzogen. Folglich trägt der Leasinggeber das Restwertrisiko.

Ungleich komplexer ist die **Zurechnung bei Finanzierungs-Leasingverträgen**, da diese oftmals eine Mehrerlösbeteiligung oder eine Kauf- oder Mietverlängerungsoption des Leasingnehmers oder ein Andienungsrecht des Leasinggebers aufweisen. Mangels eigener handelsrechtlicher Vorschriften erfolgt die Zurechnung bei Finanzierungs-Leasingverhältnissen regelmäßig durch Rückgriff auf die **steuerlichen Leasingerlasse**, da diese auch dem allgemeinen handelsrechtlichen Grundsatz der

---

[15] Vgl. Mellwig/Weinstock, DB 1996, S. 2347.
[16] Vgl. Küting/Hellen/Brakensiek, BB 1998, S. 1467.

wirtschaftlichen Betrachtungsweise Rechnung tragen.[17] Das BMF systematisiert Leasingverträge in den steuerlichen Leasingerlassen nach der Art des Leasinggegenstands in **Mobilienleasing** (bewegliche Leasinggegenstände, Rz 38) und **Immobilienleasing** (unbewegliche Leasinggegenstände, Rz 48) sowie nach der Amortisation der Gesamtinvestitionskosten des Leasinggebers. Wird eine Amortisation der Gesamtinvestitionskosten nicht bis zum Ende der unkündbaren Vertragslaufzeit (Grundmietzeit) erreicht, handelt es sich um **Teilamortisationsverträge**.[18] Wird die volle Amortisation bereits während der unkündbaren Grundmietzeit erreicht, handelt es sich um **Vollamortisationsverträge**.[19] In den steuerlichen Leasingerlassen ist typisierend dargestellt, in welchen Fällen das wirtschaftliche Eigentum dem Leasinggeber bzw. dem Leasingnehmer zuzurechnen ist. Je nach Einzelfall kann jedoch eine andere Würdigung der Zurechnungsfrage sachgerecht sein. Die Kriterien der steuerlichen Leasingerlasse stellen somit lediglich Anhaltspunkte für die Zurechnungsfrage dar.

2.3.3.4.1 Spezialleasing

37 Beim **Spezialleasing** erfolgt immer eine Zurechnung beim Leasingnehmer.[20] Spezialleasing ist anzunehmen, wenn der Leasinggegenstand den Bedürfnissen des Leasingnehmers derart angepasst wurde, dass dieser ausschl. von dem Leasingnehmer wirtschaftlich sinnvoll eingesetzt werden kann.[21]

> **Praxis-Beispiel**
>
> Der LN hat einen Leasingvertrag (Laufzeit 90 Monate) über einen Spezialtransporter (betriebswirtschaftliche Nutzungsdauer 120 Monate) mit dem LG abgeschlossen. Der Spezialtransporter wurde mit besonderen Spezifikationen für die Beförderung eines von dem LN produzierten Industrieanlagenbauteils entsprechend den Bedürfnissen des LN gefertigt. Folglich sind die AK deutlich höher als für einen „normalen" Transporter. Grds. könnten auch andere Güter mit dem Spezialtransporter befördert werden.
>
> Die vom LN an den LG während der Grundmietzeit zu zahlenden diskontierten Leasingraten decken lediglich 75 % der Gesamtinvestitionskosten des LG. Darüber hinaus besteht im Anschluss an die Grundmietzeit die Option des LG, den Spezialtransporter i. H. d. Restamortisation dem LN anzudienen oder an einen Dritten D zu veräußern.
>
> **Ergebnis:** Der Spezialtransporter kann grds. von einem Dritten D genutzt werden, sodass eine Verwertung am Ende der Vertragslaufzeit grds. möglich erscheint. Ein Dritter D würde einen solchen Leasingvertrag bzw. einen Anschlussvertrag allerdings nur abschließen, wenn die Leasingraten nicht

---

[17] Vgl. stellvertretend Mellwig/Weinstock, DB 1996, S. 2347; Stutzmann, in Anzinger/Oser/Schlotter, Rechnungslegung und Prüfung, Tb. 1, 7. Aufl., 2023, § 246 HGB Rz 289; Justenhoven/Meyer, in Beck Bil-Komm, 14. Aufl. 2024, § 246 HGB Rz 59; vgl. kritisch zur Anwendung der Leasingerlasse für Zwecke der handelsrechtlichen Zurechnung etwa Baetge/Ballwieser, DBW 1978, S. 8 ff.
[18] Vgl. BMF, Schreiben v. 22.12.1975, IV B 2 – S. 2170–161/75, DB 1975 S. 175; BMF, Schreiben v. 23.12.1991, IV B 2 – S. 2170–115/91, DB 1992 S. 112.
[19] Vgl. BMF, Schreiben v. 19.4.1971, IV B/2 – S. 2170–31/71, DB 1971 S. 795; BMF, Schreiben v. 21.3.1972, F/IV B 2 S 2170–11/72, DB 1972 S. 651.
[20] Vgl. Hellen/Vosseler/Adolph, in Küting/Weber, HdR-E, Kap. 6 Rz 42, Stand: 9/2023.
[21] Vgl. Goertzen, FR 1996, S. 551.

> höher wären als für einen „normalen" Transporter. Damit ist nach Ablauf der Grundmietzeit faktisch nicht von einer Veräußerung bzw. Vermietung an einen Dritten D auszugehen, da dieser den Spezialtransporter wirtschaftlich nicht sinnvoll nutzen kann. Der Spezialtransporter ist daher dem LN zuzurechnen. Läge kein Spezialleasing vor, wäre der Transporter entsprechend der wirtschaftlichen Betrachtungsweise dem LG zuzuordnen.

2.3.3.4.2 Mobilienleasing

Die Zurechnung von beweglichen Leasinggegenständen (Mobilien) erfolgt nach den Leasingerlassen aus den Jahren 1971 und 1975 sowohl bei Voll- als auch bei Teilamortisationsverträgen grds. beim Leasinggeber.[22] Der Leasinggeber aktiviert den Leasinggegenstand mit seinen Anschaffungs- oder Herstellungskosten als Anlagevermögen in der Bilanz. Ein Ausweis des Leasinggegenstands im Umlaufvermögen kommt nur in besonderen Einzelfällen in Betracht.[23]

38

Entspricht die Grundmietzeit weniger als 40 % oder mehr als 90 % der betriebsgewöhnlichen Nutzungsdauer ist der Leasinggegenstand i.d.R. dem Leasingnehmer zuzurechnen. In diesem Fall weist dieser den Vermögensgegenstand in seiner Bilanz als Anlagevermögen aus.[24] Für die handelsrechtliche Beurteilung des Verhältnisses von Grundmietzeit und Nutzungsdauer ist dabei auf die tatsächliche wirtschaftliche Nutzungsdauer abzustellen. Die in den amtlichen AfA-Tabellen vorgegebene Nutzungsdauer ist bei einer abweichenden wirtschaftlichen Nutzungsdauer handelsrechtlich unbeachtlich.[25]
Während die Obergrenze von 90 % allgemein akzeptiert ist, wird die 40-%-Grenze in der Literatur zwar tw. infrage gestellt.[26] Letztlich ist jedoch festzustellen, dass auf diese Weise eine einheitliche Zuordnung der Gegenstände erreicht wird.

39

Der Leasingnehmer ist bei einer im Verhältnis zur betriebsgewöhnlichen Nutzungsdauer von weniger als 40 % nur dann bereit einen Vollamortisationsvertrag abzuschließen, wenn er den Vermögensgegenstand am Ende der Vertragslaufzeit benehmen kann. Bei einer Grundmietzeit von mehr als 90 % ergibt sich die Zuordnung zum Leasingnehmer daraus, dass der Vermögensgegenstand am Vertragsende keinen wirtschaftlichen Wert mehr für den Leasinggeber hat, sein Herausgabeanspruch daher wirtschaftlich wertlos ist.[27]

40

Der **Vollamortisationserlass** erfasst Verträge ohne Kauf- und Mietverlängerungsoption im Anschluss an die Grundmietzeit ebenso wie Verträge mit Kauf- oder Mietverlängerungsoption. Bei Verträgen ohne Kauf- oder Mietverlängerungsoption erfolgt eine Zurechnung zum Leasinggeber, da dieser eine Einwirkungsmöglichkeit

41

---

22 Henneberger/Flick, in Schulze-Osterloh/Hennrichs/Wüstemann, Handbuch des Jahresabschlusses (HdJ), Abt. I/8, Leasingverträge Rn 51, Stand: 2/2020.
23 Henneberger/Flick, in Schulze-Osterloh/Hennrichs/Wüstemann, Handbuch des Jahresabschlusses (HdJ), Abt. I/8, Leasingverträge Rn 110, Stand: 2/2020.
24 Henneberger/Flick, in Schulze-Osterloh/Hennrichs/Wüstemann, Handbuch des Jahresabschlusses (HdJ), Abt. I/8, Leasingverträge Rn 244, Stand: 2/2020.
25 Henneberger/Flick, in Schulze-Osterloh/Hennrichs/Wüstemann, Handbuch des Jahresabschlusses (HdJ), Abt. I/8, Leasingverträge Rn 52, Stand: 2/2020.
26 Vgl. Hellen/Vosseler/Adolph, in Küting/Weber, HdR-E, Kap. 6 Rz 30, Stand: 9/2023.
27 Vgl. Buhl, BB 1992, S. 1758.

auf den Leasinggegenstand während der wirtschaftlichen Nutzungsdauer hat.[28] Um bei Verträgen mit einer Kauf- oder Mietverlängerungsoption eine Zurechnung zum Leasinggeber zu erreichen, ist der Kaufpreis bzw. die Anschlussmiete so zu bemessen, dass keine günstige Kauf- oder Mietverlängerungsoption für den Leasingnehmer besteht. D. h., der etwaige Kaufpreis des Leasingnehmers muss mind. den Restbuchwert oder den niedrigeren gemeinen Wert decken. In diesem Fall geht der BFH ebenfalls davon aus, dass der Leasinggeber eine Einwirkungsmöglichkeit auf den Leasinggegenstand während der wirtschaftlichen Nutzungsdauer hat.[29]

42 Bei den **Teilamortisationsverträgen** wird eine volle Amortisation der Gesamtinvestitionskosten des Leasinggebers hingegen erst durch besondere Restamortisationsvereinbarungen im Anschluss an die i. d. R. unkündbare Grundmietzeit realisiert. Um eine Zurechnung zum Leasinggeber zu erreichen, sind folgende Restamortisationsvereinbarungen zu treffen:

- Nach Ablauf der Grundmietzeit hat der Leasinggeber die Option, den Leasinggegenstand dem Leasingnehmer anzudienen (Andienungsrecht) oder am Markt zu verwerten. Damit besteht für den Leasinggeber die Chance der Wertsteigerung.
- Erzielt der Leasinggeber i. R. d. Verwertung des Leasinggegenstands im Anschluss an die Grundmietzeit einen Erlös, der die dem Leasinggeber entstandenen oder noch entstehenden Kosten übersteigt (kalkulierter Restwert), so wird der übersteigende Mehrerlös zwischen dem Leasinggeber und dem Leasingnehmer aufgeteilt, wobei dem Leasinggeber mind. 25 % des Mehrerlöses zustehen müssen. Bei einer negativen Differenz, d. h. der Verwertungserlös unterschreitet den Restwert, hat der Leasingnehmer die fehlende Amortisation allein zu tragen.[30]

> **Praxis-Beispiel**
> Die Gesamtinvestitionskosten des LG für einen Leasinggegenstand (betriebsgewöhnliche Nutzungsdauer 60 Monate) betragen 100 TEUR. Davon decken die vom LN an den LG während der Grundmietzeit von 30 Monaten zu zahlenden Leasingraten 50 TEUR. Darüber hinaus besteht im Anschluss an die Grundmietzeit für den LN die Verpflichtung, eine Differenz zwischen der Restamortisation von 50 TEUR und einem geringeren Verwertungserlös des LG auszugleichen. Übersteigt der Verwertungserlös die Restamortisation, erhält der LG einen Anteil von 25 %.
> **Ergebnis**: Die Grundmietzeit liegt zwischen 40 % und 90 % der betriebsgewöhnlichen Nutzungsdauer. Beträgt der Marktpreis im Anschluss an die Grundmietzeit 60 TEUR, erhält der LG 2,5 TEUR. Der LG hat die Chance der Wertsteigerung. Beträgt der Marktpreis hingegen nur 40 TEUR, ist dem LN das Risiko der Wertminderung zuzurechnen, da der LN 10 TEUR an den LG zu zahlen hat. Der Leasinggegenstand ist dem LG zuzurechnen.
> Würde der LG einen Anteil von weniger als 25 % erhalten, hätte der LN die Chance der Wertsteigerung. Der Leasinggegenstand wäre dem LN zuzurechnen.

---

[28] Vgl. BFH, Urteil v. 26.1.1970, IV R 144/66, BStBl 1970 II S. 264.
[29] Vgl. BFH, Urteil v. 26.1.1970, IV R 144/66, BStBl 1970 II S. 264.
[30] Vgl. Hellen/Vosseler/Adolph, in Küting/Weber, HdR-E, Kap. 6 Rz 38, Stand: 9/2023.

- Der Leasingnehmer hat nach Ablauf der Grundmietzeit ein ordentliches Kündigungsrecht, bei dessen Ausübung er eine Abschlusszahlung i. H. d. durch die bis dahin gezahlten Leasingraten nicht gedeckten Gesamtinvestitionskosten des Leasinggebers erbringen muss. Auf die Abschlusszahlung werden 90 % des erzielten Veräußerungserlöses angerechnet (kündbarer Vertrag).

Die Zurechnung zum Leasingnehmer erfolgt, wenn im Anschluss an die Grundmietzeit vom Übergang des zivilrechtlichen Eigentums auszugehen ist oder dem Leasinggegenstand aus Sicht des Leasinggebers kein wirtschaftlicher Wert mehr beizumessen ist.[31]

Folgende Tabelle fasst die Zurechnung von beweglichen Leasinggegenständen bei Voll- und Teilamortisationsverträgen zusammen:

		Grundmietzeit $\geq 40\ \%$ und $\leq 90\ \%$ der gewöhnlichen ND	
		Ja	Nein
Vollamortisationsverträge			
Ohne Option		LG	LN
Günstige Kaufoption	Ja	LN	
	Nein	LG	
Günstige Mietverlängerungsoption	Ja	LN	
	Nein	LG	
Spezialleasing		LN	
Teilamortisationsverträge			
Andienungsrecht		LG	LN
Mehrerlösbeteiligung	Verwertungserlös geht zu mind. 25 % an LG	LG	
	Verwertungserlös geht zu weniger als 25 % an LG	LN	
Kündbarer Leasingvertrag		LG	

Tab. 1: Zurechnung von Leasinggegenständen bei Voll- und Teilamortisationsverträgen beweglicher Leasinggegenstände

Bei einem **Vertrag mit Doppelfunktion**, d. h. der Vertrag kombiniert ein Andienungsrecht des Leasinggebers und eine Kaufoption des Leasingnehmers, liegen grds. sowohl das Risiko der Wertminderung als auch die Chance auf Wert-

---

[31] Vgl. Küting/Hellen/Brakensiek, BB 1998, S. 1467.

steigerung beim Leasingnehmer. Der Leasinggegenstand ist somit dem Leasingnehmer zuzurechnen.[32]

2.3.3.4.3 Softwareleasing

45 Nach der Rechtsprechung des BGH[33] sind Standard- und Individual-Software bewegliche Sachen, die damit auch Gegenstand üblicher Leasingverträge sein können.[34] Die Zurechnung erfolgt damit gem. den steuerlichen Leasingerlassen; d.h., auch hierbei ist grds. zwischen Voll- und Teilamortisationsverträgen zu differenzieren. Die Klassifizierung eines Softwareleasingvertrags als Voll- oder Teilamortisationsvertrag ist für den Anwender jedoch schwierig bis ausgeschlossen, allerdings kann wohl davon ausgegangen werden, dass sich der Vertrag für den Leasinggeber grds. vollständig amortisiert.[35]

46 Damit kommen bei Softwareleasing die für Vollamortisationsverträge gültigen Zuordnungskriterien zur Anwendung, d.h., bei einer Grundmietzeit ≥ 40 % und ≤ 90 % der betriebsgewöhnlichen Nutzungsdauer gilt:

		Grundmietzeit ≥ 40 % und ≤ 90 % der gewöhnlichen Nutzungsdauer	
		Ja	Nein
Ohne Option		LG	LN
Günstige Kaufoption	Ja	LN	
	Nein	LG	
Günstige Mietverlängerungsoption	Ja	LN	
	Nein	LG	
Spezialleasing		LN	

Tab. 2: Zurechnung von Leasinggegenständen bei Vollamortisationsverträgen unbeweglicher Leasinggegenstände

47 Die betriebsgewöhnliche Nutzungsdauer für ERP-Software wurde von der Finanzverwaltung bislang mit fünf Jahren angenommen. Durch das BMF-Schreiben vom 22.2.2022[36] „kann" bei sog. digitalen Wirtschaftsgütern eine betriebsgewöhnliche Nutzungsdauer von einem Jahr zugrunde gelegt werden. Handelsrechtlich kommt der Ansatz einer Nutzungsdauer von unter einem Jahr regelmäßig nicht in Betracht, vielmehr gilt für die Bestimmung der handelsrechtlichen Nutzungsdauer weiterhin die tatsächliche betriebliche Nutzung als Maß

---

32 Vgl. Christen, in Eckstein/Feinen, Leasing-Handbuch für die betriebliche Praxis, 7. Aufl. 2000, S. 110.
33 BGH, Urteil v. 14.7.1993, VIII ZR 147/92, NJW 1993 S. 2436.
34 Henneberger/Flick, in Schulze-Osterloh/Hennrichs/Wüstemann, Handbuch des Jahresabschlusses (HdJ), Abt. I/8, Leasing Rz 8, Stand: 2/2020.
35 Deubert/Lewe, BB 2019 S. 813.
36 BMF, Schreiben v. 22.2.2022, IV C 3 – S 21901/21/10002, BStBl 2022 I S. 187; ersetzt BMF, Schreiben v. 26.2.2021, BStBl I S. 298.

stab. Diese ist handelsrechtlich auch für die Ermittlung der 40/90 %-Grenze und damit für die Zuordnung zum Leasinggeber/-nehmer entscheidend.

2.3.3.4.4 Immobilienleasing[37]

Die Zurechnung von Gebäuden erfolgt beim **steuerlichen Vollamortisationserlass für Immobilien** entsprechend der Zurechnung beim oben dargestellten Vollamortisationserlass für Mobilien (Rz 41), da die geregelten Vertragsvarianten identisch sind. Der Grund und Boden wird, mit Ausnahme von Verträgen mit einer günstigen Kaufoption und beim Spezialleasing, dem Leasinggeber zugerechnet. Folgende Tabelle fasst die Zurechnung von Gebäuden sowie Grund und Boden beim Immobilien-Leasingerlass zusammen: 48

		Gebäude		Grund und Boden
		Grundmietzeit $\geq 40\%$ und $\leq 90\%$ der gewöhnlichen ND		
		Ja	Nein	
Ohne Option		LG	LN	LG
Günstige Kaufoption	Ja	LN	LN	gemäß Gebäude
	Nein	LG	LN	gemäß Gebäude
Günstige Mietverlängerungsoption	Ja	LN	LN	LG
	Nein	LG	LN	LG
Spezialleasing		LN	LN	LG[38]

Tab. 3: Zurechnung von Leasinggegenständen bei Vollamortisationsverträgen unbeweglicher Leasinggegenstände

Der Vollamortisationsvertrag für Immobilien hat sich in der Praxis allerdings nicht durchgesetzt, vielmehr wird das Konstrukt der Leasingobjektgesellschaft genutzt.[39] Ein potenzieller Leasingnehmer wäre regelmäßig bei einem Anschlusserwerb der Immobilie nicht bereit, neben der vollen Amortisation der Gesamtinvestitionskosten des Leasinggebers während der Grundmietzeit, zusätzlich einen Optionspreis zu zahlen, der mind. dem linearen steuerlichen Restbuchwert oder dem niedrigeren gemeinen Wert entspricht, bzw. eine Mietverlängerungsoption abzuschließen, bei der die Anschlussmiete mehr als 75 % einer marktüblichen Vergleichsmiete beträgt.[40]

Gem. dem **Teilamortisationserlass für Immobilien** ist zwischen Gebäude sowie Grund und Boden zu unterscheiden. Wobei die Zurechnung des Grund und 49

---

[37] Unter dem Begriff Immobilienleasing werden auch solche Leasingverträge erfasst, die über Maschinen abgeschlossen werden, welche fest mit dem Gebäude verbunden sowie als Sachgesamtheit anzusehen sind, vgl. Büschgen, Praxishandbuch Leasing, 1998, § 1 Rz 31.
[38] Bei Kaufoption erfolgt die Zurechnung gem. Gebäude.
[39] Henneberger/Flick, in Schulze-Osterloh/Hennrichs/Wüstemann, Handbuch des Jahresabschlusses (HdJ), Abt. I/8, Leasing Rn 54, 198, Stand: 2/2020.
[40] Vgl. Gabele/Kroll, DB 1991, S. 243; Toth, BB 1994, S. 263f.

Bodens grds. der Zurechnung des Gebäudes folgt. Gebäude sind grds. dem Leasinggeber zuzurechnen.[41]

Entscheidendes Kriterium für die Zuordnung von Immobilien bei Teilamortisation ist allerdings die Vereinbarung von Kauf- und/oder Mietverlängerungsoptionen, sodass danach unterschieden wird, wer letztlich die eigentümertypischen Risiken trägt.

Eine Zurechnung zum Leasinggeber erfolgt nicht, wenn die Grundmietzeit mehr als 90 % der betriebsgewöhnlichen Nutzungsdauer beträgt oder der vorgesehene Kaufpreis geringer ist als der Restbuchwert des Leasinggegenstands unter Berücksichtigung der AfA bzw. die Anschlussmiete weniger als 75 % der ortsüblichen Miete beträgt.

Weiterhin ist der Leasinggegenstand bei Verträgen mit Kauf- oder Mietverlängerungsoption nicht dem Leasinggeber zuzurechnen, wenn dem Leasingnehmer eine der sechs im Teilamortiastionserlass genannten Verpflichtungen obliegt.[42] Damit wird der Charakter des Teilamortisationsvertrags als Mietvertrag verdeutlicht, denn die steuerliche Abschreibungsdauer bei Immobilien ist i.d.R. geringer als die wirtschaftliche Nutzungsdauer.[43]

> **Praxis-Beispiel**
> Die Gesamtinvestitionskosten des LG für einen Leasinggegenstand (betriebsgewöhnliche Nutzungsdauer 400 Monate) betragen 100 Mio. EUR. Davon decken die vom LN an den LG während der Grundmietzeit zu zahlenden Leasingraten 55 Mio. EUR. Darüber hinaus besteht im Anschluss an die unkündbare Grundmietzeit von 240 Monaten für den LN die Möglichkeit einer Kaufoption zu einem Kaufpreis von 45 Mio. EUR. Zu diesem Zeitpunkt beträgt der steuerliche Restbuchwert 40 Mio. EUR. Sämtliche Eigentümerrisiken verbleiben beim LG.
> **Ergebnis**: Die Grundmietzeit beträgt weniger als 90 % der betriebsgewöhnlichen Nutzungsdauer. Eine günstige Kaufoption besteht nicht, da der steuerliche Restbuchwert geringer ist als der Optionspreis. Somit trägt der LG ein echtes Restwert- und somit Investitionsrisiko, da der LN das Recht, nicht aber die Pflicht hat, den Leasinggegenstand für 45 Mio. EUR zu erwerben. Darüber hinaus wurden auch keine Eigentümerrisiken vom LN übernommen. Der Leasinggegenstand ist dem LG zuzurechnen.
> Hätte der LN keine günstige Kaufoption, aber der LG Eigentümerrisiken auf ihn abgewälzt, wäre der Leasinggegenstand dem LN zuzurechnen.

---

[41] BMF, Schreiben v. 23.12.1991, IV B 2 – S 2170–115/91, BStBl 1992 I S. 13.
[42] So der Wortlaut des Teilamortisationserlasses für Immobilien, vgl. Ziffer II 2 b, dd, BMF, Schreiben v. 23.12.1991, IV B 2 – S 2170–115/91, DB 1992, S. 112; Sobotka, BB 1992, S. 828.
[43] Vgl. vor dem Esche, BB 1992 Beilage 9, S. 16; Christen, in Eckstein/Feinen, Leasing-Handbuch für die betriebliche Praxis, 7. Aufl. 2000, S. 108.

Folgende Tabelle fasst die Zurechnung von Gebäuden sowie Grund und Boden beim Teilamortisationsvertrag für Immobilien zusammen:

				Gebäude sowie Grund und Boden	
				Grundmietzeit ≤ 90 % der gewöhnlichen ND	
				Ja	Nein
Ohne Option und ohne oder mit zusätzlichen Verpflichtungen des LN				LG	LN
Günstige Kaufoption	\	Ja		LN	LN
	Nein	zusätzliche Verpflichtung des LN	Ja	LN	
			Nein	LG	
Günstige Mietverlängerungsoption	\	Ja		LN	LN
	Nein	zusätzliche Verpflichtung des LN	Ja	LN	
			Nein	LG	
Spezialleasing				LN	LN

Tab. 4: Zurechnung von Leasinggegenständen bei Teilamortisationsverträgen unbeweglicher Leasinggegenstände

2.3.3.4.5 Sale and lease back

Beim **Sale and lease back** wird im ersten Schritt der Leasinggegenstand vom zukünftigen Leasingnehmer/Verkäufer an den Leasinggeber/Käufer verkauft. Im nächsten Schritt wird ein Leasingvertrag abgeschlossen, nach welchem der Leasingnehmer/Verkäufer den Leasinggegenstand zurückleast. Sale-and-lease-back-Transaktionen werden in der Praxis i.d.R. zur Generierung von Liquidität, aber auch zur Hebung stiller Reserven, vorgenommen. Bei Sale-and-lease-back-Transaktionen erfolgt die Zurechnung nach dem allgemeinen Grundsatz der wirtschaftlichen Betrachtungsweise, d.h., der Leasinggegenstand ist auf Grundlage der oben dargestellten Kriterien dem wirtschaftlichen Eigentümer zuzurechnen. Liegt das wirtschaftliche Eigentum beim Leasinggeber, geht der Leasinggegenstand bei einer Sale-and-lease-back-Transaktion beim Leasingnehmer ab und es kommt zu einer **Gewinnrealisierung**. Eine Gewinnrealisierung kommt aber nur insoweit in Betracht, als der Veräußerungspreis den Zeitwert des Leasinggegenstands nicht überschreitet.[44] Verbleibt das wirtschaftliche Eigentum hingegen beim Leasingnehmer, scheidet eine Gewinnrealisierung aus. Bei Zweifelsfragen hinsichtlich Sale-and-lease-back-Geschäften sowie Sale-and-buy-back-Gestaltungen wird auch auf IDW ERS HFA 13 n.F. verwiesen.

50

---

[44] Zur Gewinnrealisierung bei Sale-and-lease-back-Transaktionen vgl. Henneberger/Flick, in Schulze-Osterloh/Hennrichs/Wüstemann/Wüstemann, Handbuch des Jahresabschlusses (HdJ) I/1, Rz 250ff., Stand: 2/2020 sowie IDW, WPH Edition, Wirtschaftsprüfung & Rechnungslegung, 18. Aufl. 2023, Kap. F Tz 1360.

2.3.3.5 Bilanzierung von Leasingverträgen

51 Bleibt der **Leasinggeber** wirtschaftlicher Eigentümer, hat er den Leasinggegenstand weiterhin in seiner Bilanz auszuweisen und nach allgemeinen Bewertungsregeln fortzuführen. Der Leasingnehmer erfasst die Leasingraten, wie bei einem Mietvertrag, als Aufwand.

Bei einem nicht sachgerechten Ausgleich von Nutzungswert und Leasingraten hat eine Abgrenzung der Leasingraten zu erfolgen. Wenn bspw. degressive Leasingraten vereinbart sind und diese nicht der tatsächlichen Nutzungsinanspruchnahme entsprechen, hat der Leasingnehmer einen Differenzbetrag aktivisch abzugrenzen.[45] Darüber hinaus ergibt sich ein Abgrenzungsbedarf bei erhöhten Leasingraten (Sonderzahlungen) sowie mietfreien Zeiten.[46]

> **Praxis-Beispiel**
> Die Gesamtinvestitionskosten des LG für einen Leasinggegenstand (betriebsgewöhnliche Nutzungsdauer gem. der AfA Tabelle 96 Monate) betragen 90 TEUR. Für die ersten 3 Jahre sind Leasingraten von 25 TEUR und für die restlichen 3 Jahre von 10 TEUR (insgesamt 105 TEUR) vereinbart. Der Zinssatz beträgt 5,7 %. Es besteht weder eine Kauf- noch eine Mietverlängerungsoption. Der kalkulierte Restwert am Ende der Grundmietzeit beträgt 6 TEUR.[47] Der Leasinggegenstand wird wirtschaftlich dem LG zugerechnet. Der Nutzen des Leasinggegenstands ist linear über die Grundmietzeit verteilt.
>
> | Mietdauer/ Raten | in TEUR | | | |
> |---|---|---|---|---|
> | | degressive Leasingraten | Abgrenzung | lineare Nutzungsüberlassung | Umsatzerlös bzw. Aufwand |
> | 1.1.01 | 105,0 | | 105,0 | |
> | Rate 01 | – 25,0 | 7,5 | – 17,5 | – 17,5 |
> | 31.12.01 | 80,0 | | 87,5 | |
> | Rate 02 | – 25,0 | 7,5 | – 17,5 | – 17,5 |
> | 31.12.02 | 55,0 | | 70,0 | |
> | Rate 03 | – 25,0 | 7,5 | – 17,5 | – 17,5 |
> | 31.12.03 | 30,0 | | 52,5 | |
> | Rate 04 | – 10,0 | – 7,5 | – 17,5 | – 17,5 |
> | 31.12.04 | 20,0 | | 35,0 | |
> | Rate 05 | – 10,0 | – 7,5 | – 17,5 | – 17,5 |
> | 31.12.05 | 10,0 | | 17,5 | |
> | Rate 06 | – 10,0 | – 7,5 | – 17,5 | – 17,5 |
> | 31.12.06 | 0,0 | | 0,0 | |

---

[45] Vgl. BFH, Urteil v. 28.2.2001, I R 51/00, BStBl 2001 II S. 645.
[46] Justenhoven/Meyer, in Beck Bil-Komm., 14. Aufl. 2024, § 246 HGB Rz 74.
[47] Ungeachtet des kalkulierten Restwerts trägt der LG nicht das Investitionsrisiko, da bereits während der Grundmietzeit von 6 Jahren eine volle Amortisation der Gesamtinvestitionskosten des LG erfolgt.

Ergebnis: Der LG hat den Leasinggegenstand i.H.d. AK zu aktivieren und handelsrechtlich jährlich linear sowie unter Berücksichtigung des Restwerts von 6 TEUR i.H.v. 14 TEUR über die Grundmietzeit abzuschreiben.[48] Somit wird ein buchhalterisches Restwertrisiko i.H.v. 16,5 TEUR zum Ende der Grundmietzeit vermieden, welches entstehen würde, wenn der Leasinggegenstand unter Berücksichtigung der steuerlichen betriebsgewöhnlichen Nutzungsdauer von 96 Monaten abgeschrieben wird.

Mietdauer	in TEUR			
	Handelsrecht		Steuerrecht	
	Abschreibung	Restbuchwert	Abschreibung	Restbuchwert
1.1.01		90,00		90,00
31.12.01	14,00	76,00	11,25	78,75
31.12.02	14,00	62,00	11,25	67,50
31.12.03	14,00	48,00	11,25	56,25
31.12.04	14,00	30,00	11,25	45,00
31.12.05	14,00	20,00	11,25	33,75
31.12.06	14,00	6,00	11,25	22,50
31.12.07			11,25	11,25
31.12.08			11,25	0,00

Darüber hinaus hat der LG die Leasingraten grds. als Umsatzerlöse zu erfassen; fraglich ist die Höhe. Da ein nicht wirtschaftlich sachgerechter Ausgleich von Leasingraten und Nutzungsüberlassung gegeben ist, hat eine Abgrenzung zu erfolgen.[49]

Im 1. Jahr hat der LG wie folgt zu buchen:

Datum	Konto	Soll	Haben
1.1.01	Sachanlagevermögen	90,0	
	Bank		90,0
31.12.01	Abschreibungen	14,0	
	Sachanlagevermögen		14,0
	Bank	25,0	
	Umsatzerlöse		17,5
	Passiver Rechnungsabgrenzungsposten		7,5

Im 2. und 3. Jahr ist wie folgt zu buchen (jeweils am 31.12.):

Konto	Soll	Haben
Abschreibungen	14,0	
Sachanlagevermögen		14,0
Bank	25,0	
Umsatzerlöse		17,5
Passiver Rechnungsabgrenzungsposten		7,5

---

[48] Vgl. St/HFA 1/1989; zur Bilanzierung beim Leasinggeber, WPg 1989, S. 625.
[49] Maßstab für die passive Abgrenzung der fälligen Leasingraten ist der Aufwandsverlauf; vgl. St/HFA 1/1989; zur Bilanzierung beim Leasinggeber, WPg 1989, S. 626.

Im 4. bis 6. Jahr hat der LG wie folgt zu buchen (jeweils am 31.12.):

Konto	Soll	Haben
Abschreibungen	14,0	
Sachanlagevermögen		14,0
Bank	10,0	
Umsatzerlöse		17,5
Passiver Rechnungsabgrenzungsposten	7,5	

Darüber hinaus ist im 6. Jahr die Verwertung des Leasinggegenstands zu buchen. Der LN hat die Leasingraten grds. als Aufwand zu erfassen; fraglich ist auch hier die Höhe. Da ein nicht wirtschaftlich sachgerechter Ausgleich von Leasingraten und Nutzen gegeben ist, hat wie beim LG eine Abgrenzung zu erfolgen.

Im 1. bis 3. Jahr hat der LN wie folgt zu buchen (jeweils am 31.12.):

Konto	Soll	Haben
Sonstiger betrieblicher Aufwand	17,5	
Aktiver Rechnungsabgrenzungsposten	7,5	
Bank		25,0

Im 4. bis 6. Jahr hat der LN wie folgt zu buchen (jeweils am 31.12.):

Konto	Soll	Haben
Sonstiger betrieblicher Aufwand	17,5	
Aktiver Rechnungsabgrenzungsposten		7,5
Bank		10,0

52 Wird dagegen der **Leasingnehmer** wirtschaftlicher Eigentümer, hat er den Leasinggegenstand i. H. d. Anschaffungskosten zzgl. etwaiger Nebenkosten zu aktivieren. Die Verpflichtung aus dem Leasingverhältnis hat er i. H. d. Barwerts der vertraglichen Leasingraten zu passivieren und unter den Verbindlichkeiten aus L&L auszuweisen. Während der Vertragslaufzeit hat der Leasingnehmer den Zinsanteil der Leasingraten als Zinsaufwand zu erfassen. Der Tilgungsanteil reduziert hingegen die passivierte Verpflichtung aus dem Leasingvertrag.[50]

Der Leasinggeber hat den Übergang des wirtschaftlichen Eigentums als Umsatzrealisation auszuweisen und als Forderungen aus L&L an den Leasingnehmer i. H. d. abgezinsten zukünftigen Leasingraten zu aktivieren. Die laufenden Leasingraten sind in einen erfolgswirksamen Zinsanteil sowie in einen erfolgsneutralen Tilgungsanteil aufzuteilen. Der Tilgungsanteil dient der Rückführung der aktivierten Forderungen aus L&L.[51]

> **Praxis-Beispiel**
> Die Gesamtinvestitionskosten des LG für einen Leasinggegenstand (betriebsgewöhnliche und wirtschaftliche Nutzungsdauer 96 Monate) betragen 90 TEUR. Es besteht im Anschluss an die Grundmietzeit von 72 Monaten die Option, den Leasinggegenstand für 6 TEUR zu kaufen. Der gemeine Wert beträgt am Ende der Grundmietzeit voraussichtlich 20 TEUR, der steuerliche

---

[50] Vgl. BMF, Schreiben v. 19.4.1971, IV B/2 – S. 2170–31/71, DB 1971, S. 795.
[51] Vgl. BMF, Schreiben v. 19.4.1971, IV B/2 – S. 2170–31/71, DB 1971, S. 795.

Restbuchwert 22,5 TEUR. Es besteht eine am Anfang der Vertragslaufzeit als günstig einzustufende Kaufoption für den LN, womit die wirtschaftliche Zurechnung beim LN erfolgt. Der LN hat bei einem Zinssatz von 6,2 % jährliche Leasingraten i. H. v. 17,5 TEUR und zum Ende der Grundmietzeit einen Kaufpreis von 6 TEUR zu zahlen.

Mietdauer	in TEUR			
	Ford./Verb. L&L	Leasing-raten	Zins-aufwand	Tilgung
1.1.01	90,0			
31.12.01	78,1	17,5	5,6	11,9
31.12.02	65,4	17,5	4,8	12,7
31.12.03	51,9	17,5	4,0	13,5
31.12.04	37,4	17,5	3,1	14,4
31.12.05	22,0	17,5	2,1	15,4
31.12.06	0,0	23,5	1,5	22,0

Ergebnis: Der LN hat den Leasinggegenstand i. H. d. AK zu aktivieren und jährlich abzuschreiben. I. H. d. Barwerts der zukünftigen Leasingraten und der Kaufpreiszahlung ist eine korrespondierende Verbindlichkeit aus L&L ggü. dem LG zu passivieren.
Im 1. Jahr hat der LN wie folgt zu buchen:

Datum	Konto	Soll	Haben
1.1.01	Sachanlagevermögen	90,0	
	Verbindlichkeiten aus L&L		90,0
31.12.01	Abschreibungen	11,25	
	Sachanlagevermögen		11,25
	Verbindlichkeiten aus L&L	11,9	
	Zinsaufwand	5,6	
	Bank		17,5

Im 6. Jahr hat der LN wie folgt zu buchen:

Datum	Konto	Soll	Haben
31.12.06	Abschreibungen	11,25	
	Sachanlagevermögen		11,25
	Verbindlichkeiten aus L&L	22,0	
	Zinsaufwand	1,5	
	Bank		23,5

Im 7. und 8. Jahr hat der LN wie folgt zu buchen (jeweils am 31.12.):

Konto	Soll	Haben
Abschreibungen	11,25	
Sachanlagevermögen		11,25

Der LG hat den Leasinggegenstand auszubuchen, da die wirtschaftliche Zurechnung beim LN erfolgt. Die Ausbuchung führt beim LG zu Umsatz-

erlösen und zu Forderungen aus L&L an den LN i. H. d. abgezinsten Leasingraten und der abgezinsten Kaufpreiszahlung i. H. v. 90 TEUR.
Im 1. Jahr hat der LG wie folgt zu buchen:

Datum	Konto	Soll	Haben
1.1.01	Forderungen aus L&L	90,0	
	Umsatzerlöse		90,0
	Wareneinsatz	90,0	
	Vorräte		90,0
31.12.01	Bank	17,5	
	Forderungen aus L&L		11,9
	Zinsertrag		5,6

Im 6. Jahr hat der LG wie folgt zu buchen:

Datum	Konto	Soll	Haben
31.12.06	Bank	23,5	
	Forderungen aus L&L		22,0
	Zinsertrag		1,5

Im 7. und 8. Jahr erfolgen keine Buchungen.

2.3.4 Factoring

53 Unter dem Begriff **Factoring** wird der regelmäßige Forderungsverkauf vor Fälligkeit durch Abtretung an einen Dritten (Factor) – hauptsächlich mit dem Ziel einer Liquiditätsverbesserung des Forderungsverkäufers (Factoring-Kunde) – verstanden. Je nach Vertragsgestaltung übernimmt der Factor neben der Finanzierungsfunktion, auch das Delkredererisiko (Übernahme des Ausfallrisikos) und/oder eine Dienstleistungsfunktion (Debitorenbuchhaltung, Mahn- und Inkassowesen und andere Serviceleistungen).
Für die Bilanzierung ist zwischen echtem Factoring (Forderungsverkauf/Übernahme des Delkredererisikos) und unechtem Factoring (Zessionskredit) zu unterscheiden. Zudem wird, abhängig von der Anzeige des Forderungsverkaufs an die Debitoren, eine stille oder eine offene Abtretung unterschieden.

54 Bei **echtem Factoring** geht das Ausfall-/Delkredererisiko auf den Factor über.[52] Der Factoring-Kunde haftet lediglich für das rechtliche Bestehen der Forderungen. Es handelt sich rechtlich um einen Forderungsverkauf. Da mit Wirksamkeit des Kaufgeschäfts Chancen und Risiken von Werbänderungen fortan beim Factor liegen, scheiden die an den Factor verkauften Forderungen aus dem Vermögen und der Bilanz des Factoring-Kunden aus. Sie sind sodann in der Bilanz des Factors anzusetzen. Bis zum Geldeingang des Betrags auf dem Konto des Forderungsverkäufers ist in der Bilanz des Factoring-Kunden nunmehr eine Forderung gegen den Factor, d. h. nicht mehr die zugrunde liegende Original-Forderung, auszuweisen.[53]

---

[52] Zur Frage des Übergangs des Adressenausfallrisikos vgl. IDW RS HFA 8.16 ff.
[53] Eine umfassende Zusammenstellung höchstrichterlicher Rechtsprechung insb. zur Kollisionsthematik mit z. B. Eigentumsvorbehalten und Vorausabtretungen findet sich in Schwarz, Factoring, 4. Aufl. 2002, S. 100 ff.

Bei dem in der Praxis eher selten auftretenden **unechten Factoring** gehen Chancen und Risiken von Wertänderungen nicht auf den Factor über. Nach h. M. liegt daher ein Kreditgeschäft vor,[54] bei dem die Forderung (lediglich) zur Sicherung eines Kredits abgetreten wird. Das Forderungsausfallrisiko verbleibt bei dieser Gestaltung beim Factoring-Kunden, da dieser bei mangelnder Bonität der Debitoren wiederum durch den Factor in Anspruch genommen wird. Da mangels des Übergangs des Delkredererisikos das wirtschaftliche Eigentum an den Forderungen nicht auf den Erwerber übergeht, weist der Veräußerer die Forderungen weiterhin in seiner Bilanz aus. Zudem weist er die zugeflossenen liquiden Mittel sowie eine korrespondierende Verbindlichkeit aus. Da die rechtliche Abtretung der Forderungen an den Erwerber als Sicherheitsabtretung zur Besicherung des erhaltenen Darlehens anzusehen ist, bleibt der Bilanzausweis der Forderungen unverändert (vgl. § 246 Abs. 1 Satz 2 HGB). Im Anhang ist der Gesamtbetrag der so besicherten Verbindlichkeiten unter Angabe von Art und Form der Sicherheiten anzugeben (vgl. § 285 Satz 1 Nr. 1 b), 2 HGB).[55] Nach anderer Ansicht wird diese Forderung zum Zeitpunkt der Zahlung durch den Factor ausgebucht und das bis zur vollständigen Zahlung durch den Schuldner bestehende Ausfall- und Bestandsrisiko des Unternehmens durch einen Bilanzvermerk gem. § 251 HGB (Verbindlichkeiten aus Gewährleistungsverträgen) bzw. im Falle der Konkretisierung dieses Risikos als Verbindlichkeitsrückstellung berücksichtigt.[56]

55

Beim **stillen** Verfahren wird die Forderungsabtretung dem Debitor nicht angezeigt. Die Debitoren zahlen somit mangels Kenntnis weiterhin an den Factoring-Kunden, der die vereinnahmten Beträge an den Factor weiterzuleiten hat. Bei einer **offenen** Abtretung zeigt der Factoring-Kunde die Forderungsabtretung seinen Kunden durch einen Abtretungsvermerk auf der Rechnung an.

56

Praxis-Beispiel
Unternehmer (U) entscheidet sich für Factoring als ein Mittel der Unternehmensfinanzierung. Er tritt die Forderungen aus L&L an die Factoring-Bank (F) ab. Die Kunden von U werden schriftlich von ihm aufgefordert, künftig an F zu zahlen. F überweist daraufhin den Forderungskaufpreis unter Abzug einer Faktorgebühr i. H. v. 2,5 % und eines Einbehalts i. H. v. 10 %. Dieser Einbehalt dient F zur Absicherung von Veritätsrisiken, d. h. den Risiken, dass Forderungen ganz oder tw. nicht existent, bestritten oder mit Rechten Dritter belastet oder dass die gelieferten Waren mit Mängeln behaftet sind. Der Einbehalt wird von F auf ein Sperrkonto eingezahlt. Für die Zeit von der Gutschrift des Forderungskaufpreises bei Ankauf bis zur Begleichung durch den Debitoren belastet F Zinsen. Die Führung der Debitorenbuchhaltung bleibt bei U, um die Factoringkosten zu senken.
Ergebnis: Die Forderung ist wirtschaftlich dem F zuzurechnen.

57

In der Praxis ist das sog. **Eigenservice-Verfahren** (insb. in Verbindung mit dem stillen Verfahren) verbreitet. Hierbei verbleibt die Debitorenbuchhaltung einschl. des Mahn- und Inkassowesens beim Factoring-Kunden, der diese Auf-

---

54 Vgl. IDW, WPH Edition, Wirtschaftsprüfung & Rechnungslegung, 18. Aufl. 2023, Kap. F Tz 1364.
55 Vgl. IDW RS HFA 8.41.
56 Vgl. Winnefeld, Bilanz-Handbuch, 5. Aufl. 2015, D 202.

gaben treuhänderisch für den Factor ausübt. Der Factoring-Kunde berichtet dem Factor in geeigneter Form (z. B. per Datenübertragung) laufend über die Höhe und die Spezifikation der Außenstände. Auf die Bilanzierung der Forderungen in der Bilanz des Factors (im Regelfall des echten Factorings) hat das Eigenservice-Verfahren keine Auswirkung.

In der **Steuerbilanz** ist aufgrund des Zurechnungsgrundsatzes nach § 39 AO ebenfalls zwischen echtem und unechtem Factoring zu unterscheiden und entsprechend den oben dargestellten handelsrechtlichen Grundsätzen zu bilanzieren.[57]

2.3.5 Dingliche Sicherungsrechte

58 Bei der Bestellung dinglicher Sicherungsrechte an VG verbleibt das wirtschaftliche Eigentum beim Sicherungsgeber, wenn es sich um Rechte wie **Eigentumsvorbehalte, Sicherungsübereignungen** oder **Sicherungsabtretungen** handelt. Daher werden die betroffenen VG weiterhin in der Bilanz des Sicherungsgebers aktiviert. Dies ergibt sich bereits aus dem Grundsatz der Bilanzierung beim wirtschaftlichen Eigentümer des VG. Dies gilt nach § 39 Abs. 2 Nr. 1 Satz 2 AO auch für die Steuerbilanz. Nur falls die vereinbarten Verfügungsbefugnisse des Sicherungsnehmers über den Sicherungszweck hinausgehen, kommt eine Bilanzierung beim Sicherungsnehmer in Betracht.[58]

Eine Kennzeichnung der als Sicherheit dienenden VG ist in der Bilanz nicht erforderlich und wird in der Praxis auch nicht vorgenommen. Daher ist anhand der Bilanz für einen fremden Dritten nicht erkennbar, an welchen VG Sicherungsrechte bestehen. Im Anhang hat gem. § 285 Satz 1 Nr. 1 b) HGB lediglich die Angabe des Gesamtbetrags der Verbindlichkeiten, die durch Pfandrechte oder ähnliche Rechte gesichert sind, unter Angabe von Art und Form der Sicherheiten zu erfolgen (§ 285 Rz 8 ff.).

2.3.6 Kommissionsgeschäfte

59 Ein Kommissionsgeschäft ist dadurch gekennzeichnet, dass es ein Kommissionär gewerbsmäßig übernimmt, Waren oder Wertpapiere für Rechnung eines anderen, des Kommittenten, in eigenem Namen zu kaufen oder zu verkaufen (§ 383 HGB). Vom Kommissionär in Kommission genommene Waren dürfen von diesem nicht aktiviert werden, da er zu keinem Zeitpunkt wirtschaftlicher Eigentümer dieser Waren wird. Von dem Kommittenten in Kommission gegebene Waren sind folglich mangels Realisierung eines Umsatzes bei dem Kommittenten unter den Waren und nicht unter den Forderungen auszuweisen.

60 Bei der **Verkaufskommission** verbleiben bis zum Verkauf sowohl das zivilrechtliche als auch das wirtschaftliche Eigentum an den dem Kommissionär übergebenen Kommissionsgütern beim Kommittenten. Daher muss der Kommittent den VG weiterhin in seiner Bilanz aktivieren. Der Kommissionär aktiviert nichts.

---

[57] Vgl. Winnefeld, Bilanz-Handbuch, 5. Aufl. 2015, D 204.
[58] Vgl. Justenhoven/Meyer, in Beck Bil-Komm., 14. Aufl. 2024, § 246 HGB Rz 31 mwN sowie Stutzmann, in Anzinger/Oser/Schlotter, Rechnungslegung und Prüfung, Tb. 1, 7. Aufl. 2023, § 246 HGB Rz 177. Insoweit ergäbe sich eine Abweichung bereits bei der Frage, wem das wirtschaftliche Eigentum zuzurechnen ist.

> **Praxis-Beispiel**
> Ein Möbelhersteller (H) liefert Küchen an eine Möbelkette (Verkaufskommissionär). Die Möbelkette (M) verkauft die Küchen in ihren Filialen in eigenem Namen. Die Ware lagert M in ihrem Zentrallager und liefert sie von dort direkt an die Kunden. Den Kunden ist nicht bekannt, dass die Küchen nicht im Eigentum von M stehen und sie im Innenverhältnis zum Kommittenten H lediglich den Auftrag hat, die Ware zu veräußern. Für ihre Tätigkeit bekommt M eine Provision. Im Gegenzug leitet sie den Kaufpreis nach Abzug der Provision an H weiter.
> **Ergebnis**: Das Risiko des Nichtverkaufs der Küchen trägt H, denn M kann die Ware an H zurückgeben. Sowohl das zivilrechtliche als auch das wirtschaftliche Eigentum verbleiben bei H. Er muss die Küchen in seiner Bilanz unter Ansatz der HK aktivieren. Mit der Lieferung an M erfolgt keine Ausbuchung und keine Gewinnrealisierung, sondern erst zum Zeitpunkt des Verkaufs der Küchen von M an seine Kunden. Erst dann aktiviert H eine „Forderung aus L&L", die der Höhe nach dem Kaufpreis der Küchen abzgl. der Verkaufsprovision entspricht. In der Praxis werden die Buchungen i. d. R. monatlich anhand der Abrechnungen/Gutschriften von M vorgenommen (Anzeigepflicht des Kommissionärs, § 384 Abs. 2 HGB).

Bei der **Einkaufskommission** wird der Kommissionär in dem Zeitpunkt, in dem er die von ihm für Rechnung des Kommittenten erworbene Kommissionsware bezieht, rechtlicher Eigentümer. Das wirtschaftliche Eigentum geht jedoch nach h. M. sofort auf den Kommittenten über. Dementsprechend aktiviert der Kommissionär nur die Forderung gegen den Kommittenten und passiviert gleichzeitig die Verbindlichkeit aus dem abgeschlossenen Kaufvertrag mit dem Dritten. Damit erfolgt die Bilanzierung der Ware nach Anzeige durch den Kommissionär (§ 384 Abs. 2 HGB) sofort beim Kommittenten. So verhält es sich auch mit der Passivierung der entsprechenden Verbindlichkeit ggü. dem Kommissionär. 61

Da die Forderung (im Fall der Einkaufskommission gegen den Kommissionär) und die Verbindlichkeit (gegen den Dritten) im Jahresabschluss des Kommissionärs ggü. unterschiedlichen Parteien bestehen, ist eine **Saldierung nicht möglich**. Dies gilt jedoch nicht für den mit dem Verkauf ggü. dem Kommittenten entstandenen Provisionsanspruch des Kommissionärs und dessen Verbindlichkeit ggü. dem Kommittenten. In diesem Fall kann eine Saldierung vorgenommen werden, sofern sowohl die Forderung als auch die Verbindlichkeit am Bilanzstichtag fällig sind. Insoweit gelten die Grundsätze der Aufrechnung gem. §§ 387 ff. BGB. 62

2.3.7 Pensionsgeschäfte

Pensionsgeschäfte sind nach § 340b Abs. 1 HGB Verträge, durch die der Eigentümer (Pensionsgeber) ihm gehörende VG einem anderen (Pensionsnehmer) gegen Zahlung eines Betrags überträgt und in denen gleichzeitig vereinbart wird, dass die VG später gegen Entrichtung des empfangenen oder eines im Voraus vereinbarten anderen Betrags an den Pensionsgeber zurückübertragen werden müssen oder können. Diese i. e. S. speziell für Kredit- und Finanzdienstleistungsinstitute geltende Vorschrift wird aufgrund fehlender anderweitiger Definition 63 auf Pensionsgeschäfte im Allgemeinen angewandt. Es wird zwischen „echten" (§ 340b Abs. 2 HGB) und „unechten" (§ 340b Abs. 3 HGB) Pensionsgeschäften unterschieden. In der Praxis können Mischformen vorkommen.

64 Gem. § 340b Abs. 2 HGB handelt es sich um ein **echtes Pensionsgeschäft**, wenn der Pensionsnehmer verpflichtet ist, den VG zu einem bestimmten oder vom Pensionsgeber zu bestimmenden Zeitpunkt zurück zu übertragen. Anstelle der Verpflichtung des Pensionsnehmers zur Rückübertragung reicht auch eine diesbzgl. Option aus, die aller Erwartung nach ausgeübt wird, um das Pensionsgeschäft als ein echtes zu klassifizieren. Bei einem echten Pensionsgeschäft sind die übertragenen VG gem. § 340b Abs. 4 HGB weiterhin in der Bilanz des Pensionsgebers auszuweisen. Er hat in der Höhe des für die Übertragung erhaltenen Betrags eine Verbindlichkeit ggü. dem Pensionsnehmer zu passivieren. Zudem hat der Pensionsgeber den Buchwert der in Pension gegebenen Vermögensgegenstände im Anhang anzugeben.

65 Wenn der Pensionsnehmer lediglich berechtigt ist, die VG zu einem vorher bestimmten oder von ihm noch zu bestimmenden Zeitpunkt zurück zu übertragen und der Pensionsgeber kein Recht auf Rückübertragung hat, so handelt es sich gem. § 340b Abs. 3 HGB um ein **unechtes Pensionsgeschäft**. In diesem Fall kann der Pensionsgeber nicht mit Sicherheit von der Wiedererlangung der Verfügungsgewalt ausgehen, sodass das Pensionsgut bei dem Pensionsnehmer zu bilanzieren ist. Gem. § 340b Abs. 5 Satz 2 HGB hat der Pensionsgeber in diesem Fall unter der Bilanz oder im Anhang die Höhe seiner Verpflichtung für den Fall der Rückübertragung anzugeben. Für evtl. drohende Verluste aus der Rücknahmepflicht ist gem. § 249 Abs. 1 Satz 1 HGB eine Rückstellung zu bilden.[59]

66 Bei einem **gemischten Pensionsgeschäft** liegen sowohl die Merkmale des echten als auch des unechten Pensionsgeschäfts vor, d. h., der Pensionsgeber hat eine Kauf- und der Pensionsnehmer hat zeitgleich eine Verkaufsoption. In diesem Fall ist zu prüfen, wer aufgrund der Gegebenheiten des Einzelfalls als wirtschaftlicher Eigentümer anzusehen ist. Dies wird im Regelfall der Pensionsgeber sein, da er sowohl die Chance der Wertsteigerung als auch das Risiko des Wertverfalls hat. Der Eigentumsübergang auf den Pensionsnehmer ist bei einem gemischten Pensionsgeschäft dann anzunehmen, wenn die beiderseitigen Optionen auf den Zeitwert lauten, was dazu führen würde, dass die Chancen und Risiken aus dem Pensionsgut auf den Pensionsnehmer übergehen.

2.3.8 Asset Backed Securities

67 Bei Asset Backed Securities handelt es sich um Finanzierungsmodelle, bei denen eine nach bestimmten Kriterien ausgewählte Mehrzahl von VG (z. B. ein Portfolio von Forderungen aus L&L bzw. Darlehensforderungen) an eine **Zweckgesellschaft** (sog. Special Purpose Entity) verkauft und sachenrechtlich übertragen wird. Diese ZweckGes. refinanziert sich durch Ausgabe von Schuldtiteln am Kapitalmarkt. Der Erlös aus der Refinanzierung wird zur Tilgung der Kaufpreisverbindlichkeit ggü. dem Veräußerer verwendet.[60] Mit Asset Backed Securities können, ähnlich wie beim Factoring, langfristige Forderungen kurzfristig in liquide Mittel umgewandelt werden. Bilanzielles Hauptziel der Gestaltungen ist

---

[59] Vgl. IDW, WPH Edition, Wirtschaftsprüfung & Rechnungslegung, 18. Aufl. 2023, Kap. F Tz 50.
[60] Vgl. IDW RS HFA 8.4.

es, die veräußerten Forderungen aus der Handelsbilanz ausbuchen zu können und eine Bilanzierung als gesichertes Darlehensgeschäft zu vermeiden. In diesem Fall ist neben den als Kaufpreis zufließenden liquiden Mitteln eine korrespondierende Verbindlichkeit auszuweisen.[61]

Für den Abgang der Forderungen beim Veräußerer kommt es wesentlich auf den Übergang des wirtschaftlichen Eigentums auf die ZweckGes. an. Entscheidend hierfür ist, dass der Veräußerer keinerlei **Bonitätsrisiken** aus den verkauften Forderungen mehr trägt. Diese müssen vollständig auf die ZweckGes. übergegangen sein. Allerdings reicht die Übernahme des Bonitätsrisikos etwa durch einen Kreditversicherer allein nicht aus. Vielmehr bedarf es insb. der **Befugnis**, die Forderungen für sich verwerten zu dürfen.[62] Die ZweckGes. muss daher eigentümertypische Rechte wie Veräußerung und Verpfändung ausüben können. Notwendig für den Eigentumsübergang ist zunächst die **zivilrechtlich wirksame und endgültige Veräußerung**. Ist die wirksame dingliche Übertragung wegen eines Abtretungsverbots nicht möglich, so kann ausnahmsweise darauf verzichtet werden, wenn der Übergang des wirtschaftlichen Eigentums an den VG stattdessen z. B. durch eine Treuhandabrede erreicht wird. Eine Übertragung mit der Möglichkeit der Rückübertragung bei Unwirtschaftlichkeit der Asset-Backed-Securities-Gestaltung steht dem Übergang des wirtschaftlichen Eigentums nicht grds. entgegen.[63] Eine Rückübertragung, wie bei den Pensionsgeschäften, darf allerdings nicht von vornherein vereinbart sein. Insb. darf eine Rückübertragung[64] nicht dazu führen, dass im Vergleich zu dem veräußerten Forderungsbestand in überdurchschnittlichem Umfang nicht realisierte notleidende oder in erheblichem Maß risikobehaftete Forderungen zurückübertragen werden. Eine Ausnahme besteht, wenn die Rückübertragung i. R. d. sog. clean-up call zum dann aktuellen Zeitwert erfolgt.[65]

68

Die Belassung des **Bonitätsrisikos** beim Veräußerer kann durch verschiedene Gestaltungen gegeben sein. Indizien, die gegen den Risikoübergang auf die ZweckGes. sprechen, können die Beteiligung des Veräußerers an der ZweckGes. sein, die Vereinbarung einer Ausfallgarantie oder die Möglichkeit, den Kaufpreis rückwirkend anzupassen.[66] All diese Gestaltungen führen im Ergebnis dazu, dass der Veräußerer trotz des Verkaufs nach wie vor das Bonitätsrisiko aus den Forderungen trägt. Es kommt daher nicht zur Ausbuchung der Forderungen in der Bilanz des Veräußerers.

69

Für die Übernahme aller Risiken durch die ZweckGes. wird der Veräußerer i. d. R. einen Kaufpreisabschlag hinnehmen. Dieser kann in seiner Höhe grds. frei vereinbart werden. Die Höhe eines festen Kaufpreisabschlags ist für den Über-

---

[61] Vgl. IDW RS HFA 8.5.
[62] Vgl. IDW RS HFA 8.7 ff.
[63] Vgl. IDW RS HFA 8.12 ff.
[64] Vgl. IDW RS HFA 8.12: Etwa i. R. e. sog. Clean-up-call für den Fall, dass der Bestand der Forderungen der ZweckGes. einen Umfang unterschreitet, der eine Fortführung der Asset-Backed-Securities-Gestaltung unwirtschaftlich werden lässt, z. B. nachdem der weit überwiegende Teil der veräußerten Forderungen getilgt ist.
[65] Vgl. IDW RS HFA 8.12: Bei einer Rückübertragung einer notleidenden Forderung erfolgt die wirtschaftliche Belastung der ZweckGes. gerade, indem der anzusetzende Kaufpreis die Bonität berücksichtigt und ein entsprechend hoher Abschlag daher in Kauf genommen wird.
[66] Vgl. IDW RS HFA 8.16 sowie IDW, WPH Edition, Wirtschaftsprüfung & Rechnungslegung, 18. Aufl. 2023, Kap. F Tz 1369.

gang des wirtschaftlichen Eigentums an die ZweckGes. ohne Relevanz. Bei einem von vornherein festgelegten Kaufpreisabschlag ist der Übergang des wirtschaftlichen Eigentums unabhängig von seiner Höhe zu bejahen.[67] Ist der Kaufpreisabschlag hingegen nicht endgültig vereinbart, so kommt es auf die Angemessenheit des Kaufpreisabschlags an. Indiz für die **Angemessenheit** ist z. B., dass der Kaufpreisabschlag den marktüblichen Delkrederesätzen (außerhalb von Asset-Backed-Securities-Transaktionen, wie etwa bei einem Factoring) oder den historischen Ausfallquoten entspricht.[68] Ist der Abschlag insofern angemessen, geht das wirtschaftliche Eigentum auf die ZweckGes. über. Wird dagegen ein überhöhter Kaufpreisabschlag vereinbart, so trägt der Forderungsverkäufer weiterhin die mit der Einziehung der Forderungen verbundenen Risiken[69] und behält damit das wirtschaftliche Eigentum.

70 Verbleiben bei Vereinbarung eines **Total Return Swap**[70] i. R. d. Asset-Backed-Securities-Transaktion sowohl das Marktpreis- als auch das Bonitätsrisiko beim Forderungsveräußerer, so behält dieser ebenfalls das wirtschaftliche Eigentum, unabhängig von der Höhe des Kaufpreisabschlags.[71]

71 Muss der Forderungsverkäufer nicht mehr für die Bonität seiner Kunden einstehen, ist die Forderung grds. **der Zweckgesellschaft zuzurechnen** und bei ihr zu aktivieren. Der Forderungsverkäufer hat die Forderung auszubuchen. Davon ausgenommen ist der Fall, dass die ZweckGes. dem Forderungsverkäufer nahesteht oder der Forderungsverkäufer die Refinanzierungstitel zu einem wesentlichen Teil übernimmt. In solch einem Fall ist zu prüfen, ob der Forderungsverkäufer die Einziehung der Forderung nur zum Schein ausgelagert hat. Dieses kann als treuhänderische Verwaltung durch die ZweckGes. anzusehen sein, mit der Folge, dass die Forderung weiterhin beim Forderungsverkäufer als Treugeber bilanziell zu berücksichtigen ist.

72 Sofern eine Forderung nach den erläuterten Kriterien weiterhin **dem Forderungsverkäufer zuzurechnen ist**, ist sie bei ihm zu bilanzieren. Korrespondierend werden die zugeflossenen liquiden Mittel ausgewiesen sowie eine Verbindlichkeit ggü. der ZweckGes. passiviert.[72] KapG und KapCoGes haben die besicherte Verbindlichkeit gem. § 285 Satz 1 Nr. 1b) und Nr. 2 HGB im Anhang anzugeben. Die ZweckGes. hat in diesem Fall eine Forderung gegen den Forderungsverkäufer zu aktivieren.

> **Praxis-Beispiel**
> Ein Unternehmen (U) schließt mit einer Finanzierungsgesellschaft (F) einen Rahmenvertrag ab, nach dem F in monatlichen Abständen die Forderungen aus L&L des U mit einer Laufzeit von über einem Jahr abkauft. Für das rechtliche Bestehen der Forderungen haftet U. Der Verkauf der Forderungen wird dem Kunden ggü. nicht offengelegt.

---

[67] Vgl. IDW RS HFA 8.19 sowie Justenhoven/Meyer, in Beck Bil-Komm., 14. Aufl. 2024, § 246 HGB Rz 48.
[68] Vgl. IDW RS HFA 8.22.
[69] Dies ist der Fall, wenn dieser Kaufpreisabschlag derart hoch ist, dass für den Erwerber aufgrund des unangemessen niedrigen Kaufpreises keinerlei Risiko mehr besteht.
[70] Vgl. IDW ERS HFA 13.52 ff. n. F.
[71] Vgl. IDW RS HFA 8.16.
[72] Vgl. IDW RS HFA 8.41.

Bei der Veräußerung wird folgendermaßen abgerechnet: Von dem Buchwert der Forderungen werden vom Käufer zuerst alle Rabatte, Boni und Skonti abgezogen. Danach wird ein Abschlag zur Abdeckung des Ausfallrisikos festgesetzt, der in ein sog. Reservekonto fließt und der Besicherung dient. Der verbleibende Betrag wird an U überwiesen. Bei Zahlung der Debitoren wird der Abschlag voll erstattet. Der Abschlag wird anhand der tatsächlichen Ausfälle in der Vergangenheit zzgl. 3 % Risikozuschlag für die Unsicherheit einer künftigen Veränderung der Zahlungsfähigkeit der Kunden bemessen. Für die Ermittlung der Ausfallquote gelten die einen Monat nach der Fälligkeit nicht ausgeglichenen Forderungen als ausgefallen. Zum Zeitpunkt des Vertragsabschlusses wird die Ausfallquote auf 25 % geschätzt.

Ergebnis: Für die wirtschaftliche Zuordnung der Forderungen ist es unerheblich, wer diese verwaltet und einzieht und wer für das rechtliche Bestehen haftet.[73] Der Kaufpreisabschlag hat aufgrund der möglichen Rückerstattung nur einen vorläufigen Charakter. Das entscheidende Kriterium ist daher die Angemessenheit des Kaufpreisabschlags. Die zu erwartenden Preisminderungen stehen nicht zur Abdeckung des Forderungsausfalls bereit, daher sind sie bei der Angemessenheitsprüfung nicht zu berücksichtigen.[74] Generell spricht die tatsächliche Ausfallquote mit einem angemessenen Risikozuschlag für die Angemessenheit des Abschlags. Jedoch darf die hier vorgenommene Ausfallfiktion (pauschal nach Ablauf eines Monats nach Fälligkeit) nach den handelsrechtlichen Grundsätzen bei der Ermittlung der Ausfallquote nicht berücksichtigt werden.[75] Der Kaufpreisabschlag ist damit vorliegend als überhöht und unangemessen anzusehen, weil er über den üblicherweise vergleichbaren Abschlägen beim Forderungsverkauf liegt. Die Forderung ist weiterhin U zuzurechnen und in seiner Bilanz zu aktivieren. Die auf dem Reservekonto der ZweckGes. angesammelten Beträge dürfen in diesem Fall nicht aktiviert werden.[76]

Zur **Konsolidierung von ZweckGes.** s. § 290 Rz 46 ff. Soweit ZweckGes. nicht konsolidiert werden, kommen die Anhangangaben nach § 285 Nr. 3 bzw. § 314 Abs. 1 Nr. 3 HGB in Betracht.

2.3.9 Derivatgeschäfte

Derivate sind **Finanzkontrakte**, deren Wert sich vom Wert eines oder mehrerer zugrunde liegender Vermögenswerte (z. B. Aktien, Anleihen, Edelmetalle, Rohstoffe) oder Referenzsätze (z. B. Indizes, Währungen, Zinsen) ableitet. Es gibt

---

[73] Vgl. IDW RS HFA 8.10, 8.20. Es handelt sich hierbei um Gewährleistungspflichten außerhalb des Bonitätsrisikos.
[74] Vgl. IDW RS HFA 8.24. Derlei sog. „dilution-Abschläge" berühren den Bestand der veräußerten Forderungen dem Grund nach, nicht jedoch die Bonitätsrisiken. Gleiches gilt für sog. „yield-Abschläge", aus denen sich der Erwerber zur Abdeckung des Zinsänderungsrisikos bedient.
[75] Vgl. IDW RS HFA 8.33.
[76] Vgl. IDW RS HFA 8.37. Eine Aktivierung eines Anspruchs aus dem Reservekonto kommt nicht in Betracht, da die Forderung selbst weiterhin bei U zu aktivieren ist. U passiviert die von F zugeflossenen liquiden Mittel als Verbindlichkeit.

drei Grundtypen: Optionen, Terminkontrakte und Swaps. In der Unternehmenspraxis werden Derivate zur Absicherung gegen spezielle Risiken oder zu Handelszwecken (Spekulation) eingesetzt.

74 **Optionen** sind Vereinbarungen, die den Optionskäufer gegen Zahlung eines Entgelts (Optionsprämie) berechtigen, bestimmte VG zu vorab festgelegten Bedingungen innerhalb einer bestimmten Frist oder zu einem bestimmten Zeitpunkt vom Optionsverkäufer (Stillhalter) zu erwerben (Kaufoption, Call) oder an diesen zu veräußern (Verkaufsoption, Put). Dementsprechend handelt es sich bei erworbenen Optionsrechten um aktivierungspflichtige VG, bei geschriebenen Stillhalterverpflichtungen um passivierungspflichtige **Verbindlichkeiten**, wobei die vereinbarte Optionsprämie die AK bildet. In den Folgeabschlüssen sind die Optionen nach allgemeinen Grundsätzen zu bewerten. Wie Optionen behandelt werden auch **Zinsbegrenzungsvereinbarungen**, bei denen der Aussteller gegen eine Prämie die Verpflichtung übernimmt, dem Berechtigten bei Überschreiten (**Cap**) oder Unterschreiten (**Floor**) einer bestimmten Zinsgrenze eine Ausgleichszahlung zu leisten. Bei Optionen handelt es sich um finanzielle, nicht um immaterielle VG.

75 Bei **Terminkontrakten** (Forwards, Futures)[77] handelt es sich um Vereinbarungen über die Lieferung eines bestimmten Gegenstands zu einem bestimmten späteren Zeitpunkt gegen ein vorab festgelegtes, bestimmtes oder bestimmbares Entgelt. Im Gegensatz zu den Optionen ist beim Abschluss von Termingeschäften von keiner Vertragspartei eine Prämie zu leisten; demzufolge gibt es auch keine AK. Nach den Grundsätzen für **schwebende Geschäfte** werden Termingeschäfte vor ihrer Erfüllung grds. nicht bilanziert. Für **drohende Verluste** sind ggf. Rückstellungen zu bilden (§ 249 Rz 120); dies gilt auch für nicht marktkonform kontrahierte Termingeschäfte.

76 **Swaps** sind Verträge über den Tausch von Zahlungsströmen, z.B. Forderungen/Verbindlichkeiten in verschiedenen Währungen oder Zinszahlungen, für einen bestimmten Zeitraum. Wie Terminkontrakte haben auch Swaps keine AK. Als **schwebende Geschäfte** werden sie grds. nicht bilanziert. Ist von einer Vertragspartei bei Laufzeitbeginn eine Ausgleichszahlung (**Upfront Payment**) zu leisten, so handelt es sich insoweit um vorausbezahlte Zinsen, die zunächst als Rechnungsabgrenzungsposten zu aktivieren und anschließend zeitanteilig zulasten des Zinsaufwands aufzulösen sind.[78] Am Bilanzstichtag aufgelaufene, noch nicht fällige **Zinsansprüche und -verpflichtungen** sind ggf. als Rechnungsabgrenzungsposten zu aktivieren bzw. zu passivieren. Für **drohende Verluste** sind ggf. Rückstellungen zu bilden (§ 249 Rz 120); dies gilt auch für nicht marktkonform kontrahierte Swapgeschäfte.

77 Eine Sonderform stellen **Credit Default Swaps** dar. Hierbei übernimmt eine Vertragspartei (Sicherungsgeber) gegen Erhalt einer Prämie von der anderen Vertragspartei (Sicherungsnehmer) das Risiko, dass ein vertraglich vereinbartes Kreditereignis (Credit Event) bzgl. einer bestimmten Adresse oder eines Referenzaktivums (z.B. Schuldtitel oder Kreditportfolio) eintritt. Bei Eintritt des Kreditereignisses hat der Sicherungsgeber dem Sicherungsnehmer eine Ausgleichszahlung (Credit Event Payment) zu leisten. Die vom Sicherungsgeber

---

[77] Im Unterschied zu den Forwards handelt es ich bei Futures um börsengehandelte Termingeschäfte.
[78] Vgl. Spanier, Bankinformation 11/2000, S. 61.

übernommenen Eventualrisiken sind unter der Bilanz als Eventualverbindlichkeiten (Verbindlichkeiten aus Bürgschaften und Gewährleistungsverträgen) zu zeigen. Droht für den Sicherungsgeber ernstlich die Inanspruchnahme aus einem Credit Default Swap in Form einer Ausgleichszahlung, ist in entsprechender Höhe eine Rückstellung für drohende Verluste aus schwebenden Geschäften zu bilden.[79]

Für die Bilanzierung von Derivaten, die **Sicherungszwecken** dienen, gelten abweichende Grundsätze (§ 254 HGB). Danach sind Sicherungsderivate und abgesicherte Grundgeschäfte bei Vorliegen einer Bewertungseinheit kompensatorisch zu bilanzieren (§ 254 Rz 53 ff.). Für **Macro-Hedge-Geschäfte** der Banken zur Absicherung gegen das allgemeine Zinsänderungsrisiko haben sich besondere Grundsätze herausgebildet.[80] **78**

Bis zur Einführung des BilMoG gab es für Derivatgeschäfte, abgesehen von bestimmten Angabe- und Berichtspflichten im Anhang des Jahresabschlusses und im Lagebericht, **keine speziellen Rechnungslegungsvorschriften**. **79**
Mit dem **BilMoG** sind Regelungen für die Bilanzierung von Finanzinstrumenten aufgenommen worden, auch Derivate betreffend.[81] **§ 254 HGB** enthält Regelungen für die bilanzielle Abbildung von **Bewertungseinheiten** (§ 254 Rz 53 ff.). Kreditinstitute haben zudem die Spezialvorschriften des § 340e Abs. 3 HGB zu beachten. Danach sind Finanzinstrumente des Handelsbestands zum beizulegenden Zeitwert abzgl. eines Risikoabschlags zu bewerten. Für derartige Finanzinstrumente gelten damit die AK nicht mehr als Wertobergrenze.

2.3.10 Strukturierte Finanzinstrumente

Strukturierte Finanzinstrumente (Compound Instruments) haben in der Praxis weite Verbreitung gefunden. Hierbei handelt es sich um Finanzinstrumente, die aus einem Basisinstrument, i.d.R. eine Forderung oder Schuldverschreibung, und einem oder mehreren Derivaten (insb. Optionen) vertraglich zu einer Einheit zusammengesetzt sind. Aufgrund des eingebetteten Derivats werden die Zahlungsströme des strukturierten Finanzinstruments insgesamt oder tw. ähnlichen Risiken in Abhängigkeit von einer Basisvariablen ausgesetzt wie durch ein freistehendes Derivat, z.B. der Entwicklung eines bestimmten Zinssatzes, der Preisentwicklung von bestimmten Aktien, Anleihen, Edelmetallen oder Rohstoffen, einer Indexentwicklung, einem Bonitätsrating oder einer anderen Variablen wie Wetter- oder Katastrophenereignisse. Diese Instrumente sind grds. als einheitlicher VG bzw. einheitliche Verbindlichkeit zu bilanzieren.[82] Wenn sie jedoch durch das eingebettete Derivat im Vergleich zum Basisinstrument wesentlich erhöhte oder zusätzliche (andersartige) Risiken oder Chancen aufweisen, handelt es sich bei wirtschaftlicher Betrachtungsweise um zwei Instrumente, die im Interesse einer zutreffenden Darstellung der Vermögens-, Finanz- und Er- **80**

---

[79] Vgl. Schubert, in Beck Bil-Komm., 14. Aufl. 2024, § 249 HGB Rz 72.
[80] Hinsichtlich weitergehender Erläuterungen hierzu wird auf die einschlägige Kommentarliteratur verwiesen; s. etwa bei Krumnow/Sprißler et al., Rechnungslegung der Kreditinstitute, 2. Aufl. 2004, § 340e HGB Rz 151 ff.
[81] Vgl. BT-Drs. 16/10067 v. 30.7.2008 S. 53.
[82] Vgl. IDW RS HFA 22.

tragslage grds. getrennt voneinander zu bilanzieren sind;[83] Beispiele hierfür sind Equity Linked Notes und Credit Linked Notes.

81 Eine **Equity Linked Note** oder auch Aktienanleihe ist eine Anleihe mit Rückzahlungswahlrecht in Aktien. Sie setzt sich bei wirtschaftlicher Betrachtung aus einer Festzinsanleihe und einer dem Emittenten eingeräumten Aktienverkaufsoption zusammen. Durch das Optionsrecht des Emittenten wird die mit einer Festzinsanleihe üblicherweise verbundene Kapitalgarantie (Rückzahlung zu 100 %) aufgehoben. Sinkt der Kurs der Aktien unter den Basispreis der Verkaufsoption, wird der Emittent von seinem Recht auf Rückzahlung in Aktien Gebrauch machen. Je tiefer der Aktienkurs sinkt, desto geringer fällt die Rückzahlung aus. Für die Übernahme dieses Risikos erhält der Erwerber einer Equity Linked Note eine Prämie in Form eines Zinsaufschlags. Da bei einer Equity Linked Note neben dem Zinsrisiko mit dem Aktienkursrisiko ein wesentliches zusätzliches Risiko besteht, ist sowohl beim Emittenten als auch beim Erwerber grds. die eingebettete Option von der Anleihe getrennt zu bilanzieren.[84]

82 Eine **Credit Linked Note** ist eine Schuldverschreibung, die bei Fälligkeit nur dann zum Nennwert getilgt wird, wenn ein vertraglich definiertes Kreditereignis (Credit Event) bzgl. eines Referenzaktivums nicht eintritt. Die Emittenten des Referenzaktivums und der Credit Linked Note sind nicht identisch. Bei Eintritt des Kreditereignisses wird die Credit Linked Note nur i. H. d. Restwerts des Referenzaktivums getilgt. Wirtschaftlich betrachtet handelt es sich bei diesem Finanzinstrument somit um die Kombination einer Schuldverschreibung des Emittenten der Credit Linked Note mit einem Credit Default Swap in Bezug auf das Referenzaktivum. Die Prämie, die der Erwerber einer Credit Linked Note für die Übernahme des Ausfallrisikos erhält, ist als Zuschlag in den Zinscoupon der Credit Linked Note integriert. Das Ausfallrisiko aus dem eingebetteten Credit Default Swap ist sowohl beim Emittenten als auch beim Erwerber grds. von der Credit Linked Note abzuspalten und getrennt zu bilanzieren.[85]

2.3.11 Wertgarantien bei Veräußerungsgeschäften

83 Kaufverträge sehen oft vor, dass einzelne mit einem VG verbundene Chancen oder Risiken zumindest temporär beim Verkäufer verbleiben. Neben Nebenabreden in Kaufverträgen über VG sind auch Wertgarantien des Verkäufers i. R. e. Unternehmensverkaufs von praktischer Bedeutung. Für die bilanzielle Abbildung dieser Vereinbarungen und die Zuordnung des VG zum Käufer oder Verkäufer ist die Gestaltung dieser Nebenabreden entscheidend. Beispiele für wesentliche zurückbehaltene Risiken sind Bonitätsrisiken bei Forderungen, Ertragsrisiken bei Unternehmen (u. a. Wertgarantien für bestimmte Plandaten wie Umsatz oder EBIT) oder Vermietungsrisiken bei Grundstücken. Ist das beim

---

[83] Zu den Kriterien für eine getrennte Bilanzierung im Einzelnen vgl. IDW RS HFA 22.15 ff.
[84] Für weitergehende Erläuterungen, insb. zur Aufteilung der AK, zur Folgebewertung und zum Ausweis der Erfolgsbeiträge, wird auf Spanier, Rechnungslegung, S. 63 f. verwiesen.
[85] Nach IDW RS BFA 1 kann der gesonderte Ausweis der zusätzlichen Sicherungsgeberposition aus dem Credit Default Swap unterbleiben, sofern der Grundsatz der Wesentlichkeit nicht verletzt wird.

Veräußerer verbleibende Risiko wesentlich, so ist fraglich, ob das wirtschaftliche Eigentum beim Verkäufer verbleibt. Wenn durch Nebenabreden der Art nach zentrale oder bedeutsame Risiken aus einem VG nur temporär bzw. kurzfristig zurückbehalten werden, kommt es i. d. R. zum Abgang des VG, nicht aber zu einer Gewinnrealisierung beim Verkäufer.[86] Werden dagegen ihrer Art nach bedeutsame Risiken auf Dauer oder zumindest langfristig, d. h. mehr als zwei bis drei Jahre, zurückbehalten, sind sowohl der Abgang des VG als auch die Gewinnrealisierung zu verneinen.[87]

Im Fall von üblichen **Gewährleistungsgarantien** aufgrund von Mängeln der gelieferten Sache, wie sie regelmäßig in Kaufverträgen vereinbart sind, geht das wirtschaftliche Eigentum dagegen auf den Käufer über.[88]

2.3.12 Nießbrauch

Das Eigentum an einer Sache verleiht dem Eigentümer im Wesentlichen drei Rechte: Nutzung, Fruchtziehung und Verfügung. Durch die Begründung eines Nießbrauchs überträgt der Eigentümer einer Sache das **Recht zur Nutzung und Fruchtziehung** an einen Dritten und behält nur das Verfügungsrecht für sich. VG, die mit einem Nießbrauchsrecht belastet sind, sind bilanziell grds. dem zivilrechtlichen Eigentümer zuzuordnen. Regelmäßig wird Nießbrauch an einem VG begründet, um bestimmte Verbindlichkeiten zu sichern. Am (wirtschaftlichen) Eigentum an dem VG ändert dies jedoch nichts, sodass sich auch die bilanzielle Zuordnung des VG durch die Begründung des Nießbrauchs nicht ändert.

84

Davon abweichend ist der VG jedoch dann dem Nießbrauchsberechtigten zuzuordnen, wenn dessen Rechte an dem Gegenstand derart stark ausgestaltet sind, dass sie ein wirtschaftliches Eigentum daran begründen. Dabei kommt es für die Beurteilung, ob wirtschaftliches Eigentum gegeben ist, allein darauf an, dass der Herausgabeanspruch des zivilrechtlichen Eigentümers wirtschaftlich wertlos ist – entweder weil der Nießbrauchsberechtigte aufgrund des Vertrags über die Substanz verfügen darf oder die belasteten VG bis zu ihrer vollständigen technischen oder wirtschaftlichen Abnutzung nicht herauszugeben braucht.[89]

2.4 Zurechnung von Schulden

Gem. § 246 Abs. 1 Satz 3 HGB sind Schulden in die Bilanz des Schuldners aufzunehmen. Danach sind grds. alle im eigenen Namen eingegangenen Schulden zu passivieren. Das kaufmännische Vorsichtsprinzip erfordert, dass der rechtlich Verpflichtete Verbindlichkeiten stets zu bilanzieren hat, auch wenn wirtschaftlich ein Dritter die Belastung zu tragen hat. Eventuelle Ersatzansprüche an einen Dritten sind zu aktivieren, eine Saldierung ist gem. § 246 Abs. 2 Satz 1 HGB unzulässig.[90]

85

---

[86] Vgl. Justenhoven/Meyer, in Beck Bil-Komm., 14. Aufl. 2024, § 246 HGB Rz 54 sowie IDW ERS HFA 13.55 n. F.
[87] Vgl. IDW ERS HFA 13.56 n. F.
[88] Vgl. IDW ERS HFA 13.57 ff. n. F.
[89] Vgl. BFH, Urteil v. 2.6.1978, III R 4/76, BStBl 1978 II S. 508 sowie IDW ERS HFA 13.68 f., Justenhoven/Meyer, in Beck Bil-Komm., 14. Aufl. 2024, § 46 HGB Rz 78.
[90] Vgl. Lutz/Schlag, in Schulze-Osterloh/Hennrichs/Wüstemann, Handbuch des Jahresabschlusses (HdJ) III/3, Rz 48, Stand: 8/2023.

Treuhänderisch eingegangene Verbindlichkeiten sind beim Treuhänder auszuweisen, wenn er die Verpflichtungen Dritter ggü. im eigenen Namen eingegangen ist, denn er trägt das Risiko der Inanspruchnahme durch den Dritten auch für den Fall, dass kein Ausgleich zu erlangen ist. Der ihm aus dem Treuhandvertrag zustehende Anspruch gegen den Treugeber auf Freistellung von der Verbindlichkeit oder auf Erstattung seiner Auslagen ist zu aktivieren.[91] Dabei ist eine Kenntlichmachung, dass es sich um Ansprüche und Verbindlichkeiten aus Treuhandgeschäften handelt, zweckmäßig. Der Treugeber hat unabhängig von der Bilanzierung beim Treuhänder aufgrund der wirtschaftlichen Zurechnung ebenfalls die primäre Verbindlichkeit zu bilanzieren.

86 Bei einer **Erfüllungsübernahme** hat ein Dritter für den Schuldner die Erfüllung einer Verbindlichkeit übernommen. Sofern im Innenverhältnis eine endgültige Entlastung des Schuldners beabsichtigt ist und der Schuldner ggü. dem Übernehmer eine Gegenleistung erbringt, hat der Übernehmer die Verbindlichkeit als seine eigene zu passivieren. Der Schuldner hat die Verbindlichkeit bis zu ihrer Erfüllung durch den Dritten weiter zu bilanzieren. Der aus der Übernahme folgende Freistellungsanspruch gegen den Dritten ist auf der Aktivseite der Bilanz auszuweisen, da der Gläubiger den Schuldner persönlich in Anspruch nehmen kann.[92] Die Auswirkungen eines Betriebsübergangs nach § 613a BGB auf die Bilanzierung von Altersversorgungsverpflichtungen und vergleichbaren langfristig fälligen Verpflichtungen hängt von der konkreten Ausgestaltung im Einzelfall (z. B. Erfüllungsübernahme nur im Innenverhältnis, entgeltliche Übertragung) ab.[93]

87 Bei Vorliegen einer **Gesamtschuld** kann der Gläubiger gem. § 421 BGB von jedem der Schuldner die Leistung ganz oder tw. verlangen. Daher hat jeder Schuldner die Verbindlichkeit in voller Höhe in seiner Bilanz auszuweisen. Soweit ein Schuldner die Gesamtschuld beglichen hat, geht die Forderung des Gläubigers gegen die übrigen Schuldner nach § 426 BGB auf ihn über. Die wirtschaftliche Belastung des Bilanzierenden kann durch den Rückgriffsanspruch reduziert werden. Eine Saldierung ist unter dem Gesichtspunkt des Verrechnungsverbots grds. nicht vorzunehmen. Besteht jedoch im Innenverhältnis eine ausdrückliche Vereinbarung zwischen den Schuldnern, dass jeder die Schuld anteilig zu erbringen hat, genügt es, wenn jeder von ihnen die Verbindlichkeit i. H. seines Anteils ausweist, sofern zu erwarten ist, dass jeder Schuldner seinen Anteil bei Fälligkeit begleichen wird. Der die anteilige Schuld übersteigende Betrag ist als Haftungsverhältnis gem. § 251 HGB zu vermerken. Ist dagegen wahrscheinlich, dass der Bilanzierende mit dem vollen Betrag in Anspruch genommen wird, ist die Verbindlichkeit in vollem Umfang zu passivieren. Die gegen die Mitschuldner bestehenden Ausgleichsansprüche sind zu aktivieren.[94]

88 Im Fall einer **Schuldmitübernahme bzw. eines Schuldbeitritts** ist nach deren Zweck zu unterscheiden. Bietet diese dem Gläubiger nur eine zusätzliche Sicherheit, ohne dass eine wirtschaftliche Belastung des Schuldbeitretenden bezweckt

---

[91] Sog. Bruttodarstellung.
[92] Alternativ wird auch eine Absetzung des Freistellungsanspruchs von der Verbindlichkeit in der Vorspalte der Passivseite für zulässig gehalten, vgl. Suchanek, in Anzinger/Oser/Schlotter, Rechnungslegung und Prüfung, Tb. 1, 7. Aufl., 2023, § 246 HGB Rz 309.
[93] Vgl. IDW RS HFA 30.96 ff. n. F.
[94] Vgl. Suchanek, in Anzinger/Oser/Schlotter, Rechnungslegung und Prüfung, Tb. 1, 7. Aufl., 2023, § 246 HGB Rz 310.

ist, ist solange ein Haftungsverhältnis anzunehmen, wie eine Inanspruchnahme durch den Gläubiger nicht droht. Soll der Beitretende dagegen die Schuld auch wirtschaftlich ganz oder tw. übernehmen, hat er die Schuld wie bei einer Erfüllungsübernahme zu passivieren. Beim ersten Schuldner, der rechtlich zur gesamten Leistung verpflichtet bleibt, darf auf die Bilanzierung der Verbindlichkeit nur verzichtet werden, wenn seine Inanspruchnahme so gut wie ausgeschlossen ist. Ist dies nicht der Fall, sind die Verbindlichkeiten sowie ein Freistellungsanspruch gegen den Übernehmer zu bilanzieren.

2.5 Geschäfts- oder Firmenwert

2.5.1 Überblick

Durch § 246 Abs. 1 Satz 4 HGB wird der entgeltlich erworbene Geschäfts- oder Firmenwert (GoF) im Wege einer **Fiktion** zum zeitlich begrenzt nutzbaren VG erhoben. Die Gesetzesformulierung in § 246 Abs. 1 Satz 4 HGB, nach der der GoF als VG gilt, bringt zum Ausdruck, dass der GoF nach der Systematik des Gesetzes zwar kein VG ist, aber durch seine Behandlung als VG zwingend zu aktivieren ist.[95]

Flankiert wird die Regelung durch die Pflicht, den GoF nach § 253 Abs. 3 Satz 1 HGB planmäßig über seine betriebliche Nutzungsdauer abzuschreiben. Bei einer voraussichtlich dauernden Wertminderung sind gem. § 253 Abs. 3 Satz 3 HGB außerplanmäßige Abschreibungen auf den niedrigeren beizulegenden Wert vorzunehmen. Ein niedrigerer Wertansatz eines GoF ist gem. § 253 Abs. 5 Satz 2 HGB beizubehalten (§ 253 Rz 337). Die Annahme einer betrieblichen Nutzungsdauer von mehr als fünf Jahren ist nach § 285 Nr. 13 HGB im Anhang zu begründen.

Der **Zweck** der verpflichtenden Aktivierung des entgeltlich erworbenen GoF ist eine Verbesserung der Vergleichbarkeit des handelsrechtlichen Jahresabschlusses. Darüber hinaus wird angestrebt, die Darstellung der Vermögens-, Finanz- und Ertragslage stärker als bislang an die tatsächlichen Verhältnisse bzw. den tatsächlichen Werteverzehr anzunähern.[96]

Unabhängig davon wird in diesem Punkt eine Annäherung an die **steuerrechtliche Regelung** des § 7 Abs. 1 Satz 3 EStG erreicht, wonach der GoF zu aktivieren und über einen Zeitraum von 15 Jahren abzuschreiben ist,[97] gleichwohl ohne eine Identität zwischen handels- und steuerrechtlichen Regelungen herzustellen, da die Nutzungsdauer nach wie vor unterschiedlich angesetzt werden kann oder muss (§ 253 Rz 207).

2.5.2 Ansatz des Geschäfts- oder Firmenwerts

Der Geschäfts- oder Firmenwert (GoF) besteht gem. § 246 Abs. 1 Satz 4 HGB aus dem Unterschiedsbetrag, um den die für die Übernahme eines Unt bewirkte Gegenleistung den Wert der einzelnen VG abzgl. der Schulden des Unt im Zeitpunkt der Übernahme übersteigt. Die Grundlage für die Ermittlung des GoF bildet somit ein **Unternehmenserwerb**. Der Ansatz eines originären, d. h.

---

[95] Vgl. Arbeitskreis Bilanzrecht der Hochschullehrer Rechtswissenschaft, BB 2008, S. 156.
[96] Vgl. BT-Drs. 16/10067 v. 30.7.2008 S. 48.
[97] Vgl. BT-Drs. 16/10067 v. 30.7.2008 S. 48.

selbst geschaffenen Firmenwerts, bleibt dagegen analog § 248 Abs. 2 HGB weiterhin ausgeschlossen.

93 § 246 Abs. 1 Satz 4 HGB spricht von der Übernahme eines Unt, ohne diesen **Begriff** gesetzlich zu definieren. Als Unt i.S.d. Vorschrift sind neben Einzel-Unt, PersG oder KapG auch einzelne Betriebe oder Teilbetriebe zu verstehen, wenn sie im Zeitpunkt der Übernahme die Fähigkeit besitzen, als selbstständige Einheit am Wirtschaftsverkehr teilzunehmen, auch wenn ihnen die rechtliche Selbstständigkeit fehlt. Entscheidend ist lediglich, dass der einzelne Teil auch für sich allein als Unt geführt werden und selbstständig am Wirtschaftsleben teilnehmen könnte.

94 Die Übernahme eines Unt kann durch den Erwerb einer Beteiligung, dem sog. **share deal**, oder i.R.e. **asset deals** durch den Einzelerwerb von VG und Schulden erfolgen. Bei einem share deal kann in der Bilanz des Erwerbers kein derivativer GoF entstehen, da die Beteiligung als solche als Finanzanlage aktiviert wird und ein etwaiger GoF folglich als Bestandteil des Beteiligungsbuchwerts ausgewiesen wird. Ein GoF kann somit i.d.R. nur aus einem asset deal resultieren; da hier einzelne VG erworben werden ergibt sich regelmäßig ein GoF. Ein GoF kann auch bei einem Erwerb von Anteilen an einer PersG anzusetzen sein, wenn nicht sämtliche Anteile übernommen werden (sog. **Eintritt**) oder bei einem **Austritt**, wenn die ausscheidenden Gesellschafter Abfindungen von der PersG erhalten. Im letzteren Fall liegt bei wirtschaftlicher Betrachtung eine Teil-Liquidation der Personengesellschaft vor, die in Bezug auf ihre bilanziellen Auswirkungen einem Anschaffungsvorgang gleichkommt. Die hierbei angesetzten immateriellen VG des AV sind insoweit entgeltlich erworben.[98] Bei Veräußerung von Anteilen an PersG durch Gesellschafter (Sonderrechtsnachfolge) sind derartige Aktivierungen allerdings nicht zulässig.

> **Praxis-Beispiel**
> A, B und C sind Kommanditisten der X GmbH & Co. KG mit je 20 TEUR Kommanditkapital; die GmbH ist Komplementärin ohne Einlage. A scheidet aus der Ges. aus. Nach den gesellschaftsvertraglichen Regelungen hat A neben der Auszahlung des Guthabens auf sein Kapitalkonto auch Anspruch auf die Abgeltung von stillen Reserven in der Bilanz (hier: stille Reserven in angearbeiteten Aufträgen i.H.v. 35 TEUR) und darüber hinaus eines bestimmten Anteils an dem Firmenwert.
> **Ergebnis:** Nach der gem. IDW RS HFA 7.59 n.F. alternativ zulässigen Methode können die aufgedeckten stillen Reserven von der von B und C fortgeführten Ges. als entgeltlich erworben aktiviert werden. Das Auseinandersetzungsguthaben errechnet sich i.H.v. 100 TEUR, das wie im folgenden Buchungssatz gebucht wird.

---

[98] Diese Bilanzierung bei Abfindung ausscheidender Gesellschafter einer PersG wird von IDW RS HFA 7.59 n.F., als alternativ zulässige Methode angesehen. Vorzugsweise ist ein positiver Differenzbetrag jedoch mit dem verbleibenden EK der PersG, d.h. mit den Kapitalanteilen der verbleibenden Gesellschafter und mit ggf. bestehenden Rücklagen, zu verrechnen, vgl. IDW RS HFA 7.58b n.F.

Konto	Soll	Haben
Kommanditkapital A	20	
Unfertige Erzeugnisse	35	
GoF	45	
Verbindlichkeit A		100

Bei Anwendung der gem. IDW RS HFA 7 n. F. vorzuziehenden Methode der Verrechnung des Differenzbetrags mit Kapitalanteilen/Rücklagen entsteht kein GoF.

2.5.3 Ermittlung des Geschäfts- oder Firmenwerts

Der Geschäfts- oder Firmenwert (GoF) wird als **Differenzgröße** zwischen dem Betrag, den der Erwerber eines Unt aufwendet, und der Summe der Zeitwerte aller vorhandenen VG abzgl. der Schulden sowie ggf. Rechnungsabgrenzungsposten ermittelt.

95

	Kaufpreis für das Unt
./.	Summe der Zeitwerte aller zu aktivierenden VG
+ / ./.	Rechnungsabgrenzungsposten
+	Summe der Zeitwerte aller zu passivierenden Schulden
=	**Derivativer GoF**

Die bisherigen Buchwerte oder die bei der Übernahme vereinbarten Preise spielen für die Bewertung der übernommenen VG keine Rolle. Für die Ermittlung des derivativen GoF sind allein die Zeitwerte im Übernahmezeitpunkt entscheidend. Zur **Ermittlung** des derivativen GoF sind die einzeln erworbenen VG und Schulden vollständig zu identifizieren und jeweils mit dem im Erwerbszeitpunkt geltenden Zeitwert anzusetzen. Hierbei sind sämtliche VG zu erfassen, selbst wenn es sich um vom Veräußerer selbst geschaffene immaterielle VG handelt, wie z.B. selbst geschaffene Markennamen oder einen Kundenstamm. Insoweit bestehen Parallelen zur Anwendung der Erwerbsmethode als Konsolidierungsmethode (§ 301 Rz 50f.). Zu den einzubeziehenden Schuldposten gehören neben den Verbindlichkeiten auch die Rückstellungen, soweit es sich um Verbindlichkeitsrückstellungen handelt. Eine Bewertung zum Zeitwert hat insb. auch die in Anwendung von Art. 28 Abs. 1 EGHGB beim zu übernehmenden Unt bisher nicht angesetzten Pensionsrückstellungen zu berücksichtigen (§ 249 Rz 78).

96

Die Bewertung der übernommenen VG und Schulden ist – unabhängig vom Buchwert – zum Zeitwert vorzunehmen. Bei der Ermittlung der Zeitwerte ist dem Vorsichtsprinzip Rechnung zu tragen. Dies gilt auch für die Zeitbewertung von Rückstellungen. Der Erfüllungsbetrag ist nach vernünftiger kaufmännischer Beurteilung anzusetzen. Aus den unterschiedlichen Beurteilungen vernünftig urteilender Kfl. kann sich gleichwohl eine Bandbreite möglicher Inanspruchnahmen für einen einzelnen Bilanzansatz ergeben.

Nachfolgendes Beispiel soll die Ermittlung des GoF in vereinfachter Form darstellen:

Praxis-Beispiel		
Ein Unt übernimmt am 31.12.01 ein anderes Unt zu einem Preis i. H. v. 8,5 Mio. EUR. In diesem Unt liegen per 31.12.01 folgende Aktiva und Passiva vor:		
	Bilanzwert in Mio. EUR	Zeitwert in Mio. EUR
Grundstücke und Gebäude	2,5	3,0
Maschinen	1,5	1,5
BGA	0,5	0,8
Wertpapiere	0,3	0,6
Forderungen	2,2	2,3
Sonstige Aktiva	4,0	4,0
Summe Aktiva	**11,0**	**12,2**
Verbindlichkeiten	3,8	3,8
Rückstellungen	0,5	0,9
Sonstige Passiva	0,3	0,2
Summe Passiva	**4,6**	**4,9**
	8,5 Mio. EUR (Kaufpreis für das Unt)	
./.	12,2 Mio. EUR (Summe der Zeitwerte aller zu aktivierenden VG)	
+	4,9 Mio. EUR (Summe der Zeitwerte aller zu passivierenden Schulden)	
=	**1,2 Mio. EUR (Derivativer GoF)**	

2.5.4 Negativer Geschäfts- oder Firmenwert

97 Aus dem obigen Ermittlungsschema kann sich ausnahmsweise auch ein **negativer Betrag** ergeben.
Sofern der für ein erworbenes Unt geleistete Gesamtkaufpreis der Höhe nach nicht den Saldo der Zeitwerte der einzelnen bewertbaren VG und Schulden erreicht, sind die Zeitwerte der übernommenen Aktiva i. R. e. willkürfreien Verfahrens vorrangig durch **Abstockung** der einzelnen nichtmonetären VG zu kürzen. In Betracht kommt zunächst eine proportionale Abstockung nach dem Verhältnis der Zeitwerte, aber auch eine vorrangige Abstockung besonders risikobehafteter Vermögensgegenstände (z.B. immaterielle Vermögensgegenstände oder Sachanlagen) wird als zulässig erachtet.[99]
Sollte nach Abstockung im seltenen Ausnahmefall ein negativer Betrag verbleiben, erscheint es sachgerecht, diesen zunächst auf der Passivseite nach dem EK gesondert als negativen Geschäfts- oder Firmenwert auszuweisen, auch wenn dieser Posten im Gliederungsschema des § 266 Abs. 3 HGB nicht vorgesehen ist.[100] Die Folgebewertung des Postens ist sodann analog zur Behandlung eines

---
[99] IDW, WPH Edition, Wirtschaftsprüfung & Rechnungslegung, 18. Aufl. 2023, Kap. F Tz 319.
[100] Vgl. IDW, WPH Edition, Wirtschaftsprüfung & Rechnungslegung, 18. Aufl. 2023, Kap. F Tz 319.

entsprechenden negativen Unterschiedsbetrags in der Konzern-Kapitalkonsolidierung gem. § 309 Abs. 2 HGB vorzunehmen (§ 309 Rz 24).[101]

3 Vollständigkeit der Gewinn- und Verlustrechnung

Das Vollständigkeitsgebot bewirkt in der Gewinn- und Verlustrechnung (GuV) den grds. **unsaldierten Ausweis** sämtlicher Erfolgsgrößen (Aufwendungen und Erträge) und stellt damit das Pendant zu der vollständigen Erfassung aller Bestandsgrößen (VG, Schulden und Rechnungsabgrenzungsposten) in der Bilanz dar. Die **Begriffe** Aufwendungen und Erträge werden gesetzlich nicht definiert. Unter Aufwendungen wird nach h. M. der gesamte Werteverzehr an Gütern und Dienstleistungen in einer Periode verstanden.[102] Ertrag stellt jede Erhöhung des Netto- oder Reinvermögens durch Güter und Dienstleistungen dar, die einer Geschäftsperiode zuzurechnen sind. 98

Bilanz und GuV stehen aufgrund der buchhalterischen **Systematik der Doppik** in einer unmittelbaren wechselseitigen Beziehung. So ist etwa die Aktivierung eines VG bei Vorliegen der Voraussetzungen geboten. Im Umkehrschluss erfolgt im Fall des Nichtvorliegens der Voraussetzungen eine Erfassung als Aufwand. Auf den Zeitpunkt der Zahlung kommt es weder für die Aufwendungen noch für die Erträge an (§ 252 Abs. 1 Nr. 5 HGB). 99

Einlagen und **Entnahmen** sind grds. erfolgsneutral zu behandeln. Dies gilt insb. für offene Einlagen in eine KapG oder PersG bzw. bei Maßnahmen zulasten des EK. Bei der Durchführung eines Reinvermögensvergleichs auf Basis der Bilanz sind derartige Vorgänge gleichwohl zu berücksichtigen. Bei EKfl. ist die Abgrenzung von Privat- und Unternehmenssphäre aufgrund der juristischen Identität des Rechtsträgers besonders zu beachten, da etwa Aufwendungen des Handelsgewerbes aus privaten Mitteln gezahlt werden könnten. Tatsächlich handelt es sich hingegen um originäre Aufwendungen des Unt, auch wenn diese durch die (gedanklich zuvor erfolgte) Einlage des Unt finanziert wurden. 100

Handelsrechtlich werden **verdeckte Einlagen und Entnahmen** bei PersG und KapG nicht eliminiert. Eine Ergebniskorrektur findet ausschl. für steuerliche Zwecke außerhalb der handelsrechtlichen GuV statt. So ist ein (steuerlich) überhöhtes Gehalt für einen Gesellschafter in der handelsrechtlichen GuV als Personalaufwand auszuweisen, auch wenn es sich um eine verdeckte Gewinnausschüttung gehandelt hat. Ebenso wenig werden nicht fremdübliche Vorteile z. B. in Form einer marktunüblich niedrigen Miete, die etwa in der Absicht geleistet wurden, die Gewinnströme innerhalb eines Konzerns zu lenken, handelsrechtlich korrigiert. 101

Aufwendungen und Erträge sind in der GuV von KapG und KapCoGes unter den gem. § 275 HGB dafür vorgesehenen Posten auszuweisen (§ 275 Rz 6). Zulässig sind hierbei das i.d.R. verwendete GKV (§ 275 Abs. 2 HGB) und das UKV (§ 275 Abs. 3 HGB). 102

---

[101] Vgl. IDW, WPH Edition, Wirtschaftsprüfung & Rechnungslegung, 18. Aufl. 2023, Kap. F Tz 321.
[102] Vgl. Ebenroth u. a., HGB, 4. Aufl. 2020, § 246 Rz 14.

4 Verrechnungsverbot/-gebot

4.1 Grundsätzliches Verrechnungsverbot

103 Aus der Formulierung des § 246 Abs. 2 Satz 1 HGB folgt ein grds. Verrechnungs- bzw. Saldierungsverbot. Dieses Verbot folgt dem allgemeinen Gebot der Klarheit und Übersichtlichkeit (§ 243 Abs. 2 HGB) und dem Vollständigkeitsgebot (§ 246 Abs. 1 HGB). Das Verrechnungsverbot wird jedoch sowohl bzgl. der Bilanz als auch der GuV von Ausnahmen durchbrochen, auf die in den nachfolgenden Abschnitten eingegangen wird.

4.2 Verrechnungsgebot von Vermögensgegenständen und Schulden (Abs. 2 Satz 2)

4.2.1 Gesetzliche Regelung

104 § 246 Abs. 2 Satz 2 HGB schreibt vor, dass „Vermögensgegenstände, die dem Zugriff aller übrigen Gläubiger entzogen sind und ausschließlich der Erfüllung von Schulden aus Altersversorgungsverpflichtungen oder vergleichbaren langfristig fälligen Verpflichtungen dienen, […] mit diesen Schulden zu verrechnen" sind. Die zugehörigen Aufwendungen und Erträge aus der Abzinsung und aus dem zu verrechnenden Vermögen sind ebenfalls zu verrechnen. Da es in der Disposition des Unt liegt, das sog. Zweckvermögen oder auch Deckungsvermögen zu deklarieren oder nicht, kann in dem Saldierungsgebot trotz der gesetzlich klaren Verrechnungsvorschrift („… sind … zu verrechnen") praktisch ein Gestaltungswahlrecht gesehen werden.[103]

105 Flankiert wird die Regelung durch die Pflicht, die zu verrechnenden **Vermögensgegenstände mit Zeitwerten zu bewerten** (§ 253 Abs. 1 Satz 4 HGB). Zur Vermeidung des Ausweises und der Ausschüttung unrealisierter Gewinne wurde eine Ausschüttungs- und Abführungssperre in § 268 Abs. 8 HGB eingeführt (§ 268 Rz 50 ff.). Zu den gem. § 285 Nr. 25 HGB und § 314 Nr. 17 HGB erforderlichen Anhangangaben vgl. Rz 125.

106 Die Einführung des § 246 Abs. 2 Satz 2 HGB trägt einer Forderung der Praxis nach einer Vorschrift Rechnung, die es – vergleichbar der Berücksichtigung von Planvermögen (sog. plan assets) beim Ausweis der Pensionsrückstellungen nach den internationalen Rechnungslegungsstandards[104] – erlaubt, VG (als sog. Deckungsvermögen)[105] mit Schulden zu verrechnen.[106]
Zunächst widerspricht die Verrechnung zwar dem Verrechnungsverbot nach Art. 7 der 4. Bilanzrichtlinie.[107] Gleichzeitig wird jedoch die durch die Bilanzrichtlinie verfolgte **Zwecksetzung** besser erreicht, den Abschlussadressaten ein den tatsächlichen Verhältnissen entsprechendes Bild der Vermögens-, Finanz- und Ertragslage zu vermitteln. Soweit die VG ausschl. der Erfüllung bestimmter Verpflichtungen dienen, stellen die aus den Verpflichtungen resultierenden

---

[103] Vgl. Küting/Kessler/Keßler, in Küting/Pfitzer/Weber, Das neue deutsche Bilanzrecht, 2. Aufl. 2009, S. 354.
[104] Vgl. etwa IAS 19.54.
[105] Der vom HFA des IDW verwendete Begriff „Deckungsvermögen" grenzt sich sprachlich von dem international verbreiteten Ausdruck „plan assets" ab, was angesichts inhaltlicher Unterschiede geboten ist; vgl. Bertram/Johanneweling/Roß/Weiser, WPg 2011, S. 59.
[106] Vgl. BT-Drs. 16/10067 v. 30.7.2008 S. 48.
[107] EU-Richtlinie 78/660/EWG v. 14.8.1978, ABl. L 222/11.

Schulden letztlich keine wirtschaftliche Belastung des Unt dar. Im Ergebnis soll somit nur noch diejenige Verpflichtung ausgewiesen werden, die das Unt wirtschaftlich trifft. Die gleichen Überlegungen gelten für die Verpflichtung zur Verrechnung der zugehörigen Aufwendungen und Erträge.

4.2.2 Deckungsvermögen

4.2.2.1 Anforderungen

Vermögensgegenstände, die als Deckungsvermögen fungieren sollen, müssen zwei kumulative Voraussetzungen erfüllen:
(1) sie müssen dem Zugriff aller übrigen Gläubiger – also mit Ausnahme des Versorgungsberechtigten selbst – entzogen sein (Insolvenzsicherheit) und
(2) sie dienen ausschl. der Erfüllung der zu deckenden Altersversorgungsverpflichtungen (Zweckexklusivität).

107

4.2.2.2 Insolvenzsicherheit

Das Kriterium der Insolvenzsicherheit ist stets erfüllt, wenn dem Versorgungsberechtigten im Fall der Insolvenz in Bezug auf den VG ein **Aussonderungsrecht** (§ 47 InsO) zusteht. Steht den Versorgungsberechtigten ein in der Praxis häufiger vorkommendes **Absonderungsrecht** (§ 49 InsO) zu, kann auch ein solches für das Vorliegen der Insolvenzsicherheit hinreichend sein.[108] Dieses kann bspw. bei speziellen Treuhandmodellen oder bei der Verpfändung von Wertpapierdepots oder Rückdeckungsversicherungsansprüchen der Fall sein (Rz. 110 ff.).

108

Dem Zugriff aller übrigen Gläubiger sind nur VG entzogen, die im Verhältnis zu anderen als dem Versorgungsberechtigten **unbelastet** sind. Bleibt dem Unt die Verwertung vorbehalten, muss sich das Pfandrecht auch auf das Surrogat (z. B. den Verwertungserlös) erstrecken (Surrogatsklausel).[109]

Für Zwecke des § 246 Abs. 2 Satz 2 HGB kann auf jeden Fall davon ausgegangen werden, dass die VG dem Zugriff der übrigen Gläubiger entzogen sind, soweit die Voraussetzungen des **§ 7e Abs. 2 SGB IV** zur Insolvenzsicherung der Wertguthaben von Zeitwertkonten vorliegen.

Die neben der Insolvenzsicherheit geforderte Zweckexklusivität des Deckungsvermögens bedingt, dass die VG jederzeit zur Erfüllung der gedeckten Verpflichtungen zur Verfügung stehen und dass auch etwaige laufende Erträge sowie Erträge aus der Realisierung von stillen Reserven der VG der Erfüllung der Verpflichtungen dienen. Im Falle einer Verpfändung von Wertpapieren müssen z. B. auch die Zins-, Dividenden- oder sonstigen Erträge aus diesen Wertpapieren an den Versorgungsberechtigten verpfändet sein.[110]

109

Die Zweckexklusivität von Deckungsvermögen ist bei Treuhandverhältnissen (z. B. bei sog. CTA-Strukturen, Rz 111) nur dann gewahrt, wenn die Rückgewähr des Vermögens an den Treugeber ausgeschlossen ist. Davon ausgenommen sind Erstattungen durch den Treuhänder an das Unt für von diesem bereits an den

---

[108] Vgl. IDW RS HFA 30.23 n. F.
[109] Vgl. IDW RS HFA 30.24 n. F.
[110] Vgl. IDW RS HFA 30.25 n. F.

Versorgungsberechtigten geleistete Zahlungen sowie Rückgewährungen im Fall einer Überdotierung des Treuhandvermögens.[111]

4.2.2.3 Praxisfälle

110 Zur Absicherung von Pensionszusagen an Gesellschafter-Geschäftsführer von KapG oder KapCoGes sind in der Praxis Sicherstellungen der Begünstigten durch **Verpfändungen** von VG, bspw. **Wertpapierdepots**, anzutreffen. In den Fällen weniger oder relativ hoher Einzelzusagen werden auch **Rückdeckungsversicherungen** zur Finanzierung und zur Risikovorsorge zur Vermeidung unerwünschter Ergebnisauswirkungen bei vorzeitigem Eintritt von Versorgungsfällen abgeschlossen. Hierbei ist i.d.R. das Unt Versicherungsnehmer, Prämienzahler und Bezugsberechtigter und der Begünstigte Versicherter. Soweit die Rückdeckungsversicherungen an den Bezugsberechtigten verpfändet wurden, gilt das Verrechnungsgebot der Pensionsrückstellung mit dem Versicherungsaktivwert auch in diesem Fall.[112] Verpfändete Wertpapierdepots und Rückdeckungsversicherungen unterliegen der Verrechnungspflicht nach § 246 Abs. 2 Satz 2 HGB. Dieses gilt bei Rückdeckungsversicherungen jedoch nicht, soweit dem Unt ein einseitiges Verwertungsrecht zu Lasten der Begünstigten zusteht; hat sich das Unt die Verfügung über einen verpfändeten VG vorbehalten, ist dieses nur dann unschädlich, wenn durch eine Surrogatsklausel die Verpflichtung besteht, das Deckungsvermögen ungeschmälert zu lassen. Übt das Unt bspw. bei einer Rückdeckungsversicherung das vertragliche Rückkaufsrecht aus, muss es verpflichtet sein, entsprechenden Ersatz für das Deckungsvermögen zu schaffen.[113]

111 In der Praxis kommt es zur Hinterlegung der **Pensionsverpflichtungen** durch sog. plan assets, um auf diese Weise nicht nur Liquiditätsvorsorge für zukünftige Versorgungszahlungen zu treffen, sondern auch den internationalen Bilanzierungsgewohnheiten verstärkt zu entsprechen. Dabei kommen Treuhandlösungen, sog. **Contractual Trust Arrangements** (CTA), zur Absicherung und Finanzierung langfristig fälliger Pensionsverpflichtungen zum Einsatz. Dies ist offenbar auch die vom Gesetzgeber präferierte Form der Besicherung, wie durch § 7e Abs. 2 SGB IV deutlich wird. In einer solchen Konstruktion werden VG auf einen von dem Unt unabhängigen Rechtsträger (z.B. Pensionsfonds, Treuhänder) übertragen und von diesem treuhänderisch verwaltet (Verwaltungstreuhand, einseitige Treuhand). Soweit der Treuhänder zudem noch die Stellung eines Sicherungstreuhänders innehat, gegen den die Begünstigten bei Eintritt des Sicherungsfalls eigenständige, gegen den Treuhänder gerichtete Leistungsrechte erwerben, wird von doppelseitiger Treuhand gesprochen.
Wenn eine Rückübertragung des Deckungsvermögens an das Unt ausgeschlossen ist, ist der Insolvenzschutz für den Arbeitnehmer in diesem Fall gewährleistet, sodass eine Verrechnung des vom Treuhänder gehaltenen Vermögens mit der zugrunde liegenden Rückstellung nach § 246 Abs. 2 Satz 2 HGB grds. vorgenommen werden muss; wegen der Vielzahl der in der Praxis vorkommenden Modelle ist eine Prüfung im Einzelfall erforderlich. CTA kommen auch als

---

[111] Vgl. Bertram/Johannleweling/Roß/Weiser, WPg 2011, S. 60.
[112] Gl. A. Höfer/Rhiel/Veit, DB 2009, S. 1609.
[113] Vgl. Bertram/Johannleweling/Roß/Weiser, WPg 2011, S. 60.

Sicherung für Altersteilzeit- und Zeitwertkonten in Betracht.[114] Zur Entwidmung von Deckungsvermögen aus einem CTA vgl. § 253 Rz 125.
Betriebsnotwendiges Anlagevermögen eignet sich – anders als bei der Bilanzierung nach IFRS – grds. nicht als Deckungsvermögen, da es nicht frei veräußert werden kann, ohne dass die eigentliche Unternehmensaufgabe hiervon berührt wird (funktionales Abgrenzungskriterium).[115] Ein Bürogebäude kann dagegen im Einzelfall als Deckungsvermögen infrage kommen.[116]

Im Fall von Ausfinanzierungen von Altersvorsorgeverpflichtungen über **externe Versorgungsträger** (Unterstützungskassen, Pensionsfonds, Pensionskassen, Direktversicherungen) verfügt das bilanzierende Unt über keine VG, die für eine Verrechnung zur Verfügung stehen. Deshalb entfallen weitere Überlegungen hinsichtlich einer Saldierung nach § 246 Abs. 2 Satz 2 HGB.

4.2.3 Erfasste Altersversorgungsverpflichtungen

Das Verrechnungsgebot ist auf
- **Pensionsverpflichtungen,**
- **Altersteilzeitverpflichtungen,**
- **Verpflichtungen aus Lebensarbeitszeitmodellen und**
- **andere vergleichbare langfristig fällige Verpflichtungen**

beschränkt. Für alle übrigen bestehenden Verpflichtungen besteht ein Verrechnungsverbot.

Damit sind alle Arten von **kurzfristig fälligen Verpflichtungen** ggü. Arbeitnehmern von einer Saldierung ausgenommen, wobei in diesem Fall regelmäßig ohnehin kein Deckungsvermögen existiert, sodass eine Saldierung schon deshalb nicht infrage kommt. Zu denken ist insb. an Rückstellungen etwa für Urlaubsverpflichtungen, Überstunden, kurzfristig fällige Erfolgsbeteiligungen, Abfindungszahlungen für ausscheidende Mitarbeiter und ähnliche kurzfristig fällige Verpflichtungen. Demgegenüber werden in der Regierungsbegründung zwar Verpflichtungen aus **Jubiläumsgeldzahlungen** nicht ausdrücklich genannt, jedoch sind diese als sonstige langfristige Verpflichtungen vom Verrechnungsgebot mit erfasst.[117]

Zwar lautet die Gesetzesformulierung, dass **langfristige** Rückstellungen zu saldieren sind. Ein Teil der benannten Rückstellungen ist jedoch regelmäßig **auch kurzfristiger** Natur (z. B. die laufende Auszahlung von Pensionen), sodass eine Aufteilung in einen lang- und einen kurzfristigen Teil denkbar wäre. Eine solche Aufteilung ist jedoch nicht erforderlich. Dies würde dem Ziel des Gesetzes einer Darstellung der letztlich noch vorhandenen wirtschaftlichen Verpflichtung des Unt zuwiderlaufen und dem Abschlussleser insofern keinen Mehrwert an Informationen über die Vermögens-, Finanz- und Ertragslage liefern.

Regelmäßig zählen **unmittelbare Pensionsverpflichtungen** zu den ausgewiesenen Pensionsrückstellungen. Die Direktzusage stellt in Deutschland einen häufigen Durchführungsweg der betrieblichen Altersvorsorge dar.[118] Neben diesen

---

[114] Vgl. Bätzel, DB 2008, S. 1762 f.
[115] Vgl. IDW RS HFA 30.29 n. F.
[116] Vg. Bertram/Johanneweling/Roß/Weiser, WPg 2011, S. 60.
[117] Vgl. Rhiel/Veit, DB 2008, S. 1511.
[118] Vgl. Bätzel, DB 2008, S. 1761 m. w. N., danach lag der Anteil der Direktzusage an den Deckungsmitteln bei etwa 56 %.

unstrittig für eine Verrechnung mit VG infrage kommenden Verpflichtungen existieren in der Praxis **mittelbare Pensionsverpflichtungen**[119] und **sog. Altzusagen**,[120] die aufgrund bestehender Wahlrechte nicht passiviert zu werden brauchen.[121] Soweit diese Pensionsverpflichtungen nicht passiviert werden, stehen sie für eine Verrechnung mit VG nicht zur Verfügung.

117 Personell bezieht sich das Verrechnungsgebot auf Verpflichtungen ggü. **Mitarbeitern**, unabhängig davon, ob sie Arbeitnehmer im engen arbeitsrechtlichen Sinn sind oder nicht. Eingeschlossen sind damit auch Verpflichtungen ggü. **gesetzlichen Vertretern** einer KapG oder ggü. **Mitgliedern eines gesellschaftsrechtlich zu bildenden Aufsichtsrates**, die nicht als Arbeitnehmer, sondern in ihrer Eigenschaft als Organ der Gesellschaft tätig werden.[122] Auch Verpflichtungen ggü. ehemaligen Mitarbeitern und Rentnern sind von diesem Verrechnungsgebot erfasst.

4.2.4 Saldierung

118 Mit der Verrechnung der VG des **Deckungsvermögens** mit den zugehörigen Rückstellungen gem. § 246 Abs. 2 Satz 2 HGB wird beabsichtigt, nur diejenige Belastung auszuweisen, die das Unt tatsächlich noch wirtschaftlich trifft.[123]

Die tatsächlich bestehende **wirtschaftliche Belastung** ergibt sich durch Saldierung der bestehenden Verpflichtungen mit den zu deren Erfüllung bestimmten VG. Dazu werden zunächst die Verpflichtungen gem. § 253 Abs. 1 Satz 2 HGB i. H. d. nach vernünftiger kaufmännischer Beurteilung notwendigen **Erfüllungsbetrags** ermittelt.

119 Die zu verrechnenden VG werden nach § 253 Abs. 1 Satz 4 HGB grds. mit ihrem **beizulegenden Zeitwert** (§ 253 Rz 117) bewertet. Dabei können Pensionsverpflichtungen grds. auch überdeckt sein, wenn sich die VG oder die Verpflichtungen aus Sicht des Arbeitgebers günstig entwickeln. Somit ist es möglich, dass zur Sicherung bestehende VG letztlich nicht vollständig zur Finanzierung der Pensionsverpflichtungen benötigt werden und dann an das Unt zurückfallen können.[124] Im Fall einer positiven Wertentwicklung der VG wird es zu einer Aufdeckung stiller Reserven auch über die AHK hinaus kommen. Im Fall einer negativen Wertentwicklung der VG ergibt sich durch die erforderliche Abschreibung auf die VG ein Unterschied zur alten Rechtslage, da ein Absinken des beizulegenden Zeitwerts nicht immer Ausdruck einer dauernden Wertminderung sein muss.

120 Soweit der beizulegende Zeitwert des zur Verrechnung vorgesehenen Vermögens die Altersversorgungsverpflichtungen übersteigt, ist der übersteigende Betrag (Aktivüberhang) unter einem gesonderten Posten in der Bilanz zu aktivieren (§ 246 Abs. 2 Satz 3 HGB). Bei dem im Gliederungsschema der Bilanz hierfür vorgesehenen Posten „**Aktiver Unterschiedsbetrag aus der Vermögensverrechnung**"

---

[119] Pensionen oder Anwartschaften, die über besondere Rechtsträger, insb. Unterstützungskassen, gewährt werden, vgl. IDW, WPH Edition, Wirtschaftsprüfung & Rechnungslegung, 18. Aufl. 2023, Kap. F Tz 583.
[120] Rechtsanspruch wurde vor dem 1.1.1987 erworben oder ein vor diesem Zeitpunkt erworbener Rechtsanspruch hat sich nach dem 31.12.1986 erhöht, vgl. IDW, WPH Edition, Wirtschaftsprüfung & Rechnungslegung, 18. Aufl. 2023, Kap. F Tz 582.
[121] Passivierungswahlrechte gem. Art. 28 Abs. 1 EGHGB.
[122] Vgl. Kliem/Lawall, in Beck Bil-Komm., 14. Aufl. 2024, § 267 HGB Rz 11.
[123] Vgl. BT-Drs. 16/10067 v. 30.7.2008 S. 49.
[124] Vgl. Rhiel/Veit, DB 2008, S. 1510f.

handelt es sich nicht um einen VG im handelsrechtlichen Sinn, sondern um einen Verrechnungsposten (§ 266 Rz 103).

Durch die Bewertung der VG zu einem die AHK übersteigenden Betrag kommt es im Jahresabschluss des Unt zum Ausweis **noch nicht realisierter Gewinne**. Um eine Auszehrung des Kapitals durch eine Ausschüttung dieser noch nicht realisierten Gewinne zu unterbinden, regelt § 268 Abs. 8 HGB eine **Ausschüttungs- bzw. Abführungssperre**. Werden VG i.S.d. § 246 Abs. 2 Satz 2 HGB in der Bilanz ausgewiesen, so dürfen Gewinne nur ausgeschüttet werden, wenn die nach der Ausschüttung verbleibenden frei verfügbaren Rücklagen zzgl. eines Gewinnvortrags und abzgl. eines Verlustvortrags mind. dem insgesamt angesetzten Betrag abzgl. der hierfür gebildeten passiven latenten Steuern, der die AK übersteigt, entsprechen (§ 268 Rz 55). Auch eine Ausschüttung durch einen Ergebnisabführungsvertrag ist nach § 301 AktG über den in § 268 Abs. 8 HGB ermittelten Betrag hinaus ausgeschlossen.

Die **Verrechnung von Aufwendungen und Erträgen** aus der Abzinsung von Altersversorgungsverpflichtungen und aus dem zu verrechnenden Vermögen erfolgt innerhalb des Finanzergebnisses.[125] Dieses resultiert aus der durch das BilMoG vorgenommenen Einfügung des neuen Abs. 5 in den § 277 HGB, nachdem Aufwendungen und Erträge aus der Abzinsung in der GuV gesondert unter den Posten Zinsaufwand bzw. Zinsertrag auszuweisen sind (§ 277 Rz 15).

4.2.5 Steuerliche Auswirkungen

Das handelsrechtliche Verrechnungsgebot wirkt sich aufgrund § 5 Abs. 1a Satz 1 EStG nicht auf die Steuerbilanz aus. Die steuerliche Bewertung der zu verrechnenden VG und Schulden erfolgt gem. §§ 6 und 6a EStG. Zum Ansatz latenter Steuern aus abweichenden handelsrechtlichen und steuerlichen Wertansätzen vgl. § 274 Rz 25 ff.

4.2.6 Sonstige Auswirkungen

Durch die Saldierung reduziert sich die Bilanzsumme; was sich entsprechend auf bilanzorientierte Kennzahlen zum Jahresabschluss auswirkt. Dies betrifft auch die sich erhöhende Eigenkapitalquote.

Gem. § 285 Nr. 25 HGB und § 314 Nr. 17 HGB sind die AK und die beizulegenden Zeitwerte der verrechneten VG, der Erfüllungsbetrag der verrechneten Schulden sowie die verrechneten Aufwendungen und Erträge im Anhang anzugeben. Für mit dem Zeitwert bewertete Finanzinstrumente sind im Fall der Verwendung von Bewertungsmethoden die zugrunde gelegten Annahmen anzugeben (§ 285 Rz 154 f. und § 314 Rz 111 f.).

---

[125] Vgl. BT-Drs. 16/12407 v. 24.3.2009 S. 84.

126 | Praxis-Beispiel[126]
Jahr 01
Die B AG hat für an ihre Mitarbeiter erteilte Pensionszusagen zum 31.12.01 eine Rückstellung i. H. v. 4,5 Mio. EUR ermittelt. Um die Finanzierbarkeit des künftigen Mittelbedarfs sicherzustellen, hat sich das Unt für eine Treuhandlösung entschieden. Diese weist folgende Merkmale auf:
Die B AG wendet einem Treuhänder auf freiwilliger Basis zum 31.12.01 VG zu, die unwiderruflich und ausschl. zur Finanzierung der Pensionsverpflichtungen der Ges. dienen.
Fällige Pensionszahlungen leistet die B AG an die Berechtigten. Soweit die gezahlten Betriebsrenten ausfinanziert sind, leistet der Treuhänder eine Erstattung.
Im Fall der Insolvenz haben die Pensionsberechtigten einen unmittelbaren Anspruch auf Zahlung von Betriebsrenten durch den Treuhänder.
Der Buchwert der auf den Treuhänder übertragenen VG beträgt 2,7 Mio. EUR. Die VG haben einen Marktwert von 3,0 Mio. EUR. Latente Steuern bleiben in diesem Beispiel unberücksichtigt.
Ergebnis: Es liegt ein Fall des § 246 Abs. 2 Satz 2 HGB vor. Das auf den Treuhänder übertragene Vermögen dient ausschl. der Erfüllung von Pensionsverpflichtungen der B AG. Der Zugriff der übrigen Gläubiger auf das Deckungsvermögen ist ausgeschlossen. Im Fall einer Insolvenz der B AG leistet der Treuhänder die Betriebsrenten. Das Unt ist daher nicht mehr wirtschaftlich belastet. In der Bilanz ist folglich das Deckungsvermögen von den Pensionsverpflichtungen abzuziehen. In der Bilanz erfolgt daher lediglich ein Ausweis von Pensionsverpflichtungen i. H. v. 1,5 Mio. EUR. (4,5 Mio. EUR Pensionsverpflichtungen ./. 3,0 Mio. EUR VG). In der GuV sind Pensionsaufwendungen sowie Erträge aus der Zeitbewertung des Deckungsvermögens auszuweisen.
Aus der folgenden Tabelle leiten sich die Angaben ab, die u. a.[127] im Anhang zu machen sind. Angaben zur Saldierung von Aufwendungen und Erträgen entfallen dabei, da das Deckungsvermögen erst zum 31.12.01 gebildet wurde.

Bilanz	vor Saldierung	Saldierung	Ausweis
Pensionsverpflichtung	4,5	3,0	1,5
Deckungsvermögen			
– beizulegender Zeitwert	3,0	3,0	0,0
– Anschaffungskosten	2,7		

---

[126] In Anlehnung an Kessler/Leinen/Strickmann, BilMoG-RegE, 2008, S. 73.
[127] Im Fall von Finanzinstrumenten sind noch Angaben über grundlegende Annahmen erforderlich, die der Bestimmung des beizulegenden Zeitwerts von Finanzinstrumenten mithilfe allgemein anerkannter Bewertungsmethoden zugrunde gelegt wurden, § 285 Nr. 25 i. V. m. Nr. 20a HGB sowie § 314 Nr. 17 i. V. m. Nr. 12a HGB.

Jahr 02
Die Pensionsverpflichtung hat sich auf 5,0 Mio. EUR erhöht. Ein Betrag i. H. v. 0,3 Mio. EUR wurde ergebnisneutral zulasten des Bankguthabens dem Deckungsvermögen zugeführt. Die VG haben nunmehr einen Buchwert von 3,0 Mio. EUR bei einem Marktwert von 3,7 Mio. EUR.
Ergebnis: Zum 31.12.02 ergeben sich folgende Konsequenzen: Die Pensionsverpflichtungen werden mit dem Marktwert des Treuhandvermögens verrechnet (5,0 Mio. EUR ./. 3,7 Mio. EUR). In der Bilanz werden die Pensionsverpflichtungen mit 1,3 Mio. EUR ausgewiesen. Das Deckungsvermögen wird nicht in der Bilanz ausgewiesen, da es mit den Pensionsverpflichtungen vollständig saldiert wird. In der GuV wird der Aufwand aus der Abzinsung (0,5 Mio. EUR) mit dem Ertrag aus dem Deckungsvermögen (0,7 Mio. EUR) verrechnet und nur noch der Saldo von 0,2 Mio. EUR ausgewiesen.

Bilanz	vor Saldierung	Saldierung	Ausweis
Pensionsverpflichtung	5,0	3,7	1,3
Deckungsvermögen			
– beizulegender Zeitwert	3,7	3,7	0,0
– Anschaffungskosten	3,0		
GuV	vor Saldierung	Saldierung	Ausweis
Aufwand aus der Abzinsung (unter Zinsaufwand)	0,5	0,5	0,0
Ertrag aus Deckungsvermögen	0,7	0,5	0,2

4.3 Weitere Einschränkungen des Verrechnungsverbots in der Bilanz

Neben den Ausnahmetatbeständen einer zwingenden Verrechnung von Aktiv- und Passivposten in der Bilanz bestehen weitere Ausnahmen vom Verrechnungsverbot. Eine der bedeutsamsten Ausnahmen ist das Vorliegen einer **Aufrechnungslage** (§§ 387 ff. BGB).
Forderungen und Verbindlichkeiten dürfen danach gegeneinander aufgerechnet werden, sofern sie am Stichtag zwischen denselben Personen bestehen und insb. sowohl gleichartig als auch fällig sind. Nach h. M. werden durch den saldierten Ausweis von Forderungen und Verbindlichkeiten das haftende Vermögen sowie die tatsächliche Liquiditätslage klarer dargestellt, da die betreffenden Forderungen und Verbindlichkeiten so ausgewiesen werden, wie sie sich

nach einer jederzeit möglichen Aufrechnung darstellen würden.[128] Dabei ist die rechtlich bestehende Möglichkeit zur Aufrechnung für Bilanzierungszwecke ausreichend; auf den Willen zur Aufrechnung kommt es nicht an. Denn die Aufrechnung von Forderungen und Verbindlichkeiten in der Bilanz entspricht der Intention des Gesetzgebers, die Forderungen bzw. Verbindlichkeiten nur in der Höhe auszuweisen, wie das Unt noch tatsächlich einen wirtschaftlichen Vorteil hat bzw. belastet ist. Insofern ist eine bilanzielle Aufrechnung der zu bevorzugende bilanzielle Ausweis.

128 Eine Aufrechnung ist bereits dann möglich, wenn zwar die Forderung am Bilanzstichtag fällig, die dieser Forderung gegenüberstehende Verbindlichkeit jedoch noch nicht fällig, allerdings bereits erfüllbar ist.[129] In diesem Fall könnte das bilanzierende Unt durch die einseitige Erklärung der Aufrechnung die Forderung bzw. Verbindlichkeit eliminieren.

129 Als nicht sachgerecht wird nach h. M. die Verrechnung beiderseits noch nicht fälliger Forderungen und Verbindlichkeiten angesehen, selbst wenn sich die Fälligkeiten nicht bzw. nur in geringem Maß unterscheiden.[130] In einem solchen Fall wäre ein ausreichender Gläubigerschutz nicht gewährleistet, da die Forderungen z. B. bei einer Insolvenz des Schuldners nicht mehr als vollwertig angesehen werden können.

130 Im Fall von **Gesamtschuldverhältnissen** (§ 241 BGB) kann der Gläubiger von jedem der Schuldner die volle Leistung verlangen. Im Innenverhältnis wird die wirtschaftliche Belastung des Bilanzierenden zwar ggf. bis auf null reduziert, dieser Rückgriffsanspruch ist jedoch von der Bonität des Rückgriffsschuldners abhängig. Aus diesem Grund sollte jeder Schuldner die gesamtschuldnerische Verpflichtung in voller Höhe passivieren. Soweit jedoch im Innenverhältnis die ausdrückliche Vereinbarung zwischen den Schuldnern besteht, dass jeder die Schuld anteilig zu erbringen hat, wird eine lediglich anteilmäßige Bilanzierung für zulässig erachtet. Hinsichtlich des überschießenden Teils ist dessen ungeachtet ein Haftungsvermerk nach § 251 HGB erforderlich (§ 251 Rz 28).

Hat der Gläubiger allerdings bereits das bilanzierende Unt als Gesamtschuldner in Anspruch genommen, so ist eine Verrechnung nicht mehr zulässig, vielmehr sind die gegen die Mitschuldner bestehenden Rückgriffsansprüche als solche zu aktivieren und unter Vorsichtsgesichtspunkten zu bewerten – also ggf. wertzuberichtigen.[131]

131 **Kontokorrentkonten** bedürfen keiner Verrechnung, da eine Forderung oder Verbindlichkeit nur i. H. d. Abrechnungssaldos besteht. Dieser Abrechnungssaldo muss laufend oder in periodischen Abständen ermittelt werden.[132]

132 Neben den Forderungen und Verbindlichkeiten besteht gem. § 268 Abs. 5 Satz 2 HGB bei **erhaltenen Anzahlungen auf Bestellungen** die Möglichkeit, diesen Posten anstelle einer Passivierung offen vom Posten Vorräte abzusetzen (§ 268

---

[128] Vgl. Justenhoven/Meyer, in Beck Bil-Komm., 14. Aufl. 2024, § 246 HGB Rz 150, sowie IDW, WPH Edition, Wirtschaftsprüfung & Rechnungslegung, 18. Aufl. 2023, Kap. F Tz 66.
[129] Vgl. Justenhoven/Meyer, in Beck Bil-Komm., 14. Aufl. 2024, § 246 HGB Rz 151.
[130] Vgl. IDW, WPH Edition, Wirtschaftsprüfung & Rechnungslegung, 18. Aufl. 2023, Kap. F Tz 67; Kußmaul, in Küting/Weber, HdR-E, § 246 HGB Rn 35, Stand: 6/2022.
[131] Vgl. Justenhoven/Meyer, in Beck Bil-Komm., 14. Aufl. 2024, § 246 HGB Rz 153.
[132] Vgl. Suchanek, in Anzinger/Oser/Schlotter, Rechnungslegung und Prüfung, Tb. 1, 7. Aufl., 2023, § 246 HGB Rz 345 m. w. N.

§ 247 Inhalt der Bilanz

(1) In der Bilanz sind das Anlage- und das Umlaufvermögen, das Eigenkapital, die Schulden sowie die Rechnungsabgrenzungsposten gesondert auszuweisen und hinreichend aufzugliedern.
(2) Beim Anlagevermögen sind nur die Gegenstände auszuweisen, die bestimmt sind, dauernd dem Geschäftsbetrieb zu dienen.

Inhaltsübersicht

		Rz
1	Überblick	1–16
	1.1 Inhalt	1–3
	1.2 Normenzusammenhang und Zweck	4–16
2	Anlagevermögen (Abs. 2)	17–51
	2.1 Abgrenzung Anlagevermögen und Umlaufvermögen	17–39
	2.2 Umgliederungen	40–49
	2.3 Gliederung des Anlagevermögens	50–51
3	Umlaufvermögen	52–77
	3.1 Vorräte	52–58
	3.2 Forderungen und sonstige Vermögensgegenstände	59–68
	3.2.1 Forderungen aus Lieferungen und Leistungen	59–65
	3.2.2 Sonstige Vermögensgegenstände	66–68
	3.3 Wertpapiere des Umlaufvermögens	69–70
	3.4 Flüssige Mittel	71–77
4	Rechnungsabgrenzungsposten	78
5	Eigenkapital	79–110
	5.1 Grundsätzliches	79–82
	5.2 Eigenkapital des Einzelkaufmanns	83–85
	5.3 Eigenkapital der Personenhandelsgesellschaft	86–110
6	Schulden	111–131
	6.1 Grundsätzliches	111–116
	6.2 Rückstellungen	117
	6.3 Verbindlichkeiten	118–131
7	Mindestgliederung der Gewinn- und Verlustrechnung	132–141

1 Überblick

1.1 Inhalt

§ 247 HGB ist eine für alle nach HGB rechnungslegungspflichtige Kfl. gültige Vorschrift. Neben dem Jahresabschluss ist die Vorschrift über § 298 Abs. 1 HGB auch für den Konzernabschluss anzuwenden.

§ 247 Abs. 1 HGB schreibt eine **Mindestgliederung** der Bilanz vor. Danach sind auf der Aktivseite der Bilanz Anlagevermögen (AV) und Umlaufvermögen (UV) sowie RAP auszuweisen. Auf der Passivseite sind Eigenkapital, Schulden und RAP voneinander abzugrenzen. Unter dem Begriff Schulden werden neben Verbindlichkeiten auch Rückstellungen erfasst. Abs. 2 der Vorschrift konkretisiert die Abgrenzung zwischen AV und UV (Rz 17). Die Posten sind außerdem hinreichend aufzugliedern.

3 Der frühere Abs. 3 regelte das damalige Wahlrecht, auf der Passivseite einen Sonderposten mit Rücklageanteil zu bilden. Art. 67 Abs. 3 EGHGB enthält ein Beibehaltungswahlrecht für nach dem früheren § 247 Abs. 3 HGB gebildete Sonderposten mit Rücklageanteil.
Auch nach dem Wegfall des Sonderpostens mit Rücklageanteil sind in der HB andere Sonderposten gleichwohl zulässig, z. B.
- Sonderposten für Investitionszuschüsse zum Anlagevermögen,[1]
- Sonderposten für unentgeltlich ausgegebene Emissionsberechtigungen.[2]

1.2 Normenzusammenhang und Zweck

4 § 247 HGB gehört zum Bereich der Ansatzvorschriften. Die Vorschrift ergänzt das in § 246 Abs. 1 HGB enthaltene Vollständigkeitsgebot hinsichtlich des Ausweises der Aktiva und Passiva.[3] § 248 HGB begrenzt das grundsätzliche Ansatzgebot des § 246 Abs. 1 HGB, indem für selbst geschaffene immaterielle VG des AV ein Aktivierungswahlrecht, für bestimmte selbst geschaffene immaterielle VG des AV ein Aktivierungsverbot kodifiziert wird. § 249 HGB regelt Ansatzvorschriften für Rückstellungen. Gleiches erfolgt mit § 250 HGB für die RAP. § 251 HGB ergänzt den Inhalt der Bilanz insoweit, als unter der Bilanz Haftungsverhältnisse auszuweisen sind (sog. Unterstrich-Vermerke).

5 Die in Abs. 1 enthaltene Mindestgliederung der Bilanz wird für eine Vielzahl von Bilanzierenden durch strengere Spezialregelungen überlagert. **KapG/KapCoGes** haben die Gliederungsvorschrift von § 266 Abs. 2 und 3 HGB zu beachten.[4] Gleiches gilt für **nach dem PublG rechnungslegungspflichtige Unternehmen** (§ 5 Abs. 1 Satz 2 PublG) sowie **Genossenschaften** (§ 336 Abs. 2 Satz 1 HGB), die aufgrund der spezialgesetzlichen Verweise ebenfalls § 266 HGB zu beachten haben.
Für **Kredit- und Finanzdienstleistungsinstitute** ist unabhängig von ihrer Rechtsform gem. § 340a Abs. 2 HGB die RechKredV zu beachten, die die Anwendung von Formblättern regelt. Gleiches gilt für **Versicherungsunternehmen** gem. § 341a Abs. 2 HGB, für die die Formblätter der RechVersV verbindlich sind.

6 Die in § 247 Abs. 1 HGB enthaltene Gliederung ist bei Bedarf um für alle Kfl. anwendbare Posten zu erweitern. § 246 Abs. 2 Satz 3 HGB schreibt den Ausweis eines Aktivüberhangs des Zeitwerts des Deckungsvermögens über die saldierten Verpflichtungen in einem gesonderten Posten vor (§ 246 Rz 120). Für KapG/KapCoGes hat der Gesetzgeber hierfür den Posten mit „Aktiver Unterschiedsbetrag aus der Vermögensverrechnung" bezeichnet (§ 266 Abs. 2 Buchst. E HGB). Die für KapG/KapCoGes anzuwendende Vorschrift zur Bilanzierung von latenten Steuern (§ 274 HGB) darf auch von Nichtkapitalgesellschaften angewendet werden.[5]

---

[1] Vgl. St/HFA 1/1984 i.d.F. 1990, Abschn. 2dI.
[2] Vgl. IDW RS HFA 15.13.
[3] Vgl. ADS, Rechnungslegung und Prüfung der Unternehmen, 6. Aufl. 1995–2001, § 247 HGB Rz 2.
[4] § 266 Abs. 1 Satz 4 HGB und § 275 Abs. 5 HGB enthalten für sog. Kleinstkapitalgesellschaften Gliederungserleichterungen.
[5] Vgl. IDW RS HFA 7.18.

§ 247 Abs. 1 HGB enthält keine allgemein verbindliche Mindestgliederung, sondern verlangt die genannten Posten „hinreichend aufzugliedern". Diese Forderung ergibt sich schon aus den GoB (§ 243 § 1 HGB) und dem Grundsatz der Klarheit und Übersichtlichkeit (§ 243 § 2 HGB); sie hat somit lediglich klarstellenden Charakter.⁶

Wie weit das hinreichende Aufgliedern zu gehen hat, konkretisiert der Gesetzgeber nicht und hat sich somit an dem Zweck der Bilanz zu orientieren. Auch wenn Nichtkapitalgesellschaften nicht offenlegungspflichtig sind, dient die Bilanzgliederung den **Informationsbedürfnissen der Adressaten**. Dieser Adressatenkreis ist bei Nichtkapitalgesellschaften beschränkt. Als Adressaten kommen danach der Einzelunternehmer, die Gesellschafter einer Handelsgesellschaft sowie andere Organe mit Kontroll- oder Überwachungsfunktion (Aufsichtsrat, Beirat) sowie stille Gesellschafter in Betracht.⁷ Externe Adressaten können Gläubiger (in erster Linie Fremdkapitalgeber), Finanzbehörden und Arbeitnehmer sein.⁸ Bzgl. der Finanzbehörden ist darauf hinzuweisen, dass aufgrund der Vorschriften zur E-Bilanz (§ 5b EStG) diese eine an der Gliederung für große KapG bzw. KapCoGes orientierte Gliederungstiefe erhalten. Im Regelfall verfügen die internen Adressaten über umfassende Informations- und Kontrollrechte (z. B. für Kommanditisten gem. § 166 Abs. 1, stille Gesellschafter § 233 Abs. 1 HGB). Sofern jedoch einzelnen Gesellschaftern – z. B. im Fall einer Publikums-KG – nur beschränkte Informationsrechte zustehen, muss dies die Bilanzgliederung angemessen berücksichtigen. Sofern sich die Kontrollbefugnisse von Gesellschaftern auf die Vorlage des Jahresabschlusses beschränken und darüber hinaus keine Einsichtsrechte bestehen, sind an die Gliederung im Hinblick auf die Aussagekraft des Jahresabschlusses hohe Anforderungen zu stellen.⁹ Wegen der fehlenden Offenlegungsverpflichtung des Jahresabschlusses bei Nichtkapitalgesellschaften kommt dem Informationsbedürfnis der externen Adressaten keine gesetzliche Bedeutung zu. Oftmals gibt es aber vertragliche Vereinbarungen (z. B. in Kreditverträgen), die eine Mindestgliederung vorsehen.

In der Praxis existieren häufig Regelungen in Gesellschaftsverträgen von Personenhandelsgesellschaften, die eine Mindestgliederung – z. B. nach den für kleine KapG geltenden Vorschriften – vorsehen. Für **Personenhandelsgesellschaften** wird sich die Mindestgliederung an die für KapCoGes geltenden größenabhängigen Gliederungsvorschriften des HGB anlehnen und eine Grundlage für die Bestimmung der notwendigen Gliederungstiefe sowie die Postenbezeichnungen darstellen.¹⁰

Die Bilanz nach § 247 HGB kann entweder in **Konto-** oder in **Staffelform** aufgestellt werden; beide Darstellungsvarianten sind zulässig. Da die Staffelform der Bilanz ohne größerer praktischer Bedeutung ist, wird sich im Folgenden ausschl. auf die nach der Kontoform aufgestellte Bilanz bezogen.

---

6 Vgl. ADS, Rechnungslegung und Prüfung der Unternehmen, 6. Aufl. 1995–2001, § 247 HGB Rz 11.
7 Zu den Informationsbedürfnissen der Gesellschafter von Familienunternehmen vgl. Fink/Heidbreder/Schäfer, KoR 2008, S. 601.
8 Vgl. Förschle/Kropp, DB 1989, S. 1096.
9 Vgl. ADS, Rechnungslegung und Prüfung der Unternehmen, 6. Aufl. 1995–2001, § 247 HGB Rz 17.
10 Vgl. IDW RS HFA 7.41.

- **Kundengebundene Werkzeuge**, die für mehrere Aufträge eines Kunden (oder eines Konzerns, einer Unternehmensgruppe als Kunden) eingesetzt werden sollen, sind AV. Zum Ausweis von Zuschüssen des Kunden siehe § 255 Rz 70.   26
- Sog. **fremde Werkzeuge** sind auftragsbezogen und zur Veräußerung an den Besteller bestimmt. Sie rechnen zum Vorratsvermögen und sind damit dem UV zuzurechnen.   27
- **Ersatzteile und Reparaturmaterialien**, die nur zum Einbau in im AV ausgewiesenen Maschinen oder technischen Anlagen vorgesehen sind, können als AV ausgewiesen werden.[21] **Spezialreserveteile**, die nur bei bestimmten Maschinen oder technischen Anlagen verwendet werden können, sowie die sog. **Erstausstattung an Ersatzteilen** sind im AV auszuweisen.   28
- **Musterküchen und Musterelektrogeräte**, die ein Groß- und Einzelhändler zum Zweck der Werbung von Kaufinteressenten aufgestellt hat, sind AV.[22]   29
- **Ausstellungsmöbel** eines Möbeleinzelhändlers rechnen zum UV, da sie nicht nur Ausstellungszwecken dienen, sondern auch zur Veräußerung bestimmt sind.[23]   30
- **Vorführwagen** eines Kfz-Händlers sind solange AV, bis sie zum Verkauf bestimmt sind (Umwidmung).[24]   31
- **Musterhäuser** eines Fertighausherstellers sind als AV auszuweisen.[25]   32
- Vom Leasinggeber aktivierte **Leasinggegenstände** sind AV, da sie dem Betriebszweck des Leasingunternehmens dienen.   33
- **Leasinggegenstände**, die vom Leasingnehmer zu aktivieren sind, stellen ebenfalls AV dar. Zum wirtschaftlichen Eigentum bei Leasinggegenständen siehe § 246 Rz 34.   34
- **Grundstücke** eines Grundstückshändlers, die zur Veräußerung bestimmt sind, stellen UV dar.[26]   35
- **Lithografien** im Druckereigewerbe rechnen zum AV.[27]   36
- Bei **Anteilen und Wertpapieren** ergibt sich aus der Natur des VG keine typische Bindungsdauer.[28] Sie dienen dem Geschäftsbetrieb nur mittelbar. Hier kommt es bei der Abgrenzung zwischen AV (dauerhafte Anlage) und UV (spekulative Anlage) auf die Zweckbestimmung des Kfm. an. Den Regelfall stellt die dauerhafte Anlage (AV) dar. Bei einem gewerblichen Beteiligungshandel liegt dagegen UV vor.[29]   37
- Bei **Ausleihungen** orientiert sich die Abgrenzung an der Gesamtlaufzeit, nicht der Restlaufzeit am Abschlussstichtag. Eine Gesamtlaufzeit von 1 Jahr wird als ausreichend für die Zuordnung zum AV angesehen.[30]   38

---

[21] A. A. BFH, Urteil v. 2.12.1987, X R 19/81, BStBl 1988 II S. 502.
[22] Vgl. FG München, Urteil v. 28.9.1979, VII (V) 231/76, EFG 1980 S. 142.
[23] Vgl. FG Berlin, Urteil v. 11.5.1975, IV 167/75, EFG 1977 S. 2.
[24] Vgl. BFH, Urteil v. 17.11.1981, VIII R 86/78, BStBl 1982 II S. 344.
[25] Vgl. BFH, Urteil v. 31.3.1977, V R 44/73, BStBl 1977 II S. 684.
[26] Vgl. BFH, Urteil v. 18.4.1991, IV R 6/90, BStBl 1991 II S. 584.
[27] Vgl. BFH, Urteil v. 15.3.1991, III R 57/86, BStBl 1991 II S. 682.
[28] Zum Übergang des wirtschaftlichen Eigentums an KapG-Anteilen vgl. Kleinheisterkamp/Schell, DStR 2010, S. 833.
[29] Vgl. BFH, Urteil v. 25.7.2001, X R 55/97, BStBl 2001 II S. 809.
[30] Vgl. IDW, WPH Edition, Wirtschaftsprüfung & Rechnungslegung, 18. Aufl. 2023, Kap. F Tz 360.

39 Im Einzelfall entscheidet die **Zweckbestimmung des Kfm.** über die Zuordnung zu AV oder UV. In der folgenden Übersicht sind Kriterien der Zuordnung von VG zum AV oder UV zusammengefasst:[31]

	AV	UV
Art, Eigenschaft	• Grundstücke, • Bauten, • technische Anlagen und Maschinen, • Betriebs- und Geschäftsausstattung, • immaterielle Anlagen (z.B. Konzessionen, Patente, gewerbliche Schutzrechte)	• Vorräte (z.B. Roh-, Hilfs- und Betriebsstoffe, unfertige und fertige Erzeugnisse und Waren) • Forderungen aus L&L, • Kassenbestand, • Guthaben bei Kreditinstituten
Funktion im Geschäftsbetrieb	Nicht zur Verarbeitung oder zum Verkauf, sondern zur dauernden Nutzung bestimmt	Zum Verkauf oder zur Verarbeitung im Fertigungsprozess bestimmt
Subjektives Ermessen	Absicht zur dauerhaften Nutzung	Absicht zur Weiterverarbeitung oder zum Verkauf
Hilfskategorien	Zeitdauer von mehr als 1 Jahr	Zeitdauer von weniger als 1 Jahr

Tab. 1: Entscheidungskriterien für die Abgrenzung AV/UV

2.2 Umgliederungen

40 Soweit sich die Zweckbestimmung eines VG ändert, ist auch die Zuordnung zum AV bzw. UV zu überprüfen und dem ggf. geänderten Zweck anzupassen. Maßgeblicher Beurteilungszeitpunkt für die Zuordnung in der Bilanz ist der Abschlussstichtag (Rz 19).[32] Ein Wechsel der Vermögensart zwischen AV und UV ist im Regelfall nicht im Jahresabschluss einer KapG/KapCoGes berichtspflichtig, es sei denn, dass zugleich eine Abweichung von Bilanzierungs- und Bewertungsmethoden vorliegt (§ 284 Rz 46).[33]

41 Innerhalb des AV werden Veränderungen von Bilanzpostenzuordnungen im Anlagespiegel bei KapG/KapCoGes als **Umbuchung** dargestellt (§ 284 Rz 71).

> **Praxis-Beispiel**
> Ein Unternehmen möchte auf einem Betriebsgrundstück ein Gebäude (Lagerhalle) errichten. Die im Jahr 01 angefallenen Aufwendungen werden als „Geleistete Anzahlungen und Anlagen im Bau" im Jahresabschluss zum

---
[31] Vgl. Hütten/Lorson/Haustein, in Küting/Weber, HdR-E, § 247 HGB Rz 50, Stand: 3/2022.
[32] Vgl. Müller, in Baetge/Kirsch/Thiele, Bilanzrecht, § 247 HGB Rz 301, Stand: 3/2020.
[33] Vgl. Schubert/Huber, in Beck Bil-Komm., 13. Aufl. 2022, § 247 HGB Rz 260.

> 31.12.01 ausgewiesen. In 02 fallen weitere Aufwendungen an, bis die Lagerhalle im Mai 02 fertiggestellt ist und in Gebrauch genommen wird.
> Die im Vorjahresabschluss als „Geleistete Anzahlungen und Anlagen im Bau" ausgewiesenen Anschaffungs- und Herstellungskosten der Lagerhalle sind in der Bilanz zum 31.12.02 als „Grundstücke, grundstücksgleiche Rechte und Bauten einschließlich der Bauten auf fremden Grundstücken" auszuweisen. Im Anlagespiegel erfolgt eine entsprechende Umbuchung.

Demgegenüber werden geänderte Postenzuordnungen zwischen AV und UV als **Umgliederung** bezeichnet. Dies gilt gleichermaßen für Anzahlungen, die auf VG geleistet worden sind.[34] Beispiele für derartige Umgliederungen zwischen AV und UV sind nachfolgend exemplarisch genannt: 42

- Ein bislang zum Verkauf bestimmter **Pkw eines Autohändlers** wird nunmehr **als Dienstwagen** eines Mitarbeiters dem AV zugeordnet.[35] 43
- Eine im Vorratsbestand befindliche **Maschine** eines Serienmaschinenherstellers wird nunmehr **für die eigene Produktion eingesetzt**. 44
- Eine zuvor betrieblich genutzte Anlage wird **stillgelegt**, um sie zu veräußern.[36] Wird die Anlage lediglich stillgelegt und ist eine spätere Wiederinbetriebnahme vorgesehen, verbleibt die Anlage im AV.[37] 45
- Eine im UV ausgewiesene Forderung wird durch **Novation** in eine langfristige Ausleihung umgewandelt.[38] 46
- Eine **Parzellierung** unbebauter Grundstücke zieht noch keinen Wechsel der Vermögensart nach sich. Soweit i. R. d. Parzellierung aber die spätere Bebauung durch Beantragung eines Bebauungsplans aktiv vorbereitet wird, ist eine Umgliederung in das AV vorzunehmen.[39] 47

Ein VG des AV, der noch betrieblich genutzt wird, dessen **Veräußerung** am Abschlussstichtag aber **absehbar** ist, ist am Abschlussstichtag gleichwohl noch im AV auszuweisen, da es sich um keine Änderung der Zweckbestimmung handelt; vielmehr endet die ursprüngliche Zweckbestimmung mit der Veräußerung.[40] 48

> **Praxis-Beispiel**
> Ein betrieblich genutzter Pkw ist im Jahresabschluss zum 31.12.01 als AV ausgewiesen, obwohl bekannt ist, dass er voraussichtlich im Frühjahr 02 durch ein neues Ersatzfahrzeug ausgetauscht und dann veräußert wird.

Die Zuordnungsgrundsätze gelten auch bei **Insolvenz** des Betriebs. Erst wenn der VG bei der Abwicklung erkennbar zum Verkauf bestimmt wird, ist er vom 49

---

[34] Vgl. ADS, Rechnungslegung und Prüfung der Unternehmen, 6. Aufl. 1995–2001, § 247 HGB Rz 122.
[35] Vgl. Müller, in Baetge/Kirsch/Thiele, Bilanzrecht, § 247 HGB Rz 302, Stand: 3/2020.
[36] Vgl. Hütten/Lorson/Haustein, in Küting/Weber, HdR, § 247 HGB Rz 53, Stand: 3/2022.
[37] Vgl. Müller, in Baetge/Kirsch/Thiele, Bilanzrecht, § 247 HGB Rz 304, Stand: 3/2020.
[38] Vgl. IDW, WPH Edition, Wirtschaftsprüfung & Rechnungslegung, 18. Aufl. 2023, Kap. F Tz 410.
[39] Vgl. BFH, Urteil v. 31.5.2001, IV R 73/00, BFH/NV 2001 S. 1485; BFH, Urteil v. 25.10.2001, IV R 47, 48/00, BStBl 2002 II S. 289.
[40] Vgl. Wohlgemuth, WPg 2008, S. 1170.

AV in das UV umzugliedern.⁴¹ Auch wenn VG des AV in derartigen Fällen ggf. unter Veräußerungsgesichtspunkten zu bewerten sind, sind sie in der Bilanz weiterhin als AV auszuweisen.⁴²

2.3 Gliederung des Anlagevermögens

50 Abs. 1 der Vorschrift sieht lediglich den gesonderten Ausweis des AV sowie eine hinreichende Aufgliederung vor (Rz 7). Da sich insb. durch die weitgehende Verbreitung von Standardsoftware die für KapG/KapCoGes gültigen Gliederungsvorschriften des § 266 Abs. 2 HGB zum AV auch bei nicht dieser Vorschrift unterliegenden Kfl. durchgesetzt haben, wird auf die Kommentierung zu § 266 HGB verwiesen (§ 266 Rz 19ff.). Zur Mindestgliederung siehe Rz 11.

51 Soweit das Gliederungsschema des § 266 Abs. 2 HGB sowie ggf. weitergehende Untergliederungen genutzt werden, ist es aus Gründen der Klarheit und Übersichtlichkeit (§§ 243 Abs. 2, 265 Abs. 6 HGB) empfehlenswert, die Postenbezeichnungen an den tatsächlichen Posteninhalt ggf. einzuschränken.

3 Umlaufvermögen

3.1 Vorräte

52 Unter **Vorräte** sind Vermögensgegenstände (VG) zu verstehen, die zum Verbrauch oder zur Weiterveräußerung angeschafft oder hergestellt worden sind. Bei **ProduktionsUnt** sind hier Roh-, Hilfs- und Betriebsstoffe sowie unfertige und fertige Erzeugnisse auszuweisen. **HandelsUnt** weisen hier Handelswaren sowie Hilfsstoffe aus. **DienstleistungsUnt** weisen demgegenüber unfertige Leistungen im Vorratsvermögen aus. Darüber hinaus werden hier geleistete Anzahlungen ausgewiesen, die in unmittelbarem Bezug zum Vorratsvermögen stehen. Zur Möglichkeit der aktivischen Absetzung von erhaltenen Anzahlungen von den Vorräten siehe § 268 Rz 33. Auch wenn § 268 HGB nur für KapG/KapCoGes anzuwenden ist, ist eine freiwillige Anwendung für sonstige nach HGB rechnungslegende Kaufleute zulässig.

53 **Roh-, Hilfs- und Betriebsstoffe** sind fremdbezogene Stoffe, die (vom bilanzierenden Unt) noch unverarbeitet oder nicht verbraucht sind.⁴³ Emissionsberechtigungen i.S.d. Treibhausgas-Emissionshandelsgesetzes (TEHG), die für den Produktionsprozess des Unts verwendet werden, sind unter den Vorräten auszuweisen. Bei wesentlichen Beträgen ist in diesen Fällen eine Anpassung der Postenbezeichnung bzw. Erweiterung des Gliederungsschemas der Vorräte vorzunehmen, um die von § 247 Abs. 1 HGB geforderte hinreichende Aufgliederung zu gewährleisten.⁴⁴

54 **Leihemballagen** (Pfandgut, Paletten, Transportkisten, Fässer etc.) sind grds. im AV unter Betriebs- und Geschäftsausstattung auszuweisen. Haben die Abnehmer allerdings ein Wahlrecht zwischen Erwerb und Rückgabe, ist ein Ausweis unter den Vorräten zulässig.⁴⁵

---

41 Vgl. Müller, in Baetge/Kirsch/Thiele, Bilanzrecht, § 247 HGB Rz 305, Stand: 3/2020.
42 Vgl. IDW RS HFA 17.33.
43 Vgl. IDW, WPH Edition, Wirtschaftsprüfung & Rechnungslegung, 18. Aufl. 2023, Kap. F Tz 399.
44 Vgl. IDW RS HFA 15.7.
45 Vgl. IDW, WPH Edition, Wirtschaftsprüfung & Rechnungslegung, 19. Aufl. 2023, Kap. F Tz 401.

Eine Bilanzierung von Roh-, Hilfs- und Betriebsstoffen im Vorratsvermögen ist erst dann zulässig, wenn der Kfm. (zumindest) **wirtschaftlicher Eigentümer** geworden ist. Dies ist im Regelfall anzunehmen, wenn die Gefahr des zufälligen Untergangs der Stoffe auf den Kfm. übergegangen ist. In der Praxis anzutreffende Fälle von Konsignationslagern, just-in-time-Lieferungen, Materialbeistellung oder Veredelungsprozessen sind daher auf ihren rechtlichen Gehalt zu untersuchen, um den Übergang des wirtschaftlichen Eigentums beurteilen zu können (§ 246 Rz 16). 55

Unfertige Erzeugnisse sind regelmäßig die technische und zeitliche Vorstufe der **fertigen Erzeugnisse**. Zur Definition von unfertigen und fertigen Erzeugnissen siehe § 266 Rz 70 ff. 56

Handelswaren sind fremdbezogene VG, die ohne wesentliche Be- oder Verarbeitung zum Verkauf bestimmt sind. Auch von dritter Seite angeschafftes Zubehör zu selbst hergestellten Gütern rechnet hierzu.[46] 57

Im Bereich der Leistungen erfolgt eine Unterscheidung zwischen unfertigen und fertigen Leistungen insoweit, als fertige Leistungen als Forderungen auszuweisen sind (§ 266 Rz 73). **Unfertige Leistungen** sind nicht nur bei DienstleistungsUnt anzutreffen, sondern bspw. auch bei BauUnt, die halbfertige Arbeiten auf fremdem Grund und Boden bilanzieren.[47] 58

3.2 Forderungen und sonstige Vermögensgegenstände

3.2.1 Forderungen aus Lieferungen und Leistungen

Unter Forderungen aus Lieferungen und Leistungen werden Forderungen aus den Vertriebsaktivitäten des Bilanzierenden gezeigt; der Gegenposten in der GuV stellt regelmäßig Umsatzerlöse dar (§ 266 Rz 79). 59

Bei **Lieferungen mit Rückgaberecht** ist zwar eine Forderung auszuweisen, allerdings darf noch keine Gewinnrealisation erfolgen. Die Forderung ist somit zu den AHK der gelieferten Waren oder Produkte abzgl. voraussichtlicher Rücknahmekosten und abzgl. Wertminderungen infolge Beschädigungen zurückzunehmender Waren zu bewerten.[48] Bei **VersandhandelsUnt** wird aus praktischen Erwägungen heraus die Forderung zum Nennbetrag eingebucht und i. H. d. Differenzbetrags zu dem an sich zu aktivierenden Betrag zzgl. der Rücknahmekosten und evtl. Wertminderungen wegen Beschädigung eine Rückstellung gebildet.[49] 60

Zu Einzelheiten zur **Gewinnrealisierung** siehe § 252 Rz 117.

Der **Abgang** von Forderungen erfolgt im Regelfall durch Bezahlung. Bei Barzahlungen wird bei Eingang des Geldes in der Kasse die Forderung getilgt und ist auszubuchen. Gleiches gilt für erhaltene Schecks bzw. erhaltene Überweisungen, die beim Eingang beim Empfänger (Erhalt des Schecks bzw. Gutschrift auf dem Empfängerkonto) die Tilgung der Forderung bewirken.[50] Beim Gläubiger zah- 61

---

[46] Vgl. Müller, in Baetge/Kirsch/Thiele, Bilanzrecht, § 247 HGB Rz 155, Stand: 3/2020.
[47] Vgl. Schubert/Berberich, in Beck Bil-Komm., 13. Aufl. 2022, § 247 HGB Rz 65; Rogler/Jacobs, BB 2000, S. 2408.
[48] Vgl. IDW, WPH Edition, Wirtschaftsprüfung & Rechnungslegung, 18. Aufl. 2023, Kap. F Tz 418.
[49] Vgl. ADS, Rechnungslegung und Prüfung der Unternehmen, 6. Aufl. 1995–2001, § 246 HGB Rz 57, § 277 HGB Rz 28.
[50] Vgl. Schubert/Berberich, in Beck Bil-Komm., 13. Aufl. 2022, § 247 HGB Rz 102.

lungshalber eingehende Wechsel sind ebenfalls unter Forderungen auszuweisen. Erst bei Vorlage zum Inkasso oder im Fall des Indossaments bei Erhalt des um den Diskont geminderten Wechselbetrags erlischt die Forderung. Eine Abtretung der Forderung führt ebenfalls zum Abgang; dies gilt allerdings nicht bei sicherungshalber abgetretenen Forderungen, die weiterhin beim Zedenten auszuweisen sind. Eine Aufrechnung führt ebenfalls zum Erlöschen der Forderung. Hierbei sind die Regelungen von § 387 BGB zu beachten, wonach eine Aufrechnungslage gegeben sein muss (gleiche Fristigkeit, unbestrittene Forderungen).

Zu Forderungsabgängen infolge echtem oder unechtem **Factoring** und bei **Asset-backed-securities**-Gestaltungen siehe § 246 Rz 54, 67.

62 Eine Aktivierung von **aufschiebend bedingten Forderungen** ist unzulässig.[51] Die Auffassung, dass eine Aktivierung im Ausnahmefall zulässig sei, wenn eine so hohe Wahrscheinlichkeit besteht, dass ein Bedingungseintritt so gut wie sicher sei,[52] wird hier nicht geteilt. Ein aufschiebend bedingtes Rechtsgeschäft erfüllt gerade nicht den Tatbestand der Gewinnrealisierung (§ 252 Abs. 1 Nr. 4 HGB) und widerspricht somit dem Stichtagsprinzip.

63 **Auflösend bedingte Forderungen** sind aktivierungspflichtig, allerdings nur bis zum Bedingungseintritt. Art und Wahrscheinlichkeit des Bedingungseintritts können die Bewertung beeinflussen.

64 Zur **Stundung** von Forderungen bzw. Novation siehe § 266 Rz 80. Soweit Forderungen über das branchenübliche Zahlungsziel hinaus längerfristig fällig sind, sind sie gleichwohl unter Forderungen auszuweisen. Die für KapG/KapCoGes vorgeschriebene Angabe von Restlaufzeiten von mehr als 1 Jahr ist für Nichtkapitalgesellschaften und Einzelkfl. nicht verbindlich, obwohl sie sich empfiehlt. Auch zweifelhafte Forderungen sind anzusetzen.[53] Die Zweifel an der Werthaltigkeit sind bei der Forderungsbewertung zu berücksichtigen.

65 Bei Forderungen aus **Unternehmensverflechtungen** erfordert die „hinreichende Aufgliederung" i.S.v. § 247 Abs. 1 HGB im Regelfall einen gesonderten Ausweis, es sei denn, die Beträge sind von unwesentlicher Bedeutung.

3.2.2 Sonstige Vermögensgegenstände

66 Die Position stellt einen Sammelposten für alle nicht gesondert ausgewiesenen Posten des UV dar. Zu Einzelheiten und umfänglichen Beispielen siehe § 266 Rz 84.

67 Kurzfristig gehaltene **Genossenschaftsanteile** sind hier ebenfalls auszuweisen (Rz 70).

68 Hierunter fallen auch geleistete **Anzahlungen**, die nicht im Anlagevermögen (§ 266 Rz 48) oder unter den Vorräten (Rz 52) auszuweisen sind.

3.3 Wertpapiere des Umlaufvermögens

69 Es kommen sämtliche Wertpapiere in Betracht, die auch grds. AV sein können. Die Entscheidung, ob es sich um AV oder UV handelt, bestimmt sich ausschl. nach dem am Abschlussstichtag mit dem Wertpapier verfolgten Zweck (Rz 19).

---

[51] Vgl. BFH, Urteil v. 26.4.1995, I R 92/94, BStBl 1995 II S. 594.
[52] Vgl. ADS, Rechnungslegung und Prüfung der Unternehmen, 6. Aufl. 1995–2001, § 246 HGB Rz 53.
[53] Vgl. Müller, in Baetge/Kirsch/Thiele, Bilanzrecht, § 247 HGB Rz 146, Stand: 3/2020.

Kurzfristig gehaltene Anteile an Personenhandelsgesellschaften, GmbH-Anteile sowie Genossenschaftsanteile sind nicht hier, sondern unter den Sonstigen VG auszuweisen.[54] Allerdings ist es nicht zu beanstanden, wenn Anteile an Personenhandelsgesellschaften und GmbH-Anteile, obwohl sie nicht die für Wertpapiere charakteristische Verbriefung aufweisen, ebenfalls hier ausgewiesen werden.[55]

3.4 Flüssige Mittel

Flüssige Mittel umfassen
- Kassenbestand,
- Bundesbankguthaben,
- Guthaben bei Kreditinstituten und
- Schecks.

Zum **Kassenbestand** rechnen in- und ausländische Devisen sowie Wertzeichen (z. B. Briefmarken) oder auch Guthaben auf Frankiergeräten (§ 266 Rz 96).

Bundesbankguthaben und **Guthaben bei Kreditinstituten** umfassen alle Sichteinlagen (Kontokorrentguthaben, Fest- und Termingelder) sowie Bausparguthaben. Soweit die Guthaben nicht „flüssig" sind, da das Kreditinstitut sie bspw. gesperrt hat, ist ein Ausweis unter Sonstige VG vorzunehmen (zum grds. Saldierungsverbot siehe § 266 Rz 97 f.). Zinsansprüche bis zum Abschlussstichtag rechnen ebenfalls dazu, wobei auch ein Ausweis unter sonstige VG in Betracht kommt. Gleichermaßen sind hier am Abschlussstichtag „unterwegs befindliche Guthaben bei Kreditinstituten" auszuweisen.

> **Praxis-Beispiel**
> Der Kfm. unterhält Bankkonten bei verschiedenen Kreditinstituten. Am 30.12.01 tätigt er eine Überweisung von seinem Konto bei der Bank A auf sein Konto bei der Bank B. Die Bank A belastet am 30.12.01 seinem Bankkonto den Überweisungsbetrag, die Gutschrift bei der Bank B erfolgt erst am 2.1.02.
> Am Abschlussstichtag 31.12.01 wird das Guthaben weder von der Bank A noch der Bank B ausgewiesen. In der Bilanz zum 31.12.01 ist der Überweisungsbetrag gleichwohl unter flüssige Mittel zu erfassen.

Soweit von mehreren Unt (z. B. in einem Konzernverbund) ein **Cash Pool** unterhalten wird, stellen die in den Cash Pool eingebrachten Guthaben des Kfm. keine flüssigen Mittel, sondern Forderungen gegen den Cash-Pool-Führer dar.

In der Praxis werden in der Buchhaltung oftmals sog. **Bankzwischenkonten** verwendet, auf denen zur zutreffenden Periodenabgrenzung Gutschriften bzw. Belastungen des Kreditinstituts erfasst werden, die dem abgelaufenen Gj zuzurechnen sind, vom Kreditinstitut aber erst nach dem Abschlussstichtag (ggf. mit abweichender Valuta-Stellung) belastet bzw. gutgeschrieben wurden.

---

[54] Vgl. Schubert/Berberich, in Beck Bil-Komm., 13. Aufl. 2022, § 247 HGB Rz 112.
[55] Vgl. IDW, WPH Edition, Wirtschaftsprüfung & Rechnungslegung, 18. Aufl. 2023, Kap. F Tz 425.

> **Praxis-Beispiel**
> Der Rechnungsabschluss für das 4. Quartal 01 wird am 2.1.02 dem Bankkonto des Kfm. mit Valuta 31.12.01 belastet. In seiner Buchhaltung erfasst er den Rechnungsabschluss auf einem Bankzwischenkonto, das er in der Bilanz – auch wenn es einen Verbindlichkeitssaldo ausweist – unter den flüssigen Mitteln ausweist.

76 Soweit auf einem derartigen Bankzwischenkonto am Abschlussstichtag zur Bank eingereichte Überweisungen gebucht werden, stellt dieses noch keine Verminderung der Verbindlichkeiten dar, da noch keine Belastung auf dem Bankkonto erfolgt und somit die Verbindlichkeit noch nicht beglichen ist.

> **Praxis-Beispiel**
> Der Kfm. gibt am 31.12.01 einen Überweisungsauftrag zur Begleichung einer Kreditorenverbindlichkeit i.H.v. 100 an seine Hausbank. Diese führt die Überweisung am 2.1.02 aus und belastet an diesem Tag das Bankkonto des Kfm.
> Der Kfm., der die Überweisung mittels sog. electronic banking vorgenommen hat, bucht am 31.12.01 bzw. 2.1.02 wie folgt:
>
> | Datum | Konto | Soll | Haben |
> |---|---|---|---|
> | 31.12.01 | Kreditor | 100 | |
> | | Bankzwischenkonto | | 100 |
> | 2.1.02 | Bankzwischenkonto | 100 | |
> | | Bankguthaben | | 100 |
>
> Das Bankzwischenkonto ist am Abschlussstichtag 31.12.01 unter den Verbindlichkeiten aus L&L auszuweisen, da von der Bank noch keine Überweisung ausgeführt wurde.

77 Unter **Schecks** werden Inhaber- und Orderschecks, Bar- und Verrechnungsschecks, Reise- und Tankschecks, über die der Kfm. verfügen kann, ausgewiesen.[56] Hierzu zählen auch auf einen nach dem Abschlussstichtag liegenden Tag vordatierte Schecks, die nach Art. 28 Abs. 2 ScheckG am Tag der Vorlage fällig werden.

4 Rechnungsabgrenzungsposten

78 Nicht in § 247 HGB erwähnt sind die RAP, die sowohl auf der Aktiv- als auch auf der Passivseite auftreten können. § 246 Abs. 1 HGB stellt klar, dass auch die RAP in die Bilanz aufzunehmen sind (§ 246 Rz 7).
Zu Einzelheiten zu RAP siehe § 250 Rz 5 ff.

---

[56] Vgl. Marx/Dallmann, in Baetge/Kirsch/Thiele, Bilanzrecht, § 266 HGB Rz 116, Stand: 2/2013.

5 Eigenkapital

5.1 Grundsätzliches

Das Eigenkapital wird in § 247 Abs. 1 HGB als separat auszuweisender Posten explizit angesprochen. Im Unterschied zu KapG und KapCoGes, für die in §§ 264c, 266, 268 und 272 HGB detaillierte Regelungen zum Eigenkapitalausweis existieren, belässt es der Erste Abschnitt des Dritten Buchs des HGB bei der Forderung nach separatem Ausweis.

Das bilanzielle Eigenkapital (**Reinvermögen**) ergibt sich als Differenz zwischen den übrigen Positionen der Aktiva und Passiva; es stellt eine Residualgröße dar, der als Kennzahl erhebliche Bedeutung zukommt. Die Bedeutung dieser Kennzahl resultiert v. a. aus der Tatsache, dass Eigenkapital als Verlustdeckungspotenzial zur Verfügung steht. Im Unterschied zu Eigenkapital bei KapG braucht zur Qualifikation als Eigenkapital das Kriterium der Dauerhaftigkeit der Mittelüberlassung beim Ekfm. nicht erfüllt zu sein, da dieser jederzeit Entnahmen vornehmen kann. Gleiches gilt für Personenhandelsgesellschaften, da Entnahmen zulasten des Eigenkapitals jederzeit von den Gesellschaftern beschlossen werden können.[57]

Genussrechtskapital ist je nach Ausgestaltung entweder als Eigenkapital oder als Fremdkapital anzusetzen. Eine Qualifikation als Eigenkapital ist geboten, wenn nachfolgende Kriterien kumulativ erfüllt sind:[58]

- Nachrangigkeit,
- Erfolgsabhängigkeit der Vergütung sowie Teilnahme am Verlust bis zur vollen Höhe und
- Längerfristigkeit der Kapitalüberlassung.

Da das letztgenannte Kriterium im Zeitablauf bei in Vorjahren als Eigenkapital qualifizierten Genussrechten nicht mehr zutrifft, sind derartige Genussrechte bei Näherrücken des Rückzahlungstermins in das Fremdkapital umzugliedern.

Darüber hinaus bestehen Sonderfragen bei Genussrechten, wie z.B. Agio-Emissionen, Wandel- oder Optionsgenussrechten.[59]

Der Ausweis von **Einlagen stiller Gesellschafter** ist mangels gesetzlicher Regelung sowie der in der Praxis anzutreffenden Vielzahl von Ausgestaltungsvarianten nicht eindeutig geregelt. Die im steuerlichen Verständnis als atypisch stille Gesellschaft qualifizierten Einlagen werden in der Praxis häufig in einem Sonderposten nach dem Eigenkapital (Einlagen stiller Gesellschafter) ausgewiesen. Aber auch ein (gesonderter) Ausweis innerhalb des Eigenkapitals ist denkbar. Für die Zulässigkeit eines derartigen Ausweises ist entscheidend, ob die Einlagen des stillen Gesellschafters den für Genussrechtskapital entwickelten Tatbestandsvoraussetzungen für Eigenkapital entsprechen (Rz 81).[60] Bei den nach dem gesetzlichen Regelstatut von §§ 230 ff. HGB errichteten stillen Gesellschaften, die steuerlich als sog. typische stille Gesellschaft qualifiziert werden, kommt nur ein Ausweis als Verbindlichkeit in Betracht. Zu weiteren Einzelheiten siehe § 266 Rz 131.

---

[57] Vgl. IDW ERS FAB 7.14.
[58] Vgl. zu Einzelheiten St/HFA 1/1994, Abschn. 2.1.1.
[59] Vgl. Emmerich/Naumann, WPg 1994, S. 685.
[60] Vgl. Küting/Kessler, BB 1994, S. 2114.

Aufgrund der erheblichen Rechtsformunterschiede wird im Folgenden zunächst das Eigenkapital für Ekfl. und anschließend für PersonenhandelsGes betrachtet.

5.2 Eigenkapital des Einzelkaufmanns

83 Im Unterschied zu Personenhandelsgesellschaften besteht das Eigenkapital des Ekfm. ausschl. aus einem variablen Kapitalanteil. Der Ekfm. kann auch keine Forderungen bzw. Verbindlichkeiten gegen sich selbst ausweisen.

84 Eine weitergehende hinreichende Aufgliederung i. S. v. § 247 Abs. 1 HGB ist bei Ekfl. nicht erforderlich. Eine Entwicklung des Eigenkapitals innerhalb der Bilanz wird aber oftmals vorgenommen, um die Veränderungen gegenüber dem Vorjahr darzustellen. Da der Ekfm. keine schuldrechtlichen Verträge (z. B. Dienstvertrag, Mietvertrag) mit sich selbst schließen kann, muss er die Kosten seiner privaten Lebensführung regelmäßig aus dem EinzelUnt entnehmen. Das Eigenkapital des Ekfm. wird daher zum einen vom Ergebnis der GuV des Gj, zum anderen von den Entnahmen sowie ggf. erfolgenden Einlagen beeinflusst. Eine Bildung von Gewinnrücklagen wird als zulässig erachtet,[61] hat aber mangels der Existenz von Schutzvorschriften für derartige Rücklagen nahezu keine praktische Bedeutung. Nachfolgende Entwicklung des Eigenkapitals eines Ekfm. kann in der Bilanz dargestellt werden:[62]

Aktiva	Bilanz Einzelkaufmann	Passiva
	Eigenkapital Stand: 1.1. Entnahmen Einlagen Ergebnis lt. GuV Stand: 31.12.	

85 Soweit das Eigenkapital negativ wird, ist analog zur Vorgehensweise bei Personenhandelsgesellschaften ein aktivischer Ausweis geboten, der als „Nicht durch Vermögenseinlage gedeckte Verluste/Entnahmen des Geschäftsinhabers" bezeichnet und als letzter Posten auf der Aktivseite auszuweisen ist.[63]

5.3 Eigenkapital der Personenhandelsgesellschaft

86 Im Unterschied zu Ekfl. können bei Personenhandelsgesellschaften neben dem Eigenkapital auch Forderungen und Verbindlichkeiten gegen Gesellschafter bestehen, sodass eine eindeutige Trennung zwischen Eigenkapital und Fremdkapital von Gesellschaftern vorzunehmen ist. Eigenkapital liegt bei Personenhandels-

---

[61] Vgl. Hütten/Lorson/Haustein, in Küting/Weber, HdR, § 247 HGB Rz 31, Stand: 3/2022.
[62] Vgl. ADS, Rechnungslegung und Prüfung der Unternehmen, 6. Aufl. 1995–2001, § 247 HGB Rz 75.
[63] Vgl. Grottel/Huber, in Beck Bil-Komm., 13. Aufl. 2022, § 268 HGB Rz 15.

gesellschaften nur vor, wenn die bereitgestellten Mittel der Gesellschaft als **Verlustdeckungspotenzial** zur Verfügung stehen. Dies ist dann gegeben, wenn[64]
- künftige Verluste mit den Mitteln bis zur vollen Höhe – auch mit Wirkung gegenüber den Gesellschaftsgläubigern – zu verrechnen sind und
- im Fall der Insolvenz der Gesellschaft eine Insolvenzforderung nicht geltend gemacht werden kann oder wenn bei einer Liquidation der Gesellschaft Ansprüche erst nach Befriedigung aller Gesellschaftsgläubiger mit dem sonstigen Eigenkapital auszugleichen sind.

Die gesetzlichen Regelungen sehen für jeden Gesellschafter einer Personenhandelsgesellschaft nur einen einzigen Kapitalanteil vor (für die OHG: § 120 Abs. 1 HGB). § 120 Abs. 2 HGB sieht die Veränderung des Kapitalanteils durch den jährlich erzielten, auf den jeweiligen Gesellschafter entfallenden Verlust vor. Für Kommanditisten bestimmt § 167 Abs. 2 HGB, dass Gewinne dem Kapitalanteil des Kommanditisten nur so lange gutgeschrieben werden, bis dieser den Betrag der sog. bedungenen Einlage erreicht. Unter **bedungene Einlage** ist die im Innenverhältnis der Gesellschafter im Gesellschaftsvertrag vereinbarte Einlage des Kommanditisten zu verstehen. Sie ist zu unterscheiden von der im Handelsregister eingetragenen **Haftsumme** des Kommanditisten (§ 171 Abs. 1 HGB). Diese kann mit der bedungenen Einlage (im Sprachgebrauch oftmals als Kommanditeinlage bezeichnet) identisch, aber auch abweichend davon sein.[65] 87

Entnahmen zulasten des Kapitalanteils sind für Gesellschafter einer OHG und Komplementäre einer KG innerhalb der Restriktionen des § 122 Abs. 1 HGB, für Kommanditisten einer KG nur nach § 169 Abs. 1 HGB gesetzlich geregelt. 88

Da Gesellschaftsverträge von Personenhandelsgesellschaften die dispositiven Regelungen des HGB zu den Kapitalanteilen und Entnahmen zumeist durch eigenständige Regelungen ersetzen, ist in der Praxis bzgl. der Abgrenzung von Eigenkapital und Fremdkapital bei Personenhandelsgesellschaften regelmäßig auf die Umstände des Einzelfalls abzustellen. 89

Sehr häufig werden in Gesellschaftsverträgen von Personenhandelsgesellschaften für jeden Gesellschafter mehrere Konten definiert. Für die Beurteilung der Qualifikation als Eigenkapital ist jedes dieser Konten separat zu beurteilen. Die Tatsache, dass die Gesellschafterkonten im Gesellschaftsvertrag als „Kapitalkonto" bezeichnet werden, ist für den Ausweis in der Bilanz grds. unbeachtlich. 90

Weit verbreitet ist die Bestimmung **fester Kapitalkonten** für jeden Gesellschafter, die zumeist Basis für die Gewinnverteilung darstellen. 91

Soweit die **Einlagen** auf diese festen Kapitalkonten am Abschlussstichtag ganz oder teilweise **nicht geleistet** und auch nicht eingefordert sind, sind diese in entsprechender Anwendung von § 272 Abs. 1 Satz 3 HGB passivisch offen von den Kapitalanteilen abzusetzen. Zwar gelten für Nicht-KapCoGes die Vorschriften des Zweiten Abschnitts des Dritten Buchs des HGB nicht unmittelbar; sie sind jedoch als GoB i. S. d. von § 247 Abs. 1 HGB geforderten hinreichenden Aufgliederung (weitgehend) analog anzuwenden (Rz 9). 92

---

[64] Vgl. IDW ERS FAB 7.13.
[65] Eine gegenüber dem Kommanditkapital erhöhte im Handelsregister eingetragene Haftsumme wird zumeist aus steuerlichen Gründen gewählt, da der Kommanditist Verlustzuweisungen aus der Personenhandelsgesellschaft steuerlich bis zur Höhe dieser Haftsumme gem. § 15a Abs. 1 Satz 2 EStG geltend machen kann.

> **Praxis-Beispiel**
> Im Gesellschaftsvertrag der OHG ist für die beiden Gesellschafter ein Kapitalanteil von jeweils 100 EUR, insgesamt also 200 EUR, vereinbart. Am Abschlussstichtag 31.12.01 sind jeweils 10 EUR von den Gesellschaftern geleistet; der Restbetrag von jeweils 90 EUR ist nicht eingefordert.
>
> | Aktiva | Bilanz 31.12.01 (OHG) | | Passiva |
> |---|---|---|---|
> | ... | | Eigenkapital | |
> | | | – Kapitalanteile | 20 |
> | | | ... | |

93 Für **eingeforderte ausstehende Einlagen** scheint dementsprechend ein aktivischer Ausweis unter den Forderungen in analoger Anwendung von § 272 Abs. 1 Satz 3 3. Hs. HGB sachgerecht.

> **Praxis-Beispiel**
> Im Gesellschaftsvertrag der OHG ist für die beiden Gesellschafter ein Kapitalanteil von jeweils 100 EUR, insgesamt also 200 EUR, vereinbart. Am Abschlussstichtag 31.12.02 sind jeweils 20 EUR von den Gesellschaftern geleistet; der Restbetrag von jeweils 80 EUR ist eingefordert.
>
> | Aktiva | Bilanz 31.12.02 (OHG) | | Passiva |
> |---|---|---|---|
> | Forderungen gegen phG | 160 | Eigenkapital | |
> | | | – Kapitalanteile | 200 |
> | ... | | ... | |

94 Während für KapCoGes gem. § 264c Abs. 2 Satz 2 HGB die **Saldierung von positiven und negativen Kapitalanteilen** einzelner Gesellschafter (auch innerhalb derselben Gesellschaftergruppe) unzulässig ist, ist dies für nicht unter § 264a HGB fallende Personenhandelsgesellschaften möglich. Das Gebot der Klarheit und Übersichtlichkeit von § 243 Abs. 2 HGB erfordert in Jahresabschlüssen von KGs, die nicht unter § 264a HGB fallen, allerdings eine Trennung der Kapitalanteile von phG und Kommanditisten.[66]

95 In Gesellschaftsverträgen von Personenhandelsgesellschaften finden sich häufig Regelungen zu Rücklagen. Für den bilanziellen Ausweis ist danach zu differenzieren, ob es sich um einzelnen Gesellschaftern zustehende **individuelle Rücklagen** handelt, die als Teil des Kapitalanteils des Gesellschafters zu behandeln sind, oder um **gesamthänderisch gebundene Rücklagen**, die separat von den

---

[66] Vgl. IDW ERS FAB 7.43.

Kapitalanteilen der Gesellschafter als weiterer Bestandteil des Eigenkapitals zu bilanzieren sind.

> **Praxis-Beispiel**
> Eine OHG hat 2 Gesellschafter (A+B), die gem. Gesellschaftsvertrag Einlagen i.H.v. jeweils 50 EUR geleistet haben. Darüber hinaus hat der Gesellschafter A eine Rücklage i.H.v. 30 EUR, die gem. dem maßgeblichen Gesellschafterbeschluss ihm alleine zusteht. Die Bilanz der OHG weist folgendes Eigenkapitalbild aus:
>
> | Aktiva | Bilanz 31.12.01 | | Passiva |
> |---|---|---|---|
> | | Eigenkapital | | 130 |
> | | Kapitalanteil A | | |
> | | – Einlage | | 50 |
> | | – Rücklage | | 30 |
> | | Kapitalanteil B | | |
> | | – Einlage | | 50 |

> **Praxis-Beispiel**
> Eine OHG hat 2 Gesellschafter (A+B), die gem. Gesellschaftsvertrag Einlagen i.H.v. jeweils 50 EUR geleistet haben. Der Gesellschaftsvertrag sieht vor, dass im Fall eines Gewinns dieser i.H.v. 50 % in eine gesamthänderisch gebundene Rücklage einzustellen ist. Der Restgewinn ist als entnahmefähiger Gewinn dem Verrechnungskonto des jeweiligen Gesellschafters gutzuschreiben; Verlustsonderkonten bestehen nicht. Im Geschäftsjahr 02 wird ein Gewinn i.H.v. 30 EUR erzielt. Die Bilanz der OHG weist folgendes Eigenkapitalbild aus:[67]
>
> | Aktiva | Bilanz 31.12.01 | | Passiva |
> |---|---|---|---|
> | | Eigenkapital | | 115 |
> | | – Kapitalanteile | | 100 |
> | | – Rücklage | | 15 |

Eine Differenzierung der Rücklagen nach Kapitalrücklagen und Gewinnrücklagen, wie dies für KapG in §§ 266 Abs. 3, 272 Abs. 2 und 3 HGB vorgeschrieben ist, ist weder für KapCoGes noch für andere Personenhandelsgesellschaften gesetzlich vorgesehen.[68] Eine derartige Differenzierung der Rücklagen ist aber auch bei Personenhandelsgesellschaften zulässig.

Bei der Bilanzierung von **Gewinnanteilen** sind neben den gesetzlichen Regelungen auch die häufig vorhandenen abweichenden Regelungen des Gesellschaftsvertrags zu beachten. Soweit keine abweichenden gesellschaftsvertraglichen

---

[67] Der entnahmefähige Gewinn auf den Verrechnungskonten der Gesellschafter ist innerhalb der Verbindlichkeiten auszuweisen.
[68] Vgl. IDW ERS FAB 7.46.

Regelungen bestehen, sind die Gewinnanteile von phG deren Kapitalanteilen zuzuschreiben (§ 120 Abs. 2 HGB[69]). Gewinnanteile von Kommanditisten werden nur solange dem Kapitalanteil zugeschrieben, bis die (in Vorjahren durch Verluste oder Entnahmen geminderte) bedungene Einlage wieder erreicht ist. Ein darüber hinausgehender Gewinn ist als entnahmefähiger Gewinn einem **Verrechnungs- oder Privatkonto** des Kommanditisten zuzuschreiben, das Fremdkapitalcharakter hat und demgemäß unter den Verbindlichkeiten auszuweisen ist. In diesen Fällen wird in der Bilanz kein Jahresüberschuss ausgewiesen.[70]

98 Oftmals bestehen abweichende gesellschaftsvertragliche Regelungen, die auch für persönlich haftende Gesellschafter (nach Ausgleich etwaiger Verlustsonderkonten) eine Gutschrift des Gewinnanteils auf einem Verrechnungs- oder Privatkonto vorsehen, das als Fremdkapital auszuweisen ist.

99 In Fällen, in denen im Gesellschaftsvertrag die vollständige oder teilweise Disposition eines Jahresüberschusses der GesV (oder ggf. einem Aufsichtsrat oder Beirat) obliegt, die über die Ergebnisverwendung bei der Feststellung des Jahresabschlusses zu entscheiden hat,[71] ist in der Bilanz der **Jahresüberschuss** unverteilt als eigenständiger Posten im Eigenkapital auszuweisen.[72]

> **Praxis-Beispiel**
> Der Gesellschaftsvertrag der Kommanditgesellschaft enthält eine Regelung, wonach die Feststellung des Jahresabschlusses und Ergebnisverwendung nach Vorlage des Jahresabschlusses durch den Komplementär durch die GesV zu erfolgen hat. Der Kapitalanteil des Komplementärs beläuft sich auf 70 EUR, der des Kommanditisten auf 30 EUR. Im abgelaufenen Gj wurde ein Jahresüberschuss von 20 EUR erzielt; Verlustsonderkonten bestehen nicht. Der EK-Ausweis in der Bilanz sieht folgendermaßen aus:
>
> | Aktiva | Bilanz 31.12.01 | | Passiva |
> |---|---|---|---|
> | … | Eigenkapital | | |
> | | – Kapitalanteil phG | 70 | |
> | | – Kapitalanteil Komm. | 30 | |
> | | – Jahresüberschuss | 20 | |
> | | | | 120 |
> | | … | | |

100 Eine teilweise Disposition des Jahresüberschusses durch die GesV liegt vor, wenn z. B. eine gesellschaftsvertragliche Regelung die Bildung von Rücklagen bei Aufstellung des Jahresabschlusses erlaubt oder die Gesellschafter bereits Vorabentnahmen auf den Gewinn (z. B. für Steuervorauszahlungen) erhalten haben. In derartigen Fällen ist in der Bilanz ein Bilanzgewinn auszuweisen.[73]

---

[69] Dies gilt gem. den Gesetzesmaterialien zum MoPeG auch nach der geänderten Fassung von § 122 HGB.
[70] Vgl. IDW ERS FAB 7.47.
[71] Vgl. Schulze-Osterloh, BB 1995, S. 2519.
[72] Vgl. IDW, WPH Edition, Wirtschaftsprüfung & Rechnungslegung, 18. Aufl. 2023, Kap. F Tz 1498.
[73] Vgl. IDW ERS FAB 7.48.

> **Praxis-Beispiel**
> Der Gesellschaftsvertrag der Kommanditgesellschaft enthält eine Regelung, wonach die Feststellung des Jahresabschlusses und Ergebnisverwendung nach Vorlage des Jahresabschlusses durch den Komplementär durch die GesV zu erfolgen hat. Weiterhin dürfen gem. gesellschaftsvertraglicher Regelung bei Aufstellung des Jahresabschlusses bis zu 20 % eines sich lt. GuV ergebenden Jahresüberschusses in die Rücklagen eingestellt werden. Der Kapitalanteil des Komplementärs beläuft sich auf 70 EUR, der des Kommanditisten auf 30 EUR. Im abgelaufenen Gj wurde ein Jahresüberschuss von 20 EUR erzielt; Verlustsonderkonten oder Rücklagen bestehen bisher nicht. Bei Aufstellung des Jahresabschlusses nimmt der Komplementär eine Rücklagendotierung von 4 EUR (20 % des Jahresüberschusses) vor. Der EK-Ausweis in der Bilanz sieht folgendermaßen aus:
>
> | Aktiva | Bilanz 31.12.01 | Passiva |
> |---|---|---|
> | ... | Eigenkapital | |
> | | – Kapitalanteil phG | 70 |
> | | – Kapitalanteil Komm. | 30 |
> | | – Rücklage | 4 |
> | | – Bilanzgewinn | 16 |
> | | | 120 |
> | | ... | |

Nicht nur die Verwendung des Jahresergebnisses, sondern auch die Verteilung eines Gewinns auf die einzelnen Gesellschafter wird regelmäßig abweichend von den gesetzlichen Regelungen (§§ 121 Abs. 1, 168 Abs. 1 HGB) vorgenommen. Sehr häufig finden sich Bestimmungen, wonach die Gewinnverteilung nach den Festkapitalanteilen erfolgt. Z. T. werden Zinsen auf sämtliche oder bestimmte Gesellschafterkonten gem. den gesellschaftsvertraglichen Regelungen ermittelt, die bei der Gewinnverteilung als **Gewinnvorab** zu behandeln sind. Hiervon zu unterscheiden sind Zinsen auf Gesellschafterkonten, die als Aufwand der Gesellschaft in der GuV bereits bei der Gewinnentstehung zu erfassen sind.

Soweit im Geschäftsjahr ein Jahresfehlbetrag anfällt, sind gem. den gesetzlichen Regelungen bei Personenhandelsgesellschaften die **Verlustanteile** von den Kapitalanteilen der Gesellschafter abzuschreiben (§ 120 Abs. 2 HGB), wobei Kommanditisten nur bis zur Höhe ihres Kommanditkapitals teilnehmen (§ 167 HGB). Bestehen gesamthänderisch gebundene Rücklagen, können diese – soweit dem keine gesellschaftsvertraglichen Regelungen entgegenstehen – zunächst mit dem Verlust verrechnet werden, sodass nur ein darüber hinausgehender Verlust von den Kapitalanteilen der Gesellschafter abzuschreiben ist.[74]

Die gesetzlichen Regelungen werden ebenfalls sehr häufig durch gesellschaftsvertragliche Regelungen ersetzt. Dabei werden zumeist für jeden Gesellschafter separate

---

[74] Vgl. IDW ERS FAB 7.51.

Verlustsonderkonten (ggf. als Verlustvortragskonten bezeichnet) geführt. Derartige Regelungen sehen zumeist auch die Teilnahme der Kommanditisten an über die Höhe des Kapitalanteils hinausgehenden Verlusten vor. Die Verlustanteile stellen – wie die Festkapitalanteile – Teil des in der Bilanz auszuweisenden Kapitalanteils dar.

104 Soweit in einem Jahresabschluss Verlustsonderkonten ausgewiesen werden und im darauffolgenden Gj ein Jahresüberschuss erzielt wird, ist nach den gesellschaftsvertraglichen Regelungen zu entscheiden, wie dieser in der Bilanz auszuweisen ist. Sehr häufig sehen Gesellschaftsverträge vor, dass Gewinne zunächst mit bestehenden Verlusten zu verrechnen sind und nur ein darüber hinausgehender Gewinn entnahmefähig ist bzw. zur Disposition der GesV steht. Aus Gesellschaftssicht ist es auch sinnvoll, dass zunächst das Festkapital wiederhergestellt wird, bevor Gewinne entnahmefähig werden. Es ist aber durchaus zu beobachten, dass Gesellschaftsverträge auch bei Bestehen von Verlustsonderkonten einen im Folgejahr entstehenden Gewinn sofort als entnahmefähig den Gesellschafterverrechnungskonten zuweisen. In derartigen Fällen ist eine Wiederherstellung des in Vorjahren durch Verluste aufgezehrten Eigenkapitals nur möglich, indem die Gesellschafter den Ausgleich der Verlustsonderkonten durch Mittelzufuhr (z. B. Bareinlagen oder durch Einlage ihrer Guthaben auf den Verrechnungskonten) beschließen.

105 Soweit der Kapitalanteil durch Verluste oder Entnahmen negativ wird, ist **der den Kapitalanteil übersteigende Verlust** am Schluss der Bilanz auf der Aktivseite analog § 264 Abs. 1 Satz 5 i. V. m. § 268 Abs. 3 HGB auszuweisen. Der Posten ist als „Nicht durch Vermögenseinlagen gedeckter Verlustanteil persönlich haftender Gesellschafter" bzw. „Nicht durch Vermögenseinlagen gedeckter Verlustanteil Kommanditisten" zu bezeichnen. Bzgl. der für Nicht-KapCoGes zulässigen Saldierung positiver und negativer Kapitalanteile siehe Rz 94. Soweit der Gesellschaftsvertrag nichts Abweichendes vorsieht, führt auch bei phG ein negativer Kapitalanteil nicht zu einer Forderung der Ges.[75] Soweit im Gj der Kapitalanteil sowohl durch Verluste als auch durch Entnahmen (Rz 106) negativ wird, sind „zuerst die Entnahmen zu buchen, weil die Verluste erst mit Ablauf des Gj die Kapitalkonten der Gesellschafter belasten, während Entnahmen vorher erfolgt sind".[76]

106 Auch bei Personenhandelsgesellschaften sind wie bei EKfl. Entnahmen und Einlagen möglich. Während die gesetzlichen Regelungen **Entnahmen** regelmäßig zulasten des Kapitalanteils vorsehen (§ 122 Abs. 1 HGB), werden in der Praxis häufig auch schuldrechtliche Vereinbarungen zwischen Gesellschafter und Ges. als Entnahme bezeichnet. Eine Entnahme ist begrifflich jede Art von Leistung (Geld- oder Sachleistung), die die Gesellschaft gegenüber dem Gesellschafter erbringt, insb. Geldleistungen. Häufig werden in Gesellschaftsverträgen von Personenhandelsgesellschaften den Gesellschaftern Entnahmerechte zugestanden, die auf einem Verrechnungs- oder Privatkonto mit Fremdkapitalcharakter auszuweisen sind. Dies gilt für die regelmäßig anzutreffenden Entnahmerechte für **Steuervorauszahlungen** im Zusammenhang mit der Gesellschaft genauso wie für die der Personenhandelsgesellschaft belasteten Steuerabzugsbeträge (ZASt, KapSt sowie darauf entfallender SolZ), die – da die Personenhandelsgesellschaft selbst kein Steuersubjekt bei der ESt ist – als Entnahme der Gesellschafter zu berücksichtigen sind.

---

[75] Vgl. IDW ERS FAB 7.50.
[76] Vgl. IDW ERS FAB 7.52.

sich um wesentliche Beträge handelt, da diesen wegen ihres langfristigen Charakters besondere Bedeutung zukommt.[79] Im Regelfall werden sich aber auch diese Kfl. am Gliederungsschema des § 266 Abs. 3 HGB orientieren und entsprechend separat ausweisen:
- Pensionsrückstellungen,
- Steuerrückstellungen und
- Sonstige Rückstellungen.

Auch für EKfl. und Nicht-KapCoGes stellt sich ggf. das Erfordernis, Rückstellungen für passive latente Steuern zu bilden (§ 249 Rz 42).[80]

6.3 Verbindlichkeiten

Für KapG und KapCoGes existieren detaillierte Gliederungsvorschriften (§ 266 Rz 143 ff.). Für nicht diesen Vorschriften unterliegende Kfl. ist eine entsprechende Aufgliederung zwar empfehlenswert und in der Praxis üblich, allerdings nicht zwingend. Die hinreichende Aufgliederung i. S. v. § 247 Abs. 1 HGB erfordert zumindest die Angabe von Verbindlichkeiten gegenüber Gesellschaftern[81] bzw. sonstigen Unternehmensverflechtungen. 118

Sehr häufig halten diese Kfl. eine an § 266 Abs. 3 HGB orientierte weitergehende Mindestgliederung ein, die unterscheidet zwischen:[82] 119
- Verbindlichkeiten gegenüber Kreditinstituten,
- Wechselverbindlichkeiten,
- Erhaltenen Anzahlungen,
- Verbindlichkeiten aus Lieferungen und Leistungen sowie
- Sonstigen Verbindlichkeiten.

Aufschiebend bedingte Verbindlichkeiten sind erst mit Bedingungseintritt zu passivieren.[83] Vor Bedingungseintritt kann sich gleichwohl das Erfordernis der Bildung einer Rückstellung für ungewisse Verbindlichkeiten stellen, wenn mit dem Bedingungseintritt ernsthaft zu rechnen ist und die künftigen Ausgaben wirtschaftlich in der Vergangenheit verursacht sind. Hierunter fallen auch **Besserungsscheine**[84] für von Gläubigern erlassene Verbindlichkeiten.[85] 120

Auflösend bedingte Verbindlichkeiten sind demgemäß solange zu passivieren, bis der Bedingungseintritt erfolgt. Ist allerdings der Bedingungseintritt nach den Verhältnissen am Abschlussstichtag u. U. zu erwarten, so handelt es sich um eine ungewisse Verbindlichkeit, die demgemäß als Rückstellung zu erfassen ist. 121

Soweit der Kfm. eine bereits verjährte Verbindlichkeit nicht mehr begleichen will und er die Einrede der **Verjährung** nach § 214 Abs. 1 BGB erhebt, ist die Verbindlichkeit auszubuchen.[86] 122

Verbindlichkeiten sind auch dann zu passivieren, wenn der Gläubiger einen **Rangrücktritt** ausgesprochen hat.[87] Erst ein Erlass der Forderung durch den 123

---

[79] Vgl. ADS, Rechnungslegung und Prüfung der Unternehmen, 6. Aufl. 1995–2001, § 247 HGB Rz 50.
[80] Vgl. IDW ERS FAB 7.26.
[81] Vgl. IDW ERS FAB 7.55.
[82] Vgl. Müller, in Baetge/Kirsch/Thiele, Bilanzrecht, § 247 HGB Rz 268, Stand: 3/2020.
[83] Vgl. BFH, Urteil v. 4.2.1999, IV R 54/87, BStBl 2000 II S. 139.
[84] Zum Begriff des Besserungsscheins vgl. Gross/Fink, BB 1991, S. 1379.
[85] Vgl. IDW, WPH Edition, Wirtschaftsprüfung & Rechnungslegung, 18. Aufl. 2023, Kap. F Tz 695.
[86] Vgl. Müller, in Baetge/Kirsch/Thiele, Bilanzrecht, § 247 HGB Rz 272, Stand: 3/2020.
[87] Zum Begriff des Rangrücktritts: Loitz/Schulze, DB 2004, S. 769.

Gläubiger (§ 397 Abs. 1 BGB) bewirkt ein Erlöschen der Verbindlichkeit, sodass eine erfolgswirksame Ausbuchung vorzunehmen ist.

124 **Genussrechte**, die als Fremdkapital auszuweisen sind (Rz 81), sollten als gesonderter Posten unter den Verbindlichkeiten ausgewiesen werden (§ 266 Rz 148). Bei Bilanzierenden, die den Jahresabschluss um einen Anhang erweitern (KapG/KapCoGes), kann auch eine separate Aufgliederung im Anhang erfolgen.

125 **Bestrittene Verbindlichkeiten** sind so lange als Verbindlichkeiten auszuweisen, bis der Streit beglichen ist und im Fall des Obsiegens des Kfm. eine (ganz oder teilweise) Ausbuchung erfolgen kann. Es muss allerdings vom Bestehen eines Rechtsverhältnisses ausgegangen werden können, sodass offenkundig unbegründete Ansprüche (z. B. Forderung auf Bezahlung einer nicht bestellten Leistung) nicht passivierungspflichtig sind. Es kann aber ggf. eine Rückstellung für ungewisse Verbindlichkeiten in Betracht kommen.

Zum Fremdkapitalausweis von Einlagen **stiller Gesellschafter** siehe Rz 82.

126 Verbindlichkeiten **erlöschen** durch
- Erfüllung (§ 362 BGB),
- Aufrechnung (§§ 387–399 BGB oder aus einem vereinbarten Kontokorrentverhältnis gem. § 355 HGB),
- Novation (Schuldumwandlung in bspw. ein Darlehen),
- Erlass (§ 397 BGB),
- befreiende Schuldübernahme (§§ 414 ff. BGB).[88]

127 **Erfüllung** beinhaltet die Begleichung der Verbindlichkeit durch die vereinbarte Gegenleistung (i. d. R. Barmittel, aber auch Sachleistungen möglich). Eine Leistung an einen Dritten kann Erfüllungswirkung haben, wenn dieser vom Gläubiger zur Entgegennahme berechtigt wurde (§ 362 Abs. 2 BGB).

128 Eine **Aufrechnung** i. S. v. § 387 BGB ist nur möglich, wenn eine Aufrechnungslage gegeben ist, d. h. Gläubiger und Schuldner gegenseitig gleichartige Forderungen haben.[89] Die gesetzliche Möglichkeit der Aufrechnung kann durch Vertrag ausgeschlossen werden. Daneben gibt es gesetzliche Aufrechnungsverbote (z. B. §§ 390–395 BGB, § 17 Abs. 3 StromGVV/GasGVV, §§ 66 Abs. 1 Satz 2, 114 Abs. 2 Satz 2 AktG, § 19 Abs. 2 GmbHG).

129 Unter einer **Novation** (Schuldersetzung) ist die Aufhebung eines Schuldverhältnisses mit gleichzeitiger Begründung eines neuen Schuldverhältnisses zu verstehen.[90]

130 **Erlass** ist ein Vertrag zwischen Gläubiger und Schuldner, der den Forderungsverzicht des Gläubigers beinhaltet. Zu den in diesem Zusammenhang oftmals vereinbarten Besserungsscheinen siehe Rz 120. Der Forderungsverzicht löst beim Schuldner eine erfolgswirksame Ausbuchung der Verbindlichkeit aus. Ist der verzichtende Gläubiger Gesellschafter des Schuldners, kommt bei Personenhandelsgesellschaften die Gutschrift auf einem Kapitalkonto (Einlage) in Betracht; bei KapG ist in derartigen Fällen auch die Einstellung in die Kapitalrücklage nach § 272 Abs. 2 Nr. 4 HGB denkbar, wenn eine Leistung in das Eigenkapital beabsichtigt war (§ 272 Rz 141).

---

[88] Vgl. zur Schuldübernahme auch St/WFA 1/1994, Abschn. B.
[89] Zu Einzelheiten vgl. Grüneberg, BGB, 81. Aufl. 2022, § 387 BGB Rz 3 ff.
[90] Vgl. Grüneberg, BGB, 81. Aufl. 2022, § 311 BGB Rz 8.

Bei einer **befreienden Schuldübernahme** erlischt das Schuldverhältnis erst, wenn die Voraussetzungen der Schuldübernahme erfüllt sind (Vertrag zwischen Gläubiger und Schuldübernehmer oder vom Gläubiger genehmigter Vertrag zwischen Alt- und Neuschuldner).[91] Von der befreienden Schuldübernahme zu unterscheiden ist der Schuldbeitritt (oder auch Schuldmitübernahme). Hierdurch entsteht zivilrechtlich keine Schuldbefreiung; der Gläubiger hat vielmehr 2 Gesamtschuldner. Der Schuldbeitritt wird zumeist so ausgestaltet, dass aus der Verbindlichkeit eine ungewisse Verbindlichkeit wird, für die eine Rückstellung mangels Wahrscheinlichkeit der Inanspruchnahme nicht zu bilden ist. Häufiger Anwendungsfall für derartige Schuldbeitritte ist die Übernahme von Pensionsverpflichtungen innerhalb eines Konzerns.[92]

131

> **Praxis-Beispiel**
> Die Muttergesellschaft übernimmt durch Schuldbeitritt die Pensionsverpflichtungen der Tochtergesellschaft. Die Tochtergesellschaft leistet hierzu eine Abstandszahlung i. H. d. passivierten Pensionsrückstellungen an die Muttergesellschaft. Die Pensionsberechtigten werden von der Muttergesellschaft über den erfolgten Schuldbeitritt informiert.
> Die Tochtergesellschaft ist durch den Schuldbeitritt der Muttergesellschaft zivilrechtlich nicht entlastet, d. h., sie steht den Pensionsberechtigten als Gesamtschuldner unverändert zur Verfügung. Solange keine Anhaltspunkte bestehen, dass die Muttergesellschaft die Pensionsverpflichtungen nicht mehr bedienen kann, hat die Tochtergesellschaft die Pensionsverpflichtungen gegen die geleistete Abstandszahlung auszubuchen. Sie hat allerdings ein Haftungsverhältnis für Gewährleistungsverpflichtungen auszuweisen (§ 251 Rz 28).
> Die Muttergesellschaft ist durch den erklärten Schuldbeitritt wirtschaftlich belastet und hat die Pensionsverpflichtungen als Pensionsrückstellungen zu passivieren.

7 Mindestgliederung der Gewinn- und Verlustrechnung

§ 247 HGB regelt den Inhalt der Bilanz für Kaufleute. Eine Regelung zum Inhalt der GuV, die gem. § 242 Abs. 3 HGB Teil des Jahresabschlusses ist, enthält lediglich § 246 Abs. 1 HGB, wonach der Jahresabschluss sämtliche Aufwendungen und Erträge zu enthalten hat. Eine Anlage zur Bilanz, wie dies § 5 Abs. 5 Satz 3 PublG für Offenlegungszwecke ermöglicht, würde damit den Anforderungen der Gegenüberstellung von Aufwendungen und Erträgen nach § 242 Abs. 2 HGB nicht genügen.[93] Weitergehende Gliederungs- und Ausweispflichten bestehen für KapG/KapCoGes, für die § 275 HGB die Staffelform nach dem GKV (Abs. 2) bzw. dem UKV (Abs. 3) vorschreibt.

132

Für Ekfl. und Personenhandelsgesellschaften, die keine KapCoGes sind, ergeben sich aus dem Ersten Abschnitt des Dritten Buchs des HGB folgende Anforderungen, die an eine GuV zu stellen sind:[94]

133

---

[91] Vgl. Schubert, in Beck Bil-Komm., 13. Aufl. 2022, § 247 HGB Rz 222.
[92] Vgl. IDW RS HFA 30.101.
[93] Vgl. ADS, Rechnungslegung und Prüfung der Unternehmen, 6. Aufl. 1995–2001, § 247 HGB Rz 77.
[94] Vgl. IDW, WPH Edition, Wirtschaftsprüfung & Rechnungslegung, 18. Aufl. 2023, Kap. F Tz 253.

- Gegenüberstellung von Aufwendungen und Erträgen (§ 242 Abs. 2 HGB),
- Klarheit und Übersichtlichkeit (§ 243 Abs. 2 HGB),
- Vollständigkeit der Aufwendungen und Erträge (§ 246 Abs. 1 HGB),
- grds. Saldierungsverbot für Aufwendungen und Erträge (§ 246 Abs. 2 Satz 1 HGB, Ausnahme für Aufwendungen/Erträge aus Deckungsvermögen gem. § 246 Abs. 2 Satz 2 HGB).

134 Die für KapG/KapCoGes geforderte Staffelform für die GuV kann mangels gesetzlicher Vorschrift nicht gefordert werden, sodass auch die Kontoform zulässig wäre. Da die Kontoform für die GuV ohne größerer praktische Bedeutung ist, wird im Folgenden ausschl. auf die Staffelform eingegangen.

135 Unter Berücksichtigung der Zwecke der GuV, wonach sie Erfolgsquellen aufzeigen und die Aufwands- und Ertragsstruktur darstellen soll, empfiehlt sich folgende Grundstruktur:

Praxis-Beispiel	
	Betriebliches Ergebnis
+	Finanzergebnis
–	ergebnisabhängige Steuern
=	Jahresergebnis

136 Diese Grundstruktur ist analog § 247 Abs. 1 HGB **hinreichend aufzugliedern**. Bei Personenhandelsgesellschaften wird wie bei der Gliederung der Bilanz (Rz 9) zumeist eine Anlehnung an die für KapCoGes geltenden größenabhängigen Bestimmungen erfolgen (§ 288 Rz 4).[95] Aber auch Ekfl. werden sich schon aufgrund der bestehenden Kontenrahmen von gängiger Standardsoftware (vgl. z.B. DATEV-Kontenrahmen oder Industriekontenrahmen) an diesen Vorgaben orientieren. An §§ 275 und 277 HGB sind i.R.d. BilRUG einige Änderungen erfolgt (Neudefinition der Umsatzerlöse, Wegfall des außerordentlichen Ergebnisses), die wahrscheinlich auch bei Ekfl und reinen Personenhandelsgesellschaften Berücksichtigung finden werden. Als Mindestgliederung des betrieblichen Ergebnisses werden wohl das **Rohergebnis** sowie innerhalb der betrieblichen Aufwendungen der gesonderte Ausweis von **Personalaufwand** und **Abschreibungen** zu fordern sein.[96]

137 Erträge aus Beteiligungen an Kapitalgesellschaften umfassen auch die einbehaltene Kapitalertragsteuer und den SolZ. Bei einer transparent besteuerten Personengesellschaft und einem Einzelkaufmann gilt, dass im Falle einer phasenverschobenen Gewinnausschüttung die anrechenbaren Steuern als Entnahme bzw. in Abhängigkeit von den Regelungen des Gesellschaftsvertrags als Forderung gegen die Gesellschafter zu buchen sind.[97] Im Falle einer phasengleichen Gewinnvereinnahmung sind die einbehaltenen Abzugsteuern erst ab dem Zeitpunkt des als Forderung gegen die Gesellschafter bzw. Entnahme zu behandeln, wenn sie zivilrechtlich entstanden sind.

---

[95] Vgl. IDW ERS FAB 7.41.
[96] Vgl. ADS, Rechnungslegung und Prüfung der Unternehmen, 6. Aufl. 1995–2001, § 247 HGB Rz 93.
[97] Vgl. IDW ERS FAB 7.31.

Bei einer optierenden Personenhandelsgesellschaft stellen die einbehaltenen Abzugssteuernstellen demgegenüber eine Vorauszahlung auf die eigene Steuerschuld der Gesellschaft dar und sind entsprechend als sonstiger Vermögensgegenstand zu aktivieren.[98]

Steuern sind in ergebnisabhängige und sonstige Steuern zu trennen. Für Letztere ist ein Ausweis innerhalb des betrieblichen Ergebnisses analog der zu beobachtenden Praxis bei KapG/KapCoGes (§ 275 Rz 140) ebenfalls möglich. **138**

Als ergebnisabhängige Steuern kommt sowohl bei Ekfl. wie auch bei transparent besteuerten Personenhandelsgesellschaften für inländische Einkünfte derzeit nur die GewSt in Betracht, da die ESt des Ekfm. und der Gesellschafter der Personenhandelsgesellschaft (sofern diese juristische Personen sind, deren KSt) keine betrieblichen Steuern sind. Da § 5 Abs. 5 Satz 2 PublG publizitätspflichtigen Ekfl. und Personenhandelsgesellschaften gestattet, auch die ergebnisabhängigen Steuern unter den sonstigen betrieblichen Aufwendungen zu erfassen, dürfte dies auch kleineren Ekfl. und Personenhandelsgesellschaften nicht zu verwehren sein. Bei optierenden Personenhandelsgesellschaften[99] ist demgegenüber neben der Gewerbe- auch die Körperschaftsteuer zu erfassen. Soweit die Gesellschaften mittelgroß oder groß i. S. v. § 267 HGB sind, kommen weiterhin die Regelungen zu latenten Steuern zur Anwendung.[100] **139**

Bei einer Personenhandelsgesellschaft ist das Jahresergebnis in der Bilanz i. d. R. nicht ersichtlich (Rz 97). Aus Gründen der Klarheit und Übersichtlichkeit empfiehlt sich daher die Fortführung der GuV nach dem Jahresergebnis in Form einer **Verwendungsrechnung** wie folgt:[101] **140**

Praxis-Beispiel		
	Jahresüberschuss/Jahresfehlbetrag	...
–/+	Gutschrift/Belastung auf Rücklagenkonten	...
–/+	Gutschrift/Belastung auf Kapitalkonten	...
–/+	Gutschrift/Belastung auf Verbindlichkeitenkonten	...
=	Ergebnis nach Verwendungsrechnung/Bilanzgewinn	

Zur Unterscheidung zwischen schuldrechtlichen Vergütungen an Gesellschafter, die aufwands- und ertragswirksam in der GuV zu erfassen sind, und gesellschaftsrechtlichen Vergütungen, die als Teil der Ergebnisverwendung das handelsrechtliche GuV-Ergebnis nicht mindern dürfen siehe Rz 101. **141**

---

[98] Vgl. IDW ERS FAB 7.31a.
[99] § 1a KStG.
[100] Vgl. § 274 HGB.
[101] Vgl. IDW RS HFA 7.56f.; IDW, WPH Edition, Wirtschaftsprüfung & Rechnungslegung, 18. Aufl. 2023, Kap. F Tz 1501.

§ 248 Bilanzierungsverbote und -wahlrechte

(1) In die Bilanz dürfen nicht als Aktivposten aufgenommen werden:
1. Aufwendungen für die Gründung eines Unternehmens,
2. Aufwendungen für die Beschaffung des Eigenkapitals und
3. Aufwendungen für den Abschluss von Versicherungsverträgen.

(2) [1]Selbst geschaffene immaterielle Vermögensgegenstände des Anlagevermögens können als Aktivposten in die Bilanz aufgenommen werden. [2]Nicht aufgenommen werden dürfen selbst geschaffene Marken, Drucktitel, Verlagsrechte, Kundenlisten oder vergleichbare immaterielle Vermögensgegenstände des Anlagevermögens.

Inhaltsübersicht

		Rz
1	Überblick	1–9
	1.1 Inhalt	1–3
	1.2 Normenzusammenhang und Zweck	4–9
2	Selbst geschaffene immaterielle Vermögensgegenstände des Anlagevermögens	10–36
	2.1 Der Begriff „Immateriell"	10–12
	2.2 Vermögensgegenstand	13
	2.3 Anlagevermögen	14–17
	2.4 Immaterielle Vermögensgegenstände in der Entstehung	18–23
	2.5 Nachträgliche Herstellungskosten	24–25
	2.6 Einzelfälle selbst geschaffener immaterieller Vermögensgegenstände	26–36
	2.6.1 Entwicklungskosten	26–27
	2.6.2 Selbst erstellte Software	28–29
	2.6.3 ABC selbst geschaffener immaterieller Vermögensgegenstände des Anlagevermögens	30–36
3	Aktivierungswahlrecht (Abs. 2 Satz 1)	37–41
4	Explizite Ansatzverbote	42–53
	4.1 Aufwendungen für die Gründung eines Unternehmens (Abs. 1 Nr. 1)	42–44
	4.2 Aufwendungen für die Beschaffung des Eigenkapitals (Abs. 1 Nr. 2)	45
	4.3 Aufwendungen für den Abschluss von Versicherungsverträgen (Abs. 1 Nr. 3)	46
	4.4 Selbst geschaffene Marken, Drucktitel, Verlagsrechte, Kundenlisten oder vergleichbare immaterielle Vermögensgegenstände des Anlagevermögens (Abs. 2 Satz 2)	47–53

1 Überblick

1.1 Inhalt

1   § 248 HGB regelt in Abs. 1 ein Bilanzierungsverbot für bestimmte Posten. Abs. 2 der Vorschrift enthält ein Aktivierungsverbot für bestimmte selbst geschaffene immate-

den Abs. 2 Satz 1 (Rz 37) ggf. ein fallweise ausübbares faktisches Ansatzwahlrecht.[19] Beispiele, die auf Entwicklungsaktivitäten hindeuten, sind:[20]
- der Entwurf, die Konstruktion und das Testen von **Prototypen** und **Modellen** vor Aufnahme der eigentlichen Produktion oder Nutzung,
- der Entwurf von **Werkzeugen, Spannvorrichtungen, Prägestempeln** und **Gussformen** unter Verwendung neuer Technologien,
- der Entwurf, die Konstruktion und der Betrieb einer **Pilotanlage**, die von ihrer Größe her für eine wirtschaftliche Produktion ungeeignet ist,
- der Entwurf, die Konstruktion und das Testen einer gewählten **Alternative** für neue oder verbesserte Materialien, Vorrichtungen, Produkte, Verfahren oder Dienstleistungen,
- häufige **Schutzrechtsanmeldungen** (z.B. Patente, Gebrauchsmuster).

2.5 Nachträgliche Herstellungskosten

Nicht explizit im Gesetz geregelt ist der Problemkreis der Aktivierung **nachträglicher Herstellungskosten** bei selbst geschaffenen immateriellen VG des AV.[21] Die Abgrenzungsproblematik zwischen nachträglichen Herstellungskosten und sofort aufwandswirksamen Erhaltungsaufwendungen ist auch in diesen Fällen nach den allgemeinen Grundsätzen zu lösen (§ 255 Rz 91). Allerdings dürfte diese Problematik bei selbst geschaffenen immateriellen VG des AV mit erhöhter Schärfe auftreten, da neu entwickelte Technologien häufig einer ständigen Weiterentwicklung und Verbesserung unterliegen.[22]

> **Praxis-Beispiel**
> Für selbst erstellte Software könnte z.B. eine praxisgerechte Abgrenzung dergestalt vorgenommen werden, dass Aufwendungen für einen Release-Wechsel (tiefgreifende Überarbeitung i.S. eines Generationenwechsels) als Herstellungskosten eines neuen Vermögensgegenstands (sog. Wesensänderung) bei gleichzeitiger außerplanmäßiger Abschreibung des Restbuchwerts des alten Programms zu behandeln sind, während Aufwendungen für ein einfaches Update als Erhaltungsaufwendungen erfasst werden.[23]

Wichtig ist in diesem Zusammenhang die Unterscheidung zwischen Modifikation und Wesensänderung des immateriellen VG. Von einer **Modifikation** ist auszugehen, wenn der immaterielle VG erweitert oder über seinen ursprünglichen Zustand hinaus wesentlich verbessert wird. Bei einer **Wesensänderung** wandelt sich dagegen die Funktion und damit die Zweckbestimmung des immateriellen VG, sodass ein neuer immaterieller VG entsteht (DRS 24.30 ff.).
Kann nicht zweifelsfrei festgestellt werden, ob angefallene Aufwendungen eine Modifikation oder Erhaltungs- bzw. Modernisierungsaufwendungen darstellen, fordert DRS 24.36 eine Behandlung als Erhaltungs- bzw. Modernisierungsaufwand.

---

19 Vgl. Wiechers, BBK 2008, Fach 20, S. 2227.
20 Vgl. Küting/Ellmann, in Küting/Pfitzer/Weber, Das neue deutsche Bilanzrecht, 2. Aufl. 2009, S. 271.
21 Vgl. Lüdenbach, StuB 2010, S. 361.
22 Vgl. Hennrichs, DB 2008, S. 540.
23 Vgl. IDW RS HFA 11.21 nF.

25 Zu beachten ist bei nachträglichen Herstellungskosten die Ansatzstetigkeit nach § 246 Abs. 3 HGB. Soweit für den ursprünglichen VG das Ansatzwahlrecht des § 248 Abs. 2 HGB ausgeübt wurde, ist bei Anfall von nachträglichen HK aufgrund des Stetigkeitsgebots eine Ansatzpflicht zu beachten. Ausnahmen hiervon sind nur in begründeten Ausnahmefällen zulässig.[24]

2.6 Einzelfälle selbst geschaffener immaterieller Vermögensgegenstände
2.6.1 Entwicklungskosten

26 Entwicklungskosten sind einer der Hauptanwendungsfälle für selbst geschaffene immaterielle VG des AV. Es gelten die unter Rz 10 ff. genannten Ansatzkriterien entsprechend.

27 Der Gesetzgeber hat über § 248 HGB hinaus ein weiteres, wesentliches Ansatzkriterium in eine Bewertungsvorschrift „ausgelagert", nämlich das Erfordernis, die Entwicklungs- von den Forschungskosten zuverlässig und nachvollziehbar abzugrenzen (§ 255 Rz 184 ff.).

2.6.2 Selbst erstellte Software

28 Hinsichtlich der Abgrenzung von Anschaffungs- und Herstellungsvorgängen kann auf die bestehenden GoB zurückgegriffen werden.[25] Danach ist das entscheidende Abgrenzungskriterium das sog. **Herstellungsrisiko**. Hierunter wird das wirtschaftliche Risiko einer nicht erfolgreichen Projektrealisierung verstanden.[26]

> **Praxis-Beispiel**
> Ein Unt erwirbt Standardsoftware von einem Softwarehersteller. Das Unt modifiziert die Standardsoftware umfangreich (Einfügung neuer Funktionen, Veränderung bestehender Funktionen), um es an die betrieblichen Belange anzupassen.
> Lösung: Es handelt sich insgesamt um einen Herstellungsvorgang für die selbst erstellte Software (Wesensänderung),[27] d. h., auch der Kaufpreis für die erworbene Standardsoftware geht in die Herstellungskosten ein. Das Aktivierungswahlrecht nach § 248 Abs. 2 HGB kann für die selbst erstellte Software ausgeübt werden.

29 Auch bei der Herstellung von Software ist eine Abgrenzung zwischen Forschungs- und Entwicklungsphase vorzunehmen, ansonsten greift das oben angesprochene Aktivierungsverbot (§ 255 Rz 187; DRS 24).

2.6.3 ABC selbst geschaffener immaterieller Vermögensgegenstände des Anlagevermögens

30 • **Entwicklungskosten** (Rz 26 f.).

31 • **Kundengewinnungskosten:** Die bei Abgabe eines verbilligten Mobiltelefons bei gleichzeitigem Abschluss eines zweijährigen Nutzungsvertrags i. H. d.

---

[24] Vgl. IDW RS HFA 38.14.
[25] Vgl. IDW RS HFA 11 n. F., Abschn. 4.
[26] Vgl. IDW RS HFA 11.9 n. F.
[27] Vgl. IDW RS HFA 11.14 n. F.

durch den Abgabepreis nicht gedeckten Aufwendungen des Mobiltelefons entstehenden Aufwendungen stellen nach hier vertretener Auffassung keinen immaterieller VG des AV, sondern eine Forderung aus Lieferungen und Leistungen dar.[28]

- **Profisportler:** Aufwendungen eines Fußballprofiсlubs für die spezielle Ausbildung eines besonders talentierten Nachwuchsprofis erfüllen die Ansatzkriterien von Entwicklungskosten.[29]   32
- **Rezepturen:** Aufwendungen zur Entwicklung einer speziellen Rezeptur für Lebensmittel, Parfüm etc. können die Ansatzkriterien für Entwicklungskosten erfüllen, soweit eine nachvollziehbare Trennung von Forschung und Entwicklung möglich ist.   33
- **Selbst erstellte Software** (Rz 28).   34
- **Website:** Während die Planungsaufwendungen für die Erstellung einer Website (Machbarkeitsstudie, Definition Hard-/Softwareanforderungen) den nicht aktivierungsfähigen Forschungskosten zuzurechnen sind, stellen Aufwendungen zur Entwicklung und Test der Software, zum Grafikdesign und zur Schaffung von Funktionalitäten für Direktbestellungen Entwicklungskosten dar. Demgegenüber stellen Werbeaufwendungen (Darstellung von Produkten, Fotos) nicht aktivierungsfähige Vertriebskosten dar. Aufwendungen zur Bereitstellung allgemeiner Informationen über das Unternehmen kann kein identifizierbarer Nutzen zugerechnet werden, sodass diese ebenfalls nicht aktivierungsfähig sind.[30]   35

Emissionsberechtigungen stellen demgegenüber immaterielle VG des UV dar.[31]   36
Werbekataloge stellen Vertriebsaufwendungen dar, die keine Herstellungskosten i. S. v. § 255 Abs. 2 HGB sind. Demzufolge liegen keine aktivierungsfähigen immateriellen VG des AV vor.

3 Aktivierungswahlrecht (Abs. 2 Satz 1)

Abs. 2 Satz 1 eröffnet dem Bilanzierenden ein Wahlrecht, **selbst geschaffene immaterielle VG des AV** zu aktivieren.   37

Das Aktivierungswahlrecht ist vom Wortlaut der Vorschrift her weit gefasst, d. h., es könnte demnach für jeden selbst geschaffenen VG des AV einzeln ausgeübt werden. Zu beachten ist jedoch das in § 246 Abs. 3 HGB bestehende **Stetigkeitsgebot für Ansatzmethoden** (§ 246 Rz 134).

Die Anwendung dieses Stetigkeitsgebots führt im Zusammenspiel mit dem Aktivierungswahlrecht nach § 248 Abs. 2 Satz 1 HGB dazu, dass gleiche Sachverhalte stetig zu beurteilen sind. Entscheidet sich der Bilanzierende, z. B. Entwicklungskosten zu aktivieren, ist diese Entscheidung aufgrund des Stetigkeitsgebots auch für nachfolgende Aktivierungsentscheidungen bindend (DRS 13.7, DRS 24.69 ff.). Der Grundsatz der Stetigkeit wird auch von DRS 13 betont, der zwar nur für den Bereich der Konzernrechnungslegung GoB definiert, dem aber   38

---

[28] Vgl. hierzu auch IDW, IDW-FN 2015, S. 388; inzwischen mit Verweis auf IFRS 15 auch Lüdenbach/Hoffmann/Freiberg, Haufe IFRS-Kommentar, 22. Aufl. 2024, § 13 Rz 59.
[29] Vgl. Lüdenbach/Hoffmann/Freiberg, Haufe IFRS-Kommentar, 22. Aufl. 2024, § 13 Rz 44; Kirsch/Weber, DStR 2012, S. 1721; Rade/Stobbe, DStR 2009, S. 1113.
[30] Vgl. Lüdenbach/Hoffmann/Freiberg, Haufe IFRS-Kommentar, 22. Aufl. 2024, § 13 Rz 43.
[31] Zur Bilanzierung vgl. IDW RS HFA 15; WPg 2006, S. 574.

4.2 Aufwendungen für die Beschaffung des Eigenkapitals (Abs. 1 Nr. 2)

45 Die Vorschrift bezieht sich sowohl auf die erstmalige Kapitalaufbringung bei der Gründung als auch alle späteren Maßnahmen im Rahmen von Kapitalerhöhungen.[37] Hierzu gehören insb. die Aufwendungen im Zusammenhang mit der Ausgabe von Gesellschaftsanteilen (**Emissionskosten**), **Kosten der Börseneinführung** (z. B. Bankgebühren, Kosten des Börsenprospekts) und **Kosten der Bewertung von Sacheinlagen**.

4.3 Aufwendungen für den Abschluss von Versicherungsverträgen (Abs. 1 Nr. 3)

46 Von dem Aktivierungsverbot werden nicht nur zugelassene Versicherungsunternehmen (§ 341 HGB) erfasst, sondern auch sonstige Personenunternehmen, die Versicherungsverträge abschließen.[38] Von dem Aktivierungsverbot unberührt bleibt das sog. **Zillmer-Verfahren**, das keine Aktivierung von Abschlusskosten, sondern eine Kürzung der Zuweisung zur Deckungsrückstellung betrifft.[39]

4.4 Selbst geschaffene Marken, Drucktitel, Verlagsrechte, Kundenlisten oder vergleichbare immaterielle Vermögensgegenstände des Anlagevermögens (Abs. 2 Satz 2)

47 Der Gesetzgeber wollte mit dieser Regelung eine bewusste Grenze des Aktivierungswahlrechts für selbstgeschaffene immaterielle VG des AV einziehen. Bei den diesem Ansatzverbot unterliegenden VG ist eine zweifelsfreie Zurechnung von Herstellungskosten nicht möglich, da sich regelmäßig **Abgrenzungsprobleme zum selbst geschaffenen Geschäfts- und Firmenwert** ergeben.[40]

48 Die in der Vorschrift geregelten Ansatzverbote entsprechen den Regelungen von IAS 38.63.[41]

49 Unter das Ansatzverbot für selbst geschaffene **Marken** fallen die Aufwendungen zur Herstellung solcher Marken. Damit sind insb. Vertriebskosten erfasst, für die ohnehin schon ein Aktivierungsverbot besteht, da diese nicht zu den Herstellungskosten zählen (§ 255 Rz 150). Kosten für die Registrierung von Marken sind ebenfalls nicht aktivierungsfähig.

50 Selbst erstellte **Drucktitel** umfassen z. B. Aufwendungen zur Schaffung von Titeln für Zeitungen oder Zeitschriften.

51 Unter **Verlagsrechten** sind die Aufwendungen zur Schaffung derartiger Rechte (z. B. alleiniges Verwertungsrecht) zu verstehen.

52 Selbst geschaffene **Kundenlisten** unterliegen ebenfalls dem Bilanzierungsverbot. Bei diesen wird die Nähe zum selbst geschaffenen Geschäfts- oder Firmenwert besonders deutlich.

---

[37] Vgl. Kahle/Klopp/Burger, in Anzinger/Oser/Schlotter, Rechnungslegung und Prüfung, Tb. 1, 7. Aufl., 2023, § 248 HGB Rz 59.
[38] Vgl. Justenhoven/Usinger, in Beck Bil-Komm., 14. Aufl. 2024, § 248 HGB Rz 9.
[39] Vgl. Kahle/Klopp/Burger, in Anzinger/Oser/Schlotter, Rechnungslegung und Prüfung, Tb. 1, 7. Aufl., 2023, § 248 HGB Rz 68 m. w. N.
[40] Vgl. BT-Drs. 16/10067 v. 30.7.2008, S. 50; gl. A. Arbeitskreis „Immaterielle Werte im Rechnungswesen" der Schmalenbach-Gesellschaft für Betriebswirtschaft e. V., DB 2008, S. 1816.
[41] Vgl. Lüdenbach/Hoffmann/Freiberg, Haufe IFRS-Kommentar, 22. Aufl. 2024, § 13 Rz 34.

53 Der Begriff **vergleichbare immaterielle Vermögensgegenstände, die nicht entgeltlich erworben wurden**, umfasst nicht sämtliche gewerbliche Schutzrechte. Hierfür spricht insb., dass die selbst geschaffenen gewerblichen Schutzrechte ausdrücklich im Bilanzgliederungsschema erwähnt werden (§ 266 Abs. 2 A.I.1. HGB). Unter das Bilanzierungsverbot sollen vielmehr solche selbst geschaffenen VG fallen, deren HK nicht eindeutig von den Aufwendungen für die Entwicklung des Unternehmens in seiner Gesamtheit abgrenzbar sind (DRS 24.56).

§ 249 Rückstellungen

(1) ¹Rückstellungen sind für ungewisse Verbindlichkeiten und für drohende Verluste aus schwebenden Geschäften zu bilden. ²Ferner sind Rückstellungen zu bilden für
1. im Geschäftsjahr unterlassene Aufwendungen für Instandhaltung, die im folgenden Geschäftsjahr innerhalb von drei Monaten, oder für Abraumbeseitigung, die im folgenden Geschäftsjahr nachgeholt werden,
2. Gewährleistungen, die ohne rechtliche Verpflichtung erbracht werden.

(2) ¹Für andere als die in Absatz 1 bezeichneten Zwecke dürfen Rückstellungen nicht gebildet werden. ²Rückstellungen dürfen nur aufgelöst werden, soweit der Grund hierfür entfallen ist.

Inhaltsübersicht				Rz
1	Überblick			1–22
	1.1	Inhalt		1–6
	1.2	Begriff und Merkmale von Rückstellungen		7–9
	1.3	Bildung, Verbrauch und Auflösung von Rückstellungen		10–22
		1.3.1	Zeitpunkt der Rückstellungsbildung	13–18
		1.3.2	Verbrauch und Auflösung von Rückstellungen	19–22
2	Rückstellungen für ungewisse Verbindlichkeiten (Abs. 1 Satz 1 1. Alt.)			23–119
	2.1	Ansatzvoraussetzungen		23–47
		2.1.1	Außenverpflichtung	24–34
			2.1.1.1 Grundsatz	24–27
			2.1.1.2 Privatrechtliche und öffentlich-rechtliche Verpflichtungen	28–29
			2.1.1.3 Faktische Verpflichtungen	30–31
			2.1.1.4 Nebenpflichten und Nebenleistungen	32
			2.1.1.5 Erfüllungsrückstand	33–34
		2.1.2	Rechtliche Entstehung bzw. wirtschaftliche Verursachung	35–42
		2.1.3	Wahrscheinlichkeit der Inanspruchnahme	43–47
	2.2	Pensionen und ähnliche Verpflichtungen		48–111
		2.2.1	Unmittelbare Verpflichtungen	48–62
			2.2.1.1 Arten von unmittelbaren Verpflichtungen	48–52
			2.2.1.2 Entstehung von Verpflichtungen	53–62
		2.2.2	Mittelbare Verpflichtungen	63–72
			2.2.2.1 Direktversicherungen	65–66
			2.2.2.2 Pensionskassen, Pensionsfonds, Zusatzversorgungskassen	67–70
			2.2.2.3 Unterstützungskassen	71–72
		2.2.3	Wechsel des Durchführungswegs	73–76
		2.2.4	Sonderfälle	77–105
			2.2.4.1 Passivierungswahlrecht für Altzusagen (Art. 28 EGHGB)	77–95
			2.2.4.2 Pensionszusagen an Nichtarbeitnehmer	96–98

	2.2.4.3	Pensionszusagen an Gesellschafter-Geschäftsführer von Kapitalgesellschaften und Gesellschafter von Personengesellschaften	99–100
	2.2.4.4	Verpflichtungen aus Insolvenzsicherung und Verwaltungskosten	101–105
2.2.5		Auflösung und Verbrauch von Pensionsrückstellungen	106–111
2.3 Umweltschutzverpflichtungen			112–119
3 Rückstellungen für drohende Verluste aus schwebenden Geschäften (Abs. 1 Satz 1 2. Alt.).			120–174
3.1 Vorbemerkung			120
3.2 Schwebende Geschäfte			121–129
	3.2.1	Begriff.	121–123
	3.2.2	Beginn und Ende	124–129
3.3 Drohende Verluste			130–174
	3.3.1	Begriffsabgrenzung	130–132
	3.3.2	Abgrenzung zu Verbindlichkeitsrückstellungen. ..	133–135
	3.3.3	Vorrang von Abschreibungen	136–139
	3.3.4	Kompensationsbereich	140–147
	3.3.5	Auf einmalige Leistung gerichtete Schuldverhältnisse	148–158
		3.3.5.1 Beschaffungsgeschäfte über aktivierungsfähige Vermögensgegenstände oder Leistungen	148–152
		3.3.5.2 Beschaffungsgeschäfte über nicht aktivierungsfähige Leistungen.	153–154
		3.3.5.3 Absatzgeschäfte	155–158
	3.3.6	Dauerschuldverhältnisse	159–172
		3.3.6.1 Grundlagen	159–161
		3.3.6.2 Beschaffungsgeschäfte	162–170
		3.3.6.3 Absatzgeschäfte	171–172
	3.3.7	Ausweis in der Gewinn- und Verlustrechnung. ...	173–174
4 Weitere Ansatzgebote (Abs. 1 Satz 2)			175–192
4.1 Rückstellungen für unterlassene Instandhaltung (Abs. 1 Satz 2 Nr. 1 1. Alt.).			175–185
4.2 Rückstellungen für Abraumbeseitigung (Abs. 1 Satz 2 Nr. 1 2. Alt.).			186–190
4.3 Rückstellungen für Gewährleistungen, die ohne rechtliche Verpflichtung erbracht werden (Abs. 1 Satz 2 Nr. 2)			191–192
5 ABC der Rückstellungen.			193–347
6 Rückstellungsverbot für andere Zwecke (Abs. 2 Satz 1)			348
7 Auflösung bei Wegfall des Grundes (Abs. 2 Satz 2)			349–353

1 Überblick

1.1 Inhalt

1 § 249 HGB ist eine für alle nach HGB rechnungslegungspflichtigen Kfl. gültige Vorschrift. Neben dem Jahresabschluss ist die Vorschrift über § 298 Abs. 1 HGB auch für den Konzernabschluss anzuwenden.

2 § 247 Abs. 1 HGB schreibt vor, dass in der Bilanz Schulden auszuweisen sind. Unter dem Begriff Schulden werden neben Verbindlichkeiten auch Rückstellungen erfasst (§ 247 Rz 111). Zur Abgrenzung von Verbindlichkeiten und Rückstellungen vgl. § 247 Rz 116.

3 § 249 HGB regelt die Vorschriften für den **Ansatz** von Rückstellungen. Darüber hinaus existieren spezielle Ansatzvorschriften in §§ 341e-h HGB (sog. versicherungstechnische Rückstellungen), in § 56a VAG (Rückstellungen zur Berücksichtigung der Überschussbeteiligung der Versicherten), in § 17 DMBilG sowie in den Übergangsregelungen gem. Art. 28, Art. 66 Abs. 3, 5, 7, Art. 67 Abs. 1, 3, 5 EGHGB.

4 Die **Bewertung** von Rückstellungen beruht auf § 253 Abs. 1 und 2 HGB unter Berücksichtigung der Übergangsregelungen gem. Art. 66 Abs. 3, 5, 7, Art. 67 Abs. 1, 4, 5, 6 EGHGB.

5 § 266 Abs. 3 HGB enthält Regelungen zum **Ausweis** von Rückstellungen in der Bilanz von KapG und KapCoGes. § 277 Abs. 5 HGB enthält Regelungen zum GuV-Ausweis von Erträgen bzw. Aufwendungen aus der Abzinsung von Rückstellungen. Die für Rückstellungen erforderlichen Anhangangaben finden sich in §§ 284 Abs. 2 Nr. 1, 285 Nrn. 12, 24 HGB sowie Art. 28 Abs. 2, Art. 66 Abs. 2, 3, 5, Art. 67 Abs. 1, 2, 8 EGHGB.

6 Die in § 251 HGB geregelten **Haftungsverhältnisse** können bei entsprechender Konkretisierung zur Bildung von Rückstellungen führen (§ 251 Rz 47).

1.2 Begriff und Merkmale von Rückstellungen

7 Aus betriebswirtschaftlicher Sicht sind die statische und die dynamische Bilanzauffassung zu unterscheiden. Die **statische** Bilanzauffassung stellt die vollständige Abbildung der Verpflichtungen des Unt in den Vordergrund. Der Ausweis von Verbindlichkeitsrückstellungen ist nach dieser Sichtweise dann geboten, wenn zwar noch keine Verbindlichkeit vorliegt, am Abschlussstichtag aber bereits eine Verpflichtung ggü. Dritten besteht oder zumindest nach den Grundsätzen einer vorsichtigen Bilanzierung (§ 252 Abs. 1 Nr. 4 HGB) von dem Bestehen einer Verpflichtung ausgegangen werden muss. Dieses Abstellen auf den Schuldcharakter der Rückstellung zeigt sich auch darin, dass eine Schuld nach dieser Sichtweise bereits dann vorliegt, wenn sie wirtschaftlich begründet ist, ohne dass dem Gläubiger ein Anspruch zustehen muss.

8 Die **dynamische** Bilanzauffassung stellt demgegenüber auf den zutreffenden Erfolgsausweis ab, d.h., die zutreffende Periodisierung nach dem Verursachungsprinzip steht hier im Vordergrund. Der dynamische Rückstellungsbegriff ist demzufolge weiter gefasst als der statische. Er beinhaltet nicht nur Verbindlichkeitsrückstellungen, sondern auch die Periodisierung von stoßweise anfallenden Ausgaben (z.B. Großreparaturen). Seit dem BilMoG hat der dynamische Rückstellungsbegriff deutlich an Bedeutung verloren, was sich insb. an dem Wegfall der sog. Aufwandsrückstellung (§ 249 Abs. 2 HGB a.F.) zeigte. Gleichwohl hat die dynamische Bilanz-

auffassung unverändert Einfluss in das deutsche Bilanzrecht, wie sich z.B. bei der
Periodisierung von Rückstellungen für Rückbauverpflichtungen zeigt (§ 253 Rz 65).
Der Ansatz von Rückstellungen nach § 249 HGB kann entsprechend in Außen- 9
und Innenverpflichtungen[1] unterschieden werden.
Als Außenverpflichtungen gelten:
- Ungewisse Verbindlichkeiten (Abs. 1 Satz 1 1. Alt.);
- Drohende Verluste aus schwebenden Geschäften (Abs. 1 Satz 1 2. Alt.);
- Gewährleistungen, die ohne rechtliche Verpflichtung erbracht werden (Abs. 1 Satz 2 Nr. 2).

Als Innenverpflichtungen gelten:
- Unterlassene Instandhaltungsaufwendungen, die im folgenden Gj innerhalb von drei Monaten nachgeholt werden (Abs. 1 Satz 2 Nr. 1 1. Alt.);
- Unterlassende Abraumbeseitigung, die im folgenden Gj nachgeholt wird (Abs. 1 Satz 2 Nr. 1 2. Alt.).

1.3 Bildung, Verbrauch und Auflösung von Rückstellungen

Auch für Rückstellungen gelten die Grundsätze der Inventur (§ 240 Rz 5), da der 10
Jahresabschluss sämtliche Schulden und damit auch Rückstellungen enthalten muss
(§ 246 Abs. 1 HGB). Es ist daher zu jedem Abschlussstichtag eine **Inventur der Risiken** vorzunehmen, was je nach Unternehmensgröße entsprechende organisatorische Voraussetzungen erfordert. Gerade bei Rückstellungen besteht nämlich die Gefahr, dass die Vollständigkeit nicht alleine durch den für die Aufstellung des Jahresabschlusses Verantwortlichen (z.B. kfm. Leiter) gewährleistet werden kann.
Vielmehr sind unternehmensweit Untersuchungen betreffend rückstellungsrele- 11
vanter Sachverhalte anzustellen, die in allen Funktionsbereichen des Unt (z.B. Einkauf, Produktion, Verkauf) sowie den sonstigen Unternehmensabteilungen (z.B. F&E, Personalabteilung, Rechtsabteilung, Immobilienverwaltung) auftreten können. Derartige Untersuchungen können z.B. hinsichtlich folgender möglicher Rückstellungsgründe geboten sein (Aufzählung nicht abschließend):
- ausstehende Rechnungen für erhaltene Lieferungen und Leistungen,
- Rechtsstreitigkeiten,
- behördliche Auflagen,
- drohende Verluste aus Beschaffungs- und Absatzgeschäften oder aus Dauerschuldverhältnissen,
- Personalaufwendungen (Urlaubsrückstände, Tantieme, Altersteilzeit, Pensionszusagen).

Zur organisatorischen Verankerung der Risikoinventur kann es sinnvoll sein, sich 12
an einem Rückstellungskatalog zu orientieren (Rz 193 ff.).

1.3.1 Zeitpunkt der Rückstellungsbildung

Eine Rückstellung ist im Jahresabschluss zu berücksichtigen, wenn eines der in 13
§ 249 HGB genannten Ansatzgebote vorliegt. Die Höhe der Rückstellung ist unbeachtlich, d.h., es gibt (derzeit) keinen **Wesentlichkeitsgrundsatz**. Ein Weglassen einer der Höhe nach für die Vermögens-, Finanz- und Ertragslage unbe-

---

[1] Zur Passivierung von Innenverpflichtungen nach Inkrafttreten des BilMoG vgl. Wehrheim/Rupp, DStR 2010, S. 821.

deutenden Rückstellung ist somit ein Verstoß gegen § 246 HGB, unabhängig davon, ob dies zu einer Einschränkung des Bestätigungsvermerks des Abschlussprüfers führt.[2] Durch die EU-Bilanzrichtlinie[3] wurde auch im Bereich der Rechnungslegung ein Wesentlichkeitsgrundsatz kodifiziert (Art. 6 Abs. 1 lit. j) EU-Bilanzrichtlinie).

14 Der Abgrenzung zwischen **werterhellenden** und **wertbegründenden Tatsachen** (§ 252 Rz 63) kommt beim Ansatz von Rückstellungen besondere Bedeutung zu.

15 Der Kfm. hat in seiner Bilanz Rückstellungen nur für solche Gründe aufzunehmen, von denen er bis zum Tag der Aufstellung der Bilanz Kenntnis hat. Dabei umfasst der Begriff Kfm. i. d. S. auch den Kenntnisstand der Mitarbeiter des Kfm., nicht allein des für die Aufstellung des Jahresabschlusses Verantwortlichen (Geschäftsführung, Vorstand).

> **Praxis-Beispiel**
> Im November 01 hat ein Kunde ggü. dem Vertriebsmitarbeiter eines Generatorenherstellers (P) eine Schadensersatzforderung wegen eines mangelhaft gelieferten Produkts geltend gemacht. Der Vertriebsmitarbeiter informiert seinen Vorgesetzten. Aufgrund vorgelegter Unterlagen und diverser geführter Telefonate erkennt P im März 02 eine Schadensersatzzahlung i. H. v. 100 EUR an. Der für die Aufstellung des Jahresabschlusses 01 verantwortliche Geschäftsführer des P hat bis zum Tag der Aufstellung des Jahresabschlusses zum 31.12.01 (15.2.02) keine Kenntnis von dem Vorgang und im Jahresabschluss 01 keine Rückstellung berücksichtigt.
> **Lösung:**
> Der den Jahresabschluss aufstellende Kfm. ist der Generatorenhersteller P. Die Nichtkenntnis des Geschäftsführers von dem Vorgang ist unbeachtlich. Es liegt bis zum Tag der Aufstellung des Jahresabschlusses (15.2.02) ein rückstellungsrelevanter Sachverhalt vor, der im Jahresabschluss zu berücksichtigen ist.

16 Der bei Aufstellung des Jahresabschlusses maßgebende Kenntnisstand des Kfm. kann sich im Nachhinein als objektiv falsch herausstellen, ohne dass dadurch die Ordnungsmäßigkeit des Jahresabschlusses beeinträchtigt ist.

> **Praxis-Beispiel**
> Im März 02 meldet sich ein Kunde bei dem Vertriebsmitarbeiter eines Generatorenherstellers (P) und teilt ihm mit, dass aufgrund eines im Dezember 01 gelieferten schadhaften Generators ein Schadensersatz geltend gemacht wird. Es handele sich um einen versteckten Mangel, der erst nach mehreren Testläufen entdeckt wurde, weshalb der Mangel erst im März angezeigt werden konnte. Der Jahresabschluss zum 31.12.01 des P wurde am 15.2.02 aufgestellt, ohne dass eine Berücksichtigung einer Rückstellung für den Sachverhalt erfolgte. Bei Auslieferung des Generators im Dezember 01 hatten die Mitarbeiter des P keinen Mangel an dem Generator festgestellt.

---

[2] Gl. A. ADS, Rechnungslegung und Prüfung der Unternehmen, 6. Aufl. 1995–2001, § 249 HGB Rz 46, a. A. BFH, Urteil v. 18.1.1995, I R 44/94, BStBl 1995 II S. 743.
[3] RL 2013/34/EU, ABl. EU L 182/19 v. 29.6.2013.

Datum	Konto	Soll	Haben
Jahr 01	Sonstige betriebliche Aufwendungen	100	
	Sonstige Rückstellungen		100
Jahr 02	Sonstige betriebliche Aufwendungen	100	
	Sonstige Vermögensgegenstände (Vorsteuer)	19	
	Sonstige Rückstellungen	100	
	Verbindlichkeiten aus L&L		119
	Sonstige betriebliche Aufwendungen		100

Lassen sich für eine im Vj gebildete Rückstellung die im Folgejahr angefallenen Aufwendungen nicht im Detail identifizieren, weil z. B. eine Vielzahl von Aufwandskonten betroffen ist, kann anstelle der dargestellten Buchung ohne Berührung der GuV auch ein Bruttoausweis in der GuV in Betracht kommen, indem die Aufwendungen ergebnismindernd in der GuV enthalten sind, aber durch einen korrespondierenden Ertragsposten (**Erträge aus dem Verbrauch von Rückstellungen**) neutralisiert werden (§ 275 Rz 80). 21

Die **Auflösung** einer Rückstellung bedeutet demgegenüber, dass die im Vj gebildete Rückstellung mangels Anfall entsprechender Aufwendungen ganz oder tw. nicht mehr benötigt wird (Rz 349). 22

Praxis-Beispiel
Im Jahresabschluss für Jahr 01 wird eine Rückstellung für einen Rechtsstreit gebildet, die nach Rücksprache mit dem beauftragten Rechtsanwalt i. H. v. 100 EUR bewertet wird. Im Jahr 02 wird der Rechtsstreit gerichtlich entschieden. Das Unt wird zur Zahlung von 70 EUR verurteilt, daneben fallen Gerichts- und Beratungskosten i. H. v. 10 EUR an.
I. H. v. 80 EUR wird die Vj-Rückstellung verbraucht, der nicht benötigte Teil von 20 EUR wird aufgelöst.

Datum	Konto	Soll	Haben
Jahr 01	Sonstige betriebliche Aufwendungen	100	
	Sonstige Rückstellungen		100
Jahr 02	Sonstige Rückstellungen	100	
	Sonstige Verbindlichkeiten		80
	Sonstige betriebliche Erträge		20

2 Rückstellungen für ungewisse Verbindlichkeiten (Abs. 1 Satz 1 1. Alt.)

2.1 Ansatzvoraussetzungen

23 Eine Rückstellung für **ungewisse Verbindlichkeiten** ist für am Abschlussstichtag bestehende Außenverpflichtungen des Bilanzierenden anzusetzen, bei denen **das Bestehen und/oder die Höhe** der Verpflichtung ungewiss ist.[9]

2.1.1 Außenverpflichtung

2.1.1.1 Grundsatz

24 Die Verpflichtung muss ggü. einem Dritten bestehen. Reine Innenverpflichtungen, die sich der Bilanzierende selbst auferlegt, fallen nicht hierunter. Jedoch werden oftmals Kombinationen aus Drittverpflichtung und Eigeninteresse des Kaufmanns auftreten. In diesen Fällen reicht die Außenverpflichtung aus, die Rückstellungsverpflichtung als ungewisse Verbindlichkeit zu begründen.[10]

> **Praxis-Beispiel**
> Ein Maschinenbauunternehmen (M) ist wegen Korruptionsverdachts bei Auftragsvergaben von einer Behörde verklagt worden. Der Fall ist in der Öffentlichkeit durch mehrere Zeitungsartikel bekannt gemacht worden. Durch das eingeleitete Klageverfahren besteht eine Außenverpflichtung des M. Das Eigeninteresse des M, den Fall möglichst rasch und „geräuschlos" zu beenden, um die negativen Folgen für die Außendarstellung des Unt zu minimieren, dürfte mind. genauso gewichtig sein wie die Außenverpflichtung. Es ist gleichwohl eine Rückstellung für ungewisse Verbindlichkeiten im Jahresabschluss zu berücksichtigen, da eine Außenverpflichtung besteht.

25 Derartige Fallkonstellationen des Zusammentreffens von Außenverpflichtung und Eigeninteresse des Bilanzierenden gibt es in vielfältiger Weise, wie nachfolgende exemplarische Aufzählung zeigt:
- **Garantieverpflichtungen**: Aus dem Auftragsverhältnis mit dem Kunden besteht eine vertragliche Verpflichtung. Darüber hinaus hat das Unt ein Eigeninteresse an der Erfüllung derartiger Ansprüche, da eine kulante Garantiepolitik als Werbeargument verwendet werden kann.
- Alle Arten von **Kundenbindungsprogrammen**, die (derzeitigen oder potenziellen) Abnehmern gewährt werden, um diese an das Unt zu binden.
- Tarifvertraglich vereinbarte **Lohn- und Gehaltssteigerungen**, die neben den gewerkschaftlich organisierten Arbeitnehmern auch den nicht organisierten Mitarbeitern gewährt werden, um die Motivationswirkung über alle Mitarbeiter gleichermaßen zu verteilen.

---

[9] Vgl. ADS, Rechnungslegung und Prüfung der Unternehmen, 6. Aufl. 1995–2001, § 249 HGB Rz 42.
[10] A. A. BFH, Urteil v. 8.11.2000, I R 6/96, BStBl 2001 II S. 570. Der BFH sah im Urteilsfall trotz Vorliegens einer gesetzlichen Regelung keine hinreichende Konkretisierung der Außenverpflichtung gegeben.

- **Drohende Inanspruchnahmen aus Patronatserklärungen oder Bürgschaften**, die das MU für das TU abgibt, wenn die Geschäftstätigkeit des TU im Interesse des MU liegt.

Die Person des Gläubigers muss allerdings nicht notwendigerweise bekannt sein. Genauso wenig ist es erforderlich, dass der Gläubiger Kenntnis von seinem Anspruch hat.[11] Auch Verpflichtungen, die sich nicht aus einem konkreten Vertrag ergeben (z. B. Verpflichtungen aus Produzentenhaftung), aus unerlaubter Handlung oder aus der Verletzung fremder Schutzrechte sind Außenverpflichtungen (zu faktischen Verpflichtungen vgl. Rz 30).

26

Zivilrechtlich verjährte Ansprüche sind auch dann rückstellungsfähig, wenn der Schuldner davon ausgeht, von der Einrede der Verjährung keinen Gebrauch zu machen.

27

2.1.1.2 Privatrechtliche und öffentlich-rechtliche Verpflichtungen

Unter Außenverpflichtungen sind sowohl privatrechtliche als auch öffentlich-rechtliche Verpflichtungen zu verstehen. **Privatrechtliche Verpflichtungen** entstehen regelmäßig aufgrund vertraglicher Grundlagen (z. B. Kaufvertrag, Gesellschaftsvertrag). Öffentlich-rechtliche Verpflichtungen entstehen auch aus vertraglichen Regelungen (z. B. i. R. e. öffentlich-rechtlichen Vertrags), zumeist aber aus Verwaltungsakten oder aus direkt aus dem Gesetz ableitbaren Verpflichtungen.

28

Der BFH hat bzgl. der Berücksichtigung von Rückstellungen für **öffentlich-rechtliche Verpflichtungen** eine zurückhaltende Auffassung, die nach der hier vertretenen Auffassung nur schwer mit dem Gedanken des § 249 HGB in Einklang zu bringen ist. Danach liegt eine rückstellungspflichtige Außenverpflichtung erst dann vor, wenn die maßgebliche Rechtsnorm eine Frist für deren Erfüllung enthält, die am Abschlussstichtag abgelaufen ist.[12] Handelsrechtlich kann diese Sichtweise nicht überzeugen. Wenn eine Rechtsnorm existiert, aus der dem Bilanzierenden Aufwendungen zur Umsetzung dieser rechtlichen Vorgaben erwachsen (z. B. Erfüllung von Umweltschutzauflagen), hat er diese als Verbindlichkeitsrückstellung auszuweisen.

29

2.1.1.3 Faktische Verpflichtungen

Auch solche Verpflichtungen, bei denen kein rechtlich durchsetzbarer Leistungszwang besteht, sind rückstellungspflichtig. Voraussetzung hierfür ist, dass ein faktischer Leistungszwang für den Bilanzierenden besteht, d. h., er sich der Erfüllung nicht entziehen kann oder will.[13] Die Ursache des faktischen Leistungszwangs besteht zumeist in geschäftlichen, moralischen oder sittlichen Erwägungen.

30

> **Praxis-Beispiel**
> Ein Unt kommt wegen Umweltverunreinigungen (Abwasserverschmutzung) in die öffentliche Diskussion, da sich Anwohner belästigt fühlen. Obwohl das Unt die maßgeblichen Grenzwerte einhält und rechtlich nicht belangt werden

---

11 Vgl. IDW, WPH Edition, Wirtschaftsprüfung & Rechnungslegung, 18. Aufl. 2023, Kap. F Tz 568; IDW, WPg 1994, S. 547.
12 Vgl. BFH, Urteil v. 6.2.2013, I R 8/12, DB 2013 S. 1087 mit Anm. Oser; BFH, Urteil v. 13.12.2007, IV R 85/05, BFH/NV 2008 S. 1029.
13 Vgl. BGH, Urteil v. 28.1.1991, II ZR 20/90, BB 1991 S. 507.

> kann, führt der öffentliche Druck dazu, dass entsprechende Umweltschutzmaßnahmen zur Verminderung der Verschmutzung durchgeführt werden.

Weitere Fälle faktischer Verpflichtungen sind z. B.
- Verpflichtungen aus fehlerhafter Gesellschaft oder
- Verpflichtungen aus nichtigen, aber durchgeführten Verträgen.[14]

31 Zu den faktischen Verpflichtungen zählen insb. auch die **Kulanzrückstellungen** (Rz 191), die explizit gesetzlich geregelt sind.

Eine allzu extensive Interpretation der Rückstellungspflicht für faktische Verpflichtungen ist allerdings abzulehnen.

2.1.1.4 Nebenpflichten und Nebenleistungen

32 Nebenpflichten und Nebenleistungen im Zusammenhang mit der eigentlichen Außenverpflichtung sind ebenfalls passivierungspflichtig. Der Bilanzierende hat alle Aufwendungen zurückzustellen, die zur Erfüllung einer Außenverpflichtung erforderlich sind. Maßgeblich ist die Sichtweise des Schuldners (Verpflichteten), nicht die des Gläubigers. Damit sind auch interne Aufwendungen in die Rückstellung mit einzubeziehen. Beispiele für rückstellungspflichtige Nebenpflichten und Nebenleistungen sind:
- interne Kosten der Jahresabschlusserstellung (im Wesentlichen Personalkosten der mit der Jahresabschlusserstellung betrauten Personen),
- Schadensbearbeitungskosten zur Erfüllung von versicherungsvertraglichen Verpflichtungen.[15]

2.1.1.5 Erfüllungsrückstand

33 Bei schwebenden Dauerschuldverhältnissen kann einer der beiden Vertragspartner mit seiner Leistung bzw. Gegenleistung im Rückstand sein. Dieser Leistungs- oder Erfüllungsrückstand ist bilanziell zu erfassen. Bei einer Vielzahl von Sachverhalten (z. B. Miet-, Pacht- oder Leasingverträge) wird diese bilanzielle Erfassung als Verbindlichkeit erfolgen. Soweit aber Grund oder Höhe der Verpflichtung unsicher sind, ist eine Verbindlichkeitsrückstellung zu passivieren.

34 Dies ist nicht zu verwechseln damit, dass Leistung und Gegenleistung (aus Sicht des Bilanzierenden) nicht ausgeglichen sind, womit sich das Erfordernis der Bildung einer Drohverlustrückstellung stellen kann (Rz 120 ff.).

Rückstellungen für Erfüllungsrückstände treten insb. auf bei Arbeitsverhältnissen, z. B. wegen:
- ausstehenden Urlaubs,
- Zeitguthaben von Arbeitnehmern,
- Tantiemen und Gewinnbeteiligungen,
- Jubiläumszuwendungen,
- Pensionsverpflichtungen (Rz 48 ff.).

---

14 Vgl. Madauß, DB 1996, S. 637.
15 Vgl. ADS, Rechnungslegung und Prüfung der Unternehmen, 6. Aufl. 1995–2001, § 249 HGB Rz 57; a. A. BFH, Urteil v. 10.5.1972, III R 76/66, BStBl 1972 II S. 827.

Weitere Anwendungsfälle sind
- Pachterneuerungsrückstellung,[16]
- Verpflichtung eines Leasinggebers, den Leasingnehmer nach Beendigung der Mietzeit am Verwertungserlös zu beteiligen.[17]

2.1.2 Rechtliche Entstehung bzw. wirtschaftliche Verursachung

Eine Verbindlichkeitsrückstellung erfordert weiterhin, dass sie am Abschlussstichtag rechtlich entstanden oder wirtschaftlich verursacht ist. Bei Auseinanderfallen der beiden Zeitpunkte ist für die Passivierungspflicht der jeweils frühere maßgeblich.[18] Der Zeitpunkt der Fälligkeit der Verpflichtung ist demgegenüber für die Passivierung ohne Bedeutung. Er spielt aber bei der Bewertung der Rückstellung eine gewichtige Rolle, da Abzinsungen vorzunehmen sind, wenn die Restlaufzeit am Abschlussstichtag mehr als ein Jahr beträgt (§ 253 Rz 128). 35

Eine Verbindlichkeit ist **rechtlich entstanden**, wenn sämtliche die Leistungspflicht auslösende Tatbestandsmerkmale erfüllt sind.[19] Dieser Zeitpunkt ist bei Vorliegen von Rechtsgeschäften (z. B. Verträgen), öffentlich-rechtlichen Verpflichtungen (z. B. durch Verwaltungsakt) oder aufgrund von Gesetzesvorschriften (z. B. gesetzliche Schadensersatzansprüche) zumeist exakt bestimmbar. 36

Zu beachten ist, dass die Rückstellungspflicht nicht per se für jede rechtliche Verbindlichkeit besteht. Im Falle schwebender Geschäfte geht das Handelsrecht grds. von der Nichtbilanzierung aus, da den Verbindlichkeiten mind. gleichwertige Ansprüche gegenüberstehen. Erst wenn dies nicht der Fall sein sollte, ergibt sich eine Passivierungspflicht wegen drohender Verluste (Rz 130). 37

Die **wirtschaftliche Verursachung** einer Verbindlichkeit ist dagegen zumeist nicht eindeutig bestimmbar. Der Begriff gründet sich auf der dynamischen Bilanztheorie und stellt auf das Verursachungsprinzip ab. Rückstellungen sind in dem Gj zu bilden, in dem die Ursache gelegt wurde, d. h., die Tatsachen geschaffen wurden, die spätere Ausgaben auslösen werden.[20] 38

In der Literatur finden sich vielfältige Stimmen zum Grad der Auslegung des Prinzips der wirtschaftlichen Verursachung. Der BFH spricht sich für eine enge Auslegung aus. Danach müsse der Tatbestand der Verpflichtung im Wesentlichen in dem betreffenden Gj verwirklicht sein und das Entstehen der Verbindlichkeit nur noch von unwesentlichen Tatsachen abhängen.[21] Demgegenüber steht die Auffassung des Realisationsprinzips, wonach die Erfüllung der jeweiligen Verpflichtung nicht an Vergangenes anknüpft, sondern auch Vergangenes abgelten muss. Im Kern geht es bei diesen unterschiedlichen Auffassungen darum, ob die durch die Rückstellungsbildung verursachten Aufwendungen im Zusammenhang mit zukünftigen Erträgen stehen (keine Passivierung) oder ob ein Zusammenhang mit bereits vereinnahmten Erträgen gesehen wird (Passivierung). 39

---

16 Vgl. BFH, Urteil v. 3.12.1991, VIII R 88/87, BStBl 1993 II S. 89.
17 Vgl. BFH, Urteil v. 15.4.1993, IV R 75/91, BB 1993 S. 1912.
18 Vgl. BFH, Urteil v. 27.6.2001, I R 45/97, BStBl 2003 II S. 121; BFH, Urteil v. 8.9.2011, IV R 5/09, BStBl 2011 II S. 122.
19 Vgl. Kupsch, BB 1992, S. 2324.
20 Vgl. Mayer-Wegelin, in Küting/Weber, HdR-E, § 249 HGB Rz 38, Stand: 5/2014.
21 Vgl. BFH, Urteil v. 27.6.2001, I R 45/97, BStBl 2003 II S. 121; vgl. zu „Rückstellungsdivergenzen" zwischen den verschiedenen BFH-Senaten: Prinz, DB 2013, S. 1816.

> **Praxis-Beispiel**
> Die A-GmbH verkauft sämtliche Anteile an einer grundbesitzenden KapG, die ein kalendergleiches Gj hat, an die B-GmbH. Der Abschluss des Kauf- und Abtretungsvertrags erfolgt im Dezember 01. Der Übergang von Besitz, Nutzen und Lasten sowie der Gefahr des zufälligen Untergangs sowie die dingliche Abtretung der Anteile wird für den 1.1.02 (00:01 Uhr) vereinbart.
> Gem. § 1 Abs. 2b GrEStG führt dies zu einem grunderwerbsteuerlichen Erwerb. Steuerschuldner ist nach § 13 Nr. 7 GrEStG die grundbesitzhaltende KapG selbst. Die GrESt entsteht erst bei dinglichem Vollzug des Anteilsübergangs und nicht schon beim Abschluss des Anteilskaufvertrags.[22] Eine Rückstellung für ungewisse Verbindlichkeiten ist gem. § 249 Abs. 1 Satz 1 HGB bereits im Jahr 01 zu bilden, wenn folgende Voraussetzungen kumulativ vorliegen:
> - Es muss eine Verpflichtung gegenüber Dritten (Außenverpflichtung) bestehen oder zumindest hinreichend wahrscheinlich entstehen.
> - Mit einer Inanspruchnahme aus dieser Verpflichtung ist ernsthaft zu rechnen.
> - Am Abschlussstichtag muss die Verpflichtung rechtlich entstanden oder wirtschaftlich verursacht sein.
>
> Die GrESt-Schuld stellt aus Sicht der grundbesitzhaltenden KapG eine öffentlich-rechtliche Verpflichtung dar, deren rechtliche Entstehung aufgrund des in 01 geschlossenen Anteilskaufvertrags so gut wie sicher ist. Eine Inanspruchnahme aus der Verpflichtung ist ebenfalls so gut wie sicher. Fraglich ist, ob die Verpflichtung am 31.12.01 bereits verursacht ist. Die wirtschaftliche Verursachung einer Verpflichtung ist gegeben, wenn der Tatbestand, der die Verbindlichkeit zur Rechtsfolge hat, im Wesentlichen vor dem Abschlussstichtag verwirklicht wird, bzw. wenn Ereignisse, die zum Entstehen der Verpflichtung führen wirtschaftlich dem Berichtsjahr zuzurechnen sind. Da der Anteilskaufvertrag bereits in Jahr 01 geschlossen wurde und der Übergang des wirtschaftlichen Eigentums und die dingliche Übertragung der Anteile am Abschlussstichtag nur noch vom Zeitablauf abhängen, ist der wesentliche Tatbestand, der zur Entstehung der Steuerschuld führt, bereits vor dem Abschlussstichtag wirtschaftlich verursacht. Im Jahresabschluss zum 31.12.01 ist eine Rückstellung nach § 249 Abs. 1 Satz 1 HGB zu berücksichtigen.
> Dies gilt nach der hier vertretenen Auffassung auch dann, wenn das rechtliche Entstehen der Steuer erst nach dem Abschlussstichtag zusätzlich zum Zeitablauf unter der aufschiebenden Bedingung der Kaufpreiszahlung steht, denn die bilanzierende KapG hat hierauf keinen Einfluss.

40 Für den Praktiker sind die verschiedenen Literaturmeinungen zur wirtschaftlichen Verursachung schwierig zu fassen, da die konkrete Beurteilung zumeist bei steuerlichen Außenprüfungen und anschließenden Finanzgerichtsverfahren kasuistisch vorgenommen wird. Allerdings wird unabhängig von der wirtschaftli-

---

[22] Vgl. Meßbacher-Hönsch, in Viskorf, GrEStG, 21. Aufl. 2024, § 1 Rz 964.

chen Verursachung bereits eine rechtliche Entstehung gegeben sein, womit die Rückstellungspflicht oftmals ausgelöst wird. Dies wird auch von den Abschlussprüfern der prüfungspflichtigen Unt gefordert, die mit Verweis auf das Vollständigkeitsgebot (§ 246 HGB) m. E. zu Recht Rückstellungen einfordern, für die eine eindeutige rechtliche Verursachung vorliegt.[23] Dem Praktiker ist zu raten, **im Zweifel** eine **Rückstellung** zu bilden. Das Unsicherheitsmoment muss sich notwendigerweise in der Bewertung der Rückstellung widerspiegeln (§ 253 Rz 56 ff.).

Einen Sonderfall wirtschaftlicher Verursachung stellen die sog. Ansammlungs- oder Verteilungsrückstellungen dar (§ 253 Rz 65). 41

Die Thematik der wirtschaftlichen Verursachung ist im Zusammenhang mit dem Ansatz von Rückstellungen für **latente Steuern** bei kleinen KapG/KapCoGes und PersG intensiv diskutiert worden.[24] Da diese Bilanzierenden – soweit sie § 274 HGB nicht freiwillig anwenden – keine latenten Steuern nach § 274 HGB ausweisen müssen, ist die Bildung einer Verbindlichkeitsrückstellung dann geboten, wenn im abgelaufenen Gj Maßnahmen erfolgt sind, die voraussichtlich zu späteren Steuerzahlungen führen werden. Beispiele hierfür sind die Bildung einer Rücklage nach § 6b EStG in der Steuerbilanz oder unterschiedliche Abschreibungsverläufe bei planmäßigen Abschreibungen von VG des AV zwischen Handels- und Steuerbilanz. 42

Nach der hier vertretenen Auffassung sind bei Differenzen zwischen den handelsrechtlichen Wertansätzen von VG, Schulden und Rechnungsabgrenzungsposten und den korrespondierenden steuerlichen Wertansätzen Rückstellungen für latente Steuern zu bilden, wenn sich diese Differenzen künftig „automatisch" abbauen und somit zu der voraussichtlichen Steuerbelastung führen. Sog. quasi-permanente Differenzen führen entsprechend nicht zu einer Rückstellung für latente Steuern.

Da bei der Beurteilung des Bestehens einer Passivierungspflicht auch aktive Aufrechnungsdifferenzen und Vorteile aus steuerlichen Verlustvorträgen mit einzubeziehen sind,[25] wird sich häufig keine Rückstellungsnotwendigkeit ergeben.

2.1.3 Wahrscheinlichkeit der Inanspruchnahme

Eine Rückstellung ist dann zu bilden, wenn der Bilanzierende ernsthaft mit der Inanspruchnahme rechnen muss.[26] Diese Voraussetzung findet sich zwar nicht im Gesetzestext von § 249 HGB, ist aber in Literatur und Praxis unstrittig. Die Unsicherheit bzgl. der Rückstellungsbildung kann bezogen werden auf die 43

- Wahrscheinlichkeit über das Be- oder Entstehen einer Verbindlichkeit (Rz 35) oder
- Wahrscheinlichkeit der Inanspruchnahme.

Es handelt sich um zwei unterschiedliche Risiken, wie folgendes Beispiel illustriert. 44

---

23 Gl. A. Schubert, in Beck Bil-Komm., 13. Aufl. 2022, § 249 HGB Rz 68.
24 Vgl. für eine Rückstellungspflicht: IDW RS HFA 7.26; IDW RS HFA 34.2; Graf von Kanitz, WPg 2011, S. 895; Breker, WPg 2012, Heft 7, Seite I; Karrenbrock, BB 2013, S. 239. Gegen eine Rückstellungspflicht: Müller, DStR 2011, S. 1046; Hoffmann, DB 2012, Heft 18, S. M 1.
25 Vgl. IDW ERS FAB 7.27.
26 Vgl. BFH, Urteil v. 17.12.1998, IV R 21/97, BStBl 2000 II S. 116.

§ 249 Rückstellungen

> **Praxis-Beispiel**
> Ein produzierendes Unt hat bei Aufstellung des Jahresabschlusses zu entscheiden, ob wegen möglicher Verletzung von Emissionswerten eine Rückstellung für ein Bußgeld der zuständigen Behörde zu bilden ist.
> Hier besteht zum einen die Unsicherheit, ob überhaupt eine rechtlich belangbare Verletzung von Emissionswerten vorliegt. Zum anderen besteht die Unsicherheit, ob die zuständige Behörde den Fall aufgreifen und ein Bußgeldverfahren einleiten wird.

45 Wenn es um Wahrscheinlichkeiten geht, stellt sich die Frage nach möglicher Objektivierung, genauer **Quantifizierung** von Wahrscheinlichkeiten. Wahrscheinlichkeiten für Inanspruchnahmen lassen sich häufig nicht genau berechnen. Es ist zumeist lediglich die Bestimmung einer Größenordnung (z. B. 0 %, 25 %, 50 %, 75 %, 100 %) möglich. Der BFH hat in seiner Rechtsprechung eine Wahrscheinlichkeit von mehr als 50 % gefordert.[27] Diese „BFH-Formel" ist als zu hohe Objektivierungshürde z. T. kritisiert worden.[28] Außerdem wird vorgebracht, dass das dem deutschen Handelsrecht zugrunde liegende Vorsichtsprinzip (§ 252 Abs. 1 Nr. 4 HGB) eine Rückstellungsbildung auch dann erfordert, wenn die Wahrscheinlichkeit in einer Größenordnung von 25 % liegt.[29]
Die Bestimmung von exakten Eintrittswahrscheinlichkeiten ist häufig nicht möglich, sodass hier das Gesamtbild der Verhältnisse des Einzelfalls zu würdigen ist. Die BFH-Formel erinnert stark an Ansatzregelungen, wie sie die IFRS für Außenverpflichtungen in IAS 37.15 vorsieht (more likely than not). Daher wird sich in der Praxis regelmäßig an dieser Formel zu orientieren sein. Wenn der Bilanzierende den Rückstellungsansatz mit Hinweis auf eine geschätzte Wahrscheinlichkeit von z. B. 45 % verneint, wird er dies entsprechend zu belegen und zu dokumentieren haben. Auch die EU-Bilanzrichtlinie legt sich hier nicht explizit fest, sondern verweist auf den besten Schätzwert von Aufwendungen, die wahrscheinlich eintreten werden.[30]

46 Wie die Wahrscheinlichkeit zu bestimmen ist, bleibt dem Bilanzierenden überlassen. Objektivierungsmaßstäbe hierzu können sein:[31]
- Vergangenheitserfahrungen des Bilanzierenden und/oder
- Branchenerfahrungswerte.

Derartige Erfahrungswerte werden insb. Anwendung finden können bei häufig wiederkehrenden gleichartigen Sachverhalten (Gesetz der großen Zahl), bei denen ausreichend große Grundgesamtheiten zur Ableitung von Eintrittswahrscheinlichkeiten bestehen. Beispiele hierfür sind:
- Ableitung von Sterbetafeln für Pensionsrückstellungen,
- Schadensquoten bei industrieller Massenfertigung zur Bestimmung von Gewährleistungsverpflichtungen,
- Schadensquoten bei VersicherungsUnt,
- Rückgabequoten im Versandhandel.

---

[27] Vgl. BFH, Urteil v. 19.10.2005, XI R 64/04, BStBl 2006 II S. 373 m. w. N.
[28] Vgl. Küting/Kessler/Cassel/Metz, WPg 2010, S. 325.
[29] Vgl. Moxter, DStR 2004, S. 1058.
[30] Vgl. RL 2013/34/EU ABl. EU L 182/19 v. 29.6.2013, Art. 12 Abs. 12.
[31] Vgl. Hommel, in Baetge/Kirsch/Thiele, Bilanzrecht, § 249 HGB Rz 47, Stand: 7/2011.

Darüber hinaus ist es in typisierender Betrachtungsweise naheliegend, die Beurteilung der Wahrscheinlichkeit der Inanspruchnahme an dem begründenden Rechtsverhältnis zu orientieren. Ein Anhaltspunkt wird regelmäßig sein, ob der Anspruchsberechtigte überhaupt Kenntnis von seinem Anspruch hat. Der BFH hat hierzu Typisierungen vorgenommen.[32] Danach ist bei **vertraglichen Verpflichtungen** zu unterstellen, dass der Anspruchsberechtigte seine Rechte kennt und sie durchsetzt. Demgegenüber stellt der BFH bei **einseitigen Verpflichtungen** darauf ab, dass die für die Passivierung erforderliche Wahrscheinlichkeit erst dann gegeben sei, wenn die Kenntnisnahme der Gläubiger unmittelbar bevorstehe. Dieser Sichtweise ist nicht zuzustimmen, da dies dem Vorsichtsprinzip entgegensteht. Vielmehr ist bei einseitigen Verpflichtungen nach dem sog. **Unentziehbarkeitstheorem** die Wahrscheinlichkeit der Inanspruchnahme für eine Passivierung hinreichend, wenn sich der Bilanzierende den Verpflichtungen nicht sanktionslos entziehen kann und nach objektiver Sicht eine Inanspruchnahme jederzeit droht.

47

> **Praxis-Beispiel**
> Ein Unt begeht im abgelaufenen Gj eine Patentrechtsverletzung. Bis zum Tag der Bilanzaufstellung hat der Patentrechtsinhaber noch keine Ansprüche geltend gemacht. Bei dem Patentrechtsinhaber handelt es sich um ein multinational operierendes Unt, sodass davon auszugehen ist, dass dieses die Patentrechtsverletzung rechtlich verfolgen wird. Die Wahrscheinlichkeit der Inanspruchnahme droht, sodass eine Rückstellung zu bilden ist.

2.2 Pensionen und ähnliche Verpflichtungen

2.2.1 Unmittelbare Verpflichtungen

2.2.1.1 Arten von unmittelbaren Verpflichtungen

Der Gesetzgeber verwendet in § 246 Abs. 2 Satz 2 HGB sowie in § 253 Abs. 1 und 2 HGB den Begriff „Altersversorgungsverpflichtungen". Demgegenüber wird in § 266 Abs. 3 B 1. HGB von „Rückstellungen für Pensionen" gesprochen. Die Begriffe „Altersversorgungsverpflichtungen" und „Pensionsverpflichtungen" werden als deckungsgleich behandelt (§ 253 Rz 69).[33] Unter unmittelbaren Verpflichtungen sind solche Verpflichtungen zu verstehen, bei denen der Bilanzierende unmittelbar die Leistungen (Zahlungen) an den Berechtigten erbringt. Diese Leistungen können als laufend zu zahlende Pensionen oder als Einmalzahlungen (Kapitalzusagen[34]) ausgestaltet sein, wobei Ersteres der Regelfall ist. Nach der Art der Verpflichtung können weiter unterschieden werden:

48

- **Leistungsorientierte Zusage**: Zusage einer festen Pension, z.B. 100 EUR p. M. oder 10 % des letzten Bruttogehalts. Hierunter fallen auch laufende Sach-

---

[32] Vgl. BFH, Urteil v. 19.10.1993, VIII R 14/92, BStBl 1993 II S. 891.
[33] Vgl. IDW RS HFA 30.6 n. F.
[34] Kapitalzusagen unterliegen im Gegensatz zu laufenden Pensionen nicht der alle drei Jahre nach § 16 BetrAVG vorzunehmenden Anpassungsprüfung.

leistungen (Deputate) oder Beihilfen zu Krankenversicherungsbeiträgen bzw. Krankheitskosten der Betriebsrentner.[35]
- **Beitragsorientierte Zusage**: Es wird vom Arbeitgeber die Umwandlung eines regelmäßigen Beitrags in eine Anwartschaft auf Alters-, Invaliden- oder Hinterbliebenenversorgung zugesagt.[36]
- **Beitragszusage mit Mindestleistung**: Der Arbeitgeber verpflichtet sich, an einen Pensionsfonds, eine Pensionskasse oder eine Direktversicherung zu zahlen und garantiert eine bestimmte Mindestleistung.
- **Entgeltumwandlung**: Künftige Entgeltansprüche des Arbeitnehmers werden in eine wertgleiche Anwartschaft auf Versorgungsleistungen umgewandelt (sog. *deferred compensation*). Der Arbeitnehmer leistet Beiträge aus seinem Arbeitsentgelt zur Finanzierung von Leistungen der betrieblichen Altersversorgung an einen Pensionsfonds, eine Pensionskasse oder eine Direktversicherung und die Zusage des Arbeitgebers umfasst auch die Leistungen aus diesen Beiträgen; die Regelungen für Entgeltumwandlung sind hierbei entsprechend anzuwenden, soweit die zugesagten Leistungen aus diesen Beiträgen im Wege der Kapitaldeckung finanziert werden.

49 Der **Beginn der Pensionszahlung** erfolgt bei Eintritt vorher definierter Ereignisse (z. B. Erreichen einer Altersgrenze, Invalidität i. S. v. Erwerbs- oder Berufsunfähigkeit).

50 Das **Leistungsende** von Versorgungsleistungen wird ebenfalls fest vereinbart. Bei **lebenslangen Pensionszahlungen** knüpfen diese an den Tod des Leistungsempfängers oder der hinterbliebenen Witwen, Witwer oder Waisen. Es existieren auch zeitlich begrenzte Versorgungsleistungen in Form **befristeter Leistungszusagen**.

> **Praxis-Beispiel**
> Ein Unt gewährt langjährigen Mitarbeitern Pensionszusagen. Das betriebliche Versorgungswerk sieht vor, dass die Mitarbeiter bei Erreichen der gesetzlichen Altersgrenze nach ihrem Ausscheiden eine monatliche Pension i. H. v. 100 EUR erhalten. Um das biometrische Risiko für das Unt auszuschalten, sind die Pensionszahlungen auf (längstens) 15 Jahre begrenzt.

51 Das wesentliche Merkmal von laufenden Pensionen ist, dass die Leistung **versorgungshalber** erfolgt, d. h., eine Gegenleistung ist vom Empfänger nicht mehr zu erbringen.[37] Somit werden unter Pensionen auch solche Leistungen erfasst, die bei Eintritt biologischer Ereignisse fällig werden, auch wenn sie nicht als Pension bezeichnet werden.[38] Hierunter fallen z. B. Übergangsgelder, Treuegelder, Abfindungen oder Auslandszuschläge zur Pension. Voraussetzung der Qualifikation als Pension muss jedoch die rechtliche Beendigung des Arbeitsverhältnisses sein. Demzufolge stellen Vorruhestandsbezüge[39] und Altersteilzeitregelungen (Rz 200)[40] keine Pensionen dar:

---

[35] Vgl. HFA, WPg 1994, S. 26; Zwirner, WPg 2012, S. 199.
[36] Vgl. § 1 Abs. 2 Nrn. 1–4 BetrAVG.
[37] Vgl. Grottel/Johannleveling, in Beck Bil-Komm., 13. Aufl. 2022, § 249 HGB Rz 168.
[38] Vgl. BAG, Urteil v. 18.3.2003, 3 AZR 315/02, DB 2004 S. 1624.
[39] Vgl. HFA, WPg 1984, S. 331; a. A. BMF, Schreiben v. 16.10.1984, S – 2176–104/84, BStBl 1984 I S. 518.
[40] Vgl. IDW RS HFA 3.1 n. F.

Bei unmittelbaren Verpflichtungen ist weiter zu differenzieren zwischen den Verpflichtungen, die bereits zu erbringen sind (**laufende Pensionen**), und den noch in der sog. Erdienungsphase befindlichen Verpflichtungen (**Anwartschaften**), bei denen der Berechtigte noch Gegenleistungen (i.d.R. Arbeitsleistung) zu erbringen hat.

52

2.2.1.2 Entstehung von Verpflichtungen

Pensionsverpflichtungen entstehen i.d.R. durch vertragliche Vereinbarungen. Diese sog. Direktzusagen können entstanden sein durch:

53

- Einzelzusage (Pensionszusage),
- Gesamtzusage (Pensions- oder Versorgungsordnung),
- Betriebsvereinbarung (§ 87 BetrVG),
- Tarifvertrag,
- Besoldungsordnung (unmittelbare Versorgungszusage durch den Arbeitgeber),
- Gesetz (z.B. Beamtenversorgungsgesetz, BeamtVG),
- betriebliche Übung (§ 1b Abs. 1 Satz 4 BetrAVG),
- Grundsatz der Gleichbehandlung (§ 1b Abs. 1 Satz 4 BetrAVG),
- gerichtliche Entscheidung.

Mündliche Zusagen sind handelsrechtlich genauso passivierungspflichtig wie schriftliche Zusagen. Da das Steuerrecht (§ 6a EStG) das Schriftformerfordernis für die steuerrechtliche Anerkennung voraussetzt, werden in der Praxis regelmäßig schriftliche Zusagen erteilt. Ausnahmen hiervon sind bspw. möglich im Bereich von Übergangsgeldern, die allein aufgrund betrieblicher Übung an in den Ruhestand tretende Mitarbeiter gezahlt werden.[41] Hier besteht handelsrechtlich Passivierungspflicht, wenn die Voraussetzungen des § 1b Abs. 1 Satz 4 BetrAVG erfüllt sind.

54

Änderungen von Pensionszusagen bedürfen im Regelfall der Zustimmung der beteiligten Vertragspartner.

Mit der Abgabe der Willenserklärung des Arbeitgebers an den Arbeitnehmer ist grds. der **Zeitpunkt der Entstehung der Pensionsverpflichtung** gegeben. Bei einseitigen, begünstigenden Erklärungen des Arbeitgebers (z.B. Einzel- oder Gesamtpensionszusage) wird die Annahme ohne Zugang einer Erklärung an den Antragenden unterstellt (§ 151 BGB).

55

In der Pensionszusage werden regelmäßig auch **Höhe und Umfang** der Pensionsverpflichtung vereinbart. Zu beachten sind die Auswirkungen des BAG-Urteils[42], mit dem das BAG eine in betrieblichen Versorgungsregelungen vor dem Rentenversicherungs-Altersgrenzenanpassungsgesetz vereinbarte Altersgrenze, die auf Vollendung des 65. Lebensjahrs abstellt, regelmäßig dahingehend auszulegen sei, „dass damit auf die Regelaltersgrenze in der gesetzlichen Rentenversicherung nach §§ 35, 235 Abs. 2 Satz 2 SGB VI Bezug genommen wird." Ob dieses Urteil generell auf vor dem Rentenversicherungs-Altersgrenzenanpassungsgesetz geschlossene betriebliche Versorgungsregelungen übertragbar ist, ist im jeweiligen Einzelfall unter Hinziehung arbeitsrechtlicher Experten zu

56

---

[41] Vgl. Grottel/Johannleveling, in Beck Bil-Komm., 13. Aufl. 2022, § 249 HGB Rz 174.
[42] Vgl. BAG, Urteil v. 15.5.2012, 3 AZR 11/10, DB 2012 S. 1756.

2.2.2.3 Unterstützungskassen

71 Unterstützungskassen sind rechtlich selbstständige Versorgungseinrichtungen, die sich aus Zuwendungen eines oder mehrerer TrägerUnt sowie aus Erträgen der Vermögensanlage finanzieren. Die gem. § 4d Abs. 2 EStG steuerrechtlich zulässige Bildung von Rückstellungen für innerhalb eines Monats nach Aufstellung oder Feststellung der Bilanz des TrägerUnt geleistete Zuwendungen ist handelsrechtlich unzulässig.

72 Handelsrechtliche Rückstellungen sind geboten i.H.d. am Abschlussstichtag bestehenden Unterdeckung zwischen dem Kassenvermögen und den Unterstützungskassenverpflichtungen.

2.2.3 Wechsel des Durchführungswegs

73 Der Übergang von einer mittelbaren in eine unmittelbare Zusage ist als Neuzusage zu beurteilen. Wurden im Zusammenhang mit dem Übergang auf das TrägerUnt VG von der Versorgungseinrichtung (z.B. Unterstützungskasse) übertragen, liegt insoweit eine Kaufpreisverbindlichkeit vor. Unbeschadet des Passivierungswahlrechts für Altzusagen (Rz 77) besteht für die übernommenen Pensionsverpflichtungen i.H.d. zurechenbaren Werts der übernommenen VG eine Passivierungspflicht.[57]

74 Praktisch bedeutsamer sind die Fälle des Wechsels von einer unmittelbaren in eine mittelbare Zusage.[58] Beim Übergang von einer unmittelbaren in eine mittelbare Zusage darf die bislang gebildete Pensionsrückstellung nur in der Höhe aufgelöst werden, in der sie von der Versorgungseinrichtung (z.B. Unterstützungskasse, Pensionsfonds) auch übernommen wird. Zu beachten ist außerdem die unverändert verbleibende Subsidiärhaftung des Bilanzierenden.[59]

> **Praxis-Beispiel**
> Die GmbH hat Altersversorgungsverpflichtungen in Form von Direktzusagen zum 31.12.01 zutreffend mit dem notwendigen Erfüllungsbetrag i.H.v. 850 TEUR passiviert. Zum 1.1.02 werden diese Verpflichtungen insgesamt auf einen Pensionsfonds übertragen. Um die Liquiditätsbelastung für die GmbH im verträglichen Rahmen zu halten, garantiert der Pensionsfonds lediglich 75 % der Verpflichtungen zu erfüllen; hierfür zahlt die GmbH einen Einmalbeitrag von 900 TEUR. Der Pensionsfonds rechnet aufgrund seiner aufsichtsrechtlichen Vorgaben[60] mit einer Gesamtverpflichtung von 1.200 TEUR. Da der Pensionsfonds nur 75 % der Verpflichtung garantiert (900 TEUR), verbleibt zum 1.1.02 eine Unterdeckung auf Ebene des Pensionsfonds i.H.v. 300 TEUR.

---

[57] Vgl. IDW RS HFA 30.49 n.F.
[58] Vgl. Briese, BB 2010, S. 2733; Wellisch/Gellrich/Quiring, BB 2010, S. 623.
[59] Vgl. IDW RS HFA 30.46, .47 n.F.; vgl. zu Grenzen des Passivierungswahlrechts nach Art. 28 EGHGB, IDW, IDW Life 2020, S. 823.
[60] Der Pensionsfonds unterliegt den Regelungen des VAG und hat nicht die Bewertungsvorgaben des § 253 Abs. 2 HGB zu beachten, sondern die sog. Deckungsrückstellung entsprechend den Regelungen gem. § 341f HGB zu berechnen. Der hierbei anzuwendende Zinssatz liegt unter dem nach § 253 Abs. 2 HGB i.V.m. RückAbzinsV anzuwendenden Zinssatz, wodurch sich der im Beispiel unterstellte Verpflichtungswert von 1.200 TEUR erklärt.

Zum 1.1.02 sind folgende Bilanzierungsalternativen denkbar:
1. Da die GmbH 900 TEUR bezahlt hat, wird die Rückstellung von 850 TEUR in voller Höhe verbraucht, der darüber hinausgehende Betrag von 50 TEUR als Aufwand berücksichtigt.
2. Die GmbH verbraucht 75 % der Rückstellung (= 637,5 TEUR) und verbucht demzufolge einen Aufwand i. H. v. 262,5 TEUR. Soweit in künftigen Jahren der Überschuss des Pensionsfonds sukzessive zur Deckung des nicht garantierten Teils von 25 % verwendet wird, kann die fortzuführende Rückstellung (1.1.02: 212,5 TEUR) entsprechend aufgelöst werden.
3. Die GmbH passiviert eine Rückstellung i. H. d. beim Pensionsfonds bestehenden Unterdeckung von 300 TEUR, sodass im Gj 02 ein Aufwand von 350 TEUR anfällt. Da die Pensionsverpflichtungen insgesamt auf den Pensionsfonds übertragen worden sind (auch wenn dieser nur 75 % der Verpflichtungshöhe garantiert), ist es konsequent, sich an den Rechnungsgrundlagen des Pensionsfonds zu orientieren. Da dieser eine Unterdeckung von 300 TEUR ausweist, ist diese von der GmbH zu passivieren.

Nach der hier vertretenen Auffassung ist die dritte Alternative die vorzugswürdige. Gegen die erste Alternative spricht § 249 Abs. 2 HGB, wonach eine Rückstellung nur aufgelöst werden darf, wenn der Grund hierfür weggefallen ist (Rz 341 ff.). Die zweite Alternative bildet eher den Fall ab, dass nur 75 % der Verpflichtung übertragen werden und 25 % als unmittelbare Verpflichtung bei der GmbH verbleiben. Das wäre aber ein anderer Sachverhalt. Zu konstatieren bleibt allerdings, dass in derartigen Fällen noch keine gesicherte Rechtsprechung oder h. M. vorliegt, sodass die weitere Praxis hier beobachtet werden muss.

Schwieriger stellt sich die Beurteilung dar, wenn ein sog. Mischbestand übertragen wird: **75**

Praxis-Beispiel
Ein Unt beabsichtigt hinsichtlich bislang unmittelbar zugesagter Leistungen der betrieblichen Altersversorgung den Durchführungsweg zu wechseln. Danach sollen die bestehenden Altersversorgungsverpflichtungen künftig nicht durch das Unt selbst, sondern unter Einschaltung eines sog. nicht-versicherungsförmigen Pensionsfonds erfüllt werden.
Ein Pensionsfonds erbringt Leistungen der betrieblichen Altersversorgung im Wege des Kapitaldeckungsverfahrens. Für nicht-versicherungsförmige Pensionsfonds ist aufsichtsrechtlich die Deckungsrückstellung in der Rentenbezugszeit prospektiv als Barwert der Leistungen zu bilden. Die prospektive Berechnung der Barwerte muss mit einem vorsichtigen Rechnungszins erfolgen, der sich an der Rendite des im Bestand des Pensionsfonds befindlichen Vermögens orientiert. Aus aufsichtsrechtlicher Sicht dürfte insofern der derzeitige Zinssatz gem. § 253 Abs. 2 HGB grds. zu hoch sein. Für Rentnerbestände ist aufsichtsrechtlich eine Bedeckung des Barwerts der laufenden Rentenleistungen mit Vermögen erforderlich. Dem-

gegenüber ist für Anwärterbestände aufsichtsrechtlich keine Bedeckung mit Vermögen erforderlich. Etwaiges, tatsächlich vorhandenes Vermögen bestimmt in diesem Fall die zu passivierende Verpflichtung i. S. e. retrospektiven Deckungsrückstellung.
Der abgezinste, nach vernünftiger kaufmännischer Beurteilung notwendige Erfüllungsbetrag nach § 253 Abs. 1 Satz 2, Abs. 2 HGB (im Folgenden verkürzt: notwendiger Erfüllungsbetrag) der Altersversorgungsverpflichtungen ggü. Rentnern und aktiven Mitarbeitern aus Sicht des Unt betrage 100 GE für den Rentnerbestand sowie 50 GE für den Anwärterbestand. Die aufsichtsrechtlich benötigte Vermögensausstattung des Pensionsfonds belaufe sich im vorliegenden Beispielsfall für den Rentnerbestand auf 120 GE. Obwohl der Anwärterbestand aufsichtsrechtlich nicht erfasst wird, beabsichtigt das Unt 30 GE zusätzlich an den Pensionsfonds zu zahlen. Insgesamt beabsichtigt das Unt also, seine unmittelbaren Altersversorgungsverpflichtungen (Rentner- und Anwärterbestand) gegen Zahlung eines Einmalbeitrags von 150 GE auf den Pensionsfonds zu übertragen, sodass auch der Zeitwert dessen Vermögens zum Zeitpunkt des Verpflichtungstransfers 150 GE beträgt und damit dem bisherigen notwendigen Erfüllungsbetrag der Verpflichtung (Rentner- und Anwärterbestand) nach § 253 Abs. 1 Satz 2, Abs. 2 HGB entspricht.

Lösung:
Handelsbilanzrechtlich setzt die Ausbuchung der Pensionsverpflichtung voraus, dass sich der Verpflichtete seiner unmittelbaren Verpflichtung entledigt und das Vermögen der Versorgungseinrichtung dem notwendigen Erfüllungsbetrag der Altersversorgungsverpflichtungen mind. entspricht.[61] Nach der hier vertretenen Auffassung hat sich das Unt bei der Übertragung des Rentner- und des Anwärterbestands in einem einheitlichen Vorgang gegen einen Gesamtbetrag seiner unmittelbaren Altersversorgungsverpflichtungen in vollem Umfang entledigt, sodass die Pensionsrückstellung vollständig aufzulösen ist.

76 Die praktisch bedeutsamen Fälle im Zusammenhang mit der Errichtung eines **Contractual Trust Arrangement** (CTA; Pensionstreuhand)[62] stellen keinen Wechsel des Durchführungswegs dar, da in diesen Fällen die unmittelbare Verpflichtung des Bilanzierenden bestehen bleibt. Ziel dieser primär bilanziell motivierten Gestaltungen ist die Saldierung der Pensionsrückstellungen mit Deckungsvermögen.

2.2.4 Sonderfälle

2.2.4.1 Passivierungswahlrecht für Altzusagen (Art. 28 EGHGB)

Art. 28 EGHGB
(1) ¹Für eine laufende Pension oder eine Anwartschaft auf eine Pension auf Grund einer unmittelbaren Zusage braucht eine Rückstellung nach § 249

---

[61] Vgl. IDW RS HFA 30.46-.48 n. F.
[62] Zum Überblick zu CTA vgl. Küppers/Louven, BB 2004, S. 337; Klemm, DStR 2005, S. 1291; Passarge, DB 2005, S. 2746; Rößler, BB 2010, S. 1405.

Abs. 1 Satz 1 des Handelsgesetzbuchs nicht gebildet zu werden, wenn der Pensionsberechtigte seinen Rechtsanspruch vor dem 1. Januar 1987 erworben hat oder sich ein vor diesem Zeitpunkt erworbener Rechtsanspruch nach dem 31. Dezember 1986 erhöht. ²Für eine mittelbare Verpflichtung aus einer Zusage für eine laufende Pension oder eine Anwartschaft auf eine Pension sowie für eine ähnliche unmittelbare oder mittelbare Verpflichtung braucht eine Rückstellung in keinem Fall gebildet zu werden.

(2) Bei Anwendung des Absatzes 1 müssen Kapitalgesellschaften die in der Bilanz nicht ausgewiesenen Rückstellungen für laufende Pensionen, Anwartschaften auf Pensionen und ähnliche Verpflichtungen jeweils im Anhang und im Konzernanhang in einem Betrag angeben.

2.2.4.1.1 Unmittelbare Pensionsverpflichtungen (Art. 28 Abs. 1 Satz 1 EGHGB)

Die im Zuge der Einführung des BiRiLiG geschaffene Vorschrift schränkt das grds. Passivierungsgebot von § 249 Abs. 1 Satz 1 HGB für sog. Altzusagen ein. Altzusagen i. S. d. Art. 28 Abs. 1 EGHGB sind solche Pensionszusagen, die entweder
- vor dem 1.1.1987 entstanden sind oder
- bei denen sich nach dem 31.12.1986 Erhöhungen einer Zusage ergeben haben.

77

Der **Abgrenzung zwischen Alt- und Neuzusagen** kommt daher Bedeutung zu und ist im Einzelfall auch problematisch, wie folgende Fallkonstellationen zeigen:
- Beinhaltet die Pensionszusage eine sog. **Vorschaltzeit**, so bestimmt sich der maßgebliche Zeitpunkt zur Abgrenzung zwischen Alt- und Neuzusage mit dem Beginn der Vorschaltzeit.[63]
- Eine am 31.12.1986 bestehende Pensionszusage auf Basis einer Betriebsvereinbarung wird später durch eine Einzelzusage „ausgetauscht". Es handelt sich lediglich um eine Präzisierung der vormals bestehenden Verbindlichkeit, sodass auch die spätere Einzelzusage als Altzusage einzustufen ist. Gleiches gilt auch, wenn eine mittelbare Altzusage in eine unmittelbare umgewandelt wird.[64]
- Wenn ein Unt Pensionsverpflichtungen eines anderen Unt übernimmt (z. B. durch umwandlungsrechtliche Gestaltungen im Wege der Gesamtrechtsnachfolge, wie z. B. Verschmelzung, aber auch durch Erwerb i. R. e. asset deal), handelt es sich gleichwohl um eine Altzusage. Allerdings ist die Verpflichtung mind. i. H. d. für die Übernahme gezahlten Entgelts zu passivieren.[65]

78

Mit diesem Bilanzierungswahlrecht hat der Gesetzgeber eine zeitlich unbegrenzte Übergangsregelung geschaffen. Die Übergangsregelung bleibt daher so lange noch wirksam, bis die Altzusagen hinfällig geworden sind („biologische Lösung").

79

Das Wahlrecht stellt eine planmäßige Durchbrechung der einheitlichen Bilanzierungsgrundsätze dar, d. h., eine nach dem 31.12.1986 entstandene Pensionsverpflichtung (Neuzusage) führt nicht zu einem „Wahlrechtszwang" für Altzusagen.

80

---

[63] Vgl. ADS, Rechnungslegung und Prüfung der Unternehmen, 6. Aufl. 1995–2001, § 249 HGB Rz 87.
[64] Vgl. IDW, WPH Edition, Wirtschaftsprüfung & Rechnungslegung, 18. Aufl. 2023, Kap. F Tz 582.
[65] Vgl. Höfer, in Küting/Weber, HdR-E, § 249 HGB Rz 648, Stand: 1/2021; zur Anwendbarkeit der 15-jährigen Ansammlungsfrist gem. Art. 67 Abs. 1 Satz 1 EGHGB in derartigen Fällen vgl. Fey/Riese/Lewe, BB 2012; S. 824.

81 Faktisch kann das Wahlrecht nur ein einziges Mal ausgeübt werden. Wenn Altzusagen passiviert werden, kann die Rückstellung mangels Wegfalls des Grundes gem. § 249 Abs. 2 Satz 2 nicht aufgelöst werden (Rz 33). Eine erneute spätere Ausübung des Wahlrechts mit dem Ziel, die im Vj ausgewiesene Rückstellung rückgängig zu machen, scheitert auch an dem Grundsatz der Stetigkeit (§ 252 Abs. 1 Nr. 6 HGB). Eine sachliche Rechtfertigung liegt in solchen Fällen regelmäßig nicht vor, insb. würde die Rückgängigmachung der Vj-Rückstellung nicht zu einem besseren Bild der Vermögens-, Finanz- und Ertragslage der Ges. führen.[66]

82 Die Ausübung des Wahlrechts sollte nach der hier vertretenen Auffassung nur einheitlich für sämtliche Altzusagen vorgenommen werden, da ansonsten der Bilanzierende ein unzulässiges Mittel zur Ergebnisglättung durch Wahlrechtsausübung hätte. Das Abstellen auf den Einzelbewertungsgrundsatz von § 252 Abs. 1 Nr. 3 HGB ist hier nicht zielführend, da gem. § 246 Abs. 3 HGB gleiche Sachverhalte gleich zu bilanzieren sind (§ 246 Rz 134).

Da die Ansatzstetigkeit des § 246 Abs. 3 HGB erst mit dem BilMoG eingeführt wurde, kann sie keine Rückwirkung für die Vergangenheit entfalten, d.h. wurden diese Altzusagen vor Übergang auf das BilMoG nicht passiviert, darf an dieser Vorgehensweise festgehalten werden. Entscheidet sich der Bilanzierende bei Übergang auf das BilMoG, auch neue Ansprüche aus Altzusagen nicht zu passivieren, ist dies nach Art. 28 EGHGB unverändert zulässig. Entscheidet er sich aber in einem späteren Gj für eine Passivierung, sind nach der hier vertretenen Auffassung auch die seit Inkrafttreten des § 246 Abs. 3 HGB erworbenen Ansprüche passivierungspflichtig.[67]

2.2.4.1.2 Mittelbare und ähnliche Verpflichtungen (Art. 28 Abs. 1 Satz 2 EGHGB)

83 Die Regelung für mittelbare und ähnliche Verpflichtungen betrifft nicht nur Altfälle, sondern gilt unabhängig vom Zeitpunkt des Entstehens für sämtliche mittelbare Verpflichtungen. Dem Passivierungswahlrecht unterliegt nicht die gesamte Pensionsverpflichtung, denn diese ist auf das TrägerUnt übertragen worden. Dem Passivierungswahlrecht unterliegen vielmehr Unterdeckungen des TrägerUnt, d.h. die das Vermögen des externen Versorgungsträgers übersteigenden Pensionsverpflichtungen.

84 Mittelbare Pensionsverpflichtungen (Rz 63) kommen i.d.R. nur bei Zwischenschaltung von Unterstützungskassen (§ 1b Abs. 4 BetrAVG) und Pensionsfonds in Betracht, nicht jedoch bei Direktversicherungen (§ 1b Abs. 2 BetrAVG) oder Pensionskassen (§ 1b Abs. 3 BetrAVG).[68] Darüber hinaus betreffen mittelbare Pensionsverpflichtungen auch Zusatzversorgungskassen (Rz 70).

85 Bei den im Gesetz genannten **ähnlichen Verpflichtungen** handelt es sich um einen Auffangtatbestand ohne praktische Relevanz.[69]

---

[66] Vgl. IDW RS HFA 38.15; IDW RS HFA 30.79a.
[67] A.A. Fey/Ries/Lewe, BB 2010, S. 1014, die lediglich für eine vom Bilanzierenden frei gewählte „zusammenhängende Kette" von Gj eine Nachholpflicht sehen.
[68] Vgl. Lucius/Thurnes, BB 2010, S. 3016.
[69] Vgl. IDW RS HFA 30.9; Harth, in Kessler/Leinen/Strickmann, BilMoG, 2009, S. 271; a.A. Höfer, in Küting/Weber, HdR-E, § 249 HGB Rz 605ff., Stand: 1/2021.

Auch für mittelbare Altersversorgungsverpflichtungen gelten nach der hier vertretenen Auffassung die **einheitliche Wahlrechtsausübung** (Rz 82) sowie das Verbot der Auflösung gebildeter Rückstellungen, soweit der Grund dafür nicht entfallen ist (Rz 349).

86

Für mittelbare Altersversorgungsverpflichtungen kommt eine Anwendung des Passivierungswahlrechts nach der hier vertretenen Auffassung allerdings nicht in Betracht, wenn derartige Verpflichtungen entgeltlich (z. B. i. R. e. asset deals) erworben werden. In derartigen Fällen ist die Rückstellung angeschafft und damit passivierungspflichtig. Eine auf das Aktivierungswahlrecht gestützte erfolgswirksame Vereinnahmung des erhaltenen Entgelts würde demgegenüber dem Realisationsprinzip (§ 252 Abs. 1 Nr. 2 HGB) widersprechen.

87

2.2.4.1.3 Anhangangabe des Fehlbetrags (Art. 28 Abs. 2 EGHGB)

Die Angabepflicht beschränkt sich auf KapG sowie KapCoGes.[70] Eine Ausweitung der Angabepflicht auf solche Unt, die gem. PublG einen Anhang aufstellen müssen, lässt sich in Ermangelung einer gesetzlichen Regelung wohl nicht fordern.[71]

88

Die Aufstellungserleichterungen für **kleine KapG** ermöglichen diesen, die Pensionsrückstellungen nicht gesondert, sondern innerhalb des Postens Rückstellungen auszuweisen (§ 266 Rz 10). Die Angabepflicht von Art. 28 Abs. 2 EGHGB gilt auch für kleine KapG. Da aber der Betrag der bilanzierten Pensionsrückstellungen nicht ersichtlich ist, kann der Jahresabschluss-Leser den Gesamtbetrag aller Pensionsverpflichtungen nicht ermitteln. Die gleiche Problematik ergibt sich für **mittelgroße Gesellschaften** bei der Ausübung der Offenlegungserleichterungen (§ 327 Rz 13).

89

Durch das MicroBilG sind **KleinstKapG** (§ 267a HGB) von der Aufstellung eines Anhangs befreit. Damit entfällt auch die Angabepflicht des Fehlbetrags nach Art. 28 Abs. 2 EGHGB, da § 264 Abs. 1 Satz 5 HGB abschließend die nach HGB unter der Bilanz zu machenden Angaben benennt. Dort wird Art. 28 Abs. 2 EGHGB nicht erwähnt.[72]

90

Die Ermittlung des Fehlbetrags erfolgt in der Praxis analog zu der Berechnung der Pensionsrückstellungen durch ein versicherungsmathematisches Gutachten (Altzusagen) oder durch entsprechende Berechnungen des externen Versorgungsträgers (mittelbare Verpflichtungen). Der Fehlbetrag berechnet sich aus dem Erfüllungsbetrag der Altersversorgungsverpflichtungen, abzgl. der am Abschlussstichtag vorhandenen Vermögensmittel (beizulegender Zeitwert) des externen Trägers (bei mittelbaren Verpflichtungen). Eine Berechnung des Fehlbetrags anhand des Barwerts erwarteter zukünftiger Beitrags- oder Nachschusszahlungen erscheint dagegen unzulässig.[73]

91

Fraglich ist, wie ein einzelnes TrägerUnt einer umlagefinanzierten Zusatzversorgungskasse (ZVK) den anteiligen Fehlbetrag nach Art. 28 Abs. 2 EGHGB

92

---

[70] Vgl. IDW RS HFA 30.90 n. F.
[71] Gegen eine Angabepflicht: Grottel/Johannleveling, in Beck Bil-Komm, 13. Aufl. 2022, § 249 HGB Rz 362; für eine Angabepflicht: St/HFA 2/1988, Tz 6.
[72] Vgl. auch HFA, IDW-FN 2013, S. 360, der Angabepflichten unter der Bilanz nur für solche Posten fordert, die in der Bilanz der KleinstKapG als separater Posten erscheinen.
[73] A. A. Lucius/Veit, BB 2010, S. 239.

ermitteln soll. Soweit bei der ZVK am Abschlussstichtag ein Erfüllungsrückstand besteht, ist dieser wirtschaftlich verursacht in der Vergangenheit. Durch die bis zum jeweiligen Abschlussstichtag entrichteten Beiträge an die ZVK sind in umlagefinanzierten Systemen im Wesentlichen lediglich die in der Vergangenheit bereits ausgezahlten Versorgungslasten (Renten) gedeckt worden. Die Gegenleistung des TrägerUnt für diejenige Arbeitsleistung, die zur Erdienung der am Abschlussstichtag noch bestehenden Anwartschaften bzw. Ansprüche von den jeweiligen Versorgungsberechtigten erbracht wurde, steht dagegen noch aus.[74] Sofern das vorhandene Vermögen der ZVK am Abschlussstichtag insgesamt zur Erfüllung der Versorgungsverpflichtungen nicht ausreicht, besteht somit im Ergebnis bei den einzelnen TrägerUnt dem Grund nach ein Fehlbetrag i. S. v. Art. 28 Abs. 2 EGHGB.

93 Die Angabepflicht der Fehlbeträge im Konzernanhang ergibt sich explizit aus Art. 28 Abs. 2 EGHGB sowie aus den Verweisen in § 298 Abs. 1 HGB auf § 249 HGB bzw. in § 13 Abs. 2 PublG auf § 298 HGB. Der in einem Betrag anzugebende Fehlbetrag des Konzerns beinhaltet die Fehlbeträge sämtlicher **vollkonsolidierter TU**. Fehlbeträge von gem. § 296 HGB nicht einbezogenen TU brauchen nicht angegeben zu werden. In Einzelfällen kann die Höhe des Fehlbetrags der TU Einfluss auf die Frage haben, ob die untergeordnete Bedeutung für die Vermögens-, Finanz- und Ertragslage des Konzerns gem. § 296 Abs. 2 HGB gegeben ist.

94 Für Fehlbeträge gem. Abs. 2 von **assoziierten Unt** i. S. v. § 311 HGB, die nach der Equity-Methode in den Konzernabschluss einbezogen werden, ist die Einbeziehung in die Angabepflicht nicht geboten, da auch in den im Konzernabschluss ausgewiesenen Pensionsrückstellungen Verpflichtungen aus assoziierten Unt nicht enthalten sind.

95 Bei Anwendung der **Quotenkonsolidierung** gem. § 310 HGB ist in die Angabe im Konzernanhang der anteilige Fehlbetrag des GemeinschaftsUnt einzubeziehen.

2.2.4.2 Pensionszusagen an Nichtarbeitnehmer

96 Pensionszusagen von Unt an Personen, die keine Arbeitnehmer der Ges. sind, sind ebenfalls rückstellungspflichtig. Denkbar sind solche Fälle bei Zusagen an arbeitnehmerähnliche Personen (z. B. Handelsvertreter, Hausgewerbetreibende, externe Berater).[75]

97 Erbringen die Nichtarbeitnehmer **laufende Tätigkeiten** für das Unt, die sich auf die Höhe der Pension auswirken, handelt es sich wie bei Arbeitnehmern um erdiente Pensionen, sodass der Pensionsaufwand über die voraussichtliche Anwartschaftsphase zu verteilen ist. In diesen Fällen ergeben sich regelmäßig keine Besonderheiten.

98 Anders verhält es sich mit Zusagen, die für eine **einmalige Tätigkeit** gewährt werden. Hier ist die gesamte Anwartschaft als Einmalrückstellung in der Bilanz zu berücksichtigen, wobei die allgemeinen Regelungen zur Rückstellungsbewertung (insb. Abzinsung) zur Anwendung kommen (§ 253 Rz 74, Rz 142).

---

[74] Vgl. FAB: Vorliegen eines Fehlbetrags nach Art. 28 Abs. 2 EGHGB bei Durchführung von Altersversorgungszusagen über eine umlagefinanzierte Zusatzversorgungskasse, IDW Life 2019, S. 745.
[75] Vgl. IDW RS HFA 30.7.

2.2.4.3 Pensionszusagen an Gesellschafter-Geschäftsführer von Kapitalgesellschaften und Gesellschafter von Personengesellschaften

Handelsrechtlich bestehen hier keine Besonderheiten zu Arbeitnehmern. Allerdings gibt es umfangreiche steuerrechtliche Besonderheiten zu beachten, z.B. in der Abgrenzung zwischen beherrschenden Gesellschafter-Geschäftsführern und Nichtbeherrschenden. 99

Das handelsrechtliche Ansatzwahlrecht für Altzusagen gem. Art. 28 Abs. 1 EGHGB gilt hier ebenfalls (Rz 76 ff.). 100

2.2.4.4 Verpflichtungen aus Insolvenzsicherung und Verwaltungskosten

Verpflichtungen aus der Insolvenzsicherung betreffen Beiträge an den Pensionssicherungsverein (PSV), der gem. §§ 7–15 BetrAVG für die Insolvenzsicherung unverfallbarer Versorgungsansprüche zuständig ist. 101

Seit 2006 erfolgt die Finanzierung über ein Kapitaldeckungsverfahren, das auch solche Fälle berücksichtigt, in denen die Insolvenz des TrägerUnt zwar eingetreten ist, die eigentlichen Pensionsfälle aber noch nicht eingetreten sind. Für Altfälle, d.h. die Nachfinanzierung der bis zum 31.12.2005 zu sichernden unverfallbaren Anwartschaften, hat der PSV für die betroffenen Unt **Einmalbeiträge** ermittelt, die von den Unt in 15 gleichen Jahresraten jeweils zum 31.3. eines Jahres, letztmals zum 31.3.2021, zu zahlen sind. Alternativ ist auch eine vorfällig diskontierte Gesamtzahlung der Jahresraten möglich. Dieser Einmalbeitrag ist als sonstige Verbindlichkeit zu passivieren und in den Davon-Vermerk „davon im Rahmen der sozialen Sicherheit" einzubeziehen.[76] Die Bewertung hat zum Barwert gem. § 253 Abs. 2 Satz 3 HGB zu erfolgen (§ 253 Rz 152). 102

Im Zuge der Durchführung der betrieblichen Altersversorgung entstehen regelmäßig (zumeist ungefähr gleichbleibend hohe) **Verwaltungskosten** durch 103
- Einholung von versicherungsmathematischen Gutachten,
- Erteilung von Rentenbescheiden,
- Auszahlung der Pensionszahlungen,
- Verwaltung und Betreuung der Pensionsbestände.

Soweit Verwaltungskosten auf ausgeschiedene Berechtigte mit unverfallbarer Anwartschaft entfallen, erscheint ihre Einbeziehung in die Bewertung dieser Pensionsverpflichtungen geboten.[77] Sie ist allerdings bislang nicht üblich, zumal sie steuerrechtlich auch nicht anerkannt wird.[78] 104

Für LebensversicherungsUnt ist allerdings die Einbeziehung von Verwaltungskosten in die **Deckungsrückstellung** im Falle beitragsfreier Versicherungsjahre aufgrund aufsichtsrechtlicher Vorgaben vorgeschrieben. 105

---

[76] Vgl. HFA, IDW-FN 2007, S. 108.
[77] A.A. Höfer, in Küting/Weber, HdR-E, § 249 HGB Rz 609, Stand: 1/2021, der sie als ähnliche Verpflichtung einstuft, für die ein Passivierungswahlrecht besteht.
[78] Vgl. BMF, Schreiben v. 13.3.1987, IV B 1–2176-12/87, DB 1987 S. 716.

2.2.5 Auflösung und Verbrauch von Pensionsrückstellungen

106 Für Pensionsrückstellungen gilt der Grundsatz von § 249 Abs. 2 Satz 2 HGB, wonach Rückstellungen nur aufgelöst werden dürfen, soweit der Grund dafür entfallen ist (Rz 349). Dies gilt auch für Rückstellungen, die aufgrund eines Passivierungswahlrechts gebildet wurden (z. B. Altzusagen nach Art. 28 Abs. 1 EGHGB).

107 Eine **Auflösung** einer Pensionsrückstellung ist dann geboten, wenn der Versorgungsberechtigte verstirbt oder wenn die zugesagten Versorgungsleistungen rechtswirksam herabgesetzt werden.

> **Praxis-Beispiel**
> Im Jahresabschluss 31.12.01 ist eine Pensionsrückstellung für einen Rentner i. H. v. 100 EUR gebildet. Ende Dezember 02 verstirbt der Mitarbeiter infolge einer Krankheit. Die Versorgungsverpflichtung ggü. dem Mitarbeiter ist hierdurch erloschen, es besteht aber eine Hinterbliebenenversorgung für die Witwenrente, die sich zum Jahresende 02 auf 60 EUR beläuft (zum Jahresende 02 sind noch keine Zahlungen an die Witwe erfolgt). Die Aufzinsung der Pensionsrückstellung von 100 EUR bis zum Todestag beläuft sich auf 5 EUR. Die Pensionsrückstellung ist im Jahresabschluss 31.12.02 tw. aufzulösen. Unter Beachtung des Aufzinsungseffekts ergibt sich eine Auflösung i. H. v. 45 EUR.

108 Werden Pensionsverpflichtungen unter Bezugnahme auf Art. 28 EGHGB nur tw. passiviert, darf eine Auflösung erst erfolgen, nachdem der nicht passivierte Fehlbetrag berücksichtigt worden ist.

109 Die erforderliche Reduzierung der Pensionsrückstellung nach Eintritt des Versicherungsfalls stellt demgegenüber keine Auflösung, sondern einen **Verbrauch** der Pensionsrückstellung dar (zur Abgrenzung zwischen Auflösung und Verbrauch vgl. Rz 19). Dieser Verbrauch hat nach der **versicherungsmathematischen Methode** zu erfolgen. Dies bedeutet, dass sich der Verbrauch aus der Differenz zwischen den mit gewichteten Sterbewahrscheinlichkeiten abgezinsten zukünftigen Rentenzahlungen zu Beginn und zum Ende des Gj berechnet.[79]

110 Die **buchhalterische Methode**, nach der die laufenden Pensionszahlungen gegen die Pensionsrückstellung gebucht werden, bis diese aufgebraucht ist und weitergehende Pensionszahlungen aufwandswirksam erfasst werden, ist handels- und steuerrechtlich[80] unzulässig.

111 Werden rechtsverbindlich Pensionszusagen auf eine Unterstützungskasse, eine Pensionskasse, einen Pensionsfonds oder eine Versicherungsgesellschaft gegen laufende künftige Beitragszahlungen übertragen, ist eine Auflösung der Pensionsrückstellung unzulässig,[81] da der Rückstellungsgrund nicht weggefallen ist. Bei der Bewertung der Rückstellung ist die voraussichtlich vom Versorgungsträger zu erbringende Leistung (auf Basis der diesem als Einmalzahlung oder laufende Zahlung zur Verfügung gestellten Vermögenswerte) mindernd zu berücksichtigen.

---

[79] Vgl. Grottel/Johannleveling, in Beck Bil-Komm., 13. Aufl. 2022, § 249 HGB Rz 298.
[80] Vgl. BFH, Urteil v. 30.3.1999, VIII R 8/97, NV, DStRE 1999 S. 900.
[81] Vgl. IDW RS HFA 30.47.

2.3 Umweltschutzverpflichtungen

Umweltschutzverpflichtungen sind Verbindlichkeitsrückstellungen. Die dortigen Grundsätze gelten analog (Rz 23 ff.). Soweit es sich um Umweltschutzverpflichtungen (z. B. Sanierungsverpflichtungen) auf privatrechtlicher Grundlage (z. B. Nachbarrecht, Deliktrecht[82], Umwelthaftungsgesetz[83]) handelt, ergeben sich keine Besonderheiten. Handelt es sich um öffentlich-rechtliche Verpflichtungen, sind nachfolgende Besonderheiten zu beachten. 112

Umweltschutzverpflichtungen beruhen zumeist auf **öffentlich-rechtlichen Verpflichtungen**. Derartige Verpflichtungen ergeben sich z. B. aus: 113

- Gesetz (z. B. Bundes-Immissionsschutzgesetz),
- Verordnung (z. B. Technische Anleitung zur Reinhaltung der Luft),
- Verwaltungsanordnung (durch eine Behörde).

Für Rückstellungen aufgrund öffentlich-rechtlicher Verpflichtungen gelten grds. keine strengeren Voraussetzungen als für sonstige Verbindlichkeitsrückstellungen. Demnach ist es grds. nicht erforderlich, dass der Gläubiger (hier: die zuständige Behörde) Kenntnis von der Verpflichtung hat. Um jedoch dem sog. **Unentziehbarkeitstheorem** (Rz 46) Rechnung zu tragen, nimmt die nunmehr (zumindest weitgehend) einheitliche Rechtsprechung des BFH die erforderliche Konkretisierung der Verpflichtung erst dann an:[84] 114

- bei einer **Verfügung** der zuständigen Behörde, wenn diese ein bestimmtes Handeln vorschreibt,
- bei einer gesetzlichen Grundlage,
  - wenn diese ein inhaltlich **genau bestimmtes Handeln** vorsieht,
  - das innerhalb eines **bestimmten Zeitraums** erfüllt sein muss und
  - dieses Handlungsgebot **sanktionsbewehrt** und damit durchsetzbar ist.

Eine Rückstellung ist nach der BFH-Rechtsprechung erst zulässig, wenn der behördlichen Anordnung bis zum Abschlussstichtag nachzukommen war, diese gleichwohl nicht erfüllt wurde. Im Ergebnis kommt somit eine Rückstellungspassivierung nach der BFH-Rechtsprechung nur dann in Betracht, wenn entgegen der behördlichen Auflage die gesetzte Frist zur Umsetzung der Auflage nicht eingehalten wurde (verspätete oder verweigerte Umsetzung).

Die o. g. Kriterien mögen auf bestimmte Umweltschutzverpflichtungen (z. B. Altlasten) zutreffen, aber längst nicht auf alle. Das Kriterium eines bestimmten Zeitraums wird den Besonderheiten dieser Verpflichtungen nicht gerecht. Sachverhaltsfeststellungen und Durchführung von Maßnahmen dauern oftmals Jahre.[85] Durch die Einbeziehung der zeitlichen Komponente in die Rückstellungsbewertung (Abzinsung, Berücksichtigung von Preis- und Kostensteigerungen) wird zudem dem zeitlichen Moment ausreichend Rechnung getragen. 115

Rückstellungen für Umweltschutzverpflichtungen auf öffentlich-rechtlicher Grundlage sind nach den gleichen Grundsätzen zu bilden, wie dies für andere Verbindlichkeitsrückstellungen gilt. Es reicht somit aus, wenn eine aufgrund Gesetzes oder Verfügung bestehende Handlungspflicht des Bilanzierenden be- 116

---

[82] Vgl. Eilers, DStR 1991, S. 103.
[83] Vgl. Herzig/Köster, DB 1991, S. 53.
[84] Vgl. BFH, Urteil v. 6.2.2013, I R 8/12, BStBl 2013 II S. 686.
[85] Gl. A. Meyer-Wegelin, in Küting/Weber, HdR-E, § 249 HGB Rz 95, Stand: 3/2010.

steht und diese auch von der zuständigen Behörde durchgesetzt werden kann.[86] Hieraus mögen sich durchaus Unterschiede zwischen Handels- und Steuerbilanz ergeben, da die BFH-Rechtsprechung zur Passivierung von Rückstellungen für Umweltrisiken restriktiv ist.

117 Dies gilt im Übrigen auch für **faktische Verpflichtungen** im Bereich des Umweltschutzes, denen sich der Bilanzierende nicht entziehen kann (Rz 30).

> **Praxis-Beispiel**
> Ein Unt kommt wegen Umweltverunreinigungen (Abwasserverschmutzung) in die öffentliche Diskussion, da sich Anwohner belästigt fühlen. Obwohl das Unt die maßgeblichen Grenzwerte einhält und rechtlich nicht belangt werden kann, führt der öffentliche Druck dazu, dass entsprechende Umweltschutzmaßnahmen zur Verminderung der Verschmutzung durchgeführt werden.

118 Bei **Altlastensanierungspflichten** kann außerdem eine **außerplanmäßige Abschreibung** auf das betreffende Grundstück gem. § 253 Abs. 3 Satz 3 HGB erforderlich sein. Dabei sind die Vornahme einer außerplanmäßigen Abschreibung und die Bildung einer Rückstellung für Altlastensanierung grds. unabhängig voneinander zu beurteilen; in der Summe sollten beide die erwarteten zukünftigen Sanierungsaufwendungen abdecken.[87] Zu beachten ist allerdings der Vorrang der außerplanmäßigen Abschreibung (Rz 136).

119 Eine dauerhafte Wertminderung infolge **Kontamination** kann z.B. darin begründet liegen, dass entgegen ursprünglicher Ansicht das Grundstück nicht mehr bebaut, sondern lediglich als Abstellfläche genutzt werden kann. Das Erfordernis der außerplanmäßigen Abschreibung ist insb. in solchen Fällen erforderlich, in denen bei Anschaffung des Grundstücks eine bestehende Kontamination (mangels Kenntnis) nicht kaufpreismindernd berücksichtigt worden ist oder wenn ein zuvor lastenfreies Grundstück während der Zugehörigkeit zum Betriebsvermögen kontaminiert wird. Ist dagegen bei Grundstückserwerb die Kontamination bekannt und wird sie kaufpreismindernd berücksichtigt, sind die Sanierungsaufwendungen im Regelfall als nachträgliche HK des Grundstücks zu behandeln, da hiermit eine wesentliche Verbesserung des Nutzenpotenzials des Grundstücks verbunden sein wird. Eine Abschreibung wegen eingeschränkter Nutzbarkeit mindert eine wegen der Sanierungsverpflichtung erforderliche Rückstellung, soweit die Sanierungsmaßnahmen zu nachträglichen HK führen, weil insoweit eine kompensierte Verpflichtung vorliegt.[88]

3 Rückstellungen für drohende Verluste aus schwebenden Geschäften (Abs. 1 Satz 1 2. Alt.)

3.1 Vorbemerkung

120 **Drohverlustrückstellungen** dienen der bilanziellen Erfassung von Verpflichtungsüberschüssen, indem Aufwandsüberschüsse aus schwebenden Geschäften zu passivieren sind. Sie sind somit Ausfluss des Imparitätsprinzips (§ 252 Abs. 1 Nr. 4 HGB).

---

[86] Vgl. Schubert, in Beck Bil-Komm., 13. Aufl. 2022, § 249 HGB Rz 130 Altlastensanierung m.w.N.
[87] Zum Konkurrenzverhältnis vgl. IDW, WPg 1992, S. 326.
[88] Vgl. Förschle/Scheffels, DB 1993, S. 1201.

3.2 Schwebende Geschäfte

3.2.1 Begriff

Schwebende Geschäfte stellen zweiseitig verpflichtende Verträge dar, die auf Leistungsaustausch i.S.v. § 320 BGB gerichtet sind und aus Sicht jedes Vertragspartners einen Anspruch und eine Gegenleistung begründen.[89]

Demnach stellen mangels Gegenleistung keine schwebenden Verträge dar:
- gesetzliche Haftung,
- Schenkung,
- Verlustübernahmeverpflichtung aufgrund eines Beherrschungs- und Gewinnabführungsvertrags nach § 302 Abs. 1 i.V.m. § 291 Abs. 1 AktG[90],
- Gesellschaftsvertrag.[91]

Für derartige Sachverhalte sind ggf. Rückstellungen für ungewisse Verbindlichkeiten zu bilden (Rz 23).

Schwebende Geschäfte sind als Ausfluss des **Realisationsprinzips** (§ 252 Abs. 1 Nr. 4 HGB) handelsrechtlich grds. nicht zu bilanzieren, da sich Leistung und Gegenleistung regelmäßig ausgleichen. Ausnahmen hiervon ergeben sich aus dem **Imparitätsprinzip**, wonach Verluste zu berücksichtigen sind, sobald sie bekannt, d.h. absehbar sind (§ 252 Rz 102ff.).

3.2.2 Beginn und Ende

Der **Beginn des Schwebezustands** erfolgt regelmäßig bei Vertragsabschluss. Ist der Vertrag unter einer **aufschiebenden Bedingung**, z.B. Gremienvorbehalt, geschlossen, ist wie folgt zu differenzieren:[92]
- Liegt die aufschiebende Bedingung im **Einflussbereich des Bilanzierenden**, ist dieser im Regelfall nicht an sein Angebot gebunden. Liegt allerdings ein faktischer Zwang vor, der den Gremienvorbehalt dominiert, ist, auch wenn zivilrechtlich noch kein schwebendes Geschäft vorliegt, bilanzrechtlich von einem schwebenden Geschäft auszugehen.

> **Praxis-Beispiel**
> Ein Unt schließt mit einem Architekten einen Vertrag zur Planung eines aufwendigen Bürohauses. Der Architekt hat sich zuvor in einem Architektenwettbewerb gegen mehrere Konkurrenten durchgesetzt. Der Vertrag unterliegt der Zustimmung des Aufsichtsrats des Unt; diese wird im Januar 02 erteilt.
> Zum 31.12.01 besteht zivilrechtlich noch kein schwebendes Geschäft. Da sich das Unt für den Fall der Nichtzustimmung durch den Aufsichtsrat einer Schadensersatzklage des Architekten aufgrund des gewonnenen Architektenwettbewerbs ausgesetzt sehen würde, ist bilanzrechtlich bereits zum 31.12.01 von einem schwebenden Geschäft auszugehen und bei Vorliegen eines Verpflichtungsüberhangs eine Rückstellung für drohende Verluste zu bilden.

---

[89] Vgl. IDW RS HFA 4.2.
[90] A.A. Meyer-Wegelin, in Küting/Weber, HdR-E, § 249 HGB Rz 63, Stand: 5/2014.
[91] Vgl. IDW RS HFA 4.2.
[92] Vgl. IDW RS HFA 4.8, 4.9.

126 • Liegt die aufschiebende Bedingung **im Einflussbereich des Vertragspartners**, so hat der Bilanzierende aufgrund des Vorsichtsprinzips davon auszugehen, dass es sich bei einem für ihn nachteiligen Geschäft bereits um ein schwebendes Geschäft handelt.

> **Praxis-Beispiel**
> Ein Unt bestellt im Dezember 01 bei seinem Lieferanten dringend benötigte Ersatzteile für eine Maschine. Der Lieferant hat den Vertrag unter die aufschiebende Bedingung der Lieferbereitschaft eines Vorlieferanten gestellt. Der Vorlieferant erklärt im Januar 02 dem Lieferanten seine Lieferbereitschaft.
> Das Unt hat im Jahresabschluss 01 diesen Vorgang wie ein schwebendes Geschäft zu behandeln, da die aufschiebende Bedingung nicht in seinem Einflussbereich liegt. Soweit aus dem schwebenden Geschäft ein Verpflichtungsüberhang droht, ist demzufolge eine Rückstellung für drohende Verluste zu passivieren.

127 Im Einzelfall kann die Abgrenzung zwischen einem zu berücksichtigenden bindenden Angebot des Bilanzierenden (aufschiebende Bedingung im Einflussbereich des Vertragspartners), mit dessen Annahme unter den Umständen des Sachverhalts zu rechnen ist, und bloßen Absichtserklärungen schwierig sein. Die in der Praxis häufig zu beobachtenden **letter of intent** bzw. **memorandum of understanding** stellen zumeist bloße Absichtserklärungen dar, die keine Bindungswirkung entfalten.[93] Hiermit werden zumeist Rahmenbedingungen von Verhandlungen (Exklusivität, Verschwiegenheit, zeitliche Restriktionen) und grds. Verständnis vom Kaufgegenstand und erwarteter Preisspanne zwischen Anbieter und Interessent vereinbart.[94] Allerdings sind mit diesen Begriffen z.T. recht unterschiedliche Vereinbarungen verknüpft, sodass im Einzelfall auf die jeweiligen Absprachen abgestellt werden muss.

128 Das **Ende des Schwebezustands** wird durch die Erfüllung der Sachleistung bestimmt, d.h. die Lieferung der Ware, die Erbringung der vereinbarten Dienstleistung etc.

129 Ohne Auswirkung auf die Beendigung des Schwebezustands sind zwischenzeitlich erfolgte Zahlungen. Hierbei handelt es sich um **Anzahlungen** (= tw. Erfüllung der Gegenleistung vor der Sachleistung) oder **Vorauszahlungen** (= vollständige Erfüllung der Gegenleistung vor der Sachleistung), die bilanziell als geleistete bzw. erhaltene Anzahlungen zu erfassen sind.[95]

3.3 Drohende Verluste

3.3.1 Begriffsabgrenzung

130 Der Begriff der drohenden Verluste wird durch zwei Voraussetzungen charakterisiert. Es muss sich um einen Verlust handeln und dieser muss drohen.

---

[93] Vgl. IDW RS HFA 4.10.
[94] Vgl. Schubert, in Beck Bil-Komm., 13. Aufl. 2022, § 249 HGB Rz 91.
[95] Vgl. IDW RS HFA 4.12.

Aus einem schwebenden Geschäft ergibt sich ein **Verlust**, wenn der Wert der vom Bilanzierenden zu erbringenden Leistung den Wert der zu empfangenden Gegenleistung übersteigt. Es handelt sich hierbei um einen sog. **Verpflichtungsüberschuss**.

131

> **Praxis-Beispiel**
> Ein Autohändler schließt mit einem Kunden einen Kaufvertrag zur Lieferung eines Pkw mit genau spezifizierter Ausstattung. Der Kaufpreis wird mit 100 GE vereinbart. Für die Beschaffung und Auslieferung des Pkw muss der Autohändler Aufwendungen von 110 GE tragen.
> Es ergibt sich ein Verlust i. H. v. 10 GE.

Damit ein **Verlust droht**, müssen konkrete Anzeichen gegeben sein, denn die bloße Möglichkeit für einen Verlust ist nahezu bei jedem schwebenden Geschäft gegeben. Derartige konkrete Anzeichen sind regelmäßig aus den individuellen vertraglichen Vereinbarungen und den Umständen der Vertragsabwicklung (z. B. Marktverhältnisse) abzuleiten.[96] Es müssen sich hieraus konkrete Anhaltspunkte ableiten lassen, die bei normaler Abwicklung des Geschäfts und vernünftiger kaufmännischer Beurteilung die Entstehung eines Verlusts erwarten lassen. Während bei sog. Einmalgeschäften (Rz 148 ff.) dies i.d.R. eindeutig festgestellt werden kann, ergeben sich bei Dauerschuldverhältnissen (Rz 159 ff.) besondere Schwierigkeiten, da der Beitrag der Gegenleistung zum Unternehmenserfolg i.d.R. nicht hinreichend objektiv bestimmt werden kann.

132

> **Praxis-Beispiel**
> Ein MaschinenbauUnt (M) schließt mit einem Kunden im September 01 einen Vertrag über die Lieferung, Installation und Inbetriebnahme einer Spezialmaschine. Als Kaufpreis werden 100 GE vereinbart. Zum Zeitpunkt des Abschlusses des Kaufvertrags rechnet M mit Gesamtaufwendungen von 80 GE. Zum Jahresende 01 sind die Konstruktionsarbeiten vorangeschritten. Danach wird der Bau der Maschine deutlich komplexer als bei Vertragsabschluss erwartet. Bei Aufstellung des Jahresabschlusses zum 31.12.01 kalkuliert M nunmehr mit Gesamtaufwendungen von 120 GE.
> **Fazit**: Es droht ein Verlust von 20 GE.

3.3.2 Abgrenzung zu Verbindlichkeitsrückstellungen

Sowohl Rückstellungen für drohende Verluste aus schwebenden Geschäften als auch Verbindlichkeitsrückstellungen betreffen Außenverpflichtungen des Bilanzierenden.[97]

133

Verbindlichkeitsrückstellungen erfassen zukünftige Aufwendungen, denen keine zukünftigen Erträge gegenüberstehen. Hierunter fällt der sog. Erfüllungsrückstand, bei dem Aufwendungen anfallen, denen in der Vergangenheit zuordenbare Erträge gegenüberstehen, aber auch solche Aufwendungen, aus denen

134

---

[96] Vgl. IDW RS HFA 4.15.
[97] Vgl. IDW RS HFA 4.17.

aus der Eigenart des Sachverhalts weder vergangene noch zukünftige Erträge zuzurechnen sind. Verbindlichkeitsrückstellungen betreffen somit regelmäßig den bereits abgewickelten Teil eines (vormals) schwebenden Geschäfts. Drohverlustrückstellungen erfassen demgegenüber zukünftige Aufwendungen, die mit zukünftigen Erträgen in Zusammenhang stehen.[98]

135 Bei Verbindlichkeitsrückstellungen wird die gesamte Außenverpflichtung passiviert, während bei Drohverlustrückstellungen lediglich der Verpflichtungsüberschuss ausgewiesen wird.[99] Abb. 1 zeigt das Zusammenspiel von Verbindlichkeitsrückstellung und Drohverlustrückstellung am Beispiel eines Dauerschuldverhältnisses.

Abb. 1: Abgrenzung Verbindlichkeitsrückstellung von Drohverlustrückstellung bei Dauerschuldverhältnissen

3.3.3 Vorrang von Abschreibungen

136 Soweit bei Bilanzaufstellung im Zusammenhang mit dem schwebenden Geschäft stehende VG aktiviert werden (z. B. unfertige Leistungen im Vorratsvermögen), sind diese zunächst um den erwarteten Verlust abzuschreiben, da eine **außerplanmäßige Abschreibung Vorrang vor einer Drohverlustrückstellung** hat. Der Vorrang der aktivischen Abschreibung begründet sich aus Art. 20 Abs. 3 der Vierten Bilanzrichtlinie, da Rückstellungen „keine Wertberichtigungen zu Aktivposten darstellen" dürfen.[100] Erst nach Vollabschreibung von aktivierten VG darf ein darüber hinaus bestehender Verlust als Drohverlustrückstellung berücksichtigt werden.[101]

> **Praxis-Beispiel**
> Eine Werbeagentur (W) hat mit einem Kunden einen Vertrag über die Durchführung einer Werbekampagne geschlossen. Die Vergütung für die Werbekampagne ist mit 100 GE vereinbart. Zum Abschlussstichtag hat W unter den Vorräten unfertige Leistungen i. H. v. 30 GE aktiviert. Bei Aufstellung des Jahresabschlusses rechnet W mit Gesamtaufwendungen für die Durchführung der Werbekampagne von 150 GE.

---

[98] Vgl. Groh, BB 1988, S. 27.
[99] Vgl. IDW RS HFA 4.19.
[100] Vgl. RL 2013/34/EU, ABl. EU L 182/19 v. 29.6.2013, Art. 12 Abs. 12.
[101] Vgl. Hommel, in Baetge/Kirsch/Thiele, Bilanzrecht, § 249 HGB Rz 145, Stand: 7/2011.

> Zunächst sind die aktivierten unfertigen Leistungen i. H. v. 30 GE bis auf 0 GE abzuschreiben. Der darüber hinausgehende Verlust von 20 GE ist als Drohverlustrückstellung zu passivieren.

Soweit ein Drohverlustauftrag **über mehrere Geschäftsjahre abgewickelt** wird, stellt sich wegen des Abschreibungsvorrangs das Erfordernis, zunächst als Drohverlustrückstellungen berücksichtigte Verluste in Wertberichtigungen auf Vorräte umzuqualifizieren: 137

> **Praxis-Beispiel**
> Ein Maschinenbauunternehmen schließt im September 01 einen Vertrag über die Herstellung, Lieferung und Inbetriebnahme einer Großanlage. Als Kaufpreis wird 100 GE vereinbart, die Inbetriebnahme ist für Frühjahr 03 vorgesehen. Bei Aufstellung des Jahresabschlusses zum 31.12.01 wird aufgrund der zwischenzeitlichen Projektplanung erkennbar, dass ein Verlust i. H. v. 40 GE droht. Die zum 31.12.01 aufgelaufenen aktivierungspflichtigen Aufwendungen belaufen sich auf 10 GE.
> Zum 31.12.01 sind die unfertigen Leistungen i. H. v. 10 GE in voller Höhe wertzuberichtigen. Der darüber hinausgehende Verlust von 30 GE ist als Rückstellung für drohende Verluste auszuweisen.
> Zum 31.12.02 belaufen sich die aktivierungspflichtigen Aufwendungen auf 90 GE. Bei Aufstellung des Jahresabschlusses zum 31.12.02 wird unverändert mit einem Auftragsverlust von 40 GE gerechnet.
> Zum 31.12.02 ist die im Vj gebildete Drohverlustrückstellung von 30 GE gegen die Wertberichtigung auf die unfertigen Leistungen zu verbrauchen. Der Bilanzansatz der unfertigen Leistungen beträgt zum 31.12.02 50 GE (90 GE ./. 40 GE), die Rückstellung für drohende Verluste beträgt 0 GE.
> Der Buchungssatz für den Verbrauch der Drohverlustrückstellung zum 31.12.02 lautet:
>
> | Konto | Soll | Haben |
> | --- | --- | --- |
> | Sonstige Rückstellungen | 30 | |
> | Unfertige Leistungen | | 30 |

Im Unterschied zum Steuerrecht sind handelsrechtlich **sämtliche aus dem Auftrag drohenden Verluste** von den aktivierten Vorräten abzuschreiben. Das Steuerrecht lässt dagegen nur eine entsprechend dem Auftragsfortschritt ratierliche Erfassung der Abschreibung zu.[102] 138

Der Vorrang von Abschreibungen vor Drohverlustrückstellungen kommt insb. bei Absatzgeschäften zum Tragen, da hier regelmäßig aktivierungspflichtige VG 139

---

[102] Vgl. BMF, Schreiben v. 14.11.2000, IV A 6 – S 2174–5/00, BStBl 2000 I S. 1541; BMF, Schreiben v. 27.4.2001, IV A 6 – S 2174–15/01, DStR 2001 S. 1527.

vorliegen.¹⁰³ Im Regelfall wird es sich dabei um VG des UV handeln, für die das strenge Niederstwertprinzip (§ 253 Abs. 4 HGB) gilt (§ 253 Rz 279). Soweit es sich bei den dem Absatzgeschäft zugrunde liegenden VG um AV handelt, ist eine Abschreibung nur in Fällen dauerhafter Wertminderung (§ 253 Abs. 3 Satz 3 HGB) geboten. Derartige Fälle treten zumeist im Bereich von Dauerschuldverhältnissen auf (z. B. Vermietung eines Gebäudes), in denen der VG nur mittelbar Gegenstand des verlustträchtigen Absatzgeschäfts ist.¹⁰⁴

> **Praxis-Beispiel**
> Ein Unt passt infolge rückläufiger Auftragseingänge seine Kapazitäten an. In diesem Zusammenhang wird ein bislang selbst genutztes Bürogebäude ab dem 1.1.02 fremdvermietet. Der im Oktober 01 abgeschlossene Mietvertrag hat eine Laufzeit von 5 Jahren. Dem Unt entstehen aus dem Gebäude nicht an den Mieter weiterbelastbare Aufwendungen (Abschreibungen, Finanzierungszinsen) von jährlich 100 GE. Die vereinbarte Miete beträgt jährlich 80 GE. Der Buchwert des Gebäudes beläuft sich zum 31.12.01 auf 300 GE. Zum 31.12.01 droht aus dem Mietvertrag ein Verlust i. H. v. 100 GE (5 Jahre × 20 GE). Ob eine vorrangig zu berücksichtigende Notwendigkeit zur Vornahme einer außerplanmäßigen Abschreibung auf das Gebäude besteht, kann dem Sachverhalt so nicht entnommen werden, da das Gebäude nur mittelbar Gegenstand des Absatzgeschäfts ist. Bei der Beurteilung, ob eine außerplanmäßige Abschreibung wegen voraussichtlich dauerhafter Wertminderung gegeben ist, sind weitere Gesichtspunkte einzubeziehen (Gesamtrestnutzungsdauer des Gebäudes, Kündigungsmöglichkeiten des Mietvertrags, ggf. bestehendes einseitiges Optionsrecht des Mieters auf Verlängerung des Mietvertrags zu unveränderten Konditionen).

3.3.4 Kompensationsbereich

140 Eine Drohverlustrückstellung ist zu bilden, wenn ein Verlust droht. Rückstellungspflichtig ist nur der sog. Verpflichtungsüberschuss, der eine Saldogröße darstellt (Rz 131). Da das Gesetz die Ermittlung einer Saldogröße erfordert, liegt bei deren Bilanzierung auch kein Verstoß gegen das Saldierungsverbot (§ 246 Abs. 2 Satz 1 HGB) vor. Die Abgrenzung der Ansprüche und Verpflichtungen aus dem schwebenden Geschäft betrifft nicht nur die vertraglich vereinbarten Haupt- und Nebenleistungspflichten (**schuldrechtliches Synallagma**), sondern darüber hinausgehende, durch das schwebende Geschäft verursachte konkrete wirtschaftliche Vorteile (**wirtschaftliches Synallagma**).¹⁰⁵ Ein alleiniges Abstellen

---

[103] A. A. OLG Düsseldorf, Beschluss v. 19.5.2010, 26 W 4/08, DB 2010 S. 1454. Im Urteilsfall wird für Restwertrisiken aus Leasingverträgen konstatiert, dass eine Drohverlustrückstellung diese Risiken besser abbilde als eine außerplanmäßige Abschreibung der Leasingfahrzeuge. Diese Rechtsauslegung steht nach der hier vertretenen Auffassung im Widerspruch zu Art. 20 Abs. 3 der 4. EU-RL, die den Vorrang der außerplanmäßigen Abschreibung vor der Drohverlustrückstellung vorgibt. Dieser Grundsatz ist auch in der EU-Bilanzrichtlinie beibehalten worden.
[104] Vgl. IDW RS HFA 4.23.
[105] Vgl. Schubert, in Beck Bil-Komm., 13. Aufl. 2022, § 249 HGB Rz 103.

auf die vertraglichen Hauptleistungspflichten würde dagegen zu einer ungerechtfertigten Einengung der Drohverlustrückstellung führen und ist daher unzulässig. Wirtschaftliche Vorteile sind dann hinreichend konkretisiert, wenn sie dem Grunde und der Höhe nach zu bestimmen sind. In den Kompensationsbereich dürfen daher nur solche wirtschaftlichen Vorteile einbezogen werden, die in ursächlichem wirtschaftlichem Zusammenhang mit dem dem schwebenden Geschäft zugrunde liegenden Vertrag stehen und z.B. durch Planungsrechnungen oder Erfahrungen der Vergangenheit bewertbar und in dieser Höhe hinreichend realisierbar sind.[106]

141

Zu unterscheiden sind hierbei Vorteile **aus Anlass** des Vertragsschlusses von solchen, die sich **bei Gelegenheit** des Vertrags ergeben haben. Nur erstere beruhen kausal auf dem Vertragsschluss und sind in den Kompensationsbereich einzubeziehen, da nur diese ohne den Vertrag nicht erzielt werden könnten.

142

Praxis-Beispiel[107]
Ein Apotheker (A) mietet Geschäftsräume für den Betrieb seiner Apotheke an. In demselben Gebäude mietet er außerdem Räumlichkeiten an mit dem Ziel, diese an einen Arzt unterzuvermieten. Es gelingt ihm, einen Allgemeinmediziner zur Eröffnung einer Arztpraxis zu bewegen. Dieser mietet die Räume von A zu einem niedrigeren Mietzins an, als A seinerseits an den Vermieter zahlt. A schließt den Untermietvertrag mit dem Arzt gleichwohl ab, da er sich aus dem Standortvorteil erhöhte Kundenfrequenz und damit höhere Umsätze erwartet.
Der Abschluss des (isoliert betrachtet) nachteiligen Untermietvertrags stellt für A aus rein schuldrechtlicher Sicht einen nachteiligen Vertrag dar. Dem Nachteil (Verlust) aus dem Untermietverhältnis stehen jedoch die aus Anlass der Begründung des Untermietverhältnisses entstandenen größeren Geschäftschancen infolge der zu erwartenden Kundenfrequenz gegenüber. Diese Vorteile sind **aus Anlass** des Abschlusses des Untermietvertrags entstanden; ohne den Untermietvertrag hätte der Arzt in dem Gebäude keine Arztpraxis eröffnet und die konkrete Aussicht auf Erhöhung der Kundenfrequenz wäre nicht gegeben.
Bei der Beurteilung, ob A eine Rückstellung für drohende Verluste aus dem Untermietvertrag mit dem Arzt zu bilden hat, sind die zu erwartenden wirtschaftlichen Standortvorteile durch die erhöhte Kundenfrequenz kompensatorisch zu berücksichtigen.

Abwandlung des Beispiels:
Ein dem Allgemeinmediziner bekannter Augenarzt mietet in dem Gebäude eine Augenarztpraxis an, da er sich eine erhöhte Patientenfrequenz aufgrund des Vorhandenseins der Apotheke erhofft.
Unzweifelhaft erwächst A mit der Eröffnung der Augenarztpraxis ein weiterer wirtschaftlicher Vorteil. Dieser Vorteil steht aber in keinem kausalen Zusammenhang mit dem Abschluss des Untermietvertrags, den A mit dem Allgemeinmediziner geschlossen hat. Er ist A **bei Gelegenheit** des Abschlus-

---

[106] Vgl. IDW RS HFA 4.25.
[107] Vgl. BFH, Beschluss v. 23.6.1997, GrS 2/93, BStBl II 1997 S. 735.

> ses des Untermietvertrags erwachsen. Auch ohne das Bestehen des Untermietvertrags mit dem Allgemeinmediziner hätte A dieser wirtschaftliche Vorteil entstehen können, da der Augenarzt auch in diesem Fall seine Praxis hätte eröffnen können. Da kein kausaler Zusammenhang zu dem Untermietvertrag mit dem Allgemeinmediziner besteht, darf dieser wirtschaftliche Vorteil bei der Beurteilung, ob eine Drohverlustrückstellung bei A zu bilden ist, nicht kompensatorisch berücksichtigt werden.

143 Zum Kompensationsbereich zählen bspw. auch Zinserträge aus der zwischenzeitlich erfolgten Anlage von Einzahlungsüberschüssen aus An- und Vorauszahlungen.[108]

144 Der Kompensationsbereich ist allerdings überschritten, wenn der drohende Verlust aus einem Geschäft mit **Hoffnungen oder Erwartungen auf zukünftige Erträge** saldiert werden soll.

> **Praxis-Beispiel**[109]
> Ein Unt bietet seine Produkte in einem neuen regionalen Markt, der bislang nicht von dem Unt besetzt ist, zu Preisen an, die unter den Selbstkosten des Unt liegen. Dieses „Kampfangebot" wird von dem Unt mit der Absicht der Markterschließung eingegangen, in deren Folge sich das Unt zukünftige Erträge aus diesem Markt erwartet.
> Das Unt hat für die am Abschlussstichtag abgeschlossenen, aber noch nicht erfüllten Kaufverträge (schwebende Geschäfte) eine Rückstellung für drohende Verluste zu bilden. Die Erwartung zukünftiger Erträge aus diesem Markt ist nicht hinreichend konkretisiert und darf nicht in den Kompensationsbereich einbezogen werden.

145 Ebenfalls nicht zum Kompensationsbereich rechnet eine **Verlustausgleichsverpflichtung** des MU gem. § 302 Abs. 1 AktG aufgrund eines Beherrschungs- und Ergebnisabführungsvertrags, da es hier an dem kausalen Zusammenhang zwischen dem verlustbringenden Geschäft und der Verlustübernahmeverpflichtung des MU mangelt (vgl. zur Verbindlichkeitsrückstellung Rz 335).

146 Bei der Abgrenzung des Kompensationsbereichs sind weiterhin **Bewertungseinheiten** zu berücksichtigen. Der auch für Drohverlustrückstellungen geltende Grundsatz der Einzelbewertung wird in Bezug auf Bewertungseinheiten (§ 254 HGB) durchbrochen. § 254 HGB stellt explizit klar, dass § 249 Abs. 1 HGB „in dem Umfang und für den Zeitraum nicht anzuwenden ist, in dem die gegenläufigen Wertänderungen und Zahlungsströme sich ausgleichen". Zu Einzelheiten zum Vorliegen von Bewertungseinheiten vgl. § 254 Rz 10ff.

> **Praxis-Beispiel**
> Ein Unt schließt im Juli 01 einen Kaufvertrag über die Lieferung einer Maschine an einen Abnehmer in den USA. Die Fakturierung erfolgt in USD. Es wird ein Kaufpreis i.H.v. 120 USD vereinbart. Zum Zeitpunkt des

---

[108] Vgl. IDW RS HFA 4.26.
[109] Vgl. IDW RS HFA 4.27.

Rückstellungen § 249

> Abschlusses des Kaufvertrags lag der Kurs EUR/USD bei 1,20. Das Unt kalkuliert mit Aufwendungen zur Herstellung und Lieferung der Maschine von 90 EUR. Die Lieferung der Maschine ist für April 02, die Bezahlung der Rechnung für Mai 02 geplant. Das Unt schließt zeitnah zum Abschluss des Kaufvertrags über die Maschine ein Devisentermingeschäft zur Absicherung des Wechselkursrisikos dergestalt, dass es sich ggü. einem Kreditinstitut verpflichtet, im Mai 02 120 USD zum Kurs EUR/USD 1,20 zu verkaufen.
> Bei Aufstellung des Jahresabschlusses zum 31.12.01 hat sich der Wechselkurs EUR/USD auf 1,50 erhöht. Aus dem eigentlichen Maschinenkaufvertrag droht somit ein Verlust, da den Aufwendungen von 90 EUR Zahlungszuflüsse i. H. v. 80 EUR gegenüberstehen (120 USD entsprechen im Mai 02 80 EUR).
> Es ist keine Rückstellung für drohende Verluste zu bilden, da eine Bewertungseinheit zwischen dem Maschinenkaufvertrag und dem Devisentermingeschäft besteht. Werden die Zahlungsströme beider Geschäfte zusammen betrachtet, fließen dem Unt 100 EUR zu (80 EUR aus der Maschinenlieferung, 20 EUR aus dem Devisentermingeschäft), denen Aufwendungen i. H. v. 90 EUR gegenüberstehen. Somit droht kein Verlust.

Bewertungseinheiten führen in einer Vielzahl von praktischen Fällen zu Anwendungsfällen der Einbeziehung in den Kompensationsbereich bei Drohverlustrückstellungen. Diese betreffen insb. Sicherungsgeschäfte (Devisen, Zinsen, Warenterminkontrakte). Zu Einzelheiten vgl. § 254 Rz 19 ff.[110]   147

3.3.5 Auf einmalige Leistung gerichtete Schuldverhältnisse

3.3.5.1 Beschaffungsgeschäfte über aktivierungsfähige Vermögensgegenstände oder Leistungen

Bei derartigen Beschaffungsgeschäften ist der Vorrang etwaig vorzunehmender Abschreibungen zu beachten (Rz 137). Hierzu ist zwischen VG des AV (außerplanmäßige Abschreibung bei voraussichtlich dauerhafter Wertminderung) und VG des UV (strenges Niederstwertprinzip) zu differenzieren.   148

> **Praxis-Beispiel**
> Ein Unt hat im November 01 einen Kaufvertrag für einen Pkw abgeschlossen. Der Pkw soll einem Vertriebsmitarbeiter als Firmen-Pkw überlassen werden. Aufgrund der Erfahrungswerte des Unt kann der Pkw bei vergleichbarer durchschnittlicher Fahrleistung voraussichtlich vier Jahre wirtschaftlich genutzt werden. Die Lieferung des Pkw soll im April 02 erfolgen. Der Kaufpreis ist mit 100 GE vereinbart worden.
> Zum Zeitpunkt der Aufstellung des Jahresabschlusses zum 31.12.01 sind die Marktpreise für derartige Pkw aufgrund massiver Nachfragerückgänge gesunken; der Pkw könnte nunmehr für einen Kaufpreis von 90 GE erworben werden. Nach den bei Bilanzaufstellung verfügbaren Informationen wird diese „Rabattschlacht" bei den Autohändlern voraussichtlich noch bis Jahres-

---

[110] Vgl. hierzu auch IDW RS HFA 35, Abschn. 2.4 und 4.2.

> ende 02 andauern; für das Frühjahr 03 werden aber wieder steigende Absatzzahlen der Pkw-Hersteller und sinkende Rabatte der Autohändler erwartet. Gegenstand der Drohverlustrückstellung ist die Verlustantizipation. Nur für den Fall, dass für den im April 02 zu liefernden Pkw, der dem AV zuzuordnen ist, vom Unt eine Wertberichtigung wegen voraussichtlich dauerhafter Wertminderung vorzunehmen wäre, wäre diese im Wege einer Drohverlustrückstellung zu berücksichtigen. Zwar ist der Marktpreis im Zeitpunkt der Lieferung des Pkw noch für ca. ein Jahr unterhalb der AK. Da für den Pkw eine Nutzungsdauer von vier Jahren angenommen wird, ist dieses nicht als voraussichtlich dauerhaft anzusehen. Eine Drohverlustrückstellung ist in der Bilanz zum 31.12.01 nicht zu bilden.

149 Die Drohverlustrückstellung dient der Erfassung drohender Verluste aus dem Beschaffungsgeschäft, nicht aber entgehender Gewinne aufgrund kurzfristig günstiger Beschaffungspreise. Eine Drohverlustrückstellung für VG des AV auf Basis einer nicht dauerhaften Wertminderung ist unzulässig.[111]

150 Bei Beschaffungsgeschäften über VG des UV sind aufgrund des strengen Niederstwertprinzips Drohverlustrückstellungen geboten.

> **Praxis-Beispiel**
> Ein Unt hat am Abschlussstichtag Modeartikel als Handelsware bestellt, die noch nicht geliefert worden sind. Bei Bilanzaufstellung ist erkennbar, dass aufgrund der Schnelllebigkeit bei Modeartikeln der Beschaffungspreis für diese Artikel bereits am Abschlussstichtag signifikant gesunken ist. Gleiches gilt für die zu erwartenden Absatzpreise der Handelswaren, die aufgrund eines neuen „trendigeren" Konkurrenzprodukts ebenfalls stark rückläufig sind.
> Es ist im Jahresabschluss 01 eine Rückstellung für drohende Verluste zu bilden. Die Höhe bestimmt sich mit dem voraussichtlichen Abschreibungsbedarf, der im Zeitpunkt des Bezugs der Waren zu berücksichtigen ist.

151 Die Ermittlung des erwarteten Verlusts richtet sich bei VG des UV nach der Ermittlung des zu erwartenden Abschreibungsbedarfs bei Lieferung der VG gem. § 253 Abs. 4 HGB. Danach ist die Höhe der Drohverlustrückstellung anhand eines Börsen- oder Marktpreises oder – falls diese nicht vorhanden sind – des beizulegenden Werts zu bestimmen. Der beizulegende Wert kann sich grds. nach dem Absatz- oder Beschaffungsmarkt bestimmen, wobei nach der hier vertretenen Auffassung grds. auf den Absatzmarkt abzustellen ist (§ 253 Rz 289).[112]

152 Da Drohverlustrückstellungen lediglich drohende Verluste, nicht aber entgehende Gewinne erfassen, ist bei der Bemessung des Verpflichtungsüberschusses ein **Gewinnaufschlag** des bilanzierenden Unt nicht zu berücksichtigen. Gleiches gilt für **kalkulatorische Kosten**, da diese nicht zu bilanziellen Verlusten führen dürfen.

---

[111] Vgl. IDW RS HFA 4.30.
[112] Vgl. IDW, WPH Edition, Wirtschaftsprüfung & Rechnungslegung, 18. Aufl. 2023, Kap. F Tz 189, 633.

vom Möbelhaus geordert werden, diesmal zur Lieferung an Endabnehmer (private Kunden), weshalb kein Kojenrabatt anfällt. Für die Lieferung der drei Schlafzimmer rechnet M mit Gesamtaufwendungen von 300 GE bei Erträgen von 350 GE. Im März 02 stellt M den Jahresabschluss zum 31.12.01 auf. Die nunmehr konkretisierten Folgeaufträge können nicht in den Kompensationsbereich für die Drohverlustrückstellung zum 31.12.01 einbezogen werden. Die Ausstellung des Schlafzimmers im Möbelhaus im Januar 01 und die darauf zurückzuführende positive Kundenresonanz, die zu den drei Folgeaufträgen geführt hat, sind wertbegründende Ereignisse, die bei der Bewertung der Drohverlustrückstellung zum 31.12.01 nicht berücksichtigt werden dürfen. Es ist wie im Ausgangsfall eine Drohverlustrückstellung i. H. v. 30 GE zum 31.12.01 zu passivieren.

158 Schwierigkeiten in der Abgrenzung des Kompensationsbereichs können dann auftreten, wenn **mehrere Absatzgeschäfte** mit einem Kunden **in engem zeitlichen Zusammenhang** geschlossen werden.

Praxis-Beispiel
Ein Hersteller von Sondermaschinen verhandelt mit einem Kunden über die Lieferung von drei verschiedenen Maschinen. Beide werden sich schließlich einig. Es werden im Dezember 01 zeitgleich drei Kaufverträge abgeschlossen. Für alle drei Aufträge sind am Abschlussstichtag 31.12.01 keine aktivierungspflichtigen Aufwendungen angefallen. Bei Aufstellung des Jahresabschlusses zum 31.12.01 ermittelt der Sondermaschinenhersteller für den ersten Auftrag eine Unterdeckung von 20 GE, für die anderen beiden Aufträge eine Überdeckung von insgesamt 30 GE.
Es ist keine Rückstellung für drohende Verluste aus schwebenden Geschäften auszuweisen, da die beiden gewinnbringenden Aufträge zeitgleich und **bei Gelegenheit** des Abschlusses des verlustträchtigen Auftrags abgeschlossen werden.

Abwandlung des Beispiels:
Der Hersteller von Sondermaschinen schließt im November 01 zwei gewinnbringende Aufträge mit dem Kunden ab. Im Dezember 01 wird ein weiterer Auftrag mit dem Kunden abgeschlossen, der diesmal aber verlustträchtig ist. Bei der Beurteilung, ob eine Rückstellung für drohende Verluste für den dritten Auftrag zu bilden ist, kommt es darauf an, ob die beiden ersten Aufträge in den Kompensationsbereich einbezogen werden können. Allein die Tatsache, dass bereits zwei gewinnbringende Aufträge abgeschlossen worden sind, ist hierfür nicht ausreichend. Es muss vielmehr untersucht werden, ob ein kausaler Zusammenhang zwischen den drei Aufträgen besteht. Wenn bspw. alle drei Verträge gleichzeitig verhandelt wurden und lediglich aus formalen Gründen (z.B. verzögert sich die Rücksendung des dritten Kaufvertrags deshalb, weil der zuständige Einkaufsleiter des Kunden wegen einer zweiwöchigen Auslandsreise die Unterschrift nur verspätet leisten konnte) die zeitliche Verzögerung eingetreten ist, ist eine kompensatorische Wirkung der drei Verträge wohl sachgerecht. Es kommt aber in solchen

> Fällen auf die Umstände des jeweiligen Sachverhalts an. Der Nachweis der Kausalität (Dokumentation) ist vom Bilanzierenden zu führen. Im Zweifel greift hier das Vorsichtsprinzip (§ 252 Abs. 1 Nr. 4 HGB), sodass eine Rückstellung für drohende Verluste zu passivieren ist.

3.3.6 Dauerschuldverhältnisse

3.3.6.1 Grundlagen

159 Zur Abgrenzung der Verbindlichkeitsrückstellung aus Erfüllungsrückstand von den Drohverlustrückstellungen bei Dauerschuldverhältnissen vgl. Rz 132. Als Dauerschuldverhältnisse werden solche Vertragsverhältnisse bezeichnet, bei denen die Leistung über einen längeren Zeitraum erbracht und realisiert wird (zeitraumbezogene Leistungserbringung). Beispiele hierfür sind:
- Miet-, Pacht- und Leasingverträge,
- Verleihverträge,
- Kredit- und Darlehensverträge,
- Arbeitsverträge.

160 Zu den Dauerschuldverhältnissen rechnen auch **Sukzessivlieferverträge**. Hierunter sind solche Verträge zu verstehen, bei denen der Abnehmer nach Bedarf Leistungen zu fest vereinbarten Konditionen abnehmen kann (z.B. Wasser, Gas, Strom, Abrufverträge für Rohstoffe und Waren). Kennzeichen derartiger Sukzessivlieferverträge ist, dass es sich um Rahmenkaufverträge handelt, bei denen die abzunehmende Menge bei Vertragsschluss unbekannt ist, im Extremfall sogar 0 betragen kann. Die eigentliche Leistungserbringung erfolgt durch Teillieferungen, die auf Abruf bzw. durch konkludentes Handeln (z.B. Verbrauch von Strom) des Abnehmers erfolgen.

161 Bei tw. Erbringung einer einzelnen Sachleistung ist danach zu differenzieren, ob eine abschnittsweise Abrechnung (z.B. monatlich) vorgesehen ist oder nicht. Ist eine solche abschnittsweise Abrechnung vorgesehen, endet der Schwebezustand für den erbrachten Leistungsaustausch mit der Teilleistung. Sieht der Vertrag hingegen eine abschnittsweise Abrechnung nicht vor und kann eine derartige auch im Auslegungswege nicht ermittelt werden, ist der gesamte Vertrag im Schwebezustand.

3.3.6.2 Beschaffungsgeschäfte

162 Eine Rückstellung für drohende Verluste kommt nur für den Teil eines Dauerschuldverhältnisses in Betracht, der am Abschlussstichtag noch nicht erfüllt ist.[116]

163 Eine Drohverlustrückstellung ist für den schwebenden Teil des Dauerbeschaffungsgeschäfts nur dann zu bilden, wenn ein Verlust droht. Eine Rückstellung wegen entgangener Gewinne kommt demgegenüber nicht in Betracht (Rz 152).

> **Praxis-Beispiel**
> Ein Unt schließt im März 01 einen Darlehensvertrag mit einer Bank zu einem zu diesem Zeitpunkt marktüblichen Festzinssatz von 7,5 %. Bei Aufstellung

---

[116] Vgl. IDW RS HFA 4.14.

des Jahresabschlusses auf den 31.12.01 ist der Marktzinssatz infolge einer im vierten Quartal 01 einsetzenden Finanz- und Wirtschaftskrise auf 6,0 % gesunken.
Die Absenkung des Zinsniveaus bedeutet nicht automatisch, dass dem Unt in Zukunft Verluste drohen, da nicht ausgeschlossen werden kann, dass nicht zukünftig entgehende Gewinne vorliegen. Vielmehr ist der zukünftige Beitrag des Kreditvertrags zum Unternehmenserfolg mit den zukünftig noch zu zahlenden Aufwendungen zu vergleichen. Die Tatsache, dass der Kreditgeber das Darlehen voraussichtlich bis Laufzeitende im Unt belässt, kann dabei auch einen nicht zu unterschätzenden Erfolgsbeitrag für das Unt bedeuten. Eine Rückstellung für drohende Verluste ist nicht zu bilden.

In den Fällen, in denen die Gegenleistung für das Unt objektiv wertlos ist (**Fehlmaßnahmen**), ist eine Drohverlustrückstellung zu bilden. Ein Ansatz von Drohverlustrückstellungen bei Dauerschuldverhältnissen erfordert die Widerlegung der für schwebende Geschäfte geltenden Ausgeglichenheitsvermutung. **164**

Praxis-Beispiel
Ein norddeutsches Unt beabsichtigt, eine neue Zweigniederlassung in München zu errichten. Zu diesem Zweck wird im Oktober 01 ein Mietvertrag über Büroräumlichkeiten in München mit einer 5-jährigen Laufzeit, beginnend ab dem 1.1.02, abgeschlossen. Im Dezember 01 entscheidet die Geschäftsführung des Unt wegen eingetrübter Konjunkturaussichten, die Zweigniederlassung doch nicht zu errichten, da man sich auf den norddeutschen Kernmarkt konzentrieren möchte.
Im Jahresabschluss zum 31.12.01 ist eine Rückstellung für drohende Verluste zu bilden.

Aber nicht nur für Fehlmaßnahmen kommt eine Drohverlustrückstellung in Betracht. Für den schwebenden Teil eines Dauerschuldverhältnisses ist dann eine Drohverlustrückstellung erforderlich, wenn die eigene Leistungsverpflichtung die zu empfangenden Leistungen übersteigt (**Verpflichtungsüberschuss**), auch wenn über die gesamte Laufzeit des Dauerschuldverhältnisses Leistung und Gegenleistung ausgeglichen sein mögen.[117] Es ist alleinig auf den noch schwebenden Teil des Geschäfts abzustellen. **165**

Praxis-Beispiel
Ein Unt hat am 1.7.01 ein Swapgeschäft mit einer Laufzeit von fünf Jahren abgeschlossen. Das Swapgeschäft stellt annahmegemäß kein Sicherungsgeschäft i. S. e. Bewertungseinheit nach § 254 HGB dar. In den Jahren 01 und 02 hat das Swapgeschäft gute Erträge für das Unt abgeworfen, da der Referenzzins (EURIBOR) ständig gestiegen ist. Gegen Ende des Jahres 03 sinkt das Markzinsniveau dramatisch. Zwar weist die GuV für das Jahr 03 insgesamt noch einen positiven Ergebnisbeitrag aus dem Swapgeschäft aus; am Ab-

---

[117] Vgl. Kessler, in Küting/Weber, HdR-E, § 249 HGB Rz 185, Stand: 5/2014.

schlussstichtag 31.12.01 (und annahmegemäß auch im Zeitpunkt der Bilanzaufstellung) ist der Marktwert (ermittelt nach der Mark-to-market-Methode) des Swapgeschäfts jedoch negativ i. H. v. 100 GE.
Es ist eine Rückstellung für drohende Verluste i. H. v. 100 GE zu bilden. Die Tatsache, dass das Swapgeschäft seit Abschluss positive Ergebnisbeiträge abgeworfen hat, ist unbeachtlich, selbst wenn diese die zu erwartenden Verluste von 100 GE überstiegen hätten. Da bei der Berechnung von Marktwerten nach der Mark-to-market-Methode der unterschiedliche zeitliche Anfall von Zahlungen durch Abzinsung bereits berücksichtigt ist, braucht keine (weitere) Abzinsung nach § 253 Abs. 2 HGB vorgenommen werden.[118]

166 Schwierig wird die Ermittlung eines drohenden Verlusts bei Dauerschuldverhältnissen, wenn die Gegenleistung (Sachleistung) nicht einfach in Geldeinheiten zu beziffern ist, wie das in dem Beispiel zu Swapgeschäften der Fall ist. Während für Dauerbeschaffungsgeschäfte über aktivierungsfähige VG die für Einmalgeschäfte entwickelten Grundsätze übertragen werden können (Rz 148), ist dies bei Dauerbeschaffungsgeschäften über nicht aktivierungsfähige Leistungen besonders virulent. Eine an den **Wiederbeschaffungskosten orientierte Bewertung** würde die Anzahl der Anwendungsfälle sehr stark erhöhen:

> **Praxis-Beispiel**
> Ein Unt mietet Büroräumlichkeiten zu einem Preis von 20 EUR/qm. Am Abschlussstichtag beläuft sich die Vergleichsmiete auf 18 EUR/qm.
> Eine rein an gesunkenen Wiederbeschaffungskosten orientierte Vorgehensweise würde auf Basis der Mietdifferenz von 2 EUR/qm für die Restlaufzeit des Mietvertrags eine Drohverlustrückstellung indizieren. Hierbei blieben qualitative Vorzüge des Mietobjekts (z. B. Erreichbarkeit, Lärmbelästigung, Gebäudeabnutzung) außer Betracht. Eine Drohverlustrückstellung kommt nicht in Betracht, da hiermit zukünftig entgehende Gewinne zurückgestellt würden.[119]

167 Eine Bemessung der Drohverlustrückstellung anhand einer **absatzorientierten Vorgehensweise** erfordert, den Beitrag der Gegenleistung zum Unternehmenserfolg des Bilanzierenden zu ermitteln. Dies ist bei einer nicht aktivierungsfähigen Leistung (z. B. einem Arbeitsvertrag) zumeist ausgesprochen schwierig, da die Ertragszurechenbarkeit von Leistung zumeist nicht hinreichend objektiv vorgenommen werden kann. Neben in Geldeinheiten auszudrückenden Erfolgsbeiträgen bereitet insb. die Bewertung qualitativer Leistungskomponenten, wie z. B. Verlässlichkeit, Pünktlichkeit, Genauigkeit, Gründlichkeit, Erfahrung besondere Schwierigkeiten.

> **Praxis-Beispiel**
> Ein Unt beschäftigt seit dem 1.7.01 einen Mitarbeiter, der Waren mit dem Pkw an Kunden ausliefert. Der Mitarbeiter erhält ein monatliches Gehalt von 100 GE. Bei Aufstellung des Jahresabschlusses zum 31.12.05 wird bekannt,

---

[118] Vgl. IDW RS HFA 4.44.
[119] Vgl. IDW RS HFA 4.32.

> dass gleichwertige Mitarbeiter (gleiches Qualifikations- und Erfahrungsniveau) bereits für ein monatliches Gehalt von 70 GE eingestellt werden könnten.
> Eine Drohverlustrückstellung für das Arbeitsverhältnis wäre dann zu bilden, wenn ein offensichtliches Missverhältnis zwischen Leistung und Gegenleistung besteht. Hierzu sind die Erfolgsbeiträge des Mitarbeiters zum Unternehmenserfolg der dafür gewährten Gegenleistung (Gehalt, bezahlter Urlaub etc.) gegenüberzustellen, womit auch qualitative Aspekte wie Erfahrung, Zuverlässigkeit, Kundenakzeptanz mit zu bewerten wären. Selbst wenn man zum Ergebnis käme, dass der Erfolgsbeitrag des Mitarbeiters (tendenziell) niedriger als die eines am Arbeitsmarkt verfügbaren Alternativ-Mitarbeiters wäre, müsste immer noch untersucht werden, ob der Erfolgsbeitrag dieses Mitarbeiters niedriger ist als das, was das Unt dafür aufwenden muss.
> Es ist keine Drohverlustrückstellung zu bilden, da nicht hinreichend objektiv ersichtlich ist, dass die Gegenleistung des Mitarbeiters hinter der vom Unt gewährten Leistung zurückbleibt.

Da für schwebende Geschäfte der Grundsatz der Ausgeglichenheit von Leistung und Gegenleistung gilt, kann erst bei Vorliegen eines offensichtlichen Missverhältnisses zwischen Leistung und Gegenleistung davon ausgegangen werden, dass ein rückstellungsrelevanter Sachverhalt vorliegt. Dies ist gerade bei **Arbeitsverhältnissen** problematisch, weil es eine Bewertung menschlicher Arbeit erfordert, was z. T. auch aus ethischen Gründen abgelehnt wird. Allerdings gelten bei Arbeitsverhältnissen keine speziellen Bilanzierungsvorschriften, sodass die Bildung von Drohverlustrückstellungen hier auch in Betracht kommt. **168**

Erst bei Vorliegen von **Fehlmaßnahmen**, bei denen kein oder so gut wie kein Beitrag mehr zum Unternehmenserfolg ermittelt werden kann, liegt ausreichend Objektivierung vor, sodass eine Drohverlustrückstellung zu bilden ist. Ein Indiz für eine Fehlmaßnahme ist gegeben, wenn bei einem Dauerschuldverhältnis der wirtschaftliche Wert der Dauerleistung nachprüfbar ggü. dem Zustand bei Vertragsabschluss erheblich und dauerhaft gesunken ist, ohne dass die zu entrichtende Gegenleistung entsprechend angepasst worden ist.[120] **169**

Bei **Sukzessivlieferverträgen** über nicht aktivierungsfähige Leistungen (z. B. Stromlieferungsverträge) gelten die vorstehenden Grundsätze analog. Die Tatsache, dass zum Abschlussstichtag dieselbe Leistung von einem Konkurrenten ggf. günstiger beschafft werden kann, reicht für die Bildung einer Drohverlustrückstellung regelmäßig nicht aus. Bei Sukzessivlieferungsverträgen über aktivierungsfähige VG gelten die für auf einzelne Leistung gerichtete Schuldverhältnisse dargestellten Grundsätze analog (Rz 148). **170**

3.3.6.3 Absatzgeschäfte

Die für Dauerbeschaffungsgeschäfte dargestellten Grundsätze gelten analog. Eine Drohverlustrückstellung ist zu bilden, wenn und soweit der Wert der (noch) zu erbringenden Sach- oder Dienstleistung den Wert des Anspruchs auf die **171**

---

[120] Vgl. Kessler, in Küting/Weber, HdR-E, § 249 HGB Rz 213, Stand: 5/2014.

Gegenleistung übersteigt.[121] Die Bewertung der voraussichtlich noch anfallenden Aufwendungen hat auf Vollkostenbasis zu erfolgen. Zu Vollkosten gehören:[122]
- Einzel- und Gemeinkosten des Produktionsbereichs,
- direkt zurechenbare Sondereinzelkosten des Vertriebs,
- sonstige, direkt zurechenbare Kosten (z. B. Lagerkosten).

> **Praxis-Beispiel**
> Ein Automobilzulieferer (Z) schließt einen Rahmenvertrag mit einem Automobilhersteller (H) für einen Zeitraum von drei Jahren ab dem 1.7.01 ab. Danach hat Z bei Bedarf des H diesem Teile zu einem festen Preis von 10 EUR/Stück zu liefern. Beide Vertragspartner gehen bei Vertragsabschluss davon aus, dass jährlich ca. 50.000 Stück abgenommen werden. Bei Vertragsabschluss kalkuliert der Zulieferer mit Stückkosten von 9 EUR/Stück. Bei Aufstellung des Jahresabschlusses zum 31.12.01 zeigt sich, dass sich die geplanten Stückkosten aufgrund unvorhersehbar gestiegener Materialkostensteigerungen auf 11 EUR/Stück entwickelt haben und auf diesem Niveau auf absehbare Zeit bleiben werden. Verhandlungen mit H über eine Anpassung der Abnahmepreise führen zu keinen Ergebnissen. Für die Jahre 02 und 03 wird unverändert die Abnahme von jeweils 50.000 Stück erwartet. Es ist eine Drohverlustrückstellung i. H. v. 100.000 EUR zu bilden (50.000 Stück pro Jahr × 2 Jahre × 1 EUR Unterdeckung je Stück), die gem. § 253 Abs. 2 HGB mit einem laufzeitäquivalenten Zinssatz abzuzinsen ist.

172 Bei der Ermittlung der zurechenbaren Gemeinkosten ist die normale Kapazitätsauslastung oder ein höherer zu erwartender Beschäftigungsgrad zugrunde zu legen. Nicht einzubeziehen sind sog. **Leerkosten** (Kosten der Unterbeschäftigung). Die hierzu erforderliche Bestimmung der **Normalbeschäftigung** ist in der Praxis häufig schwierig, zumal sie sich im Zeitablauf ändern kann. Soweit jedoch Produktionsbereiche zeitweilig oder dauerhaft stillgelegt oder deutlich weniger als normal ausgelastet werden, sind die betreffenden Gemeinkosten als nicht produktionsnotwendige Leerkosten zu eliminieren.[123]

3.3.7 Ausweis in der Gewinn- und Verlustrechnung

173 Die Bildung von Rückstellungen für drohende Verluste ist in der GuV als **sonstiger betrieblicher Aufwand** im GKV zu erfassen. Im UKV ist ebenfalls ein Ausweis als sonstiger betrieblicher Aufwand oder im jeweilig betroffenen Funktionsbereich zulässig.

174 Soweit bei der Bildung von Drohverlustrückstellungen eine Abzinsung vorzunehmen ist, wird lediglich der Barwert der Rückstellungszuführung in der GuV ausgewiesen (sog. Nettomethode, vgl. § 253 Rz 137). Die in späteren Jahresabschlüssen vorzunehmende Aufzinsung stellt demgegenüber Zinsaufwand dar.

---

[121] Vgl. IDW RS HFA 4.33.
[122] Vgl. IDW RS HFA 4.35.
[123] Vgl. IDW RS HFA 31.21.

4 Weitere Ansatzgebote (Abs. 1 Satz 2)

4.1 Rückstellungen für unterlassene Instandhaltung (Abs. 1 Satz 2 Nr. 1 1. Alt.)

Es handelt sich um Aufwandsrückstellungen, da ihnen keine Außenverpflichtung des Kfm. zugrunde liegt (Rz 9). Die Rückstellung stellt eine Pflichtrückstellung dar, die auch steuerlich zu berücksichtigen ist (§ 5 Abs. 1 EStG). 175

Instandhaltung umfasst alle Maßnahmen zur Erhaltung der Funktionsfähigkeit der betrieblichen VG. Darunter fallen 176
- Wartungsarbeiten,
- Inspektionen,
- Reparaturen,
- Generalüberholung.

Negativ abzugrenzen sind die Instandhaltungen von im Einzelfall aktivierungspflichtigem nachträglichem Herstellungsaufwand, für den keine Rückstellung gebildet werden darf. 177

Unterlassene Instandhaltung kann auch ein Indiz für eine ggf. erforderliche außerplanmäßige Abschreibung auf das AV sein (§ 253 Rz 249). 178

Instandhaltungsmaßnahmen fallen regelmäßig bei abnutzbaren Gegenständen des AV an, sodass der Hauptanwendungsfall bei Sachanlagen liegt. Es sind aber auch Instandhaltungsmaßnahmen bei immateriellen VG möglich. 179

> **Praxis-Beispiel**
> Ein Unt hat die laufende Pflege (Kontenbereinigungen, Stammdatenpflege) einer aktivierten Anwendersoftware unterlassen. Im Februar 02 werden durch einen externen Dienstleister diese Maßnahmen nachgeholt. Im Jahresabschluss zum 31.12.01 ist eine Rückstellung für unterlassene Instandhaltung zu bilden.

Die Rückstellung ist für solche Instandhaltungen zu bilden, die 180
- im **Gj unterlassen** wurden und
- **innerhalb von drei Monaten** nach Ablauf des Gj **nachgeholt werden**.

Eine Instandhaltung ist dann **unterlassen**, wenn die Vornahme der Maßnahme aus betriebswirtschaftlicher Sicht notwendig gewesen wäre, d.h., der Bilanzierende hätte die Arbeiten unter normalen Umständen durchführen lassen. Anhaltspunkte hierfür können Instandhaltungspläne, die von Anlagenherstellern oder vom Bilanzierenden selbst erstellt werden, sowie Erfahrungswerte aus früheren Instandhaltungsmaßnahmen liefern. Außerdem kann bei Bilanzaufstellung geprüft werden, ob die in dem Dreimonatszeitraum nach dem Abschlussstichtag tatsächlich durchgeführten Instandhaltungsmaßnahmen dem vergangenen Gj zuzurechnen sind. 181

Die Instandhaltung muss außerdem **im laufenden Gj** unterlassen worden sein, d.h., es dürfen nach dem Gesetzeswortlaut nicht in früheren Gj unterlassene Instandhaltungen nachgeholt werden. Im Vj gebildete Rückstellungen, die nicht verbraucht worden sind, sind erfolgswirksam aufzulösen (**Fortführungsverbot**). Da für diese Rückstellungen, wie für Verbindlichkeitsrückstellungen auch, das Realisationsprinzip (§ 252 Abs. 1 Nr. 4 HGB) gilt, dürfen sie nicht zukünf- 182 tigen Erträgen aus der Nutzung der VG zugerechnet werden. Eine Nachholung von in früheren Gj nicht gebildeten Instandhaltungsrückstellungen ist demzufolge nicht zulässig.

183 Die **Nachholung** muss **innerhalb der ersten drei Monate** des folgenden Gj erfolgen. Dabei ist es unerheblich, ob die Arbeiten durch das Unt selbst oder durch Dritte erbracht werden.

> **Praxis-Beispiel**
> Ein Unt lässt im Februar und März 02 Wartungsarbeiten an einer Maschine des AV von einem Dienstleister durchführen. Die Arbeiten werden Ende März abgeschlossen. Die Abrechnung des Dienstleisters für seine Arbeiten geht im April 02 in der Kreditorenbuchhaltung ein.
> Es ist im Jahresabschluss 01 eine Rückstellung für unterlassene Instandhaltung zu bilden. Der nach dem Dreimonatszeitraum erfolgte Rechnungseingang ist unbeachtlich, da es auf den Abschluss der Instandhaltung ankommt.

184 Ist bei Aufstellung des Jahresabschlusses der Dreimonatszeitraum noch nicht abgelaufen, kommt es für die Rückstellungsbildung darauf an, dass der Abschluss der Maßnahme innerhalb der drei Monate noch möglich sein muss.

185 Bei Rumpf-Gj gilt der Dreimonatszeitraum unabhängig von der Länge des Rumpf-Gj.

> **Praxis-Beispiel**
> Ein Unt hat ein abweichendes Gj, das auf den 30.11. endet. Das Gj wird im Jahr 01 auf das Kj umgestellt, sodass im Kj 01 zwei Jahresabschlüsse aufzustellen sind, nämlich auf den 30.11.01 sowie den 31.12.01. Es ergibt sich ein Rumpf-Gj vom 1.12.-31.12.01.
> Im Jahresabschluss zum 30.11.01 sind solche Instandhaltungsmaßnahmen als Rückstellung zu erfassen, die innerhalb der ersten drei Monate nach Abschluss des Gj nachgeholt werden, d. h. bis zum 28.2.02. Dass innerhalb des Dreimonatszeitraums ein (weiterer) Abschlussstichtag liegt, ist für die Rückstellungsbildung unbeachtlich.

4.2 Rückstellungen für Abraumbeseitigung (Abs. 1 Satz 2 Nr. 1 2. Alt.)

186 Es handelt sich um Innenverpflichtungen des Bilanzierenden (Rz 9). Soweit aber gesetzliche oder vertragliche Verpflichtungen bestehen, kann es sich auch um Verbindlichkeitsrückstellungen handeln.

187 Abraumrückstände entstehen, wenn das über den Bodenschätzen befindliche Deckgebirge nicht in dem Ausmaß entfernt worden ist, wie es der ungehinderte Zugang zu den Bodenschätzen oder die Sicherheit erfordert. Die Rückstellung dient dem Zweck, der Förderung von Bodenschätzen im abgelaufenen Gj (Betriebsleistung) die zugehörigen Abraumaufwendungen zuzurechnen.

188 Die Rückstellungspflicht entsteht, wenn Aufwendungen für Abraumbeseitigung
- im Gj **unterlassen** wurden und
- im folgenden Gj **nachgeholt** werden.

Soweit die Abraumbeseitigung aufgrund gesetzlicher oder vertraglicher Verpflichtung von einem Dritten eingefordert werden kann, ist die Nachholung im folgenden Gj unbeachtlich, da es sich um eine Verbindlichkeitsrückstellung i. S. v. § 249 Abs. 1 Satz 1 HGB handelt.[124]   189

Die Ausführungen zu in früheren Jahren unterlassener Instandhaltung (Rz 181) gelten analog.   190

4.3 Rückstellungen für Gewährleistungen, die ohne rechtliche Verpflichtung erbracht werden (Abs. 1 Satz 2 Nr. 2)

Unter die Vorschrift fallen nur Rückstellungen für Gewährleistungen, die ohne rechtliche Verpflichtung erbracht werden.[125] Die Regelung von § 249 Abs. 1 Satz 2 Nr. 2 HGB ist eigentlich überflüssig, da faktische Verpflichtungen ohnehin als Verbindlichkeitsrückstellung nach Abs. 1 Satz 1 in der Handelsbilanz ausgewiesen werden. Die in der Praxis oftmals zu beobachtenden Fälle, in denen bei Unklarheit über das Bestehen einer Gewährleistungsverpflichtung **Kulanzleistungen** erbracht werden, um Rechtsstreitigkeiten zu vermeiden, fallen somit nicht unter Abs. 1 Satz 2 Nr. 2, sondern unter Verbindlichkeitsrückstellungen für faktische Verpflichtungen (Rz 30). Die Regelung wurde seinerzeit zur Sicherstellung der steuerlichen Anerkennung in das HGB aufgenommen.   191

Die Rückstellung stellt keinen Auffangposten für alle denkbaren Kulanzleistungen des Unt dar. Vielmehr muss ein Zusammenhang mit einer vorangegangenen Lieferung oder Leistung des Bilanzierenden bestehen. Voraussetzung für den Ansatz ist demnach   192
- die Behebung von Mängeln an eigenen Lieferungen und Leistungen und
- dass die Mängel dem Bilanzierenden zuzurechnen (z. B. Material- und Funktionsfehler) und nicht auf natürlichen Verschleiß oder unsachgemäße Behandlung zurückzuführen sind.[126]

Hierunter fallen also nur solche Kulanzleistungen, die nach Ablauf der vereinbarten oder gesetzlichen Gewährleistungsfrist erbracht werden müssen.

5 ABC der Rückstellungen

Abbruchkosten: Für vertragliche Verpflichtungen zum Abbruch von Gebäuden auf fremdem Grund und Boden besteht Rückstellungspflicht.[127] Die Rückstellungsbildung erfolgt als sog. unechte Ansammlungsrückstellung bzw. Verteilungsrückstellung.[128] Für öffentlich-rechtliche Verpflichtungen ist analog zu verfahren, soweit mit einer hinreichenden Wahrscheinlichkeit der Inanspruchnahme zu rechnen ist.[129] → Entfernungsverpflichtungen, Rz 242.   193

---

124 Vgl. Mayer-Wegelin, in Küting/Weber, HdR-E, § 249 HGB Rz 87, Stand: 3/2010.
125 Vgl. IDW, WPH Edition, Wirtschaftsprüfung & Rechnungslegung, 18. Aufl. 2023, Kap. F Tz 640.
126 Vgl. Schubert, in Beck Bil-Komm., 13. Aufl. 2022, § 249 HGB Rz 154.
127 Vgl. BFH, Urteil v. 19.2.1975, I R 28/73, BStBl 1975 II S. 480.
128 Vgl. Küting/Kessler, DStR 1998, S. 1941.
129 Vgl. BFH, Urteil v. 12.12.1991, IV R 28/91, BStBl 1992 II S. 600.

Praxis-Beispiel
Ein Unt hat eine vertragliche Abbruchverpflichtung ab dem 1.1.01. Das Unt schätzt die nach zehn Jahren anfallenden Abbruchkosten unter Einbeziehung erwarteter Kostensteigerungen mit 50.000 EUR. Der nach § 253 Abs. 2 HGB anzuwendende Zinssatz beläuft sich annahmegemäß auf 6,0 %.[130] Der Rückstellungsbetrag ist linear auf die Laufzeit zu verteilen und abzuzinsen. Hieraus ergibt sich folgender Rückstellungsverlauf:

Jahr	Sonstiger betrieblicher Aufwand	Zinsen und ähnliche Aufwendungen	Gesamt-aufwand	Rückstellung
01	2.959	0	2.959	2.959
02	3.137	178	3.315	6.274
03	3.325	376	3.701	9.975
04	3.525	599	4.124	14.099
05	3.736	846	4.582	18.681
06	3.961	1.121	5.082	23.763
07	4.198	1.426	5.624	29.387
08	4.450	1.763	6.213	35.600
09	4.717	2.136	6.853	42.453
10	5.000	2.547	7.547	50.000
	39.008	10.992	50.000	

194 **Abfallbeseitigung und -recycling:** Hierunter zählen alle laufenden Verpflichtungen zur Beseitigung von Abfällen, Verwertung von Reststoffen, Entsorgung radioaktiver Abfälle, Rücknahme von Verpackungen u. Ä. auf gesetzlicher oder behördlicher Grundlage. Sobald eine Außenverpflichtung besteht, einen bestimmten Erfolg herbeizuführen, ist Rückstellungspflicht gegeben. Die konkrete öffentlich-rechtliche Verpflichtung ergibt sich aus Verordnungen,[131] die Einzelheiten zu den Verpflichtungen, den Erzeugnissen und der Ausführung der erforderlichen Maßnahmen bestimmen. → Entfernungsverpflichtungen, Rz 242; Produktverantwortung, Rz 300.

195 **Abfindung:** Für zukünftige Abfindungszahlungen an langjährige Mitarbeiter ist mangels hinreichender Konkretisierung keine Rückstellung zulässig.[132] Für am Abschlussstichtag noch nicht ausgesprochene, aber konkret absehbare Abfindungszahlungen für Mitarbeiter bzw. vertraglich bereits konkretisierte Verpflichtungen sind demgegenüber Rückstellungen zu passivieren.[133]

---

[130] In der praktischen Handhabung wird der Zinssatz nicht gleichbleibend sein, sondern es ist jährlich der gem. RückAbzinsV zur Restlaufzeit passende Zinssatz zu verwenden.
[131] Z.B. BattV, VerpackV, AltölV, Lösemittel (HKWAbfV), AltautoV.
[132] Vgl. BFH, Urteil v. 9.5.1995, IV B 97/94, BFH/NV 1995, S. 970.
[133] Zur Rückstellungsbildung bei Personalmaßnahmen vgl. Wenk/Jagosch, DStR 2009, S. 1715.

Abrechnungsverpflichtungen: Soweit am Abschlussstichtag Bauleistungen bereits abgenommen (§ 640 BGB), aber noch nicht abgerechnet sind (§ 14 VOB/B), so ist für die Abrechnungskosten eine Rückstellung zu bilden. Hierbei handelt es sich um eine Nebenleistungsverpflichtung zum Bauvertrag, die über die übliche Rechnungsstellung hinaus besondere Berechnungs- und Abrechnungsmodalitäten umfasst.[134] Gleiches gilt für Abrechnungen nach den allgemeinen Bedingungen für Gas- und ElektrizitätsversorgungsUnt.[135]   **196**

Abschlussgebühren für Bausparverträge: Bausparkassen haben eine Verbindlichkeitsrückstellung zu passivieren für die ungewisse Verpflichtung, an Bausparer, die nach Zuteilung auf das Bauspardarlehen verzichten, bei Vertragsabschluss erhobene unverzinsliche Einlagen zurückzuzahlen.[136] Der Rückstellungsbetrag ist anhand von Erfahrungswerten der Vergangenheit zu schätzen.[137]   **197**

Aktienorientierte Vergütung: Bei Aktienoptionen ist zu unterscheiden, ob das Unt im Zeitpunkt der Optionsgewährung die (eigenen) Aktien noch nicht besitzt oder ob die Aktien vor oder im Zuge der Optionsgewährung bereits erworben wurden. Im ersteren Fall ist nach h. M. eine Verbindlichkeitsrückstellung zu bilden, da der Mitarbeiter bis zum Zeitpunkt der Optionsausübung in Vorleistung (durch Erbringung der Arbeitsleistung) geht und somit für das Unt ein Erfüllungsrückstand besteht.[138] Auch für den zweiten Fall ist eine Verbindlichkeitsrückstellung zu bilden, wobei zu berücksichtigen ist, dass bzgl. der eigenen Anteile eine Bewertungseinheit vorliegt. Durch die seit Inkrafttreten des BilMoG geänderte Abbildung von eigenen Aktien (§ 272 Rz 75 ff.) hat sich bislang noch keine h.M. zur weiteren Bildung herauskristallisiert. Es gibt grds. die Möglichkeit, unverändert eine Verbindlichkeitsrückstellung zu bilden,[139] i. H. d. zu erfassenden Personalaufwands die Kapitalrücklage zu dotieren[140] oder bis zur Ausübung der Option gar keinen Personalaufwand zu erfassen.[141] Nach der hier vertretenen Auffassung ist die zweite Alternative (Buchungssatz: Personalaufwand an Kapitalrücklage), die im Übrigen im Wesentlichen IFRS 2 entspricht, zu präferieren.   **198**

Für in bar zu erfüllende Aktienoptionsprogramme lehnt der BFH eine Rückstellungsbildung ab.[142] Diese Ansicht überzeugt handelsrechtlich nicht und wird von der h.M. abgelehnt,[143] sodass für derartige Fälle auch nach der hier vertretenen Ansicht Rückstellungen zu bilden sind. Diese sind ratierlich über den Erdienungszeitraum aufzubauen. Dies gilt auch, wenn noch Ausübungshürden zu erfüllen sind.[144]

Altauto/Altbatterie: → Abfallbeseitigung und -recycling, Rz 194.   **199**

Altersfreizeit bzw. -mehrurlaub: Für ältere Arbeitnehmer, die neben ihrem arbeitsvertraglichen Jahresurlaub zusätzlichen Altersmehrurlaub erhalten (z.B.   **200**

---

134 Vgl. H 31c Abs. 3 EStH.
135 Vgl. BFH, Urteil v. 18.1.1995, I R 44/94, BStBl 1995 II S. 742.
136 Vgl. BFH, Urteil v. 12.12.1990, I R 153/86, BStBl 1991 II S. 479; BFH, Urteil v. 12.12.1990, I R 18/89, BStBl 1990 II S. 485; BFH, Urteil v. 12.12.1990, I R 27/88, BFH/NV 1992 S. 8.
137 Vgl. St/BFA 1/1995, WPg 1995, S. 374.
138 Zu Einzelheiten vgl. Herzig, DB 1999, S. 9.
139 Vgl. Kreher/Sailer/Rothenburger/Spang, DB 2009, Beil 5, S. 103.
140 Vgl. E-DRS 11.15 Anhang A (E-DRS 11 wurde vom DRSC nicht weiter verfolgt, das Projekt wurde eingestellt.); Baetge/Kirsch/Thiele, Bilanzen, 15. Aufl. 2019, S. 663.
141 Vgl. Roß/Baumunk, in Kessler/Sauter, Handbuch Stock Options, 2003, Rn. 178–201 m.w.N.
142 Vgl. BFH, Urteil v. 15.3.2017, I R 11/15, BStBl II 2017 S. 1043.
143 Vgl. HFA, IDW Life 2017, S. 1229 m.w.N.
144 Vgl. HFA des IDW, IDWLife 2017, S. 1229.

aufgrund Betriebsvereinbarung, Tarifvertrag), ist keine Drohverlustrückstellung zu bilden.[145]

201 **Altersteilzeitverpflichtungen:** Altersteilzeitvereinbarungen können nach dem AltTZG in zwei Varianten vorkommen: Modell 1: Der Arbeitnehmer arbeitet während der gesamten Laufzeit mit einer reduzierten Arbeitszeit gegen reduziertes Entgelt. Modell 2 (sog. **Blockmodell**): Der Arbeitnehmer arbeitet in der ersten Phase (**Beschäftigungsphase**) der Laufzeit des Altersteilzeitvertrags mit unverminderter Arbeitszeit bei reduziertem Entgelt. In der zweiten Phase (**Freistellungsphase**) arbeitet der Arbeitnehmer nicht mehr, erhält aber unverändert das reduzierte Entgelt. In der Praxis ist das Blockmodell vorherrschend. Da sich der Charakter der Altersteilzeitverträge im Zeitablauf geändert hat[146], ist zwischen solchen Verträgen zu differenzieren, die Abfindungscharakter haben und solchen, die den Charakter einer zusätzlichen Entlohnung haben. Bei **Verträgen mit Abfindungscharakter** sind die Aufstockungsbeträge bei Vertragsabschluss in voller Höhe (abgezinst) zurückzustellen, während bei **Verträgen mit Entlohnungscharakter** eine ratierliche Ansammlung über den Zeitraum vom Inkrafttreten der Altersteilzeitvereinbarung (Wirksamwerden eines Tarifvertrags oder einer Betriebsvereinbarung oder Abschluss eines Einzelvertrags) bis zum Ende der Beschäftigungsphase vorzunehmen ist. Rückstellungen sind nicht nur für solche Mitarbeiter zu bilden, die bereits einen Altersteilzeitvertrag abgeschlossen haben, sondern auch für die am Abschlussstichtag erwartete Inanspruchnahme von Berechtigten (unter Beachtung von Belastungsgrenzen und rechtlicher Verpflichtung des Arbeitgebers[147]). Die Rückstellung darf nicht um etwaige Erstattungsansprüche der Bundesagentur für Arbeit gekürzt werden; diese sind – soweit die Ansatzkriterien erfüllt sind – als sonstige VG zu aktivieren. Steuerlich wird die Rückstellung i.d.R. abweichend zur Handelsbilanz passiviert.[148]

202 **Altlasten:** Eine Verpflichtung zur Beseitigung von Altlasten ergibt sich i.d.R. nicht aus gesetzlichen Regelungen, sondern aus behördlichen Verfügungen. Derartige Verfügungen fordern den Bilanzierenden zu einem bestimmten Handeln auf. Der Zeitpunkt der erstmaligen Bilanzierung dieser Verpflichtung richtet sich nach dem Grad der Wahrscheinlichkeit der Inanspruchnahme, d.h. der Wahrscheinlichkeit, dass eine Verfügung erlassen wird. Bei den heutigen Verhältnissen ist davon auszugehen, dass bekannte oder neu entdeckte Altlasten zwangsläufig früher oder später den Behörden bekannt werden und eine Verfügung ergeht. Andererseits reicht das schlichte Vorliegen einer Verdachtsfläche für die Rückstellungsbildung noch nicht aus.[149] Es müssen ausreichend objektive Hinweise für das Vorhandensein von Altlasten (z.B. Schadstoffe im Boden) vorliegen; ein Gutachten kann nicht zwingend für eine Rückstellungsbildung gefordert werden. Ausreichend können auch betriebsinterne Untersuchungen (Bodenproben, chemische Untersuchungen) sein.[150]

203 **Angeschaffte Rückstellungen:** Soweit Verpflichtungen im Wege eines Veräußerungsgeschäfts (asset deal) auf einen anderen übertragen werden, sind bei diesem

---

[145] Vgl. Niedersächsisches FG, Urteil v. 15.10.1987, VI 59/85, DB 1988 S. 1976.
[146] Vgl. IDW RS HFA 3.7ff. n.F.
[147] Vgl. zum TV FlexÜ: HFA, IDW-FN 2009, S. 62; IDW-FN 2013, S. 356.
[148] Vgl. zur Behandlung in der Steuerbilanz: LfSt Bayern, Schreiben v. 20.3.2008, 10 St 32/St 33; BMF, Schreiben v. 11.11.1999, IV C 2 – S 2176–102/99, BStBl 1999 I S. 959; Bode/Hainz, DB 2004, S. 2436.
[149] Zur steuerlichen Beurteilung vgl. BMF-Schreiben v. 11.5.2010, IV C 6 – S 2137/07/10004.
[150] Zum Stand der BFH-Rechtsprechung vgl. Prinz, DB 2013, S. 1815.

die angeschafften Rückstellungen zu passivieren. Dies gilt für Verbindlichkeitsrückstellungen gleichermaßen wie für Drohverlustrückstellungen. Angeschaffte Drohverlustrückstellungen sind – entgegen § 5 Abs. 4a EStG – auch in der Steuerbilanz anzusetzen.[151] Übernimmt ein Bilanzierender von einem anderen eine ungewisse Verbindlichkeit, die die Rückstellungskriterien erfüllt, und erhält er für diese Übernahme ein über dem nach § 253 Abs. 2 HGB zu ermittelnden Wert liegendes Entgelt, so wäre bei strikt wortgetreuer Auslegung der Bewertungsvorgaben des § 253 Abs. 2 HGB am nächsten Abschlussstichtag die ungewisse Verbindlichkeit mit dem niedrigeren Wert nach § 253 Abs. 2 HGB anzusetzen. Nach der hier vertretenen Auffassung ist dies unzulässig, da ansonsten ein nicht realisierter Gewinn ausgewiesen würde. Diese Auffassung teilt auch der BFH, der dies mit der Geltung des erfolgsneutralen Anschaffungskostenprinzips auch für Rückstellungen begründet (§ 253 Rz 61). Eine sofortige Vereinnahmung dieses „Erwerbsgewinns" scheitert nach der hier vertretenen Auffassung auch daran, dass der Bilanzierende die ungewisse Verpflichtung noch erfüllen muss, er also noch Leistungen erbringen muss. Entsprechend kann aufgrund des Realisationsprinzips die Gewinnrealisierung erst erfolgen, wenn die Leistungserbringung erfolgt ist. Im Ergebnis ist der „Einbringungsgewinn" somit ratierlich zur Leistungserbringung (Bedienung der Verpflichtung) zu vereinnahmen. Die vorstehenden Grundsätze gelten auch für angeschaffte Rückstellungen, für die eigentlich Art. 28 Abs. 1 EGHGB ein Passivierungswahlrecht eröffnet, d.h. bei entgeltlicher Anschaffung sind derartige Altzusagen bzw. mittelbare Pensionsverpflichtungen passivierungspflichtig (Rz 87).

Ansammlungsrückstellung: → Verteilungsrückstellung, Rz 337.   **204**

Anpassungsverpflichtungen: Hierbei handelt es sich um Verpflichtungen, nach   **205**
denen der Bilanzierende Vorsorge zu treffen hat, dass eine genehmigungspflichtige Anlage im Hinblick auf die Emissions- oder Sicherheitsstandards dem jeweiligen Stand der Technik entspricht. Derartige Anpassungsverpflichtungen sind dann hinreichend konkretisiert, sobald für eine Anlage feststeht, dass die Grenzwerte überschritten werden und eine Nachrüstung erforderlich ist oder dass die Voraussetzungen für die Erstellung einer Sicherheitsanalyse bzw. daraus hervorgehend weitere Sicherheitsvorkehrungen gegeben sind.[152] Etwaige Übergangsfristen müssen allerdings abgelaufen sein, d.h., die Verpflichtung zur Einhaltung der Grenzwerte muss rechtlich bestehen.[153] Eine Rückstellung ist nicht zu bilden, wenn Aufwand zu HK führt. → Anschaffungs- und Herstellungskosten, Rz 206.

Anschaffungs- und Herstellungskosten: Eine Rückstellung für künftige Anschaffungs- oder Herstellungskosten kann nur im Einzelfall in Betracht kommen, wenn die AHK eines VG dessen Zeitwert überschreiten. Gewichtigster Anwendungsfall sind von den EnergieversorgungsUnt gebildete Rückstellungen für die Kosten bestrahlter Brennelemente.[154] Die Herstellung von Brennelementen aus wiederaufbereiteten Brennelementen ist teurer als die Beschaffung neuer Brennelemente. Gleichwohl sind die EnergieversorgungsUnt bei Betriebsgenehmigungen regelmäßig verpflichtet, wiederaufbereitete Brennelemente einzuset-   **206**

---

151 Vgl. BFH, Urteil v. 12.12.2012, I R 69/11, DStR 2013 S. 575; BFH, Urteil v. 14.12.2011, I R 72/10, DStR 2012 S. 452; weiterführend: Schönherr/Krüger, DStR 2012, S. 829.
152 Vgl. Meyer-Wegelin, in Küting/Weber, HdR-E, § 249 HGB Rz 105, Stand: 5/2014.
153 Vgl. BFH, Urteil v. 13.12.2007, IV R 85/05, BFH/NV 2008 S. 1029.
154 Vgl. Küting/Kessler, DStR 1998, S. 1942.

zen. Aus diesem Grund ist i. H. d. Differenz zwischen den für die schadlose Verwertung der radioaktiven Abfälle insgesamt aufzuwendenden Entsorgungskosten und dem Marktpreis eines neuen Brennelements eine Verbindlichkeitsrückstellung zu bilden. Gleiches gilt für bei VersandhandelsUnt üblichen Rückstellungen für Absatzgeschäfte, die am Abschlussstichtag vor einer Rückabwicklung stehen. Der aus diesen realisierte Veräußerungsgewinn ist durch eine Verbindlichkeitsrückstellung zu neutralisieren, die i. H. d. zurückzuerstattenden Kaufpreises abzgl. des bei Veräußerung abgegangenen Buchwerts des VG zu berechnen ist.[155]
→ Rücknahmeverpflichtung, Rz 309.

207 **Arbeitnehmer:** Aus Arbeitsverhältnissen können sich vielfältige Verpflichtungen ergeben, die rückstellungsrelevant sind. Diese begründen regelmäßig Verbindlichkeitsrückstellungen. Ein Ansatz von Drohverlustrückstellungen ist mangels objektivierter Bewertung des Beitrags zum Unternehmenserfolg häufig nicht möglich (Rz 167). → Abfindung, Rz 195; Altersfreizeit und -mehrurlaub, Rz 200; Altersteilzeit, Rz 201; Arbeitslosengeld nach § 147a SGB III, Rz 208; Beihilfe, Rz 219; Berufsausbildung, Rz 220; Gratifikationen, Rz 257; Jubiläumsaufwendungen, Rz 271; Lohnfortzahlung, Rz 280; Mutterschutz, Rz 286; Schwerbehinderte, Rz 315; Soziallasten, Rz 320; Sozialplan, Rz 321; Tantieme, Rz 327; Verdienstsicherung, Rz 334.

208 **Arbeitslosengeld:** Unter bestimmten Voraussetzungen muss der Arbeitgeber an ältere ehemalige Arbeitnehmer gezahltes Arbeitslosengeld der Bundesagentur für Arbeit erstatten. Diese öffentlich-rechtliche Verpflichtung ist rückstellungspflichtig.

209 **Arzneimittelhersteller:** Keine Rückstellungspflicht für die Verpflichtung zur Analyse und Registrierung bislang zulassungsfreier Arzneimittel.[156] Gleiches gilt für in Werbeprospekten zugesagte unentgeltliche Abgabe von Ärztemustern.[157] Für sog. Nachprämienverpflichtungen aus Haftpflichtversicherungsverträgen besteht Rückstellungspflicht.[158]

210 **Aufbewahrungspflichten:** Künftige Aufwendungen aus der Erfüllung gesetzlicher Aufbewahrungspflichten für Geschäftsunterlagen (§ 257 HGB, § 147 AO) führen zur Rückstellungspflicht. Die Bewertungsvorgaben (künftige Kosten- und Preisverhältnisse, Abzinsung) sind zu beachten.[159] Steuerlich besteht ebenfalls Rückstellungspflicht, allerdings gelten hier andere Bewertungsvorgaben.[160]

> **Praxis-Beispiel**[161]
> Die GmbH ermittelt für die Kosten der Aufbewahrungspflichten einen jährlich gleichbleibenden Aufwand von 100 GE. Eine exakte Berechnung der Rückstellung muss zum einen den degressiven Verlauf der Aufwendungen[162] und zum anderen die sich im Zeitablauf ändernden Zinssätze berücksichtigen.

---

[155] Vgl. BFH, Urteil v. 25.1.1996, IV R 114/94, BStBl 1997 II S. 382; Niedersächsisches FG, Urteil v. 4.9.1996, II 97/95, DStRE 1997 S. 534.
[156] Vgl. BFH, Urteil v. 25.8.1989, II R 95/87, BStBl 1989 II S. 893.
[157] Vgl. BFH, Urteil v. 20.10.1976, I R 112/76, BStBl 1977 II S. 278.
[158] Zu Einzelheiten vgl. Renz, StBP 1984, S. 16 und 110; Killinger, StBP 1984, S. 108.
[159] Vgl. IDW RH HFA 1.009 n. F.
[160] Vgl. Endert/Sepetauz, DStR 2011, S. 2060.
[161] Vgl. Bertram/Kessler, DB 2012, S. 988.
[162] Der degressive Verlauf resultiert aus den unterschiedlichen Aufbewahrungsdauern für die im Laufe der Zeit angesammelten Unterlagen. Alle zu Beginn eines Gj der Aufbewahrungspflicht unterliegenden Dokumente sind mind. ein Jahr aufzubewahren. Nur für die aus dem letzten Jahr stammenden Unterlagen beträgt die Aufbewahrungsfrist zehn Jahre.

> Anstelle dieser aufwendigen, tranchenweisen Berechnung kann aus Wesentlichkeitsüberlegungen[163] eine vereinfachte Berechnung erfolgen: Der Verpflichtungsumfang bestimmt sich mit dem 5,5-fachen der jährlichen Kosten (5,5 × 100 = 550 GE), denn im Durchschnitt sind die archivierungspflichtigen Unterlagen 5,5 Jahre aufzubewahren (10 Jahre + 1 Jahr). Da die Aufbewahrungskosten gleichmäßig innerhalb dieses Zeitraums anfallen, kann der mittlere Zeitpunkt mit 2,75 Jahren nach dem Abschlussstichtag angenommen werden. Bei einem angenommenen (durch Interpolation bestimmten) Zinssatz für 2,75 Jahre Restlaufzeit von 4,1 % ergibt sich bei einer Abzinsung über 2,75 Jahre ein Rückstellungsbetrag von 492 GE.

Aufsichtsratsvergütung: Soweit Aufsichtsratsmitglieder ihre Tätigkeit entgeltlich erbringen, ist die Vergütung am Abschlussstichtag rechtlich entstanden, sodass eine Verpflichtung des Unt besteht. Soweit die Höhe der Vergütung noch nicht feststeht (§ 113 Abs. 1 Satz 2 2. Alt. AktG), ist eine Verbindlichkeitsrückstellung zu bilden. Steht dagegen die Höhe der Vergütung aufgrund Satzungsregelung fest (Regelfall), ist eine Verbindlichkeit auszuweisen. 211

Ausgleichsanspruch des Handelsvertreters: Für gem. § 89b HGB künftige Ausgleichsansprüche ist eine Rückstellung zu bilden, wenn die Zahlung der Abgeltung der ehemals erbrachten Tätigkeit dient, d.h. keine wirtschaftlichen Vorteile der Zeit nach Vertragsende abgegolten werden.[164] Wird während der Vertragslaufzeit des Handelsvertretervertrags dem Handelsvertreter eine auf den Ausgleichsanspruch anrechenbare Pensionszusage gegeben, ist diese in voller Höhe rückstellungspflichtig.[165] 212

Ausgleichspflicht bei Kostenüberdeckungen: Kommunale Zweckverbände, die in einer Preiskalkulationsperiode erzielte Kostenüberdeckungen in der nächsten Kalkulationsperiode entgeltmindernd einzupreisen haben, haben für eine derartige periodenübergreifende Ausgleichspflicht eine Rückstellung für ungewisse Verbindlichkeiten zu bilden.[166] 213

Aussetzungszinsen: Rückstellungspflicht für ungewisse Verbindlichkeiten. Da der Ausgang eines Rechtsbehelfs regelmäßig unsicher ist, ist die für die Passivierung gebotene Wahrscheinlichkeit der Inanspruchnahme hinreichend konkretisiert.[167] 214

Ausstehende Rechnungen: Für bis zum Abschlussstichtag empfangene Lieferungen und Leistungen, für die bis zur Bilanzaufstellung noch keine Rechnungen vorliegen, ist eine Rückstellung zu bilden; ansonsten besteht die Pflicht zur Passivierung einer Verbindlichkeit. 215

> **Praxis-Beispiel**
> Bei einem Unt ist 14 Tage nach dem Abschlussstichtag Buchungsschluss für die Kreditorenbuchhaltung, um den engen Zeitplan für die Aufstellung von Jahresabschlüssen einhalten zu können. Die zwischen Buchungsschluss Kreditorenbuchhaltung und der endgültigen Aufstellung des Jahresabschlusses

---

[163] Vgl. IDW RS HFA 34.39.
[164] Vgl. BFH, Urteil v. 24.1.2001, DB 2001 S. 1227.
[165] Vgl. FinMin NRW, Schreiben v. 28.2.1967, BStBl 1967 II S. 91.
[166] Vgl. BFH, Urteil v. 6.2.2013, I R 62/11, BStBl 2013 II S. 954.
[167] Vgl. BFH, Urteil v. 8.11.2000, I R 10/98, BStBl 2001 II S. 349.

> eingehenden, das abgelaufene Gj betreffenden Rechnungen werden als Rückstellung für ausstehende Rechnungen unter den Sonstigen Rückstellungen erfasst.
> Die Rechnungen sind als Verbindlichkeiten aus L&L auszuweisen. Aus Wesentlichkeitsgründen wird der Ausweis unter Sonstige Rückstellungen aber häufig nicht zu beanstanden sein.

216 **Avalprovisionen:** Für auf zukünftige Zeiträume der Kreditgewährung entfallende Avalprovisionen kann weder eine Verbindlichkeits- noch eine Drohverlustrückstellung gebildet werden.[168]

217 **Baulast:** Die gegen Entgelt übernommene öffentlich-rechtliche Verpflichtung eines ParkhausUnt, eine bestimmte Anzahl von Pkw-Stellplätzen zur Vermietung zum üblichen Mietzins bereitzuhalten, ist in zeitlicher Hinsicht nicht hinreichend konkretisiert, sodass keine Rückstellung auszuweisen ist.[169]

218 **Bausparkassenabschlussgebühr:** → Abschlussgebühren für Bausparverträge, Rz 197.

219 **Beihilfe:** Bilanzierende, die Pensionären und Mitarbeitern während der Zeit ihres Ruhestands Beihilfen für Krankheits-, Geburts- und Todesfälle gewähren, haben eine Verbindlichkeitsrückstellung zu bilden. Der Grundsatz der Nichtbilanzierung schwebender Geschäfte ist nicht anwendbar, weil die Verpflichtung nach Beendigung des Schwebezustands zu erfüllen ist und insoweit keine Leistungserbringung dem Unt zugute kommt.[170]

220 **Berufsausbildung:** Eine Drohverlustrückstellung ist zu bilden, wenn Unt über ihren eigenen Bedarf hinaus aus politischer und sozialer Verantwortung Auszubildende beschäftigen und der Wert des Anspruchs auf die Arbeitsleistung der Auszubildenden deutlich hinter den Aufwendungen für die Ausbildungsverpflichtung zurückbleibt.[171] Die Bewertung der Arbeitsleistung, die i. R. d. Ausbildungsverhältnisses von dem Auszubildenden erbracht wird, erfolgt anhand der insoweit ersparten Aufwendungen für ausgebildete Arbeitnehmer. Für die Ausbildungsverhältnisse des eigenen Bedarfs ist im Regelfall die Ausgeglichenheitsvermutung des schwebenden Arbeitsverhältnisses anzunehmen.[172]

221 **Berufsgenossenschaftsbeiträge:** Für die zu leistenden Beiträge des abgelaufenen Gj ist eine Rückstellung zu bilden. Zu den Berufsgenossenschaftsbeiträgen zählt auch die Umlage für das Insolvenzgeld.

> **Praxis-Beispiel**
> Ein Unt stellt im Februar 03 den Jahresabschluss zum 31.12.02 auf. Die Meldung der beitragsrelevanten Arbeitslöhne für das Jahr 02 an die Berufsgenossenschaft liegt vor; ein Bescheid der Berufsgenossenschaft für das Jahr 02 existiert zu diesem Zeitpunkt noch nicht.

---

[168] Vgl. BFH, Urteil v. 12.12.1991, IB R 28/91, BStBl 1992 II S. 600.
[169] Vgl. BFH, Urteil v. 3.5.1983, VIII R 100/81, BStBl 1983 II S. 572.
[170] Vgl. BFH, Urteil v. 30.1.2002, I R 71/00, BStBl 2003 II S. 279; zur bilanziellen Einordnung vgl. Zwirner, WPg 2012, S. 198.
[171] Vgl. Kessler, DStR 1994, S. 1291.
[172] Vgl. BFH, Urteil v. 3.2.1993, I R 37/91, BStBl 1993 II S. 441; BFH, Urteil v. 25.1.1984, I R 7/80, BStBl 1984 II S. 344.

> Die Rückstellung wird zweckmäßigerweise auf Basis des Beitragsbescheids der Berufsgenossenschaft für das Jahr 01 mit den dortigen Parametern (Beitragsfüße) berechnet, es sei denn, es liegen begründete Erkenntnisse vor, dass sich die Parameter wesentlich ändern werden. Soweit im Bescheid für 01 ein Rabatt für Schadensfreiheit gewährt worden ist, kann dieser nur bei der Rückstellungsberechnung 02 angewendet werden, wenn in 02 keine Schadensfälle aufgetreten sind.

Besserungsschein: Soweit Gläubiger auf ihre Forderungen verzichten unter der Voraussetzung, dass das Unt bei besserem Geschäftsgang in späteren Jahren einen Teil seines Gewinns den Gläubigern zur Verfügung stellt, ist bei Eintritt des besseren Geschäftsgangs (der im Regelfall im Besserungsschein spezifiziert ist, z. B. Ausweis eines Bilanzgewinns ohne Berücksichtigung des Besserungsscheins) eine Verbindlichkeit im Jahresabschluss zu passivieren. Eine Rückstellung kommt nur in Betracht, wenn wegen Unsicherheiten über Höhe oder Grund keine Verbindlichkeit gebildet werden kann. 222

Bestandspflege: Rückstellungen für Bestandspflege bei Versicherungsverträgen sind für sog. Nachbetreuungskosten zu bilden.[173] 223

Betriebsprüfung: Rückstellungen sind nicht allein deshalb zulässig, weil erfahrungsgemäß bei einer steuerlichen Außenprüfung mit Steuernachforderungen zu rechnen ist.[174] Soweit aber voraussichtlich strittige Einzelsachverhalte bestehen, ist eine Rückstellung zu bilden, auch wenn den Finanzbehörden der Sachverhalt noch nicht bekannt ist. Es ist für die Rückstellungsbildung nicht erforderlich, dass mit der Betriebsprüfung bereits begonnen wurde und der Prüfer Sachverhalte beanstandet hat bzw. mit der konkreten Überprüfung befasst ist.[175] 224

> **Praxis-Beispiel**
> Das Unt hat im Gj 01 einen Sachverhalt nach einer vertretbaren steuerlichen Beurteilung durch den Steuerberater des Unt bilanziert. Das Finanzamt hat i. R. d. Veranlagung für 01 den Sachverhalt nicht aufgegriffen und wie in der Steuererklärung beantragt veranlagt. Bei Aufstellung des Jahresabschlusses zum 31.12.02 wird bekannt, dass für derartige Fälle ein Musterverfahren beim BFH anhängig ist, dessen Ausgang ggf. zu einer für das Unt nachteiligen steuerlichen Beurteilung des Sachverhalts kommen kann.
> Das Unt hat eine Verbindlichkeitsrückstellung für das Steuerrisiko zu bilden, da durch das anhängige Musterverfahren hinreichende Konkretisierung gegeben ist.

Für Aufwendungen künftiger Betriebsprüfungen (z. B. interne Personalkosten, Kosten des StB, Bereitstellung von Räumlichkeiten und Hilfsmitteln) haben als

---

[173] Vgl. BFH, Urteil v. 19.7.2011, X R 26/10, DStR 2011 S. 1990; Endert, DStR 2011, S. 2280; Endert, DB 2011, S. 2164.
[174] Vgl. Schubert, in Beck Bil-Komm., 13. Aufl. 2022, § 249 HGB Rz 130 Betriebsprüfungsrisiko; a. A. ADS, Rechnungslegung und Prüfung der Unternehmen, 6. Aufl. 1995–2001, § 253 HGB Rz 216.
[175] A. A. BFH, Urteil v. 16.2.1996, I R 73/95, BStBl 1996 II S. 592.

Großbetriebe eingestufte Ges. Rückstellungen zu bilden, soweit diese am Abschlussstichtag bereits abgelaufene Gj betreffen.[176]

225 **Bewertungseinheit:** Soweit sich aus den erwarteten Zahlungsströmen aus dem Grundgeschäft und dem Sicherungsgeschäft ein Überhang der negativen Wertänderungen ergibt, ist für diese noch nicht realisierten Verluste eine Rückstellung für Bewertungseinheiten zu bilden.[177] Hierbei handelt es sich um eine Rückstellung für drohende Verluste i.S.d. § 249 Abs. 1 Satz 1 HGB.

226 **Buchführung:** Für das abgelaufene Gj betreffende laufende Buchführungsarbeiten, die nach dem Abschlussstichtag vorgenommen werden (z.B. Buchführung für Monat Dezember), ist eine Verbindlichkeitsrückstellung zu bilden, da es sich um eine öffentlich-rechtliche Verpflichtung nach § 238 HGB handelt.[178]

227 **Bürgschaft:** Eine Verbindlichkeitsrückstellung ist zu bilden, wenn eine Inanspruchnahme des Bürgen droht. Es ist nicht erforderlich, dass bis zur Bilanzaufstellung die Inanspruchnahme bereits erfolgt ist.[179] Verwertbare Sicherheiten sind bei der Rückstellungsbewertung zu berücksichtigen. Demgegenüber ist bei Passivierung der Bürgschaftsverpflichtung eine Rückgriffsforderung gegen den Hauptschuldner zu aktivieren, die zumeist wertzuberichtigen ist.

228 **Bußgeld:** Für Rechtsverstöße, die bis zum Abschlussstichtag begangen wurden, ist eine Verbindlichkeitsrückstellung zu bilden, soweit mit der Verhängung von Bußgeldern (z.B. Sanktionen des Kartell- oder Umweltrechts, EU-Geldbußen[180]) zu rechnen ist.[181]

229 **Chartervertrag:** Eine Drohverlustrückstellung ist für Zeitcharterverträge zu bilden, wenn aus dem Vertrag – unter Berücksichtigung der für die Fremdfinanzierung des Schiffs zu zahlenden Darlehenszinsen – ein Verlust droht.[182]

230 **Datenbereinigung:** Soweit aufgrund von Bestimmungen des Bundesdatenschutzgesetzes oder privatrechtlichen Vereinbarungen Verpflichtungen zum Löschen von gespeicherten Daten entstehen (z.B. Löschung personenbezogener Daten nach einer bestimmten Zeitperiode), sind die dadurch entstehenden Aufwendungen im Gj der Speicherung der Daten rückstellungspflichtig.[183]

231 **Datenschutz:** Soweit vor dem Abschlussstichtag begangene Verstöße gegen die EU-Datenschutzgrundverordnung oder andere Rechtsgrundlagen, die Ansprüche Dritter begründen, bei Bilanzaufstellung bekannt sind, sind für die daraus entstehenden Aufwendungen (z.B. zur Berichtigung oder Löschung von Daten) Rückstellungen zu bilden. Ggf. ist darüber hinaus auf Basis von Erfahrungswerten eine Pauschalrückstellung für noch nicht bekannte Verstöße zu bilden.

---

[176] Vgl. BFH, Urteil v. 6.6.2012, I R 99/10, BFH/NV 2012 S. 1715.
[177] Vgl. IDW RS HFA 35.66.
[178] Vgl. BFH, Urteil v. 25.3.1992, I R 69/91, BStBl 1992 II S. 1010.
[179] Vgl. BFH, Urteil v. 15.10.1998, IV R 8/98, BStBl 1999 II S. 333 m.w.N.
[180] Vgl. Lüdeke, BB 2004, S. 1436.
[181] Vgl. IDW, WPH Edition, Wirtschaftsprüfung & Rechnungslegung, 18. Aufl. 2023, Kap. F Tz 654.
[182] Vgl. BFH, Urteil v. 11.2.1988, IV R 191/85, BStBl 1988 II S. 661.
[183] Vgl. IDW, WPH Edition, Wirtschaftsprüfung & Rechnungslegung, 18. Aufl. 2023, Kap. R Tz 655.

Datenzugriff der Finanzverwaltung: Aufgrund der Verpflichtungen aus §§ 146, 147 AO, ergänzt durch die GoBD,[184] ist für die gem. § 147 Abs. 6 Satz 3 AO erforderlichen Aufwendungen eine Verbindlichkeitsrückstellung zu bilden.[185]

232

Dekontaminationsverpflichtungen: → Altlasten, Rz 202.

233

Deputatverpflichtungen: Eine Verbindlichkeitsrückstellung für der Höhe nach ungewisse Verpflichtungen ist zu bilden, wenn ähnliche wiederkehrende Leistungspflichten bestehen. Oftmals wird die Höhe der Deputatverpflichtung feststehen, sodass eine Verbindlichkeit auszuweisen ist. Soweit es sich um Verpflichtungen bei Pensionsverpflichtungen handelt, besteht für Altzusagen (Rz 76) das Passivierungswahlrecht gem. Art. 28 EGHGB.

234

Demografiefonds[186]: sehen häufig vor, dass Arbeitgeber in jedem Gj einem unternehmensinternen virtuellen sog. Demografiefonds einen bestimmten Betrag pro Mitarbeiter zur Verfügung stellen müssen. Die konkrete Verwendung dieser Mittel wird i.d.R. durch den Abschluss gesonderter Betriebsvereinbarungen festgelegt. Sofern bis zum Abschlussstichtag eine Verwendungsentscheidung durch eine Betriebsvereinbarung getroffen wurde, richtet sich die Rückstellungsbildung nach der entspr. Entscheidung. Wird bspw. entschieden, die Demografiebeträge dem Kollektiv der Mitarbeiter insgesamt zur Verfügung zu stellen – z.B. durch Zuführung zu Langzeitkonten, Einzahlungen in Berufsunfähigkeitszusatzversicherungen oder Einzahlungen in Direktversicherungen zur Altersvorsorge –, entsteht für noch nicht verbrauchte Demografiebeträge des Gj und vorangehender Gj ein Erfüllungsrückstand aus dem Arbeitsverhältnis, für den eine Verbindlichkeitsrückstellung nach § 249 Abs. 1 S. 1 HGB zu bilden ist. Für die Verpflichtung zur künftigen Bereitstellung der Demografiebeträge über die restliche Laufzeit des Tarifvertrags durch den Arbeitgeber sind i.d.R. keine Verbindlichkeitsrückstellungen zu bilden, weil die Beträge in diesem Fall – wie eine Erhöhung der allgemeinen Entgelttabellen – als zusätzliches Entgelt für die Arbeitsleistung der künftigen Perioden zu betrachten sind. Etwas anderes (Rückstellungsbildung auch schon für in künftigen Jahren bereitzustellende Demografiebeträge) kann sich ergeben, wenn nach der bis zum Abschlussstichtag getroffenen Verwendungsentscheidung die Demografiebeträge des laufenden und künftiger Gj für Altersteilzeit zu verwenden sind. In diesem Fall ist nach allgemeinen Grundsätzen eine Altersteilzeitrückstellung für die den Begünstigten damit zugesagten Aufstockungsbeträgen zu bilden, die jedoch bei Anwendung des sog. Ausfinanzierungsmodells auf die Anzahl der Arbeitnehmer begrenzt ist, für die in den jeweiligen Jahren des Verpflichtungszeitraums eine Ausfinanzierung durch die zugesicherten Demografiebeträge möglich ist.

235

Devisentermingeschäfte: Zum Begriff vgl. § 246 Rz 75. Zu Bewertungseinheiten vgl. § 254 Rz 19. Soweit keine Bewertungseinheit vorliegt, sind bei negativen Marktwerten zum Abschlussstichtag Drohverlustrückstellungen zu bilden.[187] Neben dem Währungsrisiko besteht bei Devisentermingeschäften auch ein von

236

---

[184] Vgl. BMF, Schreiben v. 16.7.2001, Grundsätze zum Datenzugriff und zur Prüfbarkeit digitaler Unterlagen (GDPdU), IV D 2 – S 0316–136/01, BStBl 2001 I S. 401.
[185] Vgl. Groß/Matheis/Lindgens, DStR 2003, S. 921; Zwirner/Künkele, BRZ 2009, S. 113; a.A. OFD-Rheinland, Schreiben v. 5.11.2008, S 2137 – St 141–02/2008, DB 2008 S. 2730.
[186] Vgl. IDW, WPH Edition Wirtschaftsprüfung & Rechnungslegung, 18. Aufl. 2023, Kap F, Tz 657.
[187] Vgl. zur Bewertung Gebhardt/Breker, DB 1991, S. 1534.

der Bonität des Geschäftspartners abhängiges Erfüllungsrisiko, das ebenfalls eine Rückstellungsbildung erforderlich machen kann.[188]

237 **Druckbeihilfen:** Für die bedingte Verpflichtung eines Verlags zur Rückzahlung der von Autoren erhaltenen Druckbeihilfen bei Erreichen bestimmter Absatzzahlen ist eine Rückstellung zu bilden,[189] soweit das Erreichen der Absatzzahlen am Abschlussstichtag erwartet wird.

238 **Einkaufskontrakte:** Soweit für am Abschlussstichtag bestellte, aber noch nicht gelieferte VG, wenn sie bereits im Bestand wären, nach § 253 Abs. 4 Satz 2 HGB eine außerplanmäßige Abschreibung erforderlich wäre, ist eine Drohverlustrückstellung zu bilden.[190]

239 **Elektroschrott:**[191] Das Elektro- und Elektronikgerätegesetz (ElektroG) determiniert für bestimmte Unt (Hersteller) eine Verpflichtung zur Rücknahme und Entsorgung von Altgeräten (sog. „Elektroschrott"). Das Be- bzw. Entstehen einer Entsorgungsverpflichtung beim Hersteller ist davon abhängig, ob die Rücknahme von privaten Haushalten oder gewerblichen Nutzern erfolgt und ob die Altgeräte als Neugeräte nach oder vor einem bestimmten Datum (§ 3 Nr. 4 ElektroG) in den Verkehr gebracht wurden (sog. „neue Altgeräte" bzw. „historische Altgeräte"). Zu prüfen ist, ob sich die Entsorgungsverpflichtung bereits mit Inverkehrbringen der Geräte ergibt, sodass zu diesem Zeitpunkt die voraussichtlichen Aufwendungen für die Entsorgung durch eine Rückstellungsbildung zu erfassen sind. Richtet sich bei Teilnahme des Herstellers an einem sog. „Umlageverfahren" der Umfang der Rücknahmeverpflichtung bzw. die Höhe der darauf entfallenden Entsorgungsaufwendungen nach seinem Marktanteil an den betroffenen Produktgruppen im Rücknahmezeitpunkt und kann sich daher das Unt der Verpflichtung zur Entsorgung von bereits in der Vergangenheit veräußerten Produkten durch einen Marktaustritt entziehen, wird es – sofern das Vorliegen einer faktischen Verpflichtung verneint werden kann – als zulässig angesehen, die Entsorgungsaufwendungen erst bei Belastung durch die Umlage zu erfassen (z.B. bei neuen Altgeräten, die von privaten Haushalten zurückgegeben werden).

240 **Emissionsrechte:**[192] Unt, die Anlagen i.S.v. Anhang 1 des TEHG betreiben, sind nach § 7 Abs. 1 TEHG zur Abgabe von CO_2-Emissionsrechten bei der Deutschen Emissionshandelsstelle (DEHSt) bis zum 30.4. des auf die CO_2-Emission folgenden Jahres verpflichtet. Sofern der Bilanzierende solche Anlagen betreibt, ist aufgrund der Abgabeverpflichtung im JA für das Gj, in dem die Emissionen verursacht wurden, eine Verbindlichkeitsrückstellung zu bilden, die nach den Grundsätzen für die Bewertung von Sachleistungsverpflichtungen zu bewerten ist. Hierbei ist davon auszugehen, dass zunächst unentgeltlich ausgegebene Emissionszertifikate zur Erfüllung der Abgabeverpflichtung Verwendung finden.

---

[188] Vgl. IDW, IDW-FN 2009, S. 16.
[189] Vgl. BFH, Urteil v. 3.7.1997, IV R 49/96, BStBl 1996 II S. 244; Moxter, BB 1998, S. 2466; a.A. Schubert, in Beck Bil-Komm., 13. Aufl. 2022, § 249 HGB Rz 130 Druckbeihilfen.
[190] Vgl. IDW RS HFA 4.30.
[191] IDW, WPH Edition Wirtschaftsprüfung & Rechnungslegung, 18. Aufl. 2023, Kap F, Tz 659.
[192] IDW, WPH Edition Wirtschaftsprüfung & Rechnungslegung, 18. Aufl. 2023, Kap F, Tz 660.

Energiesparlampen Entsorgung: Eine Rückstellungsbildung allein auf Grundlage der gesetzlichen Entsorgungspflicht wird vom BFH abgelehnt.[193] Auch die Meldung der in Verkehr gebrachten an die Gemeinsame Stelle (§ 13 Abs. 1 ElektroG) sei nicht ausreichend für die Konkretisierung einer Außenverpflichtung. Der BFH sieht diese Konkretisierung erst im Erlass einer Abholanordnung gegeben, wie sie in § 16 Abs. 5 ElektroG vorgesehen ist. Diese Auffassung überzeugt nicht, da sie dem Realisationsprinzip widerspricht. Die Rücknahmeverpflichtung ist durch den Verkauf der später kostenlos zurückzunehmenden Produkte entstanden, sodass eine Rückstellungsbildung nach der hier vertretenen Auffassung erforderlich ist.[194] **241**

Entfernungsverpflichtungen: Soweit öffentlich-rechtliche oder privatrechtliche Verpflichtungen (z.B. nach Ablauf eines Konzessions- oder Gestattungsvertrags) bestehen, Einrichtungen oder Anlagen von einem Grundstück zu entfernen, ist hierfür eine Verbindlichkeitsrückstellung zu bilden.[195] Sieht allerdings ein Bewilligungsbescheid zwar vor, dass der Bilanzierende die Anlage zu entfernen hat, besteht aber gleichzeitig ein Recht der Behörde, die Anlage auf staatliche Kosten beizubehalten, fehlt es an der hinreichenden Konkretisierung, sodass keine Rückstellung gebildet werden darf.[196] Die Rückstellung ist als sog. Verteilungsrückstellung über die Laufzeit des Vertrags anzusammeln.[197] → Abbruchkosten, Rz 193. **242**

Entgelt- bzw. Gebührenabsenkung:[198] Bei Abfall- und Abwasserbetrieben sowie bei EVU kann sich infolge von gesetzlichen Vorschriften zur Gebührenerhebung (z.B. § 6 Abs. 2 S. 3 KAGNRW) bzw. zur Festsetzung von Leistungsentgelten (z.B. Netzentgelte nach § 5 ARegV) die Verpflichtung zur Gebühren- bzw. Entgeltabsenkung ergeben. Dies ist dann der Fall, wenn der Bilanzierende in einem Gj mehr Gebühren bzw. Entgelte vereinnahmt hat, als er nach den gesetzlichen Regelungen hätte erzielen dürfen. Für diese Verpflichtung zur Entgeltabsenkung ist eine Rückstellung für ungewisse Verbindlichkeiten gem. § 249 Abs. 1 S. 1 HGB zu bilden. **243**

Entsorgungsverpflichtungen: Hierzu zählen Rücknahmeverpflichtungen für Altbatterien, Altautos, Elektroaltgeräte. Gleichermaßen sind hier Entsorgungsverpflichtungen für Abfälle des Unt als Verbindlichkeitsrückstellung zu passivieren, da durch die Vorschriften des Abfallrechts eine sanktionsbewehrte Außenverpflichtung des Unt besteht.[199] **244**

ERA-Anpassungsfonds: Für Lohn-/Gehalts-Anpassungsverpflichtungen aufgrund eines Entgeltrahmentarifvertrags (ERA-TV) der Metall- und Elektroindustrie sind nicht ausgezahlte Tariferhöhungen, die in einem Anpassungsfonds gesammelt werden, als Verbindlichkeitsrückstellung zu behandeln. Bei der Bewertung der Rückstellung sind die Arbeitgeberanteile zur Sozialversicherung mit einzubeziehen.[200] **245**

---

[193] BFH, Urteil v. 25.1.2017 I R 70/15, BStBl 2017 II S. 780.
[194] Gl. A. Kahle, DStR 2018, S. 978; Hommel/Ummenhofer, BB 2017, S. 2221.
[195] Vgl. BFH, Urteil v. 28.3.2000, VIII R 13/99, BStBl 2000 II S. 612.
[196] Vgl. BFH, Urteil v. 12.12.1991, IV R 28/91, BStBl 1992 II S. 600.
[197] Vgl. Wulf, KoR 2010, S. 342; zum Unterschied zwischen handels- und steuerrechtlicher Bewertung vgl. Marx, BB 2012, S. 563.
[198] IDW, WPH Edition Wirtschaftsprüfung & Rechnungslegung, 18. Aufl. 2023, Kap F, Tz 661.
[199] Vgl. Mayr, DB 2003, S. 742; a. A. BFH, Urteil v. 8.11.2000, I R 6/96, BStBl 2001 II S. 570.
[200] Vgl. HFA, IDW-FN 2004, S. 38, 305.

246 **Erbbaurecht:** Für ein bestehendes Erbbaurecht kann beim Erbbauberechtigten ggf. eine Rückstellung für drohende Verluste zu bilden sein, z.B. aufgrund mangelnder Nutzungsmöglichkeit.[201]

247 **Erfolgsprämien:** Werden Arbeitnehmern Erfolgsprämien, Tantiemen, Gratifikationen oder andere gewinnabhängige Vergütungen vor dem Abschlussstichtag zugesagt, so sind hierfür Verbindlichkeitsrückstellungen in dem Gj zu bilden, an deren Erfolg (z.B. Jahresüberschuss, EBIT) die Erfolgsprämie geknüpft ist. Dies gilt auch, wenn die Erfolgsprämie an die Arbeitnehmer erst nach Ablauf mehrerer Jahre und unter der Bedingung weiterer Betriebszugehörigkeit ausgezahlt wird, allerdings der Höhe nach in bis zum Abschlussstichtag verwirklichten Merkmalen bemessen wird.[202]

248 **Erneuerungsverpflichtung:** Soweit ein Mieter oder Pächter verpflichtet ist, durch bestimmungsgemäße Nutzung im Zeitablauf unbrauchbar werdende Anlagen, die wirtschaftlich verbraucht sind, durch neue zu ersetzen, ist eine Verbindlichkeitsrückstellung zu bilden. Der Miet- bzw. Pachtvertrag stellt ein schwebendes Geschäft dar. Durch die in der Vergangenheit erfolgte Nutzung der Anlagen ist jedoch ein Erfüllungsrückstand entstanden, der ratierlich als sog. echte Ansammlungsrückstellung zu passivieren ist.[203] Berechnungsbeispiel → Abbruchkosten, Rz 193.

249 **Garantie:** Soweit bei vom Bilanzierenden abgegebenen Garantien eine Inanspruchnahme droht, ist eine Rückstellung zu passivieren. Regelmäßig erfolgt dies bei sog. „Garantien auf erstes Anfordern", bei denen alle Einwendungsmöglichkeiten des Garanten ausgeschlossen sind. Wirtschaftlich betrachtet ist der Übergang zwischen einer Bürgschaft und einer Garantie fließend. Zu Garantien i.w.S. rechnen auch sog. harte Patronatserklärungen[204] (§ 251 Rz 33). Die Höhe der Inanspruchnahme kann ggf. mittels Schätzverfahren ermittelt werden.[205] → Bürgschaft, Rz 227; Gewährleistung, Rz 253.

250 **Geschäftsbericht:** Eine Verpflichtung zur Erstellung eines Geschäftsberichts ist rückstellungspflichtig.[206] Eine derartige Verpflichtung kann auch aufgrund langjähriger Übung entstehen (zu faktischen Verpflichtungen vgl. Rz 30).

251 **Geschäftsrisiko:** Ein Ansatz einer Rückstellung für allgemeine Geschäftsrisiken, die sich etwa aus einer zukünftig notwendigen Geschäftsverlegung oder der Gefahr der Verschlechterung der künftigen Ertragslage ergeben, ist nicht zulässig.[207]

252 **Geschäftsunterlagen:** → Aufbewahrungspflichten, Rz 210.

253 **Gewährleistung:** Rückstellungen für Gewährleistungsverpflichtungen bestehen regelmäßig ggü. Vertragspartnern. Gewährleistungsverpflichtungen können auf vertraglicher (Zusicherung von Eigenschaften) oder gesetzlicher (z.B. § 477 BGB) Grundlage entstehen. Die Verpflichtungen betreffen z.B. kostenlose Nacharbeiten, Ersatzlieferungen, Minderungen, Rückgewährungen nach Rücktritt vom Vertrag, Schadensersatzleistungen. Die Rückstellung kann entweder als Einzelrückstellung für konkrete Einzelfälle oder als Pauschalrückstellung (z.B. ein anhand

---

[201] Vgl. Hütz, StBP 1983, S. 6.
[202] Vgl. BFH, Urteil v. 7.7.1983, IV R 47/80, BStBl 1983 II S. 753.
[203] Vgl. BFH, Urteil v. 3.12.1991, VIII R 88/87, BStBl 1993 II S. 89.
[204] Vgl. IDW RH HFA 1.013.
[205] Vgl. Hommel/Schulte, BB 2004, S. 1674.
[206] Vgl. BFH, Urteil v. 23.7.1980, I R 28/77, BStBl 1981 II S. 62.
[207] Vgl. BFH, Urteil v. 24.8.1972, VIII R 31/70, BStBl 1972 II S. 943.

von Erfahrungswerten ermittelter Prozentsatz vom garantiebehafteten Umsatz) berechnet werden. Die Höhe der Inanspruchnahme kann ggf. mittels Schätzverfahren ermittelt werden.[208] Die Bewertung erfolgt i. H. d. zu erwartenden Aufwendungen für die Erfüllung der Verpflichtung, d. h., es sind sämtliche Aufwendungen einzubeziehen (Vollkosten). Eine vom Käufer nach dem Abschlussstichtag bis zum Tag der Bilanzaufstellung erfolgte Erklärung des Rücktritts vom Kaufvertrag ist wertbegründend und nicht in der Rückstellung zu berücksichtigen, soweit am Abschlussstichtag der Rücktritt nicht wahrscheinlich war.[209] Wurden allerdings am Abschlussstichtag bereits Verhandlungen über einen möglichen Rücktritt geführt und war die Ausübung des Rücktritts am Abschlussstichtag wahrscheinlich, ist dies der Rückstellungsbewertung zugrunde zu legen. Eine Verpflichtung zur Rücknahme einer mangelhaften Lieferung ist mit dem zurückzuzahlenden Kaufpreis abzgl. des Zeitwerts der mangelhaften Ware zu bewerten.[210] Soweit Automobilhersteller Gewährleistungsverpflichtungen ggü. ihren Vertragshändlern durch die Erteilung von Gutschriften für die vom Hersteller gelieferten und vom Händler verwendeten Ersatzteile erfüllen, sind der Rückstellung die Nettopreise der Vertragshändler und nicht die eigenen Aufwendungen (Selbstkosten) zugrunde zu legen.[211] Bestehen am Abschlussstichtag Rückgriffsansprüche gegen Dritte, ist deren Aktivierung zu prüfen. Zur Berücksichtigung nicht aktivierbarer Rückgriffsansprüche bei der Rückstellungsbewertung vgl. § 253 Rz 36. Wegen Gewährleistungsverpflichtungen, die ohne rechtliche Verpflichtung erbracht werden (§ 249 Abs. 1 Satz 2 Nr. 2 HGB), vgl. Rz 191.

Gewerbesteuer: Die für das laufende Gj anfallende voraussichtliche Gewerbesteuerabschlusszahlung ist als Verbindlichkeitsrückstellung (Steuerrückstellung) zu passivieren. Gleiches gilt für auf vorangegangene Gj zu erwartende Nachzahlungen aufgrund geänderter Veranlagung (z. B. infolge einer Betriebsprüfung). Bis zum Abschlussstichtag aufgelaufene bzw. zu erwartende Zinsen (§§ 233a–237 AO), Säumniszuschläge (§ 240 AO) oder Verspätungszuschläge (§ 152 AO) sind ebenfalls zu passivieren (Ausweis unter Verbindlichkeiten oder – soweit die Höhe unsicher ist – unter sonstige Rückstellungen). 254

Gewinnabhängige Vergütung: → Erfolgsprämien, Rz 247. 255

Gleitzeitguthaben: Haben Arbeitnehmer (z. B. aufgrund Betriebsvereinbarung) bis zum Abschlussstichtag Gleitzeitguthaben erworben, ist hierfür eine Verbindlichkeitsrückstellung zu bilden. Es handelt sich um einen Erfüllungsrückstand, der vom Arbeitgeber im neuen Gj auszugleichen ist. Die Bewertung hat unter Einbeziehung der Sozialversicherungsanteile des Arbeitgebers zu erfolgen. Berechnungsbeispiel → Urlaub, Rz 332. Bestehen sowohl Verpflichtungen des Arbeitgebers aus Gleitzeitguthaben als auch Ansprüche gegen Arbeitnehmer, die am Abschlussstichtag ggü. der Normalarbeitszeit Minderzeiten erbracht haben, sind diese separat zu bilanzieren. Die Verpflichtungen sind als Verbindlichkeitsrückstellung zu passivieren. Die Ansprüche des Arbeitgebers sind im Regelfall als Sonstige Vermögensgegenstände zu aktivieren; Voraussetzung hierfür ist allerdings, dass der Arbeitnehmer allein darüber entscheiden kann, ob 256

---

[208] Vgl. Hommel/Schulte, BB 2004, S. 1674.
[209] Vgl. BFH, Urteil v. 28.3.2000, VIII R 77/96, DStR 2000 S. 1176.
[210] A. A. BMF, Schreiben v. 21.1.2002, IV A 6 – S 2137–1402, WPg 2002 S. 390.
[211] Vgl. BFH, Urteil v. 13.11.1991, I R 129/90, BStBl 1992 II S. 519.

überhaupt ein Minussaldo auf dem Gleitzeitkonto entsteht und wie dieser ausgeglichen werden soll. Hat allerdings der Arbeitgeber einseitig das Entstehen eines Minussaldos angeordnet (z.B. im Falle wesentlicher Auftragsrückgänge), scheidet ein Ansatz eines VG aus.[212]

257 **Gratifikationen:** → Erfolgsprämien, Rz 247.

258 **Grunderwerbsteuer:** Ändert sich bei einer grundbesitzhaltenden KapG innerhalb von fünf Jahren der Gesellschafterbestand um 90 % oder mehr, fällt bei der KapG Grunderwerbsteuer an, die aufwandswirksam zu erfassen ist.

> **Praxis-Beispiel**
> Am 28.12.01 wird ein Vertrag über die Übertragung von 100 % der Anteile an der X-GmbH geschlossen, die ein betriebliches Grundstück hält. Der Tatbestand des § 1 Abs. 2b GrEStG ist erfüllt. Gem. dem Vertrag sollen die Anteile am 1.1.02 um 00:01 auf die Erwerber übergehen.
> Eine Rückstellung in der Handelsbilanz nach § 249 HGB ist nach der hier vertretenen Auffassung bereits zum 31.12.01 geboten, weil
> - eine Außenverpflichtung durch den Abschluss des Kaufvertrags am 28.12.01 begründet wurde,
> - die Inanspruchnahme der X-GmbH hinreichend wahrscheinlich ist, und
> - allein durch Zeitablauf und ohne weitere Handlungen der X-GmbH sich die Steuerschuld ergeben wird und
> - die wirtschaftliche Verursachung am Abschlussstichtag somit gegeben ist.

259 **Haftpflicht:** Derartige Ansprüche können aus positiver Vertragsverletzung ggü. Vertragspartnern oder unerlaubter Handlung (§§ 823 ff. BGB), anderen gesetzlichen Vorschriften aus Gefährdungshaftung (z.B. ProdHaftG, UmweltHG) entstehen. Haftpflichtverbindlichkeiten ggü. Vertragspartnern werden regelmäßig durch Gewährleistungsrückstellungen abgedeckt (→ Gewährleistung, Rz 253). Haftungsinanspruchnahmen durch Dritte sind dann rückstellungspflichtig, wenn bis zur Bilanzaufstellung Schadensersatzansprüche geltend gemacht werden bzw. konkrete Tatsachen über das Vorliegen eines anspruchsbegründenden Sachverhalts bekannt sind; pauschale Rückstellungen sind unzulässig.[213] Bestrittene Rückgriffsansprüche (z.B. gegen Versicherungen) dürfen nicht aktiviert und auch nicht rückstellungsmindernd berücksichtigt werden. Unbestrittene Rückgriffsansprüche können dagegen rückstellungsmindernd berücksichtigt werden, ohne dass hierin ein Verstoß gegen den Einzelbewertungsgrundsatz gesehen wird.[214] Soweit aber die Voraussetzungen für die Aktivierung des Rückgriffsanspruchs vorliegen (z.B. Schadensmeldung an den Versicherer), ist dieser als VG zu aktivieren und die Rückstellung in voller Verpflichtungshöhe auszuweisen.

260 **Handelsvertreter:** → Ausgleichsanspruch des Handelsvertreters, Rz 212.

261 **Hauptversammlung:** Die gesetzliche Verpflichtung (§ 120 Abs. 1 Satz 1 AktG), in den ersten acht Monaten nach Ablauf des Gj eine Hauptversammlung abzuhalten, begründet eine Außenverpflichtung des Unt, sodass für die erwarteten

---

[212] Vgl. zu Einzelheiten: HFA, IDW-FN 2009, S. 322.
[213] Vgl. BFH, Urteil v. 30.6.1983, IV R 41/81, BStBl 1984 II S. 263.
[214] Vgl. BFH, Urteil v. 17.2.1993, X R 60/89, BStBl 1993 II S. 437.

Aufwendungen eine Verbindlichkeitsrückstellung zu bilden ist.[215] Zwar werden auf einer Hauptversammlung auch häufig nicht das abgelaufene Gj betreffende Tagesordnungspunkte behandelt (z. B. Durchführung von Kapitalmaßnahmen, Wahl von Mitgliedern des Aufsichtsrats, Wahl des Abschlussprüfers). Es werden aber regelmäßig die gesetzlichen Verpflichtungen, das abgelaufene Gj betreffend (Entlastung von Vorstand und Aufsichtsrat, Vorlage von Jahresabschluss/ Konzernabschluss), erfüllt, sodass Rückstellungspflicht besteht. Es sind die gesamten, mit der Einladung und Durchführung der Hauptversammlung erwarteten Aufwendungen in die Rückstellung mit einzubeziehen.

Heimfall: Soweit eine Verpflichtung eines Mieters, Pächters oder Erbbauberechtigten besteht, eigene Anlagen unter bestimmten Voraussetzungen entschädigungslos zu übereignen, ist dies bei der Bemessung der planmäßigen Abschreibungen auf die Anlage und nicht durch Rückstellungsbildung zu berücksichtigen. Eine Rückstellungspflicht besteht nur insoweit, als bei der Übergabe der Anlagen noch bestimmte Ausgaben erforderlich sind.[216] 262

Herstellungskosten: → Anschaffungs- und Herstellungskosten, Rz 206. 263

Herstellungskostenbeiträge: Soweit ein Unt HK-Zuschüsse von Kunden erhält, die verkaufspreismindernd zu berücksichtigen sind, sind diese gewinnerhöhend zu berücksichtigen. In derselben Höhe ist gleichzeitig eine Verbindlichkeitsrückstellung zu bilden, die über die voraussichtliche Dauer der Lieferverpflichtung aufzulösen ist. Dies gilt auch, wenn am Abschlussstichtag keine schwebenden Geschäfte bestehen, soweit ein faktischer Leistungszwang besteht.[217] 264

Hinterzogene Steuern: Der BFH lässt steuerlich eine Rückstellung für hinterzogene Mehrsteuern erst an dem Abschlussstichtag zu, an dem der Steuerpflichtige mit der Aufdeckung der Steuerhinterziehung rechnen musste.[218] Handelsbilanziell ist die Rückstellung in voller Höhe in den Jahresabschlüssen zu berücksichtigen, in denen sie entstanden sind. Eine unterschiedliche Behandlung von Mehrsteuern infolge von Steuerhinterziehungen ggü. solchen aus einer Betriebsprüfung ist nach der hier vertretenen Auffassung nicht gerechtfertigt. 265

IFRS-Umstellung: Aufwendungen für eine IFRS-Umstellung sind rückstellungspflichtig, soweit eine Außenverpflichtung besteht. Dies trifft aber nur für die gem. § 315e HGB verpflichteten MU zu, die geregelte Kapitalmärkte i. S. d. EU-Rechts in Anspruch nehmen bzw. einen Antrag auf Zulassung zu einem organisierten Markt i. S. v. § 2 Abs. 1 Satz 1 WpHG gestellt haben. Hieraus ergibt sich eine öffentlich-rechtliche Verpflichtung, die im Jahr des Erfüllens der Voraussetzungen (Antragstellung auf Zulassung zu einem organisierten Markt) rückstellungspflichtig ist. Liegt demgegenüber am Abschlussstichtag lediglich die begründete Absicht vor, einen derartigen Antrag zu stellen, liegt noch keine rechtliche Verbindlichkeit vor. In die Rückstellungsbewertung sind die erwarteten internen und externen Aufwendungen (nicht: AHK für aktivierungspflichtige VG) für die Umstellung einzubeziehen. 266

---

215 A. A. BFH, Urteil v. 23.7.1980, I R 28/77, BStBl 1981 II S. 62.
216 Vgl. IDW, WPH Edition, Wirtschaftsprüfung & Rechnungslegung, 18. Aufl. 2023, Kap. F Tz 665.
217 Vgl. BFH, Urteil v. 29.11.2000, I R 87/99, BStBl 2002 II S. 655.
218 Vgl. BFH, Urteil v. 22.8.2012, X R 23/10, BStBl 2013 II S. 76.

> **Praxis-Beispiel**
> Die AG hat im Freiverkehr gehandelte Aktien begeben und veröffentlicht ausschl. Jahres- und Konzernabschlüsse nach HGB. Im Juni 01 stimmt die Hauptversammlung dem Antrag von Vorstand und Aufsichtsrat zu, zur Stärkung der Kapitalbasis eine Kapitalerhöhung verbunden mit einem Segmentwechsel in den geregelten Markt durchzuführen. Der Antrag auf Zulassung zum geregelten Markt wird im Dezember 01 gestellt. Aufgrund der anstehenden Umstellung der Rechnungslegung auf IFRS werden (neben nicht rückstellungsfähigen Investitionen in Hard- und Software) folgende Aufwendungen erwartet:
>
> Externe Beratungskosten zur Umstellung der IT   300 TEUR
>
> Interne Personalkosten zur Durchführung der IFRS-Umstellung   200 TEUR
>
> Darüber hinaus werden zwei weitere Mitarbeiter im Rechnungswesen benötigt, für die Personalkosten von jährlich 80 TEUR erwartet werden.
> Es ist eine Rückstellung i. H. v. 500 TEUR zu bilden, da eine Außenverpflichtung des Unt am Abschlussstichtag begründet ist. Die Personalkosten der beiden einzustellenden Mitarbeiter sind nicht zurückzustellen, da hier die Ausgeglichenheitsvermutung bei Dauerschuldverhältnissen gilt (Rz 167).

267 **Instandhaltung:** Zur unterlassenen Instandhaltung vgl. Rz 175. Aufwendungen für Großreparaturen sind mangels Außenverpflichtung nicht rückstellungsfähig.

268 **Insolvenzsicherung:** Vgl. Rz 101.

269 **Inspektionsverpflichtung:** → Sicherheitsinspektionen, Rz 319.

270 **Jahresabschluss:** Kosten für die Erstellung, Prüfung und Offenlegung des Jahresabschlusses und Lageberichts sind rückstellungspflichtig. Für die Erstellung und Offenlegung bestehen öffentlich-rechtliche Verpflichtungen in Form der handelsrechtlichen Vorschriften. Auch Aufwendungen für die freiwillige Prüfung des Jahresabschlusses sind rückstellungspflichtig, soweit eine auf privatrechtlicher Grundlage bestehende Verpflichtung des Unt (z.B. in Satzung/Gesellschaftsvertrag, Kreditverträgen) vorliegt. Die vom BFH vorgetragene Auffassung, eine sich alleinig aus dem Gesellschaftsvertrag ergebende Prüfungspflicht sei keine Außenverpflichtung,[219] überzeugt nicht und wird nach der hier vertretenen Auffassung abgelehnt.[220] Weiterhin sind die voraussichtlichen Aufwendungen für die Erstellung der betrieblichen Steuererklärungen für das abgelaufene Gj rückstellungspflichtig.[221] Unter dem Aspekt der wirtschaftlichen Verursachung ist es unerheblich, ob die Jahresabschlusskosten Verpflichtungen ggü. Dritten begründen oder als interne Aufwendungen anfallen.[222]

271 **Jubiläum:** Erhalten Mitarbeiter aus Anlass von Dienstjubiläen (z.B. 10, 25, 40 Dienstjahre) zugesagte oder aufgrund betrieblicher Übung Zuwendungen (Bar- und/oder Sachzuwendungen), sind diese grds. als nachträgliche Vergütung für die Arbeitsleistungen anzusehen und dementsprechend in den einzelnen Peri-

---

[219] Vgl. BFH, Urteil v. 5.6.2014, IV R 26/11, BStBl 2014 II S. 886.
[220] Vgl. IDW, IDW-FN 2015, S. 54 unter Verweis auf IDW RH HFA 1.009.
[221] Vgl. BFH, Urteil v. 19.3.1998, IV R 1/93, BStBl 1999 II S. 352.
[222] Vgl. IDW, WPH Edition, Wirtschaftsprüfung & Rechnungslegung, 18. Aufl. 2023, Kap. F Tz 668.

oden anteilig in der Handelsbilanz zurückzustellen.²²³ Steuerlich bestehen spezielle Anforderungen an die Konkretisierung (u. a. Schriftformerfordernis, Mindestzugehörigkeit).²²⁴

Körperschaftsteuer: → Gewerbesteuer, Rz 254. 272

Konzernhaftung: → Verlustausgleichsverpflichtung, Rz 335; Verlustübernahmeverpflichtung, Rz 336. 273

Kulanz: Vgl. Rz 191. 274

Kurzarbeitergeld: Vom Unt getragene Aufstockungsbeträge zum Kurzarbeitergeld sind laufender Personalaufwand. Aufgrund der Ausgeglichenheitsvermutung von Leistung und Gegenleistung innerhalb des Arbeitsverhältnisses scheidet die Bildung einer Rückstellung nach § 249 Abs. 1 Satz 1 Alt. 2 HGB aus. 275

Latente Steuern: Vgl. Rz 41, Ekfl., PersG, die nicht unter § 264a HGB fallen, sowie kleine KapG/KapCoGes i. S. v. § 267 HGB, die nicht freiwillig § 274 HGB anwenden, haben gleichwohl nach § 249 Abs. 1 HGB Rückstellungen für latente Steuern auszuweisen²²⁵ (§ 274a Rz 10). 276

Leasingvertrag: Rückstellungen für drohende Verluste aus schwebenden Leasingverhältnissen kommen sowohl beim Leasinggeber als auch beim Leasingnehmer in Betracht. Im Falle der Bilanzierung des Leasinggegenstands beim Leasinggeber ist beim Leasingnehmer eine Drohverlustrückstellung zu bilden, wenn die noch zu erbringenden Leasingraten den quantifizierbaren Beitrag der Nutzung des Leasinggegenstands für den Unternehmenserfolg übersteigen. Dies ist oftmals geboten, wenn die Leasingraten progressiv verlaufen, wobei es sich dann nicht um eine Drohverlustrückstellung, sondern um eine Verbindlichkeitsrückstellung wegen Erfüllungsrückstands handelt.²²⁶ Beim Leasinggeber kommt eine Drohverlustrückstellung zum Ansatz, wenn die zukünftigen Aufwendungen aus dem Leasingvertrag (Abschreibungen, Zinsen, Verwaltungskosten) die zukünftigen Leasingraten übersteigen. Weiterhin hat der Leasinggeber Bonitäts- und Restwertrisiken zurückzustellen, wobei allerdings der Vorrang der außerplanmäßigen Abschreibung aktivierter VG zu beachten ist (Rz 134).²²⁷ → Chartervertrag, Rz 229; Mietvertrag, Rz 284. 277

Leergut: → Leihemballagen, Rz 279. 278

Leihemballagen: Werden vom Bilanzierenden sowohl die Leihemballagen des Lieferanten (Pfandgut, Säcke etc.) als auch die Pfandgeldforderungen für unterwegs befindliches Leergut aktiviert bzw. Pfandgelder vereinnahmt, so sind i. H. d. Pfandgeldforderungen bzw. der vereinnahmten Beträge Rückstellungen für die Rückzahlungsverpflichtungen an den Lieferanten zu bilden. Steuerlich hatte der BFH in einem Urteil aus 2013 eine Rückstellungsbildung für sog. Pfandrückstellungenbei einem Abfüllbetrieb verneint.²²⁸ 279

Mit der in 2019 erfolgten Veröffentlichung des Urteils im BStBl 2019 II und der Aufhebung des bis dahin gültigen BMF-Schreibens vom 13.6.2005 bringt die Finanzverwaltung zum Ausdruck, dass sie in der Steuerbilanz künftig derartige

---

223 Vgl. HFA, WPg 1994, S. 27.
224 Vgl. § 5 Abs. 4 EStG; BFH, Urteil v. 18.1.2007, IV R 42/04, BB 2007 S. 539; FG Düsseldorf, Urteil v. 29.6.2010, 6 K 7287/00, BB 2010 S. 2232.
225 Vgl. IDW RS HFA 7.26.
226 Vgl. IDW, WPH Edition, Wirtschaftsprüfung & Rechnungslegung, 18. Aufl. 2023, Kap. F Tz 672; vgl. auch BFH, Urteil v. 21.9.2011, I R 50/10, BB 2012 S. 184.
227 A. A. OLG Düsseldorf, Beschluss v. 19.5.2010, 26 W 4/08, DB 2010 S. 1454.
228 Vgl. BFH, Urteil v. 9.1.2013, I R 33/11, BStBl 2019 II S. 150.

Rückstellungen nicht mehr anerkennen wird. Handelsrechtlich hat sich der FAB des IDW dafür ausgesprochen, dass hier auch zukünftig Rückstellungspflicht gegeben ist, da unabhängig von der zivilrechtlichen Qualifikation der Hingabe von Vollgut durch den Abfüllbetrieb an den Großhändler und einer etwaigen späteren Rückgabe von Leergut durch den Großhändler an den Abfüllbetrieb das wirtschaftliche Eigentum an dem Einheitsleergut beim Abfüllbetrieb verbleibt.[229]

280 **Lohnfortzahlung:** Der Lohnfortzahlungsanspruch des Arbeitnehmers im Krankheitsfall ist in die Ausgeglichenheitsvermutung des Arbeitsverhältnisses einzubeziehen.[230] Der Ausweis einer Drohverlustrückstellung ist somit regelmäßig nicht zulässig (Rz 166).[231]

281 **Lohnsteuer:** Eine Rückstellung wegen Lohnsteuerhaftung ist geboten, wenn mit dem Erlass eines Haftungsbescheids ernsthaft zu rechnen ist.[232]

282 **Mandantendaten:** Kosten, die einer StBG entstehen, um im Datev-Rechenzentrum Mandantendaten aufbewahren zu lassen, sind nicht rückstellungsfähig (BFH, Urteil v. 13.2.2019, XI R 42/17). Bei Dauermandaten hatte die StBG Erstellungsaufträge für Buchführung und Jahresabschluss angenommen und bearbeitet. Über die Datenaufbewahrung der Buchführungsdaten war keine gesonderte Vereinbarung getroffen worden. Die StBG ging davon aus, die Kosten für die Aufbewahrung seien – mangels eines eigenen Gebührentatbestands in der StBVV – mit den gesetzlichen Honoraren abgegolten und berücksichtigte eine Rückstellung, da sie von einer zehnjährigen Aufbewahrungspflicht ausging.
Der BFH entschied, weder bestehe eine öffentlich-rechtliche Verpflichtung zur Aufbewahrung von dem Mandanten gehörenden Buchungsdaten. Diese seien auch nicht Teil der Handakte nach § 66 StBerG. Auch schriftliche Arbeitsergebnisse seien vom Handaktenbegriff ausgenommen (§ 66 Abs. 3 StBerG). Selbst wenn z.T. Inhalte der Handakte mit aufzubewahren wären, könne sich der Auftragnehmer dieser Pflicht durch Andienung der Daten bei Auftragsbeendigung entledigen. All dies gelte auch bei Aufbewahrung in elektronischer Form (§ 66 Abs. 4 Satz 1 StBerG). Eine Rückstellung aufgrund einer öffentlich-rechtlichen Verpflichtung scheide also für diese Daten aus.

283 **Mehrerlösabschöpfung:** Betreiber von Energieversorgungsnetzen haben für bestimmte Mehrerlöse, die periodenübergreifend an die Kunden wieder auszugleichen sind, eine Verbindlichkeitsrückstellung zu bilden.[233]

284 **Mietvertrag:** Für den Vermieter kommt die Bildung einer Drohverlustrückstellung erst dann in Betracht, wenn er den erwarteten Verlust aus dem Mietverhältnis nicht vollständig durch Abschreibungen auf das Mietobjekt berücksichtigen kann. Bei Untermietverhältnissen tritt – da keine aktivierten VG vorliegen – die Notwendigkeit der Bildung einer Drohverlustrückstellung entsprechend eher auf. Für den Mieter sind Drohverlustrückstellungen nicht allein deshalb schon zu bilden, weil gleichwertige Miträume zu günstigeren Konditionen beschafft werden können, da nicht ausgeschlossen werden kann, dass

---

[229] Vgl. zu Einzelheiten IDW Life 2020, S. 593.
[230] Vgl. Hommel, in Baetge/Kirsch/Thiele, Bilanzrecht, § 249 HGB Rz 298.
[231] Zur Lohnfortzahlung im Todesfall vgl. Ollbrich, WPg 1989, S. 390.
[232] Vgl. BFH, Urteil v. 16.2.1996, I R 73/95, BStBl 1996 II S. 592.
[233] Vgl. Hruby, DStR 2010, S. 127; Hageböke, DB 2011, S. 1480 und S. 1543.

statt zukünftig drohender Verluste zukünftig entgehende Gewinne zurückgestellt würden.[234] Der Mieter hat eine Drohverlustrückstellung zu bilden, wenn zurechenbare Erträge (z.B. aus einer Weitervermietung an einen Untermieter) den Mietaufwand nicht decken oder wenn eine Zurechnung von Erträgen nicht möglich ist, sofern der Mietgegenstand nicht oder nicht mehr in nennenswertem Umfang zu nutzen ist und auch nicht anderweitig verwertet werden kann. Vgl. Rz 164. → Chartervertrag, Rz 229; Leasingvertrag, Rz 277.

Minderung: → Gewährleistung, Rz 253. 285

Mutterschutz: Soweit am Abschlussstichtag eine Meldung nach § 5 MuSchG vorliegt, ist eine Rückstellung für drohende Verluste zu bilden.[235] Zuschüsse für die Tage der Schutzfristen sind bei der Rückstellungsbewertung zu berücksichtigen. 286

Nachbetreuungsleistungen: Künftige Nachbetreuungsleistungen an Hör- und Sehhilfen von Hörgeräte-Akustikern und Optikern sind zurückzustellen, da es sich entweder um Garantieleistungen oder zumindest um faktische Verpflichtungen handelt.[236] Bei Versicherungsvertretern und Versicherungsmaklern kommen für Nachbetreuungsleistungen ebenfalls Rückstellungen in Betracht.[237] 287

Nachlaufkosten: Soweit für realisierte Umsätze Nacharbeiten erforderlich sind, die nicht gesondert berechnet werden, sondern im vereinnahmten Entgelt enthalten sind, sind Verbindlichkeitsrückstellungen zu bilden. 288

> **Praxis-Beispiel**
> Ein Maschinenbauunternehmen (M) schließt am 1.2.01 einen Vertrag mit einem Kunden über den Bau, die Installation und Inbetriebnahme einer Spezialmaschine. In dem Vertrag ist darüber hinaus vereinbart, dass M die Mitarbeiter des Kunden in der Bedienung der Anlage zu schulen hat, ohne dass es sich hierbei um eine separat zu berechnende Teilleistung handelt. Am 31.12.01 ist die Maschine beim Kunden aufgestellt und von ihm abgenommen. M hat den gesamten Umsatz im Gj 01 fakturiert. Die Schulung der Mitarbeiter des Kunden ist im Januar 02 erfolgt.
> Im Jahresabschluss zum 31.12.01 ist eine Verbindlichkeitsrückstellung für die Nachlaufkosten (hier: Schulungskosten) zu bilden, da die entsprechenden Erträge bereits vereinnahmt wurden.

Nachsorgeverpflichtungen Deponiebetreiber: Der BFH verweigert die Bildung einer Rückstellung für künftige Ausgaben eines Deponiebetreibers, soweit diese zu AHK für Anlagen und Betriebsvorrichtungen führen.[238] Der Deponiebetreiber entsorgte gegen Entgelt Abfälle auf von ihm unterhaltenen Deponien. Nach der Stilllegung war er verpflichtet, die Oberflächen abzudichten und zukünftig austretende Schadstoffe auf eigene Kosten aufzubereiten oder zu entsorgen (§ 50 Abs. 2 Nr. 1 KrWG). Die Entscheidung des BFH überzeugt aus Sicht des Realisationsprinzips nicht. Der Deponiebetreiber erhält für die Nach- 289

---

234 Vgl. IDW RS HFA 4.32.
235 Vgl. Schubert, in Beck Bil-Komm., 13. Aufl. 2022, § 249 HGB Rz 130 Mutterschutz; a.A. BFH, Urteil v. 2.10.1997, IV R 82/96, BStBl 1998 II S. 205.
236 A.A. BFH, Urteil v. 10.12.1992, XI R 34/91, BStBl 1994 II S. 158.
237 Vgl. Schustek, DB 2015, S. 882.
238 Vgl. BFH, Urteil v. 8.11.2016, I R 35/15, BStBl 2017 II S. 768.

sorge weder privatrechtliche Vergütungen noch von öffentlich-rechtlicher Seite Zuschüsse. Er nimmt entsprechend die Nachsorgelasten nur in Kauf, um während der Betriebszeit der Deponie Umsatzerlöse zu generieren. Deshalb hat der Deponiebetreiber für die damit verbundene Ausgaben – unabhängig ob sie AHK von VG oder laufender Aufwand sind – bilanzielle Vorsorge zu treffen. Während der Betriebszeit sind nach der hier vertretenen Auffassung umsatzproportional aufwandswirksam Rückstellungen zu bilden.[239]

290 **Offenlegung:** → Jahresabschluss, Rz 270.

291 **Optionsgeschäfte:**[240] Der Verkäufer einer Kaufoption (Stillhalter) hat eine Rückstellung für drohende Verluste zu bilden, soweit der Basispreis der Optionsgegenstände zzgl. der erhaltenen Optionsprämie den Börsenkurs am Abschlussstichtag bzw. bei Aufstellung des Jahresabschlusses unterschreitet. Gleiches gilt für den Stillhalter einer Verkaufsoption, bei der ein Verlust droht, soweit der vereinbarte Basispreis abzgl. der Optionsprämie über dem Börsenkurs liegt.[241] Bei erwarteter Erfüllung des Geschäfts erfolgt die Bewertung nach der sog. Ausübungsmethode, ansonsten – wie in der Praxis vorherrschend – nach der Glattstellungsmethode.[242] Einer Drohverlustrückstellung bedarf es jedoch nur, soweit es sich um offene Positionen handelt (→ Bewertungseinheiten, Rz 225; § 254 Rz 2).

292 **Pachterneuerungsverpflichtung:** → Erneuerungsverpflichtung, Rz 248.

293 **Patentverletzung:** Konkrete, dem Unt bekannte Verletzungen von Patent-, Urheber- oder ähnlichen Schutzrechten sind rückstellungspflichtig, wenn die Inanspruchnahme erfolgt ist. Darüber hinaus sind Rückstellungen für mögliche, aber noch nicht bekannt gewordene Verletzungen zu bilden,[243] ggf. als Pauschalrückstellung. Die Bewertung der Rückstellung erfolgt auf Basis der zu § 139 Abs. 2 Satz 1 PatG anerkannten Schadensberechnungsarten.[244] Vgl. auch Rz 47.

294 **Pensionssicherungsverein:** Vgl. Rz 101.

295 **Pensionsverpflichtungen:** Vgl. Rz 48ff.

296 **Pfand:** → Leihemballagen, Rz 279.

297 **Prämiensparvertrag:** Prämiensparverträge (Bonus- oder Zuwachssparverträge) sehen am Ende der Vertragslaufzeit als zusätzliche Verzinsung des angesparten Kapitals die Leistung einer Sparprämie vor. Hierfür ist wegen Erfüllungsrückstands eine Verbindlichkeitsrückstellung zu bilden.[245]

298 **Preisnachlass:** Veräußert ein Unt kundenbezogene Formen oder Werkzeuge, die dem Unt vom Kunden überlassen werden und in der Folge zur Herstellung von Produkten für den Kunden verwendet werden, bei denen dem Kunden Preisnachlässe gewährt werden, darf es im Jahr der Veräußerung der Formen und Werkzeuge keine Rückstellung bilden.[246]

299 **Produkthaftung:** → Produzentenhaftung, Rz 301.

---

[239] Vgl. Hommel/Ummenhofer, BB 2017, S. 2221
[240] Zur Bilanzierung von Optionsgeschäften vgl. IDW, St/BFA 2/1995, WPg 1995, S. 421.
[241] Vgl. IDW, WPH Edition, Wirtschaftsprüfung & Rechnungslegung, 18. Aufl. 2023, Kap. F Tz 1329.
[242] Vgl. Windmöller/Breker, WPg 1995, S. 398.
[243] Vgl. BFH, Urteil v. 9.2.2006, IV R 33/05, BStBl 2006 II S. 517.
[244] Vgl. Venrooy, StuW 1991, S. 31.
[245] Vgl. BFH, Urteil v. 15.7.1998, I R 24/96, BStBl 1998 II S. 728.
[246] Vgl. BFH, Urteil v. 31.1.1973, I R 205/69, BStBl 1973 II S. 305.

Produktverantwortung: Für öffentlich-rechtliche Verpflichtungen zur Rücknahme und Entsorgung von Verpackungen, gebrauchten Geräten und Materialien u.a. sind Rückstellungen zu passivieren, soweit die künftigen Ausgaben durch Lieferungen im abgelaufenen Gj verursacht worden sind. Für Altfahrzeuge besteht mit Art. 53 Abs. 1 EGHGB eine explizite Regelung, wonach ab dem ersten Gj, das nach dem 26.4.2002 endet, Verbindlichkeitsrückstellungen für die Rücknahmeverpflichtung von in Verkehr gebrachten Kfz zu bilden sind. Die Notwendigkeit zur Bildung von Rückstellungen kann nicht nur aufgrund öffentlich-rechtlicher Verpflichtung, sondern auch durch faktische Verpflichtungen entstehen (Rz 30). → Abfallbeseitigung und -recycling, Rz 194. 300

Produzentenhaftung: Ein Hersteller haftet nach dem ProdHaftG für Folgeschäden aus der Benutzung seiner Produkte. Folgeschäden können entstehen aus der Benutzung eines fehlerbehafteten Produkts durch den bestimmungsgemäßen Verbraucher oder sonstige Personen. Rückstellungen sind zu bilden für konkrete Einzelfälle, bei denen Schadensersatz geltend gemacht worden ist oder mind. bis zur Bilanzaufstellung ernsthaft mit der Geltendmachung gerechnet werden muss. Darüber hinaus sind ggf. Pauschalrückstellungen zu bilden, wenn auf Basis von Erfahrungswerten davon ausgegangen werden muss, dass nachträglich Schadensfälle noch geltend gemacht werden. Schadensersatz kann nicht nur von Vertragspartnern, sondern auch von Dritten geltend gemacht werden. Die Bewertung der Rückstellung ist anhand von Erfahrungswerten des Unt, der Branche oder von VersicherungsUnt abzuschätzen.[247] → Haftpflicht, Rz 259. 301

Provisionen: Provisionsverpflichtungen sind i.d.R. mit Ausführung des vermittelten Geschäfts rechtlich entstanden (§ 87a Abs. 1 Satz 2 HGB) und passivierungspflichtig. Wirtschaftlich sind Provisionsverpflichtungen spätestens passivierungspflichtig, wenn der Ertrag aus dem vermittelten Geschäft realisiert wird. In Fällen, in denen der Zeitpunkt der rechtlichen Entstehung zeitlich nach der wirtschaftlichen Entstehung liegt, ist er bereits bei Ausführung des vermittelten Geschäfts aufgrund wirtschaftlicher Verursachung zu passivieren. 302

> **Praxis-Beispiel**
> Ein Unt hat für ein bestimmtes regionales Absatzgebiet einen Vertrag mit einem Handelsvertreter. Der Vertrag sieht vor, dass Provisionsansprüche des Handelsvertreters erst dann entstehen, wenn die aus den vermittelten Geschäften resultierenden Forderungen des Unt durch dessen Kunden bezahlt werden. Am Abschlussstichtag 31.12.01 weist das Unt Forderungen aus im Gj realisierten Umsätzen aus, die auf Vermittlung des Handelsvertreters entstanden sind.
> Auch wenn mangels Bezahlung der Forderungen durch die Kunden die Provision des Handelsvertreters rechtlich noch nicht entstanden ist, ist sie in der Bilanz auf den 31.12.01 als Rückstellung zu passivieren.

Prozessrisiko: Für in Aussicht stehende oder bereits schwebende[248] Prozesse sind Rückstellungen zu bilden. Bei Passivprozessen (Unt wird verklagt) sind 303

---

[247] Vgl. Vollmer/Nick, DB 1985, S. 58; Funk/Müller, BB 2010, S. 2164.
[248] Vgl. Stängel, BB 1993, S. 1403.

neben den Prozesskosten die wahrscheinlichen Schadensersatzleistungen und Bußgelder zu berücksichtigen. Bei Aktivprozessen sind lediglich die Prozesskosten anzusetzen. Kosten höherer Instanzen sind mangels hinreichender Konkretisierung nicht zurückzustellen.[249] In die Rückstellung sind sämtliche Aufwendungen einzubeziehen, die durch die Prozessvorbereitung und -führung voraussichtlich entstehen, d.h. Aufwendungen für Anwälte, Gericht, Gutachter, Zeugen, Fahrten, Personal und Beschaffung von Beweismaterial.

304 **Prüfungskosten:** → Jahresabschluss, Rz 270.

305 **Rechtsstreit:** Erwartete Kosten eines Rechtsstreits mit einem Vertragspartner oder einem sonstigen Dritten sind zu passivieren. In die Bewertung sind alle die mit der Vorbereitung und Durchführung des Rechtsstreits verbundenen Aufwendungen (Rechtsanwalt, Gutachten, Zeugenbeschaffung, Beweissicherung) einzubeziehen. Kosten eines etwaig späteren Prozesses sind nicht hinreichend konkretisiert und damit nicht einzubeziehen.[250] → Prozessrisiko, Rz 303.

306 **Rekultivierungsverpflichtungen:** Dazu zählen Abbau-, Wiederanlage-, Wiederaufforstungs- und Entfernungsverpflichtungen z.B. für Kiesgruben, Deponien, im Tagebau oder Gruben- und Schachtversatz im Bergbau. Die Verpflichtung ist in dem Maße verursacht, in dem der Abbau erfolgt oder die sonstige Nutzung fortgeschritten ist. Entsprechend wird die Verpflichtung ratierlich als sog. Verteilungsrückstellung[251] zurückgestellt, d.h., es wird nicht die gesamte Rückbauverpflichtung, sondern nur der auf das jeweilige Jahr entfallende Anteil (gemessen an dem im Gj erfolgten Abbau) zurückgestellt. Berechnungsbeispiel → Abbruchkosten, Rz 193.

307 **Restrukturierungsrückstellung:** Der Ansatz von Verbindlichkeitsrückstellungen für Restrukturierungsmaßnahmen im handelsrechtlichen Jahresabschluss setzt aufgrund der grds. Unzulässigkeit der Bildung von Aufwandsrückstellungen (§ 249 Abs. 2 Satz 1 HGB) die Begründung einer Außenverpflichtung voraus, die bis zum Abschlussstichtag rechtlich entstanden ist oder deren künftige rechtliche Entstehung hinreichend wahrscheinlich ist. Dazu muss die ungewisse Verbindlichkeit hinreichend konkretisiert sein. Zur Erfüllung dieser Voraussetzung bedarf es zwar nicht der rechtsverbindlichen Aufstellung von Sozialplänen bis zum Abschlussstichtag, wohl aber grds. zumindest der Beschlussfassung der für die Genehmigung der Betriebsänderung zuständigen Unternehmensorgane (gesetzliche Vertreter, sonstige zustimmungspflichtige Unternehmensorgane wie z.B. Aufsichtsrat oder Gesellschafterversammlung) über die Durchführung der Restrukturierungsmaßnahme.

Fraglich ist, ob es als notwendige Voraussetzung der Rückstellungsbildung einer Beschlussfassung der für die Genehmigung der Betriebsänderung zuständigen Unternehmensorgane des bilanzierenden Unt auch in den Fällen bedarf, in denen auf Ebene des unmittelbaren oder mittelbaren MU durch die dort zuständigen Organe bis zum Abschlussstichtag des bilanzierenden Unt (TU) eine konzernweite Restrukturierungsmaßnahme beschlossen wurde, die (auch) das TU be-

---

[249] Vgl. zur Konkretisierung: Osterloh-Konrad, DStR 2003, S. 1631 und 1675; Küting/Kessler/Cassel/Metz, WPg 2010, S. 315.
[250] Zu Einzelheiten vgl. Stängel, BB 1993, S. 1403.
[251] Vgl. Küting/Kessler, DStR 1998, S. 1941; vgl. auch BFH, Urteil v. 5.5.2011, IV R 32/07, BStBl 2012 II S. 98.

treffen wird. In diesen Fällen bedarf es nach der hier vertretenen Auffassung keiner formalen Beschlussfassung in den zuständigen Organen des TU bis zum Abschlussstichtag als Voraussetzung für die Bildung einer Restrukturierungsrückstellung im handelsrechtlichen Jahresabschluss des TU, sofern die Organe des TU bspw. als Geschäftsführer einer GmbH oder auf der Grundlage eines Beherrschungsvertrags an Weisungen des MU rechtlich gebunden sind oder nach den Umständen des Einzelfalls zumindest eine faktische Bindung der Organe an die Entscheidung des MU gegeben ist, der Wille des MU also ggü. dem betroffenen TU durchsetzbar ist.[252]

Rückbauverpflichtung: → Entfernungsverpflichtungen, Rz 242. 308

Rücknahmeverpflichtung: Soweit der Abnehmer ein Rückgaberecht hat (z. B. im Versandhandel), kann trotz Lieferung der Produkte noch keine Umsatzrealisierung vorgenommen werden. Die Realisierung erfolgt erst durch Zeitablauf bzw. durch Erklärung des Abnehmers. Besteht eine derartige Rücknahmeverpflichtung und ist der Marktpreis für die Produkte zwischenzeitlich gesunken, ist eine Drohverlustrückstellung zu passivieren.[253] Soweit bei Massengeschäften bereits bei Lieferung eine Forderung realisiert und der Gewinnausweis durch eine Rückstellung für Rücknahmeverpflichtung kompensiert wird, ist dem allenfalls aus praktischen Erwägungen zuzustimmen.[254] 309

Rückverkaufsoption: Ein Kfz-Händler, der sich in Rahmenverträgen mit Autovermietungsgesellschaften verpflichtet hat, die Kfz zu einem vorab festgelegten verbindlichen Preis zurückzukaufen sowie in bestimmten Fällen einen sog. „No-Return-Bonus" für die Nichtausübung dieser Option durch die Autovermietungsgesellschaft zu zahlen, hat hierfür eine Rückstellung zu bilden.[255] Fraglich ist allerdings, ob bzgl. der verkauften Fahrzeuge bereits eine Gewinnrealisierung erfolgen darf. 310

Sachleistungsverpflichtungen: Es handelt sich um Verpflichtungen zur Sach- oder Dienstleistung, die zu Vollkosten zu passivieren sind.[256] Soweit der Bilanzierende die zur Erfüllung der Sachleistungsverpflichtung erforderlichen RHB hält, kommt eine kompensatorische Bewertung der VG und der Sachleistungsverpflichtung in Betracht, auch wenn es sich um keine Bewertungseinheit nach § 254 HGB handelt. Die Rückstellung ist mit dem Buchwert des VG zu bewerten; eine Abzinsung kommt nicht in Betracht. 311

Schadensersatz: → Gewährleistung, Rz 253; Haftpflicht, Rz 259; Patentverletzung, Rz 293; Produzentenhaftung, Rz 301. 312

Schadensrückstellungen: § 341g Abs. 1 Satz 1 HGB verpflichtet Versicherungs-Unt zur Bildung einer Schadensrückstellung. Die Bewertung erfolgt i. H. d. Nettobetrags, wobei in der Bilanz der Bruttobetrag sowie der Rückversicherungsanteil in der Vorspalte anzugeben sind. 313

Schutzrechtsverletzung: → Patentverletzung, Rz 293. 314

Schwerbehinderte: Eine Drohverlustrückstellung kommt in Betracht, wenn der Wert der zukünftigen Leistung des schwerbehinderten Arbeitnehmers 315

---

[252] Vgl. FAB, Restrukturierungsrückstellungen im handelsrechtlichen Jahresabschluss, IDW Life 2019, S. 417.
[253] Vgl. BFH, Urteil v. 15.10.1997, I R 16/97, BFH/NV 1998 S. 773; zu Rücknahmeverpflichtungen im Automobilhandel vgl. Kossow, StuB 5/2010, S. 174.
[254] Vgl. Piltz, BB 1985, S. 1368.
[255] Vgl. BFH, Urteil v. 17.11.2010, I R 83/09, BStBl 2011 II S. 812.
[256] Vgl. IDW RS HFA 34.21.

hinter den vom Unt zukünftig aufzuwendenden Gegenleistungen (Arbeitsentgelt und Nebenleistungen) liegt. I. d. R. wird der Wert der zukünftigen Arbeitsleistung nicht zuverlässig zu bestimmen sein, sodass die Ausgeglichenheitsvermutung für schwebende Arbeitsverhältnisse gilt (Rz 167) und keine Drohverlustrückstellung anzusetzen ist.

316 **Schwerbehinderten-Ausgleichsabgabe:** I. d. R. wird es sich um eine Verbindlichkeit handeln, da Höhe und zeitlicher Anfall der Ausgleichsabgabe zuverlässig ermittelt werden können. Eine Rückstellung kommt in Betracht, wenn Unsicherheit bzgl. der Anzahl der besetzten Pflichtplätze und damit der Rückstellungshöhe besteht.

317 **SEPA-Umstellung:** Die Bildung einer Verbindlichkeitsrückstellung zur Vorwegnahme zukünftig anfallender Anpassungsaufwendungen zur Umstellung der IT auf die SEPA-Anforderungen kommt nicht in Betracht, da die wirtschaftliche Verursachung der Umstellungsaufwendungen nicht in den bis zum Inkrafttreten der SEPA-Verordnung[257] endenden, sondern erst in künftigen Gj erfolgt.[258]

318 **Serienaufträge:** Bei langfristigen Serienaufträgen (z. B. in der Automobilzulieferindustrie) können bei der Bewertung von hierfür zu bildenden Drohverlustrückstellungen u. U. Erfahrungskurveneffekte und Prozessverbesserungen des Lieferers zu berücksichtigen sein, wenn sie hinreichend bewertbar und realisierbar sind und in klarem wirtschaftlichem Zusammenhang mit dem Seriengeschäft stehen.[259]

319 **Sicherheitsinspektionen:** Für öffentlich-rechtliche Verpflichtungen zu regelmäßigen Sicherheitsinspektionen an technischen Anlagen, von denen Gefährdungen ausgehen können, ist keine Verbindlichkeitsrückstellung zu bilden, da die Aufwendungen dazu dienen, künftige Erträge zu ermöglichen.[260] Werden aber turnusgemäße Inspektionstermine überschritten, ist eine Verbindlichkeitsrückstellung zu passivieren, da der öffentlich-rechtlichen Verpflichtung nicht nachgekommen wurde.

320 **Soziallasten:** Nach Ansicht der Rechtsprechung ist für Soziallasten keine Rückstellung für drohende Verluste zulässig, da hier die Ausgeglichenheitsvermutung des Arbeitsverhältnisses greift.[261] Allerdings sind auch bei Arbeitsverhältnissen in Einzelfällen Drohverlustrückstellungen möglich. Einzelheiten vgl. Rz 167ff. → Altersteilzeit, Rz 201; Arbeitnehmer, Rz 207; Beihilfe, Rz 219; Mutterschutz, Rz 286; Schwerbehinderte, Rz 315; Sozialplan, Rz 321.

321 **Sozialplan:** Gem. §§ 111, 112, 112a BetrVerfG sind bei Stilllegungen, Betriebseinschränkungen und anderen Betriebsänderungen Sozialpläne aufzustellen. Sozialpläne sehen regelmäßig Abfindungszahlungen an ausscheidende Arbeitnehmer vor, für die Rückstellungen zu bilden sind. Rückstellungen kommen bereits dann in Betracht, wenn ernsthaft mit Stilllegungen oder Betriebseinschränkungen zu rechnen ist. Rückstellungen sind spätestens zu bilden, wenn die entsprechenden Beschlüsse seitens der zuständigen Organe des Unt gefasst sind und die Unterrichtung des Betriebsrats bevorsteht. → Restrukturierungsrückstellung, Rz 307.[262]

---

[257] Vgl. Verordnung (EU) Nr. 260/2012, ABl. EU L 94/22 v. 30.3.2012.
[258] Vgl. HFA, IDW-FN 2013, S. 237.
[259] Vgl. Münstermann/Gnädinger, PiR 2012, S. 113.
[260] Vgl. Gelhausen/Fey, DB 1993, S. 595; Förschle/Scheffels, DB 1993, S. 1199; a. A. Klein, DStR 1992, S. 1776.
[261] Vgl. BFH, Urteil v. 2.10.1997, IV R 82/96, BStBl 1998 II S. 205.
[262] Vgl. IDW, WPH Edition, Wirtschaftsprüfung & Rechnungslegung, 18. Aufl. 2023, Kap. F Tz 680.

Rückstellungen § 249

> **Praxis-Beispiel**
> Die Geschäftsführung einer GmbH fasst im Oktober 01 den Entschluss, einen Betriebsteil zu schließen und in diesem Zusammenhang 70 Arbeitnehmern betriebsbedingt zu kündigen. Die gem. Gesellschaftsvertrag erforderliche Zustimmung der Gesellschafterversammlung der GmbH wird Ende Dezember 01 erteilt. Im Januar 02 wird der Betriebsrat unterrichtet und Verhandlungen über den Abschluss eines Sozialplans werden begonnen. Zum Zeitpunkt der Aufstellung des Jahresabschlusses zum 31.12.01 (Februar 02) sind diese Verhandlungen noch nicht beendet. Die Geschäftsführung rechnet mit Abfindungen i. H. v. 20.000 EUR je Mitarbeiter.
> Es ist eine Verbindlichkeitsrückstellung i. H. v. 1,4 Mio. EUR im Jahresabschluss zum 31.12.01 zu berücksichtigen. Soweit im Zuge der tw. Betriebsschließung die Arbeitnehmer innerhalb der Kündigungsfristen von der Arbeitspflicht freigestellt werden sollen, ist dies ebenfalls in die Rückstellung mit einzubeziehen.

Steuererklärungen: → Jahresabschluss, Rz 270. 322

Strafe: Eine Rückstellung für strafrechtliche Anordnung des Verfalls von Gewinnen nach §§ 73, 73a StGB ist zulässig.[263] 323

Strafverteidiger: Eine Rückstellung ist nur zulässig, soweit betriebliche Veranlassung gegeben ist. Diese liegt nur vor, wenn die Straftat ausschl. und unmittelbar in Ausübung der beruflichen Tätigkeit begangen wird.[264] Soweit aber z. B. arbeitsvertragliche Regelungen existieren, wonach das Unt dem Mitarbeiter Kosten der Strafverteidigung erstattet, ist hierfür eine Verbindlichkeitsrückstellung anzusetzen. 324

Substanzerhaltung: → Erneuerungsverpflichtung, Rz 248. 325

Swapgeschäfte: Soweit geschlossene Positionen vorliegen, kommt eine Drohverlustrückstellung nicht in Betracht (Rz 146). Zu Bewertungseinheiten vgl. § 254 Rz 2. Bei offenen Positionen sind demgegenüber Drohverlustrückstellungen nach allgemeinen Grundsätzen zu bilden (Rz 165). 326

Tantieme: → Erfolgsprämien, Rz 247. 327

Termingeschäft: → Devisentermingeschäfte, Rz 236. 328

Treuegelder: → Jubiläum, Rz 271. 329

Überstunden: → Gleitzeitguthaben, Rz 256; Urlaub, Rz 332. 330

Umweltschutzverpflichtungen: → Abfallbeseitigung und -recycling, Rz 194; Altlasten, Rz 202; Anpassungsverpflichtungen, Rz 205; Entsorgung, Rz 244; Leihemballagen, Rz 279; Rekultivierungsverpflichtungen, Rz 306. 331

Urlaub: Für am Abschlussstichtag noch nicht genommenen Urlaub von Arbeitnehmern ist eine Rückstellung wegen Erfüllungsrückstand zu bilden, soweit der Urlaub im nachfolgenden Gj nachgeholt oder abgegolten werden muss.[265] Für die Urlaubsansprüche von langzeiterkrankten Arbeitnehmern herrscht aufgrund der BAG-Rechtsprechung[266] Klarheit, dass eine Geltendma- 332

---

[263] Vgl. BFH, Urteil v. 6.4.2000, IV R 31/99, BStBl 2001 II S. 536.
[264] Vgl. BFH, Urteil v. 12.6.2002, XI R 35/01, BFH/NV 2002 S. 1441.
[265] Vgl. BFH, Urteil v. 6.12.1995, I R 14/95, BStBl 1996 II S. 406.
[266] Vgl. BAG, Urteil v. 29.9.2011, 2 AZR 177/10, DB 2012 S. 807.

chung eine grds. Akkumulation in Übereinstimmung mit der EuGH-Rechtsprechung ermöglicht, allerdings begrenzt auf den gesetzlichen Urlaub, nicht den aufgrund Tarif- oder Arbeitsvertrag weitergehenden Urlaub.[267] Bei abweichendem Gj ist die Rückstellung entsprechend zeitanteilig zu bilden.[268] Nach denselben Grundsätzen sind auch Rückstellungen für Arbeitszeitguthaben von Arbeitnehmern (Arbeitszeitkonten) zu bilden.[269] Die Bewertung der Rückstellung erfolgt i. H. d. bei Nachholung bzw. Abgeltung erwarteten Aufwendungen. Neben dem Grundlohn bzw. Grundgehalt sind fest zugesagte Sonder- bzw. Einmalvergütungen (z. B. 13. Gehalt, umsatzabhängige Tantieme), periodisierte Anteile von Aufwendungen, die erst später ausgezahlt werden (z. B. Zuführungen zu Pensions- und Jubiläumsrückstellungen), Urlaubsgeld, Arbeitgeberanteile zur Sozialversicherung und anteilige Gemeinkosten einzubeziehen.[270] Die Berechnung der Personalkosten je nach zu gewährenden Urlaubstag kann auf individueller oder durchschnittlicher Basis (ggf. getrennt für bestimmte Mitarbeitergruppen) vorgenommen werden. Bei dieser Berechnung ist der Jahresaufwand zu den tatsächlichen Arbeitstagen, d. h. den regulären Arbeitstagen, abzgl. neuen Urlaubsanspruchs und zu erwartender Ausfallzeiten (z. B. Krankheit), in Beziehung zu setzen.[271]

> **Praxis-Beispiel**
> Ein Unt hat für einen Mitarbeiter eine Urlaubsrückstellung zum 31.12.01 zu bilden. Sämtliche übrigen Mitarbeiter haben aufgrund entsprechender Betriebsvereinbarung bis zum Abschlussstichtag ihren Jahresurlaub 01 vollständig genommen. Der eine Mitarbeiter konnte aufgrund betrieblicher Erfordernisse 5 Urlaubstage nicht nehmen und kann diese gem. Vereinbarung mit der Personalabteilung bis zum 31.3.02 nachholen. Der Mitarbeiter hat in 01 ein monatliches Gehalt i. H. v. 3.000 EUR erhalten. Er hat arbeitsvertraglich Anspruch auf 13 Monatsgehälter. Für Jubiläen werden jährlich 20 EUR je Mitarbeiter der Jubiläumsrückstellung zugeführt. Ab dem 1.1.02 ist tarifvertraglich eine Gehaltserhöhung von 3 % sowie ab dem 1.7.02 i. H. weiterer 2 % vorgesehen. Die Arbeitgeberanteile zur Sozialversicherung belaufen sich (inkl. Berufsgenossenschaftsbeiträge) auf 22 %. Das Gj 02 hat 365 Kalendertage abzgl. 104 Wochenendtage und 10 Feiertage, sodass 251 Arbeitstage zur Verfügung stehen. Der Mitarbeiter hat für 02 einen Urlaubsanspruch von 30 Tagen. Im Durchschnitt der letzten 3 Jahre war er jährlich 6 Arbeitstage krank.

---

[267] Zu Einzelheiten vgl. Eppinger/Frik, DB 2012, S. 132.
[268] Vgl. Happe, BBK 5/2010, S. 225.
[269] Vgl. IDW, WPH Edition, Wirtschaftsprüfung & Rechnungslegung, 18. Aufl. 2023, Kap. F Tz 688.
[270] Vgl. IDW, WPg 1992, S. 330; Eppinger, DB 2010, S. 9.
[271] Vgl. IDW, WPg 1992, S. 330; Müller, DB 1993, S. 1582; Tonner, DB 1992, S. 1594, a. A. BFH, Urteil v. 8.7.1992, XI R 50/89, BStBl II S. 910.

Die Berechnung der Urlaubsrückstellung erfolgt wie folgt:
Personalaufwand:

Gehalt (13 × 3.000 × 1,03[272])	40.170
+ Sozialversicherungsaufwand 22 %	8.837
+ Zuführung Jubiläumsrückstellung	20
Personalaufwand	= 49.027

Anzahl effektiver Arbeitstage in 02:

Tage Gesamtjahr	365
./. Wochenenden	104
./. Feiertage	10
./. Urlaub 02	30
./. erwartete Krankheitstage 02	6
Anzahl effektiver Arbeitstage in 02	215

Die Personalkosten je Tag belaufen sich auf 49.027 / 215 = 228 EUR. Bei fünf ausstehenden Urlaubstagen beläuft sich die Urlaubsrückstellung auf 5 × 228 = 1.140 EUR.

Soweit einzelne Arbeitnehmer bereits im Vorgriff auf den Urlaub des neuen Gj ein **negatives Urlaubskonto** ausweisen, darf dieses nicht rückstellungsmindernd berücksichtigt werden, sondern es ist im Regelfall ein sonstiger VG auszuweisen.[273] Zu den Besonderheiten in der Bauwirtschaft vgl. weiterführende Literatur.[274] → Gleitzeitguthaben, Rz 256.

Urheberrechtverletzung: → Patentverletzung, Rz 293. 333

Verdienstsicherung: Soweit Vereinbarungen mit Arbeitnehmern bestehen, nach 334 denen diese nach Umsetzung auf Arbeitsplätze mit geringerem Vergleichsentgelt ihre bisherige (höhere) Vergütung behalten, kann eine Rückstellung für den Betrag der Mehrentlohnung in Betracht kommen, da die Mehrentlohnung wie eine zusätzliche Vergütung für früher geleistete Tätigkeiten beurteilt werden kann.[275] Dies gilt insb. dann, wenn die höhere Entlohnung an die Dauer der bisherigen Zugehörigkeit zum Unt geknüpft ist. Eine höhere Entlohnung kann auch in bezahlter Altersfreizeit zu sehen sein. → Altersfreizeit und -mehrurlaub, Rz 200.

Verlustausgleichsverpflichtung: Eine Rückstellung wegen Verlustausgleichs- 335 verpflichtung kommt bei einem MU, das nicht über einen Beherrschungs- und Ergebnisabführungsvertrag zum Verlustausgleich verpflichtet ist, nur aufgrund einer Konzernhaftung nach analoger Anwendung von § 302 AktG im sog.

---

272 Da der Urlaub bis zum 31.3.02 nachzuholen ist, kommt lediglich die zum 1.1.02 anfallende Tariferhöhung, nicht jedoch die zum 1.7.02 erfolgende zum Ansatz.
273 Vgl. HFA, IDW-FN 2009, S. 322.
274 Vgl. Arbeitskreis „Steuern und Revision" im BDVB, DStR 1993, S. 661; Feldmann, FR 1993, S. 190.
275 A.A. BFH, Urteil v. 25.2.1986, VIII R 377/83, BStBl 1986 II S. 465; BFH, Urteil v. 16.12.1987, I R 68/87, BStBl 1988 II S. 328;

qualifiziert faktischen Konzern in Betracht. Die Bildung einer Rückstellung ist nur zulässig, wenn die vom BGH aufgestellten Grundsätze zur Konzernhaftung mit überwiegender Wahrscheinlichkeit erfüllt sind; dies wird regelmäßig nur schwer feststellbar sein.[276]

336 **Verlustübernahmeverpflichtung:** Bei Beherrschungs- und/oder Ergebnisabführungsverträgen hat das MU gem. § 302 AktG für den beim TU entstandenen Verlust eine Rückstellung für ungewisse Verbindlichkeiten oder (Regelfall) eine Verbindlichkeit zu bilden. Liegt bei unterschiedlichen Abschlussstichtagen kein Zwischenabschluss des TU vor, ist der auf die Zeit bis zum Abschlussstichtag des MU anfallende Verlust zu schätzen. Die Rückstellung braucht sich grds. nur auf ein Jahr zu erstrecken; bei nachhaltiger Ertragslosigkeit des TU ist jedoch der Barwert der voraussichtlichen Zahlungen für den Zeitraum bis zur frühestmöglichen Kündigung des Unternehmensvertrags zurückzustellen,[277] soweit nicht zuvor die Anteile an dem TU wertzuberichtigen sind.[278] Ein Nichtansatz der Rückstellung erscheint zulässig, wenn das MU fest damit rechnen kann, dass die aufgrund der Verlustübernahme entstehenden Fehlbeträge jeweils von ihren Anteilseignern ausgeglichen werden.[279] Weiterhin kommen Drohverlustrückstellungen für Verpflichtungen aus **Ausgleichszahlungen** (Garantiedividenden nach § 304 Abs. 2 AktG) insoweit in Betracht, als die Belastung durch die Ausgleichszahlung die Vorteile des Unternehmensvertrags übersteigt.[280]

337 **Verteilungsrückstellung:** Verteilungsrückstellungen sind Rückstellungen für Verpflichtungen, die zwar rechtlich unmittelbar mit Verwirklichung des die Verpflichtung auslösenden Ereignisses in voller Höhe entstehen (z.B. Rückbauverpflichtungen), deren wirtschaftliche Verursachung sich jedoch über nachfolgende Gj erstreckt.[281] In diesen Fällen erfolgt eine ratierliche Verteilung der Aufwendungen (§ 253 Rz 65). Verlängert sich der Verteilungszeitraum durch Prolongation eines bestehenden oder durch Abschluss eines neuen Vertrags mit dem Vertragspartner ist die Rückstellung am nächsten Abschlussstichtag entsprechend über den neuen Verteilungszeitraum zu verteilen, sodass sich im Ergebnis eine tw. Auflösung der Rückstellung ergibt.[282]

338 **Vorruhestandsverpflichtung:**[283] Dem Arbeitnehmer soll mit Vorruhestandsleistungen das Ausscheiden aus einem Unt vor Erreichen des eigentlichen Pensionsalters erleichtert werden. Solche Leistungsverpflichtungen, die im Regelfall den Zeitraum nach Beendigung des Arbeitsverhältnisses betreffen, haben Abfindungscharakter. Rückstellungen für Vorruhestandsgelder sind unter die Rückstellungen für mit Altersversorgungsverpflichtungen vergleichbaren langfristig fälligen Verpflichtungen zu subsumieren.

---

[276] Vgl. Oser, WPg 1994, S. 317.
[277] Vgl. ADS, Rechnungslegung und Prüfung der Unternehmen, 6. Aufl. 1995–2001, § 249 HGB, Rz 133, § 253 HGB, Rz 268; teilw. a. A. Schubert, in Beck Bil-Komm., 13. Aufl. 202, § 249 HGB, Rz 130 Verlustübernahme; Kropff, in FS Döllerer, 1988, S. 349; Oser, WPg 1994, S. 312 und S. 319.
[278] Art. 12 Abs. 12 der EU-Bilanzrichtlinie stellt den Vorrang der aktivischen Abschreibung ggü. der Rückstellung klar, da Rückstellungen „keine Wertberichtigungen von Passivposten darstellen".
[279] Vgl. ADS, Rechnungslegung und Prüfung der Unternehmen, 6. Aufl. 1995–2001, § 253 HGB Rz 267.
[280] Vgl. ADS, Rechnungslegung und Prüfung der Unternehmen, 6. Aufl. 1995–2001, § 277 HGB Rz 67; Scharpf, DB 1990, S. 296.
[281] Vgl. IDW RS HFA 34.18.
[282] Vgl. BFH, Urteil v. 2.7.2014, I R 46/12, BStBl 2014 II S. 979.
[283] Vgl. IDW RS HFA 30.8.

Wandlung: Seit SchuModG Rücktritt nach § 437 Nr. 2 BGB, → Gewährleistung, Rz 253.   339

Wartungsaufwendungen: Die Wartungsverpflichtung nach § 6 LuftBO ist wirtschaftlich nicht in der Vergangenheit verursacht, weil wesentliches Merkmal der Überholungsverpflichtung das Erreichen der zulässigen Betriebszeit ist. Somit ist keine Rückstellung für künftige Wartungsaufwendungen an Flugzeugen zulässig.[284]   340

Wechselobligo: Am Abschlussstichtag noch bestehende, weitergegebene Wechselverbindlichkeiten bergen das Risiko, hieraus in Anspruch genommen zu werden. Dieses Risiko kann eine Rückstellung erfordern. Soweit bei Bilanzaufstellung Ereignisse eingetreten oder bekannt geworden sind, die darauf schließen lassen, dass am Abschlussstichtag kein Risiko einer Inanspruchnahme bestand, ist eine Rückstellung unzulässig.[285]   341

Weihnachtsgeld: Die Verpflichtung zur Zahlung von Weihnachtsgeld ist zu passivieren. Soweit Grund, Höhe und zeitlicher Anfall feststehen, ist eine Sonstige Verbindlichkeit auszuweisen. Bei einem vom Kj abweichenden Gj ist der bei zeitproportionaler Aufteilung auf die Zeit bis zum Abschlussstichtag entfallende Betrag abzugrenzen.[286]

Werkzeugkostenzuschüsse: → Herstellungskostenbeiträge, Rz 264.   342
Zinsen auf Steuern: → Gewerbesteuer, Rz 254.   343
Zinsswap: → Swapgeschäfte, Rz 326.   344
Zulassungskosten: Verfahrenskosten zur Zulassung von Pflanzenschutzmitteln (Rezepturen) durch die zuständige Behörde sind mit Stellung des Antrags wirtschaftlich verursacht und somit rückstellungspflichtig.[287]   345
Zuweisungen an Unterstützungskassen: Vgl. Rz 72.   346
Zuwendungen (bedingt rückzahlbar): Soweit Zuwendungen aus künftigen Gewinnen zurückzuzahlen sind (z.B. Sanierungsgewinne, Besserungsscheine), ist im Jahr der Gewinnerzielung eine Verbindlichkeit anzusetzen.[288] Ist die Rückzahlung an einen Erlös bzw. Erfolg aus dem geförderten Vorhaben geknüpft, ist die Rückzahlungsverpflichtung erst zu passivieren, wenn der maßgebliche Erfolg eingetreten ist.   347

6 Rückstellungsverbot für andere Zwecke (Abs. 2 Satz 1)

Die Vorschrift hat lediglich klarstellenden Charakter, da § 249 Abs. 1 HGB abschließend die Ansatzvoraussetzungen für Rückstellungen regelt.   348

7 Auflösung bei Wegfall des Grundes (Abs. 2 Satz 2)

Die Vorschrift hatte ursprünglich besondere Relevanz für die sog. Aufwandsrückstellungen (§ 249 Abs. 2 HGB a.F.), deren Bildung nicht mehr zulässig ist. In der jetzigen Gesetzesfassung hat die Vorschrift lediglich klarstellenden Charakter, da   349

---

[284] Vgl. BFH, Urteil v. 9.11.2016, I R 43/15, BB 2017 S. 879.
[285] Vgl. BFH, Urteil v. 19.12.1972, VIII R 18/70, BStBl 1973 II S. 218.
[286] Vgl. BFH, Urteil v. 26.6.1980, IV R 35/74, BStBl 1980 II S. 506.
[287] Vgl. BFH, Urteil v. 8.9.2011, IV R 5/09, DStR 2011 S. 2186; ergänzend: Christiansen, DStR 2011, S. 2483; Schüttler/Berthold, DStR 2011, S. 2485.
[288] Vgl. IDW, St/HFA 1/1984, WPg 1984, S. 614.

350 die Auflösung einer passivierungspflichtigen Rückstellung schon dem **Ansatzgebot** gem. § 249 Abs. 1 Satz 1 HGB widerspricht.

350 Der Wegfall eines Grunds ist im Regelfall **wertbegründend**, nicht werterhellend (zur Abgrenzung vgl. § 252 Rz 62). Eine Rückstellung für einen Rechtsstreit darf erst aufgelöst werden, wenn die Klage rechtskräftig abgewiesen ist. Dies gilt auch dann, wenn der Bilanzierende erstinstanzlich gesiegt hat, der Prozessgegner aber gegen die Entscheidung Rechtsmittel einlegen kann. Ein nach dem Abschlussstichtag erfolgter Verzicht des Prozessgegners auf ein Rechtsmittel ist wertbegründend.[289]

351 § 249 Abs. 2 Satz 2 HGB stellt eine Ansatzvorschrift dar. Auflösungen von Rückstellungen aufgrund geänderter Bewertungsannahmen (z.B. hinsichtlich des Verpflichtungsumfangs) sind davon nicht betroffen (§ 253 Rz 53).

352 Die Vorschrift regelt nicht nur das Verbot, Rückstellungen bei Fortbestehen des Grunds aufzulösen, sondern darüber hinaus das Gebot Rückstellungen aufzulösen, soweit der Grund entfallen ist. Das „dürfen" in der Vorschrift ist als „müssen" zu interpretieren, wenn der Grund weggefallen ist.[290]

353 Soweit lediglich die Unsicherheit bzgl. des zeitlichen Anfalls weggefallen ist, ist die Rückstellung erfolgsneutral in die Verbindlichkeiten umzubuchen.

---

[289] Vgl. BFH, Urteil v. 30.1.2002, I R 68/00, DB 2002 S. 871.
[290] Gl. A. Schubert, in Beck Bil-Komm., 13. Aufl. 2022, § 249 HGB Rz 390.

§ 250 Rechnungsabgrenzungsposten

(1) Als Rechnungsabgrenzungsposten sind auf der Aktivseite Ausgaben vor dem Abschlußstichtag auszuweisen, soweit sie Aufwand für eine bestimmte Zeit nach diesem Tag darstellen.
(2) Auf der Passivseite sind als Rechnungsabgrenzungsposten Einnahmen vor dem Abschlußstichtag auszuweisen, soweit sie Ertrag für eine bestimmte Zeit nach diesem Tag darstellen.
(3) ¹Ist der Erfüllungsbetrag einer Verbindlichkeit höher als der Ausgabebetrag, so darf der Unterschiedsbetrag in den Rechnungsabgrenzungsposten auf der Aktivseite aufgenommen werden. ²Der Unterschiedsbetrag ist durch planmäßige jährliche Abschreibungen zu tilgen, die auf die gesamte Laufzeit der Verbindlichkeit verteilt werden können.

Inhaltsübersicht	Rz
1 Überblick	1–6
1.1 Inhalt	1–2
1.2 Normenzusammenhang und Zweck	3–4
1.3 Auflösung und Bildung von Rechnungsabgrenzungsposten	5–6
2 Aktive transitorische Abgrenzung (Abs. 1)	7–13
2.1 Ausgabe vor dem Abschlussstichtag	7–12
2.2 Aufwand für eine bestimmte Zeit	13
3 Passive transitorische Abgrenzung (Abs. 2)	14–18
4 Unterschiedsbetrag (Disagio) (Abs. 3)	19–26
4.1 Wahlrecht	19
4.2 Unterschiedsbetrag aus Erfüllungs- und Ausgabebetrag ..	20–22
4.3 Abschreibung	23–26

1 Überblick

1.1 Inhalt

§ 250 HGB regelt die Bilanzierung **transitorischer Rechnungsabgrenzungsposten**, d.h., Ausgaben (Einnahmen), die Aufwand (Ertrag) für eine bestimmte Zeit nach dem Abschlussstichtag darstellen, sind aktiv (passiv) abzugrenzen. Demgegenüber dienen **antizipative Rechnungsabgrenzungsposten** der zutreffenden Periodisierung von erst später anfallenden Zahlungen. Antizipative Rechnungsabgrenzungsposten stellen bilanziell regelmäßig Forderungen bzw. Verbindlichkeiten dar und sind daher nicht vom Regelungsbereich des § 250 HGB erfasst. Rechnungsabgrenzungsposten sind keine VG oder Schulden; ihr Bilanzansatz ist Konsequenz der dynamischen Bilanztheorie von Schmalenbach.

1

Abb. 1: Arten von Rechnungsabgrenzungsposten

2   Bei **Anzahlungen** (geleistete oder erhaltene) handelt es sich nicht um nach § 250 HGB zu bilanzierende Rechnungsabgrenzungsposten,[1] auch wenn eine Unterscheidbarkeit von Anzahlungen und Rechnungsabgrenzungsposten schwierig ist und zumeist nur kasuistisch vorgenommen werden kann: Rechnungsabgrenzungsposten beziehen sich regelmäßig auf Dauersachverhalte, während Anzahlungen zumeist Einmalvorgänge betreffen.
Bei **Werkzeugkostenzuschüssen** richtet sich die Beurteilung nach der Art des Vertrags:[2]
- Beruht der Zuschuss auf einer **zeitbezogenen Gegenleistung** (Lieferung der mit dem Werkzeug produzierten Teile über eine bestimmte, mind. aber schätzbare Zeitdauer), hat der Zuschussgeber einen aktiven Rechnungsabgrenzungsposten, der Zuschussempfänger einen passiven Rechnungsabgrenzungsposten zu bilden.
- Beruht der Zuschuss auf einer **mengenmäßigen Gegenleistung** (Lieferung einer bestimmten Mindestmenge an Teilen), sind diese – mangels Zeitbezug – nicht als Rechnungsabgrenzungsposten, sondern als geleistete (Zuschussgeber) bzw. erhaltene (Zuschussempfänger) Anzahlung zu bilanzieren.
- Bei in der Praxis sehr häufig anzutreffenden **Kombinationen beider Gegenleistungen** ist ein Ansatz als Rechnungsabgrenzungsposten mangels ausschl. Zeitbestimmtheit nicht zulässig, d.h. auch hier hat ein Ausweis als geleistete bzw. erhaltene Anzahlung zu erfolgen.

1.2 Normenzusammenhang und Zweck

3   Bei § 250 HGB handelt es sich um eine für alle Kaufleute gültige Regelung, die gleichermaßen auf den Konzernabschluss anzuwenden ist (vgl. § 298 Abs. 1 HGB). § 246 HGB stellt klar, dass es sich bei Rechnungsabgrenzungsposten nicht um VG oder Schulden handelt. Damit gelten für Rechnungsabgrenzungs-

---

[1] Vgl. BFH, Urteil v. 16.5.1973, I R 186/71, BStBl 1974 II S. 25; ADS, Rechnungslegung und Prüfung der Unternehmen, 6. Aufl. 1995–2001, § 250 HGB Rz 14.
[2] Vgl. St-HFA 2/1996 i.d.F. 2010, Abschn. 2111.

posten die Bewertungsvorschriften der §§ 252 ff. HGB nicht; insb. sind keine außerplanmäßigen Abschreibungen zulässig. Die Rechnungsabgrenzung hat für eine Vorleistung in dem Umfang zu erfolgen, in dem die noch ausstehende Gegenleistung zur gesamten Gegenleistung steht.[3] Hat die zukünftige Gegenleistung für den Vorleistenden keinen oder einen nur geringen Wert (z. B. weil Geschäftsräume, für die im Voraus bereits Miete geleistet wurde, nicht mehr genutzt werden), so muss der Rechnungsabgrenzungsposten in entsprechend geringerem Umfang gebildet bzw. (tw.) aufgelöst werden.[4]

Rechnungsabgrenzungsposten finden regelmäßig auf **gegenseitige Verträge** Anwendung, bei denen Leistungen für eine bestimmte Zeit zu erbringen sind, Leistung und Gegenleistung aber zeitlich auseinanderfallen. Dabei ist nicht erforderlich, dass der Vertrag bereits geschlossen ist; es genügt, dass die Vorleistung in Erwartung eines Zustandekommens erbracht wurde.[5] Gleichermaßen fallen bestimmte öffentlich-rechtliche Verpflichtungen (z. B. Kfz-Steuer, Grundsteuer) in den Anwendungsbereich.

Werden im Zusammenhang mit zeitraumbezogenen Verträgen **Leistungen an Dritte** erbracht (z. B. Maklerprovision beim Mietvertrag), so ist hierfür kein Rechnungsabgrenzungsposten zu bilden,[6] es sei denn, die Leistung durch den Dritten selbst ist ebenfalls zeitraumbezogen.

I. R. d. JStG 2022 wurde durch eine BR-Initiative § 5 Abs. 5 EStG[7] mit einem neuen Satz 2 erweitert, nach dem der **Ansatz eines Rechnungsabgrenzungspostens unterbleiben** kann, wenn die jeweilige Ausgabe oder Einnahme i. S. d. Satzes 1 den Betrag des § 6 Abs. 2 Satz 1 EStG nicht übersteigt. Dabei ist das Wahlrecht einheitlich für alle Ausgaben und Einnahmen i. S. d. Satzes 1 auszuüben.[8]

Begründet wurde die Neuregelung mit einer **Reduzierung des Bürokratieaufwands** bei nahezu allen bilanzierenden Unternehmen und damit auch bei den steuerlichen Beratern und auf Seiten der Finanzverwaltung. Die Einführung der gleichen Wesentlichkeitsgrenze wie bei der Sofortabschreibung von GWG wird als ein Schritt zur Steuervereinfachung und zum Bürokratieabbau gesehen.[9]

1.3 Auflösung und Bildung von Rechnungsabgrenzungsposten

Dem in § 246 Satz 1 1. Halbsatz HGB kodifizierten Vollständigkeitsgebot der Bilanz unterliegen auch die Rechnungsabgrenzungsposten. Für KapG/KapCoGes schreibt § 264 HGB überdies vor, dass der Jahresabschluss ein den tatsächlichen Verhältnissen entsprechendes Bild vermitteln soll.

Die Höhe des zu bildenden **Abgrenzungsbetrags** richtet sich nach dem Zahlungsbetrag und dem Verhältnis von bis zum Abschlussstichtag erbrachter Leistung und noch ausstehender Gegenleistung.

---

3 BFH, Urteil v. 17.7.1974, I R 195/72, BStBl 1974 II S. 684.
4 Vgl. Schubert, in Beck Bil-Komm., 14. Aufl. 2024, § 250 HGB Rz 30.
5 Vgl. Schubert/Waubke, in Beck Bil-Komm., 14. Aufl. 2024, § 250 HGB Rz 7.
6 BFH, Urteil v. 11.2.1998, I R 23/96, BStBl 1998 II S. 381; BFH, Urteil v. 3.5.1983, BStBl 1983 II S. 572.
7 Jahressteuergesetz vom 16.12.2022, BGBl 2022 I, S. 2294 ff.
8 BR-Drs. 627/22 (neu) S. 4.
9 BR-Drs. 457/22 B S. 4.

Die **Auflösung** von Rechnungsabgrenzungsposten erfolgt im Umfang des wirtschaftlichen Anfalls des Aufwands (Ertrags). Bei Dauerschuldverhältnissen mindert sich der Rechnungsabgrenzungsposten jeweils um die zeitanteilig erbrachte Gegenleistung. Bei Leasingverträgen können sich besondere Abgrenzungsfragen stellen.[10] Dem Periodisierungsgedanken ist auch bei der sachgerechten Auflösung zu folgen, wie das nachfolgende Beispiel zeigt.

> **Praxis-Beispiel**
> Eine GmbH erbringt Schulungsleistungen für Handwerker, die die Meisterprüfung ablegen wollen. Die GmbH vereinnahmt nach Vertragsschluss mit einem Schüler im Dezember 01 das vollständige Entgelt i. H. v. 100 für eine in den Jahren 02–04 zu erbringende Schulungsleistung. Die entsprechenden Kursleistungen erbringt die GmbH planmäßig im Jahr 02 mit 40 %, im Jahr 03 mit 40 % und im Jahr 04 mit 20 %.
> Lösung: Im Jahr 01 ist ein passiver Rechnungsabgrenzungsposten i. H. v. 100 zu bilden, da von der GmbH zwar bereits ein Entgelt vereinnahmt (Einnahme vor dem Abschlussstichtag), aber noch keine Leistung erbracht wurde. In den Jahren 02–04 ist das Entgelt über die Vertragslaufzeit aufzulösen. Der Periodisierungsgedanke erfordert hierbei eine Auflösung des passiven Rechnungsabgrenzungspostens im Jahr 02 i. H. v. 40, da in dieser Höhe bei der GmbH auch die entsprechenden Aufwendungen angefallen sind. Eine lineare Auflösung über die Gesamtlaufzeit von drei Jahren würde nach der hier vertretenen Auffassung nicht dem Periodisierungsprinzip des § 252 Abs. 1 Nr. 5 HGB entsprechen.

2 Aktive transitorische Abgrenzung (Abs. 1)

2.1 Ausgabe vor dem Abschlussstichtag

7 Die Aktivierung eines Rechnungsabgrenzungspostens setzt einen **Zahlungsvorgang** voraus. Unter Zahlungsvorgang sind neben baren (Kasse) und unbaren (Bank) Zahlungsvorgängen sowie der Hergabe und Entgegennahme von Schecks, Wechseln und dergleichen auch Einbuchungen von Forderungen und ähnlichen Ansprüchen bzw. Verbindlichkeiten oder Rückstellungen zu verstehen.

> **Praxis-Beispiel**
> Der Kfm. mietet eine Maschine für den Zeitraum 1.10.01–31.3.02. Die Miete für den Sechsmonatszeitraum i. H. v. 60 EUR ist zum 31.12.01 fällig, wird aber erst am 2.1.02 durch den Kfm. beglichen.
> Der Kfm. hat am Abschlussstichtag 31.12.01 einen aktiven Rechnungsabgrenzungsposten i. H. v. 30 EUR, in der GuV 01 einen Aufwand (Aufwendungen für bezogene Leistungen bzw. Sonstige betriebliche Aufwendungen) i. H. v. 30 EUR sowie eine Verbindlichkeit (aus L&L) i. H. v. 60 EUR auszuweisen.

---

[10] Vgl. Förster, in Anzinger/Oser/Schlotter, Rechnungslegung und Prüfung, Tb. 1, 7. Aufl., 2023, § 250 HGB Rz 58 f. sowie St/HFA 1/1989.

Die Formulierung im Gesetzestext, dass die Ausgaben „vor dem Abschlussstichtag" zu leisten sind, ist so zu verstehen, dass hiermit das Ende des Gj, also 24 Uhr am Abschlussstichtag, gemeint ist. **Zahlungen am Abschlussstichtag** selbst reichen somit zur Erfüllung der Voraussetzungen zur Bildung eines Rechnungsabgrenzungspostens aus.[11]

Die **Nichtbilanzierung von geringfügigen Rechnungsabgrenzungsposten** ist nach dem Grundsatz der Wesentlichkeit zulässig (Rz 4).[12] Der BFH hatte dazu anders entschieden[13] und damit seine frühere Rechtsprechung für Kfz-Steuern aufgehoben.[14] Doch erfolgte durch die Gesetzesänderung mit dem JStG 2022 hier nun eine gesetzliche Klarstellung. Schon vorher hatte auch der FAB des IDW das Urteil für handelsbilanzielle Zwecke abgelehnt. Zwar gelte nach § 246 Abs. 1 Satz 1 HGB der Vollständigkeitsgrundsatz, wonach der Jahresabschluss u. a. sämtliche Rechnungsabgrenzungsposten zu enthalten hat, soweit gesetzlich nichts anderes bestimmt ist. Dieser Grundsatz werde aber neben etwaigen gesetzlich bestimmten Ausnahmen durch die (wenngleich im HGB nicht oder jedenfalls nicht mit übergreifendem Geltungsanspruch kodifizierten) Grundsätze der Wesentlichkeit, der Verhältnismäßigkeit und der Wirtschaftlichkeit der Bilanzierung (gleichsam als Korrektive) in seiner absoluten Geltung eingeschränkt. Nach § 243 Abs. 1 HGB sind (auch) die zuletzt genannten Grundsätze bei der Aufstellung des Jahresabschlusses zu beachten.[15]

Allerdings gilt für das Handelsrecht, dass nur geringfügige RAP weggelassen werden können. Eine Anlehnung an die GWG-Regelung von 800 EUR (§ 6 Abs. 2 EStG) wird zumeist das Merkmal der Geringfügigkeit erfüllen (Rz 4).

Verwaltungs- oder Bearbeitungsgebühren bei Aufnahme eines Bankdarlehens stellen wirtschaftlich betrachtet Teil des Entgelts für die Darlehensüberlassung dar und sind somit als aktiver Rechnungsabgrenzungsposten abzugrenzen.[16] Gleiches gilt auch für im Voraus zu bezahlende Bearbeitungsgebühren, die der Bürgschaftsschuldner für die Übernahme der Bürgschaft an ein Kreditinstitut zu zahlen hat.[17] Bearbeitungsentgelte, die bei vorzeitiger Vertragsbeendigung nicht anteilig zurückzuzahlen sind, sind sofort als Aufwand zu berücksichtigen (keine Zeitraumbezogenheit). Dies gilt allerdings nicht, wenn das Bankdarlehen für mehrere Jahre zu festen Konditionen abgeschlossen wurde und eine vorzeitige Beendigung nur aus wichtigem Grund möglich ist.[18] Da dies häufig gegeben ist, werden Bearbeitungsgebühren i. d. R. als aktiver Rechnungsabgrenzungsposten abzugrenzen sein. Folgende Indikatoren können allerdings für eine laufzeitunabhängige Behandlung sprechen:[19]

- Die Höhe der Bearbeitungsgebühr ist unabhängig von der Laufzeit des Kredits. Verlangt die Bank die gleichen (angemessenen) Gebühren für Kredite

---

11 Vgl. Küting, in Küting/Weber, HdR-E, § 250 HGB Rz 64, Stand: 9/2023.
12 Vgl. IDW, WPH Edition, Wirtschaftsprüfung & Rechnungslegung, 18. Aufl. 2023, Kap. F Tz 442.
13 BFH, Urteil v. 16.3.2021, X R 34/19, BStBl. II 2021, S. 844. Der BFH stützt seine Argumentation auf den Wortlaut von § 5 Abs. 5 Satz 1 Nr. 1 EStG.
14 BFH, Urteil v. 18.3.2010, X R 20/09, BFH/NV 2010, S. 1796.
15 Vgl. FAB des IDW, Berichterstattung über die 267. FAB-Sitzung, IDW Life 2022, S. 405.
16 A. A. Herzig/Joisten, DB 2011, S. 2014.
17 Vgl. BFH, Urteil v. 19.1.1978, IV R 153/72, BStBl 1978 II S. 262.
18 Vgl. BFH, Urteil v. 22.6.2011, I R 7/10, BStBl 2011 II S. 870.
19 Vgl. Arbeitskreis „Steuern und Revision" im Bund der Wirtschaftsakademiker (BWA) e. V., DStR 2011, S. 2213.

mit unterschiedlichen Laufzeiten, dann handelt es sich folgerichtig nicht um ein laufzeitabhängiges Entgelt.
- Der Zinssatz für das Darlehen liegt im marktüblichen Bereich. Entsprechend kann die Bearbeitungsgebühr keinen versteckten Zinsanteil enthalten.
- Die Bearbeitungsgebühr wird neben einem Disagio verlangt. Dies zeigt, dass von den Vertragspartnern zwischen Zins- und anderen Kosten- bzw. Entgeltkomponenten unterschieden wird.
- Während der Darlehenslaufzeit werden weitere Bearbeitungsgebühren belastet. Dies lässt annehmen, dass die Bearbeitungsgebühr ausschl. Kosten des Vertragsabschlusses und dessen Vorarbeiten betrifft.
- Die Bearbeitungsgebühr wird von einem externen Dritten verlangt, z.B. einem Kreditvermittler oder Finanzberater. Hier lässt sich ein eindeutiger Bezug zum Vertragsabschluss nachweisen, sodass es sich um keine laufzeitabhängige Vergütung handelt.

11 Auch bei Darlehen mit im Zeitablauf **fallenden Zinssätzen** sieht der BFH eine Ansatzpflicht für einen aktiven Rechnungsabgrenzungsposten dann geboten, wenn der Darlehensnehmer im Falle einer vorzeitigen Vertragsbeendigung die anteilige Erstattung der bereits gezahlten (höheren) Zinsen nicht verlangen kann.[20] Wirtschaftlich wird somit ein gleichbleibender Zinsaufwand für das Darlehen – unabhängig von den tatsächlichen Zahlungen – bewirkt. Diese Beurteilung ist dann kritisch zu sehen, wenn bei Vertragsabschluss wirtschaftlich nachvollziehbare Gründe für die Vereinbarung von fallenden Zinsen bestehen. Ein denkbarer Grund für die Vereinbarung von fallenden Zinsen kann bspw. in dem aufgrund laufender Tilgungsleistungen reduziertem Ausfallbetrag des Kreditinstituts liegen.

12 Die verbilligte Abgabe von Mobilfunktelefonen stellt nach Auffassung des BFH[21] einen Anwendungsfall für die Bildung eines aktiven Rechnungsabgrenzungspostens dar. Handelsrechtlich war bis dahin davon ausgegangen worden, derartige Verluste aus dem Verkauf der Mobilfunktelefone zu einem unter ihrem Buchwert liegenden Preis sofort aufwandswirksam zu erfassen. Dies wird vom BFH nicht für zwingend gehalten, vielmehr sei aufgrund des unmittelbaren Zusammenhangs mit dem Abschluss eines zeitraumbezogenen Nutzungsvertrags ein Zeitbezug anzuerkennen.[22] Allerdings handelt es sich nach der hier vertretenen Auffassung bei diesem Aktivposten eher um eine Forderung aus L&L als um einen aktiven Rechnungsabgrenzungsposten, da die Voraussetzungen für einen aktiven Rechnungsabgrenzungsposten nicht vorliegen, denn nicht der zur Geldleistung Verpflichtete tritt in Vorleistung, sondern das Mobilfunkunternehmen. Vielmehr erbringt das Mobilfunkunternehmen mit der Lieferung des Mobilfunkgeräts eine Leistung, für die es aufgrund der erhöhten Grundgebühr einen künftigen Anspruch auf Zahlung hat. Es handelt sich daher um eine aufschiebend bedingte Forderung, die bei hinreichend wahrscheinlichem Bedingungseintritt (Bereitstellung des Netzes) so gut wie sicher und damit anzusetzen ist. Zu beachten ist, dass entgegen der BFH-Lösung hierbei der Ertrag aus dem Gesamtgeschäft über die Grundlaufzeit verteilt wird, während der BFH lediglich den Aufwand aus der verbilligten Abgabe des Mobilfunkgeräts verteilt.

---

[20] Vgl. BFH, Urteil v. 27.7.2011, I R 77/10, BFH/NV 2011 S. 2152.
[21] Vgl. BFH, Urteil v. 15.5.2013, I R 77/08, DStR 2013 S. 1774.
[22] Vgl. IDW-FN 2014, S. 196.

2.2 Aufwand für eine bestimmte Zeit

Hinsichtlich des Kriteriums der bestimmten Zeit sind bei kalendermäßig exakt bestimmbaren Zeiträumen die zutreffende Bildung und Auflösung von Rechnungsabgrenzungsposten unproblematisch. Das Kriterium gilt aber auch als erfüllt, wenn zwar nicht die Gesamtlaufzeit eines Vertragsverhältnisses, wohl aber ein Mindestzeitraum exakt festgelegt werden kann.[23] Die bestimmte Zeit nach dem Abschlussstichtag ist nicht auf das folgende Gj beschränkt, sondern kann auch mehrere Gj umfassen.[24]

13

Die Abgrenzung zwischen zulässiger Berechenbarkeit und unzulässiger Schätzung des Zeitraums der bestimmten Zeit ist z. T. fließend, wie die umfängliche BFH-Rechtsprechung hierzu zeigt. Gem. dem Objektivierungsgrundsatz ist zur Vermeidung weiter Ermessensspielräume das Merkmal der zeitlichen Bestimmbarkeit eng auszulegen. Die z. T. in der Literatur vertretene Auffassung,[25] auch eine weite Begriffsauslegung sei zulässig, wird hier abgelehnt, da dies aus dem Gesetzeswortlaut nur schwer abzuleiten ist und darüber hinaus zu einem Verlust an Rechtssicherheit führt. Der Gesetzgeber wollte gerade durch das Erfordernis der bestimmten Zeit die Bildung von transitorischen Rechnungsabgrenzungsposten i. w. S., insb. Reklameaufwendungen (z. B. Aufwendungen zur Erstellung eines Katalogs) und Entwicklungskosten (hier aber Aktivierungswahlrecht als immaterieller VG des AV, vgl. § 248 HGB), verhindern.[26]

3 Passive transitorische Abgrenzung (Abs. 2)

Die passive Rechnungsabgrenzung entspricht der aktiven, allerdings mit umgekehrten Vorzeichen. Daher gelten die Ausführungen gem. Rz 7–Rz 8 und Rz 13 spiegelbildlich. Das in § 252 Nr. 4 HGB geregelte **Vorsichtsprinzip** führt allerdings dazu, dass bei passiven Rechnungsabgrenzungsposten im Zweifel eher eine Ansatzpflicht anzunehmen ist, während bei aktiven Rechnungsabgrenzungsposten eher kein Ansatz geboten ist.

14

Voraussetzung für die Bildung eines passiven Rechnungsabgrenzungspostens ist das Vorliegen einer **Einnahme vor dem Abschlussstichtag**. Unter Einnahme ist dabei der Zufluss von Zahlungsmitteln sowie die Einbuchung von Forderungen bzw. die Ausbuchung von Verbindlichkeiten zu verstehen.[27]

Weitere Bedingung für den Ansatz eines passiven Rechnungsabgrenzungspostens ist das Vorliegen eines Ertrags nach dem Abschlussstichtag. Ertrag setzt eine Gegenleistung des Bilanzierenden voraus, die nach dem Abschlussstichtag realisiert wird (z. B. Mietraumgestellung durch Vermieter).

> **Praxis-Beispiel**
> Die Immobilien GmbH ist Eigentümer eines bebauten Grundstücks in der Fußgängerzone von München. Das Gebäude ist an verschiedene Einzelhandelsgeschäfte vermietet. Das bislang unbebaute Nachbargrundstück wird von

---

[23] Vgl. Tiedchen, BB 1997, S. 2471.
[24] Vgl. IDW, WPH Edition, Wirtschaftsprüfung & Rechnungslegung, 18. Aufl. 2023, Kap. F Tz 440.
[25] Vgl. Küting, in Küting/Weber, HdR-E, § 250 HGB Rz 73, Stand: 9/2023 m. w. N.
[26] Vgl. Tiedchen, BB 1997, S. 2475; Schubert/Waubke, in Beck Bil-Komm., 14. Aufl. 2024, § 250 HGB Rz 21.
[27] Zu Einzelheiten vgl. ADS, Rechnungslegung und Prüfung der Unternehmen, 6. Aufl. 1995–2001, § 250 HGB Rz 112.

> einem Investor erworben, der hierauf ein Einzelhandelskaufhaus errichten und betreiben möchte. Aus baurechtlichen Gründen ist eine Entfluchtung des Einzelhandelskaufhauses nur über das Grundstück der Immobilien GmbH möglich. Der Investor verhandelt daher mit der Immobilien GmbH über die Einräumung einer Baulast auf dem Grundstück der Immobilien GmbH, die diese Entfluchtung dauerhaft gewährleisten soll.
>
> Nach den Regelungen des Vertrags muss die Immobilien GmbH die Entfluchtung des Einzelhandelskaufhauses des Nachbargrundstücks gewährleisten, indem es eine Freifläche auf ihrem eigenen Grundstück als Fluchtweg bereithält. Für die Einräumung dieses Entfluchtungsrechts zahlt der Investor der Immobilien GmbH eine einmalige Pauschalzahlung von 300 TEUR. Die Höhe der Pauschalzahlung ist von beiden Vertragspartnern aufgrund einer geschätzten wirtschaftlichen Nutzungsdauer des Entfluchtungsrechts von 30 Jahren bestimmt worden.
>
> Die Immobilien GmbH hat die erhaltene Pauschalzahlung als passiven Rechnungsabgrenzungsposten über die geschätzte Dauer von 30 Jahren zu bilanzieren. Die Auflösung erfolgt pro rata temporis, d. h. in jedem Jahr sind 10 TEUR ertragswirksam zu vereinnahmen. Eine sofortige Ertragsvereinnahmung scheidet aus, da den Erträgen noch zukünftig zu erbringende Leistungen (Duldung der Entfluchtung) der Immobilien GmbH gegenüberstehen.

15 In diesem Zusammenhang ist verschiedentlich über einen etwaigen Schuldcharakter des passiven Rechnungsabgrenzungspostens diskutiert worden.[28] Konkreter Anlass ist die Bilanzierung von sog. „signing fees", die insb. bei Fußballprofivereinen erhebliche Bedeutung haben. Eine „signing fee" wird bei Abschluss eines zeitlich befristeten Vertrags – i. d. R. eine Nutzungsrechtüberlassung – gezahlt. Die Gegenleistung des Zahlungsempfängers liegt in der Duldung des (regelmäßig exklusiven) Nutzungsrechts. Insofern handelt es sich um ein schwebendes Geschäft; das vereinnahmte Entgelt ist auf die Laufzeit als passiver Rechnungsabgrenzungsposten zu verteilen.[29]

16 Das Kriterium der bestimmten Zeit findet auch bei passiven Rechnungsabgrenzungsposten Anwendung. Insoweit gelten auch hier die Ausführungen zu aktiven Rechnungsabgrenzungsposten analog (Rz 13). Bzgl. der Ermittlung der bestimmten Zeit ergeben sich durch das Vorsichtsprinzip und das Realisationsprinzip (§ 252 Abs. 1 Nr. 4 HGB) bei passiven Rechnungsabgrenzungsposten jedoch z. T. abweichende Ergebnisse. So ist der für die aktiven Rechnungsabgrenzungsposten hier befürworteten engen Auslegung der Objektivierung der bestimmten Zeit bzgl. der passiven Rechnungsabgrenzungsposten nicht zu folgen. Diese Auffassung ist letztlich Analogieschluss aus dem Imparitätsprinzip (§ 252 Abs. 1 Nr. 4 2. Halbsatz HGB), da der Nichtansatz eines passiven Rechnungsabgrenzungspostens automatisch zu einem höheren Gewinnausweis in der laufenden Periode führen würde.

---

[28] Vgl. Küting/Strauß, DB 2010, S. 1189; Kudert/Marquart, WPg 2010, S. 39.
[29] Vgl. Hoffmann, StuB 2010, S. 450.

Diese Sichtweise wird auch durch verschiedene Urteile des BFH gestützt,[30] wobei dieser die Zulässigkeit von Schätzungen z.T. unterschiedlich behandelt hat. So hat der BFH in diesem Zusammenhang die Nutzungsdauerschätzung für eine Maschine[31] sowie die Laufzeit eines Bausparvertrags[32] als nicht hinreichend objektiviert in Bezug auf das Kriterium der bestimmten Zeit interpretiert und folglich den Ansatz eines passiven Rechnungsabgrenzungsposten verneint.

Eine **Vergütung**, die der Kreditgeber **für** seine Bereitschaft zu einer für ihn nachteiligen **Änderung der Vertragskonditionen** vom Kreditnehmer vereinnahmt hat, ist in der Bilanz des Kreditgebers nicht passiv abzugrenzen, da es an einer zeitraumbezogenen Gegenleistung fehlt.[33]

Im Gegensatz dazu hat der Verkäufer eines Optionsscheins bei **Optionsgeschäften** einen passiven Rechnungsabgrenzungsposten i.H.d. Optionsprämie zu bilden.[34] **17**

Besonderheiten gelten auch hinsichtlich der Abgrenzung realisierter Erfolgsbeiträge bei rollierend abgeschlossenen Sicherungsgeschäften.[35] **18**

4 Unterschiedsbetrag (Disagio) (Abs. 3)

4.1 Wahlrecht

§ 250 Abs. 3 HGB gibt dem Bilanzierenden ein Wahlrecht, den Unterschiedsbetrag zwischen dem Ausgabebetrag und dem höheren Erfüllungsbetrag von Verbindlichkeiten (Disagio) als aktiven Rechnungsabgrenzungsposten auszuweisen und in der Folge planmäßig aufzulösen. Bei Nichtausübung des Wahlrechts ist das Disagio sofort in voller Höhe aufwandswirksam zu erfassen. **19**

Aufgrund des Gebots der Ansatzstetigkeit (§ 246 Abs. 3 HGB) ist die früher zulässige sachverhaltsbezogene oder auch nur für einen Teilbetrag des Disagios vorgenommene Wahlrechtsausübung nicht mehr zulässig.[36] Ohnehin ist die Ausübung nur im Zeitpunkt der Darlehensausgabe möglich; eine Nachaktivierung von ursprünglich nicht aktivierten Disagien in Folgejahren ist unzulässig.

Das Wahlrecht gilt nicht nur für die im Fall von Darlehens- oder Anleiheaufnahmen vereinbarten Disagien, sondern für alle Arten von Verbindlichkeiten. Bei **Zero-Bonds** ist allerdings eine abweichende Bilanzierungsweise zu beachten, nämlich die Passivierung des Ausgabebetrags und ratierliche „Zuschreibung" der Zinsverpflichtung.[37] Die Anwendung dieser Effektivzinsmethode soll nach der hier vertretenen Auffassung nicht nur für Zero-Bonds, sondern auch für andere bei Zugang bzw. Begebung in wesentlichem Umfang nominell unterverzinslichen Fremdkapitaltitel gelten.[38]

---

30 BFH, Urteil v. 24.3.1982, BStBl 1982 II S. 643; BFH, Urteil v. 17.7.1980, BStBl 1981 II S. 669 ff.; BFH, Urteil v. 23.2.1977, BStBl 1977 II S. 392.
31 BFH, Urteil v. 22.1.1992, BStBl 1992 II S. 488.
32 BFH, Urteil v. 3.11.1982, BStBl 1983 II S. 132.
33 BFH, Urteil v. 7.3.2007, BStBl 2007 II S. 697.
34 Vgl. Schubert, in Beck Bil-Komm., 14. Aufl. 2024, § 250 HGB Rz 26.
35 Vgl. Göttgens/Prahl, WPg 1993, S. 503.
36 Gl. A. Hömberg/König/Weber, in Baetge/Kirsch/Thiele, Bilanzrecht, § 250 HGB Rz 86.1, Stand: 3/2020; Schubert, in Beck Bil-Komm., 14. Aufl. 2024, § 250 HGB Rz 38.
37 Vgl. St-HFA 1/1986; IDW, WPH Edition, Wirtschaftsprüfung & Rechnungslegung, 18. Aufl. 2023, Kap. F Tz 428.
38 Vgl. hierzu auch IDW-FN 2014, S. 595.

4.2 Unterschiedsbetrag aus Erfüllungs- und Ausgabebetrag

20 Der Gesetzeswortlaut spricht von einem Unterschiedsbetrag zwischen Ausgabe- und (höherem) Erfüllungsbetrag. Hierunter fällt das sog. **Ausgabedisagio** sowie ein **Rückzahlungsagio**.[39]
Unter **Erfüllungsbetrag** ist der Betrag zu verstehen, der gem. den Vertragsvereinbarungen am Ende der Laufzeit oder zu bestimmten, vertraglich im Voraus definierten Zeitpunkten vom Schuldner zu leisten ist (§ 253 Abs. 1 Satz 2 HGB).
Der **Ausgabebetrag** ist der Betrag, der dem Schuldner gem. der Kapitalüberlassungsvereinbarung zu Beginn der Laufzeit oder – eher ungewöhnlich, aber nicht unmöglich – zu im Voraus bestimmten Zeitpunkten vom Gläubiger zufließt.[40]

21 Die **Einbeziehung weiterer Aufwendungen**, die an den Gläubiger geleistet werden, wie z. B. Bearbeitungs- und Verwaltungsgebühren sowie Gebühren aus der Ausgabe von Anleihen in den Unterschiedsbetrag, ist umstritten.[41] Zu beachten ist hierbei allerdings die Konkurrenz zu § 250 Abs. 1 HGB, d. h., eine Nichteinbeziehung von Bearbeitungsgebühren in den Unterschiedsbetrag befreit nicht von der ggf. bestehenden Aktivierungspflicht, diese nach Abs. 1 als transitorischen Rechnungsabgrenzungsposten abzugrenzen (Rz 7 ff.).

22 Unstrittig ist, dass **Geldbeschaffungskosten**, die im Zuge der Darlehensaufnahme **durch Zahlungen an Dritte** entstehen (z. B. Vermittlungsprovisionen), nicht in den Unterschiedsbetrag einzubeziehen sind.[42]

4.3 Abschreibung

23 Der Unterschiedsbetrag ist nach § 250 Abs. 3 Satz 2 HGB **planmäßig abzuschreiben**, wobei die Verteilung auch auf kürzere Laufzeiten als auf die Gesamtlaufzeit vorgenommen werden kann.[43]
Ist ein ggü. der Kreditlaufzeit **kürzerer Zinsbindungszeitraum** vereinbart und wird das Disagio als vorausgezahlter Zinsaufwand interpretiert, stellt der Zeitraum, für den die Zinskonditionen festgeschrieben sind, die für die Abschreibungsberechnung maßgebliche Zeitspanne dar.
Fehlt es an einer konkreten Darlehenslaufzeit, darf die Abschreibung auf die voraussichtliche Tilgungszeit verteilt werden; aus Gründen der Vorsicht sollte dies der Zeitpunkt sein, zu dem eine Kündigung frühestens möglich ist.[44] Entschädigungszahlungen für eine vor Ablauf der Zinsbindung erfolgte Zinsanpassung erfüllen ebenfalls den Charakter eines Disagios.[45]

24 Das Gebot planmäßiger Abschreibung erfordert, dass zu Beginn des Abschreibungszeitraums ein Plan aufgestellt wird, von dem im Regelfall nicht abgewichen

---

[39] A. A. ADS, Rechnungslegung und Prüfung der Unternehmen, 6. Aufl. 1995–2001, § 250 HGB Rz 87.
[40] Vgl. Hömberg/König/Weber, in Baetge/Kirsch/Thiele, Bilanzrecht, § 250 HGB Rz 91, Stand: 3/2020.
[41] Ablehnend: Herzig/Joisten, DB 2011, S. 1014; ADS, Rechnungslegung und Prüfung der Unternehmen, 6. Aufl. 1995–2001, § 250 HGB Rz 89; Küting, in Küting/Weber, HdR-E, § 250 HGB Rz 86, Stand: 9/2023; zustimmend: Schubert, in Beck Bil-Komm., 14. Aufl. 2024, § 250 HGB Rz 43 (mit Hinweis auf abweichende BFH-Auffassung); sowie FG Köln, Urteil v. 12.11.2009, 13 K 3803/06, BB 2010, S. 565 (nicht rechtskräftig).
[42] Vgl. BFH, Urteil v. 4.5.1977, I R 27/74, BStBl 1977 II S. 802.
[43] Gl. A. Küting, in Küting/Weber, HdR-E, § 250 HGB Rz 93, Stand: 9/2023.
[44] Vgl. Schubert, in Beck Bil-Komm., 14. Aufl. 2024, § 250 HGB Rz 48.
[45] Vgl. Lüdenbach, StuB 2010, S. 194.

werden darf. Wird während des Abschreibungszeitraums die Darlehensdauer verkürzt, ist eine **Planberichtigung** erforderlich. Bei einer Verlängerung des Darlehenszeitraums ist eine Planberichtigung möglich, aber nicht erforderlich.[46] Es gibt keine vorgeschriebenen Abschreibungsmethoden. In jedem Fall muss aber jährlich eine Abschreibung erfolgen, d.h., es darf nicht mit der Abschreibung planmäßig ausgesetzt werden.

Der Abschreibungsplan sollte sich an dem Umfang der Kapitalnutzung orientieren und hat sich somit an den Rückzahlungsvereinbarungen zu orientieren. Bei **Fälligkeitsdarlehen** (Tilgung in einer Summe am Ende der Laufzeit) ist der Unterschiedsbetrag linear auf die Kreditlaufzeit zu verteilen. Bei **Tilgungs- und Annuitätsdarlehen** sinkt der Zinsaufwand im Zeitablauf, sodass hier eine entsprechend höhere Abschreibung des Unterschiedsbetrags in den ersten Jahren der Laufzeit sachgerecht ist.

Außerplanmäßige Abschreibungen auf das Disagio sind in Fällen denkbar, in denen **außerplanmäßige Tilgungen** (von Teilen oder des Gesamtbetrags) der Verbindlichkeit erfolgen, die eine vorzeitige erfolgswirksame Auflösung des Disagios erforderlich machen.[47] Eine **wesentliche Ermäßigung des Zinsniveaus** kann eine außerplanmäßige Abschreibung ebenfalls rechtfertigen. Auch eine freiwillige außerplanmäßige Abschreibung wird für zulässig erachtet.[48]

Hinsichtlich der für KapG/KapCoGes geltenden Ausweis- und Angabepflichten vgl. § 268 Rz 39.

---

[46] Vgl. Förster, in Anzinger/Oser/Schlotter, Rechnungslegung und Prüfung, Tb. 1, 7. Aufl., 2023, § 250 HGB Rz 132 ff.
[47] Vgl. Hömberg/König/Weber, in Baetge/Kirsch/Thiele, Bilanzrecht, § 250 HGB Rz 100, Stand: 3/2020; Weber-Grellet, BB 2010, S. 47.
[48] Vgl. IDW, WPH Edition, Wirtschaftsprüfung & Rechnungslegung, 18. Aufl. 2023, Kap. F Tz 444 m.w.N.

§ 251 Haftungsverhältnisse

¹Unter der Bilanz sind, sofern sie nicht auf der Passivseite auszuweisen sind, Verbindlichkeiten aus der Begebung und Übertragung von Wechseln, aus Bürgschaften, Wechsel- und Scheckbürgschaften und aus Gewährleistungsverträgen sowie Haftungsverhältnisse aus der Bestellung von Sicherheiten für fremde Verbindlichkeiten zu vermerken; sie dürfen in einem Betrag angegeben werden. ²Haftungsverhältnisse sind auch anzugeben, wenn ihnen gleichwertige Rückgriffsforderungen gegenüberstehen.

Inhaltsübersicht

		Rz
1	Überblick	1–4
	1.1 Inhalt	1–3
	1.2 Anwendungsbereich, Normenzusammenhang	4
2	Informationsfunktion des Bilanzvermerks	5–11
3	Verbindlichkeiten aus der Begebung und Übertragung von Wechseln	12–14
4	Verbindlichkeiten aus Bürgschaften, Wechsel- und Scheckbürgschaften	15–20
5	Verbindlichkeiten aus Gewährleistungsverträgen	21–38
	5.1 Arten von Gewährleistungsverpflichtungen	21–24
	5.2 Gewährleistungen für eigene Leistungen	25–26
	5.3 Gewährleistungen für fremde Leistungen	27–31
	5.4 Sonderform Patronatserklärung	32–36
	5.5 Sonstige Gewährleistungen	37–38
6	Haftungsverhältnisse aus der Bestellung von Sicherheiten für fremde Verbindlichkeiten	39–42
7	Bewertung der vermerkpflichtigen Haftungsverhältnisse	43–48
8	Ausweis der vermerkpflichtigen Haftungsverhältnisse	49–52

1 Überblick

1.1 Inhalt

1 § 251 HGB regelt die Angabe zu möglichen künftigen Vermögensbelastungen, die sich aus zum Bilanzstichtag bestehenden **Haftungsverhältnissen** ergeben können. Diese Angaben stellen eine Zusatzinformation zu den aus der Bilanz ersichtlichen passivierten Rückstellungen oder Verbindlichkeiten dar. Die „unter der Bilanz" anzugebenden Haftungsverhältnisse betreffen im Einzelnen:
- Verbindlichkeiten aus der Begebung und Übertragung von Wechseln,
- Verbindlichkeiten aus Bürgschaften, Wechsel- und Scheckbürgschaften,
- Verbindlichkeiten aus Gewährleistungsverträgen,
- Haftungsverhältnisse aus der Bestellung von Sicherheiten für fremde Verbindlichkeiten.

Diese Aufzählung ist vollständig und abschließend, sonstige evtl. Haftungsverhältnisse sind nicht anzugeben. Allerdings ist zu beachten, dass der Begriff der „**Gewährleistungsverträge**" gesetzlich nicht definiert ist und daher eine Vielfalt möglicher Haftungsverhältnisse umfasst, sodass der Umfang der Vermerkpflicht mit der weiteren Gestaltung und Entwicklung möglicher Haftungskonstruktionen „mit wachsen kann".

Die Gemeinsamkeit der in § 251 HGB aufgelisteten Haftungsverhältnisse besteht darin, dass eine Inanspruchnahme des Kfm. aufgrund einer rechtlichen Verpflichtung, der er sich nicht mehr entziehen kann, rechtlich möglich ist, am Bilanzstichtag jedoch nicht konkret erwartet wird und deshalb eine Passivierung (ganz oder tw.) in der Bilanz nicht erfolgt. Es handelt sich um auf vertraglicher Grundlage beruhende einseitige rechtliche Verpflichtungen, die beim künftigen Eintritt eines Ereignisses oder einer Bedingung zu einer Vermögensbelastung führen können. Da die Inanspruchnahme vom Eintritt einer Bedingung abhängt, werden die aus den Haftungsverhältnissen resultierenden Eventualverbindlichkeiten auch als **bedingte Verbindlichkeiten** bezeichnet.

Der Vermerk unter der Bilanz umfasst grds. die mögliche Vermögensbelastung in voller Höhe. Evtl. bestehende **Rückgriffsforderungen** sind nicht zu berücksichtigen. Die Angabe der möglichen Vermögensbelastung darf allerdings nur einmal erfolgen, Doppelangaben sind unzulässig. Lt. Gesetzestext erfolgt der Vermerk nur, „sofern" entsprechende Verbindlichkeiten nicht auf der Passivseite auszuweisen sind. Nach übereinstimmender Literaturmeinung[1] ist dieses „sofern" des Gesetzestextes in ein „soweit" umzudeuten. Ein Vermerk entfällt nur dann, wenn eine Rückstellung oder Verbindlichkeit mit dem vollen Betrag der möglichen Haftung passiviert ist; erfasst die Passivierung nur einen Teilbetrag der Gesamtverpflichtung, so ist der Restbetrag der rechtlich möglichen Verpflichtung gem. § 251 HGB zu vermerken.

1.2 Anwendungsbereich, Normenzusammenhang

§ 251 HGB ist eine für alle Kfl. gültige Regelung, die über den Verweis in § 298 Abs. 1 HGB auch auf den Konzernabschluss anzuwenden ist.

Für KapG/KapCoGes sind in § 268 Abs. 7 HGB ergänzende Anforderungen geregelt: Die in § 251 HGB bezeichneten Haftungsverhältnisse sind jeweils gesondert im Anhang unter Angabe der gewährten Pfandrechte und sonstigen Sicherheiten anzugeben; bestehen Verpflichtungen die Altersversorgung betreffend oder Verpflichtungen gegenüber verbundenen oder assoziierten Unt, so sind sie gesondert anzugeben. Darüber hinaus ist für diese Gesellschaften die Regelung des § 285 Nr. 9 HGB zu beachten, der zufolge die zugunsten der Organmitglieder eingegangenen Haftungsverhältnisse im Anhang anzugeben sind. Schließlich ist auf § 285 Nr. 27 HGB hinzuweisen: KapG/KapCoGes haben im Anhang für die nach § 251 HGB unter der Bilanz ausgewiesenen Verbindlichkeiten und Haftungsverhältnisse die Gründe der Einschätzung des Risikos der Inanspruchnahme anzugeben.

2 Informationsfunktion des Bilanzvermerks

Die Funktionen des handelsrechtlichen Jahresabschlusses sind insb. in folgenden Bereichen zu sehen:

---

[1] Vgl. z.B. Wader/Kotzur, in Anzinger/Oser/Schlotter, Rechnungslegung und Prüfung, Tb. 1, 7. Aufl., 2023, § 251 HGB Rz 4.

- Gläubigerschutz,
- Kapitalerhaltung,
- Ausschüttungsbemessung.

Dagegen dient die internationale Rechnungslegung (IFRS) insb. der **Informationsfunktion**. Mit der Umsetzung des BilMoG wurde erstmals auch die „Informationsfunktion des handelsrechtlichen Jahres- und Konzernabschlusses" in der Gesetzesbegründung als eigenständiges Ziel definiert.[2] Während also die Informationsfunktion für die Rechnungslegungsregelungen i. A. erstmals mit dem BilMoG besondere Betonung findet, gilt dies für den Bilanzvermerk gem. § 251 HGB schon immer und ist gleichzeitig das einzige Ziel dieser Vorschrift. Die Vermerkpflicht dient zunächst der „Selbstinformation des Kaufmanns" und darüber hinaus allen externen Adressaten des Jahresabschlusses als Zusatzinformation über nicht bilanzierungsfähige zusätzliche Risiken. Da der Bilanzvermerk der Gläubigerschutzfunktion des handelsrechtlichen Jahresabschlusses lediglich indirekt – i. S. v. zusätzlichen Informationen – und den Funktionen Kapitalerhaltung, Ausschüttungsbemessung sowie steuerliche Maßgeblichkeit überhaupt nicht dient, sind auch die hieraus abgeleiteten allgemeinen Grundsätze wie Realisationsprinzip, Vorsichtsprinzip und Stichtagsprinzip nicht bzw. nur in modifizierter Form zu beachten.

6 Die Unbeachtlichkeit des **Realisationsprinzips** zeigt sich bspw. darin, dass Haftungsverhältnisse, die in fremder Währung zu erfüllen sind, unabhängig von der Fristigkeit jeweils mit dem Geldkurs am Abschlussstichtag umzurechnen sind, auch wenn dieser Kurs unter dem Kurs zum Zeitpunkt des Entstehens des Haftungsverhältnisses liegt.[3] Soweit in der Kommentierung für diesen Fall lediglich auf die Regelungen für die Umrechnung von Währungsverbindlichkeiten hingewiesen wird,[4] ist dem in dieser allgemeinen Form nicht zuzustimmen, da eine Bindung an das Realisationsprinzip bei Angaben über Haftungsverhältnisse außerhalb der Bilanz mangels Konsequenzen für Entnahmen bzw. Ausschüttungen nicht sinnvoll ist. Die Anwendung des Devisenkassamittelkurses nach § 256a HGB führt zu einer zutreffenden Angabe möglicher künftiger Belastungen.[5]

Das dem Niederstwertprinzip für Aktiva entsprechende Höchstwertprinzip für Rückstellungen gilt in diesem Fall nicht.

> **Praxis-Beispiel**
> Die X-AG hat die Bürgschaft für eine langfristige Fremdwährungsverbindlichkeit von 1 Mio. GBP ihrer Tochtergesellschaft T übernommen. Zum Bilanzstichtag 01 beträgt der Kurs GBP/EUR 1,30; unter der Bilanz ist ein Betrag von 1,3 Mio. EUR anzugeben. Zum Bilanzstichtag 02 beträgt der Kurs GBP/EUR 1,15; die Angabe gem. § 251 HGB reduziert sich auf 1,15 Mio. EUR.

---

[2] Vgl. BT-Drs. 16/10067 v. 30.7.2008 S. 1.
[3] Vgl. Fey/Klönne, in Küting/Weber, HdR-E, § 251 HGB Rz 75, Stand: 05/2023.
[4] Vgl. Karrenbrock, in Baetge/Kirsch/Thiele, Bilanzrecht § 251 HGB Rz 53, Stand: 01/2020.
[5] Vgl. Fey/Klönne, in Küting/Weber, HdR-E, § 251 HGB Rz 75, Stand: 05/2023; Wader/Kotzur, in Anzinger/Oser/Schlotter, Rechnungslegung und Prüfung, Tb. 1, 7. Aufl., 2023, § 251 HGB Rz 122; Grottel/Berberich, in Beck Bil-Komm., 14. Aufl. 2024, § 251 HGB Rz 27 ff.

Das **Vorsichtsprinzip** findet insoweit Anwendung, als den Bilanzadressaten durch den Bilanzvermerk ein umfassendes und zutreffendes Bild aller möglichen künftigen Vermögensbelastungen, die zum Stichtag nicht zu bilanzieren sind, gegeben wird. Hierbei ist grds. nicht ein erwarteter oder wahrscheinlicher Wert anzugeben, wie dies z.B. für die Bemessung von Rückstellungen grds. geboten ist, sondern es ist stets die maximal mögliche Belastung, der sich der Kfm. nicht mehr entziehen kann, anzugeben. Allerdings ist es in Fällen, in denen eine verlässliche Schätzung nicht möglich ist, zulässig, lediglich einen **Merkposten** anzugeben und darüber hinaus **verbale Erläuterungen** zu geben, eine Vorgehensweise, die für Bewertungsentscheidungen in der Bilanz aufgrund des Vorsichtsprinzips nicht zulässig wäre. 7

Das **Stichtagsprinzip** ist in einer der Informationsfunktion des Bilanzvermerks entsprechenden Auslegung anzuwenden. Anzugeben sind grds. alle am Bilanzstichtag bestehenden Haftungsverhältnisse, die zu künftigen Vermögensbelastungen führen können. Die Inanspruchnahme muss von Bedingungen abhängen, die der Kfm. am Bilanzstichtag nicht oder jedenfalls nicht mehr wesentlich selbst beeinflussen kann. Soweit die eingegangenen Haftungsverhältnisse die Absicherung von Verpflichtungen eines Dritten betreffen, bedeutet das Stichtagsprinzip jedoch nicht, dass stets nur die zum Bilanzstichtag bestehende gesicherte **Hauptverbindlichkeit** im Bilanzvermerk anzugeben ist. So sind bspw. auch bei **Höchstbetragsbürgschaften**, die streng akzessorisch sind, d.h. sich unmittelbar nach der Höhe der Hauptverbindlichkeit richten, stets die möglichen Höchstbeträge der Belastungen anzugeben, nicht dagegen ein am Bilanzstichtag gegebener evtl. niedrigerer Betrag der Hauptschuld.[6] 8

Eine Vermerkpflicht besteht auch dann, wenn Haftungsverhältnisse für **künftige** oder **bedingte Hauptschulden** eingegangen worden sind. Die Entstehung der Haftungsverbindlichkeit hängt in diesem Fall von einer weiteren, zum Bilanzstichtag noch nicht eingetretenen Bedingung (Entstehung der Hauptschuld) ab. Gleichwohl besteht die Vermerkpflicht, da für den Bilanzierenden ein vertraglich konkretisiertes Haftungsrisiko vorliegt, dem er sich bei Eintritt der Voraussetzungen nicht mehr entziehen kann. Dies gilt auch, wenn das Entstehen der Hauptschuld nach den Verhältnissen des Bilanzstichtags als unwahrscheinlich anzusehen ist.[7]

Anwendung findet selbstverständlich das **Vollständigkeitsgebot**.[8] Der umfassenden Informationsfunktion des Bilanzvermerks entsprechend sind daher auch evtl. **strittige Haftungsverhältnisse** anzugeben. Bestehen Zweifel an der rechtlichen Wirksamkeit einer Vereinbarung, so ist das Haftungsverhältnis gleichwohl einzubeziehen, denn eine umfassende Information beinhaltet auch solche Risiken, deren Eintritt am Bilanzstichtag als unwahrscheinlich gilt. Solange eine künftige Vermögensbelastung nicht definitiv auszuschließen ist, ist deshalb von einer Vermerkpflicht auszugehen. Es ist zu beachten, dass das Vollständigkeitsprinzip nur für die vier Arten von Haftungsverhältnissen gilt, die im Gesetzestext ausdrücklich erwähnt sind. 9

---

6 Vgl. Wiehn, in Castan u.a., Beck HdR, B 250 Haftungsverhältnisse Rn 92, Stand: 05/2010.
7 Vgl. Karrenbrock, in Baetge/Kirsch/Thiele, Bilanzrecht, § 251 HGB Rz 34, Stand: 01/2020.
8 Vgl. Kortmann, DB 1987, S. 2579.

10 **Aufschiebend bedingte** oder **zukünftige Haftungsverhältnisse** sind dadurch gekennzeichnet, dass nicht der Eintritt der gesicherten Hauptverbindlichkeit von einem künftigen Ereignis abhängt, sondern die Wirksamkeit des Haftungsverhältnisses selbst, wie z.B. die Übernahme einer aufschiebend bedingten Bürgschaft. Die Vermerkpflicht richtet sich auch in diesem Fall ausschl. danach, ob der Eintritt der Haftung unabhängig vom Willen des Bilanzierenden möglich ist. In diesem Fall ist eine Vermerkpflicht stets gegeben. Ein Anwendungsfall liegt z.B. vor, wenn Gegenstand der Bedingung eine Vertragsverletzung durch den Hauptschuldner ist.[9] Auch die vertragliche Verpflichtung zu künftiger Sicherheitsleistung, wie z.B. die Erklärung, auf erstes Anfordern des Gläubigers eine Bürgschaft oder Garantie zu übernehmen oder Grundschulden zu bestellen, führt zur Vermerkpflicht einer als **Vorvertrag** einzuordnenden Verpflichtung zu künftiger Sicherheitsleistung. Sie ist anzugeben, weil der Verpflichtete zur Sicherheitenbestellung notfalls im Klageweg gezwungen werden kann.[10] Schließlich ist zu beachten, dass grds. neben **direkten** auch **indirekte**, d.h. durch einen Dritten im Auftrag des Bilanzierenden übernommene **Verpflichtungen** vermerkpflichtig sein können.[11]

11 Die beschriebene besondere Informationsfunktion führt aber auch zu einer Einschränkung des Vollständigkeitsgebots. Die anzugebenden Haftungsverhältnisse beruhen grds. auf einer vertraglichen Grundlage, deren Zweck entweder unmittelbar oder zumindest mittelbar auf die Übernahme eines besonderen, über **die betriebs- oder branchenüblichen Haftungstatbestände** hinausgehenden Haftungsrisikos gerichtet ist. Als üblich können im Regelfall vertragliche Vereinbarungen angesehen werden, soweit deren Verpflichtungen mit gesetzlichen Vorschriften übereinstimmen oder in allgemeinen Geschäftsbedingungen festgelegt sind. Auch **gesetzliche Haftungen** führen nicht zu einem Bilanzvermerk.[12] Eine Vermerkpflicht ist in diesen Fällen nicht gegeben, da die Jahresabschlussadressaten mit derartigen Haftungstatbeständen auch ohne besonderen Hinweis ganz allgemein rechnen können, während es der besonderen Informationsfunktion des § 251 HGB entspricht, die Adressaten über alle über die allgemeinen rechtlichen und wirtschaftlichen sowie branchenüblichen Verpflichtungen hinausgehenden potenziellen Vermögensbelastungen ins Bild zu setzen. In diesem Sinne wurde im Jahr 2014 durch Änderung des IDW Standards zur Bilanzierung von Anteilen an Personenhandelsgesellschaften klargestellt, dass im Fall einer die Pflichteinlage des Kommanditisten übersteigenden Hafteinlage keine Pflicht besteht, den Differenzbetrag anzugeben.[13]

---

[9] Vgl. Grottel/Berberich, in Beck Bil-Komm., 14. Aufl. 2024, § 251 HGB Rz 19.
[10] Vgl. Gerth, BB 1981, S. 1617; ADS, Rechnungslegung und Prüfung der Unternehmen, 6. Aufl. 1995–2001, § 251 HGB Rz 12.
[11] Vgl. Grottel/Berberich, in Beck Bil-Komm., 14. Aufl. 2024, § 251 HGB Rz 19.
[12] Vgl. Karrenbrock, in Baetge/Kirsch/Thiele, Bilanzrecht, § 251 HGB Rz 22, Stand: 01/2020; Kortmann, DB 1987, S. 2579.
[13] Vgl. IDW RS HFA 18.40.

3 Verbindlichkeiten aus der Begebung und Übertragung von Wechseln

Die Vermerkpflicht bezieht sich auf das sog. **Wechselobligo**, d. h. die Haftung aus der Begebung und Übertragung von Wechseln i. S. v. § 1 Wechselgesetz (WG). Angabepflichtig sind alle Wechsel, für die der Kfm. entweder **als Aussteller** (§ 9 Abs. 1 WG, Begebung von Wechseln) oder als sog. **Indossant** (§ 15 Abs. 1 WG, Übertragung von Wechseln) haftet. Die Vermerkpflicht umfasst den Gesamtbetrag aller Wechsel, die am Bilanzstichtag noch nicht fällig oder noch nicht eingelöst waren, sodass der Bilanzadressat über den Gesamtumfang der auf den Kfm. möglicherweise zukommenden Haftungsverpflichtungen zum Stichtag informiert wird. Die **Bonität** des Akzeptanten oder sonstiger in der Kette vorrangig Verpflichteter ist unbeachtlich. Allein das Vorliegen des wechselrechtlichen Obligos löst die Angabepflicht aus. Hieraus ergibt sich, dass bspw. auch Wechsel, die auf die öffentliche Hand gezogen sind, stets in den Vermerk einzubeziehen sind.[14] Die Bonität der übrigen Verpflichteten hat allerdings eine erhebliche Bedeutung für die Frage, ob mit einer wechselrechtlichen Inanspruchnahme tatsächlich zu rechnen ist und dementsprechend anstelle eines Bilanzvermerks die Bilanzierung einer Rückstellung geboten ist.

12

> **Praxis-Beispiel**
> Unternehmer U hat von seinen Kunden K1 und K2 Wechsel über 500 TEUR (K1) und 300 TEUR (K2) hereingenommen und kurz vor dem Bilanzstichtag seiner Hausbank zur Gutschrift eingereicht. K1 ist bereits seit einiger Zeit aufgrund von Auftragsrückgängen in einer finanziell sehr schwierigen Lage; zu K2 bestehen keine besonderen, insb. keine negativen Erkenntnisse. Für die Verpflichtung aus dem Wechsel von K1 wird mit einer Inanspruchnahme i. H. v. 350 TEUR gerechnet. Es ist eine Rückstellung für ungewisse Verbindlichkeiten i. H. v. 350 TEUR zu bilden. Unter der Bilanz ist ein Vermerk für Verbindlichkeiten aus der Begebung und Übertragung von Wechseln i. H. v. 150 TEUR (K1) + 300 TEUR (K2) = 450 TEUR zu machen.

Das wechselrechtliche Obligo erlischt an dem Tag, an dem der Wechsel durch den Bezogenen, den Aussteller oder einen Vorgiranten eingelöst wird. Der **Einlösetag** ist nicht automatisch der **Verfalltag**. Der Einlösetag kann grds. auch nach dem Verfalltag liegen. Allerdings ist dem Bilanzierenden, der den Wechsel weitergegeben hat, der Einlösetag i. d. R. nicht bekannt. In der Bilanzierungspraxis wird allgemein davon ausgegangen, dass das Obligo spätestens fünf Tage nach dem Verfall des Wechsels erlischt, sofern dem Wechselverpflichteten kein Protest, der einen Rückgriff erlauben würde, bekannt gemacht worden ist.[15] Damit sind alle Wechsel angabepflichtig, bei denen am Bilanzstichtag die **Fünf-Tagefrist** noch nicht abgelaufen sowie nicht bekannt ist, dass der Wechsel vor dem Abschlussstichtag tatsächlich eingelöst wurde.[16] Erlangt das Unt bis zum

13

---

[14] Vgl. Grottel/Berberich in Beck Bil-Komm., 14. Aufl. 2024, § 251 HGB Rz 42.
[15] Vgl. Wader/Kotzur, in Anzinger/Oser/Schlotter, Rechnungslegung und Prüfung, Tb. 1, 7. Aufl., 2023, § 251 HGB Rz 78.
[16] Vgl. Wiehn, in Castan u. a., Beck HdR, B 250 Haftungsverhältnisse Rn 78, Stand: 05/2010.

Zeitpunkt der Bilanzaufstellung Kenntnis davon, dass der Wechsel bereits zum Bilanzstichtag eingelöst war, entfällt die Vermerkpflicht. Wird dagegen im Wertaufhellungszeitraum bis zur Bilanzaufstellung bekannt, dass ein Wechsel zum Protest gegeben wurde und der bilanzierende Kfm. demzufolge mit einer konkreten Inanspruchnahme zu rechnen hat, so ist eine entsprechende Passivierung und gleichzeitige Reduzierung des Bilanzvermerks vorzunehmen.

Die tatsächliche Inanspruchnahme wird aufgrund der relativ kurzen Fristen im Regelfall bis zur Bilanzerstellung bekannt sein. Neben der damit gebotenen Passivierung für den konkreten Einzelfall wird – sofern ein Wechselobligo aus einer größeren Anzahl von Wechseln resultiert – darüber hinaus eine **pauschale Rückstellung** für mögliche Inanspruchnahmen auch dann zu bilden sein, wenn konkrete Regressansprüche nicht geltend gemacht worden sind. Der entsprechende Betrag ist bei der Ermittlung des in den Vermerk aufzunehmenden Postens in Abzug zu bringen.

> **Praxis-Beispiel**
> Der Gesamtbetrag der im Bilanzvermerk zu berücksichtigenden Wechsel beträgt zum Bilanzstichtag 800 TEUR. Aufgrund von Erfahrungen der Vergangenheit beträgt die durchschnittliche Inanspruchnahme für nicht im Einzelfall i.R.v. Rückstellungen berücksichtigte Wechsel 4 %. Es wird eine pauschal ermittelte Rückstellung für drohende Wechselinanspruchnahme i.H.v. 32 TEUR gebildet sowie ein Bilanzvermerk i.H.v. 800 TEUR – 32 TEUR = 768 TEUR angegeben.

Die wechselrechtliche Haftung umfasst nicht nur den Nominalbetrag der Wechselsumme, sondern bezieht sich auch auf **Nebenkosten** wie Zinsen, Kosten des Protests und andere Auslagen. Nach h.M. soll es zulässig sein, diese Nebenkosten nicht in den Bilanzvermerk mit aufzunehmen, sondern sie i.R.d. erwähnten Pauschalrückstellung zu berücksichtigen;[17] abweichende Auffassungen, denen hier nicht gefolgt wird, gehen davon aus, dass Nebenkosten überhaupt nicht von der Vermerkpflicht erfasst werden und somit auch nicht in eine evtl. Pauschalrückstellung einzubeziehen sind.[18]

14 Nicht ausweispflichtig sind **Mobilisierungs- und Kautionswechsel** sowie **Depotwechsel** für eigene Verbindlichkeiten und **Gefälligkeitsakzepte**. In diesen Fällen liegen regelmäßig passivierungspflichtige Verbindlichkeiten vor, die durch ergänzende Ausstellung von Wechseln abgesichert werden. Nur wenn Kautionswechsel für eine bestimmte, nicht als Verbindlichkeit zu interpretierende Leistung (Unterlassung) hinterlegt werden, sind sie im Wechselobligo anzugeben.[19] Im Gegensatz zu Gefälligkeitsakzepten lösen Gefälligkeitsindossamente eine Vermerkpflicht aus. Nicht eindeutig geklärt ist allerdings, ob der Ausweis unter den Wechselverpflichtungen oder unter den Bürgschaften (i.S.e. Wechselbürg-

---

[17] Vgl. Karrenbrock, in Baetge/Kirsch/Thiele, Bilanzrecht, § 251 HGB Rz 79, Stand: 01/2020.
[18] Vgl. Wader/Kotzur, in Anzinger/Oser/Schlotter, Rechnungslegung und Prüfung, Tb. 1, 7. Aufl., 2023, § 251 HGB Rz 123.
[19] Vgl. Grottel/Berberich, in Beck Bil-Komm., 14. Aufl. 2024, § 251 HGB Rz 45.

schaft) zu erfolgen hat.[20] Auch im sog. **Scheck-Wechselverfahren** gegebene Wechsel sind i. R. d. Wechselobligos zu vermerken. Bei diesem Verfahren werden die Warenforderungen des bilanzierenden Kfm. vom Kunden zur Ausnutzung der Skontofrist mittels Scheck bezahlt und vom Kfm. wird in gleicher Höhe ein Finanzwechsel ausgestellt und auf den Kunden gezogen, der sich bei der Bank hiermit refinanziert.[21]

4 Verbindlichkeiten aus Bürgschaften, Wechsel- und Scheckbürgschaften

Mit einer **Bürgschaft** geht der Bürge die vertragliche Verpflichtung ein, gegenüber dem Gläubiger eines Dritten für die Erfüllung der Verbindlichkeit dieses Dritten einzustehen (§ 765 Abs. 1 BGB). Es kann sich um bereits bestehende Verbindlichkeiten oder um künftige oder bedingte Verbindlichkeiten des Dritten handeln (§ 765 Abs. 2 BGB). Für die Bürgschaftserklärung ist grds. die Schriftform erforderlich (§ 766 Abs. 1 BGB); die Schriftform ist allerdings nicht erforderlich, wenn die Bürgschaft auf Seiten des Bürgen ein Handelsgeschäft ist (§ 350 HGB). 15

Die Vermerkpflicht umfasst neben der Bürgschaft i. e. S. gem. § 765 BGB auch die besonderen Formen der Bürgschaft, für die die §§ 765 ff. BGB gelten. Dies sind die **Nachbürgschaft**, die **Rückbürgschaft**, die **Ausfallbürgschaft**, die **Mitbürgschaft**, die **Kreditbürgschaft** u. a.[22] Selbstschuldnerische Bürgschaften sind ebenso anzugeben wie Bürgschaften, bei denen der Bürge nicht auf die Einrede der Vorausklage verzichtet hat. Ebenso ist die Haftung aus dem der Bürgschaft ähnlichen **Kreditauftrag** anzugeben. Derjenige, der einen anderen beauftragt, im eigenen Namen und auf eigene Rechnung einem Dritten Kredit zu geben, haftet dem Beauftragten für die aus der Kreditgewährung entstehende Verbindlichkeit als Bürge (§ 778 BGB).[23] 16

> **Praxis-Beispiel**
> Das MU M beabsichtigt, eine steuerlich optimale Fremdfinanzierung der Unternehmensgruppe zu realisieren und beauftragt in diesem Zusammenhang seine Hausbank, dem KonzernUnt A einen Bankkredit i. H. v. 80 Mio. EUR mit einem Zinssatz von 3 % zu gewähren, sodass die Freigrenze der steuerlichen Zinsschrankenregelung nicht erreicht wird. M haftet für das Bankdarlehen an A als Bürge und hat dies unter der Bilanz zu vermerken.

Anzugeben an dieser Stelle sind allerdings nur „**Bürgschaften im Rechtssinne**". Bürgschaftsähnliche Rechtsverhältnisse können als Verbindlichkeiten aus Gewährleistungsverträgen vermerkpflichtig sein, wobei sich gelegentlich Abgrenzungsprobleme ergeben können. Jedenfalls ist immer dann, wenn ein bestimmtes Risiko selbstständig, d. h. ohne unmittelbare Anknüpfung an die Verpflichtung des Dritten, übernommen wird, von einer selbstständigen Garantie auszugehen.

---

[20] Vgl. Wader/Kotzur, in Anzinger/Oser/Schlotter, Rechnungslegung und Prüfung, Tb. 1, 7. Aufl., 2023, § 251 HGB Rz 63, 69; Grottel/Berberich, in Beck Bil-Komm., 14. Aufl. 2024, § 251 HGB Rz 45.
[21] Vgl. Wiehn, in Castan u. a., Beck HdR, B 250 Haftungsverhältnisse Rn 72, Stand: 05/2010.
[22] Vgl. Grüneberg, Beck BGB-Kurzkomm., 82. Aufl. 2023, Einf v § 765 BGB Rz 6 ff.
[23] Vgl. Fey/Klönne, in Küting/Weber, HdR-E, § 251 HGB Rz 45, Stand: 05/2023.

17 Ob auch Eventualverbindlichkeiten aus **Bürgschaften nach ausländischem Recht** unter den „Verbindlichkeiten aus Bürgschaften" anzugeben sind oder ob sie den „Verbindlichkeiten aus Gewährleistungsverträgen" zuzuordnen sind, wird in der Literatur nicht einheitlich beurteilt. Für einen Vermerk i.R.d. zuletzt genannten Kategorie spricht das formale Argument, dass für derartige Verpflichtungen § 765 BGB nicht anwendbar ist.[24] Ausschlaggebend für die Zuordnung des Vermerks sollte nach hier vertretener Auffassung allerdings die materielle Betrachtung sein, d.h. die Frage, ob die entsprechenden Auslandsbürgschaften denjenigen nach deutschem Recht direkt vergleichbar sind. Bejahendenfalls sollte der Ausweis unter den „Verbindlichkeiten aus Bürgschaften" erfolgen.[25]

18 Da die angabepflichtigen Vermerke stets das Einstehen des Kfm. für eine fremde Verpflichtung betreffen, sind Bürgschaften, die Dritte (auch verbundene Unt) zugunsten des Kfm. übernommen haben, selbstverständlich nicht anzugeben.

19 **Wechselbürgschaften** sind wechselmäßige Verpflichtungen i.S.d. Art. 30–32 WG. Die Bürgschaftserklärung wird jeweils auf den Wechsel selbst oder auf einen Anhang gesetzt. Sofern dies auf der Rückseite des Wechsels erfolgt, ist ein ausdrücklicher Zusatz, dass die wechselmäßige Verpflichtung als Bürge übernommen wird, notwendig. Dagegen gilt die auf die Vorderseite des Wechsels gesetzte Unterschrift stets als Bürgschaftserklärung, soweit es sich nicht um die Unterschrift des Bezogenen oder des Ausstellers handelt. Die Vermerkpflicht umfasst auch das sog. Gefälligkeitsgiro.[26] Die Vermerkpflicht umfasst weiterhin **Scheckbürgschaften**, die in Art. 25–27 Scheckgesetz geregelt sind. Die Bestimmungen entsprechen denjenigen des WG über die Wechselbürgschaften.

20 Die Höhe der Bürgschaftsverpflichtung entspricht grds. derjenigen der jeweiligen **Hauptschuld**. Sofern die Hauptschuld endgültig erloschen ist, entfallen auch die Bürgschaftsschuld und die Vermerkpflicht. Die zu vermerkende Bürgschaftsverpflichtung ist grds. unabhängig von der Bilanzierung beim Hauptschuldner. Hat sich der Kfm. bis zu einem Höchstbetrag verbürgt und liegt es beim Hauptschuldner, wann und in welcher Höhe er das Limit in Anspruch nimmt, ist der jeweilige Höchstbetrag zu vermerken, auch wenn am Abschlussstichtag keine oder eine geringere Hauptschuld vorliegt, da sich der Kfm. dieser ggf. höheren Verpflichtung nicht mehr entziehen kann.[27] Z.T. wird auch eine stärkere Orientierung am Stand der Hauptverbindlichkeit als zulässig erachtet.[28] Bezieht sich die Bürgschaft auf eine Verbindlichkeit, die der regelmäßigen **Tilgung** unterliegt, ist in diesem Fall nicht der Höchstbetrag anzugeben, sondern der Stand der Hauptschuld am Bilanzstichtag, sofern aufgrund der Tilgungsregelung keine über diesen Stand hinausgehende Inanspruchnahme des Bürgen mehr droht. Zur

---

[24] Vgl. Fey/Klönne, in Küting/Weber, HdR-E, § 251 HGB Rz 43, Stand: 05/2023; a.A. Grottel/Berberich, in Beck Bil-Komm. 14. Aufl. 2024, § 251 HGB Rz 50.

[25] Vgl. Karrenbrock, in Baetge/Kirsch/Thiele, Bilanzrecht, § 251 HGB Rz 85, Stand: 01/2020; Wader/Kotzur, in Anzinger/Oser/Schlotter, Rechnungslegung und Prüfung, Tb. 1, 7. Aufl., 2023, § 251 HGB Rz 68.

[26] Vgl. Wader/Kotzur, in Anzinger/Oser/Schlotter, Rechnungslegung und Prüfung, Tb. 1, 7. Aufl., 2023, § 251 HGB Rz 69; Grottel/Berberich, in Beck Bil-Komm., 14. Aufl. 2024, § 251 HGB Rz 51.

[27] Vgl. Fey/Klönne, in Küting/Weber, HdR-E, § 251 HGB Rz 48, Stand: 05/2023; Wader/Kotzur, in Anzinger/Oser/Schlotter, Rechnungslegung und Prüfung, Tb. 1, 7. Aufl., 2023, § 251 HGB Rz 119.

[28] Vgl. Grottel/Berberich, in Beck Bil-Komm., 14. Aufl. 2024, § 251 HGB Rz 52; Wader/Kotzur, in Anzinger/Oser/Schlotter, Rechnungslegung und Prüfung, Tb. 1, 7. Aufl., 2023, § 251 HGB Rz 76.

3.3.5.2 Beschaffungsgeschäfte über nicht aktivierungsfähige Leistungen

Beschaffungsgeschäfte über nicht aktivierungsfähige Leistungen stellen z. B. Werkverträge für Dienstleistungen (z. B. Reparaturen, Beratungsleistungen) dar. Zur Ermittlung eines drohenden Verlusts aus einem derartigen Geschäft ist auf den wirtschaftlichen Wert der Leistung abzustellen. Eine Drohverlustrückstellung ist nur dann zu bilden, wenn der wirtschaftliche Wert der Leistung hinter dem Wert der vom Bilanzierenden zu erbringenden Gegenleistung (Vergütungsanspruch) zurückbleibt. Dies ist in der Praxis zumeist schwer zu ermitteln, da der Beitrag der Leistung zum Unternehmenserfolg des Bilanzierenden objektiv regelmäßig nicht zu bestimmen ist.[113] Nicht zulässig wäre es, die Bestimmung eines drohenden Verlusts ausschl. an den Wiederbeschaffungskosten vorzunehmen.

153

> **Praxis-Beispiel**
> Ein Busunternehmen beauftragt im Dezember 01 ein Reinigungsunternehmen mit der Außen- und Innenreinigung seiner Busse. Die Reinigung soll im Januar und Februar 02 vorgenommen werden. Die vereinbarte Vergütung beläuft sich auf 100 GE. Bei Bilanzaufstellung wird bekannt, dass ein Konkurrenz-Reinigungsunternehmen dieselbe Leistung für 90 GE durchgeführt hätte.
> Es ist keine Rückstellung für drohende Verluste zu bilden. Das billigere Konkurrenzangebot stellt keinen drohenden Verlust, sondern einen entgangenen Gewinn dar.

Anwendungsfälle ergeben sich häufig beim Abschluss von Energielieferungsverträgen. Hierbei handelt es sich um nicht aktivierungsfähige Leistungen (Strom ist nicht speicherbar), sodass eine opportunitätskosten-orientierte Betrachtung zu kurz greift. Eine Rückstellungsbildung allein aufgrund gesunkener Wiederbeschaffungskosten ist somit nicht zulässig.

In Fällen, in denen die **Leistung** für das bilanzierende Unt **objektiv wertlos** ist (**Fehlmaßnahme**), ist eine Rückstellung für drohende Verluste zu bilden.

154

> **Praxis-Beispiel**
> Ein Unt benötigt bei der Erstellung des Jahresabschlusses für die Bewertung der Pensionsrückstellungen ein Sachverständigengutachten. Versehentlich werden im Dezember 01 zwei Aktuare mit derselben Leistung beauftragt; die Durchführung ist für Januar 02 vorgesehen. Das vereinbarte Honorar beträgt jeweils 100 GE.
> Zwei Sachverständigengutachten auf denselben Bewertungsstichtag sind für das Unt objektiv wertlos. Für eines der beiden schwebenden Geschäfte ist eine Rückstellung für drohende Verluste zu bilden.
>
> **Abwandlung des Beispiels:**
> Allerdings wird die doppelte Beauftragung noch im Dezember 01 bemerkt und einer der beiden Aufträge gekündigt. Der betroffene Sachverständige macht im Zuge der Kündigung des Vertrags einen Schaden für entgangenen Gewinn i. H. v. 10 GE geltend.

---

[113] Vgl. IDW RS HFA 4.32.

> Im Jahresabschluss zum 31.12.01 hat das Unt keine Rückstellung für drohende Verluste auszuweisen, da am Abschlussstichtag nur ein Geschäft schwebend ist. Bei diesem Geschäft ist die wirtschaftliche Leistung für das Unt nicht zu bestimmen; es gilt der Grundsatz der Ausgeglichenheit von Leistung und Gegenleistung.
> Für den gekündigten Gutachtervertrag ist eine Verbindlichkeitsrückstellung i. H. v. 10 GE oder – soweit keine Zweifel über Höhe und/oder Zeitpunkt der Schadensersatzleistung bestehen – eine sonstige Verbindlichkeit in der Bilanz zum 31.12.01 zu erfassen.

3.3.5.3 Absatzgeschäfte

155 Bei der Beurteilung, ob ein Verlust aus einem schwebenden Absatzgeschäft droht, ist auf Basis der am Abschlussstichtag aktivierten AHK zzgl. der nach dem Abschlussstichtag noch anfallenden Aufwendungen zu ermitteln, ob diese den Wert der Gegenleistung (i. d. R. der Kaufpreis) übersteigen.

156 Bei der Bemessung der nach dem Abschlussstichtag anfallenden Aufwendungen sind sämtliche durch das Absatzgeschäft verursachten Aufwendungen einzubeziehen, unabhängig davon, ob diese beim Bilanzierenden ggf. aktivierungsfähig wären. Daher sind auch Aufwendungen für Auftragsfinanzierungen (z. B. Akkreditive) und erwarteter Gewährleistungsaufwand mit einzubeziehen.[114] Nicht einzubeziehen sind kalkulatorische Kosten (Rz 152).

157 Auch für vom Bilanzierenden **bewusst eingegangene Verlustgeschäfte** sind Drohverlustrückstellungen anzusetzen, da es sich hierbei um passivierungspflichtige Außenverpflichtungen des Kaufmanns handelt.[115]

> **Praxis-Beispiel**
> Ein Möbelhersteller (M) schließt im November 01 mit einem Möbelhändler einen Kaufvertrag über die Lieferung eines Schlafzimmers ab, das an einem bestimmten Platz der Ausstellungsflächen des Möbelhändlers für Verkaufszwecke platziert werden soll. M gewährt dem Möbelhändler einen Rabatt i. H. v. 80 % (sog. Kojenrabatt), da er sich mit der Platzierung des Schlafzimmers an attraktiver Stelle im Möbelhaus Folgeaufträge erhofft. Die Lieferung des Schlafzimmers ist für Januar 02 vereinbart. Die Herstellungskosten des M belaufen sich auf 100 GE, der vereinbarte Kaufpreis (unter Einbeziehung des Kojenrabatts) auf 70 GE.
> Es ist von M zum 31.12.01 eine Drohverlustrückstellung i. H. v. 30 GE zu bilden. Die bloße Hoffnung auf Folgeaufträge ist nicht so konkretisiert, damit sie in den Kompensationsbereich einbezogen werden kann.
>
> **Fortführung des Beispiels:**
> Im Januar 02 wird das Schlafzimmer im Möbelhaus aufgebaut. Die positive Kundenresonanz führt im Februar 02 dazu, dass drei weitere Schlafzimmer

---

[114] Vgl. IDW RS HFA 4.35.
[115] Vgl. Hommel, in Baetge/Kirsch/Thiele, Bilanzrecht, § 249 HGB Rz 121, Stand: 7/2011; zur Niederstbewertung von bewussten Verlustprodukten vgl. Weindel, DB 2013, S. 353.

Höhe der Vermerkpflicht im Fall von Bürgschaften für Verpflichtungen aus Dauerschuldverhältnissen vgl. Rz 45 ff.

5 Verbindlichkeiten aus Gewährleistungsverträgen

5.1 Arten von Gewährleistungsverpflichtungen

Die Vermerkpflicht betrifft Verbindlichkeiten aus „**Gewährleistungsverträgen**". Dieser Begriff ist gesetzlich nicht definiert. Als Gewährleistungsvertrag i.S.d. § 251 HGB ist jede vertragliche Verpflichtung zu verstehen, „die das Einstehen für einen geschuldeten oder sonstigen Erfolg oder eine Leistung bzw. den Nichteintritt eines Erfolgs, eines bestimmten Nachteils oder Schadens zum Gegenstand hat und nicht schon unter Verbindlichkeiten aus der Begebung und Übertragung von Wechseln oder Verbindlichkeiten aus Bürgschaften, Wechsel- und Scheckbürgschaften fällt.(IDW RH HFA 1.013 Tz.5)"[29] Die Gewährleistung kann für eigene Leistungen oder für Leistungen eines Dritten bestehen oder eine sonstige Leistung oder einen sonstigen Erfolg betreffen. 21

Nach dem Wortlaut des Gesetzes muss es sich stets um einen Vertrag handeln. Hieraus ergibt sich, dass **gesetzliche Gewährleistungen** sowie die Haftung für fremde Verbindlichkeiten aufgrund gesetzlicher Bestimmungen nicht unter die Vermerkpflicht fallen. Vermerkpflichtig sind nur Gewährleistungsverträge, die eine Eventualverbindlichkeit oder ein Haftungsverhältnis über das Ausmaß der gesetzlichen Haftung hinaus begründen. Bestehen besondere Haftungsverhältnisse, die auf gesetzlichen Bestimmungen aufgrund von Verträgen beruhen, so besteht keine Vermerkpflicht, da der Adressat des Jahresabschlusses mit diesen Risiken auch ohne gesonderten Vermerk zu rechnen hat.[30] Dies gilt auch für vertragsbedingte gesetzliche Haftungen, die ihrer Natur nach ungewöhnlich sind,[31] da eine sinnvolle Abgrenzung für solche Fälle nicht möglich ist und darüber hinaus nicht dem Gesetzeswortlaut entspricht. 22

Die Vermerkpflicht ist unabhängig davon, ob eine Gewährleistung für fremde Verbindlichkeiten vom Kfm. unmittelbar übernommen wird oder ob der Kfm. einen Dritten beauftragt, eine solche Gewährleistung an seiner Stelle zu übernehmen und er aus diesem Auftrag haftet, d.h., auch eine **indirekte Garantie** ist entsprechend zu berücksichtigen.[32] Sofern die indirekte Garantie fremde Leistungen betrifft, ergibt sich stets eine Vermerkpflicht i.H.d. möglichen Rückgriffsanspruchs desjenigen, der die Garantie erklärt hat. Betrifft diese Garantie dagegen eigene Leistungsverpflichtungen des Kfm. gegenüber Vertragspartnern, so ist i.d.R. kein Vermerk vorzunehmen, da die eigenen Leistungsverpflichtungen des Kfm. entweder bereits passiviert (Gewährleistungsrückstellung) oder als schwebendes Geschäft nicht zu bilanzieren sind. 23

Nicht unter die Vermerkpflicht fallen die sog. **Negativerklärungen**, in denen der Kfm. seinem Kreditgeber zusagt, bestimmte Vermögensgegenstände (VG) nicht zu veräußern oder über bestehende Belastungen hinaus nicht weiter zu belasten oder 24

---

[29] Grottel/Berberich, in Beck Bil-Komm., 14. Aufl. 2024, § 251 HGB Rz 55.
[30] Vgl. Grottel/Berberich, in Beck Bil-Komm., 14. Aufl. 2024, § 251 HGB Rz 55; Karrenbrock, in Baetge/Kirsch/Thiele, Bilanzrecht, § 251 HGB Rz 23, Stand: 01/2020; Fey/Klönne, in Küting/Weber, HdR-E, § 251 HGB Rz 21, Stand: 05/2023.
[31] Vgl. Grottel/Berberich, in Beck Bil-Komm., 14. Aufl. 2024, § 251 HGB Rz 5; einschränkend: Roß, DB 2011, S. 2219.
[32] Vgl. Wiehn, in Castan u.a., Beck HdR, B 250 Haftungsverhältnisse Rn 96, Stand: 05/2010.

aber Dritten keine weiteren Sicherheiten zu gewähren o. Ä., da es sich lediglich um Zusatzvereinbarungen im Zusammenhang mit bereits passivierten Verbindlichkeiten handelt.[33]

5.2 Gewährleistungen für eigene Leistungen

25 Gewährleistungen für eigene Leistungen des Kfm. können **unselbstständige Garantien** sein, z. B. Zusicherungen bestimmter Eigenschaften des Gegenstands von Lieferungen oder Leistungen. Es handelt sich hierbei um unselbstständige Elemente eines Kauf-, Werk-, Dienst- oder sonstigen Vertrags, die aber nur vermerkpflichtig sind, wenn die gewährte Garantie über gewöhnliche Gewährleistung hinausgeht. Mit Gewährleistungsverpflichtungen aus üblichen Liefer- und Leistungsbedingungen oder allgemeinen Geschäftsbedingungen muss der Abschlussadressat grds. rechnen, sodass ein Vermerk keine Zusatzinformation bedeuten würde.[34]

26 Für **selbstständige Gewährleistungsverpflichtungen**, die sich auf eine eigene Leistungspflicht beziehen, besteht demgegenüber eine Vermerkpflicht, da sie gerade selbstständig, d. h. zusätzlich zu dem Grundgeschäft, vereinbart werden. In derartigen Fällen übernimmt der Kfm. regelmäßig ein über den branchenüblichen Rahmen hinausgehendes Risiko. Bspw. haftet der Kfm. für zugesicherte Eigenschaften auch in den Fällen, in denen er nach Kauf- oder Werkvertragsrecht nicht verpflichtet wäre oder wenn er Gewähr für einen Erfolg oder Zustand übernimmt, der weitgehend oder völlig unabhängig von der Beschaffenheit der eigenen Leistungen ist und dementsprechend seiner Einflussnahme entzogen ist. Typisches Beispiel ist die Garantie eines bestimmten wirtschaftlichen Erfolgs für veräußerte VG, z. B. **Mietgarantien** oder **Hotelbelegungsgarantien** bei Immobilienveräußerungen oder **Kursgarantien** im Fall der Veräußerung von Wertpapieren.[35] Zu prüfen ist bei derartigen Konstellationen stets, ob die Übernahme, d. h. Zurückbehaltung von Risiken, in Verkaufsfällen so wesentlich ist, dass möglicherweise ein Abgang des entsprechenden VG (bzw. eine Gewinnrealisierung hieraus) überhaupt nicht zulässig ist.[36]

Solche Verpflichtungen können auch im Zusammenhang mit Dienstleistungsverträgen stehen, z. B. die Garantie eines bestimmten Betriebsergebnisses bei Hotelmanagementverträgen (sog. GOP-Garantie). Schwierigkeiten bestehen bei dieser Art von Verpflichtungen regelmäßig bei der Ermittlung des anzugebenden Betrags (Rz 45–Rz 47).

5.3 Gewährleistungen für fremde Leistungen

27 Die Vermerkpflicht betrifft Eventualverpflichtungen, die zugunsten des Gläubigers eines Dritten eingegangen werden, aber keine Bürgschaft sind. Derartige **bürgschaftsähnliche Verpflichtungen** gibt es in sehr unterschiedlichen Ausprägungen. Auch die Verpflichtung des Kfm., dem Gläubiger eines Dritten auf erste Anforderung eine Bürgschaft zu bestellen oder sonstige Sicherheiten zu

---

[33] Vgl. Grottel/Berberich, in Beck Bil-Komm., 14. Aufl. 2024, § 251 HGB Rz 58.
[34] Vgl. Wader/Kotzur, in Anzinger/Oser/Schlotter, Rechnungslegung und Prüfung, Tb. 1, 7. Aufl., 2023, § 251 HGB Rz 82.
[35] Vgl. Grottel/Berberich, in Beck Bil-Komm., 14. Aufl. 2024, § 251 HGB Rz 57.
[36] Vgl. IDW RS HFA 13.55–64.

gewähren oder Zahlungen zu leisten, ist i.R. d. Verbindlichkeiten aus Gewährleistungsverträgen vermerkpflichtig, jedenfalls dann, wenn die Hauptschuld zum Bilanzstichtag bereits besteht.[37]

Durch eine **Schuldübernahme**, einen **Schuldbeitritt** oder eine **kumulative Schuldübernahme** geht der Kfm. eine rechtlich selbstständige Verpflichtung ein, die Verbindlichkeit eines Dritten zusätzlich zu diesem Dritten als eigene Verbindlichkeit zu übernehmen. Der übernehmende Kfm. und der Dritte werden Gesamtschuldner i. S. d. § 421 BGB. Der Kfm. wird selbst zum Schuldner, sodass er grds. eine Eigenverbindlichkeit zu passivieren hat. Allerdings kann die hier gebotene wirtschaftliche Betrachtung zu einem abweichenden Ergebnis führen. Immer dann, wenn die Schuldmitübernahme lediglich der Absicherung des Gläubigers dient, sodass sie sich wirtschaftlich als ein bürgschaftsähnliches Rechtsverhältnis darstellt, ist sie als Gewährleistung zu qualifizieren und damit nicht passivierungspflichtig, sondern vermerkpflichtig gem. § 251 HGB. Dies ist regelmäßig auch gegeben, wenn im Innenverhältnis weiterhin der ursprüngliche Schuldner die Leistung zu erbringen hat und dem Übernehmer im Fall der Inanspruchnahme ein Regressanspruch in voller Höhe gegen den ursprünglichen Schuldner zusteht.[38] Dies ist regelmäßig auch gegeben, wenn der Kfm. zur Absicherung von Zahlungsansprüchen des Gläubigers einem Dauerschuldverhältnis beitritt (z. B. Miet-, Pacht- oder Leasingvertrag).

28

Im Zusammenhang mit der Veräußerung von Betrieben oder Betriebsteilen können sich Haftungsverhältnisse aufgrund der Übertragung von Pensionsverpflichtungen ergeben.[39] Werden von dem Erwerber laufende Pensionsverpflichtungen gegenüber Rentnern oder unverfallbare Anwartschaften gegenüber ausgeschiedenen Mitarbeitern übernommen, so sind diese als Bestandteile der Kaufpreisschuld zu passivieren. Aufgrund der besonderen Regelung gem. § 4 BetrAVG liegt i. d. R. keine befreiende Schuldübernahme vor, sodass der frühere Betriebsinhaber rechtlich verpflichtet bleibt, während die vertraglichen Regelungen eine Erfüllung der Verpflichtung durch den Erwerber vorsehen. In diesem Fall sind die entsprechenden Verpflichtungen beim Erwerber zu passivieren, beim Veräußerer besteht eine Vermerkpflicht als Verbindlichkeit aus Gewährleistungsverträgen. Dagegen besteht für die (zeitlich befristete) Haftung des Arbeitgebers, die sich beim Betriebsübergang gem. § 613a BGB ergibt, keine Vermerkpflicht, da es sich um eine gesetzlich begründete Haftung handelt.[40]

Vermerkpflichtig ist auch ein **Delkredere-Risiko**, das der Kfm. übernimmt. Anwendungsbereich ist das sog. „unechte" Factoring, bei dem das Risiko des Forderungsausfalls beim Verkäufer der Forderung verbleibt. Soweit aufgrund der Ausgestaltung und unter Berücksichtigung der Grundsätze für die Über-

29

---

[37] Vgl. Wader/Kotzur, in Anzinger/Oser/Schlotter, Rechnungslegung und Prüfung, Tb. 1, 7. Aufl., 2023, § 251 HGB Rz 84; zu sehr speziellen Angabepflichten bei Kreditderivaten im Nichthandelsbestand von Kreditinstituten, die hier nicht weiter vertieft werden können, s. IDW RS BFA 1, WPg 2015, S. 103 ff.
[38] Vgl. Wiehn, in Castan u. a., Beck HdR, B 250 Haftungsverhältnisse Rn 108, Stand: 05/2010.
[39] Vgl. IDW RS HFA 30.101 ff; Hoffmann/Lüdenbach, NWB Kommentar Bilanzierung, 15. Aufl. 2024, § 251 HGB Rz 11.
[40] Vgl. IDW RS HFA 30.99; IDW RS HFA 30.101b); Hoffmann/Lüdenbach, NWB Kommentar Bilanzierung, 15. Aufl. 2024, § 251 HGB Rz 11; ADS, Rechnungslegung und Prüfung der Unternehmen, 6. Aufl. 1995–2001, § 251 HGB Rz 66; Grottel/Berberich, in Beck Bil-Komm. 14. Aufl. 2024, § 251 HGB Rz 65.

tragung wirtschaftlichen Eigentums ein Abgang der Forderung zugrunde zu legen ist, ist die verbleibende Haftung des Kfm. vermerkpflichtig. Eine Vermerkpflicht besteht auch für die Delkredere-Haftung des **Kommissionärs**, sofern dieser diese Haftung ausdrücklich übernommen hat oder dies dem maßgebenden Handelsbrauch entspricht (§ 394 Abs. 1 HGB). Handelsbräuche haben nicht den Rang von Rechtsnormen; der Kommissionär hat für die Erfüllung der Verbindlichkeit des Kunden aus dem Kaufvertrag einzustehen, so dass eine vertraglich begründete und damit vermerkpflichtige Haftung gegeben ist.[41] Diese Vermerkpflicht steht in Übereinstimmung mit der Informationsfunktion, da die Haftung nicht bei jedem Kommissionsgeschäft besteht und der Bilanzadressat insoweit nicht automatisch mit diesem Risiko zu rechnen hat. Eine Vermerkpflicht besteht weiterhin, wenn eine Einkaufsgesellschaft gegenüber den Lieferanten die Delkredere-Haftung für Verbindlichkeiten der Abnehmer übernimmt.[42]

30 Im Fall von **Erwerbs- oder Abkaufverpflichtungen** kann sich eine Vermerkpflicht ergeben, je nach Art des VG, auf den sich die Verpflichtung bezieht. Verpflichtet sich der Kfm. auf erstes Anfordern oder bei Vorliegen bestimmter Bedingungen zum Kauf von Forderungen eines Kreditgebers an einen Dritten, so ist das daraus entstehende bürgschaftsähnliche Rechtsverhältnis vermerkpflichtig. Die Unterschiede zu einer Bürgschaft sind i.d.R. rein formaler Art. Die „Gegenleistung", die der Kfm. in Form der Forderung erwirbt, unterscheidet sich wirtschaftlich nicht von einem Rückgriffsanspruch eines Bürgen.[43] Eine Vermerkpflicht besteht dagegen nicht, wenn sich die Abkaufverpflichtung auf andere VG bezieht, auch wenn der Kfm. das mit dem VG verbundene Risiko zu tragen hat. Für den Verpflichteten liegt ein bedingtes Erwerbsgeschäft vor, das nach den für schwebende Geschäfte geltenden Grundsätzen zu beurteilen ist. Ggf. sind drohende Verluste nach § 249 Abs. 1 Satz 1 HGB zu passivieren.[44]

> **Praxis-Beispiel**
> Di X-Holding AG ist zu 100 % an der X-GmbH beteiligt. Die X-GmbH verpflichtet sich gegenüber dem Autohaus A zum Kauf von mindestens fünf Dienst-Pkw im laufenden Jahr; sie erhält hierdurch besonders hohe Firmenrabatte. Die X-Holding AG verpflichtet sich gegenüber dem Autohaus A, dessen Kaufpreisforderungen an die X-GmbH zu kaufen, sofern diese nicht spätestens vier Wochen nach Fälligkeit ausgeglichen sind. Für die Verpflichtung der X-GmbH zum Erwerb von fünf Pkw ist keine Angabe gem. § 251 HGB vorzunehmen; dagegen hat die X-Holding AG eine Angabe für die der Forderungsbesicherung dienende Verpflichtung i.H.d. zum Bilanzstichtag noch offenen Kaufpreisforderungen zu machen.

31 Im Fall der Kreditgewährung an mehrere KonzernUnt oder bei bestimmten Arten von Cash-Management-Systemen unter Einschaltung von Kreditinstitu-

---

[41] Vgl. Grottel/Berberich, in Beck Bil-Komm., 13. Aufl. 2022, § 251 HGB Rz 67; Karrenbrock, in Baetge/Kirsch/Thiele, Bilanzrecht, § 251 HGB Rz 70, Stand: 01/2020.
[42] Vgl. Wader/Kotzur, in Anzinger/Oser/Schlotter, Rechnungslegung und Prüfung, Tb. 1, 7. Aufl., 2023, § 251 HGB Rz 90.
[43] Vgl. Grottel/Berberich, in Beck Bil-Komm., 14. Aufl. 2024, § 251 HGB Rz 67; Karrenbrock, in Baetge/Kirsch/Thiele, Bilanzrecht, § 251 HGB Rz 100, Stand: 01/2020; Gerth, BB 1981, S. 1617.
[44] Vgl. Fey/Klönne, in Küting/Weber, HdR-E, § 251 HGB Rz 23, Stand: 05/2023.

ten wird mit dem Kreditgeber oftmals eine sog. **Konzernverrechnungsklausel** vereinbart. Danach ist es dem Kreditgeber gestattet, unter bestimmten Voraussetzungen Verbindlichkeiten eines KonzernUnt mit Guthaben anderer KonzernUnt zu verrechnen. Für KonzernUnt mit Guthaben bei dem Kreditinstitut ist insoweit eine Inanspruchnahme für Verbindlichkeiten anderer KonzernUnt möglich. Wirtschaftlich ist das hiermit verbundene Risiko dem einer Bestellung von Sicherheiten für fremde Verbindlichkeiten ähnlich; gleichwohl wird gem. h. M. eine Vermerkpflicht unter den Gewährleistungsverträgen gesehen. Die Höhe der Vermerkpflicht ist auf die Höhe des Bankguthabens des bilanzierenden Kfm. begrenzt, auch wenn die mit der Konzernverrechnungsklausel abgesicherten Verbindlichkeiten höher sind.[45]

5.4 Sonderform Patronatserklärung

Der Begriff „**Patronatserklärung**" ist gesetzlich nicht geregelt. In der Praxis wird er für eine Vielzahl unterschiedlicher Erklärungen verwendet, deren Gemeinsamkeit darin besteht, dass eine Muttergesellschaft dem Gläubiger einer Tochtergesellschaft oder einer anderen Konzerngesellschaft Maßnahmen oder Unterlassungen in Aussicht stellt oder zusagt, um die Kreditwürdigkeit der Konzerngesellschaft zu erhalten oder zu verbessern. Die Patronatserklärung kann unmittelbar dem oder den betroffenen Gläubigern gegenüber abgegeben werden; sie kann aber auch zunächst gegenüber der Konzerngesellschaft abgegeben werden mit anschließender Begründung von Rechten der Gläubiger durch Abtretung von Ansprüchen oder Vereinbarung eines Vertrags zugunsten Dritter. Schließlich sind in der Praxis auch Patronatserklärungen gebräuchlich, die von der Muttergesellschaft pauschal gegenüber **allen Gläubigern** oder gar gegenüber der **Allgemeinheit** abgegeben werden.[46] Der Verpflichtungsgehalt muss sich nicht unbedingt aus einer expliziten Erklärung ergeben; er kann auch aus allgemeinen Aussagen über die geschäftspolitischen Absichten der Muttergesellschaft abzuleiten sein.

32

Je nach Konkretisierung des Verpflichtungsgehalts werden Patronatserklärungen üblicherweise eingeteilt in sog. **harte** und **weiche Patronatserklärungen**. Eine Vermerkpflicht besteht nur für harte Patronatserklärungen. IDW RH HFA 1.013 unterscheidet fünf Grundformen von Patronatserklärungen:[47]

33

Die Muttergesellschaft sagt dem Gläubiger der Tochtergesellschaft zu, für die Dauer des Kreditverhältnisses
1. das Gesellschaftsverhältnis mit der Tochtergesellschaft beizubehalten,
2. den Unternehmensvertrag mit der Tochtergesellschaft nicht zu ändern, aufzuheben oder zu kündigen,
3. die Tochtergesellschaft dahingehend zu beeinflussen, dass sie ihren Verbindlichkeiten (gegenüber dem Gläubiger) nachkommt,
4. die Tochtergesellschaft finanziell so ausgestattet zu halten, dass sie ihren Verbindlichkeiten (gegenüber dem Gläubiger) nachkommen kann,
5. eine bestimmte Kapitalausstattung bei der Tochtergesellschaft aufrechtzuerhalten.

---

45 Vgl. Wiehn, in Castan u. a., Beck HdR, B 250 Haftungsverhältnisse Rn 117, Stand: 05/2010.
46 Vgl. Karrenbrock, in Baetge/Kirsch/Thiele, Bilanzrecht, § 251 HGB Rz 104, Stand: 01/2020; IDW RH HFA 1.013.2f.
47 Vgl. IDW RH HFA 1.013.8.

Dividende in bestimmter Höhe zu zahlen. Diese vertragliche Verpflichtung ist nach h. M. als schwebendes Geschäft zu behandeln; Zahlungsverpflichtungen zum Stichtag sind zu passivieren. Drohen für die Zukunft Verluste aus der Dividendengarantie, so ist ggf. eine Drohverlustrückstellung zu bilden.[53] Verpflichtet sich die Muttergesellschaft dagegen, i. R. e. sog. **Rentabilitätsgarantie** die Tochtergesellschaft so zu stellen, dass sie in der Lage ist, bestimmte Mindestdividenden auszuschütten, so liegt eine vermerkpflichtige Verbindlichkeit aus einem Gewährleistungsvertrag vor, die ihrem Charakter nach den Patronatserklärungen gem. den Grundformen 4 und 5 verwandt ist. Auch hier stellt sich die Frage des anzugebenden Betrags; ggf. sind Annahmen zu treffen und Schätzungen vorzunehmen. Oftmals werden verbale Erläuterungen erforderlich sein.

6 Haftungsverhältnisse aus der Bestellung von Sicherheiten für fremde Verbindlichkeiten

39 Die Vermerkpflicht umfasst grds. Haftungsverhältnisse, bei denen der Kfm. eigene VG zur Besicherung fremder Verbindlichkeiten zur Verfügung stellt. Als vermerkpflichtige Haftungsverhältnisse kommen **dingliche Sicherheiten** wie Sicherungsübereignung von VG (z. B. Warenlager, Sachanlagen), Sicherungsabtretungen von Forderungen (z. B. auch Globalabtretungen und Mantelzessionen), Pfandrechte an beweglichen Sachen sowie Grundpfandrechte in Betracht. Sicherungsbestellungen für eigene Verbindlichkeiten gehören nicht zu den hier vermerkpflichtigen Angaben; vermerkpflichtig sind allerdings solche Sicherheiten, die zunächst für eigene Verbindlichkeiten bestellt wurden, aber aufgrund von **Konzernklauseln** auch für Verbindlichkeiten verbundener Unt haften.[54]

40 Unter der Bilanz eines EinzelUnt besteht eine Vermerkpflicht auch, wenn VG des Betriebsvermögens als Sicherheit für private Schulden dienen. Die mit § 251 HGB verbundene Informationsfunktion gebietet eine Angabe, auch wenn die **Privatschulden** im Rechtssinne keine fremden Verbindlichkeiten sind. Da die Privatschulden nicht in der Bilanz passiviert werden dürfen, müssen sie insoweit wie fremde Verbindlichkeiten behandelt werden. Der Bilanzadressat ist auf dieses zusätzliche Risiko durch den Bilanzvermerk hinzuweisen.

41 Eine Sicherheitenbestellung für fremde Verbindlichkeiten ist formal auch gegeben, wenn eine **Leasinggesellschaft** ihre künftigen Leasingforderungen an ein Kreditinstitut verkauft und zur Sicherstellung die in ihrem Eigentum stehenden Leasinggegenstände an das Kreditinstitut übereignet. Ein Bilanzvermerk würde allerdings zu einem zweifachen Ausweis führen, da die vom Kreditinstitut erhaltenen Finanzmittel i. d. R. als passiver RAP zu bilanzieren sind. Der überwiegende Teil der Literatur lehnt daher für diesen Fall einen Bilanzvermerk mit guten Gründen ab.[55]

42 Vermerkpflichtig ist grds. der Betrag, in dessen Höhe am Bilanzstichtag eine Haftung für **Fremdverbindlichkeiten** besteht. Dieser wird sich i. d. R. an dem

---

[53] Vgl. Wader/Kotzur, in Anzinger/Oser/Schlotter, Rechnungslegung und Prüfung, Tb. 1, 7. Aufl., 2023, § 251 HGB Rz 11 f.; Grottel/Berberich, in Beck Bil-Komm., 14. Aufl. 2024, § 251 HGB Rz 81.
[54] Vgl. Fey/Klönne, in Küting/Weber, HdR-E, § 251 HGB Rz 60, Stand: 05/2023.
[55] Vgl. Fey/Klönne, in Küting/Weber, HdR-E, § 251 HGB Rz 61, Stand: 05/2023; Wiehn, in Castan u. a., Beck HdR, B 250 Haftungsverhältnisse Rn 132, Stand: 05/2010; a. A. Schnoor, DB 1988, S. 2421.

Betrag orientieren, zu dem die fremde Verbindlichkeit zum Bilanzstichtag valutiert. Die Angabe eines höheren Betrags kann verpflichtend sein, wenn Sicherungsabreden bestehen, die in der Höhe denen einer Höchstbetragsbürgschaft vergleichbar sind (Rz 20). Der Wert des zur Sicherheit zur Verfügung gestellten VG ist grds. nicht maßgeblich. Allerdings ist zu beachten, dass das Risiko des sicherheitsstellenden Kfm. auf den **Zeitwert des Sicherungsgegenstands** begrenzt ist. Dieser Wert stellt daher grds. den Höchstbetrag des Bilanzvermerks dar, wenn die gesicherte Verbindlichkeit den Zeitwert übersteigt.[56]

7 Bewertung der vermerkpflichtigen Haftungsverhältnisse

Die Vermerkpflicht besteht grds. i. H. d. vertraglich übernommenen Gewährleistung bzw. i. H. d. Schuldbetrags eines Dritten, für den der Kfm. am Bilanzstichtag eine Sicherheit gewährt oder vertragliche Verpflichtungen übernommen hat. Im letzten Fall kann die Höhe des anzugebenden Betrags, wie bereits dargestellt, über die Höhe der zum Bilanzstichtag bestehenden Schuld eines Dritten hinausgehen, z. B. im Fall der Höchstbetragsbürgschaft (Rz 8, 22). Gleichzeitig ist zu beachten, dass keine Doppelberücksichtigung stattfinden darf, d. h., i. R. d. Bilanzvermerks sind Beträge nur insoweit anzugeben, als nicht bereits aufgrund einer zum Bilanzstichtag drohenden Konkretisierung der Inanspruchnahme eine Passivierung erfolgt ist.[57] Weiterhin ist zu beachten, dass **Rückgriffsforderungen**, die die tatsächliche Belastung möglicherweise mindern können, bei der Bewertung nicht zu berücksichtigen sind. Dies gilt unabhängig davon, ob die Rückgriffsforderung als werthaltig eingeschätzt wird. Das **Saldierungsverbot** ist einzuhalten.[58] Daher ist z. B. bei gesamtschuldnerischer Haftung für nicht passivierte Verbindlichkeiten oder im Fall von Gesamtbürgschaften stets der volle Betrag anzugeben, da die im Fall überproportionaler Inanspruchnahme entstehende Rückgriffsforderung den Betrag des Bilanzvermerks nicht reduzieren darf.[59] Ob ggf. auch eine Angabe der Rückgriffsforderung vorgenommen werden kann, ist gesondert zu beurteilen (Rz 52).

Nur in den Fällen, in denen eine künftige wirtschaftliche Belastung ausnahmsweise völlig ausgeschlossen ist oder alleine vom Willen des Bilanzierenden abhängt, entfällt die Angabepflicht. Eine Deckung des Haftungsverhältnisses durch andere, d. h. **nachrangig Haftende** oder auch **Versicherungen**, schließt das Risiko einer tatsächlichen Belastung i. d. R. nicht völlig aus, sodass die Angabepflicht auch in diesen Fällen weiterhin besteht.[60]

Besondere Probleme kann die Ermittlung des zu vermerkenden Betrags ergeben, wenn die zugrunde liegenden Verpflichtungen aus **Dauerschuldverhältnissen** resultieren. Hierzu gehören die Fälle, in denen Gewährleistungen für Verpflichtungen eines Dritten aus dessen Dauerschuldverhältnissen übernommen werden, z. B. durch Mietbürgschaften, Schuldbeitritte zu Miet- oder Leasingverträgen

---

56 Vgl. Wader/Kotzur, in Anzinger/Oser/Schlotter, Rechnungslegung und Prüfung, Tb. 1, 7. Aufl., 2023, § 251 HGB Rz 115.
57 Vgl. Karrenbrock, in Baetge/Kirsch/Thiele, Bilanzrecht § 251 HGB Rz 31, Stand: 01/2020.
58 Vgl. Fey, in Küting/Weber, HdR-E, § 251 HGB Rz 73, Stand: 02/2011.
59 Vgl. Wader/Kotzur, in Anzinger/Oser/Schlotter, Rechnungslegung und Prüfung, Tb. 1, 7. Aufl., 2023, § 251 HGB Rz 119; Wiehn, in Castan u. a., Beck HdR, B 250 Haftungsverhältnisse Rn 272, Stand: 05/2010.
60 Vgl. Fey/Klönne, in Küting/Weber, HdR-E, § 251 HGB Rz 34, Stand: 05/2023.

o. Ä. Hierzu gehören auch Fälle, in denen vertragliche Gewährleistungen übernommen werden, die dauerhaften oder zumindest mehrperiodigen Bestand haben, wie z. b. Mietgarantien oder Betriebsergebnisgarantien im Hotelbereich (GOP-Garantien). Diese Gewährleistungen können sowohl im Zusammenhang mit der Veräußerung von Immobilien oder Betrieben stehen, aber auch eine Gewährleistung aus einem sonstigen Vertrag betreffen, z. B. eine GOP-Garantie im Zusammenhang mit einem Hotelmanagementvertrag.

46 Im Fall der Gewährleistung für **Dauerschuldverpflichtungen eines Dritten** (z. B. aus einem Mietvertrag) ist nicht nur ein Betrag i. H. d. bis zum Abschlussstichtag entstandenen, noch nicht beglichenen Schuld des Dritten anzugeben, sondern es sind auch die nach dem Abschlussstichtag entstehenden Verpflichtungen, für die der Kfm. ggf. einstehen muss, anzugeben. In der Kommentierung wird diskutiert, ob in diesem Fall der volle mögliche Haftungsumfang, soweit er nachvollziehbar ermittelt werden kann, anzugeben ist oder ob es ausreicht, die maximale Belastung des Folgejahrs zu vermerken.[61] Für die Begrenzung auf die Angabe eines **Jahresbetrags** wird argumentiert, dass bei weit in die Zukunft reichenden Gewährleistungen für sukzessiv entstehende Verpflichtungen eines Dritten die Informationsfunktion des § 251 HGB in Konflikt mit dem Stichtagsprinzip geraten könne, da die Kumulation zukünftiger Risiken zur Angabe eines Betrags führen könne, der auf den Stichtag bezogen als unzutreffend angesehen werden müsste bzw. zu Fehlinterpretationen führen könne. Die h. M. neigt in diesen Fällen wohl zu der Angabe eines Jahresbetrags.[62] Hier ist jedoch zu beachten, dass die Angabe eines Jahresbetrags im Fall einer mehrjährigen Verpflichtung zunächst willkürlich erscheint und isoliert gesehen ebenso zu Fehlinterpretationen führen kann. Die Reduzierung auf einen Jahresbetrag kann vor dem Hintergrund der Informationsfunktion des § 251 HGB aber akzeptiert werden, wenn zusätzlich **verbale Erläuterungen**, insb. zur Gesamtlaufzeit der Verpflichtung, unter der Bilanz gemacht werden.[63] In diesem Fall erhält der Bilanzleser ein umfassendes Bild der möglichen Haftungsrisiken.

47 Soweit selbstständige **Gewährleistungsverpflichtungen für eigene Leistungen mit Dauerschuldcharakter** übernommen werden (z. B. Betriebsergebnisgarantie) ist zu beachten, dass bei drohender Inanspruchnahme zunächst eine Rückstellung für drohende Verluste aus Dauerschuldverhältnissen zu bilden ist. Diese Rückstellung muss grds. den Gesamtverlust, der über die gesamte Laufzeit des Dauerschuldverhältnisses zu erwarten ist, abbilden. Soweit am Bilanzstichtag keine Inanspruchnahme droht, jedoch aufgrund der erteilten Gewährleistung möglich ist, tritt eine Vermerkpflicht gem. § 251 HGB ein. Auch hier sollte, soweit die Beträge nachvollziehbar ermittelt werden können, die mögliche

---

[61] Vgl. Wader/Kotzur, in Anzinger/Oser/Schlotter, Rechnungslegung und Prüfung, Tb. 1, 7. Aufl., 2023, § 251 HGB Rz 125; Wiehn, in Castan u. a., Beck HdR, B 250 Haftungsverhältnisse Rn 198, Stand: 05/2010; Fey/Klönne, in Küting/Weber, HdR-E, § 251 HGB Rz 78, Stand: 05/2023.

[62] Vgl. Wader/Kotzur, in Anzinger/Oser/Schlotter, Rechnungslegung und Prüfung, Tb. 1, 7. Aufl., 2023, § 251 HGB Rz 126.

[63] Vgl. Wader/Kotzur, in Anzinger/Oser/Schlotter, Rechnungslegung und Prüfung, Tb. 1, 7. Aufl., 2023, § 251 HGB Rz 126; Fey/Klönne, in Küting/Weber, HdR-E, § 251 HGB Rz 78, Stand: 05/2023.

Gesamtbelastung oder zumindest eine Jahresrate mit entsprechender **verbaler Erläuterung** unter der Bilanz angegeben werden.[64] In zahlreichen Fällen wird eine nachvollziehbare Ermittlung der drohenden Vermögensbelastung nicht möglich sein. Dies betrifft im besonderen Maß zwar Dauerschuldverpflichtungen, kann aber auch in sonstigen Fällen zutreffend sein. Auch im Zusammenhang mit angabepflichtigen harten Patronatserklärungen können sich erhebliche Probleme bei der Ermittlung des anzugebenden Werts ergeben.[65] In diesen Fällen ist der zu vermerkende Betrag nach vernünftiger kaufmännischer Beurteilung zu schätzen und dieser **Schätzbetrag** in den Vermerk einzubeziehen. Sofern eine Bezifferung in begründbarer, nachvollziehbarer Weise überhaupt nicht möglich ist, ist zur Berücksichtigung des Vollständigkeitsgebots ein **Merkposten** von 1 EUR anzugeben.[66] Darüber hinaus ist es nach der h. M. auch in diesem Fall erforderlich, zusätzliche **verbale Erläuterungen** oder Hinweise unter der Bilanz zu geben.[67] Der abweichenden Auffassung, zusätzliche verbale Erläuterungen oder Hinweise könnten nach § 251 HGB für den Kfm. nicht gefordert werden,[68] kann nicht gefolgt werden, da ein Merkposten von 1 EUR ohne weitere Erläuterungen weitgehend ohne Aussage ist bzw. – bei Vorliegen mehrerer vermerkpflichtiger Tatbestände am Bilanzstichtag – gewissermaßen i. R. d. übrigen Haftungsverhältnisse „untergeht" und somit für den Jahresabschlussadressaten keinerlei Informationsgehalt hat.

8 Ausweis der vermerkpflichtigen Haftungsverhältnisse

Nach dem eindeutigen Wortlaut des § 251 HGB sind die Angaben **unter der Bilanz** zu machen; ein Ausweis an anderer Stelle, etwa die Aufnahme in die Bilanz (z. B. in Form nicht mitaddierter Vorspalten oder eines gleich hohen Ausweises von Aktiv- und Passivposten) ist damit nicht zulässig. Zulässig erscheint allerdings, die Angaben in einen **freiwilligen Anhang** aufzunehmen, sofern unter der Bilanz darauf hingewiesen wird. In diesem Fall ist in analoger Anwendung der Regelung in § 268 Abs. 7 HGB vor BilMoG eine inhaltliche Angabe unter der Bilanz nicht erforderlich. Für den Vermerk ist grds. die Formulierung aus dem Gesetzestext zu übernehmen: „Verbindlichkeiten aus der Begebung und Übertragung von Wechseln, aus Bürgschaften, Wechsel- und Scheckbürgschaften und aus Gewährleistungsverträgen sowie Haftungsverhältnisse aus der Bestellung von Sicherheiten für fremde Verbindlichkeiten"; hier darf eine entsprechende **Kürzung des Textes** vorgenommen werden, wenn für eine der vier Arten von Haftungsverhältnissen bei isolierter Betrachtung

---

[64] Vgl. Wader/Kotzur, in Anzinger/Oser/Schlotter, Rechnungslegung und Prüfung, Tb. 1, 7. Aufl., 2023, § 251 HGB Rz 126; Fey/Klönne, in Küting/Weber, HdR-E, § 251 HGB Rz 78, Stand: 05/2023.
[65] Vgl. IDW RH HFA 1.013.19–21; Wader/Kotzur, in Anzinger/Oser/Schlotter, Rechnungslegung und Prüfung, Tb. 1, 7. Aufl., 2023, § 251 HGB Rz 128.
[66] Vgl. Wader/Kotzur, in Anzinger/Oser/Schlotter, Rechnungslegung und Prüfung, Tb. 1, 7. Aufl., 2023, § 251 HGB Rz 129; Grottel/Berberich, in Beck Bil-Komm., 14. Aufl. 2024, § 251 HGB Rz 31.
[67] Vgl. Wader/Kotzur, in Anzinger/Oser/Schlotter, Rechnungslegung und Prüfung, Tb. 1, 7. Aufl., 2023, § 251 HGB Rz 129; Fey/Klönne, in Küting/Weber, HdR-E, § 251 HGB Rz 78, Stand: 05/2023; IDW RH HFA 1.013.19.
[68] Vgl. Ellrott, in Beck Bil-Komm., 8. Aufl. 2012, § 251 HGB Rz 11, Auffassung nunmehr aufgegeben.

kein Betrag auszuweisen ist. Es wird als zulässig angesehen, eine Kurzbezeichnung „**Haftungsverhältnisse**", möglichst unter Hinweis auf § 251 HGB, zu verwenden. Es besteht ein Wahlrecht, die Angabe für alle Arten von Haftungsverhältnissen in einem Betrag vorzunehmen oder darüber hinausgehend Beträge für die einzelnen Arten von Haftungsverhältnissen anzugeben. Für den Fall, dass keine Haftungsverhältnisse vorliegen, ist ein Negativvermerk nicht erforderlich.

50 Umstritten ist die Frage, ob die Angabe von **Vorjahresbeträgen** erforderlich ist. Dies wird offenbar überwiegend mit der formalen Begründung verneint, dass sich die Verpflichtung zur Angabe von Vorjahresbeträgen gem. § 265 Abs. 2 und 8 HGB auf die Posten der Bilanz, nicht jedoch auf unter der Bilanz zu vermerkende Haftungsverhältnisse bezieht.[69] Nach abweichender Auffassung, der i.S.d. Informationsfunktion gefolgt werden sollte, ist die Vorschrift des § 265 Abs. 2 und 8 HGB auch unter Einbeziehung des Grundsatzes der Darstellungsstetigkeit auf die Angaben „unter der Bilanz", d. h. nach der Bilanzsumme, analog anzuwenden, da auch diese Angaben des „Gesamt-Bilanzausweises" sind.[70]

51 Sofern eine Verbindlichkeit durch **mehrere Haftungsverhältnisse** gesichert wird, darf das Haftungsrisiko nur einmal vermerkt werden. Im Fall einer Angabe aller Haftungsverhältnisse in einem Gesamtbetrag darf der entsprechende Teilbetrag daher nur einmal einbezogen werden. Im Fall einer getrennten Angabe unter unterschiedlichen Kategorien der Haftungsverhältnisse darf das Risiko nur unter einer Kategorie angegeben werden. Dies macht eine Zuordnung zu einer der Kategorien erforderlich. Hierbei sollte der Ausweis stets unter dem jeweils stärkeren Haftungsverhältnis erfolgen. Weiterhin ist die Mit-Zugehörigkeit zu einer anderen Gruppe von Haftungsverhältnissen zu vermerken.[71]

52 Haftungsverhältnisse sind sowohl dem Grunde als auch der Höhe nach unabhängig davon zu vermerken, ob evtl. **Rückgriffsforderungen** bestehen. Es ist allerdings zulässig, Rückgriffsforderungen unter der Bilanz auf der Aktivseite zu vermerken oder, alternativ, einen Zusatz beim Vermerk der Haftungsverhältnisse auf der Passivseite anzubringen: „davon durch Rückgriffsforderungen gesichert".[72] Die Ermittlung eines Werts von Rückgriffsforderungen sollte äußerst vorsichtig vorgenommen werden; ist die Werthaltigkeit zweifelhaft, sollte der Vermerk der Rückgriffsforderung unterbleiben.[73] Insb. bei Rückgriffsforderungen gegen den Schuldner, für den ein Haftungsverhältnis eingegangen worden ist, dürfte die Werthaltigkeit der Rückgriffsforderung i.d.R. zu bezweifeln sein. Anders kann sich dies für Rückgriffsforderungen gegenüber Dritten bzw. für besicherte Rückgriffsforderungen darstellen.

---

[69] Vgl. Karrenbrock, in Baetge/Kirsch/Thiele, Bilanzrecht, § 251 HGB Rz 43, Stand: 01/2020; Wader/Kotzur, in Anzinger/Oser/Schlotter, Rechnungslegung und Prüfung, Tb. 1, 7. Aufl., 2023, § 251 HGB Rz 50.
[70] Vgl. Schütte, DB 2013, S. 2042 ff.
[71] Vgl. Wiehn, in Castan u. a., Beck HdR, B 250 Haftungsverhältnisse Rn 33, Stand: 05/2010.
[72] Vgl. Wader/Kotzur, in Anzinger/Oser/Schlotter, Rechnungslegung und Prüfung, Tb. 1, 7. Aufl., 2023, § 251 HGB Rz 54 f.
[73] Vgl. Wiehn, in Castan u. a., Beck HdR, B 250 Haftungsverhältnisse Rn 22, Stand: 05/2010.

§ 252 Allgemeine Bewertungsgrundsätze

(1) Bei der Bewertung der im Jahresabschluß ausgewiesenen Vermögensgegenstände und Schulden gilt insbesondere folgendes:
1. Die Wertansätze in der Eröffnungsbilanz des Geschäftsjahrs müssen mit denen der Schlußbilanz des vorhergehenden Geschäftsjahrs übereinstimmen.
2. Bei der Bewertung ist von der Fortführung der Unternehmenstätigkeit auszugehen, sofern dem nicht tatsächliche oder rechtliche Gegebenheiten entgegenstehen.
3. Die Vermögensgegenstände und Schulden sind zum Abschlußstichtag einzeln zu bewerten.
4. Es ist vorsichtig zu bewerten, namentlich sind alle vorhersehbaren Risiken und Verluste, die bis zum Abschlußstichtag entstanden sind, zu berücksichtigen, selbst wenn diese erst zwischen dem Abschlußstichtag und dem Tag der Aufstellung des Jahresabschlusses bekanntgeworden sind; Gewinne sind nur zu berücksichtigen, wenn sie am Abschlußstichtag realisiert sind.
5. Aufwendungen und Erträge des Geschäftsjahrs sind unabhängig von den Zeitpunkten der entsprechenden Zahlungen im Jahresabschluß zu berücksichtigen.
6. Die auf den vorhergehenden Jahresabschluss angewandten Bewertungsmethoden sind beizubehalten.

(2) Von den Grundsätzen des Absatzes 1 darf nur in begründeten Ausnahmefällen abgewichen werden.

Inhaltsübersicht

		Rz
1	Überblick	1–22
1.1	Inhalt und Regelungszweck	1–6
1.2	Anwendungsbereich	7–14
1.3	Normenzusammenhänge	15–22
2	Explizit normierte Bewertungsgrundsätze (Abs. 1)	23–154
2.1	Grundsatz der Bilanzidentität (Nr. 1)	23–33
2.2	Grundsatz der Unternehmensfortführung (Nr. 2)	34–59
2.2.1	Regelungsinhalt	34–37
2.2.2	Fortführungszeitraum	38–39
2.2.3	Prüfung auf Fortführung	40–41
2.2.4	Entgegenstehende Gegebenheiten	42–48
2.2.4.1	Tatsächliche Gegebenheiten	43–45
2.2.4.2	Rechtliche Gegebenheiten	46–48
2.2.5	Bewertung (und Ansatz) bei Unternehmensfortführung	49
2.2.6	Bewertung (und Ansatz) bei Wegfall der going-concern-Prämisse	50–55
2.2.7	Anhang und Lagebericht	56–59

2.3		Grundsatz der Einzelbewertung und Stichtagsprinzip (Nr. 3, Nr. 4 Hs. 1)	60–96
	2.3.1	Stichtagsprinzip	61–84
		2.3.1.1 Regelungsinhalt	61–62
		2.3.1.2 Wertaufhellende und wertbegründende Tatsachen	63–70
		2.3.1.3 Wertaufhellungszeitraum	71–73
		2.3.1.4 Exemplarische Einzelsachverhalte	74–82
		2.3.1.5 Spezialvorschriften und Ausnahmen vom Stichtagsprinzip	83–84
	2.3.2	Einzelbewertungsgrundsatz	85–96
		2.3.2.1 Regelungsinhalt	85
		2.3.2.2 Abgrenzung von Bewertungsobjekten	86–94
		2.3.2.3 Spezialvorschriften und Ausnahmen vom Einzelbewertungsgrundsatz	95–96
2.4		Vorsichts-, Imparitäts- und Realisationsprinzip (Nr. 4)	97–133
	2.4.1	Vorsichtsprinzip (Nr. 4 Hs. 1)	97–101
		2.4.1.1 Regelungsinhalt	97–100
		2.4.1.2 Ausnahmen vom Vorsichtsprinzip	101
	2.4.2	Imparitätsprinzip (Nr. 4 Hs. 1)	102–108
		2.4.2.1 Regelungsinhalt	102–106
		2.4.2.2 Wertaufhellungsprinzip	107
		2.4.2.3 Ausnahmen vom Imparitätsprinzip	108
	2.4.3	Realisationsprinzip (Nr. 4 Hs. 2)	109–133
		2.4.3.1 Regelungsinhalt	109–110
		2.4.3.2 Gewinnrealisation	111–131
		2.4.3.3 Ausnahmen vom Realisationsprinzip	132–133
2.5		Grundsatz der Pagatorik und Periodenabgrenzung (Nr. 5)	134–140
	2.5.1	Regelungsinhalt	134–138
	2.5.2	Spezialvorschriften und Ausnahmen vom Periodisierungsgrundsatz	139–140
2.6		Grundsatz der Bewertungsstetigkeit (Nr. 6)	141–154
	2.6.1	Regelungsinhalt	141–149
	2.6.2	Spezialvorschriften und Ausnahmen vom Stetigkeitsprinzip	150–154
3		Abweichungen von den allgemeinen Bewertungsgrundsätzen (Abs. 2)	155–161
	3.1	Regelungsinhalt und Anwendungsbereich	155–157
	3.2	Ausnahmefälle	158–160
	3.3	Anhangangabepflichten	161
4		Implizite Bewertungsgrundsätze	162–174
	4.1	Aus anderen Vorschriften ableitbare Grundsätze	162
	4.2	Grundsatz der Methodenbestimmtheit	163
	4.3	Grundsatz des Willkürverbots	164–165
	4.4	Grundsatz der Wirtschaftlichkeit	166–170
	4.5	Grundsatz der Wesentlichkeit	171–174
5		Grundsätze ordnungsmäßiger Buchführung im Steuerrecht	175–183
6		Rechtsfolgen bei Pflichtverletzung	184

… Allgemeine Bewertungsgrundsätze § 252

1 Überblick

1.1 Inhalt und Regelungszweck

§ 252 Abs. 1 HGB enthält die folgenden expliziten Bewertungsgrundsätze bzw. -prinzipien:
- Grundsatz der Bilanzidentität, Nr. 1 (Rz 23 ff.)
- Grundsatz der Unternehmensfortführung, Nr. 2 (Rz 34 ff.)
- Grundsatz der Einzelbewertung und Stichtagsprinzip, Nr. 3 (Rz 60 ff.)
- Vorsichtsprinzip, Nr. 4 1. Halbsatz (Rz 97 ff.)
- Imparitätsprinzip, Nr. 4 1. Halbsatz (Rz 102 ff.)
- Realisationsprinzip, Nr. 4 2. Halbsatz (Rz 109 ff.)
- Grundsatz der Pagatorik und Periodenabgrenzung, Nr. 5 (Rz 134 ff.)
- Grundsatz der Bewertungsstetigkeit, Nr. 6 (Rz 141 ff.)

§ 252 Abs. 2 HGB beinhaltet darüber hinaus Vorschriften bzgl. einer Abweichung von den Bewertungsgrundsätzen bzw. -prinzipien in begründeten Ausnahmefällen (Rz 155 ff.).

Neben den explizit aufgeführten allgemeinen Bewertungsgrundsätzen enthält § 252 HGB weitere implizite Bewertungsgrundsätze, die sich einerseits aus der nicht abschließenden Aufzählung des Abs. 1 („insbesondere") und andererseits aus der Ausnahmeregelung des Abs. 2 ergeben.[1] Aus § 252 HGB folgt zunächst keine Pflicht zur Anwendung der nicht explizit geregelten Grundsätze i.R.d. Jahresabschlusserstellung. Da es sich bei den in Abs. 1 normierten Grundsätzen aber um kodifizierte **Grundsätze ordnungsmäßiger Buchführung** (zum Begriff und der Rechtsnatur der GoB s. § 243 Rz 3 ff.) handelt, ergibt sich die Vorgabe zu deren Beachtung aus § 243 Abs. 1 HGB, die jeden Kfm. zur Aufstellung seines Jahresabschlusses nach den GoB verpflichtet (§ 243 Rz 1 ff.).

Die in den Nr. 1–6 normierten Grundsätze sind ihrem **GoB**-Charakter geschuldet entsprechend als ergänzende und konkretisierende Generalklauseln zu verstehen, die insb. dann greifen, wenn Sachverhalte in den Einzelvorschriften nicht oder nur unzureichend geregelt sind[2], was sich etwa infolge der Markteinführung neuer Finanzprodukte ergeben kann. Auch hier greift der gültige Rechtsgrundsatz „lex specialis derogat legi generali".

Die Vorschriften wirken sich mitunter auf den handelsrechtlichen **Ansatz** aus. Als Grundsätze mit ansatzrelevantem Charakter sind dabei der Grundsatz der Periodenabgrenzung (Nr. 5), das Imparitätsprinzip (Nr. 4 1. Halbsatz) sowie das Realisationsprinzip zu verstehen.[3] Darüber hinaus ergeben sich infolge des Maßgeblichkeitsprinzips gem. § 5 Abs. 1 EStG direkte Auswirkungen auf die **steuerrechtliche Abbildung**, solange der Anwendung dieser Grundsätze keine einschränkenden steuerrechtlichen Regelungen gegenüberstehen. Gleichzeitig sind die Regelungen des § 252 HGB häufig Gegenstand der steuerrechtlichen Rechtsprechung, was zu GoB-setzenden bzw. -konkretisierenden Auswirkungen führt.

Die Grundsätze sind von **Gleichrangigkeit** gekennzeichnet, sodass ihre Anwendung unabhängig von der Anwendung der jeweils anderen Prinzipien erfolgt,[4]

---

[1] Vgl. Kliem/Büssow, in Beck Bil-Komm., 14. Aufl. 2024, § 252 HGB Rz 1.
[2] Vgl. Ballwieser, in Schmidt, MünchKomm. HGB, 4. Aufl. 2020, § 252 HGB Rz 2.
[3] Vgl. Baetge/Ziesemer/Schmidt, in Baetge/Kirsch/Thiele, Bilanzrecht, § 252 HGB Rz 3, Stand: 10/2011.
[4] Vgl. Kliem/Büssow, in Beck Bil-Komm., 14. Aufl. 2024, § 252 HGB Rz 2; Meyering/Gröne, in Anzinger/Oser/Schlotter, Rechnungslegung und Prüfung, Tb. 1, 7. Aufl. 2023, § 252 HGB Rz 8.

was sich bereits daraus ergibt, dass den GoB Vorrang- oder Nachrangverhältnisse grds. nicht inhärent sind.[5] Dies bleibt auch von der Klassifizierung der Grundsätze der Unternehmensfortführung, Einzelbewertung und Pagatorik als Systemgrundsätze unberührt.

Wenngleich in der Praxis eher selten vorzufinden, kann sich daraus ein **Anwendungsdilemma** ergeben, wenn sich zwei Grundsätze in einem konkreten Fall entgegenstehen, d. h. die Anwendung eines Grundsatzes zwangsläufig zur Missachtung eines anderen führt. Abhilfe kann in einem solchen Fall einzig die Regelung des Abs. 2 schaffen, die eine Abweichung eben in begründeten Ausnahmefällen gestattet, wobei ein solcher in dieser Situation wohl stets vorliegen dürfte.

1.2 Anwendungsbereich

7   Die Vorschriften des § 252 HGB gelten für **alle Kfl.** und sind sowohl im Einzel- als auch im Konzernabschluss zu beachten. Die Pflicht zur Beachtung der GoB auch im Konzernabschluss ergibt sich dabei bereits aus § 297 Abs. 2 Satz 1 und 2 HGB, der vorschreibt, dass der Konzernabschluss klar und übersichtlich aufzustellen ist und unter Beachtung der Grundsätze ordnungsmäßiger Buchführung ein den tatsächlichen Verhältnissen entsprechendes Bild der Vermögens-, Finanz- und Ertragslage zu vermitteln hat (§ 297 Rz 84 ff.), wobei der gesonderte Hinweis auf den Grundsatz der Klarheit und der Übersichtlichkeit redundant ist. Der in § 298 HGB explizit normierte Verweis u. a. auf die Vorschriften des § 252 HGB verdeutlicht die Pflicht zur Beachtung der Grundsätze i. R. d. Konzernabschlusserstellung nochmals, wobei der Verweis analog zu der Vorgabe zur klaren und übersichtlichen Ausgestaltung des Konzernabschlusses aus § 297 Abs. 2 Satz 1 HGB als redundant zu bezeichnen ist.

8   Die Vorschriften des § 252 HGB gelten für den Einzelabschluss von Unt in Gestalt eines **Kreditinstituts** analog, wobei spezielle Bewertungsregelungen insb. in § 340e HGB Vorrang haben. Da der § 297 Abs. 1 HGB in den Vorschriften der §§ 340 ff. HGB nicht als „nicht-anzuwenden" i. S. v. § 340i Abs. 1 HGB bestimmt wird, gilt § 252 HGB auch für den Konzernabschluss eines Kreditinstituts analog, wenngleich § 340i Abs. 2 Satz 2 HGB implizit durch die nicht-Anwendung des § 298 Abs. 1 HGB den § 252 HGB ausschließt. Durch dieses Vorgehen – Ausschluss der Anwendung von § 298 Abs. 1 HGB und damit des expliziten Verweises auf § 252 HGB ohne Ausschluss der generellen Vorgabe zur Beachtung der GoB auch im Konzernabschluss aus § 297 Abs. 2 HGB – ergibt sich entsprechend eine auslegungsbedürftige Inkonsistenz, die der Gesetzgeber künftig beheben sollte.

9   Die unter Rz 8 gemachten Ausführungen zu Kreditinstituten gelten – auch hinsichtlich der Inkonsistenz der nicht-Anwendungsvorgaben – für **Versicherungs-Unt** analog, wobei hier die Vorschriften der §§ 341 ff. HGB maßgeblich sind.

10 Ist ein Unt zur Rechnungslegung nach dem **PublG** verpflichtet, sind die Vorschriften des § 252 HGB ebenfalls anzuwenden.[6]

11 Infolge der Implementierung des **Maßgeblichkeitsprinzips** in § 5 Abs. 1 EStG entfaltet § 252 HGB auch Ausstrahlungswirkung auf die Steuerbilanz, auch wenn

---

[5] So etwa auch Baetge/Ziesemer/Schmidt, in Baetge/Kirsch/Thiele, Bilanzrecht, § 252 HGB Rz 5, Stand: 10/2011.

[6] Vgl. Baetge/Ziesemer/Schmidt, in Baetge/Kirsch/Thiele, Bilanzrecht, § 252 HGB Rz 10, Stand: 10/2011.

angesichts der Überlegungen zu einer gemeinsamen Körperschaftssteuer-Bemessungsgrundlage in der EU wieder einmal die Entwicklung eines eigenständigen Steuerbilanzrechts diskutiert wird.[7] Entsprechend ist der Ansatz des Betriebsvermögens geboten, das sich nach den handelsrechtlichen Normen und GoB ergibt, wobei steuerrechtliche Spezialvorschriften in der Steuerbilanz Vorrang besitzen und grds. alle steuerlichen Wahlrechte (eine Ausnahme wäre z. B. § 6 Abs. 1 Nr. 1b EStG) unabhängig von der Handelsbilanz ausgeübt werden können (§ 5 Abs. 1 Satz 1 2. Halbsatz EStG: „es sei denn, im Rahmen der Ausübung eines steuerlichen Wahlrechts wird oder wurde ein anderer Ansatz gewählt"). Ausführlicher zur aktuellen Maßgeblichkeitsdefinition s. § 274 Rz 129 ff.
Als Ergebnis der Einigung der OECD auf eine globale Mindestbesteuerung i. R. d. BEPS-Verhandlungen und der Umsetzung als RL (EU) 2022/2523 zur Gewährleistung einer globalen Mindestbesteuerung für multinationale Unternehmensgruppen und große inländische Gruppen in der Union[8] ist die Maßgeblichkeit auch auf die nach der EU-Bilanzrichtlinie (und damit u. a. auf die nach § 298 Abs. 1 i. V. m. § 252 HGB) erstellten Handelsbilanzen II ausgeweitet worden. Die Erstanwendung erfolgt aufgrund der kontroversen Diskussion zur konkreten Umsetzung für nach dem 30.12.2023 beginnende Gj.[9] Das Gesetz zur globalen Mindestbesteuerung verdeutlicht die enormen Herausforderungen der Umsetzung.[10]

§ 252 HGB unterlag **keinen direkten Änderungen durch das BilRUG**. Allerdings ergaben sich indirekte Folgeänderungen hinsichtlich der Pflicht zur Berichterstattung im Lagebericht betreffend die Regelungen des § 252 HGB und damit hinsichtlich des Gefüges des Normzusammenhangs. 12

Wenngleich § 252 Abs. 2 HGB, der Abweichungen von den allgemeinen Bewertungsgrundsätzen des § 252 Abs. 1 HGB in begründeten Ausnahmefällen vorsieht (Rz 155 ff.), im Zuge des **BilRUG** keine Überarbeitung erfahren hat, **ergibt sich in Konsequenz der neuen EU-Bilanzrichtlinie das Erfordernis zur engeren Auslegung** des Anwendungsbereichs der **Ausnahmeregelung**. Hintergrund ist das Aufgehen der Regelung zu den Ausnahmefällen aus Art. 31 Abs. 2 der 4. EG-Richtlinie in Art. 4 Abs. 4 Bilanzrichtlinie 2013/34/EU nebst inhaltlichen Änderungen. Art. 4 Abs. 4 Bilanzrichtlinie 2013/34/EU sieht (in letzter Instanz) eine zwingende Nichtanwendung der Vorschriften vor, die eine Nichterfüllung des Erfordernisses zur Darstellung eines den tatsächlichen Verhältnissen entsprechenden Bildes der Vermögens-, Finanz- und Ertragslage des Unt bedingen. Korrespondierend ist die Generalnorm als sog. overriding principle ausgestaltet (§ 264 Rz 50). Zwar hat der **deutschen Gesetzgeber** i. R. d. Nationalisierung der Bilanzrichtlinie 2013/34/EU Art. 4 Abs. 4 **nicht in deutsches Recht überführt** (und damit eindeutig gegen europäisches Recht verstoßen), **zumindest aber** i. R. d. **Auslegung** des § 252 Abs. 2 HGB ist Art. 4 Abs. 4 Bilanzrichtlinie 2013/34/EU **zu beachten**, da die Ausnahmeregelung mit besonderem Bezug zu den allgemeinen 13

---

[7] Vgl. Müller-Gatermann, Ubg 2019, S. 19.
[8] ABl. EU L 328 v. 22.12.2022, S. 1, berichtigt in ABl. EU L 13 v. 16.1.2023, S. 9.
[9] Gesetz zur Umsetzung der Richtlinie (EU) 2022/2523 des Rates zur Gewährleistung einer globalen Mindestbesteuerung und weiterer Begleitmaßnahmen, BGBl. v. 27.12.2023, Nr. 397.
[10] Vgl. Müller/Saile, PiR 2022, S. 159 ff.

Bewertungsvorschriften des § 252 Abs. 1 HGB bzw. den diesen zu Grunde liegenden Regelungen des Art. 6 Abs. 1 Bilanzrichtlinie 2013/34/EU in eine Ausnahmeregelung mit Fokus auf die Vermittlung eines den tatsächlichen Verhältnissen entsprechenden Bildes der Vermögens-, Finanz- und Ertragslage des Unt transformiert wurde.[11] Das hat etwa Auswirkungen bei der nach HGB nur im Falle der Unwesentlichkeit denkbaren Übernahme der steuerrechtlich temporär für in den Jahren 2020 bis 2022[12] angeschaffte Wirtschaftgüter wieder zugelassenen degressiven Abschreibung – unter Beachtung des Stetigkeitsprinzips ist eine temporäre Abweichung der Bewertungsmethode nicht möglich. Eine Änderung steuerrechtlicher Vorschriften würde zwar eine Durchbrechung der Stetigkeit grds. rechtfertigen, allerdings vor dem Hintergrund der Generalnorm nicht derart speziell nur für bestimmte Vermögensgegenstände.[13]

14 Der Materiality-Grundsatz ist impliziter Bestandteil des True-and-fair-view-Prinzips und ist implizit in die Generalnorm des § 264 Abs. 2 HGB integriert (Rz 172). Ferner stellen einige Normen des HGB explizit auf das Kriterium der **Wesentlichkeit** ab (Rz 172). Eine darüber hinausgehende **Integration als übergreifendes Konzept** hat der Gesetzgeber im Zuge des **BilRUG** allerdings **nicht vorgenommen**, obgleich Art. 6 Abs. 1 Buchst. j Bilanzrichtlinie 2013/34/EU die Pflicht zur (expliziten) Umsetzung des Wesentlichkeitsgrundsatzes zunächst[14] sowohl für Ansatz, Bewertung, Darstellung, Offenlegung und Konsolidierung in nationales Recht vorsieht. Allenfalls ließe sich aus deutscher Perspektive argumentieren, dass sich die allumfassende Gültigkeit des Wesentlichkeitsprinzips nach herrschender Meinung aus den GoB ergibt.[15] **Allerdings** ist der Grundsatz im HGB durch das Schrifttum und die Rechtspraxis in relativ enge Grenzen gesetzt, während die explizite Implementierung sowie die der EU-Bilanzrichtlinie inhärente deutliche Annäherung an die IFRS, für deren Normsystem der Grundsatz der Materiality von großer Bedeutung ist (Rz 173), für eine (künftig) **erheblich größere Bedeutung des Grundsatzes** sprechen. Aus Art. 6 Abs. 1 Buchst. j Bilanzrichtlinie 2013/34/EU ergibt sich somit wohl das **Erfordernis einer weiteren Auslegung**.

1.3 Normenzusammenhänge

15 Da § 252 HGB nicht von abschließendem **Charakter** ist, was sich bereits aus der Verwendung der Formulierung „insbesondere" in Abs. 1 ergibt, stehen alle anderen Normen des Handelsgesetzbuches mit § 252 HGB zumindest in indirekter Beziehung, die GoB-Bezug aufweisen respektive GoB konkretisieren. Dies betrifft sowohl § 238 Abs. 1 HGB für die Buchführung, die §§ 243 Abs. 1 und 264 Abs. 2 HGB für den Jahresabschluss wie etwa auch die §§ 240 Abs. 3, 285 Nr. 3, 286 Abs. 3 Nr. 1 und 289 Abs. 1 Satz 3 HGB, die explizit auf den Wesentlichkeitsgrundsatz zurückgreifen. Die Vorgabe zur Beachtung der nicht explizit in § 252 HGB kodifizierten Grundsätze ergibt sich dabei aus der in § 243 Abs. 1 HGB festgeschriebenen Pflicht zur Aufstellung des Jahresabschlusses unter Berücksichtigung der GoB.

---

[11] Vgl. dazu detailliert Wengerofsky, DB 2015, S. 874 ff.
[12] Viertes Gesetz zur Umsetzung steuerlicher Hilfsmaßnahmen zur Bewältigung der Corona-Krise, BGBl 2022 I S. 911.
[13] Vgl. Müller/Ströde, Stbg 2021, S. 6 ff.
[14] Gem. Art. 6 Abs. 4 Bilanzrichtlinie 2013/34/EU besteht die Möglichkeit, den Anwendungsbereich des Wesentlichkeitsgrundsatzes auf die Darstellung und Offenlegung zu begrenzen.
[15] So auch Lüdenbach, StuB 2019, S. 15, der aber ebenfalls eine explizite Berücksichtigung anmahnte.

Dieser Zusammenhang gilt für die handelsrechtlichen **Spezialvorschriften**, insb. die bewertungsbezogenen Regelungen der §§ 253 ff. HGB, die – ungeachtet der Bilanzrichtlinie 2013/34/EU (dazu detailliert Rz 19) weiterhin – stets vorrangig anzuwenden sind, entsprechend. Das in § 252 Abs. 1 Nr. 4 2. Halbsatz HGB kodifizierte Realisationsprinzip wird durch die Vorgabe zur Zeitwertbewertung für VG, die dem Zugriff aller übrigen Gläubiger entzogen sind und ausschl. der Erfüllung von Schulden aus Altersversorgungsverpflichtungen oder vergleichbaren langfristig fälligen Verpflichtungen dienen, gem. § 253 Abs. 1 Satz 4 i. V. m. § 246 Abs. 2 Satz 2 HGB durchbrochen. In diesen Fällen greift dann die Ausschüttungssperre des § 268 Abs. 8 HGB bzw. für Aktiengesellschaften die Abführungssperre des § 301 AktG. Ebenfalls GoB-durchbrechend bzw. zumindest mit diesen in Konflikt stehend sind die Vorschriften des § 256a Satz 2 HGB zur Währungsumrechnung sowie jene zur Bewertung von Rückstellungen zum Erfüllungsbetrag nach § 253 Abs. 1 Satz 2 HGB. Mit § 254 HGB betreffend die Behandlung von Bewertungseinheiten ergibt sich zumindest eine Durchbrechung des in § 252 Abs. 1 Nr. 3 HGB normierten Grundsatzes der Einzelbewertung.[16] Mit den Vorschriften des § 253 Abs. 3, 4 HGB hinsichtlich der Niederstwertbewertung sowie jenen des § 249 Abs. 1 Satz 1 HGB zur Rückstellungsbildung für Drohverluste aus schwebenden Geschäften erfolgt zudem eine Konkretisierung des Imparitätsprinzips (§ 252 Abs. 1 Nr. 4 2. Halbsatz HGB).

16

Die im Schrifttum mitunter vereinzelt skizzierten weitreichenden (wohl als negativ aufzufassenden) **Folgen**[17] **der Durchbrechungen** sind u. E. nach nicht zu befürchten[18], was sich bereits aus dem Rechtsgrundsatz „lex specialis derogat legi generali" und aus dem von gleicher Stelle aufgeführten Sinn und Zweck der Grundsätze – nämlich der Konkretisierung offen formulierter oder spielraumbehafteter Spezialvorschriften sowie der Ergänzung dieser in Fällen fehlender Regelungen[19] – ergibt. Da in den Durchbrechungsfällen weder Ergänzungen noch Konkretisierungen und damit im Umkehrschluss keine Grundsätze erforderlich sind, ist kaum begründbar, warum es hier zu einer Erschütterung des Grundsatzgefüges kommen soll.

17

Aus dem **Anwendungsvorrang** der Spezialvorschriften ergibt sich folgende Normen-Rangfolge handels- und gesellschaftsrechtlicher Regelungen (§ 264 Rz 53):
- Branchenbezogene Spezialnormen (z. B. Formblattverordnungen)
- Rechtsform-spezifische Spezialnormen (z. B. §§ 150 ff. AktG)
- Ergänzende Vorschriften für KapG und ihnen gleichgestellte KapCoGes (§§ 264–289f HGB, ohne § 264 Abs. 2 HGB)
- Vorschriften für alle Kfl. (§§ 242–256a HGB)
- Grundsätze ordnungsgemäßer Buchführung
- Generalnorm des § 264 Abs. 2 Satz 1 HGB

18

In Deutschland kommt der Generalnorm nicht die in den international anerkannten Rechnungslegungsvorschriften verankerte Funktion eines **Overriding Principle** zu, sie hat lediglich eine Subsidiärfunktion. Sie ist ergänzend heranzuziehen, wenn

19

---

16 Vgl. Baetge/Ziesemer/Schmidt, in Baetge/Kirsch/Thiele, Bilanzrecht, § 252 HGB Rz 13, Stand: 10/2011.
17 So Fülbier/Federsel, in Küting/Weber, HdR-E, § 252 HGB Rz 16, Stand: 6/2021.
18 I. E. ebenso Hoffmann/Lüdenbach, NWB-Kommentar Bilanzierung, 15. Aufl. 2023, § 252 HGB Rz 8.
19 Vgl. Fülbier/Federsel, in Küting/Weber, HdR-E, § 252 HGB Rz 15, Stand: 6/2021.

Einzelnormen keine Lösung bieten oder der Auslegung bedürfen.[20] Dies erklärt sich gerade auch aus § 264 Abs. 2 Satz 2 HGB. Wenn die Generalnorm die Primärfunktion hätte, müsste der Jahresabschluss immer ein den tatsächlichen Verhältnissen entsprechendes Bild liefern und § 264 Abs. 2 Satz 2 HGB wäre überflüssig.[21] Auch die Umsetzung der **Bilanzrichtlinie 2013/34/EU** – die in letzter Instanz eine Nichtanwendung von Vorschriften vorsieht, die zu einer Durchbrechung der Darstellung eines den tatsächlichen Verhältnissen entsprechenden Bilds der Vermögens-, Finanz- und Ertragslage führen (Art. 4 Abs. 4 Bilanzrichtlinie 2013/34/EU) – mit dem BilRUG ist ohne Anpassung bzw. Erweiterung der Generalnorm erfolgt. So kommt es in zweifacher Weise bei der Stellung der Generalnorm zu einer **Abweichung von der Richtlinie**. Zum einen fehlt der Zusatz „unter Beachtung der GoB" im Richtlinientext. Zum anderen ist Art. 4 Abs. 3 und 4 der Richtlinie, der inhaltlich den Regelungen der IAS 1.15 und 17 entspricht, klar als Overriding Principle ausgestaltet, was bedeutet, dass die Generalnorm mit der Forderung der tatsachengemäßen Abbildung Vorrang vor den Einzelnormen hat.[22] Zwar wird den Mitgliedstaaten im Zusammenhang mit der Ausgestaltung als Overriding Principle gestattet, Ausnahmefälle zu bezeichnen und die in diesen Fällen anzuwendenden Ausnahmeregelungen festzulegen (Art. 4 Abs. 4 Satz 3 Bilanzrichtlinie 2013/34/EU), eine extrem weite Auslegung dieser Option i. S. e. unterlassenen Implementierung dürfte dadurch aber nicht erfasst sein. Dennoch verändert das BilRUG das HGB hier nicht und steht damit in der Tradition des Beharrens auf den im deutschen Rechtssystem verankerten Prinzipien, das bereits bei der (Nicht-)Umsetzung der fast wortgleichen 4. EU-Richtlinie nicht europarechtlich geahndet wurde. Eine Überlagerung von Einzelvorschriften mit einem Verweis auf die Generalnorm kommt somit auch weiterhin grds. nicht in Betracht. Es bleibt bei der unter Rz 18 skizzierten Rangfolge. Allerdings ist zunehmend feststellbar, dass als überzogen empfundene Auslegung handelsrechtlicher Normen durch die Finanzgerichte kritisch vor dem Hintergrund der Generalnorm hinterfragt und sogar aus der Generalnorm abgeleitete Handlungen begründet werden (§ 249 Rz 116, 270).

20 Hinsichtlich des **Anhangs** sind einerseits Angabepflichten, konkret des § 284 Abs. 2 Nr. 1, 2 HGB betreffend die Regelungen des § 252 HGB, und andererseits mit den in § 252 HGB festgeschriebenen Grundsätzen in Verbindung stehende Anhangvorschriften, wie die der §§ 285 Nr. 3, 286 Abs. 3 Nr. 1 HGB (diese greifen auf den in § 252 HGB implizit enthaltenen Wesentlichkeitsgrundsatz zurück), zu berücksichtigen. Zudem fordert § 285 Nr. 33 HGB Angaben über Vorgänge von besonderer Bedeutung, die weder in der GuV noch in der Bilanz berücksichtigt und nach dem Schluss des Gj eingetreten sind.

---

[20] Vgl. Baetge/Commandeur/Hippel, in Küting/Weber, HdR-E, § 264 HGB Rz 19ff., Stand: 1/2023.
[21] Vgl. Kliem/Rimmelspacher, in Beck Bil-Komm., 14. Aufl. 2024, § 264 HGB Rz. 25f.
[22] Vgl. Kreipl, KoR 2013, S. 201; Kreipl/Müller, in Seicht, Jahrbuch für Controlling und Rechnungswesen, 2014, S. 280f. Zur Diskussion vgl. Haaker, DB 2019, S. 383f.; Mühlbauer/Müller, DB 2019, S. 385f.

Gleiches gilt für den **Lagebericht** sowie den nichtfinanziellen bzw. nach Verabschiedung des CSRD-UmsG[23] Nachhaltigkeitsbericht. §§ 289 Abs. 1 Satz 3 und 4 HGB und 289c Abs. 3 HGB greifen explizit, tw. sogar mehrstufig, auf den Wesentlichkeitsgrundsatz zurück; mit § 289c HGB-E wird auf die European Sustainability Reporting Standards (ESRS) verwiesen, die – wenngleich in geänderter Form – eine Wesentlichkeitsbetrachtung verlangen (§ 289c Rz 12).[24]

21

Durch die in § 297 Abs. 1 Satz 1 und 2 HGB implementierte Pflicht zur Beachtung der GoB auch im **Konzernabschluss** und den Verweis auf die Anwendung des § 252 HGB in § 298 HGB steht die Regelung des § 252 HGB darüber hinaus in direkter Verbindung mit den aufgeführten Normen betreffend den Konzernabschluss.

22

2 Explizit normierte Bewertungsgrundsätze (Abs. 1)

2.1 Grundsatz der Bilanzidentität (Nr. 1)

Die Wertansätze der Eröffnungsbilanz haben nach § 252 Abs. 1 Nr. 1 HGB den Wertansätzen in der Schlussbilanz des vorherigen Gj zu entsprechen. Mittels Normierung des Grundsatzes der **Bilanzidentität**[25] – der im Steuerrecht primär als Grundsatz des Bilanzzusammenhangs bezeichnet wird[26] – soll sichergestellt werden, dass sämtliche Geschäftsvorfälle in das neue Gj übertragen werden, ohne dass Erfolgsbeiträge aus der GuV eliminiert und damit den Anteilseignern vorenthalten werden können.[27] Die Regelung ist dabei Ausdruck des Stetigkeitsgebots sowie der Willkürfreiheit und dient einer periodengerechten Gewinnermittlung. Darüber hinaus wird argumentiert, dass nur so eine korrekte Darstellung des zumindest gedanklichen Totalgewinns der Unternehmung, der der Summe der Jahresüberschüsse und -fehlbeträge über alle Gj der gesamten Lebensdauer eines Unt entspricht, erreicht werden kann und sich die Schwankungen der Wertansätze im Zeitverlauf ausgleichen.[28] Allerdings handelt es sich bei dem Konstrukt des Totalgewinns lediglich um ein theoretisches Gebilde und etwa in den Übergangsvorschriften zum BilMoG wurde eine erfolgsneutrale Erfassungen von Erträgen aus der Umstellung bei bestimmten Sachverhalten im Widerspruch zu dem Grundsatz der Bilanzidentität gefordert bzw. erlaubt.[29]

23

Da weder dem HGB noch den GoB eine Pflicht zur Aufstellung einer **Eröffnungsbilanz** für jedes Gj inhärent ist, ist unter der in § 252 HGB irreführenderweise verwendeten Formulierung „Eröffnungsbilanz" die Übereinstimmung der

24

---

[23] Entwurf eines Gesetzes zur Umsetzung der Richtlinie (EU) 2022/2464 des Europäischen Parlaments und des Rates vom 14. Dezember 2022 zur Änderung der Verordnung (EU) Nr. 537/2014 und der Richtlinien 2004/109/EG, 2006/43/EG und 2013/34/EU hinsichtlich der Nachhaltigkeitsberichterstattung von Unternehmen; https://dserver.bundestag.de/btd/20/127/2012787.pdf, Abruf 7.10.2024.
[24] Vgl. Baumüller/Lopatta/Hrinkow, in Freiberg/Lanfermann, ESRS-Kommentar, § 3 Rz 42 ff.
[25] Kliem/Büssow, in Beck Bil-Komm., 14. Aufl. 2024, § 252 HGB Rz 5 etwa verwenden die Bezeichnung „formelle Bilanzkontinuität".
[26] Vgl. BFH Beschluss v. 29.11.1965, GrS 1/65, BStBl 1966 III S. 142.
[27] Vgl. Baetge/Ziesemer/Schmidt, in Baetge/Kirsch/Thiele, Bilanzrecht, § 252 HGB Rz 21, Stand: 10/2011; Kliem/Büssow, in Beck Bil-Komm., 14. Aufl. 2024, § 252 HGB Rz 6.
[28] So etwa Kliem/Büssow, in Beck Bil-Komm., 14. Aufl. 2024, § 252 HGB Rz 6; Ballwieser, in Schmidt, MünchKomm. HGB, 5. Aufl. 2024, § 252 HGB Rz 5; Baetge/Ziesemer/Schmidt, in Baetge/Kirsch/Thiele, Bilanzrecht, § 252 HGB Rz 21, Stand: 10/2011.
[29] Kreipl/Müller, in Bertram/Brinkmann/Kessler/Müller, Haufe HGB Bilanz Kommentar BilMoG Erfahrungsbericht, 2012, Art. 67 EGHGB Rz 36.

Saldenvorträge auf den Bestandskonten mit den Schlusssalden der entsprechenden Konten aus dem vorangegangenen (Rumpf-)Gj zu verstehen. Auch aus der Regelung des § 252 HGB ergibt sich keine Pflicht zur Aufstellung einer Eröffnungsbilanz. Die Pflicht zur Aufstellung einer solchen liegt nur im Falle des Beginns eines Handelsgewerbes (§ 242 Abs. 1 Satz 1 HGB) oder gem. § 71 Abs. 1 GmbHG im Falle einer Liquidation vor, wobei die Liquidationseröffnungsbilanz – vorbehaltlich abweichender Vorgaben – bei einer GmbH sachlich der Eröffnungsbilanz des § 242 Abs. 1 Satz 1 HGB und inhaltlich der Schlussbilanz entspricht.[30]

Ebenfalls folgt aus der Regelung kein Gebot zur **Gliederungsstetigkeit**.[31] Es ist entsprechend nicht erforderlich, die Kontengliederung des vorangegangenen Gj für das neue Gj zu verwenden. Allerdings ergibt sich i.S.d. Bilanzidentität bei Änderungen die Anforderung zur Vorlage von Überleitungen und der Beibehaltung der Kontengliederungen für ein Gj.[32]

25 Während § 252 Abs. 1 Nr. 1 HGB zunächst nur allgemein von der Übernahme der Wertansätze spricht, ergibt sich aus § 252 Abs. 1 Satz 1 HGB die Spezifizierung, dass darunter die **Wertansätze** der im Jahresabschluss ausgewiesenen VG und Schulden zu verstehen ist. Allerdings umfasst der Grundsatz der Bilanzidentität nicht nur den Wertansatz sämtlicher Aktiva und Passiva und damit auch der Posten des Eigenkapitals, sondern vielmehr auch den übereinstimmenden **Ansatz** dieser.[33] Daraus folgt neben der Vorgabe zur unveränderten Übernahme der Wertansätze der ausgewiesenen Posten unter Ausschluss von Weglassungen oder Ergänzungen auch die Pflicht zur Beibehaltung der Zuordnung zu den Aktiv- und Passivpositionen genauso wie das Erfordernis zur Übernahme der Wertansätze zusammengefasster und nicht gesondert ausgewiesener (Unter-)Positionen in den Fällen unveränderter Gesamtwerte.[34] Darüber hinaus ergibt sich in Konsequenz der Grundsatzanwendung auch das **Verbot** zur Anpassung infolge einer **abweichenden Steuerbilanz**.[35]

> **Praxis-Beispiel**
> Die X GmbH hat im am 31.12.X1 endenden Gj i.R.d. Zugangsbewertung gem. § 255 Abs. 2 Satz 2 HGB sämtliche dem einzelnen Erzeugnis unmittelbar zurechenbare Aufwendungen und damit die Pflichtbestandteile der HK i.H.v. insgesamt 550.000 EUR sowie nach § 255 Abs. 2 Satz 3 HGB alle wahlrechtsgemäßen Gemeinkosten, die unabhängig von der Produktionsmenge angefallen sind (allgemeine Verwaltungskosten, Kosten für soziale Einrichtungen des Betriebs und freiwillige soziale Leistungen, sowie Kosten der betrieblichen Altersvorsorge), i.H.v. insgesamt 150.000 EUR in die aktivierten HK einbezogen.

---

[30] Vgl. Altmeppen, in Beck'scher GmbHG Kommentar, 9. Aufl. 2019, § 71 GmbHG Rz 25.
[31] Vgl. Meyering/Gröne, in Anzinger/Oser/Schlotter, Rechnungslegung und Prüfung, Tb. 1, 7. Aufl. 2023, § 252 HGB Rz 57.
[32] Vgl. Baetge/Ziesemer/Schmidt, in Baetge/Kirsch/Thiele, Bilanzrecht, § 252 HGB Rz 26, Stand: 10/2011.
[33] Vgl. anstatt vieler Baetge/Ziesemer/Schmidt, in Baetge/Kirsch/Thiele, Bilanzrecht, § 252 HGB Rz 25, Stand: 10/2011.
[34] Ebenso etwa Kliem/Büssow, in Beck Bil-Komm., 14. Aufl. 2024, § 252 HGB Rz 8 ff.
[35] Vgl. Kliem/Büssow, in Beck Bil-Komm., 14. Aufl. 2024, § 252 HGB Rz 8.

> Infolge des Grundsatzes der Bilanzidentität ist es der X GmbH nicht gestattet, i. R. d. Eröffnungsbuchungen nur die Pflichtbestandteile der HK i. H. v. insgesamt 550.000 EUR für das Gj X2 vorzutragen. Der Schlusssaldo von insgesamt 700.000 EUR ist zu übernehmen.

Die Praxis der **Berücksichtigung** von bereits vorhandenen **Gewinnveränderungsbeschlüssen** und den damit etwaig verbundenen Änderungen der Eigenkapital- und Verbindlichkeitskonten bzw. Umbuchungen von Gewinnen/Verlusten oder Gewinn-/Verlustvorträgen bereits im Zuge der Eröffnungsbuchungen als Alternative zur Erfassung erst im Laufe des neuen Gj soll keine Durchbrechung des Grundsatzes darstellen.[36] U. E. nach kann dies so nicht gelten und widerspricht dem mitunter von gleicher Seite vorgebrachten Argument hinsichtlich eines Verbots zur Änderung der Zuordnung von Aktiv- und Passivposten.[37] Warum eine Änderung der Zuordnung bei VG nicht, bei Positionen des Eigenkapitals dagegen gestattet sein soll, erschließt sich nicht, da der Anwendungsbereich des Grundsatzes Positionen des Eigenkapitals nach h. M. umfasst. Auch der vereinzelt aufgebrachte Hinweis auf die Vereinbarkeit dieser Vorgehensweise mit dem Inhalt bzw. Zweck des Grundsatzes[38] trotz formeller Durchbrechung heilt diesen Fehler nicht. Insb. als kritisch zu erachten sind aufwands- oder ertragsbezogene Konsequenzen, wie etwa Steuern, die u. E. klar zu einer nicht nur formellen Durchbrechung führen.[39] Das ebenfalls vorgebrachte Argument, es handle sich bei dem Jahresabschluss und dem Gewinnverwendungsbeschluss um eine Einheit, mag ebenfalls nicht überzeugen, da einerseits § 252 Abs. 1 Nr. 1 HGB auf den unmittelbaren Zusammenhang der Wertansätze und nicht die Regelwerke als Ganzes abstellt[40] und der Gewinnverwendungsbeschluss mit dem Jahresabschluss eben gerade keine Einheit bildet, sondern als selbständige Ergänzung zu betrachten ist. I. E. ergibt sich die Konsequenz, dass Gewinnverwendungsbeschlüsse und die damit verbundenen Folgen nicht bereits im Zuge der Saldenvorträge umgesetzt werden dürfen.[41]

Umstritten hinsichtlich des Zeitpunkts der Veränderungsberücksichtigung, d. h. konkret der Umsetzung von Sachverhalten bereits im Zuge der Eröffnungsbuchungen, ist auch der Fall von **Umwandlungen** – insb. mit Übertragung von Aktiva und Passiva. Diese umfassen gem. § 1 Abs. 1 UmwG die umwandlungsrechtlichen Vorgänge der Verschmelzung (§§ 2–122l UmwG),[42] der Spaltung (§§ 123–173 UmwG)[43] als auch von Vermögensübertragungen (§§ 174–189 UmwG).[44]

---

[36] Vgl. Baetge/Ziesemer/Schmidt, in Baetge/Kirsch/Thiele, Bilanzrecht, § 252 HGB Rz 27, Stand: 10/2011; i. E. ebenso Kliem/Büssow, in Beck Bil-Komm., 14. Aufl. 2024, § 252 HGB Rz 10; a. A. Meyering/Gröne, in Anzinger/Oser/Schlotter, Rechnungslegung und Prüfung, Tb. 1, 7. Aufl. 2023, § 252 HGB Rz 63, Fülbier/Federsel, in Küting/Weber, HdR-E, § 252 HGB Rz 35, Stand: 6/2021.
[37] Vgl. etwa Kliem/Büssow, in Beck Bil-Komm., 14. Aufl. 2024, § 252 HGB Rz 8.
[38] Vgl. Kliem/Büssow, in Beck Bil-Komm., 14. Aufl. 2024, § 252 HGB Rz 9.
[39] Gl. A. Fülbier/Federsel, in Küting/Weber, HdR-E, § 252 HGB Rz 35, Stand: 6/2021.
[40] Zurecht Fülbier/Federsel, in Küting/Weber, HdR-E, § 252 HGB Rz 35, Stand: 6/2021.
[41] Gl. A. Fülbier/Federsel, in Küting/Weber, HdR-E, § 252 HGB Rz 35, Stand: 6/2021.
[42] Vgl. Melhem/Müller, in Kußmaul/Müller, HdB, Verschmelzung: Rechnungslegung, Rz. 1 ff., Stand: 26.1.2024.
[43] Vgl. Melhem/Müller, in Kußmaul/Müller, HdB, Spaltung: Rechnungslegung, Rz. 1 ff., Stand: 7.3.2024.
[44] Vgl. Melhem/Müller, in Kußmaul/Müller, HdB, Vermögensübertragung: Rechnungslegung, Rz. 1 ff., Stand: 8.3.2024.

28 Der **Zugangszeitpunkt** von Sachanlagen sowie entgeltlich erworbenen immateriellen VG des AV richtet sich im Wege von Umwandlungen grds. nach der Übertragung der Verfügungsmacht, nicht nach dem rechtlichen Wirksamwerden der Übertragung.[45] Abweichend davon ist im Zuge von Verschmelzungen und Spaltungen der Verschmelzungsstichtag[46] für den Zugangszeitpunkt maßgebend.[47] Der Stichtag der Schlussbilanz i. S. d. UmwG, der dem Verschmelzungsstichtag entspricht, muss dabei nicht dem Stichtag des Jahresabschlusses entsprechen. Allerdings entfällt bei gleichem Stichtag die Pflicht zur Aufstellung einer gesonderten Schlussbilanz i. S. d. UmwG. Der steuerliche Übertragungsstichtag entspricht wiederum zwingend dem Stichtag der Schlussbilanz i. S. d. UmwG. Der mitunter vertretenen Auffassung, dass der Umwandlungsstichtag nicht mit dem Stichtag der Schlussbilanz i. S. d. UmwG und damit auch dem steuerlichen Übertragungsstichtag übereinstimmen kann, sondern dem Tag entspricht, der diesem folgt, entbehrt jedweder Grundlage, sodass u. E. diese, auch von der FinVerw vertretene Auffassung nicht geteilt werden kann.

29 Fraglich ist dabei nun, wann die **Verfügungsmacht** übergeht bzw. wie der Stichtag terminiert ist. Auch wenn grds. alle umwandlungsrelevanten Tatbestände Berücksichtigung finden müssen,[48] dürfte sich die vertragliche Ausgestaltung als maßgebend zeichnen. Wird der Stichtag des regulären Jahresabschlusses als Umwandlungsstichtag gewählt bzw. wird die Übertragung zu diesem festgelegt, so sind die Auswirkungen noch in diesem Gj zu berücksichtigen. Dies gilt auch bei Verwendung der Formulierung „zum 31.12.20XX, 24 Uhr". Ebenfalls unkritisch ist die Festlegung des Umwandlungsstichtags auf den 1.1.20XX+1 oder die Verwendung der Formulierung „zum 1.1.20XX+1, 0 Uhr". Problematisch dagegen ist etwa eine Vermögensübertragung mit wirksamen Übergang der Verfügungsmacht zum „31.12.20XX, 24 Uhr/1.1.20XX+1, 0 Uhr", da eine eindeutige Zuordnung hier nicht möglich ist. Ergeben sich nicht aus der Würdigung der Gesamtumstände Anhaltspunkte für eine Zuordnung zu einem der beiden Gj, was nach Auffassung des BFH in Ausnahmefällen möglich ist[49], besteht insofern ein Zuordnungswahlrecht.[50] Die aus den Ausführungen des BFH abzuleitende Auffassung, dass dann auch eine Berücksichtigung im Zuge der Eröffnungsbuchungen gestattet ist, ist handelsrechtlich nach h. M. **zunächst** abzulehnen.[51] Allerdings wird es Fälle geben, in denen eine Abweichung von der Pflicht zur Übernahme der Wertansätze der Schlussbilanz des vorherigen Gj für die Wertansätze der Eröffnungsbilanz unter Rückgriff auf die Ausnahmeregelung des § 252 Abs. 2 HGB gestattet sein muss. Da grds. von begründeten **Ausnahme-**

---

[45] Vgl. ADS, Rechnungslegung und Prüfung der Unternehmen, 6. Aufl. 1995–2001, § 268 HGB Rz. 74.
[46] Zeitpunkt, von dem an die Handlungen der übertragenden Ges. als für Rechnung der übernehmenden Ges. vorgenommen gelten.
[47] Vgl. Grottel, in Beck Bil-Komm, 14. Aufl. 2024, § 284 HGB Rz 267.
[48] Vgl. FG Köln, Urteil v. 28.4.1981, EFG 1982 S. 81; Fülbier/Federsel, in Küting/Weber, HdR-E, § 252 HGB Rz 42, Stand: 6/2021.
[49] Vgl. BFH, Urteil v. 2.5.1974, IV R 47/73, BStBl 1974 II S. 709.
[50] Vgl. Baetge/Ziesemer/Schmidt, in Baetge/Kirsch/Thiele, Bilanzrecht, § 252 HGB Rz 28, Stand: 10/2011.
[51] Gl. A. Fülbier/Federsel, in Küting/Weber, HdR-E, § 252 HGB Rz 40–42, Stand: 6/2021; Baetge/Ziesemer/Schmidt, in Baetge/Kirsch/Thiele, Bilanzrecht, § 252 HGB Rz 28, Stand: 10/2011; nach der Pflicht zur Erstellung eines Anlagegitters differenzierend Kliem/Büssow, in Beck Bil-Komm., 14. Aufl. 2024, § 252 HGB Rz 10; Hoffmann/Lüdenbach, NWB-Kommentar Bilanzierung, 15. Aufl. 2023, § 252 HGB Rz 20.

fällen in diesem Sinne gesprochen werden kann, wenn sich grundlegende Änderungen der rechtlichen, wirtschaftlichen und organisatorischen Verhältnisse ergeben,[52] die weder dem einen noch dem anderen Gj zuzuordnen sind, ist eine Durchbrechung des Grundsatzes der Bilanzidentität insb. in Fällen einer Verschmelzung oder Spaltung unter Berufung auf § 252 Abs. 2 HGB möglich,[53] wenn diese zeitlich zwischen zwei Gj zu verorten ist[54] – anderenfalls dürfte kein begründeter Ausnahmefall i.S. v. § 252 Abs. 2 HGB vorliegen.

Erforderliche **Korrekturen** fehlerfreier[55] oder fehlerbehafteter[56] Jahresabschlüsse begründen **handelsrechtlich** kein Abweichen vom Grundsatz der Bilanzidentität. Ist der Mangel durch Zeitablauf geheilt und kann die Nichtigkeit nicht mehr geltend gemacht werden bzw. gestatten Art und Schwere des Fehlers dies, kommt neben der rückwärtsgerichteten Korrektur auch die Korrektur in dem nächsten aufzustellenden Jahresabschluss in Betracht.[57] Anderenfalls hat eine Rückwärtsänderung zu erfolgen. Sofern als Alternative zu einer Korrektur in dem nächsten aufzustellenden Jahresabschluss die Option der rückwärtsgerichteten Korrektur gewählt wird oder ohnehin einzig diese zulässig ist, müssen alle Jahresabschlüsse zurück bis zu dem korrekturbedürftigen Abschluss korrigiert werden.[58] Umstritten ist die Abgrenzung eines Fehlers, der eine **Rückwärtsänderung** erfordert. Nach IDW RS HFA 6.27 wird für den Fall, dass durch den fehlerhaften, aber nicht nichtigen Jahresabschluss entgegen den gesetzlichen Vorschriften kein den tatsächlichen Verhältnissen entsprechendes Bild der Vermögens-, Finanz- und Ertragslage vermittelt wird, eine Pflicht zur Rückwärtsänderung nur dann gesehen, wenn eine zeitnahe, den gesetzlichen Anforderungen entsprechende Informationsvermittlung nicht durch die Korrektur im laufenden Abschluss erreicht werden kann. Das DRSC sieht das – mit Gültigkeit für den Konzernabschluss – strenger. DRS 13.26 fordert Fehler einer früheren Periode, welche die Darstellung der Vermögens-, Finanz- und Ertragslage beeinträchtigen, durch die Änderung der betreffenden Abschlüsse aller Vorperioden zu bereinigen, soweit sie nach Feststellung des Fehlers zu veröffentlichen sind oder freiwillig veröffentlicht werden. Angesichts des im Zeitverlauf abnehmenden Informationsgehalts des Jahresabschlusses erscheint eine aufwendige Rückwärtskorrektur i.S.d. Auslegung des IDW für entbehrlich, wenn die Informationen zur Fehlerbereinigung im aktuellen Abschluss gegeben sind.

Die Änderung nur des fehlerhaften Jahresabschlusses ist infolge der Vorgabe zur Einhaltung des Grundsatzes der Bilanzidentität gem. § 252 Abs. 1 Nr. 1 HGB nicht gestattet.

---

52 Vgl. Fülbier/Federsel, in Küting/Weber, HdR-E, § 252 HGB Rz 43, Stand: 6/2021.
53 M.w.N. Fülbier/Federsel, in Küting/Weber, HdR-E, § 252 HGB Rz 44, Stand: 6/2021.
54 Vgl. Hoffmann/Lüdenbach, NWB-Kommentar Bilanzierung, 15. Aufl. 2023, § 252 HGB Rz 20a.
55 Zu den möglichen Fällen einer Korrektur fehlerfreier Jahresabschlüsse s. IDW RS HFA 6.9–13.
56 Zu den möglichen Fällen einer Korrektur fehlerhafter Jahresabschlüsse s. IDW RS HFA 6.14.
57 Vgl. IDW RS HFA 6.15 f.
58 Vgl. IDW RS HFA 6.27.

31 **Praxis-Beispiel**[59]
Das Unt U erwirbt zum 31.12.X1 ein neues Verwaltungsgebäude samt Grundstück für 1.000 TEUR. Die gesamten AK verteilt U zu 900 TEUR auf das Gebäude und zu 100 TEUR auf das Grundstück. Das Gebäude schreibt U linear über 33 Jahre erfolgswirksam ab. Eine steuerliche Außenprüfung im Jahr X5 beanstandet die von U vorgenommene Kaufpreisallokation der Verwaltungsimmobilie und stellt die Fehlerhaftigkeit der bereits festgestellten Jahresabschlüsse X1 bis X4 fest. U hätte die gesamten AK zu 600 TEUR auf den Gebäudekomplex und zu 400 TEUR auf das Grundstück aufteilen müssen. Die folgende Übersicht stellt die Buchwerte der Immobilie bei fehlerhafter und bei berichtigter Kaufpreisaufteilung im Zeitablauf gegenüber.

Bilanzausweis	Gebäude		Grundstück		Verwaltungsimmobilie gesamt	
	fehlerhaft (EUR)	berichtigt (EUR)	fehlerhaft (EUR)	berichtigt (EUR)	fehlerhaft (EUR)	berichtigt (EUR)
31.12.X1	900.000	600.000	100.000	400.000	1.000.000	1.000.000
31.12.X2	872.727	581.818	100.000	400.000	972.727	981.818
31.12.X3	845.455	563.636	100.000	400.000	945.455	963.636
31.12.X4	818.182	545.455	100.000	400.000	918.182	945.455

Unter Berücksichtigung eines Steuersatzes von 30 % ergeben sich in Abhängigkeit von der gewählten AK-Aufteilung nachstehende Ergebnisauswirkungen für die Perioden X1–X4.

Erfolgsauswirkungen in	Vor Steuern		Steuern		Nach Steuern	
	fehlerhaft (EUR)	berichtigt (EUR)	fehlerhaft (EUR)	berichtigt (EUR)	fehlerhaft (EUR)	berichtigt (EUR)
X1	0	0	0	0	0	0
X1 bis X4 je	–27.273	–18.182	8.182	5.455	–19.091	–12.727

Es wird unterstellt, dass in diesem Fall beide Arten der Fehlerkorrektur zulässig sind.
Variante 1
U kann die Fehlerkorrektur rückwärtsgerichtet vornehmen. Alle Jahresabschlüsse bis zur Fehlerquelle im Jahr X1 sind lückenlos zu berichten. U hat so zu bilanzieren, als ob die Kaufpreisaufteilung von Beginn an richtig im Verhältnis 60 % zu 40 % (Gebäude zu Grundstück), vorgenommen worden wäre. Der kumulierte Korrekturbedarf der Vj.-Jahresabschlüsse stellt sich wie folgt dar:

---

[59] Leicht modifiziert entnommen aus Avella/Brinkmann, in Bertram/Brinkmann/Kessler/Müller, Haufe HGB Bilanz Kommentar, 3. Aufl. 2012, § 252 Rz 21–23.

Allgemeine Bewertungsgrundsätze § 252

Kumulierter Korrekturbedarf	Periodenerfolg (+) = Ertrag/(-) = Aufwand			Bilanzposten		
	Vor Steuern (EUR)	Steuern (EUR)	Nach Steuern (EUR)	Gebäude (EUR)	Grundstück (EUR)	Verbindlichkeiten ggü. Finanzamt (EUR)
31.12.X1	0	0	0	−300.000	300.000	0
31.12.X2	9.091	−2.727	6.364	−290.909	300.000	2.727
31.12.X3	18.182	−5.455	12.727	−281.818	300.000	5.455
31.12.X4	27.273	−8.182	19.091	−272.727	300.000	8.182

Die jeweiligen Buchungssätze zur Rückwärtsänderung in den Gj X1 bis X4 ergeben sich betragsmäßig aus den Differenzen der jeweiligen Gj im Vergleich zum jeweiligen Vj.

Variante 2
U kann die Fehlerkorrektur auch in dem letzten offenen (noch nicht festgestellten) Jahresabschluss berichtigen. Eine solche Korrektur vermeidet die Anpassung der Vj.-Jahresabschlüsse X1–X4. Sie beseitigt die Fehler lediglich in laufender Rechnung des Gj X5. Hiernach erfolgt in X5 folgende Korrekturbuchung:

Konto	Soll	Haben
Grundstück	300.000	
Steueraufwand	8.182	
Gebäude		272.727
Abschreibung Gebäude		27.273
Verbindlichkeiten aus Steuern		8.182

Die BFH-Rechtsprechung favorisiert für **Steuerbilanzkorrekturen** ebenfalls die Rückwärtsänderung aller Abschlüsse zurück bis zum fehlerhaften Jahresabschluss.[60] Ist diese nicht möglich,[61] ist der Fehler im ersten änderbaren Jahresabschluss zu korrigieren. Eine Durchbrechung des Grundsatzes der Bilanzidentität ist dabei nur gestattet, sofern der Fehler ohne Auswirkungen oder bedingt durch bewusste Falschansätze entstanden ist.[62]

Ergibt sich infolge einer **Sonderprüfung** gem. den §§ 258 ff. AktG und der in diesem Zuge ermittelten nicht unwesentlichen Unterbewertung in einem festgestellten Jahresabschluss ein höherbewertungsbedingter Ertrag, hat eine Korrektur im nächsten aufzustellenden Jahresabschluss zu erfolgen[63] – eine rückwärtsgerichtete Korrektur aller auf jenen mit wesentlich unterbewerteten Posten folgenden Jahresabschluss ist nicht erforderlich. Eine Korrektur einzig des Abschlusses mit unterbewerteten Posten unter Durchbrechung des Grundsatzes der Bilanzidentität kommt nicht in Betracht.

32

33

---

60 Vgl. BFH, Urteil v. 30.11.1967, BStBl 1968 II S. 144.
61 Als möglicher Fall gilt hier etwa die Rechtskräftigkeit von Veranlagungen. Vgl. m.w.N. Fülbier/Federsel, in Küting/Weber, HdR-E, § 252 HGB Rz 37, Stand: 6/2021.
62 Vgl. Fülbier/Federsel, in Küting/Weber, HdR-E, § 252 HGB Rz 37, Stand: 6/2021.
63 Vgl. Meyering/Gröne, in Anzinger/Oser/Schlotter, Rechnungslegung und Prüfung, Tb. 1, 7. Aufl. 2023, § 252 HGB Rz. 68.

2.2 Grundsatz der Unternehmensfortführung (Nr. 2)

2.2.1 Regelungsinhalt

34 Nach § 252 Abs. 1 Nr. 2 HGB ist bei der Bewertung von der Fortführung der Unternehmenstätigkeit auszugehen, sofern dieser nicht tatsächliche oder rechtliche Gegebenheiten entgegenstehen. Der vom Gesetz damit **unterstellte Regelfall** wird auch als going-concern-Prämisse/Prinzip bezeichnet. Dem Prinzip zufolge sind die VG und Schulden gem. ihrer tatsächlich beabsichtigten bzw. planmäßigen Verwertung abzubilden, die sich bei normaler Geschäftstätigkeit ergibt, solange die Annahme der Fortführung der Unternehmenstätigkeit nicht aufgegeben werden muss.[64] Maßgebend für die Beurteilung, ob (weiter) von einer Fortführung auszugehen ist, ist dabei die Frage, ob nach vernünftiger kaufmännischer Beurteilung zunächst für einen überschaubaren, hinreichend sicheren Zeitraum (Rz 38) mit einer Fortführung zu rechnen ist.[65] Stehen dem keine tatsächlichen oder rechtlichen Gegebenheiten entgegen, so hat die Bewertung unter Anwendung der Vorschriften der §§ 253 bis 256a HGB zu erfolgen (zu den darüber hinaus zu beachtenden Vorschriften s. Rz 49). Dabei sind mit jüngster Rechtsprechung[66] und der Angleichung des IDW-Prüfungsstandards an die ISA gerade in diesem Bereich die **Anforderungen an die Vornahme der Einschätzung der Fortführungsfähigkeit der gesetzlichen Vertreter deutlich gestiegen**. So verlangt der IDW PS 270 n. F. nun stets eine dokumentierte Einschätzung und führt deutlich frühere Indikatoren für das mögliche Fehlen der Fortführungsfähigkeit auf (Rz 40).

Unter Fortführung ist dabei nicht lediglich uneingeschränkte unternehmerische Aktivität, sondern vielmehr – mitunter eingeschränkte oder ausgesetzte – Aktivität i. S. d. Unternehmenszwecks zu verstehen. Insofern gilt die Vermutung der Unternehmensfortführung – vorbehaltlich entgegenstehender rechtlicher oder tatsächlicher Gegebenheiten – auch für Mantelgesellschaften, ruhende Unt und Vermögensverwaltungsgesellschaften.

Nach Auffassung des BGH scheidet eine Bilanzierung nach Fortführungswerten aus, wenn innerhalb des Prognosezeitraums damit zu rechnen ist, dass das Unt noch vor dem Insolvenzantrag, im Eröffnungsverfahren oder alsbald nach Insolvenzeröffnung stillgelegt werden wird, d. h., ein Insolvenzgrund besteht.[67]

Eine Unterscheidung bei der Bewertung von VG und Schulden in Abhängigkeit einer etwaigen Fortführung der Unternehmenstätigkeit ist insofern erforderlich, da sich der Wert dieser regelmäßig in Abhängigkeit des Fortbestehens bemisst bzw. in Abhängigkeit davon variiert. Im Umkehrschluss ergibt sich bei Vorliegen entgegenstehender Gegebenheiten die Vorgabe zur Berücksichtigung der gegebenen Situation i. R. d. Bewertung (Rz 50 ff.).

Über den Verweis auf § 252 HGB in § 298 Abs. 1 HGB ist der Grundsatz der Unternehmensfortführung auch im **Konzernabschluss** anzuwenden. Er gilt infolge einer ähnlichen Regelung in IAS 1.25 auch für nach den **IFRS** aufgestellte Konzern-

---

64 Vgl. anstatt vieler Baetge/Ziesemer/Schmidt, in Baetge/Kirsch/Thiele, Bilanzrecht, § 252 HGB Rz 41, Stand: 10/2011.
65 Vgl. Meyering/Gröne, in Anzinger/Oser/Schlotter, Rechnungslegung und Prüfung, Tb. 1, 7. Aufl. 2023, § 252 HGB Rz. 85.
66 BGH, Urteil v. 26.1.2017, IX ZR 285/14.
67 BGH, Urteil v. 26.1.2017, IX ZR 285/14.

abschlüsse und Jahresabschlüsse. IAS 1.25 sieht dabei vor, dass ein Abschluss auf der Grundlage der Annahme der Unternehmensfortführung aufzustellen ist, bis das Management beabsichtigt, das Unt aufzulösen oder das Geschäft einzustellen bzw. es keine realistische Alternative mehr zu einer Aufgabe/Einstellung gibt.

Die going-concern-Prämisse ist über das Handelsrecht hinaus auch im **Steuer-, Insolvenz- und Gesellschaftsrecht** verankert. § 6 Abs. 1 Nr. 1 Satz 3 EStG etwa verlangt i. R. d. Bewertung der als Betriebsvermögen anzusetzenden Wirtschaftsgüter – konkret beim Teilwertansatz – die Berücksichtigung der Annahme der Fortführung des Betriebs. Im Insolvenzrecht, das seiner Logik folgend den Umkehrfall regelt, liegt etwa gem. § 19 InsO dann eine Überschuldung[68] vor, wenn das Vermögen des Schuldners die bestehenden Verbindlichkeiten nicht mehr deckt, es sei denn, die Fortführung des Unt in den nächsten zwölf Monaten ist nach den Umständen überwiegend wahrscheinlich. In diesem Kontext ist jedoch zu beachten, dass der insolvenzrechtliche Fortführungsbegriff von jenem des HGB abweicht.[69] Im Aktienrecht sieht § 91 Abs. 2 AktG vor, dass der Vorstand Maßnahmen zu treffen hat, um Entwicklungen früh erkennen zu können, die den Fortbestand der Ges. gefährden. Für börsennotierte Ges. fordert der Gesetzgeber in § 91 Abs. 3 AktG noch klarstellend[70] darüber hinaus die Einrichtung eines im Hinblick auf den Umfang der Geschäftstätigkeit und die Risikolage des Unt angemessenen und wirksamen internen Kontrollsystems und Risikomanagementsystems.

35

Mit der **Reform des Insolvenzrechts** durch das Sanierungs- und Insolvenzrechtsfortentwicklungsgesetz[71] ist seit dem 1.1.2021 diese explizite Verpflichtung mit § 1 Unternehmensstabilisierungs- und -restrukturierungsgesetz (StaRUG) ausgeweitet worden. Seither sind alle Mitglieder des zur Geschäftsführung berufenen Organs einer juristischen Person oder Gesellschaften ohne Rechtspersönlichkeit, bei der keine natürliche Person als Vollhafter vorhanden ist, explizit verpflichtet, fortlaufend über Entwicklungen, welche den Fortbestand des Unt gefährden können (**Risikofrüherkennung**), zu wachen und bei dem Erkennen derartiger Entwicklungen geeignete Gegenmaßnahmen zu ergreifen. Dabei soll nach der Gesetzesbegründung die konkrete Ausformung und Reichweite dieser Pflicht von der Größe, Branche, Struktur und auch der Rechtsform des jeweiligen Unt abhängig sein.[72] Ziel der dem Gesetz zugrundeliegenden EU-Richtlinie 2019/1023 ist die Schaffung eines präventiven Restrukturierungsrahmens sowie generell die Bereitstellung von Maßnahmen zur Steigerung der Effizienz von Restrukturierungs-, Insolvenz- und Entschuldungsverfahren. Daher wird der Einsatz von **Frühwarnsystemen** gefordert, die bereits auf die Vorphase des Restrukturierungszeitraums abzielen und ein frühestmögliches Ergreifen von Maßnahmen zur Beseitigung finanzieller Schwierigkeiten ermöglichen müssen. Somit bekommt auch die Einschätzung der Fortführungsannahme eine deutlich verbesserte gesetzlich abgesicherte Basis. Bislang wurde

36

---

[68] Die Überschuldung stellt neben der Zahlungsunfähigkeit und der drohenden Zahlungsunfähigkeit einen der drei Gründe für die Eröffnung eines Insolvenzverfahrens dar.
[69] Mit einer Synopse zur going-concern-Prämisse im Handels- und Insolvenzrecht vgl. Groß/Amen, DB 2005, S. 1861 ff.
[70] FISG-RegE, BT-Drs. 19/26966 v. 24.2.2021 S. 132 f.
[71] V. 29.12.2020, BGBl 2020 I S. 3256–3298.
[72] Vgl. BT-Drs. 19/24181 v. 9.11.2020 S. 119.

vom Regelfall vorliegen. Gleichwohl ist diese Einschätzung Grundvoraussetzung für die Aufstellung eines HGB-Abschlusses und ist entscheidend für die Anwendung der Ansatz-, Bewertungs-, Ausweis- und Erläuterungsregelungen im Abschluss. Damit ist es auch bei Aufstellung sämtlicher HGB-Abschlüsse erforderlich, dass die gesetzlichen Vertreter eine Einschätzung der Fähigkeit des Unt zur Fortführung der Unternehmenstätigkeit vornehmen.[80] Sollten die gesetzlichen Vertreter die Einschätzung nicht von sich aus vorgenommen und dokumentiert haben, hat nach IDW PS 270.15b n.F. der Abschlussprüfer „die Grundlage für die beabsichtigte Anwendung des Rechnungslegungsgrundsatzes der Fortführung der Unternehmenstätigkeit zu erörtern und die gesetzlichen Vertreter zu befragen, ob Ereignisse oder Gegebenheiten vorliegen, die einzeln oder insgesamt bedeutsame Zweifel an der Fähigkeit des Unternehmens zur Fortführung der Unternehmenstätigkeit aufwerfen können." Dies verlangt häufig keine tiefergehenden Analysen. Vielmehr kann in offenkundigen Fällen eine intensivere Prüfung unterbleiben. Das IDW unterstellt dies, wenn das Unt in der Vergangenheit nachhaltig Gewinne erzielt hat, in denen das Unt leicht auf finanzielle Mittel zurückgreifen kann und keine bilanzielle Überschuldung droht,[81] doch erscheint letztlich als einzig entscheidendes Kriterium die (leichte) Verfügbarkeit von liquiden Mitteln als ausreichend. Als Indizien für ein Nichtbestehen der Fortführungsprämisse, die eine genauere Prüfung bedingen, werden in IDW PS 270.A5 n.F. aufgeführt:

- Die Schulden übersteigen das Vermögen oder die kurzfristigen Schulden übersteigen das Umlaufvermögen;
- Darlehensverbindlichkeiten mit fester Laufzeit, die fällig werden, ohne dass eine realistische Aussicht auf Verlängerung oder auf Rückzahlung besteht;
- das Unt verlässt sich in erheblichem Ausmaß auf kurzfristige Darlehen zur Finanzierung langfristiger Vermögenswerte;
- Anzeichen für den Entzug finanzieller Unterstützung durch Gläubiger;
- vergangenheits- oder zukunftsorientierte Finanzaufstellungen deuten auf negative betriebliche Cashflows hin;
- ungünstige Schlüsselfinanzkennzahlen;
- erhebliche betriebliche Verluste oder erhebliche Wertbeeinträchtigung bei Vermögenswerten, die zur Erwirtschaftung von Cashflows dienen;
- ausstehende oder ausgesetzte Gewinnausschüttungen;
- Unfähigkeit, Verbindlichkeiten bei ihrer Fälligkeit zu begleichen;
- Unfähigkeit, die Bedingungen von Darlehensvereinbarungen zu erfüllen;
- Weigerung von Lieferanten, weiterhin ein Zahlungsziel einzuräumen;
- Unfähigkeit, Finanzmittel für wichtige neue Produktentwicklungen oder für andere wichtige Investitionen zu beschaffen;
- Absicht der gesetzlichen Vertreter zur Liquidierung des Unternehmens oder zur Einstellung der Geschäftstätigkeit;
- Ausscheiden von Führungskräften in Schlüsselfunktionen ohne adäquaten Ersatz;

---

[80] Vgl. IDW PS 270.5 n.F.; Baetge/Ziesemer/Schmidt, in Baetge/Kirsch/Thiele, Bilanzrecht, § 252 HGB Rz 51, Stand: 10/2011, die zumindest eine jährliche „grundlose" Grobprüfung verlangen.
[81] So auch IDW PS 270.A8 n.F.

- Kredite ohne realistische Aussichten auf Verlängerung oder Rückzahlung;
- übermäßige kurzfristige Finanzierung langfristiger Vermögenswerte;
- erhebliche Betriebsverluste oder erhebliche Wertminderungen bei betriebsnotwendigem Vermögen;
- Ausschüttungsrückstände oder Aussetzung der Ausschüttung;
- Notwendigkeit zum Verzicht auf Skonto;
- Wegfall von Lieferantenkrediten;
- fehlende Finanzmittel für wichtige Entwicklungen/Investitionen;
- angespannte finanzielle Situation im Konzernverbund;
- ersatzloses Ausscheiden von Schlüsselpositionen;
- Verlust eines Hauptabsatzmarkts;
- Verlust von Hauptlieferanten;
- Verlust von wesentlichen Kunden;
- Kündigung von bedeutenden Franchise-Verträgen;
- gravierende Personalprobleme;
- unerfüllbare zu erwartende Schadensersatzverpflichtungen;
- Änderungen in der Gesetzgebung oder Politik mit entsprechend negativen wirtschaftlichen Konsequenzen (z. B. Atomausstieg);
- fehlende Unternehmernachfolge.

Die tatsächlichen Gegebenheiten sind dabei stets **im gesamtwirtschaftlichen Kontext eines Unt** unter Berücksichtigung des unternehmerischen Ziels (geplante Liquidation/Fortführungswille) sowie etwaiger Sanierungsmaßnahmen zu betrachten. Infolge der Konsequenzen einer Durchbrechung(soffenlegung) für eine Sanierung (Rz 42) und mangels objektiver Kriterien bzw. Schwellenwerte für tatsächliche Gegebenheiten dürfte eine Aufgabe der Fortführungsprämisse in der Praxis unter Berufung auf tatsächliche Gegebenheiten zumindest dann kaum vorzufinden sein, wenn der Unternehmer bzw. das Management das Unt fortführen/retten will.[101]

Die tatsächlichen Gegebenheiten sind dabei gewissermaßen als **Vorstufe zu den rechtlichen Gegebenheiten** zu betrachten. Werden sie nicht erkannt oder scheinen geplante Sanierungsmaßnahmen geeignet, diese Umstände zu beseitigen, erzielen dann aber letztlich nicht die geplanten Effekte, so führen schlussendlich stets rechtliche Gegebenheiten zur Aufgabe der Fortführung.

2.2.4.2 Rechtliche Gegebenheiten

Zu rechtlichen Gegebenheiten, die einer Fortführung der Unternehmenstätigkeit entgegenstehen können, zählen insb. die Eröffnung eines Insolvenzverfahrens, die Verfassung eines Auflösungsbeschlusses – i. d. R. zur Einleitung der Liquidation oder Einleitung bestimmter Umwandlungsmaßnahmen i. S. d. UmwG (bei der Auflösung vermögensloser Ges. erfolgt eine Löschung) – sowie sonstige gesetzliche oder behördliche Vorschriften oder Auflagen, die eine Fortführung verhindern.

Als rechtliche Gegebenheiten i. S. eines Auflösungsbeschlusses sind dabei die (freiwilligen) nicht insolvenzbedingten Auflösungsgründe relevant, da die Einleitung eines Insolvenzverfahrens, die zeitlich vor dem Auflösungsbeschluss erfolgt, bereits eine rechtliche Gegebenheit begründet und diese nicht erst mit

---

[101] Ähnlich Hoffmann/Lüdenbach, NWB-Kommentar Bilanzierung, 15. Aufl. 2023, § 252 HGB Rz 23.

dem Auflösungsbeschluss vorliegt. Gründe für eine Auflösung und damit die mögliche Durchbrechung der Fortführung in diesem Kontext sind etwa folgende:
- GmbH (§ 60 Abs. 1 GmbHG):
  - Gesellschafterbeschluss;
  - Gerichtliches Urteil oder Entscheidung des Verwaltungsgerichts oder der Verwaltungsbehörde;
  - Eröffnung des Insolvenzverfahrens;
  - Rechtskraft des Beschlusses, durch den die Eröffnung des Insolvenzverfahrens mangels Masse abgelehnt worden ist;
  - Rechtskraft einer Verfügung des Registergerichts, durch welche nach § 399 des Gesetzes über das Verfahren in Familiensachen und in den Angelegenheiten der freiwilligen Gerichtsbarkeit ein Mangel des Gesellschaftsvertrags festgestellt worden ist;
  - Löschung der Ges. wegen Vermögenslosigkeit nach § 394 des Gesetzes über das Verfahren in Familiensachen und in den Angelegenheiten der freiwilligen Gerichtsbarkeit.
- AG (§ 262 Abs. 1 AktG):
  - Ablauf der in der Satzung bestimmten Zeit;
  - Hauptversammlungsbeschluss;
  - Eröffnung des Insolvenzverfahrens;
  - Rechtskraft des Beschlusses, durch den die Eröffnung des Insolvenzverfahrens mangels Masse abgelehnt wird;
  - Rechtskraft einer Verfügung des Registergerichts, durch welche nach § 399 des Gesetzes über das Verfahren in Familiensachen und in den Angelegenheiten der freiwilligen Gerichtsbarkeit ein Mangel der Satzung festgestellt worden ist;
  - Löschung der Ges. wegen Vermögenslosigkeit nach § 394 des Gesetzes über das Verfahren in Familiensachen und in den Angelegenheiten der freiwilligen Gerichtsbarkeit.

48 **Allerdings ist zu bedenken,** dass trotz bzw. nach gefasstem Auflösungsbeschluss während der Liquidation ggf. auch (wieder) eine Fortführung beschlossen werden kann. Daraus ergibt sich die Anforderung, dass die Auflösung auch **tatsächlich beabsichtigt sein muss**, um von einer Durchbrechung der Prämisse der Unternehmensfortführung auszugehen.[102] Auch die Eröffnung eines Insolvenzverfahrens schließt nicht sofort die Prämisse der Unternehmensfortführung aus. Dies wäre nur der Fall, wenn keine Anhaltspunkte dafür bestehen, dass das Unt fortgeführt werden kann.[103] Als **Eröffnungsgründe für eine Insolvenz** sehen die §§ 17–19 InsO die Zahlungsunfähigkeit, die drohende Zahlungsunfähigkeit und für juristische Personen auch die Überschuldung vor. Da eine Überschuldung nur vorliegt, wenn das Vermögen des Schuldners die bestehenden Verbindlichkeiten nicht mehr deckt, es sei denn, die Fortführung des Unt ist nach den Umständen überwiegend wahrscheinlich,[104] kommen somit nur die drohende

---

[102] Ebenso Baetge/Ziesemer/Schmidt, in Baetge/Kirsch/Thiele, Bilanzrecht, § 252 HGB Rz 57.1, Stand: 10/2011.
[103] Vgl. IDW RH HFA 1.012.36.
[104] Vgl. zur Überschuldungsprüfung und der Unterscheidung zur Fortführungsprognose z.B. Häfele, in Kußmaul/Müller, HdB, Überschuldung: Status, Prüfung, Fortbestehensprognose, Rz. 19ff., Stand: 15.9.2021.

und die eingetretene Zahlungsunfähigkeit als Möglichkeiten in Betracht, in denen eine Fortführung zumindest denkbar erscheinen kann und für die Sanierungskonzepte vorzulegen sind.[105]

Beispiele für sonstige gesetzliche oder behördliche Vorschriften oder Auflagen, die eine Fortführung verhindern können, sind – entsprechende Konsequenzen für das Unt vorausgesetzt – etwa folgende:
- Maßnahmen zur Eindämmung von Pandemien, wie Reise- und Kontaktbeschränkungen;
- Unternehmensindividuelle Auflage zur Investition z. B. in technische Anlagen etwa zur Verringerung der Umweltbelastungen;
- Änderung gesetzlicher Grenzwerte für Emissionen;
- gesetzliche Verbote bestimmter Technologien oder Chemikalien, die
  - vom Unt hergestellt oder
  - benötigt werden;
- Entzug von Konzessionen z. B. für
  - den Ausschank von Alkohol oder
  - den Betrieb bestimmter genehmigungspflichtiger Einrichtungen;
- Aussetzen von Einzelgenehmigungen trotz Gesetzeskonformität infolge politischen Drucks, wie etwa beim sog. Fracking.

Darüber hinaus können **satzungs- oder gesellschaftsvertragsbegründete** Auflösungen zu rechtlichen Gegebenheiten führen, die einer Fortführung des Unt entgegenstehen. Dies liegt bereits darin begründet, dass die gesellschaftsrechtlichen Vorschriften des § 60 Abs. 2 GmbHG als auch des § 262 Abs. 2 AktG die Festlegung weiterer Auflösungsgründe gestatten.

2.2.5 Bewertung (und Ansatz) bei Unternehmensfortführung

Sofern einer Unternehmensfortführung keine Gegebenheiten entgegenstehen, hat die Bewertung unter Anwendung etwaiger branchenbezogener Spezialnormen (z. B. Formblattverordnungen), etwaiger rechtsform-spezifischer Spezialnormen, der Vorschriften der §§ 253 bis 256a HGB sowie unter Berücksichtigung der GoB und der Generalnorm des § 264 Abs. 2 Satz 1 HGB zu erfolgen. Obwohl sich § 252 Abs. 1 Nr. 2 HGB explizit nur auf die Bewertung bezieht, ergeben sich aus einer Aufgabe der Fortführung der Unternehmenstätigkeit auch Konsequenzen für den Ansatz (Rz 55) – bei bestehender Annahme der Unternehmensfortführung bleiben die Ansatzvorschriften insofern unberührt.

2.2.6 Bewertung (und Ansatz) bei Wegfall der going-concern-Prämisse

Im Umkehrschluss ergibt sich aus der Vorschrift des § 252 Abs. 1 Nr. 2 HGB bei Vorliegen entgegenstehender Gegebenheiten die Vorgabe zur **Berücksichtigung der gegebenen Situation** i. R. d. Bewertung und entsprechend i. d. R. das Erfordernis zur abweichenden Bewertung.[106] Wie genau aber eine derartige, abweichende Bewertung zu erfolgen hat, ist gesetzlich nicht geregelt. Das IDW sieht dann nicht mehr die nutzenbringende Verwendung der VG i. R. d. bislang üblichen Unternehmenstätigkeit, sondern die Zerschlagung des Unt mit einer Orientierung der

---

[105] Vgl. zu den Kernanforderungen an Sanierungskonzepte IDW S 6.
[106] Vgl. Mujkanovic, StuB 2018, S. 649.

Bewertung der VG am Absatzmarkt für gegeben an.[107] In Konsequenz ergibt sich, dass die handelsrechtlichen Bewertungsvorschriften der §§ 253 bis 256a HGB (insb. das AHK-Prinzip) sowie allen voran das Vorsichts-, Realisations- und Imparitätsprinzip bis auf wenige Ausnahmen grds. weiterhin gültig bleiben (müssen).[108] Allerdings hat eine Auslegung der handelsrechtlichen Bewertungsvorschriften unter Berücksichtigung des Wegfalls der Unternehmensfortführung und insofern ein Abweichen von den Wertansätzen in Richtung von Zerschlagungswerten zu erfolgen.[109] Bereits das Erfordernis zur Berücksichtigung der Aufgabe der Unternehmensfortführung macht deutlich, dass der Grundsatz der Bewertungsstetigkeit in diesen Fällen nicht gelten kann.

51 Mit den § 71 Abs. 2 Satz 3 GmbHG und § 270 Abs. 2 Satz 3 AktG gibt es – zunächst beschränkt auf GmbH und AG – für **Liquidationsbilanzen** Vorschriften zur abweichenden Bewertung. Diese sind nach h. M. auch auf andere Rechtsformen anzuwenden.[110] Die Vorschriften für den Jahresabschluss sind demnach grds. auf die (Liquidations-)Eröffnungsbilanz, den erläuternden Bericht und auch auf den (Liquidations-)Jahresabschluss anzuwenden.

Dies **untermauert** die grds. Anwendung der handelsrechtlichen Bewertungsvorschriften, etwa des AHK-Prinzips und des Aktivierungsverbots für bestimmte selbst geschaffene immaterielle VG des AV (§ 248 Abs. 2 HGB), sowie der GoB auch in der Handelsbilanz bei Durchbrechung der Fortführungsprämisse. Dies liegt darin begründet, dass eine Liquidation bei tatsächlich beabsichtigter Beendigung als rechtliche Gegebenheit i. S. einer Aufgabe der going-concern-Prämisse gewertet werden muss, was die Analogien zwischen einer Liquidationsbilanz und einer vorgelagerten Handelsbilanz unter Durchbrechung der Unternehmensfortführung verdeutlicht. Entsprechend kann kaum argumentiert werden, dass bspw. das AHK-Prinzip in der (vorgelagerten) Handelsbilanz ohne Fortführung nicht, in der Liquidationsbilanz dagegen schon Beachtung zu finden hat.[111]

Für Liquidationsbilanzen ist zudem eine explizite Ausnahme von den handelsrechtlichen Bewertungsvorschriften vorgesehen. Unter der Voraussetzung, dass die Veräußerung von VG des AV innerhalb eines übersehbaren Zeitraums beabsichtigt ist oder diese VG nicht mehr dem Geschäftsbetrieb dienen, hat eine Bewertung unter Anwendung der Vorschriften für UV zu erfolgen. Dies entspricht letztlich einer Ausrichtung der Bewertung an Veräußerungs- bzw. Auflösungsgesichtspunkten, wie sie auch für die Handelsbilanz bei Wegfall der going-concern-Prämisse gefordert wird.

---

[107] Vgl. IDW RS HFA 17.18.
[108] Vgl. Baetge/Ziesemer/Schmidt, in Baetge/Kirsch/Thiele, Bilanzrecht, § 252 HGB Rz 65, Stand: 10/2011; Hoffmann/Lüdenbach, NWB-Kommentar Bilanzierung, 15. Aufl. 2023, § 252 HGB Rz 34; Meyering/Gröne, in Anzinger/Oser/Schlotter, Rechnungslegung und Prüfung, Tb. 1, 7. Aufl. 2023, § 252 HGB Rz 105; Fülbier/Federsel, in Küting/Weber, HdR-E, § 252 HGB Rz 55, Stand: 6/2021; IDW RS HFA 17.19.
[109] Vgl. Baetge/Ziesemer/Schmidt, in Baetge/Kirsch/Thiele, Bilanzrecht, § 252 HGB Rz 65, Stand: 10/2011.
[110] Vgl. anstatt vieler Kliem/Büssow, in Beck Bil-Komm., 14. Aufl. 2024, § 252 HGB Rz 28; Meyering/Gröne, in Anzinger/Oser/Schlotter, Rechnungslegung und Prüfung, Tb. 1, 7. Aufl. 2023, § 252 HGB Rz 104.
[111] Ebenso Baetge/Ziesemer/Schmidt, in Baetge/Kirsch/Thiele, Bilanzrecht, § 252 HGB Rz 66, Stand: 10/2011.

Aus der Notwendigkeit zur Berücksichtigung der aktuellen Unternehmenslage mit Beendigung der Unternehmensfortführung ergibt sich nach h. M. – in den Grenzen der handelsrechtlichen Bewertungsvorschriften – entsprechend das Erfordernis zur **Ausrichtung** der Bewertung **an Veräußerungs- bzw. Auflösungsgesichtspunkten**[112], wobei dann ggf. zwischen folgenden Optionen zu unterscheiden ist:

52

- Auslaufende Produktion;
- Umwandlungsrechtliche Vorgänge;
- Veräußerung
  - des gesamten Betriebs;
  - eines Teilbetriebs;
  - der einzelnen VG.

Dabei ist auch zu berücksichtigen, ob das Unt bereits nach der Satzung für einen bestimmten Zeitraum (Rz 47) oder etwa projektbezogen gegründet wurde. Mit der Festschreibung einer zeitlich begrenzten Lebensdauer etwa in der Satzung steht der Unternehmensfortführung bereits von Anfang an eine rechtliche Gegebenheit entgegen. Kommt dazu der tatsächliche Wille zur Auflösung nach Ablauf des Zeitraums, erfolgt die Bilanzierung grds. bereits im ersten Gj unter Durchbrechung der Fortführungsprämisse. Während z. B. bei einem auf vier Jahre limitierten Bestehen des Unt im letzten Jahr ein Ausrichten der Bewertung an der Veräußerungs- bzw. Auflösungsabsicht zu erfolgen hat, ließe sich etwa ein Ansatz von Nettoveräußerungspreisen bereits im ersten Jahr nicht begründen.[113] Etwa hinsichtlich der Nutzungsdauer kommt eine Berücksichtigung der zeitlich begrenzten Lebensdauer des Unt bereits im ersten Gj aber durchaus in Betracht.[114]

Unter Berücksichtigung der bisherigen Ausführungen zur Bewertung bei Wegfall der going-concern-Prämisse ergeben sich folgende **Bewertungskonsequenzen:**[115]

53

- Bei der Bewertung von Schulden mit ihrem Erfüllungsbetrag ist die ggf. infolge der wirtschaftlich kritischen Situation mögliche vorzeitige Fälligkeit zu beachten. Dies gilt insb. auch bei der Ermittlung des Erfüllungsbetrags von Rückstellungen sowie der Bestimmung des Abzinsungszinssatzes. Gerade die Abzinsung von Rückstellungen wird in der Literatur aber kritisiert, da eben keine Fortführung mehr zu erwarten ist.[116]
- Bewertung der VG und Schulden unter Berücksichtigung des allgemeinen handelsrechtlichen Rahmens, insb. des Vorsichts-, Realisations- und Imparitätsprinzips.
- Berücksichtigung von Veräußerungs- bzw. Auflösungsgesichtspunkten nur gedeckelt bei den AHK.

---

[112] Vgl. IDW RS HFA 17.4; Meyering/Gröne, in Anzinger/Oser/Schlotter, Rechnungslegung und Prüfung, Tb. 1, 7. Aufl. 2023, § 252 HGB Rz 102; Claussen, in Kölner Kommentar zum Rechnungslegungsrecht (§§ 238–342e HGB), 2011, vor § 252 HGB Rz. 22. Eine Bewertung unter Veräußerungsgesichtspunkten dagegen nur bei Einzelveräußerung gestattend Fülbier/Federsel, in Küting/Weber, HdR-E, § 252 HGB Rz 56 f., Stand: 6/2021.
[113] Vgl. Baetge/Ziesemer/Schmidt, in Baetge/Kirsch/Thiele, Bilanzrecht, § 252 HGB Rz 64, Stand: 10/2011.
[114] Vgl. Baetge/Ziesemer/Schmidt, in Baetge/Kirsch/Thiele, Bilanzrecht, § 252 HGB Rz 64, Stand: 10/2011.
[115] Vgl. IDW RS HFA 17.18 ff.
[116] Vgl. Mujkanovic, StuB 2018, S. 655.

- Berücksichtigung von Abbruch-, Entsorgungs- u. ä. Kosten, sofern möglich i.R.d. Bewertung.[117]
- Berücksichtigung der voraussichtlichen Dauer der Abwicklung/Liquidation bei der Ermittlung der Zeitwerte der VG.
- Beachtung des Grundsatzes der Bilanzidentität, d.h. Erfassung von etwaigen Vermögensänderungen infolge des Wegfalls der Fortführungsprämisse als laufende Geschäftsvorfälle im Jahresabschluss.
- Beachtung des Einzelbewertungsgrundsatzes in den Grenzen der §§ 252 Abs. 2, 254 Satz 1 HGB.
- Keine Berücksichtigung von Mehrerlösen bei einem (geplanten) Verkauf des gesamten Betriebs oder von Betriebsteilen. Gewinnrealisierung vorbehaltlich der besonderen Bewertungsvorgaben der §§ 253 Abs. 1 Satz 4, 340e Abs. 3 Satz 1 HGB erst beim Abgang.
- Keine Saldierung dieser (geplanten) Erlöse mit Rückstellungen für Einstellungsaufwendungen.
- Keine Beachtung des Stichtagsprinzips.[118]
- Abweichung von den Grundsätzen der Ansatz- und der Bewertungsstetigkeit. Damit gelten nach dem Wegfall der going-concern-Prämisse grds. die GoB weiter.[119]

54 Für den **Ausweis** ergibt sich bei Wegfall der going-concern-Prämisse Folgendes:[120]
- Beibehaltung der allgemeinen ausweisbezogenen Vorschriften des HGB für Posten der Bilanz und GuV.
- Ausweis von VG das AV trotz Bewertung dieser unter Veräußerungsgesichtspunkten bzw. unter Anwendung der UV-bezogenen Bewertungsvorschriften im AV.
- Ausweis außerplanmäßiger Abschreibungen auf VG des AV im Anlagenspiegel in einer gesonderten Spalte.
- Beibehaltung der Darstellung des Eigenkapitals.
- Gesonderter Ausweis von mit Sonderkündigungsrechten belegter Verbindlichkeiten mit einer Restlaufzeit von mehr als einem Jahr im Verbindlichkeitenspiegel.
- Berücksichtigung etwaig gekürzter Verbindlichkeitslaufzeiten bei der Zuordnung zu den jeweiligen Restlaufzeitenkategorien.
- Ausweis von Erfolgsänderungen infolge der Änderungen der Bilanzierung und Bewertung unter den Posten „sonstige betriebliche Erträge" und „sonstige betriebliche Aufwendungen" und im Anhang nach § 285 Nr. 31 HGB als außergewöhnliche Erträge und Aufwendungen.

55 Aus einer Aufgabe der Fortführung der Unternehmenstätigkeit ergeben sich zudem folgende Konsequenzen für den **Ansatz**:[121]
- Ansatz nur der bis zum Zeitpunkt der Beendigung des Geschäftsbetriebs verwertbaren VG.[122]
- Ansatz von Rückstellungen für Vertragsstrafen und Abfindungen sowie Abbruch-, Entsorgungs- u. ä. Kosten, sofern eine Berücksichtigung dieser i.R.d. Bewertung (Abwertung von VG) nicht möglich ist.

---

117 Vgl. Fülbier/Federsel, in Küting/Weber, HdR-E, § 252 HGB Rz 56, Stand: 6/2021.
118 So IDW RS HFA 17.25; a.A. Hoffmann/Lüdenbach, NWB-Kommentar Bilanzierung, 15. Aufl. 2023, § 252 HGB Rz 32.
119 Vgl. Zwirner/Zimny, DB 2017, S. 84.
120 Vgl. dazu IDW RS HFA 17.33 ff.
121 Vgl. IDW RS HFA 17.6 ff.
122 Vgl. Fülbier/Federsel, in Küting/Weber, HdR-E, § 252 HGB Rz 56, Stand: 6/2021.

- Berücksichtigung von Sonderkündigungsrechten beim Ansatz von VG, d. h. ggf. Berücksichtigung des Verlustes des wirtschaftlichen Eigentums.
- Ausbuchung von nach § 248 Abs. 2 Satz 1 HGB aktivierten selbst geschaffenen VG des AV.
- Weiterhin kein Ansatz eines originären Geschäfts- oder Firmenwerts.
- Auflösung von RAP für Vorleistungen, sofern der Vertrag infolge der beabsichtigten Einstellung des Geschäftsbetriebs nicht erfüllt wird.
- Bilanzierung von etwaigen Rückforderungsansprüchen bzw. Rückzahlungsverpflichtungen oder Vertragsstrafen wegen Nichterfüllung von Verträgen im Zusammenhang mit Vorleistungen unter den sonstigen VG bzw. sonstigen Verbindlichkeiten oder Rückstellungen.
- Ausbuchung eines aktivierten Disagios, soweit die korrespondierende Verbindlichkeit vorzeitig zurückgezahlt wird.
- Bilanzierung von etwaigen Rückforderungsansprüchen im Zusammenhang mit einem aktivierten Disagio unter den sonstigen VG.
- Grds. nicht rückzahlungspflichtige öffentliche Zuwendungen sehen oft eine Rückzahlungsverpflichtung des Empfängers vor, wenn dieser bestimmte Bindungsfristen nicht einhält. Eine Passivierung der Rückzahlungsverpflichtung während der Bindungsfrist ist dann geboten, wenn die Nichteinhaltung der Bindungsfrist (z. B. durch Veräußerung des bezuschussten VG innerhalb der Bindungsfrist) feststeht, beabsichtigt oder zu erwarten ist.
- Auflösung eines passivierten Sonderpostens für erhaltene öffentliche Zuschüsse bei feststehender, beabsichtigter oder zu erwarteter Nichteinhaltung der Bindungsfrist und erfolgswirksame Berücksichtigung des den Buchwert des bisher bilanzierten Sonderpostens übersteigenden Anteils der Rückzahlungsverpflichtung.
- Passivierung von Pensionsrückstellungen auch für mittelbare Pensionsverpflichtungen und Altzusagen i. S. v. Art. 28 Abs. 1 EGHGB.
- Kritische Überprüfung angesetzter aktiver und/oder passiver latenter Steuern.
- Ausbuchung aktiver latenter Steuern auf Verlustvorträge.[123]
- Weiterhin Passivierung von Gesellschafterdarlehen.

2.2.7 Anhang und Lagebericht

Zusätzliche Angaben im Anhang zur Begründung der weiteren Anwendung der Fortführungsprämisse werden für KapG nur bei **wesentlicher Unsicherheit** bzgl. der obwaltenden Ereignisse und Gegebenheiten gefordert. Sie sollten i. S. v. § 264 Abs. 2 Satz 2 HGB die Vermittlung eines den tatsächlichen Verhältnissen entsprechenden Bilds der Vermögens-, Finanz- und Ertragslage sicherstellen.[124] Andernfalls vermittelt der Jahresabschluss kein den tatsächlichen Verhältnissen entsprechendes Bild. Demnach sind **Anhangangaben** in diesen Fällen **erforderlich**.[125]

---

[123] Vgl. Hoffmann/Lüdenbach, NWB-Kommentar Bilanzierung, 15. Aufl. 2023, § 252 HGB Rz 33.
[124] Vgl. IDW RS HFA 17 i. V. m. IDW PS 270.9 n. F.; Kliem/Koch, in Beck Bil-Komm., 14. Aufl. 2024, § 252 HGB Rz 19 f.
[125] Ebenso IDW, WPH Edition, Wirtschaftsprüfung & Rechnungslegung, 18. Aufl. 2023, Kap. F Tz 987.

> **Praxis-Beispiel**
> Die im Zusammenhang mit der Eindämmung der Corona-Pandemie verhängten Reise- und Kontaktbeschränkungen haben viele Geschäftsmodelle zumindest temporär behindert oder gar infrage gestellt. Der Gesetzgeber hat umfangreiche Stützungsmaßnahmen ergriffen und die Insolvenzantragspflicht temporär ausgesetzt.
> Die Annahmen der gesetzlichen Vertreter müssen ausreichend begründet sein. Der Abschlussprüfer wird diese daher regelmäßig dahingehend zu würdigen haben, ob sie auf aktuellen Informationen aufsetzen, ob sie konsistent sind mit den für andere Zwecke (z. B. Budgetplanungen) unternehmensintern getroffenen Annahmen und ob sie mit verfügbaren Prognosen wichtiger Institutionen zur gesamtwirtschaftlichen Entwicklung (z. B. Prognosen der Bundesregierung, des Sachverständigenrats zur Begutachtung der gesamtwirtschaftlichen Entwicklung, der EU-Kommission und führender Wirtschaftsforschungsinstitute) in Einklang zu bringen sind. Darüber hinaus wird zu würdigen sein, ob das tatsächliche Handeln der gesetzlichen Vertreter nicht im Widerspruch zu den getroffenen Annahmen steht (z. B. tatsächliche Beantragung oder Vorbereitung der Beantragung von in einer Liquiditätsprognose berücksichtigten staatlichen Liquiditätshilfen). Das Prüfungsurteil des Abschlussprüfers beinhaltet dagegen keine Aussage dazu, ob die den prognostischen Angaben oder den Rechnungslegungsinformationen mit Zukunftsbezug zugrundeliegenden Erwartungen eintreffen werden.[126]
> Dennoch mag am Abschlussstichtag und auch bis zur endgültigen Aufstellung unsicher sein, ob und wann die Einschränkungen komplett aufgehoben werden und ob die Kunden dann das Geschäftsmodell weiter annehmen wie vor der Krise. In einer solchen Situation erscheint trotz grds. Einschätzung der Unternehmensfortführung als gegeben eine Anhangangabe notwendig.

Sind die einer Fortführung ggf. entgegenstehenden tatsächlichen und rechtlichen Gegebenheiten nicht hinreichend konkret, um von einer Durchbrechung der Prämisse auszugehen, besteht die Vermutung der Fortführung des Unt grds. fort. Eine Verletzung der Generalnorm des § 264 HGB kann in diesen Fällen kaum attestiert werden und eine entsprechende Angabe ist nicht notwendig.

Die Aufgabe der Fortführungsprämisse ist abzugrenzen von entwicklungsbeeinträchtigenden Tatsachen oder bestandsgefährdenden Risiken. Hintergrund ist die aus § 321 Abs. 1 Satz 3 HGB abzuleitende Pflicht des Abschlussprüfers, über die bei Durchführung der Abschlussprüfung festgestellten Tatsachen zu berichten, welche die Entwicklung des geprüften Unt wesentlich beeinträchtigen oder seinen Bestand gefährden können. Ein **bestandsgefährdendes Risiko** liegt vor, wenn eine Unsicherheit in Bezug auf die Fähigkeit zur Fortführung der Unternehmenstätigkeit besteht, deren Eintritt zwar nicht so

---

[126] Vgl. IDW, Fachlicher Hinweis, Zweifelsfragen zu den Auswirkungen der Ausbreitung des Coronavirus auf die Rechnungslegung und deren Prüfung (Teil 3, 5. Update, April 2021), S. 19, https://www.idw.de/IDW/Medien/Arbeitshilfen-oeffentlich/Fachliche-Hinweise-oeffentlich/Downloads/Down-Corona-IDW-FachlHinw-ReLePruefung-Teil3-Update5.pdf, Abruf 8.10.2024.

wahrscheinlich ist, dass eine Abkehr von der Fortführungsannahme zu erfolgen hat, aufgrund der möglichen Auswirkungen und der nicht nur latenten Eintrittswahrscheinlichkeit jedoch eine angemessene Information der Abschlussadressaten erforderlich ist.[127] **Entwicklungsbeeinträchtigende Tatsachen** sind noch eine Stufe geringer; sie werden bestandsgefährdenden Risiken regelmäßig vorausgehen. Auch bei diesen muss es sich jedoch um Tatsachen handeln, die mehr als eine nur angespannte wirtschaftliche Lage des Unt verursachen. Während entwicklungsbeeinträchtigende Tatsachen i.d.R. Bestandteil des Risikoberichts nach den §§ 289 Abs. 1 Satz 4, 315 Abs. 1 Satz 4 HGB im (Konzern-)Lagebericht sind, müssen bestandgefährdende Risiken darüber hinaus auch im (Konzern-)Abschluss und im Bestätigungsvermerk berichtet werden.

Wird die Fortführungsprämisse aufgegeben und führen besondere Umstände dazu, dass der Jahresabschluss ein den tatsächlichen Verhältnissen entsprechendes Bild der Vermögens-, Finanz- und Ertragslage der KapG nicht vermittelt, **sind** zusätzliche **Angaben** im Anhang i.S.d. § 264 Abs. 2 Satz 2 HGB zu machen.[128] Zudem sind Anhangangaben nebst Begründung i.S.d. § 284 Abs. 2 Nr. 2 Hs. 1 HGB erforderlich, wenn aufgrund des Wegfalls der going-concern-Prämisse der Grundsatz der Ansatz- und/oder Bewertungsstetigkeit durchbrochen wird.[129] Nach § 284 Abs. 2 Nr. 2 Hs. 2 HGB ist zudem der Einfluss auf die Vermögens-, Finanz- und Ertragslage darzustellen. Aus § 284 Abs. 2 Nr. 1 HGB ergibt sich dann die Anforderung zur Angabe der auf die Posten der Bilanz und GuV angewandten (neuen/abweichenden) Bilanzierungs- und Bewertungsmethoden (§ 284 Rz 29 ff.). 57

Wird der Grundsatz der Unternehmensfortführung durchbrochen, ist dies im **Lagebericht** zu berücksichtigen.[130] Neben der Nennung der Gründe ist zu erläutern, welcher Zeitraum vermutlich zur Liquidation der VG bzw. Begleichung der Schulden erforderlich ist, wie die Beendigung der Geschäftsaktivitäten erfolgen soll und mit welchen finanziellen Auswirkungen voraussichtlich zu rechnen ist. 58

> **Praxis-Beispiel** 59
> Das IDW klassifiziert Unternehmen nach dem Grad der Betroffenheit von der Corona-Pandemie und gibt Hinweise für die Berichterstattungskonsequenzen:[131]
> 1. Unt nicht von der Krise betroffen: keine Berichterstattung notwendig.
> 2. Unt ist positiv von der Krise betroffen: keine Berichterstattung notwendig.
> 3. Unt ist negativ von der Krise betroffen, wird dies aber nach der Krise vollständig kompensieren: Berichterstattung über pandemiebedingte ent-

---

[127] Vgl. IDW PS 270.23 n.F.
[128] Vgl. Splinter, WPg 2022, S. 1087ff.
[129] Vgl. dazu und im Folgenden IDW RS HFA 17.40.
[130] Vgl. dazu und im Folgenden IDW RS HFA 17.41.
[131] Vgl. IDW, Fachlicher Hinweis, Zweifelsfragen zu den Auswirkungen der Ausbreitung des Coronavirus auf die Rechnungslegung und deren Prüfung (Teil 3, 5. Update, April 2021), S. 59f., 75, https://www.idw.de/IDW/Medien/Arbeitshilfen-oeffentlich/Fachliche-Hinweise-oeffentlich/Downloads/Down-Corona-IDW-FachlHinw-ReLePruefung-Teil3-Update5.pdf, Abruf 8.10.2024.

> wicklungsbeeinträchtigende Tatsachen unter Berücksichtigung der besonderen Umstände des Einzelfalls in seltenen Fällen notwendig.
> 4. Unt ist negativ von der Krise betroffen und wird dies nach der Krise nicht vollständig kompensieren: Berichterstattung der entwicklungsbeeinträchtigenden Tatsache wahrscheinlich notwendig.
> 5. Unt ist negativ von der Krise betroffen, ohne ein neues Geschäftsmodell ist es auch nach der Krise voraussichtlich nicht überlebensfähig: Berichterstattung mind. einer entwicklungsbeeinträchtigenden Tatsache sowie ggf. bereits einer pandemiebedingten Bestandsgefährdung. Wenn ein solches Unt – trotz möglicherweise realistischer Durchfinanzierung über die nächsten zwölf Monate – sein Geschäftsmodell nicht anpasst bzw. anzupassen plant, kann u. U. die Annahme der Fortführung der Unternehmenstätigkeit nicht mehr aufrechterhalten werden.

2.3 Grundsatz der Einzelbewertung und Stichtagsprinzip (Nr. 3, Nr. 4 Hs. 1)

60 § 252 Abs. 1 Nr. 3 HGB enthält mit der Vorgabe zur einzelnen Bewertung von VG und Schulden zum Abschlussstichtag **zwei unabhängige GoB**. Einerseits ist das Stichtagsprinzip, d.h. der Grundsatz der Bewertung nach Maßgabe der am Abschlussstichtag herrschenden Verhältnisse, sowie andererseits der Einzelbewertungsgrundsatz, der – außerhalb der Ausnahmetatbestände des HGB – eine Bewertung losgelöst von anderen VG und Schulden bzw. jenseits einer Gesamtbetrachtung oder einer Teilaggregation selbständiger Posten sicherstellen soll, kodifiziert.

2.3.1 Stichtagsprinzip

2.3.1.1 Regelungsinhalt

61 Bei der Bewertung der im Jahresabschluss ausgewiesenen VG und Schulden ist als logische Konsequenz einer periodengerechten Rechnungslegung[132] auf die **Verhältnisse am Abschlussstichtag** (s. zum Abschlussstichtag § 242 Rz 8 ff.) abzustellen. Über die Kodifizierung als GoB in § 252 Abs. 1 Nr. 3 HGB hinaus findet das Stichtagsprinzip auch in zahlreichen weiteren Normen des Handelsrechts Erwähnung. So ist etwa gem. § 253 Abs. 3 Satz 5 HGB bei VG des AV bei voraussichtlich dauernder Wertminderung der Wert anzusetzen, der ihnen am Abschlussstichtag beizulegen ist. Gleiches gilt in Bezug auf den Bemessungszeitpunkt mit § 253 Abs. 4 Satz 1 HGB auch für VG des UV. Es ergibt sich zudem aus dem in § 252 Abs. 1 Nr. 4 HGB implementierten Vorsichtsprinzip (Rz 97) und letztlich dem Imparitätsprinzip (Rz 102). Die voraussichtliche Dauer von Wertminderungen zum Kriterium einer außerplanmäßigen Abschreibung, wie beim AV (§ 253 Abs. 3 Satz 3 HGB), kann nur bedingt als Ausnahme vom Stichtagsprinzip gesehen werden, da nicht die am Abschlussstichtag geltenden Verhältnisse mit zukunftsorientierten Einschätzungen

---

[132] So Baetge/Ziesemer/Schmidt, in Baetge/Kirsch/Thiele, Bilanzrecht, § 252 HGB Rz 92, Stand: 10/2011.

überformt werden müssen,[133] sondern die Einschätzung zum Stichtag als Tatbestandsmerkmal zu erfolgen hat.

Da es auf die Verhältnisse und nicht den Wissensstand am Abschlussstichtag ankommt[134], sind über die ohnehin selbstverständliche Berücksichtigung aller vor dem Abschlussstichtag entstandenen und zu diesem Zeitpunkt bereits bekannt gewordenen Ereignisse hinaus **wertaufhellende Tatsachen** bei der Erstellung des Jahresabschlusses bzw. hier konkret der Bewertung von VG und Schulden zu berücksichtigen (IDW PS 203.9 n. F.). Entsprechend sind Ereignisse, die vor dem Bilanzstichtag verursacht, aber erst bis zum Aufstellungsstichtag bekannt geworden sind (Rz 63 ff.), zu beachten. Tatsachen, die im Zeitraum während dem Abschluss- und dem Aufstellungsstichtag bekannt werden, jedoch erst nach dem Abschlussstichtag verursacht wurden, sog. wertbegründende Tatsachen, sind nicht zu berücksichtigen (Rz 63 ff.). Die mitunter vertretene Auffassung, dass es richtig erscheint, auch negative **wertbegründende Ereignisse** mit wesentlichen Auswirkungen auf die Vermögens-, Finanz- und Ertragslage eines Unt zu berücksichtigen[135], ist eindeutig abzulehnen. Dafür hat eine Anhangangabe zu erfolgen.[136] Das Vorsichtsprinzip (Rz 97) ist keinesfalls als Durchbrechung des Stichtagsprinzips (Rz 61) zu interpretieren.[137]

2.3.1.2 Wertaufhellende und wertbegründende Tatsachen

Das **Wertaufhellungsprinzip** und die entsprechende Unterscheidung zwischen wertaufhellenden und wertbegründenden Tatsachen folgt aus der Systematik der Trennung von Abschlussstichtag (s. zum Abschlussstichtag § 242 Rz 8 ff.) und dem Stichtag der Bilanzaufstellung (§ 243 Rz 33, § 264 Rz 43) i. V. m. § 252 Abs. 1 Nr. 3 HGB sowie § 252 Nr. 4 Hs. 1 HGB. Wenngleich es bei kleineren Ges. in Einzelfällen zu einer zeitlichen Deckung der beiden Zeitpunkte kommen kann, weichen Abschlussstichtag und Aufstellungstag i. d. R. voneinander ab. Basierend auf dieser (zumindest möglichen) Trennung und bereits aus der Vorgabe des § 252 Abs. 1 Nr. 3 HGB zur Abstellung auf die Verhältnisse am Abschlussstichtag folgt die Pflicht zur etwaigen Berücksichtigung wertaufhellender Ereignisse, die zwischen diesen beiden Zeitpunkten bekannt geworden sind, jedoch bereits vor dem Bilanzstichtag verursacht wurden. Die gem. § 252 Abs. 1 Nr. 4 HGB vorgeschriebene Berücksichtigung von vorhersehbaren Risiken und Verlusten, die bis zum Abschlussstichtag entstanden sind, selbst wenn sie erst zwischen dem Abschlussstichtag und dem Tag der Aufstellung bekannt geworden sind (Imparitätsprinzip), konkretisiert/untermauert die Pflicht zur Berücksichtigung wertaufhellender Tatsachen. Für die Gewinnrealisierung gilt mit § 252 Nr. 4 Hs. 2 HGB das Realisationsprinzip. Allerdings hat der BFH unter Einschränkung des Realisationsprinzips entschieden, dass die

---

[133] So Hoffmann/Lüdenbach, NWB-Kommentar Bilanzierung, 15. Aufl. 2023, § 252 HGB Rz 41.
[134] Vgl. Kliem/Büssow, in Beck Bil-Komm., 14. Aufl. 2024, § 252 HGB Rz 52 ff.; Meyering/Gröne, in Anzinger/Oser/Schlotter, Rechnungslegung und Prüfung, Tb. 1, 7. Aufl. 2023, § 252 HGB Rz 125.
[135] Vgl. ADS, Rechnungslegung und Prüfung der Unternehmen, 6. Aufl. 1995–2001, § 252 HGB Rz 44 – in aktueller Auflage aufgegeben.
[136] Gl. A. Kliem/Büssow, in Beck Bil-Komm., 14. Aufl. 2024, § 252 HGB Rz 52b; Baetge/Ziesemer/Schmidt, in Baetge/Kirsch/Thiele, Bilanzrecht, § 252 HGB Rz 100, Stand: 10/2011.
[137] Vgl. Baetge/Ziesemer/Schmidt, in Baetge/Kirsch/Thiele, Bilanzrecht, § 252 HGB Rz 100, Stand: 10/2011.

Reduktion von Verlustrisiken oder deren Wegfall durchaus zu berücksichtigen sind.[138] Auch im IDW PS 203.9 n. F. und im Schrifttum wird die Auffassung vertreten, dass nicht nur Risiken und Verluste, sondern auch positive Ereignisse als wertaufhellende Tatsachen zu berücksichtigen sind.[139] Dem ist zuzustimmen.

Da der Unterschied zwischen der Verringerung von Verlustrisiken und Gewinnen in letzter Instanz gering ist, lässt sich bereits erkennen, dass die Grenzen zwischen wertaufhellenden und wertbegründenden Tatsachen wie auch jene zwischen dem Imparitäts- und dem Realisationsprinzip fließend sind.

64 Die Abgrenzung zwischen wertaufhellenden und wertbegründenden Ereignissen hat zwei Dimensionen: den **Merkmalsbereich der zeitlichen Verursachung** vor dem Abschlussstichtag und den **Merkmalsbereich des Bekanntwerdens**. Der BFH hat im Kontext der Abgrenzung bereits ein passendes, wenn auch überzeichnetes und stark vereinfachtes Beispiel zur Abgrenzung wertaufhellender und wertbegründender Ereignisse skizziert, auf dem aufbauend die Auslegungsschwierigkeiten innerhalb der zwei Dimensionen veranschaulicht werden können.

Praxis-Beispiel[140]
Abgrenzung zwischen wertaufhellenden und wertbegründenden Ereignissen I
Sachverhalt
Der Kunde A zahlt seine Rechnungen bis zum Bilanzstichtag zunehmend schleppend und der Forderungsbestand nimmt korrespondierend immer weiter zu.
Fall 1:
Kurz nach dem Bilanzstichtag meldet der Kunde Insolvenz an.
Fall 2:
Der Kunde erbt kurz nach dem Bilanzstichtag oder macht einen Lottogewinn. Der Vermögenszuwachs deckt die Forderung voll ab und Kunde A begleicht sogleich alle offenen Forderungen.
Beurteilung
In Fall 1 ist dem Gläubiger zwischen Abschlussstichtag und Aufstellung des Abschlusses bekannt geworden, dass die Forderungen gegenüber dem Schuldner A nicht oder zumindest nur tw. einbringlich sind. Da Kunde A die Rechnungen bis zum Bilanzstichtag bereits zunehmend schleppend gezahlt hat, ist von einer Entstehung bereits bis zum Abschlussstichtag auszugehen. Entsprechend handelt es sich um eine wertaufhellende Tatsache, die bereits im Jahresabschluss des abgelaufenen Gj Berücksichtigung finden muss.
In Fall 2 ist das Tatbestandsmerkmal des Bekanntwerdens zwischen Abschlussstichtag und Aufstellung, nicht jedoch jenes der zeitlichen Verursachung vor dem Abschlussstichtag erfüllt. Der Lottogewinn bzw. die Erbschaft sind erst nach dem Abschlussstichtag eingetreten. Insofern handelt es sich um eine wertbegründende Tatsache, die erst im laufenden Gj zu erfassen ist.

---

[138] Vgl. BFH, Urteil v. 15.9.2004, I R 216/19, BStBl 2009 II S. 100.
[139] Vgl. Kliem/Büssow, in Beck Bil-Komm., 14. Aufl. 2024, § 252 HGB Rz 52a; Baetge/Ziesemer/Schmidt, in Baetge/Kirsch/Thiele, Bilanzrecht, § 252 HGB Rz 99, Stand: 10/2011.
[140] Erweitert in Anlehnung an BFH, Urteil v. 4.4.1973, I R 130/71, BStBl 1974 II S. 485.

Anders als im skizzierten Beispielfall können sowohl im Merkmalsbereich der zeitlichen Verursachung vor dem Abschlussstichtag als auch im Merkmalsbereich des Bekanntwerdens Unklarheiten auftreten, die die Abgrenzung zwischen wertaufhellenden und wertbegründenden Tatsachen erschweren und regelmäßig zu **Ermessensspielräumen** führen.

Hinsichtlich des Tatbestandsmerkmals der zeitlichen **Entstehung vor dem Abschlussstichtag** kann insb. unklar sein, ob Forderungen trotz bekanntgewordener Insolvenz zwischen Abschlussstichtag und Aufstellung bereits nicht mehr werthaltig waren und damit die Entstehung des Ereignisses bereits vor dem Abschlussstichtag gegeben ist. Daraus ergeben sich zwangsläufig Ermessensspielräume, wie folgendes Beispiel zeigt.

Praxis-Beispiel
Abgrenzung des Tatbestandsmerkmals der zeitlichen Entstehung I
Sachverhalt
Abweichend vom letzten Beispiel zahlt Kunde A erstmals im Dezember Rechnungen verspätet. Eine feiertagsbedingte Schließung des Betriebs über die Festtage ist nicht erfolgt. Lange nach dem Bilanzstichtag und erst kurz vor der Aufstellung der Bilanz meldet der Kunde Insolvenz an. Genaue Insolvenzgründe sind nicht bekannt.
Beurteilung
Das Tatbestandsmerkmal des Bekanntwerdens zwischen Abschlussstichtag und Aufstellung ist erfüllt. Unklar ist, ob das Risiko des (tw.) Forderungsausfalls bis zum Abschlussstichtag entstanden ist. Eine eindeutige Lösung ist in diesem Fall nicht möglich, sodass sich mehrere Lösungsansätze skizzieren lassen. Dies liegt insb. daran, dass das Kriterium des sorgfältigen Kfm. bzw. der sorgfältigen kaufmännischen Beurteilung keinesfalls von Präzision, sondern vielmehr durch Unklarheit gezeichnet ist. Ein sorgfältiger Kfm. könnte die verspätete Zahlung als vorhersehbares Risiko werten und von einer reduzierten Werthaltigkeit der Forderungen ausgehen, ein anderer mag unter sorgfältiger kaufmännischen Beurteilung zu dem Ergebnis kommen, dass verspätete Rechnungen im Dezember festtags- bzw. urlaubsbedingt vorkommen und dies keinesfalls als vorhersehbares Risiko einstufen oder die Wahrscheinlichkeit eines Forderungsausfalls zumindest für vernachlässigbar[141] halten. Die mitunter geäußerten Forderungen nach Objektivität[142] müssen insofern akademischer Natur sein, als dass es Objektivität grds. und insb. in diesem Bereich kaum geben dürfte. Zu Recht wird im Schrifttum mitunter aufgeführt, dass der Kfm. in diesem Kontext nichts wissen, sondern lediglich vermuten kann und bei Vermutungen grds. nicht von Objektivität gesprochen werden kann.[143]

Abweichend von den bisherigen Beispielen ist auch der Fall denkbar, dass das Tatbestandsmerkmal der zeitlichen Entstehung vor dem Abschlussstichtag trotz

---

[141] Bei der Abgrenzung auf das Kriterium der vernachlässigbaren Wahrscheinlichkeit abstellend Baetge/Ziesemer/Schmidt, in Baetge/Kirsch/Thiele, Bilanzrecht, § 252 HGB Rz 97, Stand: 10/2011.
[142] Vgl. etwa BFH, Urteil v. 30.1.2002, I R 68/00, BStBl 2002 II S. 688.
[143] Vgl. Hoffmann/Lüdenbach, NWB-Kommentar Bilanzierung, 15. Aufl. 2023, § 252 HGB Rz 78.

Insolvenz zwischen dem Stichtag des Abschlusses und seiner Aufstellung eindeutig nicht erfüllt ist.

> **Praxis-Beispiel**
> **Abgrenzung des Tatbestandsmerkmals der zeitlichen Entstehung II**
> **Sachverhalt**
> Kunde A zahlt wie im letzten Beispiel erstmals im Dezember Rechnungen verspätet. Eine feiertagsbedingte Schließung des Betriebs über die Festtage ist nicht erfolgt. Lange nach dem Bilanzstichtag und erst kurz vor der Aufstellung der Bilanz meldet der Kunde Insolvenz an. Allerdings wird im Zuge der Insolvenzanmeldung bekannt, dass die Insolvenz auf einen insolventen Großkunden von A zurückzuführen ist, der im Februar fällige Forderungen nicht mehr begleichen konnte.
> **Beurteilung**
> Zwar ist die Insolvenz zwischen Abschlussstichtag und Aufstellung bekannt geworden, ihre Entstehung ist infolge der Mitteilung über den Insolvenzgrund von Kunde A aber nicht zeitlich vor den Abschlussstichtag zu verorten. Die verspätete Zahlung der Rechnungen aus dem Dezember hängt nicht mit der Insolvenz zusammen, sodass keine wertaufhellende Tatsache vorliegt.

68 Über das **Tatbestandsmerkmal** der zeitlichen Entstehung hinaus ist auch jenes **des Bekanntwerdens** zwischen dem Abschlussstichtag und dem Tag der Aufstellung des Jahresabschlusses problembehaftet. Im Schrifttum und der Rechtspraxis sind in diesem Kontext **zwei** verschiedene **Wertaufhellungskonzeptionen** einschlägig.[144] Einerseits wird die Auffassung vertreten, dass die Bilanzierung so vorzunehmen ist, als ob sie zum Bilanzstichtag erstellt worden wäre (subjektive Wertaufhellungskonzeption).[145] Dabei wird unterstellt, dass „ein – fiktiver vorsichtiger und ordentlicher – Kaufmann unter verständiger Würdigung aller Umstände und Verhältnisse [die Bilanz] am Bilanzstichtag aufgestellt hätte".[146] Ohne diese Unterstellung bestünde kein Unterschied zur Außerachtlassung wertaufhellender Ereignisse. Andererseits und mittlerweile nach h.M. ist i.R.d. Bilanzierung der Sachstand der Verhältnisse zum Bilanzstichtag am Tag der Aufstellung der Bilanz zu berücksichtigen (objektive Wertaufhellungskonzeption).[147] Entsprechend ist nicht maßgeblich, was ein fiktiver vorsichtiger und ordentlicher Kfm. unter größter Sorgfalt am Bilanzstichtag hätte wissen können, sondern was dem Kfm. unter möglichst objektiven Gesichtspunkten bis zum Tag der Aufstellung bekannt geworden ist bzw. bekannt hätte sein müssen.[148] Die Anwendung der objektiven

---

[144] Vgl. anstatt vieler Kliem/Büssow, in Beck Bil-Komm., 14. Aufl. 2024, § 252 HGB Rz 52a.
[145] Vgl. etwa RFH, Urteil v. 17.10.1934, VI A 749/33, StuW 1935 II Nr. 16 Sp. 35; a.A. Kliem/Büssow, in Beck Bil-Komm., 14. Aufl. 2024, § 252 HGB Rz 52a; Hoffmann/Lüdenbach, NWB-Kommentar Bilanzierung, 15. Aufl. 2023, § 252 HGB Rz 73ff.; Baetge/Ziesemer/Schmidt, in Baetge/Kirsch/Thiele, Bilanzrecht, § 252 HGB Rz 97, Stand: 10/2011.
[146] Hoffmann/Lüdenbach, NWB-Kommentar Bilanzierung, 15. Aufl. 2023, § 252 HGB Rz 73.
[147] Vgl. Kliem/Büssow, in Beck Bil-Komm., 14. Aufl. 2024, § 252 HGB Rz 52a; Hoffmann/Lüdenbach, NWB-Kommentar Bilanzierung, 15. Aufl. 2023, § 252 HGB Rz 73ff.; Baetge/Ziesemer/Schmidt, in Baetge/Kirsch/Thiele, Bilanzrecht, § 252 HGB Rz 97, Stand: 10/2011.
[148] Ebenso Hoffmann/Lüdenbach, NWB-Kommentar Bilanzierung, 15. Aufl. 2023, § 252 HGB Rz 73ff.; Baetge/Ziesemer/Schmidt, in Baetge/Kirsch/Thiele, Bilanzrecht, § 252 HGB Rz 97, Stand: 10/2011.

Wertaufhellungskonzeption ergibt sich u. E. bereits aus dem Wortlaut des § 252 Abs. 1 Nr. 4 Hs. 1 HGB, spätestens jedoch aus der Unsinnigkeit der Nichtberücksichtigung vor dem Abschlussstichtag entstandener Ereignisse, die definitiv erst nach dem Abschlussstichtag erkennbar waren. Im Schrifttum wird daher im Zusammenhang mit der subjektiven Konzeption – zurecht ablehnend – davon gesprochen, sich künstlich dümmer zu machen, als man ist.[149] Die Unterschiede der beiden Konzeptionen werden anhand des folgenden Beispiels deutlich.

Praxis-Beispiel
Unterschiede zwischen subjektiver und objektiver Wertaufhellungskonzeption
Sachverhalt
Lebensmittelproduzent B produziert kurz vor Ablauf eines Gj am 29.12. eine Charge Dosenravioli, die noch am gleichen Tag in den Handel geht. Stiftung Warentest beginnt am folgenden Tag unabhängig und geheim eine Untersuchung über Verunreinigungen in Lebensmittelkonserven und kauft dazu – auch von Lebensmittelproduzent B – 20 entsprechende Produkte, die noch am gleichen Tag in ein Labor zur Analyse gegeben werden. Dieser Test dauert immer mind. vier Tage. Obwohl in der gesamten Firmengeschichte von Lebensmittelproduzent B noch nie auch nur eine Dose verunreinigt war, wird am Anfang des folgenden Gj nach Veröffentlichung durch Stiftung Warentest noch vor dem Tag der Aufstellung des Jahresabschlusses von B bekannt, dass seine Konserven verunreinigt waren. Lebensmittelproduzent B wird entsprechend zu einer teuren Rückrufaktion gezwungen.
Beurteilung bei Anwendung der subjektiven Wertaufhellungskonzeption
Bereits die Labortests durch Stiftung Warentest waren auch unter verständiger Würdigung aller Umstände und Verhältnisse am Bilanzstichtag durch einen – fiktiven vorsichtigen und ordentlichen – Kfm. nicht zu erahnen. Darüber hinaus hätte das Ergebnis zweifelsfrei erst im neuen Gj bekannt werden können. Die Anwendung der subjektiven Wertaufhellungskonzeption, d. h. die Durchführung der Bilanzierung als ob sie zum Bilanzstichtag erstellt worden wäre, kann in diesem Fall nur eine Nichtberücksichtigung der noch im alten Gj verursachten Verunreinigung zur Folge haben.
Beurteilung bei Anwendung der objektiven Wertaufhellungskonzeption
Bei einer Anwendung dieser Konzeption ist abweichend von der subjektiven Konzeption als wertaufhellende Tatsache zu berücksichtigen, was dem Kfm. unter möglichst objektiven Gesichtspunkten bis zum Tag der Aufstellung bekannt geworden ist. Es spielt also keine Rolle, dass Lebensmittelproduzent B zum Abschlussstichtag unter keinen Umständen etwas von einer (möglichen) Verunreinigung hätte wissen können. Da die Verunreinigung im abgelaufenen Gj verursacht wurde, ist diese entsprechend im Zuge der Jahresabschlussaufstellung zu berücksichtigen.

Entscheidend bei der Anwendung der objektiven Wertaufhellungskonzeption ist aber das Vorhandensein des – zunächst unerkannten – Sachverhalts schon zum Abschlussstichtag. In diesem Sinne hat auch der BFH im Zusammenhang mit

---

[149] Vgl. Hoffmann/Lüdenbach, NWB-Kommentar Bilanzierung, 15. Aufl. 2023, § 252 HGB Rz 73.

dem Ansatz von Verbindlichkeitsrückstellungen entschieden: Zum Bilanzstichtag muss aufgrund objektiver Kriterien stets ernsthaft mit einer Inanspruchnahme zu rechnen sein, um eine Rückstellung zu bilden. Konkret wurden Nacherfüllungsarbeiten an Werklieferungen, die im Mai und Juni des Folgejahres durchgeführt werden mussten, nicht als Rückstellungsgrund zum Stichtag akzeptiert, da zu diesem Zeitpunkt, obwohl das Werk schon ausgeliefert war, keine Mängelrüge oder zumindest ein objektiver Anknüpfungspunkt, dass eine solche erfolgen würde, vorlag.[150] Es fehlt dem BFH somit in diesem Fall an dem Beleg, dass der Mangel bereits zum Jahresabschlussstichtag so existent war, dass die Wahrscheinlichkeit zum Ansatz einer Rückstellung als überschritten anzusehen ist. Allerdings ist die Existenz des Mangels das Eine, die Entdeckung durch den Anspruchsberechtigten das Andere. Es geht um zwei verschiedene Ansatzkriterien für Rückstellungen.

> **Praxis-Beispiel**
> Vergleichbar hat auch das IDW für den Stichtag 31.12.2019 die Möglichkeit zur Berücksichtigung drohender Verluste oder Wertanpassungen über außerplanmäßige Abschreibungen aufgrund der Anfang 2020 auch in Europa beginnenden Corona-Krise verneint und diese – obwohl die die Pandemie auslösende Krankheit „Covid-19" schon das Jahr 2019 im Titel hat – als wertbegründendes Ereignis für das kalenderjahrgleiche Gj 2020 angesehen: Maßgeblich dafür ist, ob die Ursachen der Ausbreitung und der resultierenden wirtschaftlichen Folgen bereits vor diesem Datum angelegt waren, aber erst zwischen dem Abschlussstichtag und der Beendigung der Aufstellung des Abschlusses bekanntgeworden sind. … Bei der Qualifizierung der Auswirkungen des Coronavirus per 31.12.2019 als wertaufhellend oder wertbegründend ist zu berücksichtigen, dass die Ausbreitung einen fortdauernden Prozess und nicht ein zeitpunktbezogenes Ereignis darstellt. Erste Fälle von Infektionen bei Menschen sind nach derzeitigen Erkenntnissen zwar bereits Anfang Dezember 2019 bekanntgeworden, damals aber (noch) regional begrenzt. Da erst die sprunghafte Ausweitung der Infektionen zu den aktuellen wirtschaftlichen Auswirkungen geführt hat (bspw. Schließung von Betrieben und dadurch bedingte Beeinträchtigungen von Liefer- und Absatzprozessen) und diese Ausweitung erst ab dem Januar 2020 aufgetreten ist, ist nach Auffassung des IDW i.d.R. davon auszugehen, dass das Auftreten des Coronavirus als weltweite Gefahr wertbegründend einzustufen ist und dementsprechend die bilanziellen Konsequenzen erst in Abschlüssen mit Stichtag nach dem 31.12.2019 zu berücksichtigen sind.[151]
> Ebenso hat das IDW am Beispiel des russischen Angriffskrieges in der Ukraine klargestellt, dass eine Bestätigung am Abschlussstichtag gehegter Befürchtungen im Aufstellungszeitraum nicht ausreicht, um die stichtags-

---

[150] BFH, Beschluss v. 28.8.2018, X B 48/18, BFH/NV 2019 S. 113.
[151] Vgl. IDW, Fachlicher Hinweis v. 4.3.2020, Auswirkungen der Ausbreitung des Coronavirus auf die Rechnungslegung zum Stichtag 31.12.2019 und deren Prüfung (Teil 1), S. 1, https://www.idw.de/IDW/Medien/Arbeitshilfen-oeffentlich/Fachliche-Hinweise-oeffentlich/Downloads/Down-Corona-IDW-FachlHinw-ReLePruefung-Teil1.pdf, Abruf 8.10.2024.

> nachgelagerte Entwicklung ansatz- und werterhellend auf den Stichtag zurückzubeziehen.[152] Der politische Konflikt existiert bereits seit 2014 und ließ einen bevorstehenden Krieg zum Stichtag 2021 möglicherweise erahnen. Jedoch sind reine Befürchtungen eines Kriegsbeginns nicht ausreichend, um den Kriegsbeginn am 24.2.2022 mit seinen Folgen als wertaufhellende Tatsache und damit als Beleg für eine bereits am Stichtag vorliegende Vermögensbelastung zu beurteilen. Zu Recht hat daher das IDW den Kriegsbeginn als wertbegründendes Ereignis für Handels- und Steuerbilanz eingestuft.[153] Gleichwohl ist der Kriegsbeginn zum Stichtag 2021 ein wesentlicher Faktor in der Bewertung der Going-Concern-Prämisse (Rz 34).

Somit führt **auch die Anwendung der objektiven Wertaufhellungskonzeption** zu **Abgrenzungsproblemen**. Hier stellt sich die Frage, was dem Kaufmann unter möglichst objektiven Gesichtspunkten bis zum Tag der Aufstellung bekannt geworden ist bzw. hätte bekannt sein müssen (**Beurteilungsmaßstab des bei angemessener Sorgfalt Wissbaren**). Wie bereits betreffend des Tatbestandsmerkmals der zeitlichen Entstehung vor dem Abschlussstichtag diskutiert (Rz 66), erwachsen daraus Ermessensspielräume, da Objektivität hinsichtlich des Kenntnisstands des sorgfältigen Kaufmanns nicht existiert. Das nachfolgende Beispiel verdeutlicht diese Problematik. 70

> **Praxis-Beispiel**
> **Abgrenzung des Tatbestandsmerkmals des Bekanntwerdens – Ermessensspielräume bei der Anwendung der objektiven Wertaufhellungskonzeption**
> **Sachverhalt**
> Der große mittelständische Hersteller von Eisenwaren und Handwerkerbedarf, die Dübel GmbH, mit einem Direktvertriebsmodell für gewerbliche Kunden vertreibt ihre Produkte an über 50.000 Handwerksbetriebe in Deutschland. Die Zahlung erfolgt stets auf Rechnung. Der kleine Kunde X zahlt seine Rechnungen i. H. v. max. 100 EUR im letzten Quartal bis zum Bilanzstichtag zunehmend verzögert und der Forderungsbestand nimmt korrespondierend immer weiter zu. Die Dübel GmbH erstellt ihre Bilanz am 20.3. des folgenden Gj. Indes hat Kunde X einen Insolvenzantrag gestellt und das Insolvenzgericht hat die Eröffnung des Insolvenzverfahrens am 19.3. auf der Plattform www.insolvenzbekanntmachungen.de bekannt gegeben. Die gem. § 30 InsO vorgeschriebene besondere Zustellung des Beschlusses über die Eröffnung geht der Dübel GmbH erst am 21.3. zu.
> **Beurteilung**
> Eine eindeutige Beurteilung kann es in diesem Fall nicht geben, wenngleich das Kriterium der Entstehung bis zum Abschlussstichtag erfüllt und die Insolvenz einen Tag vor Aufstellung der Bilanz veröffentlicht wurde. Einer-

---

[152] Vgl. IDW, Fachlicher Hinweis v. 22.12.2022, Auswirkungen des Ukraine-Krieges auf Rechnungslegung und deren Prüfung, 4. Update, https://www.idw.de/idw/themen-branchen/russland-ukraine-krieg/, Abruf 8.10.2024.
[153] Vgl. Prinz, NWB 2022, S. 878.

seits lässt sich argumentieren, dass die Insolvenz einem sorgfältigen Kaufmann unter möglichst objektiven Gesichtspunkten bis zum Tag der Aufstellung bekannt hätte werden müssen, da das Insolvenzgericht die Eröffnung des Verfahrens einen Tag vor Aufstellung des Jahresabschlusses auf dem Justizportal veröffentlicht hat. Andererseits und u. E. kann von einem Unt mit 50.000 Kunden nicht verlangt werden, einen Tag vor Aufstellung eine aktive Überprüfung von jedem einzelnen – mitunter kleinem – Kunden über das Justizportal vorzunehmen. Auch ein sorgfältiger Kaufmann hätte dieser Argumentation zufolge unter möglichst objektiven Gesichtspunkten nicht vor der Aufstellung von dieser Insolvenz Kenntnis erlangen müssen. Erst infolge der besonderen Zustellung durch das Insolvenzgericht, die jedoch erst nach der Aufstellung erfolgte, könnte dieser Argumentation nach sicher von einem Bekanntwerden gesprochen werden.

Anders bzw. eindeutiger stellt sich die Situation dar, wenn Kunde X von größerer Bedeutung für die Dübel GmbH ist und zu den 50 Großkunden mit aktuell erheblichen laufenden Bestellungsvolumina bzw. Verbindlichkeiten zählt. Hier wird man wohl zu Recht davon sprechen müssen, dass ein sorgfältiger Kaufmann unter möglichst objektiven Gesichtspunkten darüber hätte Kenntnis durch die Überprüfung erlangen müssen. Dies verdeutlicht das Dilemma der Abgrenzung: Wo verläuft die Grenze?

2.3.1.3 Wertaufhellungszeitraum

71 Unklar ist über die bisher diskutierten Abgrenzungsprobleme zwischen wertaufhellenden und wertbegründenden Ereignissen hinaus im Kontext des Tatbestandsmerkmals des Bekanntwerdens zwischen dem Abschlussstichtag und der Aufstellung auch die Frage, was bzw. **welcher Zeitpunkt unter der Aufstellung** genau **zu verstehen ist**. Diese Frage wird von der Gegebenheit getragen, dass es sich in der Praxis i. d. R. nicht um einen zeitpunktbezogenen Vorgang etwa innerhalb eines Tages, sondern einen ggf. mehrmonatigen Prozess handelt.[154]
Weder § 252 Abs. 1 Nr. 3 HGB noch § 252 Abs. 1 Nr. 4 Hs. 1 HGB bieten hier eine Lösung. Im Zuge der Normierung des Stichtagsprinzips in § 252 Abs. 1 Nr. 3 HGB ist lediglich von einer (einzelnen) Bewertung „zum Abschlussstichtag" die Rede. § 252 Abs. 1 Nr. 4 Hs. 1 HGB formuliert ebenfalls unklar „…und dem Tag der Aufstellung…". Infolge der fehlenden Normierung haben sich hinsichtlich des Einzelabschlusses in Schrifttum und Rechtspraxis **folgende mögliche Zeitpunkte** herauskristallisiert:[155]

- Abschluss des vom wertaufhellenden Ereignis betroffenen Postens.
- Im Falle der Prüfung durch den Abschlussprüfer: Abschluss und Prüfung des vom wertaufhellenden Ereignis betroffenen Postens.
- Abschluss aller Posten bzw. des Abschlusses als Ganzes.

---

[154] Vgl. Kliem/Büssow, in Beck Bil-Komm., 14. Aufl. 2024, § 252 HGB Rz 53; Baetge/Ziesemer/Schmidt, in Baetge/Kirsch/Thiele, Bilanzrecht, § 252 HGB Rz 106, Stand: 10/2011.

[155] Zusammenführung aus Meyering/Gröne, in Anzinger/Oser/Schlotter, Rechnungslegung und Prüfung, Tb. 1, 7. Aufl. 2023, § 252 HGB Rz 152; Hoffmann/Lüdenbach, NWB-Kommentar Bilanzierung, 15. Aufl. 2023, § 252 HGB Rz 94 f.; Fülbier/Federsel, in Küting/Weber, HdR-E, § 252 HGB Rz 16, Stand: 6/2021; BFH, Urteil v. 15.9.2004, I R 5/04, BFH/NV 2005 S. 421.

- Unterzeichnung des Abschlusses durch die Geschäftsführung.
- Prüfung des Abschlusses durch den Wirtschaftsprüfer bzw. Erteilung des Bestätigungsvermerks (so IDW PS 203.8 n. F.).
- Im Falle von KapG der Tag der Feststellung.

Im Konzernabschluss kommt anstatt der Feststellung die Billigung des Konzernabschlusses durch den Aufsichtsrat i. S. d. § 171 Abs. 1 Satz 2 AktG in Betracht.[156]

Mittlerweile unstrittig ist, dass **in Abhängigkeit der Bedeutung** der wertaufhellenden Sachverhalte, d.h. deren Wesentlichkeit, unterschiedlich verfahren werden kann.[157] Ist die Bedeutung eines Postens unwesentlich bzw. ohne Bedeutung, spricht nichts dagegen, bereits den Abschluss des vom wertaufhellenden Ereignis betroffenen Postens als Aufstellungszeitpunkt zu betrachten.

Jenseits einer unwesentlichen Bedeutung herrscht indes weiterhin Uneinigkeit. Dies ist insb. durch die Auffassungen geprägt, dass der Wertaufhellungszeitraum im Interesse der Rechenschaft,[158] der Kapitalerhaltung[159] sowie der Richtigkeit[160] möglichst lang sein sollte, die Feststellungsorgane nicht wissentlich einen „falschen" Abschluss feststellen dürften und der gegenläufigen limitierenden Auffassung, dass unter dem Begriff Aufstellung nicht auch die Feststellung und die Prüfung subsumiert werden können.[161]

Bei gebotener Feststellung und (ggf. pflichtgemäß) erfolgter Prüfung
Sowohl dem Abschlussprüfer als auch den Feststellungsorganen kommt eine überprüfende Funktion im Interesse der Darstellung eines den tatsächlichen Verhältnissen entsprechenden Bildes der Vermögens-, Finanz- und Ertragslage zu. Erstreckt sich der Wertaufhellungszeitraum nicht auf diese, könnte es zur Feststellung eines nicht der tatsächlichen Lage entsprechenden Bildes kommen.[162] Abschlussprüfung und Feststellung wären zumindest eines Teils ihrer Funktion beraubt. Insofern hat bei gebotener Feststellung u. E. – losgelöst von formalen Spitzfindigkeiten – eine Berücksichtigung wertaufhellender Tatsachen bis zur Feststellung zu erfolgen. Ist keine Feststellung erforderlich, wird jedoch freiwillig eine Prüfung vorgenommen, so ist diese maßgeblich für die Wertaufhellung. Auch IDW PS 203.8 n. F. fordert bei der Prüfung vom Abschlussprüfer den Wertaufhellungszeitraum bis zum Datum des Vermerks über die Abschlussprüfung auszudehnen.

Ohne Feststellung und Prüfung
Sofern weder eine Feststellungs- noch eine Prüfungspflicht bestehen und auch keine freiwillige Prüfung erfolgt, ist der formale Akt der Bilanzaufstellung[163], d.h.

---

[156] Vgl. Baetge/Ziesemer/Schmidt, in Baetge/Kirsch/Thiele, Bilanzrecht, § 252 HGB Rz 111, Stand: 10/2011.
[157] Vgl. BFH, Urteil v. 15.9.2004, I R 5/04, BFH/NV 2005 S. 421; Hoffmann/Lüdenbach, NWB-Kommentar Bilanzierung, 15. Aufl. 2023, § 252 HGB Rz 95; Baetge/Ziesemer/Schmidt, in Baetge/Kirsch/Thiele, Bilanzrecht, § 252 HGB Rz 110, Stand: 10/2011; dies lediglich als Ausnahme im Notfall für zulässig erachtend Kliem/Büssow, in Beck Bil-Komm., 14. Aufl. 2024, § 252 HGB Rz 53.
[158] Vgl. Baetge/Ziesemer/Schmidt, in Baetge/Kirsch/Thiele, Bilanzrecht, § 252 HGB Rz 108, Stand: 10/2011.
[159] Vgl. Fülbier/Federsel, in Küting/Weber, HdR-E, § 252 HGB Rz 87, Stand: 6/2021.
[160] Vgl. Hoffmann/Lüdenbach, NWB-Kommentar Bilanzierung, 15. Aufl. 2023, § 252 HGB Rz 94.
[161] Vgl. Meyering/Gröne, in Anzinger/Oser/Schlotter, Rechnungslegung und Prüfung, Tb. 1, 7. Aufl. 2023, § 252 HGB Rz 153, die deshalb den Abschluss der Aufstellung im Ganzen für maßgeblich halten.
[162] Vgl. Baetge/Ziesemer/Schmidt, in Baetge/Kirsch/Thiele, Bilanzrecht, § 252 HGB Rz 108f., Stand: 10/2011.
[163] Vgl. BFH, Urteil v. 15.9.2004, I R 5/04, BFH/NV 2005 S. 421; Hoffmann/Lüdenbach, NWB-Kommentar Bilanzierung, 15. Aufl. 2023, § 252 HGB Rz 95.

die Unterzeichnung des Abschlusses durch die Geschäftsführung (§ 245 Rz 1), und nicht der Abschluss aller Posten bzw. des Abschlusses als Ganzes[164] maßgeblich.

2.3.1.4 Exemplarische Einzelsachverhalte

74 Bei der Bewertung von **Lagerbeständen** zum Abschlussstichtag können wenige Wochen später durchgeführte Abverkaufsaktionen wertaufhellend sein.[165]

75 **Verfall von Marktpreisen für Rohstoffe** oder **Kursen von Wertpapieren** nach dem Abschlussstichtag gelten grds. als **wertbegründende Ereignisse**. Eine Ausnahme kann nur vorliegen, wenn die Werte am Abschlussstichtag auf wenig liquiden Märkten zustandegekommen sind und daher ggf. von Zufälligkeiten abhängen,[166] was aber eng auszulegen ist. Entsprechendes muss u. E. auch für Zufallspreise gelten, die nach unten verzerrt sind.

76 Der **Abschluss von Rechtsstreitigkeiten** im Wertaufhellungszeitraum wird vom BFH grds. als **wertbegründendes Ereignis** eingestuft.[167] Dem ist nicht zwangsläufig zuzustimmen, da ein Urteil lediglich „feststellt, was rechtens ist"[168] und somit durchaus auch wertaufhellenden Charakter haben kann. U.E. ist zu differenzieren: Eine Niederlage in einem Passivprozess kann das Bestehen einer ungewissen Verbindlichkeit am Abschlussstichtag indizieren, was auch etwa in IAS 10.9 Buchst. a so gesehen wird. Den Sieg in einem Aktivprozess beurteilt der BFH dagegen als wertbegründend, da ohne das Urteil kein ausnutzbarer VG am Abschlussstichtag vorliegt.[169] Für die Aktivierung genügt es nicht, nach dem Stichtag zu erfahren, im Recht gewesen zu sein.

77 Dem BGH[170] und dem EuGH[171] zufolge handelt es sich bei **Gewinnen aus Beteiligungen an KapG** dann um **werterhellende Ereignisse**, wenn die Beteiligung am TU 100 % beträgt, das TU abhängiges KonzernUnt ist, Feststellung und Gewinnausschüttungsbeschluss beim TU vor dem Ende der Abschlussprüfung beim MU liegen und die Gj der Unt übereinstimmen. Der BFH lehnt das aus rein steuerrechtlichen Motiven mit dem Hinweis auf die Gleichmäßigkeit der Besteuerung ab (Rz 129).[172]

78 **Veränderungen von Fristigkeiten von Ausleihungen** oder **Darlehen, Rangrücktritt** und **Forderungsverzicht** wirken **wertbegründend**. Ausnahmen sind denkbar, wenn am Abschlussstichtag bereits Einigkeit zwischen den Parteien hergestellt wurde, aber diese formal noch nicht umgesetzt wurde. Auch bei Sanierungen ist ein Rückbezug dieser Maßnahmen auf den Abschlussstichtag möglich (Rz 84).

79 **Kapitalmaßnahmen bei KapG** werden erst mit Eintragung im Handelsregister rechtswirksam und gelten daher als **wertbegründend**.[173]

---

[164] Dies fordernd Meyering/Gröne, in Anzinger/Oser/Schlotter, Rechnungslegung und Prüfung, Tb. 1, 7. Aufl. 2023, § 252 HGB Rz 152 f.
[165] Vgl. Hoffmann/Lüdenbach, NWB-Kommentar Bilanzierung, 15. Aufl. 2023, § 252 HGB Rz 86.
[166] Vgl. BFH, Urteil v. 26.9.2007, I R 58/06, DB 2008 S. 214.
[167] Vgl. z. B. BFH, Urteil v. 30.1.2002, I R 68/00, BStBl II S. 688. Vgl. Mutscher, in Frotscher/Geurts, § 6 EStG Rz 72, Stand: 10.8.2022.
[168] Hoffmann/Lüdenbach, NWB-Kommentar Bilanzierung, 15. Aufl. 2023, § 252 HGB Rz 89.
[169] BFH, Urteil v. 26.2.2014, I R 12/14, BFH-NV 2014 S. 1544.
[170] BGH, Urteil v. 12.1.1998, II ZR 82/83, DStR 1998 S. 383.
[171] EuGH, Urteil v. 27.6.1996, C-234/94, BB 1996 S. 1492.
[172] BFH, Beschluss v. 7.8.2000, GrS 2/99, BStBl 2000 II S. 632; vgl. auch Mutscher, in Frotscher/Geurts, § 6 EStG Rz 74 ff., Stand: 10.8.2022.
[173] Vgl. Hoffmann/Lüdenbach, NWB-Kommentar Bilanzierung, 15. Aufl. 2023, § 252 HGB Rz 93d.

Verletzungen von Vertragsbedingungen, die etwa einem Darlehensgeber ein außerordentliches Kündigungsrecht einräumen, im Wertaufhellungszeitraum bzw. ggf. durch die Aufstellung des Jahresabschlusses selber (etwa bei Vorgaben zu Mindesteigenkapitalquoten), sind als **werterhellende Ereignisse** zu verstehen.[174]

> **Praxis-Beispiel**
> Nach der BFH-Rechtsprechung sind folgende **Sachverhalte als wertbegründend** anzusehen, wenn im Wertaufhellungszeitraum vorgefallen:[175]
> Vergleichsangebot der Gegenseite zu einer Schadenersatzforderung und erfolgter Vergleich, nicht rechtskräftiger Anspruch auf Schadenersatz wegen Verschuldens bei Vertragsschluss, Ausgleichsanspruch für Handelsvertreter, Wegfall einer Schuld, für die eine Rückstellung gebildet worden ist durch Vertragsänderung sowie durch rechtskräftiges Urteil, Vertragsänderungen berechtigen nicht zur Rückstellungsbildung im aufzustellenden Abschluss des vorherigen Gj, Tod bei lebenslänglichem Wettbewerbsverbot, Überschreiten der vereinbarten Stundenhöchstmenge, rechtskräftiges Urteil zu Schadenersatzverpflichtungen, Gewinnverwendungsbeschluss, Geldeingang auf wertberichtigte Kundenforderungen, Börsenkursänderungen und rechtskräftiges Urteil zum Entfall der Schadenersatzpflicht.

> **Praxis-Beispiel**
> Nach der BFH-Rechtsprechung sind folgende **Sachverhalte als wertaufhellend** anzusehen, wenn im Wertaufhellungszeitraum vorgefallen und keine identifizierbaren Ereignisse auf eine Wertbegründung hinweisen:[176] Kundenkonkurs, Zahlungen von Wechselschulden, Wechseleinlösung, Textilien (die dem modischen Wandel unterliegen), Aufdeckung einer Straftat, Prozesskosten für die nächste Instanz bei Rechtsbehelfseinlegung und Geldeingang auf garantierten Gewinn.
> Bei den ebenfalls in den Quellen genannten Mängelrügen eines Kunden nach dem Bilanzstichtag, die vom BFH 2000 nach als wertaufhellend eingestuft wurden,[177] wurden 2018 als wertbegründend betrachtet,[178] wobei letzteres Urteil sich nicht verallgemeinern lässt, da ansonsten keine pauschalen Gewährleistungsrückstellungen mehr gebildet werden dürften.

2.3.1.5 Spezialvorschriften und Ausnahmen vom Stichtagsprinzip

Mit den **Spezialvorschriften** zur Bewertung von Verbindlichkeiten und Rückstellungen zum (nach kaufmännischer Beurteilung notwendigen) Erfüllungsbetrag und damit zur Berücksichtigung künftiger Gegebenheiten (§ 253 Rz 20 ff.) sowie

---

[174] So auch Hoffmann/Lüdenbach, NWB-Kommentar Bilanzierung, 15. Aufl. 2023, § 252 HGB Rz 93a.
[175] Vgl. Hoffmann/Lüdenbach, NWB-Kommentar Bilanzierung, 15. Aufl. 2023, § 252 HGB Rz 97 und Mutscher, in Frotscher/Geurts, § 6 EStG Rz 72, Stand: 10.8.2022 m.w.N.
[176] Vgl. Hoffmann/Lüdenbach, NWB-Kommentar Bilanzierung, 15. Aufl. 2023, § 252 HGB Rz 97 und Mutscher, in Frotscher/Geurts, § 6 EStG Rz 73, Stand: 10.8.2022 m.w.N.
[177] BFH, Urteil v. 28.3.2000, VIII R 77/96, BStBl 2002, II, S. 227.
[178] BFH, Beschluss v. 28.8.2018, X B 48/18, BFH/NV 2019, S. 113.

„wirtschaftlich selbständige Nutzbarkeit" oder „betrieblicher Nutzungs- und Funktionszusammenhang" zu erwarten. Ebenfalls ist unklar, ob bereits die Erfüllung eines Unterkriteriums ausreicht, um einen entsprechenden Zusammenhang als gegeben zu erachten oder es dazu einer Erfüllung zweier, dreier oder aller Kriterien bedarf. Dazu im Folgenden einige Beispiele.

> **Praxis-Beispiel**
> **Unterkriterien der wirtschaftlich selbständigen Nutzbarkeit/des betrieblichen Nutzungs- und Funktionszusammenhangs**
> **Sachverhalt I**
> Eine Transportfluggesellschaft hat jedes ihrer zehn Transportflugzeuge (zehn verschiedene Modelle) mit zehn Transportcontainern ausgestattet, die nur für diesen Flugzeugtyp verwendet werden können. Die Verbindung zwischen den Flugzeugen und Containern kann jederzeit elektronisch/mechanisch getrennt werden[190] und diese Verbindungen werden nach (jedem) erfolgtem Transportauftrag in Abhängigkeit etwaiger Zwischenlagerungszeiten auf bestimmte Zeit unterbrochen. Darüber hinaus weichen Lebensdauer von Flugzeug und Container voneinander ab. Vom (äußeren) Erscheinungsbild mag man nicht von einer Einheit ausgehen.
> **Beurteilung I**
> Beide Bewertungsobjekte dienen zweifelsfrei einem gemeinsamen Zweck. Von einer festen Verbindung kann allerdings wie von einem (ausreichenden) Zeitraum der Verbindung nicht ausgegangen werden.
> Während man in diesem Fall bei Rückgriff auf den betrieblichen Nutzungs- und Funktionszusammenhang dazu tendieren wird, nicht von einem solchen auszugehen (Konsequenz: getrennte Bewertung), da weder von Festigkeit und einem ausreichenden Zeitraum einer etwaigen Verbindung noch einheitlichem äußerem Erscheinungsbild ausgegangen werden kann, ist die Antwort aus der Perspektive der wirtschaftlich selbständigen Nutzbarkeit bereits unklarer. Da der Container in keinem anderen Flugzeug des Unt verwendet werden kann, ließe sich argumentieren, dass eine selbständige Nutzbarkeit nicht gegeben ist, sofern es keine andere Verwendungsmöglichkeit (etwa die Zwischenlagerung von Gütern am Boden) gibt. Einzeln verwertbar i. S. e. Verkaufs sind die Container dagegen durchaus.
> **Sachverhalt II**
> Abweichend von Sachverhalt I findet jeweils nur eine extrem kurze Zwischenlagerung der Container statt und diese werden bei jedem Flug mit entsprechenden Halterungen im Flugzeug verschweißt.
> **Beurteilung II**
> Abweichend zu Sachverhalt I könnte in diesem Beispiel durchaus von einer festen Verbindung ausgegangen werden, was dazu führen würde, dass zumindest ein weiteres Unterkriterium erfüllt ist. Die Verbindungen müssen allerdings nach jedem Einsatz wieder gelöst werden. Der Unterschied liegt dann v. a. im Werkzeug – zentrale Steuerung, Schraubwerkzeug oder Schweißbrenner – und u. U. in der für die Trennung benötigten Zeit. Nun mag ein extrem feinge-

---

[190] Eine feste Verbindung liegt laut BFH entsprechend nicht vor: BFH, Urteil v. 9.8.2001, III R 30/00, BStBl 2001 II S. 842.

> windiger langer Bolzen bei der Demontage durchaus mehr Zeit als eine Schweißverbindung erfordern.
> In diesem Kontext ist ebenfalls unklar, ob nun von einem ausreichenden Zeitraum der ggf. festen Verbindung ausgegangen werden kann, der die Bewertungsobjekte „verbindet". Es kann hinsichtlich des Zeitraums nicht darauf ankommen, dass diese permanent und auf Lebenszeit der Bewertungsobjekte besteht. Anderenfalls dürften Komponenten mit kurzer Lebensdauer oder jene, die zu Wartungszwecken regelmäßig „entfernt" werden müssen, nur getrennt bewertet werden.

Mangels einer greifbaren Auslegung der Abgrenzungskriterien bzw. -prinzipien (wirtschaftlich selbständige Nutzbarkeit, betrieblicher Nutzungs- und Funktionszusammenhang etc.) werden **in der Praxis** häufig **zwei Wege** verfolgt. Es handelt sich einerseits um den Rückgriff auf die (Ab-)Nutzungsdauern der Bewertungsobjekte nebst entsprechender Abgrenzung (auch) auf dieser Basis sowie andererseits die Verwendung steuerrechtlicher Entscheidungen,[191] sofern solche vorhanden sind.

89

Korrespondierende Zweckbestimmungen und Abnutzungsdauern rechtfertigen i. d. R. noch keine Unterstellung eines Nutzungs- und Funktionszusammenhangs bzw. keine Klassifizierung als unselbständiger VG. Andernfalls wäre im Beispiel unter Rz 88 stets von einer zusammengefassten Bewertung auszugehen, wenn die Abnutzungsdauern von Transportflugzeug und Containern identisch wären – ungeachtet dessen, ob eine Verbindung besteht. Im **Umkehrschluss** kann aus einem abweichenden **Abnutzungszeitraum** nicht auf das Nichtbestehen einer wirtschaftlich selbständigen Nutzbarkeit oder eines betrieblichen Nutzungs- und Funktionszusammenhangs geschlossen werden. Ein Rückgriff auf die Abnutzungszeiträume ist in diesem Kontext mehr als Teil des Entscheidungsprozesses oder als Entscheidungshilfe zu verstehen, was nachfolgendes Beispiel verdeutlicht.

90

> **Praxis-Beispiel**
> Der Abnutzungszeitraum als Abgrenzungskriterium der wirtschaftlich selbständigen Nutzbarkeit/des betrieblichen Nutzungs- und Funktionszusammenhangs
> **Sachverhalt I**
> Aufbauend auf dem Beispiel unter Rz 88 ist nun davon auszugehen, dass Container und Flugzeug der gleichen Abnutzungsdauer unterliegen.
> **Beurteilung I**
> Nimmt man Bezug auf Sachverhalt I, ist u. E. infolge der einheitlichen Abnutzungsdauer nicht von einem Bewertungsobjekt zu sprechen. Daran ändert die einheitliche Abnutzungsdauer nichts. Anders mag es sich dagegen bei Bezugnahme auf Sachverhalt II verhalten, der in beide Richtungen interpretierbar ist. Letztlich kann sich in diesem Beispiel durch die einheitliche Abnutzungsdauer der Ausschlag für eine Vorgehensweise innerhalb des ermessensbehafteten Sachverhaltes ergeben.

---

[191] Die Anwendung steuerrechtlicher Entscheidungen ebenfalls für zulässig bzw. geboten erachtend Baetge/Ziesemer/Schmidt, in Baetge/Kirsch/Thiele, Bilanzrecht, § 252 HGB Rz 119, Stand: 10/2011.

> **Sachverhalt II**
> Ein Pkw mit einer Abnutzungsdauer von zehn Jahren ist mit Scheibenbremsen ausgestattet. Sowohl die Bremssättel als auch die Bremsscheiben sind über Schraubverbindungen miteinander verbunden. Die Bremsbeläge sind geklickt. Die Abnutzungsdauer der Bremssättel entspricht mit zehn Jahren jener des restlichen Pkw. Die Bremsbeläge sind nach zwei und die Bremsscheiben nach vier Jahren abgenutzt.
>
> **Beurteilung II**
> Zwar sind die Komponenten während ihrer Lebensdauer – i.d.R. ohne Unterbrechung – miteinander verbunden, allerdings weicht ihr Abnutzungszeitraum erheblich voneinander ab. Obendrein kann von Festigkeit nicht wirklich gesprochen werden. U.E. lässt sich eine getrennte Bewertung in diesem Fall allerdings dennoch kaum begründen.

91 Steuerrechtliche Entscheidungen hinsichtlich der Abgrenzung von Bewertungsobjekten sind insb. für Abgrenzungsfragen zwischen Grundstücksteilen, Grundstücken und Gebäuden sowie Gebäudeteilen verfügbar. Der BFH[192] unterscheidet bei Grundstücksbestandteilen auf Basis des folgenden Abgrenzungsmusters.

Abb. 1: Abgrenzungsmuster bei Grundstücksbestandteilen auf Basis des BFH[193]

92 Auf Ebene des Grundstücksbestandteils „Gebäude" sind weitere Untergliederungen möglich bzw. geboten, wobei die skizzierten Abgrenzungskriterien (Nutzungs- und Funktionszusammenhang etc., Rz 87) greifen.[194] Die nachfolgende Abbildung veranschaulicht, welche Teile als selbstständige Gebäudebestandteile gelten, die nicht mit dem Gebäude in einem Nutzungs- und Funktionszusammenhang stehen.

---

[192] Vgl. BFH, Urteil v. 16.7.1968, GrS 7/64, BStBl 1968 II S. 108.
[193] Entnommen aus Avella/Brinkmann, in Bertram/Brinkmann/Kessler/Müller, Haufe HGB Bilanz Kommentar, 3. Aufl. 2012, § 252 Rz 39.
[194] Für einen tieferen Einblick s. die Kommentierung von Frotscher/Watrin, in Frotscher/Geurts, EStG Kommentar, § 4 EStG Rz. 92 ff., Stand: 6.8.2019.

Allgemeine Bewertungsgrundsätze § 252

Abb. 2: Abgrenzungsmuster bei Gebäudebestandteilen[195]

Bis ins letzte Detail sollte man sich nicht auf die Abgrenzungsentscheidungen der steuerrechtlichen Rechtsprechung verlassen, die in **zahlreichen Entscheidungen** deutlich tiefer gehen als die hier skizzierte Systematik. So hat der BFH[196] z.B. entschieden, dass Personenfahrstühle anders als Lastenaufzüge (Betriebsvorrichtungen) als Gebäudebestandteile zu werten sind. Dieser Entscheidung ist u.E. nicht zu folgen.

Zur Abmilderung dieses Grenzbereichs hat das IDW den aus den IFRS bekannten **Komponentenansatz** übernommen, der den Einzelbewertungsgrundsatz grds. nicht verletzt, da lediglich der Werteverzehr eines VG über die komponentenweise erfolgende Betrachtung genauer bestimmt wird. Handelsrechtlich ist dies nach IDW RH HFA 1.016.5 nur zulässig, wenn physisch separierbare Komponenten ausgetauscht werden, die in Relation zum gesamten VG des Sachanlagevermögens wesentlich sind.

Im Kontext des **Vorratsvermögens** ist für **zum Absatz bestimmte VG** i.d.R. eine Ausrichtung der Aggregation einzelner VG zu einem selbständigen Bewertungsobjekt an den am Markt üblichen oder vom Kfm. bzw. Unt gehandelten Absatzeinheiten[197] geboten und entsprechend ungleich einfacher. Dabei ist sowohl der Kontext des Unt als auch der einzelnen Produkte zu beachten.

93

---

[195] Entnommen aus Avella/Brinkmann, in Bertram/Brinkmann/Kessler/Müller, Haufe HGB Bilanz Kommentar, 3. Aufl. 2012, § 252 Rz 39.
[196] Vgl. BFH, Urteil v. 7.10.1977, III R 48/76, BStBl 1978 II S. 186.
[197] Diesbzgl. ebenso Baetge/Ziesemer/Schmidt, in Baetge/Kirsch/Thiele, Bilanzrecht, § 252 HGB Rz 123, Stand: 10/2011.

> **Praxis-Beispiel**
> **Abgrenzung von zum Verkauf bestimmtem Vorratsvermögen**
> Der Kfz-Teilehändler A verkauft Auspuffanlagen – marktüblich oder infolge einer unternehmensindividuellen Verkaufsstrategie – stets im Set mit den passenden Befestigungsschellen. Die Befestigungsschellen verkauft A darüber hinaus einzeln, da Kunden mitunter auch nur die Schellen tauschen (müssen). Wenngleich infolge des Einzelverkaufs auf eine getrennte Bewertung auch der Einzelteile des Sets geschlossen werden könnte, ergibt sich infolge der Berücksichtigung der markt- bzw. unternehmensüblichen Absatzeinheit „Auspuffset" eine gekoppelte Bewertung dieser Nutzungs- und Funktionseinheit.

Bewertungsobjekte des Vorratsvermögens, die **i. R. d. Produktion weiterverarbeitet** werden, sind in der Aggregationseinheit zu bewerten, wie sie zusammenhängend (Verbindung) auf der nächsthöheren Produktionsstufe zum Einsatz kommen.[198]

94 Hinsichtlich der Abgrenzung von **Schulden** ergeben sich i. d. R. anders als bei VG kaum Schwierigkeiten. Eine hinreichende Abgrenzung ergibt sich aus dem der Schuld zugrundeliegenden Ereignis i. V. m. dem jeweiligen Anspruchssteller bzw. Gläubiger.

2.3.2.3 Spezialvorschriften und Ausnahmen vom Einzelbewertungsgrundsatz

95 Mit den **Spezialvorschriften** zu Sammelbewertungsverfahren in § 240 Abs. 3, 4 HGB sowie § 256 HGB (§ 240 Rz 50 ff., § 256 Rz 17 ff.), der Bildung von Bewertungseinheiten nach § 254 HGB (§ 254 Rz 1 ff.) sowie dem Verrechnungsgebot von VG, die dem Zugriff aller übrigen Gläubiger entzogen sind und ausschl. der Erfüllung von Schulden aus Altersversorgungsverpflichtungen oder vergleichbaren langfristig fälligen Verpflichtungen dienen, mit diesen Schulden gem. § 246 Abs. 2 HGB (§ 246 Rz 104 ff.) kennt das HGB explizite „Abweichungen" vom Einzelbewertungsgrundsatz, wobei es sich nicht um Ausnahmen im eigentlichen Sinne handelt, da die Grundsätze nur beim Nichtbestehen von Spezialvorschriften zum Tragen kommen (Rz 17 ff. und Rz 155 ff.).

96 In Konsequenz der seit Einführung des BilRUG gebotenen engeren Auslegung des Anwendungsbereichs der Ausnahmeregelung (dazu detailliert Rz 155 ff.) kommt eine Anwendung des § 252 Abs. 2 HGB nur in Betracht, wenn eine Beibehaltung der Bewertungsgrundsätze der Vermittlung eines den tatsächlichen Verhältnissen entsprechenden Bildes der Vermögens-, Finanz- und Ertragslage des Unt entgegenstehen würde oder mit Blick auf den Grundsatz der Wesentlichkeit und/oder jenen der Wirtschaftlichkeit auf eine Beibehaltung dieser verzichtet werden kann und daraus zumindest keine Verschlechterung der Vermittlung eines den tatsächlichen Verhältnissen entsprechenden Bildes der Vermögens-, Finanz- und Ertragslage resultiert.

Ausnahmen i. S. d. § 252 Abs. 2 HGB, d. h. in begründeten Einzelfällen, kommen entsprechend in Betracht, sofern der Einzelbewertung ein unvertretbarer Zeit- und

---

[198] Vgl. Baetge/Ziesemer/Schmidt, in Baetge/Kirsch/Thiele, Bilanzrecht, § 252 HGB Rz 123, Stand: 10/2011.

Kostenaufwand gegenübersteht (oder diese sogar unmöglich ist)[199] und damit keine Verschlechterung der Vermittlung eines den tatsächlichen Verhältnissen entsprechenden Bildes der Vermögens-, Finanz- und Ertragslage verbunden ist. Derartige Fälle liegen etwa bei folgenden Sachverhalten vor:[200]
- Garantierückstellungen
- Urlaubsrückstellungen
- Abschläge auf beschädigtes Vorratsvermögen
- Pauschalwertberichtigungen
- Pensionsrückstellungen[201]

Die Grenze ist aber erreicht, wenn die Pauschalisierung nicht auf „allgemeingültigen Maßstäben" beruht. Die angewendeten Maßstäbe dürfen – so zumindest explizit bzgl. der Auslegung des Kriteriums der bestimmten Zeit bei passiven RAP – nicht auf einer Gestaltungsentscheidung des Bilanzierenden beruhen, die geändert werden könnte und nicht kontrollierbare Schätzungen darstellen.[202]

2.4 Vorsichts-, Imparitäts- und Realisationsprinzip (Nr. 4)

2.4.1 Vorsichtsprinzip (Nr. 4 Hs. 1)

2.4.1.1 Regelungsinhalt

§ 252 Abs. 1 Nr. 4 Hs. 1 HGB verlangt im Kontext der Bewertung der im Jahresabschluss ausgewiesenen VG und Schulden ein vorsichtiges Vorgehen, d.h. eine **vorsichtige Bewertung**. Aus der explizit bewertungsbezogenen Vorschrift, die auch als vorsichtige Bewertung i.e.S. bezeichnet wird,[203] wurde und wird – wenn auch zunehmend seltener – im Schrifttum ein bilanzierungsbezogenes Oberprinzip abgeleitet.[204] Der mitunter als „allgemeines Vorsichtsprinzip" bezeichnete,[205] nicht kodifizierte GoB wird zu einem regelmäßig übergeordneten – ggf. vorrangig anzuwendenden – GoB mit Ausstrahlungswirkung auf nahezu alle Fragen der Bilanzierung und zu dem zentralen (positiven) Charakteristikum des HGB hochstilisiert. Diese Rolle verklärt aber die Zwecke der handelsrechtlichen Rechnungslegung und

97

---

[199] Vgl. Meyering/Gröne, in Anzinger/Oser/Schlotter, Rechnungslegung und Prüfung, Tb. 1, 7. Aufl. 2023, § 252 HGB Rz 119; ähnlich BFH, Urteil v. 15.10.1997, I R 16/97, BStBl 1998 II S. 251; BFH, Urteil v. 17.2.1998, VIII R 28/95, BStBl 1998 II S. 508; dem zustimmend Fülbier/Federsel, in Küting/Weber, HdR-E, § 252 HGB Rz 67f., Stand: 6/2021, die allerdings von „…nicht kodifizierten Spezialregeln" sprechen und ohnehin nur in wenigen dieser Fälle eine Abkehr vom Einzelbewertungsgrundsatz sehen wollen.
[200] Liste aggregiert aus Meyering/Gröne, in Anzinger/Oser/Schlotter, Rechnungslegung und Prüfung, Tb. 1, 7. Aufl. 2023, § 252 HGB Rz 120; Baetge/Ziesemer/Schmidt, in Baetge/Kirsch/Thiele, Bilanzrecht, § 252 HGB Rz 129, Stand: 10/2011; Fülbier/Federsel, in Küting/Weber, HdR-E, § 252 HGB Rz 68, Stand: 6/2021.
[201] Zu einem Beispiel im Kontext von etwaigen Erträgen aus der Auflösung von Rückstellungen bei bestehendem Unterschiedsbetrag infolge der Möglichkeit zur Streckung der Zuführung zu Pensionsrückstellungen gem. Art. 67 EGHGB s. Kreipl/Müller, in Bertram/Brinkmann/Kessler/Müller, Haufe HGB Bilanz Kommentar BilMoG Erfahrungsbericht, 2012, Art. 67 EGHGB Rz 15.
[202] Vgl. BFH, Urteil v. 26.7.2023, IV R 22/20, BStBl II 2023 S. 1091.
[203] Vgl. Meyering/Gröne, in Anzinger/Oser/Schlotter, Rechnungslegung und Prüfung, Tb. 1, 7. Aufl. 2023, § 252 HGB Rz 161 f.
[204] Vgl. Kliem/Büssow, in Beck Bil-Komm., 14. Aufl. 2024, § 252 HGB Rz 43; Meyering/Gröne, in Anzinger/Oser/Schlotter, Rechnungslegung und Prüfung, Tb. 1, 7. Aufl. 2023, § 252 HGB Rz 161 f.; Fülbier/Federsel, in Küting/Weber, HdR-E, § 252 HGB Rz 75, Stand: 6/2021.
[205] So Fülbier/Federsel, in Küting/Weber, HdR-E, § 252 HGB Rz 76, Stand: 6/2021.

die Normenrangfolge innerhalb des Handelsrechts. Zunächst sind Spezialvorschriften nicht als Ausprägungen eines GoB zu betrachten und erliegen nicht dem Diktat der (vorrangigen) Anwendung eines GoB. GoB kommen nur zum Tragen, sofern Spezialvorschriften nicht existieren oder Regelungslücken aufweisen (dazu im Detail Rz 17 ff.). Obgleich einige Spezialvorschriften explizit oder implizit ein vorsichtiges Vorgehen vorsehen, kann daraus kein übergeordnetes (handelsrechtliches) Prinzip abgeleitet werden. Andernfalls könnte im Umkehrschluss aus den – dieser Vorsichtsinterpretation nach – unvorsichtigen Spezialvorschriften auch auf ein „Prinzip der unvorsichtigen Bilanzierung" geschlossen werden. Darüber hinaus beschränkt sich die Zielsetzung der handelsrechtlichen Rechnungslegung (auf Ebene des Jahresabschlusses und Einzelabschlusses nach § 325 Abs. 2a HGB) weder auf den Gläubigerschutz noch ist dieser im Verhältnis zu den anderen Rechnungslegungszwecken vorrangig zu behandeln oder schließen sich diese zwingend gegenseitig aus.[206]

98 Bei dem „allgemeinen Vorsichtsprinzip" handelt sich vielmehr um eine allgemeine menschliche Beurteilungskategorie, die **keinesfalls** mit dem **bewertungsbezogenen Grundsatz der Vorsicht** i. S. d. § 252 Abs. 1 Nr. 4 Hs. 1 HGB **verwechselt** werden **darf und nicht als handelsrechtliches Prinzip bezeichnet werden sollte**. Davon unbenommen bleibt jedem Individuum etwas als „vorsichtiges" oder „unvorsichtiges" Vornehmen einzuschätzen, was im Übrigen hochgradig subjektiv ist. Die Ableitung des allgemeinen Vorsichtsprinzips ergibt sich wohl regelmäßig auch aus der subjektiven und/oder kulturell geprägten Einschätzung, dass nach HGB etwa im Vergleich zu den IFRS „vorsichtiger" zu bewerten sei.

Ferner wäre mit einer **Dominanz des Vorsichtsprinzips** stets die **Gefahr** der Bildung (erheblicher) stiller Reserven und der Unterbewertung verbunden. Dies gilt im Besonderen im Hinblick auf das „allgemeine Vorsichtsprinzip", aber auch hinsichtlich der mitunter attestierten Vorrangigkeit des kodifizierten bewertungsbezogenen Vorsichtsprinzips vor anderen GoB. Dies würde regelmäßig zu einer Durchbrechung des Stichtagsprinzips führen. In diesem Sinne hat auch der BFH im Zusammenhang mit dem Ansatz von Verbindlichkeitsrückstellungen entschieden: Zum Bilanzstichtag muss aufgrund objektiver Kriterien stets ernsthaft mit einer Inanspruchnahme zu rechnen sein, um eine Rückstellung zu bilden. Konkret wurden Nacherfüllungsarbeiten an Werklieferungen, die im Mai und Juni des Folgejahres durchgeführt werden mussten, nicht als Rückstellungsgrund zum Stichtag akzeptiert, da zu diesem Zeitpunkt, obwohl das Werk schon ausgeliefert war, keine Mängelrüge oder zumindest ein objektiver Anknüpfungspunkt, dass eine solche erfolgen würde, vorlag.[207] Vergleichbar hat auch etwa das IDW für den Stichtag 31.12.2019 die Möglichkeit zur Berücksichtigung drohender Verluste oder Wertanpassungen über außerplanmäßige Abschreibungen aufgrund der Anfang 2020 beginnenden Corona-Krise verneint und diese als wertbegründendes Ereignis für das Gj 2020 angesehen (Rz 69).[208]

---

[206] I. E. ähnlich Hoffmann/Lüdenbach, NWB-Kommentar Bilanzierung, 15. Aufl. 2023, § 252 HGB Rz 54.
[207] BFH, Beschluss v. 28.8.2018, X B 48/18, BFH/NV 2019 S. 113.
[208] Vgl. IDW, Fachlicher Hinweis v. 4.3.2020, Auswirkungen der Ausbreitung des Coronavirus auf die Rechnungslegung zum Stichtag 31.12.2019 und deren Prüfung (Teil 1), www.idw.de/IDW/Medien/Arbeitshilfen-oeffentlich/Fachliche-Hinweise-oeffentlich/Downloads/Down-Corona-IDW-FachlHinw-ReLePruefung-Teil1.pdf, Abruf 8.10.2024.

Im Schrifttum besteht – unabhängig von einer etwaigen Einordnung als Oberprinzip – mittlerweile theoretisch Einigkeit darüber, dass das (bewertungsbezogene) Vorsichtsprinzip **nicht** i. S. e. stets gebotenen **worst-case-Bewertung** zu interpretieren ist.[209] Dem letztlich jedoch selbst widersprechend wird regelmäßig eine Orientierung zumindest in Richtung der worst-case-Bewertung vorgeschlagen (s. Konzeptliste unter Rz 100).

I. E. kommt das Vorsichtsprinzip i. S. d. § 252 Abs. 1 Nr. 4 Hs. 1 HGB im Kontext der Bewertung zum Tragen, sofern sich Ermessensspielräume bzw. Schätzungserfordernisse ergeben.

Vorsichtig meint dabei die sorgfältige Erfassung bzw. Berücksichtigung sämtlicher wertbeeinflussender Faktoren (Risiken und Chancen). Daraus ergibt sich zunächst eine Bewertungsbandbreite, die von der worst case-Bewertung auf der einen Seite und der best case-Bewertung auf der anderen Seite begrenzt wird. Umstritten ist diesbzgl. weiterhin, welcher Wert innerhalb der Bandbreite zu wählen ist. Folgende Konzepte sind hier u. a. im Schrifttum vorhanden:

- Bilanzierung „eines" pessimistischen Werts der Bandbreite (da die zu favorisierende Bewertung mit dem Mittelwert der Bandbreite nebst der Bilanzierung einer Bandbreitenrückstellung i. H. d. Differenz zwischen Mittelwert und ungünstigerem Wert nicht zulässig ist);[210]
- willkürfreie Schätzung, wobei Folgendes gilt: Bei den Aktiva nahe am unteren Grenzwert und bei Rückstellungen nahe am oberen Grenzwert;[211]
- Schätzung nach vernünftigem kaufmännischem Ermessen, sofern möglich auf Basis statistischer Grundlage bzw. von Szenario-Modellen;[212]
- Wahrscheinlichkeitsverteilung unter Berücksichtigung von Risikoaversion, d. h. in Konsequenz tendenziell eher niedrige Wertansätze auf der Aktivseite und eher höhere auf der Passivseite;[213]
- Faktoren, die zu einer niedrigeren Bewertung führen, sind „ggf." ein größeres Gewicht beizumessen.[214]

U. E. ist aus der Vorgabe zur vorsichtigen Bewertung nicht auf eine gebotene Abweichung von den (statistisch) wahrscheinlichsten Werten innerhalb der Bandbreite bzw. von den Erwartungswerten zu schließen. Abgesehen davon, dass eine **pauschale Höhergewichtung niedriger/ungünstiger/pessimistischer Werte** keinesfalls frei von Ermessensspielräumen ist, muss diese – ihrem pauschalen Charakter entsprechend – zwangsläufig zu einer Abweichung von der Realität bzw. der individuellen Situation und damit zu einer nicht tatsachengerechten Darstellung der Vermögens-, Finanz- und Ertragslage führen. Warum eine pauschale/einkalkulierte Abweichung von der Realität „vorsichtig" sein soll, ist **nicht nachvollziehbar**. Pauschalen Vorgehensweisen kommt vielmehr

---

[209] Vgl. Meyering/Gröne, in Anzinger/Oser/Schlotter, Rechnungslegung und Prüfung, Tb. 1, 7. Aufl. 2023, § 252 HGB Rz 166 f.; Baetge/Ziesemer/Schmidt, in Baetge/Kirsch/Thiele, Bilanzrecht, § 252 HGB Rz 143, Stand: 10/2011. I. E. auch Kliem/Büssow, in Beck Bil-Komm., 14. Aufl. 2024, § 252 HGB Rz 46; Hoffmann/Lüdenbach, NWB-Kommentar Bilanzierung, 15. Aufl. 2023, § 252 HGB Rz 59 ff.
[210] Vgl. Baetge/Ziesemer/Schmidt, in Baetge/Kirsch/Thiele, Bilanzrecht, § 252 HGB Rz 144, Stand: 10/2011.
[211] Vgl. Kliem/Büssow, in Beck Bil-Komm., 14. Aufl. 2024, § 252 HGB Rz 46.
[212] Vgl. Hoffmann/Lüdenbach, NWB-Kommentar Bilanzierung, 15. Aufl. 2023, § 252 HGB Rz 63 f.
[213] Vgl. Fülbier/Federsel, in Küting/Weber, HdR-E, § 252 HGB Rz 78, Stand: 6/2021.
[214] Vgl. IDW, WPH Edition, Wirtschaftsprüfung & Rechnungslegung, 18. Aufl. 2023, Kap. F Tz 88.

grundlegend der Charakter von Willkür zu. Im Übrigen ergeben sich im Handelsrecht unzählige Ermessensspielräume, deren Ausnutzung dem Kfm. innerhalb vernünftiger kaufmännischer Beurteilung bzw. Willkürfreiheit ohnehin zugestanden wird (zur Diskussion über Objektivität s. etwa Grundsatz des Willkürverbots Rz 164 ff.).

Bei Zulässigkeit **mehrerer Bewertungsmethoden** ist jeweils die Bandbreite innerhalb der gewählten Methode zu betrachten. Irrelevant ist, ob die alternativen Methoden hinsichtlich der Bewertungsuntergrenze (-obergrenze) zu einem noch niedrigeren (höheren) Bandbreitengrenzwert kommen. Das Vorsichtsprinzip kann sich nicht auf die Wahl innerhalb der zulässigen Methoden auswirken.[215]

Praxis-Beispiel
Vorsichtige Bewertung
Sachverhalt
Der Konsumgüterhersteller S, der sich bislang auf die Produktion von Tablets beschränkt und noch keine Smartphones hergestellt hat, hat in Deutschland im Laufe des Gj erstmals ein Smartphone auf den Markt gebracht – das Stetigkeitsgebot ist infolge der nicht gegebenen Art- und Funktionsgleichheit (Rz 142 ff.) nicht zu beachten. I. R. d. Rückstellungsbewertung stellt sich daher die Frage nach der Höhe des nach vernünftiger kaufmännischer Beurteilung notwendigen Erfüllungsbetrags für eine entsprechende Gewährleistungsrückstellung. Zur Ermittlung des Erfüllungsbetrags greift S (in Abhängigkeit seiner Produktarten) regelmäßig entweder auf vergangenheitsorientierte Gewährleistungsquoten, externe Gutachten oder interne Analysen eines Technik- und Statistikteams zurück. Die drei Ermittlungsmethoden führen hinsichtlich der Gewährleistungsrückstellung für das Smartphone zu den nachfolgenden Ergebnissen bzw. Erfüllungsbeträgen.

Vergangenheitsorientierte Gewährleistungsquote: Die Quote schwankte in Abhängigkeit der verschiedenen Produktarten in den vergangenen zehn Jahren im Bereich von 2–3 %, wobei statistische Analysen ergeben haben, dass mit einer Wahrscheinlichkeit von 80 % eine Quote von 2,3 % zu erwarten war/ist. Ausgehend von der wahrscheinlichsten Quote errechnet sich ein notwendiger Erfüllungsbetrag (abgezinster Nominalbetrag) von 4.600 TEUR.

Externes Gutachten: Die Gutachter kommen für die Gewährleistungsquote auf eine Bandbreite von 2,2–3,4 %. Innerhalb der Bandbreite ergibt sich mit einer Wahrscheinlichkeit von 75 % eine Quote von 2,6 %. Ausgehend von der wahrscheinlichsten Quote errechnet sich ein notwendiger Erfüllungsbetrag (abgezinster Nominalbetrag) von 5.200 TEUR.

---

[215] Ebenso Meyering/Gröne, in Anzinger/Oser/Schlotter, Rechnungslegung und Prüfung, Tb. 1, 7. Aufl. 2023, § 252 HGB Rz 169.

> **Interne Analysen eines Technik- und Statistikteams:** Das Team geht auf Basis seiner Analysen von einer Bandbreite für die Gewährleistungsquote von 1,8–2,4 % aus. Innerhalb der Bandbreite ergibt sich mit einer Wahrscheinlichkeit von 70 % eine Quote von 2,1 %. Ausgehend von der wahrscheinlichsten Quote errechnet sich ein notwendiger Erfüllungsbetrag (abgezinster Nominalbetrag) von 4.100 TEUR.
>
> **Beurteilung**
> Aus dem Vorsichtsprinzip kann – wie oben aufgeführt – nicht auf ein Gebot zur pauschalen Höhergewichtung niedriger/ungünstiger/pessimistischer Werte geschlossen werden. Innerhalb der drei Methoden ist jeweils der mit der höchsten Wahrscheinlichkeit eintretende Wert zu wählen (hinsichtlich der ggf. zu beachtenden Vermeidung einer sich dennoch insgesamt ergebenden Unterdotierung in anderen (Verteilungs-)Fällen s. § 253 Rz 56 ff.).
> Auch wirkt sich das Vorsichtsprinzip nicht auf die Wahl der zulässigen Methoden aus. Keinesfalls können die Prozentwerte für die wahrscheinlichsten Quoten miteinander verglichen werden. Sie beziehen sich lediglich auf die Verteilung innerhalb einer Methode und sagen nichts über die Güte der Methoden im Vergleich aus. S steht es entsprechend frei, welche Methode zum Einsatz kommt. Ein Gebot zur Passivierung des höchsten Betrags im Vergleich der Methoden, d.h. zur Anwendung der Gutachtenmethode, besteht nicht.
> Wenn alle drei Methoden für letztlich gleichwahrscheinlich gehalten werden, besteht in diesem Beispiel die **freie Methodenwahl**, die dann stetig beizubehalten ist. Die Verwendung eines Mittelwerts aus den drei Ergebnissen wäre als eine vierte Methode zu verstehen, die auf den Ergebnissen der drei dargestellten aufbaut. Diese kann aber nicht verpflichtend verlangt werden.

2.4.1.2 Ausnahmen vom Vorsichtsprinzip

Ausnahmen i.S.d. § 252 Abs. 2 HGB, d.h. in begründeten Einzelfällen, sind theoretisch möglich, denkbare Szenarien allerdings nicht erkennbar. 101

2.4.2 Imparitätsprinzip (Nr. 4 Hs. 1)

2.4.2.1 Regelungsinhalt

§ 252 Abs. 1 Nr. 4 Hs. 1 HGB schreibt neben der vorsichtigen Bewertung (Rz 97 ff.) konkret die Berücksichtigung aller vorhersehbaren Risiken und Verluste vor, die bis zum Abschlussstichtag entstanden sind. Zudem ist in diesem Zuge das Wertaufhellungsprinzip zu beachten (Rz 107 und detailliert Rz 63 ff.). Das – unglücklicherweise – mitunter auch als Verlustantizipation bezeichnete[216] Imparitätsprinzip umfasst entsprechend die **Berücksichtigung von am Abschlussstichtag wirtschaftlich entstandenen Risiken und Verlusten,**[217] die jedoch noch nicht 102

---

[216] Vgl. Meyering/Gröne, in Anzinger/Oser/Schlotter, Rechnungslegung und Prüfung, Tb. 1, 7. Aufl. 2023, § 252 HGB Rz 178.
[217] Vgl. Baetge/Ziesemer/Schmidt, in Baetge/Kirsch/Thiele, Bilanzrecht, § 252 HGB Rz 162, Stand: 10/2011.

realisiert sind. Insofern erklärt sich auch die Bezeichnung des Prinzips – sie folgt aus der ungleichen, also der imparitätischen Behandlung von Gewinnen und Verlusten. Während Gewinne erst ergebniswirksam zu berücksichtigen sind, wenn ihre Realisierung bis zum Abschlussstichtag erfolgt ist (Rz 109 ff.), ist bei (erwarteten) Verlusten und Risiken nicht die Realisierung, sondern der Zeitpunkt der Verursachung i. V. m. dem Zeitpunkt ihrer Vorhersehbarkeit maßgeblich. Künftige, d. h. nicht bereits zum Abschlussstichtag entstandene, negative Erfolgsbeiträge fallen dagegen nicht unter die Berücksichtigungspflicht, was auch die Problematik des Begriffs „Antizipation" (Vorwegnahme) verdeutlicht.[218]

103 Aus dem Imparitätsprinzip sowie der Anwendung des Verursachungsprinzips i. R. d. Periodisierung von Aufwendungen (Rz 134 ff.) auf der einen und dem Realisationsprinzip (das auf die Periodisierung von Erträgen ausstrahlt) auf der anderen Seite ergeben sich aus Sicht der Erfolgsermittlung mitunter **ungleichmäßige Verteilungsverläufe**. In diesem Zusammenhang wird – u. E. fälschlicherweise – auch von einer Durchbrechung der periodengerechten Erfolgsermittlung durch das Imparitätsprinzip gesprochen.[219] Dies könnte jedoch nur gelten, wenn die periodengerechte Erfolgsermittlung vollständig nach Maßgabe des Realisationsprinzips durchgeführt werden müsste. Dies ist insofern nicht zutreffend, als dass in § 252 Abs. 1 Nr. 5 HGB nicht weiter konkretisiert ist, wie infolge der Vorgabe zur Erfolgsermittlung unabhängig von den zugehörigen Zahlungszeitpunkten bei der periodengerechten Erfassung von Aufwendungen und Erträgen vorzugehen ist. In Konsequenz hat sich die Auffassung etabliert, dass die Periodisierung von Aufwendungen nach dem Verursachungsprinzip und damit in Analogie zum Imparitätsprinzip und jene von Erträgen nach dem Realisationsprinzip zu erfolgen hat (Rz 109 ff.). I. E. kann periodengerecht nicht mit „stets in der gleichen Periode" gleichgesetzt werden. Von einer Durchbrechung der periodengerechten Erfolgsermittlung durch das Imparitätsprinzip kann entsprechend nicht gesprochen werden. Darüber hinaus ist dieses Prinzipiengeflecht vom Gesetzgeber mit der Normierung bewusst in das HGB integriert worden. Für die daher mitunter geforderte Begrenzung der Anwendung des Imparitätsprinzips[220] ist u. E. kein Raum.[221]

104 Im Kontext des Imparitätsprinzips ist mangels Spezifizierung unklar, was **unter Risiken und Verlusten zu verstehen** ist. Der Verlustbegriff ergibt sich nicht in Anlehnung an § 275 HGB und damit an den Jahresfehlbetrag, sondern vielmehr i. V. m. dem Einzelbewertungsgrundsatz des § 252 Abs. 1 Nr. 3 HGB (Rz 85 ff.).[222] In Konsequenz ist unter einem **Verlust** i. S. d. § 252 Abs. 1 Nr. 4 Hs. 1 HGB ein (konkretisierter) negativer Erfolgsbeitrag[223] auf Ebene eines Bewertungsobjekts (zur Abgrenzung einzelner Bewertungsobjekte s. Rz 83 ff.) zu verstehen. Dieser ergibt sich als negativer Unterschiedsbetrag aus den einem Bewertungsobjekt zuzuordnenden Aufwendungen und Erträgen, d. h. er entspricht dem Betrag, um den die Aufwendungen die Erträge auf Ebene der einzelnen VG/Schulden/

---

[218] M. w. N. Hoffmann/Lüdenbach, NWB-Kommentar Bilanzierung, 15. Aufl. 2023, § 252 HGB Rz 99.
[219] Vgl. Baetge/Ziesemer/Schmidt, in Baetge/Kirsch/Thiele, Bilanzrecht, § 252 HGB Rz 162, Stand: 10/2011.
[220] Vgl. Baetge/Ziesemer/Schmidt, in Baetge/Kirsch/Thiele, Bilanzrecht, § 252 HGB Rz 162, Stand: 10/2011.
[221] Ebenso Meyering/Gröne, in Anzinger/Oser/Schlotter, Rechnungslegung und Prüfung, Tb. 1, 7. Aufl. 2023, § 252 HGB Rz 183.
[222] Vgl. Baetge/Ziesemer/Schmidt, in Baetge/Kirsch/Thiele, Bilanzrecht, § 252 HGB Rz 163, Stand: 10/2011.
[223] Begriff geprägt von Leffson, GoB, S. 248.

Geschäfte übersteigen. Der **Risikobegriff** ergibt sich in diesem Kontext auf Basis der gleichen Systematik. Einziger Unterschied ist der geringe(re) Grad an Konkretisierung. Es handelt sich bei Risiken demgemäß um noch nicht konkretisierte negative Erfolgsbeiträge[224] bzw. Sachverhalte mit Verlustpotenzial.[225] Daraus ergibt sich, dass lediglich bilanzierbare Risiken umfasst sind, weshalb die Formulierung „…alle…Risiken" zu Recht als missverständlich bezeichnet wird.[226] Ab wann ein Risiko als hinreichend konkret betrachtet werden muss, ergibt sich aus dem Kriterium der Vorhersehbarkeit (Rz 105), das sich insofern auch nur auf Risiken und nicht auf Verluste beziehen muss.

Von **vorhersehbaren** Risiken (für Verluste ist das Kriterium der Vorhersehbarkeit infolge der bereits erfolgten Konkretisierung irrelevant[227]) ist in diesem Kontext auszugehen, wenn mit deren Eintritt ernsthaft zu rechnen,[228] d. h. dieser zu einem gewissen Grad wahrscheinlich ist. Dabei wird regelmäßig das Kriterium der vernünftigen kaufmännischen Beurteilung im Kontext der unternehmensindividuellen Situation maßgeblich sein. I. E. ergeben sich daraus für den Bilanzierenden Ermessensspielräume, da (absolute) Objektivität im Kontext der vernünftigen kaufmännischen Beurteilung nicht existieren kann (zur Diskussion über Objektivität s. etwa Grundsatz des Willkürverbots Rz 158 ff.). Letztlich kommt es auf die (sachliche) Begründbarkeit der subjektiven Einschätzung an.[229]

105

Praxis-Beispiel
So hat das FG Münster entschieden:[230]
Eine Rückstellung für ungewisse Verbindlichkeiten kann gem. § 249 Abs. 1 Satz 1, 1. Alt. HGB nicht nur dann gebildet werden, wenn eine Verbindlichkeit am Bilanzstichtag mit Sicherheit besteht und nur ihre Höhe ungewiss ist, sondern auch dann, wenn mit hinreichender Wahrscheinlichkeit eine Verbindlichkeit dem Grunde nach künftig entsteht, wobei zudem deren Höhe ungewiss sein kann. Eine hinreichende Wahrscheinlichkeit für die Entstehung einer Verbindlichkeit kann sich aus der seit Jahren bestehenden ständigen Übung, **Mitarbeiterboni ohne rechtliche Verpflichtung** an die Mitarbeiter auszuzahlen. Eine künftig entstehende Verbindlichkeit hatte ihre wirtschaftliche Verursachung in der Vergangenheit, wenn die Mitarbeiterboni in der Hauptsache die Leistungen der Mitarbeiter im abgelaufenen Geschäftsjahr abgelten sollten (hier: Boni als zusätzliches Vergütungsinstrument neben dem Festgehalt oder anderen Gehaltsbestandteilen). Daraus folgt ein Veranlassungszusammenhang mit der Arbeitsleistung der Mitarbeiter für das abgelaufene Geschäftsjahr. Dem steht nicht entgegen, dass

---

[224] Vgl. Baetge/Ziesemer/Schmidt, in Baetge/Kirsch/Thiele, Bilanzrecht, § 252 HGB Rz 165, Stand: 10/2011.
[225] Formulierung verwendet von Hoffmann/Lüdenbach, NWB-Kommentar Bilanzierung, 15. Aufl. 2023, § 252 HGB Rz 101.
[226] Vgl. Hoffmann/Lüdenbach, NWB-Kommentar Bilanzierung, 15. Aufl. 2023, § 252 HGB Rz 101.
[227] Vgl. Baetge/Ziesemer/Schmidt, in Baetge/Kirsch/Thiele, Bilanzrecht, § 252 HGB Rz 165, Stand: 10/2011.
[228] M. w. N. allerdings auch von Verlusten sprechend Kliem/Büssow, in Beck Bil-Komm., 14. Aufl. 2024, § 252 HGB Rz 49.
[229] Hinsichtlich der Begründbarkeit zustimmend Fülbier/Federsel, in Küting/Weber, HdR-E, § 252 HGB Rz 82, Stand: 6/2021.
[230] Urteil v. 16.11.2022, 13 K 3467/19F.

> Mitarbeiterboni zudem dem Zweck dienen, die Mitarbeiter auch für die Zukunft an das Unternehmen zu binden, wenn es sich hierbei lediglich um einen Nebenzweck handelt, welcher den Hauptzweck (Abgeltung der Arbeitsleistung im abgelaufenen Geschäftsjahr) zumindest nicht überlagert.

106 Die **Höhe** der zu berücksichtigenden vorhersehbaren Risiken und Verluste ist nicht geregelt und dem Sinn und Zweck der Vorschrift entsprechend unter Beachtung aller aus diesen Risiken und Verlusten erwachsenden Aufwendungen zu bemessen. Sofern eine Berechnung dieser nicht möglich ist – was der Regelfall sein dürfte – sind Schätzungen vorzunehmen.[231]

2.4.2.2 Wertaufhellungsprinzip

107 Die Berücksichtigung von vorhersehbaren Risiken und Verlusten hat gem. § 252 Abs. 1 Nr. 4 Hs. 1 HGB auch solche Risiken und Verluste zu umfassen, die bis zum Abschlussstichtag entstanden, aber erst zwischen dem Abschlussstichtag und dem Tag der Aufstellung des Jahresabschlusses bekannt geworden sind. Das **Wertaufhellungsprinzip** und die entsprechende Unterscheidung zwischen wertaufhellenden und wertbegründenden Tatsachen folgt aus der Systematik der Trennung von Abschlussstichtag (§ 242 Rz 7 ff.) und dem Stichtag der Bilanzaufstellung (§ 243 Rz 33, § 264 Rz 43). Neben § 252 Abs. 1 Nr. 4 Hs. 1 HGB ergibt es sich bereits aus § 252 Abs. 1 Nr. 3 HGB, weshalb auf die Kommentierung unter Rz 63 ff. verwiesen wird.

2.4.2.3 Ausnahmen vom Imparitätsprinzip

108 **Ausnahmen** i. S. d. § 252 Abs. 2 HGB, d. h. in begründeten Einzelfällen, dürften überaus selten sein, nachdem in Spezialvorschriften etwa bzgl. der Bildung von Bewertungseinheiten (§ 254 Rz 1 ff.) und der Zulassung von Marktzeitwerten für bestimmte VG i. R. d. Erbringung von Pensionsverpflichtungen (§ 253 Rz 117) einige Zweifelsfälle geregelt sind.

2.4.3 Realisationsprinzip (Nr. 4 Hs. 2)

2.4.3.1 Regelungsinhalt

109 Gem. § 252 Abs. 1 Nr. 4 Hs. 2 HGB sind Gewinne erst dann bzw. nur dann zu berücksichtigen, wenn sie am Abschlussstichtag realisiert sind. Das dadurch kodifizierte sog. **Realisationsprinzip** stellt letztlich das Gegenstück zum Imparitätsprinzip (Rz 102 ff.) und damit der Berücksichtigung von vorhersehbaren unrealisierten Risiken und Verlusten, die bis zum Abschlussstichtag entstanden sind, dar. Für die Berücksichtigung von Gewinnen ist der Zeitpunkt der Verursachung dieser irrelevant – es kommt einzig auf den Zeitpunkt der Realisierung an.
Somit kommt es bei der Folgebewertung auf der Aktivseite grds. (d. h. mit einigen wenigen Ausnahmen) zur Anwendung des **Niederstwerttests** (der niedrigere Wert von Buchwert und beizulegendem Wert), da ein höherer Wertansatz einen

---

[231] Vgl. Kliem/Büssow, in Beck Bil-Komm., 14. Aufl. 2024, § 252 HGB Rz 56.

Ausweis eines schwebenden, nicht realisierten Gewinns voraussetzen würde. Wertminderungen sind dagegen notwendigerweise zu berücksichtigen, wenn der beizulegende Wert (ggf. dauerhaft) unter den Buchwert gefallen ist (§ 253 Rz 216 ff., Rz 278 ff.). Auf der Passivseite bei den Schulden ist dies genau umgekehrt, sodass es grd. zur Anwendung des **Höchstwerttests** kommt – eine Schuld kann grds. nur reduziert werden, wenn ein Gewinn realisiert wurde. Daher war auch schon bisher die Abzinsung von un- oder unterverzinslichen Verbindlichkeiten handelsrechtlich nicht geboten (§ 253 Rz 28), auch wenn dies bis zum Gj. 2022 steuerlich gefordert wurde. Die bisherige Regelung in § 6 Abs. 1 Nr. 3 EStG a. F. sah vor, unverzinsliche Verbindlichkeiten mit einer Restlaufzeit von mind. zwölf Monaten unter Berücksichtigung eines Rechnungszinsfußes von 5,5 % abzuzinsen. Dieses steuerliche Abzinsungsgebot entfällt durch das Vierte Corona-Steuerhilfegesetz.[232]

Neben der Frage, was unter Gewinn zu verstehen ist (Rz 110), ist i. R. d. Realisationsprinzips insb. der Zeitpunkt der Realisierung bzw. dessen Bestimmung im Einzelfall von Bedeutung (Rz 111 ff.).

Hinsichtlich der Gewinndefinition im Kontext des Realisationsprinzips finden im Schrifttum zwei Konzeptionen Anwendung:

- **Gewinn i. e. S.**[233]: Gewinn entspricht dem positiven Unterschiedsbetrag aus Verwertungsertrag und nachkalkulierten Vollkosten. Damit werden einzig positive Erfolgsbeiträge berücksichtigt. Dem VG zurechenbare, jedoch von einer Aktivierung entweder ausgeschlossene oder wahlrechtsgemäß nicht aktivierte Kosten bzw. Aufwendungen werden nicht berücksichtigt.
- **Gewinn i. w. S.**[234]: Gewinn entspricht dem positiven Unterschiedsbetrag aus Verwertungsertrag und Bilanzansatz. Damit werden neben den positiven Erfolgsbeiträgen auch negative berücksichtigt. Dem VG zurechenbare, von einer Aktivierung ausgeschlossene oder wahlrechtsgemäß nicht aktivierte Kosten bzw. Aufwendungen werden mitberücksichtigt.

Die Beschränkung des Realisationsprinzips auf den Gewinn i. e. S. erfordert zwecks Erfassung der den Erträgen zuzuordnenden nicht aktivierten Aufwendungen die nachgelagerte Einführung eines weiteren (nicht kodifizierten) Grundsatzes – konkret des Grundsatzes der Abgrenzung der Sache und der Zeit nach.[235] Nicht zuletzt deshalb wird hier die **Anwendung des Gewinns i. w. S. favorisiert.** I. E. dieser Auslegung ist das Realisationsprinzip auch bei der Periodisierung von bestimmten Aufwendungen maßgeblich. Die von einer Aktivierung i. R. d. AHK ausgenommenen und diesem VG zurechenbaren Aufwendungen, wie etwa Vertriebskosten, sind wie auch andere nicht aktivierte Aufwendungen unter Anwendung des Realisationsprinzips anzusetzen.

---

[232] BGBl 2022 I S. 911.
[233] Vgl. Baetge/Ziesemer/Schmidt, in Baetge/Kirsch/Thiele, Bilanzrecht, § 252 HGB Rz 187, Stand: 10/2011; Hoffmann/Lüdenbach, NWB-Kommentar Bilanzierung, 15. Aufl. 2023, § 252 HGB Rz 102.
[234] Vgl. Claussen, in Kölner Kommentar zum HGB, 2011, vor § 252 HGB Rz. 44; Meyering/Gröne, in Anzinger/Oser/Schlotter, Rechnungslegung und Prüfung, Tb. 1, 7. Aufl. 2023, § 252 HGB Rz 199 f.; Ballwieser, in Schmidt, MünchKomm. HGB, 5. Aufl. 2024, § 252 HGB Rz 63.
[235] Vgl. Baetge/Ziesemer/Schmidt, in Baetge/Kirsch/Thiele, Bilanzrecht, § 252 HGB Rz 187, Stand: 10/2011.

> **Praxis-Beispiel**
> **Außerplanmäßiger Verzug der Erfüllung der Lieferungs-/Leistungsverpflichtung**
> **Sachverhalt**
> Der Händler A, der Autoteile an gewerbliche und private Kunden liefert, fertigt die Rechnungen tagesaktuell aus und versendet diese i. d. R. direkt mit der Ware am gleichen Tag. Im Zuge der Ausfertigung der Rechnungen erfolgt die Forderungsverbuchung.
> **Abwandlung I – Versendungsverkauf nicht an Verbraucher**
> Der gewerbliche Kunde M bestellt mittags per Telefon einen Satz Bremsscheiben. Die Bremsscheiben sollen noch am gleichen Tag mit der letzten Abholung durch den Versanddienstleister versendet werden. Die Rechnung wird ausgefertigt und zusammen mit der Ware verpackt. Der Versanddienstleister kann die letzte der vertraglich vereinbarten Abholungen der Waren infolge einer technischen Panne nicht vornehmen. Die Ware wird daher erst am Morgen des Folgetags an den Versanddienstleister übergeben. Buchhalterischer Realisationszeitpunkt und Erfüllung der Lieferungs-/Leistungsverpflichtung (Gefahrenübergang, sobald der Verkäufer die Sache dem Spediteur, dem Frachtführer oder der sonst zur Ausführung der Versendung bestimmten Person oder Anstalt ausgeliefert/übergeben hat) liegen hier ausnahmsweise auseinander.
> **Abwandlung II – Versendungsverkauf an Verbraucher**
> Verbraucher P bestellt im Laden einen neuen Schaltknauf, da dieser derzeit nicht auf Lager ist. Der Schaltknauf soll von A versendet werden, sobald er wieder verfügbar ist. Der Schaltknauf wird am nächsten Tag vom Großhändler geliefert. Er soll noch am gleichen Tag mit der letzten Abholung durch den Versanddienstleister versendet werden. Da die Rechnung an einen Verbraucher gerichtet ist und die Gefahr bei einem Verbrauchsgüterkauf erst übergeht, wenn der Verbraucher die Sache erhalten hat, erstellt und versendet Händler A die Rechnung drei Tage nach Versand der Ware (die übliche und mit dem Versanddienstleister vereinbarte Lieferfrist beträgt zwei Tage). Aufgrund von Problemen beim Versanddienstleister trifft die Ware erst einen Tag nach der Ausfertigung der Rechnung und Verbuchung der Forderung beim Kunden ein. Buchhalterischer Realisationszeitpunkt und Erfüllung der Lieferungs-/Leistungsverpflichtung liegen hier ausnahmsweise auseinander.

Aus Abwandlung II wird ein Problem der Festlegung des Realisationszeitpunkts auf den Zeitpunkt der Erfüllung der Lieferungs-/Leistungsverpflichtung deutlich. Verfügt ein Händler (meist infolge einer gewissen (geringen) Betriebsgröße) nicht über entsprechende IT-Systeme zur automatischen Nachverfolgung des Sendungsstatus, ist ihm regelmäßig nicht bekannt, wann der Verbraucher die Sache erhalten hat bzw. kann er diese Informationen nur mit unverhältnismäßig hohem Aufwand gewinnen (sofern möglich etwa tägliche und manuelle Eingabe aller Sendungsnummern).

115 Bestehen gesetzliche **Widerrufs- oder Rückgaberechte** – etwa infolge eines Verbrauchsgüterkaufs bei Fernabsatzverträgen i. S. d. §§ 312d oder 356 BGB – oder wird dem Verbraucher ein Rückgaberecht eingeräumt, soll eine

Gewinn-/Ertragsrealisation nach einer in der Literatur vertretenen Auffassung grds. und stets erst nach Ablauf der Frist erfolgen dürfen.[246] Davon abweichend wird mitunter für eine situationsabhängige Gewinn-/Ertragsrealisation nebst Rückstellungsbildung plädiert.[247] Dies wird damit begründet, dass abseits von Verbraucherverkäufen „regelmäßig ein (verdecktes) Kommissionsgeschäft" vorliegt und eine Realisation entsprechend unzulässig sein soll.[248] Diese Auffassungen sind u. E. weder rechtstheoretisch hinreichend sicher, noch sachgerecht.

Der BFH spricht etwa von der Erfüllung der Lieferungs-/Leistungsverpflichtung und damit einer Gewinn-/Ertragsrealisation, wenn die Gefahr des zufälligen Untergangs und der zufälligen Verschlechterung auf den Käufer übergeht.[249] Diese Gefahr wird eben (auch) regelmäßig in der Sphäre des Käufers liegen. Noch deutlicher heißt es beim BFH auch „eine spätere Vertragsauflösung steht, unabhängig davon, auf welchen Gründen sie beruht, der Gewinnrealisierung grundsätzlich nicht entgegen."[250] Mag man infolge eines Widerrufs- oder Rückgaberechts dennoch keinen Gefahrenübergang erkennen, so lässt sich eine abweichende Behandlung von Gewährleistungs- oder Produkthaftungsrisiken ebenfalls nicht begründen. Ein Preisrisiko – und nach zweifacher erfolgloser Nacherfüllung auch ein Recht zum Rücktritt vom Kaufvertrag – liegt hier ebenfalls vor.

Auch die pauschale Unterstellung eines (verdeckten) Kommissionsgeschäftes sowie die Argumentation, Verbraucher hätten kein erhebliches Rückgabeinteresse[251], ist u. E. weder begründbar noch sachgerecht. An dieser Stelle sei etwa auf die extrem hohen Rücksendequoten bei Onlineversandhändlern verwiesen. Eine unterschiedliche Behandlung hinsichtlich der Zulässigkeit der Realisation nebst Rückstellungsbildung kann sich daraus nicht ergeben.

Abschließend sei noch auf die schwierige zutreffende umsatzsteuerliche Erfassung im Fall einer Realisation erst nach Ablauf der Widerrufs- oder Rückgabefrist und den möglichen Missbrauch im Kontext der Gewinn-/Ertragsrealisation durch (ggf. extreme) Ausdehnung der Rückgabefristen hingewiesen.

I. E. ist u. E. die Berücksichtigung einer statistischen Rücksendungsquote durch eine Rückstellung in Kombination mit einer Gewinnrealisation nach (erwarteter) Zustellung zulässig.[252]

---

[246] Vgl. Baetge/Ziesemer/Schmidt, in Baetge/Kirsch/Thiele, Bilanzrecht, § 252 HGB Rz 195, Stand: 10/2011; Meyering/Gröne, in Anzinger/Oser/Schlotter, Rechnungslegung und Prüfung, Tb. 1, 7. Aufl. 2023, § 252 HGB Rz 221.
[247] Obwohl zunächst wohl für eine undifferenzierte Realisation nebst Rückstellungsbildung plädierend Hoffmann/Lüdenbach, NWB-Kommentar Bilanzierung, 15. Aufl. 2023, § 252 HGB Rz 129, die im Nachgang unter Rz 131 zwischen Verbrauchsgüterverkäufen (zulässig, sofern kein neues Produkt) und dem Verkauf nicht an Verbraucher (wohl unzulässig) unterscheiden.
[248] Vgl. Hoffmann/Lüdenbach, NWB-Kommentar Bilanzierung, 15. Aufl. 2023, § 252 HGB Rz 131.
[249] Vgl. BFH, Urteil v. 3.8.2005, I R 94/03, BStBl 2006 II S. 20.
[250] BFH, Urteil v. 28.3.2000, VIII R 77/96, BStBl 2002 II S. 227 m.w.N. u.a. auf BFH, Urteil v. 12.10.1977, I R 248/74, BStBl 1978 II S. 191.
[251] Vgl. Hoffmann/Lüdenbach, NWB-Kommentar Bilanzierung, 15. Aufl. 2023, § 252 HGB Rz 131.
[252] Ebenso Petersen/Künkele/Göttler, DStR 2012, S. 214.

2.4.3.2.3 Sonderfall Langfristfertigung/-leistung

116 Besondere Bedeutung hat die Frage nach der Gewinn-/Ertragsrealisation bei der sog. langfristigen Auftragsfertigung/-leistung, d. h. der mind. stichtagsübergreifenden[253] auftragsgemäßen Erbringung von Sach- oder Dienstleistungen auf Basis von Werk-[254] oder Werklieferverträgen.[255] Da bei Werkverträgen eine Realisation mangels Gefahrenübergang bzw. Erfüllung der Lieferungs-/Leistungsverpflichtung (erst) mit der Abnahme erfolgt (Rz 120), ergibt sich regelmäßig auch bei langfristiger Auftragsfertigung/-leistung eine Realisation erst nach im Gesamten bewirkter Lieferung/Leistung, d. h. nach Abnahme. Dies wird auch als sog. **Completed-Contract-Methode** bezeichnet. Daraus resultiert jedoch mitunter eine „verzerrte" Darstellung der Ertragslage – es kann zunächst neben dem ausbleibenden Ausweis von Gewinnanteilen zum Ausweis von negativen Erfolgsbeiträgen[256] i. V. m. mit einer späteren zu hohen Gewinnrealisation kommen.[257] Insofern bestehen Überlegungen bzw. Versuche dieses Problem zu umgehen.

117 Der dazu (sachlich) geeigneten international üblichen **Percentage-of-Completion-Methode** – anteilige/prozentuale Realisation entsprechend des Fertigstellungsgrads – steht nach h. M. mangels Gefahrenübergang bzw. Erfüllung der Lieferungs-/Leistungsverpflichtung handelsrechtlich das Realisationsprinzip entgegen (zur Frage der Anwendung der Methode im Ausnahmefall vgl. Rz 133).[258] Klarstellend bzw. abgrenzend ist zu ergänzen, dass es sich um eine **Teilrealisation ohne Teilabnahmen** handelt.

118 Ein weiterer mithin wohl weitestgehend akzeptierter Ansatz besteht in der **Teilrealisation mit Teilabnahmen**.[259] Die Gesamtlieferung/-leistung wird in diesem Zuge vertraglich in Teillieferungen/-leistungen zerlegt, die mit einer Abnahme der Teilleistungen verbunden sind, wobei bereits eine vertraglich eröffnete Option zur Zerlegung in Teillieferungen/-leistungen nebst Teilabnahmen der Anforderung der vertraglichen Regelung genügt. Dies ist insofern konsequent, als dass bei Werkverträgen eben gerade die Abnahme eine Realisation infolge des Gefahrenübergangs bzw. der Erfüllung der Lieferungs-/Leistungsverpflichtung begründet (Rz 114). Das vereinzelt aufgebrachte Argument,[260] es bedürfe in diesem Rahmen eines zusätzlichen Kunstgriffs, da der Gefahrenübergang gem.

---

[253] M. w. N. Baetge/Ziesemer/Schmidt, in Baetge/Kirsch/Thiele, Bilanzrecht, § 252 HGB Rz 201, Stand: 10/2011.

[254] „Durch den Werkvertrag wird der Unternehmer zur Herstellung des versprochenen Werkes, der Besteller zur Entrichtung der vereinbarten Vergütung verpflichtet." § 631 Abs. 1 BGB.

[255] „Auf einen Vertrag, der die Lieferung herzustellender oder zu erzeugender beweglicher Sachen zum Gegenstand hat, finden die Vorschriften über den Kauf Anwendung." § 651 Satz 1 BGB.

[256] Nicht als HK aktivierungsfähige oder wahlrechtsgemäß nicht aktivierte Kosten. In diesem Kontext sind die verschiedenen Gewinndefinitionen zu beachten (Rz 104).

[257] Vgl. etwa Baetge/Ziesemer/Schmidt, in Baetge/Kirsch/Thiele, Bilanzrecht, § 252 HGB Rz 202, Stand: 10/2011.

[258] Vgl. Fülbier/Federsel, in Küting/Weber, HdR-E, § 252 HGB Rz 100, Stand: 6/2021; Baetge/Ziesemer/Schmidt, in Baetge/Kirsch/Thiele, Bilanzrecht, § 252 HGB Rz 203, Stand: 10/2011; Hoffmann/Lüdenbach, NWB-Kommentar Bilanzierung, 15. Aufl. 2023, § 252 HGB Rz 126.

[259] Vgl. BFH, Urteil v. 5.12.1956, II 71/56 U, BStBl 1957 III S. 28; BFH, Urteil v. 8.12.1982, I R 142/81, BStBl 1983 II S. 369; Fülbier/Federsel, in Küting/Weber, HdR-E, § 252 HGB Rz 99, Stand: 6/2021; Baetge/Ziesemer/Schmidt, in Baetge/Kirsch/Thiele, Bilanzrecht, § 252 HGB Rz 203, Stand: 10/2011; dem wohl grundlegend zustimmend, aber mit einer gewissen Skepsis begegnend Hoffmann/Lüdenbach, NWB-Kommentar Bilanzierung, 15. Aufl. 2023, § 252 HGB Rz 124 f.

[260] Vgl. Hoffmann/Lüdenbach, NWB-Kommentar Bilanzierung, 15. Aufl. 2023, § 252 HGB Rz 124.

§ 646 BGB erst mit Vollendung erfolge, ist nicht nachvollziehbar. § 646 BGB bezieht sich explizit nur auf den Fall einer beschaffenheitsbedingt unmöglichen Abnahme.[261]

Dennoch bedarf es zur Teilrealisation mit Teilabnahmen zusätzlicher Voraussetzungen. Unstreitig sind wohl die Anforderungen der Abgrenzbarkeit der Teillieferungen/-leistungen und deren getrennte Abrechnungsfähigkeit. Gleiches gilt für die Anforderung der voraussichtlichen Nichtentstehung eines Verlustes aus dem Gesamtauftrag.[262]

Das aufgebrachte Kriterium der erfolgten Zahlung des Auftraggebers entsprechend dem Leistungsfortschritt[263] ist u. E. nicht tragbar. Aus der Vorschrift des § 252 Abs. 1 Nr. 5 HGB folgt, dass Aufwendungen und Erträge unabhängig von den Zeitpunkten der entsprechenden Zahlungen zu berücksichtigen sind (Rz 134) und damit der Zeitpunkt der erfolgten Gegenleistung/Zahlung für die Realisation irrelevant ist. Dennoch sieht der BFH[264] bei Werkverträgen bei Architekten und Ingenieuren den Anspruch von Abschlagszahlungen als Realisationszeitpunkt an. Dabei erfordert eine Gewinnrealisierung bei Werkverträgen zwar die Abnahme des Werks, sie kann nach Gerichtsmeinung jedoch vorzuziehen sein, wenn die Entstehung des Entgeltanspruchs durch Sonderregelungen wie eine Gebührenordnung modifiziert wird. Abschlagszahlungen nach § 8 Abs. 2 HOAI dürfen daher nach Gerichtsmeinung nicht wie Anzahlungen auf schwebende Geschäfte bilanziert werden und sind als realisiert anzusehen. Das BMF hatte daraufhin in seinen Schreiben vom 13.5.2015[265] und 29.6.2015[266] zunächst die Reichweite des BFH-Urteils auf sämtliche Abschlagszahlungen nach § 632a BGB von Werkverträgen i. S. d. § 631 BGB ausgeweitet. Nach der in diesen Schreiben dargelegten Auffassung des BMF handelte es sich bei diesen Abschlagszahlungen um die Abrechnung von bereits verdienten Ansprüchen, da der Schuldner des Werkvertrags seine Leistung bereits erbracht hatte. Die Abschlagszahlungen mussten nach der Weisung aber von Forderungen auf einen Vorschuss abgegrenzt werden, für die nach Verwaltungsmeinung keine Gewinnrealisierung eintrat. Dies war u. E. als höchst widersprüchlich anzusehen. Entweder die Leistung ist erbracht und abgenommen, dann ist sie realisiert, oder es fehlt an diesen Merkmalen. Die Zahlung ist für die Realisation irrelevant.[267]

Am 15.3.2016 hat das BMF im Einvernehmen mit den obersten Landesbehörden der Länder hinsichtlich der Gewinnrealisierung von Abschlagszahlungen in Fällen jenseits des BFH-Urteils vom 14.5.2014 (Werkverträge bei Architekten und Ingenieuren) jedoch ohnehin die ursprüngliche Rechtslage wiederhergestellt.[268] Die Verwaltungsanweisung vom 29.6.2015 wurde aufgehoben. Die Anwendung der Grundsätze des BFH-Urteils vom 14.5.2014 wurde insofern auf

---

[261] „Ist nach der Beschaffenheit des Werkes die Abnahme ausgeschlossen, so tritt in den Fällen des ... an die Stelle der Abnahme die Vollendung des Werkes." § 646 BGB.
[262] So gefordert etwa von BFH, Urteil v. 13.12.1979, IV R 69/74, BStBl 1980 II S. 239; Baetge/Ziesemer/Schmidt, in Baetge/Kirsch/Thiele, Bilanzrecht, § 252 HGB Rz 203, Stand: 10/2011.
[263] So BFH, Urteil v. 13.12.1979, IV R 69/74, BStBl 1980 II S. 239.
[264] BFH, Urteil v. 14.5.2014, VIII R 25/11, BStBl II S. 968.
[265] BMF, Schreiben v. 13.5.2015 (unveröffentlicht), IV C 6 – S 2130/15/10001; inhaltlich gleichlautend: Bayerisches Landesamt für Steuern, Verfügung v. 21.5.2015, S 2132 b 1.1–1/2 St 32.
[266] BMF, Schreiben v. 29.6.2015, IV C 6 – S 2130/15/10001, S. 1–2.
[267] So auch Velte/Stawinoga, StuW 2016, S. 118–133.
[268] BMF, Schreiben v. 15.3.2016, IV C 6 – S 2130/15/10001.

Abschlagszahlungen nach § 8 Abs. 2 HOAI a.F. begrenzt.[269] Das Urteil findet entsprechend keine Anwendung mehr auf Abschlagszahlungen gem. der 2013 modifizierten HOAI und nach § 632a BGB.

2.4.3.2.4 Dienstleistungen

119 Im Kontext von **Dienstleistungen** ergibt sich der Realisationszeitpunkt bzw. der Zeitpunkt der Leistungserbringung in Abhängigkeit der Vertragsart (Dienst- oder Werkvertrag) sowie im Fall von Dienstverträgen weiterhin in Abhängigkeit der Einordnung als zeitpunkt- oder zeitraumbezogen.

120 **Werkverträge** i.S.d. § 631 BGB sind durch die Vereinbarung zur Schuldung eines bestimmten Werkes bzw. Arbeitsergebnisses gekennzeichnet. Gem. § 640 BGB ist der Besteller (Auftraggeber) zur Abnahme des vertragsmäßig hergestellten Werks/Arbeitsergebnisses verpflichtet, sofern einer Abnahme nicht der Beschaffenheit des Werks entgegensteht.[270] Insofern erfolgt der Gefahrenübergang i.R.e. Werkvertrags (erst) mit der Abnahme durch den Besteller. Daraus ergibt sich eine Gewinn-/Ertragsrealisation (auch erst) zu diesem Zeitpunkt. Abschlagszahlungen oder Vorschüsse begründen keine (Teil-)Gewinnrealisation.[271] Wird die Leistung nicht wie vereinbart erbracht, unterliegen diese mitunter einer Rückzahlungspflicht. Es mangelt entsprechend am Gefahrenübergang. Hinsichtlich einer etwaigen Teil-Gewinnrealisation wird auf die Ausführungen zur Langfristfertigung/-leistung (Rz 116f.) verwiesen.

121 In Abgrenzung zu Werkverträgen wird im Rahmen von **Dienstleistungsverträgen** kein vertragsmäßig hergestelltes Werk/Arbeitsergebnis, sondern die Leistung der versprochenen Dienste geschuldet. Ist die vereinbarte Dienstleistung **zeitpunktbezogen** und die Hauptleistung erbracht, so gilt diese als wirtschaftlich erbracht und der Gefahrenübergang ist erfolgt.[272] I.E. hat eine Gewinn-/Ertragsrealisation zu diesem Zeitpunkt zu erfolgen. Offenstehende Nebenleistungen verhindern keine Realisation. Bei **zeitraumbezogenen** Dienstleistungen kommt eine ratierliche Realisation in Betracht. Es handelt sich um Wiederkehr- bzw. Dauerschuldverhältnisse (Rz 122). Bereits erbrachte Leistungseinheiten (etwa Beratertage oder Stundensätze) sind realisiert. Anders als bei Werkverträgen erfolgt der Gefahrenübergang nicht erst mit Erbringung der letzten Leistungseinheit. Eine gleichmäßige Verteilung der Leistungseinheiten ist hierfür nicht erforderlich.[273] In der Praxis dürfte in diesem Kontext wohl regelmäßig eine Realisation zum Zeitpunkt der Rechnungsstellung bzw. zum Ablauf der vereinbarten Rechnungsperiode erfolgen, die bei kurzen zeitraumbezogenen Dienstleistungen häufig nach Erbringung der gesamten Leistungseinheiten und bei längeren zeitraumbezogenen

---

[269] § 8 Absatz 2 HOAI a.F. gilt für Leistungen, die bis zum 17.8.2009 vertraglich vereinbart wurden. Zur Vermeidung von Härten kann der Steuerpflichtige dabei den aus der erstmaligen Anwendung der Grundsätze der BFH-Entscheidung resultierenden Gewinn gleichmäßig entweder auf das Wj der erstmaligen Anwendung und das folgende Wj oder auf das Wj der erstmaligen Anwendung und die beiden folgenden Wj verteilen. Zur buchhalterischen Behandlung in diesen Fällen vgl. Oser/Bolik/Wirtz, DB 2016, S. 421 ff.
[270] Vgl. Baetge/Ziesemer/Schmidt, in Baetge/Kirsch/Thiele, Bilanzrecht, § 252 HGB Rz 196, Stand: 10/2011.
[271] Vgl. Baetge/Ziesemer/Schmidt, in Baetge/Kirsch/Thiele, Bilanzrecht, § 252 HGB Rz 196, Stand: 10/2011.
[272] Vgl. Hoffmann/Lüdenbach, NWB-Kommentar Bilanzierung, 15. Aufl. 2023, § 252 HGB Rz 140.
[273] Dies zumindest in einigen Fällen in Zweifel ziehend Hoffmann/Lüdenbach, NWB-Kommentar Bilanzierung, 15. Aufl. 2023, § 252 HGB Rz 141.

Dienstleistungen nach vereinbarten Abrechnungsintervallen vorgenommen wird. Die hilfsweise Abstellung auf bestimmte Abrechnungsperioden ist u. E. in diesem Zusammenhang gestattet, wenngleich dadurch mitunter eine Realisation erst nach Erfüllung der Leistungsverpflichtung erfolgt.

2.4.3.2.5 Dauerschuldverhältnisse/Nutzungsüberlassungen

Dauerschuldverhältnisse, d. h. Schuldverhältnisse jenseits einmaliger Erfüllungshandlungen mit während der Laufzeit wiederkehrenden Leistungspflichten, haben eine ratierliche/anteilige Gewinn-/Ertragsrealisation (pro rata temporis) entsprechend der Leistungserbringung zur Folge.[274] Zu den Dauerschuldverhältnissen zählen etwa:
- Mietverträge
- Pachtverträge
- Leasingverträge
- Darlehensverträge
- Bürgschaften
- Lizenzen (ggf. unter Einschränkungen, Rz 123)
- Versicherungen

Bereits erbrachte Leistungseinheiten (z. B. monatliche Mietzahlung) sind realisiert. Hinsichtlich der Realisation zum Zeitpunkt der Rechnungsstellung bzw. zum Ablauf der vereinbarten Rechnungsperiode s. Rz 114.

In Abweichung zu den üblichen Lizenzmodalitäten, die Lizenzgebühren entweder für einen bestimmten Zeitraum, eine bestimmte Stückzahl oder etwa einen bestimmten Umsatz vorsehen, soll eine Festpreislizenz ohne zeitliche Begrenzung keine Gewinn-/Ertragsrealisation pro rata temporis zur Folge haben.[275] Die Realisation sei mit Vertragsabschluss (gemeint sein müsste hier wohl der Beginn der Lizenzgewährung) erfolgt.[276] Eine Realisation mit Beginn der Lizenzgewährung/des Vertragsabschlusses ist hier insofern kritisch, als dass insb. bei US-amerikanischen Patenten keinesfalls mit einem sicheren Bestand der Patente gerechnet werden kann und vertragliche Regelungen bei einem Verlust des Patentschutzes nahezu immer eine vollständige oder tw. Rückzahlung der Lizenzgebühr – ggf. nebst Schadensersatzleistungen – vorsehen. Zumindest in Fällen bestehender Rückzahlungsvereinbarungen halten wir eine (zeit)anteilige Realisation für angebracht, die sich an der max. Patentlaufzeit orientieren kann.

2.4.3.2.6 Mehrkomponentengeschäfte

Mehrkomponentengeschäfte sind durch die Zusammenfassung mehrerer verschiedener (Teil-)Leistungen oder mehrerer Einzelverträge gekennzeichnet, die wirtschaftlich eng verbunden sind.[277]
Zu Mehrkomponentengeschäften zählen etwa:
- Verkaufsgeschäfte in Kombination mit einer Finanzierung
- Verkaufsgeschäfte in Kombination mit Servicedienstleistungen
- Verkaufsgeschäfte mit Bonuspunktesystem

---

[274] Vgl. Baetge/Ziesemer/Schmidt, in Baetge/Kirsch/Thiele, Bilanzrecht, § 252 HGB Rz 197, Stand: 10/2011.
[275] M. w. N. Hoffmann/Lüdenbach, NWB-Kommentar Bilanzierung, 15. Aufl. 2023, § 252 HGB Rz 146.
[276] Vgl. Hoffmann/Lüdenbach, NWB-Kommentar Bilanzierung, 15. Aufl. 2023, § 252 HGB Rz 146.
[277] Vgl. Kliem/Büssow, in Beck Bil-Komm., 14. Aufl. 2024, § 252 HGB Rz 59.

Die einzelnen Komponenten sind hinsichtlich der Realisation regelmäßig unterschiedlich zu beurteilen. Insofern besteht das Erfordernis zur Abgrenzung der einzelnen Komponenten bzw. insb. ihrer Realisationszeitpunkte. Der Gesamtertrag aus dem Mehrkomponentenertrag ist auf die einzelnen Komponenten aufzuteilen, wobei die beizulegenden Zeitwerte der Komponenten bzw. die Relation dieser zueinander maßgeblich für die Aufteilung sind.[278] Dies setzt die Bestimmbarkeit der beizulegenden Zeitwerte voraus.[279] Daraus ergibt sich im Umkehrschluss, dass eine Aufteilung bzw. eine einzelkomponentenbezogene (Teil-)Realisation bei unmöglicher Bestimmbarkeit der beizulegenden Zeitwerte ausscheidet. Eine Realisation kann dann erst mit Abschluss des gesamten Mehrkomponentengeschäfts erfolgen. Die mitunter explizit geforderte sachliche Trennbarkeit[280] ergibt sich u. E. automatisch – andernfalls liegen keine einzelnen Komponenten vor.

2.4.3.2.7 Strukturierte Geschäfte

125 Unter **strukturierten Geschäft**en sind Geschäfte zu verstehen, deren wirtschaftlicher Gehalt von der darunterliegenden formalrechtlichen/schuldrechtlichen Ausgestaltung abweicht.[281] Derartige Strukturierungen liegen etwa dann vor, wenn zwei Verkaufsgeschäfte durch Vertragsgestaltung oder zeitgleiche bzw. nur kurz auseinanderliegende Einzelverträge derart kombiniert werden, dass sich dem wirtschaftlichen Gehalt nach faktisch eine Nutzungsüberlassung ergibt (**sale-and-buy-back-Geschäfte**[282]). Auch kann sich hinter einer Nutzungsüberlassung dem wirtschaftlichen Gehalt nach ein Verkaufsgeschäft verbergen.[283] Strukturierte Geschäfte werden etwa mit dem Ziel der zwischenzeitlichen Beeinflussung der Bilanzstruktur oder der Erzielung von Erträgen aus der vorübergehenden Überlassung von VG vorgenommen.[284]

126 Besteht kein enger Zusammenhang zwischen den formalrechtlichen/schuldrechtlichen Komponenten bzw. Verträgen, ist dies aus der Perspektive der Gewinn-/Ertragsrealisation als unkritisch zu erachten.[285] **Kritisch und hinsichtlich der Zeitpunkte der Gewinn-/Ertragsrealisation fraglich** ist ein enger zeitlicher oder sachlicher Zusammenhang der formalrechtlichen/schuldrechtlichen Komponenten oder deren gleichzeitige Zusammenfassung von Anfang an. Dies liegt daran, dass es auf die (formalrechtlichen) Eigentumsverhältnisse bei der Gewinn-/Ertragsrealisation gerade nicht ankommt und mitunter vom Ausbleiben eines

---

[278] Vgl. Fülbier/Federsel, in Küting/Weber, HdR-E, § 252 HGB Rz 102, Stand: 6/2021; Kliem/Büssow, in Beck Bil-Komm., 14. Aufl. 2024, § 252 HGB Rz 59; Hoffmann/Lüdenbach, NWB-Kommentar Bilanzierung, 15. Aufl. 2023, § 252 HGB Rz 149.
[279] Vgl. Fülbier/Federsel, in Küting/Weber, HdR-E, § 252 HGB Rz 102, Stand: 6/2021; Kliem/Büssow, in Beck Bil-Komm., 14. Aufl. 2024, § 252 HGB Rz 59; Hoffmann/Lüdenbach, NWB-Kommentar Bilanzierung, 15. Aufl. 2023, § 252 HGB Rz 151.
[280] Vgl. Hoffmann/Lüdenbach, NWB-Kommentar Bilanzierung, 15. Aufl. 2023, § 252 HGB Rz 150.
[281] Vgl. Hoffmann/Lüdenbach, NWB-Kommentar Bilanzierung, 15. Aufl. 2023, § 252 HGB Rz 154 ff.
[282] „Solche Sale-and-buy-back-Geschäfte sind auch dann gegeben, wenn – bei Gattungssachen – nicht dieselben Vermögensgegenstände zurückerworben werden, sondern Vermögensgegenstände gleicher Art, Menge und Güte. Dies kommt insbesondere bei Wertpapieren und bei Beteiligungsrechten, aber auch bei Waren vor." IDW ERS HFA 13.12 n. F.
[283] Mit konkreten Beispielen Hoffmann/Lüdenbach, NWB-Kommentar Bilanzierung, 15. Aufl. 2023, § 252 HGB Rz 155 f.
[284] Vgl. IDW ERS HFA 13.1 n. F.
[285] Vgl. mit explizitem Bezug zu sale-and-buy-back-Geschäften IDW ERS HFA 13.2.

Gefahrenübergangs ausgegangen werden muss (Rz 111 f.). Hierin ein Mehrkomponentengeschäft zu sehen,[286] wird zu Recht als zu kurz gegriffen abgelehnt.[287] Verbleiben bei derartigen Strukturierungen bei wirtschaftlicher Betrachtungsweise wesentliche Elemente beim „Verkäufer" und bleibt ein Gefahrenübergang demgemäß aus oder ist eine Nutzungsüberlassung im Umkehrfall aus der Perspektive des Risiko-/ Gefahrenübergangs wirtschaftlich als Verkaufsgeschäft zu betrachten, hat eine Berücksichtigung dieser Sachlage bei der Gewinn-/Ertragsrealisation zu erfolgen.[288]

2.4.3.2.8 Genehmigungs- und Gremienvorbehalte

Bestehen gegen einen Realisationsvorgang **Genehmigungsvorbehalte**, etwa in Abhängigkeit einer Entscheidung des Kartellamts, so kommt es auf den Grad der Wahrscheinlichkeit der Zustimmung bzw. Genehmigungserteilung an. Ist mit hoher Wahrscheinlichkeit von einer Genehmigung auszugehen, so steht die schwebende Unwirksamkeit einer Realisation nicht entgegen.[289] Ist die Genehmigung höchst unsicher, kommt eine Gewinn-/Ertragsrealisation nicht in Betracht.[290] Die Beurteilung der Wahrscheinlichkeit kann einzig dem Diktat der vernünftigen kaufmännischen Beurteilung folgen, die jedoch keinesfalls mit „absoluter Objektivität" gleichzusetzen ist (zur Diskussion über Objektivität s. etwa Grundsatz des Willkürverbots Rz 164 ff.). Allerdings bzw. zusätzlich besteht ohnehin keine konkrete Wahrscheinlichkeitsgrenze. Die Entscheidung bleibt in der subjektiven Sphäre des Bilanzierenden bzw. ggf. einer richterlichen Instanz.

127

Gremienvorbehalte, etwa infolge eines Katalogs zustimmungspflichtiger Geschäfte, stehen einer Realisation entgegen.[291] Eine Gewinn-/Ertragsrealisation kommt erst nach erfolgter Genehmigung in Betracht.

128

2.4.3.2.9 Gewinne aus Beteiligungen an Kapital- und Personengesellschaften

Gewinne aus **Beteiligung an KapG** sind zum **Zeitpunkt des Gewinnausschüttungsbeschlusses** realisiert, der den Gewinnanspruch rechtlich begründet.[292] Davon abweichend bzw. als ergänzende „Sonderfälle" werden in Schrifttum und höchstrichterlicher Rechtsprechung zwei weitere Realisationszeitpunkte gesehen. Sofern die Beteiligungsgewinne TU im Mehrheitsbesitz betreffen und das MU in der HV/GesV infolge der Stimmrechte eine bestimmte Gewinnausschüttung bestimmen kann, könne eine Realisation bereits dann erfolgen, wenn die Feststellung des Jahresabschlusses des TU erfolgt ist, der

129

---

[286] So BFH, Urteil v. 11.10.2007, IV R 52/04, BStBl 2009 II S. 705.
[287] So explizit Hoffmann/Lüdenbach, NWB-Kommentar Bilanzierung, 15. Aufl. 2023, § 252 HGB Rz 158; i. E. ebenso IDW ERS HFA 13.6 ff. n. F.
[288] Gl. A. Hoffmann/Lüdenbach, NWB-Kommentar Bilanzierung, 15. Aufl. 2023, § 252 HGB Rz 154 f.; Kliem/Büssow, in Beck Bil-Komm., 14. Aufl. 2024, § 252 HGB Rz 60; mit explizitem Bezug zu sale-and-buy-back-Geschäften IDW ERS HFA 13.6 ff. n. F.
[289] Vgl. Hoffmann/Lüdenbach, NWB-Kommentar Bilanzierung, 15. Aufl. 2023, § 252 HGB Rz 166 m. w. N.: BGH, Urteil v. 31.10.1978, KZR 5/77, BB 1979 S. 543; BGH, Urteil v. 25.6.2009, IV R 3/07, BStBl 2010 II S. 182.
[290] Vgl. Hoffmann/Lüdenbach, NWB-Kommentar Bilanzierung, 15. Aufl. 2023, § 252 HGB Rz 166 ff.
[291] Vgl. Hoffmann/Lüdenbach, NWB-Kommentar Bilanzierung, 15. Aufl. 2023, § 252 HGB Rz 167.
[292] Vgl. Meyering/Gröne, in Anzinger/Oser/Schlotter, Rechnungslegung und Prüfung, Tb. 1, 7. Aufl. 2023, § 252 HGB Rz 236; Hoffmann/Lüdenbach, NWB-Kommentar Bilanzierung, 15. Aufl. 2023, § 252 HGB Rz 91; Fülbier/Federsel, in Küting/Weber, HdR-E, § 252 HGB Rz 16, Stand: 6/2021.

Abschlussstichtag nicht nach dem des Jahresabschlusses des MU liegt und ein korrespondierender Gewinnvorschlag vorliegt.[293] Dem BGH[294] und dem EuGH[295] zufolge handelt es sich bei Gewinnen aus Beteiligungen an KapG um ansatzerhellende Ereignisse, wenn die Beteiligung am TU 100 % beträgt, das TU abhängiges KonzernUnt ist, Feststellung und Gewinnausschüttungsbeschluss beim TU vor dem Ende der Abschlussprüfung beim MU liegen und die Gj der Unt übereinstimmen.[296] Dies führt zur **periodengleichen Gewinnvereinnahmung**. Dieser Auffassung wird man sich wegen der gewichtigen Entscheidungsinstanzen aber wohl nur schwer entziehen können. Hoffmann/Lüdenbach sehen hierin zu Recht eine Möglichkeit zur Steuerung des Vereinnahmungszeitpunkts infolge der möglichen Datierung des Gewinnausschüttungsbeschlusses.[297]

130 Die Realisation von Gewinnen aus **Beteiligungen an PersG** ist analog zu jener aus Beteiligungen an KapG umstritten. Mitunter wird die Auffassung vertreten, dass bei PersG – sofern im Gesellschaftsvertrag nicht abweichend geregelt – das Entstehen des Gewinnanspruchs regelmäßig bereits zum Abschlussstichtag der PersG gesichert ist,[298] was deren Realisation begründet. Diese sichere Entstehung soll zumindest dann gegeben sein, wenn das Gj der PersG spätestens mit dem des Gesellschafters endet und innerhalb des Wertaufhellungszeitraums des Gesellschafters alle wesentlichen Bilanzierungs- und Bewertungsentscheidungen der PersG hinreichend konkretisiert seien.[299] Die hinreichende Konkretisierung könne, müsse aber nicht (!), durch die Feststellung belegt werden.[300] Diese Auffassung ist – dem Charakter der Feststellung als zwingender Rechtsakt geschuldet – abzulehnen. Es bedarf zwingend der Feststellung.[301]

2.4.3.2.10 Ansprüche aus Gewinnabführungsverträgen

131 Den Realisationszeitpunkt im Zusammenhang mit Ansprüchen aus Gewinnabführungsverträgen markiert der Tag der Feststellung des Jahresabschlusses des abführungspflichtigen Unt. Sofern die Abschlussstichtage des abführenden und des berechtigten Unt identisch sind oder der des berechtigten Unt nach jenem des abführenden Unt liegt, soll dann auch nichts gegen eine Realisation der Ansprüche aus Gewinnabführungsverträgen am Stichtag sprechen, wenn das anspruchsberechtigte Unt die Höhe der Gewinnabführung bestimmen kann.[302]

---

[293] Vgl. m.w.N. Meyering/Gröne, in Anzinger/Oser/Schlotter, Rechnungslegung und Prüfung, Tb. 1, 7. Aufl. 2023, § 252 HGB Rz 236.
[294] BGH, Urteil v. 12.1.1998, II ZR 82/83, DStR 1998 S. 383.
[295] EuGH, Urteil v. 27.6.1996, Rs. C-234/94, BB 1996 S. 1492.
[296] Dies dagegen abweisend BFH, Beschluss v. 7.8.2000, GrS 2/99, BStBl 2000 II S. 632.
[297] Vgl. Hoffmann/Lüdenbach, NWB-Kommentar Bilanzierung, 15. Aufl. 2023, § 252 HGB Rz 92.
[298] Vgl. IDW RS HFA 18.13 f.; a.A. Hoffmann/Lüdenbach, NWB-Kommentar Bilanzierung, 15. Aufl. 2023, § 255 HGB Rz 177f.
[299] Vgl. IDW RS HFA 18.14 Meyering/Gröne, in Anzinger/Oser/Schlotter, Rechnungslegung und Prüfung, Tb. 1, 7. Aufl. 2023, § 252 HGB Rz 82.
[300] So IDW RS HFA 18.15.
[301] Gl.A. Hoffmann/Lüdenbach, NWB-Kommentar Bilanzierung, 15. Aufl. 2023, § 255 HGB Rz 177ff.; Fülbier/Federsel, in Küting/Weber, HdR-E, § 252 HGB Rz 97, Stand: 6/2021.
[302] Vgl. Meyering/Gröne, in Anzinger/Oser/Schlotter, Rechnungslegung und Prüfung, Tb. 1, 7. Aufl. 2023, § 252 HGB Rz 235.

2.4.3.3 Ausnahmen vom Realisationsprinzip

Grds. keine Ausnahmefälle i. S. d. § 252 Abs. 2 HGB stellen die **Spezialvorschriften** dar, die zu einer Durchbrechung des Realisierungsgrundsatzes führen. Dem Rechtsprinzip „lex specialis derogat legi generali" folgend bedarf es in diesen Fällen keiner gesonderten Ausnahmeregelung in Gestalt einer expliziten Regelung wie jener des § 252 Abs. 2 HGB (Rz 155 ff.; s. zur Norm-Rangfolge auch Rz 18).[303]

Als Spezialvorschriften im Kontext des Realisationsprinzips sind etwa
- die Verrechnung von bestimmten VG[304] und Schulden nebst entsprechender Behandlung der zugehörigen Aufwendungen und Erträgen aus der Abzinsung und aus dem zu verrechnenden Vermögen gem. § 246 Abs. 2 Satz 2, 3 HGB oder
- die Aktivierung selbst geschaffener immaterieller VG des AV nach § 248 Abs. 2 Satz 1 HGB

zu nennen.

Ausnahmen i. S. d. § 252 Abs. 2 HGB, d. h. in begründeten Einzelfällen, kommen grds. in Betracht, dürften in der Praxis aber selten sein. Die mitunter vertretene Auffassung, Ausnahmen kämen beim Realisationsprinzip – infolge ihres tragenden Charakters – nicht in Betracht,[305] ist abzulehnen.[306] Einerseits liegt innerhalb der Grundsätze weder eine Rangfolge vor (Rz 6), die eine Ausnahme dieser aus der Vorschrift des § 252 Abs. 2 HGB bzw. einen tragenden Charakter begründet, noch besteht dafür eine gesetzliche Grundlage. Diese Auffassung ist vielmehr von der Doktrin der Unantastbarkeit der „guten alten" Prinzipien des HGB getrieben – die ohnehin nie eine Rechtsgrundlage hatte (hier sei auf die handelsrechtliche Normenrangfolge unter Rz 17 ff. verwiesen). Gleiches gilt hinsichtlich der Frage, inwieweit die Anwendung der Percentage-of-Completion-Methode (Teilgewinnrealisation ohne Teilabnahmen; hier ist die Abgrenzung zur Teilgewinnrealisation mit Teilabnahmen zu beachten; s. Rz 116 ff.) als Ausnahmefall i. S. d. § 252 Abs. 2 HGB infrage kommt – was keinesfalls heißen soll, dass die Percentage-of-Completion-Methode als generell zulässig anzusehen und als stets zulässige Ausnahme zu betrachten ist.[307] Auch ein Verweis auf die Generalnorm des § 264 Abs. 2 HGB kann nicht zu einer grds. Deklarierung der Percentage-of-Completion-Methode als genereller Ausnahmefall herangezogen werden.[308] Dies ergibt sich bereits aus der Normenrangfolge des HGB (Rz 17 ff.). Allerdings schließt dies eine einzelfall-

---

[303] Gl. A. Fülbier/Federsel, in Küting/Weber, HdR-E, § 252 HGB Rz 24, Stand: 6/2021, die jedoch inkonsistent zu dieser Grundsatzaussage innerhalb der Kommentierung zu Nr. 5 abweichend argumentieren (Rz 118); Ballwieser, in Schmidt, MünchKomm. HGB, 5. Aufl. 2024, § 252 Rz 104; Baetge/Ziesemer/Schmidt, in Baetge/Kirsch/Thiele, Bilanzrecht, § 252 HGB Rz 271, Stand: 10/2011; Hoffmann/Lüdenbach, NWB-Kommentar Bilanzierung, 15. Aufl. 2023, § 252 HGB Rz 229; a. A. Störk/Büssow, in Beck Bil-Komm., 14. Aufl. 2024, § 252 HGB Rz 66.
[304] „… die dem Zugriff aller übrigen Gläubiger entzogen sind und ausschließlich der Erfüllung von Schulden aus Altersversorgungsverpflichtungen oder vergleichbaren langfristig fälligen Verpflichtungen dienen."
[305] Vgl. Ballwieser, in Schmidt, MünchKomm. HGB, 5. Aufl. 2024, § 252 Rz 104; Baetge/Ziesemer/Schmidt, in Baetge/Kirsch/Thiele, Bilanzrecht, § 252 HGB Rz 272, Stand: 10/2011.
[306] I. E. ebenso Kliem/Büssow, in Beck Bil-Komm., 14. Aufl. 2024, § 252 HGB Rz 92.
[307] Dies ebenfalls verneinend, dann aber wohl überhaupt keinen Raum für einen entsprechenden Ausnahmefall sehend Fülbier/Federsel, in Küting/Weber, HdR-E, § 252 HGB Rz 105, Stand: 6/2021.
[308] Vgl. Meyering/Gröne, in Anzinger/Oser/Schlotter, Rechnungslegung und Prüfung, Tb. 1, 7. Aufl. 2023, § 252 HGB Rz 82; , § 252 HGB Rz 241.

bezogene Anwendung der Methode unter diesem Hinweis nicht aus. § 252 Abs. 2 HGB spricht nicht von „einer bestimmten Begründung" bzw. „einem bestimmten auslösenden Ereignis".
I. E. ist die Methode als in Ausnahmefällen unter Berufung auf § 252 Abs. 2 HGB **mögliche** Ausnahme zu verstehen, sofern dafür eine Begründung vorliegt.

2.5 Grundsatz der Pagatorik und Periodenabgrenzung (Nr. 5)

2.5.1 Regelungsinhalt

134 § 252 Abs. 1 Nr. 5 HGB schreibt die **periodengerechte Erfassung von Aufwendungen und Erträgen** vor. Anders als bei einer Einnahmenüberschussrechnung i. S. v. § 4 Abs. 3 EStG, die für Steuerpflichtige ohne gesetzliche Buchführungs- und Abschlusserstellungspflicht eine Gewinnermittlung aus der Saldierung der Betriebseinnahmen und der Betriebsausgaben gestattet, hat die Gewinnermittlung unabhängig von den zugehörigen Zahlungszeitpunkten zu erfolgen. Neben dem Grundsatz der Periodenabgrenzung i. e. S. stellt die Vorschrift auch einen Bezug zwischen den Aufwendungen und Erträgen sowie dem jeweiligen Zahlungsvorgang her (Grundsatz der Pagatorik bzw. Periodenabgrenzung i. w. S.).[309] Entsprechend sind nur Aufwendungen und Erträge zu erfassen, die bereits auf Zahlungen zurückzuführen sind oder zu einem späteren Zeitpunkt einen Zahlungsvorgang auslösen bzw. auslösen sollen. Die Berücksichtigung kalkulatorischer Verrechnungen scheidet aus.[310]

135 Die Normierung innerhalb des § 252 HGB ist dabei insofern **irreführend**, als dass der Grundsatz **nicht bewertungsbezogen** ist. Auch ist infolge der Verwendung des Begriffs „Zahlungen" im Kontext des § 252 Abs. 1 Nr. 5 HGB auf die **Abgrenzung** des Begriffs **Zahlungen** und damit letztlich dessen Ausprägungen („Auszahlungen" und „Einzahlungen") von den Begriffen **Ausgaben** und **Einnahmen** zu achten. Während unter Ausgaben/Einnahmen Veränderungen des Nettogeldvermögens[311] zu verstehen sind, umfassen Aus- und Einzahlungen Veränderungen des Bestands an liquiden Mitteln.[312]
Maßgeblich für die Erfolgsermittlung bzw. deren Periodenzuordnung ist damit nicht (erst) der Zeitpunkt, in dem ein Rechtsanspruch bzw. eine Rechtsverpflichtung entsteht oder die liquiden Mittel zu- oder abfließen, wobei Deckungsgleichheit der Zeitpunkte natürlich gegeben sein kann.

136 Nicht weiter konkretisiert ist in § 252 Abs. 1 Nr. 5 HGB wie in Folge der Vorgabe zur Erfolgsermittlung unabhängig von den zugehörigen Zahlungszeitpunkten bei der periodengerechten Erfassung von Aufwendungen und Erträgen vorzugehen ist. In Konsequenz hat sich in Schrifttum und Rechtspraxis die Anwendung des **Verursachungsprinzips** herauskristallisiert,[313]

---

[309] Vgl. Fülbier/Federsel, in Küting/Weber, HdR-E, § 252 HGB Rz 107, Stand: 6/2021.
[310] Vgl. Meyering/Gröne, in Anzinger/Oser/Schlotter, Rechnungslegung und Prüfung, Tb. 1, 7. Aufl. 2023, § 252 HGB Rz 82; , § 252 HGB Rz 244.
[311] Liquide Mittel zzgl. Forderungen und abzgl. Verbindlichkeiten.
[312] Zu einer detaillierteren Abgrenzung vgl. Wulf/Müller, Bilanztraining, 15. Aufl. 2016, S. 55f.; Baetge/Kirsch/Thiele, Bilanzen, 17. Aufl. 2024, S. 1ff.
[313] Vgl. etwa Kliem/Büssow, in Beck Bil-Komm., 14. Aufl. 2024, § 252 HGB Rz 261; Fülbier/Federsel, in Küting/Weber, HdR-E, § 252 HGB Rz 112, Stand: 6/2021; IDW, WPH Edition, Wirtschaftsprüfung & Rechnungslegung, 18. Aufl. 2023, Kap. F Tz 95; BFH, Urteil v. 20.3.1980, BStBl 1980 II S. 298f.; BFH, Urteil v. 18.6.1980, BStBl 1980 II S. 742.

wobei sich die Anwendung dieses Prinzips letztlich auf die Periodisierung von Aufwendungen beschränkt.

Für die **Ertragsperiodisierung** ist das **Realisationsprinzip maßgeblich** (Rz 109 ff.)[314] – der Zeitpunkt der Verursachung der Aufwendungen liegt regelmäßig vor der Ertragsentstehung und Ertrags- sowie Gewinnrealisation liegen entsprechend zeitlich auf gleicher Ebene. Umstritten ist, inwieweit das Realisationsprinzip dabei nur den Gewinn i. e. S.,[315] d. h. den positiven Unterschiedsbetrag aus Verwertungsertrag und nachkalkulierten Vollkosten, oder auch negative Erfolgsbeiträge erfasst (Gewinn i. w. S.).[316] Die Beschränkung des Realisationsprinzips auf den Gewinn i. e. s. erfordert die nachgelagerte Einführung eines weiteren (nicht kodifizierten) Grundsatzes – konkret des Grundsatzes der Abgrenzung der Sache und der Zeit nach.[317] Nicht zuletzt deshalb wird hier die Anwendung des Gewinns i. w. S. favorisiert (Rz 110).

Aus dem **Verursachungsprinzip folgt** die Erfassung von (ggf. nicht vom Realisationsprinzip abgedeckten) Aufwendungen in der Periode der wirtschaftlichen Verursachung.[318] Letztlich handelt es sich erneut um ein Prinzip mit Konkretisierungsbedarf[319] und mangelnder eindeutiger Bestimmbarkeit,[320] d. h. i. E. mit Ermessensspielräumen.

Praxis-Beispiel
Ermessensspielräume im Kontext des Verursachungsprinzips
Sachverhalt
Eines der Schiffe des Offshore-Transportunternehmens C ist am 1.2. in einem schweren Sturm in der Nordsee auf eine Sandbank aufgelaufen. Das Schiff wurde schwer beschädigt. Bereits am 28.12. des vorherigen Gj ist das Bugstrahlruder ausgefallen – die Reparatur in der Werft war für Mitte Februar angesetzt. Am 26.1. ist zudem das Echolot ausgefallen.
Beurteilung
Eine eindeutige Periodenzurechnung der Aufwendungen ist – zumindest auf Basis der vorliegenden Informationen – nicht möglich. Sowohl das defekte Bugstrahlruder als auch das defekte Echolot können die Havarie verursacht haben. In Abhängigkeit der Argumentation über die Auswirkungen der beiden Defekte kann sich eine wirtschaftliche Verursachung sowohl in der vergangenen als auch in der aktuellen Periode ergeben.

---

[314] Ebenso Fülbier/Federsel, in Küting/Weber, HdR-E, § 252 HGB Rz 116, Stand: 6/2021; Meyering/Gröne, in Anzinger/Oser/Schlotter, Rechnungslegung und Prüfung, Tb. 1, 7. Aufl. 2023, § 252 HGB Rz 255.
[315] Vgl. Baetge/Ziesemer/Schmidt, in Baetge/Kirsch/Thiele, Bilanzrecht, § 252 HGB Rz 187, Stand: 10/2011; Hoffmann/Lüdenbach, NWB-Kommentar Bilanzierung, 15. Aufl. 2023, § 252 HGB Rz 102.
[316] Vgl. Claussen, in Kölner Kommentar zum HGB, 2011, vor § 252 HGB Rz. 44; Meyering/Gröne, in Anzinger/Oser/Schlotter, Rechnungslegung und Prüfung, Tb. 1, 7. Aufl. 2023, § 252 HGB Rz 255.
[317] Vgl. Baetge/Ziesemer/Schmidt, in Baetge/Kirsch/Thiele, Bilanzrecht, § 252 HGB Rz 187, Stand: 10/2011.
[318] Mit einer Liste korrespondierender BFH-Urteile Fülbier/Federsel, in Küting/Weber, HdR-E, § 252 HGB Rz 112, Stand: 6/2021.
[319] Ebenso Hoffmann/Lüdenbach, NWB-Kommentar Bilanzierung, 15. Aufl. 2023, § 252 HGB Rz 107; Baetge/Ziesemer/Schmidt, in Baetge/Kirsch/Thiele, Bilanzrecht, § 252 HGB Rz 230, Stand: 10/2011.
[320] Vgl. Fülbier/Federsel, in Küting/Weber, HdR-E, § 252 HGB Rz 113, Stand: 6/2021.

138 Liegt den Aufwendungen nicht ein Verursachungsereignis, sondern eine **Ursachenkette** zugrunde, ist der Periodisierung das letzte Ereignis der Kette zugrunde zu legen.[321] Einschränkend ist zu berücksichtigen, wenn die rechtliche Entstehung einer Verpflichtung bis zum Bilanzstichtag erfolgt ist, die wirtschaftliche Verursachung aber in einer späteren Periode zu verorten ist. In diesen Fällen ist die Periode der rechtlichen Entstehung maßgeblich.[322]

2.5.2 Spezialvorschriften und Ausnahmen vom Periodisierungsgrundsatz

139 Grds. keine Ausnahmefälle i. S. d. § 252 Abs. 2 HGB stellen die **Spezialvorschriften** dar, die zu einer Durchbrechung des Periodisierungsgrundsatzes führen. Dem Rechtsprinzip „lex specialis derogat legi generali" folgend bedarf es in diesen Fällen keiner gesonderten Ausnahmeregelung in Gestalt einer expliziten Regelung wie jener des § 252 Abs. 2 HGB (Rz 155 ff.; s. zur Norm-Rangfolge auch Rz 18).[323] Zudem handelt es sich streng genommen nicht um Abweichungen vom Grundsatz der Periodisierung losgelöst von Zahlungen, sondern lediglich von der Komponente der perioden- bzw. ursachengerechten Zuordnung. Als Spezialvorschriften im Kontext des Grundsatzes der Periodenabgrenzung sind meist handelsrechtliche **Ansatz- und Bewertungswahlrechte** zu sehen. Infolge von Ansatzwahlrechten ergibt sich i. d. R. infolge einer Nichtaktivierung oder Passivierung eine frühere Verrechnung[324] und damit eine abweichende Periodisierung. Entsprechende Wirkungen folgen **etwa** aus

- § 250 Abs. 3 HGB, der die Aufnahme des Unterschiedsbetrags zwischen dem Erfüllungsbetrag einer Verbindlichkeit und dem Ausgabebetrag (Disagio) in den RAP auf der Aktivseite unter planmäßiger jährlicher Abschreibungen gestattet;
- § 253 Abs. 3 Satz 6 HGB, der die Vornahme von außerplanmäßigen Abschreibungen auch bei voraussichtlich nicht dauernder Wertminderung für FAV gestattet;
- § 255 Abs. 2 Satz 3 HGB, der bei der Berechnung der HK gestattet, angemessene Teile der Kosten der allgemeinen Verwaltung sowie angemessene Aufwendungen für soziale Einrichtungen des Betriebs, für freiwillige soziale Leistungen und für die betriebliche Altersversorgung einzubeziehen, soweit diese auf den Zeitraum der Herstellung entfallen.

140 **Ausnahmen** i. S. d. § 252 Abs. 2 HGB, d. h. in begründeten Einzelfällen, kommen grds. in Betracht, dürften in der Praxis aber selten sein. Denkbar ist dies etwa in **Sanierungsfällen**. Hier kommt ein Rückbezug von Sanierungsgewin-

---

[321] Vgl. Fülbier/Federsel, in Küting/Weber, HdR-E, § 252 HGB Rz 114, Stand: 6/2021.
[322] Vgl. BFH, Urteil v. 27.6.2001, BStBl 2003 II S. 121 ff.
[323] Gl. A. Fülbier/Federsel, in Küting/Weber, HdR-E, § 252 HGB Rz 24, Stand: 6/2021, die jedoch inkonsistent zu dieser Grundsatzaussage innerhalb der Kommentierung zu Nr. 5 abweichend argumentieren (Rz 118); Ballwieser, in Schmidt, MünchKomm. HGB, 5. Aufl. 2024, § 252 Rz 104; Baetge/Ziesemer/Schmidt, in Baetge/Kirsch/Thiele, Bilanzrecht, § 252 HGB Rz 271, Stand: 10/2011; Hoffmann/Lüdenbach, NWB-Kommentar Bilanzierung, 15. Aufl. 2023, § 252 HGB Rz 229; a. A. Kliem/Büssow, in Beck Bil-Komm., 14. Aufl. 2024, § 252 HGB Rz 73.
[324] Vgl. Meyering/Gröne, in Anzinger/Oser/Schlotter, Rechnungslegung und Prüfung, Tb. 1, 7. Aufl. 2023, § 252 HGB Rz 267.

nen auf die Vorperiode innerhalb des Wertaufhellungszeitraumes in Frage, sofern diese ihren Ursprung in vorperiodischen Maßnahmen haben.³²⁵

2.6 Grundsatz der Bewertungsstetigkeit (Nr. 6)

2.6.1 Regelungsinhalt

§ 252 Abs. 1 Nr. 6 HGB verlangt im Zuge der Bewertung der im Jahresabschluss ausgewiesenen VG und Schulden die **Beibehaltung** der auf den vorhergehenden Abschluss angewandten **Bewertungsmethoden**. Die Bilanzrichtlinie 2013/34/EU spricht dagegen formal von **Rechnungslegungsmethoden und Bewertungsgrundlagen**. Eine Übernahme der Formulierung aus der EU-Bilanzrichtlinie im Zuge des BilRUG ist insofern nicht erfolgt. Die daraus mitunter geforderte Ausweitung der Bewertungsstetigkeit auf „... jedwede angewandten Prinzipien und Praktiken, grundlegenden Überlegungen und getroffenen Konventionen, für die sich der Rechnungslegende bei der Aufstellung des Jahresabschlusses entscheidet ..."³²⁶ kann daraus u.E. nicht abgeleitet werden. Vor dem Hintergrund der bereits zuvor vorliegenden Unklarheiten hinsichtlich der Trennung von Bewertungsmethoden und methodenfreien Vorgehensweisen (Rz 145 ff.) und der ohnehin weiten Auslegung des Begriffs „Bewertungsmethoden" sind u.E. keine Fälle ersichtlich, in denen die bislang praktizierte Herangehensweise der Formulierung der Bilanzrichtlinie 2013/34/EU widerspricht. Die Fälle methodenfreier Vorgehensweisen i.R.d. Bewertung (Rz 145 ff.) sind u.E. von dem Begriff „Bewertungsgrundlagen" ebenfalls nicht umfasst. Überdies wurde die Formulierung – mitunter nicht zuletzt deshalb – nicht in das HGB übernommen. Der auf die Bewertung begrenzte Regelungsinhalt deckt sich mit der korrespondierenden ansatzbezogenen Vorschrift des § 246 Abs. 3 HGB (§ 246 Rz 134 ff.). Der Grundsatz der Bewertungsstetigkeit dient – wie auch die Vorgabe zur Beibehaltung der Ansatzmethoden – dazu, die Vergleichbarkeit zweier aufeinander folgender Jahresabschlüsse sicherzustellen bzw. zu verbessern.³²⁷ Letztlich steht hinter dem Grundsatz auch das Ziel der Vermeidung bilanzpolitischer Maßnahmen zur Beeinflussung der Darstellung der Ertragslage mittels Variierung der Bewertungsmethoden. Der Stetigkeitsgrundsatz ist zwar explizit auf VG und Schulden begrenzt. Rechnungsabgrenzungsposten, latente Steuern und Sonderposten (etwa infolge der Übergangsregelungen der Art. 66, 67 EGHGB oder der in der Handelsbilanz weiterhin ansatzfähigen Sonderposten³²⁸) sollten vom Regelungszweck ausgehend dennoch sinnvollerweise stetig i.S.v. § 252 Abs. 1 Nr. 6 HGB bewertet werden.³²⁹

141

---

[325] Vgl. Baetge/Ziesemer/Schmidt, in Baetge/Kirsch/Thiele, Bilanzrecht, § 252 HGB Rz 113, Stand: 10/2011.
[326] Vgl. dazu detailliert Wengerofsky, StuB 2015, S. 172 ff.
[327] Vgl. IDW RS HFA 38.4; Kliem/Büssow, in Beck Bil-Komm., 14. Aufl. 2024, § 252 HGB Rz 75; Meyering/Gröne, in Anzinger/Oser/Schlotter, Rechnungslegung und Prüfung, Tb. 1, 7. Aufl. 2023, § 252 HGB Rz 269.
[328] Zu den möglichen, in der Handelsbilanz weiterhin ansatzfähigen Sonderposten zählen Sonderposten für Kapitaleinlagen stiller Gesellschafter, für Investitionszuschüsse zum AV, für unentgeltlich ausgegebene Emissionsberechtigungen und für Genussrechtskapital.
[329] Ebenso IDW, WPH Edition, Wirtschaftsprüfung & Rechnungslegung, 18. Aufl. 2023, Kap. F Tz 98; IDW RS HFA 38.4; a.A. Hoffmann/Lüdenbach, NWB-Kommentar Bilanzierung, 15. Aufl. 2023, § 252 HGB Rz 209; wohl auch Kliem/Büssow, in Beck Bil-Komm., 14. Aufl. 2024, § 252 HGB Rz 78.

Daraus ergibt sich, dass die Wahl der Bewertungsmethoden im Zeitpunkt der erstmaligen Bilanzierung eines (neuen) Sachverhalts erheblichen Einfluss auf die künftige Darstellung der Ertragslage hat. Zwar stellt § 252 Abs. 1 Nr. 6 HGB jeweils nur auf zwei aufeinanderfolgende Jahresabschlüsse ab, in der zeitlichen Reihe ergibt sich daraus jedoch letztlich die Vorgabe zur Beibehaltung der erstmaligen Bewertungsmethodenwahl innerhalb gleichartiger Sachverhalte, sofern diese über den gesamten Betrachtungszeitraum durchgehend vorlagen (Rz 142 ff.) und/oder sich keine Durchbrechung in einem Ausnahmefall ergeben hat.

142 Das Stetigkeitsgebot kennt dabei sowohl eine **zeitliche** (stetig von Jahr zu Jahr) als **auch** eine **sachliche Perspektive** (stetig innerhalb eines Bewertungsobjekts bzw. gleichartiger Sachverhalte). Jenseits der Ausnahmefälle i. S. d. § 252 Abs. 2 HGB (Rz 155 ff.) sind gleichartige Sachverhalte entsprechend stetig zu bewerten – ob VG und Schulden auf Ebene der einzelnen Bewertungsobjekte bereits im Vj vorhanden waren oder nicht, spielt dabei nach h. M. keine Rolle.[330] Es kommt vielmehr darauf an, ob im Vj bereits **art- und funktionsgleiche**[331] Bewertungsobjekte existent waren. Lagen im vorhergehenden Abschluss art- und funktionsgleiche Bewertungsobjekte vor, sind auch im laufenden Gj neu zugegangene Bewertungsobjekte unter Rückgriff auf die Bewertungsmethoden zu bewerten, die auf die art- und funktionsgleichen Bewertungsobjekte angewendet wurden. Ohne die sachliche Perspektive der Bewertungsstetigkeit würde der Grundsatz regelmäßig ins Leere laufen[332], was anhand des folgenden Beispiels verdeutlicht werden soll.

Praxis-Beispiel
Sachliche Perspektive der Bewertungsstetigkeit I
Sachverhalt
Der Hersteller von Elektrofahrzeugen M hat Anfang des laufenden Gj mit der Produktion der neuen Fahrzeuggeneration begonnen. Das Modell soll die nächsten fünf Jahre produziert werden. Die neue Karosserie bezieht M vom Autoteilezulieferer C. M plant einen stets verfügbaren Mindestbestand an Karosserien von 50 Stk. zur Sicherung der Wochenproduktion. Ansonsten werden die Karosserien just in time geliefert. Der Mindestbestand wird erstmals am 2.1. des laufenden Gj aufgefüllt. Die Produktion des Altmodells wurde am 15.12. des vorhergegangenen Gj eingestellt. Der Bestand an Altkarosserien wurde im vorhergegangenen Gj vollends verbraucht.
Beurteilung unter Berücksichtigung der sachlichen Perspektive
Da es sich bei der Karosserie des Altmodells und der der neuen Modellvariante um art- und funktionsgleiche Bewertungsobjekte handelt, ist die neue Karosserie unter Anwendung der auf die Altkarosserie angewandten Methoden zu bewerten. Eine abweichende Anwendung von Bewertungs-

---

[330] Vgl. Fülbier/Federsel, in Küting/Weber, HdR-E, § 252 HGB Rz 141, Stand: 6/2021; Kliem/Büssow, in Beck Bil-Komm., 14. Aufl. 2024, § 252 HGB Rz 78; IDW, WPH Edition, Wirtschaftsprüfung & Rechnungslegung, 18. Aufl. 2023, Kap. F Tz 98.
[331] Vgl. Meyering/Gröne, in Anzinger/Oser/Schlotter, Rechnungslegung und Prüfung, Tb. 1, 7. Aufl. 2023, § 252 HGB Rz 280.
[332] I. E. ähnlich Hoffmann/Lüdenbach, NWB-Kommentar Bilanzierung, 15. Aufl. 2023, § 252 HGB Rz 211.

> methoden würde zu einer Durchbrechung des Grundsatzes der Bewertungsstetigkeit führen, die nur in begründeten Ausnahmefällen gestattet ist.
> **Beurteilung ohne Berücksichtigung der sachlichen Perspektive**
> Auf die Art- und Funktionsgleichheit der Bewertungsobjekte würde es bei dieser Vorgehensweise nicht ankommen. Die neue Karosserie als „neues" Bewertungsobjekt könnte unter abweichender Anwendung der Bewertungsmethoden bewertet werden, ohne dass es zu einer Durchbrechung des Grundsatzes der Bewertungsstetigkeit kommen würde.

Die Frequenz, mit der der Bewertungsstetigkeitsgrundsatz bei Nichtberücksichtigung der sachlichen Perspektive regelmäßig ins Leere laufen würde, hängt dabei regelmäßig von der Dauer der Produktlebenszyklen ab. Dazu nachfolgendes Beispiel.

Praxis-Beispiel
Sachliche Perspektive der Bewertungsstetigkeit II
Sachverhalt
Der Hersteller von Feuerwerkskörpern R verkauft sein aktuelles Produktsortiment stets vollständig vor Ablauf des Gj. R bezieht alle erforderlichen Komponenten bei Zulieferern, die diese nach den Wünschen bzw. Vorgaben von R produzieren (z.B. längere/kürzere Zündschnur, kleinere/größere Zündkapsel). Grds. bestehen die Feuerwerkskörper stets zu 80 % aus den gleichen Komponentenarten (Zündschnur, Zündkapsel etc.). Lediglich 20 % der Komponenten sind hinsichtlich Art und Funktion neu. Die Produktion der Artikel für die laufende Silvester-Saison wird stets gegen Mitte Dezember abgeschlossen und das Vorratsvermögen wird dabei vollständig verbraucht. Aus Marketinggründen ändert R jedes Jahr alle Artikel im Sortiment (ggf. geringfügig). Entsprechend weichen die Bewertungsobjekte im Vorratsvermögen von Jahr zu Jahr voneinander ab. Dabei kommen zu 20 % – auch hinsichtlich Art und Funktion – neue Komponenten und zu 80 % lediglich modifizierte art- und funktionsgleiche Komponenten zum Einsatz.
Beurteilung unter Berücksichtigung der sachlichen Perspektive
Die art- und funktionsgleichen neuen Komponenten (80 %) sind unter Einhaltung des Stetigkeitsgrundsatzes zu bewerten. Lediglich bei den 20 %, die hinsichtlich Art und Funktion neu sind, greift der Grundsatz der Bewertungsmethodenstetigkeit nicht.
Beurteilung ohne Berücksichtigung der sachlichen Perspektive
Sämtliche neue Komponenten – hier 100 %, auch die art- und funktionsgleichen neuen Komponenten – wären als neue Bewertungsobjekte zu klassifizieren. Eine abweichende Anwendung der Bewertungsmethoden wäre bei R beim gesamten Vorratsvermögen möglich, ohne dass es zu einer Durchbrechung des Grundsatzes der Bewertungsstetigkeit kommen würde.

143 Der gebotenen Berücksichtigung auch der sachlichen Komponente des Grundsatzes der Bewertungsmethodenstetigkeit ist dabei allerdings das **Problem** der **Abgrenzung** art- und funktionsgleicher Bewertungsobjekte inhärent. Pauschale Lösungsansätze kann es dabei nicht geben. I. R. d. Grundsatzes der Willkürfreiheit (Rz 164 ff.) bestehen diesbzgl. Ermessensspielräume. Allerdings soll das Problem entfallen, sofern Unt Bewertungsmethoden per Definition auf Bilanzpositionen oder Gruppen von Bilanzpositionen einheitlich anwenden. In Konsequenz dieser Vorgehensweise seien die im vorhergegangenen Jahresabschluss angewandten Bewertungsmethoden auch auf neue Bewertungsobjekte innerhalb dieser Position(en) anzuwenden, wenngleich sie nicht art- und funktionsgleich sind.[333] Dies geht u. E. jedoch zu weit. Es bleibt beim Kriterium der Art- und Funktionsgleichheit.

144 § 252 Abs. 1 Nr. 6 HGB bezieht sich betreffend die Bewertung im aktuellen Jahresabschluss zeitlich explizit auf den vorhergegangenen Jahresabschluss. Selbst bei Art- und Funktionsgleichheit ist insofern nicht stetig zu bewerten, als dass das über Jahre hinweg gegebene Vorhandensein von hinsichtlich Art/Funktion gleichen VG oder Schulden vorhergegangener Gj bzw. Jahresabschlüsse durchbrochen wird. Waren art- und funktionsgleiche Bewertungsobjekte nicht im vorhergegangenen Gj, sondern **lediglich in einem weiter zurückliegenden Gj** vorhanden, kann im aktuellen Jahresabschluss unter Anwendung abweichender Bewertungsmethoden bewertet werden. Eine Pflicht zur Ausdehnung der Bewertungsstetigkeit auf Abschlüsse, die mehr als ein Gj zurückliegen[334], kann u. E. keinesfalls abgeleitet werden, wenngleich eine stetige Bewertung auch in diesen Fällen sinnvoll ist.

145 Fraglich ist im Kontext des § 252 Abs. 1 Nr. 6 HGB, **was unter Bewertungsmethoden zu verstehen ist**. Der Gesetzeswortlaut bietet hierzu weder konkrete Vorgaben noch Anhaltspunkte. Im Allgemeinen sind unter Bewertungsmethoden bestimmte Verfahren der Wertfindung zu verstehen, die in ihrem Ablauf definiert sind[335] und deren Abläufe entsprechend i. d. R. dem Diktat der Replikation unterworfen sind. Diese müssen eine nachvollziehbare Ableitung eines Werts aus den die Bewertung bestimmenden Faktoren gewährleisten[336] und GoB-konform sein.[337] Hoffmann/Lüdenbach verwenden im Kontext von Bewertungsmethoden die Formulierung „technische Verfahren".[338] Die mitunter verwendete Methodenklassifikation als sich zwangsläufig wiederholende Schrittfolge[339] entspricht zwar auf den ersten Blick dem allgemeinen Verständnis einer Methode, stößt aber mitunter an Grenzen. Neuronale Netze, die etwa bei Zeitreihenanalysen

---

[333] Vgl. Fülbier/Federsel, in Küting/Weber, HdR-E, § 252 HGB Rz 142, Stand: 6/2021.
[334] Dies fordernd Meyering/Gröne, in Anzinger/Oser/Schlotter, Rechnungslegung und Prüfung, Tb. 1, 7. Aufl. 2023, § 252 HGB Rz 280.
[335] Vgl. Kliem/Büssow, in Beck Bil-Komm., 14. Aufl. 2024, § 252 HGB Rz 76; IDW RS HFA 38.8; Fülbier/Federsel, in Küting/Weber, HdR-E, § 252 HGB Rz 123, Stand: 6/2021; Hoffmann/Lüdenbach, NWB-Kommentar Bilanzierung, 15. Aufl. 2023, § 252 HGB Rz 210.
[336] Vgl. IDW RS HFA 38.8.
[337] Vgl. Meyering/Gröne, in Anzinger/Oser/Schlotter, Rechnungslegung und Prüfung, Tb. 1, 7. Aufl. 2023, § 252 HGB Rz 277; Fülbier/Federsel, in Küting/Weber, HdR-E, § 252 HGB Rz 123, Stand: 6/2021.
[338] Vgl. Hoffmann/Lüdenbach, NWB-Kommentar Bilanzierung, 15. Aufl. 2023, § 252 HGB Rz 210.
[339] Vgl. Fülbier/Federsel, in Küting/Weber, HdR-E, § 252 HGB Rz 123, Stand: 6/2021.

und darauf aufbauenden Trendvorhersagen (etwa bei Renten oder bei Gehaltstrends i.R.d. Ermittlung von Pensionsrückstellungen) eingesetzt werden, sind infolge des Lernverhaltens nicht von einer sich zwangsläufig wiederholenden Schrittfolge geprägt. Hier stellt sich die Frage, was unter einer Schrittfolge genau zu verstehen ist.

Abweichende Bewertungsmethoden ergeben sich dabei regelmäßig auf Basis folgender Sachverhalte[340]:
- Gesetzliche Vorschiften
- GoB
- Steuerrechtliche Vorschriften
- Unternehmens- und Konzernvorgaben
- Vorgehensweise in der Vergangenheit

146

Aus handelsrechtlicher Perspektive ergeben sich aus diesen Sachverhalten verschiedene Bewertungsmethoden, wenn (hinsichtlich der Methodik) gesetzliche oder GoB-basierte Bewertungswahlrechte bestehen oder dem Bilanzierenden Ermessensspielräume eröffnet werden. Dazu im Folgenden einige Beispiele:

147

Gesetzliche Bewertungswahlrechte:
- Bestandteile der HK (§ 255 Rz 82 ff.);
- Bewertungsvereinfachungsverfahren (§ 256 Rz 1 ff.);
- Abzinsung von Rückstellungen für Altersversorgungsverpflichtungen (§ 253 Rz 127 ff.).

GoB-/Steuerrecht-basierte Wahlrechte:
- Option zur Sofortabschreibung geringwertiger VG des AV bis 800 EUR (netto) gem. § 6 Abs. 2 EStG oder zur Poolbildung bei VG des AV, die einen Wert von 250 EUR (netto) übersteigen aber 1.000 EUR (netto) unterschreiten i.V.m. einer Sofortabschreibung für VG unter 250 EUR (netto) gem. § 6 Abs. 2a EStG.

Ermessensspielräume:
- Schlüsselung/Zuschlagssatzberechnung von/bei Gemeinkosten zur Zuordnung zu den Kostenträgern oder Kostenstellen (§ 255 Rz 108 f.);
- Auswahl von Schätz-/Berechnungsverfahren bei der Ermittlung von beizulegenden Zeitwerten/Marktpreisen (§ 255 Rz 223 ff.);
- Auswahl des Schätzverfahrens bei der Ermittlung des nach vernünftiger kaufmännischer Beurteilung notwendigen Erfüllungsbetrags (§ 253 Rz 32 ff.);
- Schätzung, ab welchem Prozentsatz mit einer wahrscheinlichen Inanspruchnahme im Kontext von Rückstellungen zu rechnen ist (§ 249 Rz 43 ff.).

Im Kontext von Ermessensspielräumen ist zu beachten, dass Einzelfälle mit nicht vorhandener Wiederholung oder zumindest mit geringer Wiederholungsrate – etwa blanke Schätzungen ohne Rückgriff auf Schätzverfahren – nicht als Bewertungsmethoden klassifiziert werden können.[341] Diese Bewertungen sind **methodenfrei**. Der Grundsatz der Bewertungs(methoden)stetigkeit greift insofern

148

---

340 Vgl. dazu und zur nachfolgenden Liste Fülbier/Federsel, in Küting/Weber, HdR-E, § 252 HGB Rz 125, Stand: 6/2021; Hoffmann/Lüdenbach, NWB-Kommentar Bilanzierung, 15. Aufl. 2023, § 252 HGB Rz 214.
341 Vgl. Fülbier/Federsel, in Küting/Weber, HdR-E, § 252 HGB Rz 131, Stand: 6/2021; Hoffmann/Lüdenbach, NWB-Kommentar Bilanzierung, 15. Aufl. 2023, § 252 HGB Rz 222 ff.

nicht. **Unklar** ist allerdings, wann von blanken Schätzungen und damit von Methodenfreiheit gesprochen werden kann. Dazu nachfolgendes Beispiel:

> **Praxis-Beispiel**
> **Abgrenzung von methodenfreien Ermessensspielräumen**
> **Sachverhalt**
> Bewertungsabschläge auf eine einzelne Forderung gegenüber einem säumigen Kunden aus China aus der Lieferung eines kundenspezifischen Produkts.
> **Beurteilung I**
> Hinsichtlich des „singulären Sachverhalts" der Einzelbewertung einer entsprechenden Forderung kann nach Auffassung von Teilen des Schrifttums nicht von einem methodischen Vorgehen gesprochen werden.[342] Bewertungsstetigkeit sei mangels Methodik nicht geboten.
> **Beurteilung II**
> Infolge einer damit verbundenen Differenzierung von Bewertungsabschlägen, etwa in Abhängigkeit des erwarteten Zahlungseingangs, kann nach anderer Auffassung dagegen nicht von Methodenfreiheit gesprochen werden (hier wird die Verwendung eines derartigen Abschlagsmusters infolge der Vorgabe zur kaufmännisch vernünftigen Beurteilung unter Wahrung der allgemeinen Bewertungsvorsicht letztlich als erforderlich/gegeben unterstellt).[343] I. E. sei Stetigkeit zu wahren.

Aus den skizzierten Lösungen im vorangegangenen Beispiel erwachsen u. E. folgende Fragen:
- Kann – infolge des Kriteriums der kaufmännisch vernünftigen Beurteilung respektive unter Bezugnahme auf die allgemeine Bewertungsvorsicht – von der Existenz eines derartigen Abschlagsmusters oder anderer impliziter Methoden ausgegangen werden bzw. ist hier infolgedessen zwingend ein methodisches Vorgehen geboten?
- Was wäre, wenn der zuständige Manager oder Unternehmer dieses (implizit unterstellte) Abschlagsraster nicht im Unt etabliert, sondern dieses nur „im Kopf" hat?
- Was wäre, wenn der zuständige Manager oder Unternehmer dieses Abschlagsraster nur unterbewusst anwendet?
- Durch welche Charakteristika wird ein Vorgang methodisch? Dokumentation? Bewusste Anwendung durch ein Individuum? Oder bereits durch unterbewusste Anwendung?

In Abhängigkeit der Bedeutung der Forderungen wird sich – zumindest **der aus betriebswirtschaftlicher Sicht vernünftige Kfm.** – i. d. R. **keine Gedanken** darüber machen, ob seiner Einschätzung möglicherweise unterbewusst/implizit eine entsprechende Methode zugrunde liegt bzw. liegen müsste. Daran ist nichts auszusetzen. U.E. kann hier auch nicht unter dem Diktat der Bewertungsvorsicht auf eine Methodik bzw. die Notwendigkeit zur Anwendung einer solchen geschlossen werden. Andernfalls wäre es obsolet, überhaupt von

---

[342] Im Kontext eines ähnlichen Beispiels so Hoffmann/Lüdenbach, NWB-Kommentar Bilanzierung, 15. Aufl. 2023, § 252 HGB Rz 223 f.
[343] Vgl. Fülbier/Federsel, in Küting/Weber, HdR-E, § 252 HGB Rz 132, Stand: 6/2021.

der Möglichkeit der Methodenfreiheit zu sprechen – Bewertungsvorsicht, vernünftige kaufmännische Beurteilung und ggf. weitere Grundsätze würden dazu führen, dass kein Bewertungssachverhalt methodenfrei wäre. Dies wirkt auch vor dem Hintergrund möglicher Pauschalwertberichtigungen und Wesentlichkeitsüberlegungen als nicht begründbar. Das Ergebnis ist jedoch zumindest für KapG und KapCoGes stets vor dem Hintergrund der Generalnorm der tatsachengemäßen Abbildung der Vermögens-, Finanz- und Ertragslage unter Beachtung der GoB zu überprüfen – methodenfrei darf nicht willkürlich bedeuten, sondern muss die für die Abbildung der Vermögens-, Finanz- und Ertragslage bestmögliche Bewertung verlangen.

Nicht vom Stetigkeitsgebot erfasst sind zudem reine Faktoranpassungen – etwa der Nutzungsdauer – infolge von Änderungen der wirtschaftlichen Verhältnisse oder der Schätzungen auf Basis der bisherigen Ermittlungsvorgehensweise bzw. -methodik.[344] Hierbei handelt es sich um Bewertungsanpassungen und nicht um Änderungen bei der Bewertungsmethode. Im Kontext von Nutzungsdauern etwa stellt nicht bereits die Festlegung dieser an sich die Methode dar.[345] Unter Methode ist die Systematik zu verstehen, wie diese ermittelt wird. Beispielhaft kann hier etwa die Verwendung der statistisch mittleren Nutzungsdauer gleicher oder ähnlicher VG im Unt genannt werden.

2.6.2 Spezialvorschriften und Ausnahmen vom Stetigkeitsprinzip

Grds. keine Ausnahmefälle i. S. d. § 252 Abs. 2 HGB stellen die **Spezialvorschriften** dar (Rz 155 ff.; s. zur Norm-Rangfolge auch Rz 18).[346] Im Kontext der Bewertungsmethoden stehen bspw. folgende Spezialvorschriften der Stetigkeit entgegen bzw. verhindern eine Anwendung des der Spezialvorschrift nachgelagerten Grundsatzes:
- Außerplanmäßige Abschreibungen bei VG des AV bei voraussichtlich dauernder Wertminderung;
- Außerplanmäßige Abschreibungen bei FAV auch bei voraussichtlich nicht dauernder Wertminderung;
- Abschreibungen von VG des UV auf den niedrigeren Wert, der sich aus einem Börsen- oder Marktpreis am Abschlussstichtag ergibt;
- Wegfall der Voraussetzungen für die Bildung von Bewertungseinheiten i. S. d. § 254 HGB (etwa Wegfall des Kriteriums der Vergleichbarkeit oder des Ausgleichs);
- Verkürzung der Restlaufzeit von auf fremde Währung lautenden VG und Schulden auf ein Jahr oder weniger mit der Konsequenz der möglichen Abkehr vom AHK-Prinzip (§ 253 Abs. 1 Satz 1 HGB) sowie von § 252 Abs. 1 Nr. 4 Hs. 2 HGB (Rz 109 ff.).

---

[344] Ebenso IDW RS HFA 38.10; Hoffmann/Lüdenbach, NWB-Kommentar Bilanzierung, 15. Aufl. 2023, § 252 HGB Rz 225.
[345] Ebenso Hoffmann/Lüdenbach, NWB-Kommentar Bilanzierung, 15. Aufl. 2023, § 252 HGB Rz 225.
[346] Gl. A. Fülbier/Federsel, in Küting/Weber, HdR-E, § 252 HGB Rz 24, Stand: 6/2021, die jedoch inkonsistent zu dieser Grundsatzaussage innerhalb der Kommentierung zu Nr. 5 abweichend argumentieren (Rz 118); Ballwieser, in Schmidt, MünchKomm. HGB, 5. Aufl. 2024, § 252 Rz 104; Baetge/Ziesemer/Schmidt, in Baetge/Kirsch/Thiele, Bilanzrecht, § 252 HGB Rz 271, Stand: 10/2011; Hoffmann/Lüdenbach, NWB-Kommentar Bilanzierung, 15. Aufl. 2023, § 252 HGB Rz 229; a. A. Kliem/Büssow, in Beck Bil-Komm., 14. Aufl. 2024, § 252 HGB Rz 73.

Die Änderung der voraussichtlichen Nutzungsdauer bei VG als Ausfluss der Spezialvorschrift des § 253 Abs. 3 Satz 2 HGB ohne Änderung der Ermittlungsmethodik etwa stellt dagegen ohnehin keine Abkehr vom Grundsatz der Bewertungsmethodenstetigkeit bzw. Verhinderung der Anwendung des der Spezialvorschrift nachgelagerten Grundsatzes dar. In diesen Fällen ändert sich zwar die Bewertung, nicht jedoch die Bewertungsmethode.

151 In Konsequenz der seit Einführung des BilRUG gebotenen engeren Auslegung des Anwendungsbereichs der Ausnahmeregelung (Rz 155 ff.) kommt eine Anwendung des § 252 Abs. 2 HGB nur in Betracht, wenn eine Beibehaltung der Bewertungsgrundsätze der Vermittlung eines den tatsächlichen Verhältnissen entsprechenden Bildes der Vermögens-, Finanz- und Ertragslage des Unt entgegenstehen würde oder mit Blick auf den Grundsatz der Wesentlichkeit und/oder jenen der Wirtschaftlichkeit auf eine Beibehaltung dieser verzichtet werden kann und daraus zumindest keine Verschlechterung der Vermittlung eines den tatsächlichen Verhältnissen entsprechenden Bildes der Vermögens-, Finanz- und Ertragslage resultiert.

Ausnahmen von der stetigen Anwendung von Bewertungsmethoden i.S.d. § 252 Abs. 2 HGB, d.h. in begründeten Einzelfällen, kommen insofern u.E. grds. in Betracht, sofern die Beibehaltung von Bewertungsmethoden der Einhaltung der Generalnorm des § 264 Abs. 2 HGB zuwider läuft oder (erst) die Durchbrechung zu einem klaren und übersichtlichen Jahresabschluss führt.

152 Als unstrittige begründete Ausnahmefälle sind im Schrifttum (nicht abschließend) folgende Sachverhalte aufgeführt[347]:
- Änderungen bei den Bilanzierungsvorschriften bzw. Gesetzen;
- Änderungen in der Rechtsprechung;
- Anpassung an die Ergebnisse einer steuerlichen Außenprüfung;
- Änderungen bei der Konzernzugehörigkeit;
- Einleitung von Sanierungsmaßnahmen;
- Aufgabe der Unternehmensfortführung;[348]
- Wesentliche Veränderungen der Gesellschafterstruktur;
- Wechsel des Managements unter Wechsel auch der Unternehmensstrategie;
- Wesentlich veränderte Einschätzung der Unternehmensentwicklung;
- Inanspruchnahme oder Wegfall der Anwendung von Bewertungsvereinfachungsverfahren;
- (ggf. wesentliche) technische Änderungen/Neuerungen;
- (ggf. wesentliche) Änderungen der Finanz- und Kapitalstruktur;
- (ggf. wesentliche) Veränderungen des Beschäftigungsgrades;
- (ggf. wesentliche) Produktions- und Sortimentsumstellungen;[349]

---

[347] Vgl. Hoffmann/Lüdenbach, NWB-Kommentar Bilanzierung, 15. Aufl. 2023, § 252 HGB Rz 287; Meyering/Gröne, in Anzinger/Oser/Schlotter, Rechnungslegung und Prüfung, Tb. 1, 7. Aufl. 2023, § 252 HGB Rz 82; Fülbier/Federsel, in Küting/Weber, HdR-E, § 252 HGB Rz 68, Stand: 6/2021.
[348] Diesbzgl. lediglich Fülbier/Federsel, in Küting/Weber, HdR-E, § 252 HGB Rz 150, Stand: 6/2021.
[349] Diesbzgl. lediglich Hoffmann/Lüdenbach, NWB-Kommentar Bilanzierung, 15. Aufl. 2023, § 252 HGB Rz 226; Meyering/Gröne, in Anzinger/Oser/Schlotter, Rechnungslegung und Prüfung, Tb. 1, 7. Aufl. 2023, § 252 HGB Rz 287.

- (ggf. wesentliche) Absatzmarktverschlechterungen;[350]
- Änderungen im System der Kostenrechnung.[351]

Das IDW[352] geht davon aus, dass begründete Ausnahmefälle bzw. „sachlich gerechtfertigte Abweichungen" nur in folgenden Fällen vorliegen:

- Änderung der rechtlichen Gegebenheiten (insb. Änderung von Gesetz und Satzung, Änderung der Rechtsprechung);
- Bessere Vermittlung eines den tatsächlichen Verhältnissen entsprechenden Bildes der Vermögens-, Finanz- und Ertragslage;
- Inanspruchnahme von Bewertungsvereinfachungsverfahren;
- Anpassung an konzerneinheitliche Bilanzierungsrichtlinien;
- Verfolgung steuerlicher Ziele.

Diese Limitierung ist vor dem Hintergrund der (bewusst) fehlenden Deckelung entsprechender Ausnahmefälle in § 252 Abs. 2 HGB und der entsprechend offenen Regelung i. V. m. der Sinnhaftigkeit der Berücksichtigung rechtlicher, wirtschaftlicher und organisatorischer Sachverhalte im Kontext der Verbesserung der Vergleichbarkeit, Klarheit und Übersichtlichkeit (bessere Darstellung eines den tatsächlichen Verhältnissen entsprechenden Bildes der Vermögens-, Finanz- und Ertragslage ist auch vom IDW vorgesehen) weder zweckmäßig noch begründbar.[353] Hinsichtlich der Verfolgung von steuerlichen Zielen geht das IDW allerdings über andere Auffassungen im Schrifttum hinaus (Rz 154).

Umstritten dagegen sind Durchbrechungen unter Rückgriff auf § 252 Abs. 2 HGB in folgenden Fällen:

- Steuerliche Ziele: Während deren Verfolgung mitunter nicht limitiert wird,[354] wird anderenorts nur die Nutzung eines anderenfalls entfallenden Verlustvortrags, nicht dagegen die Abweichung zwecks Erreichen einer niedrigeren Besteuerung als zulässig erachtet.[355]
- Vermeidung einer Verlustanzeige gem. § 92 Abs. 1 AktG:[356] Dies wird einerseits infolge der Anhangangabepflicht des § 284 Abs. 2 Nr. 2 HGB (§ 284 Rz 46 ff.) und bei einer Bestandsgefährdung für zulässig[357] und andererseits für grds. unzulässig[358] erachtet.

---

[350] Diesbzgl. lediglich Claussen, in Kölner Kommentar zum HGB, 2011, vor § 252 HGB Rz. 72.
[351] Diesbzgl. lediglich ebenso Fülbier/Federsel, in Küting/Weber, HdR-E, § 252 HGB Rz 153, Stand: 6/2021.
[352] IDW RS HFA 38.15; der Mindermeinung wohl zustimmend konsequenterweise IDW, WPH Edition, Wirtschaftsprüfung & Rechnungslegung, 18. Aufl. 2023, Kap. F Tz 101.
[353] Direkt formuliert oder aus der Auflistung möglicher Ausnahmen ableitbar ebenso Hoffmann/Lüdenbach, NWB-Kommentar Bilanzierung, 15. Aufl. 2023, § 252 HGB Rz 226; Meyering/Gröne, in Anzinger/Oser/Schlotter, Rechnungslegung und Prüfung, Tb. 1, 7. Aufl. 2023, § 252 HGB Rz 288; Fülbier/Federsel, in Küting/Weber, HdR-E, § 252 HGB Rz 68, Stand: 6/2021; Claussen, in Kölner Kommentar zum HGB, 2011, vor § 252 HGB Rz. 72.
[354] Vgl. IDW RS HFA 38.15.
[355] So Claussen, in Kölner Kommentar zum HGB, 2011, vor § 252 HGB Rz. 73, der auch die Nutzung eines steuerrechtlichen Wahlrechts aufführt.
[356] „Ergibt sich bei Aufstellung des Jahresbilanz oder einer Zwischenbilanz oder ist bei pflichtmäßigem Ermessen anzunehmen, daß ein Verlust i. H. d. Hälfte des Grundkapitals besteht, so hat der Vorstand unverzüglich die Hauptversammlung einzuberufen und ihr dies anzuzeigen."
[357] So Meyering/Gröne, in Anzinger/Oser/Schlotter, Rechnungslegung und Prüfung, Tb. 1, 7. Aufl. 2023, § 252 HGB Rz 290.
[358] So Claussen, in Kölner Kommentar zum HGB, 2011, vor § 252 HGB Rz. 73.

3 Abweichungen von den allgemeinen Bewertungsgrundsätzen (Abs. 2)

3.1 Regelungsinhalt und Anwendungsbereich

155 § 252 Abs. 2 HGB gestattet Abweichungen von den allgemeinen Bewertungsgrundsätzen des Abs. 1 in begründeten **Ausnahmefällen**, wobei die Vorschrift als grds. Abweichungsverbot in unbegründeten Fällen und nicht als Wahlrecht zu verstehen ist.[359] Entsprechend ist § 252 Abs. 2 HGB als Ausnahmeregelung zu verstehen, der nur in seltenen und stets begründeten Fällen zum Tragen kommt.

156 Die Vorschrift gestattet explizit **Abweichungen von sämtlichen Bewertungsgrundsätzen** des § 252 Abs. 1 HGB. Die mitunter vertretene Auffassung, Ausnahmen kämen bei einigen Bewertungsgrundsätzen – explizit beim Vorsichts-, Realisations- und Imparitätsprinzip – infolge ihres tragenden Charakters nicht in Betracht,[360] ist abzulehnen.[361] Einerseits liegt innerhalb der Grundsätze weder eine Rangfolge vor (Rz 6), die eine Ausnahme dieser aus der Vorschrift des § 252 Abs. 2 HGB bzw. einen tragenden Charakter begründet, noch besteht dafür eine gesetzliche Grundlage. Diese Auffassung ist vielmehr von der Doktrin der Unantastbarkeit der „guten alten" Prinzipien des HGB getrieben. Spätestens infolge der Neuerungen des HGB durch das BilMoG sind diese Prinzipien (explizit auch jene mit „tragendem" Charakter) an zahlreichen Stellen durchbrochen und tendenziell durch IFRS-orientierte Regelungen ersetzt worden – zu verweisen ist hier auf die Bewertung mit dem beizulegenden Zeitwert. Hinsichtlich des § 252 Abs. 2 HGB auf dieser Argumentationsbasis eine nicht vom Gesetz gedeckte Limitierung der expliziten Regelung vorzunehmen, scheint weder sachlich richtig noch zeitgemäß. Nichtsdestotrotz dürften Ausnahmen in Bezug auf einzelne Grundsätze – etwa den Grundsatz der Bilanzidentität oder der Periodisierung – sehr selten sein.[362]

157 Wenngleich § 252 Abs. 2 HGB im Zuge des **BilRUG keine Überarbeitung** erfahren hat, ergibt sich **in Konsequenz** der neuen **EU-Bilanzrichtlinie** 2013/34/EU künftig das **Erfordernis zur engeren Auslegung des Anwendungsbereichs** der Ausnahmeregelung. Hintergrund ist das Aufgehen der Regelung zu den Ausnahmefällen aus Art. 31 Abs. 2 der 4. EG-Richtlinie in Art. 4 Abs. 4 EU-Bilanzrichtlinie nebst inhaltlichen Änderungen. Art. 4 Abs. 4 EU-Bilanzrichtlinie sieht (in letzter Instanz) eine zwingende Nichtanwendung der Vorschriften vor, die eine Nichterfüllung des Erfordernisses zur Darstellung eines den tatsächlichen Verhältnissen entsprechenden Bildes der Vermögens-, Finanz- und Ertragslage des Unt bedingen. Korrespondierend ist die Generalnorm als sog. overriding principle ausgestaltet.

---

[359] Vgl. Baetge/Ziesemer/Schmidt, in Baetge/Kirsch/Thiele, Bilanzrecht, § 252 HGB Rz 271, Stand: 10/2011; Ballwieser, in MünchKomm. HGB, 5. Aufl. 2024, § 252 HGB Rz 104.
[360] Vgl. Ballwieser, in MünchKomm. HGB, 5. Aufl. 2024, 252 HGB Rz 104; Baetge/Ziesemer/Schmidt, in Baetge/Kirsch/Thiele, Bilanzrecht, § 252 HGB Rz 272, Stand: 10/2011.
[361] I. E. ebenso Kliem/Büssow, in Beck Bil-Komm., 14. Aufl. 2024, § 252 HGB Rz 92.
[362] Bzgl. der beiden Beispiele ebenso Störk/Büssow, in Beck Bil-Komm., 14. Aufl. 2024, § 252 HGB Rz 92. Bzgl. dieser a. A. Hoffmann/Lüdenbach, NWB-Kommentar Bilanzierung, 15. Aufl. 2023, § 252 HGB Rz 229, wenngleich betreffend des Grundsatzes der Bilanzidentität darauffolgend sogleich wieder anders argumentiert wird.

Zwar hat der deutsche Gesetzgeber i.R.d. Nationalisierung der EU-Bilanzrichtlinie Art. 4 Abs. 4 nicht in deutsches Recht überführt (und damit eindeutig gegen europäisches Recht verstoßen), zumindest aber i.R.d. Auslegung des § 252 Abs. 2 HGB wird Art. 4 Abs. 4 EU-Bilanzrichtlinie künftig zu beachten sein, da die Ausnahmeregelung mit besonderem Bezug zu den allgemeinen Bewertungsvorschriften des § 252 Abs. 1 HGB bzw. den diesen zu Grunde liegenden Regelungen des Art. 6 Abs. 1 EU-Bilanzrichtlinie in eine Ausnahmeregelung mit Fokus auf die Vermittlung eines den tatsächlichen Verhältnissen entsprechenden Bildes der Vermögens-, Finanz- und Ertragslage des Unt transformiert wurde.[363]

Eine Anwendung des § 252 Abs. 2 HGB kommt nur in Betracht, wenn eine Beibehaltung der Bewertungsgrundsätze der Vermittlung eines den tatsächlichen Verhältnissen entsprechenden Bildes der Vermögens-, Finanz- und Ertragslage des Unt entgegenstehen respektive diese gefährden würde[364] oder mit Blick auf den Grundsatz der Wesentlichkeit auf eine Beibehaltung dieser verzichtet werden kann und daraus zumindest keine Verschlechterung der Vermittlung eines den tatsächlichen Verhältnissen entsprechenden Bildes der Vermögens-, Finanz- und Ertragslage resultiert.

3.2 Ausnahmefälle

Grds. keine Ausnahmefälle i.S.d. § 252 Abs. 2 HGB stellen die **Spezialvorschriften** dar, die zu einer Durchbrechung der Grundsätze des Abs. 1 führen. Dem Rechtsprinzip „lex specialis derogat legi generali" folgend bedarf es in diesen Fällen keiner gesonderten Ausnahmeregelung in Gestalt einer expliziten Regelung wie jener des § 252 Abs. 2 HGB (vgl. zur Norm-Rangfolge Rz 18).[365]

§ 252 Abs. 2 HGB enthält dabei keine Angaben zu den begründeten **Ausnahmefällen**, sodass eine Vielzahl möglicher Fälle in Betracht kommt. Hinsichtlich möglicher Ausnahmen **im Speziellen** wird auf die entsprechenden Gliederungspunkte der Kommentierung verwiesen:
- Ausnahmen vom Grundsatz der Bilanzidentität (Rz 29 ff.)
- Ausnahmen vom Grundsatz der Unternehmensfortführung (Rz 42 ff.)
- Ausnahmen vom Grundsatz der Einzelbewertung und vom Stichtagsprinzip (Rz 84 ff., Rz 95 ff.)
- Ausnahmen vom Vorsichtsprinzip (Rz 101)
- Ausnahmen vom Imparitätsprinzip (Rz 108)
- Ausnahmen vom Realisationsprinzip (Rz 132 f.)
- Ausnahmen vom Grundsatz der Pagatorik und Periodenabgrenzung (Rz 139 f.)
- Ausnahmen vom Grundsatz der Bewertungsstetigkeit (Rz 150 ff.)

---

[363] Vgl. dazu detailliert Wengerofsky, DB 2015, S. 873 ff.
[364] Vgl. Wengerofsky, DB 2015, S. 876.
[365] Gl.A. Fülbier/Federsel, in Küting/Weber, HdR-E, § 252 HGB Rz 24, Stand: 6/2021, die jedoch inkonsistent zu dieser Grundsatzaussage innerhalb der Kommentierung zu Nr. 5 abweichend argumentieren (Rz 118); Ballwieser, in MünchKomm. HGB, 5. Aufl. 2024, § 252 HGB Rz 104; Baetge/Ziesemer/Schmidt, in Baetge/Kirsch/Thiele, Bilanzrecht, § 252 HGB Rz 271, Stand: 10/2011; Hoffmann/Lüdenbach, NWB-Kommentar Bilanzierung, 15. Aufl. 2023, § 252 HGB Rz 229; a.A. Kliem/Büssow, in Beck Bil-Komm., 14. Aufl. 2024, § 252 HGB Rz 78.

160 Im Allgemeinen kann zunächst (weiterhin) von begründeten **Ausnahmefällen** in diesem Sinne gesprochen werden, wenn sich grundlegende Änderungen der wirtschaftlichen und organisatorischen Verhältnisse ergeben,[366] welche neben Änderungen bei den Bilanzierungsvorschriften insb. in Fällen einer Verschmelzung, Spaltung, Vermögensübertragung, einem Formwechsel, einer Anpassung an die Konsolidierungsmethoden der Konzernmutter oder im System der Kostenrechnung[367] vorliegen. Darüber hinaus kommen Ausnahmen i.S.d. § 252 Abs. 2 HGB grds. in Betracht, wenn sie sich aus den Zwecken oder Zielen des Jahresabschlusses bzw. entsprechenden Änderungen dieser ergeben.[368] Allerdings sind die begründeten Ausnahmefälle i.S.d. § 252 Abs. 2 HGB dabei – infolge der EU-Bilanzrichtlinie (Rz 157) – unter dem Aspekt der Darstellung eines den tatsächlichen Verhältnissen entsprechenden Bildes der Vermögens-, Finanz- und Ertragslage – ggf. unter Berücksichtigung des Grundsatzes der Wesentlichkeit – zu beurteilen.[369]

Vor dem Hintergrund der gebotenen Berücksichtigung der Auswirkungen auf die Darstellung eines den tatsächlichen Verhältnissen entsprechenden Bildes der Vermögens-, Finanz- und Ertragslage und ggf. des Grundsatzes der Wesentlichkeit sind insb. organisatorische Veränderungen kritisch und im Einzelfall auf eine mögliche Anwendung als Ausnahmeabweichung zu prüfen.[370] Wenngleich die im Kontext der Ausnahmeregelung vereinzelt geäußerte Befürchtung einer Willkürbilanzierung[371] infolge dieser „allgemeinen" änderungsbegründenden Tatbestände nachvollziehbar ist, darf darunter keinesfalls ein Freibrief zur Bilanzierung nach Belieben verstanden werden (was sich bereits aus der Anforderung der Begründung nicht nur des Vorliegens eines Ausnahmefalls, sondern auch der dann vorgenommenen Vorgehensweise und ferner dem Grundsatz der Willkürfreiheit ergibt – dazu nachfolgendes Beispiel); dies gilt insb. vor dem Hintergrund der nunmehr gebotenen Würdigung der Auswirkungen der Inanspruchnahme eines Ausnahmefalls auf die Darstellung eines den tatsächlichen Verhältnissen entsprechenden Bildes der Vermögens-, Finanz- und Ertragslage. Die geäußerte Befürchtung einer Willkürbilanzierung im Zusammenhang mit § 252 Abs. 2 HGB wird mit nachfolgenden Beispielen untermauert:

---

[366] Vgl. anstatt vieler etwa Fülbier/Federsel, in Küting/Weber, HdR-E, § 252 HGB Rz 26, 43, Stand: 6/2021; a. A Hoffmann/Lüdenbach, NWB-Kommentar Bilanzierung, 15. Aufl. 2023, § 252 HGB Rz 231.
[367] Vgl. zu diesem Punkt Kliem/Büssow, in Beck Bil-Komm., 14. Aufl. 2024, § 252 HGB Rz 98.
[368] Ebenso Fülbier/Federsel, in Küting/Weber, HdR-E, § 252 HGB Rz 26, Stand: 6/2021; Baetge/Fey/Fey, in Küting/Weber, HdR-E, § 243 HGB Rz 7f., Stand: 3/2022; a.A. Hoffmann/Lüdenbach, NWB-Kommentar Bilanzierung, 15. Aufl. 2023, § 252 HGB Rz 231.
[369] Vgl. detaillierter und mit einer Würdigung ausgewählter Einzelfälle Wengerofsky, DB 2015, S. 876ff. Vgl. zudem Arbeitskreis Bilanzrecht der Hochschullehrer Rechtswissenschaft, BB 2014, S. 2732; DRSC.
[370] Vgl. Wengerofsky, DB 2015, S. 877.
[371] Vgl. Hoffmann/Lüdenbach, NWB-Kommentar Bilanzierung, 15. Aufl. 2023, § 252 HGB Rz 231.

> **Praxis-Beispiel**
> „Die Holding H AG erwirbt alle Anteile an der T GmbH und schließt mit ihr einen Organschaftsvertrag ab. Bislang galt bei der T die Devise: ‚Gewinne möglichst verstecken'. Nun verlangt die H eine höchstmögliche Gewinnabführung. Die Zielsetzung des Jahresabschlusses wird dadurch ‚gewichtig' verschoben. Außerdem liegt durch den Organschaftsvertrag (…) eine grundlegende Änderung der rechtlichen und organisatorischen Verhältnisse vor. Sollte dann tatsächlich die Ausnahmeregelung greifen, wäre z.B. unter Durchbrechung des Bilanzenzusammenhangs die buchtechnische Vorgehensweise im Beispiel [...] (s. nachfolgenden Absatz; Anm. der Verfasser) mit Berufung auf § 252 Abs. 2 HGB erlaubt; u.E. ein unmögliches Ergebnis. Zielführend kann nur eine differenzierende Beurteilung nach dem ökonomischen Gehalt des Vorgangs sein. Die Ausnahmeregelung des § 252 Abs. 2 HGB bedarf einer höchst restriktiven Anwendung, um nicht dem gesamten Katalog des § 252 Abs. 1 HGB den Titel ‚Papiertiger' anzuheften, wie dies bzgl. des Methodenwechsels zutreffend der Fall ist (…)."[372]
> „Das Maschinenbauunternehmen M bildet zum 31.12.01 eine Gewährleistungsrückstellung für einen Einzelfall i.H.v. 100. Nach Erstellung und Feststellung des Jahresabschlusses 01 stellt sich als Verhandlungslösung mit der Gegenpartei ein Rückstellungserfordernis von lediglich 40 heraus. Deshalb stellt M in die Eröffnungsbilanz zum 1.1.02 nur einen Betrag von 40 ein. Durch diese Vorgehensweise würde über die Gesamtperiode hinweg ein um 60 zu hoher Aufwand des Unternehmens dargestellt. Nach dem Grundsatz der Bilanzidentität muss deshalb ein Betrag von 100 in die Eröffnungsbilanz eingestellt werden, obwohl sich dieser im Nachhinein als ‚falsch' herausgestellt hat. Die in 02 erforderliche Auflösung der Rückstellung stellt in zwischenperiodischer Betrachtung oder aus Sicht der Totalperiode das ‚richtige' Ergebnis dar. Zweimal falsch ist insgesamt richtig."[373]

Das aufgeführte Beispiel ist u.E. nicht zur Untermauerung dieser Position geeignet. Es liegen keine begründbaren Argumente für eine derartige (Falsch-)Bilanzierung vor. Der Sachverhalt des Bekanntwerdens der zu hohen Rückstellungssumme ist eindeutig dem neuen Gj zuzuordnen, eine Korrektur im Zuge der Eröffnungsbuchungen entsprechend keinesfalls begründbar. Abweichungen vom Grundsatz der Bilanzidentität kommen nur in begründeten Ausnahmefällen in Betracht, die – begründbar – zeitlich zwischen den Gj zu verorten sind.

3.3 Anhangangabepflichten

§ 284 Abs. 2 Nr. 2 Hs. 1 HGB verlangt von KapG und ihnen gleichgestellten KapCoGes in Fällen einer Abweichung i.S.d. § 252 Abs. 2 HGB die Angabe und Begründung von Abweichungen im Anhang. Die Vorschrift verlangt dabei nicht nur die Angabe und Begründung von Abweichungen von Bilanzierungs- und

---

[372] Entnommen aus Hoffmann/Lüdenbach, NWB-Kommentar Bilanzierung, 15. Aufl. 2023, § 252 HGB Rz 231.
[373] Entnommen aus Hoffmann/Lüdenbach, NWB-Kommentar Bilanzierung, 15. Aufl. 2023, § 252 HGB Rz 10.

Bewertungsmethoden, sondern nach § 284 Abs. 2 Nr. 2 Hs. 2 HGB auch die gesonderte Darstellung des Einflusses der Abweichungen auf die Vermögens-, Finanz- und Ertragslage. S. dazu detailliert § 284 Rz 45.

4 Implizite Bewertungsgrundsätze

4.1 Aus anderen Vorschriften ableitbare Grundsätze

162 Über die in § 252 HGB explizit oder implizit verankerten (Bewertungs-)Grundsätze mit nachgelagerter Normen-Rangfolge (Rz 18) hinaus hat der Gesetzgeber weitere allgemeine Bewertungsgrundsätze in den Spezialvorschriften der §§ 253 ff. HGB verankert. Zu diesen zählen etwa das Anschaffungs-/Herstellungskostenprinzip (zur Bewertung mit den AHK s. § 253 Rz 17 f.; zur AK-Ermittlung § 255 Rz 1 ff. und zur HK-Ermittlung § 255 Rz 79 ff.) oder das strenge/gemilderte Niederstwertprinzip (§ 253 Rz 19).

4.2 Grundsatz der Methodenbestimmtheit

163 Der Grundsatz der Methodenbestimmtheit enthält die Vorgabe zur Ermittlung von Wertansätzen von VG und Schulden unter konsistenter Anwendung einer bestimmten Bewertungsmethode.[374] Gemeint ist damit, dass bei einem vorliegenden Methodenwahlrecht kein Zwischenwert aus den verschiedenen möglichen Methoden angesetzt werden darf, es also zu keiner Durchmischung der Methodenergebnissen kommt. KapG unterliegen dabei nach § 284 Abs. 2 Nr. 1, 2 HGB zudem der Pflicht zur Angabe der angewendeten Bewertungsmethode (§ 284 Rz 29 ff.).

4.3 Grundsatz des Willkürverbots

164 Der Grundsatz des Willkürverbots, der sich auf die Bewertung bezieht, ist nicht explizit kodifiziert. Er ergibt sich aus dem Gesamtkonstrukt der GoB im Allgemeinen und aus den Bewertungsgrundsätzen – etwa des § 252 Abs. 1 Nr. 4, 6 HGB – im Speziellen. Der fehlenden expliziten Normierung und der entsprechend fehlenden Ausgestaltung qua Gesetz geschuldet, gibt es allerdings keine eindeutige Definition von Willkürfreiheit. Auch im Schrifttum ist keine einheitliche Definition vorzufinden, wobei diese in vielen Fällen zumindest im Kern zum gleichen Ergebnis führen. So wird unter einer willkürfreien Bewertung etwa verstanden, dass diese realitätsnah und nach Auffassung des Kfm. zutreffend ist.[375] Ebenfalls zu finden sind Forderungen nach plausibel begründbaren/ argumentierbaren Wertansätzen oder objektiven Ansätzen i.S.e. intersubjektiven Nachprüfbarkeit. Wirkliche Lösungsansätze bieten diese Definitionen freilich nicht. Letztendlich wird ein undefinierter Grundsatz mit einer ebenso schwer greifbaren Auslegung umschrieben. Dabei zeigen die i.E. kaum konkreteren Definitionen, dass im Zusammenhang mit dem Grundsatz weder von Objektivität noch davon gesprochen werden kann, dass hier ein Grundprinzip ohne Spielräume vorliegt.

---

[374] Ebenso Kliem/Büssow, in Beck Bil-Komm., 14. Aufl. 2024, § 252 HGB Rz 87.
[375] Vgl. Leffson, GoB, S. 202 ff.

Letztlich soll als Ergebnis der Definitionsbestrebungen zumindest ein willkürfreier Jahresabschluss vorliegen, wenn er frei von sachfremden Erwägungen ist.[376] Zu diesen sollen etwa die Berücksichtigung von Auswirkungen auf die Ertragslage oder den ausschüttungsfähigen Gewinn zählen.[377] Diese Forderung nach letztlicher Freiheit des Jahresabschlusses von bilanzpolitischen Maßnahmen dürfte aber dazu führen, dass kaum ein Abschluss in der Praxis unter Einhaltung des Grundsatzes erstellt wird.
Mitunter wird darüber hinaus aufgeführt, dass es – wenn auch als Ausnahmen – Fälle gibt, in denen qua Spezialvorschrift zwei Bewertungsmethoden zur Verfügung stehen, aber eine dieser Methoden nicht angewendet werden darf, wenn bzw. weil sie dem Grundsatz der Willkürfreiheit widerspricht.[378] Dem ist grds. zu widersprechen. Sieht eine Spezialvorschrift ein Bewertungswahlrecht vor, bedarf es keiner Konkretisierung oder Ergänzung mangels expliziter Regelung durch einen Grundsatz. In diesen Fällen greifen die Grundsätze nicht und besitzen keinesfalls Vorrang vor den Spezialvorschriften (zum Anwendungsvorrang der Spezialvorschriften und der sich daraus ergebenden handelsrechtlichen Normen-Rangfolge vgl. Rz 18).
Indes ist von Willkürfreiheit zu sprechen, wenn „sachfremde" Erwägungen i. S. bilanzpolitischer Maßnahmen den Jahresabschluss beeinflussen, solange sich diese im Rahmen legaler Maßnahmen bewegen. Ebenfalls nicht dem Grundsatz der Willkürfreiheit widersprechend ist die grds. freie Wahl zwischen zwei explizit gewährten Bewertungswahlrechten.
I. E. ist u. E. stets von einer Einhaltung des Grundsatzes zu sprechen, wenn Bewertungsentscheidungen begründet sind, wobei eben bereits eine subjektive Begründung ausreichend ist, da Objektivität in diesen Fällen ohnehin in der Praxis nie gegeben ist und diese Forderung/Diskussion rein akademischen Charakters ist.

165

4.4 Grundsatz der Wirtschaftlichkeit

Der eng mit dem Grundsatz der Wesentlichkeit (Rz 171 ff.) verknüpfte Wirtschaftlichkeitsgrundsatz spiegelt den dominierenden **Sachzwang des wirtschaftlichen Handelns** unter Abwägung der Kosten-Nutzen-Aspekte wider.[379] Die im Umkehrschluss aus dem Grundsatz ableitbare Option zum Verzicht auf die Darstellung von Sachverhalten i. R. d. Rechnungslegung aus Wirtschaftlichkeitsgründen ist mit der Anforderung der Unwesentlichkeit dieser verbunden.

166

Die Möglichkeit zur **Bewertung** von VG unter Rückgriff auf Bewertungsvereinfachungsverfahren nach § 256 HGB unter Einhaltung der GoB kann als **Beispiel** von vielen anderen gesetzlichen Verankerungen des Grundsatzes und seiner Verbindung zum Wesentlichkeitsprinzip dienen.[380] Unter Durchbrechung des Grundsatzes der Einzelbewertung nach § 252 Abs. 1 Nr. 3 HGB gestattet

167

---

[376] Vgl. Kliem/Büssow, in Beck Bil-Komm., 14. Aufl. 2024, § 252 HGB Rz 88; Meyering/Gröne, in Anzinger/Oser/Schlotter, Rechnungslegung und Prüfung, Tb. 1, 7. Aufl. 2023, § 252 HGB Rz 308.
[377] Vgl. Kliem/Büssow, in Beck Bil-Komm., 14. Aufl. 2024, § 252 HGB Rz 88.
[378] Vgl. Meyering/Gröne, in Anzinger/Oser/Schlotter, Rechnungslegung und Prüfung, Tb. 1, 7. Aufl. 2023, § 252 HGB Rz 308.
[379] Vgl. Hoffmann/Lüdenbach, NWB-Kommentar Bilanzierung, 15. Aufl. 2023, § 252 HGB Rz 243.
[380] M. a. N. Hoffmann/Lüdenbach, NWB-Kommentar Bilanzierung, 15. Aufl. 2023, § 253 HGB Rz 243.

§ 256 Satz 1 HGB die Verwendung von Verbrauchsfolgeverfahren zur vereinfachten zeit- und kostensparenden Bewertung des Vorratsvermögens (§ 256 Rz 1 ff.). Letztlich steht diese Option unter der Annahme, dass eine exakte Ermittlung und Darstellung des Vorratseinsatzes als nicht wesentlich zu erachten ist und die Bewertungsvereinfachungsverfahren gleichzeitig mit wirtschaftlichen Vorteilen verbunden sind.
Auch bzgl. des **Ausweises** und der Qualifizierung von Sachverhalten hat der Grundsatz der wirtschaftlichen Betrachtungsweise seine Berechtigung.[381]

168 Der Sachzwang des wirtschaftlichen Handelns und damit der Grundsatz der Wirtschaftlichkeit kommen nicht nur bei der Bewertung von VG, sondern bereits bei der Frage der Zuordnung zum Tragen. So sieht § 246 Abs. 1 Satz 2 Hs. 1 HGB die **Aufnahme von VG** in die Bilanz des Eigentümers vor. Gem. § 246 Abs. 1 Satz 2 Hs. 2 HGB tritt dies jedoch in den Hintergrund, wenn ein wirtschaftliches Eigentum an einem VG vorliegt. Es kann aber keinen Widerspruch zwischen rechtlicher und wirtschaftlicher Betrachtung geben, da die wirtschaftliche Betrachtung die im Bilanzrecht maßgebende Form der rechtlichen Betrachtung ist, nämlich das Ergebnis eines wirtschaftlich gefärbten Schuldrechts.

169 Wenngleich die in Art. 6 Abs. 1 Buchst. h Bilanzrichtlinie 2013/34/EU kodifizierte wirtschaftliche Betrachtungsweise, die eine Berücksichtigung des wirtschaftlichen Gehalts von Geschäftsvorfällen bzw. Vereinbarungen sowohl i. R. d. Bilanzierung als auch des Ausweises der Posten der Bilanz sowie der GuV verlangt, in Teilen dem bereits seit der Einführung des BilMoG im HGB normierten Grundsatz der Wirtschaftlichkeit entspricht, ergaben sich im Zuge der Einführung des BilRUG respektive in Konsequenz der Bilanzrichtlinie 2013/34/EU Änderungsnotwendigkeiten hinsichtlich der Praxis der Zuordnung von VG. Während zuvor i. R. d. Prüfung auf Eigentümerschaft „neben" dem Kriterium des wirtschaftlichen Eigentümers (letztinstanzlich ausschlaggebend) zunächst auf den Aspekt des rechtlichen Eigentums abzustellen war und eine grds. Außerachtlassung der rechtlichen Betrachtungsweise nicht in Betracht kam (Rz 168), ist nunmehr einzig auf die **wirtschaftliche Betrachtungsweise** abzustellen. Eine Notwendigkeit zur formalen Anpassung des § 246 Abs. 1 Satz 2 HGB und des § 39 AO im Zuge des BilRUG infolge der Implementierung des allgemeinen Grundsatzes der wirtschaftlichen Betrachtungsweise in Art. 6 Abs. 1 Buchst. h Bilanzrichtlinie 2013/34/EU bestand/besteht indes nicht, da die Formulierung der Altfassung bei Auseinanderliegen des rechtlichen und des wirtschaftlichen Eigentums bereits auf die wirtschaftliche Zuordnung abstellte und der Gesetzeswortlaut ohnehin nur allgemein von Eigentum sprach/spricht. Letztlich bleibt es damit bei einer geänderten Normauslegung.

170 Zwecks der **Verortung des wirtschaftlichen Eigentums** ist auf die tatsächliche Sachherrschaft über einen VG abzustellen (§ 246 Rz 17) – weitgehende Verfügungsmöglichkeiten alleine begründen kein wirtschaftliches Eigentum.[382] Tatsächliche Sachherrschaft setzt den dauerhaften, d. h. einen mind. der betriebsgewöhnlichen Nutzungsdauer entsprechenden (§ 39 Abs. 2 Nr. 1 AO), Ausschluss des rechtlichen Eigentümers von der Einwirkung bzw. Verfügung auf/über den VG voraus. Liegen Besitz, Gefahr, Nutzen und Lasten der Sache bei der entsprechenden (juristischen)

---

[381] Vgl. Lüdenbach, StuB 2018, S. 16.
[382] Vgl. Justenhoven/Meyer, in Beck Bil-Komm., 14. Aufl. 2024, § 246 HGB Rz 6.

Die vereinzelt im Schrifttum vertretene Ansicht, in Abhängigkeit der betroffenen Posten vier „fixe" quantitative Schwellenwerte von 0,25 % (gemessen am Grundkapital), 1 % (bei direkter Beeinflussung der GuV), 5 % (bei Posten mit erheblicher Aussage- und Ertragskraft) sowie 10 % (bei Fehlern und Fortlassungen)[396] festlegen zu können ist u. E. (auch weiterhin) abzulehnen.[397] Dies ändert sich auch nicht vor dem Hintergrund der Berücksichtigung des durchaus gewichtigen Arguments des information overload.[398] Dies liegt einerseits daran, dass sich nur bedingt argumentieren lässt, dass einige wenige auf Basis des Grundsatzes weggelassene numerische Darstellungen oder Korrekturen numerischer Fehler den Jahresabschluss vor einer Informationsüberfrachtung etwa infolge von massiven Anhang- und Lageberichtsangaben bewahren. Andererseits ist eine derartig pauschale Grenzziehung weder durch die Gesetzeslage noch durch Rechtsprechung und Schrifttum gedeckt. Bereits aus dem Anwendungsvorrang der Spezialvorschriften und der sich daraus ergebenden handelsrechtlichen Normen-Rangfolge (Rz 18) i. V. m. der fehlenden Ausgestaltung der Generalnorm des § 264 HGB als overriding principle (§ 264 Rz 52) ergibt sich, dass der Grundsatz weiterhin nur zur Anwendung kommen kann, wenn eine Spezialvorschrift dies explizit vorsieht bzw. deren Ausgestaltung dem Grundsatz nicht widerspricht und dieser seinem Sinn und Zweck als Ergänzungs- und Konkretisierungsregelung (Rz 17) entsprechend greifen kann und darf.

Wenngleich der Grundsatz in den **IFRS** bereits im Framework[399] als fundamentales qualitatives Charakteristikum nützlicher Informationen definiert ist und IFRS 8 sogar explizit eine quantitative Wesentlichkeitsgrenze von 10 % vorsieht, ist darüber hinaus zu bedenken, dass den IFRS ebenfalls keine allgemeingültige(n) quantitative(n) Wesentlichkeitsgrenze(n) inhärent ist/sind. Trotz erheblicher Ausgestaltungsdifferenzen bei IFRS-Anwendern und Kontrollinstanzen sowie in Abhängigkeit der Regelungssachverhalte unterscheidet sich die Gewichtung des Grundsatzes zudem von jener im HGB. Verantwortlich für diese Unterschiede in der Bedeutung dürfte neben der rechnungslegungskulturellen Ausgestaltung der IFRS einerseits sowie der konservativen und tendenziell vorsichtigen Rechnungslegungsprägung kontinentaleuropäischer Systeme andererseits auch der explizite Charakter als IFRS-Generalnorm sein.

Hinsichtlich einer Wesentlichkeitsgrenze im **Steuerbilanzrecht** hat der X. Senat in einem Urteil aus dem Jahre 2011 bei Nachbetreuungskosten von VersicherungsUnt keine Wesentlichkeitsaspekte berücksichtigt.[400] Ebenso sind aktive Rechnungsabgrenzungsposten auch bei geringfügigen Beträgen zu bilden. Weder dem Grundsatz der Wesentlichkeit noch dem Verhältnismäßigkeitsgrundsatz lässt sich eine Einschränkung der Pflicht zur Bildung auf wesentliche Fälle entnehmen.[401]

Der I. Senat hat im Hinblick auf voraussichtlich dauernde Wertminderungen sogar einen quantitativen Schwellenwert (5 %) für die Bewertung von Anteilen

---

[396] Vgl. Claussen, in Kölner Kommentar zum Rechnungslegungsrecht, 2011, vor § 252 HGB Rz 19–20.
[397] Ebenso etwa Meyering/Gröne, in Anzinger/Oser/Schlotter, Rechnungslegung und Prüfung, Tb. 1, 7. Aufl. 2023, § 252 HGB Rz 305.
[398] Vgl. Claussen, in Kölner Kommentar zum Rechnungslegungsrecht, 2011, vor § 252 HGB Rz. 21.
[399] Vgl. IASB, Conceptual Framework for Financial Reporting 2018, 2.6.
[400] Vgl. BFH, Urteil v. 19.7.2011, X R 26/10, DStRE 2011 S. 1990.
[401] BFH, Urteil v. 16.3.2021, X R 34/19, BStBl 2021 II S. 844.

5 Grundsätze ordnungsmäßiger Buchführung im Steuerrecht

175 § 5 Abs. 1 EStG schreibt für die **steuerliche Gewinnermittlung** den Ansatz des sich nach den handelsrechtlichen Grundsätzen ordnungsmäßiger Buchführung und Bilanzierung ergebenden Vermögens in der Bilanz vor. Da nach § 60 Abs. 2 EStDV die aus dem Handelsrecht bzw. der ordnungsmäßigen Buchführung abgeleitete Bilanz die Grundlage der Besteuerung bildet und ggf. vorliegende abweichende steuerliche Bestimmungen durch Zusätze oder Anmerkungen zu der Handelsbilanz angepasst werden, bezieht sich die Maßgeblichkeit explizit auf das Verhältnis zwischen den handelsrechtlichen Grundsätzen ordnungsmäßiger Buchführung und Bilanzierung und den steuerrechtlichen Vorschriften. Entsprechend sind für die steuerliche Gewinnermittlung auch die handelsrechtlichen GoB maßgebend. § 5 Abs. 1 Satz 1 EStG formuliert explizit nur die Bindung an die Grundsätze ordnungsmäßiger Buchführung, was zu Diskussionen hinsichtlich der Bindung auch an die übrigen handelsrechtlichen Vorschriften ohne GoB-Charakter geführt hat. Mit den Argumenten, dass der Inhalt der GoB auch durch die zwingenden gesetzlichen Regelungen gebildet wird und § 141 AO ausdrücklich die handelsrechtlichen Vorschriften in Bezug nimmt, umfasst der Maßgeblichkeitsgrundsatz nach h. M. alle zwingenden gesetzlichen Buchführungs- und Bilanzierungsvorschriften sowie impliziten Grundsätze.[404]

176 Die Bindung des Steuerrechts an das Handelsrecht besteht dabei allerdings lediglich hinsichtlich des **Betriebsvermögens**, das bei Beachtung der GoB auszuweisen ist.[405] Unabhängig davon, ob eine Handelsbilanz aufgestellt worden ist oder nicht, gilt entsprechend die Maßgeblichkeit der handelsrechtlichen Vorschriften und explizit sowie implizit der kodifizierten handelsrechtlichen GoB.[406] Im Umkehrschluss besteht an eine unrichtige – etwa unter der Missachtung der GoB aufgestellte – Handelsbilanz keine Bindung.[407]

177 Aus der Bindungswirkung der Gewinnermittlung nach EStG für jene nach **GewStG** folgt gleichzeitig auch die Bindung der gewerbesteuerrechtlichen Regelungen an die Handelsbilanz.[408]

178 Analog zur Normen-Rangfolge innerhalb des HGB (Rz 18) ergibt sich daraus jedoch keinesfalls ein **Vorrang** der handelsrechtlichen Vorschriften und GoB vor abweichenden steuerrechtlichen Regelungen. Einschränkend stellt § 6 Abs. 1 Satz 1 EStG klar, dass die Vorschriften des § 6 EStG für die **Bewertung** der gem. § 5 EStG anzusetzenden Wirtschaftsgüter gelten. Für die Rückstellungsbewertung bedeutet das etwa: Die steuerrechtlichen Bewertungsvorschriften in § 6 Abs. 1 Nr. 3a EStG

---

[402] Vgl. BFH, Urteil v. 21.9.2011, I R 89/10, DStRE 2012 S. 21.
[403] Frotscher/Watrin, in Frotscher/Geurts, EStG Kommentar, § 5 EStG Rz 361 f., Stand: 7.3.2019.
[404] So etwa Frotscher/Watrin, in Frotscher/Geurts, EStG Kommentar, § 5 EStG, Rz. 47b, Stand: 7.3.2019; ähnlich auch Hennrichs, StuW 1999, S. 138.
[405] Frotscher/Watrin, in Frotscher/Geurts, EStG Kommentar, § 5 EStG Rz 37 f., Stand: 7.3.2019.
[406] Vgl. BFH, Urteil v. 8.10.2008, I R 61/07, BStBl 2011 II S. 62, BFH/NV 2009 S. 504.
[407] Vgl. BFH, Urteil v. 13.6.2006, I R 58/05, BStBl 2006 II S. 928, BFH/NV 2006 S. 1754.
[408] Vgl. BFH, Urteil v. 25.4.1985, IV R 83/83, BStBl 1986 II S. 350; BFH, Urteil v. 9.8.1989, X R 110/87, BStBl 1990 II S. 195.

haben keinen absoluten Vorrang vor den handelsrechtlichen Bewertungsregeln, sondern wirken, wie der BFH unter Hinweis auf die Formulierung „höchstens insbesondere" betont hat, begrenzend:[409]
- Überschreitet der steuerrechtliche Wertansatz den handelsrechtlichen Wertansatz, gilt der niedrigere handelsrechtliche Wert.[410]
- Liegt der handelsrechtliche Wertansatz hingegen über dem steuerlichen Wert, durchbricht § 6 Abs. 1 Nr. 3a EStG die handelsrechtliche Bewertung. Die steuerrechtlichen Sonderbestimmungen des § 6 Abs. 1 Nr. 3a Buchst. a bis f EStG führen dann dazu, dass der handelsrechtliche Wertansatz (Obergrenze) unterschritten wird.[411] Hieraus folgt, dass stets der niedrigere Wert anzusetzen ist.

Aus den Vorschriften des § 7 EStG ergibt sich der gleiche Normenvorrang hinsichtlich der AfA (Absetzung für Abnutzung, Abschreibung).

Daraus ergibt sich, dass die Bindung an die Handelsbilanz vorrangig hinsichtlich des **Ansatzes** von Wirtschaftsgütern greift. Bewertungsbezogene handelsrechtliche Regelungen, denen keine steuerrechtlichen Vorschriften (der §§ 6 und 7 EStG) entgegenstehen, sind weiterhin maßgeblich. Auch sind die handelsrechtlichen Werte Ausgangspunkt für die Vornahme ggf. notwendiger steuerlicher Wertanpassungen, wobei das Übergangswahlrecht nach Art. 67 Abs. 1 Satz 2 EGHGB unbeachtlich ist. Danach bedurfte es einer Auflösung von Rückstellungen wegen der geänderten Bewertungsregelungen des BilMoG nicht, soweit der aufzulösende Betrag bis spätestens zum 31.12.2024 wieder zugeführt werden muss. Hat ein Unt das Fortführungswahlrecht gewählt, so ist dieser (höhere) Wert auch der Ausgangspunkt für die ggf. notwendige steuerliche Anpassung der Bewertung.[412] Wird das Wahlrecht ausgeübt, kommt es somit zu einem nach Maßgabe des „alten Rechts" GoB-konformen Wertansatz.

Hinsichtlich der regelmäßigen greifenden Maßgeblichkeit der handelsrechtlichen Vorschriften/GoB im Zuge des **Ansatzes** sind allerdings ebenfalls **Einschränkungen** einschlägig. Das Vermögen des Kfm. i.S.v. § 242 Abs. 1 HGB ist nicht mit dem steuerrechtlichen Betriebsvermögen i.S.v. § 5 Abs. 1 Satz 1 EStG gleichzusetzen[413], welches lediglich notwendiges oder gewillkürtes (Betriebs-)Vermögen umfasst.[414] Das Betriebsvermögen umfasst ferner lediglich Wirtschaftsgüter und nicht die Gesamtheit der VG, zu denen etwa auch steuerrechtlich nicht ansatzfähige Bilanzierungshilfen gehören.

179

Aus dem Anwendungsvorrang der steuerrechtlichen Spezialvorschriften ergibt sich i.V.m. der handelsrechtlichen Normen-Rangfolge folgende **Gesamt-Normen-Rangfolge** bei der Erstellung der steuerlichen Gewinnermittlung:

180

---

[409] BFH, Urteil v. 9.3.2023, IV R 24/19, Rz. 14.
[410] BFH, Urteil v. 20.11.2016, XI R 46/17, BStBl II 2020, 195, Rz 24 ff.; BFH, Urteil v. 13.7.2017, IV R 34/14, Rz 29, BFH/NV 2017, 1426; BFH, Urteil v. 11.10.2012, I R 66/11, BStBl II 2013, 676, Rz 14; vgl. z.B. auch Bünning, BB 2020, S. 689; Meurer, BB 2012, S. 2807 f.; a.A. Marx, StuB 2019, S. 888 f.; Zwirner, DStR 2012, S. 2097; Prinz, StuB 2019, S. 5 f.; Velte, Stbg 2013, S. 486.
[411] BFH, Urteil v. 11.10.2012, I R 66/11, BStBl II 2013, 676, Rz 14.
[412] BFH, Urteil v. 9.3.2023, IV R 24/19, Rz. 14, BFH/NV 2023, 871.
[413] Vgl. Frotscher/Watrin, in Frotscher/Geurts, EStG Kommentar, § 5 EStG Rz 49, Stand: 7.3.2019.
[414] Vgl. zum Begriff Frotscher/Watrin, in Frotscher/Geurts, EStG Kommentar, § 4 EStG Rz 21 ff., Stand: 6.8.2019.

- (Entgegenstehende) steuerrechtliche Vorschriften. Sie besitzen sowohl Vorrang vor den (handelsrechtlichen) GoB als auch den HGB-Vorschriften ohne GoB-Charakter, wobei es im Detail zu folgender Rangfolge im Zusammenhang mit dem Maßgeblichkeitsgrundsatz kommt:[415]
  – Handelsrechtliche **Bilanzierungshilfen** führen stets zu einer Durchbrechung des Maßgeblichkeitsprinzips, sie dürfen steuerrechtlich nicht bilanziert werden, da es sich nicht um Wirtschaftsgüter handelt.
  – Hinsichtlich der Zurechnung von Wirtschaftsgütern bzw. VG enthalten Handels- und Steuerrecht regelmäßig übereinstimmende Vorschriften. In Ausnahmefällen kommt es jedoch zur Durchbrechung des Maßgeblichkeitsgrundsatzes. Führt das Steuerrecht bei der **persönlichen Zurechnung** zu vom Handelsrecht abweichenden Entscheidungen, wird das Maßgeblichkeitsprinzip auf Grundlage von § 39 Abs. 2 AO durchbrochen.
  – Ergeben sich nach Handelsrecht hinsichtlich der **Zurechnung zu einem Betriebsvermögen** vom Steuerrecht abweichende Ergebnisse/Konsequenzen, gilt der Maßgeblichkeitsgrundsatz ebenfalls nicht. Es kommt zum Ansatz des steuerrechtlichen Betriebsvermögens.
  – Bei den **Ansatzvorschriften** für Wirtschaftsgüter greift regelmäßig der Maßgeblichkeitsgrundsatz. Nur soweit das Steuerrecht entgegenstehende Regelungen enthält, ergibt sich eine Durchbrechung. Sind die handels- und steuerrechtlichen Ansatzvorschriften identisch bzw. gibt es keine dem Handelsrecht entgegenstehenden steuerrechtlichen Regelungen, handelt es sich nur um eine scheinbare Durchbrechung – der Maßgeblichkeitsgrundsatz gilt weiterhin. Ansatzbezogene Durchbrechungen ergeben sich etwa hinsichtlich/infolge
    • von § 5 Abs. 3 und Abs. 4 EStG,
    • des handelsrechtlichen Aktivierungswahlrechts für selbst geschaffene immaterielle Wirtschaftsgüter,
    • des uneingeschränkten steuerlichen Saldierungsverbots,
    • des handelsrechtlichen Aktivierungsverbots für die aktive Abgrenzung für Zölle, Verbrauchsteuern und USt auf Anzahlungen und
    • der Beteiligung an PersG (steuerliche Bilanzierung des Ergebnisses der gesonderten Gewinnfeststellung bei den Gesellschaftern).
  – Bei der **Bewertung** greift der Maßgeblichkeitsgrundsatz regelmäßig nicht. Die §§ 6, 7 EStG sehen explizit abweichende Bewertungsvorschriften vor. Nur soweit das Steuerrecht keine entgegenstehenden Regelungen enthält, ergibt sich keine Durchbrechung. Dann ggf. bestehende Beurteilungsspielräume (z. B. Schätzung bei Rückstellungen) sind in der „Steuerbilanz" analog zur Handelsbilanz auszunutzen.
- Branchenbezogene Spezialnormen (z. B. Formblattverordnungen)
- Rechtsform-spezifische Spezialnormen (z. B. §§ 150ff. AktG)
- Ergänzende Vorschriften für KapG und ihnen gleichgestellte Personenhandelsgesellschaften (§§ 264–289f HGB, ohne § 264 Abs. 2 HGB)
- Vorschriften für alle Kfl. (§§ 242–256a HGB)
- Grundsätze ordnungsmäßiger Buchführung
- Generalnorm des § 264 Abs. 2 Satz 1 HGB

---

[415] Vgl. zum Folgenden Frotscher/Watrin, in Frotscher/Geurts, EStG Kommentar, § 5 EStG Rz 50, Stand: 7.3.2019.

Liegen keine dem entgegenstehende steuerrechtlichen Regelungen vor, führen vom Prinzip her handelsrechtliche Aktivierungsgebote und Aktivierungswahlrechte zu Aktivierungsgeboten in der Steuerbilanz.[416] Allerdings ist das verbleibende Aktivierungswahlrecht für selbstgeschaffene VG des AV steuerrechtlich mit einem Ansatzverbot belegt. Handelsrechtliche Passivierungsgebote sind – vorbehaltlich entgegenstehender steuerlicher Vorschriften – auch für die steuerliche Gewinnermittlung maßgeblich. Liegen handelsrechtlich Bewertungswahlrechte vor, ohne dass eigenständige steuerliche Regelungen bestehen, schlagen diese infolge des Maßgeblichkeitsprinzips auch auf den Wertansatz in der Steuerbilanz durch – sie sind analog zur Handelsbilanz auszuüben. Wahlrechte, die sowohl handelsrechtlich als auch steuerrechtlich bestehen, können in der Handelsbilanz und in der Steuerbilanz unterschiedlich ausgeübt werden. Wahlrechte, die nur steuerrechtlich bestehen, können unabhängig vom handelsrechtlichen Wertansatz ausgeübt werden.

Eine **GoB-Durchbrechung** ergibt sich etwa infolge der von den handelsrechtlichen Vorschriften des § 246 HGB abweichenden steuerrechtlichen Vorgabe des § 5 Abs. 1a Satz 2 EStG. Während § 5 Abs. 1a Satz 2 EStG korrespondierend zu § 254 HGB als Ausnahme vom **Saldierungsverbot** die Bildung von Bewertungseinheiten durch Zusammenfassung von VG, Schulden, schwebenden Geschäften usw. mit in der Wirkung gegenläufigen Finanzinstrumenten gestattet, ist die zweite handelsrechtliche Ausnahme vom Saldierungsverbot steuerrechtlich unzulässig. VG, die dem Zugriff aller übrigen Gläubiger entzogen sind und ausschl. der Erfüllung von Schulden aus Altersversorgungsverpflichtungen oder vergleichbaren langfristig fällig werdenden Verbindlichkeiten dienen, dürfen gem. § 246 Abs. 2 Satz 2 HGB mit diesen Verbindlichkeiten verrechnet werden. § 5 Abs. 1a Satz 2 EStG dagegen verbietet eben diese Verrechnung.

Umstritten sind GoB-durchbrechende Vorgehensweisen im Zusammenhang mit **Pensionsverpflichtungen** und **Teilwertabschreibungen**. Hinsichtlich der Teilwertabschreibungen sieht § 6 Abs. 1 Nr. 2 Satz 2 EStG dem Wortlaut nach ein Wahlrecht vor („Ist der Teilwert … niedriger, so kann dieser angesetzt werden."). Gem. § 6a EStG dürfen Pensionsverpflichtungen dagegen nur unter bestimmten Voraussetzungen gebildet werden. Das BMF sieht hinsichtlich Ansatz und Bewertung von Pensionsverpflichtungen i. S. v. § 6a EStG vor, dass das handelsrechtliche Passivierungsgebot des § 249 HGB daher grds. auch für die steuerliche Gewinnermittlung gilt, diese in der steuerlichen Gewinnermittlung aber nur anzusetzen sind, wenn die Voraussetzungen des § 6a Abs. 1 und 2 EStG (z. B. Schriftformerfordernis, § 6a Abs. 1 Nr. 3 EStG) erfüllt sind.[417] Bzgl. einer Teilwertabschreibung führt das BMF aus, dass nach § 6 Abs. 1 Nr. 1 Satz 2 und Nr. 2 Satz 2 EStG bei einer voraussichtlich dauernden Wertminderung der Teilwert angesetzt werden kann und die Vornahme einer außerplanmäßigen Abschreibung in der Handelsbilanz nicht zwingend in der Steuerbilanz durch eine Teilwertabschreibung nachzuvollziehen ist. Nach mitunter vertretener Auffassung im Schrifttum soll die vom BMF skizzierte Vorgehensweise nicht der Regelungsabsicht des Gesetzgebers entsprechen, mithin ein Abwertungs-

---

[416] Vgl. dazu und im Folgenden BMF, Schreiben v. 12.3.2010, IV C 6 – S 2133/09/10001.
[417] Vgl. Verwaltungsanweisung BMF, 12.3.2010, IV C 6 – S 2133/09/10001.

gebot in der Steuerbilanz anzunehmen sein.[418] Vor dem Hintergrund des explizit formulierten Willens des Gesetzgebers hinsichtlich des Teilwertansatzes ist diese Argumentation von Hoffmann/Lüdenbach nachvollziehbar, wenngleich wir die geforderte Vorgehensweise infolge der eindeutigen gesetzlichen Formulierung und der Nachrangigkeit der GoB ablehnen.[419]

„Auch nach dem Verzicht auf die umgekehrte Maßgeblichkeit ändert sich an der Systematik der außerplanmäßigen Abschreibungen/der Teilwertabschreibung wegen dauernder Wertminderung nichts. Ein Ansatz mit dem niedrigeren beizulegenden Wert nach § 253 Abs. 3 Satz 3 HGB-E ist vorzunehmen (Niederstwertprinzip). Aufgrund der Maßgeblichkeit der Handelsbilanz für die Steuerbilanz ist steuerlich eine Teilwertabschreibung nach § 6 Abs. 1 Nr. 1 Satz 2 EStG vorzunehmen. Ein steuerliches Wahlrecht besteht insoweit nicht. Ein niedrigerer Ansatz mit dem beizulegenden Wert nach § 253 Abs. 3 Satz 4 HGB-E ist wegen des Bewertungsvorbehaltes in § 5 Abs. 6 in Verbindung mit § 6 Abs. 1 Nr. 1 Satz 2 EStG (Voraussetzung für eine Teilwertabschreibung ist eine voraussichtlich dauernde Wertminderung) in der Steuerbilanz nicht zulässig.[420]"

Warum das BMF hier angeblich einen Unterschied zwischen zwei „identischen" Sachverhalten (Wahlrechten) macht,[421] ist nicht nachvollziehbar. Es ist nicht korrekt, hier die Formulierungen „kann" und „darf" zu vergleichen, da der Gesetzeswortlaut von „kann" und „darf nicht" spricht. Anders als „kann" ist „darf nicht" nicht als originäres Wahlrecht, sondern als Verbot in bestimmten Fällen zu verstehen. Die abweichende Behandlung ist insofern nur konsequent und etwa auf der Passivseite auch durch aktuelle BFH-Rechtsprechung gefestigt.

Praxis-Beispiel
Bei Fremdwährungsverbindlichkeiten mit einer Restlaufzeit von zumindest zehn Jahren berechtigt nach Feststellung des BFH nicht jeder Kursverlust zur Annahme einer voraussichtlich dauernden Werterhöhung. Handelsrechtlich wäre dem Vorsichts- und Imparitätsprinzip folgend ein Höchstwerttest für Fremdwährungsverbindlichkeiten mit einer Laufzeit von über einem Jahr (§ 256a Satz 2 HGB) nötig und somit stets eine Veränderung des Devisenkassamittelkurses in Richtung eines höheren Verbindlichkeitsbetrags zu berücksichtigen. Der BFH will aber nur eine voraussichtlich dauernde Werterhöhung akzeptieren, die jedenfalls dann vorliegt, wenn fundamentale Veränderungen der wirtschaftlichen und/oder finanzpolitischen Daten eine dauerhafte Veränderung der Wechselkurse vermuten lassen. Dies ist z. B. der Fall, wenn die Notenbank eines Fremdwährungsstaats die Absicht äußert, Stützungskäufe zu tätigen, um einen bestimmten Wechselkurs der Fremdwährung zu verteidigen.[422]
Dies soll nach einem weiteren Urteil für alle Fremdwährungsdarlehen gelten, d. h. unabhängig davon, ob es sich um ein Darlehen mit unbestimmter oder

---

[418] Vgl. Hoffmann/Lüdenbach, NWB-Kommentar Bilanzierung, 15. Aufl. 2023, § 252 HGB Rz 275.
[419] Ebenso Prinz, in Prinz/Kanzler, NWB-Praxishandbuch Bilanzsteuerrecht, III.1 Rz 363.
[420] BT-Drs. 16/10067 v. 30.7.2008 S. 124.
[421] Vgl. Hoffmann/Lüdenbach, NWB-Kommentar Bilanzierung, 15. Aufl. 2023, § 252 HGB Rz 276.
[422] BFH, Urteil v. 2.7.2021, XI R 29/18, BStBl 2022 II S. 205, HI14833508.

> mit bestimmter Restlaufzeit handelt und ob die Restlaufzeit mind. zehn Jahre oder weniger beträgt. Dabei ist eine fundamentale Änderung anzunehmen, wenn sich die Verhältnisse zwischen den betroffenen Währungsräumen aus Sicht des Bilanzstichtages so außerordentlich und nachhaltig geändert haben, dass nicht angenommen werden kann, der Wechselkurs zu dem Zeitpunkt der Eingehung der Verbindlichkeit werde sich ohne Weiteres wieder einstellen.[423]

Exemplarisch kann diese Herausforderung an dem weiteren Beispiel, ob und inwieweit der **Stetigkeitsgrundsatz** über das Maßgeblichkeitsprinzip in der Steuerbilanz zur Anwendung kommt, verdeutlicht werden. Seit Abschaffung der umgekehrten Maßgeblichkeit wird dies in der Literatur diskutiert. Dabei ist unstrittig, dass das Steuerrecht selbst über kein eigenes klares Stetigkeitsprinzip verfügt.[424] Grds. lassen sich drei Fallgruppen[425] bilden:[426]

1. **Stetigkeitsgrundsatz über das Maßgeblichkeitsprinzip des § 5 Abs. 1 Satz 1 1. Hs EStG:** Wirtschaftsgüter, für die im Steuerrecht keine eigenen Ansatz- oder Bewertungsvorschriften vorliegen, sind über den Grundsatz der Maßgeblichkeit nach § 5 Abs. 1 Satz 1 1. Hs EStG im Hinblick auf die Bilanzierung an die handelsrechtlichen Vorgaben gebunden. Dies gilt sowohl für Sachverhalte, in denen das Handelsrecht klare Bilanzierungsvorgaben enthält, als auch für Regelungen, nach denen der Bilanzierende handelsrechtlich ein Wahlrecht oder gar Ermessensspielräume ausüben kann. Der Steuerpflichtige ist im Hinblick auf die Wahlrechtsausübung in der Handelsbilanz auch in der Steuerbilanz an die gewählten Ansatz- und Bewertungsmethoden gebunden. Dies gilt insb. für art- und funktionsgleiche Wirtschaftsgüter unabhängig davon, in welcher Periode diese angeschafft wurden. Wählt der Bilanzierende in der Handelsbilanz bspw. ein Verfahren zur Bestimmung des Gemeinkostenzuschlagssatzes bei der Ermittlung der Herstellungskosten, so ist er an dieses Verfahren und somit auch an die Höhe der Herstellungskosten grds. in der Steuerbilanz gebunden. Abweichungen zwischen Handels- und Steuerbilanz entstehen hier jedoch regelmäßig, wenn die Betriebsprüfung gewählte Gemeinkostenzuschlagssätze für unrealistisch hält. Der Wesentlichkeitsgrundsatz, der im Zuge von Jahresabschlussprüfungen durch Wirtschaftsprüfungsgesellschaften gelebt wird, existiert dabei nicht für die Steuerbilanz.
2. **Stetigkeitsgrundsatz bei eigenständigen steuerbilanziellen Wahlrechten:** Liegen im Steuerrecht eigenständige Vorschriften über den Ansatz (Ansatzverbot von selbsterstellten immateriellen Wirtschaftsgütern) oder die Bewertung (Wahlrecht der Ausübung einer Teilwertabschreibung) von Wirtschaftsgütern vor, kann der Steuerpflichtige diese unabhängig von der Bilanzierung in der Handelsbilanz ausüben. Die GoB gelten insoweit nicht für die Steuerbilanz, da der Maßgeblichkeitsgrundsatz für diese Sachverhalte durchbrochen ist. Insofern ist auch der Grundsatz der Bewertungsstetigkeit nicht für die Steuerbilanz anwendbar und der Steuerpflichtige kann steuerbilanzielle

---

[423] BFH, Urteil v. 10.6.2021, IV R 18/18, BStBl 2022 II S. 205, HI14833507.
[424] Vgl. Bense, DStR 2020, S. 1662.
[425] Vgl. Scheffler/Binder, StuB 2012, S. 893 ff.
[426] Vgl. Müller/Ströde, Die Steuerberatung, 2021, S. 6 ff.

Wahlrechte interperiodisch anders ausüben. Für art- und funktionsgleiche Wirtschaftsgüter, sofern sie im selben Wj zugehen, gilt weiterhin der Grundsatz der Bewertungsstetigkeit (bspw. Poolabschreibung GWG).[427]
3. **Steuerrechtliche Regelungen mit eigenem Stetigkeitsgrundsatz:** Darüber hinaus finden sich im Steuerrecht „Funken" einer eigenen Stetigkeit. Dabei handelt es sich weniger um einen Grundsatz, sondern vielmehr um einzelne Regelungen des Gesetzgebers, die eine Willkür des Steuerpflichtigen bei gewissen Wirtschaftsgütern unterbinden sollen. Beispielhaft zu nennen sind der Wechsel der Abschreibungsmethode nach § 7 Abs. 3 EStG oder die Umstellung des Wj von einem kalendergleichen auf ein abweichendes Wj nach § 4a Abs. 1 Satz 2 Nr. 2 Satz 2 EStG. In beiden Fällen bedürfen Abweichungen einer besonderen sachlichen Begründung und im Fall des Wechsels des Wj sogar die Zustimmung des Finanzamtes.

6 Rechtsfolgen bei Pflichtverletzung

184 Ein Verstoß gegen die Vorschriften des § 252 HGB ist ihrem Grundsatzcharakter und den Ausnahmeregelungen in Abs. 2 geschuldet weder direkt bußgeldbewehrt noch erfüllt er den Tatbestand einer Straftat. Bzgl. der Rechtsfolgen bei Pflichtverletzungen im Zusammenhang mit den bewertungsrelevanten Einzelvorschriften wird auf die Kommentierungen der §§ 253–256a HGB verwiesen. Hinsichtlich der indirekten Rechtsfolgen aus einer Verletzung der Pflicht zur Aufstellung des Jahresabschlusses unter Beachtung der GoB wird auf die Kommentierung zu den §§ 243, 264 sowie 264a HGB verwiesen.

---

[427] Vgl. Mutscher, in Frotscher/Geurts, EStG, § 6 EStG Rz 81a, Stand: 10.8.2022; BFH, Urteil v. 15.2.2001, IV R 5/99, BStBl II 2001 S. 548, BFH/NV 2001 S. 971: Gruppenbewertung für Viehanlagevermögen in einem Wj, Übergang zur Einzelbewertung und Sofortabschreibung im folgenden Wj; BMF, Schreiben v. 14.11.2001, IV A 6 – S 2170–36/01, BStBl I 2001 S. 864.

§ 253 Zugangs- und Folgebewertung

(1) ¹Vermögensgegenstände sind höchstens mit den Anschaffungs- oder Herstellungskosten, vermindert um die Abschreibungen nach den Absätzen 3 bis 5, anzusetzen. ²Verbindlichkeiten sind zu ihrem Erfüllungsbetrag und Rückstellungen i. H. d. nach vernünftiger kaufmännischer Beurteilung notwendigen Erfüllungsbetrages anzusetzen. ³Soweit sich die Höhe von Altersversorgungsverpflichtungen ausschließlich nach dem beizulegenden Zeitwert von Wertpapieren im Sinn des § 266 Abs. 2 A. III. 5 bestimmt, sind Rückstellungen hierfür zum beizulegenden Zeitwert dieser Wertpapiere anzusetzen, soweit er einen garantierten Mindestbetrag übersteigt. ⁴Nach § 246 Abs. 2 Satz 2 zu verrechnende Vermögensgegenstände sind mit ihrem beizulegenden Zeitwert zu bewerten. ⁵Kleinstkapitalgesellschaften (§ 267a) dürfen eine Bewertung zum beizulegenden Zeitwert nur vornehmen, wenn sie von keiner der in § 264 Absatz 1 Satz 5, § 266 Absatz 1 Satz 4, § 275 Absatz 5 und § 326 Absatz 2 vorgesehenen Erleichterungen Gebrauch machen. ⁶Macht eine Kleinstkapitalgesellschaft von mindestens einer der in Satz 5 genannten Erleichterungen Gebrauch, erfolgt die Bewertung der Vermögensgegenstände nach Satz 1, auch soweit eine Verrechnung nach § 246 Absatz 2 Satz 2 vorgesehen ist.

(2) ¹Rückstellungen mit einer Restlaufzeit von mehr als einem Jahr sind abzuzinsen mit dem ihrer Restlaufzeit entsprechenden durchschnittlichen Marktzinssatz, der sich im Falle von Rückstellungen für Altersversorgungsverpflichtungen aus den vergangenen zehn Geschäftsjahren und im Falle sonstiger Rückstellungen aus den vergangenen sieben Geschäftsjahren ergibt. ²Abweichend von Satz 1 dürfen Rückstellungen für Altersversorgungsverpflichtungen oder vergleichbare langfristig fällige Verpflichtungen pauschal mit dem durchschnittlichen Marktzinssatz abgezinst werden, der sich bei einer angenommenen Restlaufzeit von 15 Jahren ergibt. ³Die Sätze 1 und 2 gelten entsprechend für auf Rentenverpflichtungen beruhende Verbindlichkeiten, für die eine Gegenleistung nicht mehr zu erwarten ist. ⁴Der nach den Sätzen 1 und 2 anzuwendende Abzinsungszinssatz wird von der Deutschen Bundesbank nach Maßgabe einer Rechtsverordnung ermittelt und monatlich bekannt gegeben. ⁵In der Rechtsverordnung nach Satz 4, die nicht der Zustimmung des Bundesrates bedarf, bestimmt das Bundesministerium der Justiz im Benehmen mit der Deutschen Bundesbank das Nähere zur Ermittlung der Abzinsungszinssätze, insbesondere die Ermittlungsmethodik und deren Grundlagen, sowie die Form der Bekanntgabe.

(3) ¹Bei Vermögensgegenständen des Anlagevermögens, deren Nutzung zeitlich begrenzt ist, sind die Anschaffungs- oder die Herstellungskosten um planmäßige Abschreibungen zu vermindern. ²Der Plan muss die Anschaffungs- oder Herstellungskosten auf die Geschäftsjahre verteilen, in denen der Vermögensgegenstand voraussichtlich genutzt werden kann. ³Kann in Ausnahmefällen die voraussichtliche Nutzungsdauer eines selbst geschaffenen immateriellen Vermögensgegenstands des Anlagevermögens nicht verlässlich geschätzt werden, sind planmäßige Abschreibungen auf die Herstellungskosten über einen Zeitraum von zehn Jahren vorzunehmen. ⁴Satz 3 findet auf einen entgeltlich erworbenen Geschäfts- oder Firmenwert

entsprechende Anwendung. ⁵Ohne Rücksicht darauf, ob ihre Nutzung zeitlich begrenzt ist, sind bei Vermögensgegenständen des Anlagevermögens bei voraussichtlich dauernder Wertminderung außerplanmäßige Abschreibungen vorzunehmen, um diese mit dem niedrigeren Wert anzusetzen, der ihnen am Abschlussstichtag beizulegen ist. ⁶Bei Finanzanlagen können außerplanmäßige Abschreibungen auch bei voraussichtlich nicht dauernder Wertminderung vorgenommen werden.

(4) ¹Bei Vermögensgegenständen des Umlaufvermögens sind Abschreibungen vorzunehmen, um diese mit einem niedrigeren Wert anzusetzen, der sich aus einem Börsen- oder Marktpreis am Abschlussstichtag ergibt. ²Ist ein Börsen- oder Marktpreis nicht festzustellen und übersteigen die Anschaffungs- oder Herstellungskosten den Wert, der den Vermögensgegenständen am Abschlussstichtag beizulegen ist, so ist auf diesen Wert abzuschreiben.

(5) ¹Ein niedrigerer Wertansatz nach Absatz 3 Satz 5 oder 6 und Absatz 4 darf nicht beibehalten werden, wenn die Gründe dafür nicht mehr bestehen. ²Ein niedrigerer Wertansatz eines entgeltlich erworbenen Geschäfts- oder Firmenwertes ist beizubehalten.

(6) ¹Im Falle von Rückstellungen für Altersversorgungsverpflichtungen ist der Unterschiedsbetrag zwischen dem Ansatz der Rückstellungen nach Maßgabe des entsprechenden durchschnittlichen Marktzinssatzes aus den vergangenen zehn Geschäftsjahren und dem Ansatz der Rückstellungen nach Maßgabe des entsprechenden durchschnittlichen Marktzinssatzes aus den vergangenen sieben Geschäftsjahren in jedem Geschäftsjahr zu ermitteln. ²Gewinne dürfen nur ausgeschüttet werden, wenn die nach der Ausschüttung verbleibenden frei verfügbaren Rücklagen zuzüglich eines Gewinnvortrags und abzüglich eines Verlustvortrags mindestens dem Unterschiedsbetrag nach Satz 1 entsprechen. ³Der Unterschiedsbetrag nach Satz 1 ist in jedem Geschäftsjahr im Anhang oder unter der Bilanz darzustellen.

Inhaltsübersicht	Rz
1 Überblick	1–16
1.1 Inhalt	1–8
1.2 Anwendungsbereich	9–12
1.3 Normenzusammenhang	13–16
2 Bewertungsgrundsätze (Abs. 1)	17–126
2.1 Bewertung von Vermögensgegenständen (Abs. 1 Satz 1)	17–19
2.2 Bewertung von Verbindlichkeiten (Abs. 1 Satz 2)	20–31
2.3 Bewertung von Rückstellungen (Abs. 1 Satz 2 und 3)	32–116
2.3.1 Schätz- und Bewertungsmaßstab	32–33
2.3.2 Bewertungsobjekt	34–38
2.3.3 Bewertungsstichtag	39–43
2.3.4 Schätzung des Verpflichtungsumfangs	44–59
2.3.4.1 Annahme einer planmäßigen Erfüllung	44
2.3.4.2 Zu berücksichtigende Aufwendungen	45–55
2.3.4.3 Vorsichtige Bewertung	56–59
2.3.5 Höchstwertprinzip	60–64
2.3.6 Ansammlungs- oder Verteilungsrückstellungen	65–68

2.3.7	Rückstellungen für Altersversorgungsverpflichtungen und vergleichbare langfristig fällige Verpflichtungen.	69–116
2.3.7.1	Begriffe	69–73
2.3.7.2	Altersversorgungsverpflichtungen	74–113
2.3.7.3	Vergleichbare langfristig fällige Verpflichtungen	114–116
2.4	Saldierungspflichtiges Deckungsvermögen (Abs. 1 Satz 4).	117–126
3	Abzinsung von Schulden (Abs. 2)	127–154
3.1	Rückstellungen allgemein (Abs. 2 Satz 1).	127–141
3.1.1	Grundsatz	127–128
3.1.2	Abzinsungssatz	129–134
3.1.3	Bestimmung der Restlaufzeit	135–136
3.1.4	Darstellung in der Gewinn- und Verlustrechnung/ Rückstellungsspiegel.	137–141
3.2	Vereinfachungen für Altersversorgungsverpflichtungen und vergleichbare langfristig fällige Verpflichtungen	142–148
3.2.1	Altersversorgungsverpflichtungen	142–146
3.2.2	Vergleichbare langfristig fällige Verpflichtungen	147–148
3.3	Rentenschulden (Abs. 2 Satz 3)	149–154
4	Abschreibung von Vermögensgegenständen des Anlagevermögens (Abs. 3)	155–277
4.1	Planmäßige Abschreibung (Abs. 3 Satz 1 bis 4)	155–215
4.1.1	Abzuschreibende Vermögensgegenstände	155–159
4.1.2	Abschreibungspläne	160–185
4.1.2.1	Planmäßigkeit.	160–162
4.1.2.2	Anschaffungs- und Herstellungskosten und Restwert	163–166
4.1.2.3	Voraussichtliche Nutzungsdauer	167–172
4.1.2.4	Abschreibungsmethoden	173–185
4.1.3	Wahl der Abschreibungsmethode und Plananpassung.	186–191
4.1.4	Einzelfragen	192–215
4.1.4.1	Komponentenansatz	192–198
4.1.4.2	Geringwertige Wirtschaftsgüter	199–202
4.1.4.3	Geschäfts- oder Firmenwert	203–208
4.1.4.4	Immaterielle Vermögensgegenstände des Anlagevermögens	209–214
4.1.4.5	Computerhardware und Software	215
4.2	Außerplanmäßige Abschreibung (Abs. 3 Satz 5 und 6)	216–277
4.2.1	Gemildertes Niederstwertprinzip	216–239
4.2.1.1	Grundsatz	216–219
4.2.1.2	Beizulegender Wert	220–229
4.2.1.3	Voraussichtlich dauernde Wertminderung	230–239
4.2.2	Immaterielles Anlagevermögen	240–245
4.2.3	Sachanlagen	246–258
4.2.4	Finanzanlagen	259–277

5	Abschreibung von Vermögensgegenständen des Umlaufvermögens (Abs. 4)	278–329
5.1	Strenges Niederstwertprinzip	278–291
5.1.1	Börsen- oder Marktpreis	283–285
5.1.2	Beizulegender Wert	286–291
5.2	Vorratsvermögen	292–309
5.2.1	Roh-, Hilfs- und Betriebsstoffe	292–300
5.2.2	Unfertige Erzeugnisse und Fertigerzeugnisse sowie Leistungen	301–305
5.2.3	Handelswaren	306–309
5.3	Forderungen und sonstige Vermögensgegenstände	310–324
5.4	Wertpapiere des Umlaufvermögens	325–328
5.5	Liquide Mittel	329
6	Wertaufholung (Abs. 5)	330–337
6.1	Wertaufholungsgebot (Abs. 5 Satz 1)	330–335
6.2	Zuschreibungsverbot für den Geschäfts- oder Firmenwert (Abs. 5 Satz 2)	336–337
7	Ausschüttungssperre (Abs. 6)	338–341

1 Überblick

1.1 Inhalt

1 § 253 HGB enthält die Bewertungsvorschriften für Vermögensgegenstände (VG) und Schulden und bildet damit einen Eckpfeiler der bilanzrechtlichen Bewertungsvorschriften.

2 Nach § 253 Abs. 1 Satz 1 HGB sind VG zu **fortgeführten Anschaffungs- oder Herstellungskosten** (AHK), also unter Berücksichtigung planmäßiger und außerplanmäßiger Abschreibungen sowie von Zuschreibungen, zu bewerten. Abweichend hiervon sieht Satz 4 eine **erfolgswirksame Zeitwertbewertung** für nach § 246 Abs. 2 Satz 2 HGB mit Schulden zu verrechnende VG (§ 246 Rz 105) vor.
Verbindlichkeiten sind zum Erfüllungsbetrag, Rückstellungen i. H. d. nach vernünftiger kaufmännischer Beurteilung notwendigen Erfüllungsbetrags anzusetzen (Satz 2). Durch die geforderte bilanzielle Vorwegnahme künftiger Preis- und Kostenentwicklungen (Rz 48) sowie die Abzinsung ungewisser Verbindlichkeiten mit einer Restlaufzeit von mehr als einem Jahr zielt auch die Bewertungsvorschrift für Rückstellungen näherungsweise auf einen Zeitwertansatz. Unmittelbar verwirklicht ist dieser in Satz 3 für bestimmte wertpapiergebundene Altersversorgungsverpflichtungen.

3 § 253 Abs. 2 HGB präzisiert das **Abzinsungsgebot** für längerfristige **Rückstellungen**. Die Diskontierung erfolgt nicht mit einem Stichtagszins, sondern mit einem durchschnittlichen Marktzins der vergangenen sieben Gj (Satz 1). Rückstellungen für Altersversorgungsverpflichtungen sind mit einem Zehn-Jahresdurchschnittszins abzuzinsen. Aus Objektivierungsgründen stellt die Deutsche Bundesbank die relevanten Marktzinssätze nach Maßgabe der RückAbzinsV fest (Satz 4, 5).[1] Die Abzinsungsregelung gilt sinngem. für auf Rentenverpflichtungen beru-

---

1 Vgl. Stapf/Elgg, BB 2009, S. 2134.

hende Verbindlichkeiten, für die eine Gegenleistung nicht mehr zu erwarten ist (Satz 3). Aus **Vereinfachungsgründen** dürfen Rückstellungen für Altersversorgungsverpflichtungen oder vergleichbare langfristig fällige Verpflichtungen pauschal mit einem durchschnittlichen Marktzins für eine angenommene Restlaufzeit von 15 Jahren abgezinst werden. Die im März 2016 in Kraft getretene Abzinsungsregelung für Altersversorgungsrückstellungen mit einem Zehn-Jahresdurchschnitt durfte wahlweise schon im Jahres- und Konzernabschluss 2015 angewendet werden (Art. 75 Abs. 7 EGHGB).

§ 253 Abs. 3–5 HGB regeln die **Folgebewertung des Vermögens**. Das Bewertungsprogramm differenziert zwischen einzelnen Arten von VG und gilt **rechtsformübergreifend** für KapG und Nicht-KapG.

Die **Bewertungsvorgaben für das Anlagevermögen** (Abs. 3) sehen planmäßige Abschreibungen für abnutzbare VG (Satz 1, 2) sowie außerplanmäßige Abschreibungen bei voraussichtlich dauernden Wertminderungen vor (Satz 3). Für Finanzanlagen besteht zudem ein Abschreibungswahlrecht bei voraussichtlich nicht dauernder Wertminderung (Satz 4).

Die **Niederstbewertung des Umlaufvermögens** (Abs. 4) erfordert Abschreibungen auf diese VG, wenn sich für sie am Abschlussstichtag ein niedrigerer Wert aus einem Börsen- oder Marktpreis ergibt oder ihr beizulegender Wert den Buchwert unterschreitet.

Fallen die Gründe für eine außerplanmäßige Abschreibung weg, besteht nach Abs. 5 ein **Wertaufholungsgebot**, von dem lediglich der entgeltlich erworbene Geschäfts- oder Firmenwert (GoF) ausgenommen ist.

§ 253 Abs. 6 HGB sieht eine **Ausschüttungssperre** i. H. d. Betrags vor, um den die für Altersversorgungsverpflichtungen auf Basis des Zehn-Jahresdurchschnittszinssatzes ermittelte Rückstellung jenen Wertansatz unterschreitet, der sich unter Anwendung des bisherigen Sieben-Jahresdurchschnittszinses ergeben hätte.

1.2 Anwendungsbereich

Die Vorschriften zur Zugangs- und Folgebewertung gelten **sachlich** für alle Kfl., kraft expliziter Verweisung auch für Kredit- und Finanzdienstleistungsinstitute (§ 340a Abs. 1 HGB) sowie für VersicherungsUnt und Pensionsfonds (§ 341a Abs. 1 HGB). Letztere haben jedoch die für sie geltenden geschäftszweigspezifischen Bewertungsgrundsätze und -bestimmungen (z. B. §§ 340e, 340f bzw. 341b–341h HGB) vorrangig zu beachten.

Der mit dem MicroBilG eingefügte Satz 5 in Abs. 1 schließt eine Zeitwertbewertung von Deckungsvermögen bei KleinstKapG aus, wenn die Unt bestimmte für sie geschaffene Erleichterungen in Anspruch nehmen, indem sie
- ihren Jahresabschluss ohne Anhang aufstellen (§ 264 Abs. 1 Satz 5 HGB; § 264 Rz 45) oder
- die Bilanz in verkürzter Form aufstellen (§ 266 Abs. 1 Satz 4 HGB; § 266 Rz 13) oder
- die GuV in verkürzter Form aufstellen (§ 275 Abs. 5 HGB; § 275 Rz 261) oder
- ihrer Offenlegungspflicht durch Hinterlegung der Bilanz beim Betreiber des BAnz nachkommen (§ 326 Abs. 2 HGB; § 326 Rz 24).

In diesem Fall erfolgt die Bewertung der sich als Deckungsvermögen qualifizierenden VG zu AHK.

10 In **zeitlicher Hinsicht** war der mit dem BilMoG neu gefasste § 253 HGB erstmals für Gj anzuwenden, die nach dem 31.12.2009 begannen (Art. 66 Abs. 3 Satz 1 EGHGB). Die nachträglich geänderte Fassung des § 253 Abs. 2 Satz 1 HGB und der neu geschaffene Abs. 6 waren verpflichtend erstmals auf Jahres- und Konzernabschlüsse für das nach dem 31.12.2015 endende Gj anzuwenden (Art. 75 Abs. 6 EGHGB).

11 Mit dem BilRUG wurden die Vorschriften zu planmäßigen Abschreibungen selbst geschaffener immaterieller VG und entgeltlich erworbener GoF neu gefasst. Die Neuregelung war erstmals auf nach dem 31.12.2015 aktivierte immaterielle VG sowie auf GoF anzuwenden, die aus Erwerbsvorgängen nach dem 31.12.2015 stammen (Art. 75 Abs. 4 EGHGB). Für früher zugegangene selbst geschaffene immaterielle VG und GoF gelten die Abschreibungsregelungen, wie sie mit dem BilMoG eingeführt wurden (s. hierzu Rz 155 ff. und 203 ff.).

12 Die in § 253 Abs. 1 Satz 5 HGB angesprochenen Erleichterungen für Kleinst-KapG waren erstmals in Jahres- und Konzernabschlüssen für nach dem 30.12.2012 liegende Abschlussstichtage anzuwenden (Art. 70 Abs. 1 EGHGB). Entsprechendes gilt für das an die Inanspruchnahme dieser Befreiungen anknüpfende Verbot der Zeitwertbewertung von Deckungsvermögen.

1.3 Normenzusammenhang

13 § 253 HGB konkretisiert die allgemeinen **Bewertungsgrundsätze** des § 252 HGB durch Bewertungsanweisungen für VG und Schulden. Diese Anweisungen verwenden unterschiedliche Bewertungsmaßstäbe, die tw. an anderen Stellen des Gesetzes erläutert sind.

14 Die zentralen Maßstäbe für die Zugangsbewertung, die **Anschaffungs- und Herstellungskosten**, sind in § 255 Abs. 1–3 HGB präzisiert. Den beizulegenden Zeitwert definiert § 255 Abs. 4 HGB. Zudem formuliert die Vorschrift Vorgaben für seine Ermittlung. Der Ansatz von nach § 246 Abs. 2 Satz 2 HGB mit Schulden zu verrechnenden VG über ihren (ggf. fortgeführten) Zugangswerten führt bei KapG zu einer **Ausschüttungssperre**, die nach § 268 Abs. 8 Satz 3 HGB zu ermitteln ist.

15 Für die Umrechnung auf fremde Währung lautender VG und Verbindlichkeiten mit einer Restlaufzeit von max. einem Jahr gilt das in § 253 Abs. 1 Satz 1 HGB enthaltene **Anschaffungswertprinzip** nicht (§ 256a HGB). Eingeschränkt wird es ferner durch die besonderen Bilanzierungsvorschriften für Bewertungseinheiten nach § 254 HGB (§ 254 Rz 3).

16 Die Auswirkungen bestimmter Bewertungsvorgänge nach § 253 HGB sind in der GuV gesondert anzugeben oder im **Anhang** zu erläutern. Das betrifft etwa außerplanmäßige Abschreibungen (§ 277 Abs. 3 Satz 1 HGB), Aufwendungen und Erträge aus der Abzinsung (§ 277 Abs. 5 Satz 1 HGB) oder aus der Währungsumrechnung (§ 277 Abs. 5 Satz 2 HGB), die Nichtabschreibung von VG des Finanzanlagevermögens bei einer voraussichtlich nicht dauernden Wertminderung (§ 285 Nr. 18 HGB), den Nichtansatz von Derivaten zum beizulegenden Zeitwert (§ 285 Nr. 19 HGB) und die Bewertung von Deckungsvermögen zum beizulegenden Zeitwert (§ 285 Nr. 25 HGB).

2 Bewertungsgrundsätze (Abs. 1)

2.1 Bewertung von Vermögensgegenständen (Abs. 1 Satz 1)

§ 253 Abs. 1 Satz 1 HGB regelt die grds. Bewertung von VG nach Handelsrecht (zur Ausnahme bei saldierungspflichtigem Deckungsvermögen vgl. Rz 117). Die **Wertobergrenze** von VG bilden die AHK, vermindert um obligatorische Abschreibungen. Die AHK sind in § 255 HGB definiert (§ 255 Rz 17 ff., Rz 79 ff.). Obligatorische Abschreibungen betreffen planmäßige Abschreibungen bei VG des AV (Rz 155) sowie außerplanmäßige Abschreibungen bei VG des AV und UV. Nach den rechtsformunabhängig ausgestalteten Bewertungsvorschriften zu außerplanmäßigen Abschreibungen und Wertaufholungen entspricht die **Wertuntergrenze** nahezu durchgängig der Wertobergrenze. Eine Ausnahme bilden VG des Finanzanlagevermögens, bei denen über die gebotenen Abwertungen hinaus Abschreibungen bei voraussichtlich nicht dauernden Wertminderungen vorgenommen werden können.

Die nachfolgende Übersicht zeigt die zu berücksichtigenden Regelungen des Niederstwertprinzips für AV (gemildert) und UV (streng):

Abb. 1: Niederstwertprinzip

Einzelheiten zu außerplanmäßigen Abschreibungen regeln Abs. 3 für das AV (Rz 216) und Abs. 4 für das UV (Rz 278).

2.2 Bewertung von Verbindlichkeiten (Abs. 1 Satz 2)

Verbindlichkeiten sind nach § 253 Abs. 1 Satz 2 HGB mit dem **Erfüllungsbetrag** anzusetzen. Der Erfüllungsbetrag einer Verbindlichkeit bestimmt sich nach dem Betrag, der zur Begleichung der Verbindlichkeit aufzuwenden ist. In Geld zu erbringende Verbindlichkeiten sind mit dem Nennbetrag (zu Ausnahmen vgl. Rz 28) oder Rückzahlungsbetrag anzusetzen.

Der Erfüllungsbetrag einer Verbindlichkeit aus erhaltenen Lieferungen und Leistungen beinhaltet auch die vom Gläubiger in Rechnung gestellte **Umsatz-**

steuer. Erhaltene Anzahlungen sind demgegenüber netto zu bilanzieren. Die abzuführende Umsatzsteuer führt zum Ansatz einer Verbindlichkeit ggü. dem Finanzamt. Bei der Nettobilanzierung bleibt es auch, wenn die Umsatzsteuer abgeführt ist. Scheitert das Geschäft, ist ggü. dem Kunden zwar der Bruttobetrag zu erstatten, i. H. d. Umsatzsteueranteils wächst dem Unt allerdings ein Rückerstattungsanspruch ggü. dem Finanzamt zu. Solange keine Hinweise auf eine bevorstehende Rückabwicklung der empfangenen gegenseitigen Leistungen vorliegen, ist dieser rechtlich noch nicht entstandene Anspruch gegen das Finanzamt nach den Grundsätzen des Subunternehmerurteils des BFH[2] mit der Verbindlichkeit aus der erhaltenen Anzahlung zu verrechnen.

22 Verbindlichkeiten aus Lieferungen und Leistungen, die unter Inanspruchnahme eines **Skontos** beglichen werden können, sind nach der Rechtsprechung des BFH zum ungekürzten Erfüllungsbetrag zu bewerten. Stammt die Verbindlichkeit aus dem Erwerb von VG, sind deren Anschaffungskosten (AK) erst mit Inanspruchnahme des Skontoabzugs zu mindern. Begründen lässt sich diese Verfahrensweise mit dem Gebot, die AK im Zeitpunkt des Zugangs des VG zu bestimmen.[3] Die Entscheidung zur Zahlung unter Skontoabzug fällt regelmäßig später.

Die Praxis verfährt tw. abweichend und bilanziert bei beabsichtigter Skontoinanspruchnahme Verbindlichkeit und ggf. VG unter Abzug des Preisnachlasses. Hiergegen bestehen keine Bedenken, wenn bereits im Zeitpunkt des Zugangs der Verbindlichkeit endgültig entschieden wird, den Skontoabzug wahrzunehmen. Der erforderliche Nachweis kann über eine entsprechende Praxis in der Vergangenheit geführt werden. Eine abweichende tatsächliche Regulierung der Verbindlichkeit innerhalb des Wertaufhellungszeitraums schließt einen Skontoabzug aus.

23 In dem (seltenen) Fall eines Rückzahlungsdisagios umfasst der Erfüllungsbetrag nicht das **Rückzahlungsagio**.

> **Praxis-Beispiel**
> Die A-GmbH nimmt am 1.1.01 ein Darlehen i. H. v. 100 GE auf, das vollständig ausgezahlt wird. Die Rückzahlung des Darlehens ist in einer Summe zum 31.12.03 vereinbart. Am Rückzahlungstag ist darüber hinaus ein Rückzahlungsagio i. H. v. 9 GE zu erbringen. Die vereinbarten Zinsen von 5 % sind jeweils zum Ende eines Kj fällig.
> Die A-GmbH bilanziert am 1.1.01 eine Verbindlichkeit i. H. d. Rückzahlungsbetrags von 100 GE. Der am 31.12.03 zusätzlich geschuldete Betrag von 9 GE hat wirtschaftlich Zinscharakter. Er ist über die Laufzeit des Kreditverhältnisses verteilt zu erfassen. Das macht es erforderlich, die effektive Zinsbelastung aus der Verbindlichkeit zu ermitteln und den passivierten Darlehensbetrag jährlich um die (noch) nicht gezahlten Zinsen zu erhöhen. Unter Wesentlichkeits- und Wirtschaftlichkeitsgesichtspunkten kann eine lineare Verteilung des Rückzahlungsagios vertretbar sein. Die Buchungssätze lauten:

---

[2] Vgl. BFH, Urteil v. 17.2.1993, X R 60/89, BStBl 1993 II S. 437.
[3] Vgl. BFH, Urteil v. 27.2.1991, I R 176/84, BStBl 1991 II S. 456.

Datum	Konto	Soll	Haben
1.1.01	Guthaben bei Kreditinstituten	100	
	Sonstige Verbindlichkeit		100
31.12.01	Zinsen und ähnliche Aufwendungen	8	
	Sonstige Verbindlichkeit		3
	Guthaben bei Kreditinstituten		5
31.12.02	Zinsen und ähnliche Aufwendungen	8	
	Sonstige Verbindlichkeit		3
	Guthaben bei Kreditinstituten		5
31.12.03	Zinsen und ähnliche Aufwendungen	8	
	Sonstige Verbindlichkeiten	106	
	Guthaben bei Kreditinstituten		114

Bei einem (ebenfalls eher seltenen) **Auszahlungsagio** ist der Auszahlungsbetrag höher als der Rückzahlungsbetrag der Verbindlichkeit. Wirtschaftlich liegt darin eine Kompensation für die vom Schuldner während der Laufzeit des Darlehens zu leistenden (gemessen an der marktüblichen Verzinsung) erhöhten Zinszahlungen. Der Erfüllungsbetrag der Verbindlichkeit bestimmt sich nach dem Rückzahlungsbetrag. Das darüber hinaus zugeflossene Auszahlungsagio ist als passiver Rechnungsabgrenzungsposten auszuweisen, der über die Laufzeit der Verbindlichkeit korrespondierend zu den Zinsaufwendungen aufzulösen ist.[4] Bei wesentlichen Beträgen muss die Auflösung des Rechnungsabgrenzungspostens nach der Effektivzinsmethode erfolgen. 24

Zerobonds sind vom Emittenten nur mit dem am Abschlussstichtag geschuldeten Betrag anzusetzen (Nettomethode).[5] Dieser berechnet sich als Summe aus Ausgabebetrag und bis zum Abschlussstichtag aufgelaufener Zinsschuld, ermittelt nach der kapitalabhängigen Effektivzinsberechnung.[6] Insofern erhöht sich der Erfüllungsbetrag dieser Verbindlichkeiten im Zeitablauf kontinuierlich. 25

Erhöhen sich jährlich die von einem Schuldner während der Laufzeit eines Darlehens zu zahlenden Zinsen, kann i. H. d. Differenz zur rechnerischen Durchschnittsverzinsung ein Erfüllungsrückstand zu passivieren sein. Das ist der Fall, wenn der Gläubiger entweder bei vorzeitiger Beendigung des Darlehensverhältnisses einen Zinsnachzahlungsanspruch hat oder die Parteien der Möglichkeit einer vorzeitigen Beendigung des Vertrags allenfalls eine theoretische Bedeutung beigemessen haben.[7] 26

Umgekehrt sind zu Beginn eines Darlehens „überhöht" gezahlte Zinsen abzugrenzen, wenn dem Schuldner bei vorzeitiger Vertragsbeendigung ein anteiliger Rückzahlungsanspruch zusteht oder das Darlehen eine feste Laufzeit aufweist.[8]

Fremdwährungsverbindlichkeiten sind im Zugangszeitpunkt mit dem zum Devisenkassageldkurs in Euro umgerechneten Erfüllungsbetrag anzusetzen. Zur Wahrung der Bewertungskonsistenz mit der Folgebewertung ist auch eine Umrechnung zum Devisenkassamittelkurs zulässig. Die Folgebewertung regelt 27

---

[4] Vgl. Thiele/Kahling, in Baetge/Kirsch/Thiele, Bilanzrecht, § 253 HGB Rz 99, Stand: 11/2020.
[5] Vgl. IDW, WPH Edition, Wirtschaftsprüfung & Rechnungslegung, 18. Aufl. 2023, Kap. F Tz 160.
[6] Vgl. IDW, St/HFA 1/1986, Abschn. 2.
[7] Vgl. BFH, Urteil v. 25.5.2016, I R 17/15, BStBl 2016 II, S. 930; Dörfler, WPg 2017, S. 595.
[8] Vgl. BFH, Urteil v. 27.7.2011, I R 77/10, BStBl 2011 II, S. 915.

§ 256a HGB. Danach sind Verbindlichkeiten mit einer Restlaufzeit von bis zu einem Jahr zum Devisenkassamittelkurs am Abschlussstichtag umzurechnen. Bei Fremdwährungsverbindlichkeiten mit einer Restlaufzeit von mehr als einem Jahr steht diese Umrechnungsanweisung unter dem Vorbehalt der Vereinbarkeit mit dem Realisationsprinzip gem. § 252 Abs. 1 Nr. 4 HGB (§ 256a Rz 18).

> **Praxis-Beispiel**
> Ein Unt hat am Abschlussstichtag eine Darlehensverbindlichkeit i. H. v. 1.500 TUSD, die in 18 Monaten fällig ist. Bei Aufnahme des Darlehens betrug der Wechselkurs 1,20 USD/EUR, sodass sich ein Zugangswert i. H. v. 1.250 TEUR ergeben hat. Am Abschlussstichtag beläuft sich der Wechselkurs auf 1,50 USD/EUR. Der Gegenwert der Verbindlichkeit in EUR beträgt damit 1.000 TEUR.
> Da es sich um eine Fremdwährungsverbindlichkeit mit einer Restlaufzeit von mehr als einem Jahr handelt, ist das Realisationsprinzip des § 252 Abs. 1 Nr. 4 HGB zu beachten (§ 256a Satz 2 HGB). Die Verbindlichkeit ist in der Bilanz weiterhin zum Zugangswert von 1.250 TEUR zu bewerten.

28 Auch **unverzinsliche Verbindlichkeiten** sind mit dem Erfüllungsbetrag anzusetzen. Hiervon zu unterscheiden sind formal unverzinslich gestundete Verbindlichkeiten aus dem Erwerb von VG. Bei dieser Konstellation beinhaltet der geschuldete Betrag ein Gesamtentgelt für die erworbenen VG und die zusätzlich gewährte Kreditleistung. Dieses Gesamtentgelt ist nach dem Einzelbewertungsgrundsatz angemessen auf die beiden Leistungen aufzuteilen.[9]

> **Praxis-Beispiel**
> Ein Unt erwirbt am 31.12.01 eine Maschine zu einem Kaufpreis von 1.000 GE, der in zwei Jahren fällig ist. Der vereinbarte Kaufpreis stellt bei wirtschaftlicher Betrachtung ein Gesamtentgelt dar, das die Gegenleistung für die Maschine und ein Entgelt für die Kreditgewährung umfasst. Die Aufteilung des Gesamtentgelts erfolgt üblicherweise durch Abzinsung des geschuldeten Nominalbetrags. Alternativ kann der Zinsanteil durch Vergleich des Barzahlungspreises mit dem kreditierten Kaufpreis ermittelt werden. Für die Abzinsung der Verbindlichkeit gilt die Vorschrift des § 253 Abs. 2 HGB nicht. Der Zinssatz ist vielmehr nach den Verhältnissen im Zeitpunkt des Entstehens der Schuld unter Berücksichtigung ihrer Fristigkeit und der Bonität des Schuldners zu bestimmen. Bei einem angenommenen Zinssatz von 4 % ermitteln sich AK für die Maschine von 924,6 GE. In dieser Höhe ist zugleich eine Verbindlichkeit aus Lieferungen und Leistungen anzusetzen.
> Der Differenzbetrag von 75,4 GE stellt einen verdeckten Zinsanteil dar. Er ist ratierlich über die Laufzeit der Kaufpreisstundung des Kreditverhältnisses nach der Effektivzinsmethode als Aufwand zu erfassen bei gleichzeitiger Aufstockung der Verbindlichkeit.

---

[9] Vgl. Pfirmann/Lorson/Hell/Metz, in Küting/Weber, HdR-E, § 253 HGB Rz 64, Stand: 5/2020.

Sachleistungsverbindlichkeiten[10] sind Verpflichtungen zur Erbringung von Sach- oder Dienstleistungen und werden zumeist i. R. schwebender Absatzgeschäfte eingegangen, die grds. nicht zu bilanzieren sind (zu drohenden Verlusten aus solchen Geschäften vgl. § 249 Rz 154). Nicht durch Gegenleistungsansprüche kompensierte Sachleistungsverbindlichkeiten sind mit ihrem Erfüllungsbetrag i. H. d. zur Begleichung der Schuld erforderlichen Aufwendungen anzusetzen. Anwendungsfälle für Sachleistungsverbindlichkeiten sind:

- **Tauschgeschäfte** (zur Bestimmung der AK bei Tauschgeschäften vgl. § 255 Rz 29),
- **Betriebsverpachtung:** Bei einer Betriebsverpachtung werden dem Pächter regelmäßig VG mit der Verpflichtung überlassen, bei Pachtende VG gleicher Art, Menge und Güte zurückzugeben.

29

Praxis-Beispiel
In einem Betriebsverpachtungsvertrag hat sich der Pächter verpflichtet, das Vorratsvermögen zum Zeitpunkt der Beendigung des Pachtverhältnisses in gleicher Art, Menge und Güte zurückzugeben. Der Erfüllungsbetrag dieser Sachleistungsverbindlichkeit des Pächters bemisst sich nach den Wiederbeschaffungskosten im Zeitpunkt der voraussichtlichen Beendigung des Pachtvertrags.

Das Beispiel macht deutlich: Bei Sachleistungsverbindlichkeiten kommt der Abgrenzung zwischen Verbindlichkeiten und Rückstellungen besondere Bedeutung zu (§ 247 Rz 116). Während Rückstellungen nach § 253 Abs. 2 Satz 1 und 2 HGB abzuzinsen sind, kommt ein Barwertansatz für Verbindlichkeiten grds. nicht in Betracht (zur Ausnahme von auf Rentenverpflichtungen beruhenden Verbindlichkeiten vgl. Rz 149). Würde die in dem Beispiel dargestellte Sachleistungsverbindlichkeit als Verbindlichkeitsrückstellung beurteilt, weil Unsicherheiten bzgl. der Höhe der Sachleistungsverpflichtung bestehen, wäre diese mit dem notwendigen Erfüllungsbetrag anzusetzen, der entsprechend § 253 Abs. 2 HGB abzuzinsen ist (zur Problematik der Schätzung von Erfüllungszeitpunkten im Zusammenhang mit der gebotenen Abzinsung vgl. Rz 135).

30

Der Erfüllungsbetrag einer Verbindlichkeit ist zu jedem Abschlussstichtag neu zu bestimmen, da er sich z. B. durch **Wertsicherungsklauseln** verändern kann. Bei der Anpassung der Bewertung ist das Imparitätsprinzip zu beachten (§ 252 Rz 102).

31

2.3 Bewertung von Rückstellungen (Abs. 1 Satz 2 und 3)

2.3.1 Schätz- und Bewertungsmaßstab

§ 253 Abs. 1 Satz 2 HGB enthält einen Schätzmaßstab und einen Bewertungsmaßstab für Rückstellungen. Alle passivierungspflichtigen Außen- und Innenverpflichtungen des Unt sind mit dem aus Sicht des Abschlussstichtags zu schätzenden **notwendigen Erfüllungsbetrag** anzusetzen. Das ist bei **Schuldrückstellungen**

32

---

[10] Zum Begriff vgl. ADS, Rechnungslegung und Prüfung der Unternehmen, 6. Aufl. 1995–2001, § 253 HGB Rz 118.

der zur Begleichung der ungewissen Verbindlichkeit bzw. zum Ausgleich eines Verpflichtungsüberschusses aus einem schwebenden Geschäft voraussichtlich aufzubringende Betrag. Aufwandsrückstellungen sind mit dem Geldbetrag bzw. mit dem Geldwert der Aufwendungen anzusetzen, den das Unt zur Erfüllung der ihnen zugrunde liegenden Innenverpflichtung im kommenden Gj wird aufwenden müssen (zum Ansatz von Innenverpflichtungen vgl. § 249 Rz 9).

Der Wortlaut in § 253 Abs. 1 Satz 2 HGB legt den Schluss nahe, dass der **„nach vernünftiger kaufmännischer Beurteilung notwendige Erfüllungsbetrag"** den bereits abgezinsten Nominalbetrag der Verpflichtung darstellt. Dieses Begriffsverständnis wird im Folgenden zugrunde gelegt, d. h., unter dem notwendigen Erfüllungsbetrag wird der Buchwert der Rückstellung verstanden.[11]

33 Der notwendige Erfüllungsbetrag ist nach vernünftiger kaufmännischer Beurteilung zu schätzen. Dieser Schätzmaßstab schränkt das subjektive Ermessen des Bilanzierenden ein. Er fordert eine nachvollziehbare Rückstellungsbemessung, die im Einklang mit den am Abschlussstichtag vorliegenden Tatsachen sowie den stichtagsnachgelagerten wertaufhellenden Entwicklungen steht. Eine bewusste Über- oder Unterbewertung von Rückstellungen ist unzulässig.

2.3.2 Bewertungsobjekt

34 Nach dem **Einzelbewertungsgrundsatz** (§ 252 Abs. 1 Nr. 3 HGB) sind „Schulden ... zum Abschlussstichtag einzeln zu bewerten". Diese Anweisung gilt auch für Rückstellungen. Die Schätzung des notwendigen Erfüllungsbetrags ist an den individuellen Merkmalen der zu passivierenden Verpflichtung auszurichten. Eine verpflichtungskompensierende Berücksichtigung von Vorteilserwartungen aus anderen Geschäften, Ereignissen oder sonstigen Umständen erlaubt der Einzelbewertungsgrundsatz nicht (zur gesetzlichen Ausnahmeregelung bei Bewertungseinheiten vgl. § 254 Rz 3).

35 Nach § 252 Abs. 2 HGB ist in begründeten Ausnahmefällen vom Einzelbewertungsgrundsatz abzuweichen. Anlass können Risiken aus einer Vielzahl gleichartiger Geschäftsvorfälle geben. Ist der daraus zu erwartende künftige Ausgabenanfall nur durch eine **Sammelbewertung** zuverlässig zu schätzen, ist die Rückstellung auf dieser Grundlage zu bemessen. § 240 Abs. 4 HGB lässt auch für Schulden eine Gruppenbewertung zu (§ 240 Rz 70).

> **Praxis-Beispiel**
> Ein Bauträger hat in einem Neubaugebiet 30 Eigenheime errichtet. Bis zur Aufstellung des Jahresabschlusses haben fünf Bauherren Mängel angezeigt und Nachbesserung verlangt.
> **Fall 1:** Nach den Erfahrungen der Vergangenheit machen rund 30 % der Bauherren innerhalb der Gewährleistungsfrist Ansprüche wegen teils größerer, teils kleinerer Baumängel geltend.
> **Fall 2:** Die Errichtung privater Eigenheime stellt ein neues Geschäftsfeld des Bauträgers dar. Verlässliche betriebliche Erfahrungen zur Höhe der zu erwartenden Aufwendungen für Nacharbeiten, Minderungen und Schadensersatz-

---

[11] So auch IDW RS HFA 34.17.

> leistungen liegen nicht vor. Erhebungen für die Baubranche gehen von durchschnittlichen Gewährleistungsaufwendungen i. H. v. 5 % der Umsätze aus. Für die bis zum Abschlussstichtag geltend gemachten Mängel sind Einzelrückstellungen zu bilden. Das darüber hinausgehende Risiko, aus abgenommenen und abgerechneten Bauleistungen in Anspruch genommen zu werden, ist durch eine pauschale Gewährleistungsrückstellung zu erfassen.
> Die Grundlage für die Bemessung dieser Rückstellung bilden in **Fall 1** die betrieblichen Erfahrungen der Vergangenheit. Zurückzustellen ist der Betrag der in Zukunft voraussichtlich noch zu erbringenden Gewährleistungsaufwendungen. Ausgangspunkt kann ein Prozentsatz der getätigten Umsätze sein. Der danach insgesamt zu erwartende Aufwand ist zu kürzen um die bereits angefallenen Gewährleistungsaufwendungen.[12] In **Fall 2** kommt die Bildung einer Rückstellung auf Basis der branchenmäßigen Erfahrungen in Betracht. Das setzt deren Übertragbarkeit auf die betrieblichen Verhältnisse beim Bauträger voraus. Das ist u. a. anhand der Art der Bauleistungen sowie der Gewährleistungszeiträume zu beurteilen.

Vom Einzelbewertungsgrundsatz kann auch abzuweichen sein, wenn eine ungewisse Verpflichtung durch einen Vermögensvorteil aus einer anderen Rechtsbeziehung kompensiert wird. Diese Voraussetzung ist bei **Rückgriffsansprüchen** erfüllt, „wenn

- sie derart in einem unmittelbaren Zusammenhang mit der drohenden Inanspruchnahme stehen, dass sie dieser wenigstens tw. spiegelbildlich entsprechen,
- sie in rechtlich verbindlicher Weise der Entstehung oder Erfüllung der Verbindlichkeit zwangsläufig nachfolgen; die rechtliche Verbindlichkeit kann sich aus einer vorweg abgeschlossenen Vereinbarung (z.B. einem Versicherungsvertrag) oder aus gesetzlichen Haftungstatbeständen (z.B. einer unerlaubten Handlung) ergeben,
- sie vollwertig sind, d.h. vom Rückgriffsschuldner nicht bestritten werden; dieser muss von zweifelsfreier Bonität sein."[13]

Die ersten beiden Voraussetzungen laufen auf die Forderung nach einer **konditionalen Verknüpfung** von Verpflichtung und kompensierendem Anspruch hinaus. Die Vollwertigkeit des Rückgriffsanspruchs ist nur dem Grunde nach als Voraussetzung für eine kompensierende Betrachtung erforderlich. Die Bonität des Rückgriffsschuldners ist dagegen auf der Ebene der Verpflichtungsbewertung zu berücksichtigen.[14]
Eine gewisse (auch hohe) Wahrscheinlichkeit genügt für eine rückstellungsmindernde Berücksichtigung von Vorteilserwartungen nicht. Das gilt auch dann, wenn sie statistisch oder über Erfahrungswerte abgesichert ist.[15] Dazu folgendes Beispiel:

---

[12] Vgl. Kessler/Ranker, StuB 2001, S. 325; BFH, Urteil v. 30.6.1983, IV R 41/84, BStBl 1984 II S. 263; zum Nachweiserfordernis FG Berlin-Brandenburg, Urteil v. 8.1.2019, 6 K 6121/17, EFG 2019 S. 641.
[13] BFH, Urteil v. 17.2.1993, X R 60/89, BStBl 1993 II S. 440; IDW RS HFA 34.30.
[14] BFH, Urteil. v. 17.2.1993, X R 60/89, BStBl 1993 II S. 440 (im Original z.T. gesperrt); bestätigt durch BFH, Urteil v. 3.8.1993, BStBl 1994 II S. 444 ff.; BFH, Urteil v. 8.2.1995, BStBl 1995 II S. 412; IDW RS HFA 34.30.
[15] Das gilt nicht für die Steuerbilanz; vgl. BFH, Beschluss v. 21.8.2013, I B 60/12; BFH/NV 2014 S. 28, der unter Berufung auf § 6 Abs. 1 Nr. 3a Buchst. c EStG die kompensatorische Berücksichtigung von Kippgebühren als zukünftig zu erwartende Vorteile bei der Bewertung von Rekultivierungsrückstellungen für eine ausgebeutete Kiesgrube fordert.

> **Praxis-Beispiel**
> Eine Leasingges. hat 500 Pkw im Weg eines Mietleasing an private Endkunden vermietet. Die Fahrzeuge sind nach Ablauf der Leasingdauer von der Leasingges. zurückzunehmen. Nach den Erfahrungen der Vergangenheit geht sie davon aus, 70 % der zurückzunehmenden Pkw mind. 2.000 GE über Buchwert veräußern zu können. Für die übrigen 30 % der Fahrzeuge erwartet die Leasinggesellschaft einen durchschnittlichen Veräußerungsverlust von 3.000 GE pro Pkw.
> Die Ges. hat eine Drohverlustrückstellung i. H. v. 450.000 GE zu bilden (30 % von 500 Pkw × 3.000 GE Verlust). Zwischen den gewinnbringenden und den verlustträchtigen Leasinggeschäften besteht keine konditionale Verknüpfung. Aus den Rücknahmevereinbarungen mag sich wahrscheinlichkeitstheoretisch kein Verlust ergeben. Allerdings folgen die Gewinne aus dem Verkauf zurückgenommener Fahrzeuge den entsprechenden Verlusten nicht zwangsläufig nach. Eine rückstellungsmindernde Berücksichtigung dieser Vorteile verbietet sich damit.[16]

38 Am Abschlussstichtag rechtlich oder wirtschaftlich entstandene Ansprüche sind zu aktivieren (Bruttobilanzierung).[17] Ihrer kompensatorischen Einbeziehung in die Rückstellungsbewertung steht das Verrechnungsverbot des § 246 Abs. 2 Satz 1 HGB entgegen.

> **Fortsetzung des Praxis-Beispiels aus Rz 35**
> Die Beseitigung der von den fünf Bauherren gerügten Mängel wird nach den Erwartungen des Bauträgers Aufwendungen von 200.000 GE verursachen. 80 % der Arbeiten wurden von Subunternehmern ausgeführt. Diese haben sich ggü. dem Bauträger verpflichtet, etwaige Nacharbeiten wegen nicht ordnungsgemäßer Bauausführung kostenfrei vorzunehmen.
> Für die gerügten Mängel hat der Bauträger eine Rückstellung i. H. v. 200.000 GE zu bilden. Die Rückgriffsansprüche gegen die Subunternehmer sind rechtlich am Abschlussstichtag entstanden und daher unter dem Posten „Sonstige Vermögensgegenstände" zu aktivieren. Für die Bewertung des Rückgriffsanspruchs gelten die Grundsätze zur Forderungsbewertung sinngemäß.

2.3.3 Bewertungsstichtag

39 Nach § 252 Abs. 1 Nr. 3 HGB sind „Schulden ... zum Abschlussstichtag ... zu bewerten". Das darin zum Ausdruck kommende Stichtagsprinzip verlangt nach überwiegender Ansicht eine Wertbemessung nach den (objektiven) Verhältnissen am Abschlussstichtag. Wie hoch die ungewisse Verbindlichkeit tatsächlich ist, zeigen vielfach erst die stichtagsnachgelagerten Entwicklungen. Inwieweit diese bei der Bewertung zu berücksichtigen sind, ist umstritten.

40 Nach der hier vertretenen Auffassung ist zu differenzieren: Soweit es um das **Bestehen oder Nichtbestehen einer Schuld** geht, ist zwischen (berücksichtigungs-

---

[16] Vgl. IDW RS HFA 4.26.
[17] Vgl. IDW RS HFA 34.33.

pflichtigen) ansatzerhellenden und (bilanziell unbeachtlichen) ansatzbegründenden Umständen zu unterscheiden. Während ansatzerhellende Informationen bessere Erkenntnisse über die objektiven Vermögensverhältnisse am Abschlussstichtag vermitteln, sind ansatzbegründende Informationen Ausdruck einer nachträglichen Änderung des Schuldenstands (§ 252 Rz 160). Letztere liegen vor, wenn durch Entwicklungen nach dem Stichtag neue Verpflichtungen begründet werden oder ursprünglich vorhandene Schulden wegfallen. Ein Beispiel für den erstgenannten Fall stellt die fortgesetzte Abbautätigkeit eines Gewinnungsbetriebs dar, durch die nach dem Abschlussstichtag zusätzliche Rekultivierungs(teil)verpflichtungen wirtschaftlich verursacht werden. Ein Ereignis, das zum nachträglichen Wegfall einer am Abschlussstichtag bestehenden Schuld führt, liegt in der Aufhebung eines zulasten des Bilanzierenden unausgewogenen Vertrags.[18] Entsprechendes gilt, wenn eine streitbefangene Verbindlichkeit nach dem Abschlussstichtag durch ein rechtskräftiges Urteil, durch den Verzicht des Gläubigers auf die Einlegung von Rechtsmitteln oder wegen eines mit dem Gläubiger geschlossenen Vergleichs wegfällt.[19]

Eine andere Beurteilung ergibt sich, soweit die Bemessung der **Rückstellungshöhe** eine subjektive Schätzung des Bilanzierenden erfordert. Sie hat nach den Erkenntnismöglichkeiten am Abschlussstichtag zu erfolgen. Eine Rückbeziehung bis zum Tag der Abschlusserstellung gewonnener Erkenntnisse unter dem Aspekt der Wertaufhellung kommt in Betracht, wenn die stichtagsnachgelagerte Entwicklung am Abschlussstichtag bei angemessener Sorgfalt abzusehen war.[20] Im Übrigen wird eine zum Abschlussstichtag geforderte subjektive Wertschätzung durch Einbeziehung später erlangter Informationen nicht „richtiger". Vielmehr verschiebt sich der Bewertungszeitpunkt – entgegen der Anweisung des § 252 Abs. 1 Nr. 3 HGB – in die Zukunft. Die vom Großen Senat des BFH erfolgte Aufgabe des subjektiven Fehlerbegriffs[21] bezieht sich nur auf die Anwendung von Rechtsfragen, nicht aber auf tatsächliche Beurteilungen.[22] Soweit die Würdigung eines Sachverhalts nach den am Abschlussstichtag erkennbaren Umständen zu einer vertretbaren Bewertung der anzusetzenden Rückstellung geführt hat, vermag der nachträgliche Geschehensverlauf daran nichts zu ändern. 41

Ob die vom Bilanzierenden der Rückstellungsbewertung zugrunde gelegte Einschätzung vertretbar war, kann gleichwohl nicht losgelöst vom weiteren Geschehensverlauf beurteilt werden. Diesem kommt vielmehr die Funktion eines Beweisanzeichens für die aus Sicht des Stichtags gebotene Beurteilung zu. Sieht sich die Einschätzung durch die tatsächliche Entwicklung nach dem Abschlussstichtag bestätigt, spricht das für die Angemessenheit der Rückstellungsbewertung. Entwickeln sich die Dinge anders als vom Bilanzierenden erwartet, hat er darzulegen, warum der tatsächliche Geschehensverlauf aus der Perspektive des Abschlussstichtags nicht als überwiegend wahrscheinliches Szenario zu erwarten 42

---

18 Vgl. BFH, Urteil v. 17.11.1987, BStBl 1988 II S. 430f.
19 Vgl. BFH, Urteil v. 16.12.2014, BFH/NV 2015 S. 1183; BFH, Urteil v. 30.1.2002, BStBl 2002 II S. 688; BFH, Urteil v. 27.11.1997, BStBl 1998 II S. 375.
20 Auch nach IDW RS HFA 34.14 sind wertaufhellende Erkenntnisse zu berücksichtigen.
21 Vgl. BFH, Beschluss v. 31.1.2013, BStBl 2013 II S. 317.
22 Vgl. zur Auswirkung des vom Großen Senat des BFH am 31.1.2013 getroffenen Beschlusses zur Aufgabe des subjektiven Fehlerbegriffs hinsichtlich der Anwendung von Rechtsfragen auf die Handelsbilanz: HFA, IDW-FN 2013, S. 358 sowie Prinz, WPg 2013, S. 650.

war. Dieser Beurteilungsansatz dient der Bilanzobjektivierung und begrenzt das subjektive Ermessen des Bilanzierenden.

> **Praxis-Beispiel**
> Automobilhersteller A hat Erkenntnisse über Probleme mit der Hinterachse des neuen Mittelklassemodells. Nach den bisherigen Erfahrungen zeigen sich bei 15 % der ausgelieferten Fahrzeuge nach einer gewissen Zeit Ermüdungserscheinungen in der Aufhängung. Bei hoher Beanspruchung treten die Mängel innerhalb des Gewährleistungszeitraums auf, in der Mehrzahl der Fälle erst später. Im ersten Fall trägt A sämtliche Kosten der Reparatur, im zweiten Fall übernimmt er aus Kulanz die Materialkosten. Auf dieser Basis rechnet A aus Sicht des Abschlussstichtags (31.12.01) mit künftigen Aufwendungen für Gewährleistung von 300 Mio. EUR.
>
> Nachdem das Kraftfahrtbundesamt im Januar 02 eine Untersuchung des Vorgangs eingeleitet hat, fordert es A im März 02 zu einer Rückrufaktion auf. Die zusätzlichen Kosten der Rückrufaktion veranschlagt A mit 50 Mio. EUR. Zudem erwartet A einen Anstieg der Gewährleistungsaufwendungen für Instandsetzungen von Hinterachsaufhängungen wegen eines steigenden Entdeckungsrisikos innerhalb des Gewährleistungszeitraums.
>
> Da die Verpflichtung zur Durchführung einer Rückrufaktion objektiv nach dem Abschlussstichtag entstanden ist, sind die Aufwendungen zum 31.12.01 nicht rückstellungsfähig. Die Gewährleistungsrückstellung für die Aufhängungsdefekte ist entsprechend dem (möglichen) Erkenntnisstand am Abschlussstichtag mit 300 Mio. EUR anzusetzen. Auch die Erhöhung der Aufwendungen infolge der Rückrufaktion ist bei der Schätzung des Verpflichtungsumfangs zum 31.12.01 nicht zu berücksichtigen, da die zusätzliche Inanspruchnahme am Abschlussstichtag jenseits des möglichen Erkenntnishorizonts lag.
>
> Anders stellte sich die Situation dar, wenn das Kraftfahrtbundesamt bereits im Jahr 01 Untersuchungen eingeleitet hat und am Abschlussstichtag mit der Anordnung einer Rückrufaktion zu rechnen ist. Die tatsächlich ergangene Aufforderung im März 02 liefert in diesem Fall ein Beweisanzeichen dafür, wie der Bilanzierende die Situation am Stichtag einschätzen musste.

43 In zeitlicher Hinsicht sind nur solche nachträglich erlangten Informationen über die Verhältnisse am Abschlussstichtag zu berücksichtigen, die bis zur (spätestens gebotenen) Aufstellung des Abschlusses zugegangen sind. Maßgeblich sind insoweit die gesetzlichen Aufstellungsfristen (§§ 243 Abs. 3, 264 Abs. 1 Satz 3 HGB) unter Berücksichtigung der Verhältnisse des jeweiligen Unt.[23]

2.3.4 Schätzung des Verpflichtungsumfangs

2.3.4.1 Annahme einer planmäßigen Erfüllung

44 Nach dem Grundsatz der Unternehmensfortführung (§ 252 Rz 34) ist die Höhe einer Rückstellung unter der Annahme einer Erfüllung der ungewissen Verbindlichkeit entsprechend den betriebsindividuellen Planungen zu schätzen. Etwas

---

[23] Vgl. allg. BFH, Urteil v. 8.3.1989, X R 9/86, BStBl 1989 II S. 714; zum Fall einer unterbliebenen Abschlusserstellung FG Düsseldorf, Urteil v. 9.10.2018, 13 K 1792/17 G, EFG 2019 S. 437.

anderes gilt, wenn von einer Fortführung der Unternehmenstätigkeit nicht auszugehen ist (§ 252 Rz 42). Dieser Bewertungsprämisse kommt Bedeutung zu, wenn der zur Erfüllung einer Schuld aufzuwendende Betrag vom Zeitpunkt ihrer Begleichung abhängt. Ursächlich hierfür können etwa inflationsbedingte Kostensteigerungen bei Sachleistungsverpflichtungen oder nach einer Übergangsfrist zu beachtende strengere Auflagen bei Umweltschutzverpflichtungen sein. In derartigen Fällen ist der Verpflichtungsumfang nach den Verhältnissen im Zeitpunkt der voraussichtlichen Begleichung der ungewissen Verbindlichkeit zu schätzen. Das gilt auch, wenn die Schuld entgegen den betrieblichen Planungen bereits am Abschlussstichtag erfüllt werden könnte.

2.3.4.2 Zu berücksichtigende Aufwendungen

Ungewisse **Geldleistungsverpflichtungen** sind mit dem Betrag anzusetzen, den das Unt voraussichtlich wird zahlen müssen, um die Schuld zu begleichen. Bei **Sachleistungsverpflichtungen** bemisst sich der Erfüllungsbetrag nach dem Wertverzehr für das Bewirken der geschuldeten Leistung. Das sind die der Erfüllungshandlung direkt oder im Weg einer Schlüsselung zurechenbaren **Vollkosten**.[24]

45

Orientierungsmaßstab für die Abgrenzung der zu berücksichtigenden Aufwendungen ist das Gebot des vollständigen Schuldenausweises. Danach sind alle Aufwendungen zurückzustellen, die das Unt in Kauf nehmen muss, um sich der Außenverpflichtung zu entledigen. Dazu gehören auch Fixkosten, wenn die betreffenden Kapazitäten nicht abgebaut werden können, ohne zusätzliche Aufwendungen zur Erfüllung der ungewissen Verbindlichkeit tätigen zu müssen. Das trifft etwa auf die planmäßigen Abschreibungen einer Halle zu, in der Gewährleistungen erbracht werden. Die Abschreibung des Verwaltungsgebäudes, in dem ausschl. administrative Tätigkeiten verrichtet werden, ist dagegen nicht Teil der in die Rückstellung einzurechnenden Vollkosten. Die betreffenden Aufwendungen fallen nicht in Erfüllung einer Rechtsverpflichtung an. Sie sind daher der Erfüllungshandlung nicht mittelbar zuzurechnen.

46

Ebenfalls nicht rückstellungsfähig sind vermeidbare Unterbeschäftigungskosten (**Leerkosten**). Dazu zählen Aufwendungen nicht genutzter Kapazitäten. Diese können abgebaut werden, ohne die Erfüllungshandlung zu beeinträchtigen. Die Eliminierung von Leerkosten bei Kapazitäten, die zur Erfüllung einer Sachleistungsverpflichtung eingesetzt werden, scheidet dagegen aus. Das gilt jedenfalls, wenn die gleiche Leistung unter Einsatz vorhandener Ressourcen nicht zu niedrigeren Kosten erbracht werden könnte. Eine Angemessenheitsprüfung, wie sie bei der Bewertung der vom Unt hergestellten VG obligatorisch ist, kollidiert auf der Passivseite mit dem Gebot des vollständigen Schuldenausweises. Es verlangt die Einbeziehung aller unvermeidbaren Aufwendungen in den Erfüllungsbetrag, unabhängig davon, ob diese für die Leistungserbringung notwendig sind oder nicht. Allerdings gibt eine signifikante Unterauslastung von Anlagegütern Anlass, eine außerplanmäßige Abschreibung der betreffenden VG zu prüfen (Rz 254). Sie reduziert ggf. die in die Rückstellung einzubeziehenden Aufwendungen auf ein übliches Maß.

47

---

[24] Vgl. auch IDW RS HFA 34.21.

48 Die Vorgabe, Rückstellungen zum **notwendigen** Erfüllungsbetrag anzusetzen, macht es erforderlich, erwartete Steigerungen der Faktorpreise bis zum Zeitpunkt des Anfalls der Aufwendungen bei der Bewertung vorwegzunehmen. Darin liegt kein Bruch mit dem Stichtagsprinzip. Schulden sind „zum Abschlussstichtag ... zu bewerten" (§ 252 Abs. 1 Nr. 3 HGB). Diese Formulierung lässt zumindest Raum für einen Zugriff auf die künftigen Preise aus Sicht des Abschlussstichtags. Zudem trägt diese Verfahrensweise dem Zukunftsbezug des Bewertungsmaßstabs für Rückstellungen Rechnung.

49 Auch **rückläufige Preisentwicklungen** sind zu antizipieren. Der Einwand, in der Begründung zum BilMoG sei nur von Kostensteigerungen die Rede,[25] überzeugt nicht. Erklärtes Ziel der Gesetzesänderung war es, klarzustellen, „dass die Höhe einer Rückstellung von den Preis- und Kostenverhältnissen im Zeitpunkt des tatsächlichen Anfalls der Aufwendungen – mithin der Erfüllung der Verpflichtung – abhängt". Auf diese Weise sollte „die Über- und Unterdotierung der Rückstellungen eingeschränkt" und die Darstellung der Vermögens-, Finanz- und Ertragslage „stärker als bisher den tatsächlichen (wirtschaftlichen) Verhältnissen angenähert werden".[26] Eine einseitige Berücksichtigung nur sich abzeichnender Preis- und Kostensteigerungen würde dieses Grundanliegen konterkarieren.[27]

50 Neben den am Abschlussstichtag feststehenden Faktorpreisänderungen bis zum Erfüllungszeitpunkt (z.B. aus abgeschlossenen Tarifvertragsabschlüssen) sind erwartete Änderungen im Mengen- und Preisgerüst einer Rückstellung zu berücksichtigen. Eine **Begrenzung** ergibt sich aus der gesetzlichen Anweisung, nur den nach vernünftiger kaufmännischer Beurteilung notwendigen Erfüllungsbetrag anzusetzen. Sie verlangt nach „ausreichende(n) objektive(n) Hinweise(n), die auf den Eintritt künftiger Preis- und Kostensteigerungen schließen lassen".[28] Diese Forderung trägt dem Gedanken der **Bilanzobjektivierung** Rechnung und gilt in gleicher Weise für die Schätzung des künftigen Mengengerüsts der Erfüllungshandlung.

Einen wichtigen Anhaltspunkt für erwartete Änderungen des Preisniveaus liefern vom bilanzierenden Unt ermittelte **Trends der Vergangenheit**.[29] Verfügt das Unt über keine dokumentierten eigenen Erfahrungswerte, bietet sich der Rückgriff auf Veröffentlichungen von Branchenverbänden oder anderen Institutionen an (z.B. Deutsche Bundesbank, Europäische Zentralbank, Institut für Wirtschaftsforschung, Institut für Weltwirtschaft).[30] Abweichungen zwischen den der Rückstellung zugrunde gelegten Erfahrungen des Unt und Branchentrends sind zu begründen.

Die **Trendprojektion** auf den Erfüllungszeitpunkt kann – je nach Bedeutung des Rückstellungssachverhalts – mehr oder weniger ausgefeilt erfolgen. Für wesentliche Verpflichtungen liegt nahe, die Kostenentwicklung mittels einer Regressionsanalyse zu bestimmen und fortzuschreiben. Das setzt allerdings die Verfügbarkeit

---

[25] So Theile/Stahnke, DB 2008, S. 1759; zustimmend Küting/Cassel/Metz, DB 2008, S. 2318.
[26] BT-Drs. 16/10067 v. 30.7.2008 S. 52, alle Zitate.
[27] Im Ergebnis wie hier Küting/Cassel/Metz, in Küting/Pfitzer/Weber, Das neue deutsche Bilanzrecht, 2009, S. 327.
[28] BT-Drs. 16/10067 v. 30.7.2008 S. 52.
[29] Vgl. IDW RS HFA 34.31.
[30] Vgl. Vereinigung zur Mitwirkung an der Entwicklung des Bilanzrechts für Familiengesellschaften e.V. (VMEBF), KoR 2008, S. 360.

hinreichend aussagekräftiger Vergangenheitsdaten voraus. Bei komplexeren Kostenstrukturen ist die Trendfortschreibung ggf. für einzelne Kostenarten (z.B. Personalkosten, Materialkosten) gesondert vorzunehmen. In anderen Fällen mag eine einfache Durchschnittsbildung genügen, die den Ausgangspunkt für die einheitliche Fortschreibung aller Kostenarten bildet.

Zu berücksichtigen sind ferner nur solche **Preis- und Kostenänderungen**, die vom Bilanzierenden nicht beeinflusst werden können und denen er sich somit nicht entziehen kann. Das rechtfertigt nicht, alle erwarteten Kostenänderungen unberücksichtigt zu lassen, die auf Entscheidungen des Bilanzierenden zurückgehen. Muss ein Unt aus faktischen Zwängen einen Anstieg des Verpflichtungsbetrags im Zeitablauf hinnehmen, ist dem bei der Rückstellungsbewertung Rechnung zu tragen. Faktisch nicht abwendbare Kostensteigerungen können etwa bei Personalrückstellungen aus zu erwartenden Lohn- und Gehaltsanpassungen resultieren, auf die das Unt aus Gründen des Betriebsfriedens nicht verzichten kann. 51

Nach dem Grundsatz der **Bewertungsvorsicht** (Rz 56 ff.) sind an die Einbeziehung rückläufiger Kostenentwicklungen (z.B. aufgrund technologischen Fortschritts) in den Erfüllungsbetrag ungewisser Verbindlichkeiten tendenziell höhere Anforderungen zu stellen als an die Berücksichtigung von Kostensteigerungen.[31] Sind die erwarteten Kostenermäßigungen unsicher, hat die Bewertung auf Basis der Stichtagspreisverhältnisse zu erfolgen.[32] Entsprechendes gilt für erwartete Änderungen im Mengengerüst der Verpflichtung. 52

Die bei der Rückstellungsbewertung berücksichtigten Preis- und Kostentrends sind zu jedem Abschlussstichtag zu überprüfen und ggf. an veränderte Verhältnisse anzupassen. Im Fall einer Trendkorrektur ist der Rückstellungsbetrag erfolgswirksam an die revidierte Schätzung des notwendigen Erfüllungsbetrags anzupassen. Einer tw. Auflösung einer Rückstellung infolge von Bewertungsänderungen steht das Auflösungsverbot des § 249 Abs. 2 Satz 2 HGB nicht entgegen, da dieses sich auf den Ansatz von Rückstellungen bezieht.[33] 53

Zur Bestimmung des Verpflichtungsumfangs für **drohende Verluste aus schwebenden Geschäften** vgl. § 249 Rz 147ff. 54

Praxis-Beispiel[34]
Ein Unt hat für einen Mitarbeiter eine Urlaubsrückstellung zum 31.12.01 zu bilden. Sämtliche übrigen Mitarbeiter haben aufgrund entsprechender Betriebsvereinbarung bis zum Abschlussstichtag ihren Jahresurlaub 01 vollständig genommen. Der Mitarbeiter konnte aufgrund betrieblicher Erfordernisse 5 Urlaubstage nicht nehmen und kann diese gem. Vereinbarung mit der Personalabteilung bis zum 31.3.02 nachholen. Der Mitarbeiter hat in 01 ein monatliches Gehalt i.H.v. 3.000 EUR erhalten. Er hat arbeitsvertraglich Anspruch auf 13 Monatsgehälter. Für Jubiläen werden jährlich 20 EUR je Mitarbeiter der Jubiläumsrückstellung

---

[31] So auch Schubert, in Beck Bil-Komm., 14. Aufl. 2024, § 253 HGB Rz 141; vgl. hierzu Münstermann/Gnädinger, PiR 2012, S. 113, die den Einbezug erwarteten technologischen Fortschritts (Erfahrungskurveneffekte, Prozessverbesserungen) bei begründeter Erwartbarkeit fordern.
[32] Vgl. Gelhausen/Fey/Kämpfer, Rechnungslegung und Prüfung nach dem BilMoG, 2009, Abschn. I Tz. 20.
[33] Vgl. IDW RS HFA 34.8.
[34] Vgl. weiterführend auch § 249 Rz 332.

zugeführt. Ab dem 1.1.02 ist tarifvertraglich eine Gehaltserhöhung von 3 % sowie ab dem 1.7.02 von weiteren 2 % vorgesehen. Die Arbeitgeberanteile zur Sozialversicherung belaufen sich (inkl. Berufsgenossenschaftsbeiträgen) auf 22 %. Das Gj 02 hat 365 Kalendertage abzgl. 104 Wochenendtage und 10 Feiertage, sodass 251 Arbeitstage zur Verfügung stehen. Der Mitarbeiter hat für 02 einen Urlaubsanspruch von 30 Tagen. Im Durchschnitt der letzten drei Jahre war er jährlich sechs Arbeitstage krank.

Versteht man die Verpflichtung des Arbeitgebers zur Gewährung von Urlaub mit der h.M. in der Literatur als Sachleistungsschuld, berechnet sich die Urlaubsrückstellung wie folgt:

Personalaufwand

– Gehalt (13×3.000 EUR $\times 1{,}03^{35}$)	= 40.170
– Sozialversicherungsaufwand 22 %	= 8.837
– Zuführung Jubiläumsrückstellung	= 20
	= 49.027

Anzahl effektiver Arbeitstage in 02

– Tage Gesamtjahr	= 365
– abzgl. Wochenenden	= 104
– abzgl. Feiertage	= 10
– abzgl. Urlaub in 02	= 30
– abzgl. erwartete Krankheitstage in 02	= 6
	215

Die Personalkosten je Tag belaufen sich auf 49.027 EUR/215 Tage = 228 EUR. Bei 5 ausstehenden Urlaubstagen ermittelt sich für die Urlaubsrückstellung ein Erfüllungsbetrag von 5×228 EUR = 1.140 EUR.

Der BFH lässt demgegenüber nur die Passivierung des Urlaubsentgelts zu, das bei Erfüllung der Verpflichtung am Stichtag aufzuwenden wäre. Nach dieser Deutung der Urlaubsverpflichtung als Geldschuld sind nur die laufenden Lohn- und Gehaltsaufwendungen, die lohnabhängigen Nebenkosten (z.B. Sozialversicherungsanteil) und ein etwaiges Urlaubsgeld in die Rückstellung einzubeziehen. Die Bewertung erfolgt gem. § 6 Abs. 1 Nr. 3a Buchst. f EStG nach den Verhältnissen am Abschlussstichtag. Die sich nach diesen Grundsätzen ermittelnde Jahresvergütung ist – anders als nach der h.M. im Handelsrecht – nicht auf die tatsächlichen, sondern die regulären Arbeitstage der Mitarbeiter im Gj zu beziehen.

---

35 Da der Urlaub bis zum 31.3.02 nachzuholen ist, kommt lediglich die zum 1.1.02 anfallende Tariferhöhung, nicht jedoch die zum 1.7.02 erfolgende, zum Ansatz.

> Angewendet auf den obigen Sachverhalt bedeutet das:
> Personalaufwand
> - Gehalt (13 × 3.000 EUR) = 39.000
> - Sozialversicherungsaufwand 22 % = 8.580
> = 47.580
>
> Anzahl regulärer Arbeitstage in 02
>
> - Tage Gesamtjahr = 365
> - abzgl. Wochenenden = 104
> - abzgl. Feiertage = 10
> 251
>
> Es errechnen sich Personalkosten je Tag von 47.580 EUR/251 Tage = 190 EUR. Bei 5 ausstehenden Urlaubstagen beläuft sich die Urlaubsrückstellung auf 5 × 190 EUR = 950 EUR.
> Beide Deutungen der Urlaubsverpflichtung erscheinen vertretbar. Die Bewertung der Rückstellung im Jahresabschluss hat in jedem Fall einheitlich als Geld- oder Sachleistungsschuld zu erfolgen.

Zu beachten ist bei der Bilanzierung von Urlaubsrückstellungen auch die arbeitsrechtliche Rechtsprechung des EuGH, wonach im Fall des Todes eines Arbeitnehmers der Urlaubsabgeltungsanspruch nicht untergeht.[36]

2.3.4.3 Vorsichtige Bewertung

Die Ermittlung des Erfüllungsbetrags von Rückstellungen kann in mehrfacher Hinsicht Schätzungen erfordern. Für die Vornahme von Schätzungen gilt das Prinzip der Bewertungsvorsicht als Ausprägung des allgemeinen Vorsichtsprinzips. Danach sind Rückstellungen **im Zweifel** eher zu hoch als zu niedrig zu bemessen. Die bewusste Überbewertung ungewisser Verbindlichkeiten ist dadurch allerdings nicht gedeckt. Ihr steht das Gebot der vernünftigen kaufmännischen Beurteilung entgegen.

Was vorsichtige Bewertung bedeutet, lässt sich nur in Abhängigkeit von der jeweiligen Bewertungssituation konkretisieren. Kann für einen künftigen Ausgabenanfall ein **Punktwert** mit hoher Wahrscheinlichkeit oder Sicherheit angegeben werden, ist dieser der Rückstellungsbewertung zugrunde zu legen. Das betrifft solche Verpflichtungen, die der Höhe nach bekannt sind, deren Entstehen dem Grunde nach allerdings noch ungewiss ist. Beispiele sind Rückstellungen für voraussichtlich zu zahlende Vertragsstrafen, Urlaubsrückstellungen oder Steuerrückstellungen.[37] Das Prinzip der Bewertungsvorsicht wirkt sich bei diesen praktisch nicht aus.

---

[36] Vgl. Frik/Eppinger/Daubner, DB 2017, S. 257; zu weiteren für die Rückstellungsbildung relevanten urlaubsrechtlichen Entscheidungen vgl. Eppinger/Daubner/Frik, WPg 2018, S. 91 ff.
[37] Zur Problematik bestrittener Steuerschulden vgl. Kessler/Leinen, WPg 2013, S. 67.

57 Entsprechendes gilt für Pauschalrückstellungen, denen eine **Mehrzahl gleichartiger Verpflichtungen** zugrunde liegt (z. B. Gewährleistungsrückstellungen, Jubiläums- und Gratifikationsrückstellungen). Sie sind i. H. d. **Erwartungswerts** der künftigen Ausgaben zu passivieren. Bei einem statistisch mit hoher Wahrscheinlichkeit zu erwartenden Ausgleich von Mehr- und Minderausgaben bei einzelnen Verpflichtungstatbeständen verbietet sich die Einrechnung einer rückstellungserhöhenden Vorsichtskomponente. Etwas anderes gilt dann, wenn aufgrund einer zu geringen Grundgesamtheit das Risiko einer über den Erwartungswert hinausgehenden Inanspruchnahme nicht vernachlässigbar ist. Ob und, wenn ja, in welchem Umfang diesem Risiko durch eine zusätzliche Vorsichtskomponente Rechnung zu tragen ist, bedarf einer Entscheidung im Einzelfall.

58 Als problematisch erweist sich die Bewertung solcher Verpflichtungen, für die sich lediglich eine **Bandbreite möglicher Erfüllungsbeträge** angeben lässt. Zu denken ist etwa an Sachleistungsverpflichtungen (z. B. Rekultivierungs-, Instandsetzungs- und Erneuerungsverpflichtungen, Verpflichtungen zur Beseitigung von Umweltschäden, Entfernungs- und Entsorgungsverpflichtungen), bei denen Ungewissheit über die künftige Preis- und Kostenentwicklung besteht. Auch der Erfüllungsbetrag zahlreicher Geldleistungsverpflichtungen lässt sich vielfach nur relativ grob angeben. Das gilt bspw. für drohende Inanspruchnahmen aus Bürgschaften oder für Sozialplanverpflichtungen, die noch durch eine Betriebsvereinbarung zu konkretisieren sind. Die für derartige Verpflichtungen in der Kommentarliteratur angebotenen Bewertungsanweisungen sind in der Mehrzahl der Fälle wenig hilfreich. Wie soll etwa der Betrag mit der höchsten Eintrittswahrscheinlichkeit[38] bei Ungewissheit bestimmt werden? Die gleiche Frage stellt sich im Hinblick auf den alternativ vorgeschlagenen Erwartungswert aller möglichen Ausgabenbeträge, der ggf. um eine (wie auch immer zu bestimmende) Vorsichtskomponente zu erhöhen ist.[39] Bewertungsanweisungen dieser Art sind nur dann umsetzbar, wenn – z. B. aufgrund betrieblicher oder branchenspezifischer Erfahrungen – belastbare Wahrscheinlichkeiten vorliegen. Unter dieser Voraussetzung spricht viel für den Ansatz des wahrscheinlichsten Werts. Eine Nebenbedingung ist zu beachten: Die Rückstellung darf nicht mit überwiegender Wahrscheinlichkeit unterdotiert sein. Aus diesem Grund ist bei singulären Verpflichtungen auch die Verknüpfung von Bestandsunsicherheit und Bewertungsfrage abzulehnen. Dazu die folgenden Beispiele:

> **Praxis-Beispiel**
> Ein Kunde hat einen Defekt des neu installierten Transportbands beanstandet. Nach der Fehlerbeschreibung sind drei Ursachen denkbar, die unterschiedlich hohe Reparaturkosten verursachen und für die nach den betrieblichen Erfahrungen unterschiedliche Eintrittswahrscheinlichkeiten vorliegen: mechanischer Defekt des Antriebsmotors (10 GE; 25 %), Überspannungsschaden in der elektronischen Antriebssteuerung (8 GE; 35 %) oder fehlerhafter Steuerungs-Chip (3 GE; 40 %).
> Der Ansatz des Betrags mit der höchsten Wahrscheinlichkeit (3 GE) verletzt das Vorsichtsprinzip, da die Rückstellung mit einer Wahrscheinlichkeit von

---

[38] Vgl. Schubert, in Beck Bil-Komm., 14. Aufl. 2024, § 253 HGB Rz 136.
[39] Vgl. ADS, Rechnungslegung und Prüfung der Unternehmen, 6. Aufl. 1995–2001, § 253 HGB Rz 192.

60 % unterdotiert ist. Auch der Erwartungswert (10 × 0,25 + 8 × 0,35 + 3 × 0,4 = 6,5 GE) hat diesen Mangel. Mind. anzusetzen ist im vorliegenden Fall ein Betrag von 8 GE. Aufgrund der geringen Abweichung zwischen den Wahrscheinlichkeiten für einen Defekt des Antriebsmotors (25 %) und einen Überspannungsschaden (35 %) ist auch der Ansatz der max. Reparaturkosten (10 GE) vertretbar.

Praxis-Beispiel
Auf dem Betriebsgrundstück ist eine Altlast entdeckt worden. Es ist unklar, ob von ihr eine Gefährdung des Grundwassers ausgeht. Die Untersuchungen dauern im Aufstellungszeitpunkt des Jahresabschlusses noch an. Sollte eine Gefährdungslage vorliegen, schätzt das Unt die Schadensbeseitigungskosten auf 500 GE. Andernfalls sind während der Dauer des Fortbestehens des Betriebs keine Sanierungsmaßnahmen veranlasst. Nach der vorläufigen Einschätzung der Umwelttechniker ist mit überwiegender Wahrscheinlichkeit (ca. 60–80 %) von einer Grundwassergefährdung auszugehen.
Die Umweltschutzrückstellung ist mit 500 GE anzusetzen. Eine Einbeziehung der Bestandsunsicherheit in die Bewertung und Bildung einer Rückstellung i. H. v. 300 GE (60 % von 500) bis 400 (80 % von 500) vermischt in unzulässiger Weise Ansatz- und Bewertungsfrage.[40]

Liegen keine nachvollziehbaren Wahrscheinlichkeitsschätzungen für diskrete Erfüllungsbeträge vor, ist zunächst die denkbare Bandbreite der möglichen Inanspruchnahmen des Unt zu bestimmen. Entsprechend der vom Gesetz geforderten vernünftigen kaufmännischen Beurteilung ist bereits auf dieser Stufe dem Vorsichtsprinzip Rechnung zu tragen, mithin im Zweifel eine eher ungünstige Entwicklung zu unterstellen. Die Einbeziehung extrem pessimistischer Schätzwerte, deren Eintritt sehr unwahrscheinlich ist, verbietet sich dagegen.[41] Sodann ist aus dem Schätzintervall der anzusetzende Rückstellungsbetrag auszuwählen. Sprechen nach Abwägung aller Argumente gute Gründe für den Eintritt eines bestimmten Szenarios, erscheint der Ansatz des bei dieser Entwicklung zu erwartenden Erfüllungsbetrags angemessen. Lassen sich – etwa bei Passivprozessen – mehrere denkbare Szenarios unterscheiden und bewerten, bietet sich eine wahrscheinlichkeitsgewichtete Schätzung des Rückstellungsbetrags an. Kann der Bilanzierende sein Wahrscheinlichkeitsurteil nicht verlässlich quantifizieren, ist nach dem Prinzip der Bewertungsvorsicht der am stärksten erfolgsmindernde Wert innerhalb des zuvor bestimmten Schätzintervalls anzusetzen.[42]

59

---

[40] A. A. ADS, Rechnungslegung und Prüfung der Unternehmen, 6. Aufl. 1995–2001, § 253 HGB Rz 193.
[41] Vgl. auch IDW RS HFA 34.16.
[42] Vgl. Kessler, Rückstellungen und Dauerschuldverhältnisse, 1992, S. 415.

2.3.5 Höchstwertprinzip

60 Der Wertansatz von Rückstellungen ist zu jedem Abschlussstichtag zu überprüfen. Fraglich ist, inwieweit das Höchstwertprinzip die Anpassung des ursprünglich angesetzten Betrags an zwischenzeitlich eingetretene Entwicklungen oder neu gewonnene Erkenntnisse begrenzt. Hält man dieses Prinzip auf Rückstellungen für anwendbar, sind Rückstellungen mit ihrem Zugangswert oder dem höheren Abschlussstichtagswert zu passivieren.[43] Dies gilt jedenfalls solange, wie eine Wiederkehr der den Zugangswert der Schuld bestimmenden Faktoren bis zum Zeitpunkt ihrer Erfüllung möglich ist. Eine Teilauflösung von Rückstellungen für **Sachleistungsverpflichtungen** wegen gesunkener Lohn- oder Materialkosten kommt nach dieser Auffassung nicht in Betracht, wenn ein erneuter Preisanstieg bis zum Zeitpunkt der Erfüllung denkbar erscheint. Entsprechendes gilt für ungewisse **Verpflichtungen, die in fremder Währung** zu erfüllen sind. Auch ihr Wertansatz ist nach dem Höchstwertprinzip wegen eines im Vergleich zum Zeitpunkt ihrer Ersterfassung gesunkenen Fremdwährungskurses nicht zu reduzieren.

61 Den Gesetzesmaterialien ist keine klare Antwort auf diese Auslegungsfrage zu entnehmen. Zur Umrechnung von Fremdwährungsgeschäften heißt es in der Begründung zum BilMoG, Rückstellungen seien „an jedem Abschlussstichtag neu zu bewerten bzw. zu ermitteln und zum dann gültigen Devisenkassakurs umzurechnen. Die Restriktionen des § 252 Abs. 1 Nr. 4 und des § 253 Abs. 1 Satz 1 HGB gelten hier nicht".[44] Diese Formulierung deutet auf die Unbeachtlichkeit des Höchstwertprinzips für Rückstellungen hin. Dagegen scheinen die Ausführungen zum Diskontierungszins zu sprechen. Hier heißt es, „die Anwendung eines unternehmensindividuellen Zinssatzes würde bei sinkender Bonität des Unternehmens zu einem steigenden Abzinsungszinssatz und infolgedessen zu einer erfolgswirksam zu berücksichtigenden Verminderung des zurückgestellten Betrags führen". Das sei „mit dem Vorsichts- und Höchstwertprinzip nicht zu vereinbaren".[45]

62 Auch die Abzinsungsregelung kann in Zeiten steigender Zinsen zu einer Teilauflösung in der Vergangenheit gebildeter Rückstellungen führen. Da der Gesetzgeber das in Kauf nimmt, scheint er seine Bedenken gegen eine vorbehaltlose Stichtagsbewertung aufgegeben zu haben. Ermittelt sich als Folge von Preis-, Zins- oder Währungsänderungen bzw. aufgrund eines geänderten Mengengerüsts der Verpflichtung ein niedrigerer Erfüllungsbetrag für eine ungewisse Verbindlichkeit, ist mithin eine Anpassung der Rückstellung ohne Rücksicht auf das Höchstwertprinzip veranlasst.[46]

Die aufgrund mehrerer BFH-Urteile[47] geführte steuerliche Diskussion für sog. angeschaffte Verbindlichkeitsrückstellungen wirft aus handelsrechtlicher Sicht die Frage auf, ob das Höchstwertprinzip auch nicht gelten soll, wenn sich der Zugangswert einer Rückstellung aus einer Transaktion mit Dritten ableitet. Sie wird insb. relevant, wenn ein Bilanzierender von einem anderen eine passivie-

---

[43] So Moxter, BB 1989, S. 947.
[44] BT-Drs. 16/10067 v. 30.7.2008 S. 62.
[45] BT-Drs. 16/10067 v. 30.7.2008 S. 55.
[46] So auch IDW RS HFA 34.8.
[47] Vgl. BFH, Urteil v. 12.12.2012, I R 69/11, DStR 2013 S. 575 m.w.N.

rungspflichtige ungewisse Verbindlichkeit übernimmt und dafür ein den notwendigen Erfüllungsbetrag nach § 253 Abs. 2 HGB übersteigendes Entgelt erhält. Ohne Höchstwertprinzip wäre die mit ihren „Anschaffungskosten" eingebuchte Rückstellung bei unveränderter Datenlage zum nächsten Abschlussstichtag mit dem niedrigeren Wert nach § 253 Abs. 2 HGB anzusetzen und damit tw. aufzulösen.

Diese Verfahrensweise ist insb. bedenklich, wenn die gesetzliche Bewertungsanweisung den sich im Transaktionspreis widerspiegelnden Marktwert der Verpflichtung verfehlt, weil für die Barwertermittlung nach § 253 Abs. 2 HGB z. B. überhöhte historische Zinssätze zur Anwendung kommen. Unter diesen Vorzeichen führt die Teilauflösung der Rückstellung nicht nur zum Ausweis eines unrealisierten Gewinns, sondern zur Erfassung einer Vermögensmehrung, die sich voraussichtlich niemals einstellen wird. Näher liegt in diesem Fall, mit dem BFH zu argumentieren, die Verpflichtung habe sich i. H. d. für ihre Übernahme erlangten Gegenleistung manifestiert. Danach ist an der erfolgsneutralen Behandlung des Anschaffungsvorgangs so lange festzuhalten, bis sich ein etwaiger „Erwerbergewinn" verwirklicht hat.[48] Davon ist auszugehen, wenn die ungewisse Verpflichtung ganz oder tw. wegfällt. Sieht man von dieser Möglichkeit ab, ist ein Ertrag aus der Auflösung der Rückstellung nur in dem Maße zu vereinnahmen, wie sich im Zuge der Erfüllung der Verpflichtung niedrigere Aufwendungen ergeben. Mit dem Realisations- und Vorsichtsprinzip nicht zu vereinbaren ist dagegen, die Rückstellung mit Blick auf die vom Schuldner noch zu erbringenden Leistungen ertragswirksam aufzulösen. Dagegen spricht schon das insoweit fortbestehende Erfüllungsrisiko.

Denkbar ist auch der umgekehrte Fall, in dem der Erfüllungsbetrag nach § 253 HGB niedriger als der erhaltene Kaufpreis ist. Ein solcher Sachverhalt kann bspw. auftreten, wenn mit der Übernahme einer Rekultivierungsverpflichtung zugleich (unrealisierte) Ertragschancen verbunden sind (Kippgebühren), die nicht unmittelbar aus demselben Geschäft resultieren, sodass sie nicht in den Kompensationsbereich der Rückstellung einzubeziehen sind. Das Recht auf die Verfüllung der Grube und die damit erhaltene Chance der Generierung von Kippgebühren führt i. d. R. zu einem im Vergleich zum Erfüllungsbetrag niedrigeren Übernahmepreis. I. H. d. Differenz zwischen Erfüllungsbetrag und Kaufpreis ist ein immaterieller VG für das Recht zur Erlangung von Kippgebühren zu erfassen.[49]

Eine Änderung der Rückstellungsbewertung ist unzulässig, soweit sich die relevanten Bewertungsparameter im Vergleich zur letzten Bewertung nicht verändert haben. Das gilt für Bewertungsanpassungen nach unten wie nach oben. Die Änderung der Rückstellungshöhe könnte in diesem Fall nur mit der Neuausübung eines Beurteilungsspielraums begründet werden. Ihr steht – soweit kein begründeter Ausnahmefall i. S. d. § 252 Abs. 2 HGB vorliegt (§ 252 Rz 155) – der Grundsatz der Bewertungsstetigkeit entgegen.

---

[48] Gl. A. IDW, Berichterstattung über die 239. HFA-Sitzung, IDW-FN 2015, S. 237. Neben der auch vom HFA präferierten Lösung des BFH sind andere Formen der Verteilung des Erwerbsgewinns i. H. d. Differenz zwischen dem Transaktionspreis für die ungewisse Schuld und ihrem Wertansatz nach der gesetzlichen Bewertungsanweisung denkbar, so z. B. die Bildung eines passiven RAP, wenn die Voraussetzungen hierfür vorliegen.
[49] Vgl. HFA, IDW Life 2016, S. 57.

2.3.6 Ansammlungs- oder Verteilungsrückstellungen

65 Der notwendige Erfüllungsbetrag einer ungewissen Verbindlichkeit kann – von einer etwaigen Abzinsung abgesehen – sofort in voller Höhe oder ratierlich über mehrere Berichtsperioden einer Rückstellung zuzuführen sein. Im letzteren Fall liegt eine Ansammlungs- oder Verteilungsrückstellung vor. **Ansammlungsrückstellungen** sind zu bilden für ungewisse Verbindlichkeiten, die über einen längeren Zeitraum sukzessive anwachsen. Ursächlich für das Anwachsen der Leistungspflicht können Handlungen des Bilanzierenden sein (z. B. die fortgesetzte Ausbeutung eines Kiesgrundstücks bei Rekultivierungsverpflichtungen) oder einseitige Vorleistungen der anderen Partei bei gegenseitigen Verträgen, die zu einem zunehmenden Erfüllungsrückstand des Kfm. führen (z. B. die Erbringung von Arbeitsleistung bei Pensions- oder Jubiläumsrückstellungen). Als wirtschaftlich verursacht und damit rückstellungspflichtig gilt nur jener Teil der Leistungspflicht, den der Schuldner aufgrund der bis zum Abschlussstichtag eingetretenen Sachverhaltsentwicklung einseitig nicht mehr abwenden kann und der nicht durch noch ausstehende Gegenleistungen eines Dritten kompensiert wird.

Hiervon zu unterscheiden sind Verpflichtungen, die – obwohl sie durch einen Vorgang oder ein Ereignis unmittelbar in voller Höhe entstehen – durch eine ratierliche Rückstellungsdotierung über einen längeren Zeitraum erfasst werden. Beispiele sind Abbruch-, Entfernungs-, Rückbau- und bestimmte Entsorgungsverpflichtungen. Die verteilte Einbuchung ihres Erfüllungsbetrags lässt sich nicht mit dem Anstieg der Verpflichtung im Zeitablauf, sondern nur mit dem Realisationsprinzip erklären: Hiernach sollen die Erträge aus der Nutzung der zu beseitigenden Anlagen mit den Aufwendungen belastet werden, die der Bilanzierende zu ihrer Erzielung in Kauf nimmt. § 6 Abs. 1 Nr. 3a Buchst. d EStG spricht von Verpflichtungen, für deren Entstehen im wirtschaftlichen Sinne der laufende Betrieb ursächlich ist. In Abgrenzung zu den für im Zeitablauf anwachsende Verpflichtungen zu bildenden Ansammlungsrückstellungen werden die hier angesprochenen Rückstellungen als **Verteilungsrückstellungen** bezeichnet.[50]

66 Geht man von einer gleichmäßigen Verursachung der Aufwendungen über die Verteilungsperiode aus, bestehen zwei Möglichkeiten für die aufwandswirksame Verteilung des Erfüllungsbetrags:[51]
- **Barwertverfahren**: Der auf das jeweilige Gj entfallende operative Aufwand entspricht jeweils dem mit dem aktuellen restlaufzeitadäquaten Zinssatz auf den Abschlussstichtag abgezinsten anteiligen Nominalwert der Verpflichtung. Der anteilige Nominalbetrag ergibt sich durch Division des gesamten voraussichtlichen Verpflichtungsumfangs durch die Anzahl der Gj, die auf die Verteilungsperiode entfallen. Das Barwertverfahren führt zu einem im Zeitablauf steigenden operativen Aufwand.
- **Annuitätenverfahren** (Gleichverteilungsverfahren): Zu jedem Abschlussstichtag wird unter Berücksichtigung des maßgeblichen restlaufzeitadäquaten Zinssatzes der Betrag ermittelt, der sich bei annuitätischer Verteilung des

---

[50] Vgl. Kessler, DStR 1996, S. 1437; IDW RS HFA 34.18.
[51] Vgl. IDW RS HFA 34.19.

gesamten voraussichtlichen Verpflichtungsumfangs ergibt. Bei konstantem Zinssatz führt dieses Verfahren zu einem konstanten jährlichen operativen Aufwand.
Das folgende Beispiel verdeutlicht die Rückstellungsberechnung nach den beiden Bewertungsmethoden.

Praxis-Beispiel
Ein Unt hat eine zum 1.1.01 rechtlich begründete Abbruchverpflichtung. Das Unt schätzt die nach zehn Jahren anfallenden Abbruchkosten unter Einbeziehung erwarteter Kostensteigerungen mit 50.000 EUR. Der nach § 253 Abs. 2 HGB anzuwendende Zinssatz wird während der Laufzeit der Verpflichtung als konstant angenommen und beträgt 2 %. Der Rückstellungsbetrag ist linear auf die Laufzeit zu verteilen und abzuzinsen. Hieraus ergibt sich bei Anwendung des Barwertverfahrens folgender Rückstellungsverlauf:

Jahr	Nomineller Erfüllungsbetrag	Verteilungsquote	Sonstiger betrieblicher Aufwand	Zinsen und ähnliche Aufwendungen	Gesamtaufwand	Rückstellung
01	50.000	10 %	4.184	0	4.184	4.184
02	50.000	20 %	4.267	84	4.351	8.535
03	50.000	30 %	4.353	171	4.523	13.058
04	50.000	40 %	4.440	261	4.701	17.759
05	50.000	50 %	4.529	355	4.884	22.643
06	50.000	60 %	4.619	453	5.072	27.715
07	50.000	70 %	4.712	554	5.266	32.981
08	50.000	80 %	4.806	660	5.465	38.447
09	50.000	90 %	4.902	769	5.671	44.118
10	50.000	100 %	5.000	882	5.882	50.000
		Summe	45.811	4.119	50.000	

Bei Anwendung des **Annuitätenverfahrens** ist der Erfüllungsbetrag von 50.000 EUR in eine Annuität zu überführen. Sie ermittelt sich wie folgt:
Erfüllungsbetrag $\times$ i / $((1 + i)^n - 1)$ = 50.000 EUR $\times$ 0,02 / $(1,02^{10} - 1)$ = 4.566 EUR.
Die Abbruchrückstellung ist damit in jedem Jahr um einen sonstigen betrieblichen Aufwand von 4.566 EUR sowie um die Verzinsung des jeweiligen Vorjahresbetrags zu erhöhen.

Wie das Beispiel zeigt, führt die Annuitätenmethode in den ersten Jahren zu höheren Rückstellungszuführungen als die Barwertmethode. Infolgedessen ergeben sich bis zum geplanten Erfüllungstag höhere Verpflichtungsbeträge. Das kann insb. mit Blick auf die steuerliche Gewinnermittlung erwünscht sein. Nach § 6 Abs. 1 Nr. 3a Buchst. d EStG sind Verteilungsrückstellungen in der Steuerbilanz (StB) „zeitanteilig in gleichen Raten anzusammeln". Dieser Wortlaut spricht dafür, die Annuitätenmethode als das steuerlich favorisierte Verteilungsverfahren anzusehen. Sie ermittelt vor Aufzinsung der Rückstellung jährlich konstante Zuführungsbeträge, während die Zuführungen bei Anwendung des Barwertverfahrens jährlich ansteigen. Kommt in der Handelsbilanz (HB) das Barwertverfahren zur Anwendung, können nach der von der Finanzverwaltung vertretenen Auslegung des Maßgeblichkeitsprinzips (R 6.11 Abs. 3 Satz 1 EStR) die handelsrechtlichen Rückstellungswerte die steuerliche Bewertung limitieren, sofern der Unterschiedsbetrag zwischen Annuitätenmethode (StB) und Barwertmethode (HB) nicht durch eingerechnete Kostensteigerungen und den abweichenden Abzinsungszinssatz kompensiert wird.

68 Die der Rückstellungsbewertung zugrunde gelegten Annahmen (insb. Abzinsungszinssatz, Kostensteigerungen, Fälligkeit der Verpflichtung) sind zu **jedem Abschlussstichtag** zu überprüfen und ggf. anzupassen. Bspw. verlangt eine Zinssatzänderung bei Anwendung der Annuitätenmethode eine Neuberechnung der jährlichen Rückstellungszuführungen für die verbleibende Restlaufzeit. Verkürzt sich der Verteilungszeitraum der Rückstellung, ist ihr der noch nicht angesammelte, aber wirtschaftlich verursachte Betrag sofort zuzuführen.[52] Bei einer Verlängerung des Verteilungszeitraums ist die Rückstellung um den Betrag aufzulösen, der bei einer von Anfang an über den verlängerten Zeitraum erfolgten Dotierung noch nicht zugeführt worden wäre (retrospektive Anpassung). Das für die HB bis 2014 vertretene Beibehaltungswahlrecht ist in Anlehnung an die Entscheidung des BFH vom 2.7.2014 aufgehoben worden.[53] Dass die Ausübung einer Mietvertragsverlängerungsoption gleichzeitig eine sachverhaltsgestaltende Maßnahme bei der Jahresabschlusserstellung sein kann, zeigt nachfolgendes Beispiel:

Praxis-Beispiel
U hat zu Beginn des Jahrs 01 Umbauten in angemieteten Büroräumen vorgenommen, die nach Ablauf des Mietvertrags zurückzubauen sind. Der Mietvertrag hat eine Laufzeit von zehn Jahren. Die Aufwendungen für den Rückbau zum Ende des Mietvertrags schätzt U auf Basis der Kostenverhältnisse am 31.12.01 auf 200.000 EUR. Die jährliche Kostensteigerung beläuft sich auf 3 %. Der handelsrechtliche Abzinsungszinssatz sei mit 2 % p.a. (Zinssatz lt. Bundesbank) während der Laufzeit des Mietvertrags konstant. Am 31.12.09 wird der Mietvertrag um fünf Jahre bis zum 31.12.15 verlängert. Der nominelle Erfüllungsbetrag der Rückbauverpflichtung am Ende der ursprünglichen Laufzeit des Mietvertrags beträgt 260.955 EUR (200.000 EUR × $1{,}02^9$). Die für den Rückbau anzusetzende Verteilungsrückstellung entwickelt sich nach dem Barwertverfahren vor Berücksichtigung der Mietvertragsverlängerung wie folgt:

---

[52] Vgl. IDW RS HFA 34.20.
[53] Vgl. IDW RS HFA 34.20; BFH, Urteil v. 2.7.2014, I R 49/12, BStBl 2014 II S. 979.

Zugangs- und Folgebewertung § 253

Stichtag	Erfüllungs-betrag nominell	Zinssatz	Erfüllungs-betrag Barwert	Rückstellungsentwicklung		
				Stand 1.1.	Zuführung	Stand 31.12.
31.12.01	260.955	2 %	218.355	0	21.836	21.836
31.12.02	260.955	2 %	222.722	21.836	22.709	44.544
31.12.03	260.955	2 %	227.177	44.544	23.609	68.153
31.12.04	260.955	2 %	231.720	68.153	24.535	92.688
31.12.05	260.955	2 %	236.355	92.688	25.489	118.177
31.12.06	260.955	2 %	241.082	118.177	26.472	144.649
31.12.07	260.955	2 %	245.903	144.649	27.483	172.132
31.12.08	260.955	2 %	250.821	172.132	28.525	200.657
31.12.09	260.955	2 %	255.838	200.657	29.597	230.254
31.12.10	260.955	–	260.955	230.254	30.701	260.955

Nach der zum Ende des Jahrs 09 vereinbarten Verlängerung des Mietvertrags um fünf Jahre ist die Rückstellung neu zu berechnen. Die Ermittlung des Wertansatzes zum Ende des Jahrs 09 erfordert die Einrechnung von Kostensteigerungen in den nominellen Erfüllungsbetrag für weitere fünf Jahre und eine Abzinsung über sechs Jahre statt über ein Jahr. Sodann sind 9/15 des Barwerts in die Rückstellung einzustellen. In den Folgejahren ist die Rückstellung nach den allgemeinen Bewertungsregeln fortzuführen. Der ab dem Jahr 09 angepasste Rückstellungsverlauf ist nachstehend dargestellt.

Stichtag	Erfüllungs-betrag nominell	Zinssatz	Erfüllungs-betrag Barwert	Rückstellungsentwicklung		
				Stand 1.1.	Auflösung/ Zuführung	Stand 31.12.
31.12.09	302.518	2 %	268.627	200.657	–39.481	161.176
31.12.10	302.518	2 %	274.000	161.176	21.490	182.667
31.12.11	302.518	2 %	279.480	182.667	22.285	204.952
31.12.12	302.518	2 %	285.069	204.952	23.104	228.056
31.12.13	302.518	2 %	290.771	228.056	23.946	252.001
31.12.14	302.518	2 %	296.586	252.001	24.812	276.814
31.12.15	302.518	–	302.518	276.814	25.704	302.518

Die Verlängerung des Mietvertrags führt zu einer ertragswirksamen Auflösung der Rückstellung um 39.481. Das entspricht rund einem Fünftel des bis zum Jahr 08 zugeführten Betrags. Steuerlich fällt die Rückstellungsauflösung deutlich höher aus, da die Rückbauverpflichtung nach den Preis- und Kostenverhältnissen am jeweiligen Abschlussstichtag zu bewerten ist. Damit wird der handelsrechtlich die Verlängerung des Verteilungs- und Abzinsungszeitraums tw. kompensierende Preissteigerungseffekt in der StB erst in der Zukunft wirksam.

2.3.7 Rückstellungen für Altersversorgungsverpflichtungen und vergleichbare langfristig fällige Verpflichtungen

2.3.7.1 Begriffe

69 Im Zusammenhang mit der Bewertung von Rückstellungen verbinden § 246 Abs. 2 Satz 2 HGB und § 253 Abs. 1 und Abs. 2 HGB bestimmte Bewertungsvorschriften mit den Begriffen **„Altersversorgungsverpflichtungen"** und **„vergleichbaren langfristig fälligen Verpflichtungen"**. Begriffsdefinitionen finden sich weder im Gesetz noch in der Gesetzesbegründung. Lediglich in der Gesetzesbegründung zu § 246 Abs. 2 Satz 2 HGB findet sich eine Aufzählung von Verpflichtungen, die der Gesetzgeber von diesen Begrifflichkeiten erfasst sieht. Danach zählen zu den Altersversorgungsverpflichtungen und vergleichbaren langfristig fälligen Verpflichtungen Pensionsverpflichtungen, Altersteilzeitverpflichtungen und Verpflichtungen aus Lebensarbeitszeitmodellen.[54]

70 Diese Begrifflichkeiten stehen in einem Spannungsverhältnis mit dem an anderer Stelle weiter verwendeten Begriff der **Pensionen und ähnlichen Verpflichtungen**. So schreiben § 266 Abs. 3 HGB den separaten Bilanzausweis von Rückstellungen für Pensionen und ähnliche Verpflichtungen und § 285 Nr. 24 HGB die Angabe der Bewertungsannahmen für Pensionen und ähnliche Verpflichtungen vor. Inhaltlich besteht zwischen den Begriffen „Altersversorgungsverpflichtungen" und „Pensionsverpflichtungen" Deckungsgleichheit.[55]

71 Entsprechend der ständigen Rechtsprechung des Bundesarbeitsgerichtes sind dem Begriff der **Pensionen** alle Verpflichtungen aus Leistungszusagen eines Arbeitgebers aus Anlass des Arbeitsverhältnisses an einen Mitarbeiter zu subsumieren, die für die biologischen Ereignisse Alter, Invalidität oder Tod (§§ 1 Abs. 1 Satz 1, Abs. 2 i.V.m. 17 Abs. 1 Satz 2 BetrAVG) einen Versorgungsanspruch beinhalten. Mit Eintritt des den Versorgungsanspruch auslösenden biologischen Ereignisses endet rechtlich das Arbeitsverhältnis. Merkmale von Pensionen sind, dass diese versorgungshalber und ohne eine vom Empfänger zu erbringende Gegenleistung gezahlt werden. Zu den Pensionen zählen sowohl laufend zu zahlende Bezüge (Pensionen, Renten, Ruhegelder) als auch Einmalzahlungen (Kapitalzusagen).

72 Bzgl. des Begriffs der **vergleichbaren langfristig fälligen Verpflichtungen** erscheint vor dem Hintergrund des Gesetzeswortlauts fraglich, ob eine Vergleichbarkeit mit den Altersversorgungsverpflichtungen in zeitlicher oder inhaltlicher Hinsicht gegeben sein muss. Die Vergleichbarkeit muss insb. in inhaltlicher Hinsicht gegeben sein, denn das Merkmal „vergleichbar" bezieht sich als Adjektiv auf die Verpflichtungen und nicht als Attribut auf langfristig fällig.[56] Demzufolge rechnen zu den vergleichbaren langfristig fälligen Verpflichtungen solche, die nicht bereits Altersversorgungsverpflichtungen i.S.v. § 1 Abs. 1 Satz 1 BetrAVG darstellen, die aber aufgrund des Vorliegens von biometrischen Risiken „vergleichbar" sind.[57] Zu den vergleichbaren langfristig fälligen Verpflichtungen rechnen daher

---

[54] Vgl. BT-Drs. 16/10067 v. 30.7.2008 S. 48. IDW RS HFA 30.7 n.F. spricht von Verpflichtungen ggü. „Versorgungsberechtigten". Mit dem ggü. dem Begriff „Arbeitnehmer" weiter gefassten Begriff werden auch solche Verpflichtungen erfasst, in denen ein Bilanzierender die Verpflichtungen im Wege eines Schuldbeitritts übernommen hat.
[55] Vgl. IDW RS HFA 30.6 n.F.
[56] Vgl. Bertram/Johannleweling/Roß/Weiser, WPg 2011, S. 2.
[57] Vgl. IDW RS HFA 30.8; Lucius/Veit, BB 2010, S. 235.

Vorruhestandsbezüge und Verpflichtungen aus **Altersteilzeitvereinbarungen** (§ 249 Rz 51). In beiden Fällen handelt es sich nicht um Leistungszusagen, die der Arbeitgeber aus Anlass des Arbeitsverhältnisses gewährt, sondern um Leistungen aus Anlass zur (vorzeitigen) Beendigung der Arbeit. Gleiches gilt für **Übergangsgelder, Treuezahlungen, Abfindungen** oder **Auslandszuschläge**, wenn diese erst bei Eintritt eines biologischen Ereignisses fällig werden (§ 249 Rz 51). Verpflichtungen zur Zahlung von **Übergangsbezügen** und **Überbrückungsgeldern** werden ebenfalls den vergleichbar langfristig fälligen Verpflichtungen zugerechnet. Wegen Geringfügigkeit werden sie aber regelmäßig nicht bewertet. Versorgungszusagen über laufende **Sachleistungen, Beihilfen zu Krankenversicherungsbeiträgen** oder die **Erstattung von Krankheitskosten** stellen ebenfalls vergleichbare langfristig fällige Verpflichtungen dar. Weitere Anwendungsfälle sind Jubiläumsverpflichtungen und Verpflichtungen aus Lebensarbeitszeitkonten.

Die Begriffsbestimmung der **(pensions-)ähnlichen Verpflichtungen** ist diffus.[58] Tw. wird gemutmaßt, der Gesetzgeber hätte die Verpflichtung zur Zahlung von Vorruhestandsbezügen als pensionsähnliche Verpflichtung ansehen wollen. Eine solche Einordnung wird in der Literatur jedoch abgelehnt, da es sich vielmehr um Abfindungszahlungen handelt.[59] Tw. werden auch Überbrückungsgelder oder Pensionsverpflichtungen aufgrund betrieblicher Übung oder des Gleichbehandlungsgrundsatzes dem der pensionsähnlichen Verpflichtung subsumiert.[60] Im Allgemeinen wird in dem Begriff der (pensions-)ähnlichen Verpflichtungen jedoch ein Auffangtatbestand ohne praktische Relevanz gesehen.

2.3.7.2 Altersversorgungsverpflichtungen

Bewertungsmaßstab für alle Rückstellungen ist nach § 253 Abs. 1 Satz 2 HGB der **nach vernünftiger kaufmännischer Beurteilung notwendige Erfüllungsbetrag** (Rz 32). Im Hinblick auf die Bestimmung des Erfüllungsbetrags unterscheidet § 253 Abs. 1 Satz 3 HGB bei den Altersversorgungsverpflichtungen zwischen **nicht wertpapiergebundenen** (Rz 76) und **wertpapiergebundenen** Verpflichtungen (Rz 98). Keine Unterschiede bei der Bewertung bestehen hinsichtlich des Bewertungsstichtags, der Berücksichtigung von biometrischen Wahrscheinlichkeiten und der Fluktuation.

Für beide Arten von Pensionsverpflichtungen stellt gem. § 252 Abs. 1 Nr. 3 HGB der Abschlussstichtag den **Bewertungsstichtag** dar. In der Praxis wird die Pensionsbewertung jedoch oftmals zwei bis drei Monate vor dem Abschlussstichtag nach Maßgabe der geschätzten Verhältnisse zu diesem Tag erstellt. Dieses in der Praxis etablierte Verfahren wird in der Regierungsbegründung im Wesentlichen nicht beanstandet. Etwas anderes soll nur gelten, wenn sich „zwischen der Erstellung eines Pensionsgutachtens und dem Abschlussstichtag Änderungen beim Mengengerüst oder den einzelnen zugrunde gelegten Bewertungsparametern ergeben, die zu wesentlichen Abweichungen führen".[61] Im Umkehrschluss billigt der Gesetzgeber gleichzeitig, dass nicht nur die Personalinventur zur Bestimmung des zugrunde zu

---

[58] Vgl. Grottel/Johannleweling, in Beck Bil-Komm., 14. Aufl. 2023, § 249 HGB Rz 182.
[59] Vgl. IDW RS HFA 30.9; ADS, Rechnungslegung und Prüfung der Unternehmen, 6. Aufl. 1995–2001, § 249 HGB Rz 116.
[60] Vgl. Ahrend/Förster/Rößler, Steuerrecht der betrieblichen Altersversorgung, 8. Teil, Rz 13.
[61] BT-Drs. 16/10067 v. 30.7.2008 S. 55.

legenden Mengengerüsts, sondern auch die Festlegung der Bewertungsannahmen einschl. des Abzinsungssatzes (Rz 129) vorgezogen wird.[62] Änderungen, die zu wesentlichen Abweichungen führen, dürften sich hauptsächlich auf Änderungen des Mengengerüsts beschränken. Annahmen über langfristige Kostentrends unterliegen ebenso wenig kurzfristigen Schwankungen wie der nunmehr zehnjährige Durchschnittszinssatz (Rz 145). Für wertpapiergebundene Pensionsverpflichtungen gilt die Vereinfachung nur für das Mengengerüst, nicht aber für die Bewertungsparameter (Rz 105).

2.3.7.2.1 Nicht wertpapiergebundene Altersversorgungsverpflichtungen

76 Zu den wesentlichen Bewertungsannahmen gehört die Verwendung von **biometrischen Wahrscheinlichkeiten**. Eine Eigenschaft von Pensionsverpflichtungen ist es, dass die Leistungspflicht durch biologische Ereignisse wie Alter, Invalidität oder Tod ausgelöst wird. Die Eintrittswahrscheinlichkeiten dieser die Leistungspflicht auslösenden Ereignisse sind nach den Regeln der Versicherungsmathematik zu bewerten. Entsprechend dem Gesetz der großen Zahlen wird der Risikoverlauf mit steigender Anzahl von Anspruchsberechtigten besser approximiert.

77 Die zur Bewertung benötigten Wahrscheinlichkeiten unterliegen im Zeitlauf einem steten Wandel. Hinlänglich bekannt ist die konstante Erhöhung der Lebenserwartung. Die künftige Entwicklung der biometrischen Rechengrundlage ist angemessen zu berücksichtigen. Als Rechengrundlage sind nur solche **Statistiken** geeignet, die sich entweder auf die Gesamtheit aller Pensionsberechtigten bzw. -empfänger oder auf eine bestimmte Untergruppe aus dieser Gesamtheit beziehen. Die Verwendung von biometrischen Wahrscheinlichkeiten, die sich nur auf eine Untergruppe (z. B. chemische Industrie) beziehen, ist zulässig, wenn die zu bewertende Gesamtheit der entsprechenden Untergruppe zugerechnet werden kann. So eignen sich die **Sterbetafeln**, die sich nur auf privat Renten- und Krankenversicherte beziehen, nicht zur Bewertung eines Personalbestands, der auch Arbeiter einschließt, da Erstere im Durchschnitt eine höhere Lebenserwartung aufweisen. I. d. R. ist dem Bewertungserfordernis des § 253 Abs. 2 HGB Genüge getan, wenn für inländische Verpflichtungen die aktuellen Richttafeln von K. Heubeck zugrunde gelegt werden.[63] Tw. kann es angezeigt sein, diese durch entsprechende Zu- oder Abschläge für z. B. kürzere oder längere Lebenserwartung zu modifizieren. Durch Zu- oder Abschläge können auch sich abzeichnende Veränderungen berücksichtigt werden, die noch keinen Eingang in die Richttafeln von K. Heubeck gefunden haben, da diese nicht jährlich aktualisiert werden. In der Praxis finden die Richttafeln von K. Heubeck im Allgemeinen jedoch ohne Modifikationen Anwendung. Gegen ein Abweichen von Heubeck-Tafeln sprechen auch steuerliche Gründe. Sollten die modifizierten Tafeln auch für die steuerliche Gewinnermittlung verwendet werden, ist im Zweifel detailliert darzulegen, inwieweit die modifizierten Tafeln die betrieblichen Verhältnisse zutreffender widerspiegeln als die Heubeck-Tafeln.

Am 20.7.2018 hat die Heubeck AG neue Richttafeln für die Pensionsbewertung vorgelegt (Heubeck-Richttafeln 2018 G). Sie sind an die Stelle der zuvor ver-

---

[62] Vgl. auch IDW RS HFA 30.65.
[63] Vgl. Bertram/Johannleweling/Roß/Weiser, WPg 2011, S. 6.

wendeten Richttafeln 2005 G getreten und tragen dem fortgesetzten Trend längerer Lebenserwartungen Rechnung. Zudem berücksichtigen sie erstmals sozioökonomische Faktoren wie den statistisch nachweisbaren Zusammenhang zwischen der Lebenserwartung und der Einkommenshöhe durch einen pauschalen Abschlag auf die Sterbewahrscheinlichkeiten. Mit seinem Schreiben v. 19.10.2018 hat das BMF die Heubeck-Richttafeln 2018 G für die steuerliche Pensionsbewertung anerkannt.[64]

Für im Ausland zu erbringende Verpflichtungen werden regelmäßig länderspezifische Sterbetafeln Verwendung finden. Bei unwesentlichem Umfang dieser Verpflichtungen können aber auch für diese Fälle die Richttafeln von K. Heubeck Verwendung finden. 78

> **Praxis-Beispiel**
> Ein deutsches Unt hat den ersten zwei Führungsebenen seiner Mitarbeiter Pensionszusagen erteilt. Es handelt sich um 40 Berechtigte. Einer dieser Berechtigten ist Leiter der Zweigniederlassung in Frankreich und dort ansässig. Das Unt bewertet die Altersversorgungsverpflichtungen einheitlich unter Anwendung der Richttafeln von K. Heubeck. Die Tatsache, dass nur ein Berechtigter kein Inländer ist, führt zu keinen signifikanten Verwerfungen in den Bewertungsannahmen.
> Etwas anderes müsste gelten, wenn z.B. die Hälfte der Berechtigten Inländer, die andere Hälfte Franzosen wären. Dann wären für die französischen Verpflichtungen die dortigen Sterbetafeln zu verwenden.

In gleicher Weise bedeutsam für die Bewertung von Altersversorgungsrückstellungen ist die Berücksichtigung der **Fluktuation**. Die Berücksichtigung von Fluktuationswahrscheinlichkeiten ist fester Bestandteil der Rückstellungsermittlung. Oftmals wurden in der Praxis jedoch die aus der steuerlichen Bewertung nach § 6a EStG bekannten pauschalen Ansätze akzeptiert, wonach Rückstellungen erst ab Erreichen einer bestimmten, vom Datum der Zusage abhängigen Altersgrenze gebildet werden. Derartige pauschale Ansätze sind handelsbilanziell unzulässig, sodass die Fluktuation bei der Ermittlung des notwendigen Erfüllungsbetrags als eigene Ausscheidensursache einzurechnen ist. Es wird auf Branchen- oder auf unternehmensspezifische Erfahrungswerte zurückgegriffen werden können.[65] Statistisch fundierte Auswertungen werden i.d.R. nicht vorliegen. Die Erfahrung aus der internationalen Bewertung zeigt jedoch, dass der exakten Abbildung der Fluktuation aufgrund ihrer geringen materiellen Auswirkungen in der Praxis keine allzu große Relevanz zukommt.[66] 79

Als weitere Bewertungsannahme ist bei Anwartschaftsverpflichtungen die **Altersgrenze** zu berücksichtigen. Neben der vertraglich oder gesetzlich vorgesehenen Altersgrenze können hier auch voraussichtliche Pensionierungsgewohnheiten zu berücksichtigen sein.[67] Zu beachten sind die Auswirkungen des BAG-Urteils vom 80

---

[64] Vgl. BMF, Schreiben v. 19.10.2018, IV C 6 – S 2176/07/10004 :001, BStBl 2018 I S. 1107.
[65] Vgl. IDW RS HFA 30.62.
[66] Vgl. Lucius, BetrAV 2009, S. 520.
[67] Vgl. IDW RS HFA 30.62.

15.5.2012[68], wonach eine in betrieblichen Versorgungsregelungen vor dem Rentenversicherungs-Altersgrenzenanpassungsgesetz vereinbarte Altersgrenze, die auf Vollendung des 65. Lebensjahrs abstellt, regelmäßig dahingehend auszulegen sei, „dass damit auf die Regelaltersgrenze in der gesetzlichen Rentenversicherung nach §§ 35, 235 Abs. 2 Satz 2 SGB VI Bezug genommen wird." Ob dieses Urteil generell auf vor dem RV-Altersgrenzenanpassungsgesetz geschlossene betriebliche Versorgungsregelungen übertragbar ist, ist im jeweiligen Einzelfall unter Hinzuziehung arbeitsrechtlicher Experten zu beurteilen. Wurde bislang bei der Bewertung von Altersversorgungsverpflichtungen von einem Eintritt des Versorgungsfalls mit der Vollendung des 65. Lebensjahrs ausgegangen, sind vor dem Hintergrund der angesprochenen Rechtsprechung des BAG ggf. davon abweichende Regelungen der Bewertung der Rückstellungen zugrunde zu legen und die Rückstellung entsprechend ergebniswirksam anzupassen.[69]

> **Praxis-Beispiel**
> Die Pensionszusage von Arbeitnehmern eines Unt legt den planmäßigen Beginn der Rentenzahlung mit dem Zeitpunkt des Erreichens des gesetzlichen Rentenalters fest. Ein früherer Rentenbezug ist unter Inkaufnahme von Abschlägen bei der Betriebsrente innerhalb gewisser Fristen möglich. In der Vergangenheit hat die überwiegende Anzahl der Pensionsberechtigten von dem früheren Rentenbezug Gebrauch gemacht.
> Bei der Bewertung der Pensionsrückstellung ist der voraussichtlich frühere Rentenbeginn zu berücksichtigen.

81 Der Erfüllungsbetrag nicht wertpapiergebundener Altersversorgungsverpflichtungen ist mithilfe geeigneter **Bewertungsverfahren** zu ermitteln. Hinsichtlich des anzuwendenden **Bewertungsverfahrens** ergeben sich aus dem Gesetz keine Vorgaben. Das angewandte Verfahren muss lediglich dem Anspruch genügen, den nach vernünftiger kaufmännischer Beurteilung notwendigen Erfüllungsbetrag zu ermitteln. Da Altersversorgungsverpflichtungen sowohl hinsichtlich der Auszahlungszeitpunkte als auch der Höhe nach ungewiss sind, können diese nur nach versicherungsmathematisch statistischen Bewertungsverfahren unter Zugrundelegung angemessener Bewertungsparameter geschätzt werden. Im Allgemeinen müssen die Bewertungsverfahren den folgenden Anforderungen genügen:[70]
- Verpflichtungen, für die keine Gegenleistung mehr zu erwarten ist, sind mit ihrem Barwert anzusetzen. Dies betrifft laufende Pensionsverpflichtungen und unverfallbare Anwartschaften ausgeschiedener Pensionsberechtigter.
- Verpflichtungen, für die noch eine Gegenleistung erwartet wird, d. h. bei Versorgungsanwartschaften von noch aktiven Versorgungsanwärtern, sind nach einem Verfahren zu bewerten, das entsprechend dem Verlauf des Erdienens der Ansprüche zu einer betriebswirtschaftlich sachgerechten Mittelansammlung bis zum erwarteten Eintritt des Versorgungsfalls führt. Dies ist gegeben, wenn in Abhängigkeit von der Versorgungszusage das gewählte

---

[68] Vgl. BAG, Urteil v. 15.5.2012, 3 AZR 11/10, DB 2012 S. 1756.
[69] Vgl. HFA, IDW-FN 2013, S. 63.
[70] Vgl. IDW RS HFA 30.60.

Verfahren den Pensionsaufwand verursachungsgerecht über den Zeitraum verteilt, über den der Versorgungsanwärter seine Leistung erbringt.

Das in § 6a EStG geregelte **steuerliche Teilwertverfahren** erfüllt diese Forderung nicht, da Mittelansammlung und Erdienensverlauf voneinander losgelöst werden. Hinzu kommt, dass das steuerliche Teilwertverfahren kein prospektives Verfahren ist. Bei der Ermittlung der Teilwertprämie wird nicht auf die tatsächlich realisierte Vergangenheit, sondern auf die ursprüngliche Erwartung abgestellt. Das steuerliche Teilwertverfahren stellt keinen handelsrechtlich zulässigen Wertansatz dar, da wesentliche Bewertungsparameter nicht berücksichtigt werden (Lohn-, Gehalts- und Rententrends bzw. in pauschalierter Form Fluktuation sowie der Diskontierungszinssatz). Ein nach § 6a EStG ermittelter steuerlicher Teilwert einer Altersversorgungsverpflichtung kann auch keinen Mindestwert für die HB begründen.[71]

82

In jedem Fall anwendbar ist das international übliche **Anwartschaftsbarwertverfahren** (Projected-Unit-Credit-Methode). Nach den vorliegenden empirischen Ergebnissen hat sich dieses Verfahren handelsrechtlich durchgesetzt.[72] Die Schwächen des steuerlichen Teilwertfahrens lassen sich durch entsprechende Modifikationen zwar beheben.[73] Allerdings führt auch ein **modifiziertes bzw. versicherungsmathematisches Teilwertverfahren** in solchen Fällen zu handelsrechtlich unzulässigen Wertansätzen, in denen die Verteilung der Verpflichtung über die gesamte aktive Dienstzeit aufgrund vertraglicher Regelungen nicht sachgerecht ist. Bspw. führt eine Berechnung nach dem Teilwertverfahren bei einer auf einer einmaligen Entgeltumwandlung beruhenden Versorgungsverpflichtung zu unzutreffenden Wertansätzen. Für das Anwartschaftsbarwertverfahren sprechen die internationale Anerkennung und Verbreitung sowie die Tatsache, dass gerade bei unverfallbaren Pensionsanwartschaften i. S. v. § 2 BetrAVG die dem Verfahren immanente zeitratierliche Erdienung zu einer zutreffenden Abbildung der Verpflichtung führt.[74]

83

In Bezug auf die Bewertung von nicht wertpapiergebundenen Altersversorgungsverpflichtungen sind insb. folgende Bewertungseffekte zu beachten: Berücksichtigung von Preis- und Kostensteigerungen (Rz 85), Normierung des Diskontierungszinssatzes (Rz 129) und verpflichtende Verrechnung mit VG, die ausschl. der Erfüllung der Verpflichtungen dienen (Rz 117).

84

Die Anweisung, Rückstellungen nach § 253 Abs. 1 Satz 2 HGB mit dem „nach vernünftiger kaufmännischer Beurteilung notwendigen Erfüllungsbetrag" anzusetzen, verlangt die bilanzielle Vorwegnahme erwarteter **Preis- und Kostensteigerungen**. Eine strenge Stichtagsbewertung, wie sie das Steuerrecht vorsieht, ist in der HB nicht zulässig.

85

In Bezug auf Pensionsverpflichtungen stellt sich die Frage, welche Preis- und Kostenentwicklungen zu berücksichtigen sind. Die Höhe des voraussichtlichen Erfüllungsbetrags und damit die zu berücksichtigenden Preis- und Kostenfaktoren hängen von der konkreten Ausgestaltung der Versorgungszusage ab. In Betracht

86

---

[71] A. A. Höfer/Hagemann, DStR 2008, S. 1748.
[72] Vgl. Herzig, DB 2012, S. 1345; Kreipl/Lange/Müller in Bertram/Brinkmann/Kessler/Müller, Haufe HGB Bilanz Kommentar BilMoG Erfahrungsbericht, 2012, S. 177.
[73] Vgl. Engbroks, BetrAV 2008, S. 568 ff.
[74] Vgl. IDW RS HFA 30.61; Lucius/Thurnes, BB 2010, S. 3016.

kommt v.a. die Berücksichtigung von **Lohn-, Gehalts-** und **Rententrends**. Ausweislich der Regierungsbegründung sind künftige Preis- und Kostensteigerungen nur zu berücksichtigen, wenn „ausreichende objektive Hinweise für den Eintritt"[75] vorliegen. Mögliche Effekte aus Gesetzesänderungen (z. B. Erhöhung des Rentenalters oder von Gesundheitsreformen) sind erst nach Verabschiedung durch die gesetzgebenden Organe zu berücksichtigen.

87 Ein **Lohn- und Gehaltstrend** ist bei allen gehaltsabhängigen Pensionsanwartschaften zwingend zu berücksichtigen. Typisches Beispiel für gehaltsabhängige Anwartschaften sind die sog. Endgehaltszusagen. Bei ihnen errechnen sich die späteren Rentenansprüche nach der Höhe des letzten Gehalts. Zumindest bei nicht tarifgebundenen Arbeitnehmern steht es dem Unt zwar prinzipiell frei, über Gehaltserhöhungen zu entscheiden, gleichwohl wird es sich zukünftigen Gehaltserhöhungen nicht entziehen können. Das Unt befindet sich auf dem Arbeitsmarkt im Wettbewerb mit anderen Unt. Dieser wird u.a. über die Höhe des Gehalts ausgetragen. Der Schätzung des Erfüllungsbetrags ist folglich ein Lohn- und Gehaltstrend zugrunde zu legen. Auch die Entwicklung der Beitragsbemessungsgrenzen in der gesetzlichen Rentenversicherung ist als Bewertungsparameter zu berücksichtigen, wenn z.B. bei gehaltsabhängigen Versorgungszusagen der die Beitragsbemessungsgrenze übersteigende Teil des Gehalts stärker gewichtet wird.[76]

88 Ein **Rententrend** ist für gewöhnlich aufgrund **gesetzlicher Vorschriften oder vertraglicher Vereinbarungen** zu berücksichtigen. So sehen gesetzliche Vorschriften oder vertragliche Vereinbarungen oftmals in regelmäßigen Abständen eine Erhöhung der laufenden Ansprüche wie auch der Anwartschaften zum Schutz gegen Preisinflation vor. Die vorgeschriebene Erhöhung kann bspw. in Abhängigkeit eines Preisindexes oder mit einem festgelegten Prozentsatz erfolgen. Der Erfüllungsbetrag schließt die periodischen Erhöhungen demzufolge mit ein. Dementsprechend sind gesetzlich oder vertraglich festgelegte Anpassungen bei der Bemessung der Verpflichtungshöhe zu berücksichtigen.[77]

89 Bzgl. gesetzlicher Regelungen betrifft dies insb. die Anpassung nach **§ 16 BetrAVG**. § 16 Abs. 1 BetrAVG verpflichtet den Arbeitgeber, alle drei Jahre eine Anpassung der laufenden Leistungen der betrieblichen Altersversorgung zu prüfen. Die Verpflichtung gilt nach § 16 Abs. 2 BetrAVG als erfüllt, wenn die Anpassung nicht geringer ist als die Höhe des Verbraucherindexes bzw. der Nettolöhne vergleichbarer Arbeitnehmer des Unt. Wenn, wie nach § 16 Abs. 2 BetrAVG, die Höhe der Anpassung nicht fixiert ist, ist sie im Schätzweg zu ermitteln. Hierzu kann entweder eine Trendannahme aus Erfahrungswerten der Vergangenheit abgeleitet oder auf allgemeine Zielsetzungen wie die der Europäischen Zentralbank zurückgegriffen werden, die Inflation langfristig unter 2 % p.a. zu halten.

90 Tw. knüpfen Anpassungsvereinbarungen an das Vorhandensein einer ausreichenden Ertragslage des Unt an. Soweit die **Bedingung** gegenwärtig und in der jüngeren Vergangenheit erfüllt ist bzw. erfüllt war, ist für die Abschätzung des

---

[75] Vgl. BT-Drs. 16/10067 v. 30.7.2008 S. 52.
[76] Vgl. Gelhausen/Fey/Kämpfer, Rechnungslegung und Prüfung nach dem BilMoG, 2009, Abschn. I Rz 69; Bertram/Johanneweling/Roß/Weiser, WPg 2011, S. 6.
[77] Vgl. Harth, in Kessler/Leinen/Strickmann, BilMoG, 2. Aufl. 2010, S. 357.

Erfüllungsbetrags auch der zukünftige Eintritt dieser Bedingung anzunehmen. Seitens des Unt besteht die bedingte Verpflichtung, die bereits erworbenen Versorgungsansprüche entsprechend anzupassen. Dieser Anpassungsverpflichtung kann sich das Unt nur bei einer unzureichenden wirtschaftlichen Lage entziehen. Inwieweit eine unzureichende wirtschaftliche Lage als dauerhafter Zustand angenommen werden kann, hängt einerseits von Vereinbarung und andererseits von der wirtschaftlichen Gesamtsituation des Unt ab. Im Allgemeinen wird man für Bewertungszwecke nicht per se unterstellen können, dass eine gegenwärtige unzureichende wirtschaftliche Lage auf Dauer anhält und so auf eine Berücksichtigung einer Anpassung verzichtet werden kann. Sofern in der Vergangenheit unterbliebene Anpassungen nachgeholt werden müssen, sind sie im entsprechenden Umfang zu berücksichtigen.

Auch die **gesetzliche Anpassungspflicht** nach § 16 Abs. 1 BetrAVG steht unter dem Vorbehalt, dass es künftig wahrscheinlich möglich sein wird, die Erhöhung der Versorgungsbezüge aus den Wertzuwächsen des Unt und dessen Erträgen aufzubringen.[78] Die wirtschaftlichen Verhältnisse vor dem Anpassungszeitpunkt werden dabei regelmäßig als Indiz für die weitere Entwicklung des Unt gewertet.[79] Bei der Beurteilung der zukünftigen wirtschaftlichen Lage wird den Eigenkapitalgebern jedoch eine angemessene Rendite einschl. eines Risikozuschlags für das unternehmerische Risiko zugebilligt.[80] Eine positive Einschätzung der zukünftigen wirtschaftlichen Situation (maßgebend ist der Zeitraum bis zum nächsten Anpassungszeitpunkt) ist allein jedoch nicht hinreichend für eine Anpassungspflicht nach § 16 Abs. 1 BetrAVG. Verluste aus Vorperioden können zu Substanzeinbußen oder zu einem erhöhten Investitionsbedarf geführt haben. Um nicht die wirtschaftliche Entwicklung des Unt und damit auch den Fortbestand von Arbeitsplätzen zu gefährden, sind zuerst die Verluste auszugleichen bzw. die erforderlichen Investitionen vorzunehmen.[81] Auch ist die zukünftige Ertragskraft eines eigenständigen Unt anders zu beurteilen als die einer in einen Konzern eingebundenen Ges. In Abhängigkeit von der Art der Einbindung kann für die Einschätzung der wirtschaftlichen Leistungsfähigkeit diejenige des herrschenden Unt maßgeblich sein anstatt derjenigen der Tochtergesellschaft.[82] Ein sog. Berechnungsdurchgriff wurde nach ständiger höchstrichterlicher Rechtsprechung angenommen, wenn eine verdichtete Konzernverbindung bestand, d. h., es lag ein Beherrschungs- oder Ergebnisabführungsvertrag vor und die Leitungsmacht wurde tatsächlich zum Nachteil der beherrschten Gesellschaft ausgeübt.[83] Im Fall einer Beendigung des Beherrschungsvertrags hat das herrschende Unt das

91

---

[78] Vgl. BAG, Urteil v. 17.4.1996, 3 AZR 56/95; BAG, Urteil v. 23.10.1996, 3 AZR 514/95; BAG, Urteil v. 23.5.2000, 3 AZR 83/99; BAG, Urteil v. 23.1.2001, 3 AZR 287/00.

[79] Vgl. BAG, Urteil v. 23.5.2000, 3 AZR 83/99; BAG, Urteil v. 23.4.1985, 3 AZR 156/83.

[80] Die angemessene Eigenkapitalverzinsung besteht aus einem Basiszins und einem Risikozuschlag. Der Basiszins entspricht der Umlaufrendite öffentlicher Anleihen. Der Risikozuschlag beträgt für alle Unt einheitlich 2 %; vgl. BAG, Urteil v. 23.5.2000, 3 AZR 146/99; BAG, Urteil v. 18.2.2003, 3 AZR 172/02.

[81] Vgl. BAG, Urteil v. 23.5.2000, 3 AZR 83/99; BAG, Urteil v. 23.5.2000, 3 AZR 146/99; BAG, Urteil v. 23.1.2001, 3 AZR 287/00; BAG, Urteil v. 18.2.2003, 3 AZR 172/02.

[82] Vgl. BAG, Urteil v. 17.4.1996, 3 AZR 56/95.

[83] Vgl. BAG, Urteil v. 14.12.1993, 3 AZR 519/93; BAG, Urteil v. 4.10.1994, 3 AZR 910/93; BAG, Urteil v. 18.2.2003, 3 AZR 172/02; möglicherweise a. A. BAG, Urteil v. 26.5.2009, 3 AZR 369/07; kritisch hierzu Cisch/Kruip, NZA 2010, S. 540; Schipp, DB 2010, S. 112.

abhängige Unt grds. so auszustatten, dass dieses zur Anpassung der Betriebsrenten wirtschaftlich in der Lage ist.[84] Selbiges gilt, wenn Versorgungsverbindlichkeiten durch umwandlungsrechtliche Ausgliederung auf eine Rentnergesellschaft übertragen werden.[85]

92 Für die Bewertung als unproblematisch erweisen sich Anpassungen, die vertraglich oder gesetzlich der Höhe nach fixiert sind. Um der allgemeinen Anpassungspflicht nach § 16 Abs. 1 BetrAVG Genüge zu tun, sehen Pensionszusagen oftmals gem. **§ 16 Abs. 3 BetrAVG** eine jährliche Erhöhung der Versorgungsbezüge um 1 % vor. Diese garantierte Anpassung kann nach § 30c Abs. 1 BetrAVG aber nur für Versorgungszusagen vereinbart werden, die nach dem 1.1.1999 erteilt wurden.

93 Ungleich schwieriger zu beurteilen ist die Berücksichtigung von Anpassungen, wenn diese nicht gesetzlich oder vertraglich festgelegt sind, sondern auf **Ermessensentscheidungen** des Unt beruhen. Aufgrund der Möglichkeit des Unt, nach freiem Ermessen über Erhöhungen des Erfüllungsbetrags zu entscheiden, kann sich das Unt durch eine entsprechende Ermessensentscheidung einer höheren Verpflichtung entziehen. Insoweit scheint es fraglich, ob solche zukünftigen Kostenbestandteile bei der Rückstellungsbemessung einzurechnen sind. Eine Beantwortung wird zwar letztlich nur im konkreten Einzelfall möglich sein, aber als allgemeiner Maßstab wird das vergangene Verhalten des Unt heranzuziehen sein. Hat das Unt bspw. in der Vergangenheit die Versorgungszusagen regelmäßig freiwillig angepasst, könnte durch diese geübte betriebliche Praxis bei den Begünstigten eine berechtigte Erwartungshaltung bzgl. künftiger Anpassungen geweckt worden sein. In diesem Fall entsteht eine faktische Verpflichtung (§ 249 Rz 30) zur regelmäßigen Anpassung der Zusagen, die bei der Bewertung der bereits erworbenen Ansprüche zu berücksichtigen ist. Etwas anderes gilt, wenn das Unt in der Vergangenheit nur sporadisch, z.B. nach einem besonders erfolgreichen Gj, die Ansprüche angepasst hat. Hier fehlt es an ausreichenden objektiven Hinweisen, die eine Einbeziehung zukünftiger Anpassungen bei der Schätzung des voraussichtlichen Erfüllungsbetrags rechtfertigen.[86]

94 Die Berücksichtigung zukünftiger Karrieresprünge des Mitarbeiters erfolgt mittels eines sog. **Karrieretrends**, der als Zuschlag auf die angenommene Regelgehaltserhöhung berücksichtigt wird.[87]

95 Keine Berücksichtigung darf die Möglichkeit einer zukünftigen **Änderung der Versorgungsordnung, der Pensionsformel** oder die mit einer Beförderung bzw. Versetzung evtl. verbundene **Aufnahme in eine andere Versorgungsordnung** finden. Hierbei handelt es sich um singuläre, wertbegründende Ereignisse, die am Abschlussstichtag noch nicht eingetreten waren, sodass eine Berücksichtigung bei der Bemessung des Erfüllungsbetrags ausscheidet.

96 Die Bewertungsparameter werden in der betrieblichen Praxis nicht individuell für jede einzelne Altersversorgungsverpflichtung, sondern insgesamt für den Pensionsbestand bestimmt. In vielen Fällen wird es sachgerecht sein, bestimmte Gruppierungen vorzunehmen und für jede Gruppe individuelle Bewertungs-

---

[84] Vgl. BAG, Urteil v. 26.5.2009, 3 AZR 369/07.
[85] Vgl. BAG, Urteil v. 11.3.2008, 3 AZR 358/06.
[86] Vgl. Harth, in Kessler/Leinen/Strickmann, BilMoG, 2. Aufl. 2010, S. 358.
[87] Vgl. IDW RS HFA 30.54; Bertram/Johannleweling/Roß/Weiser, WPg 2011, S. 6.

parameter festzulegen. Bspw. erfolgt regelmäßig eine Trennung zwischen Anwartschaften und Rentenbeziehern, da bei Letzteren lediglich ein Rententrend, bei Ersteren darüber hinaus Lohn-, Gehaltstrends sowie ein Karrierezuschlag Berücksichtigung finden. Weitere Gruppierungen innerhalb der Anwartschaftsberechtigten sind häufig zweckmäßig (z. B. inländische und ausländische Verpflichtungen).

> **Praxis-Beispiel**
> Die GmbH hat ihren Sitz in Frankfurt/Main sowie eine Niederlassung in Wismar. Pensionsberechtigte sind an beiden Standorten vorhanden. Da für Frankfurt/Main als starkem Wirtschaftsstandort am Abschlussstichtag von einer längerfristig positiven Wirtschaftsentwicklung mit entsprechenden Folgewirkungen auf das Lohn- und Gehaltsniveau auszugehen ist, während für Wismar eher zurückhaltende Erwartungen bestehen, ist es sachgerecht, für beide Standorte unterschiedliche Lohn- und Gehaltstrends bei der Bewertung der Altersversorgungsverpflichtungen zu berücksichtigen.

Der Erfüllungsbetrag von Versorgungszusagen über laufende **Sachleistungen, Beihilfen zu Krankenversicherungsbeiträgen** oder die **Erstattung von Krankheitskosten** sind unter Zugrundelegung von Kostentrends zu bemessen. Der für ihre Erfüllung notwendige Betrag hängt unmittelbar oder mittelbar von der zukünftigen Kostenentwicklung ab.[88]

2.3.7.2.2 Wertpapiergebundene Altersversorgungsverpflichtungen

§ 253 Abs. 1 Satz 3 HGB stellt eine vereinfachte Bewertungsvorschrift für die sog. wertpapiergebundenen Altersversorgungsverpflichtungen dar. Die wertpapiergebundenen Pensionszusagen haben in der Unternehmenspraxis vermehrt Zuspruch gefunden, da die Unt immer weniger bereit sind, das biometrische Risiko aus Versorgungszusagen zu tragen. Die vereinfachende Bewertungsvorschrift dient zudem der Kostenreduzierung der Rechnungslegung, da für die Bewertung dieser Verpflichtungen keine kostenträchtigen Pensionsgutachten einzuholen sind.[89]

§ 253 Abs. 1 Satz 3 HGB versteht unter wertpapiergebundenen Pensionszusagen Versorgungszusagen, deren Höhe sich ausschl. nach dem beizulegenden Zeitwert von **Wertpapieren** i. S. d. § 266 Abs. 2 A.III.5 HGB zu einem bestimmten Zeitpunkt (z. B. der Eintritt des Versorgungsfalls) richtet; d. h., die Höhe der Verpflichtung korrespondiert mit dem beizulegenden Zeitwert der Wertpapiere. Die Ausschließlichkeit ist grds. zu verstehen, denn soweit die Zusage mit einem garantierten Mindestbetrag gekoppelt ist, ist dieser maßgeblich, wenn er höher ist. Der Erfüllungsbetrag der garantierten Mindestleistung ist nach den allgemeinen Regeln zur Bewertung von Pensionsverpflichtungen zu bestimmen; d. h., der Mindestbetrag als Erfüllungsbetrag der Garantieleistung unterliegt dem Abzin-

---

[88] Vgl. Harth, in Kessler/Leinen/Strickmann, BilMoG, 2. Aufl. 2010, S. 355.
[89] Vgl. BT-Drs. 16/12407 v. 24.3.2009 S. 85.

sungsgebot des § 253 Abs. 2 HGB.⁹⁰ Der beizulegende Zeitwert der Wertpapiere ermittelt sich gem. § 255 Abs. 4 HGB.

100 Der Gesetzgeber nennt in der Gesetzesbegründung zwar namentlich **Fondsanteile, Aktien und Schuldverschreibungen** als Referenzobjekte für wertpapiergebundene Leistungszusagen. Der Verweis auf § 266 Abs. 2 Posten A.III.5 HGB (§ 266 Rz 60) stellt jedoch klar, dass **alle Wertpapiere**, die unter diesem Posten auszuweisen sind, als Referenzobjekte für wertpapiergebundene Altersversorgungszusagen i. S. v. § 253 Abs. 1 Satz 3 HGB in Betracht kommen, d. h. bspw. auch
- Pfandbriefe,
- Industrie- und Bankobligationen,
- Kommunalobligationen,
- Anteile an offenen Immobilienfonds,
- Genussscheine,
- Wandelschuldverschreibungen,
- Optionsscheine.

101 Keine Wertpapiere stellen demgegenüber **GmbH-Anteile** dar, da hier keine Verbriefung vorliegt. Durch die Beschränkung auf Wertpapiere reduziert der Gesetzgeber die bei nur schwer fungiblen Vermögenswerten bestehende „Bewertungssubjektivität".

102 Die Bezugnahme auf die unter § 266 Abs. 2 A.III.5 HGB auszuweisenden Wertpapiere setzt nicht voraus, dass die entsprechenden Wertpapiere von dem Unt tatsächlich gehalten werden. Sie können auch als Referenzobjekt für die Bemessung des Werts der Pensionsverpflichtung dienen, wenn sie nicht im wirtschaftlichen Eigentum des Unt stehen oder in ein Sondervermögen ausgegliedert sind, welches die Voraussetzungen für eine Verrechnung nach § 246 Abs. 2 Satz 2 HGB erfüllt. Eine fiktive Unterlegung reicht aus.⁹¹

103 Eine wertpapiergebundene Pensionsverpflichtung liegt auch vor, wenn sich die Höhe der Verpflichtung ausschl. nach dem beizulegenden Zeitwert einer **Rückdeckungsversicherung** bestimmt.⁹² Auch, wenn Ansprüche aus einer Rückdeckungsversicherung keine Wertpapiere i. S. v. § 266 Abs. 2 A.III.5 HGB darstellen, sind derartige Verpflichtungen gleichwohl als wertpapiergebundene Altersversorgungszusage zu behandeln. Merkmal der wertpapiergebundenen Pensionszusagen ist, dass sich die Höhe der Leistung nach dem beizulegenden Zeitwert eines Referenzobjekts bemisst. Unter diesen Voraussetzungen räumt § 253 Abs. 1 Satz 3 HGB eine vereinfachte Bewertung ein. Selbiges trifft für Pensionsansprüche zu, deren Leistungen sich nach den Leistungen einer Rückdeckungsversicherung richten (sog. leistungskongruent rückgedeckte Versorgungszusagen).⁹³ Die Beurteilung, ob eine vollständige Bindung der Pensionsverpflichtung an die Rückdeckungsversicherung vorliegt, oder es sich nur um eine tw. Absicherung von Leistungen des Arbeitgebers durch die Rückdeckungsversicherung handelt, ist im Einzelfall vorzunehmen. Es spricht im Übrigen nicht

---

90 Vgl. auch IDW RS HFA 30.71.
91 Vgl. Bertram/Johanneweling/Roß/Weiser, WPg 2011, S. 9.
92 Vgl. IDW RH FAB 1.021.11; Wellisch/Machill, BB 2009, S. 1351; Rhiel/Veit, PiR 2009, S. 167.
93 Leistungskongruenz liegt vor, wenn die aus der Rückdeckungsversicherung erfolgenden Zahlungen sowohl der Höhe als auch der Zeitpunkte deckungsgleich sind zu den Zahlungen an den Versorgungsberechtigten, vgl. IDW RS HFA 30.74.

gegen das Vorliegen einer vollständigen Bindung der Pensionsverpflichtung an die Rückdeckungsversicherung, wenn bestimmte garantierte Mindestleistungen des Arbeitgebers (z. B. Verpflichtung zur gesetzlichen Rentenanpassung) nicht in die garantierten Versicherungsleistungen einbezogen sind, sondern lediglich Überschussanteile der Versicherung hierauf angerechnet werden.[94] In diesem Fall kann der garantierte Mindestbetrag der Pensionsverpflichtung den beizulegenden Zeitwert des Pensionsanspruchs übersteigen, sodass die Pensionsrückstellung entsprechend höher zu bewerten ist als der Rückdeckungsanspruch.[95] Liegt keine vollständige, sondern nur eine tw. Bindung der Pensionsverpflichtung an die Rückdeckungsversicherung vor, sind die einzelnen Leistungskomponenten der Pensionszusage differenziert zu bewerten. Diejenigen Leistungskomponenten, die ausschl. an die Höhe der Rückdeckungsversicherung gekoppelt sind, sind mit dem beizulegenden Zeitwert des korrespondierenden Versicherungsanspruchs zu bewerten. Dagegen unterliegen die anderen dem Versorgungsberechtigten zugesagten Leistungskomponenten den allg. Bilanzierungs- und Bewertungsgrundsätzen, d. h. die Pensionsrückstellung ist insoweit mit dem notwendigen Betrag zur Erfüllung der jeweiligen Teilverpflichtung unter Berücksichtigung der Abzinsung zu bewerten.

Praxis-Beispiel[96]
Die an den Versorgungsberechtigten zu erbringende Altersrente wird gem. der Pensionszusage durch die Leistungen aus der Rückdeckungsversicherung bestimmt. Darüber hinaus wird eine Leistung für den Fall der Invalidität zugesagt, die aber nicht durch die Versicherung rückgedeckt ist. Die Pensionsrückstellung für die Altersrente ist mit dem beizulegenden Zeitwert des korrespondierenden Rückdeckungsversicherungsanspruchs zu bewerten. Dagegen ist die Verpflichtung zur Erbringung einer Invaliditätsleistung nach den allgemeinen Grundsätzen zu bewerten.

Der beizulegende Zeitwert des Versicherungsanspruchs entspricht regelmäßig dem vom VersicherungsUnt mitgeteilten Aktivwert.[97]
Die Bewertungsvorschrift bezweckt eine Vereinfachung. Auf ein versicherungsmathematisches **Gutachten** kann **verzichtet** werden. Der Erfüllungsbetrag bestimmt sich nach dem beizulegenden Zeitwert der Wertpapiere zum Abschlussstichtag, soweit dieser einen ggf. **garantierten Mindestbetrag** übersteigt. Deckt der beizulegende Zeitwert der VG nicht diese garantierte Mindestversorgung, ist die Verpflichtung i. H. d. Mindestbetrags anzusetzen. Die Ermittlung des Mindestbetrags muss den allgemeinen Bewertungsnormen zur Bestimmung des Erfüllungsbetrags genügen. So hat die Ermittlung des Mindestbetrags bspw. unter Beachtung der Abzinsungsvorschriften des § 253 Abs. 2 HGB zu erfolgen (Rz 129). Dabei ist für jeden Versorgungsberechtigten einzeln der Barwert der abgezinsten Mindestleistung mit dem beizulegenden Zeitwert der ihm zuzuordnenden Wertpapiere zu vergleichen.

---

94 Vgl. IDW RS FAB 1.021.12.
95 Vgl. IDW RS FAB 1.021.14.
96 Vgl. IDW RS FAB 1.021.17.
97 Vgl. IDW RS HFA 30.68; Lucius/Thurnes, BB 2010, S. 3015; a. A. Thaut, DB 2011, S. 1646.

> **Praxis-Beispiel**
> Ein Unt gewährt einem Mitarbeiter eine wertpapiergebundene Direktzusage. Die Höhe der späteren Versorgungsleistung bemisst sich nach den eingezahlten Beiträgen zzgl. der Wertentwicklung eines Aktienfonds, mind. aber i. H. d. eingezahlten Beträge. Zum Abschlussstichtag sind Beiträge im Nominalwert von 100 GE einbezahlt, der Wert des Aktienfonds beträgt 80 GE.
> Da der beizulegende Zeitwert geringer ist als die Summe der eingezahlten Beträge, ist die Pensionsverpflichtung mit dem garantierten Mindestbetrag von 100 GE zu bewerten. Da die Leistung erst mit Eintritt ins Rentenalter zu erbringen ist, ist der Mindestbetrag gem. § 253 Abs. 2 HGB abzuzinsen und mit dem Barwert anzusetzen.

105 Häufig wird in der Praxis die **Bewertung** der Pensionsverpflichtungen zwei bis drei Monate vor dem **Abschlussstichtag** nach Maßgabe der geschätzten Verhältnisse zu diesem Tag erstellt (Rz 75). Für wertpapiergebundene Versorgungszusagen kann diese Aufweichung des strengen Stichtagsprinzips nur für die Ermittlung des Mengengerüsts und des Mindestbetrags gelten. Der beizulegende Zeitwert der Wertpapiere, mit denen die Versorgungszusage unterlegt ist, ist stets zum Abschlussstichtag zu ermitteln, da der beizulegende Zeitwert der Wertpapiere regelmäßig einfach zu ermitteln sein dürfte, sodass es nicht einer weiteren Vereinfachung der Bewertung bedarf.

106 Je nachdem, ob der Bilanzierende die der Altersversorgungszusage zugrunde liegenden Wertpapiere selbst im Bestand hält, sind drei Fallkonstellationen zu unterscheiden:[98]
1. Der Bilanzierende hält die Wertpapiere nicht im Bestand.
2. Der Bilanzierende hält die Wertpapiere im Bestand und die Wertpapiere erfüllen die Anforderungen an saldierungspflichtiges Deckungsvermögen (Rz 117 ff.).
3. Der Bilanzierende hält die Wertpapiere im Bestand; die Wertpapiere erfüllen nicht die Anforderungen an saldierungspflichtiges Deckungsvermögen.

107 In **Fallkonstellation 1** richtet sich die Bewertung der Rückstellung ausschl. nach dem beizulegenden Zeitwert der betreffenden Wertpapiere. Der Zeitwert dieser Wertpapiere bestimmt sich nach den Regelungen des § 255 Abs. 4 HGB (zu Einzelheiten zur Bewertungshierarchie und zur Bestimmung des beizulegenden Zeitwerts vgl. § 255 Rz 207 ff.). Eine Abzinsung des beizulegenden Zeitwerts ist nicht vorzunehmen, da Zeitwerte implizit der Zeitpräferenz des Geldes Rechnung tragen.

108 In **Fallkonstellation 2** greift die Saldierungsregelung des § 246 Abs. 2 Satz 2 HGB. Die Altersversorgungsverpflichtung und die zugrunde liegenden Wertpapiere sind mit dem beizulegenden Zeitwert nach § 255 Abs. 4 HGB zu bewerten und zu saldieren. Im Ergebnis erfolgt ein Bilanzausweis i. H. v. null. Da sich die Bewertung der Pensionsverpflichtung einerseits und der Wertpapiere andererseits der Höhe nach genau gegenläufig entsprechen, entfällt eine Ausschüttungssperre nach § 268 Abs. 8 Satz 3 HGB.[99] Zu Einzelheiten zum Deckungsvermögen vgl. Rz 117 ff. und § 246 Rz 107.

---

[98] Vgl. IDW RS HFA 30.76.
[99] Vgl. IDW RS HFA 30.75.

Bei **Fallkonstellation 3** liegt kein Deckungsvermögen vor, weil die Voraussetzungen (z. B. Zweckexklusivität) nicht vorliegen. Da Altersversorgungsverpflichtung und zugrunde liegende Wertpapiere durch die Bestimmungen der Altersversorgungsverpflichtung miteinander verknüpft sind, liegt im Regelfall eine Bewertungseinheit i. S. v. § 254 HGB vor.[100] Die Altersversorgungszusage ist das Grundgeschäft und die Wertpapiere des Bilanzierenden stellen das Sicherungsgeschäft dar. Die Wertänderungen der Altersversorgungszusage und des Referenzobjekts gleichen sich aus, sofern der beizulegende Zeitwert des Referenzobjekts nicht unter die Mindestleistung fällt. Bei Zusammenfassung zu einer Bewertungseinheit sind nach der sog. Durchbuchungsmethode nicht nur die Verpflichtung, sondern unter Außerachtlassung des Anschaffungskostenprinzips sowie des Realisationsprinzips auch die Wertpapiere zum beizulegenden Zeitwert zu bewerten. Im Unterschied zur Behandlung als Deckungsvermögen scheidet eine Saldierung der Wertpapiere mit der Verpflichtung aus. Die Ausschüttungssperre nach § 268 Abs. 8 Satz 3 HGB greift ebenfalls nicht.

109

> **Praxis-Beispiel**
> Ein Unt gewährt einem Mitarbeiter eine wertpapiergebundene Direktzusage. Die Höhe der späteren Versorgungsleistung bemisst sich nach den eingezahlten Beiträgen zzgl. der Wertentwicklung eines Aktienfonds, mind. aber i. H. d. eingezahlten Beträge. Zum Abschlussstichtag sind Beträge im Nominalwert von 100 GE einbezahlt, der beizulegende Zeitwert des Aktienfonds beträgt 180 GE.
> Das Unt behandelt Aktienfonds und Pensionszusage für bilanzielle Zwecke als Bewertungseinheit. Sowohl die Wertpapiere als auch die Altersversorgungszusage sind mit dem beizulegenden Zeitwert der Wertpapiere, d. h. 180 GE, zu bewerten.

In Fallkonstellation 3 ist allerdings auch vorstellbar, dass die Wertpapiere vom Bilanzierenden ganz oder tw. wieder veräußert werden. Bei einem Verkauf läge mangels Vorliegens eines Sicherungsgeschäfts eine Bewertungseinheit nicht mehr vor. An der Bewertung der Pensionsverpflichtung würde sich hierdurch nichts ändern, d. h., diese wäre mit dem beizulegenden Zeitwert der (nicht mehr im Bestand gehaltenen) Wertpapiere zu bewerten (entsprechend Fallkonstellation 1; Rz 107). Bei einer nur tw. Veräußerung stünden die verbleibenden Wertpapiere weiterhin als Sicherungsgeschäft zur Verfügung. Allerdings wäre die Bewertungseinheit – da nur noch tw. Sicherung besteht – nur tw. effektiv.

110

Auch bei Vorliegen einer Bewertungseinheit sind etwaige Regelungen zu einem **Mindestbetrag** (Rz 104) zu beachten. Unterschreitet der beizulegende Zeitwert den Mindestbetrag, ist die Bewertungseinheit in derartigen Fällen (tw.) ineffektiv. Die obigen Ausführungen zur Behandlung des Referenzobjekts als Deckungsvermögen bzw. über die Bildung einer Bewertungseinheit gelten sinngemäß auch für Versicherungsansprüche. Versicherungsansprüche zählen zu den Finanz-

111

---

[100] Hierzu bedarf es einer entsprechenden Bilanzierungsentscheidung zur Zusammenfassung von Grund- und Sicherungsgeschäft, die aber regelmäßig ausgeübt werden wird, vgl. IDW RS HFA 35.12.

112 Die Wertveränderungen der Pensionsrückstellung ggü. dem bisherigen Buchwert sind bei wertpapiergebundenen Zusagen in Ermangelung anders lautender Vorschriften unmittelbar **erfolgswirksam** im Personalaufwand bzw. in den sonstigen betrieblichen Erträgen (bei Zeitwertverminderungen) auszuweisen. Da keine Abzinsung der Verpflichtung vorzunehmen ist, ist das Finanzergebnis bei Vorliegen von wertpapiergebundenen Altersversorgungsverpflichtungen nicht mit Zinseffekten belastet. Soweit die Wertpapiere im Bestand des Bilanzierenden gehalten werden, werden die laufenden Erträge hieraus im Finanzergebnis („Erträge aus anderen Wertpapieren und Ausleihungen des Finanzanlagevermögens" bzw. „Sonstige Zinsen und ähnliche Erträge") ausgewiesen. Fraglich ist, in welcher GuV-Position Zeitwertveränderungen der Wertpapiere ausgewiesen werden. Da eine Zeitwerterhöhung der Pensionsverpflichtung im Personalaufwand ausgewiesen wird, könnte daran gedacht werden, die korrespondierende Werterhöhung der Wertpapiere ebenfalls im operativen Ergebnis, d.h. in den sonstigen betrieblichen Erträgen auszuweisen, zumal in diesem Posten auch realisierte Veräußerungsgewinne von Wertpapieren ausgewiesen werden. Nach der hier vertretenen Auffassung ist demgegenüber eine Erfassung derartiger Werterhöhungen im Finanzergebnis vorzugswürdig;[102] bei wesentlichen Beträgen kann sich eine Erweiterung des gesetzlichen Gliederungsschemas gem. § 265 Abs. 5 Satz 2 HGB anbieten. Aufgrund der Spezialregelung von § 253 Abs. 1 Satz 3 HGB, die auch nicht durch § 254 Satz 1 HGB außer Kraft gesetzt wird, ist im Fall von wertpapiergebundenen Altersversorgungsverpflichtungen ausschl. die sog. **Durchbuchungsmethode** (§ 254 Rz 56) zulässig. Nur diese erfüllt in diesem Fall die gesetzliche Vorgabe, die Altersversorgungsverpflichtung zum beizulegenden Zeitwert anzusetzen.

Praxis-Beispiel
Zum 31.12.01 besteht eine wertpapiergebundene Altersversorgungsverpflichtung. Die entsprechenden Wertpapiere werden vom Bilanzierenden im Bestand gehalten; die Voraussetzungen für Deckungsvermögen liegen annahmegemäß nicht vor. Der Zeitwert der Wertpapiere beläuft sich zum 31.12.01 auf 500.000 GE. Die Bilanz weist demzufolge (vereinfacht) folgendes Bild aus:

Aktiva	Bilanz 31.12.01		Passiva
...		...	
Wertpapiere des AV	500.000	Pensionsrückstellungen	500.000
...			

---

[101] Vgl. Justenhoven/Usinger, in Beck Bil-Komm., 14. Aufl. 2024, § 254 HGB Rz 23.
[102] IDW RS HFA 30.87, 88 gewährt den Bilanzierenden hier ein (stetig auszuübendes) Zuordnungswahlrecht, die Ergebniswirkungen entweder im operativen Ergebnis oder im Finanzergebnis abzubilden.

Zum 31.12.02 beläuft sich der beizulegende Zeitwert der Wertpapiere auf 600.000 GE. Nach der Durchbuchungsmethode ist folgende Buchung zum 31.12.02 vorzunehmen:

Konto	Soll	Haben
Wertpapiere des Anlagevermögens	100.000	
Erträge aus anderen Wertpapieren des Finanzanlagevermögens		100.000
Soziale Abgaben und Aufwendungen für Altersversorgung und für Unterstützung	100.000	
Pensionsrückstellungen		100.000

Die vereinfachte Bilanz zum 31.12.02 sieht entsprechend wie folgt aus:

Aktiva	Bilanz 31.12.01		Passiva
...		...	
Wertpapiere des AV	600.000	Pensionsrückstellungen	600.000
...			

Nach dem Gesetzeswortlaut ist die Anwendung des § 253 Abs. 1 Satz 3 HGB auf Altersversorgungsverpflichtungen beschränkt. Vertretbar scheint zudem eine Übertragung der Vorschrift auf andere **wertpapiergebundene Verpflichtungen**. Die diesbzgl. Begründung des Rechtsausschusses nimmt sowohl auf Altersversorgungs- als auch auf vergleichbare langfristig fällige Verpflichtungen Bezug.[103] Insoweit scheint – trotz abweichendem Gesetzeswortlaut – eine analoge Anwendung der Bewertungsvereinfachung auf andere wertpapiergebundene Verpflichtungen zulässig.[104]

2.3.7.3 Vergleichbare langfristig fällige Verpflichtungen

Vergleichbare langfristig fällige Verpflichtungen stellen insb. folgende Verpflichtungen dar (Rz 72):
- Verpflichtungen aus Lebensarbeitszeitmodellen,
- Übergangs- oder Sterbegelder,
- Altersteilzeitverpflichtungen,
- Jubiläumsverpflichtungen,
- Vorruhestandsgelder,
- Beihilfen.

Bei der Bewertung von **Altersteilzeitverpflichtungen** ist auf der ersten Stufe nach den zwei Modellen gem. Altersteilzeitgesetz (AltTZG) zu unterscheiden. Modell 1: Der Arbeitnehmer arbeitet während der gesamten Laufzeit mit einer reduzierten Arbeitszeit gegen reduziertes Entgelt (**Gleichverteilungsmodell**). Modell 2: Der Arbeitnehmer arbeitet in der ersten Phase (Beschäftigungsphase) der Laufzeit des Altersteilzeitvertrags mit unverminderter Arbeitszeit bei

---
[103] Vgl. BT-Drs. 16/12407 v. 24.3.2009 S. 85.
[104] So auch IDW RS HFA 30.77.

reduziertem Entgelt. In der zweiten Phase (**Freistellungsphase**) arbeitet der Arbeitnehmer nicht mehr, erhält aber unverändert das reduzierte Entgelt (**Blockmodell**). In der Praxis ist das Blockmodell vorherrschend.

Bei dieser Form der Altersteilzeitregelung ist danach zu differenzieren, ob der Aufstockungsbetrag Abfindungs- oder Vergütungscharakter hat.[105] Bei **Verträgen mit Abfindungscharakter** sind die Aufstockungsbeträge bei Vertragsabschluss in voller Höhe (abgezinst) zurückzustellen, während bei **Verträgen mit Entlohnungscharakter** eine ratierliche Ansammlung über den Zeitraum vom Inkrafttreten der Altersteilzeitvereinbarung (Wirksamwerden eines Tarifvertrags oder einer Betriebsvereinbarung oder Abschluss eines Einzelvertrags) bis zum Ende der Beschäftigungsphase vorzunehmen ist. Rückstellungen sind nicht nur für solche Mitarbeiter zu bilden, die bereits einen Altersteilzeitvertrag abgeschlossen haben, sondern auch für die am Abschlussstichtag erwartete Inanspruchnahme von Berechtigten. Denn bereits der Abschluss eines Tarifvertrags oder einer Betriebsvereinbarung begründet zumeist eine Verpflichtung des Arbeitgebers, auch wenn die konkret die Regelung in Anspruch nehmenden Mitarbeiter noch nicht bekannt sind. Hinsichtlich der zu erwartenden Inanspruchnahmen sind Belastungsgrenzen und rechtliche Verpflichtung des Arbeitgebers zu beachten, die sich aus den jeweils geltenden Tarifverträgen oder Betriebsvereinbarungen ergeben.[106]

Die Differenzierung zwischen Altersteilzeitvereinbarungen mit Abfindungs- bzw. Entlohnungscharakter muss im jeweiligen Einzelfall erfolgen, wobei gleichartige Verträge (z.B. auf Basis einer zugrunde liegenden Betriebsvereinbarung) einheitlich zu beurteilen sind. Indikatoren für eine Klassifikation von Altersteilzeitverträgen mit Entlohnungscharakter können sein:[107]

- Altersteilzeitvereinbarungen dienen der Honorierung der langjährigen Betriebszugehörigkeit von Mitarbeitern;
- Tarifverträge oder Betriebsvereinbarungen werden nach Auslaufen der staatlichen Förderung der Altersteilzeit abgeschlossen und sehen die Fortführung der Altersteilzeit als zusätzliche Vergütungskomponente vor;
- das Entstehen der Ansprüche der Arbeitnehmer auf Abschluss eines Altersteilzeitvertrags ist von der Erfüllung bestimmter tätigkeitsbezogener Kriterien abhängig (z.B. Arbeiten in Wechselschicht oder unter besonders starken Umwelteinflüssen).

Die Rückstellung darf nicht um etwaige Erstattungsansprüche der Bundesagentur für Arbeit gekürzt werden; diese sind – soweit die Ansatzkriterien erfüllt sind – unter dem Posten „Sonstige Vermögensgegenstände" zu aktivieren. Steuerlich wird die Rückstellung i.d.R. abweichend zur HB passiviert,[108] sodass hier regelmäßig Anwendungsfälle für latente Steuern nach § 274 HGB vorliegen.

---

[105] Vgl. IDW RS HFA 3.7 ff.
[106] Vgl. zum Tarifvertrag zum flexiblen Übergang in die Rente (TV FlexÜ): HFA, IDW-FN 2009, S. 62.
[107] Vgl. IDW RS HFA 3.9 f.
[108] Vgl. zur Behandlung in der Steuerbilanz: LfSt Bayern, Schreiben v. 20.3.2008, 10 St 32/St 33; BMF, Schreiben v. 11.11.1999, IV C 2 – S 2176–102/99, BStBl 1999 I S. 959; Bode/Hainz, DB 2004, S. 2436.

Praxis-Beispiel
Ein Unt hat im Jahr 01 eine Rückstellung für eine Altersteilzeitverpflichtung für einen Mitarbeiter (MA) zu bilden, da im Juli 01 eine Betriebsvereinbarung zur Altersteilzeit und zeitgleich ein entsprechender Altersteilzeitvertrag mit dem MA geschlossen wurde. Der Abschluss des Altersteilzeitvertrags erfolgte mit der Intention, dem MA einen gleitenden Übergang in den Ruhestand zu ermöglichen. Annahmegemäß erfüllen keine anderen MA die persönlichen Voraussetzungen für die Inanspruchnahme von Altersteilzeit. Der MA erhält ein monatliches Gehalt von 3.000 GE. Die Altersteilzeit nach dem Blockmodell beginnt am 1.1.02 mit der Beschäftigungsphase, die zwei Jahre dauert. Ab dem 1.1.04 beginnt die Freistellungsphase. Der MA erhält ein Gehalt von monatlich 80 % = 2.400 GE (50 % Entgelt + 30 % Aufstockungsbetrag). Für die Jahre 03–05 wird mit einer Gehaltsanpassung von jeweils 2 % gerechnet. Die Lohnnebenkosten werden mit 20 % für den gesamten Zeitraum geschätzt, sodass sich die monatlichen Gesamtaufwendungen auf 2.880 GE belaufen. Der zu verwendende Abzinsungssatz beläuft sich annahmegemäß auf 4 %.
In die Rückstellungsbewertung einzubeziehen ist der sog. **Erfüllungsrückstand** in der Beschäftigungsphase, in der der Arbeitnehmer 100 % arbeitet, aber lediglich 50 % Entgelt erhält. Dieser Erfüllungsrückstand beläuft sich dementsprechend im Jahr 02 auf 22.472,64 GE (1.500 × 12 × 1,2 zzgl. zwei Steigerungen von jeweils 2 %), der in der Beschäftigungsphase ratierlich nach Erbringung der Arbeitsleistung zu berücksichtigen ist. Der darüber hinausgehende Entgeltbetrag von 30 % = 10.800 GE im Jahr 02 (900 × 12, kein SV-Anteil) hat als sog. **Aufstockungsbetrag** aufgrund der dem Vertragsabschluss zugrunde liegenden Intention Abfindungscharakter und ist demzufolge in voller Höhe als Rückstellung zu berücksichtigen. Es ergibt sich folgender Rückstellungsverlauf:

	Erfüllungsrückstand			Aufstockungsbetrag			Rückstellung
	Zahlung	Verpflichtung	abgezinst	Zahlung	Verpflichtung	abgezinst	
	(1)	(2)	(3)	(4)	(5)	(6)	(7)=(3)+(6)
01	0	0	0	0	44.513,37	41.155,11	41.155,11
02	22.472,64	22.472,64	20.777,22	10.800,00	33.713,37	31.787,19	52.564,41
03	22.922,09	45.394,73	42.801,15	11.016,00	22.697,37	21.824,39	64.625,55
04	–22.472,64	22.922,09	22.040,47	11.236,32	11.461,05	11.28,48	33.278,69
05	–22.922,09	0	0	11.461,05	0	0	0

Soweit sich durch den Abschluss des Altersteilzeitvertrags weitere Zahlungsverpflichtungen des Arbeitgebers ergeben, sind diese ebenfalls in die Rückstellung einzubeziehen. Bspw. sehen tarifvertragliche Regelungen häufig am Ende des Altersteilzeitverhältnisses eine Einmalzahlung zum pauschalen Ausgleich von Rentenabschlägen bei der gesetzlichen Rentenversicherung wegen vorzeitigen Rentenbeginns vor. Derartige Einmalzahlungen sind entsprechend wie die Aufstockungsbeträge bereits im Jahr 01 in voller Höhe in die Rückstellungsbewertung einzubeziehen.
Die Abzinsung erfolgt beim Erfüllungsbetrag in den Jahren 02–04 mit den durchschnittlichen Erfüllungszeitpunkten 2, 1,5 und 1 Jahre. Beim Aufsto-

> ckungsbetrag sind in den Jahren 01–04 durchschnittliche Erfüllungszeitpunkte von 2, 1,5, 1 und 0,5 Jahre verwendet worden. Soweit der durchschnittliche Erfüllungszeitpunkt 1 Jahr oder weniger beträgt, könnte auf die Abzinsung verzichtet werden.

> **Praxis-Beispiel (Abwandlung)**
> Der betreffende Mitarbeiter (MA) erfüllt – da er in Wechselschicht arbeitet und über eine langjährige Betriebszugehörigkeit verfügt – die in der Betriebsvereinbarung geregelten Voraussetzungen für die Inanspruchnahme der Altersteilzeit. Dem Altersteilzeitvertrag kommt somit **Entlohnungscharakter** zu, da mit dem Betriebsrat des Unt eine Betriebsvereinbarung geschlossen wurde, die für langjährige MA mit besonderen Tätigkeitsmerkmalen als zusätzlichen Entlohnungsbestandteil die Möglichkeit der Altersteilzeit vorsieht.
> Aufgrund des Entlohnungscharakters sind die Aufstockungsbeträge wirtschaftlich auf den Zeitraum ihrer Erdienung zu verteilen. Da in dem Altersteilzeitvertrag hierzu keine Konkretisierungen enthalten sind, muss das bilanzierende Unt die Aufstockungsbeträge über den Zeitraum vom Abschluss der Betriebsvereinbarung bzw. des Altersteilzeitvertrags (1.7.01) bis zum Ende der Beschäftigungsphase (31.12.03), d. h. über 30 Monate, verteilen.[109]
> Die Aufstockungsbeträge belaufen sich nominal auf 44.513,37 GE, sodass sich bei Verteilung über 30 Monate ein monatlich zu berücksichtigender Aufwand von 1.483,78 GE ergibt. Zum Ende des Jahres 01 sind somit nominal 6 × 1.483,78 = 8.902,67 GE der Bewertung zugrunde zu legen. Die Rückstellung zeigt folgenden Verlauf:
>
> | | Erfüllungsrückstand | | | Aufstockungsbetrag | | | Rückstellung |
> |---|---|---|---|---|---|---|---|
> | | Zahlung | Verpflichtung | abgezinst | Zahlung | Verpflichtung | abgezinst | |
> | | (1) | (2) | (3) | (4) | (5) | (6) | (7)=(3)+(6) |
> | 01 | 0 | 0 | 0 | 0 | 8.902,67 | 8.231,02 | 8.231,02 |
> | 02 | 22.472,64 | 22.472,64 | 20.777,22 | 10.800,00 | 26.708,02 | 25.182,09 | 45.959,31 |
> | 03 | 22.922,09 | 45.394,73 | 42.801,15 | 11.016,00 | 44.513,37 | 42.801,32 | 85.602,47 |
> | 04 | -22.472,64 | 22.922,09 | 22.040,47 | 11.236,52 | 33.277,05 | 32.630,83 | 54.671,31 |
> | 05 | -22.922,09 | 0 | 0 | 11.461,05 | 21.816,00 | 20.170,12 | 20.170,12 |
>
> Die in Spalte 5 ausgewiesenen Verpflichtungsbeträge betreffen die über die Zeit vom 1.7.01 bis 31.12.03 (Ende der Arbeitsphase) ratierlich anzusammelnden Aufstockungsbeträge i. H. v. insgesamt 44.513,37 GE. Da der MA nur bis zum 31.12.03 arbeitet, sind die Aufstockungsbeträge bis dahin aufwandswirksam anzusammeln. Bei Aufstockungsbeträgen mit Entlohnungscharakter handelt es sich im bilanzrechtlichen Sinne ebenfalls um Erfüllungsrückstände. Die in der Tabelle mit Erfüllungsrückstand (i. e. S.) bezeichneten Beträge betreffen den in der Arbeitsphase auftretenden Umstand, dass der MA zwar 100 % arbeitet, aber nur zu 50 % vergütet wird. Der Zeitraum der Rückstellungsbildung ist für den Erfüllungsrückstand (i. e. S.) identisch mit dem

---

[109] Vgl. IDW RS HFA 3.22.

> Zeitraum des Altersteilzeitvertrags (1.1.02 bis 31.12.05), während bei den Aufstockungsbeträgen bereits ab Abschluss der Betriebsvereinbarung (1.7.01) Aufwendungen zu berücksichtigen sind.

Auch bei den vergleichbaren langfristig fälligen Verpflichtungen kann sich eine Saldierungspflicht mit Deckungsvermögen ergeben (§ 246 Rz 118). 116

2.4 Saldierungspflichtiges Deckungsvermögen (Abs. 1 Satz 4)

Nach § 246 Abs. 2 HGB sind „Vermögensgegenstände, die dem Zugriff aller übrigen Gläubiger entzogen sind und ausschl. zur Erfüllung von Schulden aus Altersversorgungsverpflichtungen oder vergleichbaren langfristig fälligen Verpflichtungen dienen, [...] mit diesen Schulden zu verrechnen". Soweit diese Bedingungen vorliegen (§ 246 Rz 107), fordert § 253 Abs. 1 Satz 4 HGB eine Bewertung des zu saldierenden (**Deckungs-)Vermögens** mit dem beizulegenden Zeitwert. 117

Bei einem Vergleich mit der Regelung nach IAS 19 (Leistungen an Arbeitnehmer) ist zu beachten, dass sich die handelsrechtliche Definition von saldierungspflichtigem Deckungsvermögen von derjenigen von Planvermögen nach IAS 19 unterscheidet.[110] Zwar wird handelsrechtliches Deckungsvermögen und Planvermögen nach IAS 19 in sehr vielen Fällen übereinstimmen, es sind aber Fallkonstellationen möglich, bei denen es zu Abweichungen kommt: 118

- IAS 19.7 sieht für Vermögen, welches durch einen langfristig ausgelegten Fonds gehalten wird, die Ausgliederung in eine rechtlich unabhängige Einheit vor. Dies ist nach Handelsrecht für eine Qualifikation als Deckungsvermögen nicht erforderlich.
- Die von § 246 Abs. 2 HGB geforderte Zweckexklusivität des Deckungsvermögens ist für betriebsnotwendiges AV[111] (z. B. eigengenutztes Grundstück) nicht gegeben, da dieses nicht jederzeit veräußert werden kann.[112] Demgegenüber kann nach IAS 19 auch betriebsnotwendiges AV als Planvermögen gelten.

§ 253 Abs. 1 Satz 4 HGB schreibt für Deckungsvermögen die Bewertung zum beizulegenden Zeitwert vor. Die Vorschrift gilt nicht für Kleinstkapitalgesellschaften, die bestimmte Erleichterungen bei der Aufstellung ihres Jahresabschlusses und der Offenlegung in Anspruch nehmen (Rz 9, Rz 12). 119

§ 253 Abs. 1 Satz 4 HGB schreibt für Deckungsvermögen die Bewertung zum beizulegenden Zeitwert vor. Gem. § 255 Abs. 4 Satz 1 HGB entspricht der beizulegende Zeitwert dem **Marktpreis**. Sofern für die zu verrechnenden VG keine Marktpreise existieren, sind sie nach § 255 Abs. 4 Satz 1 HGB anhand anerkannter Bewertungsmethoden zu ermitteln. Lässt sich auch auf diesem Weg kein beizulegender Zeitwert ermitteln, sind nach § 255 Abs. 4 Satz 3 HGB die Anschaffungs- oder Herstellungskosten gem. § 253 Abs. 4 HGB fortzuführen (§ 255 Rz 253ff.).[113] Für Wertpapiere lassen sich regelmäßig relativ einfach Marktpreise bestimmen, sofern sie auf einem aktiven Markt gehandelt werden. Schwieriger erweist sich die Bestimmung des beizulegenden Zeitwerts von Versicherungsansprüchen. So kom- 120

---

[110] Vgl. Lucius, BetrAV, 2009, S. 523 f.; dies gilt auch für die im Juni 2011 überarbeitete Fassung von IAS 19.
[111] Vgl. zum Begriff „betriebsnotwendig" IDW S 1.59.
[112] Vgl. Bertram/Johanneweling/Roß/Weiser, WPg 2011, S. 4.
[113] So auch IDW RS HFA 30.67.

men bei Lebensversicherungen verschiedene Werte in Betracht. Rückkaufswerte enthalten eine Beteiligung an Bewertungsreserven und Schlussüberschüssen, werden aber durch Stornierungsabschläge gemindert. Nach h. M. setzt sich der beizulegende Zeitwert aus dem geschäftsplanmäßigen Deckungskapital zzgl. eines etwaig vorhandenen Guthabens aus Beitragsrückerstattungen zusammen.[114] Der von den Versicherungen regelmäßig mitgeteilte Aktivwert entspricht dieser Vorgabe.[115]

121 Sofern eine **Rückdeckungsversicherung** eine oder alle Leistungsarten der Versorgungszusage kongruent abdeckt, bildet der versicherungsmathematische Barwert der Verpflichtung gleichzeitig den beizulegenden Zeitwert der Rückdeckungsversicherung ab (Rz 103). Eine Rückdeckungsversicherung ist **leistungskongruent**, wenn die Leistungen der Fälligkeit und der Höhe nach derjenigen der Versorgungszusage entsprechen. Eine Rückdeckungsversicherung ist **der Fälligkeit nach kongruent**, wenn die Zeitpunkte der Zahlungsströme aus der Versicherung für jede Leistungsart im Leistungsfall den Zeitpunkten der Leistungen der Versorgungszusage entsprechen. Sie ist **der Höhe nach kongruent**, wenn sie zum Abschlussstichtag für jede Leistungsart jeweils die erdienten Leistungen gem. der Versorgungszusage vollständig abdeckt. Unter diesen Voraussetzungen scheint es zudem vertretbar, allein die jährlichen Versicherungsbeiträge als (Personal-)Aufwand zu verrechnen. Eine Rückdeckungsversicherung ist zum Abschlussstichtag tw. kongruent zur Versorgungszusage, wenn

- die Zeitpunkte der Zahlungsströme nur für einzelne Leistungsarten im Leistungsfall den Zeitpunkten der Leistung gem. der Versorgungszusage entsprechen oder
- nicht für alle, sondern nur für einzelne Leistungsarten die Höhe der Versicherungsleistung der erdienten Leistung gem. Versorgungszusage entspricht oder
- die Höhe der Versicherungsleistung die jeweils erdiente Leistung gem. Versorgungszusage für alle oder einzelne Leistungsarten nur partiell abdeckt.

122 Durch die Erfassung des Vermögens auf Zeitwertbasis kommt es zum Ausweis von nicht realisierten Gewinnen.[116] Bilanzrechtlich steht dieser Vorgehensweise das **Realisationsprinzip** entgegen.[117] Es erlaubt die Erfassung von Vermögensmehrungen erst, wenn diese am Abschlussstichtag realisiert sind. Hiermit sollen der Ausweis und die Ausschüttung unrealisierter Gewinne verhindert werden.[118] Ausweislich der Regierungsbegründung soll die Bedeutung des Realisationsprinzips grds. beibehalten werden,[119] es erfährt aber faktisch hierdurch eine zwar partielle, gleichwohl gewichtige Einschränkung.

123 Aufgrund des mit der Verwendung von Durchschnittszinssätzen erreichten Glättungseffekts besteht eine **Diskrepanz** zwischen der Bewertung der Verpflichtung (Rz 129 ff.) und der Bewertung eines evtl. vorhandenen Deckungsvermögens. Letzteres wird mit dem stichtagsbezogenen beizulegenden Zeitwert bewertet. Damit unterliegt die Bewertung des Deckungsvermögens stärkeren Schwankungen als die Bewertung der Verpflichtung.[120]

---

[114] Vgl. IDW RS HFA 30.68; a. A. Thaut, DB 2011, S. 1646.
[115] Vgl. Hagemann/Ocking/Wunsch, DB 2010, S. 1024.
[116] Vgl. Harth, in Kessler/Leinen/Strickmann, BilMoG, 2. Aufl. 2010, S. 365.
[117] Vgl. Arbeitskreis Bilanzrecht der Hochschullehrer Rechtswissenschaft, BB 2008, S. 212.
[118] Vgl. Füllbier/Federsel, in Küting/Weber, HdR-E, § 252 HGB Rz 90ff., Stand: 6/2021.
[119] Vgl. BT-Drs. 16/10067 v. 30.7.2008 S. 34.
[120] Vgl. Gohdes, KoR 2009, S. 188; Lucius, BetrAV 2009, S. 524.

Die vorzunehmende Saldierung von Deckungsvermögen mit Pensionsverpflichtungen sowie Bewertungswirkungen von **Zeitwertänderungen** des Deckungsvermögens soll das folgende Beispiel illustrieren:

124

Praxis-Beispiel
Die M-GmbH hat Altersversorgungsverpflichtungen ggü. aktiven Mitarbeitern. Zum Abschlussstichtag 31.12.01 werden diese auf Basis eines versicherungsmathematischen Gutachtens eines Aktuars mit 2 Mio. GE bewertet. Das Unt hat im Gj 01 Wertpapiere erworben, die annahmegemäß die Voraussetzungen für Deckungsvermögen erfüllen. Die Wertpapiere haben AK von 1,2 Mio. GE, der beizulegende Zeitwert der Wertpapiere am Abschlussstichtag beläuft sich auf 1,4 Mio. GE.
Bei Erwerb der Wertpapiere hat die M-GmbH wie folgt gebucht:

Konto	Soll	Haben
Wertpapiere des Anlagevermögens	1.200.000	
Guthaben bei Kreditinstituten		1.200.000

Zum 31.12.01 sind die Wertpapiere gem. § 253 Abs. 1 Satz 4 HGB mit dem beizulegenden Zeitwert anzusetzen. Die Buchung hierzu ergibt sich wie folgt:

Konto	Soll	Haben
Wertpapiere des Anlagevermögens	200.000	
Erträge aus Wertpapieren des Anlagevermögens*		200.000

* Zu beachten ist bei Aufstellung der GuV, dass die Erträge aus dem Deckungsvermögen – zu denen auch Erhöhungen des beizulegenden Zeitwerts gehören – mit den Zinsaufwendungen aus den Pensionsrückstellungen zu saldieren sind.

In der Bilanz zum 31.12.01 sind die Pensionsverpflichtungen von 2 Mio. GE mit dem Deckungsvermögen zu saldieren. Die Bilanz weist (vereinfacht) folgendes Bild aus:

Aktiva	Bilanz 31.12.01		Passiva
...		...	
		Pensionsrückstellungen	600.000
		...	

Im Gj 02 ergeben sich keine Veränderungen in den Pensionszusagen und kein weiterer Erwerb oder keine Veräußerung von Deckungsvermögen. Zum 31.12.02 beläuft sich der Wert der Pensionsverpflichtung gem. versicherungsmathematischen Gutachten auf 2,3 Mio. GE. Die Erhöhung ggü. dem Vj betrifft mit 200.000 GE den Personalaufwand und mit 100.000 GE den Zinsaufwand. Der beizulegende Zeitwert des Deckungsvermögens beläuft sich zum 31.12.02 auf 1,6 Mio. GE. Im Gj 02 sind laufende Erträge aus den Wertpapieren i. H. v. 150.000 GE angefallen.
In der Bilanz zum 31.12.02 sind wiederum Altersversorgungsverpflichtungen (2,3 Mio. GE) und Deckungsvermögen (1,6 Mio. GE) zu saldieren, sodass die Bilanz (vereinfacht) folgendes Bild aufweist:

Aktiva	Bilanz 31.12.01		Passiva
...	...		
	Pensionsrückstellungen	700.000	
	...		

Die GuV des Gj 02 weist einen Personalaufwand (Aufwendungen für soziale Abgaben und Aufwendungen für Altersversorgung und für Unterstützung) i. H. v. 200.000 GE auf. Aufgrund der gebotenen Saldierung der Aufwendungen und Erträge aus Deckungsvermögen und Aufzinsung der Rückstellung ergibt sich im Finanzergebnis unter Erträge aus Wertpapieren ein Ertrag von 250.000 GE, der sich zusammensetzt aus:
- Erhöhung beizulegender Zeitwert des Deckungsvermögens: 200.000 GE,
- laufende Erträge des Deckungsvermögens (Dividenden, Zinserträge, realisierte Kursgewinne/-verluste aus Umschichtungen im Wertpapierdepot): 150.000 GE,
- Zinsaufwand aus der Aufzinsung der Pensionsrückstellung und der Änderung des der Abzinsung zugrunde zu legenden Diskontierungszinssatzes: 100.000 GE.

125 Wie bei denkbaren Fällen der **Entwidmung** von Deckungsvermögen vorzugehen ist, ist weniger ein bilanzielles als ein rechtliches Problem. Denn die Zweckexklusivität des Deckungsvermögens erfordert gerade, dass das bilanzierende Unt nicht nach Belieben (z. B. zum Ausgleich kurzfristigen Liquiditätsbedarfs) Deckungsvermögen entwidmen kann. Eine Entwidmung von Deckungsvermögen aus einem Contractual Trust Arrangement (CTA) ist wohl nur zulässig, wenn – z. B. aufgrund exorbitanter Kursgewinne bei Wertpapieren – eine derartige Überdotierung der Verpflichtungen besteht, dass auch nach Entwidmung eines Teils das verbleibende Deckungsvermögen zur Deckung der Verpflichtungen voraussichtlich ausreicht. Derartige Konstellationen werden wohl eher die Ausnahme darstellen.
Sofern VG aus dem Deckungsvermögen entnommen werden, sind sie entsprechend der für sie geltenden Bewertungsnormen anzusetzen, d. h., das Anschaffungskostenprinzip erhält wieder Gültigkeit und etwaige Zuschreibungen auf einen höheren beizulegenden Zeitwert unter dem Bewertungsregime des § 253 Abs. 1 Satz 4 HGB sind wieder zurückzunehmen. Etwaige planmäßige Abschreibungen bei abnutzbaren VG sind zu berücksichtigen.[121]

126 **Deckungsvermögen** kann nicht nur bei Pensionsverpflichtungen vorkommen, sondern auch bei **vergleichbaren langfristig fälligen Verpflichtungen**. Erfolgt die **Altersteilzeit** im Blockmodell, sammelt sich während der Aktivphase ein Erfüllungsrückstand seitens des Arbeitgebers an. Da der Erfüllungsrückstand, das sog. Wertguthaben, in der Insolvenz nicht bevorrechtigt behandelt wird, ist der Arbeitgeber nach § 8a AltTZG verpflichtet, das Wertguthaben in geeigneter Weise gegen eine Verwertung im Insolvenzverfahren abzusichern, wenn das Guthaben das dreifache Regelarbeitsentgelt einschl. des Arbeitgeberanteils am Sozialver-

---

[121] Vgl. IDW RS HFA 30.70.

sicherungsbeitrag übersteigt. Geeignete Formen der Insolvenzsicherung sind Bankbürgschaften, dingliche Sicherheiten und Verpfändung von Wertpapieren zugunsten des Arbeitnehmers. Sofern Wertpapiere verpfändet werden, erfüllen diese aufgrund der Anforderungen des § 8a AltTZG die Voraussetzung zur Behandlung als Deckungsvermögen und sind mit der Verpflichtung zu saldieren.
Ähnliches gilt für Wertguthaben auf **Zeitwertkonten**, wenn die Bedingungen des § 7e Abs. 2 SGB IV vorliegen. Die Wertguthaben gelten als insolvenzsicher, wenn sie von einem Dritten ohne Anspruch auf Rückführung der Mittel geführt werden, der für die Erfüllung der Verpflichtung des Arbeitgebers einsteht. Als wirksame Sicherungsmittel gelten Treuhandverhältnisse, Versicherungs-, Verpfändungs- oder Bürgschaftsmodelle. Sofern die Wertguthaben mit Vermögenswerten hinterlegt sind, sind diese als Deckungsvermögen mit der Verpflichtung zu saldieren.
Daher ist das Saldierungsgebot nicht nur bei Pensionsrückstellungen, sondern gleichermaßen bei sonstigen Rückstellungen anzuwenden.

3 Abzinsung von Schulden (Abs. 2)

3.1 Rückstellungen allgemein (Abs. 2 Satz 1)

3.1.1 Grundsatz

§ 253 Abs. 2 HGB enthält ein **generelles Abzinsungsgebot** für ungewisse Verbindlichkeiten. Der Barwertansatz soll den Abschlussadressaten realitätsnahe Informationen über die **wahre Belastungswirkung** ungewisser Verbindlichkeiten vermitteln und auf diese Weise ein den tatsächlichen Verhältnissen eher entsprechendes Bild der Vermögens-, Finanz- und Ertragslage der Unt zeichnen. Bei der Bewertung von Rückstellungen dürfe „nicht unberücksichtigt bleiben, dass die in den Rückstellungen gebundenen Finanzmittel investiert und daraus Erträge realisiert werden können".[122] Es geht bei der Abzinsung um die Kürzung ungewisser Verbindlichkeiten um erwartete Erträge. Das bedeutet einen Bruch mit dem Realisationsprinzip, der die Gläubigerschutzfunktion des handelsrechtlichen Jahresabschlusses nachhaltig beeinträchtigt.[123]

127

Das Abzinsungsgebot betrifft Rückstellungen mit einer **Laufzeit von mehr als einem Jahr** (§ 253 Abs. 2 Satz 1 HGB). Für Rückstellungen mit einer Laufzeit bis zu einem Jahr besteht kein Abzinsungsgebot. Ein Verbot der Abzinsung ergibt sich für diese Verpflichtungen jedoch nicht, sodass hier ein – in Anbetracht des gegenwärtigen Zinsniveaus eher unbedeutendes – Gestaltungspotenzial besteht.[124] Die Verfahrensweise bei der Bewertung von Verpflichtungen mit einer Restlaufzeit von max. einem Jahr, also die Wahl zwischen Barwert- und Nominalwertansatz, ist dem Bilanzierenden vielmehr freigestellt.[125] Einschränkend wirkt der Grundsatz der Bewertungsmethodenstetigkeit (§ 252 Rz 141).

128

---

[122] BT-Drs. 16/10067 v. 30.7.2008 S. 54.
[123] Vgl. Kessler, in Kessler/Leinen/Strickmann, BilMoG, 2. Aufl. 2010, S. 328 f.; ähnlich Arbeitskreis Bilanzrecht der Hochschullehrer Rechtswissenschaft, BB 2008, S. 209; anders Petersen/Zwirner, KoR 7/2008, Beil. 3, S. 9.
[124] Vgl. Bertram/Kessler, DB 2012, S. 985; IDW RS HFA 34.44 spricht hier explizit von einem Wahlrecht.
[125] A. A. wohl Petersen/Zwirner, KoR 7/2008, Beil. 3, S. 10.

3.1.2 Abzinsungssatz

129 Im Interesse einer Objektivierung der Bewertungsannahmen ist ein normierter **Abzinsungssatz** zu verwenden.[126] Die Barwertermittlung hat auf der Grundlage eines durchschnittlichen Marktzinssatzes unter Berücksichtigung der Restlaufzeit der Rückstellungen bzw. der diesen zugrunde liegenden Verpflichtungen zu erfolgen. Rückstellungen für Altersversorgungsverpflichtungen sind mit einem zehnjährigen Durchschnittszinssatz abzuzinsen, alle übrigen Rückstellungen mit einem siebenjährigen Durchschnittszinssatz. Anzuwenden ist der jeweilige Durchschnittszinssatz der letzten sieben bzw. zehn Jahre für Laufzeiten, die der Fristigkeit der ungewissen Verbindlichkeit am jeweiligen Stichtag entsprechen (zur Ermittlung der anzuwendenden Zinssätze vgl. Rz 135).

130 Rechtsgrundlage für die Zinssatzermittlung durch die Deutsche Bundesbank ist die Verordnung über die Ermittlung und Bekanntgabe der Sätze zur Abzinsung von Rückstellungen (**RückAbzinsV**).[127] Die Datengrundlage zur Bestimmung der Marktzinssätze liefert danach eine Null-Kupon-Euro-Zinsswapkurve, in die auf Euro lautende Festzins-Swapsätze mehrerer Swap-Anbieter für unterschiedliche Laufzeiten von einem Jahr bis 50 Jahre eingehen. Die veröffentlichten Zinssätze berücksichtigen zusätzlich einen Aufschlag für auf Euro lautende Unternehmensanleihen aller Laufzeiten mit einer hochklassigen Bonitätseinstufung (AA oder Aa).[128]

131 Die Verwendung eines Durchschnittszinssatzes soll Ergebnisschwankungen entgegenwirken, die sich allein aus der Wahl von Jahr zu Jahr unterschiedlicher Zinssätze ergeben.[129] Mit der Entscheidung für einen Marktzins hat der Gesetzgeber einer von den wirtschaftlichen Verhältnissen des Unt unabhängigen Schuldenbewertung den Vorzug gegeben. Sie schließt im Interesse des Vorsichts- und Höchstwertprinzips eine allein auf die sinkende Bonität des Unt zurückgehende niedrigere Rückstellungsbemessung aus. Schließlich wurde die Ermittlung der für die Diskontierung ungewisser Schulden maßgeblichen Zinssätze der Deutschen Bundesbank übertragen. Sie stellt monatlich die von allen Unt heranzuziehenden Abzinsungssätze auf ihrer Website zur Verfügung. Aufgrund der differenzierten Abzinsungsregelung sind dort sowohl die Durchschnittszinssätze auf Basis eines zehnjährigen Durchschnittszinssatzes (Altersversorgungsverpflichtungen) wie auch auf Basis eines siebenjährigen Durchschnittszinssatzes verfügbar.[130] Die dreifache Normierung der Zinssätze (Durchschnittszinssatz, Marktzinssatz, zentrale Ermittlung) soll die Vergleichbarkeit der Jahresabschlüsse in Bezug auf die Bewertung längerfristiger Rückstellungen gewährleisten. Zudem erspart sie den Unt die Aufwendungen für die Herleitung des Abzinsungssatzes.

---

[126] Vgl. Kessler, in Kessler/Leinen/Strickmann, BilMoG, 2. Aufl. 2010, S. 328f.
[127] Vgl. BGBl 2016 I S. 396.
[128] Vgl. § 2 RückAbzinsV; BGBl. 2009 I S. 3790, BGBl. 2016 I S. 396.
[129] Vgl. Begründung zur RückAbzinsV, S. 1.
[130] https://www.bundesbank.de/de/statistiken/geld-und-kapitalmaerkte/zinssaetze-und-renditen/abzinsungszinssaetze/abzinsungszinssaetze-772396, Abruf 1.10.2024.

> **Wichtig**
> Die Zinssätze unterliegen seit 2022 einer deutlichen Aufwärtsentwicklung. Dies hat auch dazu geführt, dass die vormals immer höheren Zehn-Jahresdurchschnittszinssätze aufgrund der Zinswende von den Sieben-Jahresdurchschnittszinssätzen „überholt" wurden. Per 30.6.2024 belaufen sich die von der Bundesbank veröffentlichten Zinssätze nach § 253 Abs. 2 HGB beim Sieben-Jahresdurchschnitt auf 1,86 % (bei unterstellter 15-jähriger Restlaufzeit), während bei der zehnjährigen Durchschnittsbildung ein Wert von 1,84 % anzuwenden ist. Hier zeigt sich eine Schwäche in der handelsrechtlichen Bewertungskonzeption. Für die Zinsen werden aus den Sieben- bzw. Zehn-Jahresdurchschnitten abgeleitete Werte herangezogen, während für die Ermittlung von Preis- und Kostensteigerungen aktuelle Werte heranzuziehen sind, die aus den Inflationserwartungen am Abschlussstichtag abzuleiten sind. Schaut man sich die in IFRS-Abschlüssen verwendeten Abzinsungssätze an, die auf den Verhältnissen am Abschlussstichtag beruhen, so sind diese derzeit weitaus höher als die nach HGB anzuwendenden Abzinsungssätze.

Für die Barwertermittlung ist der am Bewertungsstichtag gültige Zinssatz heranzuziehen, der der **Restlaufzeit** der Rückstellung entspricht. Diese lässt sich problemlos für Verpflichtungen ermitteln, die zu einem bestimmten Zeitpunkt in der Zukunft fällig und erfüllt werden. Das betrifft etwa Gratifikations- und Jubiläumsverpflichtungen, Abfindungsverpflichtungen, Verpflichtungsüberschüsse aus Beschaffungsgeschäften über aktivierungspflichtige VG oder einfache Entfernungsverpflichtungen. Bei diesen stellt sich allenfalls die Frage, welcher Abzinsungssatz bei nicht ganzjährigen Fristigkeiten zu verwenden ist. Drei Lösungen sind denkbar:[131]

132

- Lineare Interpolation der von der Deutschen Bundesbank veröffentlichten Zinssätze auf die exakte Rückstellungsrestlaufzeit;
- Verwendung des jeweils niedrigeren Ganzjahreszinssatzes (Vorsichtsprinzip; diese Variante steht unter dem Vorbehalt einer „normalen" Zinsstrukturkurve[132]);
- Verwendung des Zinssatzes, der näher an der tatsächlichen Restlaufzeit liegt.

> **Praxis-Beispiel**
> Eine zum 31.12.01 zu bewertende Gratifikationsverpflichtung ist zum 31.3.06 unter der Bedingung der bis dahin fortgesetzten Betriebszugehörigkeit der begünstigten Mitarbeiter auszuzahlen. Der von der Deutschen Bundesbank veröffentlichte Marktzins für eine Restlaufzeit von vier (fünf) Jahren beträgt 2,1 % (2,3 %).
> Bei linearer Interpolation ermittelt sich ein Abzinsungssatz von 2,15 % (2,1 % + 90/360 × 0,2 %). Bei Verwendung des niedrigeren Ganzjahreszinssatzes oder des Zinssatzes, der näher an der tatsächlichen Restlaufzeit liegt, ist die Rückstellung mit 2,1 % abzuzinsen.

---

[131] Vgl. IDW RS HFA 34.42; Beispiele bei Bertram/Kessler, DB 2012, S. 986 ff.
[132] Eine normale Zinsstrukturkurve ist durch ein Ansteigen der Zinssätze mit zunehmender Laufzeit gekennzeichnet. Vgl. IDW RS HFA 34.42.

Die lineare Interpolation ergibt das genaueste Ergebnis. Sie ist in jedem Fall zulässig, da auch die von der Deutschen Bundesbank veröffentlichten Zinssätze tw. nach dieser Methode ermittelt werden (§ 2 RückAbzinsV). In der Praxis wird aus Wesentlichkeitsgründen eine Abzinsung mit den von der Deutschen Bundesbank veröffentlichten Zinssätzen für ganzjährige Restlaufzeiten genügen, zumal der Gesetzgeber die Interpolation explizit nur für die Pensionsverpflichtungen erwähnt hat.[133]

133 Die Abzinsungsregelung des § 253 Abs. 2 HGB differenziert aus Vereinfachungsgründen nicht nach der Währung, in der die passivierten ungewissen Verbindlichkeiten zu erfüllen sind. **Rückstellungen, die in einer fremden Währung zu erfüllen sind**, sind dementsprechend ebenfalls mit den von der Deutschen Bundesbank ermittelten Abzinsungssätzen zu diskontieren. Diese Vereinfachung gilt nicht, wenn sie den Einblick in die Vermögens-, Finanz- und Ertragslage des Unt erkennbar beeinträchtigt. In diesem Fall hat der Bilanzierende einen für die Fremdwährung der ungewissen Verbindlichkeit gültigen Durchschnittszins nach den Vorgaben des § 253 Abs. 2 Satz 1 HGB und der RückAbzinsV selbst zu ermitteln oder diesen von privaten Anbietern zu beziehen.[134]

134 Ist Bestandteil der zu passivierenden Schuld neben der eigentlichen Hauptverpflichtung auch eine Verzinsungsregelung (z. B. Zinsen auf am Abschlussstichtag strittige Schadensersatzverpflichtungen, Zinsen auf Steuernachzahlungsverpflichtungen), ist diese bei der Bestimmung des Verpflichtungsumfangs mit einzubeziehen, da es sich wirtschaftlich um Preis- und Kostensteigerungen handelt. Die Abzinsung dieser **verzinslichen Verpflichtungen** hat mit den nach der RückAbzinsV ermittelten Zinssätzen zu erfolgen. Soweit der Diskontierungszinssatz von der der Schuld zugrunde liegenden Verzinsungsregelung nur geringfügig abweicht, darf die Abzinsung mit diesem Zinssatz erfolgen, sodass die Verpflichtung mit dem Nominalwert ausgewiesen wird.[135] Das Vorliegen einer nur geringfügigen Abweichung ist an jedem Abschlussstichtag zu überprüfen.

3.1.3 Bestimmung der Restlaufzeit

135 Zur Auswahl des Abzinsungssatzes ist die Restlaufzeit der zurückzustellenden ungewissen Verbindlichkeit zu ermitteln. Das ist der gesamte Zeitraum vom Abschlussstichtag bis zum Erfüllungszeitpunkt der passivierten Schuld.[136]

> **Praxis-Beispiel**
> Eine zum 31.12.01 bilanzierte ungewisse Verbindlichkeit ist am 31.12.02 (Fall 1) bzw. am 31.12.03 (Fall 2) zu begleichen.
> In Fall 1 besteht keine Verpflichtung zur Abzinsung der Rückstellung, da die Restlaufzeit nicht mehr als ein Jahr beträgt. In Fall 2 muss die Abzinsung über zwei Jahre erfolgen. Eine Kürzung des Diskontierungszeitraums um die von einer Abzinsung ausgenommene Zeitspanne ist nicht zulässig.

---

133 Vgl. BT-Drs. 16/10067 v. 30.7.2008 S. 54.
134 Vgl. IDW RS HFA 30.66; IDW RS HFA 34.46.
135 Vgl. IDW RS HFA 34.35.
136 Vgl. BT-Drs. 16/12407 v. 24.3.2009 S. 85f.; IDW RS HFA 34.36.

Steht der Erfüllungszeitpunkt nicht fest (z. B. bei bestrittenen Schadensersatzverpflichtungen oder Strafgeldern), ist die Restlaufzeit der ungewissen Verbindlichkeit zu schätzen. Das eröffnet dem Bilanzierenden einen Beurteilungsspielraum. Bei der Schätzung der **ungewissen Restlaufzeit** ist – wie bei der Bewertung von Rückstellungen allgemein (Rz 52) – das Vorsichtsprinzip zu berücksichtigen. Dazu ist als Erfüllungszeitpunkt jener Tag anzunehmen, zu dem das Unt frühestens in Anspruch genommen werden kann. Die Schätzung ist zu jedem Abschlussstichtag zu überprüfen.

> **Praxis-Beispiel**[137]
> U ist auf Schadensersatz i. H. v. 200 Mio. GE verklagt worden. Da die Anwälte mit überwiegender Wahrscheinlichkeit vom Bestehen des geltend gemachten Anspruchs ausgehen, sieht sich U zur Bildung einer Rückstellung veranlasst. Ein Urteil in dem Prozess erwarten die Anwälte frühestens in einem Jahr. Schöpft U den Rechtsweg vollends aus, ist in drei bis vier Jahren mit dem letztinstanzlichen Urteil zu rechnen. Von einer Verzinsung des Schadensersatzanspruchs sei aus Vereinfachungsgründen abgesehen.
> Die Rückstellung ist nicht abzuzinsen. Zur Ermittlung der Restlaufzeit ist auf den Tag abzustellen, zu dem das Unt bei üblichem Gang der Dinge frühestens in Anspruch genommen werden wird. Die Möglichkeit, Rechtsmittel gegen ein erstinstanzliches Urteil einzulegen, bleibt unberücksichtigt, solange sich dieser Fortgang der Streitsache nicht klar abzeichnet. Diese Auslegung der Abzinsungsregelung korrespondiert mit der Vorgabe des Gesetzgebers, bei der Schätzung künftiger Änderungen des Erfüllungsbetrags in der Zukunft liegende singuläre Ereignisse nicht in Betracht zu ziehen.[138]

Das Gesetz regelt nicht, wie Schulden abzuzinsen sind, die über einen längeren Zeitraum hinweg erfüllt werden (z. B. Aufbewahrungspflichten, Entsorgungs-, Abbruch-, Rekultivierungs- und Wiederherstellungsverpflichtungen, Verpflichtungsüberschüsse aus Dauerschuldverhältnissen). Denkbar wäre, für jeden Teilerfüllungszeitpunkt die anfallenden Ausgaben mit dem der jeweiligen Restlaufzeit entsprechenden Zinssatz einzeln abzuzinsen (tranchenweise Abzinsung der Jahresscheiben).[139] Diese Verfahrensweise ist allerdings bei einer hohen Anzahl von Erfüllungszeitpunkten nur eingeschränkt praktikabel, wie das Beispiel von Altersversorgungsverpflichtungen zeigt. Näher liegt die Wahl eines einheitlichen Diskontierungszinssatzes für alle Ausgabenbeträge. Das setzt die Bestimmung einer einheitlichen Restlaufzeit der ungewissen Verbindlichkeit voraus. Zu ihrer Ermittlung könnte abgestellt werden auf

1. den Zeitraum bis zum Beginn der Erfüllung entsprechend der steuerrechtlichen Regelung (§ 6 Abs. 1 Nr. 3a Buchst. e EStG);
2. den Zeitraum bis zum Beginn der Erfüllung plus halbe Erfüllungsdauer;
3. die durchschnittliche Kapitalbindungsdauer;
4. die Duration (gewogener Mittelwert der Zeitpunkte, zu denen die Zahlungen für die Erfüllung der Verbindlichkeit anfallen).

---

[137] Vgl. Bertram/Kessler, DB 2012, S. 986.
[138] Vgl. IDW RS HFA 34.26.
[139] Vgl. IDW RS HFA 34.39.

Praxis-Beispiel
Für die Verpflichtung, ein ausgebeutetes Grundstück zu rekultivieren, hat U am 31.12.01 eine Rückstellung zu bilden. Die Rekultivierungsmaßnahmen sollen am 1.1.04 beginnen und sich über drei Jahre erstrecken. Die undiskontierten Aufwendungen für die Wiederherstellung des Grundstücks schätzt U wie folgt:

- Geschäftsjahr 04: 400.000 GE
- Geschäftsjahr 05: 400.000 GE
- Geschäftsjahr 06: 800.000 GE

Aus Vereinfachungsgründen sei von einem Anfall der Aufwendungen jeweils zur Jahresmitte ausgegangen. Die aus den Veröffentlichungen der Deutschen Bundesbank durch Interpolation abgeleiteten Marktzinssätze (Sieben-Jahresdurchschnitt) betragen am 31.12.01

- für eine Restlaufzeit von 2,5 Jahren: 4,1 %
- für eine Restlaufzeit von 3,5 Jahren: 4,3 %
- für eine Restlaufzeit von 4,5 Jahren: 4,5 %

1. Nach der steuerrechtlichen Regelung beträgt der Diskontierungszeitraum 2 Jahre (31.12.01 bis 1.1.04).
2. Bei der zweiten Ermittlungsvariante (Restlaufzeit = Zeitraum bis zum Beginn der Erfüllung plus halbe Erfüllungsdauer) ermittelt sich ein Diskontierungszeitraum von 3,5 Jahren (2 Jahre + 3 Jahre/2).
3. Auf Basis der durchschnittlichen Kapitalbindungsdauer beträgt die Restlaufzeit 3,75 Jahre [(400.000 GE × 2,5 Jahre + 400.000 GE × 3,5 Jahre + 800.000 GE × 4,5 Jahre)/1.600.000 GE].
4. Die Duration der ungewissen Verbindlichkeit beläuft sich auf 3,716 Jahre. Sie ermittelt sich wie folgt:

Restlaufzeit [Jahre]	Zahlung	Zinssatz	Barwert	Duration
2,5	400.000	4,1 %	361.771	0,663
3,5	400.000	4,3 %	345.195	0,886
4,5	800.000	4,5 %	656.246	2,166
–	1.600.000	–	1.363.212	3,716

Im ersten Schritt sind die zur Erfüllung der Rekultivierungsverpflichtung zu leistenden Zahlungen mit dem ihrer Restlaufzeit entsprechenden durchschnittlichen Marktzins auf den Bewertungsstichtag (31.12.01) abzuzinsen. Zur Ermittlung der Duration werden die Barwerte mit der zugehörigen Restlaufzeit multipliziert und durch die Summe der Barwerte dividiert. Aus der Addition der Einzelergebnisse ermittelt sich die Duration von 3,716 Jahren.

Ausgehend von der ermittelten Restlaufzeit der Rückstellung ist der einheitliche Diskontierungssatz für die Rekultivierungsverpflichtung durch Interpolation aus den von der Deutschen Bundesbank veröffentlichten Jahreszinssätzen zu gewinnen.

Die steuerliche Verfahrensweise ist für die Bewertung in der HB nicht akzeptabel, da sie nur auf die Restlaufzeit der ersten Tilgungsausgabe, nicht aber der Verpflichtung insgesamt abstellt.[140] Dem die Abzinsung tragenden Gedanken wird am ehesten die aus der Pensionsbewertung bekannte **Durationslösung** gerecht. Den Ansatz längerfristiger ungewisser Verbindlichkeiten zum Barwert erachtet die Bundesregierung deshalb als angemessen, weil aus der Anlage der Rückstellungsgegenwerte Erträge zu erwarten sind, die zur Begleichung der Schuld eingesetzt werden können. Aus dieser Perspektive setzen sich die künftigen Mittelabflüsse aus einem Tilgungsanteil und einem Zinsanteil zusammen. Indem das Durationskonzept nur die Barwerte der Zahlungen betrachtet, stellt es zur Ermittlung der Restlaufzeit der Rückstellung allein auf die „Tilgungsbeträge" ab, die es mit ihrer individuellen Fristigkeit gewichtet. Das Konzept der durchschnittlichen Kapitalbindungsdauer verzichtet demgegenüber auf eine Zerlegung der erwarteten Mittelabflüsse in einen wirtschaftlichen Zinsanteil und eine Tilgungskomponente. Es führt im Regelfall nur zu geringfügigen Abweichungen bei der Ermittlung der Restlaufzeit und kann bei der Mehrzahl der Verpflichtungen bedenkenlos angewendet werden. Variante 2 (Zeitraum bis zum Beginn der Erfüllung plus halbe Erfüllungsdauer) stellt ebenfalls eine Vereinfachungslösung dar, die nur angewendet werden sollte, wenn die Aufwendungen in den einzelnen Jahren annähernd in gleicher Höhe anfallen.[141] Entsprechend führt sie bei Rückstellungen, die kontinuierlich über einen längeren Zeitraum erfüllt werden, zum gleichen Ergebnis wie Variante 3.

3.1.4 Darstellung in der Gewinn- und Verlustrechnung/Rückstellungsspiegel

Die Einbuchung und Fortschreibung einer Rückstellung kann in der GuV nach der **Bruttomethode** oder nach der **Nettomethode** dargestellt werden. Bei der Bruttomethode wird i. H. d. nicht abgezinsten Erfüllungsbetrags der Rückstellung ein Aufwand im operativen Ergebnis und i. H. d. Differenz zum passivierten Barwert der ungewissen Verbindlichkeit ein Ertrag aus der Abzinsung erfasst. Demgegenüber ist bei der von der Praxis favorisierten Nettomethode der abgezinste Erfüllungsbetrag zulasten des operativen Ergebnisses einzubuchen. In den Folgejahren sind die jährlichen Aufzinsungsbeträge sowie die Effekte aus der Anpassung des Diskontierungssatzes im Finanzergebnis auszuweisen.

137

> **Praxis-Beispiel**
> Ein Unt hat zum 31.12.01 eine Rückstellung für die Verpflichtung zur Anpassung einer Anlage an strengere Umweltschutzauflagen zu bilden. Der Verpflichtungsumfang beträgt 100 GE. Der Anfall der Ausgaben wird zwei Jahre nach dem Abschlussstichtag erwartet. Der anzuwendende Zinssatz soll während des gesamten Betrachtungszeitraums 4 % betragen. Am Abschlussstichtag 31.12.01 ergeben sich bei Anwendung der Brutto- bzw. der Nettomethode folgende Buchungssätze:

---

[140] Vgl. zur Abzinsungspflicht von Rückstellungen für die Aufbewahrung von Geschäftsunterlagen IDW RH HFA 1.009.9.
[141] Vgl. Bertram/Kessler, DB 2012, S. 987.

Bruttomethode:

Konto	Soll	Haben
Sonstige betriebliche Aufwendungen	100	
Sonstige Zinsen und ähnliche Erträge		7,5
Sonstige Rückstellungen		92,5

Nettomethode:

Konto	Soll	Haben
Sonstige betriebliche Aufwendungen	92,5	
Sonstige Rückstellungen		92,5

In den Folgejahren führen beide Vorgehensweisen zum gleichen GuV-Ausweis. Zum 31.12.02 beläuft sich die Rückstellung auf 96,2. Der Buchungssatz für die Aufzinsung lautet demzufolge:

Konto	Soll	Haben
Zinsen und ähnliche Aufwendungen	3,7	
Sonstige Rückstellungen		3,7

138 Bei **Ansammlungs-** oder **Verteilungsrückstellungen** erfordert die Trennung der operativen Erfolgsbeiträge vom Ergebnis der Abzinsung tw. aufwendigere Berechnungen. Das gilt insb., wenn im Zeitablauf mit unterschiedlichen Zinssätzen zu rechnen ist.

Praxis-Beispiel
Unt U hat zu Beginn des Jahres 01 in angemieteten Büroräumen Umbauten vorgenommen, die nach Ablauf des Mietvertrags in zehn Jahren zurückzubauen sind. Zum 31.12.01 schätzt U den notwendigen Erfüllungsbetrag der Rückstellung auf 400 GE. Unter Verwendung der von der Deutschen Bundesbank veröffentlichten Abzinsungssätze (Sieben-Jahresdurchschnitt) ergibt sich nach dem Barwertverfahren (zur alternativ zulässigen Annuitätenmethode vgl. Rz 66) die folgende Rückstellungsentwicklung:

Stichtag	Nomineller Verpflichtungsbetrag	Zinssatz lt. Bundesbank	Erfüllungsbetrag	Rückstellungsentwicklung		
				Stand 1.1.	Zuführung	Stand 31.12.
31.12.01	400	5,0 %	257,8	0,0	25,8	25,8
31.12.02	400	5,2 %	266,6	25,8	27,5	53,3
31.12.03	400	5,5 %	275,0	53,3	29,2	82,5
31.12.04	400	5,1 %	296,8	82,5	36,2	118,7
31.12.05	400	4,6 %	319,4	118,7	41,0	159,7
31.12.06	400	4,7 %	332,9	159,7	40,0	199,7
31.12.07	400	4,3 %	352,5	199,7	47,1	246,8
31.12.08	400	3,9 %	370,5	246,8	49,7	296,4
31.12.09	400	3,3 %	387,2	296,4	52,1	348,5
31.12.10	400	–	400,0	348,5	51,5	400,0

Nach der **Bruttomethode** ergibt sich die folgende Aufteilung der Zuführungsbeträge:

Stichtag	Nomineller Verpflichtungsbetrag	Nominelle Rückstellungszuführung	Barwert der Rückstellungszuführung	Zinsertrag	Zinsaufwand
31.12.01	400	40	25,8	14,2	0
31.12.02	400	40	27,5	12,5	0
31.12.03	400	40	29,2	10,8	0
31.12.04	400	40	36,2	3,8	0
31.12.05	400	40	41,0	0	−1,0
31.12.06	400	40	40,0	0	0
31.12.07	400	40	47,1	0	−7,1
31.12.08	400	40	49,7	0	−9,7
31.12.09	400	40	52,1	0	−12,1
31.12.10	400	40	51,5	0	−11,5
Summe	–	400	400,0	41,3	−41,3

Die **Nettomethode** führt demgegenüber zum folgendem Ergebnis:

| Stichtag | Erfüllungsbetrag vor Verteilung | Ertrag/Aufwand aus Abzinsung | | | operativer Aufwand | Buchwert Stand 31.12. |
		Aufzinsung	Zinsänderung	Summe		
31.12.01	257,8	0	0	0	25,8	25,8
31.12.02	266,6	1,3	−0,4	0,9	26,7	53,3
31.12.03	275,0	2,8	−1,1	1,7	27,5	82,5
31.12.04	296,8	4,5	2,0	6,5	29,7	118,7
31.12.05	319,4	6,1	3,0	9,1	31,9	159,7
31.12.06	332,9	7,3	−0,6	6,7	33,3	199,7
31.12.07	352,5	9,4	2,4	11,8	35,3	246,8
31.12.08	370,5	10,6	2,0	12,6	37,1	296,4
31.12.09	387,2	11,6	1,8	13,3	38,7	348,5
31.12.10	400,0	11,5	0,0	11,5	40,0	400,0
Summe	–	65,1	9,1	74,1	325,9	–

Als operativer Aufwand des Gj ist jeweils der der Rückstellung zuzuführende anteilige Erfüllungsbetrag auszuweisen. Das ist im Beispiel 1/10 des zum jeweiligen Abschlussstichtag ermittelten Barwerts des Erfüllungsbetrags (Spalte 6). Die Differenz zum Buchwert der Rückstellung stellt den im Finanzergebnis zu erfassenden Ertrag bzw. Aufwand aus der Abzinsung dar. Er setzt sich aus zwei Komponenten zusammen: dem Aufwand aus der Aufzinsung des zum Ende des Vj ermittelten Rückstellungsbetrags (Spalte 4) und dem Aufwand bzw. Ertrag aus der Anpassung des Zinssatzes (Spalte 5). Eine Aufsplittung des Zinseffekts in Aufzinsungseffekt („Zinsen und ähnliche Aufwendungen") und Änderungen des Diskontierungszinssatzes (je nach Wirkung unter „Sonstige Zinsen und ähnliche Erträge" bzw. „Zinsen und ähnliche Aufwendungen") ist nicht erforderlich.

Die Ermittlung des Aufwands bzw. Ertrags aus der Abzinsung erweist sich nach dieser zweiten Interpretation als relativ komplex. Das betrifft insb. die Bestimmung des Effekts aus der Änderung des Diskontierungssatzes. Aus Vereinfachungsgründen darf unterstellt werden, dass Abzinsungssatz und Verpflichtungsumfang jeweils nur zum Ende des laufenden Gj neu geschätzt werden.[142]

> **Praxis-Beispiel**[143]
> Arzneimittelhersteller P schätzt zum 31.12.01 den Verpflichtungsumfang aus einem Rechtsstreit mit 100.000 GE bei einer erwarteten Inanspruchnahme in drei Jahren. Der restlaufzeitäquivalente Abzinsungssatz gem. RückAbzinsV beträgt 4,09 % (Sieben-Jahresdurchschnitt). Die Rückstellung wird zum 31.12.01 mit dem Erfüllungsbetrag von 88.669 GE erstmalig eingebucht. Aus der Aufzinsung zum 31.12.02 ist im Finanzergebnis (Zinsen und ähnliche Aufwendungen) ein Aufwand i. H. v. 3.627 GE (= 4,09 % von 88.699 GE) zu erfassen.
> Zum 31.12.02 beläuft sich der Abzinsungssatz bei nur noch zweijähriger Restlaufzeit auf 3,93 %. Die Rückstellung ist somit mit 100.000 GE × $1,0393^{-2}$ = 92.580 anzusetzen. Hierdurch sind weitere 284 GE als Aufwand aus der Zinssatzänderung zu erfassen, wahlweise im operativen Ergebnis oder im Finanzergebnis.

139 Bei der **Bruttomethode** wird der gesamte Erfüllungsbetrag zulasten des operativen Ergebnisses gebucht. Diesem Aufwand wird der erhoffte Finanzierungseffekt aus der Anlage der über die Rückstellungsbildung im Unt gebundenen Mittel gegenübergestellt. Diese Darstellung offenbart die der Abzinsung zugrunde liegende Verrechnung des in der Periode wirtschaftlich verursachten Erfüllungsaufwands mit einem unrealisierten Ertrag, den das Unt in der Zukunft erst noch erwirtschaften muss. Sie ist im Interesse einer klaren Abgrenzung des Betriebsergebnisses vom Finanzergebnis vorzugswürdig. Für die **Nettomethode** spricht dagegen die bessere Vergleichbarkeit mit einem Abschluss nach IFRS, in den die Erfüllungskosten langfristig fälliger Verpflichtungen ebenfalls nur mit ihrem Barwert in das Betriebsergebnis eingehen. Zudem mag die vom Gesetzgeber mit dem Abzinsungsgebot intendierte Stärkung der Informationsfunktion des handelsrechtlichen Jahresabschlusses für diese Darstellung sprechen.[144] Rückstellungen haben nicht nur Schuld-, sondern auch Finanzierungscharakter. Dieser betriebswirtschaftlichen Erkenntnis trägt die Nettomethode Rechnung. Schließlich hat sie aus Unternehmenssicht den Vorteil, das operative Ergebnis nur i. H. d. abgezinsten Erfüllungsbetrags zu belasten. Das führt im mehrjährigen Vergleich c.p. zum Ausweis höherer operativer Ergebnisse als nach der Bruttomethode. Wohl auch deshalb favorisiert die Bilanzierungspraxis ganz überwiegend die Nettomethode.[145]

140 Während § 277 Abs. 5 Satz 1 HGB für den Aufwand aus der Aufzinsung der (Vorjahres-)Rückstellung den Ausweis im Finanzergebnis (Zinsen und ähnliche

---

[142] Vgl. IDW RS HFA 34.12.
[143] Vgl. Bertram/Kessler, DB 2012, S. 989.
[144] IDW RS HFA 30.59 und IDW RS HFA 34.11 lassen ausschl. die Nettomethode zu.
[145] Vgl. Kreipl/Lange/Müller, in Bertram/Brinkmann/Kessler/Müller, Haufe HGB Bilanz Kommentar BilMoG Erfahrungsbericht, 2012, S. 175.

Aufwendungen) vorgibt, ist die GuV-Darstellung der folgenden Effekte auf die Folgebewertung nicht geregelt:
- Zinssatzänderungen,
- Schätzungsänderungen bzgl. der Restlaufzeit,
- tw. Verbrauch der Vorjahresrückstellung.

Für den Ausweis von Effekten aus Zinssatzänderungen und Schätzungsänderungen bzgl. der Restlaufzeit bestehen Argumente für einen Ausweis im operativen Ergebnis wie auch im Finanzergebnis.[146] Es besteht ein Ausweiswahlrecht, das vom Bilanzierenden einheitlich und stetig auszuüben ist.[147]

Wird die Vorjahresrückstellung im laufenden Gj tw. verbraucht, ist fraglich wie die in der GuV auszuweisenden Aufwendungen aus der Aufzinsung der Vorjahresrückstellung zu bestimmen sind. Eine exakte Bestimmung des Zeitpunkts des Verbrauchs ermöglicht zwar die rechnerisch genaueste Bestimmung des Zinsaufwands, ist aber insb. dann aufwendig, wenn der Verbrauch kontinuierlich über das Gj anfällt.[148]

U. E. spricht nichts dagegen, vereinfachend von einer Änderung des Verpflichtungsumfangs (durch tw. Verbrauch oder auch durch Schätzungsänderungen) zu Beginn oder zum Ende des Gj auszugehen. Auch diese Entscheidung unterliegt dem Stetigkeitsgebot.

Praxis-Beispiel[149]
Die B-GmbH weist zum 31.12.01 eine Rückstellung mit einer Nominalverpflichtung von 2.000 GE und einer geschätzten Restlaufzeit von vier Jahren mit ihrem Erfüllungsbetrag i. H. v. 1.694 GE aus (angenommener Sieben-Jahresdurchschnittszinssatz gem. RückAbzinsV: 4,24 %). Entgegen der ursprünglichen Schätzung der Restlaufzeit erfolgt zum 31.8.02 eine Inanspruchnahme von 40 % = 800 GE. Zum 31.12.02 wird die restliche Verpflichtung (unverändert) mit 1.200 GE bei einer Restlaufzeit von drei Jahren geschätzt. Unter der Annahme eines unveränderten Abzinsungszinssatzes kann der im Finanzergebnis des Gj 02 auszuweisende Aufzinsungsaufwand wie folgt ermittelt werden:
Variante A: Fiktion des Verbrauchs zum 1.1.02; der Aufzinsungsaufwand berechnet sich mit 51 GE (4,24 % von 1.200 GE).
Variante B: Fiktion des Verbrauchs zum 31.12.02; der Aufzinsungsaufwand beträgt 85 GE (4,24 % von 2.000 GE).
Variante C: Monatsgenaue Berechnung; der Aufzinsungsaufwand berechnet sich mit 4,24 % von 2.000 GE für 8 Monate + 4,24 % von 1.200 GE für 4 Monate = 73 GE.
Gegenüber der exakten Variante C ergeben die Varianten A und B deutlich abweichende Ergebnisse. Der Vorteil dieser Methoden liegt in ihrer einfachen Handhabbarkeit. In allen Fällen ist der sich zum 31.12.02 ergebende Rückstellungsbetrag anhand der zum Abschlussstichtag gültigen Parameter zu überprüfen.

---

[146] Zu Einzelheiten vgl. Bertram/Kessler, DB 2012, S. 980.
[147] Vgl. IDW RS HFA 34.49.
[148] Eine Rückstellung für die Aufbewahrung von Geschäftsunterlagen verbraucht sich wirtschaftlich kontinuierlich das gesamte Jahr über, auch wenn rechtlich erst am Jahresende die Verpflichtung für ein zurückliegendes Gj erlischt.
[149] Entnommen aus Bertram/Kessler, DB 2012, S. 989.

141 Die in der Praxis im Anhang von Jahresabschlüssen oder weitergehenden Erläuterungen (z. B. im Erstellungs- oder Prüfungsbericht) weit verbreitete Form der Darstellung der Rückstellungsveränderungen mittels eines **Rückstellungsspiegels** sollte eine explizite Berücksichtigung der Zinseffekte vorsehen. Eine mögliche Form der Darstellung sieht wie folgt aus:[150]

	Buchwert 1.1.01	Verbrauch	Auflösung	Zuführung	Aufzinsung und Zinssatzanpassung*	Buchwert 31.12.01
	EUR	EUR	EUR	EUR	EUR	EUR
Gesonderte Darstellung wesentlicher Rückstellungsgruppen	...	...	...	...	...	...
	...	...	...	...	...	...
	...	...	...	...	...	...
Summe	...	...	...	...	...	...

*Auch bei der Nettomethode können sich Abzinsungserträge ergeben, wenn z. B. der Erfüllungszeitpunkt einer Verpflichtung ggü. dem Vj später eingeschätzt wird.

Tab. 1: Rückstellungsspiegel

Praxis-Beispiel

Die M-GmbH ist von einem Kunden auf Schadensersatz verklagt worden. Der Anspruch wird inzwischen in einem gerichtlichen Klageverfahren geltend gemacht. Den nominellen Verpflichtungsumfang schätzt die M-GmbH auf 100 GE. Bei Aufstellung des Jahresabschlusses zum 31.12.01 wird der Erfüllungszeitpunkt mit zwei Jahren nach dem Abschlussstichtag geschätzt. Auf Basis eines Diskontierungszinssatzes für zweijährige Laufzeiten von 4 % (Sieben-Jahresdurchschnitt) ergibt sich ein Barwert der Rückstellung von 92,5 GE, der zulasten des operativen Ergebnisses am 31.12.01 zurückzustellen ist.

Konto	Soll	Haben
Sonstige betriebliche Aufwendungen	92,5	
Sonstige Rückstellungen		92,5

Aufgrund vergeblicher Versuche, im Gj 02 einen Vergleich mit dem Kunden zu erzielen, hat die Unternehmensleitung entschieden, im Klageverfahren alle Rechtsmittel bis in die letzte Instanz auszuschöpfen. Der nominelle Verpflichtungsumfang wird nunmehr mit 150 GE, der Erfüllungszeitpunkt in drei Jahren nach dem Abschlussstichtag geschätzt. Auf Basis eines Abzinsungssatzes für dreijährige Restlaufzeiten von 4,2 % ergibt sich ein Barwert der Rückstellung (Erfüllungsbetrag) von 132,6 GE. Der Anstieg der Rückstellung resultiert aus der Erhöhung der geschätzten Inanspruchnahme und den gegenläufigen Zinseffekten. Am 31.12.02 ist wie folgt zu buchen:

Konto	Soll	Haben
Sonstige betriebliche Aufwendungen	44,2	
Zinsen und ähnliche Erträge		4,1
Sonstige Rückstellungen		40,1

---

[150] In Anlehnung an Kessler, in Kessler/Leinen/Strickmann, BilMoG, 2. Aufl. 2010, S. 393.

Die Einzelbeträge ermitteln sich wie folgt: Die Erhöhung der erwarteten Schadensersatzzahlung um 50 GE lässt den notwendigen Erfüllungsbetrag unter Berücksichtigung einer dreijährigen Abzinsung mit 4,2 % um 44,2 GE ansteigen. Für den bisher geschätzten Verpflichtungsbetrag von 100 GE ermittelt sich bei einer dreijährigen Abzinsung mit 4,2 % ein Barwert von 88,4 GE. Verglichen mit dem Barwert des Vj von 92,5 GE ergibt sich ein Aufzinsungsertrag von 4,1 GE. Der Rückstellungsspiegel für das Gj 02 stellt sich wie folgt dar:

	Buchwert 1.1.02	Zuführung	Aufzinsung	Buchwert 31.12.02
Rückstellung für Schadensersatz	92,5	44,2	–4,1	132,6

3.2 Vereinfachungen für Altersversorgungsverpflichtungen und vergleichbare langfristig fällige Verpflichtungen

3.2.1 Altersversorgungsverpflichtungen

Praktische **Vereinfachungen** sind für die Barwertermittlung von **Altersversorgungsverpflichtungen** vorgesehen. Diese betreffen zunächst den Zeitpunkt der Rückstellungsberechnung. Die in der Praxis etablierte Verfahrensweise, Pensionsgutachten zwei bis drei Monate vor dem Abschlussstichtag nach Maßgabe der geschätzten Verhältnisse am Abschlussstichtag einzuholen, ist im Regelfall nicht zu beanstanden (Rz 75).

Nach dem Einzelbewertungsgrundsatz ist jede Pensionsverpflichtung einzeln zu bewerten. Das erfordert die Wahl eines individuellen, der jeweiligen geschätzten Restlaufzeit der Verpflichtung entsprechenden Zinssatzes. Diese Verfahrensweise ist nicht nur aufwendig, sondern bereitet zusätzliche Ermittlungsprobleme, wenn die Restlaufzeit als Duration ermittelt wird und die Fristigkeit einzelner Pensionszahlungen mehr als 50 Jahre beträgt. Da die Deutsche Bundesbank Zinsstrukturkurven für Festzinsswaps für diese Zeiträume nicht zur Verfügung stellt, wäre der zu wählende Zinssatz durch Extrapolation zu ermitteln.[151]

Um die Bewertung von Pensionsrückstellungen zu vereinfachen, erlaubt § 253 Abs. 2 Satz 2 HGB, „Altersversorgungsverpflichtungen oder vergleichbare langfristig fällige Verpflichtungen **pauschal** mit dem durchschnittlichen Marktzinssatz" abzuzinsen, „der sich bei einer angenommenen **Restlaufzeit von 15 Jahren** ergibt".[152] Diese Ausnahme vom Einzelbewertungsgrundsatz steht ebenfalls unter dem Vorbehalt, das vom Jahresabschluss zu vermittelnde, den tatsächlichen Verhältnissen entsprechende Bild der Vermögens-, Finanz- und Ertragslage nicht zu beeinträchtigen. Insb. bei einem hohen Durchschnittsalter der Pensionsberechtigten kann diese Vereinfachungslösung problematisch sein. Liegt die Restlaufzeit der Verpflichtungen deutlich unter 15 Jahren, führt die Abzinsung mit dem typisierten Durchschnittszins bei normaler Zinsstrukturkurve zu einer

---

[151] IDW RS HFA 34.45 lässt für derartige Verpflichtungen aus Wesentlichkeitsgesichtspunkten die Verwendung des Abzinsungssatzes für 50-jährige Restlaufzeiten zu. Die Abzinsung hat aber auf Basis der erwarteten (längeren) Restlaufzeit zu erfolgen.
[152] Hervorhebungen durch den Verf.

Unterdotierung der Pensionsrückstellungen und verstößt damit gegen das Gebot des vollständigen Schuldenausweises. Die Frage, wann ein Jahresabschluss nicht mehr ein den tatsächlichen Verhältnissen entsprechendes Bild der Vermögens-, Finanz- und Ertragslage zeigt, bleibt offen und enthält einen nicht unerheblichen Beurteilungsspielraum.[153]

Kompensatorische Effekte durch etwaig vorhandenes Deckungsvermögen ergeben sich nicht, weil das Deckungsvermögen – im Unterschied zur Pensionsverpflichtung – an jedem Abschlussstichtag zum beizulegenden Zeitwert, d. h. mit aktuellen (gegenwärtig niedrigen) Zinssätzen anzusetzen ist (Rz 123).

Die Vereinfachungslösung ist sowohl für Altersversorgungsverpflichtungen als auch für „vergleichbare langfristig fällige Verpflichtungen" anwendbar. Allerdings ist zu beachten, dass Altersversorgungsverpflichtungen mit einem **Zehn-Jahresdurchschnitt** abzuzinsen sind, während für vergleichbare langfristig fällige Verpflichtungen der bisherige Sieben-Jahresdurchschnitt gilt. Insofern kommt der Abgrenzung der Altersversorgungsverpflichtungen von den vergleichbaren langfristig fälligen Verpflichtungen große Bedeutung zu (Rz 69 ff.).

145 Ein Abweichen von der Vereinfachungslösung dürfte in der Praxis allerdings nur in Ausnahmefällen geboten sein. Die bei Wahl eines einheitlichen Zinssatzes gesetzlich festgeschriebene Restlaufzeit von 15 Jahren berücksichtigt bereits den infolge der demografischen Entwicklung durchschnittlich bestehenden Überhang älterer Arbeitnehmer. Weicht die Duration der Altersversorgungsverpflichtungen des Unt deutlich von der unterstellten durchschnittlichen Restlaufzeit nach oben (bei relativ großem Anteil junger Berechtigter) oder nach unten (bei überwiegend aus Rentnern bestehenden Beständen) ab, kann die Anwendung des Wahlrechts zu einer nicht den tatsächlichen Verhältnissen entsprechenden Darstellung der Vermögens-, Finanz- und Ertragslage führen. In diesem Fall darf die Vereinfachungslösung keine Anwendung finden.[154] Stattdessen ist der Abzinsungssatz nach den allgemeinen gesetzlichen Vorgaben anhand der Duration der Pensionsverpflichtungen am Abschlussstichtag zu ermitteln. Das kann sowohl im Wege einer Einzelbewertung als auch mittels Gruppenbewertung nach § 240 Abs. 4 HGB erfolgen, die für Pensionen mit annähernd gleicher Duration einen einheitlichen Zinssatz bestimmt. Mangels konkreter Vorgaben des Gesetzgebers verbleibt dem Bilanzierenden in der Frage, wann von der Vereinfachungslösung des § 253 Abs. 2 Satz 2 HGB abzurücken ist, ein nicht unerheblicher Beurteilungsspielraum.[155]

146 **Altersversorgungsverpflichtungen**, die **in Fremdwährung** zu erfüllen sind, unterliegen ebenfalls den Regelungen des § 253 Abs. 2 HGB. Zur Ermittlung ihres Barwerts kann der von der Deutschen Bundesbank veröffentlichte Zinssatz herangezogen werden, solange diese Verfahrensweise nicht zu deutlichen Verwerfungen im Vergleich zu einer Abzinsung mit einem währungskongruenten Zinssatz führt und damit den Einblick in die Vermögens-, Finanz- und Ertragslage beeinträchtigt. Auch in diesem Punkt fehlen Hinweise, bis zu welcher Zins- bzw. Barwertdifferenz die Diskontierung mit dem fristadäquaten Zinssatz für den Euroraum noch vertretbar ist. Die Antwort auf diese Frage hängt zum einen

---

153 Vgl. Göllert, DB 2008, S. 1166.
154 Vgl. BT-Drs. 16/10067 v. 30.7.2008 S. 55; IDW RS HFA 30.57.
155 Vgl. Göllert, DB 2008, S. 1166.

von der Bedeutung der Altersversorgungsverpflichtungen für das Unt ab. Zum anderen ist das Zusammenwirken des Abzinsungssatzes mit den übrigen Parametern für die Rückstellungsbewertung zu berücksichtigen. Das gilt insb. für die antizipierten Lohn-, Gehalts- und Rentensteigerungen.

> **Praxis-Beispiel**
> Ein Unt unterhält eine Zweigniederlassung in Brasilien. Für die dortigen Mitarbeiter bestehen Pensionszusagen. Bei der Schätzung des notwendigen Erfüllungsbetrags der Verpflichtungen wird aufgrund der hohen Inflation in Brasilien von einem Lohn- und Gehaltstrend von 15 % ausgegangen. Würden diese notwendigen Erfüllungsbeträge mit einem im Euroraum ermittelten Diskontierungszinssatz abgezinst, ergäbe sich eine deutliche Überdotierung. Daher sind die Verpflichtungen mit einem währungskongruenten Diskontierungszinssatz (Zehn-Jahresdurchschnitt) aus Brasilien abzuzinsen.

3.2.2 Vergleichbare langfristig fällige Verpflichtungen

Zum Begriff der vergleichbaren langfristig fälligen Verpflichtungen vgl. Rz 72. Auch für ihre Diskontierung eröffnet § 253 Abs. 2 Satz 2 HGB die Möglichkeit, den einer Restlaufzeit von 15 Jahren entsprechenden durchschnittlichen Marktzins heranzuziehen (Rz 144). Diese Vereinfachung kommt nach der Regierungsbegründung wie bei Altersversorgungsverpflichtungen nur in Betracht, wenn sie das Einblicksgebot des § 264 Abs. 2 Satz 1 HGB nicht verletzt. Bedenklich erscheint ihre Anwendung auf Altersteilzeitverpflichtungen, deren durchschnittliche Restlaufzeit nur wenige Jahre beträgt. Ihre pauschale Abzinsung mit einem Zinssatz, der sich bei einer angenommenen Restlaufzeit von 15 Jahren ergibt (Sieben-Jahresdurchschnitt), führt bei einer normalen Zinsstruktur zu einer zu niedrigen Rückstellungsbewertung. Vielmehr ist zu empfehlen, einen **an der durchschnittlichen Duration der Verpflichtungen orientierten Zinssatz** einheitlich zu verwenden, d.h. anstelle des 15-jährigen Diskontierungszinssatzes bei Altersteilzeitverpflichtungen z.B. den für zwei- oder dreijährige Restlaufzeiten anzuwendenden Zinssatz.[156]

147

Für Jubiläumsrückstellungen und Verpflichtungen aus Lebensarbeitszeitmodellen kann die Pauschalierung einer 15-jährigen Restlaufzeit zu angemessenen Ergebnissen führen. Eine Einzelbewertung unter Berücksichtigung ihrer individuellen Restlaufzeit ist in vielen Fällen nicht erforderlich.

148

3.3 Rentenschulden (Abs. 2 Satz 3)

§ 253 Abs. 2 Satz 3 HGB schreibt für auf Rentenverpflichtungen beruhende Verbindlichkeiten die entsprechende Anwendung der Sätze 1 und 2 vor. Derartige Rentenschulden sind wie Rückstellungen abzuzinsen. Anders als bei Rückstellungen allgemein dient die Abzinsung hier der Eliminierung eines im Verpflichtungsumfang enthaltenen Zinsanteils für künftige Kapitalüberlassungen. Dieser ist – wie bei anderen gestundeten Verbindlichkeiten aus Austauschgeschäften – nicht passivierungsfähig.

149

---

[156] Gl. A. Johannleweling, BetrAV 2010, S. 451, der sich hierbei auf § 256 Satz 2 i.V.m. § 240 Abs. 4 HGB stützt.

150 Unter **Renten** sind für eine bestimmte Zeitdauer (Zeitrente) oder während der Lebenszeit eines Menschen (Leibrente) periodisch wiederkehrende Leistungen in Geld, Geldeswert oder vertretbaren Sachen aufgrund eines selbstständigen Rechts (Rentenstammrechts) zu verstehen.[157] Nicht unter den Begriff der auf Rentenverpflichtungen beruhenden Verbindlichkeiten fallen die Altersversorgungsverpflichtungen. Aufgrund der ihnen eigenen Ungewissheit dem Grund und der Höhe nach, die sich in der Verwendung biometrischer Rechnungsgrundlagen äußert, sind sie als Rückstellungen und nicht als Verbindlichkeiten auszuweisen.

151 Typische Fälle von Rentenverpflichtungen i.S.d. § 253 Abs. 2 Satz 3 HGB sind verrentete Kaufpreisschulden.

> **Praxis-Beispiel**
> Der 60-jährige Unternehmer A verkauft sein Unt an die F-GmbH. Der Kaufpreis von 1.000 GE wird nach den Regelungen des Kaufvertrags verrentet. Danach erhält A eine lebenslange jährliche Rente von 75 GE. Die Rente wurde auf Basis einer Lebenserwartung von 80 Jahren und eines Zinssatzes von 5 % von den Kaufparteien berechnet.

152 Die Abzinsung derartiger Rentenschulden hat ebenfalls mittels der von der Deutschen Bundesbank veröffentlichten Diskontierungszinssätze zu erfolgen, wie Abs. 3 der Vorschrift eindeutig anweist. Da es sich nicht um Rückstellungen für Altersversorgungsverpflichtungen handelt, kommt der Sieben-Jahresdurchschnittszins zur Anwendung (Rz 129). Danach ist entsprechend der voraussichtlichen Restlaufzeit der Verpflichtung – ermittelt nach dem Durationskonzept (Rz 147) – der laufzeitäquivalente Sieben-Jahresdurchschnittszins anzuwenden. Alternativ kann der pauschalierte 15-Jahreszins nach Satz 2 der Vorschrift angewendet werden, sofern diese Verfahrensweise zu keinen wesentlichen Abweichungen von der genauen Barwertermittlung führt.

153 Fraglich ist, wie vorzugehen ist, wenn die Vertragsparteien wie in dem obigen Beispiel explizit einen Zinssatz der Bestimmung der Rentenverpflichtung zugrunde legen, der vom Sieben-Jahresdurchschnittszins abweicht.

> **Praxis-Beispiel**
> Die F-GmbH hat sich verpflichtet, dem Unternehmer A als Gegenleistung für die Übertragung seines Unt eine lebenslange Rente von jährlich 75 zu zahlen. Der F-GmbH steht das Recht zu, die Rentenverpflichtung mit einer Kündigungsfrist von zwölf Monaten zum Barwert abzulösen, der sich auf der Grundlage eines Zinssatzes von 6 % p.a. und einer Lebenserwartung von 80 Jahren ergibt. Zum 1.1.2020 kündigt die F-GmbH die Rentenschuld, um diese abzulösen. Es ermittelt sich ein Ablösungsbetrag von rd. 585. Die Abzinsung der während der erwarteten Restlebenszeit des Verkäufers zu leistenden Rentenzahlungen nach der Vereinfachungslösung des § 253 Abs. 2 Satz 2 HGB auf den 31.12.2019 ergibt auf Basis eines angenommenen Zinssatzes von 5,2 % einen Barwert von rund 603.

---

[157] Vgl. Kessler, in Kessler/Leinen/Strickmann, BilMoG, 2. Aufl. 2010, S. 397.

> Durch den vertraglich vereinbarten Ablösungsbetrag ist die Verzinsung des von der F-GmbH in Form von Rentenzahlungen zu leistenden Kaufpreises auf 6 % p. a. fixiert. Die Barwertermittlung mit einem abweichenden Zinssatz führt damit zwangsläufig zu einer falschen Schuldenbewertung. Das zeigt sich im Zeitpunkt der Ablösung. Zum 31.12.2019 beläuft sich die Rentenschuld nach der Bewertungsanweisung des § 253 Abs. 2 Satz 3 HGB auf 603. Wird diese zum 1.1.2020 zu 585 abgelöst, weist die F-GmbH einen Gewinn aus dem Abgang der Schuld von 18 aus. Das ist die Folge der fehlerhaften Barwertermittlung in den Vorjahren.

In Fällen einer expliziten Verzinsungsabrede erscheint eine teleologische Reduktion von § 253 Abs. 2 Satz 3 HGB sachgerecht, sodass anstelle des nach der RückAbzinsV zum jeweiligen Abschlussstichtag zu ermittelnden Sieben-Jahresdurchschnittszinssatzes der von den Vertragsparteien tatsächlich vereinbarte Zins zu verwenden ist.[158] Dazu muss allerdings der von den Vertragsparteien zugrunde gelegte Zinssatz **objektiv aus der Vereinbarung** hervorgehen. Der Gesetzgeber will durch die Abzinsungsregelung einen zutreffenden Schuldenausweis bei gleichzeitiger Ausschaltung von bilanzpolitischen Gestaltungsspielräumen bei der Wahl des Abzinsungssatzes erreichen.[159] In der dargestellten Konstellation wird die Schuld des Käufers durch eine objektiv nachprüfbare Verzinsungsabrede determiniert. Da dieser unter Dritten vereinbarte Zinssatz die vom Gesetzgeber beabsichtigte Objektivierung gewährleistet, besteht die Gefahr der bilanzpolitischen Gestaltung nicht.

Im Gegensatz zu Rückstellungen unterliegt die Bewertung von Rentenschulden dem Höchstwertprinzip. Eine Herabsetzung ihres Buchwerts unter den Zugangswert ist deshalb nur zulässig, wenn die Vermutung der Wiederkehr des höheren Verpflichtungsbetrags so gut wie ausgeschlossen ist. Dazu sei das vorstehende Beispiel wie folgt abgewandelt:

> **Praxis-Beispiel**
> Die F-GmbH hat für das Ende 01 erworbene Unt von A eine jährliche lebenslange Rente von 75 an den Unternehmer A zu zahlen. In Anwendung der Vereinfachungsregelung des § 253 Abs. 2 Satz 2 HGB zinst sie diese mit dem einer Restlaufzeit von 15 Jahren entsprechenden durchschnittlichen Marktzins ab. Die durchschnittliche Restlebenserwartung von A liegt am 31.12.01 bei 20 Jahren. Zu den einzelnen Bewertungsstichtagen veröffentlicht die Deutsche Bundesbank die folgenden bewertungsrelevanten Marktzinssätze:
>
> | Stichtag | 31.12.01 | 31.12.02 | 31.12.03 | 31.12.04 | 31.12.05 |
> |---|---|---|---|---|---|
> | Zinssatz | 5,0 % | 4,8 % | 5,3 % | 4,9 % | 5,2 % |
>
> Im Jahresabschluss zum 31.12.01 ist die Rentenverbindlichkeit aus dem Unternehmenserwerb mit einem Zugangswert von 935 einzubuchen. Sieht

---

[158] Vgl. Kessler, in Kessler/Leinen/Strickmann, BilMoG, 2. Aufl. 2010, S. 399.
[159] Vgl. BT-Drs. 16/10067 v. 30.7.2008 S. 55.

man von Zinsänderungen ab, entwickelt sich der Buchwert der Rentenverbindlichkeit bis zum 31.12.05 wie in Spalte 4 der nachstehenden Übersicht dargestellt.[160]

Stichtag	Undiskontierte Schuld	Restlaufzeit (Jahre)	Barwert 5 %	Barwert aktueller Zins	Buchwert
31.12.01	1.500	20,0	935	935	935
31.12.02	1.425	19,0	906	921	921
31.12.03	1.350	18,0	877	857	877
31.12.04	1.275	17,0	846	852	852
31.12.05	1.200	16,0	813	801	813

Die Diskontierung mit dem am jeweiligen Abschlussstichtag gültigen fristadäquaten Marktzinssatz führt zu der in Spalte 5 dargestellten Barwertentwicklung. Da zum 31.12.03 der aktuelle Diskontierungszins erstmals über dem Zinssatz im Zeitpunkt der Einbuchung der Schuld liegt, unterschreitet der aktuelle Barwert zu diesem Stichtag den planmäßig fortgeführten Zugangswert um 20. Der Wertansatz von 857 würde gegen das Höchstwertprinzip verstoßen, da die Vermutung der Wiederkehr des höheren fortgeführten Zugangswerts nicht entkräftet ist. Die Rentenschuld ist daher zu den einzelnen Stichtagen mit dem höheren Betrag aus fortgeführtem Zugangswert (Spalte 4) und Barwert auf Basis des aktuellen fristadäquaten Marktzinssatzes (Spalte 5) zu bewerten (Spalte 6).

4 Abschreibung von Vermögensgegenständen des Anlagevermögens (Abs. 3)

4.1 Planmäßige Abschreibung (Abs. 3 Satz 1 bis 4)

4.1.1 Abzuschreibende Vermögensgegenstände

155 § 253 Abs. 3 Satz 1 HGB regelt, dass die Wertansätze aller VG, deren **Nutzbarkeit zeitlich begrenzt** ist, durch planmäßige Abschreibungen gemindert werden müssen. Die begrenzte Nutzbarkeit eines VG resultiert im Wesentlichen entweder aus einer **mengenmäßigen Abnutzung** (z.B. als technischer Verschleiß durch Abnutzung oder Substanzverringerung durch Abbau), aus einer **wertmäßigen Abnutzung** (z.B. wegen technischen Fortschritts oder Modellwechseln) oder **einer rechtlichen Abnutzung** (z.B. bei einer begrenzten Schutzwirkung von Rechten). Nicht entscheidend ist, ob ein (in seiner Nutzbarkeit nicht begrenzter) VG in einem bestimmten Unt nur für eine zeitlich begrenzte Nutzung vorgesehen ist.[161]

---

[160] Biometrische Wahrscheinlichkeiten bleiben unberücksichtigt.
[161] Vgl. Schubert/Schieler, in Beck Bil-Komm., 14. Aufl. 2024, § 253 HGB Rz 212; Hachmeister, in Anzinger/Oser/Schlotter, Rechnungslegung und Prüfung der Unternehmen, 7. Aufl. 2023, Teilband 1, § 253 HGB Rz 467.

Einer planmäßigen Abschreibung sind gleichermaßen materielle wie immaterielle VG des AV zu unterziehen, wenn deren Nutzung zeitlich begrenzt ist. Unter die **materiellen** VG, die planmäßig abzuschreiben sind, fallen grds. alle beweglichen und unbeweglichen VG des **Sachanlagevermögens** (§ 266 Rz 37 ff.). Ausnahmen bilden im Wesentlichen Grundstücke (sofern sie nicht ausgebeutet werden)[162] und Anlagen im Bau. Unter die **immateriellen** VG, die wegen einer begrenzten Nutzbarkeit planmäßig abzuschreiben sind, fallen insb. **zeitlich befristete Rechte** wie Konzessionen, gewerbliche Schutzrechte u. ä. Rechte oder Lizenzen, aber auch selbst erstelltes immaterielles AV (Rz 209 ff.) mit Ausnahme von selbst geschaffenen Marken, Drucktiteln oder Kundenlisten gem. § 248 Abs. 2 HGB.

156

Auch der **derivative Geschäfts- oder Firmenwert** (GoF) gilt gem. § 246 Abs. 1 Satz 4 HGB als zeitlich begrenzt nutzbarer VG. Daher muss seine Folgebewertung stets auf der Grundlage von planmäßigen Abschreibungen nach § 253 HGB durchgeführt werden (Rz 203 ff.).

157

Kann die voraussichtliche Nutzungsdauer von selbst erstellten immateriellen VG des AV bzw. von derivativen GoF nicht verlässlich geschätzt werden, sind diese gem. § 253 Abs. 3 Satz 3 HGB planmäßig über einen Zeitraum von zehn Jahren abzuschreiben (Rz 203 ff. und Rz 209 ff.).

158

Nicht unter die abnutzbaren VG fallen **geleistete Anzahlungen** (auf Sachanlagevermögen oder immaterielles AV) sowie **Finanzanlagen**. Sie unterliegen auch nicht den Bestimmungen der planmäßigen Abschreibung.[163]

159

Auch bei virtuellen Währungen und sonstigen Token handelt es sich gem. BMF-Schreiben v. 10.5.2022[164] um nicht abnutzbare Wirtschaftsgüter materieller Art. Sie werden somit ebenfalls keiner planmäßigen Abschreibung unterzogen.[165]

4.1.2 Abschreibungspläne

4.1.2.1 Planmäßigkeit

Die planmäßige Abschreibung von zeitlich begrenzt nutzbarem AV erfordert für jeden **einzelnen VG** das **Aufstellen eines Abschreibungsplans**. Dazu muss bereits mit Beginn der Abschreibungen der jährliche Abschreibungsbetrag für die **gesamte Nutzungsdauer** festgelegt werden, indem zumindest die rechnerischen Grundlagen hierfür definiert werden. Ziel des Abschreibungsplans ist es, die Anschaffungs- und Herstellungskosten (AHK) auf die voraussichtliche Nutzungsdauer des jeweiligen VG zu verteilen. Dadurch wird der Wert des VG am Abschlussstichtag ermittelt und der jährliche Aufwand durch dessen Abnutzung periodisiert und erfolgswirksam erfasst.[166]

160

Die Planmäßigkeit impliziert, dass wegen des Grundsatzes der Bewertungsstetigkeit gem. § 252 Abs. 1 Nr. 6 HGB an einem **einmal aufgestellten Plan festgehalten** werden muss. Nur in begründeten **Ausnahmefällen**, z. B. wegen

161

---

[162] Vgl. Hachmeister, in Anzinger/Oser/Schlotter, Rechnungslegung und Prüfung der Unternehmen, 7. Aufl. 2023, Teilband 1, § 253 HGB Rz 468–470.
[163] Vgl. Hachmeister, in Anzinger/Oser/Schlotter, Rechnungslegung und Prüfung der Unternehmen, 7. Aufl. 2023, Teilband 1, § 253 HGB Rz 470 bzw. Schubert/Schieler, in Beck Bil-Komm., 14. Aufl. 2024, § 253 HGB Rz 454 und 460.
[164] Vgl. BMF, Schreiben v. 10.5.2022, IV C 1 -S 2256/19/10003 :001, 2022/0493899, Rz 41.
[165] Vgl. Fischer, BBK 2022, S. 1011, der allerdings von immateriellen VG spricht.
[166] Vgl. Hachmeister, in Anzinger/Oser/Schlotter, Rechnungslegung und Prüfung der Unternehmen, 7. Aufl. 2023, Teilband 1, § 253 HGB Rz 471.

erforderlicher Korrekturen, können **Änderungen** des Abschreibungsplanes vorgenommen werden (Rz 190).

162 Abschreibungspläne werden durch die folgenden **Rahmenbedingungen** festgelegt:
- Anschaffungs- und Herstellungskosten sowie ein etwaiger Restwert (Rz 163 ff.),
- voraussichtliche Nutzungsdauer (Rz 167 ff.),
- gewählte Abschreibungsmethode (Rz 173 ff.).

4.1.2.2 Anschaffungs- und Herstellungskosten und Restwert

163 Die **Anschaffungs- und Herstellungskosten (AHK)** (§ 255 Abs. 1 und 2 HGB) sind i. R. e. planmäßigen Abschreibung über die (voraussichtliche) Nutzungsdauer zu verteilen. Es handelt sich zugleich um die Bewertungsobergrenze, zu dem abnutzbare VG des AV bilanziell abgebildet werden dürfen (§ 253 Abs. 1 Satz 1 HGB). Eine Ausnahme von diesem Grundsatz besteht bei der Bewertung von Deckungsvermögen bei Altersversorgungsverpflichtungen (Rz 117).

164 Soweit keine entsprechenden Informationen vorliegen, wird i. d. R. bei einer planmäßigen Abschreibung davon ausgegangen, dass am Ende der Nutzungsdauer eines VG kein oder kein nennenswerter **Restwert** (z. B. Schrottwert) vorliegt. In diesem Falle werden die AHK vollständig (bzw. wahlweise bis auf einen Erinnerungswert von 1 EUR) über die voraussichtliche Nutzungsdauer verteilt. Ist dagegen mit ausreichender Sicherheit davon auszugehen, dass am Ende der Nutzungsdauer ein (nicht unwesentlicher) Restwert vorhanden ist, muss dieser u. E. berücksichtigt werden,[167] indem die AHK um diesen Betrag (abzgl. evtl. in diesem Zusammenhang anfallender Aufwendungen) vermindert werden.[168]

> **Praxis-Beispiel**
> Die A-AG erwirbt am 1.1.01 eine Maschine zu AK von 1 Mio. EUR. Die voraussichtliche Nutzungsdauer beträgt zehn Jahre. Da die Maschine wesentliche Bauteile aus Stahl enthält und die Stahlpreise in den vergangenen Jahren stetig angestiegen sind, kann die A-AG mit ausreichender Sicherheit davon ausgehen, dass auch nach der vollständigen Abnutzung der Maschine in zehn Jahren ein Restwert (Schrottwert) für die Maschine vorhanden sein wird. Die AK der Maschine sind daher um diesen Restwert zu vermindern und anschließend über die Nutzungsdauer von zehn Jahren zu verteilen.
> Wenn der abzuziehende Restwert bspw. 100 TEUR beträgt (Gewicht der Bauteile aus Stahl × künftig erwarteter Stahlpreis), sind lediglich 900 TEUR über die Nutzungsdauer von zehn Jahren zu verteilen.

165 Es sind auch solche Restwerte zu berücksichtigen, die vor einer vollständigen (technischen) Abnutzung des VG erzielt werden.[169] Während in der betrieblichen Praxis aufgrund von Schätzunsicherheiten bzgl. des voraussichtlichen Restwerts zumeist von einer Berücksichtigung von Restwerten abgesehen wird,[170] gibt es

---

[167] Vgl. Schubert/Schieler, in Beck Bil-Komm., 14. Aufl. 2024, § 253 HGB Rz 223.
[168] Vgl. Hachmeister, in Anzinger/Oser/Schlotter, Rechnungslegung und Prüfung der Unternehmen, 7. Aufl. 2023, Teilband 1, § 253 HGB Rz 493. Steuerlich wurde dies in jüngerer Zeit durch den BFH, Beschluss v. 1.3.2019, X B 45/18, bestätigt.
[169] Vgl. Pfirmann/Lorson/Hell/Metz, in Küting/Weber, HdR-E, § 253 HGB Rz 139, Stand: 5/2020.
[170] Vgl. IDW, WPH Edition, Wirtschaftsprüfung & Rechnungslegung, 18. Aufl. 2023, Kap. F Tz 176.

gleichwohl eine Vielzahl denkbarer Anwendungsfälle, wie das nachfolgende Beispiel illustriert.

> **Praxis-Beispiel**
> Die X-GmbH erwirbt am 1.1.01 einen Pkw für einen Vertriebsmitarbeiter. Die AK betragen 30.000 EUR. Die betriebsgewöhnliche Nutzungsdauer des Pkw ist auf fünf Jahre festgelegt. Ohne Berücksichtigung eines Restwerts und unter Verwendung der linearen Abschreibungsmethode ergibt sich folgende Entwicklung der Buchwerte und Abschreibungen in den fünf Gj:
>
> | Abschlussstichtag | Buchwert in EUR | Abschreibung in EUR |
> | --- | --- | --- |
> | 31.12.01 | 24.000 | 6.000 |
> | 31.12.02 | 18.000 | 6.000 |
> | 31.12.03 | 12.000 | 6.000 |
> | 31.12.04 | 6.000 | 6.000 |
> | 31.12.05 | 0 | 6.000 |
>
> Tatsächlich geht die X-GmbH nicht von einer betriebsgewöhnlichen Nutzungsdauer von fünf Jahren aus. Da der Vertriebsmitarbeiter aufgrund seiner Reisetätigkeit hohe jährliche Laufleistungen des Pkw verursacht, werden die Fahrzeuge der Vertriebsmitarbeiter nach drei Jahren ersetzt. Erfahrungsgemäß ist bei einer erwarteten Laufleistung von 150.000 km nach drei Jahren die Reparaturanfälligkeit hoch, sodass die Fahrzeuge dann veräußert werden. Anhand der Schwacke-Liste lässt sich der zu erwartende Restwerterlös nach drei Jahren mit 9.000 EUR bestimmen. Würde die X-GmbH den Pkw über die voraussichtliche Nutzungsdauer von drei Jahren unter Berücksichtigung des Restwerts von 9.000 EUR abschreiben, ergäbe sich folgendes Bild:
>
> | Abschlussstichtag | Buchwert in EUR | Abschreibung in EUR |
> | --- | --- | --- |
> | 31.12.01 | 23.000 | 7.000 |
> | 31.12.02 | 16.000 | 7.000 |
> | 31.12.03 | 9.000 | 7.000 |
>
> Die Abschreibung spiegelt in dieser Variante den tatsächlichen Wertverzehr zutreffend wider. Bei Veräußerung des Pkw am 31.12.03 fällt kein Buchgewinn oder -verlust an. Demggü. ergäbe sich in der obigen Variante (Abschreibung für fünf Jahre ohne Restwertberücksichtigung) bei Veräußerung des Pkw bei einem Veräußerungserlös von 9.000 EUR und einem Buchwert von 12.000 EUR ein Veräußerungsverlust von 3.000 EUR. Wirtschaftlich entspricht dieser Veräußerungsverlust der in den drei Gj zu niedrigen Abschreibung von jeweils 1.000 EUR (7.000 EUR ./. 6.000 EUR).

Die Berücksichtigung von Restwerten führt zu einem zutreffenden Aufwandsverlauf und vermeidet den Anfall „absehbarer" Veräußerungsgewinne und -verluste. Dies gilt allerdings nur für solche VG, bei denen sich Restwerte zuverlässig bestimmen lassen, wie das etwa bei Pkw gegeben ist. Hierbei handelt es sich um gleichartige VG, für die ein entsprechender Käufermarkt

166

vorhanden ist. Bei anderen VG des AV – z. B. Spezialmaschinen – ist die Restwertabschätzung i. d. R. schwierig, da nicht nur der eigentliche Veräußerungserlös, sondern auch Veräußerungskosten (z. B. Transport- oder Abbruchkosten) zur Bestimmung des Restwerts berücksichtigt werden müssen. Zudem führt die Berücksichtigung von Restwerten bei der Schätzung von Abschreibungsverläufen zu einer höheren Wahrscheinlichkeit der Notwendigkeit einer Plananpassung. Wäre in dem obigen Beispiel zum Ende des Gj 02 erkennbar, dass sich die erwarteten Veräußerungserlöse zum 31.12.03 nicht mehr auf 9.000 EUR, sondern auf z. B. nur noch 5.000 EUR beliefen, wäre eine Plankorrektur erforderlich. Bei der Schätzung von Restwerten, die bei der Bestimmung von Abschreibungsverläufen berücksichtigt werden, ist stets das Vorsichtsprinzip zu beachten, d. h. im Zweifel ist eher ein niedrigerer als ein höherer Restwert anzusetzen.

Allerdings muss darauf hingewiesen werden, dass die Frage, wann ein Restwert „nicht unerheblich" ist, weder in Form von absoluten noch relativen Werten abschließend geklärt ist.[171]

4.1.2.3 Voraussichtliche Nutzungsdauer

167 Das zweite wesentliche Kriterium, welches einen Abschreibungsplan bestimmt, ist die voraussichtliche Nutzungsdauer des abnutzbaren Anlageguts. Die Nutzungsdauer bestimmt den **Abschreibungszeitraum** des VG und **beginnt** mit dessen Lieferung/Überlassung bzw. mit dessen Fertigstellung und Inbetriebnahme.[172] Entscheidend ist, dass das Anlagegut ab diesem Zeitpunkt bestimmungsgemäß genutzt werden könnte.[173] Auf den tatsächlichen Beginn der Nutzung, der sich ggf. aus innerbetrieblichen Gründen verzögern kann, kommt es nicht an.[174]

168 Der Abschreibungszeitraum **endet** mit dem voraussichtlichen Ende der **betriebsindividuellen Nutzung** eines Anlageguts und kann wesentlich durch die Einschätzungen des Kfm. beeinflusst werden. Grds. werden das technische, wirtschaftliche und rechtliche Nutzungsende unterschieden.

169 Das **technische Nutzungsende** wird durch den Zeitpunkt bestimmt, bis zu dem das Anlagegut in einem Unt technisch einwandfrei genutzt werden kann. Hierbei handelt es sich i. d. R. um die längst mögliche Nutzungsdauer eines VG. Die **wirtschaftliche Nutzungsdauer** wird durch Rentabilitätsaspekte geprägt und endet, wenn die Nutzung eines Anlageguts z. B. auf der Grundlage von Investitionsberechnungen nicht mehr rentabel ist.[175] Die **rechtliche Nutzungsdauer** wird durch Fristablauf bestimmt, indem eine Nutzung durch entsprechende Verträge zeitlich begrenzt wird oder entsprechende Nutzungsrechte auslaufen.[176] Hiervon sind v. a. immaterielle VG (z. B. Lizenzen) betroffen.

170 Im konkreten Fall hat die Bestimmung der betriebsindividuellen Nutzungsdauer eines Anlageguts gem. § 252 Abs. 1 Nr. 4 HGB **vorsichtig** zu erfolgen.

---

[171] Zu der Restwertthematik s. die Ausführungen mit Beispielen von Hoffmann/Lüdenbach, in NWB Kommentar Bilanzierung, 15. Aufl. 2023, § 253 HGB Rz 156.
[172] Vgl. Schubert/Schieler, in Beck Bil-Komm., 14. Aufl. 2024, § 253 HGB Rz 224.
[173] So auch der BFH, Urteil v. 22.9.2016, IV R 1/14, DStR 2016, S. 2895; dazu Hoffmann, StuB 2017, S. 89.
[174] Vgl. Pfirmann/Lorson/Hell/Metz, in Küting/Weber, HdR-E, § 253 HGB Rz 142, Stand: 5/2020.
[175] Vgl. Pfirmann et al., in Küting/Weber, HdR-E, § 253 HGB Rz 145, Stand: 5/2020.
[176] Vgl. Hachmeister, in Anzinger/Oser/Schlotter, Rechnungslegung und Prüfung der Unternehmen, 7. Aufl. 2023, Teilband 1, § 253 HGB Rz 510.

Der Vorsichtsgedanke ist besonders zu berücksichtigen, weil die Ermittlung der Nutzungsdauer in weiten Teilen von den Einschätzungen des Kfm. abhängt und sich daher umfassende **Ermessensspielräume** ergeben. Grds. können **Erfahrungswerte** des Kfm. oder **Branchenwerte** von vergleichbaren Anlagegütern nützliche Hinweise für die voraussichtliche Nutzungsdauer liefern. Denkbar und in der Praxis weit verbreitet ist eine Orientierung an den **branchengebundenen AfA-Tabellen**, die in Zusammenarbeit zwischen dem BMF und den entsprechenden Verbänden der Wirtschaft originär für steuerliche Zwecke herausgegeben werden. Vielfach werden auch die, ebenfalls für steuerliche Abschreibungen generierten, **nicht branchenspezifischen AfA-Tabellen** für allgemein verwendbare Anlagegüter herangezogen.[177]

In den **AfA-Tabellen für allgemein verwendbare Anlagegüter** stellt das BMF für die Bemessung der jährlichen steuerlichen Abschreibungsbeträge auf die technische Nutzungsdauer eines Anlageguts ab. Für die vorsichtsgeprägten handelsrechtlichen Zwecke ist jedoch die (i. d. R. kürzere) betriebsindividuelle Nutzbarkeit und somit primär die wirtschaftliche Nutzungsdauer entscheidend. Eine unreflektierte Übernahme der Nutzungsdauern gem. der steuerlichen AfA-Tabellen in den handelsrechtlichen Jahresabschluss ist daher nicht zulässig. Stattdessen muss die Nutzungsdauer stets eigens für handelsrechtliche Zwecke überprüft werden.[178]

Mit Schreiben vom 6.12.2001 hat das BMF allerdings die Möglichkeit eingeräumt, steuerlich eine kürzere Nutzungsdauer als die technische anzuwenden, wenn dies glaubhaft gemacht werden kann.[179] Insoweit wäre denkbar, die für handelsrechtliche Zwecke durchgeführte zwingende Überprüfung der (wirtschaftlichen) Nutzungsdauer mit entsprechendem Nachweis auch steuerlich anzuwenden.[180] Eine Veranschlagung von unterschiedlichen Nutzungsdauern für handels- und steuerrechtliche Zwecke bei ein und demselben Anlagegut dürfte weder tatsächlich sinnvoll noch inhaltlich begründbar sein. Gleichzeitig ließe sich durch die Übernahme der handelsrechtlichen Werte für steuerliche Zwecke ein Mehraufwand, der sich durch die separaten Beurteilungen ergäbe, sowie eine deutliche Auseinanderentwicklung von Handels- und Steuerbilanz verhindern oder zumindest eingrenzen, auch wenn der Gesetzgeber dies insb. durch die Aufgabe der umgekehrten Maßgeblichkeit zumindest billigend in Kauf nimmt.[181]

---

[177] Vgl. BMF, Schreiben v. 15.12.2000, IV D 2 – S 1551–188/0, BStBl 2000 I S. 1532 ff. Davon abweichend wurde für Gj, die nach dem 31.12.2020 enden, durch das BMF, Schreiben v. 22.2.2022, IV C 3 – S 2190/21/10002 :25, BStBl 2022 I S. 187, für Computerhardware und Software zur Dateneingabe und -verarbeitung die Möglichkeit eingeräumt, eine Nutzungsdauer von einem Jahr zugrunde zu legen. Dies kommt faktisch einer Sofortabschreibung der genannten VG gleich, auch wenn das BMF dies konkret verneint. Eine Anwendung auf entsprechende VG, die bereits in früheren Jahren erworben wurden, ist erlaubt. Für die Handelsbilanz ist diese Regelung jedoch ohne Bedeutung (zu Computerhardware und Software Rz 216).
[178] Vgl. Schubert/Schieler, in Beck Bil-Komm., 14. Aufl. 2024, § 253 HGB Rz 231; Lorson/Toebe, BBK 2009, S. 458.
[179] Vgl. BMF, Schreiben v. 6.12.2001, IV D 2 – S 1551–498/01, BStBl 2001 I S. 860.
[180] I. d. S. wohl auch Marx, StuB 2012, S. 293, der diese Vorgehensweise speziell für einen GoF befürwortet.
[181] Vgl. BMF, Schreiben v. 12.3.2010, IV C 6 – S 2133/09/10001, BStBl 2010 I S. 239, insb. Rz 9.

4.1.2.4 Abschreibungsmethoden

173 Als weiteres wesentliches Kriterium wird die planmäßige Abschreibung von AV durch die gewählte Abschreibungsmethode bestimmt. Da § 253 Abs. 3 Satz 2 HGB lediglich fordert, die AHK auf die Gj der voraussichtlichen Nutzung des VG zu verteilen, bleibt es dem Kfm. weitgehend freigestellt, welche Abschreibungsmethode er zugrunde legt. Entscheidend ist, dass die jährlichen Abschreibungen **nicht willkürlich** festgelegt werden und den **GoB entsprochen** wird.[182] Dies ist der Fall, wenn der Nutzen- und Wertminderungsverlauf einander entsprechen.[183]

174 Die folgenden Abschreibungsmethoden sind als **GoB-konform** für handelsrechtliche Zwecke anerkannt:
- linear (Rz 175 f.),
- degressiv (geometrisch- bzw. arithmetisch-degressiv, Rz 177 ff.),
- progressiv (Rz 181 f.),
- Leistungsabschreibung (Rz 183 ff.).

175 Die rechnerisch **einfachste** und in der Praxis **gebräuchlichste** Abschreibungsmethode ist die **lineare Abschreibung**. Hierbei werden die historischen AHK durch die voraussichtliche Nutzungsdauer dividiert. Für jedes Nutzungsjahr ergibt sich der gleiche Abschreibungsbetrag und am Ende der Nutzungsdauer ist das Anlagegut vollständig abgeschrieben (zur Berücksichtigung von Restwerten vgl. Rz 164).

> **Praxis-Beispiel**
>
> Die A-AG erwirbt eine maschinelle Anlage zu einem Kaufpreis von 90.000 EUR. Als die Anlage am 1.7.01 geliefert und in Betrieb genommen wird, fallen zusätzlich Montagekosten i. H. v. 10.000 EUR an. Die Nutzungsdauer der Anlage (ND) wird nach vorsichtiger Einschätzung der A-AG zehn Jahre betragen.
>
> Der von der A-AG jährlich erfolgswirksam zu berücksichtigende Abschreibungsbetrag (a) beläuft sich auf 10.000 EUR:
>
> $$a = \frac{AHK}{ND} = \frac{(90.000\ EUR + 10.000\ EUR)}{10\ Jahre}$$
>
> Da die A-AG die maschinelle Anlage im Gj 01 unterjährig erworben hat, ist im Jahr der Anschaffung nur der anteilige Abschreibungsbetrag (d. h. 5.000 EUR) ergebnismindernd zu berücksichtigen.

176 Der jährlich gleichbleibende Abschreibungsbetrag impliziert einen konstanten Abnutzungsverlauf eines Anlageguts. Dies ist in der Praxis zwar meist nicht der Fall, lässt sich aber unter Berücksichtigung steigender Instandhaltungs- und Wartungsmaßnahmen mit zunehmendem Alter des Vermögenswerts rechtfertigen. Zudem kann eine vorsichtige Schätzung der Nutzungsdauer dazu beitragen, die Gefahr einer Überbewertung des Anlageguts zu verhindern.[184]

---

[182] Vgl. Hachmeister, in Anzinger/Oser/Schlotter, Rechnungslegung und Prüfung der Unternehmen, 7. Aufl. 2023, Teilband 1, § 253 HGB Rz 544; Schubert/Schieler, in Beck Bil-Komm., 14. Aufl. 2024, § 253 HGB Rz 238.

[183] Vgl. Pfirmann et al., in Küting/Weber, HdR-E, § 253 HGB Rz 151, Stand: 5/2020.

[184] Vgl. Hachmeister, in Anzinger/Oser/Schlotter, Rechnungslegung und Prüfung der Unternehmen, 7. Aufl. 2023, Teilband 1, § 253 HGB Rz 553.

Zugangs- und Folgebewertung § 253

177 Die **degressive Abschreibungsmethode** ist durch jährlich sinkende Abschreibungsbeträge charakterisiert, die zu Abschreibungsbeginn üblicherweise über den linearen Sätzen liegen. Grds. werden die geometrisch-degressive und die arithmetisch-degressive Abschreibungsmethode unterschieden. Bei der **geometrisch-degressiven** Abschreibung wird für die Ermittlung des jährlichen Abschreibungsbetrags ein fester Prozentsatz unterstellt, der mit dem Restbuchwert zu Beginn des Jahrs bzw. zum Ende des Vj multipliziert wird.

> **Praxis-Beispiel**
> Die A-AG erwirbt eine maschinelle Anlage zu einem Kaufpreis von 90.000 EUR. Als die Anlage am 1.7.01 geliefert und in Betrieb genommen wird, fallen zusätzlich Montagekosten i.H.v. 10.000 EUR an. Die Nutzungsdauer der Anlage wird nach vorsichtiger Einschätzung der A-AG zehn Jahre betragen. Die A-AG unterstellt einen Abschreibungssatz von 20 %.
> Es ergibt sich folgender Abschreibungsplan:
>
> | Jahr | jährliche AfA (at) in EUR | Restbuchwert am Ende des Jahres in EUR |
> | --- | --- | --- |
> | 1 | 10.000 | 90.000 |
> | 2 | 18.000 | 72.000 |
> | 3 | 14.400 | 57.600 |
> | ... | ... | ... |
> | 10 | 3.020 | 12.080 |
>
> Berechnung:
> a1 = 100.000 × 20 % × 1/2
> a2 = 90.000 × 20 %
> a3 = 72.000 × 20 %
> ...

178 Da der Restbuchwert jährlich kleiner wird, vermindern sich ebenso die jährlichen Abschreibungsbeträge. Ein Restbuchwert von null ist hierbei nicht zu erreichen. Der im letzten Jahr der Nutzungsdauer verbleibende Restbuchwert muss im letzten Jahr vollständig abgeschrieben werden. Um zu verhindern, dass ein Gj mit der Abschreibung eines hohen Restbuchwerts belastet wird, wird in der Praxis üblicherweise ein Übergang auf die lineare Abschreibungsmethode durchgeführt. Der Wechsel von der degressiven zur linearen Abschreibung erfolgt in dem Gj, in dem der jährliche lineare Abschreibungsbetrag den der degressiven Abschreibung übersteigt. Dazu wird am Ende jedes Gj überprüft, ob die Verteilung des Restbuchwerts über die verbleibende Nutzungsdauer im folgenden Gj einen höheren Abschreibungsbetrag ergibt als die degressive Abschreibung.

> **Praxis-Beispiel**
> Die Fortschreibung des oben begonnenen degressiven Abschreibungsplans der A-AG ergibt Folgendes:
>
> | Jahr | jährliche AfA (at) in EUR | Restbuchwert am Ende des Jahres in EUR |
> |---|---|---|
> | … | … | …. |
> | 4 | 11.520 | 46.080 |
> | 5 | 9.216 | 36.864 |
> | 6 | 7.373 | 29.491 |
> | 7 | 5.898 | 23.593 |
> | … | … | … |
>
> Berechnung der linearen Abschreibung für
> Jahr 6 = 36.864 EUR : 5 Jahre = 7.373 EUR/Jahr
> Jahr 7 = 29.491 EUR : 4 Jahre = 7.373 EUR/Jahr
> Spätestens in Jahr 7 wird die A-AG von der degressiven auf die lineare Abschreibung übergehen, da dann die jährliche lineare Abschreibung höher ist als die degressive. In Jahr 6 sind beide Abschreibungsbeträge identisch, sodass es unerheblich ist, ob linear oder degressiv abgeschrieben wird.

179 Handelsrechtlich ist in jedem Einzelfall zu prüfen, ob die degressive Methode und der gewählte Abschreibungssatz den Nutzungsverlauf des Anlageguts widerspiegeln und den handelsrechtlichen Abschreibungserfordernissen unter Berücksichtigung des Vorsichtsgedankens genügen.[185] In der Praxis dürfte die (geometrisch-) degressive Abschreibungsmethode mittlerweile von unterschiedlicher Bedeutung sein: Grds. wurde sie steuerlich für nach dem 31.12.2010 zugegangene bewegliche Wirtschaftsgüter abgeschafft (§ 7 Abs. 1 EStG). Lediglich für ausgewählte Gebäude gab es in § 7 Abs. 5 EStG noch Sonderregelungen, die eine degressive Abschreibung mit einem starr vorgeschriebenen Abschreibungsverlauf erlaubte, von dem bis zum Ende der Nutzungsdauer grds. nicht abgewichen werden durfte.[186]
Auf der Grundlage des Corona-Konjunkturpakets war die geometrisch-degressive Abschreibung für nach dem 31.12.2019 vor dem 1.1.2023 angeschaffte bewegliche Anlagegüter dann wiederum steuerlich vorübergehend zulässig.[187] Nunmehr darf sie steuerlich auf der Grundlage des Wachstumschancengesetzes[188] erneut für entsprechendes Anlagevermögen angewendet werden, welches nach dem 31.3.2024 und vor dem 1.1.2025 angeschafft oder hergestellt wird. Der anzuwendende Prozentsatz darf höchsten den 2-fachen linearen Satz betragen und 20 % nicht übersteigen (§ 7 Abs. 2 EStG n.F.). Auch für die in § 7 Abs. 5

---

[185] Vgl. IDW RH HFA 1.015.8.
[186] Vgl. BFH, Urteil v. 29.5.2018, IX R 33/16, BStBl 2018 II S. 646.
[187] Vgl. dazu Zweites Corona-Steuerhilfegesetz v. 29.6.2020, BStBl 2020 I S. 1512 i.V.m. dem Vierten Gesetz zur Umsetzung steuerlicher Hilfsmaßnahmen zur Bewältigung der Corona-Krise v. 22.6.2022, BGBl 2022 I S. 911.
[188] Wachstumschancengesetz v. 27.3.2024, BGBl I, Nr. 108.

EStG genannten Gebäude ist die allgemeine geometrisch-degressive Abschreibung vorübergehend möglich (§ 7 Abs. 5a EStG n. F.). Nach Auslaufen der o. g. Sonderregelungen darf die geometrisch-degressive Abschreibung bis zum Ende der ND der betreffenden VG (steuerlich) fortgeführt werden. Handelsrechtlich darf sie jedoch weiterhin nicht ungeprüft aus dem steuerlichen Abschluss übernommen werden. Sobald sie aber handelsrechtlich zur Anwendung kommt, muss sie wegen des Grundsatzes der Stetigkeit gem. § 252 Abs. 1 Nr. 6 HGB sowie des Willkürverbots bei der Bewertung von VG beibehalten werden.[189]

Eine geringe praktische Bedeutung gilt für die zweite Ausprägung der degressiven Abschreibungsmethode, die **arithmetisch-degressive** Abschreibung. In der Ausprägung als **digitale Abschreibung** sieht sie jährlich um einen konstanten (Degressions-)Betrag sinkende Abschreibungsbeträge vor. Am Ende der Nutzungsdauer wird ein Restbuchwert von null erreicht. Zur Berechnung des jährlichen Abschreibungsbetrags wird zunächst der Degressionsbetrag ermittelt, indem die AHK durch die aufsummierten Nutzungsjahre dividiert werden. Der so erhaltene Degressionsbetrag wird anschließend mit der verbleibenden Restnutzungsdauer (inkl. des betrachteten Jahrs) multipliziert.

Praxis-Beispiel

Die A-AG erwirbt am 1.1.01 eine maschinelle Anlage zu AK von 120.000 EUR. Die Nutzungsdauer wird vorsichtig auf fünf Jahre geschätzt. Es ergibt sich folgender Abschreibungsplan:

Jahr	jährliche AfA (at) in EUR	Restbuchwert am Ende des Jahres in EUR
1	40.000	80.000
2	32.000	48.000
3	24.000	24.000
4	16.000	8.000
5	8.000	0

Berechnung des Degressionsbetrags (d):

$$d = \frac{120.000 \text{ EUR}}{1+2+3+4+5} = 8.000 \text{ EUR}$$

$a_1 = d \times 5 = 8.000 \text{ EUR} \times 5 = 40.000 \text{ EUR}$

$a_2 = d \times 4 = 8.000 \text{ EUR} \times 4 = 32.000 \text{ EUR}$

...

Die **progressive Abschreibungsmethode** zeichnet sich durch jährlich steigende Abschreibungsbeträge aus. Sie kann auch als **umgekehrte degressive** Abschreibungsmethode verstanden werden. Dementsprechend werden zunächst die Abschrei-

---

[189] Vgl. IDW, Fachlicher Hinweis v. 6.4.2021, Zweifelsfragen zu den Auswirkungen der Ausbreitung des Coronavirus auf die Rechnungslegung und deren Prüfung (Teil 3, 5. Update, April 2021), S. 25, https://www.idw.de/IDW/Medien/Arbeitshilfen-oeffentlich/Fachliche-Hinweise-oeffentlich/Downloads/Down-Corona-IDW-FachlHinw-ReLePruefung-Teil3-Update5.pdf, Abruf 24.5.2024; vgl. analog Rätke, BBK 2023, S. 25.

182 bungsbeträge nach der geometrisch- oder arithmetisch-degressiven Abschreibungsmethode ermittelt (Rz 177, 180) und dann in umgekehrter Reihenfolge verrechnet.[190]

182 Allgemein wird die progressive Abschreibungsmethode kritisch betrachtet, da sie insb. die Gefahr einer wirtschaftlichen Überalterung von Anlagegütern nicht abbilden kann. Sie wird insoweit **nur in Ausnahmefällen** als anwendbar angesehen.[191] Da die Anwendungsfälle, die einen progressiven Abschreibungsverlauf in Anlehnung an den Nutzungsverlauf rechtfertigen, gering sind und die progressive Abschreibungsmethode steuerlich nicht zugelassen ist, hat sie nur geringe praktische Bedeutung erfahren, obwohl der Gesetzgeber ihre grds. Vereinbarkeit mit den handelsrechtlichen **GoB** bestätigt.[192] Insoweit kann an dieser Stelle ein Verweis auf die seit jeher im Schrifttum aufgeführten Anwendungsbeispiele wie Großkraftwerke oder Rechenzentren, deren Kapazitäten zu Beginn nicht voll ausgelastet sind,[193] genügen.

183 Die **Leistungsabschreibung** als weitere Abschreibungsmethode bemisst die jährlichen Abschreibungsbeträge in Abhängigkeit von der **konkreten Leistungsabgabe** eines Anlageguts in dem betrachteten Jahr. Dazu werden die AHK durch die voraussichtliche Gesamtleistung des VG dividiert und mit der Leistungsabgabe des jeweiligen Jahrs multipliziert. Diese Methode führt zu jährlich schwankenden Abschreibungsbeträgen, die zwar den (technischen) Verschleiß des Anlageguts abbilden, nicht aber die wirtschaftliche Abnutzung durch Überalterung oder technischen Fortschritt. Letzteres hat in der Praxis vielfach dazu geführt, dass eine Aufteilung des Abschreibungswerts in einen linearen und einen leistungsabhängigen Anteil vorgenommen wird, um ein wirtschaftlich begründetes Minimum der Wertminderung sicherzustellen[194] und so dem Nutzenverlauf des Anlageguts besser Rechnung zu tragen.

> **Praxis-Beispiel**
> Eine Schnapsbrennerei erwirbt am 1.1.01 eine Destillationsanlage zu AK von 100.000 EUR. Die Nutzungsdauer der Anlage wird vorsichtig auf fünf Jahre geschätzt und die Gesamtleistung auf 10.000 hl. In 01 ergibt sich eine Leistung der Anlage von 2.000 hl, in 02 3.000 hl, in 03 1.500 hl, in 04 2.000 hl und in 05 1.500 hl. Da Destillationsanlagen auch einer technischen Weiterentwicklung unterliegen, schreibt die Ges. die Anlage hälftig linear und hälftig leistungsbezogen ab.
> Es ergibt sich folgender Abschreibungsplan:

---

[190] Vgl. Pfirmann/Lorson/Hell/Metz, in Küting/Weber, HdR-E, § 253 HGB Rz 159, Stand: 5/2020.
[191] Vgl. Hachmeister, in Anzinger/Oser/Schlotter, Rechnungslegung und Prüfung der Unternehmen, 7. Aufl. 2023, Teilband 1, § 253 HGB Rz 565; Schubert/Schieler, in Beck Bil-Komm., 14. Aufl. 2024, § 253 HGB Rz 246; Pfirmann et al., in Küting/Weber, HdR-E, § 253 HGB Rz 159, Stand: 5/2020.
[192] Vgl. BT-Drs. 16/10067 v. 30.7.2008 S. 56.
[193] Vgl. Schubert/Schieler, in Beck Bil-Komm., 14. Aufl. 2024, § 253 HGB Rz 246; Pfirmann et al., in Küting/Weber, HdR-E, § 253 HGB Rz 159, Stand: 5/2020.
[194] Vgl. Schubert/Schieler, in Beck Bil-Komm., 14. Aufl. 2024, § 253 HGB Rz 245; Pfirmann et al., in Küting/Weber, HdR-E, § 253 HGB Rz 162, Stand: 5/2020.

Jahr	jährliche AfA (at) in EUR linear + leistungsabhängig	Restbuchwert am Ende des Jahres in EUR
1	10.000 + 10.000	80.000
2	10.000 + 15.000	55.000
3	10.000 + 7.500	37.500
4	10.000 + 10.000	17.500
5	10.000 + 7.500	0

Berechnung der jährlichen linearen Abschreibung:
a = 100.000 EUR × 50 % : 5 Jahre = 10.000 EUR/Jahr
Berechnung der leistungsabhängigen Abschreibung:

$$a1 = \frac{50.000 \text{ EUR} \times 2.000 \text{ hl}}{10.000 \text{ hl}} = 10.000 \text{ EUR}$$

$$a2 = \frac{50.000 \text{ EUR} \times 3.000 \text{ hl}}{10.000 \text{ hl}} = 15.000 \text{ EUR}$$

...

Das größte praktische **Problem** der leistungsabhängigen Abschreibung liegt in der **Schätzung der voraussichtlichen Gesamtleistung** eines Anlageguts. Dementsprechend hat sich diese Methode überwiegend für solche VG durchgesetzt, für die sich die Gesamtleistungen hinreichend genau ermitteln lassen (z. B. Pkw). **184**

Für bewegliche Wirtschaftsgüter des AV ist die Leistungsabschreibung gem. § 7 Abs. 1 Satz 6 EStG auch **steuerlich** anerkannt, wenn dies z.B. wegen erheblich schwankender Nutzung in den einzelnen Nutzungsjahren wirtschaftlich begründet ist.[195] Da ebenso unter handelsrechtlichen Aspekten die Leistungsabschreibung **wirtschaftlich orientiert** ist, dürfte es zwischen der handels- und steuerrechtlichen Anwendung dieser Abschreibungsmethode keine Unterschiede geben. Weiterhin dürfte die Beschränkung der steuerlichen Anwendbarkeit ausschl. auf bewegliches AV eher von untergeordneter Bedeutung sein, da für die verbleibenden Anlagekategorien i.d.R. eine Gesamtleistung schwer zu ermitteln sein wird und somit die Leistungsabschreibung meist nicht infrage kommt. **185**

4.1.3 Wahl der Abschreibungsmethode und Plananpassung

Die Wahl der Abschreibungsmethode stellt ein gewichtiges bilanzpolitisches Instrument dar. Seit der Aufgabe der umgekehrten Maßgeblichkeit ist eine Übernahme rein steuerlich orientierter Abschreibungsmethoden und Nutzungsdauern in die Handelsbilanz (HB) nicht mehr der Regelfall und aufgrund konkurrierender Rechtsvorschriften tw. auch nicht mehr möglich (vgl. hierzu das Beispiel in Rz 187). Durch sachgerechte Bestimmung von Nutzungsdauern, Abschreibungsmethoden und der Berücksichtigung etwaiger Restwerte sind handelsrechtlich **186**

---

[195] Vgl. Kulosa, in Schmidt, EStG, 43. Aufl. 2024, § 7 EStG Rz 175; Schnitter, in Frotscher/Geurts, EStG, § 7 EStG Rz. 322, Stand: 7.4.2023.

deutlich realitätsnähere Aufwandsverläufe bei den Abschreibungen möglich. C. p. reduziert dies die Notwendigkeit der Vornahme außerplanmäßiger Abschreibungen. Mit der **Entkopplung der Handels- von der Steuerbilanz** verbunden ist im Bereich des AV die Führung zweier separater Anlagenbuchführungen; eine für handelsrechtliche und eine für steuerliche Zwecke (§ 5 Abs. 1 Satz 2 EStG).

187 Zu beachten ist bei der Wahl der Abschreibungsmethode der Grundsatz der Bewertungsstetigkeit (§ 252 Abs. 1 Nr. 6 HGB). Danach ist es in der HB nicht zulässig, gleiche Sachverhalte unterschiedlich zu bewerten (§ 252 Rz 141).

> **Praxis-Beispiel**
> Ein Unt erwirbt im Gj 2021 einen Pkw. Der Pkw wird mit seinen AK aktiviert und über die betriebsgewöhnliche Nutzungsdauer – die nach den AfA-Tabellen für allgemein verwendbare Anlagegüter bestimmt wird – abgeschrieben. Das Unt entscheidet sich für die degressive Abschreibungsmethode, da diese den tatsächlichen Nutzenverbrauch in dem Unt annahmegemäß am besten widerspiegelt.
> Im Gj 2023 erwirbt das Unt einen weiteren vergleichbaren Pkw. Nach dem Grundsatz der Bewertungsstetigkeit ist dieser in der HB ebenfalls degressiv abzuschreiben, soweit sich kein abweichender Nutzenverbrauch begründen lässt und kein begründeter Ausnahmefall i. S. d. § 252 Abs. 2 HGB vorliegt, der einen Methodenwechsel rechtfertigt. In der Steuerbilanz ist dagegen gem. § 7 Abs. 1 EStG zwingend die lineare Abschreibungsmethode zu verwenden.[196] Aufgrund der unterschiedlichen Abschreibungsmethoden kommt es zu unterschiedlichen Wertansätzen in Handels- und Steuerbilanz und somit zu einem (möglichen) Ansatz latenter Steuern.

188 Es empfiehlt sich, ähnlich den amtlichen AfA-Tabellen, betriebsindividuelle Abschreibungstabellen zu entwickeln, in denen Nutzungsdauer, Abschreibungsmethode etc. für die im Betrieb vorhandenen VG des AV normiert werden. Insb. in Fällen einer Konzernzugehörigkeit ist dies zur Sicherstellung der einheitlichen Bilanzierung und Bewertung (§ 300 Abs. 2 HGB) im Konzernabschluss zumeist unerlässlich.

189 Losgelöst von der gewählten Abschreibungsmethode, sind für handelsrechtliche Zwecke wegen des Stetigkeitsgrundsatzes (§ 252 Abs. 1 Nr. 6 HGB) eine einmal gewählte Abschreibungsmethode und mithin ein einmal gewählter Abschreibungsplan beizubehalten. Nur in begründeten Ausnahmefällen darf eine **Änderung des Abschreibungsplans** vorgenommen werden. Ein solcher begründeter Ausnahmefall liegt etwa vor, wenn aufgrund neuer Erkenntnisse oder sich verändernder Verhältnisse ersichtlich wird, dass der ursprüngliche Abschreibungsplan nicht (mehr) kor-

---

[196] Steuerlich ist die degressive Abschreibung bereits durch das Gesetz zur Umsetzung steuerrechtlicher Regelungen des Maßnahmenpakets „Beschäftigungssicherung durch Wachstumsstärkung" v. 21.12.2008, BGBl 2008 I S. 2896 zum 31.12.2010 abgeschafft worden. Durch das Corona-Konjunkturpaket war allerdings vorübergehend eine Verwendung in den Jahren 2020 bis 2022 auch steuerlich wieder zulässig. Siehe dazu Zweites Corona-Steuerhilfegesetz v. 29.6.2020, BStBl 2020 I S. 1512 und Viertes Gesetz zur Umsetzung steuerlicher Hilfsmaßnahmen zur Bewältigung der Corona-Krise v. 22.6.2022, BGBl 2022 I S. 911. Aufgrund des Wachstumschancengesetzes v. 27.3.2024, BGBl I, Nr. 108, ist nunmehr auch tw. im Jahr 2024 diese Abschreibungsmethode steuerlich vorübergehend wieder anwendbar (Rz 180).

rekt ist. Dies ist regelmäßig der Fall, wenn eine Fehleinschätzung der Nutzungsdauer und/oder eine Fehlvorstellung über den Entwertungsverlauf des Anlageguts oder eine Veränderung der Abschreibungsbemessungsgrundlage vorliegt.[197]

Eine Änderung des Abschreibungsplans ist bspw. erforderlich, wenn eine bislang im Einschichtbetrieb genutzte Maschine durch eine dauerhafte Verwendung im **Mehrschichtbetrieb** deutlich schneller verbraucht wird, als dies bei der Bestimmung der Nutzungsdauer (auf Basis des erwarteten Einschichtbetriebs) geschätzt worden ist. Die Praxis berücksichtigt eine mehrschichtige Nutzung bei Anwendung der linearen Abschreibung verbreitet mit Zuschlägen von 25 bis 50 % auf die im Normalbetrieb verrechneten (linearen) Abschreibungen.[198]   **190**

Eine Durchbrechung des Grundsatzes der Stetigkeit ist gem. § 284 Abs. 2 Nr. 2 HGB im Anhang anzugeben.

Nicht als Änderung des Abschreibungsplans ist ein Übergang von der degressiven auf die lineare Abschreibung anzusehen, wenn dieser Übergang bereits bei Aufstellung des Abschreibungsplans entsprechend berücksichtigt wurde. Gem. § 7 Abs. 3 EStG ist ein solcher Übergang auch steuerlich möglich.   **191**

4.1.4 Einzelfragen

4.1.4.1 Komponentenansatz

Mit Blick auf den Einzelbewertungsgrundsatz nach § 252 Abs. 1 Nr. 3 HGB i. V. m. § 253 Abs. 3 Satz 1 und 2 HGB ließe sich begründen, dass eine Differenzierung zwischen Bilanzierungs- und Bewertungseinheiten handelsrechtlich nicht vorgesehen und ein planmäßig abzuschreibender VG nach einem einheitlichen Plan insgesamt einheitlich abzuschreiben sei.[199]   **192**

Dennoch haben sich unter dem Einfluss der internationalen Rechnungslegung die handelsrechtlichen GoB dahingehend fortentwickelt, dass durch eine komponentenweise Abschreibung von VG deren Werteverzehr zutreffender abgebildet werden kann, ohne dass ein Verstoß gegen den Einzelbewertungsgrundsatz oder die Abgrenzung von VG nach dem Konzept des einheitlichen Nutzungs- und Funktionszusammenhangs vorliegt.[200] Der VG bleibt unverändert die zu bilanzierende und zu bewertende Einheit. Lediglich die Anwendung der Methode der planmäßigen Abschreibung auf die einzelnen Komponenten soll zu einer **zutreffenden Approximation des tatsächlichen Werteverzehrs** führen. Kritikern dieser Überlegungen kann entgegengehalten werden, dass früher schon aufgrund steuerlicher Besonderheiten in der HB (in Übereinstimmung mit der Steuerbilanz) komponentenweise abgeschrieben wurde. Sog. **Betriebsvorrichtungen** (R 7.1 Abs. 3 EStR 2012) werden nach weit verbreiteter betrieblicher Praxis separat abgeschrieben, obwohl sie wesentliche Bestandteile des Gebäudes sind.   **193**

---

[197] Vgl. Hachmeister, in Anzinger/Oser/Schlotter, Rechnungslegung und Prüfung der Unternehmen, 7. Aufl. 2023, Teilband 1, § 253 HGB, Rz 569; Schubert/Schieler, in Beck Bil-Komm., 14. Aufl. 2024, § 253 HGB Rz 260; Pfirmann et al., in Küting/Weber, HdR-E, § 253 HGB Rz 167, Stand: 5/2020.

[198] Vgl. Hachmeister, in Anzinger/Oser/Schlotter Rechnungslegung und Prüfung der Unternehmen, 7. Aufl. 2023, Teilband 1, § 253 HGB Rz 503 und Schubert/Schieler, in Beck Bil-Komm., 14. Aufl. 2024, § 253 HGB Rz 232.

[199] So Herzig/Briesemeister/Joisten/Vossel, WPg 2010, S. 564/565 m. w. N.

[200] Vgl. IDW RH HFA 1.016.4, 1.016.8f. Zum einheitlichen Nutzungs- und Funktionszusammenhang vgl. Kliem/Büssow, in Beck Bil-Komm., 14. Aufl. 2024, § 252 HGB Rz 35 f.

Deutlich wird dies am Beispiel eines Lastenaufzugs, der die Vermögensgegenstandseigenschaft nicht erfüllt, da er nicht selbstständig verwertbar ist, gleichwohl aber aufgrund der steuerlichen Behandlung bislang schon in der HB separat abgeschrieben wurde. Trotz einer langjährigen faktischen Anwendung des Komponentenansatzes sowohl in der Handels- als auch in der Steuerbilanz, ist er steuerlich formal – im Gegensatz zum Handelsrecht – aktuell unzulässig.[201]

194 Voraussetzung für die handelsrechtliche Anwendung des Komponentenansatzes ist, dass der VG in **physisch separierbare Komponenten** zerlegt werden kann, die in Relation zum VG auch wesentlich sind.[202] Dadurch kommt eine Anwendung auf künftige Großreparaturen und Inspektionen sowie insgesamt auf virtuelle Komponenten nicht infrage.[203] Durch die Bedingung, dass eine wesentliche Komponente vorliegen muss, soll außerdem einer Atomisierung von VG in ihre Einzelteile vorgebeugt werden. Die Frage, wann eine Komponente wesentlich ist, ist jedoch nicht geklärt. Wie von Schubert/Schieler vorgeschlagen, scheint eine Orientierung an der 5 %-Grenze, wie sie etwa im Zusammenhang mit der Festwertbildung zur Anwendung kommt, durchaus sinnvoll.[204]

195 Für jede Komponente wird eine eigene Nutzungsdauer bestimmt, über die diese abgeschrieben wird. Anwendungsfälle ergeben sich insb. in solchen Konstellationen, bei denen einzelne wesentliche Komponenten deutlich kürzere Nutzungsdauern aufweisen als der gesamte VG. Wird die mit einer kürzeren Nutzungsdauer abgeschriebene Komponente durch eine neue ersetzt, ist demnach ein Teilabgang des VG i. H. d. Restbuchwerts der alten Komponente zu berücksichtigen. Die AHK der Ersatzkomponente stellen dementsprechend nachträgliche AHK dar, die wiederum über die Laufzeit der Komponente zu verteilen sind.[205]

> **Praxis-Beispiel**
> Ein Unt baut ein Bürogebäude, das betrieblich genutzt werden soll. Von den Gesamt-HK i. H. v. 750.000 EUR entfällt ein Teilbetrag von 150.000 EUR auf das Dach. Nach dem Komponentenansatz sind Dach und Restgebäude separat abzuschreiben. Während für das Dach eine Nutzungsdauer von 20 Jahren geschätzt wird, wird für das Restgebäude eine Nutzungsdauer von 60 Jahren angesetzt. Es kommt jeweils die lineare Methode zur Anwendung. Zu Beginn des Jahrs 21 wird das Dach durch ein neues ersetzt, dessen HK sich auf 200.000 EUR belaufen.

---

[201] Vgl. Urbahns, StuB 8/2010, S. 302, der auf ein Urteil des FG-Niedersachsen zur Abschreibung und Nutzungsdauer von Windkraftanlagen und damit in Zusammenhang stehenden VG in einem Windpark hinweist. Der BFH bekräftigt, dass der Komponentenansatz für steuerliche Zwecke ohne Bedeutung sei. Vgl. BFH, Urteil v. 14.4.2011 IV R 46/09, BStBl 2011 II S. 696. Zustimmend auch Kulosa, in Schmidt, EStG, 43. Aufl. 2024, § 7 EStG Rz 25.
[202] Vgl. IDW RH HFA 1.016.5.
[203] Vgl. Husemann, WPg 2010, S. 514; Schubert/Schieler, in Beck Bil-Komm., 14. Aufl. 2024, § 253 HGB Rz 278.
[204] Vgl. Schubert/Schieler, in Beck Bil-Komm., 14. Aufl. 2024, § 253 HGB Rz 278.
[205] Vgl. IDW RH HFA 1.016.5.

Jahr	Buchwert Dach	Abschreib. Dach	Buchwert Restgebäude	Abschreib. Restgebäude	Buchwert des VG Gebäude	Abschreib. des VG Gebäude
	(1)	(2)	(3)	(4)	(5)=(1)+(3)	(6)=(2)+(4)
1	142.500	7.500	590.000	10.000	732.500	17.500
2	135.000	7.500	580.000	10.000	715.000	17.500
...	...	7.500	...	10.000	...	17.500
20	0	7.500	400.000	10.000	400.000	17.500
21	190.000	10.000	390.000	10.000	580.000	20.000
...						

Durch die separate Abschreibung der Komponente Dach wird ein gleichmäßiger Aufwandsverlauf erreicht. Deutlich wird dies am Jahr 21, in dem der Austausch des Dachs erfolgt. Würde das Gebäude einheitlich über 60 Jahre abgeschrieben, ergäbe sich zwar in den Jahren 1–20 eine niedrigere Abschreibung (800.000 EUR/60 Jahre = 13.300 EUR). Im Jahr 21 wäre aber der Ersatz des Dachs als Reparaturaufwand voll aufwandswirksam zu behandeln. Dies entspricht nicht dem tatsächlichen Nutzenverlauf, da das neue Dach erneut 20 Jahre halten wird.

Außerplanmäßige Abschreibungen nach § 253 Abs. 3 Satz 3 HGB kommen bei Anwendung des Komponentenansatzes nur für den VG insgesamt in Betracht. Somit reichen Wertminderungen bei einzelnen Komponenten nicht zur Begründung einer außerplanmäßigen Abschreibung aus; sie sind vielmehr mit etwaigen stillen Reserven bei den restlichen Komponenten zu saldieren. Nur, wenn für den VG insgesamt die Voraussetzungen für eine außerplanmäßige Abschreibung vorliegen (sog. Niederstwerttest, vgl. Rz 253), hat eine außerplanmäßige Abschreibung zu erfolgen.[206]

Die Bedeutung des **einheitlichen Nutzungs- und Funktionszusammenhangs** des gesamten VG erfordert in der praktischen Umsetzung des Komponentenansatzes, dass in der Anlagenbuchführung für den VG ein Anlagenstammsatz anzulegen ist und die eigentliche Abschreibung mittels separater Unterstammsätze durchgeführt wird. Üblicherweise können Anlagenbuchführungsprogramme derartige Sachverhalte abbilden. Gleichwohl benötigt es einiges an organisatorischem Aufwand, um eine zutreffende handelsbilanzielle Abbildung zu gewährleisten.

Der Komponentenansatz stellt eine Fortentwicklung handelsrechtlicher GoB dar,[207] sodass seine Anwendung nicht zwingend vorzunehmen ist. Im Ergebnis hat der Bilanzierende vielmehr ein Bilanzierungswahlrecht.[208] Wie auch bei anderen Wahlrechten ist der **Grundsatz der Bewertungsstetigkeit** (§ 252 Abs. 1 Nr. 6 HGB) zu beachten, wonach der Bilanzierende gleiche Sachverhalte gleich zu behandeln hat. Demnach wäre es in Anknüpfung an das Beispiel in Rz 195 nicht zulässig, ein Gebäude mittels Komponentenansatz und ein anderes vergleichbares Gebäude einheitlich über dessen Nutzungsdauer abzuschreiben.

---

[206] Vgl. IDW RH HFA 1.016.10.
[207] Zustimmend Hommel/Rößler, BB 2009, S. 2530.
[208] So auch Pfirmann et al., in Küting/Weber, HdR-E, § 253 HGB Rz 185 m. w. N., Stand: 5/2020.

4.1.4.2 Geringwertige Wirtschaftsgüter

199 Die Idee, wahlweise die AHK von geringwertigen Wirtschaftsgütern (GWG) im Jahr ihrer Anschaffung, Herstellung oder Einlage **sofort ergebniswirksam abzuschreiben**, entstammt originär steuerlichen Vorschriften. Nach § 6 Abs. 2 Satz 1 EStG handelt es sich bei GWG um abnutzbares bewegliches AV, das einer selbstständigen Nutzung fähig ist und einen Wert von 800 EUR (netto) nicht überschreitet.

200 Mit Verweis auf Vereinfachungs- und Wesentlichkeitsgründe und zum Zweck einer wirtschaftlichen Rechnungslegung wird die Sofortabschreibung (losgelöst von den steuerlichen Regelungen) **explizit auch als handelsrechtliche Abschreibungsmethode anerkannt**.[209] Aus diesem Grund sind sowohl die steuerliche Begrenzung der GWG auf bewegliches abnutzbares AV als auch die wertmäßige Begrenzung auf einen Nettowert von 800 EUR für eine sofortige handelsrechtliche Abschreibung nicht zwingend zu berücksichtigen.[210]

201 Neben der Möglichkeit geringwertiges bewegliches selbstständig nutzbares AV bis zu einem Netto-Wert von 800 EUR entweder planmäßig oder sofort ergebniswirksam abzuschreiben, sieht § 6 Abs. 2a EStG zusätzlich für steuerliche Zwecke das Wahlrecht vor, Wirtschaftsgüter, die einen Wert von **250 EUR, aber nicht 1.000 EUR (netto) übersteigen**, in einem **Sammelposten** zusammenzufassen. Der Sammelposten ist ab dem Jahr der Bildung jeweils zum Ende eines Wirtschaftsjahrs pauschal (also z.B. auch bei Rumpf-Gj) um ein Fünftel gewinnmindernd aufzulösen. Das Wahlrecht kann nur einheitlich für alle Wirtschaftsgüter eines Wirtschaftsjahrs mit AHK von mehr als 250 EUR und nicht mehr als 1.000 EUR in Anspruch genommen werden.[211] Eine Sofortabschreibung von GWG bis zu einem Wert von 800 EUR bei gleichzeitiger Bildung eines Sammelpostens für entsprechende Wirtschaftsgüter mit AHK über 800 EUR und unter 1.000 EUR ist nicht möglich. Die Bildung und Auflösung eines Sammelpostens nach den steuerlichen Regelungen analog auch handelsrechtlich vorzunehmen, ist eher kritisch zu sehen. Da in einem Sammelposten die betreffenden VG als Gesamtheit erfasst und unabhängig von ihrem tatsächlichen Verbleiben im Unt pauschal über fünf Jahre abgeschrieben werden, besteht die Gefahr, dass insb. gegen das **handelsrechtliche Einzelbewertungs- und Vorsichtsprinzip verstoßen** wird. Letzteres ist z.B. bei der Überbewertung eines Pools denkbar, wenn ein VG aus diesem Pool vor Ablauf der 5-Jahres-Frist veräußert wird, eine Ausbuchung des abgehenden VG aber entsprechend der steuerlichen Vorschriften nicht durchgeführt wird.[212] Trotz dieser Bedenken wird unter dem Aspekt der Wirtschaftlichkeit des Rechnungswesens die Bildung dieses steuerlichen Sammelpostens auch handelsrechtlich ausnahmsweise für zulässig erachtet.[213] Soweit aber GWG wesentliche Bedeutung

---

[209] Vgl. Hachmeister, in Anzinger/Oser/Schlotter, Rechnungslegung und Prüfung der Unternehmen, 7. Aufl. 2023, Teilband 1, § 253 HGB Rz 598; Hoffmann/Lüdenbach, in NWB Kommentar Bilanzierung, 15. Aufl. 2023, § 252 HGB Rz 239; Eggert, BBK 2021, S. 1118.

[210] Vgl. Pfirmann et al., in Küting/Weber, HdR-E, § 253 HGB Rz 183, Stand: 5/2020; Schubert/Schieler, in Beck Bil-Komm., 14. Aufl. 2024, § 253 HGB Rz 276, die wohl eine Obergrenze i.H.v. 1.000 EUR für vertretbar halten.

[211] Vgl. BMF, Schreiben v. 30.9.2010, BStBl 2010 I S. 755.

[212] Zustimmend Mujkanovic, StuB 2008, S. 26/27 m.w.N.

[213] Vgl. BT-Drs. 16/10067 v. 30.7.2008 S. 38. So im Ergebnis auch der HFA des IDW, der den Sammelposten allerdings nur für zulässig hält, wenn er insgesamt von untergeordneter Bedeutung ist; vgl. IDW-FN 2007, S. 506 und IDW HFA, IDW Life 7/2017, S. 848.

für die Vermögens-, Finanz- und Ertragslage des Bilanzierenden haben (z.B. in der Hotelbranche oder Getränkeindustrie), ist diese pauschalierte Behandlung handelsrechtlich nicht ohne Weiteres zu übernehmen. In derartigen Fällen sind die Sammelposten ggf. über eine kürzere Nutzungsdauer abzuschreiben oder tatsächliche Abgänge größeren Umfangs zu erfassen.[214]
Eine neue Problemstellung ergibt sich vorübergehend durch das BMF-Schreiben v. 26.2.2021, welches durch das BMF-Schreiben vom 22.2.2022 ersetzt wurde[215] für Computerhardware und Software zur Dateneineingabe und -verarbeitung (Rz 215), die in der Vergangenheit angeschafft und in Sammelposten aufgenommen wurde, etwa weil deren AHK über der 800-EUR-Grenze lag. Während der Sammelposten steuerlich über fünf Jahre zu verteilen ist, ermöglicht das BMF-Schreiben, die genannten digitalen Wirtschaftsgüter unmittelbar im Jahr der Anschaffung bzw. Herstellung abzuschreiben, und zwar auch dann, wenn die Anschaffung bzw. Herstellung in der Vergangenheit lag. Fraglich ist, ob eine Sofortabschreibung der in einem Pool noch enthaltenen Restwerte möglich sein soll.[216] Für handelsrechtliche Belange dürfte die Sofortabschreibung der Restwerte abzulehnen sein, da BMF-Schreiben von steuerlicher Natur sind und daher die Handelsbilanz nicht unmittelbar beeinflussen können. Darüber hinaus ist die Bildung eines Sammelpostens handelsbilanziell ohnehin kritisch zu sehen und allenfalls aus Gründen der Wirtschaftlichkeit des Rechnungswesens zu befürworten. Diese Wirtschaftlichkeit würde konterkariert, wenn die Restwerte ausgewählter digitaler VG erneut betrachtet werden müssten. Dem steht allerdings nicht entgegen, tatsächliche Abgänge größeren Umfangs aus einem Pool zu erfassen, um eine möglichst korrekte Abbildung der Vermögens-, Finanz- und Ertragslage eines Unt zu erreichen.

GWG, deren AHK 250 EUR (netto) nicht übersteigen, brauchen gem. § 6 Abs. 2 Satz 4 HGB nicht in einem separaten Verzeichnis erfasst zu werden. Aus Vereinfachungs- und Praktikabilitätsgründen erscheint es zulässig und sinnvoll, diese Grenze auch für handelsrechtliche Zwecke zu verwenden.[217]

202

4.1.4.3 Geschäfts- oder Firmenwert

Der **entgeltlich erworbene Geschäfts- oder Firmenwert** (GoF) gilt als zeitlich begrenzt nutzbarer VG[218] und muss zwingend aktiviert werden (§ 246 Rz 89). Für seine Folgebewertung sind die allgemeinen Abschreibungsregelungen des § 253 HGB anzuwenden, sodass der GoF über seine **individuelle betriebliche Nutzungsdauer planmäßig** oder, falls entsprechende Voraussetzungen vorliegen, außerplanmäßig (Rz 242) abgeschrieben werden muss.[219]

203

Kann die voraussichtliche Nutzungsdauer des GoF nicht zuverlässig geschätzt werden, ist er nach § 253 Abs. 3 Satz 3 und 4 HGB typisierend über einen Zeitraum von zehn Jahren planmäßig abzuschreiben. Nach dem Wortlaut dieser

204

---

[214] Vgl. IDW HFA, IDW-FN 2007, S. 506.
[215] Vgl. BMF, Schreiben v. 26.2.2021, IV C 3 – S 2190/21/10002 :13, BStBl 2021 I S. 298. bzw. BMF, Schreiben v. 22.2.2022, IV C 3 – S 2190/21/10002:25, BStBl 2022 I S 187.
[216] Dies für steuerliche Zwecke verneinend Hechtner, NWB 2021, S. 402.
[217] Zustimmend Püttner, BBK 2010, S. 71; so wohl auch Lorson/Haustein, in Küting/Weber, HdR-E, § 284–288 HGB Rz 236 f., Stand: 9/2021.
[218] Vgl. BT-Drs. 16/10067 v. 30.7.2008 S. 47.
[219] Vgl. BT-Drs. 16/10067 v. 30.7.2008 S. 48.

Vorschrift geht der Gesetzgeber aber üblicherweise von einer Schätzbarkeit der individuellen betrieblichen Nutzungsdauer des entgeltlich erworbenen GoF aus.[220] Die typisierte Abschreibung über zehn Jahre erachtet er insoweit nur **ausnahmsweise** für erforderlich.[221] Die Frage, wie die Nutzungsdauer ermittelt werden soll bzw. wann eine Schätzung gerade nicht mehr zuverlässig ist und die Typisierung gerechtfertigt sein soll, thematisiert der Gesetzgeber nicht.

205 Als **Anhaltspunkte für die Schätzung der individuellen betrieblichen Nutzungsdauer** werden in der Regierungsbegründung des BilMoG – weitgehend analog zu dem u. a. die Abschreibung eines GoF aus der Konsolidierung regelnden DRS 23 – die folgenden recht allgemein und breit gefassten Beispiele herangezogen, die auch weiterhin unterstützend verwendet werden können:[222]
- Art und voraussichtliche Bestandsdauer des erworbenen Unt,
- Stabilität und Bestandsdauer der Branche des erworbenen Unt,
- Lebenszyklus der Produkte des erworbenen Unt,
- Auswirkungen von Veränderungen der Absatz- und Beschaffungsmärkte sowie der wirtschaftlichen Rahmenbedingungen auf das erworbene Unt,
- Umfang der erforderlichen Erhaltungsaufwendungen, um den erwarteten ökonomischen Nutzen des erworbenen Unt zu realisieren,
- Laufzeit wichtiger Absatz- oder Beschaffungsverträge des erworbenen Unt,
- voraussichtliche Tätigkeit von wichtigen Mitarbeitern/Mitarbeitergruppen für das erworbene Unt,
- erwartetes Verhalten potenzieller Wettbewerber des erworbenen Unt,
- voraussichtliche Dauer der Beherrschung des erworbenen Unt.

Praxis-Beispiel[223]
Die Mode AG ist ein BekleidungsUnt. Sie hat am 1.1.01 die vor sechs Jahren gegründete Duft GmbH, die Parfum herstellt, aufgekauft, um ihr eigenes Produktsortiment dauerhaft zu erweitern. In der Vergangenheit waren die von der Duft GmbH entwickelten Parfums trotz einer Vielzahl von Konkurrenzangeboten durchschnittlich drei Jahre am Markt gut zu verkaufen. Danach erwarteten die Kunden erfahrungsgemäß einen neuen Duft. Der Erfolg der Duft GmbH basiert insb. auf der Kreativität der drei Firmengründer, die die jeweiligen Düfte entwickelt haben. Sie haben sich verpflichtet, nach dem Unt-Verkauf ca. fünf Jahre weiterhin für die Mode AG tätig zu sein. Anschließend werden sie sich voraussichtlich (aus Altersgründen) zurückziehen. Die Duft GmbH hat wegen des in der Mode- und Parfumindustrie typischen Saisongeschäfts ihre Beschaffungs- und Absatzvereinbarungen bisher immer nur für eine Saison festgelegt.
Unter Berücksichtigung der o.g. Anhaltspunkte für die Schätzung der betriebsindividuellen Nutzungsdauer des GoF bei der Mode AG sind folgende Aussagen möglich:
- Die Stabilität und Bestandsdauer der Branche, in der die Duft GmbH angesiedelt ist, sind wegen des schnell wechselnden Modegeschmacks als tendenziell kurz einzustufen.

---

[220] Vgl. Mujkanovic, StuB 2014, S. 753f.
[221] Vgl. BT-Drs. 18/5256 v. 18.6.2015 S. 80.
[222] BT-Drs. 16/10067 v. 30.7.2008 S. 48, 70.
[223] Angelehnt an Kessler, in Kessler/Leinen/Strickmann, BilMoG, 2010, S. 239ff.

> - Die Produktlebenszyklen in der Duft GmbH wurden auf durchschnittlich drei Jahre beziffert.
> - Die Duft GmbH hat nur saisonale Absatz- und Beschaffungsverträge abgeschlossen.
> - Die für die Parfumentwicklung verantwortlichen Personen werden voraussichtlich nach fünf Jahren das Unt verlassen.
>
> Auch wenn weder die Bestandsdauer der Duft GmbH noch die voraussichtliche Beherrschung der Duft GmbH durch die Mode AG zeitlich befristet ist, wird der betriebsindividuelle Nutzen aus dem i.R.e. Unt-Erwerbs entstandenen GoF für die Mode AG nicht unbegrenzt sein. Unter Vorsichtsaspekten wird eine eher kurze Abschreibungsdauer erforderlich sein, die sinnvollerweise zwischen drei und fünf Jahren liegen wird.

Wie anhand des Beispiels ersichtlich wird, setzt sich ein GoF i.d.R. aus einer Vielzahl verschiedener Faktoren zusammen.[224] Daher ist die Schätzung seiner betriebsindividuellen Nutzungsdauer regelmäßig mit Unsicherheiten behaftet[225] und hängt letztendlich auch von den Einschätzungen des bilanzierenden Kfm. ab.[226] Mit einer entsprechenden Argumentation wird es in einem konkreten Fall grds. möglich sein, sowohl die Bestimmbarkeit als auch die Nichtbestimmbarkeit der Nutzungsdauer zu begründen und somit typisiert über zehn Jahre abzuschreiben oder auch nicht.[227]

Vor dem Hintergrund dieser Unsicherheiten kann aus Gründen der Objektivierung, aber auch unter Wirtschaftlichkeitsaspekten, eine grds. Typisierung der Abschreibung eines entgeltlich erworbenen GoF als sinnvoll erachtet werden.[228]

Die typisierte Abschreibungsdauer von zehn Jahren für GoF, deren Nutzungsdauer nicht verlässlich schätzbar ist, wird in der Literatur unter Berücksichtigung des Vorsichtsgedankens z.T. als zu lang kritisiert.[229] Da aber die Schätzung der betriebsindividuellen Nutzungsdauer eines GoF stets ermessensbehaftet sein wird, ist u.E. eine Abschreibung über einen Zeitraum von zehn Jahren nicht zu beanstanden.[230] Der deutsche Gesetzgeber hat mit den zehn Jahren zwar das obere Ende der in Art. 12 Abs. 11 EU-Richtlinie 2013/34/EU vorgesehenen Bandbreite von fünf bis zehn Jahren ausgewählt, bleibt damit aber deutlich unter der nach § 7 Abs. 1 Satz 3 EStG steuerlich anzusetzenden Nutzungsdauer von 15 Jahren. Auch das DRSC hat sich in DRS 23 der Begrenzung der Nutzungsdauer von GoF auf zehn Jahre angeschlossen (DRS 23.122).

Obwohl für einen entgeltlich erworbenen GoF vorrangig eine eigenständige, insb. auch von steuerlichen Regelungen unabhängige, Überprüfung seiner Nut-

---

[224] Vgl. Mujkanovic, StuB 2014, S. 753.
[225] In der Literatur wird vielfach unterstellt, dass die Festlegung der Nutzungsdauer nur individuell möglich sein wird. So z.B. Hoffmann/Lüdenbach, NWB-Kommentar Bilanzierung, 15. Aufl. 2023, § 246 HGB Rz 386b; Pfirmann et al., in Küting/Weber, HdR-E, § 253 HGB Rz 233, Stand: 5/2020 oder Mujkanovic, StuB 2010, S. 171. Kritisch dazu Petersen/Zwirner/Boecker, StuB 2011, S. 404.
[226] Vgl. Freiberg, PiR 2014, S. 279.
[227] Vgl. Theile, BBK 2014, S. 826. Zustimmend auch Haaker, StuB 2015, S. 12.
[228] So auch Haaker, PiR 2014, S. 278; Mujkanovic, StuB 2014, S. 75; Philipps, BBK 2015, S. 1097 oder Lackmann, KoR 2023, S. 199.
[229] Vgl. Haaker, PiR 2014, S. 278, vgl. Mujkanovic, StuB 2014, S. 754 und Mujkanovic, StuB 2015, S. 292.
[230] Zustimmend Philipps, BBK 2015, S. 1097.

zungsdauer vorzunehmen ist,[231] dürfte die Praxis aus o. g. Gründen vermehrt eine Abschreibung über einen Zeitraum von zehn Jahren favorisieren. Vor dem Hintergrund der vorgenannten Unsicherheiten könnte unter Objektivierungs- und Wirtschaftlichkeitsaspekten eine grds. Typisierung der Abschreibung eines entgeltlich erworbenen GoF sinnvoll sein (Rz 206), was im Wesentlichen einer Rückkehr zur Gesetzeslage vor BilMoG entspräche.[232]
Gem. § 285 Nr. 13 HGB bedarf es einer Erläuterung des Zeitraums, über den ein GoF abgeschrieben wird. Die Erläuterung kann ggf. auch der Hinweis auf eine fehlende Schätzbarkeit und der damit einhergehenden Abschreibung über einen Zeitraum von zehn Jahren sein.[233]

208 Ein weiteres Problem bei der Bewertung von entgeltlich erworbenen GoF stellt der **Entwertungsverlauf** dieses Postens und die Wahl der zutreffenden Abschreibungsmethode dar. Da der Verlauf regelmäßig nur sehr schwer nachvollziehbar sein wird, ist zumindest unter Praktikabilitäts- und Vereinfachungsgründen ein **linearer Abschreibungsverlauf** grds. zu befürworten (DRS 23.119).[234] Wenn allerdings in Ausnahmefällen überzeugende Gründe für einen anderen Nutzenverlauf sprechen, sollte von der linearen Abschreibungsmethode abgewichen werden und die dem Nutzenverlauf besser entsprechende Abschreibungsmethode zur Anwendung kommen (DRS 23.119).[235]
Steuerlich ist gem. § 7 Abs. 1 EStG dagegen stets ein linearer Abschreibungsverlauf verpflichtend.

4.1.4.4 Immaterielle Vermögensgegenstände des Anlagevermögens

209 Gem. § 253 Abs. 3 HGB müssen auch die Anschaffungs- und Herstellungskosten (AHK) **zeitlich begrenzt nutzbarer immaterieller VG des AV** planmäßig über ihre voraussichtliche Nutzungsdauer abgeschrieben werden. Die **Ermittlung des Nutzungszeitraums** ist in solchen Fällen weitgehend unproblematisch, bei denen eine gesetzliche oder vertragliche Begrenzung zu beachten ist. Allerdings sollte diese zeitliche Begrenzung als Obergrenze angesehen werden. Da sich immaterielle Werte meist schnell verflüchtigen, aber auch wegen technischen Fortschritts oder wirtschaftlicher Überholung (z. B. bei Patenten), ist unter Vorsichtsaspekten u. U. jedoch die Anwendung einer kürzeren Nutzungsdauer sinnvoll bzw. geboten.[236]

---

[231] Vgl. u. a. Schubert/Schieler, in Beck Bil-Komm., 14. Aufl. 2024, § 253 HGB Rz 392; Pfirmann et al., in Küting/Weber, HdR-E, § 253 HGB Rz 235, Stand: 5/2020; Petersen/Zwirner/Boecker, StuB 2011, S. 400; Wiechers, BBK 2011, S. 737.
[232] Vgl. Theile, BBK 2015, S. 134/135 und Theile, BBK 2015, S. 643.
[233] Vgl. Theile, BBK 2015, S. 135.
[234] Vgl. Fehrenbacher, in MünchKomm. HGB, 5. Aufl. 2024, § 309 HGB Rz 15; Hachmeister, in Anzinger/Oser/Schlotter, Rechnungslegung und Prüfung der Unternehmen, 7. Aufl. 2023, Teilband 1, § 253 Rz 605; Mujkanovic, StuB 2010, S. 170; a. A. Schubert/Schieler, in Beck Bil Komm., 14. Aufl. 2024, § 253 Rz 394, die gleichermaßen auch die degressive Abschreibung oder Kombinationsformen als sinnvoll erachten.
[235] Vgl. Mujkanovic, StuB 2010, S. 170. So bereits für den GoF vor Inkrafttreten des BilMoG: ADS, Rechnungslegung und Prüfung der Unternehmen, 6. Aufl. 1995–2001, § 255 HGB Rz 282.
[236] Vgl. Baetge et al., in Küting/Weber, HdR-E, § 248 HGB Rz 40, Stand: 6/2022, die i. d. R. eine max. Nutzungsdauer von fünf Jahren unterstellen. Vgl. auch Küting/Pfirmann/Ellmann, KoR 2008, S. 694. Für die steuerliche Seite hat der BFH in einem jüngeren Urteil für einen (immateriellen) Praxiswert seine bereits in früheren Jahren angesetzte Nutzungsdauer von drei bis fünf Jahren bekräftigt, vgl. BFH, Urteil v. 21.2.2017, VIII R 7/14, BStBl 2017 II S. 689.

Das DRSC spricht von der **unternehmensindividuellen Nutzungsdauer**, die anhand von rechtlichen, wirtschaftlichen und sonstigen Faktoren zu bestimmen ist und deren Ermittlung z.B. anhand der folgenden Kriterien erfolgen kann (DRS 24.97, 24.98):

- voraussichtliche Nutzung des VG durch das Unt unter Berücksichtigung der unternehmensindividuellen Gegebenheiten,
- Produktlebenszyklus vergleichbarer und ähnlich genutzter immaterieller VG,
- technische, technologische und andere Arten der Veralterung,
- wirtschaftliche Stabilität der Branche, in der der immaterielle VG zum Einsatz kommt,
- Abhängigkeit der Nutzungsdauer des immateriellen VG von der Nutzungsdauer anderer VG des Unt.

Auch wenn diese Kriterien helfen können, die betriebsindividuelle Nutzungsdauer von immateriellem AV zu bestimmen, wenn sie nicht offensichtlich gesetzlich oder vertraglich begrenzt ist, so hängt die Bestimmung der Nutzungsdauer dennoch, ähnlich wie bei einem GoF, oft stark von den Einschätzungen des Bilanzierenden ab (Rz 206). Zwar ist es im Vergleich zum GoF einfacher, die Nutzungsdauer eines einzelnen VG zu bestimmen, doch werden sich auch hier immer gute Gründe für oder gegen eine bestimmte Nutzungsdauer und sogar für oder gegen eine grds. Bestimmbarkeit der Nutzungsdauer finden lassen. Unter Vorsichtsaspekten ist aber grds. zumindest von einer begrenzten Nutzungsdauer von immateriellem AV auszugehen.[237]

Sofern die Nutzungsdauer eines immateriellen VG **nicht verlässlich geschätzt** werden kann, wird gem. § 253 Abs. 3 Satz 3 HGB (konkret für **selbst geschaffene immaterielle VG des AV**) eine planmäßige Abschreibung über einen Zeitraum von zehn Jahren gefordert. Als nicht verlässlich schätzbar wird die unternehmensindividuelle Nutzungsdauer angesehen, wenn die der Schätzung zugrunde liegenden Faktoren nicht plausibel, nachvollziehbar oder willkürfrei bestimmbar sind (DRS 24.100). Dies hält der Gesetzgeber gem. § 253 Abs. 3 Satz 3 HGB analog zum GoF allerdings nur in Ausnahmefällen für gegeben.

210

Die Typisierung des Abschreibungszeitraumes auf zehn Jahre, wenn eine verlässliche Schätzung nicht möglich ist, ist u.E. nicht zu beanstanden. Die Gründe für die Dauer der Abschreibung über zehn Jahre sind analog zu denen beim GoF, sodass an dieser Stelle ein Verweis auf die Diskussion im Zusammenhang mit dem GoF in Rz 206 f. genügen kann.

Die praktischen Probleme bei der Ermittlung der betriebsindividuellen Nutzungsdauer von immateriellem AV lassen Unt unter Vereinfachungs- und Objektivierungsaspekten verstärkt auf die Nutzungsdauer von zehn Jahren zurückgreifen.[238] Die Möglichkeit, prinzipiell auf eine Überprüfung der Nutzungsdauer zu verzichten, geht damit aber nicht einher.

U.E. ist die Typisierung der Nutzungsdauer auf zehn Jahre bei einer fehlenden verlässlichen Schätzung jedoch auch für **entgeltlich erworbenes** immaterielles AV möglich, obwohl dies formal nur für **selbst geschaffene** immaterielle VG des AV in § 253 Abs. 3 HGB gesetzlich verankert ist.

---

[237] Vgl. Baetge et al., in Küting/Weber, HdR-E, § 248 HGB Rz 39, Stand: 6/2022.
[238] So auch Theile, BBK 2015, S. 135.

211 Eine planmäßige Abschreibung immaterieller VG des AV darf **nicht** erfolgen, wenn eine **Nutzung zeitlich unbegrenzt** ist.[239] Ebenso wie eine fehlende verlässliche Bestimmbarkeit der Nutzungsdauer ist lt. DRSC mit Verweis auf eine wirtschaftliche Veralterung auch dies nur **ausnahmsweise** der Fall (DRS 24.107). Eine zeitlich unbegrenzte Nutzungsdauer bedeutet aber nicht auch gleichzeitig eine unendliche Nutzbarkeit eines immateriellen VG (DRS 24.109). Unter Vorsichtsaspekten sollte regelmäßig eine zeitliche Begrenzung für die Nutzbarkeit von immateriellen VG angenommen werden.[240]

212 Um einen Abschreibungsplan für immaterielles AV erstellen zu können, ist neben der Frage nach der Nutzungsdauer die Frage, ab welchem Zeitpunkt mit der **Abschreibung begonnen** werden soll sowie welcher **Entwertungsverlauf** dem Abschreibungsplan zugrunde zu legen ist, von Bedeutung.

213 Hinsichtlich des **Zeitpunkts**, ab dem mit der planmäßigen Abschreibung eines immateriellen VG des AV zu beginnen ist, gelten die allgemeinen Regelungen des § 253 HGB. Es kommt insoweit auf das Erreichen des **betriebsbereiten Zustandes** des VG an (wenn er entgeltlich erworben ist) oder auf dessen **Fertigstellung** (wenn er selbst erstellt ist). Beides ist unabhängig von der tatsächlichen Ingebrauchnahme des VG grds. gegeben, wenn eine **bestimmungsgemäße Nutzung** entsprechend seines vorgesehenen Verwendungszwecks **möglich** ist (DRS 24.104; Rz 167).
Dem steht nicht entgegen, dass vor der bestimmungsgemäßen Nutzung – d. h. bei selbst geschaffenen immateriellen VG des AV ggf. sogar schon vor der grds. Entstehung eines VG – bereits HK aktiviert werden, da mit der bloßen Aktivierung noch keine planmäßige Abschreibung einhergeht.[241] Diese Vorgehensweise ist etwa vergleichbar mit der bilanziellen Behandlung von Anlagen im Bau[242] (zu Entwicklungskosten in der Entstehung vgl. § 248 Rz 18).

214 Bzgl. des zu unterstellenden **Entwertungsverlaufs** und mithin der anzuwendenden **Abschreibungsmethode** von immateriellem AV werden handelsrechtlich keine Vorgaben getroffen. Entscheidend ist, dass die Abschreibungsmethode den Verlauf der Wertminderung des immateriellen VG für das Unt widerspiegelt (DRS 24.102). Da der Entwertungsverlauf aber gerade bei immateriellem Vermögen meist schwer nachvollziehbar ist, kann unter Praktikabilitäts- und Ver-

---

[239] Eine solche zeitlich unbegrenzte Nutzungsdauer wird z. B. für einen (generischen) Domain-Namen angenommen, vgl. Schubert/Schieler, in Beck Bil-Komm., 14. Aufl. 2024, § 253 HGB Rz 387. Weiterhin hat der BFH dies in seinem Urteil v. 21.2.2017 (VIII R 56/14, BStBl 2017 II S. 694) explizit für den wirtschaftlichen Vorteil aus einer Vertragsarztzulassung bejaht.
[240] Vgl. Hachmeister, in Anzinger/Oser/Schlotter, Rechnungslegung und Prüfung der Unternehmen, 7. Aufl. 2023, Teilband 1, § 253 HGB Rz 538; Baetge et al., in Küting/Weber, HdR-E, § 248 HGB Rz 39, Stand: 6/2022. Auch der BFH hat dies in einem jüngeren Urteil im Zusammenhang mit kommerzialisierbaren Namensrechten erneut bekräftigt, vgl. BFH, Urteil v. 12.6.2019, X R 20/17, BStBl 2020 II S. 3.
[241] Vgl. Laubach/Kraus/Bornhofen, DB 2009, Beil. 5, S. 23; Seidel/Grieger/Muske, BB 2009, S. 1289, die allerdings in speziellen Ausnahmefällen auch eine vorgezogene Abschreibung zulassen, die aber eher einer außerplanmäßigen Abschreibung gleichkommen dürfte. Außerplanmäßige Abschreibungen in diesem Zusammenhang befürwortend Pfirmann et al., in Küting/Weber, HdR-E, § 253 HGB Rz 222 m. w. N., Stand: 5/2020.
[242] Vgl. Schubert/Schieler, in Beck Bil-Komm., 14. Aufl. 2024, § 253 HGB Rz 374.

- **Wiederbeschaffungs(zeit)wert:** Unter dem Wiederbeschaffungswert wird der Wert verstanden, zu dem ein gleichartiger (ggf. gebrauchter) VG am Markt erworben werden könnte. Der Wiederbeschaffungswert ist nur zuverlässig zu bestimmen, wenn ein Markt für derartige VG existiert. Diese Voraussetzung erfüllen nur wenige VG des AV (etwa Pkw, Grundstücke und Wertpapiere), da hier vielfach funktionierende Märkte bestehen. In der Mehrzahl der Fälle lässt sich ein Wiederbeschaffungswert nicht ermitteln, so z.B. bei Spezialmaschinen und bei Anteilen an nicht börsennotierten Ges. Bei abnutzbaren VG ist zwischen dem Wiederbeschaffungsneuwert und dem Wiederbeschaffungszeitwert zu unterscheiden. Sofern sich Letzterer am Markt nicht ermitteln lässt, kann er näherungsweise durch Abzug dem Alter des VG entsprechender planmäßiger Abschreibungen vom Wiederbeschaffungsneuwert ermittelt werden.

221

- **Rekonstruktionswert:** Für VG, für die kein Beschaffungsmarkt existiert (z.B. selbst hergestellte VG), kommt anstelle des Wiederbeschaffungswerts der Rekonstruktionswert als Vergleichswert zu den (fortgeführten) AHK in Betracht.[257] Bei seiner Ermittlung ist auf die Kosten abzustellen, die notwendig sind, um entweder ein exaktes Duplikat des VG oder einen nutzenäquivalenten VG herzustellen. In beiden Fällen ist zu prüfen, ob bei der Ableitung des Vergleichswerts Abschläge zur Berücksichtigung technischer, physischer und/oder wirtschaftlicher Veralterung geboten sind. Der Rekonstruktionswert wird verschiedentlich auch herangezogen, um den beizulegenden Zeitwert erworbener VG bei der Kaufpreisallokation zu bestimmen.[258] Er eignet sich nicht zur Ermittlung einer Wertminderung bei VG, die einen über dem beizulegenden Zeitwert liegenden Betriebszugehörigkeitswert aufweisen, also dem Unt einen höheren Nutzen stiften, als bei ihrer Einzelveräußerung erzielbar wäre. Das kann etwa auf unternehmensindividuelle Softwarelösungen oder Mietereinbauten zutreffen.

222

- **Ertragswert:** Der beizulegende Wert von VG des AV ist häufig nur anhand des Ertragswerts zu bestimmen. Hierbei handelt es sich um den Barwert der auf den Bewertungsstichtag abgezinsten zukünftigen Nettoerträge, die aus dem VG voraussichtlich zu erzielen sind.[259] Die Methode findet insb. Anwendung zur Bewertung von Beteiligungen (Rz 264)[260] oder bei bestimmten immateriellen VG des AV.

223

- **Discounted-Cash-Flow-Wert (DCF-Wert):** Die international üblichen DCF-Methoden beruhen auf demselben finanzmathematischen Konzept (Kapitalwertkalkül) wie die Ertragswertmethode. Anstelle von Ertragsüberschüssen werden bei den DCF-Verfahren Zahlungsüberschüsse (cash flows) diskontiert.[261] Der Anwendungsbereich der DCF-Methoden ist deckungsgleich mit denen der Ertragswertmethode.

224

- **Einzelveräußerungswert:** Der Einzelveräußerungswert repräsentiert den Preis, der beim isolierten Verkauf des zu bewertenden VG voraussichtlich

225

---

[257] Vgl. Schubert/Andrejewski, in Beck Bil-Komm., 14. Aufl. 2024, § 253 HGB Rz 306.
[258] Vgl. IDW RS HFA 16.39 ff.
[259] Zu Einzelheiten zur Ertragswertmethode vgl. IDW S 1.102 ff.
[260] Vgl. IDW RS HFA 10.
[261] Vgl. zu den DCF-Verfahren IDW S 1.124 ff.

erzielt werden kann. Bei der Bestimmung des Einzelveräußerungswerts sind vom voraussichtlichen Verkaufserlös die Verkaufsaufwendungen (z. B. Maklerkosten, Provisionen) abzuziehen. Der Einzelveräußerungswert kommt bei der Bestimmung des beizulegenden Werts von VG des AV nur in Ausnahmefällen in Betracht, da VG des AV dem Unt dauerhaft dienen und gerade nicht zur Veräußerung bestimmt sind.[262] Mögliche Anwendungsfälle bei VG des AV sind entbehrliche VG, dauerhaft stillgelegte Anlagen oder nicht betrieblich genutzte Grundstücke.[263]

226 • **Teilwert:** Der steuerliche Vergleichswert zu den AHK bezeichnet den Betrag, den ein Erwerber des ganzen Betriebs i. R. d. Gesamtkaufpreises für das einzelne Wirtschaftsgut unter der Annahme einer Fortführung des Betriebs ansetzen würde (§ 6 Abs. 1 Nr. 1 Satz 3 EStG). Ihrer theoretischen Konzeption nach zielt die Teilwertidee auf die Ermittlung über den Einzelveräußerungspreisen liegender Betriebszugehörigkeitswerte von Wirtschaftsgütern. Entgegen verbreiteter Ansicht geht es nicht darum, den Unternehmensgesamtwert auf die einzelnen Bewertungsobjekte herunterzubrechen. Der Teilwert steht vielmehr unter dem Primat der Einzelbewertung. Gesucht ist der Wert, den ein fiktiver Erwerber für unentbehrliche Wirtschaftsgüter aufwenden müsste, die beim Betriebserwerb nicht mitübertragen werden. Dieser Gedanke führt unmittelbar zu den Wiederbeschaffungskosten. Sie stehen denn auch im Mittelpunkt der von der steuerlichen Rechtsprechung entwickelten Teilwertvermutungen.[264] Konzeptionell besteht zwischen den Bewertungsmaßstäben des beizulegenden Werts und des Teilwerts kein Unterschied.[265] Aus diesem Grund kommt – unbeschadet der zunehmenden Abkopplung der Handels- von der Steuerbilanz – der Rechtsprechung der Finanzgerichte eine wesentliche Bedeutung für die Ermittlung beizulegender Werte zu.

227 Bei der Bestimmung des beizulegenden Werts mittels der o. g. Hilfswerte sind die Grundsätze der **Fortführung der Unternehmenstätigkeit** (§ 252 Abs. 1 Nr. 2 HGB), der **Einzelbewertung** (§ 252 Abs. 1 Nr. 3 HGB) und der **vorsichtigen Bewertung** (§ 252 Abs. 1 Nr. 4 HGB) zu beachten. Im Gegensatz zum UV sind die Vergleichswerte im AV mit Blick auf den anvisierten Betriebszugehörigkeitswert wiederbeschaffungs- bzw. nutzenorientiert zu ermitteln. Eine absatzorientierte Bewertung kommt nur bei VG in Betracht, die keinen über dem Einzelveräußerungspreis liegenden beizulegenden Wert aufweisen. Das betrifft im Wesentlichen nicht betriebsnotwendige bzw. entbehrliche VG.

228 Hat das Unt einen VG zu einem Preis über dem Marktpreis erworben, kommt eine außerplanmäßige Abschreibung in der Folgezeit nur in Betracht, wenn der Grund für die Zahlung des Überpreises entfallen ist. Ist der VG des AV aus einem anderen Grund außerplanmäßig abzuschreiben (z. B. wegen gesunkener Wiederbeschaffungskosten), ist der Überpreis lediglich im Verhältnis zum allgemeinen Rückgang des beizulegenden Werts zu reduzieren.[266]

---

[262] Vgl. IDW PS 315.7; IDW RH HFA 1.005.9.
[263] Vgl. Thiele/Breithaupt, in Baetge/Kirsch/Thiele, Bilanzrecht, § 253 HGB Rz 462, Stand: 11/2020.
[264] Vgl. zu Teilwertvermutungen Schmidt/Kulosa, EStG, 43. Aufl. 2024, § 6 EStG Rz 241 f.
[265] Vgl. ausführlich Kammann, Stichtagsprinzip und zukunftsorientierte Bilanzierung, 1988, S. 217 ff.
[266] Vgl. BFH, Urteil v. 23.10.2019, VI R 9/17, BFH/NV 2020 S. 191 m. w. N.

Die o.g. Hilfswerte sind in der praktischen Anwendung häufig schwierig zu ermitteln. Eine objektivierte Bestimmung des beizulegenden Werts gelingt zumeist nur, wenn Markt- oder Börsenpreise vorliegen. Dies trifft nur auf wenige VG wie Finanzanlagen (börsennotierte Wertpapiere) zu. In anderen Fällen werden Sachverständigengutachten eingeholt, um die Wertfindung bei wesentlichen VG zu objektivieren.[267]

229

> **Praxis-Beispiel**
> Die Bestimmung des beizulegenden Werts eines bebauten Grundstücks erfolgt häufig durch die Einholung eines Gutachtens eines Immobiliensachverständigen, der den beizulegenden Wert anhand von Ertragswertüberlegungen approximiert.
> Gleiches gilt für die Bewertung von immateriellen VG (z.B. Patent, Marke) oder von ganzen Unternehmen bzw. Unternehmensteilen.

4.2.1.3 Voraussichtlich dauernde Wertminderung

Nach § 253 Abs. 3 Satz 5 HGB sind außerplanmäßige Abschreibungen vorzunehmen, wenn der Wert von VG des AV voraussichtlich dauernd gemindert ist. Wann eine Wertminderung als voraussichtlich dauernd gilt, ist in Praxis und Literatur umfassend diskutiert worden. Die Grenzziehung erfolgt überwiegend anhand sehr pragmatischer Ansätze.

230

Der Unterscheidung zwischen voraussichtlich dauernden und vorübergehenden Wertminderungen kommt auch bei Teilwertabschreibungen in der StB Bedeutung zu. Wenngleich diese Abschreibungen eigenständig geregelt sind, erscheint eine unterschiedliche Auslegung dieses Tatbestandsmerkmals der voraussichtlich dauernden Wertminderung in Handels- und Steuerbilanz aufgrund des übereinstimmenden Zwecks von außerplanmäßigen Abschreibungen und Teilwertabschreibungen nicht vertretbar. Tatsächlich weichen die handelsrechtlichen Konkretisierungen der dauernden Wertminderung in Einzelfällen signifikant von jenen der steuerlichen Rechtsprechung und der Finanzverwaltung[268] ab. Das gilt etwa für Finanzanlagen (Rz 259 ff.). Der Grund liegt in einer bisweilen unterschiedlichen Gewichtung des Vorsichtsprinzips aus handels- und steuerrechtlicher Sicht. Für die Bewertung in der HB kommt der steuerrechtlichen Auslegung des Merkmals der dauernden Wertminderung dennoch Bedeutung zu, da sie deutlich macht, wann in keinem Fall auf eine Abschreibung verzichtet werden darf.

231

In Ermangelung einer gesetzgeberischen Klärung des unbestimmten Rechtsbegriffs ist an der langjährigen Auslegung des Tatbestandsmerkmals festzuhalten.[269] Sie differenziert nach der **Art des VG**.[270] Bei Gegenständen des **abnutzbaren AV** ist eine dauernde Wertminderung anzunehmen, wenn der jeweilige Stichtagswert voraussichtlich während eines erheblichen Teils der verbleibenden Nutzungsdauer unter dem planmäßigen Restbuchwert liegt.[271]

232

---

[267] Vgl. zum objektivierten Wert von Unternehmensanteilen IDW S 1.13.
[268] Vgl. BMF, Schreiben v. 2.9.2016, BStBl 2016 I S. 995 sowie Rz 256.
[269] Vgl. Kessler, in Kessler/Leinen/Strickmann, BilMoG, 2010, S. 244 f.
[270] Vgl. Kessler, DB 1999, S. 2579 m.w.N.
[271] Vgl. Schubert/Andrejewski, in Beck Bil-Komm., 14. Aufl. 2024, § 253 Rz 317.

> **Praxis-Beispiel**
> Vor dem Hintergrund der Auswirkungen der Corona-Pandemie auf außerplanmäßige Abschreibungen im Sachanlagevermögen kann für die Einstellung bzw. eingeschränkte Nutzung von technischen Anlagen bspw. Folgendes gelten:[272]
> - Vorübergehend stillgelegte oder eingeschränkt genutzte Anlagen sind weiterhin planmäßig abzuschreiben. Bei dauerhaft eingeschränkter Nutzung sind ggf. zusätzliche außerplanmäßige Abschreibungen erforderlich.
> - Dauerhaft stillgelegte Anlagen sind zum Zeitpunkt der Stilllegung auf den Veräußerungswert (im Zweifel den Schrottwert) außerplanmäßig abzuschreiben.
>
> Die Auslegung gilt sinngemäß, wenn die Nutzungseinschränkung eine Folge des Krieges in der Ukraine oder anderer nicht vorhersehbarer Ereignisse ist.

Im nicht abnutzbaren AV sind strengere Grundsätze anzulegen, da hier ein möglicher Bewertungsfehler aufgrund der fehlenden planmäßigen Abschreibung im Zeitablauf nicht automatisch korrigiert wird.[273] Bei Wertpapieren oder Ausleihungen des Finanzanlagevermögens wird demgegenüber selbst bei voraussichtlich längerfristig andauernden Kursrückgängen infolge einer Unterverzinslichkeit keine dauerne Wertminderung i.S.d. § 253 Abs. 2 HGB angenommen, solange das bilanzierende Unt in der Lage ist, den Rückzahlungstermin abzuwarten und keine Ausfälle drohen.[274] Bei Beteiligungen kommt es darauf an, ob die Wertminderung lediglich auf Anlaufverlusten bzw. vorübergehenden Ertragseinbrüchen beruht oder ob ihr Ertragswert den Buchwert innerhalb eines überschaubaren Zeitraums voraussichtlich nicht mehr erreichen wird. Zu Anteilen, die keine Beteiligung i.S.v. § 270 Abs. 1 HGB darstellen, hat der VFA des IDW Kriterien für Versicherungsunternehmen entwickelt, die ihnen eine pauschalierte Beurteilung erlauben sollen, wann eine Wertminderung als voraussichtlich dauernd anzusehen ist.[275] Zur branchenübergreifenden Eignung dieser Kriterien, eine voraussichtlich dauernde Wertminderung von Anteilen zu identifizieren, s. Rz 269 ff.

---

[272] Vgl. IDW, Fachlicher Hinweis v. 25.3.2020, Auswirkungen der Ausbreitung des Coronavirus auf Rechnungslegung und Prüfung (Teil 2), S. 8 Kap. 3.2.2, https://www.idw.de/blob/122878/ac5e8bd6bfd88081cfdd9398ceb04032/down-corona-idw-fachlhinw-relepruefung-teil2-data.pdf, Abruf 1.10.2024.
[273] Vgl. z.B. Pfirmann/Lorson/Hell/Metz, in Küting/Weber, HdR-E, § 253 HGB Rz 207, Stand: 5/2020.
[274] Vgl. ADS, Rechnungslegung und Prüfung der Unternehmen, 6. Aufl. 1995–2001, § 253 HGB Rz 473; IDW, Fachlicher Hinweis des VFA v. 27.10.2022, Handelsrechtliche Bewertung von Kapitalanlagen bei Versicherungsunternehmen nach § 341b HGB, S. 4f.; für die StB BFH, Urteil v. 18.4.2018, I R 37/16, BFH/NV 2018 S. 873.
[275] IDW, Fachlicher Hinweis des VFA v. 27.10.2022, Handelsrechtliche Bewertung von Kapitalanlagen bei Versicherungsunternehmen nach § 341b HGB, S. 2ff.

Unter einem erheblichen Teil der Restnutzungsdauer versteht die h. M. die **halbe Restnutzungsdauer, tw. begrenzt auf fünf Jahre**.[276]

233

> **Praxis-Beispiel**
> Eine am 31.12.01 erworbene Computeranlage wird linear über sechs Jahre abgeschrieben. Die AK betragen 600.000 EUR. Am 31.12.03 ermittelt sich auf Basis von Wiederbeschaffungskosten ein beizulegender Wert von 300.000 EUR.
> Es liegt keine voraussichtlich dauernde Wertminderung vor. Zwar liegt der beizulegende Wert am 31.12.03 100.000 EUR unter den fortgeführten AK von 400.000 EUR. Der Differenzbetrag wird allerdings in der halben Restnutzungsdauer von zwei Jahren mehr als aufgeholt.

Nach dieser Entscheidungsregel sind außerplanmäßige Abschreibungen bei abnutzbaren VG nur in seltenen Fällen, d. h. bei signifikanten Wertminderungen und/oder kurzen Restnutzungsdauern, vorzunehmen. Gegen dieses Ergebnis bestehen keine Bedenken, wenn – wie im obigen Beispiel – trotz gesunkener Wiederbeschaffungskosten eines VG seine betriebliche Nutzung unbeeinträchtigt ist. Dann kommt es nicht darauf an, wann der niedrigere Stichtagswert durch die fortgeführten AHK wieder erreicht wird. Findet der VG dagegen nur noch eingeschränkt im Unt Verwendung, erscheint der Vergleich des beizulegenden Werts mit dem planmäßig fortgeführten Buchwert nach Ablauf der halben Restnutzungsdauer willkürlich, um eine voraussichtlich dauernde Wertminderung zu identifizieren.[277]

Um diesen Mängeln des gängigen Beurteilungsansatzes abzuhelfen, wird in der Literatur vorgeschlagen, bei gesunkenen Marktpreisen von Anlagegütern stets eine voraussichtlich dauernde Wertminderung anzunehmen.[278] Da im (informationseffizienten) **Marktpreis** alle Erwartungen der Marktteilnehmer über die Zukunft enthalten sind, bestehe kein Grund zu der Annahme, der beizulegende Wert werde in absehbarer Zeit wieder ansteigen.

234

Der Vorzug dieses Beurteilungsansatzes liegt darin, die Entscheidung über die Dauerhaftigkeit dem Markt zu überlassen, anstatt dieses Tatbestandsmerkmal mit wohlklingenden, aber im Wesentlichen nichtssagenden Worten zu umschreiben. Zudem trägt er dem Vorsichtsprinzip stärker Rechnung, da er immer eine Abwertung erzwingt, wenn – was ausnahmslos der Fall ist – unsicher ist, ob sich die Diskrepanz zwischen fortgeführten AHK und dem niedrigeren beizulegenden Zeitwert in absehbarer Zeit wieder ausgleichen wird.

---

[276] Vgl. Schubert/Andrejewski, in Beck Bil-Komm., 14. Aufl. 2024, § 253 HGB Rz 317; Pfirmann/Lorson/Hell/Metz, in Küting/Weber, HdR-E, § 253 HGB Rz 205, Stand: 5/2020; Küting, DB 2005, S. 1121 m. w. N. Für Immobilien des AV, die nicht zum Verkauf bzw. Abriss vorgesehen sind, wird eine nur vorübergehende Wertminderung nur innerhalb eines Zeitraums von drei bis fünf Jahren angenommen. Vgl. IDW RS IFA 2.40. Für die Bewertung in der Steuerbilanz lehnt die Rechtsprechung die Begrenzung auf eine bestimmte Zahl von Jahren ab; in allen Fällen soll auf die Wertentwicklung innerhalb der halben Restnutzungsdauer abzustellen sein; vgl. BFH, Urteil v. 14.3.2006, I R 22/05, BStBl 2006 II S. 680 m. w. N.; ebenso BFH, Urteil v. 29.4.2009, I R 74/08, DStR 2009 S. 1687; jüngst FG Münster, Urteil v. 16.1.2020, 10 K 1848/16 K, G, F.

[277] Vgl. zur Kritik an der gängigen Beurteilungspraxis auch Hoffmann/Lüdenbach, NWB-Kommentar Bilanzierung, 15. Aufl. 2023, § 253 HGB Rz 191 ff.

[278] So wohl Hoffmann/Lüdenbach, NWB-Kommentar Bilanzierung, 15. Aufl. 2023, § 253 HGB Rz 200.

235 Ein ausschl. marktorientierter Ansatz hat aber auch Schwächen. Er neigt dazu, das Ausmaß der durch außerplanmäßige Abschreibungen zu berücksichtigenden Wertminderungen zu überschätzen. So lässt etwa die Ingebrauchnahme eines neuen Pkw dessen Marktpreis erfahrungsgemäß signifikant sinken. Der Nutzen des Anlageguts für den Betrieb bleibt davon unberührt, wenn ein unmittelbarer Wiederverkauf nicht beabsichtigt ist. Das hat den Gesetzgeber des EStG veranlasst, die Niederstbewertung des zum dauernden Gebrauch bestimmten AV von der Orientierung an Einzelveräußerungspreisen zu lösen und am Teilwert als Ausdruck des Betriebszugehörigkeitswerts auszurichten.[279] Nichts anderes will der beizulegende Wert.

236 Zielführender als der gängige Beurteilungsansatz und die alleinige Ausrichtung der Niederstbewertung des AV an Marktpreisen erscheint eine **indikatorgestützte Prüfung** der voraussichtlich dauernden Wertminderung. Sie fragt – ähnlich wie der Impairment-Test nach IAS 36 – auf der ersten Stufe, ob qualitative Hinweise auf eine voraussichtlich dauernde Wertminderung eines VG des AV vorliegen. Gemeint sind solche Umstände, die auf ein mögliches Sinken des Betriebszugehörigkeitswerts eines Anlageguts hindeuten. Liegen solche Indizien vor, ist der VG auf den mittels Hilfswerten (Rz 220 ff.) approximierten beizulegenden Wert abzuschreiben. Ergeben sich keine Anzeichen für einen eingeschränkten betrieblichen Nutzen des VG, scheidet eine außerplanmäßige Abschreibung auch aus, wenn der – wie auch immer ermittelte – Marktpreis unter dem Buchwert liegt.

237 Als mögliche Indikatoren für einen voraussichtlich dauerhaft unter die fortgeführten AHK gesunkenen beizulegenden Wert sind insb. zu nennen:
- technische Überalterung/wirtschaftliche Überholung,
- nicht nur kurzfristige Unterauslastung der Produktionskapazität (Rz 254),
- verschlechterte Einsatzbedingungen für das Anlagegut, die sich z. B. in einer Veräußerungsabsicht, einem Restrukturierungsplan oder einer Verkürzung der geplanten Einsatzdauer zeigen,
- fehlende Rentabilität,
- (übermäßiger) technischer Verschleiß durch ungeplant intensive Nutzung (z. B. im Mehrschichtbetrieb oder unter besonders schwierigen Einsatzbedingungen),
- signifikant gesunkene Wiederbeschaffungswerte.

238 Die **zweistufige Wertminderungsprüfung** – qualitativer Eingangstest, Quantifizierung des Abschreibungsbedarfs durch Vergleich des Buchwerts mit dem regelmäßig beschaffungsmarktorientiert ermittelten beizulegenden Wert des VG – ist in gleicher Weise auf nicht abnutzbare VG des AV anzuwenden. Wird der beizulegende Wert wie bei Beteiligungen und bestimmten immateriellen VG über den Ertragswert des VG approximiert, bedarf es keiner eine Wertminderung anzeigenden Indizien. Zum einen zielt der aus Sicht des Unt ermittelte Ertragswert unmittelbar auf den vom beizulegenden Wert anvisierten Betriebszugehörigkeitswert. Zum anderen ermittelt dieser Bewertungsansatz aufgrund seiner in die Zukunft gerichteten Betrachtung konzeptionell eine dauernde Wertminderung.[280] Entsprechendes gilt, wenn die Bewertung finanzieller VG unter Rück-

---

[279] Vgl. Kammann, Stichtagsprinzip und zukunftsorientierte Bilanzierung, 1988, S. 217 f.
[280] Vgl. auch BFH, Urteil v. 21.9.2011, I R 89/10, BFHE 235 S. 263; BFH, Urteil v. 21.9.2011, I R 7/11, BFHE 235 S. 273.

griff auf Preise an einem aktiven Markt, insb. an einer Börse mit ausreichenden Handelsaktivitäten, erfolgt.[281] Preise, die nicht das Ergebnis einer Wertschätzung durch eine Mehrzahl unabhängiger Marktteilnehmer sind, sind dagegen nicht in jedem Fall geeignet, eine voraussichtlich dauernde Wertminderung anzuzeigen. In diesen Fällen liegt eine zweistufige Werthaltigkeitsprüfung nahe, wie sie vorstehend für materielle VG aufgezeigt worden ist.

Bewertungszeitpunkt ist der jeweilige Abschlussstichtag. Umstände, die an diesem Tag objektiv vorlagen, jedoch erst im neuen Gj bis Aufstellung des Abschlusses bekannt oder erkennbar wurden, sind werterhellend zu berücksichtigen.[282] Nach dem Abschlussstichtag auftretende singuläre Ereignisse sind dagegen wertbegründend und lösen keine Verpflichtung und kein Recht zur Vornahme einer außerplanmäßigen Abschreibung zum Abschlussstichtag aus (zur Abgrenzung zwischen wertbegründenden und werterhellenden Tatsachen vgl. § 252 Rz 62).

239

> **Praxis-Beispiel**
> Eine Lagerhalle wird am 14.7.2021 durch ein Hochwasser schwer beschädigt, sodass unzweifelhaft eine dauerhafte Wertminderung gegeben ist. Zum Abschlussstichtag 30.06.21021 ist keine außerplanmäßige Abschreibung zu berücksichtigen, da es sich bei dem Hochwasser um ein wertbegründendes Ereignis nach dem Abschlussstichtag handelt.
> Mittelgroße und große KapG haben ggf. im Anhang als Teil des Nachtragsberichts über Art und finanzielle Auswirkungen des Schadens zu berichten (§ 285 Nr. 33 HGB).

4.2.2 Immaterielles Anlagevermögen

Zur Definition des immateriellen Anlagevermögens vgl. § 266 Rz 22.

240

Das immaterielle Vermögen unterliegt häufig einer **schnellen technischen Veralterung** aufgrund technischen Fortschritts. Der Bestimmung der wirtschaftlichen Nutzungsdauer für die planmäßige Abschreibung und ihrer Überprüfung im Zeitablauf kommen daher große Bedeutung zu (Rz 167). Unabhängig davon kann sich aufgrund unerwarteter Entwicklungen die Notwendigkeit einer außerplanmäßigen Abschreibung ergeben.

241

> **Praxis-Beispiel**
> Ein Unt erwirbt eine Softwarelizenz für ein Materialwirtschaftssystem. Die betriebsgewöhnliche Nutzungsdauer wird mit acht Jahren geschätzt. Nach drei Jahren ist ein neues, deutlich anwenderfreundlicheres und leistungsfähigeres Konkurrenzprodukt auf dem Markt. Im Jahr 5 entscheidet sich das Unt, die bestehende Software nicht länger zu nutzen und auf das Konkurrenzprodukt zu wechseln.

---

[281] Zur Eignung von Börsen- oder Marktpreisen als Näherungswerte des beizulegenden Zeitwerts von Finanzanlagen s. Rz 262f.
[282] FG Hamburg, Beschluss v. 22.1.2018, 2 V 305/1, IStR 2018, S. 281.

> Das Auftreten des Konkurrenzprodukts macht es erforderlich, die ursprünglich geschätzte Nutzungsdauer zu überprüfen und ggf. zu verkürzen. In diesem Fall ist der Restbuchwert über die neu geschätzte Restnutzungsdauer zu verteilen.
> Sieht das Unt zunächst keinen Anlass, den Abschreibungsplan für die Software zu revidieren und entscheidet es sich im Jahr 5 spontan für den Übergang auf das Konkurrenzprodukt, ist eine außerplanmäßige (Voll-)Abschreibung der Softwarelizenz veranlasst, soweit die ursprüngliche Software keine betriebliche Verwendung mehr findet und ein Veräußerungserlös nicht erzielbar ist.

242 Auch in Fällen, bei denen die Bestimmung der wirtschaftlichen Nutzungsdauer unproblematisch ist, kann sich infolge einer veränderten Bedeutung von VG für den Betrieb die Notwendigkeit außerplanmäßiger Abschreibungen ergeben.

> **Praxis-Beispiel**
> BauUnt B betreibt sein Unt auf einem nur schwer zugänglichen Betriebsgrundstück. Die benötigten Baustoffe werden B von den Lieferanten mittels Schwerlastwagen angeliefert, die entsprechende Zufahrtsmöglichkeiten benötigen. Um die Belieferung sicherzustellen, hat B vor Jahren ein ursprünglich A zustehendes Wegerecht am Nachbargrundstück, das die benötigten Zufahrtsmöglichkeiten eröffnet, zum Preis von 20.000 GE erworben. B hat das Wegerecht mit seinen AK als immaterieller VG des AV aktiviert, den er über die Laufzeit des Rechts von 20 Jahren planmäßig abschreibt.
> Fünf Jahre nach dem Erwerb des Wegerechts baut die Gemeinde eine neue Erschließungsstraße, die B einen direkten Anschluss an den nahegelegenen Autobahnzubringer verschafft. Nach Fertigstellung der Straße im 6. Jahr nutzen B und seine Lieferanten nahezu ausschl. die verkehrsgünstiger gelegene direkte Anbindung an die Autobahn. Das Wegerecht besteht zwar noch für weitere 14 Jahre, hat aber keinen wirtschaftlichen Nutzen mehr. Es liegt eine voraussichtlich dauernde Wertminderung vor, für die eine außerplanmäßige Abschreibung nach Satz 5 vorzunehmen ist.

243 Bei **selbst geschaffenen immateriellen VG des AV**, die in Ausübung des Wahlrechts gem. § 248 Abs. 2 Satz 1 HGB aktiviert worden sind (§ 248 Rz 37), ist die Bestimmung des beizulegenden Werts besonders problematisch, da im Regelfall weder ein Markt- oder Börsenpreis existiert noch ein Wiederbeschaffungswert oder Einzelveräußerungswert verlässlich zu ermitteln ist. Ein Reproduktionswert wird sich zwar ggf. bestimmen lassen, als Näherungswert für den beizulegenden Wert derartiger VG eignet er sich i.d.R. jedoch nicht, da bei immateriellen VG kein Substanzverzehr auftritt, der Anlass zu einer außerplanmäßigen Abschreibung geben könnte. Die Gründe für ihre (unerwartete) Entwertung liegen eher in der technischen Veraltung.

> **Praxis-Beispiel**
> Die Start-up-GmbH entwickelt einen Verfahrensprozess, mit dem ein bestehender Produktionsablauf zur Herstellung von Kunststofftragetaschen opti-

> miert werden soll. Sie aktiviert den selbst geschaffenen VG des AV und schreibt ihn – beginnend nach Fertigstellung des Verfahrensprozesses – über die geschätzte wirtschaftliche Nutzungsdauer von vier Jahren planmäßig ab. Nach zwei Jahren verbieten neue gesetzlichen Vorschriften die weitere Produktion von Kunststofftragetaschen aus umweltrechtlichen Gründen. Der entwickelte Verfahrensprozess ist somit – auch wenn er technisch noch nutzbar wäre – aus rechtlichen Gründen nicht länger im Unt einsetzbar. Sein Restbuchwert ist mithin auf null abzuschreiben.

Die Ermittlung des beizulegenden Werts von immateriellen VG des AV erfolgt zumeist nach auf dem Kapitalwertkalkül beruhenden Bewertungsverfahren, für die jeweils mehrere Bewertungsmethoden existieren. Folgende **Bewertungsverfahren und -methoden** kommen in der Praxis zur Anwendung:[283]

244

Verfahren	Marktpreisorientiertes Verfahren (market approach)	Kapitalwertorientiertes Verfahren (income approach)	kostenorientiertes Verfahren (cost approach)
Methoden	Marktpreise auf aktivem Markt	Methode der unmittelbaren Cashflow-Prognose	Reproduktionskostenmethode
	Analogiemethoden	Methode der Lizenzpreisanalogie	Wiederbeschaffungskostenmethode
		Residualwertmethode	
		Mehrgewinnmethode	

Tab. 2: Bewertungsverfahren für immaterielle Vermögensgegenstände

Die außerplanmäßige Abschreibung eines **Geschäfts- oder Firmenwerts** (GoF) erfordert ebenfalls die Bestimmung seines beizulegenden Werts. Ein im Jahresabschluss ausgewiesener GoF ist regelmäßig das Ergebnis eines Asset Deal, d.h. des Erwerbs bestimmter VG und Schulden eines Betriebs oder Betriebsteils. Ein solcher Betrieb wird vom Erwerber häufig nicht unverändert weitergeführt, sondern in die bestehende Organisation eingebunden. Das führt zu Abgrenzungsproblemen bei der Bewertung des GoF, da nur der derivative, nicht aber der originäre GoF zu aktivieren ist (§ 246 Rz 92).

245

> **Praxis-Beispiel**
> Eine GmbH erwirbt vom Insolvenzverwalter den Betriebsteil eines Konkurrenten, der Komponenten für die Automobilindustrie herstellt. Der Grund für die Übernahme liegt nicht allein in den guten Ertragsaussichten des Betriebsteils selbst. Die GmbH erhofft sich von der Übernahme zudem, selbst

---

[283] Vgl. IDW S 5.18. Vgl. zur Bewertung einer Gaming-Plattform eines Glücksspielanbieters auch FG Hamburg, Urteil v. 12.2.2014, 6 K 203/11.

produzierte Produkte, die bislang ausschl. an die Haushaltsgeräteindustrie geliefert wurden, an die Automobilindustrie zu veräußern.

Nach Verteilung des für den Betriebsteil gezahlten Kaufpreises auf die erworbenen VG und Schulden ermittelt sich ein GoF i. H. v. 1.500 TEUR, der von der GmbH aktiviert und über die geschätzte wirtschaftliche Nutzungsdauer von fünf Jahren planmäßig abgeschrieben wird.

Der erworbene Betriebsteil wird organisatorisch mit einem bislang schon bei der GmbH befindlichen Betriebsteil zusammengelegt. U. a. werden die Vertriebsaktivitäten der beiden Betriebsteile zusammengefasst, um die beabsichtigte Belieferung der Automobilindustriekunden mit sämtlichen von der GmbH nunmehr hergestellten Produkten zu ermöglichen. Die Strategie erweist sich als erfolgreich.

Nach drei Jahren verzeichnet die GmbH aufgrund eines technisch hochwertigeren Konkurrenzprodukts deutliche Umsatzrückgänge für die Produkte des erworbenen Betriebsteils. Der erworbene GoF steht Ende des Jahres 03 mit fortgeführten AHK von 600 TEUR zu Buche.

Zur Ermittlung des beizulegenden Werts des GoF ist zunächst der Ertragswert des übernommenen Betriebsteils zu ermitteln. Hier zeigen sich Abgrenzungsprobleme, da der Betriebsteil nicht mehr so vorhanden ist, wie er vor drei Jahren erworben wurde. Zur Lösung dieses Bewertungsproblems könnte der Ertragswert des neu geschaffenen gemeinsamen Betriebsteils ermittelt werden, um auf dieser Basis das über die bilanzierten VG hinausgehende Ertragspotenzial mittels produktbezogener Absatzstatistiken auf den derivativen GoF des erworbenen Betriebsteils einerseits und den originären GoF des schon vormals bei der GmbH befindlichen Betriebsteils andererseits aufzuteilen. Eine alternative Vorgehensweise besteht darin, in der Folgebewertung nicht zwischen entgeltlich erworbenem und derivativem GoF zu trennen. Nicht nur aus Objektivierungserwägungen, sondern auch konzeptionell erscheint letzterer Ansatz vorzugswürdig. Hätte die GmbH statt einer Sachgesamtheit eine Beteiligung an einem anderen Unt erworben und diesem den Verkauf von Produkten der GmbH übertragen, würde die Werthaltigkeit der Beteiligung in der Folgezeit ebenfalls nicht allein auf der Grundlage des erworbenen Geschäfts, sondern unter Berücksichtigung der Ertragsaussichten des Unt insgesamt beurteilt.

4.2.3 Sachanlagen

246 Zum Begriff der Sachanlagen vgl. § 266 Rz 37.

Unbebaute Grundstücke unterliegen keiner planmäßigen Abschreibung. Um eine Überbewertung zu vermeiden, ist bei ihrer Bewertung der ggf. bestehenden Notwendigkeit von außerplanmäßigen Abschreibungen ein besonderes Augenmerk zu widmen. Der beizulegende Wert eines Grundstücks kann bspw. abgeleitet werden aus

- beobachteten Markttransaktionen (z. B. Veräußerung eines Nachbargrundstücks),

- aktuellen Bodenrichtwerten des Gutachterausschusses der jeweiligen Gemeinde,
- Sachverständigengutachten zum Marktwert des Grundstücks.

Sachverständigengutachten kommen auch bei **bebauten Grundstücken**, insb. Mietobjekten, zur Bestimmung des beizulegenden Werts in Betracht. Entsprechend den Vorgaben der Wertermittlungsverordnung bestimmen diese Gutachten zumindest den Marktwert von Gebäuden regelmäßig nach dem Ertragswertverfahren. Da sich die relevanten Bewertungsparameter schnell ändern können, sind derartige Gutachten über den konkreten Bewertungszeitpunkt hinaus nur bedingt verwertbar.

247

Praxis-Beispiel
Die I-AG hat mehrere Bürogebäude langfristig vermietet. Die Bürogebäude werden im AV ausgewiesen und zu fortgeführten AHK bewertet. Bei Aufstellung des Jahresabschlusses zum 31.12.01 berichtet die örtliche Presse über signifikante Leerstände von Büroflächen sowie ein deutlich gesunkenes Mietpreisniveau in der Region. Die Geschäftsführung holt von einem Immobiliensachverständigen ein Bewertungsgutachten für die Gebäude ein. Bei 2 Gebäuden ergibt sich ein signifikant unter dem Buchwert liegender beizulegender Wert. Da in den Sachverständigengutachten die Stichtagswerte auf Basis zukünftiger Ertragserwartungen abgeleitet sind, ist von einer voraussichtlich dauernden Wertminderung auszugehen. Die I-AG nimmt in ihrem Jahresabschluss zum 31.12.01 entsprechende außerplanmäßige Abschreibungen vor. Am 31.12.02 hat sich das Mietniveau nochmals verringert. Das Zinsniveau für Immobilienkredite ist demgegenüber unverändert auf dem Niveau des Vj. Da sowohl das Mietniveau als auch das Zinsniveau bewertungsrelevante Parameter für die Ermittlung des beizulegenden Werts der Bürogebäude darstellen, können die Sachverständigengutachten aus dem Vj nicht zur Bestätigung der Buchwerte herangezogen werden. Vielmehr sind neue Gutachten einzuholen, zumindest aber sind die zum Ende des Vj ermittelten Werte anhand der aktuellen Bewertungsparameter fortzuschreiben.

Praxis-Beispiel
Die GmbH betreibt zwei Tagungshotels in Ballungsgebieten. Während des Lockdowns infolge der Covid-19-Pandemie waren beide Hotels geschlossen. Nach Lockerung der Kontaktbeschränkungen hat die GmbH ein Hotel wiedereröffnet. Die Zahl der Gäste und Veranstaltungen liegt seither etwa 60 % unter dem Niveau der Jahre vor 2020. Das Management der GmbH erwartet auch auf längere Sicht keine Rückkehr zu den früheren Buchungszahlen, zudem eine Konzentration der Nachfrage auf bestimmte Städte.
Um die Fixkosten zu reduzieren, soll das zweite Tagungshotel alsbald veräußert werden. Nach vorsichtiger Schätzung glaubt die GmbH für das Hotel einen Preis von 1 Mio. EUR erzielen zu können. Potenzielle Kaufinteressenten sind gegenwärtig nicht in Sicht. Der Buchwert des Hotels beläuft sich zum 31.12.2021 auf 2,2 Mio. EUR. Davon entfallen rund 0,4 Mio. EUR auf

> gesondert bilanzierte Ausstattungsgegenstände wie Küche, Aufzüge, Tagungstechnik, Bestuhlung usw. Laut Abschreibungsplan beträgt die Restnutzungsdauer des Gebäudes 30 Jahre.
> Immobilie und gesondert bilanzierte Ausstattungsgegenstände sind nicht als Einheit zu bewerten, sondern es gilt der Grundsatz der Einzelbewertung. Bei der Immobilie erfolgt die Bewertung zum niedrigeren Veräußerungspreis,[284] sodass eine außerplanmäßige Abschreibung vorzunehmen ist. Annahmegemäß entfallen von dem geschätzten Veräußerungserlös 0,8 Mio. EUR auf Grundstück und Gebäude, sodass diese mit 1,8 Mio. EUR abzuschreiben sind.
> U.E. sind bei bestehender Veräußerungsabsicht auch die Ausstattungsgegenstände auf den niedrigeren Einzelveräußerungspreis abzuschreiben, unabhängig davon, ob der Betrag der Wertminderung in der halben Restnutzungsdauer durch die planmäßige Abschreibung erfasst würde. Es ist in diesen Fällen von einer dauerhaften Wertminderung auszugehen. Entspr. sind auch die Ausstattungsgegenstände mit 0,2 Mio. EUR außerplanmäßg abzuschreiben.

248 Bei Grundstücken können Altlasten, Verunreinigungen und andere **Umweltbelastungen** Anlass zu außerplanmäßigen Abschreibungen geben. Der Wertkorrektur des Grundstücks kommt Vorrang vor einer Rückstellungsbildung zu.[285] Außerplanmäßige Abschreibungen sind insb. erforderlich, wenn bei Anschaffung des Grundstücks eine bestehende Kontamination (mangels Kenntnis) nicht kaufpreismindernd berücksichtigt worden ist oder ein lastenfreies Grundstück während der Zugehörigkeit zum Betriebsvermögen kontaminiert wird.

249 War bei Grundstückserwerb die Kontamination bekannt und kaufpreismindernd berücksichtigt worden, sind die Sanierungsaufwendungen im Regelfall als nachträgliche HK des Grundstücks zu behandeln, da sie eine wesentliche Verbesserung des Grundstücks über den ursprünglichen Zustand hinaus bewirken.[286] Wurde ein kontaminiertes Grundstück wegen eingeschränkter Nutzbarkeit abgeschrieben, scheidet eine Rückstellung wegen der Sanierungsverpflichtung aus, soweit die Sanierungsmaßnahmen zu nachträglichen HK führen. Die Aktivierungspflicht der zukünftigen Ausgaben deutet auf eine kompensierte Verpflichtung hin, die das Vermögen wirtschaftlich nicht belastet. Zu Rückstellungen für Umweltschutzverpflichtungen vgl. § 249 Rz 112.

> **Praxis-Beispiel**[287]
> CS betreibt Copy-Shops in zahlreichen Städten in Deutschland. Bei einer routinemäßigen technischen Überprüfung eines von CS betriebenen Copy-Shops im Gj 01 sind Bodenproben im Bereich des Grundstücks entnommen worden, auf dem die leeren Tonerkartuschen bis zur Entsorgung gelagert werden. Die Untersuchung der Proben hat eine erhebliche Belastung des

---

[284] Vgl. IDW RS IFA 2.45.
[285] Vgl. Art. 12 Abs. 12 der RL 2013/34/EU des Europäischen Parlaments und des Rates über den Jahresabschluss, den konsolidierten Abschluss und damit verbundene Berichte von Unternehmen bestimmter Rechtsformen v. 26.6.2013, da Rückstellungen „keine Wertberichtigungen zu Aktivposten darstellen"; zum Konkurrenzverhältnis vgl. IDW, WPg 1992, S. 326.
[286] Vgl. Förschle/Scheffels, DB 1993, S. 1201.
[287] Vgl. Kessler, in Kessler/Leinen/Strickmann, BilMoG, 2010, S. 245 ff.

Grundstücks mit giftigen Tonerrückständen ergeben. Da von dieser Belastung keine unmittelbare Umweltgefährdung ausgeht, hat die Umweltbehörde eine sofortige Sanierung der Anlage nicht zur Auflage gemacht. Spätestens bei Stilllegung des Betriebs ist diese jedoch vorzunehmen.
CS schätzt die Sanierungskosten für ihr Grundstück auf 50 TEUR. Der Buchwert des Grundstücks entspricht den AK und beträgt 180 TEUR. Nach den aktuellen Bodenrichtwerten geht CS von einem Zeitwert i. H. v. 210 TEUR aus. Bis zur Aufstellung des Jahresabschlusses wurden noch keine Sanierungsmaßnahmen eingeleitet.
Zur Feststellung einer etwaigen Wertminderung des Grundstücks ist dessen Buchwert (180 TEUR) mit seinem beizulegenden Wert zu vergleichen. Der beizulegende Wert ermittelt sich als Differenz zwischen dem Marktwert des Grundstücks ohne Schadstoffbelastung und den Sanierungskosten.

Wiederbeschaffungskosten unbelastetes Grundstück	210.000
./. Sanierungskosten	50.000
= beizulegender Wert	160.000

Die abschreibungskompensierende Berücksichtigung der stillen Reserven des Grundstücks verstößt nicht gegen das Realisationsprinzip. Der beizulegende Wert unterliegt nicht der Restriktion des Anschaffungswertprinzips, sondern soll den Betriebszugehörigkeitswert des Grundstücks am Abschlussstichtag approximieren. Er wird auch durch stille Reserven beeinflusst, die sich während der Haltedauer gebildet haben.
Es ermittelt sich eine Wertminderung i. H. v. 20 TEUR (180 TEUR ./. 160 TEUR). Die Kontamination eines Grundstücks gilt als Ereignis, das zu einer voraussichtlich dauernden Wertminderung führt. Damit ist zum 31.12.01 eine außerplanmäßige Abschreibung des Grundstücks geboten.

Variante
Abweichend vom Ausgangsfall sei angenommen, CS habe noch im Gj 01 mit einem EntsorgungsUnt einen Vertrag über die Sanierung des Grundstücks im ersten Halbjahr 02 geschlossen.
Auch in diesem Fall liegt eine voraussichtlich dauernde Wertminderung vor. Zwar ist aufgrund der Sanierung des Grundstücks ein kurzfristiger Anstieg seines beizulegenden Werts zu erwarten. Die auf die Kontamination zurückgehende Wertminderung des Vermögens von CS entfällt damit jedoch nicht, da die Maßnahme Aufwendungen verursacht. Das Nettovermögen bleibt mithin über die Sanierung hinaus vermindert.

Nicht abnutzbare VG des AV sind nur außerplanmäßig abzuschreiben, wenn aufgrund objektiver Umstände mit einem langfristigen Anhalten der Wertminderung gerechnet werden muss. Wie weit dabei in die Zukunft zu schauen ist, soll sich nach den prognostischen Möglichkeiten am Abschlussstichtag richten. Fördert dieser Blick in die Glaskugel mehr Gründe für ein Andauern der Wertminderung als dagegen

250

zutage, soll die Voraussetzung für eine außerplanmäßige Abschreibung vorliegen.[288] Dieser Versuch, das Tatbestandsmerkmal der voraussichtlich dauernden Wertminderung zu konkretisieren, ist wenig hilfreich. Letztlich wird man das Vorliegen dieser Voraussetzung allein an der Ursache der Wertminderung festmachen können. Sie kann – wie im Fall der Kontamination eines Grundstücks – im VG selbst oder in einem allgemeinen Preisverfall begründet sein. Wie im Beispiel zuvor dargelegt, geben wertmindernde Umstände, die sich nur mit aufwandswirksamen Maßnahmen beseitigen lassen, stets Anlass zu einer außerplanmäßigen Abschreibung. Das gilt für gesunkene Marktpreise, die nicht in den individuellen wertbestimmenden Faktoren eines VG begründet sind nur dann, wenn sie über die übliche Schwankungsbreite hinausgehen. Im Regelfall werden sich auch dafür nachvollziehbare Gründe finden (z. B. Änderung eines Bebauungsplans, Überangebot infolge einer Abwanderung oder Schließung von Unt). Ein Verbot, das bislang auf einem Grundstück betriebene Gewerbe fortzuführen, veranlasst per se nicht zu einer außerplanmäßigen Abschreibung. Auch in diesem Fall bedarf es des Nachweises eines voraussichtlich dauernd unter die AK gesunkenen beizulegenden Werts des VG.[289]

Fraglich ist, wie die gesetzliche Vorgabe bei VG auszulegen ist, die mit **Veräußerungsabsicht** gehalten, aber **gleichwohl im AV** ausgewiesen werden.

> **Praxis-Beispiel**
> Zum Betriebsvermögen von U gehören am 31.12.01 mehrere nicht für betriebliche Zwecke genutzte unbebaute Grundstücke. Um finanzielle Mittel für geplante Investitionen freizusetzen, bietet U die Grundstücke zum Verkauf an. Die eingeholten Wertgutachten lassen einen Veräußerungspreis unter den AK erwarten. Anfang 02 verkauft U die Grundstücke mit Verlust.
> Nach der Rechtsprechung des BFH ist von einer voraussichtlich dauernden Wertminderung auszugehen, wenn aus Sicht des Abschlussstichtags aufgrund objektiver Anzeichen ernstlich mit einem langfristigen Anhalten der Wertminderung zu rechnen ist. Es müssen mehr Gründe für als gegen das Andauern der Wertminderung sprechen. Der maßgebliche Prognosehorizont soll sich nach den prognostischen Möglichkeiten zum Abschlussstichtag richten, die je nach Art des VG und des auslösenden Moments für die Wertminderung variieren. Diese Grundsätze wendet die Rechtsprechung unabhängig davon an, ob ein VG des AV weiterhin gehalten werden soll oder zur Veräußerung bestimmt ist.[290] Für die Vornahme einer Teilwertabschreibung komme es auch bei Letzteren auf die zu erwartende nachhaltige Wertentwicklung an und nicht auf eine punktuelle Betrachtung anlässlich des geplanten Verkaufs zu einem bestimmten Zeitpunkt. Abzustellen sei daher auf die objektive (Rest-)Nutzungsdauer und nicht auf die individuelle Verbleibensdauer beim Bilanzierenden. Die Veräußerung eines unbebauten Grundstücks mit Verlust könne zwar eine voraussichtlich dauernde Wertminderung indizieren. Diese Annahme sei jedoch durch weitere Anhaltspunkte zu objektivieren.

---

[288] Vgl. BFH, Beschluss v. 29.7.2014, I B 188/13, BFH/NV 2014 S. 1742; FG Bremen, Urteil v. 11.4.2018, 1 K 61/16 (3).
[289] Vgl. FG Bremen, Urteil v. 11.4.2018, 1 K 61/16 (3).
[290] Vgl. BFH, Urteil v. 9.9.2010, IV R 38/08, BB 2011 S. 242.

> Der Entscheidung ist weder handels- noch steuerrechtlich zu folgen. Bei VG, die zur Veräußerung bestimmt sind, liegt eine voraussichtlich dauernde Wertminderung vor, wenn ihr Anhalten bis zum Abgang des VG zu erwarten ist. Auf die weitere (vermutliche) Wertentwicklung des VG im Vermögen des Erwerbers kann es nicht ankommen, da sich der Wertverlust mit der Veräußerung realisiert und damit endgültig ist. Für eine außerplanmäßige Abschreibung wegen eines zu erwartenden Verkaufs unter dem Buchwert sind allerdings nachvollziehbare Hinweise auf die objektiv bestehende Veräußerungsabsicht am Abschlussstichtag (z.B. Beauftragung eines Maklers) zu fordern. Die tatsächliche Veräußerung nach dem Stichtag kann insoweit als Anscheinsbeweis gelten.
> Wurde der VG bereits bis zum Abschlussstichtag zur Veräußerung hergerichtet (z.B. durch Räumung des Grundstücks), ist er in das UV umzugliedern (§ 247 Rz 45). Auf die Bewertung wirkt sich der Ausweiswechsel nicht aus. Es bleibt bei dem Abwertungsgebot auf den geschätzten niedrigeren Nettoveräußerungspreis.[291]

251 Bei bebauten Grundstücken des AV bilden Grund und Boden sowie aufstehendes Gebäude zwei voneinander unabhängige VG.[292] Insofern können bei der Bemessung von ggf. erforderlichen außerplanmäßigen Abschreibungen auf das Gebäude Werterhöhungen des Grund und Bodens nicht verrechnet werden.

252 Bei Sachanlagen wird in bestimmten Konstellationen vertreten, die VG nicht einheitlich, sondern nach dem **Komponentenansatz** in einzelne kalkulatorische Abschreibungskomponenten aufzuteilen, die jeweils gesondert abzuschreiben sind (Rz 193). Eine außerplanmäßige Abschreibung kommt in diesen Fällen nur für den VG insgesamt in Betracht; für einzelne Komponenten ermittelte Wertminderungen geben für sich genommen keinen Anlass zu einer außerplanmäßigen Abschreibung. Gegenstand der Niederstbewertung ist nur der VG insgesamt.[293]

253 Bei **abnutzbaren Sachanlagen** nimmt die h.M. eine voraussichtlich dauernde Wertminderung nur an, wenn der beizulegende Wert für mind. die Hälfte der Restnutzungsdauer unter den fortgeführten AK liegt (Rz 231 f.). Dieser Beurteilungsansatz sieht sich zu Recht der Kritik ausgesetzt, da er die Gefahr einer Überbewertung birgt.[294] Ihm liegt die – im Kern zutreffende – Vorstellung zugrunde, nicht jedes Absinken der Wiederbeschaffungskosten unter die fortgeführten AK eines VG sei Ausdruck einer voraussichtlich dauernden Wertminderung. Zur Identifizierung der eine Abschreibung gebietenden Wertminderungen ist der Beurteilungsansatz jedoch weitgehend ungeeignet. Das Verhältnis von heutigem beizulegendem Wert und fortgeführten AK nach Ablauf der halben Restnutzungsdauer sagt darüber allenfalls zufällig etwas aus. Überzeugender ist eine zweistufige Beurteilung, die in einer indikatorgestützten Eingangsprüfung nach qualitativen Hinweisen auf einen nachhaltigen Rückgang des beizulegenden Werts unter die fortgeführten AK sucht. Eine auf diese Weise identifizierte mögliche Wertmin-

---

[291] Vgl. auch IDW RS IFA 2.45, der für in Veräußerungsabsicht gehaltene Immobilien des AV die Bewertung nach den für UV geltenden Regelungen, d.h. strenges Niederstwertprinzip, fordert.
[292] Vgl. IDW RS IFA 2.37; FG Bremen, Urteil v. 11.4.2018, 1 K 61/16 (3).
[293] Vgl. IDW RH HFA 1.016.10.
[294] Vgl. Hoffmann/Lüdenbach, DB 2009, S. 578, die dies am Beispiel eines Pkw illustrieren.

derung des VG ist sodann durch Vergleich seines beizulegenden Werts – approximiert durch die üblichen Hilfswerte (Rz 220 ff.) – mit dem Buchwert zu quantifizieren. Bestätigt dieser Vergleich die Wertminderung, ist eine außerplanmäßige Abschreibung veranlasst. Im Ergebnis fällt nach diesem Beurteilungsansatz der **indikatorgestützten qualitativen Prüfung** die Aufgabe zu, voraussichtlich dauernde Wertminderungen dem Grunde nach zu identifizieren. Ihre Bestimmung der Höhe nach orientiert sich sodann an den bekannten Hilfswerten zur näherungsweisen Bestimmung des beizulegenden Werts.

254

Praxis-Beispiel
Der Automobilzulieferer A hat infolge von Werksschließungen während des Lockdowns Verluste erlitten. In der Zwischenzeit konnte er die Produktion wieder aufnehmen. Wegen der schleppenden Nachfrage der OEM liegt die durchschnittliche Auslastung noch deutlich unter dem Niveau vor der Krise. Eine Anlage, auf der Fahrwerkskomponenten hergestellt werden, betreibt A mit 50 % der Normalkapazität.

Eine nicht nur kurzzeitige signifikante Unterauslastung von Produktionskapazitäten kann die Notwendigkeit einer außerplanmäßigen Abschreibung indizieren. Fraglich ist, unter welchen Voraussetzungen von einer voraussichtlich dauernden Wertminderung auszugehen ist. Die Höhe der Wertminderung ermittelt sich in diesen Fällen als Differenz zwischen dem Buchwert der Anlage und dem beizulegenden Wert einer an die aktuelle und erwartete Beschäftigungslage angepassten kleiner dimensionierten Anlage. Wird eine solche Anlage am Markt nicht angeboten, kann die Wertminderung vereinfachend durch einen Abschlag vom Buchwert ermittelt werden, der aus dem Vergleich der Istkapazität mit der angemessenen Kapazität zu gewinnen ist. Nach gängiger Auffassung, die der BFH für die steuerliche Gewinnermittlung bestätigt hat, soll eine voraussichtlich dauernde Wertminderung (nur) dann anzunehmen sein, wenn die Wertminderung in der halben Restnutzungsdauer der Anlage nicht durch die planmäßige Abschreibung aufgeholt wird. U. E. erscheint es zielführender, die außerplanmäßige Abschreibung an der Nachhaltigkeit der Unterauslastung festzumachen. Die Beurteilung ist durch eine Auftrags-, Kunden und Branchenanalyse zu fundieren. Liefert sie keine Hinweise auf eine deutliche Verbesserung der Beschäftigungslage in absehbarer Zeit, ist von einer voraussichtlich dauernden Wertminderung auszugehen.

255 § 240 Abs. 3 HGB ermöglicht für VG des Sachanlagevermögens unter bestimmten Voraussetzungen (§ 240 Rz 53) den Ansatz eines **Festwerts**. In derartigen Fällen ist der beizulegende Wert für die Gesamtheit der im Festwert zusammengefassten VG nach den dargestellten Grundsätzen zu bestimmen. Da der Gesamtwert der zu einem Festwert zusammengefassten VG für das Unt von Gesetzes wegen von nachrangiger Bedeutung sein muss, sind an die Ermittlung des beizulegenden Werts keine überzogenen Anforderungen zu stellen. Es sollte genügen, die Erfassung signifikanter Wertminderungen des Festwerts sicherzustellen.

256 Eine weitere Vereinfachung stellt die **Gruppenbewertung** gem. § 240 Abs. 4 HGB dar. Sie erlaubt, gleichartige oder annähernd gleichwertige VG des AV

jeweils zu einer Gruppe zusammenzufassen und mit dem gewogenen Durchschnittswert anzusetzen (§ 240 Rz 69). Auch in diesem Fall sollte eine außerplanmäßige Abschreibung bei Hinweisen auf einen signifikant gesunkenen betrieblichen Nutzen der betreffenden Anlagengüter erfasst werden (Rz 220). Die Höhe der Wertminderung ist durch Vergleich des beizulegenden Werts mit dem Durchschnittswert der zu einer Gruppe zusammengefassten VG zu ermitteln.

Praxis-Beispiel
Ein LeasingUnt weist in seinem AV eine Vielzahl von Pkw aus, für die es eine Gruppenbewertung gem. § 240 Abs. 4 HGB praktiziert. Dazu werden gleichartige oder annähernd gleichwertige Pkw (in etwa gleiche AK, gleiche Ausstattung, gleiche Laufleistung) zu Gruppen zusammengefasst und die gesamte Gruppe mit dem gewogenen Durchschnitt der fortgeführten AK bewertet. Zur Ermittlung des beizulegenden Werts wird für jeden Pkw anhand der aktuellen Schwacke-Liste der Zeitwert bestimmt. Die Gegenüberstellung von gewogenem Durchschnittswert und beizulegendem Wert zeigt für fünf zu einer Gruppe zusammengefasste Pkw folgendes Bild:

Pkw	Buchwert (gewogener Durchschnitt) in EUR	Beizulegender Wert (Schwacke-Liste) in EUR
Pkw A		17.000
Pkw B		14.000
Pkw C		13.000
Pkw D		16.500
Pkw E		17.500
Gesamtbestand	75.000	78.000

Bei Pkw B und C ermitteln sich durch Vergleich ihres mittels Durchschnittsbewertung bestimmten Buchwerts von jeweils 15 TEUR (75 TEUR / 5) mit dem individuellen beizulegenden Wert Wertminderungen von 1 bzw. 2 TEUR. Soweit die Wertminderungen voraussichtlich dauernd sind, erfordern sie eine außerplanmäßige Abschreibung der VG. Eine verlustkompensierende Berücksichtigung der bei den übrigen Pkw bestehenden stillen Reserven würde gegen den Grundsatz der Einzelbewertung und das Imparitätsprinzip verstoßen.
Die Buchwertermittlung nach der Gruppenbewertung beruht dagegen auf einer (zulässigen) Durchschnittsbetrachtung. Bei einer Einzelbewertung wären die individuellen Buchwerte jedes einzelnen Pkw mit deren beizulegenden Werten zu vergleichen. Daraus könnten sich höhere oder niedrigere Wertminderungen ergeben.

Auch bei **geleisteten Anzahlungen und Anlagen im Bau** kann sich die Notwendigkeit zur Berücksichtigung außerplanmäßiger Abschreibungen ergeben. Das ist etwa der Fall, wenn ein begonnenes Bauvorhaben aufgegeben wird oder an den Bauträger geleistete Zahlungen aufgrund seiner Insolvenz nicht wiedererlangbar sind.

257

> **Praxis-Beispiel**
> U möchte aufgrund im 1. Halbjahr 01 gestiegener Absatzerwartungen seine Lagerkapazitäten erweitern und plant die Errichtung einer neuen Lagerhalle. Nach Vorliegen der Baugenehmigung beginnt U im Oktober 01 mit dem Bau. Bis zum 31.12.01 fallen Aufwendungen i. H. v. 100 TEUR an, die als Anlagen im Bau aktiviert werden.
> Im Dezember 01 trüben sich die Absatzerwartungen aufgrund der Insolvenz eines Großkunden nachhaltig ein. Die zusätzlichen Lagerkapazitäten werden nicht mehr benötigt. Bei der Bestimmung des beizulegenden Werts zum Abschlussstichtag stellt U folgende Überlegungen an:
> Die Fertigstellung der Lagerhalle wird noch Aufwendungen i. H. v. 250 TEUR erfordern. Die gesamten HK für die Lagerhalle belaufen sich damit auf 350 TEUR. Da eine Eigennutzung der Lagerhalle nicht absehbar ist, soll diese vermietet werden. Aufgrund des durch die besondere Lage erschwerten Zugangs zur Halle kalkuliert das Unt mit einem vorsichtig geschätzten Barwert der künftigen Nettomieterträge von 280 TEUR. Daraus ermittelt sich eine Wertminderung von 70 TEUR, die eine außerplanmäßige Abschreibung auf die Anlagen im Bau im Jahresabschluss zum 31.12.01 erfordert.

258 Der Abschreibungsgrund einer **fehlenden oder gesunkenen Rentabilität** eines VG[295] ist zu unterscheiden von der fehlenden oder gesunkenen Rentabilität des den VG haltenden Unt. Die Tatsache, dass ein Unt Verluste (ggf. auch mehrjährig) ausweist, liefert für sich genommen keinen Anlass, eine außerplanmäßige Abschreibung auf VG vorzunehmen. Allerdings kann in derartigen Fällen die Zulässigkeit einer Bilanzierung unter Fortführungsgesichtspunkten zu prüfen sein (§ 252 Rz 34). Auch wird man fragen müssen, ob sich für einzelne Anlagegüter nicht die Frage ihrer Veräußerung stellt, die eine wiederbeschaffungsorientierte Niederstbewertung ausschließt.

4.2.4 Finanzanlagen

259 Zum Begriff der Finanzanlagen vgl. § 266 Rz 50.

260 Finanzanlagen unterliegen keiner planmäßigen Abschreibung. Eine außerplanmäßige Abschreibung ist bei voraussichtlich dauernder Wertminderung geboten. Bei einer voraussichtlich nicht dauernden Wertminderung eröffnet § 253 Abs. 3 Satz 6 HGB ein Abschreibungswahlrecht. Seine Ausübung unterliegt dem Stetigkeitsgebot gem. § 252 Abs. 1 Nr. 6 HGB. Sowohl die Inanspruchnahme des Abwertungswahlrechts als auch der Verzicht auf eine Abschreibung begründen eine Bewertungsmethode. An die jeweilige Entscheidung ist der Bilanzierende gebunden, soweit er keinen begründeten Ausnahmefall geltend machen kann (§ 252 Rz 150). Mit der erstmaligen Ausübung bzw. Nichtausübung des Wahlrechts ist zugleich die Verfahrensweise in vergleichbaren Fällen bei anderen Finanzanlagen vorbestimmt (Grundsatz der Einheitlichkeit der Bewertung; § 252 Rz 141).

---

[295] Eine Gesetzesänderung, die eine bestimmte gewerbliche Nutzung eines VG erschwert (hier: der Betrieb von Spielhallen als Folge geänderter glücksspielrechtlicher Vorschriften), liefert für sich genommen keinen Grund für eine außerplanmäßige Abschreibung; vgl. FG Bremen, Urteil v. 11.4.2018, 1 K 61/16 (3).

Der beizulegende Wert von Finanzanlagen ist vorrangig mittels eines Ertragswert- oder eines DCF-Verfahrens zu ermitteln (zu diesen Wertermittlungsmethoden vgl. Rz 223 f.). Bei aktiv gehandelten Vermögenswerten können Börsen- oder Marktpreise als Näherungswerte dienen, wenn Unterschiede zwischen dem unternehmensspezifischen beizulegenden Wert und dem Wertkalkül eines typisierten Marktteilnehmers vernachlässigbar sind. 261

Relevant ist die Unterscheidung insb. bei **börslich gehandelten Unternehmensanteilen**. Bei Anteilen, die dem Investor z. B. aufgrund der Höhe der Beteiligungsquote eine besondere Machtposition im Verhältnis zur Beteiligungsgesellschaft verschaffen, verbietet sich eine Ermittlung des Vergleichswerts zum Buchwert anhand der anteiligen Börsenkapitalisierung. Vorzugsweise ist der beizulegende Wert in diesen Fällen anhand eines einkommensorientierten Bewertungsmodells zu bestimmen.[296] Der rechnerische Börsenwert mag immerhin zur Plausibilisierung der getroffenen Annahmen und des Bewertungsergebnisses herangezogen werden. Abweichungen zwischen den beiden Wertansätzen, die sich sachlich nicht begründen lassen, geben Anlass, die einkommensorientierte Bewertung kritisch zu überprüfen.[297] Vorausgehen muss diesem Bewertungsansatz eine Prüfung, ob die beobachteten Börsenkurse verzerrenden Einflüssen unterliegen. Mögliche Ursachen können ein enger Markt mit geringen Handelsaktivitäten oder besondere Marktsituationen liefern.[298] Erweist sich die rechnerische Marktkapitalisierung als kein verlässlicher Indikator für den beizulegenden Wert der Anteile, ist der Vergleichswert zum Buchwert anhand eines geeigneten Bewertungsmodells zu bestimmen. 262

Der für die Niederstbewertung nicht börslich gehandelter **Beteiligungen** (z. B. GmbH-Anteile, Anteile an PersG) heranzuziehende Vergleichswert zum Buchwert ist als Ertragswert oder DCF-Wert zu bestimmen.[299] Ausgangspunkt einer Ertragswertberechnung stellt die Unternehmensplanung der zu bewertenden Beteiligung dar. Diese ist jährlich neu durchzuführen. Zwischenzeitlich eingetretene Entwicklungen, die sich auf die Höhe der künftigen Nettoeinzahlungen aus dem Investment auswirken, ist angemessen Rechnung zu tragen. Dabei kann es sich um negative Umstände (z. B. Corona-Pandemie, Krieg in der Ukraine) wie auch um positive Faktoren (z. B. Verschwinden von Wettbewerbern infolge einer Marktkonsolidierung) handeln. In jedem Fall muss die Planung allgemeinen Plausibilitätsanforderungen genügen. Das beginnt mit der formalen rechnerischen Richtigkeit und der Konsistenz der getroffenen Annahmen. Zudem muss das Management Konsequenzen aus etwaigen Planverfehlungen der Vergangenheit gezogen und die Potenziale des Unternehmens angemessen berücksichtigt haben (interne materielle Plausibilität). Schließlich sollte die Planung verfügbaren Marktdaten (z. B. volkswirtschaftliche Prognosen, Absatzmarktanalysen) und Einschätzungen Dritter (z. B. Analysten) Rechnung tragen (externe materielle Plausibilität).[300] 263

---

[296] IDW RS HFA 10.3.
[297] Vgl. IDW S 1.15.
[298] Vgl. IDW S 1.15; so auch BFH, Urteil v. 21.9.2011, I R 89/10, BFHE 235 S. 263.
[299] Vgl. IDW RS HFA 10.3 f.
[300] Vgl. zum Ganzen IDW Praxishinweis 2/2017.

264 Bei der Berechnung der dem bilanzierenden Unt aus der Beteiligung voraussichtlich zuzurechnenden Erträge sind auch die vom Inhaber der Beteiligung realisierbaren Synergieeffekte zu berücksichtigen.[301] Welche Synergieeffekte in einem Konzernverbund aus Sicht der einzelnen Unt realisiert werden können und damit bei der Ermittlung des beizulegenden Werts von Beteiligungen zu berücksichtigen sind, hängt von den gesellschaftsrechtlichen Verhältnissen ab.

> **Praxis-Beispiel**
> Der A-Konzern wird von der A-AG geführt. Zum Abschlussstichtag hält die A-AG jeweils 100 % der Anteile an den im nachstehenden Organigramm aufgeführten Unt.
>
>
>
> Die T 2 GmbH hat den beizulegenden Wert der von ihr gehaltenen Beteiligungen an E 2 und E 3 zu bestimmen. Während sich für E 2 ein über dem Beteiligungsbuchwert liegender Ertragswert ermittelt, unterschreitet der Ertragswert von E 3 den Beteiligungsbuchwert deutlich. Aus Sicht des A-Konzerns mag die Beteiligung an E 3 dennoch werthaltig sein, z. B. wenn E 4 erhebliche Vorteile aus der Geschäftsbeziehung mit E 3 zieht.
> Bei der Bewertung der Beteiligungen auf Ebene der T 2 GmbH dürfen dagegen nur Synergieeffekte berücksichtigt werden, die von T 2, E 2 oder E 3 erzielbar sind. Synergieeffekte, die sich bei anderen Unt des Konzerns realisieren (hier bei SchwesterUnt E 4), dürfen keine Beachtung finden.
> Würde demgegenüber die Beteiligung an E 4 ebenfalls von T 2 gehalten, wären die Synergieeffekte aus der Kooperation von E 3 und E 4 bei der Bewertung der von T 2 an E 3 gehaltenen Beteiligung zu berücksichtigen, da sie dem Inhaber der Anteile zugutekommen.

265 Die Beteiligungsbewertung erfolgt aus der subjektiven Perspektive des beteiligten Unt und berücksichtigt z. B. künftige Investitionsmöglichkeiten, Synergieeffekte sowie steuerliche Vor- und Nachteile. Die Ertragsteuerbelastung des bilanzierenden Unt ist bei der Ermittlung des Ertragswerts zu berücksichtigen.[302]

---

[301] Vgl. IDW RS HFA 10.5f.
[302] Vgl. IDW RS HFA 10.4, 8.

Zeichnet sich eine **Veräußerung der Anteile ab** (z. B. aufgrund eines Beschlusses des Managements oder aufgrund einer kartellrechtlichen Auflage), entspricht der beizulegende Wert der Anteile dem verbindlichen Angebotspreis eines potenziellen Erwerbers (soweit ein solcher vorliegt). Ansonsten ist mittels eines kapitalwertorientierten Verfahrens ein **objektivierter Unternehmenswert** als Ausdruck für jenen Preis zu bestimmen, der aufgrund der Eigenschaften des Bewertungsobjekts am Markt voraussichtlich erzielbar sein wird. Bei seiner Ermittlung sind nur (unechte) Synergieeffekte zu berücksichtigen, die ein beliebiger Erwerber realisieren könnte.[303] Bei Anzeichen für eine Liquidation des BeteiligungsUnt tritt an die Stelle des potenziellen Veräußerungswerts für die Anteile der **auf sie entfallende Teil des Liquidationswerts**.[304]

266

Für **Beteiligungen an Personengesellschaften** gelten die vorstehenden Grundsätze sinngemäß.[305] Die steuerliche Spiegelbildmethode stellt keine handelsrechtlich zulässige Bewertungsmethode dar. Soweit die Anteile weiterhin vom Bilanzierenden gehalten werden sollen, sind etwaige Bewertungsklauseln im Gesellschaftsvertrag der PersG (z. B. Abfindung zum Buchwert) irrelevant, da sich der Wert der Beteiligung als Zukunftserfolgswert bestimmt und daher auf den Ertragswert bzw. DCF-Wert abzustellen ist. Etwas anderes gilt dann, wenn eine Veräußerung oder Kündigung des Gesellschaftsanteils geplant ist.

267

Der beizulegende Wert von **Ausleihungen** entspricht dem Barwert der voraussichtlichen Rückflüsse einschl. etwaiger Zinsen. Bei seiner Ermittlung sind folgende Faktoren zu berücksichtigen:

268

- Zahlungsfähigkeit/Bonität des Schuldners,
- Zahlungswilligkeit des Schuldners und Möglichkeit von Zwangsmaßnahmen,
- Verzinslichkeit (verdeckte oder offene),
- Zeitwert des Geldes (risikoloser Zinssatz),
- Ansässigkeit des Schuldners (bei ausländischen Schuldnern können rechtliche oder sonstige Schwierigkeiten bei der Durchsetzung des Anspruchs auftreten),
- Besicherung der Forderung,
- Währungskurse (bei Ausleihungen in Fremdwährung),
- abgegebene Rangrücktrittserklärungen oder ähnliche Erklärungen.

Ist für **Wertpapiere des AV** ein Börsen- oder Marktpreis verfügbar, bildet dieser den Ausgangspunkt zur Ermittlung des beizulegenden Werts. Da die Zugehörigkeit zum AV eine beschaffungsorientierte Bewertung nahelegt, sind zusätzlich beim Erwerb anfallende Erwerbsnebenkosten zu berücksichtigen.[306] Auch wenn Börsenkurse grds. die zukünftigen Erwartungen des Markts widerspiegeln, soll nach Ansicht des VFA des IDW ein am Abschlussstichtag unter dem AK liegender Börsenkurs nicht in allen Fällen eine **voraussichtlich dauernde Wertminderung** (Rz 230 ff.) signalisieren. Zur Beurteilung des Charakters der Wertminderung können nach Ansicht des VFA folgende Kriterien herangezogen werden:[307]

269

---

[303] Vgl. IDW RS HFA 10.11–13.
[304] Zur Bestimmung des Liquidationswerts vgl. IDW S 1.5, 170.
[305] Vgl. IDW RS HFA 18.31 ff.
[306] So die Rechtsprechung zum Teilwert börsennotierter Anteile; vgl. BFH, Urteil v. 21.8.2011, I R 89/10, BFHE 235 S. 263, Rz 24; anders bei den nicht als Daueranlage bestimmten Wertpapieren des UV, s. Rz 326 ff.
[307] Vgl. IDW RS VFA 2.19.

- Unterschiedsbetrag zwischen Buchwert und Börsenkurs/Zeitwert: je größer die Differenz, desto eher ist eine voraussichtlich dauernde Wertminderung anzunehmen,
- bisherige Dauer einer bereits eingetretenen Wertminderung,
- von der allgemeinen Kursentwicklung stark abweichender Kursverlauf (ermittelt durch Korrelation mit Indexwerten),
- Substanzverluste des Emittenten durch betriebliche Verluste, Ausschüttungen oder Geldwertänderungen,
- Verschlechterung der Zukunftsaussichten des Emittenten oder der Branche des Emittenten,
- erhebliche finanzielle Schwierigkeiten des Emittenten,
- hohe Wahrscheinlichkeit der Insolvenz oder sonstiger Sanierungsbedarf des Emittenten.

270 Ausgehend von diesen Merkmalen schlägt der für die Bilanzierung in der Versicherungswirtschaft erarbeiteten Standard vor, eine voraussichtlich dauernde Wertminderung eines Wertpapiers anzunehmen, wenn[308]
- sein beizulegender Zeitwert am Abschlussstichtag und in den **sechs vorangegangenen Monaten** permanent um **mehr als 20 %** unter dem Buchwert lag oder
- der **Durchschnittswert** der täglichen Börsenkurse des Wertpapiers am Abschlussstichtag und **in den letzten zwölf Monaten** um **mehr als 10 %** unter dem Buchwert lag.

271 Ist mind. ein Kriterium erfüllt, soll von einer außerplanmäßigen Abschreibung nur abzusehen sein, wenn nachweisbare Umstände auf eine nur vorübergehende Wertminderung hindeuten. Ertragswert- oder DCF-Schätzungen durch das bilanzierende Unt genügen hierzu regelmäßig nicht, es sei denn, das Unt verfügt als Insider über substanzielle Hinweise auf eine Unterbewertung des Wertpapiers durch die Marktteilnehmer. Darüber hinaus ist nach Ansicht des VFA insoweit von einer voraussichtlich nicht dauernden Wertminderung auszugehen, als der Börsenkurs bis zur Aufstellung der Bilanz wieder angestiegen ist.

272 In seinem Urteil v. 21.9.2011[309] ist der BFH der vom VFA vertretenen Auslegung des Tatbestandsmerkmals der voraussichtlich dauernden Wertminderung bei der Bewertung **börsennotierter Aktien** entgegengetreten. Nach seiner Auffassung rechtfertigt bei diesen grds. jeder Rückgang des Börsenkurses unter die AK eine Teilwertabschreibung. Das Abstellen auf den Börsenkurs entspreche der gebotenen Objektivierung der Bewertung und sichere einen gleichmäßigen Gesetzesvollzug. Daran ändere die zunehmend in Frage gestellte Informationseffizienz der Kapitalmärkte nichts. Die Notwendigkeit einer verifizierbaren Schätzung des Teilwerts bei einer Vielzahl von Bewertungsfällen rechtfertige seine Gleichsetzung mit dem Börsenkurs. Diese typisierende Vermutung gelte allerdings nicht, wenn Bewertungsanomalien (z.B. Marktmanipulationen, geringer Handel) nachweisbar sind.

---

[308] Vgl. IDW, IDW-FN 2002, S. 667; bestätigt durch IDW, Fachlicher Hinweis des VFA v. 27.10.2022, Handelsrechtliche Bewertung von Kapitalanlagen bei Versicherungsunternehmen nach § 341b HGB.
[309] Vgl. BFH, Urteil v. 21.9.2011, I R 89/10, BFHE 235 S. 263.

Bei Gültigkeit der Annahme eines effizienten Kapitalmarktes sieht der BFH keinen Anlass, die Zulässigkeit einer Teilwertabschreibung davon abhängig zu machen, ob der Börsenkurs die AK um gewisse Schwellenwerte unterschreitet. Zur Vereinfachung des Besteuerungsverfahrens will er allerdings geringfügige Kursverluste bei der bilanziellen Bewertung unberücksichtigt lassen. In Anlehnung an den bilanzrechtlichen Wesentlichkeitsgrundsatz sieht er eine Bagatellgrenze bei 5 % der Notierung im Erwerbszeitpunkt. Eine weitere Konsequenz zieht der BFH aus der typisierend unterstellten Kapitalmarkteffizienz: Kursanstiege nach dem Abschlussstichtag haben keine werterhellende Kraft, sondern stellen wertbegründende Entwicklungen dar. Die dargestellten Grundsätze gelten nach einer weiteren Entscheidung des I. Senats vom gleichen Tag auch für Aktienfonds, die nach ihren vertraglichen Bedingungen zumindest überwiegend direkt oder indirekt (als Dachfonds) in börsennotierte Aktien investieren. Zur Ermittlung ihres Teilwerts ist im Regelfall auf den Ausgabepreis der Anteile abzustellen. Das gilt jedenfalls dann, wenn die Anteile im Interesse der Aufrechterhaltung des eigenen Geschäftsbetriebs erworben wurden und keine entbehrlichen Wirtschaftsgüter darstellen.[310] Mit Urteil vom 13.2.2019 hat der BFH seine Rechtsprechung auf Anteile an einem offenen Immobilienfonds ausgedehnt, deren Ausgabe und Rücknahme endgültig eingestellt ist. Mangels anderweitiger Beschaffungs- und Veräußerungsmöglichkeiten ist der Teilwert derartiger Anteile aus ihrem Börsenkurs (Zweitmarkt) abzuleiten.[311]

273

Das FG Hamburg erachtet die vom BFH entwickelten Grundsätze der Bewertung börsennotierter Anteile sinngemäß auf als Anlagevermögen gehaltene Goldbestände für anwendbar. Auch ihr beizulegender Wert ist daher aus dem Börsenpreis am Abschlussstichtag abzuleiten, sofern keine Marktstörungen vorliegen.[312]

Das BMF hat sich dieser Sichtweise im Schreiben v. 2.9.2016 im Wesentlichen angeschlossen. Die Bagatellgrenze von 5 % will die Finanzverwaltung bei börsennotierten, börsengehandelten und aktienbasierten Wertpapieren des AV und UV nur bei Vornahme einer Teilwertabschreibung berücksichtigen, nicht hingegen bei einer späteren Wertaufholung. Sie soll in jedem Fall geboten sein, wenn der Börsenwert am Abschlussstichtag über dem Buchwert liegt.[313]

Fraglich ist, ob die Rechtsprechung des BFH sinngemäß auch auf die Bewertung börsennotierter Anteile in der HB anzuwenden ist. Dafür sprechen die folgenden Erwägungen:

274

- Steuerlicher Teilwert und beizulegender Wert von Anteilen unterscheiden sich im Ergebnis nicht. Soweit mit den Anteilen keine individuellen Vorteile für das sie haltende Unt verbunden sind (z. B. bei größeren Anteilspaketen, die als solche nicht an der Börse gehandelt werden), liegt es nahe, beide Wertmaßstäbe unter Rückgriff auf den Börsenpreis zu konkretisieren.
- Den Begriff der voraussichtlich dauernden Wertminderung verwenden § 253 Abs. 3 Satz 5 HGB und § 6 Abs. 1 Nr. 1 Satz 2 EStG ohne erkennbaren Unter-

---

[310] Vgl. BFH, Urteil v. 21.9.2011, I R 7/11, BFHE 235 S. 273.
[311] Vgl. BFH, Urteil XI R 41/17, BFHE 2019 S. 337.
[312] Vgl. FG Hamburg, Urteil v. 3.6.2020, 5 K 20/19.
[313] Vgl. BMF, Schreiben v. 2.9.2016, BStBl 2016 I S. 995, Rz. 17.

schied. Eine abweichende Auslegung dieses Tatbestandsmerkmals für Zwecke der handels- und steuerrechtlichen Gewinnermittlung drängt sich nicht auf.
- Die Argumentation des BFH ist nicht spezifisch steuerlich ausgerichtet. Seine Erwägungen, warum ein gesunkener Aktienkurs im Regelfall Ausdruck einer voraussichtlich dauernden Wertminderung ist, fußen vielmehr auf übergreifenden finanzwissenschaftlichen Erkenntnissen und sind zudem von Objektivierungserwägungen geleitet.
- Auch gegen die Bagatellgrenze von 5 % sollten aus handelsrechtlicher Sicht im Regelfall keine Bedenken bestehen, da sie auf ein verbreitetes Verständnis des bilanzrechtlichen Wesentlichkeitsgrundsatzes zurückgeht. Die von der Finanzverwaltung favorisierte imparitätische Ausprägung dieser Vereinfachungsregelung trägt demgegenüber erkennbar fiskalische Züge. Ihr fehlt (zumindest) aus handelsrechtlicher Sicht jede Berechtigung.

Unterstützung erfährt die hiesige Auffassung durch einen Beschluss des BGH zur Stichtagsbewertung von Goldsparplänen. In seiner Entscheidung betont er die Bedeutung des handelsrechtlichen Vorsichtsprinzips für die Beurteilung, ob eine voraussichtlich dauernde Wertminderung anzunehmen ist oder nicht. Bei VG des AV anhand eines Börsen- oder Marktpreises festgestellte Wertminderungen haben danach im Zweifel als voraussichtlich dauernd zu gelten. Anders gewendet: Den Verzicht auf eine außerplanmäßige Abschreibung rechtfertigen nur besondere Umstände, die nach den Verhältnissen des Abschlussstichtags gegen die voraussichtliche Dauerhaftigkeit der Wertminderung sprechen.[314] Der HFA des IDW will demgegenüber die Grundsätze des BFH-Urteils v. 21.9.2011 nicht unmittelbar auf die HB anwenden und hat – in Übereinstimmung mit dem BFH und dem VFA – entschieden, für Zwecke der handelsrechtlichen Bewertung börsennotierter Aktien an den Aufgreifkriterien des VFA festzuhalten. Entgegen der Ansicht des BFH sei nicht jedes Absinken des Börsenkurses Ausdruck einer voraussichtlich dauernden Wertminderung. Die Aussage gelte vielmehr nur bei im Zeitablauf konstanten finanziellen Überschüssen. Da die steuerliche Beurteilung der voraussichtlich dauernden Wertminderung im Urteil des BFH losgelöst vom Handelsrecht erfolge, sind nach Auffassung des HFA aus der Entscheidung keine Konsequenzen für die Handelsbilanz zu ziehen.[315]

275 Folgt man der Rechtsprechung des BFH auch handelsrechtlich, ergibt sich ein Unterschied zwischen handels- und steuerbilanzieller Bewertung börsennotierter Anteile nur in den Rechtsfolgen. Während § 253 Abs. 3 Satz 5 HGB bei voraussichtlich dauernder Wertminderung eine Abwertung anordnet, besteht steuerlich ein bloßes Abwertungswahlrecht. Bei Anteilen, die in den Anwendungsbereich des § 8b KStG fallen, dürfte dieses Wahlrecht mit Blick auf die Folgen einer steuerlichen Zuschreibung oder eines Verkaufs der Anteile über Buchwert kaum ausgeübt werden.[316] Daher werden Wertminderungen bei derartigen Anteilen häufig zu abweichenden Bilanzansätzen in Handels- und Steuerbilanz führen. Das kann Anlass sein, die Bildung latenter Steuern in Betracht zu ziehen (§ 274 Rz 26).

---

[314] BGH, Beschluss v. 11.5.2021, II ZR 56/20.
[315] Vgl. IDW, IDW-FN 2012, S. 322.
[316] Vgl. hierzu Atilgan, StuB 2017, S. 456 ff.

Zum Ganzen das folgende Beispiel: 276

> **Praxis-Beispiel**
> U hat im Jahr 01 nicht benötigte liquide Mittel in Aktien angelegt. Das Investment hat seither kontinuierlich an Wert verloren:
>
> AK am 10.10.01: 200
>
> Börsenkurs 31.12.01: 179
>
> Börsenkurs 31.12.02: 142
>
> Börsenkurs bei Aufstellung des Jahresabschlusses für 02: 155
>
> Hinweise auf wirtschaftliche Schwierigkeiten des Emittenten liegen bislang nicht vor. Der Index, in dem die Aktien enthalten sind, ist im relevanten Zeitraum um 20 % gesunken. Hinweise auf Marktmanipulationen oder einen unzureichenden Handel in den Aktien bestehen nicht. Nach IDW RS VFA 2 ergibt sich folgende Beurteilung:
> Stichtag 31.12.01: Die Kriterien des VFA sprechen für die Annahme einer nicht dauernden Wertminderung. Der Kursverlust im Vergleich zu den AK beträgt zwar 11,5 %. Die Wertminderung hält aber noch keine drei Monate an. Zudem liegen keine Hinweise auf wirtschaftliche Schwierigkeiten des Emittenten vor.
> Stichtag 31.12.02: Der Kursverlust im Vergleich zum Buchwert per 31.12.01 (AK) beträgt 29 %. Da die Wertminderung seit mehr als einem Jahr anhält, ist nach den Kriterien des VFA eine voraussichtlich dauernde Wertminderung der Aktien zu vermuten. Sie wird insoweit widerlegt, als der Börsenkurs der Aktien im Aufstellungszeitraum für den Jahresabschluss 02 wieder angestiegen ist.
> Im Ergebnis darf damit – soweit mit dem Stetigkeitsgrundsatz vereinbar – zum 31.12.01 eine Abwertung auf 179 GE erfolgen. Zum 31.12.02 ist eine außerplanmäßige Abschreibung der Aktien auf 155 GE geboten. I. H. d. Differenz zum Stichtagskurs am 31.12.02 von 13 GE besteht ein Abwertungswahlrecht.
> Nach den vom BFH aufgestellten Grundsätzen müssen die Aktien in der HB zum 31.12.01 auf 179 GE abgeschrieben werden. Der Kursrückgang zum 31.12.02 auf 142 GE erfordert eine weitere Abwertung um 37 GE. Steuerlich besteht in beiden Fällen ein Wahlrecht zur Teilwertabschreibung.

Bei Gläubigerinstrumenten (z. B. Schuldverschreibungen) liefert ein gesunkener Börsenkurs keine unmittelbaren Hinweise auf eine voraussichtlich dauernde Wertminderung, da der Kursrückgang durch unterschiedliche Faktoren veranlasst sein kann. Liegt die Ursache in einer bloßen Unterverzinslichkeit des Investments, die den Anspruch des Gläubigers auf die vereinbarten Zins- und Tilgungszahlungen nicht tangiert, ist von einer nicht dauernden Wertminderung auszugehen, die – unter Beachtung des Stetigkeitsgebots – ein Abwertungswahlrecht begründet.[317] 277

---

[317] Vgl. hierzu auch BFH, Urteil v. 13.2.2019, XI R 41/17, BFHE 2019 S. 337; Hessisches FG, Urteil v. 28.1.2020, 4 K 890/17, DStR 2020 S. 8.

5 Abschreibung von Vermögensgegenständen des Umlaufvermögens (Abs. 4)

5.1 Strenges Niederstwertprinzip

278 Gem. § 253 Abs. 4 HGB sind bei VG des UV Abschreibungen vorzunehmen, wenn sich aus einem Börsen- oder Marktpreis am Abschlussstichtag ein niedrigerer Wert ergibt (Satz 1). Ist kein Börsen- oder Marktpreis feststellbar, bildet der niedrigere beizulegende Wert den relevanten Vergleichsmaßstab (Satz 2). Diese unter dem Begriff **strenges Niederstwertprinzip** bekannte Bewertungsanweisung gilt für sämtliche VG des UV. Die Abgrenzung zwischen AV und UV ist damit nicht nur für den Ausweis von Bedeutung, sie zieht auch unterschiedliche Bewertungsfolgen nach sich (zur Abgrenzung AV/UV vgl. § 247 Rz 17; zum Begriff des UV vgl. § 266 Rz 64).

279 VG des UV sind nach § 253 Abs. 1 HGB zu **AHK** anzusetzen (§ 255 Rz 1 und Rz 79). Zu ihrer Ermittlung sind bestimmte Bewertungsvereinfachungen nach § 240 Abs. 3 HGB (**Festwert**), § 240 Abs. 4 HGB (**Gruppenbewertung**) bzw. § 256 HGB (**Verbrauchsfolgeverfahren**, Lifo oder Fifo) vorgesehen. Eine planmäßige Abschreibung kommt nicht in Betracht. Eine außerplanmäßige Abschreibung ist vorzunehmen, wenn der relevante Vergleichswert am Abschlussstichtag niedriger ist. Optionale Abschreibungen sieht § 253 Abs. 4 HGB nicht vor.

280 Abs. 4 findet gem. § 253 Abs. 1 Satz 4 HGB keine Anwendung auf VG, die als saldierungspflichtiges **Deckungsvermögen** i.S.v. § 246 Abs. 2 Satz 2 HGB zu behandeln sind (Rz 117). VG des UV, die als Grundgeschäfte oder Sicherungsinstrumente zu einer **Bewertungseinheit** i.S.v. § 254 Satz 1 HGB gehören, unterliegen einzeln nur im Hinblick auf nicht abgesicherte Risiken dem Niederstwertprinzip (zu den Voraussetzungen für eine Qualifikation als Bewertungseinheit vgl. § 254 Rz 10).

281 **Bewertungszeitpunkt** ist der jeweilige Abschlussstichtag. Später eintretende Änderungen der relevanten Vergleichswerte sind wertbegründend und vermögen weder eine außerplanmäßige Abschreibung zum Abschlussstichtag zu begründen noch zu verhindern (zur Abgrenzung wertbegründender und werterhellender Tatsachen vgl. § 252 Rz 62). Eine andere Beurteilung ist nur denkbar, wenn es sich bei den am Abschlussstichtag festgestellten Börsen-, Markt- oder sonstigen Preisen um Zufallskurse handelt (Rz 284).

282 Einen **gesonderten Ausweis** außerplanmäßiger Abschreibungen auf VG des UV in der GuV oder ihre Angabe im Anhang, wie dies für das AV in § 277 Abs. 3 HGB vorgeschrieben ist, verlangt das Gesetz nicht. Lediglich bei Anwendung des GKV ist der Teilbetrag der Abschreibungen gesondert in der GuV auszuweisen, der das bei der Ges. übliche Maß übersteigt (§ 275 Rz 122).

5.1.1 Börsen- oder Marktpreis

283 Unter dem **Börsenpreis** ist der Kurs zu verstehen, der an einer amtlich anerkannten Börse am Abschlussstichtag festgestellt wird.[318] Auch im Freiverkehr[319] sowie an ausländischen Börsen festgestellte Kurse sind unter diesen

---

[318] Vgl. ADS, Rechnungslegung und Prüfung der Unternehmen, 6. Aufl. 1995–2001, § 253 HGB Rz 504.
[319] Vgl. Pfirmann/Lorson/Hell/Metz, in Küting/Weber, HdR-E, § 253 HGB Rz 277, Stand: 5/2020.

Begriff zu fassen.[320] Börsenpreise lassen sich am ehesten für Wertpapiere ermitteln. Verschiedentlich existieren auch Börsen für commodities (Rohstoffbörsen).

> **Praxis-Beispiel**
> An der European Energy Exchange (EEX) in Leipzig werden u. a. CO_2-Emissionsberechtigungen gehandelt. Auch wenn hier ein von einem privaten Unt betriebener Handelsplatz vorliegt, gelten die festgestellten Kurse als Börsenkurse i. S. v. § 253 Abs. 4 Satz 1 HGB.

Unter **Marktpreis** ist derjenige Preis zu verstehen, der an einem Handelsplatz für Waren einer bestimmten Gattung von durchschnittlicher Art und Güte zu einem bestimmten Zeitpunkt im Durchschnitt festzustellen ist.[321] Maßgebend sind Preisfeststellungen an dem für den Bilanzierenden maßgeblichen Handelsplatz; auch internetbasierte elektronische Handelsplattformen können die Voraussetzungen eines Markts i. S. v. Abs. 4 Satz 1 erfüllen.[322] Ergeben sich signifikant vom allgemeinen Kursniveau abweichende **Zufallskurse**, sind diese nicht bewertungsrelevant; in derartigen Fällen sind Durchschnittskurse zu verwenden. Das gilt unabhängig davon, ob die Kurse nach oben oder unten verzerrt sind. 284

Börsen- oder Marktpreise stellen nicht den unmittelbaren Vergleichswert zum Buchwert dar, sondern geben lediglich den Ausgangspunkt der Wertermittlung ab. Abs. 4 Satz 1 verlangt die Abschreibung auf einen niedrigeren Wert, „der sich aus einem Börsen- oder Marktpreis am Abschlussstichtag ergibt". Die **Ableitung aus einem Börsen- oder Marktpreis** erfolgt durch Berücksichtigung von Transaktionskosten. Bei einer beschaffungsmarktorientierten Bewertung sind diese hinzuzurechnen, bei einer absatzmarktorientierten Bewertung abzuziehen. 285

5.1.2 Beizulegender Wert

Das Gesetz enthält keine Definition des beizulegenden Werts. Indem er auf den betriebsindividuellen Wert des VG für das bilanzierende Unt abzielt, unterscheidet sich der Wertmaßstab konzeptionell vom beizulegenden Zeitwert gem. § 255 Abs. 4 HGB (§ 255 Rz 207). Letzterer berücksichtigt lediglich die allgemeine Wertschätzung eines Guts durch den Markt. Im UV werden sich allerdings – anders als im AV – regelmäßig keine über den allgemeinen Marktpreisen liegende Betriebszugehörigkeitswerte feststellen lassen. Davon geht auch der Gesetzgeber aus, da die beiden übrigen Vergleichsmaßstäbe zum Buchwert am beizulegenden Zeitwert ausgerichtet sind. Unabhängig davon finden die für das AV vorgeschlagenen Hilfswerte zur Approximation des beizulegenden Werts (Rz 220 ff.) im Grundsatz auch zur Bewertung von VG des UV Anwendung.
Die Gesetzessystematik schreibt den **Vorrang der Berücksichtigung eines Börsen- oder Marktpreises** vor. Der daraus abzuleitende Vergleichswert zu den 286

---

320 Vgl. Thiele/Prigge, in Baetge/Kirsch/Thiele, Bilanzrecht, § 253 HGB Rz 516, Stand: 11/2020.
321 Vgl. ADS, Rechnungslegung und Prüfung der Unternehmen, 6. Aufl. 1995–2001, § 253 HGB Rz 508.
322 Vgl. Thiele/Prigge, in Baetge/Kirsch/Thiele, Bilanzrecht, § 253 HGB Rz 517, Stand: 11/2020.

AHK repräsentiert eine ganz bestimmte Ausprägung des beizulegenden Werts am Stichtag. Die allgemeine Bewertungsanweisung des Abs. 3 Satz 2 greift demgegenüber nur subsidiär, nämlich wenn „ein Börsen- oder Marktpreis nicht festzustellen (ist)".

287 Die Bestimmung des beizulegenden Werts kann beschaffungsmarkt- oder absatzmarktorientiert erfolgen. In bestimmten Fällen sollen beide Verfahrensweisen der Wertfindung erforderlich sein (**doppelte Maßgeblichkeit**). Hiergegen bestehen Bedenken (Rz 294).

288 Eine Orientierung am **Beschaffungsmarkt** stellt auf die Ermittlung von Wiederbeschaffungskosten ab. Zur Ableitung des Vergleichswerts sind übliche Anschaffungsnebenkosten (z. B. Transportkosten) und Anschaffungskostenminderungen (z. B. Rabatte, Skonti) zu berücksichtigen. Lieferantenboni sind nur abzuziehen, wenn sie für die innerhalb einer bestimmten Periode (Gj, Quartal) abgenommenen Produkte insgesamt gewährt werden. Als solche rechnen sie zu den Anschaffungskostenminderungen eines VG. Das gilt nicht, wenn die Rückvergütung i. S. e. Treuebonus die Geschäftsbeziehung mit dem Kunden als solche und weniger die Bezugsmengen in einem zurückliegenden Zeitraum honorieren soll (§ 255 Rz 72).

289 Der Orientierung am **Absatzmarkt** liegt das Prinzip der **verlustfreien Bewertung** zugrunde.[323] Die Grundidee besteht darin, einen Nettoverkaufswert für das zu bewertende Vorratsgut zu ermitteln, der den Betrag zum Ausdruck bringt, mit dessen Zufluss aus der Verwertung des VG das Unt aus Sicht des Abschlussstichtags mind. rechnen kann. Das erfordert es, vom geschätzten Verkaufserlös alle nach dem Abschlussstichtag anfallenden Aufwendungen abzusetzen, die das Einzahlungspotenzial der Vorräte am Stichtag belasten.

Das HGB enthält keine unmittelbaren Hinweise, ob der beizulegende Wert von VG des UV vom Beschaffungs- oder Absatzmarkt abzuleiten ist. Für einzelne Arten von VG des UV haben sich folgende Konventionen herausgebildet:[324]

Bilanzposten	Ableitung des beizulegenden Werts vom
Roh,- Hilfs- und Betriebsstoffe	Beschaffungsmarkt
Unfertige Erzeugnisse und Leistungen und Fertigerzeugnisse	Absatzmarkt
Handelswaren	Beschaffungs- und Absatzmarkt
Wertpapiere	Absatzmarkt, ggf. auch Beschaffungsmarkt

Tab. 3: Ableitung des beizulegenden Werts

Ausnahmen zu den vorgenannten Grundsätzen werden bei den jeweiligen Bilanzposten erläutert.

290 Sieht man die Aufgabe des Niederstwertprinzips darin, zwecks Information über die Schuldenbegleichungsfähigkeit des Bilanzierenden die Bedeutung der Buchwerte als Ausdruck von Mindesteinzahlungserwartungen zu gewährleisten, liegt eine konsequent **absatzmarktorientierte Bewertung** des Vorrats-

---

[323] Vgl. ADS, Rechnungslegung und Prüfung der Unternehmen, 6. Aufl. 1995–2001, § 253 HGB Rz 495.
[324] Vgl. Schubert/Berberich, in Beck Bil-Komm., 14. Aufl. 2024, § 253 HGB Rz 516; ADS, Rechnungslegung und Prüfung der Unternehmen, 6. Aufl. 1995–2001, § 253 HGB Rz 488; Pfirrmann/Lorson/Hell/Metz, in Küting/Weber, HdR-E, § 253 HGB Rz 285, Stand: 5/2020.

vermögens nahe. Nur mit Blick auf die Verwertungsmöglichkeiten ermittelte Vermögensverluste signalisieren eine verminderte Fähigkeit des Kfm., seine Schulden zu begleichen.[325] Unter diesen Werten liegende Wiederbeschaffungskosten indizieren lediglich entgehende Gewinne (Opportunitätskosten).[326] Ihre bilanzielle Berücksichtigung sieht sich durch das Imparitätsprinzip nicht gedeckt. Allein aus Objektivierungsgründen erscheint es vertretbar, im Einzelfall die Niederstbewertung hilfsweise an den Verhältnissen des Beschaffungsmarkts auszurichten. Das gilt etwa für RHB. Sie entziehen sich aufgrund der notwendigen Zurechnungsfiktionen regelmäßig einer nachvollziehbaren, systematisch zutreffenden verwertungsorientierten Bewertung.

Kritisch ist danach insb. die doppelte Maßgeblichkeit bei Waren zu beurteilen. Das Abstellen auf den niedrigeren Wert aus beschaffungs- und absatzorientiert ermitteltem beizulegendem Wert ist Ausdruck eines überzogenen Vorsichtsdenkens, dem der Gesetzgeber in den letzten Jahren durch mehrere Änderungen bei den Bewertungsvorschriften die Grundlage entzogen hat.[327] U.E. sollten **Handelswaren** ausschl. absatzmarktorientiert bewertet werden. Eine außerplanmäßige Abschreibung scheidet danach aus, wenn ein Verkauf der Waren zu einem über den AK liegenden Preis zu erwarten ist.[328]

291

5.2 Vorratsvermögen

5.2.1 Roh-, Hilfs- und Betriebsstoffe

Für Roh-, Hilfs- und Betriebsstoffe (RHB) ist die Ermittlung des beizulegenden Werts beschaffungsmarktorientiert vorzunehmen. Der beizulegende Wert bestimmt sich i.d.R. nach den **Wiederbeschaffungskosten** am Abschlussstichtag. Den Ausgangspunkt zu ihrer Ermittlung bilden die am Abschlussstichtag zu beobachtenden Preise. Anschaffungsnebenkosten (z.B. Transportkosten, Verpackungs- oder Abfüllkosten) sind ebenso zu berücksichtigen wie Anschaffungskostenminderungen (z.B. Skonti, Rabatte, bedingt: Boni). Kann der mind. kostendeckende Verkauf von RHB oder deren verlustfreie anderweitige Verwertung plausibel gemacht werden, ergibt sich keine Verpflichtung einer Abschreibung auf die gesunkenen Wiederbeschaffungskosten.[329]

292

In der betrieblichen Praxis findet für RHB-Bestände häufig ein **vereinfachter Niederstwerttest** Anwendung. Hierbei wird dem Inventurwert der Vorräte der aus dem letzten Einkauf abgeleitete Beschaffungspreis gegenübergestellt und, falls dieser niedriger ist, eine Abwertung vorgenommen. Dieser Verfahrensweise liegt die Annahme zugrunde, dass der letzte Zukauf des jeweiligen Artikels die Wiederbeschaffungskosten am Abschlussstichtag approximiert. Für Bestände, bei denen der letzte Zukauf schon längere Zeit zurückliegt, kommt die Vereinfachung nicht in Betracht, da es an der erforderlichen Nähe der Preisermittlung zum Abschlussstichtag fehlt. Der vereinfachte Niederstwerttest verbietet sich außerdem, wenn

293

---

325 So bereits Kammann, Stichtagsprinzip und zukunftsorientierte Bilanzierung, 1988, S. 278f.
326 Gl. A. Weindel, DB 2013, S. 355.
327 Gl. A. IDW, WPH Edition, Wirtschaftsprüfung & Rechnungslegung, 17. Aufl. 2021, Kap. F Tz 189 m.w.N.
328 So bereits Kessler, DStR 1995, S. 839ff.; Kessler, WPg 1996, S. 3ff.
329 Vgl. IDW, FN 11/2013, S. 500.

- in der Zeit zwischen dem letzten Beschaffungsvorgang und dem Abschlussstichtag ein rückläufiges Preisniveau für alle oder bestimmte RHB zu beobachten ist oder
- die zu bewertenden RHB am Markt von anderen Lieferanten günstiger bezogen werden und der letzte Einkauf aus anderen Erwägungen bei anderen Anbietern getätigt wurde (z. B. um vom Jahresbezug abhängige Rückvergütungen zu erlangen oder um nahestehende Unt wirtschaftlich zu fördern).

> **Praxis-Beispiel**
> ProduktionsUnt P bewertet seine RHB zum gleitenden Durchschnittspreis, der auch zur Inventurbewertung dient. Bei der Aufstellung des Jahresabschlusses wird zum Abschlussstichtag ein Niederstwerttest für solche Artikel durchgeführt, bei denen innerhalb der letzten drei Monate vor dem Abschlussstichtag ein Zukauf erfolgt ist. Hierzu gehören u. a. Kupferbestände, die für das Unt einen bedeutenden Rohstoff darstellen.
> Zum Jahresende 01 ist der Weltmarktpreis für Kupfer signifikant gesunken. P hat hiervon bis zum Abschlussstichtag noch nicht profitieren können, da die mit dem Kupferlieferanten geschlossene Rahmenvereinbarung bis zum Jahresende einen konstanten Einkaufspreis für Kupfer vorsieht. Aufgrund einer an der Jahresbezugsmenge ausgerichteten Bonusstaffel hat P davon abgesehen, Kupfer bei anderen Lieferanten einzukaufen.
> Der vereinfachte Niederstwerttest führt für den Rohstoff Kupfer nicht zu einer zutreffenden Ermittlung des nach § 253 Abs. 4 HGB erforderlichen Abschreibungsbedarfs. P hat seine Kupferbestände auf Basis der am Abschlussstichtag am Markt feststellbaren Wiederbeschaffungskosten zu bewerten.

294 Für **Überbestände** von RHB, d.h. Bestände, für die das Unt selbst keine betriebliche Verwendung mehr hat, ist anstelle einer an den Wiederbeschaffungskosten ausgerichteten Niederstbewertung eine absatzmarktorientierte Bewertung vorzunehmen. Relevanter Vergleichswert zu den AHK ist der vorsichtig geschätzte Verkaufserlös (unter Berücksichtigung von Alter und Zustand der Bestände), abzgl. zu erwartender Veräußerungskosten (z. B. Transportkosten).

295 Die Wiederbeschaffungskosten können dann nicht unmittelbar als Bewertungsgrundlage übernommen werden, wenn die Bestände in ihrer Verwendungsfähigkeit eingeschränkt sind.[330] Gründe hierfür können sein:
- Überalterung (z. B. nur noch kurze Mindesthaltbarkeit von Lebensmitteln),
- Beschädigung (z. B. Rostansatz, Farbausbleichung),
- beschränkte technische Verwendbarkeit (z. B. wegen geänderter Produktionsverfahren oder -programme),
- wirtschaftliche Verwendungsbeschränkung (kostengünstigere oder technisch hochwertigere Substitutionsprodukte),
- rechtliche Verwendungsbeschränkung (z. B. zeitliche Beschränkung einer Lizenz zur Herstellung eines Produkts).

---

[330] Vgl. Pfirmann/Lorson/Hell/Metz, in Küting/Weber, HdR-E, § 253 HGB Rz 297, Stand: 5/2020.

Zur Berücksichtigung dieser eingeschränkten Verwendungsfähigkeit sind **Gängigkeitsabschläge** vorzunehmen. Hierbei handelt es sich um pauschale Abschläge auf die AHK großer Lagerbestände. Sie tragen Bewertungsrisiken Rechnung, die sich bei einer Vielzahl unterschiedlicher Bestände nicht für jeden einzelnen VG praktikabel ermitteln lassen.[331] Derartige pauschale Abschläge bei großen Lagebeständen sind in der HB seit Langem anerkannt. Sie stellen eine zulässige Durchbrechung des Grundsatzes der Einzelbewertung (§ 252 Abs. 1 Nr. 3 HGB) dar.[332] Gängigkeitsabschläge werden zumeist anhand der Lagerumschlagshäufigkeit des jeweiligen Artikels und daraus abgeleiteter Lagerreichweiten bemessen. Nach der hier favorisierten absatzorientierten Niederstbewertung sind sie nur zulässig, soweit sie nach den Verhältnissen am Abschlussstichtag zu erwartende Verluste bei der Verwertung der Vorräte bilanziell vorwegnehmen. Erwartete Lager- und Kapitaldienstkosten gehören regelmäßig nicht dazu, da sie keinen Rückschluss auf den beizulegenden Wert der VG am Abschlussstichtag erlauben.[333]

Auch wenn VG des UV nicht mit ihren individuell ermittelten AHK angesetzt werden, sondern zu einem **Festwert** (§ 240 Abs. 3 HGB), einem **gewogenen Durchschnittswert** für eine Gruppe gleichartiger VG oder unter Anwendung eines der zulässigen **Verbrauchsfolgeverfahrens** (§ 256 HGB, Lifo oder Fifo), sind Abschreibungen auf einen niedrigeren Börsen- oder Marktpreis bzw. beizulegenden Wert nach Abs. 4 zu prüfen.

Auf **Emissionsberechtigungen** gem. TEHG (Treibhausgas-Emissionshandelsgesetz) ist das strenge Niederstwertprinzip ebenfalls anzuwenden, da diese im Vorratsvermögen auszuweisen sind.[334] Der relevante Vergleichswert kann unmittelbar aus den Notierungen an der European Energy Exchange (EEX) in Leipzig abgeleitet werden. Die Praxis erfasst die nach Abs. 4 erforderlichen Abschreibungen in der Finanzbuchhaltung häufig auf **separaten Wertberichtigungskonten** zum Vorratsvermögen. Der sich aus der Materialwirtschaft ergebende Bestandswert wird dabei – insb. bei mit der Materialbestandsführung integrierten IT-Systemen – nicht angepasst, sondern durch das separate Wertberichtigungskonto in der Überleitung auf den Bilanzausweis korrigiert.

Abschreibungen auf RHB sind in der nach dem GKV aufgestellten **GuV** in den „Aufwendungen für Roh-, Hilfs- und Betriebsstoffe und für bezogene Waren" (Pos. 5a des Gliederungsschemas gem. § 275 Abs. 2 HGB) auszuweisen. Nur bei ungewöhnlich hohen Wertberichtigungen kommt ein Ausweis unter den unüblichen „Abschreibungen auf Vermögensgegenständen des Umlaufvermögens" in Betracht (Pos. 7b des Gliederungsschemas gem. § 275 Abs. 2 HGB; § 275 Rz 122). Bei Anwendung des UKV sind Abschreibungen auf Vorratsgüter generell in den Herstellungskosten des Umsatzes (Pos. 2 des Gliederungsschemas gem. § 275 Abs. 3 HGB) auszuweisen (§ 275 Rz 211).

5.2.2 Unfertige Erzeugnisse und Fertigerzeugnisse sowie Leistungen

Bei unfertigen und fertigen Erzeugnissen sowie Leistungen ist die Ermittlung eines etwaigen Abschreibungsbedarfs absatzmarktorientiert vorzunehmen. Abweichend

---

[331] Vgl. Schubert/Berberich, in Beck Bil-Komm., 14. Aufl. 2024, § 253 HGB Rz 529.
[332] Vgl. ADS, Rechnungslegung und Prüfung der Unternehmen, 6. Aufl. 1995–2001, § 253 HGB Rz 518.
[333] Vgl. hierzu auch BFH, Urteil v. 24.2.1994, IV R 18/92, BStBl 1994 II S. 514.
[334] Vgl. IDW RS HFA 15.5, 15.20.

hiervon hält die h. M. für Überbestände an unfertigen Erzeugnissen oder bei solchen unfertigen Erzeugnissen, die auch fremd bezogen werden können, (zusätzlich) eine beschaffungsmarktorientierte Bewertung für möglich bzw. geboten.[335] Dem ist nicht zu folgen, da für diese VG ein (zusätzlicher) Bezug von Dritten gerade nicht in Betracht kommt.

302 Börsen- oder Marktpreise als Ausgangspunkt zur Ableitung des beizulegenden Werts existieren allenfalls für fertige Erzeugnisse. Fehlt es daran, ist der beizulegende Wert anderweitig zu bestimmen. Entsprechendes gilt für unfertige Erzeugnisse und Leistungen. Nach dem Grundsatz der verlustfreien Bewertung (Rz 289) ist der für sie erzielbare Nettoverkaufspreis vorsichtig zu schätzen. Er ermittelt sich als Differenz zwischen dem voraussichtlichen Absatzpreis des fertigen Produkts oder Erzeugnisses und den bis zur Veräußerung noch anfallenden Aufwendungen für dessen Fertigstellung und den Vertrieb. Soweit der Nettoveräußerungspreis die bis zum Abschlussstichtag angefallenen AHK unterschreitet, ist eine Abschreibung geboten.

Praxis-Beispiel
Ein MaschinenbauUnt stellt Spezialmaschinen her. Am Abschlussstichtag ist ein Auftrag mit einem vereinbarten Kaufpreis von 100 TEUR noch nicht fertiggestellt. Die unter den unfertigen Leistungen ausgewiesenen AHK belaufen sich auf 60 TEUR. Die Aufwendungen zur Fertigstellung der Maschine werden wie folgt geschätzt:
- Restliche Aufwendungen zur Herstellung: 20 TEUR
- Transport- und Installationsaufwendungen: 5 TEUR
- Schulung des Personals beim Kunden: 10 TEUR
- Fertigstellung der Dokumentation (Handbücher, techn. Zeichnungen etc.): 15 TEUR

Erwarteter Verkaufserlös (unter Abzug von vereinbarten Preisnachlässen)	100.000
Abzgl. nach dem Abschlussstichtag noch anfallende Kosten	
Herstellungsaufwendungen	./. 20.000
Transport und Installation	./. 5.000
Schulung des Personals	./. 10.000
Dokumentation	./. 15.000
= Nettoverkaufspreis	50.000
Bis zum Abschlussstichtag angefallene AHK	./. 60.000
= Zu erwartender Verlust	./. 10.000

Es ist eine außerplanmäßige Abschreibung i. H. v. 10 TEUR auf den mittels verlustfreier Bewertung ermittelten niedrigeren beizulegenden Wert vorzunehmen.

---

[335] Vgl. Schubert/Berberich, in Beck Bil-Komm., 14. Aufl. 2024, § 253 HGB Rz 517.

Nach dem Abschlussstichtag anfallende Aufwendungen der Fertigstellung und des Vertriebs sind zu **Vollkosten** anzusetzen, also inkl. Gemeinkostenzuschläge.[336] Dabei ist von einer **Normalauslastung** der Kapazität auszugehen. Eine Erhöhung des abzuschreibenden Betrags um einen Gewinnzuschlag ist unzulässig. Die Niederstwertabschreibungen sollen eingetretene Vermögensminderungen zum Ausdruck bringen und keine gewinnsichernde Bewertung gewährleisten. Zu beachten sind auch durch z. B. Corona-bedingte vorübergehende Stilllegungen oder Nutzungseinschränkungen resultierende Auslastungsbeschränkungen von Anlagen.[337]

303

Auch wenn nicht explizit im Gesetz angesprochen, hat die Ermittlung der nach dem Abschlussstichtag anfallenden Aufwendungen mit den **Kosten- und Preisverhältnissen bei Anfall der Aufwendungen** (Rz 49) zu erfolgen. Insoweit kann nichts anderes gelten als für die Bewertung von Drohverlustrückstellungen. Beide Rechtsinstitute – Drohverlustrückstellung und die ihr vorgehende Niederstwertabschreibung[338] – haben ihre Wurzel im Imparitätsprinzip. Dieses Prinzip erfordert im Interesse eines zutreffenden Stichtagsvermögensausweises den Vorgriff auf künftige Preisverhältnisse, wenn diese die aus der Verwertung der VG zu erwartenden Mindesteinzahlungserwartungen beeinflussen.[339]

304

Abschreibungen auf unfertige Erzeugnisse und Leistungen bzw. Fertigerzeugnisse werden in der nach dem GKV aufgestellten **GuV** in den „Bestandsveränderungen der fertigen und unfertigen Erzeugnisse" (Pos. 2 des Gliederungsschemas gem. § 275 Abs. 2 HGB) ausgewiesen. Nur bei ungewöhnlich hohen Abwertungen kommt ein Ausweis unter den unüblichen „Abschreibungen auf VG des UV" in Betracht (Pos. 7b des Gliederungsschemas gem. § 275 Abs. 2 HGB; § 275 Rz 122). Bei Anwendung des UKV sind die Abschreibungen in den „Herstellungskosten des Umsatzes" auszuweisen (Pos. 2 des Gliederungsschemas gem. § 275 Abs. 3 HGB; § 275 Rz 211).

305

5.2.3 Handelswaren

Die Ermittlung des beizulegenden Werts hat bei Handelswaren nach überwiegender Auffassung sowohl beschaffungs- als auch absatzmarktorientiert zu erfolgen (**doppelte Maßgeblichkeit**, Rz 287).

306

---

336 Vgl. Schubert/Berberich, in Beck Bil-Komm., 14. Aufl. 2024, § 253 HGB Rz 522; Thiele/Prigge, in Baetge/Kirsch/Thiele, Bilanzrecht, § 253 HGB Rz 536, Stand: 11/2020; a. A. ADS, Rechnungslegung und Prüfung der Unternehmen, 6. Aufl. 1995–2001, § 253 HGB Rz 528, die in bestimmten Fällen nur variable Gemeinkosten einbeziehen möchten.

337 Vgl. IDW, Fachlicher Hinweis v. 25.3.2020, Auswirkungen der Ausbreitung des Coronavirus auf Rechnungslegung und Prüfung (Teil 2), S. 8 Kap. 3.2.2, https://www.idw.de/blob/122878/ac5e8bd6bfd88081cfdd9398ceb04032/down-corona-idw-fachlhinw-relepruefung-teil2-data.pdf, Abruf 1.10.2024.

338 Der Vorrang der aktivischen Abschreibung begründet sich aus Art. 12 Abs. 12 der EU-Bilanzrichtlinie vom 26.6.2013, da Rückstellungen „keine Wertberichtigungen zu Aktivposten darstellen".

339 Zum Verhältnis von außerplanmäßiger Abschreibung und Drohverlustrückstellung bei noch nicht vollständig abgewickelten Kundenaufträgen vgl. Lüdenbach, StuB 2017, S. 922.

Praxis-Beispiel
Die Handels-AG verfügt am Abschlussstichtag über Handelswaren, die zu AK von 10 TEUR im Bestand geführt werden. Unter Berücksichtigung von Anschaffungsnebenkosten belaufen sich die Wiederbeschaffungskosten (beschaffungsmarktorientiert) auf 9 TEUR. Den erwarteten Verkaufserlös (nach Abzug erwarteter Erlösschmälerungen) schätzt die Handels-AG auf 10,5 TEUR. Bei einer Veräußerung fallen weitere Aufwendungen (Transportkosten) von 0,8 TEUR an.

Für Zwecke der bilanziellen Bewertung zum Abschlussstichtag werden üblicherweise die folgenden Wertansätze gegenübergestellt:

	Buchwert	Beizulegender Wert Beschaffungsmarkt	Beizulegender Wert Absatzmarkt
AHK	10.000		
Wiederbeschaffungskosten		9.000	
Erwarteter Verkaufserlös			10.500
Noch anfallende Aufwendungen			./. 800
Niederstwerttest	10.000	9.000	9.700

Nach dem Prinzip der doppelten Maßgeblichkeit ist auf den niedrigsten der drei Werte, d.h. auf 9 TEUR, abzuschreiben, sodass eine außerplanmäßige Abschreibung i.H.v. 1 TEUR zu berücksichtigen ist.
U.E. genügt bei Waren ein Abgleich mit dem Absatzmarkt, um etwaige Vermögensminderungen zu identifizieren. Im Beispiel reduziert sich damit die notwendige Abschreibung auf 0,3 TEUR. Den Verhältnissen am Beschaffungsmarkt kommt keine Bedeutung zu. Unter dem Nettoverkaufswert liegende Wiederbeschaffungskosten bringen bloße Opportunitätsverluste zum Ausdruck, deren bilanzielle Erfassung durch das Imparitätsprinzip nicht gedeckt ist (Rz 290).[340]

Praxis-Beispiel
Ein EinzelhandelsUnt R hat am Abschlussstichtag 5.000 als Kabinengepäck zugelassene Hartschalenkoffer auf Lager, deren Herstellungskosten 410 EUR je Stück[341] betragen. Die Vertriebskosten kalkuliert R mit 40 EUR je Stück. Am Abschlussstichtag 31.12. bietet R die Gepäckstücke in einer bis Januar des Folgejahres befristeten Sonderaktion zum Preis von 399 EUR an. Anschließend soll wieder der Listenpreis von 550 EUR je Stück gültig sein.
Aufgrund der gegenwärtig schleppenden Nachfrage nach Kabinengepäck geht R davon aus, nicht mehr als 3.000 Koffer in der Sonderaktion abzusetzen.

---

[340] Vgl. mit eingehender Begründung Kessler, Rückstellungen und Dauerschuldverhältnisse, 1992, S. 359 ff.; Kamann, Stichtagsprinzip und zukunftsorientierte Bilanzierung, 1988, S. 278 ff.; weniger streng – Verzicht auf eine Abwertung ist nicht zu beanstanden – Pfirmann/Lorson/Hell/Metz, in Küting/Weber, HdR-E, § 253 HGB Rz 296, Stand: 5/2020.
[341] Alle Zahlen in diesem Beispiel ohne Umsatzsteuer.

Wegen eines nach dem Abschlussstichtag zugelassenen Impfstoffes erwartet R im Frühjahr des Folgejahres eine deutliche Zunahme von Geschäftsreisen mit positiver Auswirkung auf die Nachfrage nach Business-Gepäck. Der geschätzte Nettoveräußerungspreis liegt unter den Selbstkosten, sodass R einen Verlust von 51 EUR je Stück als außerplanmäßige Abschreibung zu berücksichtigen hat. Dies gilt nicht nur für die 3.000 voraussichtlich i. R. d. Sonderaktion zu verkaufenden Koffer, sondern auch für die übrigen, d. h. die Abschreibung beläuft sich auf 255.000 EUR (strenges Niederstwertprinzip). Die nach dem Abschlussstichtag erwartete Besserung der Geschäftsaussichten infolge der Zulassung des Impfstoffes ist unsicher und daher im Bewertungskalkül nicht zu berücksichtigen.[342]

Auch bei Handelswaren kommen **Gängigkeitsabschläge** wegen eingeschränkter Verwendungsfähigkeit in Betracht. Dies betrifft z. B. 307
- Lebensmittel wegen Ablauf des Mindesthaltbarkeitsdatums bei einzelnen Produkten,
- Modeartikel im Textileinzelhandel, die nur mit deutlichen Preisabschlägen i. R. v. Sonderverkäufen (z. B. Sommer-/Winterschlussverkauf) veräußert werden können,[343]
- modische Schmuckkollektionen von Juwelieren.[344]

Praxis-Beispiel 308
Getränkegroßhändler G verfügt über drei Filialen in einer Großstadt. Zum 31.12.01 liegen die nachstehenden Informationen zum Bestand und zum Umschlag von Fruchtsäften vor. Der Fruchtsaft hat eine Mindesthaltbarkeitsdauer von durchschnittlich drei Monaten. Ein Monat vor Ende der Mindesthaltbarkeit reduziert G die Preise und verkauft die betreffenden Bestände 20 % unter dem Einstandspreis. Auf diese Weise lässt sich der Absatz um 30 % steigern. Die auf diese Weise nicht abgesetzte Menge verkauft G wenige Tage vor Ablauf der Mindesthaltbarkeit mit einem Abschlag von 60 % auf den Einstandspreis.

	Filiale 1	Filiale 2	Filiale 3
Bestand zum 31.12.01 [Flaschen]	8.000	4.000	11.000
Einstandspreis (EP) pro Flasche	0,90	0,90	0,90
Umschlag pro Monat [Flaschen]	2.000	1.500	4.500
Verlust pro Flasche bei Rabattierung (20 %)	–0,18	–0,18	–0,18
Verlust bei Verkauf über Sonderfläche (60 %)	–0,54	–0,54	–0,54

---

342 Die Finanzverwaltung lässt eine Abschreibung auch der 2.000 voraussichtlich nicht i. R. d. Sonderaktion zu veräußernden Koffer nur zu, wenn R bei Abschlusserstellung das Fortbestehen einer Wertminderung glaubhaft machen kann.
343 Vgl. BFH, Urteil v. 6.11.1975, IV R 205/71, BStBl 1977 II S. 377; BFH, Urteil v. 5.6.1985, I R 65/82, BFH/NV 1986 S. 204.
344 Vgl. BFH, Urteil v. 22.8.1968, IV R 234/67, BStBl 1968 II S. 801.

Die Absatzplanung liefert die folgenden Informationen für die Vornahme von Gängigkeitsabschlägen:
Filiale 1
- Nach den Planungen von G wird Filiale 1 nur die Hälfte des vorhandenen Bestands innerhalb der kommenden beiden Monate verkaufen.
- Der verbleibende Bestand wird zunächst mit 20 % rabattiert. Auf diese Weise lassen sich weitere 2.600 Flaschen (130 % von 2.000 Flaschen) verkaufen.
- Der Restbestand von 1.400 Flaschen muss verramscht werden.

Filialen 2 und 3
- Der abzuwertende Bestand beträgt 1.000 bzw. 2.000 Flaschen.
- Durch die Rabattaktion können sämtliche Flaschen vor Ablauf des Mindesthaltbarkeitsdatums verkauft werden.

Insgesamt ergibt sich aus der Absatzplanung das folgende Mengengerüst für die Vornahme von Gängigkeitsabschlägen:

Fruchtsäfte [Flaschen]	Filiale 1	Filiale 2	Filiale 3
Bestand zum 31.12.01	8.000	4.000	11.000
Erwarteter Umsatz in 2 Monaten	4.000	3.000	9.000
Abzuwertender Bestand	4.000	1.000	2.000
Erwarteter Absatz im nächsten Monat	2.600	1.000	2.000
Absatz über Sonderfläche	1.400	0	0

Die auf Basis dieser Planung vorzunehmende Gängigkeitsabschreibung ermittelt sich wie folgt:

Ermittlung der Gängigkeitsabschläge	Filiale 1	Filiale 2	Filiale 3	Summe
Rabattierung (0,18 je Flasche)	−468	−180	−360	−1.008
Sonderfläche (0,54 je Flasche)	−756	0	0	−756
Summe	**−1.224**	**−180**	**−360**	**−1.764**

309 Abschreibungen auf Handelswaren werden in der nach dem GKV aufgestellten **GuV** in den „Aufwendungen für Roh-, Hilfs- und Betriebsstoffe und für bezogene Waren" (Pos. 5a des Gliederungsschemas gem. § 275 Abs. 2 HGB) ausgewiesen. Nur bei ungewöhnlich hohen Wertberichtigungen kommt ein Ausweis unter den unüblichen „Abschreibungen auf VG des UV" in Betracht (Pos. 7b des Gliederungsschemas gem. § 275 Abs. 2 HGB; § 275 Rz 122). Bei Anwendung des UKV sind die Abschreibungen generell in den „Herstellungskosten des Umsatzes" (Pos. 2 des Gliederungsschemas gem. § 275 Abs. 3 HGB) auszuweisen (§ 275 Rz 211).

5.3 Forderungen und sonstige Vermögensgegenstände

310 Forderungen sind nach § 253 Abs. 1 Satz 1 HGB zu AK (§ 255 Rz 17) in der Bilanz anzusetzen. Eine Abschreibung ist im Falle eines niedrigeren beizulegenden Werts vorzunehmen. Sie kann durch die Realisation der folgenden Risiken veranlasst sein:
- **Ausfallrisiko:** Risiko einer nicht vollständigen Begleichung der Forderung wegen mangelnder Bonität des Schuldners,

- **Verzögerungsrisiko:** Risiko einer verspäteten Zahlung seitens des Schuldners ohne Kompensation durch einen Anspruch auf Zinsen,
- **Preisminderungsrisiko:** Risiko der Geltendmachung von Abschlägen aus rechtlichen Gründen (z. B. wegen mangelhafter Leistung) durch den Schuldner,
- **Währungsrisiko:** Risiko eines Wertverlusts aufgrund einer Abwertung der Währung, in der die Forderung denominiert ist (§ 256a Rz 18),
- **Länderrisiko:** Risiko einer mangelnden vollständigen Durchsetzbarkeit der Forderung aus Gründen, die das Land des Schuldners betreffen.

Forderungen sind grds. mit dem Betrag anzusetzen, mit dem sie wahrscheinlich realisiert werden können. Seine Schätzung muss sowohl der Zahlungsfähigkeit als auch der Zahlungswilligkeit des Schuldners Rechnung tragen, wobei die rechtlichen und tatsächlichen Möglichkeiten einer Durchsetzung des Anspruchs insb. bei ausländischen Schuldnern zu berücksichtigen sind. Keine unmittelbare Bedeutung für die Werthaltigkeit einer Forderung kommt einer Fortsetzung der Geschäftstätigkeit mit einem säumigen Schuldner zu. So kann eine Weiterbelieferung etwa dadurch motiviert sein, den Schuldner in die Lage zu versetzen, die bestehenden Forderungen wenigstens tw. zu begleichen oder Serviceleistungen gegenüber seinen Kunden zu erbringen, die ansonsten der Gläubiger als Hersteller der gelieferten Produkte übernehmen müsste.[345] Der beizulegende Wert hat alle bis zum Abschlussstichtag eingetretenen erkennbaren Risiken und Verluste zu berücksichtigen (§ 252 Abs. 1 Nr. 4 HGB): Zweifelhafte Forderungen sind mit ihrem wahrscheinlichen Wert und uneinbringliche Forderungen mit (einem Nettobetrag von) null anzusetzen.

Praxis-Beispiel
Ein Unt hat Forderungen gegen einen inländischen Kunden i. H. v. 11.900 EUR, die überfällig sind und trotz Mahnung nicht beglichen wurden. Der Kunde stellt kurz nach dem Abschlussstichtag des Unt einen Antrag auf Eröffnung des Insolvenzverfahrens. Noch vor Aufstellung des Jahresabschlusses wurde das Insolvenzverfahren mangels Masse eingestellt. Auch wenn am Abschlussstichtag noch kein Antrag auf Eröffnung des Insolvenzverfahrens gestellt worden ist, muss aufgrund der stichtagsnachgelagerten Entwicklung (spätestens) zu diesem Stichtag von der Uneinbringlichkeit der Forderung ausgegangen werden. Am Abschlussstichtag ist die Forderung daher zum beizulegenden Wert, d. h. i. H. d. USt-Anteils von 1.900 EUR zu bewerten. I. H. v. 10.000 EUR (= Nettobetrag der Forderung) hat eine Abschreibung der Forderung zu erfolgen.
Nach Ablehnung des Antrags auf Insolvenzeröffnung ist die Forderung vollständig auszubuchen. Für den auflebenden Anspruch auf Erstattung des abgeführten Umsatzsteueranteils ist eine eigene Forderung gegen das Finanzamt auf Rückerstattung der abgeführten USt anzusetzen.

Hinsichtlich der Bewertung (formal) unverzinslicher Forderungen ist zu unterscheiden: **Darlehensforderungen** sind auch bei fehlender Verzinsung mit dem Nennwert als AK einzubuchen. Ihre Unterverzinslichkeit (im Grenzfall: Unverzinslichkeit)

---

[345] Vgl. BFH, Urteil v. 20.8.2003, I R 49/02, BStBl 2003 II S. 319; FG Berlin-Brandenburg, Beschluss v. 22.8.2018, 10 V 10038/18.

wirkt sich als wertmindernder Umstand auf den beizulegenden Wert aus und erfordert im UV die Vornahme einer außerplanmäßigen Abschreibung. Zur Ermittlung des Vergleichswerts zu den AK sind die künftigen Zahlungsansprüche mit einem risiko- und fristadäquaten Zinssatz auf den Bewertungsstichtag zu diskontieren.[346]
Bei **Forderungen aus Austauschgeschäften** liegt bei einer längerfristigen Stundung der Gegenleistung ein Mehrkomponentengeschäft vor, das zu einer Aufteilung der Vergütung in das Entgelt für die Lieferung oder Leistung und ein Entgelt für die Kreditgewährung zwingt.

> **Praxis-Beispiel**
> Ein Unt hat eine gebrauchte Produktionsanlage zum Preis von 10.000 EUR verkauft. Aufgrund von Liquiditätsengpässen des Erwerbers hat der Verkäufer den Kaufpreis zwei Jahre lang unverzinslich gestundet. Der für die Laufzeit der Kreditgewährung und das Kreditrisiko angemessene Zinssatz beträgt 8 % p.a. Der vereinbarte Kaufpreis von 10.000 EUR stellt ein Gesamtentgelt für die gelieferte Maschine und für die Kreditgewährung dar. Nach dem Einzelbewertungsgrundsatz ist das Entgelt auf beide Leistungen angemessen aufzuteilen. Das geschieht üblicherweise nach der Restwertmethode, indem die Vergütung für das Kreditgeschäft vom Gesamtentgelt abgespalten wird. Zu diesem Zweck ist der Betrag von 10.000 EUR über zwei Jahre mit 8 % abzuzinsen. Das ergibt einen Barwert von 8.573 EUR. Der Differenzbetrag von 1.427 EUR ist ratierlich über die Laufzeit des Kredits als Zinsertrag zu erfassen.
>
> Aus Wesentlichkeitserwägungen erscheint es vertretbar, auf eine Aufteilung des Gesamtentgelts bei Kaufpreisstundungen bis zu einem Jahr zu verzichten.

312   Obwohl auch ein **Skonto** wirtschaftlich als Vergütung für ein längeres Zahlungsziel angesehen werden kann, ist es aus dem Zugangswert von Forderungen aus Austauschgeschäften nicht zu eliminieren. Stattdessen ist die Forderung i.H.d. nominellen Gegenleistungsanspruchs einzubuchen, während das Erlösschmälerungsrisiko als Folge des Skontoabzugs durch eine (Pauschal-)Wertberichtigung berücksichtigt wird.

313   Das FG Hamburg[347] hat sich eingehend mit der Bewertung von **Gesellschafterforderungen** befasst. Anlass dazu gab die Frage, ob der von einem MU ggü. einem TU zur Vermeidung einer Überschuldung ausgesprochene Forderungsverzicht als verdeckte Einlage zu behandeln oder die Verbindlichkeit wegen Wertlosigkeit der Forderung gewinnerhöhend auszubuchen war. In der Entscheidung heißt es, der Teilwert einer Gesellschafterforderung beurteile sich nach drei Faktoren:
- dem Vermögensstatus des Schuldners am Bewertungsstichtag,
- der Liquiditätsprognose für den Schuldner und
- der funktionalen Bedeutung des Schuldners für den Konzernverbund.

---

[346] Steuerlich kommt eine Teilwertabschreibung nicht in Betracht, da die Unterverzinslichkeit einer Forderung keine voraussichtlich dauernde Wertminderung begründet; vgl. BFH, Urteil v. 24.10.2012, I R 43/11, BStBl 2013 II, S. 162; BMF, Schreiben v. 2.9.2016, BStBl 2016 I S. 995, Rz. 15.
[347] Vgl. FG Hamburg, Urteil v. 12.2.2014, 6 K 203/11.

Ist der Kreditnehmer unter Einbeziehung stiller Reserven überschuldet, beträgt der Teilwert i. d. R. null.[348] Etwas anderes gilt, soweit die Forderung aufgrund der prognostizierten Gewinne und Cashflows künftig voraussichtlich erfüllt werden kann. Der auf diese Weise rückführbare Teil der Forderung ist durch Diskontierung der erwarteten Zahlungen mit einem marktüblichen Zinssatz für die Darlehensüberlassung zu ermitteln. Schließlich kann nach Ansicht des FG ein Rückhalt des Schuldners im Konzern (z. B. aufgrund seiner strategischen Bedeutung für das Gesamtgebilde) eine Sicherheit für den Gläubiger darstellen, die bei der Teilwertermittlung zu berücksichtigen ist.

Den Erwägungen des Gerichts ist auch für die handelsrechtliche Bewertung zu folgen. Unterschiede zwischen dem Teilwert und dem beizulegenden Wert von Forderungen sind nicht auszumachen.

Häufig wird für Gesellschafterdarlehen bei wirtschaftlicher Schwäche des darlehensempfangenden TU ein Rangrücktritt ausgesprochen. Ein Rangrücktritt ist kein Forderungserlass (§ 397 BGB), sondern bewirkt lediglich eine veränderte Rangordnung, in der die (subordinierte) Forderung des Gesellschafters aus dem Vermögen der Gesellschaft befriedigt wird.[349] Nach der Rechtsprechung des BFH[350] sind Verbindlichkeiten, die nur aus einem Liquidationsüberschuss oder einem künftigen Jahresüberschuss zu erfüllen sind, nicht zu passivieren, da sie das gegenwärtige Vermögen des Schuldners nicht belasten. Entsprechendes gilt, wenn aufgrund einer Rangrücktrittsvereinbarung Tilgung und Zinsen für ein Darlehen nur aus künftigen Bilanzgewinnen verlangt werden können, und der Schuldner am Abschlussstichtag nicht über ausreichende offene Rücklagen verfügt. Aus Gläubigersicht stellt sich bei derartigen Vereinbarungen nicht mehr die Frage einer Wertberichtigung. Aufgrund des wirtschaftlichen Untergangs der Verbindlichkeit ist nach Auffassung des BFH vielmehr auch die Forderung auszubuchen. Der HFA des IDW hält demgegenüber unverändert eine Passivierung des Darlehens bei Rangrücktritt für geboten.[351]

314

Nach dem Grundsatz der Einzelbewertung (§ 252 Abs. 1 Nr. 3 HGB) ist jede Forderung nach ihren individuellen Merkmalen gesondert zu bewerten. Insb. bei großen Forderungsbeständen kommen neben Einzelwertberichtigungen häufig **pauschalierte Wertberichtigungsverfahren** zur Anwendung. Um eine Doppelerfassung von Wertminderungen auszuschließen, sind Letztere nur auf die nicht einzeln wertberichtigten Forderungen anzuwenden.[352]

315

Bei **Einzelwertberichtigungen** sind die individuellen Umstände beim Schuldner sowie die Ausstattungsmerkmale der Forderung zu berücksichtigen. Dazu zählen
- mangelnde Zahlungsfähig- oder -willigkeit des Schuldners,
- Verzinslichkeit der Forderung,
- Wechselkursrisiken bei Fremdwährungen (hier sind zusätzlich die Bewertungsregeln des § 256a HGB zu berücksichtigen),

316

---

[348] Umgekehrt gilt eine Forderung als werthaltig, wenn das Nettovermögen des Schuldners unter Berücksichtigung stiller Reserven am Abschlussstichtag positiv ist; vgl. FG München, Urteil v. 9.4.2018, 7 K 729/17, EFG 2018, S. 1126.
[349] Vgl. Oser/Wirtz, StuB 2015, S. 5.
[350] Vgl. BFH, Urteil v. 30.11.2011, I R 100/10, BStBl 2012 II S 332; BFH, Urteil v. 15.4.2015, I R 44/14, BStBl 2015 II S 769.
[351] Vgl. IDW HFA, IDW Life 2016, S. 1000; vgl. auch Schulze-Osterloh, BB 2017, S. 427.
[352] Vgl. Schubert/Berberich, in Beck Bil-Komm., 14. Aufl. 2024, § 253 HGB Rz 579.

- Länderrisiken,
- Kosten der Beitreibung der Forderung (z. B. Gebühren für Rechtsanwalt oder Mahnbescheid),
- gewährte Sicherheiten (z. B. Bürgschaften, Patronatserklärungen von Dritten),
- Ausfallversicherungen.[353]

317 Die Ermittlung des beizulegenden Werts einer jeden einzelnen Forderung ist bei großen Forderungsbeständen aufwendig und wird daher häufig durch Clusterbildung handhabbar gemacht. Dazu ist der Gesamtbestand in verschiedene homogene Cluster aufzuteilen, die dann jeweils insgesamt bewertet werden.[354]

> **Praxis-Beispiel**
> Ein Unt hat am Abschlussstichtag einen Forderungsbestand von 14,2 Mio. EUR, der sich auf ca. 150.000 Debitoren verteilt. Zur Bemessung des Abschreibungsbedarfs orientiert sich das Unt an den nachfolgenden Mahnstufen:
> Mahnstufe 1 (M 1): Forderung seit mehr als einem Monat überfällig
> Mahnstufe 2 (M 2): Forderung seit mehr als drei Monaten überfällig
> Mahnstufe 3 (M 3): Forderung seit mehr als sechs Monaten überfällig
> Mahnstufe 4 (M 4): Forderung vom Kunden bestritten
> Mahnstufe 5 (M 5): Forderung zur Eintreibung beim Rechtsanwalt
> Anhand der auf Erfahrungswerten beruhenden Realisationsquoten werden folgende Wertberichtigungen vorgenommen:
>
> | | M 1 | M 2 | M 3 | M 4 | M 5 | Σ |
> |---|---|---|---|---|---|---|
> | Forderung | 1.250.000 | 380.000 | 250.000 | 50.000 | 400.000 | 2.330.000 |
> | abzgl. 19 % USt | 199.580 | 60.672 | 39.916 | 7.983 | 63.866 | 372.017 |
> | Nettobetrag | 1.050.420 | 319.328 | 210.084 | 42.017 | 336.134 | 1.957.983 |
> | ausfallgefährdet | 25 % | 50 % | 100 % | 75 % | 100 % | |
> | Wertberichtigung | 262.605 | 159.664 | 210.084 | 31.513 | 336.134 | 1.000.000 |
>
> Für die Forderungen mit einem Bruttobetrag von 2.330 TEUR ergeben sich somit Wertberichtigungen i. H. v. 1.000 TEUR. Für den nicht einzelwertberichtigten Betrag an Forderungen (14.200 TEUR ./. 2.330 TEUR = 11.870 TEUR) ist ggf. eine Pauschalwertberichtigung vorzusehen.

318 **Pauschalwertberichtigungen** sollen vornehmlich das allgemeine Ausfall- und Kreditrisiko erfassen.[355] Basis für die Ermittlung des anzuwendenden pauschalen Abschlags sind Erfahrungen der Vergangenheit. Am Abschlussstichtag vorliegende Umstände, die eine Veränderung des Prozentsatzes im nächsten Gj erwarten lassen (z. B. signifikante Zunahme der Insolvenzen in der betreffenden Branche wegen schwacher Branchenkonjunktur), sind zu berücksichtigen.

---

[353] Vgl. Thiele/Prigge, in Baetge/Kirsch/Thiele, Bilanzrecht, § 253 HGB Rz 552, Stand: 11/2020.
[354] Vgl. ADS, Rechnungslegung und Prüfung der Unternehmen, 6. Aufl. 1995–2001, § 253 HGB Rz 533; Schubert/Berberich, in Beck Bil-Komm., 14. Aufl. 2024, § 253 HGB Rz 572.
[355] Vgl. Schubert/Berberich, in Beck Bil-Komm., 14. Aufl. 2024, § 253 HGB Rz 577.

Fortsetzung des Praxis-Beispiels in Rz 317
Die nicht einzelwertberichtigten Forderungen belaufen sich auf 11.870 TEUR. Nach den Erfahrungen der Vergangenheit ist bei nicht einzelwertberichtigten Auslandsforderungen mit Ausfällen von durchschnittlich 5 %, bei Inlandsforderungen mit durchschnittlich 3 % zu rechnen.

	Inland	Ausland	Σ
Forderung	8.211.000	3.659.000	11.870.000
abzgl. 19 % USt	1.311.000	0	1.311.000
Nettobetrag	6.900.000	3.659.000	10.559.000
uneinbringlich	3 %	5 %	
Wertberichtigung	207.000	182.950	389.950

Für die Vornahme von Einzelwertberichtigungen auf **Forderungen im Verbundbereich** gelten die dargestellten Grundsätzen sinngemäß. Pauschalwertberichtigungen kommen bei diesen nicht in Betracht. Bei der Beurteilung der Werthaltigkeit der Forderungen ist das **Gesamtengagement** beim verbundenen Unt bzw. beim BeteiligungsUnt zu berücksichtigen. Daher sind in eine derartige Betrachtung ebenfalls einzubeziehen:
- Anteile am verbundenen Unt bzw. am BeteiligungsUnt,
- Ausleihungen an das verbundene Unt bzw. das BeteiligungsUnt.

Ist eine nur tw. Abwertung des Gesamtengagements erforderlich, werden regelmäßig – aufgrund des strengen Niederstwertprinzips – zunächst die Forderungen, sodann die Ausleihungen und schließlich der Beteiligungsbuchwert wertberichtigt. Als bewertungserhebliche Tatsachen sind ferner **Patronatserklärungen** oder **Rangrücktrittserklärungen** zu berücksichtigen.

Abschreibungen/Wertberichtigungen auf Forderungen werden in der nach dem GKV aufgestellten **GuV** in den „sonstigen betrieblichen Aufwendungen" (Pos. 8 des Gliederungsschemas gem. § 275 Abs. 2 HGB) ausgewiesen. Nur bei ungewöhnlich hohen Wertberichtigungen kommt ein Ausweis unter den unüblichen „Abschreibungen auf VG des UV" in Betracht (Pos. 7b des Gliederungsschemas gem. § 275 Abs. 2 HGB; § 275 Rz 122). Bei Anwendung des UKV werden die Abschreibungen zumeist in den „Vertriebsaufwendungen" (Pos. 4 des Gliederungsschemas gem. § 275 Abs. 3 HGB) ausgewiesen (§ 275 Rz 236).

Bei bestrittenen Steuerforderungen kommt eine Aktivierung nur in Betracht, wenn das Vorliegen der Anspruchsvoraussetzungen mit an Sicherheit grenzender Wahrscheinlichkeit vorliegt. Das trifft nur auf wenige Sachverhalte zu (z.B. offenbare Unrichtigkeit, §§ 129, 173a AO). Wenn die Finanzbehörde in Kenntnis der abweichenden Auffassung des Steuerpflichtigen das Vorliegen eines Steuererstattungsanspruchs verneint und die Steuer abweichend festsetzt, liegt kein aktivierungsfähiger Steuererstattungsanspruch vor.[356]

Corona-Finanzhilfen, die sich sich auf einen Zeitraum vor dem Abschlussstichtag beziehen (z.B. November- oder Dezemberhilfe, Überbrückungshilfen I – III plus) stellen nicht rückzahlbare Zuwendungen der öffentlichen Hand dar, die handelsrechtlich gem. IDW St/HFA 1/1984 zu bilanzieren sind und auf deren

---

[356] Vgl. IDW HFA, IDW Life 2017, S. 528; anders nach IFRS: vgl. IFRIC Update Juli 2014.

Gewährung einem Antragsteller kein Rechtsanspruch im zivilrechtlichen Sinne zusteht. Die Aktivierung eines Anspruchs auf die Gewährung einer Billigkeitsleistung (unter dem Bilanzposten „sonstige Vermögensgegenstände") in einem handelsrechtlichen Abschluss setzt voraus, dass die sachlichen Voraussetzungen durch den Bilanzierenden erfüllt sind. Dies bedeutet nicht, dass am Abschlussstichtag bereits ein Antrag auf die Coronahilfe gestellt sein muss, wenn er auch noch danach gestellt werden kann. Es wird aber regelmäßig erforderlich sein, dass bis zum Zeitpunkt der Abschlusserstellung die Coronahilfe ohne Auszahlungsvorbehalt bewilligt sein muss.[357]

Wenn die Bewilligung von Billigkeitsleistungen aufgrund besonderer Umstände des Einzelfalls bei Erfüllung der sachlichen Voraussetzungen bereits vor dem Zeitpunkt des Vorliegens eines Bewilligungsbescheids nahezu sicher ist, erscheint es sachgerecht, den Zeitpunkt der Bilanzierung des Anspruchs im handelsrechtlichen Abschluss nach den Grundsätzen für Zuwendungen zu bestimmen, auf die ein Rechtsanspruch besteht. Die besonderen Umstände, die eine solche bilanzielle Behandlung ausnahmsweise rechtfertigen, liegen vor, wenn davon ausgegangen werden kann, dass der zuständigen Behörde bei Erfüllung der sachlichen Voraussetzungen durch den Antragsteller faktisch so gut wie kein Ermessensspielraum hinsichtlich der Bewilligung der Leistung zukommt und die für die betreffende Billigkeitsleistung insg. bereitgestellten Haushaltsmittel der öffentlichen Hand dem Bedarf entspr. nahezu sicher erhöht werden, soweit sie zur Deckung der insg. beantragten Leistungen nicht ausreichen sollten. Nach Auffassung des IDW ist es in der aktuellen Pandemielage zumind. für vor dem 1.1.2021 endende Abschlüsse vertretbar, bis auf Weiteres von dem Vorliegen solcher besonderen Umstände in Bezug auf die Corona-Finanzhilfen auszugehen. Diese Auffassung gilt u. E. durch die Andauer der Pandemie fort.

Als ein möglicher Indikator dafür, dass die sachlichen Voraussetzungen zum Abschlussstichtag erfüllt sind, kann im Falle solcher Corona-Finanzhilfen, bei denen nach den jeweiligen Förderbedingungen eine Antragstellung nur durch einen sog. prüfenden Dritten erfolgen kann, auch eine fristgerecht erfolgte Antragstellung bis zur Beendigung der Aufstellung des Abschlusses angesehen werden. Denn eine erfolgte Antragstellung geht mit dem Umstand einher, dass ein sachverständiger Dritter (WP, vBP, StB, RA) die ihm zugedachte Aufgabe der Prüfung der Antragsberechtigung und des Vorliegens der die Höhe eines Anspruchs begründenden Umstände erfüllen konnte. Keine Voraussetzung für die Aktivierung eines Anspruchs auf eine Corona-Finanzhilfe im Abschluss auf den 31.12.2020 ist, dass bis zum Zeitpunkt der Beendigung der Aufstellung des Abschlusses bereits der sog. Schlussabrechnungsbescheid vorliegt.[358]

Soweit allerdings bei Aufstellung des Abschlusses Erkenntnisse oder Hinweise bestehen, dass in der noch vorzunehmenden Schlussabrechnung ggf. Rückzahlun-

---

[357] Vgl. IDW, Fachlicher Hinweis v. 6.4.2021, Zweifelsfragen zu den Auswirkungen der Ausbreitung des Coronavirus auf die Rechnungslegung und deren Prüfung (Teil 3, 5. Update, April 2021), S. 11, https://www.idw.de/blob/124230/4d0cde868d61cb6ab0bead999861372e/down-corona-idw-fachlhinw-relepruefung-teil3-update5-data.pdf, Abruf 1.10.2024.

[358] Vgl. IDW, Fachlicher Hinweis v. 6.4.2021, Zweifelsfragen zu den Auswirkungen der Ausbreitung des Coronavirus auf die Rechnungslegung und deren Prüfung (Teil 3, 5. Update, April 2021), S. 12, https://www.idw.de/blob/124230/4d0cde868d61cb6ab0bead999861372e/down-corona-idw-fachlhinw-relepruefung-teil3-update5-data.pdf, Abruf 1.10.2024.

gen erhaltener Corona-Finanzhilfen erforderlich sind, ist aufgrund des strengen Niederstwertprinzips eine Abwertung des aktivierten Anspruchs vorzunehmen.

Mit dem Gesetz zur steuerlichen Förderung von Forschung und Entwicklung (Forschungszulagengesetz – FZulG) vom 14.12.2019 wurde eine steuerliche Forschungs- und Entwicklungsförderung eingeführt, die am 1.1.2020 in Kraft getreten war. Bei der Aktivierung von Ansprüchen auf derartige **Forschungszulagen** gilt entspr. wie bei den vorstehenden Corona-Finanzhilfen, dass es sich um nicht rückzahlbare Zuwendungen der öffentlichen Hand i.S. v. IDW St/HFA 1/1984 handelt.[359] 324

Wenn zum Zeitpunkt der Aufstellung des Jahresabschlusses noch keine Bescheinigung durch die Bescheinigungsstelle Forschungszulage (BFSFZ) vorliegt, darf u. E. keine Aktivierung eines Anspruchs vorgenommen werden, da hinsichtlich der Praxis der BFSFZ noch keine ausreichenden Erfahrungswerte vorliegen. Bilanzierende Mitunternehmerschaften haben zudem nur dann eine eigene Anspruchsberechtigung, wenn sie zur Besteuerung wie eine Körperschaft optiert haben.

5.4 Wertpapiere des Umlaufvermögens

Bei Wertpapieren des UV wird der Abschreibungsbedarf üblicherweise aus ihrem Börsenkurs abgeleitet.[360] Der Börsenkurs, identisch mit dem beizulegenden Zeitwert gem. § 255 Abs. 4 HGB, ist allerdings nicht der endgültige Bewertungsmaßstab, sondern bildet nur die Ausgangsgröße. Da Wertpapiere des UV regelmäßig zur Veräußerung vorgesehen sind, ist eine verwertungsorientierte Bewertung vorzunehmen. Folglich sind die bei einer Veräußerung anfallenden Veräußerungskosten (z. B. Bankspesen) vom Börsenkurs abzusetzen. 325

Die z. T. vertretene Ansicht, bei Wertpapieren, die zunächst noch im Unt verbleiben, sei eine beschaffungsmarktorientierte Bewertung zu Wiederbeschaffungskosten (d. h. Börsenkurs zzgl. Erwerbsnebenkosten) zulässig,[361] teilen wir nicht. Durch die Zuordnung zum UV hat der Bilanzierende seine Entscheidung dokumentiert, das Wertpapier nicht dauerhaft zu halten. An dieser Zweckbestimmung hat sich die Niederstbewertung auch zu orientieren, wenn sich die Veräußerung der Wertpapiere bei Aufstellung des Jahresabschlusses noch nicht abzeichnet. 326

Sonderfragen werfen die Bewertung von **Zerobonds**,[362] **Genussrechten**,[363] des **Bondstrippings**[364] und die Bewertung von **Wertpapieren bei Versicherungs-Unt**[365] auf. Insoweit sei auf die Spezialliteratur verwiesen. 327

Die Ermittlung des beizulegenden Werts von im UV ausgewiesenen Anteilen an verbundenen Unt richtet sich im Fall einer Börsennotiz nach den vorstehenden 328

---

[359] Zu Einzelheiten vgl. IDW, FAB 265. Sitzung, IDW Life 2021, S. 943.
[360] Für die Steuerbilanz lehnt der BFH eine Teilwertabschreibung verzinslicher Wertpapiere allein wegen eines unter den Nennbetrag gesunkenen Börsenkurses im Regelfall mit dem Hinweis auf die mangelnde Dauerhaftigkeit der Wertminderung ab. Etwas anderes gilt, wenn der Kursrückgang nachweislich ein Rückzahlungsrisiko zum Ausdruck bringt und ggf. auch bei einer belegbaren Veräußerungsabsicht; vgl. BFH, Urteil v. 18.4.2018, I R 37/16, BFH/NV 2018 S. 873.
[361] Vgl. ADS, Rechnungslegung und Prüfung der Unternehmen, 6. Aufl. 1995–2001, § 253 HGB Rz 502; Schubert/Berberich, in Beck Bil-Komm. 14. Aufl. 2024, § 253 HGB Rz 611.
[362] Vgl. IDW, St/HFA 1/1986, Abschn. 3.
[363] Vgl. IDW, St/HFA 1/1994, Abschn. 3.
[364] Vgl. IDW RH BFA 1.001.
[365] Vgl. IDW RS VFA 1.

Grundsätzen für andere Wertpapiere des UV. Ist kein Börsen- oder Marktpreis festzustellen, ist ihr beizulegender Wert nach den für die Bewertung dieser Anteile im AV geltenden Grundsätzen zu bestimmen (Rz 262).

5.5 Liquide Mittel

329 Bei der Bewertung von liquiden Mittel stellen sich außerhalb des Anwendungsbereichs von § 256a HGB (Fremdwährungsguthaben, Devisen) keine besonderen Fragen.

Soweit ein Kreditinstitut, bei dem Einlagen bestehen, in wirtschaftliche Schwierigkeiten gerät, die eine Realisierung der Bankguthaben ganz oder tw. fraglich erscheinen lassen, ist eine Bewertung nach den für Forderungen des UV dargestellten Grundsätzen (Rz 310) vorzunehmen. Etwaige Erstattungsansprüche gegen Einlagensicherungsfonds sind wie Ausfallversicherungen bei Forderungen verlustkompensierend zu berücksichtigen.

6 Wertaufholung (Abs. 5)

6.1 Wertaufholungsgebot (Abs. 5 Satz 1)

330 § 253 Abs. 5 Satz 1 HGB enthält ein umfassendes Wertaufholungsgebot für außerplanmäßig abgeschriebene VG des AV (Abs. 3) bzw. des UV (Abs. 4), soweit der Grund für die Abschreibung nachträglich entfallen ist.

331 Eine Wertaufholung setzt den Wegfall des Grunds für eine vormalige außerplanmäßige Abschreibung voraus. Folglich muss der wirtschaftliche Eigentümer der VG in der Vergangenheit eine solche Abschreibung vorgenommen haben.

> **Praxis-Beispiel**
> Die M-GmbH hält 100 % der Anteile an der T-GmbH. Im Jahresabschluss zum 31.12.01 der T-GmbH wird ein Wertpapier des AV wegen voraussichtlich dauernder Wertminderung außerplanmäßig abgeschrieben. Die AK des Wertpapiers belaufen sich auf 100 GE, die zum 31.12.01 vorgenommene Abschreibung auf 30 GE, der Buchwert zum 31.12.01 auf 70 GE.
> Mit Wirkung zum 1.1.02 wird die T-GmbH auf die M-GmbH verschmolzen. Die Verschmelzung erfolgt zu Buchwerten, sodass nach § 24 UmwG bei der M-GmbH der Buchwert der Wertpapiere von 70 GE als AK gilt.
> Zum 31.12.02 hat sich der Kurs des Wertpapiers nachhaltig erholt. Der Börsenkurs beläuft sich auf 130 GE. Eine Wertaufholung nach § 253 Abs. 5 HGB kommt bei der M-GmbH nicht in Betracht, da sie das Wertpapier zu AK i. S. v. § 253 Abs. 1 HGB von 70 GE ausweist.

332 Der Grund für eine vorgenommene Abschreibung braucht nicht vollständig weggefallen zu sein, um das Wertaufholungsgebot auszulösen; eine tw. Werterholung reicht aus.

Zugangs- und Folgebewertung § 253

> **Praxis-Beispiel**
> Ein Unt hat zum 31.12.01 ein Wertpapier des UV mit AK i. H. v. 2.000 EUR auf den aus dem Börsenkurs abgeleiteten beizulegenden Wert von 350 EUR abgeschrieben. Zum 31.12.02 ergibt sich ein aus dem Börsenkurs abgeleiteter beizulegender Wert i. H. v. 1.850 EUR.
> Auch wenn der Grund für die außerplanmäßige Abschreibung nicht vollständig weggefallen ist, hat die Wertaufholung **insoweit** zu erfolgen, als sich der Wert erholt hat.

Für die Beibehaltung des niedrigeren beizulegenden Werts reicht es aus, wenn am Abschlussstichtag ein Wertminderungsgrund besteht. Dies braucht **nicht derselbe Grund** zu sein, der zur Vornahme der außerplanmäßigen Abschreibung berechtigte. Umgekehrt ist eine Zuschreibung immer vorzunehmen, wenn der beizulegende Wert eines außerplanmäßig abgeschriebenen VG zu einem späteren Abschlussstichtag wieder angestiegen ist. Auf den Grund für den Wertzuwachs kommt es nicht an. 333

> **Praxis-Beispiel**
> In der Bilanz zum 31.12.01 des Unt wird eine Forderung gegen einen Auslandskunden auf den niedrigeren beizulegenden Wert nach § 253 Abs. 4 HGB abgeschrieben. Die Wertminderung hat ihren Grund in der Abwertung der Auslandswährung. Sie wurde unter Berücksichtigung der Vorschriften zur Währungsumrechnung nach § 256a HGB ermittelt.
> Am 31.12.02 ist infolge eines erneuten Anstiegs des Wechselkurses der Fremdwährung der Grund für die letztjährige Abschreibung weggefallen. Allerdings ist nunmehr der beizulegende Wert der Forderung wegen Zahlungsschwierigkeiten des Kunden gemindert, und zwar zu 100 %.
> Auch wenn der Grund für die Abschreibung weggefallen ist, hat keine Wertaufholung zu erfolgen. Vielmehr ist eine zusätzliche Abschreibung nach Abs. 4 auf den beizulegenden Wert, in diesem Fall null, vorzunehmen.

Bei VG, die planmäßig abgeschrieben werden, ist bei der Ermittlung eines etwaigen Zuschreibungsbedarfs nicht auf den letzten Buchwert vor Durchführung der außerplanmäßigen Abschreibung abzustellen. Vielmehr begrenzen die auf den Abschlussstichtag **fortgeführten AHK** ohne Berücksichtigung der außerplanmäßigen Abschreibung das Zuschreibungspotenzial. 334

> **Praxis-Beispiel**
> Das Unt bilanziert im Sachanlagevermögen eine zum 1.1.01 erworbene Bestandsimmobilie (Gebäude) mit AK von 1,0 Mio EUR. Die planmäßige Abschreibung erfolgt linear über 25 Jahre (4 % p. a.). Zum 31.12.03 ist wegen einer Asbestbelastung eine außerplanmäßige Abschreibung auf den niedrigeren beizulegenden Wert von 440 TEUR vorgenommen worden. Nach der Beseitigung der Umweltlast im Gj 05 ist der Grund für die außerplanmäßige

Abschreibung weggefallen. Folgende Übersicht verdeutlicht die Bewertung des Gebäudes im Betrachtungszeitraum einschl. der Ermittlung des Zuschreibungsbetrags:

Jahr	planmäßige Abschreibung	außerplanmäßige Abschreibung	Zuschreibung	Buchwert lt. Bilanz	fortgeführte AHK
1	40.000			960.000	960.000
2	40.000			920.000	920.000
3	40.000	440.000		440.000	880.000
4	20.000			420.000	840.000
5	20.000		400.000	800.000	800.000
6	40.000			760.00	760.000

Im Jahr 04 ist die planmäßige Abschreibung aufgrund der zum 31.12.03 vorgenommenen außerplanmäßigen Abschreibung anzupassen. Eine lineare Verteilung des Restbuchwerts von 440 TEUR über die Restnutzungsdauer von 22 Jahren ergibt eine Abschreibung von 20 TEUR p. a. Die Zuschreibung im Jahr 05 ist auf die fortgeführte AHK von 800 TEUR begrenzt. Sie beträgt damit 400 TEUR.

335 Steuerlich kann eine Zuschreibung ggf. auch unterjährig bei Veräußerung eines Anlageguts zu prüfen sein. Das ist der Fall, wenn der Veräußerungsgewinn nach § 6b EStG übertragen werden soll. Zur Ermittlung dieses Gewinns ist der Nettoveräußerungspreis mit dem (fiktiven) Buchwert zu vergleichen, der sich nach Anwendung der Bewertungsvorschriften des § 6 EStG ergeben hätte.[366]

6.2 Zuschreibungsverbot für den Geschäfts- oder Firmenwert (Abs. 5 Satz 2)

336 Der Geschäfts- oder Firmenwert (GoF) ist gem. § 246 Abs. 1 Satz 4 HGB als ein zeitlich begrenzt nutzbarer VG zu behandeln. Daher bestünde nach der allgemeinen Regelung des § 253 Abs. 5 Satz 1 HGB bei Wegfall des Grunds für eine außerplanmäßige Abschreibung eine Pflicht zur Wertaufholung auf die fortgeführten AHK.

337 Diese Rechtsfolge ist vom Gesetzgeber nicht gewünscht, weshalb er für den GoF ein explizites Zuschreibungsverbot vorgesehen hat. Zwar kann sich der beizulegende Wert eines GoF nach einer vormaligen außerplanmäßigen Abschreibung wieder erholen. Eine entsprechende Zuschreibung könnte im Ergebnis allerdings zumindest tw. zur Aktivierung eines originären GoF führen, für den ein explizites Ansatzverbot besteht (§ 246 Rz 92).

7 Ausschüttungssperre (Abs. 6)

338 § 253 Abs. 6 HGB sieht eine Ausschüttungssperre bei Rückstellungen für Altersversorgungsverpflichtungen vor. Danach ist i. H. d. Betrags, um den die auf Basis des zehnjährigen Durchschnittszinssatzes ermittelte Rückstellung den nach dem siebenjährigen Durchschnittszinssatz berechneten Wertansatz unterschreitet, eine Ausschüttungssperre zu beachten. Dieser Unterschiedsbetrag ist im Anhang oder

---

[366] Vgl. BFH, Urteil v. 9.11.2017, IV R 19/14, BFH/NV 2018, S. 487.

unter der Bilanz anzugeben. Bei Kfl., die einen Anhang aufstellen müssen, empfiehlt sich eine Anhangangabe, ggf. zusammen mit weiteren ausschüttungsgesperrten Beträge i. S. d. § 268 Abs. 8 HGB (§ 285 Rz 166).
Für den Jahresabschlussersteller bedeutet dies, dass die Gutachten für die Pensionsrückstellungen beide Werte enthalten müssen, d. h. die Rückstellungsberechnung einmal mit dem zehnjährigen Durchschnittszinssatz und einmal mit dem siebenjährigen Durchschnittszinssatz.

339

> **Praxis-Beispiel**
> Die GmbH weist in ihrem Jahresabschluss Pensionsrückstellungen aus. Gem. dem versicherungsmathematischen Gutachten eines Aktuars beläuft sich der handelsrechtliche Rückstellungsbetrag (vor Saldierung mit Deckungsvermögen) auf 550 TEUR (ermittelt mit dem zehnjährigen Durchschnittszinssatz). Eine Berechnung mit dem siebenjährigen Durchschnittszinssatz würde lt. dem Gutachten zu einem Rückstellungsbetrag i. H. v. 600 TEUR führen. I. H. d. Unterschiedsbetrags von 50 TEUR ist eine Ausschüttungssperre gem. § 253 Abs. 6 HGB zu berücksichtigen und im Anhang anzugeben. Die nach einer Ausschüttung verbleibenden frei verfügbaren Rücklagen (erhöht um einen Gewinnvortrag und gekürzt um einen Verlustvortrag) müssen danach mind. 50 TEUR betragen.[367]

Das Gesetz lässt offen, ob bei der Anhangangabe auch der jeweilige Vorjahresbetrag anzugeben ist. Nach der hier vertretenen Auffassung sind keine Vorjahresbeträge anzugeben, da die Vorschrift in den für alle Kfl. gültigen Vorschriften enthalten ist, für die die Regelung des § 265 Abs. 2 HGB nicht gilt.
Die Ausschüttungssperre gilt aufgrund der unterschiedlichen Haftungsverfassungen von KapG und PersG nur für KapG. Bei PersG und EKfl gibt es keine Gewinnausschüttung, sodass auch die Ausschüttungssperre ins Leere greift.[368] Unabhängig davon haben diese gleichwohl die Angabepflicht unter der Bilanz oder im Anhang zu beachten. Für PersG (auch für haftungsbeschränkte nach § 264a HGB) stellt sich die Frage, ob der Unterschiedsbetrag – analog zu den Ausschüttungssperren gem. § 268 Abs. 8 HGB – vom Kapitalanteil in Abzug zu bringen ist, wenn zu beurteilen ist, inwieweit Entnahmen eines Kommanditisten zu einem Wiederaufleben seiner Außenhaftung führen (§ 172 Abs. 4 HGB). U. E. liegt auch ohne ausdrücklichen Gesetzesbefehl eine Gleichbehandlung mit den übrigen gegen Ausschüttung gesperrten Beträgen nahe.[369]

340

§ 253 Abs. 6 HGB regelt ausschl. eine Ausschüttungssperre. Bei Bilanzierenden, die als abhängige Ges. einen Ergebnisabführungsvertrag geschlossen haben, stellt sich die Frage, ob eine entsprechende **Abführungssperre** besteht. Auch insoweit hat der Gesetzgeber auf eine analoge Regelung verzichtet. Aus gesetzessystematischen Erwägungen liegt es nahe, auch ohne den expliziten Verweis in § 301 AktG eine Abführungssperre für den Unterschiedsbetrag anzunehmen. Juristisch setzt die Annahme einer solchen Abführungssperre in § 301 AktG allerdings eine planwidrige,

341

---

[367] Zum Begriff der freien Rücklagen vgl. die Kommentierung des § 268 Rz 56.
[368] So auch IDW RS HFA 30.55c n. F.; a. A. Pohl, NWB 2017, S. 2292; Zwirner, StuB 2016, S. 207.
[369] Vgl. IDW RS HFA 30.55c n. F.; zustimmend Busch/Zwirner, StuB 2017 S. 409; a. A. Pohl, NWB 2017, S. 2293.

d.h. „versehentliche" Gesetzeslücke voraus. Im Gesetzgebungsverfahren wurde mehrfach die Einführung einer zusätzlichen Abführungssperre angemahnt. Gleichwohl hat der Gesetzgeber diese nicht in das Gesetz aufgenommen. Deshalb liegt der Gedanke nahe, der Gesetzgeber habe bewusst von einer Anpassung des § 301 AktG abgesehen. Für die betroffenen Unt schafft dies eine erhebliche Unsicherheit und v.a. steuerliche Risiken, da ein nicht ordnungsgemäß durchgeführter Ergebnisabführungsvertrag von der Finanzverwaltung nicht anerkannt wird. Eine Klarstellung von gesetzgeberischer Seite ist mehr als wünschenswert. Mind. die Finanzverwaltung hat sich nunmehr dazu geäußert und dargelegt, dass nach ihrer Auffassung keine Abführungssperre besteht.[370] Danach sind zur ordnungsgemäßen Durchführung eines Ergebnisabführungsvertrags auch die Bewertungsgewinne abzuführen. Eine mittelbare Ausschüttungssperre ergibt sich für diese Beträge auch nicht auf Ebene des beherrschenden Unt.[371]

---

[370] Vgl. BMF, Schreiben v. 23.12.2016, IV C 2 – S 2770/16/10002, DB 2017, S. 35.
[371] Vgl. Oser/Wirtz, DB 2017, S. 261; Pohl, NWB 2017, S. 2295f.; Henckel, StuB 2017, S. 345ff.

§ 254 Bildung von Bewertungseinheiten

¹Werden Vermögensgegenstände, Schulden, schwebende Geschäfte oder mit hoher Wahrscheinlichkeit erwartete Transaktionen zum Ausgleich gegenläufiger Wertänderungen oder Zahlungsströme aus dem Eintritt vergleichbarer Risiken mit Finanzinstrumenten zusammengefasst (Bewertungseinheit), sind § 249 Abs. 1, § 252 Abs. 1 Nr. 3 und 4, § 253 Abs. 1 Satz 1 und § 256a in dem Umfang und für den Zeitraum nicht anzuwenden, in dem die gegenläufigen Wertänderungen oder Zahlungsströme sich ausgleichen. ²Als Finanzinstrumente im Sinn des Satzes 1 gelten auch Termingeschäfte über den Erwerb oder die Veräußerung von Waren.

Inhaltsübersicht   Rz
1 Überblick   1–6
   1.1 Regelungszweck und Inhalt.   1–3
   1.2 Anwendungsbereich   4
   1.3 Normenzusammenhänge   5–6
2 Pflicht oder Wahlrecht zur Bildung von Bewertungseinheiten? .   7
3 Zulässige Bewertungseinheiten   8–9
4 Anforderungen an die Bildung von Bewertungseinheiten   10–52
   4.1 Grundsatz.   10
   4.2 Zulässige Grundgeschäfte   11–18
   4.3 Geeignete Sicherungsinstrumente   19–30
   4.4 Ausgleich gegenläufiger Wert- oder Zahlungsstromänderungen   31–47
      4.4.1 Überblick   31–32
      4.4.2 Grundlegende Anforderungen.   33–36
      4.4.3 Prospektive Effektivität.   37–44
      4.4.4 Retrospektive Effektivität   45–47
   4.5 Dokumentation   48–52
5 Rechtsfolgen der Bildung von Bewertungseinheiten   53–67
   5.1 Identifizierung von Wertänderungen.   54–55
   5.2 Einfrierungsmethode versus Durchbuchungsmethode....   56–59
   5.3 Abwicklung gesicherter Beschaffungs- und Absatzgeschäfte 60–62
   5.4 Beendigung einer Sicherungsbeziehung.   63–67
6 Abschließende Fallbeispiele zur Bildung von Bewertungseinheiten .   68

1 Überblick

1.1 Regelungszweck und Inhalt

Zahlreiche Geschäfte, die Unt eingehen, sind mit **Risiken** behaftet. Zu diesen Risiken rechnen Währungsrisiken, Zinsänderungsrisiken und andere Marktpreisrisiken. Nahezu alle Risiken können **abgesichert** werden. So lässt sich etwa das Wertminderungsrisiko einer Fremdwährungsforderung durch ein Devisentermingeschäft oder das Risiko höherer Zinszahlungen aus einer variabel verzinslichen Finanzierung durch einen Payer-Zinsswap reduzieren oder ausschließen.

Die bilanzielle Darstellung derartiger Sicherungsbeziehungen nach den allgemeinen GoB ignoriert die Risikokompensation. Das liegt am Einzelbewertungsgrundsatz. Er erzwingt die isolierte Anwendung von Realisations- und Imparitätsprinzip auf die einzelnen Bestandteile einer Sicherungsbeziehung, was in vielen Fällen zum Ausweis fiktiver Verluste führt.

Praxis-Beispiel
U hat Waren zum Preis von 1 Mio. USD in die USA geliefert. Der Kaufpreis ist in 15 Monaten fällig. Im Zeitpunkt der Forderungseinbuchung (30.11.01) belief sich der Wechselkurs auf 1 EUR = 1 USD. Um sich gegen das Risiko eines schwächer werdenden US-Dollars abzusichern, hat U am 31.12.01 1 Mio. USD per Termin 1.4.03 verkauft. Am 31.12.01 notiert der US-Dollar bei

- Fall 1: 1 EUR = 1,25 USD
- Fall 2: 1 EUR = 0,80 USD

Zinseffekte bleiben unberücksichtigt.
Fall 1:
30.11.01: Die Forderung ist mit ihren Anschaffungskosten von 1 Mio. EUR einzubuchen.
31.12.01: Die Forderung weist nur noch einen Gegenwert von 0,8 Mio. EUR auf (1 Mio. USD/1,25 EUR/USD).
Das Devisentermingeschäft ist demgegenüber um 0,2 Mio. EUR wertvoller geworden (Verkauf von 1 Mio. USD zum Preis von 1 Mio. EUR bei einem Marktpreis von 0,8 Mio. EUR).
Nach den allgemeinen GoB ist
- die Forderung um 0,2 Mio. EUR abzuwerten (Imparitätsprinzip);
- die Wertsteigerung des Devisentermingeschäfts bilanziell unbeachtlich (Realisationsprinzip).

Fall 2:
30.11.01: Die Forderung ist mit ihren Anschaffungskosten von 1 Mio. EUR einzubuchen.
31.12.01: Die Forderung ist im Wert auf 1,25 Mio. EUR angestiegen (1 Mio. USD/0,8 EUR/USD).
Das Devisentermingeschäft weist einen negativen Marktwert von 0,25 Mio. EUR auf (Verkauf von 1 Mio. USD zum Preis von 1 Mio. EUR bei einem Marktpreis von 1,25 Mio. EUR).
Nach den allgemeinen GoB ist
- für das Devisentermingeschäft eine Drohverlustrückstellung zu bilden (Imparitätsprinzip);
- der Wertanstieg der Forderung um 0,25 Mio. EUR bilanziell unbeachtlich (Realisationsprinzip).

In beiden Fällen kommt es zum Ausweis fiktiver Verluste, die nicht eintreten werden. Verhindern lässt sich dieses Ergebnis, indem Forderung und Devisentermingeschäft zu einer Bewertungseinheit zusammengefasst werden. Die Regelung in § 254 HGB bildet die Grundlage dafür.

> Bilanziell lässt sich der Verlustausweis auf zwei Wegen vermeiden:
> **Einfrierungsmethode:**
> Der unrealisierte Verlust aus einer Komponente wird mit dem unrealisierten Gewinn aus der anderen Komponente der Bewertungseinheit verrechnet.
> In beiden Fällen ist die Forderung zum 31.12.01 mit 1 Mio. EUR zu bewerten; das Devisentermingeschäft bleibt unbilanziert.
> **Durchbuchungsmethode:**
> Die sich aus der Absicherung gegenüberstehenden unrealisierten Gewinne und Verluste werden ausgewiesen.
> Fall 1: Ansatz der Forderung mit 0,8 Mio. EUR; Aktivierung des Devisentermingeschäfts mit 0,2 Mio. EUR.
> Fall 2: Ansatz der Forderung mit 1,25 Mio. EUR; Ansatz einer Drohverlustrückstellung für das Devisentermingeschäft von 0,25 Mio. EUR.
> Nicht in allen Fällen sind beide Darstellungsmethoden zulässig (Rz 58 f.).

Die in § 254 HGB zugelassene Bildung von Bewertungseinheiten begegnet diesem konzeptionellen Mangel der handelsbilanziellen Vermögensermittlungskonzeption, indem sie den Einzelbewertungsgrundsatz einschränkt und eine Zusammenfassung risikobehafteter Grundgeschäfte mit geeigneten Sicherungsinstrumenten zu einer **Bewertungseinheit** erlaubt. Inwieweit das abgesicherte Risiko eine bilanzielle Vorsorge erfordert, ist durch Anwendung des Realisations- und Imparitätsprinzips auf die Bewertungseinheit insgesamt zu entscheiden. Soweit sich gegenläufige Wertentwicklungen bei den Grundgeschäften und Sicherungsinstrumenten (nicht nur zufällig) ausgleichen, werden diese in Abkehr vom Einzelbewertungsgrundsatz auch bilanziell verrechnet. Auf diese Weise vermeidet die Anwendung des § 254 HGB den Ausweis nur theoretisch denkbarer Verluste.

§ 254 HGB regelt sowohl die Tatbestandsvoraussetzungen als auch die Rechtsfolgen einer Bildung von Bewertungseinheiten nur rudimentär. Die Vorschrift bleibt in vielen Punkten auslegungsbedürftig. Eine wesentliche Erkenntnisquelle zur Beantwortung der Auslegungsfragen bildet die **Praxis** vor Inkrafttreten des § 254 HGB. Sie sollte durch die Regelung abgesichert werden.[1] Mit seiner Stellungnahme „Handelsrechtliche Bilanzierung von Bewertungseinheiten (IDW RS HFA 35)" hat das IDW die Auffassung des Berufsstands der Wirtschaftsprüfer zur bilanziellen Abbildung von Sicherungsbeziehungen publik gemacht und Erläuterungen zur Anwendung der Vorschrift gegeben. Im Hinblick auf die zulässigen Grundgeschäfte und Sicherungsinstrumente orientiert sich § 254 HGB zudem tw. an den Bestimmungen des IAS 39 zum Hedge Accounting. Sie können – wie auch die Nachfolgeregelungen des IFRS 9 – ebenfalls zur Klärung offener Fragen herangezogen werden, soweit Wortlaut und Regelungszweck des § 254 HGB dem nicht entgegenstehen.

Sind die Voraussetzungen zur Bildung einer Bewertungseinheit erfüllt, treten die in § 254 Satz 1 HGB festgehaltenen **Rechtsfolgen** ein. Unter Einschränkung des Einzelbewertungsgrundsatzes sowie des Realisations-, Imparitäts- und Anschaf-

---

[1] Vgl. BT-Drs. 16/10067 v. 30.7.2008 S. 57. Das FG Düsseldorf attestiert der Regelung nicht nur klarstellenden Charakter, da es zuvor an einer etablierten Praxis fehlte. Daraus schließt es auf einen deutlich engeren Anwendungsbereich der steuerlichen Regelung in § 5 Abs. 1a Satz 2, Abs. 4a Satz 2 EStG vor Inkrafttreten des § 254 HGB; vgl. Urteil v. 7.9.2023, 7 K 634/18 F, BB 2024, S. 306.

fungskostenprinzips unterbindet § 254 HGB dann den Ausweis nur theoretisch denkbarer Verluste.
Mit Blick auf § 5 Abs. 1a Satz 2, Abs. 4a Satz 2 EStG hat der Gesetzgeber mit § 254 HGB eine Regelungslücke beseitigt. Die steuerliche Norm hat bereits auf die in der handelsrechtlichen Rechnungslegung zur Absicherung finanzwirtschaftlicher Risiken gebildeten Bewertungseinheiten Bezug genommen, bevor diese Praxis durch eine ausdrückliche Regelung im HGB abgesichert worden ist.[2]

1.2 Anwendungsbereich

4 Als Teil des ersten Abschnitts des Dritten Buchs des HGB gilt § 254 HGB für **alle bilanzierenden Kaufleute**. Die Vorschrift war erstmals auf Jahresabschlüsse für Gj anzuwenden, die nach dem 31.12.2009 begonnen haben. Zur Erstanwendung und zu den Übergangsvorschriften vgl. die Kommentierung zur 2. Auflage 2010.

1.3 Normenzusammenhänge

5 Unt ist es gestattet, risikobehaftete Grundgeschäfte und zugehörige Sicherungsgeschäfte für bilanzielle Zwecke als Einheit zu behandeln, soweit sich die gegenläufigen Wertänderungen ausgleichen. Diese dem wirtschaftlichen Gehalt einer Sicherungsbeziehung Rechnung tragende Bilanzierung erfordert es, bestimmte handelsrechtliche Bewertungsgrundsätze einzuschränken. Dazu zählen das **Realisations- und das Imparitätsprinzip** (§ 252 Abs. 1 Nr. 4 HGB), das **Anschaffungskostenprinzip** (§ 253 Abs. 1 HGB) sowie die Vorschriften zur **Umrechnung** von Fremdwährungsgeschäften (§ 256a HGB). Soweit sich die gegenläufigen Wertänderungen ausgleichend gegenüberstehen, sind Grund- und Sicherungsgeschäft(e) als Einheit zu betrachten. Der **Einzelbewertungsgrundsatz** (§ 252 Abs. 1 Nr. 3 HGB) kommt nicht zur Anwendung. Abwertungen einzelner Komponenten der Bewertungseinheit sowie Drohverlustrückstellungen scheiden insoweit aus.

6 Die sich kompensierenden Wertänderungen von Grundgeschäft und Sicherungsinstrument können unter bestimmten Voraussetzungen brutto gezeigt (Durchbuchungsmethode) oder verrechnet werden (Einfrierungsmethode). Im letzten Fall kommt es zur Einschränkung des **Verrechnungsverbots** (§ 246 Abs. 2 HGB), wenn der Ansatz einer Drohverlustrückstellung für eine Komponente der Bewertungseinheit unterbleibt oder auf den Ausweis der sich ausgleichenden Erträge und Aufwendungen in der GuV verzichtet wird. § 285 Nr. 23 HGB sieht bei der Bildung von Bewertungseinheiten für KapG und KapCoG zusätzliche **Angaben im Anhang** vor. Zu berichten ist über Art und Umfang der gebildeten Bewertungseinheiten, Art und Höhe der abgesicherten Risiken und die Wirksamkeit der Sicherungsbeziehung. Zusätzlich zu erläutern sind Bewertungseinheiten für hochwahrscheinlich erwartete künftige Transaktionen (§ 285 Rz 143ff.).

---

[2] Vgl. BT-Drs. 16/10067 v. 30.7.2008 S. 57f.; zur Auslegung des § 5 Abs. 1a Satz 2, Abs. 4a Satz 2 vor Inkrafttreten des § 254 HGB vgl. FG Düsseldorf, Urteil v. 7.9.2023, 7 K 634/18 F, BB 2024, S. 306.

2 Pflicht oder Wahlrecht zur Bildung von Bewertungseinheiten?

Die an eine Bewertungseinheit geknüpften Rechtsfolgen treten ein, falls „Vermögensgegenstände, Schulden, schwebende Geschäfte oder mit hoher Wahrscheinlichkeit erwartete Transaktionen zum Ausgleich gegenläufiger Wertänderungen oder Zahlungsströme aus dem Eintritt vergleichbarer Risiken mit Finanzinstrumenten zusammengefasst" (§ 254 Satz 1 HGB) werden. Der Gesetzeswortlaut lässt offen, ob eine vom Kfm. aus betriebswirtschaftlichen Gründen vorgenommene Risikoabsicherung dazu verpflichtet, die betreffenden Grund- und Sicherungsgeschäfte unter den in § 254 HGB genannten Voraussetzungen zu einer Bewertungseinheit zusammenzufassen und nach den für sie geltenden Vorschriften im Jahresabschluss abzubilden.[3]

7

Die Frage wird in der Literatur unterschiedlich beantwortet. Gelhausen/Fey/Kämpfer unterstützen das von Herzig aus dem Wortlaut des § 254 HGB abgeleitete faktische Bewertungswahlrecht, „da ein Unternehmen in seiner Entscheidung frei ist, eine derartige Widmung für bilanzielle Zwecke („werden ... zusammengefasst") vorzunehmen".[4] Die Autoren trennen mithin die ökonomische Entscheidung zur Risikoabsicherung von der Entscheidung, den Geschäftsvorfall auch für bilanzielle Zwecke zusammenzufassen. § 254 Satz 1 HGB fokussiert in ihren Augen lediglich die Rechtsfolgen, die sich an eine Designation für bilanzielle Zwecke anschließen. Konsequenterweise gilt das Bewertungswahlrecht für sie auch in denjenigen Fällen, „in denen es anhand der Umstände des Einzelfalls nahezu ausgeschlossen erscheint, dass der Erwerb eines Finanzinstruments zu anderen als zu den Sicherungszwecken erfolgt".[5] Dieser Meinung hat sich das IDW in RS HFA 35 angeschlossen. Nach Ansicht des HFA knüpft § 254 Satz 1 HGB die Bildung einer Bewertungseinheit an „eine bewusste Entscheidung des Bilanzierenden." Da der Grundsatz der sachlichen Bewertungsstetigkeit keine Anwendung finde, könne diese Entscheidung „auch im Falle gleichartiger Sachverhalte jeweils unterschiedlich getroffen werden". Unabhängig davon empfiehlt der HFA „die Bildung von Bewertungseinheiten in Übereinstimmung mit dem praktizierten Risikomanagement."[6]

Im Gegensatz dazu sieht Scharpf eine Pflicht zur Bildung handelsrechtlicher Bewertungseinheiten, wenn eine Risikoabsicherung von Grundgeschäften durch Abschluss von Sicherungsgeschäften angestrebt wird. Seiner Ansicht nach knüpfen die in § 254 Satz 1 HGB enthaltenen Rechtsfolgen automatisch an die ökonomische Entscheidung der Risikoabsicherung an, falls die Voraussetzungen zur Bildung einer Bewertungseinheit gegeben sind.[7] „Bei einer gewollten, wirtschaftlich sinnvollen und von einem sachverständigen Dritten zweifelsfrei erkennbaren Sicherungsbeziehung (können)

---

[3] Herzig erkennt im Wortlaut der Vorschrift ein faktisches Bewertungswahlrecht des Bilanzierenden. Er lässt aber offen, ob eine Auslegung der Vorschrift seiner Wortlautdeutung folgen sollte; vgl. Herzig, DB 2008, S. 1344.
[4] Gelhausen/Fey/Kämpfer, Rechnungslegung und Prüfung nach dem BilMoG, 2009, Abschn. H Rz 86; so auch Hoffmann/Lüdenbach, NWB Kommentar Bilanzierung, 15. Aufl. 2023, § 254 HGB Rz 11 f.
[5] Gelhausen/Fey/Kämpfer, Rechnungslegung und Prüfung nach dem BilMoG, 2009, Abschn. H Rz 87.
[6] IDW RS HFA 35.12 (alle Zitate). Zu einer empirischen Auswertung der Bilanzierungspraxis zur (Nicht-)Bildung von Bewertungseinheiten in nicht-kapitalmarktorientierten mittelständischen Konzernen s. Oser u. a., StuB 2012, S. 93.
[7] Vgl. Scharpf, in Küting/Weber, HdR-E, § 254 HGB Rz 19 f., Stand: 4/2018; Scharpf, DB 2012, S. 357 f. Ein Wahlrecht ebenfalls ablehnend Velte/Haaker, StuW 2013, S. 194.

allein durch eine bewusste Nichtdokumentation die Rechtsfolgen des § 254 Satz 1 HGB nicht (willkürlich) vermieden werden. Dies würde dem Postulat der willkürfreien Bildung und Bilanzierung von Bewertungseinheiten widersprechen".[8] Die Auslegung von § 254 Satz 1 HGB muss den mit der Regelung verfolgten Sinn und Zweck respektieren. In der Regierungsbegründung ist zu lesen: „Die Neufassung des § 254 HGB beruht auf Artikel 2 Abs. 5 Satz 3 der Bilanzrichtlinie. Danach können die Mitgliedstaaten Ausnahmeregelungen festlegen, wenn die Anwendung einer Vorschrift der Bilanzrichtlinie dazu führt, dass der Jahresabschluss ein den tatsächlichen Verhältnissen entsprechendes Bild der Vermögens-, Finanz- und Ertragslage des Unternehmens nicht vermittelt. Mit § 254 HGB wird die Darstellung der Vermögens-, Finanz- und Ertragslage stärker als bisher und in Abweichung von dem in Artikel 31 Abs. 1 Buchst. e der Bilanzrichtlinie (Grundsatz der Einzelbewertung) an den tatsächlichen (wirtschaftlichen) Verhältnissen eines Unternehmens orientiert".[9] Der in diesem Zitat zum Ausdruck kommende Sinn und Zweck der Vorschrift legt es nahe, Grund- und Sicherungsgeschäfte, die die Anforderungen von § 254 HGB erfüllen, nach den Vorschriften für Bewertungseinheiten abzubilden. Ein Wahlrecht würde das gesetzliche Anliegen eines besseren Einblicks in die Vermögens-, Finanz- und Ertragslage des Unt konterkarieren. Dessen ungeachtet wird man in Ansehung der vorherrschenden Auslegung der Vorschrift den bewussten Verzicht auf die Bildung einer Bewertungseinheit bis zu einer gerichtlichen Klärung der Frage als eine **vertretbare Bilanzierung** beurteilen müssen. Macht ein Unt von der Möglichkeit zur Bildung einer Bewertungseinheit Gebrauch, unterliegt diese Entscheidung fortan dem Gebot der zeitlichen Stetigkeit. Eine Auflösung der Bewertungseinheit kommt danach nur in Betracht, wenn die Voraussetzungen für ihre Fortführung nicht mehr erfüllt sind.

3 Zulässige Bewertungseinheiten

8 Als zulässig erachtet der Gesetzgeber alle in der Praxis bekannten Arten von Bewertungseinheiten, also Micro-Hedges, Portfolio-Hedges und Macro-Hedges.[10] Insb. die Unterscheidung zwischen Portfolio- und Macro-Hedge ist in der Praxis nicht eindeutig.

Bei einem **Micro-Hedge** steht dem aus einem einzelnen Grundgeschäft resultierenden Risiko ein individuelles Sicherungsinstrument unmittelbar gegenüber (1 : 1-Beziehung).

Der **Portfolio-Hedge** sichert die Risiken mehrerer gleichartiger Grundgeschäfte durch ein oder mehrere Sicherungsinstrument(e) ab (m : n-Beziehung). Er setzt eine Homogenität der Risiken der im Portfolio zusammengefassten Grundgeschäfte voraus.[11] Die Forderung nach einem ähnlichen Risikoprofil aller in einem Portfolio-Hedge zusammengefassten Grundgeschäfte macht einen Homogenitätstest erforderlich: Die auf das abgesicherte Risiko zurückgehende erwartete Änderung des beizulegenden Zeitwerts oder der Cashflows jedes einzelnen Postens muss in etwa der auf das gesicherte Risiko zurückzuführenden Änderung des beizulegenden Zeit-

---

[8] Scharpf, in Küting/Weber, HdR-E, § 254 HGB Rz 26, Stand: 4/2018.
[9] BT-Drs. 16/10067 v. 30.7.2008 S. 59.
[10] Vgl. BT-Drs. 16/10067 v. 30.7.2008 S. 58; Bieg u.a., Bilanzrechtsmodernisierungsgesetz, 2009, S. 68f.; Kopatschek/Struffert/Wolfgarten, KoR 2010, S. 272f.
[11] Vgl. Hoffmann/Lüdenbach, NWB Kommentar Bilanzierung, 15. Aufl. 2023, § 254 HGB Rz 43.

werts oder der Cashflows des Portfolios entsprechen.¹² Der Homogenitätstest ist nach einer zu IAS 39 entwickelten Auslegung dann als erfüllt anzusehen, wenn sich bei einer auf das abgesicherte Risiko zurückgehenden Zeitwertänderung des Portfolios von 10 % die Wertänderungen der einzelnen Posten in einer Bandbreite von 9 % bis 11 % bewegen.¹³ Die Absicherung eines Aktienportfolios mithilfe eines Indexderivats ist somit nach den handelsrechtlichen Abbildungsregeln für Bewertungseinheiten i. d. R. unzulässig: Die einzelnen Aktien weisen im Allgemeinen kein den Anforderungen entsprechendes Risikoprofil auf. Sie scheiden mithin als Grundgeschäfte aus.¹⁴ Die Absicherung mehrerer Beschaffungsgeschäfte auf Fremdwährungsbasis gegen Wechselkursrisiken oder die Absicherung mehrerer variabel verzinslicher Kredite gegen steigende Zinsen sind dagegen denkbare Beispiele für das Portfolio-Hedging.¹⁵

> **Praxis-Beispiel**
> U hat bei fünf Banken variabel verzinsliche Darlehen aufgenommen. Um sich gegen einen Anstieg der kurzfristigen Zinsen abzusichern, hat er einen Payer-Zinsswap i. H. d. Nominalvolumens aller Kredite erworben.
> Ein Payer-Zinsswap verpflichtet die eine Partei zur Zahlung fester Zinsen, den Vertragspartner zur Leistung variabler Zinsen auf das Nominal des Swaps. Abgesichert werden soll ein Portfolio gleichartiger Verbindlichkeiten. Gleichartigkeit setzt im Wesentlichen übereinstimmende Ausstattungsmerkmale der Verbindlichkeiten voraus. Relevant sind solche Ausstattungsmerkmale, die sich auf das abgesicherte Risiko beziehen.
> Das sind im Fallbeispiel folgende Merkmale:
> • Währung
> • Restlaufzeiten
> • Referenzzinssätze (z. B. 3-Monats-Euribor)
> Sind die fünf Darlehen in Bezug auf diese Punkte gleichartig, können sie mit dem Payer-Zinsswap zu einem Portfolio-Hedge zusammengefasst werden.

Die Bildung von **Macro-Hedges** dient der Absicherung einer risikohomogenen Nettoposition aus einer Mehrzahl sich tw. kompensierender Grundgeschäfte durch ein oder mehrere Sicherungsinstrumente. Unter den Begriff „Macro-Hedges" ist bspw. die Steuerung von Nettozinsrisiken mehrerer Wertpapierportfolios zu fassen. Eine Abgrenzung vom Portfolio-Hedge dürfte „in der Praxis nicht immer zweifelsfrei möglich sein".¹⁶

---

12 So auch IAS 39.83. Dort heißt es: „Des Weiteren muss zu erwarten sein, dass die dem abgesicherten Risiko der einzelnen Posten der Gruppe zuzurechnende Änderung des beizulegenden Zeitwerts zu der dem abgesicherten Risiko der gesamten Gruppe zuzurechnenden Änderung des beizulegenden Zeitwerts in etwa in einem proportionalen Verhältnis steht."
13 Vgl. IDW RS HFA 9.313.
14 Vgl. auch IAS 39.IGf.2.20.
15 Vgl. auch Arbeitskreis „Externe Unternehmensrechnung" der Schmalenbach-Gesellschaft, DB 1997, S. 638.
16 Scharpf, in Küting/Pfitzer/Weber, Das neue deutsche Bilanzrecht, 2. Aufl. 2009, S. 204. Die übliche „Gesamtbanksteuerung" des allgemeinen Zinsrisikos von Banken (sog. Aktiv-/Passivsteuerung) will Scharpf nicht unter die so definierten Begrifflichkeiten eines Macro- oder Portfolio-Hedges subsumiert wissen. Es handele sich um eine bankentypische „Bilanzierungskonvention", „bei der das Bankbuch keiner zinsbedingten Einzelbewertung unterzogen wird und in der Folge auch die zur Zinssteuerung des Bankbuchs eingesetzten Derivate keiner Einzelbewertung unterliegen" (S. 205, beide Zitate).

9   Löw/Scharpf/Weigel schlagen daher eine „semantisch schlüssigere Lösung" für die Abgrenzung der einzelnen Arten von Sicherungsbeziehungen vor: Ein **Portfolio-Hedge** soll danach anzunehmen sein, „wenn die Nettorisikoposition eines **Portfolios unterschiedlicher Grundgeschäfte**, bis hin zur Einbeziehung von Aktiva und Passiva, abgesichert wird".[17] Die Absicherung mehrerer gleichartiger Grundgeschäfte gegen ein spezifisches Risiko wollen sie unter den Begriff **Macro-Hedge** subsumieren. Mit Blick auf die im Zuge des Gesetzgebungsverfahrens veröffentlichte Begründung des Rechtsausschusses dürfte es schwerfallen, eine wie auch immer bezeichnete Absicherung von Gruppen von Grundgeschäften, die unterschiedlichen Risiken ausgesetzt sind, überhaupt noch zu rechtfertigen. In den Augen des Gesetzgebers sollen nur „eindeutig ermittelbare einzelne Risiken"[18] absicherungsfähig sein. Andernfalls könnten die gegenläufigen Wertänderungen oder Zahlungsströme nicht verlässlich gemessen werden. Nur wenn der Bewertungseinheit vergleichbare Risiken zugrunde liegen, kann verhindert werden, dass für sich nur zufällig ausgleichende Wertänderungen Bewertungseinheiten gebildet werden.[19] Durch diese Klarstellung sind der **Portfolio-Bewertung** bei Kreditinstituten Grenzen gesetzt. Sind die Grundgeschäfte unterschiedlichen Risiken ausgesetzt, können sie nicht mehr in einem Portfolio-Hedge zusammengefasst werden.[20]

> **Praxis-Beispiel**
> U bietet in diversen Ländern im Nachmittagsprogramm Topf- und Pfannensets an, die er in Fernost auf Dollarbasis einkauft. Verkauft werden die Produkte in unterschiedlichen Währungen, tw. auch in US-Dollar. U plant fortlaufend den Nettobedarf an US-Dollar für die kommenden 12 Monate. Um sich gegen das Währungsrisiko abzusichern, schließt er Termingeschäfte und Optionsgeschäfte über den Kauf dieses Devisenbedarfs ab.
> Soweit sich die gegenläufigen Zahlungsstromänderungen aus Kursschwankungen des US-Dollars nach den Ergebnissen des Risikomanagements voraussichtlich ausgleichen werden, kann U die hoch wahrscheinlichen Beschaffungen und Verkäufe in US-Dollar mit den zur Absicherung eingesetzten Derivaten zu einer Bewertungseinheit zusammenfassen.

Auf die Arten von Bewertungseinheiten wird noch zurückzukommen sein. Ihrer unterschiedlichen Komplexität ist durch abgestufte Anforderungen an die Wirksamkeit der Sicherungsbeziehung Rechnung zu tragen.

---

[17] Jeweils Löw/Scharpf/Weigel, WPg 2008, S. 1017 (im Original ohne Hervorhebung).
[18] BT-Drs. 16/12407 v. 24.3.2009 S. 86.
[19] Vgl. BT-Drs. 16/12407 v. 24.3.2009 S. 112.
[20] Vgl. hierzu Cassel, in Kessler/Leinen/Strickmann, Handbuch BilMoG, 2. Aufl. 2010, S. 526f.; zur Kritik an der vormals gängigen Praxis vgl. auch Jessen/Haaker, DStR 2009, S. 499ff.

4 Anforderungen an die Bildung von Bewertungseinheiten

4.1 Grundsatz

Die Bildung einer Bewertungseinheit ist an eine **Risikoabsicherung** gebunden, mithin muss ein „objektiver Absicherungsbedarf bestehen".[21] Im Bildungszeitpunkt muss das Unt die Absicht verfolgen, die Bewertungseinheit so lange aufrechtzuerhalten, bis sie ihren Zweck erfüllt hat (**Durchhalteabsicht**).[22] Gleichwohl erlaubt der Gesetzgeber die vorzeitige Beendigung der Bewertungseinheit aus nachvollziehbaren wirtschaftlichen Erwägungen. Die Bildung von Bewertungseinheiten darf damit allein der Risikoabsicherung und nicht der Steuerung des Jahresergebnisses dienen.[23] Rein **bilanzpolitisch** motivierten Gestaltungen sollen zum einen die speziellen Anforderungen entgegenwirken, die der Gesetzgeber an das abzusichernde Grundgeschäft, das Sicherungsinstrument und die Effektivität der Sicherungsbeziehung stellt,[24] sowie zum anderen die Dokumentationsanforderungen.

4.2 Zulässige Grundgeschäfte

Als absicherungsfähige Grundgeschäfte kommen nach § 254 Satz 1 HGB
- VG,
- Schulden,
- schwebende Geschäfte und
- mit hoher Wahrscheinlichkeit erwartete Transaktionen

in Betracht, sofern diese Posten oder Transaktionen risikobehaftet sind. Das abgesicherte Grundgeschäft kann während des Bestehens einer Hedge-Beziehung wechseln. So verhält es sich bei hoch wahrscheinlichen Warenbeschaffungsgeschäften in Fremdwährung, die bis zur Begleichung der Kaufpreisschuld gegen das Fremdwährungsrisiko abgesichert werden. Das Grundgeschäft bildet hier – bei entsprechender Dokumentation – zunächst die hochwahrscheinliche Transaktion, sodann das schwebende Beschaffungsgeschäft und nach Lieferung der Waren schließlich die bilanzierte Schuld gegenüber dem Lieferanten.
Vermögensgegenstände, Schulden, schwebende Geschäfte und mit hoher Wahrscheinlichkeit erwartete Transaktionen, die **kein absicherungsfähiges Risiko** in sich tragen, können nicht Grundgeschäft einer Bewertungseinheit sein.[25] Allein schon aufgrund der fehlenden Vermögensgegenstandseigenschaft qualifiziert sich der originäre GoF ebenfalls nicht als Grundgeschäft einer Bewertungseinheit.[26]
Als **absicherungsfähige Risiken** kommen sowohl Wertänderungsrisiken (Fair-Value-Risiko) als auch Zahlungsstromrisiken (Cashflow-Risiko) in Betracht.[27] Das Wertänderungsrisiko bezeichnet das Risiko einer für den Bilanzierenden nachteiligen Änderung des beizulegenden Zeitwerts eines Grundgeschäfts in einem bestimmten Zeitraum. Das Zahlungsstromrisiko beschreibt das Risiko einer nachteiligen Veränderung der aus dem Grundgeschäft erwarteten Zahlungsströme.

---

21 Scharpf, in Küting/Pfitzer/Weber, Das neue deutsche Bilanzrecht, 2. Aufl. 2009, S. 207.
22 So auch Arbeitskreis „Externe Unternehmensrechnung" der Schmalenbach-Gesellschaft, DB 1997, S. 639.
23 Vgl. BT-Drs. 16/10067 v. 30.7.2008 S. 59.
24 Vgl. hierzu auch Küting/Cassel, KoR 2008, S. 770f.
25 Vgl. BT-Drs. 16/10067 v. 30.7.2008 S. 58.
26 Vgl. Gelhausen/Fey/Kämpfer, Rechnungslegung und Prüfung nach dem BilMoG, 2009, Abschn. H Rz 14.
27 Vgl. IDW RS HFA 35.21.

Praxis-Beispiel
U hat eine Forderung aus Lieferungen und Leistungen i.H.v. 4 Mio. USD durch ein Devisentermingeschäft (Verkauf von 4 Mio. USD per Fälligkeit der Forderung) gegen währungsbedingte Wertschwankungen abgesichert. Abgesichert wird der beizulegende Zeitwert eines einzelnen VG (Forderung aus Lieferungen und Leistungen). Die Absicherung betrifft das währungsbedingte Wertänderungsrisiko (Micro-Hedge als **Fair-Value-Hedge**). Wird der Fokus auf die Absicherung der künftigen Einzahlungen aus der Forderung gegen währungsbedingte Schwankungen gelegt, kann die Bewertungseinheit auch als **Cashflow-Hedge** interpretiert werden.

Zu den Risiken, denen ein Grundgeschäft ausgesetzt sein kann, zählen u. a.:[28]

- **Zinsänderungsrisiken**: Sie betreffen sowohl festverzinsliche als auch variabel verzinsliche, als Grundgeschäft designierte Finanzinstrumente. Bei festverzinslichen Anleihen tritt das Zinsänderungsrisiko als Wertänderungsrisiko, bei variabel verzinslichen Anleihen als Zahlungsstromrisiko in Erscheinung.

- **Währungsrisiken**: Der Wert eines Grundgeschäfts oder Zahlungsstroms aus einem Grundgeschäft kann durch eine Wechselkursänderung sinken. Typische, einem Währungsrisiko ausgesetzte Grundgeschäfte sind Fremdwährungsforderungen, Fremdwährungsverbindlichkeiten und schwebende Absatz- oder Beschaffungsgeschäfte, die in fremder Währung zu erfüllen sind.

- **Ausfall- oder Adressenrisiken**: Risiko der nicht vollständigen oder nicht fristgerechten Leistung vertraglich geschuldeter Zahlungen durch einen Schuldner. Darunter fällt insb. das bonitätsbedingte Wertänderungsrisiko einer Forderung.

- **Preisänderungsrisiken**: Sie umfassen andere Wertänderungsrisiken von VG und Schulden, etwa in Form von Warenpreisrisiken oder Aktienkursrisiken.

Das Gesetz zieht den **Kreis der für bilanzielle Zwecke absicherungsfähigen Grundgeschäfte bewusst weit**. Dem Gesetzgeber war daran gelegen, die aus den allgemeinen GoB abgeleitete Bilanzierungspraxis nicht zu beschneiden. Insb. die in der Praxis übliche Absicherung antizipativer Grundgeschäfte wird von der Regelung des § 254 HGB erfasst.[29]

Für **erwartete Transaktionen** (antizipative Grundgeschäfte)[30] muss eine hohe Wahrscheinlichkeit für den tatsächlichen Abschluss des Rechtsgeschäfts bestehen, er muss mithin „so gut wie sicher"[31] sein. Davon ist auszugehen, wenn dem Abschluss „allenfalls noch außergewöhnliche Umstände entgegenstehen, die außerhalb des Einflussbereichs des Unternehmens liegen".[32] Das Vorliegen dieser Voraussetzung ist anhand nachprüfbarer Fakten darzulegen; bloße Absichtser-

---

[28] Vgl. auch Gelhausen/Fey/Kämpfer, Rechnungslegung und Prüfung nach dem BilMoG, 2009, Abschn. H Rz 34; Hoffmann/Lüdenbach, NWB Kommentar Bilanzierung, 15. Aufl. 2023, § 254 HGB Rz 41.
[29] Vgl. BT-Drs. 16/10067 v. 30.7.2008 S. 58.
[30] Zu empirischen Erhebungen von Bewertungseinheiten mit antizipativen Grundgeschäften in der Bilanzierungspraxis s. Mueller/Ergün, DStR 2012, S. 1404ff.; Oser u.a., StuB 2012, S. 93f.
[31] BT-Drs. 16/10067 v. 30.7.2008 S. 58.
[32] BT-Drs. 16/10067 v. 30.7.2008 S. 58; IDW RS HFA 35.32. Nach Auffassung von Rimmelspacher/Fey muss das Zustandekommen des antizipierten Grundgeschäfts nicht außerhalb des Einflussbereichs des Unt liegen; vgl. Rimmelspacher/Fey, WPg 2011, S. 807.

klärungen reichen nicht aus. Aktuelle Business-Pläne können die Absehbarkeit einer geplanten künftigen Transaktion untermauern.[33] Die Beurteilung der Verlässlichkeit von Business-Plänen hat sich u. a. auf folgende Indikatoren zu stützen:[34]
- prozentualer Anteil von in der Vergangenheit designierten antizipativen Grundgeschäften, bei denen der tatsächliche Erwerb in der Folge nicht stattgefunden hat (Plan-Ist-Analyse);[35]
- Art des designierten Grundgeschäfts; routinemäßigen Transaktionen, die im Zuge des normalen Liefer- und Leistungsverkehrs des Unt getätigt werden sollen, ist eine höhere Wahrscheinlichkeit zuzusprechen als einmaligen Transaktionen;[36]
- finanzielle Situation des Unt; sie kann Aufschluss darüber geben, ob für die Durchführung der erwarteten Transaktion überhaupt genügend finanzielle Mittel zur Verfügung stehen;
- Möglichkeit zur Alternativ-Investition; sie ist nicht gegeben, wenn es sich um zwingend erforderliche Produktionsfaktoren handelt;
- Volumen der erwarteten Transaktion; ein „Sicherheitsabschlag" vom eigentlich beabsichtigten Gesamtvolumen kann die geforderte hohe Wahrscheinlichkeit für das Zustandekommen der in die Bewertungseinheit einzubeziehenden Transaktionen sicherstellen;[37]
- bis zur geplanten Transaktion verbleibender Zeitraum; je weiter die erwartete Transaktion in der Zukunft liegt, desto größer ist das Risiko ihres Nichtzustandekommens;
- Stand der Vertragsverhandlung bei bedeutenden Transaktionen.

§ 254 HGB erlaubt nur die Absicherung „**vergleichbarer Risiken**". Die in Bewertungseinheiten zusammengefassten Grund- und Sicherungsgeschäfte müssen – mit umgekehrten Vorzeichen – einem ähnlichen Risiko ausgesetzt sein. Ob die abzusichernden Risiken vergleichbar sind, kann mithilfe von Korrelationsanalysen nachgewiesen werden.[38] Absicherungsfähig sind nur eindeutig identifizierbare Einzelrisiken.[39] In der Begründung des Rechtsausschusses sind beispielhaft Zins-, Währungs-, Ausfall- und andere Preisrisiken aufgeführt. Die Absicherung mehrerer Risiken innerhalb einer Sicherungsbeziehung ist denkbar. So können bspw. das Zinsänderungsrisiko und das Währungsrisiko aus einer variabel verzinslichen Verbindlichkeit in fremder Währung durch Abschluss eines Zins-/Währungsswaps (cross currency swap) ausgeschlossen werden. Sich lediglich zufällig ausgleichende Wert- oder Zahlungsstromänderungen aus unterschiedlichen Risiken rechtfertigen die Bildung einer Bewertungseinheit nicht.

Die einem Grundgeschäft anhaftenden Einzelrisiken können vollständig oder tw. abgesichert werden. Die Bildung einer Bewertungseinheit für eine Teilabsiche-

---

[33] Vgl. Hoffmann/Lüdenbach, NWB Kommentar Bilanzierung, 15. Aufl. 2023, § 254 HGB Rz 18 f.
[34] Vgl. auch IDW RS HFA 35.60 f.
[35] Vgl. BT-Drs. 16/10067 v. 30.7.2008 S. 58. So auch schon Groh, DB 1986, S. 874. Die IFRS halten in IAS 39.IG.F.3.7 zusätzliche Beispiele vor, die eine erwartete Transaktion untermauern können; vgl. hierzu auch Lüdenbach/Hoffmann/Freiberg, Haufe IFRS-Kommentar, 22. Aufl. 2024, § 28a Rz 31. Weitere Indikatoren, die der AP seiner ex ante-Beurteilung zugrunde legen kann, finden sich bei Löw, WPg 2004, S. 1121.
[36] Vgl. auch Gelhausen/Fey/Kämpfer, Rechnungslegung und Prüfung nach dem BilMoG, 2009, Abschn. H Rz 20; Rimmelspacher/Fey, WPg 2011, S. 807.
[37] So auch IDW RS HFA 35.60.
[38] Vgl. Scharpf, in Küting/Pfitzer/Weber, Das neue deutsche Bilanzrecht, 2. Aufl. 2009, S. 206.
[39] Vgl. auch IAS 39.AG110.

rung setzt die separate Identifizierbarkeit der abzusichernden Risikokomponente voraus. Zudem müssen sich die gegenläufigen Wert- bzw. Zahlungsstromänderungen fristenkongruent ausgleichen bzw. der Abschluss von Anschlussgeschäften muss beabsichtigt und möglich sein.

15 Eine **qualitative Teilabsicherung** von Grundgeschäften liegt vor, wenn von mehreren identifizierbaren Risiken nur einzelne abgesichert werden.

> **Praxis-Beispiel**
> U hat überschüssige liquide Mittel vorübergehend in einem variabel verzinslichen Wertpapier angelegt, das eine amerikanische Bank emittiert hat. Das Wertpapier lautet auf US-Dollar. Die anhaltende Diskussion um die Verschuldung der USA und die von der Euro-Krise ausgehenden Gefahren für die Finanzwelt rücken die Risiken des Investments in den Fokus von U.
> Das Investment von U weist drei Risiken auf: Währungsrisiko, Zinsrisiko und Bonitätsrisiko.
> Jedes einzelne Risiko kann isoliert abgesichert werden:
> - Absicherung nur gegen das Währungsrisiko:
>   - Verkauf des Fremdwährungsbetrags per Termin (Fälligkeit des Wertpapiers)
>   - Kauf einer Devisenverkaufsoption
> - Absicherung nur gegen das Zinsrisiko: Kauf eines Receiver-Zinsswaps (Zahlung variabler Zinsen, Erhalt fester Zinsen)
> - Absicherung gegen das Bonitätsrisiko: Kauf eines Credit Default Swap
>   - Sicherungsnehmer: Zahlung einer einmaligen Prämie bei Abschluss und laufender Prämien während der Laufzeit des Instruments
>   - Sicherungsgeber: Zahlung eines Ausgleichs bei Eintritt eines im Vertrag definierten Ausfallereignisses

Das Inflationsrisiko stellt regelmäßig kein separat identifizierbares Risiko dar. Für die Absicherung einer Beschaffung von Rohstoffen gegen einen preissteigerungsbedingten Anstieg der Rohstoffpreise kommt daher die Bildung einer Bewertungseinheit nicht in Betracht. Bilanziell darstellbar ist dagegen eine Sicherungsbeziehung, mit der das Risiko eines auf alle denkbaren Ursachen zurückzuführenden Anstiegs der Rohstoffpreise ausgeschlossen werden soll. Wird das Inflationsrisiko in einem Vertrag formelmäßig bestimmt, kann es ausnahmsweise identifizierbar und (im bilanziellen Sinne) absicherbar sein. Als schwierig mag sich in diesem Fall mit Blick auf die geforderte Wirksamkeit der Sicherungsbeziehung die Wahl eines geeigneten Sicherungsinstruments erweisen.

16 Eine qualitative Teilabsicherung von Grundgeschäften bietet sich in bestimmten Fällen an, um die Wirksamkeit der Sicherungsbeziehung (Rz 37 ff.) zu verbessern bzw. die Beurteilung der Wirksamkeit zu vereinfachen. Dazu das folgende Beispiel:

> **Praxis-Beispiel**
> U hat ein variabel verzinsliches Darlehen mit einem Nominalbetrag von 8 Mio. EUR aufgenommen. Das Darlehen ist zum 3-Monats-Euribor plus 3 % zu verzinsen. Die Bank hat sich vorbehalten, die Höhe des Credit Spread halbjährlich und bei Eintritt besonderer Ereignisse anzupassen.

Um sich gegen das Risiko steigender Zinsauszahlungen abzusichern, erwirbt U einen Payer-Zinsswap mit einem identischen Nominalbetrag. Der Zinsswap gewährt U einen Anspruch auf variable Zinsen i. H. d. 3-Monats-Euribor und verpflichtet ihn zur Zahlung fester Zinsen in Höhe von 0,8 %.

U kann die aus dem Darlehen zu leistenden variablen Zinszahlungen in voller Höhe als abgesichertes Risiko identifizieren. Diese Sicherungsstrategie birgt das Risiko einer Ineffektivität. Die zu leistenden variablen Zinsen sind abhängig von der Höhe des 3-Monats-Euribor und des Credit Spread. Demgegenüber richten sich die Zinszahlungen aus dem Zinsswap ausschl. nach dem 3-Monats-Euribor. Ändert sich die variable Verzinsung aus dem Darlehen als Folge einer Anpassung des Credit Spread, entsteht eine Ineffektivität, da die Änderung der Zinszahlung insoweit nicht durch eine Anpassung der Konditionen des Zinsswaps kompensiert wird.

Um das Risiko einer solchen Ineffektivität auszuschließen, kann U die Bewertungseinheit auf das Risiko höherer Zinszahlungen als Folge eines Anstiegs des 3-Monats-Euribor (ohne Credit Spread) beschränken.

Die das abgesicherte Risiko betreffenden Cashflows dürfen nicht größer sein als die gesamten Cashflows aus dem Grundgeschäft. Eine Absicherung gegen Schwankungen eines Benchmark-Zinssatzes ist daher nicht zulässig, wenn dieser Zinssatz über dem vereinbarten Zinssatz des Grundgeschäfts liegt.

17 Erstreckt sich die Sicherungsbeziehung nur auf einen bestimmten Teil der Laufzeit eines Grundgeschäfts, liegt eine **zeitliche Teilabsicherung** vor.[40]

Praxis-Beispiel
U hat ein variabel verzinsliches Darlehen i. H. v. 5 Mio. EUR mit einer Laufzeit von 10 Jahren aufgenommen. Da U kurzfristig steigende Zinsen erwartet, hat er einen Payer-Zinsswap mit einem Nominalbetrag von 5 Mio. EUR und einer Laufzeit von 3 Jahren erworben.

U kann sich gegen das Risiko einer steigenden Zinsbelastung aus der Darlehensverbindlichkeit für die kommenden 3 Jahre absichern. Dazu werden das Darlehen als Grundgeschäft (variabel verzinsliches Darlehen) und als abgesichertes Risiko das Zinsänderungsrisiko bezogen auf den Nominalbetrag innerhalb der kommenden 3 Jahre designiert.

Ob U nach Ablauf von 3 Jahren eine Anschlusssicherung vornimmt, steht ihm frei. Der mit der Sicherungsbeziehung angestrebte Sicherungszweck (Absicherung gegen das Zinsänderungsrisiko innerhalb der kommenden 3 Jahre) wird im Beispiel vollständig erreicht.

18 Als dritte Möglichkeit einer Teilabsicherung von Grundgeschäften kommt die Absicherung eines bestimmten prozentualen Anteils eines Grundgeschäfts in Betracht (**quantitative Teilabsicherung**).

---

[40] Vgl. auch Schmidt, BB 2009, S. 884; Hoffmann/Lüdenbach, NWB Kommentar Bilanzierung, 15. Aufl. 2023, § 254 HGB Rz 22.

> **Praxis-Beispiel**
> Energieversorger E kauft während der Wintermonate Energie in der Schweiz ein, um den höheren Grundlastbedarf zu decken. Im Durchschnitt der letzten 3 Jahre lag das Importvolumen für die ersten 3 Monate des Folgejahrs bei 500 Mio. SFR. In einem strengen Winter steigt das Volumen bis auf 700 Mio. SFR an. In Jahren mit eher milden Temperaturen belief sich das importierte Stromvolumen auf ca. 400 Mio. SFR.
> Entsprechend der Vorhersage der Meteorologen plant E für das erste Quartal des kommenden Jahres ein Importvolumen von 500 Mio. SFR. E beabsichtigt, sich gegen das Währungsrisiko aus den geplanten Stromgeschäften abzusichern. Ein Devisenterminkauf über 700 Mio. SFR kann nicht als Sicherungsinstrument designiert werden, da ein Transaktionsvolumen in dieser Höhe nicht hochwahrscheinlich ist. Dieses Transaktionsvolumen wird nur bei einem strengen Winter erwartet. Das Nichteintreten eines strengen Winters liegt zwar außerhalb der Einflusssphäre von E, ist aber kein außergewöhnliches Ereignis. Entsprechendes gilt für ein Transaktionsvolumen von 500 Mio. SFR. Auch in diesem Umfang ist ein Energiebezug allenfalls wahrscheinlich, nicht aber hochwahrscheinlich. Zulässig sollte dagegen sein, 400 Mio. SFR auf Termin zu kaufen und dieses Finanzinstrument mit dem Grundgeschäft i. H. v. 80 % des im Folgejahr geplanten Energiebezugs in SFR zu einer Bewertungseinheit zusammenzufassen.
> Erhöhen lässt sich das in eine Bewertungseinheit einbeziehbare Volumen geplanter Energiebeschaffungen, indem der Betrachtungszeitraum auf mehrere Jahre ausgedehnt wird. Einschränkend zu berücksichtigen ist die mit zunehmendem zeitlichen Abstand vom Abschlussstichtag wachsende Unsicherheit, ob die erwarteten Transaktionen tatsächlich zustande kommen werden.

4.3 Geeignete Sicherungsinstrumente

19 Als Sicherungsinstrumente i. S. d. § 254 HGB qualifizieren sich nur Finanzinstrumente. In Betracht kommen originäre **und** derivative Finanzinstrumente. **Originäre Finanzinstrumente** sind solche, die keinen derivativen Charakter aufweisen. Zu ihnen rechnen Forderungen, Verbindlichkeiten, Bankguthaben und Wertpapiere. Ausgeschlossen sind erhaltene und geleistete Anzahlungen, da sie nicht auf den Ab- bzw. Zufluss liquider Mittel gerichtet sind und daher keine Finanzinstrumente darstellen.

20 Ein **derivatives Finanzinstrument** definiert der Gesetzgeber als
- „schwebendes Vertragsverhältnis,
- dessen Wert auf Änderungen des Werts eines Basisobjekts – bspw. eines Zinssatzes, Wechselkurses, Rohstoffpreises, Preis- oder Zinsindexes, der Bonität, eines Kreditindexes oder einer anderen Variablen – reagiert,
- bei dem Anschaffungskosten nicht oder nur in sehr geringem Umfang anfallen und
- das erst in der Zukunft erfüllt wird."[41]

---

[41] BT-Drs. 16/10067 v. 30.7.2008 S. 53 (im Original ohne Aufzählungszeichen).

Als Grundformen der **Derivate** gelten unbedingte Termingeschäfte, Optionen und Swaps. **Unbedingte Termingeschäfte** zeichnen sich durch das Recht und die Verpflichtung des Käufers (Halter) aus, ein Basisobjekt zu einem bestimmten Zeitpunkt vom Verkäufer (Stillhalter) zu einem festgelegten Preis zu erwerben. Zu unterscheiden sind börsengehandelte standardisierte Termingeschäfte (**Futures**) und Geschäfte, deren Bedingungen frei zwischen den Parteien vereinbart werden (**Forwards**). **Optionen** gewähren in ihrer einfachsten Form (**Plain-Vanilla-Optionen**) dem Käufer (Inhaber) das Recht, ein Basisobjekt innerhalb eines festgelegten Zeitraums (amerikanische Option) oder zu einem bestimmten Zeitpunkt (europäische Option) zu einem bestimmten Preis vom Verkäufer (Stillhalter) zu erwerben (Call) oder an den Verkäufer zu veräußern (Put). Werden Zahlungsströme aus zwei Basisobjekten während eines bestimmten Zeitraums getauscht, liegt ein **Swap** vor. Als Sicherungsinstrumente werden Zinsswaps und Währungsswaps verbreitet eingesetzt. Im ersten Fall werden zumeist feste gegen variable Zinsen auf ein bestimmtes Kapital getauscht. Der Währungsswap sieht einen Tausch in unterschiedlichen Währungen denominierter Kapital- und Zinszahlungen vor. Auch **Kombinationen** aus diesen Grundformen kommen als Sicherungsinstrumente in Betracht, z. B. Zinsbegrenzungsvereinbarungen (Floors, Caps und Collars) oder Optionen auf Zinsswaps (Swaptions).

Um die in der Praxis gängige Absicherung eines Kaufs oder Verkaufs von Waren gegen Preisrisiken zu ermöglichen, rechnet § 254 Satz 2 HGB ferner **Warentermingeschäfte** zu den Finanzinstrumenten. Dabei kommt es nicht darauf an, ob diese Geschäfte eine physische Lieferung vorsehen oder durch Barausgleich glattgestellt werden.[42] Der Begriff der Waren ist mit Blick auf den Sinn und Zweck der Vorschrift weit auszulegen. Er umfasst nicht nur die Waren im handelsbilanziellen Sinne von § 266 Abs. 2 B. I Nr. 3 HGB, sondern sämtliche handelbaren (materiellen und immateriellen) Güter, wie Energie, Metalle oder Emissionsrechte.[43] Termingeschäfte will der Gesetzgeber i. S. v. § 1 Abs. 11 Satz 4 Nr. 1 KWG in der damaligen Fassung verstanden wissen.[44]

Zur Absicherung gegen Wertänderungs- und Zahlungsstromrisiken, denen ein Grundgeschäft ausgesetzt sein kann, eignen sich bspw. folgende Sicherungsinstrumente, sofern sie – im Vergleich zum Grundgeschäft – gegenläufige Wert- oder Zahlungsstromänderungen aufweisen:[45]

- Zinsänderungsrisiken: Zinsswaps, Zinsfutures, Forward Rate Agreements, Zinsoptionen, Zinsbegrenzungsvereinbarungen
- Währungsrisiken: Devisentermingeschäfte, Devisenoptionen, Währungs-Swaps
- Ausfall- oder Adressenrisiken: Credit Default Swaps, Total Return Swaps, Credit Linked Notes, Credit Spread Options
- (Sonstige) Preisänderungsrisiken: Futures, Forwards oder Optionen

---

[42] Nach Meinung des Gesetzgebers war die explizite Aufnahme der Warentermingeschäfte als Sicherungsinstrumente notwendig, „weil es sich bei Warentermingeschäften nicht um Finanzinstrumente im Sinn des § 254 Satz 1 HGB handelt" (BT-Drs. 16/12407 S. 112). Das betrifft nur solche Geschäfte, die nicht durch Ausgleichszahlungen erfüllt werden.

[43] Vgl. Gelhausen/Fey/Kämpfer, Rechnungslegung und Prüfung nach dem BilMoG, 2009, Abschn. H Rz 34; Hoffmann/Lüdenbach, NWB Kommentar Bilanzierung, 15. Aufl. 2023, § 254 HGB Rz 31.

[44] Vgl. BT-Drs. 16/12407 v. 24.3.2009 S. 86.

[45] Zum Folgenden Gelhausen/Fey/Kämpfer, Rechnungslegung und Prüfung nach dem BilMoG, 2009, Abschn. H Rz 34.

Der Gesetzgeber zieht den Kreis qualifizierender Sicherungsinstrumente weiter als nach den Vorschriften des **IAS 39**. Der Standard erlaubt die Designation nicht-derivativer Finanzinstrumente als Sicherungsgeschäfte grds. nicht. Einzige Ausnahme bildet die Absicherung eines Währungsrisikos (IAS 39.72).[46] Im Gegensatz dazu ist die Absicherung eines Währungsrisikos in der Regierungsbegründung nur als ein möglicher Anwendungsfall originärer Finanzinstrumente beschrieben.[47]

Geschriebene Optionen qualifizieren sich nicht zur Absicherung von Grundgeschäften, es sei denn, sie werden zur Glattstellung einer erworbenen Option eingesetzt.[48] Da der mögliche Verlust aus einer geschriebenen Option erheblich höher ausfallen kann als der Wertzuwachs aus dem zugehörigen Grundgeschäft, stellen sie kein Mittel dar, um Verlustrisiken wirksam zu begrenzen.

23 Der Einsatz von Finanzinstrumenten als Sicherungsgeschäfte i.S.d. § 254 HGB erfordert eine ausdrückliche **Designationsentscheidung**. Sie kann nicht rückwirkend, sondern **nur für die Zukunft** erfolgen.[49] Die Entscheidung ist nachvollziehbar zu dokumentieren (Rz 48 ff.).

24 Ebenso wie bei Grundgeschäften besteht auch bei Sicherungsinstrumenten die Möglichkeit einer **partiellen Designation**. Unproblematisch ist eine Aufteilung von Finanzinstrumenten in **quantitativer Hinsicht**. Sie kann erforderlich sein, wenn das Nominalvolumen des Grundgeschäfts geringer als das des Finanzinstruments ist oder eine nur partielle Risikoabsicherung angestrebt wird.

Praxis-Beispiel
Pharma-Hersteller P hat eine Beteiligung an einem amerikanischen Biotech-Unt zum Preis von 100 Mio. USD gekauft. P will sich gegen das Risiko eines währungsbedingten Wertverlusts des Investments absichern. Zeitgleich mit dem Beteiligungserwerb hat P eine Dollar-Verbindlichkeit von 120 Mio. USD aufgenommen.
Das Währungsrisiko ist ein absicherbares Risiko der Beteiligung. Es kommt für die Bildung einer Bewertungseinheit nicht darauf an, ob sich die Realisation von Risiken unmittelbar (z.B. in Gestalt von Aufwendungen) auf den Abschluss auswirkt. Es genügt, wenn der VG als solcher einem Wertänderungsrisiko ausgesetzt ist. Diese Voraussetzung liegt zweifellos vor.
Die Dollarverbindlichkeit stellt ein geeignetes Sicherungsinstrument dar. Um eine Bewertungseinheit zu begründen, kann P die Fremdwährungsverbindlichkeit bspw. i.H.v. 100 Mio. USD als Sicherungsinstrument designieren. Auch eine partielle Absicherung des Grundgeschäfts (z.B. i.H.v. 60 Mio. USD) mit entsprechender anteiliger Designation der Dollarverbindlichkeit ist zulässig.

---

25 Stimmen Laufzeit von Grundgeschäft und Finanzinstrument nicht überein, ist wie folgt zu unterscheiden: Weist das Finanzinstrument eine längere Laufzeit als das

---

[46] Der für am oder nach dem 1.1.2018 beginnende Gj erstmals anzuwendende IFRS 9 sieht den Einsatz originärer Finanzinstrumente in größerem Umfang vor.
[47] Vgl. BT-Drs. 16/10067 v. 30.7.2008 S. 58.
[48] Vgl. Justenhoven/Usinger, in Beck Bil-Komm., 14. Aufl. 2024, § 254 HGB Rz 27; so auch IAS 39.72 i.V.m. IAS 39.AG94.
[49] Vgl. Löw, WPg 2004, S. 1120.

Grundgeschäft auf, besteht die Möglichkeit, das Finanzinstrument nur für einen **begrenzten Zeitraum** als Sicherungsinstrument zu designieren. Bei dieser Konstellation kann allerdings die Wirksamkeit der Sicherungsbeziehung (Rz 37 ff.) negativ beeinflusst werden.[50] Im umgekehrten Fall – die Laufzeit des Grundgeschäfts übersteigt die des Sicherungsinstruments – kommt die Bildung einer Bewertungseinheit nur in Betracht, wenn Anschlussgeschäfte möglich und nach der Dokumentation der Sicherungsstrategie vorgesehen sind.

> **Praxis-Beispiel**
> In Abwandlung des vorstehenden Beispiels sei angenommen, P habe zeitgleich mit dem Beteiligungserwerb einen Währungs-Swap mit einem Volumen von 100 Mio. USD erworben, der eine Laufzeit von 3 Jahren aufweist. P will die Beteiligung frühestens in 5 Jahren veräußern.
> Auch der Währungs-Swap eignet sich als Sicherungsinstrument. Die Bildung einer Bewertungseinheit macht es erforderlich, das abgesicherte Risiko in qualitativer, quantitativer und zeitlicher Hinsicht genau zu identifizieren. Qualitativ wird die Absicherung gegen einen währungsbedingten Wertverlust der Beteiligung angestrebt. In quantitativer Hinsicht mag sich die Absicherung auf das gesamte Investment von 100 Mio. USD beziehen. Den Absicherungszeitraum könnte P auf genau 3 Jahre festlegen. In diesem Fall stimmen die Laufzeiten von Grundgeschäft und Sicherungsinstrument überein. Soll dagegen das Währungsrisiko über die Laufzeit des Währungs-Swaps hinaus z.B. bis zum Zeitpunkt des erwarteten Verkaufs abgesichert werden, muss P die Durchhalteabsicht glaubhaft machen. Dazu hat das Unt die Fähigkeit und die objektive Möglichkeit, Anschlussgeschäfte zu tätigen, darzulegen.

Eine **qualitative Aufteilung** von Finanzinstrumenten scheitert dann, wenn das Sicherungsinstrument nur in seiner Gesamtheit einer Bewertung zugänglich ist. Ausnahmen sind zulässig, falls einzelne Bestandteile des Finanzinstruments verlässlich zu bewerten sind. So kann etwa nur der innere Wert einer Option als Sicherungsinstrument designiert werden. Der Zeitwert der Option bleibt dann ausgeklammert. Zulässig ist ebenfalls, von einem Terminkontrakt (forward) die Zinskomponente abzuspalten und nur die Kassakomponente als Sicherungsinstrument zu designieren (IAS 39.74). Mit diesen qualitativen Zerlegungen kann eine Verbesserung der Effektivität der Sicherungsbeziehung verbunden sein.[51]

26

> **Praxis-Beispiel**
> In erneuter Abwandlung des obigen Beispiels (Rz 24) sei angenommen, P beabsichtige, die Beteiligung an dem Biotech-Unt 3 Jahre lang zu halten und anschließend wieder zu veräußern. Um sich gegen das Währungsrisiko abzusichern, hat P 100 Mio. USD per Termin verkauft. Das Zinsniveau ist in den USA gegenwärtig rund 2 %-Punkte höher als in Europa. Der Kassakurs des Euro zum US-Dollar beträgt 1,2.

---

50 Einschränkend zur Zulässigkeit derartiger Part-Time-Hedges, Justenhoven/Usinger, in Beck Bil-Komm., 14. Aufl. 2024, § 254 HGB Rz 28.
51 Vgl. Küting/Cassel, KoR 2008, S. 773 ff.

Aufgrund des Zinsgefälles zum Euro liegt der Terminkurs des US-Dollar unter dem Kassakurs. Damit ist die Sicherungsbeziehung nicht voll wirksam: Ändert sich der Kassakurs des US-Dollars zum Euro nicht, erzielt P aus dem Termingeschäft einen Verlust i. H. d. die Zinsdifferenz zwischen den Ländern zum Ausdruck bringenden Swapsatzes. Um eine 100 %ige Effektivität zu erzielen, hat P die Möglichkeit, nur die Kassakomponente des Termingeschäfts als Sicherungsinstrument zu designieren. In diesem Fall ist die Zinskomponente nach den allgemeinen Bilanzierungsgrundsätzen zu behandeln.

Über den **Swapsatz** lässt sich der rechnerische Terminkurs bestimmen:

	Zinsdifferenz [%]	2,00
	Kassakurs [USD je EUR]	1,2
	Laufzeit des Termingeschäfts [Jahre]	3,0
=	Swapsatz	0,072
+	Kassakurs [USD je EUR]	1,200
=	Terminkurs	1,272

P hat 100 Mio. USD zum Kurs von 1,272 per Termin verkauft. Das entspricht einem Gegenwert von 78,616 Mio. EUR. Die Kassakomponente des Geschäfts besteht aus dem Verkauf von 100 Mio. USD zum Kassakurs von 1,2 (83,333 Mio. EUR = 100 Mio. USD/1,2 EUR/USD). Die Zinskomponente repräsentiert den Preis für die Absicherung zum Kassakurs (4,717 Mio. EUR). Bei konstantem Kassakurs bis zum Fälligkeitstag ändert sich der beizulegende Zeitwert der Kassakomponente nicht. Der Vorteil einer sicheren Anlage in US-Dollar verflüchtigt sich. Daraus resultiert ein Verlust i. H. des (aufgezinsten) Absicherungspreises von 5,66 Mio. USD = 4,717 Mio. EUR. Der Verlust ist als ineffektiver Teil der Sicherungsbeziehung in der GuV zu erfassen. Änderungen des Kassakurses führen zu gegenläufigen Wertentwicklungen von Beteiligung und Termingeschäft. Sie unterliegen als effektiver Teil der Sicherungsbeziehung den Vorgaben des § 254 HGB.

27 **Tipp**
Abweichend vom vorstehenden Beispiel erlaubt IAS 39 für Zwecke der Effektivitätsbeurteilung, die erwartete Änderung der Cashflows aus dem Grundgeschäft auf Basis des gesicherten Terminkurses zu ermitteln. Wird die Wirksamkeit der Bewertungseinheit auf diese Weise beurteilt, führt eine Zinsdifferenz zwischen den Währungen bei einer vollständigen Designation des Devisentermingeschäfts (inkl. Zinskomponente) nicht zu einer rechnerischen prospektiven Ineffektivität. Diese Verfahrensweise sollte auch nach HGB als zulässig anzusehen sein. Sie erweist sich in ihrer Umsetzung als deutlich einfacher als die Aufteilung des Sicherungsinstruments in die Kassakomponenten und den nicht in die Bewertungseinheit einbezogenen Swapsatz.

28 Sicherungsinstrumente können auch **kombiniert** werden, um ein bestimmtes Risikoprofil abzusichern. Aus dem Zusammenwirken der Sicherungsinstru-

mente darf sich allerdings im Ergebnis nicht die Wirkung einer geschriebenen Option ergeben (so auch IAS 39.77).

Damit ein Ausgleich gegenläufiger Wert- oder Zahlungsstromänderungen zu erwarten ist, müssen Grundgeschäft und Sicherungsinstrument weitgehend übereinstimmende Merkmale aufweisen. Deshalb bietet sich im Regelfall der Einsatz einfacher Derivate (**Plain-Vanilla-Instrumente**) zur Risikoabsicherung an, die über keine besonderen Ausstattungsmerkmale wie knock in- bzw. knock out-Ereignisse oder Hebel verfügen. Werden zur Verringerung der Kosten einer Risikoabsicherung komplexere Varianten von Derivaten eingesetzt, ist die Zulässigkeit der Bildung einer Bewertungseinheit kritisch zu hinterfragen. Dazu das folgende Beispiel:

29

Praxis-Beispiel
U kauft einen signifikanten Teil der für die Herstellung von Erzeugnissen benötigten Rohstoffe im Dollarraum ein. Das durchschnittliche monatliche Einkaufsvolumen beläuft sich auf 2 Mio. USD. Zur Absicherung gegen das Währungsrisiko bietet ihm seine Hausbank den Abschluss eines Vertrags über eine Serie von 24 Termingeschäften mit folgendem Inhalt an:
- Monatlicher Bezugsbetrag: 1,5 Mio. USD zum Targetkurs
- Targetkurs: 1,32 USD je EUR
- knock out-Ereignis: Ein knock out-Ereignis gilt als eingetreten, wenn die Summe aller positiven Differenzen zwischen Targetkurs und Devisenkassakurs die knock out-Schwelle von 0,5 übersteigt. Bei Eintritt eines knock-out-Ereignisses werden alle künftigen Transaktionen beendet und verfallen wertlos.
- Hebel: Ein Hebelereignis gilt als eingetreten, wenn der Devisenkassakurs an einem Feststellungstag über dem Targetkurs notiert. Bei Eintritt eines Hebelereignisses verdoppelt sich der Bezugsbetrag.

Die Termingeschäfte stellen keine geeigneten Sicherungsinstrumente zu den geplanten Rohstoffeinkäufen in Dollar dar, da sie von den Grundgeschäften abweichende Merkmale aufweisen und nur sehr bedingt geeignet sind, das Währungsrisiko auszuschließen oder zu vermindern.
Als problematisch erweist sich zum einen das knock out-Ereignis. Die Serie von Termingeschäften endet, wenn U aus den abgewickelten Geschäften im Vergleich zu den jeweiligen Kassakursen einen kumulierten Gewinn von 692.905 EUR erzielt hat (1.500.000 USD / 0,82–1.500.000 / 1,32). Bei volatilen Wechselkursen kann diese Bedingung relativ schnell eintreten. Das Risiko des Entfalls von Termingeschäften beeinflusst den beizulegenden Zeitwert des Sicherungsinstruments. Hierzu gibt es keine Entsprechung im Grundgeschäft.
Aufgrund des vereinbarten Hebels muss U die doppelte Menge an Dollar (3 Mio. USD) abnehmen, wenn der Kassakurs über dem Targetkurs liegt. Diese Vereinbarung ist im Vergleich zu einem Plain-Vanilla-Termingeschäft für U ungünstig und führt zu einer zusätzlichen Unwirksamkeit, die bei der prospektiven Effektivitätsbeurteilung (Rz 37 ff.) zu berücksichtigen ist. Zudem erscheint aufgrund des Hebels fraglich, ob die Serie von Termingeschäften überhaupt geeignet ist, das Währungsrisiko von U zu reduzieren. Der bei Eintritt des Hebelereignisses abzunehmende Dollarbetrag übersteigt das durchschnittliche Volumen der Grundgeschäfte (2 Mio. USD) um 1 Mio.

> USD. Da U die zusätzlichen Dollar zu einem über dem Kassakurs liegenden Preis erwerben muss, drohen ihm aus dem Hebel Verluste.

30 Auch das Grundgeschäft kann mit besonderen Merkmalen ausgestattet sein, die keine Entsprechung bei einem zur Risikoabsicherung eingesetzten Plain-Vanilla-Derivat finden. So vereinbaren Banken bei variabel verzinslichen Darlehen seit einigen Jahren regelmäßig einen Floor von 0 %, um bei negativen Zinsen am Geldmarkt das Risiko von Zinszahlungen an den Kreditnehmer auszuschließen.[52]

> **Praxis-Beispiel**
> U hat am 31.12.01 ein endfälliges Darlehen in Höhe von 10 Mio. EUR mit einer Laufzeit von 5 Jahren aufgenommen. Als variable Verzinsung sind 3-Monats-Euribor, mind. 0 %, plus 1 % Credit Spread vereinbart. Die Zinszahlungen erfolgen jeweils nachschüssig zum Ende eines jeden Quartals. Um sich gegen das Risiko eines möglichen Zinsanstiegs abzusichern, hat U einen in Laufzeit und Volumen zum Grundgeschäft kongruenten Zinsswap abgeschlossen. Die aus dem Zinsswap zu leistenden festen Zinsen betragen 1 %. Aus Kostengründen hat U den Zinsswap ohne Euribor-Floor vereinbart. Sinkt der 3-Monats-Euribor unter 0 %, zahlt U mithin aus dem Zinsswap sowohl die festen Zinsen von 1 % als auch variable Zinsen i.H.d. absoluten 3-Monats-Euribor.
> Obwohl es sich bei dem Sicherungsinstrument um ein Plain-Vanilla-Derivat handelt, lässt die Bewertungseinheit aus variabel verzinslichem Darlehen und Zinsswap keine vollständige Risikokompensation erwarten. Der Grund liegt in der Ausgestaltung des Darlehens als strukturiertes Finanzinstrument. Es setzt sich zusammen aus einem zum 3-Monats-Euribor verzinsten originären Finanzinstrument und einem eingebetteten Derivat in Form eines 3-Monats-Euribor-Floor. Die Bildung einer Bewertungseinheit aus Darlehen und Payer-Zinsswap droht auch hier an der inkongruenten Ausgestaltung von Grundgeschäft und (möglichem) Sicherungsinstrument zu scheitern. Das gilt insb. bei negativen Geldmarktzinsen. In diesem Fall bewirkt der Zinsswap keine Reduzierung, sondern eine Erhöhung der Zinsbelastung von U.
> Dem lässt sich im Regelfall auch nicht durch eine Abspaltung des 3-Monats-Euribor-Floor vom Grundgeschäft begegnen. Zwar regelt das HGB nicht, unter welchen Voraussetzungen eingebettete Derivate von einem Basiskontrakt zu trennen und als eigenständige Bilanzierungsobjekte zu behandeln sind. Orientiert man sich indes gem. IDW RS HFA 22 an den Vorgaben des IAS 39, sind eingebettete Caps und Floors vielfach nicht trennungsfähig, da sie keine wesentlich erhöhten oder andersartigen Chancen und Risiken im Vergleich zu jenen des Grundgeschäfts begründen.

---

[52] In Österreich hat der OGH mit Urteil v. 3.5.2017, 4Ob60/17b (www.ris.bka.gv.at, Abruf 12.9.2022) die von den Banken favorisierte Auslegung von Kreditverträgen verworfen, den Referenzzinssatz ohne explizite Vereinbarung mit null anzusetzen, wenn dieser negativ wird.

4.4 Ausgleich gegenläufiger Wert- oder Zahlungsstromänderungen

4.4.1 Überblick

Die besonderen Bilanzierungsvorschriften für Bewertungseinheiten sehen eine Abkehr von zentralen GoB vor und führen zu einer weniger vorsichtigen Gewinnermittlung. Diese Wirkung verlangt mit Blick auf die Gläubigerschutzorientierung der handelsrechtlichen Rechnungslegung eine restriktive Anwendung der Ausnahmeregelungen. Der Gesetzgeber begrenzt ihre Anwendung zweifach. Zum einen erkennt er die Bildung von Bewertungseinheiten nur an, soweit diese eine nicht nur zufällige Risikokompensation erwarten lassen. Zum anderen bleibt die Anwendung der besonderen Regeln auf den wirksamen Teil der Sicherungsbeziehung beschränkt.

Damit eine systematische Risikokompensation innerhalb einer Bewertungseinheit erwartet werden kann, müssen
1. Grundgeschäft und Sicherungsinstrument vergleichbaren Risiken ausgesetzt sein und
2. die Volumina von Grundgeschäft und Sicherungsinstrument Wert- oder Zahlungsstromänderungen erwarten lassen, die sich betragsmäßig und hinsichtlich ihres zeitlichen Anfalls weitgehend kompensieren.

Unmittelbar mit diesen grundlegenden Anforderungen an Bewertungseinheiten (Rz 33 ff.) verbunden ist die Bedingung der Wirksamkeit (**Effektivität**). Die Effektivität einer Bewertungseinheit bezeichnet das Ausmaß, in dem sich die gegenläufigen Wert- oder Zahlungsstromänderungen von Grundgeschäft und Sicherungsinstrument im Hinblick auf das abgesicherte Risiko ausgleichen. Sie ist bei Begründung einer Bewertungseinheit und mind. zu jedem Abschlussstichtag für die Zukunft zu beurteilen (prospektive Effektivität). Ferner hat das Unt zu jedem Abschlussstichtag rückblickend für die Vergangenheit zu messen, inwieweit der Risikoausgleich tatsächlich eingetreten ist (restrospektive Effektivität). Die Ansätze zur Beurteilung bzw. Messung der Effektivität einschl. der zulässigen Vereinfachungen sind unter Rz 37 ff. erläutert.

4.4.2 Grundlegende Anforderungen

Die in die Bewertungseinheit einbezogenen Grundgeschäfte und Sicherungsinstrumente müssen vergleichbaren Risiken ausgesetzt sein. Maßgeblich sind allein die abzusichernden Risiken. Das erfordert
- eine klare Bestimmbarkeit der Risiken, die abgesichert werden sollen,
- eine verlässliche Bewertbarkeit der Zeitwert- bzw. Zahlungsstromrisiken und
- den Nachweis einer hohen Korrelation nicht identischer Risiken.

Da keine Identität der Risiken von Grundgeschäft und Sicherungsinstrument gefordert ist, kommt die Bildung einer Bewertungseinheit auch dann in Betracht, wenn die beiden Komponenten **vergleichbaren Risiken** ausgesetzt sind, die hoch korreliert sind. So mag sich das Zinsänderungsrisiko aus einem zum 1-Monats-Euribor plus Credit Spread verzinsten Darlehen wirksam durch Abschluss eines Payer-Zinsswaps auf Basis des 6-Monats-Euribor begrenzen lassen. Die hohe Korrelation der beiden Zinssätze ist bei Begründung der Bewertungseinheit plausibel zu machen. Dazu eignet sich bspw. eine **Regressionsanalyse** (vgl. Beispiel in Rz 41).

34 Der Forderung nach einer **Betragsidentität** ist entsprochen, wenn die Volumina von Grundgeschäft und Sicherungsinstrument sich gegenseitig ausgleichende Wert- oder Zahlungsstromänderungen erwarten lassen. Sie definiert sich nicht zwingend über die Mengeneinheiten von Grundgeschäft und Sicherungsinstrument, sondern über den erwarteten Risikoausgleich. Bei ungleichen Beträgen ist der übersteigende Betrag nach den allgemeinen GoB zu behandeln.

35 In den meisten Fällen erfordert die Bedingung der Betragsidentität ein Hedge Ratio von 1 : 1. Das ist etwa der Fall, wenn Fremdwährungsverbindlichkeiten durch Devisentermingeschäfte in der entsprechenden Währung oder variable verzinsliche Darlehen durch Zinsswaps abgesichert werden. Ein abweichendes Hedge Ratio ist dann zu definieren, wenn Grundgeschäft und Sicherungsinstrument keine identischen Risiken aufweisen. Um eine möglichst hohe Risikokompensation zu erzielen, kann es in diesen Fällen geboten sein, unterschiedliche Mengeneinheiten von Grundgeschäft und Sicherungsinstrument zu einer Bewertungseinheit zusammenzufassen (z. B. bei der Absicherung von Forderungen auf US-Dollar durch einen Forward über Kanada Dollar).

36 Grundgeschäft und Sicherungsinstrument müssen einen **zeitgleichen Eintritt** der gegenläufigen Wert- und Zahlungsstromänderungen erwarten lassen. Ist diese **Fristenkongruenz** aufgrund abweichender Laufzeiten von Grundgeschäft und Sicherungsinstrument nicht erfüllt, muss eine Überbrückung der zeitlichen Inkongruenzen durch Anschlussgeschäfte möglich und beabsichtigt sein.

> **Praxis-Beispiel**
> U plant für das kommende Jahr Exporte in die USA im Volumen von 2 Mio. USD. Das Fremdwährungsrisiko will U durch Abschluss von Devisentermingeschäften begrenzen. Zu diesem Zweck hat U einen Forward mit einem Nominalbetrag von 2 Mio. USD abgeschlossen, der im März des Folgejahrs fällig wird. Die Fremdwährungsbeträge aus den Exporten werden tw. vor und tw. nach Fälligkeit des Devisentermingeschäfts eingehen. Um eine Fristenkongruenz zwischen Grundgeschäft und Sicherungsinstrument herzustellen, bietet es sich an, die vor Fälligkeit des Termingeschäfts eingehenden Dollarbeträge auf einem Währungskonto anzulegen. Reichen die bis zur Fälligkeit des Forward eingegangenen Dollarbeträge nicht aus, um das Termingeschäft zu erfüllen, kann U den Fehlbetrag über Devisenswaps beschaffen, die ihrerseits bei Fälligkeit aus den Dollarzuflüssen der Grundgeschäfte bedient werden.

4.4.3 Prospektive Effektivität

37 Die Wirksamkeit einer Sicherungsbeziehung ist im Zeitpunkt ihrer Begründung und fortan zu jedem Abschlussstichtag **prospektiv** zu beurteilen.[53] Zu diesem Zweck hat der Bilanzierende abzuschätzen, ob und in welchem Umfang sich die gegenläufigen Wert- oder Zahlungsstromänderungen einer Bewertungseinheit am Bilanzstichtag und voraussichtlich in der Zukunft ausgleichen werden.[54] Der Gesetzgeber hat davon Abstand genommen, für die Effektivität einer Bewer-

---

[53] Vgl. BT-Drs. 16/10067 v. 30.7.2008 S. 58.
[54] BT-Drs. 16/12407 v. 24.3.2009 S. 112.

tungseinheit eine **Mindestanforderung** zu normieren.[55] In der Begründung des Rechtsausschusses heißt es: „Etwaige Effektivitätsspannen, wie sie die International Financial Reporting Standards (IFRS) für die Annahme einer wirksamen Bewertungseinheit vorsehen, haben handelsrechtlich keine Bedeutung".[56] Dementsprechend kann es bei der Abschätzung des zu erwartenden Risikoausgleichs nur darum gehen, die objektive Eignung des Sicherungsinstruments zur Risikokompensation zu beurteilen (zu den Auswirkungen der IBOR-Reform vgl. Rz 44). Das soll einer willkürlichen Definition von Bewertungseinheiten und der damit verbundenen Einschränkung zentraler GoB entgegenwirken.[57] Um eine Sicherungsbeziehung dem Grunde nach anzuerkennen, wird man gleichwohl eine **Mindestwirksamkeit** verlangen müssen. Sie wird verschiedentlich in einer Spanne von 50 %-200 % gesehen.[58] Jenseits dieser Grenzen muss von einer zufälligen Risikokompensation ausgegangen werden, die für die Anwendung des § 254 HGB schädlich ist.

Der Umfang des erwarteten Ausgleichs der gegenläufigen Wertänderungen oder Zahlungsströme innerhalb einer Bewertungseinheit ist für Zwecke der Anhangberichterstattung zu dokumentieren (§ 285 Nr. 23b HGB; § 285 Rz 143 ff.).

Die Anforderungen an den Effektivitätsnachweis variieren in Abhängigkeit von der Art und dem Umfang der Sicherungsbeziehung. Der Gesetzgeber hat es dem Bilanzierenden überlassen, eine geeignete Methode zur Beurteilung der **prospektiven Effektivität** einer Sicherungsbeziehung zu wählen.[59] Die Beurteilung kann auf der Grundlage eines der Art und dem Umfang der Risiken sowie der Art und dem Umfang der Grundgeschäfte angemessenen Risikomanagementsystems erfolgen. Eine einmal gewählte Methode unterliegt dem Stetigkeitsgebot.[60] Der Übergang auf eine andere Methode ist zulässig, wenn diese verlässlichere Ergebnisse ermittelt und damit zu einem besseren Einblick in die Vermögens-, Finanz- und Ertragslage führt.[61]

38

Bei **Micro-Hedges** kann die prospektive Effektivitätsbeurteilung in der Mehrzahl der Fälle ohne Rückgriff auf komplexe mathematisch-statistische Verfahren erfolgen. Sind die maßgeblichen Risikoparameter von Grundgeschäft und Sicherungsinstrument aufeinander abgestimmt, lässt sich der zu erwartende vollständige Risikoausgleich häufig anhand der **critical-terms-match**-Methode belegen. Danach ist eine perfekte Sicherungsbeziehung anzunehmen, wenn im Hinblick auf das abgesicherte Risiko alle wertbestimmenden Faktoren von Grundgeschäft und Sicherungsinstrument übereinstimmen. Alle nicht übereinstimmenden Wertkomponenten müssen demgegenüber das nicht abgesicherte Risiko betreffen. Ein Zinsswap ist nach diesem Beurteilungsansatz dann als voll wirksames Sicherungsinstrument einzustufen, wenn Nominal- und Kapitalbetrag, Währung, Laufzeiten, Zinsanpassungstermine, die Zeitpunkte von

39

---

55 Vgl. BT-Drs. 16/12407 v. 24.3.2009 S. 112.
56 BT-Drs. 16/12407 v. 24.3.2009 S. 86.
57 Vgl. auch IDW RS HFA 35.54.
58 Vgl. Hoffmann/Lüdenbach, NWB Kommentar Bilanzierung, 15. Aufl. 2023, § 254 HGB Rz 48.
59 Vgl. BT-Drs. 16/10067 v. 30.7.2008 S. 58; BT-Drs. 16/12407 v. 24.3.2009 S. 112.
60 Vgl. IDW RS HFA 35.52.
61 Vgl. IDW RS HFA 38.15.

Zins- und Tilgungszahlungen sowie die Bemessungsgrundlage für die Zinsanpassung für Grund- und Sicherungsgeschäft übereinstimmen.[62]

> **Praxis-Beispiel**
> Maschinenbauer M hat sich Ende 01 verpflichtet, an einen Kunden in Großbritannien eine Fertigungsanlage zum Preis von 50 Mio. GBP zu liefern. Der Kaufpreis ist am 1.1.03 in einem Betrag fällig. Um sich gegen das Währungsrisiko abzusichern, hat M ein marktkonformes Devisentermingeschäft (Verkauf) über 50 Mio. GBP mit gleicher Fälligkeit wie der Kaufpreisanspruch abgeschlossen. Kassa- und Terminkurs des britischen Pfunds stimmen überein.
> Es liegt eine perfekte Sicherungsbeziehung vor, da die Währung, das Volumen und die Laufzeit der Geschäfte übereinstimmen und zudem kein störender Einfluss aus Zinsunterschieden zwischen Deutschland und Großbritannien resultiert. Die nicht übereinstimmenden Wertkomponenten (z. B. Bonitätsrisiko des Vertragspartners) betreffen nicht das abgesicherte Risiko. Die prospektive Effektivität ist damit dargelegt. Bei der bilanziellen Abbildung der Sicherungsbeziehung kann ebenfalls von einem vollständigen Ausgleich der gegenläufigen Wertänderungen von Grundgeschäft und Sicherungsgeschäft ausgegangen werden (retrospektive Effektivität).[63]
> **Variante 1:**
> Abweichend vom Ausgangsfall sei angenommen, das Termingeschäft werde am 1.1.02 mit einer Laufzeit von einem Jahr abgeschlossen. Zu diesem Zeitpunkt beträgt der Kassakurs des britischen Pfund 0,9 GBP je EUR. Das Zinsniveau ist in Großbritannien um 3 % höher als in der Eurozone. M hat entschieden, das Termingeschäft vollständig (einschl. Zinskomponente) als Sicherungsinstrument zu designieren. Die Wert- bzw. Zahlungsstromänderungen aus dem Grundgeschäft beurteilt M auf Basis des Kassakurses.
> Es ermittelt sich ein rechnerischer Terminkurs von 1,236:
>
> | Berechnung | | 1.1.02 |
> |---|---|---|
> | | Zinsdifferenz [%] | 3,00 |
> | | Kassakurs [GBP je EUR] | 0,900 |
> | | Laufzeit des Termingeschäfts [Jahre] | 1,0 |
> | = | Swapsatz | 0,027 |
> | + | Kassakurs [GBP je EUR] | 0,900 |
> | = | Terminkurs | 0,927 |
>
> Ökonomisch liegt keine perfekte Sicherungsbeziehung vor, da die Wertänderung des Devisentermingeschäfts auch von der Zinsdifferenz zwischen der Eurozone und Großbritannien beeinflusst wird. Bleibt der Kassakurs des britischen Pfunds bis zur Fälligkeit des Kaufpreises konstant, ändert sich der beizulegende Zeitwert des Grundgeschäfts bezogen auf das abgesicherte Risiko nicht. Das Devisentermingeschäft verliert demgegenüber an Wert, da

---

[62] Vgl. IDW RS HFA 35.58; so auch IAS 39.AG108.
[63] Vgl. IDW RS HFA 35.59.

die Fremdwährung zu einem ungünstigeren Kurs als dem Kassakurs veräußert worden ist. Die grds. Eignung der Sicherungsbeziehung zur Risikokompensation steht aufgrund der tw. Ineffektivität nicht infrage. Bei der bilanziellen Abbildung des Geschäfts zu den einzelnen Bilanzstichtagen ist allerdings zwischen dem effektiven und dem ineffektiven Teil der Wertänderungen des Derivats zu unterscheiden (Rz 54 ff.), sofern das Unt die Cashflow-Änderung des Grundgeschäfts nicht anhand des Terminkurses beurteilt (Rz 27).

Liegen die Voraussetzungen für die Annahme einer perfekten Hedge-Beziehung auf Basis der **critical-terms-match**-Methode nicht vor, ist die hohe Korrelation zwischen der Veränderung der beizulegenden Zeitwerte der Cashflows des Grundgeschäfts und des Sicherungsinstruments mittels anderer Methoden darzulegen. Da das Gesetz keine Vorgaben macht, lohnt ein Blick in die internationale Bilanzierungspraxis. Zur Messung der prospektiven Effektivität finden hier 40
- historische Analysen,
- statistische Nachweise und
- Sensitivitätsanalysen

Anwendung. **Historische Analysen** vergleichen in der Vergangenheit beobachtete Wert- oder Zahlungsstromänderungen aus dem Grund- und Sicherungsgeschäft. Die bekannteste Methode ist die historische **Dollar-Offset-Methode**.[64] Sie stellt den auf das abgesicherte Risiko zurückgehenden Wertänderungen des Grundgeschäfts jene des Sicherungsinstruments gegenüber. Sollen Cashflow-Änderungen gemessen werden, stößt die einfache Dollar-Offset-Methode an ihre Grenzen.

Praxis-Beispiel
U sichert sich gegen das Risiko steigender Zinsen aus einer variabel verzinslichen Darlehensverbindlichkeit durch Kauf eines Payer-Zinsswaps ab. Ein Vergleich der durch Marktzinsänderungen induzierten Wertänderungen von Grundgeschäft und Sicherungsinstrument gibt in diesem Fall keinen Aufschluss über die Wirksamkeit der Sicherungsbeziehung. Während der beizulegende Zeitwert des Darlehens ausschl. durch die variablen Zins-Cashflows bestimmt wird, hängt der beizulegende Zeitwert des Zinsswaps zusätzlich von der Festzinsseite des Derivats ab. Zinsänderungen am Markt führen dementsprechend beim Zinsswap zu deutlich stärkeren Schwankungen des beizulegenden Zeitwerts als beim Grundgeschäft.

Um im vorstehenden Beispiel die Effektivität mittels der Dollar-Offset-Methode messen zu können, ist als Stellvertreter für das Grundgeschäft ein hypothetisches Derivat heranzuziehen, das in allen bewertungsrelevanten Bedingungen dem Grundgeschäft entspricht und über eine Festzinsseite verfügt, die einen anfänglichen beizulegenden Zeitwert von null ergibt. Auf diese Weise gelingt es, den Einfluss der Festzinsseite des Zinsswaps zu neutralisieren.

---

[64] Vgl. Löw/Scharpf/Weigel, WPg 2008, S. 1018.

Praxis-Beispiel
U hat vor 2 Jahren ein Darlehen über 500.000 EUR aufgenommen, das mit 12-Monats-Euribor plus 0,4 % (gegenwärtig: 1,67 %) verzinst wird. Da U kurzfristig steigende Zinsen erwartet, erwirbt er am 1.7.01 einen Payer-Zinsswap mit folgender Ausstattung:

- Nominalbetrag: 500.000 EUR
- Feste Zinszahlung: 1,2 %, 30/360
- Variable Zinszahlung: 6-Monats-Euribor
- Zinsperiode: 6 Monate
- Laufzeit: 3 Jahre

Das Darlehen hat am 1.7.01 eine Restlaufzeit von 3,5 Jahren. Die Zinsen sind jährlich nachschüssig zu entrichten und werden jeweils am letzten Börsentag des Gj für das kommende Jahr festgelegt.
Es liegt kein perfekter Hedge vor, da Grundgeschäft und Sicherungsinstrument nicht in allen wesentlichen Merkmalen (critical terms) übereinstimmen, sondern sich in der Laufzeit, den Referenzzinssätzen und in den Zinszahlungsterminen unterscheiden.
Da die Volumina von Darlehen und Zinsswap übereinstimmen und bei den übrigen Konditionen keine signifikanten Abweichungen vorliegen, dürfte die prospektive Effektivität dennoch erfüllt sein. Im Zweifel ist sie über ein mathematisches Verfahren nachzuweisen (z. B. Basis-Point-Value-Methode; Rz 42).
Da keine perfekte Sicherungsbeziehung vorliegt, muss der ineffektive Teil periodisch bestimmt werden (Rz 45 f.). Die einfache historische Dollar-Offset-Methode eignet sich dazu nicht, da sich die beizulegenden Zeitwerte von Grundgeschäft und Zinsswap schon deshalb unterschiedlich entwickeln, weil in den beizulegenden Zeitwert des Zinsswaps zusätzlich dessen Festzinsseite eingeht. Denkbar erscheint eine Effektivitätsmessung mittels der **Hypothetischen Derivatemethode**. Als Stellvertreter für das Grundgeschäft ist dabei ein Receiver-Zinsswap zu wählen, der die gleichen critical terms aufweist wie das Grundgeschäft selbst:

- Volumen: 500.000 EUR
- Laufzeit: 3,5 Jahre
- Referenzzins: 12-Monats-Euribor
- Zinsanpassungstermin: jährlich (letzter Börsentag)

Die Wirksamkeit der Sicherungsbeziehung ermittelt sich als Verhältnis der auf das abgesicherte Risiko zurückgehenden Wertänderungen von Sicherungsinstrument und hypothetischem Derivat.

Statistische Nachweise greifen ebenfalls auf historische Daten zurück, bereiten diese jedoch z. B. durch Regressionsanalysen auf.[65] Dadurch wirken sich Ausreißer weniger stark auf das Ergebnis der Effektivitätsmessung aus.

> **Praxis-Beispiel**
> U hat vor einem Jahr ein Darlehen von 1 Mio. EUR aufgenommen, das zum 1-Monats-Euribor verzinst wird. Mitte April weist das Darlehen eine Restlaufzeit von 2 Jahren auf. Da U steigende Zinsen erwartet, will er die Zinsbelastung aus dem Darlehen für die verbleibende Laufzeit durch Kauf eines Payer-Zinsswaps festschreiben. Nach Auskunft der Bank ist die Zinsabsicherung auf Basis des 3-Monats-Euribor günstiger als durch Einsatz eines Zinsswaps, der den 1-Monats-Euribor zahlt.
> Eine Analyse mittels **einfacher linearer Regression** liefert den folgenden Zusammenhang zwischen dem 3-Monats-Euribor und dem 1-Monats-Euribor für die beiden zurückliegenden zwei Jahre:
>
>
>
> Abb. 1: Regressionsanalyse
>
> Nach dem Ergebnis der Analyse sind die beiden Geldmarktzinssätze hoch korreliert. Der Korrelationskoeffizient beträgt 99,59 %. Da das Bestimmtheitsmaß einen Wert nahe 1 annimmt (R^2 = 99,18 %), vermag die Entwicklung des 3-Monats-Euribor jene des 1-Monats-Euribor sehr gut zu erklären (und umgekehrt). Die Bewertungseinheit ist damit prospektiv als hoch wirksam zu beurteilen.

Anders als die historischen Analysen simulieren **Sensitivitätsanalysen** wie die Basis-Point-Value-Methode, wie sich eine bestimmte Änderung der abzusichernden Risikovariablen auf den Wert oder den Zahlungsstrom des Grund- bzw. Sicherungsinstruments auswirkt. Zu diesem Zweck sind z. B. die Auswir-

---

[65] Vgl. IDW RS HFA 9.328.

kung einer parallelen Verschiebung der Zinsstrukturkurve um 100 Basispunkte auf die zu erwartenden Zinszahlungen aus einem variabel verzinslichen Darlehen und einem Payer-Zinsswap oder die Auswirkung eines Anstiegs des Kassakurses um 10 % auf den Wert eines Zahlungsanspruchs aus einem schwebenden Absatzgeschäft und aus einem Devisenterminverkauf zu simulieren. Bonitätsbedingte Wertänderungen müssen nicht separiert werden.[66] Die Wirksamkeit der Bewertungseinheit beurteilt sich anhand eines Vergleichs der absoluten Änderungsbeträge für Grundgeschäft und Sicherungsinstrument.

Durationen und Marktdaten-Shift-Methode sind weitere Beispiele von Sensitivitätsanalysen.

43 Bei **Portfolio-** und **Macro-Hedges** ist der Wert- und Zahlungsstromausgleich nicht zwingend auf individualisierter Basis zu beurteilen. Die Effektivität der Bewertungseinheit kann stattdessen mittels einer Methode der internen Risikosteuerung eingeschätzt werden, die der Art und dem Umfang der Grundgeschäfte sowie der abgesicherten Risiken angemessen Rechnung trägt.[67] Voraussetzung ist ein dokumentiertes, funktionsfähiges Risikomanagementsystem. Wie ein solches Überwachungssystem ausgestaltet sein muss, lässt sich dem Gesetz nicht entnehmen. Die Anforderungen zur Gewährleistung einer verlässlichen Beurteilung der Wirksamkeit der Risikoabsicherung bestimmen sich im Einzelfall nach der Komplexität der gebildeten Bewertungseinheiten.

44 Zahlreiche Finanztransaktionen und Finanzinstrumente sind an Referenzzinssätze gekoppelt. Als derartige Benchmarks fungierten lange Zeit Zinssätze für unbesicherte Kredite zwischen Banken wie EONIA (Euro Overnight Index Average), EURIBOR (Euro Interbank Offered Rate) und LIBOR (London Interbank Offered Rate). Eine rückläufige Liquidität des Interbanken-Geldmarkts, eine gestiegene Volatilität der Banken-Spreads und Marktmanipulationen haben die Verlässlichkeit der Referenzzinssätze seit der Finanzkrise zunehmend beeinträchtigt.[68] Als Reaktion hat die EU im Jahr 2016 die Benchmark-Verordnung beschlossen, die seit dem 1.1.2018 angewendet wird. Ihre Vorgaben sollen robuste, zuverlässige und repräsentative Referenzzinssätze in der EU hervorbringen. Bis Ende 2021 waren die gängigen Referenzzinssätze zu reformieren oder zu ersetzen. Lediglich für den US-Dollar-Libor galt eine längere Frist bis zum 30.6.2023. Bei den aus der Reform hervorgegangenen neuen risikolosen Zinssätzen (Risk-Free Rates, RFRs) wie der Euro Short-Term-Rate (EURSTR) in der Eurozone, der Secured Overnight Financing Rate (SOFR) in den USA und dem Sterling Overnight Index Average (SONIA) in Großbritannien handelt es sich um Übernachtzinssätze, die auf Basis tatsächlicher Transaktionen rückschauend ermittelt werden. Vorausschauende Zinssätze für bestimmte Laufzeiten bestehen für die neuen Interbankenzinssätze nicht. Für die EURSTR veröffentlicht die EZB seit dem 15.4.2021 zusätzlich durchschnittliche vergangenheitsbezogene Zinssätze für verschiedene Laufzeiten (1, 3, 6, 12 Monate) mit Aufzinsung (compounded EURSTR average rates) sowie einen Euro-Short-Term-Rate-Verzinsungsindex (compounded EURSTR

---

[66] Vgl. IDW RS HFA 35.55.
[67] Vgl. IDW RS HFA 35.52; BT-Drs. 16/10067 v. 30.7.2008 S. 58.
[68] Vgl. z. B. Freiberg, PiR 2018, S. 272 ff.

index). Anhand dieses Index kann die durchschnittliche Verzinsung der EURSTR für abweichende Laufzeiten ermittelt werden.

Vorerst nicht ersetzt, sondern reformiert worden ist der EURIBOR (Euro Interbank Offered Rate). Seine Konformität mit der EU-Benchmark-Verordnung soll eine dreistufige hybride Berechnungsmethode gewährleisten, die auf tatsächliche Transaktionen in dem jeweiligen Zinssatz am Vortag sowie hilfsweise auf Geldmarkttransaktionen über ähnliche Laufzeiten und modellgestützte Schätzungen zurückgreift. Er wird weiterhin als vorausschauender Zinssatz für verschiedene Laufzeiten zwischen einer Woche und 12 Monaten ermittelt.

Die Reform der Referenzzinssätze (IBOR-Reform) kann sich sowohl auf den Ansatz und die Bewertung einzelner Finanzinstrumente als auch auf die Bilanzierung von Bewertungseinheiten auswirken. Zu den möglichen Konsequenzen für die handelsrechtliche Rechnungslegung haben der FAB und der BFA des IDW in dem Rechnungslegungshinweis IDW RH FAB 1.020 Stellung genommen.[69]

Nach Auffassung der Fachausschüsse kann sich die IBOR-Reform über die Beurteilung der prospektiven Effektivität auf die Bilanzierung von Bewertungseinheiten auswirken. Ein lediglich zeitlicher Versatz bei der Anpassung von Grundgeschäft und Sicherungsinstrument an einen neuen Referenzzins, der die Wirksamkeit der Sicherungsbeziehung nur vorübergehend verringert, soll nicht zur Auflösung der Bewertungseinheit veranlassen. Seine Auswirkungen auf die Effektivitätsbeurteilung dürfen deshalb vernachlässigt werden. Diese Vereinfachung erlaubt es, unter dem bisherigen Regime begründete Bewertungseinheiten fortzuführen, soweit keine anderen Auflösungsgründe vorliegen.[70]

4.4.4 Retrospektive Effektivität

Die stichtagsbezogene **retrospektive Effektivitätsmessung** entscheidet darüber, in welchem Umfang die Bewertungseinheit den Rechtsfolgen von § 254 HGB unterliegt. Kann das Ausmaß des Ausgleichs der gegenläufigen Wertänderungen von Grund- und Sicherungsgeschäft nicht mehr bestimmt werden, ist ab dem Zeitpunkt, zu dem letztmals der Betrag der Unwirksamkeit verlässlich messbar war, keine Bewertungseinheit i.S.v. § 254 HGB mehr anzunehmen.[71] Eine für die Fortführung der Bewertungseinheit zu erreichende Mindestwirksamkeit besteht für die retrospektive Effektivität nicht. Ihrer bedarf es auch nicht, da der ineffektive Teil einer Bewertungseinheit nach § 254 HGB den einschlägigen handelsrechtlichen Regelungen unterliegt. D.h., insoweit greift die imparitätische Einzelbewertung.[72]

Liegt keine perfekte Sicherungsbeziehung vor, greift die Praxis zur Messung der retrospektiven Effektivität verbreitet auf die in Rz 40 erläuterte **Dollar-Offset-Methode** zurück. Sie vergleicht die auf das abgesicherte Risiko zurückgehende Wertänderung des Grundgeschäfts mit jener des Sicherungsgeschäfts.

45

46

---

[69] Vgl. IDW Life 2019, S. 741 ff.
[70] Vgl. IDW RH FAB 1.020.13 f.
[71] Vgl. IDW RS HFA 35.50.
[72] Vgl. IDW RS HFA 35.49.

Praxis-Beispiel
Ausgehend vom obigen Beispiel in der Variante 1 (Rz 39) zur Absicherung eines künftigen Kaufpreisanspruchs in Fremdwährung durch ein Devisentermingeschäft sei angenommen, der Kassakurs des britischen Pfunds betrage zum 31.12.02 weiterhin 0,9. Die Zinsdifferenz zwischen den Währungen soll ebenfalls unverändert sein.
Zum 31.12.02 ergeben sich damit folgende Auswirkungen:

	Berechnung	31.12.02
	Zinsdifferenz [%]	3,00
	Kassakurs [GBP je EUR]	0,9
	Laufzeit des Termingeschäfts [Jahre]	0
=	Swapsatz	0,0
+	Kassakurs [GBP je EUR]	0,9
=	Terminkurs	0,9

M hat am 1.1.02 einen Betrag von 50 Mio. GBP zum Terminkurs von 0,927 fest verkauft. Das entspricht einem Gegenwert von 53,94 Mio. EUR (50 Mio. GBP/0,927 GBP je EUR). Am 31.12.02 zahlt der Markt für 50 Mio. GBP einen Gegenwert von 55,56 Mio. EUR (50 Mio. GBP/0,9 GBP je EUR). Das Termingeschäft weist am 31.12.02 einen negativen beizulegenden Zeitwert von 1,62 Mio. EUR auf. Im Vergleich zur Situation ohne Abschluss des Termingeschäfts fällt der Erlös von M in Euro um 1,62 Mio. EUR niedriger aus. Die Differenz entspricht dem Zinsverlust (= Kosten der Währungsabsicherung) und ist Ausdruck der retrospektiv ermittelten Ineffektivität der Sicherungsbeziehung.

Variante 2:
Abweichend von Variante 1 sei angenommen, M habe nur die Kassakomponente des Devisentermingeschäfts als Sicherungsinstrument designiert.
Für die Bewertungseinheit ergibt sich eine vollständige Effektivität. Zum 1.1.02 beträgt der erwartete Gegenwert aus dem schwebenden Absatzgeschäft 55,56 Mio. EUR (50 Mio. GBP/0,9 GBP je EUR). Der Gegenwert schwankt mit der Veränderung des Kassakurses für das britische Pfund. Die Kassakomponente des Devisentermingeschäfts entwickelt sich exakt gegenläufig. Die Wertänderungen von Grundgeschäft und Sicherungsinstrument gleichen sich damit vollständig aus.
Die Wertveränderung der nicht in die Bewertungseinheit einbezogenen Zinskomponente des Termingeschäfts ist zu jedem Stichtag zu ermitteln. Sie beläuft sich zum 31.12.02 auf 1,62 Mio. EUR. Ihre bilanzielle Behandlung richtet sich nach den allgemeinen Grundsätzen. Für sie ist bis zur Glattstellung bzw. Erfüllung des Termingeschäfts eine Drohverlustrückstellung zu bilden.

47 Ermitteln sich bei einer nicht vollwirksamen Sicherungsbeziehung nur geringe Wertänderungen für das Grundgeschäft und das Sicherungsinstrument, signali-

siert die Dollar-Offset-Methode trotz eines weitgehenden absoluten Ausgleichs der gegenläufigen Wert- oder Zahlungsstromänderungen vielfach eine geringe relative Wirksamkeit der Bewertungseinheit. Um diesem Effekt zu begegnen, definiert die Praxis **Toleranzwerte**, bei deren Einhaltung die Sicherungsbeziehung als wirksam gilt.

> **Praxis-Beispiel**
> U hat am 15.7.01 eine Fremdwährungsverbindlichkeit aus einem Beschaffungsgeschäft i. H. v. 6 Mio. SFR gegen das Risiko einer Abwertung des Euro mit einem Devisentermingeschäft abgesichert. Die retrospektive Wirksamkeit der Bewertungseinheit beurteilt er nach der Dollar-Offset-Methode. Zu diesem Zweck vergleicht U die Wertänderung des Grundgeschäfts auf Basis des Kassakurses mit der gegenläufigen Wertänderung des Devisentermingeschäfts. Zum 31.12.01 beläuft sich der Gegenwert der Verbindlichkeit auf 5 Mio. EUR. Im Vergleich zum Zeitpunkt der Begründung der Bewertungseinheit ermittelt U die folgenden währungsbedingten Wertänderungen: Fremdwährungsverbindlichkeit: –2.000 EUR, DTG: +5.000 EUR.
> Nach der Dollar-Offset-Methode ergibt sich eine rechnerische Wirksamkeit der Bewertungseinheit von 40 % (–2000/5.000). Die verschiedentlich geforderte Mindestwirksamkeit von mehr als 50 % wird damit nicht erreicht. Das Ergebnis erscheint bedenklich: Die niedrige Effektivität hat ihren Grund in der geringen Änderung der abgesicherten Risikovariablen. Wertänderungen aus anderen Gründen (Bonität, Zinskomponente) fallen deshalb besonders stark ins Gewicht und führen zu einer optisch niedrigen Effektivität. Bei einer stärkeren Änderung der abgesicherten Risikovariablen mag die Bewertungseinheit dagegen nahezu vollwirksam sein.
> Um diesen Nachteil der Dollar-Offset-Methode zu vermeiden, kann U festlegen, dass die Bewertungseinheit innerhalb festgelegter absoluter (z. B. 5.000 EUR) oder relativer Grenzwerte (z. B. 0.2 % des Nominalvolumens des abgesicherten Geschäfts) als vollwirksam gilt. Derartige Toleranzwerte sollten als Teil der Risikomanagementstrategie dokumentiert werden.

4.5 Dokumentation

Die Regierungsbegründung zum BilMoG sah die Dokumentation einer Sicherungsbeziehung als tatbestandliche Voraussetzung einer Bewertungseinheit vor. In der Begründung des Rechtsausschusses heißt es nur noch lapidar: „Die Dokumentation wird nicht zum Tatbestandsmerkmal erhoben. Deshalb enthält § 285 Nr. 23 HGB umfangreiche Angabepflichten".[73] Diese Aussage kann leicht missverstanden werden. Die formale Dokumentation einer Sicherungsbeziehung ist zwar – anders als nach IFRS – keine explizite Tatbestandsvoraussetzung für die Bildung einer Bewertungseinheit. Ihre Notwendigkeit leitet sich jedoch aus dem allgemeinen Schutzzweck der Handelsbilanz ab.

Die öffentlich-rechtliche Bilanzierungspflicht dient dem Schutz Dritter. Sie soll Gläubiger, aber auch andere Unternehmenskoalitionäre wie Gesellschafter, vor

---

[73] BT-Drs. 16/12407 v. 24.3.2009 S. 86.

Vermögensschäden bewahren. Zu diesem Schutzzweck gehört die Schaffung von Beweismaterial. Beleg hierfür sind die Vorschriften zur Vorlage der Bilanz im Rechtsstreit und bei Auseinandersetzungen (§§ 258–261 HGB). Beweismaterial muss nachvollziehbar sein. In der Rechnungslegung bedeutet das: Aus den anzufertigenden Unterlagen muss hervorgehen, welche Sachverhalte zu beurteilen waren und wie sie abgebildet wurden. Bei Sicherungsgeschäften kommt diesem Grundsatz besondere Bedeutung zu, da das Gesetz für sie unterschiedliche Darstellungsformen vorsieht: die Abbildung nach den allgemeinen GoB und nach den besonderen Vorschriften für Bewertungseinheiten. Um eine willkürfreie, jederzeit nachvollziehbare Rechnungslegung zu gewährleisten, muss aus der Buchführung erkennbar werden, in welchem Umfang der Bilanzierende von den Sondervorschriften für Bewertungseinheiten Gebrauch gemacht hat. Das gilt insb., wenn man aus § 254 HGB – wie die wohl h. M. – ein von der Risikosteuerung unabhängiges Wahlrecht zur Bildung von Bewertungseinheiten herausliest.

50 Aus dem Zweck der Dokumentation, **beweiskräftige Erläuterungen** zur bilanziellen Behandlung von Sicherungsbeziehungen zu schaffen, leiten sich die an sie zu stellenden **Anforderungen** ab. Diese differieren in Abhängigkeit von Umfang und Komplexität der Bewertungseinheiten. Im Einzelnen muss sich aus der Dokumentation ergeben,
- wann eine Bewertungseinheit begründet und wann sie ggf. beendet wurde,
- aus welchen Komponenten sie sich zusammensetzt,
- das Absicherungsziel,
- inwieweit die Voraussetzungen für die Bildung einer Bewertungseinheit erfüllt sind.[74]

Um die Bewertungseinheit exakt abzugrenzen, müssen die in sie einbezogenen Grundgeschäfte und die eingesetzten Sicherungsinstrumente identifizierbar sein. Dazu kann es sich bei Finanzinstrumenten anbieten, die **Vertragsdaten** festzuhalten. Auch der Umfang, in dem sie in die Bewertungseinheit einbezogen wurden, ist zu dokumentieren.[75] Bei der Absicherung erwarteter Transaktionen sind das geplante Grundgeschäft und sein hoch wahrscheinliches Zustandekommen anderweitig darzulegen.
Zum Absicherungsziel ist nicht nur die Art des abgesicherten Risikos zu dokumentieren, sondern auch die geplante Dauer der Absicherung.
Eine wesentliche Voraussetzung für die Bildung einer Bewertungseinheit besteht in der **Effektivität** der Sicherungsbeziehung. Sie ist durch Angaben zur Art ihrer Beurteilung (prospektiv) bzw. Messung (retrospektiv) und zum erwarteten bzw. erreichten Grad der Wirksamkeit zu erläutern. Zudem kann die objektive Eignung der abgesicherten Grundgeschäfte und eingesetzten Sicherungsinstrumente darzulegen sein.
Zusätzliche Informationen können zur Erfüllung der Angabepflichten für den Anhang zu erheben sein. Das betrifft die angewandten Bilanzierungs- und Bewertungsmethoden (z. B. Einfrierungsmethode, Durchbuchungsmethode) und die speziellen Angabepflichten zu den gebildeten Bewertungseinheiten (§ 285 Nr. 23 HGB; § 285 Rz 143 ff.).

---

[74] Ähnlich IDW RS HFA 35.43.
[75] Vgl. auch Wulf, DStZ 2012, S. 540.

Führt die IBOR-Reform zum Ersatz eines vertraglichen Parameters beim Grundgeschäft oder beim Sicherungsinstrument, ist die Dokumentation der Bewertungseinheit anzupassen, soweit diese im Übrigen unverändert fortgeführt wird. Entsprechendes gilt für die Änderung des abgesicherten Risikos in Gestalt des Übergangs auf einen neuen Benchmarkzinssatz.

Betreibt ein Unt Risikoabsicherung nur durch **Micro-Hedges**, können sich die entsprechenden Informationen bereits aus den Buchführungsunterlagen ergeben.[76] Das gilt insb. dann, wenn Grundgeschäfte und Sicherungsinstrumente exakt aufeinander abgestimmt sind. In jedem Fall müssen Tatsache und Zeitpunkt der Designationsentscheidung aus den Aufzeichnungen hervorgehen, damit ersichtlich wird, ab wann die Rechtsfolgen des § 254 HGB eintreten. Bei **Portfolio-Hedges** müssen sich zusätzlich der Umfang des Grundgeschäfts und die Gleichartigkeit der abgesicherten Risiken aus der Dokumentation ergeben. **Macro-Hedges** erfordern aussagekräftige Nachweise über die Wirksamkeit der Sicherungsbeziehung. Dazu muss diese nicht nur klar definiert sein. Nachzuweisen ist auch die Eignung der eingesetzten Sicherungsinstrumente zur (nicht nur zufälligen) Risikominderung. Ein geeignetes Risikomanagementsystem wird diese Informationen bereitstellen.

51

Um einem missbräuchlichen Einsatz des Instituts der Bewertungseinheit entgegenzuwirken, ist die Dokumentation zeitnah zur Begründung einer Bewertungseinheit anzulegen. Demgegenüber sieht das IDW eine nachträgliche Dokumentation von Bewertungseinheiten bis zur Aufstellung des Jahresabschlusses als zulässig an.[77] Diese großzügige Auslegung ist mit dem Grundsatz der Bilanzobjektivierung nicht zu vereinbaren. Für sie besteht auch kein praktisches Bedürfnis.[78]

52

5 Rechtsfolgen der Bildung von Bewertungseinheiten

An die Bildung einer Bewertungseinheit knüpfen **Rechtsfolgen** an. Sie betreffen einerseits die bilanzielle Abbildung der Sicherungsbeziehung im Jahresabschluss. Andererseits ergeben sich Auswirkungen auf die Berichterstattung im Anhang.

53

5.1 Identifizierung von Wertänderungen

Erfüllt eine Sicherungsbeziehung die allgemeinen Anforderungen einer Bewertungseinheit nach § 254 HGB, sind auf die Bilanzierung und Bewertung von Grund- und Sicherungsgeschäft „§ 249 Abs. 1, § 252 Abs. 1 Nr. 3 und 4, § 253 Abs. 1 Satz 1 und § 256a HGB nicht anzuwenden" (§ 254 Satz 1 HGB). Unrealisierte Verluste werden somit nur dann erfasst, wenn sie sich für die Bewertungseinheit als Ganzes ergeben. Ein ineffektiver Teil der Sicherungsbeziehung ist nach den allgemeinen Grundsätzen in der Bilanz und in der GuV abzubilden.
Mit Blick auf diese gesetzliche Systematik sind bei der bilanziellen Abbildung einer Sicherungsbeziehung **drei Arten von Wertänderungen** zu unterscheiden:

54

---

[76] So auch Hoffmann/Lüdenbach, NWB Kommentar Bilanzierung, 15. Aufl. 2023, § 254 HGB Rz 56 ff., insb. Rz 58; Schmidt, BB 2009, S. 885; Gelhausen/Fey/Kämpfer, Rechnungslegung und Prüfung nach dem BilMoG, 2009, Abschn. H Rz 88.

[77] Vgl. IDW RS HFA 35.14; so auch Gelhausen/Fey/Kämpfer, Rechnungslegung und Prüfung nach dem BilMoG, 2009, Abschn. H Rz 89; Justenhoven/Usinger, in Beck Bil-Komm., 14. Aufl. 2024, § 254 HGB Rz 41.

[78] Eine Dokumentationspflicht zu Beginn der Sicherungsbeziehung fordern auch Hoffmann/Lüdenbach, NWB Kommentar Bilanzierung, 15. Aufl. 2023, § 254 HGB Rz 56; Scharpf, in Küting/Weber, HdR-E, § 254 HGB Rz 23, Stand: 4/2018.

- Wertänderungen von Grund- und Sicherungsgeschäft als Folge des abgesicherten Risikos, die sich gegenseitig ausgleichen,
- Überhang der negativen Wertänderungen von Grund- und Sicherungsgeschäft als Folge des abgesicherten Risikos und
- Wertänderungen, die nicht auf das abgesicherte Risiko zurückgehen.

Nur soweit sich die auf das abgesicherte Risiko zurückgehenden Wertänderungen von Grund- und Sicherungsgeschäften ausgleichen, kommt § 254 HGB zur Anwendung. In den beiden übrigen Fällen sind die allgemeinen GoB zu beachten. Diese differenzierte Behandlung erfordert eine genaue Analyse der bei den Komponenten einer Bewertungseinheit eingetretenen Wert- oder Zahlungsstromänderungen.

55 Die buchungsrelevanten Beträge lassen sich nach dem folgenden **Ablaufschema** ermitteln:

Abb. 2: Ermittlung der buchungsrelevanten Beträge

Im ersten Schritt sind sämtliche Wertänderungen von Grundgeschäft und Sicherungsinstrument seit Beginn der Sicherungsbeziehung ohne Rücksicht auf deren Ursache zu ermitteln.
Die anschließende Ursachenanalyse zielt darauf, zunächst jene Wertänderungen zu isolieren, die auf das abgesicherte Risiko zurückgehen. Die verbleibenden Wertänderungen unterliegen einer imparitätischen Einzelbewertung. Wertsteigerungen bleiben mithin unberücksichtigt, Wertminderungen sind durch Rückstellungsbildung oder außerplanmäßige Abschreibungen zu erfassen. Hierunter fallen bspw. bonitätsbedingte Abwertungen von Fremdwährungsforderungen, die ausschl. gegen das Risiko von Wechselkursschwankungen abgesichert wurden.

Die auf das abgesicherte Risiko zurückgehenden gegenläufigen Wertänderungen von Grundgeschäft und Sicherungsinstrument sind sodann in den effektiven und den ineffektiven Teil aufzuspalten. Während der effektive Teil den besonderen Vorschriften des § 254 HGB unterliegt, sind Ineffektivitäten erneut imparitätisch zu behandeln. Ein Überhang der negativen Wertänderungen der in die Bewertungseinheit einbezogenen Komponenten führt zum Ansatz einer „Rückstellung für Bewertungseinheiten". Ein Überhang der positiven Wertänderungen bleibt unberücksichtigt.

Praxis-Beispiel[79]
U hat zum 1.1.01 ein auf US-Dollar lautendes festverzinsliches Wertpapier erworben und dem Anlagevermögen zugerechnet. Die zum Zugangszeitpunkt umgerechneten AK betragen 100 TEUR. Um sich gegen das Währungsrisiko abzusichern, hat U den Rückzahlungsbetrag zum Fälligkeitszeitpunkt des Wertpapiers veräußert. Das marktkonform abgeschlossene Devisentermingeschäft (DTG) hat einen anfänglichen beizulegenden Zeitwert von 0. U bildet die Bewertungseinheit nach der Einfrierungsmethode ab.
Nach einer Abwertung des US-Dollars und einer Änderung des Zinsniveaus in den USA und Deutschland ermittelt U zum 31.12.01 folgende Wertänderungen für das Grundgeschäft und das Sicherungsinstrument:

	Datum	Bewertungsrelevante Informationen	Wertpapier (EUR)	DTG (EUR)
1	1.1.01	Sicherungsbeziehung	100.000	0
2	31.12.01	Beizulegender Zeitwert am Abschlussstichtag	90.000	9.000
3		Wertänderung in 01	–10.000	9.000
4		davon: aus nicht abgesichertem Risiko	–2.000	1.500
5		davon: aus abgesichertem Risiko	–8.000	7.500
6		davon: wirksam	–7.500	7.500
7		davon: unwirksam	–500	0

Schritt 1: Ermittlung der Wertänderungen von Grundgeschäft und Sicherungsbeziehung.
Die gesamte Wertänderung seit Beginn der Sicherungsbeziehung ist in Zeile 3 ausgewiesen.
Sie beträgt
- für das Grundgeschäft: –10.000 EUR
- für das Sicherungsinstrument: +9.000 EUR

Schritt 2: Abspaltung des nicht auf das abgesicherte Risiko zurückgehenden Teils der Wertänderungen. Die Wertänderungen sind in Zeile 4 ausgewiesen.
Sie sind einzeln nach den allgemeinen GoB zu erfassen.
- Wertpapier: Soweit die Wertminderung voraussichtlich dauernd ist, muss das Wertpapier außerplanmäßig abgeschrieben werden, ansonsten besteht ein Abschreibungswahlrecht.

---

[79] Vgl. auch IDW RS HFA 35.67.

§ 254   Bildung von Bewertungseinheiten

- Derivat: Die Wertsteigerung darf nach dem Realisationsprinzip keine Berücksichtigung finden.

Schritt 3: Erfassung des ineffektiven Teils der Wertänderungen, die auf das abgesicherte Risiko zurückgehen. Das abgesicherte Risiko hat beim Wertpapier zu einer Wertminderung von 8.000 EUR geführt, der eine Wertsteigerung beim Derivat von 7.500 EUR gegenübersteht (Zeile 5). In Höhe der betragsgleichen gegenläufigen Wertänderung von 7.500 EUR ist die Sicherungsbeziehung effektiv. Die Wertänderungen wirken sich nicht auf die Bilanz und GuV aus. Der ineffektive Teil der durch das abgesicherte Risiko ausgelösten Wertänderungen beträgt -500 EUR (Zeile 7).

Im Fallbeispiel ergibt sich ein Überhang der negativen Wertänderung. In Höhe dieses Betrags ist eine Rückstellung für Bewertungseinheiten erfolgswirksam zu bilden. Es kommt nicht darauf an, ob eine aufwandswirksame Erfassung auch dann geboten wäre, wenn die Bewertungseinheit insgesamt ein einziges Bilanzierungsobjekt darstellte.

Die Dollar-Offset-Methode zur Ermittlung des ineffektiven Teils der Wertänderungen kann auf periodischer oder kumulativer Basis angewendet werden. Im ersten Fall ist die Ineffektivität jeweils für den betrachteten Zeitabschnitt (z. B. ein Quartal) zu ermitteln, wobei in früheren Perioden aufgelaufene Ineffektivitäten keine Berücksichtigung finden. Bei einer kumulierten Betrachtung ist der ineffektive Teil einer Sicherungsbeziehung auf Basis der seit Beginn der Bewertungseinheit aufgelaufenen Wertänderungen von Grundgeschäft und Sicherungsinstrument zu ermitteln.

Praxis-Beispiel
In Fortsetzung des obigen Beispiels sei zum 31.12.02 von folgenden Wertänderungen für das Grundgeschäft und das Sicherungsinstrument ausgegangen:

	Datum	Bewertungsrelevante Informationen	Wertpapier (EUR)	DTG (EUR)
1	1.1.02	Sicherungsbeziehung	90.000	9.000
2	31.12.02	Beizulegender Zeitwert am Abschlussstichtag	97.000	1.800
3		Wertänderung in 02	7.000	–7.200
4		davon: aus nicht abgesichertem Risiko	500	–1.100
5		davon: aus abgesichertem Risiko	6.500	–6.100
6		davon: wirksam	6.500	–6.100
7		davon: unwirksam	0	0

U ermittelt den ineffektiven Teil der Sicherungsbeziehung auf kumulativer Basis.
Schritt 1: Ermittlung der Wertänderungen von Grundgeschäft und Sicherungsbeziehung.
Die gesamte Wertänderung seit Beginn der Sicherungsbeziehung ist in Zeile 3 ausgewiesen.
Sie beträgt

- für das Grundgeschäft: +7.000 EUR
- für das Sicherungsinstrument: –7.200 EUR

> **Schritt 2:** Abspaltung des nicht auf das abgesicherte Risiko zurückgehenden Teils der Wertänderungen. Die Wertänderungen sind in Zeile 4 ausgewiesen. Sie sind einzeln nach den allgemeinen GoB zu erfassen. Wurde das Wertpapier in 01 abgeschrieben, gibt der in 02 eingetretene Wertanstieg Anlass zu einer Zuschreibung. Für das Derivat ergeben sich keine bilanziellen Konsequenzen. Kumuliert ist die nicht auf das abgesicherte Risiko zurückgehende Wertänderung noch positiv (+400 EUR).
>
> **Schritt 3:** Erfassung des ineffektiven Teils der Wertänderungen, die auf das abgesicherte Risiko zurückgehen. Das abgesicherte Risiko hat beim Wertpapier zu einem Wertanstieg von 6.500 EUR geführt, dem eine Abnahme des Werts des Derivats von -6.100 EUR gegenübersteht (Zeile 5). Der sich per Saldo ermittelnde Wertanstieg der Bewertungseinheit in 02 von 400 EUR ist auf kumulierter Basis Teil der effektiven Wertänderung. Im Vj. wurde für die Bewertungseinheit ein Verlust wegen tw. Ineffektivität von -500 EUR erfasst. Der Nettowertanstieg der Bewertungseinheit in 02 von 400 EUR hat somit die kumulierte Ineffektivität auf -100 EUR reduziert. Die Erfassung des Nettowertanstiegs von 400 EUR in 02 verstößt folglich nicht gegen das Realisationsprinzip.

5.2 Einfrierungsmethode versus Durchbuchungsmethode

§ 254 HGB regelt nicht, wie sich die Nichtanwendung der §§ 249 Abs. 1, 252 Abs. 1 Nr. 3 und 4, 253 Abs. 1 Satz 1 und 256a HGB bilanziell auswirkt, soweit sich die gegenläufigen Wert- oder Zahlungsstromänderungen aus dem abgesicherten Risiko ausgleichen. Nach der Regierungsbegründung steht es den Unt frei, den wirksamen Teil der Bewertungseinheit entweder nach der Einfrierungs- oder nach der Durchbuchungsmethode bilanziell abzubilden.[80]

Das Wesen der **Einfrierungsmethode** besteht darin, die sich kompensierenden Wertänderungen von Grundgeschäft und Sicherungsinstrument in Bilanz und GuV unberücksichtigt zu lassen. Ein ineffektiver Teil der Sicherungsbeziehung ist imparitätisch durch Ansatz einer Rückstellung für Bewertungseinheiten zu erfassen.

Die **Durchbuchungsmethode** berücksichtigt demgegenüber die sich ausgleichenden Wertänderungen aus dem abgesicherten Risiko im Wege einer Bruttobilanzierung von Grundgeschäft und Sicherungsinstrument in der Bilanz. Für die GuV empfiehlt das IDW, auf die Erfassung der gegenläufigen Aufwendungen und Erträge zu verzichten. Mangels einer gesetzlichen Regelung muss allerdings auch insoweit eine unsaldierte Darstellung als zulässig angesehen werden.[81]

---

[80] Vgl. BT-Drs. 16/10067 v. 30.7.2008 S. 95. So auch Wiechens/Helke, DB 2008, S. 1336; Schmitz, DB 2009, S. 1621; Hoffmann/Lüdenbach, NWB Kommentar Bilanzierung, 15. Aufl. 2023, § 254 HGB Rz 64; Gelhausen/Fey/Kämpfer, Rechnungslegung und Prüfung nach dem BilMoG, 2009, Abschn. H Rz 98; Justenhoven/Usinger, in Beck Bil-Komm., 14. Aufl. 2024, § 254 HGB Rz 52 f.; Schmidt, BB 2009, S. 886; a.A. Scharpf, in Küting/Weber, HdR-E, § 254 HGB Rz 304 f., Stand: 4/2018.

[81] Vgl. IDW RS HFA 35.81. Eine unsaldierte Darstellung der Aufwendungen und Erträge aus der Durchbuchungsmethode in der GuV empfehlen Velte/Haaker, StuW 2013, S. 193.

Praxis-Beispiel
Energieversorger E hat am 1.1.01 eine Beteiligung an einem amerikanischen Unt zum Preis von 120 Mio. USD gekauft. Zur Absicherung gegen das Risiko eines währungsbedingten Wertverlusts hat E im Erwerbszeitpunkt eine marktkonform verzinste langfristige Verbindlichkeit über 120 Mio. USD aufgenommen. Im Erwerbszeitpunkt belief sich der Wechselkurs auf 1 EUR = 1,0 USD. Anschließend entwickelt er sich wie folgt:

- 31.3.01:   1 EUR = 1,2 USD
- 30.6.01:   1 EUR = 0,9 USD

Im Euro- und US-Dollarraum herrscht während des Betrachtungszeitraums ein übereinstimmendes Zinsniveau. Die Absicherung ist zu 100 % effektiv. Zudem sei von einem konstanten Ertragswert der Beteiligung ausgegangen. Zum 1.1.01 sind die Beteiligung und die Verbindlichkeit mit 120 Mio. EUR einzubuchen. Am 31.3.01 betragen die umgerechneten Zugangswerte

- Beteiligung: 100 Mio. EUR (120 Mio. USD/1,2)
- Verbindlichkeit: 100 Mio. EUR (120 Mio. USD/1,2)

Ohne Bildung einer Bewertungseinheit ist die Beteiligung zum 31.3.01 um 20 Mio. EUR abzuwerten. Nach DRS 25.26, 25.28 soll die währungskursbedingte Wertminderung unabhängig davon zu erfassen sein, ob sie voraussichtlich dauernd ist oder nicht. Der Zugangswert der langfristigen Fremdwährungsverbindlichkeit ist nach dem Realisationsprinzip beizubehalten. Am 30.6.01 ergeben sich folgende umgerechneten Eurowerte:

- Beteiligung: 133 Mio. EUR (120 Mio. USD/0,9)
- Verbindlichkeit: 133 Mio. EUR (120 Mio. USD/0,9)

Bei isolierter Betrachtung sind die Verbindlichkeit um 13 Mio. EUR und die Beteiligung um 20 Mio. EUR aufzuwerten.
Fasst E Beteiligung und Fremdwährungsverbindlichkeit im Hinblick auf das Währungsrisiko zu einer Bewertungseinheit zusammen, verlangt die **Einfrierungsmethode** zu beiden Stichtagen eine unveränderte Bewertung der beiden Komponenten zum Zugangswert von 120 Mio. EUR (Nichtanwendung von § 256a HGB, § 252 Abs. 1 Nr. 4 HGB).
Bei Anwendung der **Durchbuchungsmethode** sind Beteiligung und Verbindlichkeit zum 31.3.01 jeweils um 20 Mio. EUR auf 100 Mio. EUR abzuwerten (Nichtanwendung der §§ 256a HGB, 253 Abs. 1 Satz 1 HGB). Für die Erfassung der Wertveränderungen in der GuV besteht ein Wahlrecht: In Betracht kommt ein Ausweis unter „Sonstige betriebliche Aufwendungen" (Beteiligung) bzw. „Sonstige betriebliche Erträge" (Verbindlichkeit) oder in einem neu einzufügenden Posten. Alternativ kann auf einen GuV-Ausweis verzichtet und nur in der Bilanz gebucht werden. Zum 30.6.01 sind beide Posten mit 133 Mio. EUR zu bewerten. Das erfordert jeweils eine Aufwertung um 33 Mio. EUR. Sie kann wiederum mit oder ohne Berührung der GuV erfasst werden.

Die Annahme eines **Wahlrechts** zwischen der Einfrierungs- und Durchbuchungsmethode ist umstritten,[82] entspricht aber der h. M. Sie kann sich auf die Regierungsbegründung zum BilMoG berufen, in der es heißt: „Da § 254 HGB keine Vorschriften zur Art und Weise der bilanziellen Erfassung von Bewertungseinheiten enthält, bleibt es den Unternehmen weiterhin selbst überlassen, die gegenläufigen Wertänderungen oder Zahlungsströme entweder ‚durchzubuchen' oder die Bilanzierung einzufrieren."[83] Unter Informationsgesichtspunkten wird die Durchbuchungsmethode tw. als überlegen beurteilt.[84] 57

Das **IDW** empfiehlt, Bewertungseinheiten nach der Einfrierungsmethode abzubilden.[85] Ausgenommen davon sind Fälle, in denen mind. eine Komponente der Sicherungsbeziehung zum beizulegenden Zeitwert zu bewerten ist. Diese Konstellation liegt bei der Zusammenfassung wertpapiergebundener Pensionsverpflichtungen und der zu ihrer Erfüllung dienenden Wertpapiere zu einer Bewertungseinheit vor, wenn Letztere die Voraussetzungen für Deckungsvermögen nicht erfüllen. Die Durchbuchungsmethode kommt als Alternative zur Einfrierungsmethode nur dann in Betracht, wenn sie nicht gegen das Vollständigkeitsgebot des § 246 HGB verstößt. Unproblematisch sind unter diesem Gesichtspunkt Bewertungseinheiten, die der Absicherung von Wertänderungen bei VG, Schulden und schwebenden Geschäften dienen. Werden Risiken aus erwarteten Transaktionen abgesichert, verbietet sich die Anwendung der Durchbuchungsmethode, da für derartige Grundgeschäfte kein Bilanzposten angesetzt werden darf. 58

Fraglich ist, wie die Durchbuchungsmethode bei **Portfolio- und Macro-Hedges** anzuwenden ist, da das gesicherte Grundgeschäft hier aus einer Mehrzahl von Posten besteht, die insgesamt zu der zu erfassenden Wertänderung geführt haben.[86] Nach den Gesetzesmaterialien ist sowohl „eine quotale Aufteilung als auch die Berücksichtigung der Wertänderung bei nur einzelnen Vermögensgegenständen für zulässig"[87] zu erachten. Vertretbar erscheint u. E. auch der Ansatz eines gesonderten Postens, der zusammen mit den Bestandteilen des Grundgeschäfts der betreffenden Bilanzseite auszuweisen ist. 59

5.3 Abwicklung gesicherter Beschaffungs- und Absatzgeschäfte

Werden abgesicherte Beschaffungs- oder Absatzgeschäfte abgewickelt, ist umstritten, wie von den besonderen Bewertungsvorschriften für Bewertungseinheiten auf die allgemeinen GoB überzugehen ist. Was das Sicherungsinstrument angeht, ergibt sich zunächst die Notwendigkeit, eine bislang noch nicht erfasste effektive Wertänderung in Bezug auf das abgesicherte Risiko festzuhalten. 60

---

[82] Vgl. weiterführend zur Diskussion um die bilanzrechtliche Zulässigkeit Sie der Durchbuchungsmethode Küting/Cassel, KoR 2008, S. 771 ff.
[83] Vgl. BT-Drs. 16/10067 v. 30.7.2008 S. 95.
[84] Vgl. DSR, Stellungnahme zum Referentenentwurf eines Gesetzes zur Modernisierung des Bilanzrechts (Bilanzrechtsmodernisierungsgesetz – BilMoG) v. 8.11.2007, S. 19; Schmidt, BB 2009, S. 886.
[85] Vgl. IDW RS HFA 35.73.
[86] Vgl. Wiechens/Helke, DB 2008, S. 1336 ff.; Bischof, Makrohedges in Bankbilanzen nach GoB und IFRS, 2006, S. 66.
[87] BMJ, Gegenäußerung der Bundesregierung zur Stellungnahme des Bundesrates zum Entwurf eines Gesetzes zur Modernisierung des Bilanzrechts (Bilanzrechtsmodernisierungsgesetz – BilMoG) – BR-Drs. 344/08 (Beschluss), 2008, S. 3.

Unklar ist dagegen, wie die AK der zugehenden VG aus **Beschaffungsgeschäften** bzw. wie der Erlös für die erbrachte Lieferung oder Leistung bei Absatzgeschäften zu ermitteln sind.

> **Praxis-Beispiel**
>
> U hat am 10.11.01 Waren zum Preis von 2 Mio. USD bestellt und zur Absicherung gegen das Cashflow-Risiko ein Devisentermingeschäft über die Kaufpreissumme abschlossen. Die Lieferung der Waren erfolgt am 1.2.02. Einen Tag später wird der Kaufpreis beglichen.
> Der Kurs Euro zu US-Dollar entwickelt sich wie folgt:
>
> - 10.11.01: 1,00
> - 31.12.01: 1,25
> - 1.2.02: 1,25
>
> Unterschiede zwischen Kassa- und Terminkurs bestehen nicht.
> Es liegt eine perfekte Sicherungsbeziehung vor. Die Wertänderung aus dem Termingeschäft kompensiert vollständig die währungsbedingte Wertänderung aus dem schwebenden Beschaffungsgeschäft.
> U bildet die Sicherungsbeziehung nach der Einfrierungsmethode ab. Zum 31.12.01 ist weder das Grundgeschäft noch das Termingeschäft bilanziell zu erfassen. Die am 1.2.02 zugehenden Waren bucht U mit ihren AK ein. Zu ihrer Ermittlung bestehen zwei Auffassungen. Nach Auffassung des IDW bildet der **Sicherungskurs** die Grundlage für die Umrechnung.[88] Es ermittelt sich AK von 2 Mio. EUR. Dazu ist der Wertverlust aus dem Termingeschäft von 0,4 Mio. EUR auf das Grundgeschäft zu übertragen. Die Verbindlichkeit geht mit ihrem Stichtagswert am 1.1.02 von 1,6 Mio. EUR zu. Das Sicherungsinstrument selbst ist – da es zunächst nicht glattgestellt wird – mit seinem negativen beizulegenden Zeitwert von 0,4 Mio. EUR als Rückstellung anzusetzen. Mit der Begleichung der Kaufpreisverbindlichkeit am 2.2.02 und der Glattstellung des Devisentermingeschäfts sind die beiden Schuldposten auszubuchen.
> Hoffmann/Lüdenbach wollen dagegen die Waren mit den umgerechneten **AK im Zugangszeitpunkt** (1,6 Mio. EUR) einbuchen und den Wertverlust aus dem Derivat als Aufwand in der GuV erfassen. Ihre abweichende Auffassung begründen sie mit dem Hinweis, weder § 254 HGB noch andere Bilanzierungsgrundsätze lieferten eine Grundlage, beim Übergang auf die Einzelbilanzierung die gegenläufigen Wertänderungen aus dem Grundgeschäft und dem Sicherungsinstrument zu verrechnen.[89]

61 Bei Absatzgeschäften besteht eine analoge Diskussion: Umstritten ist hier, ob der Erlös für die erbrachte Lieferung oder Leistung auf Basis des gesicherten Kurses[90]

---

[88] So IDW RS BFA 6.44; IDW RS HFA 35.92 (bei Abwicklung geplanter Geschäfte).
[89] Vgl. Hoffmann/Lüdenbach, NWB Kommentar Bilanzierung, 15. Aufl. 2023, § 254 HGB Rz 89ff.
[90] So IDW RS BFA 6.22.

oder des Kurses im Zeitpunkt der Leistungserbringung[91] zu ermitteln ist. Anders als bei Beschaffungsgeschäften führen die unterschiedlichen Sichtweisen bei der Abwicklung von Absatzgeschäften nicht zu einem abweichenden Gewinnausweis. Der Unterschied besteht allein darin, ob der Erfolg aus der Transaktion vollständig dem Absatzgeschäft zuzurechnen oder der auf die Wertänderung des Sicherungsinstruments entfallende Erfolgsanteil gesondert zu erfassen ist. Handelsrechtlich geht es damit nur um die Art des Ausweises in der GuV. Aufgrund einer unterschiedlichen steuerlichen Behandlung der beiden Teilerfolge können sich allerdings Auswirkungen auf die Höhe der Ertragsteuerlast ergeben. Das ist etwa der Fall, wenn der Verkauf von Beteiligungen gegen Fremdwährungsrisiken abgesichert wird.

Die wohl h. M. neigt der Auffassung des IDW zu und spricht sich für die Ermittlung der AK beschaffter VG bzw. des Umsatz- oder Veräußerungserlöses aus erbrachten Leistungen auf Basis des jeweiligen Sicherungskurses aus.[92] Die hiergegen von Hoffmann/Lüdenbach angeführten Argumente sind aus dogmatischer Sicht beachtlich. Dennoch dringen sie u. E. nicht durch. Die Sinnhaftigkeit einer Bildung von Bewertungseinheiten und damit der Zweck des § 254 HGB werden infrage gestellt, wenn beim Übergang auf die Bilanzierung nach den allgemeinen GoB der Kompensationsgedanke wieder verdrängt und die Transaktionen am Ende so abgebildet wird, als wäre auf die Bildung einer Bewertungseinheit verzichtet worden.

62

5.4 Beendigung einer Sicherungsbeziehung

Führt die **Abwicklung** von Grundgeschäft und Sicherungsinstrument zu **tw. gegenläufigen, nicht zu bilanzierenden Zahlungsströmen** (z. B. bei der Absicherung von Fremdwährungsforderungen durch ein Devisentermingeschäft), ist mit IDW RS HFA 35 in der GuV eine Nettodarstellung zu favorisieren, bei der nur der Zahlungsüberhang erfolgswirksam wird. Das gilt unabhängig davon, ob das Unt die Sicherungsbeziehung nach der Einfrierungs- oder der Durchbuchungsmethode abgebildet hat.

63

Endet eine Sicherungsbeziehung vorzeitig durch **Veräußerung** oder **Glattstellung des Sicherungsinstruments**, ist bei Anwendung der Einfrierungsmethode wie folgt zu verfahren:[93]

64

- Der aus der Veräußerung oder Glattstellung vereinnahmte bzw. gezahlte Betrag ist erfolgsneutral mit dem Buchwert des Grundgeschäfts zu verrechnen, soweit er auf den wirksamen Teil der Sicherungsbeziehung entfällt.[94]
- Ein verbleibender Betrag ist vorrangig mit den für das Sicherungsinstrument aktivierten (z. B. Optionsprämie) bzw. passivierten (z. B. Rückstellung für Bewertungseinheiten) Beträgen zu verrechnen, im Übrigen erfolgswirksam zu erfassen.

Bei Anwendung der Durchbuchungsmethode entfällt der erste Verrechnungsschritt, da er Teil der laufenden Bilanzierung ist.

---

[91] So Hoffmann/Lüdenbach, NWB Kommentar Bilanzierung, 15. Aufl. 2023, § 254 HGB Rz 105.
[92] Vgl. z. B. Justenhoven/Usinger, in Beck Bil-Komm., 14. Aufl. 2024, § 254 HGB Rz 54, 59.
[93] Vgl. IDW RS HFA 35.87; vgl. auch Rimmelspacher/Fey, WPg 2013, S. 998 ff.
[94] A. A. für Cashflow Hedges Rimmelspacher/Fey, WPg 2013, S. 1004.

> **Praxis-Beispiel**
> U hat am 20.11.01
> - eine Fremdwährungsverbindlichkeit gegenüber einem Lieferanten im Wert von 3 Mio. USD (Fall 1),
> - ein schwebendes Beschaffungsgeschäft über Rohstoffe im Wert von 3 Mio. USD (Fall 2),
> - eine geplante Rohstoffbeschaffung im Wert von 3 Mio. USD (Fall 3)
>
> durch ein Devisentermingeschäft (DTG) über USD abgesichert. Aufgrund des abgewerteten USD hat das jeweilige Grundgeschäft zum Bilanzstichtag (31.12.01) um 200 TEUR an Wert gewonnen. Das DTG weist einen negativen beizulegenden Zeitwert von 210 TEUR auf. Die Ineffektivität geht auf das höhere Zinsniveau in den USA im Vergleich zum Euroraum zurück.
> U bildet die Sicherungsbeziehung nach der Einfrierungsmethode ab. Für die Ineffektivität des DTG von 10 TEUR hat er eine Rückstellung für Bewertungseinheiten gebildet. Da U von einem weiteren Dollarverfall ausgeht, veräußert er das DTG am 02.01.02 zu seinem Marktwert (–210 TEUR).
>
> **Fall 1**
> Es liegt keine perfekte Sicherungsbeziehung vor. Die währungsbedingte Wertänderung aus dem schwebenden Absatzgeschäft ist durch die negative Wertentwicklung des DTG überkompensiert worden. Der für die Übertragung des Derivats gezahlte Betrag von 210 TEUR ist wie folgt zu behandeln:
> - In Höhe des wirksamen Teils der Sicherungsbeziehung (200 TEUR) ist er mit der abgesicherten Verbindlichkeit zu verrechnen.
> - In Höhe des unwirksamen Teils (10 TEUR) reduziert er die Rückstellung für Bewertungseinheiten auf 0.
>
> **Fall 2**
> Das schwebende Beschaffungsgeschäft ist nicht bilanziert. Dennoch ist – analog zur Verfahrensweise nach der Durchbuchungsmethode – für dieses Geschäft nach Glattstellung der Rückstellung von 10 TEUR ein VG von 200 TEUR anzusetzen.
>
> **Fall 3**
> Das geplante Beschaffungsgeschäft ist nicht bilanziert und auch nicht bilanzierungsfähig. Deshalb verbietet sich der Ansatz eines VG. Der auf den wirksamen Teil der Sicherungsbeziehung entfallende Teil der Gegenleistung für das DTG ist somit erfolgswirksam zu erfassen.

65　Fällt das Grundgeschäft **vor der Fälligkeit des Sicherungsinstruments** weg, ist das Sicherungsinstrument nach den allgemeinen Vorschriften einzeln zu bewerten. Eine daraus resultierende Anpassung des Buchwerts führt nur insoweit zu einem Ertrag oder Aufwand, als ihm wegen einer bestehenden Unwirksamkeit kein gegenläufiger Aufwand bzw. Ertrag aus dem **Wegfall des Grundgeschäfts** gegenübersteht.[95] Das gilt unabhängig davon, ob das Unt die Einfrierungsmethode oder die Durchbuchungsmethode anwendet.

66　Der Ersatz eines Referenzzinssatzes führt per se nicht zum Wegfall des hiervon betroffenen Grundgeschäfts oder Sicherungsinstruments. Die Bewertungseinheit ist dementsprechend unverändert fortzuführen, soweit nach der Änderung

---

[95]　Vgl. IDW RS HFA 35.88.

des Referenzzinssatzes eine ausreichende Wirksamkeit zu erwarten ist und keine anderweitigen Auflösungsgründe vorliegen.[96]

Endet eine zeitlich begrenzte Absicherung von VG oder Schulden gegen Wertänderungsrisiken **planmäßig**, sind die Vorschriften für Bewertungseinheiten letztmals zum Zeitpunkt der Beendigung der Sicherungsbeziehung anzuwenden. Hat das Unt von der Einfrierungsmethode Gebrauch gemacht, sind die Buchwerte von Grundgeschäft und Sicherungsinstrument in gleicher Weise anzupassen wie bei Anwendung der Durchbuchungsmethode. Die neuen Buchwerte bilden den Ausgangspunkt für die Folgebewertung.[97]

6 Abschließende Fallbeispiele zur Bildung von Bewertungseinheiten

Praxis-Beispiel
Um sich gegen Risiken aus Grundgeschäften abzusichern, hat die B AG Sicherungsgeschäfte abgeschlossen, die im Jahresabschluss der B AG zum 31.12.01 nach § 254 HGB zu beurteilen sind.

Sachverhalt 1:
Zur Finanzierung ihrer Geschäftsaktivitäten hat die B AG im vergangenen Jahr ein Darlehen i.H.v. 8.000 TEUR aufgenommen. Für das Darlehen ist eine variable Verzinsung i.H.v. EURIBOR plus 70 bps (1 % = 100 bps) zu zahlen. Um sich gegen das Risiko eines Anstiegs der kurzfristigen Zinsen abzusichern, hat die B AG im laufenden Gj einen marktkonformen Payer-Zinsswap erworben. Dieser verpflichtet die Ges. zu einer festen Zinszahlung von 3,6 % auf Basis eines Kapitalbetrags von 8.000 TEUR. Im Gegenzug erhält sie aus der Vereinbarung variable Zinsen i.H.v. EURIBOR plus 30 bps.
Nach einem Rückgang der Zinsen zum 31.12.01 weist der Payer-Zinsswap einen negativen Marktwert von 400 TEUR auf.

Beurteilung:
Das variabel verzinsliche Darlehen und die Swap-Vereinbarung sind geeignet, eine Bewertungseinheit i.S.d. § 254 HGB zu bilden.
Als Grundgeschäft designiert die B AG das variabel verzinsliche Darlehen. Der als Sicherungsinstrument eingesetzte Payer-Zinsswap soll das Risiko ausschalten, infolge eines Anstiegs der Marktzinsen höhere Zinszahlungen aus dem variabel verzinslichen Darlehen leisten zu müssen. Das Effektivitätserfordernis ist erfüllt, da eine Änderung des EURIBOR kompensierende Wertänderungen von Grundgeschäft und Sicherungsinstrument nach sich zieht: Grundgeschäft und Sicherungsinstrument stimmen in allen wesentlichen Bedingungen überein (Critical Terms Match). Die Sicherungsbeziehung kann somit als zu 100 % effektiv angesehen werden. Um eine Bewertungseinheit zu begründen, ist die Sicherungsbeziehung nachvollziehbar zu dokumentieren.
Da die beiden Geschäfte die Voraussetzungen einer Bewertungseinheit i.S.v. § 254 HGB erfüllen, sind die Rechtsfolgen von § 254 HGB zu beachten: Die beiden Geschäfte unterliegen jeweils für sich genommen nicht den Vorschriften von § 249 Abs. 1, § 252 Abs. 1 Nr. 3, 4 und § 253 Abs. 1 Satz 1 HGB zur

---

[96] Vgl. IDW FAB RH 1.020.14.
[97] Vgl. IDW RS HFA 35.89.

Erfassung unrealisierter Verluste. Unrealisierte Verluste könnten nur für die Bewertungseinheit insgesamt zu erfassen sein. Die sich nach einem Rückgang des Zinsniveaus einstellende Überverzinslichkeit der Darlehensverbindlichkeit gibt dazu keinen Anlass.

Sachverhalt 2:
Die B AG hat am 1.11.01 Waren in den USA zum Preis von 500 TUSD bestellt. Die Lieferung soll am 15.3.02, die Zahlung am 30.4.02 erfolgen.
Um dem Risiko einer Aufwertung des US-Dollar zu begegnen, schließt die B AG zeitgleich mit der Bestellung ein Devisentermingeschäft über 500 TUSD per Ende April 02 ab. Es fallen keine AK an. Als Ergebnis eines im Zeitablauf fester notierenden US-Dollar bei übereinstimmenden Zinsniveaus im Euro- und US-Dollar-Raum (10 %) entwickelt sich das Devisentermingeschäft (DTG) wie folgt:

Datum	Kassa-kurs USD pro EUR	Zinsen Deutschland	Zinsen USA	Termin-kurs USD pro EUR	DTG Fair Value [EUR]
1.11.01	1,300	10 %	10 %	1,3000	0
31.12.01	1,240	10 %	10 %	1,2400	18.000
15.3.02	1,210	10 %	10 %	1,2100	28.252
30.4.02	1,190	10 %	10 %	1,1900	35.553

Datum	Kassa-kurs USD pro EUR	Grundgeschäft Fair Value [EUR]	Grundgeschäft Aufzinsung [EUR]	Grundgeschäft Δ Fair Value [EUR]	DTG Δ Fair Value [EUR]	Effektivität
1.11.01	1,300	365.857	0	0	0	–
31.12.01	1,240	390.006	372.006	18.000	18.000	1,00
15.3.02	1,210	408.090	379.838	28.252	28.252	1,00
30.4.02	1,190	420.168	384.615	35.553	35.553	1,00

Beurteilung:
Beschaffungsgeschäft und Devisentermingeschäft sind geeignet, eine Bewertungseinheit i. S. d. § 254 HGB zu bilden. Auch in diesem Fall besteht nach der Critical Terms Match-Methode eine 100 %ige Effektivität.
Abzusicherndes Grundgeschäft ist die Warenbeschaffung in Fremdwährung, genauer die daraus resultierende Fremdwährungsverpflichtung. Als Sicherungsinstrument dient das Devisentermingeschäft. Die Sicherungsbeziehung schützt die B AG vor höheren Beschaffungskosten infolge eines Dollaranstiegs. Um eine Bewertungseinheit zu begründen, ist die Sicherungsbeziehung nachvollziehbar zu dokumentieren. In diesem Fall unterliegen die beiden Geschäfte für sich genommen nicht den Vorschriften der §§ 249 Abs. 1, 252 Abs. 1 Nr. 3, 4 und § 253 Abs. 1 Satz 1 HGB zur Erfassung unrealisierter Verluste.

Bildung von Bewertungseinheiten § 254

Entscheidet sich die B AG im Beispiel zur Anwendung der Einfrierungsmethode, sind zum 31.12.01 keine Buchungen veranlasst. Bei einer Abbildung der Bewertungseinheit nach der Durchbuchungsmethode sind sowohl die Wertänderung des Grundgeschäfts als auch die des Sicherungsinstruments in der Bilanz zu erfassen. Zum 31.12.01 sind die folgenden Buchungen durchzuführen:

Datum	Konto	Soll	Haben
31.12.01	Derivat aus Bewertungseinheit	18.000	
	Sonstige betriebliche Erträge		18.000

Datum	Konto	Soll	Haben
31.12.01	Sonstige betriebliche Aufwendungen	18.000	
	Drohverlustrückstellung für Einkaufskontrakt		18.000

Alternativ besteht die Möglichkeit, die gegenläufigen Wertänderungen ausschl. in der Bilanz, also ohne Berührung der GuV, zu erfassen. Da es sich bei der Sicherungsbeziehung um einen perfekten Hedge handelt, wirken sich die Wertänderungen von Grund- und Sicherungsgeschäft nicht auf das Jahresergebnis der B AG aus.

Bedenken gegen die Anwendbarkeit der Durchbuchungsmethode sind unbegründet. Der mit einer Wechselkursänderung einhergehende Ansatz eines Aktivpostens für das Devisentermingeschäft verstößt nicht gegen das Vollständigkeitsgebot. Dieser Posten hat anerkanntermaßen die Qualität eines VG, wie das Beispiel einer Kaufpreisallokation lehrt. Auch hier werden schwebende Geschäfte mit einem positiven beizulegenden Zeitwert als Teil des erworbenen bilanziellen Nettovermögens aktiviert.[98] Der Ansatz einer Drohverlustrückstellung für das schwebende Beschaffungsgeschäft ist ohnehin durch § 249 Abs. 1 Satz 1 HGB gedeckt.

Sachverhalt 3:

Abweichend von den Ausgangsdaten des Sachverhalts 2 sei von einem im Zeitablauf schwächer werdenden US-Dollar ausgegangen. Die B AG geht davon aus, die Waren mit Gewinn veräußern zu können. Dollarkurs und Devisentermingeschäft entwickeln sich in der Zeit bis zur Zahlung wie folgt:

Datum	Kassa-kurs	Zinsen		Termin-kurs	DTG
	USD pro EUR	Deutsch-land	USA	USD pro EUR	Fair Value [EUR]
1.11.01	1,300	10 %	10 %	1,3000	0
31.12.01	1,350	10 %	10 %	1,3500	−13.778
15.3.02	1,380	10 %	10 %	1,3800	−22.020
30.4.02	1,410	10 %	10 %	1,4100	−30.005

---

[98] Im Ergebnis wie hier IDW RS HFA 35.80.

Datum	Kassa-kurs USD pro EUR	Grundgeschäft			DTG		Effekti-vität
		Fair Value [EUR]	Aufzin-sung [EUR]	Δ Fair Value [EUR]	Δ Fair Value [EUR]		
1.11.01	1,300	365.857	0	0	0		–
31.12.01	1,350	358.228	372.006	– 13.778	– 13.778		1,00
15.3.02	1,380	357.818	379.838	– 22.020	– 22.020		1,00
30.4.02	1,410	354.610	384.615	– 30.005	– 30.005		1,00

Beurteilung:
Der im Zeitablauf schwächer werdende US-Dollar führt zu einem zunehmend negativen beizulegenden Zeitwert des Devisentermingeschäfts. Das Grundgeschäft, die Fremdwährungsverpflichtung aus der Warenbeschaffung, reduziert sich zu den einzelnen Stichtagen jeweils um den gleichen Betrag. Die gegenläufigen Wertänderungen gleichen sich aus. Beschaffungsgeschäft und Devisentermingeschäft bilden bei entsprechender Dokumentation eine Bewertungseinheit i.S.d. § 254 HGB. Ein unrealisierter Verlust könnte nur für die Bewertungseinheit insgesamt zu erfassen sein. Diese Voraussetzung mag man im Beispiel als erfüllt ansehen. Die bestellten Waren wären am Abschlussstichtag um 13.778 EUR günstiger (nämlich zu einem niedrigeren US-Dollarkurs) wiederzubeschaffen. Niedrigere Wiederbeschaffungskosten geben bei Beschaffungsgeschäften über Waren nach verbreiteter Auffassung Anlass zur Bildung einer Drohverlustrückstellung. Folgt man dieser herkömmlichen Auslegung des Imparitätsprinzips, ergeben sich nach der Durchbuchungsmethode zum 31.12.01 die folgenden Buchungen. Auf den Ausweis der gegenläufigen Aufwendungen und Erträge in der GuV kann erneut verzichtet werden.

Datum	Konto	Soll	Haben
31.12.01	Sonstige betriebliche Aufwendungen	13.778	
	Derivat aus Bewertungseinheit		13.778

Datum	Konto	Soll	Haben
31.12.01	Sonstiger VG aus Einkaufskontrakt	13.778	
	Sonstige betriebliche Erträge		13.778

Datum	Konto	Soll	Haben
31.12.01	Materialaufwand	13.778	
	Drohverlustrückstellung		13.778

Nach der Einfrierungsmethode entfallen die ersten beiden Buchungen.

Die opportunitätskostenorientierte Verlusterfassung wird zu Recht zunehmend als Ausdruck einer übertriebenen Vorsicht abgelehnt (§ 253 Rz 290, Rz 306). Echte Vermögensminderungen können sich nur bei der Verwertung der Waren ergeben. Deshalb genügt es im Regelfall, eine Abschreibung vorzunehmen, wenn ein Verlust aus dem Verkauf der beschafften Waren droht.[99] Das ist im Beispiel annahmegemäß nicht der Fall. Der Verzicht auf die Bildung einer Drohverlustrückstellung zum 31.12.01 ist daher zumindest vertretbar.

Vor dem Zugang der Waren sind die Wertansätze des VG aus dem Einkaufskontrakt und der Schuld aus dem Derivat an den weiter gesunkenen Dollarkurs anzupassen. Für beide Posten ergibt sich zum 15.3.02 ein Buchwert von 22.020 EUR.

Die Vorräte sind bei Lieferung nach h.M. mit ihren fixierten AK von 379.838 EUR einzubuchen (vgl. zur Gegenmeinung Rz 62). Dazu ist der für das Beschaffungsgeschäft zum 15.3.02 aktivierte Betrag (22.020 EUR) auf die Waren zu übertragen. Darüber hinaus ist zum 15.3.02 eine Verbindlichkeit aus Lieferung und Leistung i.H.v. 357.818 EUR zu passivieren. Die ggf. zum 15.12.01 i.H.v. 13.778 EUR angesetzte Drohverlustrückstellung ist im Zuge der Folgebewertung in eine Niederstwertabschreibung auf die Vorräte umzuwidmen. Die weitere Abwertung des US-Dollar seit dem 31.12.01 wirkt sich auf die Vorratsbewertung zunächst nicht aus, da unterjährig keine außerplanmäßigen Abschreibungen vorzunehmen sind. Für die Vorräte ergibt sich somit ein Buchwert von 366.060 EUR. Favorisiert die B AG eine ausschl. absatzorientierte Niederstbewertung der Waren, bleibt es zum 15.3.02 bei einem Ansatz der AK von 378.838 EUR.

Um Verluste aus einem währungsbedingten Anstieg der Kaufpreisverbindlichkeit auszuschließen, liegt es nahe, die Sicherungsabsicht durch eine entsprechende Dokumentation bis zum Zeitpunkt der Tilgung dieser Schuld am 30.4.02 zu erstrecken. In diesem Fall heben sich die gegenläufigen Wertänderungen von Grundgeschäft (Fremdwährungsverbindlichkeit) und Sicherungsinstrument (Devisentermingeschäft) auf. Zum 30.4.02 ist das Derivat gegenüber der kontrahierenden Bank glattzustellen. Die sich aufrechnenden Gewinne und Verluste aus Kursschwankungen des US-Dollar müssen in der GuV nicht gezeigt werden. Für die Folgebewertung der eingebuchten Waren gilt § 253 Abs. 4 Satz 1 HGB.

Sachverhalt 4:
Es gelten die Ausgangsdaten des Sachverhalts 2 mit der folgenden Modifikation: Der Terminkurs für den US-Dollar weicht aufgrund niedrigerer US-Dollarzinsen von dem Kassakurs ab. Das Devisentermingeschäft entwickelt sich in der Zeit bis zur Lieferung der Vorräte wie folgt:

---

[99] Vgl. auch Kessler, in Küting/Weber, HdR-E, § 249 HGB Rz 197, Stand: 5/2014.

Datum	Kassakurs USD pro EUR	Zinsen Deutschland	Zinsen USA	Terminkurs USD pro-EUR	Devisentermingeschäft Fair Value [EUR]	Devisentermingeschäft Kassakomp.	Devisentermingeschäft Differenz
1.11.01	1,300	10 %	5 %	1,2679	0	0	0
31.12.01	1,240	10 %	5 %	1,2195	15.137	18.000	−2.863
15.3.02	1,210	10 %	5 %	1,2025	21.195	28.252	−7.057
30.4.02	1,190	10 %	5 %	1,1900	25.816	35.553	−9.737

Datum	Kassakurs USD pro EUR	Grundgeschäft Fair Value [EUR]	Grundgeschäft Aufzinsung [EUR]	Grundgeschäft Δ Fair Value [EUR]	DTG Δ Fair Value [EUR]	Effektivität
1.11.01	1,300	365.857	0	0	0	–
31.12.01	1,240	390.006	372.006	18.000	15.137	1,19
15.3.02	1,210	408.090	379.838	28.252	21.195	1,33
30.4.02	1,190	420.168	384.615	35.553	25.816	1,38

Beurteilung:
Die Fair-Value-Änderung des Devisentermingeschäfts ist von zwei Effekten beeinflusst: Erstens notiert der US-Dollar im Zeitablauf fester. Das lässt das Devisentermingeschäft im Wert ansteigen. In die entgegengesetzte Richtung wirkt der Zinsunterschied zwischen Deutschland und den USA: Unter der Annahme eines konstanten Kassakurses könnte der US-Dollar – aufgrund der im Zeitablauf abnehmenden Differenz zwischen Kassa- und Terminkurs – zunehmend günstiger erworben werden als zum 1.11.01 im Devisentermingeschäft kontrahiert. Das wirkt sich negativ auf den Fair Value des Devisentermingeschäfts aus.
Designiert die B AG das Devisentermingeschäft unter Einschluss der Zinskomponente als Sicherungsinstrument und ermittelt sie die währungsbedingte Wertänderung der Kaufpreisverpflichtung auf Basis des Kassakurses, ergeben sich die in der unteren Tabelle dargestellten Effektivitäten. Der Zinsunterschied führt zu einer partiellen Ineffektivität der Sicherungsbeziehung. Die für die Möglichkeit einer Verschuldung in US-Dollar und einer Anlage der Mittel zu höheren Euro-Zinsen gezahlte Prämie verflüchtigt sich im Zeitablauf.
Soweit eine Sicherungsbeziehung ineffektiv ist, greifen nach § 254 HGB die §§ 253, 249 HGB. Dementsprechend treten zum 31.12.01 die Rechtsfolgen des § 254 HGB nur in dem Umfang ein, wie sich die Wertänderungen aus Grund- und Sicherungsgeschäft aufheben. Im Beispiel übersteigt die negative Veränderung des beizulegenden Zeitwerts der Kaufpreisverpflichtung die positive Wertänderung des Sicherungsgeschäfts. In Höhe der Differenz ist die Bildung einer Rückstellung für Bewertungseinheiten veranlasst. Zum 31.12.01 erfordert die Durchbuchungsmethode mithin die folgenden Buchungen:

Datum	Konto	Soll	Haben
31.12.01	Derivat aus Bewertungseinheit	15.137	
	Sonstige betriebliche Erträge		15.137

Datum	Konto	Soll	Haben
31.12.01	Sonstige betriebliche Aufwendungen	15.137	
	Drohverlustrückstellung aus Einkaufskontrakt		15.137

Datum	Konto	Soll	Haben
31.12.01	Sonstige betriebliche Aufwendungen	2.863	
	Rückstellung für Bewertungseinheiten		2.863

Bildet die B AG die Bewertungseinheit nach der Einfrierungsmethode ab, entfallen erneut die beiden ersten Buchungen.

Sachverhalt 5
Es gelten die Ausgangsdaten des Sachverhalts 2 mit folgender Modifikation: Um eine in 02 **geplante Beschaffung** von Vorräten gegen einen Dollaranstieg abzusichern, hat die B AG am 1.11.01 ein Devisentermingeschäft im Umfang von 500 TUSD abgeschlossen. Die B AG ermittelt die währungsbedingte Wertänderung der Kaufpreisverpflichtung auf Basis des Kassakurses. Dollarkurs und Devisentermingeschäft haben sich bis zum Abschlussstichtag wie folgt entwickelt:

Datum	Kassakurs USD pro EUR	Zinsen Deutschland	Zinsen USA	Terminkurs USD pro EUR	Devisentermingeschäft Fair Value [EUR]	Devisentermingeschäft Kassakomp.	Devisentermingeschäft Differenz
1.11.01	1,300	10 %	5 %	1,2679	0	0	0
31.12.01	1,350	10 %	5 %	1,3277	−17.175	−13.778	−3.397
15.3.02	1,380	10 %	5 %	1,3714	−29.392	−22.020	−7.372
30.4.02	1,410	10 %	5 %	1,4100	−39.742	−30.005	−9.737

Datum	Kassakurs USD pro EUR	Grundgeschäft Fair Value [EUR]	Grundgeschäft Aufzinsung [EUR]	Grundgeschäft Δ Fair Value [EUR]	DTG Δ Fair Value [EUR]	Effektivität
1.11.01	1,300	365.857	0	0	0	–
31.12.01	1,350	358.228	372.006	−13.778	−17.175	0,80
15.3.02	1,380	357.818	379.838	−22.020	−29.392	0,75
30.4.02	1,410	354.610	384.615	−30.005	−39.742	0,76

Beurteilung:
Antizipative Grundgeschäfte bilden nach § 254 HGB absicherungsfähige Grundgeschäfte, wenn die erwartete Transaktion so gut wie sicher zustande kommt. Entscheidet sich das Unt für die Bildung einer Bewertungseinheit, unterliegt das Devisentermingeschäft erneut keiner separaten Bewertung. Die währungsinduzierten Wertänderungen sind stattdessen zusammen mit jenen des geplanten Grundgeschäfts nach den Regeln des § 254 HGB zu würdigen.

Im vorliegenden Sachverhalt weist das Devisentermingeschäft aufgrund eines im Zeitablauf schwächer werdenden US-Dollar einen zunehmend negativen beizulegenden Zeitwert auf. Verstärkt wird dieser Effekt durch den sich verflüchtigenden Zinsvorteil in Deutschland gegenüber den USA. Designiert die B AG das Devisentermingeschäft unter Einschluss der Zinskomponente als Sicherungsinstrument, führt das Zinsgefälle zu einer partiellen Ineffektivität der Sicherungsbeziehung. Die Bilanzierung des ineffektiven Teils der Sicherungsbeziehung folgt nach den einschlägigen Regeln.

Die Sicherungsbeziehung kann in der Bilanz der B AG nur nach der Einfrierungsmethode abgebildet werden. Die Durchbuchungsmethode verletzt das Vollständigkeitsgebot, da bei einer Erfassung der gegenläufigen währungsbedingten Wertänderungen für eine lediglich erwartete Transaktion ein VG oder ein Schuldposten anzusetzen wäre.

Die sich ausgleichenden Wertänderungen von Grundgeschäft und Sicherungsinstrument aus der Änderung des Dollarkurses bleiben somit bilanziell unberücksichtigt. Da die B AG die währungsbedingte Wertänderung der Kaufpreisverpflichtung auf Basis des Kassakurses ermittelt (Rz 26f.), weist die Bewertungseinheit eine Ineffektivität auf. Sie resultiert aus der Veränderung der Zinskomponente als Bestimmungsfaktor des Terminkurses. Für die auf sie zurückzuführende Wertänderung des Devisentermingeschäfts ist zum 31.12.01 eine Rückstellung für Bewertungseinheiten zu passivieren:

Datum	Konto	Soll	Haben
31.12.01	Sonstige betriebliche Aufwendungen	3.397	
	Rückstellung für Bewertungseinheiten		3.397

Obwohl die Vorräte zum Abschlussstichtag währungsbedingt um 13.778 EUR günstiger erworben werden könnten als zum Zeitpunkt der Begründung der Bewertungseinheit, ist die Bildung einer Drohverlustrückstellung mangels Vorliegen eines schwebenden Geschäfts nicht veranlasst. Der Schwebezustand eines Geschäfts beginnt erst mit rechtswirksamen Abschluss des Beschaffungsvertrags. Erwartete Transaktionen begründen weder einen Anspruch noch eine Verpflichtung.[100]

---

[100] Vgl. IDW RS HFA 4.7.

§ 255 Bewertungsmaßstäbe

(1) ¹Anschaffungskosten sind die Aufwendungen, die geleistet werden, um einen Vermögensgegenstand zu erwerben und ihn in einen betriebsbereiten Zustand zu versetzen, soweit sie dem Vermögensgegenstand einzeln zugeordnet werden können. ²Zu den Anschaffungskosten gehören auch die Nebenkosten sowie die nachträglichen Anschaffungskosten. ³Anschaffungspreisminderungen, die dem Vermögensgegenstand einzeln zugeordnet werden können, sind abzusetzen.

(2) ¹Herstellungskosten sind die Aufwendungen, die durch den Verbrauch von Gütern und die Inanspruchnahme von Diensten für die Herstellung eines Vermögensgegenstands, seine Erweiterung oder für eine über seinen ursprünglichen Zustand hinausgehende wesentliche Verbesserung entstehen. ²Dazu gehören die Materialkosten, die Fertigungskosten und die Sonderkosten der Fertigung sowie angemessene Teile der Materialgemeinkosten, der Fertigungsgemeinkosten und des Werteverzehrs des Anlagevermögens, soweit dieser durch die Fertigung veranlasst ist. ³Bei der Berechnung der Herstellungskosten dürfen angemessene Teile der Kosten der allgemeinen Verwaltung sowie angemessene Aufwendungen für soziale Einrichtungen des Betriebs, für freiwillige soziale Leistungen und für die betriebliche Altersversorgung einbezogen werden, soweit diese auf den Zeitraum der Herstellung entfallen. ⁴Forschungs- und Vertriebskosten dürfen nicht einbezogen werden.

(2a) ¹Herstellungskosten eines selbst geschaffenen immateriellen Vermögensgegenstands des Anlagevermögens sind die bei dessen Entwicklung anfallenden Aufwendungen nach Absatz 2. ²Entwicklung ist die Anwendung von Forschungsergebnissen oder von anderem Wissen für die Neuentwicklung von Gütern oder Verfahren oder die Weiterentwicklung von Gütern oder Verfahren mittels wesentlicher Änderungen. ³Forschung ist die eigenständige und planmäßige Suche nach neuen wissenschaftlichen oder technischen Erkenntnissen oder Erfahrungen allgemeiner Art, über deren technische Verwertbarkeit und wirtschaftliche Erfolgsaussichten grundsätzlich keine Aussagen gemacht werden können. ⁴Können Forschung und Entwicklung nicht verlässlich voneinander unterschieden werden, ist eine Aktivierung ausgeschlossen.

(3) ¹Zinsen für Fremdkapital gehören nicht zu den Herstellungskosten. ²Zinsen für Fremdkapital, das zur Finanzierung der Herstellung eines Vermögensgegenstands verwendet wird, dürfen angesetzt werden, soweit sie auf den Zeitraum der Herstellung entfallen; in diesem Falle gelten sie als Herstellungskosten des Vermögensgegenstands.

(4) ¹Der beizulegende Zeitwert entspricht dem Marktpreis. ²Soweit kein aktiver Markt besteht, anhand dessen sich der Marktpreis ermitteln lässt, ist der beizulegende Zeitwert mit Hilfe allgemein anerkannter Bewertungsmethoden zu bestimmen. ³Lässt sich der beizulegende Zeitwert weder nach Satz 1 noch nach Satz 2 ermitteln, sind die Anschaffungs- oder Herstellungskosten gem. § 253 Abs. 4 fortzuführen. ⁴Der zuletzt nach Satz 1 oder 2 ermittelte beizulegende Zeitwert gilt als Anschaffungs- oder Herstellungskosten im Sinn des Satzes 3.

Inhaltsübersicht

		Rz
1	Begriff der Anschaffungskosten (Abs. 1)	1–16
1.1	Grundlegendes	1–2
1.2	Anschaffungsvorgang	3–16
	1.2.1 Erwerb	3–7
	1.2.2 Zustand der Betriebsbereitschaft	8–16
2	Umfang der Anschaffungskosten (Abs. 1)	17–78
2.1	Ermittlungsschema	17
2.2	Anschaffungspreis	18–57
	2.2.1 Rechnungsbetrag und Umsatzsteuer	18–19
	2.2.2 Sonderfälle bei der Ermittlung des Anschaffungspreises	20–57
	2.2.2.1 Anschaffungspreis in Fremdwährung	20–25
	2.2.2.2 Erwerb auf Ziel zu unüblichen Konditionen	26–28
	2.2.2.3 Erwerb durch Tausch	29–32
	2.2.2.4 Unentgeltlicher Erwerb	33–36
	2.2.2.5 Aufzuteilender Gesamtkaufpreis	37–41
	2.2.2.6 Leasing	42–44
	2.2.2.7 Erwerb auf Rentenbasis	45–48
	2.2.2.8 Erwerb im Versteigerungsverfahren	49–50
	2.2.2.9 Anschaffungskosten bei Sacheinlagen	51–53
	2.2.2.10 Anschaffungskosten bei Unternehmensumstrukturierungen	54–57
2.3	Anschaffungsnebenkosten	58–63
2.4	Nachträgliche Anschaffungskosten	64–69
2.5	Anschaffungspreisminderungen	70–78
	2.5.1 Grundlegendes	70
	2.5.2 Rabatte, Boni, Skonti	71–73
	2.5.3 Erhaltene Zuwendungen	74–78
3	Herstellungskosten (Abs. 2)	79–181
3.1	Inhalt und Regelungszweck	79–81
3.2	Begriff der Herstellungskosten (Abs. 2 Satz 1)	82–102
	3.2.1 Grundlegendes und Abgrenzung zu den Anschaffungskosten	82–84
	3.2.2 Vorgang der Herstellung	85–102
	3.2.2.1 Herstellung im engeren Sinn (Neuschaffung)	87–88
	3.2.2.2 Herstellung im weiteren Sinn (nachträgliche Herstellung)	89–95
	3.2.2.3 Zeitraum der Herstellung	96–102
3.3	Umfang der Herstellungskosten (Abs. 2 Satz 2–4, Abs. 3)	103–154
	3.3.1 Herstellungskostenuntergrenze und -obergrenze	103–105
	3.3.2 Abgrenzung von Einzelkosten und Gemeinkosten	106–109
	3.3.2.1 Einzelkosten	106–107
	3.3.2.2 Gemeinkosten	108
	3.3.2.3 Unechte Gemeinkosten	109
	3.3.3 Grundsatz der Angemessenheit	110–111

	3.3.4	Pflichtbestandteile im Einzelnen (Abs. 2 Satz 2)...	112–135
		3.3.4.1 Materialeinzelkosten	112–116
		3.3.4.2 Fertigungseinzelkosten.............	117–118
		3.3.4.3 Sondereinzelkosten der Fertigung......	119–126
		3.3.4.4 Materialgemeinkosten	127–129
		3.3.4.5 Fertigungsgemeinkosten.............	130–131
		3.3.4.6 Werteverzehr des Anlagevermögens....	132–135
	3.3.5	Einbeziehungswahlrechte im Einzelnen (Abs. 2 Satz 3, Abs. 3 Satz 2)	136–146
		3.3.5.1 Allgemeine Verwaltungskosten........	136–139
		3.3.5.2 Aufwendungen für soziale Einrichtungen des Betriebs	140–141
		3.3.5.3 Aufwendungen für freiwillige soziale Leistungen	142–143
		3.3.5.4 Aufwendungen für die betriebliche Altersversorgung	144–145
		3.3.5.5 Bestimmte Fremdkapitalzinsen........	146
	3.3.6	Einbeziehungsverbote (Abs. 2 Satz 4, Abs. 3 Satz 1)	147–153
		3.3.6.1 Forschungskosten (Abs. 2 Satz 4)	147–148
		3.3.6.2 Vertriebskosten (Abs. 2 Satz 4)........	149–152
		3.3.6.3 Fremdkapitalzinsen (Abs. 3 Satz 1).....	153
	3.3.7	Behandlung von Steuern	154
3.4	Anforderungen an die Kosten- und Leistungsrechnung...		155–169
	3.4.1	Grundlegendes	155
	3.4.2	Kostenartenrechnung	156–161
	3.4.3	Kostenstellenrechnung	162–165
	3.4.4	Kostenträgerrechnung......................	166–169
3.5	Beispiel für die Herstellungskostenerfassung...........		170–173
3.6	Herstellungskostenerfassung im Kontext einer GuV-Verfahrensumstellung		174–181
	3.6.1	Wechsel vom Gesamtkostenverfahren auf das Umsatzkostenverfahren nach HGB............	177–179
	3.6.2	Überleitung vom Gesamtkostenverfahren nach HGB auf das Umsatzkostenverfahren nach IFRS..	180–181
4	Herstellungskosten selbst geschaffener immaterieller Vermögensgegenstände des Anlagevermögens (Abs. 2a)		182–198
4.1	Einordnung der Vorschrift		182–183
4.2	Herstellung eines neuen Vermögensgegenstands		184–195
4.3	Modifikation eines immateriellen Vermögensgegenstands .		196–198
5	Zinsen für Fremdkapital (Abs. 3).....................		199–206
5.1	Grundsätzliches Aktivierungsverbot.................		199–203
5.2	Ausnahme vom Aktivierungsverbot in bestimmten Fällen.		204–206
6	Beizulegender Zeitwert (Abs. 4)		207–260
6.1	Übersicht		207–222
	6.1.1	Inhalt und Zweck	207–215
	6.1.2	Anwendungsbereich	216–222
		6.1.2.1 Sachlich	216–220
		6.1.2.2 Zeitlich.........................	221–222

6.2	Ermittlung des beizulegenden Zeitwerts	223–260
	6.2.1 Marktpreis als beizulegender Zeitwert (Abs. 4 Satz 1)...........................	226–240
	6.2.1.1 Aktiver Markt	226–233
	6.2.1.2 Verlässliche Ermittlung	234
	6.2.1.3 Marktpreis.....................	235–240
	6.2.2 Allgemein anerkannte Bewertungsmethoden (Abs. 4 Satz 2)...........................	241–252
	6.2.2.1 Grundsätze zur Methodenwahl	241–245
	6.2.2.2 Mögliche Bewertungsmethoden	246–252
	6.2.3 Fortführung der Anschaffungs- oder Herstellungskosten (Abs. 4 Satz 3 und 4).................	253–260

1 Begriff der Anschaffungskosten (Abs. 1)

1.1 Grundlegendes

1 § 255 Abs. 1 Satz 1 HGB definiert **Anschaffungskosten (AK)** als die Aufwendungen, die geleistet werden, um einen VG zu erwerben und ihn in einen betriebsbereiten Zustand zu versetzen. Die Aufwendungen müssen dem VG einzeln zuordenbar sein. Nach § 255 Abs. 1 Satz 2 HGB zählen zu den AK auch die Nebenkosten sowie die nachträglichen AK. Anschaffungspreisminderungen, die einem VG einzeln zuzuordnen sind, reduzieren den ursprünglichen Anschaffungspreis (§ 255 Abs. 1 Satz 3 HGB). Der AK-Begriff hat einen finalen Charakter: Nur solche Aufwendungen qualifizieren als AK, die der Bilanzierende im Zeitpunkt ihrer Leistung objektiv zu dem Zweck getätigt hat, einen VG zu erwerben und in einen betriebsbereiten Zustand zu versetzen.

2 Die AK-Definition gilt für alle bilanzierenden Kfl. Die AK stellen den **Zugangswert** dar, mit dem ein angeschaffter VG erstmals bilanziert wird. **Zweck der Bewertung eines VG zu AK** ist zum einen, die Anschaffung als einen **erfolgsneutralen Vorgang** abzubilden,[1] denn die AK eines erworbenen VG bestimmen sich durch die Gegenleistung des Erwerbers (Prinzip der Maßgeblichkeit der Gegenleistung).[2] Zum anderen stellen die AK grds. die **Wertobergrenze** dar, mit der von außerhalb des Unt bezogene VG bilanziell erfasst werden. Dies gilt auch für den Fall von (vermeintlich) überhöhten AK. Ein Kfm. wird nur bereit sein, den Betrag zur Erlangung eines VG zu leisten, der den Wert widerspiegelt, den er dem VG zum Zeitpunkt des Erwerbs (mind.) beimisst. Erweisen sich die AK eines VG im Nachhinein tatsächlich als überhöht, so ist in der Folgebewertung eine Abwertung des VG auf den niedrigeren Stichtagswert durch die Vornahme einer außerplanmäßigen Abschreibung in Betracht zu ziehen.[3]

---

[1] Vgl. Bieg/Kußmaul/Waschbusch, Externes Rechnungswesen, 6. Aufl. 2012, S. 136; Moxter, Bilanzlehre, Bd. II, 3. Aufl. 1986, S. 41 ff.
[2] Vgl. ADS, 6. Aufl. 1995–2001, § 255 HGB Rz 5.
[3] Vgl. ADS, 6. Aufl. 1995–2001, § 255 HGB Rz 18.

1.2 Anschaffungsvorgang

1.2.1 Erwerb

In Abgrenzung zur Herstellung eines VG handelt es sich bei der Anschaffung eines VG um den Zugang eines bereits existierenden VG von einem Dritten (Aspekt des Fremdbezugs). Der Anschaffungsvorgang beinhaltet den Erwerb eines VG sowie dessen erstmalige Versetzung in einen betriebsbereiten Zustand.

Unter dem **Erwerb eines VG** ist dessen Überführung aus einer fremden Verfügungsgewalt in die eigene Verfügungsgewalt zu verstehen.[4] Dem Erwerbsweck können nur solche Aufwendungen zugeordnet werden, die diesem im Zeitpunkt ihres Anfalls objektiv dienen.[5] Das Erlangen der eigenen Verfügungsgewalt findet im **Zeitpunkt des Übergangs des wirtschaftlichen Eigentums** an einem VG statt. Die wirtschaftliche Betrachtungsweise ist heranzuziehen, um einem Hauptzweck der Bilanz – der Darstellung eines zutreffenden Bilds der Vermögenslage – gerecht zu werden.[6]

Die Zuordnung von VG zum Vermögen eines Bilanzierenden richtet sich demzufolge nicht nach dem zivilrechtlichen Eigentum, sondern nach wirtschaftlichen Gesichtspunkten. Eine eigenständige handelsrechtliche Begriffsbestimmung des wirtschaftlichen Eigentums existiert nicht. Es erfolgt eine Orientierung an der in der Abgabenordnung (§ 39 Abs. 2 Nr. 1 AO) enthaltenen Definition. Wirtschaftlicher Eigentümer eines VG ist demnach, wer über diesen die tatsächliche Sachherrschaft in einer Weise ausübt, die es ihm ermöglicht, den rechtlichen Eigentümer wirtschaftlich auf Dauer von der Einwirkung auf den VG auszuschließen.[7] Dem Herausgabeanspruch des rechtlichen Eigentümers darf hierbei keine nennenswerte wirtschaftliche Bedeutung zukommen. Die tatsächliche Sachherrschaft übt derjenige über einen VG aus, dem – bezogen auf die wirtschaftliche Nutzungsdauer – Eigenbesitz, Gefahr, Nutzen und Lasten zustehen.[8]

Wirtschaftliches Eigentum kann im Einzelfall auch vorliegen, wenn einzelne Indizien fehlen. Entscheidend ist das Gesamtbild der Verhältnisse.

> **Praxis-Beispiel**
> Die im Elektroeinzelhandel tätige B-KG bestellt am 1.12.01 bei dem Großhändler G-GmbH Schaltschränke im Gesamtwert von 50 TEUR. Die G-GmbH liefert die Schaltschränke am 15.12.01 an die B-KG mit einem firmeneigenen Lkw aus. In den Lieferbedingungen behält sich die G-GmbH bis zur vollständigen Bezahlung der Waren das Eigentum an den gelieferten Schaltschränken vor. Außerdem wurde vereinbart, dass der Gefahrenübergang der Waren mit dem Zeitpunkt der Anlieferung beim Kunden erfolgen soll. Die Schaltschränke werden bei der B-KG auf Lager gelegt.

---

[4] Vgl. BFH, Urteil v. 24.5.1968, VI R 6/67, BStBl 1968 II S. 574; BFH, Urteil v. 3.8.1976, BStBl 1977 II S. 65.
[5] Vgl. BFH, Urteil v. 13.10.1983, IV R 160/78, BStBl 1984 II S. 101.
[6] Vgl. dazu Moxter, Grundsätze ordnungsgemäßer Rechnungslegung, 2003, S. 63 ff.; Moxter, StuW 1989, S. 232 ff.
[7] Vgl. Bieg u. a., Bilanzrechtsmodernisierungsgesetz – Bilanzierung, Berichterstattung und Prüfung nach dem BilMoG, 2009, S. 37 ff.
[8] Vgl. BFH, Urteil v. 8.3.1977, VIII R 180/74, BStBl 1977 II S. 629; BFH, Urteil v. 22.8.1966, GrS 2166, BStBl 1966 III S. 672; BFH, Beschluss v. 12.6.1978, GrS 1/77, BStBl 1978 II S. 620.

> **Beurteilung**
> Aufgrund des Eigentumsvorbehalts bleibt die G-GmbH bis zum Zeitpunkt der vollständigen Bezahlung der Waren rechtlicher Eigentümer der an die B-KG gelieferten Schaltschränke. Im Zeitpunkt der Anlieferung gingen allerdings der Besitz, die Gefahr des zufälligen Untergangs (Diebstahl, Schwund) sowie der Nutzen und die Lasten (möglicher Gewinn/Verlust aus dem Verkauf) der Schaltschränke auf die B-KG über. Die B-KG ist damit im Zeitpunkt der Anlieferung wirtschaftlicher Eigentümer der Schaltschränke geworden. Die VG sind deshalb dem bilanziellen Vermögen der B-KG zuzurechnen. Die B-KG hat die Schaltschränke zum 31.12.01 zu bilanzieren, um in ihrer Bilanz ein den tatsächlichen Verhältnissen entsprechendes Bild der Vermögenslage zu zeigen.

6   Der Erwerbsvorgang ist grds. auf einen bestimmten Zeitpunkt bezogen. AK können jedoch bereits **vor dem eigentlichen Erwerb** und dem Übergang des (wirtschaftlichen) Eigentums anfallen. Bspw. sind die bei einem Grundstückskauf getätigten Aufwendungen wie Maklergebühren und Notarkosten bereits AK.[9] Diese Aufwendungen sind als Anschaffungsnebenkosten zu aktivieren; ihre Verrechnung als Aufwand der Periode ist aufgrund der bestehenden Aktivierungspflicht nicht zulässig (zu den Anschaffungsnebenkosten vgl. Rz 58 ff.). Der Erwerb eines VG beginnt also bereits dann, wenn die ersten Aufwendungen anfallen, die vom Erwerber zur Erlangung des (wirtschaftlichen) Eigentums an einem VG in Kauf genommen werden müssen.

7   Auch **nach dem Anschaffungszeitpunkt** können noch AK anfallen. In erster Linie handelt es sich dabei um nachträgliche AK sowie um Aufwendungen, die erforderlich sind, um einen VG in einen betriebsbereiten Zustand zu versetzen. Der Anschaffungsvorgang eines VG kann sich folglich über einen längeren Zeitraum erstrecken. Sämtliche in diesem Zeitraum anfallenden Aufwendungen, die mit dem Ziel in Kauf genommen werden, das (wirtschaftliche) Eigentum (final) an einem VG zu erlangen, stellen AK dar.[10]

1.2.2 Zustand der Betriebsbereitschaft

8   Neben dem Erwerb beinhaltet der Begriff des Anschaffungsvorgangs das Versetzen eines VG in den betriebsbereiten Zustand. V. a. im Bereich des Sachanlagevermögens findet der **Begriff der Betriebsbereitschaft** Verwendung. Ein VG gilt dann als betriebsbereit, wenn er entsprechend seiner Zweckbestimmung verwendet werden kann.[11] Welchen Zweck ein erworbener VG erfüllen soll, bestimmt der Erwerber. Die Zweckbestimmung beschreibt die konkrete Art und Weise, mit der der Erwerber den VG künftig zur Erzielung von Einnahmen nutzen will.[12]

Unter die Betriebsbereitschaftkosten fallen nur Aufwendungen, die notwendig sind, um einen VG bestimmungsgemäß nutzen zu können. Aufwendung für eine etwaige Optimierung eines Herstellungsvorgangs sind in diesem Sinne nicht notwendig. Die Betriebsbereitschaft an der Leistungsfähigkeit eines VG fest-

---

[9] Vgl. BFH, Urteil v. 13.10.1983, IV R 160/78, BStBl 1984 II S. 101.
[10] Vgl. BFH, Urteil v. 24.2.1987, IX R 114/82, BStBl 1987 II S. 812 f.
[11] Vgl. BFH, Urteil v. 12.9.2001, IX R 52/00, BStBl 2003 II S. 574.
[12] Vgl. BFH, Urteil v. 12.9.2001, IX R 52/00, BStBl 2003 II S. 576.

zumachen, würde es dem Bilanzierenden erlauben, den Beginn der planmäßigen Abschreibung hinauszuzögern. Dies entspräche nicht dem Anliegen einer tendenziell vorsichtigen Vermögens- und Gewinnermittlung.

Typische Aufwendungen, die in die AK einzubeziehen sind, um einen VG in Betriebsbereitschaft zu versetzen, sind: 9
- Aufwendungen für Fundamentierungsarbeiten,
- Aufwendungen für Montage- und Anschlussarbeiten,
- Aufwendungen für Probeläufe,
- Aufwendungen für innerbetriebliche Transporte.

Aufwendungen der vorstehenden Art dürfen allerdings als Teil der AK nur aktiviert werden, wenn sie dem erworbenen VG **einzeln** zugerechnet werden können und auf die Herstellung der Betriebsbereitschaft ausgerichtet sind (Zweckbezogenheit). Durch das Einbeziehen der Betriebsbereitschaftskosten in die AK soll der Vorgang der Anschaffung eines VG möglichst erfolgsneutral behandelt werden. 10

Vermögensgegenstände des UV (z.B. Vorräte) werden i.d.R. nicht in einen betriebsbereiten Zustand versetzt. 11

Umstritten ist die Einordnung von sog. **anschaffungsnahen Aufwendungen**. Hierbei handelt es sich um Aufwendungen, die bei der Instandsetzung bzw. der Umrüstung von gebraucht erworbenen VG anfallen. Fraglich ist, ob es sich um AK, HK oder einen laufenden Erhaltungsaufwand handelt. 12

Wird ein VG erworben, jedoch erst zu einem späteren Zeitpunkt in Betriebsbereitschaft versetzt, handelt es sich bei den damit verbundenen Aufwendungen ebenfalls um AK. 13

Praxis-Beispiel

Die in der spanabhebenden Industrie tätige X-KG kauft am 2.1.01 eine CNC-Fräsmaschine zu einem Preis von 165 TEUR. Die betriebsgewöhnliche Nutzungsdauer der CNC-Fräsmaschine beträgt sechs Jahre. Die CNC-Fräsmaschine wird zunächst nicht in der Produktion eingesetzt, sondern auf Lager vorgehalten. Am 15.4.01 stößt die X-KG aufgrund voller Auftragsbücher an ihre Kapazitätsgrenze. Das Management beschließt daher, die auf Lager vorgehaltene CNC-Fräsmaschine umgehend in der Produktion einzusetzen. Zu diesem Zweck müssen jedoch zunächst ein Fundament gegossen sowie umfangreiche Installationsarbeiten durchgeführt werden. Insg. fallen hierfür 15 TEUR an. Die Arbeiten werden von einem externen Dienstleister durchgeführt. Die CNC-Fräsmaschine wird am 1.5.01 in Betrieb genommen.

Beurteilung

Die X-KG hat am 2.1.01 die Maschine mit 165 TEUR anzusetzen. Nach Abschluss der Inbetriebnahme sind weitere 15 TEUR zu aktivieren. Die gesamten AK der CNC-Fräsmaschine betragen somit 180 TEUR.

Aufgrund des engen zeitlichen Zusammenhangs von Anschaffung und Inbetriebnahme (erstmalige Nutzung) der CNC-Fräsmaschine kann von einer wirtschaftlichen Abnutzung im Zeitraum der Lagerung der CNC-Fräsmaschine abgesehen werden.[13] Der Abschreibungsbeginn der CNC-Fräsmaschine kann somit auf den Zeitpunkt der erstmaligen Nutzung (1.5.01)

---

[13] Vgl. ADS, 6. Aufl. 1995–2001, § 253 HGB Rz 439.

> festgelegt werden. Bei Anwendung der linearen Abschreibung beträgt die planmäßige Abschreibung für das Jahr 01 20 TEUR.

14 Auch Umrüstkosten zählen zu den AK, sofern ein gebraucht erworbener VG erst nach den Umrüstungsmaßnahmen seiner Zweckbestimmung zugeführt werden kann.[14] Um AK i. S. d. § 255 Abs. 1 HGB handelt es sich auch bei bereits in Betriebsbereitschaft befindlichen VG, die durch nachträgliche AK in einen objektiv höherwertigen betriebsbereiten Zustand versetzt werden. Im Wesentlichen betrifft dies Wohn- und Bürogebäude. Bei Wohn- und Bürogebäuden gehört zur Zweckbestimmung die Entscheidung, welchen Standard das Gebäude erfüllen soll. Der BFH[15] stuft den möglichen Standard eines Gebäudes ein in:
- sehr einfach,
- mittel oder
- sehr anspruchsvoll.

15 Führt der Erwerber eines Gebäudes, welches zwar betriebsbereit ist, jedoch nur einem sehr einfachen Standard entspricht, im Zuge des Erwerbs **Baumaßnahmen** durch, die das Gebäude auf einen vom Erwerber gewünschten höheren Standard anheben, so handelt es sich bei den zu diesem Zweck anfallenden Aufwendungen um **AK** i. S. d. § 255 Abs. 1 HGB, weil durch diese Baumaßnahmen der Zustand der Betriebsbereitschaft eines **höheren Gebäudestandards** erreicht wird. Plant der Erwerber hingegen beim Erwerb eines Gebäudes, welches in einem sehr einfachen Standard betriebsbereit ist, dieses grundlegend durch Baumaßnahmen in einen höheren Standard zu versetzen, werden diese Pläne jedoch erst zu einem **späteren Zeitpunkt** verwirklicht, so handelt es sich bei den hierbei anfallenden Aufwendungen **nicht** um **AK** i. S. d. § 255 Abs. 1 HGB. Die Aufwendungen sind in diesem Fall entweder **HK oder Erhaltungsaufwand.**

16 Nach dem Verständnis des Gesetzes endet der Anschaffungsvorgang eines VG nicht bereits mit dem Übergang der wirtschaftlichen Verfügungsmacht, sondern erst mit der erstmaligen Versetzung des VG in den betriebsbereiten Zustand.[16] Fallen allerdings Aufwendungen erst nach dem Anschaffungsvorgang an (bspw. für Schönheitsreparaturen), zählen diese nicht zu den AK.

> **Praxis-Beispiel**
> Die S-GmbH erwirbt am 27.7.01 ein leer stehendes Bürogebäude zu einem Kaufpreis von 800 TEUR. Die vorhandenen Installationen wie Heizung, sanitäre Anlagen sowie Fenster sind im Wesentlichen funktionsbereit, jedoch renovierungsbedürftig.
>
> **Variante 1:**
> Unmittelbar nach dem Erwerb werden die Büroräume von der S-GmbH genutzt. In den folgenden Wochen werden Schönheitsreparaturen sowie Instandsetzungsarbeiten durchgeführt.

---

[14] Vgl. BFH, Urteil v. 14.11.1985, IV R 170/83, BStBl 1986 II S. 60.
[15] Vgl. BFH, Urteil v. 12.9.2001, IX R 52/00, BStBl 2003 II S. 574.
[16] Vgl. ADS, 6. Aufl. 1995–2001, § 255 HGB Rz 12.

Beurteilung
Da das Bürogebäude bereits zum Zeitpunkt des Erwerbs dem vom Erwerber bestimmten Zweck (Nutzung der Räumlichkeiten) zugeführt werden kann, handelt es sich bei den Aufwendungen für Schönheitsreparaturen sowie Instandsetzungsarbeiten lediglich um Maßnahmen der Funktionserhaltung und somit nicht um Aufwendungen zur Herstellung der Betriebsbereitschaft. Die Betriebsbereitschaft lag bereits zum Zeitpunkt des Erwerbs vor.

Variante 2:
Unmittelbar nach dem Erwerb lässt die S-GmbH das Bürogebäude durch entsprechende Baumaßnahmen auf einen höheren als den bisherigen Standard bringen.

Beurteilung
Die mit dem Anheben des Standards des Bürogebäudes vor dessen erstmaliger Nutzung verbundenen Aufwendungen gelten als Aufwendungen für das Versetzen des Bürogebäudes in den gewünschten betriebsbereiten Zustand. Sie zählen somit zu den AK nach § 255 Abs. 1 HGB.[17]

2 Umfang der Anschaffungskosten (Abs. 1)

2.1 Ermittlungsschema

Die Anschaffungskosten (AK) eines VG setzen sich aus den folgenden Bestandteilen zusammen:

	Anschaffungspreis
+	Anschaffungsnebenkosten, sofern einzeln zurechenbar
+	nachträgliche AK
−	Anschaffungspreisänderungen, sofern einzeln zurechenbar
=	AK

Abb. 1: Ermittlungsschema der Anschaffungskosten

2.2 Anschaffungspreis

2.2.1 Rechnungsbetrag und Umsatzsteuer

Die Ausgangsgröße zur Ermittlung der AK eines VG stellt regelmäßig der **Anschaffungspreis** dar. Dieser entspricht regelmäßig dem in der Rechnung ausgewiesenen Betrag.
Bei Unt, die gem. § 15 UStG vorsteuerabzugsberechtigt sind, stellt die in der Rechnung ausgewiesene **USt** (Vorsteuer) keinen Bestandteil des Anschaffungspreises dar, da es sich bei diesen Unt bei der Vorsteuer um einen durchlaufenden Posten handelt. Hingegen entspricht der Anschaffungspreis bei nicht zum Vorsteuerabzug berechtigten Unt dem Bruttorechnungsbetrag,[18] also dem Nettopreis zzgl. der darauf entfallenden USt.

---

[17] Vgl. BFH, Urteil v. 12.9.2001, IX R 52/00, BStBl 2003 II S. 574.
[18] Vgl. Knop u.a., in Küting/Weber, HdR-E, § 255 HGB Rz 20, Stand: 12/2023.

2.2.2 Sonderfälle bei der Ermittlung des Anschaffungspreises
2.2.2.1 Anschaffungspreis in Fremdwährung

20 Wird ein VG in einer Fremdwährung bezahlt, so ist für die Ermittlung des Anschaffungspreises eine **Währungsumrechnung** in Euro vorzunehmen. Hierfür sind insb. der **Zeitpunkt der Umrechnung** sowie eine evtl. vorgenommene **Kurssicherung** von Belang.

21 Die Umrechnung von Fremdwährungsgeschäften wird durch § 256a HGB reglementiert (§ 256a Rz 1 ff.). Dieser Paragraf betrifft zwar, ausgehend vom Wortlaut der Vorschrift, lediglich die Folgebewertung von auf fremde Währung lautenden VG und Schulden, jedoch findet der Gesetzesbegründung zufolge die Vorschrift der **Umrechnung** von auf fremde Währung lautenden VG und Schulden **mit dem Devisenkassamittelkurs** auch **im Zugangszeitpunkt** eines VG oder einer Schuld Anwendung.[19]

22 Bei der **Anschaffung eines auf fremde Währung lautenden VG gegen Vorauszahlung oder Barzahlung** richtet sich der Anschaffungspreis nach dem tatsächlich hingegebenen Betrag. Die Fremdwährung wird mithilfe des Devisenkassamittelkurses umgerechnet.

> **Praxis-Beispiel**
>
> Die Z-AG schließt am 2.1.01 mit einem US-amerikanischen Hersteller einen Vertrag über die Abnahme eines Passagierflugzeugs. Vereinbarungsgemäß überweist die Z-AG am 15.3.01 sowie am 29.6.01 jeweils eine Hälfte des Gesamtkaufpreises i. H. v. 240 Mio. USD.
> Der Wechselkurs (Devisenkassamittelkurs) beträgt am 15.3.01 1,20 USD/EUR und am 29.6.01 1,25 USD/EUR.
>
> **Beurteilung**
>
> Der Anschaffungspreis des Passagierflugzeugs in Euro beläuft sich somit auf (120 Mio. USD/1,20 USD/EUR) + (120 Mio. USD/1,25 USD/EUR) = 100 Mio. EUR + 96 Mio. EUR = 196 Mio. EUR.

23 Sofern der **Anschaffungspreis** bei einem schwebenden oder geplanten Erwerb eines VG in Fremdwährung durch ein Sicherungsgeschäft im Vorhinein fixiert wurde und die Sicherungsbeziehung die Anforderungen des § 254 HGB an die Bildung von Bewertungseinheiten erfüllt (§ 254 Rz 10 ff.), ermitteln sich die AK nach h. M. auf Basis des Sicherungskurses. Der Kompensationsgedanke der Bildung von Bewertungseinheiten wird dabei auf die Ermittlung der AK übertragen.[20] Nach a. A. ist dieser bei der Ermittlung der AK der bezogenen VG nicht weiterzuführen, ihre Ermittlung erfolgt demnach auf Basis der Währungsparität im Zugangszeitpunkt (§ 254 Rz 60 ff.).[21]

24 Bei der **Begleichung des Kaufpreises eines auf fremde Währung lautenden VG aus vorgehaltenen Währungsbeständen** werden die AK durch den Eurowert des Devisenbestands nach Maßgabe des letzten Bewertungsstichtags ermittelt. Nach a. A. sind die AK im Zugangszeitpunkt (Zahlungszeitpunkt) auf Basis des

---

[19] Vgl. BT-Drs. 16/10067 v. 30.7.2008 S. 137; ferner Bieg u. a., Bilanzrechtsmodernisierungsgesetz – Bilanzierung, Berichterstattung und Prüfung nach dem BilMoG, 2009, S. 24.
[20] So IDW RS BFA 6.44; IDW RS HFA 35.92 (bei Abwicklung geplanter Geschäfte).
[21] Vgl. Hoffmann/Lüdenbach, NWB Kommentar Bilanzierung, 15. Aufl. 2023, § 254 HGB Rz 89 ff.

gültigen Devisenkassamittelkurses umzurechnen. Dabei kann – abhängig vom Buchwert der vorgehaltenen Währungsbestände in Euro – die Realisierung eines Kursgewinns oder -verlusts eintreten.[22]

Wird ein **auf fremde Währung lautender VG auf Ziel erworben**, so fixiert auch hier der Devisenkassamittelkurs im Zeitpunkt der Anschaffung den Anschaffungspreis. Gleichzeitig mit dem VG ist eine Kaufpreisverbindlichkeit einzubuchen. Spätere Wechselkursschwankungen wirken sich i. R. d. Folgebewertung lediglich noch auf die Höhe der Kaufpreisverbindlichkeit aus; die AK des VG sind nicht mehr anzupassen.[23]

25

2.2.2.2.2 Erwerb auf Ziel zu unüblichen Konditionen

Erwirbt ein Unt einen VG zu **unüblichen Konditionen**, ist regelmäßig eine Anpassung des Rechnungspreises zu prüfen. Ein solcher Fall liegt bspw. vor, wenn der Verkäufer dem Erwerber einen **formal unverzinslichen Lieferantenkredit** gewährt. In diesem Fall gilt der Barwert der Verpflichtung anstelle des Rechnungspreises als AK, sofern die Beträge wesentlich voneinander abweichen. Zu begründen ist dies durch die Rechtsnatur dieses Geschäfts, das sich eigentlich aus zwei eigenständigen Geschäften (dem Verkauf des VG und der Kreditgewährung) zusammensetzt.[24]

26

Praxis-Beispiel
Die Bau-OHG benötigt für einen anstehenden Großauftrag dringend einen Spezialbagger. Für diesen Spezialbagger liegt der Bau-OHG ein Angebot des Herstellers A vor. Die Bau-OHG und der Hersteller A vereinbaren einen Kaufpreis i. H. v. 250 TEUR und ein Zahlungsziel von sechs Monaten (180 Tagen). Bei Zahlung innerhalb von 14 Tagen wird ein Skontoabzug i. H. v. 5 % gewährt.
Aufgrund ihrer derzeit angespannten Liquiditätslage ist die Bau-OHG darauf angewiesen, den Spezialbagger auf Ziel zu erwerben. Am 1.10.01 wird der Kaufvertrag mit dem Hersteller A geschlossen; noch am selben Tag wird der Spezialbagger geliefert. Die Skontofrist lässt die Bau-OHG ungenutzt verstreichen.

Beurteilung
Für den sechsmonatigen Lieferantenkredit des Herstellers ergibt sich abgeleitet aus dem Skonto von 5 % ein effektiver Jahreszinssatz von ca. 11,4 %.[25] Der Barwert der Verpflichtung beträgt in diesem Fall bei Anwendung des ICMA-Verfahrens $250.000 \times 1{,}118^{-0{,}5} = 236.863$ EUR. Der Zinsanteil beläuft sich somit auf $250.000 - 236.863 = 13.137$ EUR.
Buchungssatz am 1.10.01 (in EUR):

Konto	Soll	Haben
Technische Anlagen und Maschinen	236.863	
Verbindlichkeiten aus L&L		236.863

---

22 Vgl. auch Schubert/Hutzler, in Beck Bil-Komm., 14. Aufl. 2024, § 255 HGB Rz 49.
23 Vgl. auch BFH, Urteil v. 16.12.1977, III R 92/75, BStBl 1978 II S. 233.
24 Vgl. zu diesem Absatz ADS, 6. Aufl. 1995–2001, § 255 HGB Rz 78.
25 $(12.500 \times 360) / [(250.000 - 12.500) \times (180 - 14)] = 11{,}4 \%$.

Buchungssatz am 31.12.01 (in EUR; auf die Darstellung von Abschreibungen wird verzichtet):

Konto	Soll	Haben
Zinsaufwand	6.568,50	
Verbindlichkeiten aus L&L		6.568,50

Buchungssätze am 31.3.02 (in EUR):

Konto	Soll	Haben
Zinsaufwand	6.568,50	
Verbindlichkeiten aus L&L	243.431,50	
Bank		250.000

27   Eine Anpassung der AK ist ebenso geboten, wenn sich ein **zinsgünstiges Finanzierungsgeschäft und überhöhte AK** gegenüberstehen, da die überhöhten AK bei einer wirtschaftlichen Betrachtung als vorausgezahlte Zinsen zu interpretieren sind.[26] Zur Bestimmung der AK ist der Rechnungspreis um den Zinsanteil zu verringern.

> **Praxis-Beispiel**
> Der Bau-OHG liegt ein Angebot über einen Muldenkipper vor. Der Kaufpreis beträgt 250 TEUR. Die Kaufpreiszahlung ist ein Jahr nach Abschluss des Kaufvertrags fällig. Zusätzlich werden Zinsen i. H. v. 1 % p. a. des Kaufpreises erhoben. Diese sind halbjährlich zu entrichten. Marktüblich wäre ein Zinssatz von 5 % p. a. Der Vertragsabschluss und die Auslieferung des Muldenkippers fallen auf den 1.7.01.
>
> **Beurteilung**
> In dem vorliegenden Beispiel ist der Kauf des Muldenkippers mit einem Finanzierungsgeschäft verbunden. Der Zinssatz des Finanzierungsgeschäfts liegt mit 1 % p. a. deutlich unter dem marktüblichen Zinssatz i. H. v. 5 % p. a. Weicht – wie in diesem Fall – der Zinssatz des Finanzierungsgeschäfts stark zugunsten des Käufers vom üblichen Marktzins ab, so kann regelmäßig von überhöhten AK ausgegangen werden.
> Einschl. Zinsen beläuft sich die Verbindlichkeit der Bau-OHG auf 252.500 EUR. Die Diskontierung mit dem marktüblichen Zinssatz i. H. v. 5 % p. a. ergibt den Barwert der Verbindlichkeit und somit die angepassten AK:
> 252.500 EUR/1,05 = 240.476 EUR.
> Buchungssatz am 1.7.01 (in EUR):
>
> | Konto | Soll | Haben |
> |---|---|---|
> | Technische Anlagen und Maschinen | 240.476 | |
> | Verbindlichkeiten aus L&L | | 240.476 |

---

[26]   Vgl. Wohlgemuth/Radde, in Böcking u. a., Beck HdR, B 162 Rz 35, Stand: 12/2018.

Bewertungsmaßstäbe § 255

Buchungssätze am 31.12.01 (in EUR; auf die Darstellung von Abschreibungen wird verzichtet):

Konto	Soll	Haben
Zinsaufwand	1.250	
Bank		1.250
Zinsaufwand	4.762	
Verbindlichkeiten aus L&L		4.762

Buchungssätze am 30.6.02 (in EUR):

Konto	Soll	Haben
Zinsaufwand	4.762	
Zinsaufwand	1.250	
Verbindlichkeiten aus L&L	245.238	
Bank		251.250

Umgekehrt ist bei einem **günstigen Kaufpreis und überhöhten Zinszahlungen** der Kaufpreis um den Barwert des Zinsanteils (der in diesem Fall einen verdeckten Kaufpreisanteil darstellt) zu erhöhen. Dieser Zinsanteil erhöht die korrespondierende Verbindlichkeit aus L&L. Er wird als Teil des erfolgsneutralen Anschaffungsvorgangs nicht aufwandswirksam. 28

Praxis-Beispiel
Die Bau-OHG kann einen Radlader zu einem vergleichsweise günstigen Kaufpreis von 150 TEUR erwerben. Die Kaufpreiszahlung nebst Zinsen ist erst in einem Jahr fällig. Der Zinssatz beträgt 50 % p.a. des Kaufpreises. Der marktübliche Zinssatz liegt bei 5 % p.a. Der Vertragsabschluss und die Lieferung des Radladers finden am 1.7.01 statt.

Beurteilung
In diesem Fall liegt der Zinssatz des Finanzierungsgeschäfts weit über dem marktüblichen Zinssatz. Im Gegenzug kann die Bau-OHG den Radlader zu einem günstigen Kaufpreis erwerben. Nach einem Jahr sind insg. 150.000 EUR × (1 + 0,50) = 225.000 EUR zu zahlen. Um die angepassten AK zu ermitteln, wird dieser Betrag mit dem marktüblichen Zinssatz diskontiert: 225.000 EUR / (1 + 0,05) = 214.286 EUR.
Im vereinbarten Zinsanteil i.H.v. 75.000 EUR ist demnach ein verdeckter Kaufpreisanteil i.H.v. 214.286 − 150.000 = 64.286 EUR enthalten.
Buchungssatz am 1.7.01 (in EUR):

Konto	Soll	Haben
Technische Anlagen und Maschinen	214.286	
Verbindlichkeiten aus L&L		214.286

Buchungssätze am 31.12.01 (in EUR; auf die Darstellung von Abschreibungen wird verzichtet):

Konto	Soll	Haben
Zinsaufwand	5.357	
Verbindlichkeiten aus L&L		5.357

Buchungssätze am 30.6.02 (in EUR):

Konto	Soll	Haben
Zinsaufwand	5.357	
Verbindlichkeiten aus L&L	219.643	
Bank		225.000

2.2.2.3 Erwerb durch Tausch

29 Bei der **Anschaffung eines VG durch einen Tausch**, bei dem die Aufwendungen für die Anschaffung nicht in Form von Zahlungsmitteln, sondern durch die Hingabe eines anderen bewertbaren VG anfallen, besteht **handelsbilanziell** ein **Wahlrecht** zwischen der Buchwertfortführung, der Gewinnrealisierung und der erfolgsneutralen Behandlung:[27]

30 • Bei der **Buchwertfortführung** (erste Variante) wird der angeschaffte VG mit den fortgeführten AHK des hingegebenen VG angesetzt, höchstens jedoch zum niedrigeren Zeitwert des angeschafften VG.

31 • Soll beim Tausch eine **Gewinnrealisierung** (zweite Variante) stattfinden, ist der angeschaffte VG mit dem (höheren) Zeitwert des hingegebenen VG zu bewerten. Diese Variante ist jedoch handelsrechtlich nur zulässig, sofern der Tausch betriebswirtschaftlich notwendig war und nicht lediglich aus jahresabschlusspolitischen Überlegungen heraus getätigt wurde.[28] **Steuerrechtlich** ist die Gewinnrealisierung beim Tausch verpflichtend vorzunehmen (§ 6 Abs. 6 Satz 1 EStG). Das eingetauschte Wirtschaftsgut ist danach mit dem (höheren) gemeinen Wert (gem. § 9 Abs. 2 BewG) des hingegebenen Wirtschaftsguts zu bewerten, woraus i. d. R. eine Ertragsteuerbelastung resultiert.[29]

32 • Aus diesem Grund wird handelsrechtlich auch eine (komplett) **erfolgsneutrale Behandlung** des Tauschs (dritte Variante) für zulässig gehalten, die als modifizierte Buchwertfortführung angesehen werden kann.[30] Der Buchwert wird bei dieser Variante um eine evtl. ertragsteuerliche Belastung erhöht, um damit die mit dem Tausch verbundene Belastung zu neutralisieren.[31]

Praxis-Beispiel
Die Bau-GmbH tauscht einen nicht mehr benötigten Bagger (Restbuchwert 25 TEUR, Zeitwert 28 TEUR) gegen eine dringend benötigte Walze ein. Die erhaltene Walze hat einen Zeitwert von 26 TEUR.

---

[27] Vgl. auch Kahle u. a., in Baetge/Kirsch/Thiele, Bilanzrecht, § 255 HGB Rz 72, Stand: 12/2021; ADS, 6. Aufl. 1995–2001, § 255 HGB Rz 89; Schubert/Hutzler, in Beck Bil-Komm., 14. Aufl. 2024, § 255 HGB Rz 32; Knop u. a., in Küting/Weber, HdR-E, § 255 HGB Rz 110, Stand: 12/2023; a. A. sind Wohlgemuth/Radde, in Böcking u. a., Beck HdR, B 162 Rz 52 ff., Stand: 12/2018; diese verlangen die Bewertung des erhaltenen VG mit dem aus Sicht des Unt vorsichtig zu schätzenden Zeitwert des hingegebenen VG, zzgl. Anschaffungsnebenkosten und abzgl. Anschaffungskostenminderungen.
[28] Vgl. ADS, 6. Aufl. 1995–2001, § 255 HGB Rz 91.
[29] Vgl. auch Kußmaul, Betriebswirtschaftliche Steuerlehre, 8. Aufl. 2020, S. 60.
[30] Vgl. Knop u. a., in Küting/Weber, HdR-E, § 255 HGB Rz 113, Stand: 12/2023.
[31] Vgl. Kahle u. a., in Baetge/Kirsch/Thiele, Bilanzrecht, § 255 HGB Rz 72, Stand: 12/2021.

> **Beurteilung**
> - Buchwertfortführung: Der Bagger wird mit 25 TEUR ausgebucht und die Walze wird mit dem Restbuchwert des Baggers, d. h. mit 25 TEUR, in die Bilanz aufgenommen.
> - Gewinnrealisation: Der Bagger wird mit 25 TEUR ausgebucht und die Walze mit 28 TEUR eingebucht. Es resultiert hieraus ein Gewinn i. H. v. 3 TEUR. Dies entspricht der ertragsteuerlichen Behandlung, aus der sich bei einem angenommenen Steuersatz von 30 % eine Steuerbelastung von 900 EUR ergibt.
> - Modifizierte Buchwertfortführung: Der Bagger wird mit 25 TEUR ausgebucht und die Walze mit dem Restbuchwert des Baggers zzgl. der entstandenen Steuerlast eingebucht, d. h. mit 25 TEUR + 900 EUR = 25.900 EUR. Der dadurch entstehende buchmäßige Ertrag gleicht den entstandenen Steueraufwand gerade aus, wodurch eine vollständig erfolgsneutrale Abbildung des Tauschs im handelsrechtlichen Jahresabschluss zustande kommt.

2.2.2.2.4 Unentgeltlicher Erwerb

Beim unentgeltlichen Erwerb eines VG (z. B. im Fall einer Erbschaft oder Schenkung) erbringt der Erwerber für den Erhalt des VG **keine Gegenleistung**. Die Aktivierung unentgeltlich erworbener VG ist daher im Fachschrifttum umstritten; die Auffassungen erstrecken sich von einem Aktivierungsverbot über ein Aktivierungswahlrecht bis hin zu einem Aktivierungsgebot. 33

Die hier vertretene Auffassung spricht sich für eine uneingeschränkte **Beachtung des Vollständigkeitsgebots** des § 246 Abs. 1 HGB und damit für eine **Aktivierungspflicht von unentgeltlich erworbenen VG** aus.[32] Vom Vollständigkeitsgebot des § 246 Abs. 1 HGB kann nach dem Wortlaut der Regelung nur dann abgewichen werden, wenn durch das Gesetz etwas anderes bestimmt ist. Eine abweichende Regelung wird allerdings vom Gesetz für den Fall des unentgeltlichen Erwerbs von VG nicht getroffen. Die **Höhe der (fiktiven) AK** eines unentgeltlich erworbenen VG richtet sich nach dem **Marktpreis des VG im Anschaffungszeitpunkt**.[33] 34

Als Gegenkonto bei der Verbuchung des Zugangs eines unentgeltlich erworbenen VG kommt regelmäßig nur ein Ertragskonto infrage. Eine erfolgsneutrale Gegenbuchung im Eigenkapital ist nur möglich, sofern es sich bei dem unentgeltlich erworbenen VG um eine Kapitaleinlage in Form einer Sacheinlage handelt.[34] 35

Unter der Voraussetzung, dass keine Sacheinlage vorliegt, ist ein unentgeltlich erworbenes einzelnes Wirtschaftsgut in der **Steuerbilanz** mit dem gemeinen Wert (gem. § 9 Abs. 2 BewG) als fiktive AK zu bewerten (§ 6 Abs. 4 EStG). 36

---

[32] Gl. A. Knop u. a., in Küting/Weber, HdR-E, § 255 HGB Rz 107, Stand: 12/2023; Kahle u. a., in Baetge/Kirsch/Thiele, Bilanzrecht, § 255 HGB Rz 75, Stand: 12/2021; a. A. ADS, 6. Aufl. 1995–2001, § 255 HGB Rz 83, die hier generell ein Aktivierungswahlrecht sehen. Im Fall des unentgeltlichen Erwerbs eines immateriellen VG gehen Knop u. a. allerdings von einem Aktivierungswahlrecht aus.
[33] Vgl. Ballwieser, in MünchKomm. HGB, 5. Aufl. 2024, § 255 HGB Rz 46.
[34] Vgl. Ballwieser, in MünchKomm. HGB, 5. Aufl. 2024, § 255 HGB Rz 47.

2.2.2.5 Aufzuteilender Gesamtkaufpreis

37 In dem (nicht seltenen) Fall, dass für mehrere VG nur ein einziger Kaufpreis vereinbart und gezahlt wird, ist gem. dem **Einzelbewertungsgrundsatz** (§ 252 Abs. 1 Nr. 3 HGB) eine Aufteilung dieses Gesamtkaufpreises auf die einzelnen VG zwingend geboten. Die Notwendigkeit zu einer solchen Aufteilung wird insb. in den Fällen deutlich, in denen zu einem Gesamtkaufpreis mehrere VG erworben wurden, die entweder nur z. T. planmäßig abzuschreiben sind oder bei denen sich die Abschreibungsverfahren oder Nutzungsdauern unterscheiden.[35]

38 Ein Gesamtkaufpreis ist grds. unter **Beachtung der Zeitwerte** der einzelnen erworbenen VG auf diese aufzuteilen.[36] Sind für die erworbenen VG Zeitwerte nicht oder nur schwer zu ermitteln, ist auch die Orientierung an anderen zweckmäßigen Maßstäben, bspw. den bisherigen Buchwerten, denkbar. Eine Ermittlung der AK nach der Restwertmethode, bei der einem VG sein Zeitwert und dem anderen der Rest vom Gesamtkaufpreis zugeteilt wird, muss – da willkürlich – als unzulässig ausscheiden.[37]

39 Enthält der Kaufvertrag eine **Aufteilung des Gesamtkaufpreises** auf die einzelnen VG, so spricht nichts dagegen, dieser Aufteilung zu folgen, sofern sie sachlich gerechtfertigt erscheint.[38] Problematisch sind allerdings die Fälle, in denen sich der Gesamtkaufpreis von der Summe der **beizulegenden Zeitwerte** der erworbenen VG unterscheidet. Dabei sind sowohl Situationen denkbar, in denen der Gesamtkaufpreis die Summe der beizulegenden Zeitwerte übersteigt, als auch solche, in denen er unter der Summe der beizulegenden Zeitwerte liegt.

40 **Übersteigt der Gesamtkaufpreis die Summe der beizulegenden Zeitwerte der erworbenen VG**, ist zwischen zwei Situationen zu unterscheiden. Wurde ein Unt oder ein Teilbetrieb als Ganzes erworben, so ist der (positive) Differenzbetrag gem. § 246 Abs. 1 Satz 4 HGB zwingend als GoF zu aktivieren. Dagegen ist beim Erwerb anderer Gruppen von VG der Mehrbetrag im Verhältnis der jeweiligen Zeitwerte auf die einzelnen VG zu verteilen.[39] Die am Bilanzstichtag durchzuführende Bewertung kann in der Folge eine außerplanmäßige Abschreibung nach § 253 Abs. 3 oder Abs. 4 HGB nach sich ziehen.[40]

41 Liegt der **Gesamtkaufpreis unterhalb der Summe der beizulegenden Zeitwerte der erworbenen VG**, ist dieser (negative) Unterschiedsbetrag sinnvoll auf die erworbenen VG zu verteilen. Zulässig erscheint auch hier eine Aufteilung der Differenz nach dem Verhältnis der Zeitwerte der einzelnen VG. In Ausnahmefällen sind jedoch andere Verteilungsmethoden wie bspw. ein prozentualer Abschlag von den Zeitwerten sämtlicher VG – mit Ausnahme der liquiden Mittel – oder eine Verteilung anhand des Risikos oder der Rentabilität der betroffenen VG denkbar.[41]

---

[35] Vgl. Wohlgemuth/Radde, in Böcking u. a., Beck HdR, B 162 Rz 79, Stand: 12/2018.
[36] Vgl. BFH, Urteil v. 19.12.1972, VIII R 124/9, BStBl 1973 II S. 295; Knop u. a., in Küting/Weber, HdR-E, § 255 HGB Rz 24, Stand: 12/2023.
[37] Vgl. ADS, 6. Aufl. 1995–2001, § 255 HGB Rz 105.
[38] Vgl. BFH, Urteil v. 31.1.1973, I R 197/70, BStBl 1973 II S. 391; Schubert/Hutzler, in Beck Bil-Komm., 14. Aufl. 2024, § 255 HGB Rz 73.
[39] Vgl. auch BFH, Urteil v. 16.12.1981, I R 131/78, BStBl 1982 II S. 320, der eine Aufteilung im Verhältnis der Teilwerte vorsieht.
[40] Vgl. Knop u. a., in Küting/Weber, HdR-E, § 255 HGB Rz 25, Stand: 12/2023.
[41] Vgl. Wohlgemuth/Radde, in Böcking u. a., Beck HdR, B 162 Rz 81, Stand: 12/2018; Knop u. a., Küting/Weber, HdR-E, § 255 HGB Rz 24, Stand: 12/2023.

> **Praxis-Beispiel**
> Die A-GmbH erwirbt zum 1.1.01 ein Grundstück mit einer darauf stehenden Lagerhalle für insg. 400 TEUR. Die A-GmbH bestellt einen Gutachter zwecks Aufteilung des Gesamtkaufpreises. Dieser ermittelt Zeitwerte i. H. v.
> - Fall 1: 100 TEUR für die Lagerhalle und 300 TEUR für das Grundstück;
> - Fall 2: 150 TEUR für die Lagerhalle und 350 TEUR für das Grundstück;
> - Fall 3: 75 TEUR für die Lagerhalle und 225 TEUR für das Grundstück.
>
> **Beurteilung**
> Im Fall 1 entspricht der Gesamtkaufpreis der Summe der Zeitwerte. In diesem unproblematischen Fall sind beide VG jeweils mit ihrem Zeitwert als AK zu bilanzieren.
> Im Fall 2 übersteigt die Summe der Zeitwerte den Gesamtkaufpreis für die beiden VG um 100 TEUR. Der negative Unterschiedsbetrag i. H. v. 100 TEUR soll hier im Verhältnis der Zeitwerte auf beide VG verteilt werden:
> - Lagerhalle: (150 TEUR/500 TEUR) × 100 TEUR = 30 TEUR; damit ist die Lagerhalle mit 150 TEUR – 30 TEUR = 120 TEUR in der Bilanz anzusetzen;
> - Grundstück: (350 TEUR/500 TEUR) × 100 TEUR = 70 TEUR; damit ist das Grundstück mit 350 TEUR – 70 TEUR = 280 TEUR in der Bilanz anzusetzen;
> - die Summe beider Bilanzwerte entspricht hiermit dem Gesamtkaufpreis i. H. v. 400 TEUR.
>
> Im Fall 3 übersteigt der Gesamtkaufpreis die Summe der Zeitwerte für Lagerhalle und Grundstück um 100 TEUR. Hier ist zunächst der positive Unterschiedsbetrag auf die beiden VG zu verteilen:
> - Lagerhalle: (75 TEUR/300 TEUR) × 100 TEUR = 25 TEUR; damit ist die Lagerhalle mit 75 TEUR + 25 TEUR = 100 TEUR in der Bilanz anzusetzen;
> - Grundstück: (225 TEUR/300 TEUR) × 100 TEUR = 75 TEUR; damit ist das Grundstück mit 225 TEUR + 75 TEUR = 300 TEUR in der Bilanz anzusetzen;
> - die Summe beider Bilanzwerte entspricht hiermit dem Gesamtkaufpreis i. H. v. 400 TEUR.
>
> I. R. d. nachgelagerten Bewertungsmaßnahmen ist sodann im Fall 3 die Vornahme einer außerplanmäßigen Abschreibung auf den jeweiligen beizulegenden Wert i. R. d. Vorschriften des § 253 Abs. 3 HGB zu prüfen.

2.2.2.6 Leasing

Ist handelsrechtlich die Zuordnung eines Leasinggegenstands (§ 246 Rz 34 ff.) zum Leasingnehmer vorzunehmen, so gilt der **Barwert der Leasingraten** als **Anschaffungspreis des Leasinggegenstands**. Aus den Leasingraten sind zu diesem Zweck allerdings diejenigen Anteile herauszurechnen, die auf zukünftige Dienstleistungen des Leasinggebers (bspw. Wartungsarbeiten) entfallen; diese Anteile stehen in keinerlei Zusammenhang mit dem Anschaffungsvorgang.[42]

Der zur Ermittlung des Barwerts der Leasingraten heranzuziehende **Diskontierungszinssatz** entspricht i. d. R. dem im Leasingvertrag vereinbarten Zinssatz. Alternativ ist ein fristenkongruenter Zinssatz für einen Kredit, den der Leasing-

---

[42] Vgl. Wohlgemuth/Radde, in Böcking u. a., Beck HdR, B 162 Rz 42, Stand: 12/2018.

nehmer ansonsten zur Beschaffung des VG hätte aufnehmen müssen, heranzuziehen (Grenzfremdkapitalzinssatz).

44 Keine Sonderregelungen gelten bzgl. der Berücksichtigung von Anschaffungsnebenkosten (Rz 58 ff.), von nachträglichen AK (Rz 64 ff.) sowie von Anschaffungspreisminderungen (Rz 70 ff.).[43]

2.2.2.2.7 Erwerb auf Rentenbasis

45 Beim Erwerb eines VG auf Rentenbasis bestimmt sich die Höhe des Anschaffungspreises **durch den Barwert der eingegangenen Rentenverpflichtung** (§ 253 Abs. 2 Satz 3 HGB) im Zeitpunkt des Erwerbs (§ 253 HGB).[44]

46 Zur **Ermittlung des Barwerts** der eingegangenen Rentenverpflichtung ist regelmäßig der **restlaufzeitkongruente durchschnittliche Marktzinssatz der vergangenen sieben Gj** heranzuziehen (§ 253 Abs. 2 Satz 3 HGB i.V.m. § 253 Abs. 2 Satz 1 HGB); bei einem größeren Bestand solcher Rentenverpflichtungen ist – aus Vereinfachungsgründen – auch eine Abzinsung mit dem durchschnittlichen Marktzinssatz, der sich bei einer angenommenen Restlaufzeit von 15 Jahren ergibt, zulässig (§ 253 Abs. 2 Satz 3 HGB i.V.m. § 253 Abs. 2 Satz 2 HGB). Die im Einzelnen anzuwendenden Abzinsungssätze werden von der Deutschen Bundesbank nach Maßgabe einer Rechtsverordnung ermittelt und monatlich bekannt gegeben (§ 253 Abs. 2 Satz 4 HGB).[45]

47 Bei Rentenzahlungen im Zusammenhang mit dem Erwerb eines VG lassen sich grds. zwei Formen von Renten unterscheiden. Zum einen kann für den erworbenen VG die Zahlung einer Rente über einen vorher fest vereinbarten begrenzten Zeitraum erfolgen (**Zeitrente**).[46] In diesem Fall ermittelt sich der Barwert der eingegangenen Rentenverpflichtung durch Abzinsung aller vereinbarten Zahlungen auf den Erwerbszeitpunkt. Zum anderen ist die Kopplung der Rentenzahlungen an die Lebenszeit einer Person – regelmäßig an die des Verkäufers – möglich und üblich (**Leibrente**). In einem solchen Fall ist die Ermittlung des Barwerts der eingegangenen Rentenverpflichtung nur unter Zuhilfenahme versicherungsmathematischer Verfahren unter Einbeziehung der Lebenserwartung des Begünstigten der Rente möglich. Hierfür ist die Lebenserwartung der jeweils aktuellsten Version der Sterbetafel zu entnehmen; dabei sind jegliche individuellen Faktoren außer Acht zu lassen.[47]

48 **Erhöhungen der Rentenzahlung**, die dem Beschaffungsvorgang nachgelagert sind, sind bei der Ermittlung der AK nur dann zu berücksichtigen, wenn diese bereits beim Erwerb vertraglich vereinbart und nicht vom Eintritt bestimmter zukünftiger Ereignisse abhängig gemacht wurden.[48] In allen anderen Fällen der nachträglichen Erhöhung der Rente, z.B. auch bei vereinbarten Wertsicherungsklauseln, begründet sich die Anpassung nicht mehr aus dem Erwerb des VG,

---

[43] Vgl. ADS, 6. Aufl. 1995–2001, § 255 HGB Rz 73.
[44] Vgl. auch Knop u.a., in Küting/Weber, HdR-E, § 255 HGB Rz 81 i.V.m. Rz 77, Stand: 12/2023.
[45] Vgl. auch Bieg u.a., Bilanzrechtsmodernisierungsgesetz – Bilanzierung, Berichterstattung und Prüfung nach dem BilMoG, 2009, S. 81 ff.
[46] Vgl. hierzu und nachfolgend Wohlgemuth/Radde, in Böcking u.a., Beck HdR, B 162 Rz 38, Stand: 12/2018.
[47] Vgl. BFH, Urteil v. 5.2.1969, I R 21/66, BStBl 1969 II S. 334; BFH, Urteil v. 30.7.2003, X R 12/01, BStBl 2004 II S. 211.
[48] Vgl. Wohlgemuth/Radde, in Böcking u.a., Beck HdR, B 162 Rz 41, Stand: 12/2018.

sondern aus dem der Beschaffung nachgelagerten Finanzierungsgeschäft, sodass von einer solchen Anpassung nur noch die Höhe der Kaufpreisverbindlichkeit, nicht aber die AK selbst betroffen sind.[49]

> **Praxis-Beispiel**
> A führt seit 30 Jahren in X-Stadt erfolgreich einen großen Weinhandel. Im Alter von 65 Jahren verkauft er dieses Geschäft gegen die Gewährung einer lebenslangen Rente (Leibrente) an seinen Konkurrenten B. Beide vereinbaren eine jährliche Rente i. H. v. 36 TEUR. Außerdem beinhaltet der Vertrag eine Bestimmung, die besagt, dass
> - Fall 1: die Leibrente um 2 % p. a. zum Ausgleich der Inflation steigen soll;
> - Fall 2: die Leibrente um 2 % p. a. zum Ausgleich der Inflation steigen soll, solange der Umsatz nicht unter 90 % des zuletzt von A erreichten Werts sinkt.
>
> Nach einer anerkannten Sterbetafel ergibt sich für A eine Lebenserwartung von 75 Jahren. Der Diskontierungszinssatz beträgt 6 %.
>
> **Beurteilung**
> Der Vertrag beinhaltet im Fall 1 eine unbedingte und im Fall 2 eine bedingte Anpassung der Rente:
> - Fall 1: Die fest vereinbarte Rentenanpassung erfordert eine Berücksichtigung der zukünftigen Steigerungen im Zeitpunkt der Begründung der Kaufpreisverbindlichkeit und somit auch eine Berücksichtigung i. R. d. Ermittlung der AK des B für den Weinhandel des A. Der Barwert der Rentenverpflichtung beträgt im gegebenen Fall rund 277.177 EUR.
> - Fall 2: Da die jährliche Anpassung der Rente nur unter der Bedingung eines (nahezu) gleichbleibenden Umsatzes erfolgt, sind die zukünftig möglichen Rentensteigerungen bei der Anschaffungskostenermittlung außer Acht zu lassen. Der Barwert der Rentenverpflichtung und die AK des Weinhandels betragen somit für B rund 264.963 EUR.

2.2.2.8 Erwerb im Versteigerungsverfahren

Auch beim Erwerb eines VG im Versteigerungsverfahren gilt das Prinzip der Maßgeblichkeit der Gegenleistung (Rz 2), d. h., die AK des erworbenen VG entsprechen grds. dem tatsächlich hingegebenen Betrag.[50] Dies gilt generell auch bei einem Erwerb i. R. e. **Zwangsversteigerung**. Als schwierig können sich allerdings solche Fälle erweisen, in denen der Ersteigerer eine an dem ersteigerten VG dinglich besicherte Forderung besitzt und er demzufolge den VG nur deshalb ersteigert, um einen Verlust aus dieser Forderung zu verhindern bzw. zu verringern. Über den hingegebenen Betrag hinaus kann dann ein evtl. verbleibender Ausfall aus dieser Forderung dem hingegebenen Betrag hinzugerechnet werden.[51]

Mit Rücksicht auf den **Einzelbewertungsgrundsatz** und im Hinblick auf die Tatsache, dass Gewinne aus einem Beschaffungsgeschäft keine Verluste aus einem Darle-

---

[49] Vgl. Winnefeld, Bilanz-Handbuch, Kap. E. III., Rz 522.
[50] Vgl. Knop u. a., in Küting/Weber, HdR-E, § 255 HGB Rz 118, Stand: 12/2023.
[51] Vgl. BFH, Urteil v. 11.11.1987, I R 7/84, BStBl 1988 II S. 424.

hensgeschäft mindern dürfen, erweist sich diese Ansicht allerdings als problematisch.[52] Eine **Hinzurechnung** (des werthaltigen Teils) der ausgefallenen Forderung zu dem hingegebenen Betrag kann aufgrund der vorgenannten Bedenken daher **nur im Einzelfall** entschieden werden; sie erscheint insb. dann zulässig, wenn in der Forderung eine Anzahlung auf den VG gesehen werden kann.[53]

2.2.2.9 Anschaffungskosten bei Sacheinlagen

51 Der Tatbestand der **Sacheinlage** liegt bei folgenden Gegebenheiten vor:
- Einbringung von VG bei der Gründung von Einzelunternehmen oder Ges.,
- Überführung von VG aus dem Privatvermögen in das Betriebsvermögen durch Ekfl.,
- Einbringung von VG gegen Gewährung von Gesellschaftsrechten durch Gesellschafter.[54]

52 Sacheinlagen sind handelsrechtlich **wahlweise** mit dem **Buchwert** oder dem **(höheren) Zeitwert** im Zeitpunkt der Einlage zu bilanzieren.[55] Darüber hinaus ist die **erfolgsneutrale Behandlung zulässig**, sofern die Sacheinlage beim einlegenden Gesellschafter zu einer Ertragsteuerbelastung führt.[56] In diesem Fall findet ein Ansatz zum Buchwert der Sacheinlage zzgl. der aus dem Abgang beim Gesellschafter resultierenden Ertragsteuern statt. Der Ansatz eines **Zwischenwerts** ist hingegen **unzulässig**.[57] Somit erfolgt eine mit Tauschgeschäften vergleichbare Behandlung (Rz 29 ff.).[58] KapG und KapCoGes haben über die gewählte Methode gem. § 284 Abs. 2 Nr. 1 HGB im Anhang zu berichten.[59] Sofern von dem Wahlrecht einer Bilanzierung zum (höheren) Zeitwert der Sacheinlage Gebrauch gemacht wird, besteht für KapG die Verpflichtung zur Dotierung der Kapitalrücklage i.H.d. Differenz zwischen dem Zeitwert des Einlageobjekts und dem Nennbetrag der im Gegenzug gewährten Anteile (§ 272 Abs. 2 Nr. 1 HGB).[60]

53 **Steuerrechtlich** hat bei der Überführung eines Wirtschaftsguts aus dem Privatvermögen in das Betriebsvermögen ein **Ansatz zum Teilwert** der Einlage im Zeitpunkt der Zuführung zu erfolgen (§ 6 Abs. 1 Nr. 5 Satz 1 EStG). Sofern das zugeführte Wirtschaftsgut innerhalb der letzten drei Jahre vor dem Zeitpunkt der Zuführung angeschafft oder hergestellt wurde oder es sich um eine Beteiligung i.S.v. § 17 EStG handelt, dürfen jedoch höchstens die früheren AHK angesetzt werden (§ 6 Abs. 1 Nr. 5 Satz 1 Buchst. a EStG). Bei der Einlage von abnutzbaren Wirtschaftsgütern sind die AHK um Absetzungen für Abnutzung (AfA) zu kürzen, die auf den Zeitraum zwischen der Anschaffung oder Herstellung des Wirtschaftsguts und der Einlage entfallen (§ 6 Abs. 1 Nr. 5 Satz 2 EStG).

---

[52] Vgl. Knop u.a., in Küting/Weber, HdR-E, § 255 HGB Rz 119, Stand: 12/2023; eine Erhöhung der AK um den Forderungsausfall komplett ablehnend Wohlgemuth/Radde, in Böcking u.a., Beck HdR, B 162 Rz 88, Stand: 12/2018.
[53] Vgl. Knop u.a., in Küting/Weber, HdR-E, § 255 HGB Rz 119f., Stand: 12/2023.
[54] Vgl. Häfele, in Kußmaul/Müller, HdB, Anschaffungskosten nach HGB und EStG, Rz 112, Stand: 5.10.2021.
[55] Vgl. IDW RS HFA 18.9, FN-IDW 2014, S. 417.
[56] Vgl. IDW RS HFA 18.9, FN-IDW 2014, S. 417.
[57] Vgl. IDW RS HFA 18.9, FN-IDW 2014, S. 417; Schubert/Hutzler, in Beck Bil-Komm., 14. Aufl. 2024, § 255 HGB Rz 135.
[58] Vgl. ADS, 6. Aufl. 1995–2001, § 253 HGB Rz 44.
[59] Vgl. IDW RS HFA 18.9, FN-IDW 2014, S. 417, S. 1303.
[60] Vgl. ADS, 6. Aufl. 1995–2001, § 255 HGB Rz 97.

2.2.2.10 Anschaffungskosten bei Unternehmensumstrukturierungen

Während bei Unternehmensumstrukturierungen im Wege der **Einzelrechtsnachfolge** die übertragenen VG entsprechend zu den Sacheinlagen zu bewerten sind (Rz 51 ff.), ergeben sich bei Unternehmensumstrukturierungen im Wege einer **Gesamtrechtsnachfolge** oder eines **Wechsels der Rechtsform** die handelsrechtlichen AK der übertragenen VG nach den Regelungen des UmwG, wobei § 1 Abs. 1 UmwG zwischen den folgenden vier **Grundformen der Umwandlung** unterscheidet:[61] 54

- die Verschmelzung (durch Neugründung bzw. durch Aufnahme),
- die Spaltung (Aufspaltung, Abspaltung, Ausgliederung),
- die Vermögensübertragung (Vollübertragung, Teilübertragung) und
- den Formwechsel.

Für die steuerlichen Werte der übertragenen VG ist das UmwStG zu beachten.[62]

Die Verschmelzung, die Spaltung sowie die Vermögensübertragung lassen sich unter dem Begriff „**übertragende Umwandlungen**" zusammenfassen, da es bei diesen Umwandlungsformen zu tatsächlichen Vermögensübertragungen zwischen verschiedenen Rechtsträgern kommt und damit stets eine Anschaffung bei dem übernehmenden Rechtsträger vorliegt. Bei einem **Formwechsel** ändert sich im Gegensatz dazu nur das Rechtskleid des Rechtsträgers (daher auch „formwechselnde Umwandlung").[63] 55

Bei **übertragenden Umwandlungen** bestimmen sich die AK der übertragenen VG bei dem übernehmenden Rechtsträger nach § 24 UmwG. Obwohl sich § 24 UmwG auf die Umwandlungsform der Verschmelzung bezieht, sind seine Regelungen durch entsprechende Verweise auch auf die Umwandlungsformen der Spaltung (§ 125 UmwG) und der Vermögensübertragung (§§ 178 Abs. 1, 179 Abs. 1, 180 Abs. 1, 184 Abs. 1, 186, 188 Abs. 1, 189 Abs. 1 UmwG) anzuwenden.[64] § 24 UmwG sieht für den Ansatz der AK ein **Wahlrecht** vor. Danach dürfen die übertragenen VG und Schulden entweder mit den tatsächlichen AK i.S.d. §§ 253 Abs. 1, 255 Abs. 1 HGB oder mit den Buchwerten der Schlussbilanz des übertragenden Rechtsträgers angesetzt werden.[65] 56

Bei einem **Formwechsel** findet keine Vermögensübertragung statt. Die Identität des Rechtsträgers bleibt bestehen; es ändert sich lediglich seine rechtliche Organisation. Da somit auch kein Anschaffungsvorgang vorliegt, werden nach dem Formwechsel die bisherigen Buchwerte fortgeführt.[66] 57

2.3 Anschaffungsnebenkosten

Anschaffungsnebenkosten sind dem erworbenen VG **einzeln** zurechenbare Aufwendungen, die in einem unmittelbaren Zusammenhang mit dem Erwerb und 58

---

[61] Vgl. auch Kahle u. a., in Baetge/Kirsch/Thiele, Bilanzrecht, § 255 HGB Rz 38 f., Stand: 12/2021.
[62] Vgl. dahin gehend u. a. Kußmaul, Betriebswirtschaftliche Steuerlehre, 7. Aufl. 2014, S. 639 ff.; Kahle u. a., in Baetge/Kirsch/Thiele, Bilanzrecht, § 255 HGB Rz 50 ff., Stand: 12/2021.
[63] Vgl. Kahle u. a., in Baetge/Kirsch/Thiele, Bilanzrecht, § 255 HGB Rz 39, Stand: 12/2021.
[64] Vgl. Knop u. a., in Küting/Weber, HdR-E, § 255 HGB Rz 86, Stand: 12/2023; Kahle u. a., in Baetge/Kirsch/Thiele, Bilanzrecht, § 255 HGB Rz 43, Stand: 12/2021.
[65] Vgl. weiterführend Knop u. a., in Küting/Weber, HdR-E, § 255 HGB Rz 87 ff., Stand: 12/2023; Kahle u. a., in Baetge/Kirsch/Thiele, Bilanzrecht, § 255 HGB Rz 43 ff., Stand: 12/2021.
[66] Vgl. Knop u. a., in Küting/Weber, HdR-E, § 255 HGB Rz 96, Stand: 12/2023; Kahle u. a., in Baetge/Kirsch/Thiele, Bilanzrecht, § 255 HGB Rz 48, Stand: 12/2021.

der erstmaligen Versetzung des VG in einen betriebsbereiten Zustand stehen.[67] Zweck der Einbeziehung der Anschaffungsnebenkosten in die AK ist eine **periodenrichtige Verteilung des Aufwands**.[68] Anschaffungsnebenkosten können unternehmensextern oder unternehmensintern anfallen.

59 Zu den **unternehmensexternen Anschaffungsnebenkosten** gehören die **Nebenkosten des Erwerbs** wie z. B. Provisionen, Courtagen, Kommissionskosten, Vermittlungs- und Maklergebühren, Anlieger- und Erschließungsbeiträge, Gutachtergebühren, Notariats-, Gerichts- und Registerkosten. Darüber hinaus zählen die mit dem Erwerb des VG zusammenhängenden **Zölle und nicht erstattungsfähigen Steuern** wie z. B. Einfuhrzölle, die Grunderwerbsteuer und die Umsatzsteuer, sofern kein Vorsteuererstattungsanspruch besteht, zu den unternehmensexternen Anschaffungsnebenkosten. Zudem werden den unternehmensexternen Anschaffungsnebenkosten die **Kosten der Anlieferung** wie z. B. Speditionskosten, Transportversicherungen, Eingangsfrachten, Rollgelder, Wiegegelder, Anfuhr- und Abladekosten ebenso hinzugerechnet wie die **Nebenkosten der Inbetriebnahme** wie z. B. Montage- und Fundamentierungskosten, Anschlusskosten, Umbaukosten, Kosten der Abnahme von Gebäuden und Anlagen, Sicherheitsüberprüfungen und Probeläufe.

60 **Unternehmensinterne Anschaffungsnebenkosten** dürfen nur dann als Anschaffungsnebenkosten aktiviert werden, wenn sie dem angeschafften VG als **Einzelkosten** direkt zurechenbar sind. Bspw. sind einzelne mit der Anschaffung verbundene Aktivitäten wie Montage- und Fundamentierungsarbeiten, die durch eigene Arbeitskräfte des Unt ausgeführt werden und die mithilfe von innerbetrieblichen Aufträgen oder Einzelaufschreibungen dem VG direkt zugeordnet werden können, als unternehmensinterne Anschaffungsnebenkosten zu aktivieren.[69]

61 **Nicht zu den Anschaffungsnebenkosten** zählen die Kosten der Entscheidungsfindung und der genauen Bestimmung des zu erwerbenden VG;[70] dies sind z. B. Besichtigungskosten. Zu den Kosten der Entscheidungsfindung zählen bspw. Kosten für eine Due Diligence i. R. e. Beteiligungserwerbs, die der abschließenden Entscheidungsfindung dienen.[71,72]

62 Grds. sind die Anschaffungsnebenkosten bei jedem Beschaffungsvorgang individuell dem erworbenen VG zuzurechnen. Eine **Pauschalierung** zur Vereinfachung der Erfassung der Anschaffungsnebenkosten ist jedoch **zulässig**, sofern es sich um sog. unechte Gemeinkosten handelt und das Ergebnis durch die Schlüsselungsverrechnung allenfalls unwesentlich von der exakten Ermittlung abweicht.[73] Dies ist z. B. bei solchen Nebenkosten der Fall, die im Verhältnis zum Warenwert gleichbleibend oder geringfügig sind und deren Einzelzurechnung mit einem wesentlichen Arbeitsaufwand verbunden wäre.

---

[67] Vgl. Schubert/Hutzler, in Beck Bil-Komm., 14. Aufl. 2024, § 255 HGB Rz 60.
[68] Vgl. Bieg/Kußmaul/Waschbusch, Externes Rechnungswesen, 6. Aufl. 2012, S. 136; Wöhe, Bilanzierung und Bilanzpolitik, 9. Aufl. 1997, S. 379.
[69] Vgl. ADS, 6. Aufl. 1995–2001, § 255 HGB Rz 28.
[70] Vgl. Knop u. a., in Küting/Weber, HdR-E, § 255 HGB Rz 27, Stand: 12/2023.
[71] Anders FG Köln, Urteil v. 6.10.2010, 13 K 4188/07, BB 2011, S. 174, das bereits bei Vorliegen eines nicht verbindlichen *Letter of Intent* ANK annimmt.
[72] Vgl. BFH, Urteil v. 10.3.1981, VIII R 195/77, BStBl 1981 II S. 470; BFH, Urteil v. 24.2.1972, IV R 4/68, BStBl 1972 II S. 422.
[73] Vgl. Kahle u. a., in Baetge/Kirsch/Thiele, Bilanzrecht, § 255 HGB Rz 103.1, Stand: 12/2021.

Fremdkapitalzinsen sind grds. kein Bestandteil der Anschaffungsnebenkosten. **63**
Die AK-Definition enthält keine der HK-Ermittlung vergleichbare Regelung. In
Sonderfällen wird die Einbeziehung von Fremdkapitalzinsen in die Anschaffungsnebenkosten unter wirtschaftlicher Betrachtung für zulässig erachtet, als
diese für Kredite entrichtet werden, die der Finanzierung von Anzahlungen oder
Vorauszahlungen für Neuanlagen mit längerer Bauzeit (z. B. im Schiffsbau)
dienen.[74] In diesen Fällen werden die Kosten für das andernfalls zu verzinsende
Kapital des Lieferanten gemindert, was insoweit aus Sicht des Erwerbers zu einer
Reduzierung des Anschaffungspreises führen dürfte.[75] Die **Zinskosten** fallen
daher beim Abnehmer statt beim Lieferanten an. Der Abnehmer hat im Gegenzug den niedrigeren Anschaffungspreis zu entrichten. Die Aktivierung von
Eigenkapitalzinsen ist dagegen eindeutig unzulässig.[76]

Praxis-Beispiel
Unt S hat Anfang 01 mit dem Bauunternehmer B einen Werkvertrag über die
schlüsselfertige Errichtung einer Fahrzeughalle abgeschlossen. Die Fertigstellung des Bauvorhabens ist für das Frühjahr 02 geplant. In den Vertragsverhandlungen standen die folgenden Preis- und Zahlungsbedingungen zur Diskussion:
Alternative 1: Festpreis 4,2 Mio. EUR, Zahlung der Gegenleistung bei Abnahme der Fahrzeughalle.
Alternative 2: Gewährung eines Darlehens an B durch S in 4 Raten zu je
1 Mio. EUR, fällig am Ende eines jeden Quartals. Das Darlehen ist mit 5 %
p. a. zu verzinsen. Bei Abnahme der Fahrzeughalle sind die Darlehensforderung von A und der Werklohnanspruch von B zu verrechnen. Die Darlehensgewährung finanziert S durch eine Kreditaufnahme.

Beurteilung
Alternative 1: Denkbar ist, den Sachverhalt dahingehend zu interpretieren,
dass B mit der Bauleistung und der Kreditgewährung zwei Leistungen erbringt: Durch die fortgesetzten Bauleistungen tritt B in dem schwebenden
Geschäft in Vorleistung. Da der Werklohnanspruch von B erst bei Abnahme
erfüllt wird, gewährt er S einen im Zeitablauf ansteigenden Kredit. Im
Ergebnis ermittelten sich AK der Fahrzeughalle dann i. H. d. Barwerts der
von S bei Abnahme zu zahlenden 4,2 Mio. EUR. Der Unterschiedsbetrag
wäre über die Fertigungsdauer nach Maßgabe der Kreditgewährung durch B
als Zinsaufwand zu erfassen. Gegen diese Sichtweise sprechen die zivilrechtlichen Vorgaben. B schuldet aus dem Vertrag die Herstellung der Fahrzeughalle als Werk (vgl. § 631 Abs. 1 BGB). Nach § 641 BGB ist die Vergütung erst
bei der Abnahme des Werks zu entrichten. Zivilrechtlich liegt somit in der
Zahlung bei Abnahme keine Kreditleistung an S. Anders liegt der Fall bei

---

[74] Vgl. Bieg/Kußmaul/Waschbusch, Externes Rechnungswesen, 6. Aufl. 2012, S. 136; ADS, 6. Aufl. 1995–2001, § 255 HGB Rz 36.
[75] Vgl. ADS, 6. Aufl. 1995–2001, § 255 HGB Rz 36; Knop u. a., in Küting/Weber, HdR-E, § 255 HGB Rz 40, Stand: 12/2023; a. A. Kahle u. a., in Baetge/Kirsch/Thiele, Bilanzrecht, § 255 HGB Rz 80, Stand: 12/2021, die sich gegen eine Aktivierung von Fremdkapitalzinsen aussprechen. Ein Wahlrecht annehmend: Schubert/Hutzler, in Beck Bil-Komm., 14. Aufl. 2024, § 255 HGB Rz 501.
[76] Vgl. Bieg/Kußmaul/Waschbusch, Externes Rechnungswesen, 6. Aufl. 2012, S. 136; Knop u. a., in Küting/Weber, HdR-E, § 255 HGB Rz 39, Stand: 12/2023; Wöhe, Bilanzierung und Bilanzpolitik, 9. Aufl. 1997, S. 382.

einer Lieferung mit hinausgeschobenem Zahlungsziel. In dieser Konstellation ist auch zivilrechtlich ein Kreditgeschäft gegeben. Die Aufteilung der Gegenleistung in die AK des gelieferten Guts und den Zinsaufwand erfolgt durch Abzinsung der Forderung mit einem frist- und risikoangepassten Zinssatz. Bei einer Kreditlaufzeit von bis zu einem Jahr wird die Abspaltung des Zinsanteils unter Wesentlichkeitsgesichtspunkten regelmäßig verzichtbar sein. Diskussionswürdig ist somit, ob im Beispiel unter Berufung auf eine wirtschaftliche Betrachtung ein Kreditgeschäft angenommen werden kann. Hierfür lässt sich anführen, dass die Vertragsparteien mit dem gleichen Ergebnis die Leistung von Abschlägen durch S und deren Stundung bis zur Abnahme vereinbaren können. Eine solche Vereinbarung haben die Parteien aber eben nicht getroffen, weshalb B auch keinen Anspruch auf Zinsen hat. Der Betrag von 4,2 Mio. EUR stellt die AK der Fahrzeughalle dar. B hat aus diesem Betrag keine fiktiven Zinsaufwendungen abzuspalten.

Alternative 2: Hier übernimmt S die Kosten der Finanzierung der Fahrzeughalle, ihm entstehen Fremdfinanzierungskosten. Zu ihrer Einbeziehung in die AK der Halle bestehen unterschiedliche Auffassungen, die von einer Aktivierungspflicht über ein Aktivierungswahlrecht bis zu einem Aktivierungsverbot reichen.[77] Die Aktivierung von Aufwendungen setzt einen VG, einen RAP oder einen zum Ansatz zugelassenen Sonderposten voraus. Deshalb ist nicht erkennbar, wie die Aktivierung eigener Fremdkapitalkosten von S zu begründen sein sollte. Die Zinsen zahlt S an die Bank, die nicht in den Anschaffungsvorgang eingebunden ist. Entscheidend ist, ob sich die Finanzierung der Errichtung der Fahrzeughalle auf die Höhe der von S geschuldeten Gegenleistung auswirkt. Durch die Verzinsungsabrede steigt der Wert der Forderung gegen B an. S muss die Forderung vollständig hingeben, um den Werklohnanspruch von B abzugelten. Im Ergebnis sind die Kosten, die dem Erwerber eines VG aus der Finanzierung seiner Herstellung entstehen von einer Aktivierung als Teil der AK ausgeschlossen. Die Finanzierung der Herstellung wirkt sich nur auf die AK aus, soweit die andere Partei mit den Kosten der Maßnahme belastet ist und diese in die vom Erwerber geschuldete Gegenleistung einrechnet. Für die Annahme eines Wahlrechts besteht in diesem Fall kein Raum.

2.4 Nachträgliche Anschaffungskosten

64 **Aufwendungen**, die erst **nach Abschluss des eigentlichen Anschaffungszeitraums** anfallen, sind unter bestimmten Voraussetzungen als **nachträgliche AK** zu aktivieren. Dabei kann zwischen zwei **Formen nachträglicher AK** unterschieden werden:[78]
- dem Anfallen **nachträglicher Aufwendungen** für den Erwerb und die Herstellung der Betriebsbereitschaft des VG und

---

[77] Vgl. ADS, 6. Aufl. 1995–2001, § 255 HGB Rz 36; Knop u. a., in Küting/Weber, HdR-E, § 255 HGB Rz 40, Stand: 12/2023; a. A. Kahle u. a., in Baetge/Kirsch/Thiele, Bilanzrecht, § 255 HGB Rz 80, Stand: 12/2021, die sich gegen eine Aktivierung von Fremdkapitalzinsen aussprechen. Ein Wahlrecht annehmend: Schubert/Hutzler, in Beck Bil-Komm., 14. Aufl. 2024, § 255 HGB Rz 501.
[78] Vgl. ADS, 6. Aufl. 1995–2001, § 255 HGB Rz 41.

- **nachträglichen Erhöhungen** des eigentlichen Kaufpreises, der Anschaffungsnebenkosten oder der nachträglichen AK.

Damit **nachträgliche Aufwendungen** als nachträgliche AK gelten können, müssen die Ausgaben in einem finalen Zusammenhang mit der Anschaffung des VG stehen, d. h., ihr Anfall muss mit dem Erwerb des VG oder dessen Versetzung in einen betriebsbereiten Zustand einhergehen. Daher kommen nur solche Aufwendungen als nachträgliche AK infrage, die als AK oder Anschaffungsnebenkosten aktiviert worden wären, wenn sie bereits im Zeitpunkt der Anschaffung bekannt gewesen wären.[79]

In die Kategorie der nachträglichen AK fallen u. a. Erschließungsbeiträge, Kanalanschlussgebühren sowie Straßenanliegerbeiträge.[80] Derartige Aufwendungen sind als nachträgliche AK eines Grundstücks zu aktivieren, sofern sie für eine erstmalige Maßnahme erhoben werden und somit den Wert und die Benutzbarkeit des Grundstücks erhöhen. Ergänzungsbeiträge, die bspw. für eine Erneuerung von bereits bestehenden Kanalanschlüssen erhoben werden, sind dagegen **Erhaltungsaufwand**; sie führen zu keiner wesentlichen Verbesserung oder Erweiterung der Benutzbarkeit des Grundstücks und sind daher nicht zu aktivieren.[81]

65

66

> **Praxis-Beispiel**
> Die X-KG erwirbt von einem Bauer einen Hektar Ackerland. Das Grundstück liegt am Ortsrand der Gemeinde Y in direkter Nachbarschaft zum eigenen Betriebsgrundstück. Da eine Straßenverbindung vorhanden ist, wird das Grundstück tw. als Bedarfsparkplatz für Firmenfahrzeuge genutzt.
> Zwei Jahre später wird von der Gemeinde Y dort ein Neubaugebiet ausgewiesen. Die X-KG muss infolgedessen Erschließungsgebühren für einen Kanal-, einen Wasser- und einen Gasanschluss sowie für die Erneuerung der Zufahrtsstraße bezahlen.
>
> **Beurteilung**
> Nachträgliche AK stellen in diesem Fall lediglich die Anschlussgebühren für Kanal, Wasser und Gas dar. Die Erneuerung der Straße erhöht dagegen nicht die Benutzbarkeit des Grundstücks; dieser Anteil der Erschließungsgebühren ist somit als Erhaltungsaufwand einzustufen.

Nachträgliche AK entstehen bspw. aber auch dann, wenn ein bebautes Grundstück mit der Absicht erworben wird, das darauf stehende Gebäude, das technisch und wirtschaftlich wertlos ist, abzureißen, um das Grundstück zukünftig als Parkplatz zu nutzen. Die späteren Abbruchkosten zählen in diesem Fall zu den AK des Grund und Bodens.[82] Allgemein gilt, dass im Zusammenhang mit Immobilien anfallende nachträgliche Aufwendungen zu aktivieren sind, soweit sie zu einer Erweiterung oder zu einer wesentlichen Verbesserung des VG über seinen ursprünglichen Zustand hinaus geführt haben.[83] Die ggf. erforderliche

67

---

[79] Vgl. Knop u. a., in Küting/Weber, HdR-E, § 255 HGB Rz 44, Stand: 12/2023.
[80] Vgl. ADS, 6. Aufl. 1995–2001, § 255 HGB Rz 43.
[81] Vgl. BFH, Urteil v. 13.9.1984, IV R 101/82, BStBl 1985 II S. 49; BFH, Urteil v. 4.11.1986, VIII R 322/83, BStBl 1987 II S. 333.
[82] Vgl. Wöhe, Bilanzierung und Bilanzpolitik, 9. Aufl. 1997, S. 377.
[83] Vgl. auch BFH, Urteil v. 7.6.2018, IV R 37/15, BFH/NV 2018, S. 539, zu nachträglichen AK durch die Beseitigung von Nutzungseinschränkungen.

Aufteilung nachträglicher AK richtet sich nach den für die Zurechnung eines Gesamtkaufpreises geltenden Grundsätzen. Hierzu zählen bspw. Rückbaumaßnahmen, die zu einer verbesserten Nutzungsmöglichkeit für ein Gebäude führen oder die in einem engen räumlichen, zeitlichen und sachlichen Zusammenhang mit Maßnahmen zur wesentlichen Verbesserung der Gebäudesubstanz stehen.[84]

68 Als nachträgliche AK sind auch **nachträgliche Änderungen des Kaufpreises** zu erfassen. Dies betrifft z. B. Fälle, in denen der Kaufpreis (oder ein Bestandteil der Anschaffungsnebenkosten) nachträglich durch ein Gerichtsurteil oder einen Vergleich heraufgesetzt wird.[85] Gleiches gilt, wenn der Kaufpreis z. T. vom späteren Eintritt ungewisser Ereignisse, z. B. dem Erreichen von Gewinngrenzen, abhängig gemacht wurde.[86]

> **Praxis-Beispiel**
> Die A-GmbH erwirbt von B dessen Anteile an der B-GmbH. Aufgrund der angespannten gesamtwirtschaftlichen Lage wird nur ein niedriger Kaufpreis vereinbart. B setzt jedoch durch, dass die A-GmbH einen Nachschlag zahlen muss, wenn das Umsatzwachstum der B-GmbH in den beiden Jahren nach dem Eigentumsübergang insg. mind. 20 % beträgt.
>
> **Beurteilung**
> Erreicht die B-GmbH diese Grenze des Umsatzwachstums, muss die A-GmbH dem B den vereinbarten Nachschlag zahlen; die AK der Anteile an der B-GmbH erhöhen sich um diesen Betrag.

69 Entsprechend der Rechtsprechung des BFH sind nachträgliche Änderungen des Entgelts, die auf einem Vergleich oder Schiedsspruch beruhen, durch die Anschaffung des VG veranlasst. Sie können daher auch dann als AK zu beurteilen sein, wenn sie in einem großen zeitlichen Abstand zur Anschaffung erfolgen.[87]

2.5 Anschaffungspreisminderungen

2.5.1 Grundlegendes

70 **Anschaffungspreisminderungen** (§ 255 Abs. 1 Satz 3 HGB) sind von den AK abzusetzen, um die Erfolgsneutralität von Anschaffungsvorgängen zu gewährleisten.[88] Trotz der im Gesetz gewählten Formulierung fallen hierunter nicht nur **Minderungen des Anschaffungspreises**, sondern auch Reduzierungen der Anschaffungsnebenkosten und der nachträglichen AK.[89] Damit bestimmt letztlich das Prinzip der Maßgeblichkeit der Gegenleistung (Rz 2) die Höhe der AK. Durch das BilRUG wurde klargestellt, dass Anschaffungspreismin-

---

84 Vgl. IDW RS IFA 2.17 ff.
85 Vgl. ADS, 6. Aufl. 1995–2001, § 255 HGB Rz 45.
86 Vgl. Kahle u. a., in Baetge/Kirsch/Thiele, Bilanzrecht, § 255 HGB Rz 111, Stand: 12/2021.
87 Vgl. BFH, Urteil v. 6.2.1987, III R 203/83, BStBl 1987 II S. 423.
88 Vgl. Kahle u. a., in Baetge/Kirsch/Thiele, Bilanzrecht, § 255 HGB Rz 121, Stand: 12/2021.
89 Vgl. Knop u. a., in Küting/Weber, HdR-E, § 255 HGB Rz 56, Stand: 12/2023.

derungen nur zu berücksichtigen sind, wenn sie dem VG **einzeln** zugerechnet werden können.[90] Bedeutung hat dies im Besonderen für mengen- bzw. umsatzabhängige Boni.

2.5.2 Rabatte, Boni, Skonti

Anschaffungspreisminderungen können insb. in Form von Rabatten, Boni und Skonti vorliegen:

- Der **Rabatt** ist ein Nachlass auf den Anschaffungspreis, durch den der Rechnungsbetrag i.d.R. unmittelbar gemindert wird.[91] Sofern Rabatte nachträglich gewährt werden, sind sie analog zu Boni, die den Charakter von Anschaffungspreisminderungen haben, zu behandeln.[92] Rabatte werden z.B. als Mengen- oder als Treuerabatt eingeräumt.[93] Wird der Rabatt in Form der Hingabe einer größeren Menge zum Preis der bestellten Menge gewährt (Naturalrabatt), führt dies zu einer Anschaffungskostenminderung pro Stück.[94]

Praxis-Beispiel
Die A-KG erwirbt von einem Maschinenbauer zehn Verpackungsmaschinen zum Listenpreis von 100 TEUR/Stück. Der Hersteller gewährt ab einer Abnahme von fünf Stück jeweils 10 % Rabatt auf den Listenpreis.
Buchungssatz (in TEUR):

Konto	Soll	Haben
Maschinen	900	
Verbindlichkeiten aus L&L		900

- Ein mengen- oder umsatzabhängiger **Bonus** ist eine Vergütung, die der Lieferant seinem Abnehmer i.A. in Bezug auf eine bestimmte Abnahmemenge oder auf einen bestimmten Umsatz innerhalb einer gewissen Zeitperiode nachträglich gewährt.[95] Häufig werden **Boni** als eine Art Treueprämie bzw. Pauschalprämie für gute und stetige Geschäftsbeziehungen eingeräumt. In einem solchen Fall fehlt es allerdings an der für den Abzug geforderten Einzelzurechnung des Bonus zum beschafften VG, sodass eine Erfassung als Anschaffungspreisminderung nicht infrage kommt. Ist die **Einzelzurechenbarkeit** gegeben, dürfen Boni allerdings nur insoweit anschaffungspreismindernd berücksichtigt werden, als die gekauften VG, auf die sich der jeweilige Bonus bezieht, noch im Unt vorhanden und als solche aktiviert sind.[96]

---

[90] Die Gesetzesbegründung verbindet mit der Präzisierung der Tatbestandsvoraussetzung für das Vorliegen von Anschaffungspreisminderungen keine grundlegende Änderung der bisherigen Bilanzierungspraxis, vgl. BT-Drs. 18/4050 v. 20.2.2015 S. 57.
[91] Vgl. Kahle u.a., in Baetge/Kirsch/Thiele, Bilanzrecht, § 255 HGB Rz 123, Stand: 12/2021.
[92] Vgl. ADS, 6. Aufl. 1995–2001, § 255 HGB Rz 51.
[93] Vgl. Häfele, in Kußmaul/Müller, HdB, Anschaffungskosten nach HGB und EStG, Rz 63, Stand: 5.10.2021.
[94] Vgl. Schubert/Hutzler, in Beck Bil-Komm., 14. Aufl. 2024, § 255 HGB Rz 53.
[95] Vgl. ADS, 6. Aufl. 1995–2001, § 255 HGB Rz 50.
[96] Vgl. ADS, 6. Aufl. 1995–2001, § 255 HGB Rz 50; a.A. Kahle u.a., in Baetge/Kirsch/Thiele, Bilanzrecht, § 255 HGB Rz 122, Stand: 12/2021.

Praxis-Beispiel
Sachverhalt
Die U GmbH hat im Gj 01 Rohstoffe von Lieferant L i.H.v. insg. 1,2 Mio. EUR netto erworben. Der mit L vereinbarte Rahmenvertrag sieht bei einem kumulierten Bestellvolumen ab 1,0 Mio. EUR netto pro Gj einen nachträglichen Bonus von 2 % auf die von L insg. in Rechnung gestellten Beträge vor. Am 31.12.01 waren 80 % der bestellten Rohstoffe zu Fertigerzeugnissen verarbeitet. Die restlichen 20 % liegen auf Lager. Die aus den Rohstoffen hergestellten Fertigerzeugnisse hat U zu 90 % noch im Gj 01 veräußert. Am 10.1.02 erhält U von L eine Rückvergütung i.H.v. 24.000 EUR netto (2 % von 1,2 Mio. EUR).

Beurteilung
Die nachträgliche Bonuszahlung von L ist den erworbenen Rohstoffen **einzeln** zurechenbar. Aufgrund der vertraglichen Fixierung hat U mit Ablauf des Gj einen Anspruch auf die Bonuszahlung erworben.
Dieser Anspruch auf Bonuszahlung reduziert die AK der Rohstoffe, die noch auf Lager liegen. Für die Rohstoffe, die in noch nicht veräußerte fertige Erzeugnisse eingegangen sind, müssen folgende Anpassungen vorgenommen werden:
- Korrektur des Materialaufwands und der erfassten Bestandserhöhungen,
- Korrektur des Wertansatzes der Fertigerzeugnisse.

Der auf die veräußerten Fertigerzeugnisse entfallende Teil der Bonuszahlung reduziert den Materialaufwand. Eine eigenständige Korrektur der Bestandsveränderungen ist nicht notwendig, da diese quasi automatisch erfolgt.
Buchungssatz zur Korrektur der AK der noch nicht verarbeiteten Rohstoffe (31.12.01):

Konto	Soll	Haben
Sonstige Forderungen	5.712	
Vorsteuer		912
Rohstoffe		4.800

Der Anspruch auf Bonuszahlung entfällt zu 20 % (4.800 EUR) auf die noch nicht verarbeiteten Rohstoffe.
Buchungssatz zur Berücksichtigung der Bonuszahlung bei den verarbeiteten und noch nicht über die Fertigerzeugnisse verkauften Rohstoffe (31.12.01):

Konto	Soll	Haben
Sonstige Forderungen	2.285	
Vorsteuer		365
Materialaufwand		1.920
Bestanderhöhungen	1.920	
Fertige Erzeugnisse		1.920

Die AK der noch auf Lager liegenden Fertigerzeugnisse sind durch den Anspruch auf Bonus i.H.v. 1.920 EUR (10 % von 80 % von 24.000 EUR) zu korrigieren.

Buchungssatz zur Berücksichtigung der Bonuszahlung bei den verarbeiteten und veräußerten Rohstoffen (31.12.01):

Konto	Soll	Haben
Sonstige Forderungen	20.563	
Vorsteuer		3.283
Materialaufwand		17.280

Der Korrekturbetrag beim Materialaufwand beträgt 17.280 EUR (90 % von 80 % von 24.000 EUR).
Buchungssatz Eingang der Bonuszahlung (10.1.02):

Konto	Soll	Haben
Bank	28.560	
Sonstige Forderungen		28.560

Sachverhalt (Variante 1)
Abweichend vom Ausgangssachverhalt sei angenommen, U erhalte nach dem mit dem Lieferanten geschlossenen Rahmenvertrag einen fixen Bonus von 20.000 EUR (netto), sofern das kumulierte Bestellvolumen mind. 1,0 Mio. EUR pro Gj beträgt.

Beurteilung
Die Rückvergütung wird für die Gesamtbestellmenge gewährt. Damit ist die Höhe pro VG abhängig vom Bestellvolumen. Ab der den Bonusfall auslösenden Mindestbestellmenge von 1,0 Mio. EUR fließt eine fixe Rückvergütung von 20.000 EUR. Diese Zahlung ist den gekauften Rohstoffen **einzeln** zurechenbar. Lediglich der prozentuale (und absolute) Betrag der Anschaffungspreisminderung schwankt in Abhängigkeit von der bestellten Menge. Damit bleibt es im Ergebnis bei der Lösung des Grundfalls.

Sachverhalt (Variante 2)
L zahlt U nach Ablauf des Gj 01 einen Bonus von 30.000 EUR netto für die langjährige Geschäftsbeziehung und die Verlängerung des Rahmenvertrags für weitere drei Jahre.

Beurteilung
Die Bonuszahlung steht in keinem unmittelbaren Verhältnis zur Jahresbezugsmenge an Rohstoffen. Sie ist den beschafften VG damit nicht einzeln zurechenbar. Die Bonuszahlung ist deshalb nicht als Anschaffungspreisminderung, sondern als sonstiger betrieblicher Ertrag zu vereinnahmen.
Buchungssatz Eingang der Bonuszahlung (10.01.02):

Konto	Soll	Haben
Bank	35.700	
USt		5.700
Sonstiger betrieblicher Ertrag		30.000

73 • Unter einem **Skonto** versteht man die Differenz zwischen dem sofort oder innerhalb einer kurzen Frist zu entrichtenden Kaufpreis und dem Zielpreis des angeschafften Gegenstands.[97] Skonti sind nach der Rechtsprechung des BFH erst dann als Anschaffungspreisminderungen zu behandeln, wenn sie in Anspruch genommen werden.[98]

Praxis-Beispiel
Die C-AG erwirbt von einem Maschinenbauer eine neue Produktionsstraße. Die Rechnung weist einen Nettopreis von 3.000 TEUR aus. Bei Zahlung innerhalb von 14 Tagen lässt der Maschinenbauer einen Skontoabzug i. H. v. 2 % des Nettopreises zu.
Die C-AG bezahlt die Rechnung nach zehn Tagen unter Abzug der 2 % Skonto.
Buchungssatz bei Lieferung (in TEUR):

Konto	Soll	Haben
Maschinen	3.000,00	
Vorsteuer	570,00	
Verbindlichkeiten aus L&L		3.570,00

Buchungssatz bei Zahlung mit Skontoabzug (in TEUR):

Konto	Soll	Haben
Verbindlichkeiten aus L&L	3.570,00	
Bank		3.498,60
Maschinen		60,00
Vorsteuer		11,40

2.5.3 Erhaltene Zuwendungen

74 Bei Zuwendungen der öffentlichen Hand, die u. a. in Form von **Investitionszuschüssen** oder **Investitionszulagen** gewährt werden, ist z. T. strittig, inwiefern sie als **Anschaffungskostenminderungen** zu berücksichtigen oder sofort als Ertrag zu vereinnahmen sind. Der systematische Unterschied zwischen beiden Subventionsarten liegt darin, dass Erstere vom Grundsatz her steuerpflichtig,[99] Letztere hingegen stets steuerbefreit sind (§ 13 Satz 1 InvZulG 2010).

75 Die Zuwendung eines Dritten kann nur dann zu Anschaffungskostenminderungen führen, wenn sie zur Abdeckung der AK eines VG zur Verfügung gestellt wurde. Wurde sie also entweder vorrangig zu laufenden Aufwendungen oder Erträgen gewährt (Vorliegen eines Aufwandszuschusses bzw. Ertragszuschusses) oder ist sie unbedingt rückzahlbar (Vorliegen einer Verbindlichkeit), so ist eine Anschaffungskostenminderung nicht vertretbar.[100]

76 Erfolgt dagegen die Zuwendung als **nicht rückzahlbarer Investitionszuschuss der öffentlichen Hand** zur Abdeckung der AK eines VG, so sind nach der hier

---

[97] Vgl. Knop u. a., in Küting/Weber, HdR-E, § 255 HGB Rz 58, Stand: 12/2023.
[98] Vgl. BFH, Urteil v. 27.2.1991, I R 176/84, BStBl 1991 II S. 456.
[99] Vgl. BFH, Urteil v. 17.9.1987, III R 225/83, BStBl 1988 II S. 324.
[100] Vgl. ADS, 6. Aufl. 1995–2001, § 255 HGB Rz 59; Zuwendungen Dritter sind im Regelfall Teil der zu gewährenden Gegenleistung in einem mit der anderen Partei vereinbarten Austauschverhältnis; vgl. Schubert/Hutzler, in Beck Bil-Komm., 14. Aufl. 2024, § 255 HGB Rz 118.

vertretenen Auffassung die AK des subventionierten VG handelsrechtlich regelmäßig um den Zuschuss zu kürzen.[101] Zu begründen ist dies mit dem Prinzip der Maßgeblichkeit der Gegenleistung (Rz 2), denn effektiv hat das Unt nur den um den Zuschuss geminderten Anschaffungspreis zum Erwerb des VG aufgewendet. Bei dieser Vorgehensweise wird der Zuschuss im Jahr der Vereinnahmung erfolgsneutral erfasst; eine Erfolgswirkung stellt sich aufgrund der um den Zuschuss verminderten zukünftigen planmäßigen Abschreibungen erst in den Folgeperioden ein.

Steuerrechtlich besteht für Investitionszuschüsse ein **Wahlrecht**, diese entweder erfolgsneutral von den steuerlichen AK des subventionierten Wirtschaftsguts abzusetzen oder sie im Jahr des Zuflusses sofort ertragswirksam zu vereinnahmen (R 6.5 Abs. 2 EStR). Investitionszuschüsse sind üblicherweise nicht steuerfrei (Rz 74). 77

Steuerfreie **Investitionszulagen** (Rz 74) dürfen im Gegensatz zu den Investitionszuschüssen nicht die steuerlichen AK mindern; sie sind stattdessen stets als steuerfreie Erträge sofort erfolgswirksam zu vereinnahmen (§ 13 Satz 2 InvZulG 2010).[102] Handelsrechtlich ist nach der hier vertretenen Auffassung ebenfalls eine sofortige ertragswirksame Verrechnung erforderlich.[103] 78

3 Herstellungskosten (Abs. 2)

3.1 Inhalt und Regelungszweck

Die handelsrechtliche Bestimmung der **Herstellungskostenermittlung** erfolgt ähnlich der geltenden steuerrechtlichen Bewertungskonzeption und der Bewertungskonzeption nach IFRS. Dies fördert die Vergleichbarkeit des handelsrechtlichen Jahresabschlusses.[104] Zunächst hatte die Finanzverwaltung im Zusammenhang mit den erfolgten Änderungen durch das BilMoG hinsichtlich der Auslegung der Maßgeblichkeit[105] jedoch die nach R 6.3 Abs. 4 EStR 2008 bestehende Möglichkeit der Übernahme der verbleibenden handelsrechtlichen Wahlrechtsbestandteile in die Steuerbilanz zur Pflicht erklärt, was in einer Anhebung der steuerlichen Herstellungskostenuntergrenze resultierte und mit den Einkommensteuer-Änderungsrichtlinien 2012 (EStÄR 2012) explizit geregelt wurde. Allerdings hatte das BMF diese Regelung mittels eines BMF-Schreibens vom 25.3.2013[106] bereits wieder neutralisiert und eine Übergangsregelung veröffentlicht, nach der nicht beanstandet wurde, wenn bis zur Verifizierung des damit verbundenen Erfüllungsaufwands, spätestens aber bis zu einer Neufassung der Einkommensteuer-Richtlinien, die bisherigen Kriterien für die Ermittlung der Herstellungskosten (HK; R 6.3 Abs. 4 EStR 2008) weiter angewandt wurden. Mit dem Gesetz zur Modernisierung des Besteuerungsverfahrens (StModG)[107] wurde die Regelung der Einkom- 79

---

[101] So auch Kahle u. a., in Baetge/Kirsch/Thiele, Bilanzrecht, § 255 HGB Rz 81, Stand: 12/2021; ADS, 6. Aufl. 1995–2001, § 255 HGB Rz 56.
[102] Vgl. Häfele, in Kußmaul/Müller, HdB, Anschaffungskosten nach HGB und EStG, Rz 83, Stand: 5.10.2021.
[103] So auch Richter/Künkele/Zwirner, in Petersen/Zwirner/Brösel, Systematischer Praxiskommentar Bilanzrecht, 2. Aufl. 2014, § 255 HGB Rz 334.
[104] Vgl. BT-Drs. 16/10067 v. 30.7.2008 S. 59.
[105] Vgl. BMF, Schreiben v. 12.3.2010, IV C6 – S 2133/09/10001 und BMF, Schreiben v. 22.6.2010, IV C6 – S 2133/09/10001; s. a. EStÄR 2012.
[106] Vgl. BMF, Schreiben v. 25.3.2013, IV C 6 – S 2133/09/10001 :004.
[107] BGBl 2016 I S. 1679.

mensteuer-Änderungsrichtlinien 2012 endgültig wieder auf den alten Stand mit der Übernahme der Wahlrechte zurückgesetzt (Rz 105).[108]

80 Die **Wertuntergrenze** der aktivierungspflichtigen HK umfasst i. R. d. Zugangsbewertung gem. § 255 Abs. 2 Satz 2 HGB sämtliche dem einzelnen Erzeugnis unmittelbar zurechenbare Aufwendungen. Gemeinkosten, die unabhängig von der Produktionsmenge anfallen und damit Fixkostencharakter aufweisen, wie allgemeine Verwaltungskosten, Kosten für soziale Einrichtungen des Betriebs und freiwillige soziale Leistungen, sowie Kosten der betrieblichen Altersvorsorge können dagegen nach § 255 Abs. 2 Satz 3 HGB per **Wahlrecht** einbezogen werden. Der Gesetzgeber verzichtet zwar auf die Verwendung der Fachtermini „fixe und variable Kosten", dieses Kriterium wird dennoch maßgeblich zur Abgrenzung zwischen Aktivierungspflicht und Aktivierungswahlrecht herangezogen.[109] Auffällig ist die explizite Gleichsetzung der Kriterien der Zurechenbarkeit und der Beschäftigungsabhängigkeit. In der Kostenrechnung werden diese klassischerweise als zwei getrennte Kriterien betrachtet, die zwar eng miteinander verbunden sind, aber letztlich andere Kernaspekte problematisieren.

81 Trotz der Konkretisierungsbestrebungen des Gesetzgebers bestehen **Spielräume** bei der HK-Ermittlung, die allein aus der Unmöglichkeit resultieren, eine genaue Zurechnung der Kosten auf die Produkte herbeizuführen. Ihr Umfang wird letztlich von der spezifischen Ausgestaltung der Kostenrechnung bestimmt, sodass sich individuelle Gestaltungsspielräume eröffnen.

3.2 Begriff der Herstellungskosten (Abs. 2 Satz 1)

3.2.1 Grundlegendes und Abgrenzung zu den Anschaffungskosten

82 HK sind die Aufwendungen, die durch den **Verbrauch von Gütern** und die **Inanspruchnahme von Diensten** für die Herstellung eines VG, seiner Erweiterung oder für eine über seinen ursprünglichen Zustand hinausgehende wesentliche Verbesserung entstehen. Die vom Gesetzgeber mit der Formulierung vorgenommene Klassifizierung als Aufwendungen bezieht sich auf noch nicht periodisierte Ausgaben. Bei den AK handelt es sich um Aufwendungen, die dazu verwandt werden, einen VG zu erwerben und in einen betriebsbereiten Zustand zu versetzen. Sofern sie dem VG einzeln zugeordnet werden können, fallen unter die AK ferner die Nebenkosten sowie die nachträglichen AK (Rz 1 ff.). Das grundlegende Abgrenzungskriterium für das Vorliegen von AK oder HK stellt entsprechend der Erwerb dar. Da sich der Herstellungsvorgang sowohl im eigenen Unt als auch mittels Fremdherstellung vollziehen kann, erlangt die weitere Beschäftigung mit der Abgrenzung zwischen den AK und den HK jedoch eine darüber hinausgehende Bedeutung. Bei einer Erstellung von VG durch fremde Dritte ist für die Abgrenzung relevant, wer das wirtschaftliche Risiko trägt.

83 Die **handelsrechtlichen Vorgaben** zu den HK sollen sicherstellen, dass nur **tatsächlich** angefallene Ausgaben aktiviert werden und die Herstellung so zu einer erfolgsneutralen Vermögensumschichtung führt. Der handelsrechtliche Begriff der HK ist wie jener der AK demnach **pagatorischer Natur**. Kosten

---

[108] Vgl. Meyering/Gröne, DStR 2016, S. 1696; Rodermond, WPg 2016, S. 818; Schoor, b+b 2/2017, S. 12; Velte, StuB 2016, S. 407; Zwirner, BC 2016, S. 461.
[109] Vgl. BT-Drs. 16/10067 v. 30.7.2008 S. 60.

ohne Verbindung zu Ausgaben, sog. Zusatzkosten, oder Anderskosten, denen abweichende Ausgaben gegenüberstehen, dürfen nicht angesetzt werden. Die Kostenrechnung ist entsprechend daran auszurichten (Rz 156 ff.). Das Prinzip der Erfolgsneutralität führt dabei zu einem **finalen HK-Verständnis** – grds. sind sämtliche getätigte Ausgaben, die mit dem Ziel der Herstellung verknüpft sind, den HK zuzurechnen.[110] Wird der Vorgang der Herstellung jedoch zu weit gefasst und werden Kosten eingerechnet, denen kein entsprechender Wert gegenübersteht, kann es zu Überbewertungen kommen. Dem **Vorsichtsprinzip** folgend ist bei drohender Überbewertung von einer Aktivierung abzusehen.[111] Wie auch die AK müssen die HK werthaltig sein.[112]

Auch wenn mit der Streichung der umgekehrten **Maßgeblichkeit** der Einfluss steuerrechtlicher Regelungen auf die Auslegung des Handelsrechts formal verhindert wird, ist weiter von einer engen Verbindung auszugehen, da einerseits allein aufgrund des Postulats der Wirtschaftlichkeit keine unnötigen Abweichungen zwischen der handels- und steuerrechtlichen Abbildung sinnvoll sind und andererseits aufgrund der umfangreichen Spruchpraxis der Finanzgerichte bereits vielfach GoB geschaffen wurden, die grds. als GoB auch im Handelsrecht gelten. Neben der Rechtsprechung und steuerlichen Änderungen (auch nach dem Wegfall der umgekehrten Maßgeblichkeit und damit ohne entsprechenden Bezug bzw. entsprechende (explizite) Steuerrechtverknüpfung) beeinflussen regelmäßig auch Verlautbarungen des IDW, Diskussionen des DRSC oder des IASB sowie international anerkannte Rechnungslegungsnormen (IFRS) die GoB als allgemein anerkannte Regeln über das Führen der Handelsbücher und das Erstellen des Jahresabschlusses aus Rechtsprechung, Schrifttum und Praxis. Für Sachverhalte, die nicht im HGB geregelt sind, kann es kein Diktat des Bezugs zu steuerrechtlichen Vorschriften geben.

3.2.2 Vorgang der Herstellung

Grundtatbestand der Herstellung ist die Schaffung eines neuen VG (**Herstellung i.e.S.**). Darüber hinaus zählen sowohl die Erweiterung als auch die wesentliche Verbesserung eines VG über seinen ursprünglichen Zustand hinaus, die auch als nachträgliche Herstellung bezeichnet werden, zur Herstellung (**Herstellung i.w.S.**). Eine Abgrenzung der nachträglichen HK von Instandhaltungsaufwendungen kann unter Rückgriff auf die steuerliche Rechtsprechung erfolgen.[113] HK können nach Meinung des BFH auch für fremde VG anfallen, die nicht im wirtschaftlichen Eigentum des Unt stehen, da die tatsächliche Sachherrschaft insoweit nicht vorliegt, als andere von der Einwirkung auf das Wirtschaftsgut nicht ausgeschlossen werden können. Dieser HK-Vorgang sei „wie ein materielles Wirtschaftsgut" zu aktivieren und nach den Abschreibungsregeln des Gebäu-

---

[110] Vgl. Döllerer, BB 1966, S. 1405; BFH, Urteil v. 13.10.1983, IV R 160/78, BStBl 1984 II S. 101; Moxter, Bilanzrechtsprechung, 5. Aufl. 1999, S. 188.
[111] Vgl. Kahle, in Baetge/Kirsch/Thiele, Bilanzrecht, § 255 HGB Rz 134, Stand: 12/2021; zur Anforderung der Werthaltigkeit s. a. BFH, Urteil v. 4.7.1990, GrS 1/89, BStBl 1990 II S. 830; Moxter, Bilanzrechsprechung, 5. Aufl. 1999, S. 189; ADS, 6. Aufl. 1995–2001, § 255 HGB Rz 118.
[112] Vgl. Ballwieser, in MünchKomm. HGB, 5. Aufl. 2024, § 255 HGB Rz 52.
[113] Vgl. etwa bzgl. anschaffungsnaher HK bei Gebäuden BMF, Schreiben v. 18.7.2003, BStBl 2003 I S. 386; SenFin Berlin, Erlass v. 20.11.2013, III B – S 2211–2/2005–2, DB 2013, S. 372.

des abzuschreiben.[114] Nach § 246 Abs. 1 Satz 2 HGB ist das wirtschaftliche Eigentum jedoch Grundvoraussetzung für die Bilanzierung (§ 246 Rz 16), so dass auch in diesen Fällen stets ein VG vorliegen muss, ggf. als Konstrukt des sog. Mietereinbaus oder eines Ausgleichsanspruchs.

86 Der Herstellungsvorgang kann sich dabei sowohl im eigenen Unt (Regelfall) als auch mittels **Fremdherstellung** vollziehen. I.R.d. **Eigenherstellung** geschaffene VG sind gem. § 275 Abs. 2 Nr. 3 HGB (GKV) in der **GuV** gesondert unter dem Posten „andere aktivierte Eigenleistung" auszuweisen. Eine Fremdherstellung berührt die GuV nicht, sie wird wie eine Anschaffung als Umschichtung des Vermögens behandelt. Liegt eine Fremdherstellung vor, fallen aufgrund der eindeutigen Zurechenbarkeit der Aufwendungen zum VG ausschl. aktivierungspflichtige Kosten an. Zur Abgrenzung der HK bei Erstellung des VG durch fremde Dritte von AK ist auf den Träger des wirtschaftlichen Risikos abzustellen.

3.2.2.1 Herstellung im engeren Sinn (Neuschaffung)

87 Die Herstellung i.e.S. umfasst zunächst die **Neuschaffung** noch nicht existenter VG. Ferner sind unter der Herstellung von VG i.e.S. handelsrechtlich die Nutzbarmachung eines zerstörten oder verschlissenen VG sowie die Änderung der betrieblichen Funktion zu verstehen.[115] Die Überholung eines noch nutzbaren VG fällt dagegen nicht darunter. Hier sind die Aktivierungsvoraussetzungen für nachträgliche HK zu prüfen (Rz 89 ff.).

IDW RS IFA 1 betreffend die Abgrenzung von Erhaltungsaufwand und HK bei Gebäuden verlangt bei einer entfallenen Nutzbarkeit eines Gebäudes in seiner bisherigen Funktion, dass infolge der Nutzbarmachung eine Klassifizierung als „in bautechnischer Hinsicht neu" gegeben sein muss.[116] Darunter wird der Austausch von für die Nutzungsdauer des Gebäudes bestimmenden verschlissenen Teilen verstanden.[117]

88 Zu den HK i.R.e. Neuschaffung zählen neben den direkten produktionsbedingten Kosten auch Kosten für vorgelagerte Planungs- und Vorbereitungsmaßnahmen, die Beschaffung sowie die Lagerung der RHB und der unfertigen Erzeugnisse.[118] Auch im Zuge der Andienung von Dienstleistungen sind entsprechende Planungs- und Vorbereitungsmaßnahmen zu berücksichtigen.[119]

---

[114] Vgl. BFH, Urteil v. 19.12.2012, IV R 29/09, BFH/NV 2013, S. 1003.
[115] Vgl. Kahle, in Baetge/Kirsch/Thiele, Bilanzrecht, § 255 HGB Rz 137, Stand: 12/2021; ADS, 6. Aufl. 1995–2001, § 255 HGB Rz 121; Glanegger, DB 1987, S. 2173. Im Kontext der Abgrenzung von Erhaltungsaufwand und HK bei Gebäuden ebenfalls IDW RS IFA 1.4 f.
[116] Vgl. IDW RS IFA 1.4.
[117] Vgl. IDW RS IFA 1.4.
[118] Vgl. Selchert, BB 1986, S. 2298; BFH, Urteil v. 11.3.1976, IV R 176/72, BStBl 1976 II S. 614; BFH, Urteil v. 23.11.1978, IV R 20/75, BStBl 1979 II S. 143.
[119] Vgl. ADS, 6. Aufl. 1995–2001, § 255 HGB Rz 119.

3.2.2.2 Herstellung im weiteren Sinn (nachträgliche Herstellung)

3.2.2.2.1 Erweiterungen

Unter einer Erweiterung ist eine Vergrößerung oder eine **Substanzmehrung** (Erweiterung der Nutzungsmöglichkeiten) zu verstehen[120], die sich auf den VG als Ganzes bezieht und keine Wesensänderung mit sich bringt.[121] § 255 Abs. 2 Satz 1 HGB setzt dabei keine Wesentlichkeit voraus, sodass grds. auch kleine Erweiterungen zu aktivieren sind. Maßnahmen, die lediglich die Funktionsfähigkeit erhalten, fallen aber auch dann nicht unter Erweiterungen i.S.d. der Norm, wenn dafür neue Teile verwendet werden.

89

> **Praxis-Beispiel**
> Eine Erweiterung der Nutzungsmöglichkeiten ist etwa ein Anbau, eine Aufstockung oder der Einbau eines bislang nicht vorhandenen Fahrstuhls bei Gebäuden. In vielen Fällen wird eine Substanzmehrung aber im Einzelfall zu beurteilen sein.[122] Ob der Ersatz eines Flachdachs durch ein Satteldach etwa zu einer Aktivierung von HK führen darf, wird regelmäßig von der jeweiligen Nutzung abhängen. Während etwa ein Ladenbetreiber, für den die Raumhöhe nicht von wirtschaftlicher Bedeutung ist, so keine HK verursacht[123], ließe sich bspw. bei dem Betreiber eines Hochlagers durchaus eine Substanzmehrung begründen.

90

3.2.2.2.2 Wesentliche Verbesserungen

Analog zu Erweiterungen müssen sich **wesentliche Verbesserungen** eines VG über seinen ursprünglichen Zustand hinaus auf den VG als Ganzes beziehen. Eine lediglich tw. Verbesserung führt zu regelmäßigem Erhaltungsaufwand.[124]

91

Mangels eindeutiger Formulierung respektive Definition der Merkmale „wesentlich" und „ursprünglicher Zustand" bedingt die Festlegung weiterer Tatbestandsmerkmale den Rückgriff auf **Auslegungen** der handelsrechtlichen Bilanzierungsvorschriften durch den **BFH**, der auch ohne umgekehrte Maßgeblichkeit hier als GoB-setzend anzusehen ist.

92

Entsprechend ist eine Verbesserung **als wesentlich einzustufen**, wenn sie den Gebrauchswert des VG im Ganzen **über die zeitgemäße Erneuerung hinaus deutlich erhöht**. Der BFH verlangt eine damit einhergehende maßgeblich höherwertige Nutzungsmöglichkeit.[125]

93

---

120 IDW RS IFA 1.5 nennt im Zusammenhang mit der Abgrenzung von Erhaltungsaufwand und HK bei Gebäuden die Aufstockung, den Anbau, die sonstige Vergrößerung der nutzbaren Fläche sowie den nachträglichen Einbau neuer Bestandteile mit bisher nicht vorhandenen Funktionen als Beispiele für die Erweiterung.
121 Vgl. anstatt vieler Kahle, in Baetge/Kirsch/Thiele, Bilanzrecht, § 255 HGB, Rz 138, Stand: 12/2021.
122 Zu den Fällen einer Substanzmehrung von VG, insb. im Hinblick auf eine Aufstockung sowie einen Anbau, s. detaillierter auch Delarber/Müller, in Kußmaul/Müller, HdB, Herstellungskosten im Abschluss nach HGB und EStG, Rz 67 ff, Stand: 21.4.2020.
123 Beispielhaft BMF, Schreiben v. 18.7.2003, IV C 3 – S 2211–94/03, BStBl 2003 I S. 386.
124 Anstatt vieler BFH, Urteil v. 19.7.1985, BFH/NV 1986 S. 24; mit besonderer Fokussierung von wesentlichen Verbesserungen bei Gebäuden Delarber/Müller, in Kußmaul/Müller, HdB, Herstellungskosten im Abschluss nach HGB und EStG, Rz 78 ff., Stand: 21.4.2020.
125 S. dazu BFH, Urteil v. 13.10.1998, BStBl 1999 II S. 282.

> **Praxis-Beispiel**
> Bei Wohngebäuden etwa ist bei einer Anhebung von einer Qualitätsstufe auf die nächste (einfach auf mittel und mittel auf sehr anspruchsvoll) von einer höherwertigen Nutzungsmöglichkeit i. S. d. § 255 Abs. 2 Satz 1 HGB auszugehen.[126] Zu den maßgeblich gebrauchswertbestimmenden Einrichtungen bei Wohngebäuden zählen dabei insb. die Heizungs-, Sanitär- und Elektroinstallationen sowie die Fenster.[127] Qualitative Verbesserungen kommen regelmäßig durch einen wesentlichen Anstieg der erzielbaren Miete zum Ausdruck.[128] Von einer Steigerung der Gebrauchs- bzw. Nutzungsmöglichkeit kann auch bei einer wesentlichen Verlängerung der (technischen und wirtschaftlichen) Nutzungsdauer des Gebäudes ausgegangen werden.[129]

94 **Instandhaltungsmaßnahmen** bzw. **Modernisierungshandlungen** in nicht maßgeblichem Umfang, die für sich allein genommen Erhaltungsmaßnahmen darstellen, können **als Einheit betrachtet** zu einer wesentlichen Verbesserung führen und entsprechend als HK angesetzt werden. Voraussetzung ist, dass insg. mind. drei der vier wesentlichen Einrichtungen (Heizungs-, Sanitär- und Elektroinstallationen sowie Fenster)[130] betroffen sind und die Maßnahmen i. R. e. gebündelten Baumaßnahme erfolgen.[131] Von einer gebündelten Baumaßnahme (bautechnisches Ineinandergreifen) kann ausgegangen werden, wenn die Schaffung des betriebsbereiten Zustands oder etwaige Herstellungsarbeiten das Bündel der Erhaltungsarbeiten bedingen.[132] Das IDW spricht von einem engen räumlichen, zeitlichen und sachlichen Zusammenhang zwischen den einzelnen Baumaßnahmen, die dergestalt ineinandergreifen, dass sie sich bautechnisch bedingen.[133] Von einem engen zeitlichen Zusammenhang kann dabei auch gesprochen werden, wenn sich die Baumaßnahmen planmäßig über mehrere Gj erstrecken.[134]

Die Beurteilung der sog. **anschaffungsnahen Aufwendungen** ist entgegen früherer Rechtsprechung so nicht mehr allein unter Rückgriff auf deren Höhe und zeitliche Nähe zur Anschaffung vorzunehmen. Im Grundsatz zählen zu den anschaffungsnahen Kosten sämtliche Aufwendungen für Baumaßnahmen, die i. R. e. im Zusammenhang mit der Anschaffung vorgenommenen Instandsetzung und Modernisierung – einschl. der Schönheitsreparaturen – anfallen. Nach § 6 Abs. 1 Nr. 1a EStG gehören dazu auch Aufwendungen für Instandsetzungs- und Modernisierungsmaßnahmen, die innerhalb von drei Jahren nach der Anschaffung durchgeführt werden, wenn die Aufwendungen (ohne USt) 15 % der AK des Gebäudes übersteigen. Unter Instandsetzungs-/Modernisie-

---

126 Vgl. etwa BFH, Urteil v. 12.9.2001, BStBl 2003 II S. 569; BFH, Urteil v. 20.8.2002, BFH/NV 2003 S. 35; BFH, Urteil v. 3.12.2002, BStBl 2003 II S. 590.
127 S. dazu BFH, Urteil v. 22.1.2003, BFH/NV 2003 S. 766.
128 Vgl. IDW RS IFA 1.12.
129 Vgl. IDW RS IFA 1.11.
130 Vgl. dazu BFH, Urteil v. 22.1.2003, BFH/NV 2003 S. 766.
131 Vgl. dazu BFH, Urteil v. 12.9.2001, IX R 39/97, BB 2002, S. 1353.
132 Vgl. dazu BMF, Schreiben v. 18.7.2003, IV C 3 – S 2211–94/03, BStBl 2003 I S. 386.
133 Vgl. IDW RS IFA 1.18.
134 Vgl. IDW RS IFA 1.17f.

rungsmaßnahmen sind bauliche Maßnahmen zu verstehen, durch die Mängel oder Schäden an vorhandenen Einrichtungen eines bestehenden Gebäudes oder am Gebäude selbst beseitigt werden oder durch die das Gebäude mittels Erneuerung in einen zeitgemäßen Zustand versetzt wird. Damit sind auch Aufwendungen für Schönheitsreparaturen nicht vom Anwendungsbereich des § 6 Abs. 1 Nr. 4a Satz 1 EStG ausgenommen, somit sind grds. sämtliche Kosten für bauliche Maßnahmen, die i. R. e. im Zusammenhang mit der Anschaffung vorgenommenen Sanierung anfallen, zusammenzurechnen. Eine Segmentierung der Gesamtkosten ist steuerlich nicht zulässig. Nur Aufwendungen für Erhaltungsarbeiten, die jährlich üblicherweise anfallen, gehören nicht zu den Instandsetzungs- und Modernisierungsaufwendungen (§ 6 Abs. 1 Nr. 4a Satz 2 EStG). Dazu zählen übliche Schönheitsreparaturen, da sie im Regelfall nicht jährlich vorgenommen werden, nicht.[135]

Wenngleich in der Literatur umstritten, erfüllt eine erhebliche Verlängerung der Nutzungsdauer regelmäßig das Tatbestandsmerkmal der wesentlichen Verbesserung.[136] Auch eine **Rückbaumaßnahme** kann als wesentliche Verbesserung angesehen werden, z. b. beim Teilabriss durch Entfernung von (Zwischen-)Geschossen.[137]

Als „**ursprünglicher Zustand**" ist nach GoB-setzender Rechtsprechung des BFH der **Zeitpunkt des entgeltlichen Erwerbs** durch den Steuerpflichtigen zu verstehen,[138] sofern die erstmalige Bilanzierung im Unt zu Verkehrswerten erfolgt. Das IDW spricht bei Gebäuden vom Zustand zum Zeitpunkt der Aufnahme in das Vermögen des Eigentümers.[139] Eine Veränderung dieses Zugangswerts mittels nachträglicher AHK bzw. außerplanmäßiger Abschreibungen infolge eines Substanzverlusts ist entsprechend zu berücksichtigen. Der fortgeführte Zugangswert ist dann als ursprünglicher Zustand zu definieren.[140] Erfolgt zum Zeitpunkt der erstmaligen Bilanzierung im Unt kein Ansatz zu Verkehrswerten, ist der Zustand unmittelbar vor der Maßnahmenergreifung als Vergleichswert heranzuziehen.[141]

95

3.2.2.3 Zeitraum der Herstellung

Der **Beginn der Herstellung** ist **nicht** mit dem **Beginn des technischen Herstellungsprozesses** gleichzusetzen. Das erstmalige Anfallen von Ausgaben, die in sachlichem bzw. engem wirtschaftlichen Zusammenhang mit der Erstellung der Leistung stehen, begründet bereits den Herstellungsbeginn.[142] Der Entschluss zur Herstellung eines VG stellt dabei den frühestens möglichen Zeitpunkt der Herstellung dar. Neben dem VG unmittelbar zurechenbaren

96

---

[135] Vgl. BFH, Urteil v. 14.6.2016, IX R 25/14, BStBl 2016 II S. 992; BFH, Urteil v. 14.6.2016, IX R 15/15, BStBl 2016 II S. 996.
[136] So auch IDW RS IFA 1.11 und IDW RS IFA 2.26.
[137] Vgl. IDW RS IFA 2.18.
[138] S. dazu BFH, Urteil v. 11.8.1989, BStBl 1990 II S. 53; BFH, Urteil v. 30.7.1991, BStBl 1992 II S. 30; BFH, Urteil v. 9.5.1995, BStBl 1996 II S. 632; BFH, Urteil v. 3.12.2002, BStBl 2003 II S. 590.
[139] Vgl. IDW RS IFA 1.8.
[140] S. dazu BFH, Urteil v. 9.5.1995, BStBl 1996 II S. 632; IDW RS IFA 1.9.
[141] Vgl. Schubert/Hutzler, in Beck Bil-Komm., 14. Aufl. 2024, § 255 HGB Rz 327 f.
[142] S. dazu BFH, Urteil v. 12.6.1978, GrS 1/77, BStBl 1978 II S. 620; BFH, Urteil v. 23.11.1978, BStBl 1979 II S. 143.

Einzelkosten inkl. auftragsgebundener Vorbereitungskosten (z. B. Planungs- und Konstruktionskosten) können zurechenbare Gemeinkosten bereits den Beginn der Herstellung markieren.[143] Auch bei Gemeinkosten kann eine enge wirtschaftliche Verbindung mit der Erstellung der Leistung vorliegen. Die Ausdehnung des § 255 Abs. 2 Satz 2 HGB auf angemessene Teile der Materialgemeinkosten und der Fertigungsgemeinkosten untermauert diese Position. Auch die Nachaktivierung von Vorbereitungshandlungen in späteren Perioden ist zulässig, sofern der Zusammenhang mit dem Herstellungsbeginn erst nach Abschlussaufstellung erkennbar wird.[144] Sofern eine Nachaktivierung vorgenommen werden soll, setzt das IDW voraus, dass eine Änderung des Abschlusses nach den allgemeinen Grundsätzen zulässig gewesen wäre.[145]

97 Ist die **Materiallagerung** fertigungstechnisch **erforderlich**, sind die daraus resultierenden Kosten **aktivierungsfähig** – sie sind als Teil des Herstellungsprozesses zu betrachten.[146]

98 Kosten, die die **Betriebsbereitschaft gewährleisten**, sind dagegen nicht als Teil des Herstellungsprozesses zu betrachten und entsprechend nicht i. V. m. dem Beginn der Herstellung zu bringen.[147]

99 Wird der **Herstellungszeitraum** über kleine Störungen hinaus **unterbrochen** und sind maßgebliche Herstellungsmerkmale[148] nicht erfüllt, gilt analog ein **Aktivierungsverbot** für in diesem Zeitraum anfallende Kosten.

100 Grds. bleibt festzuhalten, dass eine klare Terminierung des Herstellungsbeginns nicht immer eindeutig vorgenommen werden kann und entsprechend **Handlungsspielräume** für den Bilanzierenden verbleiben.

> **Praxis-Beispiel**
>
> Der BFH hat in einem Urteil[149] entschieden, dass die Beschaffung eines Gebäudes bei bestehender Abbruchabsicht bereits zur Herstellung eines neu zu erstellenden Gebäudes gehört, obwohl daraus unserer Einschätzung nach eine Verletzung des einzuhaltenden **Grundsatzes der Einzelbewertung** (§ 252 Rz 73 ff.) resultiert.[150] Dem Ziel des max. HK-Ansatzes folgend, ist eine Anlehnung an passende BFH-Einzelfallentscheidungen aber möglicherweise zielführend.

101 Den **Abschluss der Herstellung** markiert bei VG des **Anlagevermögens** die Fertigstellung bzw. die Fähigkeit zur dauernden Nutzung entsprechend der Bestimmung.[151] Der **Fertigstellungszeitpunkt** richtet sich folglich nach der

---

143 Vgl. IDW RS HFA 31.7.
144 Vgl. IDW RS HFA 31.8.
145 Vgl. IDW RS HFA 31.8.
146 Vgl. IDW RS HFA 31.10; Kahle, in Baetge/Kirsch/Thiele, Bilanzrecht, § 255 HGB Rz 183, Stand: 12/2021.
147 Anstatt vieler Küting, BB 1989, S. 587.
148 Vgl. dazu Wohlgemuth, in Schulze-Osterloh/Hennrichs/Wüstemann, Handbuch des Jahresabschlusses (HdJ), Abt. 1/10 Rz 104, Stand: 10/2012.
149 BFH, Urteil v. 12.6.1978, GrS 1/77, BStBl 1978 II S. 620.
150 Ebenso Ballwieser, in MünchKomm. HGB, 5. Aufl. 2024, § 255 HGB Rz 70; Schubert/Hutzler, in Beck Bil-Komm., 14. Aufl. 2024, § 255 HGB Rz 306, 313; als weiteren Verstoß gegen den Grundsatz der Einzelbewertung s. BFH, Urteil v. 29.11.1983, BStBl 1984 II S. 303.
151 Vgl. BFH, Urteil v. 1.4.1981, I R 27/79, BStBl 1981 II S. 560.

vorgesehenen Verwendung des VG. Wenn be- oder verarbeitungsbedingte Wertsteigerungen nicht mehr erfolgen oder der VG für das Unt genutzt werden kann[152] bzw. etwa bewohnbar ist[153], ist der Abschluss der Herstellung anzunehmen. Restarbeiten oder Mängelbehebungen sind aber nicht vom Herstellungsprozess abgegrenzt.[154]

Die Herstellung von VG des **Umlaufvermögens** ist abgeschlossen, sofern die Fähigkeit zur Auslieferung und/oder dem Absatz vorliegt. Möglicherweise während der Herstellung anfallende **Vertriebskosten** sind funktionsbedingt von den HK abzugrenzen.[155]

102

3.3 Umfang der Herstellungskosten (Abs. 2 Satz 2–4, Abs. 3)

3.3.1 Herstellungskostenuntergrenze und -obergrenze

§ 255 Abs. 2–3 HGB listet die Bestandteile der HK abschließend auf. Aus der Unterteilung in aktivierungspflichtige, wahlweise aktivierbare und aktivierungsverbotene Ausgaben resultieren eine handelsrechtliche HK-Untergrenze sowie eine HK-Obergrenze.

103

Aktivierungspflichtig und somit als **HK-Untergrenze** anzusehen sind gem. § 255 Abs. 2 Satz 2 HGB die Materialkosten, die Fertigungskosten und die Sonderkosten der Fertigung sowie angemessene Teile der Materialgemeinkosten, der Fertigungsgemeinkosten und des Werteverzehrs des Anlagevermögens, soweit dieser durch die Fertigung veranlasst ist.

Ein **Aktivierungswahlrecht** besteht nach § 255 Abs. 2 Satz 3 HGB für angemessene Teile der Kosten der allgemeinen Verwaltung sowie angemessene Aufwendungen für soziale Einrichtungen des Betriebs, für freiwillige soziale Leistungen und für die betriebliche Altersversorgung, soweit diese auf den Zeitraum der Herstellung entfallen. § 255 Abs. 3 HGB sieht zudem ein Aktivierungswahlrecht für Fremdkapitalzinsen vor, die auf den Zeitraum der Herstellung entfallen. Sie gelten aber nur dann als HK des VG, wenn das Fremdkapital allein zur Finanzierung der Herstellung eines VG verwendet wird (Rz 199 ff.).

104

Explizit von der Aktivierung ausgenommen sind gem. § 255 Abs. 2 Satz 4 HGB Forschungs- und Vertriebskosten und nach § 255 Abs. 3 Satz 1 HGB zunächst grds. Zinsen für Fremdkapital – für bestimmte Fremdkapitalzinsen schaltet § 255 Abs. 3 Satz 2 HGB jedoch ein Wahlrecht nach. Die Aktivierungsverbote deckeln die HK. Die **HK-Obergrenze** ergibt sich somit aus der Summe der Aktivierungspflichten und den voll ausgeschöpften Aktivierungswahlrechten. Tab. 1 sind die handelsrechtlichen, steuerrechtlichen und internationalen Aktivierungspflichten, -wahlrechte und -verbote zu entnehmen:

105

---

[152] Vgl. IDW RS HFA 31.11.
[153] Vgl. BFH, Urteil v. 20.2.1975, IV R 79/74, BStBl 1975 II S. 510.
[154] Vgl. etwa BFH, Urteil v. 1.12.1987, BStBl 1988 II S. 431.
[155] Vgl. etwa BFH, Urteil v. 26.2.1975, I R 72/73, BStBl 1976 II S. 13; BFH, Urteil v. 20.5.88, III R 31/84, BStBl 1988 II S. 961.

	HGB*	IFRS*	EStG/EStR
Materialeinzelkosten	Pflicht	Pflicht	Pflicht
Fertigungseinzelkosten	Pflicht	Pflicht	Pflicht
Sondereinzelkosten der Fertigung	Pflicht	Pflicht	Pflicht
Materialgemeinkosten****	Pflicht	Pflicht	Pflicht
Fertigungsgemeinkosten****	Pflicht	Pflicht	Pflicht
Werteverzehr des Anlagevermögens	Pflicht	Pflicht	Pflicht
Aufwendungen***** für:			
soziale Einrichtungen des Betriebs	Wahlrecht	Pflicht***	Wahlrecht
freiwillige soziale Leistungen	Wahlrecht	Pflicht***	Wahlrecht
die betriebliche Altersversorgung	Wahlrecht	Pflicht***	Wahlrecht
Allgemeine Verwaltungskosten*****	Wahlrecht	Verbot	Wahlrecht
Herstellungsbezogene Fremdkapitalzinsen	Wahlrecht	Pflicht**	Wahlrecht
Vertriebskosten	Verbot	Verbot	Verbot
Forschungskosten	Verbot	Verbot	Verbot

* (Ggf.) inkl. Entwicklungskosten, sofern Kriterien erfüllt.
** Für „qualifying assets" sonst Verbot.
*** Zur anteiligen Aktivierung der herstellungsbezogenen Aufwendungen, sonst/Rest Verbot.
**** (Ggf.) nur angemessene Teile.
***** (Ggf.) nur angemessene Teile und sofern diese auf den Zeitraum der Herstellung entfallen.

Tab. 1: Herstellungskosten nach Handels- und Steuerrecht sowie nach IFRS

Waren allgemeine Verwaltungskosten sowie Aufwendungen für soziale Einrichtungen des Betriebs, freiwillige soziale Leistungen und die betriebliche Altersversorgung bis zur Einführung des BilMoG auch nach Steuerrecht eindeutig als Wahlrechte ausgestaltet und galt dies im Grunde auch nach BilMoG (nach R 6.3 Abs. 4 EStR 2008 bestand die Möglichkeit zur Übernahme der verbliebenen handelsrechtlichen Wahlrechtsbestandteile in die Steuerbilanz), bestand nach Auffassung des BMF v. 12.3.2010 für die handelsrechtlichen Wahlrechte des § 255 Abs. 2 Satz 3 HGB (**zwischenzeitlich**) eine **Ansatzpflicht**. Das BMF begründete dies damit, dass bei der steuerlichen Gewinnermittlung nach § 6 Abs. 1 Nr. 2 Satz 1 EStG die HK anzusetzen seien und zu diesen alle Aufwendungen, die ihrer Art nach HK sind,[156] gehörten. Wegen des Bewertungsvorbehalts in § 5 Abs. 6 EStG griffe hier die handelsrechtliche Regelung trotz Maßgeblichkeitsprinzip nicht.[157] Dies wurde dann auch explizit in R 6.3 Abs. 1 EStÄR 2012 aufgenommen. Allerdings war infolge eines BMF-Schreibens v. 25.3.2013[158] bis zur Verifizierung der damit einhergehenden Bürokratiekosten,

---

[156] Vgl. BFH, Urteil v. 21.10.1993, BStBl 1994 II S. 176.
[157] Vgl. BMF, Schreiben v. 12.3.2010, IV C 6 – S 2133/09/10001 und BMF, Schreiben v. 22.6.2010, IV C 6 – S 2133/09/10001.
[158] BMF, Schreiben v. 25.3.2013, IV C 6 – S 2133/09/10001:004, BStBl 2013 I S. 296.

spätestens aber bis zu einer Neufassung der Einkommensteuer-Richtlinien, weiterhin das aus R 6.3 Abs. 4 EStR 2008 abgeleitete Wahlrecht bei der HK-Ermittlung anwendbar. Durch das Gesetz zur Modernisierung des Besteuerungsverfahrens (**StModG**)[159] wurde die – durch das BMF-Schreiben vom 25.3.2013 ohnehin vorübergehend neutralisierte – verpflichtende Anhebung der steuerlichen HK-Untergrenze nivelliert und durch ein mit der Handelsbilanz gleichlaufendes **steuerliches Aktivierungswahlrecht** für den Nicht-Einbezug handelsrechtlicher Wahlbestandteile in die steuerliche HK-Ermittlung ersetzt.[160] Konkret wurde nach § 6 Abs. 1 Nr. 1a EStG eine Nr. 1b eingefügt, die regelt, dass die angemessenen Teile der Kosten der allgemeinen Verwaltung sowie die angemessenen Aufwendungen für soziale Einrichtungen des Betriebs, für freiwillige soziale Leistungen und für die betriebliche Altersversorgung i. S. d. § 255 Abs. 2 Satz 3 HGB nicht in die HK einbezogen werden müssen, soweit diese auf den Zeitraum der Herstellung entfallen. Dabei gilt nach § 6 Abs. 1 Nr. 1b Satz 2 EStG zudem die Voraussetzung, dass in der Handelsbilanz entsprechend verfahren wird.[161]

3.3.2 Abgrenzung von Einzelkosten und Gemeinkosten

3.3.2.1 Einzelkosten

Unter den **Einzelkosten** werden jene Kosten verstanden, die sich durch direkte Zurechenbarkeit zu einem Bezugsobjekt – Kostenstelle oder Kostenträger – ohne Rückgriff auf einen Verteilungsschlüssel auszeichnen. Die direkte Zurechenbarkeit setzt einen **eindeutigen quantitativen Zusammenhang** zwischen dem zu bewertenden VG und den HK voraus.[162] Trennscharf ist das Merkmal der direkten Zurechenbarkeit ohne Schlüsselung nicht. So sind Fertigungslöhne, die stunden- und nicht produktweise bezahlt werden, kostentheoretisch nicht als Einzelkosten zu betrachten – die Umlage auf das Produkt erfordert eine Schlüsselung und auch der quantitative Zusammenhang ist umstritten.[163] Nach h. M. hat ungeachtet bestehender Bedenken jedoch eine Zuordnung der Fertigungslöhne zu den Einzelkosten zu erfolgen.[164]

Der im Schrifttum infolge der Formulierung der Gesetzesbegründung zum BilMoG „Unter stärkerer Berücksichtigung der Informationsfunktion des handelsrechtlichen Jahresabschlusses wird der Wortlaut der Vorschrift dahin gehend interpretiert, dass unmittelbar zurechenbar solche Aufwendungen sind, die in Abhängigkeit von der Erzeugnismenge variieren"[165] mitunter aufgebrachten Forderung, nur die Teile der Fertigungslöhne in die Einzelkosten einzubeziehen,

---

[159] BGBl 2016 I S. 1679.
[160] Vgl. Meyering/Gröne, DStR 2016, S. 1696; Rodermond, WPg 2016, S. 818; Schoor, b+b 2/2017, S. 12; Velte, StuB 2016, S. 407; Zwirner, BC 2016, S. 344.
[161] Zur Nutzung der Wahlrechte in der Praxis vgl. Kreipl/Lange/Müller in Bertram/Brinkmann/Kessler/Müller, Haufe HGB Bilanz Kommentar BilMoG Erfahrungsbericht, 2012, Rz 109 ff.
[162] Vgl. IDW RS HFA 31.13; BFH, Urteil v. 21.10.1993, IV R 87/92, BStBl 1994 II S. 176; Kahle, in Baetge/Kirsch/Thiele, Bilanzrecht, § 255 HGB Rz 159, Stand: 12/2021.
[163] Keinen quantitativen Zusammenhang attestierend, im Ergebnis dennoch eine Zuordnung zu den Einzelkosten vornehmend Kahle, in Baetge/Kirsch/Thiele, Bilanzrecht, § 255 HGB Rz 160, Stand: 12/2021; Schubert/Hutzler, in Beck Bil-Komm., 14. Aufl. 2024, § 255 HGB Rz 248, 253, ordnen die Fertigungslöhne ebenfalls den Einzelkosten zu.
[164] Anstatt vieler IDW RS HFA 31.14.
[165] BT-Drs. 16/10067 v. 30.7.2008 S. 131.

die in Abhängigkeit von der Erzeugnismenge variieren und keinen Fixkostencharakter aufweisen,[166] ist aus theoretischer Sicht durchaus etwas abzugewinnen und wäre bei einer engen Anlehnung an die Gesetzesbegründung entsprechend geboten. Als Einzelkosten ansatzpflichtig wären dann lediglich die über den Mindestlohn hinausgehenden Zuschläge (Akkord-, Überstunden-, Schichtdienst- sowie Sonn- und Feiertagszuschläge).

Die damit einhergehenden Kosten und der damit verbundene zeitliche Anpassungsaufwand in der Kostenrechnung rechtfertigt aus Sicht der Autoren jedoch eine grundlegende Beibehaltung der Zuordnung zu den Einzelkosten. Dies gilt insb. auch im Hinblick auf die fehlende Konsequenz des Gesetzgebers in Bezug auf diesen Sachverhalt. So hat er es unterlassen, dies direkt in die Norm mit aufzunehmen, und widerspricht sich zudem in der Begründung selbst dadurch, dass er gleichzeitig aufführt, dass die Änderung des § 255 HGB kostenneutral vonstattengeht/gehen soll.[167] Eine Zuordnung von Teilen der Fertigungslöhne zu den Gemeinkosten ist jedoch aufgrund der Bedingung der Angemessenheit eben gerade nicht kostenneutral. Außerdem stellt der Gesetzgeber der oben aufgeführten Formulierung gleich nach, dass dazu auch die Materialgemeinkosten und die Fertigungsgemeinkosten gehören,[168] was im Umkehrschluss der Interpretation widerspricht, dass die variierenden Teile den Einzelkosten zuzuordnen sind.

107 Der Verzicht auf eine Schlüsselung i. R. d. **(relativen) Deckungsbeitragsrechnung** führt ausschl. zu (relativen) Einzelkosten – eine Anwendung dieses Kostenrechnungssystems im Zuge der Jahresabschlusserstellung muss daher unterbleiben.[169]

3.3.2.2 Gemeinkosten

108 Die **Gemeinkosten** sind als Komplement zu den Einzelkosten zu verstehen. Unter Gemeinkosten werden entsprechend jene Kosten subsumiert, die den Kostenträgern oder Kostenstellen unter Verwendung von Zuschlagssätzen bzw. jedweder Form der Schlüsselung zugeordnet werden. Die **Zuordnung** erfolgt also **mittelbar**. Zum Sonderfall der Fertigungslöhne vgl. Rz 106.

3.3.2.3 Unechte Gemeinkosten

109 Kosten, die in der Kostenrechnung aus Gründen der Praktikabilität als Gemeinkosten behandelt werden, theoretisch jedoch eindeutig einem Bezugsobjekt direkt zugeordnet werden können, sind handelsrechtlich **als Einzelkosten** zu betrachten; entscheidend für die Zuordnung ist einzig die Möglichkeit, nicht die tatsächliche Vornahme in der Kostenrechnung.[170] Lediglich aus Wirtschaftlichkeitsgründen darf auf eine Zuordnung zu den Einzelkosten verzichtet werden. Bei der Zuordnung zu den Kostenarten ist somit auf die theoretische Möglichkeit der direkten Zurechnung der sog. **unechten Gemeinkosten** zu den einzel-

---

[166] So etwa Rade, DStR 2011, S. 1334 ff.
[167] Vgl. BT-Drs. 16/10067 v. 30.7.2008 S. 92.
[168] Vgl. BT-Drs. 16/10067 v. 30.7.2008 S. 131.
[169] Vgl. Schubert/Hutzler, in Beck Bil-Komm., 14. Aufl. 2024, § 255 HGB Rz 249; Kahle, in Baetge/Kirsch/Thiele, Bilanzrecht, § 255 HGB, Rz 163, Stand: 12/2021.
[170] Vgl. IDW RS HFA 31.19.

nen VG und nicht auf die tatsächlich praktizierte Übung abzustellen, solange eine theoretische unmittelbare Zurechnung noch als wirtschaftlich betrachtet werden kann.[171]

3.3.3 Grundsatz der Angemessenheit

§ 255 Abs. 2 Satz 2 und 3 HGB verlangen/gestatten die Einbeziehung von angemessenen Teilen der Gemeinkosten respektive Aufwendungen für soziale Einrichtungen des Betriebs, für freiwillige soziale Leistungen und für die betriebliche Altersversorgung. Unter angemessenen Teilen sind Kosten/Ausgaben zu verstehen, deren Zurechnung zu den Gemeinkosten auf **vernünftigen betriebswirtschaftlichen Überlegungen bzw. Kriterien** fußt. Somit sind etwa über das übliche Maß an technischen und personellen Fertigungskapazitäten hinausgehende Leerkosten nicht einzubeziehen und es ist stets von einer Normalbeschäftigung auszugehen.[172] An dieser Stelle muss jedoch erwähnt werden, dass eine Abweichung von der Normalbeschäftigung in der Praxis nur im Fall erheblicher Auslastungsspitzen oder der Stilllegung von Fertigungslinien anzunehmen ist, was dem Bilanzierenden deutliche Spielräume eröffnet. Gleiches gilt für die Leerkosten. Hier entsteht das Problem einer Definition des üblichen Maßes. Wenngleich einige im Schrifttum feste Grenzwerte (etwa 20 % oder 43 % über den (fixen) Normalkosten) definieren, mag diese statische Festlegung wenig überzeugen und findet freilich keine Entsprechung seitens der Norm – aus Sicht der Autoren ist auf den Einzelfall abzustellen und etwa branchen- oder geschäftsmodelltypische Volatilitätsraten in Bezug auf die Normalkosten sind zu berücksichtigen.

110

Mit der Ausdehnung der konkreten Forderung der Angemessenheit auf sämtliche aktivierungspflichtigen und aktivierbaren Gemeinkosten i.R.d. BilMoG-Einführung hat der Gesetzgeber Klarheit in Bezug auf die grds. Pflicht zur Einhaltung des Grundsatzes der Angemessenheit geschaffen, die aus § 252 Abs. 1 Nr. 4 HGB abzuleiten und Art. 35 Abs. 3 Buchst. b der 4. EG-RL zu entnehmen war, stellenweise jedoch angezweifelt wurde.[173]

111

3.3.4 Pflichtbestandteile im Einzelnen (Abs. 2 Satz 2)

3.3.4.1 Materialeinzelkosten

Zu den **Materialeinzelkosten** zählen allen voran Ausgaben für **Rohstoffe**, die zur Herstellung der unfertigen und fertigen Erzeugnisse sowie der selbsterstellten Anlagen verwendet werden. **Hilfsstoffe** werden, sofern ihnen keine mengen- oder wertmäßige Bedeutung zukommt, meist als (unechte) Gemeinkosten erfasst. Entsprechend ihrem Einzelkostencharakter sind sie bei mengen- oder wertmäßiger Bedeutung handelsrechtlich jedoch **als Einzelkosten** aktivierungspflichtig.[174] Selbsthergestellte **Halb-** und **Fertigfabrikate**, recycelte Überschüsse bzw. **Abfälle** sowie wiederverwertungsunfähige **Materialverluste** gehören ebenfalls zu

112

113

---

[171] Ebenso Schubert/Hutzler, in Beck Bil-Komm., 14. Aufl. 2024, § 255 HGB Rz 248; Kahle, in Baetge/Kirsch/Thiele, Bilanzrecht, § 255 HGB Rz 161, Stand: 12/2021.
[172] Vgl. IDW RS HFA 31.21.
[173] So etwa Moxter, BB 1988, S. 937.
[174] So etwa auch Kahle, in Baetge/Kirsch/Thiele, Bilanzrecht, § 255 HGB Rz 164, Stand: 12/2021.

den Materialeinzelkosten. Ist die **Materiallagerung** fertigungstechnisch erforderlich, sind zudem die daraus resultierenden Kosten als Materialeinzelkosten aktivierungsfähig (Rz 97).

114 Von Dritten **bezogene Leistungen** sind als Einzelkosten zu aktivieren, wenn sie einem VG unmittelbar zugerechnet werden können. Eine Zurechnung von für Fremde erstellte Leistungen zu den Einzelkosten ist nur vorzunehmen, sofern das wirtschaftliche Risiko noch beim Unt liegt.

115 **Betriebsstoffe** finden keinen Eingang in die herzustellenden Produkte und sind daher i. d. R. nicht als Einzelkosten aktivierungspflichtig.[175]

116 Die **Bewertung** der Einzelkosten hat grds. mit den AHK, den durchschnittlichen AK oder unter Rückgriff auf ein zulässiges Verbrauchsfolgeverfahren gem. § 256 HGB zu erfolgen. Grenze der vom HGB zunächst gewährten Bewertungsfreiheit bilden die tatsächlichen AK sowie die Vorgabe, dass die Wahl verschiedener Bewertungsmethoden nicht zum Ausweis unrealisierter Gewinne führen darf. Die Restriktion, dass unrealisierte Gewinne nicht ausgewiesen werden dürfen, kann dabei eine zweifache Bewertung des Verbrauchs – zum einen für die RHB, zum anderen für die HK-Ermittlung – bedingen. Materialverbrauch, der aus abgewerteten Vorjahresbeständen gedeckt wird, ist zum Buchwert anzusetzen.[176] Ist der Abwertungsgrund entfallen, ist auch eine Bewertung mit den AHK gestattet.[177]

3.3.4.2 Fertigungseinzelkosten

117 **Fertigungseinzelkosten** sind insb. **Fertigungslöhne** (Rz 106 zur grundlegenden Diskussion, ob diese den Einzel- oder den Gemeinkosten zuzuordnen sind), soweit sie nicht zu den Sonderkosten der Fertigung (Rz 119), den betrieblichen Sozialkosten (Rz 140 f.), der betrieblichen Altersvorsorge (Rz 144 f.) oder zur Verwaltung (Rz 136) gehören. Die Fertigungslöhne sind einschl. der **Lohnnebenkosten** zu verstehen – sämtliche Kostenpositionen, die aufgrund gesetzlicher oder tarifrechtlicher Bestimmungen zu entrichten sind, sind als Einzelkosten aktivierungspflichtig. Dazu zählen etwa Arbeitgeberanteile zur Sozialversicherung, vom Arbeitgeber abgeführte Lohn- und Kirchensteuern, Feiertags- und Überstundenzuschläge sowie Leistungsprämien. Entgegen tw. vertretener Meinung sind auch Lohnfortzahlungen im Krankheitsfall, an Feier- oder an Urlaubstagen als Einzelkosten zu aktivieren.[178] Voraussetzung für den **Ansatz als Einzelkosten** bildet dabei grds. die Möglichkeit der direkten Zurechnung zum bei der Fertigung herzustellenden VG.

118 **Hilfslöhne** fallen i. d. R. unter die **Fertigungsgemeinkosten**. Eine saubere Trennung von den Fertigungslöhnen dürfte in der Praxis aber kaum zu realisieren sein. Die Einbeziehung der Fertigungsgemeinkosten in die HK-Untergrenze lässt die Bedeutung der Trennung in der handelsrechtlichen Rechnungslegung jedoch nahezu ins Leere laufen. Lediglich die Beschränkung auf den pflichtgemäßen Ansatz von „angemessenen Teilen" (Rz 110) könnte noch Relevanz besitzen.

---

[175] Vgl. Knop/Küting/Knop, in Küting/Weber, HdR-E, § 255 HGB Rz 169, Stand: 12/2023.
[176] Vgl. BFH, Urteil v. 11.10.1960, I 175/60 U, BStBl 1961 III S. 492.
[177] So auch Schubert/Hutzler, in Beck Bil-Komm., 14. Aufl. 2024, § 255 HGB Rz 252; ADS, 6. Aufl. 1995–2001, § 255 HGB Rz 145.
[178] Ebenso ADS, 6. Aufl. 1995–2001, § 255 HGB Rz 147; Schubert/Hutzler, in Beck Bil-Komm., 14. Aufl. 2024, § 255 HGB Rz 253; a. A. Kahle, in Baetge/Kirsch/Thiele, Bilanzrecht, § 255 HGB Rz 169, Stand: 12/2021; Knop/Küting/Knop, in Küting/Weber, HdR-E, § 255 HGB Rz 185, Stand: 12/2023.

3.3.4.3 Sondereinzelkosten der Fertigung

Sonderkosten der Fertigung können sowohl **Einzel- als auch Gemeinkosten** 119
sein.[179] Sie fallen etwa für Modelle, Spezialwerkzeuge, Entwürfe, Schablonen, Materialversuche sowie Lizenzgebühren ohne Vertriebsbezug an. Die **Zuordnung** der **Sonderkosten** zu den Einzel- oder Gemeinkosten muss sich am Merkmal der unmittelbaren Zurechenbarkeit orientieren.[180]

Auftrags- oder objektgebundene Kosten sind als Sondereinzelkosten der Fertigung aktivierungspflichtig.[181] 120

Neuentwicklungskosten für Erzeugnisse dürfen mangels Zusammenhang mit einem 121
bestimmten VG nicht als Einzelkosten, wohl aber ggf. als Gemeinkosten aktiviert werden.[182] Kosten der **Weiterentwicklung** von Produkten, die sich bereits in der Produktion befinden, sind als (Sonder-)Gemeinkosten der Fertigung zu aktivieren.[183]

Probleminhärent bei der Bilanzierung der Sonderkosten der Fertigung ist die 122
Abgrenzung zu aktivierungsverbotenen Forschungs- und aktivierbaren **Entwicklungskosten** (Rz 184 ff.), wobei insb. die Grenze zu den aktivierungsverbotenen Forschungskosten relevant ist.

Prototypen zeichnen sich nicht durch ihre Materialität, sondern vielmehr durch ihre 123
Entwicklungsleistung aus. Ihre körperliche Komponente hat i.d.R. lediglich eine Trägerfunktion. Als selbst geschaffene immaterielle Anlagegüter unterliegen die Kostenanteile, die nicht unmittelbar der Produktion der Prototypen zugeordnet werden können, dem Aktivierungswahlrecht des § 248 Abs. 2 HGB.[184] Die direkt der Produktion zurechenbaren Teile sind als Sonderkosten der Fertigung zu aktivieren.

Forschungskosten (Rz 147 f.) sind dagegen aktivierungsverboten. Die For- 124
schungsphase ist durch den fehlenden Bezug zu konkreten Produkten oder Produktionsverfahren sowie die fehlende Möglichkeit der marktorientierten Bewertung gekennzeichnet.

Werden dagegen **im Auftrag Dritter** Forschungs- und Entwicklungsarbeiten 125
getätigt, sind diese bis zu ihrer Fertigstellung als Sondereinzelkosten der Fertigung zu aktivieren.[185]

Zur Zuordnung einzelner Steuerarten zu den Sonderkosten der Fertigung vgl. Rz 154. 126

---

[179] Bis zum BilMoG war umstritten, ob die Sondergemeinkosten, die in Abs. 2 nicht explizit aufgeführt waren/sind, den Sondereinzelkosten „zugeordnet" werden sollten und entsprechend aktivierungspflichtig waren (so etwa Ballwieser, in MünchKomm. HGB, 5. Aufl., § 255 Rz 65) oder ob für ihre Aktivierung ein Wahlrecht bestand (so etwa ADS, 6. Aufl. 1995–2001, § 255 HGB Rz 150). Relevant war diese Zuordnungsdebatte insb. bei Kosten der Weiterentwicklung, deren Zuordnung zu den Einzel- bzw. Gemeinkosten strittig war/ist. Mit der Einführung der Aktivierungspflicht für angemessene Teile der Fertigungsgemeinkosten hat sich diese Diskussion – zumindest im Ergebnis – erübrigt.
[180] Vgl. Art. 35 Abs. 3 Buchst. a der 4. EG-Richtlinie.
[181] Vgl. Ballwieser, in MünchKomm. HGB, 5. Aufl. 2024, § 255 HGB Rz 65.
[182] Ebenso etwa Knop/Küting/Knop, in Küting/Weber, HdR-E, § 255 HGB Rz 195, 280, Stand: 12/2023.
[183] Eine Zuordnung zu den Sondereinzelkosten vornehmend Ballwieser, in MünchKomm. HGB, 5. Aufl. 2024, § 255 HGB Rz 65; eine Aktivierung als Sondergemeinkosten erwägend Schubert/Hutzler, in Beck Bil-Komm., 14. Aufl. 2024, § 255 HGB Rz 458.
[184] Im Ergebnis ebenso ADS, 6. Aufl. 1995–2001, § 255 HGB Rz 152.
[185] Vgl. Kahle, in Baetge/Kirsch/Thiele, Bilanzrecht, § 255 HGB Rz 171, Stand: 12/2021.

3.3.4.4 Materialgemeinkosten

127 Zu den **Materialgemeinkosten** gehören insb. die mit der Materialwartung und Lagerung in Verbindung stehenden Kosten sowie Ausgaben für Hilfsstoffe (Rz 109 zu den Voraussetzungen für einen Ansatz der unechten Gemeinkosten als Materialgemeinkosten). Von **praktischer Bedeutung** sind insb. die Kosten für die **Warenannahme**, die **Materialverwaltung**, die **Einkaufsabteilung**, den **innerbetrieblichen Transport** sowie **Materialversicherungen**.[186]

128 Der Teil der **aktivierungspflichtigen Materialgemeinkosten**, der den **Anschaffungsnebenkosten** zuzuordnen ist und theoretisch als Bestandteil der Materialeinzelkosten aktiviert wird, ist wie auch die Hilfsstoffe an die Restriktion der wirtschaftlichen Bedeutsamkeit gebunden. Auf eine Aktivierung i. R. d. **Materialeinzelkosten** darf aus Wirtschaftlichkeitsgründen entsprechend nur verzichtet werden, wenn dies nicht zu einer wesentlichen Darstellungsverzerrung führt. Die Bedeutung der Trennung zwischen Einzel- und Gemeinkosten ist infolge der Streichung des Aktivierungswahlrechts für Materialgemeinkosten jedoch nur noch von untergeordneter Bedeutung.

129 Der Ansatz der Materialgemeinkosten ist an das **Angemessenheitsgebot** (Rz 110) gebunden.

3.3.4.5 Fertigungsgemeinkosten

130 Zu den **Fertigungsgemeinkosten** zählen sämtliche Aufwendungen, die nicht unter die Material- und Fertigungseinzelkosten, die Materialgemeinkosten, die Sondereinzelkosten der Fertigung sowie die Verwaltungs- oder Vertriebskosten fallen.

> **Praxis-Beispiel**
> Beispielhaft seien Energiekosten, Sachversicherungsbeiträge für Fertigungsanlagen, Werkzeuge, das Lohnbüro, die Lagerverwaltung, die Qualitäts- bzw. Fertigungsprüfung, Vorbereitungsmaßnahmen, Reinigungsarbeiten im Fertigungsbereich sowie Kosten der **Weiterentwicklung** von Produkten, die sich bereits in der Produktion befinden, genannt.

Zur Zuordnung einzelner Steuerarten zu den Fertigungsgemeinkosten vgl. Rz 154.

131 Der Ansatz der Fertigungsgemeinkosten ist an das **Angemessenheitsgebot** (Rz 110) gebunden.

3.3.4.6 Werteverzehr des Anlagevermögens

132 § 255 Abs. 2 Satz 2 HGB setzt für die Einbeziehung der Abschreibungen in die HK voraus, dass diese **durch die Fertigung veranlasst** sind. Abschreibungen auf Material sowie VG der Verwaltung und des Vertriebs sind insofern von einem Ansatz ausgeschlossen.[187] Bei **Saisonbetrieben** folgt daraus lediglich die Mög-

---

[186] Ebenso ADS, 6. Aufl. 1995–2001, § 255 HGB Rz 172; Kahle, in Baetge/Kirsch/Thiele, Bilanzrecht, § 255 HGB Rz 189, Stand: 12/2021; die Kosten der Einkaufsabteilung und der Warenannahme den Kosten der allgemeinen Verwaltung zurechnend etwa Schubert/Hutzler, in Beck Bil-Komm., 14. Aufl. 2024, § 255 HGB Rz 375.

[187] Ebenso Ballwieser, in MünchKomm. HGB, 5. Aufl. 2024, § 255 HGB Rz 74; a. A. ADS, 6. Aufl. 1995–2001, § 255 HGB Rz 190.

lichkeit bzw. Pflicht einer anteiligen Abschreibungseinbeziehung. Unter der fertigungsbezogenen Veranlassung ist neben der **technischen Bedingung** auch die **wirtschaftliche Verursachung** zu verstehen.

Die Restriktion des Einbezugs einzig angemessener Teile der Gemeinkosten gilt beim Werteverzehr des AV analog. Unter **Angemessenheit** ist zu verstehen, dass aus dem aktivierungspflichtigen Teil der Abschreibungen ein Wertezuwachs bei dem mit den verzehrten Fertigungsanlagen erstellten VG erwächst.[188]

133

Eine Fertigungsveranlassung und/oder Angemessenheit besteht insb. **nicht** bei **außerplanmäßigen Abschreibungen, Abschreibungen auf nicht notwendige Reserveanlagen** sowie **stillgelegte** oder **außer Betrieb genommene Anlagen**.

134

Strittig ist, ob die einbeziehungspflichtigen Abschreibungen auf Basis der **kalkulatorischen Abschreibungen** zu ermitteln sind, die auf Grundlage der Wiederbeschaffungswerte errechnet werden, **oder** ob die **planmäßigen bilanziellen Abschreibungen** als Grundlage dienen müssen. Die Ableitung der HK aus der Kostenrechnung muss aus Sicht der Autoren zunächst zum Rückgriff auf kalkulatorische Abschreibungen führen, die jedoch von den planmäßigen bilanziellen Abschreibungen – dem Ansatz lediglich pagatorischer Kosten i.R.d. HK-Ermittlung geschuldet – gedeckelt werden.[189] Zulässig ist eine Überschreitung nur dann, wenn in den Vorjahren handelsrechtlich außerplanmäßige Abschreibungen vorgenommen wurden.

135

3.3.5 Einbeziehungswahlrechte im Einzelnen (Abs. 2 Satz 3, Abs. 3 Satz 2)

3.3.5.1 Allgemeine Verwaltungskosten

Zu den **Verwaltungskosten** gehören insb. Gehälter und Löhne des Verwaltungsbereichs, die entsprechenden Abschreibungen sowie die sonstigen Gemeinkosten des Verwaltungsbereichs (etwa Reisekosten, Kommunikationskosten, Kosten der Abschlussprüfung oder Beratungskosten).

136

Der Ansatz allgemeiner Verwaltungskosten ist an das **Angemessenheitsgebot** (Rz 110) gebunden und bedingt zudem, dass die Ausgaben auf den **Zeitraum der Herstellung** entfallen (Rz 96 ff.).

137

Zu **unterscheiden** sind die Kosten der **allgemeinen Verwaltung** von jenen der **technischen Verwaltung**. Früher unproblematisch, hat die Trennung nunmehr dahin gehend Bedeutung, dass die Kosten der technischen Verwaltung den Fertigungsgemeinkosten oder Materialgemeinkosten zuzurechnen und entgegen den einbeziehbaren Kosten der allgemeinen Verwaltung damit – beschränkt auf die angemessenen Teile – **aktivierungspflichtig** sind. Die Kostenpositionen der technischen Verwaltung sind durch ihren engen Bezug zur Fertigung/zum Materialbereich gekennzeichnet. Beispielhaft können Kosten für die Lager- und Materialverwaltung, das Lohnbüro sowie die Qualitäts- bzw. Fertigungsprüfung aufgeführt werden.[190]

138

Das **Einbeziehungsverbot für Vertriebskosten** gem. § 255 Abs. 2 Satz 4 HGB gebietet zudem, dass in die Kosten der allgemeinen Verwaltung keine derartigen Ausgaben eingerechnet werden. Zur Trennung vgl. im Detail Rz 149.

139

---

[188] Ebenso Küting/Lorson, DStR 1994, S. 666; ADS, 6. Aufl. 1995–2001, § 255 HGB Rz 183.
[189] Im Ergebnis ebenso ADS, 6. Aufl. 1995–2001, § 255 HGB Rz 184; Kahle, in Baetge/Kirsch/Thiele, Bilanzrecht, § 255 HGB Rz 193, Stand: 12/2021; a. A. IDW RS HFA 31.22; Knop/Küting/Knop, Küting/Weber, HdR-E, § 255 HGB Rz 246, Stand: 12/2023; Kußmaul, StB 1992, S. 178.
[190] Mit einer ähnlichen Liste Wohlgemuth/Ständer, WPg 2003, S. 203.

3.3.5.2 Aufwendungen für soziale Einrichtungen des Betriebs

140 Unter **sozialen Einrichtungen des Betriebs** sind allen voran Ausgaben für Betriebskantinen inkl. etwaiger Zuschüsse[191], Krankenstationen, Betriebsärzte sowie Sport- und Erholungseinrichtungen zu subsumieren.[192]

141 Der Ansatz ist an das **Angemessenheitsgebot** (Rz 110) gebunden und bedingt zudem, dass die Ausgaben auf den **Zeitraum der Herstellung** entfallen (Rz 96 ff.).

3.3.5.3 Aufwendungen für freiwillige soziale Leistungen

142 Als **freiwillige soziale Leistungen** gelten insb. Weihnachtsgelder, Wohnungs- und Umzugsbeihilfen, Jubiläumsgeschenke, Betriebsausflüge sowie sonstige freiwillige Beihilfen. **Voraussetzung** für die Ausübung des Einbeziehungswahlrechts bildet stets die Freiwilligkeit der Leistung. Sind Beihilfen – ausgenommen Ausgaben für die betriebliche Altersversorgung (Rz 144) – **arbeits- oder tarifvertraglich geregelt** bzw. in jedweder anderer Form festgeschrieben, sind die entsprechenden Ausgaben i. R. d. Fertigungskosten oder als allgemeine Verwaltungskosten zu berücksichtigen.[193] Ist eine **Zuordnung zu den Fertigungskosten** oder den **allgemeinen Verwaltungskosten** aufgrund der Nichterfüllung in diesem Zusammenhang festgesetzter Kriterien **nicht möglich**, sind die Ausgaben **nicht aktivierungsfähig**.

143 Der Ansatz ist zudem grds. an das **Angemessenheitsgebot** (Rz 110) gebunden und bedingt, dass die Ausgaben auf den **Zeitraum der Herstellung** entfallen (Rz 96 ff.).

3.3.5.4 Aufwendungen für die betriebliche Altersversorgung

144 Zu den **aktivierungsfähigen Aufwendungen für die betriebliche Altersversorgung** zählen u. a. Direktversicherungen, Zuwendungen an Pensions- und Unterstützungskassen sowie Pensionsfonds als auch Einstellungen in die Pensionsrückstellungen.[194] Der Ansatz ist an das **Angemessenheitsgebot** (Rz 110) gebunden und bedingt zudem, dass die Ausgaben auf den **Zeitraum der Herstellung** entfallen (Rz 96 ff.). Zuführungen zu Pensionsrückstellungen, die frühere Jahre betreffen, sind daher nicht ansatzfähig. Gleiches gilt für Aufwendungen für die Versorgung ausgeschiedener Arbeitnehmer.

145 Fremdkapitalzinsen gehören grds. **nicht** zu den **HK**. Entsprechend ist der **Zinsanteil** zu eliminieren. Einzige **Ausnahme** vom Aktivierungsverbot bilden Zinsen für Fremdkapital, das zur Finanzierung der Herstellung eines VG verwendet wird (Rz 204 ff.).

3.3.5.5 Bestimmte Fremdkapitalzinsen

146 Zu den Ausnahmen vom Aktivierungsverbot für Fremdkapitalzinsen vgl. Rz 199 ff.

---

[191] Vgl. Kahle, in Baetge/Kirsch/Thiele, Bilanzrecht, § 255 HGB, Rz 198, Stand: 12/2021.
[192] Vgl. auch R 6.3 Abs. 4 Satz 4 EStR.
[193] Ebenso ADS, 6. Aufl. 1995–2001, § 255 HGB Rz 198; nur einen Ansatz als Fertigungskosten aufführend Schubert/Huzler, in Beck Bil-Komm., 14. Aufl. 2024, § 255 HGB Rz 377.
[194] Vgl. Ballwieser, in MünchKomm. HGB, 5. Aufl. 2024, § 255 HGB Rz 77; Schubert/Hutzler, in Beck Bil-Komm., 14. Aufl. 2024, § 255 HGB Rz 376; Kahle, in Baetge/Kirsch/Thiele, Bilanzrecht, § 255 HGB, Rz 200, Stand: 12/2021; vgl. dazu auch R 6.3 Abs. 3 Satz 4 EStR.

3.3.6 Einbeziehungsverbote (Abs. 2 Satz 4, Abs. 3 Satz 1)

3.3.6.1 Forschungskosten (Abs. 2 Satz 4)

Gem. § 255 Abs. 2 Satz 4 HGB besteht für **Forschungskosten** ein Einbeziehungsverbot. Die Regelung ist als **Folge der Einführung des Aktivierungswahlrechts** (mit bestimmten Ausnahmen) für selbst geschaffene immaterielle VG des Anlagevermögens (§§ 248 Abs. 2, 255 Abs. 2a HGB) zu sehen, unter denen der Gesetzgeber lediglich die bei deren **Entwicklung** anfallenden Aufwendungen nach Abs. 2 versteht. Forschungskosten sind **als Aufwand** in der Periode zu erfassen, in der sie anfallen. Der **Abgrenzung** zwischen der Forschungs- und der Entwicklungsphase kommt – insb. weil eine Aktivierung von Entwicklungskosten bei nicht verlässlicher Trennbarkeit ausgeschlossen ist – eine entscheidende Bedeutung zu. In diesem Zusammenhang sind erhebliche praktische Schwierigkeiten zu erwarten. Zur Abgrenzung vgl. Rz 184 ff.

147

148

3.3.6.2 Vertriebskosten (Abs. 2 Satz 4)

§ 255 Abs. 2 Satz 4 HGB legt fest, dass **Vertriebskosten** nicht in die HK einbezogen werden dürfen. Eine Beschränkung des Einbeziehungsverbots auf **Vertriebsgemeinkosten** ist dem Gesetzeswortlaut nicht zu entnehmen. Entsprechend unterliegen auch **Vertriebseinzelkosten** und **Sondereinzelkosten des Vertriebs** dem Aktivierungsverbot.[195]

149

Nachgelagerte Kosten gehören grds. zu den Vertriebskosten. Vertriebskosten i.S.d. § 255 Abs. 2 Satz 4 HGB fallen aber nicht nur nach Beendigung der Leistungserstellung an. Möglicherweise vor oder während der Herstellung anfallende Vertriebskosten sind funktionsbedingt von den HK abzugrenzen.[196] Eine **funktionsabhängige Abgrenzung** von den HK ist insb. auch in den mit Trennungsschwierigkeiten verbundenen Bereichen der Lagerung sowie der Verpackung geboten.

150

Praxis-Beispiel
Ist die Lagerung als Teil des Fertigungsprozesses zu verstehen und resultiert daraus eine Wertsteigerung, wie etwa bei Wein, ist eine Aktivierung als HK geboten. Gleiches gilt bei der Verpackung, sofern diese den Verkauf erst ermöglicht, wie etwa bei Milch.

Wenngleich mitunter als Sondereinzelkosten des Betriebs bezeichnet, gehören auch **Kosten der Auftragsvorbereitung** nach Erteilung zu den HK.

151

Zu den typischen aktivierungsverbotenen Vertriebskosten zählen etwa:

152

- Werbung/Marketing,
- Verkaufslizenzen,
- Vertriebsnetz,
- Marktforschung,
- Personal- und Sachkosten des Vertriebsbereichs,
- Verpackung, sofern sie den Verkauf nicht erst ermöglicht,
- Lagerung und Transport fertiger Produkte,
- Innenlagerung ohne Wertsteigerung.

---

[195] Ebenso etwa IDW HFA 5/1991, WPg 1992, S. 94; Schubert/Hutzler, in Beck Bil-Komm., 14. Aufl. 2024, § 255 HGB Rz 358; Kahle, in Baetge/Kirsch/Thiele, Bilanzrecht, § 255 HGB Rz 201, Stand: 12/2021.
[196] Vgl. etwa BFH, Urteil v. 26.2.1975, I R 72/73, BStBl 1976 II S. 13, BFH, Urteil v. 20.5.1988, III R 31/84, BStBl 1988 II S. 961.

3.3.6.3 Fremdkapitalzinsen (Abs. 3 Satz 1)

153 **Fremdkapitalzinsen** gehören zunächst grds. **nicht** zu den **AHK**. Die Finanzierung ist als eigenständiger, von der Anschaffung oder Herstellung **unabhängiger Vorgang** zu verstehen.[197] Für bestimmte Fremdkapitalzinsen besteht allerdings eine **Ausnahme** vom Aktivierungsverbot (Rz 204 ff.).

3.3.7 Behandlung von Steuern

154 Die Zuordnung von **Steuern** zu den **HK** hängt von der jeweiligen Steuerart ab. **Substanzsteuern** auf VG unterliegen sowohl handels- als auch steuerrechtlich anteilig einer Aktivierungspflicht, sofern sie den Fertigungsgemeinkosten zuzuordnen sind.[198] **Ertragsteuern** fallen nicht in den Herstellungsprozess und dürfen handelsrechtlich nicht aktiviert werden. Dies gilt grds. auch nach Steuerrecht. Die Gewerbesteuern sind seit 2008 mit § 4 Abs. 5b EStG keine Betriebsausgaben mehr. Bei **Verbrauchsteuern** auf ein hergestelltes Produkt handelt es sich um dem einzelnen Endprodukt zurechenbare Steuern, die das Endprodukt erst verkehrsfähig machen und Sondereinzelkosten der Fertigung darstellen.[199] Da ein Ansatz als RAP nicht mehr erfolgen darf, besteht handelsrechtlich eine Einbeziehungspflicht. Steuerrechtlich sind Verbrauchsteuern auf ein hergestelltes Produkt zwingend als RAP auszuweisen (§ 5 Abs. 5 Satz 2 Nr. 1 EStG). Tab. 2 sind die handelsrechtlichen, steuerrechtlichen und internationalen Aktivierungspflichten, -wahlrechte und -verbote für die unterschiedlichen Steuerarten zu entnehmen:

	HGB	IFRS	EStG/EStR
Substanzsteuern	Pflicht**	Pflicht*	Pflicht**
Ertragsteuern	Verbot	Verbot	Verbot
Verbrauchsteuern für hergestellte Produkte	Pflicht	Pflicht*	Verbot

* Zur anteiligen Aktivierung der herstellungsbezogenen Steuern, sonst/Rest Verbot.
** Sofern Zuordnung zu den Fertigungsgemeinkosten.

Tab. 2: Behandlung von Steuern nach Handels- und Steuerrecht sowie nach IFRS

3.4 Anforderungen an die Kosten- und Leistungsrechnung

3.4.1 Grundlegendes

155 Die Vorschriften zur HK-Ermittlung entfalten zwangsläufig Wirkung auf die Kostenrechnung. Von den Unt ist die Frage zu klären, ob auch intern der handels- und steuerrechtliche Vollkostenansatz unter Orientierung am Handelsrecht vollzogen oder ob intern parallel zur handels- und steuerrechtlich angelehnten Kostenrechnung ein Teilkostenansatz verfolgt werden sollte. Für die Entscheidung dürften

---

[197] So auch Schubert/Hutzler, in Beck Bil-Komm., 14. Aufl. 2024, § 255 HGB Rz 503; zur Ausschluss-Begründung, dass AK nur mittelbar der Anschaffung dienen, s. zudem BFH, Urteil v. 24.5.1968, VI R 6/67, BStBl 1968 II S. 574.
[198] Vgl. Kahle, in Baetge/Kirsch/Thiele, Bilanzrecht, § 255 HGB Rz 204, Stand: 12/2021.
[199] Vgl. dazu Knop/Küting/Knop, in Küting/Weber, HdR-E, § 255 HGB Rz 196 ff., Stand: 12/2023.

insb. die Unternehmensgröße und die Unternehmensphilosophie (Ist eine eigenständige Kostenrechnung als Steuerungsinstrument gewollt und/oder notwendig? Wenn ja, wie liegt die Grenze zwischen Nutzen und Kosten?) eine Rolle spielen.

3.4.2 Kostenartenrechnung

Für die HK-Ermittlung kommt der **Kostenartenrechnung** die Aufgabe zu, die im Unt angefallenen Kosten vollständig zu erfassen und diese insb. nach dem Kriterium der Leistungsabhängigkeit in ausbringungsmengeninduzierte und nicht-ausbringungsmengeninduzierte Bestandteile zu unterteilen. Die Güte der so gewonnenen Kostenartenklassifizierung in fixe und variable Kosten hängt dabei – neben dem verwendeten Instrumentarium – nicht zuletzt davon ab, welcher Betrachtungszeitraum gewählt wird.[200] Somit hat bereits der **Fristigkeitsgrad** der Kostenplanung Einfluss auf den Umfang der aktivierungspflichtigen HK. Auch wenn i. A. zumeist von fixen Kosten ausgegangen wird, wenn für den Abbau dieser Kosten mind. ein Jahr benötigt wird, ist diese zeitliche Abgrenzung letztlich nur in enger Abhängigkeit der für die jeweilige Branche unterstellten Kostenremanenz unternehmensspezifisch durchführbar.

Sofern eine direkte Übernahme der Werte aus der Kostenrechnung für bilanzielle Zwecke nicht möglich ist, müssen bereits auf der Ebene der Kostenartenrechnung die Kostenerfassung und -auswertung angepasst werden. So besteht etwa die Notwendigkeit zur Eliminierung der kalkulatorischen Abschreibungen und Ersetzung durch die Abschreibungsbeträge der Finanzbuchhaltung.

Als Grundvoraussetzung der HK-Ermittlung müssen innerhalb des Kostenrechnungssystems die vom Gesetzgeber geforderten **Aufwandskategorien in der Kostenartenrechnung getrennt erfasst** werden, um diese im weiteren Verlauf den entsprechenden Kostenträgern und -stellen zuordnen zu können. Dies gilt nun auch für die Abschreibungen, die auf die in den Produktionsprozess eingebundenen immateriellen VG entfallen; wobei es ggf. einer auf die handels- und steuerrechtlichen Dokumentationspflichten ausgerichteten getrennten Erfassung bedarf, da im Steuerrecht weiterhin am Aktivierungsverbot für selbst geschaffene immaterielle Vermögenswerte festgehalten wird.

Gleichzeitig sind bereits bei der Kostenerfassung durch die Vergabe bestimmter **Kontierungsschlüssel** die Voraussetzungen für die spätere Zuordnung zu den Kostenstellen zu schaffen, sodass eine wesentliche Aufgabe der Anpassung an die HGB-Vorschriften darin besteht, die Abschreibungen auf stellenübergreifend eingesetzte selbst geschaffene immaterielle VG zunächst kostenstellengenau und später kostenträgergenau zu erfassen.

Analog sind die weiteren Unterschiede zwischen handels- und steuerrechtlicher Darstellung zu identifizieren und gesondert zu erfassen. Dies betrifft etwa die unterschiedlichen Abschreibungen aus der Nutzung steuerrechtlicher Wahlrechte oder die als Wahlrecht einzubeziehenden Aufwendungen für die Altersversorgung (deutliche Unterschiede bei der Pensionsrückstellungsbewertung).

Verliert die **Unterteilung der Kostenarten** in **variable** und **fixe Kosten** v. a. für die Differenzierung zwischen **Einzel- und Gemeinkosten** und damit die Bestimmung der **aktivierungspflichtigen Wertuntergrenze** durch das **Vollkostenkonzept** in

---

[200] Vgl. Deimel u. a., Kostenrechnung, 2017, S. 102 ff.

gewissem Maß an Bedeutung, so ist der Rückgriff auf dieses Kriterium insb. für die Beurteilung des Normalcharakters und die Angemessenheit der Kostenbelastung im Verhältnis zur realisierten Kapazitätsauslastung unabdingbar. Dabei sind für die Ausgestaltung der Kostenrechnung im internen Rechnungswesen v.a. pragmatisch-betriebswirtschaftliche Überlegungen maßgeblich, für handels- und steuerrechtliche Zwecke sind deutlich strengere Maßstäbe zugrunde zu legen.

3.4.3 Kostenstellenrechnung

162 Das in der Kostenartenrechnung thematisierte Verhältnis zwischen fixen und variablen Gemeinkosten wird insb. von der Tiefe und Qualität der **Kostenstellenrechnung** determiniert. So wird die Möglichkeit, Gemeinkosten im Hinblick auf ihre Abhängigkeit der Beschäftigung der jeweiligen Kostenstelle zu klassifizieren, maßgeblich von dem Feinheitsgrad der Kostenstellengliederung bestimmt. Eine bewusst grobe Kostenstellengliederung bedingt somit einen niedrigen Anteil von (aktivierungspflichtigen) Gemeinkosten und stellt damit eine Stellschraube der Bilanzpolitik dar.

163 Als integraler Bestandteil der Kostenstellenrechnung wird die Ermittlung geeigneter **Bezugsgrößen zur späteren Kostenverrechnung** der Kostenträgergemeinkosten auf die betreffenden Kostenträger betrachtet. Dabei gilt i.R.d. Auslegung der handelsrechtlichen Bestimmungen als Konsens, dass es sich bei den Fertigungslöhnen von der Sache her zwar vielfach um Gemeinkosten handelt, diese aber aufgrund der weit verbreiteten Praxis unabhängig von ihrer tatsächlichen unmittelbaren Beschäftigungsabhängigkeit als Einzelkosten behandelt werden dürfen. Durch die klare Definition der „unmittelbar zurechenbaren Kosten" bestehen im Zweifelsfall modifizierte Dokumentationsanforderungen, denen dahin gehend nachgekommen werden sollte, dass die von der Unternehmung verwendete Bezugsgrößensystematik auf Verlangen hinsichtlich ihrer Höhe und Art jederzeit dargelegt werden kann. Dennoch wird die Möglichkeit bzw. Notwendigkeit der fallweisen Zuordnungsentscheidung verbleiben. Gleiches gilt für die sich daran anschließende, für die Zuschlagskalkulation typische Verrechnung der Fertigungsgemeinkosten auf Basis der Fertigungslöhne.

164 Die Berechnung der bilanziellen **Gemeinkosten-Zuschlagssätze** sollte in folgenden Schritten erfolgen:
- Übernahme der **kalkulatorischen Werte** aus dem Betriebsabrechnungsbogen;
- Eliminierung der **primären Gemeinkosten-Arten**, die einem **Einbeziehungsverbot** unterliegen;
- Eliminierung der primären **Gemeinkosten-Arten**, für die weiterhin ein **Einbeziehungswahlrecht** besteht, sofern auf dessen Einbeziehung verzichtet wird;
- Durchführung der Umlage der **sekundären Gemeinkosten**, sofern deren Einbeziehung in die HK erlaubt und beabsichtigt ist.

165 Sind im konkreten Einzelfall die Unterschiede zwischen den kostenrechnerischen Herstellkosten und den handelsrechtlichen HK sehr vielfältig, so wird auch die Erstellung eines eigenständigen handels- bzw. steuerrechtlichen Betriebsabrechnungsbogen empfohlen. In diesem bilanziellen Betriebsabrechnungsbogen werden

3.4.4 Kostenträgerrechnung

Empfehlungen oder Verbote hinsichtlich möglicher Verfahren zur **Kostenträgerstückrechnung** sind dem Gesetz nicht zu entnehmen. Dennoch ist auch die Kostenträgerrechnung auf einen möglichen Anpassungsbedarf an das Handelsrecht zu überprüfen. So stellt sich insb. die Frage, welches Verfahren zur Berechnung der Stückkosten dem geltenden Vollkostenprinzip am besten entspricht.

Empirische Untersuchungen zeigen, dass mittelständische Unt lediglich zu 32 % den Vollkostenansatz für externe Adressaten für informativer halten und dass 30 % von einer besseren Eignung für die interne Steuerung ausgehen.[202] Diese Ergebnisse deuten stark darauf hin, dass in der mittelständischen Praxis vielfach noch keine ausreichend enge Verknüpfung des externen Rechnungswesens zum internen Bereich gegeben ist.[203] Konnte dieser Teilkostengedanke früher als Argument für die Verwendung der in der Praxis dominierenden Zuschlagskalkulation mit ihrem differenzierten Ausweis der einzelnen Kostenbestandteile herangezogen werden, die immerhin neun von zehn Unt angewandt haben,[204] so kommt insb. bei einem EinproduktUnt ggf. ein Wechsel zur Divisionskalkulation in Betracht. Bei diesem lässt sich durch die Division des aus dem handelsrechtlichen und/oder steuerlichen Betriebsabrechnungsbogen unter Ausschluss der Vertriebskosten zu entnehmenden Gesamtkostenbetrags durch die Anzahl der produzierten Erzeugnisse die Obergrenze der handels- und steuerrechtlichen HK ableiten. Nur für den Fall, dass die Wahlrechte zur Bilanzierung i. H. d. Wertuntergrenze genutzt werden sollen, müssen hierfür eigene Sonderrechnungen durchgeführt werden, die eine Trennung in Einzelkosten und Gemeinkosten zulassen.

Im Hinblick auf einzelne **HK-Bestandteile** kann die bisherige Diskussion, ob Kosten für Entwürfe, Konstruktionszeichnungen, Arbeitsmodelle und dergleichen zur Fertigung eines Prototyps auch bei einer mehrjährigen Nutzbarkeit des immateriellen Vermögenswerts als Sondereinzelkosten der Fertigung aktiviert werden dürfen, als obsolet betrachtet werden, da diese Kosten über die auf sie entfallenden Abschreibungen die aktivierungspflichtigen HK erhöhen. Stattdessen müssen sich die Bemühungen des internen Rechnungswesens darauf konzentrieren, die vor dem BilMoG in der Kosten- und Leistungsrechnung verwendeten Kriterien mit den explizit im HGB genannten Anhaltspunkten zur Abgrenzung der entstandenen Entwicklungskosten zwischen einem aktivierbaren und einem nicht aktivierbaren Teil abzugleichen.

---

201 Vgl. Wohlgemuth, in in Schulze-Osterloh/Hennrichs/Wüstemann, Handbuch des Jahresabschlusses (HdJ), Abt. 1/10 Rz 127, Stand: 10/2012.
202 Vgl. Eierle/Haller/Beiersdorf, in DRSC, Entwurf eines internationalen Standards zur Bilanzierung von Small and Medium-sized Entities (ED-IFRS for SMEs), www.drsc.de/app/uploads/2017/03/070928_FinalReport_ED-IFRS-SME_Deutsch.pdf, Abruf 31.8.2023, S. 43.
203 Vgl. Weißenberger, IFRS für Controller, 2007, S. 191–226.
204 Vgl. Rautenstrauch/Müller, DB 2007, S. 1822.

3.5 Beispiel für die Herstellungskostenerfassung

170 Die Ermittlung und die Verbuchung der HK sind durch die alternativen GuV-Gliederungen in den jeweiligen Kontenplänen unterschiedlich durchzuführen. Grds. ergeben sich nach dem Gesamtkostenverfahren (GKV) folgende Zusammenhänge:

Abb. 2: Kontenmäßige Darstellung der Zusammenhänge beim Gesamtkostenverfahren

171 Im Unterschied zum UKV werden den Erlösen alle Kosten, die in der betrachteten Rechnungsperiode bei der betrieblichen Leistungserstellung entstanden sind, gegenübergestellt. Sofern sich die Lagerbestände verändern oder aktivierte Eigenleistungen vorliegen, wird i. H. d. dafür angefallenen Kosten eine Bestandserhöhung/-minderung bzw. eine Eigenleistung berücksichtigt.

172 **Praxis-Beispiel**
Buchung von Herstellungskosten i. e. S. nach dem Gesamtkostenverfahren:
Bei der Herstellung von 2.000 Stück eines Fertigerzeugnisses fallen folgende Einzelkosten an:
- Verr. Materialeinzelkosten i. H. v. 4.000 EUR,
- Verr. Fertigungseinzelkosten i. H. v. 3.000 EUR,
- Verr. Sondereinzelkosten der Fertigung i. H. v. 1.000 EUR.

Nach Schlüsselung und Verbuchung über das Betriebsabrechnungsbogen-Sammelkonto können den Erzeugnissen folgende Entwicklungs- und Gemeinkosten zugerechnet werden:
- Verr. Materialgemeinkosten i. H. v. 800 EUR,
- Verr. Fertigungsgemeinkosten i. H. v. 600 EUR,
- Verr. Verwaltungsgemeinkosten i. H. v. 1.200 EUR,

Bewertungsmaßstäbe § 255

- Verr. Vertriebsgemeinkosten i. H. v. 400 EUR,
- Verr. Entwicklungskosten i. H. v. 1.400 EUR.

Die Gesamtkosten betragen demnach 12.400 EUR. Der Anfangsbestand der Fertigerzeugnisse vor der Herstellung der hier behandelten Erzeugnisse betrug 0 EUR. Weitere Produkte wurden/werden nicht produziert; die Verwaltungskosten werden einbezogen.
Merke: Die Gliederung in Materialeinzelkosten, Fertigungseinzelkosten etc. und die entsprechenden Buchungen folgen den Vorschriften des § 255 HGB zur Bilanzierung. Die Kostenpositionen finden entsprechend der obigen Darstellung Eingang in die GuV. Der Ausweis in der GuV hat dagegen den Gliederungsvorschriften des § 275 HGB zu entsprechen. Zur Ausweisumschlüsselung bieten sich insb. Umrechnungstabellen an.
Fall 1: Es erfolgt kein Verkauf; die Produktion läuft auf Halde (GKV).

Konto	Soll	Haben
Gewinn- und Verlustrechnung	12.400	
Materialeinzelkosten		4.000
Fertigungseinzelkosten		3.000
Sondereinzelkosten der Fertigung		1.000
Materialgemeinkosten		800
Fertigungsgemeinkosten		600
Entwicklungskosten		1.400
Verwaltungsgemeinkosten		1.200
Vertriebsgemeinkosten		400

Konto	Soll	Haben
Bestandsveränderung Fertigerzeugnisse	12.000	
Gewinn- und Verlustrechnung		12.000
Fertigerzeugnisse	12.000	
Bestandsveränderung Fertigerzeugnisse		12.000

Fall 2: Die Fertigerzeugnisse werden sofort verkauft (GKV).
In Abwandlung des vorherigen Falls werden die produzierten Stücke sofort verkauft. Der Verkaufspreis entspricht dem Zweifachen der zur Herstellung der Erzeugnisse anfallenden Gesamtkosten.

Konto	Soll	Haben
Gewinn- und Verlustrechnung	12.400	
Materialeinzelkosten		4.000
Fertigungseinzelkosten		3.000
Sondereinzelkosten der Fertigung		1.000
Materialgemeinkosten		800
Fertigungsgemeinkosten		600
Entwicklungskosten		1.400
Verwaltungsgemeinkosten		1.200
Vertriebsgemeinkosten		400

Konto	Soll	Haben
Umsatzerlöse (Verkauf)	24.800	
Gewinn- und Verlustrechnung		24.800

Nach dem UKV ergeben sich die Zusammenhänge grds. wie folgt:

Abb. 3: Kontenmäßige Darstellung der Zusammenhänge beim UKV

173 Das UKV berücksichtigt im Gegensatz zum GKV keine Bestandsveränderungen. Beim UKV auf Vollkostenbasis werden die pro Periode verkauften Produkte mit ihren anteiligen Fixkosten belastet. Das Betriebsergebnis nach UKV auf Vollkostenbasis und das nach dem GKV sind grds. identisch.

> **Praxis-Beispiel**
> **Buchung von Herstellungskosten i. e. S. nach dem Umsatzkostenverfahren:**
> Das UKV wird auf der gleichen Datenbasis wie im Fall 1 auf Vollkostenbasis durchgeführt. Die Gesamtkosten betragen daher 12.400 EUR. Das Verbot zur Einbeziehung der Vertriebsgemeinkosten in die HK bedingt, dass sich die gesamten aktivierbaren HK auf lediglich 12.000 EUR belaufen. Der Anfangsbestand der Fertigerzeugnisse vor der Herstellung der hier behandelten Erzeugnisse betrug 0 EUR. Weitere Produkte wurden/werden nicht produziert. Das Wahlrecht zur Einbeziehung der Verwaltungsgemeinkosten in die HK wird genutzt.
> Merke: Die durch die von § 255 HGB abweichende Definition des HK-Begriffs in § 275 HGB bedingte Trennung der allgemeinen Verwaltungsgemeinkosten von den HK (§ 275 Rz 220 ff.) bezieht sich nur auf den gesonderten Ausweis der Kostenpositionen entsprechend den Gliederungsvorschriften des § 275 HGB – auf die Aktivierung der Verwaltungsgemeinkosten hat dies keinen Einfluss. Die unterschiedlichen Definitionen des HK-Begriffs nach § 255 und § 275 HGB in Bezug auf das UKV führen in der Praxis zu erheblichen Problemen. Zur Lösung des Dilemmas/der Ausweisumschlüsselung bieten sich insb. Umrechnungstabellen an.

Bewertungsmaßstäbe § 255

Fall 3: Es erfolgt kein Verkauf; die Produktion läuft auf Halde (UKV)

Konto	Soll	Haben
Herstellungskosten	12.000	
Materialeinzelkosten		4.000
Fertigungseinzelkosten		3.000
Sondereinzelkosten der Fertigung		1.000
Materialgemeinkosten		800
Fertigungsgemeinkosten		600
Entwicklungskosten		1.400
Verwaltungsgemeinkosten		1.200

Konto	Soll	Haben
Fertigerzeugnisse	12.000	
Herstellungskosten		12.000

Konto	Soll	Haben
Gewinn- und Verlustrechnung	12.400	
Vertriebsgemeinkosten		400
Fertigerzeugnisse		12.000

Fall 4: Fertigerzeugnisse werden sofort verkauft (UKV)
Die Fertigerzeugnisse erzielen einen Verkaufspreis von 24.800 EUR.

Konto	Soll	Haben
Herstellungskosten	12.000	
Materialeinzelkosten		4.000
Fertigungseinzelkosten		3.000
Sondereinzelkosten der Fertigung		1.000
Materialgemeinkosten		800
Fertigungsgemeinkosten		600
Entwicklungskosten		1.400
Verwaltungsgemeinkosten		1.200

Konto	Soll	Haben
Fertigerzeugnisse	12.000	
Herstellungskosten		12.000

Konto	Soll	Haben
Umsatzerlöse	24.800	
Gewinn- und Verlustrechnung		24.800

Konto	Soll	Haben
Gewinn- und Verlustrechnung	12.400	
Fertigerzeugnisse		12.000
Vertriebsgemeinkosten		400

3.6 Herstellungskostenerfassung im Kontext einer GuV-Verfahrensumstellung

174 Eine **Umstellung vom Gesamtkostenverfahren (GKV) auf das Umsatzkostenverfahren (UKV)** erfordert tiefgreifende Eingriffe in die Systeme eines Unt. Von herausragender Bedeutung ist die Implementierung des UKV in der Buchhaltung. Die notwendige funktionsbezogene Kostenerfassung und -verbuchung im Kontenplan respektive die Umgliederung von Kostenpositionen erfordert zunächst die Ausweitung des Kontenplans oder die Verwendung eines neuen Kontenplans. Eine **Erweiterung des Kontenplans** führt zur Abkehr von einem logischen Kontenplanaufbau und erfordert eine komplexe Kontenverdichtung, weshalb trotz erforderlichem Saldenvortrag ein **neuer Kontenplan** zu präferieren ist.[205]

175 Darauf aufbauend ist für die Kostenarten bzw. die Konten i. V. m. den Kostenstellen nach GKV eine Überführung in die Konten i. V. m. den Kostenstellen nach UKV vorzunehmen. **In Abhängigkeit der Posten** ist entweder eine **unveränderte Übernahme** (infolge der teilweisen Überschneidungen zwischen beiden Systemen) möglich **oder** es sind **weitergehende Verteilungen bzw. Zuordnungen sowie Korrekturen** erforderlich. Änderungserfordernisse ergeben sich, sofern Aufwendungen mit unterschiedlichem Funktionsbezug auf einem Konto i. V. m. einer Kostenstelle verbucht werden und eine funktionsbezogene Erfassung und Verbuchung entsprechend nicht ohne Verteilung/Zuordnung möglich ist.

176 Zwecks Vergleichbarkeit ist eine vollständige **parallele Anwendung** beider Verfahren **im ersten Anwendungsjahr zu empfehlen**, was insofern mit einem Wechsel i. R. d. Jahresabschlusserstellung erst im zweiten Anwendungsjahr einhergeht. Entsprechend stehen sowohl im ersten Jahr der Anwendung im Zuge des Jahresabschlusses als auch im vorhergehenden Gj vergleichbare **Vorjahreszahlen** zur Verfügung. Zwingend erforderlich ist nach § 265 Abs. 2 HGB in jedem Fall eine Anpassung der Vorjahresbeträge. Die bloße Angabe und Erläuterung im Anhang bei fehlender Vergleichbarkeit i. S. d. § 265 Abs. 2 Satz HGB scheidet mangels Übereinstimmung der Positionen aus. Eine unterjährige Umstellung ohne rückwirkende Anpassung zum Beginn eines Gj (nebst Anpassung der Vorjahreswerte) scheidet infolge der Vorgabe zur Beibehaltung der Form der Darstellung und insb. der Gliederung der GuV gem. § 265 Abs. 1 Satz 1 Hs. 1 HGB grds. aus. Die Umstellung vom GKV auf das UKV oder umgekehrt ist ohnehin nur möglich, wenn sie als **Ausnahmefall i. S. d. § 265 Abs. 1 Satz 1 Hs. 2 HGB** zu verstehen ist, d. h., sofern wegen besonderer Umstände Abweichungen erforderlich sind. Von besonderen Umständen ist in diesem Kontext etwa auszugehen, wenn sich die Gegebenheiten in der Geschäftstätigkeit oder der Kostenrechnung geändert haben, sich eine Konzernzugehörigkeit ergeben hat oder entfallen ist oder Umwandlungen i. S. d. UmwG erfolgt sind.[206] Da infolge der neuen Zuordnung der Überblick auf die einzelnen Kostenarten verloren geht, wird die Erstellung von Matrizenmodellen empfohlen, die eine Gemeinkostenbetrachtung mit einer Umsatzkostenbetrachtung und einer Kostenstellenbetrachtung kombinieren.[207]

---

[205] Vgl. Krimpmann, Accounting 7/2005, S. 13.
[206] Vgl. etwa Reiner/Haußer, MünchKomm HGB, 5. Aufl. 2024, § 275 HGB Rz 22.
[207] So Krimpmann, Accounting 7/2005, S. 11, 12, 14.

3.6.1 Wechsel vom Gesamtkostenverfahren auf das Umsatzkostenverfahren nach HGB

Ausgehend von den handelsrechtlichen GuV-Gliederungsvorschriften für **Unt ohne größenabhängige Befreiungen** kann infolge der Deckungsgleichheit der Positionen 1 und 4 sowie 8–17 GKV mit den Positionen 1 und 4 sowie 7–16 UKV diesbzgl. zunächst eine Postenübernahme erfolgen.

Die Erhöhungen/Verminderungen des Bestands an unfertigen/fertigen Erzeugnissen (Position 2 GKV), die anderen aktivierten Eigenleistungen (Position 3 GKV) sowie Teile des Material- und Personalaufwands (Positionen 5 und 6 GKV) und der Abschreibungen (Position 7 GKV) sind – hinsichtlich der Erhöhungen/Verminderungen des Bestands größtenteils respektive i.d.R. – **den HK** der zur Erzielung der Umsatzerlöse erbrachten Leistung (Position 2 UKV) **zuzuordnen**. Erhöhungen des Bestands an unfertigen/fertigen Erzeugnissen wirken sich wie auch andere aktivierte Eigenleistungen mindernd auf die HK aus, während Verminderungen des Bestands an unfertigen/fertigen Erzeugnissen zu deren Erhöhung führen.

Die Zuordnung der Erhöhungen/Verminderungen des Bestands an unfertigen/fertigen Erzeugnissen (Position 2 GKV) zu den HK der zur Erzielung der Umsatzerlöse erbrachten Leistung (Position 2 UKV) bezieht sich auf die dem Herstellungsbereich zuzurechnenden Teile der Aufwendungen der auf Lager produzierten Erzeugnisse. Sofern bspw. allgemeine Verwaltungskosten oder Fremdkapitalzinsen in den HK der auf Lager produzierten Erzeugnisse enthalten sind, hat eine Zuordnung zu den entsprechenden UKV-Positionen zu erfolgen. I.R.d. **Zuordnung der Material- und Personalaufwendungen sowie der Abschreibungen** sind Umrechnungsschlüssel aus der Kostenrechnung zu verwenden, die eine funktionsbezogene Aufteilung auf die HK, die allgemeinen Verwaltungskosten und die Vertriebskosten gewährleisten.

Von der funktionsbezogenen Zuordnung mittels Schlüsselung sind bei der Aufteilung der Material- und Personalaufwendungen sowie der Abschreibungen die Kosten betroffen, die nicht einem Kostenträger direkt zugerechnet werden können. Materialeinzelkosten müssen korrespondierend nicht geschlüsselt, unbeachtet dessen aber sachlogisch zugeordnet werden.

Bei einem **Wechsel** vom GKV auf das UKV nach HGB ergeben sich die folgenden **Zuordnungserfordernisse**.

GKV (§ 275 Abs. 2 HGB)		UKV (§ 275 Abs. 3 HGB)
Umsatzerlöse (Nr. 1)	Übernahme	Umsatzerlöse (Nr. 1)
Erhöhung/Verminderung des Bestands (Nr. 2)	Minderung/Erhöhung Minderung	Herstellungskosten… (Nr. 2)
Andere aktivierte Eigenleistungen (Nr. 3)	Übernahme	Bruttoergebnis vom Umsatz (Nr. 3)
Sonstige betriebliche Erträge (Nr. 4)	Zuordnung	Vertriebskosten (Nr. 4)
Materialaufwand (Nr. 5)	Zuordnung	Allgemeine Verwaltungskosten (Nr. 5)
Personalaufwand (Nr. 6)		Sonstige betriebliche Erträge (Nr. 6)
Abschreibungen (Nr. 7)	Zuordnung	Sonstige betriebliche Aufwendungen (Nr. 7)
Sonstige betriebliche Aufwendungen (Nr. 8)	Übernahme	
Erträge aus Beteiligungen (Nr. 9)	Übernahme	Erträge aus Beteiligungen (Nr. 8)
Erträge aus anderen Wertpapieren… (Nr. 10)	Übernahme	Erträge aus anderen Wertpapieren… (Nr. 9)
Sonstige Zinsen und ähnliche Erträge (Nr. 11)	Übernahme	Sonstige Zinsen und ähnliche Erträge (Nr. 10)
Abschreibungen auf Finanzanlagen (Nr. 12)	Übernahme	Abschreibungen auf Finanzanlagen (Nr. 11)
Zinsen und ähnliche Aufwendungen (Nr. 13)	Übernahme	Zinsen und ähnliche Aufwendungen (Nr. 12)
Steuern vom Einkommen und vom Ertrag (Nr. 14)	Übernahme	Steuern vom Einkommen und vom Ertrag (Nr. 13)
Ergebnis nach Steuern (Nr. 15)	Übernahme	Ergebnis nach Steuern (Nr. 14)
Sonstige Steuern (Nr. 16)	Übernahme	Sonstige Steuern (Nr. 15)
Jahresüberschuss/Jahresfehlbetrag (Nr. 17)	Übernahme	Jahresüberschuss/Jahresfehlbetrag (Nr. 16)

* Die Zuordnung der Erhöhungen/Verminderungen des Bestands an unfertigen/fertigen Erzeugnissen zu den HK der zur Erzielung der Umsatzerlöse erbrachten Leistung bezieht sich auf die dem Herstellungsbereich zuzurechnenden Teile der Aufwendungen der auf Lager produzierten Erzeugnisse. Sofern bspw. allgemeine Verwaltungskosten oder Fremdkapitalzinsen in den HK der auf Lager produzierten Erzeugnisse enthalten sind, hat eine Zuordnung zu den entsprechenden UKV-Positionen zu erfolgen.

Abb. 4: Zuordnung beim Wechsel vom GKV auf das UKV innerhalb des HGB

3.6.2 Überleitung vom Gesamtkostenverfahren nach HGB auf das Umsatzkostenverfahren nach IFRS

180 Sofern etwa infolge einer Konzernzugehörigkeit eine Überleitung des handelsrechtlichen Abschlusses auf einen IFRS-Abschluss erfolgt, sind in Abweichung zum Wechsel von GKV auf UKV nach HGB hinsichtlich der Umstellung der GuV-Gliederung Besonderheiten zu beachten bzw. erweitern sich die Zuordnungsanforderungen.

Aufgrund der geringeren Mindestgliederungsanforderungen nach IFRS kann keine allgemeingültige Zuordnung der Gliederungspositionen erfolgen. Entsprechend ist die nachfolgend erläuterte Teil-Zuordnung – zumindest hinsichtlich einiger Gliederungspositionen – als Muster zu verstehen.

Die Umgliederung der Erhöhungen/Verminderungen des Bestands an unfertigen/fertigen Erzeugnissen (Position 2 GKV) und der anderen aktivierten Eigenleistungen (Position 3 GKV) sowie Teilen des Material- und Personalaufwands (Positionen 5 und 6 GKV) und der Abschreibungen (Position 7 GKV) erfolgt im Wesentlichen analog zur HGB (Rz 177). Aufgrund der abweichenden Vorschriften für die Herstellungskostenbewertung nach IFRS stellt sich insoweit die Frage der Behandlung allgemeiner Verwaltungskosten nicht.

Die übrigen Teile des Material- und Personalaufwands (Positionen 5 und 6 GKV) und der Abschreibungen (Position 7 GKV) werden wie die sonstigen betrieblichen Aufwendungen (Position 8 GKV nach HGB) den Umsatz-, Vertriebs- und allgemeinen Verwaltungskosten sowie den sonstigen betrieblichen Aufwendungen funktionsbezogen zugeordnet.

Erträge aus Beteiligungen (Position 9 GKV nach HGB), ggf. at-equity-Erträge im Konzernfall (gem. § 311 Abs. 1 HGB), Erträge aus anderen Wertpapieren und Ausleihungen des Finanzanlagevermögens (Position 10 GKV nach HGB), sonstige Zinsen und ähnliche Erträge (Position 11 GKV nach HGB) sowie Abschreibungen auf Finanzanlagen und auf Wertpapiere des Umlaufvermögens (Position 12 GKV nach HGB) werden in das Ergebnis aus at equity bewerteten Anteilen und/oder (übrige) Finanzerträge überführt.

Zinsen und ähnliche Aufwendungen (Position 13 GKV nach HGB) werden den (übrigen) Finanzaufwendungen zugeordnet.

Die gem. IAS 1.82 obligatorischen Steueraufwendungen umfassen nach IAS 12.5 die tatsächlichen und latenten Steuern, die in die Ermittlung des Gewinns oder Verlusts der Periode eingehen, und damit die Steuern vom Einkommen und vom Ertrag (Position 14 GKV nach HGB). Hinsichtlich der sonstigen Steuern erfolgt in Abhängigkeit der Steuerart entweder ein Direktabzug von den Umsatzerlösen und/oder eine Zuordnung zu weiteren Kosten-/Aufwandspositionen.

Bei einer **Überleitung** vom GKV nach HGB auf das UKV nach IFRS ergeben sich **beispielhaft** die folgenden **Zuordnungserfordernisse**, wobei aufgrund der abweichenden Ansatz- und Bewertungsregelungen stets weitere Anpassungen notwendig sind.

* Die Zuordnung der Erhöhungen/Verminderungen des Bestands an unfertigen/fertigen Erzeugnissen zu den Umsatzkosten bezieht sich auf diese zuzurechnenden Teile der Aufwendungen der auf Lager produzierten Erzeugnisse. Sofern bspw. allgemeine Verwaltungskosten in den auf Lager produzierten Erzeugnissen enthalten sind, hat i. R. d. IFRS-Erstanwendung eine gesonderte Erfassung zu erfolgen.

Abb. 5: Zuordnung bei Überleitung vom GKV nach HGB auf das UKV nach IFRS

4 Herstellungskosten selbst geschaffener immaterieller Vermögensgegenstände des Anlagevermögens (Abs. 2a)

4.1 Einordnung der Vorschrift

182 Für selbst geschaffene immaterielle Vermögensgegenstände des Anlagevermögens sieht § 248 Abs. 2 Satz 1 HGB ein Aktivierungswahlrecht vor. Diese Ausnahme vom Vollständigkeitsgebot des § 246 Abs. 1 HGB stellt nicht die einzige Besonderheit bei der bilanziellen Behandlung derartiger VG dar. Macht ein Unt von dieser Möglichkeit Gebrauch, schränkt die hiesige Vorschrift den Umfang der aktivierungsfähigen HK im Vergleich zu materiellen VG ein. Zudem löst ihr Ansatz bei KapG eine Ausschüttungssperre aus (§ 268 Abs. 8 HGB). Diese Regelungen sind Ausdruck des Misstrauens, mit dem der Gesetzgeber der Aktivierung selbst geschaffener immaterieller Werte in der dem Gläubigerschutz verpflichteten Handelsbilanz begegnet. Wenn der Bilanzierende auf ihren Ansatz nicht verzichten will, soll wenigstens durch eine zurückhaltende Bewertung und durch eine Immunisierung der Ausschüttungsbasis das Risiko einer Gläubigerschädigung weitgehend begrenzt werden. Anlass zu dieser Sonderbehandlung gibt die im Vergleich zu Sachanlagen regelmäßig deutlich höhere Ungewissheit, ob der Herstellungsprozess erfolgreich sein wird.

183 Abs. 2a definiert die HK eines immateriellen VG des AV als die Aufwendungen i. S. d. Abs. 2, die bei dessen Entwicklung anfallen. Die Vorschrift enthält mithin keinen eigenständigen Bewertungsmaßstab, sondern konkretisiert, wie § 255 Abs. 2 HGB im Fall der Ausübung des Aktivierungswahlrechts nach § 248 Abs. 2 Satz 1 HGB auf die betreffenden VG anzuwenden ist. Der Tatbestand der Entwicklung umfasst zum einen die Herstellung eines VG i.s. einer Neuschaffung oder einer Wesensänderung. Eine Wesensänderung liegt dann vor, wenn nachträgliche Maßnahmen an einem immateriellen VG einen neuen VG mit geänderter betrieblicher Funktion und Zweckbestimmung entstehen lassen (Rz 195). Davon kann etwa bei einer umfangreichen Überarbeitung von Softwareanwendungen (Generationenwechsel) auszugehen sein.[208] Auch die Modifikation eines immateriellen VG in Gestalt seiner Erweiterung oder seiner wesentlichen Verbesserung über den ursprünglichen Zustand hinaus erfüllt den Herstellungstatbestand (Rz 196 ff.).

4.2 Herstellung eines neuen Vermögensgegenstands

184 Die bei Ausübung des Ansatzwahlrechts nach § 248 Abs. 2 Satz 1 HGB zu aktivierenden Aufwendungen müssen sich in sachlicher und zeitlicher Hinsicht als HK qualifizieren. **Sachlich** sind Aufwendungen angesprochen, die bei der Entwicklung eines VG anfallen. Negativ dürfen sie nicht der Forschungsphase zuzurechnen sein.[209] Als **Forschung** gelten solche Aktivitäten des Unt, die auf die eigenständige und planmäßige Suche nach neuen wissenschaftlichen oder technischen Erkenntnissen (z. B. über Materialien, Vorrichtungen, Verfahren, Prozesse) oder Er-

---

[208] Vgl. DRS 24.8; IDW RS HFA 11.21.
[209] Das Verbot der Aktivierung der Vertriebskosten gem. § 255 Abs. 2 Satz 4 HGB schließt zudem eine Aktivierung von Aufwendungen aus, die der Realisation des Nutzens aus einem fertiggestellten VG dienen (Rz 149 ff.).

fahrungen allgemeiner Art gerichtet sind. Aussagen zur technischen und ökonomischen Verwertbarkeit des angeeigneten Wissens sind in dieser Phase regelmäßig nicht verlässlich möglich. Diese Unsicherheit erklärt, warum in der Forschungsphase eine Aktivierung selbst geschaffener Vermögensvorteile ausgeschlossen ist.[210] **Entwicklung** zeichnet sich demgegenüber durch die Anwendung von Forschungsergebnissen oder von anderem Wissen für die Neu- bzw. (wesentliche) Weiterentwicklung von Gütern, Produkten, Verfahren, Systemen oder Dienstleistungen vor Aufnahme der eigentlichen Produktion aus. Die technische und ökonomische Realisierbarkeit eines solchen Vorhabens lässt sich je nach Gegenstand und Stadium des Vorhabens mehr oder weniger verlässlich abschätzen. Deshalb soll in dieser Phase die Aktivierung von HK für einen selbst geschaffenen immateriellen VG nicht ausgeschlossen sein.
Forschung und Entwicklung werden verbreitet als Teil eines sequenziell verlaufenden Innovationsprozesses dargestellt:[211]

Abb. 6: Sequenziell verlaufender Innovationsprozess

Sind Forschungs- und Entwicklungsphase für einzelne Vorhaben wie in Abb. 6 dargestellt jeweils klar abgrenzbar, lassen sich die sachlich für eine Aktivierung qualifizierenden Entwicklungsaufwendungen durch eine entsprechend ausgestaltete Kostenrechnung erfassen. Die Grenzlinie zwischen den beiden Phasen ist unternehmensindividuell festzulegen. Anhaltspunkte hierfür liefern die Erläuterungen in den Gesetzesmaterialien sowie in dem als Vorbild dienenden IAS 38, die verschiedene betriebliche Maßnahmen der Forschungs- bzw. Entwicklungsphase zuschreiben (Tab. 3).[212]
Zudem werden sich vielfach aus den betrieblichen Abläufen Hinweise auf den Übergang zwischen der Forschungs- und Entwicklungsphase ergeben. Zu denken ist insb. an Entscheidungs- und Genehmigungsprozesse.

---

[210] Vgl. BT-Drs. 16/10067 v. 30.7.2008 S. 60.
[211] In Anlehnung an Hüttche, StuB 2008, S. 164.
[212] Vgl. hierzu auch DRS 24.46 f., 24.B46 f.

Forschung	Suche nach und Testen von Alternativen für verwendete Materialien, eingesetzte Fertigungsverfahren, angebotene Produkte
	Bewertung der Testergebnisse und Beurteilung der untersuchten Alternativen
	Prüfung der Nutzbarkeit der gewonnenen Erkenntnisse
	Formulierung von Anforderungen an ein neues Produkt oder Verfahren in einem Pflichtenheft
	Machbarkeitsstudien
Entwicklung	Feinplanung zur Realisierung neuer Produkte, Verfahren, Systeme
	Entwicklung von Schablonen, Formen, Werkzeugen
	Konstruktion und Fertigung von Modellen, Prototypen, Vorprodukten
	Design und Programmierung von Softwareprodukten
	Testen, Auswertung und Umsetzung von Testergebnissen
	Betrieb einer Pilotanlage vor der kommerziellen Nutzung

Tab. 3: Maßnahmenbezogene Abgrenzung von Forschung und Entwicklung

186 Mit Blick auf das Gebot der Ansatzstetigkeit (§ 246 Abs. 3 HGB) und im Interesse der Bilanzobjektivierung ist bei Wahrnehmung des Aktivierungswahlrechts nach § 248 Abs. 2 Satz 1 HGB die Abgrenzung von Forschungs- und Entwicklungsphase nachvollziehbar zu dokumentieren. Diese Verpflichtung besteht auch für jedes weitere Vorhaben. Der Verzicht auf eine Aktivierung nachfolgender Entwicklungsprojekte mit dem bloßen Hinweis auf eine unterbliebene Trennung von Forschungs- und Entwicklungsaufwendungen verbietet sich. Vielmehr bedarf jede unmittelbar aufwandswirksame Erfassung von Entwicklungskosten einer sachlichen Begründung, die aus der Projektdokumentation hervorgehen muss.

187 Nicht immer verlaufen Forschung und Entwicklung sequenziell. Die Softwarebranche nutzt bspw. für die Entwicklung komplexer Applikationen verbreitet ein agiles Projektmanagement (Scrum). Anders als bei einer herkömmlichen Herangehensweise wird das Projekt nicht ex ante personell, inhaltlich und zeitlich durchgeplant. Scrum setzt auf kurze, aber feste Planungszeiträume (nicht selten ein Tag), in denen kleinere Arbeitspakete in sich selbst organisierenden Teams abgearbeitet werden. Die anschließende Abstimmung der Arbeitsergebnisse eines solchen Sprints bildet den Ausgangspunkt für die Planung des nächsten Projektabschnitts. Da bei dieser Verfahrensweise fortwährend Lösungen für in der Projektabwicklung erkannte neue Herausforderungen entwickelt werden, kommt es zu einem ständigen Wechsel zwischen Ideengewinnung (Forschung) und Ideenumsetzung (Entwicklung), wobei sich die Phasen tw. überlagern. Werden immaterielle VG auf diese Weise hervorgebracht, scheitert ihre Aktivierung regelmäßig an der nicht möglichen Trennung von Forschungs- und Entwicklungskosten.[213]

Selbst wenn sich Forschungs- und Entwicklungsaktivitäten bei Softwareprojekten klar abgrenzen lassen, sind nicht in allen Fällen die Voraussetzungen für eine Aktivierung der in der Entwicklungsphase anfallenden Aufwendungen erfüllt. Unabdingbar für den Ansatz eines immateriellen VG ist das wirtschaftliche Eigentum an der selbsterstellten Applikation. Unter welchen Voraussetzungen diese Bedingung erfüllt ist, wird bei Maßnahmen zur Implementierung einer Cloud-Computing-Lösung kontrovers diskutiert.[214] Stellt ein Anbieter dem Unt eine Software zur Nutzung in einer Cloud zur Verfügung (Software as a Service – SaaS), scheidet eine Aktivierung der Applikation in der Bilanz des Anwenders aus. Der Grund liegt in dem fehlenden Übergang des wirtschaftlichen Eigentums an einem VG. Damit sind zugleich alle Aufwendungen unmittelbar erfolgswirksam zu erfassen, die das Unt aufwendet, um die Software an seine betrieblichen Bedürfnisse anzupassen. Das betrifft insb. ihre Konfiguration durch das Setzen von Flags und Switches. Maßnahmen dieser Art bewirken lediglich eine Anpassung des fremden VG, schaffen indes keinen neuen VG, der dem Anwender wirtschaftlich zuzurechnen sein könnte.

Eine abweichende Beurteilung mag sich für Aufwendungen zur Anpassung von Software-Codes und ergänzende Programmierungen ergeben, um bspw. die Software in die betriebliche IT-Landschaft einzubinden. Stehen dem Unt die Rechte an diesen Entwicklungstätigkeiten zu, ist die Möglichkeit zum Ansatz eines selbstgeschaffenen immateriellen VG eröffnet. Der Einwand, ohne die zur Nutzung überlassene Software fehle es den Programmierungen an der selbstständigen Verwertbarkeit, greift zu kurz. Für die Annahme eines VG genügt die Verwertbarkeit zusammen mit dem Betrieb, soweit der Vermögensvorteil bei der Kaufpreisbemessung als Einzelheit ins Gewicht fallen würde.[215] Eine engere Auslegung dieses Tatbestandsmerkmals lässt sich mit dem gesetzlichen Anliegen der bilanziellen Vermögens- und Gewinnermittlung nicht begründen. Sie stünde zudem in Widerspruch zur gängigen Bilanzierungspraxis, etwa bei Mieterein- und -umbauten. Aus dem gleichen Grund überzeugt das weitere gegen eine Aktivierung vorgetragene Argument nicht, die Programmierungen seien ohne die dem Anbieter zuzurechnende Anwendungssoftware wertlos. VG setzen keine selbständige Nutzbarkeit voraus. Es genügt eine Nutzenerwartung aus ihrem Einsatz im Betrieb. Um sie zu realisieren, kann es zusätzliche Ressourcen erfordern, die das Unt von Dritten beschafft. Eine Aktivierbarkeit dieser Ressourcen ist nicht zu fordern.[216]

Unbeschadet der vorstehenden Erwägungen ist eine Aktivierung von Aufwendungen für eigene Programmierungen im Zuge des Customizing nicht in allen Fällen zulässig. Hat sich der Softwareanbieter in der Vereinbarung mit dem Unt die Rechte an diesen Entwicklungsleistungen vorbehalten, lassen die Anpassungsmaßnahmen keinen Vermögensvorteil in der Verfügungsgewalt des An-

---

[213] Ähnlich Hoffmann/Lüdenbach, NWB-Kommentar Bilanzierung, 15. Aufl. 2023, § 255 HGB Rz 207.
[214] Vgl. etwa die Kontroverse zwischen Oser und Kliem, WPg 2022, S. 505 ff.
[215] Vgl. auch FG München, Urt. v. 4.2.2021, 10K 16207/20; Roos, StuB 2020, S. 105 f.; a. A. Oser, WPg 2022, S. 507 ff.
[216] Im Ergebnis wie hier Kliem, WPg 2022, S. 508; a. A. Oser/Gerlach, StuB 2020, S. 263 ff.

wenders entstehen. Unter diesen Vorzeichen sind die angefallenen Aufwendungen unmittelbar erfolgswirksam zu erfassen.[217]

191 Welche Art von Aufwendungen zu den Herstellungskosten eines selbst geschaffenen immateriellen VG rechnen, ergibt sich aus der von Abs. 2a Satz 1 HGB in Bezug genommenen allgemeinen Regelung des Abs. 2 (Rz 79 ff.). Zudem dürfen Fremdkapitalzinsen unter den Voraussetzungen des Abs. 3 (Rz 199 ff.) in den Zugangswert einbezogen werden.

192 Die in der Entwicklungsphase anfallenden Aufwendungen müssen sich auch in **zeitlicher Hinsicht** für eine Aktivierung qualifizieren. Aktivierungsfähige HK sind erstmals anzunehmen, wenn das zu entwickelnde Immaterialgut in die Bilanz aufgenommen werden darf. Die Gesetzesmaterialien verlangen dazu eine hohe Wahrscheinlichkeit für das Entstehen eines einzeln verwertbaren immateriellen VG des AV.[218] Diese Feststellung ist nicht wörtlich zu verstehen. Ein immaterieller VG entsteht nicht erst mit dem Abschluss der Entwicklungsarbeiten. Diese Annahme ließe keinen Raum für die Aktivierung von HK im Stadium des Unfertigseins. Vielmehr ist bereits in der Herstellungsphase von einem VG auszugehen, wenn am Ende dieses Prozesses ein einzelverwertbarer und selbstständig bewertbarer Vermögensvorteil steht.[219] Bei der Herstellung materieller VG wie unfertiger Erzeugnisse oder Anlagen im Bau wird der erfolgreiche Abschluss der Herstellung ohne weiteres vermutet. Geht es um die Entwicklung eines immateriellen VG, hat der Bilanzierende hingegen die mit hoher Wahrscheinlichkeit zu erwartende Verwirklichung seines Vorhabens als Voraussetzung für die Aktivierung von HK plausibel zu machen. Auch diese Besonderheit trägt dem zahlreichen Entwicklungsprojekten anhaftenden Risiko Rechnung.

193 DRS 24.86 erkennt nicht nur Aufwendungen als aktivierungsfähig an, die ab dem Zeitpunkt des Vorliegens der Ansatzkriterien anfallen. Auch zuvor im Gj angefallene Aufwendungen i.S.d. § 255 Abs. 2, 3 HGB sollen in die HK des VG einbezogen werden dürfen, soweit sie der Entwicklungsphase zuzurechnen und noch in keinem Zwischenabschluss erfolgswirksam erfasst worden sind. Mit dieser Auslegung weicht DRS 24 nicht nur von der dem Gesetzgeber als Vorbild dienenden Regelung des IAS 38 ab. Sie führt auch unter Informationsgesichtspunkten zu zweifelhaften Ergebnissen, da sie den Aktivierungsumfang für einen selbst geschaffenen immateriellen VG davon abhängig macht, wann dieser im Gj entstanden ist und ob das Unt Zwischenabschlüsse aufstellt.[220] Der Standard gilt nur für nach nationalem Recht erstellte Konzernabschlüsse. Für handelsrechtliche Jahresabschlüsse wird seine Anwendung lediglich empfohlen (DRS 24.4, 24.6).

194 Das Ende des Aktivierungszeitraums ist erreicht, wenn der immaterielle VG entsprechend seiner geplanten Verwendung im Unt eingesetzt werden kann. Der Verweis auf den Anfall der zu aktivierenden Aufwendungen in der Entwicklungsphase begrenzt den Umfang der anzusetzenden Herstellungskosten insoweit nicht. Insb. gehören dazu auch Aufwendungen, die dem Schutz des geistigen Eigentums dienen (z. B. Kosten einer Patentanmeldung).

---

[217] Zu weitgehend Roos, StuB 2020, S. 104 ff., der für eine generelle Aktivierung von Customizing-Aufwendungen eintritt.
[218] Vgl. BT-Drs. 16/10067 v. 30.7.2008 S. 60.
[219] Vgl. zu diesen Anforderungen an einen VG IDW RS HFA 11.5 f.; DRS 24.17–22.
[220] Ebenfalls ablehnend Hoffmann/Lüdenbach, NWB-Kommentar Bilanzierung, 15. Aufl. 2023, § 255 HGB Rz 201.

Praxis-Beispiel
U hat ein Verfahren entwickelt, das es erlaubt, in Grundstücke eingedrungene Schadstoffe mittels chemischer Substanzen zu binden und deren Diffusion in das Grundwasser zu verhindern. Aufgrund von Kostenvergleichsstudien geht U davon aus, dass sich durch Einsatz dieses inzwischen patentierten Verfahrens die Sanierungskosten der mit diesen Schadstoffen kontaminierten Grundstücke um 20–25 % reduzieren lassen.
Die Entwicklung des Verfahrens bis zur Marktreife hat insg. Aufwendungen i. H. v. 4.840.000 EUR verursacht:

Bestandsaufnahme und Bewertung der am Markt verfügbaren Bodensanierungsverfahren	240.000 EUR
Labor- und Feldtests zur Prüfung der Umweltverträglichkeit und Wirksamkeit in Betracht kommender Bindemittel und Trägersubstanzen	1.000.000 EUR
Entscheidung für eine Kombination aus Bindemitteln und Trägersubstanz, Experimente zur Verbindung von Trägersubstanz und Bindemitteln	600.000 EUR
Optimierung der Wirkstoffkombination und des Herstellungsverfahrens	1.600.000 EUR
Praxistests der gefundenen Substanz auf Einsatzfähigkeit und Wirksamkeit	1.250.000 EUR
Patent- und Anwaltsgebühren	150.000 EUR

Die Aufwendungen sind in den Geschäftsjahren 01 (3.800.000 EUR) und 02 (1.150.000 EUR) angefallen. Nachdem die Experimente zur Verbindung der ausgewählten Bindemittel mit der Trägersubstanz vielversprechend verlaufen waren, beurteilten die Techniker die zunächst unsichere Realisierbarkeit des Projekts positiv. Das Management von U hat daraufhin ein Budget für die Entwicklung des neuen Verfahrens freigegeben.
Die Entwicklungsphase beginnt frühestens mit der Entscheidung für eine Kombination aus Bindemitteln und Trägersubstanz. Die Auswahl selbst rechnet noch zur Forschungsphase. Alle weiteren Maßnahmen sind sodann auf die Herstellung des Bodensanierungsverfahrens gerichtet.
Aktivierungsfähige Herstellungskosten fallen erst mit der Optimierung der Wirkstoffkombination und des Herstellungsverfahrens nach Auswahl der Bindemittel und Trägersubstanz an, da bis zu diesem Zeitpunkt nicht mit hoher Wahrscheinlichkeit von einer Realisierbarkeit des Vorhabens auszugehen war. Die Budgetfreigabe liefert ein zusätzliches Indiz für das Vorliegen eines ansatzfähigen immateriellen VG.
Die im Gj 01 angefallenen Aufwendungen sind somit i. H. v. 2.550.000 EUR der Entwicklungsphase zuzurechnen (3.800.000 EUR – 250.000 EUR – 1.000.000 EUR). Davon sind u. E. 1.950.000 EUR aktivierungsfähig. Nach DRS 24.86 sollen auch jene Entwicklungskosten in die HK einbezogen werden dürfen, die vor der positiv beurteilten Realisierbarkeit des Vorhabens und damit dem Vorliegen eines VG angefallen sind.

195 Eine Herstellung liegt auch dann vor, wenn ein bestehender immaterieller VG durch nachträgliche Maßnahmen derart verändert wird, dass er in einem neuen VG aufgeht (**Wesensänderung**). Am ehesten wird man diesen Tatbestand bei Softwareentwicklungen antreffen.

> **Praxis-Beispiel**
> U hat eine Lizenz einer ERP-Software zum Preis von 1 Mio. EUR erworben. Umfangreiche Anpassungen der Software an die betrieblichen Anforderungen führen zu einem Aufwand für das Customizing von 3 Mio. EUR.
> Die Aufwendungen für das Customizing dienen nicht dazu, die erworbene Software in den betriebsbereiten Zustand zu versetzen. Sie sind daher nicht als Teil ihrer Anschaffungskosten zu aktivieren. Auch wird man keine Erweiterung der ERP-Software um zusätzliche Funktionalitäten annehmen können, die zu nachträglichen HK für den erworbenen immateriellen VG führt. Die Größenordnung der Customizing-Aufwendungen spricht vielmehr für die Herstellung einer neuen Software, in die das erworbene Programm als Inputfaktor eingeht. Der Fall ist vergleichbar mit dem Kauf eines Motors für die Herstellung eines Pkw. Damit sind alle Aufwendungen einschl. des Erwerbspreises für die ERP-Lizenz unter dem Blickwinkel von HK für einen neu geschaffenen immateriellen VG des AV zu würdigen.

4.3 Modifikation eines immateriellen Vermögensgegenstands

196 Eine Modifikation liegt vor, wenn ein immaterieller VG erweitert oder wesentlich über seinen ursprünglichen Zustand hinaus verbessert wird. Erweiterungen äußern sich in zusätzlichen betrieblichen Einsatz- oder Nutzungsmöglichkeiten im Vergleich zum ursprünglichen Zustand des VG. Zu einer wesentlichen Verbesserung führen Maßnahmen, die die Gebrauchsfähigkeit des immateriellen VG über eine zeitgemäße Modernisierung hinaus deutlich erhöhen.
Beide Tatbestände sind bei immateriellen VG eher selten anzutreffen.[221] Entwicklungsleistungen, die nicht mehr dem Stand der Technik entsprechen, werden in der Mehrzahl der Fälle durch neue Produkte, Verfahren oder Systeme ersetzt. Der Hauptanwendungsfall für nachträgliche HK sind erneut Softwareanpassungen. Aber auch hier dienen nachträgliche Aufwendungen vielfach nur der Programmpflege, indem sie eine reibungslose fortgesetzte Nutzung der Applikation gewährleisten sollen. Selbst wenn im Zuge dieser Maßnahmen kleinere Programmverbesserungen vorgenommen werden, handelt es sich bei den Aufwendungen um nicht aktivierungsfähigen Erhaltungsaufwand.
Aufwendungen für eine Modifikation teilen nach der Auffassung von IDW und DRSC das Schicksal der Aufwendungen für die ursprüngliche Software. Es soll nicht darauf ankommen, wer das Herstellungsrisiko trägt. Hat U die ursprüngliche Software wie im Beispiel von einem Dritten erworben, sind auch die nachträglichen Aufwendungen für ihre Modifikation zu aktivieren.[222]

---

[221] So auch IAS 38.20.
[222] Vgl. IDW RS HFA 11.16; DRS 24.32.

Entsprechendes soll gelten, wenn sich die Erweiterung auf einen von U selbst geschaffenen immateriellen VG des AV bezieht, den dieser in Ausübung des Aktivierungswahlrechts nach § 248 Abs. 2 Satz 1 HGB in die Bilanz aufgenommen hat. Demgegenüber sind nach beiden Standards nachträgliche Aufwendungen für nicht aktivierte selbst geschaffene immaterielle VG unmittelbar als Aufwand zu behandeln.

Praxis-Beispiel
U setzt eine ERP-Software ein, die von einem Softwarehersteller entwickelt und implementiert wurde. Die aktivierten Anschaffungskosten von 500.000 EUR schreibt U über zehn Jahre ab. Ende 01 wird die Software um ein Modul zur Liquiditätsplanung ergänzt. Die Anpassung nimmt erneut der Softwarehersteller zu einem Pauschalpreis von 80.000 EUR vor.
Da die Software entgeltlich von einem Dritten erworben und als solche aktiviert wurde, ist ihr Restbuchwert um die Aufwendungen für das Liquiditätstool von 80.000 EUR zu erhöhen.
Die Standards lassen offen, ob die Erweiterungsmaßnahme zu nachträglichen AK oder zu nachträglichen HK führt. Die Unterscheidung ist nicht nur mit Blick auf den unterschiedlichen Aktivierungsumfang von Bedeutung. Während im ersten Fall nur Einzelkosten aktiviert werden dürfen, umfassen nachträgliche HK auch fertigungs- und materialbezogene Gemeinkosten sowie ggf. die einem Bewertungswahlrecht unterliegenden weiteren Aufwendungen nach § 255 Abs. 2 und 3 HGB. Aus dem Blickwinkel des Gläubigerschutzes bedeutender ist die Frage, ob die Erweiterung bei einer KapG zu einer Ausschüttungssperre führt. Das IDW verneint das bei Modifikationen von Software, die zu einem früheren Zeitpunkt angeschafft worden ist. Zum Fall einer vom Unt hergestellten Software enthält sich der Standard einer ausdrücklichen Stellungnahme.[223]

U.E. müssen aktivierungspflichtige Aufwendungen bei immateriellen VG des AV, für die das Unt das Herstellungsrisiko trägt, stets zu einer Ausschüttungssperre führen. Eine Differenzierung danach, ob es sich bei dem ursprünglichen VG um einen vom Unt erworbenen oder selbst geschaffenen VG handelt, ignoriert das mit der Regelung des § 268 Abs. 8 Satz 1 HGB verfolgte Schutzanliegen. Sie soll die Auswirkungen einer Aktivierung selbst geschaffener immaterieller VG des AV auf den ausschüttungsfähigen Betrag neutralisieren. Begründen lässt sich diese Sonderbehandlung nur mit der vergleichsweise höheren Unsicherheit hinsichtlich der Werthaltigkeit der getätigten Aufwendungen. Aus diesem Blickwinkel kann es nicht überzeugen, vom Unt eingegangene Entwicklungsrisiken unterschiedlich zu behandeln, je nachdem, ob die Maßnahmen dazu dienen, einen neuen VG zu schaffen oder einen bestehenden VG zu modifizieren. Das gilt umso mehr, als die mit einer Erweiterung geschaffene neue Funktionalität einer Software vielfach auch durch Entwicklung einer separaten Applikation realisiert werden könnte. Das Entwicklungsrisiko unterscheidet sich in diesen Fällen nicht signifikant.

197

---

[223] Vgl. IDW RS HFA 11.16.

198 Die Behandlung von Aufwendungen für einen Release-Wechsel folgt den dargestellten Grundsätzen. Dient die neue Programmversion lediglich dazu, die Funktionsfähigkeit der ursprünglichen Software aufrechtzuerhalten, diese in einem nicht wesentlichen Umfang zu modernisieren oder erkannte Fehler zu beheben, sind die Aufwendungen sofort erfolgswirksam zu erfassen. Geht mit dem Release-Wechsel eine wesentliche Funktionserweiterung einher, liegen nachträgliche AK oder HK vor.

> **Praxis-Beispiel**
> U hat seit fünf Jahren eine ERP-Software im Einsatz. Mit Beginn des kommenden Jahres wird U auf das vom Hersteller jüngst vorgestellte Release übergehen. Die neue Programmversion stellt eine Weiterentwicklung der bisherigen Software dar und umfasst mehrere neue Funktionalitäten. Zudem wurden kleinere Verbesserungen an den bestehenden Modulen vorgenommen. Für den Erwerb des neuen Release und dessen Implementierung werden Aufwendungen von 200.000 EUR anfallen.
> Die Erweiterung der ERP-Software um neue Funktionalitäten kennzeichnet das neue Release als Modifikation der bisher eingesetzten Software. Der Restbuchwert des VG ist daher um die Aufwendungen für die neue Programmversion zu erhöhen. Zwar stellen die mit dem Release-Wechsel einhergehenden (nicht wesentlichen) Verbesserungen an den bisherigen Modulen für sich betrachtet Erhaltungsmaßnahmen dar. Da sich hierfür kein Teilbetrag aus dem Preis für die neue Programmversion verlässlich abspalten lässt, ist die Anpassung als einheitliche Maßnahme zu beurteilen, die den Aktivierungstatbestand erfüllt. Die Aktivierung veranlasst dazu, die Restnutzungsdauer der Software zu überprüfen und ggf. anzupassen.

> **Praxis-Beispiel**
> **Variante:** Lt. Herstellerangaben handelt es sich bei der aktuellen Version um eine neue Generation der bisher angebotenen ERP-Software. Sie basiert auf einer tief greifend überarbeiteten Architektur, die als einheitliche Plattform für lokale und mobile Anwendungen fungiert und einen dezentralen Zugriff unterschiedlicher Nutzer auf Daten und Prozesse erlaubt. Die Vollversion bietet der Hersteller zum Preis von 1.170.000 EUR an. Nutzern der Vorversion bietet der Hersteller die neue Version der ERP-Software zum Preis von 900.000 EUR an.
> Die tief greifende Überarbeitung der ERP-Software erfüllt den Tatbestand einer Wesensänderung. Sie führt zu einer Ausbuchung der eingesetzten Software und zur Aktivierung der neuen Software mit den AK. Der Nachlass für die bisherigen Anwender kann als Wertindikator für die aus der alten Version übernommenen Funktionalitäten gedeutet werden. Das legt es nahe, den Restbuchwert bis zur Höhe des Nachlasses in die AK einzubeziehen.[224]

---

[224] Vgl. IDW RS HFA 11.21; die in DRS 24.76 geforderte Einbeziehung des (vollen) Restbuchwerts in die AK des neuen VG ist abzulehnen, da sie zu einer Doppelaktivierung führen kann.

5 Zinsen für Fremdkapital (Abs. 3)

5.1 Grundsätzliches Aktivierungsverbot

Fremdkapitalzinsen gehören grds. nicht zu den AHK. Die Finanzierung ist als eigenständiger, von der Anschaffung oder Herstellung **unabhängiger Vorgang** zu verstehen.[225] Eine Aktivierung würde dem Realisationsprinzip widersprechen, weil die angefallenen Aufwendungen sonst neutralisiert und in eine andere Periode verlagert würden (§ 252 Rz 109 ff.). Die Aktivierung von Eigenkapitalzinsen scheidet zudem schon aufgrund des fehlenden pagatorischen Charakters (§ 252 Rz 134 ff.) aus.[226]

199

Einzige **Ausnahme** vom Aktivierungsverbot für Fremdkapitalzinsen bilden Zinsen für Fremdkapital, das zur Finanzierung der Herstellung eines VG verwendet wird. Die Beschränkung des Aktivierungsverbots geht zudem mit der Anforderung einher, dass die entsprechenden Zinsen auf den Zeitraum der Herstellung entfallen. Die limitierte Möglichkeit der Einbeziehung von Fremdkapitalzinsen in die HK gewährt das Handelsrecht sowohl bei VG des Anlage- als auch des Umlaufvermögens.[227] Auch steuerrechtlich wird weiterhin mit R 6.3 Abs. 5 EStR 2012 bzgl. des Einbezugs dieser Fremdkapitalzinsen in die HK das Aktivierungswahlrecht aus dem HGB übernommen. Das Wahlrecht kann jedoch nur auf Ebene des Handelsrechts ausgeübt werden, was faktisch einer Aktivierungspflicht bzw. einem Aktivierungsverbot auf steuerrechtlicher Ebene entspricht. Die Einbeziehung der Bauzeitzinsen in die HK setzt entsprechend voraus, dass dies auch handelsrechtlich erfolgt (formelle Maßgeblichkeit).

200

Unter Rückgriff auf den Ausnahmetatbestand sind aktivierte Fremdkapitalzinsen per Legaldefinition[228] nicht als echte HK zu verstehen. Vielmehr hat der Gesetzgeber mit § 255 Abs. 3 Satz 2 HGB **fiktive HK** geschaffen. Sowohl der Gesetzgeber als auch ein Großteil der Literatur sprechen beim Einbeziehungswahlrecht für bestimmte Fremdkapitalzinsen daher nicht von einem Bewertungswahlrecht, sondern einer **Bewertungshilfe**.[229] Wenngleich bestehende Bedenken, etwa dass der Begriff der Bewertungshilfe möglicherweise der zwingenden Einhaltung des Stetigkeitsgebots entgegensteht, nicht gänzlich von der Hand zu weisen sind, scheint die Verwendung des Begriffs der Bewertungshilfe aber auch deshalb zulässig, weil aufgrund des fiktiven Charakters letztlich auch der Begriff des Bewertungswahlrechts nicht zutreffend ist.

201

Wird die Bewertungshilfe in Anspruch genommen, hat bei KapG und ihnen gleichgestellten PersG gem. § 284 Abs. 2 Nr. 4 HGB eine Betragsangabe im **Anhang** zu erfolgen.

202

I. R. e. Einbeziehung von Fremdkapitalzinsen ist der Grundsatz der **Bewertungsstetigkeit** (§ 252 Rz 141 ff.) zu berücksichtigen.

203

---

[225] Zur Ausschluss-Begründung, dass AK nur mittelbar der Anschaffung dienen, s. BFH, Urteil v. 24.5.1968, BStBl 1968 II S. 574.
[226] Vgl. Kahle/Haas, in Baetge/Kirsch/Thiele, Bilanzrecht, § 255 HGB Rz 227, Stand: 12/2021.
[227] Vgl. Kahle/Haas, in Baetge/Kirsch/Thiele, Bilanzrecht, § 255 HGB Rz 221, Stand: 12/2021; ADS, 6. Aufl. 1995–2001, § 255 HGB Rz 202.
[228] § 255 Abs. 2 HGB spricht von HK als „Aufwendungen, die durch den Verbrauch von Gütern und die Inanspruchnahme von Dienstleistungen" entstehen.
[229] BilReG-BgrRegE zu § 260 HGB-E, BT-Drs. 10/317 S. 88; anstatt vieler zudem Dziadkowski, BB 1982, S. 1336; a. A. ADS, 6. Aufl. 1995–2001, § 255 HGB Rz 210.

5.2 Ausnahme vom Aktivierungsverbot in bestimmten Fällen

204 Die **Voraussetzungen eines sachlichen Bezugs** sind gegeben, sofern ein tatsächlicher Zusammenhang zwischen der Fremdkapitalaufnahme und der Herstellung des VG vorliegt. Abgesehen von Kreditverträgen, die unter direkter oder indirekter Bezugnahme[230] auf den herzustellenden VG abgeschlossen bzw. verlängert werden und damit eindeutig in einen tatsächlichen Bezug gesetzt werden können, gestaltet sich der Nachweis eines tatsächlichen Zusammenhangs in der Praxis als äußerst schwierig. Wenngleich in der Literatur nicht einstimmig akzeptiert, ist insb. gerade im Interesse der Praktikabilität als zulässig zu erachten, dass Fremdkapitalzinsen quotal einzelnen VG zugeordnet und entsprechend in die HK einbezogen werden, sofern dem keine tatsächlichen Fakten entgegenstehen.[231]

Praxis-Beispiel[232]

Aktiva	Bilanz* 31.12.01 (GmbH)		Passiva
AV	190	Eigenkapital	100
Erzeugnisse	200	Fremdkapital	400
Übriges UV	110		
	500		500

* in Mio. EUR

Annahmen:
Für das Fremdkapital sind im Gj 01 Zinsen i. H. v. 20 Mio. EUR angefallen.
Einer quotalen Zuordnung von Fremdkapitalzinsen zu einzelnen VG stehen keine tatsächlichen Fakten entgegen.
Bei einer quotalen Zuordnung entfallen 40 % (200 von 500 Mio. EUR) der Fremdkapitalzinsen auf die Erzeugnisse. Der Herstellungszeitraum der Erzeugnisse beginnt am 1.1.01. und endet am 30.6.01. Zeitanteilig können daher 4 Mio. EUR (20 Mio. EUR × 0,4 × 0,5) in die HK der Erzeugnisse eingerechnet werden.

205 Unter die aktivierungsfähigen Fremdkapitalzinsen i. S. d. § 255 Abs. 3 HGB fallen neben den Nominal- bzw. Durchschnittszinsen bei quotaler Zurechnung auch **Aufwendungen mit zinsähnlichem Charakter**, wie etwa ein gezahltes Disagio. Eine Einbeziehung von Provisionen und weiteren Finanzmittelbeschaf-

---

[230] Eine Benennung im Kreditvertrag ist nicht erforderlich. Im Zuge der Prüfung der Voraussetzungserfüllung ist auf den tatsächlichen Bezug abzustellen; ebenso ADS, 6. Aufl. 1995–2001, § 255 HGB Rz 203; Schubert/Hutzler, in Beck Bil-Komm., 14. Aufl. 2024, § 255 HGB Rz 505 f.
[231] Vgl. Knop/Küting/Knop, in Küting/Weber, HdR-E, § 255 HGB Rz 314, Stand: 12/2023; wohl auch Schubert/Hutzler, in Beck Bil-Komm., 14. Aufl. 2024, § 255 HGB Rz 505; Kahle/Haas, in Baetge/Kirsch/Thiele, Bilanzrecht, § 255 HGB Rz 224, Stand: 12/2021; a. A. Wohlgemuth, in Schulze-Osterloh/Hennrichs/Wüstemann, Handbuch des Jahresabschlusses (HdJ), Abt. I/10 Rz 34, Stand: 10/2012; IDW HFA 5/1991, Abschn. 6, WPg 1992, S. 94.
[232] In Anlehnung an ADS, 6. Aufl. 1995–2001, § 255 HGB Rz 204.

fungskosten scheitert an der Aktivierungsvoraussetzung des zeitlichen Bezugs.²³³ Ein **zeitlicher Bezug** liegt vor, sofern die Fremdkapitalzinsen auf den Zeitraum der Herstellung entfallen. Die Voraussetzung entspricht damit den Anforderungen des § 255 Abs. 2 Satz 3 HGB für das Aktivierungswahlrecht für Kosten der allgemeinen Verwaltung, Aufwendungen für soziale Einrichtungen des Betriebs, für freiwillige soziale Leistungen und für die betriebliche Altersversorgung. Der **Beginn der Herstellung** ist dabei nicht mit dem Beginn des technischen Herstellungsprozesses gleichzusetzen. Das erstmalige Anfallen von Aufwendungen, die in sachlichem Zusammenhang mit der Erstellung der Leistung stehen, begründet bereits den Herstellungsbeginn.²³⁴ Den **Abschluss der Herstellung** markiert die Fertigstellung bzw. die Fähigkeit zur dauernden Nutzung entsprechend der Bestimmung bei VG des Anlagevermögens.²³⁵

Sofern Grundstücke und Gebäude, die zur Veräußerung vorgesehen sind, finanziert werden, dürfen neben den Fremdkapitalzinsen für den Erwerb der Grundstücke auch die Zinsen für das Fremdkapital zur Herstellung der Gebäude – unter der üblichen Voraussetzung des zeitlichen Zusammenhangs mit der Herstellung – mit in die HK einbezogen werden.²³⁶ Dies liegt darin begründet, dass zwischen diesen ein Nutzungs- und Funktionszusammenhang besteht, der zu einer Klassifikation als einheitlicher VG des Umlaufvermögens führt. Sofern diese Zusammenfassung aufgrund eines nicht möglichen Verkaufs des Grund und Bodens entfällt, ist der Grund und Boden in das Anlagevermögen umzugliedern, sofern damit die Entscheidung verbunden ist, diesen VG dauerhaft zu nutzen, was regelmäßig der Fall sein dürfte, sofern sich ein Verkauf als unmöglich herausstellt. Maßgeblich für die Buchwertbemessung i. R. e. etwaigen Umgliederung ist das Verhältnis der Zeitwerte der beiden Komponenten.

6 Beizulegender Zeitwert (Abs. 4)

6.1 Übersicht

6.1.1 Inhalt und Zweck

§ 255 Abs. 4 HGB definiert den Bewertungsbegriff „**beizulegender Zeitwert**". Die Vorschrift ist Teil der allgemeinen handelsrechtlichen Bewertungsmaßstäbe. Der beizulegende Zeitwert entspricht grds. dem **Marktpreis**. Nur für den Fall, dass sich kein Marktpreis ermitteln lässt, ist der beizulegende Zeitwert durch **anerkannte Bewertungsmethoden** zu bestimmen. Die anerkannten Bewertungsmethoden müssen zu einem beizulegenden Zeitwert führen, der an den Marktpreis angenähert ist. Ist die Ermittlung des beizulegenden Zeitwerts durch eine anerkannte Bewertungsmethode nicht möglich, sind die AHK gem. § 253 Abs. 4 HGB fortzuführen, wobei der zuletzt ermittelte beizulegende Zeitwert als AHK gilt. Der **beizulegende Zeitwert** nach § 255 Abs. 4 HGB darf **nicht** mit dem **beizulegenden Wert** nach § 255 Abs. 3 Satz 3, Abs. 4 Satz 2 HGB verwechselt werden. Der beizulegende Zeitwert entspricht im Wesentlichen dem Einzelveräußerungs-

---

²³³ So auch IDW HFA 5/1991, Abschn. 6, WPg 1992, S. 94; Kahle/Haas, in Baetge/Kirsch/Thiele, Bilanzrecht, § 255 HGB Rz 225, Stand: 12/2021; a. A. ADS, 6. Aufl. 1995–2001, § 255 HGB Rz 206.
²³⁴ Vgl. BFH, Urteil v. 12.6.1978, GrS 1/77, BStBl 1978 II S. 620.
²³⁵ Vgl. BFH, Urteil v. 1.4.1981, I R 27/79, BStBl 1981 II S. 660.
²³⁶ Vgl. dazu und im Folgenden IDW RS HFA 31.26.

preis eines VG oder einer Schuld. Demgegenüber ist der beizulegende Wert in Abhängigkeit von der Art der VG beschaffungsmarkt- oder absatzmarktorientiert zu ermitteln. Bspw. wird der beizulegende Wert von Sachanlagen i. S. d. § 253 Abs. 3 Satz 3 HGB grds. durch ihre Wiederbeschaffungskosten (in Abhängigkeit von Alter, Zustand, technischem Stand) bestimmt. Einzelveräußerungspreise sind nur insoweit anzusetzen, wie eine Veräußerungsabsicht besteht.[237]

> **Praxis-Beispiel**
> Ein Wertpapier wird zu einem Kurs von 100 EUR erworben. Beim Erwerb sind Anschaffungsnebenkosten (Provision etc.) von 5 EUR (5 %) angefallen, sodass sich die AK mit 105 EUR bestimmen. Am Bilanzstichtag wird das Wertpapier an der Börse zu einem Kurs von 120 EUR gehandelt; es besteht keine Veräußerungsabsicht.
> Der beizulegende Zeitwert entspricht dem Marktwert, also 120 EUR. Der beizulegende Wert bestimmt sich demgegenüber mit 126 EUR (120 EUR zzgl. 5 %).

210 Sinn und Zweck der Bewertung zum beizulegenden Zeitwert ist es, dem Abschlussadressaten ein zutreffenderes Bild von der Vermögenslage des berichtenden Unt zu geben, als dies bei anderen Bewertungsvorschriften wie z. B. der Bewertung zu fortgeführten AHK der Fall ist. Dabei bezieht sich die verbesserte Informationsfunktion auf die Bilanz und die „richtige" Vermögensermittlung. Die Informationsfunktion des Periodenergebnisses i. S. e. nachhaltigen prognosefähigen Ergebnisses wird demgegenüber eingeschränkt. Das Periodenergebnis kann von zufälligen Schwankungen des beizulegenden Zeitwerts überlagert werden.

211 Fraglich ist, ob die Bilanzierung zum beizulegenden Zeitwert dem Grundsatz des Realisationsprinzips (§ 252 Abs. 1 Nr. 4 2. Hs. HGB) widerspricht. Nach dem Realisationsprinzip sind Gewinne nur zu berücksichtigen, wenn sie am Abschlussstichtag realisiert sind. Tw. wird die Auffassung vertreten, dass die Bilanzierung zum beizulegenden Zeitwert dem Realisationsprinzip dann nicht widerspricht, wenn der beizulegende Zeitwert dem Marktpreis auf einem aktiven Markt entspricht.[238] In diesen Fällen würde die Bewertung zum beizulegenden Zeitwert das Realisationsprinzip konkretisieren. Durch das Bestehen eines aktiven Markts sei die Wertänderung des Bewertungsobjekts jederzeit realisierbar. Der Grundsatz des quasisicheren Gewinns sei erfüllt. Würde hingegen eine Bewertung zu fortgeführten AHK als Wertobergrenze gefordert, wäre dem Bilanzierenden ein faktisches Wahlrecht bzgl. des Realisierungszeitpunkts eröffnet. Aufgrund des Bestehens eines aktiven Markts könnte er den zu bewertenden VG jederzeit veräußern und kurze Zeit später wieder zurückerwerben. Alternativ könnte er die bisherigen AHK als Bewertungsobergrenze fortführen. U. E. widerspricht die Bewertung zum beizulegenden Zeitwert dem Realisationsprinzip.[239] Der Gewinn aus der Bewertung zu einem höheren beizulegenden Zeitwert wird nicht durch einen Umsatzakt realisiert. Den o. a. Ausführungen zum faktischen Wahlrecht bzgl. des Realisationszeitpunkts kann nicht gefolgt

---

[237] Vgl. IDW PS 314.15 n. F.; IDW RH HFA 1.005.11.
[238] Vgl. Böcking/Torabian, BB 2008, S. 267; Schmidt, KoR 2008, S. 2; Helke/Wiechens/Klaus, DB 2009, Beil. 5, S. 35.
[239] Vgl. auch Zülch/Hoffmann, DB 2009, S. 190.

werden. Zum einen ist dieses Wahlrecht lediglich ein Gestaltungs- und kein Bilanzierungswahlrecht. Zum anderen ergeben sich aus den beiden Alternativen (VG wird unverändert fortgeführt oder VG wird veräußert und zeitnah zurückerworben) aufgrund der Nebenkosten für Veräußerung und Rückerwerb unterschiedliche Konsequenzen.

Außerdem widerspricht die Bewertung zum beizulegenden Zeitwert in den Fällen dem Realisationsprinzip, in denen der beizulegende Zeitwert aufgrund fehlender aktiver Märkte durch allgemein anerkannte Bewertungsmethoden zu bestimmen ist. In diesen Fällen besteht eine besondere Unsicherheit bzgl. der Gewinne aus den Wertänderungen. Es entsteht kein quasisicherer Gewinn.[240] Da § 255 Abs. 4 HGB jedoch **lex specialis** gegenüber dem Realisationsprinzip ist, schränkt der Widerspruch gegenüber dem Realisationsprinzip seinen Anwendungsbereich nicht ein. § 255 Abs. 4 HGB ist eine gesetzlich kodifizierte **Ausnahme vom Realisationsprinzip**.

Soweit VG i.S.d. § 246 Abs. 2 Satz 2 HGB (Deckungsvermögen für Altersversorgungsverpflichtungen) zu ihrem über den AK liegenden beizulegenden Zeitwert bilanziert werden, besteht eine **Ausschüttungssperre** (§ 268 Abs. 8 Satz 1 und 3 HGB). Danach dürfen Gewinne nur ausgeschüttet werden, wenn die nach der Ausschüttung verbleibenden frei verfügbaren Rücklagen zzgl. eines Gewinnvortrags und abzgl. eines Verlustvortrags mind. dem Betrag entsprechen, um den die zum beizulegenden Zeitwert bilanzierten VG i.S.d. § 246 Abs. 2 Satz 2 HGB ihre AK übersteigen, abzgl. der hierfür gebildeten passiven latenten Steuern (§ 268 Rz 50ff.).

Für Finanzinstrumente des Handelsbestands von Kredit- und Finanzdienstleistungsinstituten enthält § 340e Abs. 3 Satz 1 HGB durch den **Risikoabschlag** ein Surrogat für die Ausschüttungssperre.[241] Nach § 340e Abs. 3 Satz 1 HGB sind die Finanzinstrumente zum beizulegenden Zeitwert abzgl. eines Risikoabschlags zu bewerten.

Soweit eine Bewertung zum beizulegenden Zeitwert erfolgt, sind grds. die Vorschriften zu **latenten Steuern** (§ 274 HGB) zu beachten. Im Ertragsteuerrecht existiert der Bewertungsbegriff „beizulegender Zeitwert" grds. nicht. Eine Ausnahme gilt für Finanzinstrumente des Handelsbestands von Kredit- und Finanzdienstleistungsinstituten, die nicht in einer Bewertungseinheit i.S.d. § 5 Abs. 1a Satz 2 EStG abgebildet werden. Sie sind entsprechend § 340e Abs. 3 Satz 1 HGB mit dem beizulegenden Zeitwert abzgl. eines Risikoabschlags zu bewerten (§ 6 Abs. 1 Nr. 2b EStG).

Mit § 255 Abs. 4 HGB wird **Art. 42b der Vierten RL 78/660/EWG**[242] grds. in deutsches Recht umgesetzt (Rz 232 zur möglichen Ausnahme).

6.1.2 Anwendungsbereich

6.1.2.1 Sachlich

§ 255 Abs. 4 HGB ist als allgemeiner Bewertungsmaßstab von **allen Bilanzierenden** zu beachten. Jedoch ist sein Anwendungsbereich auf wenige Sachverhalte

---

[240] Vgl. Jessen/Haaker, DStR 2009, S. 502.
[241] Vgl. BT-Drs. 16/10067 v. 30.7.2008 S. 95.
[242] Vgl. Vierte RL 78/660/EWG zum Gesellschaftsrecht des Rates über den Jahresabschluss von Gesellschaften bestimmter Rechtsformen v. 25.7.1978, ABl. EU Nr. L 222/11 v. 14.8.1978.

beschränkt. Zur Bestimmung seines Anwendungsbereichs ist zwischen Zugangs- bzw. Folgebewertung und Anhangangaben zu unterscheiden.

217 Für Zwecke der **Zugangs- und Folgebewertung** ist der beizulegende Zeitwert in folgenden Fällen anzusetzen:
- VG, die dem Zugriff aller übrigen Gläubiger entzogen sind und ausschl. der Erfüllung von Schulden aus Altersversorgungsverpflichtungen oder vergleichbaren langfristig fälligen Verpflichtungen dienen (sog. Deckungsvermögen), sind zu ihrem beizulegenden Zeitwert anzusetzen (§ 246 Abs. 2 Satz 2 HGB i. V. m. § 253 Abs. 1 Satz 4 HGB);
- Rückstellungen für Altersversorgungsverpflichtungen, deren Höhe sich nach dem beizulegenden Zeitwert von Wertpapieren i. S. d. § 266 Abs. 2 A. III. 5. HGB bestimmt, sind zum beizulegenden Zeitwert dieser Wertpapiere anzusetzen, soweit dieser einen ggf. garantierten Mindestbetrag übersteigt (§ 253 Abs. 1 Satz 3 HGB);
- Finanzinstrumente des Handelsbestands von Kredit- und Finanzdienstleistungsinstituten sind zum beizulegenden Zeitwert abzgl. eines Risikoabschlags zu bewerten (§ 340e Abs. 3 Satz 1 HGB).

218 In folgenden Fällen ist der beizulegende Zeitwert ausschl. für Zwecke der **Zugangsbewertung** zu verwenden:
- VG, Schulden, RAP und Sonderposten (mit Ausnahme von Rückstellungen und latenten Steuern) sind zur Ermittlung des Eigenkapitals von TU i. R. d. erstmaligen KapKons mit ihrem beizulegenden Zeitwert anzusetzen (§ 301 Abs. 1 Satz 2 und 3 HGB);
- VG, Schulden, RAP und Sonderposten (mit Ausnahme von Rückstellungen und latenten Steuern) von assoziierten Unt sind i. R. d. bei der Equity-Methode vorzunehmenden Kaufpreisallokation mit ihrem beizulegenden Zeitwert zu bewerten (§ 312 Abs. 2 Satz 1 und 3 HGB).

219 Darüber hinaus verlangen verschiedene **Anhangvorschriften** die Angabe des beizulegenden Zeitwerts sowie tw. auch Angaben zur Ermittlung des beizulegenden Zeitwerts. Danach ist anzugeben
- für zu den Finanzanlagen (§ 266 Abs. 2 A. III. HGB) gehörende Finanzinstrumente, die über dem beizulegenden Zeitwert ausgewiesen werden, da eine außerplanmäßige Abschreibung nach § 253 Abs. 3 Satz 4 HGB unterblieben ist, der beizulegende Zeitwert (§§ 285 Abs. 1 Nr. 18, 314 Abs. 1 Nr. 10 HGB);
- für jede Kategorie nicht zum beizulegenden Zeitwert bilanzierter derivativer Finanzinstrumente deren beizulegender Zeitwert unter Angabe der angewandten Bewertungsmethode bzw. für den Fall, dass eine verlässliche Ermittlung nicht möglich ist, die Gründe, warum der beizulegende Zeitwert nicht bestimmt werden kann (§§ 285 Abs. 1 Nr. 19, 314 Abs. 1 Nr. 11 HGB);
- für zum beizulegenden Zeitwert bewertete Finanzinstrumente des Handelsbestands von Kredit- und Finanzdienstleistungsinstituten die grundlegenden Annahmen zur Bestimmung des beizulegenden Zeitwerts mithilfe allgemein anerkannter Bewertungsmethoden (§§ 285 Abs. 1 Nr. 20, 314 Abs. 1 Nr. 12 HGB);
- im Fall der Verrechnung von VG und Schulden nach § 246 Abs. 2 Satz 2 HGB der beizulegende Zeitwert der verrechneten VG sowie die grundlegenden Annahmen zur Bestimmung des beizulegenden Zeitwerts mithilfe

allgemein anerkannter Bewertungsmethoden (§§ 285 Abs. 1 Nr. 25, 314 Abs. 1 Nr. 17 HGB).
Daneben wirkt sich die Bewertung zum beizulegenden Zeitwert insb. auf die **Ausschüttungssperre** (§ 268 Abs. 8 Satze 1 und 3 HGB) und die **latenten Steuern** (§ 274 HGB) aus (Rz 212, Rz 214).

220

6.1.2.2 Zeitlich

Die Bewertungsvorschrift von § 255 Abs. 4 HGB wurde durch das BilMoG[243] neu in das HGB eingeführt.

221

Der Begriff des beizulegenden Zeitwerts ist bereits durch das BilReG[244] in das HGB eingeführt worden.[245] Auf der einen Seite war die Anwendung des beizulegenden Zeitwerts zu diesem Zeitpunkt auf die Anhangangaben zu Finanzinstrumenten beschränkt. Auf der anderen Seite definierte bereits § 285 Satz 3 und 4 HGB i.d.F. des BilReG die Ermittlung des beizulegenden Zeitwerts. Die Vorschrift wurde durch das BilMoG gestrichen. Die Ermittlungstechnik des beizulegenden Zeitwerts wurde grds. ohne materielle Änderungen in § 255 Abs. 4 HGB übernommen,[246] auch wenn der Wortlaut beider Vorschriften nicht übereinstimmt.

222

6.2 Ermittlung des beizulegenden Zeitwerts

Zur Ermittlung des beizulegenden Zeitwerts sieht § 255 Abs. 4 HGB eine strenge **Bewertungshierarchie** vor. Der beizulegende Zeitwert entspricht grds. dem Marktpreis (§ 255 Abs. 4 Satz 1 HGB). Nur in den Fällen, in denen kein aktiver Markt besteht, anhand dessen sich der Marktpreis ermitteln lässt, ist der beizulegende Zeitwert mithilfe allgemein anerkannter Bewertungsmethoden zu bestimmen (§ 255 Abs. 4 Satz 2 HGB). Lässt sich der beizulegende Zeitwert auch nicht durch allgemein anerkannte Bewertungsmethoden ermitteln, sind die AHK gem. § 253 Abs. 4 HGB fortzuführen, wobei der zuletzt ermittelte beizulegende Zeitwert als AHK gilt (§ 255 Abs. 4 Satz 3 und 4 HGB).

223

Liegt ein aktiver Markt vor, hat der Bilanzierende den notierten Marktpreis auch dann als beizulegenden Zeitwert anzusetzen, wenn eine allgemein anerkannte Bewertungsmethode anzeigt, dass der durch sie ermittelte beizulegende Zeitwert vom notierten Marktpreis abweicht.

224

Praxis-Beispiel[247]
Der Bilanzierende hält festverzinsliche Bundeswertpapiere. Die Europäische Zentralbank gibt eine Zinsentscheidung bekannt. Während die Futures auf dem Terminmarkt (Eurex) bereits auf die Entscheidung reagieren, reagiert der Kassamarkt für das festverzinsliche Wertpapier erst am nächsten Handelstag. Der beizulegende Zeitwert der festverzinslichen Bundeswertpapiere ist dennoch anhand ihrer notierten Marktpreise (Kassamarkt) zu

---

[243] BGBl 2009 I S. 1102.
[244] BGBl 2004 I S. 3166.
[245] Vgl. zur Historie der deutschen Zeitwertbilanzierung Zülch/Hoffmann, DB 2009, S. 189.
[246] Vgl. Böcking/Torabian, BB 2008, S. 266; Löw/Scharpf/Weigel, WPg 2008, S. 1012; zur möglichen Ausnahme vgl. Rz 239.
[247] Vgl. zu IAS 39 IDW RS HFA 9.85.

ermitteln; auch wenn die Futures anzeigen, dass dieser Marktpreis bereits überholt ist.

225 Es ergibt sich folgende Bewertungshierarchie zur Ermittlung des beizulegenden Zeitwerts:

Abb. 7: Bewertungshierarchie für den beizulegenden Zeitwert

6.2.1 Marktpreis als beizulegender Zeitwert (Abs. 4 Satz 1)

6.2.1.1 Aktiver Markt

226 Voraussetzung für die Bestimmung des beizulegenden Zeitwerts durch den Marktpreis ist das Bestehen eines aktiven Markts. Ein **aktiver Markt** liegt vor, wenn der Marktpreis an einer Börse, von einem Händler, von einem Broker, von einer Branchengruppe, von einem Preisberechnungsservice (z.B. Reuters oder Bloomberg) oder von einer Aufsichtsbehörde leicht und regelmäßig erhältlich ist und auf aktuellen und regelmäßig auftretenden Markttransaktionen zwischen unabhängigen Dritten beruht.[248] D.h., die Preise müssen der Öffentlichkeit zur Verfügung stehen und grds. können jederzeit vertragswillige Käufer und Verkäufer gefunden werden.[249] Zusätzlich müssen die gehandelten Produkte homogen sein.

227 Zur Beurteilung, ob die Marktpreise leicht und regelmäßig erhältlich sind, ist das **Alter der verfügbaren Marktpreise** zu berücksichtigen. Die Frage, bis zu welchem Alter die verfügbaren Marktpreise noch zu akzeptieren sind, kann nur im Einzelfall beurteilt werden.[250]

---

[248] Vgl. BT-Drs. 16/10067 v. 30.7.2008 S. 61; IDW RH HFA 1.005.8.
[249] Vgl. Scharpf/Schaber/Märkl, in Küting/Weber, HdR-E, §§ 255 HGB Rz 429, Stand: 12/2023.
[250] Vgl. IDW RS HFA 9.77.

Der Begriff des aktiven Markts ist erheblich weiter gefasst als der Begriff des **organisierten Markts** nach § 2 Abs. 11 WpHG. Der organisierte Markt nach § 2 Abs. 11 WpHG setzt ein durch eine staatliche Stelle genehmigtes, geregeltes und überwachtes Handelssystem voraus. In Deutschland sind die Börsensegmente „Amtlicher Markt" und „Geregelter Markt" an den deutschen Wertpapierbörsen sowie der Handel an der Eurex Deutschland und der Startup Market an der Hanseatischen Wertpapierbörse Hamburg organisierte Märkte nach § 2 Abs. 11 WpHG.[251] Grds. ist bei einem organisierten Markt davon auszugehen, dass die Voraussetzungen eines aktiven Markts erfüllt sind.[252] Ist das Handelsvolumen an einem organisierten Markt relativ gering, sind im konkreten Einzelfall die allgemeinen Voraussetzungen für das Vorliegen eines aktiven Markts zu prüfen.

228

Stellen **Market Maker** (offizielle Börsenmitglieder, die für bestimmte Wertpapiere Geld- und Briefkurse bereitstellen und auf eigenes Risiko und Rechnung handeln; meist Banken oder Broker) verbindliche An- und Verkaufskurse bereit, können diese grds. zur Ermittlung des beizulegenden Zeitwerts herangezogen werden. Der Market Maker verpflichtet sich, mit dem Kontrahenten einen Geschäftsabschluss zum notierten Preis zu tätigen.[253]

229

Bei **OTC-Märkten** handelt es sich i. d. R. um aktive Märkte i. S. d. § 255 Abs. 4 Satz 1 HGB.[254] Allerdings wird tw. die Auffassung vertreten, dass insb. bei OTC-Derivaten grds. kein aktiver Markt vorliegt.[255]

230

Zur Abgrenzung von **aktiven und nicht aktiven Märkten** können u. a. folgende Indikatoren herangezogen werden:[256]

231

- abweichende Preisquotierungen von Brokern oder Market Makern, sodass z. B. eine risikolose Arbitrage möglich wäre, wenn Umsätze tatsächlich getätigt werden würden,
- signifikante Ausweitung der Geld-/Briefspanne (z. B. Erhöhung um das Fünffache des „üblichen" Niveaus),
- signifikanter Rückgang des historischen Handelsvolumens (z. B. Rückgang um 90 %),
- signifikante Preisschwankungen im Zeitablauf,
- signifikante Preisschwankungen zwischen Marktteilnehmern,
- signifikante Veränderung der Korrelationen von Finanzinstrumenten mit relevanten Indizes,
- signifikante Ausweitung der Liquiditätsspreads,
- keine laufende Verfügbarkeit von Preisen,
- rückläufige Emissionsaktivitäten.

Bei Beurteilung der vorstehenden Indikatoren hat der Bilanzierende einen **Ermessensspielraum**, den er allerdings unter Beachtung des Grundsatzes der Bewertungsstetigkeit (§ 252 Abs. 1 Nr. 6 HGB) ausüben muss.

232

---

[251] Vgl. zu einer Auflistung sämtlicher organisierter Märkte in europäischen Ländern die „Übersicht über die geregelten Märkte und einzelstaatliche Rechtsvorschriften zur Umsetzung der entsprechenden Anforderungen der Wertpapierdienstleistungsrichtlinie", RL 93/22/EWG des Rates v. 10.5.1993, ABl. EG L 141/27 v. 11.6.1993.
[252] Vgl. IDW RS HFA 9.77.
[253] Vgl. IDW RS HFA 9.80; differenzierend Scharpf/Schaber/Märkl, in Küting/Weber, HdR-E, § 255 HGB Rz 431, Stand: 12/2023.
[254] Vgl. Goldschmidt/Weigel, WPg 2009, S. 195.
[255] Vgl. Löw/Scharpf/Weigel, WPg 2008, S. 1013; offen Klaus/Pelz, DB 2008, Beil. 1, S. 25.
[256] Vgl. Goldschmidt/Weigel, WPg 2009, S. 195 f.; Helke/Wiechens/Klaus, DB 2009, Beil. 5, S. 35.

233 Kein aktiver Markt liegt vor, wenn z. B. wegen einer **geringen Anzahl umlaufender Aktien** im Verhältnis zum Gesamtvolumen der emittierten Aktien nur kleine Volumina gehandelt werden oder in einem engen Markt **keine aktuellen Marktpreise** verfügbar sind (z. B. auch im Fall des Squeeze-out).[257] Weist der Bilanzierende nach, dass eine **geplante Transaktion** mangels Vertragspartner nicht zustande kam, liegt kein aktiver Markt vor. Ebenso folgt aus einer Markttransaktion dann kein Marktpreis auf einem aktiven Markt, wenn es sich um ein **erzwungenes Geschäft**, eine **zwangsweise Liquidation** oder einen **Notverkauf** handelt. Ein Notverkauf kann insb. vorliegen, wenn zeitlicher Verkaufsdruck besteht und aufgrund gesetzlicher oder zeitlicher Restriktionen lediglich ein potenzieller Käufer vorhanden ist.

6.2.1.2 Verlässliche Ermittlung

234 Der Marktpreis muss **verlässlich** ermittelt werden können. Dieses ungeschriebene Tatbestandsmerkmal resultiert aus dem Vorsichtsprinzip (§ 252 Abs. 1 Nr. 4 HGB).[258] Ist keine verlässliche Ermittlung möglich, darf der Marktpreis nicht als beizulegender Zeitwert verwendet werden.

Damit eine verlässliche Ermittlung des Marktpreises möglich ist, müssen grds. vollkommene Marktbedingungen gegeben sein. D. h., es müssen gleichartige Produkte gehandelt werden, es müssen kauf- und verkaufswillige Marktteilnehmer vorhanden sein und die zustande kommenden Preise müssen allen Marktteilnehmern zugänglich sein.

Falls eine signifikante Bandbreite verschiedener Marktwerte besteht, ist keine verlässliche Ermittlung möglich.

6.2.1.3 Marktpreis

235 Erfolgt die Bewertung zum Marktpreis, ist der **notierte** Marktpreis maßgebend.[259] Der öffentlich notierte Marktpreis ist der bestmögliche, objektive Hinweis für den beizulegenden Zeitwert.

236 Der beizulegende Zeitwert orientiert sich nicht an den AK. **Transaktionskosten**, wie z. B. Steuern, öffentliche Abgaben und Gebühren oder Beiträge, die von Aufsichtsbehörden oder Wertpapierbörsen erhoben werden, sowie **sonstige Anschaffungsnebenkosten** sind bei Ermittlung des beizulegenden Zeitwerts nicht zu berücksichtigen (zur Abgrenzung zum beizulegenden Wert vgl. Rz 216).[260] Die bei Erwerb entstehenden Anschaffungsnebenkosten sind unmittelbar als Aufwand zu erfassen.[261] I. d. R. ist der Kaufpreis ohne Anschaffungsnebenkosten der notierte Marktpreis und damit als beizulegender Zeitwert anzusetzen.

237 Ebenso sind aufgrund der Bewertung zu notierten Marktpreisen keine **Paketzu- oder Paketabschläge** zu berücksichtigen.[262]

---

[257] Vgl. BT-Drs. 16/10067 v. 30.7.2008 S. 61.
[258] Vgl. BT-Drs. 16/10067 v. 30.7.2008 S. 61.
[259] Vgl. BT-Drs. 16/10067 v. 30.7.2008 S. 61.
[260] Vgl. IDW RH HFA 1.005.10f.
[261] Vgl. Löw/Scharpf/Weigel, WPg 2008, S. 1012.
[262] Vgl. BT-Drs. 16/10067 v. 30.7.2008 S. 61.

Wird das Bewertungsobjekt an **verschiedenen Börsensegmenten** gehandelt, kann der Bilanzierende bestimmen, welches Segment für ihn den besten Zugang bietet und am vorteilhaftesten ist.[263] Bspw. kann eine Aktie an verschiedenen Börsensegmenten wie Xetra, auf dem Parkett der Frankfurter Wertpapierbörse und weiteren Wertpapierbörsen in Deutschland jeweils zu unterschiedlichen Preisen gehandelt werden. Hält der Bilanzierende z. B. eine große Aktienposition, dürfte der Xetra-Preis für ihn aufgrund der Marktliquidität am vorteilhaftesten sein. 238

Fraglich ist, ob der **Brief-, Geld- oder Mittelkurs** maßgebend ist. Nach herkömmlichem Verständnis sind VG mit dem **Briefkurs** und Schulden mit dem **Geldkurs** zu bewerten. In Analogie zur Neuregelung der Währungsumrechnung (§ 256a HGB) durch das BilMoG könnte man auch für Zwecke des beizulegenden Zeitwerts die Auffassung vertreten, dass eine Bewertung zum **Mittelkurs** zulässig ist. Nach dem Grundgedanken des beizulegenden Zeitwerts als Einzelveräußerungspreis sollte u. E. jedoch für VG auf den Briefkurs bzw. für Schulden auf den Geldkurs abgestellt werden, unabhängig von der Art des Bewertungsobjekts. 239

Für die Bewertung zum beizulegenden Zeitwert ist der am Bilanzstichtag notierte Marktpreis maßgeblich, sodass keine Möglichkeit besteht, **wertaufhellende Tatsachen** nach dem Bilanzstichtag im Hinblick auf Wertschwankungen zu berücksichtigen (Rz 206).[264] Etwas anderes gilt allerdings für wertaufhellende Tatsachen hinsichtlich des Bestehens eines aktiven Markts zum Bilanzstichtag. 240

6.2.2 Allgemein anerkannte Bewertungsmethoden (Abs. 4 Satz 2)

6.2.2.1 Grundsätze zur Methodenwahl

Sofern der beizulegende Zeitwert nicht verlässlich durch den **Marktpreis** eines aktiven Markts ermittelt werden kann, ist der beizulegende Zeitwert mithilfe allgemein anerkannter Bewertungsmethoden zu bestimmen. 241

Sinn und Zweck der Anwendung einer Bewertungsmethode ist es, einen beizulegenden Zeitwert zu ermitteln, der sich **angemessen an einen Marktpreis annähert**, wie er sich zwischen unabhängigen Geschäftspartnern unter normalen Geschäftsbedingungen ergeben hätte.[265] Gewährleistet eine Bewertungsmethode keine angemessene Annäherung an den Marktpreis, darf sie nicht angewandt werden. 242

Bei Ermittlung des beizulegenden Zeitwerts mithilfe allgemein anerkannter Bewertungsmethoden ist ein Bewertungsmodell zu wählen, das dem **Marktstandard** entspricht. D. h., es ist ein Modell zu verwenden, das üblicherweise von den Marktteilnehmern genutzt wird. Das Bewertungsmodell muss die am Markt herrschenden Preisbildungsmechanismen widerspiegeln, die Markterwartungen berücksichtigen und die dem Bewertungsobjekt inhärenten Risiken und Chancen angemessen abbilden.

Den Bewertungsmodellen sind in größtmöglichem Umfang **Marktdaten** zugrunde zu legen, bevor auf **unternehmensspezifische Daten** zurückgegriffen wird. Ziel ist es, einen möglichst **objektivierten Zeitwert** zu ermitteln. 243

---

263 Vgl. IDW RS HFA 9.82.
264 Vgl. Scharpf/Schaber/Märkl, in Küting/Weber, HdR-E, § 255 HGB Rz 436, Stand: 12/2023.
265 Vgl. BT-Drs. 16/10067 v. 30.7.2008 S. 61.

244 Es müssen sämtliche Faktoren berücksichtigt werden, die Marktteilnehmer auch berücksichtigen würden. Eigene **Schätzungen und Annahmen** müssen mit den Schätzungen und Annahmen der Marktteilnehmer konsistent sein.

244 Die angewandte Bewertungsmethode muss den beizulegenden Zeitwert **verlässlich ermitteln**. Dieses ungeschriebene Tatbestandsmerkmal resultiert – wie im Fall der Ermittlung des Marktpreises – aus dem Vorsichtsprinzip (§ 252 Abs. 1 Nr. 4 HGB). Kann die Bewertungsmethode den beizulegenden Zeitwert nicht verlässlich ermitteln, darf sie nicht angewandt werden. Existiert keine verlässliche Bewertungsmethode, haben Zugangs- und Folgebewertung zu AHK zu erfolgen.

Eine Bewertungsmethode ermittelt den beizulegenden Zeitwert nicht verlässlich, wenn die angewandte Bewertungsmethode eine **Bandbreite möglicher Werte** zulässt, die Abweichung der Werte voneinander signifikant ist und eine Gewichtung der Werte nach Eintrittswahrscheinlichkeiten nicht möglich ist.[266]

245 Die vorstehend genannten Grundsätze beinhalten zahlreiche **Ermessensentscheidungen**. Dabei ist der Grundsatz der Bewertungsmethodenstetigkeit (§ 252 Abs. 1 Nr. 6 HGB) zu beachten (§ 252 Rz 141).

6.2.2.2 Mögliche Bewertungsmethoden

246 Grds. stehen zwei Arten von Bewertungsmethoden zur Auswahl.
- **Vergleichsverfahren**: Z.B. kann der beizulegende Zeitwert aus dem Vergleich mit dem vereinbarten Marktpreis jüngerer vergleichbarer Geschäftsvorfälle zwischen sachverständigen, vertragswilligen und unabhängigen Geschäftspartnern abgeleitet werden;
- **andere wirtschaftlich anerkannte Bewertungsmethoden**: z.B. Discounted-Cash-Flow-Verfahren, Ertragswertverfahren und Optionspreismodelle (bspw. Black-Scholes-Merton-Modell, Binominalmodell).

247 Fraglich ist, ob die beiden vorstehenden Bewertungsmethoden in der **Bewertungshierarchie** nebeneinander stehen oder ob zunächst das Vergleichsverfahren anzuwenden ist und nur für den Fall, dass ein Vergleichswert nicht ermittelbar ist, auf andere wirtschaftlich anerkannte Bewertungsmethoden zurückzugreifen ist. Da der Gesetzeswortlaut lediglich die Anwendung von allgemein anerkannten Bewertungsmethoden vorschreibt, könnte die Auffassung vertreten werden, dass der Bilanzierende ein Wahlrecht hat, ob er ein Vergleichsverfahren oder ein anderes wirtschaftlich anerkanntes Bewertungsverfahren anwenden möchte. Ein solches Wahlrecht wäre eine Änderung gegenüber der Ermittlung des beizulegenden Zeitwerts nach § 285 Satz 3 und 4 HGB a.F.[267] Danach war der beizulegende Zeitwert, sofern dies möglich ist, aus den Marktwerten der einzelnen Bestandteile des Finanzinstruments oder aus dem Marktwert eines gleichwertigen Finanzinstruments abzuleiten, andernfalls mithilfe allgemein anerkannter Bewertungsmodelle und -methoden zu bestimmen. Außerdem würde ein Wahlrecht gegen Art. 42b Abs. 1 der Vierten RL 78/660/EWG[268] verstoßen. Dieser fordert für den Fall, dass sich der Marktwert für ein Finanzinstrument nicht als Ganzes bestimmen lässt, dass der Marktwert des Finanzinstruments aus den jeweiligen Marktwerten seiner Bestandteile oder dem Marktwert eines

---

[266] Vgl. BT-Drs. 16/10067 v. 30.7.2008 S. 61.
[267] Vgl. BilReG v. 4.12.2004, BGBl 2004 I S. 3166.
[268] Vgl. ABl. EG Nr. L 222/11ff. v. 14.8.1978.

gleichartigen Finanzinstruments abgeleitet werden soll. Erst wenn eine solche Ermittlung des Marktwerts nicht möglich ist, ist der Marktwert mithilfe allgemein anerkannter Bewertungsmodelle und -methoden zu bestimmen. U.E. rechtfertigt ein möglicher Verstoß gegen Art. 42b Abs. 1 der Vierten RL 78/660/EWG nicht die Einschränkung des Gesetzeswortlauts.[269] Der Gesetzeswortlaut fordert lediglich die Anwendung einer allgemein anerkannten Bewertungsmethode. Hierunter fallen sowohl Vergleichsverfahren als auch andere wirtschaftlich anerkannte Bewertungsverfahren. Allerdings ist nach dem Sinn und Zweck der Bewertungsmethoden diejenige Bewertungsmethode auszuwählen, bei der sich der beizulegende Zeitwert am besten an einen Marktpreis annähert. Es ist diejenige Bewertungsmethode zu verwenden, in die in größtmöglichem Umfang Marktdaten und so wenig wie möglich unternehmensspezifische Daten einfließen. I. d. R. werden in ein Vergleichsverfahren mehr Marktdaten einfließen als in ein anderes wirtschaftlich anerkanntes Bewertungsverfahren wie z. B. ein Optionspreismodell. Im Ergebnis entspricht die Bewertungshierarchie des § 255 Abs. 4 HGB sowohl § 285 Satz 3 und 4 HGB a. F.[270] als auch Art. 42b Abs. 1 der Vierten RL 78/660/EWG. Der beizulegende Zeitwert ist zunächst durch ein Vergleichsverfahren zu bestimmen. Nur wenn dies nicht möglich ist, ist er durch andere wirtschaftlich anerkannte Bewertungsverfahren zu ermitteln.

6.2.2.2.1 Vergleichsverfahren

Wird der beizulegende Zeitwert durch ein Vergleichsverfahren ermittelt, stehen grds. zwei Alternativen zur Auswahl.[271] Der beizulegende Zeitwert kann entweder aus den Marktwerten der **einzelnen Bestandteile des Bewertungsobjekts** oder aus den Marktwerten eines **gleichartigen Bewertungsobjekts** abgeleitet werden.

Einzelne Bestandteile eines zu bewertenden Finanzderivats können z. B. sein: Referenzzinssatz, aktueller Zinssatz am Bilanzstichtag, Volatilität, Basispreis, Kassakurs am Bilanzstichtag.

Bei der Wertermittlung durch gleichartige Bewertungsobjekte sollte die Gleichartigkeit nicht zu eng verstanden werden. Auch **vergleichbare Bewertungsobjekte** sollten bei der Wertermittlung berücksichtigt werden. Zur Feststellung der Gleichartigkeit ist im ersten Schritt zu prüfen, ob es sich bei dem Bewertungsobjekt um dieselbe Art (z. B. Aktien) wie bei dem Vergleichsobjekt handelt. Im zweiten Schritt sind bei Finanzinstrumenten u. a. folgende Faktoren zu untersuchen:
- Restlaufzeit,
- Nominalwert,
- Cashflow-Struktur,
- Währung,
- Ausfallrisiko,

---

[269] Vgl. mit a. A. für eine Auslegung von § 255 Abs. 4 Satz 2 HGB entsprechend Art. 42b der Vierten RL 78/660/EWG Mujkanovic, StuB 2009, S. 331.
[270] Vgl. für eine materielle Übereinstimmung zwischen § 285 Satz 3 und 4 HGB a. F. und § 255 Abs. 4 HGB Böcking/Torabian, BB 2008, S. 266.
[271] Vgl. Art. 42b Abs. 1 der Vierten RL 78/660/EWG zum Gesellschaftsrecht des Rates über den Jahresabschluss von Gesellschaften bestimmter Rechtsformen v. 25.7.1978, ABl. EU Nr. L 222/11 v. 14.8.1978.

- Besicherung und
- Zinsbasis.

Besonderheiten, die die Vergleichbarkeit beeinträchtigen, sind zu bereinigen. Sofern für das gleichartige Bewertungsobjekt keine aktuellen Marktpreise vorhanden sind, können **Marktpreise aus der Vergangenheit** (max. zwölf Monate) herangezogen werden, die an den aktuellen Bilanzstichtag anzupassen sind.[272] Voraussetzung für die Herleitung aus älteren Transaktionen ist jedoch, dass sich die wirtschaftlichen Verhältnisse in der Zwischenzeit nicht wesentlich verändert haben.

6.2.2.2.2 Kapitalwertverfahren

251 Die anderen wirtschaftlich anerkannten Bewertungsmethoden beinhalten neben den Optionspreismodellen insb. die Discounted-Cash-Flow- und Ertragswertverfahren. Sowohl die **Discounted-Cash-Flow-Verfahren** als auch die **Ertragswertverfahren** beruhen auf der gleichen konzeptionellen Grundlage, dem Kapitalwertkalkül. Beide Verfahren führen bei gleichen Bewertungsannahmen zum gleichen Ergebnis.[273]

252 Bei Anwendung eines Discounted-Cash-Flow-Verfahrens bzw. Ertragswertverfahrens werden die prognostizierten künftigen Cashflows bzw. Erträge mit **laufzeit- und risikoäquivalenten Zinssätzen** auf den Gegenwartswert diskontiert. Dabei ist neben den Cashflows bzw. Erträgen die Bestimmung des Zinssatzes von zentraler Bedeutung. Im Fall der Ermittlung eines beizulegenden Zeitwerts nach § 255 Abs. 4 HGB ist die sachgerechte Bestimmung eines angemessenen Zinssatzes umso schwieriger, da die Bewertungsverfahren gerade dann für die Bewertung zum beizulegenden Zeitwert heranzuziehen sind, wenn kein aktiver Markt vorhanden ist.[274]

Der Zinssatz setzt sich im Wesentlichen aus drei Komponenten zusammen: **risikofreier Basiszinssatz** (risk-free interest rate), **Zuschlag für das Kreditrisiko** (credit spread) und **Zuschlag für das Liquiditätsrisiko** (liquidity spread). Soweit einzelne Zinskomponenten aus Marktdaten abgeleitet werden können, sind sie vorrangig zu berücksichtigen. Soweit keine Marktdaten zur Verfügung stehen, sind unternehmensindividuelle Schätzungen notwendig.[275]

Da das zum beizulegenden Zeitwert zu bewertende Bewertungsobjekt auf keinem aktiven Markt gehandelt wird und keine Vergleichspreise vorhanden sind, wird der Zuschlag für das Kreditrisiko i. d. R. nicht oder nur tw. unter Rückgriff auf Marktdaten ermittelt werden können. Der Zuschlag für das Liquiditätsrisiko ist an die Tatsache anzupassen, dass kein aktiver Markt für das zu bewertende Bewertungsobjekt vorhanden ist.[276]

6.2.3 Fortführung der Anschaffungs- oder Herstellungskosten (Abs. 4 Satz 3 und 4)

253 Lässt sich der beizulegende Zeitwert weder durch den Marktpreis auf einem aktiven Markt noch durch allgemein anerkannte Bewertungsmethoden bestimmen, sind die

---

272 Vgl. Grottel, in Beck Bil-Komm., 14. Aufl. 2024, § 285 HGB Rz 575.
273 Vgl. IDW RS HFA 10.3.
274 Vgl. IDW RH HFA 1.014, IDW-FN 2009, S. 61.
275 Vgl. IDW RH HFA 1.014.32, IDW-FN 2009, S. 62.
276 Vgl. IDW RH HFA 1.014.33, IDW-FN 2009, S. 62.

AHK gem. § 253 Abs. 4 HGB fortzuführen (§ 255 Abs. 4 Satz 3 HGB). Der zuletzt zuverlässig ermittelte beizulegende Zeitwert gilt dann als AHK (§ 255 Abs. 4 Satz 4 HGB). Nach dem Gesetzeswortlaut sind die Bewertungsobjekte somit **wie Umlaufvermögen** unter Beachtung des strengen Niederstwertprinzips zu bilanzieren.

Soweit es sich um die Folgebewertung von **Finanzinstrumenten des Handelsbestands von Kredit- und Finanzdienstleistungsinstituten mit einem positiven Wert** handelt, ist die vorgeschriebene Bewertung verständlich. Die Finanzinstrumente werden auf diejenige Bewertung übergeleitet, der sie ohne die verpflichtende Bilanzierung zum beizulegenden Zeitwert unterliegen würden.[277]

Bei der Folgebewertung von **VG i.S.d. § 246 Abs. 2 Satz 2 HGB** (Deckungsvermögen) könnte sich die Frage stellen, ob eine Bewertung entsprechend der für das Anlagevermögen geltenden Grundsätze zutreffender wäre. Dies könnte der Fall sein, wenn das Deckungsvermögen dauernd dem Geschäftsbetrieb dient. Bspw. können Rückdeckungsversicherungen statt im Umlaufvermögen auch im Anlagevermögen ausgewiesen werden, wenn sie nicht dem Zugriff aller übrigen Gläubiger entzogen sind und somit die Voraussetzungen von Deckungsvermögen nicht erfüllen.[278] Aufgrund des Vorsichtsprinzips ist jedoch der Wortlaut des § 255 Abs. 4 Satz 3 HGB nicht zu erweitern. Das Deckungsvermögen ist entsprechend den Grundsätzen für Umlaufvermögen zu bewerten.

Die Folgebewertung von **Finanzinstrumenten des Handelsbestands von Kredit- und Finanzdienstleistungsinstituten mit einem negativen Wert** (z.B. Termingeschäfte) oder **Rückstellungen für Altersversorgungsverpflichtungen**, deren Höhe nach dem beizulegenden Zeitwert von Wertpapieren des Anlagevermögens zu bestimmen ist, ist unklar und gesetzlich nicht geregelt. U.E. sind die allgemeinen Bewertungsvorschriften für Schulden (= Erfüllungsbetrag) anzuwenden.[279]

Ist nach den vorstehenden Grundsätzen die Bewertung nach § 253 Abs. 4 HGB notwendig und kann der beizulegende Wert i.S.d. § 253 Abs. 4 Satz 2 HGB nicht zuverlässig geschätzt werden, spricht das Vorsichtsprinzip grds. für eine **Abschreibung in voller Höhe**.[280] Ansonsten droht die Bilanzierung eines Nonvaleurs.

Ist bereits im **Zugangszeitpunkt** keine Ermittlung des beizulegenden Zeitwerts nach § 255 Abs. 4 Satz 1 oder 2 HGB möglich, hat die Bewertung entsprechend den vorstehenden Grundsätzen zu erfolgen. VG sind zu fortgeführten AHK zu bewerten.[281] Rückstellungen und Verbindlichkeiten sind entsprechend den allgemeinen Vorschriften zum Erfüllungsbetrag anzusetzen. § 255 Abs. 4 Satz 4 HGB findet keine Anwendung.

Konnte ein Bewertungsobjekt seit dem Zugangszeitpunkt oder i.R.e. Folgebewertung nicht mehr durch den Marktpreis oder eine allgemein anerkannte Bewertungsmethode bewertet werden und besteht zu einem **späteren Zeitpunkt** wieder die Möglichkeit, den beizulegenden Zeitwert durch einen Marktpreis oder eine allgemein anerkannte Bewertungsmethode zu bestimmen, ist dieser neu ermittelte Wert anzusetzen.[282] Die Differenz zwischen Buchwert und beizulegendem Zeit-

---

[277] Vgl. BT-Drs. 16/10067 v. 30.7.2008 S. 61.
[278] Vgl. WPH Edition, Wirtschaftsprüfung & Rechnungslegung, 18. Aufl. 2023, Abschn. F, Rz 393.
[279] Vgl. Mujkanovic, StuB 2009, S 332; Kessler, in Kessler/Leinen/Strickmann, BilMoG, 2009, S. 216.
[280] Vgl. Mujkanovic, StuB 2009, S 332; Kessler, in Kessler/Leinen/Strickmann, BilMoG, 2009, S. 217.
[281] Vgl. BT-Drs. 16/10067 v. 30.7.2008 S. 61.
[282] Vgl. Mujkanovic, StuB 2009, S. 332; offen Knop/Küting, in Küting/Weber, HdR-E, § 255 HGB Rz 443, Stand: 12/2023.

wert ist entsprechend der jeweiligen Bilanzierungsvorschrift (§§ 253 Abs. 1 Satz 3, 253 Abs. 2 Satz 4, 340 e Abs. 3 Satz 1 HGB) erfolgswirksam zu erfassen.

260 Zu den möglichen **Anhangangaben**, die sich aus der Änderung der Bewertung zwischen dem beizulegenden Zeitwert nach § 255 Abs. 4 Satz 1 und 2 HGB und dem Wert nach § 255 Abs. 4 Satz 3 HGB ergeben können, sind § 284 Abs. 2 Nr. 1 und 3 HGB zu beachten.

§ 256 Bewertungsvereinfachungsverfahren

¹Soweit es den Grundsätzen ordnungsmäßiger Buchführung entspricht, kann für den Wertansatz gleichartiger Vermögensgegenstände des Vorratsvermögens unterstellt werden, daß die zuerst oder daß die zuletzt angeschafften oder hergestellten Vermögensgegenstände zuerst verbraucht oder veräußert worden sind. ²§ 240 Abs. 3 und 4 ist auch auf den Jahresabschluß anwendbar.

Inhaltsübersicht	Rz
1 Überblick	1–9
1.1 Inhalt	1–3
1.2 Anwendungsbereich	4–8
1.3 Normenzusammenhang	9
2 Anwendungsvoraussetzungen der Verbrauchsfolgeverfahren (Satz 1, 1. Hs.)	10–16
2.1 Gleichartigkeit der Vermögensgegenstände des Vorratsvermögens	10–12
2.2 Konformität mit den Grundsätzen ordnungsmäßiger Buchführung	13–16
3 Zulässige Verbrauchsfolgeverfahren (Satz 1, 2. Hs.)	17–31
3.1 Bedeutung und Gemeinsamkeiten	17–20
3.2 Fifo-Verfahren („Silo-Prinzip")	21–24
3.3 Lifo-Verfahren („Stapel-Prinzip")	25–31
4 Festbewertung und Gruppenbewertung (Satz 2)	32

1 Überblick

1.1 Inhalt

§ 256 Satz 1 HGB regelt die handelsrechtliche Zulässigkeit der sog. **Verbrauchs-** 1 **folgeverfahren** und ermöglicht damit die vereinfachte Bewertung gleichartiger Vermögensgegenstände (VG) des Vorratsvermögens. Abweichend vom **Einzelbewertungsgrundsatz** des § 252 Abs. 1 Nr. 3 HGB kann im Vorratsvermögen, in dem eine durchgängige Identifikation der VG infolge komplexer Lagerhaltungs- und Leistungserstellungsprozesse oder aufgrund ihrer physischen Beschaffenheit aufwendig oder gar unmöglich ist, eine Verbrauchsfolge unterstellt werden, die von der tatsächlichen Reihenfolge des Vorratseinsatzes abweichen kann (**Verwendungsfiktion**). Folglich stellen sowohl der sich ergebende bilanzielle Endbestand als auch der Vorratsverbrauch **Schätzwerte** dar, deren Ermittlung sich gegenüber der (evtl. möglichen) exakten Wertermittlung arbeitserleichternd sowie zeit- und kostensparend auswirkt. Aufgrund des weiterhin zu beachtenden **strengen Niederstwertprinzips** (§ 253 Abs. 4 HGB) ist daher stets zu prüfen, ob nicht ein niedrigerer Börsenwert, Marktwert oder beizulegender Wert anzusetzen ist.

2   Zur (vereinfachten) Bewertung des Vorratsvermögens kann eine der folgenden zeitlichen Verbrauchsfolgen unterstellt werden, wobei darauf zu achten ist, dass die gewählte Verwendungsfiktion den **GoB** entspricht:
   - Die zuerst angeschafften VG sind zuerst verbraucht (**Fifo** = first in – first out, „Silo-Prinzip").
   - Die zuletzt angeschafften VG sind zuerst verbraucht (**Lifo** = last in – first out, „Stapel-Prinzip").

   Preisorientierte (Hifo = highest in – first out, Lofo = lowest in – first out) oder andere Verbrauchsfiktionen (z. B. Kifo = Konzern in – first out, Kilo = Konzern in – last out) sind **unzulässig**. Die ergänzende Formulierung in § 256 Satz 1 HGB „oder in einer sonstigen bestimmten Folge" wurde im Zuge des BilMoG gestrichen (zur Begründung vgl. Rz 17).

3   Mit § 256 Satz 2 HGB wird die Anwendbarkeit der Inventurvorschriften zur **Festbewertung** (§ 240 Abs. 3 HGB) und **Gruppenbewertung** (§ 240 Abs. 4 HGB) auf den handelsrechtlichen Jahresabschluss kodifiziert.

1.2 Anwendungsbereich

4   Die Anwendung der **Verbrauchsfolgeverfahren** i. S. d. § 256 Satz 1 HGB ist auf **gleichartige VG des Vorratsvermögens**, also gleichartige Roh-, Hilfs- und Betriebsstoffe (RHB), unfertige und fertige Erzeugnisse sowie Waren beschränkt; eine Anwendung auf geleistete Anzahlungen scheidet von der Natur der Sache her aus.[1] Die Anwendung auf bestimmte **Kapitalanlagen** (z. B. Aktien und Investmentanteile) bei VersicherungsUnt und Pensionsfonds ist explizit zugelassen (§ 341b Abs. 2 HGB).

5   Für die **Festbewertung** gem. § 256 Satz 2 i. V. m. § 240 Abs. 3 HGB kommen unter engen Voraussetzungen sowohl **VG des Sachanlagevermögens** als auch **RHB** infrage (§ 240 Rz 53). Die **Gruppenbewertung** gem. § 256 Satz 2 i. V. m. § 240 Abs. 4 HGB ist – wie die Verbrauchsfolgebewertung – zulässig für **gleichartige VG des Vorratsvermögens**; außerdem können **andere gleichartige oder annähernd gleichwertige bewegliche VG und Schulden** zusammengefasst bewertet werden (§ 240 Rz 68).

6   § 256 HGB ist als bilanzielle Bewertungsvorschrift des Ersten Abschnitts des Dritten Buchs des HGB für **alle (bilanzierenden) Kaufleute** verbindlich. Im Fall erheblicher Abweichungen vom letzten Börsen- und Marktpreis infolge der Anwendung von Verbrauchsfolgeverfahren oder der Gruppenbewertung haben mittelgroße und große **KapG** gesonderte Anhangangaben gem. § 284 Abs. 2 Nr. 4 HGB zu machen (§ 284 Rz 52 ff.); mit § 341b Abs. 2 und 3 HGB sind besondere Anwendungsvorschriften von **VersicherungsUnt** und **Pensionsfonds** zu beachten.

7   Die folgende Abb. gibt einen Überblick über die Bewertungsvereinfachungsverfahren nach § 256 HGB.

---

[1] Eine Ausweitung auf andere VG des UV ist (weiterhin) abzulehnen; vgl. Grottel/Patzak, in Beck Bil-Komm., 14. Aufl. 2024, § 256 HGB Rz 4; Drüen, in Staub, Großkommentar HGB, Band 5, 5. Aufl. 2014, § 256 HGB Rn 5, und Mayer-Wegelin, in Küting/Weber, HdR-E, § 256 HGB Rn 35, Stand: 7/2016, sowie inzwischen auch; Münch, in Anzinger/Oser/Schlotter, Rechnungslegung und Prüfung, Tb. 1, 7. Aufl., 2023, § 256 HGB Rz 47; für eine erweiterte Anwendung auf das gesamte UV vgl. Niemann, ifst-Schrift Nr. 401, 2002, S. 36 f.

Verfahren	Verbrauchsfolge-verfahren	Festbewertung	Gruppen-bewertung
Rechtsgrundlage	§ 256 Satz 1 HGB (vgl. nur Lifo: § 6 Abs. 1 Nr. 2a EStG, R 6.9 EStR)	§ 256 Satz 2 i.V.m. § 240 Abs. 3 HGB (vgl. auch H 6.8 EStH)	§ 256 Satz 2 i.V.m. § 240 Abs. 4 HGB (vgl. auch R 6.8 Abs. 4 EStR)
Wertansatz	Wert gemäß Fifo- oder Lifo-Verfahren	Festwert	Gewogener Durchschnittswert
Anwendungs-bereich Vorrats-vermögen	Gleichartige Vermögensgegen-stände des Vorrats-vermögens	RHB-Stoffe, sofern regelmäßig ersetzt und von nachran-giger Bedeutung, geringe Änderungen bzgl. Größe, Wert, Zusammensetzung	Gleichartige Vermögensgegen-stände des Vorrats-vermögens
Ergänzender Anwendungs-bereich	–	Sachanlagen, sofern regelmäßig ersetzt und von nachrangiger Bedeutung, geringe Änderungen bzgl. Größe, Wert, Zusammensetzung	Andere gleichartige oder annähernd gleichwertige beweg-liche Vermögens-gegenstände und Schulden

Abb. 1: Bewertungsvereinfachungsverfahren nach § 256 HGB

1.3 Normenzusammenhang

Mit der Anwendung der Bewertungsvereinfachungsverfahren gem. §§ 256 und 240 Abs. 3 und 4 HGB wird vom Einzelbewertungsgrundsatz des § 252 Abs. 1 Nr. 3 HGB abgewichen, wobei der Bilanzierende nach der Wahl der Bewertungsmethode durch das Stetigkeitsgebot des § 252 Abs. 1 Nr. 6 HGB gebunden ist; Abweichungen lässt § 252 Abs. 2 HGB nur in begründeten Ausnahmefällen zu. Unabhängig vom Bewertungsverfahren ist stets zu prüfen, ob Abschreibungen oder Zuschreibungen gem. § 253 Abs. 4 und 5 HGB vorzunehmen sind. Bei KapG sind die Anhangangabe-pflichten gem. § 284 Abs. 2 Nr. 3 und 4 HGB zu beachten, bei VersicherungsUnt und Pensionsfonds die Anwendungsvorschriften des § 341b Abs. 2 und 3 HGB.

2 Anwendungsvoraussetzungen der Verbrauchsfolgeverfahren (Satz 1, 1. Hs.)

2.1 Gleichartigkeit der Vermögensgegenstände des Vorratsvermögens

Gleichartigkeit von VG ist grds. erfüllt bei Gleichheit (**Identität**). Aufgrund des technischen Fortschritts werden allerdings regelmäßig solche VG des Vorrats-vermögens (wieder-)beschafft, die nicht mehr mit den verbrauchten Gütern identisch sind. Insofern gelten nach h.M. auch diejenigen VG als **gleichartig**, die hinsichtlich ihrer **Beschaffenheit** übereinstimmen (z.B. Zugehörigkeit zur gleichen **Warengattung**) oder die die **gleiche Funktion** erfüllen (§ 240 Rz 76). Obwohl dem Gesetzeswortlaut nicht wörtlich zu entnehmen ist, wird hier der

Auffassung gefolgt, dass Gleichartigkeit auch eine **annähernde Gleichwertigkeit** der VG impliziert (§ 240 Rz 77), sofern Wertunterschiede innerhalb einer (wertmäßig heterogenen) Gruppe von untergeordneter Bedeutung sind.[2]

11 Differenziert nach den relevanten Untergruppen des Vorratsvermögens kann die Gleichartigkeit wie folgt konkretisiert werden:[3]
- **RHB:** annähernde Gleichwertigkeit und Funktionsgleichheit;
- **unfertige Erzeugnisse:** Ausrichtung auf ein im Wesentlichen gleiches Endprodukt, Zugehörigkeit zur gleichen Produktionsstufe, Erstellung mit annähernd gleichen Einsatzstoffen im annähernd gleichen Verfahren wie im Vorjahr;
- **fertige Erzeugnisse und Waren:** Zugehörigkeit zur gleichen Warengattung (damit gleichartige Beschaffenheit) und annähernd gleicher Wert.

12 Das Kriterium der gleichen Warengattung ist stets vor dem Hintergrund der gleichartigen Beschaffenheit zu prüfen und nach der hier vertretenen Auffassung – wie auch das Kriterium der Funktionsgleichheit – im Zweifelsfall **eng** auszulegen; demgemäß ist das Kriterium der annähernden Wertgleichheit auch als **einschränkendes Korrektiv** zu verstehen.

Praxis-Beispiel
- Gleichartige Beschaffenheit:
  - Bandeisen verschiedener Abmessungen
  - Herrensocken verschiedener Größen, Muster und Farben (gleiche Warengattung)
  - Essbestecke aus Metall mit unterschiedlichem Design (gleiche Warengattung)
- Funktionsgleichheit:
  - Schrauben/Nägel aus Stahl oder Messing
  - Versandhüllen aus Papier oder Kunststoff
  - Transportbehälter aus Metall oder Kunststoff
- Annähernde Wertgleichheit:
  - bei geringwertigen Gegenständen Preisunterschiede bis zu 20 %[4]
  - bei höherwertigen Gegenständen Preisunterschiede bis ca. 5 %[5]

2.2 Konformität mit den Grundsätzen ordnungsmäßiger Buchführung

13 Obwohl nach § 243 Abs. 1 HGB schon generell die GoB bei der Aufstellung des Jahresabschlusses zu beachten sind, fordert § 256 Satz 1 HGB wiederholend und

---

[2] Vgl. insb. Münch, in Anzinger/Oser/Schlotter, Rechnungslegung und Prüfung, Tb. 1, 7. Aufl. 2023, § 256 HGB Rn 55 f., sowie IDW, WPH Edition, Wirtschaftsprüfung & Rechnungslegung, 18. Aufl. 2023, Kap. F Tz 195, wonach auf annähernde Gleichwertigkeit auch bei Anwendung geeigneter Indexverfahren verzichtet werden kann; deren Anwendung wird aber überwiegend abgelehnt (vgl. Rz 31); generell die Notwendigkeit der annähernden Gleichwertigkeit ablehnend insb. Mayer-Wegelin, in Küting/Weber, HdR-E, § 256 HGB Rn 28, aber auch relativierend Rn 30, Stand: 7/2016.
[3] Vgl. Niemann, Ifst-Schrift Nr. 401, 2002, S. 32; vgl. auch ähnlich Drüen, in Staub, Großkommentar HGB, Band 5, 5. Aufl. 2014, § 256 HGB Rn 6, m.w.N.
[4] Vgl. noch in der 4. Aufl. m.w.N. Kleindiek, in Staub, Großkommentar HGB, Band 5, 5. Aufl. 2014 § 256 HGB Rn 2, der allerdings 20 % als klare Obergrenze ansieht und im Regelfall von kleineren Werten ausgeht.
[5] Vgl. zum Prozentsatz Kulosa, in Schmidt, EStG, 36. Aufl. 2017, § 6 EStG Rz 348.

damit verschärfend die Einhaltung der GoB bei der Entscheidung für die Anwendung bewertungsvereinfachender Verbrauchsfolgeverfahren. Dadurch soll sichergestellt werden, dass ein **GoB-konformer Ausgleich** zwischen der auf einer Fiktion beruhenden, zweckgerechten **Bewertungsvereinfachung** und den (allgemeinen) **Rechnungslegungszielen** gefunden wird,[6] insb. soll offensichtlicher Missbrauch ausgeschlossen werden.[7]

> **Praxis-Beispiele**[8]
> - Ein GoB-konformer Ausgleich kann angenommen werden, wenn die Ermittlung der individuellen AK im Einzelfall ausgeschlossen ist (z. B. im Fall der Vermischung von Flüssigvorräten) oder mit unvertretbar hohem Aufwand verbunden wäre (z. B. bei Massenartikeln).
> - Im Fall eines Autohändlers ist die Anwendung des Lifo-Verfahrens zur Bewertung von zum Verkauf bestimmten Pkw nicht mit den GoB vereinbar. Die (absolut betrachtet) hohen Erwerbsaufwendungen und die ohne Weiteres mögliche individuelle Ermittlung und Zuordnung der AK rechtfertigen mangels einer konkreten, die Rechnungslegung vereinfachenden Wirkung nicht die Abkehr vom Einzelbewertungsgrundsatz.

Mit den GoB grds. vereinbar ist, dass die unterstellte Verbrauchs- oder Veräußerungsfolge nicht mit der tatsächlichen übereinstimmt; eine Abweichung liegt gerade in der Natur einer Verbrauchsfolgefiktion. Von einer **Unzulässigkeit** der Verbrauchsfolgebewertung wird nur in den (Ausnahme-)Fällen ausgegangen, in denen die zugrunde gelegte Fiktion vor dem Hintergrund der tatsächlichen betrieblichen Verhältnisse **völlig undenkbar** erscheint. 14

> **Praxis-Beispiel**
> Bewertung von leicht verderblicher Ware wie z. B. Fisch oder Fleisch nach dem Lifo-Verfahren.

Entsprechend dem **Grundsatz der Bewertungsstetigkeit** des § 252 Abs. 1 Nr. 6 HGB ist bei Vorliegen gleicher wertbestimmender Bedingungen objektübergreifend das gewählte Verfahren auf alle gleichen oder gleichartigen VG anzuwenden 15

---

[6] Vgl. Ballwieser, in Ebke, MünchKomm. HGB, 5. Aufl. 2024, § 256 HGB Rn 3; vgl. auch BFH, Urteil v. 20.6.2000, VIII R 32/98, BStBl 2001 II S. 636, mit Hinweis auf einen Wertungskompromiss zwischen den Grundsätzen der Einzelbewertung und der periodengerechten Aufwandsabgrenzung einerseits und dem vom Wesentlichkeitsprinzip bestimmten Grundsatz der Wirtschaftlichkeit andererseits.
[7] Vgl. Münch, in Anzinger/Oser/Schlotter, Rechnungslegung und Prüfung, Tb. 1, 7. Aufl. 2023, § 256 HGB Rn 165.
[8] Vgl. hierzu BFH, Urteil v. 20.6.2000, VIII R 32/98, BStBl 2001 II S. 636; vgl. zur durchaus kontroversen Diskussion dieses Urteils m.w.N. Kessler/Suchan, DStR 2003, S. 345 ff., sowie Hüttemann/Meinert, DB 2013, S. 1867 f.; das Urteil unterstützten Lüdenbach, StuB 2009, S. 655; vgl. kritisch zur Übertragung der Grundsätze des Urteils auf die computergestützte Lagerhaltung Hildebrandt, DB 2011, S. 1999 ff.; vgl. (für die generelle steuerbilanzielle Zulässigkeit) klarstellend BMF, Schreiben v. 12.5.2015, IV C 6 – S 2174/07/10001 :002, Rz 5 f., wonach allerdings bei Handelswaren die Anwendung des Lifo-Verfahrens unzulässig ist, sofern es „z. B. durch im Betrieb eingesetzte moderne EDV-Systeme technisch möglich (ist, d. Verf.), die individuellen Anschaffungskosten der einzelnen Wirtschaftsgüter ohne weiteres zu ermitteln (z. B. durch Codierung)".

(§ 252 Rz 142). Abweichungen lässt § 252 Abs. 2 HGB nur in begründeten Ausnahmefällen zu (§ 252 Rz 142, Rz 151 ff.).

16 Unabhängig von dem gewählten Verbrauchsfolgeverfahren ist nach dessen Abschluss stets die Einhaltung des (strengen) **Niederstwertprinzips** gem. § 253 Abs. 4 HGB zu prüfen (§ 253 Rz 278 ff.), da die Bewertungsvereinfachungsverfahren nicht sicherstellen, dass ein ermittelter Schätzwert für das Vorratsvermögen dessen Börsen- oder Marktwert, respektive beizulegenden Wert, nicht übersteigt; bei Wegfall der Gründe für die außerplanmäßige Abschreibung wird eine entsprechende **Zuschreibung** gem. § 253 Abs. 5 Satz 1 HGB erforderlich (§ 253 Rz 330 ff.).

3 Zulässige Verbrauchsfolgeverfahren (Satz 1, 2. Hs.)

3.1 Bedeutung und Gemeinsamkeiten

17 Durch das BilMoG wurden die vormals zulässigen Verbrauchsfolgeverfahren auf das **Fifo-** und das **Lifo-Verfahren** und folglich auf die Unterstellung einer **zeitlichen** Verbrauchsfolge beschränkt; unangetastet blieb die Anwendung des Durchschnitts(preis)verfahrens (Rz 32 und § 240 Rz 69).[9] Als Begründung wird eine damit einhergehende bessere Vergleichbarkeit der handelsrechtlichen Jahresabschlüsse angeführt.[10] Die konkreten Auswirkungen dieser Gesetzesänderung dürften indes vernachlässigbar sein, da die nicht mehr zulässigen Bewertungsvereinfachungsverfahren in der Praxis allenfalls eine Randerscheinung darstellten.[11] Da das Steuerrecht – neben dem gewogenen Durchschnittsverfahren[12] (§ 240 Rz 74) – nur noch das Lifo-Verfahren[13] zur Bewertungsvereinfachung zulässt[14], hat dieses auch von den handelsrechtlich zulässigen Verbrauchsfolgeverfahren die größte Bedeutung erlangt.[15]

18 Beide Verbrauchsfolgeverfahren ermitteln **näherungsweise** den bilanziellen Endbestand gleichartiger VG des Vorratsvermögens – und damit letztlich den Waren- bzw. Materialeinsatz – auf Basis der AHK bestimmter Zugangsmengen (einschl. der des Anfangsbestands) und des (mengenmäßigen) Inventars am Ende des Gj.

19 Der **Vorteil** der Verbrauchsfolgebewertung im Vergleich zur **Einzelbewertung** – sofern eine solche z. B. bei Vermischungsprozessen überhaupt durchführbar ist – liegt v. a. darin, dass lediglich die i. R. d. Inventur ohnehin ermittelten Bestandsmengen sowie die Zugänge mengen- und wertmäßig erfasst werden müssen; eine detaillierte

---

[9] Vgl. Bieg u. a., Bilanzrechtsmodernisierungsgesetz, 2009, S. 110.
[10] Vgl. BT-Drs. 16/10067 v. 30.7.2008, S. 61.; der verschiedentlich erhobenen Forderung nach Beschränkung der Bewertungsvereinfachungsverfahren auf die Durchschnittsmethode wurde nicht gefolgt. Kessler/Leinen/Strickmann vermuten, dass die steuerliche Zulässigkeit der Lifo-Methode nicht gefährdet werden sollte (vgl. Kessler/Leinen/Strickmann, BilMoG-RegE, 2008, S. 228); Brösel/Mindermann nehmen an, dass über die steuerlich motivierte Begründung hinaus die in IAS 2.25 formulierte Zulässigkeit des Fifo-Verfahrens (neben der Durchschnittsmethode) Anlass für eine weitergehende Wahlrechtsbeschränkung war (vgl. Brösel/Mindermann, in Petersen/Zwirner, Bilanzrechtsmodernisierungsgesetz BilMoG, 2009, S. 450).
[11] Vgl. Kessler/Leinen/Strickmann, BilMoG-RegE, 2008, S. 228, sowie Küting, in Küting/Pfitzer/Weber, Das neue deutsche Bilanzrecht, 2009, S. 117.
[12] Vgl. R 6.8 Abs. 4 EStR.
[13] Vgl. § 6 Abs. 1 Nr. 2a EStG u. R 6.9 EStR.
[14] Vgl. Mutscher, in Frotscher/Geurts, EStG, § 6 EStG Rz 63, Stand: 8/2022.
[15] Vgl. Drüen, in Staub, Großkommentar HGB, Band 5, 5. Aufl. 2014, § 256 HGB Rn 12.

und aufwendige Bestands- und Wertfortschreibung entfällt. Im Unterschied zur **Durchschnittsbewertung**, bei der alle Zugänge in die Bewertung einfließen und dennoch stark pauschalierte Wertansätze resultieren, besteht durch die Wahl zwischen dem Fifo- und dem Lifo-Verfahren die Möglichkeit, die auf einer Fiktion beruhende Bewertung des Vorratsvermögens besser an die tatsächlichen Verhältnisse im Unt anzupassen.[16]

Sowohl das Fifo- als auch das Lifo-Verfahren sind in der **periodischen** oder der **permanenten** Variante denkbar. Bei den periodischen Verfahren wird einmalig und ohne zusätzlichen Erfassungsaufwand eine Bewertung zum Ende des Gj durchgeführt; hingegen erfordern die permanenten Verfahren die Erfassung aller Abgänge entsprechend der unterstellten Verbrauchsfolge, sodass zumindest eine vereinfachte Bestandsfortschreibung der Mengen und Werte notwendig wird. Aufgrund des erhöhten Aufwands sind die permanenten Varianten wenig praxisrelevant.

3.2 Fifo-Verfahren („Silo-Prinzip")

Beim Fifo-Verfahren („first in – first out") wird angenommen, dass „**die zuerst ... angeschafften oder hergestellten Vermögensgegenstände zuerst verbraucht oder veräußert worden sind**" (§ 256 Satz 1 HGB); damit wird unterstellt, dass der bilanzielle Endbestand aus den jüngsten Zugängen besteht und die ältesten Zugänge (einschl. des Anfangsbestands) als verbraucht oder verwendet gelten. Diese Verwendungsfiktion entspricht bspw. bei verderblichen Waren oder bei Durchlaufregallagerung regelmäßig der tatsächlichen Verbrauchsfolge („Silo-Prinzip").

Aufgrund der unterstellten Verbrauchsfolge wird grds. der Einblick in die **Vermögenslage** verbessert, da eine Bewertung anhand stichtagsnaher AHK erfolgt und damit der Einfluss von Preisänderungen reduziert wird; gleichzeitig leidet der Einblick in die **Ertragslage**, da die Aufwandsverrechnung veraltete Wiederbeschaffungskosten zugrunde legt. Demnach ist bei **steigenden Preisen** die Bildung **stiller Reserven** – im Gegensatz zum Lifo-Verfahren (Rz 26) – nur in geringem Maß möglich (vgl. auch das Beispiel in Rz 24), während die Gefahr des Ausweises von **Scheingewinnen** zunimmt. Bei **fallenden Preisen** werden Scheingewinne eher vermieden, stille Reserven verstärkt gebildet, wobei das strenge Niederstwertprinzip gem. § 253 Abs. 4 HGB korrigierend wirkt.[17]

Die Anwendung der **permanenten** Variante des Fifo-Verfahrens ist – obwohl theoretisch möglich – nicht sinnvoll. Sie ist aufzeichnungstechnisch wesentlich aufwendiger als das **periodische** Fifo-Verfahren, liefert aber keinen zusätzlichen Erkenntnisgewinn;[18] sie stellt lediglich zeitnäher sicher, dass zunächst der Anfangsbestand, dann die ältesten Zugänge als verbraucht gelten. Vergleichbar dem Vorgehen beim permanenten Lifo-Verfahren (Rz 27) wäre es beim permanenten Fifo-Verfahren zwar grds. denkbar, die Anwendung des Fifo-Prinzips (zunächst)

---

[16] Vgl. Mayer-Wegelin, in Küting/Weber, HdR-E, § 256 HGB Rn 16, Stand: 7/2016.
[17] Vgl. Baumbach/Hopt/Merkt, HGB, 42. Aufl. 2023, § 256 HGB Rn 2; Kusterer, in Glanegger u.a., Heidelberger Kommentar zum HGB, 7. Aufl. 2007, § 256 HGB Rz 5, und Mayer-Wegelin, in Küting/Weber, HdR-E, § 256 HGB Rn 73, Stand: 7/2016.
[18] Vgl. auch Tanski, in Kußmaul/Müller, HdB, Bewertungsvereinfachungsverfahren, Rn 17, Stand: 11.1.2022.

auf den Zeitraum zwischen den letzten beiden Abgängen zu beschränken und erst bei Fehlmengen auf den früheren Zeitraum auszuweiten; diese Methodenvermischung widerspricht aber den GoB (und der Natur der Sache) und wird insofern abgelehnt.

24 Der Vorteil des (periodischen) Fifo-Verfahrens liegt in seiner **Einfachheit**, da unterjährig lediglich eine Aufzeichnung der Zugänge erforderlich ist. Zur Ermittlung des wertmäßigen Endbestands werden die letzten Zugänge mengen- und wertmäßig so lange kumuliert, bis der mengenmäßige Endbestand erreicht ist.

Praxis-Beispiel
Der Kfm. bewertet das Vorratsvermögen gem. § 256 Satz 1 HGB nach dem **Fifo-Verfahren**. Dabei sollen die in der folgenden Tabelle aufgeführten Geschäftsvorfälle zu verzeichnen sein (analog dem Beispiel zur Gruppenbewertung (§ 240 Rz 74) und denen zu den Lifo-Verfahren (Rz 27 und Rz 29)). Aufgrund der Ausführungen unter Rz 23 kann das Beispiel sowohl für die periodische als auch für die permanente Variante des Fifo-Verfahrens herangezogen werden.

Datum	Geschäftsvorfall			Verbrauch		Endbestand	
	Vorfall	ME	Preis/ME	ME	Wert	ME	Wert
1.1.	Anfangsbestand	100	1,00	– 100	– 100,00		
15.1.	Zugang	100	1,10	– 100	– 110,00		
31.3.	Abgang	– 50					
20.6.	Zugang	150	1,15	– 150	– 172,50		
15.7.	Abgang	– 200					
10.9.	Zugang	100	1,20	– 100	– 120,00		
19.11.	Zugang	200	1,25	– 100	– 125,00	100	125
6.12.	Abgang	– 300					
27.12.	Zugang	100	1,30			100	130
31.12.	Endbestand	200		– 550	– 627,50	200	255

Zur Bewertung des Endbestands von 200 ME werden die Zugänge vom 27.12. (100 ME) und vom 19.11. (100 ME) zugrunde gelegt. Aufgrund des unterjährigen Preisanstiegs liegt der Wert des **Endbestands** mit **255,00** (erwartungsgemäß) über den entsprechenden Werten nach einfach bzw. gleitend gewogenem Durchschnitt (235,31 bzw. 250,00; § 240 Rz 74) sowie über denen des periodischen und des permanenten Lifo-Verfahrens (Rz 27 und 29). Dennoch werden infolge des Preisanstiegs (immer noch) **stille Reserven** gelegt. Unterstellt man den Preis vom 27.12. als Stichtagswert, belaufen sich die stillen Reserven auf **5,00** (= 200 * 1,30 ./. 255,00); eine Wertberichtigung ist nicht notwendig. Auf Basis der gleichen Wiederbeschaffungskosten wird ein **Scheingewinn** i. H. v. **87,50** (= 550 * 1,30 ./. 627,50) ausgewiesen.

3.3 Lifo-Verfahren („Stapel-Prinzip")

Beim Lifo-Verfahren („last in – first out") wird angenommen, dass „die zuletzt angeschafften oder hergestellten Vermögensgegenstände zuerst verbraucht oder veräußert worden sind" (§ 256 Satz 1 HGB); damit wird unterstellt, dass sich der Lagerbestand am Ende der Periode aus den ältesten Zugängen (inkl. Anfangsbestand) zusammensetzt und die neuesten Zugänge als verbraucht oder verwendet gelten. Diese Verwendungsfiktion entspricht bspw. der Lagerung von Schüttgut in einer Mulde oder der Einschubregallagerung („Stapel-Prinzip").

Aufgrund der unterstellten Verbrauchsfolge wird der Einblick in die **Ertragslage** verbessert, da die fingierte Zeitnähe zwischen Erwerb und Verbrauch oder Veräußerung des Vorratsvermögens den Einfluss von Preisänderungen auf den Waren- bzw. Materialeinsatz und damit das Jahresergebnis verringert. Dies erschwert allerdings den Einblick in die **Vermögenslage**. So werden **bei Preissteigerungen stille Reserven** gebildet, deren (spätere) Realisierung zumindest fragwürdig ist; gleichzeitig bleibt dagegen die Gefahr des Ausweises von **Scheingewinnen** gering, da die Verbrauchsermittlung auf zeitnahen Wiederbeschaffungskosten beruht.[19] Bei **sinkenden Preisen** hingegen wird – dem strengen Niederstwertprinzip gem. § 253 Abs. 4 HGB folgend – eine **außerplanmäßige Abschreibung** auf den niedrigeren Börsen- oder Marktwert bzw. beizulegenden Wert notwendig.

Das Lifo-Verfahren ist sowohl in der permanenten als auch in der periodischen Variante möglich und sinnvoll, wobei sich i.d.R. unterschiedliche Verbräuche und Bestände ergeben (vgl. auch das nachfolgende Beispiel mit dem unter Rz 29). Das **permanente Lifo-Verfahren** ist sehr arbeitsaufwendig und führt kaum zu einer Vereinfachung,[20] da eine chronologische mengen- und wertmäßige Erfassung aller Zu- und Abgänge erforderlich ist. Die Abgänge werden der Verbrauchsfiktion folgend auf Basis der letzten Zugänge und – sofern diese nicht ausreichen – der Zwischenbestände bzw. des Anfangsbestands bewertet; folglich können aufgrund unterjähriger Bestandsschwankungen stille (Bestands-)Reserven aufgelöst werden, infolgedessen bei steigenden Preisen Scheingewinne ausgewiesen werden.

Praxis-Beispiel
Der Kfm. bewertet das Vorratsvermögen gem. § 256 Satz 1 HGB nach dem **permanenten Lifo-Verfahren**. Dabei sollen die in der folgenden Tabelle aufgeführten Geschäftsvorfälle zu verzeichnen sein (analog dem Beispiel zur Gruppenbewertung (§ 240 Rz 74) und zum Fifo-Verfahren (Rz 24)).

---

[19] Vgl. Grottel/Patzak, in Beck Bil-Komm., 14. Aufl. 2024, § 256 HGB Rz 62f.; Drüen, in Staub, Großkommentar HGB, Band 5, 5. Aufl. 2014, § 256 HGB Rn 1 und 11; Tanski, in Kußmaul/Müller, HdB, Bewertungsvereinfachungsverfahren, Rn 30f., Stand: 11.1.2022, sowie Böcking/Gros, in Ebenroth u. a., 3. Aufl. 2014, § 256 HGB Rn 8.
[20] Vgl. auch Tiede, BBK 2010, S. 546.

Datum	Geschäftsvorfall			Verbrauch		Endbestand	
	Vorfall	ME	Preis/ME	ME	Wert	ME	Wert
1.1.	Anfangsbestand	100	1,00			100	100
15.1.	Zugang	100	1,10	– 100	– 110,00		
31.3.	Abgang	– 50					
20.6.	Zugang	150	1,15	– 150	– 172,50		
15.7.	Abgang	– 200					
10.9.	Zugang	100	1,20	– 100	– 120,00		
19.11.	Zugang	200	1,25	– 200	– 250,00		
6.12.	Abgang	– 300					
27.12.	Zugang	100	1,30			100	130
31.12.	Endbestand	200		– 550	– 652,50	200	230

Die Bewertung des Endbestands von 200 ME erfolgt schließlich auf Basis des Zugangs vom 27.12. (100 ME) und des Anfangsbestands (100 ME), da bei jedem Verbrauch der Abgang der jeweils letzten Zugänge unterstellt wird. Im Unterschied zum periodischen Lifo-Verfahren (Rz 29) ist der Zugang vom 27.12. noch auf Lager, da anschließend (tatsächlich) kein Abgang mehr erfolgt. Der Wert des **Endbestands** liegt mit **230** noch unter den entsprechenden Werten nach einfach bzw. gleitend gewogenem Durchschnitt (235,31 bzw. 250; § 240 Rz 74) und nach dem Fifo-Verfahren (255; Rz 24). Infolge des Preisanstiegs ergeben sich **stille Reserven** i. H. v. **30** (= 200 * 1,30 ./. 230); der **Scheingewinn** beträgt **62,50** (= 550 * 1,30 ./. 652,50).

28 Aufgrund der Komplexität des permanenten Verfahrens kommt in der Praxis häufiger das **periodische Lifo-Verfahren** zum Einsatz, bei dem lediglich am Ende der Abrechnungsperiode (i.d.R. das Gj, aber auch Halbjahr, Quartal, Monat) eine Bestandsbewertung vorzunehmen ist und folglich Bestandsschwankungen innerhalb der Periode keinen Einfluss auf die Bewertung haben.[21]

29 In der **einfachen Version** des periodischen Lifo-Verfahrens (ohne differenzierte Erfassung der Mehrbestände in Layern; Rz 30) wird im Fall der (mengenmäßigen) Lagerbestandserhöhung der wertmäßige Endbestand aus dem Wert des Anfangsbestands zzgl. des Werts der ältesten Zugänge berechnet (vgl. hierzu das nachfolgende Beispiel); im Fall der (mengenmäßigen) Lagerbestandsminderung wird der Wert des Anfangsbestands proportional zu der mengenmäßigen Minderung zum Endbestandswert gekürzt.

Praxis-Beispiel
Der Kfm. bewertet das Vorratsvermögen gem. § 256 Satz 1 HGB nach dem (einfachen) **periodischen Lifo-Verfahren** (analog dem Beispiel zur Gruppen-

---

[21] Vgl. Mayer-Wegelin, in Küting/Weber, HdR-E, § 256 HGB Rn 46, Stand: 07/2016.

bewertung (§ 240 Rz 74), zum Fifo-Verfahren (Rz 21) und zum permanenten Lifo-Verfahren (Rz 27)).

Datum	Geschäftsvorfall			Verbrauch		Endbestand	
	Vorfall	ME	Preis/ME	ME	Wert	ME	Wert
1.1.	Anfangsbestand	100	1,00			100	100
15.1.	Zugang	100	1,10			100	110
31.3.	Abgang	− 50					
20.6.	Zugang	150	1,15	− 150	− 172,50		
15.7.	Abgang	− 200					
10.9.	Zugang	100	1,20	− 100	− 120,00		
19.11.	Zugang	200	1,25	− 200	− 250,00		
6.12.	Abgang	− 300					
27.12.	Zugang	100	1,30	− 100	− 130,00		
31.12.	Endbestand	200		− 550	− 672,50	200	210

Zur Bewertung des Endbestands von 200 ME werden der Anfangsbestand (100 ME) sowie der erste Zugang vom 15.1. (100 ME) zugrunde gelegt. Der Wert des **Endbestands** liegt mit **210** unter den entsprechenden Werten nach einfach bzw. gleitend gewogenem Durchschnitt (235,31 bzw. 250; § 240 Rz 74), nach dem Fifo-Verfahren (255; Rz 24) und nach dem permanenten Lifo-Verfahren (230; Rz 27). Die stillen Reserven belaufen sich auf 50 (= 200 * 1,30 ./. 210), es resultiert ein **Scheingewinn** von **42,50** (= 550 * 1,30 ./. 672,50).

Eine weitergehende Umsetzung des Lifo-Prinzips auch beim Verbrauch des Lagerbestands verfolgt die **Layer**-gestützte Version des periodischen Lifo-Verfahrens, wonach im Vergleich zu einem Anfangsbestand (Basisbestand) je Periode aufgebaute Mehrbestände (Layer) isoliert betrachtet und bewertet werden. Der Bewertung eines Mehrbestands sind nach der hier vertretenen Auffassung die Preise der ersten Zugänge während der Periode zugrunde zu legen, allenfalls ist ein durchschnittlicher Zugangswert ggf. unter Berücksichtigung der Abgänge zulässig.[22] Werden die Mehrbestände nach Perioden getrennt in Layern fortgeführt, können in den Folgeperioden (auch) Bestandsminderungen Lifo-konform berücksichtigt und bewertet werden, indem die zuletzt gebildeten Layer zuerst aufgelöst werden; ein Niederstwerttest ist dann nach hM layerbezogen durchzuführen.[23] Wird der Mehrbestand mit dem Basisbestand (regelmäßig) zu

---

[22] Vgl. auch Grottel/Patzak, in Beck Bil-Komm., 14. Aufl. 2024, § 256 HGB Rz 49, und Mayer-Wegelin, in Küting/Weber, HdR-E, § 256 HGB Rn 48, Stand: 07/2016; vgl. hierzu ausführlich Münch, in Anzinger/Oser/Schlotter, Rechnungslegung und Prüfung, Tb. 1, 7. Aufl. 2023, § 256 HGB Rz 97 ff., der allerdings auch weitergehende Varianten zur Bewertung des Mehrbestands als zulässig erachtet.
[23] Vgl. Grottel/Patzak, in Beck Bil-Komm., 14. Aufl. 2024, § 256 HGB Rz 53; Mayer-Wegelin, in Küting/Weber, HdR-E, § 256 HGB Rn 55, Stand: 07/2016, und Böcking/Gros, in Ebenroth u.a., 3. Aufl. 2014, § 256 HGB Rn 10.

einem einheitlichen Gesamtbestand zusammengefasst, bleibt für nachfolgende Bestandsminderungen (nur) die Bewertung mit dem durchschnittlichen Stückpreis.

31 Als (wertorientierte) Variante des Lifo-Verfahrens gilt das sog. **Indexverfahren**[24], das darauf abzielt, den innerhalb einer Periode entstandenen Wertzuwachs einer Bewertungseinheit in einen realen Vermögenszuwachs und einen reinen Preissteigerungsanteil aufzuteilen; letztlich wird der Vermögenszuwachs nicht durch einen Mengenvergleich – wie nach § 256 Satz 1 HGB erforderlich –, sondern nur durch einen Wertevergleich ermittelt. Wegen begründeter Zweifel an der GoB-Konformität wird die handelsrechtliche Zulässigkeit des Indexverfahrens überwiegend abgelehnt.[25]

4 Festbewertung und Gruppenbewertung (Satz 2)

32 Nach § 256 Satz 2 HGB dürfen die für die Bewertung des **Inventars** zulässigen Verfahren der Festbewertung (§ 240 Abs. 3 HGB) und der Gruppenbewertung nach dem gewogenen Durchschnitt (§ 240 Abs. 4 HGB) auch für die Bewertung im **Jahresabschluss** eingesetzt werden (vgl. zu den Verfahren § 240 Rz 52 ff. u. § 240 Rz 67 ff.). Ohne diese (gesetzestechnisch notwendige) **Übernahme** der Inventar-Regelungen in die Bewertungsvorschriften zur Erstellung des Jahresabschlusses wäre für Zwecke des Jahresabschlusses eine Neubewertung durchzuführen.[26]

---

[24] Vgl. zu dessen Darstellung insb. Siepe/Husemann/Borges, WPg 1994, S. 646 ff.
[25] Vgl. ausführlich Ballwieser, in Ebke, MünchKomm HGB, 5. Aufl. 2024, § 256 Rn 12; vgl. auch Brösel/Mindermann, in Petersen/Zwirner, Bilanzrechtsmodernisierungsgesetz BilMoG, 2009, S. 449; Grottel/Patzak, in Beck Bil-Komm., 14. Aufl. 2024, § 256 HGB Rz 67; Drüen, in Staub, Großkommentar HGB, Band 5, 5. Aufl. 2014, § 256 HGB Rn 15; Mayer-Wegelin, in Küting/Weber, HdR-E, § 256 HGB Rn 60, Stand: 07/2016, und Siegel, DB 1991, S. 1946; a.A. ADS, Rechnungslegung und Prüfung der Unternehmen, 6. Aufl. 1995–2001, § 256 HGB Rz 63; Siepe/Husemann/Borges, WPg 1994, S. 655, und Böcking/Gros, in Ebenroth u.a., 3. Aufl. 2014, § 256 HGB Rn 11.
[26] Vgl. auch Mayer-Wegelin, in Küting/Weber, HdR-E, § 256 HGB Rn 90, Stand: 07/2016, und Böcking/Gros, in Ebenroth u.a., 3. Aufl. 2014, § 256 HGB Rn 14.

§ 256a Währungsumrechnung

¹Auf fremde Währung lautende Vermögensgegenstände und Verbindlichkeiten sind zum Devisenkassamittelkurs am Abschlussstichtag umzurechnen. ²Bei einer Restlaufzeit von einem Jahr oder weniger sind § 253 Abs. 1 Satz 1 und § 252 Abs. 1 Nr. 4 Halbsatz 2 nicht anzuwenden.

Inhaltsübersicht	Rz
1 Überblick	1–5
2 Definitionen	6
3 Bedeutung von DRS 25 (Währungsumrechnung im Konzernabschluss)	7
4 Umrechnung von Fremdwährungsgeschäften	8–41
4.1 Umrechnung bei der Zugangsbewertung	8–17
4.2 Umrechnung bei der Folgebewertung	18–31
4.3 Folgebewertung bei verschiedenen Bilanzposten – Zusammenfassung	32–33
4.4 Ausweis von Umrechnungserfolgen in der Bilanz und in der Gewinn- und Verlustrechnung	34–37
4.5 Angaben in Anhang und Lagebericht	38–40
4.6 Abschließendes Beispiel	41
5 Latente Steuern	42–45

1 Überblick

Mit der Einführung des Euro ist die Problematik der Umrechnung von Fremdwährungsgeschäften in weiten Teilen Europas entfallen. Angesichts der fortschreitenden Globalisierung der Güter-, Finanz- und Kapitalmärkte haben Geschäfte in fremder Währung für die Unt gleichwohl an Bedeutung gewonnen. Der zunehmenden Internationalisierung der Geschäftstätigkeit deutscher Unt steht die Verpflichtung zur Bilanzierung in Euro gegenüber, da der Jahresabschluss nach § 244 HGB in **Euro** aufzustellen ist.

Mit der Umrechnung von Fremdwährungsgeschäften befasst sich § 256a HGB. Die Vorschrift regelt den Themenkomplex nicht umfassend, sondern belässt es bei punktuellen Hinweisen. **Sachlich** behandelt § 256a HGB die Umrechnung von VG und Verbindlichkeiten. Für alle übrigen Posten hat der Gesetzgeber keinen Regelungsbedarf gesehen. Die Umrechnungsregeln beziehen sich **zeitlich** zudem nur auf die **Folgebewertung**. Zur erstmaligen Erfassung von VG oder Schulden, die in fremder Währung denominiert sind, äußert sich die Vorschrift nicht. Verdrängt werden die Umrechnungsregeln des § 256a HGB durch die Spezialvorschriften des § 254 HGB zur Behandlung von Bewertungseinheiten und des § 340e Abs. 3 Satz 1 HGB zur Zeitwertbewertung von Finanzinstrumenten des Handelsbestands.[1]

---

[1] Vgl. BT-Drs. 16/12407 v. 24.3.2009 S. 86.

3 § 256a HGB sieht – mit den nachfolgenden Einschränkungen – eine Umrechnung von auf fremde Währung lautenden VG und Schulden zum **Devisenkassamittelkurs des Abschlussstichtags** vor. Zumindest bei der Folgebewertung bedarf es damit keiner Unterscheidung zwischen Geld- und Briefkurs. Das vereinfacht die Währungsumrechnung in der Praxis.

4 Die Regelung hat nicht den Charakter einer Bewertungsvorschrift, sondern bringt eine **reine Transformationsanweisung** zum Ausdruck. Das Ergebnis der Umrechnung steht mithin unter dem Vorbehalt der allgemeinen Bewertungsgrundsätze, namentlich des **Anschaffungswert- und Realisationsprinzips**. Allerdings sieht § 256a Satz 2 HGB bei kurzfristigen VG und Schulden eine Ausnahme vom Anschaffungswert- und Realisationsprinzip vor: Forderungen und Verbindlichkeiten mit einer Restlaufzeit von einem Jahr oder weniger sind auch dann zum Devisenkassamittelkurs umzurechnen, wenn sich daraus ein Währungsgewinn ergibt (s. näher hierzu Rz 20 ff.).

5 In der **GuV** sind Erträge und Aufwendungen aus der Währungsumrechnung nach § 277 Abs. 5 HGB gesondert unter den sonstigen betrieblichen Erträgen bzw. Aufwendungen auszuweisen („Davon"-Vermerk). Zur Reichweite dieser Ausweisvorschrift s. Rz 35.

2 Definitionen

6 Die Kommentierung verwendet die folgenden Definitionen:
Briefkurs: Kurs, zu dem Marktteilnehmer (i. d. R. Banken) bereit sind, Fremdwährungsbeträge gegen Euro anzukaufen.
Devisenkurs: Kurs zur Umrechnung von auf fremde Währung lautendem Buchgeld (Bankguthaben, Schecks, Wechsel, Forderungen, Wertpapiere) und Verbindlichkeiten. Nicht zu den Devisen gehören Bargeldbestände in fremder Währung (Sorten).
Devisenkassakurs: Wechselkurs, der sich am Kassamarkt für den sofort zu erfüllenden Kauf oder Verkauf von Devisen bildet.
Geldkurs: Kurs, zu dem Marktteilnehmer (i. d. R. Banken) bereit sind, Fremdwährungsbeträge gegen Euro verkaufen.
Mittelkurs: Kurs, zu dem Devisengeschäfte zwischen Banken abgerechnet werden; arithmetisches Mittel aus Geld- und Briefkurs.
Sorten: Bargeld (Banknoten und Münzen) in fremder Währung.
Kursangaben erfolgen in **Mengennotiz**. Das Wechselkursverhältnis gibt mithin an, wie viele Einheiten an Fremdwährung gegen einen Euro eingetauscht werden.

3 Bedeutung von DRS 25 (Währungsumrechnung im Konzernabschluss)

7 Mit DRS 25 hat das DRSC am 8.2.2018 einen Standard zur Währungsumrechnung verabschiedet, der die handelsrechtlichen Vorgaben zur Umrechnung von Fremdwährungsgeschäften für die Aufstellung der Handelsbilanz II und zur Umrechnung von Fremdwährungsabschlüssen konkretisiert. Durch die Bekanntmachung des Standards am 3.5.2018 durch das BMJV wird bei Befolgung der Empfehlungen des DRSC die Beachtung der Grundsätze ordnungsmäßiger Buchführung vermutet. Da der Gesetzgeber dem DRSC in § 342q Abs. 1 Nr. 1 HGB lediglich die

Aufgabe übertragen hat, Vorschläge zur Anwendung der Grundsätze ordnungsmäßiger Konzernrechnungslegung zu entwickeln, kommt den Regelungen des DRS 25 unmittelbare Bedeutung nur für nach §§ 290 ff. HGB oder §§ 11 ff. PublG erstellte Konzernabschlüsse zu. Unabhängig davon empfiehlt DRS 25.4 eine entsprechende Anwendung der Vorschriften zur Umrechnung von Fremdwährungsgeschäften im handelsrechtlichen Jahresabschluss. Aufgrund des bloßen Empfehlungscharakters kommt der Gesetzesauslegung durch das DRSC rechtlich eine vergleichbare Bedeutung zu wie den einschlägigen Kommentarmeinungen zu § 256a HGB. I. d. S. berücksichtigt auch die nachstehenden Kommentierung die Auslegung der Gesetzesnorm durch das DRSC.

4 Umrechnung von Fremdwährungsgeschäften

4.1 Umrechnung bei der Zugangsbewertung

§ 256a HGB gilt nur für die Umrechnung von Fremdwährungsgeschäften zu einem auf die Ersterfassung folgenden Abschlussstichtag. Angesichts der insoweit angeordneten Anwendung des Devisenkassamittelkurses und der Geltung des Anschaffungswertprinzips sollen nach der Regierungsbegründung „laufende Geschäftsvorfälle auch im Zugangszeitpunkt mit dem Devisenkassakurs umzurechnen"[2] sein. Das gilt für VG, Schulden, RAP, latente Steuern, Aufwendungen und Erträge.

8

Die Regierungsbegründung spricht lediglich von einer Umrechnung zum Devisenkassakurs, nicht – wie in § 256a HGB – vom Devisenkassamittelkurs. Daraus wird verschiedentlich abgeleitet, bei der erstmaligen Umrechnung von Fremdwährungsgeschäften sei – anders als bei der Folgebewertung – zwischen **Geldkurs** und **Briefkurs** zu unterscheiden.[3] Andere Autoren wollen dagegen aus Vereinfachungsgründen und wegen der Bewertungskonsistenz auch im Zugangszeitpunkt eine Umrechnung zum Mittelkurs zulassen.[4]

Man wird differenzieren müssen: Geht es um die erstmalige Erfassung eines VG oder einer Schuld aus einem (seiner Art nach) erfolgsneutralen Anschaffungsvorgang und stehen die AK in Euro fest, stellt sich die Frage nach dem Umrechnungskurs nicht. Der betreffende Posten ist mit den tatsächlich in Euro angefallenen AK einzubuchen. Die Ersterfassung des zugegangenen VG bzw. der eingegangenen Schuld mit einem Betrag, der mit einem von den tatsächlichen AK abweichenden Devisenkassamittelkurs umgerechnet wurde, führte zum Ausweis eines Aufwands oder Ertrags. Das verträgt sich nicht mit dem Grundsatz der Erfolgsneutralität von Anschaffungsvorgängen. Die Verwendung des Devisenkassamittelkurses wird man in diesen Fällen unter Praktikabilitätsgesichtspunkten akzeptieren können, wenn sie keine wesentlichen Erfolgseffekte zeigt.[5]

---

2 Vgl. BT-Drs. 16/10067 v. 30.7.2008 S. 62.
3 Vgl. Grottel/Koeplin, in Beck Bil-Komm., 14. Aufl. 2024, § 256a HGB Rz 34.
4 Vgl. Hoffmann/Lüdenbach, NWB-Kommentar Bilanzierung, 15. Aufl. 2024, § 256a HGB Rz 8; Küting/Pfirmann/Mojadadr, StuB 2010, S. 412.
5 Wie hier Roß, WPg 2012, S. 21; vgl. auch DRS 25.13.

9 | Praxis-Beispiel
U überweist unter Einschaltung seiner Hausbank 500.000 USD an einen amerikanischen Lieferanten als Vorauszahlung für eine Warenbestellung. Die Bank belastet U mit dem zum Geldkurs von 1,25 USD je EUR umgerechneten Gegenwert von 400.000 EUR.
Die Forderung gegen den Lieferanten ist mit 400.000 EUR einzubuchen. Der Betrag stellt zugleich den Anschaffungspreis der gelieferten Güter dar. Eine Umrechnung der geleisteten Vorauszahlung zum Devisenkassamittelkurs führte zu einer Einbuchung der Forderung mit einem niedrigeren Betrag und damit zum Ausweis eines „störenden" Aufwands. Verändert sich der Wechselkurs bis zum Abschlussstichtag nicht, bewirkt die für die Folgebewertung angeordnete Umrechnung mit dem Devisenkassamittelkurs allerdings zwangsläufig eine entsprechende Abwertung der Forderung. Dieser Umstand lässt es bei unwesentlichen Effekten vertretbar erscheinen, bereits für Zwecke der Zugangsbewertung den Mittelkurs heranzuziehen.

10 Anders stellt sich die Situation dar, wenn der Zugangswert eines Fremdwährungspostens nicht durch eine vom Bilanzierenden gewährte oder empfangene Gegenleistung bestimmt wird. Das betrifft etwa die gewinnrealisierende Einbuchung von Fremdwährungsforderungen aus Absatzgeschäften oder den Erwerb von in fremder Währung fakturierten VG auf Kredit. In diesen Fällen besteht unter Wesentlichkeitsgesichtspunkten ein **Wahlrecht**, den Zugangswert des Postens durch Umrechnung mit dem der relevanten Marktseite entsprechenden Kurs oder vereinfachend unter Verwendung des Devisenkassamittelkurses zu ermitteln. Welcher Kurs (**Geldkurs** oder **Briefkurs**) bei einer systematisch zutreffenden Verfahrensweise heranzuziehen ist, bestimmt sich danach, ob der Bilanzierende Devisen zur Abwicklung der Transaktion künftig beschaffen muss (dann Geldkurs) oder ob der Sachverhalt einen Umtausch von Devisen in Euro erfordert (dann Briefkurs).[6]

Praxis-Beispiel
U hat Waren zum Preis von 120.000 GBP nach Großbritannien geliefert. Zum Zeitpunkt der Forderungseinbuchung sind der Devisenkassamittelkurs der Fremdwährung mit 1,20 GBP je EUR und der Briefkurs mit 1,22 GBP je EUR festgestellt worden.
Die Einbuchung der Forderung zum Devisenkassamittelkurs ergibt einen Zugangswert von 100.000 EUR. Unter Verwendung des Briefkurses betragen die AK der Forderung 98.361 EUR. Die Vereinfachungslösung führt somit zu einem um 1.639 EUR höheren Ansatz der Forderung und der Umsatzerlöse. Der Einwand, die Umrechnung zum Devisenkassamittelkurs widerspreche dem Vorsichtsprinzip, da U beim Umtausch der Devisen in Euro keine 100.000 EUR erhalte, überzeugt nicht. Geht die Forderung noch im gleichen Gj ein, wird der überhöhte Umsatz bei konstantem Wechselkurs der Fremdwährung durch einen entsprechenden Aufwand aus dem Verkauf der Devisen zum Briefkurs kompensiert. Besteht die Forderung am Abschlussstichtag

---

[6] So i. E. wohl auch DRS 25.12.

noch und haben sich die Wechselkurse seit ihrer Einbuchung nicht verändert, ist sie auch bei einer vorausgegangenen Einbuchung zum Briefkurs mit 100.000 EUR anzusetzen, da für die Folgebewertung der Mittelkurs heranzuziehen ist.

Geschäftsvorfall		Einbuchung zum Briefkurs		Einbuchung zum Mittelkurs	
		Umsatz (EUR)	s.b.E. / s.b.A (EUR)	Umsatz (EUR)	s.b.E. / s.b.A (EUR)
Fall 1	Lieferung der Waren	98.361		100.000	
	Eingang der Forderung				−1.639
Fall 2	Lieferung der Waren	98.361		100.000	
	Bewertung der Forderung		1.639		

Der Unterschied zwischen beiden Verfahrensweisen besteht somit nur darin, ob die Differenz zwischen der Umrechnung der Forderung zum Briefkurs und zum Mittelkurs als zusätzlicher Umsatzerlös oder als Ertrag aus der Währungsumrechnung ausgewiesen wird. Die Entscheidung für eine Methode unterliegt dem Grundsatz der Bewertungsmethodenstetigkeit.

Ähnlich stellt sich die Situation bei Anschaffungen in fremder Währung dar. 11

Praxis-Beispiel
U hat Rohstoffe aus Kanada zum Preis von 390.000 CAD bezogen. Die Kaufpreisverbindlichkeit ist im kommenden Jahr fällig. Bei Auslieferung der Rohstoffe ist der Devisenkassamittelkurs der Fremdwährung mit 1,30 CAD je Euro, der Geldkurs mit 1,27 CAD je EUR festgestellt worden.
Die Einbuchung der Rohstoffe und der Verbindlichkeit zum Devisenkassamittelkurs ergibt einen Zugangswert von jeweils 300.000 EUR. Bei Umrechnung zum Geldkurs errechnet sich eine Verbindlichkeit von 307.087 EUR. Die Vereinfachungslösung führt im Beispiel mithin zu einem um 7.087 EUR niedrigeren Ansatz der Verbindlichkeit und der Rohstoffe. Wird die Verbindlichkeit noch im selben Jahr beglichen, weist U bei einer Beschaffung der Devisen zum (unveränderten) Geldkurs einen Aufwand i.H.d. Differenzbetrags aus. Diesem währungskursbedingten Aufwand entspricht ein höherer Materialeinsatz im Fall der Umrechnung des Beschaffungsgeschäfts zum Geldkurs. Hat U die Verbindlichkeit am Abschlussstichtag noch nicht erfüllt, ist die zunächst zum Geldkurs umgerechnete Schuld um 7.087 EUR auf 300.000 EUR aufzulösen. Dieser Ertrag aus der Folgebewertung zum Mittelkurs findet bei Wahl der Vereinfachungslösung seine Entsprechung in einem niedrigeren Materialaufwand aus der Verarbeitung der Rohstoffe.

Geschäftsvorfall		Einbuchung zum Geldkurs		Einbuchung zum Mittelkurs	
		Material-aufw. (EUR)	s.b.E. / s.b.A (EUR)	Material-aufw. (EUR)	s.b.E. / s.b.A (EUR)
Fall 1	Verbrauch der Rohstoffe	–307.087		–300.000	
	Begleichung der Verbindlichkeit				–7.087
Fall 2	Verbrauch der Rohstoffe	–307.087		–300.000	
	Bewertung der Verbindlichkeit		7.087		

Die beiden Verfahrensweisen unterscheiden sich nur in der Periodisierung des Differenzbetrags zwischen der Umrechnung der Verbindlichkeit zum Geldkurs und zum Mittelkurs sowie in der Art des Ausweises in der GuV. Die Entscheidung für die eine oder andere Form der Zugangsbewertung unterliegt dem Grundsatz der Bewertungsmethodenstetigkeit.

12 Bei verzinslichen Forderungen bzw. Verbindlichkeiten in fremder Währung sind neben den Kapitalbeträgen die Zinsen in Euro umzurechnen. Auch hier ist zwischen der Umrechnung im Zugangszeitpunkt und zu den folgenden Abschlussstichtagen zu unterscheiden. Dazu das folgende Beispiel (s. a. die Fortsetzung in Rz 15 und in Rz 19).

13 **Praxis-Beispiel**
Am 31.3.01 hat das in Deutschland ansässige MU seinem TU in der Schweiz ein endfälliges Darlehen i. H. v. 500.000 SFR mit einer Laufzeit von vier Jahren gewährt. Den Fremdwährungsbetrag hat die Hausbank des MU zur Verfügung gestellt. Das Darlehen ist mit 5 % p. a. zu verzinsen. Die Zinszahlung erfolgt jährlich zum 31.3. Der Kurs des Schweizer Franken hat sich zum Euro wie folgt entwickelt:

	Kassakurs SFR pro EUR		
Datum	Briefkurs	Geldkurs	Mittelkurs
31.3.01	1,520	1,480	1,500
31.12.01	1,620	1,580	1,600

Das Darlehen ist im Jahresabschluss von MU zum 31.12.01 zu bewerten.
Ermittlung des Zugangswerts zum 31.3.01 in Euro:
Da MU den an TU ausgereichten Fremdwährungsbetrag von ihrer Hausbank beschafft hat, ist die Forderung mit den tatsächlich aufgewendeten AK einzubuchen (Rz 10). Sie ergeben sich durch Umrechnung der beschafften Devisen zum Geldkurs von 1,48. Es errechnet sich ein Euro-Gegenwert von 337.838 EUR (500.000 SFR/1,48 SFR/EUR).

Aufwendungen und Erträge in fremder Währung sind im Regelfall (zu Ausnahmen s. Rz 16) mit dem im Zeitpunkt ihres Anfalls gültigen Kurs umzurechnen. Fallen sie gleichmäßig während eines abgegrenzten Zeitraums an, ist ein (Tages-, Wochen- oder Monats-) Durchschnittskurs heranzuziehen. Auch bei der Umrechnung von Erfolgsbeiträgen kann von einem Wahlrecht zwischen Mittelkurs und Geld- bzw. Briefkurs ausgegangen werden. Führen die Aufwendungen und Erträge erst in einem späteren Gj zu Zahlungen, sind zum Abschlussstichtag Schulden oder Forderungen zu bilanzieren. Da ihre Umrechnung bei einer Restlaufzeit von nicht mehr als einem Jahr zum Stichtagskurs erfolgt, ergeben sich üblicherweise Umrechnungsdifferenzen, die in der GuV als Erfolge aus der Währungsumrechnung gesondert unter den sonstigen betrieblichen Aufwendungen oder Erträgen auszuweisen sind (Rz 34). Unter Wesentlichkeitsgesichtspunkten mag es im Einzelfall vertretbar sein, zur Vereinfachung der Währungsumrechnung auch die in fremder Währung angefallenen Erfolgsbeiträge zum Stichtagskurs umzurechnen.

14

Fortsetzung des Beispiels aus Rz 13
Erfassung der zum 31.12.01 aufgelaufenen Zinsen in Euro:

Zum 31.12.01 sind Zinsen in Fremdwährung von 18.750 SFR (5 % von 500.000 SFR für neun Monate) zu erfassen. Die Zinsforderung ist zum Durchschnittskurs der Periode umzurechnen. Da aus Sicht von MU die zufließenden Zinsen in Euro umzutauschen sind, liegt eine Umrechnung zum Briefkurs nahe. Nach den oben (Rz 10 f.) angestellten Erwägungen bestehen keine Bedenken, die für die Folgebewertung geltende Vereinfachungsregelung sinngemäß anzuwenden und die aufgelaufenen Zinsen zum Mittelkurs umzurechnen. Macht MU von dieser Möglichkeit Gebrauch, ermittelt sich ein Zugangswert der Zinsforderung von 12.097 EUR (18.750 SFR/1,55 SFR/EUR).
Insgesamt beläuft sich die Fremdwährungsforderung (Darlehen plus Zinsen) zum 31.12.01 auf 518.750 SFR. Ihr Zugangswert in Euro beträgt 349.935 EUR (337.838 EUR + 12.097 EUR).
Die Bewertung der Forderung entspricht jener, die sich ergeben hätte, wenn das Fremdwährungsgeschäft von Anfang an in allen relevanten Aspekten in der Währung von MU (Euro) erfasst worden wäre.
Zum 31.12.01 ist nicht nur die Zinsforderung, sondern auch die Kapitalforderung einer Folgebewertung zu unterziehen, um eine etwaige Abschreibung oder den Ausweis eines Umrechnungsgewinns zu prüfen. Das erfordert eine Umrechnung nach den Vorgaben des § 256a HGB (s. Fortsetzung des Beispiels in Rz 19).

15

Nicht alle aus Fremdwährungsgeschäften resultierende Erfolgsbeiträge sind mit dem Kurs im Zeitpunkt ihrer Erfassung umzurechnen. Bei Aufwendungen und Erträgen aus der Auflösung von RAP etwa ist bereits mit Abgrenzung der betreffenden Einnahmen bzw. Ausgaben eine Umrechnung vorzunehmen.[7] Spätere Währungsschwankungen wirken sich nicht mehr erfolgswirksam aus. Ein ähnliches Bild zeigt sich bei Abschreibungen auf Anlagegüter, deren AK Fremdwährungsbestandteile enthalten. Diese VG sind bei Zugang mit dem tatsächlich aufgewendeten Euro-Betrag bzw. mit dem in Euro umgerechneten

16

---

[7] Vgl. BT-Drs. 16/10067 v. 30.7.2008 S. 62.

Verpflichtungsbetrag einzubuchen. In der Folgezeit stellt sich für die Anlagegüter die Frage der Fremdwährungsumrechnung nicht mehr. Entsprechendes gilt für die auf sie vorzunehmenden Abschreibungen. Währungsbedingte Änderungen der für die Kaufpreisschuld angesetzten Verbindlichkeit unterliegen hingegen der Vorschrift des § 256a HGB.

17 **Latente Steuern** unterliegen nur ausnahmsweise der Fremdwährungsumrechnung nach § 256a HGB. Denkbar ist dieser Fall bei Unt, die eine rechtlich unselbstständige Zweigniederlassung oder Betriebsstätte im Ausland unterhalten, die dort der Besteuerung unterliegt. Führt diese Einheit ihre Bücher in fremder Währung, können aus Abweichungen der Buchwerte von den Steuerwerten oder aus ungenutzten steuerlichen Verlustvorträgen latente Steuern in Fremdwährung resultieren. Zur Ermittlung der temporären Differenzen sind die VG und Schulden der ausländischen Zweigniederlassung in fremder Währung nach den handelsrechtlichen GoB zu bewerten und den korrespondierenden Steuerwerten gegenüberzustellen. Die durch Anwendung des maßgeblichen Steuersatzes berechneten latenten Steuern sind zum Devisenkassamittelkurs in die Währung der Hauptniederlassung umzurechnen (DRS 25.40).

4.2 Umrechnung bei der Folgebewertung

18 § 256a HGB regelt nur die Umrechnung auf fremde Währung lautender VG und Verbindlichkeiten in der Zeit nach ihrer erstmaligen Erfassung. Die Vorschrift unterscheidet **zwei Fälle**: Beträgt die Restlaufzeit der Fremdwährungsposten mehr als ein Jahr, steht ihre Umrechnung unter dem Vorbehalt der allgemeinen Bewertungsgrundsätze, namentlich des Anschaffungswertprinzips (§ 253 Abs. 1 Satz 1 HGB) und des Realisationsprinzips (§ 252 Abs. 1 Nr. 4 2. Hs. HGB). Andernfalls hat die Umrechnung nach dem Wortlaut der Vorschrift **ohne Rücksicht auf den Ausweis unrealisierter Gewinne** zum Devisenkassamittelkurs zu erfolgen.

19 **Fortführung des Beispiels aus Rz 13**
Folgebewertung des Fremdwährungsdarlehens zum 31.12.01 in Euro:
Für Zwecke der Stichtagsbewertung ist der Fremdwährungsbetrag von 518.750 SFR (ausgereichter Darlehensbetrag von 500.000 SFR zzgl. aufgelaufener Zinsen von 18.750 SFR) zum Devisenkassamittelkurs umzurechnen. Das ergibt einen Euro-Betrag von 324.219 EUR (518.750 SFR / 1,60 SFR/ EUR). Die Darlehensforderung ist damit i. H. v. 25.716 EUR (349.935 EUR – 324.219 EUR) wertgemindert.

FW-Posten	Zugangswert in EUR	Datenbasis Folgebewertung zum 31.12.01			
		FW-Betrag	Kurs	EUR-Gegenwert	Wertänderung
Kapitalforderung	337.838	500.000	1,600	312.500	–25.338
Zinsforderung	12.097	18.750	1,600	11.719	–378
Gesamtforderung	349.935	518.750	1,600	324.219	–25.716

Hinsichtlich der Behandlung der Wertminderung ist wie folgt zu differenzieren:
Hat sich der Kurs des Schweizer Franken bis zur Aufstellung des Abschlusses nicht erholt, ist von einer voraussichtlich dauernden Wertminderung auszugehen. Es besteht handelsrechtlich eine Abschreibungspflicht (§ 253 Abs. 3 Satz 5 HGB).

In dem Maß, wie sich der Kurs des Schweizer Franken im Aufstellungszeitraum erholt, wird verbreitet argumentiert, die Stichtagswertminderung der Fremdwährungsforderung sei aus Sicht des Abschlussstichtags nicht von dauernder Natur. Folgt man dieser Auslegung des Merkmals der voraussichtlich dauernden Wertminderung, ergibt sich handelsrechtlich für die dem Finanzanlagevermögen zuzurechnende Kapitalforderung nach § 253 Abs. 3 Satz 6 HGB ein Abwertungswahlrecht auf den niedrigeren Stichtagswert der Forderung. Dieses Verständnis des gesetzlichen Tatbestandsmerkmals „voraussichtlich dauernd" begegnet indes Bedenken. Unter dem Buchwert liegende Preise an aktiven Märkten sind – wie der BFH zu Recht für börsennotierte Aktien festgestellt hat – regelmäßig Ausdruck einer voraussichtlich dauernden Wertminderung (§ 253 Rz 273).[8] Sie berücksichtigen alle Zukunftserwartungen der Marktteilnehmer. Etwas anderes kann nur gelten, wenn die Effizienzhypothese als Folge von Marktstörungen wie Kursmanipulationen nachweislich nicht gilt. Davon wird man bei den deutlich liquideren Devisenmärkten noch weniger ausgehen können als bei Aktienmärkten. U.E. ist daher die Kapitalforderung auf den niedrigeren Stichtagswert abzuwerten, solange keine Hinweise auf ein Marktversagen vorliegen.[9]

Für die Zinsforderung ergibt sich eine eindeutige Beurteilung. Sie ist nach dem Sachverhalt innerhalb eines Jahres fällig und damit dem UV zuzurechnen. Damit besteht für sie in jedem Fall Abwertungspflicht auf den niedrigeren Stichtagswert.

Variante des Beispiels aus Rz 13:
Abweichend vom Ausgangsfall sei angenommen, der Schweizer Franken habe zum 31.12.01 auf 1,400 SFR je EUR aufgewertet. Für die Zeit vom 31.3.-31.12.01 ermittelt sich ein Durchschnittskurs von 1,450 SFR je EUR. Folgebewertung des Fremdwährungsdarlehens zum 31.12.01 in Euro:

Zum 31.12.01 beläuft sich der Zugangswert der Fremdwährungsforderung inkl. aufgelaufener Zinsen auf 350.769 EUR (337.838 EUR + (18.750 SFR / 1,45 SFR/EUR)). Die Umrechnung des Forderungsbetrags in Fremdwährung zum Devisenkassamittelkurs am Stichtag ergibt einen Euro-Betrag von 370.536 EUR (518.750 SFR / 1,40 SFR/EUR). Es ermittelt sich eine unrealisierte Wertsteigerung von 19.767 EUR (370.536 EUR − 350.769 EUR). Da die Restlaufzeit der Kapitalforderung mehr als ein Jahr beträgt, darf der auf sie entfallende unrealisierte Währungsgewinn von 19.305 EUR (500.000 SFR / 1,40 SFR/EUR − 500.000 SFR / 1,48 SFR/EUR) nicht erfasst werden.

---

[8] Vgl. BFH, Urteil v. 21.9.2011, IR 89/10, BFHE 235 S. 263.
[9] Nach DRS 25.28 sollen währungskursbedingte Wertminderungen unabhängig davon zu erfassen sein, ob diese voraussichtlich dauernd sind oder nicht.

Anders stellt sich die Situation im Hinblick auf die Zinsforderung dar. Da die Zinsen jährlich fällig sind, beträgt die Restlaufzeit des Zinsanspruchs weniger als ein Jahr. Nach dem Wortlaut des § 256a Satz 2 HGB ist der auf diesen Anspruch entfallende unrealisierte Währungsgewinn von 462 EUR (18.750 SFR / 1,40 SFR/ EUR – 18.750 SFR / 1,45 SFR/EUR) zu erfassen. Insgesamt führt das zu einem Forderungsansatz zum 31.12.01 mit 351.231 EUR (350.769 EUR + 462 EUR).

FW-Posten	Zugangswert in EUR	Datenbasis Folgebewertung zum 31.12.01			
		FW-Betrag	Kurs	EUR-Betrag	Wertänderung
Kapitalforderung	337.838	500.000	1,400	357.143	19.305
Zinsforderung	12.931	18.750	1,400	13.393	462
Gesamtforderung	350.769	518.750	1,400	370.536	19.767

20 Der Regierungsentwurf BilMoG begründete die aus dem seinerzeitigen Wortlaut nur implizit abzuleitende **Vernachlässigung des Anschaffungswert- und Realisationsprinzips** bei kurzfristigen VG und Verbindlichkeiten mit Praktikabilitätserwägungen. An eine substanzielle Einschränkung dieser Grundsätze bei der Fremdwährungsumrechnung war nicht gedacht. Nach der von der Bundesregierung vorgeschlagenen Fassung des § 256a HGB hätte daher ein Ausweis unrealisierter Gewinne aus der Umrechnung kurzfristiger Fremdwährungsposten nur innerhalb der Grenzen des Wesentlichkeitsgrundsatzes toleriert werden können. Zudem bestand keine zwingende Notwendigkeit, vom Anschaffungswert- und Realisationsprinzip abzuweichen.

21 Fraglich ist, ob auch die Gesetz gewordene Vorschrift diese Auslegung trägt. Der Wortlaut, „bei einer Restlaufzeit von einem Jahr oder weniger sind § 253 Abs. 1 Satz 1 HGB und § 252 Abs. 1 Nr. 4 2. Hs. HGB nicht anzuwenden (Hervorhebung durch die Verf.)", spricht auf den ersten Blick dagegen. Es scheint, als habe der Gesetzgeber eine unbedingte Umrechnung zum Stichtagskurs anordnen wollen. Diese Auslegung würde allerdings den angestrebten Vereinfachungseffekt konterkarieren. Das zeigt bereits das vorstehende Beispiel, in dem Kapital- und Zinsforderung mit unterschiedlichen Kursen zum Abschlussstichtag umzurechnen sind. Bei **Tilgungsdarlehen** macht die Unterscheidung zwischen dem kurzfristigen Teil der Forderung bzw. der Verbindlichkeit und dem nach mehr als einem Jahr fälligen Teil die Fremdwährungsumrechnung noch diffiziler.

22 **Praxis-Beispiel**
U hat am 30.6.01 ein Darlehen i. H. v. 10,0 Mio. USD aufgenommen, das mit 5 % p. a. zu verzinsen ist. Das Darlehen hat eine Laufzeit von zehn Jahren und ist jährlich mit 1,0 Mio. USD zu tilgen. Bei Aufnahme des Darlehens beträgt der Wechselkurs 1,50 USD je EUR. Zum 31.12.01 notiert der Dollar schwächer mit 1,60 USD je EUR.

> Zum 31.12.01 führt die Fremdwährungsumrechnung zu folgenden Ergebnissen:
>
> | FW-Posten | Nominal in USD | Zugangswerte per 30.6.01 | | Folgebewertung zum 31.12.01 | |
> |---|---|---|---|---|---|
> | | | Kurs | Betrag in EUR | Stichtagskurs | Wertänderung |
> | Verbindlichkeit, RLZ > 1 Jahr | 9.000.000 | 1,50 | 6.000.000 | 1,60 | −375.000 |
> | Verbindlichkeit, RLZ = 1 Jahr | 1.000.000 | 1,50 | 666.667 | 1,60 | −41.667 |
> | Zinsverbindlichkeit, RLZ < 1 Jahr | 250.000 | 1,55 | 161.290 | 1,60 | −5.040 |
> | Summe | 10.250.000 | − | 6.827.957 | − | −421.707 |
>
> Der Zugangswert des Darlehens einschl. der aufgelaufenen Zinsen für sechs Monate beläuft sich auf 6.827.957 EUR. Die Bewertung zum niedrigeren Stichtagskurs ergibt unrealisierte Währungsgewinne i. H. v. insgesamt 421.707 EUR. Davon sind bei wörtlicher Auslegung des § 256a HGB jene Teile sofort erfolgswirksam zu erfassen, die auf die im Folgejahr fällige Tilgungsrate (41.667 EUR) und auf die Zinsforderung (5.040 EUR) entfallen. Der Rückgang des Euro-Gegenwerts des Darlehensbetrags, der eine Restlaufzeit von mehr als einem Jahr aufweist (9.000.000 USD), bleibt nach dem Anschaffungswert- und Realisationsprinzip hingegen unberücksichtigt. Diese eingeschränkte Beachtung des Realisationsprinzips macht es erforderlich, die zu unterschiedlichen Kursen umgerechneten Kredit- und Zinsverbindlichkeiten aus der Darlehensaufnahme gesondert fortzuführen, um etwaige Währungserfolge aus der Begleichung dieser Schulden zutreffend zu erfassen.

Im obigen Beispiel mag diese differenzierte Umrechnung der Fremdwährungsverbindlichkeit noch relativ einfach zu handhaben sein. Die Berechnung wird komplexer, wenn U bspw. monatliche Zahlungen zu leisten hat und eine annuitätische Tilgung des Darlehens vereinbart ist. Hier verkehrt sich die als Vereinfachungslösung gedachte Umrechnungsvorschrift des § 256a Satz 2 HGB in ihr Gegenteil. Weitaus einfacher wäre es, den gesamten Darlehensbetrag unter Beachtung des Anschaffungswert- und Realisationsprinzips umzurechnen. Bei dieser Verfahrensweise wird zumindest der Kapitalbetrag mit einem einheitlichen Wechselkurs umgerechnet. Da die Zinsabgrenzung ohnehin gesondert gebucht wird, sollte ihre Umrechnung mit einem ggf. abweichenden Kurs keine übermäßigen Schwierigkeiten verursachen.

Wie sich aus der Begründung des Rechtsausschusses ergibt, war mit dem im Vergleich zum Regierungsentwurf BilMoG angefügten Satz 2 des § 256a HGB keine geänderte Rechtsfolge beabsichtigt. Er sollte vielmehr auf Wunsch der beteiligten Kreise die Vereinfachungslösung für kurzfristige VG und Verbindlichkeiten absichern.[10] Aufgrund dieser Zwecksetzung erscheint es nicht angemessen, aus dem bloßen Wortlaut der Vorschrift auf eine generelle Verpflichtung

23

---

[10] Vgl. BT-Drs. 16/12407 v. 24.3.2009 S. 86; vgl. hierzu auch BT-Drs. 16/10067 S. 62.

zur Umrechnung kurzfristiger Posten ohne Beschränkung auf die AK als Obergrenze zu schließen, soweit dies die Währungsumrechnung erschwert. Es liegt nahe, die Anweisung des § 256a Satz 2 HGB in diesen Fällen **teleologisch** auf den beabsichtigten Regelungsgehalt zu **reduzieren**. Folgt man dieser Auslegung des § 256a HGB, stellt sich die Frage, ob kurzfristige Fremdwährungspositionen auch dann unter Beachtung des Anschaffungswert- und Realisationsprinzips umgerechnet werden dürfen, wenn die in § 256a Satz 2 HGB vorgesehene Verfahrensweise keine Erschwernis darstellt. U. E. ist dies zu bejahen (vgl. dazu auch das abschließende Beispiel unter Rz 38).[11] Nach der Regierungsbegründung zum BilMoG kommt der Bezugnahme auf das Anschaffungswert- und Realisationsprinzip bei der Währungsumrechnung eine „besondere Bedeutung"[12] zu. Nur aus Praktikabilitätserwägungen sollte davon bei kurzfristigen VG und Verbindlichkeiten abgesehen werden (dürfen). Dieser Regelungszweck trägt kein Gebot zur Durchbrechung des Anschaffungswert- und Realisationsprinzips. Das gilt umso mehr, als die Bundesregierung von der Vereinfachungsregelung des § 256a Satz 2 HGB offenbar keinen wesentlichen Effekt erwartet hat. Ansonsten hätte es nahe gelegen, für erfasste unrealisierte Gewinne – analog zur Zeitwertbewertung verrechnungspflichtiger VG nach § 253 Abs. 1 Satz 4 HGB – eine Ausschüttungssperre vorzusehen.

24 Den beiden Varianten der Fremdwährungsumrechnung gem. § 256a HGB – Umrechnung mit und ohne Bewertungsvorbehalt – lassen sich weitere Sachverhalte unterordnen. Ebenfalls ohne Beachtung der Vorgaben der §§ 253 Abs. 1 Satz 1, 252 Abs. 1 Nr. 4 2. Hs. HGB zum Devisenkassamittelkurs umzurechnen sind **Finanzinstrumente des Handelsbestands** bei Kreditinstituten und Finanzdienstleistungsinstituten (§ 340e Abs. 3 Satz 1 HGB). Der Grund für die Befreiung dieser Finanzinstrumente von den Bewertungsrestriktionen des Anschaffungswert- und Realisationsprinzips liegt in der fortlaufenden Neubewertung dieser VG zu jedem Abschlussstichtag. Fraglich ist, ob es bei der reinen Stichtagsumrechnung auch dann bleibt, wenn nach Wegfall des aktiven Markts für diese Finanzinstrumente auf die AK-Bewertung überzugehen ist. Das dürfte zu verneinen sein. § 256a HGB i.d.F. des Regierungsentwurfs sah keinen generellen Vorrang der Bewertungsvorschriften für zu Handelszwecken erworbene Finanzinstrumente vor der Umrechnungsvorschrift vor. Letztere sollte lediglich bei der Marktbewertung dieser Finanzinstrumente nicht zum Tragen kommen. Die endgültige Gesetzesfassung verzichtet „[i]m Interesse einer besseren Lesbarkeit"[13] auf diese Bezugnahme. Bei nicht zum beizulegenden Zeitwert bewerteten Finanzinstrumenten ist damit – soweit sie eine Restlaufzeit von mehr als einem Jahr aufweisen – von einer Begrenzung der Fremdwährungsumrechnung durch das Anschaffungswert- und Realisationsprinzip auszugehen.

---

[11] A. A. Grottel/Koeplin, in Beck Bil-Komm., 14. Aufl. 2024, § 256a HGB Rz 51; Hoffmann/Lüdenbach, NWB-Kommentar Bilanzierung, 15. Aufl. 2024, § 256a HGB Rz 17, 19, die allerdings bei der Tilgung unterliegenden Forderungen und Verbindlichkeiten im Interesse der Komplexitätsreduktion für Zwecke der Währungsumrechnung die Annahme einer einheitlichen Restlaufzeit als zulässig erachten; so auch DRS 25.25.
[12] Vgl. BT-Drs. 16/10067 v. 30.7.2008 S. 62.
[13] Vgl. BT-Drs. 16/12407 v. 24.3.2009 S. 86.

Auch **Rückstellungen** und **latente Steuern** sollen nach den gesetzlichen Bewertungsanweisungen zu jedem Abschlussstichtag ohne Rücksicht auf ihren Zugangswert neu zu bewerten sein.[14] Dem entspricht es, diese Posten ohne Einschränkung zum Devisenkassamittelkurs am Abschlussstichtag umzurechnen.

25

Praxis-Beispiel
U hat am 1.11.01 eine Rückstellung für eine Schadenersatzverpflichtung i. H. v. 1,28 Mio. USD gebildet.
Auf Basis des Devisenkassamittelkurses am Einbuchungstag (1,28 USD/EUR) beläuft sich die Rückstellung auf 1 Mio. EUR (1,28 Mio. USD / 1,28 USD/EUR).
Zum 31.12.01 beträgt der Devisenkassamittelkurs 1,34 USD/EUR. U rechnet mit einer Dauer des Verfahrens von mind. 16 Monaten.

26

Datum	Kassakurs USD pro EUR		
	Briefkurs	Geldkurs	Mittelkurs
1.11.01	1,29	1,27	1,28
31.12.01	1,35	1,33	1,34

Ermittlung des Wertansatzes zum 31.12.01:
Der Sachverhalt fällt nicht unter die Auflösungsvorschrift des § 249 Abs. 2 Satz 2 HGB, da der Grund für die Rückstellungsbildung nicht entfallen ist. Es geht um eine reine Bewertungsfrage und damit um den Ansatz des nach vernünftiger kaufmännischer Beurteilung notwendigen Erfüllungsbetrags (§ 253 Abs. 1 Satz 2 HGB; IDW RS HFA 34.8). Bei Anwendung dieser Vorschrift gilt das Höchstwertprinzip nicht.[15] Unabhängig von der Fristigkeit der ungewissen Verbindlichkeit ist daher die Rückstellung auf 955.224 EUR (1,28 Mio. USD / 1,34 USD/EUR) zu reduzieren.

Das Anschaffungswert- und Realisationsprinzip dürfte schließlich auch bei **Sortenbeständen** zu vernachlässigen sein. Aufgrund ihrer regelmäßig untergeordneten Bedeutung für die Darstellung der Vermögens-, Finanz- und Ertragslage führt ihre Umrechnung zum Devisenkassamittelkurs am Abschlussstichtag allenfalls zum Ausweis unwesentlicher unrealisierter Währungsgewinne.[16]

27

Keine Hinweise enthalten § 256a HGB und die Gesetzesmaterialien zu der Frage, wie mit einem erfassten Gewinn aus der Währungsumrechnung zu verfahren ist, wenn sich die Restlaufzeit des betreffenden Postens nachträglich auf mehr als ein Jahr verlängert.

28

Praxis-Beispiel
U verfügt über eine Fremdwährungsforderung von 100.000 USD. Bei einem Umrechnungskurs von 1,0 USD/EUR beträgt ihr Zugangswert 100.000 EUR. Die erwartete Restlaufzeit zum 31.12.01 ist kleiner als 1 Jahr. Zum Abschluss-

---

[14] Vgl. BT-Drs. 16/10067 v. 30.7.2008 S. 62.
[15] Vgl. BT-Drs. 16/10067 v. 30.7.2008 S. 62.
[16] Vgl. auch BT-Drs. 16/10067 v. 30.7.2008 S. 62.

> stichtag 31.12.01 ist der Kurs des US-Dollars auf 0,8 USD/EUR gestiegen. Durch Umrechnung der Forderung mit dem Stichtagskurs erfasst U einen Währungsgewinn von 25.000. Zum 31.12.02 besteht die Forderung wider Erwarten noch. Aufgrund einer mit dem Schuldner getroffenen Stundungsvereinbarung geht U nunmehr von einer Restlaufzeit von mehr als 12 Monaten aus. Der Wechselkurs des US-Dollars beträgt weiterhin 0,8 USD/EUR. Von einer Abzinsung wird aus Wesentlichkeitsgründen abgesehen.
> § 256a HGB erlaubt einen umrechnungsbedingten Wertansatz über den Anschaffungskosten nur bei kurzfristigen Forderungen und Verbindlichkeiten. Das könnte dafür sprechen, den zunächst erfassten Gewinn bei Abschluss der Vereinbarung über die verlängerte Laufzeit der Forderung durch ihren Ansatz zu den ursprünglichen Anschaffungskosten zu stornieren. Alternativ mag man der Auffassung zuneigen, die Umrechnung zum Stichtagskurs von 0,8 USD/EUR führe zu neuen (fiktiven) Anschaffungskosten der Forderung von 125. Die Umrechnungsvorschrift des § 256a HGB für kurzfristige Forderungen bricht bekanntlich mit dem Realisationsprinzip. Realisations- und Anschaffungswertprinzip sind zwei Seiten einer Medaille. Auch ist der Umrechnungsvorschrift ein Vereinfachungsgedanke zu entnehmen: Die Umrechnung zum Stichtagskurs soll es bei kurzfristigen Posten entbehrlich machen, die Anschaffungskosten nachzuhalten. Diese Erleichterung würde konterkariert, wenn eine ursprünglich zu Recht als kurzfristig klassifizierte Forderung durch Änderung ihrer Bedingungen zu einem längerfristigen Finanzinstrument wird. Dabei spielt es im Übrigen keine Rolle, ob die Vertragsänderung die ursprüngliche Forderung modifiziert oder eine neue Forderung entstehen lässt.
> Ein weiteres Argument für die Beibehaltung des höheren Wertansatzes liefert § 255 Abs. 4 Satz 4 HGB. Danach soll bei nachträglichem Entfall der Möglichkeit zur Zeitwertbewertung der letzte beizulegende Zeitwert als Anschaffungs- oder Herstellungskosten gelten. Auch insoweit verlangt der Gesetzgeber keine Ahnenforschung. Das Fehlen einer entsprechenden Bestimmung in § 256a HGB dürfte damit zu erklären sein, dass man diesen Fall nicht bedacht hat. Zur Schließung dieser Regelungslücke liegt ein Rückgriff auf § 255 Abs. 4 Satz 4 HGB nahe.
> In Anbetracht des Regelungsdefizits wird man allerdings die Beibehaltung des höheren Gegenwerts nicht verlangen können. Vielmehr sind u. E. beide denkbaren Verfahrensweisen – die Fortführung des höheren Wertansatzes wie auch die Rücknahme des erfassten Umrechnungsgewinns – als vertretbare Auslegungen des Gesetzes zu beurteilen.

29 Nicht alle Transaktionen, die ursprünglich in einer fremden Währung getätigt wurden, unterliegen in der Folgebewertung einer erneuten Umrechnung. Nur einmalig umzurechnen sind in Fremdwährung geleistete Zahlungen i. R. v. Dauerschuldverhältnissen, die als aktive oder passive **RAP** zu bilanzieren sind.[17] Diese Behandlung geht von einer störungsfreien Abwicklung des Geschäfts aus. Unter diesen Vorzeichen haben Wechselkursschwankungen keine Auswirkun-

---

[17] Vgl. BT-Drs. 16/10067 v. 30.7.2008 S. 62.

gen auf die Höhe des Vermögens. Ist dagegen eine vorzeitige Beendigung oder Rückabwicklung des Geschäfts mit (vollständiger oder teilweiser) Rückgewähr der gezahlten Beträge wahrscheinlich, sind die **RAP** wie Forderungen und Verbindlichkeiten einer Folgebewertung nach den allgemeinen Grundsätzen zu unterwerfen.

In gleicher Weise ist mit in fremder Währung geleisteten oder erhaltenen **Anzahlungen** zu verfahren. Obwohl diese formal Ausdruck von Forderungen und Verbindlichkeiten sind, erübrigt sich im Regelfall ihre erneute Umrechnung in der Folgezeit, da sie nicht durch (Rück-)Zahlung, sondern durch Erbringung der Gegenleistung beglichen werden.[18] Tritt eine Leistungsstörung ein, die eine Rückgewähr der Anzahlungen erwarten lässt, gilt das zu RAP Gesagte (Rz 29) sinngemäß.   30

Ebenfalls keiner währungsbedingten Folgebewertung unterliegen für gewöhnlich **nicht-monetäre Posten** (DRS 25.15). Dazu gehören Sachanlagen, immaterielle VG und Vorräte. Etwas anderes gilt für Wertpapiere (z.B. Aktien), die (nur) an ausländischen Börsen gehandelt werden. Ferner kann bei materiellen VG (z.B. Vorräten) für Zwecke der Niederstbewertung eine Fremdwährungsumrechnung erforderlich werden. Das ist der Fall, wenn der Beschaffungspreis am Abschlussstichtag aus einem ausländischen Markt abzuleiten ist.[19] Der Vergleichswert zu den AK nach § 253 Abs. 4 HGB ergibt sich dann durch Umrechnung des Wiederbeschaffungspreises mit dem aktuellen Stichtagskurs, ggf. unter Berücksichtigung von Anschaffungsnebenkosten. Entsprechendes gilt bei einer verlustfreien Bewertung von Vorräten, für die mit Blick auf den für das Unt relevanten Markt ein Verkaufspreis in fremder Währung zu erwarten ist.[20]   31

4.3 Folgebewertung bei verschiedenen Bilanzposten – Zusammenfassung

Nachfolgend werden die getroffenen Feststellungen zur währungsbedingten Folgebewertung für verschiedene Bilanzposten übersichtsartig zusammengefasst.[21]   32

Im Regelfall keine erneute Umrechnung: 33
- RAP (Rz 29);
- erhaltene Anzahlungen (Rz 30);
- nicht-monetäre Posten (Sachanlagevermögen, immaterielle VG, Vorräte; s. Rz 31).

Umrechnung zum Devisenkassamittelkurs am Abschlussstichtag ohne Bewertungsvorbehalt:
- VG mit einer Restlaufzeit bis ein Jahr (Rz 18);
- Verbindlichkeiten mit einer Restlaufzeit bis ein Jahr (Rz 18);
- zu Handelszwecken erworbene Finanzinstrumente bei Kredit- und Finanzdienstleistungsunternehmen (Rz 24);
- Rückstellungen (Rz 25);
- Latente Steuern (Rz 25);
- Sorten (Rz 27).

---

[18] Das entspricht ihrer Deutung als nicht-monetäre Posten entsprechend der Sichtweise nach IFRS; vgl. Lüdenbach/Hoffmann/Freiberg, Haufe IFRS-Kommentar, 22. Aufl. 2024, § 27 Rz 19.
[19] Vgl. näher hierzu DRS 25.17, 25.19.
[20] Vgl. dazu die Übersicht in Kessler/Leinen/Strickmann, BilMoG-RegE, 2008, S. 233.
[21] In Anlehnung an Kessler/Leinen/Strickmann, BilMoG-RegE, 2008, S. 233.

Umrechnung zum Devisenkassamittelkurs am Abschlussstichtag mit Bewertungsvorbehalt:
- (Monetäre) VG mit einer Restlaufzeit größer ein Jahr (Rz 18);
- Verbindlichkeiten mit einer Restlaufzeit größer ein Jahr (Rz 18);
- in Fremdwährung notierte nicht-monetäre Posten (außer zu Handelszwecken erworbene Finanzinstrumente bei Kredit- und Finanzdienstleistungsunternehmen; Rz 31);
- alle übrigen Posten aus Fremdwährungsgeschäften.

4.4 Ausweis von Umrechnungserfolgen in der Bilanz und in der Gewinn- und Verlustrechnung

34 Auswirkungen der Fremdwährungsumrechnung bei VG oder Schulden sind in der **Bilanz** unmittelbar durch Anpassung des jeweiligen Buchwerts zu berücksichtigen.

35 In der **GuV** sind Erträge und Aufwendungen aus der Fremdwährungsumrechnung nach § 277 Abs. 5 Satz 2 HGB **gesondert** unter den Posten „sonstige betriebliche Erträge" bzw. „sonstige betriebliche Aufwendungen" auszuweisen. Dazu bietet sich ein Davon-Vermerk oder ein Vorspaltenausweis an. Die Praxis präferiert entgegen dem Wortlaut des § 277 Abs. 5 Satz 2 HGB eine Angabe der umrechnungsbedingten Erfolge im Anhang.

36 Die Ausweisvorschrift gilt nicht für währungsbedingte Abschreibungen nicht-monetärer VG (DRS 25.35). Sind Vorratsgüter aufgrund währungsbedingt gesunkener Wiederbeschaffungskosten auf einen niedrigeren beizulegenden Wert abzuschreiben, ist der entsprechende Aufwand bei Anwendung des **Gesamtkostenverfahren** unter den Bestandsveränderungen (Posten Nr. 2), im Materialaufwand (Posten Nr. 5) oder – soweit die Abwertung die bei der KapG üblichen Abschreibungen übersteigt – im Posten Nr. 7b des gesetzlichen Gliederungsschemas auszuweisen. Für das **Umsatzkostenverfahren** gelten diese Feststellungen sinngemäß. Entsprechend seiner funktionsorientierten Gliederung erfasst es fertigungsbezogene Abschreibungen infolge geänderter Wechselkurse in den HK des Umsatzes (Posten Nr. 2). Für Zuschreibungen ist ein Ausweis unter den sonstigen betrieblichen Erträgen (Posten Nr. 4 nach GKV bzw. Nr. 6 nach UKV) vorzusehen.

37 Der Gesetzeswortlaut lässt nicht klar erkennen, ob von der Ausweisvorschrift des § 277 Abs. 5 Satz 2 HGB nur unrealisierte Erfolge aus der Anwendung des § 256a HGB erfasst werden oder ob zusätzlich die in der Berichtsperiode realisierten währungsbedingten Aufwendungen und Erträge angabepflichtig sind. Dazu das folgende Beispiel:

> **Praxis-Beispiel**
> U hat im Gj 01 drei Krane in die USA exportiert. Die nachstehende Übersicht gibt Auskunft über den Kurs des Euro zum US-Dollar im Zeitpunkt der Auslieferung der Krane, bei Eingang der Kaufpreisforderungen und am Abschlussstichtag. U hat sich gegen das Währungsrisiko nicht abgesichert.

Datum	Vorgang	Betrag [USD]	Kurs EUR zu USD	Betrag [EUR]	FW-Erfolg [EUR]
28.09.01	Lieferung Kran 1	3.500.000	1,20	2.916.667	0
12.10.01	Bezahlung Kran 1	3.500.000	1,16	3.017.241	100.574
15.10.01	Lieferung Kran 2	3.000.000	1,20	2.500.000	0
15.11.01	Bezahlung Kran 2	3.000.000	1,24	2.419.355	–80.645
20.12.01	Lieferung Kran 3	4.800.000	1,33	3.600.000	0
31.12.01	Fremdwährungs-umrechnung	4.800.000	1,25	3.840.000	240.000
20.01.02	Bezahlung Kran 3	4.800.000	1,22	3.934.426	94.426

Vertritt man die Auffassung, die Ausweisvorschrift des § 277 Abs. 5 Satz 2 HGB beziehe sich auf alle in der GuV erfassten realisierten und unrealisierten Erfolge aus der Währungsumrechnung[22], hat U in der GuV sonstige betriebliche Erträge aus Währungsumrechnung von 340.574 EUR (100.574 EUR + 240.000 EUR) sowie sonstige betriebliche Aufwendungen aus der Währungsumrechnung von -80.645 EUR anzugeben.
Sieht man den Anwendungsbereich der Regelung dagegen auf reine Umrechnungserfolge i. S. d. § 256a HGB begrenzt, ist lediglich der unrealisierte Erfolg von 240.000 EUR angabepflichtig.

U. E. verlangt § 277 Abs. 5 Satz 2 HGB nur eine Angabe der stichtagsbezogenen Aufwendungen und Erträge aus Währungsumrechnung, nicht dagegen der unterjährig realisierten Erfolge. Dafür spricht die Entstehungsgeschichte der Vorschrift. Sie ist zusammen mit der Umrechnungsvorschrift des § 256a HGB bzw. als Ergebnis ihrer Überarbeitung im Vergleich zum RegE in das Gesetz aufgenommen worden. Zudem spricht sie von Erträgen und Aufwendungen aus der Währungsumrechnung. Realisierte Währungserfolge (z. B. aus der Tilgung von Fremdwährungsforderungen oder – verbindlichkeiten) sind demgegenüber nicht das Ergebnis einer Umrechnung, sondern einer Erfüllungshandlung.[23] Ungeachtet dieser Auslegung der Ausweisvorschrift steht es dem Bilanzierenden frei, sämtliche realisierten und unrealisierten Fremdwährungserfolge der Berichtsperiode in der GuV gesondert auszuweisen oder im Anhang anzugeben. Diese Darstellung sollte jedoch mit einer Erläuterung im Anhang und einer gesonderten Angabe der Umrechnungserfolge gem. § 256a HGB verbunden sein.

4.5 Angaben in Anhang und Lagebericht

Das HGB sieht eine Angabe der Grundlagen für die Umrechnung von Posten in Euro im Anhang nicht ausdrücklich vor. Tätigt das Unt Fremdwährungs-

---

[22] Vgl. Grottel/Koeplin, in Beck Bil-Komm., 14. Aufl. 2024, § 256a HGB Rz 231, mit der Empfehlung einer gesonderten Erläuterung im Anhang.
[23] I. E. wie hier auch Zwirner/Künkele/Froschhammer, BB 2011, S. 1323. Roß bevorzugt ebenfalls diese Auslegung, ohne allerdings die andere Ausweisvariante ausschließen zu wollen, vgl. Roß, WPg 2012, S. 25. DRS 25.36 sieht dagegen sowohl unrealisierte als auch realisierte Wechselkurserfolge von der Vorschrift des § 277 Abs. 2 Satz 2 HGB erfasst.

geschäfte in nicht unerheblichem Umfang, ist deren Umrechnung als Teil der angewandten Bilanzierungs- und Bewertungsmethoden zu erläutern (§ 284 Rz 32 sowie – aus Konzernsicht – DRS 25.106).

39 Die Anhangangabe ist weiter gefasst als der Regelungsbereich von § 256a HGB, der vom Wortlaut her nur auf fremde Währung lautende VG und Verbindlichkeiten umfasst. Neben Fremdwährungsforderungen und -verbindlichkeiten können von der Angabepflicht insb. auch Rückstellungen für drohende Verluste aus Fremdwährungsgeschäften oder aus Währungssicherungsgeschäften betroffen sein (§ 284 Rz 43).

40 Im **Lagebericht** sind gem. § 289 Abs. 1 Sätze 1 u. 2 HGB der Geschäftsverlauf und die Lage der Ges darzustellen und zu analysieren (§ 289 Rz 28). Hierbei ist u. a. auf die gesamtwirtschaftlichen Rahmenbedingungen einzugehen (§ 289 Rz 25). Soweit sich wesentliche Auswirkungen aus der Entwicklung der Wechselkurse ergeben haben, sind diese darzulegen. Davon ist insb. dann auszugehen, wenn die Ges umfangreiche Import- und Exportbeziehungen zu „Nicht-Euro-Ländern" unterhält oder wesentliche Beteiligungen in diesen Ländern hält.[24] § 289 Abs. 1 Satz 4 HGB ordnet ferner an, im Lagebericht auf die voraussichtliche Entwicklung der Ges mit ihren Chancen und Risiken einzugehen (§ 289 Rz 45). Das erfordert es, bei den von Wechselkursschwankungen stärker betroffenen Unt im Lagebericht die möglichen Auswirkungen von für denkbar gehaltenen Wechselkursentwicklungen aufzuzeigen (§ 289 Rz 56).

4.6 Abschließendes Beispiel

41 Das nachfolgende Beispiel verdeutlicht das **Zusammenwirken von Zugangs- und Folgebewertung** bei der Umrechnung von Fremdwährungsgeschäften unter Berücksichtigung der Vereinfachungsregelung für kurzfristige Forderungen und Verbindlichkeiten:

Praxis-Beispiel[25]
U hat am 1.11.01 von einem Lieferanten in den USA Waren erhalten. Als Zahlungsbedingungen wurden vereinbart:
Variante 1: Kaufpreis 260.000 USD, zahlbar Anfang Januar 02,
Variante 2: Kaufpreis 280.000 USD, zahlbar Anfang Januar 03; ohne Zahlungsziel hätte der Kaufpreis 260.000 USD betragen.
Der Kurs des US-Dollar hat sich zum Euro wie folgt entwickelt:

Datum	Kassakurs USD pro EUR		
	Briefkurs	Geldkurs	Mittelkurs
1.11.01	1,29	1,27	1,28
31.12.01	1,35	1,33	1,34
31.12.02	1,43	1,41	1,42

---

[24] Vgl. Grottel/Koeplin, in Beck Bil-Komm., 14. Aufl. 2024, § 256a HGB Rz 276; Küting/Mojadadr, in Küting/Weber, HdR-E, § 256a HGB Rn 138, Stand: 6/2021.
[25] In Anlehnung an Kessler/Veldkamp, KoR 2009, S. 248 ff.

Zu bewerten ist die Forderung im Jahresabschluss von U zum 31.12.01 und (für Variante 2 zusätzlich) zum 31.12.02.

Variante 1:

Zur Erfüllung der Verbindlichkeit muss U US-Dollar gegen Euro beschaffen. Das legt eine Umrechnung der Fremdwährungsschuld zum Geldkurs nahe. Da die Verbindlichkeit im kommenden Jahr beglichen wird, spricht nichts dagegen, die für die Folgebewertung vorgesehene Vereinfachung auch bei der Zugangsbewertung anzuwenden. Umgerechnet zum Devisenkassamittelkurs von 1,28 ist die Verbindlichkeit danach zum 1.11.01 mit einem Euro-Gegenwert von 203.125 EUR (260.000 USD / 1,28 USD/EUR) einzubuchen.

Zum Abschlussstichtag (31.12.01) ist die Fremdwährungsverbindlichkeit zum aktuellen Devisenkassamittelkurs umzurechnen. Da der US-Dollar gegenüber dem Euro schwächer geworden ist, ermittelt sich eine Verbindlichkeit von nur noch 194.030 EUR (260.000 USD / 1,34 USD/EUR). Der Ansatz des niedrigeren Stichtagswerts verstößt zwar gegen das Realisationsprinzip. § 256a Satz 2 HGB sieht bei kurzfristigen Fremdwährungspositionen indes ausdrücklich eine Stichtagsbewertung vor. Da die Verwendung des Stichtagskurses die Bewertung lediglich vereinfachen soll, bestehen u.E. keine Bedenken gegen einen Ansatz der Verbindlichkeit zum umgerechneten (höheren) Zugangswert (Rz 20ff.). Das ergibt im Beispiel einen Wertansatz von 203.125 EUR. Im Ergebnis besteht nach dieser Auslegung des § 256a HGB ein faktisches Wahlrecht zum Ausweis eines unrealisierten Gewinns aus der Währungsumrechnung von 9.095 EUR, das dem Grundsatz der Bewertungsmethodenstetigkeit unterliegt. Die gewählte Methode ist bei wesentlichen Effekten im Anhang zu erläutern.

Variante 2:

Werden Verbindlichkeiten aus Austauschgeschäften gestundet, ist im Erfüllungsbetrag ein Zinsanteil anzunehmen. Zinsen, die auf das am Abschlussstichtag noch schwebende Kreditgeschäft entfallen, dürfen nicht passiviert werden. Dementsprechend ist die Kaufpreisschuld zum 1.11.01 mit dem Barzahlungspreis von 260.000 USD anzusetzen. Das entspricht einem Zugangswert in Euro von 203.125 EUR (260.000 USD / 1,28 USD/EUR).

Für Zwecke der Folgebewertung ist die Verbindlichkeit zunächst in Fremdwährung aufzuzinsen.

Das geschieht mit jenem Zinssatz, der den Barzahlungspreis (260.000 USD) bis zum Fälligkeitstag auf den Zielpreis (280.000 USD) aufzinst. Er lässt sich bspw. durch eine Zielwertsuche in einem Tabellenkalkulationsprogramm errechnen. Das Ergebnis dieser Zielwertsuche liefert einen Zinssatz von 5,94 %. Das entspricht einer monatlichen Verzinsung der Lieferantenverbindlichkeit von 0,495 % (5,94 %/12).

	Entwicklung der Lieferantenverbindlichkeit in USD		
Datum	Monatsanfang	Zinsen	Monatsende
01.11.01	260.000	1.288	261.288
01.12.01	261.288	1.294	262.582
01.01.02	262.582	1.301	263.883
01.02.02	263.883	1.307	265.190
01.03.02	265.190	1.313	266.503
01.04.02	266.503	1.320	267.823
01.05.02	267.823	1.326	269.149
01.06.02	269.149	1.333	270.482
01.07.02	270.482	1.340	271.822
01.08.02	271.822	1.346	273.168
01.09.02	273.168	1.353	274.521
01.10.02	274.521	1.360	275.881
01.11.02	275.881	1.366	277.247
01.12.02	277.247	1.373	278.620
01.01.03	278.620	1.380	280.000

Zum 31.12.01 beläuft sich die Verbindlichkeit aus dem Warenbezug auf 262.582 USD. Um den Gegenwert in Euro zu ermitteln, ist in einem ersten Schritt die Kaufpreisschuld (260.000 USD) umzurechnen. Der am Stichtag gültige Devisenkassamittelkurs von 1,34 USD/EUR liefert einen Betrag von 194.030 EUR. Da die Verbindlichkeit zum 31.12.01 eine Restlaufzeit von mehr als einem Jahr hat, darf der unter dem Zugangswert von 203.125 EUR liegende Stichtagswert bilanziell keine Berücksichtigung finden.

Der umgerechnete Zugangswert der Kaufpreisschuld ist sodann um die aufgelaufenen Zinsen fortzuschreiben. Dazu sind die Zinsen von 2.582 USD mit dem Durchschnittskurs für November und Dezember 01 von 1,31 USD/EUR umzurechnen. Das ergibt einen Betrag von 1.971 EUR. Insgesamt errechnet sich damit für die Kaufpreisverbindlichkeit zum 31.12.01 ein Buchwert von 205.096 EUR. Eine Abwertung auf den niedrigeren Stichtagswert von 195.957 EUR (262.582 USD / 1,34 USD/EUR) würde erneut gegen das Realisationsprinzip verstoßen und scheidet damit aus.

Eine alternative Deutung des Anschaffungswert- bzw. Realisationsprinzips könnte darin gesehen werden, die Kaufpreisverbindlichkeit zum Stichtag mit dem höheren Wert aus ihrem Zugangswert (203.125 EUR) und dem umgerechneten, in US-Dollar fortgeschriebenen Stichtagswert (195.957 EUR) anzusetzen. Im Beispiel wäre nach dieser Sichtweise der zum 1.11.01 eingebuchte Zugangswert der Verbindlichkeit zum 31.12.01 beizubehalten. Ökonomisch mag man diese Verfahrensweise mit dem Gedanken begründen, die Verpflichtung gegenüber dem Lieferanten habe sich im Vergleich zum Zeitpunkt ihrer Begründung nicht erhöht, da der Anstieg aufgrund der

> aufgelaufenen Zinsen durch den Währungsgewinn aus der Dollarschwäche mehr als kompensiert worden ist. Dieser Auslegung des § 256a HGB ist nicht zu folgen. Ihr steht zum einen die Vorschrift des § 246 Abs. 2 HGB entgegen, nach der Aufwendungen (hier: der Zinsaufwand aus der Kreditierung der Lieferantenverbindlichkeit) nicht mit Erträgen (hier: der Währungsgewinn) verrechnet werden dürfen. In materieller Hinsicht würde diese Verrechnung zum anderen das Höchstwertprinzip unterlaufen.
> Zum 31.12.02 valutiert die aufgezinste Lieferantenverbindlichkeit mit 278.620 USD. Der fortgeschriebene Euro-Gegenwert ermittelt sich als Summe aus dem umgerechneten Zugangswert der Lieferantenverbindlichkeit (203.125 EUR) und dem Zugangswert der im Gj 01 aufgelaufenen Zinsen (1.971 EUR) zzgl. des mit dem Durchschnittskurs errechneten Zugangswerts der im Gj 02 angefallenen Zinsen (11.622 EUR = 16.038 USD / 1,38 USD/EUR). Das sind insgesamt 216.718 EUR. Der zum Devisenkassamittelkurs am 31.12.02 umgerechnete Stichtagswert der Lieferantenverbindlichkeit beläuft sich demgegenüber auf 196.211 EUR (278.620 USD / 1,42 USD/EUR). Da die Verbindlichkeit nunmehr eine Restlaufzeit von weniger als einem Jahr hat, ist dieser Wert nach dem Wortlaut des § 256a HGB anzusetzen. Nach der hier vertretenen Auffassung spricht allerdings nichts dagegen, dem Höchstwert- und Realisationsprinzip Vorrang einzuräumen und auf eine Abwertung der Verbindlichkeit unter den um aufgelaufene Zinsen fortgeführten Zugangswert zu verzichten (Rz 20 ff.). Entscheidet sich U für die Umrechnung der Verbindlichkeit zum Stichtagskurs, ist in der GuV das Verrechnungsverbot des § 246 Abs. 1 HGB zu beachten. D. h., die im Gj 02 angefallenen Zinsaufwendungen sind im Finanzergebnis und der Ertrag aus dem Rückgang des Dollarkurses ist (gesondert) unter den sonstigen betrieblichen Erträgen zu erfassen.

5 Latente Steuern

Die Umrechnung von Geschäftsvorfällen in fremder Währung kann zu **Abweichungen** zwischen den **HGB-Wertansätzen** der betreffenden VG und Schulden und deren **Steuerwerten** führen. Bei großen und mittelgroßen KapG können daraus latente Steuern nach § 274 HGB zu erfassen sein.

42

Temporäre Differenzen ergeben sich bei Fremdwährungsgeschäften aus der nur eingeschränkten Geltung des Anschaffungswert- und Realisationsprinzips in der HB. Wertet der Euro gegenüber einer fremden Währung auf, führt das bei **kurzfristigen Fremdwährungsforderungen** zu einem Anstieg ihres Gegenwerts in Euro. Der daraus resultierende Ertrag ist nach dem Wortlaut des § 256a Satz 2 HGB (Rz 41) unter Umgehung des Realisationsprinzips in der handelsrechtlichen GuV auszuweisen. In der **Steuerbilanz** gilt demgegenüber nach § 6 EStG das **Anschaffungswertprinzip**.[26] Dementsprechend dürfen die Euro-AK der Forderung nicht überschritten werden. Aufgrund des höheren Vermögensausweises in der HB sind nach § 274 HGB passive latente Steuern zu bilden.

43

---

[26] Vgl. Mutscher, in Frotscher/Geurts, EStG, § 6 EStG Rz 34, Rz 118, Stand: 8/2022.

44 Spiegelbildlich stellt sich die Situation auf der Passivseite der Bilanz dar. Wertet der Euro im Vergleich zur fremden Währung auf, sinkt der Euro-Gegenwert der betreffenden **Fremdwährungsverbindlichkeit**. Wiederum fordert § 256a Satz 2 HGB bei kurzfristigen Schulden den Ansatz des niedrigeren Stichtagswerts. In der Steuerbilanz bleibt es beim Ansatz des höheren Rückzahlungsbetrags. Auf den Bewertungsunterschied sind passive latente Steuern zu bilden.

45 Auch die währungskursbedingte Abwertung von VG bzw. Aufwertung von Schulden kann Anlass für eine Steuerlatenzierung sein. Das ist der Fall, soweit die handelsrechtlich erfasste Wertkorrektur voraussichtlich nicht dauernd ist. Da in der Steuerbilanz der niedrigere bzw. (bei Schulden) höhere Teilwert in diesen Fällen nicht angesetzt werden darf, weichen die handels- und steuerrechtlichen Wertansätze voneinander ab. Aufgrund des niedrigeren (Netto-)Vermögensausweises in der HB ist die Bildung aktiver latenter Steuern in Erwägung zu ziehen.[27]

---

[27] Vgl. zur Teilwertabschreibung bei voraussichtlich dauernder Wertminderung BMF, Schreiben v. 2.9.2016, IV C 6 – S 2171, BStBl. I 2016 S. 995.

§ 257 Aufbewahrung von Unterlagen. Aufbewahrungsfristen

(1) Jeder Kaufmann ist verpflichtet, die folgenden Unterlagen geordnet aufzubewahren:
1. Handelsbücher, Inventare, Eröffnungsbilanzen, Jahresabschlüsse, Einzelabschlüsse nach § 325 Abs. 2a, Lageberichte, Konzernabschlüsse, Konzernlageberichte sowie die zu ihrem Verständnis erforderlichen Arbeitsanweisungen und sonstigen Organisationsunterlagen,
2. die empfangenen Handelsbriefe,
3. Wiedergaben der abgesandten Handelsbriefe,
4. Belege für Buchungen in den von ihm nach § 238 Abs. 1 zu führenden Büchern (Buchungsbelege).

(2) Handelsbriefe sind nur Schriftstücke, die ein Handelsgeschäft betreffen.

(3) ¹Mit Ausnahme der Eröffnungsbilanzen und Abschlüsse können die in Absatz 1 aufgeführten Unterlagen auch als Wiedergabe auf einem Bildträger oder auf anderen Datenträgern aufbewahrt werden, wenn dies den Grundsätzen ordnungsmäßiger Buchführung entspricht und sichergestellt ist, dass die Wiedergabe oder die Daten
1. mit den empfangenen Handelsbriefen und den Buchungsbelegen bildlich und mit den anderen Unterlagen inhaltlich übereinstimmen, wenn sie lesbar gemacht werden,
2. während der Dauer der Aufbewahrungsfrist verfügbar sind und jederzeit innerhalb angemessener Frist lesbar gemacht werden können.

²Sind Unterlagen auf Grund des § 239 Abs. 4 Satz 1 auf Datenträgern hergestellt worden, können statt des Datenträgers die Daten auch ausgedruckt aufbewahrt werden; die ausgedruckten Unterlagen können auch nach Satz 1 aufbewahrt werden.

(4) Die in Absatz 1 Nr. 1 und 4 aufgeführten Unterlagen sind zehn Jahre, die sonstigen in Absatz 1 aufgeführten Unterlagen sechs Jahre aufzubewahren.

(5) Die Aufbewahrungsfrist beginnt mit dem Schluß des Kalenderjahrs, in dem die letzte Eintragung in das Handelsbuch gemacht, das Inventar aufgestellt, die Eröffnungsbilanz oder der Jahresabschluß festgestellt, der Einzelabschluss nach § 325 Abs. 2a oder der Konzernabschluß aufgestellt, der Handelsbrief empfangen oder abgesandt worden oder der Buchungsbeleg entstanden ist.

Inhaltsübersicht	Rz
1 Überblick	1–9
2 Gegenstand der Aufbewahrungspflicht (Abs. 1 und 2)	10–16
2.1 Unterlagen mit einer Aufbewahrungspflicht von zehn Jahren	10–14
2.2 Unterlagen mit einer Aufbewahrungspflicht von sechs Jahren	15
2.3 Mögliche Zweifelsfragen	16
3 Formen und Ort der Aufbewahrung (Abs. 3)	17–26
3.1 Formen der Aufbewahrung	17–23
3.2 Ort der Aufbewahrung	24–26

4	Dauer der Aufbewahrung	27–35
	4.1 Aufbewahrungsfristen (Abs. 4)	27–30
	4.2 Fristberechnung (Abs. 5)	31–35
5	Recht zur Vernichtung nach Fristablauf	36
6	Rechtsfolgen bei Verletzung der Aufbewahrungspflicht	37–38

1 Überblick

1 Die **handelsrechtlichen** Aufbewahrungspflichten des § 257 HGB sind im Zusammenhang mit den Buchführungs- und Aufzeichnungspflichten nach § 238 HGB zu sehen. Den Aufbewahrungsvorschriften kommen insb. Dokumentations- und Beweissicherungsfunktionen zu. Für die mit der Aufbewahrung verbundenen Aufwendungen sind Rückstellungen zu bilden (§ 249 Rz 210).[1]

2 **Adressaten** von § 257 HGB sind alle Kfl. sowie alle Körperschaften, die, ohne Kfm. zu sein, Bücher nach den Vorschriften des HGB führen müssen und keine anderen Aufbewahrungspflichten zu befolgen haben.[2]

3 **Verantwortlich** für die Erfüllung der Aufbewahrungspflicht ist der Kfm. selbst. Bei der OHG sind das alle Gesellschafter, bei der KG und der KGaA der Komplementär, bei KapG die zuständigen Organe. Die Eigenverantwortung des Kfm. gilt auch, wenn die Buchführung außer Haus durchgeführt wird.[3]

4 § 257 HGB bezieht sich v. a. auf Jahresabschlüsse und Konzernabschlüsse, Lageberichte und Konzernlageberichte sowie IFRS-Abschlüsse nach § 325 Abs. 2a HGB. Weiterhin umfasst die Vorschrift Eröffnungsbilanzen, Zwischenabschlüsse sowie Abschlüsse für Rumpf-Gj.

5 Aufbewahrungs- und Buchführungspflichten beginnen mit dem Beginn und enden mit der Beendigung der Kaufmannseigenschaft. Die Aufbewahrungspflicht überdauert den Tod des Kfm. ebenso wie die Insolvenz, die Auflösung und die Veräußerung des Handelsgeschäfts.[4]

6 **Praxis-Beispiel 1**
Die M GmbH stellt am 1.1.01 einen Insolvenzantrag. Am 2.1.01 bestellt das Amtsgericht den X als vorläufigen Insolvenzverwalter. Nach Eröffnung des Insolvenzverfahrens zu Beginn des 20.1.01 wird Z als endgültiger Insolvenzverwalter der Z bestellt.
Bis zum Ablauf des 1.1.01 ist die Geschäftsführung für die Aufbewahrungspflichten zuständig. Vom 2.1.01 bis zum Ablauf des 19.1.01 ist X (§§ 21, 22 InsO), ab dem 20.1.01 Z (§§ 35, 36, 148 InsO) für die Erfüllung der Aufbewahrungspflichten verantwortlich.

---

[1] Vgl. dazu auch IDW RH HFA 1.009.
[2] Ergänzend zum Adressatenkreis vgl. etwa ADS, Rechnungslegung und Prüfung der Unternehmen, 6. Aufl. 1995–2001, § 257 HGB Rz 9ff.; Isele, in Küting/Weber, HdR-E, § 257 HGB Rz 12ff., Stand: 5/2017.
[3] Vgl. IDW RS FAIT 1.18 i.V.m. 1.114.
[4] Ergänzend vgl. etwa ADS, Rechnungslegung und Prüfung der Unternehmen, 6. Aufl. 1995–2001, § 257 HGB Rz 10f.

> **Praxis-Beispiel 2**
> Die A GmbH beantragt am 15.10.01 die Liquidation. Am 30.10.01 wird die Ges. als A GmbH iL in das Handelsregister eingetragen, als Liquidator wird L bestellt. Am 25.12.03 wird die A GmbH iL im Handelsregister gelöscht. Bis zum Ablauf des 29.10.01 ist die Geschäftsführung für die Aufbewahrungspflichten zuständig. In der Abwicklungsphase vom 30.10.01 bis zum 25.12.03 besteht die Ges. mit geändertem Zweck weiter, der dann agierende Liquidator L ist in diesem Zeitraum der Aufbewahrungspflicht unterworfen (§ 71 Abs. 2 GmbHG). Die bis zum 25.12.03 angefallenen Unterlagen[5] sind für zehn Jahre einem der bisherigen Gesellschafter oder einem Dritten in Verwahrung zu geben. Grds. ist der Gesellschaftsvertrag für die Regelung der Aufbewahrungspflicht maßgeblich, notfalls beschließt das Gericht (§ 74 Abs. 2 GmbHG). Der Fristlauf beginnt mit dem auf die Hinterlegung folgenden Tag (§ 187 Abs. 1 BGB).
> Hinweis: Für die OHG und die KG gilt Vergleichbares nach § 157 Abs. 2 HGB. Für die AG bestimmt das Registergericht den Ort der Aufbewahrung von Amts wegen (§ 273 Abs. 2 AktG).

Die **steuerrechtlichen** Aufbewahrungsfristen sind in § 147 AO geregelt. Der Kreis der Aufbewahrungspflichtigen geht über denjenigen des § 257 HGB hinaus, die §§ 140 ff. AO umfassen auch die nicht in das Handelsregister eingetragenen Kann-Kaufleute.

Der Umfang der aufzubewahrenden Unterlagen ist nach Steuerrecht größer als nach Handelsrecht[6]: Das Steuerrecht umfasst z.B. auch außersteuerrechtliche Buchführungs- und Aufzeichnungsvorschriften.

2 Gegenstand der Aufbewahrungspflicht (Abs. 1 und 2)

2.1 Unterlagen mit einer Aufbewahrungspflicht von zehn Jahren

Zu den aufbewahrungspflichtigen **Handelsbüchern** gehören auch Nebenbücher wie Kassenbücher und Lagerbücher, Wechsel- und Scheckkopierbücher, Unterlagen der Lohnbuchführung, Belege einer Offene-Posten-Buchhaltung und die Betriebsabrechnung (zum Begriff der Handelsbücher vgl. auch § 238 Rz 43).[7] MU müssen ergänzend die für die Konzernrechnungslegung erforderlichen Unterlagen aufbewahren.

Zu den **Inventurunterlagen** gehören insb. Aufnahmelisten und Verzeichnisse (z.B. Anlagenverzeichnis, Saldenlisten für Debitoren und Kreditoren).

Eröffnungsbilanzen sind nur zu Beginn des Handelsgewerbes bzw. zu Beginn der Buchführungspflicht aufzubewahren. Die Aufbewahrungspflicht gilt damit nicht für die Eröffnungsbilanz des jeweiligen Gj (gleich Schlussbilanz des abgelaufenen Gj).

Jahresabschlüsse, Einzelabschlüsse nach § 325 Abs. 2a HGB und Lageberichte sind in der gesetzlich vorgeschriebenen Form, d.h. vom Kfm. nach § 245

---

[5] Gegenstand der Verwahrung sind die Bücher und Schriften der Ges. i.S.d. § 257 HGB einschl. der im Lauf der Liquidation angefallenen Unterlagen, insb. die Schlussrechnung und Belege über den Gläubigeraufruf.
[6] Vgl. z.B. Seemann, in Frotscher/Geurts, EStG, § 50b EStG Rz 34, Stand: 1/2008; Drüen, in Tipke/Kruse, AO/FGO, § 140 AO Tz 12–14, Stand: 9/2020.
[7] Vgl. Störk/Lewe, in Beck Bil-Komm., 14. Aufl. 2024, § 257 HGB Rz 10; ADS, Rechnungslegung und Prüfung der Unternehmen, 6. Aufl. 1995–2001, § 257 HGB Rz 16f.

HGB unterzeichnet (und bei prüfungspflichtigen Unt mit dem Bestätigungsvermerk versehen), aufzubewahren.

Für **Konzernabschlüsse und Konzernlageberichte** gelten die vorgenannten Ausführungen entsprechend.

13 Zum **Verständnis erforderliche Arbeitsanweisungen und sonstige Organisationsunterlagen** sind in § 257 Abs. 1 Nr. 1 HGB separat genannt. Dazu zählen etwa Kontenpläne, Verfahrensdokumentationen oder Unterlagen zum Risikofrüherkennungssystem.[8] Auch zur Ableitung des Konzernabschlusses erforderliche Aufzeichnungen (z. B. Fortentwicklungen von Firmenwerten, stillen Reserven und Lasten) dürften unter diese Vorschrift zu fassen sein.

14 **Buchungsbelege** sind alle Nachweise, die die einzelnen Geschäftsvorfälle widerspiegeln. Unter den Buchungsbelegen sind sowohl Eigen- als auch Fremdbelege zu verstehen.

2.2 Unterlagen mit einer Aufbewahrungspflicht von sechs Jahren

15 **Handelsbriefe** sind Schriftstücke, die die Vorbereitung, den Abschluss und die Durchführung eines Handelsgeschäfts betreffen (§ 257 Abs. 2 HGB). Die Aufbewahrungspflicht empfangener Handelsbriefe richtet sich nach § 257 Abs. 1 Nr. 2 HGB, die der abgesandten Handelsbriefe (Kopien) nach § 257 Abs. 1 Nr. 3 HGB. Über telefonische rechtsgeschäftliche Erklärungen gefertigte Notizen sind ebenfalls aufbewahrungspflichtig.[9] Zu den aufbewahrungspflichtigen Schriftstücken gehören auch Telefaxe oder elektronische Nachrichten.[10]

Sofern **Handelsbriefe gleichzeitig als Buchungsbelege** dienen (z. B. durch Hinzufügung von Buchungsanweisungen, Kontierungsstempel), gilt für sie eine Aufbewahrungspflicht von zehn bzw. künftig ggf. acht Jahren (vgl. Rz 29).

2.3 Mögliche Zweifelsfragen

16 Trotz der Fülle an Vorgaben in § 257 HGB verbleiben Zweifelsfälle. **Unklar** ist etwa, **wie lange Prüfungsberichte** des AP und Vorstands- bzw. Aufsichtsratsprotokolle **aufbewahrungspflichtig** sind. Stellt man auf ihre Bedeutung für das Verständnis der Geschäftsvorfälle und/oder des Jahresabschlusses ab, so ist eine Aufbewahrung von zehn Jahren nahe liegend.[11] Auch die Aufbewahrungsfrist von **Unterlagen zur Dokumentation von Bewertungseinheiten** lässt sich aus dem Gesetz **nicht** eindeutig entnehmen. Nach der hier vertretenen Auffassung müsste – wegen der Nähe zur Buchführung – eine Frist von zehn Jahren bzw. künftig ggf. acht Jahren (s. Rz 29) gelten (zu den Anforderungen an die Dokumentation bei der Bildung von Bewertungseinheiten s. § 254 Rz 48).

---

[8] Vgl. IDW RS FAIT 1.52 ff.
[9] Vgl. Störk/Lewe, in Beck Bil-Komm., 14. Aufl. 2024, § 257 HGB Rz 15; ADS, Rechnungslegung und Prüfung der Unternehmen, 6. Aufl. 1995–2001, § 257 HGB Rz 34.
[10] Bzgl. der Aufbewahrungspflichten beim EDI (Electronic Data Interchange) vgl. IDW RS FAIT 2.47 ff.
[11] Vgl. Störk/Lewe, in Beck Bil-Komm., 14. Aufl. 2024, § 257 HGB Rz 17; ADS, Rechnungslegung und Prüfung der Unternehmen, 6. Aufl. 1995–2001, § 257 HGB Rz 43.

3 Formen und Ort der Aufbewahrung (Abs. 3)

3.1 Formen der Aufbewahrung

Die Unterlagen sind **geordnet** aufzubewahren. Sie müssen so übersichtlich angelegt und gegliedert sein, dass sie in angemessener Zeit und unter angemessenen Kosten problemlos zugänglich und für sachverständige Dritte durchschaubar gemacht werden können.

Alle Unterlagen **können im Original** aufbewahrt werden. Im Original **müssen** die **Eröffnungsbilanzen** und die anderen **Abschlüsse** (Jahresabschlüsse, Einzel- und Konzernabschlüsse) aufbewahrt werden. Grund hierfür ist die besondere Bedeutung dieser Unterlagen für die Dokumentation und Nachprüfbarkeit.[12] Dabei muss es sich jeweils um ein Exemplar handeln, das den gesetzlichen Anforderungen genügt. D.h., es muss ggf. unterschrieben und testiert sein.[13]

Für alle anderen Unterlagen genügt die Aufbewahrung in Form der Wiedergabe auf einem Bildträger oder die Aufbewahrung auf anderen Datenträgern (§ 239 Rz 39ff.). Auf Datenträgern hergestellte Unterlagen dürfen nach § 257 Abs. 3 Satz 2 HGB auch ausgedruckt aufbewahrt werden.

Bildliche Übereinstimmung wird für empfangene Handelsbriefe und Buchungsbelege verlangt. Bei den übrigen Unterlagen genügt die inhaltliche Übereinstimmung, d.h., die Wiedergaben müssen vollständig und inhaltlich richtig sein. Vollständigkeit ist z.B. bei empfangenen Handelsbriefen nur gegeben, wenn auch die mitübersandten AGB reproduziert werden.[14]

Für die Wiedergabe von Bildträgern hat die Arbeitsgemeinschaft für wirtschaftliche Verwaltung e.V. (AWV) Mikrofilm-Grundsätze formuliert.[15] Bei den **Mikroverfilmungen** kann es sich um bildliche und/oder inhaltliche Aufzeichnungen handeln. Bildliche und/oder inhaltliche Übereinstimmung kann auch mittels elektronischer oder digital optischer Archivierung erreicht werden.[16]

Zu den **anderen Datenträgern** i.S.v. § 257 Abs. 3 HGB zählen z.B. Magnetband, Magnetplatte, Bildplatte, Diskette, CD-ROM und Festspeicher. Auch diese Form der Aufbewahrung muss den GoB entsprechen. Der Begriffsinhalt des Datenträgers ist so gefasst, dass er für neuere technische Entwicklungen offen ist.[17]

Neuere Entwicklungen sind regelmäßig der EDV zuzuordnen und nach den GoBS zu beurteilen. Nach § 257 Abs. 3 Satz 2 HGB können die auf Datenträgern hergestellten Unterlagen auch als Ausdrucke dieser Daten aufbewahrt werden.[18]

3.2 Ort der Aufbewahrung

Handelsrechtlich ist kein Ort der Aufbewahrung vorgeschrieben (§ 238 Rz 60). Der Ort der Aufbewahrung lässt sich allenfalls aus §§ 238 Abs. 1 Satz 2, 239 Abs. 4 Satz 2, 257 Abs. 3 Satz 1 Nr. 2 HGB ableiten, wonach die Unterlagen innerhalb angemessener Zeit verfügbar sein müssen. Demzufolge sind etwa

---

12 Vgl. Isele, in Küting/Weber, HdR-E, § 257 HGB Rz 62, Stand: 5/2017.
13 Vgl. ADS, Rechnungslegung und Prüfung der Unternehmen, 6. Aufl. 1995–2001, § 257 HGB Rz 51.
14 Vgl. Störk/Lewe, in Beck Bil-Komm., 14. Aufl. 2024, § 257 HGB Rz 20.
15 AWV, Aufbewahrungspflichten und -fristen nach Handels- und Steuerrecht, 9. Aufl. 2016.
16 Vgl. IDW RS FAIT 3.64f.
17 Vgl. Störk/Lewe, in Beck Bil-Komm., 14. Aufl. 2024, § 257 HGB Rz 20.
18 Vgl. zu den neueren Speichermedien allgemein auch IDW RS FAIT 3.

inländische Zweigniederlassungen ausländischer Unt handelsrechtlich nicht verpflichtet, ihre Unterlagen im Inland aufzubewahren.

25 **Steuerrechtlich** sind gem. § 146 Abs. 2 Satz 1 AO die Bücher und die sonstigen Aufzeichnungen im Geltungsbereich der AO zu führen und aufzubewahren. Die handelsrechtliche Aufbewahrung wird i.d.R. gleichzeitig steuerrechtlichen Pflichten dienen. Daher wird die Aufbewahrung auch handelsrechtlich gem. § 146 Abs. 2 Satz 1 AO stattfinden. Innerhalb des Geltungsbereichs der AO kann der Ort der Aufbewahrung zwar frei gewählt werden. Allerdings bestimmt § 146 Abs. 5 Satz 2 AO, dass die Daten jederzeit verfügbar sein müssen und deren Lesbarkeit unverzüglich hergestellt werden können muss. Dadurch wird die Wahl des Aufbewahrungsorts zumindest eingeschränkt. Im Gegensatz zum Handelsrecht sind auch inländische Zweigniederlassungen ausländischer Unt verpflichtet, ihre Unterlagen im Inland aufzubewahren (§ 238 Rz 61). Denkbar ist allerdings der Antrag auf Bewilligung einer Erleichterung nach § 148 AO.

26 **Zusammenfassend** lässt sich sagen, dass der Aufbewahrungsort im Inland grds. frei gewählt werden kann, soweit die Verfügbarkeit in angemessener Zeit gewährleistet ist.

4 Dauer der Aufbewahrung

4.1 Aufbewahrungsfristen (Abs. 4)

27 Die **handelsrechtliche** Aufbewahrungsfrist beträgt zehn oder sechs Jahre. Die Aufbewahrungsfrist von **zehn** Jahren gilt für
- Handelsbücher,
- Inventare,
- Eröffnungsbilanzen,
- Jahresabschlüsse, Lageberichte,
- Konzernabschlüsse, Konzernlageberichte,
- Einzelabschlüsse nach § 325 Abs. 2a HGB,
- Arbeitsanweisungen und sonstige Organisationsunterlagen,
- Buchungsbelege.

Die Aufbewahrungsfrist von **sechs** Jahren gilt für die übrigen aufbewahrungspflichtigen Unterlagen, also etwa für
- empfangene Handelsbriefe,
- Wiedergaben der abgesandten Handelsbriefe.

28 Für die Aufbewahrung nach **Steuerrecht** gelten nach der AO grds. die gleichen Fristen, sofern nicht in anderen Gesetzen kürzere Fristen zugelassen sind. Allerdings läuft nach § 147 Abs. 3 AO die Aufbewahrungsfrist nicht ab, soweit und solange die Unterlagen für Steuern von Bedeutung sind, für welche die Festsetzungsfrist noch nicht abgelaufen ist.

29 Als Teil des Vierten Bürokratieentlastungsgesetzes (BEG IV)[19] plant die Bundesregierung, die Aufbewahrungsfrist für Buchungsbelege i.S.v. § 257 Abs. 1 Nr. 4 HGB von derzeit zehn auf acht Jahre zu verkürzen (vgl. § 257 Abs. 4 HGB-E). Um den Gleichlauf zwischen Handels- und Steuerrecht zu wahren, soll § 147 Abs. 3 Satz 1 AO entsprechend geändert werden. Von dieser Maßnahme erwar-

---

[19] Vgl. RegE, Entwurf eines Vierten Gesetzes zur Entlastung der Bürgerinnen und Bürger, der Wirtschaft sowie der Verwaltung von Bürokratie v. 13.3.2024.

tet die Bundesregierung eine jährliche Entlastung der Unternehmen i.H.v. 625,6 Mio. EUR infolge eingesparter Miet- und Speicherkosten. Die Verabschiedung des BEG IV stand bei Redaktionsschluss noch aus. Die **gegenwärtigen Aufbewahrungsfristen** für ausgewählte wichtige Unterlagen zeigt die nachfolgende Übersicht. Eine umfangreiche Auflistung findet sich in der AWV-Schrift Nr. 09 155.[20]

Beleg	Aufbewahrungsfrist
Abbaumeldungen (soweit Buchungsbelege)	10 Jahre
Abfallsammelmeldungen (soweit Buchungsbelege)	10 Jahre
Abhängigkeitsberichte	10 Jahre
Ablaufdiagramme (für gesetzlich vorgeschriebene Konzernabschlüsse)	10 Jahre
Abrechnungsübersichten	0 Jahre
Abrechnungsunterlagen (soweit Buchungsbelege)	10 Jahre
Abschlagszahlungen	10 Jahre
Abschlussbuchungsbelege	10 Jahre
Abschlusskonten	10 Jahre
Abschlussrechnungen	10 Jahre
Abschreibungsunterlagen	10 Jahre
Abtretungserklärungen nach Erledigung	6 Jahre
Abwertungsbelege	10 Jahre
Akkordunterlagen (soweit Buchungsbelege)	10 Jahre
Akkreditive	6 Jahre
Aktenregister, allgemeine	0 Jahre
Aktenvermerke (soweit Buchungsbelege)	10 Jahre
An- und Abwesenheitsmeldungen (soweit Buchungsbelege)	10 Jahre
An-, Ab- und Ummeldungen zur Krankenkasse	6 Jahre
Änderungsnachweise der EDV-Buchführung	10 Jahre
Angebote, die zum Auftrag geführt haben	6 Jahre
Angebotsunterlagen, die nicht zum Auftrag geführt haben	0 Jahre
Angestelltenversicherung (soweit Buchungsbelege)	10 Jahre

[20] AWV, Aufbewahrungspflichten und -fristen nach Handels- und Steuerrecht, 9. Aufl. 2016. Weitere Auflistungen finden sich bei Störk/Lewe, in Beck Bil-Komm., 14. Aufl. 2024, § 257 HGB Rz 27, und Pulte, NWB 2008, Fach 18, S. 939 ff.

Beleg	Aufbewahrungsfrist
Anhang zum Jahresabschluss (§ 264 HGB)	10 Jahre
Anlageninventare	10 Jahre
Anlagenunterhaltungskosten (soweit Buchungsbelege)	10 Jahre
Anlagenverzeichnis	10 Jahre
Anlagevermögensbücher und -karteien	10 Jahre
Anleihebücher	10 Jahre
Anleihen	6 Jahre
Anträge auf Arbeitnehmersparzulagen	6 Jahre
Anträge des Steuerpflichtigen	0 Jahre
Anwesenheitslisten, soweit für die Lohnbuchhaltung erforderlich	10 Jahre
Anzahlungsunterlagen	6 Jahre
Arbeitgeberdarlehen	6 Jahre
Arbeitgeberzuschusskarten (soweit Buchungsbelege)	10 Jahre
Arbeitsanweisungen für EDV-Buchführung	10 Jahre
Arbeitsanweisungen für Fachabteilungen (für gesetzlich vorgeschriebene Konzernabschlüsse)	10 Jahre
Arbeitsaufträge	0 Jahre
Arbeitsplatzbeschreibungen	0 Jahre
Aufbewahrungsvorschriften für betriebliche EDV-Dokumentationen	10 Jahre
Aufsichtsratsvergütung (soweit Buchungsbelege)	10 Jahre
Auftragsbücher	6 Jahre
Auftragskostenbelege	10 Jahre
Auftragseingangs- und Bestandslisten	0 Jahre
Aufzeichnungen	10 Jahre
Ausfuhrunterlagen	6 Jahre
Außenprüfungsunterlagen	0 Jahre
Ausgangsrechnungen	10 Jahre
Aushänge	0 Jahre
Auskunftsunterlagen	0 Jahre

Beleg	Aufbewahrungsfrist
Ausschusslisten als Buchungsbelege	10 Jahre
Außendienstabrechnungen	10 Jahre
Außenhandelsunterlagen	6 Jahre
Auszahlungsbelege	10 Jahre
Bahnabrechnungen	10 Jahre
Bankbelege	10 Jahre
Bankbürgschaften	6 Jahre
Bareinkaufs- und -verkaufsunterlagen	10 Jahre
Bauantragskostennachweise	6 Jahre
Baubeschreibungen	6 Jahre
Baubücher (Inventurunterlagen)	10 Jahre
Baugenehmigungen	6 Jahre
Bedienerhandbücher Rechnerbetrieb	10 Jahre
Beförderungssteuernachweise	6 Jahre
Beherrschungsverträge (nach Vertragsende)	10 Jahre
Beitragsabrechnungen der Sozialversicherungsträger (soweit Buchungsbelege)	10 Jahre
Belege, soweit Buchfunktion (Offene-Posten-Buchhaltung)	10 Jahre
Belegformate	10 Jahre
Bergschädenunterlagen als Buchungsbelege	10 Jahre
Bestandsberichtigungen	10 Jahre
Bestandsermittlungen (Inventurunterlagen)	10 Jahre
Bestandsverzeichnisse	10 Jahre
Bestell- und Auftragsunterlagen	6 Jahre
Betriebsabrechnungsbögen mit Belegen als Bewertungsunterlagen	10 Jahre
Betriebskostenrechnungen	10 Jahre
Betriebsprüfungsberichte	6 Jahre
Betriebsratsangelegenheiten	0 Jahre
Betriebsunfallunterlagen	6 Jahre
Bewertungsunterlagen (soweit Buchungsbelege)	10 Jahre

Beleg	Aufbewahrungsfrist
Bewirtungsunterlagen (soweit Buchungsbelege)	10 Jahre
Bezugskostennachweise	10 Jahre
Bilanzbücher	10 Jahre
Bilanzen (Jahresbilanzen)	10 Jahre
Bilanzkonten	10 Jahre
Bilanzunterlagen	10 Jahre
Blockdiagramme, soweit Verfahrensdokumentation	10 Jahre
Börsenaufträge	6 Jahre
Bruttoerlösnachweise	6 Jahre
Bruttolohnlisten	6 Jahre
Bruttolohnsammelkarten	6 Jahre
Bruttolohnstreifen	6 Jahre
Buchführungsrichtlinien (für gesetzlich vorgeschriebene Konzernabschlüsse)	10 Jahre
Buchungsanweisungen	10 Jahre
Buchungsbelege	10 Jahre
Budget und Budgetunterlagen	0 Jahre
Bürgschaftsunterlagen	6 Jahre
Bußgeldrechtliche Ermittlungen	0 Jahre
Carnetunterlagen (Nachweis der ordnungsgemäßen Durchführung der Beförderung)	6 Jahre
Clearing-Auszüge	6 Jahre
Clearing-Belege	10 Jahre
Code-Pläne zum Verständnis der Buchführung	10 Jahre
Codierungslisten	10 Jahre
COM-Verfahrensbeschreibungen	10 Jahre
cpd-Konten (Konto pro Diverse)	10 Jahre
Datenträger (von Handelsbüchern, Inventaren, Lageberichten, Konzernlageberichten einschließlich der zum Verständnis erforderlichen Arbeitsanweisungen und Organisationsunterlagen)	10 Jahre
Datenträger von Buchungsbelegen	10 Jahre

Beleg	Aufbewahrungsfrist
Datenträger von Handelsbriefen	6 Jahre
Darlehenskonten	10 Jahre
Darlehensunterlagen nach Ablauf des Vertrags	6 Jahre
Darlehensverträge nach Ablauf des Vertrags	6 Jahre
Datensicherungsregeln	10 Jahre
Dateiverzeichnisse	10 Jahre
Dauerauftragsunterlagen	10 Jahre
Dauervorschüsse	10 Jahre
Debitorenkonten	10 Jahre
Debitorenlisten, soweit Bilanzunterlagen	10 Jahre
Deklarationen (Versandunterlagen)	6 Jahre
Depotauszüge	10 Jahre
Depotbücher	10 Jahre
Deputatunterlagen	6 Jahre
DIN-Blätter	0 Jahre
Devisenunterlagen	6 Jahre
Dokumentation für Programme und Systeme bei EDV	10 Jahre
Doppelbesteuerungsunterlagen	6 Jahre
Dubiosenbücher	10 Jahre
Edelmetallbestände	10 Jahre
Edelmetallumsätze	10 Jahre
Effektenbuch	10 Jahre
Effektenkassenquittungen	10 Jahre
Eichaufnahmen	6 Jahre
Einfuhrunterlagen	6 Jahre
Eingabebeschreibungen bei EDV-Buchführungen	10 Jahre
Eingangsrechnungen	10 Jahre
Eingangsüberweisungsträger	6 Jahre
Eingliederungsverträge	10 Jahre
Einheitswertunterlagen	10 Jahre

Beleg	Aufbewahrungsfrist
Einkaufsbücher	10 Jahre
Einnahmenüberschussrechnung	10 Jahre
Einzahlungsbelege	10 Jahre
Energieverbrauchsunterlagen	6 Jahre
Erlösjournale	10 Jahre
Eröffnungsbilanzen	10 Jahre
Erlösstatistiken	0 Jahre
Ersatzkassenunterlagen	6 Jahre
Essensmarkenabrechnungen	6 Jahre
Eventualverbindlichkeiten	10 Jahre
Exportunterlagen	6 Jahre
Expressauslieferungsbücher	10 Jahre
Fahrtkostenerstattungen	10 Jahre
Fehlerjournale (soweit Buchungsbelege)	10 Jahre
Fehlermeldungen, Fehlerkorrekturanweisungen bei EDV-Buchführung	10 Jahre
Fernschreiben (Handelsbriefe)	6 Jahre
Feuerversicherungsunterlagen	6 Jahre
Finanzberichte	6 Jahre
Frachtbriefe	6 Jahre
Frachttarife	0 Jahre
Freistellungsaufträge für Kapitalerträge	6 Jahre
Freistemplerabrechnungen	10 Jahre
Fremdenbücher (Hotel- und Pensionsgewerbe)	10 Jahre
Fürsorgeunterlagen	6 Jahre
Garantiekarten, Garantiescheine	0 Jahre
Gebrauchsanweisungen	0 Jahre
Gebrauchsmusterunterlagen	6 Jahre
Gehaltsabrechnungen/Bücher (soweit Bilanzunterlagen/Buchungsbelege)	10 Jahre
Gehaltslisten	10 Jahre

Beleg	Aufbewahrungsfrist
Gehaltsquittungen	10 Jahre
Gehaltsvorschusskonten	10 Jahre
Gemeinkostenverteilungsschlüssel	6 Jahre
Gesamtkostenzusammenstellungen	6 Jahre
Geschäftsberichte	10 Jahre
Geschäftsbriefe (außer Rechnungen oder Gutschriften)	6 Jahre
Geschenknachweise	6 Jahre
Gesellschaftsverträge	10 Jahre
Gewährleistungsverpflichtungen	6 Jahre
Gewerbesteuerunterlagen	6 Jahre
Gewinn- und Verlustrechnung (Jahresrechnung)	10 Jahre
Gewinnabführungsverträge	10 Jahre
Gewinnfeststellungen	6 Jahre
Grundbuchauszüge	10 Jahre
Grundbücher	10 Jahre
Grundlohnlisten	10 Jahre
Grundstücksverzeichnisse (soweit Inventar)	10 Jahre
Gutschriften	10 Jahre
Haftungsverhältnisunterlagen als Bilanzunterlagen	10 Jahre
Handelsbilanzen	10 Jahre
Handelsbriefe	6 Jahre
Handelsbücher	10 Jahre
Handelsregisterauszüge	6 Jahre
Hauptabschlussübersicht (wenn anstelle der Bilanz)	10 Jahre
Hauptbücher und -karteien	10 Jahre
Hauptversammlung (u. a. Beschlüsse)	10 Jahre
Hinterlegungsanträge	6 Jahre
Hinterlegungsscheine	6 Jahre
Hypothekenbriefe nach Einlösung	6 Jahre
Hypothekenpfandbriefe nach Einlösung	6 Jahre

Beleg	Aufbewahrungsfrist
Importrechnungen	10 Jahre
Importunterlagen (Einfuhrunterlagen)	6 Jahre
Inkassobücher	10 Jahre
Inkassokarteien	6 Jahre
Inkassoquittungen	10 Jahre
Interne Berichte	0 Jahre
Inventare als Bilanzunterlagen	10 Jahre
Inventurvorschriften (für gesetzlich vorgeschriebene Konzernabschlüsse)	10 Jahre
Investitionsabrechnungen	6 Jahre
Investitionsanträge	0 Jahre
Investitionszulageunterlagen	6 Jahre
Jahresabschlüsse	10 Jahre
Jahresabschlusserläuterungen	10 Jahre
Jahreskontoblätter	10 Jahre
Jahreslohnnachweise für Berufsgenossenschaften	6 Jahre
Journale für Hauptbuch und Kontokorrent (soweit Buchungsbelege)	10 Jahre
Jubilarfeierunterlagen	10 Jahre
Jubiläumsunterlagen (soweit Buchungsbelege)	10 Jahre
Kalkulationsunterlagen	6 Jahre
Kantinenunterlagen (soweit Buchungsbelege)	10 Jahre
Kapitalerhöhungsunterlagen	6 Jahre
Kapitalertragsteuerunterlagen	6 Jahre
Kassenberichte	10 Jahre
Kassenbücher, Kassenblätter	10 Jahre
Kassenzettel	6 Jahre
Kaufverträge	6 Jahre
Kilometergeldabrechnungen	10 Jahre
Konnossemente	6 Jahre
Konsignationsunterlagen	10 Jahre

Beleg	Aufbewahrungsfrist
Kontenpläne	10 Jahre
Kontenpläne und Kontenplanänderungen	10 Jahre
Kontenregister	10 Jahre
Kontenübersichten (soweit Buchungsbelege)	10 Jahre
Kontoauszüge	10 Jahre
Kontokorrentbücher	10 Jahre
Konzernabschlüsse	10 Jahre
Konzernlagebericht	10 Jahre
Kostenartenpläne	10 Jahre
Kostenstellenpläne	6 Jahre
Kostenstellenstatistiken	0 Jahre
Kostenträgerrechnungen	10 Jahre
Kreditorenkonten	10 Jahre
Kreditunterlagen (soweit Buchungsbelege)	10 Jahre
Kreditunterlagen (nach Ablauf des Vertrags)	6 Jahre
Kurssicherungsunterlagen	10 Jahre
Kurzarbeitergeldanträge	6 Jahre
Kurzarbeitergeldlisten	6 Jahre
Laborberichte	0 Jahre
Ladescheine	10 Jahre
Lageberichte (auch für Konzerne)	10 Jahre
Lagerbuchführungen	10 Jahre
Lastschriftanzeigen	10 Jahre
Leasingunterlagen	6 Jahre
Leasingverträge (nach Vertragsende)	6 Jahre
Leergutabrechnungen	10 Jahre
Lieferscheine (soweit Buchungsbelege)	10 Jahre
Liquidation einer GmbH (Bücher und Schriften)	10 Jahre
Lizenzunterlagen	6 Jahre
Lohnbelege	10 Jahre

Beleg	Aufbewahrungsfrist
Lohnlisten	10 Jahre
Lohnsteuer-Jahresausgleichsunterlagen	10 Jahre
Lohnsteuerpauschalierung	6 Jahre
Lohnsteuerunterlagen	10 Jahre
Lohnvorschusskonten	10 Jahre
Luftfrachtbriefe	6 Jahre
Magnetbänder mit Buchfunktion	10 Jahre
Mahnbescheide	6 Jahre
Mahnungen	6 Jahre
Maklerschlussnoten	6 Jahre
Marktberichte	0 Jahre
Materialabrechnungen	10 Jahre
Materialbeanstandungen	6 Jahre
Mietunterlagen (nach Ablauf des Vertrags)	6 Jahre
Mikrofilmverfahrensbeschreibungen	10 Jahre
Mineralölunterlagen	10 Jahre
Montageversicherungsakten	10 Jahre
Monatsinventuren	0 Jahre
Mutterschaftsgeldunterlagen	10 Jahre
Nachkalkulationen	10 Jahre
Nachnahmebelege	10 Jahre
Nebenbücher	10 Jahre
Nettolohnlisten	10 Jahre
Normblätter	0 Jahre
Normvorschriften	0 Jahre
Nutzflächenermittlungen (soweit steuerlich relevant)	10 Jahre
Obligationen nach Entwertung	6 Jahre
Offenbarungseidanträge	6 Jahre
Orderlimitbücher	0 Jahre
Orderpapiere	6 Jahre

Beleg	Aufbewahrungsfrist
Organisationsunterlagen und -pläne (für gesetzlich vorgeschriebene Konzernabschlüsse)	10 Jahre
Organschaftsabrechnungen	10 Jahre
Organschaftsverträge nach Vertragsende	10 Jahre
Pachtunterlagen (nach Ablauf des Vertrags)	6 Jahre
Packzertifikate (Container)	6 Jahre
Patentunterlagen nach Ablauf	6 Jahre
Pensionskassenunterlagen	10 Jahre
Pensionsrückstellungsunterlagen	10 Jahre
Pensionszahlungen	10 Jahre
Pfandleihbücher	10 Jahre
Pfändungsunterlagen	10 Jahre
Portokassenbücher	10 Jahre
Postaufträge	6 Jahre
Postbankauszüge	10 Jahre
Postgebühren	10 Jahre
Postscheckbelege	10 Jahre
Preislisten	6 Jahre
Preisvereinbarungen als Handelsbrief	6 Jahre
Privatentnahmebelege	10 Jahre
Proteste (Scheck/Wechsel)	6 Jahre
Provisionsabrechnungen	10 Jahre
Provisionsgutschriften	10 Jahre
Prozessakten nach Abschluss des Prozesses	10 Jahre
Prüfungsberichte (Abschlussprüfer)	10 Jahre
Prüfungsberichte (Innenrevision)	0 Jahre
Qualitätsberichte	6 Jahre
Quartalsabschlüsse, freiwillige	0 Jahre
Quartalsabschlüsse, vorgeschriebene	10 Jahre
Quittungen (soweit Buchungsbelege)	10 Jahre
Rabattangelegenheiten	10 Jahre

Beleg	Aufbewahrungsfrist
Rechnungen	10 Jahre
Rechnungsabgrenzungsermittlungen	10 Jahre
Rechtsbehelfsverfahren	0 Jahre
Reisekostenabrechnungen	10 Jahre
Rentabilitätsberechnungen	0 Jahre
Repräsentationsaufwendungen	10 Jahre
Rückscheine	6 Jahre
Rückstellungsunterlagen	10 Jahre
Rückwareneingangsjournale	6 Jahre
Sachanlagevermögenskarteien	10 Jahre
Sachkonten	10 Jahre
Saldenbestätigungen	6 Jahre
Saldenbilanzen	10 Jahre
Schadensmeldungen	6 Jahre
Schadensunterlagen (soweit Buchungsbelege)	10 Jahre
Scheck- und Wechselunterlagen	6 Jahre
Scheckbestandsaufnahmen	10 Jahre
Schriftwechsel	6 Jahre
Schuldscheine	6 Jahre
Schuldtitel	10 Jahre
Sicherungsübereignungen	6 Jahre
Skontounterlagen	10 Jahre
Sondergutschriften	10 Jahre
Sozialleistungsunterlagen (soweit Buchungsbelege)	10 Jahre
Sozialpläne	6 Jahre
Sozialversicherungsbeitragskonten	6 Jahre
Sparbücher	6 Jahre
Sparprämienanträge	6 Jahre
Sparurkunden	6 Jahre
Speditionsversicherungsscheine	6 Jahre

Beleg	Aufbewahrungsfrist
Spendenbescheinigungen	10 Jahre
Steuerabzugsnachweise	6 Jahre
Steuererklärungen/Steuerbescheide	10 Jahre
Steuerstrafrechtliche Ermittlungen	0 Jahre
Steuerrückstellungsberechnungen	10 Jahre
Steuerunterlagen (soweit nicht für die Finanzverwaltung von Bedeutung)	10 Jahre
Stornobelege	10 Jahre
Stundenlohnzettel (soweit Buchungsbelege)	10 Jahre
Stundungsbelege	6 Jahre
Tätigkeitsberichte (soweit Buchungsbelege)	10 Jahre
Tagebücher der Handelsmakler	10 Jahre
Teilzahlungsbelege	10 Jahre
Telefonkostennachweise	10 Jahre
Testate als Bilanzteil	10 Jahre
Transportschadenunterlagen	6 Jahre
Transportversicherungsanmeldungen	6 Jahre
Transportversicherungsaufträge	6 Jahre
Übereignungsverträge	6 Jahre
Übernahmebescheinigungen (Spediteur)	6 Jahre
Überstundenlisten	6 Jahre
Überweisungsbelege	10 Jahre
Umbuchungsbelege	10 Jahre
Umsatzsteuervergütungen	6 Jahre
Umwandlungsbilanzen	10 Jahre
Umwandlungsunterlagen	6 Jahre
Unfallverhütungsvorschriften	0 Jahre
Unfallversicherungsunterlagen	6 Jahre
Unterlagen (von Bedeutung für die Besteuerung)	6 Jahre
Unternehmerlohnverrechnungen	6 Jahre
Urlaubsanträge	0 Jahre

Beleg	Aufbewahrungsfrist
Urlaubslisten für Rückstellungen	10 Jahre
Valuta-Belege	10 Jahre
Verbindlichkeiten (Zusammenstellungen)	10 Jahre
Verfrachtungsaufträge	6 Jahre
Verkaufsbelege	10 Jahre
Verkaufsbücher, Verkaufsjournale	10 Jahre
Vermögensteuerunterlagen	6 Jahre
Vermögensverzeichnis	10 Jahre
Vermögenswirksame Leistungen (soweit Buchungsbelege)	10 Jahre
Vermögenswirksame Leistungen (Handelsbriefe)	6 Jahre
Vermögenswirksame Leistungen (Unterlagen)	10 Jahre
Verpfändungsunterlagen	10 Jahre
Verrechnungskonten	10 Jahre
Verrechnungspreisunterlagen	10 Jahre
Versandanmeldungen	6 Jahre
Versand- und Frachtunterlagen (soweit Buchungsbelege)	10 Jahre
Verschiffungsunterlagen (soweit Buchungsbelege)	10 Jahre
Versicherungspolicen	6 Jahre
Versorgungsunterlagen (soweit Buchungsbelege)	10 Jahre
Versteigerungsunterlagen	6 Jahre
Verträge	6 Jahre
Verträge (soweit handels-/steuerrechtlich von Bedeutung)	10 Jahre
Vertreterunterlagen	6 Jahre
Vertreterverzeichnisse	0 Jahre
Verwahrungsbücher für Wertpapiere	10 Jahre
Verzugszinsbelastungen	6 Jahre
Viehregister	10 Jahre
Vollmachten (Urkunden)	6 Jahre
Vollständigkeitserklärungen	10 Jahre
Vorauszahlungsbelege	10 Jahre

Beleg	Aufbewahrungsfrist
Vorläufige Steuerfestsetzung (Unterlagen)	0 Jahre
Vorschusskonten	10 Jahre
Vorschusslisten (soweit Buchungsbelege)	10 Jahre
Währungsforderungen (soweit Buchungsbelege)	10 Jahre
Warenabgabescheine	6 Jahre
Warenbestandsaufnahmen (Inventuren)	10 Jahre
Wareneingangs- und -ausgangsbücher	10 Jahre
Warenverkehrsbescheinigungen	6 Jahre
Wechsel (soweit Buchungsbelege)	10 Jahre
Wechselobligolisten als Bilanzunterlagen	10 Jahre
Weihnachtsgratifikation (soweit Buchungsbelege)	10 Jahre
Werbekosten (Belege)	10 Jahre
Werksrentenanträge	6 Jahre
Werkstattabrechnungen (soweit Buchungsbelege)	10 Jahre
Werkzeugkosten (Belege)	10 Jahre
Werkzeugregister als Inventar	10 Jahre
Wertberichtigungen (Inventurunterlage)	10 Jahre
Wertpapieraufstellungen als Bilanzunterlagen	10 Jahre
Wertpapierkurse als Buchungsbelege	10 Jahre
Wildhandelsbücher	10 Jahre
Wochenzettel für Gruppenakkord (soweit Buchungsbelege)	10 Jahre
Zahlungsanweisungen (soweit Buchungsbelege)	10 Jahre
Zahlungsträger	10 Jahre
Zeichnungsvollmachten	6 Jahre
Zessionen	6 Jahre
Zinsabrechnungen	10 Jahre
Zinsberechnungsunterlagen	6 Jahre
Zinsstaffeln	6 Jahre
Zollbelege	10 Jahre
Zugangsjournale	6 Jahre

Beleg	Aufbewahrungsfrist
Zuschüsse des Arbeitgebers	10 Jahre
Zustellungsquittungen	6 Jahre
Zwischenbilanz (bei Gesellschafterwechsel/ Umstellung des Wirtschaftsjahrs)	10 Jahre
Zwischengewinnermittlungen (für gesetzlich vorgeschriebene Konzernabschlüsse)	10 Jahre

Tab. 1: Aufbewahrungsfristen für einzelne Unterlagen

4.2 Fristberechnung (Abs. 5)

31 Die Aufbewahrungsfrist **beginnt** mit dem Schluss des Kj., in dem die letzte Eintragung in den Büchern, die Erstellung des Inventars, die Versendung bzw. der Erhalt von Handelsbriefen oder Feststellung des Jahresabschlusses oder die Erstellung des Buchungsbelegs erfolgt.[21] Es kommt also nicht auf ein evtl. abweichendes Gj an. Durch diese Regelung **verlängert** sich die **Aufzeichnungsfrist** für Unterlagen, die vor Jahresende entstanden sind, **über die zehn bzw. sechs Jahre hinaus.**

32 **Praxis-Beispiel**
Die M GmbH stellt ihren Jahresabschluss zum 31.12.01 auf. Die Abschlussarbeiten werden im Januar 02 vorgenommen. So wird der Buchungsbeleg für die Abschreibungen des Gj 01 am 11.1.02 erstellt, und die Abschreibungen werden am 11.1.02 gebucht.
Hier ist es als zulässig anzusehen, wenn im Interesse der Vereinheitlichung der Aufbewahrungsfristen der Buchungsbeleg für die Abschreibungen als für das Gj-Ende 31.12.01 erstellt behandelt wird, er also noch dem Jahr 01 zugeordnet wird.[22]

33 Die Aufbewahrungsfrist **endet** nach sechs bzw. zehn Jahren (bzw. künftig ggf. acht Jahren, Rz 29) mit Ablauf des 31.12.

34 **Fortsetzung Praxis-Beispiel**
Der vorgenannte Buchungsbeleg für die Abschreibungen des Gj 01 ist bis zum Ablauf des 31.12.11 aufzubewahren.

35 Im Gegensatz zum Steuerrecht kennt das Handelsrecht **keine Ablaufhemmung** der Aufbewahrungsfrist. Insofern endet die Aufbewahrungspflicht grds. immer, wenn die Aufbewahrungsfrist kalendermäßig verstrichen ist.[23] In Bezug auf die

---

[21] Vgl. ergänzend ADS, Rechnungslegung und Prüfung der Unternehmen, 6. Aufl. 1995–2001, § 257 HGB Rz 70.
[22] So auch ADS, Rechnungslegung und Prüfung der Unternehmen, 6. Aufl. 1995–2001, § 257 HGB Rz 70, und Isele, in Küting/Weber, HdR-E, § 257 HGB Rz 96, Stand: 5/2017.
[23] Vgl. zur Ausnahme der Änderung des Jahresabschlusses nach Feststellung ADS, Rechnungslegung und Prüfung der Unternehmen, 6. Aufl. 1995–2001, § 257 HGB Rz 71.

Aufbewahrungsfristen nach **Steuerrecht** ist zu beachten, dass die **Festsetzungsfrist** (§ 169 AO) in vielen Fällen noch nicht abgelaufen ist, wenn die Aufbewahrungsfrist (handelsrechtlich) kalendermäßig endet. In diesen Fällen könnten die Unterlagen zwar handelsrechtlich, aber nicht steuerrechtlich vernichtet werden. Der steuerpflichtige Kfm. muss sich daher für jede einzelne Unterlage vergewissern, ob sie für steuerliche Sachverhalte von Bedeutung ist, deren Festsetzungsfrist noch nicht abgelaufen ist.

5 Recht zur Vernichtung nach Fristablauf

Ist die Aufbewahrungsfrist **abgelaufen**, können die Unterlagen grds. **vernichtet** werden, ohne dass hieraus nachteilige Konsequenzen (weder handels- noch steuerrechtlich) resultieren. Dies gilt jedoch nur im Hinblick auf § 257 HGB bzw. § 147 AO. Sofern nach anderen Vorschriften eine längere Aufbewahrung geboten ist oder die Fristen anders berechnet werden, verbleibt es hierbei.[24]

36

6 Rechtsfolgen bei Verletzung der Aufbewahrungspflicht

Das **Handelsrecht** kennt keine Zwangsmaßnahmen zur Sicherung der Aufbewahrungspflicht. Die vorzeitige Vernichtung von Unterlagen ist für sich genommen weder strafbar noch als Ordnungswidrigkeit mit einer Sanktion bedroht. Allerdings ist die Aufbewahrungspflicht Bestandteil einer ordnungsmäßigen Buchführung. Bei wesentlichen Verstößen wird der AP daher zu erwägen haben, ob Konsequenzen für den Bestätigungsvermerk zu ziehen sind.[25] Weiterhin ist die Vorlage von Handelsbüchern von Bedeutung für die Beweisführung im Rechtsstreit (§ 258 HGB), bei Auseinandersetzungen (§ 260 HGB) sowie bei Wirtschafts- und Insolvenzstraftaten (§§ 283 ff. StGB).

37

Wird die **steuerrechtliche** Aufbewahrungspflicht nach § 147 AO verletzt, ist die Buchführung nicht ordnungsgemäß. Unter Umständen sind die Besteuerungsgrundlagen zu schätzen (§ 162 Abs. 2 Satz 2 AO). Im Einzelfall kann die Verletzung der Aufbewahrungspflicht als Steuerhinterziehung oder fahrlässige Steuerverkürzung strafbar oder ordnungswidrig sein.[26]

38

---

[24] Vgl. dazu etwa ADS, Rechnungslegung und Prüfung der Unternehmen, 6. Aufl. 1995–2001, § 257 HGB Rz 75 ff.
[25] Vgl. ADS, Rechnungslegung und Prüfung der Unternehmen, 6. Aufl. 1995–2001, § 257 HGB Rz 80; Störk/Lewe, in Beck Bil-Komm., 14. Aufl. 2024, § 257 HGB Rz 35.
[26] Vgl. Drüen, in Tipke/Kruse, AO/FGO, § 147 AO Tz 64a, Stand: 7/2023.

§ 258 Vorlegung im Rechtsstreit

(1) Im Laufe eines Rechtsstreits kann das Gericht auf Antrag oder von Amts wegen die Vorlegung der Handelsbücher einer Partei anordnen.
(2) Die Vorschriften der Zivilprozeßordnung über die Verpflichtung des Prozeßgegners zur Vorlegung von Urkunden bleiben unberührt.

Inhaltsübersicht	Rz
1 Überblick	1
2 Gerichtliche Anordnung zur Vorlegung	2–8
2.1 Voraussetzungen, Anordnungsverfahren und Folgen der Nichtvorlage	2–6
2.2 Handelsbücher	7–8
3 Pflicht zur Urkundenvorlegung nach der Zivilprozessordnung	9–11

1 Überblick

1 Die Vorschriften der §§ 258 bis 261 HGB dienen der Beweiserhebung in bürgerlichen Rechtsstreitigkeiten und knüpfen an die Beweissicherungsfunktion von Handelsbüchern an. Als selbstständige Vorschrift ergänzt § 258 HGB die Vorschriften der §§ 422, 423 ZPO. Gerichte können auf der Rechtsgrundlage des § 258 Abs. 1 HGB die Vorlage von Handelsbüchern eines Kaufmanns im Rechtsstreit anordnen. Anders als nach § 142 ZPO bedarf es dazu keiner Bezugnahme auf die Handelsbücher durch eine der Streitparteien. Dies soll den Gerichten den Zugriff auf die Handelsbücher als bedeutende Beweise sichern und die Beweisführung erleichtern und beschleunigen.[1] Die Anordnung auf Vorlage betrifft insb., aber nicht ausschl. die Handelsbücher nicht beweisführender Kaufleute im Rechtsstreit. Unberührt bleiben die Pflichten eines Prozessgegners des Beweisführers zur Vorlage von Urkunden nach §§ 415 ff. ZPO.

2 Gerichtliche Anordnung zur Vorlegung

2.1 Voraussetzungen, Anordnungsverfahren und Folgen der Nichtvorlage

2 Die Vorlagepflichten nach gerichtlicher Anordnung gem. § 258 Abs. 1 HGB betreffen Kaufleute in schwebenden bürgerlichen Rechtsstreitigkeiten einschl. Prozessen des Unterhalts- oder Arbeitsrechts. Sie beschränken sich nicht auf Handelsgeschäfte nach § 95 GVG.[2] Begrenzt ist die Anordnungsberechtigung des Gerichts vom Zeitpunkt der eintretenden Rechtsanhängigkeit bis zum Ende der Zulässigkeit der Beweiserhebung. Unterliegt ein Schiedsverfahren nicht den Vereinbarungen der Parteien, liegt die Beweiserhebung aufgrund § 1042 ZPO im Ermessen des Schiedsgerichts. Der Anwendung von § 258 HGB bedarf es

---

[1] Vgl. Pöschke, in Staub, Großkommentar Handelsgesetzbuch, 5. Aufl. 2014, § 258 Rn 9; Reich/Szczesny/Voß, in Heidel/Schall, HGB Handkommentar, 2. Aufl. 2015, § 258 HGB Rn 5.
[2] Vgl. Kliem/Lewe, in Beck Bil-Komm., 14. Aufl. 2024, § 258 HGB Anm. 2; Reich/Szczesny/Voß, in Heidel/Schall, HGB Handkommentar, 2. Aufl. 2015, § 258 HGB Rn 5.

insoweit nicht.³ Nicht einschlägig ist § 258 HGB für Strafprozesse.⁴ Dort gelten eigene Sicherstellungs- und Herausgabevorschriften (§§ 94ff. StPO). Auch bei Finanzgerichten geführte Prozesse unterliegen selbstständigen Vorlegungspflichten (§§ 76 Abs. 1, 85 Satz 2 FGO). Strittig ist die Anwendbarkeit des § 258 HGB bei Verfahren der freiwilligen Gerichtsbarkeit.⁵

Vorlagepflichtig sind nur Kaufleute, die einer Buchführungspflicht i.S.d. § 238 HGB unterliegen. Nach § 241a HGB buchführungsbefreite Einzelkaufleute kann das Gericht nicht zu einer Vorlage verpflichten.⁶ Die Vorlagepflicht nach Gerichtsanordnung gem. § 258 HGB erstreckt sich zudem nur auf Prozessparteien, nicht auf Dritte. Letztere können als Zeugen gehört werden. Auf Einsichtnahme in ihre Handelsbücher besteht nach § 258 HGB kein Recht. Sind Dritte, wie bspw. Steuerberater oder Wirtschaftsprüfer, im Besitz der Handelsbücher einer Prozesspartei, sind sie auf Anordnung des Gerichts zur Vorlage der Handelsbücher der Prozesspartei verpflichtet.⁷

Die Befugnis des Gerichts zur Vorlageanordnung nach § 258 Abs. 1 HGB setzt keinen Antrag eines Klägers oder Beklagten voraus. Vielmehr kann die Anordnung von Amts wegen erfolgen. Dem Gericht entsteht aus einem Antrag einer Streitpartei auch keine Verpflichtung zur Anordnung der Handelsbüchervorlage.⁸ Unabhängig von einem vorausgegangenen Antrag entscheidet das Gericht über die Anordnung zur Vorlage nach § 258 Abs. 1 HGB im pflichtgemäßen Ermessen. Der Antrag einer Streitpartei erhält aber die Bedeutung eines formellen Beweisantrags, wenn er den Voraussetzungen der §§ 422ff. ZPO genügt.⁹ Die pflichtgemäße Ermessensausübung untersagt die Einsichtnahme in die Handelsbücher zum Zwecke einer allgemeinen Ausforschung des vorlegenden Kaufmanns.¹⁰ Ein berechtigtes Interesse des Kaufmanns auf Geheimhaltung hat das Gericht bei seinem abwägenden Ermessen zu berücksichtigen.¹¹ Zur Vorlageanordnung der Handelsbücher als Beweismittel bedarf es einer bisher nicht bewiesenen Tatsachendarstellung durch mind. eine der Streitparteien, gegen die der Prozessgegner Einwendungen erhebt. Eine Vorlageanordnung muss das Gericht in diesem Falle treffen, wenn nach seinem Ermessen die Vorlage der Handelsbücher zur Klärung der Sachverhaltsdarstellung beiträgt, d.h. sie die

---

³ Vgl. Pöschke, in Staub, Großkommentar Handelsgesetzbuch, 5. Aufl. 2014, § 258 HGB Rn 5, der auf die Unschärfe der häufig anzutreffenden Aussage zur Anwendbarkeit von § 258 HGB in Schiedsverfahren hinweist. § 258 HGB auch für Schiedsverfahren als einschlägig erachtend vgl. Ballwieser, in MünchKomm HGB, 5. Aufl. 2024, §§ 258–260 HGB Rn 1; Eichenlaub/Weber, in Küting/Weber HdR-E, § 258 HGB Rn 5, Stand 01/2021; Kliem/Lewe, in Beck Bil-Komm., 14. Aufl. 2024, § 258 HGB Anm. 1.
⁴ Vgl. Eichenlaub/Weber, in Küting/Weber HdR-E, § 258 HGB Rn 5, Stand: 01/2021.
⁵ Für ihre Anwendbarkeit Reich/Szczesny/Voß, in Heidel/Schall, HGB Handkommentar, 2. Aufl. 2015, § 258 HGB Rn 5. A. A. Dölker, in Anzinger/Oser/Schlotter, Rechnungslegung und Prüfung, Tb. 1, 7. Aufl., 2023, § 258 HGB Rz 25f.
⁶ Vgl. Pöschke, in Staub, Großkommentar Handelsgesetzbuch, 4. Aufl. 2014, § 258 HGB Rn 4.
⁷ Vgl. Claussen/Korth, in Claussen/Scherrer, Kölner Kommentar zum Rechnungslegungsrecht, § 258 HGB Rn. 4, Stand: 2011.
⁸ Vgl. m.w.N. Böcking/Gros, in Wiedmann/Böcking/Gros, Bilanzrecht, 3. Aufl. 2014, § 258 HGB Rz. 5.
⁹ Vgl. Pöschke, in Staub, Großkommentar Handelsgesetzbuch, 5. Aufl. 2014, § 258 HGB Rn 9; Reich/Szczesny/Voß, in Heidel/Schall, HGB Handkommentar, 2. Aufl. 2015, § 258 HGB Rn 5.
¹⁰ Vgl. Böcking/Gros, in Wiedmann/Böcking/Gros, Bilanzrecht, 3. Aufl. 2014, § 258 HGB Rz 5; Pöschke, in Staub, Großkommentar Handelsgesetzbuch, 5. Aufl. 2014, § 258 HGB Rn 10; Reich/Szczesny/Voß, in Heidel/Schall, HGB Handkommentar, 2. Aufl. 2015, § 258 HGB Rn 5.
¹¹ Vgl. Kliem/Lewe, in Beck Bil-Komm., 14. Aufl. 2024, § 258 HGB Anm. 2.

Bestätigung einer schlüssigen Tatsachenvorbringung oder erheblicher Einwendungen verspricht.[12] Zum Umfang der Einsichtnahme s. § 259 Rz 1 ff.

5 § 258 HGB ist keine Verfahrensvorschrift. Maßgeblich dafür sind die Vorschriften der ZPO. Eine gerichtliche Anordnung kann verfahrenstechnisch durch Beweisbeschluss (§§ 358, 425 ZPO) oder durch prozessleitende Verfügung (§ 273 Abs. 2 Nr. 5, 142 ZPO) erfolgen. Eine verpflichtete Streitpartei kann sie nicht anfechten (§ 355 Abs. 2 ZPO analog).

6 Das Gericht kann keine Zwangsmittel zur Durchsetzung der Vorlageanordnung erheben. Weder §§ 258 ff. HGB noch die ZPO enthalten dazu Regelungen. Legt der Vorlageverpflichtete die Handelsbücher nicht vor, können ihn jedoch Nachteile in der Würdigung der Tatsachenbehauptungen entsprechend § 427 ZPO treffen.[13] Das Gericht kann die Richtigkeit der von der anderen Streitpartei vorgelegten Abzüge aus den Handelsbüchern oder deren Behauptungen zu Inhalt und Beschaffenheit der Handelsbücher annehmen (§ 427 ZPO analog). Die behaupteten Sachverhalte selbst können aber nicht ohne weitere freie Beweiswürdigung als bewiesen anerkannt werden.[14]

2.2 Handelsbücher

7 Die Beweismittelvorlagepflicht nach § 258 Abs. 1 HGB beschränkt sich ausschl. auf Handelsbücher eines streitenden Kaufmanns.[15] Diesem Handelsbücherbegriff liegt das gleiche Verständnis wie in den §§ 238, 257 Abs. 1 Nr. 1 HGB zugrunde. Darunter fallen das Grundbuch, das Hauptbuch und die Nebenbücher (vgl. weiterführend, insb. zur strittigen Klassifizierung von Wareneingangs- und Warenausgangsbüchern § 238 Rz 53; § 257 Rz 10). Die Unterlagen sind unabhängig von der Speichertechnik dem Gericht vorzulegen (zu weiteren Pflichten des Vorlageverpflichteten bei der Dokumentation der Handelsbücher auf Datenträgern vgl. § 261 Rz 1 ff.). Andere nach § 257 Abs. 1 HGB vom Kaufmann aufzubewahrende Unterlagen (z.B. Inventare, Eröffnungsbilanzen, Jahres- und Konzernabschlüsse, (Konzern-)Lageberichte, Handelsbriefe, Buchungsbelege) schließt die Vorlagepflicht nicht ein. Sind diese anderen Unterlagen nicht öffentlich zugänglich, kommt eine Vorlage nur im Anwendungsbereich der ZPO in Betracht. Tagebücher von Handelsmaklern sind nicht nach § 258 HGB, ggf. aber nach § 102 HGB vorlagepflichtig. Die unter Berücksichtigung der Geheimhaltungsinteressen des buchführungspflichtigen Kaufmanns zu treffende Ermessensentscheidung des Gerichts nach § 258 Abs. 1 HGB bezieht sich nicht nur auf die Vorlageanordnung (Rz 3), sondern auch auf den Umfang der vorzulegenden Handelsbücher. Soweit das Gericht nicht darauf verzichtet, sind die Handelsbücher im Original vorzulegen. Eine Vorlage der Originale ist immer geboten, wenn die antragstellende Streitpartei nach den Vorschriften der ZPO einen Anspruch auf deren Vorlage hat.

---

12 Vgl. Böcking/Gros, in Wiedmann/Böcking/Gros, Bilanzrecht, 4. Aufl. 2020, § 258 HGB Rz 5; Pöschke, in Staub, Großkommentar Handelsgesetzbuch, 5. Aufl. 2014, § 258 HGB Rn 1.
13 Vgl. Reich/Szczesny/Voß, in Heidel/Schall, HGB Handkommentar, 2. Aufl. 2015, § 258 HGB Rn 5.
14 Vgl. Pöschke, in Staub, Großkommentar Handelsgesetzbuch, 5. Aufl. 2014, § 258 HGB Rn 23.
15 Vgl. z.B. Claussen/Korth, in Claussen/Scherrer, Kölner Kommentar zum Rechnungslegungsrecht, § 258 HGB Rn 5, Stand: 2011.

Nach Ablauf der zehnjährigen Aufbewahrungsfrist (§ 257 Abs. 4, 5 HGB) noch nicht vernichtete Handelsbücher unterliegen weiterhin der Vorlagepflicht durch das Gericht.[16] Ihre Nichtvorlegung kann zu Nachteilen bei der Würdigung von Sachverhaltsbehauptungen führen (Rz 6).[17] Kaufleute, die zulässigerweise ihre Handelsbücher vernichteten, kann keine Vorlagepflicht mehr treffen. Ihnen dürfen aus der zulässigen Vernichtung keine Nachteile entstehen. Solche Fälle können jedoch eine Umkehr der Beweislast bewirken.[18] Die zehnjährige Aufbewahrungsfrist von Handelsbüchern kann das Gericht im aktienrechtlichen Spruchstellenverfahren unter entsprechender Anwendung von § 258 HGB verlängern.[19]

8

3 Pflicht zur Urkundenvorlegung nach der Zivilprozessordnung

Die ZPO enthält in den §§ 422, 423 ZPO Vorschriften zur Vorlage von Urkunden durch den Prozessgegner des Beweisführers. Diese Regelungen berührt § 258 HGB nicht (§ 258 Abs. 2 HGB). § 258 HGB schränkt keine prozessrechtlichen Beweiserhebungsvorschriften ein, die den Prozessgegner des Beweisführers zur Vorlage von Urkunden verpflichten können.[20]

9

§ 422 ZPO verpflichtet den Prozessgegner des Beweisführers zur Vorlage aller Urkunden, deren Herausgabe oder Vorlage der Beweisführer nach den Vorschriften des bürgerlichen Rechts verlangen kann. Die Herausgabeansprüche resultieren z. B. aus Eigentümerpositionen (§§ 952, 985 BGB) oder aus Auslieferungsansprüchen des Schuldrechts (z. B. §§ 402, 667 BGB). Als Vorlagevorschrift kommt § 810 BGB besondere praktische Bedeutung zu. § 810 BGB kodifiziert das Recht auf Einsicht eines rechtlich Interessierten in Urkunden in fremdem Besitz. Neben einem rechtlichen Interesse setzt der Einsichtsanspruch alternativ voraus:

10

- die Beurkundung im Interesse des Interessierten,
- die Beurkundung eines Rechtsverhältnisses zwischen dem Interessierten und einem anderen,
- die Beurkundung von Verhandlungen über Rechtsgeschäfte zwischen dem Interessierten und einem anderen oder zwischen dem Interessierten bzw. dem anderen und einem gemeinschaftlichen Vermittler.

Vorlageanspruchsberechtigt können darüber hinaus z. B. Handelsvertreter (§ 87c Abs. 4 HGB) oder Gesellschafter (z. B. nach §§ 118 Abs. 1, 157 Abs. 3, 166 Abs. 1 HGB; § 51a Abs. 1 GmbHG) sein.

---

16 Vgl. BGH, Urteil v. 10.10.1994, II ZR 95/93, BB 1994 S. 2376 f.
17 Vgl. Reich/Szczesny/Voß, in Heidel/Schall, HGB Handkommentar, 2. Aufl. 2015, § 258 HGB Rn 7. Wohl a. A. Eichenlaub/Weber, in Küting/Weber HdR-E, § 258 HGB Rn 9, Stand: 01/2021; wohl auch a. A. in der Vorauflage Strickmann, in Bertram/Brinkmann/Kessler/Müller, Haufe HGB Bilanz Kommentar, 6. Aufl. 2015, § 258 HGB Rz 9.
18 Vgl. BGH, Urteil v. 9.12.1971, II ZR 268/67, WM 1972 S. 281. Eine generelle Beweislastumkehr, so z. B. ADS, Rechnungslegung und Prüfung der Unternehmen, 6. Aufl. 1995–2001, § 258 HGB Rz 6, ist jedoch nicht zutreffend und wird in der aktuellen Auflage (Dölker, in Anzinger/Oser/Schlotter, Rechnungslegung und Prüfung, Tb. 1, 7. Aufl., 2023, § 258 Rz. 27) auch nicht weiter verfolgt; vgl. Pöschke, in Staub, Großkommentar Handelsgesetzbuch, 5. Aufl. 2014, § 258 HGB Rn 8; Reich/Szczesny/Voß, in Heidel/Schall, HGB Handkommentar, 2. Aufl. 2015, § 258 HGB Rn 6.
19 Vgl. BayObLG, Beschluss v. 1.4.1993, BReg. 3 Z 17/90, DStR 1993 S. 957.
20 Vgl. Pöschke, in Staub, Großkommentar Handelsgesetzbuch, 5. Aufl. 2014, § 258 HGB Rn 13.

11 Nach § 423 ZPO hat der Prozessgegner alle in seinem Besitz befindlichen Urkunden vorzulegen, auf die er im Verfahren Bezug genommen hat.[21] Dies setzt anders als § 422 ZPO keine materiell-rechtliche Vorlagepflicht voraus. Auf die Urkunde muss zum Zwecke der Beweisführung Bezug genommen worden sein.[22]

---

[21] Vgl. Böcking/Gros, in Wiedmann/Böcking/Gros, Bilanzrecht, 3. Aufl. 2014, § 258 HGB Rz 8.
[22] Die Bezugnahme kann auch in einem vorbereitenden Schriftsatz erfolgt sein; vgl. Berger, in Stein/Jonas, Kommentar zur ZPO, 23. Aufl. 2015, § 423 Rz. 1.

§ 259 Auszug bei Vorlegung im Rechtsstreit

¹Werden in einem Rechtsstreit Handelsbücher vorgelegt, so ist von ihrem Inhalt, soweit er den Streitpunkt betrifft, unter Zuziehung der Parteien Einsicht zu nehmen und geeignetenfalls ein Auszug zu fertigen. ²Der übrige Inhalt der Bücher ist dem Gericht insoweit offenzulegen, als es zur Prüfung ihrer ordnungsmäßigen Führung notwendig ist.

Inhaltsübersicht	Rz
1 Überblick	1–2
2 Streitpunktbezogene Einsichtnahme	3–5
3 Erweiterte Offenlegung	6

1 Überblick

§ 259 HGB konkretisiert die Art und Weise sowie den Umfang der Einsichtnahme in Handelsbücher bei Rechtsstreitigkeiten. Der Anwendungsbereich des § 259 HGB bezieht eine Vorlagepflicht nach § 258 HGB ein, ist aber nicht darauf beschränkt. Die Konkretisierung betrifft vielmehr alle Vorlegungen von Handelsbüchern in bürgerlichen Rechtsstreitigkeiten (§ 258 Rz 2) zur Würdigung von Tatsachenbehauptungen mittels Urkundenbeweis.[1] § 259 HGB ist nur einschlägig für gegenüber einem Gericht bestehende Vorlagepflichten. Auf die Rechte zur Einsichtnahme in Handelsbücher durch Gesellschafter oder aufgrund gesondert getroffener Vereinbarungen ist § 259 HGB nicht anzuwenden.[2] Zum Begriff der Handelsbücher s. § 257 Rz 10.

§ 259 HGB differenziert dazu zwischen der parteiöffentlichen Einsichtnahme streitpunktbezogener Inhalte der Handelsbücher (Rz 3 ff.) und der über die streitpunktbezogenen Inhalte der Handelsbücher hinausgehende Einsichtnahme des Gerichts zur Prüfung der Ordnungsmäßigkeit der Buchführung (Rz 6). Die Vorschrift zielt auf die Einsichtnahme in die Handelsbücher unter Wahrung der Geheimhaltungsinteressen des vorlagepflichtigen Kaufmanns.[3] Eine Ausforschung des Kaufmanns über den zur Tatsachenwürdigung notwendigen Umfang hinaus soll vermieden werden.

2 Streitpunktbezogene Einsichtnahme

Das Gericht nimmt Einsicht in den streitpunktbezogenen Teil der Handelsbücher und zieht zu dieser Einsichtnahme die Streitparteien hinzu (§ 259 Satz 1 HGB). Im Vorfeld hat das Gericht die Streitparteien zu benachrichtigen (§§ 214, 176 ZPO) bzw. den Termin zur Einsichtnahme zu verkünden (§ 218 ZPO) und auf die streitpunktrelevanten Inhalte der Handelsbücher hinzuweisen. Eine Nichtteilnahme einer Streitpartei trotz ordnungsgemäßer Benachrichtigung hin-

---

[1] Vgl. Dölker, in Anzinger/Oser/Schlotter, Rechnungslegung und Prüfung, Tb. 1, 7. Aufl., 2023, § 259 HGB Rz 3 f.; Reich/Szczesny/Voß, in Heidel/Schall, HGB Handkommentar, 2. Aufl. 2015, § 259 HGB Rn 5; Eichenlaub/Weber, in Küting/Weber HdR-E, § 259 HGB Rn 2, Stand 01/2021.

[2] Vgl. Pöschke, in Staub, Großkommentar Handelsgesetzbuch, 5. Aufl. 2014, § 259 HGB Rn 3; Reich/Szczesny/Voß, in Heidel/Schall, HGB Handkommentar, 2. Aufl. 2015, § 259 HGB Rn 4.

[3] Vgl. Böcking/Gros, in Wiedmann/Böcking/Gros, Bilanzrecht, 3. Aufl. 2014, § 259 HGB Rz 1.

dert die Einsichtnahme nicht.[4] Über die erhobenen Beweise verhandeln die Prozessbeteiligten (§ 285 ZPO). Der Einsichtnahme kann das Gericht auch einen Sachverständigen hinzuziehen (§ 144 ZPO).

4 Die parteiöffentliche Einsichtnahme in die Handelsbücher des streitbeteiligten Kaufmanns durch das Gericht beschränkt sich auf diejenigen Eintragungen in den Büchern, die der Würdigung von Tatbestandsbehauptungen und auf sie bezogene Einwendungen der Prozessparteien dienlich sind. Legt ein Kaufmann zur Beweisführung seine Handelsbücher vor, hat er die streitpunktrelevanten Inhalte der Handelsbücher anzuführen.[5] Einem Streitgegner einer vorlagepflichtigen Streitpartei ist ein solcher Hinweis aufgrund der Informationsnachteile regelmäßig nicht möglich. Er hat den vermutlich gebuchten Sachverhalt zu benennen und weitere Hinweise zur Buchung und ihrer Lokalisierung in den Handelsbüchern anzubringen.[6] Die Konkretisierung der streitpunktbezogenen Inhalte der Handelsbücher obliegt dann zunächst dem vorlegungspflichtigen Kaufmann. Erst wenn er dieser Präzisierung nicht nachkommt, sichtet das Gericht die Handelsbücher und benennt die streitpunktbezogenen Inhalte.[7]

5 Sind die streitpunktbezogenen Inhalte der Handelsbücher als Beweis für die Bestätigung der Tatsachenbehauptungen oder der darauf bezogenen Einwendungen relevant, erstellt das Gericht einen Abzug dieser Inhalte und fügt sie den Gerichtsakten hinzu.[8]

3 Erweiterte Offenlegung

6 Das Gericht würdigt die streitpunktbezogenen Inhalte der Handelsbücher für seine Einschätzung der ergangenen Tatsachenbehauptungen und Einwände frei (freie Beweiswürdigung i.S.d. § 286 ZPO). Zur Beurteilung ihres Beweiswerts kann das Gericht nach § 259 Satz 2 HGB die Ordnungsmäßigkeit der Handelsbücher eines vorlagepflichtigen Kaufmanns prüfen. Dazu kann es die Handelsbücher über die streitpunktbezogenen Eintragungen hinaus einsehen. Ob und in welchem Umfang das Gericht zur Beurteilung der Ordnungsmäßigkeit von dieser Möglichkeit Gebrauch macht, unterliegt seinem pflichtgemäßen Ermessen und ist vom Einzelfall abhängig.[9] Die Hinzuziehung eines Sachverständigen zur Beurteilung der Ordnungsmäßigkeit ist zulässig.[10] Weiteren Personen neben dem Gericht und einem von ihm eingesetzten Sachverständigen gewährt § 259 Satz 2 HGB keine erweiterte Einsichtnahme. Das gilt auch für die Streitparteien. § 259 Satz 2 HGB schützt insoweit durch die beschränkte erweiterte Offenlegung das Datenschutzinteresse des vorlagepflichtigen Kaufmanns. Eine Abschrift des Gerichts erweitert offengelegter Inhalte der Handelsbücher ist nicht vorgesehen.[11]

---

[4] Vgl. Pöschke, in Staub, Großkommentar Handelsgesetzbuch, § 259 HGB Rn 4.
[5] Vgl. Kliem/Lewe, in Beck Bil-Komm., 14. Aufl. 2024, § 259 HGB Anm. 2.
[6] Vgl. Dölker, in Anzinger/Oser/Schlotter, Rechnungslegung und Prüfung, Tb. 1, 7. Aufl., 2023, § 259 HGB Rz 4; Pöschke, in Staub, Großkommentar Handelsgesetzbuch, 5. Aufl. 2014, § 259 HGB Rn 7. Ebenfalls höhere Anforderungen an beweisführende vorlegende Kaufleute stellend vgl. Reich/Szczesny/Voß, in Heidel/Schall, HGB Handkommentar, 2. Aufl. 2015, § 259 HGB Rn 5.
[7] Vgl. Dölker, in Anzinger/Oser/Schlotter, Rechnungslegung und Prüfung, Tb. 1, 7. Aufl., 2023, § 259 HGB Rz 28; Pöschke, in Staub, Großkommentar Handelsgesetzbuch, 5. Aufl. 2014, § 259 HGB Rn 7.
[8] Vgl. Pöschke, in Staub, Großkommentar Handelsgesetzbuch, 5. Aufl. 2014, § 259 HGB Rn 9.
[9] Vgl. Dölker, in Anzinger/Oser/Schlotter, Rechnungslegung und Prüfung, Tb. 1, 7. Aufl., 2023, § 259 HGB Rz 29; Pöschke, in Staub, Großkommentar Handelsgesetzbuch, 5. Aufl 2014, § 259 HGB Rn 10.
[10] Vgl. z.B. Kliem/Lewe, in Beck Bil-Komm., 14. Aufl. 2024, § 259 HGB Anm. 3.
[11] Vgl. z.B. Reich/Szczesny/Voß, in Heidel/Schall, HGB Handkommentar, 2. Aufl. 2015, § 259 HGB Rn 5.

§ 260 Vorlegung bei Auseinandersetzungen

Bei Vermögensauseinandersetzungen, insbesondere in Erbschafts-, Gütergemeinschafts- und Gesellschaftsteilungssachen, kann das Gericht die Vorlegung der Handelsbücher zur Kenntnisnahme von ihrem ganzen Inhalt anordnen.

Inhaltsübersicht	Rz
1 Überblick	1
2 Anwendungsbereich	2–3
3 Einsichtnahme	4

1 Überblick

§ 260 HGB kodifiziert die gerichtlichen Befugnisse zur Beweiserhebung von Handelsbüchern speziell in Auseinandersetzungen über das Vermögen eines Kaufmanns. Nach h.M. besteht die gerichtliche Anordnungsbefugnis gem. § 260 HGB nicht nur in Rechtsstreitigkeiten, die verfahrenstechnisch der ZPO unterliegen, sondern auch bei Verfahren der freiwilligen Gerichtsbarkeit (Rz 3). Das Gericht kann in solchen Vermögensauseinandersetzungen unter Hinzuziehung der Streitparteien in die gesamten Handelsbücher des Kaufmanns Einsicht nehmen (Rz 4, anders § 259 HGB). Anordnung und Umfang der Kenntnisnahme liegen im Ermessen des Gerichts (Rz 4).

1

2 Anwendungsbereich

Die Anordnungsbefugnis des Gerichts aus § 260 HGB bezieht sich auf gerichtliche Vermögensauseinandersetzungen. Die Streitigkeiten müssen das Vermögen eines buchführungspflichtigen Kaufmanns betreffen. Dazu zählt auch der Besitz sämtlicher Anteile an einer Personengesellschaft.[1] Für geringere Beteiligungen an Gesellschaften ist § 260 HGB nicht anwendbar. In diesen Fällen sind die Einblicksrechte nach §§ 118, 166, 233 HGB und § 51a GmbHG einschlägig. Das Vermögen nach § 241a HGB nicht buchführungspflichtiger Kaufleute ist nicht betroffen. Nicht abschließend („insbesondere") weist § 260 HGB beispielhaft auf Streitfälle bei Erbschaften (§§ 2042ff. BGB) und Gütergemeinschaften (§§ 1471ff. BGB) sowie Gesellschafterauseinandersetzungen nach Gesellschaftsteilungen (z.B. §§ 145ff. HGB; §§ 730ff. BGB) hin. In den Anwendungsbereich fallen bspw. Auseinandersetzungen stiller Gesellschaften, Auflösung von Bruchteilsgemeinschaften oder Zugewinnausgleichsverfahren.[2] Ist die Höhe des Auseinandersetzungsguthabens Gegenstand des Prozesses eines ausgeschiedenen Gesellschafters gegen die Gesellschaft, sind dem Gericht Einsichtsrechte in die Handelsbücher der Gesellschaft entsprechend § 260 HGB zu gewähren.[3]

2

---

[1] Vgl. m.w.N. Böcking/Gros, in Wiedmann/Böcking/Gros, Bilanzrecht, 3. Aufl. 2014, § 260 HGB Rz 2; Hoffmann/Lüdenbach, NWB Kommentar Bilanzierung, 15. Aufl. 2024, § 260 HGB Rz 1, 2.
[2] Vgl. m.w.N. Eichenlaub/Weber, in Küting/Weber HdR-E, § 260 HGB Rn 5, Stand: 01/2021.
[3] Vgl. Pöschke, in Staub, Großkommentar Handelsgesetzbuch, 5. Aufl. 2014, § 260 HGB Rn 3; Reich/Szczesny/Voß, in Heidel/Schall, HGB Handkommentar, 2. Aufl. 2015, § 260 HGB Rn 5.

3　Anders als § 258 HGB (§ 258 Rz 2) schränkt nach h. M. § 260 HGB die gerichtliche Einsichtsbefugnis in Handelsbücher nicht auf Rechtsstreitigkeiten ein, deren gerichtliche Zuständigkeit die ZPO bestimmt. Das Recht zur Vorlageanordnung steht außerhalb von Zivilgerichtsbarkeiten auch freiwilligen Gerichtsbarkeiten (z. B. bei Streitigkeiten über den Nachlass gem. §§ 363 ff. FamFG oder zu Gütergemeinschaften gem. § 373 FamFG) zu.[4] Diese Ansicht ist nicht unbestritten,[5] eine praktische Bedeutung ist diesem Anwendungsdisput indes nicht beizumessen. Unabhängig von § 260 HGB hat das Gericht in Verfahren der freiwilligen Gerichtsbarkeit nach § 26 FamFG von Amts wegen Ermittlungen zur Feststellung entscheidungserheblicher Tatsachen aufzunehmen.

3　Einsichtnahme

4　Das Recht zur Vorlageanordnung und zur Einsichtnahme nach § 260 HGB bezieht sich ausschl. auf Handelsbücher. Das Begriffsverständnis entspricht den §§ 257–259 HGB (§ 257 Rz 10; siehe auch § 238 Rz 44). Für andere Buchführungsunterlagen (z. B. Inventare, Eröffnungsbilanzen, Jahres- und Konzernabschlüsse, (Konzern)Lageberichte, Handelsbriefe, Buchungsbelege) gilt die Vorlagebefugnis nicht. § 260 HGB gewährt ein umfassendes Einsichtsrecht. Einer generellen Einsichtsbeschränkung auf bestimmte Inhalte der Handelsbücher unterliegt das Gericht nicht. Dies ist insoweit konsequent, als sich die Auseinandersetzungen im Anwendungsbereich des § 260 HGB auf das Kaufmannsvermögen beziehen, zu deren Beurteilung die Einsicht in seine Handelsbücher im Ganzen notwendig sein kann. Etwaige Geheimhaltungsinteressen des Kaufmanns treten zurück. Ob und inwieweit das Gericht von seiner Vorlage- und Einsichtsbefugnis Gebrauch macht, liegt in seinem pflichtgemäßen Ermessen.[6] Je nach Umfang der Bücher bieten sich in der Praxis Einschränkungen an. Auf den Antrag einer Streitpartei kommt es nicht an. Auch eine Vorlageanordnung von Amts wegen ist zulässig. Das Gericht sieht die Bücher unter Hinzuziehung der Streitparteien ein.[7]

---

[4]　Vgl. Hoffmann/Lüdenbach, NWB Kommentar Bilanzierung, 15. Aufl. 2024, § 260 HGB Rz 1, 2; Eichenlaub/Weber, in Küting/Weber, HdR-E, § 260 HGB Rn 5, Stand: 01/2021; Kliem/Lewe, in Beck Bil-Komm., 14. Aufl. 2024, § 260 HGB Rz. 2.

[5]　Zur a. A. entgegen dem Wortlaut siehe Pöschke, in Staub, Großkommentar HGB, Bd. 5, 5. Aufl. 2014, § 260 HGB Rn 2.

[6]　Vgl. Reich/Szczesny/Voß, in Heidel/Schall, HGB Handkommentar, 2. Aufl. 2015, § 260 Rn 7.

[7]　Vgl. Pöschke, in Staub, Großkommentar HGB, Bd. 5, 5. Aufl. 2014, § 260 HGB Rn 5.

§ 261 Vorlegung von Unterlagen auf Bild- oder Datenträgern

Wer aufzubewahrende Unterlagen nur in der Form einer Wiedergabe auf einem Bildträger oder auf anderen Datenträgern vorlegen kann, ist verpflichtet, auf seine Kosten diejenigen Hilfsmittel zur Verfügung zu stellen, die erforderlich sind, um die Unterlagen lesbar zu machen; soweit erforderlich, hat er die Unterlagen auf seine Kosten auszudrucken oder ohne Hilfsmittel lesbare Reproduktionen beizubringen.

Inhaltsübersicht

	Rz
1 Überblick	1
2 Anwendungsbereich	2–3
3 Mitwirkungspflichten	4–5
4 Kosten	6

1 Überblick

Kaufleute müssen ihrer Buchführungspflicht und der Pflicht zur Aufbewahrung der Unterlagen nicht ausschl. in Papierform nachkommen. Die Unterlagen können auf Datenträgern geführt (§§ 238 Abs. 2, 239 Abs. 4 HGB) und teilweise als Wiedergabe auf einem Bildträger oder auf anderen Datenträgern aufbewahrt werden (§ 257 Abs. 3 HGB; gilt nicht für Eröffnungsbilanzen und Abschlüsse). § 261 HGB konkretisiert ergänzend die Vorlage solcher ausschließl. auf Bild- oder Datenträgern dokumentierten Unterlagen durch den Kaufmann. Diesen Speicherformen gleichzusetzen sind neuere Speicherungsformen, wie das Speichern von Daten in einer Cloud. Die Vorschrift setzt eine Vorlagepflicht nach anderen Vorschriften voraus. Ihr Anwendungsbereich ist aber nicht auf eine gerichtlich angeordnete Vorlagepflicht nach § 258 HGB beschränkt, sondern gilt auch bei anderen Vorlagepflichten.[1] Die Vorschrift soll den Rechtsverkehr erleichtern und die Kostenübernahme klären. Dazu verpflichtet sie den vorlagepflichtigen Kaufmann zur Bereitstellung der Unterlagen in lesbarer Form und ggf. zur Anfertigung von Ausdrucken bzw. Reproduktionen und sie verpflichtet ihn zur Übernahme der dazu anfallenden Kosten.

1

2 Anwendungsbereich

§ 261 HGB konstituiert keine Vorlagepflichten für Kaufleute. Die Vorschrift setzt diese voraus (Rz 3). Die Pflichten und Rechte aus § 261 HGB beziehen sich nur auf solche vorzulegenden Unterlagen, die beim Kaufmann ausschl. auf einem Bild- oder Datenträger und nicht in anderer Form, insb. auf Papier, vorliegen. Von den nach § 257 Abs. 1 HGB aufzubewahrenden Unterlagen kann dies Lageberichte, Konzernlageberichte, Inventare, Handelsbücher, zu ihrem Verständnis notwendige Arbeitsanweisungen und sonstige Organisationsunterlagen, empfangene Handelsbriefe sowie Wiedergaben abgesandter Handelsbriefe und Buchungsbelege betreffen (§ 257 Abs. 3 HGB). Eröffnungsbilanzen, Jahres- und Konzern-

2

---

[1] Vgl. BT-Drs. IV/2865 v. 19.12.1964 S. 9.

abschlüsse betrifft die Vorschrift nicht. Sie sind zur Erfüllung der Aufbewahrungspflichten nach § 257 Abs. 1 HGB nicht ausschl. auf Bild- oder Datenträgern verwahrbar (§ 257 Abs. 3 Satz 1 HGB). Vorlagepflichten treffen auch solche Unterlagen, die nach Ablauf der Aufbewahrungsfristen noch vorhanden sind (z. B. § 258 Rz 8; zur Kostentragung in diesen Fällen s. Rz 6).

3 Unabhängig von der gesetzessystematischen Nähe ist § 261 HGB nicht auf die Vorlagepflichten des § 258 HGB beschränkt. Die Pflicht zur Vorlage von Unterlagen eines Kaufmanns kann auf zivil- oder prozessrechtlichen Rechtsgrundlagen beruhen. § 261 HGB findet auch auf Vorlagepflichten außerhalb gerichtlicher Verfahren Anwendung.[2] Strittig ist die Anwendbarkeit des § 261 HGB auf Strafprozesse. Der Streitpunkt bzgl. strafprozessrechtlicher Vorlagevorschriften bezieht sich insb. auf eine etwaige Kostenübernahmepflicht des Kaufmanns.[3]

3 Mitwirkungspflichten

4 Bewahrt ein Kaufmann Unterlagen ausschl. auf einem Bild- oder Datenträger auf, hat er nach § 261 HGB Hilfsmittel zur Verfügung zu stellen, die die Unterlagen für den Einsichtnehmenden lesbar gestalten. § 261 HGB verpflichtet den Kaufmann, die Lesbarkeit am Erfüllungsort der Vorlagepflicht (im Prozess regelmäßig vor dem Prozessgericht)[4] sicherzustellen. Mit welchen Hilfsmitteln der Kaufmann dies erreicht, regelt die Vorschrift nicht. Einzelfallabhängig sind alle erforderlichen technischen und personellen Hilfsmittel vom Kaufmann bereitzustellen. Bei einer EDV-basierten Buchführung betrifft dies bspw. die Bereitstellung von Speichermedien und entsprechender Wiedergabegeräte (z. B. Notebook mit gespeicherten Daten oder Zugangsschnittstellen zum Speichermedium wie bspw. CD-Laufwerken oder USB-Schnittstellen). Zur Bedienung der technischen Hilfsmittel hat der Kaufmann in hinreichender Zahl ausreichend qualifiziertes Personal zur Verfügung zu stellen. Eine Vorlage der Originale schreibt § 261 HGB nicht ausdrücklich vor. Bei der Wiedergabe von Reproduktionen hat der Vorlegende aber auf seine Kosten den Nachweis zur Übereinstimmung von Reproduktion und Original zu erbringen.[5] Der Kaufmann hat auch sämtliche Hilfsmittel aufzubringen, um einem Einsichtsberechtigten oder einem hinzugezogenen Sachverständigen nach deren Willen lesbare Unterlagen in seinen Geschäftsräumen zur Verfügung zu stellen.

5 Sofern Ausdrucke oder Reproduktionen der Unterlagen oder Inhalte daraus erforderlich sind, hat der Kaufmann diese anzufertigen (§ 261 2. Hs. HGB). Auch sie müssen lesbar sein. Ihre Notwendigkeit und die Anzahl der Reproduktionen bzw. Ausdrucke ist einzelfallabhängig. Insb. zur vollständigen Führung von Gerichtsakten ist in gerichtlichen Rechtsstreitigkeiten die Bereitstellung von Ausdrucken oder ohne Hilfsmittel lesbaren Reproduktionen im

---

[2] Vgl. BT-Drs. IV/2865 S. 9; sowie z. B. m. w. N. Reich/Szczesny/Voß, in Heidel/Schall, HGB Handkommentar, 2. Aufl. 2015, § 261 HGB Rn 2.
[3] Siehe weiterführend m. w. N. Pöschke, in Staub, Großkommentar Handelsgesetzbuch, 5. Aufl. 2014, § 261 HGB Rn 5 f.
[4] Vgl. Pöschke, in Staub, Großkommentar Handelsgesetzbuch, 5. Aufl. 2014, § 261 HGB Rn 7.
[5] Vgl. Reich/Szczesny/Voß, in Heidel/Schall, HGB Handkommentar, 2. Aufl. 2015, § 261 HGB Rn 5; Eichenlaub/Weber, in Küting/Weber, HdR-E, § 261 HGB Rn 9, Stand 01/2021; Kliem/Lewe, in Beck Bil-Komm., 14. Aufl. 2024, § 261 HGB Anm. 2.

Regelfall notwendig.[6] Sie können z.B. auch erforderlich werden, falls die Einsichtnahme nicht am Ort der Vorlegungserfüllung möglich ist.

4 Kosten

Der vorlagepflichtige Kaufmann hat die Kosten der Lesbarmachung auf Bild- oder Datenträgern aufbewahrter Unterlagen zu tragen (§ 261 HGB). Sie umfassen alle durch die Bereitstellung der technischen und personellen Hilfsmittel anfallenden Kosten. Den Kaufmann treffen auch alle Kosten, die eine erforderliche Erstellung von Ausdrucken oder ohne Hilfsmittel lesbaren Reproduktionen erzeugt. Dem Kaufmann soll die Erstellung solcher Kopien aber nur zugemutet werden, soweit sie zur Beweiserhebung erforderlich sind (§ 261 2. Hs. HGB). Der Kaufmann hat auch die Kosten zum Nachweis der Originaltreue etwaiger Kopien zu tragen.[7] Von der Kostenübernahme ist er auch nicht befreit, sofern die Vorlagepflicht nach Ablauf einer Aufbewahrungspflicht noch nicht vernichtete Unterlagen betrifft.[8] Strittig ist die Kostenübernahme bei Vorlage von Unterlagen eines Kaufmanns in strafrechtlichen Ermittlungsverfahren. Das betrifft z.B. die einem Kreditinstitut entstehenden Kosten zur Bereitstellung von Unterlagen auf Veranlassung des Gerichts in strafrechtlichen Ermittlungsverfahren.[9]

---

[6] Vgl. Reich/Szczesny/Voß, in Heidel/Schall, HGB Handkommentar, 2. Aufl. 2015, § 261 HGB Rn 3.
[7] Vgl. Reich/Szczesny/Voß, in Heidel/Schall, HGB Handkommentar, 2. Aufl. 2015, § 261 HGB Rn 5.
[8] A. A. Strickmann, in Bertram/Brinkmann/Kessler/Müller, Haufe HGB Bilanz Kommentar, 6. Aufl. 2015, § 261 HGB Rz 7.
[9] S. m.w. N. Dölker, in Anzinger/Oser/Schlotter, Rechnungslegung und Prüfung, Tb. 1, 7. Aufl., 2023, § 261 HGB Rz 33; Pöschke, in Staub, Großkommentar Handelsgesetzbuch, 5. Aufl., 2014, § 261 HGB Rn 10 f.

§ 263 Vorbehalt landesrechtlicher Vorschriften

Unberührt bleiben bei Unternehmen ohne eigene Rechtspersönlichkeit einer Gemeinde, eines Gemeindeverbands oder eines Zweckverbands landesrechtliche Vorschriften, die von den Vorschriften dieses Abschnitts abweichen.

Inhaltsübersicht Rz
1 Überblick 1
2 Anwendungsbereich und landesrechtliche Vorschriften 2–5

1 Überblick

1 Kaufleute (§§ 1 ff. HGB) unterliegen den Vorschriften der §§ 238 ff. HGB. Das gilt auch für Unt mit Kaufmannseigenschaft einer Gemeinde, eines Gemeindeverbands oder eines Zweckverbands. Fehlt es diesen Unt an Rechtspersönlichkeit, gewährt § 263 HGB von den §§ 238 ff. HGB abweichenden landesrechtlichen Vorschriften Vorrang gegenüber den §§ 238 ff. HGB. Die meisten Bundesländer haben landesrechtliche Vorschriften veröffentlicht. § 263 HGB betrifft insb. kommunale Eigenbetriebe.[1] Für Unt, die dem PublG unterliegen, enthält § 3 Abs. 2 Satz 1 Nr. 1a PublG eine vergleichbare Vorschrift.

2 Anwendungsbereich und landesrechtliche Vorschriften

2 § 263 HGB setzt einen die Kaufmannseigenschaft nach den §§ 1 ff. HGB begründenden Gewerbebetrieb (Unt i. S. d. § 263 HGB) voraus.[2] Träger eines solchen Unternehmens im Anwendungsbereich des § 263 HGB können nur Gemeinden, Gemeindeverbände oder Zweckverbände sein. Gemeinden und Gemeindeverbände (z. B. Landkreise oder Landschaftsverbände) stellen kommunale Gebietskörperschaften mit auf ihrem Hoheitsgebiet ausgestatteten Rechten dar. Zweckverbände dienen als Körperschaften des öffentlichen Rechts der interkommunalen Zusammenarbeit von Gemeinden oder Gemeindeverbänden für eine bestimmte öffentliche Aufgabe. Sie werden bspw. zur Wasserversorgung oder Abwasserentsorgung oder zur Betreibung eines Krankenhauses oder des öffentlichen Personennahverkehrs gegründet. Für Unt des Bundes und der Bundesländer ist die Ausnahmevorschrift des § 263 HGB nicht einschlägig.

3 Einen Vorrang landesrechtlicher Vorschriften kodifiziert § 263 HGB ausschließlich für Unt, denen es an einer eigenen Rechtspersönlichkeit fehlt. Rechtsträger des Unternehmens muss die Gemeinde, der Gemeindeverband oder der Zweckverband selbst sein, und zwar unmittelbar. Kapital- oder Personengesellschaften, bei denen Gemeinden, Gemeinde- oder Zweckverbände Gesellschafter sind,

---

[1] Vgl. Reich/Szczesny/Voß, in Heidel/Schall, HGB Handkommentar, 2. Aufl. 2015, § 263 HGB Rz 1.
[2] Vgl. Pöschke, in Staub, Großkommentar Handelsgesetzbuch, § 263 HGB Rz 3, Stand: 10/2023.

fallen nicht darunter.³ Gleiches gilt für die rechtsfähigen Anstalten des öffentlichen Rechts.⁴

Diese Voraussetzungen erfüllen insb. kommunale Eigenbetriebe, entsprechende Betriebe eines Gemeinde- oder Zweckverbands als Rechtsträger sowie Regiebetriebe. Letztere können als Brutto- oder als Nettobetrieb geführt werden.⁵

§ 263 HGB kommt nur zur Anwendung, sofern für die Unt von §§ 238 ff. HGB abweichende landesspezifische Rechnungslegungsvorschriften bestehen. Für Eigenbetriebe haben mit Ausnahme von Hamburg alle Bundesländer von ihrer Gesetzgebungsbefugnis im Eigenbetriebsrecht (Art. 30 GG) Gebrauch gemacht und Eigenbetriebsgesetze und -verordnungen erlassen.⁶ Sie verpflichten die Eigenbetriebe regelmäßig zur Erstellung von Jahresabschlüssen entsprechend den für große KapG geltenden Vorschriften der §§ 238 ff. HGB. In Teilbereichen haben sie jedoch ergänzende und abweichende Vorschriften gem. § 263 HGB vorzugswürdig vor den §§ 238 ff. HGB zu beachten.⁷ Für die Bilanz, die Erfolgsrechnung und für Anlagennachweise bestehen meist Formblätter.⁸ Eigenbetriebe haben auch eine Kostenrechnung, einen Erfolgsplan, einen Wirtschaftsplan sowie einen Finanzplan aufzustellen.⁹

---

3 Vgl. Pöschke, in Staub, Großkommentar Handelsgesetzbuch, § 263 HGB Rz 4, Stand: 10/2023.
4 Vgl. WP-Handbuch, 14. Aufl. 2012, Bd. I, Abschn. L Rz 31 ab der 15. Aufl. des WP-Handbuchs nicht mehr enthalten.
5 Weiterführend ADS, Rechnungslegung und Prüfung der Unternehmen, 6. Aufl. 1995–2001, § 263 HGB Rz 6.
6 Zu einer Übersicht der Rechtsgrundlagen auf Länder- und Kommunalebene s. WP-Handbuch, 14. Aufl. 2012, Bd. I, Abschn. L Rz 4 ab der 15. Aufl. des WP-Handbuchs nicht mehr enthalten.
7 Vgl. WP-Handbuch, 14. Aufl. 2012, Bd. I, Abschn. L Rz 8 ab der 15. Aufl. des WP-Handbuchs nicht mehr enthalten.
8 Weiterführend s. z. B. WP-Handbuch, 14. Aufl. 2012, Bd. I, Abschn. L Rz 8 ff. ab der 15. Aufl. des WP-Handbuchs nicht mehr enthalten.
9 Vgl. Kliem/Lewe, in Beck Bil-Komm., 14. Aufl. 2024, § 263 HGB Rz 3.

§ 264 Pflicht zur Aufstellung; Befreiung

(1) ¹Die gesetzlichen Vertreter einer Kapitalgesellschaft haben den Jahresabschluß (§ 242) um einen Anhang zu erweitern, der mit der Bilanz und der Gewinn- und Verlustrechnung eine Einheit bildet, sowie einen Lagebericht aufzustellen. ²Die gesetzlichen Vertreter einer kapitalmarktorientierten Kapitalgesellschaft, die nicht zur Aufstellung eines Konzernabschlusses verpflichtet ist, haben den Jahresabschluss um eine Kapitalflussrechnung und einen Eigenkapitalspiegel zu erweitern, die mit der Bilanz, Gewinn- und Verlustrechnung und dem Anhang eine Einheit bilden; sie können den Jahresabschluss um eine Segmentberichterstattung erweitern. ³Der Jahresabschluß und der Lagebericht sind von den gesetzlichen Vertretern in den ersten drei Monaten des Geschäftsjahrs für das vergangene Geschäftsjahr aufzustellen. ⁴Kleine Kapitalgesellschaften (§ 267 Abs. 1) brauchen den Lagebericht nicht aufzustellen; sie dürfen den Jahresabschluß auch später aufstellen, wenn dies einem ordnungsgemäßen Geschäftsgang entspricht, jedoch innerhalb der ersten sechs Monate des Geschäftsjahres. ⁵Kleinstkapitalgesellschaften (§ 267a) brauchen den Jahresabschluss nicht um einen Anhang zu erweitern, wenn sie
1. die in § 268 Absatz 7 genannten Angaben,
2. die in § 285 Nummer 9 Buchstabe c genannten Angaben und
3. im Falle einer Aktiengesellschaft die in § 160 Absatz 3 Satz 2 des Aktiengesetzes genannten Angaben

unter der Bilanz angeben.

(1a) ¹In dem Jahresabschluss sind die Firma, der Sitz, das Registergericht und die Nummer, unter der die Gesellschaft in das Handelsregister eingetragen ist, anzugeben. ²Befindet sich die Gesellschaft in Liquidation oder Abwicklung, ist auch diese Tatsache anzugeben.

(2) ¹Der Jahresabschluß der Kapitalgesellschaft hat unter Beachtung der Grundsätze ordnungsmäßiger Buchführung ein den tatsächlichen Verhältnissen entsprechendes Bild der Vermögens-, Finanz- und Ertragslage der Kapitalgesellschaft zu vermitteln. ²Führen besondere Umstände dazu, daß der Jahresabschluß ein den tatsächlichen Verhältnissen entsprechendes Bild i.S.d. Satzes 1 nicht vermittelt, so sind im Anhang zusätzliche Angaben zu machen. ³Die Mitglieder des vertretungsberechtigten Organs einer Kapitalgesellschaft, die als Inlandsemittent (§ 2 Absatz 14 des Wertpapierhandelsgesetzes) Wertpapiere (§ 2 Absatz 1 des Wertpapierhandelsgesetzes) begibt und keine Kapitalgesellschaft i.S.d. § 327a ist, haben in einer dem Jahresabschluss beizufügenden schriftlichen Erklärung zu versichern, dass der Jahresabschluss nach bestem Wissen ein den tatsächlichen Verhältnissen entsprechendes Bild i.S.d. Satzes 1 vermittelt oder der Anhang Angaben nach Satz 2 enthält. ⁴Macht eine Kleinstkapitalgesellschaft von der Erleichterung nach Absatz 1 Satz 5 Gebrauch, sind nach Satz 2 erforderliche zusätzliche Angaben unter der Bilanz zu machen. ⁵Es wird vermutet, dass ein unter Berücksichtigung der Erleichterungen für Kleinstkapitalgesellschaften aufgestellter Jahresabschluss den Erfordernissen des Satzes 1 entspricht.

(3) ¹Eine Kapitalgesellschaft, die nicht i.S.d. § 264d kapitalmarktorientiert ist und als Tochterunternehmen in den Konzernabschluss eines Mutterunter-

nehmens mit Sitz in einem Mitgliedstaat der Europäischen Union oder einem anderen Vertragsstaat des Abkommens über den Europäischen Wirtschaftsraum einbezogen ist, braucht die Vorschriften dieses Unterabschnitts und des Dritten und Vierten Unterabschnitts dieses Abschnitts nicht anzuwenden, wenn alle folgenden Voraussetzungen erfüllt sind:
1. alle Gesellschafter des Tochterunternehmens haben der Befreiung für das jeweilige Geschäftsjahr zugestimmt;
2. das Mutterunternehmen hat sich bereit erklärt, für die von dem Tochterunternehmen bis zum Abschlussstichtag eingegangenen Verpflichtungen im folgenden Geschäftsjahr einzustehen;
3. der Konzernabschluss und der Konzernlagebericht des Mutterunternehmens sind nach den Rechtsvorschriften des Staates, in dem das Mutterunternehmen seinen Sitz hat, und im Einklang mit folgenden Richtlinien aufgestellt und geprüft worden:
    a) Richtlinie 2013/34/EU des Europäischen Parlaments und des Rates vom 26. Juni 2013 über den Jahresabschluss, den konsolidierten Abschluss und damit verbundene Berichte von Unternehmen bestimmter Rechtsformen und zur Änderung der Richtlinie 2006/43/EG des Europäischen Parlaments und des Rates und zur Aufhebung der Richtlinien 78/660/EWG und 83/349/EWG des Rates (ABl. L 182 vom 29.6.2013, S. 19), die zuletzt durch die Richtlinie (EU) 2021/2101 (ABl. L 429 vom 1.12.2021, S. 1) geändert worden ist,
    b) Richtlinie 2006/43/EG des Europäischen Parlaments und des Rates vom 17. Mai 2006 über Abschlussprüfungen von Jahresabschlüssen und konsolidierten Abschlüssen, zur Änderung der Richtlinien 78/660/EWG und 83/349/EWG des Rates und zur Aufhebung der Richtlinie 84/253/EWG des Rates (ABl. L 157 vom 9.6.2006, S. 87), die durch die Richtlinie 2014/56/EU (ABl. L 158 vom 27.5.2014, S. 196) geändert worden ist;
4. die Befreiung des Tochterunternehmens ist im Anhang des Konzernabschlusses des Mutterunternehmens angegeben und
5. für das Tochterunternehmen sind nach § 325 Absatz 1 bis 1b offengelegt worden:
    a) der Beschluss nach Nummer 1,
    b) die Erklärung nach Nummer 2,
    c) der Konzernabschluss,
    d) der Konzernlagebericht und
    e) der Bestätigungsvermerk zum Konzernabschluss und Konzernlagebericht des Mutterunternehmens nach Nummer 3.

[2]Hat bereits das Mutterunternehmen einzelne oder alle der in Satz 1 Nummer 5 bezeichneten Unterlagen offengelegt, braucht das Tochterunternehmen die betreffenden Unterlagen nicht erneut offenzulegen, wenn sie im Unternehmensregister unter dem Tochterunternehmen auffindbar sind; § 326 Absatz 2 ist auf diese Offenlegung nicht anzuwenden. [3]Satz 2 gilt nur dann, wenn das Mutterunternehmen die betreffende Unterlage in deutscher oder in englischer Sprache offengelegt hat oder das Tochterunternehmen zusätzlich eine beglaubigte Übersetzung dieser Unterlage in deutscher Sprache nach § 325 Absatz 1 bis 1b offenlegt.

(4) Absatz 3 ist nicht anzuwenden, wenn eine Kapitalgesellschaft, das Tochterunternehmen eines Mutterunternehmens ist, das einen Konzernabschluss nach den Vorschriften des Publizitätsgesetzes aufgestellt hat, und wenn in diesem Konzernabschluss von dem Wahlrecht des § 13 Abs. 3 Satz 1 des Publizitätsgesetzes Gebrauch gemacht worden ist; § 314 Absatz 3 bleibt unberührt.

		Inhaltsübersicht	Rz
1		Überblick	1–18
	1.1	Inhalt und Regelungszweck	1–2
	1.2	Anwendungsbereich	3–7
	1.3	Normenzusammenhänge	8–12
	1.4	Exkurs: Unterjährige Berichterstattungpflichten	13–18
2		Erweiterter Jahresabschluss der Kapitalgesellschaft (Abs. 1)	19–48
	2.1	Umfang und Einheit des Jahresabschlusses	19–34
		2.1.1 Anhang	22–27
		2.1.2 Kapitalflussrechnung	28–31
		2.1.3 Eigenkapitalspiegel	32
		2.1.4 Segmentberichterstattung	33
		2.1.5 Einheitsthese	34
	2.2	Lagebericht	35–37
	2.3	Aufstellungspflicht	38–42
	2.4	Fristen	43–44
	2.5	Anhangbefreiung für Kleinstkapitalgesellschaften	45–48
3		Notwendigkeit zu allgemeinen Angaben im Abschluss (Abs. 1a)	49
4		Generalnorm (Abs. 2)	50–91
	4.1	Inhalt und Verhältnis zu den Einzelvorschriften	50–64
	4.2	Vermögens-, Finanz- und Ertragslage	65–78
		4.2.1 Vermögenslage	65–68
		4.2.2 Finanzlage	69–73
		4.2.3 Ertragslage	74–76
		4.2.4 Integration der Teillagen zum Gesamtbild der Vermögens-, Finanz- und Ertragslage	77–78
	4.3	Grundsätze ordnungsmäßiger Buchführung	79–81
	4.4	Angabepflichten bei Nichtvermittlung des tatsächlichen Bilds	82–86
	4.5	Vermutung der Darstellung des tatsächlichen Bilds bei Kleinstkapitalgesellschaften	87
	4.6	Bilanzeid	88–91
5		Erleichterungen für Tochter-Konzerngesellschaften (Abs. 3 und 4)	92–123
	5.1	Grundsachverhalte	92–103
	5.2	Befreiungsvoraussetzungen	104–119
		5.2.1 Einbezug als Tochterunternehmen in den Konzernabschluss des Mutterunternehmens	105–107
		5.2.2 Zustimmung der Gesellschafter	108–109
		5.2.3 Einstandspflicht	110–114

		5.2.4	Anforderungen an den Konzernabschluss und Konzernlagebericht.	115–116

		5.2.4	Anforderungen an den Konzernabschluss und Konzernlagebericht	115–116
		5.2.5	Angaben bzgl. der Befreiung im Konzernabschluss	117
		5.2.6	Mitteilungen bzgl. der Wahrnehmung der Erleichterungen für das Tochterunternehmen	118–119
	5.3	Umfang der Befreiung		120–122
	5.4	Besonderheiten für Konzernabschlüsse nach dem PublG (Abs. 4)		123
6	Rechtsfolgen bei Pflichtverletzung			124–126
7	Zahlungsbericht (länderbezogene Berichterstattung)			127–157
	7.1	Inhalt und Regelungszweck		127
	7.2	Anwendungsbereich		128–137
		7.2.1	Industriezugehörigkeit	128–131
		7.2.2	Größenklassenzugehörigkeit	132
		7.2.3	Unternehmen von öffentlichem Interesse	133
		7.2.4	Befreiung von der Zahlungsberichterstattung	134
		7.2.5	Konzernzahlungsberichterstattung	135–137
			7.2.5.1 Bei Industriezugehörigkeit des Mutterunternehmens	135–136
			7.2.5.2 Bei Industriezugehörigkeit eines Tochterunternehmens	137
	7.3	Zahlungsbericht		138–151
		7.3.1	Zu erfassende staatliche Stellen	138–141
		7.3.2	Berichtspflichtige Zahlungen und Erleichterung	142–147
		7.3.3	Pflichtangaben und Gliederung	148–150
		7.3.4	Negativbericht	151
	7.4	Konzernzahlungsbericht		152–153
		7.4.1	Einzubeziehende Unternehmen	152
		7.4.2	Ausgestaltung/Inhalt	153
	7.5	Berichtsintensität, Prüfung und Offenlegung		154–155
	7.6	Rechtsfolgen bei Pflichtverletzung		156–157
8	CSRD-Umsetzungsgesetz: Änderungen			158

1 Überblick

1.1 Inhalt und Regelungszweck

§ 264 HGB verpflichtet die gesetzlichen Vertreter von Kapitalgesellschaften, ggf. mit Ausnahme von Kleinstkapitalgesellschaften, zur **Erweiterung des JA** um einen Anhang sowie – mit Ausnahme von kleinen KapG (§ 267 Rz 10ff.) – zur Erstellung eines Lageberichts. Sollte eine kapitalmarktorientierte KapG zulässigerweise keinen Konzernabschluss erstellen, so haben deren gesetzliche Vertreter den Jahresabschluss zusätzlich um eine Kapitalflussrechnung (KFR) und einen Eigenkapitalspiegel zu erweitern. Der Jahresabschluss darf um eine Segmentberichterstattung erweitert werden. Die Teile des Jahresabschlusses bilden eine Einheit, d.h. für die Erfüllung der Aufstellungspflicht müssen alle jeweils geforderten Teile vorliegen, sie sind bei bestehender Prüfungspflicht gemeinsames

1

Prüfungsobjekt und sie sind gemeinsam nach § 325 HGB offenzulegen durch die Übermittlung an die das Unternehmensregister führende Stelle. Zudem wird die Aufstellungsfrist grds. auf drei Monate festgelegt. Für kleine KapG wird sie auf sechs Monate verlängert. Zusätzlich bedarf es gem. § 264 Abs. 2 Satz 3 HGB für KapG, die als Inlandsemittenten (§ 2 Abs. 14 WpHG) Wertpapiere nach § 2 Abs. 1 WpHG ausgeben und nicht nach § 327a HGB befreit sind, der Abgabe einer Versicherung über die Ordnungsmäßigkeit der Berichterstattung („Bilanzeid"), die aber nicht Teil des Jahresabschlusses ist. Letzteres wird mit grds. identischem Inhalt künftig verschoben in § 289h HGB-E (Rz 158).

2 In § 264 Abs. 2 HGB hat der Gesetzgeber eine **Generalnorm** expliziert, die für die Jahresabschlüsse von KapG die Vermittlung eines den tatsächlichen Verhältnissen entsprechenden Bildes der Vermögens-, Finanz- und Ertragslage unter Beachtung der GoB verlangt. Diese Norm ist jedoch, wie auch aus der Überschrift des zweiten Abschnitts deutlich wird, bislang lediglich ergänzend zu verstehen, sodass sie nicht – wie aus Art. 2 Abs. 5 der 4. EU-RL eigentlich klar zu verstehen – als overriding principle zu betrachten ist.[1] Sie unterstreicht zwar die Informations- und Rechenschaftsfunktion des Jahresabschlusses,[2] doch haben die Einzelregelungen, die sich aus den übrigen handels-, aktien- oder GmbH-rechtlichen Vorschriften ergeben, sowie explizit die der GoB Vorrang (lex specialis geht vor lex generalis). Auch mit der Umsetzung der EU-Richtlinie 2013/34/EU über den Jahresabschluss, den konsolidierten Abschluss und damit verbundene Berichte von Unternehmen bestimmter Rechtsformen[3] hat der Gesetzgeber diese klare Positionierung der Generalnorm als Overriding Principle[4] weiterhin nicht in das HGB übernommen.

1.2 Anwendungsbereich

3 Relevant ist die Regelung zunächst nur für **KapG und KapCoGes**. Darüber hinaus gilt die Vorschrift durch gesetzliche Verweisung für Genossenschaften (§ 336 Abs. 2 HGB), Kredit- und Finanzdienstleistungsinstitute (§ 340a Abs. 1 HGB), VersicherungsUnt (§ 341a HGB) sowie für publizitätspflichtige Institutionen (§§ 1, 5 PublG). Zudem verweist § 87 Abs. 1 Satz 1 BHO für Bundesbetriebe, die nach den Regeln der kaufmännischen doppelten Buchführung buchen, auf die Anwendung von § 264 Abs. 1 Satz 1 HGB. Ferner kann von einer großen Ausstrahlungswirkung der Inhalte insb. von § 264 Abs. 2 HGB auch auf EKfl. und andere als in § 264a HGB erfasste PersG ausgegangen werden, ohne dass es zu einer expliziten gesetzlichen Verpflichtung zur Beachtung kommt.

4 **Zeitlich** geht die Vorschrift auf das BiRiLiG zurück, mit welchem das deutsche Handelsrecht an die Vorgaben der 4. Gesellschaftsrechtlichen EG-RL über die Rechnungslegung, Publizität und Prüfung von KapG angepasst wurde. Mit dem D-Markbilanzgesetz wurde 1994 die Befreiung von der Pflicht zur Erstellung des Lageberichts für kleine KapG und mit dem KapAEG 1998 die Befreiung für

---

[1] Vgl. Lachnit, WPg 1993, S. 193 ff.
[2] Vgl. Ballwieser, in Baetge/Kirsch/Thiele, Bilanzrecht, § 264 HGB Rz 2, Stand: 5/2019.
[3] Bilanz-Richtlinie RL 2013/34/EU, ABl. EU L 182/19–76 v. 29.6.2013.
[4] Vgl. Kreipl/Müller, in Seicht/Janschek, Jahrbuch für Controlling und Rechnungswesen 2014, S. 280 f.; Mühlbauer/Müller, DB 2018, S. 1482–1487 sowie die Diskussion darüber bei Haaker, DB 2019, S. 383 f. und Mühlbauer/Müller, DB 2019, S. 385 f.

Tochter-KapG eingeführt. Der Bilanzeid, den gesetzliche Vertreter einer KapG bzw. eines MU, das Inlandsemittent gem. § 2 Abs. 14 WpHG und keine KapG i. S. d. § 327a HGB ist, abgeben müssen, wird mit dem TUG seit Gj, die nach dem 31.12.2006 beginnen, verlangt. Die Erweiterung des Umfangs des Jahresabschlusses von kapitalmarktorientierten Unt, die nicht zur Konzernrechnungslegung verpflichtet sind, ist mit dem BilMoG eingeführt worden und erstmals für Gj, die nach dem 31.12.2009 beginnen, anzuwenden.

Mit dem MicroBilG wurde für Gj, die nach dem 30.12.2012 enden, der Umfang des Jahresabschlusses von **KleinstKap** auf Bilanz und GuV verringert, soweit unter der Bilanz einige Angaben erfolgen. Zudem wird für diesen verkürzten Jahresabschluss die Vermittlung eines den tatsächlichen Verhältnissen entsprechenden Bilds der Vermögens-, Finanz- und Ertragslage vermutet. 5

Mit dem MicroBilG wurde für Gj, die nach dem 31.12.2012 beginnen, die **Befreiungsmöglichkeit für TU** von den Regelungen nach den §§ 264ff. HGB bei Einbeziehung in einen Konzernabschluss deutlich erweitert, da nicht mehr auf einen Konzernabschluss nach § 290 HGB abgestellt wird, sondern ein Konzernabschluss eines MU mit Sitz in einem Mitgliedstaat der EU oder einem anderen Vertragsstaat des Abkommens über den EWR als Ausgangspunkt der Befreiung dienen kann. Weiterhin müssen aber drei weitere Voraussetzungen erfüllt sein. 6

Mit dem BilRUG sind für Gj, die nach dem 31.12.2015 beginnen, Änderungen bzgl. der Pflichtangaben für KleinstKap, der Forderung nach allgemeinen Informationsangaben im Jahresabschluss sowie der Neufassung der Erleichterungen für bestimmte TU in Abs. 3 und 4 in Kraft getreten. 7

Mit dem **CSR-RL-Umsetzungsgesetz**[5] wurde in Abs. 3 der Stand der RL 2013/34/EU nach dem Beitritt Kroatiens konkretisiert.

Mit dem **FISG**[6] wurde rückwirkend bereits für die nach dem 31.12.2020 beginnenden Gj (Art. 86 Abs. 5 EGHGB) klargestellt, dass die **Erleichterungsvorschriften des § 264 Abs. 3 HGB** nicht für Tochterunternehmen zur Anwendung kommen können, die kapitalmarktorientiert sind.

Mit der Umsetzung der Digitalisierungsrichtlinie[7] hat der Gesetzgeber die Formulierung „Einreichung beim Betreiber der Bundesanzeigers" durchgehend ersetzt mit „Übermittlung an die das Unternehmensregister führende Stelle". Hintergrund ist die Betonung des **Unternehmensregisters als einzigen Ort für offengelegte oder hinterlegte Unternehmensdaten**. Erstmals anzuwenden ist dies nach Art. 88 Abs. 2 EGHGB auf Jahres- und Konzernabschlüsse für das nach dem 31.12.2021 beginnende Gj. Ab 2027 soll eine weitere Zentralisation der Register auf europäischer Ebene wirksam werden.

Zu geplanten Änderungen durch die CSRD-Umsetzung s. Rz 158.

1.3 Normenzusammenhänge

Explizit gilt § 264 HGB zunächst nur für KapG; KapCoGes haben die Vorschrift aufgrund des Verweises von § 264a HGB anzuwenden. Als ergänzende Vor- 8

---

[5] Gesetz zur Stärkung der nichtfinanziellen Berichterstattung der Unternehmen in ihren Lage- und Konzernlageberichten (CSR-Richtlinie-Umsetzungsgesetz), BGBl 2017 I S. 802.
[6] Gesetz zur Stärkung der Finanzmarktintegrität (Finanzmarktintegritätsstärkungsgesetz) v. 3.6.2021, BGBl 2021 I S. 1534.
[7] Gesetz zur Umsetzung der Digitalisierungsrichtlinie (DiRUG) v. 5.7.2021, BGBl 2021 I S. 3343.

schrift bestehen enge Normenzusammenhänge zu den allgemeinen Aufstellungsvorschriften, wie insb. §§ 242ff. HGB.

9 Die Generalnorm des § 264 Abs. 2 HGB wird in § 297 Abs. 2 Satz 2–4 HGB für den **Konzernabschluss** nachgebildet und ist somit in allen Konzernabschlüssen, deren Aufstellungspflicht aus dem HGB für KapG oder aus § 13 Abs. 2 Satz 1 PublG für weitere Bilanzierende erwächst, zu beachten.[8]

10 Die Vorschrift ist bislang auf **Steuerneutralität** ausgelegt, weshalb auch aktuell keine Auswirkungen auf die steuerliche Gewinnermittlung bestehen. Lediglich über die umgekehrte Maßgeblichkeit waren bis zum BilMoG etwa im Bereich der steuerlichen Sonderabschreibungen und des Sonderpostens mit Rücklageanteil bestimmte Abhängigkeiten festzustellen, die durch die Übergangswahlrechte in Art. 67 Abs. 3 und 4 EGHGB für Altfälle beibehalten werden konnten und daher als Verzerrungen noch in aktuellen Jahresabschlüssen enthalten sein können. Auch die erweiterten Bestandteile des Jahresabschlusses mit Anhang sowie ggf. Kapitalflussrechnung und Eigenkapitalspiegel wie der ergänzende Lagebericht haben keine steuerrechtliche Entsprechung, wenngleich auf Basis des Steuerbürokratieabbaugesetzes v. 20.12.2008[9] (E-Bilanz) Taxonomien für diese Bestandteile veröffentlicht wurden.[10] Gleichwohl sind Zusammenhänge über die weiter bestehende Maßgeblichkeit des Jahresabschlusses nach HGB auf die steuerrechtliche Gewinnermittlung zu konstatieren. Zudem werden die GoB in Theorie und Praxis nicht bzw. kaum getrennt in eine handelsrechtliche und steuerrechtliche Ausprägung, wie etwa die Übernahme der Poolabschreibungen über fünf Jahre auf Wirtschaftsgüter, deren Anschaffungskosten zwischen 250[11] und 1.000 EUR betragen, nach § 6 Abs. 2a EStG „binnen kürzester Zeit"[12] in die GoB belegt. Auch die alternativ geltende Möglichkeit zur Sofortabschreibung für Wirtschaftsgüter bis 800 EUR nach § 6 Abs. 2 EStG wird als GoB für die handelsrechtliche Rechnungslegung angesehen.[13] Nachdem mit dem Wachstumschancengesetz eine noch deutlich großzügigere Wesentlichkeitsauslegung ab dem Wirtschaftsjahr 2024 angekündigt, aber nicht verabschiedet wurde, steht dieses Thema nun wieder auf der Agenda der Wachstumsinitiative der Bundesregierung, ohne dass das Gesetzgebungsverfahren bereits abgeschlossen wäre. Konkret soll der Pool für Wirtschaftsgüter von 1.000 bis 5.000 EUR gelten, der zudem innerhalb von drei Jahren aufgelöst werden soll. Die Sofortabschreibung wird bis zu 1.000 EUR möglich sein. Auch unter dem Inflationsaspekt könnte diese Regel nach Verabschiedung grds. unmittelbar als GoB angesehen werden – bei kleineren Unt dürfte aber die Tatsachengemäßheit der Abbildung dann kritischer zu prüfen sein. Ebenso wird die steuerrechtliche Rechtsprechung bzw. steuerbehördliche Auslegung, soweit sie die GoB zum Gegenstand haben, handelsrechtlich übernommen. So haben etwa die Steuererlasse zum Leasing weiterhin Gültigkeit im HGB, wenngleich sich die

---

[8] Vgl. Ballwieser, in Baetge/Kirsch/Thiele, Bilanzrecht, § 264 HGB Rz 9, Stand: 5/2019.
[9] BGBl 2008 I S. 2850ff.
[10] Die Taxonomien (Version 6.8) sind abrufbar unter www.esteuer.de/#finanzantrag, Abruf 2.10.2024.
[11] Erhöht von 150 EUR seit 1.1.2018 durch das Gesetz gegen schädliche Steuerpraktiken im Zusammenhang mit Rechteüberlassungen, BGBl I 2017 S. 2074.
[12] BT-Drs. 16/10067 v. 30.7.2008 S. 82.
[13] Zur Anwendung in der Praxis s. Lange/Kreipl/Müller in Bertram/Brinkmann/Kessler/Müller, Haufe HGB Bilanz Kommentar BilMoG Erfahrungsbericht, 2012, Rz 176ff.

IFRS mit dem seit 2019 anzuwendenden IFRS 16[14] inzwischen deutlich von dieser Abbildung weg entwickeln. Die steuerliche Auslegung erleichtert den Unt die Rechnungslegung, da viele Sachverhalte einheitlich behandelt werden können; allerdings entspricht das nicht der immer stärkeren vonseiten des Gesetzgebers und der Steuerbehörden vorangetriebenen Trennung von Handels- und Steuerbilanz und führt zu Konflikten zwischen dem Objektivierungsstreben des Steuerrechts einerseits und der angestrebten Informationsfunktion des Handelsrechts andererseits.

Mit der Einführung einer globalen Mindestbesteuerung für multinationale Konzerne mit mehr als 750 Mio. EUR Umsatzerlösen nach §§ 342 ff. HGB wird seit dem 1.1.2024 das Ergebnis der HB II von TU auch von Konzernabschlüssen nach HGB für die Berechnung einer ggf. nötigen Ergänzungssteuer herangezogen.

Der **Bilanzeid** in § 264 Abs. 2 Satz 3 HGB wird gem. § 289 Abs. 1 Satz 5 HGB auch für den Lagebericht gefordert (§ 289 Rz 70). Daher ist die Versicherung der Mitglieder des vertretungsberechtigten Organs auf die Lageberichterstattung der als Inlandsemittenten auftretenden KapG auszuweiten. Dies wird zusammenfassend künftig in § 289h HGB-E geregelt (Rz 158). 11

Inlandsemittenten von Wertpapieren haben nach § 114 Abs. 1 WpHG innerhalb von vier Monaten nach Abschluss des Gj einen Jahresfinanzbericht zu veröffentlichen, sofern sie nicht bereits durch das HGB zur Offenlegung verpflichtet sind. Zudem werden in § 115 WpHG die Aufstellung und Veröffentlichung eines **Halbjahresfinanzberichts** gefordert von Unt, die als Inlandsemittenten Aktien oder Schuldtitel i. S. d. § 2 Abs. 1 Satz 1 WpHG begeben, es sei denn, es handelt sich bei den zugelassenen Wertpapieren um Schuldtitel, die unter § 2 Abs. 1 Satz 1 Nr. 2 WpHG fallen oder die ein zumindest bedingtes Recht auf den Erwerb von Wertpapieren nach § 2 Abs. 1 Satz 1 Nr. 1 oder 2 WpHG begründen. Konkret sind nach dieser Vorschrift ein verkürzter Abschluss und ein Zwischenlagebericht zu veröffentlichen. In dem verkürzten Zwischenabschluss ist ein Bilanzeid nach § 264 Abs. 2 Satz 3 HGB aufzunehmen. Die unterjährige Berichterstattung bezieht sich im Fall von konzernrechnungslegungspflichtigen MU stets nur auf den **Konzern** (§ 117 Nr. 2 WpHG). Dabei haben diese kapitalmarktorientierten Unt die von der EU übernommenen IFRS zu beachten (§ 315e HGB). 12

1.4 Exkurs: Unterjährige Berichterstattungspflichten

Halbjahresfinanzberichte sind von Unt, die als Inlandsemittent Aktien oder Schuldtitel i. S. d. § 2 Abs. 1 WpHG begeben haben, sechs Monate nach dem Gj-Ende zu erstellen und dann innerhalb von drei weiteren Monaten nach Ablauf des Berichtszeitraums der Öffentlichkeit zur Verfügung zu stellen. Der DCGK (2022) fordert unter Empfehlung F.2 widerlegbar, die Offenlegung unterjähriger Finanzinformationen innerhalb von nur 45 Tagen beim Unternehmensregister vorzunehmen.[15] Dabei ist auch DRS 16 (2012) zu beachten, der mit der Vermutung der Entsprechung der GoB für die Konzernbilanzierung vom BMJ am 4.12.2012 im Bundesanzeiger bekannt gemacht und am 22.9.2017 mit DRÄS 7 sowie am 20.12.2019 mit DRÄS 10 auf die jeweils neue Gesetzeslage angepasst wurde. Die 13

---

14 S. hierzu Lüdenbach/Hoffmann/Freiberg, Haufe IFRS-Kommentar, 22. Aufl. 2024, § 15a.
15 Zur Ausgestaltung vgl. Strieder/Ammedick, in Kußmaul/Müller, HdB (online), Zwischenberichterstattung nach WPHG, DRS und IFRS, Rz 28 ff. Stand: 19.7.2022.

Bestandteile des Halbjahresfinanzberichts sind ein verkürzter Abschluss, ein Zwischenlagebericht und gem. § 115 Abs. 2 Nr. 3 WpHG eine Versicherung der Mitglieder des vertretungsberechtigten Organs (Bilanzeid). Der verkürzte Abschluss muss nach § 115 Abs. 3 WpHG als Mindestbestandteile enthalten:
- eine verkürzte Bilanz zum Stichtag des Berichtszeitraums und zum Stichtag des vorangegangenen Gj,
- eine verkürzte GuV für den Berichtszeitraum und für den entsprechenden Zeitraum des vorangegangenen Gj sowie
- einen (verkürzten) Anhang.

Die nach IAS 34.8 darüber hinaus als Pflichtbestandteile geforderte verkürzte Eigenkapitalveränderungsrechnung und die verkürzte KFR werden nach DRS 16.16 lediglich zur Ergänzung des Zwischenabschlusses empfohlen. Als Verkürzung der Abschlussbestandteile brauchen im Zwischenabschluss nur die wesentlichen Positionen der Bilanz, GuV sowie des Anhangs angegeben zu werden. Nach Art. 3 Abs. 2 der Durchführungsrichtlinie zur Transparenzrichtlinie sind dies die Überschriften und die Zwischensummen, die im zuletzt veröffentlichten Jahresabschluss des Emittenten enthalten sind. Zusätzliche Posten und Erläuterungen sind nach DRS 16.17, ähnlich wie nach IAS 34.10, nur erforderlich, wenn ihr Weglassen den Zwischenbericht irreführend erscheinen lassen würde. Nach DRS 16.31 sind im verkürzten Anhang des Zwischenabschlusses insb. folgende Angaben aufzunehmen, soweit sie nicht im Zwischenlagebericht enthalten sind:
- Angabe, dass dieselben Bilanzierungs- und Bewertungsmethoden im Zwischenabschluss befolgt werden wie im letzten Konzernabschluss oder wenn diese Methoden wesentlich geändert worden sind, eine Beschreibung der Art und betragsmäßigen Auswirkung der Änderung,
- Darstellung und Erläuterung der Auswirkung von wesentlichen Änderungen in der Zusammensetzung des Konsolidierungskreises einschl. Unternehmenszusammenschlüssen, des Erwerbs oder der Veräußerung von TU sowie die wesentlichen Grundannahmen der sachgerechten Schätzung bei der erstmaligen Einbeziehung von TU,
- Erläuterungen, die ein angemessenes Verständnis der wesentlichen Änderungen der Posten der verkürzten Bilanz und der verkürzten GuV gegenüber den dargestellten Vergleichszahlen sowie der Entwicklungen im Berichtszeitraum gewährleisten.

Auch wenn das Ziel der Zwischenberichterstattung zunächst lediglich darin besteht, unterjährig entscheidungsnützliche Informationen über die Vermögens-, Finanz- und Ertragslage und die voraussichtliche Entwicklung des Konzerns zu geben, kommt in der Formulierung der Versicherung der gesetzlichen Vertreter in DRS 16.56 zum Ausdruck, dass der Zwischenabschluss ein den tatsächlichen Verhältnissen entsprechendes Bild der Vermögens-, Finanz- und Ertragslage des Konzerns vermitteln soll. Somit bleibt trotz vermeintlicher Einschränkungen im Detail das mit dem Jahresabschluss vergleichbare Ziel erhalten.

14 Der **Zwischenlagebericht** hat die Aufgabe, den nach DRS 16.14–33 oder IAS 34 erstellten Halbjahresfinanzbericht zu ergänzen, indem bestimmte Ereignisse und Geschäftsvorfälle des Zwischenberichtszeitraums erläutert und bestimmte prognoseorientierte Informationen des letzten Konzernjahresberichts aktualisiert werden. Konkret sind gem. § 115 Abs. 4 WpHG mind.
- die wichtigen Ereignisse des Berichtszeitraums im Unt des Emittenten und ihre Auswirkungen auf den verkürzten Abschluss darzustellen,

- die wesentlichen Chancen und Risiken für die dem Berichtszeitraum folgenden sechs Monate des Gj zu beschreiben sowie
- Angaben zu wesentlichen Geschäften mit nahestehenden Personen im Berichtszeitraum aufzunehmen.

Letzterer Punkt ist jedoch beschränkt auf die Unt, die als Inlandsemittenten Aktien begeben. Den übrigen Unt werden Angaben zu nahestehenden Personen lediglich empfohlen. Es besteht ein Wahlrecht, die Ausführungen zu nahestehenden Personen statt im Lagebericht im Anhang zu geben. Konkret bestimmt Art. 4 Abs. 1 der Durchführungsrichtlinie zur Transparenzrichtlinie, dass neben den Geschäften mit nahestehenden Unt und Personen, die während der ersten sechs Monate des aktuellen Gj stattgefunden haben und die die Finanzlage oder das Geschäftsergebnis des Unt während dieses Zeitraums wesentlich beeinflusst haben, auch all jene Geschäfte zu benennen, bei denen es im Vergleich zum letzten Jahresbericht zu Veränderungen gekommen ist und die wesentlich für die Berichtsperiode gewesen sein könnten.

Die Versicherung der Mitglieder des vertretungsberechtigten Organs gem. § 115 Abs. 2 Nr. 3 WpHG wird von DRS 16.56 unter Berücksichtigung der Ergänzung des IDW für den Fall eines zur Konzernrechnungslegung verpflichteten Unt wie folgt ausgestaltet: 15

> **Beispielformulierung des Bilanzeids nach DRS 16.56**
> „Wir versichern nach bestem Wissen, dass gem. den anzuwendenden Rechnungslegungsgrundsätzen für die Zwischenberichterstattung der Konzernzwischenabschluss unter Beachtung der Grundsätze ordnungsmäßiger Buchführung ein den tatsächlichen Verhältnissen entsprechendes Bild der Vermögens-, Finanz- und Ertragslage des Konzerns vermittelt und im Konzernzwischenlagebericht der Geschäftsverlauf einschließlich des Geschäftsergebnisses und die Lage des Konzerns so dargestellt sind, dass ein den tatsächlichen Verhältnissen entsprechendes Bild vermittelt wird sowie die wesentlichen Chancen und Risiken der voraussichtlichen Entwicklung des Konzerns im verbleibenden Geschäftsjahr beschrieben sind."

Eine Prüfung des Halbjahresfinanzberichts muss in Übereinstimmung mit der EU-Transparenzrichtlinie nicht pflichtmäßig erfolgen. Der Halbjahresfinanzbericht kann gem. § 115 Abs. 5 WpHG lediglich einer prüferischen Durchsicht unterzogen werden. Nach kontroverser Diskussion um die Einbindung des Halbjahresfinanzberichts in den zweistufigen Enforcement-Prozess wurde als Kompromiss durch Ergänzung des § 324b Abs. 2 HGB festgelegt, dass es nur eine anlassbezogene, nicht auch eine stichprobenbezogene materielle Enforcement-Prüfung geben darf.

Mit der RL 2013/50/EU[16] sind seit dem Gj 2016 nur noch Jahres- und Halbjahresfinanzberichte zu erstellen, wobei auch die Maximalfrist der Offenlegung des Halbjahresfinanzberichts auf drei Monate verlängert wurde. Eine vorher noch geforderte **Zwischenmitteilung** ist nicht mehr notwendig.[17] 16

---

[16] ABl. EU v. 6.11.2013, L 294/13–27.
[17] Art. 5 Abs. 1 2004/109/EG (Transparenz-RL).

17 Die unterjährige Berichterstattung bezieht sich im Fall von konzernrechnungslegungspflichtigen MU stets nur auf den **Konzern** (§ 117 Nr. 2 WpHG). Dabei haben diese kapitalmarktorientierten Unt die von der EU übernommenen IFRS, konkret IAS 34 „Zwischenberichterstattung", zu beachten.[18]

18 Trotz der Streichung der quartalsbezogenen Berichterstattung im WpHG kann sich eine weitere Berichterstattungspflicht aus dem gewählten Börsensegment ergeben, in dem die ausgegebenen Wertpapiere gehandelt werden. Dabei gelten im **General Standard** die Regelungen nach §§ 114–117 WpHG, wobei für Gj, die am oder nach dem 26.11.2016 beginnen, § 116 WpHG statt der Zwischenmitteilung für bestimmte Rohstoffproduzenten eine Zahlungsberichterstattung gem. §§ 341r–y HGB (Rz 138ff.) verlangt. Im **Prime Standard** ergibt sich aus § 53 Abs. 1 BörsO-FWB[19] die Pflicht, statt eines Zwischenberichts eine Quartalsmitteilung in deutscher und englischer Sprache zu veröffentlichen, wobei bei konzernrechnungslegungspflichtigen MU der Konzern Berichtsgegenstand ist und aufgrund der Kapitalmarktorientierung IAS 34 zu verwenden ist. Nach § 53 Abs. 2 BörsO-FWB hat die Quartalsmitteilung Informationen über den jeweiligen Mitteilungszeitraum zu enthalten, wobei sich Informationen in der Quartalsmitteilung zum Stichtag des dritten Quartals wahlweise auf den Zeitraum vom Beginn des Halbjahres bis zum Stichtag oder vom Beginn des Gj bis zum Stichtag beziehen können. Die Informationen haben die Beurteilung zu ermöglichen, wie sich die Geschäftstätigkeit des Emittenten im jeweiligen Mitteilungszeitraum entwickelt hat. In der Quartalsmitteilung sind die wesentlichen Ereignisse und Geschäfte des Mitteilungszeitraums im Unt des Emittenten und ihre Auswirkungen auf die Finanzlage des Emittenten zu erläutern sowie die Finanzlage und das Geschäftsergebnis des Emittenten im Mitteilungszeitraum zu beschreiben. Sollten sich Prognosen und sonstige Aussagen zur voraussichtlichen Entwicklung des Emittenten im Vergleich zu den zuvor abgegebenen Berichten für das Geschäftsjahr wesentlich verändert haben, so ist hierüber in der Quartalsmitteilung ebenfalls zu berichten (§ 53 Abs. 3 BörsO-FWB). Alternativ zur Quartalsmitteilung darf auch ein dem Halbjahresfinanzbericht nach § 115 Abs. 2 Nr. 1 und 2, Abs. 3 und 4 WpHG oder des § 117 Nr. 2 WpHG angelehnter Quartalsfinanzbericht vorgelegt werden (§ 53 Abs. 6 BörsO-FWB). Im **Scale (ehemals Entry) Standard**, in den Unt aufgenommen werden können, die nicht am geregelten Markt notiert sein wollen und für die somit die §§ 114–117 WpHG nicht gelten, verlangen die AGB für den Freiverkehr an der Frankfurter Wertpapierbörse dennoch eine unterjährige Berichterstattung, wobei sich diese auf einen Halbjahresfinanzbericht beschränkt, der drei Monate nach Ablauf des Berichtszeitraums z. B. auf der Internetseite des Unt zu veröffentlichen ist.[20]

---

[18] Vgl. Müller/Stute, BB 2006, S. 2803 ff.
[19] Börsenordnung der Frankfurter Wertpapierbörse, abrufbar über www.xetra.com/xetra-de/meta/regelwerke/B-rsenordnung-f-r-die-Frankfurter-Wertpapierb-rse-46200, Stand: 11.7.2024, Abruf 2.10.2024.
[20] Strieder/Ammedick, in Kußmaul/Müller, HdB (online), Zwischenberichterstattung nach WpHG, DRS und IFRS, Rz 70 ff., Stand: 19.7.2022.

2 Erweiterter Jahresabschluss der Kapitalgesellschaft (Abs. 1)

2.1 Umfang und Einheit des Jahresabschlusses

Der nach § 242 Abs. 3 HGB für alle Kfl. obligatorische Jahresabschluss umfasst neben der Bilanz (§ 266 HGB) die GuV (§ 275 HGB). Sind KapG und KapCoGes angesprochen, so impliziert der Jahresabschluss verpflichtend zudem den Anhang. Eine Ausnahme besteht für KleinstKapG, die unter bestimmten Voraussetzungen auf die Aufstellung des Anhangs verzichten können (Rz 45 ff.). 19

Bei **kapitalmarktorientierten KapG**, die nicht zur Aufstellung eines Konzernabschlusses nach § 290 HGB verpflichtet sind, erweitert sich der Jahresabschluss um die Rechenwerke **Kapitalflussrechnung und Eigenkapitalspiegel**. Zudem können diese Unt einen Segmentbericht freiwillig erstellen, der den Jahresabschluss erweitert. Ziel ist es, dass diese Unt den kapitalmarktorientierten MU gleichgestellt werden. So sind nach § 315e Abs. 1 HGB kapitalmarktorientierte Unt zur Aufstellung ihres Konzernabschlusses nach den von der EU übernommenen IFRS verpflichtet. Zum Umfang eines vollständigen IFRS-Abschlusses vgl. § 297 Rz 6 ff. Das Ziel der Gleichstellung verkennt jedoch den unterschiedlichen Nutzen der ergänzenden Rechnungslegungsinstrumente. Im Konzernabschluss sind Kapitalflussrechnung und Eigenkapitalspiegel notwendig, um die durch Konzernspezifika erschwerte Analyse zu erleichtern. Im Einzelabschluss bedarf es dieser Instrumente kaum, da die gebotenen Informationen bereits im Abschluss enthalten sind und durch geeignete Analyseinstrumente (für die KFR etwa Mittelherkunfts- und Mittelverwendungsrechnungen) vom Adressaten extrahiert werden können.[21] 20

Der Fall, dass ein kapitalmarktorientiertes Unt nicht zur **Konzernrechnungslegung** verpflichtet ist, muss direkt aus der Nichtanwendung des § 290 HGB oder aus der Nutzung von Einbeziehungswahlrechten nach § 296 HGB für alle vorhandenen TU (§ 296 Rz 1 ff.) resultieren. Die Nutzung von ab dem Gj 2024 erweiterten (§ 293 Rz 1) größenabhängigen Befreiungen nach § 293 HGB ist für kapitalmarktorientierte Unt ebenso wenig möglich (§ 293 Rz 34) wie die Befreiung durch Einbezug in einen Konzernabschluss aus Drittstaaten nach § 292 HGB oder durch Einbezug in einen übergeordneten Konzernabschluss gem. § 291 Abs. 3 Nr. 1 HGB (§ 291 Rz 21 ff.). Aus diesem Grund wird der Fall eines auch um Kapitalflussrechnung und Eigenkapitalspiegel pflichtgemäß erweiterten Jahresabschlusses höchst selten vorkommen. 21

2.1.1 Anhang

Die wesentlichen **Inhalte** des Anhangs sind in den §§ 284–288 HGB explizit. Darüber hinaus ergeben sich aus weiteren handelsrechtlichen Einzelvorschriften sowie anderen Gesetzen zusätzliche Angabepflichten. 22

> **Praxis-Beispiel**
> § 265 Abs. 1 Satz 2 HGB fordert eine Angabe und Begründung von Abweichungen in der Form der Darstellung und Gliederung von Bilanz und GuV; § 160 Abs. 1 AktG fordert für AG spezielle Angaben zum Eigenkapital.

---

[21] Vgl. z. B. Lachnit/Müller, Bilanzanalyse, 2. Aufl. 2017, S. 309 ff.

Zudem sind Wahlpflichtangaben notwendig, die sich aus der Möglichkeit ergeben, Informationen aus den übrigen Rechenwerken des Jahresabschlusses in den Anhang zu verlagern.

> **Praxis-Beispiel**
> § 277 Abs. 3 Satz 1 HGB fordert die Angabe von außerplanmäßigen Abschreibungen nach § 253 Abs. 3 Satz 5 und 6 HGB in der Bilanz oder im Anhang; § 42 Abs. 3 GmbHG fordert für GmbHs spezielle Angaben über Ausleihungen, Forderungen und Verbindlichkeiten gegenüber Gesellschaftern in der Bilanz oder im Anhang.

Obwohl vom Gesetzgeber nicht ausdrücklich beschrieben, können im Anhang auch weitere freiwillige Informationen dargeboten werden.

> **Praxis-Beispiel**
> Ebenso wie § 265 HGB eine weitere Untergliederung von Posten in der Bilanz und GuV erlaubt, kann im Anhang detaillierter berichtet werden.

Ebenso wie für Bilanz und GuV existieren für den Anhang größenabhängige Erleichterungen bzgl. Aufstellung (§ 288 HGB) und weitergehend auch bzgl. Offenlegung (§§ 326 und 327 HGB).[22]

> **Praxis-Beispiel**
> Nach § 288 Abs. 1 HGB gibt es Aufstellungs- und nach § 326 Abs. 1 HGB Offenlegungserleichterungen für kleine KapG und denen gleichgestellte KapCoGes; nach § 288 Abs. 2 HGB gibt es in deutlich geringerem Maße Aufstellungs- und nach § 327 HGB Offenlegungserleichterungen für mittelgroße KapG und denen gleichgestellte KapCoGes.

Dem Anhang kommen somit Erläuterungs-, Entlastungs-, Ergänzungs- und Korrekturfunktionen zu.[23]

23 Die **Erläuterungsfunktion** entspringt der Tatsache, dass die angewandten Bilanzierungs- und Bewertungsmethoden aus den Zahlenwerken der Bilanz und GuV häufig nicht direkt abzuleiten sind (§ 284 Rz 5–Rz 8).

24 Die **Entlastungsfunktion** rührt aus dem Gebot der Klarheit. Damit Bilanz und GuV die notwendige Übersicht vermitteln, sind bestimmte geforderte Informationen nur komprimiert in die Schemata aufzunehmen. Im Anhang kann die Information in geeigneter Weise klar und übersichtlich dargestellt werden (§ 284 Rz 5–Rz 8).

25 Darüber hinaus sind weitere Informationen nach dem HGB im Jahresabschluss von KapG notwendig (**Ergänzungsfunktion**), die jedoch nicht in die Bilanz oder GuV aufgenommen werden können, da dies als zweckwidrig anzusehen wäre.

---

22 Vgl. für einen Musteranhang einer kleinen KapG z.B. Kreipl/Müller, StuB 2013, S. 292 ff.
23 Vgl. Kirsch, in Kußmaul/Müller, HdB, Anhang nach HGB, Rz 4 ff., Stand: 26.1.2024.

In weit selteneren Fällen kommt dem Anhang eine **Korrekturfunktion** zu. Diese greift gem. § 264 Abs. 2 Satz 2 HGB dann, wenn der Jahresabschluss ein den tatsächlichen Verhältnissen entsprechendes Bild der Vermögens-, Finanz- und Ertragslage der KapG nicht vermittelt. In diesem Fall sind Angaben zur Erreichung dieses Bilds notwendig.

26

Für den Anhang ist bislang keine **Gliederung** vorgesehen. Mit § 284 Abs. 1 Satz 1 HGB wird zumindest die Forderung aufgestellt, die Anhangangaben in der Reihenfolge der Darstellung der Posten in der Bilanz und in der GuV darzustellen.

27

2.1.2 Kapitalflussrechnung

Als Zusatzinstrument für die Dokumentation von Entwicklung, Herkunft und Verwendung der Finanzmittel eignet sich die Kapitalflussrechnung (KFR), da durch diese im Jahresabschluss neben der Darstellung von Vermögen und Kapital als Stichtagswerte in der Bilanz sowie der Erträge und Aufwendungen als Zeitraumrechnung in der GuV auch die Ein- und Auszahlungen der betrachteten Periode abgebildet werden. In Deutschland ist die KFR seit 1998 für börsennotierte Ges. und seit 2004 für alle MU als Teil des Konzernabschlusses zu erstellen, wobei DRS 21[24] trotz kritischer Einschätzung in der Literatur[25] auf Basis einer GoB-Vermutung zu beachten ist. Mit DRÄS 13 sind hier Konkretisierungen und Ergänzungen vorgenommen worden. Seit 2010 wird die Erweiterung des Jahresabschlusses durch nicht konzernrechnungslegungspflichtige, aber kapitalmarktorientierte Unt um eine KFR gefordert.[26] Für eine detailliertere Abhandlung zur KFR wird auf § 297 Rz 14ff. verwiesen. Im Jahresabschluss können DRS zunächst grds. nur Empfehlungscharakter haben, da sie stets vom BMJ nach § 342 Abs. 2 HGB nur mit der Vermutung, es handle sich um GoB für die Konzernrechnungslegung, im BAnz bekannt gemacht werden. Dies schließt nicht aus, dass es andere ebenfalls GoB-gemäße Auslegungen zur KFR gibt – kommt es jedoch zu Abweichungen von geltenden DRS, sind im Konzernabschluss Angaben notwendig. Ansonsten kann eine Nichtbeachtung im Konzernabschluss zumindest zu Hinweisen im Prüfungsbericht oder sogar zu einer Einschränkung des Testats führen (IDW PS 201.12). Dagegen sind im Jahresabschluss die DRS nach Ansicht des IDW nur insoweit relevant, wie gesetzliche Anforderungen an die Rechnungslegung durch einen DRS konkretisiert werden und es sich um Auslegungen der allgemeinen gesetzlichen Grundsätze handelt (IDW PS 201.12). Dies ist bei der Ausgestaltung der KFR jedoch nicht der Fall, weshalb auf dieser Ebene auch andere Normen zur Anwendung kommen können, wobei eine Angabe nach § 284 Abs. 2 Nr. 1 HGB in Analogie zu den Angabepflichten für Bilanz und GuV anzunehmen ist (§ 284 Rz 20ff.).

28

Die Hauptaufgabe der KFR besteht in der detaillierten Offenlegung der Zahlungsströme, um Unternehmensführung, Gläubigern, Investoren und der Öffentlichkeit Informationen zu liefern über
- die Fähigkeit des Unt, Zahlungsüberschüsse zu erwirtschaften;
- den künftigen Finanzierungsbedarf;

---

[24] Bekannt gemacht durch das BMJV am 8.4.2014 im BAnz unter AT 8.4.2014 B2, zuletzt geändert mit BAnz AT 27.7.2023 B3 (DRÄS 13).
[25] Vgl. Lorson/Müller/ICV-Fachkreis IFRS & Controlling, DB 2014, S. 965; Eiselt/Müller, BB 2014, S. 1067.
[26] Vgl. Zwirner/Petersen/König, DB 2012, S. 61.

- die Fähigkeit des Unt. Verbindlichkeiten zu erfüllen und Dividenden zu zahlen;
- die Insolvenzanfälligkeit des Unt i. R. v. Kreditwürdigkeitsprüfungen;
- mögliche Divergenzen zwischen dem ausgewiesenen Jahresergebnis und den zugehörigen Zahlungsströmen;
- die Auswirkungen zahlungswirksamer und zahlungsunwirksamer Investitions- und Finanzierungsvorgänge auf die finanzielle Lage des Unt.

29 Im Jahresabschluss kann eine KFR aufgrund der Prinzipien der Bilanzidentität und allgemein der Doppik auch von externer Seite erstellt werden. Diese **derivativ abgeleitete KFR** wird auf Basis zweier aufeinander folgender Jahresabschlüsse erstellt. Zunächst werden die Beständedifferenzen aus den Salden der einzelnen Bestände zweier aufeinander folgender Stichtagsbilanzen abgeleitet. Durch Umgliederung der negativen Beständedifferenzen auf die jeweils andere Seite der Bilanz entsteht ein Bewegungsbild, wobei die ermittelten Bestandsdifferenzen als Mittelbewegungen interpretiert werden können, die die finanzwirtschaftlichen Vorgänge anzeigen. Die Finanzflüsse sind noch nicht direkt aus der Bewegungsbilanz zu entnehmen, da bspw. Aktivminderungen auch durch Abschreibungen, die stets nicht von Zahlungen begleitet sind, verursacht sein können.

30 Es ist daher nötig, das in der Bewegungsbilanz unter Passivmehrung ausgewiesene **Jahresergebnis durch** die gesamten Positionen der **GuV** zu **ersetzen**, wobei zunächst die Aufwendungen als Mittelverwendung und die Erträge als Mittelherkunft klassifiziert werden. Bei ausreichender Detailliertheit der Untergliederung können jetzt die aus Abgrenzungsbuchungen resultierenden, nicht zahlungsbegleiteten Vorgänge sowohl in der GuV als auch in der Bewegungsbilanz visualisiert werden. Da durch das System der doppelten Buchhaltung Kontenbewegungen stets Soll und Haben berühren, finden sich die zu eliminierenden, nicht zahlungsbegleiteten Vorgänge sowohl auf der Mittelherkunfts- als auch auf der Mittelverwendungsseite. So stehen z. B. die aktivmindernden Abschreibungen, die zunächst fälschlich als Mittelherkunft interpretiert wurden, in der GuV unter den Aufwendungen, die zunächst als Auszahlungen und damit als Mittelverwendung klassifiziert wurden. Durch beidseitige Eliminierung dieser Vorgänge sind die tatsächlichen Finanzflüsse zu erhalten.

31 Im Folgenden werden die so identifizierten Finanzströme gem. DRS 21 in verschiedene Kategorien unterteilt, was in § 297 Rz 24 ff. dargestellt ist. Dabei ist neben weiteren Ungenauigkeiten i. R. d. indirekten Darstellung des Cashflows aus laufender Geschäftstätigkeit aufgrund der Zuordnung der zahlungswirksamen Finanzergebnisbestandteile in den Cashflow aus Investitionstätigkeit ohne eine klare Mitzuordnung der Steuern der Standard sehr kritisch zu sehen und sollte daher nur mit einer modifizierten Mindestgliederung angewandt werden.[27]

---

[27] Vgl. Lorson/Müller/ICV-Fachkreis IFRS & Controlling, DB 2014, S. 965; Eiselt/Müller, BB 2014, S. 1067.

2.1.3 Eigenkapitalspiegel

Der Eigenkapitalspiegel, alternativ Eigenkapitalveränderungsrechnung genannt, sollte im Einzelabschluss **in Anlehnung an DRS 22**[28] erstellt werden, der als vermutete GoB für Konzernabschlüsse zu verstehen ist. Gleichwohl kann dies nur als Empfehlung und nicht als Verpflichtung gelten (Rz 28). DRS 22 hat seit dem Gj 2017 DRS 7 ersetzt. Der Zweck der Eigenkapitalveränderungsrechnung liegt darin, über die Veränderung des Eigenkapitals zwischen zwei Bilanzstichtagen die Zu- und Abnahme des nach den Rechnungslegungsnormen bestimmten Reinvermögens während dieser Periode widerzuspiegeln. Auf die Ausführungen in § 297 Rz 50 ff. wird verwiesen.

32

2.1.4 Segmentberichterstattung

Die Segmentberichterstattung, die als Instrument zur **Verringerung der Informationsasymmetrien** zu verstehen ist, kann den Jahresabschluss ergänzen. Nach der Verabschiedung des BilReG sind gem. § 315e Abs. 1 und 2 HGB durch Verweis auf die IAS-Verordnung und den IFRS 8 lediglich Konzernabschlüsse von börsennotierten MU bzw. von MU, die einen Börsengang eingeleitet haben, um einen nach internationalen Rechnungslegungsstandards erstellten Segmentbericht zu erweitern. Für nicht zur Rechnungslegung nach internationalen Standards verpflichtete Unt stellt der Segmentbericht nach wie vor keinen obligatorischen Bestandteil des Jahres- oder Konzernabschlusses dar. Allerdings kann gem. § 264 Abs. 1 Nr. 2 HGB der Jahresabschluss bzw. gem. § 297 Abs. 1 Satz 2 HGB der Konzernabschluss freiwillig erweitert werden.[29] Für Letzteres ist seit dem Gj 2021 DRS 28 „Segmentberichterstattung" zu beachten.[30]

33

Mit DRS 28 kommt es zu einer fast kompletten Übernahme von IFRS 8, da der Management Approach auch für die Segmentberichterstattung nach HGB anzuwenden ist.[31] Der Gesetzgeber sieht eine freiwillige Erweiterung explizit für Einzelabschlüsse von nicht konzernrechnungslegungspflichtigen, aber kapitalmarktorientierten Unt vor. Darüber hinaus bleibt es weiterhin jedem Unt überlassen, neben der geforderten Aufgliederung der Umsatzerlöse nach § 285 Nr. 4 HGB in den Anhang weitere Informationen i.S.e. Segmentberichterstattung freiwillig aufzunehmen sowie diese prüfen zu lassen und offenzulegen. Für eine detailliertere Abhandlung zur Segmentberichterstattung wird auf § 297 Rz 65–Rz 79 verwiesen.

---

[28] BAnz AT v. 23.2.2016 B1 S. 1–18, zuletzt wesentlich geändert mit BAnz AT v. 4.12.2017 B1.
[29] Dies trifft gem. § 13 Abs. 2 PublG auch auf publizitätspflichtige Nicht-KapG zu.
[30] Bekanntmachung durch BMJ am 5.8.2020 (BAnz AT 5.8.2020 B2).
[31] Vgl. Müller/Peters/Reinke, KoR 2019, S. 546–550.

Praxis-Beispiel[32]
Schema einer Segmentberichterstattung im Einzelabschluss:

	A	B	C	Sonstige Segmente	Überleitung	Gesamt

• Umsatzerlöse
  – mit externen Dritten
  – Intersegmenterlöse						

• Ergebnis
  darin enthalten
  – Abschreibungen
  – andere nicht zahlungswirksame Posten
  – Ergebnis aus Beteiligung						

Vermögen						
Investitionen						
Schulden						

2.1.5 Einheitsthese

34 Der Jahresabschluss bildet nach § 264 Abs. 1 Satz 1 HGB bei KapG (ggf. mit Ausnahme der KleinstKapG) eine **Einheit** aus Bilanz, GuV und Anhang. Bei nicht konzernrechnungslegungspflichtigen, aber kapitalmarktorientierten KapG wird diese Einheit in Satz 2 um die KFR und den Eigenkapitalspiegel erweitert. Nur durch dieses Konstrukt der Einheit ist es möglich, dass etwa der Anhang seine Entlastungsfunktion übernimmt. Im Zusammenspiel der unterschiedlichen Teile können Zielkonflikte etwa bzgl. Kapitalerhaltung und Information zumindest gemildert werden.[33] Dies ist darin zu begründen, dass nur die Gesamtheit des Jahresabschlusses, nicht aber die Einzelteile ein den tatsächlichen Verhältnissen entsprechendes Bild zu vermitteln haben.[34] Auch kann der Jahresabschluss nur als Ganzes geprüft (§ 316 Abs. 1 HGB), unterzeichnet (§ 245 Satz 1 HGB), festgestellt (z.B. § 172 AktG) und ggf. mit größen- und rechtsformabhängigen Erleichterungen offengelegt (§ 325 HGB) werden.[35] Allerdings wird damit der Anwendungsbereich der Generalnorm des § 264 Abs. 2 HGB zurückgedrängt (Rz 50 ff.).

---

[32] In Anlehnung an den inzwischen aufgehobenen DRS 3 Anhang 2.
[33] Vgl. Reiner, in MünchKomm. HGB, 5. Aufl. 2024, § 264 HGB Rz 7.
[34] Vgl. Clemm, in Förschle/Kaiser/Moxter, Rechenschaftslegung im Wandel, 1995, S. 155; Moxter, in Förschle/Kaiser/Moxter, Rechenschaftslegung im Wandel, 1995, S. 426–428; Moxter, in Fischer/Hömberg, Jahresabschluß und Jahresabschlußprüfung, 1997, S. 106, 110; Kliem/Rimmelspacher, in Beck Bil-Komm., 14. Aufl. 2024, § 264 HGB Rz 9; Wölk, Die Generalnorm für den Einzelabschluß von Kapitalgesellschaften, 1992, S. 107–111.
[35] Zur sog. Abkopplungsthese vgl. Ballwieser, in Baetge/Kirsch/Thiele, Bilanzrecht, § 264 HGB Rz 23, Stand: 5/2019; Alexander, European Accounting Review 1993, S. 59, 64.

2.2 Lagebericht

Der Lagebericht ist ein **Berichtsinstrument**, das den Jahresabschluss ergänzt.[36] Er ist nur von mittelgroßen und großen KapG zu erstellen; kleine KapG sind zur Aufstellung eines Lageberichts berechtigt (§ 264 Abs. 1 Satz 4 HGB). Die Anteilseigner können dies auch in der Satzung von den gesetzlichen Vertretern der KapG verlangen.[37] Der Zweck des Lageberichts liegt in der Ergänzung der Informationsfunktion des Jahresabschlusses. Dazu wird im Lagebericht durch Vermittlung von zusätzlichen Informationen allgemeiner Art ein umfassenderes Bild der tatsächlichen Verhältnisse der wirtschaftlichen Lage des Unt gezeichnet. Dem Lagebericht kommt somit parallel zum Jahresabschluss eine Informations- (Ergänzungs-, Komplementär-, Beurteilungs- und Verdichtungsfunktion) und Rechenschaftsfunktion zu (§ 289 Rz 10 ff.). Die Lageberichterstattungspflichten wurden durch das CSR-RL-Umsetzungsgesetz für bestimmte Unt erweitert und insg. neu strukturiert (§ 289 Rz 7).

35

Obwohl er rechtlich selbstständig und kein Teil des Jahresabschlusses ist, steht einer **gemeinsamen Veröffentlichung** von Jahresabschluss und Lagebericht in einem Dokument, dem „Geschäftsbericht", nichts entgegen. Voraussetzung ist, dass beide Teile klar erkennbar voneinander getrennt dargestellt sind.[38] Nach § 114 WpHG werden explizit Jahresfinanzberichte gefordert, die aus Jahresabschluss, Lagebericht, Bestätigungsvermerk und Bilanzeid bestehen.

36

Für einen Überblick über die Bestandteile des Lageberichts wird auf die Ausführungen zu § 289 Rz 23 ff. verwiesen.

37

2.3 Aufstellungspflicht

§ 264 Abs. 1 Satz 3 HGB verlangt von den gesetzlichen Vertretern lediglich die **Aufstellung** des Jahresabschlusses und des Lageberichts. Die sich auf den Jahresabschluss beziehende Unterzeichnungspflicht (§ 245 HGB), die gesamten Prüfungspflichten von Abschlussprüfer (§ 316 HGB) und Aufsichtsrat (§ 170 Abs. 1 AktG, § 42a Abs. 1 GmbHG, § 25 Abs. 1 MitbestG, § 3 Montan-MitbestG, § 1 Abs. 1 DrittelbG) sowie die sich besonders auf den Jahresabschluss beziehenden Feststellungspflichten (§§ 172 und 173 AktG, § 47 Abs. 5 SEAG, §§ 42a Abs. 1 und 46 Nr. 1 GmbHG) gehören nicht zu den hier geregelten Sachverhalten. Bei der Aufstellung handelt es sich um die verantwortliche Erstellung der Unterlagen des Jahresabschlusses und des Lageberichts bis zur Beschlussreife. Dabei ist zu beachten, dass Aufstellung und Erstellung keine synonymen Begriffe sind. Aufstellung kann einzig durch die gesetzlichen Vertreter vorgenommen werden, erstellen kann (fast) jeder.

38

> **Praxis-Beispiel**
> Der Steuerberater erstellt den Jahresabschluss für den Mandanten. Das Aufstellen erfolgt gleichwohl durch den Mandanten. Mit dem Begriff der Aufstellung ist die Übernahme der vollen Verantwortung verbunden.

---

[36] Vgl. Stute, in Kußmaul/Müller, HdB, Lagebericht: Grundlage, Grundsätze und Bestandteile, Rz 1 ff., Stand: 4/2022.
[37] Vgl. Reiner, in MünchKomm. HGB, 5. Aufl. 2024, § 264 HGB Rz 18.
[38] Vgl. Grottel, in Beck Bil-Komm., 14. Aufl. 2024, § 289 HGB Rz 12.

39 Im Interesse der Determination des Zeitpunkts der Beendigung der Aufstellung der Informationsinstrumente für die Abschlussadressaten hat eine datierte Unterzeichnung zu erfolgen (§ 245 HGB), wobei nicht erheblich ist, dass das Unterzeichnungsdatum auf das Datum der Unterzeichnung des Jahresabschlusses fällt (§ 245 Rz 14). Ausgangspunkt sind primär die Daten der Buchhaltung, aus denen ein Abschluss zu generieren ist. Darüber hinaus müssen für die Lageberichterstattung weitere Daten erhoben und zukunftsorientierte Einschätzungen getroffen werden.

40 Obwohl die Erstellung i. W. im Rechnungswesen erfolgt, ist die Aufstellung – wie die Unterzeichnung – als **kollektive Pflicht aller gesetzlichen Vertreter** ausgestaltet. Als gesetzliche Vertreter gelten bei KapG die folgenden Personen:

AG	Mitglieder des Vorstands (§ 78 Abs. 1 AktG)
SE	bei dualistischem System: Mitglieder des Vorstands (Art. 9 Abs. 1b SE-VO) oder bei monoistischem System: geschäftsführende Direktoren (§§ 41 Abs. 1 und 47 Abs. 1 SEAG)
KGaA	Persönlich haftende Gesellschafter (§ 283 Nr. 9 AktG, §§ 125 und 161 Abs. 2 HGB)
GmbH	Geschäftsführer (§ 35 Abs. 1 GmbHG)
Bei Abwicklung/ Liquidation	Abwickler/Liquidatoren (§§ 269, 270 AktG bzw. §§ 70, 71 GmbHG)
Bei Insolvenz	Insolvenzverwalter (§ 155 Abs. 1 InsO) bzw. bei Eigenverwaltung der Schuldner und der Sachwalter (§ 270 Abs. 1 InsO)

Tab. 1: Gesetzliche Vertreter von Kapitalgesellschaften

41 Auch wenn die gemeinsame Pflicht nicht durch Satzung oder Gesellschaftsvertrag verändert werden kann,[39] handelt es sich nicht um eine höchstpersönliche Pflicht. Daher kann die Aufgabe der Erstellung innerhalb des Führungsgremiums an weitere unternehmensinterne oder -externe Personen **delegiert** werden.[40] In diesem Fall wandelt sich die Erstellungs- in eine Überwachungspflicht, es bleibt aber bei der grds. Aufstellungspflicht. Bzgl. des Inhalts müssen die gesetzlichen Vertreter, soweit Satzung, Gesellschaftervertrag oder Geschäftsordnung nichts Abweichendes regeln, einstimmig entscheiden.[41] Bei der Delegation an eine externe Person sind die Regelungen zur Unabhängigkeit des Abschlussprüfers zu beachten, da eine gleichzeitige Mitwirkung an der Aufstellung und Prüfung nach § 319 Abs. 3 Nr. 3 HGB in aller Regel ausgeschlossen ist (§ 319 Rz 49 ff.).

42 Die **Aufstellung** als Aufgabe der gesetzlichen Vertreter ist beendet, wenn Jahresabschluss und Lagebericht nach Einschätzung dieser den gesetzlichen Vorgaben entsprechen und an die nächste Institution auf dem Weg zur Offenlegung weitergereicht werden. Diese Institutionen sind bei prüfungspflichtigen Unt der Abschluss-

---

[39] Vgl. Reiner, in MünchKomm. HGB, 5. Aufl. 2024, § 264 HGB Rz 19.
[40] Vgl. Hopt, HGB, 43. Aufl. 2024, § 264 Rz 8.
[41] Vgl. Kliem/Rimmelspacher, in Beck Bil-Komm., 14. Aufl. 2024, § 264 HGB Rz 14.

prüfer, bei anderen KapG der Aufsichtsrat (§ 170 Abs. 1 Satz 1 AktG) oder die Gesellschafter (§ 42a Abs. 1 Satz 1 GmbHG). Da i.R.d. Prüfung oder durch neue Erkenntnisse Änderungsbedarf entstehen kann, sind der aufgestellte Jahresabschluss und Lagebericht nicht endgültig, sondern können noch verändert werden.[42] Diese Veränderungen gelten aber nicht mehr als Aufstellung. Für den Arbeitsprozess wird es daher als überaus sinnvoll erachtet, schon vor oder während der Aufstellung problematische Sachverhalte mit den prüfenden Institutionen zu klären, wobei immer die Problematik einer möglichen Vermengung von Aufstellung und Prüfung zu beachten ist.[43]

2.4 Fristen

Während in § 243 Abs. 3 HGB noch ungenau die Aufstellung des Jahresabschlusses innerhalb einer einem ordnungsmäßigen Geschäftsgang entsprechenden Zeit verlangt wurde, wird dies in § 264 Abs. 1 HGB für KapG und KapCoGes auf drei Monate, für kleine Ges. i.S.d. § 267 Abs. 1 HGB auf höchstens sechs Monate nach dem Bilanzstichtag begrenzt. Ein Jahresabschluss eines kalenderjahrgleichen Gj ist somit innerhalb einer dem ordnungsmäßigen Geschäftsgang entsprechenden Zeit bis einschl. 31. März oder bei kleinen Ges. bis einschl. 30. Juni des Folgejahrs aufzustellen. Der Gesetzgeber hat bei der Erweiterung der **Frist** für kleine Ges. jedoch explizit die Forderung nach der Erstellung innerhalb des ordnungsmäßigen Geschäftsgangs wiederholt. Dies ist insb. vor dem Hintergrund der Informationszwecke von Jahresabschlüssen und Lageberichten notwendig, da die enthaltenen Informationen mit zunehmendem Zeitablauf deutlich an Entscheidungsrelevanz für die internen und externen Adressaten von Abschluss und Lagebericht verlieren. Daher dürfen auch kleine KapG nicht generell von einer Sechsmonatsfrist ausgehen. Diese gilt nur als oberste Begrenzung, die im üblichen Geschäftsverlauf nur im Ausnahmefall anzutreffen sein sollte. Während eine Verkürzung der **Fristen** durch Satzung oder Gesellschaftsvertrag zumindest im Innenverhältnis möglich[44] bzw. in Krisensituationen im Hinblick auf §§ 283 Abs. 1 Nr. 7b und 283b Abs. 1 StGB auch geboten erscheint,[45] ist eine Verlängerung ausgeschlossen.[46] Ein Überschreiten der Aufstellungsfrist wird strafrechtlich nach § 283 Abs. 1 Nr. 7b und § 283b Abs. 1 Nr. 3b StGB sanktioniert. Nur indirekt bei nicht erfolgter Offenlegung nach zwölf Monaten (bzw. vier Monaten für kapitalmarktorientierte Unt, für die § 327a HGB nicht zutrifft) droht eine Sanktionierung mit einem Ordnungsgeld nach § 335 Abs. 1 Satz 1 Nr. 1 HGB. Daneben handelt es sich aber bei Überschreiten der Frist um eine schuldhafte Verletzung der Sorgfaltspflicht der gesetzlichen Vertreter (insb. §§ 84 Abs. 3 und 93 Abs. 2 AktG oder §§ 30 und 43 Abs. 2 GmbHG), die zivilrechtliche Rechtsfolgen auslösen kann.

Für Unt, die unter das **PublG** fallen, gilt eine Frist zur Aufstellung des Jahresabschlusses von drei Monaten (§ 5 Abs. 1 Satz 1 PublG), für Genossenschaften

---

[42] Vgl. Reiner, in MünchKomm. HGB, 5. Aufl. 2024, § 264 HGB Rz 22; Kliem/Rimmelspacher, in Beck Bil-Komm., 14. Aufl. 2024, § 264 HGB Rz 19.
[43] Vgl. ADS, Rechnungslegung und Prüfung der Unternehmen, 6. Aufl. 1995–2001, § 264 HGB Rz 32; Reiner, in MünchKomm. HGB, 5. Aufl. 2024, § 264 HGB Rz 22.
[44] Vgl. Baetge/Hippel, in Küting/Weber, HdR-E, § 264 HGB Rz 5, Stand: 1/2023.
[45] Vgl. BVerfG, Urteil v. 15.3.1978, DB 1978, S. 1393.
[46] Vgl. BayOLG, Urteil v. 5.3.1987, 3 Z 29/87, BB 1987, S. 869.

von fünf Monaten (§ 336 HGB), für Kreditinstitute von drei Monaten (§ 340a Abs. 1 HGB), für Versicherungen von vier Monaten (§ 341a Abs. 1 HGB) und für Rückversicherungen von zehn Monaten (§ 341a Abs. 5 HGB).

2.5 Anhangbefreiung für Kleinstkapitalgesellschaften

45 KleinstKapG (§ 267a HGB), für die die monetären Schwellenwerte 2024 deutlich erhöht werden (§ 267a Rz 1), dürfen auf die Erweiterung des Jahresabschlusses um einen Anhang unter der Voraussetzung von **Bewertungseinschränkungen** und **Angaben unter der Bilanz** verzichten.

46 So ist zunächst auf die **Bewertung zum beizulegenden Zeitwert** zu verzichten. Relevant ist dabei nur die gem. § 253 Abs. 1 Satz 4 HGB pflichtgemäß vorgesehene Bewertung von nach § 246 Abs. 2 Satz 2 HGB zu verrechnenden VG, die dem Zugriff aller übrigen Gläubiger entzogen sind und ausschl. der Erfüllung von Schulden aus Altersversorgungsverpflichtungen oder vergleichbaren langfristig fälligen Verpflichtungen dienen (**Deckungsvermögen**). Hier haben KleinstKapG, soweit dieser Fall der Deckung von Pensions- oder ähnlichen Verpflichtungen vorliegt, gem. § 253 Abs. 1 Sätze 5–6 HGB nicht den beizulegenden Zeitwert, sondern die **fortgeführten Anschaffungskosten** für die zu saldierenden VG zu verwenden. Entsprechend entfällt die Ausschüttungssperre für die (dann nicht) ausgewiesenen, nicht realisierten Gewinne nach § 268 Abs. 8 HGB. Die auf den europäischen Vorgaben beruhende Formulierung des Gesetzestextes ist insofern schwammig respektive unglücklich, als dass das Verbot zur Bewertung mit dem beizulegenden Zeitwert bei Inanspruchnahme der Erleichterungen nicht direkt auf die Bewertung von VG Bezug nimmt, sondern pauschal gehalten ist, obwohl hier einzig die Bewertung von Deckungsvermögen gemeint sein kann und ausweislich der Regierungsbegründung auch ist.[47] Dies kann zu Missverständnissen der Art führen, dass Anwender das Bewertungsverbot auch auf Rückstellungen für Altersversorgungsverpflichtungen, deren Höhe sich ausschl. nach dem beizulegenden Zeitwert von Wertpapieren bemisst, beziehen und entsprechend eine Fehlbewertung mit den fortgeführten Anschaffungskosten vornehmen. Im Fall der Rückstellungsermittlung ist jedoch der nach vernünftiger kaufmännischer Beurteilung notwendige Erfüllungsbetrag maßgebend, der den beizulegenden Zeitwerten der zugesagten Wertpapiere oder Geldäquivalente entspricht.

47 Zudem sind von KleinstKapG nach § 264 Abs. 1 Satz 5 HGB einige **Anhangangabepflichten** des HGB sowie des AktG unter der Bilanz auszuweisen:[48]
- **Haftungsverhältnisse** i. S. d. § 268 Abs. 7 HGB:
  – Sofern diese nicht bereits auf der Passivseite auszuweisen sind, ist Folgendes in einem Betrag und unabhängig von Rückgriffsforderungen zu vermerken, wobei gesondert Verpflichtungen betreffend die Altersversorgung und Verpflichtungen gegenüber verbundenen oder assoziierten Unt anzugeben sind:
    • Verbindlichkeiten und Haftungsverhältnisse aus der Begebung und Übertragung von Wechseln,
    • Verbindlichkeiten und Haftungsverhältnisse aus Bürgschaften,

---

[47] Vgl. Müller/Kreipl, DB 2013, S. 73.
[48] Zum Vergleich von Musterabschlüssen einer KleinstKap und einer kleinen KapG vgl. Kreipl/Müller, StuB 2013, S. 292 ff.

- Wechsel- und Scheckbürgschaften und
- Verbindlichkeiten und Haftungsverhältnisse aus Gewährleistungsverträgen.
- Haftungsverhältnisse aus der Bestellung von Sicherheiten für fremde Verbindlichkeiten.
- **Vorschüsse/Kredite** an Mitglieder der Verwaltungs-, Geschäftsführungs- oder Aufsichtsorgane i.S.d. § 285 Nr. 9 Buchst. c HGB, getrennt nach Personengruppen, wobei Angaben notwendig sind bzgl. Zinssätzen, wesentlicher Bedingungen, ggf. im Gj zurückgezahlter Beträge sowie zugunsten dieser Personen eingegangener Haftungsverhältnisse.
- **Transaktionen eigener Aktien** i.S.d. § 160 Abs. 3 Satz 2 AktG:
  – Der Bestand an eigenen Aktien der Ges., sofern erworben oder als Pfand genommen durch ein abhängiges oder im Mehrheitsbesitz der Ges. stehendes Unt, anderes Unt für Rechnung der Ges., abhängiges Unt und im Mehrheitsbesitz der Ges. stehendes Unt. Dabei sind anzugeben:
    - die Zahl dieser Aktien,
    - der auf die Aktien entfallende Betrag des Grundkapitals,
    - der Anteil der Aktien am Grundkapital sowie ferner
    - für erworbene Aktien
    - der Zeitpunkt des Erwerbs und die Gründe für den Erwerb.
  – Wurden Aktien in diesem Sinne im Gj erworben oder veräußert, ist zu berichten über den Erwerb und die Veräußerung. Dabei ist zu berichten über die Zahl dieser Aktien, der auf sie entfallende Betrag des Grundkapitals, der auf sie entfallende Anteil am Grundkapital, der Erwerbs- oder Veräußerungspreis und die Verwendung des Erlöses. Diese Regelung ist aber seit dem Gj 2016 nur mit der Maßgabe anzuwenden, dass die Ges. nur Angaben zu von ihr selbst oder durch eine andere Person für Rechnung der Ges. erworbene und gehaltene eigene Aktien machen muss und über die Verwendung des Erlöses aus der Veräußerung eigener Aktien nicht zu berichten braucht.

Im Zuge der Ausweitung von Erleichterungen für kleine KapG i.R.d. RL 2013/34/EU wurden in § 264 Abs. 1 Satz 5 Nr. 1 HGB mit dem BilRUG keine Angaben nach § 251 HGB zu **Haftungsverhältnissen** mehr unter der Bilanz verlangt. Aus dem gleichen Grund und wegen der Neufassung von § 160 Abs. 3 AktG sind für AGs nach § 264 Abs. 1 Satz 5 Nr. 3 HGB nur noch Angaben zu von ihr selbst oder durch eine andere Person für Rechnung der Ges. erworbene und gehaltene **eigene Aktien** unter der Bilanz notwendig; die Angabepflicht über die Verwendung des Erlöses aus der Veräußerung eigener Aktien entfällt.

Explizit sind zusätzliche Angaben über Abweichungen von einem den tatsächlichen Verhältnissen entsprechenden Bild der Vermögens-, Finanz- und Ertragslage bei besonderen Umständen für KleinstKapG unter der Bilanz nötig, wie die Ergänzung von § 264 Abs. 2 HGB durch § 264 Abs. 2 Satz 4 und 5 HGB klarstellt. Allerdings wird der Umfang dieser zusätzlichen Angaben vom Gesetzgeber eingeschränkt (Rz 87).

Umstritten ist die Frage, ob mit dieser Aufzählung alle anderen Angabepflichten aus HGB oder rechtsformspezifischen Gesetzen entfallen. Grds. kann argumen-

48

tiert werden, dass alle Angaben, die alternativ in Bilanz oder Anhang erfolgen dürfen, durch den Verzicht der Anhangerstellung wegfallen.[49] Dafür spricht, dass der Gesetzgeber etwa beim Wahlrecht nach § 268 Abs. 7 HGB explizit einen Ausweis unter der Bilanz gefordert hat. Bei Formulierungen wie „bei jedem gesondert ausgewiesenen Posten", wie in § 268 Abs. 4 HGB, kann argumentiert werden, dass der Gesetzgeber durch die verkürzte Gliederung eben keine gesonderten Posten (und damit Zusatzangaben) fordert.[50] Zumindest die nach § 268 Abs. 3 HGB notwendige Angabe des **nicht durch Eigenkapital gedeckten Fehlbetrags** dürften auch KleinstKapG in der Bilanz auszuweisen haben, da dieser Posten letztlich dem bilanziellen Eigenkapital entspricht. Dagegen dürften **die weiteren Postenerläuterungen** hinsichtlich Gewinn-/Verlustvortrag sowie Restlaufzeiten der Forderungen und Verbindlichkeiten mit der verkürzten Bilanz **obsolet** sein.

Die Angaben der **Beziehungen zu den Eigenkapitalgebern** nach § 272 HGB und § 42 GmbHG sind deutlich umstrittener. Als Auffangtatbestand ist immer § 264 Abs. 2 Satz 2 HGB heranzuziehen, der bei Beeinträchtigungen der abgebildeten Vermögens-, Finanz- und Ertragslage durch besondere Umstände eine Angabe verlangt. Für die für kleine AG und KGaA bestehenden Angabepflichten gem.

- § 152 Abs. 1 AktG (auf jede Aktiengattung entfallender Betrag des Grundkapitals, bedingtes Kapital sowie die Gesamtstimmenzahl der Mehrstimmrechtsaktien und die der übrigen Aktien, sofern vorhanden),
- § 152 Abs. 2 AktG (Kapitalrücklage: Einstellungen und Entnahmen) sowie
- § 152 Abs. 3 AktG (Gewinnrücklagen: Einstellungen und Entnahmen)

ist dagegen mit § 152 Abs. 4 AktG eine Befreiungsnorm eingefügt worden.

3 Notwendigkeit zu allgemeinen Angaben im Abschluss (Abs. 1a)

49 Nach § 264 Abs. 1a HGB sind im Jahresabschluss die Firma, der Sitz, das Registergericht und die Nummer, unter der die Ges. in das Handelsregister eingetragen ist, anzugeben. Befindet sich die Ges. in Liquidation oder Abwicklung, ist auch diese Tatsache anzugeben. Die zusätzlichen Informationen ermöglichen es den Adressaten, zielgerichteter und effizienter an zusätzliche Informationen über das Unternehmen zu gelangen, etwa mithilfe der Internetplattform des Unternehmensregisters. Aus dem Gesetzeswortlaut sind weder der **Ort** noch ein Sammelbegriff für die Informationen zu entnehmen. Es wäre also denkbar, die Angaben an beliebiger Stelle im Anhang zu positionieren.[51]

Die Gesetzesbegründung schlägt auch das Deckblatt vor, was aber nicht zum Jahresabschluss gehört und daher ausscheiden muss. Im Kontext der IFRS-Annäherung erscheint es sinnvoll, diese Angaben am Anfang des Anhangs zu positionieren[52] und um das angewandte Rechnungslegungssystem („HGB") sowie einen Hinweis auf ggf. genutzte größenklassenabhängige Erleichterungen zu ergänzen („als mittelgroße Kapitalgesellschaft"). Bei KleinstKapG sollte die Angabe aufgrund des fehlenden Anhangs in der Überschrift zur Bilanz erfolgen.[53]

---

[49] Vgl. Hoffmann, StuB 2012, S. 730.
[50] Vgl. Hoffmann, StuB 2012, S. 730.
[51] Vgl. Zwirner, DStR 2015, S. 375.
[52] So auch Kliem/Rimmelspacher, in Beck Bil-Komm., 14. Aufl. 2024, § 264 HGB Rz 21.
[53] Vgl. Oser/Orth/Wirth, DB 2015, S. 1734.

Denkbar wäre es auch, die Angaben in Form einer Kopf- oder Fußzeile zu tätigen, sofern dadurch die Klarheit und die Übersichtlichkeit des Abschlusses nicht eingeschränkt werden. Dazu wäre eine Limitierung der Angabe in der Fuß- oder Kopfzeile auf die Rechenwerke sicherlich geeignet.[54]

Als **Überschrift** oder Oberbegriff können die Ausdrücke „Registerinformationen" oder „Registerbericht" dienen. Es ist auch denkbar, die Informationen als „einleitenden Teil" zum Jahresabschluss zu betiteln, wenn sie an den Anfang des Abschlusses gestellt werden.

4 Generalnorm (Abs. 2)

4.1 Inhalt und Verhältnis zu den Einzelvorschriften

Die in § 264 Abs. 2 Satz 1 HGB explizierte Generalnorm für die Rechnungslegung von KapG und KapCoGes verlangt vom Jahresabschluss unter Beachtung der GoB die Vermittlung eines den tatsächlichen Verhältnissen entsprechenden Bilds der Vermögens-, Finanz- und Ertragslage des Unt. Für den Lagebericht sind die Einschränkungen „unter Beachtung der GoB" und „Bild der Vermögens-, Finanz- und Ertragslage" nicht in den Gesetzestext des § 289 Abs. 1 Satz 1 HGB übernommen worden. Vielmehr hat dieser ein den tatsächlichen Verhältnissen entsprechendes Bild zu vermitteln. Für den Konzernabschluss erfolgt die Übernahme in § 297 Abs. 2 Satz 2 HGB analog zu § 264 Abs. 2 Satz 1 HGB.

Die mit dem BiRiLiG ins Gesetz aufgenommene und aus Art. 2 Abs. 3 der 4. EG-RL 78/660/EWG stammende Formulierung kann als Kompromiss angesehen werden. Von deutscher Seite wurde eine Beibehaltung des Texts von § 149 AktG a. F. beabsichtigt, nach dem der Jahresabschluss einen i. R. d. Bewertungsvorschriften möglichst sicheren Einblick in die Vermögens- und Ertragslage der Ges. geben muss. Von britischer Seite wurde dagegen die Verankerung des „true-and-fair-view"-Prinzips angestrebt. Als Kompromiss entstand die jetzt im Gesetz stehende Formulierung für die EG-RL. Allerdings wurde der Text um Art. 2 Abs. 5 ergänzt. Demnach sind die übrigen Vorschriften der RL in Ausnahmefällen nicht anzuwenden, wenn damit das durch den Jahresabschluss vermittelte Bild nicht den tatsächlichen Verhältnissen entsprechen würde. Dieser Satz ist vom damaligen Gesetzgeber nicht in § 264 Abs. 2 HGB übernommen, sondern durch die Ergänzungspflicht des § 264 Abs. 2 Satz 2 HGB bzgl. notwendiger Angaben im Anhang ersetzt worden. Diese greifen, wenn besondere Umstände dazu führen, dass der Jahresabschluss ein den tatsächlichen Verhältnissen entsprechendes Bild i. S. d. Satzes 1 nicht bietet. Dabei wurde sich auf die Protokollerklärung des Rates und der Kommission gestützt, wonach die Anwendung der Richtlinie normalerweise ausreiche, damit das den tatsächlichen Verhältnissen entsprechende Bild entsteht,[55] und daraus abgeleitet, dass bei Beachtung der Einzelvorschriften gleichzeitig die Generalnorm erfüllt werde.[56] Zudem wurde diese Ansicht gestützt durch die

---

54 Vgl. Lange in Kreipl/Lange/Müller, Schnelleinstieg BilRUG, 2016, S. 108.
55 Vgl. Protokollerklärung zu Art. 2 Abs. 4, abgedruckt bei Schruff, Rechnungslegung und Prüfung der AG und GmbH nach neuem Recht (4. EG-Richtlinie), 1978, S. II, 12.
56 Vgl. zu dieser Ansicht Biener, BFuP 1979, S. 3 f.; Hahn, DStR 1979, S. 555; Beisse, in Ballwieser u.a., Bilanzrecht und Kapitalmarkt, 1994, S. 6.

sog. **Abkopplungsthese**.[57] Dieser Ansicht zufolge muss der Jahresabschluss nur als Einheit von Bilanz, GuV und Anhang ein den tatsächlichen Verhältnissen entsprechendes Bild vermitteln (Rz 34).[58] Die aufgrund des ausgeprägten Gläubigerschutzgedankens im deutschen Handelsrecht vorherrschende vorsichtige Bilanzierung führe zwar zu Informationsverlusten, allerdings könnten die entstandenen Einblicksbeschränkungen in Bilanz und GuV durch entsprechende Anhangangaben wieder ausgeglichen werden. Der true and fair view wird dieser Auffassung nach damit i.W. durch den Anhang erfüllt, dem überwiegend die Informationsfunktion zukomme.[59] Folglich könne mit dem Anhang dem Gesellschafterschutz entsprochen werden,[60] während der Gläubigerschutz nur durch Abkopplung der Bilanz sichergestellt werden könne.[61] Zur Abkopplungsthese existieren nach wie vor Einwände.[62] Die Annahme, dass der true and fair view i.W. **in den Anhang ausgelagert** und somit auf einen Teil des Jahresabschlusses begrenzt werden könnte, greift zu kurz angesichts der Bedeutung, die der Generalnorm vom europäischen Normgeber zugedacht wurde. Im Gegenteil besteht vielmehr die Notwendigkeit, die Generalnorm auf alle Teile des Jahresabschlusses anzuwenden.[63] Eine **Unvereinbarkeit des true-and-fair-view-Grundsatzes mit dem Gläubigerschutz** ist zudem nicht gegeben, da dem Vorsichtsprinzip zwar durch den true and fair view Grenzen gesetzt sind, der Gläubigerschutz dadurch allerdings nicht gefährdet wird.[64] Die Verlagerung des Gesellschafterschutzes in den Anhang bedeutet vielmehr, das Ausschüttungsinteresse der Gesellschafter zu missachten und damit den in der Richtlinie ausdrücklich genannten Gesellschafterschutz zu verletzen.[65]

Die EU hat inzwischen die Richtlinie über den Jahresabschluss, den konsolidierten Abschluss und damit verbundene Berichte von Unt bestimmter Rechtsformen – RL 2013/34/EU des Europäischen Parlaments und des Rates vom 26.6.2013 veröffentlicht.[66] Sie wurde mit dem BilRUG umgesetzt, ohne dass eine Anpassung erfolgt wäre. So kommt es in zweifacher Weise bei der Stellung der Generalnorm zu einer Abweichung zur RL. Zum einen fehlt der Zusatz „unter Beachtung der GoB" im Richtlinientext. Zum anderen ist Art. 4 Abs. 3 und 4 der RL, der inhaltlich den Regelungen von IAS 1.15 und 17 entspricht, klar als overriding principle ausgestaltet. Dies bedeutet, dass die Generalnorm mit der Forderung der tatsachengemäßen Abbildung Vorrang vor Einzelnormen hat.[67] Das DRSC, das IDW und der Arbeitskreis Bilanzrecht Hochschullehrer Rechts-

---

[57] Vgl. ausführlich zur Abkopplungsthese Moxter, AG 1979, S. 141 ff.; Moxter, Bilanzlehre, Bd. II, 3. Aufl. 1986, S. 67 f.; Schildbach, BFuP 1987, S. 13.
[58] Vgl. Moxter, BB 1978, S. 1630; Beisse, BB 1990, S. 2012.
[59] Vgl. Moxter, AG 1979, S. 142, 145; Moxter, BB 1978, S. 1630.
[60] Vgl. Moxter, AG 1979, S. 146.
[61] Vgl. Moxter, BB 1978, S. 1630.
[62] Vgl. insb. Budde/Förschle, in Mellwig/Moxter/Ordelheide, Einzelabschluß und Konzernabschluß, 1988, S. 27 ff.; Budde/Steuber, AG 1996, S. 542 ff.; Großfeld/Junker, ZGR-Sonderheft 2 1980, S. 275; Beine, WPg 1995, S. 467 ff.
[63] Vgl. Großfeld/Junker, ZGR-Sonderheft 2 1980, S. 275; Beine, WPg 1995, S. 475.
[64] Vgl. Budde/Steuber, AG 1996, S. 544 f.
[65] Vgl. Beine, WPg 1995, S. 475.
[66] ABl. EU v. 29.6.2013, L 182/19–76.
[67] Vgl. Kreipl, KoR 2013, S. 201; Kreipl/Müller, in Seicht/Janschek, Jahrbuch für Controlling und Rechnungswesen 2014, S. 280 f. Zur Diskussion vgl. Haaker, DB 2019, S. 383 f.; Mühlbauer/Müller, DB 2019, S. 385 f.

wissenschaft unterstützen den Gesetzgeber in der nicht-richtlinienkonformen Umsetzung, da im Bereich der Generalnorm kein Änderungsbedarf gesehen wird.[68] Dies kann nur mit der deutschen Rechtstradition, nach der die Generalnorm stets hinter die Einzelnorm zurückzutreten hat, der Möglichkeit der Abweichung von den allgemeinen Bewertungsgrundsätzen in § 252 Abs. 2 HGB (§ 252 Rz 155) und dem Grundsatz der Bilanzwahrheit als zentrale GoB begründet werden.

In einer Gesamtschau lässt sich zum true-and-fair-view-Grundsatz rückblickend konstatieren, dass sich die zunächst intensiv geführte Diskussion hin zu einer Haltung entwickelt hat, wonach die Generalnorm angesichts des hohen Bestands an Einzelregelungen vernachlässigt werden könne.[69] Der Vorrang wurde der Einzelnormerfüllung eingeräumt, während der true and fair view überwiegend auf eine Auslegungshilfe und Ergänzungsnorm reduziert wurde.[70] Diese Haltung wurde auch nach der Transformation der neuen EU-Bilanzrichtlinie 2013/34/EU durch das BilRUG weitergeführt. Während der true-and-fair-view-Grundsatz inhaltlich unverändert in Art. 4 Abs. 3 und 4 der neuen Richtlinie übernommen wurde, hat es der deutsche Gesetzgeber nach wie vor versäumt, die aus der Richtlinienvorschrift eindeutig hervorgehende Stellung als overriding principle entsprechend umzusetzen.[71] Ein in der EU uneinheitlich verstandener true-and-fair-view-Grundsatz mit seinen materiellen Auswirkungen im Recht der Mitgliedstaaten wird insofern weiterhin ein Hindernis darstellen, das einer erfolgreichen Harmonisierung der Rechnungslegung im Wege steht. Der europäische Richtliniengeber hat dies bislang aber nicht aufgegriffen.

Daher steht – der deutschen Rechtssystematik folgend – weiterhin stets der Wortlaut der Vorschrift im Vordergrund. Der Generalnorm kommt somit nicht die in den international anerkannten Rechnungslegungsvorschriften sowie die in der Bilanzrichtlinie verankerte Funktion eines overriding principle zu, sondern sie hat lediglich eine **Subsidiärfunktion**. Sie ist ergänzend heranzuziehen, wenn Einzelnormen keine Lösung bieten oder der Auslegung bedürfen.[72] Dies erklärt sich auch aus dem ergänzenden Satz 2. Wenn die Generalnorm die Primärfunktion hätte, so müsste der Jahresabschluss immer ein den tatsächlichen Verhältnissen entsprechendes Bild liefern und Satz 2 wäre überflüssig.[73]

Somit ergibt sich für die Anwendung von Rechtsvorschriften der Rechnungslegung eine bestimmte Reihenfolge, die nach h. M. wie folgt zu beschreiben ist:
1. branchenbezogene Spezialnormen (z. B. Formblattverordnung für Kreditinstitute),
2. rechtsformspezifische Spezialnormen (z. B. §§ 150 ff. AktG),
3. ergänzende Vorschriften für KapG sowie KapCoGes (§§ 264–289f HGB, ohne § 264 Abs. 2 HGB),

---

68 Vgl. Empfehlungen zur Umsetzung der RL 2013/34/EU ins HGB vom DRSC, Schreiben an das BMJV v. 11.2.2014, www.drsc.de/app/uploads/2017/03/140211_DRSC_Empfehlungen_HGB-Reform.pdf, Abruf 2.10.2024; Arbeitskreis Bilanzrecht Hochschullehrer Rechtswissenschaft, NZG 2014, S. 892; IDW zur Umsetzung der EU-Bilanzrichtlinie in deutsches Recht, FN-IDW 2014, S. 265.
69 Vgl. Selchert, BB 1993, S. 753.
70 Vgl. Lachnit, WPg 1993, S. 193.
71 Vgl. Müller, BC 2016, S. 527.
72 Vgl. Baetge/Hippel, in Küting/Weber, HdR-E, § 264 HGB Rz 19, Stand: 1/2023.
73 Vgl. Kliem/Rimmelspacher, in Beck Bil-Komm., 14. Aufl. 2024, § 264 HGB Rz 256.

4. Vorschriften für alle Kfl. (§§ 242–256a HGB),
5. nicht kodifizierte GoB,
6. die Generalnorm des § 264 Abs. 2 Satz 1 HGB.

54 Durch die Notwendigkeit der richtlinienkonformen Auslegung des Gesetzes, der jüngsten Gesetzesänderungen sowie zunehmend durch Urteile des EuGH[74] kommt es langsam zu einer **Angleichung** der angloamerikanischen und deutschen Rechtsvorstellungen.[75] Zu beobachten ist dies in der Rechnungslegungspraxis etwa an der **Auslegung des Wahlrechts in § 254 HGB** zur Bildung einer Bewertungseinheit. Dieses ist von vielen Kommentatoren klar vor dem Aspekt der tatsachengemäßen Abbildung der Vermögens-, Finanz- und Ertragslage zu treffen (§ 254 Rz 7). Auch eine **Durchbrechung der Bewertungsgrundsätze** in begründeten Ausnahmefällen muss u. a. mit der besseren Darstellung der Vermögens-, Finanz- und Ertragslage begründet werden (§ 252 Rz 156 ff.).

55 Letztlich sind zwar beide Vorstellungen nicht weit auseinander, können aber nicht das eigentliche Problem lösen: Allen **Abbildungsmodellen** ist das Problem inhärent, dass die Abbildung sozioökonomischer Systeme nur innerhalb der das Modell beschreibenden Prämissen objektiv möglich ist.[76] Eine Abbildung kann somit nur so gut sein wie die bei der Erstellung beachteten Prämissen. Jede Prämisse fußt auf einer Hypothese bzgl. des Wirkungszusammenhangs zwischen Abbildungsobjekt und Abbildungsregel. Dabei gibt es vielfältige Konfliktfelder, von denen hier nur das zentrale Problem der Relevanz einer Abbildung einerseits und der Glaubwürdigkeit der Abbildung andererseits anzuführen ist.[77] Unter der Annahme, dass die Aussagekraft und damit die Relevanz einer Abbildung mit steigender Exaktheit zunehmen, muss festgestellt werden, dass die damit einhergehende Subjektivität von Bewertungen, Zukunftseinschätzungen usw. die geforderte Glaubwürdigkeit zunehmend einschränken. Zwischen diesen beiden Extremen ist ein Kompromiss zu finden, was für verschiedene Abbildungszwecke letztlich die Aufgabe einer einheitlichen Abbildung zugunsten zweckabhängig ausgestalteter Detailbetrachtungen bedeutet. So existieren in Deutschland neben der extern geforderten und die Glaubwürdigkeit betonenden Abbildung der Rechnungslegung von Unt oft interne Unternehmensrechnungen, die – etwa als Planrechnungen ausgestaltet – den Schwerpunkt deutlich mehr in Richtung Relevanz verschieben. Schlussendlich führt dies zu der Erkenntnis der exakten und gleichzeitig objektiven Unabbildbarkeit von sozioökonomischen Systemen. Dies führt dazu, dass bestehende Rechnungen stets als unbefriedigend empfunden werden. Konsequenterweise wird entweder versucht, die Abbildungsprämissen zweckgerichtet zu optimieren, was im Bereich der externen Rechnungslegung von Konzernunternehmen durch die Erlaubnis zur Nutzung international anerkannter Rechnungslegungsnormen zu beobachten ist (§ 315e Rz 1 ff.), oder die Abbildung um andere, bestimmte Aspekte stärker betonende Zusatzabbildungen (z. B. als Nachhaltigkeitsberichte, Sozialberichte, Integrierte Berichte) etwa im Lagebericht oder als eigenständige Berichte neben Abschluss und Lagebericht zu ergänzen (§ 289 Rz 1 ff.).

---

[74] Vgl. z. B. EuGH, Urteil v. 27.6.1996, DB 1996, S. 1400; EuGH, Urteil v. 7.1.2003, IStR 2003, S. 95; EuGH, Urteil v. 3.5.2005, C-387/02, Slg. 2005 I S. 3565.
[75] Vgl. Kliem/Rimmelspacher, in Beck Bil-Komm., 14. Aufl. 2024, § 264 HGB Rz 32.
[76] Vgl. Müller, Konvergentes Management-Rechnungswesen, 2003, S. 97 ff.
[77] Vgl. Kirschenheiter, Journal of Accounting Research 1996, S. 43 ff.

Ob die geforderte **objektivierte tatsachengemäße Abbildung** im Jahresabschluss daher durch Ausgestaltung der Prämissen entweder innerhalb der GoB erfolgt oder i.R.d. Verständnisses von true and fair view, ist nicht bedeutsam. In beiden Fällen schlägt sich eine sich verändernde Umwelt in der Anpassung der Prämissen aufgrund der Einschätzung einer unbestimmten Mehrheit von Beteiligten nieder. Dies ist etwa an den in den GoB entwickelten Regelungen zur Behandlung von Bewertungseinheiten i.R.v. Absicherungsgeschäften (§ 254 Rz 1ff.) zu beobachten.

Aus diesem Grund kann es sich bei den tatsächlichen Verhältnissen auch nicht um eine absolut wahrheitsgemäße Abbildung handeln, sondern nur um eine im Prämissensystem kodifizierte oder aufgrund von Expertenmeinungen definierte Wahrheit. In diesem Sinne kann konkretisierend von einer „**Redlichkeit**"[78] des Jahresabschlusses gesprochen werden.[79] Die Wahrheit im Verständnis der Rechnungslegung ist eben keine exakte Aufnahme der Wirklichkeit, sondern impliziert stets Bewertungen, Einschätzungen und Ermessen,[80] für die der Gesetzgeber – ergänzt um die GoB – einen Rahmen i.S.e. Objektivierbarkeit vorgibt. So bleibt ein Jahresabschluss tatsachengemäß, wenn aus Wesentlichkeitsüberlegungen Teile aus der Betrachtung ausgeklammert oder Erleichterungen vorgenommen werden. Luttermann sieht die Generalnorm der europäischen Rechtstradition des gemeinen Gebots getreuen Handelns unter Rechtsgenossen entstammen, die Bilanzwahrheit gebietet und damit den moralischen Anspruch des Bilanzrechts markiert, was etwa Rechnungsleger und Prüfer zu einer ethischen Anspannung bei der Umsetzung auffordert.[81]

Ein zentraler Problembereich bei der Anwendung der Generalnorm bleibt, wenn auch durch jüngere Gesetzesänderungen zumindest für Neufälle deutlich verringert, das Verhältnis zu den vom Gesetzgeber vorgesehenen **Wahlrechten**.[82] Aus logischen Überlegungen heraus kann es nicht mehrere tatsachengemäße Abbildungen desselben Unt – zumindest mit Blick auf einen bestimmten Rechenzweck oder bestimmten Kompromiss aus Rechenzwecken – geben. Dies schließt somit das Vorhandensein von Wahlrechten aus dem Blickwinkel des true and fair view prinzipiell aus. Gleichwohl resultieren Wahlrechte z.T. aus der Problematik der zutreffenden Abbildung. Konnte oder wollte sich der Gesetzgeber nicht für eine Variante der Abbildung entscheiden, so überlässt er durch Wahlrechte die Entscheidung dem Bilanzierenden, der seine Entscheidung i.d.R. im Anhang zu erläutern hat. Die Stellung der Generalnorm beeinflusst den Bilanzierenden aber entscheidend. Gilt die Generalnorm als overriding principle, dann hat der Bilanzierende wie nach den IFRS bei der Nutzung des Wahlrechts stets auf die Wirkung auf die tatsachengetreue Darstellung der Vermögens-, Finanz- und Ertragslage zu achten. Dies zeigt sich bislang in Deutschland primär lediglich bei der Durchbrechung der geforderten Stetigkeit, die mit einer verbesserten Abbildung der Vermögens-, Finanz- und Ertragslage begründet werden kann.

---

[78] Vgl. BFH, Beschluss v. 7.8.2000, GrS 2/99, BStBl 2000 II S. 632.
[79] Vgl. zu entsprechenden Übersetzungen in anderen europäischen Ländern Reiner, in MünchKomm. HGB, 5. Aufl. 2024, § 264 HGB Rz 28.
[80] Vgl. Reiner, in MünchKomm. HGB, 5. Aufl. 2024, § 264 HGB Rz 28.
[81] Vgl. Luttermann, NZG 2013, S. 1128, 1130.
[82] Vgl. Ballwieser, in Baetge/Kirsch/Thiele, Bilanzrecht, § 264 HGB Rz 58–60, Stand: 5/2019.

59 Die noch im HGB enthaltenen wesentlichen **expliziten Ansatzwahlrechte** betreffen
- die selbst geschaffenen immateriellen VG des Anlagevermögens (§ 248 Rz 37 ff.),
- das Disagio (§ 250 Rz 18),
- die aktiven latenten Steuern (§ 274 Rz 25 ff.) sowie
- die mittelbaren Pensionsverpflichtungen und die sog. Altpensionsverpflichtungen, die vor dem 1.1.1987 entstanden sind (Art. 28 Abs. 1 EGHGB).

60 Als wesentliche **explizite Bewertungswahlrechte** gelten
- die Bewertungsvereinfachungsverfahren (§ 240 Rz 50 ff.),
- das gemilderte Niederstwertprinzip für Finanzanlagevermögen (§ 253 Rz 259 ff.) und
- die Einbeziehungsmöglichkeiten i. R. d. Bewertung der HK, wobei diese bereits stark eingeschränkt wurde (§ 255 Rz 136 ff.).

Zudem wirken einige 2009 gestrichene Wahlrechte für Ansatz und Bewertung aufgrund von Beibehaltungswahlrechten in den Übergangsvorschriften auf das BilMoG ggf. weiter fort.[83]

61 Hinzu kommen erheblich größere **implizite Wahlrechte**. Diese ergeben sich daraus, dass
- der Gesetzgeber keine Hinweise für die Bilanzierung gibt, wie zur Methode der planmäßigen Abschreibung (§ 253 Rz 186 ff.) oder der Ermittlung der Pensionsverpflichtungen (§ 253 Rz 74 ff.),
- die Sachverhalte aufgrund geringer Objektivierbarkeit einer Einschätzung bedürfen, was Ermessensspielräume für den Bilanzierenden zur Folge hat, wie die Entscheidung über Vorliegen einer voraussichtlich dauernden Wertminderung (§ 253 Rz 230 ff.), die Nutzungsdauer von abnutzbarem AV (§ 253 Rz 167 ff.), den beizulegenden Wert (§ 255 Rz 207 ff.), die Bildung einer Rückstellung (§ 249 Rz 1 ff.), den Zeitpunkt des Übergangs von der Forschungs- in die Entwicklungsphase (§ 255 Rz 184 ff.), die Bestimmung der Effektivität i. R. d. Bildung einer Bewertungseinheit (§ 254 Rz 1 ff.) usw.,
- der Bilanzierende um die Abbildung der Sachverhalte weiß und diese daher im Vorfeld zielorientiert beeinflussen kann, wie der Abschluss eines Leasingvertrags mit einer bestimmten gewollten Abbildung im Jahresabschluss, die Dokumentation für die Bildung von Bewertungseinheiten usw.

62 Um die Auswirkungen der Wahlrechte zu mildern, waren und sind die meisten expliziten Ansatz- und Bewertungswahlrechte vom Gesetzgeber mit **Angabepflichten** im Anhang versehen, sodass es einer weiteren Angabe über § 264 Abs. 2 Satz 2 HGB i. d. R. nicht bedarf. Bei den impliziten Wahlrechten sind die Angabepflichten häufig deutlich allgemeiner und ergeben sich eher aus § 284 Abs. 2 Nr. 1 HGB. Insb. in Richtung der letztgenannten sachverhaltsgestaltenden Ausprägungen bestehen weitgehend keine Angabepflichten.

63 Da die Generalnorm bislang nur eine Subsidiärfunktion im Verhältnis zu den konkretere Wahlrechte enthaltenden Einzelregelungen einnimmt, wird deren Nutzung lediglich über die GoB und die darin ausgestalteten Prinzipien der

---

[83] Kreipl/Müller, in Bertram/Brinkmann/Kessler/Müller, Haufe HGB Bilanz Kommentar BilMoG Erfahrungsbericht, 2012, Art. 67 EGHGB Rz 1 ff.

Willkürfreiheit und **Stetigkeit** eingeschränkt.[84] Aus der Schaffung weiterer Wahlrechte mit dem BiRiLiG im Bereich der besonderen Vorschriften für KapG, die mit dem BilMoG teilweise wieder gestrichen wurden, wird zudem die vom Gesetzgeber bisher gewollte Rolle der Generalnorm eben gerade nicht als overriding principle erneut deutlich.[85]

In dieser Interpretation ist auch der in § 264 Abs. 2 Satz 2 HGB formulierte Zusatz, dass, falls besondere Umstände dazu führen, dass der Jahresabschluss ein den tatsächlichen Verhältnissen entsprechendes Bild i.S.d. Generalnorm nicht bietet, im Anhang zusätzliche Angaben zu machen sind, sinnvoll (Rz 82 ff.). 64

4.2 Vermögens-, Finanz- und Ertragslage

4.2.1 Vermögenslage

Das von den gesetzlichen Vertretern einer KapG im Jahresabschluss unter Beachtung der GoB zu vermittelnde Bild hat sich auf die tatsachengemäße Darstellung der Vermögens-, Finanz- und Ertragslage zu konzentrieren. Dies bedeutet eine Einschränkung der mit dem Jahresabschluss erreichten Abbildung, die vom Lagebericht daher zu ergänzen ist. So ist die Darstellung im Jahresabschluss primär vergangenheitsorientiert und relevante Informationen werden nicht oder aufgrund des Objektivierungsgebots sogar ökonomisch falsch erfasst. Als Beispiel für Letzteres seien Forschungsergebnisse, selbst erstellte Marken, Kundenbeziehungen oder Weiterbildungsausgaben genannt, die nach § 248 Abs. 2 HGB nicht aktivierungsfähig sind. Der Zukunftsaspekt findet seinen Niederschlag primär lediglich in der Annahme der „going concern"-Prämisse (§ 252 Abs. 1 Nr. 2 HGB) sowie – mit Einschränkungen – im Jahresabschluss durch das Imparitätsprinzip nur mit Blick auf negative Erwartungen, wie z.B. in Form von Rückstellungen oder Forderungsabwertungen. 65

Die **Vermögenslage** bezieht sich auf die Darstellung der VG und Schulden sowie des Reinvermögens (EK), welches aus dem Saldo der beiden Kategorien ermittelt wird. Die Informationen sind primär in der Bilanz auszuweisen; Wahlpflichtangaben sowie ergänzende Angaben finden sich auch im Anhang. Sowohl bzgl. des Ansatzes als auch der Bewertung wird die Darstellung der Vermögenslage jedoch von zahlreichen Einzelvorschriften und den GoB determiniert. So sind trotz des Gebots der Vollständigkeit einerseits bestimmte immaterielle VG des AV nicht anzusetzen (§ 248 Rz 42 ff.). Andererseits bestehen Wahlrechte für den Ansatz von VG, Schulden sowie Bilanzierungshilfen, wie etwa bzgl. des Disagios gem. § 250 Abs. 3 HGB oder bestimmter Pensionsverpflichtungen gem. Art. 28 Abs. 1 EGHGB, wobei zusätzlich die impliziten Wahlrechte („Wann wird eine Rückstellung angesetzt?") eine große Bedeutung haben. 66

Die **Bewertungsregeln** stellen sich im Vergleich zu einer theorieabgeleiteten ökonomischen Darstellung als Kompromiss verschiedener Ansätze dar. So ist die dynamische Bilanztheorie, die die Bilanz als Abgrenzungsrechnung zwischen Aus- und Einzahlungen und den Aufwendungen und Erträgen bzw. umgekehrt versteht und daher eine Obergrenze für den Wertansatz bei den historischen AHK auf der Vermögensseite verlangt, in einigen Vorschriften umgesetzt. Daneben kommen 67

---

[84] Vgl. Ballwieser, in Baetge/Kirsch/Thiele, Bilanzrecht, § 264 HGB Rz 59, Stand: 5/2019.
[85] Vgl. ADS, Rechnungslegung und Prüfung der Unternehmen, 6. Aufl. 1995–2001, § 264 HGB Rz 49.

der statischen Bilanztheorie folgend Abwertungen in Betracht, die zwar unter der Prämisse der Unternehmensfortführung nicht zwangsläufig zu den Zerschlagungswerten führen, da Überlegungen von Ertragswertbetrachtungen mit einfließen, aber dennoch einer periodengerechteren Gewinnermittlung aus dem Blickwinkel der meisten Abschlussadressaten dienen sollen (Ausschüttungsstatik). Für die Schulden ist als genereller Wertansatz der Erfüllungsbetrag vorgeschrieben, der größere Einschätzungsspielräume enthält. Die Darstellung wird zusätzlich insofern beeinträchtigt, als das Realisationsprinzip zu beachten ist, welches Wertaufholungen nur bis zu den (fortgeführten) historischen AHK zulässt.[86] Auch wenn viele explizite Bewertungswahlrechte im Laufe der Jahre aus dem Gesetzbuch gestrichen wurden, bleiben einige Wahlrechte bestehen, wobei insb. die impliziten Wahlrechte („Wann wird abgewertet?") eine große Bedeutung haben, da diese auch nicht mit ergänzenden Anhangangaben informationell ausgeglichen werden.

68 Aus Sicht der **Abschlussadressaten** sind die Analyse von Art und Zusammensetzung des Vermögens sowie die Dauer der Vermögensbindung und die dahinterliegenden Geschehnisse im Bereich von Vermögenslogistik und Investitionstätigkeit bei Interpretation der im Jahresabschluss gebotenen Vermögenslage relevant. Die Vermögensstruktur ist unter dem Gesichtspunkt der Bindungsdauer ein Indiz für die eingegangenen finanziellen Bindungsrisiken, die Liquidierbarkeit der Positionen und für die Anpassungsflexibilität bei sich verändernden Gegebenheiten im Umfeld. Die Vermögensausstattung ist für die betriebliche Leistungsfähigkeit und Rentabilität, aber auch für die finanzielle Stabilität und Flexibilität des Unt von Bedeutung.[87] Im Zentrum stehen daher Betrachtungen bzgl. der Liquiditätsnähe und Bindungsdauer des Vermögens bei normalem Geschäftsgang, der Liquidierbarkeit und des Wertverlusts bei möglichen Anpassungsmaßnahmen, der Nutzungsintensität und des Finanzmittelbedarfs des Vermögens sowie der Gewinn- und Cashflowkraft der Vermögensteile.[88]

4.2.2 Finanzlage

69 Die **Finanzlage** ist sehr eng mit der Vermögenslage verbunden und kann isoliert häufig nicht sinnvoll interpretiert werden. Im Fokus steht die Finanzstruktur des Unt, die sich einerseits aus der Passivseite der Bilanz und den dort dargestellten Kapitalquellen des Unt ergibt. Andererseits bedarf es zur Einschätzung der Finanzlage Informationen über Finanzflüsse, die in einer Kapitalflussrechnung geboten werden. Auch wenn diese für den Konzernabschluss und nur in seltenen Fällen auch für den Einzelabschluss explizit vom HGB gefordert werden (Rz 28) und nach internationalen Rechnungslegungsnormen zu einem vollständigen Abschluss gehören, ist es nach h.M. ausreichend, die geforderte Darstellung der Finanzlage lediglich mit den explizit vorgeschriebenen Bestandteilen Bilanz, GuV und Anhang zu erfüllen. Aus den in diesen Bestandteilen enthaltenen Einzelinformationen müssen sich die Abschlussadressaten eine Kapitalflussrech-

---

[86] Zu den Beeinträchtigungen s.a. ADS, Rechnungslegung und Prüfung der Unternehmen, 6. Aufl. 1995–2001, § 264 HGB Rz 67–69.
[87] Vgl. Müller, in Kußmaul/Müller, HdB, Bilanzanalyse in der HGB- und IFRS-Rechnungslegung, Rz 143ff., Stand: 19.7.2022.
[88] Vgl. Lachnit/Müller, Bilanzanalyse, 2. Aufl. 2017, S. 268.

nung ableiten (Rz 29f.). Der Bedarf an einer Darstellung der Finanzlage in Form von Cashflow-Ermittlungen oder Kapitalflussrechnungen wird gleichwohl in der Theorie gesehen[89] und in der Praxis vielfach auf freiwilliger Basis gedeckt.

Die **Analyse der Finanzlage** soll Erkenntnisse über die Fähigkeit eines Unt zur finanzwirtschaftlichen Aufgabenerfüllung liefern. V.a. geht es um die Sicherung der jederzeitigen Zahlungsfähigkeit, aber auch um die Unterstützung der betrieblichen Güterwirtschaft durch Optimierung der finanziellen Rahmenbedingungen sowie um die Aufwands- und Ertragswirkungen finanzieller Entscheidungen. Die Finanzanalyse beschäftigt sich zum einen mit der Analyse der Finanzstruktur als beständebezogene Finanzanalyse, zum anderen mit der Analyse des Finanzgeschehens als bewegungsbezogene Analyse.[90]

Während die **beständebezogene Finanzanalyse** primär auf das Stichtagsbild von Vermögen und Kapital, d.h. auf Vermögensstruktur, Kapitalstruktur und Deckungsrelationen von Vermögen und Kapital, abstellt und versucht, Finanzstrukturen als Indiz für finanzpolitische Ausgewogenheit zu erkennen und künftige Zahlungsströme aus Beständen abzuleiten, soll die **bewegungsbezogene Finanzanalyse** untersuchen, welche Finanzmittel durch die Unternehmenstätigkeit erwirtschaftet und wie diese verwendet worden sind.

Die **stromgrößenorientierte Analyse** zielt des Weiteren auf eine Prognose künftiger Zahlungsströme ab, indem diese aus Zahlungsströmen der Vergangenheit abgeleitet werden. Im Mittelpunkt der **bewegungsbezogenen Finanzanalyse** steht eine umfassende Cashflow-Analyse, welche, soweit keine freiwillige Angabe vorliegt, Cashflow-Ermittlung, Cashflow-Kennzahlen, Cashflow-Verwendung und **Kapitalflussrechnung** (Cashflow-Statement) umfasst.[91]

Besonders zur Einschätzung von **zukünftigen Entwicklungen** ist es nachteilig, dass das HGB für sonstige finanzielle Verpflichtungen lediglich eine Pflichtabgabe im Anhang verlangt und auf die symmetrische Darstellung der sonstigen finanziellen Einzahlungen verzichtet.[92] Auch darf die Asymmetrie von Ansatz und Bewertung zwischen Vermögen und Schulden nicht außer Acht gelassen werden. So werden dem Imparitätsprinzip folgend an Ansatz und Bewertung von VG deutlich höhere Anforderungen gestellt als an Ansatz und Bewertung von Schulden. Erstere sind erst anzusetzen, wenn sie quasi sichere Ansprüche verkörpern, und sind bei der Bewertung auf einen Abwertungsbedarf hin zu untersuchen, Letztere dürfen einen weit höheren Grad an Unsicherheit aufweisen und unterliegen eher dem Höchstwerttest.

4.2.3 Ertragslage

Trotz der begrifflichen Verkürzung auf den Ertrag statt auf den Erfolg können unter der **Ertragslage** die Gesamtheit der die Ertragskraft bestimmenden Parameter und ihrer Auswirkungen auf Erfolgsindikatoren verstanden werden.[93] Die Ertragskraft ist die Fähigkeit des Unt, gegenwärtig und in Zukunft Gewinne zu

---

[89] Vgl. z.B. ADS, Rechnungslegung und Prüfung der Unternehmen, 6. Aufl. 1995–2001, § 264 HGB Rz 75.
[90] Vgl. Müller, in Kußmaul/Müller, HdB, Bilanzanalyse in der HGB- und IFRS-Rechnungslegung, Rz 138ff., Stand: 19.7.2022.
[91] Vgl. Lachnit/Müller, Bilanzanalyse, 2. Aufl. 2017, S. 5.
[92] Vgl. Ballwieser, in Baetge/Kirsch/Thiele, Bilanzrecht, § 264 HGB Rz 41, Stand: 5/2019.
[93] Baetge/Hippel, in Küting/Weber, HdR-E, § 264 HGB Rz 26, Stand: 1/2023, daher mit dem Vorschlag, den Begriff „Ertragslage" durch den Begriff „Erfolgslage" zu ersetzen.

erwirtschaften. Im Jahresabschluss ist die GuV, ergänzt um entsprechende Informationen im Anhang, das Instrument zur Darstellung der Ertragslage des Unt. Die Berichterstattung umfasst die Ermittlung des Periodenerfolgs und die Beschreibung zentraler erfolgsbestimmender Komponenten und Faktoren, wobei mit dem GKV und dem UKV in § 275 Abs. 2 und 3 HGB zwei unterschiedliche Darstellungsweisen für die GuV geboten werden (§ 275 Rz 1 ff.).

75 Aus Sicht der **Abschlussadressaten** stellen sich bei der Analyse der Ertragslage von Unt auf dieser Basis grundlegende Probleme. Zum einen soll die Fähigkeit der Unt, zukünftig Gewinne zu erzielen, vermittelt werden.[94] Die veröffentlichte GuV und die entsprechenden Anhanginformationen liefern aber lediglich eine auf eine vergangene Periode gerichtete Darstellung. Daher verbleibt bei der externen Erfolgsanalyse nur die Möglichkeit, von den vergangenen auf die zukünftigen Ergebnisse zu schließen, wofür prospektive Erfolgsanalysen, approximative Hochrechnungen oder Prognosen erforderlich sind. Eine umfassende retrospektive Erfolgsanalyse legt jedoch mit differenzierten Erkenntnissen zu Erfolgshöhe, -zusammensetzung, -ursachen und -interpretation wesentliche Grundlagen für die prospektive Einschätzung der Erfolgsentwicklung von Unt, wobei auch die Informationen des Lageberichts in die Analyse einbezogen werden können. Zum anderen kann das in der GuV ausgewiesene Jahresergebnis nicht als betriebswirtschaftlich zutreffender Indikator für den Erfolg einer vergangenen Periode selbst angesehen werden. Die Größe entspricht wegen bilanzpolitischer Eingriffe sowie der zwangsläufig aus den GoB und den Einzelnormen zu Ansatz und Bewertung resultierenden stillen Reserven und Lasten manchmal nicht annähernd dem betriebswirtschaftlich als tatsachengemäß einzuschätzenden Jahresergebnis.

76 Für eine ausgewogene **Analyse der Ertragslage** von Unt ist demnach eine umfassende retrospektive und prospektive Erfolgsbetrachtung erforderlich, in deren Rahmen detaillierte Analysen im Hinblick auf Höhe und Zusammensetzung des Erfolgs sowie dessen Entstehung nach Ergebnisquellen und -komponenten notwendig sind. Weitere Aussagen über die Ertragslage von Unt liefern Rentabilitätsanalysen, wertorientierte Performanceanalysen, Cashflow- und Wertschöpfungsanalysen sowie kapitalmarktorientierte Aktienkennzahlen.[95]

4.2.4 Integration der Teillagen zum Gesamtbild der Vermögens-, Finanz- und Ertragslage

77 Alle drei Teillagen sind eng miteinander verknüpft und keine Lage genießt Vorrang vor den anderen.[96] Gleichwohl werden die Adressaten des Jahresabschlusses für ihre Zwecke i.d.R. eine konkrete Reihenfolge für die sie interessierenden Lageinformationen haben. Den gesetzlichen Vertretern obliegt es daher, einen **Kompromiss** zwischen den verschiedenen Interessenten zu finden, wobei durch die vorgeschriebenen Pflichtangaben als Ausgangsbasis ein vom Gesetzgeber als Mindestmaß definierter Kompromiss existiert. Letztlich ergibt sich jedoch erst aus der Gesamtbetrachtung der Teillagen ein mögliches Gesamt-

---

[94] Vgl. Müller, in Kußmaul/Müller, HdB, Bilanzanalyse in der HGB- und IFRS-Rechnungslegung, Rz 56 ff., Stand: 19.7.2022.
[95] Vgl. Lachnit/Müller, Bilanzanalyse, 2. Aufl. 2017, S. 167.
[96] Vgl. Baetge/Hippel, in Küting/Weber, HdR-E, § 264 HGB Rz 24, Stand: 1/2023.

bild der wirtschaftlichen Lage des Unt. Aufgrund der doppelten Buchhaltung ist die GuV als Unterkonto des EK direkt in die Bilanz eingebunden. Ebenso entspricht die Veränderung der liquiden Mittel der Bilanz im Vergleich zum Vorjahr i.d.R. genau den in der KFR dargestellten Finanzflüssen. Geringfügige Abweichungen sind denkbar, die sich primär aus der wirtschaftlichen Betrachtungsweise ergeben.[97]

Praxis-Beispiel
Abweichungen könnten resultieren aus
- der Umrechnung von liquiden Mitteln in Fremdwährungen;
- Termingeldern, die in der Bilanz als liquide Mittel ausgewiesen werden, in der KFR mangels sofortiger Verfügbarkeit nicht im Finanzmittelbestand erfasst werden;
- verpfändeten Bankguthaben (z.B. zur Insolvenzsicherung von Altersteilzeitverpflichtungen);
- der Einbeziehung kurzfristiger Verbindlichkeiten gegenüber Kreditinstituten (analog DRS 21) in den Finanzmittelbestand, sodass sich tw. sogar negative Finanzmittelbestände in den KFR finden, was aber bei externer Berechnung unerheblich ist;
- sog. „cash pool"-Verrechnungskonten, bei denen die in der Bilanz ausgewiesenen liquiden Mittel gleich null sind. Das wirtschaftliche Äquivalent liegt in dem „cash pool"-Verrechnungskonto, das in den Forderungen gegen verbundene Unt in der Bilanz ausgewiesen wird, während es in der KFR – wirtschaftlicher Betrachtung folgend – als Bestandteil des Finanzmittelbestands ausgewiesen wird.

Aus dem Blickwinkel der Ein- und Auszahlungen sowie der Erträge und Aufwendungen ist die Bilanz lediglich für die Abgrenzung der Zahlungen, die noch nicht Ertrag oder Aufwand geworden sind bzw. umgekehrt, notwendig. Die Vernetzung zwischen Erfolgsrechnung, Bilanz und KFR ist aus Abb. 1 ersichtlich:
Es wird deutlich, dass letztlich die Ertragslage ein Vorlaufindikator für die Finanz- oder Vermögenslage sein kann. Ebenso kann umgekehrt von einer guten Vermögenslage auf eine ggf. zeitlich verschobene gute Ertragslage geschlossen werden.

78

---

[97] Vgl. Müller, in Freidank/Müller/Wulf, Controlling und Rechnungslegung, 2008, S. 290.

Abb. 1: Vernetzung von Erfolgsrechnung, Bilanz und Kapitalflussrechnung[98]

4.3 Grundsätze ordnungsmäßiger Buchführung

79 Das vom Jahresabschluss zu vermittelnde, den tatsächlichen Verhältnissen entsprechende Bild der Vermögens-, Finanz- und Ertragslage muss unter Beachtung der **GoB** erfolgen. Bereits § 243 Abs. 1 HGB fordert, dass der Jahresabschluss nach den GoB aufzustellen ist (§ 243 Rz 3 ff.); § 238 Abs. 1 HGB verlangt, dass diese für die Buchführung zu beachten sind (§ 238 Rz 34). Die in den Paragrafen des Handels- und Steuerrechts kodifizierten Regelungen können, weil sie prinzipienorientiert formuliert sind, die konkrete Handhabung der Rechnungslegung einzelner Sachverhalte in Unt nur in Grundzügen bestimmen.[99] In der wirtschaftlichen Praxis existiert eine solche Fülle an differenzierten Problemen, dass der Gesetzgeber dieses Spektrum an Einzelproblemlagen nicht vollständig regeln kann und zur Erhaltung der notwendigen Anpassungsflexibilität an veränderte wirtschaftliche Lagen auch nicht vollständig regeln sollte. Die GoB umfassen daher kodifizierte Regelungen mit unbestimmten Rechtsbegriffen sowie rechtsnormergänzende Konkretisierungen zur Handhabung der verschiedenen praktisch auftretenden Rechnungslegungsprobleme. Es sind allgemein anerkannte Regeln über das Führen der Handelsbücher und das Erstellen des Jahresabschlusses des Unt. Die GoB stellen zwingende Rechtssätze dar, die, da sie nicht komplett gesetzlich kodifiziert sind, das Gesetz ergänzen und immer greifen, wo Gesetzeslücken auftreten bzw. spezifische Gesetzesvorschriften einer Auslegung bedürfen. Durch die gesetzliche Verweisung wird die den GoB

---

[98] Entn. aus Müller/Müller, Unternehmenscontrolling, 3. Aufl. 2020, S. 177.
[99] Vgl. Müller, in Kußmaul/Müller, HdB, Grundsätze ordnungsmäßiger Buchführung nach HGB, Rz 3, Stand: 8.5.2024.

zugrunde liegende Ordnungsvorstellung in den Rang einer **verbindlichen Rechtsnorm** gehoben.[100]

Für KapG und PersG ohne natürlichen Vollhafter wird in § 264 Abs. 2 HGB explizit formuliert, dass der Jahresabschluss **unter Beachtung der GoB** ein den tatsächlichen Verhältnissen entsprechendes Bild der Vermögens-, Finanz- und Ertragslage zu vermitteln hat. Damit kommt der tatsachengemäßen Darstellung (true and fair view) des Unt im Jahresabschluss keine übergeordnete Funktion zu (Rz 52). Vielmehr fungieren die GoB als übergeordneter Grundsatz, unabhängig von der Frage, ob damit ein den tatsächlichen Verhältnissen entsprechendes Bild entsteht. 80

Im Hinblick auf die Jahresabschlusserstellung können die GoB in Rahmen-, System-, Ansatz-, Definitions- und Kapitalerhaltungsgrundsätze untergliedert werden.[101] Die **Rahmengrundsätze** legen die grundlegenden Anforderungen an eine aussagekräftige Abbildung des wirtschaftlichen Geschehens von Unt fest. Dazu zählen die Grundsätze der Wahrheit, der Klarheit und Übersichtlichkeit, der Vollständigkeit, der Vergleichbarkeit, der Wirtschaftlichkeit sowie das Bilanzstichtags- und Periodisierungsprinzip. Bei den **Systemgrundsätzen** handelt es sich um generelle Regeln für die anderen GoB. Diese können als Klammer zwischen den Jahresabschlusszwecken und den anderen GoB gesehen werden. Dazu zählen das Prinzip der Unternehmensfortführung, der Grundsatz der Pagatorik und der Grundsatz der Einzelbewertung. 81

Die **Definitionsgrundsätze für den Jahreserfolg** legen fest, wann die Ein- und Auszahlungen erfolgswirksam in der GuV oder erfolgsneutral in der Bilanz zu erfassen sind. Es wird zwischen zwei Ausprägungen (Realisationsprinzip sowie Grundsatz der Abgrenzung der Sache und der Zeit nach) unterschieden. Der **Grundsatz der Kapitalerhaltung** hängt mit dem Rechnungslegungszweck der Gewinnermittlung/Zahlungsbemessungsfunktion zusammen. Zu den Kapitalerhaltungsgrundsätzen zählen das Imparitäts- und das Vorsichtsprinzip (§ 252 Rz 97 ff.). Insg. sind die GoB deutlich dynamischer als der prinzipienorientierte Gesetzestext. So beeinflusst die Rechtsprechung das theoretische Bilanz(rechts)verständnis und kann zu relativ kurzfristigen Änderungen der GoB führen. Ebenso werden steuerliche Änderungen, wie die Poolabschreibung für geringwertige Wirtschaftsgüter, Verlautbarungen des IDW, (Konzern-)Rechnungslegungsempfehlungen des DRSC oder des IASB, z.T. schnell als GoB übernommen.

4.4 Angabepflichten bei Nichtvermittlung des tatsächlichen Bilds

In der schärfsten Befehlsform des Gesetzes fordert der Gesetzgeber in § 264 Abs. 2 Satz 2 HGB zusätzliche Angaben im Anhang, wenn besondere Umstände dazu führen, dass der Jahresabschluss ein den tatsächlichen Verhältnissen entsprechendes Bild der Vermögens-, Finanz- und Ertragslage nicht zu vermitteln mag. Diese „Brücke zum true and fair view" wird, wie schon bei der Einordnung der Generalnorm hinter die Einzelvorschriften deutlich wird, in der deutschen Praxis bislang kaum genutzt. Grund dafür ist, dass, entgegen der bereits in Art. 2 82

---

[100] Vgl. Baetge/Zülch, in Schulze-Osterloh/Hennrichs/Wüstemann, HdJ, Abt. I/2, Rz 2, Stand: 2/2022.
[101] Vgl. Ballwieser, in Baetge/Kirsch/Thiele, Bilanzrecht, § 264 HGB Rz 51–118, Stand: 5/2019; Leffson, Die Grundsätze ordnungsmäßiger Buchführung, 7. Aufl. 1987; Moxter, Grundsätze ordnungsmäßiger Buchführung, 2003.

Abs. 5 Satz 1 der 4. EG-RL 78/660/EWG und nun in Art. 4 Abs. 3 und 4 der EU-RL 2013/34 explizierten Regelung, der deutsche Gesetzgeber im Konfliktfall dem getreuen Bild eben keinen Vorrang vor den Einzelvorschriften eingeräumt hat (Rz 51). Daher wird diese **Korrekturvorschrift** bislang sehr eng in der Weise interpretiert, dass Angaben nur notwendig sind, wenn „der JA trotz Anwendung der gesetzlichen Einzelvorschriften ohne zusätzliche Angaben im Anhang nicht diejenige Aussagekraft erreichen würde, die ein verständiger Adressat von einem gesetzmäßigen JA eines durchschnittlichen Unt., für das die gleichen Rechnungslegungsvorschriften gelten, erwartet."[102] Zu dieser engen Auslegung hat auch die Einschränkung im Gesetzestext auf „besondere Umstände" und nicht zuletzt die insg. mangelnde Informationsbereitschaft deutscher Unt geführt, was etwa an den extrem geringen Veröffentlichungsquoten vor Inkrafttreten des EHUG zu belegen ist.[103] Letztlich stellt diese enge Auslegung auch den Sinn der Vorschrift selbst infrage, bestehen doch bereits in zahlreichen Einzelvorschriften Angabeverpflichtungen. Zudem fordert § 264 Abs. 2 Satz 1 HGB gerade die tatsachengemäße Darstellung, sodass Satz 2 letztlich bei enger Auslegung eine Tautologie darstellt. So ist auch etwa eine unzulässige Abweichung von Rechnungslegungsvorschriften nicht mit Abs. 2 Satz 2 zu heilen.[104] Diese Vorschrift hat somit Subsidiärfunktion.

> **Praxis-Beispiel**
> Nach dem Bilanzstichtag (auf den für die Bewertung der Bilanzposten abzustellen ist) erfolgt eine Rückzahlung eines Kredits. Im Jahresabschluss wurde eine Rückstellung für das Ausfallrisiko gebildet. Dies stellt nach Ansicht des EuGH keine Tatsache dar, die eine rückwirkende Neubewertung einer Rückstellung erfordert, die sich auf diesen Kredit bezieht und auf der Passivseite der Bilanz ausgewiesen ist. Die Beachtung des Grundsatzes des den tatsächlichen Verhältnissen entsprechenden Bilds verlangt jedoch eine Erwähnung des Wegfalls des mit dieser Rückstellung erfassten Risikos im Jahresabschluss.[105]

83 Als weitere Beispiele für **zusätzliche Anhangangabenotwendigkeiten** werden in der Literatur nach dem Hinweis auf die enge Auslegung erstaunlich viele praxisrelevante Sachverhalte benannt. Konkret finden sich folgende berichtenswerte Sachverhalte:[106]

---

[102] Kliem/Rimmelspacher, in Beck Bil-Komm., 14. Aufl. 2024, § 264 HGB Rz 55.
[103] Diese lag 2005 nach Schätzungen von Liebscher/Scharf, NJW 2006, S. 3750, bei nur 5 % der nach § 325 HGB zur Offenlegung verpflichteten Unt.
[104] Vgl. Reiner, in MünchKomm. HGB, 5. Aufl. 2024, § 264 HGB Rz 87.
[105] Vgl. EuGH, Urteil v. 7.1.2003, C-306/99 (BIAO).
[106] Vgl. Kliem/Rimmelspacher, in Beck Bil-Komm., 14. Aufl. 2024, § 264 HGB Rz 58.

> **Praxis-Beispiel**
> - ungewöhnliche abschlusspolitische Maßnahmen, wie Sale-and-lease-back-Geschäfte;
> - aperiodische Gewinnrealisierungen aus dem Abverkauf von VG oder der Abrechnung langfristiger Fertigungsprojekte;[107]
> - Auswirkungen aus der Bildung oder Auflösung stiller Reserven und damit eine verzerrte Darstellung von Entwicklungstendenzen;[108]
> - wesentliche Beeinflussungen des Gewerbesteueraufwands durch Ergänzungs- und Sonderbilanzen bei PersG gem. § 264a HGB;
> - bestehende wesentliche Chancen bei einer Berichterstattung über nicht bilanzierungsfähige Risiken gem. § 285 Satz 1 Nr. 3 HGB;
> - stille Reserven in ganz ungewöhnlicher Höhe oder stark schwankendes Auftrags- und Fertigungsvolumen aus langfristiger Fertigung.[109]

Dagegen stellen nach h. M. keine Angabenotwendigkeiten dar:[110]

84

> **Praxis-Beispiel**
> - Umstände, die zukünftige Gj beeinflussen werden, wie die Insolvenz wichtiger Kunden oder das Auslaufen von Lizenzen; diese sind in den Lagebericht aufzunehmen;
> - Wegfall bilanziell nicht angesetzter Vorteile;
> - wirtschaftliche Abhängigkeiten, diese wären unter § 285 Nr. 21 HGB zu berichten;
> - Abkehr von dem Grundsatz der Unternehmensfortführung, was unter § 284 Abs. 2 Nr. 1 HGB anzugeben wären;
> - Inanspruchnahme größenabhängiger Erleichterungen;
> - (gewöhnliche) stille Wahlrechts- oder Zwangsreserven, die sich aus den Prämissen der Abbildung nach HGB ergeben. Dabei werden unter Wahlrechtsreserven diejenigen verstanden, die das Ergebnis eines Wahlrechts sind, wie etwa aktive latente Steuern nach § 274 HGB. Zwangsreserven resultieren aus dem Unterschied einer vom HGB geforderten Bilanzierung zu einer vom Interessenten als zutreffend eingeschätzten Wertgröße, etwa bei Grundstücken, die einen deutlichen höheren Marktzeitwert haben als der aufgrund des Realisations- und Imparitätsprinzips resultierende Buchwert aus den AK.

Angesichts der vom Gesetzgeber tendenziell vorgenommenen Stärkung der **Informationsfunktion** des handelsrechtlichen Abschlusses ist daher eine deutlich weitere Auslegung für die Korrekturregelungen als bislang in der Praxis angewandt zu fordern, die sich letztlich auch aus den aufgeführten Beispielen ergibt. Vor dem Hintergrund, dass etwa bei Kreditvergabeverfahren für die Ratingerstellung häufig deutlich mehr Informationen (insb. über stille Wahlrechts- oder Zwangsreserven) von den Unt bereitgestellt werden, in denen nicht selten Erklärungen enthalten sind,

85

---

107 Vgl. IDW, WPH Edition, Wirtschaftsprüfung & Rechnungslegung, 18. Aufl. 2023, Kap. F Tz 989.
108 Vgl. ADS, Rechnungslegung und Prüfung der Unternehmen, 6. Aufl. 1995–2001, § 264 HGB Rz 99, 121.
109 Hoffmann/Lüdenbach, NWB-Kommentar Bilanzierung, 15. Aufl. 2023, § 264 HGB Rz 21.
110 Vgl. Kliem/Rimmelspacher, in Beck Bil-Komm., 14. Aufl. 2024, § 264 HGB Rz 59.

warum das im Jahresabschluss gegebene und auch testierte Bild der Vermögens-, Finanz- und Ertragslage eben nicht als tatsächlich angesehen wird, ist es nicht schlüssig, diese Vorschrift dermaßen eng zu interpretieren. Jedoch ist zu berücksichtigen, dass die Abweichung zwischen der im Jahresabschluss dargestellten und der für tatsachengemäß gehaltenen wirtschaftlichen Lage erheblich sein muss; unwesentliche Abweichungen sind für den Jahresabschlussadressaten irrelevant.

86 Werden Angaben für nötig gehalten, so reicht ein einfacher Hinweis, dass der Jahresabschluss das angestrebte Bild nicht vermittelt, nicht aus. Vielmehr sind alle Angaben notwendig, damit der Jahresabschluss in Kenntnis dieser Informationen ein den tatsächlichen Verhältnissen i. S. d. Generalnorm entsprechendes Bild der Vermögens-, Finanz- und Ertragslage vermittelt.[111] Im Normalfall haben die Angaben im Anhang zu erfolgen. KleinstKapG haben diese aufgrund der Befreiungsmöglichkeit vom Anhang nach § 264 Abs. 2 Satz 4 HGB unter der Bilanz anzugeben.

4.5 Vermutung der Darstellung des tatsächlichen Bilds bei Kleinstkapitalgesellschaften

87 In § 264 Abs. 2 Satz 5 HGB wird für den nach den Vorschriften für KleinstKapG aufgestellten Jahresabschluss die Vermittlung eines den tatsächlichen Verhältnissen entsprechenden Bilds der Vermögens-, Finanz- und Ertragslage vermutet. Letztlich wird damit eine Beweislasterleichterung[112] ins Gesetz eingeführt, die für KleinstKapG zunächst immer für eine Erfüllung der Generalnorm des § 264 Abs. 2 HGB auch bei Inanspruchnahme der Erleichterungen sorgt. Zu den Erleichterungen bei Aufstellung des Jahresabschlusses gehören:
- Verzicht auf den Anhang (bei gewissen Mindestangaben unter der Bilanz),
- verkürztes Bilanzgliederungsschema,
- verkürztes GuV-Gliederungsschema.

Analog zu anderen KapG besteht daher eine Angabepflicht bei Nichterreichung der tatsachengemäßen Abbildung der Vermögens-, Finanz- und Ertragslage nur in besonderen Fällen. Mit dieser Regelung reduziert der Gesetzgeber den Umfang und die Ausgestaltung des Jahresabschlusses für die KleinstKapG auf das absolute Minimum der für die Adressaten notwendigen Informationen. Ohne diese Regelung würden die Erleichterungen ggf. durch die notwendige Angabepflicht aus § 264 Abs. 2 Satz 2 HGB konterkariert. Allerdings zeigt dies auch, wie wenig Relevanz der Gesetzgeber der Informationsfunktion des Jahresabschlusses zumindest in dieser Größenklasse zubilligt. Da derzeit regelmäßig auch Holding-Ges. unter die Kategorie der KleinstKapG fallen dürften (mit dem BilRUG wird dies teilweise eingeschränkt, § 267a Rz 20 ff.), ist dieser Vermutungstatbestand nicht unproblematisch. So können etwa mit dem verkürzten GuV-Schema alle Finanzerträge und -aufwendungen in sonstigen Erträgen und Aufwendungen zusammengefasst werden. Auch leidet die Selbstinformation der Unt durch die stark verkürzten Ausweise, sodass es auch der Insolvenzprophylaxe des handelsrechtlichen Jahresabschlusses schadet. Dies erfordert daher ggf. intern weitere Rechnungsweseninstrumente, wobei auch für die steuerliche Gewinnermittlung in den Taxonomien der E-Bilanz konkretere Angaben erforderlich sind.[113]

---

[111] Vgl. Reiner, in MünchKomm. HGB, 5. Aufl. 2024, § 264 HGB Rz 90.
[112] Vgl. Hommelhoff/Schwab, BFuP 1998, S. 42.
[113] Vgl. Kliem/Lawall, in Beck Bil-Komm., 14. Aufl. 2024, § 267a HGB Rz 16.

4.6 Bilanzeid

Mit dem in § 264 Abs. 2 Satz 3 HGB geforderten sog. Bilanzeid haben die gesetzlichen Vertreter (im Lagebericht seit dem CSR-RL-Umsetzungsgesetz wird genauer von den Mitgliedern des vertretungsberechtigten Organs gesprochen) einer KapG bzw. eines MU, das Inlandsemittent gem. § 2 Abs. 14 WpHG und keine KapG i.S.d. § 327a HGB ist,[114] bei Unterzeichnung eine gesonderte Versicherung abzugeben, dass – nach bestem Wissen – der Jahresabschluss ein den tatsächlichen Verhältnissen entsprechendes Bild i.S.v. § 264 Abs. 2 Satz 1 HGB vermittelt, oder für den Fall, dass dies nicht zutrifft, im Anhang entsprechende Angaben enthalten sind. Eine entsprechende Forderung findet sich für den Lagebericht, in dem die Mitglieder des vertretungsberechtigten Organs zu versichern haben, dass der Geschäftsverlauf einschl. des Geschäftsergebnisses und die Lage der KapG so dargestellt sind, dass ein den tatsächlichen Verhältnissen entsprechendes Bild vermittelt wird und dass die wesentlichen Chancen und Risiken i.S.v. § 289 Abs. 1 Satz 4 HGB beschrieben sind (§ 289 Abs. 1 Satz 5 HGB).
Mit Umsetzung der CSRD soll diese Regelung inhaltlich grds. unverändert in § 289h HGB-E verschoben werden (Rz 158).

Aus der Transparenzrichtlinie und der Formulierung in § 114 Abs. 2 Nr. 3 WpHG sowie auch aus Praktikabilitätsgründen wird eine **gemeinsame Erklärung** für Jahresabschluss und Lagebericht (Lageberichtseid, § 289 Rz 70 ff.) für zulässig erachtet. Die Versicherung bezieht sich nach h.M. auf den festgestellten Jahresabschluss.[115]

Praxis-Beispiel (Formulierung gem. DRS 20.K235)
Bilanzeid aus dem Jahresabschluss der BASF SE für 2021:[116]
„Nach bestem Wissen versichern wir, dass gem. den anzuwendenden Rechnungslegungsregeln der Jahresabschluss der BASF SE ein den tatsächlichen Verhältnissen entsprechendes Bild der Vermögens-, Finanz- und Ertragslage der BASF SE vermittelt und im Lagebericht der BASF SE der Geschäftsverlauf einschließlich des Geschäftsergebnisses und die Lage der BASF SE so dargestellt sind, dass ein den tatsächlichen Verhältnissen entsprechendes Bild vermittelt wird sowie die wesentlichen Chancen und Risiken der voraussichtlichen Entwicklung der BASF SE beschrieben sind.
Ludwigshafen am Rhein, den 22. Februar 2022"
(Namen der Vorstandsmitglieder)

Die Ausgestaltung der Erklärung erfolgte in expliziter Anlehnung an Sec 302, **Sarbenes-Oxley Act** von 2002. In der EU-Richtlinie wird dieser Sachverhalt zwar geregelt, es gibt aber keine Verpflichtung für die Mitgliedstaaten, strafrechtliche Sanktionen für eine Verletzung vorzusehen. Die Bundesregierung hat zunächst den Weg beschritten, den Verstoß in Form einer Nichtabgabe oder einer unrichtigen Abgabe analog zu den bestehenden Regelungen der unrichtigen Wiedergabe oder Verschleierung der Verhältnisse der KapG im (Konzern-)

---

[114] Gemeint sind KapG, die ausschl. zum Handel an einem organisierten Markt zugelassene Schuldtitel i.S.d. § 2 Abs. 1 Satz 1 Nr. 3 WpHG mit einer Mindeststückelung von 50 TEUR oder dem am Ausgabetag entsprechenden Gegenwert einer anderen Währung begeben haben.
[115] Vgl. Reiner, in MünchKomm. HGB, 5. Aufl. 2024, § 264 HGB Rz 107.
[116] BASF SE, Jahresabschluss 2022 und Lagebericht, S. 110.

Jahresabschluss oder im (Konzern-)Lagebericht nach § 331 Nr. 1 und 2 HGB zusätzlich als Nr. 3a in diesen Paragrafen einzufügen. Somit wurde auf eine Ausgestaltung als **eidesstattliche Versicherung**, z.B. § 807 ZPO, verzichtet, deren vorsätzliche und fahrlässige Verletzung über §§ 156 und 163 StGB unter Strafe steht. Zudem wurde die Regelung des Gesetzentwurfs i.R.d. Beratung im Bundesrat mit einem Wissensvorbehalt versehen, sodass die strafrechtlichen Folgen hinter denen des amerikanischen Vorbilds zurückbleiben. Der subjektive Tatbestand des § 331 Nr. 3a HGB a.F. setzte ebenso wie die Regelungen unter Nr. 1 und 2 lediglich bedingten Vorsatz voraus. Alle gesetzlichen Vertreter der KapG (Rz 40) haben sich daher nach besten Kräften und i.R.d. Zumutbaren um einen optimalen Wissensstand zu bemühen. Mit dem FISG[117] wurde in Reaktion auf den Bilanzskandal der Wirecard AG mit einem neuen § 331a HGB nun doch Mitte 2021 eine Strafnorm für eine unrichtig Versicherung eingeführt, die mit Freiheitsstrafe bis 5 Jahre oder Geldstrafe die Abgabe der unrichtigen Versicherung belegt, wobei nach § 331a Abs. 2 HGB auch Leichtfertigkeit mit bis zu 2 Jahren oder Geldstrafe bestraft wird (§ 331a Rz 1 ff.).

91 Weiterhin bestehen gegen den Bilanzeid in der verabschiedeten Ausgestaltung **rechtsdogmatische Bedenken**, da hinsichtlich des Rechtsguts, des Beginns der Strafbarkeit und des subjektiven Tatbestands große Unklarheiten auszumachen sind. Zivilrechtlich wird es schwierig bleiben, den erforderlichen Nachweis über den Vorsatz bei einem unrichtigen Jahresabschluss zu erbringen.[118] Dies dürfte sich durch die Ausweitung bis auf das Verschuldungsniveau der Leichtfertigkeit jedoch deutlich ändern. Dennoch dürfte sich insg. weniger eine substanzielle Änderung für den gesetzlichen Vertreter einer den organisierten Kapitalmarkt in Anspruch nehmenden KapG als vielmehr eine aus der Makroperspektive des Reformgesetzgebers vertrauensbildende Funktion der Neuregelung ergeben, die eine gewisse Signalfunktion für die Glaubwürdigkeit der Rechnungslegung haben kann. Die Abgabe der Versicherung bezieht sich aufgrund der strukturverwandten Regelung des § 245 HGB bzgl. der Unterzeichnung des Jahresabschlusses wohl auf den festgestellten Jahresabschluss und ist wie die Unterzeichnung des Jahresabschlusses gem. § 245 HGB eine höchstpersönliche Rechtshandlung (§ 245 Rz 16). Die geforderte Schriftlichkeit muss durch die eigenhändige Namensunterschrift belegt werden. Im Gegensatz zur Unterzeichnung nach § 245 HGB, die nach h.M. auch dann vorzunehmen ist, wenn ein Vorstandsmitglied mit dem Inhalt nicht einverstanden ist, muss es beim Bilanzeid durch die Rechtsfolge bei Nichtabgabe zu einer externen „Eidesverweigerung" kommen können. Der Bilanzeid ist nicht Teil des Jahresabschlusses und Lageberichts und ist auch nicht vom Abschlussprüfer zu prüfen. Eine Positionierung innerhalb des Jahresabschlusses muss somit ausscheiden, was inzwischen auch so im Gesetz verankert ist „...haben in einer dem Jahresabschluss beizufügenden schriftlichen Erklärung zu versichern...".[119] Eine Unterzeichnung einzig des Bilanzeids ohne eine gesonderte Unterzeichnung des Jahresabschlusses war bislang möglich.[120] Nach dem Gesetz zur weiteren Umset-

---

[117] Gesetz zur Stärkung der Finanzmarktintegrität (Finanzmarktintegritätsstärkungsgesetz) v. 3.6.2021, BGBl 2021 I, S. 1534.
[118] Vgl. Fleischer, ZIP 2007, S. 103.
[119] § 264 Abs. 2 Satz 3 HGB i.d.F. des Gesetzes v. 12.8.2020, BGBl 2020 I S. 1874.
[120] So etwa Volkswagen AG Geschäftsbericht 2018, S. 329; Kliem/Rimmelspacher, in Beck Bil-Komm., 14. Aufl. 2024, § 264 HGB Rz 95.

zung der Transparenzrichtlinie-Änderungsrichtlinie im Hinblick auf ein einheitliches elektronisches Format für Jahresfinanzberichte[121] bestand für den Gesetzgeber die Notwendigkeit, diese Versicherung der Mitglieder des vertretungsberechtigten Organs der KapG ab für Jahresabschlüsse, die nach dem 31.12.2019 beginnen, als gesondertes Dokument neben dem Jahresabschluss zu verankern und auch gesondert bei den offenlegungspflichtigen Unterlagen nach § 325 Abs. 1 HGB zu fordern. Daher ist seit dem Gj 2020 sowohl der Jahresabschluss (üblicherweise am Ende des Anhangs) als auch der Bilanzeid (gesondert, ggf. im Anschluss an den Anhang im gedruckten Geschäftsbericht) zu unterzeichnen. Da sich der Bilanzeid auf den Jahresabschluss bezieht, empfiehlt sich in der gedruckten Fassung des Geschäftsberichts eine Positionierung im direkten Anschluss an den Jahresabschluss. Der Bilanzeid stellt aber eine eigenständige, gesonderte Rechnungslegungsunterlage dar.[122]

5 Erleichterungen für Tochter-Konzerngesellschaften (Abs. 3 und 4)

5.1 Grundsachverhalte

Die ergänzenden Vorschriften für KapG und KapCoGes brauchen von einem TU in der Rechtsform einer KapG, das in einen Konzernabschluss eines **MU mit Sitz innerhalb eines Mitgliedstaats der EU oder eines anderen Vertragsstaats des Abkommens über den EWR** einbezogen ist, unter bestimmten Voraussetzungen nicht beachtet zu werden. Damit besteht eine umfangreiche Erleichterung in Angleichung des Kreises der erleichterungsberechtigten TU an die Regelung des § 264b HGB für PersG, ohne dass dieser jedoch komplett deckungsgleich wäre (§ 264b Rz 1 ff.). Mit dem FISG[123] wurde § 264 Abs. 3 Satz 1 HGB nun explizit so geändert, dass **kapitalmarktorientierte Tochterunternehmen die Befreiung nicht nutzen können**, was allerdings aufgrund der Zustimmungserfordernis der Minderheitsgesellschafter und der Vorgabe des § 114 WpHG bereits vorher nicht denkbar war. 92

Nachdem die Erleichterungen für TU in den letzten Jahren bereits mehrfach geändert wurden, sah der Gesetzgeber sich mit Umsetzung der Bilanzrichtlinie erneut zu einer kompletten Neuformulierung von Abs. 3 und 4 genötigt. Dabei erfolgte nun eine 1:1-Umsetzung der entsprechenden Regelung der RL 2013/34/EU.[124] 93

Die zunächst völlig offene Formulierung „Eine Kapitalgesellschaft, die in den Konzernabschluss eines Mutterunternehmens mit Sitz in einem Mitgliedstaat der Europäischen Union…" wird mit § 264 Abs. 3 HGB dahingehend konkretisiert, dass der Konzernabschluss im Einklang mit der Bilanzrichtlinie 2013/34/EU (neu eingefügt nun in der Form der letzten Änderung durch Richtlinie (EU) 2021/2101 (ABl. L 429 vom 1.12.2021, S. 1))[125] aufgestellt und im Einklang mit 94

---

[121] Gesetz v. 12.8.2020, BGBl 2020 I S. 1874.
[122] Vgl. Kliem/Rimmelspacher, in Beck Bil-Komm., 14. Aufl. 2024, § 264 HGB Rz 94.
[123] Gesetz zur Stärkung der Finanzmarktintegrität (Finanzmarktintegritätsstärkungsgesetz) v. 3.6.2021, BGBl 2021 I, S. 1534.
[124] Vgl. Hargarten/Seidler, BB 2016, S. 2795.
[125] Vgl. BGBl v. 21.6.2023, Nr. 154, S. 1.

der Abschlussprüferrichtlinie 2006/43/EG (neu eingefügt nun in Form der letzten Änderung durch die Richtlinie 2014/56/EU (ABl. L 158 vom 27.5.2014, S. 196))[126] geprüft sein muss. Es reicht somit ein **freiwillig erstellter Konzernabschluss** aus, wenn er diese strengen Voraussetzungen erfüllt. Durch die Klarstellung der Einbeziehung „als Tochterunternehmen" kommt eine Selbstbefreiung des MU hier anders als bei § 264b HGB nicht infrage.[127]

95 Der Inhalt der Befreiung ist unverändert geblieben. Es entfällt etwa die **Pflicht zur Aufstellung eines Anhangs** und eines Lageberichts (§ 289 HGB) sowie die Pflicht zur Prüfung (§§ 316–324 HGB) und Offenlegung (§§ 325–329 HGB) und generell die Notwendigkeit der Beachtung der ergänzenden Vorschriften der §§ 264–289f HGB. Der Verzicht auf den Anhang impliziert auch, dass alle **rechtsformspezifischen Angabepflichten** entfallen können, wie z.B. die aus § 160 AktG. Es bleibt aber bei der Aufstellungspflicht des Jahresabschlusses gem. § 242 HGB für alle Kfl. sowie auch ggf. bei einer separaten Konzernrechnungslegungspflicht gem. § 290 HGB für den Fall, dass das TU gleichzeitig MU ist.[128]

96 In § 264 Abs. 4 HGB, der ursprünglich durch das KapCoRiLiG eingefügt wurde, wird diese Erleichterung unter bestimmten Voraussetzungen auch auf TU ausgeweitet, die in einen Konzernabschluss einbezogen sind, zu dem das MU gem. § 11 PublG verpflichtet ist. Dazu muss im Konzernabschluss § 314 Abs. 1 Nr. 6 HGB bzgl. der Angaben zu den Organbezügen trotz des Wahlrechts nach § 13 Abs. 3 Satz 1 PublG beachtet worden sein.

97 Die nur für KapG geltende Regelung wird auf bestimmte **PersG gem. § 264a HGB** durch die in **§ 264b HGB** übernommene und etwas weiter gefasste Formulierung ausgeweitet (§ 264b Rz 1). Die geringfügig weitere Formulierung führt in der Praxis jedoch zu zwei gewaltigen Unterschieden, da § 264b HGB keine Verpflichtung zur Verpflichtungsübernahme erfordert und außerdem eine Selbstbefreiung des MU unter bestimmten Voraussetzungen ermöglicht. Im Ergebnis kommen TU in der Rechtsform der PersG faktisch immer in die Befreiungsregelung, während bei KapG mangels Vorliegens einer Erklärung zur Verpflichtungsübernahme die Regelung oft nicht angewendet werden kann.

98 Eine Einschränkung des **Anwenderkreises** der Befreiung des § 264 Abs. 3 und 4 HGB ergibt sich für Unt, die als Inlandsemittent Wertpapiere begeben, da diese stets nach § 114 WpHG einen Jahresfinanzbericht erstellen müssen, der zu prüfen und offenzulegen ist. Eine Erleichterung kommt für diese Unt daher generell nicht in Betracht, was im Gesetzestext durch die explizite Ausnahme von kapitalmarktorientierten Unt als TU bei diesen Befreiungsnormen so verankert wurde.

99 Aufgrund branchenbezogener Spezialregelungen existieren **Einschränkungen** bzgl. der Inanspruchnahme der Erleichterungen, wobei hier nur die zentralen aufgeführt sind:
- Kreditinstitute und VersicherungsUnt dürfen aus aufsichtsrechtlichen Gründen lediglich auf die Offenlegung des Jahresabschlusses verzichten (§ 340a Abs. 2 Satz 4 HGB sowie § 341a Abs. 2 Satz 4 HGB).

---

[126] Vgl. BGBl v. 21.6.2023, Nr. 154, S. 1.
[127] Vgl. Zwirner/Busch, BC 2014, S. 512.
[128] Zu den dann ggf. greifenden Befreiungsmöglichkeiten vgl. §§ 291, 292 HGB.

- EnergieversorgungsUnt sind unabhängig von ihrer Rechtsform zur Erstellung eines Jahresabschlusses unter Beachtung der ergänzenden Vorschriften gem. § 6b Abs. 1 EnWG[129] verpflichtet, sodass die Erleichterungen nicht in Betracht kommen.
- KapG, deren Gesellschafter eine Gebietskörperschaft ist, dürfen gem. § 65 Abs. 1 Nr. 4 BHO (Bundeshaushaltsordnung) sowie analoger Vorschriften in LHO höchstens auf eine Offenlegung verzichten.
- Genossenschaften dürfen die Erleichterungen nicht nutzen, da § 336 Abs. 2 HGB keinen diesbzgl. Verweis enthält.

Darüber hinaus ist die **Inanspruchnahme der Erleichterungen** ggf. im Vorfeld gesellschaftsrechtlicher Veränderungen oder ähnlicher Maßnahmen beschränkt:[130]

- Kapitalerhöhungen aus Gesellschaftermitteln bedürfen der vorliegenden und geprüften Jahresbilanz (§§ 57c–57o GmbHG bzw. §§ 207–210 AktG), wobei allerdings nicht die erweiterten Rechnungslegungspflichten der §§ 264–289 HGB zur Anwendung kommen müssen.
- Umwandlungsvorgänge bedürfen dagegen i.A. Jahresabschlüsse als Schlussbilanzen, bei denen lediglich auf die Offenlegung verzichtet wurde. Konkret verweist § 17 Abs. 2 Satz 2 UmwG auf die ergänzenden Vorschriften sowie die Prüfung.[131]

Beim unterjährigen Erwerb eines TU, das dann, um den Stichtag an den Konzernabschluss anzupassen, ein Rumpf-Gj einlegt, kann eine **Befreiungslücke** bestehen, da die Voraussetzungen für die Befreiung nach dem Wortlaut des Gesetzes nicht erbracht werden können. Dennoch wird durch eine teleologische Auslegung in der Literatur die Möglichkeit gesehen, dies zu verhindern.[132]

Die **Wirkung der Erleichterung** ist auch durch die Tatsache begrenzt, dass der Jahresabschluss in den Konzernabschluss einzubeziehen ist. Dies bedeutet, dass die ergänzten Ansatz-, Bewertungs- und Ausweisregelungen von den TU zu beachten sind, da der Konzernabschluss eine grds. Einheitlichkeit von Ansatz (z.B. § 300 Rz 13 ff.), Bewertung und Ausweis (z.B. § 308 Rz 1 ff.) voraussetzt. Da das Recht des MU als große KapG für die Konzernrechnungslegung maßgeblich ist, sind die §§ 264–289f HGB oder vergleichbare nationale Vorschriften des europäischen MU zu beachten. Vorteile ergeben sich jedoch für TU, die in einen ausländischen Konzernabschluss einbezogen werden, da diese die erweiterten HGB-Regelungen nicht direkt, sondern in der jeweils nationalen Umsetzung der RL 2013/34/EU bzw. der IFRS des MU benötigen.

Auch die Befreiung von der **Prüfungspflicht** ist insoweit zu relativieren, da gem. § 317 Abs. 3 HGB eine gesonderte Prüfungspflicht für ungeprüfte Abschlüsse für die Konzernabschlussprüfung besteht. Somit entfällt im Ergebnis nicht die Prüfung des Jahresabschlusses, sondern lediglich die Wahl des Abschlussprüfers und die Erstellung eines Prüfungsberichts auf Tochterabschlussebene.

In der Praxis hat die Vorschrift somit nicht vollumfänglich, sondern primär isoliert auf den Bereich der Offenlegung Relevanz. D.h., die Konzern-TU stellen einen vollumfänglichen Jahresabschluss und Lagebericht als HB II auf, der auch

---

[129] Gesetz über die Elektrizitäts- und Gasversorgung (Energiewirtschaftsgesetz – EnWG) v. 7.7.2005, BGBl 2005 I S. 1970, zuletzt geändert durch Gesetz v. 22.5.2023, BGBl. 2023 I Nr. 133.
[130] Vgl. Kliem/Deubert, in Beck Bil-Komm., 14. Aufl. 2024, § 264 HGB Rz 118.
[131] So IDW RS HFA 42.13; a.A. Reiner, in MünchKomm. HGB, 5. Aufl. 2024, § 264 HGB Rz 126.
[132] Vgl. Hargarten/Rabenhorst/Schieler, WPg 2016, S. 1343.

vom Abschlussprüfer geprüft wird. Lediglich für die Offenlegung wird von dem Wahlrecht (partiell) Gebrauch gemacht.

5.2 Befreiungsvoraussetzungen

104 § 264 Abs. 3 HGB enthält neben der ab dem Gj. 2021 erfolgten Klarstellung bez. des Verbots der Nutzung von kapitalmarktorientierten Unternehmen sechs **kumulativ zu erfüllende Voraussetzungen** für die Befreiung:
- Vorliegen eines Mutter-Tochter-Verhältnisses und Einbezug in den Konzernabschluss eines MU mit Sitz in einem Mitgliedstaat der EU oder einem anderen Vertragsstaat des Abkommens über den EWR (Rz 105 ff.),
- Zustimmung aller Gesellschafter des TU zur Befreiung für das jeweilige Gj und Offenlegung des Beschlusses nach § 325 HGB (Rz 108 ff.),
- Erklärung des MU zum Einstand für bis zum Gj-Ende entstandene Verpflichtungen des TU bis zum Ende des kommenden Gj (Rz 118 ff.),
- Erfüllung bestimmter europäischer Voraussetzungen hinsichtlich Aufstellung und Prüfung des Konzernabschlusses (Rz 115 f.),
- Angabe der Befreiung des TU im Anhang des vom MU aufgestellten und nach § 325 HGB durch Einreichung beim Betreiber des Bundesanzeigers offengelegten Konzernabschlusses (Rz 117),
- Mitteilung der Befreiung im Unternehmensregister für das TU unter Bezugnahme auf § 264 Abs. 3 Nr. 4b HGB und Angabe des MU (Rz 117).

5.2.1 Einbezug als Tochterunternehmen in den Konzernabschluss des Mutterunternehmens

105 Die Befreiung gem. § 264 Abs. 3 HGB erfordert die **kumulative Erfüllung** aller im Gesetzestext genannten Voraussetzungen. Grundvoraussetzung für die Befreiung ist zunächst, dass ein **TU** in den Konzernabschluss eines MU mit Sitz in einem Mitgliedstaat der EU oder einem anderen Vertragsstaat des Abkommens über den EWR einbezogen ist. Dabei liegt ein TU vor, wenn die Voraussetzungen des § 290 HGB bzw. der entsprechenden nationalen Umsetzung der RL 2013/34/EU erfüllt sind, d. h., auf das TU kann unmittelbar oder mittelbar ein beherrschender Einfluss ausgeübt werden (§ 290 Rz 28 ff.). Es ist unerheblich, ob es sich bei dem TU auch um eine Beteiligung des MU handelt (§ 301 Rz 2).

106 Da explizit von einem in den Konzernabschluss **einbezogenen TU** gesprochen wird, greift die Befreiung nicht, wenn das TU wegen § 296 HGB oder vergleichbarer Vorschriften (Wahlrecht der Einbeziehung) nicht in den Konzernabschluss einbezogen wurde und das MU die Tochter im Konzernabschluss als gehaltene Beteiligung in Form eines assoziierten Unt at equity oder lediglich als Beteiligung bilanziert hat. Bei der Einbeziehung des TU in den Konzernabschluss sind für die HB II nach §§ 300, 308 HGB bzw. vergleichbaren Vorschriften auf Basis der RL 2013/34/EU die für KapG geltenden Bilanzierungsvorschriften der §§ 264–289f HGB bzw. der vergleichbaren Vorschriften auf Basis dieser RL oder nach den IFRS zu beachten.

107 Eine Befreiung kommt nicht nur in Betracht, wenn das MU konzernabschlusspflichtig ist, sondern es reicht ein **freiwillig erstellter Konzernabschluss**. Zudem sind die Befreiungen als Wahlrecht formuliert. Somit besteht die Verpflichtung zur Konzernrechnungslegung zunächst unabhängig davon, ob etwa die größenabhängige Befreiung genutzt wird.[133] Daher wird auch hier die Auffassung vertreten, dass ein freiwilliger Konzernabschluss, der allen gesetzlichen Normen genügt, d. h. insb. auch der Offenlegung, befreiende Wirkung für das einbezogene TU entfaltet.

5.2.2 Zustimmung der Gesellschafter

Aufgrund der **erheblichen Einschränkung** der zur Verfügung stehenden Informationen und ggf. Einschränkungen bei der Gewinnverteilung müssen alle Gesellschafter jährlich in einem Beschluss, der den gesetzlichen und satzungsmäßigen Vorgaben entsprechen muss, zustimmen, damit die Erleichterung genutzt werden kann.[134] Der Gesellschafterbeschluss muss schriftlich erfolgen und kann ggf. im Umlaufverfahren herbeigefügt werden.[135] Kliem/Deubert halten dagegen neben dem förmlichen Beschluss auch eine andere eindeutige Erklärung der Gesellschafter gegenüber der KapG für ausreichend.[136] Die jährliche Zustimmungspflicht ist nötig, da sich Kreis und Interessenlage der Gesellschafter stetig verändern können.[137] Dabei sind allerdings Gesellschafter, die erst nach der Gesellschafterversammlung (GesV) Gesellschafter geworden sind, an die Entscheidung der damaligen Gesellschafter zur Zustimmung für die Nutzung der Befreiung gebunden; umgekehrt wird eine nachträgliche Erteilung der Zustimmung für möglich gehalten, wenn der Verkäufer die Zustimmung verweigert hat. Hoffmann/Lüdenbach differenzieren nur im ersten Fall der erfolgten Zustimmung noch, ob der Gesellschafterwechsel während oder nach dem Ende des Gj, für das die Erleichterungen genutzt werden soll, erfolgt. Demnach wäre die Zustimmung nur von den am Bilanzstichtag oder später beteiligten Gesellschaftern möglich.[138] Diese weitere Verschärfung kann m. E. nicht gefordert werden, da im Ergebnis dann stets erst nach Ende des Gj feststeht, ob die Befreiung genutzt werden kann.[139] Es reicht nicht aus, wenn der Beschluss in der GesV einstimmig verabschiedet wird, soweit die Gesellschafter nicht vollzählig anwesend sind. Eine Delegation der Zustimmungsrechte an einen anderen Gesellschafter wird nicht für zulässig gehalten.[140] Zeitlich kann der Beschluss innerhalb des laufenden Gj sowie zum Anfang des Folgejahrs innerhalb der Aufstellungsfrist des Jahresabschlusses nach § 252 Abs. 1 Nr. 4 HGB, spätestens sogar bis zu dessen Feststellung, ggf., wenn nur auf die Offenlegung verzichtet werden soll, noch innerhalb der Offenlegungsfrist erfolgen.[141] Aufgrund des notwendigen zeitlichen Vorlaufs bietet es sich jedoch an, dass der Beschluss zusammen mit der Feststellung des Vorjahresabschlusses erfolgt für das dann laufende Gj.[142] Eine weiter in die Zukunft reichende Beschlussfassung,

---

[133] Vgl. ADS, Rechnungslegung und Prüfung der Unternehmen (Ergänzungsband), 2001, § 264 HGB n. F. Rz 11; Kliem/Deubert, in Beck Bil-Komm., 14. Aufl. 2024, § 264 HGB Rz 127.
[134] Vgl. Reiner, in MünchKomm. HGB, 5. Aufl. 2024, § 264 HGB Rz 128.
[135] Vgl. Petersen, WPg 2018, S. 1219.
[136] Vgl. Kliem/Deubert, in Beck Bil-Komm., 14. Aufl. 2024, § 264 HGB Rz 136.
[137] Vgl. Ballwieser, in Baetge/Kirsch/Thiele, Bilanzrecht, § 264 HGB Rz 126, Stand: 5/2019.
[138] Vgl. Hoffmann/Lüdenbach, NWB-Kommentar Bilanzierung, 15. Aufl. 2023, § 264 HGB Rz 44.
[139] I. E. auch Kliem/Deubert, in Beck Bil-Komm., 14. Aufl. 2024, § 264 HGB Rz 139.
[140] Vgl. Kliem/Deubert, in Beck Bil-Komm., 14. Aufl. 2024, § 264 HGB Rz 138.
[141] Vgl. ADS, Rechnungslegung und Prüfung der Unternehmen (Ergänzungsband), 2001, § 264 HGB n. F. Rz 32.
[142] Vgl. Kliem/Deubert, in Beck Bil-Komm., 14. Aufl. 2024, § 264 HGB Rz 142.

etwa in 2020 für den Jahresabschluss 2021 oder aber für mehrere zukünftige Gj (2021 bis 2025), ist nicht zulässig.[143]

109 Der **Beschluss** ist zudem im Interesse etwaiger Dritter nach § 325 HGB offenzulegen. Konkret haben die gesetzlichen Vertreter der KapG den Wortlaut des Zustimmungsbeschlusses bei der das Unternehmensregister führenden Stelle elektronisch einzureichen. Dabei sollte die Offenlegung unverzüglich, spätestens vor Ablauf der Offenlegungsfrist von zwölf Monaten erfolgen.[144]

5.2.3 Einstandspflicht

110 Als zentrale Voraussetzung für die Erleichterungsmöglichkeiten muss das MU eine Erklärung, für die zum Bilanzstichtag eingegangenen **Verpflichtungen des TU im folgenden Gj** einzustehen, abgeben.[145] Grundlage dafür ist Art. 37 Abs. 3 RL 2013/34/EU, der eine Haftung des MU für das jeweilige Gj verlangt. Idee ist, dass die Verpflichtung eine Kompensation für die Gläubiger für die fehlende Transparenz des offengelegten JA und ggf. die fehlende Prüfung darstellt. Nach Auffassung der Rechtsprechung[146] hat eine nicht zwangsläufig notwendige Verlustübernahmeerklärung nach § 302 AktG allerdings auch das Gj zu umfassen, für das die Erleichterung in Anspruch genommen wird. Demnach hat die Einstandspflicht trotz anderslautender kritischer Stimmen in der Literatur[147] sich auf die Verpflichtungen des Gj zu erstrecken, für das die Erleichterung erreicht werden soll, und die Verpflichtung muss während des darauffolgenden Gj bestehen.[148]

> **Praxis-Beispiel**
> Als nicht ausreichend für die Befreiung im Gj 2014 hat es das LG Bonn[149] mit Bestätigung des OLG Köln angesehen, sich ausweislich des Wortlauts der Bekanntmachung ausschl. auf die Pflicht zur Übernahme etwaiger Verluste „aus dem Geschäftsjahr 2015" zu beziehen. Eine Verpflichtung zur Übernahme von Verlusten aus dem Vorjahr seien damit – obschon erforderlich – gerade nicht erfasst, was letztlich zur Nichtanerkennung der Befreiung und zur Bestätigung des Ordnungsgelds für nicht erfolgte Offenlegung geführt hat.[150]

Die Einstandverpflichtung muss nicht zwingend eine Außenhaftung sein – es reicht eine **Innenhaftung des MU gegenüber dem zu befreienden TU**.[151] Somit ist kein Verweis auf § 302 AktG bzgl. einer infolge eines Beherrschungs- oder Gewinnabführungsvertrags eintretenden gesetzlichen Verlustübernahme mehr nötig. Allerdings bedeutet dies in der Praxis eine Ausweitung über die Verlustübernahmepflicht hinaus,[152] etwa auch auf **auszugleichende Engpässe in der**

---

143 Vgl. Petersen, WPg 2018, S. 1219.
144 OLG Köln, Beschluss v. 13.7.2018, 28 Wx 2/18, NZG 2018 S. 1261.
145 Vgl. Roß, BB 2019, S. 427; Zwirner/Busch, BC 2014, S. 509ff.
146 Vgl. LG Bonn, Beschluss v. 13.12.2017, 11 T 331/17 und OLG Köln, Beschluss v. 13.7.2018, 28 Wx 2/18, NZG 2018 S. 1261.
147 Vgl. z.B. Peters, WPg 2018, S. 1221; Kliem/Deubert, DK 2019, S. 26.
148 Vgl. Roß, BB 2019, S. 428.
149 LG Bonn, Beschluss v. 13.12.2017, 11 T 331/17.
150 OLG Köln, Beschluss v. 13.7.2018, 28 Wx 2/18, NZG 2018 S. 1261.
151 Vgl. BT-Drs. 18/5256 v. 17.6.2015 S. 82.
152 Vgl. Beine/Roß, Börsen-Zeitung 20.1.2015, S. 8.

Liquidität des TU, selbst wenn das TU einen Jahresüberschuss ausgewiesen hat. Ein unmittelbarer Schuldbeitritt zu den Verpflichtungen des TU ist dazu nicht erforderlich. Die Verpflichtung kann nach der Gesetzesbegründung aber bspw. durch eine Nachschusspflicht oder eine Patronatserklärung gegenüber dem TU begründet werden.[153] Ob eine gesellschaftsvertraglich oder privat-/schuldrechtlich verankerte **Nachschusspflicht** tatsächlich ausreichen kann, ist allerdings umstritten,[154] da im ersten Fall etwa nach § 26 Abs. 1 GmbHG stets eine erneute GesV über den Nachschuss zu beschließen hat und für die Gläubiger eine Zustimmung nicht im Voraus sichergestellt werden kann.[155] Auch privat- und schuldrechtliche Vereinbarungen scheitern an den hohen Hürden der Einstandspflicht. Daher erscheint i.R.d. Innenverpflichtung nur eine **(harte) Patronatserklärung** geeignet, um die Anforderungen an § 264 Abs. 3 Nr. 2 HGB zu erfüllen. Ausgestaltungsformen wären Liquiditäts- oder Kapitalausstattungsgarantien, wie sie etwa in IDW RH HFA 1.013 als Grundformen 4 und 5 behandelt werden. Demnach übernimmt das MU gegenüber dem Kreditgeber die Gewähr für die künftige finanzielle Leistungsfähigkeit des TU. Zwar steht dem Gläubiger aus einer ihm gegenüber abgegebenen Erklärung regelmäßig kein unmittelbarer Anspruch auf Zahlung an sich selbst zu. Vielmehr kann er nur verlangen, dass das MU ihr TU entsprechend ausstattet. Letztlich steht dem Gläubiger aber ein Schadensersatzanspruch gegen das MU zu, wenn dieses die Ausstattungsverpflichtung nicht erfüllt.[156]

Durch die Klarstellung des Rechtsausschusses, dass auch durch die Neufassung der Nr. 2 **keine Änderung der bisherigen Praxis** notwendig ist,[157] kann weiterhin eine **Verlustübernahmeerklärung** für die Erlangung der Befreiung genügen.[158] Dies kann entweder nach § 302 AktG über einen Beherrschungs- oder Gewinnabführungsvertrag bzw. über einen Betriebspacht- oder Betriebsüberlassungsvertrag, über eine freiwillige Erklärung, die nach § 325 HGB offengelegt wird, oder nach vergleichbaren Regelungen des MU im Fall eines europäischen MU ausgestaltet sein. Für die GmbH reicht ein Vertrag bzgl. einer Verlustübernahmeverpflichtung aus, der an § 302 AktG angelehnt ist. Indiz ist, dass eine körperschaftsteuerliche Organschaft gem. § 17 Satz 2 Nr. 2 KStG besteht. Ebenfalls werden eine Eingliederungshaftung sowie eine gesamtschuldnerische Haftung der Hauptgesellschafter für die eingegliederte Ges. als gleichwertig angesehen.[159]

Die Verlustübernahmeverpflichtung nach § 302 AktG sollte nach der FinVerw bzw. eine freiwillige Einstandverpflichtung kann den folgenden Wortlaut aufweisen:[160]

111

---

[153] Vgl. BR-Drs. 23/15 v. 23.1.2015 S. 69.
[154] Vgl. Kliem/Deubert, in Beck Bil-Komm., 14. Aufl. 2024, § 264 HGB Rz 148.
[155] Vgl. Peters, WPg 2018, S. 1221.
[156] Vgl. IDW RH HFA 1.013.18.
[157] Vgl. BT-Drs. 18/5256 v. 17.6.2015 S. 80.
[158] Vgl. Zwirner/Busch, BC 2016, S. 509.
[159] Vgl. ADS, Rechnungslegung und Prüfung der Unternehmen (Ergänzungsband), 2001, § 264 HGB n.F. Rz 51.
[160] Vgl. BMF, Schreiben v. 19.10.2010, IV C 2 – S 2770/08/10004, BStBl 2010 I S. 836; zur Diskussion hierüber Grieser/Wirges, DStR 2010, S. 2288.

> **Praxis-Beispiel: Verlustübernahmeverpflichtung angelehnt an § 302 AktG**
> „Die … GmbH verpflichtet sich, entsprechend § 302 AktG jeden während der Vertragsdauer sonst entstehenden Jahresfehlbetrag der … GmbH auszugleichen, soweit dieser nicht dadurch ausgeglichen wird, dass den freien Gewinnrücklagen Beträge entnommen werden, die während der Vertragsdauer in sie eingestellt worden sind."

> **Praxis-Beispiel: Freiwillige Einstandsverpflichtung**
> „Die Mutter-GmbH übernimmt für die Dauer des Gj 02 die gesamtschuldnerische Haftung aller Verbindlichkeiten der Tochter-GmbH, die bis zum 31.12.01 entstanden sind."

112 Die Einstandspflicht des MU muss zu dem **Zeitpunkt bestehen, zu dem das TU die Befreiungsmöglichkeit nutzen will**.[161] Das bedeutet, dass bei Verzicht auf die Offenlegung des Jahresabschlusses zumindest das MU für alle Verpflichtungen des TU einzustehen hat, die am Bilanzstichtag bestehen, auch wenn sie in früheren Gj entstanden sind. Die Einstandspflicht muss sich außerdem mind. auf das Gj beziehen, das dem erleichterten Jahresabschluss folgt. Dies erklärt sich aus den Interessen der übrigen Abschlussadressaten, muss doch für das kommende Gj die Verlustübernahme gewährleisten, dass die verschlechterte Informationslage kompensiert wird. Der Jahresabschluss wird von den Adressaten primär zukunftsorientiert ausgewertet, da die zu treffenden Entscheidungen i.d.R. die Zukunft betreffen, wie Entscheidungen über die Kreditvergabe, kann aber im Regelfall auf die Dauer eines Jahres begrenzt werden, weil nach Ablauf eines Jahres nach dem Bilanzstichtag Daten aus einem neuen Gj zur Verfügung stehen müssen oder eine erneute Verlängerung der Einstandspflicht wieder eine Befreiung ermöglicht. Daher umfasst die Dauer der Einstandspflicht die max. gesetzliche Offenlegungsfrist (und damit die Zeit der entfallenden Aufstellung, Prüfung und Feststellung des Jahresabschlusses). Ein späteres Erlöschen der Einstandspflicht ist unschädlich.

113 Für das TU ist die Einstandsverpflichtung des MU nach § 325 HGB im Unternehmensregister zu veröffentlichen. Eine Wiederholung der Erklärung, die bereits gem. § 302 AktG oder nach dem für das MU maßgeblichen Recht offengelegt ist, ist unnötig. Bei der Veröffentlichung, die analog zur Offenlegung des Gesellschafterbeschlusses erfolgen muss, wird die Wiedergabe der wesentlichen Inhalte für ausreichend erachtet.[162]

114 Der Gesetzgeber hat nicht auf den **mehrstufigen Konzern** abgestellt. Daher muss sich die Einstandsverpflichtung auf das gleiche MU beziehen wie die Einbeziehungspflicht.[163] So reicht entgegen des Wortlauts eine Einstandsverpflichtung, die nicht zwischen dem MU und einem TU, sondern nur zwischen zwei TU geschlossen wurde, als Befreiungsvoraussetzung nur dann aus, wenn die übergeordnete Tochter einen Teilkonzernabschluss erstellt, in den das die Er-

---

[161] HFA, IDW Life 2016, S. 53.
[162] Vgl. ADS, Rechnungslegung und Prüfung der Unternehmen (Ergänzungsband), 2001, § 264 HGB n.F. Rz 61.
[163] Vgl. Kliem/Deubert, in Beck Bil-Komm., 14. Aufl. 2024, § 264 HGB Rz 180.

leichterung in Anspruch nehmende untergeordnete TU einbezogen ist.[164] Gegen eine Ausgestaltung in der Art, dass das oberste MU den Konzernabschluss aufstellt, in das die untergeordnete Tochter einbezogen ist, und die Einstandsverpflichtung direkt von der Mutter oder mittelbar über eine lückenlose Kette von Einstandsverpflichtungen erfolgt, ist auch nichts einzuwenden.[165] Das folgende Beispiel verdeutlicht diese Ausgestaltungen:

Praxis-Beispiel[166]
Für die Ausgestaltung in einem mehrstufigen Konzern sind folgende Konstellationen vorgesehen, wobei die Verlustübernahme nur als Beispiel für die Einstandspflicht aufgeführt ist, eine Patronatserklärung o. Ä. ist ebenfalls möglich:

Abb. 2: Fallkonstellationen

Es liegen auf allen Stufen jeweils Mutter-Tochter-Verhältnisse vor. Alle untergeordneten Ges. sind in die jeweils übergeordneten aufgestellten und veröffentlichten Konzernabschlüsse einbezogen.
In **Fall 1** ist die Anwendung der Erleichterungen bei den Töchtern T-GmbH, E-AG und X-GmbH möglich.

---

164 Vgl. Ballwieser, in Baetge/Kirsch/Thiele, Bilanzrecht, § 264 HGB Rz 127, Stand: 5/2019.
165 Vgl. Kliem/Deubert, in Beck Bil-Komm., 14. Aufl. 2024, § 264 HGB Rz 181.
166 In Anlehnung an ADS, Rechnungslegung und Prüfung der Unternehmen (Ergänzungsband), 2001, § 264 HGB n.F. Rz 23.

> In **Fall 2** können nur die T-GmbH und die X-GmbH die Erleichterungen nutzen, da es an einer (mittelbaren) Einstandsverpflichtung zwischen T und E fehlt.
> In **Fall 3** kann nur noch die T-GmbH die Erleichterungen nach § 264 Abs. 3 HGB nutzen. Allen anderen untergeordneten Ges. fehlen die entsprechenden Voraussetzungen.

5.2.4 Anforderungen an den Konzernabschluss und Konzernlagebericht

115 Der für die befreiende Wirkung notwendige Konzernabschluss sowie der Konzernlagebericht müssen jeweils nach dem für das MU geltenden und **in Übereinstimmung mit der RL 2013/34/EU stehenden Recht** aufgestellt worden sein. Dies wird mit dem erfolgten Zusatz „die zuletzt durch die Richtlinie (EU) 2021/2101 (ABl. L 429 vom 1.12.2021, S. 1 geändert worden ist", der sich auf den ergänzten Ertragsteuerinformationsbericht (§§ 342–342p HGB) bezieht, nochmals klargestellt. Mit der Formulierung in Nr. 3 können auch freiwillige Abschlüsse befreiende Wirkung entfalten, soweit die erforderlichen Normen bei der Aufstellung beachtet wurden. Zudem wird auch ein Konzernabschluss nach IFRS als gleichwertig erklärt; dieser ist dann allerdings um einen Konzernlagebericht zu ergänzen.[167]

116 Weitere Voraussetzung ist die im Einklang mit den EU-Richtlinien zur Abschlussprüfung erfolgte **Prüfung** von Konzernabschluss und Konzernlagebericht. Mit dem BilRUG und dem Gesetz zur Umsetzung der Richtlinie (EU) 2021/2101 im Hinblick auf die Offenlegung von Ertragsteuerinformationen durch bestimmte Unternehmen und Zweigniederlassungen sowie zur Änderung des Verbraucherstreitbeilegungsgesetzes und des Pflichtversicherungsgesetzes erfolgten notwendige Klarstellungen, waren doch die Änderungen durch das MicroBilG diesbzgl. redaktionell unglücklich formuliert.[168] Nun wird sich eindeutig auf die aktuelle Prüfungsrichtlinie bezogen, die zuletzt mit der RL 2014/56/EU (ABl. L 158 v. 27.5.2014, S. 196) geändert wurde.

5.2.5 Angaben bzgl. der Befreiung im Konzernabschluss

117 Die Angabe der Nutzung der Erleichterungsmöglichkeit ist in jedem Gj der Nutzung im **Konzernanhang** des MU anzugeben. Dabei wird keine besondere Form im Gesetzestext gefordert. Nötig erscheinen zumindest Name und Sitz des jeweiligen TU und die Angabe, dass Erleichterungen aus § 264 Abs. 3 HGB genutzt wurden. Angaben zum Umfang der Nutzung der Befreiung sind nicht notwendig.[169] Die Angabe kann i.R.d. Erläuterung der einbezogenen TU nach § 313 Abs. 2 Nr. 1 HGB erfolgen, wobei folgende Formulierung geeignet erscheint:[170]

---

[167] Vgl. BT-Drs. 18/5256 v. 17.6.2015 S. 80f.
[168] Vgl. HFA, IDW-FN 2014, S. 197.
[169] Gl. A. Kliem/Deubert, in Beck Bil-Komm., 14. Aufl. 2024, § 264 HGB Rz 195.
[170] Vgl. Kliem/Deubert, in Beck Bil-Komm., 14. Aufl. 2024, § 264b HGB Rz 66.

> **Praxis-Beispiel**
> Die xy-AG, Musterstadt, ist gem. § 264 Abs. 3 HGB von einer Verpflichtung befreit, einen handelsrechtlichen Jahresabschluss und einen Lagebericht nach den für Kapitalgesellschaften geltenden Vorschriften aufzustellen, prüfen zu lassen und offenzulegen.

Eine Kombination der Erleichterung aus § 264 Abs. 3 HGB und der Nutzung der Schutzklausel aus § 313 Abs. 3 HGB bzgl. der dem MU oder einem seiner TU bei vernünftiger kaufmännischer Beurteilung entstehenden erheblichen Nachteile aus dem Bekanntwerden der Unternehmensverbindung ist nicht erlaubt.

5.2.6 Mitteilungen bzgl. der Wahrnehmung der Erleichterungen für das Tochterunternehmen

Abschließend ist für ein TU die Voraussetzung für die Befreiung von der Anwendung der speziellen Vorschriften für KapG die Offenlegung der in § 264 Abs. 3 Nr. 5 HGB genannten Unterlagen. Konkret müssen die **gesetzlichen Vertreter des TU im Unternehmensregister** – in deutscher Sprache den Beschluss der GesV bzgl. der Zustimmung für die Nutzung der Erleichterungen, die Erklärung zur Einstandsverpflichtung des MU, den Konzernabschluss und Konzernlagebericht sowie den dazu erteilten Bestätigungsvermerk zur Bekanntmachung einreichen. Die Offenlegungsfrist reicht grds. analog zu den ansonsten notwendigen Einreichungen der Unterlagen des Jahresabschlusses spätestens bis Ablauf des zwölften Monats des dem Abschlussstichtag nachfolgenden Gj. Sollen allerdings inhaltliche Erleichterungen in Anspruch genommen werden und ist dafür eine Offenlegung nach § 325 Abs. 1–1b HGB Voraussetzung, hat zumindest die Einreichung der Zustimmung der Gesellschafter sowie die Erklärung zur Einstandsverpflichtung bis zur Aufstellung des Jahresabschlusses zu erfolgen, da ansonsten die zwingenden Voraussetzungen für die Nutzung der Aufstellungserleichterungen nicht vorliegen.[171] Inhaltlich hat der Beschluss der GesV nur die Tatsache (Zustimmung zur Inanspruchnahme von Erleichterungen nach § 264 Abs. 3 HGB aller Gesellschafter) und das betreffende Gj zu enthalten. Die Einstandsverpflichtungserklärung des MU für das TU ist dagegen aufgrund der vielen denkbaren Ausgestaltungsformen im Wortlaut offenzulegen, wobei auch der Zeitraum der Gültigkeit, der nach Auffassung der aktuellen Rechtsprechung auch das Gj zu umfassen hat, für das die Erleichterung in Anspruch genommen wird,[172] anzugeben ist. Bestehen Verlustübernahmeverpflichtungen nach § 302 AktG, dürfte ein Verweis auf das Bestehen für den gesetzlich geforderten Zeitraum mit Nennung der Vorschrift ausreichen.[173] Sollten in einem mehrstufigen Konzern die Verpflichtungsübernahmen nicht unmittelbar von dem obersten den Konzernabschluss aufstellenden MU erfolgt sein (Rz 114), so ist darauf i. R. d. Offenlegung gesondert einzugehen. Entgegen der bisherigen Praxis ist vom TU kein Verweis mehr auf den Offenlegungsort von Konzernabschluss, Konzernlagebericht und Bestätigungsvermerk zu

118

---

[171] Gl. A. Kliem/Deubert, in Beck Bil-Komm., 14. Aufl. 2024, § 264 HGB Rz 207.
[172] Vgl. LG Bonn, Beschluss v. 13.12.2017, 11T 331/17 und OLG Köln, Beschluss v. 13.7.2018, 28Wx 2/18, NZG 2018 S. 1261.
[173] Vgl. Deubert, DB 2015, Beilage 5, S. 47.

geben. Vielmehr wird vom Bundesanzeiger bzw. der das Unternehmensregister führenden Stelle sichergestellt, dass beim Suchen der Unterlagen des TU neben dem Gesellschafterbeschluss und der Einstandsverpflichtungserklärung auch die übrigen befreienden Unterlagen angezeigt werden.[174]

119 Zur Vermeidung der Mehrfachoffenlegung wird daher auch in § 264 Abs. 3 Satz 2 HGB ausdrücklich auf die Möglichkeit der **Einreichung der Unterlagen durch das MU** hingewiesen. Die gesetzlichen Vertreter des MU dürfen dafür auch die englische Sprache verwenden (Abs. 3 Satz 3). Allerdings ist aus der Begründung des BT-Rechtsausschusses zu erkennen, dass hiervon der Beschluss der Gesellschafter und die Einstandsverpflichtung ausgenommen sein sollen, die daher in deutscher Sprache offenzulegen sind.[175] Die gesetzlichen Vertreter des TU haben dafür Sorge zu tragen, dass die Unterlagen vollständig offengelegt werden und müssen im Fall fehlerhafter oder unvollständiger Unterlagen diese selbst in **deutscher Sprache** an die das Unternehmensregister führende Stelle übermitteln. Für den Fall, dass ein ausländisches MU für mehrere TU in Deutschland eine Befreiung nach § 264 Abs. 3 HGB erwirken will, müssen grds. alle TU den (ggf. übersetzten) Konzernabschluss, Konzernlagebericht und Bestätigungsvermerk offenlegen, es sei denn, es ist sichergestellt, dass der nur von einem TU eingereichte Konzernabschluss, Konzernlagebericht und Bestätigungsvermerk auch bei Abfrage der übrigen TU angezeigt wird.[176]

5.3 Umfang der Befreiung

120 Da die Erleichterungen in Form einer Aufzählung und nicht einer „Entweder-oder-Option" erfolgen, können die Gesellschafter selbst über den **Umfang der Erleichterungen** entscheiden. Auch wenn die Voraussetzungen und Rechtsfolgen dieselben bleiben, kann etwa nur auf die Offenlegung oder zusätzlich auf die isolierte Prüfung des Jahresabschlusses des TU verzichtet werden. Allerdings ist die Reihenfolge zu beachten.

121 Jahresabschlüsse, die unter Inanspruchnahme der Befreiungsvorschrift erstellt werden, können weiterhin nach § 316 HGB geprüft und nach § 325 HGB **offengelegt** werden, wobei sich die Aussagen im Bestätigungsvermerk des Abschlussprüfers dann nur auf die für alle Kfl. gültigen Vorschriften der §§ 238–263 HGB beziehen.[177]

122 Wird von der Erleichterung des Entfallens der **Prüfung des Jahresabschlusses und Lageberichts** nicht Gebrauch gemacht, so ist mit dem Abschlussprüfer ausdrücklich nur eine freiwillige Prüfung zu vereinbaren. Ohne diese ausdrückliche Vereinbarung muss der Abschlussprüfer eine Pflichtprüfung gem. §§ 316ff. HGB vornehmen, wobei das Problem auftritt, dass regelmäßig die Prüfung der Voraussetzungen der Befreiung nach § 264 Abs. 3 HGB nicht erfolgen kann. Ein uneingeschränkter Bestätigungsvermerk ist dann nur möglich, wenn für den Abschlussprüfer keine Anhaltspunkte ersichtlich sind, die gegen die voraussichtliche Erfüllung der Voraussetzungen sprechen.[178]

---

[174] Vgl. BR-Drs. 23/15 v. 23.1.2015 S. 70.
[175] Vgl. BT-Drs. 18/5256 v. 17.6.2015 S. 81.
[176] Vgl. Deubert, DB 2015, Beilage 5, S. 46.
[177] Vgl. IDW PH 9.200.1.
[178] Vgl. Kliem/Deubert, in Beck Bil-Komm., 14. Aufl. 2024, § 264 HGB Rz 234.

5.4 Besonderheiten für Konzernabschlüsse nach dem PublG (Abs. 4)

Nachdem mit dem BilRUG seit dem Gj 2016 die Erleichterungen für TU eines einen Konzernabschluss veröffentlichenden MU in einer anderen Rechtsform als KapG oder KapCoGes, die ihren Konzernabschluss nach § 11 PublG erstellen, bereits in § 264 Abs. 3 HGB eingeräumt werden (Rz 96), erfolgt in Abs. 4 lediglich die Benennung einer weiteren Voraussetzung neben den in § 264 Abs. 3 Nr. 1–5 HGB benannten. Konkret ist zusätzliche Voraussetzung, dass im Konzernabschluss der Pflicht des § 314 Abs. 1 Nr. 6 HGB – die Angabe zu den Organbezügen sowie Krediten und sonstigen Rechtsgeschäften mit Organmitgliedern – nachgekommen wurde, obwohl nach § 13 Abs. 3 Satz 1 PublG hierfür keine Verpflichtung besteht. Zu den Vorschriften zur Konzernrechnungslegung nach dem PublG s. § 290 Rz 10 ff.

6 Rechtsfolgen bei Pflichtverletzung

Eine Überschreitung der Aufstellungsfrist im Zusammenhang mit einem Bankrott wird **strafrechtlich** nach § 283 Abs. 1 Nr. 7b StGB mit einer Freiheitsstrafe von bis zu fünf Jahren (Vorsatz und in besonders schweren Fällen sogar bis zehn Jahre, § 283a StGB) oder bis zu zwei Jahren (Fahrlässigkeit, § 283 Abs. 5 StGB) oder einer Geldstrafe belegt. Dabei ist bereits der Versuch strafbar. § 283b Abs. 1 Nr. 3b StGB stellt Verstöße gegen die Buchhaltungs- und Aufstellungspflicht ganz allgemein unter Strafe von bis zu zwei Jahren (Vorsatz) bzw. bis zu einem Jahr (Fahrlässigkeit) Freiheitsentzug oder einer Geldstrafe. Handelsrechtlich wird ein Verstoß gegen die Verpflichtung zur Aufstellung eines Jahresabschlusses nach § 264 Abs. 1 HGB dagegen erst bei nicht erfolgter Offenlegung gem. § 335 Abs. 1 HGB mit einem gem. § 335 Abs. 4 HGB nach Größenklassen gestaffelten **Ordnungsgeld** bis max. 25 TEUR (kapitalmarktorientierte Unt nach § 335 Abs. 1a HGB: max. der höchste Betrag aus 10 Mio. EUR, 5 % des jährlichen Gesamtumsatzes oder das Zweifache des aus der unterlassenen Offenlegung gezogenen wirtschaftlichen Vorteils) belegt. § 334 Abs. 1 Nr. 1 Buchst. a HGB ordnet die Zuwiderhandlung gegen § 264 Abs. 2 HGB ebenfalls als **Ordnungswidrigkeit** ein, die mit einer Geldbuße von bis zu 50 TEUR geahndet werden kann. Allerdings greifen schon bei verzögerter Aufstellung zivilrechtliche Sanktionen aufgrund schuldhafter Pflichtverletzung der Sorgfaltspflicht der gesetzlichen Vertreter (insb. §§ 84 Abs. 3 und 93 Abs. 2 AktG oder §§ 30 und 43 Abs. 2 GmbHG).

Daneben droht § 331 Nr. 1 HGB Mitgliedern des vertretungsberechtigten Organs oder des Aufsichtsrats einer KapG für unrichtige und verschleiernde Angaben in der Eröffnungsbilanz, im Jahresabschluss, im Lagebericht oder im Zwischenabschluss nach § 340a Abs. 3 HGB mit einer **Freiheitsstrafe** von bis zu drei Jahren oder mit einer Geldstrafe. Dies betrifft insb. das in § 264 Abs. 2 Satz 1 HGB geforderte Bild der Vermögens-, Finanz- und Ertragslage und soll die Öffentlichkeit vor fehlerhaften Jahresabschlüssen und Lageberichten durch Bilanzfälschung und Bilanzverschleierung schützen.[179] Dies traf nach § 331 Nr. 3a HGB a.F. auch bis zum Gj 2020 für die unrichtig abgegebene Versicherung der gesetzlichen Vertreter einer KapG nach § 264 Abs. 2 Satz 3 HGB zu.

---

[179] S. dazu Diskussionsentwurf des BMF zur Umsetzung der RL 2004/109/EG (Transparenzrichtlinie-Umsetzungsgesetz) v. 3.5.2006, S. 56.

126 Mit dem FISG wurde mit dem neu eingefügten § 331a HGB nun mit Wirkung ab dem 1.7.2021 eine eigene Norm für strafrechtliche Haftung für die Verletzung des **Bilanzeids** eingefügt (§ 331a Rz 1), die jedoch nicht den Stellenwert einer eidesstattlichen Versicherung erreicht, die nach §§ 156, 163 StGB bei vorsätzlicher und fahrlässiger Verletzung unter Strafe steht.[180] Zudem wird durch den eingebauten Wissensvorbehalt das eigenständige Rechtsgut des Bilanzeids, das lediglich auf das Vertrauen in die subjektive Ehrlichkeit der Bilanzverantwortlichen zielt, betont. Die Nichtabgabe des Bilanzeids fällt nicht unter den Tatbestand des § 331a HGB. Somit ist die Nichtabgabe als Ordnungswidrigkeitstatbestand gem. § 334 Abs. 1 Nr. 1 Buchst. a HGB einzuordnen, was auch der Rechtsfolge der Nichtbefolgung der Unterzeichnungspflicht für alle Kfl. nach § 245 HGB entspricht.

7 Zahlungsbericht (länderbezogene Berichterstattung)

7.1 Inhalt und Regelungszweck

127 Mit den §§ 341q–y HGB wurde die Pflicht zur Berichterstattung über Zahlungen an staatliche Stellen in deutsches Recht übernommen. Unt (MU) i.S.d. § 341q HGB i.V.m. § 341r Nr. 1–2 HGB n.F. (i.V.m. § 341v Nr. 1 HGB),

- die in der **mineralgewinnenden Industrie bzw. im Holzeinschlag in Primärwäldern** tätig und gleichzeitig
- als KapG oder diesen gleichzustellende PersG ohne natürlichen Vollhafter i.S.d. § 264a HGB zu klassifizieren sind sowie
- als „groß" i.S.d. § 267 HGB gelten (also auch alle kapitalmarktorientierten Unt, Kredit- und Finanzdienstleistungsinstitute, VersicherungsUnt oder Pensionsfonds),

haben demnach ab dem nach dem 23.7.2015 beginnenden Gj jährlich einen Bericht (Konzernbericht) über Zahlungen an staatliche Stellen zu erstellen und offenzulegen.[181] Anders als etwa in § 264 Abs. 1 Satz 1 HGB wird die KapG und nicht deren gesetzliche Vertreter zur Erstellung des Zahlungsberichts verpflichtet, sodass dies keine höchstpersönliche Pflicht darstellt. Gleichwohl sind die gesetzlichen Vertreter diejenigen, die nach außen wirken und haben auch für die Offenlegung zu sorgen (§ 341w Abs. 1 HGB).

In Deutschland sind davon lt. Regierungsbegründung **60 Unt betroffen**, wobei die Reduzierung um rund 50 Unt gegenüber dem Referentenentwurf (110 betroffene Unt) nur als Augenwischerei verstanden werden kann. Diese Unt sind zwar durch den Bericht auf übergeordneter Konzernebene (MU im europäischen Ausland) zunächst befreit, haben diese Informationen dennoch zu ermitteln und an das MU zu kommunizieren. Die berichtsbezogenen Aufwendungen reduzieren sich so nur um jene resultierend aus der Offenlegung, d.h. minimal. Erstaunlich ist, dass empirische Untersuchungen eine deutlich geringere Zahl an veröffentlichten (Konzern-)Zahlungsberichten vorgefunden haben.[182] Die durchschnittliche einmalige Mehrbelastung pro Unt beziffert der Gesetzgeber auf knapp 2 Mio. EUR. Die jährlichen Mehrbelastungen werden mit knapp 500.000 EUR veranschlagt.[183]

---

[180] Vgl. Fleischer, ZIP 2007, S. 97, 102.
[181] Vgl. IDW Praxishinweis 1/2017, Tz. 4–9; Trepte/Siegel, WPg 2017, S. 317.
[182] Vgl. Luckner/Gäumann/Dobler, WPg 2019, S. 1163–1171.
[183] BR-Drs. 23/15 v. 23.1.2015 S. 65.

Die länderbezogene Berichterstattung liegt ausweislich der EU-Bilanzrichtlinie[184] im Interesse einer größeren **Transparenz** hinsichtlich der an staatliche Stellen geleisteten Zahlungen. Zum einen soll verhindert werden, dass Holz aus illegalem Einschlag auf den Markt der Union gelangt. Zum anderen geht es um **Korruptionsbekämpfung**. Zweck der Berichte ist es, den Regierungen ressourcenreicher Länder dabei zu helfen, die EITI-Grundsätze und -Kriterien umzusetzen und ihren Bürgern Rechenschaft über die Zahlungen abzulegen, die sie von den in ihrem Hoheitsgebiet tätigen Unt der mineralgewinnenden Industrie und der Industrie des Holzeinschlags in Primärwäldern erhalten.[185] Nicht in der Begründung zur EU-Bilanzrichtlinie aufgeführt, jedoch infolge der zunehmenden Diskussionen über Steuervermeidungstaktiken auf EU-Ebene[186] als weiterer Einführungsgrund zu sehen sind Steuerzahlungs- respektive Steuervermeidungsanalysen und darauf aufbauend regulierende Maßnahmen durch die Mitgliedstaaten oder auf europäischer Ebene, die inzwischen in einer Ende 2023 umgesetzten Richtlinie zur Einführung einer Globalen Mindestbesteuerung[187] sowie zur Einführung eines Ertragsteuerinformationsberichts[188] geführt hat (§§ 342–342p Rz 1 ff.).

7.2 Anwendungsbereich

7.2.1 Industriezugehörigkeit

Unter **Unt der mineralgewinnenden Industrie** sind gem. § 341r Nr. 1 HGB jene zu verstehen, die auf dem Gebiet der Exploration, Prospektion, Entdeckung, Weiterentwicklung und Gewinnung von Mineralien, Erdöl-, Erdgasvorkommen oder anderen Stoffen in den Wirtschaftszweigen tätig sind, die in Abschnitt B Abteilungen 05–08 von Anhang I der Verordnung (EG) Nr. 1893/2006[189] aufgeführt sind. Als **Unt des Holzeinschlags** in Primärwäldern gelten nach § 341r Nr. 2 HGB jene, die in den in Abschnitt A Abteilung 02 Gruppe 02.20 aufgelisteten Bereichen von Anhang I der Verordnung (EG) Nr. 1893/2006 aufgeführt und in natürlich regenerierten Wäldern mit einheimischen Arten tätig sind, in denen es keine deutlich sichtbaren Anzeichen für menschliche Eingriffe gibt und wo die ökologischen Prozesse nicht wesentlich gestört sind.

128

Die Regelung des Anwendungsbereichs in Bezug auf die berichtspflichtigen Industriezweige respektive Unt/Konzerne wurde vom deutschen Gesetzgeber lediglich leicht verändert aus der RL 2013/34/EU in das BilRUG übernommen. Eine weitere Konkretisierung der Richtlinienregelung ist nicht erfolgt. Dies führt dann zu **Rechtsunsicherheit**, wenn entweder eine vertikale Integration von Tätigkeiten, eine horizontale Integration von Tätigkeiten oder eine beliebige

---

[184] Begr. EU-Bilanzrichtlinie (2013/34/EU), ABl. EU L1 82/24 v. 26.6.2013.
[185] Vgl. EU-Bilanzrichtlinie 2013/34/EU, Erwägungsgrund 45.
[186] S. dazu etwa EU-Kommission, Fight against tax fraud and tax evasion, taxation-customs.ec.europa.eu/taxation/vat/fight-against-vat-fraud_en, Abruf: 15.10.2024.
[187] Gesetz zur Umsetzung der Richtlinie (EU) 2022/2523 des Rates zur Gewährleistung einer globalen Mindestbesteuerung und weiterer Begleitmaßnahmen, BGBl v. 27.12.2023, Nr. 397.
[188] Gesetz zur Umsetzung der Richtlinie (EU) 2021/2101 im Hinblick auf die Offenlegung von Ertragsteuerinformationen durch bestimmte Unternehmen und Zweigniederlassungen, BGBl I 21.6.023, Nr. 154.
[189] Verordnung (EG) Nr. 1893/2006, ABl. EU L 393/1 ff. v. 30.12.2006.

Kombination von Tätigkeiten innerhalb eines Unt erfolgt und diese **mehr als einer NACE-Klasse** zuzurechnen sind (Rz 131).[190]

129 Dem Wirtschaftszweig der **mineralgewinnenden Industrie** gem. der Verordnung (EG) Nr. 1893/2006 sind Unt zuzuordnen, die Tätigkeiten in einer der folgenden Gruppen – nebst den auf tieferer Gliederungsebene liegenden zugehörigen Klassen – ausführen:[191] 05.1 Steinkohlenbergbau, 05.2 Braunkohlenbergbau, 06.1 Gewinnung von Erdöl, 06.2 Gewinnung von Erdgas, 07.1 Eisenerzbergbau, 07.2 NE-Metallerzbergbau, 08.1 Gewinnung von Natursteinen, Kies, Sand, Ton und Kaolin, 08.9 Sonstiger Bergbau; Gewinnung von Steinen und Erden a. n. g.

130 Dem **Wirtschaftszweig des Holzeinschlags** gem. der Verordnung (EG) Nr. 1893/2006 sind Unt zuzuordnen, die Tätigkeiten in der Gruppe 02.20 Holzeinschlag ausführen.[192]

131 **Nicht abschließend** geregelt ist, ob bei der Beurteilung der Industrie- bzw. Wirtschaftszweigzugehörigkeit auf die **NACE-Einordnungssystematik** (NACE-Code gem. Hauptwirtschaftstätigkeit) abzustellen ist[193] **oder** die Ausübung von Tätigkeiten in einem der Industrie-/Wirtschaftszweige ohne Berücksichtigung des Anteils der Tätigkeiten an der Wertschöpfung (NACE-Kriterium für die Identifikation der Hauptwirtschaftstätigkeit)[194], d. h. **auch** dann, wenn es sich lediglich um eine **Nebentätigkeit** handelt, eine Pflicht zur Zahlungsberichterstattung i. S. d. §§ 341s ff. HGB auslöst. Konkret geht es um die Frage, inwiefern Unt, die nur in geringem Umfang in den von § 341r Nr. 1–2 HGB genannten Wirtschaftszweigen tätig sind respektive ihren Schwerpunkt gem. NACE-Einordnungssystematik in einer anderen NACE-Abteilung haben, in den Anwendungsbereich des § 341q HGB fallen. Das IDW stellt beide Sichtweisen dar, ohne sich eindeutig zu positionieren.[195]

Nach der hier verfolgten Auffassung ist bei der Beurteilung der Industrie- bzw. Wirtschaftszweigzugehörigkeit auf die NACE-Einordnungssystematik respektive den – bei mehreren und integrierten Tätigkeiten – ggf. nach der Top-down-Methode zugeteilten NACE-Code abzustellen.[196] Nebentätigkeiten in einem der erfassten Industriezweige sind insofern unbeachtlich. Maßgeblich für die Zuordnung eines NACE-Codes zu einer Einheit ist deren Hauptwirtschaftstätigkeit, wobei unter der Haupttätigkeit jene zu verstehen ist, die den größten Beitrag zur Wertschöpfung dieser Einheit leistet.[197] Sofern Tätigkeiten einer Einheit mehr als einer NACE-Klasse zuzurechnen sind und keine der Tätigkeiten mehr als 50 % der Wertschöp-

---

[190] Vgl. IDW Praxishinweis 1/2017, Tz. 23; Upmeier, KoR 2016, S. 468.
[191] Vgl. Verordnung (EG) Nr. 1893/2006, ABl. EU L 393/8 v. 30.12.2006.
[192] Vgl. Verordnung (EG) Nr. 1893/2006, ABl. EU L 393/7 v. 30.12.2006.
[193] So die in der Literatur vertretene Auffassung, z. B. Bischoff/Kreipl/Müller, WPg 2016, S. 288 ff.
[194] So Bundesamt für Justiz (zitiert nach IDW Praxishinweis 1/2017, Tz. 23).
[195] Vgl. IDW Praxishinweis 1/2017, Tz. 23 und Tz. 31.
[196] Vgl. Bischoff/Kreipl/Müller, WPg 2016, S. 288 ff.
[197] Vgl. Eurostat, NACE Revision 2: Statistische Systematik der Wirtschaftszweige in der Europäischen Gemeinschaft, S. 27 ff., abrufbar unter https://ec.europa.eu/eurostat/de/web/products-manuals-and-guidelines/-/KS-RA-07-015, Abruf 2.10.2024.

fung ausmacht (in diesen Fällen ist die Hauptwirtschaftstätigkeit eindeutig identifizierbar), ist die Einheit gem. einer Top-down-Methode[198] einzuordnen.[199]
Der mit der Berichtspflicht einhergehende Zuwachs an Transparenz hinsichtlich der maßgeblichen Zahlungsströme spricht zunächst für eine eher weite Auslegung des Tätigkeitsbegriffs. Dass der Zuwachs an Transparenz aber auch vom Verordnungsgeber nicht um jeden Preis gewollt war, zeigt bereits der Umstand, dass nur Unt ab einer bestimmten Größe und nur Zahlungsströme ab Erreichung der Mindestschwelle von 100.000 EUR erfasst werden. Weiter ist davon auszugehen, dass auch nur sehr große Unt in der Lage sind, den mit der Berichtspflicht verbundenen durchschnittlichen Kostenaufwand zu tragen. Unt mit untergeordneter Tätigkeit in den erfassten Sektoren würden bei einer Einbeziehung in die Berichtspflicht übermäßig belastet, was gegen ihre Einbeziehung spricht. Auch die in Rz 127 dargestellte geringe Zahl an Anwendern der Zahlungsberichterstattung in Deutschland spricht für diese engere Sichtweise.
Auslösend für die Berichtspflicht ist nicht der Ort der Tätigkeitserbringung, sondern der Ort des Sitzes der Ges., die die Tätigkeit ausübt. Dieser muss in Deutschland sein.[200]

7.2.2 Größenklassenzugehörigkeit

Der Anwendungsbereich der länderbezogenen Berichterstattung erfasst gem. § 341q HGB zunächst alle **großen KapG** und **ihnen gleichgestellte PersG** (§ 267 Rz 10 ff.) – die monetären Schwellenwerte sollen bereits für das Gj 2024 erhöht werden (§ 267 Rz 1).

7.2.3 Unternehmen von öffentlichem Interesse

§ 341q HGB sieht vor, dass die Pflicht zur Erstellung eines Zahlungsberichts auch für KapG aus der mineralgewinnenden Industrie und des Holzeinschlags in Primärwäldern greift, wenn diese gem. den Schwellenwerten der Größenklasse der kleinen oder mittelgroßen KapG zuzuordnen sind, jedoch die für große KapG vorgesehenen Vorschriften anzuwenden haben. Dies trifft neben kapitalmarktorientierten Unt/Konzernen i.S.d. § 264d HGB auf Kredit- und Finanzdienstleistungsinstitute sowie VersicherungsUnt und Pensionsfonds zu, die nach § 340a Abs. 1 HGB und § 341a Abs. 1 HGB die für große KapG geltenden Vorschriften anzuwenden haben.

7.2.4 Befreiung von der Zahlungsberichterstattung

Gem. § 341s Abs. 2 HGB entfällt die Erstellungspflicht, sofern eine **Einbeziehung in einen Konzernzahlungsbericht** unter den Rechtsvorschriften eines Mitgliedstaats erfolgt. In diesem Fall hat die KapG im Anhang anzugeben, bei welchem Unternehmen sie einbezogen und wo dieser Zahlungsbericht erhältlich ist. Gleiches gilt nach § 341s Abs. 3 HGB bei der Erstellung und Offenlegung

---

[198] Vgl. Eurostat, NACE Revision 2: Statistische Systematik der Wirtschaftszweige in der Europäischen Gemeinschaft, S. 28 ff., abrufbar unter https://ec.europa.eu/eurostat/de/web/products-manuals-and-guidelines/-/KS-RA-07-015, Abruf 2.10.2024.
[199] Vgl. für Beispiele Bischoff/Kreipl/Müller, WPg 2016, S. 290; Kreipl, KoR 2016, S. 300.
[200] Vgl. Zwirner/Busch, BC 2016, S. 504.

eines äquivalenten Berichts im Einklang mit den Rechtsvorschriften eines Drittstaats, dessen Berichtspflichten die Europäische Kommission als gleichwertig bewertet hat. Von einer erheblichen Erleichterung kann indes bei einer Befreiung infolge der Einbeziehung in den Zahlungsbericht eines anderen Unt nicht ausgegangen werden. Der Hauptaufwand resultiert aus der Datengewinnung und -verarbeitung. Dieser fällt insofern weiterhin an, als die entsprechenden Informationen zwecks Übermittlung an das berichtende KonzernUnt ermittelt, aggregiert und aufbereitet werden müssen. Letztlich entfällt lediglich die gesonderte Offenlegung.

7.2.5 Konzernzahlungsberichterstattung

7.2.5.1 Bei Industriezugehörigkeit des Mutterunternehmens

135 Nach § 341v Abs. 1 Satz 1 HGB i.V.m. § 341q HGB haben **MU mit Sitz im Inland** aus der mineralgewinnenden Industrie und der Industrie des Abbaus von Holz in Primärwäldern jährlich einen Konzernzahlungsbericht zu erstellen. Die Pflicht zur Konzernzahlungsberichterstattung ist mit der Pflicht zur Aufstellung eines Konzernabschlusses verknüpft. Insofern ist auf die Beherrschungskriterien des § 290 HGB abzustellen (§ 290 Rz 28 ff.).

136 Gem. § 341v Abs. 2 HGB werden MU jedoch bei **Einbeziehung in einen übergeordneten** Zahlungsbericht eines anderen MU mit Sitz in einem Mitgliedstaat der EU oder in einem anderen Vertragsstaat des Abkommens über den EWR von der Erstellung eines Konzernzahlungsberichts befreit.

7.2.5.2 Bei Industriezugehörigkeit eines Tochterunternehmens

137 Die Pflicht zur Erstellung eines Konzernzahlungsberichts durch ein MU gem. § 341v Abs. 1 Satz 1 HGB liegt nach § 341v Abs. 1 Satz 2 HGB auch bereits vor, wenn nur **ein TU** in der mineralgewinnenden Industrie oder im Holzeinschlag in Primärwäldern tätig ist. Mitunter ist eine Änderung der Beteiligungsstruktur zu prüfen, d.h. eine Einbeziehung lediglich als Gemeinschafts- oder assoziiertes Unt, zwecks Vermeidung einer Zahlungsberichterstattungspflicht. Dies ist insb. zu empfehlen, sofern nur ein oder zumindest nur sehr wenige TU die Pflicht zur länderbezogenen Berichterstattung auslösen.

7.3 Zahlungsbericht

7.3.1 Zu erfassende staatliche Stellen

138 Berichtspflichtige KapG oder ihnen gleichgestellte KapCoGes haben gem. § 341t Abs. 1 Satz 1 HGB im Zahlungsbericht **sämtliche Zahlungen an staatliche Stellen** im Zusammenhang mit der Geschäftstätigkeit in der mineralgewinnenden Industrie oder mit dem Betrieb des Holzeinschlags in Primärwäldern anzugeben, die im Berichtszeitraum getätigt wurden. Im Umkehrschluss werden andere Zahlungen von einer Integration in einen anzufertigenden Zahlungsbericht ausgeschlossen. Eine freiwillige Erweiterung ist unzulässig.

139 Unter **staatlichen Stellen i.S.d. Vorschriften** zum (Konzern-)Zahlungsbericht sind nach § 341r Abs. 4 HGB nationale, regionale oder lokale Behörden eines Mitgliedstaats, eines anderen Vertragsstaats des Abkommens über den EWR oder eines Drittlands zu verstehen. Ferner sind von diesen Behörden kontrollierte

Abteilungen oder Agenturen bzw. von diesen kontrollierte Unt unter staatliche Stellen zu subsumieren. Maßgeblich für die Beurteilung einer möglichen Kontrolle ist das Kriterium des beherrschenden Einflusses i.S.v. § 290 HGB (§ 290 Rz 28ff.).
Das Nachvollziehen von **Beherrschungszusammenhängen zwischen Behörden** und von diesen kontrollierten Abteilungen oder Agenturen bzw. von diesen kontrollierten Unt dürfte in der Praxis – insb. in Drittländern – grds. zu erheblichen Problemen führen. Die Verknüpfung mit § 290 HGB zwecks Beurteilung einer etwaigen Beherrschung durch eine staatliche Stelle mutet nur auf den ersten Blick als logische Vereinfachung an. Bei näherer Betrachtung entpuppt sich dieses Vorgehen als höchst problematisch bzw. als weitere Verschärfung der Beherrschungseinschätzung. Auf Angaben lokaler Behörden oder aus Jahresabschlüssen zu Beherrschungsverhältnissen kann i.d.R. nicht zurückgegriffen werden, da die lokalen Bilanzierungsvorschriften oft abweichende Kriterien anlegen werden. Insofern ist jede Zahlung respektive jeder Zahlungsempfänger einzeln auf Zuordnung zur Gruppe der staatlichen Stellen i.S.d. § 341r Abs. 4 HGB zu überprüfen. Anders als innerhalb eines Konzerns bestehen gegenüber Behörden, Abteilungen oder Agenturen i.d.R. jedoch keinerlei Auskunftsrechte. Gleiches gilt für Unt, die von Behörden (potenziell) beherrscht werden – insb. außerhalb der EU.
In Konsequenz dürfte die Beurteilung in der Praxis mitunter unmöglich sein. Eine **Befreiungsvorschrift** bei faktisch unmöglicher Beherrschungsermittlung – etwa analog zu jener des § 296 Abs. 1 Nr. 2 HGB – **ist nicht gegeben**. Unklar ist entsprechend, wie zu verfahren ist, wenn für einen Zahlungsempfänger nicht beurteilt werden kann, ob es sich um eine staatliche Stelle i.S.d. § 341r Abs. 4 HGB handelt. M.E. ist im Zweifelsfall eine Aufnahme in den Zahlungsbericht zu empfehlen. Zwar dürfen andere Zahlungen gem. § 341t Abs. 1 Satz 2 HGB nicht in den Zahlungsbericht aufgenommen werden, die mangelnde Regelung/Präzision der handelsrechtlichen Vorschriften wird man berichtenden Unt aber nicht zur Last legen können. Auch ist die Aufnahme möglicherweise nicht umfasster Zahlungen bei Unsicherheit im Vergleich zum Weglassen möglicherweise berichtspflichtiger Zahlungen vor dem Hintergrund von Sanktionen (Rz 156f.) kritisch zu beurteilen.
Zumindest betreffend Zahlungen an einen **staatlichen Paymaster als Zwischenempfänger** von Zahlungen für mehrere staatliche Stellen ist mit § 341t Abs. 2 HGB eine Erleichterung vorgesehen. Demnach ist nur über die staatlichen Stellen zu berichten, an die Zahlungen unmittelbar geleistet wurden. Sofern eine staatliche Stelle Zahlungen für mehrere verschiedene staatliche Stellen einzieht, d.h. als Paymaster fungiert, ist nur über diese bzw. über Zahlungen an diese zu berichten.

7.3.2 Berichtspflichtige Zahlungen und Erleichterung

Unter Zahlungen an staatliche Stellen sind nach § 341t Abs. 4 Satz 1 HGB geleistete Zahlungen, Zahlungsreihen sowie Sachleistungen im Tätigkeitsbereich der Unt zu verstehen, sofern sich diese auf **100 TEUR oder mehr** belaufen. Bei regelmäßigen Zahlungen/Raten, d.h. verbundenen Zahlungsreihen, ist gem. § 341t Abs. 4 Satz 2 HGB der Gesamtbetrag innerhalb eines Berichtszeitraums relevant. Bei Zahlungen in Gestalt von Sachleistungen besteht nach § 341t Abs. 5 HGB neben der pflichtmäßigen Vorgabe zur **Angabe des Werts der Sachleistungen** ggf. die Notwendigkeit, deren Umfang anzugeben. Eine ggf. nötige Währungsumrechnung hat mit den Werten zum Zeitpunkt der Zahlung zu erfolgen. Dabei erscheint es neben dem tatsächlich gezahlten Wechselkurs auch sachgemäß – analog zu § 256a HGB – den Devisenkassamittelkurs zu verwenden.[201]

Mit § 341t Abs. 4 Satz 3 HGB wird zudem klargestellt, dass nicht nur einzelne Zahlungen oder Zahlungsreihen unter dem Grenzwert, sondern staatliche Stellen gänzlich aus dem Bericht ausgeschlossen werden können, wenn diese im Berichtszeitraum insg. weniger als 100 TEUR von dem berichtspflichtigen Unt erhalten haben. Eine Negativmitteilung i. S. v. „Behörde X in Land Y hat (eine) Zahlung(en) mit einem (Gesamt-)Betrag von weniger als 100 TEUR erhalten" ist in diesen Fällen nicht erforderlich.

Die größenabhängige Erleichterung befreit in der Praxis i. d. R. nicht von der **laufenden Erfassung sämtlicher Zahlungen**. Dies liegt darin begründet, dass die Ex-ante-Abschätzung der Volumina der Zahlungen nur bei eindeutiger Unterschreitung der Grenzwerte verlässlich möglich ist.

Künstliche Aufteilungen oder Zusammenfassungen mit dem Ziel, die Vorgaben zu umgehen, sind gem. § 341t Abs. 6 HGB unzulässig.

143 Zu den **berichtspflichtigen Zahlungen** zählen gem. § 341r Nr. 3 HGB:
- Produktionszahlungsansprüche;
- Steuern auf Erträge, die Produktion oder die Gewinne von KapG; Verbrauchsteuern, Umsatzsteuern, Mehrwertsteuern sowie Lohnsteuern der in KapG beschäftigten Arbeitnehmer sind wie auch vergleichbare Steuern ausgenommen;
- Nutzungsentgelte;
- Dividenden und andere Gewinnausschüttungen aus Gesellschaftsanteilen;
- Unterzeichnungs-, Entdeckungs- und Produktionsboni;
- Lizenz-, Miet- und Zugangsgebühren sowie sonstige Gegenleistungen für Lizenzen oder Konzessionen;
- Zahlungen für die Verbesserung der Infrastruktur.

144 Mit § 341t Abs. 3 HGB wurde eine begrenzende Conditio betreffend **Dividenden und andere Gewinnausschüttungen aus Gesellschaftsanteilen** in das Handelsrecht implementiert. Es sind nur solche Dividenden oder Gewinnanteile zu berücksichtigen, die anstelle von Produktionsrechten oder Nutzungsentgelten gezahlt wurden oder die nicht unter denselben Bedingungen wie jene an andere Gesellschafter oder Aktionäre mit vergleichbaren Anteilen oder Aktien gleicher Gattung gezahlt wurden.

145 Eine weitere Klarstellung der Begriffe, etwa was mit „Produktionszahlungsansprüchen" gemeint ist, erfolgt nicht. Auch sind die **Begrifflichkeiten nicht überschneidungsfrei**. So ist allgemein ein Nutzungsentgelt der Oberbegriff für sämtliche Entgelte aus schuldrechtlichen Gebrauchs- und Nutzungsüberlassungsverträgen, d. h. auch Lizenz- und Mietentgelte. Auch könnte etwa der Förderzins, der als Abgabe für das Recht zum Abbau von Bodenschätzen in der Bundesrepublik Deutschland nach Maßgabe der Marktpreise erhoben und jährlich festgesetzt wird, entweder als Produktionszahlungsanspruch, als Steuern auf die Erträge und Produktion (wenngleich Abgaben der Oberbegriff für Steuern und sonstige Abgaben (Gebühren, …) sind) oder als Lizenz-, Miet- und Zugangsgebühren und sonstige Gegenleistungen für Lizenzen und Konzessionen behandelt werden. In Niedersachsen werden Förderabgaben aktuell z. B. grds. auf die

---

[201] Vgl. Havers/Siegel, WPg 2016, S. 343; IDW Praxishinweis 1/2017, Tz. 79.

Gewinnung von Erdöl, Naturgas, Schwefel, Sole, Sand und Kies sowie auf Erdwärme erhoben.[202] Obwohl „Produktionszahlungsansprüche" auf die Förderung abzielt, dürften auch die Feldesabgaben gem. § 30 BBergG für die Aufsuchung zu gewerblichen Zwecken unter diesen Bereich fallen, wobei die im Erlaubnisfeld im jeweiligen Jahr für die Aufsuchung gemachten Aufwendungen anzurechnen sind. Eine Zuordnung zu den Lizenz-, Miet- und Zugangsgebühren erscheint ebenfalls möglich. Insg. gilt für die hier anzugebenden Zahlungen ohnehin, dass nur die an staatliche Stellen gezahlten Beträge angabepflichtig sind – die aufwands- oder kostenrechnerische Zuordnung der Beträge auf die Gj ist irrelevant. Damit ist auch klar, dass die Zahlungen für die Verbesserung der Infrastruktur an die staatliche Stelle geleistet sein müssen, etwa in Form eines kommunalen Straßenausbaubetrags. Lediglich Vorgaben der öffentlichen Hand zur Erstellung von Infrastruktur, die von dem Unt umgesetzt werden müssen, fallen nicht darunter.

Nicht aufgeführt und damit nicht angabepflichtig sind **Geldstrafen und Geldbußen** sowie sonstige Ungehorsamsfolgen, wie etwa Auflagen nach § 153a StPO, Zwangsgelder oder Ordnungsgelder. Dies verwundert, da genau über diese die durch den Zahlungsbericht bezweckte Verringerung der Korruption in einigen korruptionsgefährdeten Ländern umgangen werden könnte.

146

Bei vielen der geforderten Zahlungskategorien (§ 341r Nr. 3a, c, e, f und g HGB) ist eine Identifizierung des auf Tätigkeiten in einem der berichtspflichtigen Industriezweige entfallenden Anteils nicht ohne **fiktive Auftrennung/Verrechnung** möglich, sofern sich diese nicht bereits aus der Abrechnung für die Zahlungen ergibt. So ist etwa bei Ertragsteuern eine gesonderte fiktive Auftrennung/Verrechnung erforderlich, wenn keine schuldrechtlichen Leistungsbeziehungen oder Verrechnungspreise zwischen Haupt-/Nebentätigkeiten ausführenden Einheiten (innerhalb einer Betriebsstätte oder eines TU) oder Betriebsstätten vorliegen. Da v.a. integrierte Tätigkeiten häufig in einer Betriebsstätte oder Steuereinheit ausgeführt werden und mit wenigen Ausnahmen ohnehin keine Aufteilung einzelner Steuerarten nach Betriebsstätten erfolgen muss, kann zumeist nicht auf bestehende Auftrennungen/Verrechnungen zurückgegriffen werden. Bei Dividenden (§ 341r Nr. 3d HGB) gilt dies umso mehr, da grds. keine Aufteilung nach Betriebsstätten erforderlich ist.

147

7.3.3 Pflichtangaben und Gliederung

Der Zahlungsbericht ist gem. § 341u Abs. 1 HGB **zunächst nach Staaten** zu gliedern. Je Staat sind diejenigen **staatlichen Stellen** zu bezeichnen, an die im Berichtszeitraum Zahlungen geleistet wurden. I.R.d. Bezeichnung ist auf eine eindeutige Identifizierbarkeit der staatlichen Stellen zu achten, wobei regelmäßig die amtliche Bezeichnung der staatlichen Stellen ausreichend und nur in Ausnahmefällen auf eine anderslautende Bezeichnung auszuweichen ist. Die amtliche Bezeichnung der staatlichen Stellen ist um Angaben zu Ort und Region des Sitzes zu erweitern.

148

---

[202] Vgl. Landesamt für Bergbau, Energie und Geologie, Feldes- und Förderabgabe, www.lbeg.niedersachsen.de/bergbau/feldes_und_foerderabgabe/feldes–und-foerderabgabe-100189.html, Abruf 2.10.2024.

Zu den **Pflichtangaben** im Zahlungsbericht zählen gem. § 341u Abs. 2 Nr. 1–2 HGB:
- Gesamtbetrag der Zahlungen je staatliche Stelle;
- Untergliederung der Zahlungen je staatlicher Stelle nach der Art der Zahlung bzw. des Sachverhalts (§ 341r Nr. 3 Buchst. a-g HGB).

149 Sofern Zahlungen an eine staatliche Stelle für mehr als ein **Projekt** getätigt wurden, sind für jedes Projekt nach § 341u Abs. 3 Nr. 1–3 HGB **ergänzend** nachfolgend aufgeführte Angaben zu machen. Entsprechend sind die Zahlungen an eine staatliche Stelle projektbezogen zu **untergliedern**:[203]
- Eindeutige Bezeichnung des Projekts/der Projekte;
- Gesamtbetrag der Zahlungen je Projekt;
- Gesamtbetrag der Zahlungen je Projekt, weiter untergliedert nach der Art der Zahlung bzw. des Sachverhalts (§ 341r Nr. 3 Buchst. a-g HGB).

Auf diese Angaben kann verzichtet werden, wenn die Zahlungen nicht projektspezifisch sind. Dies ist etwa der Fall, wenn eine staatliche Stelle ein pauschales Nutzungsentgelt für alle Projekte verlangt.

150 Unter einem **Projekt** ist gem. § 341r Nr. 5 Satz 1 Halbs. 1 HGB – unter Beachtung der Voraussetzungen des § 341r Nr. 5 Satz 1 Buchst. a-b HGB – die Zusammenfassung operativer Tätigkeiten zu verstehen, die die Grundlage für Zahlungsverpflichtungen gegenüber einer staatlichen Stelle bilden. Voraussetzung für die Einordnung als Projekt ist gem.Buchst. a, dass die Zahlungsverpflichtungen auf einem Vertrag, einer Lizenz, einem Mietvertrag, einer Konzession oder einer ähnlichen rechtlichen Vereinbarung basieren. Gem. Buchst. b gilt diese Voraussetzung auch als erfüllt, wenn eine Gesamtheit von operativ und geografisch verbundenen Verträgen, Lizenzen, Mietverträgen oder Konzessionen oder damit verbundenen Vereinbarungen mit einer staatlichen Stelle vorliegt, die i. W. ähnlichen Bedingungen unterworfen sind.

7.3.4 Negativbericht

151 Die Pflicht zur Erstellung eines jährlichen Zahlungsberichts ist unabhängig vom tatsächlichen Vorliegen etwaiger Zahlungen. Sofern der Anwendungskreis tangiert wird, ist auch dann ein Zahlungsbericht aufzustellen, wenn im Berichtszeitraum keine berichtspflichtigen Zahlungen geleistet wurden. In diesem Fall ist im Zahlungsbericht gem. § 341t Abs. 1 HGB lediglich anzugeben, dass eine Geschäftstätigkeit in der mineralgewinnenden Industrie ausgeübt oder Holzeinschlag in Primärwäldern betrieben wurde, jedoch keine Zahlungen i.S.d. § 341r Nr. 3 HGB i.V.m. § 341t HGB erfolgten.

7.4 Konzernzahlungsbericht

7.4.1 Einzubeziehende Unternehmen

152 In einen etwaig zu erstellenden Konzernzahlungsbericht sind gem. § 341v Abs. 3 Satz 1 Halbs. 1 HGB das **MU und zunächst alle TU** einzubeziehen, wobei deren Sitz nicht von Bedeutung ist. Allerdings nimmt § 341v Abs. 4 Satz 1 HGB TU jenseits eines der beiden Industriezweige wieder von einer Einbeziehung aus. Auch die Befreiungswirkungen des Konzernabschlusses werden teilweise auf

---

[203] Für eine exemplarische Umsetzung vgl. Kreipl/Müller, KoR 2014, S. 552 ff.

den Konzernzahlungsbericht übertragen. Auf eine Einbeziehung kann verzichtet werden, wenn TU nach § 296 Abs. 1 Nr. 1–3 HGB nicht in den Konsolidierungskreis einbezogen sind; dabei ist mit Blick auf die übertragende Anwendung des § 296 Abs. 1 Nr. 2 HGB zusätzlich erforderlich, dass die für die Erstellung des Konzernzahlungsberichts notwendigen Angaben ebenfalls nur mit unverhältnismäßig hohen Kosten oder ungebührlichen Verzögerungen zu erhalten sind.[204] Zahlungen an staatliche Stellen von TU mit untergeordneter Bedeutung für den Konzernabschluss, für die gem. § 296 Abs. 2 HGB ein Einbeziehungswahlrecht gilt, sind dagegen einzubeziehen.

7.4.2 Ausgestaltung/Inhalt

Hinsichtlich der Vorschriften zur Ausgestaltung/zum Inhalt des Konzernzahlungsberichts wird in § 341v Abs. 5 Satz 1 HGB auf die für den Zahlungsbericht geltenden Vorschriften der §§ 341s–u HGB verwiesen. Die Begriffsbestimmungen/Definitionen des § 341r HGB gelten ohnehin sowohl für den Zahlungsbericht als auch den Konzernzahlungsbericht. Es wird auf die Ausführungen in Rz 138 ff. verwiesen.

153

7.5 Berichtsintensität, Prüfung und Offenlegung

Der Zahlungsbericht ist jährlich (§ 341s Abs. 1 HGB) und dabei **in Übereinstimmung mit dem jeweiligen Gj aufzustellen** (§ 341r Nr. 8 HGB). Damit sind auch verkürzte Berichtszeiträume denkbar, wenn ein Rumpfgeschäftsjahr eingefügt wird. Diese Regelung ist ausweislich des Gesetzesentwurfs erforderlich, damit die Rechnungslegung eines Unt einheitlich erstellt wird und nachvollzogen werden kann. Dabei ist zu bedenken, dass sich die Rechnungslegung i.d. R. – Ausnahme wäre im Konzernabschluss die Notwendigkeit der Erstellung einer Kapitalflussrechnung – nicht auf Zahlungen, sondern auf Erträge und Aufwendungen bezieht. Somit kommt es zu der Notwendigkeit, neben der Buchhaltung ein weiteres Erfassungssystem vorzuhalten, das die in der Berichtsperiode angefallenen Zahlungen an staatliche Stellen dokumentiert, oder die Buchhaltung entsprechend zu erweitern. Letzteres bedeutet eine Erweiterung des Kontenrahmens um Unterkonten, die entsprechend der gesetzlichen Forderung der Untergliederung der Angaben in Länder, staatliche Stelle und ggf. Projekte detailliert ausdifferenziert werden müssen, sodass pro Position eine erhebliche Anzahl an Unterkonten eingerichtet werden muss – für alle denkbaren Zahlungen an staatliche Stellen enthaltende Posten sowie eine entsprechende Kontierungsanweisung, die Aufwendungen und Zahlungen gesondert zu behandeln. Letztlich handelt es sich dabei um eine originäre Ableitung der Werte aus den echten Zahlungen. Wenn die Datensicherheit gewährleistet ist, könnte auch eine derivative Ableitung der Zahlungen aus den Bestands- und Aufwandskonten denkbar sein. Doch bedingt die geforderte Aufteilung auf Länder, staatliche Stellen und ggf. Projekte i.d. R. einen so hohen Detaillierungsgrad, dass diese Vorgehensweise auch hohen Aufwand auslöst.[205]

154

Die **Offenlegung** des Zahlungs- oder Konzernzahlungsberichts hat gem. § 341w Abs. 1–2 HGB durch die gesetzlichen Vertreter (bei Konzernzahlungsberichten

---

[204] Vgl. Zwirner/Busch, BC 2016, S. 505.
[205] Vgl. Kreipl/Müller, BeckOK HGB, § 341r HGB Rz 18, 2. Aufl., 2024.

jene des MU **spätestens ein Jahr nach dem Abschlussstichtag** an die das Unternehmensregister führende Stelle zu übermitteln – zum konkreten Verfahren und der Anwendung der Fristen vgl. § 325 Rz 36 ff. Die §§ 328 und 329 Abs. 1, 3 und 4 HGB betreffend Form und Inhalt der Unterlagen bei Offenlegung (§ 328 HGB) sowie betreffend der das Unternehmensregister führenden Stelle (§ 329 HGB) gelten über einen Verweis in § 341w Abs. 3 HGB analog für (Konzern-)Zahlungsberichte. Die Offenlegungsfrist verkürzt sich für kapitalmarktorientierte Unt und Inlandsemittenten gem. § 116 WpHG grds. auf sechs Monate, was bei diesen zu einer Abweichung von § 325 Abs. 4 HGB führt, wo lediglich vier Monate für die Einreichung von Jahres- und Konzernabschluss eingeräumt werden. Hier ist somit kein Gleichlauf der Offenlegung von (Konzern-)Zahlungsberichten mit der von Jahres- sowie ggf. Konzernabschlüssen gegeben.

155 Eine **Prüfung** des Zahlungsberichts **ist nicht vorgesehen**.

7.6 Rechtsfolgen bei Pflichtverletzung

156 **Sanktionen** bei Pflichtverletzung im Zusammenhang mit der Aufstellung und Offenlegung eines (Konzern-)Zahlungsberichts werden in §§ 341x und 341y HGB geregelt. Ein Verstoß gegen Erstellungspflichten im Hinblick auf Inhalt oder Gliederung eines (Konzern-)Zahlungsberichts wird gem. § 341x Abs. 1 HGB als Ordnungswidrigkeit gewertet und kann nach § 341x Abs. 2 HGB mit einer Geldbuße von bis zu 50 TEUR sanktioniert werden.

157 **Offenlegungsverstöße** führen gem. § 341y Abs. 1 HGB zur Durchführung eines Ordnungsgeldverfahrens durch das BfJ unter Anwendung der §§ 335 und 335b HGB. Ein Ordnungsgeldverfahren kann sowohl gegen die Mitglieder des vertretungsberechtigten Organs einer KapG i.S.d. § 341q HGB/eines MU i.S.d. § 341v HGB als auch gegen die KapG selbst gerichtet werden.

8 CSRD-Umsetzungsgesetz: Änderungen

158 > **Hinweis**
> Die Kommentierung basiert auf dem Regierungsentwurf eines **CSRD-Umsetzungsgesetzes**.[206] Nach Veröffentlichung der finalen Fassung wird die Kommentierung in Ihrem Haufe HGB Bilanz Kommentar Online aktualisiert. Die **Online-Version** ist beim Kauf der Printausgabe inklusive.

Die Umsetzung der CSRD führt zu zwei Änderungen im § 264 HGB. Zum einen wird der Abs. 2 Satz 3 aufgehoben. Der sog. **Bilanzeid** (Rz 88) wird künftig inhaltlich fast unverändert im § 289h HGB-E geregelt. Demnach haben die Mitglieder des vertretungsberechtigten Organs einer Kapitalgesellschaft, die als Inlandsemittent (§ 2 Abs. 14 WpHG) Wertpapiere (§ 2 Abs. 1 WpHG) begibt und keine Kapitalgesellschaft i.S.d. § 327a HGB ist, in einer schriftlichen Erklärung nach bestem Wissen zu versichern, dass der JA ein den tatsächlichen Verhältnissen entsprechendes Bild i.S.d. § 264 Abs. 2 Satz 1 HGB vermittelt

---

[206] Regierungsentwurf eines Gesetzes zur Umsetzung der Richtlinie (EU) 2022/2464 des Europäischen Parlaments und des Rates vom 14. Dezember 2022 zur Änderung der Verordnung (EU) Nr. 537/2014 und der Richtlinien 2004/109/EG, 2006/43/EG und 2013/34/EU hinsichtlich der Nachhaltigkeitsberichterstattung von Unternehmen, BT-Drs. 20/12787 v. 9.9.2024.

(Rz 50) oder der Anhang Angaben nach § 264 Abs. 2 Satz 2 HGB enthält (Rz 82). Es entfällt einzig der bisherige Hinweis, dass die Versicherung dem JA beizufügen ist, da diese ohnehin nach § 325 Abs. 1 Satz 1 Nr. 1 HGB als zusammen mit den übrigen Rechnungslegungsunterlagen offenzulegende Unterlage benannt ist. Zudem gibt es weiterhin die Möglichkeit der Zusammenfassung mit dem sog. Lageberichtseid, so dass die Beifügung zum JA obsolet erscheint.

Zum anderen wird in § 264 Abs. 3 Satz 1 Nr. 3 HGB-E bzgl. der **Voraussetzungen für die Möglichkeit der Befreiung** von TU von den weiteren Rechnungslegungspflichten nach §§ 264 ff. HGB dahingehend konkretisiert, dass bei der Bilanzrichtlinie sowie der Abschlussprüfungsrichtlinie, die bei einem befreiend wirkenden Konzernabschluss und Konzernlagebericht beachtet worden sein müssen, die jeweils letzten Aktualisierungen eingearbeitet werden. Damit werden die Verweise rechtssicher als starr ausgezeichnet. Konkret wurde bei der Bilanzrichtlinie 2013/34/EU die letzte Änderung durch Richtlinie (EU) 2024/1306[207] und bei der Abschlussprüferrichtlinie 2006/43/EG die Richtlinie (EU) 2023/2864[208] genannt.

---

[207] ABl. L, 2024/1306, v. 8.5.2024.
[208] ABl. L, 2023/2864, v. 20.12.2023.

§ 264a Anwendung auf bestimmte offene Handelsgesellschaften und Kommanditgesellschaften

(1) Die Vorschriften des Ersten bis Fünften Unterabschnitts des Zweiten Abschnitts sind auch anzuwenden auf offene Handelsgesellschaften und Kommanditgesellschaften, bei denen nicht wenigstens ein persönlich haftender Gesellschafter
1. eine natürliche Person oder
2. eine offene Handelsgesellschaft, Kommanditgesellschaft oder andere Personengesellschaft mit einer natürlichen Person als persönlich haftendem Gesellschafter

ist oder sich die Verbindung von Gesellschaften in dieser Art fortsetzt.
(2) In den Vorschriften dieses Abschnitts gelten als gesetzliche Vertreter einer offenen Handelsgesellschaft und Kommanditgesellschaft nach Absatz 1 die Mitglieder des vertretungsberechtigten Organs der vertretungsberechtigten Gesellschaften.

Inhaltsübersicht

		Rz
1	Überblick	1–2
2	Tatbestandsmerkmale	3–15
	2.1 Personenhandelsgesellschaft	3–5
	2.2 Keine natürliche Person als persönlich haftender Gesellschafter	6–13
	2.3 Mittelbare Haftung bei mehrstöckigen Gesellschaften	14–15
3	Rechtsfolgen	16–17
4	Gesetzlicher Vertreter (Abs. 2)	18

1 Überblick

1 In § 264a Abs. 1 HGB wird bestimmt, unter welchen Voraussetzungen OHG und KG bzgl. Aufstellung, Prüfung und Offenlegung ihrer Jahresabschlüsse, ggf. ihrer Lageberichte sowie etwaiger Konzernabschlüsse wie **KapG** behandelt werden. Soweit haftungsbeschränkte **PersG** die Voraussetzungen des § 264b Nrn. 1–3 HGB erfüllen, sind sie von den Pflichten, die aus Abs. 1 resultieren, befreit. In § 264a Abs. 2 HGB wird festgelegt, dass die Mitglieder des vertretungsberechtigten Organs der vertretungsberechtigten Ges. jeweils als gesetzliche Vertreter der PersG einzustufen sind.

2 Voraussetzung für eine solche Behandlung als KapG nach Abs. 1 ist, dass bei der PersG weder mittelbar noch unmittelbar ein persönlich haftender Gesellschafter (phG) eine natürliche Person ist und damit ggü. den Gläubigern der Ges. unbeschränkt haftet. Betroffen sind damit solche Konstruktionen, bei denen regelmäßig **ausnahmslos** KapG (wie Aktiengesellschaften, Gesellschaften mit beschränkter Haftung oder Societas europaea; im Sonderfall aber auch beispielhaft Stiftungen, eingetragene Genossenschaften oder auch wirtschaftliche Vereine) die Funktion des Vollhafters übernehmen. Prominentestes Beispiel für den

Anwendungsbereich des § 264a HGB ist die GmbH & Co. KG, bei der keine weiteren natürlichen Personen als Komplementäre vorhanden sind.
Der deutsche Gesetzgeber folgt damit dem Grundsatz, dass infolge der durch die Konstruktion erzielten **Haftungsbeschränkung** zwangsläufig die Stringenz der Publizität ansteigt. Die Bestimmung des § 264a HGB ist eine Folge der schon 1990 von der EU erlassenen GmbH-&-Co-RL 90/605/EWG.
Vor Inkrafttreten des § 264a HGB waren haftungsbeschränkte PersG zur Aufstellung, Prüfung und Offenlegung eines Jahresabschlusses und ggf. eines Konzernabschlusses nach den Bestimmungen des PublG verpflichtet, soweit die Größenmerkmale entsprechend § 1 Abs. 1 PublG erfüllt wurden. Das PublG gewährte insb. in Bezug auf die Offenlegung der GuV für PersG einige Erleichterungen. Durch die vollständige Behandlung wie KapG über § 264a HGB sind diese Erleichterungen entfallen. Rechtssystematisch sind die haftungsbeschränkten PersG über § 3 Abs. 1 Nr. 1 PublG aus dem Anwendungsbereich des PublG ausgenommen worden.

2 Tatbestandsmerkmale

2.1 Personenhandelsgesellschaft

Die Qualifizierung als **OHG** bestimmt sich nach § 105 HGB. Danach muss der Zweck der Ges. auf den Betrieb eines Handelsgewerbes unter einer gemeinschaftlichen Firma ausgerichtet sein. Zudem existieren keine Haftungsbeschränkungen von Gesellschaftern ggü. Gläubigern der Ges. Der Begriff des Handelsgewerbes ist in § 1 Abs. 2 HGB geregelt und erfasst jeden Gewerbebetrieb, der einen in kaufmännischer Weise eingerichteten Geschäftsbetrieb erfordert.

Entsprechend § 105 Abs. 2 HGB ist auch dann von einer offenen Handelsgesellschaft auszugehen, wenn der Gesellschaftszweck auf die Verwaltung von eigenem Vermögen beschränkt bzw. ein in kaufmännischer Weise eingerichteter Geschäftsbetrieb nicht erforderlich ist, jedoch die Eintragung der Firma im HR erfolgte.

Die Merkmale einer **KG** ergeben sich aus § 161 HGB. Es handelt sich dabei um eine Ges., die ein Handelsgewerbe unter gemeinschaftlicher Firma betreibt. Im Gegensatz zur OHG ist bei einigen Gesellschaftern (= Kommanditisten) die Haftung ggü. den Gesellschaftsgläubigern auf einen bestimmten, vorher festgeschriebenen Betrag begrenzt, während andere Gesellschafter (= Komplementäre) keinen Haftungsbeschränkungen unterliegen.

Eine Anwendung des § 264a Abs. 1 HGB auf PersG, die weder eine OHG noch eine KG sind, darf nicht erfolgen. Zu denken wäre hier bspw. an eine Gesellschaft bürgerlichen Rechts (GbR). Bei dieser liegt jedoch kein wirtschaftliches Interesse vor.[1]

Hinzuweisen ist darauf, dass § 264a HGB bei einer Kommanditgesellschaft auf Aktien (KGaA) nicht einschlägig ist, da diese gesellschaftsrechtlich als KapG einzuordnen ist. Die entsprechenden Regelungen finden sich in §§ 278 ff. AktG.

---

[1] Vgl. Zimmer/Eckholt, NJW 2000, S. 1363; Patt, DStZ 2000, S. 77.

2.2 Keine natürliche Person als persönlich haftender Gesellschafter

6 Die Rechtsfolgen des § 264a Abs. 1 HGB treten ein, wenn **nicht** mindestens eine natürliche Person als Vollhafter vorhanden ist.
Zur Prüfung der Erfüllung dieses Tatbestandsmerkmals ist zunächst festzustellen, ob sich eine natürliche Person rechtswirksam als **Vollhafter** an der Ges. beteiligt hat. Davon kann ausgegangen werden, wenn die Gesellschaftsbeteiligung zum einen auf den Namen und zum anderen auf Rechnung der natürlichen Person gehalten wird. Dadurch sollen Konstellationen der Beteiligung für Rechnung einer KapG oder auch treuhänderische Beteiligungen ausgeschlossen werden. Die Übernahme der unbeschränkten Haftung erfolgt durch die Begründung der jeweiligen Stellung (OHG-Gesellschafter oder KG-Komplementär) im Gesellschaftsvertrag. Eine Beteiligung des Vollhafters am Gewinn oder Verlust ist nicht notwendig. D. h., selbst wenn bei einer GmbH & Co. KG die GmbH mit 0 % an der KG beteiligt ist, liegt eine Vollhafterstellung vor, da eine Außenhaftung durch die Beteiligung von 0 % nicht eingeschränkt wird.

7 Des Weiteren muss die natürliche Person **geschäftsfähig** sein. Dies setzt die Vollendung des 18. Lebensjahres voraus bzw. für den Fall einer beschränkten Geschäftsfähigkeit (Vollendung des 7. Lebensjahres, aber noch keine Vollendung des 18. Lebensjahres) den Vertragsschluss mit dem gesetzlichen Vertreter und die Genehmigung durch das Vormundschaftsgericht.

8 **Verlustübernahmen** aufgrund rein schuldrechtlicher Vereinbarungen oder aufgrund von Bürgschaftsübernahmen können die gesellschaftsrechtliche Vollhafterstellung nicht kompensieren. Fraglich ist bislang, ob die **Aufnahme eines Vollhafters**, die faktisch die Haftungsbasis über das Gesellschaftskapital hinaus nicht verbreitert, weil die Vollhafterfunktion der natürlichen Person z. B. aufgrund vorliegender Mittellosigkeit gar nicht ausgefüllt werden kann, auch zu einer Vermeidung von Offenlegungspflichten analog der Vorschriften für KapG führt.[2] Unter Rückgriff auf die Rechtsprechung des BGH[3] wird in Teilen des Schrifttums[4] die Auffassung vertreten, dass § 264a HGB nicht an eine angemessene Finanzausstattung des phG anknüpft, sodass wohl lediglich eine vorsätzliche sittenwidrige Schädigung i. S. d. § 826 BGB beanstandet werden könnte.[5]

9 Die Frage der **Staatsangehörigkeit** der natürlichen Person ist unerheblich.
Eine konkrete Tätigkeit des phG für die PersG ist nicht erforderlich. Entsprechend den Vorschriften des § 115 Abs. 1 HGB und des § 125 Abs. 1 HGB ist es danach durchaus unschädlich, wenn der phG von der **Geschäftsführung** und/oder **Vertretung** der PersG durch eine Regelung im Gesellschaftsvertrag **ausgeschlossen** wird.[6] Es ist lediglich gesellschaftsvertraglich sicherzustellen, dass ein Gesellschafter zur **Geschäftsführung** und **Vertretung** berechtigt ist. Dies kann auch eine juristische Person sein.

10 Bzgl. des Beurteilungszeitpunktes für die Anwendung von § 264a Abs. 1 Nr. 1 HGB ist nach h. M. der Bilanzstichtag maßgeblich. Nach Mindermeinung wird

---

[2] Vgl. dazu kritisch Mylich, ZGR 2021, S. 91 ff.
[3] Vgl. BGH, Urteil v. 14.1.1985, II ZR 103/84, BGHZ 93, S. 250.
[4] Vgl. Thiele/Sickmann, in Baetge/Kirsch/Thiele, Bilanzrecht, § 264a HGB Rz 62, Stand: 9/2007.
[5] Vgl. Herrmann, WPg 2001, S. 273.
[6] Vgl. BGH, Urteil v. 27.6.1955, II ZR 232/54, BGHZ 17, S. 393; BGH, Urteil v. 9.12.1968, II ZR 33/67, BGHZ 51, S. 201.

als maßgeblicher Zeitpunkt sogar der Tag der Aufstellung des Jahresabschlusses angesehen.[7] Auch bei Anwendung des Bilanzstichtags als maßgeblicher Beurteilungszeitpunkt bleibt festzuhalten, dass die **Offenlegungspflicht** damit auch für Zeiträume vor dem Eintritt der natürlichen Person als phG entfallen kann. Diese Auffassung geht auf eine Entscheidung des Landgerichts Osnabrück vom 1.7.2005[8] zurück. Danach führt die Aufnahme einer natürlichen Person als Vollhafter dazu, dass auch Abschlüsse zu Stichtagen vor der **Aufnahme** des natürlichen **Vollhafters** nicht mehr offenzulegen sind.

Aufgrund des Urteils des Landgerichts hat das IDW in seiner einschlägigen Stellungnahme zur Rechnungslegung bei Personenhandelsgesellschaften Tz 5 ergänzt.[9] Erfolgt der Eintritt einer natürlichen Person als phG erst nach dem Abschlussstichtag, entfällt die Pflicht zur Anwendung der Regeln für KapG gem. §§ 264 bis 335b HGB sowohl mit Wirkung für die Zukunft als auch für die Vergangenheit. Es besteht vom Zeitpunkt des **Eintritts** einer natürlichen Person als **Vollhafter** nicht mehr das Bedürfnis, die strengeren für KapG geltenden Vorschriften anzuwenden. Die Wirkung auch mit Bezug auf die Vergangenheit ist nach der Urteilsbegründung des Landgerichts deshalb geboten, weil der Eintretende gem. §§ 161 Abs. 2 und 130 Abs. 1 HGB ab dem Eintrittszeitpunkt auch für alle bereits entstandenen Verbindlichkeiten persönlich unbeschränkt haftet. Insoweit bedürfen die Gläubiger der Ges. weder eines vergangenheits- noch eines zukunftsbezogenen erweiterten Schutzes durch die **Offenlegung von Jahresabschlüssen** der Ges.[10] Für die gestaltende Praxis ist von Interesse, dass bei dem zugrunde liegenden Urteilsfall die **Registereintragung** des Gesellschaftereintritts erst zeitlich nach dem Erlass der Verfügung vollzogen wurde, mithin zu einem Zeitpunkt, in dem sich das Unt bereits im Anordnungsverfahren wegen der Verletzung von Offenlegungspflichten befand. Für die Praxis kann damit davon ausgegangen werden, dass ein offenlegungsbefreiender **Gesellschaftereintritt** zu jedem Zeitpunkt des **Justizverwaltungsverfahrens**, d.h. auch nach Erlass der Verwaltungsverfügung durch das Bundesamt für Justiz, wirksam vollzogen werden kann. Es besteht bei einer pflichtwidrigen Verletzung der Offenlegungspflicht damit für die PersG das Wahlrecht, der Aufforderung durch das Bundesamt für Justiz nachzukommen oder bis zum rechtskräftigen Abschluss des Verfahrens von der befreienden Wirkung einer natürlichen Person als Vollhafter Gebrauch zu machen. Nach Literaturauffassung[11] bezieht sich der rückwirkende Wegfall nicht nur auf Offenlegungspflichten (gewissermaßen als Einzelpflicht aus dem Katalog der §§ 264ff. HGB), sondern auch auf die Vorschriften zur Aufstellung und Prüfung des Jahresabschlusses. Allerdings kann die Wirksamkeit eines festgesetzten Ordnungsgeldes durch den erfolgten Eintritt eines phG erst nach Ablauf der festgesetzten Nachfrist nicht verhindert werden.[12]

---

[7] Vgl. Reiner, in MünchKomm. HGB, 5. Aufl. 2024, § 264a-c HGB Rz 7.
[8] Vgl. LG Osnabrück, Urteil v. 1.7.2005, 15 T 6/05, BB 2005, S. 2461.
[9] Vgl. IDW RS HFA 7 n.F. v. 30.11.2017.
[10] Vgl. Kanitz, WPg 2008, S. 1062.
[11] Vgl. Kanitz, WPg 2008, S. 1063.
[12] Vgl. LG Bonn, Urteil v. 13.11.2009, 30 T 1279/09, BB 2010, S. 304; Grashoff, BB 2010, S. 306.

Tritt der phG nach dem Bilanzstichtag (als relevanter Beurteilungszeitpunkt) wieder aus der Ges. aus, kommt es nicht zu einer rückwirkenden Anwendung von § 264a Abs. 1 HGB.[13]

11 Diese Modalitäten zum Beurteilungszeitpunkt für den Ein- und Austritt legen die Frage nahe, ob z. B. ein wiederholter Eintritt in die Ges. unmittelbar vor dem Bilanzstichtag in Verbindung mit einem wiederholten Austritt unmittelbar nach dem Bilanzstichtag die Regelungsnorm unterlaufen kann. Im Schrifttum[14] geht man dann von einer Sanktionsmöglichkeit aus, wenn die Aufnahme des phG erkennbar erfolgte, um das Gesetz zu unterlaufen, mithin Vorsatz unterstellt werden kann. Davon ist bei einer Konstellation wie vorstehend geschildert auszugehen.

12 Der Eintritt muss zum Beurteilungszeitpunkt ggü. Dritten wirksam vollzogen worden sein. Der wirksame Eintritt ist zum einen gegeben, wenn eine entsprechende **Eintragung im HR** erfolgt ist, und zum anderen dann, wenn die Ges. mit Zustimmung des eingetretenen Gesellschafters ihre Geschäfte fortsetzt. Eine HR-Eintragung ist in diesem Fall entbehrlich, weil sie keinen konstitutiven, sondern lediglich einen deklaratorischen Charakter besitzt.

Erfolgt keine Eintragung des phG im HR, so entsteht für den Fall eines späteren Ausscheidens eine zeitlich unbegrenzte Haftung für die Verbindlichkeiten der Ges. Die im Regelfall geltende **Nachhaftungsfrist** von fünf Jahren gem. § 160 Abs. 1 HGB kommt bei einer solchen Konstellation nicht in Betracht, weil sie an die Eintragung des Ausscheidungszeitpunkts geknüpft ist.[15]

13 Zusammenfassend ist festzuhalten, dass eine haftungsbeschränkte Personenhandelsgesellschaft i. S. d. § 264a HGB dann vorliegt, wenn anstelle der persönlichen Haftung einer natürlichen Person eine juristische Person tritt. Als juristische Personen kommen Gesellschaften mit beschränkter Haftung (z. B. bei der GmbH & Co. KG), Aktiengesellschaften (z. B. bei der AG & Co. KG) oder auch die Societas Europaea in Betracht (z. B. bei der SE & Co. KG). Überdies führt auch die Vollhaftung durch ausländische der KapG im nationalen Sinn entsprechende Rechtsformen, deren Haftung beschränkt ist, zur Anwendung des § 264a HGB. Dies ist z. B. bei der Ltd. & Co. KG gegeben.

2.3 Mittelbare Haftung bei mehrstöckigen Gesellschaften

14 § 264a Abs. 1 Nr. 2 HGB erweitert die Haftung über eine direkte Beteiligung einer natürlichen Person auch auf Beteiligungsstrukturen, die durch die **indirekte Beteiligung** einer oder mehrerer Ges. gekennzeichnet sind. Diese Zwischengesellschaften müssen in der Rechtsform der PersG (also i. d. R. einer OHG oder KG, aber auch der EWIV, der GbR[16] oder der Partnerschaftsgesellschaft) geführt werden und ebenfalls phG sein bzw. als phG wiederum eine zwischengeschaltete Ges. aufweisen, die eine natürliche Person als phG hat. An dieser Stelle sei auch auf den Entwurf des Bundesministeriums der Justiz und für Verbraucherschutz für ein Gesetz zur Modernisierung des Personengesellschaftsrechts v. 20.4.2020

---

[13] Vgl. Bitter/Grashoff, DB 2000, S. 838.
[14] Vgl. Waßmer, GmbHR 2002, S. 419.
[15] Vgl. Kanitz, WPg 2003, S. 324.
[16] Die Möglichkeit, dass auch eine GbR Gesellschafter einer PersG sein kann, wurde schlussendlich zumindest für den Fall der Kommanditistenstellung bei einer Kommanditgesellschaft durch den BGH in seiner Entscheidung vom 16.7.2001 (II-ZB 23/00) bestätigt.

hingewiesen (MoPeG, sog. „Mauracher Entwurf"), in dem rechtsfähige und nicht-rechtsfähige GbR unterschieden werden.[17] Hinsichtlich deren Eignung als Zwischengesellschaft bleiben noch weitere Entwicklungen abzuwarten. Anzunehmen ist, dass die Rechtsfähigkeit als weitere Voraussetzung notwendig wird und nur die in ein neu eingerichtetes Gesellschaftsregister eingetragene GbR Zwischengesellschaft werden kann.

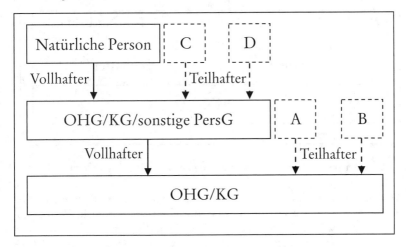

Abb. 1: Beispiel einer doppelstöckigen Ges.[18]

Insoweit ist insb. bei **mehrstöckigen Gesellschaftskonstellationen** unter dem Gesichtspunkt der Befreiung von den Vorschriften der §§ 264 ff. HGB darauf zu achten, dass an einer beliebigen Stelle der **Beteiligungskette** eine natürliche Person bzw. eine PersG mit natürlicher Person als Vollhafter existiert und somit zumindest der Tatbestand der **mittelbaren Vollhaftung** erfüllt werden kann.

Eine Beschränkung der Rechtsform der **Zwischengesellschaft** lediglich auf deutsche Rechtsformen ist nicht zulässig. Damit dürfen auch ausländische Rechtsformen als Zwischengesellschaft fungieren, wenn eine Übereinstimmung bzw. Annäherung zum Rechtscharakter der PersG nach deutschem Recht festgestellt werden kann. Entscheidendes Beurteilungskriterium zur Ableitung der Rechtsfolge aus § 264a HGB ist die Frage, ob am Ende einer theoretisch beliebig langen Beteiligungskette die Funktion des phG durch eine natürliche Person ausgefüllt wird oder nicht. Auch bei der Beurteilung ausländischer Rechtsformen ist letztendlich die **Durchgriffshaftung** auf das Vermögen einer natürlichen Person entscheidend. Die Auffassung, dass auf jeder Ebene der vertikalen Beteiligungskette eine natürliche Person als Vollhafter existent sein muss[19], würde der Zielsetzung der Regelung zuwiderlaufen.[20]

---

[17] Vgl. Bachmann, NZG, 2020, S. 612–619.
[18] Vgl. Justenhoven/Usinger, in Beck Bil-Komm., 14. Aufl. 2024 § 264a HGB Rz 39.
[19] Vgl. Luttermann, ZIP 2000, S. 519.
[20] Vgl. Thiele/Sickmann, in Baetge/Kirsch/Thiele, Bilanzrecht, § 264a HGB Rz 71, Stand: 9/2007.

Abb. 2: Beispiel einer mittelbaren Haftung bei doppelstöckiger PersG[21]

15 Die Forderung nach einer PersG in § 264a Abs. 1 Nr. 2 HGB ist eng und im Zusammenspiel mit dem **Haftungsdurchgriff** auf eine natürliche Person auszulegen. Insoweit führt denn auch die Übernahme der Funktion des phG durch eine KGaA zur Ableitung der Rechtsfolge des § 264a HGB. Der phG der KGaA ist nach dem gesetzlichen Idealbild zwar eine natürliche Person, doch die Ges. selbst gehört zu den KapG. Unter Bezugnahme auf die gesellschaftsrechtliche Praxis ist darauf hinzuweisen, dass der phG einer KGaA nahezu immer eine haftungsbeschränkte Ges., im Regelfall eine GmbH & Co ist.

3 Rechtsfolgen

16 Sind die Tatbestandsmerkmale des § 264a HGB erfüllt, so liegt eine sog. haftungsbeschränkte PersG vor, die neben den allgemeinen Vorschriften der §§ 238–263 HGB folgende Spezialvorschriften zu beachten hat:[22]
- §§ 264–289f HGB: Jahresabschluss der KapG und Lagebericht
- §§ 290–315e HGB: Konzernabschluss und Konzernlagebericht
- §§ 316–324a HGB: Prüfung
- §§ 325–329 HGB: Offenlegung
- § 330 HGB: Verordnungsermächtigungen für Formblätter und andere Vorschriften
- §§ 331–335c HGB: Straf-/Bußgeldvorschriften, Zwangsgelder
- §§ 342–342p HGB: Ergänzende Vorschriften für bestimmte umsatzstarke multinationale Unt und Konzerne

Der Gesetzestext bestimmt durch die Formulierung („sind ... anzuwenden") zunächst, dass die vorstehend aufgeführten Regelungen in vollem Umfang umgesetzt werden müssen. Aufgrund der unterschiedlichen gesellschaftsrechtlichen Strukturen von KapG und PersG können bestimmte Vorschriften, die voll-

---

[21] Vgl. Thiele/Sickmann, in Baetge/Kirsch/Thiele, Bilanzrecht, § 264a HGB Rz 71, Stand: 9/2007.
[22] Vgl. Strobel, DB 2000, S. 56.

ständig auf die Strukturen von KapG zugeschnitten sind, nur in veränderter Form faktisch bei der haftungsbeschränkten PersG umgesetzt werden. Die hier zu berücksichtigenden Besonderheiten werden über § 264c HGB erfasst und haben als Spezialnorm insoweit Vorrang vor den reinen Vorschriften für KapG.[23] Die Umsetzung der CSRD in deutsches Recht wird aller Voraussicht nach für bestimmte haftungsbeschränkte PersG zur Folge haben, dass diese nun auch unmittelbar von den neuen Vorgaben zur Nachhaltigkeitsberichterstattung betroffen sein werden. Unter der Annahme eines kalendergleichen Gj wären dann z.B. ab 2025 alle haftungsbeschränkten PersG, die als groß i.S.v. § 267 Abs. 3 Satz 1 und Abs. 4 bis 5 HGB gelten, verpflichtet einen Nachhaltigkeitsbericht zu erstellen. Für Weiterführendes siehe auch die Kommentierungen zum Lagebericht (§§ 289ff.), Konzernlagebericht (§§ 315ff.), zur Prüfung (§§ 324b-E ff.) und zur Offenlegung (§§ 325ff.).

17

4 Gesetzlicher Vertreter (Abs. 2)

Die Regelung des § 264a Abs. 2 HGB ist der Tatsache geschuldet, dass PersG an sich dem Prinzip der Selbstorganschaft unterliegen und insoweit keine **gesetzlichen Vertreter** haben. Da sich die Bestimmungen der §§ 264ff. HGB jedoch auf die gesetzlichen Vertreter einer KapG beziehen (z.B. bei der Aufstellung des Jahresabschlusses, des Konzernabschlusses, bei der Verhängung von Buß-/Zwangsgeldern oder bei der Erteilung des Prüfauftrags), war eine Definition des gesetzlichen Vertreters in Bezug auf die KapG & Co. an dieser Stelle unumgänglich.[24]

18

> **Praxis-Beispiel**
> Die Tragweite einer solchen Bezugnahme zeigt sich beispielhaft an der Tatsache, dass sich aus § 264a Abs. 2 HGB i.V.m. § 285 Nr. 9a HGB im Anhang einer KapG & Co. zwingend eine Angabepflicht für die Bezüge der Geschäftsführer der Komplementärgesellschaft ergibt. Die Angabepflicht für die Geschäftsführergehälter ist unabhängig davon, ob die Bezüge dem Geschäftsführer der Komplementär-GmbH oder der KG gewährt werden.

Die Aufstellung des Jahresabschlusses ist bei PersG i.S.d. § 264a HGB pflichtgemäß durch den phG vorzunehmen. Bei einer KapG & Co. kann das damit nicht der phG (z.B. eine GmbH oder eine AG) unmittelbar sein, sondern die Mitglieder des jeweils **vertretungsberechtigten Organs**, d.h. die Mitglieder des Vorstands bei einer AG (§ 78 AktG) oder die bzw. der Geschäftsführer bei einer GmbH (§ 35 GmbHG). Besteht das vertretungsberechtigte Organ nicht nur aus einem, sondern aus mehreren Mitgliedern, so sind grds. sämtliche Mitglieder dieses Organs vertretungsberechtigt. Diesen Personenkreis trifft letztendlich auch die Pflicht, die Anwendung der ergänzenden Vorschriften für KapG sicherzustellen. Liegt eine **Beteiligungskette** vor, bei der der vertretungsberechtigte Gesellschafter wiederum aus einer PersG besteht, so verlagert sich die vorstehend genannte Verpflichtung auf die jeweils nächste Stufe, bis ein vertretungsberechtigtes Organ eines phG festgestellt werden kann.

---

[23] Vgl. Thiele/Sickmann, in Baetge/Kirsch/Thiele, Bilanzrecht, § 264a HGB Rz 82, Stand: 9/2007.
[24] Vgl. BT-Drs. 14/1806 v. 15.10.1999 S. 18.

§ 264b Befreiung der offenen Handelsgesellschaften und Kommanditgesellschaften i. S. d. § 264a von der Anwendung der Vorschriften dieses Abschnitts

Eine Personenhandelsgesellschaft i. S. d. § 264a Absatz 1, die nicht i. S. d. § 264d kapitalmarktorientiert ist, ist von der Verpflichtung befreit, einen Jahresabschluss und einen Lagebericht nach den Vorschriften dieses Abschnitts aufzustellen, prüfen zu lassen und offenzulegen, wenn alle folgenden Voraussetzungen erfüllt sind:
1. die betreffende Gesellschaft ist einbezogen in den Konzernabschluss und in den Konzernlagebericht
   a) eines persönlich haftenden Gesellschafters der betreffenden Gesellschaft oder
   b) eines Mutterunternehmens mit Sitz in einem Mitgliedstaat der Europäischen Union oder einem anderen Vertragsstaat des Abkommens über den Europäischen Wirtschaftsraum, wenn in diesen Konzernabschluss eine größere Gesamtheit von Unternehmen einbezogen ist;
2. die in § 264 Absatz 3 Satz 1 Nummer 3 genannte Voraussetzung ist erfüllt;
3. die Befreiung der Personenhandelsgesellschaft ist im Anhang des Konzernabschlusses angegeben und
4. für die Personenhandelsgesellschaft sind der Konzernabschluss, der Konzernlagebericht und der Bestätigungsvermerk nach § 325 Absatz 1 bis 1b offengelegt worden; § 264 Absatz 3 Satz 2 und 3 ist entsprechend anzuwenden.

Inhaltsübersicht			Rz
1	Überblick		1–2
2	Tatbestandsmerkmale		3–25
	2.1	Konzernabschluss eines persönlich haftenden Gesellschafters (Nr. 1a)	3–14
		2.1.1 Auslegung	3–7
		2.1.2 Ausweis des Anteils anderer Gesellschafter	8–10
		2.1.3 Befreiende Wirkung eines Konzernabschlusses von Nicht-Mutterunternehmen	11–12
		2.1.4 Erweiterte Angabepflichten	13–14
	2.2	Einbeziehung in einen Konzernabschluss eines Mutterunternehmens (Nr. 1b)	15–18
	2.3	Ordnungsmäßigkeit des Konzernabschlusses (Nr. 2)	19–23
	2.4	Angabe der Befreiung im Konzernanhang (Nr. 3)	24
	2.5	Offenlegung des Konzernabschlusses, Konzernlageberichts und Bestätigungsvermerks (Nr. 4)	25

1 Überblick

1 In § 264b HGB werden die Voraussetzungen genannt, unter denen Tochterunternehmen (TU) und ggf. auch Mutterunternehmen (MU) in der Rechtsform

einer **PersG** i.S.d. § 264a Abs. 1 HGB durch Integration in einen Konzernabschluss (sog. befreiender Konzernabschluss) die ergänzenden Vorschriften zur Rechnungslegung für KapG nicht berücksichtigen müssen.

Die Bestimmung des § 264b HGB ist gewissermaßen eine Sondervorschrift zu § 264 Abs. 3 HGB für Kapitalgesellschaften & Co. Auch hier werden die Voraussetzungen genannt, unter denen die Anwendung der ergänzenden Vorschriften für KapG hinsichtlich **Aufstellung, Prüfung** und **Offenlegung** des **Jahresabschlusses** und **Lageberichts** entbehrlich sind.[1] Allerdings kommt es nicht zu einer kompletten Übernahme der Regelung für KapG. Mit dem BilRUG ist § 264b HGB für Gj, die nach dem 31.12.2015 beginnen, neu gefasst worden. Weiterhin ist im Unterschied zu § 264 Abs. 3 HGB eine Selbstbefreiung unter bestimmten Bedingungen möglich.

Ergänzend wurde durch das FISG für Gj, die nach dem 31.12.2020 beginnen, durch die Änderung des Einleitungssatzes des § 264b HGB unmittelbar die Voraussetzung geschaffen, dass die Befreiung nur dann möglich ist, wenn die Kapitalgesellschaft & Co. nicht kapitalmarktorientiert i.S.d. § 264d HGB ist.[2] Für die Erleichterung sind zusätzliche Anforderungen erforderlich, weil der Verzicht auf die Erfordernisse der §§ 264 ff. HGB Risiken für die Adressaten der Rechnungslegung mit sich bringt, die auf diese Weise kompensiert werden sollen. Die praktische Bedeutung der Befreiungsregelung hält sich in Bezug auf die Aufstellung und Prüfung des Jahresabschlusses jedoch in Grenzen, da die Einbeziehung in den Konzernabschluss immer eine HB II voraussetzt, in der die Regelungen der §§ 264 ff. HGB regelmäßig zu beachten sind. Deutliche Erleichterungen ergeben sich allerdings in Bezug auf die Offenlegung.

In der Praxis werden die **Befreiungsmöglichkeiten** oftmals nicht insgesamt, sondern lediglich tw. und dann häufig lediglich unter Ausnutzung der Erleichterungen in Bezug auf die Offenlegung ausgenutzt. Die praktische Bedeutung des § 264b HGB ergibt sich zudem aus der Tatsache, dass für PersG im Gegensatz zu der für KapG geltenden Vorschrift des § 264 Abs. 3 HGB keine Einstandsverpflichtung erforderlich ist, sodass weniger restriktive Voraussetzungen für die Erreichung der Erleichterungen notwendig sind.

Durch die Verpflichtung zum Einklang mit der RL 2013/34/EU muss der einzubeziehende Jahresabschluss der KapCoGes die innerhalb des Konzerns geltenden Ansatz-, Bewertungs- und Ausweisvorschriften berücksichtigen. Damit ist fast zwangsläufig die Berücksichtigung der ergänzenden Vorschriften für KapGes oder der IFRS verbunden.

Die ergänzend in § 264 Abs. 3 HGB aufgeführte Zustimmungspflicht aller Gesellschafter und die **Verlustübernahmeverpflichtung** sind für die Regelung des § 264b HGB nicht erforderlich. In Bezug auf die Zustimmungspflicht aller Gesellschafter bleibt festzuhalten, dass die Gesellschafter einer PersG im Vergleich zu den Gesellschaftern einer KapG nach Einschätzung des BGH[3] ohnehin umfangreichere **Verweigerungsrechte** z.B. im Hinblick auf die Aus

---

[1] Vgl. Giese/Rabenhorst/Schindler, BB 2001, S. 515 f.; Keller, StuB 2001, S. 214.
[2] Vgl. Art. 11 Nr. 2 sowie Art. 12 Abs. 5 Finanzmarktintegritätsstärkungsgesetz – FISG v. 3.6.2021 (BGBl I2021 S. 1534). Obwohl das Gesetz für die entsprechende Regelung erst Gültigkeit ab 1.7.2021 besitzt, ist explizit durch Änderung im Art. 86 Abs. 5 EGHGB die Anwendung der Vorschriften bereits nach dem 31.12.2020 vorgeschrieben.
[3] Vgl. BGH, Urteil v. 29.3.1996, II ZR 263/94, DB 1996, S. 926.

übung von ergebnisrelevanten Bilanzierungsentscheidungen oder auch in Bezug auf die Feststellung des Jahresabschlusses haben, womit eine explizite Forderung nach der Zustimmung der Gesellschafter nicht notwendig ist. Die nach § 264 Abs. 3 Nr. 2 HGB geforderte **Erklärung zur Einstandspflicht** des MU (§ 264 Rz 110) ist deshalb entbehrlich, weil der persönlich haftende Gesellschafter einer PersG ohnehin persönlich vollumfänglich haftet.

Der Passus „ist von der Verpflichtung befreit" darf nach Literatureinschätzung[4] nicht als Wahlrechtsverbot ausgelegt werden, d. h., die PersG hat auch weiterhin die Möglichkeit, freiwillig nach den Vorschriften der §§ 264ff. HGB Rechnung zu legen, wobei sogar eine tw. Nutzung der Erleichterungen möglich ist (§ 264 Rz 120).[5] Werden die Erleichterungen nach § 264b HGB wahrgenommen, so bleibt es selbstverständlich bei der Verpflichtung, gleichwohl einen Abschluss entsprechend der für alle Kfl. geltenden Vorschriften der §§ 238–263 HGB aufzustellen.

2 Eine KapCoGes kann auch dann mit befreiender Folge in einen **Konzernabschluss** einbezogen werden, wenn sich der einzubeziehende Jahresabschluss lediglich auf ein Rumpfgeschäftsjahr bezieht. Ein derartiger Sachverhalt könnte sich z. B. bei Neugründungen oder auch bei einem unterjährigen Erwerb ergeben.

> **Praxis-Beispiel**
> Die Befreiung gilt auch, wenn die PersG z. B. im Oktober erworben und im Konzernabschluss ab dem 1.10. enthalten ist. Dies ist insb. deshalb erwähnenswert, weil rein materiell gesehen damit die ersten 9 Monate der GuV letztendlich nicht im Konzernabschluss enthalten sind.

2 Tatbestandsmerkmale

2.1 Konzernabschluss eines persönlich haftenden Gesellschafters (Nr. 1a)

2.1.1 Auslegung

3 Eine Befreiungswirkung tritt ein, wenn der **Konzernabschluss** vom **persönlich haftenden Gesellschafter** (phG) aufgestellt wird.[6] Durch die Einfügung dieser Alternative wird verdeutlicht, dass der Gesetzgeber nicht automatisch ein Mutter-Tochter-Verhältnis zwischen dem phG und der PersG annimmt. Dies würde, der Organisation einer KapCoGes entsprechend, dem gesetzlichen Normalstatut entsprechen.

> **Praxis-Beispiel**
> In der Praxis können sich beispielhaft Konstellationen ergeben, bei denen die Weisungs- und Geschäftsführungsrechte per Gesellschaftsvertrag auf die Kommanditisten übergegangen sind. Die Möglichkeit einer Beherrschung nach § 290 Abs. 1 HGB durch den phG wäre in einem solchen Fall ausgeschlossen. Gleiches gilt, wenn die KapCoGes sämtliche Anteile an der Komplementär-KapG hält und damit eine sog. Einheitsgesellschaft entstanden ist.

---

[4] Vgl. Reiner, in MünchKomm. HGB, 5. Aufl. 2024, § 264a HGB Rz 11.
[5] Vgl. Kliem/Deubert, in Beck Bil-Komm., 14. Aufl. 2024, § 264b HGB Rz 11.
[6] Vgl. Krietenstein, WPg 2005, S. 1202.

Besonderheiten, die zu einer Verschiebung des Mutter-Tochter-Verhältnisses führen, können auch dann eintreten, wenn die KapCoGes zwar in den Konzernabschluss des MU einbezogen wird, ansonsten jedoch die weiteren Voraussetzungen des § 264b Nrn. 2, 3 und 4 HGB nicht erfüllt werden. Ein zusätzlich von der Komplementär-GmbH erstellter Konzernabschluss hätte dann ggf. eine entsprechende Befreiungswirkung.

Die Übernahme der Funktion als Muttergesellschaft kann zudem nicht unabhängig von der Prüfung eines wirtschaftlichen Eigeninteresses beurteilt werden. Zu denken ist hier in erster Linie an Sachverhalte, bei denen der **phG** nur geringfügig oder gar nicht am Kapital der KapCoGes **beteiligt** ist. Primäres Ziel des Komplementärs ist damit nicht eine möglichst hohe Partizipation am Gewinn (Ausschüttung oder zumindest Teilhabe an der Wertsteigerung des Unt), sondern lediglich die Erlangung einer Geschäftsführungsvergütung. Für den Fall, dass im Gegenzug eine entsprechend hohe Beteiligung des Kommanditisten vorliegt und damit gleichzeitig das Haftungsrisiko des Komplementärs faktisch ausgeschlossen ist, wird der Kommanditist mit Unternehmereigenschaft als Muttergesellschaft der KapCoGes anzusehen sein.[7]

Eine Pflicht zur Erstellung eines Konzernabschlusses kann sich aus § 264b Nr. 1a HGB nicht ergeben.[8]

Jedoch ist der phG im Falle haftungsbeschränkter Personenhandelsgesellschaften selbst unmittelbar als Leitungsorgan anzusehen. Obwohl formal keine Bestellungs- oder Abberufungsrechte bestehen, liegt daher grds. ein Mutter-Tochter-Verhältnis nach § 290 Abs. 2 Nr. 2 HGB vor. Somit ist eine **Konzernabschlusserstellungspflicht** begründet. Bestehen jedoch gesellschaftsrechtliche Einschränkungen der Leitungsbefugnisse besteht ein Einbeziehungswahlrecht (DRS 19.30). Darüber hinaus kommt es aufgrund der **größenabhängigen Befreiungen** des § 293 HGB ggf. nicht zu einer Pflicht zur Erstellung eines Konzernabschlusses.

Unabhängig von der Konzernerstellungspflicht greift die befreiende Wirkung des § 264b Nr. 1 HGB auch, sofern es sich bei den übergeordneten Abschlüssen um freiwillig erstellte Konzernabschlüsse handelt.

Im Gegensatz zu den gesetzlichen Regelungen für KapG verlangt § 264b HGB nicht die Zustimmung aller Gesellschafter. Dies resultiert wohl aus der Annahme, dass der Verbund zwischen den Gesellschaftern ohnehin enger ist, sodass im Gegenzug ein geringeres **Schutzbedürfnis** im Vergleich zur KapG besteht.[9]

Zudem haben die Gesellschafter stärkere Mitspracherechte bei der Entscheidung über die Nutzung von Wahlrechten i.R.d. Aufstellung des Jahresabschlusses. Bezogen auf den Sitz des phG gibt es keine Restriktionen, d. h., es ist nicht nur ein Sitz innerhalb der EU oder dem EWR, sondern auch im sonstigen Ausland denkbar und unschädlich.

Für die Erfüllung der Voraussetzungen ist auch die **Rechtsform** des phG variabel. Mithin sind hier auch Genossenschaften, andere PersG, rechtsfähige Vereine, Körperschaften bzw. Anstalten des öffentlichen Rechts oder Stiftungen denkbar. Lediglich natürliche Personen selbst oder PersG mit einer natürlichen

---

[7] Vgl. Küting/Weber/Pilhofer, WPg 2003, S. 798.
[8] Vgl. BT-Drs. 14/1806 v. 15.10.1999 S. 19f.
[9] Vgl. Giese/Rabenhorst/Schindler, BB 2001, S. 516.

Person als Vollhafter scheiden als phG aus, da bei derartigen Konstellationen erst gar keine Verpflichtung i. S. d. § 264a Abs. 1 Nrn. 1, 2 HGB zur umfangreicheren Rechnungslegung analog der Vorschriften für KapG entstehen würde.

7 Hinsichtlich der anzuwendenden **Konsolidierungsmethode** für den befreienden Konzernabschluss des Vollhafters ist zwingend die VollKons vorgeschrieben. Insoweit entspricht das den Vorschriften zum Konzernabschluss der Muttergesellschaft.

Eine quotale Einbeziehung oder eine Einbeziehung at equity würde schon allein dann zu praktischen Problemen führen, wenn der phG gar nicht am Kapital der PersG beteiligt ist. Somit fehlt es an einer Kapitalbeteiligung als Ausgangspunkt, um überhaupt einen Abschlussposten in den aufzustellenden Konzernabschluss übernehmen zu können.

Bei einer Komplementär-GmbH, welche mit 0 % am Kapital der KG beteiligt ist, würde voll zu konsolidieren sein, da sie als Leitungsorgan grds. beherrschend ist nach § 290 Abs. 2 Nr. 2 HGB. D. h. faktisch würden 100 % der Vermögensgegenstände und Schulden in der Konzernbilanz ausgewiesen und dann im Eigenkapital ein gesonderter Ausweis des Anteils der Kommanditisten i. H. v. 100 % unter „Nicht beherrschende Anteile" nach § 307 HGB erfolgen.

2.1.2 Ausweis des Anteils anderer Gesellschafter

8 Problematisch im Zusammenhang mit der Konsolidierung ist der Ausweis von **Anteilen der Kommanditisten**. Insb. dann, wenn der phG seine primäre Haftungsfunktion durch ein relativ geringes EK wahrnimmt und im Vergleich dazu die Kapitalanteile der Kommanditisten eine wesentlich bedeutendere Rolle einnehmen.[10] Unbestritten ist, dass die Anteile der Kommanditisten in einem Ausgleichsposten entsprechend § 307 HGB auszuweisen sind. Fraglich ist allerdings, ob die **dabei gängige Bezeichnung** „Nicht beherrschende Anteile" oder **„Anteile anderer Gesellschafter"** den realen Sachverhalt korrekt abbildet. Zum einen sind die **Kommanditisten** häufig gar keine **Minderheitsgesellschafter** (so der Ausweis häufig vor der Änderung des § 307 im Jahr 2015) und zum anderen sind die Kommanditisten der PersG häufig zugleich auch Gesellschafter des Komplementärs.[11] Das geschilderte Ausweisproblem soll anhand nachfolgenden Beispiels[12] (auch rechnerisch) verdeutlicht werden.

---

10 Vgl. Lüdenbach, GmbHR 2000, S. 848.
11 Vgl. Lüdenbach, GmbHR 2000, S. 848.
12 Vgl. Pawelzik/Theile, DStR 2000, S. 2149.

	GmbH	KG	Summen-bilanz	Konsolidierung Soll	Konsolidierung Haben	Konzern-bilanz
Anteile an verb. Unt	0	0	0		0	
Ausleihungen an verb. Unt	50		50		50	–
Div. Aktiva		1.000	1.000			1.000
Summe Aktiva	50	1.000	1.050		50	1.000
Gez. Kapital / Kapitalanteile	50	200	250	200		50
Nicht beherrschende Anteile					200	200
Summe EK	50	200	250			250
Verbindlichkeiten ggü. Gesellschaftern		50	50	50		–
Div. Passiva		750	750			750
Summe Passiva	50	1.000	1.050	50		1.000

Tab. 1: KapKons auf das Kapital der Komplementär-GmbH im einstufigen Konzern

Das Beispiel zeigt, dass die nicht beherrschenden Anteile vollständig aus den Kapitalanteilen der Kommanditisten bestehen. Problematisch an derartigen Konstellationen ist, dass ein externer Bilanzadressat den Sachverhalt nur erschwert deuten kann. Entsprechend der Einheitstheorie werden zwar die Anteilseigner des MU und die Anteilseigner der konsolidierten TU zusammen als EK-Geber angesehen, dennoch wird die Eigenkapitalunterposition „Nicht beherrschende Anteile" häufig nicht als vollwertiges EK eingeschätzt.

Ein zusätzliches Problem ergibt sich im Anwendungsbereich von § 307 Abs. 2 HGB. So ist in der Konzern-GuV der **Gewinn- oder Verlustanteil**, der auf **nicht beherrschende Anteile** entfällt, gesondert auszuweisen, sodass auch hier eine deutliche Differenzierung fortgeführt wird. In der wissenschaftlichen Diskussion wurde in der Vergangenheit häufiger die Notwendigkeit einer wirtschaftlichen Betrachtungsweise eingebracht. Insb. dann, wenn eine **Beteiligungsidentität** zwischen der KG und der GmbH vorliegt, ist es nicht sachgerecht, Anteile „anderer" Gesellschafter bzw. nicht beherrschende Anteile auszuweisen. Die Kommanditisten bestimmen bei einer derartigen Konstellation über ihre Gesellschafterposition beim Komplementär ganz wesentlich über die Ausrichtung des Konzerns und müssen daher als Träger des Unt im wirtschaftlichen Sinne angesehen werden. Bei einer Beteiligungsidentität wird daher vorgeschlagen, in Analogie zu einer Einheitsgesellschaft zu verfahren. Demnach wären die Kommanditeinlagen und das gezeichnete Kapital der Komplementär-GmbH zu einer Position „Gesellschaftskapital" zusammenzufassen.[13]

---

[13] Vgl. Pawelzik/Theile, DStR 2000, S. 2151.

Die Gegenmeinung[14] innerhalb der wissenschaftlichen Literatur hält eine Differenzierung zwischen materieller und wirtschaftlicher Betrachtungsweise nicht für sinnvoll. Entscheidend ist demnach, dass die Anteile nicht der Komplementär-GmbH (und damit dem MU) gehören. Genau dieser Sachverhalt ist Gegenstand des Gesetzestextes und damit in der Auslegung unzweifelhaft.

10 Vermittelnd wird daher vorgeschlagen, den Ausgleichsposten im Anwendungsbereich des § 264b Nr. 1a HGB mit der Bezeichnung „Anteile der Kommanditisten" zu versehen.[15] Denkbar wäre auch, dass die Bilanzposition „Nicht beherrschende Anteile" in mindestens zwei Unterposten aufgegliedert wird. Hier wäre dann eine weitere Unterteilung in „Anteile der Kommanditisten" und „Nicht beherrschende Gesellschafter" denkbar, um das besondere Näheverhältnis zu verdeutlichen. Eine derartige weitere Unterteilung wäre in jedem Fall durch die Untergliederungsoption des § 265 Abs. 5 Satz 1 HGB gedeckt. Demnach besteht die Möglichkeit einen bereits vorhandenen Bilanzposten aus dem gesetzlichen oder durch Verordnung erlassenen Gliederungsschema in weitere Komponenten zu unterteilen. I. R. d. Untergliederungsoption wird zwischen **Aufgliederungen**, **Ausgliederungen** und **„Davon-Vermerken"** differenziert. Grds. sind weitere Untergliederungen sowohl in der Bilanz als auch in der GuV dann zulässig und geboten, wenn wegen der Bedeutung der zusätzlich eingefügten Position nur so der erforderliche Einblick gewährt wird oder Fehlinterpretationen vermieden werden können. Insoweit wäre hier, der letzteren Möglichkeit folgend, eine weitere Untergliederung z. B. unter Zuhilfenahme von „Davon-Vermerken" begründbar und sinnvoll.

2.1.3 Befreiende Wirkung eines Konzernabschlusses von Nicht-Mutterunternehmen

11 Wird der Konzernabschluss von einem Unt (hier der Komplementär-Ges.) aufgestellt, das nicht zugleich auch Muttergesellschaft ist, wird letztendlich im Wege der VollKons ein Unt integriert, das nicht TU i. S. d. § 294 Abs. 1 HGB ist. VG und Schulden werden dem Konzern zugerechnet und innerhalb des Kons-Kreis einheitlich bewertet, obwohl eine Rechtfertigung dafür aufgrund eines Beherrschungsverhältnisses gem. § 290 HGB nicht abgeleitet werden kann.
Gem. § 297 Abs. 2 HGB hat der Konzernabschluss unter Beachtung der GoB ein den tatsächlichen Verhältnissen entsprechendes Bild der Vermögens-, Finanz- und Ertragslage des Konzerns abzubilden. Der befreiende Konzernabschluss des phG kann dieses Ziel nicht erreichen, weil eine wirtschaftliche Einheit (Darstellung als ein Unt) der in den Konzernabschluss einbezogenen Unt nicht vorliegt. Insoweit wird eine wirtschaftliche Einheit lediglich fingiert. Im Vordergrund steht hier vielmehr die Inanspruchnahme von Erleichterungen bei der Bilanzierung, Prüfung und Offenlegung.
Weitere Probleme auf der Abbildungsebene ergeben sich, wenn die einzubeziehende PersG zudem noch als Muttergesellschaft ggü. weiteren PersG oder KapG fungiert. Derartige TU können in Ermangelung einer Beherrschungsmöglichkeit

---

14 Vgl. z. B. Lüdenbach, GmbHR 2000, S. 848.
15 Vgl. Thiele/Sickmann, in Baetge/Kirsch/Thiele, Bilanzrecht, § 264b HGB Rz 43.1, Stand: 9/2007.

nach § 290 HGB nicht in den befreienden Konzernabschluss des phG einbezogen werden.[16]

Fraglich ist letztendlich auch, wie in der Praxis überhaupt ein Konzernlagebericht erstellt werden kann. Nach § 315 Abs. 1 HGB sind im Konzernlagebericht der Geschäftsverlauf und die Lage des Konzerns so darzustellen, dass ein den tatsächlichen Verhältnissen entsprechendes Bild vermittelt wird. Wenn allerdings der Berichtsgegenstand kein Konzern im eigentlichen Sinne ist, weil es u. a. an einer wirtschaftlichen Einheit fehlt, so kann auch die Vorschrift zum Konzernlagebericht letztendlich nicht eingehalten werden.

Ist die tatsachenkonforme Abbildung der Vermögens-, Finanz- und Ertragslage zu bezweifeln, kann nach Literatureinschätzung auch keine Übereinstimmung mit der RL 2013/34/EU vorliegen.[17] Die Regierungsbegründung[18] zu § 264b HGB folgt dieser Einschätzung allerdings nicht, sondern hält die Aufstellung eines Konzernabschlusses durch ein Unt, das nicht als MU qualifiziert werden kann, für zulässig. Die praktische Relevanz des systemischen Widerspruchs i. R. d. Bestimmung des § 264b Nr. 1a HGB ist allerdings relativ gering. Dies liegt darin begründet, dass bei der KapCoGes die wesentlichen VG und Verbindlichkeiten nicht durch den Komplementär, sondern durch die PersG eingebracht werden. Damit ist eine Publizitätserleichterung beim Komplementär für die PersG faktisch ohne Bedeutung.

2.1.4 Erweiterte Angabepflichten

Für den Fall der befreienden Konzernaufstellung durch den phG sind sowohl durch den Bilanzierenden als auch durch den Abschlussprüfer erweiterte Pflichten zu berücksichtigen. Wie bereits festgehalten, führt die Einbeziehung der PersG in einen Konzernabschluss im Wege der VollKons dann zu einer geringeren Aussagekraft, wenn nicht gleichzeitig ein Mutter-Tochter-Verhältnis existiert. Die Erstellung eines Konzernabschlusses aufgrund der Option des § 264a Nr. 1a HGB führt zu einer zusätzlichen Angabepflicht im Konzernanhang, weil die Verwirklichung des Control-Konzepts nicht maßgeblich für die Eingliederung bzw. Nicht-Eingliederung von Konzernuntergesellschaften und damit für den Umfang des KonsKreises waren, sondern das Kriterium der existenten Haftungsmasse den Ausschlag gibt. Diese spezielle Konsolidierungskonstellation fällt unter die Bestimmung des § 313 Abs. 1 Nr. 2 HGB. Danach sind Abweichungen von Bilanzierungs-, Bewertungs- und Konsolidierungsmethoden im Konzernanhang anzugeben und zu begründen.

Des Weiteren können zusätzliche Erläuterungspflichten im Anwendungsbereich von § 264b Nr. 1a HGB auch aus § 297 Abs. 2 Satz 3 HGB abgeleitet werden. Danach sind zusätzliche Angaben im Konzernanhang erforderlich, wenn Umstände vorliegen, die dazu führen, dass der erstellte Konzernabschluss kein den tatsächlichen Verhältnissen entsprechendes Bild der Vermögens-, Finanz- und Ertragslage vermitteln kann.

---

16 Vgl. Schulze-Osterloh, BB 2002, S. 1310.
17 Vgl. Schulze-Osterloh, BB 2002, S. 1307; Thiele/Sickmann, in Baetge/Kirsch/Thiele, Bilanzrecht, § 264b HGB Rz 43.2, Stand: 9/2007.
18 Vgl. BT-Drs. 14/1806 v. 15.10.1999 S. 19.

2.2 Einbeziehung in einen Konzernabschluss eines Mutterunternehmens (Nr. 1b)

15 Die Bestimmung des § 264b Nr. 1b HGB sieht vor, dass die Einbeziehung in den Konzernabschluss der Muttergesellschaft zu einer Befreiung von §§ 264 ff. HGB führt. Dies setzt voraus, dass zwischen beiden Ges. die Voraussetzungen für ein Mutter-Tochter-Verhältnis i.S.d. § 290 HGB erfüllt sind. Im Übrigen können sich Mutter-Tochter-Verhältnisse auch aus einer Konzernabschlusspflicht entsprechend § 11 PublG ergeben. Zu den Bestimmungskriterien für ein TU vgl. § 290 Rz 19 ff. Nicht entscheidend ist, ob der Konzernabschluss aufgrund gesetzlicher Verpflichtung oder lediglich freiwillig aufgestellt wurde.[19] Das MU muss den Sitz in einem EU-Mitgliedsland oder EWR-Vertragsstaat haben, somit ist der Inlandssitz nicht zwingend.[20] Gemäß § 290 Abs. 1 HGB kann das MU nur die Rechtsform einer KapG führen, wobei bereits durch § 291 Abs. 1 Satz 2 HGB eine Ausweitung auf jede Rechtsform vorgenommen wird. Die freie Rechtsformwahl gilt auch für das MU i.S.d. § 246b Nr. 1b HGB.

16 Die **Einbeziehung in den Konzernabschluss** der Muttergesellschaft muss tatsächlich auch erfolgt sein, d.h., die Existenz eines Wahlrechts zur Nichtaufnahme in den Konzernabschluss gem. § 296 HGB führt nicht zu einer Befreiung gem. §§ 264 ff. HGB. Des Weiteren ist mit der Einbeziehung in den Konzernabschluss eine Vollkonsolidierung entsprechend §§ 300 ff. HGB zu verstehen. Eine bloße Beteiligungsfortschreibung entsprechend der Equity-Bewertung führt nicht zu einer Befreiung von den umfangreicheren Rechnungslegungspflichten.[21] Einer Mindermeinung[22] zufolge werden bei Equity-Fortschreibungen die Voraussetzungen des § 264b Nr. 1 HGB durch die Publizität im Anhang des MU erfüllt. Ebenso wie die Einbeziehung at equity hat auch die Vornahme einer Quotenkonsolidierung keine Befreiung von den Rechnungslegungspflichten für KapG zur Folge. Dies resultiert letztendlich aus der Tatsache, dass bei der Existenz von Gemeinschaftsunternehmen keine Muttergesellschaft benannt werden kann. Bezogen auf die spezifische Konstellation einer KapCoGes treten Mutter-Tochter-Verhältnisse in aller Regel zwischen dem phG und der KapCoGes auf. Die Verwirklichung des Control-Konzepts geht damit von der Komplementär-KapG aus. Die Existenz der Beherrschung ergibt sich schon allein aus der regelmäßigen Tatsache, dass der Komplementär einziger Geschäftsführer der KapCoGes ist.

17 Die Kongruenz der Funktion des phG in der Rechtsform einer KapG und der Funktion als Muttergesellschaft ist indes nicht zwingend. Damit kann ebenso ein **Kommanditist als Muttergesellschaft** fungieren. Voraussetzung ist natürlich, dass es zu einer Einschränkung der Geschäftsführungsbefugnisse des phG in der Weise kommt, dass die übrigen Gesellschafter mit einem Weisungsrecht ggü. dem Komplementär ausgestattet werden oder eine Zustimmungspflicht i.R.v. Geschäftsführungsentscheidungen besteht.[23] Liegt die Verwirklichung

---

[19] Vgl. Bitter/Grashoff, DB 2000, S. 836; Schulze-Osterloh, BB 2002, S. 1308.
[20] Vgl. Theile, GmbHR 2000, S. 220.
[21] Vgl. Kliem/Deubert, in Beck Bil-Komm., 14. Aufl. 2024, § 264b HGB Rz 52.
[22] Vgl. Bitter/Grashoff, DB 2000, S. 837.
[23] Vgl. Küting/Weber/Pilhofer, WPg 2003, S. 797 f.; Krietenstein, WPg 2005, S. 1200.

des Control-Konzepts auf diese Weise beim Kommanditisten, so hat dieser die Möglichkeit einen befreienden Konzernabschluss aufzustellen.[24]
In § 264b HGB wird formuliert: „Eine Personenhandelsgesellschaft (…) ist (…) befreit (…), wenn sie in den Konzernabschluss eines Mutterunternehmens (…) einbezogen ist." Aufgrund dieser Wortwahl bleibt zunächst unklar, ob sich die Befreiungswirkung auch auf den Jahresabschluss der Muttergesellschaft selbst ausdehnt, wenn es sich hierbei um eine KapCoGes i.S.d. § 264a Abs. 1 HGB handelt. Stellt man allein auf den rechtssystematischen Bezugsrahmen des § 264 Abs. 3 HGB ab, so ist die Befreiungsmöglichkeit auf Tochter-Konstellationen beschränkt. Es muss allerdings ein mehrfaches Abweichen von dieser Parallelvorschrift konstatiert werden, dass sich insb. in einer Befreiung von den erweiterten Rechnungslegungsvorschriften unter deutlich vereinfachten Voraussetzungen äußert.[25] Unter Rückgriff auf die Intention des § 264b HGB geht die Literaturmeinung[26] mittlerweile davon aus, dass auch der Konzernabschluss der KG als MU befreiende Wirkung für den Einzelabschluss hat. Dies ergibt sich, weil i.R.d. Gesetzeswortlauts nicht verlangt wird, dass die KG in den Konzernabschluss eines anderen MU einbezogen wird. In Übereinstimmung mit dieser h.M. hat auch das LG Bonn entschieden.[27] Im Ergebnis folgt daraus, dass die Vorschriften für KapG in Bezug auf den Einzelabschluss der KG keine Rolle spielen, wenn sie gleichzeitig als MU einen Konzernabschluss aufstellt. Kosteneinsparungen für die KG ergeben sich aus dem Beschluss des LG Bonn nicht. Durch die pflichtmäßige oder freiwillige Aufstellung und Offenlegung eines Konzernabschlusses kann jedoch die Publizität des Einzelabschlusses vermieden werden. Dies könnte in Einzelfällen dann interessant sein, wenn verhindert werden soll, dass Konkurrenten des Unt über die Analyse des Einzelabschlusses relevante Kennzahlen ermitteln können, die bei bloßer Veröffentlichung des Konzernabschlusses verborgen blieben. Mit dem BilRUG wurde für KapG in § 264 Abs. 3 HGB explizit die Selbstbefreiung eines MU ausgeschlossen. Im neu formulierten § 264b HGB erfolgte dies jedoch nicht, allerdings muss für Gj, die nach dem 31.12.2015 beginnen, der Konzernabschluss eine größere Gesamtheit von Unt umfassen, wobei der Gesetzgeber dabei von mind. drei Unt ausgeht.[28]

2.3 Ordnungsmäßigkeit des Konzernabschlusses (Nr. 2)

Der befreiende Konzernabschluss und der Konzernlagebericht müssen hinsichtlich Aufstellung, Prüfung und Offenlegung analog zu den Anforderungen aus § 264 Abs. 3 Satz 1 Nr. 3 HGB mit der RL 2013/34/EU sowie den entsprechenden Abschlussprüferrichtlinien konform sein. Zudem müssen der Konzernabschluss und der Konzernlagebericht den aufstellungs-, prüfungs- und offenlegungsrelevanten Rechtsanforderungen entsprechen, die auf das Unt anzuwenden sind, das den befreienden Konzernabschluss aufstellt (§ 264 Rz 115). Damit wird die **Richtlinienkonformität** verlangt.

---

[24] Vgl. Schulze-Osterloh, BB 2002, S. 1309.
[25] So sind z.B. die Einschränkungen in § 264 Abs. 3 Nrn. 1, 2 HGB i.R.d. § 264b HGB nicht zu berücksichtigen.
[26] Vgl. Pawelzik/Theile, DStR 2000, S. 2146f.; Kanitz, WPg 2003, S. 327.
[27] Vgl. LG Bonn, Beschluss v. 30.9.2009, 30 T 848/09, BB 2010, S. 1208.
[28] Vgl. BT-Drs. 18/5256 v. 18.6.2015 S. 83.

20 Im Hinblick auf die inhaltlichen Anforderungen liegt eine Identität zwischen § 264b Nr. 2 HGB und § 291 Abs. 2 Satz 1 Nr. 2 und 3 HGB (§ 291 Rz 14 ff.) vor.
21 Für den Fall, dass der befreiende Konzernabschluss nach §§ 11 ff. PublG aufgestellt wurde, gilt eine entsprechende Anwendung. Konkret: § 5 Abs. 6 PublG bestimmt, dass Unt, die unter das PublG fallen, von den Vorschriften des KapCoRiLiG befreit sind, wenn sie in den Konzernabschluss eines MU i.S.v. § 11 PublG oder § 290 HGB einbezogen werden. Allerdings wird als Voraussetzung für die Nutzung der Befreiung auf den kompletten § 264 Abs. 3 HGB verwiesen, was bedeutet, dass auch der Zustimmungsbeschluss der Gesellschafter und die Erklärung zur Verpflichtungsübernahmen des MU benötigt werden. Die Erstellung eines Konzernabschlusses nach PublG ergibt sich dann, wenn die Kommanditistenstellung bei der KapCoGes durch eine PersG wahrgenommen wird und der Vollhafter durch entsprechend gesellschaftsvertragliche Vereinbarungen nur noch weitgehend weisungsgebunden agieren kann.
Auch Konzernabschlüsse, die nach IFRS aufgestellt wurden, können grds. den Befreiungstatbestand erfüllen, soweit kein Verstoß gegen europäisches Recht vorliegt. Konkret sind Konzernabschlüsse, die nach IFRS aufgestellt wurden, mit § 264b HGB vereinbar, wenn die IFRS von der EU-Kommission i.S.v. § 315e HGB übernommen wurden (§ 315e Rz 1 ff.).[29]
22 Im Vergleich zu den Bestimmungen des § 291 Abs. 2 Nr. 2 und 3 HGB liegt eine Erweiterung der Voraussetzung des § 264b Nr. 2 HGB in der Weise vor, dass eine Pflicht zur Offenlegung des befreienden Konzernabschlusses und des Konzernlageberichts besteht. Sofern das MU in Deutschland ansässig ist, sind die Unterlagen elektronisch beim BAnz einzureichen; Unterlagen, die Gj ab 2022 betreffen, sind bei der das Unternehmensregister leitenden Stelle einzureichen. Der Betreiber des BAnz leitet die Unterlagen, die die Gj bis 2021 betreffen, zudem an das **Unternehmensregister** weiter, sodass auch hier die Möglichkeit einer Einsichtnahme besteht.
23 Soweit es sich also bspw. um einen durch den Komplementär, der nicht zugleich auch Muttergesellschaft ist, aufgestellten Konzernabschluss handelt, wird die Voraussetzung des § 264b Nr. 2 HGB auch dann erfüllt, wenn keine Offenlegung erfolgt ist. Hierbei handelt es sich allerdings um eine sehr formelle Betrachtungsweise, die insb. unter Berücksichtigung der Vorschrift des § 264b Nr. 4 HGB keinen Bestand hat. Der **BAnz** bzw. die das Unternehmensregister führende Stelle akzeptiert eine **Befreiung** nur, wenn der Konzernabschluss gem. § 264b Nr. 4 HGB auch beim BAnz/im Unternehmensregister offengelegt wird.

2.4 Angabe der Befreiung im Konzernanhang (Nr. 3)

24 In § 264b Nr. 3 HGB wird geregelt, dass der Befreiungstatbestand im Anhang des Konzernabschlusses angegeben werden muss, wobei nicht der Umfang der Befreiung, sondern lediglich die Tatsache, dass die Befreiungsmöglichkeit überhaupt in Anspruch genommen wird, berichtet werden muss (§ 264 Rz 117).[30] In § 313 Abs. 2 HGB wird eine Reihe von Angabepflichten für den Konzernanhang genannt, unter die auch der Befreiungstatbestand subsummiert werden könnte.

---

[29] Vgl. Thiele/Sickmann, in Baetge/Kirsch/Thiele, Bilanzrecht, § 264b HGB Rz 52, Stand: 9/2007.
[30] IDW, WPH Edition, Wirtschaftsprüfung & Rechnungslegung, 18. Aufl. 2023, Kap. F Tz 275.

2.5 Offenlegung des Konzernabschlusses, Konzernlageberichts und Bestätigungsvermerks (Nr. 4)

Als weitere Voraussetzung, um eine Befreiung gem. § 264b HGB zu erlangen, gelten die zwingende **Einreichung** und **Offenlegung von Konzernabschluss, Konzernlagebericht und Bestätigungsvermerk** beim BAnz bzw. ab 2023 die Übermittlung der Unterlagen an die das Unternehmensregister führende Stelle durch das aufstellende MU oder durch den phG. Ergänzend zum Konzernabschluss sind auch der Konzernlagebericht sowie ein Bestätigungs- oder Versagungsvermerk beizufügen.

Bzgl. der Sprache, in der die einzureichenden Unterlagen verfasst sein müssen, ist zu unterscheiden: Werden die Unterlagen vom TU eingereicht, dann muss zwingend die deutsche Sprache verwendet werden. Reicht das MU die Unterlagen ein, dürfen diese auch in Englisch verfasst sein (§ 264 Rz 119). Die Offenlegungsfrist reicht grds. analog zu den ansonsten notwendigen Einreichungen der Unterlagen des Jahresabschlusses spätestens bis Ablauf des zwölften Monats des dem Abschlussstichtag nachfolgenden Gj. Diese Frist reicht für die Nutzung der Offenlegungsvermeidung aus. Allerdings ist die Befreiung von Aufstellungs- und Prüfungspflichten erst wirksam, wenn der Konzernabschluss, Konzernlagebericht und Bestätigungsvermerk offengelegt wurden.[31] Zur Frage der Prüfung s. § 264 Rz 122.

Eine weitergehende Mitteilungspflicht der Inanspruchnahme der Befreiung durch die phG, wie dies in § 264b Nr. 3b HGB aF gefordert wurde, ist mit dem BilRUG entfallen.

---

[31] Vgl. Kliem/Deubert, in Beck Bil-Komm., 14. Aufl. 2024, § 264b HGB Rz 74.

§ 264c Besondere Bestimmungen für offene Handelsgesellschaften und Kommanditgesellschaften i. S. d. § 264a

(1) ¹Ausleihungen, Forderungen und Verbindlichkeiten gegenüber Gesellschaftern sind i. d. R. als solche jeweils gesondert auszuweisen oder im Anhang anzugeben. ²Werden sie unter anderen Posten ausgewiesen, so muss diese Eigenschaft vermerkt werden.
(2) ¹§ 266 Abs. 3 Buchstabe A ist mit der Maßgabe anzuwenden, dass als Eigenkapital die folgenden Posten gesondert auszuweisen sind:
I. Kapitalanteile
II. Rücklagen
III. Gewinnvortrag/Verlustvortrag
IV. Jahresüberschuss/Jahresfehlbetrag.
²Anstelle des Postens „Gezeichnetes Kapital" sind die Kapitalanteile der persönlich haftenden Gesellschafter auszuweisen; sie dürfen auch zusammengefasst ausgewiesen werden. ³Der auf den Kapitalanteil eines persönlich haftenden Gesellschafters für das Geschäftsjahr entfallende Verlust ist von dem Kapitalanteil abzuschreiben. ⁴Soweit der Verlust den Kapitalanteil übersteigt, ist er auf der Aktivseite unter der Bezeichnung „Einzahlungsverpflichtungen persönlich haftender Gesellschafter" unter den Forderungen gesondert auszuweisen, soweit eine Zahlungsverpflichtung besteht. ⁵Besteht keine Zahlungsverpflichtung, so ist der Betrag als „Nicht durch Vermögenseinlagen gedeckter Verlustanteil persönlich haftender Gesellschafter" zu bezeichnen und gem. § 268 Abs. 3 auszuweisen. ⁶Die Sätze 2 bis 5 sind auf die Einlagen von Kommanditisten entsprechend anzuwenden, wobei diese insgesamt gesondert gegenüber den Kapitalanteilen der persönlich haftenden Gesellschafter auszuweisen sind. ⁷Eine Forderung darf jedoch nur ausgewiesen werden, soweit eine Einzahlungsverpflichtung besteht; dasselbe gilt, wenn ein Kommanditist Gewinnanteile entnimmt, während sein Kapitalanteil durch Verlust unter den Betrag der geleisteten Einlage herabgemindert ist, oder soweit durch die Entnahme der Kapitalanteil unter den bezeichneten Betrag herabgemindert wird. ⁸Als Rücklagen sind nur solche Beträge auszuweisen, die auf Grund einer gesellschaftsrechtlichen Vereinbarung gebildet worden sind. ⁹Im Anhang ist der Betrag der im Handelsregister gem. § 172 Abs. 1 eingetragenen Einlagen anzugeben, soweit diese nicht geleistet sind.
(3) ¹Das sonstige Vermögen der Gesellschafter (Privatvermögen) darf nicht in die Bilanz und die auf das Privatvermögen entfallenden Aufwendungen und Erträge dürfen nicht in die Gewinn- und Verlustrechnung aufgenommen werden. ²In der Gewinn- und Verlustrechnung darf jedoch nach dem Posten „Jahresüberschuss/Jahresfehlbetrag" ein dem Steuersatz der Komplementärgesellschaft entsprechender Steueraufwand der Gesellschafter offen abgesetzt oder hinzugerechnet werden.
(4) ¹Anteile an Komplementärgesellschaften sind in der Bilanz auf der Aktivseite unter den Posten A.III.1 oder A.III.3 auszuweisen. ²§ 272 Abs. 4 ist mit der Maßgabe anzuwenden, dass für diese Anteile i. H. d. aktivierten Betrags

nach dem Posten „Eigenkapital" ein Sonderposten unter der Bezeichnung „Ausgleichposten für aktivierte eigene Anteile" zu bilden ist.

(5) ¹Macht die Gesellschaft von einem Wahlrecht nach § 266 Absatz 1 Satz 3 oder Satz 4 Gebrauch, richtet sich die Gliederung der verkürzten Bilanz nach der Ausübung dieses Wahlrechts. ²Die Ermittlung der Bilanzposten nach den vorstehenden Absätzen bleibt unberührt.

Inhaltsübersicht

		Rz
1	Überblick	1–7
2	Ausweis- und Angabevorschriften im Einzelnen	8–48
2.1	Ausweis von Ansprüchen gegen und Verbindlichkeiten gegenüber Gesellschaftern (Abs. 1)	8–14
2.1.1	Ausweis gem. § 264c Abs. 1 Satz 1 HGB	8–13
2.1.2	Ausweis gem. § 264c Abs. 1 Satz 2 HGB	14
2.2	Ausweis und Zusammensetzung des Eigenkapitals (Abs. 2)	15–34
2.2.1	Kapitalgliederung	15
2.2.2	Kapitalanteile (Abs. 2 Satz 1 I.)	16–28
2.2.2.1	Kapitalkonten der Personengesellschaft	16–18
2.2.2.2	Ausstehende Einlagen	19
2.2.2.3	Negatives Kapitalkonto	20–25
2.2.2.4	Überschießende Außenhaftung	26–28
2.2.3	Rücklagen (Abs. 2 Satz 1 II.)	29–32
2.2.4	Gewinnvortrag/Verlustvortrag (Abs. 2 Satz 1 III.) bzw. Jahresüberschuss/Jahresfehlbetrag (Abs. 2 Satz 1 IV.)	33–34
2.3	Ausweis von Privatvermögen und Steueraufwand (Abs. 3)	35–37
2.4	Ausweis der eigenen Anteile und des Sonderpostens (Abs. 4)	38–45
2.4.1	Ausweis der Anteile	38
2.4.2	Ausweis des Sonderpostens	39–41
2.4.3	Bildung des Sonderpostens	42–45
2.5	Befreiungsregelungen (Abs. 5)	46–48

1 Überblick

Die PersG weisen in Teilen besondere gesellschaftsrechtliche Strukturen auf, sodass eine vollumfängliche Übernahme der Vorschriften der §§ 264ff. HGB für haftungsbeschränkte PersG nicht möglich ist. Dieser Tatsache trägt § 264c HGB Rechnung, indem die Vorschriften der §§ 264ff. HGB verändert und ergänzt werden.[1]

§ 264c Abs. 1 HGB orientiert sich zunächst an § 42 Abs. 3 GmbHG. Kerngedanke dieser Regelung ist, dass die Informationsfunktion des Jahresabschlusses es gebietet, dass Rechtsbeziehungen zwischen Ges. und Gesellschafter, die z.B. schuldrechtlicher Art sind, für den Adressaten des Jahresabschlusses zweifelsfrei erkennbar abgebildet werden. Das ist u.a. auch deshalb erforderlich, weil der-

---

[1] Reiner, in MünchKomm. HGB, 5. Aufl. 2024, § 264a HGB Rz 18.

artige schuldrechtliche Beziehungen anders zu beurteilen sind als schuldrechtliche Beziehungen der Ges. mit außenstehenden Dritten.[2]

3 In § 264c Abs. 2 HGB wird der bilanzielle Ausweis des EK geregelt, der aufgrund unterschiedlicher Kapitalstrukturen bei KapG und PersG auch zu abweichenden gesetzlichen Regelungen bei beiden Gesellschaftsformen führen muss.

4 Durch die Bestimmung des § 264c Abs. 3 Satz 1 HGB wird die Notwendigkeit einer Trennung zwischen Gesellschafts- und Privatvermögen herausgestellt, die zur Folge hat, dass sich Aufwendungen und Erträge des Privatvermögens nicht auf die GuV niederschlagen dürfen. § 264c Abs. 3 Satz 2 HGB hat zum Hintergrund, dass der Jahresüberschuss der PersG mit dem Jahresüberschuss einer KapG vergleichbar gemacht werden soll. Daher wird auch der PersG gestattet, einen dem Steuersatz der Komplementärgesellschaft entsprechenden Steueraufwand offen abzusetzen. In der Praxis der Rechnungslegung ist diese Regelung allerdings weitgehend ohne Relevanz.

5 Über § 264c Abs. 4 Satz 1 und 2 HGB wird bestimmt, dass die Anteile, die von der OHG oder KG an ihrer Komplementärgesellschaft auf der Aktiva gehalten werden, über einen „Ausgleichsposten für aktivierte eigene Anteile" auf der Passivseite der Bilanz korrigiert werden.

6 Mit dem MicroBilG sind für die Anwendung für Gj, die nach dem 30.12.2012 enden, d. h. schon bei kalenderjahrgleichen Gj das Gj 2012, für kleine und Kleinst-Personenhandelsgesellschaften Befreiungsregelungen für die geforderten Ausweise nach Abs. 1 bis 4 mit § 264c Abs. 5 HGB eingeführt worden. Konkret muss eine tiefere Untergliederung der Bilanz nicht erfolgen, wenn die verkürzten Bilanzgliederungsschemata nach § 266 Abs. 1 Satz 3 oder 4 HGB genutzt werden.

7 Mit dem MoPeG[3] treten mit Wirkung zum 1.1.2024 umfangreiche Änderungen für Personengesellschaften in Kraft. Im Kontext von § 264c HGB ist dabei insb. die Änderung bei der Ergebnisverwendung relevant. Im Abs. 2 Satz 9 wird dann die Bezeichnung von „Einlage" zu „Haftsumme" geändert.

2 Ausweis- und Angabevorschriften im Einzelnen

2.1 Ausweis von Ansprüchen gegen und Verbindlichkeiten gegenüber Gesellschaftern (Abs. 1)

2.1.1 Ausweis gem. § 264c Abs. 1 Satz 1 HGB

8 § 264c Abs. 1 HGB will die Transparenz der Rechtsbeziehungen zwischen der Ges. und ihren Gesellschaftern für die Jahresabschlussadressaten erhöhen. Zugleich sollen mögliche Interessenkonflikte frühzeitig offengelegt werden. So kann es etwa sein, dass Forderungen und Verbindlichkeiten zwischen der Ges. und ihren Gesellschaftern nicht zu marktüblichen Konditionen zustande gekommen sind oder bei Zahlungsschwierigkeiten auch nicht mit der gleichen Konsequenz beigetrieben werden, als dies bei Forderungen und Verbindlichkeiten ggü. außenstehenden Dritten der Fall wäre. Erfasst sind davon sowohl Ansprüche und Verbindlichkeiten ggü. Komplementären als auch ggü. Kommanditisten. Ein getrennter Ausweis nach Gesellschaftergruppen wird insoweit allerdings

---

[2] Vgl. Scholz/Emmerich, GmbHG, 10. Aufl. 2006, § 42 GmbHG Rz 18.
[3] Gesetz zur Modernisierung des Personengesellschaftsrechts, BGBl. I 2021 S. 3436 ff.

nicht verlangt.⁴ Mittelbare Beteiligungen, wie sie z. B. über die Gesellschafter des phG (also über herrschende Gesellschafter des Gesellschafters der Ges.) entstehen könnten, sind von der Regelung nicht erfasst, sodass hier dann ggf. ein **Sonderausweis** in Betracht kommt („Ansprüche/Verbindlichkeiten gegenüber verbundenen Unternehmen" oder „Ansprüche/Verbindlichkeiten gegenüber Unternehmen, mit denen ein Beteiligungsverhältnis besteht").
I. R. d. § 264c Abs. 1 Satz 1 HGB ist der **Gesellschafterbegriff** eng auszulegen, d. h., stille Gesellschafter sind keine Gesellschafter der Ges. Das gilt unabhängig von der im Einzelfall vorliegenden Ausstattung mit Mitwirkungs- oder Mitbestimmungsrechten. Anders gelagert ist der Fall nur dann, wenn der stille Gesellschafter zugleich auch die Position eines Komplementärs oder Kommanditisten innehat. Die Einlage des stillen Gesellschafters ist i. d. R., sofern keine Qualifizierung als EK vorgenommen werden kann⁵, als „sonstige Verbindlichkeit" in der Bilanz zu zeigen.⁶

Zu den Rechtsbeziehungen, die nach § 264c Abs. 1 Satz 1 HGB einen **Sonderausweis** nach sich ziehen, gehören beispielhaft **Mietverhältnisse** zwischen der Ges. und ihrem Gesellschafter, **befristete Kapitalüberlassungen** und sonstige Leistungs- bzw. Lieferungsbeziehungen. Es ist klarstellend darauf hinzuweisen, dass die genannten Leistungsbeziehungen an sich nicht zu einem Sonderausweis führen. Entscheidend ist die Tatsache, dass sie die Grundlage einer zu bilanzierenden Forderung bzw. Verbindlichkeit darstellen, die dann einem Sonderausweis unterliegt. Herauszustellen bleibt, dass der vorzunehmende Sonderausweis an die Existenz einer schuldrechtlichen Beziehung geknüpft ist. Gesellschaftsrechtliche Vereinbarungen finden ihren Niederschlag hingegen i. R. d. Verwendung des Ergebnisses.

Ergänzend ist allerdings festzuhalten, dass es in der Praxis sehr wohl auch Vermischungen zwischen schuldrechtlichen und gesellschaftsrechtlichen Vereinbarungen gibt, wobei die Differenzierungen häufig wg. unklarer Vereinbarungen im Wege der Auslegung erfolgten. Im Kern kann zur Differenzierung festgehalten werden, dass eine schuldrechtliche Vereinbarung immer auch im Verlustfall durchgeführt wird, wohingegen eine als gesellschaftsrechtliche Vereinbarung zu würdigende Zahlung nur bei Gewinn erfolgt.

Praxis-Beispiel
Eine Vermischung zwischen schuldrechtlichen und gesellschaftsrechtlichen Vereinbarungen tritt zum Beispiel bei der **Haftungsvergütung** für die **Komplementär-GmbH** auf. Die Haftungsvergütung selbst ist zweifellos eine gesellschaftsrechtliche Vereinbarung (Gesellschaftsvertrag mit der KG). Zumeist wird diese aber entsprechend der Regelungen im Gesellschaftsvertrag handelsrechtlich als Aufwand behandelt. Damit ist jedoch, zumindest unter der Voraussetzung, dass am Bilanzstichtag die Haftungsvergütung noch nicht bezahlt ist, eine Verbindlichkeit der KG zu bilanzieren. Ist im Gesellschafts-

---

4 Vgl. Theile, BB 2000, S. 555.
5 Vgl. zu den Kriterien für Eigenkapital: IDW HFA RS 7.13 n. F. v. 30.11.2017, dort ist insb. die Verlustverrechnungsmöglichkeit wesentliches Kriterium des EK. Die Dauerhaftigkeit der Mittelüberlassung ist keine notwendige Voraussetzung.
6 Vgl. Thiele/Sickmann, in Baetge/Kirsch/Thiele, Bilanzrecht, § 264c HGB Rz 21.1, Stand: 3/2008.

> vertrag nicht geregelt, dass eine Erfassung als Aufwand erfolgen soll, stellt die Haftungsvergütung einen sog. Gewinnvorab dar und ist daher der Gewinnverwendung zuzuordnen. Fehlt die Zahlung am Stichtag, erfolgt daher keine Verbindlichkeitserfassung.

10 Nach dem Wortlaut des § 264c Abs. 1 Satz 1 HGB können für die Kennzeichnung der Forderungen und Verbindlichkeiten ggü. Gesellschaftern zwei Möglichkeiten herangezogen werden. Zum einen kommt ein Ausweis über einen gesonderten Posten in der Bilanz in Betracht und zum anderen ist es möglich, die jeweiligen Beträge der Ausleihungen, Forderungen oder Verbindlichkeiten ggü. Gesellschaftern im Anhang anzugeben. Wird die zweite Variante gewählt, muss die Darstellung so erfolgen, dass die Erläuterungen der einzelnen Bilanzposten im Anhang jeweils die Beträge, die auf Gesellschafter entfallen, gesondert erkennen lassen. Praktisch kann dieses Problem in Anlehnung an § 264c Abs. 1 Satz 2 HGB durch einen entsprechenden „Davon-Vermerk" gelöst werden.

Unabhängig davon, welche der beiden Varianten gewählt wird, ist zu berücksichtigen, dass es Sonderausweise gibt, die den Regelungen in § 264c Abs. 1 HGB vorgehen. Dazu gehören Sonderausweise für die Forderung auf eingeforderte Einlagen nach § 272 Abs. 1 Satz 3 HGB und für Einzahlungsverpflichtungen der phG bzw. für Einzahlungsverpflichtungen von Kommanditisten gem. § 264c Abs. 2 Satz 4 HGB.

11 Der Ausweis mithilfe eines separaten Bilanzpostens ist auch bei kleinen Ges. gem. § 267 Abs. 1 HGB zulässig. Diese Möglichkeit besteht allerdings nur dann, wenn kleine Ges., wie in der Praxis häufig üblich, für das Bilanzgliederungsschema die Langform anwenden. Grds. haben kleine Ges. die Möglichkeit der Publizität einer verkürzten Bilanz entsprechend § 266 Abs. 1 Satz 3 HGB. Danach können kleine KapG das Bilanzgliederungsschema des § 266 Abs. 2 und 3 HGB unter Zuhilfenahme der dort für einzelne Posten aufgeführten Buchstaben und römischen Zahlen verwenden. Wird die Möglichkeit einer verkürzten Bilanz gewählt, so fällt die in § 266 Abs. 2 und 3 HGB mit arabischen Zahlen gekennzeichnete Gliederungsebene weg. Damit könnte dann auch der geforderte separate Bilanzposten zur Kennzeichnung des spezifischen Gesellschafterbezugs nicht zusätzlich eingefügt werden.

12 Die Frage, ob beide Ausweisalternativen, die in § 264c Abs. 1 Satz 1 HGB genannt werden, gleichwertig nebeneinander stehen, wird in der wissenschaftlichen Literatur[7] unterschiedlich beantwortet. Eine vermittelnde Position geht davon aus, dass aus dem Gesetzeswortlaut keine Präferenz für eine der beiden Varianten abgeleitet werden kann. Insoweit wird davon ausgegangen, dass beide Möglichkeiten gleichwertig nebeneinander stehen.[8] Diese Auffassung trägt sowohl der Tatsache Rechnung, dass auch die internationalen Rechnungslegungsvorschriften den Anhang als gleichwertig zu Bilanz und GuV ansehen,

---

[7] Für einen Vorrang der bilanziellen Darstellung vgl. Kleindiek, in Lutter/Hommelhoff, GmbHG, 16. Aufl. 2004, § 42 GmbHG Rz 38.
[8] Vgl. Thiele/Sickmann, in Baetge/Kirsch/Thiele, Bilanzrecht, § 264c HGB Rz 24, Stand: 3/2008; Crezelius, in Scholz, GmbHG, 10. Aufl. 2010, § 42 GmbHG Rz 19.

als auch der Rechnungslegungspraxis, die von der Möglichkeit der Anhangdarstellung umfangreich Gebrauch macht.
Nach der hier vertretenen Auffassung kann allerdings, gestützt durch die wissenschaftliche Literatur, ein gleichwertiges Nebeneinander unter Berücksichtigung von § 264 Abs. 2 Satz 1 HGB nicht zwangsläufig als gerechtfertigt angesehen werden. In Anlehnung an die **Generalnorm** hat der Jahresabschluss unter Beachtung der GoB ein den tatsächlichen Verhältnissen entsprechendes Bild der Vermögens-, Finanz- und Ertragslage zu vermitteln. Dabei ist unter dem Begriff der tatsächlichen Vermögenslage der vollständige Ansatz aller aktivierungspflichtigen VG, RAP und Schulden zu verstehen. Dies impliziert, dass die Höhe, Struktur und Veränderung sowohl des Vermögens als auch des EK und FK im Jahresabschluss kenntlich gemacht werden.[9] Erreicht wird dies letztendlich nur durch Gliederungsvorschriften, die die Art der Vermögensteile und Schulden möglichst exakt offenlegen. Das zutreffende Bild von der Vermögens-, Finanz- und Ertragslage ist primär durch die Bilanz bzw. die GuV zu geben. Die Möglichkeit des Rückgriffs auf eine Anhangdarstellung greift demnach erst subsidiär.[10] § 264c Abs. 1 Satz 1 HGB ist demnach so auszulegen, dass primär zunächst ein gesonderter Bilanzposten in Betracht gezogen werden sollte.

Zu beachten ist, dass insb. bei Forderungen gegen und Verbindlichkeiten ggü. einem konkreten Gesellschafter eine **Aufrechnung** erfolgen kann, sofern die Aufrechnungslage des § 387 BGB gegeben ist und insb. Fristenkongruenz besteht. Zudem ist die Aufrechnung nach § 388 BGB zu erklären. Ist dies erfolgt, hat zwingend nur der Überhang bilanziert zu werden. Darüber hinaus verstößt es nicht gegen das Saldierungsverbot des § 246 Abs. 2 Satz 1 HGB und ermöglicht eine optionale Saldierung, wenn die Aufrechnungslage gegeben ist und insb. die Forderung fällig sowie die Verbindlichkeit erfüllbar ist, auch wenn keine Aufrechnungserklärung erfolgt.[11] 13

> **Praxis-Beispiel**
> Eine Forderung aus Lieferung und Leistung gegen den jeweiligen Gesellschafter ist optional mit einer Verbindlichkeit ggü. demselben Gesellschafter zu saldieren, wenn die Aufrechnungslage gegeben ist. Eine langfristige Ausleihung an den Gesellschafter ist hingegen nicht mit einer kurzfristigen Verbindlichkeit ggü. dem Gesellschafter zu saldieren, da insb. eine Fristenkongruenz fehlt.

Die Möglichkeit zur Saldierung hat bei Durchführung einen positiven Effekt auf bestimmte Bilanzkennzahlen, wie z. B. die EK-Quote.

2.1.2 Ausweis gem. § 264c Abs. 1 Satz 2 HGB

Über § 264c Abs. 1 Satz 2 HGB wird die Möglichkeit des Einsatzes von „Davon-Vermerken" eingeräumt. Diese Option kommt dann zum Tragen, wenn Ausleihungen, Forderungen oder Verbindlichkeiten ggü. Gesellschaftern nicht mit einem gesonderten Bilanzposten, sondern letztendlich unter anderen Bilanzposten 14

---

[9] Vgl. Hinz, in Castan u. a., Beck HdR, B 106 Rn 14, Stand 4/2019.
[10] Vgl. Leffson, WPg 1980, S. 290; Großfeld, in Leffson/Rückle/Großfeld, Handwörterbuch unbestimmter Rechtsbegriffe im Bilanzrecht des HGB, S. 203 f.; a. A.: Kliem/Rimmelspacher, in Beck Bil-Komm., 14. Aufl. 2024, § 264 HGB Rz 29.
[11] IDW, WPH Edition, Wirtschaftsprüfung & Rechnungslegung, 18. Aufl. 2023, Kap. F Tz 67.

ausgewiesen werden. Neben der Möglichkeit der Hinzufügung eines neuen Bilanzpostens und der Erläuterung der entsprechenden Beträge im Anhang ist diese Möglichkeit als dritte Darstellungsvariante anzusehen.[12] In Relation zu dieser letztgenannten Variante sind die anderen beiden Möglichkeiten vorzugswürdig. Dies wird schon aus der Formulierung „i.d.R." des § 264c Abs. 1 Satz 1 HGB deutlich. Die in § 264c Abs. 1 Satz 2 HGB genannte Variante kommt mithin nur dann zum Tragen, wenn die Ausnutzung des „Davon-Vermerks" letztendlich zu einer besseren Darstellung im Jahresabschluss führt. Von einer solchen verbesserten Darstellung ist insb. dann auszugehen, wenn Ausleihungen, Forderungen und Verbindlichkeiten ggü. Gesellschaftern eine quantitativ so geringe Bedeutung haben, dass die Hinzufügung eines separaten zusätzlichen Bilanzpostens nicht zu rechtfertigen wäre. Ein sinnvoller Einsatz des „Davon-Vermerks" wird auch dann angenommen, wenn sich die Forderungen ggü. Gesellschaftern inhaltlich nicht von den üblichen Umsatzvorgängen der Ges. unterscheiden.

2.2 Ausweis und Zusammensetzung des Eigenkapitals (Abs. 2)

2.2.1 Kapitalgliederung

15 Gem. § 264c Abs. 2 Satz 1 HGB müssen haftungsbeschränkte **PersG** eine **Kapitalgliederung** vornehmen, die separat folgende Positionen beinhaltet: (I.) Kapitalanteile, (II.) Rücklagen, (III.) Gewinnvortrag/Verlustvortrag und (IV.) Jahresüberschuss/Jahresfehlbetrag. Im Vergleich zur Kapitalgliederung nach § 266 Abs. 3 A. HGB ist damit an die Stelle des „Gezeichneten Kapitals" die Position „Kapitalanteile" und an die Stelle der Position „Kapitalrücklage und Gewinnrücklage" die Position „Rücklagen" getreten. Alle weiteren Positionen des EK sind unverändert erhalten geblieben. Ebenfalls in Übereinstimmung mit § 266 Abs. 3 A. HGB bildet die Liquidierbarkeit der Positionen das zugrunde liegende Gliederungsprinzip (zunehmende Verfügbarkeit von oben nach unten).
Folgt man allerdings dem gesetzlichen Regelstatus, dann bestimmt sich der Begriff des Kapitalanteils nach den §§ 120–122 HGB. Danach würde der Posten Kapitalanteile das gesamte EK einer OHG zeigen, ohne dass ein separater Ausweis von Jahresüberschuss, Gewinnvortrag, Rücklagen oder Verlustpositionen möglich wäre. Eine separate Kapitalgliederung setzt daher abweichend vom Regelstatus immer entsprechende gesellschaftsvertragliche Regelungen voraus, die eine entsprechende Differenzierung vornehmen.

2.2.2 Kapitalanteile (Abs. 2 Satz 1 I.)

2.2.2.1 Kapitalkonten der Personengesellschaft

16 Unter den Kapitalanteilen werden die **Kapitalkonten** der **Gesellschafter** ausgewiesen. In der Praxis des Rechnungswesens werden häufig mehrere einzelne Konten für die Gesellschafter geführt. Dies ist i.d.R. ein festes Konto pro Gesellschafter, dass die jeweilige Kapitaleinlage ausweist und insoweit auch die Anteilsverhältnisse erkennen lässt (= Grundlage für die Verteilung von Gewinnen und Verlusten). Daneben wird zumindest für jeden Gesellschafter ein variables Kapitalkonto geführt, auf dem Entnahmen, Verluste bzw. Gewinne verbucht werden können.

---

[12] Vgl. Theile, BB 2000, S. 555; Wiechmann, WPg 1999, S. 916.

> **Praxis-Beispiel**
> In der Praxis finden sehr oft Gesellschaftsverträge Anwendung, die vor der Einführung des § 264c HGB geschlossen wurden. In diesen werden oftmals Kapitalkonten der Gesellschafter definiert, die – an handelsrechtlichen Maßstäben gemessen – als Forderungen bzw. Verbindlichkeiten anzusehen sind, da auf ihnen entsprechend des Gesellschaftsvertrags keine Verlustverrechnung stattfinden kann.[13]
> Des Weiteren finden sich in der betrieblichen Praxis neben den im Gesetzestext enthaltenen gesamthänderisch gebundenen Rücklagen oftmals individuelle Rücklagen einzelner Gesellschafter, die Teil des Kapitalanteils sind.

Bei einer Kommanditgesellschaft sind entsprechend § 264c Abs. 2 Satz 6 HGB die Kapitalanteile getrennt nach Komplementären und Kommanditisten auszuweisen, wobei die Zusammenfassung der einzelnen Bestandteile des Kapitals innerhalb einer Gesellschaftergruppe grds. zulässig ist.[14]

Entsprechend der Vorschrift des § 264c Abs. 2 Satz 2 und 6 HGB dürfen **Kapitalanteile** innerhalb der jeweiligen Gesellschaftergruppe auch bei unterschiedlichem Vorzeichen **zusammengefasst** dargestellt werden. Explizit verlangt § 264c Abs. 2 Satz 3 und 6 HGB eine Verringerung des Kapitalanteils eines Gesellschafters mit dem auf ihn entfallenden Verlust. Entsteht durch diese Saldierung jedoch **insgesamt** ein negatives Kapitalkonto eines Gesellschafters, hat nach § 264c Abs. 2 Satz 4 und 6 HGB der Ausweis gesondert in Abhängigkeit von den Regelungen des Gesellschaftsvertrags zu Einzahlungsverpflichtungen und in Abhängigkeit vom Grund der Entstehung des negativen Kapitalkontos zu erfolgen (Rz 20).

2.2.2.2 Ausstehende Einlagen

Im Bereich des **Eigenkapitals** hat bei noch zu leistenden ausstehenden Einlagen (grds. i.R.d. Gründung) entsprechend § 272 Abs. 1 Satz 1 HGB ein **Nettoausweis** zu erfolgen, da eigene Anteile und noch nicht eingeforderte ausstehende Pflichteinlagen (sog. bedungene Einlagen) nicht mehr auf der Aktivseite der Bilanz ausgewiesen werden dürfen, sondern stattdessen, wie international üblich, direkt im EK als **Abzugsposten** zu zeigen sind. Über § 272 Abs. 1 Satz 3 HGB wird klargestellt, dass sich die Vorschrift zum Ausweis ausstehender Einlagen nur auf die **ausstehenden Einlagen** auf das gezeichnete Kapital i.S.d. § 272 Abs. 1 Satz 1 HGB bezieht (§ 272 Rz 18 ff.).
Eingeforderte ausstehende Pflichteinlagen sind analog des § 272 Abs. 1 Satz 2 Halbsatz 3 HGB unter gesonderter Bezeichnung unter den Forderungen auszuweisen.[15]
In sachlogischer Konsequenz der Vorgaben des § 264c HGB hat bei einer Kommanditgesellschaft dementsprechend ein differenzierter Ausweis entsprechend der Gesellschaftergruppen (Komplementäre und Kommanditisten) zu erfolgen.

---

[13] Vgl. IDW RS HFA 7.13 n.F. v. 30.11.2017.
[14] Vgl. Hinweise der Bundessteuerberaterkammer zum Ausweis des Eigenkapitals bei Personenhandelsgesellschaften im Handelsrecht v. 31.1./1.2.2017, S. 20 sowie IDW RS HFA 7.44 n.F. v. 30.11.2017.
[15] Vgl. IDW RS HFA 7.45 n.F. v. 30.11.2017.

2.2.2.3 Negatives Kapitalkonto

20 Negative Kapitalkonten können mit Bezug auf den **jeweiligen Gesellschafter** aufgrund von Verlustverrechnungen oder Überentnahmen entstehen.

Eine Saldierung negativer Kapitalkonten einzelner Gesellschafter mit positiven Kapitalkonten anderer Gesellschafter ist wegen des Saldierungsverbots des § 246 Abs. 2 HGB unzulässig. Das gilt auch innerhalb derselben Gesellschaftergruppe. Möglich ist jedoch ein gesellschaftergruppenbezogener zusammengefasster Ausweis von positiven und negativen Kapitalkonten aus denselben Gründen (Verlustverrechnung oder Überentnahmen). Z. B. können sämtliche nicht durch Vermögenseinlagen gedeckte Verlustanteile von persönlich haftenden Gesellschaftern zusammen in einer Aktivposition erfasst werden.[16]

Weiterhin wird danach differenziert, ob eine Einzahlungsverpflichtung der Gesellschafter gegeben ist oder nicht.[17]

Im Ergebnis lassen sich bei einer KG theoretisch folgende **Ausweisfälle** differenzieren, die sich in der Rechtsfolge z. T. unterscheiden:

1. Negatives Kapitalkonto entsteht durch Verlustverrechnung
   a) Einzahlungsverpflichtung ist nicht gegeben
      - „Nicht durch Vermögenseinlagen gedeckter Verlustanteil persönlich haftender Gesellschafter"
      - „Nicht durch Vermögenseinlagen gedeckter Verlustanteil beschränkt haftender Gesellschafter"
   b) Einzahlungsverpflichtung ist gegeben
      - „Einzahlungsverpflichtung persönlich haftender Gesellschafter aufgrund Verlustzuweisung"
      - „Einzahlungsverpflichtung beschränkt haftender Gesellschafter aufgrund Verlustzuweisung"
2. Negatives Kapitalkonto entsteht durch Entnahmen
   a) Einzahlungsverpflichtung ist nicht gegeben
      - „Durch Entnahmen entstandenes negatives Kapital persönlich haftender Gesellschafter"
      - „Nicht durch Vermögenseinlagen gedeckte Entnahmen beschränkt haftender Gesellschafter"
   b) Einzahlungsverpflichtung ist gegeben
      - „Einzahlungsverpflichtung persönlich haftender Gesellschafter aufgrund von Entnahmen"
      - „Einzahlungsverpflichtung beschränkt haftender Gesellschafter aufgrund von Entnahmen"

Erheblich wird die Differenzierung, sobald ein **Austritt** des Gesellschafters erfolgt. Tritt ein unbeschränkt haftender Gesellschafter aus, kommt es zur Fehlbetragshaftung nach § 105 Abs. 3 HGB i. V. m. § 735 BGB. Eine Forderung gegen den Gesellschafter ist i. H. d. Ausgleichsforderung zu bilanzieren. Die Forderung kann jedoch von der Höhe des negativen Kapitalkontos abweichen, sofern nach Gesellschaftsvertrag ggf. auch stille Reserven berücksichtigt werden sollen. Zudem kann auch vereinbart sein, dass das negative Kapitalkonto

---

[16] Vgl. IDW RS HFA 7.44 n. F. v. 30.11.2017.
[17] Vgl. IDW RS HFA 7.44 n. F. v. 30.11.2017.

den verbleibenden Gesellschaftern anwächst. Sofern ein Kommanditist ausscheidet, besteht nach § 167 Abs. 3 HGB nur dann eine Ausgleichspflicht des negativen Kapitalkontos, wenn dieses nicht durch Verluste entstanden ist. Ohne Ausgleichspflicht wird das negative Kapitalkonto unter den verbleibenden Gesellschaftern mit positivem Kapitalkonto verteilt. Im Falle eines negativen Kapitalkontos aufgrund von Entnahmen entsteht nach § 812 BGB ein Anspruch der Gesellschaft, der als Forderung erfasst wird.[18]

Nach § 264c Abs. 2 Satz 3 und 6 HGB ist vom Kapitalkonto des jeweiligen Gesellschafters der Verlustanteil abzuschreiben. Wichtig ist, dass der **Abzug der Verlustanteile** erst dann erfolgt, wenn die **Entnahmen** von **Kapitalbeträgen** bereits vorgenommen wurden. Entsteht final aufgrund dieser Berechnung **insgesamt** ein negatives Kapitalkonto hat der entsprechend der gesellschaftsvertraglichen Regelung der Ausweis als „Einzahlungsverpflichtung" oder als „Nicht durch Vermögenseinlagen gedeckter Verlustanteil" zu erfolgen. Der Ausweis der „Einzahlungsverpflichtung" erfolgt gesondert unter den Forderungen, ein „Nicht durch Vermögenseinlagen gedeckter Verlustanteil" hat entsprechend § 268 Abs. 3 HGB am Ende der Aktiva zu erfolgen. Entscheidend ist, ob die Zahlungsverpflichtung ggü. der Gesellschaft oder ggü. den Gesellschaftern besteht. Lediglich eine Zahlungsverpflichtung ggü. der Ges. ist hier relevant. Solange die Einlage durch Verluste lediglich gemindert wird, entsteht keine Zahlungsverpflichtung des phG. Eine Zahlungsverpflichtung muss demnach entweder gesellschaftsvertraglich vereinbart worden sein oder sie ist i. R. d. Liquidation der Ges. entstanden. Daraus folgt bereits, dass im Regelfall ein „Nicht durch Vermögenseinlagen gedeckter Verlustanteil" in der Bilanz zu zeigen sein wird.[19] Eine **Einzahlungsverpflichtung** kraft Gesetz gilt nur im Fall der Liquidation der Ges. und kann somit unter Geltung der Going-Concern-Prämisse ausgeschlossen werden.

21

> **Praxis-Beispiel**
> Rücklageanteil der Komplementäre: 50 TEUR
> Kapitalanteil der Komplementäre: –70 TEUR
> **Bilanzausweis:**
> Der sich ergebende Saldo von 20 TEUR ist aktivisch als „Nicht durch Vermögenseinlage gedeckter Verlustanteil der Komplementäre" (Voraussetzung: Es besteht keine gesellschaftsvertragliche Einzahlungsverpflichtung) am Ende der Aktiva auszuweisen. Ein Rücklageanteil der Komplementäre dürfte dann nicht unter den Passiva ausgewiesen werden.

---

18 Vgl. Eggert, BBK-Sonderausgabe, Buchführung und Steuerrecht der Personengesellschaften, Überlassung von Kapital durch Mitunternehmer, S. 17 f.
19 Vgl. Hoffmann, DStR 2000, S. 840.

Praxis-Beispiel
Ausgangslage:
- Bilanzverlust der PersG im Jahre 01: 81.900 EUR
- Die phG A und B sind mit je 50 % beteiligt.
- A erhält eine Vergütung i. H. v. 30.000 EUR, die bei der PersG nicht gewinnmindernd gebucht wird (Abschluss über Privatkonto).
- An sich stellt die Vergütung an A eine Vorwegnahme von Gewinn dar; da die PersG hier einen Verlust macht, beträgt der tatsächliche Verlust 111.900 EUR.

		phG A	phG B
Bilanzverlust	81.900 EUR	30.000 EUR	
Vergütung	30.000 EUR	– 55.950 EUR	
Realer Verlust	111.900 EUR		– 55.950 EUR
Verlust pro Kopf		– 25.950 EUR	– 55.950 EUR

Die vorstehende Verlustverteilung wird anhand folgender Buchungssätze dokumentiert:

Konto	Soll	Haben
Privatkonto A	30.000 EUR	
Bank		30.000 EUR
Privatkonto A	25.950 EUR	
Privatkonto B	55.950 EUR	
GuV		81.900 EUR
Kapitalkonto A	55.950 EUR	
Privatkonto A		55.950 EUR
Kapitalkonto B	55.950 EUR	
Privatkonto B		55.950 EUR

22 Ist der Kapitalanteil eines Kommanditisten durch Verluste aufgezehrt, wird für den Fall des Bestehens einer Einzahlungsverpflichtung eine entsprechende Position auf der Aktivseite ausgewiesen (**„Einzahlungsverpflichtung gegenüber Kommanditisten"**). Unter Rückgriff auf § 167 Abs. 3 i. V. m. § 169 Abs. 2 HGB kann eine Einzahlungsverpflichtung allerdings im Regelfall ausgeschlossen werden. Eine Ausnahme könnte sich bei gesellschaftsvertraglichen Abreden ergeben, die eine Nachschusspflicht des Kommanditisten vorsehen. Im Regelfall ergibt sich damit bei übersteigendem Verlust ein „nicht durch Vermögenseinlage gedeckter Verlustanteil des Kommanditisten" auf der Aktivseite der Bilanz. Der gesetzliche Regelstatus für die Ergebnisverwendung bei Kommanditisten ergibt sich aus § 167 HGB. Danach ist auch bei Kommanditisten ohne abweichende gesellschaftsvertragliche Regelungen lediglich eine einzige Kapitalposition (Kapitalanteile) zu führen (Rz 15). Allerdings sieht der gesetzliche Regelstatus bei Kommanditisten abweichend zu den Regelungen bei phG vor, dass bei Erreichen der bedungenen Einlage übersteigende Gewinnanteile als Verbindlichkeit der Ges. gezeigt werden, weil der Kommanditist darauf nach § 169 Abs. 1 HGB einen Entnahmeanspruch hat.

Bei PersG gibt es keine gesetzlichen Entnahmeverbote. Das gilt auch für die Kommanditisten der KG. Lediglich im Gesellschaftsvertrag können abweichende Regeln zur Beschränkung der Entnahme erfolgen. 23

Kommt es bei einem pHG zu einem negativen Kapitalkonto ist dies gesondert auszuweisen. Ohne Einzahlungsverpflichtung erfolgt der Ausweis als „Durch Entnahmen entstandenes negatives Kapital persönlich haftender Gesellschafter". Zudem greift bei Austritt des Gesellschafters die Fehlbetragshaftung nach § 105 Abs. 3 HGB i.V.m. § 735 BGB bzw. für Komplementäre der KG i.V.m. § 161 Abs. 2 HGB. Die Gesellschaft hat dementsprechend eine Forderung zu bilanzieren. 24

§ 264c Abs. 2 Satz 7 HGB greift weitere Konstellationen auf, bei denen es zu einer Nachschusspflicht des Kommanditisten der KG kommen kann. Für den Fall, dass der Kommanditist Entnahmen tätigt, können Nachschusspflichten entstehen, sofern entsprechende gesellschaftsvertragliche Vereinbarungen bestehen. Dies wird insb. der Fall sein, wenn die Einlage durch Entnahmen des Kommanditisten unter den Betrag der Hafteinlage sinkt. Gleiches gilt nach § 172 Abs. 4 i.V.m. § 171 Abs. 1 HGB auch, wenn der Kommanditist Gewinnentnahmen tätigt und sein Kapitalanteil gleichzeitig durch Verluste unter den Betrag der geleisteten und gesellschaftsvertraglich vereinbarten Pflichteinlage (= bedungene Einlage) sinkt. 25

> **Praxis-Beispiel**
> Kommanditist A hat seine Einlage (= Pflichteinlage, Hafteinlage) i.H.v. 10.000 EUR einbezahlt. Aufgrund von Verlusten aus den Gj 01 und 02 weist das Verlustvortragskonto des Kommanditisten einen Saldo von 2.000 EUR aus. Vom Gewinn des Gj 03 entfällt auf den Kommanditisten A ein Anteil von 1.000 EUR, den er auch entnimmt.
> Aufgrund der Entnahme des Gewinnanteils lebt die unmittelbare und persönliche Haftung des Kommanditisten A i.H.v. 1.000 EUR wieder auf. Bilanziell wären damit ein Kapitalanteil i.H.v. 8.000 EUR sowie eine Einzahlungsverpflichtung des Kommanditisten als Forderung i.H.v. 1.000 EUR zu zeigen.
> In der Praxis werden derartige Konstellationen, die dem gesetzlichen Regelstatut entsprechen, eher selten vorliegen. Die Gesellschaftsverträge von PersG sehen i.d.R. vor, dass Gewinne erst nach Abbau von Verlustsonderkonten (Verlustvorträgen) entnommen werden dürfen.

2.2.2.4 Überschießende Außenhaftung

Entsprechend § 264c Abs. 2 Satz 9 HGB ist im Anhang der Betrag anzugeben, um den die durch den Gesellschafter geleistete Einlage die im Handelsregister nach § 172 Abs. 1 HGB eingetragene Hafteinlage unterschreitet. Diese Pflicht hat bei Kommanditisten eine praktische Relevanz. Für diese Gesellschaftergruppe kann im Handelsregister eine über der gesellschaftsvertraglich vereinbarten Pflichteinlage (= bedungene Einlage) liegende Haftsumme eingetragen sein, sog. **überschießende Außenhaftung**. Begründet ist die überschießende Außenhaftung meist steuerlich, da diese gem. § 15a EStG für Kommanditisten zu einer erweiterten steuerlichen Verlustausgleichsmöglichkeit führt, ohne der 26

Ges. tatsächlich weiteres Kapital, z. B. in Form von finanziellen Mitteln, zur Verfügung stellen zu müssen.

> **Praxis-Beispiel**
> Gesellschaftsvertraglich vereinbart ist mit dem Kommanditisten eine Einlage i. H. v. 10.000 EUR (= Pflichteinlage, bedungene Einlage). Durch die Ges. eingefordert und durch den Gesellschafter geleistet sind 6.000 EUR. Eingefordert und noch nicht geleistet sind 3.000 EUR. 1.000 EUR sind nicht eingefordert. Aus steuerlichen Gründen ist eine Hafteinlage von 17.000 EUR nach § 172 Abs. 1 HGB im Handelsregister eingetragen.
> Die eingeforderte Einlage ist unabhängig von der Leistung als Kapitalanteil des Kommanditisten i. H. v. 9.000 EUR auszuweisen. Dieser setzt sich zusammen aus dem geleisteten Betrag i. H. v. 6.000 EUR zzgl. des eingeforderten, aber noch nicht geleisteten Betrags i. H. v. 3.000 EUR. Dabei hat auf der Passivseite eine offene Absetzung des nicht eingeforderten Betrags i. H. v. 1.000 EUR zu erfolgen (analog § 272 Abs. 1 HGB). Der eingeforderte, aber noch nicht geleistete Betrag i. H. v. 3.000 EUR ist auf der Aktivseite unter Forderungen entsprechend bspw. als „Von Kommanditisten eingeforderte, aber noch nicht geleistete Kapitalanteile" auszuweisen.
> Der nach § 264c Abs. 2 Satz 9 HGB im Anhang anzugebende Betrag errechnet sich als Differenz aus der eingetragenen Hafteinlage i. H. v. 17.000 EUR und der bereits geleisteten Einlage von 6.000 EUR und beträgt 11.000 EUR. Würde in einer Sachverhaltsabwandlung die Pflichteinlage i. H. v. 10.000 EUR schon vollständig geleistet sein, wäre der Betrag mit 7.000 EUR anzugeben. Dieser berechnet sich als Differenz aus der Hafteinlage i. H. v. 17.000 EUR und der bereits geleisteten Einlage von 10.000 EUR.

27 Vereinzelte Stimmen innerhalb der wissenschaftlichen Literatur[20] sind für den Fall, dass die Pflichteinlage noch nicht vollständig erbracht wurde, abweichend von den vorstehenden Ausführungen bislang der Meinung, dass dieser Mangel über § 272 Abs. 1 Satz 2 und 3 HGB geheilt wird. Eine Anhangangabe soll deshalb entbehrlich sein, weil die noch ausstehende Einlage bislang ohnehin auf der Aktivseite gesondert ausgewiesen wird. Der vorstehend genannten Auffassung wird hier nicht gefolgt, weil eine generelle Handhabung für sämtliche Fälle einer Differenz zwischen Hafteinlage und Pflichteinlage anzustreben ist. Somit erfolgt für den Fall, dass die Pflichteinlage identisch mit der Hafteinlage ist und noch nicht vollständig erbracht wurde, sowohl ein bilanzieller Ausweis über § 272 Abs. 1 Satz 2 und 3 HGB als auch über eine zusätzliche Angabe im Anhang. Um einen sachgerechten Eindruck über die Höhe der Haftung zu vermitteln, sollten die bereits innerhalb der Bilanz erfassten Differenzbeträge als solche bei den einschlägigen Anhangangaben kenntlich gemacht werden.[21]

28 Für die Angabepflicht gem. § 264c Abs. 2 Satz 9 HGB ist die im **Handelsregister** eingetragene Höhe der **Hafteinlage** maßgeblich, d.h. **unterjährige Veränderungen** in der Höhe der Hafteinlage wirken sich nur auf die Anhangangabe aus, wenn sie auch registermäßig vollzogen wurden.

---

[20] Vgl. Theile, BB 2000, S. 555.
[21] Vgl. Thiele/Sickmann, in Baetge/Kirsch/Thiele, Bilanzrecht, § 264c HGB Rz 62, Stand: 3/2008.

> **Praxis-Beispiel**
> Praktisch bedeutsam sind damit solche Fälle, bei denen die **Anmeldung** der neuen **Hafteinlage** beim Handelsregister vor dem Bilanzstichtag erfolgte, die Eintragung der Hafteinlage im Handelsregister aber erst nach dem Bilanzstichtag vorgenommen wurde. Maßgeblich für die Angabepflicht ist die am Bilanzstichtag in das Handelsregister eingetragene Hafteinlage, sodass die angemeldete (aber noch nicht eingetragene) Hafteinlage zunächst unberücksichtigt bleibt.

2.2.3 Rücklagen (Abs. 2 Satz 1 II.)

Aufgrund gesellschaftsrechtlicher Vereinbarungen können gem. § 264c Abs. 2 Satz 8 HGB auch im Personengesellschaftsrecht Rücklagen gebildet werden. Diese sind innerhalb des Eigenkapitals gesondert auszuweisen.

Der Regelfall (ohne zusätzliche gesellschaftsvertragliche Vereinbarungen) sieht keine Rücklagenbildung vor, da Gewinne der Personenhandelsgesellschaft direkt den Gesellschaftern zugerechnet werden. In der Literatur[22] wird eine Differenzierung der Rücklagen in die Kategorien „Nicht jederzeit entnahmefähige, die Pflichteinlage übersteigende Einlagen" und „Nicht jederzeit entnahmefähige Gewinnanteile" vorgenommen.

Die erstgenannte Kategorie wird jedoch dann relevant, wenn gesellschaftsvertragliche Vereinbarungen bestehen, nach denen über die Pflichteinlage hinaus weitere Einzahlungen durch die Gesellschafter vorzunehmen sind. Diese können entweder den bestehenden Kapitalanteilen zugeschrieben oder aber in eine separate Rücklage eingebucht werden. In der Praxis tritt eine die Pflichteinlage übersteigende Einzahlung häufig auch dann auf, wenn ein neuer **Gesellschafter** eintritt und für den Erwerb seines Kapitalanteils stille Reserven des Unt mitvergüten muss. Insoweit kann der dann den Nominalkapitalanteil überschießende Betrag in eine Rücklage eingebucht werden, die insoweit letztendlich den Charakter einer **Kapitalrücklage** hat.

Die letztgenannte Rücklagekategorie wird dann gebildet, wenn gesellschaftsvertragliche Vereinbarungen bestehen, aufgrund derer ein Teil des Jahresüberschusses nicht unmittelbar den Kapitalanteilen der Gesellschafter zugeschrieben wird, sondern eine Vorabdotierung in bestimmter (meist prozentualer) Höhe zugunsten der Rücklage erfolgen muss. Diese Rücklage ist dabei zweifellos wie eine **Gewinnrücklage** zu qualifizieren.

Ein getrennter Ausweis dieser beiden Rücklagekategorien ist nach dem Wortlaut des Gesetzes nicht vorgeschrieben. Zu diesem Ergebnis kommt auch das IDW: „Werden aufgrund des Gesellschaftsvertrags oder durch Mehrheitsbeschluss Rücklagen gebildet, sind diese als Teil des Eigenkapitals gesondert auszuweisen. Eine Aufteilung in **Kapitalrücklagen** und **Gewinnrücklagen** ist nicht erforderlich und auch für **Personengesellschaften**, die die besonderen Bestimmungen des § 264c HGB zu beachten haben, nicht gesetzlich vorgeschrieben."[23] Auch ein getrennter Ausweis der Rücklagen differenziert nach phG und Kommanditisten

---

[22] Vgl. Baetge/Kirsch/Thiele, Bilanzen, 17. Aufl. 2023, S. 527.
[23] IDW RS HFA 7.46 n. F. v. 30.11.2017.

ist nicht vorgeschrieben. Dies wäre auch unzutreffend, da gesamthänderische Rücklagen der Gesamtheit der Gesellschafter zuzuordnen sind. Abweichendes käme nur bei individuellen Rücklagen einzelner Gesellschafter in Betracht.

32 Haben bestimmte Gesellschafterkonten eher Fremdkapitalcharakter sind diese unter den Verbindlichkeiten und nicht unter den Rücklagen auszuweisen.
Hinzuweisen ist darauf, dass bei Bestehen von gesamthänderischen Rücklagen ohne gesonderte gesellschaftsvertragliche Regelung, die Verluste der Personenhandelsgesellschaft zunächst mit den Rücklagen verrechnet werden. Erst danach erfolgt eine Abschreibung vom individuellen Kapitalkonto des Gesellschafters.[24]

2.2.4 Gewinnvortrag/Verlustvortrag (Abs. 2 Satz 1 III) bzw. Jahresüberschuss/Jahresfehlbetrag (Abs. 2 Satz 1 IV)

33 Die abschließend in § 264c Abs. 2 HGB genannten Eigenkapitalposten „Gewinnvortrag/Verlustvortrag" und „Jahresüberschuss/Jahresfehlbetrag" weisen keine inhaltlichen Abweichungen ggü. § 266 Abs. 3 HGB auf, sodass die entsprechenden Anforderungen theoretisch auf die Bilanzierung bei der PersG ohne natürlichen Vollhafter übertragen werden können. Im Regelfall werden jedoch bei Personenhandelsgesellschaften die o.g. Positionen nicht ausgewiesen. Entscheidend für den Ausweis der beiden Positionen ist letztlich die Regelung im Gesellschaftsvertrag. Ebenso wie bei KapG können die beiden Posten auch zum „Bilanzgewinn/Bilanzverlust" zusammengefasst werden.

> **Praxis-Beispiel**
> In der betrieblichen Praxis kommt dem Ausweis des Jahresergebnisses in der Bilanz der PersG eine erhebliche Bedeutung zu. Bezogen auf die Behandlung von Gewinnanteilen sind zunächst folgende Fallkonstellationen denkbar:
> Wurde keine gesellschaftsvertragliche Regelung getroffen, sind zum Abschlussstichtag die Gewinnanteile der phG deren Kapitalanteilen zuzuschreiben. Insofern kommt es dann nicht zu einem bilanziellen Ausweis des Jahresüberschusses.
> Ein Ausweis des Jahresüberschusses unterbleibt auch bei Gewinnanteilen von Kommanditisten, wenn der Kapitalanteil die vereinbarte Höhe der Einlage noch nicht erreicht hat. Ist die Höhe der bedungenen Einlage erreicht, werden überschießende Gewinnanteile dem sog. **Privatkonto** des **Kommanditisten** gutgebracht, das Fremdkapitalcharakter hat.
> Besteht hingegen eine gesellschaftsvertragliche Vereinbarung, die besagt, dass die Verwendung des Jahresüberschusses ganz oder teilweise von der Gesellschafterversammlung bestimmt werden kann, ist ein **Jahresüberschuss** bzw. für den Fall einer teilweise ausstehenden **Verwendung** des Jahresüberschusses durch die Gesellschafterversammlung ein Bilanzgewinn auszuweisen.[25]

---

[24] Vgl. IDW RS HFA 7.46 n.F. v. 30.11.2017.
[25] Vgl. IDW RS HFA 7.47f. n.F. v. 30.11.2017.

Für die Behandlung von Verlustanteilen ist Folgendes zu berücksichtigen:

> **Praxis-Beispiel**
> Die **Kapitalanteile** der Gesellschafter sind um die **Verlustanteile zu kürzen**. Vor der Abschreibung des Kapitalanteils sind Verluste allerdings grds. vorweg mit gesamthänderisch gebundenen **Rücklagen zu verrechnen**. Eine Ausnahme besteht nur dann, wenn abweichende gesellschaftsvertragliche Regelungen getroffen wurden. Grds. führen Verluste nicht zu Forderungen der Ges. ggü. den Gesellschaftern. Dies gilt auch für Verlustanteile, die von phG zu tragen sind. Dieser Grundsatz gilt dann nicht, wenn abweichende vertragliche Abreden getroffen wurden. Die Tatsache, dass grds. keine bilanzielle Forderung der Ges. entsteht, entbindet die phG natürlich nicht von der Haftungspflicht ggü. den Gläubigern der Ges., wenn durch einen eingetretenen Verlust die bilanziellen Passiva die Aktiva übersteigen.
> Für den Fall, dass die Verluste die Kapitalanteile übersteigen, müssen PersG i.S.d. § 264a HGB die besonderen Vorschriften des § 264c Abs. 2 Sätze 3–6 HGB berücksichtigen. Die Verlustanteile, die den Kapitalanteil übersteigen, sind in der Bilanz als nicht durch Vermögenseinlagen gedeckte Verlustanteile phG und/oder Kommanditisten zu zeigen. Der Ausweis erfolgt getrennt und am Schluss der Bilanz auf der Aktivseite gem. § 268 Abs. 3 HGB. Gegenüber § 264c Abs. 2 Satz 1 HGB sind diese Regelungen als Spezialvorschrift anzusehen. Es kommt damit in der Bilanz nicht zum Ausweis eines Jahresfehlbetrags oder eines Verlustvortrags.[26]

Eine unter § 264a HGB fallende KG oder OHG muss hinsichtlich eines ggf. aufzustellenden Konzernabschlusses ebenfalls die Vorschrift des § 264c Abs. 2 HGB beachten. Dies ergibt sich aus dem Verweis des § 298 Abs. 1 auf § 266 HGB. Nach § 264c Abs. 2 ist § 266 Abs. 3 von Personenhandelsgesellschaften unter Berücksichtigung der genannten Abweichungen anzuwenden. Dies schließt die Anwendung auf den Konzernabschluss ein.[27] Unter Berücksichtigung der Regelungen zur Ergebnisverteilung bei phG und Kommanditisten (Zu- oder Abschreibung von den Kapitalanteilen bzw. ggf. Ausweis als Verbindlichkeit der Ges.) ergibt sich im Zusammenhang mit der Handhabung im Konzernabschluss dann ein Problem, wenn der Konzernabschluss ein höheres EK ausweist, als sich aus der Summe der Kapitalanteile im Jahresabschluss des MU ergibt. Bei einer solchen Konstellation wird der Differenzbetrag als Gewinnrücklage im Konzernabschluss gezeigt. Weist der Konzernabschluss ein niedrigeres EK aus, so muss ein passiver Ausgleichsposten im EK des Konzernabschlusses gezeigt werden. Für dessen Bezeichnung wird ein „Ausgleichsposten für gegenüber dem Mutterunternehmen niedrigere Konzernergebnisse" vorgeschlagen.[28]

2.3 Ausweis von Privatvermögen und Steueraufwand (Abs. 3)

Über § 264c Abs. 3 HGB wird konkretisiert, dass nur die VG bei der PersG erfasst und bewertet werden dürfen, die sich in ihrem wirtschaftlichen Eigentum

---

[26] Vgl. IDW RS HFA 7.49 ff. n.F. v. 30.11.2017.
[27] Vgl. Herrmann, WPg 2001, S. 281.
[28] Vgl. Kanitz, WPg 2003, S. 344.

befinden. Privatvermögen der Gesellschafter spielt insoweit für die Bilanz der KapCoGes keine Rolle.[29] Auch die i. R. d. einkommensteuerrechtlichen Gewinnermittlung erforderliche Definition eines gesellschafterbezogenen Sonderbereichs mit entsprechender Differenzierung in Sonderbetriebsvermögen sowie Sonderbetriebseinnahmen und -ausgaben spielt für die hier interessierende HB keine Rolle. Gleiches gilt auch für die vom Gesellschafter geschuldeten Körperschaft- und Einkommensteuerbeträge, die zu den persönlichen Steuern gehören und nicht als Steueraufwand der Ges. angesehen werden dürfen. Bei der Zuordnung von Steuerbeträgen zum Gesellschafter oder zur Ges. muss die Frage leitend sein, wer jeweils Steuerschuldner ist. Zum Ertragsteueraufwand der PersG gehört lediglich die Gewerbeertragsteuer. Diese ist auch bei der Berechnung etwaiger latenter Steuern nach § 274 HGB bzw. bei Rückstellungen für latente Steuerschulden nach § 249 HGB zu berücksichtigen.

> **Praxis-Beispiel**
> In der betrieblichen Praxis treten im Zusammenhang mit Steuerfragen zwei Problemkreise auf:
> Der erste Problemkreis sind **einbehaltene** Abzugsteuern (z. B. Kapitalertragsteuer auf Zinserträge der PersG), die handelsbilanziell i. d. R. als Forderung gegen den Gesellschafter bzw. unmittelbar als Privatentnahme ausgewiesen werden.
> Der zweite Problemkreis ist die gesellschaftsrechtlich oftmals zulässige Entnahme von Beträgen zur Begleichung von **privater Einkommen-** bzw. **Körperschaftsteuer des Gesellschafters**. Hier sind insb. die Zulässigkeit unterjähriger Entnahmen für private Steuern oder Nachzahlungen privater Einkommensteuer aufgrund von Betriebsprüfungen von Bedeutung.

36 Damit trotzdem ein Vergleich des Jahresüberschusses der Personenhandelsgesellschaft mit dem Jahresüberschuss der KapG (auch körperschaftsteuerpflichtig) vorgenommen werden kann, sieht § 264c Abs. 3 Satz 2 HGB vor, dass nach dem Jahresergebnis ein dem Steuersatz der Komplementärgesellschaft entsprechender Steueraufwand der Gesellschafter offen abgesetzt oder hinzugerechnet werden darf. Es handelt sich dabei um einen **fiktiven Steueraufwand**, der durch die beiden Parameter Steuersatz und Bemessungsgrundlage bestimmt wird. Bzgl. des Steuersatzes ist seit 2008 gem. § 23 Abs. 1 KStG von 15 % auszugehen. Ebenfalls ist zusätzlich ein Solidaritätszuschlag i. H. v. 5,5 % zu berücksichtigen. Genauere Aussagen zur Ermittlung der Bemessungsgrundlage sind dem Gesetzestext nicht zu entnehmen. Da allerdings der Betrag, der der KSt unterlegen hätte, wenn es sich bei der PersG um eine KapG gehandelt hätte („Als-ob-Veranlagung")[30], ermittelt werden soll, muss die Bemessungsgrundlage nach den Vorschriften des § 8 Abs. 1 KStG i. V. m. § 4 Abs. 1 EStG berechnet werden. Es sind also auch außerbilanziell zu berücksichtigende Beträge wie nicht abziehbare Aufwendungen und steuerfreie Erträge zu berücksichtigen. Um dem Grundsatz der Bilanzklarheit Rechnung zu tragen, sollte die genaue Berechnung im **Anhang** erläutert werden. Übereinstim-

---

[29] Zur steuerlichen Abgrenzung vgl. Frotscher/Watrin, in Frotscher/Geurts, EStG, § 4 EStG Rz 36, Stand: 8/2019.
[30] Vgl. Kanitz, WPg 2003, S. 339.

mung besteht darüber, dass bei der Ermittlung der Bemessungsgrundlage zur Ermittlung der KSt eine grobe Schätzung ausreichend ist.[31]

Hinzuweisen bleibt auf die Tatsache, dass die vom Gesetzgeber vorgesehene Möglichkeit des Ausweises eines fiktiven Steueraufwands ohne jegliche praktische Relevanz ist.

Der auf diese Weise berechnete Steueraufwand ist unmittelbar nach dem Posten „Jahresüberschuss/Jahresfehlbetrag" **auszuweisen** und so zu kennzeichnen, dass die Fiktivität herausgestellt wird. Vorgeschlagen wird hier eine Bezeichnung wie etwa **„fiktive KSt"**.[32] Wird die fiktive KSt mit dem Jahresergebnis verrechnet, so muss auch bei dem sich dann ergebenden rechnerischen Saldo die fiktive Einflussdeterminante deutlich herausgestellt werden. Zu denken ist hier an eine Position mit der Bezeichnung „Jahresüberschuss/Jahresfehlbetrag nach fiktiver KSt".[33]

2.4 Ausweis der eigenen Anteile und des Sonderpostens (Abs. 4)

2.4.1 Ausweis der Anteile

§ 264c Abs. 4 Satz 1 HGB bestimmt, dass **Anteile**, die von der **haftungsbeschränkten PersG** an ihrer Komplementärgesellschaft gehalten werden, in Abhängigkeit von der Beteiligungshöhe auf der Aktivseite ausgewiesen werden müssen. Infrage kommt hier entweder ein Ausweis als Anteile an verbundenen Unt (§§ 271 Abs. 2, 290 HGB) oder ein Ausweis als Beteiligung innerhalb des AV. Der Begründung zum Regierungsentwurf des KapCoRiLiG ist zu entnehmen, dass die Anteile an der Komplementärgesellschaft gesondert (z.B. mit einem „Davon-Vermerk" oder durch eine entsprechende Anhangangabe) ausgewiesen werden müssen.[34] Durch diesen separaten Posten wird deutlich, in welcher Größenordnung in der Bilanz der Personenhandelsgesellschaft Vermögen ausgewiesen wird, auf das die Gläubiger der PersG direkt über die GmbH als phG zugreifen können.[35]

2.4.2 Ausweis des Sonderpostens

Aus dem Erwerb von Anteilen resultiert in der Bilanz der Personenhandelsgesellschaften ein entsprechender Aktivposten, der ohne weitere bilanzielle Korrekturen eine Erhöhung des bilanziellen EK zur Folge hätte, wenn die Komplementärgesellschaft die erhaltenen Mittel verwendet, um ihre Einlageverpflichtung bei der PersG zu erfüllen. Um eine solche Kapitalvermehrung, die letztendlich durch die Beteiligung „an sich selbst" und ohne Mittelzufluss von außen entsteht, zu verhindern, fordert der Gesetzestext in § 264c Abs. 4 Satz 2 HGB die Bildung eines **Sonderpostens**. Dieser ist i.H.d. aktivierten Beteiligung und nach dem Posten „EK" in der Bilanz als **„Ausgleichsposten für aktivierte eigene Anteile"** auszuweisen. Im Zusammenhang mit der Bildung dieses Sonderpostens verweist der Gesetzestext auf § 272 Abs. 4 HGB als analoge Vorschrift für KapG.

---

31 Vgl. Thiele/Sickmann, in Baetge/Kirsch/Thiele, Bilanzrecht, § 264c HGB Rz 74.1, Stand: 3/2008.
32 Vgl. Thiele/Sickmann, in Baetge/Kirsch/Thiele, Bilanzrecht, § 264c HGB Rz 75, Stand: 3/2008.
33 Vgl. Thiele/Sickmann, in Baetge/Kirsch/Thiele, Bilanzrecht, § 264c HGB Rz 75, Stand: 3/2008.
34 Vgl. BT-Drs. 14/1806 v. 15.10.1999, S. 21; Kliem/Roland, in Beck Bil-Komm., 14. Aufl. 2024, § 264c HGB Rz 80; IDW, WPH Edition, Wirtschaftsprüfung & Rechnungslegung, 18. Aufl. 2023, Kap. F Tz 359.
35 Vgl. Zeyer, BB 2008, S. 1443.

40 Rein formal wird die Bezeichnung des Sonderpostens als „Ausgleichsposten für aktivierte eigene Anteile" als problematisch angesehen, weil es sich faktisch nicht um Anteile an der PersG, sondern um Anteile an der Komplementär-KapG handelt und damit keine „eigenen Anteile" vorliegen.[36] Es wäre im Fall einer wechselseitigen kapitalmäßigen Beteiligung allenfalls gerechtfertigt, von einem „mittelbaren eigenen Anteil" zu sprechen, da eine volle Eigenfinanzierung des Anteils durch die PersG erfolgt und kein externer Mittelzufluss vorliegt.[37]

41 Problematisch im Zusammenhang mit der Handhabung des Sonderpostens sind im Wesentlichen zwei Aspekte: Zum einen stellt sich die Frage, warum der Gesetzgeber nur die Konstellation im Zusammenhang mit Anteilen an der Komplementär-KapG aufgreift. Möglich wäre ebenso die Beteiligung an einem Kommanditisten mit entsprechendem Kapitalrückfluss. Auch daraus würde ein Zuwachs der Kapitalbasis resultieren, der über einen Sonderposten korrigiert werden müsste. Insoweit wird in der Literatur auch bei **Anteilen an Kommanditisten** die Bildung eines Sonderpostens gefordert.[38] Zum anderen ist nicht ersichtlich, warum der Gesetzestext in § 264c Abs. 4 Satz 2 HGB nicht unterscheidet, ob die Komplementär-GmbH am Kapital der KapCoGes beteiligt ist oder nicht. Für den Fall, dass keine Beteiligung an der PersG vorliegt, besteht auch nicht die Gefahr, dass die Kapitalbasis entgegen der tatsächlichen Lage zu hoch ausgewiesen wird. Auf eben diesen Fall zielt die Notwendigkeit der Bildung eines Sonderpostens jedoch ab. Wenn die Komplementärgesellschaft weder eine Einlage in die KG geleistet hat noch am Ergebnis der KG beteiligt ist, sollte daher auf die Bilanzierung eines Ausgleichspostens verzichtet werden.[39]

Bildung und Ausweis eines Sonderpostens sind nicht nur in den Fällen erforderlich, in denen das Vermögen der KapG ausschl. aus der Beteiligung an der PersG besteht und damit die Anteile schon unter dem Gesichtspunkt der Substanzbetrachtung wertlos sind und somit eine Wertkorrektur durch den Sonderposten erfordern, sondern auch in den Fällen, in denen die KapG neben der Beteiligung an der PersG noch weiteres Vermögen hält, das jedoch in Relation zum Gesamtvermögen von untergeordneter Bedeutung ist.[40] Nach anderer Literaturmeinung ist selbst die untergeordnete Größenordnung des sonstigen Vermögens nicht erforderlich,[41] dem zuzustimmen ist.

2.4.3 Bildung des Sonderpostens

42 Die Bildung des Sonderpostens soll nach den Vorschriften des § 264c Abs. 4 Satz 2 HGB entsprechend § 272 Abs. 4 HGB erfolgen. Nach dem reinen Wortlaut des Gesetzes muss die Bildung des Ausgleichspostens bereits immer dann erfolgen, wenn die PersG über einen Anteil an der Komplementär-KapG verfügt. Wie die PersG den Kapitalanteil letztendlich finanziert hat, ist für die Verpflichtung zur Bildung des Ausgleichspostens unerheblich.[42]

---

[36] Vgl. Wiechmann, WPg 1999, S. 916, 922.
[37] Vgl. Kanitz, WPg 2003, S. 336.
[38] Vgl. Thiele/Sickmann, in Baetge/Kirsch/Thiele, Bilanzrecht, § 264c HGB Rz 84, Stand: 3/2008.
[39] Vgl. Kliem/Roland, in Beck Bil-Komm., 14. Aufl. 2024, § 264c HGB Rz 86 f.; Theile, GmbHR 2000, S. 1135, 1138.
[40] Vgl. Zeyer, BB 2008, S. 1444.
[41] Vgl. Thiele/Sickmann, in Baetge/Kirsch/Thiele, Bilanzrecht, § 264c HGB Rz 86, Stand: 3/2008.
[42] Vgl. Kanitz, WPg 2003, S. 336.

> **Praxis-Beispiel**
> **Überhöhter Ausweis des Haftkapitals**
> Der Kommanditist K beteiligt sich an einer KG mit einer Pflichteinlage (gleichzeitig auch Hafteinlage) i. H. v. 200.000 EUR. Als Komplementärin fungiert die G-GmbH, die ein Stammkapital i. H. v. 100.000 EUR ausweist. Nachdem der Gründungsvorgang von GmbH und KG abgeschlossen ist, veräußert K seinen Anteil am Stammkapital der G-GmbH an die KG für 100.000 EUR. Weiterhin soll unterstellt werden, dass die Komplementärin am Festkapital der KG entweder gar nicht oder i. H. v. x EUR beteiligt ist. Bei einer solchen Konstellation steht den Gläubigern effektiv ein Haftungsfonds i. H. v. 200.000 EUR zur Verfügung.
> Die Notwendigkeit der Bildung eines Sonderpostens sieht der Gesetzgeber hier aufgrund der Tatsache, dass der Kommanditist durch den Verkauf seines GmbH-Anteils an die KG die zuvor in das Vermögen der Komplementärin geleistete Einlage wieder zurück erhält und es somit (ohne Bildung eines Sonderpostens) zu einer überhöhten Darstellung des Haftungsfonds ggü. etwaigen Gläubigern käme.

43 Bei KapG wird die Rücklage für eigene Anteile zulasten frei verfügbarer Gewinnrücklagen, zulasten eines Gewinnvortrags sowie zulasten des Jahresergebnisses gebildet.[43] Das ein positives Jahresergebnis infolge der Dotierung der Rücklage in einen Bilanzverlust umschlagen kann, wird dabei in Kauf genommen.[44] Bei einer Anlehnung an die Dotierungssystematik für KapG ist allerdings problematisch, dass das EK bei PersG anteilig den einzelnen Gesellschaftern zuzurechnen ist. Es stellt sich damit die Frage, zulasten der Kapitalanteile welcher Gesellschafter der Ausgleichsposten gebildet werden darf. In der Literatur wird sowohl die Auffassung vertreten, dass die Bildung des Sonderpostens lediglich zulasten der Kapitalanteile der Kommanditisten zu erfolgen hat,[45] als auch die Auffassung, dass der Ausgleichsposten alleine zulasten des Kapitalanteils der Komplementär-GmbH gebildet werden muss.[46] Eine pauschale Bildung zulasten der Anteile von Kommanditisten wird deshalb abgelehnt, weil dadurch auch Kommanditisten betroffen wären, die infolge des GmbH-Anteilserwerbs gar keine Einlagen zurückgewährt bekommen haben.[47]

44 Aus der Perspektive des Haftungsrechts muss in jedem Fall bedacht werden, dass sowohl das Stammkapital des phG als auch die **Hafteinlagen** der Kommanditisten nicht nur aufgebracht, sondern auch **nicht zurückgezahlt** werden dürfen. In diesem Zusammenhang wurde aus der Perspektive der Kommanditisten die **Schutzvorschrift** des § 172 Abs. 6 HGB eingeführt. Danach gilt die Einlage eines Kommanditisten als nicht erbracht, wenn sie in Anteilen an dem phG bewirkt wurde. Die PersG ist daher gehalten, das Komplementärkapital aus freiem Vermögen, d. h. aus Vermögen, das das Haftkapital übersteigt, zu finanzieren.[48]

---

[43] Vgl. IDW HFA RS 7.16 n. F. v. 30.11.2017.
[44] Vgl. Kusterer/Kirnberger/Fleischmann, DStR 2000, S. 608.
[45] Vgl. IDW RS HFA 7.17 n. F. v. 30.11.2017.
[46] Vgl. Kliem/Roland, in Beck Bil-Komm., 14. Aufl. 2024, § 264c HGB Rz 84.
[47] Vgl. Zeyer, BB 2008, S. 1445.
[48] Vgl. Esch, BB 1991, S. 1129.

45 Von entscheidender Bedeutung ist daher die Frage, ob im Zuge des **Anteilserwerbs** eine **Einlagenrückgewähr** stattgefunden hat oder nicht. Handelt es sich um eine beteiligungsidentische GmbH & Co. KG (= GmbH & Co. KG, bei der sämtliche Anteile der Komplementär-GmbH durch die KG gehalten werden), die zugleich auch die Voraussetzungen einer Einheits-GmbH & Co. KG erfüllt, liegt durch den Verkauf der GmbH-Anteile an die KG automatisch immer eine Einlagenrückgewähr vor. Somit wäre in diesem Fall auch eine Dotierung des Ausgleichspostens zulasten der Kapitalanteile der Kommanditisten sachgerecht. Zur Klarstellung und Abgrenzung: Eine beteiligungsidentische GmbH & Co.KG ist dann gegeben, wenn die Beteiligungsverhältnisse in der GmbH identisch sind zu denen in der KG, d.h., die Gesellschafter der GmbH sind in gleicher Höhe als Kommanditist an der KG beteiligt. Die GmbH ist zwar Komplementärin, aber mit 0 % am Kapital und Ergebnis der KG beteiligt. Bei einer Einheits-GmbH & Co.KG werden hingegen die Anteile an der Komplementär-GmbH zu 100 % von der KG selbst gehalten. Dies ist unabhängig davon zu sehen, ob die Komplementärin selbst wiederum an Kapital bzw. Ergebnis der KG beteiligt ist oder nicht.

2.5 Befreiungsregelungen (Abs. 5)

46 In § 264c Abs. 5 HGB hat der Gesetzgeber mit dem MicroBilG für Gj, die nach dem 30.12.2012 enden, umfangreiche Befreiungen von den zuvor genannten Angabe- und Untergliederungspflichten vorgesehen. Für kleine KapG und Kleinst-KapG gelten die in § 264c Abs. 1–4 HGB festgeschriebenen Sondervorschriften für Personenhandelsgesellschaften nur bei der Ermittlung – nicht jedoch der Gliederung. Da der Gesetzgeber in § 264c Abs. 5 HGB nicht nur auf den neu eingeführten § 266 Abs. 1 Satz 4 HGB für KleinstKapG, sondern auch auf § 266 Abs. 1 Satz 3 HGB für kleine KapG verweist, wurde mit dieser Regelung gleichzeitig auch **eine neue Erleichterung für kleine Personenhandelsgesellschaften** eingeführt, die ihre Bilanz bislang auch bei der für kleine KapG verkürzten Bilanzen um diese rechtsformspezifischen Angaben zu erweitern hatten.

47 Die Bezeichnungen „Ermittlung" sowie „Gliederung" sind insofern unglücklich, als dass diese Begriffe im Zusammenhang mit der Bilanz so nicht geläufig sind. Mit der Ermittlung kann nur die Berechnung und mit der Gliederung nur der Ausweis gemeint sein.[49] Dies bedeutet, dass bei diesen Ges. zunächst die gem. § 264c Abs. 1–4 HGB vorgeschriebenen Angaben/Posten zu ermitteln sind. Konkret sind dies:
- § 264c Abs. 1 HGB: Ausleihungen, Forderungen und Verbindlichkeiten ggü. Gesellschaftern (alternativ auch im Anhang),
- § 264c Abs. 2 HGB: Kapitalanteile, Rücklagen, Gewinn-/Verlustvortrag und Jahresüberschuss/-fehlbetrag im Eigenkapital,
- § 264c Abs. 4 Satz 2 HGB: Ausgleichsposten für aktivierte eigene Anteile.

I. R. d. Ausweises kann auf diese Posten jedoch verzichtet werden, da dies nach Auffassung der Bundesregierung für reine KapG ebenso gilt und kein Anlass für eine schärfere Regelung für Personenhandelsgesellschaften gesehen wird.[50] Dabei

---

[49] Vgl. Müller/Kreipl, DB 2013, S. 74 f.
[50] Vgl. BR-Drs. 558/12 v. 21.9.2012 S. 18 f.

ist die Nutzung des Ausweiswahlrechts für ein verkürztes Bilanzgliederungsschema jedoch explizit als Voraussetzung genannt. Somit müssen kleine Personenhandelsgesellschaften grds. auch die verkürzte Bilanz nur mit den mit Buchstaben oder römischen Zahlen bezeichneten Posten von § 266 Abs. 2 und 3 HGB ausweisen. Eine freiwillige weitere Untergliederung i.S.v. § 265 Abs. 5 HGB dürfte jedoch in geringem Maße unschädlich sein. Wählt die kleine Personenhandelsgesellschaft jedoch die volle Bilanzgliederung, so sind auch die Untergliederungsnotwendigkeiten und weiteren Angaben zu beachten. Gleiches gilt für die KleinstKapG.

Damit müssen kleine und Kleinst-Personenhandelsgesellschaften zwar für die **Ermittlung des AV, UV, EK und der Verbindlichkeiten** die Regelungen des § 264c HGB beachten, d.h. insb. die Kapitalanteile, Verbindlichkeiten und Forderungen der Gesellschafter sowie Anteile an Komplementärgesellschaften bestimmen, doch ergibt sich keine Notwendigkeit, die geforderten Einzelposten entsprechend der aufgeführten Regelungen in der Bilanz oder bei kleinen Ges. im Anhang bzw. bei KleinstGes. unter der Bilanz gesondert auszuweisen.

§ 264d Kapitalmarktorientierte Kapitalgesellschaft

Eine Kapitalgesellschaft ist kapitalmarktorientiert, wenn sie einen organisierten Markt im Sinn des § 2 Absatz 11 des Wertpapierhandelsgesetzes durch von ihr ausgegebene Wertpapiere im Sinn des § 2 Absatz 1 des Wertpapierhandelsgesetzes in Anspruch nimmt oder die Zulassung solcher Wertpapiere zum Handel an einem organisierten Markt beantragt hat.

Inhaltsübersicht

		Rz
1	Überblick	1–3
2	Tatbestandsmerkmale	4–6
	2.1 Nutzung eines organisierten Markts	4
	2.2 Ausgabe von Wertpapieren	5–6
3	Rechtsfolgen einer Qualifikation als kapitalmarktorientierte Kapitalgesellschaft	7–10
	3.1 Jahresabschluss und Lagebericht	8
	3.2 Konzernabschluss und Konzernlagebericht	9
	3.3 Prüfungs- und aufsichtsbezogene Regelungen	10
4	CSRD-Umsetzungsgesetz: Änderungen	11–12

1 Überblick

1 **Kapitalmarktorientierte Kapitalgesellschaften** unterliegen i.R.d. HGB gesonderten Bestimmungen. Aus diesem Grund ist es notwendig, den Terminus der „Kapitalmarktorientierten Kapitalgesellschaft" zu definieren. Diese Aufgabe kommt § 264d HGB zu. Werden künftig Änderungen des WpHG vorgenommen, so sind diese automatisch über § 264d HGB erfasst und müssen lediglich auf ihre Kongruenz mit dem Regelungsumfang dieser handelsrechtlichen Norm überprüft werden.
Ein eigenständiger Regelungsgehalt i.S.e. Rechnungslegungsbestimmung kann § 264d HGB nicht entnommen werden.
Im Anwendungsbereich des § 264d HGB gelten alle kapitalmarktorientierten KapG als große Ges. i.S.d. HGB unter entsprechender Anwendung der einschlägigen Vorschriften zur gesetzlichen Abschlussprüfung. Die Legaldefinition der kapitalmarktorientierten KapG bringt damit keine materiellen Neuerungen in Bezug auf den persönlichen Anwendungsbereich der gesetzlichen Abschlussprüfung mit sich.[1]

2 Das Gesetz verwendet an verschiedenen Stellen neben dem Begriff der kapitalmarktorientierten KapG auch die verwandten Begriffe **börsennotierte AG** und **börsennotierte KapG**.[2]
Unter Rückgriff auf § 3 Abs. 2 AktG ist eine börsennotierte AG eine AG, „deren Aktien zu einem Markt zugelassen sind, der von staatlich anerkannten Stellen geregelt und überwacht wird, regelmäßig stattfindet und für das Publikum mittelbar oder unmittelbar zugänglich ist." Eine kapitalmarktorientierte AG kann im Gegensatz zur börsennotierten AG auch nur Schuldtitel an einem regulierten

---

[1] Vgl. Orth/Müller, in Küting/Pfitzer/Weber, Das neue deutsche Bilanzrecht, 2008, S. 610.
[2] Vgl. Zwirner, PiR 2000, S. 93.

Markt ausgegeben haben. Dies gilt allerdings nur, wenn dies an einer Börse im EU/EWR-Raum vorgenommen wurde. Im nationalen Recht wurde der in den europäischen Verordnungen als regulierter Markt bezeichnete Markt innerhalb des WpHG als organisierter Markt definiert (Rz 4).

Hat eine AG Aktien lediglich an einer überwachten Börse außerhalb des EU/EWR-Raums ausgegeben, ist sie nicht kapitalmarktorientiert i.S.d. § 264d HGB, wohl aber börsennotiert. Die vorstehenden Ausführungen zur börsennotierten AG gelten auch für die SE und die KGaA.

Börsennotierte AGs müssen im Jahresabschluss und Lagebericht (**für den Konzernabschluss und -lagebericht gelten analoge Regeln**) ergänzend folgende Regelungen berücksichtigen: 3
- Individualisierte Angaben zu den Vorstandsbezügen (§ 285 Nr. 9 und § 314 Abs. 1 Nr. 6 HGB (bis einschl. Gj 2020)).
- Regelungen zur Ausgestaltung des Vergütungssystems sowie zur jährlichen Berichterstattung grds. ab 2020 in Form eines Vergütungsberichts von Vorstand und Aufsichtsrat entsprechend der Umsetzung der zweiten Aktionärsrechterichtlinie (§§ 87a, 120a, 162 AktG (ab Gj 2021)).
- Beachtung des Deutsche Corporate Governcance Kodex (DCGK).
- Erklärung zur Abgabe, zur Einhaltung und zum Veröffentlichungsort des Deutschen Corporate Governance Kodex (§ 285 Nr. 16 und § 314 Abs. 1 Nr. 8 HGB).
- Angaben zu Beteiligungen ab einschl. 5 % der Stimmrechte, sog. Anteilsbesitzliste (§ 285 Nr. 11b und § 313 Abs. 2 Nr. 5 HGB).
- Grundzüge des Vergütungssystems für Vorstände und Aufsichtsorgane im Lagebericht (§ 289a Abs. 2 und § 315a Abs. 2 HGB a.F. (bis einschl. Gj 2020)).
- Erklärung zur Unternehmensführung (§ 289f und § 315d HGB).
- Einrichtung ein im Hinblick auf den Umfang der Geschäftstätigkeit und der Risikolage eines Unt angemessenes und wirksames internes Kontrollsystems und Risikomanagementsystems (neu eingeführter § 91 Abs. 3 AktG).
- Beim Prüfungsumfang ist zu berücksichtigen, dass die Außenprüfung um die Prüfung des nach § 91 Abs. 2 AktG einzurichtenden Überwachungssystems zu erweitern ist, bei dem der Fokus auf der Prüfung der Option zur Aufgabenerfüllung liegt.
- Es erfolgt eine weitere externe Prüfung durch die Bundesanstalt für Finanzdienstleistungsaufsicht (BaFin), sofern die Notierung an einer inländischen Börse besteht. Die Prüfung erfolgt nicht jährlich, sondern stichprobenartig oder bei besonderer Veranlassung (§ 342r HGB). Die Prüfung erstreckt sich zudem nur auf bestimmte Problemfelder des Abschlusses/Lageberichts. Diese werden grds. im November des vorangehenden Jahres bekannt gemacht und enthalten neben eigenen Schwerpunkten auch die auf europäischer Ebene festgelegten Prüfungsschwerpunkte der European Securities and Markets Authority (ESMA). Seit Anwendung des Finanzmarktintegritätsstärkungsgesetzes FISG vom 3.6.2021, gültig ab dem 1.7.2021, werden sämtliche Aufsichtsmaßnahmen unmittelbar durch die BaFin durchgeführt und die Deutsche Prüfstelle für Rechnungslegung bis zum Jahresende 2021 aufgelöst (Art. 12 Nr. 26 FISG).

Börsennotierte KapG müssen zusätzlich beachten:
- Für Organmitglieder sind ergänzende Angaben zu Aufsichtsrat-Mandaten erforderlich (§ 285 Nr. 10 HGB).
- Es bestehen erweiterte Angabepflichten zu Beteiligungen an großen KapG (§ 285 Nr. 11b und § 313 Abs. 2 Nr. 5 HGB).

2 Tatbestandsmerkmale

2.1 Nutzung eines organisierten Markts

4 I. R. d. Darstellung der Tatbestandsmerkmale des § 264d HGB ist eine Bezugnahme auf zentrale Vorschriften des Wertpapierhandelsgesetzes (WpHG) erforderlich.[3] Durch das WpHG wird in Deutschland der Wertpapierhandel reguliert. Gleichzeitig sind hier Kontrollmechanismen für DienstleistungsUnt, die mit Wertpapieren oder Finanztermingeschäften handeln, festgelegt. Ferner werden im WpHG Veröffentlichungspflichten konkretisiert, die für börsennotierte Unt gelten.

§ 2 Abs. 11 WpHG enthält für den Begriff des organisierten Markts die Legaldefinition.

Vereinfacht können die Kriterien für einen organisierten Markt i.S.d. § 2 Abs. 11 WpHG wie folgt skizziert werden:[4]
- Markt, der von staatlichen Stellen geregelt und überwacht wird.
- Kontinuierliches Handelsgeschehen (Regelmäßigkeit).
- Öffentlichkeit hat mittelbaren oder unmittelbaren Zugang.

Zudem greift unter Berücksichtigung von § 2 Abs. 11 WpHG eine räumliche Eingrenzung. Danach liegt ein organisierter Markt nur vor, wenn er im Inland, in der EU oder dem EWR betrieben wird. Ein Unt, das z.B. Wertpapiere ausschl. in den USA begeben hat, ist somit keine kapitalmarktorientierte KapG i.S.d. § 264d HGB.

Die gesetzlichen Marksegmente sind in Europa der regulierte Markt und der Open Market (bis Oktober 2005 als Freiverkehr bezeichnet). Der Begriff des regulierten Markts beschreibt einen innerhalb der EU bzw. des EWR staatlich geregelten Markts entsprechend der Europäischen Finanzmarktrichtlinie 2014/65/EU. Die Europäische Finanzmarktrichtlinie löste zum 3.1.2018 die EU-Wertpapierdienstleistungsrichtlinie 2004/39/EG ab. Der europäische Begriff des geregelten Markts ist im nationalen Recht unter dem Begriff organisierter Markt in § 2 Abs. 11 WpHG konkretisiert. Entgegen der staatlichen Regulierung auf dem regulierten Markt, findet im Open Market eine Regulierung durch die Börse selbst statt. Der Open Market ist daher kein organisierter Markt i.S.d. § 2 Abs. 11 WpHG und auch kein geregelter Markt i.S.d. Finanzmarktrichtlinie.[5]

Auf der Grundlage der gesetzlichen Marktsegmente können die Wertpapierbörsen weitere eigene Teilmärkte bilden. So hat bspw. die Frankfurter Wertpapierbörse als weitere Teilmärkte unterhalb des organisierten Markts den General

---

[3] Vgl. Kessler/Leinen/Strickmann, BilMoG, 2009, S. 108.
[4] Vgl. Kessler/Leinen/Strickmann, BilMoG, 2009, S. 109.
[5] Vgl. Markets in Financial Instruments Directive II – MiFID II, Richtlinie über Märkte für Finanzinstrumente v. 15.5.2014, EU-Amtsblatt v. 12.6.2014, L 173/349–496 sowie zugehöriger Verordnung v. 15.5.2014 Markets in Financial Instruments Regulation – MiFIR, ABl. EU v. 12.6.2014, L173/84–148.

Standard und den Prime Standard gebildet. Beide Teilmärkte erfüllen die Voraussetzungen nach § 2 Abs. 11 WpHG.
Auch für den Open Market gibt es z. B. an der Frankfurter Wertpapierbörse einen Teilmarkt, den sog. Entry Standard. Ebenso wie der Freiverkehr genügt auch der Entry Standard nicht den Bestimmungen des § 2 Abs. 11 WpHG.
Bei der Beantwortung der Frage, welche Märkte u. a. in Deutschland als geregelte Märkte gelten, kann die Webseite der Europäischen Wertpapier- und Marktaufsichtsbehörde (ESMA) weiterhelfen. Gemäß Art. 56 RL 2014/65/EU stellt die ESMA dort ein Verzeichnis zur Verfügung, anhand dessen die bestehenden geregelten Märkte nachvollzogen werden können.[6]

2.2 Ausgabe von Wertpapieren

Der **Begriff des Wertpapiers** ist in § 2 Abs. 1 WpHG geregelt.
Im praktischen Umgang sind davon im Wesentlichen folgende Wertpapiere erfasst, deren Existenz im Zusammenhang mit der Feststellung der Voraussetzungen des § 264d HGB geprüft werden muss:
- Aktien;
- Hinterlegungsscheine (vor 2018 als Zertifikate bezeichnet) die Aktien vertreten;
- Schuldverschreibungen;
- Genussscheine;
- Optionsscheine;
- vorstehend noch nicht genannte Wertpapiere, bei denen eine Vergleichbarkeit mit Schuldverschreibungen oder Aktien gegeben ist.

Zum Bereich der i. R. d. § 264d HGB definierten Wertpapiere gehören nach dem Wortlaut des Gesetzestexts ausdrücklich nicht Anteile an Investmentvermögen, die von einer Kapitalanlagegesellschaft oder einer ausländischen Investmentgesellschaft ausgegeben wurden. Diese Negativabgrenzung ergibt sich aus § 2 Abs. 4 WpHG.

3 Rechtsfolgen einer Qualifikation als kapitalmarktorientierte Kapitalgesellschaft

Die Rechtsfolgen einer Qualifikation als **kapitalmarktorientierte KapG** können danach differenziert werden, ob sie sich auf den Jahresabschluss und Lagebericht, auf den Konzernabschluss und Konzernlagebericht oder auf prüfungsbezogene Regelungen beziehen (zu den weiter bestehenden Rechtsfolgen für börsennotierte AGs s. ergänzend Rz 3).

3.1 Jahresabschluss und Lagebericht

- Für den Fall, dass kein Konzernabschluss aufzustellen ist, sind Ergänzungen des Jahresabschlusses um eine Kapitalflussrechnung und einen EK-Spiegel notwendig (§ 264 Abs. 1 Satz 2 HGB).

---

[6] registers.esma.europa.eu/publication/searchRegister?core=esma_registers_upreg, Abruf 27.9.2024.

- Es gibt keine größenabhängigen Erleichterungen, da die kapitalmarktorientierte KapG stets - soweit im Gesetz nichts anderes bestimmt ist – als große KapG anzusehen ist (§ 267 Abs. 3 Satz 2 HGB).
- Auch für den Fall, dass die Angaben nach vernünftiger kaufmännischer Beurteilung geeignet sind, der KapG einen erheblichen Nachteil zuzufügen, können Angaben zu Beteiligungen nicht unterbleiben (§ 286 Abs. 3 Satz 3 HGB).
- Es haben Erweiterungen der Anhangangaben um Angaben zur Zusammensetzung des gezeichneten Kapitals, zu den Stimmrechten und zu sonstigen Angaben, da bei einer Kapitalmarktorientierung auch ein organisierter Markt i.S.d. § 2 Abs. 7 WpÜG in Anspruch genommen wird (§ 289a HGB).
- Es sind Ergänzungen des Lageberichts um wesentliche Merkmale des internen Kontroll- und des Risikomanagementsystems im Hinblick auf den Rechnungslegungsprozess vorzunehmen (§ 289 Abs. 4 HGB).
- Es ist eine Erweiterung des Lageberichts um eine sog. nichtfinanzielle Erklärung vorzunehmen, sofern die Ges. mehr als 500 Arbeitnehmer beschäftigt und ein übergeordnetes MU keine zusammenfassende nichtfinanzielle Erklärung (sog. nichtfinanzielle Konzernerklärung) abgibt (§§ 289b–289e HGB). Mit Umsetzung der CSRD tritt rückwirkend bereits für das Gj 2024 an die Stelle der nichtfinanziellen Berichterstattung der Nachhaltigkeitsbericht, der stets im Lagebericht zu platzieren ist (Rz 11).
- Es ist seit dem Gj 2021 ein Vergütungsbericht nach § 162 AktG zu erstellen.
- Es gilt eine verkürzte Offenlegungspflicht für den Jahresabschluss, u.a. von vier Monaten (§ 325 Abs. 4 HGB).
- Bei kapitalmarktorientierten Nicht-KapG muss der Jahresabschluss um einen Anhang ergänzt werden (§ 5 Abs. 2a PublG).
- Da eine kapitalmarktorientierte Ges. auch grds. Inlandsemittent von Aktien oder Schuldtiteln i.S.d. § 2 Abs. 1 WpHG ist, besteht neben der jährlichen Verpflichtung zur Erstellung eines handelsrechtlichen Abschlusses/Lageberichts zudem eine entsprechende Verpflichtung zur Erstellung eines sog. Halbjahresfinanzberichts entsprechend der Regelungen des WpHG. Dieser hat insb. mind. einen verkürzten Abschluss und einen Zwischenlagebericht zu enthalten und ist innerhalb von drei Monaten nach Ablauf des Berichtszeitraums zu erstellen (§ 115 i.V.m. § 2 Abs. 1 und Abs. 14 WpHG).
- Ebenso haben die gesetzlichen Vertreter einer kapitalmarktorientierten Gesellschaft, die grds. auch Inlandsemittent ist, einen Bilanzeid und Lageberichtseid zu erstellen (§ 264 Abs. 2 Satz 3 und § 289 Abs. 1 Satz 5 HGB), wobei die unrichtige Erstellung unter verschärfte Strafvorschriften gestellt ist, und mit einer Freiheitsstrafe von bis zu fünf Jahren geahndet werden kann (§ 331a HGB).

3.2 Konzernabschluss und Konzernlagebericht

- Für den Konzernabschluss und den Konzernlagebericht gilt eine verkürzte Aufstellungsfrist von vier Monaten (§ 290 Abs. 1 Satz 2 HGB).
- Die Befreiung von der Aufstellung eines Konzernabschlusses durch ein übergeordnetes MU darf von kapitalmarktorientierten KapG nicht in Anspruch genommen werden. Diese Beschränkung gilt noch nicht, wenn lediglich der Antrag auf Zulassung gestellt wurde (§ 291 Abs. 3 Nr. 1 HGB).

- Es gibt keine größenabhängige Befreiung von der Pflicht zur Aufstellung eines Konzernabschlusses (§ 293 Abs. 5 HGB).
- Auch für den Fall, dass die Angaben nach vernünftiger kaufmännischer Beurteilung geeignet sind, der KapG einen erheblichen Nachteil zuzufügen, können Angaben zu Beteiligungen nicht unterbleiben (§ 313 Abs. 3 Satz 3 HGB).
- Es haben Erweiterungen der Anhangangaben um Angaben zur Zusammensetzung des gezeichneten Kapitals, zu den Stimmrechten und zu sonstigen Angaben zu erfolgen, da bei einer Kapitalmarktorientierung auch ein organisierter Markt i. S. d. § 2 Abs. 7 WpÜG in Anspruch genommen wird (§ 315a HGB).
- Es sind Ergänzungen des Konzernlageberichts um wesentliche Merkmale des internen Kontroll- und des Risikomanagementsystems im Hinblick auf den Rechnungslegungsprozess vorzunehmen (§ 315 Abs. 4 HGB).
- Grds. hat eine Erweiterung des Konzernlageberichts um eine sog. nichtfinanzielle Konzernerklärung zu erfolgen (§§ 315b, 315c HGB). Mit Umsetzung der CSRD tritt rückwirkend bereits für das Gj 2024 an die Stelle der nichtfinanziellen Konzernberichterstattung der Konzernnachhaltigkeitsbericht, der stets im Konzernlagebericht zu platzieren ist (Rz 11).
- Zwingende Aufstellung eines Konzernabschlusses nach IFRS, sofern das MU an einem geregelten Markt innerhalb der EU/EWR zugelassen ist, oder die Zulassung an einem organisierten Markt i. S. d. § 2 Abs. 11 WpHG beantragt hat. Das gilt noch nicht, wenn lediglich die Zulassung zum Handel an einem Markt außerhalb der EU/EWR beantragt wurde oder das Unt dort bereits zugelassen ist (§ 315e HGB).
- Es ist seit dem Gj 2021 ein Vergütungsbericht nach § 162 AktG mit Konzernbezug zu erstellen.
- Für bestimmte kapitalmarktorientierte MU gelten verkürzte Aufstellungsfristen (§ 13 Abs. 1 Satz 2 PublG).
- Die Ergänzung des Konzernabschlusses um eine Kapitalflussrechnung und einen EK-Spiegel ist bei Kapitalmarktorientierung vorzunehmen (§ 13 Abs. 3 Satz 2 PublG).
- Da eine kapitalmarktorientierte Gesellschaft auch grds. Inlandsemittent von Aktien oder Schuldtiteln i. S. d. § 2 Abs. 1 WpHG ist, besteht neben der jährlichen Verpflichtung zur Erstellung eines handelsrechtlichen Konzernabschlusses/Konzernlageberichts zudem eine entsprechende Verpflichtung zur Erstellung eines sog. Halbjahresfinanzberichts entsprechend der Regelungen des WpHG. Dieser hat insb. mind. einen verkürzten Abschluss und einen Zwischenlagebericht zu enthalten und ist innerhalb von drei Monaten nach Ablauf des Berichtszeitraums zu erstellen (§§ 115 und 117 WpHG).
- Ebenso haben die gesetzlichen Vertreter eines kapitalmarktorientierten MU, das grds. auch Inlandsemittent ist, einen Bilanzeid und Lageberichtseid zu erstellen (§ 297 Abs. 2 Satz 4 und § 315 Abs. 1 Satz 5 HGB), wobei die unrichtige Erstellung unter verschärfte Strafvorschriften gestellt ist, und mit einer Freiheitsstrafe von bis zu fünf Jahren geahndet werden kann (§ 331a HGB).

3.3 Prüfungs- und aufsichtsbezogene Regelungen

10 Insb. im Bereich der prüfungsbezogenen bzw. aufsichtsbezogenen Regelungen wurden durch das FISG grds. für Gj, beginnend ab oder nach dem 1.1.2022, weitere verschärfende Regelungen eingeführt.[7]
- Da kapitalmarktorientierte Ges. auch grds. Unt von öffentlichem Interesse sind, sind seit 2017 i.R.d. Durchführung einer (Konzern-)Abschlussprüfung die Regelungen der EU-Abschlussprüferverordnung 2014/537/EU anzuwenden, die in einzelnen Bereichen wesentlich über die handelsrechtlichen Vorschriften hinausgehen (§ 317 Abs. 3a i.V.m. § 319a HGB a.F., § 316a Nr. 1 HGB).
- Ebenso sind im Bestätigungsvermerk erweiterte Inhalte aufgrund der EU-Verordnung 2014/537/EU aufzuführen (§ 322 Abs. 1a HGB). Dazu zählen insb. die Darstellung wichtiger Prüfungssachverhalte, die Erklärung zu verbotenen Nicht-Prüfungsleistungen des Abschlussprüfers, die Angabe zur Bestellung und Mandatsdauer sowie die Aussage zum Prüfungsbericht. Schließlich ist der verantwortliche Wirtschaftsprüfer aufzuführen, da dieser einer gesetzlichen Rotationspflicht unterliegt.
- Es sind besondere Ausschlussgründe für Abschlussprüfer zu berücksichtigen (§ 319a Abs. 1 HGB a.F., Anwendung der Ausschlussgründe unmittelbar aus der EU-Abschlussprüferverordnung und Aufhebung der ausgeübten Mitgliedstaatenwahlrechte des § 319a HGB durch das FISG v. 1.7.2021).
- Erhöhung der Haftungsgrenzen für Abschlussprüfer (§ 323 HGB).
- Verschärfung der Strafen für inhaltlich fehlerhaften Bestätigungsvermerk auf ein max. Strafmaß von fünf Jahren Freiheitsstrafe (§ 332 Abs. 2 Satz 2 HGB).
- Verpflichtende externe Rotation in der Abschlussprüfung nach zehn Jahren (Abschaffung der Ausnahmeregelung durch Mitgliedstaatenwahlrecht in § 318 Abs. 1a HGB durch das FISG).
- Verkürzung der internen Rotationszeit auf fünf Jahre (§ 43 Abs. 3 WPO).
- Es besteht die Verpflichtung zur Einrichtung eines Prüfungsausschusses (§ 324 Abs. 1 HGB). Ebenso besteht die Verpflichtung nach Umsetzung des FISG unmittelbar auch aus dem Aktiengesetz (§ 107 Abs. 4 AktG).
- Kapitalmarktorientierte Kreditinstitute (auch Nicht-KapG) haben die Verpflichtung zur Einrichtung eines Prüfungsausschusses (§ 340k Abs. 5 HGB).
- Die Verpflichtung zur Einrichtung eines Prüfungsausschusses gilt auch für VersicherungsUnt (§ 341k Abs. 4 HGB).
- In dem Prüfungsausschuss müssen mind. zwei Sachverständige Mitglieder sein, die zusammen sowohl Sachkenntnisse im Bereich der Rechnungslegung als auch im Bereich der Abschlussprüfung haben müssen (§ 107 Abs. 4 AktG und § 38 Abs. 1a GenG). Nach dem DCGK schließt dies auch Kompetenzen im Bereich der Nachhaltigkeitsberichterstattung und deren Prüfung ein.
- Der Vorschlag des Aufsichtsrats zur Wahl des Abschlussprüfers hat sich auf die Empfehlung des Ausschusses zu stützen (§ 124 Abs. 3 Satz 2 AktG).

---

[7] Das Finanzmarktintergritätsgesetz FISG v. 3.6.2021, gültig ab dem 1.7.2021, wurde aufgrund des Wirecard Bilanzskandals erarbeitet. Wesentliche Regelungen zur Abschlussprüfung sind für Gj, die nach dem 31.12.2021 beginnen, anzuwenden. Zur genauen Anwendung individueller Vorschriften wird auf Art. 86 EGHGB verwiesen.

- Der Prüfungsausschuss hat neben der Auswahl und Überprüfung der Unabhängigkeit des Abschlussprüfers auch die Qualität der Abschlussprüfung als Aufgabe (§ 107 Abs. 3 Satz 2 AktG).
- Die Auskunftsrechte der Mitglieder des Prüfungsausschusses bestehen unmittelbar gegen der Leitung von Zentralbereichen der Ges. (§ 107 Abs. 4 Satz 4 AktG).
- Unmittelbare staatliche Aufsicht durch die BaFin mit hoheitlichen Befugnissen (§ 107 WpHG).

4 CSRD-Umsetzungsgesetz: Änderungen

Hinweis
Die Kommentierung basiert auf dem **Regierungsentwurf eines CSRD-Umsetzungsgesetzes**.[8] Nach Veröffentlichung der finalen Fassung wird die Kommentierung in Ihrem Haufe HGB Bilanz Kommentar Online aktualisiert. Die **Online-Version** ist beim Kauf der Printausgabe inklusive.

In Folge der Bestrebungen der Europäischen Kommission, die Wirtschaft in der EU nachhaltiger zu gestalten, wurde im Dezember 2022 die Richtlinie (EU) 2022/2464 (Corporate Sustainability Reporting Directive, CSRD) erlassen. Eine Umsetzung bis Ende 2024 scheint zumindest möglich.

Erfolgt die Umsetzung des RegE zur Umsetzung der CSRD wie geplant, greifen für kapitalmarktorientierte KapG u. a. folgende wesentliche Neuerungen:
- Die größte Veränderung erfahren die bis dato geltenden Vorschriften zur nichtfinanziellen Berichterstattung (§§ 289b–289e HGB und §§ 315b, 315c HGB). Sie werden mit Umsetzung der CSRD abgelöst und durch neue Vorgaben zur Nachhaltigkeitsberichterstattung (§§ 289b–289e HGB-E; §§ 315b, 315c HGB-E; § 315e HGB-E) ersetzt.
- Es entstehen erstmalig Größenklassen für kapitalmarktorientierte KapG i. S. v. § 264d HGB. Diese gelten nur noch dann als groß i. S. v. § 267 Abs. 3 Satz 2 i. V. m. Abs. 4-5 HGB-E, wenn gesetzlich nichts anderes bestimmt ist. In der Folge sind größenabhängige Erleichterungen z. B. hinsichtlich des Diversitätskonzepts (§ 289f Abs. Satz 2 HGB-E) oder des Umfangs des Nachhaltigkeitsberichts (§ 289d HGB-E) möglich sowie unterschiedliche Zeitpunkte der Erstanwendung gestaffelt nach Größenklassen. Siehe dazu § 325 Rz 218 ff.
- Für KapG die als groß i. S. v. § 267 Abs. 3 Satz 2 i. V. m. Abs. 4–5 HGB-E einzustufen sind und kapitalmarktorientierte KapG, die nicht als Kleinst-KapG (§ 267a HGB) gelten, bringt die Umsetzung der CSRD die Pflicht im Lagebericht über die wichtigsten immateriellen Ressourcen zu berichten (§ 289 Abs. 3a HGB-E bzw. § 315b Abs. 3a HGB-E).

---

[8] Regierungsentwurf eines Gesetzes zur Umsetzung der Richtlinie (EU) 2022/2464 des Europäischen Parlaments und des Rates vom 14. Dezember 2022 zur Änderung der Verordnung (EU) Nr. 537/2014 und der Richtlinien 2004/109/EG, 2006/43/EG und 2013/34/EU hinsichtlich der Nachhaltigkeitsberichterstattung von Unternehmen, BT-Drs. 20/12787 v. 9.9.2024.

- Der Lageberichtseid, ist um eine Erklärung zu erweitern, aus der hervorgeht, dass der Nachhaltigkeitsbericht nach Maßgabe der ESRS und nach Maßgabe der Art. 2–8 der Delegierten Verordnung (EU) 2021/2178 zur Ergänzung der Verordnung (EU) 2020/852 (Taxonomieverordnung) aufgestellt wurde. Zudem werden die Regelungen in jeweils einen Paragrafen für den Einzel- und Konzernabschluss zusammengezogen (§ 289h Abs. 2 HGB-E und § 315f Abs. 2 HGB-E).
- Die Einfügung der Nachhaltigkeitsberichterstattung in den Lagebericht führt dazu, dass auch dieser Berichtsteil von einem Wirtschaftsprüfer, der auch der Abschlussprüfer sein darf, zu prüfen ist (§§ 324b ff. HGB-E) und auch dem Enforcement der BaFin (§ 106 WpHG) unterliegt.

§ 265 Allgemeine Grundsätze für die Gliederung

(1) ¹Die Form der Darstellung, insbesondere die Gliederung der aufeinanderfolgenden Bilanzen und Gewinn- und Verlustrechnungen, ist beizubehalten, soweit nicht in Ausnahmefällen wegen besonderer Umstände Abweichungen erforderlich sind. ²Die Abweichungen sind im Anhang anzugeben und zu begründen.

(2) ¹In der Bilanz sowie in der Gewinn- und Verlustrechnung ist zu jedem Posten der entsprechende Betrag des vorhergehenden Geschäftsjahrs anzugeben. ²Sind die Beträge nicht vergleichbar, so ist dies im Anhang anzugeben und zu erläutern. ³Wird der Vorjahresbetrag angepaßt, so ist auch dies im Anhang anzugeben und zu erläutern.

(3) Fällt ein Vermögensgegenstand oder eine Schuld unter mehrere Posten der Bilanz, so ist die Mitzugehörigkeit zu anderen Posten bei dem Posten, unter dem der Ausweis erfolgt ist, zu vermerken oder im Anhang anzugeben, wenn dies zur Aufstellung eines klaren und übersichtlichen Jahresabschlusses erforderlich ist.

(4) ¹Sind mehrere Geschäftszweige vorhanden und bedingt dies die Gliederung des Jahresabschlusses nach verschiedenen Gliederungsvorschriften, so ist der Jahresabschluß nach der für einen Geschäftszweig vorgeschriebenen Gliederung aufzustellen und nach der für die anderen Geschäftszweige vorgeschriebenen Gliederung zu ergänzen. ²Die Ergänzung ist im Anhang anzugeben und zu begründen.

(5) ¹Eine weitere Untergliederung der Posten ist zulässig; dabei ist jedoch die vorgeschriebene Gliederung zu beachten. ²Neue Posten und Zwischensummen dürfen hinzugefügt werden, wenn ihr Inhalt nicht von einem vorgeschriebenen Posten gedeckt wird.

(6) Gliederung und Bezeichnung der mit arabischen Zahlen versehenen Posten der Bilanz und der Gewinn- und Verlustrechnung sind zu ändern, wenn dies wegen Besonderheiten der Kapitalgesellschaft zur Aufstellung eines klaren und übersichtlichen Jahresabschlusses erforderlich ist.

(7) Die mit arabischen Zahlen versehenen Posten der Bilanz und der Gewinn- und Verlustrechnung können, wenn nicht besondere Formblätter vorgeschrieben sind, zusammengefaßt ausgewiesen werden, wenn
1. sie einen Betrag enthalten, der für die Vermittlung eines den tatsächlichen Verhältnissen entsprechenden Bildes i. S. d. § 264 Abs. 2 nicht erheblich ist, oder
2. dadurch die Klarheit der Darstellung vergrößert wird; in diesem Falle müssen die zusammengefaßten Posten jedoch im Anhang gesondert ausgewiesen werden.

(8) Ein Posten der Bilanz oder der Gewinn- und Verlustrechnung, der keinen Betrag ausweist, braucht nicht aufgeführt zu werden, es sei denn, daß im vorhergehenden Geschäftsjahr unter diesem Posten ein Betrag ausgewiesen wurde.

Inhaltsübersicht   Rz

1 Überblick und Anwendungsbereich	1–4
2 Darstellungsstetigkeit (Abs. 1)	5–9
2.1 Beibehaltung der Darstellungsform	5–7
2.2 Ausnahmen der Darstellungsstetigkeit	8–9
3 Angabe von Vorjahresbeträgen (Abs. 2)	10–13
4 Zuordnung zu mehreren Posten (Abs. 3)	14–16
5 Mehrere Geschäftszweige (Abs. 4)	17–19
6 Weitere Untergliederung, neue Posten und Zwischensummen (Abs. 5)	20–23
6.1 Weitere Untergliederung	21
6.2 Neue Posten und Zwischensummen	22–23
7 Änderung von Gliederung und Bezeichnung (Abs. 6)	24–25
8 Zusammenfassung von Posten (Abs. 7)	26–28
9 Leerposten (Abs. 8)	29
10 Sanktionen	30

1 Überblick und Anwendungsbereich

1 § 265 HGB beinhaltet Grundsätze für die Gliederung der Jahresabschlüsse und schreibt in Abs. 1 die Darstellungsstetigkeit fest. Abs. 2 fordert Angaben zu Vorjahresbeträgen und zielt auf die formale Vergleichbarkeit ab. Darüber hinaus schreibt Abs. 3 einen Mitzugehörigkeitsvermerk und Abs. 4 eine Gliederungsergänzung bei mehreren Geschäftszweigen vor. Abs. 5 erlaubt eine weitere Untergliederung, Einfügung neuer Posten und Zwischensummen. Nach Abs. 6 sind ggf. Änderungen in Gliederung und Bezeichnung vorzunehmen und Abs. 7 bietet unter bestimmten Bedingungen die Möglichkeit, Posten zusammenzufassen. Abs. 8 enthält Hinweise zu Leerposten.

2 Die **Gliederungsregeln** dienen der **Klarheit und Übersichtlichkeit** und sind für die Gewährleistung einer **Vergleichbarkeit** unverzichtbar.[1] Einerseits soll die innerbetriebliche Vergleichbarkeit sichergestellt werden, indem die Darstellungsform des früheren Jahresabschlusses auch für den nachfolgenden Abschluss anzuwenden ist. Dies hat den Vorteil, dass ein Leser sich nur einmalig mit dem Aufbau des Jahresabschlusses des Unt auseinandersetzen muss und Veränderungen in nachfolgenden Abschlüssen schnell identifizieren kann. Andererseits erleichtern Gliederungsregeln den überbetrieblichen Vergleich von Jahresabschlüssen.

3 Diese Vorschrift gilt grds. für KapG und PersG i.S.d. § 264a HGB. Entsprechende Anwendung findet § 265 HGB auch für alle unter das PublG fallende Unt sowie für eingetragene Genossenschaften. Falls der Anhang wie bei publizitätspflichtigen EKfl. oder reinen PersG gem. § 5 Abs. 2 Satz 1 PublG entfällt, darf Abs. 7 Nr. 2 nicht angewendet werden und Änderungen in der Darstellung sind bspw. in der Bilanz selbst zu vermerken. Die allgemeinen Gliederungsgrundsätze sind nicht unmittelbar auf die Jahresabschlüsse aller anderen Kfl., die nicht KapG bzw. KapCoGes sind, anwendbar. Meistens handelt es sich hierbei um EKfl. oder

---

[1] Vgl. Ballwieser, in Baetge/Kirsch/Thiele, Bilanzrecht, § 265 HGB Rz 2, Stand: 7/2020.

reine PersG; auch inländische Zweigstellen von ausländischen Industrie-KapG sind nicht an diese Regelungen gebunden.

Die in § 265 HGB aufgeführten allgemeinen Grundsätze sind mit Ausnahme des Grundsatzes der Darstellungsstetigkeit lediglich eingeschränkt über § 243 Abs. 2 HGB zu beachten, weil die in § 265 Abs. 2–8 HGB aufgeführten Gliederungsgrundsätze nur teilweise zu den GoB zählen.[2]

2 Darstellungsstetigkeit (Abs. 1)

2.1 Beibehaltung der Darstellungsform

Die Vorschrift des § 265 Abs. 1 HGB verlangt die Beibehaltung der Form der Darstellung, insb. die Gliederung der aufeinanderfolgenden Bilanzen und GuV. Der Zusatz „insb." kann so zu verstehen sein, dass die Darstellungsstetigkeit auch für Anhang und Lagebericht gilt.[3] In jedem Fall greift für den Anhang mittelbar die Darstellungsstetigkeit für Angaben, die wahlweise in Bilanz bzw. GuV oder Anhang gemacht werden dürfen (sog. Ausweiswahlrechte), wie z. B. Fristigkeiten von Forderungen und Verbindlichkeiten.[4] Obwohl nicht explizit vorgeschrieben, ist von einer Beachtung der Darstellungsstetigkeit auch für den Anhang auszugehen. Zudem ist diese Vorschrift – für den Konzernabschluss und für bestimmte kapitalmarktorientierte Unt (§ 264 Abs. 1 Satz 2 HGB) – mittelbar für den Eigenkapitalspiegel, die KFR und – so erstellt – Segmentberichterstattung (§ 264 Rz 28 ff., § 297 Rz 24 ff.) zu beachten.

Mit dem Grundsatz der Darstellungsstetigkeit wird der in § 252 Abs. 1 Nr. 1 HGB festgelegte Grundsatz der **formellen Bilanzkontinuität** (§ 252 Rz 15) auf die Darstellungsform ausgeweitet. Unternehmen sind nur bei der erstmaligen Ausübung von Ausweiswahlrechten frei in der Ausgestaltung, in den Folgeperioden sind sie an die zuvor getroffene Entscheidung gebunden. Mit den genannten Regelungen soll dem Bilanzleser der Vergleich von zeitlich nachfolgenden Jahresabschlüssen erleichtert werden.

Die Darstellungsstetigkeit umfasst
- den Aufbau der Bilanz, der GuV, des Anhangs und des Lageberichts sowie Eigenkapitalspiegel, KFR und Segmentberichterstattung,
- die Gliederung betreffend ausgewiesener Posten, die Bezeichnungen der Posten, Reihenfolge der Posten und sonstiger Informationen,
- die Posteninhalte und sonstige Informationen,
- die Abgrenzung zwischen der Darstellung in den Rechenwerken, insb. Bilanz, GuV, und Anhang.[5]

Für **Anhang und Lagebericht** existieren keine expliziten Gliederungsvorschriften, aber es ist ein gewisses Maß an formaler Kontinuität zu beachten.[6] Inhalt und Gliederung des Lageberichts ergeben sich aus den relevanten gesetzlichen Vorschriften (§ 289 Rz 18). Für den Anhang hat sich ein Fußnotensystem etabliert

---

[2] Vgl. Störk/Büssow, in Beck Bil-Komm., 13. Aufl. 2022, § 265 HGB Rz 19 (in aktueller Auflage nicht mehr enthalten).
[3] Vgl. Ballwieser, in Baetge/Kirsch/Thiele, Bilanzrecht, § 265 HGB Rz 21, Stand: 7/2020.
[4] Vgl. Hoffmann/Lüdenbach, NWB-Kommentar Bilanzierung, 15. Aufl. 2024, § 265 Rz 8.
[5] Vgl. Ballwieser, in Baetge/Kirsch/Thiele, Bilanzrecht, § 265 HGB Rz 21, Stand 7/2020; Hütten/Lorson/Haustein, in Küting/Pfitzer/Weber, HdR, § 265 HGB Rn 9 ff., Stand 03/2022.
[6] Vgl. Emmerich, WPg 1986, S. 700.

(§ 284 Rz 12), bei dem z. B. die zu kommentierenden Bilanz- und GuV-Posten mit entsprechenden Fußnoten versehen werden und die Kommentierung selbst im Anhang unter der entsprechenden Fußnotennummer erfolgt.[7]
Für die **KFR**, **Segmentberichterstattung** und **Eigenkapitalspiegel** enthält das HGB keine expliziten Vorschriften. Insoweit ist auf DRS 21, DRS 28 und DRS 22 zu verweisen.

2.2 Ausnahmen der Darstellungsstetigkeit

8 Die vorgeschriebene Darstellungsstetigkeit gilt nicht absolut, weil dies jede Änderung der Darstellungsform ausschließen würde. Insofern lässt das HGB in **Ausnahmefällen** Abweichungen von der bisherigen Darstellungsweise „wegen besonderer Umstände" zu, d. h., es sind gewichtige Gründe notwendig.[8]

> **Praxis-Beispiel**
> Als besonderer Umstand gilt bspw. das Ausgliedern einer geschäftsleitenden Holding, der Wechsel der Konzernzugehörigkeit oder das Anpassen an die GuV eines neuen Mehrheitsgesellschafters.

Die Aufnahme neuer Gliederungsposten oder ein getrennter Ausweis von bisher zusammengefassten Posten ist keine Durchbrechung der formellen Stetigkeit i. S. d. Abs. 1.

9 Weiterhin ist eine Änderung der Darstellungsweise erforderlich, wenn dies aufgrund geänderter Vorschriften geboten ist, z. B. Wegfall des Ausweises eigener Anteile im UV und vorgeschriebene Verrechnung mit dem Eigenkapital gem. § 272 Abs. 1a HGB. Analog kann ein Unterschreiten von Schwellenwerten gem. § 267 HGB eine Änderung der Darstellung auslösen, wenn die damit verbundenen Erleichterungen (z. B. verkürzte GuV oder Bilanz) in Anspruch genommen werden (§ 267 Rz 10 ff.). Die Darstellungsweise ist wieder anzupassen, wenn die Erleichterungen bei Überschreiten dieser Schwellenwerte nicht mehr erlaubt sind. Zudem kann eine Verbesserung der Klarheit und Übersichtlichkeit der Darstellung (§ 243 Abs. 2 HGB) zu einer Darstellungsänderung führen.

Abweichungen sind im **Anhang anzugeben** und zu **erläutern**. Dabei reicht ein Verweis auf den Gesetzestext nicht aus, vielmehr soll die Erläuterung externen Adressaten helfen, den Sachverhalt nachvollziehen zu können.[9]

> **Praxis-Beispiel**
> Die GuV wird seit diesem Gj nach dem UKV erstellt. Der Grund für den Wechsel ist die zunehmende Verbreitung in der Branche und eine Verbesserung der überbetrieblichen Vergleichbarkeit.[10]

---

[7] Vgl. Ballwieser, in Baetge/Kirsch/Thiele, Bilanzrecht, § 265 HGB Rz 23, Stand: 7/2020.
[8] Vgl. WPH Edition, Wirtschaftsprüfung & Rechnungslegung, 18. Aufl. 2023, Abschn. F, Tz 288.
[9] Vgl. Kliem/Büssow, in Beck Bil-Komm., 14. Aufl. 2024, § 265 HGB Rz 4.
[10] In Anlehnung an Hoffmann/Lüdenbach, NWB-Kommentar Bilanzierung, 15. Aufl. 2024, § 265 HGB Rz 15.

3 Angabe von Vorjahresbeträgen (Abs. 2)

Um die zeitliche Vergleichbarkeit der Jahresabschlüsse zu gewährleisten, sind Vorjahresbeträge in Bilanz und GuV anzugeben. Dies gilt auch dann, wenn eigentlich keine Vergleichbarkeit gegeben ist, z. B. aufgrund eines vorhergehenden Rumpf-Gj. (§ 240 HGB),[11] bei einem Wechsel zwischen UKV und GKV oder der Umstellung auf ein anderes Rechnungslegungssystem gem. § 315e und § 325 Abs. 2a HGB. DRS 21 bzw. DRS 22 sehen für KFR und Eigenkapitalspiegel analoge Anforderungen vor, wobei in der KFR dies lediglich als Empfehlung ausgestaltet ist (DRS 21.22). Für den Anhang gilt die Angabe von Vorjahresbeträgen ebenfalls nur mittelbar, wenn Angaben im Anhang anstatt in der Bilanz oder GuV gemacht werden (Wahlpflichtangaben).[12]

Die Angabepflicht gilt auch für im Gliederungsschema vorgeschriebene „**Davon-Vermerke**";[13] sie ist i. S. d. Zwecksetzung dieser Vorschrift auch für **gesetzlich geforderte oder freiwillige Vermerke** sowie für zusätzliche Untergliederungen zu beachten.[14]

Wenn die Beträge des Gj nicht mit den Vorjahreswerten vergleichbar sind (Abs. 2 Satz 2), sind Tatsache und Gründe der **Nichtvergleichbarkeit** im Anhang zu benennen und zu erläutern. Eine zahlenmäßige Angabe ist nicht explizit gefordert; zahlenmäßige Angaben sind jedoch bei wesentlichen Beträgen notwendig.

Können nicht vergleichbare Vorjahresbeträge nur teilweise angepasst werden (z. B. Rumpfgeschäftsjahr), sind eine Angabe und Erläuterung im Anhang geboten (Abs. 2 Satz 3). Bei **Anpassungen** sind die Beträge auszuweisen, die sich bei Anwendung der aktuellen Bewertungsmethode im Vorjahr ergeben hätten.[15]

4 Zuordnung zu mehreren Posten (Abs. 3)

Bei der Anwendung des Gliederungsschemas des § 266 HGB kann es zu Überschneidungen einzelner Bilanzposten kommen. Die Möglichkeit der Zuordnung von VG und Schulden zu mehr als einem Bilanzposten resultiert daraus, dass die Bilanzgliederung verschiedenen Gliederungsprinzipien folgt (Bindungsdauer oder Rechtsverhältnisse).

Zuordnungsprobleme können sich z. B. bei der Behandlung von Forderungen aus Lieferungen und Leistungen gegen oder Verbindlichkeiten aus Lieferungen und Leistungen gegenüber verbundenen Unt oder Unt, mit denen ein Beteiligungsverhältnis besteht, ergeben.

---

[11] Vgl. Reiner, in MünchKomm. HGB, 5. Aufl. 2024, § 265 HGB Rn 8.
[12] IDW RS HFA 39.1.1.
[13] Vgl. WPH Edition, Wirtschaftsprüfung & Rechnungslegung, 18. Aufl. 2023, Abschn. F, Tz 289.
[14] Vgl. IDW RS HFA 39.1.1; 39.2.11.
[15] Vgl. Ballwieser, in Baetge/Kirsch/Thiele, Bilanzrecht, § 265 HGB Rz 35–36, Stand: 7/2020.

> **Praxis-Beispiel**[16]
> Die U-GmbH hat Debitoren von 100 Mio. EUR, die sich wie folgt zusammensetzen:
>
> | | |
> |---|---|
> | Gesellschafter, die zugleich verbundene Unt sind: | 6 Mio. EUR |
> | Sonstige Gesellschafter: | 5 Mio. EUR |
> | Verbundene Unt, die nicht Gesellschafter sind: | 3 Mio. EUR |
> | Dritte | 86 Mio. EUR |
>
> Infrage kommen u. a. folgende Ausweisalternativen:
> Die Debitoren werden mit 100 ausgewiesen, dabei sind folgende Davon-Vermerke (oder Anhangangaben) nötig:
>
> | | |
> |---|---|
> | davon verbundene Unt (ohne Gesellschafter) | 3 Mio. EUR |
> | davon Gesellschafter | 11 Mio. EUR |
>
> Die Debitoren werden mit 86 ausgewiesen. In jeweils einer separaten Position werden Forderungen gegen verbundene Unt (ohne Gesellschafter (3) und Forderungen gegen Gesellschafter (11) gezeigt. Bei den Forderungen gegen Gesellschafter werden zwei Davon-Vermerke aufgenommen:
>
> | | |
> |---|---|
> | davon Debitoren: | 11 Mio. EUR |
> | davon verbundene Unt: | 6 Mio. EUR |

Die Formulierung des Abs. 3 bezieht sich explizit auf VG und Schulden, sodass zum einen RAP, Sonderposten und latente Steuern nicht unter diesen Anwendungsbereich fallen. Zum anderen gilt für GuV-Posten der Mitzugehörigkeitsvermerk nicht,[17] da hier keine unterschiedlichen Gliederungsprinzipien Anwendung finden.

15 Angaben nach Abs. 3 sind nur dann geboten, wenn es i. S. d. Klarheit und Übersichtlichkeit des Jahresabschlusses (§ 243 Abs. 2 HGB) erforderlich ist. Ein Ausweis bei dem Posten der gesetzlichen Bilanzgliederung ist vorgeschrieben, wenn dieser seiner „Eigenart nach und im Interesse an einem den tatsächlichen Verhältnissen entsprechenden Bild der Unternehmenslage (§ 264 Abs. 2 Satz 1 HGB) vorrangig zugeordnet werden"[18] kann. Bei gleichwertiger Zugehörigkeit eines Postens zu anderen Posten liegt es in der Ausweisentscheidung des Unt, d. h., es besteht **faktisch ein Ausweiswahlrecht**.

16 Die **Mitzugehörigkeit** eines Postens zu anderen Bilanzposten ist gem. § 265 Abs. 3 HGB durch einen „Davon"-Vermerk bei dem Posten anzugeben, unter dem der Bilanzausweis erfolgt. Alternativ ist eine Anhangangabe möglich, „wenn dies zur Aufstellung eines klaren und übersichtlichen Jahresabschlusses erforderlich ist" (faktisches Ausweiswahlrecht). Durch diese zusätzliche Angabepflicht

---

[16] Entnommen aus: Hoffmann/Lüdenbach, NWB-Kommentar Bilanzierung, 15. Aufl. 2024, § 265 HGB Rz 54.
[17] Vgl. Glade, Praxishandbuch, 1995, Rz 27.
[18] Reiner, in MünchKomm. HGB, 5. Aufl., 2024, § 265 HGB Rn 11.

werden die überbetriebliche Vergleichbarkeit sowie der Informationsgehalt des Abschlusses erhöht und der geforderten Klarheit und Übersichtlichkeit des Jahresabschlusses nach § 243 Abs. 2 HGB entsprochen.[19]

5 Mehrere Geschäftszweige (Abs. 4)

Falls ein Unt in mehreren Geschäftszweigen aktiv ist, können verschiedene Gliederungen entsprechend den Vorschriften für die jeweiligen Zweige maßgeblich sein. Als Gliederungsvorschriften nach Abs. 4 kommen neben den gesetzlichen Gliederungsvorgaben für Bilanz und GuV (§§ 266, 268 und 275, 277 HGB) auch ergänzende Vorschriften nach §§ 162 und 158 AktG, § 42 GmbHG und Formblätter, die für einzelne Branchen durch RVO vorgeschrieben sind (Krankenhäuser, Pflegeeinrichtungen, Pensionsfonds, Kreditinstitute, Zahlungsinstitute, Verkehrsbetriebe, Versicherungs- und WohnungsUnt), in Betracht. Es besteht kein qualitativer Unterschied zwischen Formblättern und anderen Vorschriften (§ 330 Rz 7). Ferner existieren durch Landesrecht erlassene Gliederungen für Versorgungsbetriebe und zum Teil für Verkehrsbetriebe. 17

Wenn ein Unt in mehreren Geschäftszweigen tätig ist, ist das Gliederungsschema des **Hauptgeschäftszweigs** maßgebend, um möglichst wenige Ergänzungen vornehmen zu müssen und die Vergleichbarkeit am besten zu sichern. 18

Ist ein Hauptgeschäftszweig bei **Gleichwertigkeit der Geschäftszweige** nicht zu identifizieren, liegt es letztlich in der Entscheidung des Unt (faktisches Wahlrecht), nach welchem Geschäftszweig sich das Gliederungsschema vorrangig bestimmt. Die gewählte Grundgliederung muss um die Posten ergänzt werden, die für die Darstellung der übrigen Geschäftszweige notwendig sind.[20] Die vorgenommenen Ergänzungen müssen im **Anhang** angegeben und begründet werden, damit Abschlussadressaten die Auswahl für das Schema als Hauptschema nachvollziehen können. 19

6 Weitere Untergliederung, neue Posten und Zwischensummen (Abs. 5)

Durch das gesetzlich vorgegebene Gliederungsschema für Bilanz und GuV gibt der Gesetzgeber einen Mindeststandard vor. Gleiches gilt für die KFR und den Eigenkapitalspiegel nach DRS 21 bzw. DRS 22. Darüber hinaus können weitere Untergliederungen vorgenommen und **neue Posten** hinzugefügt werden. 20

6.1 Weitere Untergliederung

Bei einer **Untergliederung** handelt es sich um die Aufgliederung eines Postens in seine wesentlichen Komponenten oder um Ausgliederungen aus Sammelposten. Untergliederungen beziehen sich auf einen bereits existierenden Posten aus dem gesetzlichen Gliederungsschema.[21] Aufgliederungen können als „Davon"-Vermerk oder in einer Vorspalte erfolgen. Eine Untergliederung ist zulässig, wenn sie den Einblick in die Unternehmenslage verbessert und zu einem Informationsgewinn führt. 21

---

[19] Vgl. Reiner, in MünchKomm. HGB, 5. Aufl., 2024, § 265 HGB Rn 10.
[20] Vgl. Ballwieser, in Baetge/Kirsch/Thiele, Bilanzrecht, § 265 HGB Rz 51, Stand: 7/2020.
[21] ADS, Rechnungslegung und Prüfung der Unternehmen, 6. Aufl. 1995–2001, § 265 HGB Rz 55.

Eine freiwillige Aufgliederung i. S. v. § 265 Abs. 5 HGB liegt nur dann vor, wenn das Gesetz auf eigene Untergliederungen in den Rechenwerken verzichtet hat. Beispiele für **gesetzlich vorgeschriebene Untergliederungen** von Bilanzposten sind u. a. Angaben von Forderungen und Verbindlichkeiten mit einer Restlaufzeit bis zu einem Jahr (§ 268 Abs. 4 und 5 HGB). Des Weiteren können bestimmte Informationspflichten durch entsprechende Ausweise in Bilanz bzw. GuV oder durch Angaben im Anhang erfüllt werden. Das gilt bspw. für die Angabe eines aktivierten Disagios (§ 268 Abs. 6 HGB) oder von außerplanmäßigen Abschreibungen nach § 253 Abs. 3 HGB (§ 277 Abs. 3 HGB).

Bei **freiwilligen Untergliederungen nach Abs. 5** muss das vorgegebene Gliederungsschema beibehalten werden.[22] Eine Untergliederung für unwesentliche Posten aus Gründen der Klarheit und Übersichtlichkeit ist nicht zulässig.

> **Praxis-Beispiel**[23]
> Bei der Autovermietung Europa besteht ein wesentlicher Teil der Betriebs- und Geschäftsausstattung aus dem Fuhrpark. Hier ist eine freiwillige Aufgliederung der Bilanzposition Betriebs- und Geschäftsausstattung in die Positionen Fuhrpark und Sonstige Betriebs- und Geschäftsausstattung möglich.
> Ausgliederungen können für Provisionserträge und periodenfremde Erträge erfolgen, die separat von den sonstigen betrieblichen Erträgen ausgewiesen werden.[24]
> Bei LeasingUnt ist es zulässig, Leasingvermögen als neue Kategorie (z. B. „Vermietete Vermögensgegenstände") auszugliedern. Gleiches gilt für Leasingverbindlichkeiten.

Aufgliederungen können als „Davon"-Vermerk oder in einer Vorspalte erfolgen. Die Ausgliederung kann auch in einer Hauptspalte vorgenommen werden.[25] Eine Untergliederung ist zulässig, wenn sie den Einblick in die Unternehmenslage verbessert und zu einem Informationsgewinn führt.

6.2 Neue Posten und Zwischensummen

22 Kann ein Bilanzierungssachverhalt nicht unter einem vorhandenen gesetzlichen Posten aufgeführt werden, dürfen neue Bilanz- oder GuV-Posten dem gesetzlichen Gliederungsschema hinzugefügt werden (Wahlrecht).

> **Praxis-Beispiel**
> Bspw. stellt der Ausweis von Investitionszuschüssen aus öffentlichen Mitteln in einem Sonderposten auf der Passivseite einen neuen Posten dar.[26]
> Auch als Eigenkapital zu qualifizierendes Genussrechtskapital stellt einen neuen Posten innerhalb des Eigenkapitals dar.

---

22 Vgl. Ballwieser, in Baetge/Kirsch/Thiele, Bilanzrecht, § 265 HGB Rz 61–64, Stand: 7/2020.
23 Vgl. Hoffmann/Lüdenbach, in NWB-Kommentar Bilanzierung, 15. Aufl. 2024, § 265 HGB Rz 36.
24 Vgl. ADS, Rechnungslegung und Prüfung der Unternehmen, 6. Aufl. 1995–2001, § 265 HGB Rz 57.
25 Vgl. ADS, Rechnungslegung und Prüfung der Unternehmen, 6. Aufl. 1995–2001, § 265 HGB Rz 57.
26 BGH, Urteil v. 26.6.2003, II ZR 169/02, NZG 2003, S. 883.

Beim gesonderten Ausweis von Schiffen, Flugzeugen, Tankstellenanlagen oder Filmvermögen handelt es sich um eine Untergliederung, weil diese Posten durch das gesetzliche Schema abgedeckt sind.[27]

Ist eine Hinzufügung neuer Posten aufgrund des Grundsatzes der Klarheit und Übersichtlichkeit (§ 243 Abs. 2 HGB) oder der geforderten Abbildung der tatsachengemäßen Vermögens-, Finanz- und Ertragslage (§ 264 Abs. 2 Satz 1 HGB) erforderlich, ist nicht mehr von einem Wahlrecht auszugehen. So ist z.B. der Ausweis von verschiedenen, jeweils wesentlichen Beträgen unter einem Posten nicht angemessen, wenn kein gesonderter Ausweis vorgeschrieben ist.[28]

Außerdem dürfen die normierten Gliederungsschemata gesetzlich um nicht vorgesehene **Zwischensummen** ergänzt werden. Bspw. würde sich der Ausweis eines separaten Betriebs- und Finanzergebnisses oder eines EBIT (Earnings Before Interest And Taxes) als Zwischensumme anbieten, wie zum Teil auch praktiziert.

7 Änderung von Gliederung und Bezeichnung (Abs. 6)

In § 265 Abs. 6 HGB werden die Modifikation der Gliederung und die Bezeichnung der mit arabischen Zahlen versehenen Posten der Bilanz und GuV vorgeschrieben, „wenn dies wegen" **Besonderheiten der KapG** zur Aufstellung eines klaren und übersichtlichen Jahresabschlusses erforderlich ist. Mit dieser Vorschrift sollen Besonderheiten von Unt spezieller Branchen oder spezieller Tätigkeiten im Jahresabschluss kenntlich gemacht werden, weil sich die Gliederungsschemata der §§ 266 und 275 HGB primär auf Industrie- oder Handels-Unt beziehen. Als Beispiele sind Unt aus den Branchen Energieversorgung, Bergbau und Bau sowie aus dem Bereich Transport und Verkehr zu nennen. Ebenso betrifft dies die Bereiche Brauereien, Reedereien, Betriebe der Mineralölindustrie, Dienstleistungsbetriebe, LeasingUnt und HoldingGes.

Praktisch relevant ist die Änderung einer Postenbezeichnung und weniger die Änderung der Gliederung. Eine Änderung von Postenbezeichnungen ist nur für die **arabisch bezifferten Posten** zulässig. Eine Änderung der Hauptposten Anlage- oder Umlaufvermögen darf ebenso wenig vorgenommen werden wie eine Änderung der mit römisch bezifferten Posten, wie z.B. Sach- oder Finanzanlage oder Forderungen und sonstige Vermögensgegenstände. Änderungen der Postenbezeichnungen sind als Kürzungen, Erweiterung oder Änderung möglich.[29]

> **Praxis-Beispiel**
> Anstelle von „Materialaufwand" kann der Begriff „Aufwendungen für bezogene Leistungen" verwendet werden, wenn im Materialaufwand keine anderen Aufwendungen für RHB und bezogene Waren enthalten sind.
> Die Bezeichnung „Roh-, Hilfs- und Betriebsstoffe" kann um den Zusatz „einschl. Ersatzteile" ergänzt werden, um die zusätzliche Erfassung von Ersatzteilen deutlich zu machen

---

[27] Vgl. Hoffmann/Lüdenbach, NWB-Kommentar Bilanzierung, 15. Aufl. 2024, § 265 HGB Rz 36.
[28] Vgl. ADS, Rechnungslegung und Prüfung der Unternehmen, 6. Aufl. 1995–2001, § 265 HGB Rz 68; WPH Edition, Wirtschaftsprüfung & Rechnungslegung, 18. Aufl. 2023, Abschn. F, Tz 295.
[29] Vgl. Hoffmann/Lüdenbach, NWB-Kommentar Bilanzierung, 15. Aufl. 2024, § 265 HGB Rz 44.

> Die Postenbezeichnung „Anteile an verbundenen Unternehmen" kann durch die engere Bezeichnung „Anteile an Tochterunternehmen" geändert werden, wenn die Anteile nur Tochterunternehmen betreffen.

8 Zusammenfassung von Posten (Abs. 7)

26 Um die Klarheit und Übersichtlichkeit der Darstellung zu gewährleisten (§ 265 Abs. 7 Nr. 2 HGB) und dem Grundsatz der Wesentlichkeit gerecht zu werden (§ 265 Abs. 7 Nr. 1 HGB), können Unt unter bestimmten Voraussetzungen einzelne Posten der Bilanz und GuV zusammenfassen. Es dürfen nur die mit arabischen Zahlen versehenen Posten zusammengefasst werden. Die Postenzusammenfassung ist für die **Bilanzgliederung** nach § 266 HGB nur auf die arabisch bezifferten Posten beschränkt, während bei der **GuV** nach § 275 HGB zunächst scheinbar alle Posten zusammengefasst werden können. Allerdings müssen die Teilergebnisse entsprechend der handelsrechtlichen Erfolgsspaltungskonzeption der GuV, wie ableitbares Betriebs- und Finanzergebnis erkennbar sein. Innerhalb der jeweiligen Gewinnschichten müssen die Zusammenfassungen sachlich begründet sein. Lediglich Aufwendungen und Erträge, die einen ähnlichen Charakter haben, dürfen zusammengefasst werden.[30]

27 Werden Bilanz- oder GuV-Posten zur Erhöhung der **Klarheit und Übersichtlichkeit** der Darstellung zusammengefasst (Nr. 2), sind diese im **Anhang** gesondert auszuweisen, womit der Anhang die sog. Entlastungsfunktion übernimmt (§ 284 Rz 6). Je nach Höhe der Beträge ist unter Beachtung der Wesentlichkeit eine zahlenmäßige Angabe erforderlich, um den Informationsgehalt nicht zu beeinträchtigen. Außerdem sind Vorjahresbeträge anzugeben und der Stetigkeitsgrundsatz zu beachten. Somit bleibt unabhängig von der Inanspruchnahme dieses Ausweiswahlrechts eine Gleichwertigkeit erhalten.

28 Dagegen lösen die aufgrund der **Wesentlichkeit** (Nr. 1) zusammengefassten Posten keine weiteren Anhanginformationen aus. Ob ein Posten wirklich unerheblich ist, hängt vom Einzelfall ab.[31] Im Gesetzestext wird ein Verweis auf § 264 Abs. 2 HGB gegeben, wonach die Erheblichkeit in Bezug auf die Vermittlung einer tatsachengemäßen Unternehmensdarstellung zu messen ist.[32] Ein Beispiel stellt die Zusammenfassung innerhalb der Wertpapiere des Umlaufvermögens auf der Aktivseite und Verbindlichkeiten auf der Passivseite dar, sofern die Beträge nicht wesentlich sind. Die Posten dürfen aber nur dann zusammengefasst werden, wenn die jeweiligen Unterposten im laufenden Jahr und im Vorjahr als unwesentlich gelten. Zur Definition der Wesentlichkeit vgl. § 252 Rz 171 ff.

> **Praxis-Beispiel**
> Die X-AG hält nicht wesentliche Anteile an verbundenen Unt sowie sonstige Wertpapiere, bei denen jeweils keine dauerhafte Halteabsicht besteht. Beide Positionen dürfen gemeinsam unter der Position Wertpapiere ausgewiesen werden.

---

[30] Vgl. Ballwieser, in Baetge/Kirsch/Thiele, Bilanzrecht, § 265 HGB Rz 81, Stand: 7/2020.
[31] Vgl. Ossadnik, WPg 1993, S. 622.
[32] Vgl. Ballwieser, in Baetge/Kirsch/Thiele, Bilanzrecht, § 265 HGB Rz 83, Stand: 7/2020.

9 Leerposten (Abs. 8)

In der Bilanz und GuV müssen **Leerposten** für das ablaufende Gj nur ausgewiesen werden, wenn „im vorhergehenden Gj unter diesem Posten ein Betrag ausgewiesen wurde" (§ 265 Abs. 8 HGB). Ansonsten besteht ein Wahlrecht, den Leerposten weiterzuführen oder diesen entgegen dem Stetigkeitsgrundsatz im folgenden Jahr wegzulassen. Die Regelung ist auf Anhangangaben im Fall von Ausweiswahlrechten entsprechend anzuwenden.[33] 29
Falls es sich bei dem Vorjahresbetrag um einen unwesentlichen Betrag i. S. v. Abs. 7 Nr. 1 handelt und eine nachträgliche Zusammenfassung mit anderen Posten zulässig ist, kann auf den Leerposten in der Berichtsperiode unter Anpassung der Vorjahreszahlen verzichtet werden. Entsprechend kann bei „Davon"-Vermerken auf den Ausweis eines Leerpostens verzichtet werden; eine Fehlanzeige kann entfallen.[34]

10 Sanktionen

Ein Verstoß gegen § 265 HGB stellt ein Vergehen dar, welches mit Geldstrafe sanktioniert werden kann. Dieser führt gem. § 256 Abs. 4 AktG zur **Nichtigkeit** des Jahresabschlusses, wenn eine wesentliche Beeinträchtigung der Klarheit und Übersichtlichkeit des Abschlusses vorliegt. 30
Werden durch den Verstoß gegen § 265 HGB die Verhältnisse der KapG oder der KapCoGes im Jahresabschluss vorsätzlich falsch wiedergegeben oder verschleiert, kann eine **Freiheitsstrafe** von bis zu drei Jahren oder eine **Geldstrafe** für die Mitglieder des vertretungsberechtigten Gremiums bzw. des Aufsichtsrats der Ges. verhängt werden.
Allgemein stellen Zuwiderhandlungen gegen § 265 Abs. 2–4 und 6 HGB **Ordnungswidrigkeiten** dar, die mit einer Geldstrafe von bis zu 50.000 EUR nach § 334 HGB und § 335b HGB geahndet werden können (§ 334 Rz 15).[35]

---

[33] Vgl. Kliem/Büssow, in Beck Bil-Komm., 14. Aufl. 2024, § 265 HGB Rz 18.
[34] Vgl. ADS, Rechnungslegung und Prüfung der Unternehmen, 6. Aufl. 1995–2001, § 265 HGB Rz 95–96.
[35] Vgl. Reiner, in MünchKomm. HGB, 5. Aufl. 2024, § 265 HGB Rn 23.

§ 266 Gliederung der Bilanz

(1) ¹Die Bilanz ist in Kontoform aufzustellen. ²Dabei haben mittelgroße und große Kapitalgesellschaften (§ 267 Absatz 2 und 3) auf der Aktivseite die in Absatz 2 und auf der Passivseite die in Absatz 3 bezeichneten Posten gesondert und in der vorgeschriebenen Reihenfolge auszuweisen. ³Kleine Kapitalgesellschaften (§ 267 Abs. 1) brauchen nur eine verkürzte Bilanz aufzustellen, in die nur die in den Absätzen 2 und 3 mit Buchstaben und römischen Zahlen bezeichneten Posten gesondert und in der vorgeschriebenen Reihenfolge aufgenommen werden. ⁴Kleinstkapitalgesellschaften (§ 267a) brauchen nur eine verkürzte Bilanz aufzustellen, in die nur die in den Absätzen 2 und 3 mit Buchstaben bezeichneten Posten gesondert und in der vorgeschriebenen Reihenfolge aufgenommen werden.

(2) Aktivseite
A. Anlagevermögen:
   I. Immaterielle Vermögensgegenstände:
     1. Selbst geschaffene gewerbliche Schutzrechte und ähnliche Rechte und Werte;
     2. entgeltlich erworbene Konzessionen, gewerbliche Schutzrechte und ähnliche Rechte und Werte sowie Lizenzen an solchen Rechten und Werten;
     3. Geschäfts- oder Firmenwert;
     4. geleistete Anzahlungen;
   II. Sachanlagen:
     1. Grundstücke, grundstücksgleiche Rechte und Bauten einschließlich der Bauten auf fremden Grundstücken;
     2. technische Anlagen und Maschinen;
     3. andere Anlagen, Betriebs- und Geschäftsausstattung;
     4. geleistete Anzahlungen und Anlagen im Bau;
   III. Finanzanlagen:
     1. Anteile an verbundenen Unternehmen;
     2. Ausleihungen an verbundene Unternehmen;
     3. Beteiligungen;
     4. Ausleihungen an Unternehmen, mit denen ein Beteiligungsverhältnis besteht;
     5. Wertpapiere des Anlagevermögens;
     6. sonstige Ausleihungen.
B. Umlaufvermögen:
   I. Vorräte:
     1. Roh-, Hilfs- und Betriebsstoffe;
     2. unfertige Erzeugnisse, unfertige Leistungen;
     3. fertige Erzeugnisse und Waren;
     4. geleistete Anzahlungen;
   II. Forderungen und sonstige Vermögensgegenstände:
     1. Forderungen aus Lieferungen und Leistungen;
     2. Forderungen gegen verbundene Unternehmen;

3. Forderungen gegen Unternehmen, mit denen ein Beteiligungsverhältnis besteht;
4. sonstige Vermögensgegenstände;
III. Wertpapiere:
  1. Anteile an verbundenen Unternehmen;
  2. sonstige Wertpapiere;
IV. Kassenbestand, Bundesbankguthaben, Guthaben bei Kreditinstituten und Schecks.
C. Rechnungsabgrenzungsposten.
D. Aktive latente Steuern.
E. Aktiver Unterschiedsbetrag aus der Vermögensverrechnung.

(3) Passivseite
A. Eigenkapital:
  I. Gezeichnetes Kapital;
  II. Kapitalrücklage;
  III. Gewinnrücklagen:
    1. gesetzliche Rücklage;
    2. Rücklage für Anteile an einem herrschenden oder mehrheitlich beteiligten Unternehmen;
    3. satzungsmäßige Rücklagen;
    4. andere Gewinnrücklagen;
  IV. Gewinnvortrag/Verlustvortrag;
  V. Jahresüberschuß/Jahresfehlbetrag.
B. Rückstellungen:
  1. Rückstellungen für Pensionen und ähnliche Verpflichtungen;
  2. Steuerrückstellungen;
  3. sonstige Rückstellungen.
C. Verbindlichkeiten:
  1. Anleihen
     davon konvertibel;
  2. Verbindlichkeiten gegenüber Kreditinstituten;
  3. erhaltene Anzahlungen auf Bestellungen;
  4. Verbindlichkeiten aus Lieferungen und Leistungen;
  5. Verbindlichkeiten aus der Annahme gezogener Wechsel und der Ausstellung eigener Wechsel;
  6. Verbindlichkeiten gegenüber verbundenen Unternehmen;
  7. Verbindlichkeiten gegenüber Unternehmen, mit denen ein Beteiligungsverhältnis besteht;
  8. sonstige Verbindlichkeiten,
     davon aus Steuern,
     davon im Rahmen der sozialen Sicherheit.
D. Rechnungsabgrenzungsposten.
E. Passive latente Steuern.

Inhaltsübersicht   Rz
1   Überblick   1–5
    1.1   Inhalt   1–2
    1.2   Anwendungsbereich und Entwicklung der Vorschrift   3–5
2   Aufbau der Bilanz (Abs. 1)   6–18
    2.1   Kontoform (Abs. 1 Satz 1)   6
    2.2   Vorgaben für die Bilanzgliederung (Abs. 1 Satz 2) ...   7–8
    2.3   Größenabhängige Erleichterungen für kleine Kapitalgesellschaften (Abs. 1)   9–18
          2.3.1   Kleine Kapitalgesellschaften (Abs. 1 Satz 3) ..   10–12
          2.3.2   Kleinstkapitalgesellschaften (Abs. 1 Satz 4) ..   13–18
3   Aktivseite (Abs. 2)   19–104
    3.1   Anlagevermögen (Abs. 2 A.)   19–63
          3.1.1   Überblick   19–21
          3.1.2   Immaterielle Vermögensgegenstände (Abs. 2 A. I.)   22–36
                  3.1.2.1   Selbst geschaffene gewerbliche Schutzrechte und ähnliche Rechte und Werte (Abs. 2 A. I. 1.)   25–26
                  3.1.2.2   Entgeltlich erworbene Konzessionen, gewerbliche Schutzrechte und ähnliche Rechte und Werte sowie Lizenzen an solchen Rechten und Werten (Abs. 2 A. I. 2.)   27–31
                  3.1.2.3   Geschäfts- oder Firmenwert (Abs. 2 A. I. 3.)   32–34
                  3.1.2.4   Geleistete Anzahlungen (Abs. 2 A. I. 4.) .   35–36
          3.1.3   Sachanlagen (Abs. 2 A. II.)   37–49
                  3.1.3.1   Grundstücke, grundstücksgleiche Rechte und Bauten einschließlich der Bauten auf fremden Grundstücken (Abs. 2 A. II. 1.) .   38–44
                  3.1.3.2   Technische Anlagen und Maschinen (Abs. 2 A. II. 2.)   45–46
                  3.1.3.3   Andere Anlagen, Betriebs- und Geschäftsausstattung (Abs. 2 A. II. 3.)   47
                  3.1.3.4   Geleistete Anzahlungen und Anlagen im Bau (Abs. 2 A. II. 4.)   48–49
          3.1.4   Finanzanlagen (Abs. 2 A. III.)   50–63
                  3.1.4.1   Anteile an verbundenen Unternehmen (Abs. 2 A. III. 1.)   51–53
                  3.1.4.2   Ausleihungen an verbundene Unternehmen (Abs. 2 A. III. 2.)   54–56
                  3.1.4.3   Beteiligungen (Abs. 2 A. III. 3.)   57–58
                  3.1.4.4   Ausleihungen an Unternehmen, mit denen ein Beteiligungsverhältnis besteht (Abs. 2 A. III. 4.)   59
                  3.1.4.5   Wertpapiere des Anlagevermögens (Abs. 2 A. III. 5.)   60–62
                  3.1.4.6   Sonstige Ausleihungen (Abs. 2 A. III. 6.) .   63

3.2	Umlaufvermögen (Abs. 2 B.)		64–99
	3.2.1	Überblick	64
	3.2.2	Vorräte (Abs. 2 B. I.)	65–76
		3.2.2.1 Roh-, Hilfs- und Betriebsstoffe (Abs. 2 B. I. 1.)	67–69
		3.2.2.2 Unfertige Erzeugnisse, unfertige Leistungen (Abs. 2 B. I. 2.)	70–72
		3.2.2.3 Fertige Erzeugnisse und Waren (Abs. 2 B. I. 3.)	73–74
		3.2.2.4 Geleistete Anzahlungen (Abs. 2 B. I. 4.)	75–76
	3.2.3	Forderungen und sonstige Vermögensgegenstände (Abs. 2 B. II.)	77–89
		3.2.3.1 Forderungen aus Lieferungen und Leistungen (Abs. 2 B. II. 1.)	79–80
		3.2.3.2 Forderungen gegen verbundene Unternehmen (Abs. 2 B. II. 2.)	81–82
		3.2.3.3 Forderungen gegen Unternehmen, mit denen ein Beteiligungsverhältnis besteht (Abs. 2 B. II. 3.)	83
		3.2.3.4 Sonstige Vermögensgegenstände (Abs. 2 B. II. 4.)	84–85
		3.2.3.5 Sonderposten innerhalb Forderungen und sonstige Vermögensgegenstände	86–89
	3.2.4	Wertpapiere (Abs. 2 B. III.)	90–94
		3.2.4.1 Anteile an verbundenen Unternehmen (Abs. 2 B. III. 1.)	91–93
		3.2.4.2 Sonstige Wertpapiere (Abs. 2 A. III. 2.)	94
	3.2.5	Kassenbestand, Bundesbankguthaben, Guthaben bei Kreditinstituten und Schecks (Abs. 2 B. IV.)	95–99
		3.2.5.1 Kassenbestand	96
		3.2.5.2 Bundesbankguthaben, Guthaben bei Kreditinstituten	97–98
		3.2.5.3 Schecks	99
3.3	Rechnungsabgrenzungsposten (Abs. 2 C.)		100
3.4	Aktive latente Steuern (Abs. 2 D.)		101–102
3.5	Aktiver Unterschiedsbetrag aus der Vermögensverrechnung (Abs. 2 E.)		103
3.6	Weitere Posten auf der Aktivseite		104
4	Passivseite (Abs. 3)		105–169
4.1	Eigenkapital (Abs. 3 A.)		106–126
	4.1.1	Gezeichnetes Kapital (Abs. 3 A. I.)	109–112
	4.1.2	Kapitalrücklagen (Abs. 3 A. II.)	113–114
	4.1.3	Gewinnrücklagen (Abs. 3 A. III.)	115–120
		4.1.3.1 Gesetzliche Rücklage (Abs. 3 A. III. 1.)	116
		4.1.3.2 Rücklage für Anteile an einem herrschenden oder mehrheitlich beteiligten Unternehmen (Abs. 3 A. III. 2.)	117

		4.1.3.3	Satzungsmäßige Rücklage (Abs. 3 A. III. 3.)................	118
		4.1.3.4	Andere Gewinnrücklagen (Abs. 3 A. III. 4.)..................	119–120
	4.1.4		Gewinn-/Verlustvortrag (Abs. 3 A. IV.)	121–122
	4.1.5		Jahresüberschuss/Jahresfehlbetrag (Abs. 3 A. V.)..	123–124
	4.1.6		Bilanzgewinn/Bilanzverlust................	125
	4.1.7		Eigenkapitaldifferenz aus Währungsumrechnung .	126
4.2			Begrifflichkeit und Abgrenzung zu eigenkapitalähnlichen Posten.......................................	127–133
	4.2.1		Einlagen zu Kapitalerhöhungen..............	128
	4.2.2		Genussrechte...........................	129–130
	4.2.3		Einlagen stiller Gesellschafter	131
	4.2.4		Verbindlichkeiten gegenüber Gesellschaftern	132–133
4.3			Sonderposten	134
4.4			Rückstellungen (Abs. 3 B.)	135–142
	4.4.1		Rückstellungen für Pensionen und ähnliche Verpflichtungen (Abs. 3 B. 1.)	136–139
	4.4.2		Steuerrückstellungen (Abs. 3 B. 2.)..............	140
	4.4.3		Sonstige Rückstellungen (Abs. 3 B. 3.)..........	141–142
4.5			Verbindlichkeiten (Abs. 3 C.).....................	143–165
	4.5.1		Anleihen, davon konvertibel (Abs. 3 C. 1.)........	148–150
	4.5.2		Verbindlichkeiten gegenüber Kreditinstituten (Abs. 3 C. 2.)............................	151
	4.5.3		Erhaltene Anzahlungen auf Bestellungen (Abs. 3 C. 3.)............................	152–154
	4.5.4		Verbindlichkeiten aus Lieferungen und Leistungen (Abs. 3 C. 4.)............................	155–157
	4.5.5		Verbindlichkeiten aus der Annahme gezogener Wechsel und der Ausstellung eigener Wechsel (Abs. 3 C. 5.)............................	158–161
	4.5.6		Verbindlichkeiten gegenüber verbundenen Unternehmen (Abs. 3 C. 6.)	162
	4.5.7		Verbindlichkeiten gegenüber Unternehmen, mit denen ein Beteiligungsverhältnis besteht (Abs. 3 C. 7.)............................	163
	4.5.8		Sonstige Verbindlichkeiten, davon aus Steuern, davon im Rahmen der sozialen Sicherheit (Abs. 3 C. 8.)............................	164–165
4.6			Rechnungsabgrenzungsposten (Abs. 3 D.)	166
4.7			Passive latente Steuern (Abs. 3 E.)...................	167–168
4.8			Weitere Posten der Passivseite.....................	169
5			Sanktionen	170–172

1 Überblick

1.1 Inhalt

§ 266 HGB gibt eine verbindliche Norm für Form und **Gliederung der Bilanz** vor, deren Tiefenstruktur zum einen von der Rechtsform und zum anderen von der zugeordneten Größenklasse der Ges. nach § 267 HGB und § 267a HGB abhängt. § 266 Abs. 1 HGB schreibt die Aufstellung der Bilanz in Kontoform vor und bestimmt, dass die in den Absätzen 2 und 3 normierte Gliederung von mittelgroßen und großen KapG und haftungsbeschränkten PersG i. S. d. § 264a HGB eingehalten werden muss (§ 266 Abs. 1 Satz 2 HGB), während für kleine, nicht kapitalmarktorientierte KapG (§ 267 Abs. 1 HGB) eine verkürzte Bilanz mit den mit Buchstaben und römischen Zahlen bezeichneten Posten aufgestellt werden darf (§ 266 Abs. 1 Satz 3 HGB). KleinstKapG dürfen gem. § 266 Abs. 1 Satz 4 HGB eine verkürzte Bilanz aufstellen, die sich nur auf die Posten mit Buchstaben-Gliederungspunkten beschränkt. In Abs. 2 und 3 wird die Gliederung der Aktiva und der Passiva, insb. die Unterteilung, die Reihenfolge und die Bezeichnung der einzelnen Posten, konkretisiert.

Die §§ 266 (Bilanz) und 275 (GuV) HGB enthalten die zentralen Gliederungsvorschriften für den handelsrechtlichen Jahresabschluss. Diese normierten Gliederungen dienen der Klarheit und Übersichtlichkeit (§§ 243 Abs. 2 und 265 Abs. 6 HGB), um das Erreichen der Informationsziele des Jahresabschlusses zu verbessern, die überbetriebliche Vergleichbarkeit zu erhöhen und Informationsasymmetrien zu verringern. Auch wenn im Handelsrecht kein expliziter Zweck für die Bilanzaufstellung genannt wird, machen die sehr detaillierten Bilanzgliederungsvorschriften – ergänzt um Informations- und Erläuterungspflichten im Anhang sowie die größenabhängige Pflicht zur Erstellung eines Lageberichts – deutlich, dass die Hauptfunktion der Rechnungslegung aus der Perspektive des Gesetzgebers die Bereitstellung von Informationen primär für externe Interessenten ist.[1] Die stets nach demselben Gliederungsschema aufgestellte Bilanz vereinfacht einen Mehrjahresvergleich des bilanzierenden Unt und einen zwischenbetrieblichen Vergleich. Somit verbessert die stringente Gliederungsvorschrift die Möglichkeit zur externen Beurteilung der Unternehmenslage und erleichtert die Kontrolle des Managements.[2] Eingeschränkt wird die Vergleichbarkeit durch bestehende Ausweiswahlrechte, z. B. für erhaltene Anzahlungen (§ 268 Abs. 5 HGB).

1.2 Anwendungsbereich und Entwicklung der Vorschrift

§ 266 HGB gilt für folgende Unt:
- KapG und haftungsbeschränkte PersG i. S. d. § 264a HGB;
- Genossenschaften (§ 336 Abs. 2 Satz 1 HGB), wobei hier besondere Vorschriften für den Ausweis des EK gelten (§ 337 Abs. 2 HGB);
- Unt, die unter das PublG fallen (§ 5 Abs. 1 Satz 2 PublG), haben § 266 HGB für ihren Jahresabschluss sinngemäß anzuwenden;
- Nicht-KapG, die weder unter § 264a HGB noch unter das PublG fallen, sowie EKfl. dürfen § 266 HGB freiwillig anwenden. Darüber hinaus können diese

---

[1] Vgl. Coenenberg/Haller/Schultze, Jahresabschluss und Jahresabschlussanalyse, 26. Aufl. 2021, S. 17 ff.
[2] Vgl. Marx/Dallmann, in Baetge/Kirsch/Thiele, Bilanzrecht, § 266 HGB Rz 3, Stand: 3/2024 und Reiner, in MünchKomm. HGB, 5. Aufl. 2024, § 266 HGB Rz 2.

Unt durch Gesellschaftsvertrag zur Anwendung des gesetzlichen Gliederungsschemas verpflichtet sein.[3]
Für die letzte Gruppe gilt, dass sie im Falle der Anwendung des Bilanzgliederungsschemas gem. § 266 HGB die verwendeten Postenbezeichnungen nicht in einem abweichenden Sinn verwenden dürfen.[4] Kreditinstitute haben die Regelung des § 2 Abs. 1 RechKredV und Versicherungsunternehmen die Regelungen des § 2 RechVersV i. V. m. den Formblättern 1–4 zu beachten.
Durch das Steuerbürokratieabbaugesetz[5] wurde mit § 5b EStG die gesetzliche Grundlage für die E-Bilanz geschaffen, die faktisch den Druck für alle Gewerbetreibenden, d. h. auch kleine und mittelgroße KapGes, erhöht, das Gliederungsschema der Bilanz nach § 266 HGB anzuwenden.[6]

4 Konzerne sind gem. § 298 Abs. 1 HGB verpflichtet, ihre Abschlüsse nach § 266 HGB aufzustellen und die in § 266 Abs. 1 Satz 2 HGB genannten Anforderungen an das Gliederungsschema für mittelgroße und große Ges einzuhalten, wenn nicht die Eigenart des Konzernabschlusses aufgrund konsolidierungsspezifischer Sonderposten eine Abweichung bedingt oder in den in § 298 Abs. 1 HGB genannten Vorschriften nichts anderes bestimmt ist. Dabei bietet § 298 Abs. 2 HGB die Möglichkeit, Vorräte in einem Posten zusammenzufassen, falls deren Aufgliederung wegen besonderer Umstände mit einem unverhältnismäßigen Aufwand verbunden wäre. Dies gilt sinngemäß auch für MU, die einen Konzernabschluss aufstellen (§ 13 Abs. 2 PublG i. V. m. § 298 Abs. 1 HGB).
Darüber hinaus wird in einer Vielzahl von Rechtsvorschriften zur Aufstellung von Sonderbilanzen auf das Bilanzgliederungsschema verwiesen:
- Erhöhungssonderbilanz (bei einer Kapitalerhöhung aus Gesellschaftsmitteln) gem. § 209 Abs. 2 Satz 1 AktG bzw. § 57f Abs. 1 Satz 1 GmbHG,
- Abwicklungsbilanz (oder auch Liquidationseröffnungsbilanz) von AG, GmbH oder eG gem. § 270 Abs. 2 Satz 2 AktG, § 71 Abs. 2 Satz 2 GmbHG bzw. § 87 Abs. 1 GenG,
- Verschmelzungsschlussbilanzen des übertragenen Rechtsträgers gem. § 17 Abs. 2 Satz 2 UmwG,
- Umwandlungs- und Zwischenbilanzen bei einer Kapitalerhöhung aus Gesellschaftsmitteln nach § 209 Abs. 2 AktG, § 57f Abs. 1 GmbHG,
- Spaltungsbilanz gem. § 125 UmwG i. V. m. § 17 Abs. 2 Satz 2 UmwG,
- Vermögensaufstellung i. R. v. Vermögensübertragungen auf die öffentliche Hand gem. § 176 UmwG und auf öffentlich-rechtliche Versicherungsunternehmen nach § 178 Abs. 1 UmsG,
- Formwechsel gem. § 192 Abs. 2 UmwG.

5 Wesentliche Änderungen des Gliederungsschemas erfolgten mit dem **BilMoG**. Als redaktionelle Änderungen wurden die folgenden Positionen auf der Aktivseite eingefügt bzw. gestrichen:
- Erg. um „A. I. 1. Selbst geschaffene gewerbliche Schutzrechte und ähnliche Rechte und Werte"; in der Folge ändert sich die fortlaufende Nummerierung

---

[3] Vgl. Lenz, in HdJ, Abt I/6, Rz 15, Stand: 10/2019.
[4] Vgl. Schubert/Hargarten, in Beck Bil-Komm., 14. Aufl. 2024, § 266 HGB Rz 15.
[5] BGBl I 2008, 2850.
[6] Vgl. Hoffmann/Lüdenbach, in NWB Kommentar Bilanzierung, 15. Aufl. 2023, Rz 8 sowie ausführlich Schubert/Adrian, in Beck Bil-Komm., 14. Aufl. 2024, § 266 HGB Rz 300ff.

und der bisherigen Formulierung wurden die Wörter „entgeltlich erworbene" vorangestellt.
- Streichung von „A. III. 2. eigene Anteile"; in der Folge rücken „sonstige Wertpapiere" in die Position „A. III. 2." auf.
- Erg. um „D. Aktive latente Steuern".
- Erg. um „E. Aktiver Unterschiedsbetrag aus der Vermögensverrechnung".

Auf der Passivseite wurden ergänzt bzw. geändert:
- Änderung der Bezeichnung „A. III. 2. in Rücklage für Anteile an einem beherrschenden oder mehrheitlich beteiligten Unt".
- Erg. um „E. Passive latente Steuern".

Durch das MicroBilG erfolgte die Einfügung von § 266 Abs. 1 Satz 4 HGB (Rz 1, Rz 11).

Eine lediglich redaktionelle Änderung wurde durch das **BilRUG** vorgenommen. Es erfolgte eine Änderung der Wörter „große und mittelgroße Kapitalgesellschaften" (§ 267 Abs. 3, 2) in die Wörter „mittelgroße und große Kapitalgesellschaften" (§ 267 Abs. 2 und 3).

2 Aufbau der Bilanz (Abs. 1)

2.1 Kontoform (Abs. 1 Satz 1)

§ 266 Abs. 1 Satz 1 HGB fordert die Aufstellung der Bilanz in Kontoform. Üblich ist die Darstellung der Aktiva und Passiva nebeneinander in einem **T-Konto**. Darüber hinaus kann die Bilanz aus Praktikabilitätsgründen, z. B. bei großen AGs, **untereinander** oder **auf zwei unterschiedlichen Seiten** dargestellt werden.[7] Die Staffelform darf nicht angewendet werden, weil Art. 9 Abs. 4 i. V. m. Art. 10 Bilanz-RL (Vorgängerregelung: Art. 8 Abs. 1 i. V. m. Art. 10 der 4. EG-RL), die wahlweise die Bilanzdarstellung in Staffelform erlaubt, nicht in nationales Recht umgesetzt wurde.

6

Angesichts fehlender handelsrechtlicher Bestimmungen dürfen **Nicht-KapG** – unter Berücksichtigung der Forderung nach einer hinreichenden Gliederung gem. § 247 Abs. 1 HGB – die Bilanz in Staffelform aufstellen, weil diese zum einen auch aussagekräftig und übersichtlich und zum anderen nach der Bilanz-RL erlaubt ist. Gleichwohl ist diese Form bisher wenig verbreitet (§ 247 Rz 10).[8]

2.2 Vorgaben für die Bilanzgliederung (Abs. 1 Satz 2)

Die Bilanzgliederung des § 266 HGB folgt **keinem bestimmten Prinzip**; vielmehr beruht diese auf mehreren, einander überschneidenden Sachgesichtspunkten. Auf der Aktivseite orientiert sich das handelsrechtliche Gliederungsprinzip primär an der **Liquidierbarkeit**, d. h. Monetarisierung der Posten im Leistungsprozess. Die Gliederung der Passivposten ist an der **Fälligkeit** der anstehenden Auszahlungen ausgerichtet.

7

Die einzelnen Bilanzposten sind nach § 266 Abs. 1 Satz 2 HGB gesondert auszuweisen. Eine Zusammenfassung der einzelnen Posten ist grds. nicht erlaubt (Verrechnungsverbot). Gleiches gilt für die Reihenfolge der Bilanzposten, die

8

---

[7] Vgl. Reiner, in MünchKomm. HGB, 5. Aufl. 2024, § 266 HGB Rz 10.
[8] Vgl. Marx/Dallmann, in Baetge/Kirsch/Thiele, Bilanzrecht, § 266 HGB Rz 21, Stand: 3/2024.

ebenfalls grds. nicht verändert werden darf (Grundsatz der formellen Stetigkeit).[9] Dabei ist es unerheblich, ob die gesetzlich vorgesehene Reihenfolge noch zweckmäßig oder zeitgemäß erscheint, da diese auf typische Industrieunternehmen ausgerichtet ist. § 265 HGB mit seinen allgemeinen Gliederungsgrundsätzen erlangt in diesem Zusammenhang ebenso wie die Anhangangaben eine zunehmende Bedeutung, weil sie den bilanzierenden Unt in gewissen Maßen eine Flexibilisierung durch Zusammenfassungen, Erweiterungen und Änderungen der vorgegebenen Positionsfolge unter Berücksichtigung der gesetzlichen Regelungen ermöglichen (§ 265 Rz 20 ff.).[10]

Der **Stetigkeitsgrundsatz** ist zu beachten, solange in begründeten Ausnahmefällen keine Durchbrechung erforderlich ist, wie z. B. Änderungen der rechtlichen Gegebenheiten oder strukturelle Veränderungen (DRS 13.8). Bei Ausweisänderungen sind diese kenntlich zu machen; zusätzlich sind Erläuterungen geboten (DRS 13.28).[11]

2.3 Größenabhängige Erleichterungen für kleine Kapitalgesellschaften (Abs. 1)

9 Hinsichtlich der Anforderungen an das Bilanzgliederungsschema unterscheidet § 266 Abs. 1 Sätze 2 und 4 HGB die Vorschriften für KapG und denen gleichgestellte PersG in drei Kategorien: zum einen nach § 267 Abs. 1 HGB in kleine und zum anderen nach § 267 Abs. 2 und 3 HGB in **mittelgroße und große Ges.** sowie darüber hinaus nach § 267a HGB in KleinstKapG. Mittelgroße und große Ges. haben ebenso wie **alle kapitalmarktorientierten Gesellschaften** gem. § 267 Abs. 3 Satz 2 HGB das vollständige Bilanzgliederungsschema gem. Abs. 2 und 3 anzuwenden.

2.3.1 Kleine Kapitalgesellschaften (Abs. 1 Satz 3)

10 **Kleine Ges. und Genossenschaften** (§ 336 Abs. 2 Satz 1 HGB i. V. m. § 267 Abs. 1 HGB) dürfen eine verkürzte Bilanz aufstellen, d. h., sie brauchen nur die Posten aufzunehmen, die mit Buchstaben und römischen Ziffern bezeichnet sind; die mit arabischen Zahlen bezeichneten Posten müssen nicht ausgewiesen werden.

11 Für kleine KapCoGes hat der Gesetzgeber mit dem MicroBilG eine Befreiung von zusätzlich nötigen Untergliederungen festgeschrieben. § 264c Abs. 5 HGB stellt klar, dass die in § 264c Abs. 1–4 HGB festgeschriebenen Sondervorschriften für KapCoGes bei der Ermittlung – nicht jedoch der Gliederung – zusätzlich gelten. Da der Gesetzgeber in § 264c Abs. 5 HGB nicht nur auf den 2012 eingeführten § 266 Abs. 1 Satz 4 HGB für KleinstKapG, sondern auch auf § 266 Abs. 1 Satz 3 HGB für kleine KapG verweist, haben auch kleine KapCoGes die verkürzten Bilanzen nicht um diese rechtsformspezifischen Angaben zu erweitern.

12 Die Inanspruchnahme der größenabhängigen Erleichterung kann dennoch aufgrund gesetzlich verankerter Auskunftsrechte oder gesellschaftsvertraglicher Regelungen eingeschränkt werden. So kann z. B. nach § 131 Abs. 1 Satz 3 AktG ein Aktionär einer AG eine nach den Vorschriften für mittelgroße und große Ges.

---

[9] Vgl. ADS, Rechnungslegung und Prüfung der Unternehmen, 6. Aufl. 1995–2001, § 266 HGB Rz 3 f.; Suchan, BeckOGK, § 266 HGB Rz 10, Stand: 1.9.2023.
[10] Vgl. Marx/Dallmann, in Baetge/Kirsch/Thiele, Bilanzrecht, § 266 HGB Rz 22, Stand: 3/2024.
[11] Vgl. Siegel, BB 2002, S. 87; Willeke, StuB 2003, S. 76.

gegliederte Bilanz fordern. Auch gibt es für die GmbH nach § 51a Abs. 1 GmbH, für die OHG nach § 118 HGB und für die KG nach § 166 HGB entsprechende Auskunfts- und Einsichtsrechte.[12] Darüber hinaus bestehen Erleichterungen bei der Offenlegung (§ 325 Rz 214ff.).

2.3.2 Kleinstkapitalgesellschaften (Abs. 1 Satz 4)

KleinstKapG dürfen gem. § 266 Abs. 1 Satz 4 HGB eine verkürzte Bilanz aufstellen, die sich nur auf die Posten mit Buchstaben-Gliederungspunkten des § 266 Abs. 2 und 3 HGB beschränkt. Die Reihenfolge der Posten gem. § 266 Abs. 2 und 3 HGB ist einzuhalten. Auf der Aktivseite sind die Positionen AV und UV sowie Rechnungsabgrenzungsposten, aktive latente Steuern sowie Unterschiedsbetrag aus der Vermögensverrechnung auszuweisen. Auf der Passivseite brauchen nur EK, Rückstellungen, Verbindlichkeiten und passive latente Steuern ausgewiesen werden. Die Angabe eines nicht durch EK gedeckten Fehlbetrags hat gem. § 268 Abs. 3 HGB zu erfolgen.

Allerdings kann der gesonderte Ausweis aktiver und passiver latenter Steuern als Buchst. D auf der Aktiv- und Buchst. E auf der Passivseite aufgrund des Wahlrechts des § 274a Nr. 4 HGB entfallen. Zu prüfen ist jedoch ein Ansatz von Rückstellungen für passive Steuerlatenzen (§ 274a Rz 10ff.).[13]

Da der Unterschiedsbetrag aus der Vermögensverrechnung sowie aktive und passive latente Steuern in der Praxis von KleinstGes. kaum Relevanz besitzen, beschränkt sich der Postenausweis in der Bilanz in aller Regel auf nur drei Aktiv- und vier Passivposten.[14] Der **Mindestumfang** stellt sich jedoch wie folgt dar:

Bilanz einer Kleinstkapitalgesellschaft			
Aktivseite			**Passivseite**
A.	Anlagevermögen	A.	Eigenkapital
B.	Umlaufvermögen	B.	Rückstellungen
C.	Rechnungsabgrenzungsposten	C.	Verbindlichkeiten
E.	Aktiver Unterschiedsbetrag aus der Vermögensverrechnung	D.	Rechnungsabgrenzungsposten

Tab. 1: Mindestumfang der Bilanz für Kleinstkapitalgesellschaften

Darüber hinaus ist explizit keine weitere **Aufschlüsselung der Posten** vorgeschrieben. Die in § 268 Abs. 4 und 5 HGB vorgeschriebenen Laufzeitvermerke für Forderungen bzw. Verbindlichkeiten sind für Forderungen mangels gesonderten Ausweises nicht zu machen. Da Verbindlichkeiten gesondert ausgewiesen werden, erscheint eine betragsmäßige Angabe als Davon-Vermerk sinnvoll.[15] Diese Angabe ermöglicht eine bessere Einschätzung kurzfristiger Liquiditätsabflüsse des Unt.

---

[12] Vgl. Grottel, in Beck Bil-Komm., 14. Aufl. 2024, § 326 HGB Rz 4.
[13] Vgl. IDW RS HFA 7; Bundessteuerberaterkammer (BStBK), Verlautbarung der Bundessteuerberatung zum Ausweis passiver latenter Steuern als Rückstellungen in der Handelsbilanz, 2012.
[14] Vgl. Hoffmann, StuB 2012, S. 730.
[15] Vgl. Hoffmann, StuB 2012, S. 730.

15 Eine Darstellung der Entwicklung der einzelnen Posten des AV in der Bilanz (§ 268 Abs. 2 HGB) entfällt, da bereits kleine KapG keinen Anlagespiegel aufstellen müssen (§ 274a Nr. 1 HGB). Auch § 268 Abs. 1 HGB betreffend Gewinn-/Verlustvortrag, wenn nicht im Bilanzgewinn/-verlust integriert, und § 272 Abs. 1 Satz 3 HGB betreffend ausstehender und eingeforderter Einlagen sind nicht zu beachten, da keine Aufgliederung des EK gem. § 266 Abs. 3 Buchst. A Nr. I-V HGB gefordert ist. Somit ist der Jahresüberschuss/-fehlbetrag nur in der GuV und nicht in der Bilanz auszuweisen.

16 **Sonderausweise für Aktiengesellschaften** in der Bilanz gem. §§ 152 Abs. 1–3 AktG greifen nicht (§ 152 Abs. 4 AktG).[16] Sonderausweise für andere Rechtsformen, wie etwa gem. § 42 Abs. 3 GmbHG (Forderungen, Ausleihungen und Verbindlichkeiten gegenüber Gesellschaftern) entfallen ebenfalls, da ein Bilanzausweis sowie alternativ eine Anhangangabe erlaubt ist. Mangels Anhang entfällt auch die Angabepflicht in der Bilanz. Zudem würde ein solcher Ausweis als Davon-Vermerk auch nicht aussagekräftig sein. Ggf. sind zusätzliche Angaben zur Erfüllung der Generalnorm notwendig, wenn die Forderungen oder Verbindlichkeiten betreffend Gesellschafter eine derartige Höhe erreichen, dass dies als besonderer Umstand nach § 264 Abs. 2 Satz 2 HGB zu werten wäre.[17]

17 Für die verkürzten Bilanzen der KleinstkapG gelten die Regelungen aus § 265 Abs. 6–7 HGB nicht, da eine Änderung der Gliederung und Postenbezeichnung sowie Postenzusammenfassungen nicht für die mit Großbuchstaben versehenen Posten vorgesehen ist. Uneingeschränkt gilt dagegen § 265 Abs. 5 und 8 HGB, wonach einerseits eine weitere Untergliederung erfolgen kann und andererseits Leerposten entfallen können.

18 Wenn die Erleichterung des Verzichts der Anhangaufstellung in Anspruch genommen wird, müssen unter der Bilanz bestimmte Angaben erfolgen (§ 264 Abs. 1 Satz 5 HGB).

3 Aktivseite (Abs. 2)

3.1 Anlagevermögen (Abs. 2 A.)

3.1.1 Überblick

19 Unter der Position AV sind alle VG auszuweisen, die dazu bestimmt sind, dauernd dem Geschäftsbetrieb zu dienen (§ 247 Rz 18). Die Gliederungsvorschrift des § 266 HGB unterscheidet drei Arten des AV:[18]
- Immaterielle VG (§ 266 Abs. 2 A. I. HGB),
- Sachanlagen (§ 266 Abs. 2 A. II. HGB),
- Finanzanlagen (§ 266 Abs. 2 A. III. HGB).

20 Immaterielle VG und Sachanlagen werden unmittelbar im Unt eingesetzt, während Finanzanlagen außerhalb des bilanzierenden Unt verwendete Mittel sind. Das Unterscheidungsmerkmal ist somit nicht die Aufteilung in Sachen oder Rechte, sondern die betriebswirtschaftliche Zuordnung der eingesetzten Mittel inner- oder außerhalb des Unt. So werden Erträge aus Finanzanlagen außerhalb des bilanzierenden Unternehmens erwirtschaftet, während Sach- und Immaterialanlagen un-

---

[16] Vgl. Kreipl/Müller, DB 2013, S. 75.
[17] Vgl. Hoffmann, StuB 2012, S. 730.
[18] Vgl. Küting/Ulrich, DStR 2001, S. 954 sowie Kählert/Lange, BB 1994, S. 614.

mittelbar im Unternehmen genutzt werden. Bei grundstücksgleichen Rechten handelt es sich zwar im rechtlichen Sinne um „Rechte", die jedoch innerhalb der Sachanlagen erfasst werden.[19]

Die Unterteilung des AV in **abnutzbare und nicht abnutzbare Anlagen** ist für die Folgebewertung relevant. I. d. R. gelten Finanzanlagen als nicht abnutzbares AV und sind somit nur außerplanmäßig abzuschreiben. Dagegen können Sachanlagen und immaterielle Anlagen sowohl abnutzbar als auch nicht-abnutzbar sein.

21

> **Praxis-Beispiel**
> Zu den abnutzbaren Anlagen zählen z. B. Gebäude, Maschinen und Kraftfahrzeuge, Software und Patente; nicht abnutzbar sind bspw. Grund und Boden (es sei denn, es handelt sich um abnutzbare Grundstücke, z. B. Kiesgruben, Steinbrüche oder andere Rohstoffvorkommen) sowie Verkehrs- und Transportkonzessionen (Annahme: formal zeitlich begrenzte Rechte werden immer wieder auf unbegrenzte Zeit verlängert).

Die Nutzungsdauer wird vom technischen Verschleiß (materielles AV) oder von der wirtschaftlichen Abnutzung (materielles und immaterielles AV) bestimmt (§ 253 Rz 167 ff.).

3.1.2 Immaterielle Vermögensgegenstände (Abs. 2 A. I.)

Für den Begriff „immaterieller Vermögensgegenstand" existiert keine einheitliche bzw. konkrete Definition.[20] Die Definition wird jeweils zweckgerichtet betrachtet. Als ein zwecksprechendes **Abgrenzungskriterium** immaterieller Güter dient vielfach das Vorhandensein bzw. Nicht-Vorhandensein einer **physischen Substanz**. Immaterielle Güter umfassen alle Güter, die nicht materiell und zusätzlich – in Abgrenzung zum Finanzvermögen – nicht monetär sind. DRS 24.8 definiert einen immateriellen Vermögensgegenstand wie folgt: „Nichtfinanzieller Vermögensgegenstand ohne bedeutende physische Substanz." IAS 38.8 definiert immaterielle Vermögenswerte als identifizierbare, nicht-monetäre Vermögenswerte ohne physische Substanz, über die eine Verfügungsmacht des Unt besteht und aus denen in Zukunft ein Nutzenzufluss resultiert.

22

Die **Abgrenzung der materiellen von den immateriellen VG** ist in bestimmten Fällen schwierig, weil häufig immaterielle Komponenten in materielle Vermögenswerte integriert sind (funktionale Einheit), z. B. die Steuerungssoftware von Maschinen oder das Betriebssystem eines Computers. Wenn ein Gut beide Merkmale erfüllt, sind für die Zuordnung die Wertrelation, das wirtschaftliche Interesse, die Vervielfältigungsmöglichkeiten oder das relative Funktionenverhältnis ausschlaggebend.[21] IDW RS HFA 11.3 unterscheidet drei Arten von Software: Firmware, Systemsoftware und Anwendungssoftware. Bei Firmware handelt es sich um eine

23

---

[19] Vgl. ADS, Rechnungslegung und Prüfung der Unternehmen, 6. Aufl. 1995–2001, § 266 HGB Rz 26; Suchan, BeckOGK, § 266 HGB Rz 19, Stand: 1.9.2023.

[20] Vgl. von Keitz, Immaterielle Güter in der internationalen Rechnungslegung: Grundsatz für den Ansatz von immateriellen Gütern in Deutschland im Vergleich zu den Grundsätzen in den USA und nach IASC, 1997, S. 43; Arbeitskreis „Immaterielle Werte im Rechnungswesen" der SG, DB 2003, S. 1233; zu Besonderheiten vgl. Moxter, BB 1979, S. 1102.

[21] Vgl. z. B. Dawo, Immaterielle Güter in der Rechnungslegung nach HGB, IAS/IFRS und US-GAAP, 2003, S. 76 ff.

Software, die fest mit einem elektronischen Gerät (Hardware) verbunden und nur zusammen mit diesem lauffähig ist. Insofern erfolgt eine Zuordnung zum SAV. Zu solchen Programmbausteinen gehören bspw. Steuerungssoftware einer Maschine oder das BIOS (Basic-Input/Output System) eines Computers. Dagegen gelten Systemsoftware (Betriebssysteme wie bspw. Windows, Linux oder Mac OS X) und Anwendungssoftware (Programme zur Lösung von Datenbearbeitungsaufgaben in Form von Individualsoftware und davon zu unterscheiden Standardsoftware, wie z. B. Microsoft Office) grundsätzlich als immaterielles AV.

Praxis-Beispiel
Bspw. hat bei Anwendungssoftware das Speichermedium keine eigenständige Bedeutung, sodass es sich i. d. R. um einen immateriellen VG handelt. Dagegen ist eine eigenständige Bedeutung gegeben, wenn die besondere Art der Speicherung für den Erwerber wichtig ist.[22]

24 VG, die sowohl aus immateriellen und materiellen Komponenten bestehen, sind immer dann den immateriellen Gütern zuzuordnen, wenn die materiellen Komponenten nur eine untergeordnete Bedeutung haben und vornehmlich Transport-, Dokumentations-, Speicherungs- und Lagerungszwecken dienen.[23] Entsprechend dem Vollständigkeitsgebot gem. § 246 Abs. 1 HGB besteht für immaterielle VG des AV eine Aktivierungspflicht, wenn den Definitionskriterien entsprochen wird (abstrakte Aktivierungsfähigkeit). Gem. § 248 Abs. 2 Satz 1 HGB besteht jedoch ein Ansatzwahlrecht für selbst geschaffene Immaterialanlagen, wenn die Eigenschaften eines VG erfüllt sind. Zusätzlich gilt gem. § 248 Abs. 2 Satz 2 HGB für bestimmte Positionen von selbst geschaffenen immateriellen VG des AV ein Ansatzverbot (§ 248 Rz 42 ff.). Selbsterstellte Immaterialanlagen sind gem. § 266 Abs. 2 A. I. HGB innerhalb des Postens „Selbst geschaffene gewerbliche Schutzrechte und ähnliche Rechte und Werte" auszuweisen. Das Gliederungsschema des § 266 Abs. 2 A. I. unterscheidet die folgenden vier Unterpositionen der immateriellen Anlagen:
1. selbst geschaffene gewerbliche Schutzrechte und ähnliche Rechte und Werte;
2. entgeltlich erworbene Konzessionen, gewerbliche Schutzrechte und ähnliche Rechte und Werte sowie Lizenzen an solchen Rechten und Werten;
3. Geschäfts- oder Firmenwert;
4. geleistete Anzahlungen.

3.1.2.1 Selbst geschaffene gewerbliche Schutzrechte und ähnliche Rechte und Werte (Abs. 2 A. I. 1.)

25 Eine Aktivierung von selbst geschaffenen immateriellen Vermögensgegenständen des Anlagevermögens kommt erst in Betracht, wenn die VG-Eigenschaften des selbst geschaffenen immateriellen VG des AV bejaht werden können.[24] In diesem

---

[22] Vgl. Frizlen/Möhrle, KoR 2001, S. 237.
[23] Vgl. Arbeitskreis „Immaterielle Werte im Rechnungswesen" der SG, DB 2001, S. 990; Wulf, Immaterielle Vermögenswerte nach IFRS – Theorie und Praxis der DAX-30-, MDAX- und SDAX-Unternehmen, in Müller, IFRS-Praktikerreihe, 2007, S. 22.
[24] Vgl. BT-Drs. 16/12407 v. 24.3.2009 S. 5.

Zusammenhang bestimmt DRS 24.45[25] – vergleichbar zu IAS 38 –, dass ein in der Entstehung befindliches immaterielles Gut des AV aktiviert werden darf, sofern die fünf Voraussetzungen kumulativ erfüllt sind. Demnach dürfen diese nur aktiviert werden, wenn sich das zu aktivierende Gut in der Entwicklung befindet, die VG-Eigenschaften nach DRS 24.17–22 erfüllt werden, ein immaterieller VG mit hoher Wahrscheinlichkeit entsteht, die Entwicklungskosten verlässlich zugerechnet werden können und kein Aktivierungsverbot nach § 248 Abs. 2 Satz 2 HGB besteht.[26]

Entsprechend § 266 Abs. 2 HGB sieht DRS 24.120 einen separaten Ausweis von selbst geschaffenen immateriellen VG des AV als Posten A. I. 1. vor. Es stellt sich die Frage, ob ein differenzierter Ausweis von **noch in der Entwicklung befindlichen und bereits fertiggestellten Immaterialanlagen** zu erfolgen hat, obwohl das Gliederungsschema keinen zum Sachanlagevermögen analogen Posten „Anlagen im Bau" vorsieht. DRS 24.121 empfiehlt den Ausweis von in der Entwicklung befindlichen Immaterialanlagen als Davon-Vermerk zum Posten A. I. 1. oder eines separaten Postens innerhalb der immateriellen VG (Posten A. I.). Aus Gründen der Transparenz ist aber ein **getrennter Ausweis** zu empfehlen, weil sich die Abschreibungsgepflogenheiten unterscheiden. Während abnutzbare immaterielle VG des AV planmäßig und ggf. außerplanmäßig abzuschreiben sind, dürften noch nicht fertiggestellte Immaterialanlagen nicht planmäßig, sondern nur außerplanmäßig abgeschrieben werden, da der Nutzungsbeginn noch nicht gegeben ist.[27] Entsprechend dem Titel sind an dieser Stelle gewerbliche Schutzrechte und ähnliche Rechte und Werte, die selbst erstellt wurden, auszuweisen (Rz 27 ff.).

3.1.2.2 Entgeltlich erworbene Konzessionen, gewerbliche Schutzrechte und ähnliche Rechte und Werte sowie Lizenzen an solchen Rechten und Werten (Abs. 2 A. I. 2.)

Konzessionen sind befristete Genehmigungen, die von einer öffentlichen Behörde i. S. v. § 98 GWB zur Ausübung einer wirtschaftlichen Tätigkeit vergeben werden. Im Unterschied zum (öffentlichen) Auftrag übernimmt der Konzessionsnehmer zu einem wesentlichen Teil das Nutzungsrisiko der übernommenen Tätigkeit. Zu unterscheiden sind Real- bzw. Sachkonzessionen (z. B. Betriebs- und Versorgungsrechte von Energieversorgungsunternehmen oder Abbaugerechtigkeiten), die in die AHK der korrespondierenden Sachanlagen einfließen, und Personalkonzessionen (z. B. Fischereirechte, Wege- und Wassernutzungsrechte, Lkw- und Taxi-Konzessionen, Güterfernverkehrsgenehmigungen, Schankkonzessionen sowie die von der BaFin erteilte Erlaubnis, Finanzdienstleistungen zu erbringen oder Bankgeschäfte zu betreiben). Zu konzessionsähnlichen Rechten könnten erworbene Emissionsrechte bzw. CO_2-Zertifikate zählen; diese sind aber im UV auszuweisen (Rz 66).

Bei **gewerblichen Schutzrechten** handelt es sich um Rechte, die die technisch verwertbaren geistigen Leistungen rechtlich schützen und einen gewerblichen Bezug haben. Beispiele sind Patente, Marken, Warenzeichen, Gebrauchsmuster,

---

[25] Eine Anwendung für den Einzelabschluss wird empfohlen, vgl. DRS 24.6.
[26] Vgl. Wulf/Lange/Niemöller, BB 2015, S. 1836.
[27] Vgl. Arbeitskreis „Immaterielle Werte im Rechnungswesen" der SG, DB 2008, S. 1819.

Geschmacksmuster sowie Verlagsrechte.[28] Urheberrechte gehören aufgrund der fehlenden zwingenden Gewerblichkeit nicht zu den gewerblichen Schutzrechten.[29]

29 **Ähnliche Rechte** sind die Rechte, die weder unter Konzessionen noch unter gewerblichen Schutzrechten subsumiert werden können.

> **Praxis-Beispiel**
> Beispiele sind Urheberrechte, Bezugsrechte und Nießbrauchrechte, Individualsoftware, Wettbewerbsverbote, vertraglich fixierte Lieferbeziehungen (z. B. Bierlieferungsrechte[30]), Zuteilungsrechte, Brenn- und Braurechte, Spielerlizenzen[31] (z. B. von Fußballspielern) wie auch Rechte zur Berichterstattung und Übertragung von Sportereignissen[32] sowie Arzneimittelzulassungen.[33] Ebenso zählen Domainnamen zu den ähnlichen Rechten.[34]

30 **Wirtschaftliche Werte** bzw. ähnliche Werte verfügen anders als Rechte über keinen rechtlichen oder vertraglichen Schutz; sie können aber Gegenstand eines Rechtsgeschäfts sein, da sie abgrenzbar und grds. einzeln verwertbar sind.

> **Praxis-Beispiel**
> Zu den wirtschaftlichen bzw. ähnlichen Werten zählen bspw. ungeschützte Erfindungen, Kundenlisten, Ton- und Bildträger, Produktionsverfahren, Erfindungen, Rezepte, ungeschützte Prototypen oder ungeschützte Computersoftware.[35]
> Ebenso werden Bitcoins auch als Beispiele für ähnliche Werte gesehen.[36] Jedoch ist – entsprechend der gem. § 4 Abs. 3 eWpG erfolgten Qualifikation von Kryptowährungen als elektronische Wertpapiere – ein Ausweis von gängigen Zahlungstoken, wie bspw. die Kryptowährungen Bitcoin, Ether, innerhalb der Wertpapiere des AV bei dauernder Nutzung und innerhalb der Wertpapiere des UV bei kurzfristiger Verwertungsabsicht zu empfehlen (Rz 62, 92). Bei kurzfristiger Halte- und Verwertungsabsicht ist auch ein Ausweis innerhalb der sonstigen VG möglich; alternativ kann nach § 265 Abs. 5 HGB ein gesonderter Posten im UV eingefügt werden.[37]

31 Eine wirtschaftliche **Lizenz** ist eine Berechtigung, Rechte oder Werte eines anderen gegen Entgelt auf vertraglicher Basis zu nutzen, z. B. Berechtigung zur Ausstrahlung fremder Filmwerke.[38] I. d. R. stellt Software mit einem rechtlich geschützten Code eine Lizenz dar (Anwendungs- und Systemsoftware), auch

---

[28] Vgl. Merkt, in Baumbach/Hopt, 43. Aufl. 2024, § 266 HGB Rz 5; Marx/Dallmann, in Baetge/Kirsch/Thiele, Bilanzrecht, § 266 HGB Rz 43.2, Stand: 3/2024.
[29] Vgl. Reiner, in MünchKomm. HGB, 5. Aufl. 2024, § 266 HGB Rz 26.
[30] BFH, Urteil v. 3.9.2002, I B 144/01, BFH/NV 2003 S. 154.
[31] Vgl. Ellrott/Galli, WPg 2000, S. 269, 272; Wehrheim, BB 2004, S. 433; Wulf/Bosse, StuB 2011, S. 84; a. A. Kaiser, DB 2004, S. 1109.
[32] Vgl. Rodewald, BB 1995, S. 2105.
[33] Vgl. Boorberg/Strüngmann/Spieß, DB 1994, S. 55.
[34] Vgl. BFH, Urteil v. 19.10.2006, III R 6/05, DB 2007 S. 430, unter II.2.
[35] Vgl. Baetge/Kirsch/Thiele, Bilanzen, 17. Aufl. 2024, S. 246; Kirsch/v. Wieding, BB 2017, 2735.
[36] Vgl. Suchan, BeckOGK, § 266 HGB Rz 24, Stand: 1.9.2023.
[37] Vgl. Marx/Dallmann, in Baetge/Kirsch/Thiele, Bilanzrecht, § 266 HGB Rz 133, Stand: 3/2024.
[38] Vgl. Kaufmann, BB 1995, S. 2107.

werden vielfach Lizenzverträge über Patente und gewerbliche Schutzrechte abgeschlossen; möglich sind Lizenzverträge aber auch bei ähnlichen Rechten und Werten. Nicht jede Lizenz ist aktivierungsfähig. Eine Aktivierung ist nur geboten, wenn ein einmaliges Entgelt für eine unbefristete oder eine unkündbare befristete Nutzung eines Programms vereinbart wird. Im Falle von laufenden Lizenzgebühren liegt ein schwebendes Geschäft vor und bei Zahlung ist der Umsatz beim Rechteinhaber zu erfassen.[39]

3.1.2.3 Geschäfts- oder Firmenwert (Abs. 2 A. I. 3.)

Der **GoF** stellt ein Wertekonglomerat dar, das zahlreiche wirtschaftliche Wertkomponenten enthält (z. B. Know-how der Mitarbeiter, Kundenstamm, Wettbewerbsvorteile oder Managementqualität). Während der originäre GoF im Laufe der Unternehmenstätigkeit durch unternehmensinterne Maßnahmen zum Aufbau der zuvor genannten Wertkomponenten entsteht, ergibt sich der derivative GoF aus dem Unterschiedsbetrag zwischen dem Kaufpreis eines Unt und seinem anteiligem neubewertetem Nettovermögen (EK = VG abzgl. Schulden) (§ 246 Rz 89). Nur der derivative GoF ist ansatzpflichtig und gesondert innerhalb des immateriellen AV auszuweisen.

Der derivative GoF stellt aufgrund der fehlenden Einzelveräußer- und -verwertbarkeit handelsrechtlich im engen Sinne keinen echten VG dar, ist aber in § 246 Abs. 1 HGB explizit einem zeitlich begrenzt nutzbarem VG gleichgestellt worden und deshalb ansatzpflichtig (ausführlich § 246 Rz 92 ff.). Als Besonderheit ist ein niedrigerer Wertansatz eines GoF gem. § 253 Abs. 5 Satz 2 HGB beizubehalten (Zuschreibungsverbot, § 253 Rz 336 f.).

Ein saldierter GoF-Ausweises aus aktiven und passiven Unterschiedsbeträgen verschiedener Konsolidierungen von mehreren TU darf nicht vorgenommen werden (§ 301 Rz 112).

Problematisch ist die undifferenzierte Zusammenfassung von **GoF im Konzernabschluss**, die aus unterschiedlichen Konsolidierungsvorgängen entstanden sind. So wird ein GoF aus dem Jahresabschluss (aus asset deal) zusammen mit einem sich aus KapKons und QuotenKons ergebenen GoF (aus share deal) ausgewiesen.[40] DRS 23.208 fordert zu den GoF aus KapKons umfangreiche Anhangangaben (§ 285 Rz 94).

3.1.2.4 Geleistete Anzahlungen (Abs. 2 A. I. 4.)

Als geleistete Anzahlungen auf **immaterielle VG** werden erfolgte Zahlungen des Unt ausgewiesen, die aus abgeschlossenen Verträgen resultieren. Dabei darf der VG noch nicht wirtschaftliches Eigentum des bilanzierenden Unternehmens sein und es muss ein Verrechnungsanspruch mit dem Kaufpreis bestehen (schwebendes Geschäft), wie z. B. Vorauszahlungen von Honoraren für Buchautoren. In Abhängigkeit davon, ob es zu einer Vermögensübertragung kommt oder nicht, wird die Anzahlung im Falle einer Vermögensübertragung bei der Aktivierung umgebucht und im Falle einer Nichtübertragung im UV unter den sonstigen VG

---

[39] Vgl. IDW RS HFA 11.23; Reiner, in MünchKomm. HGB, 5. Aufl. 2024, § 266 HGB Rz 26; Marx, DStR 1998, S. 1447.
[40] Vgl. Marx/Dallmann, in Baetge/Kirsch/Thiele, Bilanzrecht, § 266 HGB Rz 44.1, Stand: 3/2024.

ausgewiesen.[41] Wenn für die Nutzung eines nicht im eigenen Vermögen stehenden Werts wiederkehrend Entgelte vorausgezahlt werden müssen, stellt diese Zahlung keine Anzahlung dar, sondern ist ggf. als RAP zu behandeln.[42]

36 Bei einem Unternehmenskauf sind Anzahlungen auf einen **GoF** gesondert auszuweisen. Allerdings besteht hierbei ein Abgrenzungsproblem bei der Verteilung des Kaufpreises auf die materiellen VG und immateriellen VG einschl. des GoF. Generelle Aussagen über die Verteilung sind nicht möglich, sondern unter Berücksichtigung des gesamten Kaufpreises und der Marktwerte der zu übernehmenden VG im Einzelfall zu treffen.[43]

3.1.3 Sachanlagen (Abs. 2 A. II.)

37 **Sachanlagen** sind alle VG, die körperlich fassbar sind. Sachanlagen können beweglich oder unbeweglich sein; zudem lassen sie sich in abnutzbare und nicht abnutzbare Sachanlagen unterteilen (Rz 21). Entsprechend dem Vollständigkeitsgebot gem. § 246 Abs. 1 Satz 1 HGB sind alle VG des Sachanlagevermögens zu aktivieren. Für das Sachanlagevermögen muss ein Bestandsverzeichnis geführt werden; Veränderungen während des Gj sind im Anlagespiegel (§ 268 Rz 13 ff.) festzuhalten. Nach der Gliederungsvorschrift des § 266 Abs. 2 A. II. HGB müssen KapG – abgesehen von größenabhängigen Erleichterungen – für das Sachanlagevermögen folgende Unterpositionen ausweisen:
1. Grundstücke, grundstücksgleiche Rechte und Bauten einschl. der Bauten auf fremden Grundstücken und Gebäude
2. Technische Anlagen und Maschinen
3. Andere Anlagen, Betriebs- und Geschäftsausstattung
4. Geleistete Anzahlungen und Anlagen im Bau

3.1.3.1 Grundstücke, grundstücksgleiche Rechte und Bauten einschließlich der Bauten auf fremden Grundstücken (Abs. 2 A. II. 1.)

38 Unter diesem Posten wird das gesamte Grundvermögen des Unt ausgewiesen, sofern es dem dauernden Geschäftsbetrieb dienen soll. Auch im Falle der gewerblichen Grundstücksvermietung zählen Grundstücke zum AV.[44] Der Gesetzgeber schreibt keinen gesonderten Ausweis in Grundstücke, grundstücksgleiche Rechte und Bauten vor. Dieser undifferenzierte Ausweis wird in der Literatur kritisiert,[45] da aus externer Sicht eine Analyse erschwert wird. Allerdings dürfen Unt gem. § 265 Abs. 5 HGB (§ 265 Rz 20 f.) freiwillig eine differenzierte **Untergliederung** vornehmen.

---

[41] Vgl. Matschke/Brösel/Freichel, in Kirsch, Rechnungslegung, § 266 HGB Rz 151 f., Stand: 3/2021.
[42] Vgl. ADS, Rechnungslegung und Prüfung der Unternehmen, 6. Aufl. 1995–2001, § 266 HGB Rz 31.
[43] Vgl. Marx/Dallmann, in Baetge/Kirsch/Thiele, Bilanzrecht, § 266 HGB Rz 47, Stand: 3/2024; Suchan, BeckOGK, § 266 HGB Rz 28, Stand: 1.9.2023.
[44] Vgl. BFH, Beschluss v. 6.3.2007, IV B 118/05, unter II.1.c.
[45] Vgl. z. B. Tertel, DStR 1986, S. 149.

> **Praxis-Beispiel**[46]
> II. Sachanlagen:
> 1.1 Grundstücke
>   1. unbebaute Grundstücke
>   2. bebaute Grundstücke
> 1.2 Grundstücksgleiche Rechte
>   davon Erbbaurechte
> 1.3 Bauten
>   a) Bauten auf fremden Grundstücken
>   davon Geschäfts-, Fabrik- und andere Bauten
>   b) Bauten auf eigenen Grundstücken
>   davon Geschäfts-, Fabrik- und andere Bauten

Grundstücke sind im bürgerlich-rechtlichen Sinne durch Vermessung abgegrenzte Teile der Erdoberfläche, die in Deutschland im Grundbuch jeweils als selbstständige Grundstücke notiert sind.[47] Bei wirtschaftlicher Betrachtungsweise wird im Bilanzrecht unter einem Grundstück nur der unbebaute Grund und Boden verstanden.[48]

39

> **Praxis-Beispiel**
> Unter **unbebauten Grundstücken** werden die verschiedensten Arten wie Wiesen, Äcker, Wälder bis hin zu Seen, Steinbrüchen und Grubengelände zusammengefasst. Zur Erhöhung der Transparenz wird empfohlen, Grundstücke, die betrieblich ausgebeutet werden, entweder offen abzusetzen oder im Anhang separat auszuweisen.[49]

Grundstücke gelten so lange als unbebaut, wie sie nicht in einer engen wirtschaftlichen Beziehung mit dem bebauten Teil, z. B. Geschäfts-, Fabrik- oder andere Bauten oder Wohnbauten, stehen. **Grundstücke und Gebäude** bilden bei **bebauten Grundstücken** häufig eine rechtliche Einheit. Dennoch sind sie handelsbilanzrechtlich getrennt zu behandeln, da sie sich hinsichtlich der Abnutzbarkeit und somit der Abschreibung unterscheiden. Steuerrechtlich wird das z. T. anders gesehen. Ein Kfm. kann nicht ausschl. ein Gebäude in sein Betriebsvermögen einlegen und das Grundstück im Privatvermögen belassen (um etwaige stille Reserven aus Bodenwerterhöhungen außerhalb der Steuerpflicht zu halten). **Grundstücksgleiche Rechte**, wie z. B. Erbbaurechte, bestimmte dauernde Wohnungs- und Nutzungsrechte sowie Bergwerkseigentum, sind dinglich abgesicherte, zeitlich befristete Rechte, die bilanzrechtlich wie Grundstücke behandelt werden und unabhängig von ihrer Bebauung zusammen mit Grundstücken in einem Sammelposten ausgewiesen werden. **Grunddienstbarkeiten** wie auch

40

---

[46] Vgl. Marx/Dallmann, in Baetge/Kirsch/Thiele, Bilanzrecht, § 266 HGB Rz 52.1, Stand: 3/2024 sowie Böckem/Schurbohm, KoR 2002, S. 39; Zülch, Die Bilanzierung von Investment Properties nach IAS 40, 2003, S. 62.
[47] Vgl. IDW, WPH Edition, Wirtschaftsprüfung & Rechnungslegung, 18. Aufl. 2023, Kap. F Tz 325.
[48] Vgl. BFH, Urteil v. 14.3.1961, I 17/60 S, BStBl 1961 II S. 398.
[49] Vgl. Reiss, in Ballwieser/Coenenberg/von Wysocki, Handwörterbuch der Rechnungslegung und Prüfung (HWRP), 3. Aufl. 2002, Sp. 1052f.

> **Praxis-Beispiel**
> „Technische Anlagen und Maschinen" können Produktionsanlagen, Lastenaufzüge sowie Bagger, Arbeitsbühnen und Transformatoren, Umspannwerke, Krananlagen, Rohrleitungen, Förderanlagen, Silos, Tanks, Raffinerien, Kokereien, Gießereien und Hochöfen sein. Des Weiteren zählen Anlagen für Wärme-, Kälte- und chemische Prozesse, für Arbeitssicherheit und Umweltschutz, Transportanlagen (z. B. Förderbänder) oder Verpackungsanlagen wie auch die Erstausstattung an Reserveteilen oder Spezialreserveteile dazu.[57]

Dem eigenen bzw. dem kundenspezifischen **Werkzeug** mangelt es an einem unmittelbaren Bezug zum betrieblichen Leistungserstellungsprozess, sodass sie dem Posten „Andere Anlagen, Betriebs- und Geschäftsausstattung" zugeordnet werden. Fremde Werkzeuge, die nach Fertigstellung an den Auftraggeber gehen oder die nach der Produktion nicht mehr nutzbar sind, werden als Vorräte ausgewiesen (§ 247 Rz 25 ff.).[58]

Für die **Abgrenzung zu technischen Anlagen und Maschinen sowie zu anderen Anlagen, Betriebs- und Geschäftsausstattung** ist die Zweckbestimmung entscheidend.[59] Bei Abgrenzungsproblemen ist die getroffene Zuordnung in den Folgejahren beizubehalten (Darstellungsstetigkeit).[60]

3.1.3.3 Andere Anlagen, Betriebs- und Geschäftsausstattung (Abs. 2 A. II. 3.)

47 Beim Posten „Andere Anlagen, Betriebs- und Geschäftsausstattung" handelt es sich um einen Sammelposten, der alle VG umfasst, die nicht den anderen Gruppen des Sachanlagevermögens zugeordnet werden können. Dazu gehören Vermögensposten, die nicht unmittelbar der betrieblichen Leistungserstellung dienen, sondern z. B. der Verwaltung oder dem Vertrieb. Als Beispiele sind u. a. Kühl-, Trocken-, Reinigungsanlagen sowie allgemeine Transportanlagen (wie z. B. Gleis- oder Verteilungsanlagen) wie auch die Einrichtung der Werkstatt, der Labore, der Kantinen sowie der Fuhrpark, Werkzeuge und die Büroausstattung wie auch Modelle und Musterküchen sowie EDV-Hardware zu nennen.[61]

3.1.3.4 Geleistete Anzahlungen und Anlagen im Bau (Abs. 2 A. II. 4.)

48 **Geleistete Anzahlungen** sind als Vorleistungen auf eine noch zu erbringende Lieferung von VG durch einen anderen Vertragspartner zu interpretieren. Durch diese Aktivierung wird der Zahlungsmittelabgang für das schwebende Geschäft erfolgsneutral berücksichtigt. Dieser Posten mindert gleichzeitig die zukünftige Zahlungsverpflichtung bei Lieferung des VG oder begründet ggf. einen Rückzahlungsanspruch bei Nichtlieferung.[62]

---

[57] Vgl. Marx/Dallmann, in Baetge/Kirsch/Thiele, Bilanzrecht, § 266 HGB Rz 55, Stand: 2/2024; Reiner, in MünchKomm. HGB, 5. Aufl. 2024, § 266 HGB Rz 34; Suchan, BeckOGK, § 266 HGB Rz 36, Stand: 1.9.2023.
[58] Vgl. Breidenbach, WPg 1975, S. 75 f.
[59] Vgl. Eisgruber, DStR 1997, S. 522.
[60] Vgl. Hoffmann/Lüdenbach, NWB Kommentar Bilanzierung, 15. Aufl. 2023, § 266 HGB Rz 43.
[61] Vgl. Winnefeld, Bilanz-Handbuch, 5. Aufl. 2015, F, Rz 220 sowie Westerfelhaus, DStR 1997, S. 1221.
[62] Vgl. Marx/Dallmann, in Baetge/Kirsch/Thiele, Bilanzrecht, § 266 HGB Rz 57, Stand: 3/2024.

Unter **Anlagen im Bau** fallen alle Investitionen in Gegenstände des AV, die – unabhängig davon, ob sie gekauft oder selbst erstellt wurden – noch nicht betriebsbereit bzw. fertiggestellt sind. Eine separate Aktivierung unter diesem Posten bewirkt zum einen eine Neutralisation von Aufwendungen für selbst erstellte Anlagen. Zum anderen werden dem AV Ausgaben für Eigen- oder Fremdleistungen bereits in der ersten Investitionsphase zugeordnet. Nach Fertigstellung erfolgt eine Umgliederung in den betreffenden Posten des Sachanlagevermögens.[63]

3.1.4 Finanzanlagen (Abs. 2 A. III.)

In Abgrenzung zu Sachanlagen sind Finanzanlagen monetär und i.d.R. ohne physische Substanz. Finanzanlagen entstehen durch dauerhafte Kapitalüberlassung an andere Unt. Aus Finanzanlagen sollen nicht nur Zinsen oder Gewinnbeteiligungen erzielt werden, sondern es werden darüber hinaus auch strategische Ziele verfolgt. Entsprechend dem Vollständigkeitsgebot sind alle Finanzanlagen, die zum wirtschaftlichen Eigentum des Unt zählen, aktivierungspflichtig. Die Abgrenzung zwischen Finanzanlage- und Finanzumlaufvermögen kann aufgrund von Einschätzungsspielräumen nicht immer eindeutig erfolgen.[64]

Im Einzelnen sind – abgesehen von größenabhängigen Erleichterungen – folgende Unterpositionen auszuweisen:
1. Anteile an verbundenen Unternehmen
2. Ausleihungen an verbundene Unternehmen
3. Beteiligungen
4. Ausleihungen an Unternehmen, mit denen ein Beteiligungsverhältnis besteht
5. Wertpapiere des AV
6. Sonstige Ausleihungen

3.1.4.1 Anteile an verbundenen Unternehmen (Abs. 2 A. III. 1.)

Unter **Anteile** sind verbriefte oder auch unverbriefte Mitgliedschaftsrechte an einer anderen Ges. zu verstehen. Mitgliedschaftsrechte umfassen Vermögens- und Verwaltungsrechte. Beispiele sind Aktien, GmbH-Geschäftsanteile, OHG- oder KG-Anteile, aber auch stille Beteiligungen.[65] Als **verbundene Unt** werden gem. § 271 Abs. 2 HGB nur solche Unt bezeichnet, die nach § 290 Abs. 1 HGB aufgrund eines möglichen beherrschenden Einflusses als MU oder TU in einen Konzernabschluss einzubeziehen sind. Anteile an verbundenen Unt können Anteile an Kapitalgesellschaften (z.B. Aktien, GmbH-Anteile), Personengesellschaften (z.B. Einlagen als phG mit kapitalmäßigem Engagement oder Kommanditeinlagen) oder vergleichbare gesellschaftsähnliche Kapitalanlagen sein. **Genossenschaftsanteile** stellen gem. § 271 Abs. 1 Satz 5 HGB keine Beteiligungen dar und dürfen somit nicht als Anteile an verbundenen Unt ausgewiesen werden (§ 271 Rz 29). Sie sind innerhalb der „Sonstigen Ausleihungen" (Rz 63), ggf. gem. § 265 Abs. 6 HGB in einem gesonderten Posten auszuweisen. Von den Anteilen sind Gewinnansprüche zu trennen, die als Forderung ausgewiesen werden.

---

[63] Vgl. Coenenberg/Haller/Mattner/Schultze, Jahresabschluss und Jahresabschlussanalyse, 26. Aufl. 2021, S. 158.
[64] Vgl. Bieg, DB 1985, Beil. 24, S. 1, 6ff.
[65] Vgl. Matschke/Brösel/Freichel, in Kirsch, Rechnungslegung, § 266 HGB Rz 222, Stand: 3/2021.

53 Kann die Annahme der **dauerhaften Beteiligung** widerlegt werden, sind die Anteile als „Anteile an verbundenen Unternehmen" im UV auszuweisen. Bei den „Anteilen an verbundenen Unternehmen" liegen i. d. R. auch „Beteiligungen" vor. Wenn eine Zuordnung sowohl als Beteiligung als auch als Anteile an einem verbundenen Unt vorgenommen werden kann, ist der Ausweis im letztgenannten Posten vorzunehmen. Gem. § 264c Abs. 4 HGB müssen haftungsbeschränkte Ges. i. S. d. § 264a HGB die an Komplementärges. gehaltenen Anteile entweder als „Anteile an verbundenen Unternehmen" oder als „Beteiligungen" ausweisen.[66] Anteile an nahe stehenden Personen sind nicht gesondert aufzuführen, sondern im Anhang anzugeben (§ 285 Rz 129 ff.).[67]

3.1.4.2 Ausleihungen an verbundene Unternehmen (Abs. 2 A. III. 2.)

54 Ausleihungen basieren auf **schuldrechtlichen Vertragsverhältnissen**. Der Schuldner ist verpflichtet, dem Gläubiger den überlassenen Kapitalbetrag nach einer vereinbarten Zeit zurückzugeben. Ein Ausweis unter dem Posten „Ausleihungen an verbundene Unternehmen" setzt voraus, dass der Schuldner ein verbundenes Unt (§ 271 Rz 32 ff.) ist.

> **Praxis-Beispiel**
> Als **Ausleihungen** gelten bspw. Hypotheken-, Grund- und Rentenforderungen oder Schuldscheindarlehen. Forderungen aus L&L, Mietvorauszahlungen und Baukostenzuschüsse sind hier nicht auszuweisen. Lediglich bei Umwandlung einer solchen Forderung in ein langfristiges Darlehen mit Zins- und Tilgungszahlungen (sog. Novation) erfolgt ein Ausweis innerhalb der Ausleihungen an verbundene Unt oder an BeteiligungsUnt.

55 Da es sich bei den Ausleihungen an verbundene Unt um einen Unterposten des AV handelt, muss bei der Ausleihung eine **Daueranlageabsicht** angenommen werden, d. h., die vereinbarte Laufzeit der Ausleihung liegt über einem Jahr.[68]

56 Bestehen **Zuordnungsprobleme**, Ausleihungen unter dem Posten „Ausleihungen an verbundene Unternehmen" oder unter dem Posten „Ausleihungen an Unternehmen, mit denen ein Beteiligungsverhältnis besteht", auszuweisen, ist die Art der Unternehmensbeziehung das ausschlaggebende Kriterium. Es ist unerheblich, ob die Forderung wertpapierrechtlich verbrieft ist.[69] Wird aber der Ausweis von verbrieften Forderungen gegenüber verbundenen Unt unter den Wertpapieren des AV und nicht unter Ausleihungen an verbundene Unt vorgenommen, ist die Mitzugehörigkeit gem. § 265 Abs. 3 Satz 1 HGB bei wesentlichen Beträgen zu vermerken.

3.1.4.3 Beteiligungen (Abs. 2 A. III. 3.)

57 Beteiligungen sind gem. § 271 Abs. 1 HGB Anteile an anderen Unt, die dazu bestimmt sind, dem eigenen Geschäftsbetrieb durch die Herstellung einer dauer-

---

[66] Vgl. Küting/Weber/Pilhofer, WPg 2003, 793 ff.
[67] Vgl. Küting/Weber/Gatting, KoR 2003, S. 63.
[68] Vgl. Scheffler, in Beck HdR, B 213, Rz 497, Stand: 1/2024.
[69] Vgl. Matschke/Brösel/Freichel, in Kirsch, Rechnungslegung, § 266 HGB Rz 253, Stand: 3/2021.

haften Verbindung zu dienen, wie z.B. Aktien, GmbH-Anteile oder Komplementär- oder Kommanditanteile einer KG oder OHG. Die Beteiligungsabsicht und nicht die Beteiligungshöhe ist entscheidend. Mögliche **Indizien für eine Beteiligungsabsicht** sind personelle Verflechtungen, Lieferungs- und Leistungsverflechtungen oder gemeinsame F&E-Aktivitäten. Im Zweifel liegt eine Beteiligung vor, wenn ein maßgeblicher Einfluss ausgeübt wird. Ein solcher Einfluss wird gem. § 271 Abs. 1 Satz 3 HGB bei einer Beteiligung an einer KapG ab einer **Beteiligungsquote von 20 %** widerlegbar vermutet. Wenn **keine Beteiligungsabsicht** besteht, sind die Anteile als Wertpapiere des AV auszuweisen. Ist im Vorjahresabschluss ein Ausweis von Wertpapieren des AV erfolgt, ist eine Umgliederung in das UV vorzunehmen, wenn die Annahme der Daueranlage nicht mehr besteht bzw. widerlegt werden kann (zum Begriff Umgliederung siehe § 247 Rz 40). Unternehmensanteile sind als Beteiligungen auszuweisen, wenn Anteile an KapG (z.B. GmbH-Anteile), Anteile der persönlich haftenden Gesellschafter einer OHG oder KG, Gesamthandsanteile bei GbR, Anteile an Stiftungen, Vereinen und Körperschaften des öffentlichen Rechts, die keine ideellen Ziele verfolgen, oder Anteile an Unt ausländischer Rechtsform vorliegen, es sei denn, dass es sich um „Anteile an verbundene Unternehmen" handelt.[70] Auch bei Anteilen an Joint Ventures oder Arge ist im Fall einer Wiederholungsabsicht oder Daueranlageabsicht ein Ausweis unter den Beteiligungen vorzunehmen, weil i.d.R. keine Verbundenheit vorliegt.[71] Anteile an assoziierten Unt, die im Konzernabschluss grds. at equity zu bewerten sind, sind in der Konzernbilanz gesondert als Beteiligung auszuweisen. Genussrechte (Rz 60, Rz 63), typische stille Beteiligungen (Rz 63) oder Arge-Beteiligungen (Rz 84) gelten dagegen ebenso wie Genossenschaftsanteile (Rz 52, Rz 63) nach § 271 Abs. 1 Satz 5 HGB nicht als Beteiligung. **Gesellschafterdarlehen**, d.h. Darlehen, die Gesellschafter ihrer Ges. in der Krise gewähren, stellen keine Beteiligung dar und sind auch bei Überschuldung als Verbindlichkeit auszuweisen (Rz 132 f.).

3.1.4.4 Ausleihungen an Unternehmen, mit denen ein Beteiligungsverhältnis besteht (Abs. 2 A. III. 4.)

Innerhalb des Postens „**Ausleihungen an Unternehmen, mit denen ein Beteiligungsverhältnis besteht**" werden Ausleihungen an das Unt, das die Beteiligung hält, ebenso ausgewiesen wie an das Unt, an dem die Beteiligung gehalten wird. Der Begriff „Beteiligungsverhältnis" verdeutlicht somit, dass die Frage, wer an wem beteiligt ist, d.h. der Gläubiger beim Schuldner oder der Schuldner beim Gläubiger, unerheblich ist. Mit dieser Angabepflicht sollen die wirtschaftlichen Folgen von Konzernverflechtungen aus externer Sicht besser beurteilt werden.[72] Bzgl. der Begriffe „Ausleihung" und „Beteiligung" siehe Rz 54 und Rz 57. Zu Ausleihungen an GmbH-Gesellschafter siehe Rz 88.

---

[70] Vgl. Dietel, DStR 2002, S. 2140.
[71] Vgl. hierzu IDW HFA 1/1993, WPg 1993, S. 441 ff. sowie Früh/Klar, WPg 1993, S. 493 ff.
[72] Vgl. Marx/Dallmann, in Baetge/Kirsch/Thiele, Bilanzrecht, § 266 HGB Rz 65, Stand: 3/2024.

3.1.4.5 Wertpapiere des Anlagevermögens (Abs. 2 A. III. 5.)

60 Wertpapiere des AV sind verbriefte Wertpapiere, die übertragbar und verwertbar sind und bei denen keine Beteiligungsabsicht bzw. -vermutung nach § 271 Abs. 1 Satz 3 HGB gegeben ist. Vielmehr steht die Eigenschaft als **langfristige Kapitalanlage** im Mittelpunkt.[73] Die Wertpapiere des AV umfassen sowohl Eigenkapitalanteile als auch verbriefte Fremdkapitalanteile.

> **Praxis-Beispiel**
> Hierunter fallen Aktien ohne Beteiligungsabsicht, Genussscheine, Investmentzertifikate, Anteile an Immobilienfonds sowie Anleihen, Kommunal-, Industrie- bzw. Bankobligationen, Asset-backed Securities, Wandelschuldverschreibungen, Gewinnschuldverschreibungen Null-Kupon-Anleihen, „Floating Rate Notes", Commercial Papers, Certificates of deposit und Bons de caisse oder Pfandbriefe. Ebenso sind innerhalb dieses Postens wertpapierähnliche Rechte, wie Bundesschatzbriefe, Finanzierungsschätze, Bundesobligationen und -anleihen trotz fehlender Wertpapiereigenschaft auszuweisen.

61 GmbH-Anteile dürfen nicht unter Wertpapieren ausgewiesen werden, sondern sind als Beteiligung zu erfassen, da sie unverbrieft sind. Genossenschaftsanteile werden auch nicht diesem Posten zugeordnet, weil sie nicht als Beteiligungen gelten und als sonstige Ausleihungen zu erfassen sind. Auch qualifizierte Legitimationspapiere (z. B. Sparbücher) haben keine Wertpapiereigenschaften und sind daher nicht an dieser Stelle auszuweisen.[74]

62 Bisher wurde Zahlungstoken, wie z. B. die Kryptowährungen Bitcoin, Ether, keine Wertpapiereigenschaft zugeschrieben. Nach § 4 Abs. 3 eWpG sind Kryptowährungen nunmehr als elektronische Wertpapiere qualifiziert. Insofern ist bei langfristiger Halteabsicht ein Ausweis innerhalb der Wertpapiere des AV und innerhalb der Wertpapiere des UV bei kurzfristiger Verwertungsabsicht zu empfehlen. Bei kurzfristiger Halte- und Verwertungsabsicht ist auch ein Ausweis innerhalb der sonstigen VG möglich; alternativ kann nach § 265 Abs. 5 HGB ein gesonderter Posten im UV eingefügt werden. Von den Zahlungstoken sind Anlagetoken (Security Token und Asset Token) abzugrenzen. Asset Token beziehen sich auf knappe reale oder digitale Vermögenswerte und deren Wert leitet sich aus den zugrunde liegenden Vermögenswerten, wie etwa Gold, ab. Bei langfristiger Halteabsicht erfolgt ein Ausweis innerhalb jenes AV (IAV, SAV, FAV), auf das sich der Asset Token bezieht. Im Falle einer kurzfristigen Halteabsicht sind Anlagetoken innerhalb der sonstigen Wertpapiere (sofern Eigentum an einem Wertpapier verbrieft ist) oder innerhalb der sonstigen VG auszuweisen.[75]

---

[73] Zur Definition und Besonderheiten vgl. Reiner, in MünchKomm. HGB, 5. Aufl. 2024, § 266 HGB Rz 46 f.
[74] Vgl. Schubert/Hargarten, in Beck Bil-Komm., 14. Aufl. 2024, § 266 HGB Rz 71.
[75] Marx/Dallmann, in Baetge/Kirsch/Thiele, Bilanzrecht, § 266 HGB Rz 133 f., Stand: 3/2024.

3.1.4.6 Sonstige Ausleihungen (Abs. 2 A. III. 6.)

Alle Forderungen an nicht verbundenen Unt und an Unt, mit denen kein Beteiligungsverhältnis besteht, wie auch Ausleihungen an sonstige Schuldner sind innerhalb dieses Sammelpostens auszuweisen, sofern eine Zuordnung zum AV gegeben ist. Zu den sonstigen Ausleihungen zählen Vorauszahlungen bzw. Kautionen für längerfristige Miet- und Pachtverträge, Kredite an Organmitglieder (§§ 89, 115, 286 Abs. 2 Satz 4 AktG; § 42a GmbHG) und nicht durch Namenspapiere verbriefte Genussrechte sowie Genossenschaftsanteile.[76] Auch Anteile an BGB-Ges. gehören am ehesten zu den sonstigen Ausleihungen, diese sind i.d.R. nicht wesentlich.[77]

3.2 Umlaufvermögen (Abs. 2 B.)

3.2.1 Überblick

Aufgrund einer fehlenden Legaldefinition für das UV erfolgt eine Negativabgrenzung. Dementsprechend sind alle VG in das UV aufzunehmen, die dem Geschäftsbetrieb nicht dauerhaft dienen und keine aktiven RAP oder keine anderen aktiven Bilanzsonderposten sind.[78] Innerhalb des UV sind gem. § 266 Abs. 2 B. I bis IV HGB die folgenden vier Hauptposten auszuweisen:
1. Vorräte
2. Forderungen und sonstige Vermögensgegenstände
3. Wertpapiere
4. Liquide Mittel

Dies entspricht gleichzeitig der Mindestgliederung für kleine KapG (§ 266 Abs. 1 Satz 3 HGB). Demgegenüber müssen mittelgroße und große KapG die volle Aufgliederung dieser vier Hauptposten entsprechend den Untergliederungspunkten gem. § 266 Abs. 2 HGB vornehmen.

3.2.2 Vorräte (Abs. 2 B. I.)

Vorräte dienen dem eigentlichen Geschäftszweck des Unt, also unmittelbar der Produktion oder dem Handel. Die Vorräte sind gem. § 266 Abs. 2 B. I. HGB in der Reihenfolge des betrieblichen Produktionsprozesses in folgende Unterposten aufzugliedern:
1. Roh-, Hilfs- und Betriebsstoffe
2. Unfertige Erzeugnisse, unfertige Leistungen
3. Fertige Erzeugnisse und Waren
4. Geleistete Anzahlungen

Als problematisch gilt in manchen Fällen die Abgrenzung zwischen den einzelnen Vorratsarten, denn viele Rohstoffe können ebenso wie unfertige Erzeugnisse und unfertige Leistungen, statt weiterverarbeitet zu werden, in einem unfertigen Zustand verkauft werden. Ein ähnliches Problem ergibt sich bei der Vermischung von selbst erstellten Erzeugnissen und hinzugekaufter Ware. Ein VG ist nicht mehr als

---

[76] Vgl. Reiner, in MünchKomm. HGB, 5. Aufl. 2024, § 266 HGB Rz 52; IDW HFA 1/1994, WPg 1994, S. 422 f.
[77] Vgl. Hoffmann/Lüdenbach, NWB Kommentar Bilanzierung, 15. Aufl. 2023, § 266 HGB Rz 53.
[78] Vgl. Marx/Dallmann, in Baetge/Kirsch/Thiele, Bilanzrecht, § 266 HGB Rz 71, Stand: 3/2024 bzw. Matschke/Brösel/Freichel, in Kirsch, Rechnungslegung, § 266 HGB Rz 81, Stand: 3/2021.

Roh- oder Hilfsstoff auszuweisen, wenn die Produktion begonnen hat. Derartige Zuordnungsprobleme können umgangen werden, indem durch eine nachvollziehbare Zuordnung gesonderte Posten geschaffen werden, wie bspw. die Zusammenfassung von unfertigen und fertigen Erzeugnissen zu Erzeugnissen.[79]

66 Innerhalb der Vorräte sind Berechtigungen zur Emission von Treibhausgasen (sog. **„Treibhausgas-Emissionsrechte"** oder **CO_2-Zertifikate**)[80] auszuweisen.[81] Ein Ausweis innerhalb der sonstigen VG ist vorzunehmen, wenn die Emissionsrechte nicht für Produktionszwecke verwendet werden.[82] Bei wesentlichen Beträgen ist ein gesonderter Ausweis zu empfehlen.[83]

Dagegen können kostenlos zugeteilte Emissionsrechte – analog zu unentgeltlich erworbenen immateriellen VG des AV wahlweise als gesonderter Bilanzposten innerhalb des IAV oder im Bilanzposten A.I.2. „Entgeltlich erworbene Konzessionen, gewerbliche Schutzrechte und ähnliche Rechte und Werte sowie Lizenzen an solchen Rechten und Werten" ausgewiesen werden (DRS 24.123). Analog ist für Zertifikate im Zusammenhang mit dem am 20.12.2019 in Kraft getretenen Brennstoffemissionshandelsgesetz (BEHG)[84] zu verfahren. Auch Grünstromzertifikate sind beim Energieversorger als immaterielle VG innerhalb der Vorräte im UV auszuweisen. Dagegen erfolgt beim Anlagenbetreiber als Erzeuger von Strom aus erneuerbaren Quellen der Ausweis der an die Energieversorger zu veräußernden Zertifikate als selbst erstellte immaterielle VG des AV.[85]

3.2.2.1 Roh-, Hilfs- und Betriebsstoffe (Abs. 2 B. I. 1.)

67 **Rohstoffe** sind entweder Stoffe der Urerzeugung (wie Erze, Holz, Rohöl oder Gase) oder erworbene Fertigungserzeugnisse aus vorgelagerten Produktionsstufen. Sie gehen im Produktionsprozess unmittelbar be- oder unverarbeitet als Hauptbestandteile in das Produkt ein bzw. in dem Produkt auf.

Durch betriebsinterne Recyclingprozesse können Rohstoffe erneut als Input für die Produktion verwendet werden. Können Rohstoffabfälle und -ausschüsse nach dem Recyclingprozess wieder der Fertigung desselben Erzeugnisses zugeführt oder anderweitig in der Fertigung eingesetzt werden, erfolgt ein Ausweis innerhalb der Rohstoffe. Werden die recycelten Abfälle oder Ausschüsse verkauft, sind diese als fertige Erzeugnisse zu erfassen.[86]

> **Praxis-Beispiel**
>
> In der Automobilproduktion werden ganze Baugruppen von Zulieferbetrieben gekauft und ohne weitere Verarbeitung verwendet; damit gelten sie als Rohstoffe. Als weitere Beispiele sind Bleche, Motoren, Pumpen, Batterien, Reifen, allgemein verwendbare Ersatzteile oder Radsätze im Waggonbau zu nennen.

---

[79] Vgl. Schubert/Hargarten, in Beck Bil-Komm., 14. Aufl. 2024, § 266 HGB Rz 98 f.
[80] Vgl. Gesetz über den Handel mit Berechtigungen zur Emission von Treibhausgasen v. 8.7.2004, BGBl I S. 1578, und v. 21.7.2011, BGBl I S. 1475.
[81] Vgl. Rogler, KoR 2005, S. 261.
[82] Vgl. Wulf/Lange, IRZ 2011, S. 486.
[83] Vgl. IDW RS HFA 15.7, WPg 2006, S. 575; Klein/Völker-Lehmkuhl, DB 2004, S. 334.
[84] Gesetz über einen nationalen Zertifikatehandel für Brennstoffemissionen (Brennstoffemissionshandelsgesetz – BEHG) v. 12.12.2019, BGBl. I 2019, 1728.
[85] Vgl. Brüggemann/Polster, DB 2021, S. 1081 ff.
[86] Vgl. Ross, PiR 2024, S. 168 ff.

Hilfsstoffe hingegen sind im Produktionsprozess nur von untergeordneter Bedeutung. Das Abgrenzungskriterium ist quantitativer Art, also ob der jeweilige Gegenstand mit Blick auf die Funktionsfähigkeit des Erzeugnisses wesentlichen Einfluss hat.[87]

68

> **Praxis-Beispiel**
> Nägel, Schrauben, Lacke oder auch Farb- und Konservierungsstoffe (bei Lebensmitteln) gelten ebenso wie das Verpackungsmaterial als Hilfsstoffe.

Betriebsstoffe werden unmittelbar oder mittelbar im Produktionsprozess verbraucht und gehen somit nicht in dem Produkt oder der Leistung auf. Allerdings werden sie benötigt, damit die Betriebsmittel betriebsbereit sind.

69

> **Praxis-Beispiel**
> Brennstoffe, Energie, Reinigungs- und Schmiermaterial zählen ebenso wie für den Produktionsprozess bestimmte Emissionsrechte (Rz 66) zu den Betriebsstoffen. Auch werden dieser Position noch nicht ausgegebenes Büromaterial und Werbemittelbestände zugeordnet.[88]

3.2.2.2 Unfertige Erzeugnisse, unfertige Leistungen (Abs. 2 B. I. 2.)

Es wird teilweise die Auffassung vertreten, dass es sich bei diesem Posten lediglich um eine Bilanzierungshilfe oder um eine periodengerechte Aufwandsabgrenzung handelt. Allerdings hat der BFH geurteilt, dass unfertige Erzeugnisse und Leistungen einen VG darstellen und bilanzrechtlich auch entsprechend auszuweisen sind.[89] Zu den **unfertigen Erzeugnissen** gehören alle noch nicht verkaufsfähigen Produkte, für die im Unt durch Be- oder Verarbeitung bereits Aufwendungen entstanden sind.

70

> **Praxis-Beispiel**
> Langfristige Fertigungsaufträge (z. B. Bauten) werden bis zur Abnahme durch den Kunden und die Ausstellung der Endabrechnung unter den unfertigen Erzeugnissen erfasst. Ebenso gelten Erzeugnisse, die einem Reifeprozess unterliegen, bspw. Holz, Wein, Whiskey oder Käse, als unfertige Erzeugnisse. Gleiches gilt für unfertige immaterielle VG, z. B. zur Veräußerung bestimmte EDV-Software oder noch nicht fertige Filme bei reiner Auftragsproduktion, wobei aus Gründen der Übersichtlichkeit ein gesonderter Ausweis als Programm- bzw. Filmvermögen vorgenommen werden kann.[90]

Typischerweise zählen zu den **unfertigen Leistungen** u. a. noch nicht abgeschlossene Beratungsleistungen einer Unternehmensberatung oder unfertige

71

---

[87] Vgl. Marx/Dallmann, in Baetge/Kirsch/Thiele, Bilanzrecht, § 266 HGB Rz 74, Stand: 3/2024.
[88] Vgl. ADS, Rechnungslegung und Prüfung der Unternehmen, 6. Aufl. 1995–2001, § 266 HGB Rz 104 f.; Suchan, BeckOGK, § 266 HGB Rz 60, Stand: 1.9.2023.
[89] Vgl. BFH, Urteil v. 7.9.2005, VIII R 1/03, BStBl 2006 II S. 298.
[90] Vgl. Forster, WPg 1988, S. 321 ff.; Wriedt/Fischer, DB 1993, S. 1684 ff.

Bauten, die von BauUnt auf fremdem Grund und Boden errichtetet wurden. Als genauere Postenbezeichnung können z. B. „nicht abgerechnete Bauten" oder „unfertige Bauten und Leistungen" verwendet werden.[91]

72 Im Produktionsprozess entstandene Abfallstoffe sind ebenfalls als unfertige Leistung aufzufassen, sofern sie erneut dem Produktionsprozess zugeführt werden. Bei Verkaufsabsicht gelten sie als „fertige Erzeugnisse".[92] In **Veredelungsprozessen** werden die dem Veredeler gelieferten Rohstoffe beim Auftraggeber unverändert aktiviert. Der Veredeler selbst weist unfertige Erzeugnisse oder unfertige Leistungen aus, wenn selbst beschafftes Material in einem großen Umfang eingesetzt wurde. Ist er wirtschaftlicher Eigentümer des zu bearbeitenden Materials, wird das Material entweder als Rohstoff oder als unfertiges Erzeugnis aktiviert; gleichzeitig wird die Lieferverpflichtung in selbiger Höhe passiviert.[93]

3.2.2.3 Fertige Erzeugnisse und Waren (Abs. 2 B. I. 3.)

73 Als **fertiges Erzeugnis** gilt ein VG erst, wenn es versandfertig und somit sofort veräußerbar ist. Ein separater Ausweis für **fertige Leistungen** ist nicht vorgesehen. Leistungen, die fertig erstellt und abgenommen wurden, aber noch nicht zu einer Einzahlung geführt haben, sind als Forderungen auszuweisen. Erfolgte allerdings noch keine Abnahme durch den Kunden, gelten sie als nicht fertiggestellt, da bspw. seitens des Kunden noch Nachbesserungsbedarf bestehen könnte. Sollten diese Nacharbeiten nur geringfügig sein bzw. sollte der Abnehmer in Verzug sein, gelten die Leistungen als abgenommen.[94]

74 **Waren** hingegen sind nach h. M. nicht oder nur geringfügig veränderte Gegenstände, die zum Weiterverkauf angeschafft wurden.[95] Sie können beweglich oder unbeweglich sein. Für die Ein- bzw. Ausbuchung der erhaltenen bzw. gelieferten Ware ist nach dem Realisationszeitpunkt jener Zeitpunkt entscheidend, zu dem die Gefahr des zufälligen Untergangs der Ware von einem Vertragspartner auf den anderen übergeht. Maßgeblich sind hier die Vertragsklauseln. Zum Zeitpunkt des Gefahrenübergangs muss der Lieferant die Ware ausbuchen und der Abnehmer die Ware einbuchen.[96]

3.2.2.4 Geleistete Anzahlungen (Abs. 2 B. I. 4.)

75 Unter dieser Position werden Zahlungen des Unt an Dritte erfasst, die sich auf das Vorratsvermögen beziehen und aus abgeschlossenen Verträgen resultieren, deren Lieferung oder Leistung noch offen ist. Dementsprechend liegen Forderungen des Unt gegenüber dem Lieferanten aus der Erbringung der vereinbarten Leistung vor. Die Vorleistungen beziehen sich nicht auf VG des AV, die gesondert ausgewiesen werden müssen (Rz 48). Wurden für Dienstleistungen, die mit der Beschaffung oder mit dem Produktionsprozess in Verbindung stehen, Anzahlungen geleistet, sind diese auch hier auszuweisen. Anzahlungen auf andere

---

[91] Vgl. Hofer, DStR 2001, S. 636.
[92] Vgl. Marx/Dallmann, in Baetge/Kirsch/Thiele, Bilanzrecht, § 266 HGB Rz 76 f., Stand: 3/2024.
[93] Vgl. Labrenz/Schmidt, in Böcking u. a., Beck HdR, B 214 Rz 16, Stand: 1/2024.
[94] Vgl. Schubert/Hargarten, in Beck Bil-Komm., 14. Aufl. 2024, § 266 HGB Rz 107 f.
[95] Vgl. Dusemond/Heusinger-Lange/Knop, in Küting/Weber, HdR-E, § 266 HGB Rz 74, Stand: 12/2021; Suchan, BeckOGK, § 266 HGB Rz 65, Stand: 1.9.2023.
[96] Vgl. Coenenberg/Haller/Schultze, Jahresabschluss und Jahresabschlussanalyse, 26. Aufl. 2021, S. 241.

Dienstleistungen (z. B. Beratungsdienstleistungen) sowie auf andere nicht aktivierungsfähige VG sind als sonstige VG zu erfassen.[97]

Im Gegensatz zu geleisteten Anzahlungen handelt es sich bei **erhaltenen Anzahlungen** (Rz 152 ff.) um Zahlungen, die das Unt von Kunden für noch zu erbringende Leistungen erhalten hat. Da das Unt die Leistungsschuld innehat, liegt eine Verbindlichkeit vor.[98] Dennoch ist neben einem Ausweis innerhalb der Verbindlichkeiten wahlweise ein offenes Absetzen von den Vorräten erlaubt (§ 268 Rz 33 ff.). Dabei darf allerdings der Vorratsbestand nicht negativ werden. Die **Saldierung** erhaltener und geleisteter Anzahlungen ist nicht zulässig.

3.2.3 Forderungen und sonstige Vermögensgegenstände (Abs. 2 B. II.)

In diesem Posten wird das Ergebnis der Vertriebsaktivitäten von Unt dargestellt. Eine **Forderung** entsteht mit der Erbringung der Lieferungs- bzw. Leistungsverpflichtung, der darauf folgenden Fakturierung und des Ausstehens der Zahlung durch den Abnehmer. Gem. § 266 Abs. 2 B. II. HGB werden Forderungen in die folgenden Unterposten aufgespalten:
1. Forderungen aus L&L
2. Forderungen gegen verbundene Unt
3. Forderungen gegen Unt, mit denen ein Beteiligungsverhältnis besteht
4. sonstige Vermögensgegenstände

Der Unterposten „**sonstige Vermögensgegenstände**" stellt einen Sammelposten dar, sodass hiermit i. d. R. die Möglichkeit entfällt, gem. § 265 Abs. 5 Satz 2 HGB einen neuen Posten zu ergänzen.[99] Forderungen und sonstige VG sind von KapG und haftungsbeschränkten PersG mit einem „Davon"-Vermerk gesondert auszuweisen, wenn sich ihre Restlaufzeit auf mehr als ein Jahr beläuft. Die Saldierung von Forderungen mit Verbindlichkeiten ist nur dann zulässig, wenn die Voraussetzungen einer Aufrechnung gem. § 387 BGB erfüllt sind (insb. gleichartig Forderungen und Verbindlichkeiten gegenüber derselben Person mit gleichen Fälligkeiten)[100] (§ 246 Rz 127 ff.).

3.2.3.1 Forderungen aus Lieferungen und Leistungen (Abs. 2 B. II. 1.)

Forderungen aus Lieferungen und Leistungen entstehen aus Geschäften, die in der GuV als Umsatzerlöse i. S. d. § 277 Abs. 1 HGB erfasst werden. Den Lieferungen und Leistungen liegen gegenseitige Verträge zugrunde (z. B. Lieferungs-, Werks- oder Dienstverträge), die seitens des bilanzierenden Unt bereits durch Lieferung oder Leistung erfüllt wurden, deren Erfüllung durch den Schuldner in Form einer Bezahlung jedoch noch offen steht. Solange beide Partner nicht geleistet haben, stehen Anspruch und Verpflichtung in der Schwebe und bilden ein schwebendes Geschäft. Der zur Lieferung oder sonstigen Leistung Verpflichtete darf den Erfolg aus dem Geschäft entsprechend dem Realisationsprinzip nach § 252 Abs. 1 Nr. 4 HGB noch nicht ausweisen und die Forderung aus Lieferung und Leistung daher noch nicht bilanzieren.

---

[97] Vgl. Schubert/Hargarten, in Beck Bil-Komm., 14. Aufl. 2024, § 266 HGB Rz 110.
[98] Vgl. Schubert/Hargarten, in Beck Bil-Komm., 14. Aufl. 2024, § 266 HGB Rz 109 ff.
[99] Vgl. Hayn/Weigert, in Böcking u. a., Beck HdR, B 215, Rz 2, Stand: 1/2024.
[100] Vgl. IDW, WPH Edition, Wirtschaftsprüfung & Rechnungslegung, 18. Aufl. 2023, Kap. F Tz 410 f.

Zu den Forderungen aus Lieferungen und Leistungen zählen Forderungen aus Verkauf von Produkten und Dienstleistungen, aus dem Verkauf nicht benötigter RHB-Stoffe und aus Schrottverkäufen, aus Erlösen aus Vermietung und Verpachtung-, aus Patenten, Lizenzen und Marken, aus Personalüberlassung sowie empfangene Ertragszuschüsse mit Gegenleistungspflicht und Konzernumlagen. Dagegen resultieren aus dem Verkauf von Anlagevermögen wie auch aus dem Verkauf von Wertpapieren des Umlaufvermögens keine Forderungen aus Lieferungen und Leistungen.

80 **Langfristig gestundete Forderungen** sind nicht mehr als Forderung auszuweisen, wenn diese in ein Darlehen mit Zins- und Tilgungszahlungen umgewandelt worden sind. Ab diesem Zeitpunkt ist ein Ausweis unter „sonstige Ausleihungen" (Rz 63) vorzunehmen.[101]

Forderungen aus L&L gegen verbundene Unt bzw. gegen Unt, mit denen ein Beteiligungsverhältnis besteht, sind unter dem Posten „Forderungen gegen verbundene Unternehmen" (B. II. 2.) bzw. „Forderungen gegen Unternehmen, mit denen ein Beteiligungsverhältnis besteht" (B. II. 3.) auszuweisen (Rz 81, Rz 83).

Die Gliederungsvorgabe nach dem Kriterium „sachzielbezogen" (Forderungen aus Lieferungen und Leistungen) und „personenbezogen" (Forderungen gegen verbundene Unt) führt zu Überschneidungen. Im Fall eines Ausweises innerhalb der Forderungen aus Lieferungen und Leistungen kann die Mitzugehörigkeit gem. § 265 Abs. 3 HGB als Davon-Vermerk kenntlich gemacht werden. Gleiches gilt für Forderungen gegen Gesellschafter einer GmbH bzw. einer Personenhandelsgesellschaft i. S. d. § 264a HGB.[102]

Praxis-Beispiel[103]
Tochter GmbH hat kurzfristige Forderungen gegen Mutter AG i. H. v. 900 GE. Der Gesamtbetrag der Forderungen der Tochter GmbH beläuft sich auf 5.000 GE, davon haben Forderungen i. H. v. 70 GE eine Laufzeit von mehr als einem Jahr.

Im Beispielfall liegen Forderungen aus Lieferungen und Leistungen sowie Forderungen gegen verbundene Unt vor. Außerdem handelt es sich gleichzeitig um Forderungen gegen Gesellschafter. Die Mitzugehörigkeit kann als Davon-Vermerk (Lösung 1) oder als tabellarische Darstellung (Lösung 2) erfolgen.

Lösung 1:

Forderungen aus Lieferungen und Leistungen:	5.000 GE
davon gegen verbundene Unt:	900 GE
davon gegen Gesellschafter:	900 GE
davon mit einer Laufzeit von mehr als 1 Jahr:	70 GE

---

[101] Vgl. Marx/Dallmann, in Baetge/Kirsch/Thiele, Bilanzrecht, § 266 HGB Rz 81 ff., Stand: 3/2024.
[102] Vgl. Reiner, in MünchKomm. HGB, 5. Aufl. 2024, § 266 HGB Rz 66 und Marx/Dallmann, in Baetge/Kirsch/Thiele, Bilanzrecht, § 266 HGB Rz 81.1, Stand: 3/2024.
[103] Vgl. Hoffmann/Lüdenbach, NWB Kommentar Bilanzierung, 15. Aufl. 2023, § 266 HGB Rz 73.

Lösung 2:			
	Forderungen aus Lieferungen und Leistungen	Sonstige Forderungen	Summe
Forderungen gegen verb. U. Andere Forderungen	900 4.100	...	...
Bilanzausweis	5.000	...	...
davon gegen Gesellschafter	900	...	...
davon mit einer Laufzeit über 1 Jahr	70	...	...

Wenn eine Forderung sicherungshalber abgetreten wird (**Zession**), muss der Sicherungsgeber (Zedent) die Forderung weiterhin bilanzieren, da er gegenüber dem Sicherungsnehmer (Zessionar) für einen Forderungsausfall haftet und somit nach wie vor der wirtschaftliche Eigentümer ist. Demgegenüber geht das wirtschaftliche Eigentum bei einem Forderungsverkauf (**Factoring**) auf den Käufer der Forderung über (echtes Factoring), wenn dieser das Forderungsrisiko (Delkrederrisiko bzw. des Zahlungsausfalls des Schuldners) trägt (§ 246 Rz 53 ff.). Dann wird anstelle der Forderung aus Lieferungen und Leistungen eine Forderung gegen den Käufer ausgewiesen bzw. werden liquide Mittel vereinnahmt. Trägt aber der Verkäufer weiterhin das Ausfallrisiko (unechtes Factoring), muss dieser die Forderung unter den Haftungsverhältnissen gem. § 251 HGB ausweisen. Forderungen aus bargeldlosen Umsatzgeschäften, die gegen Kreditkartenunternehmen oder sonstige Zahlungsdienstleister bestehen, sind innerhalb der Forderungen aus Lieferungen und Leistungen auszuweisen.[104] Wird mit einem Forderungsausfall gerechnet, ist eine Rückstellung für ungewisse Verbindlichkeiten zu bilden.

3.2.3.2 Forderungen gegen verbundene Unternehmen (Abs. 2 B. II. 2.)

Forderungen gegen verbundene Unt (§ 271 Rz 32 ff.) sind – wie Ausleihungen – aus Transparenzgründen gesondert auszuweisen, um die finanziellen Verflechtungen mit verbundenen Unt offenzulegen. Auszuweisen sind Forderungen gegen alle MU und deren TU (z.B. auch Schwesterunternehmen). Dieser Posten umfasst alle Forderungen einschl. Forderungen aus L&L sowie Forderungen aus dem Finanzverkehr, aus den Beteiligungsverträgen und Unternehmensverträgen sowie Gewinnansprüchen. Hierbei kann es zu Überschneidungen mit der nach § 42 Abs. 3 GmbHG nötigen Angabe der Forderungen gegenüber Gesellschaftern kommen (Rz 80).

Ausleihungen an verbundene Unt sind innerhalb des FAV auszuweisen. Maßgeblich für die Beurteilung der Frage, ob eine Beteiligung gem. § 271 Abs. 1 HGB vorliegt oder nicht, ist das Verhältnis am Bilanzstichtag und nicht das Verhältnis zum Zeitpunkt der Forderungsentstehung.[105]

---

[104] Vgl. ADS, Rechnungslegung und Prüfung der Unternehmen, 6. Aufl. 1995–2001, § 266 HGB Rz 123; Suchan, BeckOGK, § 266 HGB Rz 70, Stand: 1.9.2023.
[105] Vgl. Reiner, in MünchKomm. HGB, 5. Aufl. 2024, § 266 HGB Rz 38, 67.

3.2.3.3 Forderungen gegen Unternehmen, mit denen ein Beteiligungsverhältnis besteht (Abs. 2 B. II. 3.)

83 Die Regelungen zu „Forderungen gegen verbundene Unt" sind entsprechend auch hier auf „Forderungen gegen Unt, mit denen ein Beteiligungsverhältnis besteht (B. II. 3.)", anzuwenden (Rz 81 f.).

3.2.3.4 Sonstige Vermögensgegenstände (Abs. 2 B. II. 4.)

84 Der Posten „Sonstige Vermögensgegenstände" dient als Sammelposten. Dieser Posten umfasst jene VG des UV, die keinem anderen Posten des UV zugeordnet werden können. Eine separate Nennung als Davon-Vermerk oder im Anhang ist nur bei wesentlichen Positionen erforderlich.[106] Zu diesem Posten zählen verallgemeinernd Forderungen aus Geschäften, die nicht aus Umsatzerlösen resultieren (Rz 79).[107]

Praxis-Beispiel
Als Beispiele sind u. a. zu nennen:
- Forderungen aus Krediten nach §§ 89 und 115 des AktG (Kredite an Vorstands- bzw. Aufsichtsratsmitglieder, sofern es sich nicht um sonstige Ausleihungen handelt),
- Umsatzprämien und Provisionen,
- Emissionsrechte i. S. d. TEHG, sofern nicht für den Produktionsprozess verwendet (Rz 66),
- Kautionen (sofern nicht als sonstige Ausleihungen im AV auszuweisen),
- Gehalts- und Reisekostenvorschüsse,
- Schadensersatzansprüche (sofern hinreichend konkretisiert),
- Steuererstattungsansprüche einschl. Körperschaftsteuerguthaben,[108] Ansprüche auf Investitionszulagen und sonstige Zuwendungen der öffentlichen Hand, Bausparkassenguthaben,
- Bitcoin (Ausweis bei kurzfristiger Halteabsicht innerhalb der sonstigen VG möglich, jedoch unter den Wertpapieren des UV zu empfehlen, Rz 94),[109]
- Einschüsse (Margins) im Zusammenhang mit Börsen-Termingeschäften, AK (Prämien) für erworbene Kauf- oder Verkaufsoptionen,[110]
- Rückkaufswerte von Rückdeckungsversicherungen für Pensionsverpflichtungen,[111]
- Personaldarlehen (sofern nicht Finanzanlagen) sowie Darlehen einschl. Schuldscheindarlehen und Commercial Papers (sofern nicht anderweitig auszuweisen),

---

[106] Vgl. Hayn/Weigert, in Böcking u. a., Beck HdR, B 215 Rz 2, Stand: 1/2024.
[107] Vgl. Reiner, in MünchKomm. HGB, 5. Aufl. 2024, § 266 HGB Rz 72.
[108] Vgl. BGBl 2006 I S. 2782, sowie Ernsting, DB 2007, S. 182 f.
[109] Vgl. Kirsch/v. Wieding, BB 2017, S. 2734 (sonstige VG).
[110] Vgl. Hahne/Sievert, DStR 2003, S. 1992.
[111] Vgl. Laupenmühlen/Löw/Kusterle, KoR 2002, S. 291 ff.

- Forderungen aus Bürgschaftsübernahmen und Treuhandverhältnissen oder debitorische Kreditoren,
- Rückkaufswerte von Rückversicherungsversicherungen für Pensionsverpflichtungen,[112]
- nicht verbriefte oder als Namenspapiere begebene Genussrechte ohne Dauerbesitzabsicht,
- GmbH- und Genossenschaftsanteile ohne Beteiligungs- oder Daueranlageabsicht wie auch
- Anteile an Joint Venture und Arge (sofern keine Wiederholungsabsicht und keine Daueranlageabsicht).[113]

Ebenso sind die zu den sonstigen Forderungen zählenden **antizipativen RAP** hierunter zu subsumieren (§ 250 Rz 1). Diese sind Ausfluss der periodengerechten Erfolgsermittlung, wonach Erträge, die vor dem Bilanzstichtag liegen, deren Einzahlung jedoch erst nach dem Bilanzstichtag erfolgt, buchungstechnisch mit dem Gegenkonto „sonstige Forderungen" zu berücksichtigen sind. Dazu zählen auch Zinsansprüche aus Darlehen und Wertpapieren, soweit sie auf die Zeit bis zum Bilanzstichtag entfallen (Stückzinsen). Gleiches gilt für Dividendenforderungen, wobei hier der rechtliche Entstehungszeitpunkt maßgeblich ist.

85

3.2.3.5 Sonderposten innerhalb Forderungen und sonstige Vermögensgegenstände

Durch das Gesellschaftsrecht kann es im Zusammenhang mit dem EK weitere Forderungsposten in der Bilanz geben. Dazu zählen eingeforderte, noch ausstehende Kapitaleinlagen, Forderungen gegenüber Gesellschaftern einer GmbH oder einer Ges. i.S.d. § 264a HGB wie auch eingeforderte Nachschüsse.[114] Es wird empfohlen, diese Posten gesondert auszuweisen.
Gem. § 272 Abs. 1 Satz 3 HGB besteht die Pflicht, eingeforderte, aber noch nicht eingezahlte Einlagen offen vom gezeichneten Kapital abzusetzen und die Forderung gesondert auszuweisen und entsprechend zu bezeichnen. Als Postenbezeichnung ist **„Eingeforderte, noch nicht eingezahlte Einlagen"** unter den Forderungen zu empfehlen, wobei auch ein Ausweis innerhalb des Postens „Sonstige Vermögensgegenstände" möglich ist.

86

Analog ist gem. § 286 Abs. 2 Satz 3 AktG bei einer KGaA mit bestimmten **Einzahlungsverpflichtungen eines phG** zu verfahren, die vorzugsweise unter den Forderungen gesondert auszuweisen sind. Dies gilt auch für den Fall, dass die Einzahlungsverpflichtung eines persönlich haftenden Gesellschafters nicht ausreicht, um den auf ihn zufallenden Verlust zu decken. Forderungen gegen mehrere persönlich haftende Gesellschafter dürfen zusammengefasst werden. Gleiches gilt für **haftungsbeschränkte PersG i. S. d. § 264a HGB** (§ 264c Abs. 2 Satz 4 HGB). Einzahlungsverpflichtungen von Kommanditisten sind separat von

87

---

[112] Vgl. Marx/Dallmann, in Baetge/Kirsch/Thiele, Bilanzrecht, § 266 HGB Rz 84, Stand: 3/2024.
[113] Vgl. HFA 1/1993, WPg 1993, S. 441.
[114] Vgl. Marx/Dallmann in, Baetge/Kirsch/Thiele, Bilanzrecht, § 266 HGB S. 88 ff., Stand: 3/2024.

denen der Komplementäre auszuweisen („Einzahlungsverpflichtung für Kommanditisten").[115]

88 Bei einer GmbH sind innerhalb der Forderungen **eingeforderte Nachschüsse** (§ 42 Abs. 2 Satz 2 GmbHG) gesondert unter dieser Bezeichnung auszuweisen, sofern mit einer Nachschusszahlung sicher zu rechnen ist.

Ausleihungen an Gesellschafter einer GmbH sind gesondert mit entsprechender Bezeichnung auszuweisen oder im Anhang zu vermerken (§ 42 Abs. 3 GmbHG). Allerdings ist ein separater Ausweis in einem Sonderposten „Ausleihungen an Gesellschafter" im Anschluss an den Posten „Ausleihungen an Unternehmen, mit denen ein Beteiligungsverhältnis besteht" der Vorzug zu geben.[116] Interessant ist, dass nach einer Entscheidung des BGH[117] Darlehen der GmbH an ihre Gesellschafter zulasten des gebundenen Vermögens am Verbot der Einlagenrückgewähr gemessen werden; dies gilt demnach auch dann, wenn sie zu marktgerechten Bedingungen vereinbart werden. Diese Entscheidung führte zu Verunsicherungen und hat sich durch das **MoMiG**[118] erledigt. Klarstellend müssen nunmehr Darlehen an Gesellschafter nicht zulasten des Stammkapitals angerechnet werden (§ 30 Abs. 1 Satz 2 GmbHG).

89 Für **haftungsbeschränkte PersG** i.S.d. § 264a HGB gelten die Vorschriften analog (§ 264c Abs. 1 HGB). Auch hier ist ein gesonderter Ausweis in der Bilanz der Vorzug zu geben. Bei typischen PersG gem. § 264a HGB ist kein getrennter Ausweis von Ausleihungen, Forderungen und Verbindlichkeiten gegenüber den Komplementären und den Kommanditisten erforderlich.[119]

3.2.4 Wertpapiere (Abs. 2 B. III.)

90 Wertpapiere verbriefen Eigentums-, Anteils-, Forderungs- oder Bezugsrechte in Form einer Urkunde. Allerdings gilt die „Verbriefung" nicht als alleiniges Zuordnungskriterium, weil neben verbrieften auch unverbriefte Anteile unter diesem Posten ausgewiesen werden.[120] Als Wertpapiere des UV sind nur diejenigen Wertpapiere anzusetzen, die nicht im AV erfasst sind oder wie Schecks unter einem anderen Posten auszuweisen sind. Zu den Wertpapieren des UV zählen gem. § 266 Abs. 2 B. III. HGB:
1. Anteile an verbundenen Unternehmen
2. Sonstige Wertpapiere

3.2.4.1 Anteile an verbundenen Unternehmen (Abs. 2 B. III. 1.)

91 Analog zum FAV handelt es sich bei Anteilen an verbundenen Unt um **verbriefte oder unverbriefte Anteile** an verbundenen Unt. Allerdings beschränkt sich hier die Ausweispflicht nur auf Anteile, bei denen es keine dauerhafte Besitzabsicht gibt.[121] Unverbriefte Anteile (z.B. Anteile an einer GmbH) sind zwar der Definition nach

---

[115] Vgl. Reiner, in MünchKomm. HGB, 5. Aufl. 2024, § 266 HGB Rz 70 f.
[116] Vgl. Herrmann, WPg 2001, S. 275; Reiner, in MünchKomm. HGB, 5. Aufl. 2024, § 266 HGB Rz 45.
[117] BGH, Urteil v. 24.11.2003, II ZR 171/01, BGHZ 157 S. 72; Reiner/Brakemeier, BB 2005, S. 1458 ff.
[118] Gesetz zur Modernisierung des GmbH-Rechts und zur Bekämpfung von Missbräuchen (MoMiG) v. 23.10.2008, BGBl 2008 I S. 2026.
[119] Vgl. Theile, BB 2000, S. 556.
[120] Vgl. Marx/Dallmann, in Baetge/Kirsch/Thiele, Bilanzrecht, § 266 HGB Rz 96, Stand: 3/2024.
[121] Vgl. Dusemond/Heusinger-Lange/Knop, in Küting/Weber, HdR-E, § 266 HGB Rz 88–89, 91, Stand: 12/2021.

keine Wertpapiere, werden dennoch hier ausgewiesen, um die Beziehungen zwischen den Unt aufzudecken. Sind die unverbrieften Anteile als wesentlich einzustufen, ist im Anhang darauf hinzuweisen.[122] Ein alternativer Ausweis innerhalb eines Sammelpostens wie „Sonstige Vermögensgegenstände" oder „Sonstige Wertpapiere" sollte daher nicht erfolgen.

Das bilanzierende Unt ist ebenso verpflichtet, Aktien an einer **herrschenden oder mit Mehrheit beteiligten Ges.** hier auszuweisen, wenn es sich am Abschlussstichtag um ein verbundenes Unt gehandelt hat. Dabei ist es unerheblich, ob das Unt die Beschränkungen des § 71d AktG be- oder missachtet hat. Auch in diesem Fall kann der Ausweis nur im UV erfolgen, wenn keine Daueranlageabsicht vorliegt. Das bilanzierende Unt muss beachten, dass es gem. § 272 Abs. 4 Satz 4 HGB zur Bildung einer Rücklage i. H. d. aktivierten Betrags verpflichtet ist.[123] 92

Auch sind unter diesem Posten sog. **„Vorratsaktien"**, die mit Blick auf eine Verschmelzung oder einen Unternehmensvertrag (§§ 291 ff. AktG) oder eine Eingliederung (§§ 319 ff. AktG) erworben wurden, auszuweisen. Es dürfen aber keine Aktien des eigenen Unt. ausgewiesen werden, weil ein aktivischer Ausweis von eigenen Anteilen nicht zulässig ist. 93

3.2.4.2 Sonstige Wertpapiere (Abs. 2 A. III. 2.)

Als sonstige Wertpapiere werden alle **verbrieften Wertpapiere** ausgewiesen, die der kurzfristigen Geldanlage von flüssigen Mitteln dienen und keine Anteile an verbundenen Unt darstellen. Hierzu zählen z. B. Aktien, Pfandbriefe, Industrieobligationen oder öffentliche Anleihen. Wertpapiere werden immer dann unter diesem Posten ausgewiesen, wenn ein speziellerer Posten nicht greift. **Nicht verbriefte Anteile** des UV sind als „Sonstige Vermögensgegenstände" auszuweisen.[124] **Abgetrennte Zins- und Dividendenscheine** sind auch hier aufzuführen, alternativ kann ein Ausweis unter den „Sonstigen Vermögensgegenständen" erfolgen.[125] Bisher wurde Zahlungstoken, wie z. B. die Kryptowährungen Bitcoin, Ether, keine Wertpapiereigenschaft zugeschrieben. Nach § 4 Abs. 3 eWpG sind Kryptowährungen nunmehr als elektronische Wertpapiere qualifiziert. Insofern ist bei kurzfristiger Verwertungsabsicht ein Ausweis innerhalb der Wertpapiere des UV zu empfehlen. Ebenso ist ein Ausweis innerhalb der sonstigen VG möglich; alternativ kann nach § 265 Abs. 5 HGB ein gesonderter Posten im UV eingefügt werden. Im Falle von Anlagetoken einer kurzfristigen Halteabsicht ist auch ein Ausweis innerhalb der sonstigen Wertpapiere (sofern Eigentum an einem Wertpapier verbrieft ist) oder innerhalb der sonstigen VG zu empfehlen (Rz 62).[126] 94

---

[122] Vgl. Suchan, BeckOGK, § 266 HGB Rz 82, Stand: 1.9.2023.
[123] Vgl. Reiner, in MünchKomm. HGB, 5. Aufl. 2024, § 266 HGB Rz 75; Marx/Dallmann, in Baetge/Kirsch/Thiele, Bilanzrecht, § 266 HGB Rz 97 f., Stand: 3/2024.
[124] Vgl. Schubert/Hargarten, in Beck Bil-Komm., 14. Aufl. 2024, § 266 HGB Rz 142.
[125] Vgl. Marx/Dallmann, in Baetge/Kirsch/Thiele, Bilanzrecht, § 266 HGB Rz 106, Stand: 3/2024; Schubert/Hargarten, in Beck Bil-Komm., 14. Aufl. 2024, § 266 HGB Rz 145. A. A. Reiner, in MünchKomm. HGB, 5. Aufl. 2024, § 266 HGB Rz 77 (Ausweis nur innerhalb der sonstigen Wertpapiere).
[126] Vgl. Marx/Dallmann, in Baetge/Kirsch/Thiele, Bilanzrecht, § 266 HGB Rz 133 f., Stand: 3/2024.

3.2.5 Kassenbestand, Bundesbankguthaben, Guthaben bei Kreditinstituten und Schecks (Abs. 2 B. IV.)

95 Nach der Mindestgliederung gem. § 266 Abs. 2 B. IV. HGB sind Kassenbestand, Bundesbankguthaben, Guthaben bei Kreditinstituten und Schecks in einer Bilanzposition zusammenzufassen. Dieser Posten darf auch als „flüssige Mittel" oder „liquide Mittel" bezeichnet werden. Als liquide Mittel gelten i. d. R. frei verfügbare Zahlungsmittel bzw. als Zahlungsmittel gehaltene Wertpapierbestände. Beispiele sind v. a. Kassen- und Bankbestände, Briefmarken und Schecks.[127]

3.2.5.1 Kassenbestand

96 Im Kassenbestand werden in- und ausländisches Bargeld und z. B. Briefmarken ausgewiesen. Zum Kassenbestand gehören alle Euro-Noten- und Euro-Münz-Bestände. Hinzu kommen die Sortenbestände und ausländische Münzen, die zum Kurs des Abschlussstichtags umzurechnen sind. Zum Kassenbestand zählen auch alle Wertzeichen/-marken, wie Brief-, Steuer-, Gerichtskosten- oder ähnliche Marken sowie das Guthaben auf Frankiergeräten. Zins- und Dividendenscheine gelten als sonstige Wertpapiere (Rz 94), wohingegen sowohl Edelmetallbarren als auch Quittungen über Vorschüsse und Darlehen den sonstigen VG zuzurechnen sind.[128]

3.2.5.2 Bundesbankguthaben, Guthaben bei Kreditinstituten

97 Unter das Bundesbankguthaben und Guthaben bei Kreditinstituten fallen alle **Sichteinlagen** bei inländischen (i. S. v. § 1 KWG) und ausländischen Kreditinstituten, Sparkassen und Zentralbanken. Dabei ist es unerheblich, ob es sich um Euro- oder Fremdwährungskonten handelt. Der Begriff Sichteinlage betont, dass es sich um jederzeit dispositionsfähige Guthaben handeln muss. **Kreditlinien**, die seitens der Kreditinstitute eingeräumt, aber nicht vom bilanzierenden Unt ausgeschöpft wurden, gelten nicht als Bankguthaben. **Akkreditivdeckungskonten** hingegen dürfen als Guthaben ausgewiesen werden, auch wenn sie zur Deckung schwebender Beschaffungsvorgänge dienen. Allerdings wird ein gesonderter Ausweis als sinnvoll erachtet. Bei **Festgeldern** muss hinsichtlich der Dispositionsfähigkeit differenziert werden. Wenn sie gegen Zahlung einer Vorfälligkeitsentschädigung jederzeit verfügbar sind, dann sind sie hier auszuweisen. Sollte dies nicht der Fall sein, gelten sie als sonstige VG. **Bausparguthaben** unterliegen generell den gleichen Regelungen wie die Festgelder, da Bausparkassen als Kreditinstitute definiert sind. Dennoch sind sie nach h. M. als sonstige VG auszuweisen.[129]

98 Grds. gilt für Bankguthaben und -verbindlichkeiten das **Saldierungsverbot** (§ 246 Abs. 2 HGB). Allerdings sind gleichartige Guthaben und Verbindlichkeiten gegenüber demselben Kreditinstitut zu saldieren, wenn sie die gleiche Fristigkeit aufweisen, also gem. §§ 387 ff. BGB aufrechnungsfähig sind.

---

[127] Vgl. Marx/Dallmann, in Baetge/Kirsch/Thiele, Bilanzrecht, § 266 HGB Rz 111, Stand: 3/2024.
[128] Vgl. Schubert/Hargarten, in Beck Bil-Komm., 14. Aufl. 2024, § 266 HGB Rz 151 ff.
[129] Vgl. z. B. Marx/Dallmann, in Baetge/Kirsch/Thiele, Bilanzrecht, § 266 HGB Rz 115, Stand: 3/2024, Schubert/Hargarten, in Beck Bil-Komm., 14. Aufl. 2024, § 266 HGB Rz 156.

3.2.5.3 Schecks

Unter den Posten „Schecks" werden alle Arten von **Bar- und Verrechnungsschecks** zusammengefasst, soweit das Unt auf eigene Rechnung über sie verfügen kann und die am Bilanzstichtag noch nicht eingereicht worden sind. Auch **vordatierte Schecks** gehören zu diesem Posten, da sie nach Art. 28 Abs. 2 SchG am Tag der Vorlage fällig werden. Schecks, die an den Aussteller oder Einreicher **zurückgesandt** wurden bzw. mit einem **Protestvermerk** versehen sind, gelten nicht als liquide Mittel, sondern sind als Forderung auszuweisen.[130]

99

3.3 Rechnungsabgrenzungsposten (Abs. 2 C.)

Der RAP ist transitorischer Natur und dient der periodengerechten Erfolgsermittlung. Da er nicht als VG gilt, wird er als gesonderter Posten 2 C. ausgewiesen. Eine vor dem Abschlussstichtag getätigte Auszahlung muss im Posten „Rechnungsabgrenzungsposten" ausgewiesen werden, wenn sie Aufwand für eine bestimmte Zeit nach dem Abschlussstichtag darstellt (§ 250 HGB). Gängige Beispiele für einen derartigen Fall sind vorausbezahlte Versicherungsbeiträge, Mieten oder Pachten. Zusätzlich wird in diesem Posten auch ein Disagio ausgewiesen (§ 250 Abs. 3 HGB), das entweder in der Bilanz gesondert auszuweisen oder im Anhang anzugeben ist (§ 268 Abs. 6 HGB).[131]

100

3.4 Aktive latente Steuern (Abs. 2 D.)

Die Bilanzierung latenter Steuern ist konzeptionell mit dem Prinzip der periodengerechten Erfolgsermittlung zu begründen. Latente Steuern spiegeln die steuerlichen Effekte aus Bilanzierungsunterschieden zwischen Steuer- und HB wider. Anzuwenden ist das Bilanzkonzept (sog. bilanzorientierte Methode), bei dem neben permanenten auch quasi-permanente Differenzen (Temporary-Konzept) in die Ermittlung einfließen.[132] Dementsprechend entstehen aktive latente Steuern z. B. dann, wenn der Ansatz der Vermögensposten (Schuldposten) in der HB niedriger (höher) ist als in der Steuerbilanz.

101

§ 266 Abs. 2 HGB fordert unter Buchstaben „D. Aktive latente Steuern" einen gesonderten Ausweis auf oberster Gliederungsstufe. Mittelgroße und große KapG und KapCoGes sind verpflichtet, eine Steuerabgrenzung vorzunehmen; kleine Ges. sind nach § 274a Nr. 5 HGB davon grds. befreit (§ 274a Rz 9 ff.). Es besteht ein Wahlrecht, aktive latente Steuerüberhänge als Bilanzposten auszuweisen oder alternativ den die passiven latenten Steuern übersteigenden „Steuervorteil" sofort erfolgswirksam zu verrechnen. Entscheidet sich das Unt für eine Aktivierung, ist ein separater Ausweis der aktiven latenten Steuern in der Bilanz geboten. Es wird keine Klassifizierung des Postens als VG, RAP, Bilanzierungshilfe oder als Posten eigener Art vorgenommen.[133] I. S. d. handelsrechtlichen Gliederungsschemas mit einer Unterteilung in AV, UV, RAP und aktive latente Steuern kann geschlossen werden, dass entgegen des international üblichen Vermögenswertbegriffs (z. B. IAS 1 bzw. IAS 12) latente Steuern nicht als VG gelten. Nach der Gesetzes-

102

---

[130] Vgl. Reiner, in MünchKomm. HGB, 5. Aufl. 2024, § 266 HGB Rz 79.
[131] Vgl. Marx/Dallmann, in Baetge/Kirsch/Thiele, Bilanzrecht, § 266 HGB Rz 121, Stand: 3/2024.
[132] Vgl. BT-Drs. 16/10067 v. 30.7.2008 S. 67.
[133] Vgl. BT-Drs. 16/10067 v. 30.7.2008 S. 67 f.

begründung handelt es sich bei latenten Steuern um einen „Sonderposten eigener Art",[134] da die Voraussetzungen für einen VG nicht gegeben sind (§ 246 Rz 5). Das **Saldierungsverbot** gem. § 246 Abs. 2 HGB ist nicht zu beachten, da die sich ergebende Steuerbe- und die sich ergebende Steuerentlastung „auch unverrechnet angesetzt werden" können (§ 274 Abs. 1 Satz 3 HGB).

3.5 Aktiver Unterschiedsbetrag aus der Vermögensverrechnung (Abs. 2 E.)

103 Als weiterer Posten E ist ein „**Aktiver Unterschiedsbetrag aus der Vermögensverrechnung**" auf der Aktivseite auszuweisen. Dieser Posten steht im Zusammenhang mit der Bilanzierung von Altersversorgungsverpflichtungen oder vergleichbaren langfristig fälligen Verpflichtungen. Nach § 246 Abs. 2 HGB ist eine Aktivierung des Differenzbetrags zwischen bestimmten VG, die zum beizulegenden Zeitwert bewertet werden, und den zugehörigen Schulden vorzunehmen (§ 246 Rz 107ff.). Dies gilt nur für VG, die dem Zugriff aller übrigen Gläubiger entzogen sind und die ausschl. der Erfüllung von Schulden aus Altersversorgungsverpflichtungen dienen.

3.6 Weitere Posten auf der Aktivseite

104 Die im Folgenden genannten Sonderposten werden an anderer Stelle erläutert:
- Ausleihungen und Forderungen gegenüber GmbH-Gesellschaftern (Rz 88),
- eingeforderte Nachschüsse von GmbH-Gesellschaftern (Rz 88),
- Einzahlungsverpflichtungen persönlich haftender Gesellschafter einer KGaA (Rz 87),
- Ausleihungen und Forderungen gegenüber persönlich haftenden Gesellschaftern einer KGaA (Rz 87),
- nicht durch EK gedeckte Fehlbeträge (§ 268 Rz 14ff.),
- nicht durch Vermögenseinlagen gedeckte Verlustanteile persönlich haftender Gesellschafter einer KGaA (Rz 87),
- nicht durch Vermögenseinlagen gedeckte Verlustanteile persönlich haftender Gesellschafter bzw. der Kommanditisten bei haftungsbeschränkten PersG i.S.d. § 264a HGB (Rz 87 und § 264c Rz 8ff.).

4 Passivseite (Abs. 3)

105 Der Gesetzgeber gibt die in § 266 Abs. 3 HGB gegebene Gliederung der Passivseite als zwingend vor. Darüber hinaus wird den Unt mit § 265 Abs. 5 HGB die Schaffung zusätzlicher Posten bei Erfüllung bestimmter Voraussetzungen eingeräumt. Die **Passivseite** zeigt das Finanzierungsbild eines Unt, d.h., sie gibt Auskunft darüber, welche finanziellen Mittel dem Unt zur Finanzierung seiner Investitionen zur Verfügung stehen. Dabei werden die finanziellen Mittel nach ihrer Herkunft in EK und FK unterteilt. Während das EK dem Unt i.d.R. dauerhaft zur Verfügung steht und als Verlustausgleich fungiert, stellt das FK i.d.R. eine Verpflichtung gegenüber Dritten dar und steht dem Unt i.d.R. nur für eine begrenzte Zeit zur Verfügung.[135]

---

[134] Vgl. BT-Drs. 16/10067 v. 30.7.2008 S. 67.
[135] Vgl. Müller/Weller/Reinke, DB 2008, S. 1109.

4.1 Eigenkapital (Abs. 3 A.)

Das EK ist nach der zunehmenden Verfügbarkeit des Kapitals für die Organe der Ges. gegliedert. Der EK-Begriff ist handelsrechtlich nicht definiert, sondern ergibt sich nach § 247 Abs. 1 HGB aus der Gegenüberstellung von Schulden und Vermögen (§ 247 Rz 80).[136] Ansatz und Bewertung des Vermögens und des FK bestimmen indirekt die Höhe des EK. EK sind von außen zugeführte oder durch Gewinneinbehaltung von innen zugeflossene Mittel. Ansatz- und Bewertungsregeln sind – anders als bei Vermögens- und Fremdkapitalpositionen – beim EK i.d.R. nicht anzuwenden.

Eine eindeutige **Abgrenzung von EK und FK** ist insb. aufgrund des zunehmenden Einsatzes von hybriden Finanzinstrumenten, die Eigen- und Fremdkapitalanteile vereinigen, unabdingbar.[137] EK zeichnet sich generell durch verschiedene Funktionen aus, wie Haftungs- und Verlustausgleichsfunktion, Arbeits- und Kontinuitätsfunktion, Gewinnbeteiligungs- und Geschäftsführungsfunktion.[138] Es handelt sich um die Kapitalposition, die dem Unt i.d.R. dauerhaft zur Verfügung steht. Damit verbundene Auszahlungsansprüche ergeben sich anders als bei Zinszahlungen für die Fremdkapitalaufnahme ausschl. aufgrund ergebnisabhängiger Zahlungsansprüche der Anteilseigner. Das EK ist nach der zunehmenden Verfügbarkeit des Kapitals für die Organe der Ges. gegliedert.

Bzgl. des **EK-Ausweises ist rechtsformspezifisch** zwischen dem EK von EKfl. (§ 247 Rz 83), PersG (§ 247 Rz 86), PersG i.S.d. § 264a HGB (§ 264c Rz 8 ff.) sowie KapG zu unterscheiden. Die Unterteilung des EK in § 266 Abs. 3 A HGB stellt auf KapG ab. Zudem sind §§ 268 Abs. 1, 270 und 272 HGB sowie Spezialvorschriften des AktG und des GmbHG zu beachten. Innerhalb des EK können Abgrenzungsprobleme auftreten (Rz 107). Bei **KapG** besteht das EK nach § 266 Abs. 3 HGB aus folgenden Komponenten:

I. Gezeichnetes Kapital
II. Kapitalrücklage
III. Gewinnrücklage
IV. Gewinnvortrag bzw. Verlustvortrag
V. Jahresüberschuss bzw. Jahresfehlbetrag

Für KleinstKapG ist trotz der rechtsformspezifischen Forderungen eine Aufgliederung des EK nicht erforderlich (Rz 10 f.).

4.1.1 Gezeichnetes Kapital (Abs. 3 A. I.)

Nach § 272 Abs. 1 Satz 1 HGB ist das gezeichnete Kapital „das Kapital, auf das die Haftung der Gesellschafter für die Verbindlichkeiten der KapG gegenüber den Gläubigern beschränkt ist." Das gezeichnete Kapital ist bei einer AG/KGaA/SE das **Grundkapital** und bei einer GmbH das **Stammkapital**. Die Kapitalanteile der persönlich haftenden Gesellschafter bei einer KGaA gelten nicht als gezeichnetes Kapital und sind daher gem. § 286 Abs. 2 Satz 1 AktG in einem eigenen Posten auszuweisen, der nach dem gezeichneten Kapital eingefügt wird (Kapitalanteil des phG).

---

[136] Vgl. Marx/Dallmann, in Baetge/Kirsch/Thiele, Bilanzrecht, § 266 HGB Rz 141, Stand: 3/2024.
[137] Vgl. Schneider, DB 1987, S. 185; Heymann, in Böcking u.a., Beck HdR, B 231, Rz 1, Stand: 1/2024.
[138] Vgl. Marx/Dallmann, in Baetge/Kirsch/Thiele, Bilanzrecht, § 266 HGB Rz 141.1, Stand: 3/2024.

110 Das gezeichnete Kapital ist zum **Nennbetrag** anzusetzen, wobei für die Höhe der am Abschlussstichtag im Unternehmensregister eingetragene Betrag maßgeblich ist. Es ist der **Nettoausweis** vorgeschrieben.
Erworbene eigene Anteile sind in der Vorspalte offen vom Posten „Gezeichnetes Kapital" abzusetzen. Die Bewertung erfolgt zum Nennbetrag oder zum rechnerischen Wert. Ein Unterschiedsbetrag zwischen Nennbetrag bzw. rechnerischem Wert und den Anschaffungskosten der eigenen Anteile ist mit den frei verfügbaren Rücklagen zu verrechnen (§ 272 Abs. 1a HGB).
In der **Konzernbilanz** sind **Rückbeteiligungen** auch als eigene Anteile zu behandeln (DRS 22.47). Sofern neben Rückbeteiligungen zudem unmittelbar eigene Anteile gehalten werden, empfiehlt DRS 22.50 einen differenzierten Ausweis, der in der Vorspalte offen vom Posten „Gezeichnetes Kapital" abzusetzen ist.

111 Nach dem Nettoausweis sind nicht eingeforderte, ausstehende Einlagen vom gezeichneten Kapital offen abzusetzen, der verbleibende Betrag ist als „Eingefordertes Kapital" auf der Passivseite auszuweisen. Das eingeforderte, noch nicht eingezahlte Kapital ist innerhalb der Forderungen auszuweisen (§ 272 Abs. 1 Satz 2 HGB).[139] Zur Erstanwendung siehe § 272 Rz 72 ff.

112 Das Aktienrecht verlangt nach § 152 Abs. 1 AktG beim Grundkapital von AG und KGaA gesonderte Angaben bei Vorliegen verschiedener Aktiengattungen (z. B. die auf Stamm- und Vorzugsaktien jeweils entfallenden Beträge), bei Vorliegen von Mehrstimmrechten sowie zu bedingtem oder genehmigtem Kapital. In diesen Fällen bedarf es ergänzender Angaben in der Bilanz oder im Anhang.[140]

4.1.2 Kapitalrücklagen (Abs. 3 A. II.)

113 Zum Begriff der Kapitalrücklage siehe § 272 Rz 101 ff. Nach § 272 Abs. 2 HGB sind als Kapitalrücklagen die folgenden dem Unt von außen zugeführten Posten auszuweisen:[141]
- Der Betrag, der bei der Ausgabe von Anteilen einschl. von Bezugsanteilen über den Nennbetrag oder, falls ein Nennbetrag nicht vorhanden ist, über den rechnerischen Wert hinaus erzielt wird (Agio, Aufgeld) – bei einer KGaA handelt es sich um das Kapital, das den Kapitalanteil des phG übersteigt – und es sich nicht um thesaurierte Beiträge (sog. Gewinnrücklage des phG) handelt;
- der Betrag, der bei der Ausgabe von Wandelschuldverschreibungen oder Optionsanleihen als Agio oder als Folge einer Verzinsung, die unter den marktüblichen Bedingungen liegt, erzielt wird;
- der Betrag von Zuzahlungen, die Gesellschafter gegen Gewährung eines Vorzugs für ihre Anteile leisten;
- der Betrag von anderen Zuzahlungen, die Gesellschafter in das EK leisten, z. B. sind Nachschüsse bei einer GmbH als Nachschusskapital (§ 42 Abs. 2 GmbHG) auszuweisen.

114 Die AG und die KGaA sind nach § 152 Abs. 2 AktG verpflichtet, Einstellungen in die oder Entnahmen aus der Kapitalrücklage in der Bilanz oder im Anhang

---

[139] Vgl. Reiner, in MünchKomm. HGB, 5. Aufl. 2024, § 266 HGB Rz 88.
[140] Vgl. Marx/Dallmann, in Baetge/Kirsch/Thiele, Bilanzrecht, § 266 HGB Rz 143, Stand: 3/2024; Schubert/Hargarten, in Beck Bil-Komm., 14. Aufl. 2024, § 266 HGB Rz 172.
[141] Vgl. Marx/Dallmann, in Baetge/Kirsch/Thiele, Bilanzrecht, § 266 HGB Rz 146, Stand: 3/2024.

gesondert betragsmäßig anzugeben.[142] Für die GmbH sind von der Gesellschaft eingeforderte Nachschüsse gegenüber Gesellschaftern gesondert unter der Bezeichnung „Nachschusskapital" in der Kapitalrücklage auszuweisen (§ 42 Abs. 2 Satz 3 GmbHG).

4.1.3 Gewinnrücklagen (Abs. 3 A. III.)

Nach § 272 Abs. 3 Satz 1 HGB umfasst die Gewinnrücklage die Beträge, „die im Geschäftsjahr oder in einem früheren Geschäftsjahr aus dem Ergebnis gebildet worden sind." Folgende Arten von Gewinnrücklagen sind zu unterscheiden:
1. Gesetzliche Rücklage
2. Rücklage für Anteile an einem herrschenden oder mehrheitlich beteiligten Unternehmen
3. Satzungsmäßige Rücklage
4. Andere Gewinnrücklagen

Kleine Ges. müssen keine Untergliederung der Gewinnrücklagen vornehmen. § 152 Abs. 3 AktG fordert in der Bilanz oder im Anhang einen gesonderten Ausweis der Beträge, die die Hauptversammlung aus dem Bilanzgewinn des Vorjahrs eingestellt hat, die aus dem Jahresüberschuss des Geschäftsjahrs eingestellt werden und die für das Geschäftsjahr entnommen werden.

115

4.1.3.1 Gesetzliche Rücklage (Abs. 3 A. III. 1.)

AG und KGaA sind gem. § 150 Abs. 1 und 2 AktG verpflichtet, eine Dotierung mit 5 % des um einen ggf. vorhandenen Verlustvortrag aus dem Vj. geminderten Jahresüberschusses vorzunehmen, bis die gesetzliche Rücklage zusammen mit den Kapitalrücklagen mind. 10 % des Grundkapitals erreicht hat (§ 272 HGB). In der Satzung kann ein höherer Anteil am Grundkapital bestimmt werden. Zur Einstellung in die gesetzliche Rücklage und Entnahmemöglichkeiten siehe § 272 Rz 150 ff.

116

4.1.3.2 Rücklage für Anteile an einem herrschenden oder mehrheitlich beteiligten Unternehmen (Abs. 3 A. III. 2.)

Die gesonderte Nennung von Rücklagen für Anteile an einem herrschenden oder mehrheitlich beteiligten Unt resultiert aus dem geänderten § 272 Abs. 4 HGB (§ 272 Rz 196 ff.) durch das BilMoG. Diese Rücklage ist aus den frei verfügbaren Gewinn- und Kapitalrücklagen i. H. d. Bilanzansatzes der erworbenen aktivierten Anteile an einem herrschenden oder mit Mehrheit beteiligten Unt zu bilden. Die Auflösung erfolgt korrespondierend zum Aktivposten z. B. bei Veräußerung oder Wertminderung. Bei unentgeltlichem Zugang der Anteile, ist keine Rücklage zu bilden. Der Beteiligungsausweis erfolgt entweder unter § 266 Abs. 2 B. III.1 HGB, wenn die Voraussetzung des § 271 Abs. 2 HGB vorliegen, oder unter § 266 Abs. 2 B. III. 2. HGB. Ein Ausweis innerhalb des FAV kommt, „soweit das herrschende oder mit Mehrheit beteiligte Unt, wie im Fall des § 71d AktG, jederzeit die Übertragung der Anteile verlangen kann, nur infrage, wenn hinreichende Anhaltspunkte dafür bestehen, dass dieses Recht nicht ausgeübt wird."[143]

117

---

[142] Vgl. Reiner, in MünchKomm. HGB, 5. Aufl. 2024, § 266 HGB Rz 90.
[143] Vgl. Budde/Kessler, in Kessler/Leinen/Strickmann, BilMoG, 2009, S. 360.

4.1.3.3 Satzungsmäßige Rücklage (Abs. 3 A. III. 3.)

118 Satzungsmäßige oder statutarische Rücklagen sind Rücklagen, die durch Gesellschaftsvertrag oder Satzung gebildet werden müssen (§§ 29 Abs. 1 GmbHG, 58 Abs. 1 AktG). Sie umfassen nach § 272 Abs. 3 Satz 2 HGB (§ 272 Rz 178 ff.) die aus dem Ergebnis zu bildenden Rücklagen, wie z. B. Substanzerhaltungsrücklagen. Eine Unterteilung in zweckgebundene oder nicht zweckgebundene Rücklagen wird – wenn auch nicht gesetzlich gefordert – empfohlen.[144] Für PersG i. S. v. § 264a HGB sind die gesellschaftsvertraglichen Regelungen zu beachten.

4.1.3.4 Andere Gewinnrücklagen (Abs. 3 A. III. 4.)

119 Die anderen Gewinnrücklagen stellen einen Sammelposten dar, der weder gesetzliche oder satzungsmäßige Rücklagen noch Rücklagen für Anteile an einem herrschenden oder mehrheitlich beteiligten Unt enthält. Einstellungen in die anderen Rücklagen sind für die AG und KGaA nach § 58 AktG gesetzlich geregelt. Danach können andere Gewinnrücklagen zum einen durch die HV (§ 58 Abs. 1 Sätze 1 und 2 AktG) und zum anderen durch Vorstand und Aufsichtsrat (§ 58 Abs. 2 AktG) gebildet werden. Ausgangspunkt der Bemessungsgrenze für die Einstellung in die anderen Gewinnrücklagen ist ein korrigierter Jahresüberschuss, der sich aus dem Jahresüberschuss abzgl. Verlustvortrag und abzgl. der Pflichtdotierung in die gesetzliche Rücklage ergibt. Weitere Möglichkeiten der Einstellung in die anderen Gewinnrücklagen können gem. § 58 Abs. 2a AktG bzw. § 29 Abs. 4 GmbHG i. H. d. Eigenkapitalanteils von Wertaufholungen im AV und UV vorgenommen werden, die entweder in der Bilanz gesondert auszuweisen sind (eigener Posten oder Davon-Vermerk) oder im Anhang anzugeben sind.[145]
§ 272 Abs. 5 HGB schreibt die Bildung einer **ausschüttungsgesperrten Rücklage** vor. Der Ausweis der ausschüttungsgesperrten Rücklage kann in einem neu einzuführenden Posten, z. B. „Einstellungen in die ausschüttungsgesperrte Rücklage nach § 272 Abs. 5 HGB", vor oder nach „Einstellungen in Gewinnrücklagen (Pos. 21/20)" erfolgen. Spätere Auflösungen im Zeitpunkt der Zahlung oder bei Entstehung eines Rechtsanspruchs auf Zahlung können als „Entnahmen aus der ausschüttungsgesperrten Rücklage nach § 272 Abs. 5 HGB" gezeigt werden.[146]
In der Praxis dürfte der Fall allerdings kaum vorkommen.[147] Darüber hinaus ist gem. § 58 Abs. 3 AktG unter bestimmten Umständen eine weitere Einstellung in die anderen Gewinnrücklagen möglich.

120 Der Jahresabschluss einer GmbH wird grds. durch die Gesellschafterversammlung festgestellt, wenn vertraglich keine andere Vereinbarung fixiert wurde. Daher können die festgestellten Einstellungen noch in dem der Beschlussfassung zugrunde liegenden Jahresabschluss in den anderen Gewinnrücklagen gezeigt werden.[148]

---

[144] Vgl. Marx/Dallmann, in Baetge/Kirsch/Thiele, Bilanzrecht, § 266 HGB Rz 150, Stand: 3/2024.
[145] Vgl. Marx/Dallmann, in Baetge/Kirsch/Thiele, Bilanzrecht, § 266 HGB Rz 151, Stand: 3/2024; Suchan, BeckOGK, § 266 HGB Rz 105, Stand: 1.9.2023.
[146] Vgl. Kirsch, DStR 2015, S. 667 f.
[147] Vgl. Mühlbacher, in Kreipl/Lange/Müller, Schnelleinstieg BilRUG, S. 192 ff.
[148] Vgl. Störk/Kliem/Meyer, in Beck Bil-Komm., 14. Aufl. 2024, § 272 HGB Rz 267.

4.1.4 Gewinn-/Verlustvortrag (Abs. 3 A. IV.)

Der **Gewinnvortrag** stellt die Restgröße aus der Gewinnverwendung des Bilanzgewinns des Vj. auf Grundlage des Beschlusses der Haupt- oder Gesellschafterversammlung dar, der nicht an die Gesellschafter ausgeschüttet oder in die Gewinnrücklagen eingestellt worden ist. Ebenso verhält es sich beim **Verlustvortrag**, der dem Bilanzverlust des Vj. entspricht. Die AG ist durch § 150 Abs. 3 und 4 AktG nicht gezwungen, den Verlustvortrag durch die Auflösung von Rücklagen zu decken. Der Ausweis eines Gewinn-/Verlustvortrages entsteht somit nur dann, wenn die Bilanz **vor Verwendung des Jahresergebnisses** aufgestellt wird (§ 268 Rz 5 ff.).

Durch die **Umstellung des Gj** besteht die Möglichkeit, dass noch vor der Feststellung des Jahresabschluss und des Gewinnverwendungsbeschlusses der Abschluss für das folgende Rumpf-Gj erfolgen muss. I. d. R. werden dann auf derselben Haupt- oder Gesellschafterversammlung getrennte Beschlüsse für beide Gj – sowohl für das volle Gj als auch für das Rumpf-Gj – gefasst. In diesem Fall sieht § 158 Abs. 1 Satz 1 AktG den alleinigen Ausweis des Bilanzgewinns des vollen Gj als Gewinnvortrag in der Bilanz und der GuV des darauf folgenden Rumpf-Gj vor. Durch einen Klammerzusatz und der Erl. im Anhang zeigt das bilanzierende Unt, dass die Beschlussfassung über den Gewinnvortrag noch zu erfolgen hat.

Für die GmbH kommt es grds. zu keiner anderen Beurteilung. Für die Frage, ob ein Verlustvortrag aus höheren Kapital- oder Gewinnrücklagen zu decken ist, sind die Beschlüsse der Gesellschafter entscheidend.[149]

4.1.5 Jahresüberschuss/Jahresfehlbetrag (Abs. 3 A. V.)

Der Posten **Jahresüberschuss/-fehlbetrag**, auch **Jahresergebnis** als gemeinsamer Oberbegriff genannt, wird in der GuV ausgewiesen (§ 275 Abs. 2 Nr. 20 bzw. Abs. 3 Nr. 19 HGB). Bei Aufstellung der Bilanz **vor Gewinnverwendung** ist an dieser Stelle der in der GuV ausgewiesene Jahresüberschuss/-fehlbetrag auszuweisen. Wird die Bilanz **nach teilweiser Gewinnverwendung** aufgestellt, ist anstelle des Postens „Jahresüberschuss/Jahresfehlbetrag" der Posten „Bilanzgewinn/Bilanzverlust" (Rz 125) auszuweisen (§ 268 Rz 8 ff.).[150]

§ 158 AktG fordert, die GuV, ausgehend vom Jahresergebnis, in der **Bilanz** oder im **Anhang** um die folgenden Punkte zu ergänzen, was jedoch nach § 158 Abs. 3 AktG bei KleinstKapG unterbleiben kann:[151]
1. Gewinnvortrag/Verlustvortrag aus dem Vorjahr
2. Entnahmen aus der Kapitalrücklage
3. Entnahmen aus den Gewinnrücklagen
    a) aus der gesetzlichen Rücklage
    b) aus der Rücklage für eigene Aktien
    c) aus satzungsmäßigen Rücklagen
    d) aus anderen Gewinnrücklagen
4. Einstellungen in die Gewinnrücklagen
    a) in die gesetzliche Rücklage
    b) in die Rücklage für eigene Aktien

---

[149] Vgl. Schubert/Hargarten, in Beck Bil-Komm., 14. Aufl. 2024, § 266 HGB Rz 181.
[150] Vgl. Reiner, in MünchKomm. HGB, 5. Aufl. 2024, § 266 HGB Rz 94 f.
[151] Vgl. Marx/Dallmann, in Baetge/Kirsch/Thiele, Bilanzrecht, § 266 HGB Rz 173, Stand: 3/2024.

c) in satzungsmäßige Rücklagen
d) in andere Gewinnrücklagen

5. Bilanzgewinn/Bilanzverlust

124 Für die **GmbH** existiert keine vergleichbare Vorschrift (§ 275 Abs. 4 HGB). Für **KapCoGes** (§ 264a HGB) erfolgt in aller Regel eine unmittelbare Zuschreibung der Gewinn- oder Verlustanteile auf die Kapitalkonten der Gesellschafter. Letztlich sind jedoch die Regelungen des Gesellschaftsvertrags entscheidend dafür, ob eine Verteilung auf die Gesellschafterkonten erfolgt oder ob ein JÜ in der Bilanz ausgewiesen wird. Wenn diese der Gesellschafterversammlung die Kompetenz für die Ergebnisverwendung zuweist, hat die PersG einen JÜ im EK auszuweisen.[152]

4.1.6 Bilanzgewinn/Bilanzverlust

125 An die Stelle der Posten „Jahresüberschuss/Jahresfehlbetrag" und „Gewinnvortrag/ Verlustvortrag" tritt gem. § 268 Abs. 1 Satz 2 HGB der Posten Bilanzgewinn/ Bilanzverlust, wenn die Bilanzaufstellung nach teilweiser Ergebnisverwendung erfolgt. Wenn bis zum Zeitpunkt der Bilanzaufstellung über eine Ausschüttung beschlossen wurde, ist die beschlossene Dividende als Abgang aus dem EK zu verbuchen und – falls die Zahlung noch aussteht – als sonstige Verbindlichkeiten auszuweisen.

Unabhängig davon, ob der Eigenkapitalausweis vor, nach teilweiser oder nach vollständiger Gewinnverwendung erfolgt, müssen AG nach § 158 Abs. 1 AktG eine Gewinnverwendungsrechnung in der GuV oder im Anhang aufstellen, es sei denn, sie sind KleinstKapG.

4.1.7 Eigenkapitaldifferenz aus Währungsumrechnung

126 Für die Umrechnung von auf ausländische Währung lautenden Abschlüssen in den Konzernabschluss ist die (modifizierte) **Stichtagskursmethode** vorgeschrieben (§ 308a Rz 1 ff.); aus der Währungsumrechnung von ausländischen TU entstehende **Währungsumrechnungsdifferenzen** sind ergebnisneutral zu verrechnen. Klarstellend sind Währungsumrechnungsdifferenzen in diesem separaten Posten nach den Rücklagen auszuweisen. Bei teilweiser oder vollständiger Veräußerung des TU ist der Posten in entsprechender Höhe ergebniswirksam aufzulösen (§ 308a Satz 4 HGB).

4.2 Begrifflichkeit und Abgrenzung zu eigenkapitalähnlichen Posten

127 Nach § 247 Abs. 1 HGB sind auf der Passivseite nur das EK, die Rückstellungen, die Verbindlichkeiten, der passive RAP und passive latente Steuern als Untergliederung genannt. Dennoch ist es üblich, im Anschluss an das EK bestimmte Positionen zu ergänzen, die formell nicht die Eigenschaften des EK erfüllen.[153] Diese Posten werden auch Quasi-EK oder Eigenkapitalsurrogat genannt.[154]

---

[152] Vgl. IDW RS HFA 7.37.
[153] Vgl. Küting/Kessler, BB 1994, S. 2104.
[154] Vgl. Müller, FS Budde, 1995, S. 445 ff.

4.2.1 Einlagen zu Kapitalerhöhungen

Bei Einlagen zu Kapitalerhöhungen handelt es sich um **Einzahlungen von Gesellschaftern**, die im Hinblick auf eine anstehende Kapitalerhöhung geleistet werden. Die Erfassung von Einlagen zur Kapitalerhöhung als EK ist gem. § 189 AktG und § 54 Abs. 3 GmbHG erst möglich, wenn im HR die Durchführung der Kapitalerhöhung eingetragen wurde. Bis zum HR-Eintrag begründen diese Beträge noch Gläubigerrechte, sie werden aber später der EK-Stärkung dienen (§ 272 Rz 29 ff.). In Abhängigkeit vom Zeitpunkt der Aufstellung des Jahresabschlusses erfolgt ein Ausweis im oder nach dem EK. Selten ist ein Ausweis als FK; Einlagen sind in den Sonderposten „Zur Durchführung der beschlossenen Kapitalerhöhung geleistete Zahlungen" nach dem EK auszuweisen, wenn die Kapitalerhöhung vor dem Bilanzstichtag beschlossen wurde und die Zahlungen erfolgten, die Eintragung aber noch nicht durchgeführt wurde.[155] Die **geleisteten Einlagen** werden mit selbiger Postenbezeichnung im EK nach dem gezeichneten Kapital ausgewiesen, wenn die Eintragung der Erhöhung im HR zwischen dem Bilanzstichtag und der Aufstellung des Jahresabschlusses erfolgt. Gesellschafterzahlungen, die die Rücklagen erhöhen, sind bei den Kapitalrücklagen zu berücksichtigen.[156]

128

4.2.2 Genussrechte

Genussrechte gewähren keine mitgliedschaftlichen Berechtigungen, sondern schuldrechtliche Ansprüche.[157] Wenn Genussrechte ausgegeben werden und dem Unt als Gegenleistung Mittel zufließen, sind diese bei Erfüllung bestimmter Voraussetzungen als Genussrechtskapital dem EK zuzuordnen.[158] Folgende **Voraussetzungen** müssen kumulativ erfüllt werden, um eine Gleichstellung von Genussrechten mit dem EK zu erreichen:[159]

129

- Es gibt eine **erfolgsabhängige** Vergütung für das überlassene Kapital.
- Nach der Aufzehrung der Rücklagen nimmt das Genussscheinkapital wie das gezeichnete Kapital an den **Bilanzverlusten** teil.
- Der Rückzahlungsanspruch rangiert im Insolvenzfall hinter den anderen Gläubigern. Sie werden also erst nach den Gläubigern aus der Insolvenzmasse befriedigt (**Nachrangigkeit**).
- Das Genussscheinkapital steht dem Unt **längerfristig**[160] zur Verfügung. Eine Auszahlung nach einer mehrjährigen Kündigungsfrist ist nicht möglich, sondern nur die Umwandlung in haftendes Kapital.

Genussrechte sind bei Erfüllung der Voraussetzungen **gesondert innerhalb des EK auszuweisen**. Da es die Funktion von Haftungskapital übernimmt, ist grds. ein Ausweis nach dem „Gezeichnetem Kapital" zu empfehlen. Wenn das Ge-

130

---

[155] Vgl. Bacmeister, WPg 1994, S. 453.
[156] Vgl. Reiner, in MünchKomm. HGB, 5. Aufl. 2024, § 266 HGB Rz 97.
[157] Vgl. BGH, Urteil v. 5.10.1992, II ZR 172/91, BGHZ 119 S. 309 – Klöckner; FG Karlsruhe, Urteil v. 3.12.2004, 10 K 225/01, EFG 2005 S. 530 – Global Futures Fund I Ltd.; Ziebe, BB 1984, S. 2211 f.; Sontheimer, BB, Beil. 19/1984, S. 1 f.
[158] Vgl. Küting/Dürr, DStR 2005, S. 950 f.; IDW, WPH Edition, Wirtschaftsprüfung & Rechnungslegung, 18. Aufl. 2023, Kap. F Rz 1335.
[159] Vgl. IDW HFA 1/1994, WPg, 1994, S. 420; Hultsch/Roß/Drögemüller, BB 2007, S. 820 f.; Emmerich/Naumann, WPg 1994, S. 678 ff.
[160] Vgl. zum Kriterium „längerfristig" z.B. Wengel, DStR 2001, S. 1319 ff.

nussrechtskapital ein **Agio** enthält, wird ein Ausweis nach den Gewinnrücklagen vorgeschlagen. Aus Gründen der Übersichtlichkeit ist ein getrennter Ausweis von Agio und Genussrechtskapital innerhalb des EK zu empfehlen,[161] ein Davon-Vermerk oder ein gesonderter Unterposten (§ 265 Abs. 5 HGB) bei der Kapitalrücklage erscheint zulässig. Resultiert aus der Emission ein **Disagio** (§ 250 Rz 19 ff.), ist der Nennbetrag des gesondert auszuweisenden Genussrechtskapitals entsprechend zu kürzen.[162]

Art und Anzahl der ausgegebenen und der neu entstandenen Genussrechte sind im **Anhang** anzugeben (§ 160 Abs. 1 Nr. 6 AktG).

4.2.3 Einlagen stiller Gesellschafter

131 Für den Ausweis von Einlagen stiller Gesellschafter gibt es keine expliziten Regelungen. Da die Regelungen der §§ 230 ff. HGB zahlreiche Gestaltungsmöglichkeiten und Typen von stillen Gesellschaften und dementsprechend unterschiedliche Ausweisvorschläge enthalten, wird es für zulässig erachtet, die Einlagen stiller Gesellschafter anhand der gleichen Kriterien wie bei den Genussrechten[163] (Rz 129) gesondert unmittelbar nach dem EK bzw. nach dem gezeichneten Kapital als separater Posten „**Kapital des stillen Gesellschafters**" auszuweisen. Bei **typischen stillen Gesellschaften** gem. §§ 230 ff. HGB (ausschl. Beteiligung am Ergebnis) sind die Einlagen grds. dem FK zuzurechnen und als sonstige Verbindlichkeiten auszuweisen, weil eine Verlustbeteiligung in voller Höhe i. d. R. nicht vorliegt. Wenn mithilfe der Kriterien keine eindeutige Zuordnung der stillen Einlage zu EK oder FK erfolgen kann, sollte der Betrag unter den „sonstigen Verbindlichkeiten" ausgewiesen werden; ggf. ist der Postencharakter gem. § 264 Abs. 2 HGB im Anhang zu erläutern.[164]

4.2.4 Verbindlichkeiten gegenüber Gesellschaftern

132 Verbindlichkeiten gegenüber Gesellschaftern sind nach § 264c Abs. 1 Satz 1 HGB (KapCoGes) und § 42 Abs. 3 GmbHG (GmbH) mit entsprechender Bezeichnung gesondert auszuweisen oder im Anhang anzugeben. Alternativ können diese Verbindlichkeiten bei Erfassung innerhalb eines Verbindlichkeitenpostens durch einen Davon-Vermerk kenntlich gemacht werden.[165] Eine Unterscheidung zwischen kapitalersetzenden und normalen Gesellschafterdarlehen ist seit Inkrafttreten des Gesetzes zur Modernisierung des GmbH-Rechts und zur Bekämpfung von Missbräuchen (MoMiG)[166] nicht mehr erforderlich. Für die Behandlung von Gesellschafterdarlehen sind die §§ 19 Abs. 2 und 39 Abs. 1 Nr. 5 InsO maßgebend. Danach stellen Forderungen auf Rückgewähr von Gesellschafterdarlehen oder aus Rechtshandlungen, die einem solchen Darlehen wirtschaftlich entsprechen, für die gem. § 39 Abs. 2 InsO zwischen Gläubiger

---

[161] Vgl. Emmerich/Naumann, WPg 1994, S. 685.
[162] Vgl. Marx/Dallmann, in Baetge/Kirsch/Thiele, Bilanzrecht, § 266 HGB Rz 184 f., Stand: 3/2024.
[163] Zur Abgrenzung vgl. FG Karlsruhe, Urteil v. 3.12.2004, 10 K 225/01, EFG 2005 S. 530 – Global Futures Fund I Ltd.
[164] Vgl. Knobbe-Keuk, ZIP 1983, S. 127 ff.; Küting/Kessler, BB 1994, S. 2114; Schubert/Hargarten, in Beck Bil-Komm., 14. Aufl. 2024, § 266 HGB Rz 192.
[165] Vgl. z. B. Marx/Dallmann, in Baetge/Kirsch/Thiele, Bilanzrecht, § 266 HGB Rz 188, Stand: 3/2024.
[166] Gesetz zur Modernisierung des GmbH-Rechts und zur Bekämpfung von Missbräuchen (MoMiG) v. 23.10.2008, BGBl. I 2008, 2026; vgl. z. B. Gehrlein, BB 2008, 846 ff.

und Schuldner der Nachrang im Insolvenzverfahren hinter den in § 39 Abs. 1 Nr. 1–5 InsO bezeichneten Forderungen vereinbart worden ist, grundsätzlich keine Verbindlichkeiten im Überschuldungsstatus dar (§ 19 Abs. 2 InsO). Nach § 39 Abs. 1 Nr. 5 InsO gelten Gesellschafterdarlehen und einem Darlehen wirtschaftlich entsprechende Forderungen aus Rechtshandlungen grundsätzlich als nachrangig. Insofern sind Gesellschafterdarlehen mit Rangrücktrittsvereinbarung als Verbindlichkeiten auszuweisen. Diese sind aufgrund von § 264 Abs. 2 Satz 2 HGB als Gesellschafterdarlehen durch einen Davon-Vermerk kenntlich zu machen oder im Anhang anzugeben.[167]

Nach § 57 Abs. 1 AktG dürfen bei Rückgewähr eines Aktionärsdarlehens und Leistungen auf Forderungen aus Rechtshandlungen, die einem Aktionärsdarlehen wirtschaftlich entsprechen, den Aktionären Einlagen zurückgewährt werden. Analog gilt dies für Gesellschafterdarlehen gem. § 30 Abs. 1 GmbHG für Auszahlungen des Stammkapitals an Gesellschafter. Demnach müssen Darlehen an Gesellschafter nicht zulasten des Stammkapitals angerechnet werden. Die Nachrangregel auf Rückgewähransprüche gilt für sämtliche Darlehensarten, die der Ges. von ihrem geschäftsführenden Gesellschafter (mit einer mehr als 10 %igen Beteiligung am Haftkapital) gewährt werden. Nach § 39 Abs. 4 InsO gilt Abs. 1 Nr. 5 InsO für Ges., die weder eine natürliche Person noch eine Ges. als persönlich haftenden Gesellschafter haben, bei der ein phG eine natürliche Person ist (KapCoGes).

4.3 Sonderposten

Als Sonderposten werden zwischen Eigen- und Fremdkapital Posten ausgewiesen, die sowohl Eigen- als auch Fremdkapitalcharakter besitzen. Relevant ist ein Sonderposten, wenn z. B. bestimmte Investitionszuschüsse passivisch berücksichtigt werden. Darüber hinaus sind weitere Sonderposten zu nennen, z. B. Sonderposten für Zuschüsse zum AV[168] und Sonderposten für unentgeltlich ausgegebene Emissionsberechtigungen.[169] Dieser Sonderposten ist nicht gleichzusetzen mit dem Sonderposten mit Rücklageanteil, sondern ist als eigenständiger Sonderposten zwischen EK und Rückstellungen auszuweisen.

4.4 Rückstellungen (Abs. 3 B.)

Rückstellungen sind Verpflichtungen für künftige Ausgaben, die zum Bilanzstichtag rechtlich bzw. wirtschaftlich verursacht wurden, die aber dem Grunde und/oder der Höhe nach ungewiss sind.[170] Mittelgroße und große Unt müssen die Rückstellungen zwingend in die folgenden drei Posten untergliedern:
- Rückstellungen für Pensionen und ähnliche Verpflichtungen,
- Steuerrückstellungen,
- sonstige Rückstellungen.

---

[167] Schubert/Hargarten, in Beck Bil-Komm., 14. Aufl. 2024, § 266 HGB Rz 257.
[168] Vgl. Stellungnahme HFA 1/1984, Abschn. 2d.
[169] Vgl. IDW RS HFA 15.13.
[170] Vgl. Moxter, zfbf 1995, S. 311 ff.; Kessler, DStR 2001, S. 1903 ff.

4.4.1 Rückstellungen für Pensionen und ähnliche Verpflichtungen (Abs. 3 B. 1.)

136 Bei Pensionsrückstellungen handelt es sich um der Höhe und Fälligkeit nach ungewisse Verbindlichkeiten der betrieblichen Altersversorgung. **Pensionen** umfassen Aufwendungen für laufende Pensionen, für Anwartschaften auf eine Pension oder vergleichbare Verpflichtungen im Versorgungsfall. **Ähnliche Verpflichtungen** sind sonstige ungewisse Verbindlichkeiten aus zugesagten Leistungen der Alters-, Invaliditäts- oder Hinterbliebenenversorgung (§ 1 Abs. 1 Satz 1 BetrAVG) oder aufgrund anderer Verpflichtungen, die zu Bezügen führen und der Altersversorgung dienen, für die es derzeit in Deutschland aber keine Anwendungsfälle gibt.[171] Dagegen werden Verpflichtungen aus Altersteilzeitvereinbarungen nach dem AltTZG[172] als sonstige Rückstellung ausgewiesen (§ 249 Rz 201). Gleiches gilt für Verpflichtungen, die ausschl. der Abfindung dienen, z.B. aus Restrukturierungsplänen oder Sozialplänen.[173] Hinsichtlich der Durchführung von Pensionszusagen ist zwischen mittelbaren und unmittelbaren Versorgungszusagen zu unterscheiden. Zudem sind hinsichtlich der Auslagerung der Finanzmittel bspw. an einen externen Pensionsfonds gedeckte und ungedeckte Verpflichtungen zu unterscheiden. Neben externen Pensionsfonds kann die Verpflichtung durch anderes Deckungsvermögen, z.B. durch eine Rückdeckungsversicherung, die an den Versorgungsberechtigten verpfändet ist, gedeckt werden.

137 Bei **mittelbaren Versorgungszusagen** ist ebenfalls zu unterscheiden, ob das Unt kein Leistungsrisiko trägt (beitragsorientierte Pensionszusagen) oder ob das Unt bei unterdotierten Plänen ggf. nachschusspflichtig ist (leistungsorientierte Pensionszusage). Für beitragsorientierte Zusagen, die über einen rechtlich selbstständigen Versicherungsfonds, z.B. eine Direktversicherung, abgewickelt werden, zahlt das Unt lediglich die Beiträge und es ist im Regelfall keine Rückstellung zu bilden. Mittelbare leistungsorientierte Zusagen werden über Pensions- bzw. Unterstützungskassen abgewickelt. Bei mittelbaren leistungsorientierten Zusagen ist das Unt lediglich im Falle einer Fondsunterdeckung zur Leistung verpflichtet, jedoch braucht gem. Art. 28 Abs. 1 Satz 2 EGHGB keine Rückstellung gebildet zu werden; eine betragsmäßige Angabe dieser Unterdeckung ist im Anhang erforderlich (Art. 28 Abs. 2 EGHGB).[174]

138 Für unmittelbare Pensionszusagen, die bis zum 31.12.1986 gewährt wurden (sog. **Altzusagen**), und deren nachträgliche Erhöhung sowie für mittelbare Pensionsverpflichtungen besteht ein Passivierungswahlrecht (Art. 28 Abs. 1 Satz 2 EGHGB). Um einen Einblick in das tatsächliche Schuldendeckungspotenzial eines Unt zu erhalten, ist eine bestehende Deckungslücke im Anhang zahlenmäßig zu benennen (Art. 28 Abs. 2 EGHGB). Zudem sind Verpflichtungen betreffend Altersversorgung gem. § 268 Abs. 7 Nr. 3 HGB gesondert zu vermerken.

---

[171] Vgl. IDW, WPH Edition, Wirtschaftsprüfung & Rechnungslegung, 18. Aufl. 2023, Kap. F Tz 581.
[172] Gesetz v. 1.8.1996, BGBl 1996 I S. 1078.
[173] Vgl. Dusemond/Heusinger-Lange/Knop, in Küting/Weber, HdR-E, § 266 HGB Rz 128, Stand: 12/2021; Marx/Dallmann, in Baetge/Kirsch/Thiele, Bilanzrecht, § 266 HGB Rz 213.1, Stand: 3/2024.
[174] Vgl. Marx/Dallmann, in Baetge/Kirsch/Thiele, Bilanzrecht, § 266 HGB Rz 202, Stand: 3/2024.

Nach § 246 Abs. 2 HGB muss eine **Saldierung** von ausschl. der Erfüllung von Altersversorgungsverpflichtungen und vergleichbarer langfristiger Verpflichtungen, die gegenüber Arbeitnehmern eingegangen wurden, dienenden VG (d. h. Planvermögen von Pensionsfonds o. Ä.) mit den Pensionsverpflichtungen erfolgen (§ 246 Rz 107 ff.). Diese VG sind gem. § 253 Abs. 1 Satz 4 HGB zum beizulegenden Zeitwert zu bewerten. Es ist damit möglich, dass sich ein Aktivposten aus der Überdeckung von Pensionsverpflichtungen ergibt. Die Zeitwertbewertung ist in diesem Fall zu begrüßen, da die ansonsten enthaltenen stillen Reserven in den VG nicht aufgedeckt werden würden und das Unt „überhöhte" Schulden ausweisen würde.

4.4.2 Steuerrückstellungen (Abs. 3 B. 2.)

Die Steuerverpflichtungen einer Gesellschaft, deren Wahrscheinlichkeit der Inanspruchnahme hinreichend konkret ist, werden je nach bestehender Gewissheit bzw. Sicherheit an zwei Stellen in der Bilanz ausgewiesen. Anstehende Steuerzahlungen, deren Höhe gewiss ist, werden unter den sonstigen Verbindlichkeiten ausgewiesen. Steuerrückstellungen sind dagegen für Abgaben und Steuern zu bilden, die zum Ende des Gj dem Grunde nach sicher sind, deren Höhe aber noch nicht exakt bestimmt werden kann. Beispiele sind veranlagte Steuern, wie etwa Körperschaft- oder Gewerbesteuern, Grundsteuern sowie Verbrauchsteuern (z. B. Stromsteuer, Mineralölsteuer).[175] Steuerrückstellungen sind i. H. d. zu erwartenden Steuerschuld abzgl. evtl. geleisteter Steuervorauszahlungen zu bilden.[176] In den Steuerrückstellungen werden auch die aus einer Betriebsprüfung erwarteten Steuernachzahlungen eingestellt. So werden bei laufenden steuerlichen **Außenprüfungen** im Jahresabschluss – soweit die Betriebsprüfung noch nicht abgeschlossen ist – absehbare Nachzahlungen als Steuerrückstellung passiviert, ohne dass die Höhe schon sicher ist. Für erwartete Steuernachzahlungen infolge einer noch nicht anberaumten Betriebsprüfung für das abgelaufene Gj darf handelsrechtlich auch ohne Vorliegen einer Prüfungsanordnung eine Steuerrückstellung gebildet werden, wenn aus vergangenen Jahren bei jeder Betriebsprüfung eine Steuernachzahlung festgesetzt wurde und der Betrag aufgrund der Erfahrungswerte zuverlässig abgeschätzt werden kann.

Nicht eingestellt werden Kosten, die durch die Dokumentations-, Informations- oder Erklärungspflichten entstehen. Gleiches gilt für die Nebenleistungen aus Steuerzahlungspflichten wie Verspätungs-, Säumniszuschläge oder Zinsen, weil es sich hierbei nicht um Steuern i. S. d. § 3 Abs. 1 Satz 1 AO handelt. Daher ist hierfür ein Ausweis unter den sonstigen Rückstellungen oder sonstigen Verbindlichkeiten geboten.[177]

Unter Steuerrückstellungen sind nicht die nach § 274 Abs. 1 HGB anzusetzenden passivischen latenten Steuern auszuweisen. Wegen der Bilanzierung von latenten Steuern entsprechend dem bilanzorientierten Temporary-Konzept (§ 274 Rz 17 ff.) stellen passive latente Steuern einen „Sonderposten eigener Art" dar und sind separat auszuweisen (Rz 167 f.). Gem. § 274a Nr. 5 HGB sind kleine Ges.

---

[175] Vgl. Schubert/Hargarten, in Beck Bil-Komm., 14. Aufl. 2024, § 266 HGB Rz 201.
[176] Vgl. Marx/Dallmann, in Baetge/Kirsch/Thiele, Bilanzrecht, § 266 HGB Rz 213.1, Stand: 3/2024.
[177] Vgl. Winnefeld, Bilanz-Handbuch, 5. Aufl. 2015, F Rz 844.

jedoch von der Anwendung des § 274 HGB befreit. Dennoch sind für kleine Ges. – ebenso wie für PersG – die allgemeinen Grundsätze für die Bilanzierung von Schulden zu beachten. Für diejenigen passiven latenten Steuern, die als ungewisse Verpflichtung anzusehen sind und die somit die Ansatzkriterien von Rückstellungen erfüllen, ist daher innerhalb der Steuerrückstellungen eine Rückstellung nach § 249 Abs. 2 Satz 1 HGB zu bilden,[178] obwohl der Vorgabe widersprochen wird, passive latente Steuern als Posten eigener Art auszuweisen. Die Rückstellung betrifft allerdings nur die sich im Zeitablauf umkehrenden Differenzen zwischen handelsrechtlicher und steuerlicher Gewinnermittlung (§ 274a Rz 10 ff.). Ein gesonderter Ausweis ist nicht erforderlich. Erleichterungen existieren dahingehend, dass die Anhangangaben gem. § 285 Nr. 29 HGB und § 285 Nr. 30 HGB für kleine Ges. entfallen (§ 288 Abs. 1 HGB); für mittelgroße Gesellschaften entfallen nur die Anhangangaben gem. § 285 Nr. 29 HGB (§ 288 Abs. 2 HGB).

4.4.3 Sonstige Rückstellungen (Abs. 3 B. 3.)

141 Sonstige Rückstellungen sind ein Sammelposten für alle Rückstellungen, die nicht den beiden vorherigen Posten zugewiesen werden. Mittelgroße und große Gesellschaften müssen in diesem Posten enthaltene wesentliche Beträge im Anhang erläutern (§ 285 Nr. 12 HGB). Diese Pflicht entfällt gem. § 288 Abs. 1 HGB für kleine Gesellschaften. Eine Untergliederung der in § 249 HGB genannten Rückstellungsarten ist nicht vorgesehen, aber mit Blick auf die Transparenz der Bilanz wünschenswert.[179]

142 Der Gesetzgeber nennt in § 249 HGB verschiedene Rückstellungsarten, die in diesem Posten auszuweisen sind:
- Rückstellungen für ungewisse Verbindlichkeiten (§ 249 Rz 23 ff.),
- Rückstellungen für drohende Verluste aus schwebenden Geschäften (§ 249 Rz 120 ff.),
- Rückstellungen für unterlassene Aufwendungen für Instandhaltung, die im folgenden Gj innerhalb von drei Monaten nachgeholt werden (§ 249 Rz 175 ff.),
- Rückstellungen für unterlassene Abraumbeseitigung, die im folgenden Gj nachgeholt werden (§ 249 Rz 186 ff.),
- Rückstellungen für Gewährleistungen, die ohne rechtliche Verpflichtung erbracht werden (§ 249 Rz 191 ff.).

Aufwandsrückstellungen dürfen seit dem Gj. 2010 nicht mehr gebildet werden.

4.5 Verbindlichkeiten (Abs. 3 C.)

143 Verbindlichkeiten sind Verpflichtungen eines Unt, die am Bilanzstichtag dem Grunde und der Höhe nach sicher sind, d. h., es liegt eine konkrete Verpflichtung gegenüber Dritten vor, die selbstständig bewertbar ist. Verbindlichkeiten sind passivierungspflichtig (§ 246 Rz 85 ff.) Aufgrund des Vollständigkeitsgebots gem. § 246 Abs. 2 HGB ist eine Saldierung mit Forderungen – abgesehen von besonderen Einzelfällen gem. § 387 BGB – verboten.

---

[178] Vgl. Karrenbrock, WPg 2008, S. 333 f.
[179] Vgl. Marx/Dallmann, in Baetge/Kirsch/Thiele, Bilanzrecht, § 266 HGB Rz 221, Stand: 3/2024.

Für die Unterteilung der Verbindlichkeiten sind der Grundsatz der Klarheit und der Stetigkeit maßgeblich. Mittelgroße und große KapG sowie haftungsbeschränkte PersG i.S.d. § 264a HGB müssen die Gliederungsstruktur gem. § 266 Abs. 3 C. HGB beachten. Die **Gliederung** orientiert sich an unterschiedlichen Kriterien, wie an Eigenschaften des Gläubigers, an den Entstehungsgründen und an bestimmten rechtlichen Besonderheiten. Ein zentrales Kriterium ist die Gliederung nach Unternehmensbeziehungen (verbundene Unt sowie Unt, mit denen ein Beteiligungsverhältnis besteht), um analog zu Finanzanlagen und Forderungen die Verbundbeziehungen aufzudecken.[180] Folgende Posten sind grds. gesondert aufzuführen:

1. Anleihen,
   davon konvertibel
2. Verbindlichkeiten gegenüber Kreditinstituten
3. erhaltene Anzahlungen auf Bestellungen
4. Verbindlichkeiten aus Lieferungen und Leistungen
5. Verbindlichkeiten aus der Annahme gezogener Wechsel und der Ausstellung eigener Wechsel
6. Verbindlichkeiten gegenüber verbundenen Unternehmen
7. Verbindlichkeiten gegenüber Unternehmen, mit denen ein Beteiligungsverhältnis besteht
8. sonstige Verbindlichkeiten,
   davon aus Steuern,
   davon i.R.d. sozialen Sicherheit

Mittelgroße und große KapG sowie KapCoGes können die genannten Posten zusammenfassen, wenn einzelne Posten entweder gem. § 264 Abs. 2 HGB betragsmäßig nicht erheblich sind oder die Transparenz der Bilanz durch die Zusammenfassung erhöht wird. Im letzten Fall sind im Anhang die jeweiligen Beträge zu nennen (§ 265 Abs. 7 HGB). Kleine Ges. brauchen nur den Posten „Verbindlichkeiten" innerhalb der verkürzten Bilanz ausweisen (§ 266 Abs. 1 Satz 3 HGB).[181]

Zusätzlich ist der Betrag der Verbindlichkeiten mit einer **Restlaufzeit** von bis zu einem Jahr und einer Restlaufzeit von mehr als einem Jahr in der Bilanz zu vermerken (§ 268 Abs. 5 Satz 1 HGB). Als Restlaufzeit gilt der Zeitraum zwischen Abschlussstichtag und dem gesetzlich oder vertraglich determinierten Zeitpunkt der Fälligkeit der Verbindlichkeit; ggf. ist eine Schätzung vorzunehmen.[182] Darüber hinaus sind die Restlaufzeiten von mehr als fünf Jahren für die einzelnen Positionen im Anhang anzugeben (§ 285 Rz 8ff.), um einen besseren Einblick in die Liquiditätslage zu erreichen. Restlaufzeiten von mehr als fünf Jahren sind in aller Regel nicht für die erhaltenen Anzahlungen relevant, da ihre Restlaufzeit regelmäßig kleiner sein dürfte.[183]

Bei einer **GmbH** sind ebenfalls Verbindlichkeiten gegenüber GmbH-Gesellschaftern gesondert innerhalb der Verbindlichkeiten auszuweisen oder im Anhang zu benennen (§ 42 Abs. 3 GmbHG). Analog gelten die Ausführungen wie zu Ausleihungen an GmbH-Gesellschafter (Rz 88).

---

[180] Vgl. Reiner, in MünchKomm. HGB, 5. Aufl. 2024, § 266 HGB Rz 108.
[181] Vgl. Schubert/Hargarten, in Beck Bil-Komm., 14. Aufl. 2024, § 266 HGB Rz 210f.
[182] Vgl. Baierl, in Böcking u.a., Beck HdR, B 234, Rz 48, Stand: 1/2024.
[183] Vgl. Marx/Dallmann, in Baetge/Kirsch/Thiele, Bilanzrecht, § 266 HGB Rz 232, Stand: 3/2024.

4.5.1 Anleihen, davon konvertibel (Abs. 3 C. 1.)

148 Anleihen sind definiert als Verbindlichkeiten, die langfristig sind und an öffentlichen Kapitalmärkten im In- oder Ausland aufgenommen und i.d.R. verbrieft wurden.[184] Sie sind reine Gläubigerpapiere. Unter diesen Posten fallen u. a.:
- Schuldverschreibungen: verbriefte Anleihen;
- Wandelschuldverschreibungen: Schuldverschreibungen mit Umtauschrecht, auch konvertibel genannt. Die Einstellung auf der Passivseite erfolgt bei marktüblicher Verzinsung i.H.d. Erfüllungsbetrags. Ein Aufgeld ist gem. § 272 Abs. 2 Nr. 2 HGB in der Kapitalrücklage auszuweisen;
- Optionsanleihen: mit einem Bezugsrecht auf Aktien einer AG ausgestattet, auch konvertibel genannt. Bzgl. der Passivierungshöhe und der Behandlung des Aufgelds werden diese wie Wandelschuldverschreibungen behandelt;
- Gewinnschuldverschreibungen: mit einem festen Zins und einer Gewinnbeteiligung ausgestattet;
- Als FK eingeordnete **Genussrechte** (zum Eigen- oder Fremdkapitalausweis siehe Rz 129): Anstelle eines Ausweises als Anleihen ist ein gesonderter Ausweis als Genussrechtskapital gem. § 265 Abs. 5 Satz 2 HGB (§ 265 Rz 20 ff.) innerhalb der Verbindlichkeiten zu empfehlen. Es kann dabei eine weitere Untergliederung bei den Anleihen (§ 265 Abs. 5 Satz 2 HGB) oder ein Davon-Vermerk bei den Anleihen erfolgen.[185]

149 **Konvertible Anleihen**, d.h. Anleihen mit Umtausch- oder Bezugsrecht auf Gesellschaftsanteile (§ 221 Abs. 1 Satz 1 AktG), sind als Davon-Vermerk oder in einem eigenen Unterposten auszuweisen. Die Restlaufzeit ist wie bei allen Verbindlichkeiten anzugeben. AG sind nach § 160 Abs. 1 Nr. 5, Nr. 6 AktG darüber hinaus verpflichtet, die Art und die Anzahl der emittierten Wandelschuldverschreibungen, ähnlicher Wertpapiere und Genussrechte im Anhang zu erläutern.[186]

150 **Zurückerworbene Anleihestücke** sind vom Anleihebetrag abzusetzen. Schuldscheindarlehen sind nicht kapitalmarkttauglich und sind innerhalb der sonstigen Verbindlichkeiten oder Verbindlichkeiten gegenüber Kreditinstituten auszuweisen.[187]

4.5.2 Verbindlichkeiten gegenüber Kreditinstituten (Abs. 3 C. 2.)

151 Alle Verbindlichkeiten gegenüber Kreditinstituten sind in diesem Posten – unabhängig von Laufzeit oder Sicherung und inkl. zugehöriger Zinsverbindlichkeiten und antizipativer Zinsabgrenzung – zu zeigen. Als **Kreditinstitut** gilt jede inländische oder vergleichbare ausländische Bank, Sparkasse bzw. Bausparkasse i.S.d. § 1 Abs. 1 KWG. Nicht ausgewiesen werden etwaig eingeräumte, aber nicht in Anspruch genommene Kreditlinien.

Das **Saldierungsverbot** gem. § 246 Abs. 2 HGB gilt grds., sofern keine Aufrechenbarkeit i.S.d. § 387 BGB gegeben ist. Eine Saldierung i.S.d. § 387 BGB

---

[184] Vgl. Matschke/Brösel/Freichel, in Kirsch, § 266 HGB Rz 621, Stand: 3/2021.
[185] Vgl. IDW HFA 1/1994, WPg, S. 421.
[186] Vgl. Reiner, in MünchKomm. HGB, 5. Aufl. 2024, § 266 HGB Rz 109; Schubert/Hargarten, in Beck Bil-Komm., 14. Aufl. 2024, § 266 HGB Rz 213.
[187] Vgl. Hoffmann/Lüdenbach, NWB Kommentar Bilanzierung, 15. Aufl. 2023, § 266 HGB Rz 89.

darf vorgenommen werden, wenn sich gleichartige und fällige Forderungen und Verbindlichkeiten zwischen denselben Personen gegenüberstehen.[188]

4.5.3 Erhaltene Anzahlungen auf Bestellungen (Abs. 3 C. 3.)

152 Eine Anzahlung liegt vor, wenn ein Dritter aufgrund eines abgeschlossenen Lieferungs- oder Leistungsvertrags eine Zahlung tätigt, für die die Lieferung oder Leistung noch nicht erfolgt ist. Ein Vertrag muss dabei nicht zwingend vorliegen. Erhaltene Anzahlungen auf Bestellungen sind bereits auszuweisen, wenn Zahlungen getätigt wurden und ein Vorvertrag abgeschlossen oder ein bindendes Vertragsangebot nach § 145 BGB vorliegt. Die **Ausbuchung** der erhaltenen Anzahlungen erfolgt bei Vertragserfüllung und Einbuchung der Forderung.[189]

153 Sind die genannten **Kriterien nicht erfüllt**, ist eine Anzahlung unter den sonstigen Verbindlichkeiten auszuweisen. Da zu diesem Posten nur Anzahlungen auf Bestellungen, d. h. solche, die sich auf Umsatzerlöse beziehen, gehören, sind andere Anzahlungen unter den sonstigen Verbindlichkeiten auszuweisen. Gleiches gilt, wenn bspw. aufgrund von Leistungsstörungen mit einer Rückforderung zu rechnen ist.[190] Anstelle eines Ausweises innerhalb der Verbindlichkeiten dürfen erhaltene Anzahlungen gem. § 268 Abs. 5 HGB **wahlweise** offen von den Vorräten auf der Aktivseite abgesetzt werden (Rz 76).

154 Die USt auf erhaltene Anzahlungen ist seit dem BilMoG nur noch per **Nettomethode** darzustellen, bei der die Anzahlung ohne USt als erhaltene Anzahlung und die USt erfolgsneutral erfasst und als sonstige Verbindlichkeit ausgewiesen wird.[191]

Praxis-Beispiel[192]				
Verbuchung Nettomethode der Anzahlung				
Vorgang	**Soll**	**Betrag**	**Haben**	**Betrag**
Erhaltene Anzahlung	Bank Bank	100 19	Anzahlung Umsatzsteuer	100 19
Rechnungsstellung	Debitor	357	Umsatz Umsatzsteuer	300 57
Verrechnung der Anzahlung	Anzahlung Umsatzsteuer	100 19	Debitor Debitor	100 19
Zahlung des Kunden	Bank	238	Debitor	238

---

[188] Vgl. Reiner, in MünchKomm. HGB, 5. Aufl. 2024, § 266 HGB Rz 111; Marx/Dallmann, in Baetge/Kirsch/Thiele, Bilanzrecht, § 266 HGB Rz 234 f., Stand: 3/2024.
[189] Vgl. BFH, Urteil v. 20.5.1992, X R 49/89, BStBl 1992 II S. 904.
[190] Vgl. Schubert/Hargarten, in Beck Bil-Komm., 14. Aufl. 2024, § 266 HGB Rz 227.
[191] Vgl. Wirtz, DStR 1986, S. 750; Reiner, in MünchKomm. HGB, 5. Aufl. 2024, § 266 HGB Rz 114.
[192] Entnommen aus Hoffmann/Lüdenbach, NWB Kommentar Bilanzierung, 15. Aufl. 2023, § 266 HGB Rz 91.

4.5.4 Verbindlichkeiten aus Lieferungen und Leistungen (Abs. 3 C. 4.)

155 In den Posten „Verbindlichkeiten aus Lieferungen und Leistungen" werden Verpflichtungen aus von Dritten **erfüllten Umsatzgeschäften**, deren eigene Gegenleistung noch offensteht, ausgewiesen. Die Verpflichtung kann aus erfüllten Kauf-, Werk-, Dienstleistungs-, Miet-, Pacht-, Leasing- und ähnlichen Verträgen entstehen; dazu zählen auch Provisionsverbindlichkeiten. Etwaige Schadensersatz-, Darlehens- oder Gewinnverbindlichkeiten sind keine Verpflichtungen aus Umsatzgeschäften. Die Verbindlichkeit muss zum Zeitpunkt der Leistungserbringung bzw. Lieferung und nicht zum Zeitpunkt der Rechnungsstellung passiviert werden.[193]

156 Das **Saldierungsverbot** gem. § 246 Abs. 2 HGB ist uneingeschränkt zu beachten, d.h., Forderungen an Lieferanten dürfen nicht mit Verbindlichkeiten aufgerechnet werden. Forderungen an Lieferanten (z.B. wegen Überzahlung oder Gutschrift) sind als debitorische Kreditoren unter den sonstigen VG auszuweisen.[194]

157 Auch **langfristig gestundete Verbindlichkeiten** verbleiben in diesem Posten. Wird allerdings eine vertragliche Umwandlung in eine Darlehensschuld vereinbart (Notation), ist der Betrag innerhalb der sonstigen Verbindlichkeit auszuweisen.[195]

4.5.5 Verbindlichkeiten aus der Annahme gezogener Wechsel und der Ausstellung eigener Wechsel (Abs. 3 C. 5.)

158 Innerhalb dieses Postens sind alle als Schuldwechsel gezogenen Wechsel, die das Unt als Bezogener akzeptiert hat (Tratte), wie auch eigene Wechsel (Solawechsel) auszuweisen. Der Lieferant kann bei einem **Warenwechsel** statt einer sofortigen Zahlung auch einen Wechsel auf den Kunden ziehen. Der vom Kunden angenommene Wechsel ist ein Versprechen, bei Fälligkeit (i.d.R. drei Monate nach Ausstellung) des Wechsels zu zahlen. Auch wenn Schuld und Wechselverbindlichkeit normalerweise nebeneinander treten, so verpflichtet sich der Gläubiger/Lieferant, seine Forderung zuerst aus dem Wechsel zu befriedigen. Durch die Akzeptanz des Wechsels (Schuldwechsel) folgt für den Kunden/Schuldner, dass er statt einer Verbindlichkeit aus Lieferung und Leistung eine Wechselverbindlichkeit i.H.d. **Nennwerts** der Wechselsumme ausweist.[196]

159 Der **Finanzwechsel** unterscheidet sich vom Warenwechsel lediglich dadurch, dass ihm kein Warengeschäft zugrunde liegt, sondern dieser der Kreditgewährung dient (Bankakzept, Gefälligkeitsakzept). Der mit dem Finanzwechsel einhergehende Aufwendungs-/Ausgleichsanspruch gegen den Auftraggeber (§§ 675, 670 BGB) ist als sonstiger VG auszuweisen.

160 Bei Wechseln, die ein Schuldner einem Gläubiger nur zur Sicherheit gibt, handelt es sich um sog. **Kautions-, Sicherungs- oder Depotwechsel**. Hieraus darf der Gläubiger sich erst befriedigen, wenn die mit dem Wechsel gesicherte Forderung fällig ist und jede andere Möglichkeit zu keiner erfolgreichen Befriedigung geführt hat. Der Ausweis der Wechselverbindlichkeit erfolgt erst, wenn der Gläubiger mit

---

[193] Vgl. Marx/Dallmann, in Baetge/Kirsch/Thiele, Bilanzrecht, § 266 HGB Rz 239, Stand: 3/2024.
[194] Vgl. Schubert/Hargarten, in Beck Bil-Komm., 14. Aufl. 2024, § 266 HGB Rz 229.
[195] Vgl. Dusemond/Heusinger-Lange/Knop, in Küting/Weber, HdR-E, § 266 HGB Rz 155, Stand: 12/2021; Suchan, BeckOGK, § 266 HGB Rz 132, Stand: 1.9.2023.
[196] Vgl. Marx/Dallmann, in Baetge/Kirsch/Thiele, Bilanzrecht, § 266 HGB Rz 242ff., Stand: 3/2024.

dem Eintreten des Sicherungsfalls das Recht hat, den Wechsel in den Verkehr zu bringen. Dabei hat der Schuldner zu beachten, dass er nicht die Wechselverbindlichkeit und die mit dem Wechsel gesicherte Forderung zeitgleich ausweisen darf. Wechselverbindlichkeiten sind vorrangig als „Verbindlichkeiten gegenüber verbundenen Unternehmen" bzw. „Verbindlichkeiten gegenüber Unternehmen, mit denen ein Beteiligungsverhältnis besteht" auszuweisen, wenn es sich um verbundene Unt handelt bzw. ein Beteiligungsverhältnis besteht. § 265 Abs. 3 Satz 1 HGB verpflichtet das bilanzierende Unt, die Mitzugehörigkeit als Wechselverbindlichkeit zu vermerken oder im Anhang zu erläutern.[197] Wechselbürgschaften, die nicht passivierungsfähig sind, sind als Eventualverbindlichkeit gem. §§ 251, 268 Abs. 7 HGB anzugeben.[198]

4.5.6 Verbindlichkeiten gegenüber verbundenen Unternehmen (Abs. 3 C. 6.)

Verbindlichkeiten gegenüber verbundenen Unt sind hier unabhängig von ihrem Entstehungsgrund zu bilanzieren. Sollte es zu Überschneidungen mit einem anderen Posten kommen, ist die Mitzugehörigkeit gem. § 265 Abs. 3 HGB zu vermerken. Dies kann entweder als Davon-Vermerk oder als tabellarische Darstellung erfolgen (Rz 80). Ansonsten gelten die Ausführungen zum aktivischen Gegenposten „Forderungen gegenüber verbundenen Unternehmen".[199]

4.5.7 Verbindlichkeiten gegenüber Unternehmen, mit denen ein Beteiligungsverhältnis besteht (Abs. 3 C. 7.)

Bei der Verbundbeziehung ist es unerheblich, ob der Gläubiger beim Schuldner oder der Schuldner beim Gläubiger beteiligt ist. Unter diesem Posten sind sämtliche Verbindlichkeiten gegenüber Unt, mit denen ein Beteiligungsverhältnis besteht, auszuweisen. Der Ausweis unter diesem Posten hat Vorrang vor dem Ausweis in etwaigen anderen Posten. Es bedarf eines Mitzugehörigkeitsvermerks, wenn der Ausweis ausnahmsweise unter einem anderen Posten erfolgt. Auch hier gelten analog die Ausführungen zur Aktivposition „Forderungen gegenüber Unternehmen, mit denen ein Beteiligungsverhältnis besteht" (Rz 83).[200]

4.5.8 Sonstige Verbindlichkeiten, davon aus Steuern, davon im Rahmen der sozialen Sicherheit (Abs. 3 C. 8.)

In diesem Sammelposten werden alle Verbindlichkeiten ausgewiesen, die keinem vorangegangenen Posten zuordnet werden können. Dazu zählen:[201]
- Steuerschulden der bilanzierenden Gesellschaft (z.B. KSt, GewSt, USt),
- einbehaltene und noch abzuführende Steuern Dritter (LSt, KapESt),
- Verbindlichkeiten im Zusammenhang mit der betrieblichen Altersvorsorge gegenüber Arbeitnehmern und Pensionären sowie gegenüber betrieblichen,

---

[197] Vgl. Reiner in MünchKomm. HGB, 5. Aufl. 2024, § 266 HGB Rz 117 f.
[198] Vgl. Marx/Dallmann, in Baetge/Kirsch/Thiele, Bilanzrecht, § 266 HGB Rz 243, Stand: 3/2024.
[199] Vgl. Winnefeld, Bilanz-Handbuch, 5. Aufl. 2015, F, Rz 1025 ff.
[200] Vgl. Marx/Dallmann, in Baetge/Kirsch/Thiele, Bilanzrecht, § 266 HGB Rz 246, Stand: 3/2024.
[201] Vgl. Schubert/Hargarten, in Beck Bil-Komm., 14. Aufl. 2024, § 266 HGB Rz 246.

aber nicht verbundenen Unterstützungseinrichtungen sowie von Letztgenannten gewährte Darlehen,
- ausstehende Löhne, Gehälter, Provisionen, Tantiemen, Gratifikationen, Auslagenerstattungen, Prämien usw.,
- einbehaltene und noch abzuführende sowie vom Unt selbst zu tragende Sozialabgaben und Versicherungsprämien,
- Verpflichtungen aus Abfindungen,
- als FK qualifizierte und gem. § 265 Abs. 5 Satz 2 HGB nicht gesondert ausgewiesene Einlagen stiller Gesellschafter,
- Aufsichtsrat- und Beiratsvergütungen,
- erhaltene Optionsprämien,
- (Schuldschein-)Darlehen, sofern sie nicht als Verbindlichkeiten gegenüber Kreditinstituten, verbundenen Unt oder BetUnt ausgewiesen wurden,
- antizipative Zinsabgrenzungen auf Verbindlichkeiten bzw. Miet- oder Pachtzinsabgrenzungen, nicht abgehobene Dividenden,
- Verbindlichkeiten gegenüber Kunden, sog. kreditorische Debitoren.

165 Der besondere Stellenwert der **Verbindlichkeiten aus Steuern** und die sich i. R. d. **sozialen Sicherheit** ergebenden Verbindlichkeiten werden durch den vom Gesetzgeber geforderten Davon-Vermerk deutlich. Es werden nur Abgaben mit dem Vermerk „davon aus Steuern" ausgewiesen, die zum einen Steuern i. S. d. § 3 AO sind, und zum anderen Steuerschulden der Ges., die direkt bzw. die von der Ges. einbehalten worden und noch abzuführen sind.[202]
Der zweite gesonderte Davon-Vermerk gilt den **Verbindlichkeiten i. R. d. sozialen Sicherheit.** Hierzu zählen:
- Arbeitgeber- und einbehaltene Arbeitnehmerbeiträge zur Sozialversicherung und zu den Ersatzkassen,
- Verbindlichkeiten aus Sozialplänen,
- ausstehende Beitragsleistungen an Versicherungseinrichtungen,
- ausstehende Beitragsleistungen an den Pensionsversicherungsverein,
- ausstehende Rückdeckungsversicherungsprämien für Pensionszusagen,
- Berufsgenossenschaftsbeiträge,
- Verpflichtungen aus Altersteilzeitvereinbarungen oder Vorruhestandsverpflichtungen bei Vereinbarungen und verbindlicher Option einzelner Arbeitnehmer.

4.6 Rechnungsabgrenzungsposten (Abs. 3 D.)

166 In diesem Posten sind Einzahlungen auszuweisen, die zwar vor dem Bilanzstichtag zugegangen, die Erträge aber wirtschaftlich dem nachfolgenden Gj zuzuordnen sind. Beispiele sind im Voraus erhaltene Zinsen, Mieten, Pachten usw.
Ebenso können hier Unterschiedsbeträge, die sich insb. bei Hypothekenbanken und Versicherungsunternehmen aus der Differenz zwischen einem höheren Erfüllungsbetrag von Ausleihungen an Dritte und einem niedrigeren Auszahlungsbetrag ergeben, eingestellt werden. Die Forderung ist i. d. R. mit dem Nominalbetrag zu bewerten und die Differenz zum Auszahlungsbetrag passiv

---

[202] Vgl. Marx/Dallmann, in Baetge/Kirsch/Thiele, Bilanzrecht, § 266 HGB Rz 248, Stand: 3/2024.

abzugrenzen. Ein gesonderter Ausweis eines solchen Disagios wird nur empfohlen, wenn es sich um wesentliche Beträge handelt.[203]

4.7 Passive latente Steuern (Abs. 3 E.)

Analog zu den aktiven latenten Steuern (Rz 101) sind passive latente Steuern nach § 266 Abs. 3 Buchst. E HGB auch auf der Passivseite der Bilanz gesondert auszuweisen. Mittelgroße und große KapG und KapCoGes sind verpflichtet, eine Steuerabgrenzung nach § 274 HGB vorzunehmen und im Fall eines Passivüberhangs passive latente Steuern anzusetzen. Zur Bilanzierung von latenten Steuern s. § 274 Rz 1 ff.

Der Charakter von Rückstellungen trifft häufig für passive latente Steuern zu (Rz 140). Im Fall von quasi-permanenten Differenzen liegt zum Bilanzstichtag keine rechtliche oder wirtschaftliche Verpflichtung vor (§ 274 Rz 121). Daher werden passive latente Steuern nicht, wie international (z.B. IAS 12) üblich, als FK, sondern grds. als **Sonderposten eigener Art** betrachtet. Sie sind auf der Passivseite als gesonderter Posten außerhalb der Rückstellungen auszuweisen.[204] Zur Besonderheit der Behandlung von latenten Steuern bei kleinen KapG/KapCoGes siehe § 274a Rz 10 ff.

Bei der Bilanzierung latenter Steuern ist eine **Gesamtdifferenzenbetrachtung** erlaubt (§ 274 Rz 35 ff.). Daher kann eine Verrechnung von aktiven und passiven latenten Steuern vorgenommen werden, die zusammen mit dem Aktivierungswahlrecht für die aktiven latenten Steuern zu keinem Ausweis von latenten Steuern in der Bilanz führen kann. Alternativ darf der Bruttoausweis in Form eines separaten Ausweises als aktive und passive latente Steuer erfolgen.

4.8 Weitere Posten der Passivseite

Als weitere Posten kommen auf der Passivseite die Folgenden in Betracht:
- Kapitalanteile persönlich haftender Gesellschafter einer KGaA gem. § 286 Abs. 2 Satz 1 AktG,
- Rücklage für **eingeforderte Nachschüsse** gem. § 42 Abs. 2 Satz 3 GmbHG,
- **Wertaufholungsrücklage** gem. §§ 58 Abs. 2a AktG, 29 Abs. 4 GmbHG,
- **Sonderrücklage** gem. § 218 Satz 2 AktG,
- **Ergebnisrücklagen** gem. § 337 Abs. 2 HGB,
- **Sonderposten für unentgeltlich ausgegebene Emissionszertifikate** (Rz 134).

Ist bei einer Unternehmensübernahme der Gesamtwert des Unt niedriger als der Wertansatz aller VG abzgl. der Schulden, ergibt sich ein **negativer GoF** (§ 301 Rz 110 ff.). Im Konzernabschluss ist ein negativer Unterschiedsbetrag aus „Unterschiedsbetrag aus der Kapitalkonsolidierung" nach dem EK auszuweisen (§ 301 Rz 112). Dagegen ist im Jahresabschluss ein negativer GoF grds. nicht bilanzierungsfähig. Vielmehr ist zunächst eine Abstockung der Zeitwerte der übernommenen Aktiva – mit Ausnahme von Posten mit Liquiditätsbezug (z.B. liquide Mittel) – vorzunehmen. Verbleibt auch nach der Abstockung noch ein

---

[203] Vgl. Reiner, in MünchKomm. HGB, 5. Aufl. 2024, § 266 HGB Rz 124.
[204] Vgl. BT-Drs. 16/10067 v. 30.7.2008 S. 148.

negativer GoF ist dieser zu passivieren und ggf. gem. § 265 Abs. 5 Satz 2 HGB gesondert auf der Passivseite auszuweisen (§ 246 Rz 97 f.).[205]

5 Sanktionen

170 Die Gliederungsvorschriften für die Bilanz sind zwingend. Eine Verletzung hat Folgen mit Blick auf die Wirksamkeit des Jahresabschlusses, der Haftung der Gesellschaftsorgane und die Zulässigkeit des Bestätigungsvermerks gem. § 332 HGB und kann ordnungs-, straf- und zivilrechtlich geahndet werden.

171 Eine **Nichtigkeit** des Jahresabschlusses einer AG oder KGaA kann nach § 256 Abs. 4 AktG vorliegen, wenn durch den Verstoß gegen die Gliederungsvorschriften oder durch die Nichtbeachtung der Regelungen über die Formblätter der Jahresabschlüsse in seiner „Klarheit und Übersichtlichkeit" wesentlich beeinträchtigt ist. Dies ist insb. der Fall, wenn Bilanzposten weggelassen oder Aktiv- und Passivposten vermengt wurden. Ein wesentlicher Verstoß ist es auch, wenn die größenabhängigen Erleichterungen fälschlicherweise in Anspruch genommen wurden. Eine weitere wesentliche Beeinträchtigung liegt vor, wenn über § 265 Abs. 4–7 HGB hinaus abweichende und branchenunübliche Postenbezeichnungen gewählt wurden. Je nach Grund muss die Nichtigkeit gem. § 256 Abs. 6 AktG innerhalb von sechs Monaten bzw. drei Jahren geltend gemacht werden. Eine Klage auf Feststellung der Nichtigkeit verlängert die Frist bis zur gerichtlichen Entscheidung.[206] Der § 256 AktG gilt auch für die **GmbH**, nicht aber für die **Personen(handels)gesellschaft**. Für unter das PublG fallende Unt gelten mit § 10 PublG gesonderte Vorschriften zur Nichtigkeit.

172 Eine **Ordnungswidrigkeit**, die nach § 334 HGB mit Bußgeld geahndet wird, liegt vor, wenn geringe Verstöße der Gliederungsvorschrift und deren Erg. durch ein Mitglied des vertretungsberechtigten Organs oder des Aufsichtsrats begangen werden. **Strafrechtliche** Folgen können sich für Mitglieder des vertretungsberechtigten Organs oder des Aufsichtsrats von KapG und haftungsbeschränkten PersG nur ergeben, wenn gegen die Gliederungsvorschriften derart verstoßen wird, dass die wirtschaftlichen Verhältnisse unrichtig wiedergegeben oder verschleiert werden. Der AP muss gem. §§ 322 Abs. 3 und 4, 317 Abs. 1 Satz 2 HGB je nach Stärke des Verstoßes den Bestätigungsvermerk einschränken oder gar ganz versagen. Ein schuldhafter Verstoß – vorsätzlich oder fahrlässig – kann **Schadensersatzforderungen** nach sich ziehen.[207]

---

[205] Vgl. Baetge/Kirsch/Thiele, Bilanzen, 17. Aufl. 2024, S. 252 f.
[206] Vgl. Marx/Dallmann, in Baetge/Kirsch/Thiele, Bilanzrecht, § 266 HGB Rz 282 f., Stand: 3/2024.
[207] Vgl. Reiner, in MünchKomm. HGB, 5. Aufl. 2024, § 266 HGB Rz 16 f.

§ 267 Umschreibung der Größenklassen

(1) Kleine Kapitalgesellschaften sind solche, die mindestens zwei der drei nachstehenden Merkmale nicht überschreiten:
1. 7.500.000 Euro Bilanzsumme.
2. 15.000.000 Euro Umsatzerlöse in den zwölf Monaten vor dem Abschlußstichtag.
3. Im Jahresdurchschnitt fünfzig Arbeitnehmer.

(2) Mittelgroße Kapitalgesellschaften sind solche, die mindestens zwei der drei in Absatz 1 bezeichneten Merkmale überschreiten und jeweils mindestens zwei der drei nachstehenden Merkmale nicht überschreiten:
1. 25.000.000 Euro Bilanzsumme.
2. 50.000.000 Euro Umsatzerlöse in den zwölf Monaten vor dem Abschlußstichtag.
3. Im Jahresdurchschnitt zweihundertfünfzig Arbeitnehmer.

(3) [1]Große Kapitalgesellschaften sind solche, die mindestens zwei der drei in Absatz 2 bezeichneten Merkmale überschreiten. [2]Eine Kapitalgesellschaft im Sinn des § 264d gilt stets als große.

(4) [1]Die Rechtsfolgen der Merkmale nach den Absätzen 1 bis 3 Satz 1 treten nur ein, wenn sie an den Abschlußstichtagen von zwei aufeinanderfolgenden Geschäftsjahren über- oder unterschritten werden. [2]Im Falle der Umwandlung oder Neugründung treten die Rechtsfolgen schon ein, wenn die Voraussetzungen des Absatzes 1, 2 oder 3 am ersten Abschlußstichtag nach der Umwandlung oder Neugründung vorliegen. [3]Satz 2 findet im Falle des Formwechsels keine Anwendung, sofern der formwechselnde Rechtsträger eine Kapitalgesellschaft oder eine Personenhandelsgesellschaft i.S.d. § 264a Absatz 1 ist.

(4a) [1]Die Bilanzsumme setzt sich aus den Posten zusammen, die in den Buchstaben A bis E des § 266 Absatz 2 aufgeführt sind. [2]Ein auf der Aktivseite ausgewiesener Fehlbetrag (§ 268 Absatz 3) wird nicht in die Bilanzsumme einbezogen.

(5) Als durchschnittliche Zahl der Arbeitnehmer gilt der vierte Teil der Summe aus den Zahlen der jeweils am 31. März, 30. Juni, 30. September und 31. Dezember beschäftigten Arbeitnehmer einschließlich der im Ausland beschäftigten Arbeitnehmer, jedoch ohne die zu ihrer Berufsausbildung Beschäftigten.

(6) Informations- und Auskunftsrechte der Arbeitnehmervertretungen nach anderen Gesetzen bleiben unberührt.

Inhaltsübersicht	Rz
1 Inhalt und Anwendungsbereich	1–9
1.1 Inhalt	1–8
1.2 Anwendungsbereich	9
2 Größenklassen	10–12
3 Größenkriterien	13–24
3.1 Bilanzsumme (Abs. 4a)	13–15
3.2 Umsatzerlöse	16–18
3.3 Arbeitnehmeranzahl (Abs. 5)	19–24

4	Eintritt der Rechtsfolgen (Abs. 4 Satz 1)	25–26
5	Besonderheiten bei Neugründung und Umwandlung (Abs. 4 Sätze 2 und 3)	27–33
6	Qualitatives Kriterium: Kapitalmarktorientierte Gesellschaften (Abs. 3 Satz 2)	34–35
7	Informationsrechte der Arbeitnehmervertretungen (Abs. 6) ...	36
8	Sanktionen	37

1 Inhalt und Anwendungsbereich

1.1 Inhalt

1   § 267 HGB bestimmt in den Abs. 1–3 Kriterien zur Größeneinordnung von KapG und ihnen gleichgestellten Ges. in die Kategorien „Klein", „Mittelgroß" und „Groß".

2   Die Zuordnung einer Ges. in eine der drei Größenklassen erfolgt anhand der drei quantitativen Kriterien Bilanzsumme (nach Abzug eines ausgewiesenen Fehlbetrags gem. § 268 Abs. 3 HGB), Umsatzerlöse und Zahl der durchschnittlich beschäftigten Arbeitnehmer. Weiterhin dient die Kapitalmarktorientierung als einziges qualitatives Abgrenzungskriterium für die Größeneinordnung (Rz 34).

3   Abs. 4 legt fest, dass die Rechtsfolgen erst bei Über- bzw. Unterschreiten der Schwellenwerte an zwei aufeinanderfolgenden Abschlussstichtagen greifen. Davon abweichend gelten bei Neugründungen oder Umwandlungen Sonderbestimmungen, nach denen die Rechtsfolgen bereits im ersten Jahr greifen. Während Abs. 5 Vorgaben zur Bestimmung der Arbeitnehmerzahl definiert, stellt Abs. 6 klar, dass Informations- und Auskunftsrechte der Arbeitnehmervertretungen nach anderen Vorschriften nicht beeinflusst werden.

4   Die Größe einer KapG hat Einfluss auf Rechnungslegungspflichten, Prüfung und Offenlegung. So ergeben sich je nach Größenklasse bestimmte Erleichterungen hinsichtlich Bilanz (§§ 266 Abs. 1 Satz 3, 274a HGB), GuV (§ 276 HGB), Anhang (§ 288 HGB) und Lagebericht (Befreiung, § 264 Abs. 1 Satz 3 HGB), der Jahresabschlussprüfung (§ 316 Abs. 1 HGB) und der Offenlegung (§§ 325 ff. HGB). Vor allem für kleine Ges. bestehen erhebliche Erleichterungen, da bei kleinen Ges. ein kleiner Kreis von potenziellen Abschlussinteressenten zu vermuten ist und somit aus Kostengründen bei der Aufstellung und Prüfung von Abschlüssen sowie aus Geheimhaltungsinteresse bei der Offenlegung Abstriche gemacht werden können.[1]

5   Neben den geltenden Erleichterungsvorschriften für kleine und mittelgroße Ges. existieren seit Inkrafttreten des MicroBilG für KleinstKapG[2] i. S. d. § 267a HGB weitere Erleichterungen betreffend der Gliederungstiefe von Bilanz (§ 266 Abs. 1 Satz 4 HGB; § 266 Rz 13) und GuV (§ 275 Abs. 5 HGB; § 275 Rz 262). Zudem erfolgt die Klarstellung, dass die Erleichterungen für kleine KapG auch für KleinstKapG gelten, soweit nichts anderes geregelt ist. Somit sind die Kleinst-KapG eine Untergruppe der Größenklasse der kleinen KapG. Zusätzlich zu den

---

[1] Vgl. Kliem/Lawall, in Beck Bil-Komm., 14. Aufl. 2024, § 267 HGB Rz 1.
[2] Zu Definition und Anwendungskreis vgl. § 267a Rz 1 ff.

bestehenden Erleichterungen gem. § 288 HGB brauchen KleinstKapG i.S.d. § 267a HGB keinen Anhang aufzustellen, sofern die in § 264 Abs. 1 Satz 5 HGB genannten Angaben sowie ggf. ein Hinweis auf besondere Umstände, die eine Darstellung eines den tatsächlichen Verhältnissen entsprechenden Bilds der Vermögens-, Finanz- und Ertragslage unter Beachtung der GoB verhindern (§ 264 Abs. 2 Satz 2 HGB), unter der Bilanz erfolgen (§ 264 Rz 45). Um die Erleichterungen zu nutzen, haben KleinstKapG auf die Bewertung zum beizulegenden Zeitwert zu verzichten (§ 253 Abs. 1 HGB; § 267a Rz 5).

Nach Art. 3 Abs. 13 EU-Bilanz-RL prüft die EU-Kommission mindestens alle fünf Jahre die in EUR festgelegten Grenzwerte für Umsatzerlöse und Bilanzsumme zur Einordnung in Größenklassen, um eine inflationsbedingte Bereinigung vorzunehmen. Eine Änderung der Schwellenwerte erfolgte in der Vergangenheit mit der Umsetzung von Art. 1 Nrn. 1 und 2 der RL 2003/38 EG des Rates vom 13.5.2003 zur Änderung der Bilanzrichtlinie (sog. Euro-Anpassungsrichtlinie, auch Schwellenwertrichtlinie genannt)[3] durch das Bilanzrechtsreformgesetz (BilReG). Bei der Umrechnung in EUR ist von der in Art. 12 Abs. 2 der Bilanzrichtlinie eingeräumten Möglichkeit einer weiteren Erhöhung um 10 % Gebrauch gemacht worden.[4]

Die Änderungen des BilMoG führten[5] außerplanmäßig zu einer Anhebung der Schwellenwerte für Bilanzsumme und Umsatzerlöse um mehr als 20 %. Die aus der Anhebung der Schwellenwerte resultierenden Erleichterungen bei der Rechnungslegung für begünstigte Unt sollen zu einer Entlastung der Unt und damit zu Kostensenkungen beitragen.

Im Zuge der Umsetzung von Art. 3 Abs. 2–4 der Bilanzrichtlinie 2013/34/EU durch das BilRUG erfolgten eine erneute Anhebung der Schwellenwerte von Bilanzsumme und Umsatz, eine Klarstellung der Voraussetzungen für die Anwendung des Abs. 4 Satz 2 im Falle eines Formwechsels (Abs. 4 Satz 3) sowie eine klarstellende Definition der Bilanzsumme (Abs. 4a).

Die jüngste Anpassung der monetären Schwellenwerte für die Bilanzsumme und die Umsatzerlöse erfolgte mit der delegierten Richtlinie 2023/2775/EU v. 17.10.2023, die durch das Zweite Gesetz zur Änderung des DWD-Gesetzes sowie zur Änderung handelsrechtlicher Vorschriften v. 11.04.2024[6] in nationales Recht umgesetzt wurde. Die Schwellenwerte sind um etwa 25 % erhöht worden (Rz. 10). Die neuen Schwellenwerte sind erstmals auf Jahresabschlüsse anzuwenden, deren Gj nach dem 31.12.2023 beginnen (Art. 93 Abs. 1 EGHGB). Eine frühere Anwendung auf Gj, die nach dem 31.12.2022 beginnen, ist – jedoch nur insgesamt – erlaubt (Art. 93 Abs. 2 EGHGB). Letztlich dürfte diese Anhebung der Schwellenwerte einige Unt auch vor der Anwendung der Nachhaltigkeitsberichterstattung 2025 nach der Corporate Sustainability Reporting Directive (CSRD) für einige Zeit bewahren.[7]

---

[3] Schwellenwertrichtlinie – RL 2003/38 v. 13.5.2003, ABl. EU L 120/22 v. 15.5.2003.
[4] Vgl. BT-Drs. 15/3419 v. 24.6.2004, S. 25; o. V., EuZW 2003, S. 514.
[5] Abänderungsrichtlinie – RL 2006/46/EG v. 14.6.2006, ABl. EU L 224/1 v. 16.8.2006.
[6] BGBl. 2024 I Nr. 120.
[7] Vgl. RL (EU) 2022/2464, Abl. EU L 322/15ff v. 16.12.2022.

1.2 Anwendungsbereich

9 Die in § 267 HGB genannten Größenkriterien sind von KapG und KapCoGes zu beachten. Anwendung finden die Vorschriften auch bei Genossenschaften gem. § 336 Abs. 2 Satz 1 HGB. Zudem ist § 267 HGB relevant für die Abgrenzung der Anwender der nichtfinanziellen Erklärung nach § 289b Abs. 1 HGB bzw. den zukünftigen Nachhaltigkeitsbericht nach § 289b Abs. 1 HGB i.d.F. des CSRD-UmsG sowie des Zahlungsberichts nach § 341q HGB und des Lieferkettenberichts.[8] Für Unt, die in den Geltungsbereich des PublG fallen, gelten die dort genannten Schwellenwerte (§ 1 PublG). Kreditinstitute und Versicherungen gelten gem. § 340a Abs. 2 Satz 1 HGB bzw. § 341a Abs. 2 Satz 1 HGB stets als große KapG. Auch kommunale Eigenbetriebe werden aufgrund der länderspezifischen Haushaltsgesetze bei der Abbildung stets wie große KapG behandelt.

2 Größenklassen

10 Für die Eingruppierung als kleine, mittelgroße oder große KapG ist entscheidend, dass mindestens zwei der in Tab. 1 genannten drei Schwellenwerte an zwei aufeinanderfolgenden Abschlussstichtagen über- bzw. unterschritten werden (§ 267 Abs. 4 HGB). Rumpfgeschäftsjahre zählen in diesem Fall als volle Gj. Bei Neugründung oder Umwandlung ist abweichend von der grds. Regelung ein einmaliges Über-/Unterschreiten der Grenzwerte entscheidend (§ 267 Abs. 4 Satz 2 HGB); bei Formwechsel greift die Regelung nur, sofern der formwechselnde Rechtsträger keine KapG oder KapCoGes ist (§ 267 Abs. 4 Satz 3 HGB). Diese Regelung greift zudem nicht für kapitalmarktorientierte Unt (Rz 34). Tab. 1 zeigt die Grenzwerte für die einzelnen Kriterien im Überblick.[9]

	Größenklassen		
	Klein	Mittelgroß	Groß
Bilanzsumme in EUR	≤ 7.500.000 (6.000.000)	> 7.500.000 (6.000.000), jedoch ≤ 25.000.000 (20.000.000)	> 25.000.000 (20.000.000)
Umsatzerlöse in EUR	≤ 15.000.000 (12.000.000)	> 15.000.000 (12.000.000), jedoch ≤ 50.000.000 (40.000.000)	> 50.000.000 (40.000.000)
Arbeitnehmerzahl	≤ 50	> 50, jedoch ≤ 250	> 250

Tab. 1: Größenklassen von KapG und KapCoGes (in Klammern: Werte, die für spätestens bis zum 31.12.2023 endende Gj maßgebend waren)

---

[8] Gesetz über die unternehmerischen Sorgfaltspflichten in Lieferketten vom 16.6.2021; BGBl 2021 I S. 2959.
[9] Vgl. Marx/Dallmann, in Baetge/Kirsch/Thiele, Bilanzrecht, § 267 HGB Rz 5.1, Stand: 1/2024.

11 Die Schwellenwerte nach dem Zweiten Gesetz zur Änderung des DWD-Gesetzes sowie zur Änderung handelsrechtlicher Vorschriften vom 11.4.2024 sind spätestens für Jahresabschlüsse anzuwenden, deren Gj nach dem 31.12.2023 beginnt. Für die Beurteilung, ob mindestens zwei der genannten Größenkriterien **an zwei aufeinanderfolgenden** Abschlussstichtagen über- bzw. unterschritten werden, sind die erhöhten Schwellenwerte rückwirkend für die Abschlüsse, deren Gj nach dem 31.12.2022 beginnt, zu verwenden (Rz 12). Analog ist zu verfahren, wenn von dem Wahlrecht Gebrauch gemacht wird, die Schwellenwerte bereits auf das nach dem 31.12.2022 beginnende Gj anzuwenden. Wird das Wahlrecht genutzt, ist ein Unternehmen zum 31.12.2023 retrospektiv auf Basis der neuen Schwellenwerte des § 267 HGB als mittelgroß einzustufen, wenn bei diesem entweder zum 31.12.2023 und 31.12.2022 oder zum 31.12.2022 und 31.12.2021 mindestens zwei der drei Schwellenwerte für mittelgroße Kapitalgesellschaften zutreffen.[10]

Nach § 267a HGB sind kleine Gesellschaften, die die in Tab. 1 genannten Schwellenwerte unter-, jedoch die in § 267a Abs. 1 HGB genannten Schwellenwerte nicht überschreiten, Kleinstgesellschaften. Diese Grenze der Schwellenwerte für KleinstKapG ist mit dem MicroBilG eingefügt worden und war erstmals für Gj, die nach dem 30.12.2012 endeten, anzuwenden.

12 Die drei **Größenkriterien sind gleichrangig**, sodass es unbedeutend ist, welche zwei der drei Schwellenwerte unter- bzw. überschritten werden. Ebenso ist die Höhe der Unter- bzw. Überschreitung unerheblich; entscheidend ist nur die jeweilige Unter- bzw. Überschreitung. Wird ein Schwellenwert genau erreicht, so zählt er als noch nicht überschritten.[11] Das folgende Beispiel verdeutlicht diese Aspekte (für KleinstKapG vgl. § 267a Rz 1 ff.).

Praxis-Beispiel
Eine im Jahr 01 gegründete KapG weist für die Jahre 01–04 folgende Werte für die Kriterien Bilanzsumme, Umsatzerlöse und Mitarbeiterzahl aus:

	31.12. Jahr 01	31.12. Jahr 02	31.12. Jahr 03	31.12. Jahr 04
Bilanzsumme (in Mio. EUR)	4,00	4,50	5,50	5,9
Umsatzerlöse (in Mio. EUR)	9,50	12,5	13,9	15,2
Mitarbeiterzahl	90	95	97	100

Tab. 2: Werte für Bilanzsumme, Umsatzerlöse und Mitarbeiterzahl

Die Einordnung als kleine, mittelgroße oder große Ges. kann in zwei Schritte zerlegt werden. Zunächst wird die Größenordnung bestimmt (Unter-/Überschreiten von zwei der drei Kriterien) und anschließend die entsprechende Rechtsfolge (in zwei aufeinanderfolgenden Gj) abgeleitet. Im Beispielfall lauten die Rechtsfolgen für die Einordnung in die Größenklassen wie folgt:

---

[10] Vgl. BT-Drs. 20/10428, S. 12 f.
[11] Vgl. Kliem/Lawall, in Beck Bil-Komm., 14. Aufl. 2024, § 267 HGB Rz 5.

	31.12. Jahr 01	31.12. Jahr 02	31.12. Jahr 03	31.12. Jahr 04
Bilanzsumme	klein	klein	klein	klein
Umsatzerlöse	klein	klein	klein	mittel
Mitarbeiterzahl	mittel	mittel	mittel	mittel
Größenordnung	klein	klein	klein	mittel
Rechtsfolgen	klein	klein	klein	klein

Tab. 3: Einordnung in die Größenklassen

Die Ges. wird bereits im ersten Jahr als kleine KapG eingestuft. Auch im Jahr 04 erfolgt weiterhin eine Einordnung als kleine Ges., obwohl zwei der drei Kriterien die Größenordnung „mittel" signalisieren. Erst wenn im darauffolgenden Gj (31.12. Jahr 05) wieder zwei der drei Kriterien die Schwellenwerte für eine mittelgroße Ges. aufweisen, ändert sich die Rechtsfolge hin zu einer mittelgroßen Ges.

3 Größenkriterien

3.1 Bilanzsumme (Abs. 4a)

13 Die Bilanzsumme setzt sich gem. Abs. 4a wie folgt als Summe aller Aktiva entsprechend § 266 Abs. 2 HGB zusammen:
A. Anlagevermögen,
B. Umlaufvermögen,
C. Rechnungsabgrenzungsposten,
D. Aktive latente Steuern und
E. Aktiver Unterschiedsbetrag aus der Vermögensverrechnung.

Während aktive latente Steuern in die Ermittlung der Bilanzsumme einfließen, findet ein auf der Aktivseite ausgewiesener Fehlbetrag (§ 268 Abs. 3 HGB) keine Berücksichtigung (§ 267 Abs. 4a Satz 2 HGB). Ebenso ist die Bilanzsumme bei KapCoGes i. S. d. § 264a HGB um einen nach § 268 Abs. 3 HGB ausgewiesenen Posten „Nicht durch Eigenkapital gedeckter Fehlbetrag" zu kürzen. Analog ist bei einer KGaA ein auf der Aktivseite ausgewiesener Korrekturposten „Nicht durch Vermögenseinlagen gedeckter Verlustanteil persönlich haftender Gesellschafter" (§ 286 Abs. 2 Satz 3 AktG) von der Bilanzsumme abzuziehen.[12]

Da kleine Ges. von der Abgrenzung latenter Steuern befreit sind (§ 274a Nr. 5 HGB), greift die Ermittlung der Bilanzsumme unter Berücksichtigung von aktiven latenten Steuern in diesem Fall ins Leere. Dennoch kommt durch die Einbeziehung von aktiven latenten Steuern in die Ermittlung der Bilanzsumme der Nutzung des Aktivierungswahlrechts gem. § 274 Abs. 1 Satz 2 HGB u. U. eine entscheidende Bedeutung bei der Feststellung der Unt-Größenklasse zu. Grds. hat die Ausübung des Aktivierungswahlrechts stetig zu erfolgen (§ 246 Abs. 3 HGB), Abweichungen sind nach § 252 Abs. 2 HGB nur in begründeten Ausnahmen zulässig. Geänderte Rechtsvorschriften werden regelmäßig als Grund für eine Ausnahme vom Stetigkeitsgrundsatz anerkannt. Daher konnten Unt unter Verweis auf § 267 Abs. 4a HGB im Übergang auf das BilRUG anstelle

---

[12] Vgl. Kliem/Lawall, in Beck Bil-Komm., 14. Aufl. 2024, § 267 HGB Rz 6.

der Nutzung des Aktivierungswahlrechts für aktive latente Steuern auf deren Aktivierung verzichten.

Die Höhe der Bilanzsumme wird bei Gesellschaften, die keinen Anhang erstellen müssen, nicht durch Bilanzvermerke gem. § 268 Abs. 7 HGB beeinflusst, da die ausgewiesene Bilanzsumme maßgeblich ist. Daher hat die Inanspruchnahme **bilanzpolitischer Gestaltungsmöglichkeiten** Einfluss auf die Höhe der Bilanzsumme.[13] Neben Sachverhaltsgestaltungen (z.B. Gestaltung von Leasingverträgen oder Sale-and-lease-back-Verträgen zum Zweck der Bilanzsummenminderung) kommen Darstellungsgestaltungen in Form von Ansatz-, Bewertungs- und Ausweisentscheidungen in Betracht.[14] Wahlrechte oder Einschätzungsspielräume wirken sich nur bei Ansatz und Bewertung von Vermögenspositionen auf die Bilanz aus. In diesem Fall führt eine Nichtaktivierung zu einem vergleichsweise niedrigeren Vermögensausweis und einer Reduzierung des Jahresüberschusses bzw. einer Erhöhung des Jahresfehlbetrags. Dagegen haben genutzte Passivierungswahlrechte, wie z.b. mittelbare Pensionszusagen (§ 249 Abs. 1 HGB i.V.m. Art. 28 EGHGB), keinen Einfluss auf die Bilanzsumme, da es sich hierbei lediglich um einen Passivtausch handelt. Ausweiswahlrechte auf der Aktivseite führen im Fall der offenen Absetzung zu einer Minderung der Bilanzsumme mit Wirkung auf die Größenkriterien.[15]

> **Praxis-Beispiel**
> Als Beispiele für explizite Wahlrechte mit Wirkung auf die Bilanzsumme sind zu nennen:
> - **Ansatzwahlrechte**
>   – selbst geschaffene immaterielle VG des AV (§ 248 Abs. 2 Satz 1 HGB)
>   – Disagio (§ 250 Abs. 3 HGB)
>   – aktive latente Steuern (§ 274 Abs. 1 Satz 2 HGB)
> - **Bewertungswahlrechte**
>   – Bewertungsvereinfachungsverfahren (§ 256 i.V.m. § 240 Abs. 3–4 HGB)
>   – gemildertes Niederstwertprinzip für das FAV (§ 253 Abs. 3 Satz 4 HGB)
>   – Wahl des Zinssatzes zur Ermittlung des Barwerts von Pensionsrückstellungen (§ 253 Abs. 2 Sätze 1–2 HGB; Wirkung auf die Bilanzsumme nur, wenn ein Aktivüberhang der Pensionsverpflichtungen als aktiver Unterschiedsbetrag aus der Vermögensverrechnung auszuweisen ist)
>   – Einbeziehung von Verwaltungskosten sowie Fremdkapitalzinsen, die zur Finanzierung der Herstellung eines VG aufgewendet werden, soweit sie auf den Zeitraum der Herstellung entfallen (§ 255 Abs. 2 und 3 HGB)
> - **Ausweiswahlrechte**
>   – offene Absetzung der erhaltenen Anzahlungen von den Vorräten (§ 268 Abs. 5 Satz 2 HGB)

Zu beachten ist, dass sich aufgrund der Beachtung des Grundsatzes der Stetigkeit (§ 252 Abs. 1 Nr. 6 HGB) Grenzen in der Ausübung der handelsrechtlichen

---

[13] Vgl. Küting, DStR 1996, S. 934ff., zur Interdependenz von Jahresabschlussgestaltung und Jahresabschlussbeurteilung.
[14] Vgl. Volk, DStR 1988, S. 380ff.; Farr, GmbHR 1996, S. 189f.; Farr, AG 1996, S. 147f.
[15] Vgl. Veit, DB 1994, S. 2509.

Wahlrechte ergeben. Dagegen kann das Stetigkeitsgebot im Falle von Ermessensspielräumen bzw. impliziten Wahlrechten sowie Sachverhaltsgestaltungen nicht greifen. **Ermessensspielräume** ergeben sich u. a. daraus, dass

- der Gesetzgeber keine konkreten Hinweise für die Bilanzierung gibt, wie etwa zur Methode der planmäßigen Abschreibungen (§ 253 Rz 173 ff.) oder zu den Ansatzkriterien für eine Aktivierung selbst geschaffener immaterieller VG (§ 248 Rz 10ff.),
- bestimmte Bilanzierungssachverhalte aufgrund geringer Objektivierbarkeit einer Einschätzung bedürfen, was Ermessensspielräume für den Bilanzierenden zur Folge hat. Dies gilt bspw. für die Entscheidung über das Vorliegen einer voraussichtlich dauernden Wertminderung (§ 253 Rz 230 ff.), die Schätzung der Nutzungsdauer von abnutzbarem Anlagevermögen (§ 253 Rz 167 ff.) oder des beizulegenden Werts (§ 255 Rz 207 ff.), die Bestimmung des Zeitpunkts des Übergangs von der Forschungs- in die Entwicklungsphase (§ 255 Rz 184 ff.),
- der Bilanzierende um die Abbildung der Sachverhalte weiß und diese daher im Vorfeld zielorientiert beeinflussen kann (Sachverhaltsgestaltung), wie z. B. der Abschluss eines Leasingvertrags mit einer vorbestimmten Abbildung im Jahresabschluss, die Dokumentation für die Bildung von Bewertungseinheiten.

3.2 Umsatzerlöse

16 Die zu betrachtenden Umsatzerlöse ergeben sich aus § 277 Abs. 1 HGB (§ 277 Rz 5). Unabhängig von der Erstellung der GuV nach dem UKV oder GKV zählen zu den Umsatzerlösen „Erlöse aus dem Verkauf und der Vermietung oder Verpachtung von Produkten sowie aus der Erbringung von Dienstleistungen der Kapitalgesellschaft nach Abzug von Erlösschmälerungen und der Umsatzsteuer sowie sonstiger direkt mit dem Umsatz verbundener Steuern" (§ 277 Abs. 1 HGB).

17 Berücksichtigung finden nur die Umsätze aus erbrachten marktfähigen Leistungen, die mit Dritten getätigt wurden. Innenumsätze und andere nicht als Umsatz auszuweisende Erlöse bleiben unberücksichtigt. Dementsprechend sind z. B. Beteiligungs- oder Zinserträge von Holdinggesellschaften für die Größenklassenbestimmung nicht relevant.

18 Zur Eingruppierung sind die Umsatzerlöse „in den letzten zwölf Monaten vor dem Abschlussstichtag" heranzuziehen. Falls ein **Rumpf-Gj** vorliegt, das nicht auf eine Umwandlung oder Neugründung zurückzuführen ist, müssen zusätzlich die letzten Monate des vorhergehenden Gj berücksichtigt werden. In der Folge werden dieselben Umsatzerlöse bei der Ermittlung der Größenmerkmale für zwei verschiedene Gj zugrunde gelegt. Wenn die Monatsumsätze in Ausnahmefällen nicht ermittelt werden können und auch keine Quartalsumsätze zwecks Proportionalisierung verfügbar sind, darf die Ermittlung des Jahresumsatzes durch eine Proportionalisierung der gesamten Vorjahresumsätze erfolgen. Eine Prognose der noch fehlenden Monate auf Basis der ermittelbaren Umsatzzahlen der vorangegangenen Perioden durch Hochrechnung ist jedoch nicht zulässig.[16] Sofern es krisenbedingt zu Umsatzeinbrüchen kommt, könnte der Schwellenwert für die Umsatzerlöse zumindest vorübergehend unterschritten werden. Eine neue Einordnung einer kleinen bzw. mittelgroßen KapG als KleinstKapG bzw. kleine

---

[16] Vgl. z. B. Reiner, in MünchKomm. HGB, 5. Aufl. 2024, § 267 HGB Rn 7.

KapG erfolgt jedoch erst, wenn mind. noch für eines der beiden anderen Größenkriterien (Zahl der Arbeitnehmer oder Bilanzsumme) der Schwellenwert unterschritten würde und diese Unterschreitung für zwei aufeinanderfolgende Gj greifen würde.
Für Besonderheiten bei Umwandlung und Neugründung vgl. Rz 27 ff.

3.3 Arbeitnehmeranzahl (Abs. 5)

Ein weiteres Kriterium für die Bestimmung der Größenklasse ist gem. Abs. 1 Nr. 1, Abs. 2 Nr. 1 und Abs. 3 Nr. 1 HGB die durchschnittliche Anzahl der während des Gj beschäftigten Arbeitnehmer. Der **Begriff des Arbeitnehmers** orientiert sich an den allgemeinen Grundsätzen des Arbeitsrechts sowie an der Rechtsprechung des BAG.[17] Insofern gilt als Arbeitnehmer jede natürliche Person, die aufgrund eines privatrechtlichen Vertrags einem anderen zur Leistung fremdbestimmter Arbeit in persönlicher Abhängigkeit verpflichtet ist.[18] Ein zentrales Merkmal stellt dabei die persönliche Abhängigkeit des Beschäftigten dar. Die rechtliche Wirksamkeit des Vertrags ist nicht von Bedeutung, vielmehr ist nur entscheidend, ob er tatsächlich durchgeführt wird.

Nicht zur Gruppe der Arbeitnehmer zählen üblicherweise:[19]
- gesetzliche Vertreter einer KapG (Vorstandsmitglieder und Geschäftsführer),
- Mitglieder eines gesellschaftsrechtlichen Aufsichtsorgans, z. B. eines Aufsichtsrats, eines Verwaltungsbeirats oder Beirats,
- Arbeitnehmer, die in Elternzeit sind und deren Arbeitsverhältnis ruht,
- Personen, die auf Basis eines privatrechtlichen Vertrags (z. B. Werkvertrag) und nicht auf der Basis eines Dienstvertrags tätig sind,
- Personen, die nicht in den Betrieb eingeordnet sind und die keine fremdbestimmte Arbeit in persönlicher Abhängigkeit erbringen, weil sie bspw. ihre Arbeitszeit selbst bestimmen können (z. B. freie Mitarbeiter),
- Arbeitnehmer, die aufgrund von Vorruhestands-, Altersteilzeit- oder Altersfreizeitregelungen ausgeschieden sind,
- Familienangehörige eines Gesellschafters, die mitarbeiten, für die aber kein Arbeitsvertrag abgeschlossen wurde,[20]
- Leiharbeitnehmer, es sei denn, sie sind arbeitsrechtlich Arbeitnehmer der Gesellschaft,
- zu ihrer Berufsausbildung Beschäftigte (Auszubildende, Volontäre, Praktikanten u. Ä.).

Im Gegensatz dazu zählen Arbeitnehmerinnen, die in Mutterschutz sind, trotzdem zur Gruppe der Arbeitnehmer und müssen in die Größenberechnung einbezogen werden. Es wird hier sachlich nicht zwischen einer Arbeitnehmerin in Mutterschutz und Arbeitnehmern, die wegen Erholungsurlaub oder Krankheit für eine längere Zeit nicht arbeiten, unterschieden.[21]

Voraussetzung für die Berücksichtigung der Arbeitnehmer ist die **Zurechenbarkeit zur Ges**. Insofern können Arbeitnehmer, die einem anderen Unt, z. B.

---

[17] Vgl. Lehwald, BB 1981, S. 2108; Geitzhaus/Delp, BB 1987, S. 367 ff.
[18] Vgl. BAG, Urteil v. 8.6.1967, 5 AZR 461/66, BAGE 19 S. 324.
[19] Vgl. Marx/Dallmann, in Baetge/Kirsch/Thiele, Bilanzrecht, § 267 HGB Rz 29, Stand: 1/2024.
[20] Vgl. Geitzhaus/Delp, BB 1987, S. 367, 369.
[21] Vgl. Geitzhaus/Delp, BB 1987, S. 369.

innerhalb von Konzernen, überlassen werden, nur dem überlassenden Unt zugerechnet werden, selbst wenn dieses das andere Unt mit den anfallenden Kosten (Löhne, Gehälter, Nebenkosten) belastet.

23 Genauere Angaben zur **Ermittlung der maßgeblichen Zahl der Arbeitnehmer** sind in Abs. 5 kodifiziert. Hier ist bestimmt, dass im Ausland beschäftigte Arbeitnehmer einzubeziehen sind, sofern ein Arbeitsverhältnis mit der inländischen Ges. besteht. Demgegenüber gehen zu ihrer Berufsausbildung Beschäftigte nicht in die Ermittlung der Arbeitnehmerzahl ein. Teilzeitbeschäftigte, Heim- oder Kurzarbeiter sowie Schwerbehinderte, unselbstständige Handelsvertreter, geringfügig Beschäftigte und zum Reservistendienst kurzfristig freigestellte Arbeitnehmer sind vollständig zu berücksichtigen. Insofern hat die in bestimmten Branchen infolge der Corona-Pandemie erfolgte Kurzarbeit keine Auswirkungen auf die Zahl der Arbeitnehmer, jedoch wirken sich mögliche coronabedingte Entlassungen als Folge von drastischen Nachfragerückgängen auf die Arbeitnehmerzahl aus. Die Einbeziehung der Arbeitnehmer erfolgt jeweils unabhängig von den geleisteten Arbeitsstunden, d. h., eine Umrechnung von Teilzeitbeschäftigten in Vollzeitäquivalente ist nicht vorzunehmen.[22]

24 Gem. Abs. 1 Nr. 1, Abs. 2 Nr. 1 und Abs. 3 Nr. 1 ist die durchschnittliche Arbeitnehmerzahl für den Schwellenwert maßgeblich; der Jahresdurchschnitt ist als **einfaches arithmetisches Mittel** zu berechnen. Hierzu bestimmt Abs. 5, dass die Arbeitnehmeranzahl an den Stichtagen 31.3., 30.6., 30.9. und 31.12. als Grundlage für die Durchschnittsbildung dient. Dieses Verfahren gilt auch dann, wenn ein Rumpf-Gj vorliegt. Da ein Rumpf-Gj i. d. R. weniger als vier Stichtage umfasst, müssen noch fehlende Stichtage vor Beginn des Rumpf-Gj berücksichtigt werden. Sollte das erste Rumpf-Gj kein Quartalsende haben, ist auf die Arbeitnehmerzahl am Bilanzstichtag abzustellen.[23]

4 Eintritt der Rechtsfolgen (Abs. 4 Satz 1)

25 Gem. § 267 Abs. 4 Satz 1 HGB treten die Rechtsfolgen der Größenmerkmale nur ein, wenn mindestens **zwei der Größenmerkmale an zwei aufeinanderfolgenden Abschlussstichtagen** über- oder unterschritten werden. Ein lediglich einmaliges Über- oder Unterschreiten hat – abgesehen von Neu- oder Umgründungen (Rz 27 ff.) – keine Rechtsfolgen. Durch diese Regelung wird eine größere Stetigkeit der anzuwendenden Vorschriften erreicht und der Einfluss von Zufallsmomenten vermieden. Weiterhin gilt, dass nicht stets dieselben zwei der genannten drei Kriterien die Schwellenwerte über- oder unterschreiten müssen. Dies bedeutet z. B., dass das Überschreiten der Bilanzsummen- und der Umsatzerlös-Schwelle im Jahr 01 und das Überschreiten der Umsatzerlös- und Arbeitnehmerzahl-Schwelle im Jahr 02 für eine Eingruppierung als große KapG ausreichend sind.

26 Für die Eingruppierung einer Ges. sind folgende Regelungen anzuwenden:
- Wenn an zwei aufeinanderfolgenden Abschlussstichtagen die gleichen Merkmale einer Größenklasse vorliegen, wird die Ges. am zweiten Stichtag in die entsprechende Klasse eingruppiert.

---

[22] Vgl. z. B. Kliem/Lawall, in Beck Bil-Komm., 14. Aufl. 2024, § 267 HGB Rz 11–12; Geitzhaus/Delp, BB 1987, S. 369; a. A. Lehwald, BB 1981, S. 2107 f.
[23] Vgl. Geitzhaus/Delp, BB 1987, S. 370; Kliem/Lawall, in Beck Bil-Komm., 14. Aufl. 2024, § 267 HGB Rz 13.

Beispiel (K = klein, M = mittelgroß, G = groß)						
Abschlussstichtag	1	2	3	4	5	6
Größenordnung	K	K	M	M	G	G
Rechtsfolgen	K	K	K	M	M	G

Tab. 4: Beispiel 1 zur Größenklasseneinteilung

- Wenn eine Einordnung in eine bestimmte Größenklasse erfolgt ist und die Ges. an lediglich einem Stichtag in eine andere Klasse fällt, so bleibt das Unt in der ursprünglichen Klasse. Selbiges gilt auch, wenn die Ges. nach einer eindeutigen Zuordnung, bei der Rechtsfolge und Größenordnung identisch sind, hintereinander die Kriterien der kleinen und der großen KapG oder umgekehrt erfüllt.

Praxis-Beispiel						
Abschlussstichtag	1	2	3	4	5	6
Größenordnung	G	M	G	M	M	G
Rechtsfolgen	G	G	G	G	M	M

Tab. 5: Beispiel 2 zur Größenklasseneinteilung

Abschlussstichtag	1	2	3	4	5	6
Größenordnung	M	K	G	M	G	K
Rechtsfolgen	M	M	M	M	M	M

Tab. 6: Beispiel 3 zur Größenklasseneinteilung

- Wenn an drei aufeinanderfolgenden Stichtagen die Kriterien für die kleine, mittelgroße und große Ges. in auf- oder absteigender Reihenfolge erfüllt sind, so greifen die Rechtsfolgen wie folgt:

Praxis-Beispiel						
Stichtag	1	2	3	4	5	6
Größenordnung	K	M	G	G	M	K
Rechtsfolgen	K	K	M	G	G	M

Tab. 7: Beispiel 4 zur Größenklasseneinteilung

5 Besonderheiten bei Neugründung und Umwandlung (Abs. 4 Sätze 2 und 3)

Im Fall der Umwandlung oder Neugründung von Ges. ist eine Einordnung in eine der drei Größenklassen vorzunehmen, ohne dass auf zwei aufeinanderfolgende Abschlussstichtage Bezug genommen werden kann. Hier gelten nach Abs. 4 Satz 2

27

6 Qualitatives Kriterium: Kapitalmarktorientierte Gesellschaften (Abs. 3 Satz 2)

34 Neben den quantitativen Schwellenwerten zur Größeneinstufung von Gesellschaften ist das in § 267 Abs. 3 Satz 2 HGB kodifizierte qualitative Kriterium „kapitalmarktorientiert" zu beachten. Unter Hinweis auf den Anlegerschutz und den Funktionenschutz von Kapitalmarkt und Wirtschaft gilt eine Ges. i.S.d. § 264d HGB stets als große Ges. Eine kapitalmarktorientierte Ges. ist gegeben, wenn
- sie Wertpapiere gem. § 2 Abs. 1 Satz 1 WpHG herausgegeben hat,
- die an einem organisierten Markt gem. § 2 Abs. 11 WpHG gehandelt werden oder für die die Zulassung zum Handel an einem solchen Markt beantragt wurde.

Als Wertpapiere kommen neben den Aktien der Ges. auch Zertifikate, die Aktien vertreten, Schuldverschreibungen, Genussscheine, Optionsscheine oder vergleichbare Wertpapiere inkl. Investmentanteilen infrage. Eine grds. Marktfähigkeit der Papiere muss gegeben sein.

Bei einem organisierten Markt handelt es sich nach § 2 Abs. 11 WpHG (identisch mit Art. 4 Abs. 1 Nr. 14 Finanzmarktrichtlinie (RL 2004/39/EU)) um einen von staatlich anerkannten Stellen geregelten und überwachten Markt, der regelmäßig stattfindet und für das Publikum unmittelbar oder mittelbar zugänglich ist (§ 264d Rz 4). In Deutschland zählen der regulierte Markt nach §§ 32ff. BörsG der deutschen Regionalbörsen sowie die Europäische Energiebörse EEX (Leipzig), die Terminbörse Eurex (Frankfurt) und die Tradegate Exchange (Berlin) zu den organisierten Märkten. Es besteht eine Beschränkung auf Börsen in Deutschland oder in der EU.[36] Dagegen fallen Gesellschaften, deren Papiere ausschließlich im Freiverkehr gehandelt werden, nicht unter Abs. 3 Satz 2 und sind somit nicht per se große KapG.

35 Mit dieser Regelung werden größenunabhängige Informationsanforderungen von Investoren an die kapitalmarktorientierten Unt mit den Informationen, die von großen Ges. gefordert werden, gleichgesetzt.[37] Nur wenn die Notierung der Wertpapiere des Unt an einem organisierten Markt endet, ist die Ges. ab dem nächsten Abschlussstichtag in die sich gem. den drei Größenmerkmalen ergebende Kategorie einzuordnen.[38]

7 Informationsrechte der Arbeitnehmervertretungen (Abs. 6)

36 Abs. 6 stellt klar, dass die Informations- und Auskunftsrechte der Arbeitnehmervertretungen nach § 108 Abs. 5 BetrVG (Erläuterung des Jahresabschlusses für den Wirtschaftsausschuss unter Beteiligung des Betriebsrats) von den Rechtsfolgen einer Größenklassenzuordnung und damit verbundener Erleichterungen unberührt bleiben. Der Jahresabschluss muss den Arbeitnehmern im betriebsverfassungsrechtlich gebotenen Ausmaß zugänglich gemacht bzw. erläutert werden. Dies gilt auch für diejenigen Jahresabschlussteile, die aufgrund von Erleichterungsvorschriften von kleinen und mittelgroßen Ges. nicht offengelegt werden müssen.[39]

---

[36] Vgl. IDW, WPH Edition, Wirtschaftsprüfung & Rechnungslegung, 18. Aufl. 2023, Kap. J Tz 4.
[37] Vgl. Marx/Dallmann, in Baetge/Kirsch/Thiele, Bilanzrecht, § 267 HGB Rz 42, Stand: 1/2024.
[38] Vgl. Reiner, in MünchKomm. HGB, 5. Aufl. 2024, § 267 HGB Rn 21.
[39] Vgl. Marx/Dallmann, in Baetge/Kirsch/Thiele, Bilanzrecht, § 267 HGB Rz 91, Stand: 1/2024.

8 Sanktionen

§ 267 HGB enthält überwiegend Definitionen, nach denen bestimmte Erleichterungen bei der Rechnungslegung, Prüfung und Offenlegung in Anspruch genommen werden können. Eine Verletzung dieser Vorschriften selbst ist daher nicht möglich. Mögliche Sanktionen aus der unzulässigen Inanspruchnahme dieser Erleichterungen lassen sich nur aus zugehörigen handelsrechtlichen Normen ableiten.[40]

37

---

[40] Vgl. Kliem/Lawall, in Beck Bil-Komm., 14. Aufl. 2024, § 267 HGB Rz 31; Marx/Dallmann, in Baetge/Kirsch/Thiele, Bilanzrecht, § 267 HGB Rz 101, Stand: 1/2024.

§ 267a Kleinstkapitalgesellschaften

(1) ¹Kleinstkapitalgesellschaften sind kleine Kapitalgesellschaften, die mindestens zwei der drei nachstehenden Merkmale nicht überschreiten:
1. 450.000 Euro Bilanzsumme;
2. 900.000 Euro Umsatzerlöse in den zwölf Monaten vor dem Abschlussstichtag;
3. im Jahresdurchschnitt zehn Arbeitnehmer.
²§ 267 Absatz 4 bis 6 gilt entsprechend.

(2) Die in diesem Gesetz für kleine Kapitalgesellschaften (§ 267 Absatz 1) vorgesehenen besonderen Regelungen gelten für Kleinstkapitalgesellschaften entsprechend, soweit nichts anderes geregelt ist.

(3) Keine Kleinstkapitalgesellschaften sind:
1. Investmentgesellschaften i. S. d. § 1 Absatz 11 des Kapitalanlagegesetzbuchs,
2. Unternehmensbeteiligungsgesellschaften i. S. d. § 1a Absatz 1 des Gesetzes über Unternehmensbeteiligungsgesellschaften oder
3. Unternehmen, deren einziger Zweck darin besteht, Beteiligungen an anderen Unternehmen zu erwerben sowie die Verwaltung und Verwertung dieser Beteiligungen wahrzunehmen, ohne dass sie unmittelbar oder mittelbar in die Verwaltung dieser Unternehmen eingreifen, wobei die Ausübung der ihnen als Aktionär oder Gesellschafter zustehenden Rechte außer Betracht bleibt.

Inhaltsübersicht	Rz
1 Überblick	1–8
1.1 Inhalt und Regelungszweck	1–2
1.2 Anwendungsbereich	3–4
1.3 Normenzusammenhänge	5–8
2 Bestimmung einer Kleinstkapitalgesellschaft (Abs. 1)	9–18
2.1 Schwellenwerte	9–17
2.2 Informationsrechte für Arbeitnehmervertretungen	18
3 Grundsätzliche Übertragung der Erleichterungen für kleine Kapitalgesellschaften auf Kleinstkapitalgesellschaften (Abs. 2)	19
4 Einschränkung der Anwendung (Abs. 3)	20–22
5 Sanktionen	23

1 Überblick

1.1 Inhalt und Regelungszweck

1 Auf Basis der Micro-Richtlinie[1] der EU wurde mit § 267a HGB eine **neue Größenklasse** für Kapitalgesellschaften und denen gleichgestellten PersG implementiert. Diese brauchen als Kleinstkapitalgesellschaften (KleinstKapG) bezeichnet bestimmte Aufstellungs-, Ausweis- und Offenlegungspflichten nicht zu erfüllen, wenn sie an zwei Abschlussstichtagen jeweils zwei der folgenden drei

---

[1] Micro-Richtlinie – RL 2012/6/EU v. 14.3.2012, ABl. EU L 81/3 v. 21.3.2012.

Grenzwerte nicht überschreiten: 450.000 EUR Bilanzsumme, 900.000 EUR Nettoumsatzerlöse, durchschnittliche Anzahl der Mitarbeiter eines Gj von zehn. Unter die KleinstKapG dürften mit dieser Definition auch häufig Holdingges. fallen, da diese i.d.R. keine Umsatzerlöse ausweisen und oft auch nicht mehr als zehn Mitarbeiter beschäftigen. Mit dem BilRUG hat der Gesetzgeber hier aber gewisse Einschränkungen für bestimmte Unt eingefügt (Rz 21).

Gleichzeitig ist eine Ausweitung des Anwendungsbereichs auf **Kleinstgenossenschaften** mit § 336 Abs. 3 Satz 2 HGB für Gj, die nach dem 31.12.2015 beginnen, vorgenommen worden. Die Bundesregierung schätzt die Zahl der betroffenen Kleinstgenossenschaften auf 2.300.[2]

Die **monetären Schwellenwerte** sind dagegen anders als für die übrigen Unternehmensgrößenklassen in § 267 HGB mit dem BilRUG für die KleinstKapG unverändert belassen worden. Eine Anpassung erfolgte erst mit dem Zweiten Gesetz zur Änderung des DWD-Gesetzes sowie zur Änderung handelsrechtlicher Vorschriften[3] mit Wirkung für nach dem 31.12.2023 beginnende Gj, wobei als Wahlrecht auch eine Anwendung bereits im Gj 2023 möglich ist (Art. 93 Abs. 2 EGHGB).

Eine Anhebung der (monetären) Schwellenwerte von den §§ 267 und 267a HGB ist ein vergleichsweise einfaches Mittel, um Unt von Bürokratiekosten einer umfangreicheren Berichterstattungspflicht zu entlasten bzw. die Wirkung der Inflation zu korrigieren.

Ziel der Einführung der Klasse der KleinstKapG ist eine **Verringerung der Bürokratiekosten**, die über eine Reduzierung des mit der Rechnungslegung verbundenen Verwaltungsaufwands erreicht werden soll. Die quantitativen Größengrenzen im Bereich unterhalb der aktuellen handelsrechtlichen Grenzwerte für kleine KapG führen jedoch nicht zu in gleichem Maße weitreichenden Erleichterungen wie die bereits bestehenden Befreiungen gem. § 241a HGB für kleine Einzelkaufleute (§ 241a Rz 1 ff.). Daher rechnet die Bundesregierung ausweislich der Begründung zum MicroBilG mit einer Entlastung der Wirtschaft durch einen Abbau der Bürokratiekosten von mind. 36 Mio. EUR jährlich, wobei aber auch ein einmaliger Aufwand der Wirtschaft i.H.v. ca. 9 Mio. EUR sowie ein nicht zu bezifferender Mehraufwand bei der zukünftigen Datenbeschaffung von hinterlegten Jahresabschlüssen gesehen wird.[4]

1.2 Anwendungsbereich

Relevant ist die Regelung zunächst nur für **KapG und KapCoGes.** Eine Anwendung der Erleichterungen auf Genossenschaften kommt erst seit dem Gj 2016 in Betracht. Obwohl der § 267a HGB nicht in die Aufzählung der nichtanzuwendenden Vorschriften der §§ 340a Abs. 2 und 341a Abs. 2 HGB aufgenommen wurde, sind Banken und Versicherungen von den Erleichterungen ausgeschlossen, da sie stets einen Jahresabschluss nach den Vorschriften für große KapG zu erstellen haben. Ebenso verlangt § 267 Abs. 3 HGB für kapitalmarktorientierte KapG einen Jahresabschluss nach den Vorschriften für große KapG, auch wenn in § 267a HGB anders als bei der Rechtsfolge gem. § 267 Abs. 4–6 HGB nicht

---

[2] Vgl. BR-Drs. 23/15 v. 23.1.2015 S. 58.
[3] Zweites Gesetz zur Änderung des DWD-Gesetzes sowie zur Änderung handelsrechtlicher Vorschriften v. 16.4.2024 BGBl 2024 I Nr. 120.
[4] Vgl. BT-Drs. 17/11292 v. 5.11.2012 S. 12.

direkt auf diesen Absatz verwiesen wird. Nach § 8 des Gesetzes für Unternehmensbeteiligungsgesellschaften sind für diese Ges. immer die Vorschriften für mittelgroße KapG anzuwenden, so dass eine Anwendung der Befreiungen auch nicht in Betracht kommt.

4 **Zeitlich** geht die Vorschrift auf das MicroBilG[5] zurück und ist nach Art. 70 EGHGB auf alle Gj anzuwenden, die nach dem 30.12.2012 enden. Die erhöhten monetären Schwellenwerte gelten für Gj, die nach dem 31.12.2023 beginnen (Art. 93 Abs. 1 EGHGB) bzw. per Wahlrecht auch schon rückwirkend für das Gj 2023 (Art. 93 Abs. 2 EGHGB).[6]

1.3 Normenzusammenhänge

5 § 267a HGB definiert KleinstKapG als Untergruppe der kleinen KapG. Eine Inanspruchnahme der Erleichterungen bedarf jedoch zusätzlich zu der Einhaltung der quantitativen Schwellenwerte der Beachtung von § 253 Abs. 1 Satz 5 HGB. Demnach haben KleinstKapG keine Bewertung von Bilanzansätzen zum beizulegenden Zeitwert vornehmen. Relevant ist dabei nur die gem. § 253 Abs. 1 Satz 4 HGB pflichtgem. vorgesehene Bewertung von nach § 246 Abs. 2 Satz 2 HGB zu verrechnenden VG, die dem Zugriff aller übrigen Gläubiger entzogen sind und ausschl. der Erfüllung von Schulden aus Altersversorgungsverpflichtungen oder vergleichbaren langfristig fälligen Verpflichtungen dienen (**Deckungsvermögen**). Sollte dieser Fall der Deckung von Pensions- oder ähnlichen Verpflichtungen vorliegen, verlangt § 253 Abs. 1 Satz 6 HGB eine Bewertung dieser VG bei Inanspruchnahme der Erleichterungen gem. § 253 Abs. 1 Satz 1 HGB. Entsprechend hat eine Saldierung dieser VG mit den Pensionsverpflichtungen dann zu den **fortgeführten AK** zu erfolgen. Es entfällt dann jedoch auch die Ausschüttungssperre für die (dann nicht) ausgewiesenen, nicht realisierten Gewinne nach § 268 Abs. 8 HGB.

6 Die KleinstKapG dürfen einzelne oder alle der folgenden Erleichterungen in Anspruch nehmen:[7]
- Gegenüber kleinen KapG nochmals verkürztes Bilanzgliederungsschema nach § 266 Abs. 1 Satz 4 HGB.
- Gegenüber kleinen KapG nochmals verkürztes GuV-Gliederungsschema nach § 275 Abs. 5 HGB.
- Der Anhang kann gem. § 264 Abs. 1 Satz 5 HGB entfallen, wenn unter der Bilanz folgende Angaben aufgeführt werden:
  - Haftungsverhältnisse i.S.d. §§ 251, 268 Abs. 7 HGB,
  - Vorschüsse/Kredite an Mitglieder der Verwaltungs-, Geschäftsführungs- oder Aufsichtsorgane i.S.d. § 285 Nr. 9 Buchst. c und
  - Transaktionen eigener Aktien i.S.d. § 160 Abs. 1 Satz 1 Nr. 2 AktG.
- Die Offenlegung der Bilanz (die GuV ist als kleine KapG gem. § 326 Abs. 1 Satz 1 HGB nicht offenzulegen) kann auf Antrag an die das Unternehmensregister führende Stelle durch eine Hinterlegung ersetzt werden. Diese beschränkt die Herausgabe der Daten an Dritte auf kostenpflichtige Anträge an die das Unternehmensregister führende Stelle (§ 326 Abs. 2 HGB).

---

[5] MicroBilG, BGBl 2012 I S. 2751–2755.
[6] Vgl. Müller/Warnke, BC 2023, S. 528 ff.
[7] Vgl. Marx/Dallmann, in Baetge/Kirsch/Thiele, Bilanzrecht, § 267a HGB Rz 10 ff., Stand: 9/2023.

Nach der RL (EU) 2022/2464[8] zur **Nachhaltigkeitsberichterstattung von Unt (Corporate Sustainability Reporting Directive, CSRD)** soll nach Umsetzung im HGB bis Mitte 2024 die Größenklassendefinition der KleinstKapG auch für Unt von öffentlichem Interesse (§ 316a Satz 2 HGB) zur Anwendung kommen. Konkret ist vorgesehen, ab dem Gj 2024 zunächst alle bislang zur nichtfinanziellen Erklärung nach § 289b HGB verpflichteten Unt, ab dem Gj 2025 großen KapG und ab dem Gj 2026 auch alle kleinen und mittelgroßen Unt von öffentlichem Interesse, allerdings **mit Ausnahme der Unt der Größenklasse der KleinstKapG von öffentlichem Interesse**, zur Erweiterung des Lageberichts um einen Nachhaltigkeitsbericht zu verpflichten (§ 289b Abs. 1 Nr. 2 HGB-E i. d. F. RefE CSRD-UmsG[9]) (§ 289 HGB Rz 5 ff.).

Für **Genossenschaften** hat der § 267a HGB Bedeutung im Hinblick auf die Übergangsvorschrift zur Einführung der vereinfachten Prüfung (§ 171 GenG). Daher wurde mit dem Zweiten Gesetz zur Änderung des DWD-Gesetzes sowie zur Änderung handelsrechtlicher Vorschriften auch eine Änderung des GenG vorgenommen, wonach die geänderten Größenmerkmale erstmals auf die vereinfachte Prüfung von Kleinstgenossenschaften für ein frühestens am 31.12.2024 endendes Gj anzuwenden sind. Hintergrund ist nach der Gesetzesbegründung, dass die Erhöhung der Größenmerkmale in § 267a Abs. 1 Satz 1 HGB automatisch zu einer Ausdehnung des Anwendungsbereichs der vereinfachten Prüfung nach § 53a GenG führt (über die dortige Verweisung auf die Legaldefinition der Kleinstgenossenschaft in § 336 Abs. 2 Satz 3 HGB, der wiederum auf § 267a Abs. 1 HGB verweist), so dass als Folgeänderung eine Übergangsregelung im GenG sowie eine entsprechende Anpassung der Inhaltsübersicht erforderlich war.[10]

2 Bestimmung einer Kleinstkapitalgesellschaft (Abs. 1)

2.1 Schwellenwerte

Unt gelten gem. § 267a Abs. 1 Satz 1 HGB als KleinstKapG, wenn sie an den Abschlussstichtagen von zwei aufeinander folgenden Gj nicht mehr aufweisen als
- 450.000 (vorher 350.000) EUR Bilanzsumme,
- 900.000 (vorher 700.000) EUR Nettoumsatzerlöse und
- eine durchschnittliche Anzahl der Mitarbeiter eines Gj von zehn.

Insg. ergeben sich damit aktuell folgende Schwellenwerte für größenklassenabhängigen Befreiungen bei KapG und ihnen gleichgestellten PersG, wobei die Größenklasse der KleinstKapG im Ergebnis lediglich eine weitere Unterteilung der Klasse für kleine KapG darstellt (in Klammern die bis zum Gj 2023/bzw. per Wahlrecht bis zum Gj 2022 geltenden Werte):

---

[8] ABl L 322/15 v. 16.12.2022.
[9] Der Entwurfstext und eine Synopse zur aktuellen Gesetzeslage sind abrufbar unter www.bmj.de/SharedDocs/Gesetzgebungsverfahren/DE/2024_CSRD_UmsG.html, Abruf 1.10.2024.
[10] BT-Drs. 20/10428, S. 13.

	KleinstKapG (§ 267a HGB)	Kleine KapG (§ 267 HGB) i.w.S.		Mittelgroße KapG (§ 267 HGB)	Große KapG (§ 267 HGB)
		Kleine KapG i.e.S. (§ 267 HGB)			
Bilanz-summe	≤ 450.000 EUR (350.000 EUR)	> 450.000 EUR (350.000 EUR) ≤ 7,5 Mio. EUR (6 Mio. EUR)		> 7,5 Mio. EUR (6 Mio. EUR) ≤ 25 Mio. EUR (20 Mio. EUR)	> 25 Mio. EUR (20 Mio. EUR)
Umsatz-erlöse	≤ 900.000 EUR (700.000 EUR)	> 900.000 EUR (700.000 EUR) ≤ 15 Mio. EUR (12 Mio. EUR)		> 15 Mio. EUR (12 Mio. EUR) ≤ 50 Mio. EUR (40 Mio. EUR)	> 50 Mio. EUR (40 Mio. EUR)
Mitarbeiter	≤ 10	>10 ≤ 50		> 50 ≤ 250	> 250

Tab. 1: Schwellenwerte für Bilanzsumme, Umsatzerlöse und Mitarbeiterzahl zur Klassifikation von Kapitalgesellschaften und ihnen gleichgestellten Personenhandelsgesellschaften nach HGB (in Klammern die bis zum Gj 2023/bzw. per Wahlrecht bis zum Gj 2022 geltenden Werte)

11 Eine Erhöhung der monetären Schwellenwerte war seit einiger Zeit überfällig – die Schwellenwerte wurden vor der Erhöhung im Jahr 2024 (mit Wahlrecht bereits für 2023) zuletzt im Jahr 2013 angepasst. Die Europäische Kommission ist gem. Art. 3 Abs. 13 Bilanz-RL dazu verpflichtet, die Schwellenwerte mindestens alle fünf Jahre zu überprüfen und ggf. im Wege von delegierten Rechtsakten zu ändern, wobei die im Amtsblatt der Europäischen Union veröffentlichen Inflationsdaten zu berücksichtigen sind. Am 21.12.2023 erfolgte im EU-Amtsblatt (Reihe L) mit der Delegierten Richtlinie (EU) 2023/2775 die letzte Anhebung der Schwellenwerte für die monetären Größenmerkmale Bilanzsumme und Nettoumsatzerlöse um grds. 25 %. Diese hat der deutsche Gesetzgeber nun in das HGB integriert. Mit dem Zweiten Gesetz zur Änderung des DWD-Gesetzes sowie zur Änderung handelsrechtlicher Vorschriften[11] wurden die von der EU erlaubten Erhöhungen der monetären Schwellenwerte in vollem Umfang vorgenommen und auch das Wahlrecht zur zeitlichen Anwendung wurde voll genutzt.

12 Wie schon bei den bisherigen Größenklassenbestimmungen nach § 267 HGB tritt die **Rechtsfolge** erst ein, wenn jeweils mind. zwei der drei Schwellenwerte an den Abschlussstichtagen von zwei aufeinanderfolgenden Gj unterschritten sind. Im Falle einer Umwandlung oder Neugründung ist durch direkten Verweis auf § 267 Abs. 4 HGB bereits dann eine Befreiung gegeben, wenn mind. zwei der drei Schwellenwerte am aktuellen Abschlussstichtag für diese Unt ohne direkte Historie unterschritten werden. Mit diesen Regeln ist einerseits der Start der Unt in der richtigen Größenklasse sichergestellt und andererseits ergibt sich durch die anschließend laufende Betrachtung von zwei Abschlussstichtagen eine ausreichende Vorlaufzeit zur Anpassung der Rechnungslegung und der vorgelagerten Systeme an die jeweils höheren quantitativen und qualitativen Ansprüche des Jahres-

---

[11] Zweites Gesetz zur Änderung des DWD-Gesetzes sowie zur Änderung handelsrechtlicher Vorschriften v. 16.4.2024 BGBl 2024 I Nr. 120.

abschlusses und ggf. des Lageberichts der höheren Kategorie. Ein Abstieg in eine kleinere Größenklasse bedingt jedoch auch das Unterschreiten von mind. zwei der drei Schwellenwerte an zwei aufeinanderfolgenden Stichtagen, was zu einer höheren Konstanz der Klassenzuordnung führt, da hektische Wechsel der Größenklassen von Jahr zu Jahr damit ausgeschlossen sind. Somit ist die Einordnung abhängig von der Klassifikation der KapG in den Vorjahren. Für die Bestimmung ist es somit bei unterschiedlichen Zuordnungen notwendig, schrittweise in die Vergangenheit die Werte zu prüfen, bis sich eine mit dem Gesetzestext vereinbare Zuordnung ergibt.[12]

Die **rückwirkende Erhöhung** erst Anfang April 2024 führt zu der Herausforderung, dass viele Unternehmen, die bislang noch als mittelgroß eingestuft waren, nun aus der Prüfungspflicht fallen. Daher ist zu prüfen, ob noch von der Prüfung des Abschlusses für das Gj 2023 zurückgetreten werden kann oder ob diese ggf. freiwillig (weiter) durchgeführt werden soll. Zudem dürften viele Unternehmen, die sich bislang als „große Kapitalgesellschaften" für die Ergänzung des Lageberichts um einen Nachhaltigkeitsbericht ab dem Gj 2025 vorbereitet haben, sich davon befreit sehen als nunmehr mittelgroße Kapitalgesellschaften. Bei der Anwendung der gesetzlichen Regelung, dass an zwei aufeinanderfolgenden Stichtagen jeweils mind. zwei der drei Schwellenwerte überschritten sein müssen, um in der jeweiligen Klasse zu sein, gilt für die erhöhten Werte Folgendes: Die **angehobenen monetären Schwellenwerte sind bereits zurückbezogen anzuwenden**, d.h. die für den Stichtag der Prüfung geltenden Werte können auch für die Ermittlung der Vorjahreswerte verwendet werden.[13]

13

> **Praxis-Beispiel**
> Eine KapG mit kalenderjahrgleichem Gj, die das Wahlrecht zur Anwendung der erhöhten Schwellenwerte schon für das Gj 2023 in Anspruch nimmt, wäre zum 31.12.2023 retrospektiv auf Basis der neuen Schwellenwerte des § 267a HGB als KleinstKapG einzustufen, wenn sie entweder zum 31.12.2023 und 31.12.2022 oder zum 31.12.2022 und 31.12.2021 mindestens zwei der drei angehobenen Schwellenwerte nicht überschritten hatte. Die Größenklasse im Jahr 2022 und 2021 (sowie theoretisch noch weiter zurück) nach den alten Werten ist somit für die aktuelle Klassifikation nicht relevant.

Damit ergeben sich folgende Konstellationen bei der Klassifikation von Kleinst KapG:

---

12 Vgl. Reiner, in MünchKomm. HGB, 4. Aufl. 2020, § 267 HGB Rn 12 ff. A. A. Marx/Dallmann, in Baetge/Kirsch/Thiele, Bilanzrecht, § 267 HGB Rz. 53, Stand: 9/2023.
13 Vgl. Stellungnahme des IDW v. 5.1.2024; www.idw.de/idw/idw-aktuell/idw-unterstuetzt-vorschlagfuer-eine-schnelle-umsetzung-der-schwellenwertrichtlinie-ins-hgb.html, Abruf 1.10.2024.

Praxis-Beispiel
Klassifikation von Unt im Gj 2024
Für KapG mit kalenderjahrgleichem Gj ergeben sich folgende Werte (fettdruck=Überschreitung) und Einstufungen; bei kalenderjahrabweichenden Gj ist der jeweilige Stichtag für die Bestimmung der konkreten Schwellenwerte relevant:

Kriterium	Gj 2021	Gj 2022	Gj 2023	Gj 2024	Rechtsfolge Gj 2024
Bilanzsumme			420.000 EUR	450.000 EUR	
Umsatzerlöse	nicht notwendig für die Bestimmung des Gj 2024		920.000 EUR	860.000 EUR	Kleinst-KapG
Mitarbeiter			10	12	
Einordnung			KleinstKapG	KleinstKapG	
Bilanzsumme	370.000 EUR	400.000 EUR	**480.000 EUR**	440.000 EUR	
Umsatzerlöse	830.000 EUR	880.000 EUR	**920.000 EUR**	860.000 EUR	Kleinst KapG
Mitarbeiter	6	8	10	12	
Einordnung	KleinstKapG (nach alten Schwellenwerten klein)	KleinstKapG (nach alten Schwellenwerten klein)	Kleine KapG	KleinstKapG	
Bilanzsumme			480.000 EUR	500.000 EUR	
Umsatzerlöse	nicht notwendig für die Bestimmung des Gj 2024		920.000 EUR	**960.000 EUR**	Kleine KapG
Mitarbeiter			10	12	
Einordnung			Kleine KapG	Kleine KapG	
Bilanzsumme		400.000 EUR	420.000 EUR	**500.000 EUR**	
Umsatzerlöse	nicht notwendig für die Bestimmung des Gj 2024	880.000 EUR	920.000 EUR	**960.000 EUR**	Kleinst-KapG
Mitarbeiter		12	10	12	
Einordnung		KleinstKapG (nach alten Schwellenwerten klein)	KleinstKapG	Kleine KapG	
Bilanzsumme	**500.000 EUR**	**500.000 EUR**	420.000 EUR	**500.000 EUR**	
Umsatzerlöse	**960.000 EUR**	**960.000 EUR**	920.000 EUR	**960.000 EUR**	Kleine KapG
Mitarbeiter	12	12	10	12	
Einordnung	Kleine KapG	Kleine KapG	KleinstKapG	Kleine KapG	
Bilanzsumme		**500.000 EUR**	**480.000 EUR**	440.000 EUR	
Umsatzerlöse	nicht notwendig für die Bestimmung des Gj 2024	**980.000 EUR**	**920.000 EUR**	860.000 EUR	Kleine KapG
Mitarbeiter		8	10	12	
Einordnung		Kleine KapG	Kleine KapG	KleinstKapG	

14 Die erhöhten **Schwellenwerte werden somit rückbezogen** auf alle relevanten Abschlüsse der Vergangenheit. Die damalige Einstufung, Rechtsfolge und vorgenommene Aufstellung (Nutzung der Erleichterungen) ist nicht relevant. Zu weiteren vergleichbaren Anwendungsbeispielen § 267 Rz 12.

In dem theoretischen Fall, dass es **jährlich wechselnde Zuordnungen** gibt, müsste bis zur Gründung (oder Umwandlung) zurückgegangen werden, da es dort für die Klassifikation nach § 267a Abs. 1 Satz 2 i. V. m. § 267 Abs. 4 Satz 2 HGB lediglich eines Jahres für die klassifizierte Rechtsfolge bedarf. Wer dort als KleinstKap startete und immer nur alle zwei Jahre mind. zwei der drei Schwellenwerte überstiegen hat, ist auch weiterhin als KleinstKap anzusehen – wer bereits im Gründungsjahr keine KleinstKap war, dem hilft auch die Unterschreitung der Schwellenwerte alle zwei Jahre nicht, um in die Klassifikation KleinstKapG hineinzukommen.

Hinsichtlich der Bestimmungen zur **Anwendung der Schwellenwerte** ist keine Ausnahme für die Berücksichtigung der aktivierten latenten Steuern bei der **Ermittlung der Bilanzsumme** in § 267a Abs. 1 Satz 2 HGB vorgesehen. Daher ist es relevant, ob die Befreiung von § 274a Nr. 4 HGB genutzt wird, latente Steuern nach § 274 HGB zu berechnen und ggf. die aktiven latenten Steuern, die sich auch aus Verlustvorträgen ergeben können, für die zu erwarten ist, dass sie in den fünf folgenden Gj genutzt werden, zu aktivieren oder nicht. Sollte durch aktivierte latente Steuern ein Anstieg der Größenklasse und damit das Entfallen der Erleichterungs- und Befreiungsregeln für KleinstKapG drohen, kann die geforderte Stetigkeit durchbrochen werden, da dies als begründeter Ausnahmefall nach IDW RS HFA 38.15 anzusehen ist (§ 252 Rz 153). Somit wäre das Aktivierungswahlrecht (§ 274 Rz 25 ff.) oder generell die Berechnung der latenten Steuern nach § 274 HGB (§ 274a Rz 10 ff.) nicht mehr zu nutzen. Damit kann mit abschlusspolitischen Maßnahmen aktiv der Wert der Bilanzsumme beeinflusst werden. Dabei muss lediglich auf die Reduktion der Aktiva geachtet werden – Ansatz- und Bewertungswahlrechte auf der Passivseite der Bilanz führen lediglich zu einer Verschiebung von Eigenkapital und Fremdkapital und beeinflussen die Bilanzsumme damit nicht (§ 267 Rz 14). Die Anwendung der Wahlrechte ist jedoch durch das Stetigkeitsgebot beschränkt, so dass ein jährliches Wechseln der Methoden zur (ausreichenden) Unterschreitung von mind. zwei Werten alle zwei Jahre nicht möglich ist. Denkbar wäre aber eine derartige Strategie i. R. d. sachverhaltsgestaltenden Maßnahmen.[14]

Nicht einzubeziehen sind auf der Aktivseite auszuweisende Fehlbeträge, wobei dies nicht in § 267a Abs. 1 Nr. 1 HGB erwähnt wird, sondern es sich durch die Definition der Bilanzsumme in § 267 Abs. 4a HGB, auf den verwiesen wird, ergibt. Darin wird geregelt, einen auf der Aktivseite ausgewiesenen Fehlbetrag i. d. S. § 268 Abs. 3 HGB nicht in die Bilanzsumme einzubeziehen.

Praxis-Beispiel
Sachverhaltsgestaltende Maßnahmen zur temporären Unterschreitung von Schwellenwerten
Eine KleinstKapG aus der Baubranche wächst im aktuellen Jahr durch mehrere Aufträge stark und wird am Jahresende erstmals alle drei Schwellenwerte nach § 267a Abs. 1 HGB überschreiten. Für die Zukunft wird eine Stagnation des Auftragsvolumens erwartet, so dass auch in den Folgejahren eine Überschreitung wahrscheinlich ist. Denkbar ist eine gezielte Verteilung der Umsatzerlöse

---

[14] Zu weiteren Wahlrechten Kirsch, in Kußmaul/Müller, HdB (online), Bilanzpolitik im HGB-Jahresabschluss, Rz 1 ff., Stand: 19.1.2023; Müller/Warnke, BC 2023, S. 558 ff.

> auf die verschiedenen Gj durch entsprechende vertragliche Gestaltungen der abzuwickelnden Aufträge, d. h. Umsätze werden alle zwei Jahre vom 4. Quartal ins Folgejahr durch spätere Leistungserbringung und Abrechnung verschoben. In den dazwischenliegenden Jahren wird der Umsatz zusätzlich noch durch vertragliche Ausgestaltung der Verträge aus dem 1. Quartal des Folgejahrs vorgezogen ins laufende Gj. Zudem wird die Bilanzsumme durch den verstärkten Einsatz von operativen Leasingverträgen (Mietverträge) verringert. So könnte das Unt, welches in einer längeren Betrachtung die Größenkriterien für eine KleinstKapG überschreitet, doch weiter als KleinstKapG klassifiziert werden. Es ist allerdings sehr fraglich, ob für die Nutzung der Vorteile dieser Größenklasse der Aufwand sowie die Eingriffe in den Betriebsprozess und die Vertragsverhandlungen gerechtfertigt sind.

16 Die **Umsatzerlöse** berechnen sich nach § 277 Abs. 1 HGB (§ 275 Rz 45 ff.). Zur Problematik von RumpfGj wird auf die Ausführungen in § 267 Rz 18 verwiesen. Durch die **Lieferkettenengpässe und Folgen des russischen Überfalls auf die Ukraine** ist es bei einigen Unt zu erheblichen Umsatzrückgängen gekommen, die – ggf. beim gleichzeitigen Rückgang der Bilanzsumme und/oder der Beschäftigtenzahl – eine Einordnung in einer kleineren Größenklasse möglich werden lässt, zumal etwa die staatlichen Corona-Hilfsgelder regelmäßig als sonstiger betrieblicher Ertrag zu erfassen waren. Auch hier gilt allerdings die Notwendigkeit des zweimaligen Unterschreitens von mind. zwei der drei Schwellenwerte in zwei aufeinanderfolgenden Gj. Angesichts des Umstellungsaufwands durch die Anpassung der Buchhaltung und des Abschlusses sollte allerdings für den Fall wieder steigender Umsätze abgewogen werden, ob die Erleichterungen der Größenklasse der KleinstKapG ggü. denen der kleinen KapG für ggf. 2 Gj den Umstellungsaufwand überwiegen. Nach dem Abklingen der Krisen wäre dann bei unterstellten höheren Umsätzen (und mind. einer weiteren Schwellenwertüberschreitung) wieder in der Größenklasse der kleinen KapG zu berichten.

17 Hinsichtlich der **Ermittlung der durchschnittlichen Arbeitnehmerzahl** gelten die Regelungen des § 267 Abs. 5 HGB analog, wonach der Durchschnitt aus den jeweils zum Quartalsende Beschäftigten zu ermitteln ist (§ 267 Rz 19 ff.). Relevant sind die **Zahl der beschäftigten Personen** – eine **Umrechnung auf Vollzeitäquivalente ist nicht vorgesehen**. Beschäftigte in Kurzarbeit sind voll in die Zählung einzubeziehen (§ 267 Rz 23).

2.2 Informationsrechte für Arbeitnehmervertretungen

18 Die Erleichterungen gelten nur für die Aufstellung und Offen- bzw. Hinterlegung des Jahresabschlusses. Informations- und Auskunftsrechte der Arbeitnehmervertretungen dürfen dadurch nicht eingeschränkt werden. Nach § 1 BetrVG ist die Einrichtung eines Betriebsrats bereits ab fünf ständigen wahlberechtigten Arbeitnehmern, von denen drei wählbar sind, geboten. Allerdings ist die regelmäßige Vorlage des Jahresabschlusses an den Wirtschaftsausschuss gem. § 108 Abs. 5 HGB erst bei Unt mit mehr als 100 Arbeitnehmern notwendig (§ 106 Abs. 1 BetrVG). Dennoch hat der Arbeitgeber den Betriebsrat generell umfassend zur Erfüllung seiner Aufgaben zu unterrichten (§ 80 Abs. 2 BetrVG), wobei

jedoch das Gesetz explizit nur die Liste der Bruttogehälter nennt.[15] Damit sind ggf. auch Bestandteile des Jahresabschlusses, die nicht offenge- bzw. hinterlegt werden müssen (konkret die GuV), den betriebsverfassungsrechtlichen Organen zugänglich zu machen. Eine Aufstellung von Unterlagen nur für den Betriebsrat, hier etwa der Anhang, ist nicht notwendig. Allerdings hat der Arbeitgeber bestehende Nachfragen zu beantworten, da eine Erläuterungspflicht besteht.[16]

3 Grundsätzliche Übertragung der Erleichterungen für kleine Kapitalgesellschaften auf Kleinstkapitalgesellschaften (Abs. 2)

In Abs. 2 überträgt der Gesetzgeber die grds. Gültigkeit der Erleichterungen für kleine KapG auch auf die KleinstKapG, jedoch nur insoweit, wie nichts anderes geregelt ist. Die KleinstKapG sind somit eine Untergruppe der kleinen KapG und damit etwa nicht prüfungs- und lageberichterstellungspflichtig. Als zentrale Ausnahme kann die Regelung zur Zusammenfassung der oberen GuV-Positionen zum Rohergebnis nach § 276 HGB angesehen werden. Wird von der Erleichterung zur Aufstellung einer verkürzten GuV gem. § 275 Abs. 5 HGB Gebrauch gemacht, sind die Erleichterungen des § 276 HGB bzgl. der Verwendung der zusammengefassten Position „**Rohergebnis**" (§ 276 Rz 4ff.) als Ausgangspunkt für die GuV obsolet. Hier verweist die Bundesregierung auf europäische Vorgaben,[17] die keine Kombination der Erleichterungen zulässt. Mit der Ergänzung um § 276 Satz 3 HGB, der KleinstKapG von der Anwendung des § 276 Satz 1–2 HGB ausschließt, wenn diese eine verkürzte GuV gem. § 275 Abs. 5 HGB aufstellen, wird diesbzgl. eine Klarstellung vorgenommen. Da auch die Bundesregierung davon ausgeht, dass die Finanzergebnisse bei diesen Unt nur eine untergeordnete Bedeutung haben,[18] bleibt damit die Wirkung dieser Erleichterung für KleinstKapG im Ergebnis in den meisten Fällen hinter der Erleichterung nach § 276 HGB für kleine KapG zurück, da die Information über Umsatzerlöse als deutlich relevanter einzustufen ist als die Aufgliederung der Finanzergebnisse. Da jede Erleichterung als Einzelwahlrecht konzipiert ist, können KleinstKapG sich auch bei Anwendung aller übrigen Erleichterungen für KleinstKapG hier für die GuV-Gliederung mit den für kleine KapG vorgesehenen Posten entscheiden.

4 Einschränkung der Anwendung (Abs. 3)

Mit Abs. 3 wird der Anwendungskreis für die Erleichterungen für bestimmte Unt eingeschränkt. Konkret fallen folgende Unt ab dem nach dem 31.12.2015 beginnenden Gj nicht mehr unter die KleinstKapG:[19]
- Investmentgesellschaften i. S. d. § 1 Absatz 11 des Kapitalanlagegesetzbuchs,
- Unternehmensbeteiligungsgesellschaften i. S. d. § 1a Absatz 1 des Gesetzes über Unternehmensbeteiligungsgesellschaften sowie

---

[15] Vgl. Thüsing, in Richardi, Betriebsverfassungsgesetz, 16. Aufl. 2018, § 80 Rz. 91 ff.
[16] Vgl. Annuß, in Richardi, Betriebsverfassungsgesetz, 16. Aufl. 2018, § 108 Rz. 40 ff.
[17] Vgl. BT-Drs. 17/11292 v. 5.11.2012 S. 18.
[18] Vgl. BT-Drs. 17/11292 v. 5.11.2012 S. 18.
[19] Vgl. Marx/Dallmann, in Baetge/Kirsch/Thiele, Bilanzrecht, § 267a HGB Rz. 8 ff., Stand: 9/2023.

- Unt, deren einziger Zweck darin besteht, Beteiligungen an anderen Unt zu erwerben sowie die Verwaltung und Verwertung dieser Beteiligungen wahrzunehmen, ohne dass sie unmittelbar oder mittelbar in die Verwaltung dieser Unt eingreifen, wobei die Ausübung der ihnen als Aktionär oder Gesellschafter zustehenden Rechte außer Betracht bleibt.

21 Grund hierfür ist, dass diese Gesellschaften häufig ein erhebliches Vermögen auf sich vereinen, gleichzeitig aber über keine oder kaum Umsätze verfügen und auch i. d. R. kein umfangreiches Personal aufweisen. Somit würden die Schwellenwerte bei den Umsatzerlösen (900.000 EUR) und den Mitarbeitern (10) regelmäßig unterschritten und die Ges. als KleinstKapG einzustufen sein.[20] Allerdings existieren schon vorher zumindest für **Investmentges.**, die als Investmentvermögen in den Rechtsformen einer Investment-AG oder Investment-KG auftreten können, und Unternehmensbeteiligungsgesellschaften, die nach Antrag von der zuständigen Behörde als solche anerkannte wurden, konkretisierende Aufstellungs-, Prüfungs- und Offenlegungsvorschriften.[21] So haben die Unternehmensbeteiligungsgesellschaften, die klein i. S. v. § 267 Abs. 1 HGB sind, mind. die Regelungen für mittelgroße KapG zu beachten (§ 8 Abs. 1 UBGG).[22] Investment-AGs haben § 120 KAGB, die Investment-KGs § 135 KAGB zu beachten. Der Gesetzgeber wollte aber zur Verdeutlichung für alle Fälle unmittelbar in § 267a HGB diese auf europäische Vorgaben beruhenden Ausnahmen von der Anwendung der Erleichterungen für KleinstKapG verankert wissen.[23]

22 Zusätzlich erfolgt eine Einschränkung für **Beteiligungsges.**, die die Erleichterungen für KleinstKapG nicht anwenden dürfen, auf Unt, deren einziger Zweck darin besteht, Beteiligungen an anderen Unt zu erwerben sowie die Verwaltung und Verwertung dieser Beteiligungen wahrzunehmen, ohne dass sie unmittelbar oder mittelbar in die Verwaltung dieser Unt eingreifen. Dabei bleiben die Eingriffsrechte, die ihnen nach dem Gesetz oder nach einem Vertrag in ihrer Eigenschaft als Aktionäre oder Gesellschafter zustehen außer Betracht. Typischer Anwendungsfall von § 267a Abs. 3 Nr. 3 HGB dürfte damit nach der Gesetzesbegründung eine Holding-KapG sein, sofern sie nicht bereits die Voraussetzungen des § 267a Abs. 3 Nr. 2 HGB erfüllt.[24] Die gesetzliche Forderung nach einem „einzigen Unternehmenszweck" ist zu relativieren auf einen vorherrschenden Unternehmenszweck.[25] Folge der als sinnvoll zu wertenden Gesetzesänderung in Form der Ausklammerung von Beteiligungsholdinggesellschaften von den Bilanzierungserleichterungen dürfte eine nicht unerhebliche Einschränkung des Anwendungsbereichs der Erleichterungsmöglichkeiten für KleinstKapG und damit eine stark verminderte Bedeutung für die Praxis sein.[26] Ausweg ist, dass die KapG sich nicht nur auf das Halten und Verwalten einer Beteiligung im eigenen Interesse beschränkt, sondern etwa nach Maßgabe des Gesellschaftsvertrags auch die Geschäftsführung für das andere Unt ausübt. Dann ist die Ausnahme von der Anwendung des § 267a HGB nicht anzuwenden und das

---

[20] Vgl. Kolb/Roß, WPg, 2014, S. 994.
[21] Vgl. Störk/Lawall, in Beck Bil-Komm., 13. Aufl. 2022, § 267a HGB Rz 13.
[22] Zu materiellen Unterschieden vgl. Henckel/Rummelspacher, DB 2015, Beilage 5, S. 37 ff.
[23] Vgl. BR-Drs. 23/15 v. 23.1.2015 S. 72.
[24] Vgl. BR-Drs. 23/15 v. 23.1.2015 S. 77.
[25] Vgl. Marx/Dallmann, in Baetge/Kirsch/Thiele, Bilanzrecht, § 267a HGB Rz. 9.5, Stand: 9/2023.
[26] Vgl. Kolb/Roß, WPg 2014, S. 995.

Unt wird weiter als KleinstKapG zu behandeln sein. Zu beachten ist dabei, dass der Einfluss auf die Geschäftsführung auch tatsächlich vorgenommen wird und dass dieser über die Möglichkeiten der Eingriffsrechte als Aktionär oder Gesellschafter hinausgehen muss. Auch eine über die gesetzlichen Regelungen hinausgehend vertragliche Fixierung von Eingriffsrechten ist nach der BilRUG-RegE-Begr. dann nicht zu beachten, wenn sie als Vertrag aus der Stellung als Aktionär oder Gesellschafter entstanden ist.[27]

5 Sanktionen

Der besondere Tatbestand der KleinstKapG ist in den Bußgeldvorschriften des § 334 HGB sowie mit zunächst in der Höhe unveränderter Festsetzung von Ordnungsgeldern nach § 335 HGB ergänzt worden. Konkret werden die Anwendung der Bewertung zum beizulegenden Zeitwert bei gleichzeitiger Nutzung der Erleichterungen für KleinstKapG als Ordnungswidrigkeit gem. § 334 Abs. 1 HGB eingestuft und die Hinterlegungspflicht ebenso wie die Offenlegungspflicht bußgeldbewehrt. In § 335 Abs. 6 HGB wird die Größenklasse der KleinstKapG in die Aufstellung der übrigen Größenklassen im Zusammenhang mit der Überprüfung der richtigen Größenklasseneinordnung integriert. Durch das Gesetz zur Änderung des Handelsgesetzbuchs vom 4.10.2013[28] wurden diese Mindestwerte für KleinstKapG i.S.v. § 267a HGB auf 500 EUR und für kleine KapG i.S.v. § 267 Abs. 1 HGB auf 1.000 EUR gesenkt. Außerdem kann nach § 335 Abs. 4 Satz 2 Nr. 4 HGB jeweils ein geringerer Betrag festgesetzt werden, wenn die Beteiligten die Sechswochenfrist nur geringfügig überschreiten (§ 335 Rz 41).

23

---

[27] Vgl. BR-Drs. 23/15 23.1.2015 S. 73.
[28] BGBl 2013 I S. 3746.

§ 268 Vorschriften zu einzelnen Posten der Bilanz. Bilanzvermerke

(1) ¹Die Bilanz darf auch unter Berücksichtigung der vollständigen oder teilweisen Verwendung des Jahresergebnisses aufgestellt werden. ²Wird die Bilanz unter Berücksichtigung der teilweisen Verwendung des Jahresergebnisses aufgestellt, so tritt an die Stelle der Posten „Jahresüberschuß/Jahresfehlbetrag" und „Gewinnvortrag/Verlustvortrag" der Posten „Bilanzgewinn/Bilanzverlust"; ein vorhandener Gewinn- oder Verlustvortrag ist in den Posten „Bilanzgewinn/Bilanzverlust" einzubeziehen und in der Bilanz gesondert anzugeben. Die Angabe kann auch im Anhang gemacht werden.

(2) aufgehoben

(3) Ist das Eigenkapital durch Verluste aufgebraucht und ergibt sich ein Überschuß der Passivposten über die Aktivposten, so ist dieser Betrag am Schluß der Bilanz auf der Aktivseite gesondert unter der Bezeichnung „Nicht durch Eigenkapital gedeckter Fehlbetrag" auszuweisen.

(4) ¹Der Betrag der Forderungen mit einer Restlaufzeit von mehr als einem Jahr ist bei jedem gesondert ausgewiesenen Posten zu vermerken. ²Werden unter dem Posten „sonstige Vermögensgegenstände" Beträge für Vermögensgegenstände ausgewiesen, die erst nach dem Abschlußstichtag rechtlich entstehen, so müssen Beträge, die einen größeren Umfang haben, im Anhang erläutert werden.

(5) ¹Der Betrag der Verbindlichkeiten mit einer Restlaufzeit bis zu einem Jahr und der Betrag der Verbindlichkeiten mit einer Restlaufzeit von mehr als einem Jahr sind bei jedem gesondert ausgewiesenen Posten zu vermerken. ²Erhaltene Anzahlungen auf Bestellungen sind, soweit Anzahlungen auf Vorräte nicht von dem Posten „Vorräte" offen abgesetzt werden, unter den Verbindlichkeiten gesondert auszuweisen. ³Sind unter dem Posten „Verbindlichkeiten" Beträge für Verbindlichkeiten ausgewiesen, die erst nach dem Abschlußstichtag rechtlich entstehen, so müssen Beträge, die einen größeren Umfang haben, im Anhang erläutert werden.

(6) Ein nach § 250 Abs. 3 in den Rechnungsabgrenzungsposten auf der Aktivseite aufgenommener Unterschiedsbetrag ist in der Bilanz gesondert auszuweisen oder im Anhang anzugeben.

(7) Für die in § 251 bezeichneten Haftungsverhältnisse sind
1. die Angaben zu nicht auf der Passivseite auszuweisenden Verbindlichkeiten und Haftungsverhältnissen im Anhang zu machen,
2. dabei die Haftungsverhältnisse jeweils gesondert unter Angabe der gewährten Pfandrechte und sonstigen Sicherheiten anzugeben und
3. dabei Verpflichtungen betreffend die Altersversorgung und Verpflichtungen gegenüber verbundenen oder assoziierten Unternehmen jeweils gesondert zu vermerken.

(8) ¹Werden selbst geschaffene immaterielle Vermögensgegenstände des Anlagevermögens in der Bilanz ausgewiesen, so dürfen Gewinne nur ausgeschüttet werden, wenn die nach der Ausschüttung verbleibenden frei verfügbaren Rücklagen zuzüglich eines Gewinnvortrags und abzüglich eines Verlustvortrags mindestens den insgesamt angesetzten Beträgen abzüglich der hierfür gebildeten passiven latenten Steuern entsprechen. ²Werden aktive latente

Steuern in der Bilanz ausgewiesen, ist Satz 1 auf den Betrag anzuwenden, um den die aktiven latenten Steuern die passiven latenten Steuern übersteigen. ³Bei Vermögensgegenständen im Sinn des § 246 Abs. 2 Satz 2 ist Satz 1 auf den Betrag abzüglich der hierfür gebildeten passiven latenten Steuern anzuwenden, der die Anschaffungskosten übersteigt.

Inhaltsübersicht	Rz
1 Inhalt und Anwendungsbereich.	1–4
1.1 Inhalt	1–3
1.2 Anwendungsbereich	4
2 Bilanzaufstellung nach teilweiser und vollständiger Ergebnisverwendung (Abs. 1).	5–12
2.1 Ausweisvarianten und Begriffsbestimmung.	5–7
2.2 Eigenkapitaldarstellung (Abs. 1 Satz 2)	8–12
2.2.1 Teilweise Ergebnisverwendung	8–9
2.2.2 Vollständige Ergebnisverwendung.	10–12
3 Entwicklung des Anlagevermögens (Abs. 2)	13
4 Nicht durch Eigenkapital gedeckter Fehlbetrag (Abs. 3)	14–17
5 Angabeverpflichtungen für Forderungen (Abs. 4)	18–28
5.1 Fälligkeiten (Abs. 4 Satz 1)	18–24
5.2 Antizipative Posten (Abs. 4 Satz 2)	25–28
6 Angabeverpflichtungen für Verbindlichkeiten (Abs. 5)	29–38
6.1 Fälligkeiten	29–32
6.2 Erhaltene Anzahlungen auf Bestellungen	33–36
6.3 Antizipativer Posten	37–38
7 Aktiviertes Disagio (Abs. 6)	39–41
8 Haftungsverhältnisse (Abs. 7)	42–49
9 Ausschüttungssperre (Abs. 8)	50–56
10 Sanktionen	57

1 Inhalt und Anwendungsbereich

1.1 Inhalt

Die Vorschrift liefert ergänzende Angabe- und Ausweisverpflichtungen zu einzelnen gem. § 266 HGB aufzuführenden Bilanzposten einschl. der in § 251 HGB anzugebenden Haftungsverhältnisse. Die einzelnen Bestimmungen fordern teilweise zusätzliche Angaben, z. T. aber auch Angaben, die wahlweise in der Bilanz oder im Anhang zu machen sind. 1

Im Einzelnen umfasst § 268 HGB folgende Sachverhalte: Abs. 1 erlaubt die Bilanz wahlweise unter Berücksichtigung der vollständigen oder teilweisen Verwendung des Jahresergebnisses zu erstellen. Abs. 2 aF ist durch das BilRUG weggefallen; Regelungen zum Anlagespiegel sind in § 284 Abs. 2 HGB enthalten. Abs. 3 regelt den bilanziellen Ausweis eines aus Verlusten resultierenden Überschusses der Passiv- über die Aktivseite. Gem. Abs. 4 Satz 1 ist bei jedem gesondert ausgewiesenen Forderungsposten ein Vermerk der Forderungen mit einer Restlaufzeit von über einem Jahr anzubringen. Nach Abs. 4 Satz 2 müssen die in den sonstigen 2

Vermögensgegenständen enthaltenen sog. antizipativen Beträge im Anhang erläutert werden, sofern sie einen größeren Umfang haben. Für jeden ausgewiesenen Verbindlichkeitsposten sind nach Abs. 5 Satz 1 der Betrag mit einer Restlaufzeit bis zu einem Jahr und der Betrag der Verbindlichkeiten mit einer Restlaufzeit von mehr als einem Jahr anzugeben; zusammen mit den in § 285 Nrn. 1 und 2 HGB geforderten Angaben zur Fristigkeit und zu Sicherheiten erscheint der Ausweis eines Verbindlichkeitengitters/-spiegels sinnvoll. Nach Abs. 5 Satz 2 sind erhaltene Anzahlungen auf Bestellungen unter den Verbindlichkeiten gesondert zu erfassen oder alternativ offen von den Vorräten abzusetzen. Nach Abs. 5 Satz 3 besteht eine Erläuterungspflicht für Verbindlichkeiten im Anhang, die rechtlich erst nach dem Abschlussstichtag entstehen und deren Beträge einen größeren Umfang haben. Abs. 6 enthält ein Wahlrecht, ein gem. § 250 Abs. 3 HGB aktiviertes Disagio wahlweise in der Bilanz gesondert auszuweisen oder im Anhang anzugeben. Gem. Abs. 7 muss für die in § 251 HGB geregelten Haftungsverhältnisse jeweils ein gesonderter Ausweis im Anhang unter der Nennung gewährter Pfandrechte und sonstiger Sicherheiten erfolgen sowie jeweils ein gesonderter Vermerk von Verpflichtungen betreffend Altersversorgung und Verpflichtungen gegenüber verbundenen oder assoziierten Unternehmen aufgeführt werden. Abs. 8 regelt die Ausschüttungs- und Abführungssperre für Erträge, die aus der Ansatzpflicht bzw. dem Ansatzwahlrecht bestimmter Aktiva und aus der Bewertung bestimmter VG zum beizulegenden Zeitwert resultieren.

3 **Zweck** der in § 268 HGB geforderten ergänzenden Angabeverpflichtungen bzw. Ausweiswahlrechte ist die Konkretisierung des durch § 266 HGB vorgegebenen Bilanzinhalts. Gleichzeitig verbessern die damit gebotenen Informationen aus Sicht der Bilanzadressaten den Einblick in die wirtschaftliche Lage von Unt.

1.2 Anwendungsbereich

4 Die Bestimmungen des § 268 HGB sind von KapG/KapCoGes zwingend anzuwenden. Sie gelten weiterhin für die dem § 5 Abs. 1 Satz 2d PublG unterliegenden Unt. Darüber hinaus müssen eG nach § 336 Abs. 2 HGB, Kreditinstitute und Finanzdienstleistungsinstitute sowie VersicherungsUnt und Pensionsfonds nach § 340a Abs. 1 HGB bzw. § 341a Abs. 1 HGB diese Vorschrift umsetzen. Allerdings müssen die beiden Letztgenannten statt des Abs. 4 Satz 1 und des Abs. 5 Satz 1 die §§ 340a Abs. 2 Satz 1 bzw. 341a Abs. 2 Satz 1 HGB beachten und bestimmte Formblätter u. a. Vorschriften anwenden. Kleinen Ges. ermöglicht § 274a HGB Befreiungen bei der Anwendung von Abs. 4 Satz 2, Abs. 5 Satz 3 und Abs. 6 HGB.[1] Diese Vorschriften gelten ebenso wie das Gliederungsschema der Bilanz gem. § 266 HGB auch für Konzerne.

2 Bilanzaufstellung nach teilweiser und vollständiger Ergebnisverwendung (Abs. 1)

2.1 Ausweisvarianten und Begriffsbestimmung

5 Das in Abs. 1 genannte **Ausweiswahlrecht** erweitert das in § 266 Abs. 3 Buchst. A HGB bzw. § 264c Abs. 2 HGB dargestellte Grundschema für die

---

[1] Vgl. Marx/Dallmann, in Baetge/Kirsch/Thiele, Bilanzrecht, § 268 HGB Rz 3, Stand: 10/2022.

Eigenkapitalgliederung und erlaubt zusätzlich die Aufstellung der Bilanz unter Berücksichtigung der teilweisen oder vollständigen Ergebnisverwendung. Das bilanzierende Unt hat somit die folgenden drei Aufstellungsmöglichkeiten:[2]
- **vor** Verwendung des Jahresergebnisses,
- **nach teilweiser** Verwendung des Jahresergebnisses und
- **nach vollständiger** Verwendung des Jahresergebnisses.

Das HGB selbst gibt keine Definition des **Begriffs „Ergebnisverwendung"**. Die Ergebnisverwendung umfasst grds. alle Transaktionen, die finanzielle Vorteile für die Gesellschafter bringen oder die unmittelbar Nutzenvorteile der Ges. bedeuten. Typische Beispiele für Maßnahmen der Ergebnisverwendung sind die Gewinnausschüttungen an Gesellschafter, die Einstellung in und Auflösung von Gewinnrücklagen, die Auflösung der Kapitalrücklage sowie der i. d. R. aus diesen Maßnahmen resultierende Gewinnvortrag. Dazu zählen auch Gewinnausschüttungen, für die bereits vor der Aufstellung der Bilanz ein Gesellschafterbeschluss zur Ergebnisverwendung vorlag. Demnach handelt es sich um alle Maßnahmen, die vom Jahresüberschuss/Jahresfehlbetrag zum Bilanzgewinn/Bilanzverlust überleiten.[3] Strittig ist, ob Zahlungen einer Vorabdividende bei einer AG zur Gewinnverwendung gehören. Da die Vorabdividende sich auf den Bilanzgewinn des laufenden Gj bezieht, liegt eine Gewinnverwendung vor.[4]

Bei den hier zu erfassenden Maßnahmen muss es sich immer um Ergebnisverwendungen handeln, die bereits beschlossen wurden und bei der Aufstellung des Jahresabschlusses noch zu berücksichtigen sind. Bspw. erfüllt die Verwendung eines Bilanzgewinns dieses Kriterium nicht und ist somit **keine Verwendung des Jahresergebnisses** i. S. v. Abs. 1.[5] Auch die Ergebnisübernahme aufgrund eines Ergebnisabführungsvertrags oder ähnlicher Regelungen in Satzung oder Gesellschaftsvertrag gehören nicht zur Ergebnisverwendung. Diese Ansprüche oder Verpflichtungen sind als Aufwand oder Ertrag zu buchen (§ 277 Abs. 3 Satz 2 HGB). Alle ergebnisabhängigen Beträge (z. B. Tantiemen, bestimmte Steuern) sind als Aufwand zu buchen und zählen somit zum Bereich der Ergebnisermittlung und nicht der Ergebnisverwendung.

Die Ergebnisverwendung kann gem. § 275 Abs. 4 HGB auch in der **GuV** dargestellt werden, indem die Gliederung um entsprechende Posten erweitert und der „Jahresüberschuss" zum „Bilanzgewinn" übergeleitet wird. **AG** sind nach § 158 Abs. 1 AktG verpflichtet, eine Gewinnverwendungsrechnung in der GuV oder im Anhang abzubilden. Wenngleich § 275 Abs. 4 HGB und § 268 Abs. 1 HGB in ihrer Ausübung unabhängig voneinander sind, sollte in der Bilanz stets der Posten ausgewiesen werden, mit dem die GuV endet. Wenn in der Bilanz ein Bilanzgewinn ausgewiesen wird, sollte auch die GuV mit einem Bilanzgewinn

---

2 Zur praktischen Verbreitung s. Kreipl/Lange/Müller in Bertram/Brinkmann/Kessler/Müller, Haufe HGB Bilanz Kommentar Erfahrungsbericht BilMoG, 2012, Rz 228 ff.
3 Vgl. Dyck/Hayn/Knop/Külting/Lorson/Scholz, in Küting/Weber, HdR-E, § 268 HGB Rz 5, Stand: 6/2022; Reiner, in MünchKomm HGB, 5. Aufl. 2024, § 268 HGB Rz 3.
4 Vgl. Eder, BB 1994, S. 1261; Marx/Dallmann, in Baetge/Kirsch/Thiele, Bilanzrecht, § 268 HGB Rz 23, Stand: 10/2022.
5 Vgl. BFH, Urteil v. 16.12.1998, II R 60/96, BStBl 1999 II S. 162, unter II.3; ADS, Rechnungslegung und Prüfung der Unternehmen, 6. Aufl. 1995–2001, § 268 HGB Rz 15.

enden. Wenn dennoch diesbzgl. Abweichungen in Bilanz und GuV auftreten sollten, ist ein Hinweis im Anhang zu empfehlen (§ 275 Rz 259).[6]

2.2 Eigenkapitaldarstellung (Abs. 1 Satz 2)

2.2.1 Teilweise Ergebnisverwendung

8 Ergebnisanteile, die ausgeschüttet werden sollen, sind im Eigenkapital auszuweisen, bis eine Gewinnverwendungsentscheidung getroffen wird. Erfolgt die Aufstellung der Bilanz nach teilweiser Verwendung des Jahresergebnisses, so sind die Eigenkapitalposten „Jahresüberschuss/Jahresfehlbetrag" und „Gewinnvortrag/Verlustvortrag" durch den Posten **„Bilanzgewinn/Bilanzverlust"** zu ersetzen. Der Bilanzgewinn/-verlust ist die Summe aus Jahresüberschuss/-fehlbetrag und Gewinn-/Verlustvortrag abzgl. der Ergebnisverwendung.[7] Nach dem Wortlaut des Gesetzes ist der in den „Bilanzgewinn/Bilanzverlust" einzubeziehende „Gewinn- oder Verlustvortrag" in der Bilanz auszuweisen, wobei weiterhin eine diesbzgl. Angabe im Anhang zulässig ist.

Der **Jahresüberschuss/-fehlbetrag** spiegelt das Ergebnis des aktuellen Gj wider, während der **Gewinn-/Verlustvortrag** die unverwendeten Ergebnisanteile aus Vorperioden darstellt. Bei Aufstellung des Jahresabschlusses nach teilweiser Ergebnisverwendung zeigt der Bilanzgewinn/-verlust die zur Ausschüttung vorgeschlagenen Ergebnisanteile.[8]

Abb. 1: Gliederung des Eigenkapitals vor und nach teilweiser Ergebnisverwendung[9]

9 Eine teilweise Ergebnisverwendung i.R.d. Bilanzaufstellung muss immer dann vorgenommen werden, „wenn gesetzliche oder satzungsmäßige bzw. gesellschaftsvertragliche Verpflichtungen oder Ermächtigungen zur Einstellung in Gewinnrücklagen bzw. Auflösung von Gewinn- und Kapitalrücklagen bestehen und dadurch nicht die gesamte Ergebnisverwendung der Beschlussfassung der Haupt- bzw. der Gesellschafterversammlung entzogen ist."[10] Bspw. zählen § 58 Abs. 2, 2a,

---

6 Vgl. Schubert/Hargarten, in Beck Bil-Komm., 14. Aufl. 2024, § 268 HGB Rz 3.
7 Vgl. Knop, DB 1986, S. 549.
8 Vgl. ADS, Rechnungslegung und Prüfung der Unternehmen, 6. Aufl. 1995–2001, § 268 HGB Rz 27.
9 Vgl. z. B. Knop, DB 1986, S. 549; Harms/Küting, DB 1983, S. 1451 sowie Küting, BB 1998, S. 887 ff. (für den Konzernabschluss).
10 Marx/Dallmann, in Baetge/Kirsch/Thiele, Bilanzrecht, § 268 HGB Rz 29, Stand: 10/2022.

§ 150 Abs. 1–4 AktG und § 29 Abs. 4 GmbHG zu den gesetzlichen Vorschriften, die eine teilweise Ergebnisverwendung vorsehen oder vorschreiben, sodass das Ausweiswahlrecht in diesen Fällen nicht greift.
Bei einer kleinen GmbH kann die GesV schon vor Ende des Gj eine Vorabausschüttung auf den erwarteten Gewinn beschließen. Falls der zu einem späteren Zeitpunkt festgestellte und endgültige Jahresabschluss keinen Gewinn in ausreichender Höhe ergibt, entsteht ein Rückforderungsanspruch der Ges. gegenüber den Gesellschaftern. Dagegen handelt es sich bei einer Vorabdividende, über die die Geschäftsführung beschließt, nicht um einen Ergebnisverwendungstatbestand. In diesem Fall liegt eine Vorauszahlung auf den Gewinnverwendungsbeschluss vor, sodass die Auszahlung unter Vorbehalt des am Stichtag zu ermittelnden Jahresergebnisses steht.[11]
Bei **KapCoGes** sind gem. § 264c Abs. 2 Sätze 3 und 6 HGB die Gewinne bzw. Verluste, die auf die Gesellschafter entfallen, den jeweiligen Kapitalanteilen zuzuschreiben. Daraus resultiert im Regelfall eine Bilanzaufstellung nach vollständiger Ergebnisverwendung.[12] In der Praxis erfolgt die Aufstellung nach vollständiger Ergebnisverwendung regelmäßig nur bei Verlusten gegen den Kapitalanteil (Verlustsonderkonten). Gewinne sind zumeist entnahmefähig und werden daher als Verbindlichkeit erfasst. Eine Aufstellung nach teilweiser Ergebnisverwendung ist bei PersG sehr selten und nur gegeben, wenn der Gesellschaftsvertrag für die Gewinnverwendung einen Beschluss der GesV fordert, der zur Bilanzaufstellung noch nicht vorliegt, oder wenn ein Beschluss vorliegt, einen Teil des Ergebnisses unverwendet zu belassen oder vorzutragen.[13]

Praxis-Beispiel[14]
Das EK einer GmbH umfasst ein gezeichnetes Kapital von 150.000 EUR, einen Verlustvortrag von 30.000 EUR und einen Jahresüberschuss von 80.000 EUR. Für die Verwendung des Jahresüberschusses ergeben sich folgende drei Alternativen:
1. teilweiser Ausgleich des Verlustvortrags um 15.000 EUR
2. vollständiger Ausgleich des Verlustvortrags
3. Ausgleich des Verlustvortrags und Dotierung der Gewinnrücklage

In Fall 1 und 2 erfolgt jeweils der Ausweis eines Bilanzgewinns i. H. v. 50.000 EUR. In Fall 1 kann – bei einer Ergebnisverwendung von 30.000 EUR für den Ausgleich des Verlustvortrags – in der Bilanz kein Jahresüberschuss von 50.000 EUR ausgewiesen werden, da der Jahresüberschuss lt. GuV und der Bilanzausweis übereinstimmen müssen (Rz 7). Somit stimmen teilweise und vollständige Ergebnisverwendung inhaltlich und im Ausweis des Bilanzgewinns innerhalb des EK überein. Es ergibt sich für beide Alternativen folgender Buchungssatz:

---

[11] Vgl. Hoffmann/Lüdenbach, NWB Kommentar Bilanzierung, 14. Aufl. 2023, § 268 HGB Rz 45 ff.
[12] Vgl. IDW RS HFA 7 n. F.
[13] Vgl. Schubert/Hargarten, in Beck Bil-Komm., 14. Aufl. 2024, § 268 HGB Rz 5; Kanitz, Graf von, WPg 2003, S. 334, sowie Hoffmann, DStR 2000, S. 842.
[14] Vgl. Hoffmann/Lüdenbach, NWB Kommentar Bilanzierung, 14. Aufl. 2023, § 268 HGB Rz 22.

Konto	Soll	Haben
Jahresüberschuss (1. und 2. Fall)	80.000	
Verlustvortrag		30.000
Bilanzgewinn		50.000

Im Fall 3 wird bei vollständigem Ausgleich des Verlustvortrags und Gewinnthesaurierung eine Gewinnrücklage i. H. v. 50.000 EUR ausgewiesen. Hier ergibt sich folgender Buchungssatz:

Konto	Soll	Haben
Jahresüberschuss	80.000	
Verlustvortrag		30.000
Gewinnrücklage		50.000

2.2.2 Vollständige Ergebnisverwendung

10 Bei einer Bilanzaufstellung unter Berücksichtigung der vollständigen Ergebnisverwendung verbleibt i. R. d. Ergebnisverwendung weder ein Bilanzgewinn noch ein Bilanzverlust. Bspw. können Gewinnabführungen, Erträge aus Verlustausgleich, das Ausgleichen eines Jahresfehlbetrags durch Auflösen von Rücklagen oder die Deckung eines Verlustvortrags durch einen Jahresüberschuss eine Aufstellung nach vollständiger Ergebnisverwendung bedingen.

11 Voraussetzung der vollständigen Ergebnisverwendung ist, dass aufgrund von gesetzlichen oder gesellschaftsvertraglichen Vorschriften bzw. Verpflichtungen eine **endgültige Ergebnisverwendung** für die bilanzierenden Organe als beschlossen gilt, was sich bspw. aus entsprechenden Gesellschafterbeschlüssen ergibt. Wird bei einer GmbH vor Aufstellung und Feststellung des Jahresabschlusses ein Beschluss über die Gewinnverwendung gefasst, ist die Beschlussfassung als bindend anzusehen. In der Folge gilt das komplette Jahresergebnis als verwendet. Das Ausweiswahlrecht greift daher nicht. Ein Ausweiswahlrecht nach Abs. 1 ist gegeben, wenn eine Ermächtigung der Gesellschafter über eine vorgesehene Gewinnausschüttung vorliegt, ohne dass daraus eine bindende Wirkung für die Bilanzaufstellung folgt.[15]

Der Eigenkapitalausweis ist bei vollständiger Ergebnisverwendung i. d. R. wie folgt vorzunehmen:

nach vollständiger Ergebnisverwendung	A. Eigenkapital
	    I. Gezeichnetes Kapital
	   II. Kapitalrücklagen
	  III. Gewinnrücklagen

Abb. 2: Gliederung des Eigenkapitals nach vollständiger Ergebnisverwendung

---

[15] Vgl. Marx/Dallmann, in Baetge/Kirsch/Thiele, Bilanzrecht, § 268 HGB Rz 32, Stand: 10/2022.

Falls sich i. R. d. Bilanzaufstellung nach vollständiger Gewinnverwendung ein auf das folgende Gj vorzutragender **Restgewinn** ergibt, ist „IV. Bilanzgewinn" (Vortrag auf neue Rechnung) zu ergänzen. Ein Ausweis unter dem Posten „Gewinnvortrag/Verlustvortrag" ist nicht zulässig, da sich dieser auf das Vj. bezieht. Aus Gründen der Klarheit ist für solche Vorgänge eine Anhangangabe erforderlich.[16] Bei **KapCoGes** stellt der Ausweis des Eigenkapitals nach vollständiger Ergebnisverwendung den Regelfall dar (§ 264c Rz 15 ff.).

3 Entwicklung des Anlagevermögens (Abs. 2)

Das bisher in § 268 Abs. 2 HGB verankerte Wahlrecht, die Angaben zum Anlagenspiegel entweder in der Bilanz oder im Anhang auszuweisen, ist entsprechend der Vorgabe in Art. 17 Abs. 1 Buchst. a der EU-Richtlinie durch das BilRUG gestrichen worden. Zukünftig sind die Angaben gem. § 284 Abs. 3 HGB im Anhang ergänzt um weitere Angaben zu Abschreibungen zu machen (§ 284 HGB).

4 Nicht durch Eigenkapital gedeckter Fehlbetrag (Abs. 3)

Unabhängig von ihrer Größenklasse müssen **KapG** ggf. einen Posten „Nicht durch Eigenkapital gedeckter Fehlbetrag" gesondert als letzten Posten auf der Aktivseite ausweisen, wenn das Eigenkapital durch Überschüsse der Aufwendungen über die Erträge aufgebraucht ist und somit ein Überschuss der Passiv- über die Aktivposten vorliegt. Auf diese Weise wird der Ausweis eines negativen Eigenkapitalsaldos verhindert. Der Posten stellt lediglich einen rechnerischen Gegenposten zum Eigenkapital und keinen VG dar und darf nicht mit dem Jahresfehlbetrag bzw. dem Bilanzverlust des laufenden Gj verwechselt werden. Der Fehlbetrag kann wie folgt ermittelt werden:[17]

Praxis-Beispiel

Gezeichnetes Kapital	450.000
+ Kapitalrücklagen	+ 100.000
+ Gewinnrücklagen	+ 50.000
./. Verlustvortrag	./. 390.000
./. Jahresfehlbetrag	./. 240.000
= Nicht durch EK gedeckter Fehlbetrag	30.000

Der Posten darf nicht weiterentwickelt werden, sondern es ist an jedem Bilanzstichtag zu prüfen, ob eine buchmäßige Überschuldung vorliegt und der Ausweis des Postens „Nicht durch Eigenkapital gedeckter Fehlbetrag" weiterhin bestehen bleibt. Ist im laufenden Gj der Ausweis eines solchen Postens nicht mehr notwendig, ist in der Bilanz ein ggf. im Vj. festgestellter Fehlbetrag in der Vorjahresspalte auszuweisen (§ 265 Abs. 1 HGB).

---

[16] Vgl. Schubert/Hargarten, in Beck Bil-Komm., 14. Aufl. 2024, § 268 HGB Rz 9; Marx/Dallmann, in Baetge/Kirsch/Thiele, Bilanzrecht, § 268 HGB Rz 33, Stand: 10/2022.
[17] Vgl. Winnefeld, Bilanz-Handbuch, 5. Aufl. 2015, Kap. F Rz 590.

16 Der Posten dient als Indikator für das Vorliegen einer bilanziellen Überschuldung, die keinesfalls mit einer insolvenzrechtlichen Überschuldung (§ 19 Abs. 1, 2 InsO) gleichzusetzen ist, da der gem. Abs. 3 ausgewiesene Fehlbetrag lediglich die buchmäßige Überschuldung darstellt und nicht auf die Zeitwerte der VG und Schulden abstellt.[18] Bei Vorliegen einer bilanziellen Überschuldung sind erläuternde Angaben im Anhang zu machen (§ 264 Abs. 2 i. V. m. § 289 Abs. 1, 2 Nr. 2 HGB).[19]

17 Bei einer KapCoGes treten an die Stelle des gezeichneten Eigenkapitals die Kapitalanteile der Gesellschafter; bei einer KGaA sind die Kapitalanteile in einem gesonderten Posten (Kapitalanteil der phG) auszuweisen (§ 286 Abs. 2 S. 1 AktG). Übersteigt der auf einen **phG** entfallende Verlust seinen Kapitalanteil und besteht eine Zahlungsverpflichtung des Gesellschafters zum Verlustausgleich, so muss der Differenzbetrag auf der Aktivseite unter dem Posten „Einzahlungsverpflichtungen persönlich haftender Gesellschafter" gesondert unter den Forderungen ausgewiesen werden (§ 264c Abs. 2 Satz 4 HGB, § 286 Abs. 2 Satz 3 AktG). Für den Fall, dass keine Zahlungsverpflichtung besteht, muss der Betrag als „Nicht durch Vermögenseinlagen gedeckter Verlustanteil persönlich haftender Gesellschafter" ausgewiesen werden. Die Regelungen gelten analog auch für publizitätspflichtige Personengesellschaften (§ 5 Abs. 1 PublG).[20]

Bei **Kommanditisten** einer KapCoGes sind negative Kapitalanteile unter dem Posten „Nicht durch Vermögenseinlagen gedeckte Verlustanteile/Entnahmen von Kommanditisten" am Schluss der Aktivseite auszuweisen, falls im Gesellschaftsvertrag keine Verpflichtung enthalten ist, den Differenzbetrag auszugleichen. Es ist verboten, eine Saldierung mit positiven Kapitalanteilen anderer Kommanditisten oder phG vorzunehmen. Falls ein entsprechender Aktivposten für Letztere besteht, so müssen beide Posten gesondert ausgewiesen werden.[21] Eine Forderung muss als „Einzahlungsverpflichtungen für Kommanditisten" ausgewiesen werden, wenn sein Kapitalanteil geringer als der auf ihn entfallende Verlust ist und eine Einzahlungsverpflichtung vorliegt. Selbiges gilt, wenn der Kommanditist Gewinnanteile entnimmt und sein Kapitalanteil durch Verlust unter den Betrag seiner getätigten Einlage sinkt.

5 Angabeverpflichtungen für Forderungen (Abs. 4)

5.1 Fälligkeiten (Abs. 4 Satz 1)

18 Für große und mittelgroße KapG/KapCoGes muss gem. § 266 Abs. 3 HGB der Posten **„Forderungen und sonstige Vermögensgegenstände"** wie folgt unterteilt werden:
- Forderungen aus Lieferungen und Leistungen
- Forderungen gegen verbundene Unt
- Forderungen gegen Unt, mit denen ein Beteiligungsverhältnis besteht
- Sonstige Vermögensgegenstände

---

[18] Vgl. BGH, Urteil v. 8.1.2001, II ZR 88/99, BGHZ 146 S. 264, unter I.2.a.
[19] Vgl. Kajüter/Winkler, KoR 2003, S. 217 ff.
[20] Vgl. Marx/Dallmann, in Baetge/Kirsch/Thiele, Bilanzrecht, § 268 HGB Rz 64–65, Stand: 10/2022.
[21] Vgl. Theile, BB 2000, S. 556 f.

Zusätzlich ist nach Abs. 4 Satz 1 zu jedem gesondert ausgewiesenen Posten der Betrag der Forderung mit einer **Restlaufzeit von mehr als einem Jahr** als „Davon"-Vermerk in der Bilanz oder im Anhang kenntlich zu machen.[22]

Von dieser **Vermerkungspflicht** sind auch die Forderungen betroffen, die in einem anderen Posten wie z.b. „Sonstige Vermögensgegenstände" ausgewiesen sind, oder Forderungen gegenüber Gesellschaftern einer GmbH.

Durch den getrennten Ausweis von kurzfristigen Mitteln, die innerhalb des auf den Abschlussstichtag folgenden Jahres zufließen, und den erwarteten Zahlungseingängen außerhalb eines Einjahres-Zeitraums soll der Bilanzleser einen besseren Einblick in die Liquiditäts- und Finanzlage des Unt erhalten. Aus der Regelung folgt, dass Forderungen, die im AV erfasst wurden, nicht einzubeziehen sind, weil grds. nicht von einem kurzfristigen Mittelzufluss ausgegangen werden kann.

19

Wenn unter den Forderungen des UV weitere Posten pflichtgemäß separat auszuweisen sind oder das Gliederungsschema durch Hinzufügen weiterer Posten freiwillig erweitert wird (§ 265 Abs. 5 HGB), gilt die Vermerkpflicht der Restlaufzeit auch für diese Posten. Dabei kann es sich bspw. handeln um:
- eingeforderte Nachschüsse von GmbH-Gesellschaftern (§ 266 Rz 88),
- Einzahlungsverpflichtungen von Komplementären einer KGaA (§ 266 Rz 87),
- Forderungen gegen GmbH-Gesellschafter und Komplementäre einer KGaA (§ 266 Rz 86),
- Forderungen aus Factoring.

20

Falls eine **kleine Ges.** die Erleichterungsmöglichkeiten von § 266 Abs. 1 Satz 3 HGB in Anspruch nimmt und lediglich den Posten „Forderungen und sonstige Vermögensgegenstände" ausweist, so ist es ausreichend, wenn sie lediglich den Gesamtbetrag der Forderungen mit einer Restlaufzeit von mehr als einem Jahr angibt, weil sich die gesetzliche Regelung ausdrücklich auf „gesondert ausgewiesene Posten" bezieht.[23] Analog ist in der Bilanz nur die Restlaufzeit für zusammengefasste Forderungsbeträge anzugeben, wenn gem. § 265 Abs. 7 HGB Posten zusammengefasst wurden; jedoch ist im Anhang eine Aufgliederung der zusammengefassten Posten mit den Restlaufzeitenvermerken vorzunehmen.

21

Nach § 265 Abs. 2 Satz 1 HGB sind **Vorjahresbeträge** für Bilanzvermerke nicht explizit anzugeben, sodass Restlaufzeiten für Vorjahreswerte handelsrechtlich nicht zwingend zu benennen sind. Dennoch ist eine solche Angabe für Vorjahreswerte zu empfehlen und in der Praxis auch anzutreffen.[24]

22

Hinsichtlich der **Bestimmung der Restlaufzeit** ist der Zeitraum zwischen dem Abschlussstichtag und dem Tag des voraussichtlichen Forderungseingangs maßgeblich. Zahlungen, für die ursprünglich ein langfristiges Zahlungsziel vereinbart worden ist und die nun aber binnen eines Jahrs nach dem Abschlussstichtag getätigt werden, sind somit nicht mehr vermerkpflichtig. Umgekehrt aber müssen Zahlungen vermerkt werden, wenn unerwarteterweise die Zahlungen erst nach mehr als einem Jahr zu erwarten sind. Insofern muss das Unt schätzen, bei

23

---

[22] Zur praktischen Umsetzung s. Kreipl/Lange/Müller in Bertram/Brinkmann/Kessler/Müller, Haufe HGB Bilanz Kommentar Erfahrungsbericht BilMoG, 2012, Rz 90ff.
[23] Vgl. Marx/Dallmann, in Baetge/Kirsch/Thiele, Bilanzrecht, § 268 HGB Rz 73, Stand: 10/2022.
[24] Vgl. Matschke, in Rechnungslegung, Hofbauer/Kupsch, § 268 HGB Rz 102, Stand: 3/2016.

welchen Forderungen innerhalb eines Jahres nach dem Abschlussstichtag mit einem Zahlungseingang zu rechnen ist und bei welchen wiederum nicht. Das Schätzen der Restlaufzeit ist vorsichtig und nach jedem Abschlussstichtag erneut vorzunehmen. Dabei ist eher zu lang als zu kurz zu schätzen, damit die Liquiditätslage des Unt nicht zu positiv dargestellt wird.[25]

24 Falls Forderungen durch **Ratenzahlungen** beglichen werden, so ist nur auf den Teilbetrag abzustellen, der nach Ablauf des nächsten Gj getilgt wird. Insofern muss bspw. bei Leasinggeschäften die über ein Jahr hinausgehende Gesamtforderung um die Raten gekürzt werden, die innerhalb der nächsten zwölf Monate eingehen werden. Bei der Ermittlung der Restlaufzeit ist auf den Nennbetrag der Forderung abzustellen, der ggf. um **Einzel- oder Pauschalwertberichtigungen** oder Abzinsungen anzupassen ist.[26] Falls eine wertberichtigte Forderung nur teilweise binnen der nächsten zwölf Monate fällig ist, muss der Forderungswert gem. dem Verhältnis der Nominalbeträge der Teilforderungen auf die beiden Zeiträume aufgeteilt werden.[27]

5.2 Antizipative Posten (Abs. 4 Satz 2)

25 Gem. Abs. 4 Satz 2 besteht für die unter den sonstigen VG ausgewiesenen Vermögensgegenstände eine Erläuterungspflicht im Anhang, sofern diese rechtlich erst nach dem Abschlussstichtag entstehen (antizipative Posten) und einen größeren Umfang haben.
Antizipative Posten sind Ausdruck der periodengerechten Erfolgsermittlung. Es handelt sich hierbei um künftige Einzahlungen, die im ablaufenden Gj bereits realisiert wurden, deren Erträge nach dem Realisationsprinzip aber erst im nächsten Gj zu buchen sind. Als Beispiele werden bis zum Bilanzstichtag entstandene Zinserträge und Miet- und Pachterträge genannt.

> **Praxis-Beispiel**
> Ein Unt hat eine Festgeldanlage bei einer Bank, die halbjährlich abrechnet. Die Zinszahlungen erfolgen jeweils am 30.9. und am 31.3.; Bilanzstichtag ist der 31.12. Rechtlich entsteht die Zinsforderung für die Abrechnung im Frühjahr erst am 31.3. Am 31.12. grenzt das Unt aber die dem Geschäftsjahr zuzurechnende Zinszahlung als „sonstigen Vermögensgegenstand" ab.

Diese Erläuterungspflicht bezieht sich auf die in den sonstigen VG enthaltenen (antizipativen) **Forderungen**, die als **sonstige Forderungen** ausgewiesen werden.
26 Eine Erläuterungspflicht ist nur geboten, wenn es sich um Beträge handelt, die einen **größeren Umfang** haben. Falls innerhalb der sonstigen VG mehrere antizipative Posten enthalten sind, so ist auf den Gesamtbetrag abzustellen. Im Gesetz finden sich keine Anhaltspunkte dafür, was unter „größerem Umfang" zu verstehen ist. Ausschlaggebend ist daher der Grundsatz der Wesentlichkeit. Als Bezugsgröße fungiert zunächst der Posten „Sonstige Vermögensgegenstände".

---

[25] Vgl. Marx/Dallmann, in Baetge/Kirsch/Thiele, Bilanzrecht, § 268 HGB Rz 74, Stand: 10/2022.
[26] Vgl. Böcking/Sittmann-Haury, BB 2003, S. 198; Schubert/Hargarten, in Beck Bil-Komm., 14. Aufl. 2024, § 268 HGB Rz 28.
[27] Vgl. Dyck/Hayn/Knop/Kültin/Lorson/Scholz, in Küting/Weber, HdR-E, § 268 HGB Rz 200, Stand: 6/2022.

Falls dieser Posten betragsmäßig sehr gering ausfällt, sind auch die weiteren Forderungsposten heranzuziehen.[28]

Antizipative Posten, die am Abschlussstichtag rechtlich noch nicht entstanden und bei größerem Umfang im Anhang zu erläutern sind, sind selten.

> **Praxis-Beispiel**[29]
> Bestimmte Steuererstattungsansprüche (KSt, GewSt), die erst mit Ablauf des Kj. entstehen, deren Bemessungsgrundlage bereits bei Auflauf eines davor endenden abweichenden Wirtschaftsjahrs verwirklicht ist, können als antizipative Posten angesehen werden. Die Höhe ist erst nach Abgabe der Steuererklärung gewiss. Gleiches gilt für Vorsteueransprüche, für die es noch keine Rechnungen gibt,[30] und Investitionszulagen wie auch Rückzahlungsansprüche aus Steuerminderungen (§ 37 Abs. 2 Satz 2 KStG). Auch erwartete Umsatzprämien ohne Rechtsanspruch sind erläuterungspflichtig.

Abs. 4 Satz 2 fordert lediglich, dass die Beträge im **Anhang** zu erläutern sind, wohingegen eine quantitative Angabe nicht verlangt wird. Diese Angabe kann aber freiwillig erfolgen und erscheint sinnvoll. Gleiches gilt für die Angabe von Vorjahreswerten.

Kleine KapG sind von dieser Erläuterungspflicht im Anhang befreit (§ 274a Nr. 2 HGB).

6 Angabeverpflichtungen für Verbindlichkeiten (Abs. 5)

6.1 Fälligkeiten

Abs. 5 Satz 1 schreibt vor, dass der Betrag für jeden innerhalb der Verbindlichkeiten auszuweisenden Posten (§ 266 Abs. 3 HGB) mit einer Restlaufzeit bis zu einem Jahr und mit einer Restlaufzeit von mehr als einem Jahr zu vermerken ist.[31] Grundsätzlich ist diese Angabe in der Bilanz zu machen (Rz 31). Zweck dieser Vorschrift ist es, die kurzfristigen Liquiditätsabflüsse aus dem Bestand an Verbindlichkeiten zum Abschlussstichtag gesondert erkennbar zu machen. Ausgenommen von dieser Regelung sind erhaltene Anzahlungen auf Bestellungen, da diese zunächst nur Liefer- oder Leistungsverpflichtungen begründen und noch keine unmittelbaren Zahlungsverpflichtungen darstellen.[32] Falls die Erfüllung der Liefer- oder Leistungsverpflichtung ausbleibt, entsteht eine Rückzahlungsverpflichtung und der Betrag ist in den Posten „Sonstige Verbindlichkeiten" umzugliedern. In diesem Fall sind Angaben zur Restlaufzeit erforderlich.

Kleine Ges. müssen die Untergliederung des Postens „Verbindlichkeiten" nicht vornehmen. Folglich ist bei Inanspruchnahme dieses Ausweiswahlrechts die Restlaufzeit für den Gesamtbetrag der ausgewiesenen Verbindlichkeiten zu vermerken.

---

28 Vgl. ADS, Rechnungslegung und Prüfung der Unternehmen, 6. Aufl. 1995–2001, § 268 HGB Rz 107.
29 Vgl. Schubert/Hargarten, in Beck Bil-Komm., 14. Aufl. 2024, § 268 HGB Rz 32.
30 BFH, Urteil v. 12.5.1993, BStBl II S. 786.
31 Zur praktischen Umsetzung s. Kreipl/Lange/Müller in Bertram/Brinkmann/Kessler/Müller, Haufe HGB Bilanz Kommentar Erfahrungsbericht BilMoG, 2012, Rz 320 ff.
32 Vgl. Marx/Dallmann, in Baetge/Kirsch/Thiele, Bilanzrecht, § 268 HGB Rz 81, Stand: 10/2022.

Mittelgroße und große Ges. müssen zusätzlich für jeden einzelnen Posten der Verbindlichkeiten die jeweiligen Teilbeträge mit einer **Restlaufzeit von mehr als fünf Jahren** im Anhang darstellen (§ 285 Nr. 1a, 2 HGB), wenn sie sich nicht aus der Bilanz ergeben. Kleine Ges. haben die Angaben wiederum nur bezogen auf den Gesamtbetrag vorzunehmen (§ 288 HGB).

31 Der für mittelgroße und große Ges. vorgeschriebene Ausweis der in der Bilanz auszuweisenden Restlaufzeiten jedes einzelnen Verbindlichkeitspostens bis zu einem Jahr, mehr als einem Jahr und über fünf Jahren kann durch einen „Davon"-Vermerk in der Bilanz erfolgen. Zur Verbesserung der Übersichtlichkeit können alle Angaben in einem **Verbindlichkeitenspiegel** im Anhang zusammengefasst werden (§ 285 Rz 8 ff.).[33] Eine Angabe von Vorjahreswerten ist nicht vorgeschrieben, aber zu empfehlen (Rz 22).

Praxis-Beispiel
Die tabellarische Darstellung eines Verbindlichkeitenspiegels kann – unter Berücksichtigung der geforderten Angaben gem. § 285 Nr. 1 und 2 HGB – wie folgt aussehen:[34]

	Restlaufzeit			Summe	Sicherheiten	
Art	< 1 Jahr	1–5 Jahre	> 5 Jahre		Art	Betrag
…						

32 Verbindlichkeiten sind als fällig anzusehen, wenn sie aufgrund vertraglicher oder gesetzlicher Regelungen zu einem bestimmten Zeitpunkt zu zahlen sind. Bei der Ermittlung der Restlaufzeit ist der Zeitpunkt maßgeblich, an dem der Gläubiger die Forderung frühestens fällig stellen kann. Dabei wird die **Restlaufzeit** als der Zeitraum zwischen dem Abschlussstichtag und dem vertraglich oder gesetzlich bestimmten Fälligkeitstag angesehen. Lässt sich dieser nicht eindeutig bestimmen, so muss der Gläubiger unter Beachtung des Vorsichtsprinzips eine Schätzung vornehmen.[35]

6.2 Erhaltene Anzahlungen auf Bestellungen

33 Gem. Abs. 5 Satz 2 besteht ein **Wahlrecht**, erhaltene Anzahlungen auf Bestellungen entweder offen von den Vorräten abzusetzen oder gesondert unter den Verbindlichkeiten auszuweisen. Die vielfach kritisch betrachtete offene Absetzung der erhaltenen Anzahlungen von den Vorräten ist weiterhin erlaubt, da dieses Wahlrecht in Anhang III Passiva, Buchst. C. Nr. 3 der Bilanzrichtlinie 2013/34/EU verankert ist. Dieses Ausweiswahlrecht ist ein beliebtes Instrument, z. B. bei Maschinenbauunternehmen, um i. S. d. Größenkriterien i. S. v. § 267 HGB die Bilanzsumme zu senken und gleichzeitig eine höhere Eigenkapitalquote zu erreichen.

---

[33] Vgl. Göllert, BB 1984, S. 1849–1850; Hoffmann, BB Beilage 1/1983, S. 10, sowie ADS, Rechnungslegung und Prüfung der Unternehmen, 6. Aufl. 1995–2001, § 268 HGB Rz 113.
[34] Zu praktischen Bsp. s. Kreipl/Lange/Müller in Bertram/Brinkmann/Kessler/Müller, Haufe HGB Bilanz Kommentar Erfahrungsbericht BilMoG, 2012, Rz 389.
[35] Vgl. Marx/Dallmann, in Baetge/Kirsch/Thiele, Bilanzrecht, § 268 HGB Rz 81.2, Stand: 10/2022.

Mit dem gesonderten **Ausweis unter Verbindlichkeiten** wird die erfolgsneutrale Erfassung eines schwebenden Geschäfts erreicht. Erst wenn die Erfüllung dieses Geschäfts nicht mehr erfolgt, entsteht eine Rückzahlungsverpflichtung und es muss eine Umgliederung in die sonstigen Verbindlichkeiten erfolgen. Als Abgrenzung zu den passiven RAP ist die fehlende zeitraumbezogene Gegenleistung der erhaltenen Anzahlungen zu sehen, die sich über den Abschlussstichtag erstrecken. 34

Die Verrechnung mit den Vorräten stellt eine Ausnahme vom Saldierungsverbot (§ 246 Abs. 2 HGB) dar und führt zu einem Informationsverlust. Dies wird dadurch kompensiert, dass zwingend eine **offene Absetzung** erfolgen muss und damit die Erkennbarkeit gewährleistet ist. Eine Verrechnung mit den Vorräten darf nur vorgenommen werden, wenn Bestände ausgewiesen werden, die den Anzahlungen zuzurechnen sind. Entsprechend ist auch bei erhaltenen Anzahlungen von Dienstleistungsunternehmen zu verfahren. 35

Abs. 5 Satz 2 ist für **kleine KapCoGes** nicht relevant, wenn diese gem. § 266 Abs. 1 Satz 3 HGB eine verkürzte Bilanz aufstellen. Da die Verbindlichkeiten zusammengefasst ausgewiesen werden, kann ein gesonderter Ausweis der erhaltenen Anzahlungen unterbleiben. Wenn ein Ausweis unter den Vorräten gewählt wird, sind die Anzahlungen offen abzusetzen.[36] 36

6.3 Antizipativer Posten

Gem. § 268 Abs. 5 Satz 3 HGB müssen Verbindlichkeiten, die **rechtlich erst nach dem Abschlussstichtag entstehen** (**antizipative Verbindlichkeiten**) und einen größeren Umfang haben, im Anhang erläutert werden. **Kleine Ges.** sind nach § 274a Nr. 3 HGB von dieser Angabepflicht befreit. Das Kriterium der rechtlichen Entstehung der Verbindlichkeit erst nach dem Abschlussstichtag stellt ein Problem dar, weil die rechtliche Entstehung überhaupt erst den bilanziellen Ausweis einer Verbindlichkeit ermöglicht. 37

Bei antizipativen Posten ist die rechtliche Entstehung bereits gegeben und nur die Fälligkeit steht noch aus. Somit können sie nicht von dieser Erläuterungspflicht betroffen sein. Falls die rechtliche Entstehung einer Verbindlichkeit ungewiss ist, so ist ein Ausweis als Rückstellung zu prüfen, womit ebenfalls keine Vermerkpflicht gem. Abs. 5 Satz 3 verbunden ist.[37] 38

7 Aktiviertes Disagio (Abs. 6)

Abs. 6 fordert einen **gesonderten Ausweis** des Disagios in der Bilanz unter den aktiven RAP oder im Anhang, falls von dem Aktivierungswahlrecht für ein Disagio (§ 250 Abs. 3 HGB) Gebrauch gemacht wird. Für eG (§ 336 Abs. 2 HGB) und dem PublG unterliegende Personengesellschaften (§ 5 Abs. 1 PublG) sowie Kreditinstitute (§ 340e Abs. 2 HGB) und Versicherungen (§ 341c HGB) existieren rechtsform- oder branchenspezifisch vergleichbare, z.T. weitergehende Vorschriften. Diese Regelung gilt gem. § 274a HGB nicht für **kleine KapCoGes**.[38] 39

---

[36] Vgl. Weirich/Zimmermann, AG 1986, S. 268f.
[37] Vgl. Schubert, in Beck Bil-Komm., 14. Aufl. 2024, § 268 HGB Rz 42; Marx/Dallmann, in Baetge/Kirsch/Thiele, Bilanzrecht, § 268 HGB Rz 87, Stand: 10/2022.
[38] Vgl. Schubert, in Beck Bil-Komm., 14. Aufl. 2024, § 268 HGB Rz 45.

40 Mit dem Ausweiswahlrecht des Abs. 6 wird die Regelung des § 250 Abs. 3 HGB erweitert und die Inanspruchnahme des Wahlrechts erkennbar. Eine überbetriebliche Vergleichbarkeit kann dennoch nicht erreicht werden, wenn andere Unt die sofortige Aufwandsverrechnung wählen, da in diesem Fall keine quantitativen Angaben geboten sind.

41 Der **Ausweis in der Bilanz** kann entweder durch Verwendung eines „Davon"-Vermerks oder durch eine Untergliederung des RAP (§ 265 Abs. 5 HGB) erfolgen. Es ist keine bestimmte Bezeichnung des Postens im Gesetz vorgeschrieben; Bezeichnungen wie „Disagio" oder „Damnum" sind üblich. Existieren mehrere Disagio-Beträge aus verschiedenen Auszahlungs- oder Rückzahlungsdisagios, so können diese für den Ausweis unter den RAP in einem Betrag zusammengefasst werden; es ist nicht erforderlich, jeden Betrag einzeln auszuweisen.[39]

Bei einem **Ausweis im Anhang** ist eine Angabe im Zusammenhang mit den Erläuterungspflichten (§ 284 Abs. 2 Nr. 1 HGB) sinnvoll. In diesem Fall ist die Höhe des insgesamt abgegrenzten Unterschiedsbetrags mit Hinweis auf § 250 Abs. 3 HGB zu zeigen und in den Folgejahren zu wiederholen (§ 284 Rz 42). Wenn eine Änderung der Bilanzierungs- und Bewertungsmethode vorgenommen wurde, ist im ersten Jahr hierauf im Anhang hinzuweisen (§ 284 Abs. 2 Nr. 3 HGB).

8 Haftungsverhältnisse (Abs. 7)

42 Nach Abs. 7 haben KapG/KapCoGes für die in § 251 HGB bezeichneten Haftungsverhältnisse die Angaben zu nicht auf der Passivseite auszuweisenden Verbindlichkeiten und Haftungsverhältnisse nun noch im Anhang zu machen (Abs. 7 Nr. 1). Dabei sind die Haftungsverhältnisse jeweils gesondert unter Angabe der gewährten Pfandrechte und sonstigen Sicherheiten anzugeben (Abs. 7 Nr. 2) sowie Verpflichtungen betreffend Altersversorgung und Verpflichtungen gegenüber verbundenen und assoziierten Unt gesondert zu vermerken (Abs. 7 Nr. 3). Die Angaben sind von dem PublG unterliegenden Unt zu machen (§ 5 Abs. 1 Satz 2 PublG). Banken (§ 340a HGB) müssen die Vorgaben in Abs. 7 ebenso wie Versicherungen (§ 341a HGB) uneingeschränkt beachten. Einzelkaufleute und reine PersG, die dem PublG unterliegen, müssen die Haftungsverhältnisse zwangsläufig unter der Bilanz ausweisen, da sie gem. § 5 Abs. 2 Satz 1 PublG keinen Anhang erstellen müssen. Grundsätzlich gilt die Angabepflicht des Abs. 7 auch für **kleine Ges** i. S. d. § 267 Abs. 1 HGB. Allerdings müssen diese ihre Verbindlichkeiten nicht gem. § 266 Abs. 3 C 1–8 HGB aufgliedern (§ 266 Rz 143 ff.), sodass auch ein gesonderter Ausweis der Haftungsverhältnisse nach Abs. 7 Nr. 2 und Nr. 3 nicht gefordert werden kann. Auch Kleinstgesellschaften müssen keinen Anhang erstellen und die Angaben zu Haftungsverhältnissen unter der Bilanz machen; auch sie brauchen keine Untergliederung vornehmen (§ 266 Abs. 1 Satz 4 HGB).[40]

43 Bei Haftungsverhältnissen handelt es sich um **eine einseitige vertragliche Verpflichtung gegenüber Dritten**, die aufgrund eines Ereignisses, das von Unt nicht kontrollierbar ist, mit einer Vermögensbelastung verbunden sein kann. Die

---

[39] Vgl. ADS, Rechnungslegung und Prüfung der Unternehmen, 6. Aufl. 1995–2001, § 268 HGB Rz 121 f.
[40] Vgl. zur hM Schubert/Berberich, in Beck Bil-Komm., 14. Aufl. 2024, § 268 HGB Rz 50 f.; Marx/Dallmann, in Baetge/Kirsch/Thiele, Bilanzrecht, § 268 HGB Rz 106, Stand: 10/2022.

Inanspruchnahme ist am Bilanzstichtag hingegen wenig wahrscheinlich.[41] Folgende in § 251 HGB genannten Haftungsverhältnisse müssen **gesondert aufgeführt** werden (zu Einzelheiten s. § 251 Rz 12, 15, 21 und 39):
- Verbindlichkeiten aus der Begebung und Übertragung von Wechseln,
- Verbindlichkeiten aus Bürgschaften, Wechsel- und Scheckbürgschaften,
- Verbindlichkeiten aus Gewährleistungsverträgen sowie
- Haftungsverhältnisse aus der Bestellung von Sicherheiten für fremde Verbindlichkeiten.

Zweck dieser Angabe ist es, die Informationsbereitstellung über in der Bilanz nicht passivierungsfähige Verpflichtungen zu verbessern, damit die Interessenten des Jahresabschlusses das unternehmerische Risikopotenzial besser erkennen können. Ergänzend sind gem. § 285 Nr. 27 HGB bzw. § 314 Abs. 1 Nr. 19 HGB (für Konzernabschlüsse) im Anhang die Gründe der Einschätzung des Risikos der Inanspruchnahme für nach § 251 HGB unter der Bilanz ausgewiesene Verbindlichkeiten und Haftungsverhältnisse anzugeben. Abs. 7 fordert lediglich die Angabe der in § 251 HGB bezeichneten Haftungsverhältnisse, jeweils gesondert im Anhang. 44

Der gesonderte Ausweis verlangt die Angabe des jeweiligen Betrags. Es ist der **volle Haftungsbetrag** und nicht der Betrag der wahrscheinlichen Inanspruchnahme anzugeben. Wenn dieser nicht sicher quantifiziert werden kann, muss eine Schätzung des Betrags vorgenommen werden. Ist dies auch nicht möglich, ist das bestehende nicht quantifizierbare Haftungsverhältnis unter der Bilanz oder im Anhang zu erläutern. 45

Nach Abs. 7 Nr. 2 ist jeweils eine gesonderte Angabe der Haftungsverhältnisse unter Nennung der gewährten Pfandrechte und sonstigen Sicherheiten gefordert. Zu den **Pfandrechten und sonstigen Sicherheiten** zählen Grundpfandrechte (Grund- und Rentenschulden, Hypotheken), Pfandrechte an beweglichen Sachen und Rechten, Zessionen und Sicherungsübereignungen, Sicherheitsabtretungen vor Forderungen und Rechten sowie Eigentumsvorbehalte. Allerdings kann bspw. bei branchen-, betriebs- oder verkehrsüblichen Eigentumsvorbehalten eine Einbeziehung in die Angaben entfallen. Es ist ausreichend, wenn zu den Haftungsverhältnissen die Art der Pfandrechte und Sicherheiten als betragsmäßiger „Davon"-Vermerk genannt werden (Rz 49). 46

Nach Abs. 7 Nr. 3 sind **Verpflichtungen betreffend Altersversorgung und Verpflichtungen gegenüber verbundenen und assoziierten Unt** ebenfalls gesondert zu vermerken, d. h., bei jedem der in § 251 HGB genannten Haftungsverhältnisse muss der Betrag gesondert genannt werden, der auf Verpflichtungen betreffend Altersversorgung und gegenüber verbundenen und assoziierten Unt entfällt. Dies kann als „Davon"-Vermerk erfolgen (Rz 49). Die Angabepflicht betreffend **Altersversorgungsverpflichtungen** wurde durch das BilRUG gem. Art. 16 Abs. 1 Buchst. d der RL 2013/34/EU ergänzt. Angabepflichtig sind Haftungen für Altersversorgungsverpflichtungen bei Betriebsübergang gem. § 613a BGB.[42] 47

Dagegen unterliegen nicht passivierte Pensionsverpflichtungen (Art. 28 Abs. 1 EGHGB) bereits der speziellen Angabepflicht des Art. 28 Abs. 2 EGHGB, die im

---

[41] Vgl. Fey, WPg 1992, S. 4.
[42] Schubert/Berberich, in Beck Bil-Komm., 14. Aufl. 2024, § 268 HGB Rz 54f.

Zuge des BilRUG nicht gestrichen wurde. Entsprechend dieser bereits bisher nötigen Angabe unterliegen zuvor nach Art. 28 Abs. 2 EGHGB angabepflichtige Sachverhalte nicht der Angabepflicht des Abs. 7. Gleiches gilt z. B. für Subsidiärhaftung bei alternativen Durchführungsformen der betrieblichen Altersversorgung.[43]

48 Die **Verpflichtungen gegenüber verbundenen und assoziierten Unternehmen** erstrecken sich auf die vier genannten Arten von Haftungsverhältnissen (Rz 43), für die jeweils der Betrag und ggf. vorhandene Sicherheiten gesondert anzugeben sind. Diese Angabe bezieht sich auf die bestehenden Haftungsverhältnisse gegenüber verbundenen und assoziierten Unt, nicht auf die zugunsten dieser Unt eingegangenen Haftungsverhältnisse.[44]
So sind beim MU im Einzelabschluss bei bestehenden Bürgschaften oder Patronatserklärungen gegenüber TU oder assoziierten Unt die Angaben nach Abs. 7 zu machen, nicht aber im Einzelabschluss des TU oder assoziierten Unt.[45]
Der Jahresabschluss einer **GmbH** hat zusätzlich **Verbindlichkeiten gegenüber den Gesellschaftern** in der Bilanz gesondert auszuweisen oder alternativ im Anhang aufzuführen. Nr. 7 fordert auch die Erfassung und den gesonderten Ausweis von Haftungsverbindlichkeiten gegenüber GmbH-Gesellschaftern.[46] Falls es sich bei dem Gesellschafter um ein verbundenes Unt handelt, so ist ein Mitzugehörigkeitsvermerk anzubringen. Analog müssen haftungsbeschränkte PersG gem. § 264c Abs. 1 HGB ihre Verbindlichkeiten gegenüber Gesellschaftern gesondert benennen.[47]

49 Die Darstellung unterliegt dem Stetigkeitsgebot gem. § 265 Abs. 1 HGB. Obwohl gem. § 265 Abs. 2 und 8 HGB **Vorjahresangaben** nur für Posten „in" der Bilanz anzugeben sind, ist eine Vorjahresangabe zu empfehlen,[48] „damit die Veränderungen des Haftungsvolumens als Vorboten einer Passivierung erkennbar gemacht werden".[49]
Zusätzlich zum Vermerk nach Nr. 7 müssen Ges. auch nach § 285 Nr. 9c HGB (§ 285 Rz 64 ff.) über bestimmte Haftungsverhältnisse, die zugunsten der Mitglieder des Geschäftsführungsorgans, eines Aufsichtsrats, eines Beirates oder einer ähnlichen Einrichtung eingegangen wurden, im Anhang berichten. Eine Verknüpfung dieser doppelten Angabepflicht kann durch einen „Davon"-Vermerk oder einen gesonderten Zusatz erfolgen. Aus Übersichtlichkeitsgründen ist eine Darstellung in **tabellarischer Form** zu empfehlen, aus der jeweils Art und Betrag der Haftungsverhältnisse und der gewährten Sicherheiten sowie jeweils die Beträge gegenüber verbundenen und assoziierten Unt wie auch aus Altersversorgungsverpflichtungen enthalten sind. Zudem könnte eine Spalte „Begründung" angefügt werden, um die Angabepflichten des § 285 Nr. 27 HGB zu erfüllen.[50]

---

[43] Vgl. Schubert/Berberich, in Beck Bil-Komm., 14. Aufl. 2024, § 268 HGB Rz 55; Fink/Theile, DB 2015, S. 755; Wulf, DStZ 2015, S. 827.
[44] Vgl. Schubert/Berberich, in Beck Bil-Komm., 14. Aufl. 2024, § 268 HGB Rz 56.
[45] Vgl. Hoffmann/Lüdenbach, NWB Kommentar Bilanzierung, 15. Aufl. 2023, § 268 Rz 153 f.
[46] Vgl. Reiner, in MünchKomm HGB, 5. Aufl. 2024, § 268 HGB Rz 27.
[47] Vgl. Schubert/Berberich, in Beck Bil-Komm., 14. Aufl. 2024, § 268 HGB Rz 58.
[48] Vgl. Marx/Dallmann, in Baetge/Kirsch/Thiele, Bilanzrecht, § 268 HGB Rz 106, Stand: 10/2022.
[49] Reiner, in MünchKomm HGB, 5. Aufl. 2024, § 268 HGB Rz 24.
[50] Vgl. Schubert/Berberich, in Beck Bil-Komm., 14. Aufl. 2024, § 268 HGB Rz 53; Hoffmann/Lüdenbach, NWB Kommentar Bilanzierung, 15. Aufl. 2023, § 268 HGB Rz 155.

9 Ausschüttungssperre (Abs. 8)

Abs. 8 wurde aufgrund des Vorsichtsprinzips und i.S.d. Gläubigerschutzes im Zuge des BilMoG ergänzt, um eine Ausschüttung i.H.d. noch nicht realisierten Erträge aus der Aktivierung bestimmter Vermögensposten oder aus der Bewertung bestimmter Aktiva zum beizulegenden Zeitwert jeweils abzgl. der hierfür gebildeten passiven latenten Steuern zu vermeiden. Im Einzelnen betrifft die **Ausschüttungssperre** Erträge, die aus den folgenden Bilanzierungsvorschriften resultieren:[51]

1. Nutzung des Ansatzwahlrechts für selbst geschaffene immaterielle VG des AV (§ 248 Rz 10ff.);
2. Nutzung des Ansatzwahlrechts für aktive latente Steuern (§ 274 Rz 121 ff.), Ausnahme: kleine Gesellschaften (§ 274a Nr. 5 HGB) sowie
3. Buchgewinne aus aktivierten Vermögensgegenständen i.S.d. § 246 Abs. 2 Satz 2 HGB, die der Erfüllung von Schulden aus Altersversorgungsverpflichtungen und ähnlichen Verpflichtungen dienen (§ 246 Rz 107ff.).

Ausschüttungsgesperrt sind die jeweiligen Beträge der drei genannten Posten. Allerdings sind bei Posten Nr. 1 und 3 die gebildeten (nicht notwendigerweise ausgewiesenen) passiven latenten Steuern abzuziehen.

Zudem dürfen Gewinne nach § 253 Abs. 6 HGB nur ausgeschüttet werden, wenn die nach der Ausschüttung verbleibenden frei verfügbaren Rücklagen zzgl. eines Gewinnvortrags und abzgl. eines Verlustvortrags mindestens dem Unterschiedsbetrag zwischen dem Bilanzansatz der **Rückstellungen für Pensionen und ähnliche Verpflichtungen** (bewertet mit einem Durchschnittszinssatz auf Basis der letzten zehn Jahre) und einer Bewertung mit dem Durchschnittszinssatz der letzten sieben Geschäftsjahre entsprechen. Auch in § 272 Abs. 5 HGB ist die Bildung einer ausschüttungsgesperrten Rücklage vorgeschrieben, sofern der auf eine Beteiligung entfallende Teil des Jahresüberschusses in der GuV die erhaltene oder rechtswirksam beschlossene Dividende oder den Gewinnanteil übersteigt. Ebenso schreibt § 30 GmbHG eine Ausschüttungssperre vor, wonach Auszahlungen an die Gesellschafter verboten sind, die zur Erhaltung des Stammkapitals erforderlich sind.

Zentraler **Zweck** der Ausschüttungssperre ist es, Erträge, die noch nicht realisiert sind, nicht an Anteilseigner auszuschütten bzw. abzuführen. Die Ausschüttungssperre stellt damit eine Verbindung von der informationsorientierten zur ausschüttungsorientierten Bilanzdarstellung dar.[52] Sofern selbst geschaffene immaterielle VG des AV und aktive latente Steuern – jeweils unter Nutzung des Ansatzwahlrechts – in der Bilanz ausgewiesen werden, darf der Gewinn nicht vollständig ausgeschüttet werden. Gleiches gilt bei einer Durchbrechung des Realisationsprinzips, wenn bei einer Zeitwertbilanzierung von Zweckvermögen für Verpflichtungen gegenüber Arbeitnehmern die Erhöhungen der Vermögensposition noch nicht durch den Umsatzakt realisiert wurden.

Abs. 8 steht in Zusammenhang mit der in § 285 Nr. 28 HGB geforderten Aufgliederung des ausschüttungsgesperrten Gesamtbetrags in Erträge aus der Aktivierung selbst geschaffener immaterieller Anlagen und latenter Steuern wie auch aus

---

[51] Vgl. Lanfermann/Röhricht, DStR 2009, S. 1216.
[52] Vgl. Müller/Schmidt, Accounting 7/2008, S. 16ff.

der Bewertung von aktivierten VG zum beizulegenden Zeitwert. Die **Anhangangaben** dienen somit als Erl. zur Regelung des Abs. 8, um die Zusammensetzung des Gesamtbetrags für Bilanzleser nach der Herkunft erkennbar und nachvollziehbar machen zu können.[53]

53 Die Ausschüttungssperre gilt nur für **KapG und KapCoGes**. Bei unbeschränkter Haftung ergäbe sich für Unt keine praktische Konsequenz.[54] Allerdings haften **Kommanditisten** einer KG nicht unbeschränkt, vielmehr ist deren Haftung auf die Einlage beschränkt (§ 172 Abs. 1 HGB). Dementsprechend wurde § 172 Abs. 4 HGB so ergänzt und kodifiziert, dass im Hinblick auf eine stärker informationsorientierte Bilanzierung Erträge im Jahresüberschuss ausgewiesen sein können, die nach Abs. 8 ausschüttungs- bzw. nach § 301 AktG abführungsgesperrt sind. Bei KG gibt es keine strengen Entnahmegrenzen, jedoch ist ein Wiederaufleben der Haftung des Kommanditisten möglich, sofern ein Kommanditist Gewinne entnimmt und sein Kapitalanteil durch Verluste unter den Betrag der geleisteten Einlage herabgemindert ist oder durch die Entnahme unter diesen Betrag herabgemindert wird. Zur Beantwortung der Frage nach dem Wiederaufleben der Haftung des Kommanditisten sind ausschüttungs- und abführungsgesperrte Erträge i.S.d. Abs. 8 nicht zu berücksichtigen. Klarstellend wurde § 172 Abs. 4 HGB um den Satz ergänzt, dass bei der Berechnung des Kapitalanteils Beträge i.S.d. Abs. 8 nicht zu berücksichtigen sind.[55] Damit wurde auf die Kritik reagiert,[56] dass der mit der Ausschüttungssperre für KapG bezweckte Gläubigerschutz bei der Ermittlung der wiederauflebenden Haftung des Kommanditisten fehle.

54 Gewinne dürfen bei den genannten Bilanzierungssachverhalten nur in der Höhe ausgeschüttet werden, dass die nach der Ausschüttung verbleibenden frei verfügbaren Rücklagen zzgl. eines Gewinnvortrags und abzgl. eines Verlustvortrags mindestens den aktivierten Beträgen der genannten Positionen – abzgl. der hierfür gebildeten passiven latenten Steuern – entsprechen. Sinngemäß gilt diese Regelung für eine Gewinnabführung nach § 301 AktG. Die Neufassung des § 301 Satz 1 AktG stellt klar, dass ausschüttungsgesperrte Beträge gem. Abs. 8 nicht abgeführt werden dürfen (sog. Abführungssperre).[57] Die Abführungssperre mindert die Abführungsschuld der Organgesellschaft und somit auch den entsprechenden Aufwand (§ 277 Abs. 3 HGB). Steuerlich ist die Abführungssperre zu berücksichtigen.[58]

55 I.R.d. **betragsmäßigen Ermittlung des ausschüttungs- bzw. abführungsgesperrten Betrags** sind ggf. anfallende **passive latente Steuern in Abzug zu bringen**, um Doppelerfassungen zu vermeiden. Die passiven latenten Steuern fließen in die Berechnung der EE-Steuern ein und folglich ist das Jahresergebnis nach Steuern bereits um diesen Betrag angepasst. Wenn handelsrechtlich Entwicklungskosten aktiviert werden, müssen diese steuerrechtlich sofort als Aufwand

---

53 Vgl. Budde/Kessler, in Kessler/Leinen/Strickmann, BilMoG, 2009, S. 371; zur praktischen Umsetzung s. Kreipl/Lange/Müller, in Bertram/Brinkmann/Kessler/Müller, Haufe HGB Bilanz Kommentar Erfahrungsbericht BilMoG, 2012, Rz 450 f.
54 Vgl. Begründungsteil der BT-Drs. 16/10067 v. 30.7.2008 S. 64.
55 Vgl. Budde/Kessler, in Kessler/Leinen/Strickmann, BilMoG, 2009, S. 362.
56 Vgl. Hennrichs, DB 2008, S. 542.
57 Vgl. Begründungsteil der BT-Drs. 16/10067 v. 30.7.2008 S. 105.
58 Vgl. Hoffmann/Lüdenbach, NWB Kommentar Bilanzierung, 15. Aufl. 2023, § 268 HGB Rz 175.

verrechnet werden und in Bezug auf diese Differenz sind passive latente Steuern zu bilden. Gleiches gilt für die erfolgswirksam erfassten Buchgewinne aus Veränderungen der Pensionsverpflichtungen unter Beachtung der Zeitwertbilanzierung der saldierten VG, da die Berücksichtigung der Pensionsverpflichtungen im Steuerrecht anders geregelt ist. Nur bei aktivierten latenten Steuern sind keine passiven Steuerlatenzen zu berücksichtigen. Aktive latente Steuern sind nur i. H. d. nicht durch passive latente Steuern gedeckten Spitze ausschüttungsgesperrt.[59] Da Abs. 8 ausdrücklich auf die drei Sachverhalte, selbst geschaffene immaterielle VG des AV, aktive latente Steuern und Buchgewinne bei saldierten VG im Zusammenhang mit Pensionsverpflichtungen abstellt, sind jeweils nicht realisierte Erträge Gegenstand der Betrachtung.[60] Demnach muss der aus den drei Posten resultierende Gesamtbetrag positiv sein.

Praxis-Beispiel
Ermittlung des gesperrten Betrags am Beispiel des Nettoaktivums aus Pensionsverpflichtungen
Die Berechnung der Ausschüttungssperre bei der Saldierung von Pensionsaktiva und Pensionsverpflichtungen:
Ausgangsdaten:

- Wertansatz der Pensionsverpflichtungen: 200 GE
- Anschaffungskosten der Pensionsaktiva: 180 GE
- Beizulegender Zeitwert der Pensionsaktiva: 240 GE
- Steuersatz: 30 %

Berechnung:		
Abgrenzung passiver latenter Steuern	(240–180) × 0,3 =	18 GE
Ausschüttungssperre:	240–180–18 =	42 GE

Bei der Ermittlung der Ausschüttungssperre für aktive latente Steuern kann es zu einer **Doppelberücksichtigung von passiven latenten Steuern** kommen, falls ein Aktivüberhang latenter Steuern vorliegt und passive latente Steuern für selbst geschaffene immaterielle VG des AV oder für zum beizulegenden Zeitwert bilanzierte VG i. S. d. § 246 Abs. 2 Satz 2 HGB gebildet werden. Die passiven latenten Steuern fließen in die Berechnung für beide Sachverhalte ein, wie das folgende Beispiel verdeutlicht.

Praxis-Beispiel[61]
Ermittlung des gesperrten Betrags für aktive latente Steuern und des Nettoaktivums aus Pensionsverpflichtungen
Annahmegemäß werden aktive latente Steuern i. H. v. 40 GE bilanziert.
Die Berechnung der Ausschüttungssperre bei der Saldierung von Pensionsaktiva und Pensionsverpflichtungen erfolgt entsprechend dem o. g. Beispiel.

---

[59] Vgl. den am 9.9.2012 aufgehobenen IDW, IDW ERS HFA 27.34.
[60] Vgl. ausführlich mit Beispielen Dyck/Hayn/Knop/Küting/Lorson/Scholz, in Küting/Weber, HdR-E, § 268 HGB Rz 259–284, Stand: 6/2022.
[61] Vgl. Schubert/Berberich, in Beck Bil-Komm., 14. Aufl. 2024, § 268 HGB Rz 71.

Unter Berücksichtigung eines Buchgewinns i.H.v. 60 GE und passiven latenten Steuern von 18 GE (Steuersatz 30 %) beträgt die Ausschüttungssperre für diesen Sachverhalt 42 GE. Die maximale Ausschüttungssperre für beide Sachverhalte lautet demnach auf 82 GE (= 40 + 42).

Allerdings könnten die passiven latenten Steuern, die auf die Ausschüttungssperre für zum beizulegenden Zeitwert angesetzten Pensionsaktiva entfallen, auch für die Ermittlung des Aktivüberhangs latenter Steuern Berücksichtigung finden. Danach ergäbe sich ein Aktivüberhang i.H.v. 22 GE (= 40–18), sodass in diesem Fall die maximale Ausschüttungssperre für beide Sachverhalte nur auf 64 GE (22 + 42) lauten würde.

Da dieser geringe Betrag mit dem beabsichtigten Gläubigerschutz im Widerspruch steht, dürfen passive latente Steuern auf aktivierte selbst geschaffene immaterielle VG des AV und auf Buchgewinne aus aktivierten VG i.S.d. § 246 Abs. 2 Satz 2 HGB nicht noch einmal berücksichtigt werden.

Die Ausschüttung ist auf den Betrag beschränkt, der ausgeschüttet werden könnte, wenn keine Aktivierung der drei oben genannten Posten vorgenommen würde. Der nach § 268 Abs. 8 HGB gesperrte Betrag ermittelt sich bei **Erstanwendung** wie folgt:

Praxis-Beispiel
Ermittlung des gesamten gesperrten Betrags

	Selbst geschaffene immaterielle Vermögensgegenstände des Anlagevermögens (a)
+	Buchgewinne aus der Zeitwertbewertung von Pensionsvermögen (b)
+	Aktive latente Steuern (Nettoaktivum nach Saldierung mit passiven latenten Steuern) (c)
=	Zwischensumme
–	Passive latente Steuern auf (a) und (b)
=	Gesperrter Betrag nach § 268 Abs. 8 HGB (I)

Der gesperrte Betrag bezieht sich auf alle Beträge, die im Jahresabschluss (noch) aktiviert sind, unabhängig davon, ob sie im laufenden Gj oder in Vorjahren zu Erträgen oder Aufwandsminderungen geführt haben. In den **Folgejahren** ist der gesperrte Betrag des Vorjahrs fortzuschreiben. Dementsprechend erhöht sich der Betrag um neu aktivierte Beträge und vermindert sich, d.h., entsprechende Teilbeträge werden entsperrt, sofern z.B. aktivierte Posten veräußert oder auf aktivierte Beträge Abschreibungen vorgenommen worden sind.

Dem ermittelten gesperrten Betrag (I) ist der maximale Ausschüttungsbetrag (ohne Ausschüttungssperre) gegenüberzustellen, um den unter Berücksichtigung der Ausschüttungssperre maximal ausschüttbaren Betrag i.S.d. § 268 Abs. 8 HGB zu ermitteln.[62]

---

[62] Vgl. Gelhausen/Althoff, WPg 2009, S. 586.

> **Praxis-Beispiel**[63]
> **Ermittlung des ausschüttbaren Betrags unter Berücksichtigung der Ausschüttungssperre**
>
>   Jahreserfolg
> + Frei verfügbare Rücklagen
> − Pflichtgemäße Einstellung aus dem Gewinn des laufenden Jahrs in gebundene Rücklagen, insb. gesetzliche Rücklagen
> + Gewinnvortrag
> − Verlustvortrag
> = Maximaler Ausschüttungsbetrag ohne Ausschüttungssperre (II)
> − gesperrter Betrag i. S. d. § 268 Abs. 8 HGB (I [s. o.: Ermittlung des gesamten gesperrten Betrags])
> = Maximal ausschüttbarer Betrag unter Berücksichtigung der Ausschüttungssperre (= II − I)

Ist der „maximale Ausschüttungsbetrag ohne Ausschüttungssperre" negativ, erfolgt keine Ausschüttung und die Berechnung des ausschüttbaren Betrags ist nicht notwendig. Bei positivem Betrag ist der ermittelte gesperrte Betrag in Abzug zu bringen und nur ein positiver (Rest-)Betrag ausschüttungsfähig.

Der Begriff „frei verfügbare Rücklagen" stellt eine Erweiterung der Rücklagen-Begrifflichkeit dar. Eine wie bisher vorgesehene Beschränkung auf „Gewinnrücklagen" ist zu eng, da auch aus Sicht der Praxis frei verfügbare Kapitalrücklagen in die Betrachtung einzubeziehen sind.[64] Für die Bemessung des ausschüttungsgesperrten Betrags ist auf die frei verfügbaren Rücklagen zzgl. eines Gewinnvortrags und abzgl. eines Verlustvortrags abzustellen. Dies bedeutet, dass nicht nur der Gewinn der Periode, sondern der im **aktuellen und in früheren Gj erwirtschaftete Gewinn** bei der Berechnung heranzuziehen ist. Dazu zählen insb. Kapitalrücklagen i. S. d. § 272 Abs. 2 Nr. 3 HGB, satzungsmäßige Rücklagen und andere Rücklagen (§ 266 Abs. 3 A.II. (teilweise), A.III.3. und ggf. A.III.4. HGB). Zu den freien Rücklagen i. S. d. § 268 Abs. 8 HGB gehören nicht Bilanzposten, die nach HGB nicht im Eigenkapital auszuweisen sind, wie. z. B. Fonds für allgemeine Bankrisiken nach § 340g HGB.[65] Problematisch ist, dass das Gesetz keine Vorgaben zur Umsetzung der Ausschüttungssperre enthält und kein Posten benannt wird, in dem ausschüttungsgesperrte Beträge auszuweisen sind.[66] Der Gesetzgeber fordert aber eine detaillierte Betragsangabe im Anhang (§ 285 Nr. 28 HGB).

---

[63] Weitere ausführliche Beispiele finden sich bei Hoffmann/Lüdenbach, NWB Kommentar Bilanzierung, 15. Aufl. 2023, § 268 HGB Rz 163 ff. und Gelhausen/Althoff, WPg 2009, S. 317 ff.
[64] Vgl. Begründungsteil der BT-Drs. 16/10067 v. 30.7.2008 S. 64.
[65] Vgl. ausführlich Gelhausen/Althoff, WPg 2009, S. 586 sowie S. 592 (zu Sonderfragen bei Sparkassen).
[66] Vgl. Gelhausen/Althoff, WPg 2009, S. 587.

10 Sanktionen

57 § 268 HGB schreibt für einzelne Bilanzposten erweiterte Angabeverpflichtungen in Erg. des in § 266 HGB aufgeführten verpflichtenden Bilanzgliederungsschemas vor. Insofern sind Verstöße gegen § 268 HGB entsprechend den Sanktionen zu ahnden, die bei einem Verstoß gegen § 266 HGB drohen. So erfolgt eine Bestrafung mit Freiheitsstrafe oder Geldstrafe (§ 331 Nr. 1 HGB), wenn ein Mitglied des vertretungsberechtigten Organs oder des Aufsichtsrats vorsätzlich oder leichtfertig eine unrichtige Wiedergabe oder Verschleierung in Bilanz oder Anhang vornimmt. Mit einer Geldbuße (§ 334 Abs. 1 Nr. 1c HGB) kann die vorsätzliche oder leichtfertige Zuwiderhandlung gegen Abs. 2 und 7 geahndet werden, was als Ordnungswidrigkeit gilt. Je nach Schwere des Verstoßes kann der Bestätigungsvermerk eingeschränkt werden (§ 322 Abs. 4 HGB), wenn der Abschlussprüfer feststellt, dass bei der Aufstellung des Jahresabschlusses gesetzliche Vorschriften und ergänzende Bestimmungen des Gesellschaftsvertrags nicht beachtet wurden (§ 317 Abs. 1 Satz 2 HGB).

§ 270 Bildung bestimmter Posten

(1) Einstellungen in die Kapitalrücklage und deren Auflösung sind bereits bei der Aufstellung der Bilanz vorzunehmen.

(2) Wird die Bilanz unter Berücksichtigung der vollständigen oder teilweisen Verwendung des Jahresergebnisses aufgestellt, so sind Entnahmen aus Gewinnrücklagen sowie Einstellungen in Gewinnrücklagen, die nach Gesetz, Gesellschaftsvertrag oder Satzung vorzunehmen sind oder auf Grund solcher Vorschriften beschlossen worden sind, bereits bei der Aufstellung der Bilanz zu berücksichtigen.

Inhaltsübersicht

	Rz
1 Überblick	1–9
1.1 Inhalt und Regelungszweck	1–5
1.2 Anwendungsbereich	6–7
1.3 Normzusammenhänge	8–9
2 Kapitalrücklage	10–16
3 Gewinnrücklagen	17–20
4 Rechtsfolgen bei Pflichtverletzung	21

1 Überblick

1.1 Inhalt und Regelungszweck

§ 270 HGB regelt die Abbildung von **Kapitalrücklage** (§ 272 Abs. 2 HGB) und **Gewinnrücklage** sowie deren Veränderungen. Von der Regelung der Norm sind Rücklagenbewegungen betroffen, die innerhalb der Ergebnisverwendungsrechnung (Überleitung Jahresüberschuss zu Bilanzgewinn) auszuweisen sind. Davon nicht erfasst sind dagegen solche Rücklagendotierungen, die durch Transaktionen mit den Gesellschaftern entstehen. Darüber hinaus wird der für die Einstellungen oder Auflösungen verantwortliche Organ- bzw. Personenkreis definiert. Entsprechend der Bestimmung in Abs. 1 hat die Einstellung in die Kapitalrücklage respektive deren Auflösung bereits **zum Zeitpunkt der Aufstellung der Bilanz** und nicht erst im Anschluss an einen Ergebnisverwendungsbeschluss zu erfolgen. Gleiches gilt gem. Abs. 2 analog für Entnahmen aus sowie Einstellungen in die Gewinnrücklagen, sofern die Bilanz unter Berücksichtigung der vollständigen oder teilweisen Verwendung des Jahresergebnisses (§ 268 Abs. 1 HGB) aufgestellt wird und die Entnahmen oder Einstellungen nach Gesetz, Gesellschaftsvertrag oder Satzung vorzunehmen sind bzw. auf Basis dieser beschlossen werden. Aus der zwingenden Bestimmung des Abs. 1 ist abzuleiten, dass die Einstellung und/oder Auflösung einer Kapitalrücklage (zunächst) einzig in den Aufgabenbereich der Geschäftsführung und damit des Bilanz aufstellenden Organs (§ 264 Abs. 1 Satz 3 HGB) fällt,[1] ohne aber gesellschaftsrechtliche Konsequenzen zu verdrängen.[2]

---

[1] Vgl. Knop, in Küting/Weber, HdR-E, § 270 HGB Rn 1, Stand 9/2022.
[2] Vgl. Reiner, in MünchKomm HGB, 5. Aufl. 2024, § 270 HGB Rn 2.

4 Unter der Aufstellung der Bilanz ist dabei das verantwortliche **technische Anfertigen**[3] dieser zu verstehen. Der Begriff der **Aufstellung** ist von der Abschlussprüfung (§§ 316ff. HGB), der **Feststellung** der Bilanz (§§ 172, 173 AktG, § 47 Abs. 5 SEAG und § 42a Abs. 2 Satz 1 GmbHG), der **Billigung** (§ 171 AktG) und der **Erstellung** abzugrenzen. Während die Bilanz (bzw. der Jahresabschluss) durch jeden Beauftragten (Leiter ReWe oder externe Dritte, wie z. B. StB) erstellt werden kann, obliegt die Aufstellung dagegen nur den zur Aufstellung Verpflichteten (gesetzliche Vertreter) (§ 264 Rz 38). Die Aufstellungsphase i.S.d. § 270 HGB ist nicht analog zu den durch den Beschleunigungszweck definierten Vorschriften in § 264 Abs. 1 HGB, § 170 Abs. 1 Satz 1 AktG sowie § 42a Abs. 2 Satz 1 GmbHG zu verstehen. § 270 HGB legt aber keine über die Aufstellung des Jahresabschlusses hinausgehende gesonderte **Kompetenz** für die genannten Passivposten fest. Somit bedürfen auch die hier relevanten Auflösungen und Einstellungen der Feststellung,[4] die stets unter Mitwirkung des Aufsichtsrats, der GesV respektive ggf. der HV erfolgt. Entsprechend liegen Rücklagenveränderungen i.S.d. § 270 HGB zwar im Kompetenz- bzw. Pflichtbereich der Geschäftsführung und damit des bilanzaufstellenden Organs, werden in der Praxis jedoch selten ohne Abstimmung mit dem Feststellungsorgan vonstattengehen.[5]

Bei der Entscheidung über die Feststellung sowie die Ergebnisverwendung können die dafür zuständigen Organe die Entscheidungen der Geschäftsführung revidieren.[6]

5 Der Terminus „Auflösung" steht für eine ergebnisneutrale Entnahme, d.h., der Betrag ist in der GuV erst in der Überleitungsrechnung vom Jahresergebnis zum Bilanzgewinn auszuweisen.

1.2 Anwendungsbereich

6 Der Geltungsbereich des § 270 HGB beschränkt sich zunächst auf **KapG** und **KapCoGes**.

7 Ist ein Unt zur Rechnungslegung nach dem **PublG** verpflichtet, ist die Regelung gem. § 5 Abs. 1 PublG zudem sinngemäß anzuwenden. Eine entsprechende Anwendung ergibt sich nach § 336 Abs. 2 Satz 1 HGB auch für eingetragene Genossenschaften (**eG**). Für Kreditinstitute **und Finanzdienstleistungsinstitute** sowie **Versicherungsunt und Pensionsfonds** ergibt sich die Anwendung der Vorschriften des § 270 HGB aus § 340a Abs. 1 und 2 HGB sowie § 341a Abs. 1 und 2 HGB. § 270 HGB ist auch für den Konzernabschluss von Bedeutung.

1.3 Normzusammenhänge

8 Die Bildung der Kapitalrücklage fußt bei AG und KGaA auf § 272 Abs. 1b und 2 HGB für den Normalfall sowie den §§ 229, 232, 237 Abs. 5 AktG für Sonderfälle. Die Auflösung hat nach Maßgabe der Vorschriften des § 150 Abs. 3 und 4 AktG zu erfolgen. Bei GmbHs bildet § 30 Abs. 2 GmbHG die Rechtsgrundlage für die Bildung

---

[3] S. dazu Reiner, in MünchKomm HGB, 5. Aufl. 2024, § 264 HGB Rn 8; Knop, in Küting/Weber, HdR-E, § 270 HGB Rn 3, Stand 9/2022.
[4] Zur Rolle des § 270 HGB bei der Kompetenzzuordnung s. Thiele, in Baetge/Kirsch/Thiele, Bilanzrecht, § 270 HGB Rz 2, Stand 9/2002.
[5] Vgl. Kliem/Meyer, in Beck Bil-Komm., 14. Aufl. 2024, § 270 HGB Rz 2.
[6] Vgl. Reiner, in MünchKomm HGB, 5. Aufl. 2024, § 270 HGB Rn 2.

der Kapitalrücklage. § 266 Abs. 3 A. II. HGB regelt zudem den Bilanzausweis, wobei nach § 152 Abs. 2 Nr. 1 AktG AG und KGaA Einstellungen in die Kapitalrücklage in Bilanz oder Anhang gesondert auszuweisen sind (§ 272 Rz. 114 ff.). Gewinnrücklagen sind bei AG und KGaA nach Maßgabe der §§ 58 Abs. 1–3, 150 Abs. 1 und 2, 300 AktG zu bilden. Bei GmbH hat dies entsprechend den Vorschriften des § 29 Abs. 2 GmbHG zu erfolgen. Eine Definition der Gewinnrücklagen findet sich in § 272 Abs. 2 HGB. § 266 Abs. 3 A. III. HGB regelt zudem den Bilanzausweis.

2 Kapitalrücklage

Die Kapitalrücklage definiert sich im Unterschied zu den Gewinnrücklagen dadurch, dass dem Unt **von außen** Vermögen zugeführt wird. Die Erfassung der Zuführungen erfolgt dabei **ergebnisneutral** in dem Bilanzposten „Kapitalrücklage". Welche Beträge bilanzverlängernd i.s.e. Kapitalrücklage wirken, regelt § 272 Abs. 2 HGB (§ 272 Rz 118 ff.).

Praxis-Beispiel
Eine AG führt eine Kapitalerhöhung gegen Einlagen durch. Das Grundkapital betrug bislang 200 Mio. EUR, zerlegt in 50 Mio. Aktien. Den Aktionären werden 10 Mio. neue Aktien zu einem Bezugspreis von je 12 EUR angeboten. Der Nennwert je Aktie beträgt 8 EUR. Daraus ergeben sich folgende Werte:
Mittelzuführung gesamt = 10 Mio. Stk. × 12 EUR/Stk. = 120 Mio. EUR
Zuführung zum Grundkapital = 10 Mio. Stk. × 8 EUR/Stk. = 80 Mio. EUR
Zuführung zur Kapitalrücklage = 120 Mio. EUR − 80 Mio. EUR oder
10 Mio. Stk. * (12 EUR/Stk. − 8 EUR/Stk.) = 40 Mio. EUR

Aktiva	Veränderungen in der Bilanz		Passiva
		Gez. Kapital	+ 80 Mio. EUR
		Kapitalrückl.	+ 40 Mio. EUR
Bank	+ 120 Mio. EUR		

Die Bildung einer Kapitalrücklage kann neben den Bestimmungen des § 272 Abs. 2 HGB zudem auf verschiedenen Sondervorschriften fußen. Für AG bestehen **Sondervorschriften** mit Bezug auf die vereinfachte Kapitalherabsetzung (§ 229 AktG), die Einziehung von Aktien ohne Entgelt (§ 237 Abs. 5 AktG) und die Einstellung von Beträgen in die Kapitalrücklage bei zu hoch angenommenen Verlusten (§ 232 AktG). Werden diese Sonderregelungsbereiche tangiert, sind die Einstellungen in die Kapitalrücklage in der Ergebnisverwendung (§ 268 Rz 6) zu erfassen – aber gleichwohl ebenfalls **bei der Aufstellung der Bilanz** zu berücksichtigen. Dies korrespondiert mit dem geforderten Ausweis des aus der Kapitalherabsetzung gewonnenen Ertrags in der Ergebnisverwendungsrechnung gem. § 240 Satz 1 AktG.[7] Eine grds. Pflicht zur Berücksichtigung von Veränderungen

---

[7] Vgl. Thiele, in Baetge/Kirsch/Thiele, Bilanzrecht, § 270 HGB Rz 22, Stand 9/2002.

der Kapitalrücklage in der Verlängerungsrechnung der GuV jenseits der Sonderbereiche kann daraus jedoch nicht abgeleitet werden.[8]

12 Lediglich die **Kapitalerhöhung aus Gesellschaftsmitteln** bildet eine Ausnahme in Bezug auf die Darstellung in der Ergebnisverwendung (§§ 207ff. AktG und §§ 57c ff. GmbHG). Bilanziell wird die Umwandlung in gezeichnetes Kapital hier durch Umbuchung innerhalb des Eigenkapitals erfasst (§ 272 Rz 110).[9]

> **Praxis-Beispiel**
> Eine AG mit Aktien von 1 EUR Nennwert, gezeichnetem Kapital von 60 Mio. EUR und einer Kapitalrücklage von 100 Mio. EUR führt eine Kapitalerhöhung aus Gesellschaftermitteln im Verhältnis 4:1 durch.
>
> | Konto | Soll | Haben |
> |---|---|---|
> | Kapitalrücklage | 15 | |
> | Gez. Kapital | | 15 |
>
> Nach Abschluss der Transaktion verfügt die Ges. über 75 Mio. Aktien im Nennwert von 1 EUR, einem gezeichneten Kapital von 75 Mio. EUR und einer Kapitalrücklage von 85 Mio. EUR.

13 Sondervorschriften für **GmbH** ergeben sich aus den §§ 26ff., 42 Abs. 2, 58a und 58b GmbHG (Nachlässe und vereinfachte Kapitalherabsetzung).[10]

14 Die Auflösung der Kapitalrücklage muss grds. in der Ergebnisverwendungsrechnung dargestellt werden, was eine zwingende Berücksichtigung der teilweisen oder vollständigen Ergebnisverwendung bei der Bilanzerstellung bedingt. Eine Ausnahme davon gilt dann, wenn die Gesellschafterversammlung jederzeit unterjährig Entnahmen aus der Kapitalrücklage beschließen kann, was etwa bei einer GmbH denkbar ist, nicht aber bei der AG oder KGaA.

15 AG haben bei Entnahmen die Vorschriften der §§ 150 Abs. 3 und 4 sowie 229 Abs. 2 AktG zu beachten, wogegen GmbH bei der Auflösung keinen gesetzlichen Beschränkungen unterliegen. Lediglich aus dem Gesellschaftsvertrag können sich bei GmbH Einschränkungen ergeben. Für AG resultiert daraus eine Beschränkung der Entnahme auf Fälle eines Ausgleichs eines Verlustvortrags oder eines Jahresfehlbetrags.

16 Gem. § 275 Abs. 4 HGB und § 158 Abs. 1 Satz 1 Nr. 2 respektive Satz 2 AktG sind Entnahmen aus der Kapitalrücklage alternativ zu einem GuV-Ausweis nach dem Posten „Jahresüberschuss/Jahresfehlbetrag" im Anhang darzustellen (§ 275 Rz 255ff.). Darüber hinaus ist der Wert der negativen Änderung gem. § 158 Abs. 2 Nr. AktG gesondert in der Bilanz oder im Anhang zu beziffern.

3 Gewinnrücklagen

17 Gewinnrücklagen (zu den einzelnen Arten der Gewinnrücklagen s. § 272 HGB[11]) bilden sich **aus dem Ergebnis**. Sie enthalten nur Beträge aus dem

---

[8] Vgl. anstatt vieler Rux, in Kußmaul/Müller, HdB, Rücklagen im Abschluss nach HGB, IFRS und EStG/KStG Rz 7, Stand 9/2022.
[9] Vgl. Kliem/Meyer, in Beck Bil-Komm., 14. Aufl. 2024, § 270 HGB Rz 13.
[10] S. dazu Kliem/Meyer, in Beck Bil-Komm., 14. Aufl. 2024, § 272 HGB Rz 215ff.
[11] S. dazu auch Rux, in Kußmaul/Müller, HdB, Rücklagen im Abschluss nach HGB, IFRS und EStG/KStG Rz 13ff., Stand 9/2022.

laufenden oder vorangegangenen Gj. Die Regelung des § 270 Abs. 2 HGB steht in einem engen Zusammenhang mit der des § 268 Abs. 1 HGB. Sie greift nur dann, wenn das Wahlrecht des § 268 Abs. 1 HGB nicht besteht (s. dazu etwa § 150 Abs. 1 AktG) oder die Ausübung des Wahlrechts die Basis für die Bilanzerstellung bildet. § 270 Abs. 2 HGB gilt auch für freiwillige Einstellungen in respektive Auflösungen von Gewinnrücklagen, da § 58 Abs. 2 und 2a AktG bzw. § 29 Abs. 2–4 GmbHG der Geschäftsleitung in Abstimmung mit dem Feststellungsorgan ein Dispositionsrecht einräumt, sofern von diesem bereits vor der Feststellung des Jahresabschlusses Gebrauch gemacht wird.

AG haben die Vorschriften zu **Angabepflichten** in Bilanz, Anhang und GuV der §§ 152 Abs. 3 Nr. 1 bis 3 sowie 158 Abs. 1 AktG zu beachten.

18

Trotz Fehlens einer dem Wortlaut nach eindeutigen Vorschrift nimmt das Schrifttum zu § 270 HGB an, dass alle anderen beschlossenen und wirksamen Maßnahmen der **Ergebnisverwendung** bei der Bilanzaufstellung Beachtung finden müssen, sofern eine zwingende Einstellung in oder Entnahme aus den Gewinnrücklagen vorliegt.[12] § 270 Abs. 2 HGB ist gewissermaßen als Begrenzung des Wahlrechts des § 268 Abs. 1 HGB zu verstehen. Das Wahlrecht entfällt entsprechend immer dann, wenn mindestens ein einzelner Gewinnverwendungsvorgang (etwa nach den §§ 150 Abs. 2 und 300 AktG oder Regelungen in Gesellschaftsvertrag oder Satzung[13]) zwingend zu berücksichtigen ist. Trifft dies zu, sind auch alle anderen Maßnahmen der Gewinnverwendung, sofern ihre Rechtswirksamkeit eingetreten ist, den Grundsätzen der Klarheit und Übersichtlichkeit entsprechend bereits bei der Aufstellung des Jahresabschlusses zu berücksichtigen. Bestehen keine pflichtgemäß zu beachtenden Gewinnverwendungsvorgänge, kann vom Wahlrecht des § 268 Abs. 1 HGB uneingeschränkt Gebrauch gemacht werden, wenngleich im Interesse der Klarheit und Übersichtlichkeit grds. darauf verzichtet werden sollte, sofern Rücklagenbewegungen vorliegen. Im Umkehrschluss heißt dies jedoch nicht, dass alle Maßnahmen der Ergebnisverwendung auch in der Ergebnisverwendungsrechnung als Überleitungsrechnung vom Jahresergebnis auf den Bilanzgewinn darzustellen sind.

19

Bei einer Umwandlung der Gewinnrücklagen in gezeichnetes Kapital i. R. e. Kapitalerhöhung aus Gesellschaftsmitteln ist analog zu den Kapitalrücklagen zu verfahren, indem die Umbuchung direkt im Eigenkapital erfolgt, ohne die Ergebnisverwendungsrechnung zu berühren.

20

4 Rechtsfolgen bei Pflichtverletzung

Im Fall eines Verstoßes gegen die Regelung des § 270 HGB erfolgt keine **Sanktionierung** nach den §§ 331 ff. HGB oder §§ 17 bis 21 PublG. Aus der Verletzung der Bestimmungen von § 256 Abs. 1 Nr. 4 AktG resultiert jedoch die Nichtigkeit des entsprechenden Jahresabschlusses.[14]

21

---

12 Anstatt vieler vgl. Kliem/Meyer, in Beck Bil-Komm., 14. Aufl. 2024, § 270 HGB Rz 16f.
13 Detailliert zu den satzungs- oder gesellschaftsvertragsmäßigen Rücklagen s. etwa Rux, in Kußmaul/Müller, HdB, Rücklagen im Abschluss nach HGB, IFRS und EStG/KStG Rz 23, Stand 9/2022.
14 Vgl. Knop, in Küting/Weber, HdR-E, § 270 HGB Rn 35, Stand 9/2022.

§ 271 Beteiligungen. Verbundene Unternehmen

(1) ¹Beteiligungen sind Anteile an anderen Unternehmen, die bestimmt sind, dem eigenen Geschäftsbetrieb durch Herstellung einer dauernden Verbindung zu jenen Unternehmen zu dienen. ²Dabei ist es unerheblich, ob die Anteile in Wertpapieren verbrieft sind oder nicht. ³Eine Beteiligung wird vermutet, wenn die Anteile an einem Unternehmen insgesamt den fünften Teil des Nennkapitals dieses Unternehmens oder, falls ein Nennkapital nicht vorhanden ist, den fünften Teil der Summe aller Kapitalanteile an diesem Unternehmen überschreiten. ⁴Auf die Berechnung ist § 16 Abs. 2 und 4 des Aktiengesetzes entsprechend anzuwenden. ⁵Die Mitgliedschaft in einer eingetragenen Genossenschaft gilt nicht als Beteiligung im Sinne dieses Buches.

(2) Verbundene Unternehmen im Sinne dieses Buches sind unabhängig von ihrer Rechtsform und ihrem Sitz solche, die im Verhältnis zueinander Mutterunternehmen und Tochterunternehmen gem. § 290 Absatz 1 Satz 1 und Absatz 2 bis 4 sind; alle mit demselben Mutterunternehmen verbundenen Tochterunternehmen sind auch untereinander verbundene Unternehmen.

Inhaltsübersicht	Rz
1 Überblick	1–5
1.1 Allgemeines	1–2
1.2 Anwendungsbereich	3–5
2 Beteiligungsbegriff	6–31
2.1 Tatbestandsmerkmale	6–19
2.1.1 Anderes Unternehmen	6–7
2.1.2 Anteile	8–11
2.1.3 Zweckbestimmung	12–19
2.1.3.1 Grundlagen	12
2.1.3.2 Dauernde Verbindung	13–15
2.1.3.3 Förderung des eigenen Geschäftsbetriebs	16–19
2.2 Beteiligungsvermutung	20–23
2.3 Berechnung des Anteils	24–28
2.4 Behandlung von Genossenschaftsanteilen	29–31
3 Verbundenes Unternehmen	32–49
3.1 Überblick	32–36
3.1.1 Grundlagen	32
3.1.2 Übereinstimmende Verbundenheit nach AktG und HGB	33–34
3.1.3 Relation zwischen § 271 Abs. 1 und Abs. 2 HGB	35–36
3.2 Tatbestandsmerkmale i.d.F. bis einschl. Gj 2023	37–45
3.2.1 Mutter- oder Tochterunternehmen	37–38
3.2.2 Mögliche Einbeziehung nach den Vorschriften über die Vollkonsolidierung	39
3.2.3 Grundsätzlichkeitscharakter der Einbeziehungspflicht	40
3.2.4 Pflicht zur Aufstellung eines Konzernabschlusses oder Befreiung	41–45

3.2.4.1	Konzernabschluss nach § 290 HGB	41
3.2.4.2	Befreiender Konzernabschluss nach §§ 291 f. HGB.....................	42
3.2.4.3	Weite Auslegung des § 271 Abs. 2 HGB.	43–45
3.3	Neufassung Verbunddefinition.....................	46–49
4	Rechtsfolgen und Folgen der Verletzung des § 271 HGB......	50–51
4.1	Rechtsfolgen des § 271 HGB.......................	50
4.2	Folgen der Verletzung des § 271 HGB	51

1 Überblick

1.1 Allgemeines

Über § 271 HGB erfolgt sowohl eine Definition des Begriffs „**Beteiligung**" als auch eine Definition des Begriffs „**verbundenes Unternehmen**", wobei Letztere für das Gj 2024 neu gefasst wurde. Zugleich werden damit zwei spezielle Formen der Verbindung zwischen dem bilanzierenden Unt und anderen Unt herausgestellt, die i.R.d. Rechnungslegung aber bspw. auch für Zwecke der Jahresabschlussanalyse eine besondere Bedeutung haben.

Das Gliederungsschema des § 266 Abs. 2 HGB sieht vor, dass sowohl mittelgroße als auch große KapG einen gesonderten Ausweis ihrer Beteiligungen (A. III. 3) vornehmen. Die gesetzliche **Definition** des Beteiligungsbegriffs erfolgt über § 271 Abs. 1 Satz 1 und 2 HGB. Entscheidend sind danach folgende Merkmale:
- Anteile an anderen Unt (verbrieft oder nicht verbrieft),
- Förderung des eigenen Geschäftsbetriebs,
- Herstellung einer dauernden Verbindung zu dem anderen Unt.

Des Weiteren wird in § 271 Abs. 1 Satz 3 HGB eine widerlegbare **Vermutung zur Annahme einer Beteiligung** formuliert, die die Prüfung der z.T. unscharfen Beteiligungsvoraussetzungen des Abs. 1 Satz 1 erleichtern soll. Abs. 1 Satz 4 konkretisiert die Berechnungsmodalitäten im Zusammenhang mit der 20-%-Grenze i.R.d. Beteiligungsvermutung. Abschließend wird in Abs. 1 Satz 5 festgestellt, dass der Anteil an einer Genossenschaft unabhängig von der möglichen Erfüllung der Beteiligungskriterien keine Beteiligung i.S.d. § 271 HGB sein kann. Mit dem BilRUG wurde Satz 3 zwar neu gefasst, doch bleibt es bei der widerlegbaren Vermutung der Beteiligung bei einem Anteil von über 20 %. Damit wird zugleich eine sprachliche Vereinfachung von § 285 Nr. 11 HGB und § 313 Abs. 2 Nr. 4 HGB ermöglicht, die auf diese Definition verweisen können.

Über § 271 Abs. 2 HGB erfolgt eine **Definition** des Begriffs **verbundene Unternehmen**. Mit der Einfügung von Abs. 2 hat der deutsche Gesetzgeber Art. 41 der 7. EG-RL umgesetzt. Bis dahin hatte das HGB keine eigene rechnungslegungsrelevante Bestimmung des Begriffs verbundenes Unt. Zu berücksichtigen war daher zunächst auch für Zwecke der Rechnungslegung die in § 15 AktG vollzogene Definition des „verbundenen Unt". Der deutsche Gesetzgeber war deshalb zur Einfügung von Abs. 2 gezwungen, weil der Begriff des verbundenen Unt gem. § 15 AktG nicht mit dem Verständnis von verbundenen Unt nach der 7. EG-RL übereinstimmte. Insoweit gibt es bis dato zwei unterschiedliche Definitionen des Begriffs „verbundenes Unt", wobei für die Rechnungslegung ausschl. § 271 Abs. 2 HGB maßgeblich ist.

1.2 Anwendungsbereich

3   Da sich die Vorschrift des § 271 HGB im 2. Abschnitt des Dritten Buches des HGB eingliedert, ist der Anwenderkreis zunächst auf **KapG und haftungsbeschränkte PersG** i. S. d. § 264a HGB beschränkt. Allerdings enthält auch das Publizitätsgesetz (PublG) in § 5 Abs. 1 HGB einen Verweis auf den Begriff der Beteiligung und des verbundenen Unt nach § 271 HGB. Insoweit ist eine Anwendung insb. auch auf PersG und Ekfl. zwingend, die die Größenmerkmale des § 1 PublG überschreiten. Ein weiterer rechnungslegungsrelevanter Verweis auf § 271 HGB findet sich in den ergänzenden Vorschriften für Genossenschaften nach § 336 Abs. 2 HGB, sodass eine Anwendung folgerichtig auch für eG geboten ist. Schlussendlich muss über den Verweis in §§ 340a Abs. 1 und 341a Abs. 1 HGB auf § 271 HGB auch eine zwingende Anwendung für Kreditinstitute und VersicherungsUnt konstatiert werden.

4   Neben diesen unmittelbaren Anwendungsbereichen werden in der Literatur[1] auf Basis der Begründung des Rechtsausschusses zum BiRiLiG[2] zu § 271 HGB auch **mittelbare Anwendungen** auf Rechtsformen außerhalb der KapG diskutiert. Danach ist der Regelungsinhalt des § 271 HGB immer dann zu beachten, wenn die Begrifflichkeiten der „Beteiligung" und des verbundenen Unt i. R. d. Jahresabschlusses eines Unt von Bedeutung sind. Dies gilt insb. auch für den Fall der freiwilligen Anwendung des Bilanzgliederungsschemas nach § 266 Abs. 2 HGB. Ein gewissermaßen **sachlicher Anwendungsbereich** ergibt sich durch zahlreiche Verweise innerhalb des Dritten Buches des HGB auf die inhaltliche Bedeutung des Beteiligungsbegriffs bzw. des Begriffs eines verbundenen Unt. So können Beteiligungsverhältnisse auf der Aktivseite und auf der Passivseite der Bilanz, in der GuV-Rechnung, im Anhang oder im Zusammenhang mit der Erstellung des Konzernabschlusses eine Rolle spielen. Zu nennen sind beispielhaft folgende separate Ausweise, die das HGB für die **Bilanzgliederung** verlangt:
- Anteile an verbundenen Unt,
- Ausleihungen an verbundene Unt,
- Ausleihungen an Unt, mit denen ein Beteiligungsverhältnis besteht,
- Forderungen gegen bzw. Verbindlichkeiten ggü. verbundenen Unt,
- Forderungen gegen bzw. Verbindlichkeiten ggü. Unt, mit denen ein Beteiligungsverhältnis besteht.

Gleiche Anforderungen bestehen auch für den **Ausweis** bestimmter Positionen innerhalb der GuV-Rechnung nach § 275 Abs. 2 und 3 HGB:
- Erträge aus Beteiligungen (davon aus verbundenen Unt),
- Erträge aus anderen Wertpapieren und Ausleihungen des Finanzanlagevermögens (davon aus verbundenen Unt),
- Sonstige Zinsen und ähnliche Erträge (davon aus verbundenen Unt),
- Zinsen und ähnliche Aufwendungen (davon aus verbundenen Unt).

---

1   Vgl. Keitz von, in Baetge/Kirsch/Thiele, Bilanzrecht, § 271 HGB Rz 6, Stand: 5/2023.
2   Vgl. BT-Drs. 10/4268 v. 18.11.1985.

Die Verweise lassen sich unter Berücksichtigung der Forderung nach bestimmten Haftungsverhältnissen, Anhangangaben (insb. der „sonstigen finanziellen Verpflichtungen"), der Definition des Mutter-Tochter-Verhältnisses, der Definition von assoziierten Unt oder auch bestimmter Modalitäten i.R.d. Abschlussprüfung fortsetzen.

Der zeitliche Anwendungsbereich wurde durch eine Neufassung der Verbunddefinition mit dem Gesetz zur Umsetzung der Richtlinie (EU) 2021/2101 im Hinblick auf die Offenlegung von Ertragsteuerinformationen durch bestimmte Unternehmen und Zweigniederlassungen sowie zur Änderung des Verbraucherstreitbeilegungsgesetzes und des Pflichtversicherungsgesetzes[3] ab dem Gj. 2024 geändert (Rz 46).

2 Beteiligungsbegriff

2.1 Tatbestandsmerkmale

2.1.1 Anderes Unternehmen

Die **Beteiligungsdefinition** des § 271 Abs. 1 Satz 1 HGB geht zunächst von der Existenz eines anderen Unt aus. Da schon aus der Eingrenzung des Anwendungsbereichs deutlich wurde, dass eine Beschränkung auf KapG mit der Regierungsbegründung zu § 271 HGB nicht vereinbar ist, kann auch der hier in Rede stehende Unternehmensbegriff nur weit auszulegen sein. Insoweit wird z.T. die Auffassung vertreten, dass der Unternehmensbegriff i.R.d. § 271 HGB auf alle buchführungspflichtigen Kfl. auszudehnen ist.[4] Stellt man allerdings die Buchführungspflicht nach § 238 HGB in den Mittelpunkt der Abgrenzung, ergeben sich weitere praktische Probleme. Bspw. könnte bei diesem Verständnis der Unternehmereigenschaft kein Anteil an einer ausländischen Ges. als Beteiligung qualifiziert werden, weil es der ausländischen Ges. regelmäßig an einer Buchführungspflicht nach § 238 HGB fehlen wird. Nach h.M. ist daher das Charakteristikum der Funktionalität für den Unternehmensbegriff maßgeblich.[5] Wichtige Charakteristika für ein **Unt** i.S.d. § 271 Abs. 1 HGB sind demnach:
- Selbstständigkeit in Planung und Entscheidung,
- Abgrenzbare und erwerbswirtschaftliche Zielsetzung,
- Auftreten am Markt mit einer erkennbaren Organisationsstruktur.

Legt man dieses Verständnis zugrunde, so lässt sich der Unternehmensbegriff auch auf Stiftungen, Körperschaften des öffentlichen Rechts usw. übertragen. Die ausschl. Verfolgung ideeller Ziele oder die reine Vermögensverwaltung sind nach h.M.[6] für den Unternehmensbegriff allerdings schädlich. Gleiches gilt auch für sog. Bruchteilsgemeinschaften (dazu gehören bspw. Gemeinschaften von Grundstücksmiteigentümern), weil es hier regelmäßig an einer nach außen in Erscheinung tretenden Organisationsstruktur fehlt. Die Unternehmereigenschaft ist auch bei Investmentfonds zu verneinen, weil diese als Sondervermögen durch eine Kapitalanlagegesellschaft verwaltet werden und damit keiner eigenen wirtschaftlichen Betätigung nachgehen.

---

[3] BGBl I v. 21.6.2023, Nr. 154.
[4] Vgl. ADS, Rechnungslegung und Prüfung der Unternehmen, 6. Aufl. 1995–2001, § 271 HGB Rz 11.
[5] Vgl. Petersen/Zwirner, DB 2008, S. 481 ff.
[6] Vgl. Grottel/Kreher, in Beck Bil-Komm., 14. Aufl. 2024, § 271 HGB Rz 11.

Zudem ergibt sich eine Ausnahme vom weiten Verständnis des Unternehmensbegriffs aus § 271 Abs. 1 Satz 5 HGB, wonach es sich bei Mitgliedschaften in einer eingetragenen Genossenschaft nicht um Beteiligungen handelt.

7 Bei der Beurteilung der **Unternehmereigenschaft** im Hinblick auf **Joint Ventures** kommt es ganz entscheidend auf die Rechtsform an. Wird ein Joint Venture in der Rechtsform einer KapG oder PersG geführt, so ist die Unternehmereigenschaft unbestritten. Gleiches gilt auch für die Nutzung eines Joint Ventures als Arbeitsgemeinschaft z.B. im Baugewerbe, wobei die Gemeinschaft über ein eigenes Gesamthandsvermögen verfügen muss und auch die übrigen Voraussetzungen für die Annahme einer Beteiligung vorliegen müssen. Hierbei wird i.d.R. das Kriterium der Dauerhaftigkeit negativ beurteilt werden müssen.[7] Eine fehlende Dauerhaftigkeit bei Joint Ventures wird aber nicht als Ausschlusskriterium angesehen.[8] Insoweit sind die Dauer und die Anzahl der von der Arbeitsgemeinschaft abzuwickelnden Projekte unerheblich.

2.1.2 Anteile

8 Bei der Analyse des **Anteilsbegriffs** wird über § 271 Abs. 1 Satz 2 HGB zunächst verdeutlicht, dass Anteile nicht zwingend in Wertpapieren verbrieft sein müssen. Damit kommen grds. als Anteile neben Aktien (die grds. verbrieft sind) und GmbH-Geschäftsanteilen auch Anteile von Gesellschaftern an einer PersG in Betracht. Dabei ist es unerheblich, ob der Gesellschafter als Komplementär oder Kommanditist in Erscheinung tritt. Gleiches gilt auch für Anteile an einer GbR, sofern ein entsprechendes Gesamthandsvermögen im Gesellschaftsvertrag vereinbart wurde.

9 Von entscheidender Bedeutung ist zum einen die Frage, ob die durch das Fachschrifttum[9] formulierten Kriterien zur Annahme materiellen Eigenkapitals erfüllt sind, und zum anderen die Frage, ob demjenigen, der die Beteiligung in seiner Bilanz aktiviert, im Gegenzug sowohl Vermögens- als auch Verwaltungsrechte eingeräumt wurden. Ausschl. Gläubigerrechte können keinen Anteil i.S.d. § 271 Abs. 1 HGB begründen. Die Kriterien, die für eine Annahme materiellen Eigenkapitals entwickelt wurden, sind zunächst eine Verlustteilnahme, eine Nachrangigkeit, eine Längerfristigkeit der Kapitalüberlassung und eine Gewinnabhängigkeit der Vergütung. Zu den Vermögensrechten gehören Ansprüche am Gewinn und am Liquidationserlös. Zu den Verwaltungsrechten gehören hingegen u.a. Mitsprache-, Kontroll- und Informationsrechte.[10]

10 Die Problematik der Abgrenzung von Anteilen i.S.d. § 271 Abs. 1 HGB von Nicht-Anteilen folgt der **Abgrenzungsproblematik zwischen EK und FK**. Wenn das bereitgestellte Kapital aus der Perspektive des Unt, an dem die Beteiligung gehalten wird, als EK zu qualifizieren ist, dann liegt aus dem Blickwinkel des Unt, das die Beteiligung hält, grds. ein Anteil i.S.d. § 271 Abs. 1 HGB vor. Wenn das bereitgestellte Kapital im Jahresabschluss des empfangenen Unt

---

[7] Vgl. Reiner, in MünchKomm. HGB, 5. Aufl. 2024, § 271 HGB Rn 6.
[8] Vgl. IDW HFA 1/1993, WPg 2003, S. 441 ff.; Früh/Klar, WPg 1993, S. 493; Nordmeyer, WPg 1994, S. 301.
[9] Vgl. Stellungnahme IDW/HFA 1/1994, WPg 1994, S. 420.
[10] Vgl. Keitz von, in Baetge/Kirsch/Thiele, Bilanzrecht, § 271 Rz 13, Stand: 5/2023.

aufgrund der Abreden, die im Zuge der Überlassung des Kapitals vereinbart wurden,[11] als FK ausgewiesen werden muss, so kann es sich im Gegenzug beim beteiligten Unt nicht um einen Anteil i.S.d. § 271 Abs. 1 HGB handeln. Durch die Kopplung der Problematik der Differenzierung von Anteilen und Nicht-Anteilen an die Problematik der Abgrenzung von EK und FK wird das Abgrenzungsproblem im Zusammenhang mit der Bestimmung von Anteilen allerdings nicht vollständig entschärft, d.h., es gibt zweifellos eine Rückwirkung des „Graubereichs" i.R.d. Abgrenzung von EK und FK, insb. bei einigen speziellen Finanzierungsformen (z.B. Mezzanine-Kapital in der Form von Genussrechten oder stillen Beteiligungen),[12] der sich auf die Identifikation von Anteilen niederschlägt.

Nach Auffassung in Teilen der Literatur[13] ist die Frage der Beurteilung als Anteil oder Nicht-Anteil unabhängig von der Frage einer geleisteten Kapitaleinlage zu sehen.

11

2.1.3 Zweckbestimmung

2.1.3.1 Grundlagen

§ 271 Abs. 1 HGB fordert, dass die Anteile dem eigenen Geschäftsbetrieb durch Herstellung einer dauernden Verbindung dienen. Durch die Tatsache, dass ein Zusammenhang zwischen dem Erwerb der Anteile und der Herstellung einer dauernden Verbindung besteht, ist die bloße Kapitalüberlassung für die Qualifizierung als Beteiligung offensichtlich nicht ausreichend.

12

2.1.3.2 Dauernde Verbindung

§ 271 Abs. 1 Satz 1 HGB fordert die Herstellung einer **dauernden Verbindung** zu dem anderen Unt. Das Kriterium der Dauerhaftigkeit kann zunächst über die Kriterien zur Abgrenzung zwischen AV und UV gem. § 247 Abs. 2 HGB konkretisiert werden. Die Dauerhalteabsicht hat eine objektive Komponente, die sich mit der Frage beschäftigt, ob die Anteile überhaupt langfristig gehalten werden können. Des Weiteren gibt es daneben eine subjektive Komponente der Dauerhalteabsicht, die der Frage nachgeht, ob die Anteile nach dem Willen des Bilanzierenden überhaupt langfristig gehalten werden sollen. Die Zweckbestimmung durch den Bilanzierenden muss unter Berücksichtigung der rechtlichen und wirtschaftlichen Umstände plausibel und zu verwirklichen sein.

13

> **Praxis-Beispiel**
> Eine Dauerhalteabsicht kann dann infrage stehen, wenn zwar die subjektive Komponente erfüllt ist, eine Dauerhaftigkeit jedoch aufgrund der wirtschaftlichen Lage des BeteiligungsUnt bzw. des beteiligten Unt oder auch aus kartellrechtlichen Gründen (Anteile müssen wieder verkauft werden) infrage steht.[14]

14

---

[11] Vgl. zu den Kriterien für materielles Eigenkapital: Weller, Ausgewählte Aspekte der Bilanzierung von Mezzanine-Kapital in der Krise der GmbH, 2007, S. 7ff.
[12] Vgl. Weller, Ausgewählte Aspekte der Bilanzierung von Mezzanine-Kapital in der Krise der GmbH, 2007, S. 34ff.
[13] Vgl. Keitz von, in Baetge/Kirsch/Thiele, Bilanzrecht, § 271 HGB Rz 15, Stand: 5/2023.
[14] Vgl. Bieg, DB Beilage 24/1985, S. 1.

> Auch der umgekehrte Fall ist möglich: Die subjektive Komponente der Dauerhaftigkeit kann ungeprüft bzw. ohne Bedeutung sein, wenn faktisch keine Veräußerungsmöglichkeit gegeben ist. Ein solches Fehlen ist dann anzunehmen, wenn für die in Rede stehenden Anteile kein Markt vorliegt, auf dem eine Veräußerung (auch kurzfristig) erfolgen könnte. In der Praxis wird insb. bei unverbrieften Anteilen (z.B. Anteile an einer PersG oder an einer GmbH) eine Veräußerung an die Zustimmung der übrigen Gesellschafter oder gar der Ges. gekoppelt sein. I.d.R. kann bei unverbrieften Anteilen im vorstehenden Sinne tendenziell von einer Dauerhaftigkeit bzw. von einem Anlagecharakter ausgegangen werden.

Insoweit hat § 271 Abs. 1 Satz 2 HGB zum einen eine klarstellende Bedeutung, zum anderen deutet eine fehlende Verbriefung tendenziell darauf hin, dass eine kurzfristige Veräußerbarkeit nicht gegeben ist.

15 Unabhängig von solchen Zweifelsfällen ist die **subjektive Dauerhalteabsicht** (= zukunftsbezogene Besitzabsicht) anhand bestimmter Indizien abzuleiten. Dazu gehört bspw. die Feststellung, dass die Anteile einige Jahre gehalten werden oder eine Höhe erreicht haben, mit der eine Sperrminorität hergestellt werden kann. Das Erreichen einer Sperrminorität lässt i.d.R. nur den Verkauf als gesamtes Paket und nicht in einzelnen Abschnitten als sinnvoll erscheinen. Praktisch handelt es sich bei solchen Konstellationen i.d.R. um verbriefte Anteile (z.B. börsengängige Aktien). Eine subjektive Dauerhalteabsicht kann indiziell auch dann abgeleitet werden, wenn zwischen dem BeteiligungsUnt und dem beteiligten Unt Leistungsbeziehungen bzw. enge vertragliche Beziehungen bestehen, die bei einer Veräußerung der Anteile infrage gestellt würden. Der Kurzfristigkeit stehen auch Sachverhalte entgegen, bei denen zwischen beiden Unt Bürgschaftsvereinbarungen bestehen oder Patronatserklärungen abgegeben wurden. Gleiches gilt im Fall enger personeller Verflechtungen, die z.B. aus der Mitgliedschaft im Aufsichtsrat des jeweils anderen Unt resultieren.

2.1.3.3 Förderung des eigenen Geschäftsbetriebs

16 Die Förderung des eigenen Geschäftsbetriebs ist nicht an die Konstellation gebunden, dass ein unmittelbarer Einfluss auf die Geschäftsführung des anderen Unt erforderlich ist.[15] Es sind somit auch schwächere Formen als die gestaltende Einflussnahme auf die Geschäftspolitik zulässig.[16] Gleichwohl spricht die **Absicht der Einflussnahme** auf die Geschäftsführung mittels Anteilserwerbs schon für das Vorliegen einer Beteiligung. Daneben gibt es allerdings weitere (schwächere) Formen, die eine Dauerhalteabsicht untermauern. Dazu gehören bspw.:
- langfristig angelegte Lieferungs- und Leistungsverträge,
- Kooperationen einzelner Unternehmenssparten (z.B. Einkauf, Vertrieb),
- Personalaustausch, gemeinsame Personalschulungen,
- Nutzung gemeinsamer Vertriebswege.

Diese schwächeren Formen können z.B. im Fall von langfristigen Lieferbeziehungen dazu führen, dass es auch für das beteiligte Unt vorteilhaft sein kann,

---

[15] Vgl. ADS, Rechnungslegung und Prüfung der Unternehmen, 6. Aufl. 1995–2001, § 271 HGB Rz 18.
[16] Vgl. Keitz von, in Baetge/Kirsch/Thiele, Bilanzrecht, § 271 HGB Rz 28, Stand: 5/2023.

einzelne Geschäfte mit dem BeteiligungsUnt zu marktunüblichen Konditionen abzuschließen, allein um die langfristige Lieferbeziehung zu sichern.

Wichtig bleibt der Zusammenhang zwischen der Absicht, den eigenen Geschäftsbetrieb zu fördern, und dem daher erfolgten Erwerb von Anteilen. Die erworbenen Anteile müssen somit den Ausgangspunkt bilden, um das Förderziel zu erreichen. Damit scheiden Konstellationen aus, bei denen eine Verbindung zwischen den beiden Unt besteht und darüber hinaus zum Zweck der Kapitalanlage Anteile an dem anderen Unt erworben wurden.

Das Erfordernis der Förderung des eigenen Geschäftsbetriebs kann im Einzelfall auch die Besonderheit aufweisen, dass ein Anteilsbesitz zwar der Förderung des eigenen Geschäftsbetriebs dient, aber dafür nicht bestimmt ist. Solche Fälle können sich bspw. in der Kreditwirtschaft ergeben, wenn Anteile überwiegend oder gar ausschl. im Interesse Dritter oder aus volkswirtschaftlichen Erwägungen gehalten werden. In solchen Fällen darf nicht von der Existenz einer Beteiligung ausgegangen werden, weil wegen der fehlenden Bestimmung nicht die erforderliche Absicht vorliegt.

Zusammenfassend lässt sich feststellen, dass neben dem Erfordernis des Anteilsbesitzes als weiteres notwendiges Definitionsmerkmal für das Vorliegen einer Beteiligung zusätzliche qualitative Merkmale erforderlich sind, die sich unterhalb der Einflussnahmeabsicht bewegen können.

2.2 Beteiligungsvermutung

Die Unschärfen, die durch die qualitativen Anforderungen in § 271 Abs. 1 Satz 1 HGB verursacht sind, werden durch die Beteiligungsvermutung in § 271 Abs. 1 Satz 3 HGB objektiviert und quantifiziert. Gem. § 271 Abs. 1 Satz 3 HGB, der mit dem BilRUG neu gefasst wurde, liegt bei Vorlage anderweitiger Zweifel eine Beteiligung an einem Unt (vor BilRUG noch an einer KapG) zumindest dann vor, wenn das beteiligte Unt am BeteiligungsUnt **mehr als 20 % des Nennkapitals oder, wenn ein Nennkapital nicht vorhanden ist, mehr als 20 % aller Kapitalanteile** hält. Übersteigt ein Kapitalanteil die Grenze von 20 %, wird gewissermaßen fingiert, dass damit keine reine Kapitalanlage mit dem Primat der Kapitalverzinsung vereinbar ist.
Die vorstehend genannte Beteiligungsvermutung kann trotz der Feststellung eines Kapitalanteils von mehr als 20 % widerlegt werden. Diese Widerlegung muss allerdings anhand von objektiven Beweisen erfolgen, die die Annahme einer Dauerhalteabsicht und/oder die Eignung zur Förderung des eigenen Geschäftsbetriebs objektiv nachvollziehbar entkräften. Eine bloße Erklärung des bilanzierenden Unt ist mithin nicht ausreichend.[17]
Gleiches gilt natürlich auch für den umgekehrten Fall, d. h., ein Kapitalanteil von weniger als 20 % kann gleichwohl die Feststellung einer Beteiligung zulassen. Auch in diesem Fall ist es erforderlich, dass objektive nachprüfbare Unterlagen des beteiligten Unt die Beteiligungsabsicht belegen können.[18]
Die **Widerlegbarkeit** der Beteiligungsvermutung hat zwei Komponenten, die jeweils für sich genommen zu einer Verneinung der Beteiligungsexistenz führen

---

[17] Vgl. ADS, Rechnungslegung und Prüfung der Unternehmen, 6. Aufl. 1995–2001, § 271 HGB Rz 27; Grottel/Kreher, in Beck Bil-Komm., 14. Aufl. 2024, § 271 HGB Rz 28.
[18] Vgl. IDW, WPH Edition, Wirtschaftsprüfung & Rechnungslegung, 18. Aufl. 2023, Kap. F Tz 362.

können. Die erste Komponente zielt auf die **Dauerhalteabsicht** und die zweite Komponente auf die **Förderungsmöglichkeit**.

22 Eine Beteiligungsvermutung kann in der Praxis z. B. dann als widerlegt gelten, wenn die bestehenden Anteile nicht als geeignet anzusehen sind, die andauernde Verbindung zu begründen, zu erweitern oder grundlegend zu verbessern.[19]

> **Praxis-Beispiel**
> Eine solche Situation könnte dann gegeben sein, wenn die neben der Anteilsverbindung existente Geschäftsverbindung aus der Perspektive beider Unt von nachrangiger Gewichtung ist. In der Literatur wird hier die Stromlieferung eines StromversorgungsUnt an ein DienstleistungsUnt genannt, das zugleich Anteile am StromversorgungsUnt hält.[20]

Eine Einschränkung der zu prüfenden Förderungsmöglichkeit für den eigenen Geschäftsbetrieb könnte auch dann gegeben sein, wenn auf der Basis bestehender Anteilsstrukturen oder Mehrheitsverhältnissen praktisch keinerlei Einflussnahme auf das BeteiligungsUnt ausgeübt werden kann.[21]

Der Ausschlussgrund für die Annahme einer Beteiligung kann auch in der fehlenden Dauerhaftigkeit verankert sein. Dies wird in der Praxis insb. dann der Fall sein, wenn neben der Anteilsverbindung die zwischen beiden Unt getätigten oder noch zu tätigen Geschäfte jeweils den Charakter von Einzelgeschäften haben.

23 Die Beteiligungsvermutung des § 271 Abs. 1 Satz 3 HGB stellt im Gesetzestext vor BilRUG ausschl. auf KapG ab. Nach Änderungen durch das BilRUG erfolgt ein Verweis auf Unt an sich und erweitert somit scheinbar den Anwendungsbereich auf PersG. Faktisch hat die begriffliche Änderung keine Relevanz, da Anteile an PersG ohnehin Beteiligungen darstellen. Dies ist insb. durch das Näheverhältnis zwischen den Gesellschaftern und der Ges. begründet, wodurch grds. die Erfüllung der Beteiligungsvoraussetzungen des § 271 Abs. 1 Satz 1 HGB angenommen wird und es insoweit nicht mehr auf die separate Feststellung der jeweiligen Anteilsgrößenordnung ankommen kann.[22]

Die Verneinung einer Beteiligung zwischen den Gesellschaftern einer PersG und der Ges. setzt zwingend den objektiv nachprüfbaren Beleg voraus, dass es sich entgegen der bestehenden Vermutung nicht um eine Beteiligung handelt.

2.3 Berechnung des Anteils

24 Die sachliche Anknüpfung der Beteiligungsvermutung an das Nennkapital der KapG wird über § 271 Abs. 1 Satz 4 HGB weitergehend konkretisiert. So enthält Satz 4 einen Verweis auf § 16 Abs. 2 und 4 AktG. Aus § 16 Abs. 2 Satz 2 AktG folgt zunächst, dass zur Berechnung der **beteiligungsbegründenden Anteilshöhe** bestimmte Sachverhalte rechnerisch in Abzug zu bringen sind. Dabei handelt es sich insb. um den Nennbetrag der von der KapG selbst gehaltenen

---

[19] Vgl. Grottel/Kreher, in Beck Bil-Komm., 14. Aufl. 2024, § 271 HGB Rz 28.
[20] Vgl. Grottel/Kreher, in Beck Bil-Komm., 14. Aufl. 2024, § 271 HGB Rz 28.
[21] Vgl. Reiner, in MünchKomm. HGB, 5. Aufl. 2024, § 271 HGB Rn 14.
[22] IDW RS HFA 18.2.

Anteile. Für den Fall, dass es sich bspw. um eine AG mit Stückaktien handelt, ist die Stückzahl der eigenen Anteile bei der Berechnung in Abzug zu bringen. Für den Fall, dass die Anteile in Aktien bestehen, ist von Bedeutung, dass auch stimmrechtslose Vorzugsaktien in die Anteilsberechnung einfließen. Dies gilt allerdings nicht, wenn das Unt ausschl. Vorzugsaktien hält. In einem solchen Fall gilt die Beteiligungsvermutung regelmäßig als widerlegt.[23] Der Grund für die Widerlegung in einem solchen Fall ist darin zu sehen, dass stimmrechtslose Vorzugsaktien eine sehr stark eingeschränkte Mitsprachemöglichkeit einräumen. Diese eingeschränkte Einflussnahme wird zugunsten einer erhöhten Renditebegünstigung in Kauf genommen. Aus diesem Grund steht bei stimmrechtslosen Vorzugsaktien der Gesichtspunkt der Kapitalanlage deutlich im Vordergrund.

Hält das beteiligte Unt sowohl Stammaktien als auch Vorzugsaktien, so ist für den Fall, dass der Anteil der Stammaktien allein die Vermutungsgrenze des § 271 Abs. 1 Satz 3 HGB nicht übersteigt, trotzdem nicht automatisch das Vorliegen einer Beteiligung abzulehnen. Zunächst werden beide Gattungen in die Berechnung einbezogen. Am Ende ist bei diesen Konstellationen eine Einzelfallentscheidung zu treffen.

Ein Anteil i.S.d. § 271 HGB ergibt sich nicht nur aus direkter, sondern auch aus indirekter Beteiligung. Die letztgenannte Form kann z.B. aus der Beteiligung abhängiger Unt resultieren (§ 271 Abs. 1 Satz 4 HGB i.V.m. § 16 Abs. 4 AktG).

Praxis-Beispiel
Die A-GmbH hält an der B-GmbH einen Anteil am Stammkapital i.H.v. 5 %. Bei formaler Beurteilung sind damit zunächst die Voraussetzungen für eine Beteiligungsvermutung nicht erfüllt. Gleichzeitig hält die A-GmbH auch 70 % der Gesellschaftsanteile an der C-GmbH. Die C-GmbH ist wiederum mit 30 % an der B-GmbH beteiligt. Zwischen der A-GmbH und der C-GmbH besteht damit gem. § 17 AktG ein Abhängigkeitsverhältnis (die C-GmbH ist ein abhängiges Unt der A-GmbH).
Gem. § 271 Abs. 1 Satz 4 HGB i.V.m. § 16 Abs. 4 AktG sind auch die Anteile in die vermutungsbegründende Beteiligungsanteilsquote mit einzubeziehen, die einem von der A-GmbH abhängigen Unt zuzurechnen sind. Das bedeutet: Da die C-GmbH ein abhängiges Unt der A-GmbH ist, werden die Anteile der C-GmbH an der B-GmbH den Anteilen zugerechnet, die die A-GmbH bereits an der B-GmbH hält.
Über diese indirekte Zurechnung ergibt sich damit ein Anteil der A-GmbH an der B-GmbH i.H.v. 35 %.

Damit ergeben sich theoretisch Konstellationen, bei denen das zu beurteilende Unt nur eine Kleinstbeteiligung (z.B. 1 %) oder im Extremfall gar keine Beteiligung hält, dafür das abhängige Unt mit seiner Beteiligung oberhalb der Beteiligungsvermutung liegt.[24] Beim beteiligten Unt sind damit nicht nur die ihm selbst gehörenden Anteile zu berücksichtigen, sondern auch die Anteile, die

---

[23] Vgl. Reiner, in MünchKomm. HGB, 5. Aufl. 2024, § 271 HGB Rn 13.
[24] Vgl. ADS, Rechnungslegung und Prüfung der Unternehmen, 6. Aufl. 1995–2001, § 271 HGB Rz 30.

einem vom beteiligten Unt abhängigen Unt gehören. Ausgangspunkt derartiger Verbindungen ist die zweifelsfreie Anwendung der Abhängigkeitsvermutung. Kann diese im Ergebnis nicht widerlegt werden, so müssen die von einem in Mehrheitsbesitz stehenden Unt gehaltenen Anteile an einem dritten Unt dem mit Mehrheit beteiligten Unt zugerechnet werden.

28 Der **bilanzielle Ausweis** im Anwendungsbereich von § 16 Abs. 2 und 4 AktG bringt weitere Probleme mit sich. Da mittelgroße und große KapG das Gliederungsschema des § 266 Abs. 2 und 3 HGB zwingend anzuwenden haben, muss insb. bei Schuldverhältnissen zwischen dem beteiligten Unt (über die Zurechnung als beteiligt geltend) und dem BeteiligungsUnt der einschlägige Unterposten „Verbindlichkeiten gegenüber Unt, mit denen ein Beteiligungsverhältnis besteht" verwendet werden. Gleichzeitig handelt es sich jedoch auch um einen Ausweis unter der Position „Verbindlichkeiten gegenüber verbundenen Unt". Eine Lösung wäre hier auch über den Mitzugehörigkeitsvermerk des § 265 Abs. 3 HGB denkbar. Für den Fall, dass sich wie im vorliegenden Fall VG oder Schulden mehreren Bilanzpositionen zuordnen lassen, ist i. R. d. Ausweises unter der Position „Verbindlichkeiten gegenüber Unt mit denen ein Beteiligungsverhältnis besteht" in einem „Davon-Vermerk" auf die Mitzugehörigkeit zur Bilanzgliederungsposition „Verbindlichkeiten gegenüber verbundenen Unt" unter Angabe des entsprechenden Betrags hinzuweisen. Ein solcher Mitzugehörigkeitsvermerk resultiert letztendlich aus dem Grundsatz der Bilanzklarheit nach § 243 Abs. 2 HGB.

2.4 Behandlung von Genossenschaftsanteilen

29 Entsprechend des Gesetzestextes in § 271 Abs. 1 Satz 5 HGB können Genossenschaftsanteile auch dann nicht zu den Beteiligungen zählen, wenn sie die Beteiligungsdefinition erfüllen. Die Regelung wurde mit Blick auf Kleinstbeteiligungen an Kreditgenossenschaften durch den Rechtsausschuss[25] in den Gesetzestext aufgenommen. Da Kunden häufig im Zusammenhang mit der Begründung einer Geschäftsverbindung auch Anteile an der Kreditgenossenschaft erwerben, müssten ohne den Ausschluss nach § 271 Abs. 1 Satz 5 HGB sämtliche Forderungen und Verbindlichkeiten ggü. der Kreditgenossenschaft als Forderungen und Verbindlichkeiten ggü. Unt, mit denen ein Beteiligungsverhältnis besteht, ausgewiesen werden.[26] Nach Auffassung des Gesetzgebers[27] besteht bei Mitgliedschaften dieser Art jedoch nicht die Gefahr, dass Forderungs- und Verbindlichkeitspositionen zu marktunüblichen Konditionen geschlossen werden und daher für den Bilanzleser gesondert kenntlich gemacht werden müssen. Aufgrund der Formulierung des Gesetzestextes ist auch bei Genossenschaftsanteilen von erheblicher Größenordnung keine andere Handhabung geboten.[28]

30 Für den konkreten **Ausweis innerhalb der Bilanz** kommen mehrere Positionen innerhalb des Bilanzgliederungsschemas nach § 266 HGB in Betracht. Ordnet man die Genossenschaftsanteile dem AV nach § 247 Abs. 2 HGB zu, so erfolgt der Ausweis entsprechend § 266 Abs. 2 HGB unter der Position A. III. 6. als

---

[25] Vgl. BT-Drs. 10/4268 v. 18.11.1985 S. 106.
[26] Vgl. Keitz von, in Baetge/Kirsch/Thiele, Bilanzrecht, § 271 HGB Rz 41, Stand: 5/2023.
[27] Vgl. BT-Drs. 10/4268 v. 18.11.1985 S. 106.
[28] Vgl. Reiner, in MünchKomm. HGB, 5. Aufl. 2024, § 271 HGB Rn 15.

„sonstige Ausleihungen". Diese Position hat gewissermaßen den Charakter eines Auffangbeckens. Nach § 265 Abs. 6 HGB ist es möglich und aufgrund des Gebots der Klarheit und Übersichtlichkeit des Jahresabschlusses auch erforderlich, dass die mit arabischen Zahlen versehenen Bilanzposten im Bedarfsfall entweder im Hinblick auf die Gliederung oder die Postenbezeichnung geändert werden.[29] Eine solche zulässige Änderung der Postenbezeichnung wird auch für den Fall des Ausweises der Genossenschaftsanteile unter Position A. III. 6 vorgeschlagen.[30]

Innerhalb der wissenschaftlichen Literatur werden noch **andere Ausweismöglichkeiten** diskutiert. Zum einen wird vorgeschlagen, die Anteile nach § 266 Abs. 2 A. III.5 HGB unter den Wertpapieren des AV zu zeigen.[31] Zum anderen wird in Anlehnung an § 7 Nr. 1 GenG[32] der Genossenschaftsanteil als Kapitaleignerrecht angesehen und daraus folgend ein zusätzlicher Ausweisposten unter dem FAV (§ 266 Abs. 2 A. III HGB) gefordert.[33] Im Ausnahmefall kann theoretisch auch ein Ausweis unter der Position § 266 Abs. 2 A. III. 1. als Anteile an verbundenen Unt in Betracht kommen.[34]

31

Erfüllen die Genossenschaftsanteile nicht den Charakter von AV nach § 247 Abs. 2 HGB und sind damit dem UV zugehörig, wird ein Ausweis der Anteile unter der Position § 266 Abs. 2 B.II.4 HGB als sonstige Vermögensgegenstände (korrespondierend zu einem Ausweis im FAV als sonstige Vermögensgegenstände)[35] oder unter der Position § 266 Abs. 2 B.III.2. HGB als sonstige Wertpapiere (korrespondierend zu einem Ausweis im FAV als Wertpapiere des Anlagevermögens) vorgeschlagen.[36]

3 Verbundenes Unternehmen

3.1 Überblick

3.1.1 Grundlagen

Die Verwendung des Begriffs „verbundenes Unt" in § 271 Abs. 2 HGB erfolgte aufgrund der Umsetzung des Art. 41 der 7. EG-RL (= Konzernbilanzrichtlinie) und ist in der RL 2013/34/EU unverändert geblieben.[37] Der Gesetzgeber hat aber für nach dem 31.12.2023 beginnende Gj eine sprachliche Anpassung vorgenommen (Rz 46). Vor der Einfügung des § 271 Abs. 2 HGB sah das Gesetz keine eigenständige bilanzrechtliche Definition des Begriffs „verbundenes Unt" vor.

32

---

[29] Vgl. Kliem/Büssow, in Beck Bil-Komm., 14. Aufl. 2024, § 265 HGB Rz 16.
[30] Vgl. Reiner, in MünchKomm. HGB, 5. Aufl. 2024, § 271 HGB Rn 15.
[31] Vgl. Bieg/Waschbusch, in Küting/Weber, HdR-E, § 271 HGB Rz 67, Stand: 12/2023.
[32] In § 7 Nr. 1 GenG wird der Geschäftsanteil als Betrag definiert, bis zu welchem sich die einzelnen Mitglieder mit Einlagen beteiligen können.
[33] Vgl. Matschke/Schellhorn, in Kirsch, Rechnungslegung (alter Titel: Bonner Handbuch Rechnungslegung), § 271 HGB Rz 58.
[34] Vgl. Matschke/Schellhorn, in Kirsch, Rechnungslegung (alter Titel: Bonner Handbuch Rechnungslegung), § 271 HGB Rz 54; Bieg/Waschbusch, in Küting/Weber, HdR-E, § 271 HGB Rz 69, Stand: 12/2023.
[35] Vgl. Matschke/Schellhorn, in Kirsch, Rechnungslegung (alter Titel: Bonner Handbuch Rechnungslegung), § 271 HGB Rz 59.
[36] Beide Möglichkeiten akzeptierend: vgl. Bieg/Waschbusch, in Küting/Weber, HdR-E; § 271 HGB Rz 69, Stand: 12/2023.
[37] Vgl. 7. RL des Rates 83/349/EWG v. 13.6.1983, ABl. EG L 193/1 v. 18.7.1983.

Insoweit erfolgte zunächst immer eine Anlehnung an den in § 15 AktG bestimmten allgemeingültigen Begriff eines „verbundenen Unt" auch für die Rechnungslegung. Die in Art. 41 der 7. EG-RL enthaltene Definition war nicht mit der Definition des Aktienrechts vereinbar, sodass sich aufgrund der fehlenden Änderungsbereitschaft in Bezug auf die aktienrechtlichen Bestimmungen ein **eigenes handelsrechtliches Begriffsverständnis** herausbilden musste. Die in § 271 Abs. 2 HGB enthaltene Definition ist somit auch nur alleine für das Dritte Buch des HGB (rechnungslegungsrelevante Bestimmungen) von Bedeutung. Das aktienrechtliche Verständnis eines „verbundenen Unt" bleibt weiterhin für einschlägige Vorschriften des AktG maßgeblich (z. B. §§ 71 Abs. 1 Nr. 2, 89 Abs. 4 Satz 2, 90 Abs. 3, 311 ff. AktG).

3.1.2 Übereinstimmende Verbundenheit nach AktG und HGB

33 Stellt man einen Vergleich an, unter welchen Bedingungen die Verbundenheitstatbestände nach Aktien- und Handelsrecht zu einem gleichen Ergebnis führen, so ist es erforderlich, die Maßstäbe einer Verbundenheit nach §§ 16–19 AktG mit den Verbundenheitskriterien des § 290 HGB zu vergleichen. § 16 AktG geht bei in Mehrheitsbesitz stehenden Unt und bei mit Mehrheit beteiligten Unt davon aus, dass die Verbundenheitskriterien erfüllt sind. Hingegen ist der Verbundenheitstatbestand nach HGB gem. § 290 Abs. 2 Nr. 1 HGB nur bei einer Stimmrechtsmehrheit gegeben, es muss sich daraus zumindest eine Beherrschungsmöglichkeit ergeben. Entsprechend § 17 AktG besteht zwischen abhängigen und herrschenden Unt eine Verbundenheitsvermutung, die nach HGB nur bestätigt werden kann, wenn die Abhängigkeit aufgrund einer Stimmrechtsmehrheit (§ 290 Abs. 2 Nr. 1 HGB) oder aufgrund von Satzungsbestimmungen (§ 290 Abs. 2 Nr. 3 HGB) besteht und die Beherrschungsmöglichkeit gegeben ist. Die Annahme des § 19 AktG, dass auch wechselseitig beteiligte Unt mit einer gegenseitigen Beteiligung von jeweils über 25 % den Verbundenheitstatbestand erfüllen, wird handelsrechtlich nicht nachvollzogen. Eine Verbundenheit könnte sich bei dieser Konstellation auch handelsrechtlich nur dann ergeben, wenn aufgrund zusätzlicher Merkmale ein Abhängigkeitsverhältnis (§ 17 AktG) bzw. eine Beherrschungsmöglichkeit besteht.

34 Von den im Aktienrecht aufgenommenen Unternehmensverträgen führt nur der Beherrschungsvertrag nach § 291 AktG über die Beherrschungsmöglichkeit sowie konkretisiert in § 290 Abs. 2 Nr. 3 HGB auch zu einem verbundenen Unt nach Handelsrecht. Bei der Feststellung eines eingegliederten Unt im Anwendungsbereich des § 319 AktG ergibt sich die Erfüllung des handelsrechtlichen Verbundenheitsbegriffs aufgrund der Änderungen durch das BilMoG nicht mehr aufgrund der Existenz einer einheitlichen Leitung. Das handelsrechtliche Kriterium der einheitlichen Leitung wurde durch die Neufassung des § 290 HGB ersatzlos zugunsten des Konzepts der Kontrollmöglichkeit gestrichen.

3.1.3 Relation zwischen § 271 Abs. 1 und Abs. 2 HGB

35 Liegen sowohl die Voraussetzungen des § 271 Abs. 1 HGB als auch die Voraussetzungen des § 271 Abs. 2 HGB vor, so kann die Bestimmung des Abs. 2 als lex

specialis angesehen werden und ist insoweit vorrangig.[38] Vor dem BilMoG setzte faktisch die Forderung in § 290 Abs. 1 HGB a. F. nach einer einheitlichen Leitung ohnehin die Existenz einer Beteiligung voraus. Inzwischen entfällt die Normenkonkurrenz zwischen § 271 Abs. 1 und Abs. 2 HGB.
Die in § 271 Abs. 2 HGB genannte Form der Unternehmensverbindung geht hinsichtlich der Verbindungsintensität über das Beteiligungsverständnis des § 271 Abs. 1 HGB hinaus und ist durch nachfolgende Merkmale gekennzeichnet:
- Erfüllung der Voraussetzungen eines MU oder TU,
- Möglichkeit der Einbeziehung in den Konzernabschluss eines MU nach den Vorschriften über die VollKons (entfällt für Gj, die nach dem 31.12.2023 beginnen),
- die Ausnutzung von Konsolidierungswahlrechten gem. § 296 HGB ist für die Einordnung unschädlich (entfällt für Gj, die nach dem 31.12.2023 beginnen),
- Existenz einer Konzernabschluss-Aufstellungspflicht unabhängig von einer evtl. Befreiung (entfällt für Gj, die nach dem 31.12.2023 beginnen).

Der Normzweck des § 271 Abs. 2 HGB erklärt sich wie auch der des § 271 Abs. 1 HGB aus den gestiegenen Informationsbedürfnissen der Jahresabschlussadressaten bei derartigen Unternehmensverbindungen. Die beteiligten Unt sind nicht mehr als wirtschaftlich unabhängig anzusehen. Die Ausgestaltung vereinbarter Konditionen zwischen solchen Unt kann z. T. erheblich von den üblichen Marktpreisen abweichen. Ein besonderes Augenmerk muss auch auf die Bonität der Forderungen gelegt werden. Nicht zuletzt ist auch eine Verlagerung von Gewinnen und Verlusten zwischen verbundenen Unt denkbar.[39] Auch wenn der gesonderte Ausweis derartiger Problempositionen an den grundsätzlichen Sachverhalten nichts ändern kann, so wird durch den **gesonderten Ausweis** zumindest die Möglichkeit geschaffen, einzelne mögliche Problempositionen im Jahresabschluss sichtbar zu machen. Das Bilanzgliederungsschema des § 266 HGB sieht z. B. bei Anteilen und Ausleihungen des FAV (§ 266 Abs. 2 A. III. 1. und A. III. 2. HGB), bei Anteilen und Forderungen des UVs (§ 266 Abs. 2 B. II. 2. und B. III. 1. HGB), bei Verbindlichkeiten (§ 266 Abs. 3 C. 6. HGB) sowie auch bei Haftungsverhältnissen (§ 268 Abs. 7 HGB) jeweils gesonderte Ausweise vor. Gleiches gilt auch für bestimmte Erfolge (§ 275 Abs. 2 Nr. 9–11 und Nr. 13 HGB und § 275 Abs. 3 Nr. 8–10 und Nr. 12 HGB) in der GuV.[40] Entsprechende Bestimmungen gelten auch für den Anhang. So fordert § 285 Nr. 3a HGB, dass bei der Angabe sonstiger finanzieller Verpflichtungen ein gesonderter Hinweis auf die Höhe derartiger Verpflichtungen ggü. verbundenen Unt erfolgen muss. Zudem bestehen konkrete Pflichten zu Angaben zu nahe stehenden Personen (§ 285 Rz 129 ff.).

3.2 Tatbestandsmerkmale i. d. F. bis einschl. Gj 2023

3.2.1 Mutter- oder Tochterunternehmen

Ein TU i. S. d. § 290 Abs. 1 HGB liegt vor, wenn es unter dem unmittelbaren oder mittelbaren **beherrschenden Einfluss** eines anderen Unt (MU) steht

---

[38] Vgl. Grottel/Kreher, in Beck Bil-Komm., 14. Aufl. 2024, § 271 HGB Rz 7.
[39] Vgl. Kropf, DB 1986, S. 364.
[40] Vgl. Reiner, in MünchKomm. HGB, 5. Aufl. 2024, § 271 HGB Rn 22.

(§ 290 Rz 19 ff.). Die vormals in § 290 Abs. 1 HGB a.F. genannte Konstruktion der einheitlichen Leitung mit den dazugehörigen Indizien wurde durch das BilMoG ersatzlos gestrichen.

38 Gem. § 290 Abs. 2 HGB ist von einer solchen Beherrschung durch das MU stets auszugehen, wenn dem MU folgende Rechte zustehen bzw. Chancen oder Risiken zuzurechnen sind:
- die Mehrheit der Stimmrechte der Gesellschafter (§ 290 Abs. 2 Nr. 1 HGB),
- das Recht, die Mehrheit der Mitglieder des Verwaltungs-, Leitungs- oder Aufsichtsorgans zu bestellen oder abzuberufen, und auch gleichzeitig eine Gesellschafterstellung vorliegt (§ 290 Abs. 2 Nr. 2 HGB),
- das Recht, einen beherrschenden Einfluss aufgrund eines Beherrschungsvertrags oder aufgrund einer Satzungsbestimmung auszuüben (§ 290 Abs. 2 Nr. 3 HGB),
- das MU trägt bei wirtschaftlicher Betrachtung die Mehrheit der Chancen und Risiken des anderen Unt und dieses Unt dient der Erreichung eines eng begrenzten und genau definierten Ziels des MU. Ein solches Unt wird als ZweckGes. bezeichnet (§ 290 Abs. 2 Nr. 4 HGB).

Die vorstehend genannten Rechtspositionen müssen nicht kumulativ erfüllt sein. Für die Prüfung und Feststellung eines **Beherrschungsverhältnisses** ist die Existenz einer dieser alternativen Rechtspositionen ausreichend. Diese Beherrschung erstreckt sich auch über mehrere Ebenen, so dass auch i.d.R. die TU eines TU in den KonsKreis einzubeziehen sind.

3.2.2 Mögliche Einbeziehung nach den Vorschriften über die Vollkonsolidierung

39 Bis zum 31.12.2023 ist die Möglichkeit der Einbeziehung über die VollKons in einen Konzernabschluss einer obersten Muttergesellschaft eine Voraussetzung zur Bestimmung eines verbundenen Unt i.S.d. § 271 Abs. 2 HGB a.F. Dabei ist es unerheblich, ob dies ein befreiender Konzernabschluss ist bzw. sein könnte. Damit erfolgt zugleich eine begriffliche Abgrenzung in der Weise, dass eine QuotenKons oder eine Einbeziehung at-equity nicht die tatbestandlichen Voraussetzungen erfüllen kann. Das hat zur Folge, dass weder GemeinschaftsUnt[41] noch assoziierte Unt die Voraussetzungen für ein verbundenes Unt i.S.d. § 271 Abs. 2 HGB erfüllen. In Bezug auf die Einbeziehung von GemeinschaftsUnt gibt es allerdings auch Stimmen in der wissenschaftlichen Literatur,[42] die von einer Pflicht zur VollKons und damit von einer Unternehmensverbindung i.S.d. § 271 Abs. 2 HGB ausgehen.

3.2.3 Grundsätzlichkeitscharakter der Einbeziehungspflicht

40 Entsprechend der Formulierung in § 271 Abs. 2 Hs. 2 HGB a.F. ist die Tatsache, dass TU nach der Regelung des § 296 HGB wahlweise nicht in den Konzernabschluss einbezogen werden, für die Annahme eines „verbundenen Unt" ausdrücklich unschädlich.[43] Insoweit ist allein maßgeblich, dass eine grundsätzliche

---

[41] Vgl. Kliem/Lewe, in Beck Bil-Komm., 14. Aufl. 2024, § 310 HGB Rz 5.
[42] Vgl. ADS, Rechnungslegung und Prüfung der Unternehmen, 6. Aufl., 1995–2001, § 310 HGB Rz 41; Schulze-Osterloh, in Goerdeler et al. , Festschrift für Hans-Joachim Fleck zum 70. Geburtstag, ZGR 1988, Sonderheft Band 7, S. 313.
[43] Vgl. Wohlgemuth, DStR 1991, S. 1530.

Pflicht zur Einbeziehung überhaupt besteht. Soweit die übrigen Kriterien erfüllt sind, zählen damit TU, die nicht der VollKons unterliegen, trotzdem zum Kreis der verbundenen Unt.

3.2.4 Pflicht zur Aufstellung eines Konzernabschlusses oder Befreiung

3.2.4.1 Konzernabschluss nach § 290 HGB

Nach dem Gesetzestext in § 271 Abs. 2 Halbsatz 1 HGB a.F. ist es erforderlich, dass das oberste MU verpflichtet ist, einen Konzernabschluss aufzustellen. Diese Pflicht zur Aufstellung basiert auf den §§ 290–315e HGB. Es ist wiederum nicht erforderlich, dass der Konzernabschluss auch tatsächlich aufgestellt wird. Somit sind von der Vorschrift bis 31.12.2023 keine Konzerne erfasst, bei denen das oberste MU keine KapG (sondern bspw. eine PersG) ist oder bei denen das oberste MU seinen Sitz im Ausland hat. Im Anwendungsbereich des § 271 Abs. 2 HGB könnte sich eine Struktur unter Fortgeltung des Begriffs „verbundene Unt" nur dann ergeben, wenn ein mehrstufiger Konzern vorliegt, an dessen Spitze zwar eine inländische Nicht-KapG steht, bei dem die zweite Konzernstufe jedoch von einer inländischen KapG besetzt wird, die entsprechend § 290 HGB zur Aufstellung eines Teilkonzerns verpflichtet ist. Die Pflicht zur Aufstellung eines Konzernabschlusses nach PublG ist i.R.d. § 271 Abs. 2 HGB nicht ausreichend.[44] Insoweit kommt es hier zu einer Einschränkung in der Weise, dass selbst bei Erfüllung des Control-Konzepts nicht zwangsläufig bereits von einem verbundenen Unt i.S.d. § 271 Abs. 2 HGB ausgegangen werden darf.[45]

41

3.2.4.2 Befreiender Konzernabschluss nach §§ 291 f. HGB

Bei bestimmten Konstellationen kommen die Existenz und Begriffsverwendung des „verbundenen Unt" auch dann in Betracht, wenn keine Einbeziehungspflicht in einen gemeinsamen Konzernabschluss besteht. Auf diesen Fall stellt § 271 Abs. 2 Halbsatz 2 HGB a.F. ab. Hierbei handelt es sich um eine größenunabhängige Freistellung von der Konzernrechnungslegungspflicht. Ein auf höherer Konzernebene (= Ebene des obersten MU) in Einklang mit dem EU-Recht aufgestellter Konzernabschluss (auch die Möglichkeit zur Aufstellung eines solchen Konzernabschlusses wäre ausreichend) kann unter bestimmten Bedingungen als befreiender Konzernabschluss angesehen werden. Für nachgelagerte MU, die zugleich TU sind, entfällt dadurch die Pflicht zur Aufstellung eines eigenen Teilkonzernabschlusses. Durch die Formulierung im Gesetzestext sind auch solche Konstellationen erfasst, bei denen die Befreiungswirkung eintreten würde, wenn ein befreiender Konzernabschluss aufgestellt worden wäre, weil die Möglichkeit dazu grds. bestand. Die in diesem Zusammenhang angesprochenen Strukturen müssen damit in jedem Fall eine dreistufige Hierarchie aufweisen. Die §§ 291 f. HGB und somit auch die Bestimmung des § 271 Abs. 2 Halbsatz 2 HGB a.F. greifen nur Sachverhalte auf, bei denen unterhalb der Konzernspitze (im Inland oder Ausland ansässig) zumindest eine inländische KapG existiert. Konzerne, die keine inländische KapG als (nachrangige) Muttergesellschaft haben, sind von § 271 Abs. 2 HGB a.F. nicht erfasst. Auch im Fall des § 271 Abs. 2

42

---

[44] Vgl. ADS, Rechnungslegung und Prüfung der Unternehmen, 6. Aufl. 1995–2001, § 271 HGB Rz 48.
[45] Vgl. Keitz von, in Baetge/Kirsch/Thiele, Bilanzrecht, § 271 HGB Rz 57, Stand: 5/2023.

Halbsatz 2 HGB a. F. sind Pflichten zur Aufstellung eines Konzernabschlusses z. B. nach dem PublG nicht ausreichend.[46]

Eine **Befreiungswirkung** im vorgenannten Sinn tritt nicht ein, wenn zwar eine Konzernrechnungslegungspflicht besteht, die Aufstellung des befreienden Konzernabschlusses trotz des Vorliegens der Voraussetzungen jedoch gem. § 291 Abs. 3 HGB durch ein sog. Minderheitenvotum nicht in Anspruch genommen werden darf.[47]

3.2.4.3 Weite Auslegung des § 271 Abs. 2 HGB

43 Neben dieser engen wörtlichen Auslegung des § 271 Abs. 2 HGB a. F. gibt es auch Vertreter, die von einer weiten Auslegung der Bestimmung ausgehen.[48] Unter Rückgriff auf die Intention der 7. EG-RL gehen sie davon aus, dass zum Kreis der verbundenen Unt sämtliche Unt zu rechnen sind, die als MU oder TU in einen Konzernabschluss auf dem Wege der VollKons einezogen werden könnten. Die Unt, die mit einem Unt, das eines der beiden o. g. Kriterien erfüllt, verbunden sind, sind auch im Verhältnis zueinander verbundene Unt.

44 Die weite Auslegung des Begriffs „verbundenes Unt" kommt dem **Primat einer einheitlichen Begriffsverwendung** deutlich näher, weil die unterschiedliche Beurteilung individueller Konzernkonstellation weniger Bedeutung hat. Wird das Oberziel darin gesehen, dass ähnliche Konzernstrukturen auch zu einer vergleichbaren Rechenschaftslegung führen, so ist das nur mit einem weiten Auslegungsverständnis zu realisieren. Befürworter dieser Auslegungsvariante argumentieren u. a. damit, dass es im Zuge der weiter steigenden Internationalisierung des Wirtschaftsgeschehens für die Berichterstattung unerheblich sein muss, ob die übergeordnete Muttergesellschaft ihren Sitz im In- oder Ausland hat. Da die Notwendigkeit einer weitergehenden Differenzierung ihren Ausgangspunkt in einer möglichst transparenten Information der Jahresabschlussadressaten hat und Geschäfte zu marktfernen Konditionen sowohl zwischen inländischen als auch zwischen in- und ausländischen Ges. geschlossen werden können, darf eine Rechenschaftslegung unter dem Primat der Transparenz diesbzgl. keinen Restriktionen unterliegen.[49]

45 **Praxis-Beispiel**

KonzernUnt, die nach dem Wortlaut des § 271 Abs. 2 HGB a. F. nicht zum Kreis der verbundenen Unt gehören, weil es entweder an der Notwendigkeit ihrer Einbeziehung in einen HGB-Abschluss fehlt oder weil die befreiende Wirkung ihrer Einbeziehung fehlt, liegen u. a. bei folgenden Konstellationen vor:
- Ein oder mehrere TU, die selbst wiederum keine TU haben, werden von einem ausländischen MU beherrscht.
- Die Einbeziehung in einen Konzernabschluss erfolgt nach dem PublG.
- Die Minderheitsgesellschafter machen von ihrem Recht nach § 291 Abs. 3 HGB Gebrauch und verweigern die Befreiung.

---

[46] Vgl. Reiner, in MünchKomm. HGB, 5. Aufl. 2024, § 271 HGB Rn 28.
[47] Vgl. Ammann/Müller, Konzernbilanzierung, 2005, S. 50; Kropf, DB 1986, S. 364.
[48] Vgl. Kropf, DB 1986, S. 364 ff.; Ulmer, in Havermann, Bilanz- und Konzernrecht: Festschrift zum 65. Geburtstag von Dr. Dr. h.c. Reinhard Goerdeler, 1987, S. 633.
[49] Vgl. Keitz von, in Baetge/Kirsch/Thiele, Bilanzrecht, § 271 HGB Rz 66, Stand: 5/2023.

Kritiker der engen Auslegung des § 271 Abs. 2 HGB sehen zudem einen Widerspruch zum Begriff der Verbundenheit i. S. v. Art. 41 der 7. EG-RL. Danach geht die Verknüpfung zwischen der Verbundenheit und der Konzernaufstellungspflicht fehl. Vielmehr stellt der Begriff auf die Existenz einer Beherrschungsmöglichkeit ab.[50] Zumindest für den Bereich der Rechnungslegung (und damit nicht zwangsläufig auch im Anwendungsbereich der §§ 319 und 323 HGB) hat sich das weite Begriffsverständnis in Bezug auf die Verbundenheit mittlerweile durchgesetzt.[51]

3.3 Neufassung Verbunddefinition

Die Kritik an der in § 271 Abs. 2 HGB a. F. enthaltenen Verbunddefinition hatte viele Jahre keinen Erfolg. Obwohl die Norm „vielfach als schwer verständlich und lückenhaft"[52] identifiziert wurde, blieb Sie unverändert. Mit dem Gesetz zur Umsetzung der Richtlinie (EU) 2021/2101 im Hinblick auf die Offenlegung von Ertragsteuerinformationen durch bestimmte Unternehmen und Zweigniederlassungen sowie zur Änderung des Verbraucherstreitbeilegungsgesetzes und des Pflichtversicherungsgesetzes hat der Gesetzgeber nun erstmalig auf die in der Literatur geäußerten Kritikpunkte reagiert und eine Neufassung der Verbunddefinition vorgenommen. Für Gj, die nach dem 31.12.2023 beginnen, enthält § 271 Abs. 2 HGB eine Definition, die „im Lichte des besonderen Interesses der Abschlussadressaten an einer Offenlegung der Verbundbeziehung klarer und weiter"[53] gefasst sein soll, als die in § 271 Abs. 2 HGB a. F. enthaltene. 46

Mit der neuen Verbunddefinition gelten Unt für Gj, die nach dem 31.12.2023 beginnen, als verbunden i. S. v. § 271 Abs. 2 HGB, wenn sie im Verhältnis zueinander MU und TU gem. § 290 Abs. 1 Satz 1 und Abs. 2 bis 4 HGB sind. Die Kriterien Rechtsform und Sitz gehören dann gem. § 271 Abs. 2 1. Hs. HGB nicht mehr zu den Inhalt stiftenden Kriterien.[54] Auch das aus Sicht der Literatur problembehaftete Kriterium der (möglichen) Vollkonsolidierung entfällt mit der Neufassung.[55] Darüber hinaus stellt § 271 Abs. 2 2. Hs. HGB klar, dass auch alle mit demselben MU verbundenen TU untereinander verbundene Unt sind. 47

Die neue Verbunddefinition bestätigt die bisherige Rechtslage in folgenden Punkten: 48
- Der sachliche Anwendungsbereich der Norm bleibt in Folge der Formulierung „im Sinne dieses Buches" unverändert;[56]
- MU und TU müssen notwendigerweise die Unternehmenseigenschaft aufweisen;[57]

---

[50] Vgl. Wohlgemuth, DStR 1991, S. 1529; Kropf, DB 1986, S. 364.
[51] Vgl. Grottel/Krehler, in Beck Bil-Komm., 14. Aufl. 2024, § 271 HGB Rz 37.
[52] Vgl. Gesetz zur Umsetzung der Richtlinie (EU) 2021/2101 im Hinblick auf die Offenlegung von Ertragsteuerinformationen v. 19.6.2023, BGBl. 2023 I Nr. 154.
[53] Vgl. Gesetz zur Umsetzung der Richtlinie (EU) 2021/2101 im Hinblick auf die Offenlegung von Ertragsteuerinformationen v. 19.6.2023, BGBl. 2023 I Nr. 154. Zum Anwendungsbeginn s. Art. 90 Abs. 1 EGHGB.
[54] Vgl. dazu kritisch Küting, BB 2023, S. 301.
[55] Vgl. Oser, StuB 2023, S. 64; Küting, BB 2023, S. 301.
[56] Vgl. Oser, StuB 2023, S. 66; Küting, BB 2023, S. 301.
[57] Vgl. Dusemond/Küting/Wirth, Der Konzernabschluss, 14. Aufl. 2018, S. 54.

- Verbundenheit i. S. d. Handelsrechtes ist nicht allein auf bilaterale Unternehmensverbindungen zwischen einem MU und einem TU beschränkt, sondern adressiert alle multilateralen Beziehungen zwischen MU und TU;[58]
- die Nicht-Einbeziehung eines TU in den Konzernabschluss aufgrund der Erfüllung eines in § 296 HGB geregelten Befreiungstatbestandes hat keinen Einfluss auf die Qualifikation als verbundenes Unt;[59]
- Gemeinschaftsunternehmen (§ 310 HGB), assoziierte Unt (§ 311 HGB) und Beteiligungsunternehmen (§ 271 Abs. 1 HGB) gelten auch weiterhin als nicht verbundene Unt, Gleiches gilt für Gleichordnungs- bzw. Koordinationskonzerne.[60]

49 Trotz der zu begrüßenden Neuformulierung, verbleiben für den Gesetzgeber auch nach dem 31.12.2023 noch Spielräume für Verbesserungen. So sind sich etwa Oser und Küting uneins darüber, ob aus der Neuformulierung in Verbindung mit der Gesetzesbegründung eine Gleichstellung des publizitätsgesetzlichen und handelsrechtlichen Konzernabschlusses abgeleitet werden kann.[61] Auch die nicht explizite Positionierung des Gesetzgebers zu MU, die ihren Konzernabschluss nach den in der EU gültigen IFRS aufstellen, bietet Anlass zur Kritik. Hier wäre es für die Zukunft zu begrüßen, wenn eine weitere Klarstellung erfolgen würde.[62]

4 Rechtsfolgen und Folgen der Verletzung des § 271 HGB

4.1 Rechtsfolgen des § 271 HGB

50 Die definitorischen Inhalte führen dazu, dass bei Erfüllung der Kriterien ein entsprechender Ausweis von Anteilen und weiteren Beziehungen zu den jeweiligen Unt innerhalb der Bilanz, der GuV oder des Anhangs gesondert zu erfolgen hat (Rz 4).

Darüber hinaus ist die Rangfolge der Zuordnung zu beachten. Der Ausweis als verbundenes Unt ist angesichts der höheren Verbindungsintensität vorrangig. Gleiches gilt für sämtliche damit verbundenen Ausweisvorschriften wie z. B. Verbindlichkeiten oder Forderungen.

Sind entsprechend der Gliederungsschemata der §§ 266 oder 275 HGB zudem weitere Positionen einschlägig, wie z. B. Forderungen oder Verbindlichkeiten aus Lieferungen und Leistungen, ist ein Mitzugehörigkeitsvermerk nach § 265 Abs. 3 HGB vorzunehmen, z. B. Forderungen gegen Unternehmen XY, davon aus Lieferungen und Leistungen.

Weiterhin sind nach § 277 Abs. 3 HGB Erträge und Aufwendungen aus (Teil-)Gewinnabführungsverträgen i. S. d. § 291 AktG in gesonderten Zeilen innerhalb der jeweiligen GuV der beteiligten oder verbundenen Unt aufzuführen.

Schließlich ist insb. bei verbundenen Unt und Unt, mit denen ein Beteiligungsverhältnis besteht, darauf zu achten, dass eine **Saldierung** von Forderungen und Verbindlichkeiten vorgenommen werden **kann**, sofern die Aufrechnungslage nach § 387 BGB gegeben ist,[63] d. h. insb. Fristenkongruenz vorliegt. Dies stellt

---

[58] Vgl. Oser, StuB 2023, S. 66.
[59] Vgl. Küting, BB 2023, S. 301.
[60] Vgl. Küting, BB 2023, S. 301.
[61] Vgl. dagegen Oser, StuB 2023, S. 66; dafür Küting, BB 2023, S. 302.
[62] Vgl. Oser, StuB 2023, S. 66; Küting, BB 2023, S. 302.
[63] IDW, WPH Edition, Wirtschaftsprüfung & Rechnungslegung, 18. Aufl. 2023, Kap. F Tz 67.

keinen Verstoß gegen das Saldierungsverbot des § 246 Abs. 2 HGB dar, sondern verhindert die unnötige Aufblähung von Aktiva und Passiva und kann zu Verbesserungen bestimmter Bilanzkennzahlen wie z.B. der EK-Quote führen. Eine Saldierung ist zwingend vorzunehmen, sofern eine Aufrechnungserklärung nach § 388 BGB erfolgt ist.

4.2 Folgen der Verletzung des § 271 HGB

Bei der Bestimmung des § 271 Abs. 1 und 2 HGB handelt es sich um eine ausschl. Definitionsvorschrift. Eine unmittelbare Verletzung ist damit nach Literaturauffassung nicht möglich.[64] Bei Verstößen ergeben sich insoweit Rückwirkungen auf andere Bestimmungen des HGB, die Bezug auf die Begriffsverwendung „Beteiligung" oder „verbundenes Unt" nehmen. Zu denken ist dabei bspw. im Hinblick auf Beteiligungen an Gliederungs- bzw. Ausweisvorschriften der §§ 266 und 275 HGB. Gleiches gilt im Bereich der verbundenen Unt ebenfalls für entsprechende Gliederungsvorschriften nach § 266 HGB, aber auch für die gesonderte Angabe von Haftungsverhältnissen (§ 268 Abs. 7 HGB) oder für Pflichtangaben im Anhang nach § 285 Nr. 1, 3, 3a HGB. Der Verstoß gegen diese exemplarisch aufgeführten Vorschriften kann wiederum zur Nichtigkeit des Jahresabschlusses oder zur Einschränkung bzw. Versagung des Bestätigungsvermerks nach § 322 HGB führen.

51

---

[64] Vgl. Grottel/Adrian, in Beck Bil-Komm., 14. Aufl. 2024, § 271 HGB Rz 45.

§ 272 Eigenkapital

(1) ¹Gezeichnetes Kapital ist mit dem Nennbetrag anzusetzen. ²Die nicht eingeforderten ausstehenden Einlagen auf das gezeichnete Kapital sind von dem Posten „Gezeichnetes Kapital" offen abzusetzen; der verbleibende Betrag ist als Posten „Eingefordertes Kapital" in der Hauptspalte der Passivseite auszuweisen; der eingeforderte, aber noch nicht eingezahlte Betrag ist unter den Forderungen gesondert auszuweisen und entsprechend zu bezeichnen.

(1a) ¹Der Nennbetrag oder, falls ein solcher nicht vorhanden ist, der rechnerische Wert von erworbenen eigenen Anteilen ist in der Vorspalte offen von dem Posten „Gezeichnetes Kapital" abzusetzen. ²Der Unterschiedsbetrag zwischen dem Nennbetrag oder dem rechnerischen Wert und den Anschaffungskosten der eigenen Anteile ist mit den frei verfügbaren Rücklagen zu verrechnen. ³Aufwendungen, die Anschaffungsnebenkosten sind, sind Aufwand des Geschäftsjahrs.

(1b) ¹Nach der Veräußerung der eigenen Anteile entfällt der Ausweis nach Absatz 1a Satz 1. ²Ein den Nennbetrag oder den rechnerischen Wert übersteigender Differenzbetrag aus dem Veräußerungserlös ist bis zur Höhe des mit den frei verfügbaren Rücklagen verrechneten Betrages in die jeweiligen Rücklagen einzustellen. ³Ein darüber hinausgehender Differenzbetrag ist in die Kapitalrücklage gem. Absatz 2 Nr. 1 einzustellen. ⁴Die Nebenkosten der Veräußerung sind Aufwand des Geschäftsjahrs.

(2) Als Kapitalrücklage sind auszuweisen
1. der Betrag, der bei der Ausgabe von Anteilen einschließlich von Bezugsanteilen über den Nennbetrag oder, falls ein Nennbetrag nicht vorhanden ist, über den rechnerischen Wert hinaus erzielt wird;
2. der Betrag, der bei der Ausgabe von Schuldverschreibungen für Wandlungsrechte und Optionsrechte zum Erwerb von Anteilen erzielt wird;
3. der Betrag von Zuzahlungen, die Gesellschafter gegen Gewährung eines Vorzugs für ihre Anteile leisten;
4. der Betrag von anderen Zuzahlungen, die Gesellschafter in das Eigenkapital leisten.

(3) ¹Als Gewinnrücklagen dürfen nur Beträge ausgewiesen werden, die im Geschäftsjahr oder in einem früheren Geschäftsjahr aus dem Ergebnis gebildet worden sind. ²Dazu gehören aus dem Ergebnis zu bildende gesetzliche oder auf Gesellschaftsvertrag oder Satzung beruhende Rücklagen und andere Gewinnrücklagen.

(4) ¹Für Anteile an einem herrschenden oder mit Mehrheit beteiligten Unternehmen ist eine Rücklage zu bilden. ²In die Rücklage ist ein Betrag einzustellen, der dem auf der Aktivseite der Bilanz für die Anteile an dem herrschenden oder mit Mehrheit beteiligten Unternehmen angesetzten Betrag entspricht. ³Die Rücklage, die bereits bei der Aufstellung der Bilanz zu bilden ist, darf aus vorhandenen frei verfügbaren Rücklagen gebildet werden. ⁴Die Rücklage ist aufzulösen, soweit die Anteile an dem herrschenden oder mit Mehrheit beteiligten Unternehmen veräußert, ausgegeben, oder eingezogen werden oder auf der Aktivseite ein niedrigerer Betrag angesetzt wird.

(5) ¹Übersteigt der auf eine Beteiligung entfallende Teil des Jahresüberschusses in der Gewinn- und Verlustrechnung die Beträge, die als Dividende oder Gewinnanteil eingegangen sind oder auf deren Zahlung die Kapitalgesellschaft einen Anspruch hat, ist der Unterschiedsbetrag in eine Rücklage einzustellen, die nicht ausgeschüttet werden darf. ²Die Rücklage ist aufzulösen, soweit die Kapitalgesellschaft die Beträge vereinnahmt oder einen Anspruch auf ihre Zahlung erwirbt.

Inhaltsübersicht

		Rz
1	Anwendungsbereich	1–14
	1.1 Sachlicher Anwendungsbereich	1–10
	1.2 Persönlicher Anwendungsbereich	11–14
2	Ausweis und größenabhängige Erleichterungen	15–17
3	Gezeichnetes Kapital (Abs. 1 Satz 1)	18–69
	3.1 Begriff und Bedeutung	18–19
	3.2 Gezeichnetes Kapital bei Gründung	20–28
	3.3 Veränderungen des gezeichneten Kapitals	29–69
	3.3.1 Kapitalerhöhungen	29–46
	3.3.2 Kapitalherabsetzungen	47–69
4	Ausstehende Einlagen (Abs. 1 Satz 2)	70–73
5	Eigene Anteile (Abs. 1a und 1b)	74–97
	5.1 Begriff und Bedeutung	74
	5.2 Ausweis	75–97
6	Offene Rücklagen (Abs. 2–4)	98–211
	6.1 Grundlagen	98–100
	6.2 Kapitalrücklagen (Abs. 2)	101–147
	6.2.1 Allgemeines	101–117
	6.2.1.1 Einstellungen und Entnahmen	101–113
	6.2.1.2 Aufgliederung des Bilanzpostens	114–117
	6.2.2 Ausgabe von Anteilen (Abs. 2 Nr. 1)	118–124
	6.2.3 Ausgabe von Wandel- und Optionsanleihen (Abs. 2 Nr. 2)	125–137
	6.2.4 Gewährung von Vorzügen (Abs. 2 Nr. 3)	138–140
	6.2.5 Sonstige Zuzahlungen (Abs. 2 Nr. 4)	141–147
	6.3 Gewinnrücklagen (Abs. 3)	148–195
	6.3.1 Allgemeines	148–149
	6.3.2 Gesetzliche Rücklage	150–177
	6.3.3 Satzungsmäßige Rücklage	178–187
	6.3.4 Andere Gewinnrücklagen	188–195
	6.4 Rücklage für Anteile an einem herrschenden oder mehrheitlich beteiligten Unternehmen (Abs. 4)	196–211
7	Ausschüttungssperre für Beteiligungserträge (Abs. 5)	212–215
8	Einzelne Eigenkapital-Bilanzpositionen	216–226
	8.1 Gewinn- und Verlustvortrag	216–219
	8.2 Jahresüberschuss/Jahresfehlbetrag	220–222
	8.3 Bilanzgewinn/Bilanzverlust	223
	8.4 Nicht durch Eigenkapital gedeckter Fehlbetrag	224–226

9   Eigenkapitalverstärkungen 227–243
   9.1 Vorbemerkungen 227–234
   9.2 Genussrechtskapital 235–238
   9.3 Stille Gesellschaft 239–243

1 Anwendungsbereich

1.1 Sachlicher Anwendungsbereich

1 § 272 HGB ergänzt § 266 Abs. 3 A. HGB. Während § 266 Abs. 3 A. HGB vorschreibt, wie das Eigenkapital (EK) in der Bilanz von KapG auszuweisen ist, umschreibt § 272 HGB die in § 266 Abs. 3 A. HGB aufgeführten Posten inhaltlich. § 272 Abs. 1 Satz 1 HGB schreibt vor, dass das gezeichnete Kapital zum Nennbetrag anzusetzen ist. § 272 Abs. 1 Satz 2 HGB trifft eine Regelung zum Ausweis der ausstehenden Einlagen auf das gezeichnete Kapital und § 272 Abs. 1a und 1b HGB zum Ausweis der eigenen Anteile. § 272 Abs. 2 HGB schreibt vor, welche Beträge unter dem Posten Kapitalrücklage auszuweisen sind (§ 266 Abs. 3 A. II. HGB). § 272 Abs. 3 HGB regelt, welche Beträge als Gewinnrücklagen ausgewiesen werden dürfen (§ 266 Abs. 3 A. III. HGB). § 272 Abs. 4 HGB betrifft die Bildung und Auflösung der Rücklage für Anteile an einem herrschenden oder mehrheitlich beteiligten Unt (§ 266 Abs. 3 A. III. 2. HGB). Der durch das BilRUG eingeführte § 272 Abs. 5 HGB sieht eine Ausschüttungssperre für Beteiligungserträge vor, die nicht bereits als Dividende oder Gewinnanteil eingegangen sind oder auf deren Zahlung (am Bilanzstichtag) kein Anspruch besteht.

2 Demgegenüber enthält der Wortlaut des § 272 HGB keine Aussagen zum Gewinn- oder Verlustvortrag (§ 266 Abs. 3 A. IV. HGB) und zum Jahresüberschuss/Jahresfehlbetrag (§ 266 Abs. 3 A. V. HGB) bzw. – im Fall der Aufstellung der Bilanz unter Berücksichtigung der vollständigen oder tw. Verwendung des Jahresergebnisses (§ 268 Abs. 1 Satz 1 HGB) – zum Bilanzgewinn/Bilanzverlust. Gleichwohl zählen diese Posten ebenfalls zum EK. Zudem rechnen zum EK unter bestimmten Voraussetzungen auch eigenkapitalähnliche Mittel.[1]

3 Für den Ausweis, den Ansatz und die Bewertung der das EK betreffenden Posten sind folgende Vorschriften des **HGB** zu beachten:

Aktivseite
- gesonderter Ausweis der **eingeforderten ausstehenden Einlagen** unter den Forderungen (§ 272 Abs. 1 Satz 3 HGB),
- **nicht durch Eigenkapital gedeckter Fehlbetrag** (§ 268 Abs. 3 HGB).

Passivseite
- **gezeichnetes Kapital** (§ 266 Abs. 3 A. I., § 272 Abs. 1 Satz 1 HGB),
- offenes Absetzen der **nicht eingeforderten ausstehenden Einlagen** in der Vorspalte vom gezeichneten Kapital; in diesem Fall ist der verbleibende Betrag als Posten „Eingefordertes Kapital" in der Hauptspalte auszuweisen (§ 272 Abs. 1 Satz 3 HGB),

---

[1] Auf die Eigenkapitalsonderposten nach DMBilG wird hier nicht eingegangen.

- offenes Absetzen des Nennbetrags oder des rechnerischen Werts der **eigenen Anteile** in der Vorspalte vom gezeichneten Kapital (§ 272 Abs. 1a HGB),
- **Kapitalrücklage** (§ 266 Abs. 3 A. II., § 270 Abs. 1, § 272 Abs. 2 HGB),
- **Gewinnrücklagen** (§ 266 Abs. 3 A. III., § 270 Abs. 2, § 272 Abs. 3 und 4 HGB),
- **Gewinnvortrag/Verlustvortrag** bei Aufstellung der Bilanz ohne Berücksichtigung der Ergebnisverwendung (§ 266 Abs. 3 A. IV. HGB),
- **Jahresüberschuss/Jahresfehlbetrag** bei Aufstellung der Bilanz ohne Berücksichtigung der Ergebnisverwendung (§ 266 Abs. 3 A. V. HGB),
- **Bilanzgewinn/Bilanzverlust** bei Aufstellung der Bilanz unter Berücksichtigung der Ergebnisverwendung (§ 268 Abs. 1 Satz 2 HGB).

Zudem sieht das **AktG** für die AG die folgenden ergänzenden Vorschriften vor: 4
- Ausweis des **Grundkapitals** als gezeichnetes Kapital unter Angabe der Gesamtnennbeträge jeder Aktiengattung und des Gesamtnennbetrags des bedingten Kapitals (§ 152 Abs. 1 AktG) sowie Angaben zur Zahl der Aktien je Gattung sowie des Nennbetrags oder rechnerischen Werts (§ 160 Abs. 1 Nr. 3 AktG) und zum genehmigten Kapital (§ 160 Abs. 1 Nr. 3 und 4 AktG); kleine AG (§ 267 Abs. 1 HGB) sind von der Anwendung der Nr. 3 und 4 des § 160 Abs. 1 AktG ausgenommen (§ 160 Abs. 3 Satz 1 AktG),
- Auflösung der **Kapitalrücklage** (§ 150 Abs. 3 und 4 AktG) und Angabe der während des Gj eingestellten oder entnommenen Beträge (§ 152 Abs. 2 AktG); kleine AG (§ 267 Abs. 1 HGB) haben die Angabe nach § 152 Abs. 2 AktG in der Bilanz zu machen (§ 152 Abs. 4 Satz 2 AktG); Sonderregelungen bestehen bei Kapitalerhöhungen (§ 208 Abs. 1 und 2 AktG) und bei Kapitalherabsetzungen (§ 230 Satz 2, §§ 231 bis 233, 240 AktG),
- Bildung der **Gewinnrücklagen** (§ 58 Abs. 1 bis 3, § 150 Abs. 1 und 2, §§ 300, 324 AktG), Auflösung der Gewinnrücklagen (§ 150 Abs. 3 und 4, § 301 Satz 2, § 302 Abs. 1 und § 324 AktG) und Angabe der während des Gj eingestellten oder entnommenen Beträge (§ 152 Abs. 3 AktG); kleine AG (§ 267 Abs. 1 HGB) haben die Angabe nach § 152 Abs. 3 AktG in der Bilanz zu machen (§ 152 Abs. 4 Satz 2 AktG),
- gesonderter Ausweis einer **Gewinnrücklage für den Eigenkapitalanteil von Wertaufholungen** möglich (§ 58 Abs. 2a AktG),
- Ausweis des Unterschiedsbetrags zwischen dem Ausgabebetrag einer Wandelschuldverschreibung und dem höheren Gesamtnennbetrag der i. R. e. bedingten Kapitals zu gewährenden Bezugsaktien nach Kapitalerhöhung aus Gesellschaftsmitteln in einer **Sonderrücklage** (§ 218 Satz 2 AktG),
- Verwendung des Jahresüberschusses bzw. des Jahresfehlbetrags (§§ 58, 150 AktG),
- Verwendung des **Bilanzgewinns** (§ 119 Abs. 1 Nr. 2, § 58 Abs. 3, 4 und 5 AktG),
- Angabe zum **Bestand eigener Aktien** und zu Bestandsveränderungen (§ 160 Abs. 1 Nr. 2 AktG).

KleinstAG, die von den Erleichterungen des § 266 Abs. 1 Satz 4 HGB Gebrauch 5
machen, wenden die Abs. 1 bis 3 des § 152 AktG nicht an (§ 152 Abs. 4 Satz 1
AktG), da sie das EK nur in einer Zeile zeigen.

Für die **SE** gelten die durch die AG anzuwendenden Vorschriften entsprechend. 6
Die SE-VO und das SEAG sehen insoweit keine ergänzenden Vorschriften vor.

7   Für die **KGaA** gelten die folgenden ergänzenden Ausweisvorschriften:
    - gesonderter Ausweis der **Einzahlungsverpflichtungen der phG** unter den Forderungen (§ 286 Abs. 2 Satz 3 Hs. 1 AktG),
    - gesonderter Ausweis des **nicht durch Vermögenseinlagen gedeckten Verlustanteils der phG** gem. § 286 Abs. 3 AktG, soweit keine Einzahlungsverpflichtung besteht (§ 286 Abs. 2 Satz 3 Hs. 2 AktG),
    - gesonderter Ausweis der **Kapitalanteile der phG** nach dem Posten „Gezeichnetes Kapital" (§ 286 Abs. 2 Satz 1 AktG).

8   Für die GmbH sieht das **GmbHG** die folgenden ergänzenden Vorschriften vor:
    - Ausweis des **Stammkapitals** als gezeichnetes Kapital (§ 42 Abs. 1 GmbHG),
    - gesonderter Ausweis einer **Rücklage eingeforderter Nachschüsse** (§ 42 Abs. 2 Satz 3 GmbHG) sowie Sondervorschriften bei Kapitalerhöhungen (§ 57d Abs. 1 GmbHG) und Kapitalherabsetzungen (§ 58a Abs. 2, §§ 58b, 58d Abs. 1 GmbHG),
    - gesonderter Ausweis einer **Gewinnrücklage für den Eigenkapitalanteil von Wertaufholungen** möglich (§ 29 Abs. 4 GmbHG),
    - Ergebnisverwendung **(Jahresüberschuss/Jahresfehlbetrag, Bilanzgewinn)** nach Maßgabe des § 29 Abs. 1 und des § 46 Nr. 1 GmbHG.

    Zudem sieht § 5a Abs. 3 GmbHG den gesonderten Ausweis einer gesetzlichen Rücklage für die **haftungsbeschränkte Unternehmergesellschaft** vor.

9   **Personenhandelsgesellschaften i. S. d. PublG** dürfen bei der Offenlegung der Kapitalanteile der Gesellschafter die Rücklagen, einen Gewinnvortrag und einen Gewinn unter Abzug der nicht durch Vermögenseinlagen gedeckten Verlustteile von Gesellschaftern, eines Verlustvortrags und eines Verlustes zu einem Posten „Eigenkapital" zusammenfassen.[2]

10 Außerhalb der Ergebnisverwendung werden Veränderungen des EK nach Maßgabe der §§ 152–158 AktG nur bei der AG, der SE und der KGaA erkennbar. Eine Verpflichtung zur Aufstellung eines **Eigenkapitalspiegels** besteht nach § 297 Abs. 1 Satz 1 HGB für den HGB-Konzernabschluss und über § 315e HGB für kapitalmarktorientierte MU, die ihren Konzernabschluss nach den IFRS aufstellen müssen.[3] Über § 264 Abs. 1 Satz 2 HGB werden auch kapitalmarktorientierte KapG, die nicht zur Aufstellung eines Konzernabschlusses verpflichtet sind, zur Aufstellung eines EK-Spiegels verpflichtet. Die Pflicht zur Aufstellung eines EK-Spiegels wird über § 5 Abs. 2a Satz 2 PublG auf kapitalmarktorientierte Unt ausgedehnt, die dem PublG unterfallen.

1.2 Persönlicher Anwendungsbereich

11 § 272 HGB ist dem Zweiten Abschnitt des Dritten Buchs des HGB – also den **ergänzenden Vorschriften für Kapital- sowie bestimmte Personenhandelsgesellschaften** – zugeordnet.[4] Damit sind dem § 272 HGB die AG, die SE, die KGaA und die GmbH unterworfen. Auf Personenhandelsgesellschaften (KapCoGes) findet § 272 HGB hingegen in der Praxis wegen der grds.

---

[2] Vgl. zu den Vorschriften des DMBilG ADS, 6. Aufl. 1995–2001, 272 HGB Rz 7.
[3] Vgl. zum Konzerneigenkapitalspiegel auch DRS 22.
[4] Tochter-KapG, die die Voraussetzungen des § 264 Abs. 3 HGB erfüllen, brauchen § 272 HGB nicht anzuwenden. Sie müssen das EK jedoch nach Maßgabe des § 247 Abs. 1 HGB hinreichend aufgliedern, was praktisch regelmäßig auf die Anwendung des § 266 Abs. 3 A. HGB i. V. m. § 272 HGB hinausläuft.

Unterschiede zwischen dem EK der phG und dem EK der KapG keine Anwendung (§ 264c Rz 15 ff.–Rz 25). Auf die dem Geltungsbereich des PublG unterfallenden Unt ist § 272 HGB gem. § 5 Abs. 1 Satz 2 PublG sinngemäß anzuwenden. Für die eG schreibt § 336 Abs. 2 Hs. 1 HGB die entsprechende Anwendung des § 272 HGB vor, soweit in den §§ 336–338 HGB nichts anderes bestimmt ist. Hier ist zu berücksichtigen, dass in § 337 HGB **Sondervorschriften zum gezeichneten Kapital** (Abs. 1) und zu den Gewinnrücklagen (Abs. 2) enthalten sind. § 337 Abs. 4 HGB enthält eine ergänzende Vorschrift zum EK-Ausweis bei Kleinstgenossenschaften. § 32 SCEAG schreibt für die SCE vor, dass für die Aufstellung des Jahresabschlusses die §§ 336–338 HGB entsprechend gelten. 12

Kreditinstitute haben nach § 340a Abs. 1 HGB – unabhängig von ihrer Rechtsform – die für große KapG geltenden Vorschriften des Ersten Unterabschnitts des Zweiten Abschnitts anzuwenden, soweit sich aus den §§ 340a–340l HGB nichts anderes ergibt. Nach Formblatt 1 der RechKredV erfolgt der Eigenkapitalausweis in Anlehnung an § 272 HGB. Zu beachten ist aber § 25 RechKredV, der für das gezeichnete Kapital und die Gewinnrücklagen Sondervorschriften enthält. 13

Auch für **VersicherungsUnt** gelten nach § 341a Abs. 1 HGB – unabhängig von der Rechtsform – die für große KapG geltenden Vorschriften des Ersten Unterabschnitts des Zweiten Abschnitts. Nach Formblatt 1 der RechVersV erfolgt der Ausweis des EK ebenfalls in Anlehnung an § 272 HGB. Die Vorschrift ersetzende oder ergänzende Sondervorschriften sind in den §§ 341a–341p HGB bzw. in der RechVersV nicht enthalten. 14

2 Ausweis und größenabhängige Erleichterungen

Nach § 266 Abs. 3 A. HGB sieht das HGB den zusammengefassten Ausweis des EK in einer besonderen Abschlussgruppe und die Unterteilung dieser Abschlussgruppe in Haupt- und Unterposten vor, die auf der Passivseite der Bilanz zu führen sind. Gleichwohl werden **Abschlussposten, die Einfluss auf die Höhe des EK haben, an anderer Stelle** in der Bilanz ausgewiesen. Hierbei handelt es sich um die eingeforderten ausstehenden Einlagen auf das gezeichnete Kapital, die unter den Forderungen im Umlaufvermögen auszuweisen sind (§ 272 Abs. 1 Satz 2 HGB), und den nicht durch Eigenkapital gedeckten Fehlbetrag, der am Schluss der Bilanz auf der Aktivseite gesondert auszuweisen ist (§ 268 Abs. 3 HGB). Es ergeben sich die folgenden in der Bilanz gesondert zu zeigenden Posten: 15

Aktivseite:
§ 266 Abs. 2 B. II. HGB (Forderungen und sonstige Vermögensgegenstände):
- eingeforderte ausstehende Einlagen auf das gezeichnete Kapital (§ 272 Abs. 1 HGB),
- eingeforderte Nachschüsse (§ 42 Abs. 2 GmbHG),
- Einzahlungsverpflichtungen der phG (§ 286 Abs. 2 AktG).

Nach § 266 Abs. 2 E. HGB:
- nicht durch EK gedeckter Fehlbetrag (§ 268 Abs. 3 HGB),
- nicht durch Vermögenseinlagen gedeckter Verlustanteil der phG (§ 286 Abs. 2 AktG).

Passivseite:
§ 266 Abs. 3 A. HGB (Eigenkapital):
- gezeichnetes Kapital; ggf. Vorspalte (§ 272 Abs. 1 HGB),
- nicht eingeforderte ausstehende Einlagen auf das gezeichnete Kapital; Vorspalte (§ 272 Abs. 1 HGB),
- eingefordertes Kapital; Vorspalte oder Hauptspalte (§ 272 Abs. 1 HGB),
- Nennbetrag/rechnerischer Wert eigener Anteile; Vorspalte (§ 272 Abs. 1a HGB),
- eingefordertes und ausgegebenes Kapital; Hauptspalte,
- Kapitalrücklage (§ 272 Abs. 2 HGB),
- Nachschusskapital (§ 42 Abs. 2 GmbHG),
- Gewinnrücklagen (§ 272 Abs. 3 und 4 HGB),
  – gesetzliche Rücklage (§ 150 Abs. 1 und 2 AktG, § 5a Abs. 3 GmbHG),
  – Rücklage für Anteile an einem herrschenden oder mit Mehrheit beteiligten Unt,
  – satzungsmäßige Rücklagen,
  – andere Gewinnrücklagen,
  – besondere andere Gewinnrücklagen (§ 58 Abs. 2a AktG, § 29 Abs. 4 GmbHG),
- Eigenkapitalverstärkungen (Genussrechte, Vermögenseinlage stiller Gesellschafter etc.),
- Gewinnvortrag/Verlustvortrag (§ 268 Abs. 1 HGB),
- Jahresüberschuss/Jahresfehlbetrag (§ 268 Abs. 1 HGB),
- Bilanzgewinn/Bilanzverlust (§ 268 Abs. 1 HGB).

16 Bei der **KGaA** sind zudem noch die Kapitalkonten der persönlich haftenden Gesellschafter nach dem gezeichneten Kapital innerhalb des EK gesondert auszuweisen.

17 **KleinstKapG** (§ 267a HGB) brauchen nur eine verkürzte Bilanz aufzustellen, in die nur die in den Abs. 2 und 3 des § 266 HGB mit Buchstaben bezeichneten Posten gesondert und in der vorgeschriebenen Reihenfolge aufgenommen werden. Damit kann das gesamte EK in einem Posten gezeigt werden. **Kleine KapG** brauchen nach § 266 Abs. 1 Satz 3 HGB lediglich eine verkürzte Bilanz aufzustellen, in die nur die mit Buchstaben und römischen Zahlen bezeichneten Posten gesondert und in der vorgeschriebenen Reihenfolge aufzunehmen sind. Dies bedeutet letztlich, dass ein zusammenfassender Ausweis der Gewinnrücklagen zulässig ist (§ 266 Abs. 3 A. III. HGB) und eine weitere Untergliederung entfallen kann.[5] **Mittelgroße KapG** i.S.d. § 267 Abs. 2 HGB können auf die Untergliederung zumindest für Zwecke der Offenlegung verzichten (§ 327 Nr. 1 HGB).

3 Gezeichnetes Kapital (Abs. 1 Satz 1)

3.1 Begriff und Bedeutung

18 Seine Bedeutung entfaltet das gezeichnete Kapital – als Maßstab zur Ermittlung des gebundenen Vermögens – im Kapitalgesellschaftsrecht als **Bestandteil der bilanzbasierten Kapitalerhaltungskonzeption**. § 30 Abs. 1 Satz 1 GmbHG schreibt vor, dass das zur Erhaltung des Stammkapitals erforderliche Vermögen der GmbH nicht an die Gesellschafter ausgezahlt werden darf. Nach § 57 Abs. 3

---

[5] Zusätzliche Erleichterungen – jedoch beschränkt auf die Offenlegung – bietet § 327 HGB für mittelgroße KapG und § 9 Abs. 3 PublG für dem PublG unterworfene Unt.

AktG darf unter die Aktionäre vor der Auflösung der AG/SE nur der Bilanzgewinn verteilt werden.
Darüber hinaus kommt dem gezeichneten Kapital im **Verhältnis der KapG gegenüber ihren Gesellschaftern und im Verhältnis der Gesellschafter** untereinander eine erhebliche Bedeutung zu. Beispielsweise knüpfen das Stimmrecht (§ 134 Abs. 1 Satz 1 AktG, § 47 Abs. 1 und 2 GmbHG), das Recht auf Gewinnbeteiligung (§ 60 Abs. 1 AktG, § 29 Abs. 2 GmbHG), das Bezugsrecht (§ 186 Abs. 1 Satz 1 AktG) und das Recht auf Teilhabe am Liquidationserlös (§ 271 Abs. 1 und 2 AktG, § 72 GmbHG) an den Anteil eines Gesellschafters am gezeichneten Kapital an.

3.2 Gezeichnetes Kapital bei Gründung

Bei der Gründung stellt sich die umstrittene Frage, ob eine werdende KapG eine Eröffnungsbilanz auf den Zeitpunkt ihrer Errichtung (Abschluss und Beurkundung des Gesellschaftsvertrags), den Zeitpunkt der tatsächlichen Geschäftsaufnahme, den Zeitpunkt ihrer Anmeldung zum Handelsregister oder den Zeitpunkt ihrer Eintragung in das Handelsregister aufstellen muss. Nach der auch hier vertretenen ganz überwiegenden Auffassung **beginnt die Rechnungslegungspflicht mit der Errichtung**. Die werdende KapG (Vorgesellschaft) hat, auch wenn sie noch kein Formkaufmann ist, bereits den Charakter eines Formkaufmanns. Sie kann schon vor der Eintragung unter ihrer künftigen Firma Rechte erwerben und sie unterliegt als Ges. eigener Art weitgehend bereits den für die KapG geltenden Vorschriften. Zudem geht das Vermögen der Vorgesellschaft im Wege der Gesamtrechtsnachfolge ohne Liquidation (Identitätstheorie) auf die KapG über. Die Aufstellung einer Eröffnungsbilanz erst auf den Zeitpunkt der Eintragung in das Handelsregister ist allenfalls dann vertretbar, wenn die Errichtung und die Eintragung zeitlich kurz hintereinander erfolgen und nur eine geringfügige Geschäftstätigkeit zu verzeichnen war.

Auf die auf den Zeitpunkt der Errichtung aufzustellende Eröffnungsbilanz sind die §§ 264 ff. HGB und die jeweils anzuwendenden rechtsformspezifischen Bilanzierungsvorschriften anzuwenden. Gleichwohl kommt ein Ausweis des Nennkapitals unter der Postenbezeichnung „Gezeichnetes Kapital" erst mit der **Eintragung** der KapG in das Handelsregister in Betracht. Erst mit der Eintragung entsteht die KapG und kann sie über das Nennkapital verfügen. Bis zur Eintragung ist allein der Gegenwert geleisteter Bar- oder Sacheinlagen in der Bilanz auszuweisen. Dies jedoch nicht innerhalb des EK (§ 266 Abs. 3 A. HGB), sondern, wie tw. plädiert wird, als FK zwischen dem Eigenkapital (§ 266 Abs. 3 A. HGB) und den Rückstellungen (§ 266 Abs. 3 B. HGB). Es ist demgemäß ein weiterer Posten einzufügen (§ 265 Abs. 5 Satz 2 HGB), der als „Geleistete Einlagen zur Durchführung der Gründung" bezeichnet werden kann. Nach hier vertretener Auffassung sind bis zur Eintragung geleistete Bar- oder Sacheinlagen aufgrund der bis zur (erfolgreichen) Eintragung latent bestehenden Rückzahlungsverpflichtung innerhalb der Verbindlichkeiten auszuweisen.[6] Erst mit der Eintragung ist das Kapital (Grund- oder Stammkapital) dann insgesamt – wie auch § 152 Abs. 1 Satz 1 AktG für die AG vorschreibt – in der Bilanz innerhalb des EK als gezeichnetes Kapital auszuweisen (§ 266 Abs. 3 A. I. HGB).

---

[6] Vgl. ADS, 6. Aufl. 1995–2001, § 272 HGB Rz 19, 93.

Maßgebend ist das in der Satzung festgelegte Kapital.[7] Die vorstehenden Überlegungen gelten auch für die GmbH, die haftungsbeschränkte Unternehmergesellschaft, die KGaA und die SE.

22 Nach § 152 Abs. 1 Satz 2 AktG ist der auf jede **Aktiengattung** entfallende Betrag des Grundkapitals gesondert anzugeben. Nach § 11 Satz 2 AktG bilden Aktien mit gleichen Rechten eine Gattung. Unterschiedliche Gattungen liegen vor, wenn Aktien verschiedene Verwaltungs- oder Vermögensrechte gewähren. Den Hauptfall unterschiedlicher Aktiengattungen bilden die Stammaktien mit Stimmrecht und die stimmrechtslosen Vorzugsaktien. Keine besondere Aktiengattung sind Vorratsaktien.

23 Zudem schreibt § 160 Abs. 1 Nr. 3 AktG vor, dass im Anhang die Zahl und bei Nennbetragsaktien der Nennbetrag und bei Stückaktien der rechnerische Wert der Aktien jeder Gattung anzugeben ist, sofern sich diese Angaben nicht aus der Bilanz entnehmen lassen. Die **Anhangangabe nach § 160 Abs. 1 Nr. 3 AktG** überschneidet sich bisher tw. mit der Lageberichtsangabe gem. § 289a Abs. 1 Nr. 1 HGB. Danach hat die AG, die einen organisierten Markt i. S. d. § 2 Abs. 7 WpÜG durch von ihr ausgegebene stimmberechtigte Aktien in Anspruch nimmt, im Lagebericht die Zusammensetzung des gezeichneten Kapitals und bei verschiedenen Aktiengattungen für jede Gattung die damit verbundenen Rechte und Pflichten und ihren Anteil am Gesellschaftskapital anzugeben. § 289a Abs. 1 Satz 2 HGB sieht vor, dass die Angaben im Lagebericht unterbleiben können, soweit sie im Anhang vorgenommen worden sind.

24 Die **KGaA** hat grds. alle von der AG zu beachtenden Ansatz-, Gliederungs- und Bewertungsvorschriften (§§ 150–160 AktG, §§ 238 ff. HGB, §§ 264 ff. HGB) zu berücksichtigen (§ 278 Abs. 3 AktG). Zudem sieht § 286 AktG einige **rechtsformspezifische Besonderheiten** vor, die v. a. auf die Gesellschafterstellung des phG zurückzuführen sind.[8]

25 Die **Kapitalanteile der phG** gehören nicht zum aktienrechtlichen Grundkapital. Daher schreibt § 286 Abs. 2 Satz 1 AktG vor, dass die Kapitalanteile der phG nach dem Posten „Gezeichnetes Kapital" gesondert auszuweisen sind. Hierzu ist innerhalb der Postengruppe „Eigenkapital" (§ 266 Abs. 3 A. HGB) nach dem Posten „Gezeichnetes Kapital" ein Posten „Kapitalanteile der persönlich haftenden Gesellschafter" einzufügen. Es dürfte auch nichts dagegen sprechen, dass das Grundkapital und die Kapitalanteile der phG in der Hauptspalte zu einem Gesamtbetrag zusammengefasst und die beiden Posten nur in der Vorspalte getrennt werden. Der Ausweis setzt voraus, dass die phG ihre Einlagen geleistet oder Gewinnanteile bezogen haben. Ist dies nicht der Fall, entfällt der Ausweis. Sind mehrere phG vorhanden, ist es üblich, deren **Kapitalanteile zu einem Posten** zusammenzufassen. Dies gilt aber nicht bei tw. positiven und tw. negativen Kapitalanteilen. Soweit der Verlust den Kapitalanteil übersteigt, schreibt § 286 Abs. 2 Satz 3 AktG einen Ausweis auf der Aktivseite der Bilanz vor. Dabei differenziert die Vorschrift danach, ob eine Zahlungsverpflichtung des phG besteht. Ist dies ausnahmsweise (§ 707 BGB) zu bejahen, hat der Ausweis unter dem Posten „Einzahlungsverpflichtungen persönlich haftender Gesellschafter" innerhalb der Postengruppe „Forderungen und sonstige Vermögensgegenstände"

---

[7] Vgl. ADS, 6. Aufl. 1995–2001, § 272 HGB Rz 13.
[8] Den phG kommen – auch in Bezug auf die handelsrechtliche Rechnungslegung – die Aufgaben zu, die in einer AG der Vorstand zu erfüllen hat; vgl. § 283 Nr. 9, § 278 Abs. 3, § 91 AktG.

(§ 266 Abs. 2 B. II. HGB), zweckmäßigerweise zwischen Nr. 3 und Nr. 4, zu erfolgen.[9] Sind mehrere phG betroffen, genügt ein zusammenfassender Ausweis auf der Aktivseite der Bilanz. Besteht – was üblicherweise der Fall ist – keine Zahlungspflicht der phG, ist der Betrag als „Nicht durch Vermögenseinlage gedeckter Verlustanteil persönlich haftender Gesellschafter" zu bezeichnen und gem. § 268 Abs. 3 HGB auszuweisen.[10] Die nicht durch Vermögenseinlagen gedeckten Verlustanteile mehrerer phG dürfen ebenfalls zusammengefasst werden.

Werden für die einzelnen phG – wie bei PersG üblich – aufgrund entsprechender vertraglicher Vereinbarung verschiedene Konten geführt, richtet sich deren Ausweis in der Bilanz danach, ob diese **Konten EK- oder FK-Charakter** haben, wobei es gleichgültig ist, ob diese Konten fix oder variabel ausgestaltet sind. Ob Konten EK- oder FK-Charakter haben, ist durch Auslegung der vertraglichen Vereinbarungen unter Berücksichtigung der tatsächlichen Handhabung zu klären. Konten mit FK-Charakter sind nicht als Bestandteil der Kapitalanteile auszuweisen, sondern gehören zu den Forderungen oder den Verbindlichkeiten der KGaA. Zudem ist immer zu klären, ob Konten mit EK-Charakter als Rücklagenkonten fungieren. Auch diese Konten sind nicht Bestandteil des Kapitalanteils, sondern innerhalb der Gewinnrücklagen zu zeigen. Im Gegensatz dazu gelten für die handelsbilanzielle Abbildung des in Aktien zerlegten **Grundkapitals der Kommanditaktionäre** die Vorschriften zum Ausweis des gezeichneten Kapitals sowie zum Ausweis ausstehender Einlagen grds. entsprechend. 26

In handelsbilanzieller Hinsicht wird auch bei der **GmbH** mangels ausdrücklicher gesetzlicher Vorschrift als maßgebender Zeitpunkt für den **Ausweis des Stammkapitals als gezeichnetes Kapital** der Zeitpunkt angesehen, zu dem die Gründung der GmbH Rechtswirksamkeit erlangt. Dies ist gem. § 11 Abs. 1 GmbHG der Zeitpunkt der Eintragung der GmbH im Handelsregister. Maßgebend ist das im Gesellschaftsvertrag festgelegte Stammkapital.[11] 27

§ 5a GmbHG erlaubt die Gründung einer **haftungsbeschränkten Unternehmergesellschaft** mit einem Stammkapital, das den Betrag des Mindeststammkapitals nach § 5 Abs. 1 GmbHG unterschreitet. Denkbar ist ein **Mindeststammkapital von 1 EUR**. Nach § 5a Abs. 2 Satz 1 GmbHG darf die Anmeldung der haftungsbeschränkten Unternehmergesellschaft – in Abweichung von § 7 Abs. 2 GmbHG – erst erfolgen, wenn das Stammkapital in voller Höhe eingezahlt ist. Die Vereinbarung von Sacheinlagen ist ausgeschlossen (§ 5a Abs. 2 Satz 2 GmbHG). 28

3.3 Veränderungen des gezeichneten Kapitals

3.3.1 Kapitalerhöhungen

Für eine AG/SE und KGaA ist die Kapitalerhöhung gegen Bar- oder Sacheinlagen **(ordentliche Kapitalerhöhung)** in den §§ 182 ff. AktG geregelt. Das 29

---

[9] Das Gleiche gilt für ausstehende Einlagen der phG.
[10] § 286 Abs. 2 Satz 2 AktG trifft für die handelsbilanzielle Behandlung von Ergebnisanteilen nur die Aussage, dass ein auf den phG entfallender Verlustanteil dem Kapitalanteil abzuschreiben ist. Vorschriften für einen auf den phG entfallenden Gewinnanteil fehlen, weshalb hier nach § 278 Abs. 2 AktG, vorbehaltlich abweichender vertraglicher Vereinbarungen, auf das Recht der KG abzustellen ist, also ein Gewinnanteil dem Kapitalanteil gutzuschreiben ist (§§ 161 Abs. 2, 120 Abs. 2 HGB).
[11] Vgl. ADS, 6. Aufl. 1995–2001, § 272 HGB Rz 13.

AktG unterscheidet dabei den Beschluss über die Kapitalerhöhung einerseits (§§ 182 ff. AktG) und die Durchführung der Kapitalerhöhung (§§ 185 ff. AktG) andererseits. Erst mit der Eintragung der Durchführung der Kapitalerhöhung wird die Kapitalerhöhung wirksam und dürfen die neuen Aktien ausgegeben werden (§§ 189, 191 AktG). Mit der Eintragung der Durchführung der Kapitalerhöhung ist demgemäß bilanziell das gezeichnete Kapital um den Nennbetrag der ausgegebenen Nennbetragsaktien oder den rechnerischen Wert der ausgegebenen Stückaktien zu erhöhen.

30 Werden Bar- oder Sacheinlagen bereits vor der Beschlussfassung über eine Kapitalerhöhung geleistet, haben diese **Vorleistungen grds. keine gesellschaftsrechtliche Erfüllungswirkung**; die Verpflichtung zur Leistung der Bar- oder Sacheinlage bleibt weiter bestehen.[12] Etwas anderes gilt für den Sonderfall, dass Voreinzahlungen i. R. e. sanierenden Kapitalerhöhung bereits vor der Beschlussfassung erbracht werden. Dies setzt voraus, dass zwischen der Vorleistung und der Beschlussfassung über die Kapitalerhöhung ein enger zeitlicher Zusammenhang besteht und der Vorleistende erkennen lässt, dass die Zahlung zur Durchführung einer noch nicht beschlossenen Kapitalerhöhung dient.[13]

31 Ein weiteres Problem besteht in dem **Ausweis von Bar- oder Sacheinlagen, die nach der Beschlussfassung über eine Kapitalerhöhung geleistet werden**, während die Eintragung der Durchführung der Kapitalerhöhung in das Handelsregister erst nach dem Bilanzstichtag erfolgt. Von einer gesellschaftsrechtlichen Erfüllungswirkung derartiger Einlageleistungen ist grds. auszugehen, denn das AktG zwingt zu einer Einlageleistung vor Eintragung der Durchführung der Kapitalerhöhung (§§ 188 Abs. 2, 36 Abs. 2, 26a AktG). Handelsbilanziell wird vertreten, dass der Gegenwert der geleisteten Bar- oder Sacheinlagen nach dem Eigenkapital, aber vor den Rückstellungen als **Bestandteil des FK** auszuweisen ist.[14] Es empfehle sich daher, einen weiteren Posten einzufügen (§ 265 Abs. 5 Satz 2 HGB). Nach hier vertretener Auffassung ist der Ausweis innerhalb der Verbindlichkeiten vorzunehmen, da bis zur Eintragung eine aufschiebend bedingte Rückzahlungsverpflichtung besteht.

> **Praxis-Beispiel**
> Der Posten könnte etwa als „Geleistete Einlagen zur Durchführung einer Kapitalerhöhung" bezeichnet werden.[15]

Dies gilt auch, wenn die Eintragung in dem Zeitraum zwischen dem Bilanzstichtag und dem Tag der Aufstellung der Bilanz erfolgt ist. Zwar wird auch die Auffassung vertreten, in diesem Fall sei der Ausweis innerhalb des EK zwischen dem gezeichneten Kapital und den Rücklagen vorzunehmen.[16] Ein solches Vorgehen ließe jedoch – ausgehend von dem Grundsatz, dass Nennkapital erst mit

---

[12] Vgl. ADS, 6. Aufl. 1995–2001, § 272 HGB Rz 20.
[13] Vgl. BGH, Urteil v. 6.4.1995, II ZR 135/94, DStR 1995, S. 894.
[14] ADS, 6. Aufl. 1995–2001, § 272 HGB Rz 19, 93.
[15] Vgl. ebenso Küting/Reuter, in Küting/Weber, HdR-E, § 272 HGB Rn 12, Stand: 11/2009.
[16] Vgl. ADS, 6. Aufl. 1995–2001, § 272 HGB, Rz 19. Bei diesem Ausweis soll das Datum der Eintragung in der Bilanz vermerkt oder im Anhang angegeben werden.

der rechtswirksamen Handelsregistereintragung zu gezeichnetem Kapital i. S. d. § 272 Abs. 1 Satz 1 HGB wird – das Stichtagsprinzip außer Acht.[17]

32 In diesem Zusammenhang steht die Frage, mit welchem Wert eine vor der Eintragung der Durchführung der Kapitalerhöhung zu passivierende „Zur Durchführung einer Kapitalerhöhung geleistete Sacheinlage" anzusetzen ist, wenn die **Sacheinlage selbst unterhalb des beizulegenden Zeitwerts** erfolgen soll.[18] Nach Maßgabe des für die Passivseite der Bilanz geltenden Höchstwertprinzips müsste die „Geleistete Einlage zur Durchführung einer Kapitalerhöhung" i. H. d. beizulegenden Zeitwerts der Sacheinlage ausgewiesen werden und nicht mit einem niedrigeren Nennwert.[19] Dies erscheint jedoch nicht praktikabel, denn damit der AG aus dem Geschäftsvorfall kein Verlust entsteht, müsste das eingebrachte Aktivum ebenfalls zum beizulegenden Zeitwert angesetzt werden. Zudem wäre die Aufdeckung der stillen Reserven mit der Eintragung der Durchführung der Kapitalerhöhung wieder rückgängig zu machen. Vor diesem Hintergrund erscheint es – auch aufgrund der üblicherweise recht kurzen Zeitspanne, die zwischen dem Kapitalerhöhungsbeschluss und der Eintragung der Durchführung der Kapitalerhöhung liegt – gerechtfertigt, den Posten i. H. d. im Kapitalerhöhungsbeschluss vereinbarten Wertes anzusetzen.[20]

33 Wird die Leistung der Bar- oder Sacheinlage mit einem aufschiebend auf den Fall der endgültigen **Nichtdurchführung der Kapitalerhöhung bedingten Verzicht** verbunden, ist eine Rückzahlung oder Rückgabe der erbrachten Leistung definitiv ausgeschlossen. Ein Ausweis ist dann auch schon vor der Eintragung im Handelsregister innerhalb des EK vorzunehmen. Auch in diesem Fall ist zu empfehlen, bis zur Eintragung der Kapitalmaßnahme oder dem Eintritt der Bedingung einen besonderen Posten innerhalb des EK vorzusehen, der deutlich macht, dass die letztendliche Klassifizierung der Einlage als Bestandteil des gezeichneten Kapitals oder der Kapitalrücklagen noch offen ist.

34 Die ordentliche Kapitalerhöhung bei der GmbH erfordert einen Kapitalerhöhungsbeschluss der Gesellschafter (§§ 55 Abs. 1, 53 Abs. 1 GmbHG). Die beschlossene Kapitalerhöhung ist zur **Eintragung in das Handelsregister anzumelden**, nachdem das erhöhte Kapital durch die Übernahme von Geschäftsanteilen gedeckt ist (§ 57 Abs. 1 GmbHG). Handelsbilanziell ist das gezeichnete Kapital mit der Eintragung der Kapitalerhöhung im Handelsregister um den Nennbetrag der Kapitalerhöhung erhöht auszuweisen. Die vorhergehenden Ausführungen zur AG gelten hier in entsprechender Weise.

35 Die in den §§ 192 ff. AktG geregelte **bedingte Kapitalerhöhung** ermöglicht der AG/SE und KGaA – das GmbHG sieht eine solche Form der Kapitalerhöhung nicht vor[21] – die bedarfsabhängige Kapitalbeschaffung zu den in § 192 Abs. 2 AktG erschöpfend aufgezählten Zwecken.[22] Mit der Ausgabe der Bezugsaktien, die erst nach der Eintragung des Beschlusses über die bedingte Kapitalerhöhung

---

[17] Vgl. Heymann, in Böcking u. a., Beck HdR, B 231 Tz 69, Stand: 06/2011.
[18] Vgl. auch Heymann, in Böcking u. a., Beck HdR, B 231 Tz 68, Stand: 06/2011.
[19] Vgl. auch Küting/Reuter, in Küting/Weber, HdR-E, § 272 HGB Rz 12, Stand: 11/2009.
[20] Vgl. auch Heymann, in Böcking u. a., Beck HdR, B 231 Tz 68, Stand: 06/2011.
[21] Zu den alternativen Gestaltungsmöglichkeiten bei der GmbH vgl. Maidl, NZG 2006, S. 778 ff.
[22] Praktische Bedeutung kommt dabei insb. der Gewährung von Umtausch- oder Bezugsrechten an Gläubiger von Wandelschuldverschreibungen und zur Gewährung von Bezugsrechten an Arbeitnehmer und Mitglieder der Geschäftsführung (Aktienoptionen) zu.

im Handelsregister erfolgen kann – vorher ausgegebene Bezugsaktien sind nichtig und daher nicht zu berücksichtigen (§ 197 AktG) –, ist das Grundkapital rechtswirksam erhöht (§ 200 AktG). Von diesem Zeitpunkt an ist demgemäß auch das erhöhte gezeichnete Kapital in der Bilanz auszuweisen. Ergänzend schreibt § 160 Abs. 1 Nr. 3 AktG vor, dass die AG im Anhang zu den im Gj bei einer bedingten Kapitalerhöhung gezeichneten Aktien gesondert Angaben zur Zahl zu machen hat.

36 In engem Zusammenhang mit der bedingten Kapitalerhöhung steht § 152 Abs. 1 Satz 3 AktG. Die Vorschrift schreibt vor, **bedingtes Kapital mit dem Nennbetrag beim gezeichneten Kapital zu vermerken**, soweit die Erhöhung des gezeichneten Kapitals am Bilanzstichtag mangels Ausgabe der Bezugsaktien noch nicht wirksam geworden ist. Bezweckt ist, die von der AG nach dem Beschluss über die bedingte Kapitalerhöhung nicht mehr beeinflussbare mögliche Kapitalerhöhung für die Abschlussadressaten aus der Bilanz heraus erkennbar zu machen. Maßgebend ist, ob der Beschluss der Hauptversammlung zum Bilanzstichtag bereits vorlag, nicht dagegen, ob er im Handelsregister eingetragen ist.

37 Gem. § 201 Abs. 1 AktG hat der Vorstand einer AG innerhalb eines Monats nach Ablauf des Gj zur Eintragung in das Handelsregister anzumelden, in welchem **Umfang in dem abgelaufenen Gj Bezugsaktien ausgegeben** worden sind. Für das im Jahresabschluss (zusätzlich) auszuweisende gezeichnete Kapital kann auf den sich aus der Anmeldung ergebenden Betrag abgestellt werden.[23] In dem gleichem Umfang ist der Vermerk nach § 160 Abs. 1 Nr. 3 AktG zu kürzen.

38 **Genehmigtes Kapital** kann bei der AG/SE oder KGaA Inhalt der Gründungssatzung sein (§ 202 Abs. 1 AktG) oder im Nachgang durch Satzungsänderung beschlossen werden (§ 202 Abs. 2 AktG). In beiden Fällen wird der Vorstand für höchstens fünf Jahre nach Eintragung der Ges. oder nach Eintragung der Satzungsänderung ermächtigt, das Grundkapital bis zu einem bestimmten Nennbetrag (genehmigtes Kapital) durch Ausgabe neuer Aktien gegen Einlagen zu erhöhen (§ 202 Abs. 1 AktG).[24] Er kann damit **flexibel auf sich am Kapitalmarkt bietende Gelegenheiten** zur Erhöhung des Grundkapitals reagieren.

39 Solange und soweit die Ermächtigung des Vorstands zur Durchführung einer Kapitalerhöhung besteht, sind nach § 160 Abs. 1 Nr. 4 AktG **im Anhang Angaben über das genehmigte Kapital** zu machen.[25] Die Angabe soll für die Abschlussadressaten erkennbar machen, in welcher Weise der Vorstand von der erteilten Ermächtigung Gebrauch gemacht hat. Demgemäß müssen die Angaben so gemacht werden, dass sie erkennen lassen, ob sich die (vollständig oder tw.) durchgeführte Kapitalerhöhung bei der genehmigten Ermächtigung gehalten hat und in welchem Umfang das genehmigte Kapital noch nicht ausgenutzt worden ist.[26]

40 Mit der **Eintragung der Durchführung** der Erhöhung des Grundkapitals (§ 189 AktG) ist das gezeichnete Kapital in der Bilanz um den Nennbetrag der Kapitalerhöhung zu erhöhen. Gleichzeitig sind im Anhang nach § 160 Abs. 1 Nr. 3

---

23 Vgl. ADS, 6. Aufl. 1995–2001, § 272 HGB Rz 24.
24 Denkbar sind sowohl die Bar- als auch die Sacheinlage (§ 205 AktG).
25 Vgl. zu den Einzelheiten ADS, 6. Aufl. 1995–2001, § 160 AktG Rz 49 ff.
26 Vgl. ADS, 6. Aufl. 1995–2001, § 160 AktG Rz 50 m.w.N.

AktG Zahl und Nennbetrag der Aktien gesondert anzugeben, die im Gj bei einem genehmigten Kapital gezeichnet wurden.

Nach Maßgabe des § 55a Abs. 1 Satz 1 GmbHG kann der Gesellschaftsvertrag die Geschäftsführer für höchstens fünf Jahre nach Eintragung der **GmbH** ermächtigen, das Stammkapital bis zu einem bestimmten Nennbetrag durch Ausgabe neuer Geschäftsanteile gegen Einlagen zu erhöhen. Dabei darf der Nennbetrag des **genehmigten Kapitals** die Hälfte des Stammkapitals, das zur Zeit der Ermächtigung vorhanden ist, nicht übersteigen (§ 55a Abs. 1 Satz 2 GmbHG). In **handelsbilanzieller Hinsicht** ist das genehmigte Kapital vor der Eintragung der Kapitalerhöhung (§ 57 GmbHG) nicht in der Bilanz auszuweisen oder zu vermerken. Solange und soweit die Ermächtigung der Geschäftsführer zur Durchführung einer Kapitalerhöhung besteht, ist im Interesse einer hinreichenden Information zu empfehlen, analog § 160 Abs. 1 Nr. 4 AktG im Anhang Angaben über das genehmigte Kapital zu machen. **41**

§ 207 Abs. 1 AktG sieht vor, dass die Hauptversammlung eine Erhöhung des Grundkapitals durch **Umwandlung der Kapitalrücklage und von Gewinnrücklagen in Grundkapital** beschließen kann. Hier werden der **AG, der SE oder der KGaA**, anders als bei den zuvor dargestellten Formen der Kapitalerhöhung, keine Mittel von außen zugeführt. Vielmehr handelt es sich aus handelsbilanzieller Sicht um einen Passivtausch. Gesellschaftsrechtlich liegt hingegen eine echte Kapitalerhöhung vor, denn freies Vermögen wird den für das Grundkapital geltenden Bindungen unterstellt und es entstehen neue Mitgliedschaftsrechte. **42**

Die **umwandlungsfähigen Rücklagen** legt § 208 AktG für die AG, die SE und die KGaA fest. Umwandlungsfähig sind nur Kapital- und Gewinnrücklagen, die in der zugrunde gelegten Bilanz oder im Gewinnverwendungsbeschluss als Zuführungen zu diesen Rücklagen ausgewiesen werden (§ 208 Abs. 1 Satz 1 AktG). Verwiesen wird damit auf die Bilanzposten nach § 266 Abs. 3 A. II. und III. HGB. Umwandlungsfähig sind ferner der Jahresüberschuss oder Bilanzgewinn, soweit es sich um Zuführungen zur Kapitalrücklage oder zu den Gewinnrücklagen handelt, die im letzten Beschluss über die Verwendung des Jahresüberschusses (§§ 58 Abs. 1, 173 AktG) oder des Bilanzgewinns (§§ 58 Abs. 3, 174 Abs. 2 Nr. 3 AktG) auch als solche ausgewiesen sind. Folglich können vom Vorstand i.R.d. Aufstellung des Jahresabschlusses in die Gewinnrücklagen eingestellte Beträge (§ 68 Abs. 2 und 2a AktG) umgewandelt werden, wohingegen Rücklagenzuführung der Hauptversammlung durch diese erst beschlossen werden müssen, bevor eine Umwandlung möglich ist.[27] Es können nur solche Bestandteile des Jahresüberschusses oder des Bilanzgewinns berücksichtigt werden, deren Rücklageneigenschaft gewiss ist, auch wenn es noch an einem entsprechenden Ausweis in der Bilanz fehlt.[28] Demgemäß kann auch ein Gewinnvortrag an sich – weil eben gerade nicht disponiert – nicht zur Umwandlung herangezogen werden.[29] **43**

§ 208 Abs. 1 Satz 2 AktG **beschränkt den Umfang der umwandlungsfähigen Rücklagen** auf den Teil der gesetzlichen Rücklage und die Kapitalrücklagen **44**

---

[27] Vgl. ADS, 6. Aufl. 1995–2001, § 272 HGB Rz 32.
[28] Folge ist, dass der Kapitalerhöhung eine Bilanz zugrunde gelegt werden kann, in der die umzuwandelnden Rücklagen noch nicht ausgewiesen sind. Tw. wird hier von „künftigen Rücklagen" gesprochen.
[29] Vgl. ADS, 6. Aufl. 1995–2001, § 272 HGB Rz 32.

nach § 272 Abs. 2 Nr. 1 bis 3 HGB, der den zehnten oder einen in der Satzung festgelegten höheren Teil des Grundkapitals übersteigt (§ 150 Abs. 4 Nr. 3 AktG).[30] Kapitalrücklagen nach § 272 Abs. 2 Nr. 4 HGB und andere Gewinnrücklagen können hingegen grds. in voller Höhe umgewandelt werden (§ 208 Abs. 1 Satz 2 AktG). Dies gilt jedoch nicht, soweit in der Bilanz ein Verlust einschl. eines Verlustvortrags ausgewiesen wird (§ 208 Abs. 2 Satz 1 AktG), der die vorhandene Kapitalrücklage oder die Gewinnrücklagen übersteigt. Übersteigen hingegen die Kapitalrücklage und die Gewinnrücklagen betragsmäßig den Verlust oder Verlustvortrag, steht der übersteigende Betrag zur Umwandlung zur Verfügung.

45 Mit der **Eintragung des Beschlusses ins Handelsregister** wird die Kapitalerhöhung rechtswirksam (§ 211 AktG). Ab diesem Zeitpunkt muss das gezeichnete Kapital i. S. v. § 272 Abs. 1 Satz 1 HGB um den Nennwert der im Wege der Kapitalerhöhung ausgegebenen neuen Aktien erhöht in der Bilanz ausgewiesen werden. Die umgewandelten Rücklagen sind außerhalb der Gewinnverwendungsrechnung in das gezeichnete Kapital umzubuchen.[31] Zwar handelt es sich auch bei der Umwandlung der Rücklagen begrifflich um eine Entnahme i. S. d. § 158 Abs. 1 Nr. 2 oder 3 AktG, jedoch würde der Ausweis der Entnahme in der Gewinnverwendungsrechnung dort aus buchungstechnischen Gründen einen korrespondierenden Posten – etwa „Einstellung in das Grundkapitals aus der Kapitalerhöhung aus Gesellschaftsmitteln" – erfordern.[32] Dies fördert die Klarheit und Übersichtlichkeit des Jahresabschlusses (§ 243 Abs. 2 HGB) jedoch nicht. Ungeachtet dessen ist die Umwandlung gleichwohl zumindest in der Bilanz oder im Anhang gesondert anzugeben (§ 152 Abs. 2 Nr. 2 AktG).

46 Die Stammkapitalerhöhung durch Umwandlung von Rücklagen (**Kapitalerhöhung aus Gesellschaftsmitteln**) kann bei der **GmbH** erst beschlossen werden, nachdem der Jahresabschluss für das letzte vor der Beschlussfassung über die Kapitalerhöhung abgelaufene Gj (letzter Jahresabschluss) festgestellt und über die Ergebnisverwendung Beschluss gefasst worden ist (§ 57c Abs. 1 und 2 GmbHG).[33] § 57d GmbHG erlaubt nur die Umwandlung frei verfügbarer Kapital- oder Gewinnrücklagen. Sie müssen in dem letzten Jahresabschluss und, wenn dem Beschluss eine andere Bilanz zugrunde gelegt wird, auch in dieser Bilanz unter „Kapitalrücklage" oder „Gewinnrücklage" oder im letzten Beschluss über die Verwendung des Jahresergebnisses als Zuführung zu diesen Rücklagen ausgewiesen sein (§ 57d Abs. 1 GmbHG). Eine Umwandlungsbegrenzung, wie sie § 208 Abs. 1 Satz 2 AktG für die AG vorsieht, kennt das GmbHG nicht. Die Rücklagen können allein dann nicht umgewandelt werden,

---

[30] Eine zusätzliche Beschränkung in der Umwandlungsfähigkeit von Rücklagen kann sich aus einer etwaigen Zweckbindung ergeben (§ 208 Abs. 2 Satz 2 AktG). Vgl. zu den Einzelheiten, insb. zur Frage der in jedem Einzelfall festzustellenden Vereinbarkeit von Umwandlung und Zweckbindung, ADS, 6. Aufl. 1995–2001, § 272 HGB Rz 33 m. w. N.
[31] Vgl. ADS, 6. Aufl. 1995–2001, § 272 HGB Rz 34.
[32] Vgl. ADS, 6. Aufl. 1995–2001, § 158 AktG Rz 10.
[33] Dem Kapitalerhöhungsbeschluss kann die letzte Jahresbilanz zugrunde gelegt werden, wenn diese geprüft, festgestellt und mit einem uneingeschränkten Bestätigungsvermerk versehen ist und der Stichtag höchstens acht Monate vor der Anmeldung des Beschlusses zur Eintragung in das HR liegt (§ 57e GmbHG). Anderenfalls ist eine geprüfte und mit Bestätigungsvermerk versehene Erhöhungssonderbilanz zugrunde zu legen (§ 57f GmbHG).

soweit in der zugrunde gelegten Bilanz ein Verlust, einschl. eines Verlustvortrags, ausgewiesen ist (§ 57d Abs. 2 GmbHG).³⁴ Die Kapitalerhöhung kann durch die Bildung neuer Geschäftsanteile oder die Erhöhung des Nennbetrags der ausgegebenen Geschäftsanteile durchgeführt werden (§ 57h Abs. 1 Satz 1 GmbHG). Nach § 57c Abs. 4 GmbHG gelten die §§ 53 und 54 GmbHG auch für die Stammkapitalerhöhung durch die Umwandlung von Rücklagen. Demgemäß wird die Kapitalerhöhung durch Umwandlung von Rücklagen erst mit der Eintragung der Kapitalerhöhung in das Handelsregister rechtswirksam. Für handelsbilanzielle Zwecke folgt daraus, dass das gezeichnete Kapital erst ab dem Zeitpunkt der Eintragung des Kapitalerhöhungsbeschlusses in das Handelsregister um den Nennbetrag der Kapitalerhöhung erhöht auszuweisen ist.

3.3.2 Kapitalherabsetzungen

Die **ordentliche Herabsetzung des Grundkapitals** ist für die AG/SE und die KGaA in den §§ 222–228 AktG geregelt. Da die Kapitalherabsetzung mit der Eintragung des Beschlusses über die Herabsetzung rechtswirksam wird (§ 224 AktG), ist das gezeichnete Kapital von diesem Zeitpunkt an in um den Nennbetrag der Kapitalherabsetzung verminderter Höhe in der **Bilanz** zu zeigen. Soweit die Herabsetzung des Kapitals zur Rückzahlung von Grundkapital dient, ist die bestehende Rückzahlungsverpflichtung bis zur Auszahlung – hier wirkt die Rückzahlungssperre des § 225 Abs. 2 AktG – unter den Verbindlichkeiten zu passivieren.³⁵

47

Der aus der Kapitalherabsetzung gewonnene Betrag ist – unabhängig von der Zwecksetzung der Kapitalherabsetzung – nach § 240 Satz 1 AktG in der GuV als „Ertrag aus der Kapitalherabsetzung" gesondert hinter dem Posten „Entnahmen aus Gewinnrücklagen" auszuweisen.³⁶ Wird der aus der ordentlichen Kapitalherabsetzung resultierende Betrag (ausnahmsweise) in die Kapitalrücklage eingestellt, dürfte nichts gegen eine analoge Anwendung des § 240 Satz 2 HGB sprechen. Mithin ist der entsprechende Betrag in der GuV als „Einstellung in die Kapitalrücklage nach den Vorschriften über die ordentliche Kapitalherabsetzung" gesondert auszuweisen. Besteht die Zwecksetzung der Kapitalherabsetzung darin, Grundkapital auszukehren, zwingt die Tatsache, dass § 240 AktG auf jede Form der Kapitalherabsetzung anzuwenden ist, dazu, in der **Verlängerungsrechnung der GuV** ebenfalls einen besonderen Posten vorzusehen, der bspw. als „Rückzahlung von Grundkapital aufgrund einer ordentlichen Kapitalherabsetzung" bezeichnet werden könnte.

48

Wegen des zwingenden § 240 Satz 1 AktG findet das **Wahlrecht des § 158 Abs. 1 Satz 2 AktG**, wonach die in § 158 Abs. 1 Satz 1 AktG geforderten Angaben auch im Anhang gemacht werden können, keine Anwendung. Ist also in einem Gj eine Kapitalherabsetzung durchgeführt worden, müssen die Angaben nach § 158

49

---

34 Darüber hinaus beschränkt eine Zweckbestimmung der anderen Gewinnrücklagen ihre Umwandlungsfähigkeit (§ 57d Abs. 3 GmbHG). Hier ist in jedem Einzelfall zu klären, ob die Zweckbestimmung die Umwandlung zulässt.
35 Vgl. ADS, 6. Aufl. 1995–2001, § 272 HGB Rz 38.
36 Es ist nahezu einhellige Auffassung – vgl. nur Koch, AktG, 16. Aufl. 2022, § 240 AktG Rn 3 m. w. N. –, dass § 240 AktG bei allen Formen der Kapitalherabsetzung zu beachten ist. Das AktG stellt dies klar, indem es für § 240 AktG einen eigenen (4.) Unterabschnitt vorsieht.

schrift ist analog bei einer überhöhten Kapitalherabsetzung zum Zweck der Dotierung der Kapitalrücklage anzuwenden.[46]

56 Auch die vereinfachte Kapitalherabsetzung wird erst mit der **Eintragung des Beschlusses über die Herabsetzung des Grundkapitals im Handelsregister wirksam** (§ 224 AktG). Das gezeichnete Kapital ist in handelsbilanzieller Hinsicht auch erst ab diesem Zeitpunkt in um den Nennbetrag der Kapitalherabsetzung verminderter Höhe auszuweisen.

57 Ungeachtet dessen erlaubt § 234 Abs. 1 AktG – in Durchbrechung des Stichtagsprinzips – das gezeichnete Kapital sowie die Kapital- und Gewinnrücklagen bereits im Jahresabschluss für das letzte vor der Beschlussfassung über die vereinfachte Kapitalherabsetzung abgelaufene Gj in der Höhe auszuweisen, in der sie nach der Kapitalerhöhung bestehen sollen. § 235 Abs. 1 AktG eröffnet im Fall der Inanspruchnahme der Rückwirkung nach § 234 Abs. 1 Satz 1 AktG unter bestimmten Bedingungen die Möglichkeit, eine zugleich mit der Kapitalherabsetzung beschlossene Kapitalerhöhung ebenfalls rückwirkend zu berücksichtigen, also das gezeichnete Kapital i.S.d. § 272 Abs. 1 Satz 1 HGB ebenfalls bereits im Jahresabschluss für das letzte vor der Beschlussfassung abgelaufene Gj i.d.H. auszuweisen, in der es nach der Kapitalerhöhung bestehen soll. Darüber hinaus sieht § 236 AktG für den Fall der Inanspruchnahme des § 234 AktG bestimmte von § 325 HGB abweichende Voraussetzungen für die Offenlegung des Jahresabschlusses vor.

58 Der aus der vereinfachten Kapitalherabsetzung gewonnene Betrag ist gem. § 240 Satz 1 AktG in der **Verlängerungsrechnung zur GuV** als „Ertrag aus der Kapitalherabsetzung" hinter dem Posten „Entnahmen aus Gewinnrücklagen" auszuweisen.[47] Eine Einstellung in die Kapitalrücklage nach § 229 Abs. 1 AktG oder nach § 232 AktG ist als „Einstellung in die Kapitalrücklage nach den Vorschriften über die vereinfachte Kapitalherabsetzung" gesondert auszuweisen (§ 240 Satz 2 AktG).

59 Im **Anhang** ist nach § 240 Satz 3 AktG zu erläutern, ob und in welcher Höhe die aus der Kapitalherabsetzung und aus der Auflösung von Gewinnrücklagen gewonnenen Beträge zum Ausgleich von Wertminderungen, zur Deckung von sonstigen Verlusten oder zur Einstellung in die Kapitalrücklage verwendet werden, soweit die AG nicht klein ist (§ 267 Abs. 1 HGB).

60 Die in den §§ 58a–58f GmbHG geregelte **vereinfachte Kapitalherabsetzung** dient auch bei der GmbH dazu, Wertminderungen auszugleichen oder sonstige Verluste zu decken (§ 58a Abs. 1 GmbHG). Zu ihrer Wirksamkeit bedarf die vereinfachte Kapitalherabsetzung ebenso wie die ordentliche Kapitalherabsetzung der **Eintragung im Handelsregister**. § 58a Abs. 5 GmbHG verweist demgemäß auf § 54 GmbHG. Folglich ist das gezeichnete Kapital handelsbilanziell erst ab dem Zeitpunkt der Eintragung in der um den Nennbetrag der Kapitalherabsetzung verminderten Höhe auszuweisen. § 58e GmbHG eröffnet

---

[46] Vgl. ADS, 6. Aufl. 1995–2001, § 231 AktG Rz 8, § 232 AktG Rz 4; Koch, AktG, 16. Aufl. 2022, § 232 AktG Rn 8. Da bei der vereinfachten Kapitalherabsetzung zur Dotierung der Kapitalrücklage stets eine exakte Berechnung nach Maßgabe des § 231 Satz 2 und 3 AktG möglich ist, kann § 232 AktG hier aber nur ausnahmsweise zur Anwendung kommen, wenn nämlich bei der Berechnung Fehler gemacht wurden.

[47] Die Vorschrift schließt Angaben im Anhang, die § 158 Abs. 1 Satz 2 AktG alternativ zur Verlängerungsrechnung erlaubt, aus.

zudem die Möglichkeit, die Kapitalherabsetzung bereits im Jahresabschluss für das letzte vor der Kapitalherabsetzung abgelaufene Gj auszuweisen, wenn der Jahresabschluss durch Beschluss der Gesellschafter festgestellt wird. § 58f GmbHG ermöglicht die gleichzeitige **Rückbeziehung** einer mit der vereinfachten Kapitalherabsetzung beschlossenen Kapitalerhöhung.

Die **Kapitalherabsetzung durch Einziehung von Aktien im ordentlichen Verfahren** (§ 237 Abs. 1, 2 AktG) wird nach § 238 Satz 1 AktG – soweit die Hauptversammlung beschließt – mit der Eintragung des Beschlusses, oder, wenn die Einziehung der Eintragung nachfolgt, mit der Einziehung wirksam. Das Grundkapital ist also erst zu einem der beiden Zeitpunkte um den auf die eingezogenen Aktien entfallenden Nennbetrag herabgesetzt. Liegt eine durch Satzung angeordnete Zwangseinziehung vor, so ist, wenn die Hauptversammlung nicht über die Kapitalherabsetzung beschließt, das Grundkapital mit der tatsächlichen Einziehung herabgesetzt (§ 238 Satz 2 AktG). Die nachfolgende Anmeldung der Durchführung der Herabsetzung des Grundkapitals ist ebenfalls zur Eintragung in das Handelsregister anzumelden (§ 239 AktG).[48]

61

Für den **Ausweis des gezeichneten Kapitals** bedeutet dies, dass ebenfalls zwei Fälle zu unterscheiden sind: Beschließt die Hauptversammlung im ersten Fall die Kapitalherabsetzung durch Einziehung der Aktien im ordentlichen Verfahren, wird die Kapitalherabsetzung mit der Eintragung des Beschlusses rechtswirksam. Das gezeichnete Kapital ist ab diesem Zeitpunkt vermindert um den auf die eingezogenen Aktien entfallenden Betrag auszuweisen. Kommt es erst nach der Eintragung des Beschlusses zur tatsächlichen Einziehung der Aktien, ist das gezeichnete Kapital erst ab diesem Zeitpunkt um den Betrag der eingezogenen Aktien zu vermindern. Die Eintragung der Durchführung der Herabsetzung des Grundkapitals hat für den Ausweis des gezeichneten Kapital hingegen keine Bedeutung.

62

Denkbar ist, dass **Einziehungshandlungen** – mit entsprechenden Folgen für den Ausweis des gezeichneten Kapitals – teils vor und teils nach der Eintragung des Beschlusses vorgenommen werden. Beruht die Einziehung im zweiten Fall auf einer satzungsmäßig angeordneten Zwangseinziehung, so ist, wenn die Hauptversammlung nicht über die Kapitalherabsetzung beschließt, das Grundkapital mit der Zwangseinziehung – der Vornahme der Einziehungshandlung – herabgesetzt (§ 238 Satz 2 AktG) und demgemäß das gezeichnete Kapital ab diesem Zeitpunkt entsprechend vermindert auszuweisen. Die Vorschrift berücksichtigt, dass der Vorstand einer AG bei einer satzungsmäßig angeordneten Zwangseinziehung die Befugnis zur Entscheidung über die Einziehung hat (§ 237 Abs. 6 AktG). Nimmt er diese Befugnis nicht wahr und lässt gleichwohl die Hauptversammlung beschließen, findet § 238 Satz 1 AktG Anwendung.

63

Der aus der Kapitalherabsetzung durch Einziehung von Aktien im ordentlichen Verfahren gewonnene Betrag ist nach Maßgabe des § 240 Satz 1 AktG in der **Verlängerungsrechnung der GuV** abzubilden.[49] Die Ausführungen zur ordentlichen Kapitalherabsetzung gelten entsprechend.

64

Neben der Einziehung von Aktien im ordentlichen Verfahren besteht auch die Möglichkeit, **Aktien im vereinfachten Verfahren einzuziehen** (§ 237 Abs. 3 AktG).

65

---

[48] Dazu eingehend m. w. N. Seidler/Thiere, BB 2019, 2058 ff.
[49] Dazu auch eingehend Seidler/Thiere, BB 2019, 2091 ff.

In handelsbilanzieller Hinsicht wirkt sich die Einziehung der Aktien im vereinfachten Verfahren in der gleichen Weise und zum gleichen Zeitpunkt auf das gezeichnete Kapital aus, wie bei der Einziehung im ordentlichen Verfahren. Der aus der Einziehung gewonnene (Gesamt-)Nennbetrag der eingezogenen Aktie ist zum Zweck des Schutzes der Gläubiger in die Kapitalrücklage nach § 272 Abs. 2 Nr. 1–3 HGB einzustellen (§ 237 Abs. 5 AktG), wobei zu beachten ist, dass ein solcher im Fall des § 237 Abs. 3 Nr. 3 AktG natürlich nicht besteht. Damit wird bewirkt, dass das Gesellschaftsvermögen auch weiterhin zumindest der Verwendungsbindung des § 150 Abs. 3 und 4 AktG unterliegt.[50]

66 Erfolgt die Einziehung von eigenen Aktien im vereinfachten Verfahren, ist § 240 AktG zu beachten. Der aus der Kapitalherabsetzung durch Einziehung von Aktien im vereinfachten Verfahren gewonnene Betrag ist nach Maßgabe des § 240 Satz 1 AktG als „Ertrag aus der Kapitalherabsetzung" in der **Verlängerungsrechnung der GuV** abzubilden. Die nach § 237 Abs. 5 AktG erforderliche Einstellung in die Kapitalrücklage ist in analoger Anwendung des § 240 Satz 2 AktG in der Verlängerungsrechnung der GuV gesondert als „Einstellung in die Kapitalrücklage nach den Vorschriften über die vereinfachte Kapitalherabsetzung" auszuweisen.

67 Im **Anhang** ist zu erläutern, ob und in welcher Höhe der aus der Kapitalherabsetzung gewonnene Betrag zur Einstellung in die Kapitalrücklage verwendet wird (§ 240 Satz 3 Nr. 3 AktG). Dabei ist auch anzugeben, aufgrund von welchem der in § 237 Abs. 5 AktG aufgeführten Sachverhalte die Zuführung erfolgt.[51]

68 Die in § 34 GmbHG geregelte **Einziehung von Geschäftsanteilen** führt, anders als im AktG, nicht zu einer Verringerung der Stammkapitalziffer, vielmehr bleibt diese grds. unverändert, wenn die Einziehung nicht mit einer Kapitalherabsetzung verbunden wird.[52] Voraussetzung der Einziehung von Geschäftsanteilen ist insb., dass die zur Einziehung vorgesehenen **Geschäftsanteile voll eingezahlt** sind. Dies ergibt sich daraus, dass der Grundsatz der Aufbringung und Erhaltung des Stammkapitals – § 34 Abs. 3 GmbHG verweist hier auf § 30 Abs. 1 GmbHG – durch die Einziehung nicht beeinträchtigt werden darf.

69 Soll das Stammkapital der haftungsbeschränkten Unternehmergesellschaft erhöht oder herabgesetzt werden, gelten die **Ausführungen zu Kapitalerhöhungen und Kapitalherabsetzungen bei der GmbH** entsprechend (Rz 29 ff.). Das Gesetz geht davon aus, dass die gesetzliche Rücklage nach § 5a Abs. 3 Satz 1 GmbHG im Wege der Kapitalerhöhung aus Gesellschaftsmitteln (§ 57c GmbHG) in Stammkapital transferiert wird (§ 5a Abs. 3 Nr. 1 GmbHG).

4 Ausstehende Einlagen (Abs. 1 Satz 2)

70 Bei den ausstehenden Einlagen auf das gezeichnete Kapital ist nach § 272 Abs. 1 Satz 2 HGB begrifflich zwischen den ausstehenden (nicht eingeforderten) Einlagen und den ausstehenden eingeforderten Einlagen zu unterscheiden. Gesellschaftsrechtlich handelt es sich bei den ausstehenden Einlagen um **Einlageverpflichtungen der Gesellschafter** bzw. umgekehrt Ansprüche der KapG auf

---

[50] Zum Erwerb und zur Einziehung eigener Aktien im Hinblick auf die aktienrechtliche Einordnung der Vorgänge und ihre bilanzielle Abbildung nach HGB und IFRS s. Seidler/Thiere, BB 2019, S. 2058 ff., sowie BB 2019, S. 2091 ff.
[51] Vgl. ADS, 6. Aufl. 1995–2001, § 240 AktG Rz 10.
[52] Vgl. Kersting, in Noack/Servatius/Haas, Beck GmbHG-Kurzkomm., 24. Aufl. 2023, § 34 GmbHG Rn 20.

Einlageleistung. Die ausstehenden Einlagen werden mit dem Einfordern fällig und sind ab dann zu verzinsen (§ 63 AktG, §§ 46 Nr. 2, 20 GmbHG).[53]

Ausstehende Einlagen können für vereinbarte Agien bei der AG nicht entstehen. § 36a Abs. 1, Abs. 2 Satz 3 AktG schreibt vor, dass ein Agio vor Anmeldung stets in voller Höhe zu erbringen ist. An die AG aufgrund gesellschaftsvertraglicher Vereinbarung zu erbringende Nebenleistungen (§§ 55, 61 AktG) gehören nicht zu den ausstehenden Einlagen, da sie in keinem Zusammenhang mit dem gezeichneten Kapital stehen. Die Bilanzierung richtet sich hier nach den allgemeinen handelsrechtlichen Bilanzierungsgrundsätzen. Die gleichen Überlegungen gelten für die KGaA und die SE. Eine dem § 36a Abs. 1, Abs. 2 Satz 3 AktG vergleichbare Vorschrift fehlt im Recht der GmbH. Im Gesellschaftsvertrag vereinbarte Agien oder sonstige Nebenleistungen sind dann als Nebenleistungen i.S.d. § 3 Abs. 2 GmbHG zu klassifizieren, d.h., es gelten auch hier die allgemeinen handelsrechtlichen Bilanzierungsgrundsätze.

§ 272 Abs. 1 Satz 2 HGB schreibt vor, dass die **nicht eingeforderten ausstehenden Einlagen** von dem Posten „Gezeichnetes Kapital" offen abzusetzen sind. Der verbleibende Betrag ist als Posten „Eingefordertes Kapital" in der Hauptspalte der Passivseite auszuweisen. Ein eingeforderter, aber noch nicht eingezahlter Betrag ist unter den Forderungen gesondert auszuweisen und entsprechend zu bezeichnen. Damit ist der bisher übliche sog. **Bruttoausweis** (gesonderter Ausweis der noch nicht eingeforderten ausstehenden Einlagen auf der Aktivseite der Bilanz vor dem Anlagevermögen) **nicht mehr zulässig.** Vielmehr sind die noch nicht eingeforderten ausstehenden Einlagen von dem auf der Passivseite der Bilanz ausgewiesenen gezeichneten Kapital offen abzusetzen. Das gezeichnete Kapital und die nicht eingeforderten ausstehenden Einlagen sind offen in der Vorspalte auszuweisen. In der Hauptspalte ist das eingeforderte Kapital auszuweisen. Auf diese Weise wird die Vergleichbarkeit des Jahresabschlusses verbessert und werden die Eigenkapitalbestandteile geschlossen auf der Passivseite der Bilanz ausgewiesen.

Die **eingeforderten, aber noch nicht eingezahlten Einlagen** sind unter den Forderungen auszuweisen und gesondert zu bezeichnen.

> **Praxis-Beispiel**
> Denkbar ist ein gesonderter Ausweis der eingeforderten, aber noch nicht eingezahlten Einlagen innerhalb des Postens „Forderungen und sonstige Vermögensgegenstände" (§ 266 Abs. 2 B. II. 4. HGB) bspw. als eingeforderte, aber noch nicht eingezahlte Einlagen.

Im Wege eines Davon-Vermerks ist anzugeben, inwieweit sich die Forderungen gegen verbundene Unt oder Unt, mit denen ein Beteiligungsverhältnis besteht, richten. Möglich ist auch ein Ausweis innerhalb der Posten § 266 Abs. 2 B. II. 2. bzw. 3. mit einem entsprechenden Vermerk. Darüber hinaus gilt auch hier § 268 Abs. 4 HGB, d.h., es muss der Betrag der Forderungen

---

[53] Diskutiert wird, inwieweit die noch nicht eingeforderten ausstehenden Einlagen bei der Bemessung des max. zulässigen Ausschüttungspotenzials (§ 30 GmbHG, § 57 AktG) berücksichtigt werden dürfen. Nach hier vertretener Meinung ist insoweit auf das eingeforderte Kapital abzustellen, vgl. Kropff, ZIP 2009, S. 1140.

mit einer Restlaufzeit von mehr als einem Jahr bei jedem Posten gesondert vermerkt werden.

> **Praxis-Beispiel[54]**
> **Sachverhalt**
> Die B AG hat ihr Kapital durch Ausgabe von 1 Mio. Aktien zum Nennwert von 5 EUR/Aktie erhöht. Vom Ausgabepreis von 20 EUR/Aktie waren 17 EUR sofort einzuzahlen. Der Restbetrag kann vom Vorstand bei Bedarf eingefordert werden.
>
> **Beurteilung nach HGB a. F.**
> **Variante 1**
> Die B AG zeigt in ihrer Bilanz ein um 20 Mio. EUR erhöhtes bilanzielles Eigenkapital. Das veränderte EK setzt sich aus dem Posten Gezeichnetes Kapital (5 Mio. EUR) und dem Posten Kapitalrücklage (15 Mio. EUR) zusammen. Als Korrekturposten weist die B AG auf der Aktivseite den Posten „Ausstehende Einlagen auf das gezeichnete Kapital" i. H. v. 3 Mio. EUR aus. Ein Vermerk der eingeforderten Beträge erübrigt sich.
>
> | Aktiva | | | | | Passiva |
> |---|---|---|---|---|---|
> | A. | Ausstehende Einlagen auf das gezeichnete Kapital | 3.000 | A. I. | EK Gezeichnetes Kapital | 5.000 |
> | ... | | | II. | Kapitalrücklage | 15.000 |
> | C. | Umlaufvermögen | | | | |
> | | ... | | | | |
> | | IV. Liquide Mittel | 17.000 | | | |
>
> Bruttodarstellung ausstehender Einlagen auf das gezeichnete Kapital (in TEUR)
>
> **Variante 2**
> Die B AG setzt die ausstehenden Einlagen i. H. v. 3 Mio. EUR offen vom (erhöhten) gezeichneten Kapital ab. Der verbleibende Betrag i. H. v. 2 Mio. EUR ist als Posten „Eingefordertes Kapital" in der Hauptspalte der Passivseite auszuweisen. Eingeforderte Beträge sind in diesem Fall unter den Forderungen auszuweisen. Eine Bewertung der nicht eingeforderten ausstehenden Einlagen erfolgt nicht.

---

[54] Entnommen aus Kessler/Leinen/Strickmann, BilMoG, 2009, S. 339f.

Aktiva		Passiva	
...		A. EK	
		I. Gezeichnetes Kapital	5.000
C. Umlaufvermögen		– Nicht eingefordertes Kapital	3.000
...		= Eingefordertes Kapital	2.000
IV. Liquide Mittel	17.000	II. Kapitalrücklage	15.000

Nettodarstellung ausstehender Einlagen auf das gezeichnete Kapital (in TEUR)

Beurteilung nach BilMoG:
Die Darstellung nach HGB in der Variante 1 ist nach dem BilMoG **unzulässig**. Die Darstellung nach der 2. Variante ist **verpflichtend**.

Die eingeforderten ausstehenden Einlagen sind handelsbilanziell betrachtet als gegenüber den Gesellschaftern bestehende Forderungen zu klassifizieren. Demgemäß gelten für Ansatz und Bewertung die für Forderungen geltenden Vorschriften.[55] Bei der **Bewertung der eingeforderten ausstehenden Einlagen** sind die §§ 63–66 AktG für die AG und die §§ 19–25 GmbHG für die GmbH zu beachten. Danach wird man eine außerplanmäßige Abschreibung nur ausnahmsweise vornehmen können, wenn auch unter Berücksichtigung der Kaduzierungsmöglichkeit ein Ausfall der eingeforderten ausstehenden Einlagen zu erwarten ist. Soweit Abschreibungen auf eingeforderte ausstehende Einlagen vorgenommen werden, muss dies in der Bilanz offensichtlich werden, um zu verhindern, dass der Eindruck entsteht, es sei kein Ausfall der eingeforderten ausstehenden Einlagen zu verzeichnen. Dies kann entweder in der Weise geschehen, dass der Nominalbetrag der eingeforderten ausstehenden Einlagen auf der Aktivseite der Bilanz gesondert unter dem Posten „eingeforderte, aber noch nicht eingezahlte Einlagen" vermerkt oder die Abschreibung in der Vorspalte offen von dem eingeforderten Kapital abgesetzt wird.[56] Eine Abschreibung (als Berücksichtigung einer Gefährdung der Einbringlichkeit) der **nicht eingeforderten ausstehenden Einlagen** kommt nicht in Betracht.

73

---

[55] Zu beachten ist, dass Pauschalwertberichtigungen wegen des bestehenden allgemeinen Kreditrisikos für ausstehende Einlagen nicht infrage kommen, vgl. ADS, 6. Aufl. 1995–2001, § 272 HGB Rz 66.
[56] Vgl. auch Küting/Reuter, in Küting/Weber, HdR-E, § 272 HGB Rn 45, Stand: 11/2009, die darauf hinweisen, dass es zwar an einer ausdrücklichen gesetzlichen Vorschrift fehle, jedoch eine den tatsächlichen Verhältnissen entsprechende Darstellung der Vermögens-, Finanz- und Ertragslage eine entsprechende Information erforderlich macht.

5 Eigene Anteile (Abs. 1a und 1b)

5.1 Begriff und Bedeutung

74 In handelsbilanzieller Hinsicht ist umstritten, ob die **eigenen Anteile als Vermögengegenstände** zu klassifizieren sind. Tw. wird dies mit dem Argument bejaht, dass der Erwerb eigener Anteile keine relevanten Unterschiede zu gewöhnlichen Erwerbsfällen erkennen lasse.[57] Eigene Anteile würden sich von anderen VG lediglich dadurch unterscheiden, dass ihr Wert nur im Wege einer Veräußerung realisiert werden könne.[58] Nach anderer Auffassung komme den eigenen Anteilen lediglich die Bedeutung eines Korrekturpostens zum EK zu, die in gesetzlich geregelten Ausnahmefällen wie VG zu behandeln seien.[59] Der Erwerb eigener Aktien sei als Einlagenrückgewähr zu begreifen; die Ges. gebe Vermögen an den Gesellschafter ab, ohne dafür einen Gegenwert zu erhalten.[60] Die Möglichkeit, die eigenen Anteile wieder zu veräußern, stelle nichts anderes als ein Vehikel zur Beteiligung neuer Gesellschafter dar.[61] Die überwiegende Auffassung weist den eigenen Anteilen einen Doppelcharakter zu.[62] Bei bestehender Wiederveräußerungsabsicht seien die eigenen Anteile als VG zu klassifizieren. Darüber hinaus seien sie in jedem Fall auch als Korrekturposten zum EK einzustufen.[63] Nach der hier vertretenen Auffassung kommt den eigenen Anteilen keine VG-Eigenschaft zu. Es fehlt ihnen an der selbstständigen Verwertbarkeit. Eigene Anteile haben keinen Wert an sich. Ihr Wert lässt sich nur unter Berücksichtigung des Unternehmenswerts der KapG bestimmen, die sie ausgegeben hat.

5.2 Ausweis

75 Mit § 272 Abs. 1a HGB wird für alle eigenen Anteile – unabhängig davon, ob sie dauernd dem Geschäftsbetrieb dienen sollen oder nicht – vorgeschrieben, dass diese auf der **Passivseite der Bilanz in der Vorspalte offen von dem Posten „Gezeichnetes Kapital"** abzusetzen sind. Diese Bilanzierung knüpft an den Befund an, dass der Erwerb eigener Anteile zwar nicht rechtlich, aber sehr wohl wirtschaftlich einer Kapitalherabsetzung gleichkommt, auch wenn die eigenen Anteile ohne formale Einziehung bestehen bleiben.[64]

76 Nach § 272 Abs. 1a Satz 1 HGB ist der **Nennbetrag** oder, falls ein solcher nicht vorhanden ist, der rechnerische Wert von erworbenen eigenen Anteilen in der

---

[57] Vgl. zu eigenen Aktien Breuninger, DStR 1991, S. 422; Paus, BB 1998, S. 2138; Bachmann/Heckner, WPg 2016, S. 832; sowie Briese, GmbHR 2016, S. 49 zu steuerlichen Fragen bei eigenen Anteilen. Zu eigenen Anteilen bei Personenhandelsgesellschaft vgl. Schmidt, ZIP 2014, S. 493 einerseits und Priester, ZIP 2014, S. 245 andererseits. Dazu mit umfassender Würdigung auch Knobloch, StuW 2013, S. 343.
[58] Vgl. Breuninger, DStR 1991, S. 422.
[59] Vgl. Bezzenberger, Erwerb eigener Aktien durch die Aktiengesellschaft, 2002, S. 79; Siegel, in FS Loitlsberger, 2001, S. 359; Thiel, in FS Schmidt, 1993, S. 570 ff.; Wassermeyer, in FS Schmidt, 1993, S. 612.
[60] Vgl. nur Thiel, in FS Schmidt, 1993, S. 570; Huber, in FS Duden, 1977, S. 161.
[61] Vgl. Loos, DB 1964, S. 310.
[62] Vgl. Budde, in FS Offerhaus, 1999, S. 674; Klingberg, BB 1998, S. 1576; ADS, 6. Aufl. 1995–2001, § 272 HGB n.F. Rz 1; Schwab, DB 2001, S. 880.
[63] Vgl. ADS, 6. Aufl. 1995–2001, § 266 HGB Rz 139.
[64] Dazu mit instruktivem Beispiel des Erwerbs von Anteilen an einem MU Müller/Reinke, StuB 2019, S. 198; Kirsch, StuB 2016, S. 303; mit Bezug auf das BMF-Schreiben zum Erwerb eigener Anteile v. 27.11.2013, IV C 2, S 2742/07/10009, DStR 2013 S. 2700 bspw. Müller/Reinke, DStR 2014, S. 711 oder Mayer, DStR 2014, S. 571.

Vorspalte offen von dem Posten „Gezeichnetes Kapital" abzusetzen.[65] Aus der Vorschrift folgt ein Aktivierungsverbot für eigene Anteile.

> **Praxis-Beispiel**
>
> Es ist zu empfehlen, den Vorspaltenposten als „Nennbetrag/rechnerischer Wert eigener Anteile" und den Hauptspaltenposten als „Ausgegebenes Kapital" zu bezeichnen.

Der **Unterschiedsbetrag** zwischen dem Nennbetrag oder dem rechnerischen Wert und den AK der eigenen Anteile ist mit den **frei verfügbaren Rücklagen zu verrechnen** (§ 272 Abs. 1a Satz 2 HGB), wobei die Verrechnung gem. DRS 22.36 sachlich und zeitlich stetig vorgenommen werden soll. Dies ist in sachlicher Hinsicht natürlich nur möglich, wenn die frei verfügbaren Rücklagenbestandteile der vormals gewählten Verrechnungsreihenfolge bei den Folgetransaktionen noch zur Verfügung stehen (DRS 22.B32). Stetigkeit in zeitlicher Hinsicht dürfte wohl die zeitgerechte Erfassung i. S. d. § 239 Abs. 2 HGB meinen.[66] Zu den frei verfügbaren Rücklagen zählen die Kapitalrücklage nach § 272 Abs. 2 Nr. 4 HGB, die anderen Gewinnrücklagen und die satzungsmäßigen Rücklagen, sofern der satzungsmäßige Zweck gerade in der Ermöglichung oder Deckung des Erwerbs eigener Anteile besteht. Demgegenüber ist eine Verrechnung mit der gesetzlichen Rücklage nach § 150 Abs. 1 und 2 AktG und der Kapitalrücklage nach § 272 Abs. 2 Nr. 1–3 HGB jedenfalls für die AG, die SE und die KGaA sowie der Rücklage für Anteile an einem herrschenden oder mehrheitlich beteiligten Unt (§ 272 Abs. 4 HGB) ausgeschlossen. Das Gleiche gilt für nach § 268 Abs. 8 HGB ausschüttungsgesperrte Beträge. Mit DRS 22.8 könnte man auch sagen, frei verfügbare Rücklagen sind solche Rücklagen, die weder durch ein Gesetz noch durch eine Satzung oder einen Gesellschaftsvertrag in ihrer Verwendung zweckgebunden sind und auch keiner Ausschüttungs- oder Abführungssperre unterliegen. 77

Der Wortlaut des § 272 Abs. 1a HGB stellt auf den Begriff der „frei verfügbaren Rücklagen" ab. Daher stellt sich die Frage, ob auch eine **Verrechnung mit dem Jahresergebnis** durch die geschäftsführenden Organe in Betracht kommt. Dies ist für die AG zumindest für die Beträge zu bejahen, die aus dem Jahresergebnis nach § 58 Abs. 2 AktG durch den Vorstand und den Aufsichtsrat in die anderen Gewinnrücklagen eingestellt werden können oder nach § 58 Abs. 1 AktG aufgrund einer Satzungsregelung durch die Hauptversammlung in die frei 78

---

65 Zur hiermit verbundenen (theoretischen) Frage der Reduzierung des Kapitalschutzes – ein dem Nennbetrag der eigenen Anteile entsprechender Betrag ist nicht mit dem freien Vermögen verrechnet worden und könnte daher ausgeschüttet werden – vgl. Kropff, ZIP 2009, S. 1141. Vertreten wird, dass entweder die Rücklage für eigene Anteile beizubehalten, die Ausschüttungssperre des § 268 Abs. 8 HGB analog anzuwenden oder eine Angabe im Anhang zu machen sein. Da keiner der Lösungsvorschläge eine gesetzliche Grundlage bildet, wird man die Reduzierung des Kapitalschutzes hinnehmen müssen; ebenso Kropff, ZIP 2009, S. 1141.

66 DRS 22.8 stellt in Anwendung des § 255 Abs. 1 Satz 1 HGB klar, dass die Anschaffungskosten der eigenen Anteile diejenigen Aufwendungen sind, die geleistet werden, um die eigenen Anteile zu erwerben, soweit sie diesen einzeln zugeordnet werden können.

verfügbaren Rücklagen einzustellen sind.[67] Das Jahresergebnis ist dabei vorab um die in die gesetzliche Rücklage (§ 150 Abs. 1 und 2 AktG) einzustellenden Beträge sowie um einen Verlustvortrag zu kürzen (§ 58 Abs. 1 Satz 3, Abs. 2 Satz 4 AktG).[68] Der Teil des Jahresergebnisses, der nach den Vorschriften des AktG in die Zuständigkeit der Hauptversammlung fällt – dazu gehört auch ein etwaiger Gewinnvortrag –, darf hingegen grds. nicht durch eine Verrechnung geschmälert werden.[69]

79 § 272 Abs. 1a HGB enthält keine Vorschrift für den Fall, dass die **frei verfügbaren Rücklagen zur Verrechnung nicht in ausreichendem Umfang zur Verfügung** stehen. Hierbei kann es sich nur um einen Ausnahmefall handeln, denn der Erwerb eigener Anteile ist nur zulässig, wenn im Erwerbszeitpunkt in ausreichendem Umfang freies Vermögen vorhanden ist. Gleichwohl ist es denkbar, dass das freie Vermögen bis zur Bilanzierung durch anderweitige Verluste aufgezehrt ist. In diesem Fall ist die Verrechnung unter Inkaufnahme eines Bilanzverlusts oder Vertiefung eines bestehenden Bilanzverlusts vorzunehmen.[70] Nur so wird dem Gläubigerschutz hinreichend Rechnung getragen und weiteren Vermögensauskehrungen vorgebeugt. Ein Verstoß gegen § 57 AktG liegt in diesen Fällen nicht vor, denn im Zeitpunkt des Erwerbs der eigenen Anteile waren ausreichende frei verfügbare Rücklagen vorhanden. Kommt es danach zu einer Aufzehrung der frei verfügbaren Rücklagen durch im Geschäftsverkehr eingetretene Verluste und damit ggf. sogar zu einer Verminderung des Vermögens unter die Grundkapitalziffer, hat dies keine Auswirkungen auf die rechtliche Zulässigkeit des Erwerbs der eigenen Anteile. Eine Verrechnung unter Inkaufnahme eines Bilanzverlusts führt zu einem Verlustvortrag, der ins nächste Gj übernommen wird und dann die Möglichkeit der Inanspruchnahme der gesetzlichen Rücklage nach § 150 Abs. 3 und 4 AktG ermöglicht. Damit scheint auf den ersten Blick der Grundsatz, dass die Verrechnung nur mit frei verfügbaren Rücklagen erfolgen darf, umgangen worden zu sein. Zu beachten ist jedoch, dass der Inanspruchnahme der gesetzlichen Rücklage eine Verpflichtung zu ihrer Wiederauffüllung nachfolgt, sofern die Grenzen des § 150 Abs. 1 und 2 AktG unterschritten werden. Insoweit liegt de facto nur eine Verlagerung der Verrechnungspflicht auf die Pflicht zur Dotierung der gesetzlichen Rücklage nach § 150 Abs. 1 und 2 AktG vor.[71]

80 Zudem kann bei unzureichender Ausstattung mit frei verfügbaren Rücklagen die Frage auftreten, ob die **Bildung der gesetzlichen Rücklage** nach § 150 Abs. 1 und 2 AktG der Verrechnung des aus dem Erwerb der eigenen Anteile

---

[67] Trägt die Hauptversammlung Gewinn auf neue Rechnung vor, entlässt sie diesen nicht aus ihrer Zuständigkeit. Der Gewinnvortrag fließt im nächsten Jahr ohne Weiteres dem (neuen) Bilanzgewinn zu (§ 158 Abs. 1 Nr. 1 AktG). Über den dem Gewinnvortrag entsprechenden Betrag kann der Vorstand nicht nach § 58 Abs. 1 und 2 AktG verfügen.
[68] Die Befugnis des Vorstands, Zuweisungen zu den Rücklagen nach § 58 Abs. 2a AktG vorzunehmen, wird nicht in die Berechnung der Kontingente für eine Zuführung zu den anderen Gewinnrücklagen einbezogen („unbeschadet").
[69] Vgl. ADS, 6. Aufl. 1995–2001, § 272 HGB Rz 193 sowie § 272 HGB n.F. Rz 13.
[70] Dabei kommt es zu einem „Verbrauch" des in die Zuständigkeit der Hauptversammlung fallenden Jahresüberschusses einschl. eines etwaigen Gewinnvortrags. Zum Rückkauf eigener Aktien bei Eigenhandel von Kreditinstituten vgl. Johannemann/Herr, BB 2015, S. 2158.
[71] Anders Kliem/Meyer, in Beck Bil-Komm., 14. Aufl. 2024, § 272 HGB Rz 123, die sich unter Hinweis auf den gesetzlich vorgeschriebenen (eingeschränkten) Verwendungszweck gegen eine Nutzung der gesetzlichen Rücklage aussprechen.

resultierenden Unterschiedsbetrags **vorgeht.** Nach h. M. ist der Vorrang der Dotierung der gesetzlichen Rücklage nach § 150 Abs. 1 und 2 AktG zu bejahen.[72] Begründet wird das damit, dass die zur Dotierung der gesetzlichen Rücklage erforderlichen Mittel nicht mehr als frei verfügbar angesehen werden können und auch nach dem Wortlaut des § 150 Abs. 2 AktG nur ein Verlustvortrag von der Bemessungsgrundlage für die Berechnung des Zuführungsbetrags zur gesetzlichen Rücklage zu kürzen ist.[73] Bei unzureichenden frei verfügbaren Rücklagen ist aus einem vorhandenen Jahresergebnis – nach Berücksichtigung eines Verlustvortrags – zuerst die gesetzliche Rücklage nach § 150 Abs. 1 und 2 AktG zu dotieren und danach eine Verrechnung des Unterschiedsbetrags aus dem Erwerb eigener Anteile vorzunehmen.

Für die Verrechnung des Unterschiedsbetrags ergeben sich damit die folgenden **Möglichkeiten:**[74]

1. Verrechnung mit anderen Gewinnrücklagen oder – soweit möglich – satzungsmäßigen Rücklagen und gleichrangig mit der Kapitalrücklage nach § 272 Abs. 2 Nr. 4 HGB;
2. Verrechnung mit dem Teil des Jahresergebnisses, der ausweislich des Gesetzes und der Satzung in die anderen Gewinnrücklagen einzustellen ist (§ 58 Abs. 1 AktG) oder eingestellt werden darf (§ 58 Abs. 2 AktG);
3. Verrechnung mit dem Teil des Jahresergebnisses, der in die alleinige Dispositionsbefugnis der Aktionäre fällt; ggf. unter Inkaufnahme oder Vertiefung eines Bilanzverlusts. Ein durch die Verrechnung des Unterschiedsbetrags entstehender Bilanzverlust begründet im nächsten Gj einen Verlustvortrag, der bei der AG durch Auflösung der gesetzlichen Rücklagen ausgeglichen werden kann (§ 150 Abs. 3 und 4 AktG). Hierin könnte eine Umgehung des § 71 Abs. 2 Satz 2 AktG gesehen werden, der vorschreibt, dass eigene Aktien nur aus dem frei verfügbaren Vermögen erworben werden dürfen. Dieser Einwand kann jedoch nur durchgreifen, wenn bereits im Erwerbszeitpunkt kein ausreichendes freies Vermögen vorhanden oder dessen anderweitiger Verbrauch absehbar war, denn § 71 Abs. 2 Satz 2 AktG stellt allein auf den Zeitpunkt des Erwerbs ab. Lagen die aktienrechtlichen Erwerbsvoraussetzungen vor, kann sich die Verrechnungspflicht faktisch in eine Pflicht zur Dotierung der gesetzlichen Rücklage wandeln.

Denkbar ist auch, dass der **Kaufpreis der eigenen Anteile unterhalb des Nennbetrags** oder des rechnerischen Werts liegt. In diesem Fall erhöhen sich die frei verfügbaren Kapitalrücklagen in entsprechendem Umfang, da eine gesellschaftsrechtlich veranlasste Transaktion vorliegt (ebenso DRS 22.37, 22.B34). Die in DRS 22.B34 angesprochene und für den Ausnahmefall vorgesehene Möglichkeit, insoweit auch einen erfolgswirksam zu erfassenden Ertragszuschuss anzunehmen, steht eigentlich im Widerspruch zu der Annahme, es liege eine gesellschaftsrechtlich veranlasste Transaktion vor. Auf der anderen Seite ist die erfolgswirksame Vereinnahmung gerade in Sanierungs- bzw. Restrukturierungssituationen

---

[72] Vgl. Zilias/Lanfermann, WPg 1980, S. 92; ADS, 6. Aufl. 1995–2001, § 272 HGB Rz 194.
[73] Vgl. Zilias/Lanfermann, WPg 1980, S. 92.
[74] Mangels gesetzlicher Vorgaben kann nicht von einer zwingenden Verrechnungsreihenfolge ausgegangen werden.

83 Besteht ein **Gewinnabführungsvertrag** nach § 291 Abs. 1 AktG, stellt sich für die zur Abführung verpflichtete AG die Frage, ob die Verrechnung des Unterschiedsbetrags gem. § 272 Abs. 1a Satz 2 HGB der vertraglichen Verpflichtung zur Gewinnabführung vorgeht. Nach der hier vertretenen Auffassung ist dies zu bejahen. § 272 Abs. 1a Satz 2 HGB enthält eine implizite Begrenzung der Gewinnabführungsverpflichtung, vergleichbar der Begrenzung der Gewinnabführungspflicht durch die Verpflichtung zur Dotierung der gesetzlichen Rücklage (§§ 300, 301 AktG). Dies bedeutet, dass die Gewinnabführungspflicht erst nach der Verrechnung des Unterschiedsbetrags mit dem Jahresergebnis eingreift. Etwas anderes gilt nur, wenn während der Dauer des Gewinnabführungsvertrags Beträge in die anderen Gewinnrücklagen eingestellt worden sind. Diese sind vorrangig zur Verrechnung des Unterschiedsbetrags heranzuziehen. Demgegenüber sind vorvertragliche Rücklagen nicht frei verfügbar.

84 Es ist zu empfehlen, die Verrechnung handelsbilanziell in der **Verlängerungsrechnung zur GuV** (§ 158 AktG) abzubilden (ebenso nun auch DRS 22.45, 22.B43). In diesem Fall sind Beträge, die mit dem in die Gewinnrücklagen einzustellenden (§ 58 Abs. 1 AktG) oder einstellbaren (§ 58 Abs. 2 AktG) Jahresüberschuss verrechnet werden, tatsächlich gar nicht erst in die Gewinnrücklagen einzustellen, sondern es ist lediglich ihre Verfügbarkeit im Anhang zu erläutern.

> **Praxis-Beispiel**
> Für die Verrechnung des Unterschiedsbetrags könnte der Posten „Verrechnung mit erworbenen eigenen Anteilen" vorgesehen werden.[76]

Zwingend vorgeschrieben ist dieses Vorgehen durch das Gesetz aber nicht, da § 158 AktG hierzu entsprechend erforderliche GuV-Konten nicht aufführt. Zulässig ist demgemäß auch eine unmittelbare Verrechnung mit den frei verfügbaren Rücklagen.[77] Soweit die GuV aus anderen Gründen um eine Verlängerungsrechnung zu ergänzen ist, ist aus Gründen der Bilanzklarheit auch der Erwerb eigener Anteile dort abzubilden. Durch eine Vermischung von unmittelbarer Verrechnung und Verrechnung unter Nutzung der Verlängerungsrechnung würde ansonsten der Grundsatz der Bilanzklarheit beeinträchtigt.

85 Aufwendungen, die als **Anschaffungsnebenkosten** zu klassifizieren sind, sind nach § 272 Abs. 1a Satz 3 HGB aufwandswirksam zu erfassen. Hier erfolgte mit dem BilMoG eine terminologische Klarstellung. Bisher wurde der handelsbilanzrechtlich untypische Begriff „weitergehende AK" verwendet. Dieser Begriff wurde durch den Begriff „Anschaffungsnebenkosten" ersetzt. Da Anschaffungsnebenkosten gem. § 255 Abs. 1 Satz 2 HGB eigentlich zu aktivierende Anschaffungskosten sind, bleibt jedoch – da die bisherige Praxis grds. aufrecht-

---

[75] Nach anderer Ansicht soll der Differenzbetrag in eine gebundene Rücklage eingestellt werden, vgl. Klingberg, BB 1998, S. 993; Thiele, DB 1998, S. 1585: Kropff, ZIP 2009, S. 1141, unter Hinweis auf allgemeine Kapitalschutzgründe. Zu der Thematik unter Berücksichtigung des DRS 22 auch Müller/Reinke, DStR 2015, S. 1127.
[76] Vgl. auch ADS, 6. Aufl. 1995–2001, § 272 HGB Rz 15 mit einem Ausweisbeispiel.
[77] Vgl. dazu das Ausweisbeispiel in ADS, 6. Aufl. 1995–2001, § 272 HGB Rz 17; ebenso DRS 22.45.

Eigenkapital § 272

erhalten werden soll – nichts anderes übrig, als die aufwandswirksame Erfassung der Anschaffungsnebenkosten vorzuschreiben. Zu den Anschaffungsnebenkosten zählen bspw. Provisionen und Maklercourtagen.[78] Für die AG, die SE und die KGaA schreibt § 160 Abs. 1 Nr. 2 AktG vor, dass im **Anhang** Angaben über den Bestand der eigenen Aktien zu machen sind, die die Ges., ein abhängiges oder im Mehrheitsbesitz der Ges. stehendes Unt oder ein anderer für Rechnung der Ges. oder eines abhängigen oder im Mehrheitsbesitz der Ges. stehenden Unt erworben oder als Pfand genommen hat. Dabei sind die Zahl und der Nennbetrag dieser Aktien sowie deren Anteil am Grundkapital anzugeben, für erworbene Aktien ferner der Zeitpunkt des Erwerbs und die Gründe für den Erwerb. Sind Aktien im Gj erworben oder veräußert worden, so ist auch über den Erwerb oder die Veräußerung unter Angabe der Zahl und des Nennbetrags bzw. rechnerischen Werts dieser Aktien, des Anteils am Grundkapital und des Erwerbs- oder Veräußerungspreises sowie über die Verwendung des Erlöses zu berichten.[79] Es ist zu empfehlen, auch im Fall des Erwerbs eigener Geschäftsanteile im Anhang in Anlehnung an § 160 Abs. 1 Nr. 2 AktG über den Bestand und die Erwerbsmodalitäten zu berichten.

86

§ 272 Abs. 1b HGB betrifft die handelsbilanzielle Behandlung der **Veräußerung eigener Anteile**. § 272 Abs. 1b Satz 1 HGB stellt klar, dass der offene Ausweis der eigenen Anteile in der Vorspalte des Postens „Gezeichnetes Kapital" nach § 272 Abs. 1a Satz 1 HGB nach der Veräußerung entfällt. Der Fall, dass der **Veräußerungserlös dieser wirtschaftlichen Kapitalerhöhung nicht ausreicht, um den Nennbetrag der offen abgesetzten eigenen Anteile zu decken**, also die offene Absetzung in vollem Umfang rückgängig zu machen, scheint eher unwahrscheinlich. Vor diesem Hintergrund kann an dieser Stelle offenbleiben, ob es in diesem Fall dauerhaft bei der offenen Absetzung eines Teils der eigenen Anteile bleibt oder ob – wohl allein möglich – der Fehlbetrag erfolgswirksam auszubuchen ist.[80]

87

Ein den Nennbetrag oder den rechnerischen Wert übersteigender **Differenzbetrag** aus dem Veräußerungserlös ist nach § 272 Abs. 1b Satz 2 HGB bis zur Höhe des mit den frei verfügbaren Rücklagen verrechneten Betrags in die jeweilige Rücklage einzustellen.[81] Die Vorschrift schreibt im Grunde vor, dass der den Nennbetrag oder den rechnerischen Wert übersteigende Differenzbetrag aus dem Veräußerungserlös wieder den Posten zuzuführen ist, mit denen bei Erwerb der eigenen Anteile eine Verrechnung erfolgte. Damit soll sichergestellt werden, dass die Verfügungskompetenzen der Gesellschaftsorgane letztlich unberührt bleiben. Auch hier ist zu empfehlen, die Verrechnung des Unterschiedsbetrags mit den frei verfügbaren Rücklagen handelsbilanziell in der Verlänge-

88

---

78 DRS 22.9 spricht hier etwas abstrakter von den Nebenkosten des Erwerbs eigener Anteile.
79 Vgl. zu Einzelheiten ADS, 6. Aufl. 1995–2001, § 160 AktG Rz 23.
80 Für die erfolgswirksame Ausbuchung spricht sich ADS, 6. Aufl. 1995–2001, § 272 HGB Rz 30, aus. Denkbar wäre auch eine analoge Anwendung des § 272 Abs. 1a Satz 2 HGB. Dafür plädiert das DRSC in DRS 22.B36 (einschl. eines Verrechnungsbeispiels) mit der berechtigten Argumentation, dass der Gesetzgeber die erfolgsneutrale Behandlung eigener Anteile vorsieht. Auf der anderen Seite ist zu erwarten, dass, wenn der Veräußerungserlös den Nennbetrag bzw. rechnerischen Wert der eigenen Anteile nicht übersteigt, freie Rücklagen regelmäßig nicht (mehr) vorhanden sein dürften.
81 Damit folgt der Gesetzgeber nicht der zum § 272 Abs. 1 S. 4–6 HGB a. F. tw. vertretenen Auffassung, dass der Betrag, der bei der Veräußerung eigener Anteile über den Nennbetrag oder den rechnerischen Wert hinaus erzielt wird, als Aufgeld zu klassifizieren und in die Kapitalrücklage gem. § 272 Abs. 2 Nr. 1 HGB einzustellen ist; so etwa Klingberg, BB 1998, S. 1577; Thiel, DB 1998, S. 785.

rungsrechnung zur GuV (§ 158 AktG) abzubilden. Da dieses Vorgehen nicht zwingend vorgeschrieben ist, spricht letztlich aber auch nichts gegen eine unmittelbare Verrechnung mit den frei verfügbaren Rücklagen in der Bilanz (DRS 22.45, 22.B43).

89 Liegt der **Veräußerungserlös unterhalb der ursprünglichen AK der eigenen Anteile, aber über deren Nennwert** oder rechnerischem Wert, kommt es per Saldo – bei einer kumulierten Betrachtung von Erwerb und Veräußerung – zu einer Verminderung der frei verfügbaren Rücklagen. Der Differenzbetrag ist quotal auf die einzelnen Rücklagen aufzuteilen, mit denen beim Rückkauf verrechnet wurde (DRS 22.40, 22.B36). Eine erfolgswirksame Erfassung des Veräußerungsverlusts kommt nicht in Betracht. Bei der Veräußerung eigener Anteile handelt es sich – ebenso wie bei deren Erwerb – um erfolgsneutral zu bilanzierende Transaktionen mit Gesellschaftern.[82]

90 Erfolgte die Verrechnung im Erwerbszeitpunkt zulasten des Jahresüberschusses oder – im Ausnahmefall – unter Erzeugung eines Bilanzverlusts, ist ein aus der Veräußerung entstehender Differenzbetrag den anderen Gewinnrücklagen zuzuführen.

91 **Übersteigt der Veräußerungserlös die ursprünglichen AK**, ist der darüber hinausgehende Differenzbetrag in die Kapitalrücklage nach § 272 Abs. 1 Nr. 1 HGB einzustellen (§ 272 Abs. 1b Satz 3 HGB); dies aufgrund des Grundsatzes der Einzelbewertung, jedoch in den Grenzen des § 252 Abs. 2 HGB, ohne Saldierung von Aufwendungen und Erträgen aus verschiedenen Veräußerungsvorgängen.

92 § 272 Abs. 1b Satz 4 HGB korrespondiert mit § 272 Abs. 1a Satz 3 HGB. Sowohl die Anschaffungsnebenkosten als auch die **Nebenkosten der Veräußerung** sind als Aufwand des Gj zu erfassen.

93 DRS 22.42 erlaubt, die Anschaffungskosten des veräußerten Bestands der eigenen Anteile, soweit diese in mehreren Tranchen zu unterschiedlichen Zeitpunkten und mit unterschiedlichen Anschaffungskosten erworben worden sind und eine Zuordnung zu den vorhergehenden Anschaffungsvorgängen nur mit unverhältnismäßigem Aufwand überhaupt möglich ist, mit dem Durchschnitt der Anschaffungskosten des Gesamtbestands anzusetzen (DRS 22.B39f.). In diesem Fall ist es nur eingeschränkt möglich, die i. R. d. Rückkaufs der eigenen Anteile in Anspruch genommenen frei verfügbaren Rücklagen entsprechend dem Anteil ihrer Inanspruchnahme wieder aufzufüllen. Hier ist zu empfehlen, eine sachgerechte Methode zu entwickeln, die zumindest eine näherungsweise Wiederauffüllung entsprechend der ursprünglichen Inanspruchnahme ermöglicht. DRS 22.42 empiehlt eine proportionale Aufteilung des Unterschiedsbetrags auf die Rücklagen (DRS 22.B41). Soweit der Veräußerungserlös die ursprünglichen Anschaffungskosten übersteigt, ist in den Fällen der Ermittlung des Unterschiedsbetrags unter Berücksichtigung des Durchschnitts der Anschaffungskosten des Gesamtbestands immer auch eine (proportionale) Einstellung in die Kapitalrücklage nach § 272 Abs. 2 Nr. 1 HGB vorzunehmen (DRS 22.B42).

---

[82] Etwas anderes gilt für den Fall, dass bspw. Arbeitnehmern eines Unt eigene Anteile verbilligt, z. B. mit einem Rabatt von 5 %, überlassen werden. In dieser Situation erhält das Unt 95 % des Veräußerungserlöses durch eine Zahlung der Arbeitnehmer. Der 5 %ige Rabatt ist ausnahmsweise aufwandswirksam bzw. als Personalaufwand zu bilanzieren, soweit er, wovon regelmäßig auszugehen sein dürfte, letztlich dem Arbeitslohn zuzurechnen ist. Lediglich mittelbar – über den verminderten Jahresüberschuss – kommt es hier zu einer Verminderung des EK.

§ 272 Eigenkapital

Bei der AG sind die **ordentliche Kapitalherabsetzung durch Einziehung von Anteilen** (§ 237 Abs. 2 AktG) und die Kapitalherabsetzung durch Einziehung von Anteilen im vereinfachten Kapitalherabsetzungsverfahren (§ 237 Abs. 3 AktG) möglich. Werden Anteile nach vorangegangenem Erwerb im ordentlichen Kapitalherabsetzungsverfahren eingezogen, führt dies handelsbilanziell zum Ausbuchen des Vorspaltenausweises der eigenen Anteile zulasten des gezeichneten Kapitals. 94

Erfolgt die **Einziehung im vereinfachten Kapitalherabsetzungsverfahren** gem. § 237 Abs. 3 Nr. 2 AktG – das nicht mit der vereinfachten Kapitalherabsetzung (§§ 229 ff. AktG) zu verwechseln ist –, erfolgt die Ausbuchung des Erwerbspreises zulasten des Bilanzgewinns oder einer anderen Gewinnrücklage, soweit sie zu diesem Zweck verwendet werden können. Die eigenen Anteile sind also bereits im Erwerbszeitpunkt – mit Ausnahme des offen abgesetzten Nennbetrags oder rechnerischen Werts nach § 272 Abs. 1a HGB – mit den frei verfügbaren Rücklagen verrechnet worden. Nur das gezeichnete Kapital ist noch herabzusetzen. Dies geschieht durch Ausbuchung der offen abgesetzten eigenen Anteile zu Lasten der anderen Gewinnrücklagen oder des Bilanzgewinns (§ 237 Abs. 3 Nr. 2 AktG). Vom Sinn und Zweck der Vorschrift her ist auch die Beanspruchung der freien Kapitalrücklage (§ 272 Abs. 2 Nr. 4 HGB) denkbar. Die Herabsetzung des gezeichneten Kapitals erfolgt anschließend zugunsten der Kapitalrücklage, in die gem. § 237 Abs. 5 AktG ein Betrag einzustellen ist, der dem auf die eingezogenen Aktien entfallenden Betrag des Grundkapitals entspricht. Die Buchungsvorgänge sind nach Maßgabe des § 240 AktG in der Verlängerungsrechnung zur GuV vorzunehmen und erforderlichenfalls im Anhang zu erläutern. Die gleichen Überlegungen gelten auch für eine Einziehung unentgeltlich zur Verfügung gestellter eigener Anteile (§ 237 Abs. 3 Nr. 1 AktG).[83] 95

Denkbar ist auch, dass es sich bei zur Einziehung im vereinfachten Kapitalherabsetzungsverfahren vorgesehenen Anteilen um **Stückaktien** handelt und der Beschluss vorsieht, dass sich durch die Einziehung der Anteil der übrigen Stückaktien am Grundkapital gem. § 8 Abs. 3 AktG erhöht. Hier ist ein Vorspaltenabzug vom gezeichneten Kapital nicht sachgerecht, da es nie zu einer Herabsetzung des Grundkapitals kommt. Der gesamte Kaufpreis der Aktien ist vielmehr mit den anderen Gewinnrücklagen zu verrechnen. Im Gj der Durchführung der Einziehung erfolgt keine Buchung mehr, vielmehr ist im Anhang lediglich die niedrigere Zahl der Aktien anzugeben (§ 160 Abs. 1 Nr. 3 AktG).[84] 96

Anders als bei dem vorstehenden beschriebenen Erwerb oder der Veräußerung eigener Anteile durch die AG, die SE oder die KGaA ist der Erwerb eigener Anteile bei der GmbH rechtlich nicht an sachliche Gründe oder Höchstgrenzen gebunden (§ 33 Abs. 2 GmbHG). **Erwirbt eine GmbH eigene Geschäftsanteile**, ist ein Betrag i. H. d. Nennwerts der eigenen Anteile offen von dem gezeichneten Kapital abzusetzen und der Differenzbetrag zwischen dem Nennwert und dem Kaufpreis mit den frei verfügbaren Rücklagen zu verrechnen. Zu den frei verfügbaren Rücklagen gehören bei der GmbH die Gewinnrücklagen, soweit sie nicht zweckgebunden sind, und die Kapitalrücklage. Die Verrechnung ist – da gesetzlich vorgeschrieben – bei der Aufstellung des Jahresabschlusses vorzunehmen. 97

---

[83] Dazu umfassend Seidler/Thiere, BB 2019, S. 2058 ff. sowie Seidler/Thiere, BB 2019, S. 2091 ff.
[84] Vgl. auch Seidler/Thiere, BB 2019, S. 2058 ff. sowie Seidler/Thiere, BB 2019, S. 2091 ff.

Sind im Zeitpunkt der Verrechnung keine ausreichenden frei verfügbaren Rücklagen vorhanden, ist die Verrechnung zu Lasten des Jahresüberschusses vorzunehmen, auch wenn dieser nach § 29 Abs. 1 Satz 1 GmbHG der Dispositionsbefugnis der Gesellschafter unterliegt. Im Übrigen gelten die vorstehenden Ausführungen zum Erwerb und zur Veräußerung eigener Anteile durch die AG für die GmbH entsprechend.[85]

6 Offene Rücklagen (Abs. 2–4)

6.1 Grundlagen

98 Offene Rücklagen stammen entweder aus einbehaltenen Gewinnen (Gewinnrücklagen) oder aus Einlagen von Gesellschaftern oder Dritten (Kapitalrücklagen). Als eigenständiger Abschlussposten existieren offene Rücklagen nur bei den KapG (§ 266 Abs. 3 II. und III. HGB) und Genossenschaften (§ 336 Abs. 2 HGB) sowie – unabhängig von der Rechtsform – bei Kreditinstituten (§ 340a Abs. 2 Satz 2 HGB i. V. m. § 25 RechKredV sowie Formblatt 1 der RechKredV) und VersicherungsUnt (§ 341a Abs. 2 Satz 2 i. V. m. Formblatt 1 der RechVersV). Offene Rücklagen sind die Kapitalrücklagen nach § 272 Abs. 2 HGB und die Gewinnrücklagen nach § 272 Abs. 3 Satz 1 HGB. Die Gewinnrücklagen ihrerseits unterteilen sich wiederum in gesetzliche, satzungsmäßige und andere Gewinnrücklagen (§ 272 Abs. 3 Satz 2 HGB).

99 Die offenen Rücklagen unterscheiden sich von den **stillen Rücklagen** – oder auch stillen Reserven – dadurch, dass Letztere im handelsrechtlichen Jahresabschluss nicht erkennbar sind. Sie resultieren – jedenfalls soweit es sich um Gewinnrücklagen handelt – aus versteuerten Gewinnen. Im Gegensatz dazu sind stille Rücklagen unversteuert und bewirken eine Steuerstundung, die für das Unt einen Liquiditätsvorteil bedeutet.[86]

100 Zu unterscheiden sind zudem die **gesetzlich vorgeschriebenen und die satzungsmäßig vorgeschriebenen Rücklagen** sowie die freiwillig zu bildenden Rücklagen. Zu den gesetzlich vorgeschriebenen Rücklagen gehören die gesetzliche Rücklage nach § 150 Abs. 1 und 2 AktG, die Rücklage für Anteile an einem herrschenden oder mit Mehrheit beteiligten Unt, die Kapitalrücklage nach § 272 Abs. 2 Nr. 1–4 HGB einschl. der Rücklagen nach § 42 Abs. 2 Satz 3 GmbHG sowie nach §§ 218, 229, 232 und 237 AktG und die Rücklage nach § 5a Abs. 3 GmbHG. Die Besonderheit bei diesen Rücklagen besteht darin, dass sich die betroffene Ges. bei Vorliegen der Tatbestandsvoraussetzungen weder der Bildung noch der Auflösung entziehen kann. Bei den satzungsmäßigen Rücklagen ist die betroffene Ges. ebenfalls gem. Gesellschaftsvertrag oder Satzung zur Bildung oder Auflösung von Rücklagen verpflichtet. Anders als bei den gesetzlichen Rücklagen kann die Verpflichtung aber durch die Gesellschafter abbedun-

---

[85] In Grenzfällen kann es durch den offenen Abzug der eigenen Geschäftsanteile vom Stammkapital dazu kommen, dass in der Bilanz frei verfügbare Gewinnrücklagen ausgewiesen werden, die gleichwohl vom Ausschüttungsverbot des § 30 GmbHG umfasst sind. Diese nicht unmittelbar erkennbare Ausschüttungssperre läuft dem Ziel der Bilanzrechtsmodernisierung, die Abschlussadressaten besser zu informieren, etwas zuwider; vgl. auch Rodewald/Pohl, GmbHR 2009, S. 35. Das Gleiche gilt auch für die AG.

[86] Vgl. auch Küting/Reuter, in Küting/Weber, HdR-E, § 272 HGB Rn 56, Stand: 11/2009, die zudem auf den Steuerstundungseffekt stiller Reserven und die damit einhergehenden Liquiditätsvorteile hinweisen.

gen oder modifiziert werden. Die freiwillig zu bildenden und aufzulösenden Rücklagen sind die anderen Gewinnrücklagen gem. § 272 Abs. 3 Satz 2 HGB.

6.2 Kapitalrücklagen (Abs. 2)

6.2.1 Allgemeines

6.2.1.1 Einstellungen und Entnahmen

§ 270 Abs. 1 Satz 1 HGB sieht vor, dass Einstellungen in die Kapitalrücklage bei Aufstellung der Bilanz vorzunehmen sind.[87] Damit trifft die geschäftsführenden Organe die Zuständigkeit zur Einstellung von Beträgen in die Kapitalrücklage. Dies setzt aber zumindest voraus, dass auch einer der in § 272 Abs. 2 HGB geregelten **Zuweisungsgründe** vorliegt. Die in § 272 Abs. 2 HGB aufgeführten Zuweisungsgründe können nicht durch die Satzung oder den Gesellschaftsvertrag zugunsten der geschäftsführenden Organe erweitert oder abbedungen werden; sie sind nur für die gesetzlich festgelegten Kapitalzuführungen oder Umschichtungen zulässig und verpflichtend.[88]

101

Zwar sieht § 275 Abs. 4 HGB vor, dass Veränderungen der Kapitalrücklagen erst nach dem Posten „Jahresüberschuss/Jahresfehlbetrag" ausgewiesen werden dürfen. Daraus kann jedoch nicht der Schluss gezogen werden, dass **Einstellungen in die Kapitalrücklage** grds. in der Verlängerungsrechnung zur GuV erscheinen müssen. Vielmehr berühren Einstellungen in die Kapitalrücklage die Verlängerungsrechnung zur GuV grds. nicht.[89] Eine Bruttodarstellung der Einstellung in die Kapitalrücklage unter Einschaltung der GuV – der Vermögenszufluss wird als Ertrag und die Rücklagenbildung als Einstellung in die Kapitalrücklage in der Verlängerungsrechnung zur GuV gezeigt – würde zu einer unzutreffenden Darstellung der Ertragslage führen.[90] Demgemäß sieht § 158 Abs. 1 AktG für die AG, die KGaA und die SE auch keinen Posten „Einstellung in die Kapitalrücklage" in der Verlängerungsrechnung zur GuV vor.

102

Etwas anderes gilt hingegen in den Fällen der §§ 229 Abs. 1 und 232 AktG (**vereinfachte Kapitalherabsetzung**) für die AG, die KGaA und die SE. Die hieraus resultierenden Einstellungen in die Kapitalrücklage sind nach dem Jahresergebnis in der **Verlängerungsrechnung zur GuV** unter dem Posten „Einstellung in die Kapitalrücklage nach den Vorschriften über die vereinfachte Kapitalherabsetzung" gesondert auszuweisen. Aus bilanzierungstechnischen Gründen bleibt letztlich nichts anderes übrig, da § 240 Satz 1 AktG vorsieht, dass der aus der Kapitalherabsetzung gewonnene Betrag in der Verlängerungsrechnung zur GuV – das Gesetz spricht hier nur von der GuV – als „Ertrag aus der Kapitalherabsetzung" gesondert, und zwar hinter dem Posten „Entnahmen

103

---

[87] Zu ausgewählten Fragestellungen zur Bilanzierung von Einlagen sowie zur Bilanzierung von Entnahmen im handelsrechtlichen Jahresabschluss vgl. Seidler, BB 2021, S. 2795 ff. sowie Kraus/Seidler, BB 2022, S. 939 ff.
[88] Auch für die Haupt- oder Gesellschafterversammlung gibt es keinen Spielraum für Zuführungen, die über die in § 272 Abs. 2 HGB genannten Fälle hinausgehen; vgl. ADS, 6. Aufl. 1995–2001, § 150 AktG Rz 46. Ausführlich zur Ausweispraxis in handelsrechtlichen Abschlüssen deutscher börsennotierter KapG Roos, DStR 2015, 842.
[89] Das Gleiche gilt auch für die Einstellung eines Nachschusses nach § 42 Abs. 2 Satz 3 GmbHG in die Kapitalrücklage.
[90] Vgl. nur ADS, 6. Aufl. 1995–2001, § 270 HGB Rz 4 m. w. N.

aus Gewinnrücklagen", auszuweisen ist.[91] § 240 AktG beschränkt nach der hier vertretenen Auffassung zudem das in § 158 Abs. 1 Satz 2 AktG enthaltene Wahlrecht, die Verlängerungsrechnung zur GuV entweder in der GuV selbst oder im Anhang zu zeigen, auf die GuV. Gleichzeitig ist die Bilanz zumindest unter Berücksichtigung der tw. Verwendung des Jahresergebnisses aufzustellen, somit wird das Wahlrecht des § 268 Abs. 1 Satz 1 HGB eingeschränkt.

104 Das Gleiche gilt für den in § 240 AktG nicht ausdrücklich erwähnten § 237 Abs. 5 AktG (**vereinfachte Kapitalherabsetzung durch Einziehung eigener Aktien**), denn aus systematischen Erwägungen heraus – für § 240 AktG ist ein gesonderter Unterabschnitt vorgesehen – ist die Vorschrift auch auf den § 237 Abs. 5 AktG anzuwenden. Die gebotene Einstellung in die Kapitalrücklage kann somit bilanzierungstechnisch ebenfalls nur über die **Verlängerungsrechnung zur GuV** erfolgen unter Einfügung des Postens „Einstellung in die Kapitalrücklage nach den Vorschriften über die Kapitalherabsetzung durch Einziehung von Aktien im vereinfachten Verfahren". Dies ist auch systemgerecht, da die GuV anderenfalls einen nicht kompensierten Ertrag aufweisen würde, was dem Zweck des § 237 Abs. 5 AktG, die Ausschüttung des durch die Einziehung gewonnenen Betrags zu verhindern, entgegensteht.[92]

105 Den §§ 240, 158 AktG vergleichbare Vorschriften sind im GmbHG nicht vorgesehen. Gleichwohl ist eine entsprechende Anwendung im Fall der vereinfachten Kapitalherabsetzung (§§ 58b Abs. 2, 58c GmbHG) – auch ohne entsprechende gesetzliche Verpflichtung – zu empfehlen.

106 Soweit die Gesellschafter der GmbH die **Einziehung von Nachschüssen** beschlossen haben, sind diese in der Bilanz unter den Forderungen (§ 266 Abs. 2 B. II. HGB) gesondert unter der Bezeichnung „eingeforderte Nachschüsse" zu aktivieren.[93] Dies setzt voraus, dass den Gesellschaftern das Recht, sich von der Nachschusspflicht durch Verweisung auf den Geschäftsanteil zu befreien, nicht zusteht. Korrespondierend ist nach § 42 Abs. 2 Satz 3 GmbHG ein dem Aktivposten entsprechender Betrag auf der Passivseite in dem Posten „Kapitalrücklage" gesondert als Unterposten oder im Wege eines „Davon-Vermerks" unter der Bezeichnung „Kapitalrücklage für eingeforderte Nachschüsse" auszuweisen. Die Bildung dieses gesetzlich vorgeschriebenen Postens ist – sofern die Voraussetzungen für die Aktivierung der Forderungen vorliegen – von der Geschäftsführung der GmbH i. R. d. Aufstellung des Jahresabschlusses vorzunehmen.

107 § 270 Abs. 1 Satz 1 HGB sieht zudem vor, dass die Auflösung der Kapitalrücklage bereits bei der Aufstellung der Bilanz vorzunehmen ist. Folglich sind die geschäftsführenden Organe auch für die Entnahmen/Auflösungen zuständig. Bei der **Auflösung der Kapitalrücklage nach § 272 Abs. 2 Nr. 1 bis 3 HGB** – die bei der AG, der KGaA und der SE Bestandteil des gesetzlichen Reservefonds ist – sind dabei die Verwendungsbeschränkungen des § 150 Abs. 3 und 4 AktG zu beachten. Soweit Einstellungen in die Kapitalrücklage nach Maßgabe des § 229

---

[91] Unklar ist, ob der Posten „Einstellungen in die Kapitalrücklage nach den Vorschriften über die vereinfachte Kapitalherabsetzung" im Anschluss an Posten „Ertrag aus der Kapitalherabsetzung", d. h. vor der Nr. 4 des § 158 Abs. 1 AktG oder nach der Nr. 4, auszuweisen ist; vgl. ADS, 6. Aufl. 1995–2001, § 158 AktG Rz 26 m. w. N.
[92] Vgl. ADS, 6. Aufl. 1995–2001, § 158 AktG Rz 27. Dieses Argument gilt entsprechend auch für die in § 240 Satz 2 AktG angesprochenen Fälle.
[93] Vgl. zur Bewertung der aktivierten Forderungen ADS, 6. Aufl. 1995–2001, § 42 GmbHG Rz 20.

Abs. 1 Satz 1 Alt. 3 AktG – Herabsetzung des Grundkapitals zur Einstellung von Beträgen in die Kapitalrücklage unter Beachtung der Beschränkungen des § 229 Abs. 2 und des § 231 Satz 1 AktG – erfolgt sind, unterliegen diese Beträge ebenfalls der **Verwendungsbeschränkung des § 150 Abs. 3 und 4 AktG**, da sie Bestandteil des gesetzlichen Reservefonds sind. Erfolgte die Einstellung in die Kapitalrücklage nach Maßgabe des § 232 AktG – die angenommenen Wertminderungen oder Verluste in der bei der Beschlussfassung angenommenen Höhe sind tatsächlich nicht eingetreten oder waren ausgeglichen –, werden auch diese Beträge Bestandteil des gesetzlichen Reservefonds und unterliegen ebenfalls den Verwendungsbeschränkungen des § 150 Abs. 3 und 4 AktG.[94] Zwar gleicht der Buchertrag aus der vereinfachten Herabsetzung des Grundkapitals einer Zuzahlung der Aktionäre. Jedoch kommt eine Aufnahme des Betrags in die frei verfügbare Kapitalrücklage nach § 272 Abs. 2 Nr. 4 HGB nicht in Betracht. Dies ergibt sich aus § 230 AktG. Danach dürfen Beträge, die aus der Auflösung der Kapital- oder Gewinnrücklagen und aus der Kapitalherabsetzung gewonnen werden, nicht zu Zahlungen an die Aktionäre oder zur Befreiung der Aktionäre von der Verpflichtung zur Leistung der Einlage verwendet werden (§ 230 Satz 1 AktG). Vielmehr dürfen diese Beträge nur verwendet werden, um Wertminderungen auszugleichen, sonstige Verluste zu decken und Beträge in die Kapitalrücklage oder die gesetzliche Rücklage einzustellen. Auch die nach § 237 Abs. 5 AktG in die Kapitalrücklage eingestellten Beträge unterliegen der Verwendungsbeschränkung des § 150 Abs. 3 und 4 AktG.[95]

Wegen § 158 Abs. 1 Nr. 2 AktG muss die Darstellung der Entnahmen aus der Kapitalrücklage – abgesehen von der Kapitalerhöhung aus Gesellschaftsmitteln – jedenfalls bei der AG, der KGaA und der SE grds. in der **Verlängerungsrechnung zur GuV** erfolgen, auch wenn es sich dabei nicht um einen Teil des erwirtschafteten Ergebnisses handelt.[96] Gleichzeitig folgt daraus – auch unter Berücksichtigung des § 270 Abs. 1 Satz 1 HGB –, dass die Bilanz unter Berücksichtigung zumindest der tw. Verwendung des Jahresergebnisses aufzustellen ist.[97] Zu dem Posten „Kapitalrücklage" ist der für das Gj entnommene Betrag entweder in der Bilanz oder im Anhang anzugeben (§ 152 Abs. 1 Nr. 2 AktG).

Eine dem § 158 AktG vergleichbare Vorschrift besteht für die **GmbH** nicht. Auch aus § 275 Abs. 4 HGB lässt sich für die GmbH keine Verpflichtung ableiten, Entnahmen aus der Kapitalrücklage in einer Verlängerungsrechnung zur GuV abzubilden, auch wenn dies aus Gründen einer hinreichenden Information der Abschlussadressaten zu empfehlen ist. Da es sich bei der Entnahme von Kapitalrücklagen nicht um Ergebnisverwendung handelt und eine solche Entnahme auch nicht mittels gesetzlicher Vorschriften – wie bei der AG durch § 158 AktG – als Ergebnisverwendung fingiert wird, spricht nichts dagegen, die Ent-

108

109

---

[94] In dem fehlenden Hinweis des § 150 Abs. 3 und 4 HGB auf die aus der vereinfachten Herabsetzung des Grundkapitals (§§ 229ff. AktG) oder der vereinfachten Kapitalherabsetzung durch Einziehung von eigenen Aktien (§ 237 Abs. 5 AktG) erfolgenden Einstellungen in die Kapitalrücklage ist ein Redaktionsversehen des Gesetzgebers zu sehen. Anderenfalls wären die Beträge letztlich ausschüttungsfähig, was dem mit den Vorschriften verfolgten Gläubigerschutz entgegenstehen würde. Vgl. Ebeling, WPg 1988, S. 503; Haller, DB 1987, S. 645; Koch, AktG, 16. Aufl. 2022, § 150 AktG Rn 6; ADS, 6. Aufl. 1995–2001, § 150 AktG Rz 38.
[95] I. E. auch ADS, 6. Aufl. 1995–2001, § 150 AktG Rz 38 m. w. N.
[96] Vgl. Biener/Berneke, Bilanzrichtliniengesetz, 1986, S. 183.
[97] Vgl. ADS, 6. Aufl. 1995–2001, § 270 HGB Rz 6.

nahme von Kapitalrücklagen bei der GmbH handelsbilanziell allein als Aktiv-Passivtausch in der Bilanz (bspw. per Kapitalrücklage an Kasse) abzubilden.

110 In dem **Sonderfall der Kapitalerhöhung aus Gesellschaftsmitteln** (§§ 207 ff. AktG, §§ 57c ff. GmbHG) liegt – soweit hier Kapitalrücklagen in Grund- oder Stammkapital umgewandelt werden sollen – technisch zwar ebenfalls eine Entnahme vor, jedoch ist keine Auskehrung bezweckt. Daher kann schon gedanklich nicht von einer Ergebnisverwendung ausgegangen werden, die in einer Verlängerungsrechnung zur GuV gezeigt werden müsste.[98] Vielmehr liegt nur eine Umwandlung von Kapitalrücklagen vor, die bilanzierungstechnisch durch eine einfache Umbuchung (Passivtausch) abzubilden ist.[99]

111 Die AG, die KGaA und die SE haben zudem nach § 152 Abs. 2 Nr. 1 AktG zu dem Posten „Kapitalrücklage" den Betrag in der Bilanz oder im **Anhang** anzugeben, der im Gj eingestellt wurde. Eine dem § 152 Abs. 2 Nr. 1 AktG vergleichbare Vorschrift besteht für die GmbH nicht. Gleichwohl spricht auch hier nichts dagegen, ebenfalls eine entsprechende Information vorzusehen.

112 Auch von der Geschäftsführung einer **GmbH sind ggf. Verwendungsbeschränkungen** zu beachten. Zwar unterliegen Entnahmen aus der Kapitalrücklage bei der GmbH – da es anders als bei der AG keinen gesetzlichen Reservefonds gibt – grds. keinen gesetzlich vorgeschriebenen Verwendungsbeschränkungen. Jedoch gilt etwas anderes für Einstellungen in die Kapitalrücklage aus einer vereinfachten Kapitalherabsetzung und die für Nachschüsse zu bildende Kapitalrücklage. **Einstellungen in die Kapitalrücklage, die aus einer vereinfachten Kapitalherabsetzung** stammen, dürfen vor Ablauf des fünften nach der Beschlussfassung über die Kapitalherabsetzung beginnenden Gj nur zum Ausgleich eines Jahresfehlbetrags oder eines Verlustvortrags aus dem Vj oder zur Kapitalerhöhung aus Gesellschaftsmitteln verwendet werden (§ 58b Abs. 2 und 3 GmbHG). Zudem ist im Hinblick auf etwaige Gewinnausschüttungen § 58d GmbHG zu beachten.

113 Der nach § 42 Abs. 2 Satz 3 GmbHG innerhalb der Kapitalrücklage gebildete gesonderte Posten kann nur aufgelöst werden, wenn der Betrag für eine Erhöhung des Stammkapitals aus Gesellschaftsmitteln oder zum Verlustausgleich herangezogen wird. Könnte der gesonderte Posten nach Leistung der **Nachschüsse** aufgelöst werden, hätte dies zur Folge, dass die eingezahlten Nachschüsse wieder als Gewinn an die Gesellschafter ausgekehrt werden könnten, was nicht ihrem Zweck entspricht. Die Kapitalrücklage nach § 42 Abs. 2 Satz 3 GmbHG hat damit die Funktion einer Ausschüttungssperre.

6.2.1.2 Aufgliederung des Bilanzpostens

114 § 272 Abs. 2 HGB zählt die Gründe für die Zuweisung von Beträgen in die Kapitalrücklage auf. Eine **Aufgliederung des Postens unter Berücksichtigung der Zuweisungsgründe sieht das Gesetz aber nicht vor**, denn es wird im Singular formuliert („Als Kapitalrücklage sind auszuweisen …"). Darüber hinaus hätte der Gesetzgeber in § 266 Abs. 3 A. II. HGB eine dem § 272 Abs. 2 HGB entsprechende Untergliederung vorsehen oder gesonderte Vermerke fordern können.[100] Auch aus § 152 Abs. 2 AktG kann kein Erfordernis einer Aufgliederung über die

---

[98] Vgl. nur ADS, 6. Aufl. 1995–2001, § 158 AktG Rz 10.
[99] Vgl. ADS, 6. Aufl. 1995–2001, § 270 HGB Rz 7.
[100] Vgl. Küting/Reuter, in Küting/Weber, HdR-E, § 272 HGB Rn 66, Stand: 11/2009 m.w.N.

Vorgaben des § 266 Abs. 3 A. II. HGB abgeleitet werden. Die Vorschrift sieht in der Bilanz oder im Anhang zu dem Posten „Kapitalrücklage" nur eine gesonderte Angabe zu den im Gj eingestellten und/oder entnommenen Beträgen vor, nicht jedoch eine weitergehende Aufgliederung des Postens selbst. Ebenso kann aus dem Gesetz **keine Aufgliederung der Zuführungsbeträge nach § 229 Abs. 1, § 232 sowie § 237 Abs. 5 AktG oder § 58b Abs. 2 und § 58c Satz 1 GmbHG** in der Bilanz oder im Anhang als verpflichtend abgeleitet werden.[101]

Im Hinblick auf die Verwendungsbeschränkungen des § 150 Abs. 3 und 4 AktG kann es für die **AG, die KGaA und die SE gleichwohl zweckmäßig** sein, die Kapitalrücklage nach den Zuweisungsgründen nach § 272 Abs. 2 Nr. 1 bis 3 HGB auf der einen Seite und nach dem Zuweisungsgrund nach § 272 Abs. 2 Nr. 4 HGB auf der anderen Seite aufzugliedern. Darüber hinaus empfiehlt es sich ebenfalls, Einstellungen in die Kapitalrücklage nach § 229 Abs. 1, § 232 sowie § 237 Abs. 5 AktG oder § 58b Abs. 2 und § 58c Satz 1 GmbHG von den Einstellungen nach § 272 Abs. 2 Nr. 4 HGB getrennt auszuweisen. 115

Zu der Kapitalrücklage gehört weiterhin die **Sonderrücklage** für bedingtes Kapital nach einer Kapitalerhöhung aus Gesellschaftsmitteln (§ 218 Satz 2 AktG). Hier wird tw. angenommen, die Sonderrücklage sei innerhalb der Kapitalrücklage gesondert auszuweisen.[102] Tw. wird hingegen wegen der bestehenden Verwendungsbeschränkung lediglich ein gesonderter Ausweis empfohlen.[103] Auch wenn in § 218 Satz 2 AktG der Begriff „Sonderrücklage" verwendet wird, lässt sich daraus kein verpflichtender gesonderter Ausweis ableiten. Hätte der Gesetzgeber das gewollt, hätte er dies auch durch eine entsprechende Formulierung in § 218 Satz 2 AktG zum Ausdruck gebracht. 116

Für die **GmbH** hat die freiwillige Aufgliederung der Kapitalrücklage nicht die gleiche Bedeutung wie für die AG, die KGaA oder die SE, da keine gesetzlichen Verwendungsbeschränkungen bestehen und es regelmäßig an vertraglich vereinbarten Verwendungsbeschränkungen fehlt. Ungeachtet dessen schreibt § 42 Abs. 2 Satz 3 GmbHG den gesonderten Ausweis des dem Aktivposten „Eingeforderte Nachschüsse" entsprechenden Betrags auf der Passivseite in dem Posten „Kapitalrücklage" ausdrücklich vor. Hier dürfte jedoch auch nichts entgegenstehen, der Vorschrift durch einen Davon-Vermerk Rechnung zu tragen.[104] 117

6.2.2 Ausgabe von Anteilen (Abs. 2 Nr. 1)

§ 272 Abs. 2 Nr. 1 HGB schreibt vor, dass der Betrag – das **Aufgeld oder Agio** –, der bei der Ausgabe von Anteilen über den Nennbetrag oder, falls ein solcher nicht vorhanden ist, über den rechnerischen Wert hinaus erzielt wird, als Kapitalrücklage auszuweisen ist. Bei der AG, der SE oder der KGaA kann ein als Kapitalrücklage nach § 272 Abs. 2 Nr. 1 HGB auszuweisender Betrag grds. nur aus der Ausgabe von Anteilen i.R.e. Bar- oder Sachgründung oder einer Bar- oder Sach- 118

---

[101] Vgl. nur ADS, 6. Aufl. 1995–2001, § 272 HGB Rz 87.
[102] Vgl. ADS, 6. Aufl. 1995–2001, § 272 HGB Rz 88.
[103] Vgl. Küting/Reuter, in Küting/Weber, HdR-E, § 272 HGB Rn 67, Stand: 11/2009.
[104] Vgl. ADS, 6. Aufl. 1995–2001, § 272 HGB Rz 89.

kapitalerhöhung – umfasst ist auch ein Aufgeld aus der Ausgabe von Bezugsanteilen bei einer bedingten Kapitalerhöhung – erzielt werden.[105]

119 In der Praxis stellt sich für die AG, die SE und die KGaA häufig die höchstrichterlich bisher nicht ausdrücklich entschiedene und gesellschaftsrechtlich umstrittene Frage, ob – regelmäßig im Zusammenhang mit einer Kapitalerhöhung, denkbar aber auch bei Gründung – nur die Vereinbarung eines sog. **korporativen Agios** als Gegenleistung für die auszugebenden Aktien möglich ist, das dann handelsbilanziell in den Anwendungsbereich des § 272 Abs. 2 Nr. 1 HGB fällt und damit den Verfügungsbeschränkungen des § 150 AktG unterliegt oder ob auch ein sog. schuldrechtliches Agio vereinbart werden kann. Zwar stuft die h. M. die Vereinbarung eines sog. schuldrechtlichen Agios als den wirtschaftlichen Wert der ausgegebenen Aktien zulässigerweise als abdeckende Gegenleistung ein.[106] Jedoch steht die h. M. gerade auch vor dem Hintergrund eines notwendigen Verwässerungsschutzes auf dünnem Eis. Es sprechen gute Argumente dafür, ein sog. **schuldrechtliches Agio** nur soweit als zulässig einzustufen, als es nicht zur Herstellung eines betragsmäßig angemessenen Ausgabebetrags i. S. d. § 255 Abs. 2 AktG erforderlich ist, sondern darüber hinausgeht.[107] Vor dem Hintergrund der gegenwärtig unklaren Rechtslage wird man ein sog. schuldrechtliches Agio handelsbilanziell jedenfalls insoweit als Zuführung zur Kapitalrücklage nach § 272 Abs. 2 Nr. 4 HGB erfassen können, als der betreffende Betrag den angemessenen Ausgabebetrag übersteigt. Aber auch einem zwischen dem Nennbetrag oder dem rechnerischen Wert und dem angemessenen Ausgabebetrag liegenden Betrag wird man aufgrund der gegenwärtigen Rechtslage eine Klassifizierung als Zuführung zur Kapitalrücklage nicht verweigern können, soweit ausdrücklich eine sonstige Zuzahlung i. S. v. § 272 Abs. 2 Nr. 4 HGB vereinbart ist. Anderenfalls ist eine i. R. e. Gründung oder Kapitalerhöhung über den Nennbetrag oder den rechnerischen Wert der ausgegebenen Anteile hinausgehende Leistung als Aufgeld i. S. v. § 272 Abs. 2 Nr. 1 HGB zu klassifizieren.[108]
Das Aufgeld nach § 272 Abs. 2 Nr. 1 HGB ist mit der Eintragung der Gründung oder Kapitalerhöhung im Handelsregister als Kapitalrücklage in der Bilanz auszuweisen. Erfolgt die Einzahlung bereits vorab und liegt zwischen der Einzahlung und der Eintragung in das Handelsregister ein Abschlussstichtag, ist der erhaltene Betrag als Verbindlichkeit zu passivieren.[109]
Abzugrenzen sind das sog. korporative und das sog. schuldrechtliche Agio vom sog. **stillen Aufgeld**. In diesem Fall erfolgt keinerlei Festsetzung eines Agios,

---

[105] Da § 272 Abs. 2 Nr. 1 HGB vorschreibt, dass das „erzielte" Aufgeld in die Kapitalrücklage einzustellen ist, kommt eine Verminderung des Betrags um die Kosten der Ausgabe der Anteile, Notar- und Gerichtskosten, Prüfungsgebühren, Steuern etc. nicht in Betracht, sondern ist das Aufgeld ungekürzt einzustellen. Diese Kosten sind aufwandswirksam zu erfassen; ebenso ADS, 6. Aufl. 1995–2001, § 272 HGB Rz 93; Küting/Reuter, in Küting/Weber, HdR-E, § 272 HGB Rn 68, Stand: 11/2009.
[106] Vgl. nur Koch, AktG, 1. Aufl. 2022, § 9 AktG Rn 10 m. w. N. Zum Streitstand auch Schnorbus/Plassmann, ZIP 2016, S. 693.
[107] Ähnlich auch Schäfer, ZIP 2016, S. 953; dazu auch Koch, AktG, 16. Aufl. 2022, § 9 AktG Rn. 11f f.
[108] Vgl. nur Schnorbus/Plassmann, ZIP 2016, S. 693 m. w. N; ebenso i. E. Oser, StuB 2017, S. 638; Müller, in FS Heinsius, 1991, S. 594.
[109] Vgl. Knop, in Küting/Weber, HdR-E, § 270 HGB Rn 717, Stand: 11/2009; ADS, 6. Aufl. 1995–2001, § 272 HGB Rz 93.

sondern übersteigt der tatsächliche Wert einer Sacheinlage lediglich den geringsten Ausgabebetrag (Nennwert oder rechnerischen Wert) der Anteile. Erfolgt die Ausgabe der Anteile zu einem höheren Betrag als dem geringsten Ausgabebetrag, ist die Differenz zwischen dem Betrag, zu dem die Sacheinlage zu aktivieren ist – nämlich dem höheren Ausgabebetrag –, und dem geringsten Ausgabebetrag als Agio nach § 272 Abs. 2 Nr. 1 HGB zu klassifizieren und auszuweisen. Ein den höheren Ausgabebetrag übersteigender tatsächlicher Wert der Sacheinlage kann ebenfalls aufgedeckt oder aber eine stille Reserve gebildet werden.

Besonderheiten können sich bei Sacheinlagen und bei mittelbaren Bezugsrechten ergeben. Bei **Sacheinlagen** entsteht das nach § 272 Abs. 2 Nr. 1 HGB auszuweisende Aufgeld ebenso wie bei Bareinlagen durch die Festsetzung eines über den Nennwert der Anteile hinausgehenden Ausgabebetrags (§§ 27 Abs. 1, 185 Abs. 1 AktG).[110] Dabei ist jedoch Voraussetzung, dass der Zeitwert der Sacheinlage den Nennbetrag der ausgegebenen Anteile auch tatsächlich übersteigt, d. h., der Nennbetrag der ausgegebenen Anteile muss immer durch den beizulegenden Zeitwert der Sacheinlage gedeckt sein. Als Wertansatz für die Sacheinlage können der Buchwert, ein steuerneutraler Zwischenwert oder als Obergrenze der beizulegende Zeitwert gewählt werden. Da die Kapitalrücklage nach § 272 Abs. 2 Nr. 1 HGB nur „offen" vereinbarte Aufgelder aufnimmt, können Sacheinlagen zur Bildung stiller Rücklagen genutzt werden.

120

Ein Aufgeld kann in der Satzung oder im Beschluss über die Kapitalerhöhung ausdrücklich vereinbart und betragsmäßig beziffert werden. Die AK der Sacheinlage werden in diesem Fall durch den **über dem Nennwert der Anteile liegenden höheren Ausgabebetrag** bestimmt. Der den Nennbetrag der ausgegebenen Anteile übersteigende Betrag ist gem. § 272 Abs. 2 Nr. 1 HGB als Aufgeld in die Kapitalrücklage einzustellen. Zudem ist auch denkbar, dass keine ausdrückliche oder konkludente Vereinbarung zum Aufgeld oder zum Wertansatz der Sacheinlage erfolgt. Hier bleibt die Bilanzierung des den Nennwert der ausgegebenen Anteile übersteigenden Betrags der Sacheinlage grds. dem Vorstand überlassen.[111] Sie hängt davon ab, ob der Vorstand die Sacheinlage mit dem Nennwert der ausgegebenen Anteile ansetzt oder einen darüber liegenden beizulegenden Zeitwert wählt.

121

Von einem **mittelbaren Bezugsrecht** wird gesprochen, wenn – was in der Praxis die Regel ist – die i. R. e. Kapitalerhöhung ausgegebenen Aktien durch ein Kreditinstitut oder ein Konsortium gezeichnet werden und dieses bei der Zeichnung die Verpflichtung eingeht, den Aktionären die jungen Aktien im Verhältnis ihres bisherigen Aktienbesitzes zum Bezug anzubieten. Die Aktionäre erwerben die jungen Aktien in diesem Fall nur mittelbar. § 186 Abs. 5 Satz 1 AktG sieht in einem solchen Vorgehen keinen Ausschluss des Bezugsrechts. Ein bei Zeichnung durch das Kreditinstitut oder Konsortium erzieltes Aufgeld ist in die Kapitalrücklage nach § 272 Abs. 2 Nr. 1 HGB einzustellen. Bietet das Kreditinstitut oder Konsortium die Aktien zu einem höheren Betrag als dem Zeichnungskurs an, steht ihm der überschießende Betrag – soweit keine anderslautenden vertraglichen Vereinbarungen bestehen – üblicherweise als Tätigkeitsvergütung zu. Ist auch der Mehrerlös an das die Aktien ausgebende Unt abzuführen, ist dieser bei Zufluss ebenfalls

122

---

110 Vgl. zu den möglichen Fallgestaltungen ADS, 6. Aufl. 1995–2001, § 272 HGB Rz 95.
111 Dies setzt voraus, dass die Gesellschafter keine Bilanzierungsanweisung erteilt haben.

in die Kapitalrücklage nach § 272 Abs. 2 Nr. 1 HGB einzustellen.[112] Im Fall des § 186 Abs. 5 Satz 2 Hs. 2 AktG kommt ebenfalls ein mittelbares Bezugsrecht – hier jedoch unter Einschaltung von Nicht-Kreditinstituten oder einem Konsortium, dem auch Nicht-Kreditinstitute angehören –, zur Entstehung, jedoch sind die Vorschriften über den Bezugsrechtsausschluss (§ 186 Abs. 3 und 4 AktG) zu beachten.[113] Hinsichtlich der handelsbilanziellen Behandlung eines Aufgelds gelten die vorstehenden Ausführungen entsprechend.

123 Darüber hinaus stellt § 272 Abs. 2 Nr. 1 HGB die aus der **Ausgabe von Bezugsanteilen** erzielten Beträge denjenigen aus der Ausgabe von Anteilen gleich. Mit den Bezugsanteilen sind bei einer AG Bezugsaktien zu verstehen, die nach § 192 AktG bei der bedingten Kapitalerhöhung, insb. i. V. m. der Gewährung von Bezugsrechten an Gläubiger von **Wandelschuldverschreibungen** entstehen. § 272 Abs. 2 HGB unterscheidet demgemäß zwischen dem Aufgeld, das bei der Ausgabe von Wandelschuldverschreibungen anfällt (§ 272 Abs. 2 Nr. 2 HGB), und dem Aufgeld, das bei der Ausübung der mit der begebenen Wandelschuldverschreibung eingeräumten Bezugsrechte anfällt (§ 272 Abs. 2 Nr. 1 HGB). Bei der Ausübung der eingeräumten Bezugsrechte entsteht das Aufgeld entweder aus Zuzahlungen der Wandlungsberechtigten oder – rein buchungstechnisch – dadurch, dass der Nennwert der Wandelschuldverschreibungen den Nennwert der zu gewährenden Aktien übersteigt, mithin nicht zu pari, sondern über pari umgetauscht wird.[114]

124 Da das GmbHG eine bedingte Kapitalerhöhung, wie sie in den §§ 192 ff. AktG vorgesehen ist, nicht erlaubt, hat die in § 272 Abs. 2 Nr. 1 HGB vorgenommene Gleichstellung der aus der **Ausgabe von Bezugsanteilen** erzielten Aufgelder mit den aus der Ausgabe von Anteilen erzielten Aufgeldern **keine Bedeutung für die GmbH**.

6.2.3 Ausgabe von Wandel- und Optionsanleihen (Abs. 2 Nr. 2)

125 § 272 Abs. 2 Nr. 2 HGB schreibt vor, dass der Betrag, der bei der Ausgabe von Schuldverschreibungen für **Wandlungsrechte und Optionsrechte zum Erwerb von Anteilen** erzielt wird, als Kapitalrücklage auszuweisen ist. Die Vorschrift hat nur Bedeutung für die AG, die KGaA und die SE. Wandel- und Optionsanleihen sind bei der GmbH nicht denkbar, da ein für ihre Ausgabe notwendiges bedingtes Kapital nicht geschaffen werden kann.[115]

126 § 221 Abs. 1 Satz 1 AktG enthält eine **Legaldefinition des Begriffs der Wandelschuldverschreibung**. Danach handelt es sich um Schuldverschreibungen, bei denen den Gläubigern ein Umtausch- oder Bezugsrecht auf Aktien eingeräumt wird. Nach dem heutigen Sprachgebrauch stellen Schuldverschreibungen, die ein Umtauschrecht verbriefen, Wandelanleihen und Schuldverschreibungen, die ein Bezugsrecht verbriefen, Optionsanleihen dar.[116] Der in § 221

---

[112] Eine erfolgswirksame Vereinnahmung des Mehrerlöses ist ausgeschlossen; vgl. nur ADS, 6. Aufl. 1995–2001, § 272 HGB Rz 97; Küting/Reuter, in Küting/Weber, HdR-E, § 272 HGB Rn 71, Stand: 11/2009.
[113] Vgl. Koch, AktG, 16. Aufl. 2022, § 185 AktG Rn 55; ADS, 6. Aufl. 1995–2001, § 272 HGB Rz 100.
[114] Vgl. Küting/Reuter, in Küting/Weber, HdR-E, § 272 HGB Rn 69, Stand: 11/2009.
[115] Zum Rückkauf von Wandelanleihen bspw. Altenburg, DStR 2013, S. 1; Fischer/Lackus, DStR 2013, S. 623.
[116] Vgl. Koch, AktG, 16. Aufl 2022, § 221 AktG Rn. 3.

Abs. Satz 1 AktG verwendete Begriff „Wandelschuldverschreibung" umfasst also die Wandel- und die Optionsanleihe.[117]

Wandelanleihen sind Schuldverschreibungen, die dem Gläubiger das Recht gewähren, seinen **Anspruch auf Rückzahlung des Nennbetrags gegen eine bestimmte Anzahl von Aktien umzutauschen** (§ 221 Abs. 1 Satz 1 Hs. 1 Alt. 1 AktG). Mit dem Umtausch gehen die Gläubigerrechte unter; an ihre Stelle treten die Mitgliedschaftsrechte.[118] Optionsanleihen sind Schuldverschreibungen, die dem Gläubiger das Recht auf Rückzahlung des Nennbetrags verbriefen. Zusätzlich erhält er das Recht, innerhalb eines bestimmten Zeitraums eine bestimmte Anzahl von Aktien zu einem festgelegten Preis zu erwerben.[119] Das Optionsrecht wird üblicherweise in einem besonderen Optionsschein verbrieft, der zunächst mit der Optionsanleihe fest verbunden ist, von einem bestimmten Zeitpunkt aber von ihr getrennt und als selbstständiges Wertpapier an der Börse gehandelt werden kann.[120]

Praxis-Beispiel
In der Praxis treten häufig die folgenden Wandel- und Optionsanleihevarianten auf: Zum einen wird die Wandel- oder Optionsanleihe marktüblich verzinst und auf den Ausgabebetrag ein Aufgeld aufgeschlagen, das der Bezahlung des Wandel- oder Optionsrechts dient. Der Erfüllungsbetrag liegt unter dem Ausgabebetrag. Zum anderen werden Wandel- oder Optionsanleihen ohne Aufgeld ausgegeben. Stattdessen erfolgt die Verzinsung nicht zu marktüblichen Bedingungen.

Das bei der Ausgabe der Wandel- oder Optionsanleihen erzielte **Aufgeld** ist in die Kapitalrücklage nach § 272 Abs. 2 Nr. 2 HGB einzustellen. Ob die Wandelungs- oder Optionsrechte zu einem späteren Zeitpunkt ausgeübt werden, ist unbeachtlich.[121] Auch wenn dies nicht der Fall sein sollte, unterliegt die Auflösung der Kapitalrücklage nach § 272 Abs. 2 Nr. 2 HGB den Beschränkungen nach § 150 Abs. 3 und 4 AktG.[122]

Erfolgt die **Ausgabe** der Wandel- oder Optionsanleihen mit Wandel- oder Optionsrechten auf Aktien des MU **durch ein TU**, ist das erzielte Aufgeld grds. auch in diesem Fall in die Kapitalrücklage nach § 272 Abs. 2 Nr. 2 HGB des MU einzustellen. Wirtschaftlich betrachtet besteht kein Unterschied, ob das Aufgeld unmittelbar durch das begebende MU oder aber ein eingeschaltetes TU erzielt

---

[117] § 221 Abs. 1 Satz 2 AktG schreibt für die Ausgabe von Wandel- und Optionsanleihen einen Beschluss vor, der mind. drei Viertel des bei der Beschlussfassung vertretenen Grundkapitals umfasst. Das nach § 221 Abs. 4 Satz 1 AktG bestehende Bezugsrecht der Aktionäre kann nach Maßgabe des § 186 AktG ausgeschlossen werden (§ 221 Abs. 4 Satz 2 AktG). § 192 Abs. 2 Nr. 1 AktG erlaubt die – in der Praxis häufig anzutreffende – bedingte Kapitalerhöhung zur Bedienung von aus Wandel- und Optionsanleihen resultierenden Umtausch- und Bezugsrechten.
[118] Vgl. ADS, 6. Aufl. 1995–2001, § 272 HGB Rz 108.
[119] Vgl. Koch, AktG, 16. Aufl. 2022, § 221 AktG Rn 6. Die rechtliche Ausgestaltung von Optionsanleihen kann unterschiedliche Formen annehmen. Denkbar sind bspw. auch sog. Nullcoupon-Optionsanleihen, bei denen keine Verzinsung vereinbart ist, sondern der Erfüllungsbetrag den Ausgabebetrag überschreitet.
[120] Vgl. Koch, AktG, 16. Aufl. 2022, § 221 AktG Rn 6.
[121] Vgl. ADS, 6. Aufl. 1995–2001, § 272 HGB Rz 129.
[122] Vgl. Kropff, ZGR 1987, S. 289; ADS, 6. Aufl. 1995–2001, § 272 HGB Rz 111; a.A. Biener/Berneke, Bilanzrichtliniengesetz, 1986, S. 196.

wird.[123] Auch der Wortlaut des § 272 Abs. 2 Nr. 2 HGB („... bei der Ausgabe ... erzielt") schließt dies nicht aus.[124] Gleichwohl ist umstritten, ob die Dotierung der Kapitalrücklage bei dem MU einer Vereinbarung mit dem TU bedarf.[125] Tw. wird dies verneint und für den Fall des Verbleibs des Aufgeldes bei dem TU angenommen, es lägen nachträgliche AK auf die Beteiligung an dem TU vor, die über eine Erhöhung der Kapitalrücklage nach § 272 Abs. 2 Nr. 2 HGB gegen zu buchen seien.[126] Von anderer Seite wird auf die gesellschaftsrechtliche Verpflichtung des MU verwiesen, Wandel- oder Optionsrechte nur gegen ein angemessenes Entgelt bereitzustellen. Werde dieser Verpflichtung nicht nachgekommen, sei die Einstellung eines „fiktiven Aufgelds" in die Kapitalrücklage unzulässig.[127] Von dritter Seite wird vorgeschlagen, das Aufgeld durch eine nachzuholende Vereinbarung oder eine Gewinnausschüttung abzuschöpfen.[128]

131 Bei der Ausgabe einer marktüblich verzinsten Wandel- oder Optionsanleihe **mit einem über den Erfüllungsbetrag hinausgehenden Aufgeld** ist besagtes Aufgeld ohne Berührung der GuV unmittelbar in die Kapitalrücklage nach § 272 Abs. 2 Nr. 2 HGB einzustellen.[129] Der Erfüllungsbetrag der Wandel- oder Optionsanleihe ist in der Bilanz unter dem Posten nach § 266 Abs. 3 C. 1. HGB auszuweisen.

132 Von einer **marktüblichen Verzinsung** der Wandel- oder Optionsanleihe ist auszugehen, wenn der vereinbarte Zinssatz demjenigen Zinssatz entspricht, der bei der Ausgabe von gleichartigen Anleihen von Schuldnern mit gleichartiger Bonität und mit derselben Laufzeit vereinbart werden würde.[130]

133 Zu passivieren ist nur ein über den Erfüllungsbetrag hinausgehendes Aufgeld. Der **Erfüllungsbetrag** ist der Betrag, den der Schuldner bei Fälligkeit der Wandel- oder Optionsanleihe an den Gläubiger zu zahlen hat. Abzugrenzen ist das vereinbarte Aufgeld von einer Leistung mit Vertragsstrafencharakter.

> **Praxis-Beispiel**
> Leistungen mit Vertragsstrafencharakter sind etwa jene aufgrund vorzeitiger Kündigung oder bei nicht fristgerechter Leistung von Zins- und Tilgungszahlungen.

Hierbei handelt es sich üblicherweise um künftige ungewisse Verpflichtungen, die bei Vorliegen der Tatbestandsvoraussetzungen zur Rückstellungsbildung verpflichten können, die aber für die Bemessung des Aufgelds keine Bedeutung haben.[131]

134 Gibt eine AG verschiedene Wandel- und Optionsanleihen zu unterschiedlichen Bedingungen aus, so ist **für jede Ausgabe festzustellen, ob ein Aufgeld vereinbart ist,** also der Ausgabebetrag den Erfüllungsbetrag übersteigt. Eine Verrech-

---

[123] Vgl. Martens, in FS Stimpel, 1985, S. 627.
[124] Vgl. ADS, 6. Aufl. 1995–2001, § 272 HGB Rz 127.
[125] Die praktische Bedeutung dieser Streitfrage ist indessen gering, da eine Tochtergesellschaft Wandel- oder Optionsrechte auf Aktien des MU üblicherweise nicht ohne entsprechende Vereinbarung ausgeben dürfte; vgl. auch Koch/Vogel, BB 1986, Beil. 10/86, S. 20.
[126] Vgl. Loos, BB 1988, S. 375; Küting/Reuter, in Küting/Weber, HdR-E, § 272 HGB Rn 96, Stand: 11/2009 m.w.N.
[127] Vgl. Kropff, ZGR 1987, S. 309.
[128] Vgl. Lutter, DB 1986, S. 1614.
[129] Vgl. ADS, 6. Aufl. 1995–2001, § 272 HGB Rz 113.
[130] Vgl. ADS, 6. Aufl. 1995–2001, § 272 HGB Rz 114.
[131] Vgl. ADS, 6. Aufl. 1995–2001, § 272 HGB Rz 115.

nung etwa vereinbarter Abgelder (Disagien) mit erzielten Aufgeldern ist unzulässig. Ein Aufgeld ist immer in voller Höhe in die Kapitalrücklage nach § 272 Abs. 2 Nr. 2 HGB einzustellen. Für Wandel- und Optionsanleihen, die unter Inkaufnahme eines Abgelds ausgegeben werden, ist vielmehr auf der Grundlage der Grundsätze für unterverzinsliche Wandel- und Optionsanleihen zu prüfen, ob die Einstellung eines Betrags in die Kapitalrücklage nach § 272 Abs. 2 Nr. 2 HGB vorzunehmen ist.[132]

Tw. werden Wandel- und Optionsanleihen auch zu pari ausgegeben, aber mit einem **unterhalb des Marktzinssatzes liegenden Nominalzinssatz** ausgestattet. In diesem Fall liegt der Anreiz zum Erwerb der Wandel- oder Optionsanleihe gerade in den beigefügten Wandel- oder Optionsrechten.[133] Diese „bezahlt" der Zeichner mit der Unterverzinslichkeit der Wandel- oder Optionsanleihe. Damit erfasst § 272 Abs. 2 Nr. 2 HGB – wirtschaftlich betrachtet – letztlich jede Form eines Aufgelds und verpflichtet zu dessen Einstellung in die Kapitalrücklage nach § 272 Abs. 2 Nr. 2 HGB, auch wenn sie aus der Unterverzinslichkeit der Wandel- oder Optionsanleihe resultiert.[134]

135

Besondere Bedeutung kommt bei unterverzinslichen Wandel- und Optionsanleihen der **Ermittlung des aus der Unterverzinslichkeit resultierenden Vorteils** zu. Grundlage der Ermittlung des Vorteils sind üblicherweise die Ausgabebedingungen der jeweiligen Wandel- oder Optionsanleihe und ein darin gegebener bestimmter Betrag, der, wenn es sich um einen vertretbaren Wertansatz handelt, als Aufgeld klassifiziert werden kann.[135] Fehlt es an der Festlegung eines vertretbaren Wertansatzes in den Ausgabebedingungen, bilden diese zumindest die Grundlage für eine sachgerechte Schätzung des Aufgelds.[136] Die schätzungsweise Ermittlung des Aufgelds erfolgt über einen Vergleich des fristenadäquaten Kapitalmarktzinssatzes vergleichbarer Wandel- und Optionsanleihen mit dem in den Ausgabebedingungen festgelegten Zinssatz zum Zeitpunkt der Ausgabe der Wandel- oder Optionsanleihe.[137] Der kapitalisierte Unterschiedsbetrag aus dem Zinsvorteil entspricht dem Aufgeld.[138]

136

Der in die Kapitalrücklage nach § 272 Abs. 2 Nr. 2 HGB einzustellende Betrag ergibt sich aus der **Aufspaltung des Ausgabebetrags in den eigentlichen Darlehensbetrag und in das Aufgeld**. Da § 253 Abs. 1 Satz 2 HGB den Ansatz von Verbindlichkeiten zum Erfüllungsbetrag vorschreibt, ist der Ansatz des um das Aufgeld verminderten Ausgabebetrags jedoch zu gering. I. H. d. Aufgelds ist demgemäß ein Disagio gem. § 250 Abs. 3 Satz 1 HGB zu buchen.[139] Da § 250

137

---

[132] Vgl. ADS, 6. Aufl. 1995–2001, § 272 HGB Rz 117.
[133] Vgl. Kropff, ZGR 1987, S. 302.
[134] Vgl. BT-Drs. 10/4268 v. 18.11.1985 S. 106; Biener/Berneke, Bilanzrichtliniengesetz, 1986, S. 195; Kropff, ZGR 1987, S. 302; Lutter, DB 1986, S. 1608.
[135] Vgl. ADS, 6. Aufl. 1995–2001, § 272 HGB Rz 121.
[136] Der in § 272 Abs. 2 Nr. 2 HGB verwendete Begriff „Betrag" steht einer sachgerechten Schätzung des aus der Unterverzinslichkeit resultierenden Aufgelds nicht entgegen; vgl. nur ADS, 6. Aufl. 1995–2001, § 272 HGB Rz 122.
[137] Vgl. zu den möglichen Schätzungsmethoden Küting/Reuter, in Küting/Weber, HdR-E, § 272 HGB Rn 82, Stand: 11/2009.
[138] Vgl. ADS, 6. Aufl. 1995–2001, § 272 HGB Rz 123.
[139] Vgl. ADS, 6. Aufl. 1995–2001, § 272 HGB Rz 125 m.w.N., der gerade nicht als Gegenposten zur Buchung der Kapitalrücklage einzustufen ist. Nach anderer Auffassung handelt es sich um ein zu aktivierendes Nutzungsrecht; vgl. Döllerer, AG 1986, S. 537.

Abs. 3 Satz 1 HGB als Aktivierungswahlrecht ausgestaltet ist, kann der Betrag i.H.d. Aufgeldes auch sofort aufwandswirksam erfasst werden. Geschieht dies nicht, ist das Disagio nach § 250 Abs. 3 Satz 2 HGB durch planmäßige jährliche Abschreibungen zu tilgen, die auf die gesamte Laufzeit der Verbindlichkeit verteilt werden können.

6.2.4 Gewährung von Vorzügen (Abs. 2 Nr. 3)

138 § 272 Abs. 2 Nr. 3 HGB schreibt vor, dass der Betrag von Zuzahlungen, die Gesellschafter gegen Gewährung eines Vorzugs für ihre Anteile leisten, auszuweisen ist. Dies ist sowohl bei der AG, der KGaA und der SE als auch der GmbH möglich. Zu den **gesellschaftsrechtlichen Vorzugsrechten** gehören nicht nur besondere Rechte bei der Gewinnverteilung oder der Verteilung des Gesellschaftsvermögens im Fall der Liquidation, wie sie nach § 11 AktG möglich sind, sondern bspw. auch Mehrstimmrechte.[140]

139 Die Zuzahlung kann in bar oder durch eine Sachleistung erfolgen. Bedeutsam ist allein, dass sie zur Erlangung eines gesellschaftsrechtlichen Vorzugsrechts entrichtet wird. Soweit eine **Zuzahlung** unabhängig von der Ausgabe von Anteilen oder der Gewährung von Vorzügen entrichtet wird, ist sie entweder nach § 272 Abs. 2 Nr. 4 HGB in die Kapitalrücklage einzustellen oder als Ertrag zu vereinnahmen.

140 Die Ausführungen zur Gewährung von Vorzügen durch die AG gelten entsprechend auch für die GmbH. Zwar kennt die GmbH keine § 11 AktG entsprechende Vorschrift, jedoch sind auch bei der GmbH – schon aufgrund der bestehenden vertraglichen Gestaltungsfreiheit – entsprechende **vertragliche Vereinbarungen** möglich. Bspw. kann über eine Zuzahlung eine vom Verhältnis der Geschäftsanteile abweichende Gewinnverteilung erreicht werden (§ 29 Abs. 3 Satz 2 GmbHG).

6.2.5 Sonstige Zuzahlungen (Abs. 2 Nr. 4)

141 In die Kapitalrücklage nach § 272 Abs. 2 Nr. 4 HGB ist der Betrag von anderen Zuzahlungen auszuweisen, die Gesellschafter in das EK leisten. Erforderlich ist also, dass Gesellschafter **Zuzahlungen in das EK** leisten. Gesellschafter sind die Inhaber des gezeichneten Kapitals. Der Wortlaut des § 272 Abs. 2 Nr. 4 HGB erfasst nicht nur unmittelbar seitens der Gesellschafter erbrachte Zuzahlungen in das EK, sondern auch solche Zuzahlungen, die mittelbar durch Dritte auf Veranlassung oder für Rechnung der Gesellschafter erbracht werden.[141]

142 Da § 272 Abs. 2 Nr. 4 HGB als **Auffangtatbestand** gilt, dürfen die Zuzahlungen nicht im Zusammenhang mit Leistungen stehen, die unter § 272 Abs. 2 Nr. 1 bis 3 HGB fallen. Der Abgrenzung kommt für die AG eine erhebliche Bedeutung zu, da § 272 Abs. 2 Nr. 4 HGB nicht der für den gesetzlichen Reservefonds bestehenden Verwendungsbeschränkung des § 150 Abs. 3 und 4 AktG unterliegt. Problematisch ist hier insb. die Abgrenzung des § 272 Abs. 2 Nr. 3 HGB, die in jedem Einzelfall gesondert zu beurteilen ist. Zur Abgren-

---

[140] Vgl. Biener/Berneke, Bilanzrichtliniengesetz, 1986, S. 196.
[141] Vgl. auch ADS, 6. Aufl. 1995–2001, § 272 HGB Rz 133; Wied, NZG 2012, S. 725, zur rechtlichen Abwicklung von Zuzahlungen von Scheingesellschaftern in die Kapitalrücklage; Schulze-Osterloh, NZG 2014, S. 1, zu Ansatz und Bewertung bei kostenloser Übertragung oder verbilligtem Erwerb von Vermögensgegenständen vom Gesellschafter; Bünning/Stoll, BB 2016, S. 555.

Eigenkapital § 272

zung ist darauf abzustellen, ob der Zuzahlung eine unmittelbare Gegenleistung der Ges. gegenübersteht.

> **Praxis-Beispiel**
> Unmittelbare Gegenleistungen der Ges. treten bspw. in Form einer zusätzlichen Gewinnbeteiligung oder einer Änderung der Beteiligung am Liquidationserlös auf.

Ist dies zu bejahen, liegt eine Zuzahlung gegen Gewährung eines Vorzugs vor, die unter § 272 Abs. 2 Nr. 3 HGB fällt.
Umgekehrt soll nicht jede Zuzahlung eines Gesellschafters, die nicht unter § 272 Abs. 2 Nr. 1 bis 3 HGB fällt, in der Kapitalrücklage nach § 272 Abs. 2 Nr. 4 HGB erfasst werden. Es ist vielmehr **zwischen den erfolgsneutral und den erfolgswirksam zu bilanzierenden Zuzahlungen** abzugrenzen.[142] Hierzu ist auf den Zweck der Zuzahlung abzustellen, der sich aus einer ausdrücklichen Vereinbarung zwischen Ges. und Gesellschafter oder der Art der Zuzahlung ergeben kann. Soweit bspw. Zuzahlungen von Gesellschaftern zum Zweck der Abdeckung eines Jahresfehlbetrags oder zum Ausgleich eines Bilanzverlusts erbracht werden – sei es in der Form eines Forderungsverzichts oder eines Sanierungszuschusses –, sind diese Beträge unmittelbar als außerordentlicher Ertrag zu erfassen.[143] Unterbleibt eine ausdrückliche Zwecksetzung und lässt sich diese auch nicht im Wege der Auslegung oder aus der Art der Zuzahlung ableiten, ist davon auszugehen, dass die Zuzahlung in das EK geleistet werden soll.[144] Das Gleiche gilt auch für Leistungen Dritter. Fehlt es an einer ausdrücklichen Vereinbarung eines Ertragszuschusses und lässt sich diese Zwecksetzung nicht aus den Umständen ableiten, ist ebenfalls davon auszugehen, dass die Zuzahlung in das EK geleistet werden soll. Der Vorrang einer erfolgswirksamen Vereinnahmung lässt sich aus der Gesetzessystematik nicht entnehmen.[145]
Der Ausweis in der Kapitalrücklage nach § 272 Abs. 2 Nr. 4 HGB hängt davon ab, dass die Zuzahlungen in das EK geleistet wurden. Es muss eine **Vermögensmehrung auf der Ebene der Ges.** vorliegen.[146] Geld- und Sachleistungen müssen rechtlich und wirtschaftlich wirksam erbracht worden sein.[147] Als

143

144

---

[142] Eigentlich dürfte es nur erfolgsneutral zu erfassende andere Zuzahlungen eines Gesellschafters geben. Andere Zuzahlungen sind letztlich gesellschaftsrechtlich veranlasst. Sie dürfen sich im betrieblichen Ergebnis eines Unt nicht auswirken. Gleichwohl hat die Praxis hier eine differenzierte Betrachtung entwickelt.
[143] Vgl. Küting/Reuter, in Küting/Weber, HdR-E, § 272 HGB Rn 108, Stand: 11/2009; ADS, 6. Aufl. 1995–2001, § 272 HGB Rz 137; zum Forderungsverzicht durch Gesellschafter auch Zwirner/Boecker, IZR 2018, S. 417; Zilch/Roß, BB 2014, S. 1579 zur Bilanzierung von sog. Großmutterzuschüssen; Müller, BB 2016, S. 491 zur Ausbuchung von Verbindlichkeiten in der Handelsbilanz bei qualifizierten Rangrücktritt; dagegen zu Recht Kahlert, BB 2016, S. 878.
[144] Vgl. ADS, 6. Aufl. 1995–2001, § 272 HGB Rz 137; a.A. IDW HFA 2/1996 Rz 22, wonach ein Ausweis in der Kapitalrücklage nach § 272 Abs. 2 Nr. 4 HGB immer eine ausdrückliche Zuweisung in das EK erforderlich sein soll.
[145] Vgl. ADS, 6. Aufl. 1995–2001, § 272 HGB Rz 133.
[146] Demgem. gehören auch Beträge, die im „Schütt-aus-hol-zurück"-Verfahren an die Ges. zurückfließen, ohne dass eine formale Kapitalerhöhung vorliegt, zu den anderen Zuzahlungen i.S.d. § 272 Abs. 2 Nr. 4 HGB. So auch Orth, GmbHR 1987, S. 198; a.A. Hommelhoff/Priester, ZGR 1986, S. 515.
[147] Vgl. ADS, 6. Aufl. 1995–2001, § 272 HGB Rz 132 und 135.

Zuzahlungen kommen die Leistung von einlage- und aktivierungsfähigen VG und der Verzicht auf Forderungen in Betracht.[148] Diskutiert wird in der Literatur, ob auch die Begründung einer Zahlungs- oder Sachleistungsverpflichtung – also die Aktivierung einer Forderung gegen einen Gesellschafter – als Zuzahlung in das EK zu werten ist. Dies ist zu bejahen, denn es kommt allein darauf an, ob eine einlage- und aktivierungsfähige Gesellschafterleistung vorliegt, wozu grds. auch die Einräumung einer Forderung der Ges. gegen einen Gesellschafter zu zählen ist, denn § 272 Abs. 2 Nr. 4 HGB knüpft nicht an den Grundsatz der Kapitalaufbringung an.[149] Gleichwohl muss die eingeräumte Forderung der Ges. gegen den Gesellschafter werthaltig sein. Der Tatbestand des § 272 Abs. 2 Nr. 4 HGB fordert eine Zuzahlung in das EK. Kann es mangels Werthaltigkeit der eingeräumten Forderung nicht zu einer Zuzahlung kommen, scheitert auch der Zugang bei der Kapitalrücklage nach § 272 Abs. 2 Nr. 4 HGB.

145 Die Zuzahlung des Gesellschafters in das EK muss so auch gewollt sein, sodass **verdeckte Einlagen oder auch verlorene Zuschüsse** nicht ohne Weiteres als Kapitalrücklage nach § 272 Abs. 2 Nr. 4 HGB erfasst werden, sondern es vielmehr auf die zwischen den Beteiligten getroffene Vereinbarung ankommt.[150]

146 Das GmbHG enthält – anders als das AktG – keine § 36 Abs. 2, §§ 36a, 188 Abs. 2, § 201 Abs. 3 § 203 Abs. 1 Satz 1 AktG vergleichbaren Vorschriften, die eine vollständige oder auch nur tw. Leistung eines Aufgelds vor Eintragung gesetzlich vorschreiben. Ungeachtet dessen ist natürlich auch bei der GmbH eine **Ausgabe der Geschäftsanteile über pari** bei Gründung oder im Wege einer Kapitalerhöhung gängige Praxis. Die Festlegung eines Aufgelds erfolgt regelmäßig im Wege einer gesellschaftsvertraglich vereinbarten Nebenpflicht i.S.v. § 3 Abs. 2 GmbHG. Denkbar ist die Vereinbarung eines Aufgelds natürlich auch als nur schuldrechtliche Verpflichtung.[151]
Weil die tw. oder vollständige Leistung eines Aufgelds bei der GmbH vor der Eintragung gesetzlich nicht vorgeschrieben ist, sind auch Fallgestaltungen denkbar, in denen das **Aufgeld bei der Eintragung der Gründung oder Kapitalerhöhung noch aussteht**. Hier finden die Vorschriften zu den ausstehenden Einlagen auf das gezeichnete Kapital keine Anwendung. Der Wortlaut des § 272 Abs. 1 Satz 3 HGB ist auf die ausstehenden Einlagen auf das gezeichnete Kapital beschränkt, erfasst also ausstehende Aufgelder nicht; vielmehr sind ausstehende Aufgelder unabhängig davon, ob eingefordert oder nicht, als Forderungen zu aktivieren und im Gegenzug ist die Kapitalrücklage nach § 272 Abs. 2 Nr. 1 HGB zu dotieren.[152] Die Aktivierung kann unter den

---

[148] Vgl. ADS, 6. Aufl. 1995–2001, § 272 HGB Rz 135; Küting/Reuter, in Küting/Weber, HdR-E, § 272 HGB Rn 112, Stand: 11/2009, sowie zu Nutzungsrechten insb. Rn 121.
[149] Vgl. Müller, in FS Heinsius, 1991, S. 603; so wohl auch ADS, 6. Aufl. 1995–2001, § 272 HGB Rz 136; Küting/Reuter, in Küting/Weber, HdR-E, § 272 HGB Rn 120, Stand: 11/2009, die dies aber für Forderungen ablehnen, die auf Dienstleistungen gerichtet sind. Vor dem Hintergrund der bilanzbasierten Kapitalerhaltungskonzeption erscheint die Argumentation wenig schlüssig.
[150] Vgl. Bericht des Rechtsausschusses, BT-Drs. 10/4268 v. 188.11.1985 S. 107.
[151] Vgl. Servatius, in Noack/Servatius/Haas, Beck GmbHG-Kurzkomm., 24. Aufl. 2023, § 3 GmbHG Rn 55, zur Abgrenzung gesellschaftsrechtlicher Nebenpflichten von nur schuldrechtlichen Nebenpflichten.
[152] Vgl. ADS, 6. Aufl. 1995–2001, § 272 HGB Rz 107.

Posten nach § 266 Abs. 2 B. II 2., 3. oder 4. HGB vorgenommen werden, wobei ggf. ein Vermerk nach § 42 Abs. 3 GmbHG erforderlich sein kann. Tw. wird auch vertreten, ausstehende noch nicht eingeforderte Aufgelder seien auf der Passivseite der Bilanz offen von der Kapitalrücklage nach § 272 Abs. 2 Nr. 1 HGB abzusetzen und eingeforderte ausstehende Aufgelder als Forderungen zu aktivieren.[153] Diese Form der Bilanzierung lässt jedoch unberücksichtigt, dass es sich sowohl bei den eingeforderten als auch bei den nicht eingeforderten ausstehenden Aufgeldern handelsbilanziell bereits um Forderungen handelt, die – soweit noch nicht eingefordert – lediglich noch nicht fällig gestellt sind. Noch nicht fällige (betagte) Forderungen sind aber nach einhelliger Auffassung zu aktivieren.[154]

Tw. wird die Auffassung vertreten, der für **aktivierte eingeforderte Nach-** 147 **schüsse** auf der Passivseite in dem Posten „Kapitalrücklage" gesondert auszuweisende entsprechende Betrag (§ 42 Abs. 2 Satz 3 GmbHG) sei mit der Einzahlung des Nachschusses durch die Gesellschafter in die Kapitalrücklage nach § 272 Abs. 2 Nr. 4 HGB umzugliedern.[155] Nach der hier vertretenen Auffassung muss der gesondert ausgewiesene Posten hingegen wegen seiner Funktion als Ausschüttungssperre fortgeführt werden, soweit das Nachschusskapital noch nicht verwendet worden ist.

6.3 Gewinnrücklagen (Abs. 3)

6.3.1 Allgemeines

Nach § 272 Abs. 3 Satz 1 HGB dürfen als Gewinnrücklage nur Beträge aus- 148 gewiesen werden, die im Gj oder einem früheren Gj **aus dem Ergebnis gebildet** worden sind. Dazu gehören die gesetzliche Rücklage, die satzungsmäßigen Rücklagen und andere Gewinnrücklagen (§ 272 Abs. 3 Satz 2 HGB). Demgegenüber können die Kapitalrücklagen nur durch von außen stammende Zuzahlungen i.S.d. § 272 Abs. 2 Nr. 1 bis 4 HGB dotiert werden. Im Gegensatz zu den Kapitalrücklagen sind die Gewinnrücklagen damit betriebswirtschaftlich dem Bereich der Selbstfinanzierung zuzurechnen.

Die Gewinnrücklagen sind nach § 266 Abs. 3 A. III. HGB in die gesetzliche 149 Rücklage, die Rücklage für Anteile an einem herrschenden oder einem mit Mehrheit beteiligten Unt, die satzungsmäßigen Rücklagen und anderen Gewinnrücklagen zu **untergliedern**. Wie sich aus dem Wortlaut des § 272 Abs. 3 Satz 2 HGB entnehmen lässt, gehört die Rücklage für Anteile an einem herrschenden oder einem mit Mehrheit beteiligten Unt (§ 272 Abs. 4 HGB) systematisch nicht zu den Gewinnrücklagen. Dies ergibt sich daraus, dass sie aus allen frei verfügbaren Rücklagen, also auch aus der Kapitalrücklage, dotiert werden kann. Gleichwohl weist § 266 Abs. 3 A. III. HGB die Rücklage für Anteile an einem herrschenden oder einem mit Mehrheit beteiligten Unt für Zwecke des Ausweises den Gewinnrücklagen zu.

---

[153] Vgl. Küting/Reuter, in Küting/Weber, HdR-E, § 272 HGB Rn 39, Stand: 11/2009.
[154] Vgl. ADS, 6. Aufl. 1995–2001, § 246 HGB Rz 51.
[155] Vgl. Küting/Reuter, in Küting/Weber, HdR-E, § 272 HGB Rn 129, Stand: 11/2009 m.w.N.

6.3.2 Gesetzliche Rücklage

150 Der **gesetzliche Reservefonds** der AG setzt sich aus der gesetzlichen Rücklage (§ 150 Abs. 1 und 2 AktG) und aus der Kapitalrücklage nach § 272 Abs. 3 Nr. 1–3 HGB (§ 150 Abs. 3 und 4 AktG) zusammen.[156] Die Einbeziehung der Kapitalrücklage nach § 272 Abs. 2 Nr. 1–3 HGB in den gesetzlichen Reservefonds der AG ist Art. 9 Passiva A. II. der Bilanzrichtlinie geschuldet. Danach darf ein Aufgeld nicht mehr in der gesetzlichen Rücklage erfasst werden, sondern ist gesondert neben der gesetzlichen Rücklage auszuweisen.

151 § 150 Abs. 1 AktG verpflichtet die AG, in ihrer Bilanz des nach den §§ 242, 264 HGB aufzustellenden Jahresabschlusses eine gesetzliche Rücklage zu bilden (§ 150 Abs. 1 AktG).[157] **Anknüpfungspunkt für Einstellungen in die gesetzliche Rücklage** ist der Jahresüberschuss (§ 275 Abs. 2 Nr. 20, Abs. 3 Nr. 19 HGB). Nach § 150 Abs. 2 AktG ist der 20. Teil des um einen Verlustvortrag aus dem Vorjahr geminderten Jahresüberschusses in die gesetzliche Rücklage einzustellen, bis diese und die Kapitalrücklage nach § 272 Abs. 2 Nr. 1 bis 3 HGB zusammen den 10. oder den in der Satzung bestimmten höheren Teil des Grundkapitals – d. h. des in der Bilanz ausgewiesenen gezeichneten Kapitals – erreicht.[158] Die Vorschrift macht deutlich, dass sich der gesetzliche Reservefonds auch entweder nur aus der gesetzlichen Rücklage oder nur aus der Kapitalrücklage nach § 272 Abs. 2 Nr. 1 bis 3 HGB zusammensetzen kann.

152 Ist aufgrund einer **Satzungsbestimmung** eine Obergrenze für die gesetzliche Rücklage vorgeschrieben, die den 10. Teil des Grundkapitals übersteigt, so führt dies ebenfalls zur Dotierung der gesetzlichen Rücklage und nicht zur Dotierung einer satzungsmäßigen Rücklage. § 150 Abs. 2 AktG sieht ausdrücklich vor, dass die Satzung einen höheren Teil als 10 % des Grundkapitals als gesetzliche Rücklage vorsehen kann. Umstritten ist, ob auch ein Mehrfaches des Grundkapitals in der Satzung als Obergrenze festgelegt werden kann. Überwiegend wird dies verneint, da der Wortlaut des § 150 Abs. 2 AktG nur von dem „höheren Teil des Grundkapitals" spricht.[159]

153 Die Satzung kann dem Vorstand der AG auch nicht ermöglichen, einen **höheren Betrag als den 20. Teil des Jahresüberschusses** in die gesetzliche Rücklage einzustellen. Insoweit erlaubt § 150 Abs. 1 und 2 AktG – anders als bei der Bestimmung der Obergrenze der gesetzlichen Rücklage – keine Abweichungen. Demgegenüber steht nichts entgegen, wenn die gesetzliche Rücklage i.R.d. Gewinnverwendung durch die Hauptversammlung der AG zusätzlich dotiert wird, sodass die Grenze von 10 % des Grundkapitals oder eines höheren Teils schneller erreicht wird.[160]

---

[156] Damit speist sich der gesetzliche Reservefonds aus zwei Quellen: den Zwangszuweisungen aus dem Jahresüberschuss zur gesetzlichen Rücklage (§ 150 Abs. 1 und 2 AktG) und den in die Kapitalrücklage nach § 272 Abs. 2 Nr. 1 bis 3 HGB eingestellten Beträgen.

[157] Die Vorschrift hat zwingenden Charakter und kann aber nicht durch anderweitige Satzungsbestimmungen abbedungen werden (§ 23 Abs. 5 AktG).

[158] Bei der Ermittlung des in die gesetzliche Rücklage einzustellenden Betrags bleibt ein Gewinnvortrag zur Vermeidung einer doppelten Erfassung unberücksichtigt. Dies ergibt sich auch aus § 158 AktG; dort wird der Gewinnvortrag nach dem Jahresüberschuss hinzugerechnet, fließt also nicht in den Jahresüberschuss ein; vgl. auch ADS, 6. Aufl. 1995–2001, § 272 HGB Rz 150 sowie § 150 AktG Rz 24.

[159] Daher wäre eine Satzungsregelung, die eine über den Betrag des Grundkapitals hinausgehende Obergrenze für die Dotierung der gesetzlichen Rücklage vorsieht, nicht zulässig; vgl. Koch, AktG, 16. Aufl. 2022, § 150 AktG Rn 7; ADS, 6. Aufl. 1995–2001, § 150 AktG Rz 31.

[160] Vgl. ADS, 6. Aufl. 1995–2001, § 272 HGB Rz 150 sowie § 170 AktG Rz 42.

Wird das **Grundkapital gegen Einlagen oder in Form des genehmigten Kapitals** 154
oder aus Gesellschaftsmitteln erhöht, so erhöht sich mit der Eintragung der Durchführung der Kapitalerhöhung in das Handelsregister (§§ 189, 203 Abs. 1 i.V.m. §§ 189, 211 Abs. 1 AktG) auch der Mindestbetrag des gesetzlichen Reservefonds.[161] Daraus kann weiter folgen, dass Beträge, die bisher „nur" der Verwendungsbeschränkung nach § 150 Abs. 4 AktG unterlegen haben, nach der Kapitalmaßnahme der Verwendungsbeschränkung nach § 150 Abs. 3 AktG unterliegen. Umgekehrt wird der Mindestbetrag des gesetzlichen Reservefonds mit dem Wirksamwerden einer Kapitalherabsetzung durch Eintragung in das HR (§§ 224, 229 Abs. 2, 238 AktG) automatisch auch herabgesetzt. Die auf die Herabsetzung entfallenden Teile des Reservefonds werden aber gleichwohl nicht „frei". Sie dürfen weder dem Bilanzgewinn zugeführt noch an die Aktionäre ausgekehrt werden, sondern unterliegen weiterhin den Verwendungsbeschränkungen des § 150 Abs. 3 und 4 AktG.

Die §§ 300–303 AktG sehen bei **Bestehen eines Beherrschungs-, eines Gewinn-** 155
abführungs- und eines Teilgewinnabführungsvertrags nach den §§ 291 Abs. 1, 292 Abs. 1 Nr. 2 AktG besondere Vorschriften zum Schutz der unternehmensvertraglich gebundenen Gesellschafter und ihrer Gläubiger vor. Zielsetzung der Vorschriften sind die Erhaltung des handelsbilanziellen Vermögens bei Eingehung des Unternehmensvertrags für dessen Dauer und die Stärkung der bilanziellen Substanz. Aus diesem Grund schreibt der zwingende § 300 AktG auch Besonderes für Einstellungen in die gesetzliche Rücklage vor.

Nach § 300 Nr. 1 AktG ist bei einem bestehenden **Gewinnabführungsvertrag** 156
(§ 291 Abs. 1 Satz 1 AktG) ein Betrag in die gesetzliche Rücklage einzustellen, der erforderlich ist, um diese einschl. der Kapitalrücklage innerhalb der ersten fünf Gj, die während des Bestehens des Vertrags oder nach der Durchführung einer Kapitalerhöhung beginnen, gleichmäßig auf den 10. oder einen in der Satzung bestimmten höheren Teil des Grundkapitals aufzufüllen (erhöhte oder beschleunigte Rücklagenzuführung).[162] Die Regelzuführung beträgt somit 20 % der Differenz, die bei Abschluss des Gewinnabführungsvertrags zwischen der schon gebildeten und der zu bildenden gesetzlichen Rücklage besteht.[163] Für die Bemessung dieses Betrags ist von einem Jahresüberschuss abzgl. eines etwaigen Verlustvortrags auszugehen, wie er ohne die Gewinnabführung bestehen würde.[164] Mind. zuzuführen sind 5 % des (fiktiven) Jahresüberschusses, solange die gesetzliche Rücklage einschl. der Kapitalrücklage 10 % des Grundkapitals nicht erreicht hat (§ 300 Nr. 1 und 2 i.V.m. § 150 Abs. 2 AktG).[165]

Die **Fünfjahresfrist** beginnt mit dem Wirksamwerden des Gewinnabführungs- 157
vertrags, also seiner Eintragung im HR (§ 294 Abs. 2 AktG). Soweit dem

---

[161] Bei der bedingten Kapitalerhöhung (§§ 192ff. AktG) ist das Grundkapital mit der Ausgabe der Bezugsaktien erhöht (§ 200 AktG).
[162] Der Geschäftsführungsvertrag i.S.v. § 291 Abs. 1 Satz 2 AktG steht dem Gewinnabführungsvertrag gleich; vgl. dazu auch ADS, 6. Aufl. 1995–2001, § 300 AktG Rz 12, Rz 17.
[163] Vgl. Koch, AktG, 16. Aufl. 2022, § 300 AktG Rn 7.
[164] Damit legt § 300 Nr. 1 AktG aus rechtssystematischen Gründen einen fiktiven Jahresüberschuss zugrunde. Bei einem bestehenden Gewinnabführungsvertrag kann tatsächlich kein Jahresüberschuss zur Entstehung gelangen.
[165] Der Wortlaut des § 300 Nr. 1 AktG („... unter Hinzurechnung einer Kapitalrücklage ...") ist aufgrund des sachlichen Zusammenhangs der Vorschrift mit § 150 Abs. 2 AktG i.S.v. § 272 Abs. 2 Nr. bis 3 HGB zu verstehen.

Gewinnabführungsvertrag zulässigerweise eine Rückwirkung beigelegt wird, ist die Frist ab dem vereinbarten Rückwirkungszeitpunkt zu berechnen.[166] Wenn sich der Betrag der zu bildenden gesetzlichen Rücklage aufgrund einer Kapitalerhöhung erhöht, beginnt ab dem Zeitpunkt der Wirksamkeit der Kapitalerhöhung – also mit deren Eintragung – eine neue Fünfjahresfrist zu laufen, und zwar auch dann, wenn der Gewinnabführungsvertrag noch keine fünf Jahre wirksam ist. Im letzteren Fall ist die Differenz zwischen der Soll- und der Ist-Zuführung zur bisherigen gesetzlichen Rücklage auf die neue Fünfjahresfrist zu verteilen.[167] Wird in einem Gj während der Fünfjahresfrist ein Jahresergebnis nicht erzielt und scheidet daher eine Einstellung in die gesetzliche Rücklage aus, so erhöht sich der in den folgenden Gj der Fünfjahresfrist einzustellende Betrag in entsprechendem Umfang.[168] Soweit die gesetzliche Rücklage innerhalb der Fünfjahresfrist wegen unzureichender Jahresüberschüsse nicht aufgefüllt worden sein sollte, ist der künftig zuzuführende Betrag so zu bemessen, dass, dem Zweck der Vorschrift entsprechend, eine schnellstmögliche Dotierung erreicht wird.[169]

158 Wird der Gewinn abzgl. des in die gesetzliche Rücklage einzustellenden Betrags an die herrschenden Ges. abgeführt, **verbleibt i. H. d. in die gesetzliche Rücklage einzustellenden Betrags ein Jahresüberschuss**, der auch entsprechend in der GuV ausgewiesen wird. Die Einstellung des Betrags in die gesetzliche Rücklage ist in der Verlängerungsrechnung zur GuV zu zeigen (§ 158 Abs. 1 Nr. 4a AktG).

159 Für den **Teilgewinnabführungsvertrag** (§ 292 Abs. 1 Nr. 2, Abs. 2 AktG) schreibt § 300 Nr. 2 AktG vor, dass der Betrag in die gesetzliche Rücklage (einschl. der Kapitalrücklage nach § 272 Abs. 2 Nr. 1–3 HGB) einzustellen ist, der nach § 150 Abs. 2 AktG aus dem ohne die Gewinnabführung entstehenden, um einen Verlustvortrag aus dem Vorjahr geminderten (fiktiven) Jahresüberschuss einzustellen wäre. Eine gleichmäßige Auffüllung, wie sie § 300 Nr. 1 AktG vorsieht, schreibt der Wortlaut der Vorschrift nicht vor.

160 Die Anwendung des § 300 Nr. 2 AktG auf unternehmensgewinnbezogene Teilgewinnabführungsverträge bereitet keine Probleme. Umstritten ist hingegen, ob § 300 Nr. 2 AktG auch auf Teilgewinnabführungsverträge anzuwenden ist, die (nur) die **Abführung von Gewinnen einzelner (rechtlich unselbstständiger) Betriebe eines Unt** vorsehen. Dies ist aber zu bejahen. Der Sinn und Zweck des § 300 AktG lässt hier keine Ausnahme zu.[170] Darüber hinaus ist zudem umstritten, ob § 300 Nr. 2 AktG auch anzuwenden ist, wenn die Abführungspflicht an den Bilanzgewinn und nicht an den Jahresüberschuss anknüpft. Hier könnte argumentiert werden, bei einer Anknüpfung an den Bilanzgewinn sei die Zuführung zur gesetzlichen Rücklage schon berücksichtigt. Da aber die Teilgewinnabführung den Jahresüberschuss und damit die Berechnungsgrundlage für die Zuführung zu der gesetzlichen Rücklage vermindert, sind nach der hier vertrete-

---

[166] Vgl. Koch, AktG, 16. Aufl. 2022, § 300 AktG Rn 7.
[167] Vgl. Koch, AktG, 16. Aufl. 2022, § 300 AktG Rn 8. Daneben wird es auch für zulässig gehalten, die Auffüllung mit den bisherigen Beträgen weiterzuführen und die neue Fünfjahresfrist nur für den aus der Kapitalrücklage resultierenden Erhöhungsbetrag vorzusehen; vgl. ADS, 6. Aufl. 1995–2001, § 300 AktG Rz 28. Mit dieser Berechnungsmethode wird dem Zweck der Vorschrift – beschleunigte Rücklagenzuführung – besser Rechnung getragen.
[168] Vgl. ADS, 6. Aufl. 1995–2001, § 272 HGB Rz 165.
[169] Vgl. ADS, 6. Aufl. 1995–2001, § 272 HGB Rz 162.
[170] Vgl. zum Streitstand ADS, 6. Aufl. 1995–2001, § 300 AktG Rz 40 m.w.N.

nen Auffassung auch auf den Bilanzgewinn abstellende Teilgewinnabführungsverträge in den Anwendungsbereich des § 300 Nr. 2 AktG einzubeziehen. Besteht ein **Beherrschungsvertrag** (§ 291 Abs. 1 Satz 1 AktG), unterscheidet § 300 Nr. 3 AktG danach, ob der Beherrschungsvertrag zur Abführung des ganzen Gewinns verpflichtet, nur eine Teilgewinnabführungsverpflichtung enthält oder eine Gewinnabführungsverpflichtung gar nicht vorliegt.[171] Fehlt es völlig an einer Gewinnabführungsverpflichtung, können bei der beherrschten Ges. ein Jahresüberschuss oder ein Bilanzgewinn entstehen. Nach § 300 Nr. 3 AktG ist in diesem Fall zumindest der nach § 150 Abs. 2 AktG zur Auffüllung der gesetzlichen Rücklage erforderliche Betrag zu dotieren. Ist der nach § 300 Nr. 1 AktG berechnete Betrag höher als der nach § 150 Abs. 2 AktG ermittelte Mindestbetrag, ist Ersterer zuzuführen. Das Gesetz geht also auch bei einem Beherrschungsvertrag davon aus, dass die gesetzliche Rücklage innerhalb der ersten fünf Gj seit Wirksamwerden des Beherrschungsvertrags oder nach Durchführung einer Kapitalerhöhung gleichmäßig auf den 10. oder den in der Satzung bestimmten höheren Teil des Grundkapitals aufzufüllen ist. Entsteht bei der beherrschten Ges. infolge nachteiliger Weisungen der herrschenden Ges. kein Jahresüberschuss, muss die gesetzliche Rücklage dennoch innerhalb der ersten fünf Gj dotiert sein. Anderenfalls ließe sich durch nachteilige Weisungen die Pflicht zur Dotierung der gesetzlichen Rücklage umgehen. Die Gläubiger der beherrschten Ges. werden durch die Verlustübernahmeverpflichtung der herrschenden Ges. (§ 302 Abs. 1 AktG) hinreichend geschützt.

161

Besteht **neben dem Beherrschungsvertrag eine Verpflichtung zur Abführung des ganzen Gewinns**, findet im Umkehrschluss aus § 300 Nr. 3 AktG der § 300 Nr. 1 AktG Anwendung.[172]

162

Ist der **Beherrschungsvertrag mit einer Teilgewinnabführungsverpflichtung** verbunden, so bestimmt sich die Mindestzuführung zur gesetzlichen Rücklage nach § 300 Nr. 2 AktG. § 150 Abs. 2 AktG kann in diesem Fall keine Anwendung finden, da ansonsten für die Berechnung des Mindestzuführungsbetrags immer von dem um die Teilgewinnabführung verminderten Jahresüberschuss ausgegangen werden würde. Die Teilgewinnabführung ist aber für die Bemessung der Zuführung zu der gesetzlichen Rücklage außer Betracht zu lassen, weswegen § 300 Nr. 2 AktG auf den Jahresüberschuss ohne Gewinnabführung abstellt.

163

Die Zuführungen zur gesetzlichen Rücklage nach § 300 Nr. 1 und 2 AktG vermindern den abzuführenden Gewinn i.S.d. § 301 Satz 1 AktG. Umgekehrt kann der abzuführende Gewinn wegen der Verwendungsbeschränkungen des § 150 AktG nicht durch die Entnahme solcher Beträge, die während der Vertragslaufzeit in die gesetzliche Rücklage eingestellt worden sind, erhöht werden. Das gilt auch bei der **Entstehung eines Jahresfehlbetrags**. Hier hat die Kompensation über § 302 Abs. 1 AktG – die bestehende Verlustausgleichsverpflichtung der herrschenden Ges. – zu erfolgen, sodass eine Inanspruchnahme der gesetzlichen Rücklagen nach § 150 Abs. 3 oder 4 AktG jedenfalls während des Bestehens eines Beherrschungs- oder Gewinnabführungsvertrags nicht erfolgen kann.

164

---

[171] Die Gefahren eines Beherrschungsvertrags bestehen darin, dass das herrschende Unt aufgrund des ihm zustehenden Weisungsrechts auch ohne Gewinnabführungsvertrag in der Lage ist, Gewinnverlagerungen – etwa durch Verrechnungspreisgestaltungen oder Weisungen im Wettbewerbsverhalten – zu veranlassen.

[172] Vgl. ADS, 6. Aufl. 1995–2001, § 272 HGB Rz 164.

165 Einstellungen in die gesetzliche Rücklage sind bei der **Aufstellung des Jahresabschlusses** durch den Vorstand vorzunehmen. Dies ergibt sich aus § 150 Abs. 1 Satz 1 AktG, der von dem aufzustellenden Jahresabschluss spricht. Die Aufstellung des Jahresabschlusses obliegt dem Vorstand.

166 Einstellungen in die gesetzliche Rücklage aus dem Jahresüberschuss nach Maßgabe des § 150 Abs. 2 AktG sind gem. § 158 Abs. 1 Nr. 4a AktG in der **Verlängerungsrechnung zur GuV** anzugeben. Alternativ können die Angaben auch im Anhang gemacht werden (§ 158 Abs. 1 Satz 2 AktG). Zudem ist in der Bilanz oder im Anhang anzugeben, welche Beträge aus dem Jahresüberschuss in die gesetzliche Rücklage eingestellt worden sind (§ 152 Abs. 3 Nr. 2 AktG).

167 Für **Einstellungen in die gesetzliche Rücklage nach § 231 Satz 1 AktG** ist § 158 Abs. 1 Nr. 4 AktG ebenfalls anzuwenden. Zum besseren Verständnis ist zudem zu empfehlen, in der Bilanz oder im Anhang – in entsprechender Anwendung des § 152 Abs. 3 Nr. 2 AktG – die Herkunft der Mittel zu erläutern. Eine Verpflichtung besteht nach dem Wortlaut des § 152 Abs. 3 AktG aber nicht.

168 Eine direkte Umbuchung von den aufgelösten Gewinnrücklagen in die gesetzliche Rücklage ist im Hinblick auf das **Prinzip des Bruttoausweises**, wie es für die Fälle der Kapitalherabsetzung seine Ausprägung in § 240 Satz 1 und 2 AktG gefunden hat, nach der hier vertretenen Auffassung nicht zulässig.

169 Über die Einstellungsbefugnis des Vorstands hinausgehend kann die Hauptversammlung im Beschluss über die **Verwendung des Bilanzgewinns** weitere Beträge in die anderen Gewinnrücklagen und damit auch in die gesetzliche Rücklage einstellen (§ 58 Abs. 3 AktG). Entsprechend kann der Vorstand im Vorschlag über die Verwendung des Bilanzgewinns (§ 170 Abs. 2 AktG) auch einen Vorschlag zur Einstellung von Beträgen in die gesetzliche Rücklage unterbreiten.[173] Ein solcher Beschluss führt allerdings nicht zu einer Änderung des bereits festgestellten Jahresabschlusses (§ 174 Abs. 3 AktG). Er ist erst im folgenden Jahresabschluss zu berücksichtigen. In der Bilanz oder im Anhang sind dann die Änderungen anzugeben (§ 152 Abs. 3 Nr. 1 AktG).

170 Auch **Entnahmen aus der gesetzlichen Rücklage** sind bei Aufstellung des Jahresabschlusses durch den Vorstand vorzunehmen, der die Verwendungsbeschränkungen des § 150 Abs. 3 und 4 AktG zu beachten hat.[174] Eine bestimmte Verwendungsreihenfolge besteht hingegen nicht. Setzt sich der gesetzliche Reservefonds aus der gesetzlichen Rücklage und der Kapitalrücklage gem. § 272 Abs. 2 Nr. 1 bis 3 HGB und ggf. Zuführungen aus der vereinfachten Kapitalherabsetzung (§§ 229 ff., 232, 237 Abs. 5 AktG) zusammen, liegt es im Ermessen des Vorstands, welchen Teil des gesetzlichen Reservefonds er auflöst. Das Vorhandensein einer Kapitalrücklage nach § 272 Abs. 2 Nr. 4 HGB schließt die Inanspruchnahme der gesetzlichen Rücklage zum Ausgleich eines Jahresfehlbetrags oder eines Verlustvortrags aus dem Vorjahr nicht aus. Die Kapitalrück-

---

[173] Ein Beschluss über die Verwendung des Bilanzgewinns kann bei Vorliegen der Voraussetzungen des § 254 Abs. 1 AktG angefochten werden. Die Vorschrift dient dazu, ein „Aushungern" der Minderheitsaktionäre durch Überdotierungen der Gewinnrücklagen, also auch der gesetzlichen Rücklage, zu verhindern.

[174] Vgl. dazu im Einzelnen ADS, 6. Aufl. 1995–2001, § 150 AktG, Rz 47. Bedeutsam ist insb., dass das Vorhandensein stiller Reserven die Inanspruchnahme des gesetzlichen Reservefonds nicht ausschließt. Kritisch im Hinblick auf die sachliche Rechtfertigung des § 150 Abs. 3, 4 AktG: Falkenhausen, NZG 2009, S. 1096.

lage nach § 272 Abs. 2 Nr. 4 HGB ist ausweislich des Wortlauts des § 150 Abs. 3 und 4 AktG nicht vorab zum Ausgleich heranzuziehen, sondern kann nach dem Ausgleich frei verfügt werden.[175]

Werden Beträge aus der gesetzlichen Rücklage entnommen, ist dieser Vorgang in der **Verlängerungsrechnung zur GuV** abzubilden (§ 158 Abs. 1 Nr. 3a HGB). Nur im Fall der Kapitalerhöhung aus Gesellschaftsmitteln (§ 150 Abs. 4 Nr. 3 AktG) erfolgt eine unmittelbare Umbuchung in das gezeichnete Kapital. Zudem sind in der Bilanz oder im Anhang nach Maßgabe des § 152 Abs. 2 Nr. 3 AktG die Beträge anzugeben, die für das Gj entnommen wurden.

Die gesetzlichen Vorschriften über die Bildung einer gesetzlichen Rücklage, über ihre Verwendung und über die Einstellung von Beträgen in die gesetzliche Rücklage sind gem. § 324 Abs. 1 AktG **nicht auf eingegliederte Ges.** (§§ 319 ff. AktG) anzuwenden.[176] Ebenso ist auch § 300 AktG nicht auf einen Gewinnabführungsvertrag oder einen Teilgewinnabführungsvertrag zwischen einer eingegliederten Ges. und der Hauptges. anzuwenden (§ 324 Abs. 2 Satz 1 AktG). Die Vorschriften haben ihren Grund darin, dass bei einer eingegliederten Ges. keine schutzwürdigen außenstehenden Aktionäre vorhanden und Gläubiger ausreichend durch die Sicherheitsleistung nach § 321 AktG sowie die gesamtschuldnerische Haftung der Hauptges. nach § 322 AktG gesichert sind. Umstritten ist, ob § 324 Abs. 1 AktG nur die gesetzliche Rücklage nach § 150 Abs. 1 und 2 AktG betrifft oder auch die Kapitalrücklage nach § 272 Abs. 2 Nr. 1 bis 3 HGB, mithin ob im Fall der Eingliederung nur die gesetzliche Rücklage i. S. d. § 150 Abs. 1 und 2 AktG oder aber der gesamte gesetzliche Reservefonds aufgelöst werden kann. Seinem Wortlaut nach ist § 324 Abs. 1 AktG auf die gesetzliche Rücklage beschränkt. Demgemäß bleibt die Kapitalrücklage i. S. d. § 272 Abs. 2 Nr. 1 bis 3 HGB nach der hier vertretenen Auffassung weiterhin von den Verwendungsbeschränkungen des § 150 Abs. 3 und 4 AktG umfasst.[177]

Die vorstehenden Ausführungen zur Bildung und Auflösung der gesetzlichen Rücklage, der satzungsmäßigen Rücklagen und der anderen Gewinnrücklagen bei der AG gelten – mit Ausnahme der nachstehenden Besonderheiten – für die KGaA und die SE entsprechend.

Bei der KGaA wird der Jahresabschluss durch die Hauptversammlung festgestellt (§ 286 Abs. 1 Satz 1 AktG). Der Beschluss bedarf der Zustimmung der phG (§ 286 Abs. 1 Satz 2 AktG). Die Zuständigkeit der Hauptversammlung, die im Recht der AG der Ausnahmefall ist, ist hier die Regel. Dagegen liegt die **Entscheidung über die Gewinnverwendung auch bei der KGaA allein in der Hand der Hauptversammlung** (§ 278 Abs. 3 i.V.m. § 174 Abs. 1 AktG), wobei sie an den festgestellten Jahresabschluss gebunden ist. Der Vorschlag für die Gewinnverwendung wird den Kommanditaktionären durch die phG unterbreitet (§§ 283 Nr. 9, 170 Abs. 2 AktG). Die KGaA ist ebenso wie die AG zur **Bildung eines gesetzlichen Reservefonds** verpflichtet, der sich aus der gesetzlichen Rücklage und der Kapitalrücklage nach § 272 Abs. 2 Nr. 1 bis 3 HGB zusammensetzt (§§ 278 Abs. 3, 150 AktG). Die

---

[175] Vgl. dazu auch Kraus/Seidler, BB 2022, S. 939 ff.
[176] Satzungsmäßige Vorschriften sind hingegen durch den Vorstand der AG weiterhin zu beachten. Bei der gebildeten Rücklage handelt es sich auch weiterhin um eine gesetzliche Rücklage i. S. d. §§ 266 Abs. 3 A. III. 1., § 150 AktG und nicht um eine satzungsmäßige Rücklage i. S. d. § 266 Abs. 3 A. 3. HGB.
[177] Vgl. zum Streitstand ADS, 6. Aufl. 1995–2001, § 150 AktG Rz 68 m. w. N.

Dotierung ist bei der Aufstellung des Jahresabschlusses vorzunehmen (§ 270 Abs. 1 und 2 HGB). Nach § 150 Abs. 2 Satz 1 AktG ist Bemessungsgrundlage für die Zuführungen zur gesetzlichen Rücklage der Jahresüberschuss. Die Gewinnanteile der phG bleiben für Zwecke der Bemessung der Zuführung zur der gesetzlichen Rücklage unberücksichtigt.[178]

176 Die **haftungsbeschränkte Unternehmergesellschaft** hat einen Jahresabschluss nach den für KapG geltenden Vorschriften aufzustellen (§ 5a Abs. 3 Satz 1 GmbHG). In der Bilanz dieses Jahresabschlusses ist eine gesetzliche Rücklage zu bilden, in die ein Viertel des um einen Verlustvortrag aus dem Vorjahr geminderten Jahresüberschusses einzustellen ist (§ 5a Abs. 3 Satz 1 GmbHG). Es ist zu beachten, dass § 5a Abs. 3 GmbHG keine Obergrenze der Zuführung zu der Rücklage aufweist, sondern die Zuführungspflicht erst entfällt, wenn die Ges. ihr Stammkapital so erhöht, dass es den Betrag des Mindestkapitals nach § 5 Abs. 1 GmbHG erreicht oder übersteigt. Zuzuführen ist jeweils **ein Viertel des um einen etwaigen Verlustvortrag aus dem Vorjahr verminderten Jahresüberschusses**.[179] Die Zuführungspflicht endet erst, wenn die Ges. ihr Stammkapital durch eine Kapitalerhöhung aus Gesellschaftsmitteln auf den Betrag des Mindeststammkapitals gebracht hat (§ 5a Abs. 5 GmbHG). Es ist davon auszugehen, dass auch jede andere Form der Erhöhung des Stammkapitals auf den Betrag des Mindeststammkapitals zur Aushebelung der Zuführungspflicht ausreicht.

177 Das Stammkapital bildet zusammen mit der gesetzlichen Rücklage i.S.d. § 5a Abs. 3 GmbHG, vergleichbar dem § 150 AktG, einen **gesetzlichen Reservefonds**, der nicht zur Ausschüttung an die Gesellschafter gelangen darf. Dies machen die eingeschränkten Verwendungszwecke des § 5a Abs. 3 GmbHG deutlich. Zwar beschränkt § 30 GmbHG die Ausschüttung nur auf das zur Erhaltung des Stammkapitals erforderliche Vermögen, sodass es möglich wäre, einen Verlust zu erzeugen, zu dessen Ausgleich die Rücklage nach § 5a Abs. 3 Nr. 1 GmbHG dann herangezogen wird.[180] Damit würde der Zweck der gesetzlichen Vorschrift aber völlig verfehlt. Auch die gesetzliche Rücklage nach § 5a Abs. 3 GmbHG unterliegt daher den Verfügungsbeschränkungen der §§ 30, 31 GmbHG.[181]

6.3.3 Satzungsmäßige Rücklage

178 Zu den satzungsmäßigen Rücklagen i.S.d. § 266 Abs. 3 A. III. 3. HGB gehören nach h.M. nur die Rücklagen, die auf einer **satzungsmäßigen Dotierungsverpflichtung** – sog. Pflichtrücklagen – beruhen. Demgegenüber führen Satzungsbestimmungen, die nur zur Bildung von Gewinnrücklagen ermächtigen – sog. Ermessensrücklagen –, allein zur Dotierung der anderen Gewinnrücklagen.[182]

---

[178] Soweit die phG von dem Wahlrecht des § 286 Abs. 3 AktG Gebrauch machen, ist der Jahresüberschuss bereits um die Gewinnanteile der phG vermindert. Werden die Gewinnanteile der phG dagegen offen nach dem Jahresüberschuss in der Verlängerungsrechnung zur GuV ausgewiesen, ist der Jahresüberschuss für Zwecke der Bemessung einer ggf. erforderlichen Zuführung zu der gesetzlichen Rücklage um diese Gewinnanteile zu vermindern; vgl. zum Ausweis der Gewinnanteile der phG in der GuV nur ADS, 6. Aufl. 1995–2001, § 286 AktG Rz 42.

[179] Tw. werden hier Gestaltungsspielräume gesehen; vgl. Veil, GmbHR 2007, S. 1083.

[180] So wohl Noack, DB 2007, S. 1396.

[181] Ebenso Bunnemann/Zirngibl, Auswirkungen des MoMiG auf bestehende GmbHs, 2018, S. 50.

[182] Vgl. Küting/Reuter, in Küting/Weber, HdR-E, § 272 HGB Rn 158, Stand: 11/2009.

Bei der **AG** ist die Bildung von satzungsmäßigen Rücklagen in § 58 AktG geregelt. **Stellen Vorstand und Aufsichtsrat den Jahresabschluss fest** (§ 172 AktG), was der üblichen Praxis entspricht, können sie einen Teil des Jahresüberschusses, höchstens jedoch die Hälfte, in die anderen Gewinnrücklagen einstellen (§ 58 Abs. 2 Satz 1 AktG), wobei die Satzung Vorstand und Aufsichtsrat zur Einstellung eines größeren oder kleineren Teils des Jahresüberschusses ermächtigen kann (§ 58 Abs. 2 Satz 2 AktG). Da es sich hierbei um eine zusätzliche Zuführung handelt, die im Ermessen von Vorstand und Aufsichtsrat liegt, sind die anderen Gewinnrücklagen i. S. v. § 266 Abs. 3 A. III. 4. HGB zu dotieren und nicht die satzungsmäßigen Rücklagen i. S. d. § 266 Abs. 3 A. III. 3. HGB. Das lässt sich auch aus § 58 Abs. 2 Satz 1 AktG entnehmen, der ausdrücklich von „anderen Gewinnrücklagen" spricht (zum Ausweis in der Bilanz und der GuV s. Rz 14 ff.).[183] 179

Wird der **Jahresabschluss ausnahmsweise von der Hauptversammlung festgestellt** (§ 173 Abs. 1 AktG), kann die Satzung für diesen Fall bestimmen, dass Beträge aus dem Jahresüberschuss in andere Gewinnrücklagen einzustellen sind (§ 58 Abs. 1 Satz 1 AktG). Aufgrund einer solchen Satzungsbestimmung kann höchstens die Hälfte des Jahresüberschusses in andere Gewinnrücklagen eingestellt werden (§ 58 Abs. 1 Satz 2 AktG). Dabei sind Beträge, die in die gesetzliche Rücklage einzustellen sind, und ein Verlustvortrag vorab von dem Jahresüberschuss abzuziehen (§ 58 Abs. 1 Satz 3 AktG). Zwar sieht § 58 Abs. 1 Satz 1 AktG eine Pflichtdotierung vor, jedoch schreibt der Wortlaut der Vorschrift gleichwohl eine Einstellung in die anderen Gewinnrücklagen vor.[184] Demgem. hat der Ausweis bei der AG unter den anderen Gewinnrücklagen i. S. v. § 266 Abs. 3 A. III. 4. HGB zu erfolgen (zum Ausweis in der Bilanz und in der GuV vgl. Rz 14 ff.).[185] 180

Darüber hinaus erlaubt § 58 Abs. 3 Satz 1 AktG der Hauptversammlung der AG, im Wege des **Gewinnverwendungsbeschlusses** weitere Beträge in die Gewinnrücklagen einzustellen (§ 174 AktG). Auch diese Beträge sind, da es sich ebenfalls um eine Zuführung handelt, die im Ermessen der Hauptversammlung liegen, als andere Gewinnrücklagen i. S. v. § 266 Abs. 3 A. III. 4. HGB auszuweisen.[186] 181

Unter Berücksichtigung der vorstehenden Ausführungen wird deutlich, dass satzungsmäßige Gewinnrücklagen bei der AG im Grunde nicht gebildet werden können.[187] Vor diesem Hintergrund ist die in der Literatur umstrittene Frage verständlich, ob in der Satzung eine Regelung getroffen werden kann, die die **Hauptversammlung zu einer Rücklagendotierung bei der Gewinnverwendung verpflichten**. Nach § 58 Abs. 4 AktG scheint dies möglich. Es heißt dort, dass die Aktionäre Anspruch auf Bilanzgewinn haben, soweit er nicht nach Satzung von der Verteilung unter den Aktionären ausgeschlossen ist. Für die Zulässigkeit einer solchen Satzungsbestimmung spricht im Übrigen, dass nach § 58 Abs. 3 Satz 2 AktG sogar eine Regelung in die Satzung aufgenommen werden 182

---

[183] Vgl. ADS, 6. Aufl. 1995–2001, § 272 HGB Rz 153; a. A. Haller, DB 1987, S. 648.
[184] Die Ausweisfrage hat Bedeutung für die Berechnung der Höchstgrenze der Dotierungsmöglichkeiten des Vorstands nach § 58 Abs. 2 Satz 2 AktG. Wenn die anderen Gewinnrücklagen die Hälfte des Grundkapitals übersteigen, kann von der Ermächtigung kein Gebrauch mehr gemacht werden.
[185] Vgl. ADS, 6. Aufl. 1995–2001, § 272 HGB Rz 153 m. w. N.
[186] Vgl. auch Küting/Reuter, in Küting/Weber, HdR-E, § 272 HGB Rn 162, Stand: 11/2009.
[187] So auch Küting/Reuter, in Küting/Weber, HdR-E, § 272 HGB Rn 163, Stand: 11/2009, die § 58 Abs. 4 AktG als einzige Grundlage zur Bildung einer satzungsmäßigen Rücklage i. S. d. § 266 Abs. 3 A. III. 3. HGB ansehen.

kann, nach der die Verteilung des Bilanzgewinns ganz ausgeschlossen wird, um ihn der Verfolgung gemeinnütziger Zwecke zuzuführen.[188] Zudem wird im Hinblick auf § 158 Abs. 1 Nr. 4c AktG, der ansonsten leer liefe, davon auszugehen sein, dass derartige Beträge in die satzungsmäßigen Gewinnrücklagen einzustellen sind.[189] Folglich sind Einstellungen in die satzungsmäßigen Rücklagen auf der Grundlage einer die Hauptversammlung verpflichtenden Satzungsregelung nach § 58 Abs. 4 AktG zulässig. In diesem Fall ist die Dotierung der satzungsmäßigen Rücklagen schon i. R. d. Aufstellung des Jahresabschlusses vorzunehmen und in der Verlängerungsrechnung zur GuV zu zeigen (§ 158 Abs. 1 Nr. 4c AktG). Alternativ ist auch eine Angabe im Anhang zulässig (§ 158 Abs. 1 Satz 2 AktG).[190]

183 Die handelsbilanzielle Abbildung von **Entnahmen** aus der satzungsmäßigen Rücklage hängt von dem in der Satzung festgelegten Zweck ab, der ihrer Bildung zugrunde liegt.[191]

> **Praxis-Beispiel**
> Sollen sie bspw. einer Kapitalerhöhung aus Gesellschaftsmitteln dienen, ist nach entsprechendem Beschluss der Hauptversammlung unmittelbar in der Bilanz eine Umbuchung vorzunehmen.

Entnahmen erfolgen nach Maßgabe des § 270 Abs. 2 HGB bei der Aufstellung des Jahresabschlusses. Sie sind in der Bilanz oder im Anhang gesondert anzugeben (§ 152 Abs. 3 Nr. 3 AktG) und in der Verlängerungsrechnung zur GuV auszuweisen (§ 158 Abs. 1 Nr. 3c AktG).

184 Das Gesetz schreibt eine **Untergliederung der satzungsmäßigen Rücklagen** entsprechend den festgelegten Zwecken nicht vor. Gleichwohl ist es im Interesse einer klareren Darstellung zu empfehlen, zumindest nicht unerhebliche zweckgebundene satzungsmäßige Rücklagen gesondert auszuweisen oder im Anhang zu erläutern.

185 Die **satzungsmäßigen Rücklagen** und die anderen Gewinnrücklagen werden bei der KGaA – gleichgültig ob die Dotierung i. R. d. Aufstellung oder der Gewinnverwendung vorgenommen wird – allein aus dem auf die Kommanditaktionäre entfallenden Jahresüberschuss bedient.

186 Für den Jahresabschluss der KGaA ist nach aktienrechtlichen Vorschriften zu entscheiden, ob und inwieweit außer den Einstellungen aus dem Jahresüberschuss in die gesetzliche Rücklage weitere **Dotierungen der Gewinnrücklage** erfolgen dürfen und in wessen Zuständigkeit die Entscheidung darüber liegt. Umstritten ist, ob § 58 Abs. 1 und 2 AktG Anwendung finden.[192] Diese auf die AG zugeschnittene Vorschrift unterscheidet danach, ob die Feststellung des Jahresabschlusses durch die Hauptversammlung oder den Vorstand und den

---

[188] Vgl. Koch, AktG, 16. Aufl. 2022, § 58 AktG Rn 25.
[189] Vgl. ADS, 6. Aufl. 1995–2001, § 272 HGB Rz 154 sowie § 58 AktG Rz 134 ff.; Müller, WPg 1969, S. 247; Bayer, in MünchKomm. AktG, 5. Aufl. 2021, § 58 AktG Rn 94; a. A. Lutter, in Kölner Kommentar zum AktG, 2. Aufl. 2009, § 58 AktG Anm. 69 (Auffassung ab der 3. Aufl. nicht mehr enthalten).
[190] Wird durch eine Satzungsbestimmung die in § 150 Abs. 2 AktG vorgesehene Obergrenze des gesetzlichen Reservefonds erhöht, folgt daraus keine Zuführung zu den satzungsmäßigen Rücklagen, sondern zu den gesetzlichen Rücklage nach § 150 Abs. 1 und 2 AktG.
[191] Beispiele für zweckgebundene satzungsmäßige Rücklagen sind die Substanzerhaltungsrücklage, die Erneuerungsrücklage, die Rücklage für Anlagenausstattung, die Rücklage für Werbefeldzüge etc.; vgl. Küting/Reuter, in Küting/Weber, HdR-E, § 272 HGB Rn 165, Stand: 11/2009.
[192] Vgl. zum Streitstand ADS, 6. Aufl. 1995–2001, § 286 AktG Rz 65.

Aufsichtsrat erfolgt. Insoweit geht die Verweisung des § 278 Abs. 3 AktG also eigentlich ins Leere, da die Feststellung des Jahresabschlusses der KGaA allein der Hauptversammlung obliegt. Im Hinblick auf die Besonderheiten der KGaA ist es sachgerecht, dass die phG bereits bei Aufstellung des Jahresabschlusses die Hälfte des Jahresüberschusses in die Gewinnrücklagen einstellen dürfen. Dem kann die Hauptversammlung im Wege der Feststellung des Jahresabschlusses zustimmen. Soll ein höherer Anteil als die Hälfte des Jahresüberschusses in die anderen Gewinnrücklagen eingestellt werden, bedarf es einer entsprechenden Satzungsregelung (§ 58 Abs. 2 Satz 2 AktG).

Der Gesellschaftsvertrag einer **GmbH** kann verpflichtend vorschreiben, dass die Geschäftsführung oder die Gesellschafterversammlung bestimmte Beträge in die Gewinnrücklagen einzustellen hat (§ 29 Abs. 1 Satz 1 GmbHG). Ist die Bestimmung des Gesellschaftsvertrags verpflichtend, hat der Ausweis innerhalb der satzungsmäßigen Rücklagen zu erfolgen. Handelt es sich um eine Ermessensdotierung, sind die Beträge innerhalb der anderen Gewinnrücklagen auszuweisen. Darüber hinaus sind auch bei der GmbH gesellschaftsvertragliche Regelungen denkbar, die eine verpflichtende Dotierung der satzungsmäßigen Rücklagen bei der Gewinnverwendung vorsehen (§ 29 Abs. 2 GmbHG).

187

6.3.4 Andere Gewinnrücklagen

Der Posten „Andere Gewinnrücklagen" nach § 272 Abs. 3 Satz 2 Alt. 3 HGB beinhaltet als **Auffangtatbestand** alle Gewinnrücklagen, die nicht in den Posten nach § 266 Abs. 3 A. III. 1. bis 3. HGB zu erfassen sind. Hierunter fällt bei der **AG** die Einstellung aufgrund satzungsmäßiger Dotierungspflicht nach § 58 Abs. 1 Satz 1 AktG bei Feststellung des Jahresabschlusses durch die Hauptversammlung (§ 173 Abs. 2 Satz 2 AktG).[193] Da es sich hier um eine zwingende Dotierung der anderen Gewinnrücklagen handelt, hat der Vorstand diese i.R.d. Aufstellung des Jahresabschlusses zu berücksichtigen. In der Bilanz oder im Anhang ist gesondert anzugeben, welcher Betrag dem Posten aus dem Jahresüberschuss des Gj zugeführt worden ist (§ 152 Abs. 3 Nr. 2 AktG). Zudem ist der Betrag brutto über die Verlängerungsrechnung zur GuV zu buchen (§ 158 Abs. 1 Nr. 4d AktG).

188

Ebenso sind Einstellungen nach § 58 Abs. 2 Satz 1 AktG durch den Vorstand und den Aufsichtsrat – bei Feststellung des Jahresabschlusses durch diese – in dem Posten zu erfassen. Vorstand und Aufsichtsrat können danach höchstens die **Hälfte des um die Zuführung zu den gesetzlichen Rücklagen und einen Verlustvortrag verminderten Jahresüberschusses in die anderen Gewinnrücklagen** einstellen. Nach § 58 Abs. 2 Satz 2 AktG kann die Satzung den Vorstand und den Aufsichtsrat zur Einstellung eines größeren oder kleineren Teils des Jahresüberschusses ermächtigen. Aufgrund einer solchen Satzungsbestimmung dürfen aber keine Beträge in die anderen Gewinnrücklagen eingestellt werden, wenn diese die Hälfte des Grundkapitals übersteigen oder nach der Einstellung übersteigen würden (§ 58 Abs. 2 Satz 3 AktG). Die Einstellungen sind bei Aufstellung des handelsrechtlichen Jahresabschlusses vorzunehmen und in der Bilanz oder im Anhang gesondert anzugeben (§ 152 Abs. 3 Nr. 2 AktG). Zudem ist die

189

---

[193] Dieser Fall ist streng von der Rücklagenbildung durch die Hauptversammlung i.R.d. Gewinnverwendung zu unterscheiden (§ 58 Abs. 3 AktG). Grundlage der Einstellung in die anderen Gewinnrücklagen ist der Jahresüberschuss, Grundlage der Gewinnverwendung der Bilanzgewinn.

Einstellung über die Verlängerungsrechnung zur GuV zu buchen (§ 158 Abs. 1 Nr. 4d AktG). Eine direkte Einstellung ohne Berührung der GuV ist nicht zulässig.

190 Nach Maßgabe des § 58 Abs. 3 Satz 1 AktG kann die Hauptversammlung im **Beschluss über die Verwendung des Bilanzgewinns** weitere Beträge in die Gewinnrücklagen – also auch in die anderen Gewinnrücklagen – einstellen. Denkbar ist auch, die Zuführung zu den anderen Gewinnrücklagen mit einer Zweckbindung zu versehen.[194] Zuführungen zu den anderen Gewinnrücklagen nach Maßgabe des § 58 Abs. 3 Satz 1 AktG berühren erst den handelsrechtlichen Jahresabschluss des Folgejahrs. Zu dem Posten ist im Folgejahr gem. § 152 Abs. 3 Nr. 1 AktG in der Bilanz oder im Anhang gesondert anzugeben, welchen Betrag die Hauptversammlung aus dem Bilanzgewinn des Vj eingestellt hat.[195]

191 § 58 Abs. 2a AktG erlaubt dem Vorstand und dem Aufsichtsrat die Einstellung des Eigenkapitalanteils von **Wertaufholungen** in die anderen Gewinnrücklagen.[196] Die Einstellung erfolgt bei der Gewinnverwendung ohne Anrechnung ("unbeschadet") auf die betragsmäßigen Begrenzungen der Gewinnverwendung in § 58 Abs. 1 und 2 AktG. Nach § 58 Abs. 2a AktG ist der Betrag dieser Rücklagen entweder in der Bilanz gesondert auszuweisen oder im Anhang anzugeben.[197] In der GuV ist der Betrag gem. § 158 Abs. 1 Nr. 4d AktG zusammen mit den sonstigen Einstellungen in die anderen Gewinnrücklagen zu zeigen. Eine unmittelbare Einstellung in die anderen Gewinnrücklagen ist nicht zulässig.

192 Liegt ein (Teil-)**Gewinnabführungsvertrag** vor, bestimmt § 301 AktG den Höchstbetrag der Gewinnabführung. Danach kann eine AG, gleichgültig welche Vereinbarungen über die Berechnung des abzuführenden Gewinns getroffen worden sind, als ihren Gewinn höchstens den ohne Gewinnabführung entstehenden Jahresüberschuss, vermindert um einen Verlustvortrag aus dem Vorjahr und um den Betrag, der nach § 300 AktG in die gesetzlichen Rücklagen einzustellen ist, abführen. Aus dem Wortlaut des § 301 Satz 1 AktG („… höchstens …") lässt sich entnehmen, dass im (Teil-)Gewinnabführungsvertrag Zuführungen zu den anderen Gewinnrücklagen vereinbart werden können. Umgekehrt ist eine Zuführung zu den anderen Gewinnrücklagen bei wirksamem (Teil-)Gewinnabführungsvertrag nur mit entsprechender vertraglicher Vereinbarung überhaupt möglich. Nach § 301 Satz 2 AktG können Beträge, die während der Dauer des Vertrags in die anderen Gewinnrücklagen eingestellt worden sind, diesen entnommen und als Gewinn abgeführt werden. Ein Bilanzgewinn entsteht dadurch nicht; es erhöhen

---

[194] Entfällt die Zweckbindung, so ist die zweckgebundene andere Gewinnrücklage durch den Vorstand erfolgswirksam aufzulösen. Sie erhöht den Bilanzgewinn und fällt wieder in die Dispositionsbefugnis der Hauptversammlung.
[195] § 58 Abs. 3 Satz 2 AktG räumt zudem die Möglichkeit ein, die Hauptversammlung durch Satzungsregelung zu ermächtigen, eine andere Verwendung als zur Dotierung der Gewinnrücklagen, zur Ausschüttung oder zum Gewinnvortrag zu beschließen. Hauptzweck dieser Vorschrift ist es, eine Verwendung des Bilanzgewinns zugunsten Dritter, d.h. weder der AG noch der Aktionäre, zuzulassen. Dabei wird insb. an gemeinnützige Zwecke gedacht.
[196] Das Recht zur Rücklagenbildung nach § 58 Abs. 2a AktG steht Vorstand und Aufsichtsrat nur zu, solange diese auch den Jahresabschluss feststellen. Die Kompetenz zur Rücklagenbildung – auch bez. § 58 Abs. 2a AktG – wird bei Feststellung des Jahresabschlusses durch die Hauptversammlung allein durch § 173 Abs. 2 AktG geregelt. § 173 Abs. 2 Satz 2 AktG schreibt aber vor, dass die Hauptversammlung nur Beträge in die Gewinnrücklagen einstellen darf, die nach Gesetz oder Satzung einzustellen sind.
[197] Die Vorschrift ist nach hier vertretener Auffassung lex specialis zu § 152 Abs. 3 Nr. 2 AktG.

sich die Aufwendungen nach § 277 Abs. 3 Satz 2 HGB in der GuV.[198] Demgegenüber dürfen die sog. vorvertraglichen anderen Gewinnrücklagen – also andere Gewinnrücklagen, die bei Wirksamwerden des (Teil-)Gewinnabführungsvertrags bereits bestanden, – einschl. eines Gewinnvortrags nicht aufgelöst und abgeführt werden. Dies ergibt sich im Umkehrschluss aus § 301 Satz 2 AktG. Damit ist jedoch eine Auflösung und Ausschüttung an alle Gesellschafter i.R.d. Gewinnverwendung nach § 174 AktG keineswegs generell ausgeschlossen. Besondere Bedeutung gewinnen die anderen Gewinnrücklagen zudem für die Frage des Verlustausgleichs nach § 302 Abs. 1 AktG. Besteht ein Beherrschungs- oder Gewinnabführungsvertrag, so ist jeder während der Vertragsdauer sonst entstehende Jahresfehlbetrag auszugleichen, soweit dieser nicht dadurch ausgeglichen werden kann, dass den anderen Gewinnrücklagen Beträge entnommen werden, die während der Vertragsdauer in sie eingestellt worden sind.[199]

Entnahmen aus den anderen Gewinnrücklagen werden durch den Vorstand bei Aufstellung des Jahresabschlusses vorgenommen. Denkbar sind Entnahmen zum Ausgleich eines Jahresfehlbetrags (§ 150 Abs. 3 Nr. 1 AktG) oder eines Verlustvortrags aus dem Vorjahr (§ 150 Abs. 3 Nr. 2 AktG), zur Ausschüttung oder zur Umwandlung in Grundkapital durch eine Kapitalerhöhung aus Gesellschaftsmitteln (§ 208 AktG). Darüber hinaus ist auch eine Dotierung der gesetzlichen Rücklage zulasten der anderen Gewinnrücklagen möglich. Die Entnahmen des Gj sind gem. § 152 Abs. 3 Nr. 3 AktG in der Bilanz oder im Anhang zu den einzelnen Posten gesondert anzugeben. Zudem müssen sie, abgesehen von der Kapitalerhöhung aus Gesellschaftsmitteln, in der Verlängerungsrechnung zur GuV gezeigt werden (§ 158 Abs. 1 Nr. 4 AktG).[200] 193

Der Hauptversammlung der **KGaA** bleibt es zudem unbenommen, aus dem Bilanzgewinn bei der Gewinnverwendung weitere Beträge in die **anderen Gewinnrücklagen** einzustellen (§§ 278 Abs. 3, 58 Abs. 3, 174 Abs. 2 AktG). Dies kann bereits entsprechend durch die phG vorgeschlagen werden; anderenfalls steht nichts entgegen, wenn die Hauptversammlung von dem Gewinnverwendungsvorschlag der phG abweicht und beschließt weitere Beträge in die anderen Gewinnrücklagen einzustellen. Eine Änderung des Jahresabschlusses ist damit nicht verbunden (§ 174 Abs. 2 AktG). 194

Für die **GmbH** fehlen gesetzliche Vorschriften, die zu einer Einstellung von Beträgen in die Gewinnrücklagen verpflichten. Umgekehrt bestehen auch keine gesetzlichen Verwendungsbeschränkungen. Es obliegt den Gesellschaftern oder dem sonst zuständigen Gewinnverwendungsorgan, nach Maßgabe des § 29 Abs. 2 GmbHG mit einem **Gewinnverwendungsbeschluss** Beträge in die Gewinnrücklagen einzustellen. Der Geschäftsführung ist es bei der Aufstellung des Jahresabschlusses erlaubt, den Eigenkapitalanteil von Wertaufholungen bei VG des AV und UV mit Zustimmung des Aufsichtsrats oder der Gesellschafter, in die Gewinnrücklagen einzustellen (§ 29 Abs. 4 Satz 1 GmbHG). Der Betrag dieser Rücklagen 195

---

[198] Vgl. ADS, 6. Aufl. 1995–2001, § 272 HGB Rz 168.
[199] Vgl. ADS, 6. Aufl. 1995–2001, § 272 HGB Rz 168 sowie zu weiteren Einzelheiten Müller, in FS Goerdeler, 1987, S. 375.
[200] Eine Entnahme zur Dotierung der gesetzlichen Rücklage i.S.d. § 150 AktG lässt sich nur dann unter Umgehung des § 158 AktG erreichen, wenn die Entnahme zur Erhöhung des Bilanzgewinns vorgenommen wird und die Einstellung in die gesetzliche Rücklage durch die Hauptversammlung erfolgt. Dies erfordert nur eine Angabe nach § 152 Abs. 3 Nr. 1 AktG im folgenden Jahresabschluss.

i. S. d. § 29 Abs. 4 Satz 1 GmbHG ist entweder in der Bilanz gesondert auszuweisen oder im Anhang anzugeben (§ 29 Abs. 4 Satz 2 GmbHG). Darüber hinaus kann die Geschäftsführung durch den Gesellschaftsvertrag oder Beschlüsse der Gesellschafter berechtigt werden, Gewinnrücklagen schon während der Aufstellung zu dotieren oder aufzulösen.

6.4 Rücklage für Anteile an einem herrschenden oder mehrheitlich beteiligten Unternehmen (Abs. 4)

196 Die Funktion der Rücklage für eigene Anteile besteht in einer **Ausschüttungssperre** zum Schutz der Gläubiger. Zwar ist der Erwerb eigener Anteile gesellschaftsrechtlich nur zulässig, soweit er aus dem freien Vermögen erfolgt (§ 71 Abs. 2 Satz 2 AktG, § 33 Abs. 2 Satz 1 GmbHG). Der Gesetzgeber hält dies jedoch nicht für ausreichend, sondern vertritt die Auffassung, dass der Gegenwert der aktivierten eigenen Anteile dauerhaft mit der verpflichtend zu bildenden Rücklage für eigene Anteile gegen eine Ausschüttung zu sperren ist. Dies ist auch gerechtfertigt, denn eigene Anteile sind besonders unsichere Werte. Sie bergen das Risiko, dass sich Unternehmensverluste noch verstärken. Anders als bei VG ist der Wert eigener Anteile grds. unmittelbar an die Wertentwicklung des Unt gebunden. Befindet sich ein Unt – aus welchen Gründen auch immer – in einer Schwächephase und erwirtschaftet Verluste, erhöhen sich diese Verluste üblicherweise noch durch die dann erforderliche außerplanmäßige Abschreibung der aktivierten eigenen Anteile.

197 Mit dem verpflichtenden Ausweis der (aller) eigenen Anteile auf der Passivseite der Bilanz (§ 272 Abs. 1a und b HGB) ist die Rücklage für eigene Anteile entbehrlich geworden. Der Grund für die verpflichtende Bildung einer Rücklage für eigene Anteile, die Aktivierung eigener Anteile, besteht nur noch eingeschränkt, nämlich in Bezug auf die Anteile, die die bilanzierungspflichtige KapG an einem herrschenden oder einem mehrheitlich beteiligten Unt hält (sog. **Rückbeteiligung**). Demgemäß schreibt § 272 Abs. 4 Satz 1 HGB vor, dass für Anteile an einem herrschenden oder mit Mehrheit beteiligten Unt eine Rücklage zu bilden ist. Die Beantwortung der Frage, ob ein Unt herrschend oder mehrheitlich beteiligt ist, bestimmt sich nach den §§ 16, 17 AktG. Es gilt der aktienrechtliche Unternehmensbegriff.[201] Dies umfasst regelmäßig das TU i. s. d. § 290 Abs. 1 HGB und damit kann ganz ausnahmsweise auch das GemeinschaftsUnt i. S. d. § 310 HGB gemeint sein, das von zwei MU gemeinsam beherrscht wird.[202] Die in DRS 22.8 enthaltene Definition, wonach zu den eigenen Anteilen auch die Anteile am Grund- oder Stammkapital eines MU gehören, die von einem anteilsmäßig einbezogenen GemeinschaftsUnt gehalten werden, hat in dieser generellen Form nur für den Konzernabschluss Bedeutung.

198 Die Überlegungen, die für die Bildung einer Rücklage für eigene Anteile bei der emittierenden Ges. galten, galten und gelten auch für die Bildung einer Rücklage für Anteile an einem herrschenden oder mit Mehrheit beteiligten Unt. Mit der Vorschrift sollte und soll eine Lücke geschlossen werden. Aus der Sicht des herrschenden oder mehrheitlich beteiligten Unt macht es keinen Unterschied,

---

[201] Vgl. auch ADS, 6. Aufl. 1995–2001, § 272 HGB Rz 204.
[202] Dazu und zu den Voraussetzungen der gemeinsamen Beherrschung Emmerich, in Emmerich/Habersack, Aktien- und GmbH-Konzernrecht, 10. Aufl. 2022, § 17 AktG Rn. 28 ff.

ob es die eigenen Anteile selbst hält oder sie von einem abhängigen oder im Mehrheitsbesitz stehenden Unt gehalten werden, denn zumindest die in ihrer Bilanz ausgewiesene Beteiligung an dem abhängigen oder im Mehrheitsbesitz stehenden Unt repräsentiert wirtschaftlich auch die von diesem gehaltenen eigenen Anteile. Insofern rechtfertigt sich auch eine Ausschüttungssperre, denn etwaige Verluste des herrschenden oder mehrheitlich beteiligten Unt schlagen auf den Wertansatz der Anteile bei dem abhängigen oder im Mehrheitsbesitz stehenden Unt durch, was sich auf Ebene des herrschenden oder mehrheitlich beteiligten Unt wiederum auf den Beteiligungsansatz auswirkt.[203] Es besteht damit für das herrschende oder mehrheitlich beteiligte Unt die **Gefahr der Verlustdoppelung** auch dann, wenn die eigenen Anteile bei dem abhängigen oder im Mehrheitsbesitz stehenden Unt liegen.[204]

§ 266 Abs. 3 A. III. 2. HGB sieht den **gliederungstechnischen Ausweis** der Rücklage für Anteile an einem herrschenden oder mehrheitlich beteiligten Unt innerhalb der Gewinnrücklagen vor. Unter systematischen Gesichtspunkten wäre es besser gewesen, die Rücklage für Anteile an einem herrschenden oder mehrheitlich beteiligten Unt als weitere Kategorie neben die Kapital- und die Gewinnrücklage zu stellen. Dies gilt umso mehr, als die Rücklage für Anteile an einem herrschenden oder mehrheitlich beteiligten Unt sowohl zulasten der Gewinnrücklagen als auch zulasten der frei verfügbaren Kapitalrücklage oder des Jahresergebnisses dotiert werden kann.

Aktien einer herrschenden oder mit Mehrheit beteiligten AG können gesellschaftsrechtlich zulässig nur unter den Voraussetzungen des § 71d Satz 2 AktG i. V. m. § 71 AktG erworben werden. Dabei ist **von einem Ausweis im Umlaufvermögen** auszugehen, wenn die Aktien zur Abwendung eines schweren und unmittelbar bevorstehenden Schadens (§ 71 Abs. 1 Nr. 1 AktG), zur Weiterveräußerung an Arbeitnehmer (§ 71 Abs. 1 Nr. 2 AktG), zur Abfindung von Aktionären (§ 71 Abs. 1 Nr. 3 AktG), zur Einziehung zwecks Herabsetzung des Grundkapitals (§ 71 Abs. 1 Nr. 6 AktG) oder zum Zweck des Wertpapierhandels (§ 71 Abs. 1 Nr. 7 AktG) erworben werden.[205] Darüber hinaus können eigene Aktien auch unentgeltlich oder im Wege der Gesamtrechtsnachfolge erworben werden (§ 71 Abs. 1 Nr. 4 und 5 AktG). In beiden Fällen ist ein **Ausweis im Anlagevermögen** unter den Finanzanlagen denkbar (§ 266 Abs. 2 A. III. HGB). In diesem Zusammenhang ist zu beachten, dass das herrschende oder mehrheitlich beteiligte Unt jederzeit die Übertragung der eigenen Aktien verlangen kann (§ 71d AktG). Folglich müssen für einen Ausweis im Anlagevermögen hinreichende Anhaltspunkte vorliegen, dass dieses Recht nicht ausgeübt wird. Das Gleiche gilt auch für einen Erwerb nach § 71 Abs. 1 Nr. 8 AktG.

---

[203] Vgl. zum Ganzen auch Zilias/Lanfermann, WPg 1980, S. 94.
[204] Insoweit ist die Ausschüttungssperre auch nicht nur bei in 100 %igem Anteilsbesitz stehenden Unt gerechtfertigt, sondern auch, wenn an dem abhängigen oder im Mehrheitsbesitz stehenden Unt auch Minderheitsgesellschafter beteiligt sind; vgl. dazu auch Seidler, Eigene Aktien, 2004, S. 116. Das gilt umso mehr, als die eigenen Anteile bei dem abhängigen oder im Mehrheitsbesitz stehenden Unt nicht zwingend im Umlaufvermögen auszuweisen sind, also auch stille Lasten bergen können.
[205] Vgl. ADS, 6. Aufl. 1995–2001, § 266 HGB Rz 74, wonach ein Ausweis entweder unter § 266 Abs. 2 B. III. 1. HGB („Anteile an verbundenen Unternehmen"), soweit die Voraussetzungen des § 271 Abs. 2 HGB erfüllt sind, oder unter § 266 Abs. 2 B. III. 3. HGB („Sonstige Wertpapiere") infrage kommt.

201 Natürlich kann ein abhängiges oder im Mehrheitsbesitz stehendes Unt auch die Geschäftsanteile einer herrschenden oder mit Mehrheit beteiligten **GmbH** erwerben. Da hier keine dem Aktienrecht vergleichbaren Erwerbsbeschränkungen in Form von zu beachtenden Erwerbszwecken bestehen, richtet sich die Zuordnung zum Anlage- oder Umlaufvermögen nach den allgemeinen Grundsätzen (§ 247 Abs. 2 HGB), wobei auch hier natürlich von Bedeutung ist, ob eine Unternehmensverbindung i. S. d. § 271 Abs. 2 HGB vorliegt.

202 Nach § 272 Abs. 4 Satz 3 Hs. 1 HGB ist die Rücklage für Anteile an einem herrschenden oder mehrheitlich beteiligten Unt bereits **bei der Aufstellung der Bilanz** zu bilden. Daraus folgt gleichzeitig, dass der Jahresabschluss zumindest unter Berücksichtigung der tw. Verwendung des Jahresergebnisses aufzustellen ist (§ 268 Abs. 1 Satz 1 HGB).

203 In die Rücklage ist ein Betrag einzustellen, der dem auf der Aktivseite der Bilanz für die Anteile an dem herrschenden oder mit Mehrheit beteiligten Unt angesetzten Betrag (§ 253 Abs. 1 Satz 1 HGB) entspricht (§ 272 Abs. 4 Satz 2 HGB). Werden die **Anteile unentgeltlich überlassen**, braucht eine Rücklage nicht gebildet zu werden, wenn der Ansatz nur mit einem Erinnerungswert erfolgt. Wird der Ansatz der eigenen Anteile im Zugangszeitpunkt hingegen zum beizulegenden Zeitwert vorgenommen, ist eine Rücklage für die Anteile an dem herrschenden oder mit Mehrheit beteiligten Unt i. H. d. beizulegenden Zeitwerts der aktivierten eigenen Anteile vorzunehmen. Anders als auf Ebene des herrschenden oder mit Mehrheit beteiligten Unt sind die Aufwendungen, die bei dem Erwerb von Anteilen an dem herrschenden oder mit Mehrheit beteiligten Unt auf Ebene des beherrschten Unt bzw. des Unt an dem eine Mehrheitsbeteiligung entstehen, aktivierungspflichtige Anschaffungsnebenkosten. Dies ergibt sich letztlich aus dem Umstand, dass beherrschte Unt bzw. Unt an denen eine Mehrheitsbeteiligung besteht, letztlich keine eigenen Anteile erwerben, so dass § 272 Abs. 1a Satz 3 HGB hier keine Anwendung findet.[206]

204 Die Rücklage für Anteile an einem herrschenden oder mehrheitlich beteiligten Unt darf aus **vorhandenen frei verfügbaren Rücklagen** gebildet werden (§ 272 Abs. 4 Satz 3 Hs. 2 HGB). Zu den frei verfügbaren Rücklagen zählen die satzungsmäßigen und die anderen Gewinnrücklagen, soweit die Satzung oder der Gesellschaftsvertrag hierfür keine anderweitige Zweckbindung vorschreibt. Mit dem neu gefassten § 272 Abs. 4 Satz 3 HGB wird zudem insb. auch die bisher bestehende Unsicherheit darüber beseitigt, ob von der Vorschrift auch Kapitalrücklagen nach § 272 Abs. 2 Nr. 4 HGB umfasst sind. Dies war aufgrund des Wortlauts des bisherigen § 272 Abs. 4 Satz 3 HGB, der ausdrücklich auf vorhandene Gewinnrücklagen abstellte, nicht zweifelsfrei, weswegen § 272 Abs. 4 Satz 3 HGB nunmehr den Begriff der frei verfügbaren Rücklagen verwendet. Nicht zu den frei verfügbaren Rücklagen zählen aber die gesetzliche Rücklage (§ 150 Abs. 1 und 2 AktG) und die Kapitalrücklage nach § 272 Abs. 2 Nr. 1 bis 3 HGB (die Ausführungen zu den eigenen Anteilen unter Rz 62 ff. gelten entsprechend).

205 Einstellungen in die Rücklage für Anteile an einem herrschenden oder mehrheitlich beteiligten Unt sind – anders als im Fall der Verrechnung – in der **Verlängerungsrechnung zur GuV** zu zeigen (§ 158 Abs. 1 Satz 1 Nr. 4 AktG). Die Angaben können nach § 158 Abs. 1 Satz 2 AktG auch im Anhang

---

[206] Ebenso auch DRS 22.33.

gemacht werden. Auch die Verwendung eines Gewinnvortrags ist in der Verlängerungsrechnung nach § 158 Abs. 1 Satz 1 AktG oder im Anhang (§ 158 Abs. 1 Satz 2 AktG) kenntlich zu machen. Wird eine Rücklage für eigene Anteile an einem herrschenden oder mit Mehrheit beteiligten Unt zulasten der Kapitalrücklage nach § 272 Abs. 2 Nr. 4 HGB oder zulasten anderer frei verfügbarer Gewinnrücklagen gebildet, liegt eine Umwidmung von Rücklagen vor. Besondere Angaben hierzu schreibt § 152 AktG nicht vor. Sie gleichwohl freiwillig vorzunehmen ist jedoch zum Verständnis der Rücklagenbewegungen zu empfehlen.

Die Rücklage für Anteile an einem herrschenden oder mit Mehrheit beteiligten Unt ist **aufzulösen**, soweit die Anteile an dem herrschenden oder mit Mehrheit beteiligten Unt veräußert, ausgegeben oder eingezogen werden oder auf der Aktivseite ein niedrigerer Betrag angesetzt wird (§ 272 Abs. 4 Satz 4 HGB). Aus der Vorschrift ergibt sich gleichzeitig, dass eine Auflösung für andere Zwecke nicht zulässig ist. 206

Das Gesetz sieht hier eine **Auflösungspflicht** vor. Den Anteilseignern sollen nicht dauerhaft Beträge entzogen oder die Gewinnverteilungskompetenzen durch Eingriffe in die Rechte der Anteilseigner verändert werden. Dies gilt umso mehr, als es keine Gründe gibt, die Rücklage bei Verminderung des aktivierten Betrags beizubehalten.[207] 207

Entnahmen aus der Rücklage für Anteile an einem herrschenden oder mit Mehrheit beteiligten Unt sind in der GuV nach § 158 Abs. 1 Satz 1 Nr. 3b AktG auszuweisen. Alternativ ist auch eine Angabe im Anhang möglich (§ 158 Abs. 1 Satz 2 AktG). 208

Die vorstehenden Ausführungen zum Erwerb und zur Veräußerung von Anteilen an einem herrschenden oder mehrheitlich beteiligten Unt durch die AG gelten für die **KGaA und die SE** entsprechend. 209

§ 272 Abs. 4 HGB ist auch auf den Erwerb von Anteilen an einem herrschenden oder mehrheitlich beteiligten Unt durch eine GmbH anzuwenden. Die §§ 152, 158 AktG sind jedoch von der GmbH nicht zu beachten. 210

Soweit die Anteile von einer **haftungsbeschränkten Unternehmergesellschaft** nach § 5a GmbHG erworben werden, kommt der Dotierung der gesetzlichen Rücklage nach § 5a Abs. 3 GmbHG – vergleichbar der gesetzlichen Rücklage nach § 150 Abs. 1 und 2 AktG – der Vorrang vor der Dotierung der Rücklage für eigene Anteile zu. 211

7 Ausschüttungssperre für Beteiligungserträge (Abs. 5)

§ 272 Abs. 5 Satz 1 HGB – der Art. 9 Abs. 7 Buchst. c der Richtlinie 2013/34/EU umsetzt – schreibt vor, dass, soweit der auf eine Beteiligung entfallende Teil des Jahresüberschusses in der GuV die Beträge übersteigt, die als Dividende oder Gewinnanteil eingegangen sind oder auf deren Zahlung die KapG einen Anspruch hat, der Unterschiedsbetrag in eine Rücklage einzustellen ist, die nicht ausgeschüttet werden darf. Gemäß § 272 Abs. 5 Satz 2 HGB ist die Rücklage aufzulösen, soweit die KapG die Beträge vereinnahmt oder einen Anspruch auf ihre Zahlung erwirbt. § 272 Abs. 5 Satz 1 HGB begründet somit eine Ausschüttungssperre für Beteiligungserträge, die am Bilanzstichtag nicht als Dividende 212

---

[207] Umgekehrt ist der Rücklage für Anteile an einem herrschenden oder mit Mehrheit beteiligten Unt bei Wertaufholungen der aktivierten Anteile nach Maßgabe des § 253 Abs. 5 HGB wieder ein entsprechender Betrag zuzuführen.

oder Gewinnanteil eingegangen (gezahlt worden) sind oder auf deren Zahlung am Bilanzstichtag kein Anspruch besteht.

213 Dreh- und Angelpunkt der Diskussion der Vorschrift ist die Bedeutung des Tatbestandsmerkmals „Anspruch". Wird der Begriff dahingehend ausgelegt, dass es sich um einen rechtlich begründeten Anspruch auf Zahlung handeln muss, wären die Konsequenzen dieser Vorschrift insb. für die phasengleiche Gewinnrealisierung erheblich.[208] Zwar bliebe die phasengleiche Gewinnrealisierung weiterhin zulässig, jedoch stünden phasengleich realisierte Beteiligungserträge nicht mehr uneingeschränkt für ein „weiterschütten" zur Verfügung, da sie am Bilanzstichtag weder zugeflossen sind, noch ein rechtlich begründeter Anspruch auf Zahlung besteht. Letzterer entsteht erst mit dem Gewinnverwendungsbeschluss. Nimmt man das Vorliegen eines Anspruchs auf Zahlung i.S.d. § 272 Abs. 5 Satz 1 HGB dagegen bereits an, wenn dieser Anspruch zwar noch nicht besteht, aber so gut wie sicher entsteht, kommt dem späteren Gewinnverwendungsbeschluss lediglich wertaufhellende Bedeutung zu. In diesem Fall lägen die Voraussetzung des § 272 Abs. 5 Satz 1 HGB zur Bildung einer Ausschüttungssperre nicht vor und könnte uneingeschränkt „weitergeschüttet" werden.[209] Der letzteren Interpretation hat sich auch der Ausschuss für Recht und Verbraucherschutz des Deutschen Bundestages angeschlossen. Danach genüge es für die Entstehung eines Anspruchs i.S.d. § 272 Abs. 5 Satz 1 HGB, dass die KapG den Beteiligungsertrag so gut wie sicher vereinnahmen wird, auch wenn ein Beschluss des BeteiligungsUnt zur Gewinnverwendung noch aussteht; auf einen Anspruch im Rechtssinn kommt es nicht an.[210]

214 Folgt man der Auslegung des Ausschusses für Recht und Verbraucherschutz des Deutschen Bundestags, läuft § 272 Abs. 5 Satz 1 HGB de facto in seinem Anwendungsbereich leer. Insb. für Vorabausschüttungen bei GmbHs kann die Vorschrift keine Anwendung finden, da der Zweck der Vorabausschüttung gerade darin besteht, Liquidität an das beteiligte Unt auszukehren. Hier dürfte also regelmäßig auch ein Zufluss liquider Mittel bei dem beteiligten Unt vorliegen.

215 Die Auslegung des Ausschusses für Recht und Verbraucherschutz des Deutschen Bundestags erscheint systematisch nicht schlüssig. Bilanziert werden üblicherweise Forderungen bzw. VG und nicht rechtliche Ansprüche. Richtig ist, dass eine Forderung nach einhelliger Auffassung bereits bilanziert werden kann, wenn der zugrunde liegende rechtliche Anspruch in seiner Entstehung so gut wie sicher ist. Fraglich ist, ob man diese für die Bilanzierung von Forderungen geltenden Überlegungen umgekehrt auf die Entstehung von rechtlichen Ansprüchen in dem Sinne übertragen kann, dass ein rechtlicher Anspruch bereits besteht, wenn er in seiner Entstehung so gut wie sicher ist. Schon aus systematischen Gründen ist eine solche Argumentation wenig überzeugend, denn der wirtschaftliche Anspruch ist in der handelsbilanziellen Terminologie die Forderung bzw. der VG und eben nicht der Anspruch. Trotz dieser Bedenken steht für den Rechtsanwender nichts entgegen, der Auslegung des Ausschusses für Recht und Verbraucherschutz des Deutschen Bundestags zu folgen, die die bisherige Handhabung der phasengleichen Gewinnrealisierung unberührt lässt.

---

[208] So Arbeitskreis Bilanzrecht Hochschullehrer Rechtswissenschaft, BB 2014, S. 2731 ff. sowie BB 2015, S. 876.
[209] Haaker, DB 2015, S. 510 ff. sowie DB 2015, S. 879 ff.
[210] BT-Drs. 18/4050, 18/4351, 18/5256 S. 83.

8 Einzelne Eigenkapital-Bilanzpositionen

8.1 Gewinn- und Verlustvortrag

Die Art des **Ausweises eines Gewinn- oder Verlustvortrags** in der Bilanz ist davon abhängig, ob diese unter Berücksichtigung der tw. oder vollständigen Verwendung des Jahresergebnisses aufgestellt wird.[211] Ist dies nicht der Fall, ist ein etwa vorhandener Gewinn- oder Verlustvortrag gem. § 266 Abs. 3 A. IV. HGB auf der Passivseite der Bilanz vor dem Jahresüberschuss oder Jahresfehlbetrag (§ 266 Abs. 3 A. V. HGB) auszuweisen.

216

Wird die Bilanz hingegen unter Berücksichtigung der tw. **Verwendung des Jahresergebnisses** aufgestellt, so tritt an die Stelle der Posten „Jahresüberschuss/ Jahresfehlbetrag" und „Gewinnvortrag/Verlustvortrag" der Posten „Bilanzgewinn/Bilanzverlust"; ein vorhandener Gewinn- oder Verlustvortrag aus dem Vorjahr ist in den Posten „Bilanzgewinn/Bilanzverlust" einzubeziehen und in der Bilanz oder im Anhang gesondert anzugeben (§ 268 Abs. 1 Satz 2 HGB; § 268 Rz 8f.).[212] Zudem scheint der Posten „Gewinnvortrag/Verlustvortrag" aus dem Vorjahr bei der AG, der KGaA und der SE in der Verlängerungsrechnung zur GuV auf (§ 158 Abs. 1 Nr. 1 AktG). Die GmbH trifft keine Verpflichtung zur Aufstellung einer Verlängerungsrechnung zur GuV, d. h., bei ihr erschöpft sich die Information zu einem Gewinn- oder Verlustvortrag aus dem Vorjahr bei Aufstellung der Bilanz unter Berücksichtigung der tw. Verwendung des Jahresergebnisses in der Angabe nach § 268 Abs. 1 Satz 2 HGB. Im Interesse eines klaren und übersichtlichen Jahresabschlusses ist aber zu empfehlen, sich hinsichtlich des Ausweises in der GuV an den aktienrechtlichen Vorschriften zu orientieren.

217

Erfolgt die Aufstellung der Bilanz unter Berücksichtigung der **vollständigen Verwendung des Jahresergebnisses**, führt dies regelmäßig zu einem Bilanzgewinn/Bilanzverlust von Null. Ausnahmsweise ist aber auch denkbar, dass i. R. d. Aufstellung beschlossen wurde, einen verbleibenden Gewinn oder Verlust auf das nächste Gj vorzutragen. Dieser Betrag ist weder in der Bilanz noch in der Verlängerungsrechnung zur GuV als Gewinnvortrag oder Verlustvortrag zu bezeichnen, sondern als Bilanzgewinn oder Bilanzverlust mit dem Zusatz „Vortrag auf neue Rechnung".[213] Zum besseren Verständnis ist der Vorgang regelmäßig im Anhang zu erläutern (§ 268 Rz 5 ff.).

218

In der Praxis tritt häufig die Frage auf, was mit einem Jahresüberschuss oder einem Jahresfehlbetrag geschieht, soweit es an einem **Gewinnverwendungsbeschluss** oder anderweitigen gesellschaftsvertraglichen oder satzungsmäßigen Regelungen zur Gewinnverwendung fehlt oder nur eine tw. Verwendung des Jahresüberschusses oder Jahresfehlbetrages vorgesehen wird. Für diesen Fall bildet der Gewinn-/Verlustvortrag den Auffangposten. Er stellt sicher, dass im

219

---

[211] Der Gewinnvortrag entstammt aus dem Vorjahr und war daher schon Teil der Berechnungsgrundlage für die Rücklagendotierung. Er steht allein zur Disposition der Aktionäre oder Gesellschafter; vgl. auch ADS, 6. Aufl. 1995–2001, § 58 AktG Rz 18.
[212] Ein auf neue Rechnung vorgetragener Gewinn oder Verlust des Gj ist hier nicht gemeint, da dieser nur bei der vollständigen Verwendung des Jahresergebnisses entstehen kann.
[213] Handelsbilanziell meint der Begriff „Gewinnvortrag/Verlustvortrag" immer einen Betrag aus dem Vorjahr, der auf neue Rechnung vorgetragen wird. Insofern ist § 174 Abs. 2 AktG etwas missverständlich, weil er für den Gewinnverwendungsbeschluss auch den Begriff „Gewinnvortrag" vorsieht.

nächsten Gj die zuständigen Organe über die nicht verwendeten Beträge beschließen oder diese erneut vorgetragen werden.

8.2 Jahresüberschuss/Jahresfehlbetrag

220 Der Jahresüberschuss zeigt den im Gj erzielten Gewinn und der Jahresfehlbetrag den im Gj erzielten Verlust, in beiden Fällen vor Rücklagenbewegungen (§ 275 Abs. 4 HGB). Der auszuweisende Betrag ergibt sich als **Saldo** aller unter den Posten nach § 275 Abs. 2 Nr. 1 bis 13, 14 und 16 HGB oder § 275 Abs. 3 Nr. 1 bis 12, 13 und 15 HGB ausgewiesenen Aufwendungen und Erträge.

221 Wird die Bilanz **nicht unter Berücksichtigung der tw. oder vollständigen Verwendung des Jahresergebnisses** aufgestellt (§ 268 Abs. 1 Satz 1 HGB), ist der Jahresüberschuss/Jahresfehlbetrag in der Bilanz innerhalb des EK auszuweisen (§ 266 Abs. 3 A. V. HGB). Er muss mit dem Posten „Jahresüberschuss/Jahresfehlbetrag" nach § 275 Abs. 2 Nr. 17, Abs. 3 Nr. 16 HGB übereinstimmen. S. dazu auch § 268 Rz 8.

222 Soweit die Bilanz hingegen **unter Berücksichtigung der vollständigen oder tw. Verwendung des Jahresergebnisses** aufgestellt wird, tritt nach § 268 Abs. 1 Satz 1 HGB an die Stelle des Postens „Jahresüberschuss/Jahresfehlbetrag" und des Postens „Gewinnvortrag/Verlustvortrag" in der Bilanz der Posten „Bilanzgewinn/Bilanzverlust" (§ 268 Rz 8 ff.). Die GuV der AG, der KGaA und der SE ist in diesem Fall um die Verlängerungsrechnung zur GuV gem. § 158 Abs. 1 AktG zu ergänzen, soweit die Angaben nicht im Anhang gemacht werden (§ 158 Abs. 1 Satz 2 AktG). Zudem sind in der Bilanz oder im Anhang die nach § 152 AktG vorgesehenen Angaben zu machen. Soweit sich die Vorschriften in ihrem Informationsgehalt überschneiden, dürfte es genügen, von Angaben, die in der Verlängerungsrechnung zur GuV enthalten sind, in der Bilanz oder im Anhang abzusehen, soweit es dadurch für die Abschlussadressaten nicht zu Informationsnachteilen – bspw. aufgrund des § 326 HGB – kommt. Die §§ 152, 158 AktG finden keine Anwendung auf die GmbH. Gleichwohl ist zum besseren Verständnis des Jahresabschlusses zu empfehlen, die Vorgänge zumindest im Anhang zu erläutern.

8.3 Bilanzgewinn/Bilanzverlust

223 Der Posten „Bilanzgewinn/Bilanzverlust" kommt in der Bilanz nur zum Ausweis, wenn diese unter Berücksichtigung der vollständigen oder tw. Verwendung des Jahresergebnisses aufgestellt wird. In diesem Fall tritt der Posten „Bilanzgewinn/Bilanzverlust" an die Stelle des Postens „Jahresüberschuss/Jahresfehlbetrag" und des Postens „Gewinnvortrag/Verlustvortrag" (§ 268 Abs. 1 Satz 1 und 2 HGB).

8.4 Nicht durch Eigenkapital gedeckter Fehlbetrag

224 § 268 Abs. 3 HGB schreibt vor, dass, soweit das EK durch Verlust aufgebraucht ist und sich ein Überschuss der Passivposten über die Aktivposten ergibt, dieser Betrag am Schluss der Bilanz auf der Aktivseite gesondert unter der Bezeichnung „Nicht durch EK gedeckter Fehlbetrag" auszuweisen ist. Der Posten, der allein **eine sich rechnerisch ergebende Korrekturgröße zum EK** darstellt und weder

VG noch Bilanzierungshilfe ist und auch nicht mit dem Jahresfehlbetrag oder Bilanzverlust des Gj verwechselt werden darf, drückt allein die bilanzielle Überschuldung aus und ist daher als Indikator für eine insolvenzrechtliche Überschuldungsprüfung anzusehen.[214] Eine Erläuterungspflicht im Anhang sieht das Gesetz für den Posten nicht vor. Gleichwohl dürfte eine Erläuterung schon nach den allgemeinen Grundsätzen grds. als notwendig einzustufen sein (§ 268 Rz 14ff.).[215]
Entsteht durch einen Bilanzverlust erstmals ein nicht durch EK gedeckter Fehlbetrag, so kann auf der Passivseite der Bilanz nur der noch durch EK gedeckte Teil des Jahresfehlbetrags bzw. Bilanzverlusts ausgewiesen werden. Dieser ist als „Durch EK gedeckter Jahresfehlbetrag (Bilanzverlust)" zu bezeichnen. In der Vorspalte ist auf den gesamten Jahresfehlbetrag bzw. Bilanzverlust hinzuweisen. Ist bereits ein Fehlbetrag nach § 268 Abs. 3 HGB vorhanden, der sich durch einen weiteren Jahresfehlbetrag erhöht, führt dies zu einer Erhöhung des nicht durch EK gedeckten Fehlbetrags.

225

Mit der Aufhebung des bisher bestehenden **Ausweiswahlrechts für nicht eingeforderte ausstehende Einlagen** nach § 272 Abs. 1 Satz 2 HGB im Wege des BilMoG entfällt die bisher bestehende Problematik, dass der nicht durch EK gedeckte Fehlbetrag, je nach Ausübung des Ausweiswahlrechts in der Bilanz, in unterschiedlicher Höhe gezeigt werden kann.[216]

226

9 Eigenkapitalverstärkungen

9.1 Vorbemerkungen

In der Praxis kommt es vor, dass Unt Mittel zur Verfügung gestellt werden, bei denen zweifelhaft ist, ob sie den **Schulden oder dem EK zuzurechnen** sind. Tw. wird unter Hinweis auf § 265 Abs. 5 HGB die Auffassung vertreten, diese Mittel seien in einem neuen Posten auszuweisen, der zwischen dem EK und dem FK anzusiedeln ist.[217] Dem ist nach der hier vertretenen Auffassung nicht zu folgen. Ausweislich des § 247 Abs. 1 HGB will der Gesetzgeber klar zwischen dem EK und FK trennen. Danach sind zur Verfügung gestellte Mittel, die dem EK nicht zweifelsfrei zuzuweisen sind, innerhalb der Schulden auszuweisen.

227

Bedeutsam ist demnach die **Abgrenzung zwischen Schulden und EK**. Eine gesetzliche Definition des Eigenkapitalbegriffs besteht nicht. Stattdessen wird im Schrifttum eine Vielzahl unterschiedlicher Kriterien angeboten.[218] Nach der hier vertretenen Auffassung kommt es allein darauf an, dass die hingegebenen Mittel nachrangig nach den Gläubigern bedient werden und bis zur vollen Höhe am Verlust teilnehmen. Der Nachrangigkeit steht es entgegen, wenn bspw. eine Verpflichtung zur

228

---

214 Der nicht durch EK gedeckte Fehlbetrag lässt gleichwohl nicht zwingend auf eine insolvenzrechtliche Überschuldung schließen. Um diese festzustellen, ist die Aufstellung eines Überschuldungsstatus erforderlich.
215 KGaA haben nach § 286 Abs. 2 Satz 3 AktG den Posten „Nicht durch Vermögenseinlagen gedeckter Verlustanteil persönlich haftender Gesellschafter" gem. § 268 Abs. 3 HGB auszuweisen, wenn der Verlust den Kapitalanteil übersteigt und keine Zahlungsverpflichtung der phG besteht; vgl. ADS, 6. Aufl. 1995–2001, § 268 HGB Rz 88.
216 Vgl. ADS, 6. Aufl. 1995–2001, § 268 HGB Rz 93.
217 Vgl. ADS, 6. Aufl. 1995–2001, § 266 HGB Rz 189; Schmidt, in FS Goerdeler, 1987, S. 503; Westerfelhaus, DB 1988, S. 1177, für die stille Ges.
218 Vgl. ADS, 6. Aufl. 1995–2001, § 246 HGB Rz 88 m. w. N.; Heymann, in Böcking u. a., Beck HdR, B 231 Rz 2, Stand: 06/2011; IDW HFA 1/1994, Abschn. 2.1.

Zahlung einer festen Verzinsung oder gar zur Rückzahlung der hingegebenen Mittel besteht. Mit Zinszahlungen, die auch zu erbringen sind, wenn die hingegebenen Mittel bereits ganz oder tw. durch Verluste aufgezehrt sind, erfolgt de facto eine Rückzahlung zulasten des FK. Das Gleiche gilt bei der Vereinbarung eines Anspruchs auf vollständige Rückzahlung der hingegebenen Mittel.

229 Tw. wird die Auffassung vertreten, die hingegebenen Mittel müssen dauerhaft, also bis zur Abwicklung/Liquidation oder zumindest für einen bestimmten Zeitraum im Unt verbleiben, um als EK klassifiziert werden zu können.[219] Zwar ist unbestritten, dass das dem Mindestgrundkapital einer AG, KGaA oder auch SE oder das dem Mindeststammkapital einer GmbH entsprechende Vermögen bis zur Abwicklung/ Liquidation im Unt verbleiben muss und vorher nicht an die Aktionäre oder Gesellschafter ausgekehrt werden kann. Umgekehrt steht aber auch nichts entgegen, darüber hinausgehendes Vermögen durch eine ordentliche Kapitalherabsetzung aus der besonderen Bindung des Grund- oder Stammkapitals zu befreien und an die Aktionäre oder Gesellschafter auszukehren (§ 222 ff. AktG; § 58 GmbHG). In diesen Fällen werden die Gläubiger vorab über das Vorhaben der ordentlichen Kapitalherabsetzung informiert und können Befriedigung oder Besicherung ihrer Forderungen verlangen. Darüber hinaus ist die Möglichkeit der Kündigung bei bestimmten Eigenkapitalformen ausdrücklich gesetzlich vorgesehen.

> **Praxis-Beispiel**
> So kann etwa ein Kommanditist durch Kündigung seiner Mitgliedschaft (§ 723 BGB) jederzeit kündigen. Das Gleiche gilt im Genossenschaftsrecht nach Maßgabe der §§ 65, 73 GenG.

230 Allein schon aufgrund der in diesen Vorschriften zum Ausdruck kommenden **gesetzgeberischen Wertung** kann ein genereller Ausschluss jeder Rückforderungsmöglichkeit bis zur Abwicklung/Liquidation nicht verlangt werden, um die hingegebenen Mittel als EK zu klassifizieren. Ebenso wenig kann es darauf ankommen, dass die hingegebenen Mittel für einen bestimmten Zeitraum im Unt verbleiben müssen. Ein solches – tw. auch mit Nachhaltigkeit bezeichnetes – Kriterium ist unpraktikabel und bietet zu große Ermessensspielräume.

231 Demgemäß sind die Dauerhaftigkeit der Mittelüberlassung, die Nachhaltigkeit oder eine Mindestüberlassungsdauer nach der hier vertretenen Auffassung nicht als Kriterien zur Eigenkapitalklassifizierung einzustufen. Vielmehr ist es für Zwecke des Gläubigerschutzes ausreichend, aber auch erforderlich, dass den Gläubigern über **Angaben im Anhang** – zu denken ist hier an vertragliche Vereinbarungen über Kündigungsrechte und Kündigungsfristen etc. – die Möglichkeit eingeräumt wird, die Nachhaltigkeit des zur Verfügung gestellten EK selbst zu überprüfen. Damit werden die Gläubiger hinreichend in ihrem Vertrauen auf die Eigenkapitalausstattung geschützt.

232 Sind die zur Verfügung gestellten Mittel als EK zu klassifizieren, sind sie **innerhalb des Postens „A. Eigenkapital"** in einem separaten Posten vor dem Posten „IV. Gewinnvortrag/Verlustvortrag" **auszuweisen** (§ 265 Abs. 5 Satz 2 HGB).

---

[219] Küting/Kessler, in Küting/Weber, HdR-E, § 272 HGB Rn 192, 195, Stand: 04/2011, sprechen sich bspw. dafür aus, die Eigenkapitalklassifizierung an die Nachhaltigkeit der Mittelüberlassung anzuknüpfen, und fordern die vertragliche Fixierung einer Mindestüberlassungsdauer.

Es ist im Anhang zu erläutern, für welche zum jeweiligen Abschlussstichtag bestehende (Rest-)Dauer gewährleistet ist, dass die überlassenen Mittel die Kriterien der Nachrangigkeit und der Verlustteilnahme bis zur vollen Höhe erfüllen. Anzugeben sind hier insb. vertraglich vereinbarte Kündigungsmöglichkeiten oder bereits vereinbarte Rückzahlungszeitpunkte.[220]

Die überlassenen Mittel, die die Eigenkapitalkriterien erfüllen, sind grds. **unmittelbar, also ohne Berührung der GuV, in das EK einzustellen**. Von dieser handelsbilanziellen Behandlung kann nur abgesehen werden, wenn auf jedwedes Rückforderungsrecht verzichtet wird und die zur Verfügung gestellten Mittel ausdrücklich als Ertragszuschuss geleistet werden. In diesem Fall sind die überlassenen Mittel erfolgswirksam zu vereinnahmen.

233

Erfüllen die überlassenen Mittel die Eigenkapitalkriterien nicht oder bestehen diesbzgl. Zweifel, sind sie als Verbindlichkeit **innerhalb der Schulden auszuweisen**. Auch hier ist es zu empfehlen, ggf. einen besonderen Posten einzufügen (§ 265 Abs. 5 Satz 2 HGB).

234

9.2 Genussrechtskapital

Umfassende gesetzliche Vorschriften zum Begriff, Inhalt und zu möglichen Ausgestaltungen von Genussrechten bestehen nicht.[221] Dies bietet die **unterschiedlichsten Gestaltungsmöglichkeiten**. Allgemein lässt sich das Genussrecht als schuldrechtliches Gläubigerrecht charakterisieren, das grds. keine Mitverwaltungsrechte wie das Stimmrecht oder das Auskunftsrecht gewährt.[222] Bzgl. der gewährten Vermögensrechte lässt sich hingegen durch vertragliche Gestaltungen sogar eine Gleichstellung der Genussrechtsinhaber mit Aktionären oder Gesellschaftern erreichen. Regelmäßig erfolgt jedoch zur Sicherstellung des Betriebsausgabenabzugs von Zahlungen auf Genussrechte eine Verknüpfung der typischen Vermögensrechte von Aktionären oder Gesellschaftern mit solchen von Fremdkapitalgläubigern.

235

Die kontrovers diskutierte Frage nach der **handelsbilanziellen Behandlung** von Genussrechtskapital ist nach Auffassung des HFA wie folgt zu beantworten:[223] Es sind in Abhängigkeit von der vertraglichen Ausgestaltung der Genussrechtsbedingungen entweder eine Einstellung in das EK, ein Ausweis innerhalb der Verbindlichkeiten oder eine erfolgswirksame Vereinnahmung denkbar. Ein schuldrechtlich begründetes Genussrechtskapital ist danach nur dann als handelsbilanzielles EK auszuweisen, wenn es nachrangig ist, bis zur vollen Höhe am Verlust teilnimmt, eine erfolgsabhängige Vergütung vereinbart ist und die Überlassung längerfristig erfolgt.[224] Dabei müssen die genannten Kriterien kumulativ vorliegen.[225] Nach der hier vertretenen Auffassung ist die

236

---

220 Vgl. IDW HFA 1/1994 Glpkt. 2.1.3.
221 Einzelne Vorschriften bestehen für die AG zur Ausgabe von Genussrechten (§ 221 Abs. 3, Abs. 4 Satz 1 AktG) und zu Angaben im Anhang (§ 160 Abs. 1 Nr. 6 AktG). Dies bedeutet aber nicht, dass die Begebung von Genussrechtskapital auf die AG beschränkt ist. Genussrechtskapital wird auch von GmbHs, KGs, Sparkassen oder VVaGs begeben.
222 Die Gewährung von Mitverwaltungsrechten ist aber mit der Rechtsnatur der Genussrechte vereinbar; vgl. BGH, Urteil v. 5.10.1992, II ZR 172/91, AG 1992, S. 127.
223 Vgl. dazu insb. IDW HFA 1/1994.
224 Vgl. auch Wengel, DStR 2001, S. 1319; Lutter; DB 1993, S. 2444; Emmerich/Naumann, WPg 1994, S. 683.
225 Vgl. zu den Kriterien im Einzelnen IDW HFA 1/1994, Glpkt. 2.1.1.

Längerfristigkeit/Nachhaltigkeit der Kapitalüberlassung kein Kriterium der EK-Klassifizierung. Es ist aber erforderlich, dass über die Umstände der Rückzahlung im Anhang berichtet wird.[226]

237 Sind die zur Verfügung gestellten **Mittel als EK zu klassifizieren**, sind sie innerhalb des Postens „A. Eigenkapital" in einem separaten Posten, bspw. mit der Bezeichnung „Genussrechtskapital", der vor dem Posten „IV. Gewinnvortrag/Verlustvortrag" einzufügen ist (§ 265 Abs. 5 Satz 2 HGB), auszuweisen.[227] Ein etwa erzieltes Aufgeld ist innerhalb desselben Postens zu erfassen und als solches kenntlich zu machen.[228] Im Fall eines Abgelds ist das Genussrechtskapital über seine Laufzeit jährlich in gleichen Raten aufwandswirksam aufzustocken.[229] In der GuV sind Vergütungs- und Aufstockungsbeträge aufwandswirksam zu erfassen; es handelt sich insoweit nicht um Gewinnverwendung.[230] Unbeschadet der Berichtspflicht nach § 160 Abs. 1 Nr. 6 AktG ist im Anhang zu erläutern, für welche zum jeweiligen Abschlussstichtag bestehende (Rest-)Dauer gewährleistet ist, dass das Genussrechtskapital die Kriterien der Nachrangigkeit und der Verlustteilnahme bis zur vollen Höhe erfüllt. Anzugeben sind hier insb. mögliche Kündigungs- und Auszahlungstermine.[231]

238 **Erfüllen die überlassenen Mittel die Eigenkapitalkriterien nicht** oder bestehen diesbzgl. Zweifel, sind sie als Verbindlichkeit innerhalb der Schulden auszuweisen. Auch hier ist es zu empfehlen, ggf. einen besonderen Posten einzufügen (§ 265 Abs. 5 Satz 2 HGB).

> **Praxis-Beispiel**
> Bei diesem besonderen Posten kommt dabei etwa die Bezeichnung „Genussrechte" in Betracht.

Vertretbar erscheint bei den Genussrechten auch ein Ausweis unter dem Posten „Anleihen" mit weiterer Untergliederung gem. § 265 Abs. 5 Satz 1 HGB oder mittels eines „Davon-Vermerks".

9.3 Stille Gesellschaft[232]

239 Die in den §§ 230ff. HGB geregelte stille Ges. entsteht dadurch, dass sich der stille Gesellschafter gegen Gewährung einer Beteiligung am Gewinn mit einer Ver-

---

[226] Dies macht auch die Diskussion über eine Umgliederung kurz vor der Rückzahlung entbehrlich. Eine Umgliederung ist nicht vorzunehmen; ebenso Küting/Kessler, in Küting/Weber, HdR-E, § 272 HGB Rn 242, Stand: 04/2011; Heymann, in Böcking u. a., Beck HdR, B 231 Rz 7, Stand: 06/2011; a. A. ADS, 6. Aufl. 1995–2001, § 266 HGB Rz 195; Schaber/Kuhn/Eichhorn, BB 2004, S. 317.
[227] ADS, 6. Aufl. 1995–2001, § 265 HGB Rz 66, sowie § 266 HGB Rz 197 spricht sich für einen gesonderten Ausweis entweder nach dem gezeichneten Kapital oder nach den Gewinnrücklagen aus.
[228] Vgl. IDW HFA 1/1994, Glpkt. 2.1.4.1.
[229] Vgl. auch Heymann, in Böcking u. a., Beck HdR, B 231 Rz 8, Stand: 06/2011.
[230] Vgl. IDW HFA 1/1994, Glpkt. 2.2.2.
[231] Vgl. IDW HFA 1/1994, Glpkt. 2.1.3.
[232] Von der stillen Ges. ist die Unterbeteiligungsges. zu unterscheiden, bei der sich ein oder mehrere Unterbeteiligte an der Gesellschafterstellung eines OHG- oder KG-Gesellschafters so beteiligen, dass Gewinne und Verluste oder nur die Gewinne zwischen diesem Gesellschafter und den Unterbeteiligten aufgeteilt werden. Sie ist keine stille Ges., weil die Unterbeteiligten sich nicht am Betrieb eines Handelsgewerbes beteiligen.

mögenseinlage am Betrieb des Handelsgewerbes eines anderen beteiligt.[233] Die **Vermögenseinlage des stillen Gesellschafters** geht dabei in das Vermögen des Inhabers des Handelsgeschäfts über (§ 230 Abs. 1 HGB). Demgemäß entstehen zwischen dem stillen Gesellschafter und dem Inhaber des Handelsgewerbes auch keine vermögensrechtlichen, sondern nur schuldrechtliche Beziehungen. Ihrer Rechtsnatur nach ist die stille Ges. eine Innengesellschaft, die nicht am Rechtsverkehr teilnimmt und daher selbst auch nicht Trägerin von Rechten und Pflichten sein kann. Die Geschäfte werden im Außenverhältnis im Namen des Inhabers des Handelsgewerbes geführt und im Innenverhältnis auf gemeinsame Rechnung. Als Korrektiv zu der fehlenden Geschäftsführungs- und Vertretungsbefugnis verfügt der stille Gesellschafter über kommanditistengleiche Kontrollrechte (§ 233 HGB), die auch nicht ausgeschlossen werden können. Wird die stille Ges. aufgelöst (§ 234 HGB), hat sich der Inhaber des Handelsgeschäfts mit dem stillen Gesellschafter auseinanderzusetzen und dessen Guthaben in Geld zu berichtigen (§ 235 Abs. 1 HGB).

Ein Ausweis der Vermögenseinlage innerhalb des EK kommt nicht in Betracht, wenn die Ausgestaltung der stillen Ges. den **dispositiven gesetzlichen Vorschriften** folgt, denn danach kann der stille Gesellschafter im Insolvenzfall wegen der Vermögenseinlage, soweit sie den Betrag des auf ihn fallenden Anteils am Verlust übersteigt, eine Forderung als Insolvenzgläubiger geltend machen (§ 236 Abs. 1 HGB).[234] Der Umstand der Verlustteilnahme allein kann einen Ausweis innerhalb des EK nicht rechtfertigen.[235] Hinzutreten muss, dass die Verluste vorrangig mit der Vermögenseinlage des stillen Gesellschafters verrechnet werden, bevor die übrigen Gläubiger herangezogen werden.

240

Sind hingegen von den dispositiven gesetzlichen Vorschriften **abweichende vertragliche Vereinbarungen** getroffen worden, ist ein EK-Ausweis vorzunehmen, soweit die für die EK-Klassifizierung erforderlichen Kriterien vorliegen, die stille Einlage mithin nachrangig ist und bis zur vollen Höhe an den Verlusten teilnimmt.[236] Dies setzt in jedem Fall voraus, dass der stille Gesellschafter auch im Insolvenzfall hinter die Gläubiger zurücktritt, also § 236 Abs. 1 HGB ausgeschlossen ist.

241

Ist die **stille Vermögenseinlage als EK zu klassifizieren**, ist sie, ebenso wie das Genussrechtskapital, innerhalb des EK vor dem Posten „Gewinnvortrag/Verlustvortrag" in einem gesonderten Posten „Stille Vermögenseinlage" auszuweisen. In der GuV des Inhabers des Handelsgeschäfts sind die Gewinn- und Verlustanteile des stillen Gesellschafters aufwandswirksam zu erfassen.[237] Die

242

---

[233] Vom partiarischen Darlehen unterscheidet sich die stille Ges., abgesehen von einer möglichen Verlustbeteiligung des stillen Gesellschafters, durch die Verfolgung eines gemeinsamen Zwecks, nämlich dem Betrieb des Handelsgewerbes. Dies ist in jedem Fall gesondert anhand der Umstände des Einzelfalls zu prüfen.
[234] Vgl. ADS, 6. Aufl. 1995–2001, § 246 HGB Rz 90.
[235] Vgl. Westerfelhaus, DB 1988, S. 1175; Reusch, BB 1989, S. 2359; wohl auch Küting/Kessler/Hayn, in Küting/Weber, HdR-E, § 272 HGB Rn 248, Stand: 04/2011, die das gesetzliche Regelstatut der stillen Ges. als qualifiziertes Kreditverhältnis einstufen.
[236] Weicht die Ausgestaltung einer stillen Ges. vom gesetzlichen Regelstatut ab, liegt eine atypische stille Ges. vor. Deren Bedeutung liegt vorrangig im Steuerrecht. Während der typisch stille Gesellschafter Einkünfte aus Kapitalvermögen erzielt, wird der atypisch stille Gesellschafter regelmäßig als Mitunternehmer angesehen.
[237] Vgl. Heymann, in Böcking u.a. Beck HdR, B 231 Rz 17, Stand: 6/2011, unter Hinweis auf den Charakter des Vertrags über die stille Ges. als Teilgewinnabführungsvertrag i.S.v. § 292 AktG und den daran anknüpfenden Ausweis unter der Bezeichnung „Aufwendungen bzw. Erträge aus Teilgewinnabführungsvertrag".

243 Berichtspflichten für das Genussrechtskapital gelten für die stille Vermögenseinlage entsprechend (Rz 235 ff.).

Kommt der stillen Vermögenseinlage **kein Eigenkapitalcharakter** zu oder lässt sich diese Frage nicht zweifelsfrei beantworten, ist ein Ausweis unter den Verbindlichkeiten geboten, wobei insb. der Posten „C. 8. Sonstige Verbindlichkeiten" in Betracht kommt, der dann ggf. weiter zu untergliedern ist (§ 265 Abs. 5 Satz 1 HGB). Handelt es sich bei dem stillen Gesellschafter um einen Aktionär oder Gesellschafter, mit dem eine Verbundbeziehung oder ein Beteiligungsverhältnis besteht, hat der Ausweis unter den Posten „C. 6." oder „C. 7." zu erfolgen. Auch hier ist erforderlichenfalls weiter zu untergliedern oder aber ein Davon-Vermerk vorzusehen. Für die GmbH ist zudem § 42 Abs. 3 GmbHG zu beachten.

§ 274 Latente Steuern

(1) ¹Bestehen zwischen den handelsrechtlichen Wertansätzen von Vermögensgegenständen, Schulden und Rechnungsabgrenzungsposten und ihren steuerlichen Wertansätzen Differenzen, die sich in späteren Geschäftsjahren voraussichtlich abbauen, so ist eine sich daraus insgesamt ergebende Steuerbelastung als passive latente Steuern (§ 266 Abs. 3 E.) in der Bilanz anzusetzen. ²Eine sich daraus insgesamt ergebende Steuerentlastung kann als aktive latente Steuern (§ 266 Abs. 2 D.) in der Bilanz angesetzt werden. ³Die sich ergebende Steuerbe- und die sich ergebende Steuerentlastung können auch unverrechnet angesetzt werden. ⁴Steuerliche Verlustvorträge sind bei der Berechnung aktiver latenter Steuern i.H.d. innerhalb der nächsten fünf Jahre zu erwartenden Verlustverrechnung zu berücksichtigen.

(2) ¹Die Beträge der sich ergebenden Steuerbe- und -entlastung sind mit den unternehmensindividuellen Steuersätzen im Zeitpunkt des Abbaus der Differenzen zu bewerten und nicht abzuzinsen. ²Die ausgewiesenen Posten sind aufzulösen, sobald die Steuerbe- oder -entlastung eintritt oder mit ihr nicht mehr zu rechnen ist. ³Der Aufwand oder Ertrag aus der Veränderung bilanzierter latenter Steuern ist in der Gewinn- und Verlustrechnung gesondert unter dem Posten „Steuern vom Einkommen und vom Ertrag" auszuweisen.

(3) Bei dem Ansatz und der Bewertung latenter Steuern sind Differenzen aus der Anwendung folgender Gesetze nicht zu berücksichtigen:
1. des Mindeststeuergesetzes und
2. eines ausländischen Mindeststeuergesetzes, das der Umsetzung der Richtlinie (EU) 2022/2523 des Rates vom 15. Dezember 2022 zur Gewährleistung einer globalen Mindestbesteuerung für multinationale Unternehmensgruppen und große inländische Gruppen in der Union (ABl. L 328 vom 22.12.2022, S. 1; L 13 vom 16.1.2023, S. 9) oder der dieser Richtlinie zugrundeliegenden Mustervorschriften der Organisation für wirtschaftliche Zusammenarbeit und Entwicklung für eine globale Mindestbesteuerung dient.

Inhaltsübersicht	Rz
1 Überblick	1–24
1.1 Inhalt und Zweck	1–4
1.2 Anwendungsbereich	5–8
1.3 Normenzusammenhang	9–12
1.4 Grundlagen der Steuerlatenzen	13–24
2 Ansatz latenter Steuern (Abs. 1)	25–103
2.1 Aktivierungswahlrecht und Passivierungspflicht	25–34
2.2 Grundsatz der Gesamtdifferenzenbetrachtung (Abs. 1 Satz 1 und 2)	35–42
2.3 Unsaldierter Ausweis (Abs. 1 Satz 3)	43–46
2.4 Steuerliche Verlustvorträge	47–62
2.4.1 Grundlagen	47–51
2.4.2 Mindestbesteuerung und andere steuerliche Restriktionen	52–59
2.4.3 Zinsvorträge, Steuergutschriften	60–62

	2.5	Sonderprobleme	63–103
		2.5.1 Personengesellschaften	63–73
		2.5.2 Ertragsteuerliche Organschaft	74–88
		2.5.2.1 Grundlagen	74–75
		2.5.2.2 Steuerlatenzen bei Organschaft	76–83
		2.5.2.3 Beendigung von Organschaften	84–88
		2.5.3 Chronisch defizitäre Unternehmen	89–90
		2.5.4 Asset deal bei Unternehmenserwerben	91–92
		2.5.5 Ausländische Betriebsstätten	93–94
		2.5.6 Investmentfonds	95–98
		2.5.7 Umwandlungen	99–103
3	Bewertung latenter Steuern (Abs. 2)		104–117
	3.1	Grundlagen	104–111
	3.2	Anforderungen an aktive latente Steuern	112–117
4	Ausweis latenter Steuern		118–128
	4.1	Ausweis in der Bilanz	118–120
	4.2	Ausweis in der Gewinn- und Verlustrechnung	121–122
	4.3	Anhangangaben	123
	4.4	Erfolgswirksame und erfolgsneutrale Bildung und Auflösung	124–128
5	Exkurs: Überleitung der Handelsbilanz zur Steuerbilanz		129–157
	5.1	Konzept der Maßgeblichkeit	129–130
	5.2	Wahlrechtsausübung in der Steuerbilanz	131–132
	5.3	Abweichungen zwischen Handelsbilanz und Steuerbilanz	133–154
	5.4	Steuerbilanz – Technik und Gestaltung	155–157

1 Überblick

1.1 Inhalt und Zweck

1 In Deutschland wurden **gesetzliche Regelungen zur Erfassung latenter Steuern** mit den §§ 274, 306 HGB erstmals durch das BiRiLiG v. 19.12.1985 eingeführt. Im Zuge des BilMoG wurde das bis dahin angewandte Timing-Konzept durch das international übliche Temporary-Konzept (allerdings mit gewichtigen Abweichungen) abgelöst (Rz 17).

2 Die Ursache der Bilanzierung latenter Steuern liegt in der **Abweichung von handels- und steuerrechtlicher Gewinnermittlung** begründet. Diese Abweichung hat sich durch vielfältige steuerbilanzielle Sonderregelungen im Lauf der Jahre verstärkt;[1] mit dem BilMoG wurden durch den Gesetzgeber weitere handelsrechtliche Abweichungen zum Steuerbilanzrecht eingeführt (z.B. Aktivierungswahlrecht für selbst geschaffene immaterielle VG des Anlagevermögens nach § 248 Abs. 2 HGB, Wegfall der umgekehrten Maßgeblichkeit nach § 5 Abs. 1 EStG, § 247 Abs. 3 HGB), um die Informationsfunktion des handelsrechtlichen Jahresabschlusses zu stärken. Da der Gewinnausweis in der Steuerbilanz tendenziell früher als in der Handelsbilanz erfolgt, wird sich in weniger

---

[1] Z.B. mit dem Verbot der Passivierung von Drohverlustrückstellungen in der Steuerbilanz gem. § 5 Abs. 4a EStG.

komplexen Fällen häufig ein Aktivüberhang an latenten Steuern ergeben, der dem Aktivierungswahlrecht unterliegt, das in der betrieblichen Praxis eher selten ausgeübt wird.[2] Somit ist auch mit dem Temporary-Konzept die Vergleichbarkeit von Jahresabschlüssen verschiedener Unt eingeschränkt. Das Aktivierungswahlrecht für aktive latente Steuern, verbunden mit der Gesamtdifferenzenbetrachtung (Rz 35), kommt sicherlich kleinen und mittleren Unt zugute, da sie von aufwendigen und komplexen Ermittlungen zumindest dann entlastet bleiben, wenn ein Aktivüberhang latenter Steuern nachgewiesen werden kann.[3]

Die von § 274 HGB erfassten Steuerarten sind Einkommen- und Ertragsteuern des bilanzierenden Unt, d. h. in Deutschland derzeit **KSt, SolZ und GewSt**. Bei PersG und Ekfl. stellt die ESt der Gesellschafter bzw. des Kfm. keine Steuer des bilanzierenden Unt dar, sodass sie nicht in die Steuerlatenzierung einzubeziehen ist. Eine Ausnahme besteht bei optierenden Personenhandelsgesellschaften (§ 1a KStG), bei denen die KSt, SolZ ebenfalls Steuern des Unternehmens sind und entsprechend hierauf Steuerlatenzen zu bilden sind.

3

Die Änderung der handelsrechtlichen Konzeption zur Abbildung latenter Steuern durch das BilMoG beschränkt sich nicht nur auf den Jahresabschluss, sondern ist parallel in § 306 HGB für den Konzernabschluss vorgenommen worden (zu Einzelheiten § 306 Rz 3ff.). Für § 306 HGB existiert mit DRS 18 eine Interpretation, die gem. § 342q Abs. 2 HGB als vermutete Konzern-GoB gilt. DRS 18 beschäftigt sich mit latenten Steuern sowohl nach § 306 HGB als auch nach § 274 HGB, wurde zuletzt mit DRÄS 14 überarbeitet und entfaltet entsprechende Ausstrahlungswirkung für die Abbildung latenter Steuern im Jahresabschluss.[4]

4

1.2 Anwendungsbereich

§ 274 HGB ist für mittelgroße und große KapG/KapCoGes i. S. v. § 267 Abs. 1 HGB anzuwenden. Kleine KapG/KapCoGes sind nach § 274a Nr. 4 HGB von der Anwendung des § 274 HGB befreit. Sie sind aber nicht daran gehindert, § 274 HGB auf freiwilliger Basis anzuwenden, wobei die Ansatzstetigkeit von § 246 Abs. 3 HGB zu beachten ist.

5

Machen kleine KapG/KapCoGes von der größenabhängigen Erleichterung des § 274a Nr. 4 HGB Gebrauch, haben sie latente Steuern nach den allgemeinen Grundsätzen zu bilanzieren und folglich für Steuermehrbelastungen eine **Rückstellung für ungewisse Verbindlichkeiten** (§ 249 HGB) zu bilden (§ 249 Rz 23ff.; § 274a Rz 10ff.).[5]

6

Nach **PublG** rechnungslegungspflichtige GroßUnt haben gem. § 5 Abs. 1 PublG die Regelungen von § 274 HGB anzuwenden. Eingetragene **Genossenschaften** haben nach § 336 Abs. 2 HGB ebenfalls § 274 HGB anzuwenden; soweit sie kleine Genossenschaften i. S. v. § 267 Abs. 1 HGB sind, unterliegen sie wie kleine KapG/KapCoGes der Befreiungsvorschrift von § 274a HGB.

7

---

2 Vgl. Kreipl/Lange/Müller in Bertram/Brinkmann/Kessler/Müller, Haufe HGB Bilanz Kommentar Erfahrungsbericht BilMoG, 2012, Rz 214.
3 Vgl. Herzig, BB 2009, S. M 1.
4 Gl. A. Loitz, DB 2010, S. 2177.
5 Vgl. Karrenbrock, Latente Steuern, in HdJ, Abt. I/15, Rz 111, Stand: 7/2019; IDW RS HFA 7.26; BT-Drs. 16/10067 v. 30.7.2008 S. 68.

8 Die **freiwillige Anwendung** von § 274 HGB ist auch für solche Nichtkapitalgesellschaften möglich, die nicht dem PublG unterliegen, ohne dass dies voraussetzen würde, dass gleichzeitig sämtliche anderen für KapG/KapCoGes geltenden Vorschriften anzuwenden sind.[6]

1.3 Normenzusammenhang

9 § 274 HGB steht im Einklang mit Art. 13 Nr. 11 der Bilanzrichtlinie. Das nach der Bilanzrichtlinie bestehende Wahlrecht – Ansatz in der Bilanz oder Ausweis im Anhang – wurde bereits mit § 274 HGB zugunsten des Ausweises in der Bilanz ausgeübt.[7]

10 § 274 HGB regelt Ansatz und Bewertung von latenten Steuern. Regelungen zum Ausweis finden sich in § 266 Abs. 2 und 3 HGB (§ 266 Rz 101 ff. und Rz 167 f.). Erläuterungspflichten zu latenten Steuern finden sich in § 285 Nr. 29 HGB (§ 285 Rz 167 f.), wobei diese nach § 288 Abs. 1, 2 HGB nur für große KapG/KapCoGes gelten (§ 288 Rz 4 ff.). Soweit vom Aktivierungswahlrecht des Aktivüberhangs (Rz 28) Gebrauch gemacht wird, sind für KapG die Regelungen zur Ausschüttungssperre nach § 268 Abs. 8 HGB[8] anzuwenden (§ 268 Rz 50).

11 Nach § 298 Abs. 1 HGB findet § 274 HGB auch auf den Konzernabschluss Anwendung.[9] § 306 HGB enthält Regelungen zu Steuerlatenzen für Konsolidierungsmaßnahmen im Konzernabschluss.

12 § 274 HGB wurde zuletzt mit Wirkung zum 28.12.2023 geändert, indem ein neuer Abs. 3 eingeführt wurde. Gem. Art. 91 Abs. 2 EGHGB ist Abs. 3 auf ein nach dem 28.12.2023 endendes Gj anzuwenden. Er durfte bereits auf Jahresabschlüsse für ein nach dem 31.12.2022 endendes Gj angewendet werden, sofern der Jahresabschluss am 28.12.2023 noch nicht festgestellt war.

1.4 Grundlagen der Steuerlatenzen

13 Es existieren zwei Konzepte der Abbildung von Steuerlatenzen: das (ältere) Timing-Konzept und das (jüngere) Temporary-Konzept, die sich beide auf die US-amerikanische Bilanzierungspraxis zurückführen lassen. Zur methodischen Umsetzung stehen die Abgrenzungsmethode und die Verbindlichkeitenmethode zur Verfügung.

14 Das in § 274 HGB angewandte **Timing-Konzept** ist GuV-orientiert, d.h., es wird mittels latenter Steuerabgrenzungen versucht, den „richtigen" Steueraufwand zum handelsrechtlichen Ergebnis vor Steuern zu ermitteln.

15 Solange der steuerliche Gewinn (genauer: das zu versteuernde Einkommen) und der handelsrechtliche Gewinn vor Steuern übereinstimmen, passen der tatsächliche Steueraufwand (ermittelt gem. dem Ergebnis der Steuerbilanz) und der handelsrechtliche Gewinn zueinander, d.h., es ergibt sich eine plausible Steuerquote. Kommt es zu Abweichungen zwischen der handelsrechtlichen und der steuerlichen Gewinnermittlung, fällt der tatsächliche Steueraufwand **im Verhältnis zum handelsrechtlichen Ergebnis** zu niedrig bzw. zu hoch aus. Damit

---

[6] Vgl. IDW RS HFA 7.18.
[7] Vgl. van Hall/Kessler, in Kessler/Leinen/Strickmann, BilMoG, 2010, S. 468.
[8] Vgl. zu gesellschaftsrechtlichen Folgeproblemen im Zusammenhang mit der Ausschüttungssperre Kühnberger, StuB 2011, S. 931.
[9] Vgl. hierzu DRS 18.

besteht kein erklärbarer Zusammenhang zwischen dem handelsrechtlichen Ergebnis und dem Steueraufwand.

Die Anpassung des handelsrechtlichen Ergebnisses wird auf Differenzen zwischen der Handels- und der Steuerbilanz begrenzt, die aus der **unterschiedlichen Erfolgsabgrenzung** in beiden Rechenwerken resultieren (sog. timing differences). Folglich sind nur solche Abweichungen zwischen der Handels- und Steuerbilanz für die Bildung von Steuerabgrenzungen von Bedeutung, die **sich zukünftig abbauen** und die sowohl bei der Entstehung der Differenzen als auch bei deren Abbau **erfolgswirksam sind.**[10] Negativ formuliert führen erfolgsneutral entstandene Bilanzierungsunterschiede i. R. d. Timing-Konzepts nicht zu einer Steuerabgrenzung.[11] Ebenfalls werden quasi-permanente Differenzen nicht in die Steuerabgrenzung einbezogen. Quasi-permanente Differenzen im Timing-Konzept sind Ergebnisunterschiede zwischen handels- und steuerrechtlicher Gewinnermittlung als Folge von Bilanzierungs- und Bewertungsunterschieden, die sich nicht von selbst umkehren und mit deren Ausgleich in absehbarer Zeit nicht zu rechnen ist (z. B. Beteiligungen, unbebaute Grundstücke). Permanente Differenzen sind solche Ergebnisunterschiede zwischen handels- und steuerrechtlicher Gewinnermittlung, die sich niemals ausgleichen, z. B. nicht abziehbare Betriebsausgaben (§ 4 Abs. 5 EStG, § 9 KStG).[12]

16

Mit § 274 HGB wurde handelsrechtlich das international übliche bilanzorientierte **Temporary-Konzept** statuiert. Dieses am internationalen „Vorbild" IAS 12 ausgerichtete Konzept[13] zielt primär auf eine zutreffende Abbildung der Vermögenslage der bilanzierenden Gesellschaft ab. Soweit zwischen handels- und steuerrechtlichen Bilanzposten Ansatz- und/oder Bewertungsunterschiede bestehen, die sich im Zeitablauf ausgleichen, werden auf diese Differenzen Steuerlatenzen gebildet. Im Gegensatz zum Timing-Konzept ist es beim Temporary- Konzept unerheblich, ob die Differenzen erfolgswirksam oder erfolgsneutral entstanden sind; entscheidend ist ausschl. die Abbildung zukünftig aus solchen Differenzen entstehender Steuerbe- und -entlastungen.[14] Auch quasi-permanente Differenzen sind in die Steuerlatenzen einzubeziehen, da sich diese irgendwann – abhängig von noch zu treffenden Dispositionen des bilanzierenden Unternehmens – steuerwirksam ausgleichen werden.

17

Praxis-Beispiel
In der Handelsbilanz der GmbH ist ein unbebautes Grundstück mit AK von 100 TEUR ausgewiesen. In der Steuerbilanz ist infolge der Übertragung von stillen Reserven aus der Veräußerung eines anderen Grundstücks nach § 6b EStG ein Buchwert von 75 TEUR ausgewiesen. Es ergibt sich eine quasi-permanente Differenz i. H. v. 25 TEUR, die sich – mangels planmäßiger Abschreibung des Grundstücks – steuerlich erst bei Veräußerung des

---

10 Vgl. Baetge/Kirsch/Thiele, Bilanzen, 16. Aufl. 2021, S. 556.
11 Vgl. Loitz, DB 2008, S. 252.
12 Vgl. Küting/Seel, in Küting/Pfitzer/Weber, Das neue deutsche Bilanzrecht, 2. Aufl. 2009, S. 502.
13 Zu den Unterschieden der Steuerlatenzierung nach HGB und IFRS vgl. Freidank/Velte, Stb 2012, S. 33. Zu latenten Steuern nach IFRS ausführlich Lüdenbach/Hoffmann/Freiberg, Haufe IFRS-Kommentar, 21. Aufl. 2023, § 26.
14 Vgl. Kessler/Leinen/Paulus, KoR 2009, S. 717.

Grundstücks auswirken würde. Gleichwohl sind nach dem Temporary-Konzept auf diese Wertdifferenz latente Steuern zu bilden.

18 § 274 HGB spricht nicht vom Wertansatz lt. Steuerbilanz, sondern vom steuerlichen Wertansatz. Zumeist lässt sich der steuerliche Wertansatz (international als **Steuerwert** bezeichnet) direkt aus der Steuerbilanz ablesen. Bei der Bildung von Steuerlatenzen sind nur zukünftig steuerwirksame Differenzen einzubeziehen, da nur diese zu zukünftigen Steuerbe- oder -entlastungen führen. Daher ist der Steuerbilanzwert von VG um nicht steuerwirksame Bestandteile, z.b. außerbilanzielle Hinzurechnungen oder Abzüge (z.B. Investitionsabzugsbetrag nach § 7g EStG), zu korrigieren.[15] Dementsprechend sind solche steuerlichen Korrekturen, die ausschl. die GuV betreffen (z.B. nicht abziehbare Betriebsausgaben, steuerfreie Erträge, gewerbesteuerliche Hinzurechnungen und Kürzungen) nicht zu berücksichtigen (DRS 18.2).

> **Praxis-Beispiel**[16]
> Eine GmbH weist in ihrer Handels- und Steuerbilanz eine Beteiligung an einer anderen KapG aus. Da gem. § 8b KStG Veräußerungsgewinne aus Anteilen an KapG zu 95 % steuerfrei sind, ist dies bei der Berechnung von Steuerlatenzen zu berücksichtigen. Bestehen in diesen Fällen unterschiedliche Wertansätze zwischen Handels- und Steuerbilanz, sind nur auf 5 % dieser Differenz Steuerlatenzen zu bilden.

19 Zur Ermittlung der Differenzbeträge bietet sich ein bilanzpostenbezogener Vergleich zwischen handels- und steuerrechtlichen Wertansätzen bspw. wie folgt an:

Bilanzposten	Wert lt. Handelsbilanz	Steuerwert	Differenz	Korrektur	Maßgebl. Differenz
(1)	(2)	(3)	(4) = (2) – (3)	(5)	(6) = (4) – (5)
Selbst geschaffene immat. VG des Anlagevermögens	100	0	100	0	100
Grundstücke	150	80	70	0	70
Beteiligungen	40	140	-100	100	0
...					
Pensionsrückstellungen	100	60	40	0	40
Sonstige Rückstellungen	90	30	60	0	60
...					

Tab. 1: Ermittlungsschema Wertdifferenzen

---

[15] Gl. A. Zimmert, DStR 2010, S. 826; a. A. Weidmann, DStR 2011, S. 2108, der die Einbeziehung von außerbilanziellen Korrekturen in die Steuerlatenzierung als mit dem Gesetzeswortlaut schwer vertretbar bezeichnet.
[16] Vgl. Herzig/Vossel, BB 2009, S. 1175.

In die Korrekturspalte (5) des obigen Ermittlungsschemas sind Anpassungen zur Eliminierung permanenter Differenzen zu berücksichtigen. Im Beispiel handelt es sich bei der Differenz im Posten Beteiligungen um eine handelsrechtlich abgeschriebene Beteiligung an einer KapG, deren Verkehrswert am Abschlussstichtag 40 beträgt. Aufgrund § 8b Abs. 3 Satz 3 KStG wird sich diese Differenz zu 100 % nicht steuerwirksam auswirken, sodass es sich um eine permanente Differenz handelt und entsprechend vollständig in der Korrekturspalte zu berücksichtigen ist.[17]

20

Unter **temporären Differenzen** sind nicht nur reine Wertdifferenzen von in Handels- und Steuerbilanz gleichermaßen ausgewiesenen Bilanzposten zu verstehen (**Bewertungsdifferenzen**), sondern auch Differenzen aus dem Ansatz eines Bilanzpostens entweder in der Handelsbilanz oder in der Steuerbilanz (**Ansatzunterschiede**).[18]

21

> **Praxis-Beispiel**
> Ausschl. in der Handelsbilanz angesetzte Bilanzposten:
> – selbst geschaffene immaterielle VG des Anlagevermögens,
> – Rückstellungen für drohende Verluste.
> Ausschl. in der Steuerbilanz angesetzte Bilanzposten:
> – Rücklage für Ersatzbeschaffung nach R 6.6 EStÄR 2012,
> – Rücklage für Veräußerungsgewinn nach § 6b EStG.

Soweit der Wertansatz eines VG in der Handelsbilanz (HB) höher als sein maßgeblicher Steuerwert (StB) ist oder der Wertansatz einer Schuld (z. B. Rückstellung) in der Handelsbilanz geringer ist als sein Steuerwert und sich die jeweiligen Differenzen steuerwirksam in der Folgezeit abbauen, ergibt sich hieraus eine passive Steuerlatenz. Umgekehrt bedingen aktive latente Steuern einen geringeren Wert eines VG in der Handelsbilanz gegenüber seinem Steuerwert bzw. einen höheren Wert einer Schuld lt. Handelsbilanz im Vergleich zum maßgeblichen Steuerwert.[19]

22

	passive latente Steuern	aktive latente Steuern
Vermögensgegenstand	HB > StB	HB < StB
Schuld	HB < StB	HB > StB

Tab. 2: Auswirkungen von Buchwertdifferenzen auf latente Steuern

Passive latente Steuern stellen mithin **zu versteuernde temporäre Differenzen** dar, da sie aus einem höheren handelsrechtlichen Nettovermögen gegenüber den maßgeblichen Steuerwerten resultieren. Im Umkehrschluss bilden aktive latente Steuern ein handelsrechtlich niedrigeres Nettovermögen im Vergleich zu den

23

---

[17] Beruhen die unterschiedlichen Wertansätze dagegen auf unterschiedlichen AK in Handels- und Steuerbilanz (z. B. bei Verschmelzungen oder aufgrund unterschiedlicher Berücksichtigung von Anschaffungskosten), wären gem. § 8b Abs. 1 KStG 95 % der Buchwertdifferenz in die Korrekturspalte aufzunehmen.
[18] Vgl. Pöller, BC 2011, S. 11.
[19] Vgl. Wendholt/Wesemann, DB 2009, Beil. 5, S. 66.

maßgeblichen Steuerwerten ab und stellen demzufolge **abzugsfähige temporäre Differenzen** dar.[20]

24 Der Abbildung einer zutreffenden Vermögenslage der Ges. entspricht auch die Berücksichtigung zukünftig nutzbarer **steuerlicher Verlustvorträge** im Temporary-Konzept, da diese einen ökonomischen Vorteil des bilanzierenden Unt darstellen (zu Einzelheiten zur Bilanzierung latenter Steuern auf steuerliche Verlustvorträge siehe Rz 47).[21]

2 Ansatz latenter Steuern (Abs. 1)

2.1 Aktivierungswahlrecht und Passivierungspflicht

25 Das Temporary-Konzept und die daraus abgeleitete Verbindlichkeitsmethode liegen den Regelungen von § 274 HGB zugrunde. Im Gegensatz zu den international verbreiteten Regelungen (IAS 12) sieht § 274 HGB jedoch für einen Aktivüberhang an latenten Steuern lediglich ein Aktivierungswahlrecht vor. Für einen Passivüberhang latenter Steuern besteht eine Passivierungspflicht.

26 Der Gesetzeswortlaut spricht von Differenzen in Wertansätzen von VG, Schulden oder RAP. Soweit in Handels- oder Steuerbilanz weitere Bilanzposten angesetzt werden, die nicht in dieser Aufzählung genannt sind, hat hierfür gleichwohl eine Steuerlatenzierung zu erfolgen, soweit bei diesen Bilanzposten temporäre Differenzen bestehen.

> **Praxis-Beispiel**
> In der Handelsbilanz ist auf der Aktivseite als letzter Posten ein aktiver Unterschiedsbetrag aus Vermögensverrechnung (§ 246 Rz 107) ausgewiesen. Das hierin enthaltene Deckungsvermögen ist zum Zeitwert angesetzt, während in der Steuerbilanz für dieses Vermögen das Anschaffungskostenprinzip zu beachten gilt.
> Es handelt sich um eine temporäre Differenz, die in die Steuerlatenzierung einzubeziehen ist.

27 Temporäre Differenzen treten nicht nur an jedem Abschlussstichtag, sondern auch beim erstmaligen Ansatz von VG und Schulden auf. Auch in derartigen Fällen sind auf etwaige temporäre Differenzen Steuerlatenzen zu bilden (siehe Praxis-Beispiel in Rz 128). Aufgrund der Ergebnisneutralität von Anschaffungsvorgängen erfolgt die Einbuchung derartiger latenter Steuern erfolgsneutral.

28 Gegenstand des Aktivierungswahlrechts ist eine erwartete sich insg. ergebende Steuerentlastung. Hierin enthalten sind neben den aktiven latenten Steuern aus temporären Differenzen auch aktive latente Steuern auf steuerliche Verlustvorträge (Rz 47).[22] Das Aktivierungswahlrecht bezieht sich ausschl. auf den die passiven latenten Steuern übersteigenden Teil der aktiven latenten Steuern (**Aktivüberhang**), eine Aktivierung von Teilbeträgen – z.B. nur auf ausgewählte Einzelsachverhalte oder unter Ignorierung der steuerlichen Verlustvorträge – ist

---

[20] Vgl. van Hall/Kessler, in Kessler/Leinen/Strickmann, BilMoG, 2010, S. 469; DRS 18.8.
[21] Vgl. Theile, DStR 2009, S. 34.
[22] Vgl. Wendhold/Wesemann, DB 2009, Beil. 5, S. 67; Ernst/Seidler, BB 2009, S. 768.

unzulässig (zum Zusammenspiel des Aktivierungswahlrechts mit der Gesamtdifferenzenbetrachtung vgl. Rz 36ff. inkl. Praxis-Beispiel).[23]
Das Aktivierungswahlrecht ist vom Wortlaut der Vorschrift her weit gefasst, d.h. könnte demnach zu jedem Abschlussstichtag neu ausgeübt werden. Zu beachten ist jedoch, dass § 246 Abs. 3 HGB ein **Stetigkeitsgebot für Ansatzmethoden** vorgibt (§ 246 Rz 134). 29
Die Anwendung dieses Stetigkeitsgebots führt im Zusammenspiel mit dem Aktivierungswahlrecht nach § 274 Abs. 1 Satz 2 HGB dazu, gleiche Sachverhalte stetig zu beurteilen. D.h., entscheidet sich der Bilanzierende, aktive latente Steuern anzusetzen, ist diese Entscheidung aufgrund des Stetigkeitsgebots auch für nachfolgende Abschlussstichtage bindend. 30

§ 246 Abs. 3 HGB sieht die entsprechende Anwendung von § 252 Abs. 2 HGB vor. Danach darf vom Stetigkeitsgrundsatz nur in **begründeten Ausnahmefällen** abgewichen werden (DRS 18.16). Eine Abweichung ist nicht allein deshalb schon begründet, wenn sie im Anhang angegeben wird. Sachlich begründete Ausnahmefälle liegen nur vor, wenn:[24] 31
1. die Abweichung unter Beachtung der Grundsätze ordnungsmäßiger Buchführung eine Verbesserung des Einblicks in die Vermögens-, Finanz- und Ertragslage vermittelt;
2. die Abweichung im Jahresabschluss zur Anpassung an konzerneinheitliche Bilanzierungs- und Bewertungsregelungen erfolgt;
3. die Abweichung durch eine Änderung der rechtlichen Gegebenheiten (insb. Änderung von Gesetz und Gesellschaftsvertrag/Satzung, Änderung der Rechtsprechung) veranlasst ist;
4. die Abweichung dazu dient, Ansatz- oder Bewertungsvereinfachungsverfahren in Anspruch zu nehmen;
5. die Abweichung erforderlich ist, um steuerliche Ziele zu verfolgen.

Insb. der erste Durchbrechungsgrund, verbesserter Einblick in die Vermögens-, Finanz- und Ertragslage, lässt nur eine Durchbrechung der Stetigkeit dergestalt zu, dass ein Bilanzierender von „Nicht-Aktivierung" zu „Aktivierung" wechselt. Der umgekehrte Weg, von „Aktivierung" zu „Nicht-Aktivierung" zu wechseln, wird regelmäßig scheitern, da der Ansatz von aktiven latenten Steuern einen verbesserten Einblick in die Vermögens-, Finanz- und Ertragslage des Unt gewährt.[25] 32

Gelingt es auch nicht, einen der anderen begründeten Ausnahmefälle für einen Wechsel von der „Aktivierung" zur „Nicht-Aktivierung" in Anspruch nehmen zu können, verbleiben als einziger Ausweg aus der „**Ansatzfalle**" umwandlungsrechtliche Gestaltungen, z.B. Verschmelzung auf einen anderen Rechtsträger, der keine Aktivierung von aktiven latenten Steuern vornimmt. Insoweit bestehen enge Parallelen zum Ansatzwahlrecht zur Aktivierung selbst geschaffener immaterieller VG des Anlagevermögens (§ 248 Rz 37). 33

Die **Passivierungspflicht** für zu versteuernde temporäre Differenzen i.S.v. § 274 Abs. 1 Satz 1 HGB bedeutet, dass für derartige temporäre Differenzen grds. passive latente Steuern anzusetzen sind. Ausnahmen von diesem Grundsatz ergeben sich 34

---

[23] Vgl. DRS 18.15.
[24] Vgl. IDW RS HFA 38.15.
[25] Vgl. van Hall/Kessler, in Kessler/Leinen/Strickmann, BilMoG, 2010, S. 475.

lediglich bei chronisch defizitären Unt (Rz 89). Der Grundsatz der Gesamtdifferenzenbetrachtung schränkt diese Passivierungspflicht nicht ein, sondern eröffnet dem Bilanzierenden die Möglichkeit eines saldierten Ausweises (Rz 35).

2.2 Grundsatz der Gesamtdifferenzenbetrachtung (Abs. 1 Satz 1 und 2)

35 Der Grundsatz der Gesamtdifferenzenbetrachtung bedeutet, dass sämtliche aus temporären Differenzen bzw. steuerlichen Verlustvorträgen resultierenden aktiven und passiven Steuerlatenzen zusammengefasst und nur der Saldo hieraus ausgewiesen wird.[26] Hieran wird deutlich, dass sich das Aktivierungswahlrecht von § 274 Abs. 1 Satz 2 HGB nur auf den Aktivüberhang, nicht aber auf den Bruttobetrag der aktiven latenten Steuern beziehen kann.[27]

36 Das Zusammenspiel von Aktivierungswahlrecht und Gesamtdifferenzenbetrachtung zeigt nachfolgendes Schema:

Abb. 1: Ermittlung ansatzfähiger bzw. ansatzpflichtiger latenter Steuern

37 In **Schritt 1** werden zunächst zu versteuernde temporäre Differenzen mit abzugsfähigen Differenzen saldiert (Gesamtdifferenzenbetrachtung). Ein sich ergebender Passivüberhang ist in **Schritt 2** mit steuerlichen Verlustvorträgen zu verrechnen. Hierbei ist keine Begrenzung der steuerlichen Verlustvorträge auf nur die in den nächsten fünf Jahren verrechenbaren vorzunehmen, da ansonsten künftige Steuerbelastungen in Form von passiven Steuerlatenzen ausgewiesen würden, die tatsächlich zu keiner steuerlichen Belastung führen (DRS 18.21). Ergibt sich aus Schritt 1 dagegen ein Aktivüberhang, ist dieser um diejenigen

---

[26] Gem. DRS 18.40 ist neben der Verrechnung unter bestimmten Bedingungen eine Aufrechnung möglich; vgl. i. E. Loitz, DB 2010, S. 2178.
[27] Gl. A. Herzig/Vossel, BB 2009, S. 1177.

Vorteile aus steuerlichen Verlustvorträgen zu erhöhen, die innerhalb der nächsten fünf Jahre voraussichtlich genutzt werden können.

In **Schritt 3** ist ein verbleibender Passivüberhang als passive latente Steuern anzusetzen (Passivierungspflicht). Ergibt sich aus Schritt 2 ein Aktivüberhang, ist dieser wiederum auf diejenigen Vorteile aus steuerlichen Verlustvorträgen zu begrenzen, die innerhalb der nächsten fünf Jahre voraussichtlich realisiert werden können. Dieser Aktivüberhang unterliegt – genauso wie der direkt in Schritt 1 ermittelte – dem Aktivierungswahlrecht von § 274 Abs. 1 Satz 2 HGB. 38

Praxis-Beispiel[28]
Eine GmbH ermittelt am Abschlussstichtag bestehende temporäre Differenzen wie folgt:

Abzugsfähige temporäre Differenzen	
aus Pensionsrückstellungen	200 EUR
Zu versteuernde temporäre Differenzen	
aus handels- und steuerrechtlich unterschiedlichen Buchwerten bei Sachanlagen	100 EUR
Ungenutzte steuerliche Verlustvorträge (innerhalb von fünf Jahren voraussichtlich nutzbar)	50 EUR

Bei einem Steuersatz von 30 % (KSt, SolZ und GewSt) ergeben sich folgende Steuerlatenzen:

Aktive latente Steuern aus temporären Differenzen	60 EUR
Aktive latente Steuern aus steuerlichen Verlustvorträgen	15 EUR
Passive latente Steuern aus temporären Differenzen	–30 EUR
Gesamt	45 EUR

Das Aktivierungswahlrecht besteht hinsichtlich der 45 EUR, nicht aber für den Bruttobetrag der aktiven latenten Steuern von 75 EUR.

Da das Aktivierungswahlrecht nur insg. ausgeübt werden kann, sind z.T. in der Literatur geführte Diskussionen über die Zulässigkeit einer nur **teilweisen Aktivierung** obsolet.[29] Eine teilweise Aktivierung ist unzulässig, da das Aktivierungswahlrecht eine „Entweder-oder-Entscheidung" bzgl. des Aktivüberhangs von latenten Steuern darstellt.[30] 39

Auch eine Gesamtdifferenzenbetrachtung erfordert zumindest unternehmensintern eine Einzelbetrachtung der jeweiligen Bilanzposten, um Veränderungen im Zeitablauf nachvollziehen zu können. Es sind **detaillierte Analysen** erforderlich, um zu ermitteln, ob ein Aktiv- oder Passivüberhang besteht.[31] 40

Da der Gesetzgeber dem Bilanzierenden das Aktivierungswahlrecht für einen Aktivüberhang v.a. wegen vorgebrachter Kritik an der Komplexität der Ermittlung und 41

---

[28] In Anlehnung an van Hall/Kessler, in Kessler/Leinen/Strickmann, BilMoG, 2010, S. 478.
[29] Vgl. Loitz, DB 2010, S. 2179.
[30] Gl. A. Küting/Seel, in Küting/Pfitzer/Weber, Das neue deutsche Bilanzrecht, 2. Aufl. 2009, S. 518.
[31] Vgl. Herzig/Vossel, BB 2009, S. 1177.

Dokumentation von Steuerlatenzen eröffnet hat, erscheint es sachgerecht, dem Bilanzierenden bei der Interpretation der Angabepflichten im Anhang nach § 285 Nr. 29 HGB nicht „hinterrücks" detaillierte Erläuterungspflichten aufzubürden. Wenn ein Unt das Aktivierungswahlrecht nicht ausübt, erscheint es dem Willen des Gesetzgebers zu genügen, wenn im Anhang qualitative Angaben zu bestehenden temporären Differenzen und steuerlichen Verlustvorträgen enthalten sind.[32]

> **Praxis-Beispiel (Fortsetzung zu Rz 38)**
> Die GmbH nimmt entsprechend § 274 Abs. 1 Satz 2 HGB keine Aktivierung des Aktivüberhangs i. H. v. 45 EUR vor.
> Im Anhang führt das Unt zu latenten Steuern aus:
> „Temporäre Differenzen i. S. v. § 274 HGB ergeben sich bei folgenden Bilanzposten:
> Pensionsrückstellungen (aktive latente Steuer),
> Sachanlagevermögen (passive latente Steuer).
> Darüber hinaus bestehen ungenutzte steuerliche Verlustvorträge, deren Realisierung durch zukünftige positive Steuerbemessungsgrundlagen hinreichend sicher scheint. Auch hieraus ergibt sich eine aktive latente Steuer.
> Insgesamt übersteigen die aktiven latenten Steuern die passiven, sodass ein Aktivüberhang vorliegt, der entsprechend des Wahlrechts von § 274 Abs. 1 Satz 2 HGB nicht aktiviert wird."

42 Bei der Entscheidung des Bilanzierenden zur Anwendung der Gesamtdifferenzenbetrachtung ist der **Stetigkeitsgrundsatz** zu beachten (Ansatzstetigkeit: § 246 Abs. 3 HGB). Da der unsaldierte Ausweis einen verbesserten Einblick in die Vermögens-, Finanz- und Ertragslage der Ges. ermöglicht, gelten hier die Ausführungen zur Durchbrechung der Stetigkeit bzgl. der Ausübung des Aktivierungswahlrechts analog (Rz 32).

2.3 Unsaldierter Ausweis (Abs. 1 Satz 3)

43 Ein unsaldierter Ausweis eröffnet dem Bilanzleser einen besseren Einblick in die Vermögenslage der Ges. als die Anwendung der Gesamtdifferenzenbetrachtung, da es sich um die transparenteste und umfassendste Abbildung von Steuerlatenzen handelt. Dies ist auch die nach internationalen Rechnungslegungsvorschriften verwendete Ausweismethode,[33] sodass der unsaldierte Ausweis nach § 274 Abs. 1 Satz 3 HGB die weitestgehende Annäherung an die IFRS ermöglicht.

44 Auch im Fall des unsaldierten Ausweises bezieht sich das Aktivierungswahlrecht von Abs. 1 Satz 2 ausschl. auf die die passiven latenten Steuern übersteigenden aktiven latenten Steuern (Aktivüberhang), nicht auf den Gesamtbetrag der aktiven latenten Steuern (Rz 28).

---

[32] Vgl. DRS 18.65 sowie IDW, IDW-FN 2015, S. 172, so auch nunmehr DRÄS 11 (BAnz AT 2.6.2021 B1), der die Aufhebung des bisherigen DRS 18.66 vornimmt für Gj, die nach dem 31.12.2021 beginnen, wobei eine frühere Anwendung zulässig ist (DRS 18.68).

[33] Vgl. IAS 12.74. Danach kommt eine Saldierung von latenten Steueransprüchen und Steuerschulden nur unter sehr restriktiven Bedingungen in Betracht. In den allermeisten Fällen sind latente Steuern nach IFRS unsaldiert auszuweisen.

Praxis-Beispiel
Das Unt ermittelt aktive latente Steuern i. H. v. 100 EUR (abzugsfähige temporäre Differenzen in Pensionsrückstellungen) und passive latente Steuern i. H. v. 40 EUR (zu versteuernde temporäre Differenzen aus aktivierten selbst geschaffenen immateriellen VG des Anlagevermögens). Das Unt kann bei einem unsaldierten Ausweis entweder sowohl aktive als auch passive latente Steuern i. H. v. jeweils 40 EUR ausweisen (Nicht-Aktivierung des Aktivüberhangs, Variante A) oder aktive latente Steuern von 100 EUR und passive latente Steuern von 40 EUR bilanzieren (Variante B). Der ausschl. Ansatz von 40 EUR passive latente Steuern wäre demgegenüber unzulässig.

Aktiva	Variante A		Passiva
...		...	
Aktive latente Steuern	40	Passive latente Steuern	40

Aktiva	Variante B		Passiva
...		...	
Aktive latente Steuern	100	Passive latente Steuern	40

Beide Varianten sind zulässig. Den zutreffenden Einblick in die Vermögenslage des Unt vermittelt Variante B, weshalb sie aus Sicht der Abschlussadressaten vorzugswürdig ist.

Der unsaldierte Ausweis ist nach dem Temporary-Konzept theoretisch für jeden einzelnen Sachverhalt vorzunehmen. Dies stößt in der Praxis aufgrund des damit verbundenen Ermittlungs- und Fortführungsaufwands derartiger Differenzen oftmals an Belastungsgrenzen für die betroffenen Unt. Daher dürfte es praxisgerecht und sachlich vertretbar sein,[34] eine **bilanzpostenbezogene Betrachtung** vorzunehmen, auch wenn damit innerhalb eines Bilanzpostens auftretende aktive und passive Steuerlatenzen miteinander saldiert werden.[35]

45

Praxis-Beispiel
Der Bilanzansatz der Sonstigen Rückstellungen weicht zum 31.12.01 zwischen Handels- und Steuerbilanz um 500 EUR (Handelsbilanz > Steuerbilanz) voneinander ab. Ursache hierfür sind zum einen die in der Steuerbilanz nicht anzusetzende Rückstellung für drohende Verluste i. H. v. 800 EUR, zum

---

[34] Vgl. Wendholt/Wesemann, DB 2009, Beil. 5, S. 67.
[35] DRS 18.36 stellt allerdings auf die einzelnen VG, Schulden und RAP ab.

> anderen eine aufgrund der nur handelsrechtlich gebotenen Abzinsung gegenüber der Steuerbilanz niedrigere Gewährleistungsrückstellung, deren Anfall erst in drei Jahren erwartet wird (300 EUR).
> Es ist zulässig, auf die bilanzpostenbezogene Differenz von 500 EUR insg. eine aktive Steuerlatenz auszuweisen.

46 Auch bei einem unsaldierten Ausweis von latenten Steuern sind in den aktiven latenten Steuern zwei unterschiedliche Arten von Steuerlatenzen enthalten, nämlich abzugsfähige temporäre Differenzen und Steuerlatenzen auf steuerliche Verlustvorträge (Rz 47). Beides sind zukünftig entstehende Steuerforderungen, sodass es sich um keine Saldierung, sondern um einen zusammengefassten Ausweis handelt. Durch die Erläuterungspflichten im Anhang (§ 285 Nr. 29 HGB) erhält der Jahresabschluss-Leser Informationen darüber, welche Bestandteile in den aktiven latenten Steuern enthalten sind (§ 285 Rz 167f.).

2.4 Steuerliche Verlustvorträge

2.4.1 Grundlagen

47 § 274 Abs. 1 Satz 4 HGB stellt eine gesetzliche Regelung zur Aktivierung steuerlicher Verlustvorträge dar.[36] Das Aktivierungswahlrecht für aktive latente Steuern beinhaltet die **Aktivierung zukünftiger Steuerentlastungen** aufgrund von steuerlichen Verlustvorträgen. Allerdings wird das Aktivierungswahlrecht für steuerliche Verlustvorträge auf **die in den nächsten fünf Jahren zu erwartende Verlustverrechnung** begrenzt.[37] Für die Verrechnung mit passiven Steuerlatenzen sind Vorteile aus steuerlichen Verlustvorträgen zeitlich unbegrenzt zu verwenden, auch wenn die Gesetzesmaterialien einen anderen Schluss zulassen (siehe Abb. 1 in Rz 36).[38] Eine Nichtberücksichtigung der über 5 Jahre hinaus reichenden Verlustvorträge würde zum Ausweis zukünftiger Steuerbelastungen führen, die in der Höhe tatsächlich gar nicht zu erwarten sind (DRS 18 Anhang A 5).

48 Die Begrenzung der Aktivierung von Vorteilen aus steuerlichen Verlustvorträgen auf fünf Jahre illustriert folgendes Beispiel (DRS 18 Anhang A 5):

> **Praxis-Beispiel**
>
> Die GmbH ermittelt zum Abschlussstichtag folgende Steuerlatenzen:
>
> | | |
> |---|---:|
> | Passive latente Steuern | 120 TEUR |
> | Aktive latente Steuern (temporäre Differenzen) | 60 TEUR |
> | Aktive latente Steuern aus steuerlichen Verlustvorträgen (davon innerhalb fünf Jahren realisierbar: 90 TEUR) | 100 TEUR |
>
> Insg. ergibt sich ein Aktivüberhang latenter Steuern von 40 TEUR. Von den steuerlichen Verlustvorträgen ist nur der innerhalb von fünf Jahren realisierbare

---

[36] Vgl. Loitz, DB 2009, S. 916.
[37] Vgl. Herzig/Vossel, BB 2009, S. 1176.
[38] Vgl. BT-Drs. 16/10067 v. 30.7.2008 S. 119.

Teil aktivierungsfähig, sodass ein dem Aktivierungswahlrecht unterliegender Aktivüberhang von insg. 30 TEUR vorliegt.

Die i.R.d. Gesamtdifferenzenbetrachtung vorzunehmende Saldierung von zukünftigen Vorteilen aus steuerlichen Verlustvorträgen mit passiven Steuerlatenzen ist nur zulässig, wenn die steuerlichen Verlustvorträge dieselben Steuerarten (und damit dieselben Steuerbehörden) betreffen wie die der Bewertung der passiven Steuerlatenzen zugrunde liegenden. Weiterhin ist es wohl erforderlich, den zeitlichen Anfall der passiven Steuerlatenzen zumindest grob zu planen, um ggf. abzuleitende Restriktionen (Rz 55) für die Nutzbarkeit der steuerlichen Verlustvorträge erkennen zu können. 49

Praxis-Beispiel
Eine GmbH hält eine **Beteiligung an einer Immobilien-Objektgesellschaft** in der Rechtsform einer GmbH & Co. KG. Die Immobilien-Objektgesellschaft ist mit der Errichtung eines Bürokomplexes beschäftigt, dessen Fertigstellung im dritten Quartal des nächsten Gj erwartet wird. Für 65 % der Büroflächen sind bereits Mietverträge abgeschlossen.
Die Wertansätze der Beteiligung an der Immobilien GmbH & Co. KG belaufen sich in der **Handelsbilanz** der GmbH auf 3,5 Mio. EUR und in der **Steuerbilanz** (durch aufgelaufene Anlaufverluste) auf 1,5 Mio. EUR. Es ergibt sich eine temporäre Differenz i.H.v. 2 Mio. EUR, für die eine **passive Steuerlatenz** zu bilden ist. Die GmbH verfügt am Abschlussstichtag weiterhin über einen körperschaftsteuerlichen Verlustvortrag i.H.v. 2 Mio. EUR.
Dem **Grundsatz der Gesamtdifferenzenbetrachtung** folgend könnte eine Saldierung des Vorteils aus dem körperschaftsteuerlichen Verlustvortrag mit den passiven Steuerlatenzen vorgenommen werden, sodass letztlich **keine latente Steuer angesetzt** würde. Dies ist aber nur **dann zulässig**, wenn am Abschlussstichtag zu erwarten ist, dass der körperschaftsteuerliche Verlustvortrag **in voller Höhe zum Ausgleich der passiven Steuerlatenzen** verwendet werden kann. Das hängt wiederum davon ab, wie sich die passiven Steuerlatenzen voraussichtlich ausgleichen. Soweit die Beteiligung an der Immobilien-Objektgesellschaft auch nach Fertigstellung des Bürokomplexes von der GmbH gehalten werden soll, werden jährlich steuerliche Gewinne in einer Größenordnung von 0,2 Mio. EUR (laufende Vermietungsüberschüsse) erwartet. Ist dagegen beabsichtigt, die Beteiligung zu veräußern, würde sich **im Veräußerungszeitpunkt** die **passive Steuerlatenz** von 2 Mio. EUR sofort umkehren und **zu steuerpflichtigen Einkünften** führen. Der körperschaftsteuerliche Verlustvortrag wäre zwar auch in diesem Fall nutzbar, es würde aber die Mindestbesteuerung greifen, sodass die über 1 Mio. EUR hinausgehenden **passiven Steuerlatenzen** nur zu 60 % mit dem körperschaftsteuerlichen Verlustvortrag verrechnet werden könnten.
Ergebnis: Soweit die Beteiligung weiter gehalten werden soll, ist eine **vollständige Saldierung** der passiven Steuerlatenzen mit dem körperschaftsteuerlichen Verlustvortrag **möglich**. Ist dagegen eine Veräußerung der Beteiligung zu erwarten (entscheidend ist die Einschätzung des Managements, d.h., konkrete Verkaufsanstrengungen brauchen noch nicht begonnen zu

> haben), ist aufgrund der Mindestbesteuerung eine passive Steuerlatenz auf die nicht mit dem körperschaftsteuerlichen Verlustvortrag verrechenbaren temporären Differenzen i. H. v. 0,4 Mio. EUR (2 Mio. − 1 Mio. = 1 Mio. abzgl. 60 % = 0,4 Mio.) zu bilden.

Zur Beschränkung der Aktivierung von Vorteilen aus steuerlichen Verlustvorträgen auf fünf Jahre siehe Rz 47.

50 Die Aktivierung von steuerlichen Verlustvorträgen ist nur für solche Steuerarten zulässig, bei denen das bilanzierende Unt auch Steuersubjekt ist. Für KapG kommt somit die Aktivierung von körperschaftsteuerlichen Verlustvorträgen (§ 8 Abs. 1 KStG i. V. m. § 10d EStG) und gewerbesteuerlichen Verlustvorträgen (§ 10a GewStG) in Betracht. Ekfl. und PersG können demgegenüber nur gewerbesteuerliche Verlustvorträge aktivieren; die ESt des Ekfm. bzw. der Gesellschafter der PersG sind hiervon nicht erfasst.

51 Soweit die vom bilanzierenden Unt erwirtschafteten steuerlichen Ergebnisse nicht im Inland, sondern in ausländischen Jurisdiktionen zu versteuern sind, sind die dortigen steuerlichen Regelungen zum steuerlichen Verlustvortrag zu beachten. Dies kann z. B. die zeitlich beschränkte Nutzbarkeit von steuerlichen Verlustvorträgen betreffen.

> **Praxis-Beispiel**
> Die deutsche GmbH unterhält eine Zweigniederlassung in Italien, die dort als Steuersubjekt der dortigen KSt unterliegt. Der Jahresabschluss der GmbH enthält auch die der italienischen Zweigniederlassung zuzurechnenden VG, Schulden und RAP. Soweit bei der italienischen Zweigniederlassung steuerlich nutzbare Verlustvorträge bestehen, unterliegen diese ebenfalls dem Aktivierungswahlrecht nach § 274 Abs. 1 Satz 2 HGB. Allerdings ist zu beachten, dass die steuerlichen Verlustvorträge in Italien nur zeitlich begrenzt (fünf Jahre) nutzbar sind.

2.4.2 Mindestbesteuerung und andere steuerliche Restriktionen

52 Bei der bilanziellen Berücksichtigung von Vorteilen aus steuerlichen Verlustvorträgen sind bestehende steuerliche Restriktionen in der Nutzung dieser steuerlichen Verlustvorträge zu berücksichtigen. Dies gilt sowohl im Fall der Aktivierung von Vorteilen aus steuerlichen Verlustvorträgen als auch im Fall der Saldierung mit passiven Steuerlatenzen im Zug der Gesamtdifferenzenbetrachtung. Derartige steuerliche Restriktionen gibt es im deutschen Steuerrecht, aber auch in einer Vielzahl anderer Steuerjurisdiktionen.

53 Eine in Deutschland bestehende Restriktion ist die sog. **Mindestbesteuerung**, die sowohl bei der KSt (§ 8 Abs. 1 KStG i. V. m. § 10d Abs. 2 EStG) als auch bei der GewSt (§ 10a Satz 1 und 2 GewStG) zu beachten ist. Danach dürfen bestehende Verlustvorträge (d. h. solche Beträge, die nicht nach § 10d Abs. 1 EStG rückgetragen wurden bzw. nach deren Rücktrag bis zu 10 Mio. EUR verblieben sind) nur bis zur Höhe von 1 Mio. EUR (Freibetrag) unbegrenzt mit steuerpflichtigen Gewinnen verrechnet werden; darüber hinausgehende steuerpflich-

tige Gewinne sind nur i. H. v. 60 % mit dem Verlustvortrag verrechenbar, d. h., 40 % des den Freibetrag übersteigenden steuerpflichtigen Einkommens führen tatsächlich zu einer Steuerfestsetzung (sog. Mindestbesteuerung). Der auf diese Weise z. T. nicht genutzte steuerliche Verlustvortrag verfällt nicht, sondern kann weiter vorgetragen werden. Der Freibetrag gilt für jeden Veranlagungszeitraum. Regelungen zur Mindestbesteuerung existieren auch in anderen Ländern, z. B. in Frankreich.

Eine weitere Form der Mindestbesteuerung wurde durch das Mindeststeuergesetz[39] Ende 2023 eingeführt. Hierbei werden für große Unternehmen bzw. Unternehmensgruppen (inländische Umsatzerlöse von 750 Mio. EUR oder mehr) Mindestbesteuerungssätze festgesetzt. I. R. d. § 274 HGB bleiben diese Mindeststeuersätze bei der Bewertung von Steuerlatenzen ausdrücklich unberücksichtigt. 54

Eine in Deutschland (bislang) nicht bestehende Restriktion betrifft den **zeitlichen Verfall von steuerlichen Verlustvorträgen**. In einer Reihe von Ländern sind steuerliche Verlustvorträge nur eine begrenzte Anzahl von Jahren nach Anfall des Verlustes nutzbar, danach verfallen sie. Dies ist bei der Aktivierung von Vorteilen aus diesen steuerlichen Verlustvorträgen zu berücksichtigen, sodass nur die innerhalb der gesetzten Frist tatsächlich zu erwartende Nutzung aktiviert werden darf. 55

Praxis-Beispiel
Die deutsche AG hat eine Betriebsstätte in Florida (USA), die im handelsrechtlichen Jahresabschluss der AG einbezogen ist. In den VG, Schulden und RAP der amerikanischen Betriebsstätte sind annahmegemäß keine temporären Differenzen enthalten. Am Abschlussstichtag besteht allerdings ein steuerlicher Verlustvortrag der amerikanischen Betriebsstätte i. H. v. 1.000 TEUR, der bei einem angenommenen Steuersatz von 20 % eine zukünftige Steuerersparnis von 200 TEUR repräsentiert. Die Nutzung des steuerlichen Verlustvortrags sei auf fünf Jahre zeitlich begrenzt. Im Wege einer vorsichtigen Schätzung wird für die nächsten fünf Jahre ein positives steuerpflichtiges Einkommen der Betriebsstätte i. H. v. insg. 550 TEUR prognostiziert. Es dürfen somit nur 550 TEUR × 20 % = 110 TEUR aktiviert werden.

Ein ebenfalls häufig anzutreffender Fall ist die Beschränkung der Nutzung von steuerlichen Verlustvorträgen durch **Gesellschafterwechsel** der bilanzierenden Ges. In Deutschland existieren hierzu Regelungen für die KSt in § 8c KStG, die auch für die GewSt Anwendung finden (§ 10a Satz 10 GewStG). Danach erfolgt ein Wegfall des Verlustvortrags, wenn im Zuge des Gesellschafterwechsels mehr als 50 % der Gesellschaftsanteile wechseln.[40] Allerdings hat der Gesetzgeber durch den fortführungsgebundenen Verlustvortrag (§ 8d KStG) Möglichkeiten eröffnet, den Wegfall der steuerlichen Verlustvorträge bei Gesellschafterwechsel zu vermeiden. Diese steuerlichen Beschränkungen gelten nicht nur für den steuerlichen Verlustvortrag, sondern auch für Zinsvorträge aus der Zinsschrankenregelung (Rz 60). Aus diesen steuerlichen Regelungen ergeben sich für die Bilanzierung von Vorteilen aus steuerlichen Verlustvorträgen eine Reihe von 56

---

[39] Gesetz zur Gewährleistung einer globalen Mindestbesteuerung für Unternehmensgruppen (Mindeststeuergesetz – MiStG) vom 21.12.2023, BGBl. 2023 I Nr. 397.
[40] Zu Einzelheiten vgl. Schildknecht/Rhiel, DStR 2009, S. 117.

Zweifelsfragen. Anknüpfend an die zu IAS 12 entwickelten Grundsätze wäre eine Bilanzierung von Vorteilen aus steuerlichen Verlustvorträgen möglich, wenn mehr für als gegen die Nutzung der Verlustvorträge spricht.[41] Der Gesetzgeber hat sich hinsichtlich der Wahrscheinlichkeit der Nutzbarkeit etwas vage lediglich auf das handelsrechtliche Vorsichtsprinzip (§ 252 Abs. 1 Nr. 4 HGB) zurückgezogen. Daraus abzuleiten, angesichts der Komplexität des deutschen Steuerrechts seien steuerliche Verlustvorträge per se unsicher, wäre nach der hier vertretenen Auffassung aber zu weitgehend.

> **Praxis-Beispiel**
> Die GmbH verfügt zum 31.12.01 über einen körperschaft- und gewerbesteuerlichen Verlustvortrag von 100 TEUR. In Ausübung des Ansatzwahlrechts von § 274 Abs. 1 Satz 2 HGB hat die GmbH den steuerlichen Vorteil i. H. v. 30 % (kombinierter Steuersatz aus KSt, SolZ und GewSt) = 30 TEUR aktiviert, da aufgrund der Ergebnis- und Steuerplanungen für die nächsten fünf Jahre steuerliche Gewinne in einer Größenordnung von 250 TEUR prognostiziert werden.
> Im Oktober 02 werden 60 % der GmbH-Anteile von einem Gesellschafter veräußert. Die Voraussetzungen für eine Beibehaltung des Verlustvortrags nach § 8c Abs. 1 Satz 5 KStG (Vorliegen von stillen Reserven) liegen annahmegemäß nicht vor. Durch ein positives Jahresergebnis 02 belaufen sich die steuerlichen Verlustvorträge für KSt und GewSt zum Jahresende 02 – vor Berücksichtigung der Verlustvortragsbeschränkung von § 8c KStG/§ 10a Satz 10 GewStG – noch auf 80 TEUR. § 8d KStG ist annahmegemäß nicht anwendbar. Infolge der Verlustvortragsbeschränkung hat die GmbH die aktivierten Steuervorteile auszubuchen.
> Der Buchungssatz für die Ausbuchung des anteiligen Steuervorteils lautet:
>
> | Konto | Soll | Haben |
> |---|---|---|
> | Steuern vom Einkommen und Ertrag | 30 | |
> | Aktive latente Steuern | | 30 |

57 Zu beachten ist neben den handelsrechtlichen Ansatz- und Bewertungsvorschriften des § 274 HGB und den die steuerlichen Verlustvorträge ggf. beschränkenden steuerlichen Regelungen auch das **Stichtagsprinzip**. Letzteres wird aus § 242 HGB abgeleitet und besagt, dass i. R. d. Bilanzierung die Geschäftsvorfälle im Jahresabschluss zu berücksichtigen sind, die bis zum Abschlussstichtag angefallen sind, und für die Bewertung die Verhältnisse am Abschlussstichtag zugrunde zu legen sind (§ 242 Rz 8). Zur Abgrenzung zwischen werterhellenden und wertbegründenden Ereignissen siehe § 252 Rz 174.

> **Praxis-Beispiel**
> Die GmbH & Co KG befindet sich zum Jahresende 01 in einer schwierigen wirtschaftlichen Situation. Die Geschäftsführer versuchen die angespannte Liquiditätssituation durch die Suche nach neuen Eigenkapitalgebern zu verbessern. Am 20.12.01 veräußert einer der bisherigen Kommanditisten

---

[41] Vgl. Engels, BB 2008, S. 1555.

seine Kommanditanteile von 40 % an einen neuen Gesellschafter. Der neue Gesellschafter verpflichtet sich, neben dem Kaufpreis für die Kommanditanteile eine gesamthänderisch gebundene Rücklage i. H. v. 500 TEUR zu dotieren. Die Komplementär-GmbH ist nicht am Kapital der KG beteiligt. Die Übertragung der Kommanditanteile sei unter die aufschiebende Bedingung der Eintragung des neuen Kommanditisten im Handelsregister gestellt. Die Eintragung erfolgt am 5.1.02, sodass zu diesem Tag der Anteilswechsel vollzogen wird. Die GmbH & Co KG verfügt zum 31.12.01 über einen gewerbesteuerlichen Verlustvortrag i. H. v. 100 TEUR. Bei einer Steuermesszahl von 3,5 % und einem Gewerbesteuerhebesatz von 400 % beläuft sich der latente Gewerbesteuervorteil auf 14 TEUR.
Bei Aufstellung des Jahresabschlusses zum 31.12.01 hat die Geschäftsführung die Wahrscheinlichkeit der Nutzung des gewerbesteuerlichen Verlustvortrags zu beurteilen. Der maßgebliche Geschäftsvorfall, der Kaufvertrag über die Kommanditanteile, wurde vor dem Abschlussstichtag geschlossen und ist daher aufgrund des Stichtagsprinzips bei der Beurteilung der Wahrscheinlichkeit der Realisierung des Verlustvortrags zu berücksichtigen. Da im Zeitpunkt der Bilanzaufstellung bekannt ist, dass der Gesellschafterwechsel vollzogen, annahmegemäß keine Anwendung von § 8d KStG möglich und somit der gewerbesteuerliche Verlustvortrag quotal untergegangen ist, darf der gewerbesteuerliche Verlustvortrag zum 31.12.01 nur noch i. H. d. verbleibenden 60 % = 8,4 TEUR angesetzt werden.

Das Stichtagsprinzip kann dazu führen, dass im Jahresabschluss Vorteile aus steuerlichen Verlustvorträgen ausgewiesen werden, von denen bereits bei Bilanzaufstellung bekannt ist, dass diese nicht mehr vollständig realisiert werden können. Das ist keine Besonderheit von steuerlichen Verlustvorträgen, sondern trifft auch auf VG zu; eine im Januar 02 durch einen Brandschaden zerstörte Lagerhalle ist gleichwohl im Jahresabschluss zum 31.12.01 zu bilanzieren, ohne dass eine außerplanmäßige Abschreibung o. Ä. zu berücksichtigen wäre. Nachfolgendes Beispiel illustriert die Wirkungsweise des Stichtagsprinzips auf steuerliche Verlustvorträge.

Praxis-Beispiel
Die GmbH verfügt zum Abschlussstichtag 31.12.01 über einen körperschaftsteuerlichen Verlustvortrag i. H. v. 200 TEUR. Auf Basis eines KSt-Satzes von 15 % und unter Berücksichtigung des SolZ bemisst sich der steuerliche Vorteil auf 31,7 TEUR. Ende Februar 02 veräußert ein Minderheitsgesellschafter, der keine Organstellung in der GmbH innehat, Anteile i. H. v. 30 %. Der Jahresabschluss zum 31.12.01 wird im März 02 aufgestellt. Die Geschäftsführung hat von der Anteilsübertragung erst nach deren Durchführung erfahren. § 8d KStG findet annahmegemäß keine Anwendung.
Unter Berücksichtigung des Stichtagsprinzips ist die Aktivierung des vollen Verlustvortrags von 31,7 TEUR zulässig. Allerdings kann im Anhang i. R. d. Nachtragsberichts zu Ereignissen nach dem Abschlussstichtag darauf hinzuweisen sein, dass von dem aktivierten Verlustvortrag durch den in 02 erfolgten Gesellschafterwechsel 9,5 TEUR untergehen.

59 Bei PersG und KapG bestehen häufig **gesellschaftsvertragliche Regelungen zur Kompensation von steuerlichen Nachteilen** der Ges. durch Transaktionen des Gesellschafters.[42] Soweit ein Gesellschafter der Ges. Schaden zufügt, indem er z.B. durch Veräußerung seiner Anteile den gewerbesteuerlichen Verlustvortrag quotal schmälert, sehen solche Regelungen den Ausgleich des Schadens durch den (ausscheidenden) Gesellschafter vor. Im Zeitpunkt des Vollzugs des Gesellschafterwechsels entsteht ein Anspruch der Ges. gegen den ausscheidenden Gesellschafter, der nach allgemeinen Grundsätzen als Forderung zu bilanzieren ist. Derartige Kompensationsregelungen bei der Beurteilung der Wahrscheinlichkeit der zukünftigen Nutzbarkeit steuerlicher Verlustvorträge einzubeziehen, erscheint nach der hier vertretenen Auffassung unzulässig. Es widerspräche dem Prinzip der Einzelbewertung (§ 252 Abs. 1 Nr. 3 HGB). Auch die Bildung einer Bewertungseinheit nach § 254 HGB scheitert an den Voraussetzungen, da in § 254 Satz 1 HGB aktive latente Steuern nicht aufgeführt sind. Außerdem würden außerhalb der Einflusssphäre der Ges. liegende Vorteilhaftigkeitsüberlegungen des Gesellschafters Einfluss auf die Bewertung der aktiven latenten Steuer nehmen.

2.4.3 Zinsvorträge, Steuergutschriften

60 Der Gesetzgeber hat erkennen lassen, dass die Aktivierung von Vorteilen aus steuerlichen Verlustvorträgen auch diesen gleichgestellte andere steuerliche Vorteile umfasst.[43] Der aus der sog. **Zinsschranke** nach § 4h Abs. 1 Satz 5 EStG stammende Zinsvortrag entfaltet ähnliche steuerliche Wirkungen wie der steuerliche Verlustvortrag, sodass dessen Aktivierung bzw. Saldierung mit passiven Steuerlatenzen i.R.d. Gesamtdifferenzenbetrachtung folgerichtig erscheint.

61 Allerdings gilt es, die zwischen Zins- und Verlustvorträgen bestehenden **Interdependenzen** zu beachten, da sich deren Entlastungswirkungen gegenseitig ergänzen oder blockieren können. Ein erwirtschafteter handelsrechtlicher Verlust kann zu einer höheren Fremdkapitalaufnahme zur Deckung des Liquiditätsbedarfs und hiermit einhergehend zu höheren Zinsaufwendungen führen. In einem derartigen Fall führt die Nichtabzugsfähigkeit des Zinsaufwands zu einem höheren steuerlichen Ergebnis, sodass der Verlustvortrag partiell durch Zinsvortrag ersetzt wird. Insoweit erscheint die zukünftige Nutzung eines Zinsvortrags weniger wahrscheinlich als die eines steuerlichen Verlustvortrags.[44] Die bestehenden Interdependenzen zwischen Verlust- und Zinsvortragsnutzung erfordern regelmäßig eigenständige Planungsrechnungen, die über die für die Aktivierung latenter Steuern auf körperschaft- oder gewerbesteuerliche Verlustvorträge zu fordernde Steuerplanung hinausgehen.[45]

62 Unter **Steuergutschriften** werden steuerliche Maßnahmen verstanden, die zur Förderung bestimmter unternehmerischer Verhaltensweisen erteilt werden. Diese existieren in einigen Ländern.[46]

---

[42] Vgl. zu derartigen Kompensationsklauseln Schildknecht/Rhiel, DStR 2009, S. 118.
[43] Vgl. BT-Drs. 16/10067 v. 30.7.2008 S. 67; DRS 18.20.
[44] Vgl. Herzig/Bohn/Götsch, DStR 2009, S. 2619.
[45] Vgl. Engels, BB 2008, S. 1558.
[46] Vgl. Lüdenbach/Hoffmann/Freiberg, Haufe IFRS-Kommentar, 21. Aufl. 2023, § 26 Rz 15 ff.

> **Praxis-Beispiel**
> Die Einstellung von X Arbeitslosen führt bei Verzicht auf Entlassungen zu einer Ermäßigung der Steuerschuld X mal 100 EUR.

Soweit solche Steuergutschriften über die Reduzierung der Steuerschuld für das laufende Jahr hinaus auf künftige Steuerbemessungsgrundlagen übertragen werden können, unterliegen diese ebenfalls dem Aktivierungswahlrecht von § 274 Abs. 1 Satz 2 HGB.

2.5 Sonderprobleme

2.5.1 Personengesellschaften

Bei Personengesellschaften ist eine transparente Besteuerung oder eine Besteuerung nach dem Optionsmodell (§ 1a KStG) möglich. Für die transparente Besteuerung gilt Folgendes:
Die ertragsteuerliche Behandlung dieser PersG gründet sich auf dem Konzept der **Mitunternehmerschaft** i.S.v. § 15 Abs. 1 Nr. 2 EStG. Danach sind neben der Steuerbilanz der PersG selbst (Gesamthandsbilanz) für jeden Gesellschafter ggf. aufzustellende Ergänzungs- und Sonderbilanzen zu berücksichtigen.[47]
Die **Steuerbilanz** der Gesamthand ist die nach dem Maßgeblichkeitsgrundsatz (§ 5 Abs. 1 Satz 1 EStG) aus der Handelsbilanz der PersG abgeleitete Steuerbilanz der PersG. Sie beinhaltet diejenigen VG, Schulden und RAP, bei denen das wirtschaftliche Eigentum bei der PersG liegt. Abweichungen zur Handelsbilanz ergeben sich aus steuerlichen Spezialregelungen, z. B.

- Aktivierungsverbot für selbst geschaffene immaterielle VG des Anlagevermögens (§ 5 Abs. 2 EStG),
- Ansatzverbot für Drohverlustrückstellungen (§ 5 Abs. 4a EStG),
- spezielle Bewertungsvorschriften für Pensionsrückstellungen (§ 6a Abs. 3 EStG),
- ausschl. in der Steuerbilanz angesetzte unversteuerte Rücklagen (z. B. § 6b Abs. 3 EStG).

Für jeden Gesellschafter existieren für den Fall des entgeltlichen Beitritts (z. B. Erwerb von Kommanditanteilen einer GmbH & Co. KG) sog. **Ergänzungsbilanzen**. In diesen Ergänzungsbilanzen werden Mehr- oder Minderkaufpreise gegenüber dem bilanziellen Eigenkapital im Beitrittszeitpunkt berücksichtigt. Ergänzungsbilanzen stellen somit gesellschafterindividuelle Korrekturen der Bewertungsansätze der in der Gesamthandsbilanz ausgewiesenen VG und Schulden dar.

Für steuerliche Zwecke sind **Sonderbilanzen** für einzelne Gesellschafter dann zu bilden, wenn diese schuldrechtliche Vereinbarungen mit der PersG eingegangen sind. Da aufgrund des Mitunternehmerkonzepts die aus den schuldrechtlichen Vereinbarungen resultierenden Vergütungen steuerlich neutralisiert werden, wird in diesen Sonderbilanzen der entsprechende bilanzielle Ausgleich geschaffen. In Sonderbilanzen werden daher VG und Schulden, die im wirtschaftlichen (und zivilrechtlichen) Eigentum des Gesellschafters stehen, für steuerliche Zwecke bilanziell erfasst. Beispiele für in Sonderbilanzen auszuweisende VG und Schulden sind:

---

[47] Vgl. zu Einzelheiten des Mitunternehmerkonzepts bei Personengesellschaften, Schmidt/Wacker, EStG, 43. Aufl. 2024, § 15 EStG Rz 400 ff.

- an die PersG vermietete (oder unentgeltlich überlassene) VG (z. B. Grundstücke und Gebäude),
- an die PersG ausgereichte Darlehen des Gesellschafters,
- Anteile des Kommanditisten an der Komplementär-GmbH bei einer GmbH & Co. KG,
- zur Finanzierung der Beteiligung an der PersG aufgenommene Verbindlichkeiten des Gesellschafters.

67 Für Zwecke der Besteuerung werden sämtliche der genannten Bilanzen berücksichtigt, d. h., der Besteuerung unterliegt die „**additive Gesamtbilanz**" der Mitunternehmerschaft.[48]

68 Da für Zwecke der Bildung von Steuerlatenzen nach § 274 HGB Differenzen zwischen dem handelsrechtlichen Buchwert und dem maßgeblichen Steuerwert (Rz 18) zu ermitteln sind, stellt sich bei PersG die Frage, welche der steuerlich relevanten Teilbilanzen der additiven Gesamtbilanz den maßgeblichen Steuerwert repräsentieren.

69 **Ergänzungsbilanzen** sind in dem für die Steuerlatenz maßgeblichen Steuerwert zu berücksichtigen (DRS 18.39). In ihnen werden keine eigenständigen VG und Schulden, sondern steuerliche Wertkorrekturen von in der Steuerbilanz der PersG ausgewiesenen VG und Schulden ausgewiesen. Dies gilt auch für in der Steuerbilanz nicht ausgewiesene selbst geschaffene GoF. Diese sind in der Ergänzungsbilanz eines in die PersG eintretenden Gesellschafters aufzunehmen, da aus seiner (individuellen) Sicht ein entgeltlicher Erwerb vorliegt. Gleiches gilt für in der Steuerbilanz der PersG nicht ausgewiesene selbst geschaffene immaterielle VG des Anlagevermögens (z. B. Patente), die aus Sicht des Gesellschafters beim Eintritt in die PersG entgeltlich erworben wurden.

70 **Sonderbilanzen** enthalten demgegenüber VG und Schulden, die nicht im wirtschaftlichen Eigentum der PersG, sondern des Gesellschafters stehen. Eine Einbeziehung dieser VG und Schulden in den für die Steuerlatenz maßgeblichen Steuerwert ist nicht zulässig, da sie dem handelsrechtlichen Vermögen der PersG nicht zuzurechnen sind.[49] Das Konzept der Steuerlatenz zielt aber gerade auf die Berücksichtigung von temporären Differenzen aus in der Handelsbilanz ausgewiesenen VG und Schulden gegenüber deren Wertansätzen in der Steuerbilanz ab. Daher sind Sonderbilanzen bei der Ermittlung von Steuerlatenzen nicht zu berücksichtigen (DRS 18.39).[50]

71 Da die transparent besteuerte PersG Steuersubjekt nur hinsichtlich der GewSt ist, kommt bei ihr auch nur eine Berücksichtigung von latenter GewSt in Betracht (Rz 3). Soweit der (unmittelbare oder mittelbare) Gesellschafter eine Körperschaft ist, ist bei dieser eine Berücksichtigung der temporären Differenzen der PersG für körperschaftsteuerliche Zwecke vorzunehmen. Nachfolgendes Beispiel illustriert die Komplexität der Berücksichtigung von Steuerlatenzen, die aus dem Konzept der Mitunternehmerschaft resultiert.

---

[48] Vgl. BFH, Urteil v. 11.3.1992, XI R 38/89, BStBl 1992 II S. 797.
[49] Vgl. IDW ERS FAB 7.20.
[50] Steuerlatenzen auf Sonderbilanzen können sich allerdings im Jahresabschluss des Gesellschafters ergeben. Vgl. hierzu Künkele/Zwirner, BC 2012, S. 107.

Latente Steuern § 274

Praxis-Beispiel
Gesellschafter der A-GmbH & Co. KG sind die A-GmbH (100 % des Kommanditkapitals) sowie die am Kapital der Gesellschaft nicht beteiligte A-Verwaltungs-GmbH (Komplementärin). Die Handelsbilanz der A-GmbH & Co. KG weist zum 31.12.01 vereinfacht folgendes Bild aus:

Aktiva	Handelsbilanz 31.12.01		Passiva
Selbst geschaffene immat. VG des Anlagevermögens	30	Kapitalanteile Kommanditist	50
Sachanlagevermögen	130	Pensionsrückstellungen	150
UV	303		
RAP	15	Sonstige Rückstellungen	100
Aktive latente Steuern	22		
		Verbindlichkeiten	191
		Passive latente Steuern	9
	500		500

Steuerlich gibt es zum 31.12.01 folgende Besonderheiten zu beachten. Die selbst geschaffenen immateriellen VG des Anlagevermögens unterliegen dem Ansatzverbot des § 5 Abs. 2 EStG. Die Pensionsrückstellungen sind in der Steuerbilanz nach § 6a EStG lediglich mit einem Wert von 100 EUR angesetzt, sodass sich eine temporäre Differenz i.H.v. 50 EUR ergibt. Die in den Sonstigen Rückstellungen der Handelsbilanz enthaltene Drohverlustrückstellung i.H.v. 20 EUR wird steuerlich nicht berücksichtigt. In der Steuerbilanz ist eine unversteuerte Rücklage nach § 6b EStG i.H.v. 60 EUR ausgewiesen. Die Steuerbilanz der PersG weist somit folgendes Bild auf:

Aktiva	Steuerbilanz 31.12.01		Passiva
Sachanlagevermögen	130	Kapitalanteile Kommanditist	17
UV	303	Rücklage § 6b EStG	60
RAP	15	Pensionsrückstellungen	100
		Sonstige Rückstellungen	80
		Verbindlichkeiten	191
	448		448

Die Reduzierung der Kapitalanteile des Kommanditisten gegenüber der Handelsbilanz resultiert aus den Gewinnunterschieden (kumuliert, d. h. inkl. Vorjahre) zwischen Handels- und Steuerbilanz.

Neben der Steuerbilanz existiert eine Ergänzungsbilanz für den Kommanditisten A-GmbH, die im Zeitpunkt des Erwerbs der Kommanditanteile ein Mehrkapital von 200 EUR enthielt. Zum 31.12.01 weist die Ergänzungsbilanz folgendes Bild auf:

Aktiva	Erg.-Bilanz 31.12.01 A-GmbH		Passiva
Geschäftswert	150	Mehrkapital	150
	150		150

Die in der Handelsbilanz der A-GmbH & Co KG gebildeten Steuerlatenzen beruhen auf einem Gewerbesteuersatz von 10 %[51] und sind wie folgt nachzuweisen:

Posten	Handels-bilanz	Steuer-bilanz	Erg.-Bilanz	Steuer-wert	Diffe-renz	Latente Steuer (10 %)
Selbst geschaffene immat. VG des Anlagevermögens	30	0	0	0	30	3
Rücklage	0	60	0	60	60	6
						9
Geschäftswert	0	0	150	150	150	15
Pensionsrückstellungen	150	100	0	100	50	5
Drohverlustrückstellung	20	0	0	0	20	2
						22

Auf Ebene des Gesellschafters A-GmbH wird in der Handelsbilanz die Beteiligung an der A-GmbH & Co. KG mit AK von 250 EUR ausgewiesen. Da steuerlich die Beteiligung nach der sog. Spiegelbildmethode anzusetzen ist, sind bei der Ermittlung des maßgeblichen Steuerwerts die temporären Differenzen der PersG zu berücksichtigen:

Kapitalanteil Steuerbilanz	17
Mehrkapital Ergänzungsbilanz	150
Steuerwert	167

---

[51] Entspricht einem Gewerbesteuerhebesatz von rd. 285 %.

Im Vergleich zur Handelsbilanz ergibt sich ein Unterschiedsbetrag von 83 EUR. Hierauf entfällt eine passive latente Steuer von 15,825 % (KSt, SolZ) = 13,1 EUR. Die Tatsache, dass sich auf Ebene der Obergesellschaft eine passive Steuerlatenz ergibt, während bei der PersG per Saldo ein Aktivüberhang besteht, resultiert daraus, dass auf Ebene der Muttergesellschaft die quasi-permanenten Differenzen bei einer (etwaigen) Veräußerung der PersG zu berücksichtigen sind. Je länger die Beteiligung gehalten und je weiter der Geschäftswert in der Ergänzungsbilanz abgeschrieben wird, desto größer wird die passive Steuerlatenz bei der Muttergesellschaft.[52]

Soweit bei einer PersG **verrechenbare Verluste i. S. d. § 15a Abs. 4 Satz 1 EStG** bestehen, ist bei dem Gesellschafter der PersG insoweit keine Steuerlatenz auf die Beteiligung zu bilden. Es handelt sich zwar um Differenzen zwischen handelsrechtlichem Beteiligungsansatz und steuerlichem Kapitalkonto. Da beim Abbau dieser Differenzen jedoch keine Steuerwirkung entsteht, sind diese Verluste bei der Steuerlatenzierung beim Gesellschafter nicht zu berücksichtigen. 72

Eine Steuerlatenzierung bei Gesellschaftern von PersG ist bei **phasenverschobener Gewinnvereinnahmung** vorzunehmen.[53] 73

Praxis-Beispiel
Die Müller-GmbH gründet gemeinsam mit Herrn Müller die Müller-GmbH & Co. KG, an deren Kapital beide mit jeweils 50 % als Kommanditisten beteiligt sind. Als Komplementärin fungiert die Müller Verwaltungs-GmbH, die an Kapital und Ergebnis der Müller-GmbH & Co. KG nicht beteiligt ist. Im Gesellschaftsvertrag der Müller-GmbH & Co. KG ist bzgl. der Gewinnverwendung geregelt, dass diese der Gesellschafterversammlung vorbehalten ist. Im Gj 01 erwirtschaftet die Müller-GmbH & Co. KG einen Vorsteuer-Gewinn von 100, abzgl. Gewerbesteuer von 15, sodass ein Jahresüberschuss von 85 ausgewiesen wird. Zum Zeitpunkt der Aufstellung des Jahresabschlusses 01 der Müller-GmbH liegt noch kein Gewinnverwendungsbeschluss der Müller-GmbH & Co. KG vor.
Im Jahresabschluss 01 der Müller GmbH ist kein Beteiligungsertrag zu vereinnahmen, da die Voraussetzungen für einen entnahmefähigen Gewinn noch nicht vorliegen.[54] Steuerlich ist der Müller GmbH der Gewinnanteil für 01 von 50 (unter Berücksichtigung der Nichtabzugsfähigkeit der Gewerbesteuer) zuzurechnen, sodass für die KSt 01 eine Steuerrückstellung (inkl. SolZ) von 7,91 zu bilden ist. I. H. d. temporären Differenz zwischen Handels- und Steuerbilanz entsteht eine aktive Steuerlatenz, die gem. dem Aktivierungswahlrecht im Jahresabschluss 01 der Müller-GmbH angesetzt werden

---

52 Es handelt sich um die Bilanzierung von Steuerlatenzen nach § 274 HGB im Jahresabschluss des Anteilseigners. Dieser wäre auch in einem aufzustellenden Konzernabschluss der Müller-GmbH anzusetzen, sodass auch kein Verstoß gegen die unzulässige Einbeziehung von outside basis differences nach § 306 HGB vorliegt. Bei Beteiligungen an PersG wirken sich (in Ergänzungsbilanzen abgebildete) gezahlte Mehrkaufpreise steuerlich aus, sodass auch Folgewirkungen auf die Steuerlatenzen bestehen. Gl. A. Kastrup/Middendorf, BB 2010, S. 819.
53 Vgl. IDW ERS FAB 7.31; Skoluda/Janitschke, StuB 2011, S. 489.
54 Vgl. IDW RS HFA 18.21.

> darf. In der GuV 01 sind entsprechend keine Beteiligungserträge und (bei Ausübung des Aktivierungswahlrechts) ein Steueraufwand von 0 (tatsächliche KSt und latente KSt gleichen sich aus) enthalten.
> Soweit im Gj 02 ein Gewinnverwendungsbeschluss bei der Müller-GmbH & Co. KG gefasst wird und sich für die Müller-GmbH ein entnahmefähiger Gewinn ergibt, ist dieser im Jahresabschluss 02 zu erfassen. Die in 01 gebildete aktive latente Steuer ist entsprechend auszubuchen, sodass in der GuV 02 dem Beteiligungsertrag ein korrespondierender Steueraufwand gegenübersteht.

2.5.2 Ertragsteuerliche Organschaft

2.5.2.1 Grundlagen

74 Unter einer steuerlichen **Organschaft** wird die Zusammenfassung des steuerlichen Einkommens der dem Organkreis angehörigen Ges. beim Organträger verstanden (§ 14 Abs. 1 KStG). Für die Berücksichtigung latenter Steuern sind ausschl. ertragsteuerliche Organschaften von Bedeutung; umsatzsteuerliche Organschaften spielen keine Rolle. In Deutschland existieren Regelungen zur **körperschaft- und gewerbesteuerlichen** Organschaft in § 14 Abs. 1 KStG, § 2 Abs. 2 Satz 2 GewStG. Grundlage für das Vorliegen einer wirksamen steuerlichen Organschaft ist der Abschluss eines Ergebnisabführungsvertrags zwischen Organträger und Organgesellschaft i.S.v. § 291 Abs. 1 AktG. Dies gilt auch für Organgesellschaften in der Rechtsform der GmbH, bei der § 291 Abs. 1 AktG analog angewendet wird.[55]

75 Die steuerliche Zurechnung des von der Organgesellschaft erwirtschafteten Einkommens beim Organträger führt dazu, dass die Organgesellschaft keinen KSt- und GewSt-Aufwand hat. Um ein betriebswirtschaftlich aussagekräftiges Ergebnis vor Gewinnabführung in der Handelsbilanz auszuweisen, werden bei Organschaftsverhältnissen häufig **Steuerumlagen** vereinbart. Die Umlage wird vom Organträger i.H.d. von der Organgesellschaft beim Organträger ausgelösten KSt und GewSt an die Organgesellschaft weiterbelastet. In Verlustjahren können sich entsprechend negative Umlagen ergeben. Die Ermittlung der Steuerumlagen kann entweder nach der Verteilungsmethode oder nach der Belastungs- bzw. Stand-alone-Methode erfolgen, die beide von der Finanzverwaltung anerkannt sind.[56] Handelsrechtlich stellen derartige Steuerumlagen beim Organträger „Vorweg-Gewinnabführungen" dar, die entsprechend in der GuV unter den „Erträgen aus Gewinnabführung" bzw. „Aufwendungen aus Verlustübernahme" – ggf. als offen ausgewiesener Unterposten – ausgewiesen werden.[57] Die vereinfachte GuV der Organgesellschaft – je nachdem, ob ein Umlagevertrag vorliegt oder nicht – stellt sich wie folgt dar:

---

[55] Zu den Voraussetzungen der steuerlichen Organschaft vgl. R 14.1 ff. KStR 2015.
[56] Vgl. Loitz/Klevermann, DB 2009, S. 410.
[57] Vgl. Dahlke, BB 2009, S. 879.

GuV der Organgesellschaft (in EUR)	Ohne Umlage	Mit Umlage
Ergebnis vor Steuern	100	100
Ertragsteuerumlage	0	– 30
Aufwand aus Gewinnabführung	– 100	– 70
Jahresüberschuss	0	0

Tab. 3: GuV Organgesellschaft

2.5.2.2 Steuerlatenzen bei Organschaft

Die Besonderheiten steuerlicher Organschaften, nämlich das Auseinanderfallen von wirtschaftlicher Verursachung (Organgesellschaft) und zivilrechtlicher Verbindlichkeit (Organträger), führen dazu, dass prinzipiell zwei Methoden der Abbildung von Steuerlatenzen von Organgesellschaften möglich sind, die der formalen und der wirtschaftlichen Betrachtungsweise folgen. 76

Nach der **formalen Betrachtungsweise** erfolgt die Bilanzierung von latenten Steuern auf Basis der zivilrechtlichen Verpflichtungen. Der Steuerschuldner bei Organschaften ist der Organträger, sodass dieser nach der formalen Betrachtungsweise auch die Steuerlatenzen für temporäre Differenzen von Organgesellschaften zu bilden hat. Steuerliche Verlustvorträge bei der Organgesellschaft können nur aus vororganschaftlicher Zeit stammen und sind während der Dauer der Organschaft nicht nutzbar, sodass für sie auch keine Berücksichtigung bei Steuerlatenzen zu erfolgen hat.[58] 77

Demgegenüber bildet die **wirtschaftliche Betrachtungsweise** Steuerlatenzen auf Ebene der jeweiligen Organgesellschaft ab. Diese aus den US-GAAP stammende Behandlung (sog. **push-down-accounting**) sieht vor, den von der Organgesellschaft beim Organträger verursachten Steueraufwand (tatsächliche und latente Steuer) an die Organgesellschaft zurückzubelasten. Die Sichtweise ist vom Grundsatz her dieselbe, die Steuerumlagevereinbarungen (Rz 76) zugrunde liegt. Der wesentliche Unterschied besteht aber darin, dass bei der wirtschaftlichen Betrachtungsweise nicht nur tatsächliche, sondern auch latente Steuern an die Organgesellschaft weiterberechnet werden. Der Gesetzgeber hat im Zuge der Einführung des BilMoG keine Regelungen für Steuerlatenzen im Zusammenhang mit Organschaften aufgestellt. Auch die Gesetzesmaterialien geben keinen Hinweis, wie Steuerlatenzen in derartigen Fällen abzubilden sind. 78

Die Abbildung von Steuerlatenzen bei ertragsteuerlichen Organschaften nach § 274 HGB hat handelsrechtlich nach der **formalen Betrachtungsweise** zu erfolgen. Ein Ansatz von latenten Steuern in den Jahresabschlüssen von Organgesellschaften ist somit nicht zulässig (DRS 18.32). 79

Verschiedentlich sind Überlegungen angestellt worden, ob in Steuerumlagevereinbarungen auch latente Steuern mit erfasst werden sollen.[59] Für diese Fälle lässt 80

---

[58] Vgl. Loitz/Klevermann, DB 2009, S. 411.
[59] Vgl. Dahlke, BB 2009, S. 879; Loitz/Kavermann, DB 2009, S. 419; Ellerbusch/Schlüter/Hofherr, DStR 2009, S. 2443.

DRS 18.35 eine Bilanzierung der Steuerlatenzen bei der Organgesellschaft zu,[60] wobei dies z.T. kontrovers diskutiert wird.[61] Besonderes Augenmerk ist in diesen Konstellationen auf die sog. Abführungssperre (Rz 82) zu legen, da bei einer zu hohen Gewinnabführung ggf. die steuerliche Anerkennung der Organschaft in Gefahr gerät.[62] Auch um diese Gefahr zu vermeiden, wird nach der hier vertretenen Auffassung die formale Betrachtungsweise präferiert. Durch Einbeziehung der latenten Steuern in die Steuerumlageverträge kann die der wirtschaftlichen Betrachtungsweise zugrunde liegende Ergebniswirkung erreicht werden, auch wenn die originären Steuerlatenzen beim Organträger bilanziert werden.

Innerhalb der Konzerne wird die Entscheidung für die Abbildung von Steuerlatenzen bei Steuerumlageverträgen regelmäßig einheitlich (formale bzw. wirtschaftliche Betrachtungsweise) erfolgen, um eine Doppelbilanzierung von Steuerlatenzen zu vermeiden.[63]

81 Soweit der Organträger eine **kleine KapG/KapCoGes** i.S.v. § 267 HGB ist, hat er gem. § 274a Nr. 4 HGB die Vorschriften des § 274 HGB nicht zu berücksichtigen. Dies gilt ebenfalls für die temporären Differenzen der Organgesellschaften, auch wenn diese gem. den Größenkriterien nach § 267 HGB ggf. als mittelgroß oder groß einzustufen sind.[64] Allerdings hat der Organträger ggf. Rückstellungen nach § 249 Abs. 1 HGB für passive latente Steuern zu bilden (§ 249 Rz 42).

82 Da bei der Organgesellschaft nach der formalen Betrachtungsweise keine Steuerlatenzen zu bilanzieren sind (Rz 81), können bei ihr auch keine **Abführungssperren** nach § 268 Abs. 8 HGB aus aktiven latenten Steuern auftreten. Allerdings können aus den anderen in § 268 Abs. 8 HGB genannten Fällen (Aktivierung von selbst geschaffenen immateriellen VG des Anlagevermögens, Zeitwertbewertung von Deckungsvermögen über die AHK hinaus) bei der Organgesellschaft Abführungssperren auftreten, die zum Ausweis eines Jahresüberschusses führen. Dies gilt im Übrigen auch für die Abführungssperre von § 301 AktG. Zur Problematik von Abführungssperren gem. § 268 Abs. 8 HGB bei steuerlichen Organschaften siehe § 268 Rz 54 ff.

83 Die **Anhangangaben** nach § 285 Nr. 29 HGB sind von demjenigen Unt vorzunehmen, das die Steuerlatenzen bilanziert. Bilanziert der Organträger die Angaben für den gesamten Organkreis, hat er in den Anhangangaben die temporären Differenzen der Organgesellschaften mit aufzunehmen (§ 285 Rz 167 f.).

2.5.2.3 Beendigung von Organschaften

84 Die Organschaften zugrunde liegenden Ergebnisabführungsverträge sind im Regelfall zeitlich befristet (fünf Jahre) und verlängern sich danach zumeist um ein Jahr, soweit nicht gekündigt wird. Darüber hinaus ist für Sonderfälle regelmäßig ein außerordentliches Kündigungsrecht vorgesehen. Hierzu rechnet als Hauptanwendungsfall die Veräußerung der Gesellschaftsanteile der Organgesellschaft durch den Organträger.

85 Soweit die Ergebnisabführungsverträge am Abschlussstichtag nicht gekündigt sind und eine Kündigung auch nicht geplant ist, sind diese als dauerhaft geltende Ergeb-

---

[60] Vgl. Liekenbrock/Vossel, DB 2012, S. 753.
[61] A.A. Melcher/Murer, DB 2011, S. 2334, die auch bei Steuerumlageverträgen eine Bilanzierung der Steuerlatenzen beim Organträger fordern.
[62] Vgl. Herzig/Liekenbrock/Vossel, Ubg 2012, S. 141.
[63] Gl. A. Dreixler/Ernst, StuB 2011, S. 131.
[64] Vgl. Wendholt/Wesemann, DB 2009, Beil. 5, S. 71.

nisabführungsverträge zu behandeln. Maßgeblich für die Beurteilung, ob eine Kündigung geplant ist, ist die Planung des Organträgers, da nur dieser faktisch über eine Weiterführung bzw. Kündigung des Ergebnisabführungsvertrags entscheiden kann.
Für die Bilanzierung latenter Steuern ist der zeitliche Anfall der Umkehr der latenten Steuern maßgeblich. Sobald der Ergebnisabführungsvertrag gekündigt ist, werden sich die Steuerlatenzen der **Organgesellschaft** steuerlich bei ihr auswirken, da sie nach Beendigung des Organschaftsverhältnisses wiederum Steuersubjekt bei der KSt und GewSt ist. Demzufolge hat die Organgesellschaft im Zeitpunkt der Kündigung des Ergebnisabführungsvertrags (bzw. dem Abschlussstichtag, an dem eine Kündigung geplant ist) latente Steuern für solche Steuerbe- und -entlastungen zu bilden, die in Perioden anfallen, in denen sie wieder Steuersubjekt ist. Dies gilt grds. auch für aktive Steuerlatenzen auf **steuerliche Verlustvorträge aus vororganschaftlicher Zeit**. Da die Beendigung von Ergebnisabführungsverträgen i. d. R. im Zusammenhang mit einem Gesellschafterwechsel bei der Organgesellschaft steht, sind die steuerlichen Restriktionen für die Geltendmachung dieser Verlustvorträge zu beachten (Rz 55). In vielen Fällen dürfte eine Berücksichtigung von aktiven latenten Steuern auf steuerliche Verlustvorträge wegen des zu erwartenden Wegfalls der Nutzbarkeit ausscheiden.

86

In der überwiegenden Zahl dieser Fälle hat ab dem Kündigungszeitpunkt die Organgesellschaft somit für sämtliche Steuerlatenzen nach den allgemeinen Grundsätzen des § 274 HGB latente Steuern zu bilanzieren. Nur in solchen Fällen, in denen zwischen Kündigung des Ergebnisabführungsvertrags und tatsächlicher Beendigung ein längerer Zeitraum liegt, erfordert dies eine Aufteilung der Steuerlatenzen, um zu ermitteln, welche noch vom Organträger und welche von der Organgesellschaft zu bilanzieren sind.

87

Der **Organträger** hat entsprechend im Jahr der Kündigung des Ergebnisabführungsvertrags die für temporäre Differenzen der Organgesellschaft gebildeten Steuerlatenzen aufzulösen, da mit der Steuerbe- und -entlastung nicht mehr zu rechnen ist (§ 274 Abs. 2 Satz 2 HGB).

88

2.5.3 Chronisch defitäre Unternehmen

Die Passivierungspflicht für zu versteuernde temporäre Differenzen besteht unabhängig davon, ob das Aktivierungswahlrecht für einen Aktivüberhang ausgeübt wird, die Steuerlatenzen saldiert (Gesamtdifferenzenbetrachtung) oder unsaldiert ausgewiesen werden (Rz 44). Daher sind auch in Verlustjahren passive Steuerlatenzen anzusetzen, wenn zukünftig zu versteuernde temporäre Differenzen beim bilanzierenden Unt bestehen.

89

Soweit bei dem bilanzierenden Unt die Verhältnisse so besonders gelagert sind, dass ausnahmsweise die Entstehung künftiger Steuerbelastungen ausgeschlossen ist, kann von diesem Grundsatz abgewichen werden. Solche Konstellationen sind bei chronisch defizitären Unt anzutreffen, die ausschl. steuerliche Verluste erzielen, die durch Eigenkapitalzuführungen der Gesellschafter finanziert werden.

90

Praxis-Beispiel
Die „Städtische Verkehrsbetriebe-GmbH" erwirtschaftet seit Jahren hohe Jahresfehlbeträge, die vom Gesellschafter (der Stadt) durch Eigenkapitalzuführungen ausgeglichen werden. Da aufgrund der bestehenden Aufwands- und Ertragsstruktur auch für die Zukunft dauerhaft mit Verlusten gerechnet wird,

ist es faktisch ausgeschlossen, dass die GmbH jemals positive steuerliche Ergebnisse erzielen wird. Ein Ansatz von passiven latenten Steuern kann in derartigen Fällen unterbleiben.

2.5.4 Asset deal bei Unternehmenserwerben

91 Werden Unt oder Unternehmensteile im Wege eines **asset deals** vom bilanzierenden Unt übernommen, stellt sich ebenfalls das Erfordernis der Berücksichtigung von latenten Steuern. Im Regelfall ergibt sich beim **asset deal** ein positiver Unterschiedsbetrag zwischen dem (Gesamt-) Kaufpreis und der Summe der Zeitwerte der übernommenen VG und Schulden. Dieser ist als GoF gem. § 246 Abs. 1 Satz 4 HGB zu aktivieren (§ 246 Rz 89). Soweit sich i.R.d. Kaufpreisverteilung Unterschiede zwischen Handels- und Steuerbilanz ergeben, sind für zukünftige Steuerbe- und -entlastungen Steuerlatenzen zu bilden.

> **Praxis-Beispiel**
> Die GmbH erwirbt von einem insolventen Konkurrenten einen Unternehmensbereich im Wege eines asset deals. Der Kaufpreis beträgt 100 TEUR. Die übernommenen VG und Schulden weisen im Erwerbszeitpunkt folgende Zeitwerte auf:
>
> | | |
> |---|---:|
> | Patente | 50 TEUR |
> | Sachanlagevermögen | 150 TEUR |
> | Vorräte | 70 TEUR |
> | Pensionsrückstellungen (ermittelt nach § 253 HGB) | – 230 TEUR |
> | | 40 TEUR |
>
> Aufgrund des gezahlten Kaufpreises von 100 TEUR ergibt sich ein GoF i.H.v. 60 TEUR.
> In der Steuerbilanz wird der Kaufpreis abweichend verteilt, da dort die Pensionsrückstellungen lediglich mit dem nach § 6a EStG ermittelten steuerlichen Teilwert i.H.v. 180 TEUR angesetzt werden dürfen. Steuerlich erhöht sich der Geschäftswert entsprechend auf 110 TEUR. Auf den Differenzbetrag von 50 TEUR entfällt bei einem Steuersatz von 30 % eine passive latente Steuer i.H.v. 15 TEUR. Da bei den Pensionsrückstellungen ebenfalls eine temporäre Differenz i.H.v. 50 TEUR zwischen Handels- und Steuerbilanz besteht, ergibt sich dort eine aktive Steuerlatenz i.H.v. 15 TEUR. Beide Steuerlatenzen werden sich in den folgenden Gj allerdings zeitlich unterschiedlich auflösen.

92 Da ein GoF im Einzelabschluss steuerlich berücksichtigungsfähig ist, ist – wie im vorstehenden Beispiel dargestellt – auf den GoF eine Steuerlatenz zu bilden. Konsequent weitergedacht wäre bereits bei Bestimmung des GoF diese Steuerlatenz zu berücksichtigen, wobei dies zu einer iterativen Berechnung führt.

Folgt man dem Gedanken des § 246 Abs. 1 Satz 4 HGB, wonach der GoF lediglich eine Residualgröße ist, wird man diese In-Sich-Rechnung vermeiden können.[65]

2.5.5 Ausländische Betriebsstätten

Weicht bei ausländischen Betriebsstätten eines nach HGB-rechnungslegungspflichtigen Unt das handelsrechtliche Nettovermögen der Betriebsstätte (bei Freistellung gem. Doppelbesteuerungsabkommen) vom steuerlichen Wertansatz ab, so entstehen temporäre Differenzen.[66] Solche Differenzen können bspw. dadurch auftreten, dass im handelsrechtlichen Nettovermögen das Anlagevermögen der Betriebsstätte nach anderen Regeln (Nutzungsdauern, Abschreibungsmethoden) abgeschrieben wird als steuerlich.

Für diese temporären Differenzen der ausländischen Betriebsstätte sind latente Steuern nach den allgemeinen Grundsätzen des § 274 HGB zu bilden.

93

94

Praxis-Beispiel
Die deutsche AG unterhält eine Betriebsstätte in Spanien. Soweit temporäre Differenzen zwischen der nach spanischem Steuerrecht aufgestellten Steuerbilanz (bzw. des maßgeblichen spanischen Steuerwerts) und der in den deutschen Jahresabschluss eingeflossenen Betriebsstättenbilanz bestehen, sind hierauf Steuerlatenzen für zu versteuernde temporäre Differenzen zu berücksichtigen bzw. besteht für abzugsfähige temporäre Differenzen ein Ansatzwahlrecht.

Da auch beim unsaldierten Ausweis von Steuerlatenzen im Regelfall auf Bilanzpostenebene eine Saldierung erfolgt (Rz 46), kann dies bspw. dazu führen, dass bei einer Bilanzposition aktive inländische Steuerlatenzen mit passiven ausländischen Steuerlatenzen saldiert werden.
DRS 18.31b stellt klar, dass bei einer Zweigniederlassung (oder einer unselbstständigen Betriebsstätte) die Steuerlatenzen so ermittelt werden sollen, als ob es sich um ein rechtlich selbstständiges Unt handelt.

2.5.6 Investmentfonds

Bei Anteilen an Investmentfonds, die vom Bilanzierenden gehalten werden, erfolgt deren handels- und steuerrechtliche Abbildung unterschiedlich. **Handelsrechtlich** wird der einheitliche VG „Anteil am Investmentfonds" bilanziert, der nach den allgemeinen Regelungen bei Zugang zu AK und in der Folge zu fortgeführten AK bilanziert wird. Eine Abschreibung nach § 253 Abs. 3 Satz 3 HGB (Anlagevermögen) bzw. § 253 Abs. 4 Satz 1 HGB (Umlaufvermögen) kommt nur in Betracht, soweit der Börsen- oder Marktpreis (Rücknahmepreis des Investmentfonds) unter die AK gesunken ist. Bei der Beurteilung einer Abschreibungsnotwendigkeit kommt es auf den Wert des Investmentanteils insg. nicht auf die vom Investmentfonds gehaltenen einzelnen Anlagen an.

95

---

[65] Vgl. Kühne/Melcher/Wesemann, WPg 2009, S. 1061.
[66] Es handelt sich allerdings nicht um sog. outside basis differences, die nur im Konzernabschluss entstehen können; vgl. IDW, IDW-FN 2014, S. 281.

Soweit es sich um einen **ausschüttenden Investmentfonds** handelt, sind die Ausschüttungsansprüche im Entstehungszeitpunkt (der abhängig ist von den Vertragsbedingungen des Investmentfonds) zu aktivieren.[67] Bei **thesaurierenden Investmentfonds** kommt eine Aktivierung von Erträgen des Fonds nicht in Betracht, da kein Ausschüttungsanspruch besteht und keine Erträge zufließen.[68]

96 In der **Steuerbilanz** gilt zunächst das Maßgeblichkeitsprinzip, sodass auch hier ein Ansatz zu AK (Zugangsbewertung) bzw. fortgeführten AK (Folgebewertung) zu erfolgen hat. Bzgl. der Vornahme von Abschreibungen sind die speziellen Regelungen zur Teilwertabschreibung (§ 6 Abs. 1 Nr. 1 Satz 3 EStG bzw. § 6 Abs. 1 Nr. 2 Satz 2 EStG) zu beachten. Die Finanzverwaltung stellt bei der Frage einer voraussichtlich dauerhaften Wertminderung nicht auf den Wert des Investmentanteils insg. sondern auf die im Investmentfonds enthaltenen Wirtschaftsgüter ab.[69] Ein weiterer wesentlicher Unterschied zum Handelsrecht liegt in der Behandlung der vom Investmentfonds erzielten Erträge. Diese werden nach den Regelungen des InvStG ermittelt, wobei steuerlich dem Anleger die Erträge aus den einzelnen Anlagen zugerechnet werden.[70] Somit werden ihm auch die Erträge aus thesaurierenden Investmentfonds als sog. **ausschüttungsgleiche Erträge** (§ 1 Abs. 3 InvStG) zugerechnet.

97 Die Abbildung der ausschüttungsgleichen Erträge in der Steuerbilanz erfolgt durch Bildung eines **steuerlichen Ausgleichspostens** auf der Aktivseite i. H. d. ausschüttungsgleichen Erträge. Ohne Bildung eines derartigen Ausgleichspostens würden bei Verkauf des Investmentanteils die bereits versteuerten ausschüttungsgleichen Erträge nochmals besteuert; der Ausgleichsposten stellt somit quasi eine Erhöhung der AK des Investmentanteils in der Steuerbilanz dar.[71] Für Zwecke der latenten Steuern ergeben sich aus dem Ausgleichsposten i. H. d. maßgeblichen Steuersatzes aktive latente Steuern. Dies gilt unabhängig davon, ob in den ausschüttungsgleichen Erträgen steuerlich begünstigte Dividendenerträge enthalten sind.[72]

98 Weiterhin kann bei Veräußerung, Teilwertabschreibung und Wertaufholung von Investmentfonds ein sog. **Aktiengewinn** (§ 8 InvStG) anfallen, soweit der Investmentfonds diesen nach § 5 Abs. 2 InvStG ermittelt. Der wirtschaftliche Gehalt dieses so ermittelten Aktiengewinns liegt in der Herstellung eines Gleichlaufs zwischen der Direktanlage in Aktien und der Anlage über einen Investmentfonds. Der Aktiengewinn wird benötigt, um auf Ebene des Anteilseigners die Anwendung des § 8b Abs. 1–6 KStG sowie § 3 Nr. 40 EStG bei Veräußerung sicherzustellen.[73]

Der Aktiengewinn ist in die Berechnung der Steuerlatenz im Regelfall nicht einzubeziehen. Eine ausnahmsweise Berücksichtigung käme in Betracht, wenn es zu einer Abweichung zwischen handelsrechtlichem und steuerlichem Buch-

---

[67] Möglich sind auch Substanzausschüttungen, die zu einer Minderung der AK führen, vgl. BMF, Schreiben v. 18.8.2009, IV C 1 – S 1980–1/08/10019, BStBl 2009 I S. 931, Rz 16a.
[68] Vgl. Scharpf/Schaber, Handbuch Bankbilanz, 5. Aufl. 2013, S. 414.
[69] Vgl. OFD Hannover, Verfügung v. 25.4.2005, S – 2750a – 14 – StO 242, DStR 2005, S. 829.
[70] Hierbei gilt das Zu- und Abflussprinzip (§ 3 Abs. 1 InvStG) mit einigen gesetzlichen Ausnahmen. So gelten 10 % der auf Fondsebene angefallenen Werbungskosten pauschal als nicht abzugsfähig (§ 3 Abs. 3 Satz 2 Nr. 2 InvStG).
[71] Vgl. Hagen, Ubg 2008, S. 341.
[72] Vgl. Malisius/Hagen/Lenz, Ubg 2010, S. 442.
[73] Vgl. Hagen, Ubg 2008, S. 342.

wert des Investmentanteils kommt (z.B. nur in der Handelsbilanz vorgenommene Abschreibung wegen voraussichtlich dauerhafter Wertminderung).[74]

2.5.7 Umwandlungen

Bei Umwandlungsvorgängen (Verschmelzung, Formwechsel, Spaltung) wird steuerlich regelmäßig zur Vermeidung von Steuerzahlungen die Fortführung der Buchwerte des übertragenden Rechtsträgers vereinbart (§ 11 Abs. 1 und 2 UmwStG). Handelsrechtlich gelten die allgemeinen Ansatz- und Bewertungsgrundsätze (§ 17 Abs. 2 Satz 2 UmwG), sodass grds. der Ansatz zu Anschaffungskosten beim übertragenden Rechtsträger zu erfolgen hat. § 24 UmwG eröffnet allerdings auch das Wahlrecht, die Buchwerte des übernehmenden Rechtsträgers fortzuführen.

99

Die Ausübung der Wahlrechte zwischen Handels- und Steuerbilanz kann unabhängig voneinander erfolgen, sodass häufig Konstellationen anzutreffen sind, bei denen steuerlich zum Buchwert, handelsrechtlich – z.b. zur Vermeidung von Verschmelzungsverlusten – zum Zeitwert umgewandelt wird. Die hierbei entstehenden Buchwertunterschiede zwischen Handels- und Steuerbilanz stellen temporäre Differenzen dar, für die entsprechend latente Steuern zu bilden sind (Rz 17).

Bei **Verschmelzungen** stellt sich für den übernehmenden Rechtsträger die Frage, wie mit in der Schlussbilanz des übertragenden Rechtsträgers ausgewiesenen Steuerlatenzen umzugehen ist. Erfolgt die Abbildung der Verschmelzung nach dem **allgemeinen Anschaffungskostenprinzip**, scheidet eine Übernahme dieser Steuerlatenzen aus. Der übernehmende Rechtsträger hat aber zu prüfen, ob aktive und/oder passive Steuerlatenzen nach § 274 HGB auf Basis der übernommenen VG, Schulden und RAP zu bilden sind. Die Bildung derartiger latenter Steuern erfolgt dann erfolgsneutral.[75]

100

Bei Abbildung der Verschmelzung nach der **Buchwertmethode** sind die Steuerlatenzen nach den Verhältnissen des übernehmenden Rechtsträgers zu übernehmen, soweit die Unterschiede zwischen Handels- und Steuerbilanz auch nach der Verschmelzung weiter bestehen.[76]

Praxis-Beispiel
Die T-GmbH wird durch Verschmelzungsvertrag vom 18.8.02 rückwirkend zum 1.1.02 auf die M-AG verschmolzen. Es findet die Buchwertmethode nach § 24 UmwG Anwendung. Die T-GmbH weist in ihrer Schlussbilanz zum 31.12.01 folgende Steuerlatenzen aus:
Aktive latente Steuern i.H.v. 100 (80 aus temporären Differenzen bei Pensionsrückstellungen, 20 aus steuerlichen Verlustvorträgen) sowie passive latente Steuern i.H.v. 40 (temporäre Differenzen bei Sachanlagevermögen aus unterschiedlichen Abschreibungsverläufen).
Die Steuerlatenzen aus temporären Differenzen sind bei der M-AG i.R.d. Verschmelzung mit einzubuchen. Soweit sich aufgrund der Besteuerungssituation der M-AG eine andere Bewertung der Steuerlatenzen als bei der

---

[74] Vgl. Malisius/Hagen/Lenz, Ubg 2010, S. 448.
[75] Vgl. IDW RS HFA 42.39.
[76] Vgl. IDW RS HFA 42.61; a.A. Simlacher, DStR 2011, S. 1872, der die vollständige Übernahme und anschließende erfolgswirksame Korrektur beim übernehmenden Rechtsträger fordert.

> T-GmbH ergibt (unterschiedlicher GewSt-Hebesatz), sind die Steuerlatenzen bereits mit den angepassten Werten einzubuchen.
> Die steuerlichen Verlustvorträge der T-GmbH gehen i. R. d. Verschmelzung unter und sind entsprechend nicht bei der M-AG einzubuchen.

101 Zu beachten ist bei Verschmelzungen weiterhin, dass auf Ebene des übernehmenden Rechtsträgers bestehende Steuerlatenzen im Zusammenhang mit der Beteiligung an dem übertragenden Rechtsträger gem. § 274 Abs. 2 Satz 2 HGB wegfallen, da mit ihrem Eintritt nicht mehr zu rechnen ist. Die Ausbuchung erfolgt sowohl bei Abbildung der Verschmelzung nach dem Anschaffungskostenprinzip als auch nach der Buchwertmethode erfolgswirksam.[77]

102 Beim **Formwechsel** gem. § 190 Abs. 1 UmwG besteht der formwechselnde Rechtsträger nach Eintragung der Umwandlung im Handelsregister in der neuen Rechtsform weiter. Es findet somit kein Übergang von Vermögen und Schulden statt. Für den Bilanzierenden sind lediglich die für die neue Rechtsform gültigen Besonderheiten zu beachten. Ansonsten gilt unverändert die Ansatz- und Bewertungsstetigkeit (§§ 246 Abs. 3, 252 Abs. 1 Nr. 6 HGB).[78]

Bei **Umwandlung einer PersG in eine KapG** hat die KapG erstmals latente Steuern anzusetzen, soweit die PersG bislang keine latenten Steuern nach § 274 HGB zu bilanzieren hatte. Die Einbuchung dieser Steuerlatenzen hat erfolgswirksam zu erfolgen. Soweit die PersG bislang Rückstellungen für passive latente Steuern gebildet hatte (§ 274a Rz 10ff.), sind diese in die Bilanzposten „Passive latente Steuern" bzw. „Aktive latente Steuern" umzugliedern.

Erfolgt der Formwechsel durch **Umwandlung einer KapG in eine PersG**, können bislang bilanzierte Steuerlatenzen erfolgswirksam aufgelöst werden, soweit der Grund dafür entfallen ist. Hauptanwendungsfall wird die KSt bei transparent besteuerten PersG sein. Soweit die PersG § 274 HGB nicht anzuwenden hat und dies auch nicht freiwillig tut, sind ggf. Rückstellungen für passive latente Steuern zu bilden (§ 249 Rz 42).[79]

103 Die **Spaltung** nach dem UmwG unterliegt denselben Grundsätzen wie eine Verschmelzung.[80] Entsprechend ist auch bzgl. der Steuerlatenzierung auf die hierfür dargestellten Grundsätze zu verweisen (Rz 102).

3 Bewertung latenter Steuern (Abs. 2)

3.1 Grundlagen

104 § 274 Abs. 2 HGB führt zur Bewertung aus, dass die Steuerlatenzen mit den **unternehmensindividuellen Steuersätzen** im Zeitpunkt der voraussichtlichen Auflösung der Differenzen anzusetzen sind. Da es sich um eine Vorschrift zum Einzelabschluss handelt, erscheint das Wort „unternehmensindividuell" überflüssig oder fragwürdig.[81] Die Bedeutung erschließt sich durch den Verweis von § 306 Satz 5 HGB auf § 274 Abs. 2 HGB, wonach die Steuerlatenzen auch im

---

[77] Vgl. Simlacher, DStR 2011, S. 1871.
[78] Vgl. IDW ERS HFA 41.26.
[79] Vgl. IDW ERS FAB 41.39.
[80] Vgl. IDW RS HFA 43.5.
[81] Vgl. Küting/Seel, in Küting/Pfitzer/Weber, Das neue deutsche Bilanzrecht, 2009, S. 516.

Konzernabschluss nicht nach einem konzerneinheitlichen Steuersatz, sondern den unternehmensindividuellen Steuersätzen der die jeweilige Steuerlatenz verursachenden TU zu berechnen sind (§ 306 Rz 34).

Derjenige Steuersatz ist zugrunde zu legen, der voraussichtlich im **Zeitpunkt des Abbaus der Differenzen** gültig ist. Dieser wird im Regelfall nicht bekannt sein, sodass die am Abschlussstichtag gültigen Steuersätze anzuwenden sind. Ist allerdings am Abschlussstichtag bereits eine Änderung der Steuersätze wirksam beschlossen, sind diese anzuwenden. Eine Steuersatzänderung ist erst wirksam beschlossen, wenn die maßgebende Körperschaft die Änderung verabschiedet hat. In Deutschland bedeutet dies, dass der Bundesrat dem Steuergesetz zugestimmt haben muss (DRS 18.48). Auf die ggf. erst nach dem Abschlussstichtag erfolgende Unterzeichnung des Steuergesetzes durch den Bundespräsidenten und die Verkündung im BGBl. kommt es nicht an. Etwas anderes gilt nur, wenn der Bundespräsident aufgrund verfassungsrechtlicher Zweifel das Gesetz nicht unterschreibt; dann wären die beschlossenen Steuersätze noch nicht in die Bewertung einzubeziehen, da ernstliche Zweifel an deren Gültigkeit im Zeitpunkt des Abbaus der Steuerlatenzen bestehen.

105

Der neu geschaffene Abs. 3 von § 274 HGB stellt klar, dass für die Bemessung der anzuwendenden Steuersätze die Auswirkungen aus dem MinStG sowie entsprechender ausländischer Mindeststeuergesetze nicht zu berücksichtigen sind.[82]

106

Bei KapG und optierenden PersG kann regelmäßig ein **zusammengefasster Steuersatz**, der KSt, SolZ und GewSt umfasst, angesetzt werden. Eine Modifikation des nominellen GewSt-Satzes zur Anpassung an den effektiven GewSt-Satz aufgrund von gewerbesteuerlichen Hinzurechnungen und Kürzungen kommt nicht in Betracht. Die Hinzurechnungen und Kürzungen werden ausschl. bei der Berechnung der laufenden GewSt (für das abgelaufene Gj wie auch das Gj des Abbaus der Steuerlatenzen) berücksichtigt. Für die Berechnung latenter Steuern sind diese nicht maßgeblich (Rz 18). Bei transparent besteuerten KapCoGes kommt regelmäßig nur der Steuersatz für die GewSt zur Anwendung (Ausnahme: ausländische Betriebsstätten, Rz 93).

107

Auf Einzelabschlussebene können sich Schwierigkeiten bei der Ermittlung des Steuersatzes ergeben, wenn **mehrere Betriebsstätten** bestehen. Bei inländischen Betriebsstätten können sich Steuersatzverschiebungen zwischen den einzelnen Betriebsstätten aufgrund der abweichenden Gewerbesteuerhebesätze ergeben. Hier ist es regelmäßig sachgerecht, den zum Abschlussstichtag aktuellen gewichteten Gewerbesteuerhebesatz der inländischen Betriebsstätten anzuwenden, es sei denn, es sind bereits Veränderungen in der Zukunft absehbar.

108

> **Praxis-Beispiel**
> Die GmbH & Co KG unterhält zwei steuerliche Betriebsstätten, eine am Sitz der Ges. in Münster (Hebesatz 440 %) und eine in Flensburg (Hebesatz 375 %). Am Abschlussstichtag ergibt sich für das abgelaufene Gj aufgrund der Lohnsummenbetrachtung ein gewichteter Gewerbesteuerhebesatz von 410 %. Für das Folgejahr sind größere Investitionen am Standort Flensburg beabsichtigt, die auch zu einem Aufbau des dortigen Mitarbeiterstamms

---

82 Vgl. auch DRS 18.24a.

> führen werden. Nach einer überschlägigen Ermittlung kann für die Folgejahre von einer Absenkung des gewichteten Gewerbesteuerhebesatzes auf 390 % ausgegangen werden.
> Für die Bewertung der Steuerlatenzen am Abschlussstichtag sind 390 % zugrunde zu legen (zukünftiger Steuersatz).

109 Soweit ausländische Betriebsstätten bestehen, sind die dieser Betriebsstätte zuzurechnenden Steuerlatenzen (Rz 93) mit den ausländischen Steuersätzen zu bewerten.

110 Latente Steuern sind nach § 274 Abs. 2 Satz 1 HGB **nicht abzuzinsen**, unabhängig davon, wann sie sich wieder abbauen. Dies entspricht der gängigen internationalen Praxis. Da auch auf quasi-permanente Differenzen Steuerlatenzen zu bilden sind (Rz 17), die sich erst nach einer Dispositionsentscheidung des Unt (z. B. Verkauf eines VG) oder erst bei Beendigung des Unt abbauen, ist eine Analyse ausgewiesener Steuerlatenzen vor dem Hintergrund des dem Jahresabschlussleser im Regelfall unbekannten Zeitpunkts des Abbaus der Differenzen erschwert. Eine Abzinsung von Steuerlatenzen wäre im Übrigen nur möglich, wenn eine detaillierte Betrachtung des zeitlichen Verlaufs der individuellen Steuerlatenzen vorgenommen würde, was regelmäßig mit beträchtlichem Aufwand verbunden ist.[83]

111 § 274 Abs. 2 Satz 2 HGB fordert, dass die ausgewiesenen Steuerlatenzen aufzulösen sind, sobald die Steuerbe- oder -entlastung eintritt oder mit ihr nicht mehr zu rechnen ist. Dies erfordert, dass zu jedem Abschlussstichtag die dem Ansatz und der Bewertung zugrunde gelegten Annahmen, Steuersätze und Wahrscheinlichkeiten zu überprüfen sind.

3.2 Anforderungen an aktive latente Steuern

112 Die Unsicherheit bzgl. der Werthaltigkeit aktiver latenter Steuern hat den Gesetzgeber bewogen, lediglich ein Aktivierungswahlrecht für den Aktivüberhang vorzusehen. Insb. bei der Aktivierung von Vorteilen aus steuerlichen Verlustvorträgen zeigen die Erfahrungen aus den IFRS, dass bei der Bilanzierung häufig Fehler auftreten und der Nachweis der Wahrscheinlichkeit zukünftiger positiver steuerlicher Gewinne nicht geführt werden kann.[84]

Aktive latente Steuern repräsentieren zukünftige Steuerentlastungen, die anfallen, wenn[85]
- abzugsfähige temporäre Differenzen sich abbauen und der daraus resultierende steuerliche Verlust genutzt werden kann oder
- steuerliche Verlustvorträge mit künftigen positiven steuerlichen Einkommen verrechnet werden können.

113 Für abzugsfähige temporäre Differenzen ist vom Gesetzgeber keine zeitliche Begrenzung für deren Aktivierung vorgesehen, während für die Aktivierung von

---

[83] Daher wird aus bilanztheoretischer Sicht konsequenterweise eine Abzinsung latenter Steuern gefordert. Vgl. i. E. Müßig/Breitkreuz, StuW 2012, S. 71.
[84] Vgl. Meyer/Naumann, WPg 2009, S. 811.
[85] Vgl. van Hall/Kessler, in Kessler/Leinen/Strickmann, BilMoG, 2010, S. 488.

Vorteilen aus steuerlichen Verlustvorträgen eine zeitliche Begrenzung von fünf Jahren zu beachten ist (Rz 49 ff.).

Daher betont der Gesetzgeber ausdrücklich, dass bei der Beurteilung der Werthaltigkeit von latenten Steueransprüchen das **handelsrechtliche Vorsichtsprinzip** (§ 252 Abs. 1 Nr. 4 HGB) zu beachten und der Ansatz aktiver latenter Steuern demgemäß sorgfältig zu prüfen ist.[86]

Ob mit dem Abstellen auf das handelsrechtliche Vorsichtsprinzip höhere Anforderungen an den Nachweis der Wahrscheinlichkeit zukünftiger positiver steuerpflichtiger Einkommen gestellt werden, als dies nach den IFRS erforderlich ist, wird nach der hier vertretenen Auffassung abgelehnt. Der nach IAS 12 anzuwendende Beurteilungsmaßstab mit einer Wahrscheinlichkeit von mehr als 50 % stellt in der Praxis wohl keine geringere Anforderung als das handelsrechtliche Vorsichtsprinzip dar, da sich derartige Wahrscheinlichkeiten nicht messen lassen.[87] Die Auffassung, dass eine Aktivierung aktiver latenter Steuern mit dem Vorsichtsprinzip nur schwerlich zu vereinbaren ist,[88] wird hier abgelehnt. Neben den an den Nachweis der Wahrscheinlichkeit der Nutzung dieser Differenzen zu stellenden Anforderungen hat der Gesetzgeber dem Vorsichtsprinzip durch die Ausschüttungs- und Abführungssperre (§ 268 Abs. 8 HGB) ausreichend Rechnung getragen. 114

Die Wahrscheinlichkeitsüberlegungen über die zukünftige Nutzbarkeit aktiver latenter Steuern sind ausreichend zu dokumentieren. Dies gilt insb., wenn das Unt eine ausgeprägte Verlusthistorie aufweist und in den letzten Jahren keine positiven steuerpflichtigen Einkünfte (vor Verlustverrechnung) erzielt hat. Anhaltspunkte für hinreichende künftige zu versteuernde Einkünfte können bspw. sein: 115

- Eingang profitabler Aufträge, die in Folgejahren abzuwickeln sind,
- Veräußerung oder Stilllegung/Aufgabe defizitärer Geschäftsbereiche oder Standorte,
- Abschluss von Restrukturierungsmaßnahmen als Grundlage für nachhaltige Kosteneinsparungen und Effizienzsteigerungen,
- steuerliche Verluste in Vorjahren aufgrund von Einmaleffekten, die für die Zukunft nicht mehr zu erwarten sind,
- zu versteuernde temporäre Differenzen, für die passive latente Steuern gebildet werden.

Der letztgenannte Punkt führt dazu, dass die Werthaltigkeitsüberlegungen im Regelfall auf einen verbleibenden Aktivüberhang der latenten Steuern beschränkt werden können, für den im Übrigen das Aktivierungswahlrecht besteht (Rz 25). Ausnahmen von diesem Grundsatz können im Zusammenhang mit zu beachtenden steuerlichen Restriktionen (z. B. Mindestbesteuerung) auftreten (Rz 53).[89] 116

Die an den **Nachweis der Wahrscheinlichkeit der zukünftigen Nutzung** zu stellenden Anforderungen setzen eine **Steuerplanungsrechnung** voraus, die in die allgemeine Unternehmensplanung eingebunden ist oder mind. auf dieser aufbaut. Da eine Aktivierung von Vorteilen aus steuerlichen Verlustvorträgen nur zulässig ist, soweit diese Vorteile in den auf den Abschlussstichtag folgenden fünf Jahren voraussichtlich realisiert werden, würde dies eine entsprechende 117

---

[86] Vgl. BT-Drs. 16/10067 v. 30.7.2008 S. 67.
[87] Vgl. van Hall/Kessler, in Kessler/Leinen/Strickmann, BilMoG, 2010, S. 488.
[88] Vgl. Küting/Seel, in Küting/Pfitzer/Weber, Das neue deutsche Bilanzrecht, 2. Aufl. 2009, S. 507.
[89] Vgl. hierzu Ruberg, Ubg 2011, S. 204.

fünfjährige Unternehmensplanung erfordern. Gerade in kleinen und mittleren Unt wird dies oftmals nicht vorhanden sein. In diesen Fällen ist ggf. für über die vorhandene Detailplanung (z. B. für das Folgejahr) hinausgehende Zeiträume eine sachgerechte und plausible Schätzung vorzunehmen.

Bei derartigen Schätzungen kommt dem handelsrechtlichen Vorsichtsprinzip besondere Bedeutung zu, da mangels Detailplanung die Unsicherheiten höher sind. Dies gilt insb. bei Unt mit einer Verlusthistorie. Hier sind an den Nachweis der Werthaltigkeit besondere Anforderungen zu stellen. Das Vorliegen einer Unternehmensplanung mit positiven steuerlichen Ergebnissen bei unverändertem Geschäftsmodell ist nach der hier vertretenen Auffassung nicht ausreichend. Vielmehr muss erkennbar sein, dass die verlustbringenden Ereignisse der Vergangenheit mit hoher Wahrscheinlichkeit nicht mehr auftreten, durch bspw. Einstellung unrentabler Geschäftsbereiche/Produktlinien oder die Beendigung von Restrukturierungsmaßnahmen.

4 Ausweis latenter Steuern

4.1 Ausweis in der Bilanz

118 Für aktive und passive latente Steuern sind zwei separate Bilanzposten auf Aktiv- und Passivseite vorgesehen (§ 266 Rz 101 ff. und Rz 167 f.). Der Posten auf der Aktivseite ist mit „Aktive latente Steuern" (§ 266 Abs. 2 D HGB), der auf der Passivseite mit „Passive latente Steuern" (§ 266 Abs. 3 E HGB) zu bezeichnen. Gerade bei den passiven Steuerlatenzen sind häufig die Ansatzkriterien für eine Rückstellung nach § 249 Abs. 1 HGB erfüllt (§ 274a Rz 10 und § 249 Rz 42). Dies gilt aber nicht in allen Fällen, wie am Beispiel einer quasi-permanenten Differenz deutlich wird:

> **Praxis-Beispiel**
> Ein Unt weist in der Handelsbilanz ein unbebautes Grundstück zu einem höheren Wert aus als in der Steuerbilanz. Es handelt sich um eine quasi-permanente Differenz, für die passive latente Steuern zu bilden sind. Da diese sich erst abbauen, wenn das Unt das Grundstück veräußert, besteht am Abschlussstichtag weder rechtlich noch wirtschaftlich eine Steuerschuld aus dem (potenziellen) künftigen Grundstücksverkauf.

119 Ein **Mitzugehörigkeitsvermerk** i. S. v. § 265 Abs. 3 HGB für solche passive Steuerlatenzen, die den Rückstellungsbegriff i. S. v. § 249 Abs. 1 HGB erfüllen, dürfte nicht erforderlich sein, da durch den gesonderten Ausweis dem Charakter von passiven latenten Steuern ausreichend Rechnung getragen wird.

120 Der Ausweis in der Bilanz erfolgt grds. saldiert (Gesamtdifferenzenbetrachtung); ein unsaldierter Ausweis ist gleichwohl möglich (Rz 43). Die Ausübung dieses Ausweiswahlrechts unterliegt dem Gebot der Ausweisstetigkeit (zur Durchbrechungsmöglichkeit siehe Rz 31).[90]

---

[90] Vgl. DRS 18.57.

4.2 Ausweis in der Gewinn- und Verlustrechnung

§ 274 Abs. 2 Satz 3 HGB sieht die Erfassung erfolgswirksamer Veränderungen der bilanzierten Steuerlatenzen und der GuV-Position „Steuern vom Einkommen und vom Ertrag" vor. Wie beim tatsächlichen Steueraufwand kann dies im Einzelfall dazu führen, dass aus dem Aufwandsposten ein Ertragsposten wird. 121

> **Praxis-Beispiel**
> Die GuV des Unt weist ein Ergebnis vor Steuern i. H. v. –100 TEUR aus. Die Position „Steuern vom Einkommen und vom Ertrag" enthält tatsächliche Steueraufwendungen (Nachzahlungen für Vorjahre) i. H. v. 5 TEUR und latente Steuererträge i. H. v. 30 TEUR, so dass die Position insg. einen Ertrag von 25 TEUR ausweist. Unter Vernachlässigung der Sonstigen Steuern beläuft sich der Jahresfehlbetrag auf -75 TEUR.

§ 274 Abs. 2 Satz 3 HGB sieht weiterhin einen **gesonderten Ausweis** der latenten Steuern vor. Dies kann durch Einfügung einer gesonderten Zeile, durch eine Vorspalte oder durch einen Davon-Vermerk erfolgen (DRS 18.60). 122

4.3 Anhangangaben

§ 285 Nr. 29 und Nr. 30 HGB sieht Erläuterungspflichten für den Anhang vor, die allerdings gem. § 288 Abs. 1 und 2 HGB nicht für kleine und mittelgroße KapG/KapCoGes gelten (§ 285 Rz 167). 123

4.4 Erfolgswirksame und erfolgsneutrale Bildung und Auflösung

Das **Temporary-Konzept** erfasst nicht allein die sich in der GuV auswirkenden temporären Differenzen, sondern auch erfolgsneutral zu erfassende Bilanzierungs- und Bewertungsabweichungen zwischen Handelsbilanz und maßgeblichem Steuerwert.[91] In der Praxis existieren nur wenige Anwendungsfälle für die **erfolgsneutrale Bildung von Steuerlatenzen** im Jahresabschluss.[92] Sie treten bei Erwerbsvorgängen von VG auf, bei denen Differenzen zwischen dem handelsbilanziellen Wert und dem maßgebenden Steuerwert bestehen. Da für die Anschaffung eines VG der Grundsatz der Erfolgsneutralität gilt, ist es sachgerecht, dies auch für die darauf zu berücksichtigenden latenten Steuern zu übertragen.[93] 124

> **Praxis-Beispiel**
> Die GmbH erwirbt eine Maschine zum Kaufpreis von 100 TEUR, die im Sachanlagevermögen aktiviert wird. Für die Anschaffung der Maschine erhält die GmbH eine steuerfreie Investitionszulage i. H. v. 30 TEUR. Die AK werden handelsbilanziell um die Investitionszulage gekürzt.[94] In der Steuerbilanz werden die AK der Maschine nicht gekürzt, sondern die Investitions-

---

[91] Vgl. BT-Drs. 16/10067 v. 30.7.2008 S. 67.
[92] Vgl. Küting/Seel, in Küting/Pfitzer/Weber, Das neue deutsche Bilanzrecht, 2. Aufl. 2009, S. 507.
[93] Gl. A. Küting/Seel, in Küting/Pfitzer/Weber, Das neue deutsche Bilanzrecht, 2. Aufl. 2009, S. 507; Loitz, DB 2009, S. 915; a. A. Kessler/Leinen/Paulus, KoR 2009, S. 718; Loitz, DB 2009, S. 915.
[94] Vgl. ADS, Rechnungslegung und Prüfung der Unternehmen, 6. Aufl. 1995–2001, § 255 HGB Rz 56.

zulage in voller Höhe ergebniswirksam erfasst. Die Maschine weist somit bei Aktivierung in der Handelsbilanz einen Wert von 70 TEUR, in der Steuerbilanz einen Wert von 100 TEUR aus. Bei einem Steuersatz von 30 % ergibt sich eine aktive Steuerlatenz von 9 TEUR, die erfolgsneutral einzubuchen ist. Die Handelsbilanz weist folgendes Bild aus (in TEUR):

Aktiva		Bilanz	Passiva
		...	
Technische Anlagen und Maschinen	70	Andere Gewinnrücklagen	9
...			
Aktive latente Steuern	9	...	

Die Einbuchung der aktiven latenten Steuern lautet demgemäß:

Konto	Soll	Haben
Aktive latente Steuern	9	
Andere Gewinnrücklagen		9

An den folgenden Abschlussstichtagen sind die aktiven latenten Steuern erfolgswirksam anzupassen, da sich die Wertveränderungen bei der Maschine (Abschreibungen) ebenfalls erfolgswirksam auswirken.

125 Weitere Anwendungsfälle für die erfolgsneutrale Bildung von Steuerlatenzen stellen Sacheinlagen und Verschmelzungen (Rz 100) dar.

126 Als Anwendungsfälle zur **erfolgswirksamen Erfassung** von Steuerlatenzen seien exemplarisch genannt:
- Bildung einer Drohverlustrückstellung in der Handelsbilanz, die gem. § 5 Abs. 4a EStG nicht in der Steuerbilanz angesetzt werden darf,
- Abschreibungen auf Anteile an einer PersG, die sich steuerlich wegen der sog. Spiegelbildmethode nicht auswirken,
- Aktivierung von selbst geschaffenen immateriellen VG des Anlagevermögens (z.B. Entwicklungskosten) in der Handelsbilanz, die steuerlich gem. § 5 Abs. 2 EStG nicht angesetzt werden dürfen,
- Bewertungsdifferenzen bei Pensionsrückstellungen zwischen dem handelsbilanziellen Wert und dem nach § 6a EStG in der Steuerbilanz anzusetzenden Wert,
- Bewertungsdifferenzen bei sonstigen Rückstellungen zwischen Handels- und Steuerbilanz, die aus der Berücksichtigung von zukünftigen Preis- und Kostensteigerungen sowie der Abzinsung resultieren,
- Vornahme von steuerlichen Sonderabschreibungen in der Steuerbilanz (z.B. Denkmalschutzabschreibungen nach § 7i EStG),
- Bildung von Vorsorgereserven gem. § 340f HGB für Kreditinstitute, die steuerlich nicht anerkannt werden.

127 Das folgende Beispiel illustriert die Bilanzansätze und die Buchungssätze bei einer erfolgswirksamen Einbuchung von Steuerlatenzen:

Praxis-Beispiel
Die GmbH bildet in der Handelsbilanz zum 31.12.01 eine Rückstellung für drohende Verluste aus schwebenden Geschäften (verlustträchtige Aufträge im Auftragsbestand) i. H. v. 100 TEUR, die in der Steuerbilanz nicht angesetzt werden darf. Der Steuersatz (KSt, SolZ, GewSt) beläuft sich auf 30 %, sodass aktive latente Steuern i. H. v. 30 TEUR auszuweisen sind (Aktivierungswahlrecht wird ausgeübt). Die Handelsbilanz zum 31.12.01 weist folgendes Bild aus (in TEUR):

Aktiva		Bilanz 31.12.01	Passiva
...		...	
		Sonstige Rückstellungen	100
Aktive latente Steuern	30	...	

Die Buchungssätze im Jahr 01 lauten entsprechend:

Konto	Soll	Haben
Sonstige betriebliche Aufwendungen	100	
Sonstige Rückstellungen		100
Aktive latente Steuern	30	
Steuern vom Einkommen und vom Ertrag		30

Im Jahr 02 werden die aus den verlustträchtigen Aufträgen anfallenden Mehraufwendungen in der laufenden Buchführung in den Sonstigen betrieblichen Aufwendungen erfasst. Die Abschlussbuchungen zur Berücksichtigung des Verbrauchs der Rückstellung und der Auflösung der Steuerlatenz lauten somit:

Konto	Soll	Haben
Sonstige Rückstellungen	100	
Sonstige betriebliche Aufwendungen		100
Steuern vom Einkommen und Ertrag	30	
Aktive latente Steuern		30

Fraglich ist, wie vorzugehen ist, wenn Bilanzierende das Aktivierungswahlrecht für einen Aktivüberhang ausüben und einen saldierten Ausweis vornehmen, wenn in den zu verrechnenden aktiven und passiven latenten Steuern **sowohl erfolgsneutral als auch erfolgswirksam einzubuchende Sachverhalte** enthalten sind. Hier erscheint eine Pro-rata-Verrechnung die sachgerechte Vorgehensweise zu sein, wie nachfolgendes Beispiel zeigt:[95]

128

---

[95] Vgl. Jödicke/Jödicke, KoR 2011, S. 155.

§ 274 Latente Steuern

> **Praxis-Beispiel**
> Die mittelgroße GmbH ermittelt zum Abschlussstichtag 31.12.01 folgende latente Steuerpositionen:
>
>
>
> Es besteht ein Passivüberhang von 10 TEUR, weshalb die Aufteilung im Verhältnis der passiven latenten Steuern zueinander erfolgt: für den erfolgswirksam zu erfassenden Passivüberhang ergeben sich 6 TEUR (10 TEUR × 70/120) und für den erfolgneutral zu erfassenden Passivüberhang 4 TEUR (10 TEUR × 50/120).

5 Exkurs: Überleitung der Handelsbilanz zur Steuerbilanz

5.1 Konzept der Maßgeblichkeit

129 § 5 Abs. 1 Satz 1 EStG schreibt die Maßgeblichkeit der Handelsbilanz für die Steuerbilanz vor, d. h., in der Steuerbilanz ist grds. das Betriebsvermögen anzusetzen, das sich nach den handelsrechtlichen GoB ergibt. Hierbei sind zwei mögliche Sichtweisen zu unterscheiden:[96]
- Die **materielle Maßgeblichkeit** ist bereits dann gegeben, wenn die Steuerbilanzansätze mit den handelsrechtlichen GoB abstrakt vereinbar sind. Die Ausübung von Ansatz- und Bewertungswahlrechten kann nach dieser Sichtweise in Handels- und Steuerbilanz unterschiedlich ausgeübt werden.
- Die **formelle Maßgeblichkeit** stellt demgegenüber auf eine enge Verknüpfung zwischen Handels- und Steuerbilanz ab. Hiernach sind in der Handelsbilanz enthaltene Wertansätze in die Steuerbilanz zu übernehmen.

130 Dass die früher vorherrschende formelle Maßgeblichkeit mit Inkrafttreten des BilMoG beendet wurde, ergibt sich aus dem Gesetzeswortlaut, der in § 5 Abs. 1 Satz 1 2. Hs. EStG klarstellt, „es sei denn, im Rahmen der Ausübung eines steuerlichen Wahlrechts wird oder wurde ein anderer Ansatz gewählt". Diese

---

[96] Vgl. Scheffler, StuB 2010, S. 295.

Maßgeblichkeit, auch bezeichnet als **subsidiäre Maßgeblichkeit**,[97] unterscheidet nicht mehr zwischen solchen steuerlichen Wahlrechten, die auch handelsrechtlich bestehen (sog. GoB-konforme Wahlrechte), und solchen, die den handelsrechtlichen Ansatz- und Bewertungsvorschriften nicht entsprechen (sog. GoB-inkonforme Wahlrechte). Vielmehr sieht das Konzept der subsidiären Maßgeblichkeit vor, dass alle steuerlichen Wahlrechte unabhängig von der Handelsbilanz ausgeübt werden können.[98]
Während sich seit Verabschiedung des BilMoG eine breite Diskussion über die Reichweite der Maßgeblichkeit entsponnen hat,[99] stellt die Finanzverwaltung mit dem BMF-Schreiben vom 12.3.2010[100] ihre Sichtweise klar; auch wenn diese möglicherweise nicht vollumfänglich mit der des BilMoG-Gesetzgebers übereinstimmt, ist dies die für die Bilanzierenden relevante Sichtweise, zumal weiterhin keine erneuten Aktivitäten von gesetzgeberischer Seite absehbar sind. Die Möglichkeit, eine hiervon abweichende Rechtsauffassung gegenüber den Finanzbehörden im Wege eines Rechtsbehelfs- und anschließenden Finanzgerichtsverfahrens durchzusetzen, bleibt den Bilanzierenden offen. Hierauf wird im Folgenden nicht eingegangen.

5.2 Wahlrechtsausübung in der Steuerbilanz

Die Ausübung steuerlicher Wahlrechte kann für den Steuerpflichtigen erhebliches Gestaltungspotenzial bieten, z.B. auch bei Betriebsprüfungen.[101]
Das BMF-Schreiben vom 12.3.2010 nennt zunächst folgende, z.T. schon länger gültige Grundsätze zu GoB-konformen Wahlrechten:[102]
- **Handelsrechtliche Aktivierungsgebote** und Aktivierungswahlrechte führen zu steuerlichen Aktivierungsgeboten, es sei denn, es existiert ein spezielles steuerliches Ansatzverbot (z.B. unterliegen nach § 248 Abs. 2 HGB in der Handelsbilanz aktivierte selbst geschaffene immaterielle VG des Anlagevermögens in der Steuerbilanz gem. § 5 Abs. 2 EStG einem Aktivierungsverbot).
- Handelsrechtliche Passivierungsgebote gelten **vorbehaltlich spezieller steuerlicher Regelungen** auch für die Steuerbilanz (z.B. besteht für nach § 249 Abs. 1 Satz 1 HGB gebildete Drohverlustrückstellungen in der Steuerbilanz ein Passivierungsverbot nach § 5 Abs. 4a EStG).
- Passivierungsverbote und Passivierungswahlrechte in der Handelsbilanz führen zu Passivierungsverboten in der Steuerbilanz (z.B. besteht für sog. Aufwandsrückstellungen i.S.v. § 249 Abs. 2 HGB ein Passivierungsverbot in der Handels- und Steuerbilanz).
- Bestehen in der **Handelsbilanz Bewertungswahlrechte**, ohne dass eine spezielle steuerliche Vorschrift existiert, sind sie in der Steuerbilanz genauso auszuüben wie in der Handelsbilanz (z.B. sind nach § 240 Abs. 3 HGB angesetzte Festwerte auch in der Steuerbilanz anzusetzen).

---

[97] Vgl. Herzig/Briesemeister, DB 2009, S. 2.
[98] Vgl. Dörfler/Adrian, Ubg 2009, S. 387.
[99] Vgl. Hennrichs, Ubg 2009, S. 533; Herzig/Briesemeister, DB 2009, S. 926; Werth, DStZ 2009, S. 208; Theile, DStR 2009, Beihefter zu Heft 18, S. 27; Förster/Schmidtmann, BB 2009, S. 1342; Schenke/Risse, BB 2009, S. 1957; Ortmann-Babel/Bolik/Gageur, DStR 2009, S. 934; Hüttche, BB 2009, S. 1346.
[100] Vgl. BMF, Schreiben v. 12.3.2010, IV C 6, S – 2133/09/1001, BStBl 2010 I S. 239.
[101] Vgl. Ortmann-Babel/Bolik, BB 2010, S. 2100.
[102] Vgl. BMF, Schreiben v. 12.3.2010, IV C 6, S – 2133/09/1001, BStBl 2010 I S. 239, Rz 3–6, 15.

- Bestehen für Bilanzposten **sowohl handels- als auch steuerrechtlich Wahlrechte**, können diese in Handels- und Steuerbilanz unterschiedlich ausgeübt werden (z. B. besteht in der Handelsbilanz ein Bewertungswahlrecht gem. § 256 HGB zur Berücksichtigung von Verbrauchsfolgeverfahren, dem steuerlich ein [engeres][103] Bewertungswahlrecht zur Verbrauchsfolgefiktion nach § 6 Abs. 1 Nr. 2a EStG gegenübersteht; weitere wichtige Anwendungsfälle sind planmäßige Abschreibungen auf VG des Anlagevermögens).

Derzeit existieren folgende GoB-konforme Wahlrechte:
- Planmäßige Abschreibungen auf VG des Anlagevermögens: Hier bestehen sowohl handelsrechtlich als auch steuerrechtlich eigenständige Vorschriften (§ 253 Abs. 3 Satz 1 HGB, § 7 Abs. 1, Abs. 4 EStG).
- Herstellungskosten: Das handelsrechtliche Wahlrecht zur Aktivierung bestimmter Wahlrechtsbestandteile ist durch § 6 Abs. 1 Nr. 1b EStG explizit maßgeblich für die steuerliche Gewinnermittlung. Die zwischenzeitlich vertretene Verwaltungsauffassung eines steuerlichen Ansatzgebots (§ 255 Abs. 2, Abs. 4 HGB, R 6.3 Abs. 1 EStÄR 2012 i. V. m. BMF, Schreiben v. 25.3.2013),[104] welches aber bis zu einer Neufassung der EStR von der Finanzverwaltung nicht vollzogen wurde, wurde somit gesetzlich korrigiert.
- (Öffentliche) Zuschüsse: Hier besteht handelsrechtlich ein als GoB abgeleitetes Wahlrecht, den Zuschuss erfolgsneutral von den AHK des bezuschussten VG zu kürzen oder direkt erfolgswirksam zu vereinnahmen. Steuerlich ergibt sich ein entsprechendes Wahlrecht in R 6.5 Abs. 2 EStR.

132 Die **rein steuerlichen Wahlrechte** (GoB-inkonformen Wahlrechte) ergeben sich aus den maßgeblichen Steuergesetzen bzw. Verwaltungsauffassungen (Richtlinien). I. E. sind dies:
- Steuerneutrale Übertragung von Veräußerungsgewinnen bestimmter Wirtschaftsgüter gem. § 6b Abs. 1 EStG;
- Bildung einer Rücklage für Veräußerungsgewinne bestimmter Wirtschaftsgüter zum Übertrag auf in späteren Gj beschaffte Ersatzwirtschaftsgüter nach § 6 Abs. 3 EStG;
- steuerneutrale Übertragung von aufgedeckten stillen Reserven auf ein Ersatzwirtschaftsgut, wenn ein Wirtschaftsgut des Anlage- oder Umlaufvermögens infolge höherer Gewalt oder zur Vermeidung eines behördlichen Eingriffs gegen Entschädigung aus dem Betriebsvermögen ausscheidet (R 6.6 Abs. 1 EStÄR 2012);
- Bildung einer Rücklage für Ersatzbeschaffung für aufgedeckte stille Reserven, wenn ein Wirtschaftsgut des Anlage- oder Umlaufvermögens infolge höherer Gewalt oder zur Vermeidung eines behördlichen Eingriffs gegen Entschädigung aus dem Betriebsvermögen ausscheidet (R 6.6 Abs. 3 EStÄR 2012);
- Teilwertabschreibungen: steuerlich besteht bei voraussichtlich dauerhafter Wertminderung von VG des Anlage- und Umlaufvermögens ein Wahlrecht zur Vornahme einer Teilwertabschreibung (§ 6 Abs. 1 Nr. 1 Satz 2, Abs. 1 Nr. 2 Satz 2 EStG), das unabhängig von der Vornahme von außerplanmäßigen Abschreibungen

---

[103] Während handelsrechtlich sowohl Lifo als Fifo als Verbrauchsfolgeverfahren gewählt werden können, ist steuerlich lediglich Lifo zulässig.
[104] Vgl. BMF, Schreiben v. 25.3.2013, IV C 6 – S 2133/09/1001:004, BStBl 2013 I S. 296.

in der Handelsbilanz ausgeübt werden kann;[105] entsprechend können Verbindlichkeiten mit dem höheren Teilwert angesetzt werden (§ 6 Abs. 1 Nr. 3 EStG);[106]
- Sonderabschreibungen nach § 7g Abs. 5 EStG für kleine und mittlere Betriebe;
- degressive Abschreibungen nach § 7 Abs. 2 EStG in den Steuerjahren 2020 bis 2022 für bewegliche Wirtschaftsgüter des Anlagevermögens gem. dem Zweiten Gesetz zur Umsetzung steuerlicher Hilfsmaßnahmen (Zweites/Viertes Corona-Steuerhilfegesetz);[107]
- erhöhte Abschreibungen nach §§ 7b,[108] c, d, h, i, k EStG in bestimmten Fällen (Herstellung bestimmter Mietwohnungen, dem Umweltschutz dienende Wirtschaftsgüter, Gebäude in Sanierungsgebieten und städtebaulichen Entwicklungsbereichen, Baudenkmäler, Wohnungen mit Sozialbindung);
- Abschreibung digitaler Vermögensgegenstände (Computerhardware und Anwendersoftware) über eine betriebsgewöhnliche Nutzungsdauer von einem Jahr;[109]
- Investitionsabzugsbetrag nach § 7g Abs. 1 EStG für kleine und mittlere Betriebe; dieser wird allerdings nicht in der Steuerbilanz angesetzt, sondern als außerbilanzielle Korrektur steuerlich berücksichtigt;
- Pensionsrückstellungen: der Wortlaut des § 6a Abs. 1 EStG spricht von einem Passivierungswahlrecht („darf"); nach Auffassung der Finanzverwaltung besteht dennoch über § 249 Abs. 1 HGB ein Passivierungsgebot, das lediglich durch zusätzliche steuerrechtliche Anforderungen (z. B. Schriftformerfordernis) eingeschränkt wird;[110]
- Umwandlungsvorgänge: bei Umwandlungen besteht unter bestimmten Voraussetzungen ein steuerliches Wahlrecht zur Übertragung des Vermögens zum steuerlichen Buchwert (§§ 3 Abs. 2, 11 Abs. 2, 15 Abs. 1 UmwStG), das unabhängig von der Behandlung in der Handelsbilanz ausgeübt werden kann.

5.3 Abweichungen zwischen Handelsbilanz und Steuerbilanz

Nach § 248 Abs. 2 HGB aktivierte **selbst geschaffene immaterielle VG des Anlagevermögens** unterliegen in der Steuerbilanz einem Aktivierungsverbot gem. § 5 Abs. 2 EStG, da das Steuerrecht eine Aktivierung nur bei entgeltlichem Erwerb erlaubt.

133

Für den **derivativen Geschäfts- oder Firmenwert** besteht handels- und steuerrechtlich zwar eine Ansatzpflicht. Unterschiede können aber in der Bewertung auftreten. Dies kann bereits bei der Zugangsbewertung auftreten (s. Praxis-Beispiel in Rz 91) als auch durch unterschiedliche Nutzungsdauern. Da handelsrechtlich die Nutzungsdauer im Anhang erläutert werden muss (§ 285 Nr. 13 HGB) und ein alleiniger Verweis auf die pauschale steuerliche Nutzungsdauer von 15 Jahren (§ 7 Abs. 1 Satz 3 EStG) nicht ausreicht, werden vermehrt Bewertungsunterschiede beim derivativen GoF zwischen Handels- und Steuerbilanz

134

---

[105] Vgl. BMF, Schreiben v. 12.3.2010, IV C 3, S – 2133/09/1001, BStBl 2010 I S. 239, Rz 15.
[106] Vgl. Schmidt/Kulosa, EStG, 43. Aufl. 2024, § 6 EStG Rz 451.
[107] Gesetz v. 29.6.2020, BGBl. 2020 I S. 1512ff.
[108] Vgl. Becker/Müller/Rieß, DStR 2020, S. 1097–1100.
[109] BMF, Schreiben v. 26.2.2021, IV C 3 – S 2190/21/10002 :013), handelsrechtlich ist dieses grds. nicht anwendbar, vgl. IDW, IDW Life 2021, S. 347.
[110] Vgl. BMF, Schreiben v. 12.3.2010, IV C 3, S – 2133/09/1001, BStBl 2010 I S. 239, Rz 9.

auftreten, zumal durch das BilRUG die Nutzungsdauer des GoF, soweit die Nutzungsdauer nicht verlässlich geschätzt werden kann, handelsrechtlich mit zehn Jahren normiert wurde (§ 253 Rz 204).

135 Bei entgeltlich erworbenen immateriellen VG des Anlagevermögens und bei VG des Sachanlagevermögens kann die Bestimmung der **Nutzungsdauer** zu Bewertungsunterschieden führen. Handelsrechtlich hat sich die Nutzungsdauer an der voraussichtlichen wirtschaftlichen Nutzungsdauer zu orientieren (§ 253 Rz 169). Hier besteht kein Wahlrecht, allerdings ein gewisser Ermessensspielraum bei der Schätzung. In der Steuerbilanz sind die Nutzungsdauern nach den AfA-Tabellen zu bestimmen, die sich an der technischen Nutzungsdauer der VG orientieren. Auch wenn die steuerlichen Nutzungsdauern tendenziell kürzer als die nach Handelsrecht anzusetzenden sind, wird sich häufig in Ausübung des Schätzungsermessens eine identische Nutzungsdauer zwischen Handels- und Steuerbilanz ergeben können.

136 Bei der Vornahme von planmäßigen Abschreibungen auf VG des Anlagevermögens ist eine zulässige **Abschreibungsmethode** zu bestimmen. Handelsrechtlich sind verschiedene Methoden zulässig (linear, degressiv, progressiv, leistungsabhängig, § 253 Rz 174), die allerdings stetig auszuüben sind (§ 252 Abs. 1 Nr. 6 HGB). Steuerlich kommen die speziellen Regelungen der §§ 7 ff. EStG zur Anwendung. Danach sind ebenfalls die handelsrechtlichen Abschreibungsmethoden zulässig, aber tw. werden diese eingeschränkt (z. B. war die degressive AfA seit 2011 nicht mehr zulässig, in 2020 bis 2022 zeitlich beschränkt wieder eingeführt) bzw. erweitert (erhöhte Abschreibungen oder die pauschalierte Gebäudeabschreibung nach § 7 Abs. 4 EStG sowie die GWG-Abschreibungen). Bewertungsunterschiede können sich auch ergeben, soweit in der Handelsbilanz eine komponentenweise Abschreibung von VG erfolgt (§ 253 Rz 192 ff.), die in der Steuerbilanz nicht nachvollzogen wird.

137 **Außerplanmäßige Abschreibungen auf VG des Anlagevermögens** sind handelsrechtlich vorzunehmen bei voraussichtlich dauerhafter Wertminderung (§ 253 Abs. 3 Satz 2 HGB). Steuerlich dürfen Teilwertabschreibungen nach § 6 Abs. 1 Nr. 1 Satz 2 EStG vorgenommen werden; die Ausübung dieses steuerlichen Wahlrechts kann zu Bewertungsunterschieden zwischen Handels- und Steuerbilanz führen. Außerdem gilt zu beachten, dass die handelsrechtlichen GoB die Voraussetzungen für das Vorliegen einer voraussichtlich dauerhaften Wertminderung anders beurteilen, als dies für steuerliche Zwecke von der Finanzverwaltung erfolgt (§ 253 Rz 269 ff. für Wertpapiere).

138 Ansatzdifferenzen zwischen Handels- und Steuerbilanz können sich aus der unterschiedlichen Ausübung des **Prinzips der wirtschaftlichen Zurechnung** ergeben. Der in § 246 Abs. 1 Satz 2 HGB kodifizierte Grundsatz der wirtschaftlichen Zurechnung findet sein Pendant in der steuerlichen Regelung des § 39 AO. Auch wenn sich in der weit überwiegenden Anzahl der Fälle Übereinstimmungen zwischen handels- und steuerrechtlicher Beurteilung ergeben werden, sind Ansatzdifferenzen denkbar. Mögliche Anwendungsfälle sind Sale-and-buyback-Geschäfte, Übertragungen des rechtlichen Eigentums von VG mit Nebenabreden und bestimmte gesellschaftsrechtliche Gestaltungen.[111] Die Zurechnung von VG zu Leasinggeber oder Leasingnehmer wird sich sehr häufig an den

---

[111] Vgl. IDW ERS HFA 13 n. F., WPg Supplement 1/2007, S. 69 ff.

steuerlichen Leasingerlassen orientieren; Ausnahmen sind aber denkbar (§ 246 Rz 34 ff.).

§ 247 Abs. 2 HGB regelt die **Zurechnung von VG zum Anlage- bzw. Umlaufvermögen**. Eine diesbzgl. steuerliche Vorschrift gibt es nicht. Die Abgrenzung zwischen Anlage- und Umlaufvermögen richtet sich wesentlich nach der Zweckbestimmung des Kaufmanns (§ 247 Rz 39), sodass sich nach der hier vertretenen Auffassung grds. keine abweichenden Abgrenzungen ergeben können. In der Praxis sind gleichwohl Abweichungen denkbar, wenn sich z. B. i. R. e. steuerlichen Außenprüfung die Finanzverwaltung der Zweckbestimmung des Bilanzierenden nicht anschließt. 139

Kreditinstitute dürfen gem. § 340f HGB **Vorsorgereserven** bilden, indem sie bestimmte VG mit einem niedrigeren als dem nach § 253 Abs. 1 Satz 1 HGB zulässigen Wert ansetzen. Derartige Vorsorgereserven werden steuerlich nicht anerkannt, sodass sich Differenzen zwischen Handels- und Steuerbilanz ergeben. 140

Für sog. **Deckungsvermögen** i. S. v. § 246 Abs. 2 Satz 2 HGB hat handelsrechtlich eine Bewertung mit dem beizulegenden Zeitwert zu erfolgen (§ 253 Abs. 1 Satz 4 HGB); außerdem hat eine Saldierung mit den entsprechenden Verpflichtungen (Pensionsrückstellungen) zu erfolgen, die auch zu einem Aktivüberhang des Deckungsvermögens führen kann (sog. Aktiver Unterschiedsbetrag aus Vermögensverrechnung). Steuerlich ist Deckungsvermögen zu fortgeführten AK anzusetzen (§ 6 Abs. 1 Nr. 2 EStG); eine Saldierung mit den Pensionsrückstellungen ist in der Steuerbilanz unzulässig (§ 5 Abs 1a Satz 1 EStG). 141

Die unter Rz 137 genannten Bewertungsunterschiede bei **außerplanmäßigen Abschreibungen** gelten auch für das **Umlaufvermögen** aufgrund der unterschiedlichen Bewertungsvorschriften (§ 253 Abs. 4 HGB, § 6 Abs. 1 Nr. 2 Satz 2 EStG) bzw. abweichender Definition einer voraussichtlich dauerhaften Wertminderung. 142

Handelsrechtlich besteht bei der Bestimmung von **Herstellungskosten** ein Wahlrecht zur Einbeziehung bestimmter Kostenbestandteile (Kosten der allgemeinen Verwaltung, Aufwendungen für soziale Einrichtungen des Betriebs, für freiwillige soziale Leistungen und für die betriebliche Altersversorgung, § 255 Abs. 2 Satz 3 HGB). Mit dem StModG wurde durch den neu eingefügten § 6 Abs. 1 Nr. 1b EStG klargestellt, dass die handelsrechtliche Wahlrechtsausübung auch steuerrechtlich übereinstimmend angewendet werden kann, sodass es hier zu keinen Abweichungen kommt. 143

Der Ansatz von **Forderungen aus Dividendenansprüchen** kann im Fall der phasengleichen Bilanzierung zu einem Abweichen von Handels- und Steuerbilanz führen, da handelsrechtlich unter bestimmten Voraussetzungen Aktivierungspflicht besteht, während steuerlich ein Aktivierungsverbot zu beachten ist. 144

Finanzinstrumente des Handelsbestands bei Kreditinstituten sind in der Handelsbilanz mit dem beizulegenden Zeitwert abzgl. eines Risikoabschlags nach § 340e Abs. 3 HGB zu bewerten. Darüber hinaus ist ein Sonderposten zu bilden, dem in jedem Gj mind. ein Betrag i. H. v. 10 % der Nettoerträge des Handelsbestands zuzuführen ist. Der Sonderposten darf nur zum Ausgleich von Nettoaufwendungen, oder soweit der Posten 50 % des Durchschnittsertrags der letzten fünf jährlichen Nettoerträge des Handelsbestands übersteigt, aufgelöst werden (§ 340 Abs. 4 HGB). In der Steuerbilanz sind Finanzinstrumente des Handelsbestands, die nicht in einer Bewertungseinheit abgebildet werden, ebenfalls zum beizulegenden Zeitwert abzgl. eines Risikoabschlags anzusetzen (§ 6 Abs. 1 Nr. 2b EStG). Allerdings ist der handelsrechtliche Sonderposten in der 145

Steuerbilanz nicht ansatzfähig.[112] § 52 Abs. 16 Satz 10 EStG ermöglicht für einen aus der Erstanwendung der Vorschrift entstehenden Gewinn die Bildung einer gewinnmindernden Rücklage, die im Folgejahr gewinnerhöhend aufzulösen ist.

146 Handelsrechtlich ist nach § 256a HGB die **Währungsumrechnung** von VG und Schulden nach dem Devisenkassamittelkurs am Abschlussstichtag vorgegeben. Spezielle steuerliche Vorschriften existieren für die Währungsumrechnung nicht. Allerdings ist der handelsrechtlich gebotene Ausweis von realisierbaren, aber noch nicht realisierten Wechselkursgewinnen für VG und Schulden mit einer Restlaufzeit von bis zu einem Jahr steuerlich nicht anzuwenden, da § 6 Abs. 1 Nr. 1, 2 EStG als Bewertungsobergrenze die AK vorgibt.

147 Bei **Rechnungsabgrenzungsposten** kann es zu Abweichungen zwischen Handels- und Steuerbilanz kommen, da handelsrechtlich ein Aktivierungswahlrecht für das Disagio besteht (§ 250 Abs. 3 HGB), während steuerlich ein Aktivierungsgebot zu beachten ist.[113]

148 **Eigene Anteile** sind in der Handelsbilanz nach § 272 Abs. 1a Satz 1 HGB unabhängig vom Erwerbszweck als Kapitalherabsetzung zu behandeln. Im Fall der Weiterveräußerung wird entsprechend eine Kapitalerhöhung abgebildet. Etwaige über die AK hinausgehende Verkaufserlöse sind als Agio in die Kapitalrücklage einzustellen. Für die Steuerbilanz existieren keine speziellen Regelungen, sodass keine Aktivposten für eigene Anteile in der Steuerbilanz anzusetzen sind.[114] Damit entfällt die ansonsten bei Veräußerungsvorgängen nach § 8b Abs. 3 KStG vorgesehene 5 %ige Besteuerung des Veräußerungsgewinns.[115]

149 Die **Bewertung von Rückstellungen** hat in der Handelsbilanz zum voraussichtlichen Erfüllungsbetrag, d. h. unter Einbeziehung von Preis- und Kostenverhältnissen im Zeitpunkt der Erfüllung sowie unter Berücksichtigung einer laufzeitäquivalenten Abzinsung zu erfolgen (§ 253 Abs. 1 Satz 2, Abs. 2 Satz 1 HGB). Für die Steuerbilanz existieren spezielle Bewertungsvorschriften (§ 6 Abs. 1 Nr. 3a EStG), die häufig zu abweichenden Bewertungsansätzen gegenüber der Handelsbilanz führen, da das steuerliche Stichtagsprinzip die Berücksichtigung von zukünftigen Preis- und Kostenverhältnissen verbietet. Für weitere Rückstellungsarten haben sich handels- und steuerrechtlich abweichende Bewertungsvorschriften herausgebildet, so z. B. für Altersteilzeitverpflichtungen (§ 249 Rz 200), Rückstellungen für Sachleistungsverpflichtungen (handelsrechtlich: Vollkosten, steuerlich: Einzelkosten + angemessene Gemeinkosten).

150 **Altersversorgungsverpflichtungen und vergleichbare langfristig fällige Verpflichtungen**: Handelsrechtlich bestehen Bewertungsvorschriften in § 253 Abs. 1 Satz 2 und 3, Abs. 2 Satz 1 und 2 HGB. Danach sind erwartete Lohn-, Gehalts- und Rentensteigerungen in die Bewertung einzubeziehen;[116] die Abzinsung hat nach der RückAbzinsV zu einem laufzeitkongruenten Zinssatz zu erfolgen. Steuerlich existiert mit § 6a EStG eine separate Bewertungsvorschrift, die die Berücksichtigung von künftigen Lohn-, Gehalts- und Rentensteigerungen verbietet und für die Abzinsung einen festen Zinssatz von 6,0 % normiert.

---

[112] Vgl. Grottel/Larenz, in Beck Bil-Komm., 13. Aufl. 2022, § 274 HGB Rz 246 m. w. N.
[113] BFH, Urteil v. 21.4.1988, IV R 47/85, BStBl 1989 II S. 722.
[114] Vgl. BMF, Schreiben v. 27.11.2013, C 2 – S 2742/07/10009, BStBl. 2013 I S. 1615.
[115] Vgl. BMF, Schreiben v. 27.11.2013, C 2 – S 2742/07/10009, BStBl. 2013 I S. 1615.
[116] Vgl. zu Einzelheiten IDW RS HFA 30.50 ff.

Für einige Rückstellungen sind **steuerliche Ansatzverbote** zu berücksichtigen. So besteht mit § 5 Abs. 4a Satz 1 EStG ein Ansatzverbot für Drohverlustrückstellungen (Ausnahme: Bewertungseinheiten, § 249 Rz 225). Jubiläumsrückstellungen werden steuerlich nur unter den Voraussetzungen des § 5 Abs. 4 EStG, Rückstellungen für Patentverletzungen nur unter den Voraussetzungen des § 5 Abs. 3 EStG anerkannt.

Soweit sich bei der Bildung von **Bewertungseinheiten** am Abschlussstichtag ein Überhang negativer Wertänderungen über die positiven Wertänderungen ergibt, ist in Höhe dieses Überhangs eine Rückstellung für Bewertungseinheiten zu bilden.[117] Handelsrechtlich ist diese Rückstellung als Rückstellung für drohende Verluste zu qualifizieren. Steuerlich sind diese Rückstellungen gleichwohl anzuerkennen, wie die Regelungen in § 5 Abs. 1a Satz 2, Abs. 4a Satz 2 EStG klarstellen, auch wenn der nicht ganz eindeutige Gesetzeswortlaut verschiedentlich zu Diskussionen führte.[118] Dies gilt auch, wenn in der Steuerbilanz die Bewertungseinheit nach der sog. „Nettomethode" abgebildet wird, die von der Finanzverwaltung präferiert wird.[119]

Verbindlichkeiten sind in der Handelsbilanz mit dem Erfüllungsbetrag anzusetzen (§ 253 Abs. 1 Satz 2 HGB). In der Steuerbilanz sind unverzinsliche Verbindlichkeiten mit einer Restlaufzeit von einem Jahr oder mehr, seit dem Vierten Corona-Steuerhilfegesetz nicht mehr mit einem Zinssatz von 5,5 % abzuzinsen (§ 6 Abs. 1 Nr. 3 EStG); ausgenommen hiervon sind Anzahlungen und Vorauszahlungen.

Latente Steuern sind in der Steuerbilanz nicht anzusetzen. Da **latente Steuern** keinen VG oder Schuldposten, sondern einen Posten eigener Art für handelsbilanzielle Zwecke darstellen, scheidet eine Berücksichtigung in der Steuerbilanz aus.

5.4 Steuerbilanz – Technik und Gestaltung

Die Aufstellung der Steuerbilanz gründet sich auf die gesetzlichen Grundlagen in §§ 140, 141 AO. Aufgrund der im vorigen Abschnitt dargestellten vielfältigen Abweichungen zwischen Handels- und Steuerbilanz hat der Gesetzgeber mit § 5 Abs. 1 Satz 2 EStG eine Vorschrift erlassen, die die **Führung spezieller steuerlicher Verzeichnisse** fordert, wenn in der Steuerbilanz VG nicht mit dem handelsrechtlichen Wert angesetzt werden.

Wesentlicher Anwendungsfall ist das Anlagevermögen, für das – soweit steuerliche Wahlrechte ausgeübt werden sollen – eine separate Anlagenbuchhaltung zu führen ist. Gängige Softwareprogramme stellen entsprechende Funktionalitäten bereit. Allerdings sind diese in der vom Grundsatz der Einheitsbilanz geprägten Vergangenheit zumeist nicht genutzt worden, weil es nicht erforderlich war. Einige Bilanzierende kennen bereits diese mehrfache Bewertung für unterschiedliche Zwecke, indem sie bspw. für die Erstellung von IFRS-Abschlüssen oder für die Abbildung von Versicherungswerten separate Bewertungen in ihren Anlagenbuchhaltungen abgebildet haben.

---

[117] Vgl. IDW RS HFA 35.66.
[118] Vgl. Herzig/Briesemeister, Ubg 2009, S. 158.
[119] Vgl. BMF, Schreiben v. 25.8.2010, IV C 6, S – 2133/07/10001, DB 2010 S. 2024.

Im Schrifttum wurde die Auffassung vertreten, dass für die Bildung unversteuerter Rücklagen in der Steuerbilanz derartige separate Verzeichnisse nicht zu führen sind.[120] Das BMF-Schreiben vom 12.3.2010[121] bestätigt diese Sichtweise. Soweit diese Rücklagen in der Steuerbilanz ausgewiesen sind, genügt dies für den Nachweis.

156 Je nach Umfang der Abweichungen zwischen Handels- und Steuerbilanz bieten sich verschiedene Techniken zur Aufstellung der Steuerbilanz an. Bestehen nur sehr wenige Abweichungen, so kann ausgehend von der Handelsbilanz die Steuerbilanz durch wenige Korrekturbuchungen (z. B. in einem separaten Kontenkreis oder per Tabellenkalkulation) entwickelt werden. Die früher nach § 60 Abs. 2 EStDV zulässige Anlage zur Steuererklärung zur **Überleitung** des handelsrechtlichen auf das steuerliche Ergebnis ist durch die Vorschrift des § 5b EStG (elektronische Übermittlung von Bilanz und GuV) nicht mehr möglich.[122]
Bei einer Vielzahl von Abweichungen empfiehlt sich die Verwendung einer **eigenen Steuerbilanzbuchhaltung**, die in einem integrierten System abgebildet werden kann. Dieses bei IFRS-Anwendern bekannte Modell (Y-Modell) sieht einen gemeinsamen Kontenrahmen für Handels- und Steuerbilanz vor. Bestimmte Konten erscheinen sowohl in Handels- und Steuerbilanz (z. B. Bankkonten), andere entweder nur in der Handels- oder der Steuerbilanz. Dies erfordert, dass für abweichende Sachverhalte spezielle handels- und steuerrechtliche Konten eingerichtet werden (z. B. für Anlagevermögen, Rückstellungen).

157 Bei Aufstellung der Handels- und Steuerbilanz sind verschiedene Gestaltungsüberlegungen zu berücksichtigen. Bei vielen Bilanzierenden steht der Grundsatz der **Einheitsbilanz** im Vordergrund, der z. T. sogar aufgrund gesellschaftsvertraglicher Regelungen vorgegeben war. Abgesehen von in bestimmten Fällen unvermeidbaren Abweichungen zwischen Handels- und Steuerbilanz (z. B. Bewertung von Pensionsrückstellungen) können bei anderen Sachverhalten Einheitsbilanzüberlegungen nur über den Verzicht auf steuerliche Fördermaßnahmen hergestellt werden. So kann das Sachanlagevermögen nach Handels- und Steuerrecht dergestalt übereinstimmend bewertet werden, indem ausschl. lineare Abschreibungen berücksichtigt werden. Dies würde aber den Verzicht auf steuerliche Fördermaßnahmen (z. B. degressive Abschreibung, Vornahme von Sonderabschreibungen) voraussetzen.

---

[120] Vgl. Grützner, StuB 2009, S. 484.
[121] BMF, Schreiben v. 12.3.2010, IV C 6, S – 2133/09/1001, BStBl 2010 I S. 239.
[122] Vgl. Herzig, DStR 2010, S. 1900.

§ 274a Größenabhängige Erleichterungen

Kleine Kapitalgesellschaften sind von der Anwendung der folgenden Vorschriften befreit:
1. § 268 Abs. 4 Satz 2 über die Pflicht zur Erläuterung bestimmter Forderungen im Anhang,
2. § 268 Abs. 5 Satz 3 über die Erläuterung bestimmter Verbindlichkeiten im Anhang,
3. § 268 Abs. 6 über den Rechnungsabgrenzungsposten nach § 250 Abs. 3,
4. § 274 über die Abgrenzung latenter Steuern.

Inhaltsübersicht

		Rz
1	Überblick	1–6
1.1	Inhalt	1–4
1.2	Anwendungsbereich	5
1.3	Normzusammenhänge	6
2	Befreiung von der Pflicht zur Anwendung bestimmter Vorschriften	7–23
2.1	Erläuterung bestimmter Forderungen (Nr. 1)	7
2.2	Erläuterung bestimmter Verbindlichkeiten (Nr. 2)	8
2.3	Rechnungsabgrenzungsposten nach § 250 Abs. 3 HGB (Nr. 3)	9
2.4	Abgrenzung latenter Steuern (Nr. 4)	10–23
3	Rechtsfolgen bei Pflichtverletzung	24

1 Überblick

1.1 Inhalt

§ 274a HGB spricht **kleinen KapG und kleinen KapCoGes** i.S.d. § 267 Abs. 1 HGB Erleichterungen in Form der Befreiung von der Pflicht zur Anwendung von vier Regelungen zu. Die Vorschrift gilt – unabhängig von der Größe – nicht für Kreditinstitute und VersicherungsUnt (§§ 340a Abs. 1, 341a Abs. 1 HGB). Aus der Regelung der Norm ergibt sich ein Wahlrecht in Bezug auf die selektive Inanspruchnahme einzelner Befreiungen, sofern der **Stetigkeitsgrundsatz** (§ 265 Abs. 1 HGB) gewahrt bleibt. Die Wahlrechte können unter Beachtung der Stetigkeit einzeln ausgeübt werden.[1] Konkret brauchen als klein klassifizierte KapG oder denen gleichgestellte PersG

- keine Erläuterungen zu erst nach dem Bilanzstichtag rechtlich entstehenden VG bzw. Verbindlichkeiten (§ 268 Abs. 4 Satz 2 und Abs. 5 Satz 3 HGB), soweit sie unter den sonstigen VG bzw. Verbindlichkeiten ausgewiesen sind und einen größeren Umfang haben, zu geben,
- kein aktiviertes Disagio auszuweisen oder im Anhang anzugeben (§ 268 Abs. 6 HGB) sowie
- keine (aktiven) latenten Steuern nach § 274 HGB zu bilden.

---

[1] Vgl. Reiner, in MünchKomm. HGB, 5. Aufl. 2024, § 274a HGB Rz. 1.

2   Konflikte mit § 131 Abs. 1 Satz 3 AktG entstehen aufgrund der fehlenden Nennung des § 274a HGB in der Aufzählung der Norm nicht[2] und auch die Informationsrechte des § 51a GmbHG sowie die Kontrollrechte gem. § 166 HGB werden von § 274a HGB nicht tangiert.

3   Der wesentliche Zweck dieser Vorschrift liegt in der unterstellten Möglichkeit der Vereinfachung der Aufstellung des Jahresabschlusses und damit einhergehend in der Möglichkeit zur Reduzierung der damit verbundenen Kosten (**größenabhängige Erleichterungen**). Allerdings erlangt lediglich die Erleichterung im Bereich der (aktiven) latenten Steuern in der Praxis größere Relevanz. Obwohl die Befreiungen einen **Informationsverlust** für Abschlussadressaten darstellen, zu denen gerade bei kleinen Unt auch die Geschäftsführung selbst gehört, wird vonseiten der Literatur i.R. d. häufig engen Beziehungen zwischen Kapitalgeber und Kapitalnehmer bei kleinen KapG und PersG nicht mit wesentlichen Beeinträchtigungen gerechnet.[3] Diese Einschätzung ist jedoch in vielen Fällen zu relativieren. Insb. die rechtlich erst später entstehenden sonstigen VG und Verbindlichkeiten, die primär aus Abgrenzungen resultieren, können gerade in kleineren Abschlüssen hohe Bedeutung erlangen. Ebenfalls ist die (aktive) Steuerabgrenzung auch schon für Zwecke der Selbstinformation vielfach sehr relevant und auch für außenstehende Adressaten, etwa zur Fundierung von Kreditvergabeentscheidungen, von großer Bedeutung. Mit dem Wahlrecht des § 274a HGB liegt es im Ermessen der Unt, die Informationen gesondert nur bestimmten Adressaten zukommen zu lassen oder gleich Allen im Jahresabschluss zu zeigen.[4]

4   Mit dem BilRUG ergaben sich **Folgeänderungen** aus der Aufhebung von § 268 Abs. 2 HGB a. F. bzgl. eines Anlagespiegels, dessen Regelungen in die Vorschriften zum Anhang, konkret § 284 Abs. 3 HGB, verlagert wurden, ohne dass an der größenabhängigen Befreiung, die vorher in § 274a Nr. 1 HGB a.F. geregelt war und nun über § 288 Abs. 1 Nr. 1 HGB erfolgt, im Ergebnis eine Veränderung eingetreten wäre.

1.2 Anwendungsbereich

5   Relevant ist die Regelung des § 274a HGB nur für **kleine KapG** und **KapCoGes**, jeweils i. S. d. § 267 Abs. 1 HGB. **Kreditinstitute** und **VersicherungsUnt** haben grds. entsprechend großen KapG zu handeln und fallen daher nicht in den Anwendungsbereich des § 274a HGB.

1.3 Normzusammenhänge

6   Die Norm relativiert Angabe- und Ausweispflichten der §§ 268 und 274 HGB und ergänzt bzw. erweitert größenabhängige Erleichterungen, die gem. den §§ 266, 276 und 288 HGB bereits für die Aufstellung gewährt werden.

---

[2] Vgl. Marx/Dallmann, in Baetge/Kirsch/Thiele, Bilanzrecht, § 274a HGB Rz 2, Stand: 4/2019.
[3] Vgl. ADS, Rechnungslegung und Prüfung der Unternehmen, 6. Aufl. 1995–2001, § 274a HGB Rz 5; Marx/Dallmann, in Baetge/Kirsch/Thiele, Bilanzrecht, § 274a HGB Rz 3, Stand: 4/2019.
[4] Zur Nutzung der Erleichterungen in der Praxis s. Kreipl/Lange/Müller, in Bertram/Brinkmann/Kessler/Müller, Haufe HGB Bilanz Kommentar Erfahrungsbericht BilMoG, 2012, Rz 102, 214, 291 ff., 452.

2 Befreiung von der Pflicht zur Anwendung bestimmter Vorschriften

2.1 Erläuterung bestimmter Forderungen (Nr. 1)

Von der gem. § 268 Abs. 4 Satz 2 HGB vorgeschriebenen Erläuterung der unter den sonstigen VG ausgewiesenen Forderungen im Anhang, sofern diese rechtlich erst nach dem Abschlussstichtag entstehen (**antizipative Forderungen**) und einen größeren Umfang haben (§ 268 Rz 25 ff.), werden kleine KapG und Kap-CoGes gem. § 274a Nr. 1 HGB grds. befreit.

7

2.2 Erläuterung bestimmter Verbindlichkeiten (Nr. 2)

§ 268 Abs. 5 Satz 3 HGB schreibt für Verbindlichkeiten, die rechtlich erst nach dem Abschlussstichtag entstehen (**antizipative Verbindlichkeiten**) und einen größeren Umfang haben, eine Erläuterung im Anhang vor (§ 268 Rz 37 f.). Kleine Ges. i. S. d. § 267 HGB sind nach § 274a Nr. 2 HGB von dieser Erläuterungspflicht befreit. Es bleibt aber bei der Pflicht der Benennung des Betrags von Verbindlichkeiten mit einer Restlaufzeit von bis zu einem Jahr (§ 268 Abs. 5 S. 1 HGB).

8

2.3 Rechnungsabgrenzungsposten nach § 250 Abs. 3 HGB (Nr. 3)

§ 268 Abs. 6 HGB schreibt einen **gesonderten Ausweis** des **Disagios** in der Bilanz unter den aktiven RAP oder im Anhang vor, sofern das Aktivierungswahlrecht des § 250 Abs. 3 HGB in Anspruch genommen wird (§ 268 Rz 39 ff.). Diese Regelung gilt gem. § 274a Nr. 3 HGB nicht für kleine KapG/KapCoGes, die somit den Betrag weder in der Bilanz gesondert auszuweisen noch im Anhang anzugeben haben.

9

2.4 Abgrenzung latenter Steuern (Nr. 4)

Während latente Steuern vor Einführung des BilMoG nur bedingt von praktischer Bedeutung waren,[5] hat die Einschränkung der Maßgeblichkeit der Handels- für die Steuerbilanz sowie die Aufgabe der umgekehrten Maßgeblichkeit (§ 5 Abs. 1 Satz 2 EStG a. F.) zusammen mit der grundlegenden Überarbeitung der Bilanzierungsvorschriften für latente Steuern dazu geführt, dass die **Relevanz** latenter Steuerabgrenzungen enorm an Bedeutung gewonnen hat. Nicht zuletzt deshalb wurde seinerzeit neben der Veränderung des Ansatz- und Bewertungskonzepts – weg vom Timing-Konzept hin zum Temporary-Konzept (§ 274 Rz 17) – in § 274a Nr. 4 HGB (zum Zeitpunkt der Einführung noch § 274a Nr. 5 HGB) eine größenklassenabhängige Befreiungsvorschrift eingeführt, die kleine Ges. i. S. d. § 267 Abs. 1 HGB von der Anwendung des § 274 HGB sowie im Ergebnis damit auch von den notwendigen Anhangerläuterungen des § 285 Nr. 29 und 30 HGB freistellt. Seither unterliegen kleine KapG ebenso wie nichthaftungsbeschränkte PersG und EKfl. bzgl. latenter Steuern ausschl. den für alle Kfl geltenden allgemeinen Bilanzierungsgrundsätzen. Da für die aktiven latenten Steuern im HGB ein Ansatzwahlrecht verankert ist und gleichzeitig eine

10

---

[5] Vgl. v. Wysocki, zfbf 1987, S. 837. Auch die Frage Rechtsgrund- oder Rechtsfolgenverweis war im Wesentlichen rein akademischer Natur – materielle Auswirkungen ergaben sich nur bei der Aktivierung einer Bilanzierungshilfe nach § 269 HGB.

11 Gesamtdifferenzbetrachtung, d. h. eine Saldierung aktiver und passiver latenter Steuern, möglich ist, erscheint die Bedeutung von § 274a Nr. 4 HGB in der Praxis allerdings eingeschränkt (§ 274 Rz 25 ff.). Grund dafür ist, dass die mit dem BilMoG vorgenommenen Ansatz- und Bewertungsänderungen tendenziell eher zu einem Überhang aktiver latenter Steuern geführt haben.

11 Bzgl. der Bilanzierung latenter Steuern hat der Gesetzgeber aber nicht in allen Bereichen vollständig Klarheit geschaffen. Aus den Vorschriften der §§ 249 Abs. 1 Satz 1, 274 und 274a Nr. 4 HGB nicht klar hervorgehend und auch im Schrifttum bis dato nicht abschließend diskutiert, ist die Handhabung der **latenten Steuern außerhalb des § 274 HGB**.[6] Weiterhin haben kleine KapG de facto dann „**passive latente Steuern**" zu ermitteln, wenn diese als **Rückstellung** gem. § 249 Abs. 1 Satz 1 HGB anzusehen sind, d. h. die Ansatzkriterien erfüllt werden (§ 249 Rz 23 ff.). Angefacht vom IDW ist daraufhin eine intensive Diskussion über die Bildung einer Rückstellung für passive latente Steuern trotz größenabhängiger Befreiung gem. § 274a Nr. 4 HGB entbrannt.[7] Umstritten ist dabei, ob die Regelung des § 249 Abs. 1 Satz 1 HGB trotz der Inanspruchnahme der Befreiungsoption des § 274a Nr. 4 HGB

- überhaupt,
- grds. immer oder
- nur unter bestimmten Voraussetzungen

zu einem Ansatz passiver latenter Steuern als Rückstellung führt. Von erheblichem Interesse dürfte eine Ausräumung dieser Unklarheiten insb. für kleine KapG und nicht haftungsbeschränkte PersG sein, da sie für die ordnungsgemäße Aufstellung der überwiegenden Anzahl[8] handelsrechtlicher Jahresabschlüsse verantwortlich sind und eine **fehlerhafte Bilanzierung latenter Steuern** darüber hinaus zu unzulässigen Gewinnverwendungen führen kann, die haftungsrechtliche Konsequenzen für die gesetzlichen Vertreter haben.

12 Nach der BilMoG-BgrRegE zu § 274a HGB haben **kleine Unt** nur noch dann passive latente Steuern zu ermitteln, wenn „gleichzeitig die Tatbestandsvoraussetzungen für den Ansatz einer Rückstellung gem. § 249 Abs. 1 Satz 1 HGB vorliegen". Weiterhin führt die BilMoG-BgrRegE zu § 274 HGB aus, dass den passiven latenten Steuern zumindest „teilweise der Charakter von Rückstellungen zukommen mag" – bei den quasi-permanenten Differenzen „kann gerade nicht zweifelsfrei vom generellen Vorliegen der Tatbestandsvoraussetzungen nach § 249 Abs. 1 Satz 1 HGB für den Ansatz von Rückstellungen ausgegangen werden". Begründet wird dies beispielhaft an einer Beteiligung, bei der der Ausgleich nur über deren Verkauf erzielt wird: Danach „würde eine Rückstellung für künftig zu entrichtende Steuern nach § 249 Abs. 1 Satz 1 HGB nicht gebildet werden, denn es fehlt an einer rechtlichen Verpflichtung des Kaufmanns

---

[6] Im Arbeitskreis „Einzelfragen zur Rechnungslegung und Prüfung von Personenhandelsgesellschaften" auf der 52. IDW-Arbeitstagung Baden-Baden (10.-12.11.2010) wurden z. B. intensiv die Rechtsfolgen bei zulässiger Nichtanwendung des § 274 HGB diskutiert, u. a. hinsichtlich der Anwendung des Timing-Konzepts im Rahmen des § 249 Abs. 1 Satz 1 HGB.
[7] Vgl. als (Zwischen-)Bestandsaufnahme Graf von Kanitz, WPg 2011, S. 895.
[8] 89 % der deutschen Unternehmen sind Klein- oder Kleinstbetriebe nach der Betriebsprüfungsordnung, vgl. Schiffers, Stbg 2011, S. 14.

zur Entrichtung von Steuern. Auch eine faktische Verpflichtung kann nicht zweifelsfrei angenommen werden."[9]
Die BilMoG-BgrRegE macht u. E. entsprechend zu Recht einen **Unterschied zwischen Passivposten nach § 274 HGB und einer Rückstellung** nach § 249 HGB.[10] Dies wird durch die Verwendung des Wortes „gleichzeitig" im vorstehenden Zitat zum Ausdruck gebracht. Auch aus der RegBegr zur ursprünglich vorgesehenen Ergänzung des § 246 Abs. 1 Satz 1 HGB (Vollständigkeit des Ansatzes) um den Posten „latente Steuern", die auf Beschluss des Rechtsausschusses des Deutschen Bundestages nicht ins Handelsrecht übernommen wurde, wird deutlich, dass der Gesetzgeber einen Unterschied sieht: „Die Aufnahme der latenten Steuern in den Satz 1 des § 246 Abs. 1 HGB folgt aus der Tatsache, dass es sich bei diesen weder um VG noch um Schulden oder RAP, sondern um Sonderposten eigener Art handelt."[11] Auch in der Literatur wird festgestellt, dass es sich bei **latenten Steuern seit dem BilMoG** um einen Posten eigener Art handle, der unabhängig von Rückstellungen und Schulden zu betrachten sei. Ebenso sei keine Änderung der GoB durch das BilMoG ersichtlich, die eine entsprechende Bilanzierung rechtfertige.[12] Es muss demnach Fälle geben, die nur nach § 274 HGB zu Passivposten führen, nicht aber nach § 249 Abs. 1 Satz 1 HGB; und andere, die sowohl nach § 274 HGB als auch nach § 249 Abs. 1 Satz 1 HGB zu Rückstellungen führen – und dies nicht nur in Ausnahmefällen.[13] So fordert Grottel als Voraussetzung für den Ansatz einer Rückstellung für ungewisse Verbindlichkeiten, dass „der Besteuerungstatbestand in der HB verwirklicht ist".[14]

13

Dagegen geht eine **abweichende Ansicht** davon aus, dass in nahezu allen klassischen Anwendungsfällen für passive latente Steuern nach § 274 HGB auch ein Anwendungsfall für eine Verbindlichkeitsrückstellung nach § 249 Abs. 1 Satz 1 HGB vorliegen würde.[15] Diese Ansicht zur Bilanzierung passiver latenter Steuern außerhalb des Anwendungsbereichs von § 274 HGB führt das IDW in IDW RS HFA 7 n. F. aus: Demnach sollen **kleine PersG** i. S. d. § 264a Abs. 1 HGB und nicht haftungsbeschränkte PersG Rückstellungen für passive latente Steuern anzusetzen haben, soweit die Tatbestandsvoraussetzungen für den Ansatz einer Rückstellung gem. § 249 Abs. 1 Satz 1 HGB erfüllt sind, was – ausweislich des IDW grds. der Fall ist, wenn Differenzen zwischen den handelsrechtlichen Wertansätzen von VG, Schulden und RAP und den korrespondierenden steuerlichen Wertansätzen

14

---

9 Alle Zitate in diesem Absatz nach: Begründungsteil der BT-Drs. 16/10067 v. 30.7.2008 S. 67 ff.
10 Ebenso anstatt vieler etwa Pollanz, DStR 2013, S. 59.
11 Begründungsteil der BT-Drs. 16/10067 v. 30.7.2008 S. 47.
12 Vgl. Lüdenbach, StuB 2011, S. 69; Lüdenbach/Freiberg, BB 2011, S. 1581; Müller, DStR 2011, S. 1047 ff.
13 Ebenso (mitunter i. E.) Pollanz, DStR 2013, S. 59; Kessler/Leinen/Paulus, KoR 2009, S. 718 ff.; Lüdenbach/Freiberg, BB 2010, S. 1971 ff.; gl. A. ADS, Rechnungslegung und Prüfung der Unternehmen, 6. Aufl. 1995–2001, § 274 HGB Rz 12.
14 Grottel, in Beck Bil-Komm., 14. Aufl. 2024, § 274a HGB Rz 42.
15 Vgl. IDW ERS HFA 27.3 und 19 ff. – inzwischen aufgehoben, inhaltlich jedoch in IDW RS HFA 7.24 übernommen; Gelhausen/Fey/Kämpfer, Rechnungslegung und Prüfung nach dem BilMoG, 2009, M 53–59; Simlacher/Vossel, in Küting/Weber, HdR-E, § 274 HGB Rz 6 Stand: 9/2022; Wolz, DB 2010, S. 2626; Kühne/Melcher/Wesemann, WPg 2009, S. 1006 und 1061; Wendholt/Wesemann, DB 2009, Beil. 5, S. 72 ff.; Herzig, Steuerliche Konsequenzen des BilMoG, IDW-Vortrag Berlin v. 22.11.2010; Oser/Roß, WPg 2009, S. 581; IDW, WPH Edition, Wirtschaftsprüfung & Rechnungslegung, 18. Aufl. 2023 Kap. F Tz 618.

bestehen, deren Abbau künftig zu einer Steuerbelastung führt.[16] Dies begründe „… zum Abschlussstichtag eine wirtschaftliche Belastung des handelsrechtlich ausgewiesenen Gesamthandsvermögens".[17] Lediglich in Fällen sog. quasi-permanenter Differenzen[18] solle dies nicht gelten. Das IDW spricht mittlerweile zwar von der Ermittlung der **latenten Steuern gem. § 274 Abs. 1 HGB** nach dem Temporary-Konzept und transportiert dieses quasi in § 249 Abs. 1 HGB,[19] schließt im Kontext des Ansatzes von Rückstellungen für passive latente Steuern damit einhergehende quasi-permanente-Differenzen widersprüchlicher Weise gleichwohl sofort wieder von der Berücksichtigung aus.[20] In der Kommentierung sowie der weiteren Fachliteratur[21] wird ausgehend von dem dargestellten Diskussionsstand des IDW – und tw. in der jeweiligen Interpretation über das IDW hinausgehend – ausgeführt, dass sich durch das BilMoG nichts an den GoB geändert habe und insoweit das alte Konzept für latente Steuern (Timing-Konzept des § 274 HGB a.F.) für kleine KapG unverändert weiterhin anzuwenden sei.[22] Bereits aus der Logik des Rechtsgrundsatzes „lex specialis derogat legi generali" und der daraus resultierenden Anwendungsreihung
1. Branchenbezogene Spezialnormen (z. B. Formblattverordnungen);
2. Rechtsform-spezifische Spezialnormen (z. B. §§ 150 ff. AktG);
3. Ergänzende Vorschriften für KapG und ihnen gleichgestellte KapCoGes (§§ 264–289f HGB, ohne § 264 Abs. 2 HGB);
4. Vorschriften für alle Kfl. (§§ 242–256 HGB);
5. Grundsätze ordnungsgemäßer Buchführung;
6. Generalnorm des § 264 Abs. 2 Satz 1 HGB

sowie dem Sinn und Zweck der GoB – nämlich der Konkretisierung offen formulierter oder spielraumbehafteter Spezialvorschriften sowie der Ergänzung dieser in Fällen fehlender Regelungen[23] – ergeben sich erhebliche Zweifel an dieser Argumentation. Auch haben beide Konzepte direkten Bezug zur Steuerabgrenzung und nicht zur Bildung von Rückstellungen betreffend dieser. Wird eines der Konzepte als GoB auf die Rückstellungsbildung übertragen, kommt infolge der Streichung des Timing-Konzepts lediglich das i.R.d. Steuerabgrenzung einzig zulässige Tempory-Konzept in Betracht. Für die Anwendung des Timing-Konzepts besteht im Allgemeinen und bei der Ermittlung der latenten Steuern zwecks der Bildung von Rückstellungen im Besonderen kein Raum und erst recht keine Notwendigkeit. In letzter Instanz ergäbe sich aus dieser Logik dann etwa auch die Anwendbarkeit anderer Altvorschriften mit der lapidaren Begründung, an den GoB habe sich nichts geändert.

---

[16] Vgl. IDW RS HFA 7.26 n. F.
[17] Vgl. IDW RS HFA 7.26 n. F.
[18] Abbau der Differenzen grds. möglich, zum Abschlussstichtag jedoch nicht absehbar.
[19] Vgl. IDW RS HFA 7.26 n. F.
[20] IDW RS HFA 7.26 n. F.
[21] Gelhausen/Fey/Kämpfer, Rechnungslegung und Prüfung nach dem BilMoG, 2009, M 53–59; Simlacher/Vossel, in Küting/Weber, HdR-E, § 274 HGB Rz 6, Stand: 9/2022; Grottel, in Beck Bil-Komm., 14. Aufl. 2024, § 274a HGB Rz 6f.; Wolz, DB 2010, S. 2626; Kühne/Melcher/Wesemann, WPg 2009, S. 1006 und 1061; Wendholt/Wesemann, DB 2009, Beil. 5, S. 72ff.; Herzig, Steuerliche Konsequenzen des BilMoG, IDW-Vortrag Berlin v. 22.11.2010; Oser/Roß, WPg 2009, S. 581.
[22] Vgl. insb. Gelhausen/Fey/Kämpfer, Rechnungslegung und Prüfung nach dem BilMoG, 2009, M 53–59; Kühne/Melcher/Wesemann, WPg 2009, S. 1006 und 1061 sowie IDW, WPH Edition, Wirtschaftsprüfung & Rechnungslegung, 18. Aufl. 2023, Kap. F Tz. 616.
[23] Vgl. Fülbier/Federsel, in Küting/Weber, HdR-E, § 252 HGB Rn 15, Stand: 6/2021.

Wird der **IDW-Ansicht** gefolgt, sind außerhalb des § 274 HGB in die passive Steuerabgrenzung solche Bilanzierungs- und Bewertungsunterschiede einzubeziehen, deren Entstehung und Umkehr zu einer zeitlichen Ergebnisdifferenz und damit zu einer zu erwartenden Steuerbelastung führen. Quasi-permanente Bilanzierungs- und Bewertungsdifferenzen sind nicht in die Steuerabgrenzung einzubeziehen, da deren Umkehr von einer künftigen unternehmerischen Disposition abhängt. Bei der Rückstellungsermittlung sind dann aktive latente Steuern aus zeitlichen Differenzen sowie steuerlichen Verlustvorträgen mindernd zu berücksichtigen. Darüber wird unter analoger Anwendung des § 274 Abs. 2 HGB und entgegen § 253 Abs. 2 HGB, der ein Abzinsungsgebot für langfristige Rückstellungen vorsieht, der Verzicht auf eine Abzinsung der Rückstellungen für passive latente Steuern als vertretbar erachtet. Der Ausweis der außerhalb von § 274 HGB ermittelten passiven latenten Steuern soll dann innerhalb des Postens Steuerrückstellung (mit einem Davon-Ausweis) oder in einem gesonderten Posten, dessen Bezeichnung sich vom Posten „Passive latente Steuern" (§ 266 Abs. 3 Nr. E HGB) unterscheidet, erfolgen. Im Ergebnis würde sich die Erleichterung für kleine KapG aus § 274a Nr. 4 HGB praktisch auf die Nichtberücksichtigung passiver latenter Steuern auf quasi-permanente Differenzen[24] reduzieren.

15

> **Praxis-Beispiel**
> **Denkbare Sachverhalte nach diesem Verständnis**
> Danach wären etwa für nach § 248 Abs. 2 HGB nur in der HB aktivierbare selbst geschaffene immaterielle VG des AV passive latente Steuern anzusetzen (steuerlich besteht unverändert ein Aktivierungsverbot – § 5 Abs. 2 EStG); bei nur in der HB aufgedeckten stillen Reserven, die auf Gebäude entfallen, wären ebenfalls latente Steuern zu passivieren (dies kann der Fall sein, wenn in Anwachsungs- oder Umwandlungsfällen in der HB stille Reserven aufgedeckt werden, während in der Steuerbilanz die Buchwerte fortgeführt werden).

Nicht ausreichend gewürdigt bleibt dabei zunächst, ob die für die Bildung einer **Verbindlichkeitsrückstellung** nach § 249 Abs. 1 Satz 1 HGB erforderliche wirtschaftliche oder rechtliche Entstehung einer Steuerschuld verbunden mit einem künftigen Abfluss von Ressourcen vorliegt[25] und wie das Ermittlungskonzept für die Bewertung der Rückstellung für passive latente Steuern nach dem Wegfall des § 274 Abs. 1 HGB i.d.F. vor BilMoG aus § 253 Abs. 1 und 2 HGB abgeleitet wird.

16

---

[24] Etwa die auf den Grund und Boden entfallenden stillen Reserven.
[25] Die übrigen Voraussetzungen zur Bildung einer Rückstellung nach § 249 Abs. 1 Satz 1 HGB (vgl. dazu u.a. § 274 Rz 14ff.; Grottel/Larenz, in Beck Bil-Komm., 14. Aufl. 2024, § 274 HGB Rz 5ff., 25ff.; IDW SABI 3/1988, Rz 3; IDW, WPH Edition, Wirtschaftsprüfung & Rechnungslegung, 18. Aufl. 2023 Kap. F Tz. 618–624) liegen im Allgemeinen vor und werden hier nicht weiter thematisiert. Bzgl. des Ansatzkriteriums „wirtschaftliche oder rechtliche Verursachung" sei zusätzlich auf die durchaus kontroverse Diskussion verwiesen, die vor dem Hintergrund der Bilanzierungsgrundsätze der Kapitalerhaltung und der periodengerechten Erfolgsermittlung geführt worden ist respektive wird; vgl. Schubert, in Beck Bil-Komm., 14. Aufl. 2024, § 249 HGB Rz 65ff.

Das vom IDW mit IDW RS HFA 7.26 n. F. indirekt eingeführte Tatbestandskriterium der wirtschaftlichen Belastung des Gesamthandsvermögens, ist weder im Schrifttum noch in der BFH-Rechtsprechung qualifiziert gebräuchlich, hinsichtlich des Stichtagsprinzips problembehaftet[26] und bereits infolge dessen Unbestimmtheit ungeeignet.[27] Es verdeutlicht vielmehr den verzweifelten Versuch des IDW, die inkonsistente und zunehmend bzw. mittlerweile von einer Mehrheit kritisierte/abgelehnte Auffassung um jeden Preis aufrechtzuerhalten.[28]

17 Die Bewertung der nach IDW RS HFA 7 n. F. anzusetzenden Rückstellungen für passive latente Steuern nach den GoB und den allgemein für Rückstellungen geltenden Vorschriften nebst mindernder Berücksichtigung von aufrechenbaren aktiven Latenzen und Vorteilen aus steuerlichen Verlustvorträgen bedingt ferner einen Verstoß gegen das allgemeine Saldierungsverbot.[29]

18 Der Verweis des IDW auf die Vermeidung etwaiger Belastungen im Kontext der Rechtfertigung[30] des unzulässigen Verzichts auf die Abzinsung langfristiger Rückstellungen unter Befürwortung einer analogen Anwendung des § 274 Abs. 2 HGB (und damit entgegen § 253 Abs. 2 HGB) mutet seltsam an, da gerade die Vorgehensweise des IDW erhebliche Mehrbelastungen – etwa gegenüber den hier vorgestellten Konzepten – erst verursacht.

19 Zudem gilt zwar auch für kleine KapG der Grundsatz des § 264 Abs. 2 HGB, wonach der Jahresabschluss unter Beachtung der GoB ein den tatsächlichen Verhältnissen entsprechendes Bild der Vermögens-, Finanz- und Ertragslage zu vermitteln hat (das durch den Verzicht auf die Bilanzierung latenter Steuern nach § 274 HGB – hier insb. durch den Verzicht auf die Passivierung – zweifelsfrei verzerrt wird), nach unserer Beurteilung nimmt der Gesetzgeber nach dem Grundsatz der Wirtschaftlichkeit diese Situation durch die **klare Entscheidung zur Befreiung** kleiner KapG von der Bilanzierung latenter Steuern jedoch offensichtlich in Kauf; s. BilMoG-BgrRegE zu § 274a HGB.[31] Die Tatsache, dass – gerade bei kleinen Unt – die Ermittlung und Bewertung latenter Steuern einen unter Kosten- und Nutzenaspekten unverhältnismäßig hohen Arbeitsaufwand darstellen und zudem eine große Fehleranfälligkeit aufweisen, wird jeder Praktiker bestätigen können. Mitunter wird in diesem Kontext von einem „Gespenst der Rückstellung für latente Steuern"[32] oder einem „Zombie" gesprochen, „… der vor allem die mittelständische Rechnungslegungspraxis in Angst und Schrecken versetzt".[33] Dieses Argument führte auch im Verlauf des BilMoG-Gesetzgebungsverfahrens dazu, dass u. a. aus der ursprünglich vorgesehenen Pflicht zur Bilanzierung eines Aktivüberhangs an latenten Steuern in der finalen Fassung zu einem Wahlrecht wurde.[34] Gegenstand einer Erleichterungsvorschrift ist im Übrigen stets das Ein-

---

26 Vgl. dazu detailliert Hoffmann, StuB 2012, S. 250.
27 Gl. A. Hoffmann, StuB 2012, S. 250.
28 Ähnlich deutlich Pollanz, DStR 2013, S. 60.
29 Ebenso Bundessteuerberaterkammer, DStR 2012, Tz. 9; Pollanz, DStR 2013, S. 60.
30 IDW RS HFA 7.27 n. F.
31 Begründungsteil der BT-Drs. 16/10067 v. 30.7.2008 S. 68.
32 Haaker, DB 2012, M1.
33 Pollanz, DStR 2013, S. 58.
34 Siehe die Stellungnahme des Bundesrates („…Eine Aktivierungspflicht würde daher insbesondere für mittelständisch geprägte Unternehmen zwangsweise zusätzliche Kosten verursachen…") und die Begründung zur Beschlussempfehlung des Finanzausschuss des Deutschen Bundestages; beides zitiert nach Ernst/Naumann, Das neue Bilanzrecht, 2009, S. 150 ff.

gehen eines Kompromisses: In der hier betrachteten Vorschrift des § 274a Nr. 4 HGB geht ein geringerer Arbeitsaufwand mit einem verminderten Aussagegehalt der Finanzinformationen einher. Hier sei auch auf andere größenabhängige Erleichterungsvorschriften wie z.B. den Verzicht auf den Lagebericht (§ 264 Abs. 1 Satz 4 HGB) verwiesen. Weiterhin zeigt die Tatsache, dass kleine und sogar mittelgroße KapG explizit von der Angabe nach § 285 Nr. 29 HGB über die Erleichterungsvorschrift des § 288 HGB befreit werden, dass sich der Gesetzgeber der Komplexität von latenten Steuern durchaus bewusst ist.

Um dieses erleichterungsbedingte Informationsdilemma zu lösen, könnten seitens kleiner KapG erläuternde Angaben im Anhang nach **§ 264 Abs. 2 Satz 2 HGB** gemacht werden. Allerdings besteht hierzu i.d.R. keine gesetzliche Verpflichtung, da die Nichtbilanzierung latenter Steuern bei kleinen KapG seit dem BilMoG u.E. in Übereinstimmung mit kodifizierten GoB erfolgt. Auch der bei der weiten Auslegung der Ansatzvorschrift für Rückstellungen nach § 249 Abs. 1 Satz 1 HGB offensichtlich stark gewichtete **Grundsatz der Kapitalerhaltung** und damit des Gläubigerschutzes taugt mangels einer Rechtsgrundlage im HGB oder wenigstens Anführung in der Gesetzesbegründung bzw. sonstigen Materialien zum Gesetzgebungsprozess nicht zur Begründung. In den Fällen aktivierter selbst geschaffener immaterieller VG des AV sowie zum Zeitwert angesetzten Deckungsvermögens greift zudem ohnehin die Ausschüttungssperre nach § 268 Abs. 8 HGB, sodass das Argument des Gläubigerschutzes diesbzgl. ins Leere läuft. Allerdings mag es in der Praxis Fälle geben, in denen KapG nach den Größenkriterien des § 267 HGB zwar formal klein sind, aber dennoch sehr hohe Vermögenspositionen und Schulden aufweisen, wie **immobilienhaltende Unt** mit geringem Umsatz und wenigen Mitarbeitern. Durch die passivische Berücksichtigung künftiger Steuerlasten wird dann bewirkt, dass das ausschüttungsfähige EK verringert und mehr Substanz im Unt gehalten wird. Problematisch können auch Fälle sein, in denen hohe Aktivwerte bilanziert werden, die zu ausschüttbarem Kapital führen, aber steuerlich bei Weitem in dieser Höhe nicht vorhanden sind.[35] In diesen Fällen werden die handelsrechtlichen Ergebnisse kommender Perioden durch Abschreibungen auf die hohen Aktivwerte belastet. Steuerlich ist der Aufwand in dieser Höhe nicht vorhanden, sodass es trotz geringer (oder negativer) handelsrechtlicher Ergebnisse unter sonst gleichen Verhältnissen zu erhöhten Belastungen mit Ertragsteuern kommen wird. Wird in diesen Fällen tatsächlich eine Maximalausschüttung vorgenommen, könnten der Ges Mittel entzogen werden, die sie eigentlich benötigen würde, um künftig Ertragsteuern zahlen zu können. Missbräuchliche Gestaltungen sind u.E. letztlich nicht durch die für alle Ges geltenden Rechnungslegungsvorschriften i.S.d. Ziels der Kapitalerhaltung zu lösen; vielmehr sollten diese Fälle durch die gesellschaftsrechtlichen Regelungen des GmbH- und Aktienrechts (z.B. Rspr. zum existenzvernichtenden Eingriff) und das Anfechtungsrecht der InsO sanktioniert und damit gelöst werden.

Auch wenn potenziell problematische Fälle – wie aufgezeigt – in der Praxis auftreten können, sind diese im Vergleich zu der großen Zahl kleiner Ges, die alljährlich ihren

---

[35] Beispielhaft wäre hier die Einbringung von Immobilienvermögen zu nennen, die handelsrechtlich zum Zeitwert mit ertragswirksamer Realisierung erheblicher stiller Reserven erfolgt, wohingegen steuerlich Buchwerte fortgeführt werden.

Jahresabschluss aufstellen müssen, jedoch als relativ gering anzusehen. Daher erscheint eine argumentativ konsistente **Unterscheidung mittels Anknüpfung an die zukünftigen Zahlungsströme aus Steuern** sinnvoll zu sein. Sofern die gewählte Gestaltung im Vergleich zur Unterlassung zu einem veränderten Zahlungsstrom aus Steuern führt, ist Raum für eine Rückstellung nach § 249 Abs. 1 Satz 1 HGB im Hinblick auf die Steuerlatenzen. Sofern die Zahlungsströme aus Steuern trotz unterschiedlicher Bilanzierung in Handels- und Steuerbilanz unverändert bleiben, ist dagegen kein Raum für eine Rückstellung nach § 249 Abs. 1 Satz 1 HGB. Die folgenden beiden Beispiele verdeutlichen die vorgeschlagene Vorgehensweise.

> **Praxis-Beispiel**
> **Aktivierung selbst geschaffener immaterieller VG des AV**
> Sachverhalt:
> In zwei vergleichbaren kleinen KapG fallen Entwicklungskosten an. Ges 1 macht in der HB von dem Wahlrecht der Aktivierung von selbst geschaffenen immateriellen VG des AV nach § 248 Abs. 2 HGB Gebrauch, Ges 2 aktiviert die Entwicklungskosten nicht. Weitere Unterschiede zwischen beiden Ges existieren nicht. Beide Ges nehmen die Erleichterungsvorschrift nach § 274a Nr. 4 HGB in Anspruch. Steuerlich stellen die Entwicklungskosten in beiden Fällen abzugsfähige Betriebsausgaben dar.
>
> **Vorgehensweise nach hier vertretener Auffassung:**
> Für beide Ges liegen sowohl im Jahr des Anfalls der Entwicklungskosten als auch in den Folgejahren identische Zahlungsströme vor. Es entsteht also hinsichtlich Ges 1, die Entwicklungskosten aktiviert, im Gj keine Verpflichtung zur Zahlung von weiteren Steuern, die zu einem zukünftigen Ressourcenabfluss führt; für beide Ges ist in dem VZ, in dem die Entwicklungskosten anfallen, der Sachverhalt in steuerlicher Hinsicht abgeschlossen. Mithin ist in diesem Fall kein Raum für eine Verbindlichkeitsrückstellung.
>
> **Vorgehensweise bei abweichender Auffassung:**
> Gleichwohl wäre der Auffassung nach, der das Timing-Konzept des § 274 Abs. 1 HGB i.d.F. vor BilMoG für die Rückstellungsbewertung der latenten Steuern als GoB weiter gelten soll, in diesem Fall eine Rückstellung nach § 249 Abs. 1 Satz 1 HGB i.H.d. Steuereffekts im Jahr der Aktivierung der Entwicklungskosten zu bilden.
> Das Kriterium der identischen steuerlichen Zahlungsströme liegt z.B. ebenso bei Umwandlungs- und Anwachsungsvorgängen mit handelsrechtlicher Aufstockung der Wertansätze bei gleichzeitiger Buchwertfortführung in der Steuerbilanz vor. Gleiches gilt für die Zeitwertbewertung von Deckungsvermögen oberhalb der AK auf Basis von § 253 Abs. 1 Satz 4 HGB, die steuerlich nicht zulässig ist.

> **Praxis-Beispiel**
> **Rücklage nach § 6b Abs. 3 EStG**
> Sachverhalt:
> Zwei vergleichbare kleine KapG veräußern je ein Betriebsgebäude mit Gewinn. Ges 1 bildet steuerlich eine Rücklage nach § 6b Abs. 3 EStG verbunden

mit der Absicht, diese auf ein anderes Betriebsgebäude zu übertragen. Ges 2 versteuert den vollständigen Veräußerungsgewinn im Jahr der Veräußerung. Weitere Unterschiede zwischen beiden Unt existieren nicht. Beide Ges nehmen die Erleichterungsvorschrift nach § 274a Nr. 4 HGB in Anspruch.

Vorgehensweise nach hier vertretener Auffassung:
Durch die Bildung einer Rücklage zahlt Ges 1 im Jahr der Veräußerung des Betriebsgebäudes weniger Steuern als Ges 2. Der Unterschied der Steuerzahllast gleicht sich aber dadurch aus, dass die Ges 1 in den Folgejahren durch Übertragung der Rücklage über ein geringeres steuerliches Abschreibungsvolumen verfügt. Insofern erzielt Ges 1 einen Steuerstundungseffekt. In diesem Fall fließen bei Ges 1 in der Zukunft im Vergleich zu Ges 2 mehr Ressourcen ab. Deshalb scheint in diesem Fall die Bildung einer Rückstellung nach § 249 Abs. 1 Satz 1 HGB erforderlich und geboten zu sein.

Fälle, die unter das Beispiel zur Rücklage nach § 6b Abs. 3 EStG fallen, sind durchgängig Fälle, bei denen steuerliche Wahlrechte bestehen, die im Ausübungsfall zu einer **Steuerstundung** führen. Derartige Anwendungsfälle gibt es in der Praxis durchaus – allerdings sind diese im Fall von KapG bei Weitem nicht so zahlreich oder in ihrer größenabhängigen Bedeutung so relevant, wie die Fälle, die dem Beispiel zur Aktivierung selbst geschaffener immaterieller VG des AV zuzuordnen sind.[36] Fälle nach dem Beispiel zur Rücklage nach § 6b Abs. 3 EStG sind steuerliche Sonderabschreibungen und andere Abzugsbeträge, wie sie bei der Verringerung steuerlicher Anschaffungs- bzw. Herstellungskosten aufgrund von Investitionsabzugsbeträgen und Sonderabschreibungen nach § 7g EStG oder nach R 6.6 Abs. 4 EStR zur Anwendungen kommen. Diese Auslegung findet in der Literatur zunehmend zustimmende Beachtung,[37] auch wenn die Diskussion noch nicht abgeschlossen ist. 22

Die Bundessteuerberaterkammer (**BStBK**) schlägt eine rein **steuerbilanzielle Perspektive** vor,„[38] die breite Zustimmung im Schrifttum findet.[39] **Im Ergebnis** (d.h. hinsichtlich einer Rückstellungsbildung) deckt sich diese Vorgehensweise mit dem Vorschlag der Autoren – lediglich die Begründung bzw. Argumentation unterscheidet sich. 23
Von der wirtschaftlichen Entstehung einer ungewissen Verbindlichkeit i.S.d. § 249 Abs. 1 Satz 1 HGB kann demnach nur dann ausgegangen werden, wenn die Ansatz- oder Bewertungsdifferenz auf steuerlichen Tatbeständen beruht, mit denen der Steuergesetzgeber eine Steuerstundung bezweckt.[40] Ob der Effekt steuertechnisch innerhalb oder außerhalb der Steuerbilanz verwirklicht wird, spielt keine Rolle. Fälle, in denen die Besteuerung nicht unmittelbar durch Auflösung zuvor gebildeter steuerfreier Rücklagen nachgeholt wird, lösen dem-

---

[36] Vgl. Kreipl/Müller, DB 2011, S. 1701.
[37] Vgl. z.B. Graf von Kanitz, WPg 2011, S. 907.
[38] Vgl. dazu Bundessteuerberaterkammer, DStR 2012, S. 2296.
[39] So etwa bei Kleemann/Metzing, DStR 2012, S. 2405; Pollanz, DStR 2013, S. 58; infolge einer ausführlichen Analyse der Voraussetzungen des § 249 HGB aus juristischer Perspektive zu einem analogen Ergebnis kommend Pöschke, NZG 2013, S. 646ff.; a.A. Kirsch/Hoffmann/Siegel, DStR 2012, S. 1290ff.
[40] Vgl. dazu Bundessteuerberaterkammer, DStR 2012, S. 2296, Tz. 5.

nach keine Rückstellungsbildung aus.⁴¹ Die sich ergebende Steuermehrbelastung durch einen niedrigeren AfA-Ansatz in der Steuerbilanz in der Zukunft sei ein Vorgang des Wirtschaftsjahrs, in dem diese Ereignisse stattfinden und damit wirtschaftlich (noch) nicht entstanden. Analog zum hier vorgeschlagenen Konzept der Anknüpfung an die zukünftigen Zahlungsströme aus Steuern sowie analog zur Prüfung der Voraussetzungserfüllung des § 249 HGB durch Pöschke führen Fälle, bei denen steuerliche Wahlrechte bestehen, die im Ausübungsfall zu einer Steuerstundung führen, zu einer Rückstellungsbildung, andere dagegen nicht.

3 Rechtsfolgen bei Pflichtverletzung

24 Rechtsfolgen ergeben sich nur infolge einer unzulässigen Inanspruchnahme der größenklassenabhängigen Befreiungen nach den Vorschriften des § 267 Abs. 1 HGB. Gegen § 274a HGB direkt zu verstoßen ist nicht möglich.⁴²

---

[41] Vgl. dazu Bundessteuerberaterkammer, DStR 2012, S. 2296, Tz. 7.
[42] Vgl. Marx/Dallmann, in Baetge/Kirsch/Thiele, Bilanzrecht, § 274a HGB Rz 61, Stand: 4/2019.

§ 275 Gliederung

(1) ¹Die Gewinn- und Verlustrechnung ist in Staffelform nach dem Gesamtkostenverfahren oder dem Umsatzkostenverfahren aufzustellen. ²Dabei sind die in Absatz 2 oder 3 bezeichneten Posten in der angegebenen Reihenfolge gesondert auszuweisen.
(2) Bei Anwendung des Gesamtkostenverfahrens sind auszuweisen:
1. Umsatzerlöse
2. Erhöhung oder Verminderung des Bestands an fertigen und unfertigen Erzeugnissen
3. andere aktivierte Eigenleistungen
4. sonstige betriebliche Erträge
5. Materialaufwand:
   a) Aufwendungen für Roh-, Hilfs- und Betriebsstoffe und für bezogene Waren
   b) Aufwendungen für bezogene Leistungen
6. Personalaufwand:
   a) Löhne und Gehälter
   b) soziale Abgaben und Aufwendungen für Altersversorgung und für Unterstützung,
   davon für Altersversorgung
7. Abschreibungen:
   a) auf immaterielle Vermögensgegenstände des Anlagevermögens und Sachanlagen
   b) auf Vermögensgegenstände des Umlaufvermögens, soweit diese die in der Kapitalgesellschaft üblichen Abschreibungen überschreiten
8. sonstige betriebliche Aufwendungen
9. Erträge aus Beteiligungen,
   davon aus verbundenen Unternehmen
10. Erträge aus anderen Wertpapieren und Ausleihungen des Finanzanlagevermögens,
    davon aus verbundenen Unternehmen
11. sonstige Zinsen und ähnliche Erträge,
    davon aus verbundenen Unternehmen
12. Abschreibungen auf Finanzanlagen und auf Wertpapiere des Umlaufvermögens
13. Zinsen und ähnliche Aufwendungen,
    davon an verbundene Unternehmen
14. Steuern vom Einkommen und vom Ertrag
15. Ergebnis nach Steuern
16. sonstige Steuern
17. Jahresüberschuss/Jahresfehlbetrag.

(3) Bei Anwendung des Umsatzkostenverfahrens sind auszuweisen:
1. Umsatzerlöse
2. Herstellungskosten der zur Erzielung der Umsatzerlöse erbrachten Leistungen
3. Bruttoergebnis vom Umsatz
4. Vertriebskosten

5. allgemeine Verwaltungskosten
6. sonstige betriebliche Erträge
7. sonstige betriebliche Aufwendungen
8. Erträge aus Beteiligungen,
davon aus verbundenen Unternehmen
9. Erträge aus anderen Wertpapieren und Ausleihungen des Finanzanlagevermögens,
davon aus verbundenen Unternehmen
10. sonstige Zinsen und ähnliche Erträge,
davon aus verbundenen Unternehmen
11. Abschreibungen auf Finanzanlagen und auf Wertpapiere des Umlaufvermögens
12. Zinsen und ähnliche Aufwendungen,
davon an verbundene Unternehmen
13. Steuern vom Einkommen und vom Ertrag
14. Ergebnis nach Steuern
15. sonstige Steuern
16. Jahresüberschuss/Jahresfehlbetrag.

(4) Veränderungen der Kapital- und Gewinnrücklagen dürfen in der Gewinn- und Verlustrechnung erst nach dem Posten „Jahresüberschuß/Jahresfehlbetrag" ausgewiesen werden.

(5) Kleinstkapitalgesellschaften (§ 267a) können anstelle der Staffelungen nach den Absätzen 2 und 3 die Gewinn- und Verlustrechnung wie folgt darstellen:
1. Umsatzerlöse,
2. sonstige Erträge,
3. Materialaufwand,
4. Personalaufwand,
5. Abschreibungen,
6. sonstige Aufwendungen,
7. Steuern,
8. Jahresüberschuss/Jahresfehlbetrag.

Inhaltsübersicht	Rz
1 Überblick	1–2
1.1 Inhalt	1
1.2 Normenzusammenhang	2
2 Grundsachverhalte der Gewinn- und Verlustrechnung	3–43
2.1 Wesen der Gewinn- und Verlustrechnung	3–5
2.2 Die Begriffe Erträge und Aufwendungen	6
2.3 Inhaltliche und formelle Gestaltung der Gewinn- und Verlustrechnung	7–43
2.3.1 Staffelform zur Darstellung der Gewinn- und Verlustrechnung	7–8
2.3.2 Gesamtkosten- oder Umsatzkostenverfahren	9–24
2.3.2.1 Gesamtkostenverfahren	13–16
2.3.2.2 Umsatzkostenverfahren	17–24

	2.3.3		Allgemeine Grundfragen der Gestaltung	25–43
		2.3.3.1	Grundsätze ordnungsmäßiger Buchführung	25–27
		2.3.3.2	Gliederung der Gewinn- und Verlustrechnung	28–43
3			Inhalte der einzelnen Posten des Gesamtkostenverfahrens	44–208
	3.1		Umsatzerlöse (Abs. 2 Nr. 1)	45–67
		3.1.1	Definition der Umsatzerlöse	45–48
		3.1.2	Abzug der Erlösschmälerungen	49–51
		3.1.3	Abzug der Umsatzsteuer und der sonstigen direkt mit den Umsatzerlösen verbundenen Steuern	52–55
		3.1.4	Aspekte der Abgrenzung	56–65
			3.1.4.1 Umsatzerlöse aus der Veräußerung von Waren und Erzeugnissen	59–60
			3.1.4.2 Umsatzerlöse aus der Erbringung von Dienstleistungen	61–63
			3.1.4.3 Weitere als Umsatzerlöse auszuweisende Sachverhalte und Abgrenzungsfragen	64–65
		3.1.5	Möglichkeit zur Untergliederung der Umsatzerlöse	66–67
	3.2		Erhöhung oder Verminderung des Bestands an fertigen und unfertigen Erzeugnissen (Abs. 2 Nr. 2)	68–72
	3.3		Andere aktivierte Eigenleistungen (Abs. 2 Nr. 3)	73–77
	3.4		Sonstige betriebliche Erträge (Abs. 2 Nr. 4)	78–87
	3.5		Materialaufwand (Abs. 2 Nr. 5)	88–99
		3.5.1	Aufwendungen für Roh-, Hilfs- und Betriebsstoffe und für bezogene Waren (Abs. 2 Nr. 5a)	89–94
		3.5.2	Aufwendungen für bezogene Leistungen (Abs. 2 Nr. 5b)	95–99
	3.6		Personalaufwand (Abs. 2 Nr. 6)	100–116
		3.6.1	Löhne und Gehälter (Abs. 2 Nr. 6a)	101–108
		3.6.2	Soziale Abgaben und Aufwendungen für Altersversorgung und für Unterstützung, davon für Altersversorgung (Abs. 2 Nr. 6b)	109–116
			3.6.2.1 Soziale Abgaben	110
			3.6.2.2 Aufwendungen für Unterstützung	111
			3.6.2.3 Aufwendungen für Altersversorgung	112–114
			3.6.2.4 Erfassung der durch BilMoG bedingten Änderungen der Bilanzierung von Pensionsrückstellungen	115–116
	3.7		Abschreibungen (Abs. 2 Nr. 7)	117–129
		3.7.1	Abschreibungen auf immaterielle Vermögensgegenstände des Anlagevermögens und Sachanlagen (Abs. 2 Nr. 7a)	118–121
		3.7.2	Abschreibungen auf Vermögensgegenstände des Umlaufvermögens, soweit diese die in der Kapitalgesellschaft üblichen Abschreibungen überschreiten (Abs. 2 Nr. 7b)	122–129

3.8	Sonstige betriebliche Aufwendungen (Abs. 2 Nr. 8)	130–142
3.9	Erträge aus Beteiligungen, davon aus verbundenen Unternehmen (Abs. 2 Nr. 9)	143–152
3.10	Erträge aus anderen Wertpapieren und Ausleihungen des Finanzanlagevermögens, davon aus verbundenen Unternehmen (Abs. 2 Nr. 10)	153–160
3.11	Sonstige Zinsen und ähnliche Erträge, davon aus verbundenen Unternehmen (Abs. 2 Nr. 11)	161–168
3.12	Abschreibungen auf Finanzanlagen und auf Wertpapiere des Umlaufvermögens (Abs. 2 Nr. 12)	169–172
3.13	Zinsen und ähnliche Aufwendungen, davon an verbundenen Unternehmen (Abs. 2 Nr. 13)	173–181
3.14	Steuern vom Einkommen und Ertrag (Abs. 2 Nr. 14)	182–189
3.15	Ergebnis nach Steuern (Abs. 2 Nr. 15)	190
3.16	Sonstige Steuern (Abs. 2 Nr. 16)	191–196
3.17	Ergebnisse aus Unternehmensverträgen	197–205
3.18	Jahresüberschuss/Jahresfehlbetrag (Abs. 2 Nr. 17)	206–208
4	Inhalte der einzelnen Posten des Umsatzkostenverfahrens	209–254
4.1	Posten, die inhaltlich mit dem Gesamtkostenverfahren übereinstimmen	210
4.2	Herstellungskosten der zur Erzielung der Umsatzerlöse erbrachten Leistungen (Abs. 3 Nr. 2)	211–234
4.3	Bruttoergebnis vom Umsatz (Abs. 3 Nr. 3)	235
4.4	Vertriebskosten (Abs. 3 Nr. 4)	236–241
4.5	Allgemeine Verwaltungskosten (Abs. 3 Nr. 5)	242–244
4.6	Sonstige betriebliche Erträge (Abs. 3 Nr. 6)	245–246
4.7	Sonstige betriebliche Aufwendungen (Abs. 3 Nr. 7)	247–252
4.8	Zinsen und ähnliche Aufwendungen (Abs. 3 Nr. 12)	253
4.9	Sonstige Steuern (Abs. 3 Nr. 15)	254
5	Veränderungen der Kapital- und Gewinnrücklagen (Abs. 4)	255–259
6	Übergangsvorschriften	260
7	Gewinn- und Verlustrechnung der Kleinstkapitalgesellschaft	261–268
7.1	Gliederung und Formvorschriften	262–264
7.2	Posteninhalte	265–268

1 Überblick

1.1 Inhalt

1 § 275 HGB gibt KapG die **Mindestgliederung der GuV** mit festgelegter Reihenfolge und gesondertem Ausweis der Posten vor. Er fordert die Verwendung der **Staffelform** und stellt den KapG zur Gliederung ihrer GuV das Gesamtkostenverfahren (GKV) und das Umsatzkostenverfahren (UKV) zur Auswahl. Im Mittelpunkt steht der Ausweis des Jahresüberschusses/Jahresfehlbetrags. Angaben zur Gewinnverwendung dürfen erst im Anschluss an den Jahresüberschuss/Jahresfehlbetrag ausgewiesen werden.

1.2 Normenzusammenhang

Die **Gliederungsvorschriften** des § 275 HGB sind zwingend zunächst nur von KapG zu beachten. Nicht-KapG steht die freiwillige Anwendung offen. Diese freiwillige Übernahme der Gliederungskriterien stellt die vielfach gängige Praxis dar. Für Unt, denen nach § **330 HGB** mittels Rechtsverordnungen die Verwendung besonderer Formblätter vorgeschrieben ist, wie dies für Kreditinstitute, VersicherungsUnt, WohnungsUnt, Krankenhäuser sowie Verkehrs- und Versorgungsbetriebe der Fall ist, gelten abweichende Gliederungsvorschriften. Von Unt, die dem PublG unterliegen, sind die Gliederungsvorgaben des § 275 HGB sinngemäß zu beachten (§ **5 Abs. 1 Satz 2 PublG**). Für eG ergibt sich die Pflicht zur Beachtung aus § **336 Abs. 2 HGB**. Einzelne Posten des Gliederungsschemas werden in § **277 HGB** näher definiert. Hier finden sich zudem Vorschriften zu erweiterten Ausweispflichten. Kleinen und mittelgroßen KapG werden durch § **276 HGB** Erleichterungen bei der Aufstellung eingeräumt. Für KleinstKapG erfolgt dies in § 275 Abs. 5 HGB (Rz 261 ff.).

2 Grundsachverhalte der Gewinn- und Verlustrechnung

2.1 Wesen der Gewinn- und Verlustrechnung

Als **Zeitraumrechnung** soll die Gewinn- und Verlustrechnung (GuV) die Jahresabschlussadressaten über die Höhe und Zusammensetzung des Jahreserfolgs informieren, sodass eine Nachvollziehbarkeit der Ergebnisentstehung im Hinblick auf die Erfolgsarten und -quellen sowie der nicht auf Entnahmen und Einlagen beruhenden EK-Veränderungen gegeben ist. Bilanz und GuV bilden gemeinsam den Jahresabschluss des bilanzierungspflichtigen Kfm. (§ 242 Abs. 3 HGB). Dieser Mindestumfang erweitert sich im Fall einer KapG und KapCoGes zudem um den Anhang (§§ 264 Abs. 1, 264a HGB), in dem sich, aufgrund der diesem Jahresabschlussbestandteil zugewiesenen Entlastungsfunktion und der speziellen Vorschriften für KapG, ergänzende Zusatzangaben zu einzelnen Bilanz- und GuV-Posten unterschiedlicher Art finden. Das Zusammenwirken dieser Jahresabschlussbestandteile ist auf die Erfüllung der Generalnorm ausgerichtet (§ 264 Abs. 2 Satz 2 HGB), nach welcher der Jahresabschluss der KapG ein den tatsächlichen Verhältnissen entsprechendes Bild der Vermögens-, Finanz- und Ertragslage zu vermitteln hat (§ 264 Rz 50 ff.).

Die gesetzlichen Vertreter einer kapitalmarktorientierten KapG, die nicht zur Aufstellung eines Konzernabschlusses verpflichtet sind, haben den Jahresabschluss zudem um eine Kapitalflussrechnung und einen EK-Spiegel zu erweitern, die mit der Bilanz, der GuV und dem Anhang eine Einheit bilden. Zudem können sie den Jahresabschluss um eine Segmentberichterstattung erweitern (§ 264 Abs. 1 Satz 2 HGB).

Während die Bilanz als Gegenüberstellung des Vermögens und der Schulden zum Beginn bzw. Ende des Gj (§ 242 Abs. 1 Satz 1 HGB) auf der Konzeption einer Bestandsgrößenbetrachtung basiert, liegt der GuV, die als die Gegenüberstellung der Aufwendungen und Erträge des Gj definiert wird (§ 242 Abs. 2 HGB), eine **stromgrößenorientierte Erfolgsermittlung** zugrunde.

2.2 Die Begriffe Erträge und Aufwendungen

6 Eine **Definition** für die Begriffe „Erträge und Aufwendungen" ist in den handelsrechtlichen Rechnungslegungsvorschriften **nicht kodifiziert**, sodass hier auf den diesbzgl. zu konstatierenden einheitlichen Fachkonsens zurückzugreifen ist, nach dem die Begriffe „Erträge" und „Aufwendungen" als Fachtermini zur Erfassung von bilanziellen EK-Veränderungen verwendet werden, die nicht auf Einlagen, Entnahmen oder Gewinnausschüttungen beruhen und gleichzeitig mengen- und wertmäßige, stichtagsbezogene Änderungen des Saldos zwischen Aktiva oder Passiva widerspiegeln.

2.3 Inhaltliche und formelle Gestaltung der Gewinn- und Verlustrechnung

2.3.1 Staffelform zur Darstellung der Gewinn- und Verlustrechnung

7 § 275 Abs. 1 HGB schreibt für die Darstellung der GuV die unsaldierte Staffelform vor. Dabei werden die Aufwendungen und Erträge (statt nebeneinander wie bei der Kontoform in vorgegebener Reihenfolge) untereinander positioniert, wodurch die Bildung von Zwischensummen bzw. -salden erleichtert wird, die zur Ermittlung aussagekräftiger Kennzahlen herangezogen werden können und die im Vergleich zur Kontoform eine höhere Übersichtlichkeit der GuV-Darstellung bewirken.

8 Außer Kreditinstituten und FinanzdienstleistungsUnt, denen gem. § 2 Abs. 1 Satz 1 RechKredV durch die Vorgabe alternativer **Formblätter** ein Wahlrecht zur **Konto- oder Staffelformdarstellung** offensteht, sind Abweichungen von der vorgegebenen Staffelformdarstellung auch nicht unter Verweis auf die unternehmensspezifischen Besonderheiten und auf die aus der Generalnorm resultierende Verpflichtung zur Vermittlung eines tatsachengetreuen Bilds zulässig.[1] Hierfür spricht insb. die Einschätzung des Gesetzgebers, der bei der Umsetzung der Vierten EG-Richtlinie[2] in nationales Recht, aufgrund des Umstands, dass sich die Staffelform bewährt habe, explizit keine Notwendigkeit für die Einräumung eines Darstellungswahlrechts sah.[3]

2.3.2 Gesamtkosten- oder Umsatzkostenverfahren

9 In Übereinstimmung mit den Vorgaben der Vierten EG-Richtlinie hat der Gesetzgeber i.R.d. BiRiLiG von 1978 zwei **gleichwertige Gliederungsvarianten** zur GuV-Aufstellung zugelassen. Demnach dürfen Bilanzierungspflichtige ihre GuV, außer nach dem in Deutschland üblichen GKV, auch in Gestalt des in angelsächsischen Staaten gängigen UKV erstellen. Die Zulassung beider Gliederungsvarianten wurde mit der hierdurch gewährleisteten höheren internationalen Vergleichbarkeit sowie der Harmonisierung der europäischen Rechnungslegung begründet.[4] Beide Verfahren führen zu demselben Jahresergebnis und unterscheiden sich lediglich im Ausweis der Aufwendungen und Erträge.

---

[1] Vgl. Reiner, in MünchKomm. HGB, 5. Aufl. 2024, § 275 HGB Rn 15.
[2] Vierte Richtlinie 78/660/EWG des Rates v. 25.7.1978, ABl. L 222 v. 14.8.1978.
[3] Vgl. BT-Drs. 10/317 v. 26.8.1983 S. 85.
[4] Vgl. ADS, Rechnungslegung und Prüfung der Unternehmen, 6. Aufl. 1995–2001, § 275 HGB Rz 27; BT-Drs. 10/4268 v. 18.11.1985 S. 107; BT-Drs. 10/317 v. 26.8.1983 S. 85.

Der unternehmensindividuell zu treffenden **Entscheidung** für eine dieser beiden zulässigen Gliederungsformen sind Kriterien wie bspw. die bestehende Produktionspalette, die Unternehmensstruktur oder der Aufbau des verfügbaren Kostenrechnungsinstrumentariums zugrunde zu legen. Im Fall eines in einen Konzernabschluss einzubeziehenden TU sollte die GuV-Gliederung jedoch in Anlehnung an die GuV-Gliederung des MU erfolgen. Abweichungen von dieser Handlungsmaxime können sich ergeben, wenn ein TU aufgrund eines Listings an einer ausländischen Börse Rechnungslegungsvorschriften unterliegt, die das UKV (z. B. US-GAAP) verbindlich vorgeben.

Eine einmal getroffene Entscheidung für ein Verfahren ist beizubehalten und darf nur in Ausnahmefällen, in denen besondere Umstände dies erfordern, geändert werden (§ 265 Abs. 1 Satz 1 HGB), wobei eine vorgenommene Änderung eine Angabe und Begründung im Anhang erfordert. Insb. die unzulängliche Vergleichbarkeit einer nach dem GKV und einer nach dem UKV gegliederten GuV bedingt es, besonders hohe Anforderungen an die Zulässigkeit eines Gliederungswechsels zu stellen.

Praxis-Beispiel
Als Gründe, die einen solchen Wechsel rechtfertigen können, lassen sich exemplarisch eine wesentliche Änderung der Geschäftstätigkeit, Neugestaltung der Kostenrechnung, veränderte Konzernzugehörigkeit oder Verschmelzung bzw. sonstige Umwandlung nach § 1 UmwG anführen.[5]

Für die i. A. bei **Darstellungsänderungen** geforderte Angabe der damit verbundenen Abweichungen (§ 265 Abs. 1 Satz 2 HGB) besteht nach Adler/Düring/Schmaltz keine Verpflichtung, da in diesem Fall für das Übergangsjahr die interne Aufstellung der GuV nach beiden Formen erforderlich werden würde.[6] Jedoch verbleibt ungeachtet dessen die Notwendigkeit zur Anpassung der Vorjahresbeträge.[7]

Die zentralen Unterschiede hinsichtlich der Informationsvermittlung resultieren aus der voneinander **abweichenden Aufwandsgliederung** und dem Umgang mit den Bestandsveränderungen der fertigen und unfertigen Erzeugnisse sowie der aktivierten Eigenleistungen.

2.3.2.1 Gesamtkostenverfahren

Die Ausgangsbasis der Erfolgsermittlung des GKV bilden sämtliche in dem Abrechnungszeitraum angefallenen Aufwendungen. Ihre Darstellung wird i. R. d. GKV nach den wesentlichen **Aufwandsarten** geordnet. Dabei werden die betrieblichen Aufwendungen in Form einer primären Gliederung in die Kategorien Material- und Personalaufwand, Abschreibungen und sonstige betriebliche Aufwendungen unterteilt und somit der betriebliche Gesamtaufwand in seiner Zusammensetzung aufgezeigt.

---

[5] Vgl. Reiner, in MünchKomm. HGB, 5. Aufl. 2024, § 275 HGB Rn 22.
[6] Vgl. ADS, Rechnungslegung und Prüfung der Unternehmen, 6. Aufl. 1995–2001, § 275 HGB Rz 37.
[7] Vgl. Reiner, in MünchKomm. HGB, 5. Aufl. 2024, § 275 HGB Rn 22.

14 Der so ermittelte **Produktionsaufwand** wird den Umsatzerlösen und sonstigen betrieblichen Erträgen gegenübergestellt. Im Hinblick auf die richtige Ermittlung des Periodenergebnisses ist dabei möglichen Abweichungen zwischen produzierter und abgesetzter Menge Rechnung zu tragen. Fallen beide Größen auseinander, weil ein Teil der im laufenden Gj produzierten Güter nicht abgesetzt wurde bzw. weil die Umsatzerlöse auch Teile der in den Vj produzierten, aber erst in dieser Periode verkauften Güter umfassen (**Bestandsveränderungen von fertigen und unfertigen Erzeugnissen**), so bedarf es einer systematischen Überführung der Aufwendungen und Erträge auf ein einheitliches Mengengerüst.

15 Überschreitet die Produktion der Abrechnungsperiode die abgesetzte Menge, erfolgt die notwendige Abstimmung zwischen abgesetzter Menge und dem dieser Menge gegenüberstehenden Aufwand nach dem im HGB vorgegebenen Gliederungsschema durch eine Hinzurechnung der zu HK (§ 255 Rz 82ff.) bewerteten **Bestandserhöhungen** fertiger und unfertiger Erzeugnisse und aktivierten Eigenleistungen zu den Umsatzerlösen (Gesamtleistung), ohne dass diese „Korrekturposten" Erträge i.S.d. Ertragsdefinition darstellen. Der zumindest mathematisch ebenfalls korrekte Weg, die Werte für die Bestandsmehrungen und aktivierten Eigenleistungen vom Produktionsaufwand abzuziehen, ist nicht zulässig.

16 Übersteigt hingegen die abgesetzte Menge die produzierte Menge, so sind diese zu HK bewerteten Bestandsminderungen an fertigen und unfertigen Erzeugnissen nach dem Rechenkonzept des handelsrechtlichen GKV durch einen Abzug von den ausgewiesenen Umsatzerlösen zu berücksichtigen. Faktisch trägt diese Berechnungsmethodik dem Umstand Rechnung, dass eine Bestandsminderung einer Aufwandserhöhung entspricht und gewährleistet, dass die GuV weiterhin die gesamte zu Nettoumsatzerlösen angesetzte betriebliche Leistung der Periode zeigt.

2.3.2.2 Umsatzkostenverfahren

17 Den Ausgangspunkt des UKV bilden die innerhalb der Abrechnungsperiode erzielten Umsatzerlöse, von denen zur Ergebnisermittlung die für den Absatzprozess angefallenen Aufwendungen (**Umsatzaufwand**) unabhängig von ihrem (ursprünglichen) zeitlichen Anfall in Abzug gebracht werden. D.h., dem effektiven Periodenumsatz werden nicht die gesamten Periodenaufwendungen gegenübergestellt, sondern nur die Aufwendungen, die für die verkauften Produkte angefallen sind, wobei diese auch HK enthalten können, die für in vorhergehenden Perioden produzierte, aber nicht abgesetzte Erzeugnisse angefallen sind. Die Gegenüberstellung von Umsatzerlösen und Umsatzaufwand erfolgt somit unabhängig vom zeitlichen Anfall der HK und ist einer **umsatzbezogenen Erfolgsermittlungskonzeption** verpflichtet.

18 Der Grundidee folgend, die ursächlichen Entstehungsbereiche der betrieblichen Aufwendungen aufzudecken, wird die Darstellung der betrieblichen Aufwandsstruktur nach **Funktionsbereichen** (Entstehungsbereichen) gegliedert. Im Einzelnen erstreckt sich das vorgegebene Gliederungsschema auf die betrieblichen Funktionen „Herstellung", „Vertrieb", und „allgemeine Verwaltung" (Posten § 275 Abs. 3 Nr. 2, 4 und 5 HGB). Aufwendungen, für die eine Zuordnung zu

diesen **Funktionsbereichen nicht möglich ist,** sind den übrigen – auch im GKV vorgegebenen – nach **Aufwandsarten** strukturierten Posten der GuV zuzuordnen. Insgesamt geht die Gliederung nach betrieblichen Funktionsbereichen einem Ausweis nach der Artengliederung vor.

Für die nicht in der Mindestgliederung des UKV aufgeführten Posten „Materialaufwand" und „Personalaufwand" besteht für große und mittelgroße KapG (sowie ihnen gleichgestellte KapCoGes und eG) eine **Angabepflicht im Anhang** (§§ 285 Satz 1 Nr. 8, 288 HGB), sodass ihr Ausweis trotz abweichender Gliederung auch im UKV gesichert ist. Die ebenfalls nicht gesondert in der GuV aufgeführten Abschreibungen des Gj lassen sich dem Anlagegitter entnehmen (§ 284 Rz 76). Kleine Ges. sind hingegen von der Angabepflicht des Personal- und Materialaufwands befreit (§ 288 Abs. 1 HGB; § 288 Rz 4). Mittelgroße Ges. müssen den Materialaufwand zwar bei der Aufstellung ausweisen, sie müssen diese Angabe jedoch nicht veröffentlichen (§ 327 Nr. 2 HGB).

19

Übersteigt die produzierte Menge die abgesetzte Menge, wird der **Umsatzaufwand** durch eine „Korrektur" des Periodenaufwands um die zu HK bewerteten Lager- und Anlagezugänge ermittelt. Hierzu wird der Periodenaufwand um die in ihm enthaltenen Aufwendungen für aktivierte Eigenleistungen und Bestandsmehrungen gemindert. Damit erscheinen diese Beträge nicht in der GuV, sondern werden nur durch Aktivierung als VG in der Bilanz ausgewiesen.

20

Unterschreitet die produzierte Menge die abgesetzte Menge, erfolgt eine Verrechnung der in den Vorperioden aktivierten und jetzt in die Produktion eingeflossenen HK als **umsatzbezogener Herstellungsaufwand**. Demgemäß wird die **Abstimmung des Mengengerüsts** der produzierten und abgesetzten Erzeugnisse über eine Angleichung der auszuweisenden Aufwendungen an die erzielten Umsatzerlöse der Periode herbeigeführt.

21

Dadurch, dass das UKV in Gestalt der Differenz von Umsatz und HK des Umsatzes ein umsatzbezogenes Bruttoergebnis ausweist und gleichzeitig die Aufwendungen der übrigen betrieblichen Funktionen „Vertrieb" und „allgemeine Verwaltung" enthält, wird dessen **Vorteile** v. a. in der Generierung aussagekräftiger Ergebnisse für die Beurteilung der Ertragslage zu sehen. Als vorteilhaft erweist sich die funktionsorientierte Gliederung des UKV darüber hinaus für die Ermittlung der stückbezogenen HK, da diese Funktionsbereichseinteilung weitgehend dem klassischen Kalkulationsschema des Unt entspricht. Damit eignet es sich insb. für Industriebetriebe mit Serienfertigung und Handels-Unt. Nachteilig sind hingegen die mit dieser GuV-Gliederung verbundenen Abgrenzungsprobleme zu werten. Nicht nur, dass – anders als beim GKV – die in die HK eingeflossenen **Aufwandsarten** („Materialaufwand", „Personalaufwand", „Abschreibungen") nicht innerhalb des Zahlenwerks der GuV dargelegt werden, sondern insb. die bei diesem Verfahren notwendige möglichst verursachungsgerechte Aufteilung der Aufwendungen auf die einzelnen vorgegebenen Funktionsbereiche erweist sich als problembehaftet.

22

Das GKV ist insb. für Unt ohne ausgeprägte funktionsbereichsbezogene Kostenrechnung oder enger Produktpalette geeignet.

23

24 | Praxis-Beispiel
Vergleich Gesamtkostenverfahren (GKV) und Umsatzkostenverfahren (UKV)
Ein Unt stellt im Gj 01 von einem Produkt 10.000 Stück her. Im Jahr 01 werden hiervon 8.000 Stück zum Preis von je 400 EUR abgesetzt.
In der Finanzbuchhaltung werden erfasst:

	EUR
– Umsatzerlöse	3.200.000
– Materialaufwand	720.000
– Personalaufwand	880.000
– Abschreibungen	110.000
– sonstige betriebliche Aufwendungen	200.000

Die Aufwendungen werden in der betrieblichen Leistungsverrechnung nach folgenden Schlüsseln verteilt:

Kostenart	Kostenstelle		
	Herstellung	Verwaltung	Vertrieb
Materialaufwand	90 %	5 %	5 %
Personalaufwand	85 %	5 %	10 %
Abschreibungen	70 %	10 %	20 %
sonstige betriebliche Aufwendungen	5 %	15 %	80 %

Die Berechnung der HK erfolgt auf Basis von Vollkosten. Zu Beginn des Gj sind keine Lagerbestände vorhanden.
Die im Jahr 01 entstandenen Aufwendungen verteilen sich entsprechend dem angeführten Verteilungsschlüssel wie folgt auf die verschiedenen Funktionsbereiche (Angaben in TEUR):

Kostenart	Ausgangsbetrag	Kostenstelle		
		Herstellung	Verwaltung	Vertrieb
Materialaufwand	720	648	36	36
Personalaufwand	880	748	44	88
Abschreibungen	110	77	11	22
sonstige betriebliche Aufwendungen	200	10	30	160
Summe	1.910	1.483	121	306

Auf Vollkostenbasis ergeben sich somit HK von insg. 1.604.000 EUR bzw. 160,40 EUR/Stück. Das Ergebnis der gewöhnlichen Geschäftstätigkeit wird gem. GKV wie folgt berechnet:

1. Gesamtkostenverfahren

Umsatzerlöse	3.200.000
Erhöhung des Bestands an fertigen Erzeugnissen	+ 320.800
Materialaufwand	./. 720.000
Personalaufwand	./. 880.000
Abschreibungen	./. 110.000
sonstige betrieblichen Aufwendungen	./. 200.000
Jahresüberschuss	1.610.800

2. Umsatzkostenverfahren

Umsatzerlöse	3.200.000
HK der zur Erzielung der UE erbrachten Leistungen	./. 1.283.200
Bruttoergebnis vom Umsatz	= 1.916.800
Vertriebskosten	./. 306.000
Jahresüberschuss	1.610.800

2.3.3 Allgemeine Grundfragen der Gestaltung

2.3.3.1 Grundsätze ordnungsmäßiger Buchführung

Für die **formelle Ausgestaltung** der GuV ist zunächst auf die für alle Jahresabschlussbestandteile gültigen **GoB** zu verweisen und damit auf die Notwendigkeit zur Beachtung der auch für die GuV verbindlichen Grundsätze der **Vollständigkeit** (§ 246 Abs. 1 HGB), der **Klarheit** und **Übersichtlichkeit** (§ 243 Abs. 2 HGB) und des **Saldierungsverbots** (§ 246 Abs. 2 HGB). 25

Das **Saldierungsverbot** wird dabei auch als Grundsatz der Bruttorechnung bezeichnet und ist, abgesehen von Ausnahmeregelungen aufgrund einzelner gesetzlicher Bestimmungen, wie z.B. in Gestalt des gem. § 276 HGB für kleine und mittelgroße KapG zulässigen zusammengefassten Ausweises einzelner Posten der GuV unter der Bezeichnung „Rohergebnis" (§ 276 Rz 4f.), **von allen Kaufleuten anzuwenden**. 26

Lediglich zur Ermittlung der Umsatzerlöse sind Saldierungen von Erträgen und Aufwendungen in Gestalt direkter Verrechnungen von Erlösschmälerungen (z.B. Rabatte und Skonti) sowie der Abzug der Umsatzsteuer und sonstiger direkt mit dem Umsatz zusammenhängender Steuern verbindlich vorgeschrieben (Rz 49). Ferner werden Bestandserhöhungen der fertigen Erzeugnisse mit den Bestandsminderungen der unfertigen Erzeugnisse verrechnet (Rz 68). Verfügt ein Unt über VG, die dem Zugriff der übrigen Gläubiger entzogen sind und die ausschl. der Erfüllung von Schulden aus Altersversorgungsverpflichtungen oder vergleichbarer langfristig fälliger Verpflichtungen dienen, ergibt sich aus der daraus resultierenden Verrechnungsverpflichtung mit den diesen VG gegenüberstehenden Schulden eine Verpflichtung zur Verrechnung der zugehörigen Aufwendungen und Erträge aus der Abzinsung und aus dem zu verrechnenden Vermögen (§ 246 Abs. 2 HGB). 27

2.3.3.2 Gliederung der Gewinn- und Verlustrechnung

28 Die Einhaltung der in § 275 Abs. 2 und 3 HGB alternativ vorgegebenen Mindestgliederungsformen sowie die Beachtung der allgemeinen Grundsätze für die Gliederung (§ 265 HGB) sind zwingend, sodass von einer **Verbindlichkeit des Gliederungsschemas** gesprochen werden kann. Abweichende Gliederungen sind prinzipiell nicht zulässig. Allerdings sind i. R. weiterer gesetzlicher Bestimmungen Ergänzungen, Erweiterungen des Grundschemas und Abweichungen von der vorgegebenen Reihenfolge denkbar.
Zu beachten sind bspw. gesetzlich gebotene bzw. mögliche **Ergänzungen und Erweiterungen**, die aus zusätzlichen Ausweis- oder Erläuterungspflichten resultieren. Diese kommen im HGB z. B. durch § 277 Abs. 3, Abs. 5 HGB sowie als rechtsformspezifische Posten im Aktienrecht in § 158 Abs. 1 Satz 1 AktG (Rz 256) zum Tragen.

29 Aus § 277 Abs. 3 Satz 1 HGB resultiert die Pflicht, die GuV um einen Posten für **außerplanmäßige Abschreibungen** nach § 253 Abs. 3 Satz 5 und 6 HGB zu erweitern, sofern diese Angabe nicht im Anhang erfolgt.

30 Des Weiteren ist eine Erweiterung der Grundgliederungen gem. § 277 Abs. 3 Satz 2 HGB um entsprechend bezeichnete Posten erforderlich, wenn Erträge und Aufwendungen aus Verlustübernahmen angefallen sind oder wenn das Unt auf Basis von Gewinngemeinschaften, Gewinnabführungsverträgen oder Teilgewinnabführungsverträgen Gewinn erhalten oder abgeführt hat (Rz 197).

31 Aus den §§ 158 Abs. 1 AktG i. V. m. 278 Abs. 3 AktG folgt für AG und KGaA die Verpflichtung, ihre GuV um Angaben zur Gewinnverwendung zu ergänzen, sofern diese nicht im Anhang erfolgen (Rz 257).

32 Über die gesetzlich vorgegebenen Ergänzungen der Grundgliederung hinaus wird mit § 265 Abs. 5 Satz 1 HGB die Möglichkeit zu **freiwilligen Untergliederungen** der im Gliederungsschema vorgegebenen Posten sowie zur Ergänzung um „**Davon-Vermerke**" eingeräumt. Aus § 265 Abs. 5 Satz 2 HGB ergibt sich zudem die Möglichkeit zur **Einfügung neuer Posten**, soweit ihr Inhalt nicht von einem vorgeschriebenen Posten gedeckt wird (§ 265 Rz 22f.). Allerdings beschränkt sich diese Möglichkeit auf bedeutsame Fälle, in denen durch die Einfügung dieser neuen Posten die Darstellung der Ertragslage wesentlich verbessert wird, so wie dies bspw. beim getrennten Ausweis von Buchgewinnen aus einem Anteilstausch positiv zu entscheiden ist, die ansonsten unter der Sammelposition sonstige betriebliche Erträge auszuweisen wären.[8]

33 Die Möglichkeit zur Erweiterung der Mindestgliederung erstreckt sich auch explizit auf die Einfügung von **Zwischensummen**. Des Weiteren sind die **Abspaltung** und der getrennte Ausweis **wesentlicher Beträge** der Sammelposten „sonstige betriebliche Erträge" und „sonstige betriebliche Aufwendungen" zulässig. Insb. für die Umsatzerlöse wird es als zulässig erachtet, diese näher aufzugliedern, um so einen gesonderten Ausweis der Umsatzerlöse aus der gewöhnlichen Geschäftstätigkeit vornehmen zu können.[9]

34 Auch eine **Aufgliederung** einzelner Aufwendungen und Erträge nach Produkten oder Absatzgebieten ist zulässig. Für große KapG besteht nach § 285 Nr. 4 HGB

---

[8] Vgl. IDW, WPH Edition, Wirtschaftsprüfung & Rechnungslegung, 18. Aufl. 2023, Kap. F Tz 761.
[9] Vgl. BT-Drs. 18/5256 v. 18.6.2015 S. 84.

für den Fall, dass sich die Tätigkeitsbereiche und geografisch bestimmten Märkte erheblich voneinander unterscheiden, diesbzgl. eine Angabepflicht im Anhang, der auch durch entsprechende Angaben in der GuV nachgekommen werden kann.[10]
Hinsichtlich der verbindlich vorgegebenen **Reihenfolge der Posten** (§ 275 Abs. 1 Satz 2 HGB) beschränken sich zulässige Gliederungsmodifikationen auf jene Fälle, in denen andere gesetzliche Regelungen, z. B. Rechtsverordnungen durch die Vorgabe von Formblättern, diese explizit vorsehen oder in denen die Besonderheiten der KapG die vorgenommenen Modifikationen zur Erhöhung der Übersichtlichkeit und Klarheit der Darstellung des Jahresabschlusses erfordern (§ 265 Abs. 6 HGB). **Formblätter** sind Kreditinstituten, VersicherungsUnt, WohnungsUnt, Krankenhäusern, Pensionsfonds, Zahlungsinstituten sowie Verkehrs- und Versorgungsbetrieben vorgegeben (§ 330 Rz 1 ff.). 35

Gliederungsmodifikationen sind im Hinblick auf die **Zusammenfassung mehrerer** der in § 275 Abs. 2 und 3 HGB mit arabischen Ziffern angeführten **Posten** zu einem einheitlichen GuV-Ausweis zulässig, wenn der ansonsten vorgesehene getrennte Ausweis für die Vermittlung eines den tatsächlichen Verhältnissen entsprechenden Bilds nicht von Bedeutung ist oder durch diese Gliederungsanpassung die Klarheit der Darstellung verbessert wird (§ 265 Abs. 7 Nr. 1 und Nr. 2 HGB). Wird vom Recht der Zusammenfassung aus Gründen der Klarheit der Darstellung Gebrauch gemacht, erfordert dies den gesonderten Ausweis der zusammengefassten Posten im Anhang mit ergänzenden Angaben zu den jeweiligen Vorjahresbeträgen (§ 265 Abs. 7 Nr. 2 HGB). Um dem Gebot der Klarheit Rechnung zu tragen, dürfen ausschl. Erträge und Aufwendungen ähnlichen Charakters zusammengefasst werden. 36

Während eine **Zusammenfassung** der GuV-Posten „Bestandsveränderungen", „andere aktivierte Eigenleistungen" und „sonstige betriebliche Erträge" als zulässig klassifiziert wird, sofern nur unerhebliche andere aktivierte Eigenleistungen und Bestandsveränderungen vorliegen, kommt eine Zusammenfassung der Umsatzerlöse mit den Bestandsveränderungen nicht in Betracht, da dann die Umsatzerlöse als solche dem Jahresabschluss nicht mehr zu entnehmen wären.[11] Der Zusammenfassung von Erträgen und Aufwendungen steht die Beachtung des Saldierungsverbots entgegen. Ferner sind Zusammenfassungen für den Fall ausgeschlossen, dass die GuV-Gliederung durch besondere Formblätter vorgegeben ist, es sei denn, aus ihnen ergibt sich die Zulässigkeit von Postenzusammenfassungen. 37

Aus Gründen der Vereinfachung ist es zulässig, statt der gesetzlichen Postenbezeichnungen auf **Kurzbezeichnungen** zurückzugreifen, sofern diese alternativ verwendeten Bezeichnungen den Inhalt der GuV-Posten deutlich zum Ausdruck bringen und weiterhin der vom Gesetzgeber vorgegebenen Darstellungssystematik entsprechen.[12] 38

Da die im GKV und UKV vorgegebenen Postenbezeichnungen und Gliederungskonzepte vorrangig auf die Belange von Industrie- und HandelsUnt abgestimmt sind, können als Branchen, deren KapG sich mit abweichenden Abbildungserfordernissen auseinandersetzen müssen, insb. die Energieversorgungs-, Transport-, 39

---

10 Vgl. Kirsch/Ewelt-Knauer/Schmitz, in Baetge/Kirsch/Thiele, Bilanzrecht, § 275 HGB Rz 49, Stand: 7/2023.
11 Vgl. IDW, WPH Edition, Wirtschaftsprüfung & Rechnungslegung, 18. Aufl. 2023, Kap. F Tz 764.
12 Vgl. Justenhoven/Kliem/Müller, in Beck Bil-Komm., 14. Aufl. 2024, § 275 HGB Rz 22.

40 Aus der Beachtung des § 265 Abs. 2 HGB ergibt sich im Hinblick auf die **Vergleichbarkeit** die Notwendigkeit, zu jedem der in § 275 HGB angeführten und jedem zusätzlich in die GuV aufgenommenen Posten einen entsprechend vergleichbaren **Vorjahresbetrag** anzugeben. Eine nicht gegebene Vergleichbarkeit oder eine vorgenommene Anpassung der Vorjahrsbeträge erfordert Angaben und Erläuterungen im Anhang (§ 265 Abs. 2 Satz 2 und 3 HGB). Über die unmittelbaren GuV-Posten hinaus ist die Angabe von Vorjahresbeträgen auch für die zu den Einzelposten aufgeführten „Davon-Vermerke" (§ 265 Abs. 5 HGB) vorgeschrieben, unabhängig davon, ob diese als Ersatz für ansonsten gesetzlich erforderliche Untergliederungen fungieren oder auf freiwilliger Basis erfolgen.[14]

41 Die konsequente Beachtung der vorgegebenen Mindestgliederungen würde zwangsläufig zum Ausweis von Leerposten führen, d. h., es müssten Posten in der GuV ausgewiesen werden, die keine Beträge enthalten. Um dies zu verhindern räumt § 265 Abs. 8 HGB die Möglichkeit ein, auf den **Ausweis von Leerposten** zu verzichten, sofern auch im Vj kein Betrag unter diesem Posten ausgewiesen wurde. Dieses Vorgehen dient der Klarheit und Übersichtlichkeit der GuV. Auch wenn es im HGB nicht explizit erwähnt wird, ist im Hinblick auf den Grundsatz der Klarheit mit dem Wegfall einzelner Posten die vom HGB ansonsten vorgegebene Nummerierung entsprechend anzupassen, um eine fortlaufende (lückenlose) Postennummerierung zu gewährleisten.

42 Der Grundsatz der **Darstellungsstetigkeit** besitzt auch hinsichtlich der einmal gewählten Gliederung und der Ausweisentscheidungen Gültigkeit. Abweichungen sind gem. § 265 Abs. 1 Satz 1 HGB zufolge nur in Ausnahmefällen aufgrund besonderer Umstände zulässig. Ausgenommen davon sind jedoch zusätzlich eingeführte Untergliederungen und Zusammenfassungen von Posten gem. § 265 Abs. 5 bzw. Abs. 7 HGB, da in diesen Fällen die Beachtung des Stetigkeitsgrundsatzes die Inanspruchnahme dieser Gliederungsoptionen erheblich erschweren bzw. vollständig verhindern würde.[15] Abweichungen vom Stetigkeitsgrundsatz sind im Anhang anzugeben und zu begründen (§ 265 Abs. 1 Satz 2 HGB).

43 Sind innerhalb des bilanzierenden Unt **mehrere Geschäftszweige existent**, die Gliederungen des Jahresabschlusses nach unterschiedlichen Gliederungsvorschriften erfordern, ist die GuV nach der für den Hauptgeschäftszweig vorgeschriebenen Gliederung zu erstellen. Gleichzeitig sind Ergänzungen zur Berücksichtigung der für die anderen Geschäftszweige vorgeschriebenen Gliederung vorzunehmen, die im Anhang anzugeben und zu begründen sind (§ 265 Abs. 4 HGB).

3 Inhalte der einzelnen Posten des Gesamtkostenverfahrens

44 Die Gliederung des GKV (§ 275 Abs. 2 HGB) folgt ausgehend von den Umsatzerlösen einer aufwandsartenorientierten Grundkonzeption, wobei sich die ver-

---

[13] Vgl. Kliem/Müller, in Beck Bil-Komm., 14. Aufl. 2024, § 275 HGB Rz 15f.; Kirsch/Ewelt-Knauer/Schmitz, in Baetge/Kirsch/Thiele, Bilanzrecht, § 275 HGB Rz 47, Stand: 7/2023.
[14] Vgl. IDW, WPH Edition, Wirtschaftsprüfung & Rechnungslegung, 18. Aufl. 2023, Kap. F Tz 772.
[15] Vgl. ADS, Rechnungslegung und Prüfung der Unternehmen, 6. Aufl. 1995–2001, § 275 HGB Rz 50; IDW, WPH Edition, Wirtschaftsprüfung & Rechnungslegung, 18. Aufl. 2023, Kap. F Tz 771.

bindlich vorgegebene Reihenfolge letztlich an der für Produktionsbetriebe regelmäßig zu erwartenden Gewichtung der einzelnen Produktionsfaktoren im betriebswirtschaftlichen Leistungserstellungsprozess orientiert.

3.1 Umsatzerlöse (Abs. 2 Nr. 1)

3.1.1 Definition der Umsatzerlöse

Gemäß der Richtlinie 2013/34/EU[16] werden Nettoumsatzerlöse als die Beträge definiert, „die sich aus dem Verkauf von Produkten und der Erbringung von Dienstleistungen nach Abzug von Erlösschmälerungen und der Mehrwertsteuer sowie sonstigen direkt mit dem Umsatz verbundenen Steuern ergeben" (Art. 2 Nr. 5). Der Dienstleistungsbegriff der EU-Richtlinie wird dabei so ausgelegt, dass dieser auch die Vermietung und Verpachtung von Gegenständen umfasst. Daraus ergibt sich die Umsatzerlösdefinition des HGB, nach welcher Umsatzerlöse als die Erlöse aus dem Verkauf und der Vermietung oder Verpachtung von Produkten sowie aus der Erbringung von Dienstleistungen der KapG nach Abzug von Erlösschmälerungen und der Umsatzsteuer sowie sonstiger direkt mit dem Umsatz verbundener Steuern bestimmt werden (§ 277 Abs. 1 HGB). Diese Umsatzerlösdefinition setzt aufgrund ihres Bezuges zum Begriff „Dienstleistung" das Vorliegen eines Leistungsaustausches zwischen dem Bilanzierenden und einer Gegenpartei voraus.[17] Der mit dem Dienstleistungsbegriff verbundene Leistungsaustausch setzt dabei eine Tätigkeit voraus. Ein bloßes Unterlassen einer Aktivität gegen Entgelt kann keinen Leistungsaustausch begründen.[18]

Durch diese Definition der „Umsatzerlöse" entfallen im Vergleich zur vor Inkrafttreten der Neuregelung geltenden Vorschrift (§ 277 Abs. 1 HGB a. F.) die expliziten Voraussetzungen, dass es sich um Erlöse aus dem Verkauf oder der Vermietung und Verpachtung von für die **gewöhnliche Geschäftstätigkeit** der KapG typischen Erzeugnissen und Waren sowie der Erbringung von für die gewöhnliche Geschäftstätigkeit der Ges. typischen Dienstleistungen handeln muss. Die ehemals geltende Praxis, dass die Ertragsklassifizierung und der daran anknüpfende Umsatzausweis in enger Abhängigkeit der Branchenzugehörigkeit (z. B. Handel, produzierendes Gewerbe, Dienstleistungen) vorgenommen werden musste, ist somit entfallen.

Im Referentenentwurf des BilRUG wurde die Neuregelung der Umsatzerlösdefinition mit einer damit erwarteten Abmilderung der bisher („angeblich") zu beobachtenden Probleme hinsichtlich der Festlegung der jeweiligen Kriterien der gewöhnlichen Geschäftstätigkeit und damit letztlich mit den Abgrenzungsschwierigkeiten zwischen Umsatzerlösen und sonstigen betrieblichen Erträgen begründet.[19] Im Regierungsentwurf des BilRUG ist dieser Verweis jedoch nicht mehr enthalten. Stattdessen findet sich dort der Hinweis, dass die Ausweitung des Begriffs „Umsatzerlöse" mit der Aufhebung der Regelung der außerordentlichen Erträge und außerordentlichen Aufwendungen als gesonderte GuV-

---

[16] Richtlinie 2013/34/EU, ABl. EU L 182 v. 29.6.2013.
[17] Vgl. IDW Life 2015, S. 671.
[18] Vgl. Lüdenbach/Freiberg, StuB 2016, S. 43 und die dort angegebenen Quellen.
[19] Vgl. BMJV, Referentenentwurf BilRUG, S. 68; https://www.bmj.de/SharedDocs/Gesetzgebungsverfahren/DE/2014_Bilanzrichtlinie_Umsetzungsgesetz.html, Abruf 15.8.2024.

Positionen einhergeht.[20] Nach dem Wortlaut der Vierten Bilanzrichtlinie wurden außerordentliche Erträge und Aufwendungen als Erträge und Aufwendungen definiert, die außerhalb der normalen Geschäftstätigkeit der Ges. anfallen.[21] Die ggü. dem Referentenentwurf veränderte Argumentationslinie des Gesetzgebers ist insb. im Hinblick auf die Frage, welche Sachverhalte nunmehr als Umsatzerlöse auszuweisen sind, von erheblicher Bedeutung. Dies gilt zumindest soweit die Streichung dieser ursprünglichen Passage als ein Beleg für die unzureichende Bestandskraft dieser Argumentation gewertet werden kann, wonach in Konsequenz allein die letzte (aktuelle) Argumentation Gültigkeit besäße.

Aufgrund der Argumentation des Referentenentwurfs wurde vom Schrifttum – unter Anmerkung deutlicher Kritik – einhellig die Meinung vertreten, sämtliche Erlöse aus dem Verkauf von Waren und Dienstleistungen seien nach der Änderung als Umsatzerlöse auszuweisen.[22]

Dabei wurde insb. auf die Erlöse aus Kantinen verwiesen, die demnach infolge zwingend als Umsatzerlöse auszuweisen seien.[23] Hinsichtlich dieses Meinungsstandes hat sich auch nach Inkrafttreten der endgültigen Paragrafenfassung nichts geändert. Allerdings schien es bereits bei Zugrundelegung der Argumentation des Referentenentwurfs zumindest hinsichtlich der vom Schrifttum angenommenen Eindeutigkeit fraglich, ob es sich bspw. bei Erlösen aus der Kantinenerwirtschaftung tatsächlich um Erlöse aus dem Verkauf von Produkten bzw. Dienstleistungen in dem von der EU-Richtlinie intendierten Sinne handelt.

Die an den Regierungsentwurf anknüpfende Beschlussempfehlung des Ausschusses für Recht und Verbraucherschutz (6. Ausschuss) ist ein weiteres Indiz dafür, dass die Neudefinition der Umsatzerlöse nicht zwingend mit einem grundlegend neuen Begriffsverständnis einhergehen muss. Vielmehr legen die dortigen Ausführungen nahe, dass es sich eher um eine Unachtsamkeit der Formulierungswahl auf der Ebene der EU-Richtlinie handelt.[24]

Eine offizielle Beibehaltung der alten Definition zum Änderungszeitpunkt wird vom Ausschuss letztlich ausschl. mit dem Verweis, dass ein solches Vorgehen aktuell nicht mit der EU-Richtlinie im Einklang stünde und Sanktionsgefahren aufgrund unzureichender Richtlinienumsetzung (Vertragsverletzung) nach sich ziehen würde, begründet. Zugleich wurde schon zum Umsetzungszeitpunkt darauf hingewiesen, dass hier die Rechtsentwicklung in anderen Ländern sorgfältig beobachtet werden sollte und dass auf Basis der dabei gewonnenen Erkenntnisse nach Möglichkeit zeitnah auf europäischer Ebene für eine Richtlinienänderung eingetreten werden sollte. Zur gegenwärtigen Begriffsauslegung lautet der Vorschlag des Ausschusses, dass für die Erlösabgrenzung stärker als bisher auf die europäischen Begriffselemente „Produkt" und „Dienstleistung" zurückgegriffen werden sollte. Diese sollten nach Auffassung des Ausschusses für die meisten Grenzfälle eine hinreichende Orientierung bieten. Zudem bringt

---

20 Vgl. BR-Drs. 23/15 v. 23.1.2015 S. 76.
21 Vgl. Art. 29 Abs. 1 Richtlinie 78/660/EWG.
22 (Positive) Ausnahme: Lüdenbach/Freiberg, BB 2014, S. 2222.
23 Vgl. Müller/Stawinoga, BB 2015, S. 242.
24 Diplomatisch formuliert bringt der Ausschuss zum Ausdruck, dass diese Definition keinesfalls das Resultat einer ausgewogenen Sachverhaltsabwägung darstellt und bei wortgetreuer Begriffsauslegung keinen Mehrwert stiftet; dafür aber erhebliche Nachteile mit sich bringt. Vgl. BT-Drs. 18/5256 v. 18.6.2015 S. 79.

der Ausschuss selbst die Möglichkeit einer freiwilligen Umsatzuntergliederung ins Spiel, indem er diese als explizit zulässig erklärt. Ein Vorschlag, wie eine solche Untergliederung im Hinblick auf den Informationsgehalt der GuV-Position „Umsatzerlöse" sinnvoll vorgenommen wird, wird im Folgenden dargelegt (Rz 66). Insg. ordnet der Ausschuss die Neudefinition als eine Entfernung von internationalen Rechnungslegungsstandards ein.[25] Vorrangiges Ziel der Bilanzrichtlinie 2013/34/EU ist ein Bürokratieabbau für KMU.[26] Für die Gesamtwürdigung des Sachverhalts und die vom Ausschuss für Recht und Verbraucherschutz zwangsweise an die Praxis und das Schrifttum delegierte Begriffsauslegung des Terminus „Umsatzerlöse" ist daher zu beachten, dass sowohl große als auch kleine und mittlere Unt von der Neuregelung der Umsatzerlöse und den daraus resultierenden Abgrenzungsfragen betroffen sind. Ein solcher Bürokratieabbau wird allein dadurch erreicht, dass im Falle eines Vorliegens von Umsatzerlösen im bisherigen Sinne nunmehr die akribische Einzelfallprüfung unterlassen werden kann, ob es sich hierbei um Erlöse aus dem engeren Betriebszweck handelt und inwieweit sich diese Ertragsquelle zukünftig als nachhaltig erweisen wird. Insb. bei Erträgen, die i.S.d. Kostenrechnung – selbst bei branchenunabhängiger Betrachtung – als klassisch betriebsfremd gelten, gelang diese Abgrenzung zwischen Umsatzerlösen und sonstigen betrieblichen Erträgen jedoch auch früher problemlos. Kurzum könnte der Zweck der neu formulierten Nettoumsatzerlösdefinition der Bilanzrichtlinie 2013/34/EU darin gesehen werden, dass einer weiten, aber dennoch betriebswirtschaftlich praktikablen, Umsatzerlösdefinition ggü. der bisherigen eng gefassten Umsatzerlösdefinition der Vorzug gegeben werden sollte. Für diese Sichtweise spricht das Vorgehen der Streichung der einschränkenden näher beschreibenden sprachlichen Elemente der ursprünglichen Umsatzerlösdefinition ohne die Hinzufügung verbindlicher den Ausweisumfang erhöhender Vorgaben.

Insofern hätte bereits die rechtliche Lage auf Basis des Referentenentwurfs die Möglichkeit geboten, den Begriff „Umsatzerlöse" stärker an die Altfassung angelehnt zu interpretieren, sodass – abweichend zur Regelung – lediglich Kriterien wie Regelmäßigkeit, Größe und Branchenspezifik außer Acht zu lassen bzw. im Hinblick auf die Branchenspezifik dieses Kriterium weniger stringent auszulegen gewesen wäre.

Der schließlich im Regierungsentwurf enthaltene gültige Verweis, dass die Neudefinition der Umsatzerlöse aus der Aufhebung der Verpflichtung zum separaten GuV-Ausweis der außerordentlichen Erträge und außerordentlichen Aufwendungen resultiert, legt durchaus eine betriebswirtschaftlich gehaltvollere und stärker an die unternehmensinterne Sichtweise angelehnte Auslegung des Begriffs „Umsatzerlöse" nahe als mitunter angenommen.[27] So kann dieser Hinweis letztlich als Indiz gewertet werden, dass sich die überarbeitete Umsatzerlösdefinition ggü. der vorherigen Definition der 4. Richtlinie im Wesentlichen nur dadurch unterscheidet, dass aufgrund der Änderung auch Erträge als Umsatzerlöse aus-

---

25 Vgl. BT-Drs. 18/5256 v. 18.6.2015 S. 79.
26 Vgl. Richtlinie 2013/34/EU, ABl. EU L 182/20 v. 29.6.2013.
27 Im Ergebnis, wenn auch mit anderer Argumentation, vgl. Lüdenbach/Freiberg, StuB 2016, S. 43 f.

zuweisen wären, die ihrem Wesen nach Umsatzerlöse im klassischen betriebswirtschaftlichen Sinne darstellen, aber zugleich von außergewöhnlicher Größenordnung oder Seltenheit sind; wobei die Branchenkonformität der erzielten Umsatzerlöse ggü. der ehemals gültigen Definition, weniger stringent auszulegen wären. Eine solche Begriffsauslegung wäre insoweit konsistent, als dass sämtliche ehemals als außerordentlich eingestuften Erträge und als außerordentlich eingestuften Aufwendungen statt eines getrennten GuV-Ausweises dann eines Ausweises unter der jeweils relevanten Ertrags- bzw. Aufwandsposition bedürften. Schließlich erfolgt der Ausweis außerordentlicher Aufwandsposten insoweit einer vergleichbaren Systematik, als dass außerordentliche Aufwendungen seit der Änderung der einzelnen spezifischen Aufwandsart zuzuordnen sind, ohne dass sich dadurch deren inhaltliche Abgrenzung geändert hat. Inwiefern der im Regierungsentwurf enthaltene ausdrückliche Verweis, dass auch der Verkauf von Produkten oder die Erbringung von Dienstleistungen außerhalb der gewöhnlichen Geschäftstätigkeit nunmehr Umsatzerlöse und keine sonstigen betrieblichen Erträge generiert,[28] der oben angeführten Argumentation widerspricht oder diese gar verbietet, muss zum derzeitigen Zeitpunkt dahin gestellt bleiben. Insb. bleibt offen, ob dieser Hinweis i.R.d. Regierungsentwurfs als ein alle Ertragssachverhalte umfassendes Gebot oder lediglich als ein Verweis auf eine wahlrechtsfreie Zulässigkeit der Positionszuordnung zu verstehen ist. Keine Zweifel bestehen allerdings dahingehend, dass bestimmte Sachverhalte, die bislang als sonstige betriebliche Erträge auszuweisen waren, aufgrund der Neudefinition zukünftig als Umsatzerlöse auszuweisen sind. Ob aus der **wortgetreuen Auslegung** der Neuregelung und dem ergänzenden Hinweis des Regierungsentwurfs eine allgemeingültige Pflicht zur Umsatzklassifizierung von Erlösen aus der Veräußerung oder Vermietung von Erzeugnissen und Dienstleistungen folgt, die nach dem herkömmlichen Verständnis keine Produkte der betreffenden Unternehmung im klassischen Sinne der bewährten Altregelung und des Kostenrechnungsverständnisses darstellen oder bei denen nicht die Umsatzerzielung selbst im Vordergrund steht, wie z.B. Mieteinahmen aus Werkswohnungen oder bestimmte Sachverhalte mit Konzernbezug, ist insb. vor dem Hintergrund der vom Ausschuss für Recht und Verbraucherschutz angeführten Zweifel an der langfristigen Bestandkraft der jetzigen Definition im Hinblick auf das Gesetzgebungsmaterial m.E. zumindest sehr stark zu bezweifeln.

Unter Bezugnahme auf das vom Ausschuss angeführte europäische Begriffsverständnis des Terminus „Umsatzerlöse" würde die jetzt („zunächst") gültige Definition bei einer Orientierung an der für das unternehmensinterne Rechnungswesen praktizierten Ertrags- bzw. Erlösabgrenzung und der dabei zugrunde gelegten betriebszweckorientierten Produktsichtweise nicht zuletzt aufgrund ihrer weitgehend offenen Formulierung Interpretationsspielraum für ein Begriffsverständnis lassen, welches den Erwartungen der Rechnungslegungsadressaten und dem traditionell gewachsenen Umsatzerlösverständnis deutlich besser gerecht werden würde.[29]

---

[28] Vgl. BR-Drs. 23/15 v. 23.1.2015 S. 79.
[29] Bereits an dieser Stelle ist hervorzuheben, dass diese hier geäußerte Meinung nicht der bislang herrschenden Begriffsauslegung entspricht.

Hervorzuheben ist, dass die hier vertretene Meinung eine Minderheitenmeinung darstellt und sich die Mehrheit des Schrifttums eindeutig für eine sehr weitgefasste Umsatzerlösdefinition ausspricht, bei welcher der Bezug zum Kerngeschäft des Unt allenfalls eine untergeordnete Bedeutung hat.[30] Aus diesem Grund erweist es sich als **zwingend notwendig**, sich dieser zum derzeitigen Zeitpunkt gebildeten Mehrheitsmeinung unterzuordnen.[31] Zugleich sollte aber m. E. zumindest in Erwägung gezogen werden, von einer offenen Untergliederung der Umsatzerlöse innerhalb der GuV Gebrauch zu machen, bei welcher diese in zwei Grundkategorien unterteilt werden; eine Kategorie für die „Umsatzerlöse aus der gewöhnlichen Geschäftstätigkeit" (i. S. d. Altregelung) und eine für die „Umsatzerlöse aus der Veräußerung sonstiger Produkte und Dienstleistungen" (Rz 66f.). Damit sollten zugleich entsprechende Untergliederungen für die Herstellungskosten (Rz 234) und das Bruttoergebnis vom Umsatz einhergehen (Rz 235).

48

3.1.2 Abzug der Erlösschmälerungen

Aufgrund der Umsatzerlösdefinition des § 277 Abs. 1 HGB erfolgt der Ausweis der Umsatzerlöse unter Saldierung von **Erlösschmälerungen** sowie im Weiteren unter Abzug der Umsatzsteuer und sonstigen direkt mit dem Umsatz verbundenen Steuern.

49

> **Praxis-Beispiel**
> Als **saldierungspflichtige Erlösschmälerungen** abzuziehen sind bspw. Skonti, Rabatte oder Umsatzvergütungen sowie zurückgewährte Entgelte für Rückwaren, Preisdifferenzen und Gewichtsmängel sowie Gutschriften für Fracht- und Verpackungskosten.

Auch erwartete Erlösschmälerungen, die sich in Gestalt von Zuführungen zu den Rückstellungen für nachträgliche Boni und Treuerabatte oder Gewährleistungsaufwendungen durch Rücktritt oder Preisminderungen aufgrund von Mängelrügen niederschlagen, sind als Erlösschmälerungen von den Umsatzerlösen in Abzug zu bringen. Gewährleistungsaufwendungen, die auf Nachbesserungen entfallen, sollten im Gliederungskonzept des GKV prinzipiell als „sonstige betriebliche Aufwendungen" ausgewiesen werden, soweit eine Zuordnung zu den Primäraufwendungen nicht zuverlässig möglich ist.

Eine spätere erfolgswirksame Auflösung zu hoher Rückstellungen aus erwarteten Erlösschmälerungen, die zu Lasten der Umsatzerlöse gebildet wurden, ist, anders als sonst üblich, nicht als sonstiger betrieblicher Ertrag, sondern als Umsatzerlös auszuweisen.[32]

---

[30] Zur Mehrheitsmeinung vgl. Oser/Orth/Wirtz, DB 2015, S. 1731; Haaker, DStR 2015, S. 963; Richter, DB 2015, S. 386; Kliem/Müller, in Beck Bil-Komm., 14. Aufl. 2024, § 275 HGB Rz 52.
[31] Eine i. E. ähnliche Auffassung vertreten hinsichtlich der Definition und vorläufigen Vorgehensweise Lüdenbach/Freiberg, StuB 2016, S. 13 f. In etwas abgeschwächter Form fordert auch Zwirner für die Umsatzklassifizierung zutreffender Weise weiterhin eine Orientierung am gewöhnlichen üblichen Geschäftsmodell, ohne dies so konsequent wie nach der alten Definition auszulegen; vgl. BC 2015, S. 140.
[32] Vgl. Kliem/Müller, in Beck Bil-Komm., 14. Aufl. 2024, § 275 HGB Rz 63.

50 | **Praxis-Beispiel**
Keine saldierungsfähigen Erlösschmälerungen stellen an Dritte geleistete Provisionen, Listungsgelder und Ausgangsfrachten dar. Diese sind stattdessen als sonstige betriebliche Aufwendungen zu erfassen.[33] Vom Verkäufer zur Verfügung gestellte Parkchips zum verbilligten Parken stellen ebenfalls keine Erlösminderung dar.[34]

Die Saldierung mit den angeführten Erlösschmälerungen setzt prinzipiell voraus, dass die entsprechenden Ursprungsbeträge, auf die sich diese Kürzungen beziehen, auch in dem Posten Umsatzerlöse dieses Gj enthalten sind, jedoch wird es auch als zulässig erachtet, Beträge unter diesem Posten zu verrechnen, die aufgrund einer unzureichenden Rückstellungsbildung Umsätze des Vj betreffen, sofern dies regelmäßig so gehandhabt wird.[35] Für wesentliche Beträge wird allerdings auch ein Ausweis unter den sonstigen betrieblichen Aufwendungen in Betracht gezogen.[36] Bei einer Wesentlichkeit der periodenfremden Erlösschmälerungen ist die Notwendigkeit einer Anhangangabe gem. § 285 Nr. 32 HGB zu beachten.

51 Angesichts fehlender Sonderregelungen für die Erfassungen der Umsatzerlöse aus langfristiger Auftragsfertigung wurde für diese zuweilen eine Umsatz- und Gewinnrealisierung vor endgültiger Abnahme durch den Kunden diskutiert („**Percentage-of-Completion-Methode**").[37] Jedoch hat der Gesetzgeber in der Gesetzesbegründung des BilMoG klargestellt, dass die „Percentage-of-Completion"-Methode einen Verstoß gegen das Realisationsprinzip darstellt und dass momentan kein Raum für eine solche von der Praxis und Forschung vorgeschlagene HGB-Änderung besteht.[38]

3.1.3 Abzug der Umsatzsteuer und der sonstigen direkt mit den Umsatzerlösen verbundenen Steuern

52 Neben den Erlösschmälerungen sind auch die Umsatzsteuer und die sonstigen direkt mit dem Umsatz verbundenen Steuern von den Umsatzerlösen in Abzug zu bringen. Dabei bestehen hinsichtlich der USt keine Bedenken, statt einer Saldierung, einen Bruttoausweis der Umsätze mit ergänzender offener Absetzung der USt vorzunehmen.[39] Für mit der deutschen USt vergleichbare **ausländische Steuern** gelten hinsichtlich Saldierung und Ausweis dieselben Vorgaben.[40]

53 § 277 Abs. 1 HGB fordert nicht nur den Abzug der USt von den Umsatzerlösen, sondern auch den Abzug der sonstigen direkt mit dem Umsatz verbundenen Steuern. Diese erweiterte Saldierungspflicht ist zwar erst mit dem BilRUG im

---

[33] Vgl. Kliem/Müller, in Beck Bil-Komm., 14. Aufl. 2024, § 275 HGB Rz 64.
[34] Vgl. BFH, Urteil v. 11.5.2006, VR 33/03.
[35] Vgl. IDW, WPH Edition, Wirtschaftsprüfung und Rechnungslegung, 18. Aufl. 2023, Kap. F Tz 806.
[36] Vgl. Kliem/Müller, in Beck Bil-Komm., 14. Aufl. 2024, § 275 HGB Rz 63.
[37] Vgl. zu dieser Diskussion Kirsch, in Kußmaul/Müller, HdB, Gewinn- und Verlustrechnung nach HGB, Rz 48, Stand: 6.3.2024 m.w.N.
[38] Vgl. BT-Drs. 16/10267 v. 30.7.2008 S. 38.
[39] Vgl. Reiner, in MünchKomm. HGB, 5. Aufl. 2024, § 277 HGB Rn 24.
[40] Vgl. Isele/Urner-Hemmeter, in Küting/Weber, HdR-E, § 277 HGB Rz 43, Stand: 05/2017.

HGB verankert worden, sie war aber bereits nach der Vierten EG-Richtlinie[41] Art. 28 vorgesehen. Bislang fehlte es lediglich an einer expliziten Umsetzung im HGB. Gleichwohl wurde bereits die vorherige HGB-Vorgabe zuweilen entsprechend der jetzigen Fassung ausgelegt. Wie für die USt wird es auch für die sonstigen direkt mit dem Umsatz verbundenen Steuern als zulässig erachtet, die Umsatzerlöse in einer Vorspalte zunächst brutto auszuweisen, sofern dem ausgewiesenen Bruttobetrag die unmittelbare Absetzung der betreffenden Steuerbeträge folgt.[42] An einer Definition, nach welcher einzelne Steuern als direkt mit den Umsatzerlösen verbunden zu klassifizieren sind, fehlt es sowohl im unmittelbaren Gesetzgebungs- als auch im EU-Richtlinienkontext. Auch im Schrifttum konnte sich bislang kein vollständig einheitliches Begriffsverständnis herausbilden.

Als prinzipiell direkt mit dem Umsatz verbundene Steuern werden vom Schrifttum die Verbrauchsteuern und die Monopolabgaben (z. B. Bier-, Schaumwein-, Tabak- und Energiesteuer, Branntweinmonopolabgaben) eingeordnet. Der HFA fordert eine enge Begriffsauslegung.[43] Unerheblich ist, ob es sich um eine absatzpreisabhängige oder „nur" mengenabhängige Steuer handelt.

Für einen Abzug kommen nur Verbrauchsteuern/Monopolabgaben in Betracht, welche die folgenden vom HFA angeführten Grundvoraussetzungen kumulativ erfüllen:[44]

- **Erstens** kommt ein Abzug von den Umsatzerlösen nur für Verbrauchsteuern/Monopolabgaben bei demjenigen Unt in Betracht, das selbst Steuerschuldner ist (Grundvoraussetzung).
- **Zweitens** ist die Abzugsfähigkeit der Verbrauchsteuern/Monopolabgaben an die Bedingung geknüpft, dass diese nicht als Kosten für die Herstellung der Verkehrsfähigkeit zu betrachten sind und nicht als solche in die zu aktivierenden Herstellungskosten der in der Bilanz auszuweisenden Vermögensgegenstände des Vorratsvermögens einzubeziehen sind.[45] D. h., die Steuern müssen weiterbelastet werden und in den Umsatzerlösen enthalten sein.
- **Drittens** muss der Zeitpunkt der Entstehung der betreffenden Verbrauchsteuern/Monopolabgaben für eine gegebene Abzugsfähigkeit (nahezu) mit dem Zeitpunkt der Umsatzrealisierung übereinstimmen. Diese zeitliche Voraussetzung gilt als erfüllt, wenn der Zeitpunkt der Steuerentstehung und der Zeitpunkt der Umsatzrealisierung nach den tatsächlichen Verhältnissen der jeweiligen Branche (nahezu) identisch sind.[46]

Während sich die Klassifizierungsentscheidung im Hinblick darauf, ob eine einzelne Verbrauchsteuer/Monopolabgabe die erste und zweite Bedingung erfüllt, recht eindeutig – und zumeist allgemeingültig – beantworten lässt, stellt sich die Sachverhaltsbeurteilung für die dritte Grundvoraussetzung komplexer dar. Als entscheidend für die Erfüllung der dritten Grundvoraussetzung erweist sich der Umstand, inwieweit die Steuerentstehung direkt mit dem unmittelbaren Zeitpunkt der Umsatzrealisierung verbunden ist oder bereits zu einem vorgela-

---

[41] Vierte Richtlinie 78/660/EWG des Rates v. 25.7.1978, ABl. L 222 v. 14.8.1978.
[42] IDW RH HFA 1.017.2.
[43] IDW Life 2015, S. 671.
[44] IDW Life 2015, S. 671.
[45] IDW RS HFA 31.29.
[46] IDW Life 2015, S. 671.

gerten Zeitpunkt des betrieblichen Leistungsprozesses zu lokalisieren ist, wie bspw. der Entnahme aus einem Steuerlager oder Versorgungsnetz.
Zu den Verbrauchsteuern, deren Entstehung an einen unmittelbaren Entnahmevorgang anknüpfen, zählen z.B. die Stromsteuer, welche an die unmittelbare Entnahme von Strom durch den Endverbraucher aus dem Versorgungsnetz geknüpft ist oder die Energiesteuer bei Entnahme von Gas. Gegen eine Saldierung dieser Steuern mit den Umsatzerlösen spricht auf rein formaler Ebene zunächst, dass diese Steuern nicht aufgrund der Umsatzrealisation, sondern aufgrund der Entnahme entstehen. Allerdings wird zumeist ein enger Zusammenhang zwischen Steuerentstehung und Umsatzakt bestehen, sodass unter Zugrundelegung einer den tatsächlichen Verhältnissen entsprechenden Betrachtungsweise zumindest bei Entnahme aus einem Versorgungsnetz ein Abzug der betreffenden Verbrauchsteuern von den Umsatzerlösen geboten scheint. Wird ein VG aus einem Steuerlager entnommen und erfolgt die Umsatzerlösrealisierung ohne erheblichen Zeitverzug, gilt bei Zugrundelegung einer wirtschaftlichen Betrachtungsweise das Gleiche.
Erfolgt die Umsatzrealisierung für einen aus einem Steuerlager zu entnehmenden Vermögenswert dagegen für gewöhnlich mit einem nicht unerheblichen zeitlichen Verzug und ist die Entstehung der betreffenden Steuer an die Entnahme des VG aus einem Steuerlager bzw. die Überführung in den freien Verkehr gebunden, scheidet ein Steuerabzug von den Umsatzerlösen aus.[47] Dies kann bspw. für die Branntweinsteuer gelten. Diese Klassifikationssystematik lässt sich letztlich mit der Charakterisierung der betreffenden Steuern als „notwendige Folgekosten des Erwerbs" und der daraus abgeleiteten Aktivierungspflicht als Anschaffungsnebenkosten begründen.[48]

55 Für den Fall, dass sich an die Entnahme aus dem Steuerlager eine unmittelbare Veräußerung (ohne Weiterbearbeitung) anschließt, wird hingegen – unter Zugrundelegung einer den tatsächlichen Verhältnissen entsprechenden Betrachtungsweise – ein Abzug der Steuer von den Umsatzerlösen für erforderlich gehalten.
Als Anhaltspunkt für den GuV-Ausweis der jeweiligen mit dem Umsatz verbundenen Steuer erweisen sich dementsprechend die gesetzlichen Regelungen hinsichtlich Steuerentstehung und der in dem Unt üblichen Umgang mit den betreffenden Produkten vor dem Hintergrund der Steuerentstehung und Umsatzrealisierung.
Wird das Unt lediglich wirtschaftlich mit einer Verbrauchssteuer belastet ohne Steuerschuldner dieser Steuer zu sein, so darf es im Falle einer Weiterbelastung dieser Steuer an seine Kunden (Handel) i.R.d. Umsatzrealisierung diese Steuer nicht nach § 277 Abs. 1 HGB von den Umsatzerlösen in Abzug bringen.[49]

> **Hinweis**
> Als unzulässig gilt der Abzug der Verbrauchsteuern/Monopolabgaben, wenn die Steuern durch die Herstellung des Produkts bzw. die Überführung des Produkts in den steuerrechtlichen Verkehr entstehen, sofern dieser Zeitpunkt

---

[47] Vgl. IDW Life 2015, S. 671.
[48] Vgl. Lüdenbach, StuB 2015, S. 549.
[49] Vgl. IDW Life 2015, S. 671; Oser/Orth/Wirtz, DB 2015, S. 1731.

nicht nahezu mit dem Zeitpunkt der handelsrechtlichen Umsatzrealisierung übereinstimmt. Diese Verbrauchsteuern/Monopolabgaben sind, sofern sie nicht als Bestandteil der Herstellungskosten aktiviert werden müssen, als sonstige Steuern auszuweisen.

> **Praxis-Beispiel**
> **Verbrauchssteuern für die eine Kürzung zulässig ist:** Vergnügungssteuer, Stromsteuer, Energiesteuer auf Gas, Energiesteuer auf Kohle.
> **Verbrauchssteuern/Monopolabgaben für die bei einem zeitlichen Auseinanderfallen von Umsatzerlösrealisierung und Steuerentstehung keine Kürzung zulässig ist:** Alkopopsteuer, Biersteuer, Branntweinsteuer, Energiesteuer auf anderes als Gas, Kohle oder Strom, Kaffeesteuer, Schaumweinsteuer, Tabaksteuer.[50]

Da die Biersteuer mit der Entfernung des Bieres aus der Brauerei und nicht mit der Fertigstellung des Bieres entsteht, lässt sich die Biersteuer nach Auffassung des BFH nicht den aktivierungspflichtigen Herstellungskosten zuordnen.[51] Aus diesem Grund wird neben der Möglichkeit, die Biersteuer bei einem zeitlichen Auseinanderfallen von Umsatzerlösrealisierung und Steuerentstehung als sonstige Steuer zu erfassen, auch die Möglichkeit einer Verrechnung mit den Umsatzerlösen gesehen.[52] Da die Branntweinsteuer bei fehlender Umsatznähe hingegen Bestandteil der zu aktivierenden Herstellungskosten ist, scheidet für sie eine Erfassung unter dem Posten „sonstige Steuern" aus.[53]

3.1.4 Aspekte der Abgrenzung

Entsprechend der vorgegebenen Umsatzerlösdefinition muss dem Ausweis der Erträge unter dem Posten „Umsatzerlöse" die Prüfung vorausgehen, ob diese Erlöse aus dem Verkauf von Produkten, der Vermietung bzw. Verpachtung von VG bzw. aus der Erbringung (sonstiger) Dienstleistungen der bilanzierenden Unt resultieren.

Produkte werden gem. BilRUG-Regierungsentwurf als die Zusammenfassung von Waren und Erzeugnissen verstanden.[54] Mit dieser Begriffsdefinition für den Terminus „Produkte" stellt der Gesetzgeber klar, dass mit der direkten Begriffsübernahme aus der Richtlinie 2013/34/EU[55] keine inhaltliche Veränderung ggü. der in der Vorfassung des § 277 Abs. 1 HGB verwendeten Umschreibung dieses Sachverhalts mit dem Begriffspaar „Erzeugnisse und Waren" verbunden ist. Während in Richtlinie 2013/34/EU – wie bereits in der Vorfassung – hinsichtlich der vorgegebenen GuV-Gliederungen und der damit verbundenen Begriffsdefinition der Terminus „Nettoumsatzerlöse" verwendet wird, greift das HGB

56

---

[50] Zwirner, BC 2015, S. 541.
[51] Vgl. BFH, Urteil v. 26.2.1975, I R 2/73 (NAAAD-90424).
[52] Vgl. Lüdenbach, StuB 2015, S. 549.
[53] Vgl. Lüdenbach, StuB 2015, S. 549.
[54] BR-Drs. 23/15 v. 23.1.2015 S. 76.
[55] Richtlinie 2013/34/EU, ABl. EU L 182 v. 29.6.2013.

weiterhin auf den Terminus „Umsatzerlöse" zurück, ohne dass damit inhaltliche Abweichungen verbunden wären.

Praxis-Beispiel
Ein typisches Beispiel für Umsatzerlöse sind Erträge aus dem Verkauf von Kraftfahrzeugen bei AutomobilUnt, die für diese Unt Erlöse der eigentlichen Betriebsleistung darstellen. Auch Erlöse, die selten auftreten, wie dies bei Einzelanfertigungen der Fall sein kann, zählen zu den Umsatzerlösen.

Die Abgrenzung der Umsatzerlöse ist über die Konkretisierung des Postenumfangs der auszuweisenden Umsatzerlöse hinausgehend auch für die Größenklassenbestimmung der Unt nach den §§ 267, 293 HGB und den §§ 1, 11 PublG von Bedeutung.

57 Einhergehend mit dieser Umsatzerlösdefinition bedarf es eines Systematisierungskonzepts, mit welchem zu entscheiden ist, welche Beträge als Umsatzerlöse, sonstige betriebliche Erträge oder Finanzerträge auszuweisen sind.

Als entscheidend für diese Umsatzerlösabgrenzung erweist sich die Beurteilung, welche VG als „Erzeugnisse und Waren" einzustufen sind. Erste Anhaltspunkte hierfür können, wie bereits vor dem BilRUG, die Satzung oder der Gesellschaftsvertrag des Unt geben. Im Gegensatz zu der vor BilRUG gültigen Umsatzerlösdefinition hat sich die Bedeutung und Gewichtung dieses Abgrenzungskriteriums jedoch deutlich geändert und muss bei bestimmten Sachverhalten nunmehr sogar vollständig außer Acht gelassen werden (z. B. Erlöse aus der Kantinenbewirtschaftung).

Damit trägt die Neudefinition der Umsatzerlöse in gewissem Maße dem Umstand Rechnung, dass die Markt- und Branchenbedingungen eines Unt heute vielfach einem permanenten Anpassungs- und Wandlungsprozess unterliegen können, sodass eine strikt auf Regelmäßigkeit und Nachhaltigkeit fokussierte und auf den historisch gewachsenen Betriebszweck fokussierte Umsatzerlösdefinition in Abhängigkeit vom Einzelfall unangemessen sein kann.

58 Gemäß der jetzigen Umsatzerlösdefinition gilt als unstrittig, dass es sich bei solchen VG um Produkte handelt, die überwiegend i.R.d. gewöhnlichen Geschäftstätigkeit bzw. des normalen Absatzprogramms des betreffenden Unt veräußert werden. Zumeist wird für diese Absatzaktivitäten zugleich eine Regelmäßigkeit gegeben sein.[56]

Eine Voraussetzung für den Ausweis der mit der Veräußerung verbundenen Erlöse unter dem Posten „Umsatzerlöse" ist diese (zumeist gegebene) Regelmäßigkeit nach der hier vertretenen Auffassung gleichwohl nicht. Während in § 277 Abs. 1 HGB a. F. sich die gesetzlich geforderte Regelmäßigkeit aus der Beschränkung des Umsatzerlösausweises auf die Erträge aus der Veräußerung **typischer** Erzeugnisse der **gewöhnlichen** Geschäftstätigkeit ergab, fehlt es in der jetzigen Fassung des § 277 Abs. 1 HGB und dem dazugehörigen Gesetzgebungskontext an einer solchen einschränkenden Bedingung vollständig.[57] Gemäß dieser Ausgangslage gilt, dass der Umsatzerlösausweis mit der erfolgten HGB-Änderung (nahezu) geschäftsmodellunabhängig zu erfolgen hat, so erscheint es nach der hier vertretenen Auffassung nur konsequent,

---

[56] Vgl. IDW Life 2015, S. 671.
[57] A. A. Kliem/Müller, in Beck Bil-Komm., 14. Aufl. 2024, § 275 HGB Rz 50; IDW Life 2015, S. 671.

auch das Kriterium der Regelmäßigkeit in seiner bisherigen stringenten Auslegung als obsolet zu betrachten. Lediglich der Produktbezug führt dazu, dass eine gelegentliche Wiederholung in unregelmäßigen Abständen zu erwarten sein wird und eine ausgeprägte Seltenheit der Vorgänge i. R. e. Gesamtwürdigung Beachtung finden muss. Im Vordergrund der Ausweisentscheidung steht folglich v. a. die Differenzierung der jeweiligen Ertragssachverhalte im Hinblick auf das Vorliegen von „Umsatzerlösen" und „sonstigen betrieblichen Erträgen".

Entsprechend des betriebswirtschaftlichen Grundverständnisses handelt es sich bei Produkten um VG, die vom Grundsatz her eine gewisse Nähe zum UV aufweisen und ihrem Charakter nach als Erzeugnisse, Handelswaren oder unfertige Erzeugnisse in der Bilanz erfasst werden. Aber auch **Erlöse aus Verkäufen von AV i. R. e. dualen Geschäftsmodells,** bei dem „Produkte bzw. Vermögensgegenstände" zunächst vermietet oder verleast werden und zu einem späteren Zeitpunkt veräußert werden, sind als Umsatzerlöse auszuweisen.

Im Ergebnis war nach der vor BilRUG gültigen Rechtslage für Produktions-, Handels- und DienstleistungsUnt individuell zu entscheiden, welche Geschäftsvorfälle den tatsächlichen Unternehmensverhältnissen entsprechend dem **eigentlichen betrieblichen Leistungsbereich** zuzuordnen waren und welche nicht i. R. d. gewöhnlichen Geschäftstätigkeit angefallen waren. Nunmehr ist der Umsatzerlösausweis lediglich an die Voraussetzung gebunden, dass es sich um Erlöse aus der Veräußerung von Produkten oder Dienstleistungen handelt. Das Vorliegen einer Dienstleistung setzt dabei das Vorhandensein eines Leistungsaustausches voraus. Ohne das Vorliegen eines solchen Leistungsaustausches scheidet eine Erfassung der mit dem betreffenden Sachverhalt verbundenen Erlöse als Umsatzerlöse aus; soweit keine Veräußerungserlöse von Produkten vorliegen.[58]

Kommt nach sorgfältiger Abwägung der dargelegten Kriterien ein Ausweis als Umsatzerlöse nicht in Betracht, so resultiert daraus ein Ausweis des betreffenden Sachverhalts als sonstiger betrieblicher Ertrag. Es sei denn, es handelt sich um Sachverhalte mit Bezug zum Finanzergebnis. Zwar stellt auch die Überlassung von FK und EK i. w. S. eine Dienstleistung dar, weil für den Ausweis der daraus resultierenden Erträge jedoch eigene GuV-Posten verfügbar sind, ist der Ausweis dort unter dem jeweils zutreffenden Posten vorzunehmen.

Das **Kriterium der Wesentlichkeit** stellt, anders als zuweilen diskutiert,[59] m. E. keinen geeigneten Abgrenzungsparameter dar. Eine Zugrundelegung dieses Kriteriums ist m. E. nicht zielführend und kann sogar zu einer noch stärkeren Verzerrung der Ertragslage führen. Eine Berufung auf eine nicht gegebene Wesentlichkeit würde im Ergebnis dazu führen, dass lediglich kleine Beträge, die ohnehin nicht das Potenzial besitzen, die Ertragslage zu verzerren, nicht als Umsatzerlöse ausgewiesen werden müssten. Große sehr seltene Beträge, die ihrem Wesen nach dem ursprünglich engeren an die Kostenrechnung angelehnten Umsatzerlösverständnis folgend keine Umsatzerlöse darstellen, müssten hingegen als Umsatzerlöse ausgewiesen werden und würden damit das Bild der Umsatzerlöse zwangsweise verzerren, weil bei ihnen eine Berufung auf Unwesentlichkeit ins Leere laufen würde.

---

[58] IDW Life 2015, S. 671.
[59] Vgl. bspw. Zwirner, BC 2015, S. 540.

Insgesamt hat sich die handelsrechtliche Umsatzerlösdefinition mit dem BilRUG an die umfassendere Umsatzdefinition des Umsatzsteuerrechts angenähert, nach der sämtliche Lieferungen oder Leistungen unabhängig davon, auf welche Weise sie erbracht werden und worauf sie sich beziehen, als Umsätze klassifiziert werden. Da das Handelsrecht aber einen Bezug zu den „Produkten und Dienstleistungen" des Unt voraussetzt, verbleibt dennoch eine deutliche Abweichung.[60]

3.1.4.1 Umsatzerlöse aus der Veräußerung von Waren und Erzeugnissen

59

Praxis-Beispiel
Der betriebliche Leistungsbereich eines **ProduktionsUnt** erstreckt sich auf den Verkauf von Fertigerzeugnissen und ggf. Handelswaren, sodass die hieraus resultierenden Erträge als Umsatzerlöse auszuweisen sind; der Umsatzausweis darf aber nicht auf diese Sachverhalte beschränkt werden. Auch die Erlöse aus der Veräußerung von **Abfall-, Spalt- und Kuppelprodukten** sind als Umsatzerlöse auszuweisen. Inhaltlich stellen diese Erlöse aus Nebengeschäften dar. Generiert ein ProduktionsUnt Umsätze aus **Lohnarbeiten oder der Überlassung von Maschinen**, so sind auch diese Erlöse als Umsatzerlöse auszuweisen. Auch hierbei handelt es sich um Erlöse aus Nebengeschäften. Für die Klassifikationsentscheidung ist es unerheblich, ob diese Erlöse regelmäßig wiederkehrend oder gelegentlich anfallen.
Verkäufe nicht mehr **benötigter Roh-, Hilfs- und Betriebsstoffe (Magazinverkäufe)** sind nicht als Umsatzerlöse, sondern als sonstige betriebliche Erträge auszuweisen.[61] Sie stellen keine Produkte (und auch keine Erlöse aus Nebengeschäften) des Unt dar. Vielmehr werden sie zur Herstellung von Produkten eingesetzt. In dieser Funktion stellen sie als Lagerbestände – ebenso wie Maschinen – investiertes Kapital dar, welches im Falle der direkten Überführung in liquide Mittel durch Desinvestition nicht zur Realisierung von Umsatzerlösen führt. Dies gilt allerdings nur sofern die Veräußerung nicht einer bewussten Systematik folgt, bei welcher vorteilhafte Einkaufskonditionen für RHB-Stoffe zur Gewinnerzielung mittels gezielter Weiterveräußerung an Dritte genutzt werden, und diese Weiterveräußerung ihrem Wesen nach ein Nebengeschäft darstellt.
Für die Erlöse aus der Veräußerung von **Beständen unfertiger Erzeugnisse** kommt aufgrund ihres hybriden Charakters entweder ein Ausweis als Umsatzerlöse oder als sonstige betriebliche Erträge in Betracht.[62] **Versicherungsentschädigungen** sind als sonstige betriebliche Erträge auszuweisen, es sei denn, diese stehen im Zusammenhang mit nicht mehr berechnungsfähigen Umsätzen für bereits verkaufte Produkte.
Materialbeistellungen bei Werksleistungen und Werkslieferungen führen i.d.R. nicht zu Umsatzerlösen, da in diesen Fällen keine Veräußerung, Nutzungsüberlassung oder Dienstleistung vorliegt.[63] Die unentgeltlichen Abga-

---

[60] Vgl. Kliem/Müller, in Beck Bil-Komm., 14. Aufl. 2024, § 275 HGB Rz 48.
[61] Vgl. IDW Life 2015, S. 671.
[62] Ähnlich Kliem/Müller, in Beck Bil-Komm., 14. Aufl. 2024, § 275 HGB Rz 54.
[63] Vgl. Lüdenbach/Freiberg, StuB 2016, S. 43.

ben von Deputaten, Getränken und Genussmitteln an die Arbeitnehmer zum Verzehr im Betrieb sind nicht als Umsatzerlöse zu erfassen.

Praxis-Beispiel 60
HandelsUnt weisen entsprechend ihres Tätigkeitsprofils die Erlöse aus dem Verkauf der Waren ihres für sie individuell typischen Sortiments als Umsatzerlöse aus. Aber auch Umsätze aus Gelegenheitsgeschäften, wie bspw. dem Verkauf von Altwaren, sind von ihnen als Umsatzerlöse auszuweisen, da für diese VG eine Veräußerung am Markt letztlich einen bestimmungsgemäßen Gebrauch darstellt. Verkäufe nicht mehr benötigter Einrichtungsgegenstände führen hingegen nicht zu Umsatzerlösen. Stattdessen sind in diesem Zusammenhang auftretende Veräußerungsgewinne als sonstige betriebliche Erträge auszuweisen.

3.1.4.2 Umsatzerlöse aus der Erbringung von Dienstleistungen

Praxis-Beispiel 61
DienstleistungsUnt weisen v. a. die Erlöse jener Dienstleistungen als Umsatzerlöse aus, die aus Dienstleistungen resultieren, die von ihnen typischerweise am Markt angeboten werden und ihr Dienstleistungsspektrum betreffen.
Der Ausweis hat sich dabei, sofern ihnen durch Rechtsverordnungen Formblätter vorgegeben sind, an deren Gliederung und Postenbezeichnungen zu orientieren. Auch Erlöse, die aus Nebenleistungen resultieren, sind als Umsatzerlöse auszuweisen. Dies gilt bspw. für Erlöse aus dem gelegentlichen Ausleihen von Arbeitskräften. Auch für diese Klassifikationsentscheidung ist es unerheblich, ob diese Erlöse regelmäßig wiederkehrend oder einmalig anfallen.[64]

Praxis-Beispiel 62
Da die **Vermietungstätigkeit** unabhängig vom Produktbezug der vermieteten VG unter den Dienstleistungsbegriff fällt, sind auch die Erträge aus Immobilienvermietung als Umsatzerlöse auszuweisen.[65] Dies gilt über die Vermietung an Außenstehende, wie z. B. Pachteinnahmen aus Brauereien, hinaus auch für Mieteinkünfte mit unternehmensinternem Bezug, wie z. B. Mieteinnahmen aus Werkswohnungen oder konzerninterner Vermietung.
Auch Mieteinnahmen aus der Vermietung anderer VG des AV (z. B. Maschinen) sind als Umsatzerlöse auszuweisen.
Überlassung von Nutzungsrechten an Patenten, Lizenzen, Marken: Laufende Lizenzierungen stellen Dienstleistungen dar, sodass die damit verbundenen Erträge als Umsatzerlöse auszuweisen sind. Gleiches gilt für den Verkauf selbst geschaffener Lizenzen ohne vorherige Selbstnutzung. Die

---

[64] A. A. Kliem/Müller, in Beck Bil-Komm., 14. Aufl. 2024, § 275 HGB Rz 50; IDW Life 2015, S. 671.
[65] Vgl. Richter, DB 2015, S. 387; Kolb/Roß, WPg 2015, S. 871.

> Erfolge aus der Veräußerung bislang selbstgenutzter Patente oder Lizenzen sind hingegen als sonstige betriebliche Erträge zu erfassen.
>
> **Praxis-Beispiel**
> **HoldingGes** weisen die Erträge ihrer typischen Tätigkeit als Finanzerträge unter den Posten Nr. 9, 10 und 11 beim GKV sowie unter Posten Nr. 8, 9 und 10 beim UKV aus.[66]

63
> **Praxis-Beispiel**
> Auch für **Sachverhalte mit Konzernbezug** ist die Beurteilung, ob die mit ihnen verbundenen Vergütungen als Umsatzerlöse einzustufen sind, davon abhängig zu machen, ob diesen ein Leistungsaustausch zugrunde liegt.
> Nur Entgelte, denen ein Leistungsaustausch zugrunde liegt, sind als Umsatzerlöse auszuweisen. Entgelte, die ein MU von seinem TU erhält, ohne dass mit diesen eigene Dienstleistungen verbunden sind, stellen hingegen keine Umsatzerlöse dar, da es in diesen Fällen an dem für einen Umsatzerlösausweis notwendigen Leistungsaustausch fehlt.
> **Als Umsatzerlöse auszuweisen sind z. B.:**
> **An Konzernangehörige erbrachte nicht durch das Konzernverhältnis veranlasste Leistungen:** Entgelte, die ein MU für erbrachte Leistungen erhält, deren Erbringung nicht primär auf den Gesellschafterkreis limitiert ist, sondern die auch von anderen Wirtschaftssubjekten am Markt angeboten werden (z. B. Übernahme von Buchhaltungstätigkeiten, Provisionen für gelegentliche Vermittlungstätigkeiten,[67] Marktforschung durch ein Shared Service Center, Beratungsleistungen, Mitarbeiterüberlassung).
> **An Konzernangehörige erbrachte durch das Konzernverhältnis veranlasste Leistungen:** z. B. Managementumlagen für Konzernführungsaufgaben.[68]
> **Nicht als Umsatzerlöse auszuweisen sind:**
> **Kostenerstattungen und -umlagen,** bei denen im (Konzern-)Außenverhältnis entstandene Aufwendungen an andere Konzerngesellschaften weiterbelastet werden, ohne dass seitens des MU eine eigene Leistung erbracht wird (z. B. verursachungsgerechte Weiterbelastung von Gebäudekosten, Inanspruchnahme eines Unterauftragnehmers).[69]
> **Erträge aus Steuerumlagen** sind gesondert im Finanzergebnis als „Erträge aus Gewinnabführungsverträgen" zu erfassen (Rz 79 und Rz 188).
> Die **Haftungsvergütung** für die persönliche Haftung in Folge einer Stellung als persönlich haftender Gesellschafter i. R. d. Übernahme der Geschäftsfüh-

---

[66] Vgl. ADS, Rechnungslegung und Prüfung der Unternehmen, 6. Aufl. 1995–2001, § 277 HGB Rz 5.
[67] Vgl. Zwirner, BC 2015, S. 542
[68] Vgl. Richter, DB 2015, S. 385.
[69] Vgl. IDW Life 2015, S. 671.

rung einer OHG oder KG. Dies gilt auch für den Fall, dass das betreffende Unt keine eigene Umsatztätigkeit i.S.d. § 277 Absatz 1 HGB ausübt.
Auslagenersatz von persönlich haftenden Gesellschaftern: Personalkosten und sonstige Nebenkosten, wie z.B. Pkw-Gestellung i.R.d. Geschäftsführung einer OHG oder KG.[70]
Vergütungen für Unterlassung (Wettbewerbsverbot) oder Rechtsverzicht (Rechtsberatungsfall oder Vermietung) sind nicht mit einem Leistungsaustausch verbunden.[71]

3.1.4.3 Weitere als Umsatzerlöse auszuweisende Sachverhalte und Abgrenzungsfragen

Im Folgenden sind weitere Sachverhalte aufgeführt, bei denen zum einen die Beurteilung schwerfällt, ob es sich bei ihnen um Produkte oder Dienstleistungen handelt und zum anderen, ob für sie ein Ausweis als Umsatzerlöse oder sonstige betriebliche Erträge vorzunehmen ist. Im Weiteren werden hier Posten angeführt, für welche die Möglichkeit einer Erfassung als buchungstechnische Hilfsgröße unter den Umsatzerlösen diskutiert wird.

Praxis-Beispiel
Für **Subventionen** kommt regelmäßig keine Erfassung als Umsatzerlöse in Betracht. Diese sind i.d.R. nicht mit einem Leistungsaustausch verbunden, sodass die Grundbedingung für das Vorliegen von Umsatzerlösen nicht erfüllt wird. Stattdessen sind Subventionen als sonstige betriebliche Erträge zu erfassen (Rz 79).
Allerdings ist für öffentliche Zuwendungen die Ausweisentscheidung im Einzelfall davon abhängig zu machen, ob an den Zuwendungserhalt eine Verhaltenspflicht oder Dienstleistung anknüpft.[72] **Kompensationszahlungen** für die Freistellung eines Mitarbeiters zur Teilnahme an Wehrübungen stellen aufgrund ihres Verpflichtungscharakters keine Leistungserbringung seitens des Unt dar, sondern sind als eine Form von Schadensersatz einzustufen.
Bestellerentgelte, die im Personennahverkehr vom öffentlichen Träger zur verbilligten oder unentgeltlichen Beförderung von Schülern oder Schwerbehinderten an das VerkehrsUnt gezahlt werden, sind vom VerkehrsUnt als Umsatzerlöse auszuweisen.[73]
Investitionszuschüsse führen nur zu Umsatzerlösen, wenn sie von der außenstehenden dritten Partei zu marktüblichen Konditionen für eine genau spezifizierte Leistung erbracht werden,[74] ansonsten ist ein Ausweis als sonstiger betrieblicher Ertrag oder eine Kürzung der AK erforderlich.

---

[70] Vgl. ebenso Richter, DB 2015, S. 387; Kliem/Müller, in Beck Bil-Komm., 14. Aufl. 2024, § 275 HGB Rz 52.
[71] Vgl. Lüdenbach/Freiberg, StuB 2016, S. 43 f.
[72] Vgl. Lüdenbach/Freiberg, StuB 2016, S. 43.
[73] Vgl. Lüdenbach/Freiberg, StuB 2016, S. 43 f.
[74] Kirsch/Ewelt-Knauer/Schmitz, in Baetge/Kirsch/Thiele, Bilanzrecht, § 277 HGB Rz 26, Stand: 7/2023.

Die Einstufung von erhaltenen **Schadensersatzzahlungen** ist davon abhängig, inwiefern diese mit einem Leistungsaustausch in Verbindung stehen.[75] **Kompensationszahlungen (Schadensersatzzahlungen)** für **mangelhafte Leistungserbringung** der Gegenpartei oder für **Schadensersatzleistungen durch den Verursacher bzw. Versicherer**, für die dieser nach Gesetz oder Vertrag eintreten muss, zählen aufgrund des fehlenden Leistungsaustausches nicht zu den Umsatzerlösen.

Eine Erfassung von **Versicherungsentschädigungen** als Umsatzerlöse ist lediglich vorzunehmen, wenn sich diese auf bereits abgesetzte Erzeugnisse, Waren bzw. Dienstleistungen erstrecken und dadurch nicht berechnungsfähige Umsätze ausgeglichen werden. Ansonsten ist ein Ausweis als sonstiger betrieblicher Ertrag erforderlich.

Für **Kundenbindungsprogramme** bedarf es einer Differenzierung, wer ggf. avisierte Sachprämien für die erworbenen Rabatt- oder Treuepunkte i.R.d. Programme gewährt. Die Erfassung ist dabei vom konkreten Einzelfall abhängig.[76]

Verzugs-, Stundungs-, Zielzinsen, Mahngebühren und Vertragsstrafen sind auch nach BilRUG nicht als Umsatzerlöse zu erfassen, da sie ihrem Charakter nach mangels Leistungsaustausch kein Entgelt für eine Leistung darstellen, sondern als Schadensersatz zu betrachten sind (Rz 167).

Die Einstufung von **Stornogebühren**, die bei Nichtinanspruchnahme einer Leistung für den dadurch entstandenen Schaden zu zahlen sind, stellen Schadensersatz dar und sind deshalb ebenfalls als sonstige betriebliche Erträge und nicht als Umsatzerlöse zu erfassen. Gleiches gilt für die von einem leistenden Unternehmer infolge einer Kündigung vereinnahmte Vergütung, sofern bis zu diesem Zeitpunkt noch keine Leistungen ggü. dem Besteller erbracht wurden. Derartige Zahlungen stellen Entschädigungen für das Nichtzustandekommen eines Leistungsaustausches dar.[77]

Für **Ausgleichszahlungen i.R.v. Nutzungsüberlassungsverträgen** (Miete, Pacht, Leasing) ist ein Ausweis als Umsatzerlöse dann erforderlich, wenn diese in ihrer Höhe und ihrem Wesen an den Umfang des vertragsgemäßen Gebrauch anknüpfen (z.B. Mehrkilometervereinbarungen) und als Ausgleich für eine (ordnungsgemäße) Mehrnutzung zu betrachten sind.[78] Zahlungen, die Wertminderungen aufgrund eines nicht vertragsgemäßen Gebrauchs ausgleichen sollen, stellen Schadensersatzzahlungen dar und sind als sonstige betriebliche Erträge zu erfassen.

Die i.R.d. Corona-Pandemie in Form einmaliger Kostenpauschalen beschlossenen „außerordentlichen Wirtschaftshilfen" („**Novemberhilfen**" oder „So-

---

[75] Vgl. Lüdenbach/Freiberg, StuB 2016, S. 43 f.
[76] Vgl. Lüdenbach/Freiberg, StuB 2016, S. 43 f.
[77] Vgl. Lüdenbach/Freiberg, StuB 2016, S. 43 f.
[78] Vgl. Lüdenbach/Freiberg, StuB 2016, S. 43 f.

forthilfen") sind erfolgswirksam in der GuV als sonstige betriebliche Erträge und nicht als Umsatzerlöse abzubilden, soweit die Corona-Finanzhilfen nicht ausnahmsweise als Investitionszuschuss einzustufen sind. Im Fall der periodengleichen GuV-Erfassung ist die Erläuterungspflicht für Erträge von außergewöhnlicher Bedeutung zu beachten (§ 285 Nr. 31 HGB).[79] Zeitlich ist die Erfassung der Zuschüsse in dem Jahr vorzunehmen, in dem die sachlichen Voraussetzungen zum Abschlussstichtag durch den Bilanzierenden erfüllt sind. Der Beantragungszeitpunkt ist ebenso irrelevant, wie der tatsächliche (spätere) Auszahlungszeitpunkt. In diesem Sinne als entstanden gilt der Rechtsanspruch nach Auffassung des IDW, sofern bei Erfüllung der sachlichen Voraussetzungen zum Abschlussstichtag zum Zeitpunkt der Beendigung der Aufstellung des Abschlusses der erforderliche Antrag gestellt ist oder mit an Sicherheit grenzender Wahrscheinlichkeit gestellt werden wird.[80] Hierfür müssen die sachlichen Voraussetzungen für einen positiven Bewilligungsbescheid zum Bilanzstichtag soweit erfüllt werden, sodass mit hinreichender Sicherheit eine spätere Bewilligung unterstellt werden kann. Diese hinreichende Sicherheit wird bei einer fristgerechten Antragstellung bis zur Beendigung der Aufstellung des Abschlusses unter der Einschaltung eines prüfenden sachverständigen Dritten (WP, vBP, StB, RA) als gegeben betrachtet. Der hieraus zum Bilanzstichtag resultierende Anspruch ist unter dem Sammelposten „Sonstige Vermögensgegenstände" zu erfassen (§ 266 Abs. 2 B. II. 4. HGB). Das Vorliegen eines Schlussabrechnungsbescheids bis zum Zeitpunkt der Beendigung der Aufstellung ist nicht erforderlich. Bereits vor der Bewilligung zugeflossene Abschlagszahlungen sind als Schuld zu passivieren.[81] Sofern die Abwicklung der Corona-Finanzhilfe einer Genehmigung durch die EU-Kommission bedarf, ist die Ertragserfassung davon abhängig zu machen, ob diese vor Beendigung der Aufstellung des Abschlusses erteilt wurde. Zahlungen, die ein Unternehmen während einer coronabedingten behördlich verfügten temporären Betriebsschließung von seinem Kunden erhalten hat, ohne bereits eine Gegenleistung dafür erbracht zu haben und die im gewöhnlichen Geschäftsverlauf als Umsatzerlöse zu erfassen sind (z. B. vereinnahmte Mitgliedsbeiträge eines Fitnessstudiobetreibers), dürfen, sofern für diese Zahlungen zivilrechtlich ein Rückzahlungsanspruch gegen den Kaufmann gegeben ist, mangels Leistungserbringung des Kaufmanns nicht als Umsatzerlöse erfasst werden. Ihre korrekte Abbildung im Jahresabschluss ist von den jeweiligen Vereinbarungen abhängig. Ohne gesonderte Absprache steht dem Kunden ein als Rückzahlungsverbindlichkeit zu erfassender Erstattungsanspruch zu. Ein passiver Rechnungsabgrenzungsposten ist anzusetzen, sofern vereinbart wurde, dass den Kunden als Gegenwert für ihre geleisteten Zahlungen das Recht gewährt wird, während eines in künftigen Gj liegenden Zeitraums die vereinbarten Leistungen oder ersatzgetreue Kompensationen ohne weitere Zahlungen in Anspruch

---

[79] IDW, Fachlicher Hinweis v. 6.4.2021, Zweifelsfragen zu den Auswirkungen der Ausbreitung des Coronavirus auf die Rechnungslegung und deren Prüfung (Teil 3, 5. Update, April 2021), S. 13.
[80] IIDW, Fachlicher Hinweis v. 6.4.2021, Zweifelsfragen zu den Auswirkungen der Ausbreitung des Coronavirus auf die Rechnungslegung und deren Prüfung (Teil 3, 5. Update, April 2021), S. 12.
[81] IDW, Fachlicher Hinweis v. 6.4.2021, Zweifelsfragen zu den Auswirkungen der Ausbreitung des Coronavirus auf die Rechnungslegung und deren Prüfung (Teil 3, 5. Update, April 2021), S. 13.

> nehmen zu dürfen. Bereits geleistete Zahlungen, für welche der Kunde endgültig auf eine Rückerstattung verzichtet hat, sind als sonstiger betrieblicher Ertrag und nicht als Umsatzerlöse zu erfassen.

3.1.5 Möglichkeit zur Untergliederung der Umsatzerlöse

66 Grds. sind nach einhelliger Meinung des Schrifttums sämtliche Miet- und Pachteinnahmen unabhängig von der Branche, der das Unt angehört und unabhängig vom vermieteten Objekt als Umsatzerlöse auszuweisen.

> **Praxis-Beispiel**
> Vermietet ein Unt der Spielzeugindustrie auf der Suche nach neuen Einnahmequellen nicht nur einmalig seine Kantine zur Aufführung von Konzerten an eine Event-Agentur, so stellen diese Mieterlöse nach Meinung des Schrifttums aufgrund der nach BilRUG gültigen Umsatzerlösdefinition Umsatzerlöse dar, schließlich handelt es sich bei diesen Erlösen um eine Dienstleistung, die einen Leistungsaustausch darstellt. Zudem handelt es sich hierbei für Unt der Immobilien- oder Freizeitbranche – im betriebswirtschaftlichen Sinne – um klassische Umsatzerlöse, auch wenn es sich aus Sicht des betreffenden Unt um betriebsfremde Erträge abseits der gewöhnlichen Geschäftstätigkeit handelt.
> Obwohl hier lediglich branchenfremde Erlöse aus der Vermietung oder Verpachtung von Immobilien vorliegen und nicht von Erzeugnissen oder Waren, sieht das Schrifttum aufgrund der dem § 277 Abs. 1 HGB zugrunde liegenden Dienstleistungsdefinition die zwingende Notwendigkeit eines Ausweises der Mieterlöse als Umsatzerlöse. Mitunter wird lediglich eine gewisse Regelmäßigkeit als Grundvoraussetzung für erforderlich gehalten.
> Mietet ein Unt eine von Beginn an zu große Bürofläche mit der Absicht einen Teil weiterzuvermieten, so sind diese Mieteinnahmen gem. des derzeitig vorherrschenden Meinungsstandes zweifelsfrei als Umsatzerlöse auszuweisen.
> Aus dieser von der gewöhnlichen Geschäftstätigkeit unabhängigen Umsatzerlösklassifikation resultiert zwangsläufig die Frage, unter welcher GuV-Position die Erlöse aus der Veräußerung selbst erstellter nicht selbst genutzter Immobilien auszuweisen sind.
> Lässt ein Unt der Nahrungsmittelindustrie bspw. ein Bürogebäude zur eigenen Nutzung errichten und verkauft es unmittelbar nach der Fertigstellung eine in diesem Gebäude gelegene Eigentumswohnung zu Wohnzwecken an Privatpersonen, so ergäben sich hieraus gem. der obigen im Schrifttum vertretenen branchenunabhängigen Interpretation des Terminus „Produkte" bzw. „Dienstleistungen" zunächst ebenfalls Umsatzerlöse. Ein ähnlicher m. E. irreführender Umsatzerlösausweis ergäbe sich, sofern ein Unt ein Gebäude zur Selbstnutzung kauft und direkt im Anschluss einzelne Wohneinheiten dieses Gebäudes, die es nicht selbst nutzen möchte, weiterverkauft.

Ausgehend von den obigen Beispielen stellt sich die Frage, wie nach der derzeitig gültigen Umsatzerlösdefinition und der vorherrschenden Begriffsinterpretation eine praktikable Lösung für die Systematik des Umsatzerlösausweises umgesetzt werden kann.

Die Beantwortung dieser Frage wird vielfach nur in Abhängigkeit vom jeweiligen Einzelfall (z.B. Branche, Erlös- und Unternehmensstruktur) möglich sein. Während sich viele der nunmehr als Umsatzerlöse auszuweisenden Sachverhalte in einer Größenordnung bewegen, für welche eine Umpositionierung von den sonstigen betrieblichen Erträgen zu den Umsatzerlösen nur mit einem sehr überschaubaren Verzerrungspotenzial verbunden sein wird (z.B. Kantinenerlöse), scheint in jenen Fällen, in denen die Umsatzerlöse außerhalb der gewöhnlichen Geschäftstätigkeit in ihrer Gesamtheit ein wesentliches Niveau erreichen, eine Untergliederung des Umsatzerlösausweis zielführend.

Unabhängig von dieser Ausweissystematik muss einer Umsatzzuordnung stets eine Prüfung vorausgehen, ob nicht

- die jeweiligen Begleitumstände und die ursprüngliche Verwendungsabsicht der zur Veräußerung gelangenden VG sowie
- eine gewisse Nähe dieser VG zum AV

eindeutig gegen einen Umsatzausweis sprechen. In diesen Fällen handelt es sich nicht um Produkte des Unt i.S.e. herkömmlichen (europäischen) Begriffsverständnisses, sodass von einem Umsatzerlösausweis abzusehen und ein Ausweis als sonstige betriebliche Erträge vorzunehmen ist.

In dem oben angeführten Beispiel stellt die Vermietung der Kantine zu Konzertzwecken eine mit einem Leistungsaustausch verbundene Dienstleistung dar, sodass für diese Erlöse nach h.M. ein Ausweis unter den Umsatzerlösen vorzunehmen ist. Gleichwohl ist aufgrund der Branchenfremdheit ein untergliederter Umsatzerlösausweis anzuraten, sofern die Umsatzerlöse außerhalb der gewöhnlichen Geschäftstätigkeit nicht insgesamt von untergeordneter Bedeutung sind.

Der Weiterverkauf der Eigentumswohnung ist hingegen als absolut branchenunüblich sowie hinsichtlich der Umsatzhöhe des betreffenden Vorgangs als außergewöhnlich einzustufen, da es an jeglichem Produktbezug fehlt. Das Unt stellt dieses Gebäude nicht selbst her, sondern lässt es fertigen. So handelt es sich bei Immobilien schließlich nicht per se um Erzeugnisse oder Waren eines Unt; vielmehr ist ihnen diese Eigenschaft lediglich im Kontext eines zumindest vage gegebenen Branchenbezugs zuzusprechen. Da es sich um einen einmaligen Sachverhalt handelt, scheidet aufgrund der Seltenheit auch das Vorliegen von Nebengeschäften aus, von denen zu erwarten wäre, dass das Unt mit diesen zukünftig in nennenswertem Umfang erneut am Markt als Anbieter auftreten wird. Die bereits ex ante bestehende Veräußerungsabsicht führt zwar dazu, dass die Eigentumswohnung formal als UV einzustufen ist, eine wirtschaftliche Betrachtungsweise und die Berücksichtigung der betraglichen Dimension sprechen allerdings dafür, für diesen Sachverhalt eine gewisse Nähe zum AV festzustellen. Folglich ist lediglich der aus dieser Transaktion resultierende Erfolg (und nicht der Erlös) als sonstiger betrieblicher Ertrag und nicht als Umsatzerlös auszuweisen.

Da § 265 Abs. 5 Satz 1 HGB eine weitere Untergliederung der GuV erlaubt, die nach einhelliger Meinung auch für die Umsatzerlöse zulässig ist, und der Gesetzgeber nicht nur Zweifel an der langfristigen Bestandskraft der derzeitigen Um-

67

satzerlösdefinition äußert, sondern selbst die Möglichkeit eines untergliederten Umsatzerlösausweises ins Spiel bringt,[82] gebietet die kaufmännische Weitsicht bei gegebener Wesentlichkeit von der Möglichkeit eines differenzierten Umsatzerlösausweises Gebrauch zu machen.

Angesichts fehlender Verbote und der langfristig möglicherweise im Raum stehenden Rückkehr zu der vor BilRUG gültigen Umsatzerlösabgrenzung liegt es nahe, die Umsatzerlöse in zwei Kategorien zu unterteilen. Im Einzelnen wird daher an dieser Stelle eine Unterteilung in die Kategorien **„Umsatzerlöse der gewöhnlichen Geschäftstätigkeit"** und **„Umsatzerlöse außerhalb der gewöhnlichen Geschäftstätigkeit"** (oder alternativ: **„Umsatzerlöse aus dem Verkauf von Produkten und Dienstleistungen weiterer Unternehmenstätigkeiten")** vorgeschlagen.

Als Abgrenzungskonzeption für eine Klassifizierung der Umsatzerlöse als **„Umsatzerlöse der gewöhnlichen Geschäftstätigkeit"** ist dabei das bereits vor BilRUG übliche Vorgehen zugrunde zu legen. Nach diesem sind als Umsatzerlöse (der gewöhnlichen Geschäftstätigkeit) jene Erlöse auszuweisen, die auf einem Leistungsaustausch beruhen und sowohl plan- als auch regelmäßig bzw. wiederkehrend i. R. d. engeren Geschäftstätigkeit des Unt anfallen. Die ihnen zugrunde liegenden Leistungen müssen dabei (aus Einzelabschlusssicht) ggü. dem externen Absatzmarkt erbracht werden und das Ergebnis eines bewusst gewollten und gesteuerten Absatzprogramms sein.[83] In diesem Sinne ist die Abgrenzung der **„Umsatzerlöse der gewöhnlichen Geschäftstätigkeit"** in Anlehnung an den Geschäftszweig des Unt vorzunehmen.

Alle anderen Erlöse, die lediglich aufgrund der neuen Definition des BilRUG als Umsatzerlöse auszuweisen sind und die, obwohl es ihrem Wesen nach besser entsprechen würde, nicht unter den sonstigen betrieblichen Erträgen ausgewiesen werden dürfen, sind hingegen unter dem Sammelposten **„Umsatzerlöse außerhalb der gewöhnlichen Geschäftstätigkeit"** bzw. **„Umsatzerlöse aus dem Verkauf von Produkten und Dienstleistungen weiterer Unternehmenstätigkeiten"** auszuweisen.

Durch diese Systematik wird ein gewisses Maß an Stetigkeit erreicht. Dies gilt sowohl im Hinblick auf das in der Vergangenheit übliche Umsatzerlöseverständnis als auch im Hinblick auf mögliche zukünftige erneute Gesetzesänderungen.

Entscheidet sich ein Unt für den hier vorgeschlagenen **untergliederten Umsatzerlösausweis** so sollten diesem auch eine **Untergliederung der „Herstellungskosten" und des „Bruttoergebnisses vom Umsatz"** folgen (Rz 260).

3.2 Erhöhung oder Verminderung des Bestands an fertigen und unfertigen Erzeugnissen (Abs. 2 Nr. 2)

68 Der Posten „Erhöhung oder Verminderung des Bestands an fertigen und unfertigen Erzeugnissen" (§ 275 Abs. 2 Nr. 2 HGB) bringt die Differenz zwischen den Wertansätzen der in Summe zu HK bewerteten fertigen und unfertigen Erzeugnisse zum Beginn und zum Ende der betrachteten Periode

---

[82] Vgl. BT-Drs. 18/5256 v. 18.6.2015 S. 84.
[83] Zwirner, BC 2015, S. 540.

zum Ausdruck (Rz 27) und ist charakteristisch für die Grundsystematik des GKV. Dabei bilden sowohl Änderungen der Menge als auch des Werts die Berechnungsgrundlage (§ 277 Abs. 2 1. Halbsatz HGB). Aus dieser Systematik ergibt sich, dass auch Abschreibungen die Höhe der auszuweisenden Bestandsveränderungen beeinflussen. Hierzu zählen die Niederstwertabschreibungen auf das UV gem. § 253 Abs. 4 HGB. Ausgenommen hiervon sind hingegen Abschreibungen, die über das unternehmensübliche Maß hinausgehen (§ 277 Abs. 2 2. Halbsatz HGB), da diese unter Posten Nr. 7b gesondert auszuweisen sind (Rz 122).[84]

Inhaltlich sind nach h.M. unter dem Posten Bestandsveränderungen die Veränderungen der Bestände der **fertigen und unfertigen Erzeugnisse** sowie der **selbsterzeugten Roh-, Hilfs- und Betriebsstoffe** (RHB) auszuweisen. Für Letztere gilt dies jedoch nicht, sofern diese in der Bilanz wegen der Schwierigkeit ihrer bilanziellen Erfassung gemeinsam, d.h. ohne getrennte Bestandskonten, mit den fremdbezogenen RHB ausgewiesen werden,[85] da dann eine Saldierung der aktivierten Erträge der selbsterstellten Werkstoffe mit den Materialaufwendungen vorzuziehen ist.[86] Fertige Erzeugnisse wurden vom Unt selbst hergestellt und befinden sich in einem verkaufsbereiten Zustand. Selbsterstellte unfertige Erzeugnisse sind hingegen noch nicht verkaufsbereit. 69

In Abhängigkeit davon, ob nach **Saldierung der unterschiedlichen Bestandsveränderungen** in Summe eine Gesamtbestandsmehrung oder -minderung vorliegt, ist als Postenbezeichnung entweder die Bezeichnung „Erhöhung des Bestandes an fertigen und unfertigen Erzeugnissen" oder „Verminderung des Bestandes an fertigen und unfertigen Erzeugnissen" zu wählen. 70

Des Weiteren sind auch die Bestandsveränderungen noch nicht abgerechneter Leistungen unter diesem Posten auszuweisen. Im Einzelnen zu nennen sind hier in Arbeit befindliche Aufträge sowie für Dritte errichtete unfertige Bauten auf fremdem Grund und Boden, wobei dies durch die gewählte Postenbezeichnung kenntlich gemacht werden sollte.[87] 71

Prinzipiell gilt der Grundsatz, dass die in der GuV unter Posten Nr. 2 ausgewiesene Bestandsveränderung der Summe der aus der Bilanz errechenbaren Differenzen zwischen den End- und Anfangsbeständen der für die Saldierung relevanten Vermögenspositionen entsprechen muss. Abweichungen können jedoch z.B. dann zu verzeichnen sein, wenn über das sonst übliche Maß hinausgehende Abschreibungen vorschriftsgemäß unter dem Posten Nr. 7b erfasst wurden. 72

3.3 Andere aktivierte Eigenleistungen (Abs. 2 Nr. 3)

Über Aufwendungen für die Bestandsveränderungen an fertigen und unfertigen Erzeugnissen hinaus können im Unt auch Aufwendungen für aktivierte Eigenleistungen entstanden sein, die, der Systematik des GKV Rechnung tragend, durch den Ausweis des Postens „**andere aktivierte Eigenleistungen**" (§ 275 Abs. 2 Nr. 3 HGB) 73

---

[84] Vgl. IDW, WPH Edition, Wirtschaftsprüfung & Rechnungslegung, 18. Aufl. 2023, Kap. F Tz 808.
[85] Vgl. Kirsch/Ewelt-Knauer/Schmitz, in Baetge/Kirsch/Thiele, Bilanzrecht, § 275 HGB Rz 75, Stand: 7/2013.
[86] Vgl. ADS, Rechnungslegung und Prüfung der Unternehmen, 6. Aufl. 1995–2001, § 275 HGB Rz 67 m.w.N.
[87] Vgl. IDW, WPH Edition, Wirtschaftsprüfung & Rechnungslegung, 18. Aufl. 2023, Kap. F Tz 810.

auf der Ertragsseite der GuV ergebnisneutralisierend auszuweisen sind. Hierdurch wird eine periodengerechte Gegenüberstellung der wirtschaftlichen Gesamtleistung und der für die Erstellung angefallenen und auf die verschiedenen GuV-Posten verteilten Aufwendungen erreicht. Klassische Beispiele für aktivierte Eigenleistungen stellen selbsterstellte Bauten, Anlagen, Maschinen, bilanzierungsfähige selbst geschaffene immaterielle Vermögenswerte oder in Eigenregie durchgeführte aktivierte Großreparaturen dar. Soweit Bestandsveränderungen selbsterstellter RHB nicht – wie nach h. M. erforderlich – unter dem Posten „Bestandsveränderungen unfertiger und fertiger Erzeugnisse" erfasst werden, sind diese ebenfalls als „andere aktivierte Eigenleistungen" auszuweisen.

74 Sind Aufwendungen früherer Gj im Anschluss an eine steuerliche Betriebsprüfung in der Steuerbilanz zu aktivieren, so ist die entsprechende aufwandswirksame (handelsrechtliche) Buchung aufgrund ihrer Periodenfremdheit unter dem Posten „sonstige betriebliche Erträge" zu erfassen.[88]

75 Eine nachträgliche Aktivierung von Vorjahresaufwendungen und Erfassung als andere Eigenleistungen ist jedoch dann vertretbar bzw. erforderlich, wenn sich die Erstellung des VG über zwei Jahre hingezogen hat und sich im zweiten Jahr – ohne Mitwirkung der steuerlichen Außenprüfung – die Aktivierungsfähigkeit der Vorjahresaufwendungen herausgestellt hat. Diese Situation liegt bspw. vor, wenn sich im Lauf von periodenübergreifenden Reparaturarbeiten herausstellt, dass diese aufgrund ihres Umfangs zu aktivieren sind.[89]

76 Fließen in die selbst erstellten VG fremdbezogene Materialien ein, so können diese entweder direkt auf die Aktivkonten gebucht werden, welche die aktivierten Eigenleistungen in der Bilanz ausweisen (**Nettomethode**), oder sie können als Aufwand unter dem Posten Nr. 5a oder 5b erfasst werden mit späterem Mitausweis als aktivierte Eigenleistungen unter Posten Nr. 3 (Bruttomethode). Da bei der **Bruttomethode** das Volumen der aktivierten Eigenleistungen – und damit die ausgewiesene Gesamtleistung des Unt – stark erhöht wird, lehnt die h. M. die Bruttomethode ab, es sei denn, die Fremdleistungen haben im Vergleich zur Eigenleistung nur eine untergeordnete Bedeutung.[90]

77 Der in der GuV unter dem Posten „andere aktivierte Eigenleistungen" auszuweisende Betrag entspricht dem in der Bilanz aktivierten Betrag.[91]

Praxis-Beispiel
Andere aktivierte Eigenleistungen
Die Fischgold Wilhelmshaven GmbH benötigt für ihre Fertigungsstraße eine neue Fischfiletiermaschine, die sie aufgrund ihrer besonderen Anforderungen selbst herstellt. Für die Herstellung der Maschine werden Materialien im Wert von 150.000 EUR eingekauft und verbaut. Die Personalkosten für die eigenen

---

[88] Vgl. ADS, Rechnungslegung und Prüfung der Unternehmen, 6. Aufl. 1995–2001 § 275 HGB Rz 60; Reiner, in MünchKomm. HGB, 4. Aufl. 2020, § 275 HGB Rz 31; IDW, WPH Edition, Wirtschaftsprüfung & Rechnungslegung, 18. Aufl. 2023 Kap. F Tz 813.
[89] Vgl. ADS, Rechnungslegung und Prüfung der Unternehmen, 6. Aufl. 1995–2001, § 275 HGB Rz 60; Reiner, in MünchKomm. HGB, 4. Aufl. 2020, § 275 HGB Rz 31.
[90] Vgl. ADS, Rechnungslegung und Prüfung der Unternehmen, 6. Aufl. 1995–2001, § 275 HGB Rz 63; Budde, in Küting/Weber, HdR-E, § 275 HGB Rz 36a, Stand: 05/2017; Reiner, in MünchKomm. HGB, 4. Aufl. 2020, § 275 HGB Rn 35.
[91] Vgl. Budde, in Küting/Weber, HdR-E, § 275 HGB Rz 35, Stand: 05/2017.

Techniker und für andere beteiligte Mitarbeiter betragen 175.000 EUR. Bei der Herstellung der Anlage werden eigene Maschinen eingesetzt. Die anteiligen Abschreibungen belaufen sich auf 10.000 EUR.
Wie der Vergleich beider Erfassungsmethoden zeigt, ist aufgrund des hohen Fremdleistungsanteils der Nettomethode den Vorzug zu geben.

GuV (Angaben in TEUR)	Nettomethode	Bruttomethode
andere aktivierte Eigenleistungen	185	335
Materialaufwand	0	–150
Personalaufwand	–175	–175
Abschreibungen	–10	–10
Summe	0	0

Buchung Nettomethode

Konto	Soll	Haben
Sachanlagen	150.000	
Verbindlichkeiten/Geldkonto		150.000
Sachanlagen	185.000	
andere aktivierte Eigenleistungen		185.000

Buchung Bruttomethode

Konto	Soll	Haben
Materialaufwand	150.000	
Verbindlichkeiten/Geldkonto		150.000
Sachanlagen	335.000	
andere aktivierte Eigenleistungen		335.000

3.4 Sonstige betriebliche Erträge (Abs. 2 Nr. 4)

Der Posten § 275 Abs. 2 Nr. 4 HGB des GKV „sonstige betriebliche Erträge" stellt einen Sammelposten der GuV dar, in dem alle betrieblichen Erträge auszuweisen sind, die keinem anderen Ertragsposten des Gliederungsschemas zuzuordnen sind. Konkret sind unter den sonstigen betrieblichen Erträgen alle regelmäßigen und unregelmäßigen Erträge auszuweisen, die nicht zu den Umsatzerlösen, Bestandsveränderungen oder anderen aktivierten Eigenleistungen gehören (Rz 58).

79 | **Praxis-Beispiel**
Zu den sonstigen betrieblichen Erträgen zählen Erträge aus:
- Kostenerstattungen, die nicht mit einem Leistungsaustausch verbunden sind;
- Gutschriften aus Weiterbelastungen an Tochtergesellschafen, die ausschl. der Kostenumverteilung dienen und nicht an den Austausch einer Dienstleistung gebunden sind. Liegt der Belastung der Konzernumlage die Erbringung einer Dienstleistung zugrunde, dann ist der damit verbundene Ertrag als Umsatzerlös auszuweisen; es sei denn es handelt sich um weiterbelastete Zinsen;
- Haftungsvergütungen und Auslagenersatz als persönlich haftender Gesellschafter;
- Versicherungsentschädigungen und Schadensersatzleistungen, die nicht für bereits verkaufte Erzeugnisse anfallen (dann Posten Nr. 1);[92]
- an Organgesellschaften weiterbelasteten und nicht gesondert als Erträge aus Gewinnabführungsverträgen ausgewiesenen Steuern (Rz 188);[93]
- Dividenden aus Genossenschaftsanteilen;
- Zuschüsse Dritter und Investitionszulagen, sofern diese nicht als Anschaffungskostenminderung erfasst werden oder Zuzahlungen von Gesellschaftern i. S. d. § 272 Abs. 2 Nr. 4 HGB darstellen;[94]
- Rückvergütungen und Gutschriften früherer Jahre;[95]
- Zuschreibungen zu Sachanalgen und immateriellen Vermögensgegenständen;
- Wertaufholungen bzw. Zuschreibungen zu Vermögensgegenständen des Umlaufvermögens, sofern diese nicht unter Posten Nr. 2 oder 5a zu erfassen sind;[96]
- Erhöhung von Festwerten bei Gegenständen des Sachanlagevermögens;[97]
- Schuldnachlässen (Herabsetzung von Verbindlichkeiten);
- Auflösungen von Rückstellungen, mit Ausnahme von Steuerrückstellungen (Rz 183) und Rückstellungen für erwartete Erlösschmälerungen (Rz 49);
- Herabsetzungen von Pauschalwertberichtigungen zu Forderungen;[98]
- Zahlungseingängen auf in Vorjahren ausgebuchte Forderungen;
- Aktivierung unentgeltlich erworbener Vermögensgegenstände;
- Buchgewinnen aus dem Abgang von Gegenständen des AV und des UV (z. B. Erträge aus dem Verkauf von Wertpapieren und den damit in Verbindung stehenden Bezugsrechten); sofern kein Ausweis als Finanzerträge;
- Buchgewinnen aus dem Verkauf von Emissionsrechten;
- **im UV bilanzierten Joint Ventures** (z. B. Arbeitsgemeinschaften);[99]

---

[92] Vgl. Kirsch/Ewelt-Knauer/Schmitz, in Baetge/Kirsch/Thiele, Bilanzrecht, § 275 HGB Rz 94, Stand: 12/2015.
[93] Vgl. ADS, Rechnungslegung und Prüfung der Unternehmen, 6. Aufl. 1995–2001, § 275 HGB Rz 71.
[94] Vgl. Eppinger/Schöpfer, in Küting/Weber, HdR-E, § 275 HGB Rz 48, Stand: 05/2024; IDW, WPH Edition, Wirtschaftsprüfung & Rechnungslegung, 18. Aufl. 2023, Kap. F Tz 814.
[95] Vgl. IDW, WPH Edition, Wirtschaftsprüfung & Rechnungslegung, 18. Aufl. 2023, Kap. F Tz 814.
[96] Vgl. ADS, Rechnungslegung und Prüfung der Unternehmen, 6. Aufl. 1995–2001, § 275 HGB Rz 71; IDW, WPH Edition, Wirtschaftsprüfung & Rechnungslegung, 18. Aufl. 2023, Kap. F Tz 814.
[97] Vgl. ADS, Rechnungslegung und Prüfung der Unternehmen, 6. Aufl. 1995–2001, § 275 HGB Rz 71.
[98] Vgl. Kirsch/Ewelt-Knauer/Schmitz, in Baetge/Kirsch/Thiele, Bilanzrecht, § 275 HGB Rz 94, Stand: 7/2023.
[99] Vgl. IDW, WPH Edition, Wirtschaftsprüfung & Rechnungslegung, 18. Aufl. 2023, Kap. F Tz 839.

- Buchgewinnen aus dem Einsatz derivativer Finanzinstrumente, sofern sie zu Spekulationszwecken erworben wurden oder die Bedingungen zur Anerkennung als Sicherungsgeschäft und damit zur Bildung einer Bewertungseinheit nicht erfüllt werden;[100]
- Währungsumrechnung i.S.d. § 256a HGB;
- der Anwendung des Art. 67 Abs. 1 und 2 EGHGB.

Für Erträge aus der **Währungsumrechnung** i.S.d. § 256a HGB besteht die Pflicht zum gesonderten Ausweis als sonstige betriebliche Erträge (§ 277 Abs. 5 HGB; § 256a Rz 34ff.). 80

Erträge aus der Anwendung des Art. 67 Abs. 1 und 2 EGHGB, die vor BilRUG unter dem Posten außerordentliche Erträge gesondert anzugeben waren, sind nach den Bestimmungen des BilRUG in der GuV innerhalb der sonstigen betrieblichen Erträge gesondert als „Erträge nach Artikel 67 Abs. 1 und 2 EHGB" auszuweisen (Art. 75 Abs. 5 EGHGB; § 277 Rz 31).

Die Höhe der sonstigen betrieblichen **Erträge aus der Veräußerung von VG** ergibt sich aus den entsprechenden Buchgewinnen auf Nettobasis. D.h., vom Verkaufserlös und/oder der Versicherungsentschädigung sind die Erlösschmälerungen, die Umsatzsteuer und der Buchwert des verkauften Gegenstands abzuziehen. Nicht zulässig ist eine Verrechnung von Erträgen mit Verlusten aus Vermögensabgängen und der ggf. hierauf entfallenden Ertragsteuern. Bei einem unterjährigen Ausscheiden eines abnutzbaren VG ist dessen Buchwert vor Berechnung der auszuweisenden sonstigen betrieblichen Erträge um die anteiligen Abschreibungen des Abgangsjahrs zu korrigieren. Aus Vereinfachungsgründen wird es jedoch auch als zulässig erachtet, auf die Ermittlung der Abschreibungen des Abgangsjahrs zu verzichten, sofern diese i.R.e. Gesamtwürdigung unwesentlich sind.[101] 81

Eine **Verrechnung der Verkaufserlöse mit den Kosten des Aus- bzw. Abbaus oder entstandener Frachtkosten** ist handelsrechtlich nicht explizit erlaubt und stellt einen Verstoß gegen das Saldierungsverbot dar.[102] 82

Nicht für einen Ausweis als sonstige betriebliche Erträge kommen **Erträge aus der Wiederveräußerung eigener Anteile** in Betracht.[103] Diese sind gem. § 272 Abs. 1b Satz 3 HGB erfolgsneutral mit den freien Rücklagen bzw. der Kapitalrücklage gem. § 272 Abs. 2 Nr. 1 HGB zu verrechnen. 83

Strittig ist zuweilen der nach h.M. vorzunehmende **Ausweis von Zuschreibungen zu Gegenständen des Finanzanlagevermögens und von Buchgewinnen der Veräußerung** dieser Vermögensposten als sonstige betriebliche Erträge und damit ihre Erfassung als operative Ergebniselemente, da diese von der Sache her dem Finanzbereich zuzuordnen sind. Diesem Umstand kann bedenkenlos dadurch Rechnung getragen werden, dass erhebliche Erträge dieser Art in einem Vorspaltenvermerk innerhalb des Postens Nr. 4 gesondert ausgewiesen werden (Rz 133).[104] 84

---

[100] Vgl. Eppinger/Schöpfer, in Küting/Weber, HdR-E, § 275 HGB Rz 47, Stand: 05/2024.
[101] Vgl. Eppinger/Schöpfer, in Küting/Weber, HdR-E, § 275 HGB Rz 41, Stand: 05/2024.
[102] Vgl. Kliem/Müller, in Beck Bil-Komm., 14. Aufl. 2024, § 275 HGB Rz 93.
[103] Vgl. Kirsch, PiR 2008, S. 227.
[104] Vgl. Kliem/Müller, in Beck Bil-Komm., 14. Aufl. 2024, § 275 HGB Rz 95.

85 Mitunter wird aber auch die Meinung vertreten, derartige Erträge seien als eigenständiger Posten dem Finanzergebnis zuzuordnen. Hierzu wird entweder ein Ausweis unter einem separaten GuV-Posten oder unter dem Posten „Erträge aus Beteiligungen" mit entsprechend modifizierter Postenbezeichnung diskutiert.[105] Zumindest die erste Forderung erscheint im Hinblick auf den betriebswirtschaftlichen Sachverhalt plausibel (Rz 148).

86 Erfolgswirksame **Auflösungen von Rückstellungen** sind erforderlich, soweit der Grund hierfür entfallen ist (§ 249 Abs. 2 Satz 2 HGB). Die hieraus resultierenden Erträge müssen unter den sonstigen betrieblichen Erträgen ausgewiesen werden, da eine Auflösung durch eine entsprechende Aufwandskorrektur als Verstoß gegen das Saldierungsverbot untersagt ist. Ergänzend gilt der Einzelbewertungsgrundsatz (§ 252 Abs. 1 Nr. 3 HGB) als Begründung dafür, weshalb eine Rückstellung bei Wegfall des Grunds nicht beibehalten und für einen anderen Zweck verwendet werden darf. Ausnahmen hiervon werden nur als zulässig erachtet, wenn sich der alte und neue Aufwandszweck entsprechen und die betreffende „Rückstellungsbildung" sich auf abgelaufene Gj bezieht.[106]

87 Insgesamt zeigt die Aufzählung möglicher sonstiger betrieblicher Erträge die Vielfalt der Sachverhalte, die unter diesem GuV-Posten zum Ausweis kommen können. Der sich hinter der Verankerung dieses Sammelpostens in der GuV verbergende Grundgedanke, eine ansonsten äußerst umfangreiche Auflistung einzelner Ertragsposten innerhalb der gesetzlich vorgegebenen Gliederung zu vermeiden, steht nicht im Widerspruch zur Forderung, dass immer dann ein getrennter Ausweis einzelner Posten der sonstigen betrieblichen Erträge erfolgen sollte, wenn dieser der Klarheit und Übersichtlichkeit dient.

3.5 Materialaufwand (Abs. 2 Nr. 5)

88 Unter dem Posten „Materialaufwand" (§ 275 Abs. 2 Nr. 5 HGB) sind sowohl die **Aufwendungen für RHB und für bezogene Waren** (Nr. 5a) als auch die **Aufwendungen für bezogene Leistungen** (Nr. 5b) gesondert auszuweisen.

3.5.1 Aufwendungen für Roh-, Hilfs- und Betriebsstoffe und für bezogene Waren (Abs. 2 Nr. 5a)

89 Eine Definition für den Materialaufwand findet sich in den handelsrechtlichen Bestimmungen nicht. Dieser Umstand ermöglicht es, über den Materialverbrauch des Fertigungsbereichs hinaus auch den Materialverbrauch des Forschungs-, Entwicklungs-, Verwaltungs- und Vertriebsbereichs unter Posten Nr. 5a auszuweisen. Alternativ kann dieser auch unter dem Posten „sonstige betriebliche Aufwendungen" ausgewiesen werden. Hierbei handelt es sich jedoch um eine einmalige Ausweisentscheidung, welche in den Folgejahren dem Grundsatz der Stetigkeit unterworfen ist.

90 **Rohstoffe** sind Materialien, die mit oder ohne Bearbeitung als Hauptbestandteil in das Erzeugnis einfließen. Auch Vorprodukte und Fremdbauteile stellen Rohstoffe dar.

---

[105] Vgl. Kliem/Müller, in Beck Bil-Komm., 14. Aufl. 2024, § 275 HGB Rz 95 (nur für Zuschreibungen); Kirsch/Ewelt-Knauer/Schmitz, in Baetge/Kirsch/Thiele, Bilanzrecht, § 275 HGB Rz 98, 194, Stand: 7/2023.
[106] Vgl. Reiner, in MünchKomm. HGB, 5. Aufl. 2024, § 275 HGB Rn 39.

Hilfsstoffe sind Erzeugnisbestandteile von untergeordneter mengen- oder wertmäßiger Bedeutung.

Unter die Kategorie **Betriebsstoffe** fallen jene zur Erzeugniserstellung verbrauchten Produkte, die nicht unmittelbar in das Erzeugnis eingehen. Hierzu zählen auch Rohstoffe der Nebenbetriebe (z. B. Lebensmittelvorräte der Kantine) sowie die im Verwaltungs- und Vertriebsbereich eingesetzten Büromaterialien. Abweichend von der ansonsten üblichen Systematisierung der klassischen Betriebswirtschaftslehre stellen **Aufwendungen für bezogenen Strom und vergleichbare Energieaufwendungen** keine Aufwendungen für Betriebsstoffe bzw. Material dar, sondern Aufwendungen für bezogene Leistungen.[107]

Bezogene Waren sind erworbene Erzeugnisse, die **ohne** wesentliche Be- oder Verarbeitung zur Weiterveräußerung bestimmt sind.

Die Höhe der Materialaufwendungen errechnet sich aus dem Anfangsbestand der Eröffnungsbilanz zzgl. der Zugänge und abzgl. des in der Schlussbilanz ausgewiesenen Endbestands. Entsprechend dieser Wertermittlungskonzeption werden auch Abwertungen als Materialaufwendungen erfasst, soweit sie das übliche Maß nicht überschreiten. Somit beeinflussen auch **unternehmensüblicher** Schwund, Qualitätsverlust sowie rückläufige Marktpreise die Höhe des Materialaufwands. Die Ausweisentscheidung, ob die aufgrund dieser angeführten Gründe vorzunehmenden Abwertungen als Materialaufwand oder anderweitiger Aufwand einzustufen sind, ist von ihrer Höhe abhängig zu machen. Bewegen sich die Wertminderungen auf üblichem Niveau, sind sie als Materialaufwand auszuweisen. Übersteigen sie dieses, folgt daraus ein Ausweis als der Höhe nach unübliche Abschreibungen auf VG des UV (§ 275 Abs. 2 Nr. 7b HGB).[108]

Verluste aus **mengenmäßigen** Bestandsabgängen (Diebstahl, Brand, Bruch) sind nur als Materialaufwand auszuweisen, soweit sie sich auf unerheblichem Niveau bewegen. Übersteigen sie dieses, ist ein Ausweis als sonstige betriebliche Aufwendung (§ 275 Abs. 2 Nr. 8 HGB) erforderlich, da sich die Position unübliche Abschreibungen lediglich auf die Erfassung von Wertverlusten beziehen und nicht auf mengenmäßige Veränderungen der betreffenden Bilanzpositionen.[109] Die Klassifizierung unüblicher Abschreibungen, die aufgrund ihrer Höhe nicht als Materialaufwand, sondern unter dem Posten Nr. 7b auszuweisen sind, ist an den in den Vj aus denselben Gründen angefallenen Abschreibungen auszurichten.[110]

Zum Materialaufwand hinzuzurechnen sind ferner die Auswirkungen, die sich aus der Änderung von Bewertungsmethoden ergeben.

Der Aufwand für bezogene Waren ergibt sich aus dem Anfangsbestand zzgl. der Zugänge und abzgl. des Endbestands. Für die Zulässigkeit des Aufwandsausweises ist der Verkauf oder die Feststellung eines Abwertungsbedarfs bzw. von (nicht erheblichen) Inventurdifferenzen erforderlich.

Bei Anwendung des **Festwertverfahrens** für die Bewertung der VG des UV entspricht der Materialaufwand dem Wert der laufenden Zugänge sowie den

---

[107] Vgl. ADS, Rechnungslegung und Prüfung der Unternehmen, 6. Aufl. 1995–2001, § 275 HGB Rz 85.
[108] Vgl. Kliem/Müller, in Beck Bil-Komm., 14. Aufl. 2024, § 275 HGB Rz 118.
[109] Vgl. Kirsch/Ewelt-Knauer/Schmitz, in Baetge/Kirsch/Thiele, Bilanzrecht, § 275 HGB Rz 115, Stand: 7/2023.
[110] Vgl. Kirsch/Ewelt-Knauer/Schmitz, in Baetge/Kirsch/Thiele, Bilanzrecht, § 275 HGB Rz 114, Stand: 7/2023.

unternehmensüblichen Herauf- und Herabsetzungen des Festwerts. Letzteres ist mit einer Saldierung von Aufwendungen und Erträgen verbunden.

Auch Zugänge des Sachanlagevermögens, das zu Festwerten ausgewiesen wird, dürfen unter Posten Nr. 5a erfasst werden.[111] Für sie wird aber auch ein Ausweis unter den sonstigen betrieblichen Aufwendungen als zulässig erachtet. Mitunter wird auch eine Ausweispflicht als Materialaufwand unterstellt.[112] Erhöhungen von Festwerten des Sachanlagevermögens sind unter Nr. 4 und Herabsetzungen unter Nr. 7a auszuweisen.[113]

3.5.2 Aufwendungen für bezogene Leistungen (Abs. 2 Nr. 5b)

95 Aufwendungen für bezogene Leistungen erfordern einen von dem Posten „Aufwendungen für Roh-, Hilfs- und Betriebsstoffe und für bezogene Waren" getrennten Ausweis. Unter diesem Posten sind insb. die in die Herstellung eingeflossenen Fremdleistungen, wie z.B. die von Dritten durchgeführte Lohnverarbeitung oder -bearbeitung von zur Verfügung gestellten Werkstoffen und unfertigen Erzeugnissen zu subsumieren (z.B. Umschmelzen von Metallen, Härten von eigenen Erzeugnissen, Stanzarbeiten).[114] Aber auch die Aufwendungen für fremdbezogene Energie (z.B. Strom, Gas, Fernwärme) und für fremd durchgeführte Produktentwicklungen oder die Inanspruchnahme von Fertigungslizenzen sind hier auszuweisen.[115] Aufgrund ihrer Betriebsstoffeigenschaft kommt für Strom oder Gas allerdings auch ein Ausweis unter Nr. 5a in Betracht.[116] Für Verkehrsbetriebe stellt dies im Hinblick auf den Fahrstrom den Regelfall dar. Auch der Energiebezug durch Versorgungsbetriebe ist als Materialaufwand auszuweisen.

96 Die Aufwandszuordnung zu diesem Posten richtet sich danach, ob es sich um Aufwendungen handelt, die ihrem Wesen nach für die Erzeugung bzw. Be- oder Verarbeitung von Erzeugnissen und Waren angefallen sind oder durch die Erbringung von Dienstleistungen i. S. d. Umsatzerlösdefinition veranlasst sind.[117] Gleichwohl gilt analog zu den Aufwendungen für RHB und für bezogene Waren auch hier, dass für die in den nicht herstellungsbezogenen Funktionsbereichen (z.B. Vertrieb und Verwaltung, F&E) angefallenen Aufwendungen für bezogene Leistungen ein alternativer Ausweis unter dem Posten „sonstige betriebliche Aufwendungen" zulässig ist.[118] Voraussetzung für einen Ausweis bezogener Fremdleistungen als „bezogene Leistungen" ist, dass diese nicht nur in einem losen Zusammenhang zur Leistungserbringung stehen, sondern als ein wesentli-

---

[111] Vgl. IDW, WPH Edition, Wirtschaftsprüfung & Rechnungslegung, 18. Aufl. 2023, Kap. F Tz 818.
[112] Vgl. Reiner, in MünchKomm. HGB, 5. Aufl. 2024, § 275 HGB Rn 46; a. A. Winzker, in Beck HdR, B 332, Rz. 56, Stand: 08/2018, der einen saldierten Ausweis unter dem Aufwand für RHB-Stoffe für möglich hält.
[113] Vgl. IDW, WPH Edition, Wirtschaftsprüfung & Rechnungslegung, 18. Aufl. 2023, Kap. F Tz 818.
[114] Vgl. Kirsch/Ewelt-Knauer/Schmitz, in Baetge/Kirsch/Thiele, Bilanzrecht, § 277 HGB Rz 121, Stand: 7/2023.
[115] Vgl. Kliem/Müller, in Beck Bil-Komm., 14. Aufl. 2024, § 275 HGB Rz 120; IDW, WPH Edition, Wirtschaftsprüfung & Rechnungslegung, 18. Aufl. 2023, Kap. F Tz 820; a. A. hierzu vgl. Eppinger/Schöpfer, in Küting/Weber, HdR-E, § 275 HGB Rz 53, Stand: 5/2024; Reiner, in MünchKomm. HGB, 5. Aufl. 2024, § 275 HGB Rn 49.
[116] Vgl. Kliem/Müller, in Beck Bil-Komm., 14. Aufl. 2024, § 275 HGB Rz 120.
[117] Vgl. Kliem/Müller, in Beck Bil-Komm., 14. Aufl. 2024, § 275 HGB Rz 120.
[118] Vgl. Kirsch/Ewelt-Knauer/Schmitz, in Baetge/Kirsch/Thiele, Bilanzrecht, § 275 HGB Rz 122, Stand: 7/2023.

cher Bestandteil in die Produkte und Dienstleistungen des Unt einfließen, aus denen das Unt seine Umsatzlöse generiert.[119]

Praxis-Beispiel
Keine Aufwendungen für bezogene Leistungen stellen Lager- und Transportkosten (soweit nicht Anschaffungsnebenkosten von RHB), Fremdlagerkosten, Prüfungshonorare, Sachversicherungsprämien, Sachverständigenhonorare und Kosten für Werbung dar. Diese entsprechen in ihrem Charakter nicht den Materialkosten und stellen keinen prägenden Teil einer auf die Umsatzerlöserzielung abzielenden Dienstleistung dar.
Dies mag in vielen Fällen auch für Beratungshonorare und Mieten gelten, kann aber aufgrund der veränderten Umsatzerlösdefinition nicht generalisiert unterstellt werden. So stellen Mieten für Werkswohnungen im Falle der Weitervermietung an die Beschäftigten bezogene Leistungen dar.
Bei der Erbringung von Baudienstleistungen stellen Dritthonorare für extern bezogene Ingenieurdienstleistungen oder Beratungsleistungen i.R.d. Bautätigkeit bezogene Leistungen dar. Erzielt das Unt neben den Umsatzerlösen aus der gewöhnlichen Geschäftstätigkeit auch Umsatzerlöse aus der laufenden Unterlizenzierung, so sind die diesen Umsatzerlösen gegenüberstehenden Aufwendungen für die zu tragenden Lizenzgebühren als bezogene Leistungen auszuweisen.

97

Die Aufwendungen für **Fremdreparaturen** sind unter dem Posten Nr. 5b auszuweisen, sofern diese überwiegend von den Aufwendungen für den Materialverbrauch anstatt vom Lohnteil beeinflusst werden. Zwar wird dieser Sachverhalt einer Beurteilung in Einzelfällen nur schwer zugänglich sein, es erweist sich aber als maßgeblich für die Entscheidung, ob ein Ausweis unter Nr. 5b oder unter den „sonstigen betrieblichen Aufwendungen" vorzunehmen ist.[120]

98

Mietaufwendungen, die im Zusammenhang mit der Umsatzerzielung durch Weitervermietung stehen, sind aufgrund der durch das BilRUG geänderten Umsatzerlösdefinition ebenfalls als bezogene Leistungen auszuweisen.
Lizenzgebühren sind dann als bezogene Leistungen auszuweisen, wenn ein wesentlicher Zusammenhang zwischen der zu erbringenden Leistung besteht und diese zu Umsatzerlösen führt. Besteht keine wesentliche Verbindung zu den Umsatzerlösen ist ein Ausweis als sonstiger betrieblicher Aufwand erforderlich. Die Beurteilung, ob die Nutzung der Lizenzrechte einen wesentlichen Bestandteil der umsatzbezogenen Leistungserbringung darstellen, ist einzelfallabhängig zu treffen.

99

3.6 Personalaufwand (Abs. 2 Nr. 6)

Der Personalaufwand ist beim GKV unter den Posten „**Löhne und Gehälter**" (§ 275 Abs. 2 Nr. 6a HGB) sowie „soziale Abgaben und Aufwendungen für Altersversorgung und für Unterstützung, davon für Altersversorgung" (§ 275 Abs. 2 Nr. 6b HGB) getrennt auszuweisen und umfasst sämtliche Personalaufwendungen, unabhängig davon, ob es sich um Geld- oder Sachleistungen handelt. Bei Anwendung des UKV bedarf es aufgrund der fehlenden Aufwandsgliederung

100

---

[119] Vgl. Kliem/Müller, in Beck Bil-Komm., 14. Aufl. 2024, § 275 HGB Rz 120.
[120] Vgl. Eppinger/Schöpfer, in Küting/Weber, HdR-E, § 275 HGB Rz 53a, Stand: 5/2024; IDW, WPH Edition, Wirtschaftsprüfung & Rechnungslegung, 18. Aufl. 2023, Kap. F Tz 820.

nach einzelnen Aufwandsarten einer dieser Grundeinteilung folgenden Aufgliederung des Personalaufwands im Anhang (§ 285 Nr. 8b HGB).

3.6.1 Löhne und Gehälter (Abs. 2 Nr. 6a)

101 Als **Löhne und Gehälter** sind sämtliche im abzuschließenden Gj i.R.v. Dienstverhältnissen angefallenen Löhne und Gehälter für Arbeiter, Angestellte, Auszubildende und Mitglieder des Vorstands bzw. der Geschäftsführung des Unt auszuweisen. Die Ausweispflicht erstreckt sich auf die Bruttobeträge der Löhne und Gehälter (d.h. auf die Beträge vor Abzug der vom Arbeitnehmer zu tragenden Lohnsteuer und Sozialabgaben) und ist unabhängig vom Auszahlungszeitpunkt und der Entgeltform (Geld- oder Sachbezüge). Auch Vergütungen für die aktive Tätigkeit eines persönlich haftenden Gesellschafters (natürliche Person) sind unter diesem Posten zu erfassen.[121] Löhne und Gehälter sind somit in dem Gj in der GuV auszuweisen, dem sie wirtschaftlich zuzurechnen sind. Der gesetzlich vorgeschriebene Arbeitgeberanteil zur Sozialversicherung ist hingegen unter dem Posten Nr. 6b auszuweisen.

102 Die periodengerechte Erfassung am Jahresende noch nicht ausgezahlter Löhne und Gehälter ist durch einen Verbindlichkeits- oder Rückstellungsausweis in entsprechender Höhe des Personalaufwands sicherzustellen. Ausweispflicht unter dem Posten Nr. 6a besteht auch für Lohn- und Gehaltsauszahlungen früherer Gj, sofern für diese keine ausreichende Rückstellung gebildet wurde.[122] Für **Vorschuss- und Abschlagszahlungen** auf Löhne und Gehälter kommt aufgrund ihrer fehlenden Aufwandseigenschaft im Zeitpunkt ihrer Zahlung kein Ausweis unter den Personalaufwendungen in Betracht. Vielmehr sind sie als Forderungen des Arbeitgebers an den Arbeitnehmer auszuweisen.

Auch durch Kurzarbeit verminderte Löhne und Gehälter sowie mögliche arbeitgeberseitige Aufstockungsbeträge zum Kurzarbeitergeld sind als Löhne und Gehälter auszuweisen. Die Erstattungsbeträge der Bundesagentur für Arbeit für das an den AN gezahlte Kurzarbeitergeld berühren aufgrund ihres Charakters als durchlaufender Posten die GuV hingegen nicht.

Die Erstattung der Beiträge zur Sozialversicherung durch die Bundesagentur für Arbeit nach § 2 Abs. 1 KugV stellt aufgrund des Umstands, dass das Unt in Bezug auf die Sozialversicherungsbeträge weiterhin verpflichtet bleibt und diese weiterhin in voller Höhe als Aufwand erfassen muss, keinen durchlaufenden Posten dar, sodass die Erstattungsbeträge als Zuschüsse der öffentlichen Hand grds. unter Nr. 4 in der GuV zu erfassen sind.[123]

Im Falle einer periodengerechten Vereinnahmung der Zuschüsse und einer direkten Zurechenbarkeit zum Primäraufwand wird allerdings auch eine direkte (aufwandsmindernde) Erfassung beim entsprechenden Aufwandsposten als zulässig erachtet.[124]

103 Über die tariflich festgelegten oder frei vereinbarten Grundbezüge hinaus sind auch die **Nebenbezüge** als Löhne und Gehälter unter Posten Nr. 6a auszuweisen. Diese stellen die durch das Dienstverhältnis veranlassten über die Grundbezüge

---

[121] Vgl. Eppinger/Schöpfer, in Küting/Weber, HdR-E, § 275 HGB Rz 55, Stand: 5/2024; IDW, WPH Edition, Wirtschaftsprüfung & Rechnungslegung, 18. Aufl. 2023, Kap. F Tz 822.
[122] Vgl. Kliem/Müller, in Beck Bil-Komm., 14. Aufl. 2024, § 275 HGB Rz 127.
[123] IDW, WPH Edition, Wirtschaftsprüfung & Rechnungslegung, 18. Aufl. 2023, Kap. F Tz 824.
[124] Vgl. IDW HFA 1/1984 i.d.F. 1990, Abschn. 2 d2.

hinausgehenden Teile der „Löhne und Gehälter" dar und umfassen sämtliche laufenden oder einmaligen Sonderzahlungen, die aus besonderen Anlässen gewährt werden und der Abgeltung der Arbeitsleistung dienen.[125]

> **Praxis-Beispiel**
> Als mögliche Nebenbezüge sind v. a. Trennungs- und Aufwandsentschädigungen, Gratifikationen, Provisionen an Angestellte, Löhne für gesetzliche Feiertage, Lohnfortzahlung im Krankheitsfall, Entgelte für Altersteilzeit, Überstundenentlohnung, Schichtzuschläge, Weihnachtsgelder, Urlaubsgelder, Urlaubsabgeltungen, vom Unt übernommene Lohn- und Kirchensteuer, Jubiläumszahlungen, Vergütungen für betriebliche Verbesserungsvorschläge und Erfindungen (soweit nicht aktiviert), Tantiemen, Erfolgsbeteiligungen, Wohnungsentschädigungen, Licht- und Wassergeld, Erziehungsbeihilfen, Hausstands- und Kinderzulagen und Zahlungen nach dem Vermögensbildungsgesetz zu nennen.[126] Schmutz-, Gefährdungs- und Schwerarbeitzulagen sowie Werkzeuggeld sind ebenfalls als Nebenbezüge zu erfassen.[127]

Nicht unter den Posten Nr. 6a fallen hingegen als sonstige betriebliche Aufwendungen auszuweisende an Arbeitnehmer oder Geschäftsführer geleistete **Auslagenerstattungen**, die nicht der Abgeltung von Leistungen dienen, die im gegenseitigen Leistungsaustausch stehen, sondern der Erstattung von Auslagen, die im Interesse des Unt vorgenommen wurden.

104

> **Praxis-Beispiel**
> Rückerstattung barer Auslagen, pauschalierter Aufwendungsersatz für Reisen, Verpflegung, Nutzung des eigenen Pkw für Dienstreisen und Übernachtung sind keine Personalaufwendungen, sondern sonstige betriebliche Aufwendungen.

Abfindungen im Zusammenhang mit der Beendigung von Beschäftigungsverhältnissen sind als Aufwendungen für „Löhne und Gehälter" zum Ausweis zu bringen.[128] Ein Ausweis derartiger Zahlungen als sonstiger betrieblicher Aufwand sollte dann vorgenommen werden, wenn es sich um Abfindungen (erhebliche Beträge) aus Sozialplänen oder Vorruhestandsregelungen handelt.[129] Der Ausweis von Aufwendungen, die sich im Zusammenhang mit einem „**Blockmodell für Altersteilzeit**" ergeben, ist von der jeweiligen Ausgangskonstellation abhängig. So erfolgt die Gegenbuchung zur Bildung von Rückstellungen für

105

---

[125] Vgl. Winzker, in Beck HdR, B 333, Rz 44, Stand: 08/2018.
[126] Vgl. ADS, Rechnungslegung und Prüfung der Unternehmen, 6. Aufl. 1995–2001, § 275 HGB Rz 104; Kirsch/Ewelt-Knauer/Schmitz, in Baetge/Kirsch/Thiele, Bilanzrecht, § 275 HGB Rz 135, Stand: 7/2023; IDW, WPH Edition, Wirtschaftsprüfung & Rechnungslegung, 18. Aufl. 2023, Kap. F Tz 822.
[127] Vgl. Winzker, in Beck HdR, B 333, Rz 44, Stand: 08/2018.
[128] Eine Notwendigkeit zur differenzierten Ausweisentscheidung (Personalaufwand oder sonstiger betrieblicher Aufwand) in Abhängigkeit davon, ob es sich um eine Nachzahlung für geleistete Dienste oder Prämie für das Ausscheiden eines lästigen Mitarbeiters handelt bzw. eine Entschädigung für den Verlust des Arbeitsplatzes handelt, sehen Kliem/Müller, in Beck Bil-Komm., 14. Aufl. 2024, § 275 HGB Rz 132; Reiner, in MünchKomm. HGB, 5. Aufl. 2024, § 275 HGB Rn 53.
[129] Vgl. Eppinger/Schöpfer, in Küting/Weber, HdR-E, § 275 HGB Rz 56, Stand: 05/2024; Kliem/Müller, in Beck Bil-Komm., 14. Aufl. 2024, § 275 HGB Rz 132; Reiner, in MünchKomm. HGB, 5 Aufl. 2024, § 275 HGB Rn 43.

Erfüllungsrückstände des Arbeitgebers unter dem Posten „Löhne und Gehälter". Der Ausweis von Aufstockungsbeträgen ist hingegen davon abhängig, ob diese als zusätzliche Entlohnung zu betrachten sind und somit ratierlich anzusammeln sind (Löhne und Gehälter) oder vom Wesen her als Abfindungen (sonstige betriebliche Aufwendungen) einzustufen sind.[130]

106 Während regelmäßig gewinnabhängige Vergütungen oder Gewinnbeteiligungen der geschäftsführenden Organe prinzipiell ebenfalls als Löhne und Gehälter auszuweisen sind, gilt dieses nicht für den Ausnahmefall, dass die Hauptversammlung selbst über die Gewinnbeteiligung entscheiden soll, da diese Komponenten dann Teil des Gewinnverwendungsvorschlags sind.[131] Dieses Kriterium ist bspw. bei einer Dividendenabhängigkeit der Gewinnbeteiligung des Vorstands erfüllt.[132]

107 Die Bezüge von Aufsichtsräten und Beiräten sind als „sonstige betriebliche Aufwendungen" auszuweisen. Ein Ausweis unter dem Posten Nr. 6 kommt nicht in Betracht, da Aufsichtsräte nicht in einem dienstvertraglichen Anstellungsverhältnis stehen.[133]

108 Für die **wertmäßige Erfassung von Sachleistungen** sollte der vom Mitarbeiter für diese Leistung ansonsten am Markt zu entrichtende oder der vom Unt für diese Leistung ansonsten am Markt erzielbare Preis herangezogen werden. Gegen die Wertbestimmung auf Basis lohnsteuerrechtlicher Bestimmungen bestehen keine Einwände.[134] Dabei sind in der Buchhaltung die lohnsteuerlichen Sachbezugswerte unter dem Posten Nr. 6a zu erfassen und gleichzeitig durch eine Gegenbuchung mittels des Postens sonstige betriebliche Erträge zu neutralisieren.

> **Buchungsbeispiel**
> **Buchhalterische Erfassung eines geldwerten Vorteils**
> Ein Angestellter erhält zzgl. zu seinem Bruttogehalt von 2.925 EUR eine Werkswohnung zur Miete i. H. v. 500 EUR (geldwerter Vorteil: 350 EUR). Daraus folgt: steuer- und sozialversicherungspflichtiges Gehalt: 3.275 EUR; Steuern: 370,10 EUR; AN-Anteil SV: 668,90 EUR.
>
> | Konto | Soll | Haben |
> | --- | --- | --- |
> | Gehälter | 3.275,00 | |
> | Verbindlichkeiten ggü. Finanzbehörden | | 370,10 |
> | SV-Verbindlichkeiten | | 668,90 |
> | Mieterträge | | 500,00 |
> | sonst. betr. Erträge | | 350,00 |
> | Bank | | 1.386,00 |

---

[130] Vgl. IDW RS HFA 3.29.
[131] Vgl. Reiner, in MünchKomm. HGB, 5. Aufl. 2024, § 275 HGB Rn 54.
[132] Vgl. Kliem/Müller, in Beck Bil-Komm., 14. Aufl. 2024, § 275 HGB Rz 130.
[133] Vgl. Reiner, in MünchKomm. HGB, 5. Aufl. 2024, § 275 HGB Rn 56.
[134] Vgl. Eppinger/Schöpfer, in Küting/Weber, HdR-E, § 275 HGB Rz 56a, Stand: 05/2024.

3.6.2 Soziale Abgaben und Aufwendungen für Altersversorgung und für Unterstützung, davon für Altersversorgung (Abs. 2 Nr. 6b)

Unter dem Posten „soziale Abgaben und Aufwendungen für Altersversorgung und für Unterstützung" sind die vom Arbeitgeber zu tragenden gesetzlichen Pflichtabgaben auszuweisen. 109

3.6.2.1 Soziale Abgaben

Als **soziale Abgaben** sind v. a. die **gesetzlich vorgeschriebenen Sozialversicherungsbeiträge** des Arbeitgebers (Renten-, Kranken-, Pflege- und Arbeitslosenversicherung, Knappschaft), Beiträge an die BG und Umlagen für Insolvenzgeld, zu denen der Arbeitgeber gesetzlich verpflichtet ist, auszuweisen. Nicht unter Posten Nr. 6b, sondern Nr. 6a sind vom Arbeitgeber aufgrund eines Tarifvertrags bzw. einer Betriebsvereinbarung gewährte Beiträge zu gesetzlichen Sozialeinrichtungen und im Krankheitsfall an Betriebsangehörige weitergezahlte Bezüge auszuweisen.[135] Vom Arbeitgeber freiwillig übernommene Pflichtbeträge sind hingegen hier auszuweisen.[136] Der Ausweis von Firmenbeiträgen zur befreienden Lebensversicherung unter Posten Nr. 6b wird als zulässig erachtet, wenn diese anstelle gesetzlicher Pflichtabgaben gezahlt werden.[137] Für die **Schwerbehindertenausgleichsabgabe** ist ein Ausweis unter Nr. 6b möglich;[138] ihr Ausweis kann aber auch unter den sonstigen betrieblichen Aufwendungen erfolgen.[139] Wie bei den Löhnen und Gehältern orientiert sich die Zuordnung der sozialen Abgaben und Aufwendungen für Altersversorgung und für Unterstützung zu den Gj an dem Kriterium der wirtschaftlichen Verursachung und nicht an dem Zahlungszeitpunkt. 110

3.6.2.2 Aufwendungen für Unterstützung

Bei **Aufwendungen für Unterstützung** handelt es sich um aus sozialen Gründen gewährte Zuwendungen an aktive und ehemalige Betriebsangehörige sowie deren Hinterbliebene, die in einer Sondersituation Ausgleichsbedürfnisse decken und **ohne konkrete Gegenleistung** des Zahlungsempfängers oder seines Rechtsvorgängers gezahlt werden. Diese Ausweiskriterien werden v. a. von freiwilligen Unterstützungszahlungen bei Krankheit, Unfall, Kur- und Krankenhausaufenthalten sowie von Arztkostenzuschüssen, Deputaten an Pensionäre oder deren Witwen, Erholungsbeihilfen, Familienfürsorgezahlungen, Hausbrandzuschüssen oder Heirats- und Geburtsbeihilfen erfüllt.[140] Auch Zahlungen zum Zweck der Unterstützung an rechtlich selbstständige Sozialkassen und Unterstützungseinrichtungen des Arbeitgebers sind hier auszuweisen.[141] 111

---

[135] Vgl. ADS, Rechnungslegung und Prüfung der Unternehmen, 6. Aufl. 1995–2001, § 275 HGB Rz 115; IDW, WPH Edition, Wirtschaftsprüfung & Rechnungslegung, 18. Aufl. 2023, Kap. F Tz 830; a. A. Eppinger/Schöpfer, in Küting/Weber, HdR-E, § 275 HGB Rz 59a, Stand: 05/2024.
[136] Vgl. Winzker, in Beck HdR, B 333, Rz 45, Stand: 08/2018.
[137] Vgl. Winzker, in Beck HdR, B 333, Rz 45, Stand: 08/2018; IDW, WPH Edition, Wirtschaftsprüfung & Rechnungslegung, 18. Aufl. 2023, Kap. F Tz 827.
[138] Vgl. Kliem/Müller in Beck Bil-Komm., 14. Aufl. 2024, § 275 HGB Rz 136.
[139] Vgl. Winzker, in Beck HdR, B 333, Rz 45, Stand: 08/2018.
[140] Vgl. Winzker, in Beck HdR, B 333, Rz 45, Stand: 08/2018; Reiner, in MünchKomm. HGB, 5. Aufl. 2024, § 275 HGB Rn 61; IDW, WPH Edition, Wirtschaftsprüfung & Rechnungslegung, 18. Aufl. 2023, Kap. F Tz 833.
[141] Vgl. Kliem/Müller, in Beck Bil-Komm., 14. Aufl. 2024, § 275 HGB Rz 138.

3.6.2.3 Aufwendungen für Altersversorgung

112 Die in Posten Nr. 6b enthaltenen **Aufwendungen für Altersversorgung** bedürfen eines gesonderten Ausweises durch einen „Davon"-Vermerk, sofern sich diese Angabe nicht dem Anhang entnehmen lässt.

> **Praxis-Beispiel**
> Zu den Aufwendungen für Altersversorgung zählen Pensionszahlungen mit oder ohne Rechtsanspruch (sofern diese nicht erfolgsneutral zulasten der Pensionsrückstellungen gebucht werden), sämtliche Zuführungen zu den Pensionsrückstellungen, die sich nicht auf den Zinsanteil erstrecken, Zuweisungen zu rechtlich selbstständigen Versorgungseinrichtungen (Unterstützungs- und Pensionskassen), Beiträge an den Pensionsversicherungsverein sowie andere vom Unt übernommene Altersvorsorgeaufwendungen von Mitarbeitern (Lebensversicherungsprämien, Prämien für Direktversicherungen, sofern dem Arbeitnehmer ein unmittelbarer Leistungsanspruch erwächst und nicht eindeutig eine Entgeltumwandlung darstellen, Zuschüsse zur Weiterversicherung der Arbeitnehmer in der Sozialversicherung).[142]
> Effekte aus geänderten Annahmen zum Lohn-, Gehalts- und Rententrend sowie zu den biometrischen Annahmen sind regelmäßig als Aufwendungen für Altersversorgung auszuweisen.[143]

Nicht zu den Aufwendungen für die Altersversorgung gehören hingegen Prämien des Unt zur **Rückdeckung zukünftiger Versorgungsleistungen**. Da diese Prämien das Unt selbst schützen, sind sie unter den sonstigen betrieblichen Aufwendungen auszuweisen.[144]

113 Wurde nach der bis zum 28.5.2009 geltenden Fassung des HGB für den Ausweis der **Zuführungen zu den Pensionsrückstellungen** nach h. M. sowohl ein Ausweis des gesamten Zuführungsbetrags unter Posten Nr. 6b als auch eine Trennung des Betrags in einen Zinsanteil, der im Finanzergebnis (Posten Nr. 13) auszuweisen ist, und einen sonstigen Anteil, der unter Posten Nr. 6b auszuweisen ist, als zulässig erachtet,[145] so resultiert aus § 253 Abs. 2 Satz 1 HGB i. V. m. § 277 Abs. 5 HGB die Pflicht zum gesonderten Ausweis der Erträge aus Abzinsung unter dem Posten „Sonstige Zinsen und ähnliche Erträge" (§ 275 Abs. 2 Nr. 11, Abs. 3 Nr. 10 HGB) und der Aufwendungen unter dem Posten „Zinsen und ähnliche Aufwendungen" (§ 275 Abs. 2 Nr. 13, Abs. 3 Nr. 12 HGB) im Finanzergebnis. Besondere Beachtung bedarf die Vorgabe des § 246 Abs. 2 Satz 2 HGB, der eine Verrechnung der Aufwendungen und Erträge aus der Abzinsung und dem zu verrechnenden Vermögen fordert (§ 246 Rz 118 ff.).[146] Aus dem Vergleich zwischen dem Regierungsentwurf und endgültigen Gesetzesbeschluss ergibt sich, dass eine Verrechnung von Personal- und Zinsaufwand hingegen unzulässig ist. Diese Vorgabe trägt dem

---
[142] Vgl. Kliem/Müller, in Beck Bil-Komm., 14. Aufl. 2024, § 275 HGB Rz 137.
[143] Vgl. IDW, RS HFA 30.88.
[144] Vgl. Kirsch/Ewelt-Knauer/Schmitz, in Baetge/Kirsch/Thiele, Bilanzrecht, § 275 HGB Rz 145, Stand: 07/2023.
[145] Vgl. ADS, Rechnungslegung und Prüfung der Unternehmen, 6. Aufl. 1995–2001, § 275 HGB Rz 121.
[146] Vgl. Küting/Kessler/Kessler, WPg 2008, S. 754.

Umstand Rechnung, dass nur eine Aufwandsverrechnung mit Erträgen aus der Erhöhung des Zeitwerts bereits erworbener Ansprüche sachgerecht ist.

Erträge und Aufwendungen aus **Zinssatzänderungen** sind wahlweise einheitlich innerhalb des operativen Ergebnisbereichs unter Nr. 4 bzw. Nr. 6b oder innerhalb des Finanzergebnisbereichs unter der Nr. 11 bzw. Nr. 13 auszuweisen.[147] Ein getrennter Ausweis der Effekte aus der Aufzinsung und Zinssatzänderung ist nicht erforderlich, dient gleichwohl aber der Transparenz.[148] Im Falle der Saldierung sind im Anhang die verrechneten Aufwendungen und Erträge anzugeben (§ 285 Nr. 25 1. Halbsatz HGB).

Die i.w.S. ebenfalls zum Personalaufwand zählenden **freiwilligen sonstigen Sozialleistungen** ohne Gegenleistungscharakter (z.B. Aufwendungen für Betriebsärzte, Erholungsheime oder Betriebsfeiern) sind unter dem Posten „sonstige betriebliche Aufwendungen" auszuweisen. Ein Ausweis als Personalaufwand kommt nicht in Betracht.[149]

114

3.6.2.4 Erfassung der durch BilMoG bedingten Änderungen der Bilanzierung von Pensionsrückstellungen

Aufwendungen, die sich aus dem Wahlrecht gem. Art. 67 Abs. 1 Satz 1 EGHGB ergeben,[150] sind gem. Art. 75 Abs. 5 EGHGB nicht als Aufwendungen für die Altersversorgung, sondern innerhalb der Position „sonstige betriebliche Aufwendungen" als „Aufwendungen nach Artikel 67 Abs. 1 und 2 EGHGB" gesondert auszuweisen (§ 277 Rz 31).

115

Erträge aus diesem Wahlrecht sind als „Erträge nach Artikel 67 Abs. 1 und 2 EGHGB" gesondert innerhalb der sonstigen betrieblichen Erträge anzugeben (Art. 75 Abs. 5 EGHGB).

116

3.7 Abschreibungen (Abs. 2 Nr. 7)

Für das GKV fordert § 275 Abs. 2 Nr. 7 HGB einen nach AV und UV getrennten Ausweis der **Abschreibungen** mit der Unterteilung in:
- Abschreibungen auf immaterielle VG des AV und Sachanlagen sowie
- Abschreibungen auf VG des UV, soweit diese die in der KapG üblichen Abschreibungen überschreiten.

117

3.7.1 Abschreibungen auf immaterielle Vermögensgegenstände des Anlagevermögens und Sachanlagen (Abs. 2 Nr. 7a)

Unter dem Posten § 275 Abs. 2 Nr. 7a HGB sind sämtliche handelsrechtlichen planmäßigen und außerplanmäßigen Abschreibungen auf das Sachanlagevermögen und das immaterielle AV (§ 253 Rz 156ff.) zu erfassen. Abschreibungen auf **Finanzanlagen** sind dagegen weder unter Posten Nr. 7a noch Nr. 7b, sondern unter Posten Nr. 12 auszuweisen. Allein auf steuerrechtlichen Vorschriften beruhende Abschreibungen dürfen weder unter Posten Nr. 7 noch unter einem

118

---

[147] Vgl. IDW, WPH Edition, Wirtschaftsprüfung & Rechnungslegung, 18. Aufl. 2023, Kap. F Rz 832; IDW RS HFA 30.88.
[148] Vgl. Kessler/Leinen/Strickmann, BilMoG-RegE, 2008, S. 167.
[149] Vgl. ADS, Rechnungslegung und Prüfung der Unternehmen, 6. Aufl. 1995–2001, § 275 HGB Rz 123a.
[150] Kreipl/Müller, in Bertram/Brinkmann/Kessler/Müller, Haufe HGB Bilanz Kommentar BilMoG Erfahrungsbericht, 2012, Art. 67 EGHGB Rz 9ff.

anderen Posten der handelsrechtlichen GuV ausgewiesen werden. Aufgrund des Saldierungsverbots des § 246 Abs. 2 HGB ist eine Aufrechnung mit möglichen Zuschreibungen auf VG des Sachanlagevermögens und des immateriellen Vermögens unzulässig. Diese sind stattdessen als sonstige betriebliche Erträge zu erfassen.

119 Zur Vermeidung eines aus dem gemeinsamen Ausweis planmäßiger und außerplanmäßiger Abschreibungen drohenden Informationsverlusts sieht § 277 Abs. 3 Satz 1 HGB eine **gesonderte Ausweispflicht der außerplanmäßigen Abschreibungen** in Form eines Vorspaltenvermerks, eines eigenen GuV-Postens oder einer Anhangangabe vor (§ 277 Rz 7 f.). Über die klassischen planmäßigen und außerplanmäßigen Abschreibungen hinaus stellen auch Herabsetzungen von Festwerten des Sachanlagevermögens Wertminderungen dar, die unter dem Posten Nr. 7a auszuweisen sind.[151]

120 Die Pflicht zur Aufwandserfassung der Periodenabschreibungen in der GuV besteht losgelöst vom Verbleib des VG im Unt und erstreckt sich somit auch auf abnutzbare Vermögenswerte, die am Gj-Ende bereits abgegangen sind. Dies gilt auch für die **Poolabschreibungen** von GWG (§ 6 Abs. 2a EStG), gegen deren Übernahme in den handelsrechtlichen Jahresabschluss gem. der Begründung des BilMoG keine Bedenken bestehen.[152] Eine Pflicht zur Übernahme dieser steuerrechtlichen Bewertungsvorgabe besteht weder für diese steuerrechtliche Abschreibungsmöglichkeit (§ 253 Rz 199 ff.) noch für die steuerrechtlich alternativ zulässige Sofortabschreibung im Zugangsjahr für GWG bis zur Wertgrenze von 800 EUR.

121 Beim GKV gilt zu beachten, dass die im Anhang (Anlagegitter) ausgewiesenen Jahresabschreibungen in Summe mit den unter dem Posten Nr. 7a und den in Posten Nr. 12 enthaltenen Abschreibungen übereinstimmen müssen.

3.7.2 Abschreibungen auf Vermögensgegenstände des Umlaufvermögens, soweit diese die in der Kapitalgesellschaft üblichen Abschreibungen überschreiten (Abs. 2 Nr. 7b)

122 Unter dem Posten § 275 Abs. 2 Nr. 7b HGB sind Abschreibungen auf das UV gem. § 253 Abs. 4 HGB auszuweisen, die den üblichen Umfang der Abschreibungen auf Gegenstände des UV wesentlich übersteigen (§ 253 Rz 278 ff.), d. h., lediglich die Mehrabschreibungen sind hier zu erfassen. Abschreibungen für Wertpapiere des UV sind auch im Falle einer gegebenen Unüblichkeit nicht unter Nr. 7b, sondern in voller Höhe unter Nr. 12 auszuweisen.[153]

123 In ihrer Höhe übliche Abschreibungen auf VG des UV sind nach folgendem Grundschema unter der dem jeweiligen VG zugeordneten Aufwandsart zu erfassen.[154]

---

[151] Vgl. IDW, WPH Edition, Wirtschaftsprüfung & Rechnungslegung, 18. Aufl. 2023, Kap. F Tz 835.
[152] Vgl. BT-Drs. 16/10067 v. 30.7.2008 S. 38.
[153] Vgl. ADS, Rechnungslegung und Prüfung der Unternehmen, 6. Aufl. 1995–2001, § 275 HGB Rz 169; IDW, WPH Edition, Wirtschaftsprüfung & Rechnungslegung, 18. Aufl. 2023, Kap. F Tz 837.
[154] Vgl. ADS, Rechnungslegung und Prüfung der Unternehmen, 6. Aufl. 1995–2001, § 275 HGB Rz 130; IDW, WPH Edition, Wirtschaftsprüfung & Rechnungslegung, 18. Aufl. 2023, Kap. F Tz 837.

Vermögensgegenstand	GuV-Posten (GKV) zur Erfassung der üblichen Abschreibungen
Forderungen und sonstige Vermögensgegenstände, flüssige Mittel	Nr. 8 („sonstige betriebliche Aufwendungen")
Roh-, Hilfs- und Betriebsstoffe, bezogene Waren	Nr. 5a („Aufwendungen für Roh-, Hilfs- und Betriebsstoffe und für bezogene Waren")
unfertige und fertige Erzeugnisse, unfertige Leistungen	Nr. 2 („Erhöhung oder Verminderung des Bestands an fertigen und unfertigen Erzeugnissen")
Wertpapiere des Umlaufvermögens	Nr. 12 („Abschreibungen auf Finanzanlagen und auf Wertpapiere des Umlaufvermögens")

Tab. 1: Ausweis der üblichen Abschreibungen auf Vermögensgegenstände des Umlaufvermögens

Anhaltspunkte für die Entscheidung, ab welcher Höhe sich Abschreibungen im üblichen Rahmen bewegen oder diesen überschreiten, bzw. ab wann die jeweiligen Abschreibungen ihrem Wesen nach als unüblich einzustufen sind, werden weder im Gesetz noch in dessen ergänzenden Begründungen oder der Vierten EG-RL bzw. der RL 2013/34/EU genannt. Im Schrifttum werden hierzu unterschiedliche Lösungsansätze diskutiert. Eine h.M. lässt sich bislang allerdings nicht konstatieren.

Entsprechend des Wortlauts ist es naheliegend, für die Bestimmung des üblichen Abschreibungsniveaus ein Vergleich der Summe der **Abschreibungsbeträge des laufenden Gj mit der durchschnittlichen Abschreibungssumme der Vj** desselben Unt heranzuziehen oder, wenn diese nicht verfügbar ist, die Summe der Abschreibungsbeträge ähnlicher Unt als Vergleichsmaßstab zugrunde zu legen. Als unübliche Abschreibungen werden dabei lediglich wesentliche Abweichungen von den in absoluter oder prozentualer Größenordnung ermittelten Durchschnittswerten der letzten drei bis fünf Jahre eingestuft.[155]

Dieses Vorgehen entspricht einer rein betragsorientierten Abgrenzung der Unüblichkeit.

Opponenten dieser Begriffsinterpretation verweisen allerdings auf die grds. methodischen Mängel einer derartigen Abgrenzungskonzeption. So wird v.a. die implizite Gleichsetzung der Vergangenheitsdaten mit „Normalwerten" kritisiert, die vernachlässigt, dass ein gewisses Wertschwankungsniveau für das UV als normal zu betrachten ist.[156]

Statt von der reinen Betragshöhe kann die Klassifikationsentscheidung auch von dem der Abschreibung zugrunde liegenden Anlass abhängig gemacht werden

---

[155] Vgl. Kliem/Müller, in Beck Bil-Komm., 14. Aufl. 2024, § 275 HGB Rz 151.
[156] Vgl. ADS, Rechnungslegung und Prüfung der Unternehmen, 6. Aufl. 1995–2001, § 275 HGB Rz 133.

und damit von dem Umstand, ob die betreffenden Abschreibungen dem Grunde nach in der KapG selten anfallen.

Bei Bezugnahme auf diese Abgrenzungskonzeption sind bspw. Niederstwertabschreibungen, die im Zuge von Sanierungen, Betriebsstilllegungen oder Katastrophenfällen erforderlich werden, als Abschreibungen einzustufen, die das bei der Ges. sonst übliche Maß überschreiten. Dies gilt bei erheblichen (unüblichen) Beträgen auch für die negativen Erfolgsbeiträge, die auf den Übergang auf geänderte Bewertungsmethoden zurückzuführen sind.[157]

127 Allein aus diesen beiden dargelegten Systematisierungsvorschlägen ergeben sich drei unterschiedliche Abgrenzungsmöglichkeiten:
- Eine rein betragsorientierte Abgrenzung bei welcher lediglich wesentliche Abweichungen in der Betragshöhe zu einem Ausweis als unübliche Abschreibungen führen.
- Eine reine Bemessung der Unüblichkeit daran, ob gemessen an den Erfahrungen und Übungen der KapG bzw. der KapCoGes **ungewöhnliche oder seltene Abschreibungen** vorliegen.
- Eine Kombination der beiden erstgenannten Abgrenzungsmöglichkeiten.

Die Entscheidung über die konkrete Ausgestaltung der Abgrenzungskriterien ist in gewissem Maße unternehmensindividuell für jede Gruppe artgleicher Vermögenswerte einzeln zu treffen.

128 Unabhängig von der konkreten Ausgestaltung der Abgrenzungssystematik ist der Ausweis von Wertminderungen als unübliche Abschreibungen – wie bereits dargelegt – an die Voraussetzung einer gegebenen Wesentlichkeit der hier auszuweisenden Beträge gebunden (**Grundsatz der Wesentlichkeit**). Die als unüblichen Abschreibungen auszuweisenden Beträge können das Merkmal außergewöhnlicher Aufwendungen erfüllen, eine Ausweisvoraussetzung ist die Außergewöhnlichkeit allerdings nicht.

129 Letztlich ergibt sich aufgrund der dargelegten Abgrenzungskriterien ein gewisser Interpretationsspielraum für eine unternehmensbezogene Begriffsauslegung, die allerdings durch die Beachtung des **Stetigkeitsgrundsatzes**, nach welchem eine einmal gewählte Abgrenzungssystematik beizubehalten ist, eingeschränkt wird.

> **Praxis-Beispiel**
> Weitere Beispiele für Sachverhalte, die als „Abschreibungen auf VG des UV, soweit diese die in der KapG üblichen Abschreibungen überschreiten" zum Ausweis kommen sind Spitzenbeträge aus der Forderungsabwertung oder Wertberichtigung von Roh-, Hilfs- und Betriebsstoffen sowie fertigen und unfertigen Erzeugnissen.

3.8 Sonstige betriebliche Aufwendungen (Abs. 2 Nr. 8)

130 Der Posten „sonstige betriebliche Aufwendungen" (§ 275 Abs. 2 Nr. 8 HGB) stellt einen Sammelposten der GuV dar, in dem alle betrieblichen Aufwendungen auszuweisen sind, die keinem anderen Aufwandsposten des Gliederungsschemas zuzuordnen sind. Der Ausweis unter diesem Posten erfolgt ungeachtet der

---

[157] Vgl. IDW, WPH Edition, Wirtschaftsprüfung & Rechnungslegung, 18. Aufl. 2023, Kap. F Tz 808.

Regelmäßigkeit und Periodenzugehörigkeit der Aufwendungen oder einer ggf. gegebenen Außergewöhnlichkeit.

Als sonstige betriebliche Aufwendungen sind v. a. folgende erfolgswirksame Sachverhalte auszuweisen: 131

- **Verluste aus dem Abgang von VG des AV (einschl. Finanzanlagen)**, die sich aus Veräußerung, Abbruch, Verschrottung, Unfall und Untergang von VG aufgrund höherer Gewalt ergeben.[158] Ihre Höhe errechnet sich aus der Differenz zwischen Veräußerungserlös und Buchwert bzw. ergibt sich aus dem Buchwert zum Zeitpunkt des Abgangs. Diese Verluste dürfen nicht mit den Erträgen aus Anlageabgängen oder mit erhaltenen Schadensersatzleistungen für **andere** VG verrechnet werden (§ 246 Abs. 2 Satz 1 HGB). Da für die Verschrottungsaufwendungen eine Saldierung mit den Verschrottungserlösen des betreffenden VG handelsrechtlich unzulässig ist, sind diese unsaldiert auszuweisen.[159] 132
- **Verluste aus dem Abgang von VG des UV (außer Vorräten)**, die sich in Gestalt von Kursverlusten bei der Einlösung oder Veräußerung von Fremdwährungsforderungen, Devisenbeständen und Wertpapieren des UV sowie der Abtretung und Veräußerung von Forderungen unter ihrem Buchwert ergeben. Diese realisierten Verluste **aus der Währungsumrechnung** fallen allerdings nicht unter die Pflicht zum gesonderten Ausweis gem. § 277 Abs. 5 HGB. Vereinzelt wird für Verluste aus dem Abgang von Wertpapieren des UV ein Ausweis unter einem Posten des Finanzergebnisses gefordert (Rz 172).[160] Plausibel erscheint eine solche alternative Handhabung (bei wesentlichen Beträgen) für einen Ausweis in einem eigenen Posten innerhalb des Finanzergebnisses (Saldo der Pos. 9 bis 13 des GKV). Ein Ausweis unter Posten Nr. 12 (Abschreibungen auf Finanzanlagen und Wertpapiere des UV) ist hingegen abzulehnen. 133
- **Abschreibungen auf Forderungen des UV (inkl. sämtlicher Einzel- und Pauschalwertberichtigungen)**, die den üblichen Rahmen nicht überschreiten. Abschreibungen auf Ausleihungen des Finanzanlagevermögens sind unter Posten 12 auszuweisen. Beim UKV sind die Abschreibungen auf Kundenforderungen und Pauschalwertberichtigungen – wenn auch strittig – unter den Vertriebskosten auszuweisen (Rz 239). 134
- **Laufende sonstige betriebliche Aufwendungen**, die sich beispielhaft aus folgenden Sachverhalten ergeben: 135

> **Praxis-Beispiel**
> Anwaltskosten, Aufsichtsratsvergütungen, Aufwendungen für Fachliteratur, Ausbildungskosten, Ausgangsfrachten, Auslagenerstattungen an Arbeitnehmer (soweit sie nicht der Abgeltung von Leistungen dienen, die im gegenseitigen Leistungsaustausch stehen), Bankgebühren, Beiträge an Verbände, Beratungskosten, Bewirtungs- und Betreuungskosten, Büromaterial, Druck- und Vervielfältigungskosten, Erbbauzinsen, Gerichtskosten, Gründungskos-

---

[158] Vgl. Eppinger/Schöpfer, in Küting/Weber, HdR-E, § 275 HGB Rz 72, Stand: 05/2014.
[159] Vgl. Kliem/Müller, in Beck Bil-Komm., 14. Aufl. 2024, § 275 HGB Rz 159.
[160] Vgl. Kirsch/Ewelt-Knauer/Schmitz, in Baetge/Kirsch/Thiele, Bilanzrecht, § 275 HGB Rz 176, 214, Stand: 07/2023.

> ten, Hauptversammlungskosten, Hausverwaltungskosten, Internetkosten, Kraftfahrzeugkosten (ohne Abschreibungen), Konventionalstrafen, Konzessionsabgaben bei Versorgungsbetrieben, Leasingaufwendungen, Lizenzgebühren (soweit nicht unter Posten Nr. 5b ausgewiesen), Miet- und Pachtaufwendungen, Personaleinstellungskosten, Postaufwendungen, Provisionen, Prüfungskosten, Reklameaufwendungen, Reparaturmaterial, Schutzkleidung, Schwerbeschädigtenausgleichsabgabe (soweit nicht unter Posten Nr. 6b ausgewiesen), Sanierungszuschüsse (soweit keine nachträglichen AK), Sozialplankosten, Spenden, Steuerberatungskosten, Transport- und Lagerungsaufwendungen, Umlagen von Obergesellschaften, Verluste aus Arbeitsgemeinschaften, Verluste aus Schadensfällen, Versicherungsprämien, Wartungskosten, Zuschüsse zu Kantinen, Erholungs- und Sportanlagen.[161]

- Sofern sie nicht als Materialaufwand erfasst werden (Rz 94), sind auch **Ersatzbeschaffungen für mittels Festwertverfahren bewertete VG** des AV als sonstige betriebliche Aufwendungen auszuweisen.[162]
- 136 **Verluste aus mengenmäßigen Bestandsabgängen von Roh-, Hilfs- und Betriebsstoffen** (Brand, Bruch, Diebstahl), die eine erhebliche Höhe erreichen, sind ebenfalls als sonstige betriebliche Aufwendungen auszuweisen (Rz 91).
- 137 **Aufwendungen im Zusammenhang mit dem Einsatz von derivativen Finanzinstrumenten** in Industrie- und HandelsUnt, sofern dem Einsatz dieser Instrumente Spekulationszwecke zugrunde liegen oder die Bedingungen zur Anerkennung als Sicherungsgeschäft, und damit zur Bildung einer Bewertungseinheit nicht erfüllt werden.[163] Soweit es sich um Sicherungsgeschäfte handelt, bedarf es der Differenzierung, ob die Aufwendungen aus einer unvollständigen bzw. teilweise unwirksamen Sicherungsbeziehung resultieren oder es sich um sog. wirksame Beträge handelt, die aus einer bilanziellen Erfassung gem. der Durchbuchungsmethode resultieren (§ 254 Rz 56 ff.).[164]
- 138 **Materialkosten des Verwaltungs- und Vertriebsbereichs**, die abweichend zur primärkostenorientierten Gliederung des GKV nicht als Materialaufwand ausgewiesen werden (Rz 89).
- 139 **Erträge aus im UV bilanzierten Joint Ventures** (z.B. Arbeitsgemeinschaften).[165]
- **Zuführungen zu den sonstigen Rückstellungen** (§ 249 Abs. 1 HGB), für welche die endgültige Aufwandsart noch nicht feststeht (z.B. Garantierückstellungen) oder für die aufgrund ihrer Eigenart keine genauere Zuordnung möglich ist.[166]

---

[161] Vgl. Eppinger/Schöpfer, in Küting/Weber, HdR-E, § 275 HGB Rz 77, Stand: 05/2024; Kliem/Müller, in Beck Bil-Komm., 14. Aufl. 2024, § 275 HGB Rz 164; IDW, WPH Edition, Wirtschaftsprüfung & Rechnungslegung, 18. Aufl. 2023, Kap. F Tz 839.
[162] Vgl. ADS, Rechnungslegung und Prüfung der Unternehmen, 6. Aufl. 1995–2001, § 275 HGB Rz 141; IDW, WPH Edition, Wirtschaftsprüfung & Rechnungslegung, 18. Aufl. 2023, Kap. F Tz 839.
[163] Vgl. Eppinger/Schöpfer, in Küting/Weber, HdR-E, § 275 HGB Rz 76, Stand: 05/2024.
[164] Vgl. Kliem/Müller, in Beck Bil-Komm., 14. Aufl. 2024, § 275 HGB Rz 163; Patek, KoR 2008, S. 367.
[165] Vgl. IDW, WPH Edition, Wirtschaftsprüfung & Rechnungslegung, 18. Aufl. 2023, Kap. F Tz 814.
[166] Vgl. IDW RS HFA 15 Tz. 25; IDW, WPH Edition, Wirtschaftsprüfung & Rechnungslegung, 18. Aufl. 2023, Kap. F Tz 839.

- **Aufwendungen aus der Abschreibung von Emissionsrechten** und Dotierungen von Rückstellungen, welche höher als die Erträge aus der Auflösung des Sonderpostens für Emissionsrechte ausfallen.[167]

Strittig ist, ob nicht ertragsabhängige **Betriebssteuern** (z.B. Grundsteuer, Kfz-Steuer) für einen Ausweis unter dem Posten Nr. 8 in Betracht kommen. Zumeist wird sowohl ein Ausweis unter Posten Nr. 8 als auch unter Posten Nr. 16 als zulässig erachtet.[168] Für einen Ausweis als „sonstige betriebliche Aufwendungen" sprechen betriebswirtschaftliche Gründe und die internationale Praxis. Das vom HGB vorgegebene Gliederungsschema spricht hingegen für einen Ausweis unter Posten Nr. 16 („sonstige Steuern").[169]

Aufwendungen aus der Anwendung des Art. 67 EGHGB sind gesondert anzugeben.

Der Posteninhalt der „sonstigen betrieblichen Aufwendungen" des GKV weicht von dem des UKV ab. So werden beim GKV unter diesem Posten die Aufwandsbeträge ausgewiesen, die keiner anderen Aufwandsart zugeordnet werden können, beim UKV hingegen jene Aufwandsbeträge, die keinem der ausgewiesenen Funktionsbereiche zugewiesen werden können (Rz 247).

3.9 Erträge aus Beteiligungen, davon aus verbundenen Unternehmen (Abs. 2 Nr. 9)

Als „Erträge aus Beteiligungen"(§ 275 Abs. 2 Nr. 9 HGB) sind die laufenden Erträge aus Anteilen anderer Unt (Dividenden und vergleichbare Gewinnausschüttungen von KapG, Gewinnanteile von PersG und stillen Beteiligungen) auszuweisen, sofern für die hierzu korrespondierenden Vermögenswerte ein Bilanzausweis auf der Aktivseite i.S.d. § 266 Abs. 2 A. III. 1. HGB (Anteile an verbundenen Unt) oder des § 266 Abs. 2 A. III. 3. HGB (Beteiligungen) erfolgt.

Auch Zinsen aus beteiligungsähnlichen Darlehen, deren Bilanzausweis unter dem Posten „Beteiligungen" oder „Anteile an verbundenen Unt" erfolgt, sind unter dem Posten Nr. 9 der GuV zu erfassen.[170] Da derartige Darlehen üblicherweise aber unter den Posten nach § 266 Abs. 2 A. III 2. (Ausleihungen an verbundene Unt) oder 4. (Ausleihungen an Unt, mit denen ein Beteiligungsverhältnis besteht) HGB ausgewiesen werden, wird ein GuV-Ausweis dieser Zinsen unter Posten Nr. 10 („Erträge aus anderen Wertpapieren und Ausleihungen des Finanzanlagevermögens, davon aus verbundenen Unt") den Regelfall darstellen.[171]

Ebenso unter Posten Nr. 9 auszuweisen sind **Abschlagszahlungen auf den Bilanzgewinn** und etwaige Zwischendividenden (bei der GmbH).[172] Zwar ist auch für verdeckt zugeflossene Erträge von Beteiligungen (z.B. aus Kostenumlagen oder Verrechnungspreisen) zunächst ein solcher Ausweis in Betracht zu ziehen, allerdings sprechen nach h.M. die hierbei regelmäßig zu konstatierende nicht eindeutige

---

[167] Vgl. IDW, WPH Edition, Wirtschaftsprüfung & Rechnungslegung, 18. Aufl. 2023, Kap. F Tz 839.
[168] Vgl. Kliem/Müller, in Beck Bil-Komm., 14. Aufl. 2024, § 275 HGB Rz 162; Kirsch/Ewelt-Knauer/Schmitz, in Baetge/Kirsch/Thiele, Bilanzrecht, § 275 HGB Rz 177, Stand: 07/2023.
[169] Vgl. Kliem/Müller, in Beck Bil-Komm., 14. Aufl. 2024, § 275 HGB Rz 162.
[170] Vgl. Eppinger/Schöpfer, in Küting/Weber, HdR-E, § 275 HGB Rz 78a, Stand: 05/2024; Kirsch/Ewelt-Knauer/Schmitz, in Baetge/Kirsch/Thiele, Bilanzrecht, § 275 HGB Rz 193, Stand: 07/2023.
[171] Vgl. ADS, Rechnungslegung und Prüfung der Unternehmen, 6. Aufl. 1995–2001, § 275 HGB Rz 145.
[172] Vgl. Scheffler, in Beck HdR, B 336, Rz 38, Stand: 08/2018.

Erfass- und Bezifferbarkeit gegen eine derartige Ausweispraktik, sodass allenfalls im Ausnahmefall einer eindeutigen Kriterienlage ein solcher Ausweis in Betracht zu ziehen sein wird.[173] Letztlich erscheint aber auch dieser nicht fachgerecht.[174]

146 Für **Beteiligungserträge aus verbundenen Unt** i.S.d. § 271 Abs. 2 HGB ist ein auf die Bruttobeträge bezogener gesonderter Ausweis in Gestalt eines **„Davon"-Vermerks** erforderlich. Maßgeblich für die Beurteilung des Vorliegens der Voraussetzungen zum gesonderten Ausweis ist der Beteiligungsstatus zum Zeitpunkt der Vereinnahmung. Unterjährige Statusänderungen begrenzen den Ausweis der Beteiligungserträge als „Davon"-Vermerk auf den Zeitraum der Klassifizierung der Beteiligung als verbundenes Unt.[175]

147 Aufgrund abweichender Einzelvorschriften sind Erträge auf Basis von **Gewinngemeinschaft, Gewinnabführungs- oder Teilgewinnabführungsvertrag** entweder gesondert unter Posten Nr. 9 oder als separater GuV-Posten auszuweisen (Rz 197 f.). Auch die Angabe eines „Davon"-Vermerks ist zulässig. Mitgliedschaften in eG stellen keine Beteiligung dar, sodass für Dividenden von Genossenschaften ein Ausweis als Beteiligungserträge ausscheidet. Da Anteile an Genossenschaften auch keine Wertpapiere oder Ausleihungen des AV darstellen, sind ihre Erträge als sonstiger betrieblicher Ertrag auszuweisen. Als zulässig wird auch ein Ausweis unter Posten Nr. 11 (sonstige Zinsen und ähnliche Erträge) erachtet (Rz 78 ff., Rz 159).

148 Analog zur Erfassung von **Verlusten aus der Veräußerung von Beteiligungen und verbundenen Unt**, für die ein Ausweis als sonstige betriebliche Aufwendungen vorzunehmen ist, sind nach h.M. **Erträge aus dem Abgang von Beteiligungen und verbundenen Unt sowie Wertaufholungen** auf die Buchwerte dieser Vermögenswerte als sonstige betriebliche Erträge und nicht als Erträge aus Beteiligungen zu erfassen.[176] Die durchaus anzutreffende gegenteilige Ansicht[177] kann nur im Hinblick auf den getrennten Ausweis unter einem gesonderten Posten als plausibel bezeichnet werden (Rz 85, Rz 133). Dies gilt insb. für den Fall, dass die veräußerte Beteiligung seitens des Managements als Finanzanlage betrachtet wurde.

Abschreibungen auf Beteiligungen erfordern gem. § 275 Abs. 2 Nr. 12 HGB einen gesonderten Ausweis.

149 Der Ausweis der Erträge aus Beteiligungen ist auf **Bruttobasis** vorzunehmen. Eine **Saldierung der Erträge aus Beteiligungen mit Verlusten und Abschreibungen** auf Finanzanlagen oder Wertpapiere des UV ist ebenso **untersagt** wie der Abzug der von der ausschüttenden Ges. einbehaltenen Kapitalertragsteuer und anrechenbaren ausländischen Steuern.[178] Die einbehaltene Kapitalertragsteuer ist als Steueraufwand unter dem GuV-Posten Nr. 14 („Steuern vom

---

[173] Vgl. ADS, Rechnungslegung und Prüfung der Unternehmen, 6. Aufl. 1995–2001, § 275 HGB Rz 147; Kliem/Müller, in Beck Bil-Komm., 14. Aufl. 2024, § 275 HGB Rz 179; Scheffler, in Beck HdR, B 336, Rz 40, Stand: 08/2018; IDW, WPH Edition, Wirtschaftsprüfung & Rechnungslegung, 18. Aufl. 2023, Kap. F Tz 845.
[174] Vgl. Reiner, in MünchKomm. HGB, 5. Aufl. 2024, § 275 HGB Rn 79. Er erachtet einen generellen Ausweis unter den Posten Nr. 1 oder Nr. 11 als notwendig.
[175] Vgl. Kliem/Müller, in Beck Bil-Komm., 14. Aufl. 2024, § 275 HGB Rz 175.
[176] Vgl. Reiner, in MünchKomm. HGB, 5. Aufl. 2024, § 275 HGB Rn 79.
[177] Vgl. Kliem/Müller, in Beck Bil-Komm., 14. Aufl. 2024, § 275 HGB Rz 180; Kirsch/Ewelt/Schmitz, in Baetge/Kirsch/Thiele, Bilanzrecht, § 275 HGB Rz 194, Stand: 07/2023.
[178] Vgl. Reiner, in MünchKomm. HGB, 5. Aufl. 2024, § 275 HGB Rn 84.

Einkommen und vom Ertrag") auszuweisen. Für Sachdividenden bedarf es einer vorsichtigen Schätzung ihres Zeitwertes. Für steuerfreie Ober-Ges. und steuerfreie Unterstützungskassen oder Pensionskassen findet der Bruttoausweis, soweit kein Erstattungsanspruch besteht, keine Anwendung.[179] PersG erfassen die Kapitalertragsteuer bei Zugang des Beteiligungsertrages als Entnahme.[180]

Der Zeitpunkt, an dem der Rechtsanspruch auf Ausschüttung entstanden ist, bestimmt den **Ansatzzeitpunkt**. Bei **PersG** wird gem. einer **wirtschaftlichen Betrachtungsweise** unterstellt, dass der Gewinnanteil den Gesellschaftern einer PersG i. d. R. bereits zum Schlusstag des Gj dieser Ges. zusteht, auf welches sich dieser erstreckt; unabhängig von der tatsächlichen Vornahme einer Gewinnausschüttung.[181] Der konkret zu erfassende Betrag steht allerdings erst mit Feststellung des Jahresabschlusses der betreffenden PersG fest. Bei noch ausstehender Feststellung des Jahresabschlusses ist eine hinreichende Konkretisierung der Gewinnansprüche in Gestalt einer Bestimmbarkeit der Höhe nach als gegeben zu betrachten und ein Ausweis der Beteiligungserträge vorzunehmen. Eine solche Bestimmbarkeit liegt vor, sofern innerhalb des Wertaufhellungszeitraums des Jahresabschlusses des Gesellschafters die wesentlichen Bilanzierungs- und Bewertungsentscheidungen bereits verbindlich getroffen worden sind.[182] Diese Sichtweise ergibt sich (nunmehr) auch aus § 120 Abs. 1 HGB n. F. i. V. m. § 109 BGB n. F. 150

Abweichende Ausweiserfordernisse ergeben sich jedoch für den Fall, dass die Gewinnverfügung ohne Gesellschafterbeschluss aufgrund gesetzlicher Bestimmungen oder vertraglicher Vereinbarungen untersagt ist.[183]

Bei der Beteiligung an einer **KapG** fällt der Ansatzzeitpunkt hingegen mit dem Tag des entsprechenden Ausschüttungsbeschlusses der HV oder Gesellschafterversammlung zusammen (§ 174 AktG bzw. §§ 29, 46 Nr. 1 GmbHG). Abweichend hiervon besteht bei einer 100 %-Beteiligung an einem TU in der Rechtsform einer KapG nach dem BGH-Urteil vom 12.1.1998[184] für die Beteiligungserträge die Pflicht zur Gewinnerfassung in dem Jahr, in welchem das TU den Gewinn erzielt hat. Dies gilt zumindest unter den Voraussetzungen, dass die Gj von MU und TU identisch sind, der Jahresabschluss des TU ein den tatsächlichen Verhältnissen entsprechendes Bild der Vermögens-, Finanz- und Ertragslage vermittelt, der Jahresabschluss des TU zeitlich vor dem des MU festgestellt wird und die Gewinnverwendung des TU vor Abschluss der Jahresabschlussprüfung des MU beschlossen ist.[185] 151

Bei einer Mehrheitsbeteiligung an einer KapG besteht für das MU eine Pflicht zur phasengleichen Erfassung, sofern es zur Durchsetzung einer bestimmten Gewinnausschüttung in der Lage ist, das Gj des TU nicht nach dem des MU endet, der Jahresabschluss des TU bereits vor Beendigung der Abschlussprüfung 152

---

[179] Vgl. Kliem/Müller, in Beck Bil-Komm., 14. Aufl. 2024, § 275 HGB Rz 178.
[180] Vgl. IDW RS HFA 7.31.
[181] Vgl. Reiner, in MünchKomm. HGB, 5. Aufl. 2024, § 275 HGB Rn 83; Scheffler, in Beck HdR, B 336, Rz 60ff., Stand: 08/2018.
[182] Vgl. Kliem/Müller, in Beck Bil-Komm., 14. Aufl. 2024, § 275 HGB Rz 177.
[183] Vgl. IDW RS HFA 18.14, WPg 2006, S. 1302.
[184] Vgl. BGH, Urteil v. 12.1.1998, II ZR 82/93, WPg 1998, S. 635.
[185] Vgl. Kirsch/Ewelt-Knauer/Schmitz, in Baetge/Kirsch/Thiele, Bilanzrecht, § 275 HGB Rz 195, Stand: 07/2023; Reiner, in MünchKomm. HGB, 5. Aufl. 2024, § 275 HGB Rn 82.

festgestellt ist, der Jahresabschluss des TU einen Gewinn ausweist und der Gewinnverwendungsvorschlag bereits vorliegt.[186]

3.10 Erträge aus anderen Wertpapieren und Ausleihungen des Finanzanlagevermögens, davon aus verbundenen Unternehmen (Abs. 2 Nr. 10)

153 Der Posten „Erträge aus anderen Wertpapieren und Ausleihungen des Finanzanlagevermögens" (§ 275 Abs. 2 Nr. 10 HGB) erfasst die laufenden Erträge der als Finanzanlagevermögen (§ 266 Abs. 2 A. III. HGB) zum Ausweis gebrachten VG, die nicht als Erträge aus Beteiligungen oder Erträge aus Gewinngemeinschaften, Gewinnabführungs- und Teilgewinnabführungsverträgen gesondert auszuweisen sind. Auch für Erträge aus verbundenen Unt, die keine Beteiligungen i.S.d. § 271 HGB sind, ist ein Ausweis unter Posten Nr. 10 vorzunehmen (Erträge aus Anteilen am MU).[187] Entsprechend der Definition des AV kann es sich jedoch nur um Erträge aus Wertpapieren und Ausleihungen handeln, die dazu bestimmt sind, dem Geschäftsbetrieb dauernd zu dienen (§ 247 Abs. 2 HGB).

154 Der Ausweis der Erträge ist auf **Bruttobasis** vorzunehmen. Eine **Saldierung** mit Aufwendungen für die betreffenden Finanzanlagen oder Wertpapiere ist ebenso **unzulässig** wie der Abzug der von der ausschüttenden Ges. einbehaltenen Kapitalertragsteuer und anrechenbaren ausländischen Ertragsteuern.[188]

155 Als Erträge aus anderen Wertpapieren und Ausleihungen des Finanzanlagevermögens sind Zinserträge, Dividendenerträge und ähnliche Ausschüttungen auf andere Wertpapiere des AV sowie Zinserträge aus Darlehen und sonstigen Ausleihungen des Finanzanlagevermögens auszuweisen. Des Weiteren sind unter diesem Posten die **periodisch vorzunehmenden Aufzinsungen** langfristiger Ausleihungen beim Gläubiger auszuweisen, deren Bilanzansatz zum Hingabezeitpunkt abgezinst vorgenommen wurde.

> **Praxis-Beispiel**
> Relevant sind insb. Hypotheken, Grund- und Rentenschulden, deren Bilanzansatz abgezinst erfolgt, sowie die **periodischen Zuschreibungen auf Zero-Bonds.**

Angesichts der aus § 277 Abs. 5 S. 1 HGB resultierenden Verpflichtung, Erträge aus der Abzinsung gesondert (unter Posten Nr. 11) auszuweisen, sollte, sofern dieser getrennte Ausweis der Erträge und Aufwendungen aus Abzinsung auf alle Aktiva und Passiva ausgedehnt wird und diese Erträge nicht unter dem Posten Nr. 11 ausgewiesen werden (§ 277 Rz 15), ein gesonderter Ausweis in Gestalt einer Untergliederung oder eines Anhangvermerks vorgenommen werden.

156 Auch Erträge aus **GmbH-Anteilen**, die weder als Anteile an verbundenen Unt noch als Beteiligungen einzustufen sind, kommen hier zum Ausweis, sofern diese

---

[186] Kirsch/Ewelt-Knauer/Schmitz, in Baetge/Kirsch/Thiele, Bilanzrecht, § 275 HGB Rz 195, Stand: 07/2023; Grottel/Adrian, in Beck Bil-Komm., 14. Aufl. 2024, § 266 HGB Rz 120.
[187] Vgl. Kirsch/Ewelt-Knauer/Schmitz, in Baetge/Kirsch/Thiele, Bilanzrecht, § 275 HGB Rz 201, Stand: 07/2023.
[188] Vgl. Kirsch/Ewelt-Knauer/Schmitz, in Baetge/Kirsch/Thiele, Bilanzrecht, § 275 HGB Rz 206, Stand: 07/2023.

Anteile in der Bilanz als Finanzanlagevermögen ausgewiesen werden.[189] Ebenso unter Posten Nr. 10 auszuweisen sind **Erträge aus Genussrechten**, sofern sie als Finanzanlagevermögen ausgewiesen werden.[190]

Erträge aus Finanzanlagen bei verbundenen Unt, wie z. B. Zinsen für Darlehensforderungen des Finanzanlagevermögens, sind in Gestalt eines „Davon"-Vermerks gesondert auszuweisen. 157

Erträge aus dem Verkauf von **Bezugsrechten** sind ebenso unter den sonstigen betrieblichen Erträgen auszuweisen wie Verkaufsgewinne aus Wertpapieren des Finanzanlagevermögens und Erträge aus Zuschreibungen zu anderen Wertpapieren und Ausleihungen des Finanzanlagevermögens.[191] Aufwendungen für negative Zinsen auf Bankeinlagen (sog. Strafzinsen) dürfen als negativer Zinsertrag in Gestalt eines Vorspaltenausweises offen unter Posten Nr. 11 abgesetzt werden. Alternativ hierzu ist auch ein Ausweis in einem gem. § 265 Abs. 5 HGB ergänzend eingefügten eigenständigen Posten innerhalb des Finanzergebnisses oder als sonstiger betrieblicher Aufwand möglich.[192] 158

Erträge aus Wertpapieren des UV sind unter dem Posten Nr. 11 (sonstige Zinsen und ähnliche Erträge) auszuweisen.[193] Anteile an eG stellen keine Wertpapiere und keine Ausleihungen dar. Sie sind in der Bilanz als sonstige VG auszuweisen, sodass ihre Erträge als sonstige betriebliche Erträge und nicht unter Posten Nr. 9 bzw. Nr. 10 zu erfassen sind.[194] Als zulässig wird auch ein Ausweis unter Nr. 11 (sonstige Zinsen und ähnliche Erträge) erachtet (Rz 147). 159

Für die zeitliche Erfassung ist bei Dividenden der Zeitpunkt der Entstehung des Rechtsanspruchs maßgeblich. Zinserträge bedürfen einer zeitanteiligen Abgrenzung, sodass sowohl eine antizipative Abgrenzung als auch die Auflösung passivischer transitorischer Rechnungsabgrenzungsposten erforderlich sind.[195] 160

3.11 Sonstige Zinsen und ähnliche Erträge, davon aus verbundenen Unternehmen (Abs. 2 Nr. 11)

Unter dem Posten § 275 Abs. 2 Nr. 11 HGB sind alle laufenden Erträge (des Finanzbereichs) auf Bruttobasis auszuweisen, die nicht bereits unter den Posten Nr. 9 oder Nr. 10 ausgewiesen werden. Das obligatorisch zu beachtende **Saldierungsverbot** (§ 246 Abs. 2 HGB) verbietet eine Verrechnung der Zinserträge mit den Zinsaufwendungen. Dies gilt auch bei Aufwendungen aus Sollzinsen und Erträgen aus Habenzinsen ggü. demselben Kreditinstitut. Eine Saldierung ist 161

---

[189] Vgl. IDW, WPH Edition, Wirtschaftsprüfung & Rechnungslegung, 18. Aufl. 2023, Kap. F Tz 853.
[190] Vgl. ADS, Rechnungslegung und Prüfung der Unternehmen, 6. Aufl. 1995–2001, § 275 HGB Rz 155; Reiner, in MünchKomm. HGB, 5. Aufl. 2024, § 275 HGB Rn 85.
[191] Vgl. Reiner, in MünchKomm. HGB, 5. Aufl. 2024, § 275 HGB Rn 79. A. A. Kirsch/Ewelt-Knauer/Schmitz, in Baetge/Kirsch/Thiele, Bilanzrecht, § 275 HGB Rz 205, Stand: 07/2023. Sie fordern einen Ausweis unter Posten Nr. 10 (GKV) bzw. Nr. 9 (UKV).
[192] Vgl. Kliem/Müller, in Beck Bil-Komm., 14. Aufl. 2024, § 275 HGB Rz 193; IDW, WPH Edition, Wirtschaftsprüfung & Rechnungslegung, 18. Aufl. 2023, Kap. F Tz 859; FAB, IDW Life 2020, S. 594.
[193] Vgl. Kliem/Müller, in Beck Bil-Komm., 14. Aufl. 2024, § 275 HGB Rz 186.
[194] Vgl. Kliem/Müller, in Beck Bil-Komm., 14. Aufl. 2024, § 275 HGB Rz 187; A. A. Kirsch, in Kußmaul/Müller, HdB, Gewinn- und Verlustrechnung nach HGB, Rz 149, Stand: 8.3.2022; Kirsch/Ewelt-Knauer/Schmitz, in Baetge/Kirsch/Thiele, Bilanzrecht, § 275 HGB Rz 203, Stand: 07/2024.
[195] Vgl. Kirsch in Kußmaul/Müller, HdB, Gewinn- und Verlustrechnung nach HGB, Rz 150, Stand: 8.3.2022.

selbst dann unzulässig, wenn während eines Gj durch abwechselnd ausgewiesene Soll- und Habensalden desselben Bankkontos sowohl Sollzinsen als auch Habenzinsen angefallen sind.[196]

162 Jedoch ist insgesamt eine zu enge Auslegung des Saldierungsverbots abzulehnen und im Fall eindeutig durchlaufender Posten eine Verrechnung von in gleicher Höhe angefallenen Zinserträgen und -aufwendungen als zulässig zu erachten. Diese Möglichkeit ist v. a. für die Zinserträge und -aufwendungen gegeben, die für innerhalb des Konzerns durchgereichte Kredite anfallen.[197]

163 Aus verbundenen Unt stammende Erträge sind auch hier durch einen „Davon"-Vermerk gesondert in einer Summe vor der Hauptspalte anzuführen. Bei einer unterjährigen Statusänderung des verbundenen Unt ist lediglich jenes Ertragsvolumen gesondert auszuweisen, welches auf den Zeitraum entfällt, in dem die Klassifizierungsvoraussetzungen als verbundenes Unt erfüllt wurden.[198]

164
> **Praxis-Beispiel**
> Als **sonstige Zinsen** sind unter dem Posten Nr. 11 folgende Sachverhalte auszuweisen:
> – Zinserträge aus Bankguthaben, Termingeldern und anderen Einlagen bei Kreditinstituten;
> – Zinserträge aus Genussrechten, Forderungen und Darlehen an Kunden, Mitarbeiter, Lieferanten etc.;
> – Zinsen und Dividenden auf Wertpapiere des Umlaufvermögens;
> – Aufzinsungsbeträge unverzinslicher und niedrigverzinslicher Darlehen und Forderungen, die nicht als Finanzanlagen in der Bilanz ausgewiesen werden (u.a. Erträge aus der Abzinsung des zum Barwert angesetzten Auszahlungsanspruchs nach § 37 Abs. 5 KStG);
> – an Kunden weiterberechnete Diskonterträge aus Wechselforderungen, Verzugszinsen sowie Vorfälligkeitsentschädigungen.[199]

Zuschüsse der öffentlichen Hand sind nicht als sonstige Zinsen und ähnliche Erträge auszuweisen, sondern als sonstige betriebliche Erträge (Rz 78). Allerdings wird für Zinszuschüsse bei periodengerechter Vereinnahmung auch eine Absetzung von den jeweiligen Zinsaufwendungen für zulässig erachtet.[200]

Strafzinsen, die als Aufwendungen in Gestalt negativer Zinsen auf Bankeinlagen anfallen, dürfen als negativer Zinsertrag in Gestalt eines Vorspaltenausweises offen unter Posten Nr. 11 abgesetzt werden. Es ist auch ein Ausweis in einem gem. § 265 Abs. 5 HGB ergänzend eingefügten eigenständigen Posten innerhalb des Finanzergebnisses oder als sonstiger betrieblicher Aufwand möglich.[201]

---

[196] Vgl. IDW, WPH Edition, Wirtschaftsprüfung & Rechnungslegung, 18. Aufl. 2023, Kap. F Tz 859; Scheffler, in Beck HdR, B 336, Rz 80, Stand: 08/2018.
[197] Vgl. Eppinger/Schöpfer, in Küting/Weber, HdR-E, § 275 HGB Rz 81c, Stand: 05/2024.
[198] Vgl. Kliem/Müller, in Beck Bil-Komm., 14. Aufl. 2024, § 275 HGB Rz 190.
[199] Vgl. Kliem/Müller, in Beck Bil-Komm., 14. Aufl. 2024, § 275 HGB Rz 191.
[200] Vgl. Eppinger/Schöpfer, in Küting/Weber, HdR-E, § 275 HGB Rz 81b, Stand: 05/2024.
[201] Vgl. Kliem/Müller, in Beck Bil-Komm., 14. Aufl. 2024, § 275 HGB Rz 193; IDW, WPH Edition, Wirtschaftsprüfung & Rechnungslegung, 18. Aufl. 2023, Kap. F Tz 859; FAB, IDW Life 2020, S. 594.

Als **zinsähnliche Erträge** sind unter dem Posten Nr. 11 im Zusammenhang mit der Kreditvergabe vereinnahmte Erträge aus Agio, Disagio, Damnum, Aval- und Kreditprovisionen, Kreditgarantien, Teilzahlungszuschlägen, Zins-Swaps, Zinstermin- und Zinsoptionsgeschäften sowie Kreditgebühren zum Ausweis zu bringen, die mit Zinsen vergleichbar sind.[202]

165

Strittig ist der Ausweis nicht ausgenutzter Kundenskonti als sonstige Zinserträge. Während die h. M. bei üblichen Zahlungszielen aus Wesentlichkeitsaspekten ein Ausweis unter den Umsatzerlösen befürwortet,[203] wird zuweilen auch ein Ausweis nicht ausgenutzter Kundenskonti als sonstige Zinserträge befürwortet, da ansonsten keine klare Trennung im Ausweis von betrieblichem Ergebnis und Finanzergebnis möglich ist.[204] Ein positiver Saldobetrag aus der Verrechnung der Erträge und Aufwendungen aus der Ab- bzw. Aufzinsung von Altersversorgungsrückstellungen mit den ihnen gegenüberstehenden Erträgen und Aufwendungen aus dem Deckungsvermögen (§ 246 Abs. 2 Satz 2 HGB) ist unter Nr. 11 auszuweisen; ein negativer hingegen unter Nr. 13.

166

Nicht unter dem Posten Nr. 11, sondern als sonstige betriebliche Erträge sind weiter berechnete Gebühren für besondere Leistungen wie bspw. erhaltene Kreditbearbeitungsgebühren, Spesen, Mahnkosten und Erlöse aus dem Verkauf von Bezugsrechten auszuweisen.[205] Ebenfalls als sonstige betriebliche Erträge und nicht unter dem Posten Nr. 11 sind Erträge aus der Veräußerung und Zuschreibung von Wertpapieren des UV auszuweisen.[206]

167

Für den Fall, dass **als HK zu aktivierende Fremdkapitalzinsen** auf Basis der Bruttomethode als Zinsaufwendungen verbucht wurden (Rz 76), sind die Erträge aus der Aktivierung der Fremdkapitalzinsen (§ 255 Abs. 3 Satz 2 HGB) unter Posten Nr. 2 („Erhöhung oder Verminderung des Bestands an fertigen und unfertigen Erzeugnissen") oder unter dem Posten Nr. 3 („andere aktivierte Eigenleistungen") auszuweisen.[207] Mit Inkrafttreten des BilMoG sind **Erträge aus der Abzinsung** (von Rückstellungen und Verbindlichkeiten) gesondert unter dem Posten Nr. 11 auszuweisen (§ 277 Abs. 5 Satz 1 HGB). Dies betrifft zweifelsfrei die Effekte aus Änderungen der Abzinsungssätze der Rückstellungsbewertung, die allerdings auch im operativen Bereich ausgewiesen werden dürfen (Rz 113). Bei wortgetreuer Auslegung des § 277 Abs. 5 HGB wird jedoch auch ein gesonderter Ausweis der Aufzinsungserträge unverzinslicher und niedrigverzinslicher Darlehen und Forderungen, die nicht dem Finanzanlagevermögen zuzuordnen sind, unter dem Posten Nr. 11 nicht zu beanstanden sein, da sich entgegen dem Regierungsentwurf aus dem endgültigen Gesetzestext keine Beschränkung der

168

---

[202] Vgl. Kirsch/Ewelt-Knauer/Schmitz, in Baetge/Kirsch/Thiele, Bilanzrecht, § 275 HGB Rz 213, Stand: 07/2023; Reiner, in MünchKomm. HGB, 5. Aufl. 2024, § 275 HGB Rn 91; IDW, WPH Edition, Wirtschaftsprüfung & Rechnungslegung, 18. Aufl. 2023, Kap. F Tz 861.

[203] Vgl. Kliem/Müller, in Beck Bil-Komm., 14. Aufl. 2024, § 275 HGB Rz 192; Reiner, in MünchKomm. HGB, 5. Aufl. 2024, § 275 HGB Rn 89; IDW, WPH Edition, Wirtschaftsprüfung & Rechnungslegung, 18. Aufl. 2023, Kap. F Tz 862.

[204] Vgl. Kirsch, in Kußmaul/Müller, HdB, Gewinn- und Verlustrechnung nach HGB Rz 155, Stand: 6.3.2024; Kirsch/Ewelt-Knauer/Schmitz, in Baetge/Kirsch/Thiele, Bilanzrecht, § 275 HGB Rz 215, Stand: 07/2023.

[205] Vgl. Eppinger/Schöpfer, in Küting/Weber, HdR-E, § 275 HGB Rz 81b, Stand: 05/2024; IDW, WPH Edition, Wirtschaftsprüfung & Rechnungslegung, 18. Aufl. 2023, Kap. F Tz 862.

[206] Dem widersprechen Kirsch/Ewelt-Knauer/Schmitz, in Baetge/Kirsch/Thiele, Bilanzrecht, § 275 HGB Rz 214, Stand: 07/2023.

[207] Vgl. IDW, WPH Edition, Wirtschaftsprüfung & Rechnungslegung, 18. Aufl. 2023, Kap. F Tz 858.

Erträge aus Abzinsung auf Fremdkapitalpositionen ergibt. Diese ist allein der Begründung des Rechtsausschusses zu entnehmen (§ 277 Rz 15 ff.).

3.12 Abschreibungen auf Finanzanlagen und auf Wertpapiere des Umlaufvermögens (Abs. 2 Nr. 12)

169 Dieser Posten (§ 275 Abs. 2 Nr. 12 HGB) dient dem Ausweis aller Abschreibungen des Gj auf Finanzanlagen sowie auf die Wertpapiere des UV, unabhängig davon, ob diese das übliche Maß überschreiten oder nicht.

170 **Abzinsungsbeträge aus unverzinslichen oder niedrig verzinslichen langfristigen Ausleihungen** stellen, wenn diese erst im Rahmen ihrer Folgebewertung nach dem Zugangszeitpunkt aufgrund eines Niederstwerttests abgezinst werden und die Aktivierung i.H.d. gesamten Zugangsbetrags vorgenommen wurde, ihrem Wesen nach Abschreibungen dar, sodass ein Ausweis unter Posten Nr. 12 HGB vorzunehmen ist,[208] allerdings fordert § 277 Abs. 5 HGB den gesonderten Ausweis der Aufwendungen aus Abzinsungen unter dem Posten „Zinsen und ähnliche Aufwendungen", sodass auch dieser begründbar erscheint.
Wurden die Zugänge dieser Ausleihungen zum Zugangszeitpunkt mit dem Barwert erfasst, so ist dann dementsprechend ein Ausweis der hierzu korrespondierenden Abzinsungsaufwendungen unter den sonstigen betrieblichen Aufwendungen vorzunehmen, jedoch ist auch hier gem. § 277 Abs. 5 Satz 1 HGB eine gesonderte Erfassung unter dem Posten „Zinsen und ähnliche Aufwendungen" begründbar.

171 Im Anlagespiegel ist ein Ausweis der Abschreibungen auf die einzelnen Posten des Finanzanlagevermögens vorzunehmen (§ 284 Abs. 3 HGB).

172 **Verluste aus dem Abgang von Finanzanlagen und Wertpapieren** des UV sind als sonstiger betrieblicher Aufwand auszuweisen. Der vereinzelten gegenläufigen Ausweisforderungen kann hier nur insoweit gefolgt werden,[209] als dass ein gesonderter Ausweis derartiger Beträge innerhalb des Finanzergebnisses betriebswirtschaftlich begründbar und im Hinblick auf die damit verbundene Klarheit gangbar erscheint.

3.13 Zinsen und ähnliche Aufwendungen, davon an verbundenen Unternehmen (Abs. 2 Nr. 13)

173 Unter diesem Posten (§ 275 Abs. 2 Nr. 13 HGB) sind die im Zusammenhang mit den Fremdkapitalverpflichtungen der Unt stehenden Aufwendungen auszuweisen, unabhängig davon, ob diese Zinsen und zinsähnlichen Aufwendungen einmalig oder regelmäßig anfallen.[210] Der Ausweis ist auf Bruttobasis vorzunehmen, sodass eine Saldierung mit den Zinserträgen nicht erlaubt ist (§ 246 Abs. 2 HGB). Dies gilt auch für die aus Verpflichtungen und Ansprüchen resultierenden Soll- und Habenzinsen ggü. demselben Kreditinstitut.

---

[208] Vgl. IDW, WPH Edition, Wirtschaftsprüfung & Rechnungslegung, 18. Aufl. 2023, Kap. F Tz 864; Eppinger/Schöpfer, in Küting/Weber, HdR-E, § 275 HGB Rz 85, Stand: 05/2024; Reiner, in MünchKomm. HGB, 5. Aufl. 2024, § 275 HGB Rn 96.
[209] Vgl. bspw. Kirsch/Ewelt-Knauer/Schmitz, in Baetge/Kirsch/Thiele, Bilanzrecht, § 275 HGB Rz 225, Stand: 07/2023.
[210] Vgl. Reiner, in MünchKomm. HGB, 5. Aufl. 2024, § 275 HGB Rn 98.

> **Praxis-Beispiel** 174
> Insb. sind unter diesem Posten Zinsen für Bankkredite, Hypotheken, Anleihen, Schuldscheindarlehen, Lieferantenkredite, Verzugszinsen, Säumniszuschläge auf verspätete Steuerzahlungen sowie Diskontbeträge für Wechsel und Schecks auszuweisen. Des Weiteren als Zinsaufwendungen und zinsähnliche Aufwendungen auszuweisen sind: Ausschüttungen auf Genussscheine mit Fremdkapitalcharakter, Kreditprovisionen, Überziehungsprovisionen, Bürgschafts- und Avalprovisionen, Verwaltungskostenbeiträge für Hypothekenbanken, Kreditbereitstellungsgebühren, Vermittlungsprovisionen, Besicherungsgebühren sowie Abschreibungen auf ein aktiviertes Agio, Disagio oder Hypothekendamnum.[211] Auch **Zinsanteile der Zuführungen zu Pensionsrückstellungen sowie der Zinsanteil aus der Veränderung des Deckungskapitals** sind unter Beachtung des Saldierungsgebots in diesem Posten auszuweisen.

Mit Inkrafttreten des BilMoG ist der gesonderte Ausweis dieser Abzinsungsaufwendungen sowie der Aufwendungen aus Abzinsung für sämtliche Rückstellungen mit Laufzeit von mehr als einem Jahr erforderlich (§ 277 Abs. 5 Satz 1 HGB; Rz 113). Eine Saldierung mit Erträgen aus der Abzinsung ist grds. unzulässig;[212] unter den Umständen des § 246 Abs. 2 Satz 2 HGB (§ 246 Rz 122) allerdings erforderlich.[213]

Der Ausweis der Aufwendungen eines **Disagios** unter diesem Posten ist unabhängig davon vorzunehmen, ob eine regelmäßige Abschreibung oder eine einmalige Verbuchung als Sofortaufwand erfolgt. Handelt es sich dabei um Beträge von nicht untergeordneter Bedeutung, so ist der periodenfremde Aufwandsanteil im Anhang anzugeben. Entsprechend der unpräzisen Ausweisvorschriften des § 277 Abs. 5 HGB ist ein Einbezug der Abschreibungen auf ein Disagio und Damnum bzw. deren sofortige erfolgswirksame Erfassung in den gesonderten Ausweis der Aufwendungen aus Abzinsung letztlich nicht zu beanstanden. 175

Ferner sind auch Aufwendungen für **Zinsswaps, Zinstermingeschäfte und Zinsoptionsgeschäfte** unter dem Posten Nr. 13 auszuweisen.[214] 176

> **Praxis-Beispiel** 177
> Ausgaben für den Zahlungsverkehr (z.B. Bankspesen, Umsatzprovisionen oder Kontoführungsgebühren), Einlösungsprovisionen für Schuldverschreibungen, Kreditvermittlungsprovisionen, Kreditüberwachungskosten oder Währungsverluste sind nicht hier, sondern unter dem Posten „sonstige betriebliche Aufwendungen" auszuweisen. Kundenskonti sind, da sie Erlösschmälerungen darstellen, ebenfalls nicht hier auszuweisen, sondern mit den Umsatzerlösen zu saldieren.

---

[211] Vgl. Kirsch, in Kußmaul/Müller, HdB, Gewinn- und Verlustrechnung nach HGB, Rz 167, Stand: 6.3.2024.
[212] Vgl. BT-Drs. 16/12407 v. 24.3.2009 S. 114.
[213] Vgl. zur praktischen Anwendung Kreipl/Lange/Müller, in Bertram/Brinkmann/Kessler/Müller, Haufe HGB Bilanz Kommentar BilMoG Erfahrungsbericht, 2012, Rz 342.
[214] Vgl. Kliem/Müller, in Beck Bil-Komm., 14. Aufl. 2024, § 275 HGB Rz 210.

178 Leasingnehmer, die wirtschaftlicher Eigentümer des Leasingobjekts sind, müssen **den in den Leasingraten enthaltenen Zinsanteil** unter dem Posten Nr. 13 ausweisen. Fehlt es dem Leasingnehmer am wirtschaftlichen Eigentum, ist der gesamte Aufwand unter dem Posten „sonstige betriebliche Aufwendungen" auszuweisen. Ein negativer Saldobetrag aus der Verrechnung der Aufwendungen und Erträge aus Ab- bzw. Aufzinsung von Altersversorgungsrückstellungen mit den ihnen gegenüberstehenden Aufwendungen und Erträgen aus dem Deckungsvermögen ist unter Nr. 13 auszuweisen; ein positiver hingegen unter Nr. 11.

179 Für Abzinsungsaufwendungen von nicht oder niedrig verzinslichen Forderungen und Ausleihungen ist in Abhängigkeit des betroffenen Bilanzpostens der Ausweis unter den „sonstigen betrieblichen Aufwendungen" oder „Abschreibungen auf Finanzanlagen und Wertpapiere des Umlaufvermögens" vorzunehmen und nicht unter Posten Nr. 13. Unter Bezugnahme auf die weite Auslegung des § 277 Abs. 5 Satz 1 HGB kann jedoch auch ein gesonderter Ausweis unter Posten Nr. 13 als erforderlich betrachtet werden (Rz 170).

180 Für die an verbundene Unt geleisteten Zinsen und zinsähnlichen Aufwendungen ist ein gesonderter Ausweis in Gestalt eines „Davon"-Vermerks oder die Angabe in Form einer Untergliederung erforderlich.

181 Zur Möglichkeit der Kürzung der Zinsaufwendungen um vereinnahmte Zinszuschüsse der öffentlichen Hand bei periodengerechter Vereinnahmung vgl. Rz 164.

3.14 Steuern vom Einkommen und Ertrag (Abs. 2 Nr. 14)

182 Unter dem Posten „Steuern vom Einkommen und Ertrag" (§ 275 Abs. 2 Nr. 14 HGB) sind jene ergebnisabhängigen Steuern zu erfassen, für welche die KapG selbst wirtschaftlicher Steuerschuldner ist.

> **Praxis-Beispiel**
> Konkret sind als Steuern vom Einkommen und Ertrag v. a. folgende Aufwendungen auszuweisen:
> – KSt (einschl. des Solidaritätszuschlags);
> – GewSt;
> – Kapitalertragsteuer auf Erträge aus Finanzanlagen oder Wertpapieren des UV;
> – in ausländischen Staaten gezahlte Steuern, die den in Deutschland erhobenen Steuern vom Einkommen und Ertrag entsprechen;[215]
> – Aufwendungen für die Auflösung aktivischer Steuerabgrenzungsposten, Bildung passivischer Steuerabgrenzungsposten und Zuführungen zu Ertragsteuerrückstellungen (§ 274 Rz 121 ff.).

183 Der **Ausweis von Erträgen** aus der Auflösung freigewordener Steuerrückstellungen und der Aktivierung von Steuererstattungsansprüchen bedingt einen saldierten Ausweis der Steuern vom Einkommen und Ertrag, in dessen Folge sich ein positiver Saldo ergeben kann, dem dann durch eine Anpassung der Postenbezeichnung Rechnung zu tragen ist.[216]

---

[215] Vgl. Eppinger/Schöpfer, in Küting/Weber, HdR-E, § 275 HGB Rz 92, Stand: 05/2024.
[216] Vgl. Hoffmann/Lüdenbach, NWB-Kommentar Bilanzierung, 15. Aufl. 2023, § 275 HGB Rz 120.

Der Art nach auszuweisen sind demnach Voraus-, Abschluss- und Nachzahlungen, Zuführungen zu Steuerrückstellungen, Erträge und Aufwendungen aus Steuerabgrenzungen und Steuererstattungen für vorhergehende Veranlagungsjahre. Bei größeren periodenfremden Beträgen, die z. B. aus Nachzahlungen die aus Betriebsprüfungen resultieren, ist eine entsprechende Erläuterung im Anhang erforderlich (§ 285 Nr. 32 HGB).[217]

Der Ertrag oder Aufwand aus der Veränderung bilanzierter latenter Steuern ist gesondert unter dem Posten „Steuern vom Einkommen und Ertrag" auszuweisen (§ 274 Rz 121 ff.).

> **Praxis-Beispiel**
> **Nicht unter diesem Posten „Steuern vom Einkommen und Ertrag" auszuweisen sind:**
> – Steuern, die für Dritte einbehalten und abgeführt werden, wie z. B. die Lohn- und Kirchensteuer für Arbeitnehmer oder die Kapitalertragsteuer, die auf von der Ges. ausgeschüttete Dividenden einbehalten wurde;
> – ESt der Gesellschafter bei Personenhandelsgesellschaften;[218]
> – Steuerstrafen (entweder unter Posten Nr. 8 oder Nr. 16 auszuweisen);
> – Säumniszuschläge (Posten Nr. 13);
> – aus Haftungsgründen zu übernehmende Steuer (z. B. aufgrund von Steuerhinterziehung);
> – Zwangsgelder, Kosten, Zinsen, Gebühren, Beiträge, Ausgleichsabgaben (Posten Nr. 8 bzw. 13).[219]

Die Notwendigkeit, die **Berechnungsgrundlage** für die Höhe des Körperschaftsteueraufwands ausschüttungsabhängig an den Gewinnverwendungsbeschluss anzuknüpfen, ist mit dem SEStEG entfallen.

Bei bestehenden Organverhältnissen sind die Organträger Steuerschuldner der Ertragsteuern und haben als solche die auf sie entfallenden Ertragsteuern unter Posten Nr. 14 auszuweisen. Für die vom Organträger regelmäßig vorgenommene Weiterbelastung an die Organgesellschaften ist beim **Organträger** ein Ausweis als Unterposten der Erträge aus Gewinnabführungsverträgen bzw. die Einfügung eines eigenen Postens „Ertragsteuerumlage von Organgesellschaften" im Anschluss an den Posten „Erträge aus Gewinnabführungsverträgen" vorzunehmen.[220]

Die Weiterbelastungen von Ertragsteuern zwischen Organträger und Organgesellschaft sind bei der **Organgesellschaft** unter dem Posten Nr. 14 als von der Obergesellschaft weiterbelastete Steuern gesondert auszuweisen[221] oder als „Da-

---

[217] Vgl. Winnefeld, Bilanz-Handbuch, 5. Aufl. 2015, Abschn. G Rz 393; IDW, WPH Edition, Wirtschaftsprüfung & Rechnungslegung, 18. Aufl. 2023, Kap. F Tz 872.
[218] Vgl. IDW, WPH Edition, Wirtschaftsprüfung & Rechnungslegung, 18. Aufl. 2023, Kap. F Tz 869.
[219] Vgl. Winnefeld, Bilanz-Handbuch, 5. Aufl. 2015, Abschn. G Rz 387.
[220] Vgl. Kirsch/Ewelt-Knauer/Schmitz, in Baetge/Kirsch/Thiele, Bilanzrecht, § 275 HGB Rz 277, Stand: 07/2023; Reiner, in MünchKomm. HGB, 5. Aufl. 2024, § 275 HGB Rn 109; Kliem/Müller, in Beck Bil-Komm., 14. Aufl. 2024, § 275 HGB Rz 237f.
[221] Vgl. Reiner, in MünchKomm. HGB, 5. Aufl. 2024, § 275 HGB Rn 110; IDW, WPH Edition, Wirtschaftsprüfung & Rechnungslegung, 18. Aufl. 2023, Kap. F Tz 874.

von"-Vermerk zum Posten „aufgrund von Gewinnabführungsverträgen abgeführte Gewinne" darzustellen.[222]

3.15 Ergebnis nach Steuern (Abs. 2 Nr. 15)

190 Der Saldo der GuV-Positionen Nr. 1 bis Nr. 14 ist **als Zwischensumme** unter dem Posten „Ergebnis nach Steuern" (§ 275 Abs. 2 Nr. 15 HGB) auszuweisen. Dieser Saldo dokumentiert in Verbindung mit den ausgewiesenen Steuern vom Einkommen und Ertrag inwieweit das Jahresergebnis vor sonstigen Steuern mit Steuern vom Einkommen und Ertrag belastet wird.

Diese aus der Bilanzrichtlinie übernommene Postenbezeichnung und hinsichtlich der Gliederungstiefe verbindliche Ausweisvorgabe ist insofern irreführend, als dass es sich lediglich um ein Ergebnis nach Ertragsteuern handelt. Die sonstigen Steuern sind hingegen erst im Anschluss an diese Zwischensumme in die Berechnung des Jahresüberschusses einzubeziehen. Im Hinblick auf die begriffliche Klarheit liegt eine Anpassung der Postenbezeichnung nahe, indem stattdessen bspw. die Bezeichnung „Ergebnis nach Steuern vom Einkommen und Ertrag" verwendet wird.

3.16 Sonstige Steuern (Abs. 2 Nr. 16)

191 Unter dem Posten § 275 Abs. 2 Nr. 16 HGB sind alle nicht vom Ertrag und Einkommen abhängigen Steuerarten zu erfassen, die von der Ges. als Aufwand verrechnet und getragen werden. Demzufolge sind hier die **Verkehrsteuern, Verbrauchsteuern, sonstigen Steuern** sowie **ausländischen Steuern** (soweit den sonstigen inländischen Steuern entsprechend) auszuweisen. Dies gilt nur für solche Steuerbeträge, die nicht als direkt mit dem Umsatz verbundene Steuern einzustufen sind und daher mit den Umsatzerlösen zu verrechnen sind.

Im Weiteren sind auch ggf. die **Grundsteuer** und die **Erbschaftsteuer** hier auszuweisen.

192
> **Praxis-Beispiel**
> Ausgewählte Beispiele für einzelne sonstige Steuern, die nur dann als sonstige Steuern auszuweisen sind, wenn sie nicht direkt vom Umsatz abgezogen werden müssen, lassen sich wie folgt anführen:
> – **Verkehrssteuern:** Versicherungssteuer, Rennwett- und Lotteriesteuer, Stromsteuer, Ausfuhrzölle;
> – **Verbrauchssteuern:** Tabaksteuer, Sektsteuer, Energiesteuer auf Mineralöle, Kaffeesteuer, Getränkesteuer, Branntweinsteuer, Biersteuer;
> – **sonstige Steuern:** Kraftfahrzeugsteuer, Hundesteuer, Vergnügungssteuer, Jagdsteuer.

193 **Auf die Umsatzerlöse entfallende Umsatzsteuer** sowie die sonstigen mit dem Umsatz verbundenen Steuern sind stets von den Erlösen abzusetzen. Lediglich bei einer **umsatzsteuerrechtlichen Organschaft** ist vom Organträger ein Umsatzsteuerausweis unter Posten Nr. 16 in jenen Fällen vorzunehmen, in denen

---

[222] Vgl. Kliem/Müller, in Beck Bil-Komm., 14. Aufl. 2024, § 275 HGB Rz 237 (nur bei Vorliegen eines Gewinnabführungsvertrags).

eine Weiterbelastung der Umsatzsteuer, deren Steuerschuldner der Organträger ist, an die Organgesellschaft unterbleibt.[223] Aufseiten der Organgesellschaft ist in diesem Fall die vereinnahmte Umsatzsteuer unter den „sonstigen betrieblichen Erträgen" auszuweisen.[224] Vom Organträger an die Organgesellschaft weiterbelastete Umsatzsteuern stellen dagegen einen durchlaufenden Posten dar und sind somit nicht unter Posten Nr. 17 auszuweisen.

Grunderwerbsteuer und Einfuhrzölle stellen bei gegebener Aktivierungspflicht Nebenkosten dar, sodass für diese keine sofortige Aufwandserfassung als „sonstige Steuern" erfolgt. 194

Ebenfalls ausgeschlossen ist der Ausweis pauschalierter Lohnsteuer und der vom Arbeitgeber für den Arbeitnehmer als Steuerschuldner übernommenen Lohnsteuer inkl. der darin enthaltenen Kirchensteuer unter dem Posten Nr. 16. Stattdessen sind diese Beträge unter dem Posten „Löhne und Gehälter" (Nr. 6a) auszuweisen. Für Abgaben, Gebühren und Bußgelder ist der Ausweis unter den „sonstigen betrieblichen Aufwendungen" vorzunehmen.[225] 195

Wie für die Steuern vom Einkommen und Ertrag sind zum Ausweis der „sonstigen Steuern" die Steuererstattungen mit den Steueraufwendungen zu saldieren sowie periodische und aperiodische Vorgänge in einem Posten gemeinsam zum Ausweis zu bringen. 196

3.17 Ergebnisse aus Unternehmensverträgen

Für Erträge und Aufwendungen aus bestimmten Unt-Verträgen fordert § 277 Abs. 3 Satz 2 HGB einen gesonderten Ausweis unter entsprechender Bezeichnung, ohne dass nähere Ausführungen dazu gemacht werden, an welcher Stelle dieser Ausweis vorzunehmen ist. So sind auch im gesetzlichen Gliederungsschema keine vorgegebenen Posten für diesen gesonderten Ausweis zu finden. Für den Ausweis von Erträgen und Aufwendungen auf Basis von **Gewinngemeinschaft, Gewinnabführungs- oder Teilgewinnabführungsvertrag** kommen alternativ ein untergliederter Ausweis unter den Aufwendungen und Erträgen, denen diese ansonsten zuzuordnen wären, ein Ausweis als separater GuV-Posten oder ein „Davon"-Vermerk bei den entsprechenden Posten in Betracht.[226] 197

Für Erträge aus einer Gewinngemeinschaft, einem Gewinnabführungs- oder Teilgewinnabführungsvertrag spricht sich das Schrifttum mehrheitlich für einen Ausweis vor oder hinter Posten Nr. 9 (des GKV) bzw. Posten Nr. 8 (des UKV) aus.[227] Begründet wird diese Ausweisvorgabe mit der Zugehörigkeit der aufgrund dieser Unt-Verträge vereinnahmten Gewinne zum Finanzergebnis. 198

Aufwendungen bzw. Erträge aus Verlustübernahmen sind nach h.M. bei der Obergesellschaft unter dem Posten „Aufwendungen aus Verlustübernahme" vor oder hinter dem Posten Nr. 13 (des GKV) bzw. Nr. 12 (des UKV) und bei der 199

---

[223] Vgl. Reiner, in MünchKomm. HGB, 5. Aufl. 2024, § 275 HGB Rn 116.
[224] Vgl. Reiner, in MünchKomm. HGB, 5. Aufl. 2024, § 275 HGB Rn 116.
[225] Vgl. ADS, Rechnungslegung und Prüfung der Unternehmen, 6. Aufl. 1995–2001, § 275 HGB Rz 200; Winnefeld, Bilanz-Handbuch, 5. Aufl. 2015, Abschn. G Rz 401.
[226] Vgl. ADS, Rechnungslegung und Prüfung der Unternehmen, 6. Aufl. 1995–2001, § 277 HGB Rz 64; Reiner, in MünchKomm. HGB, 5. Aufl. 2024, § 277 Rn 35.
[227] Vgl. Kirsch, in Kußmaul/Müller, HdB, Gewinn- und Verlustrechnung nach HGB, Rz 191, Stand: 6.3.2024 m.w.N.

Untergesellschaft unter dem Posten „Erträge aus Verlustübernahme" vor dem Posten Nr. 17 (des GKV) bzw. vor dem Posten Nr. 16 (des UKV) auszuweisen.[228] Dieser Ausweis unmittelbar vor dem Jahresüberschuss ist dem Umstand geschuldet, dass ein solcher nicht zum Ausweis gelangt.[229]

Aufgrund einer Gewinngemeinschaft, eines Gewinnabführungs- oder eines Teilgewinnabführungsvertrags abgeführte Gewinne sind nach h. M. vor dem Posten Nr. 17 (des GKV) bzw. vor dem Posten Nr. 16 (des UKV) in das gesetzliche Gliederungsschema einzufügen.[230]

200 Mit Verweis auf die Regierungsbegründung ist nach h. M. der getrennte Ausweis einzelner Unt-Verträge nicht erforderlich. Die Pflicht zum gesonderten Ausweis erstreckt sich vielmehr auf den unsaldierten Aufwands- und Ertragsausweis dieser Verträge.[231]

Bei den in § 277 Abs. 3 Satz 2 HGB angeführten Verträgen handelt es sich um im AktG näher geregelte Vertragsarten. Dabei ist es in diesem Zusammenhang unerheblich, ob die von der betreffenden Unternehmung geschlossenen Verträge den Vorschriften des Aktienrechts unterliegen, welche Bezeichnungen sie tragen und über welche Dauer sie abgeschlossen wurden, sodass die Klassifikationsentscheidung der vorliegenden Verträge unabhängig von der Rechtsform der MU und TU zu treffen ist.

201 Ein **Gewinngemeinschaftsvertrag** nach § 292 Abs. 1 Nr. 1 AktG liegt vor, wenn sich eine AG oder eine KGaA durch Abschluss eines Vertrags verpflichtet, ihren Gewinn oder den Gewinn einzelner Betriebe vollständig oder teilweise mit dem Gewinn anderer Unt bzw. dem Gewinn einzelner Betriebe anderer Unt zusammenzulegen, um den daraus resultierenden gemeinschaftlichen Gewinn anschließend aufzuteilen.

202 Bei einem **Gewinnabführungsvertrag** (§ 291 Abs. 1 AktG) verpflichtet sich eine AG oder eine KGaA durch einen Vertrag zur Abführung ihres gesamten Gewinns an ein anderes Unt. Auch Verträge, nach denen eine AG oder KGaA sich verpflichtet, ihr Unt für Rechnung eines anderen Unt zu führen, sind als Gewinnabführungsverträge zu klassifizieren.

203 Bei einem **Teilgewinnabführungsvertrag** (§ 292 Abs. 1 Nr. 2 AktG) erstreckt sich die Pflicht zur Gewinnabführung lediglich auf einen Teil des Gewinns bzw. den Gewinn einzelner Betriebe. Der Kategorie der Teilgewinnabführungsverträge sind auch Verträge über stille Gesellschafterverhältnisse zuzuordnen.

204 **Erträge aus reinem Beherrschungsvertrag** sind, soweit nicht gleichzeitig ein Gewinn- oder Teilgewinnabführungsvertrag vorliegt, grds. unter Posten Nr. 9 auszuweisen.[232] Die Höhe der vereinnahmten Gewinne bzw. übernommenen Verluste ist abhängig von dem im festgestellten Jahresabschluss des TU ausgewiesenen Ergebnis. Die Vereinnahmung der Erträge beim MU erfolgt in der Periode, in welcher diese beim TU angefallen sind. Realisationszeitpunkt ist somit der Abschlussstichtag der abführenden Ges.

---

[228] Vgl. IDW, WPH Edition, Wirtschaftsprüfung & Rechnungslegung, 18. Aufl. 2023, Kap. F Tz 783.
[229] Vgl. Reiner, in MünchKomm. HGB, 5. Aufl. 2024, § 277 HGB Rn 35.
[230] Vgl. IDW, WPH Edition, Wirtschaftsprüfung & Rechnungslegung, 18. Aufl. 2023, Kap. F Tz 783.
[231] Vgl. Kirsch, in Kußmaul/Müller, HdB, Gewinn- und Verlustrechnung nach HGB, Rz 191, Stand: 6.3.2024.
[232] Vgl. IDW, WPH Edition, Wirtschaftsprüfung & Rechnungslegung, 18. Aufl. 2023, Kap. F Tz 844.

Der konkret zu erfassende Betrag steht allerdings erst mit der Feststellung des Jahresabschlusses des abführenden TU fest. Bei noch ausstehender Feststellung des Jahresabschlusses des TU ist eine hinreichend konkrete betragsmäßige Bestimmbarkeit der zu erwartenden Gewinnausschüttung erforderlich. Dies setzt voraus, dass innerhalb des Wertaufhellungszeitraums des Jahresabschlusses des Gesellschafters die für die Ermittlung des Jahresüberschusses wesentlichen Bilanzierungs- und Bewertungsentscheidungen für den Jahresabschluss der Tochter-KapGes bereits verbindlich getroffen worden sind. Bei gegebener Prüfungspflicht der TU müssen zudem die erforderlichen Prüfungshandlungen abgeschlossen sein.[233]

Verluste eines TU, die vom MU zu übernehmen sind, sind auch dann in dessen Jahresabschluss zu erfassen, wenn das Gj des MU vor dem des TU endet und die Verluste zum Feststellungszeitpunkt des Jahresabschlusses des MU bereits erkennbar sind.[234]

Dividendengarantien an außenstehende Aktionäre der Untergesellschaft, die aus dem Abschluss von Beherrschungs- und Gewinnabführungsverträgen mit einer AG resultieren (§ 304 Abs. 1 AktG), führen – soweit die Muttergesellschaft zur Zahlung verpflichtet ist – zur Kürzung der vereinnahmten Erträge i. H. d. Ausgleichszahlungen. Sind die Ausgleichszahlungen höher als die vereinnahmten Erträge, so ist der sich hieraus ergebende belastende Saldierungsbetrag als Aufwand aus Verlustübernahme auszuweisen (§ 158 Abs. 2 AktG).

3.18 Jahresüberschuss/Jahresfehlbetrag (Abs. 2 Nr. 17)

Der unter dem Posten § 275 Abs. 2 Nr. 17 HGB auszuweisende Betrag ergibt sich durch die Zusammenrechnung des Ergebnisses nach Steuern, der sonstigen Steuern, der Aufwendungen aufgrund eines Gewinnabführungs- oder Teilgewinnabführungsvertrages sowie der Erträge aus Verlustübernahme. Er entspricht dem **Gewinn bzw. Verlust des Gj** vor einstellungs- oder auflösungsbedingten Gewinnrücklagenbewegungen. Bei einem positiven Jahresergebnis ist die Postenbezeichnung „Jahresüberschuss" und bei einem negativen Jahresergebnis die Postenbezeichnung „Jahresfehlbetrag" zu wählen. Dieser Ausweissystematik liegt die Maßgabe zugrunde, dass Veränderungen der Kapital- und Gewinnrücklagen erst im Anschluss an das Jahresergebnis ausgewiesen werden dürfen (§ 275 Abs. 4 HGB).

Bestehende **Gewinnabführungsverträge** führen regelmäßig dazu, dass kein Jahresüberschuss ausgewiesen wird, es sei denn, es sind noch Einstellungen in die gesetzlichen Rücklagen erforderlich (§ 300 AktG) oder der Gewinnabführungsvertrag gewährt das Recht zur angemessenen Rücklagenbildung.[235]

Für **AG** ist im Anschluss an den Jahresergebnisausweis eine Ergebnisverwendungsrechnung anzuführen, sofern sich diese nicht aus den Anhangangaben entnehmen lässt (§ 158 Abs. 1 AktG; Rz 256).

Für **OHG und KG i. S. d. § 264a HGB** besteht das Wahlrecht, im Anschluss an den Jahresüberschuss ein dem Steuersatz der Komplementärgesellschaft entsprechenden Steueraufwand der Gesellschafter auszuweisen (§ 264c Abs. 3 Satz 2 HGB).

---

[233] Vgl. ADS, Rechnungslegung und Prüfung der Unternehmen, 6. Aufl. 1995–2001 § 277 HGB Rz 71; Heinz, in Beck Bil-Komm., 14. Aufl. 2024, § 277 HGB Rz 17.
[234] Vgl. Kliem/Müller, in Beck Bil-Komm., 14. Aufl. 2024, § 277 HGB Rz 18.
[235] Vgl. Kliem/Müller, in Beck Bil-Komm., 14. Aufl. 2024, § 275 HGB Rz 251.

4 Inhalte der einzelnen Posten des Umsatzkostenverfahrens

209 Abweichend zum GKV liegt dem Aufwandsausweis im Umsatzkostenverfahren (UKV) im betrieblichen Bereich der Erfolgsrechnung statt der primären Aufwandsgliederung des GKV eine sekundäre Gliederung nach Funktionsbereichen zugrunde (Rz 18). So ist beim UKV der Ausweis der betrieblichen Aufwendungen differenziert nach den Funktionsbereichen Herstellung, Verwaltung und Vertrieb vorzunehmen und um den Auffangposten „sonstige betriebliche Aufwendungen" zu ergänzen. Die Aufwendungen des Finanzbereichs sind hingegen nach **Aufwandsarten** zu gliedern. Während die HK des Umsatzes sachlich abzugrenzen sind, liegt der Erfassung der Forschungs- und Entwicklungskosten (sofern gesondert ausgewiesen), Vertriebskosten, Verwaltungskosten und sonstigen betrieblichen Aufwendungen eine zeitliche Abgrenzungskonzeption zugrunde. Insgesamt werden beim UKV den effektiven Periodenumsätzen und den sonstigen betrieblichen Erträgen, neben bestimmten zeitlich abgegrenzten Aufwendungen, die sachlich abgegrenzten Aufwendungen der verkauften Erzeugnisse gegenübergestellt.

4.1 Posten, die inhaltlich mit dem Gesamtkostenverfahren übereinstimmen

210 Es gibt einige Posten im Umsatzkostenverfahren, die inhaltlich mit dem entsprechenden des Gesamtkostenverfahrens übereinstimmen, dazu zählen:
- Umsatzerlöse (Abs. 3 Nr. 1; Rz 45 ff.);
- Erträge aus Beteiligungen (Abs. 3 Nr. 8; Rz 143 ff.);
- Erträge aus anderen Wertpapieren und Ausleihungen des Finanzanlagevermögens (Abs. 3 Nr. 9; Rz 153 ff.);
- Sonstige Zinsen und ähnliche Erträge (Abs. 3 Nr. 10; Rz 161 ff.);
- Abschreibungen auf Finanzanlagen und auf Wertpapiere des Umlaufvermögens (Abs. 3 Nr. 11; Rz 169 ff.);
- Steuern vom Einkommen und vom Ertrag (Abs. 3 Nr. 13; Rz 182 ff.);
- Ergebnis nach Steuern (Abs. 3 Nr. 14; Rz 190);
- Jahresüberschuss/Jahresfehlbetrag (Abs. 3 Nr. 16; Rz 206 ff.).

Im Folgenden werden über die ausschl. im UKV auszuweisenden Posten hinaus nur jene GuV-Posten erläutert, für die sich trotz identischer Bezeichnung nach UKV und GKV inhaltliche oder betragsmäßige Unterschiede ergeben können.

4.2 Herstellungskosten der zur Erzielung der Umsatzerlöse erbrachten Leistungen (Abs. 3 Nr. 2)

211 Als HK sind die im Herstellungsbereich des Unt angefallenen **Aufwendungen der verkauften Erzeugnisse und in Rechnung gestellten Leistungen** auszuweisen. Dieser Ausweis ist unabhängig vom zeitlichen Anfall der Aufwendungen, da er sich allein daran orientiert, welche Aufwendungen zur Erzielung der Umsatzerlöse des betreffenden Gj beigetragen haben. Entscheidend ist der Bezugszeitpunkt der mit den HK verbundenen Umsatzerlöse. Ohne Belang ist, ob die HK aus dem aktuellen Berichtsjahr oder früheren Berichtsperioden, d. h. dem Einsatz von in den Vorperioden aktivierten Bestandsmehrungen, stammen.

Für reine **HandelsUnt** sind der Ausweis von HK und die hieran anknüpfende Bewertungskonzeption im Hinblick auf die Umsatzerlöse **aus der gewöhnlichen Geschäftstätigkeit** ohne Relevanz. Dies ergibt sich allein aus ihrer abweichenden betrieblichen Funktionsbereichsgliederung. Der Geschäftszweck dieser Unt besteht im Ankauf von Waren und deren Veräußerung ohne nennenswerte Bearbeitung, sodass sich die Vorstellung der dem UKV zugrunde liegenden klassischen funktionalen Dreiteilung der betrieblichen Wertschöpfungskette auf diese Unt nicht übertragen lässt. Zur Wahrung der Übersichtlichkeit der Ergebnisdarstellung ist von HandelsUnt, soweit diese Bedingung für alle ausgewiesenen Umsatzerlöse erfüllt wird, daher eine **Anpassung der Postenbezeichnung** vorzunehmen. So kann bspw. auf die Postenbezeichnung „Anschaffungskosten der verkauften Waren" ausgewichen werden (§ 265 Abs. 6 HGB).[236] Weisen HandelsUnt allerdings auch Nebenerlöse als Umsatzerlöse aus, die mit einem Herstellungsprozess verbunden sind und in dessen Rahmen Material- und Personalaufwendungen anfallen, wie bspw. Kantinenerlöse, so sind die auf diese Nebenerlöse entfallenden Aufwendungen in der GuV nach dem UKV als Herstellungskosten auszuweisen.

212

Angaben zu Art und Umfang der unter Posten § 275 Abs. 3 Nr. 2 HGB auszuweisenden Aufwendungen finden sich in den handelsrechtlichen Bestimmungen nicht. Lediglich für den Bilanzausweis und die Bewertung von Vermögensposten ist der HK-Begriff definiert (§ 255 HGB). Inwiefern diese HK-Definition auch für die Aufwandserfassung i.R.d. GuV nach dem UKV herangezogen werden kann, wird im Schrifttum in unterschiedlichen Facetten kontrovers diskutiert und erfordert daher eine genauere Betrachtung dieser vorrangig dem zutreffenden Vermögensausweis dienenden Bewertungsvorschrift.

213

In § 255 Abs. 2 Satz 1 HGB findet sich zunächst eine allgemeine Definition für den Begriff der HK, die durch die Sätze 2, 3 und 4 eine nähere Konkretisierung erfährt, indem hier die Aktivierungspflichten, -wahlrechte und -verbote bestimmt werden (§ 255 Rz 79 ff.).

214

Während die Übertragbarkeit der in § 255 Abs. 2 Satz 1 HGB gegebenen Grunddefinition auf den erfolgsrechnungsbezogenen HK-Begriff des UKV außer Frage steht, wird eine darüber hinausgehende Begriffsauslegung der erfolgsrechnungsbezogenen HK auf Grundlage des bilanziellen HK-Begriffs überwiegend abgelehnt. Stattdessen wird eine weitgehende vom bilanziellen HK-Begriff losgelöste Zuordnung der Periodenaufwendungen zum Funktionsbereich „Herstellung" gefordert, indem eine fertigungsbezogene Vollkostenkonzeption für erforderlich gehalten wird. Bildete ursprünglich v.a. die Ausübung der aus § 255 Abs. 2 HGB aF resultierenden Aktivierungswahlrechte im Zuge des Aufwandsausweises den Ausgangspunkt dieser Diskussion, so hat mit der mit dem BilMoG vollzogenen Hinwendung der deutschen Rechnungslegung zum international gängigen Vollkostenbewertungskonzept diese spezielle Grundproblematik zunächst erheblich an Bedeutung verloren. Unverändert offen bleibt jedoch die Zulässigkeit bzw. die Notwendigkeit des Einbezugs unangemessener Gemeinkostenbestandteile, weiterhin bestehender Wahlrechtsbestandteile (z.B. produktionsbezogener allgemeiner Verwaltungskosten) sowie produktionsbezogener Kosten, die nach § 255 Abs. 2 HGB einem Aktivierungsverbot unterliegen.

215

---

[236] Vgl. ADS, Rechnungslegung und Prüfung der Unternehmen, 6. Aufl. 1995–2001, § 275 HGB Rz 230.

216 Anhaltspunkte, warum aufgrund des BilMoG von dem bisher vorherrschenden Konsens abgewichen werden sollte und dass für die Ermittlung des erfolgsrechnungsorientierten Herstellungsaufwands vom Gesetzgeber kein Rückgriff auf die HK-Definition des § 255 Abs. 2 HGB gefordert wird, sind trotz einer nunmehr modifizierten Wertuntergrenze der bilanziellen HK nicht zu erkennen.

217 Als entscheidend für eine Abkopplung des erfolgsrechnungsorientierten HK-Begriffs vom bilanzorientierten HK-Begriff erweisen sich die unterschiedlichen Funktionen, die den HK im Kontext der Bilanzierung einerseits und der Erfolgsrechnung anderseits zugeordnet werden. I. R. d. Bilanzierung dienen die HK der Bewertung von VG. Dementsprechend stehen hier – trotz einer Akzentverschiebung durch das BilMoG – die Ausschüttungsbemessung und Beachtung des Realisationsprinzips im Vordergrund. Für den **erfolgsrechnungsorientierten Ausweis der HK** hingegen stehen nicht Bewertungsfragen, sondern der zutreffende Ausweis der Aufwendungen im Zentrum des Interesses und damit die sachgerechte Aufwandszuordnung zu den einzelnen Funktionsbereichen. Hierzu ist es erforderlich, den Umsätzen des Gj die gesamten auf den Herstellungsbereich entfallenden Herstellungsaufwendungen der Umsätze gegenüberzustellen.

218 Dieser Intention folgend gilt der Grundsatz, dass abweichend von der bilanziellen HK-Erfassung dem erfolgsrechnungsorientierten HK-Ausweis ein **Vollkostenansatz** zugrunde zu legen ist, bei dem auch über die Wertobergrenze des § 255 Abs. 2 HGB hinausgehende Aufwendungen in die HK einzubeziehen sind. Auch hinsichtlich nicht angemessener Gemeinkostenanteile und der mit einem Aktivierungsverbot belegten Gemeinkostenanteile kann dabei nichts anderes gelten.[237] Nicht zulässig ist es, unter Berufung auf abweichende HK-Begrifflichkeiten beim GuV-Ausweis auf einen Wertansatz unterhalb der Wertuntergrenze des § 255 Abs. 2 HGB zurückzugreifen.

219 Die Entscheidungs- und Berechnungsgrundlage zur Aufteilung der Gemeinkosten auf den Funktionsbereich „Herstellung" bildet – sofern verfügbar – die Kostenstellenrechnung. Mithilfe des sich aus ihr ergebenden Betriebsabrechnungsbogens werden die Gemeinkosten auf die einzelnen Funktionsbereiche des Unt verteilt und somit die Höhe der in der GuV auszuweisenden HK maßgeblich beeinflusst (§ 255 Rz 156 ff.).

220 **Für angemessene Teile der allgemeinen Verwaltungskosten** sieht § 255 Abs. 2 Satz 3 HGB ein Aktivierungswahlrecht vor, sofern sie dem Herstellungszeitraum zurechenbar sind. Unabhängig von der Behandlung i. R. d. bilanziellen HK-Ermittlung sind allgemeine Verwaltungskosten, welche die obige Bedingung erfüllen, in der GuV unter den HK und nicht unter dem Aufwandsposten „allgemeine Verwaltungskosten" (Posten Nr. 5) auszuweisen.[238]

221 **Zinsaufwendungen und betriebliche Steuern**, die in die Berechnung der bilanziellen HK einbezogen werden, sollten nach h. M., obwohl zulässig, nicht unter den HK unter Posten Nr. 2 ausgewiesen werden, da ansonsten unter den hierfür

---

[237] Vgl. sinngemäß IDW, WPH Edition, Wirtschaftsprüfung & Rechnungslegung, 18. Aufl. 2023, Kap. F Tz 911.
[238] Vgl. WPg 1987, S. 142.

gesondert vorgesehenen GuV-Posten Nr. 12 und 13 vom GKV abweichende Beträge ausgewiesen werden müssten.[239]

Auf den Herstellungsbereich entfallende **Abschreibungen** des AV sind unabhängig davon, ob es sich um planmäßige oder außerplanmäßige Abschreibungen handelt, in die HK einzubeziehen. Gleiches gilt für die Wertminderungen beim UV, welche die sonst üblichen Abschreibungen überschreiten.[240] Bei den Abschreibungen auf AV wird es sich regelmäßig um Abschreibungen auf die im Produktionsbereich eingesetzten Maschinen handeln. Mit der neuen Umsatzerlösdefinition des BilRUG sind allerdings auch Abschreibungen auf Werkswohnungen und andere vermietete Objekte als Herstellungskosten auszuweisen. 222

I.w.S. dem Herstellungsbereich zurechenbare Kosten, für die **keine Aktivierungspflicht** gem. § 255 HGB besteht und die auf verkaufte Erzeugnisse entfallen, wie z.B. Forschungskosten, Gewährleistungskosten oder Kosten der Produkthaftpflicht, sind ebenfalls als HK unter Posten Nr. 2 auszuweisen, soweit sie nicht unter die Vertriebs- oder Verwaltungskosten fallen. 223

Für **Vertriebskosten**, die generell nicht zu den HK gem. § 255 HGB zählen, ist ein Ausweis unter Posten Nr. 2 unzulässig. Sie sind stattdessen unter Posten Nr. 4 des UKV („Vertriebskosten") auszuweisen (Rz 236 f.). 224

Die **aktivierten** AHK für **Bestandserhöhungen** nicht abgesetzter Erzeugnisse und Waren bleiben in der GuV nach dem UKV außer Ansatz. Die HK sind von den in der GuV auszuweisenden HK abzusetzen. 225

Bestandsminderungen durch Verkauf von Erzeugnissen früherer Gj sind Bestandteil der unter Posten Nr. 2 auszuweisenden HK. 226

Stimmt der Bilanzansatz der **Bestandserhöhungen** mit der vollkostenorientierten Werterfassung der HK in der GuV überein, gestaltet sich die notwendige Absetzung von den gesamten HK der Berichtsperiode unproblematisch. Weicht der Bilanzansatz jedoch von der vollkostenorientierten HK-Erfassung der GuV ab, weil bestimmte Teile der Gemeinkosten nicht aktiviert werden, so konkurrieren zwei Optionen zur wertmäßigen GuV-Erfassung der Bestandsveränderungen miteinander, denen voneinander abweichende Interpretationen des Terminus HK zugrunde liegen. Grenzt man diesen i.S.e. engen umsatzbezogenen und somit kostenträgerorientierten Sicht ab, sind unter den HK nur die Kosten des Funktionsbereichs Herstellung zu erfassen, die auf abgesetzte Produkte entfallen. Wird jedoch ein rein an den Funktionsbereichen orientierter Kostenausweis zugrunde gelegt, so müssen die im HK-Bereich ausgewiesenen Kosten, welche auf die Fertigung nicht abgesetzter Produkte entfallen und nicht durch Aktivierung als Bestandserhöhungen neutralisiert werden, ebenfalls hier ausgewiesen werden. 227

Zum einen können die nicht aktivierten Aufwendungen für die Herstellung der Bestandsmehrung unter dem GuV-Posten Nr. 2 ausgewiesen werden, d.h., die Absetzung der Bestandsmehrung wird zum teilkostenorientierten Wertansatz der Bilanz erfasst, sodass die nicht aktivierten Kosten als HK zum Ausweis unter Posten Nr. 2 verbleiben. 228

---

[239] Vgl. Kirsch/Ewelt-Knauer/Schmitz, in Baetge/Kirsch/Thiele, Bilanzrecht, § 275 HGB Rz 307, Stand: 07/2023; Reiner, in MünchKomm. HGB, 5. Aufl. 2024, § 275 HGB Rn 136; IDW, WPH Edition, Wirtschaftsprüfung & Rechnungslegung, 18. Aufl. 2023, Kap. F Tz 915.

[240] Vgl. Kirsch/Ewelt-Knauer/Schmitz, in Baetge/Kirsch/Thiele, Bilanzrecht, § 275 HGB Rz 304, Stand: 07/2023.

229 Zum anderen kann die Absetzung der Bestandsmehrung von den HK zum vollkostenorientierten Wertansatz erfolgen, wobei die nicht aktivierten Aufwendungen unter dem Posten Nr. 7 „sonstige betriebliche Aufwendungen" auszuweisen sind.

230 Obwohl der Rechtsausschuss des Deutschen Bundestags deutlich ausführt, dass für die nicht aktivierten Wahlrechtsbestandteile der HK der Bestandserhöhungen eine Erfassung unter den sonstigen betrieblichen Aufwendungen vorzunehmen ist,[241] wird vom Schrifttum mehrheitlich die erstgenannte Option befürwortet.[242] Begründet wird dies v.a. mit dem Verweis auf die vorherrschende internationale Rechnungslegungspraxis. Mit Blick auf die Abbildungsimplikationen beider Erfassungsvarianten ist dieser Forderung zuzustimmen.[243]

231 Für die Hinzurechnung von **Bestandsminderungen** zu den HK kommt bei einer Bilanzierung zu einem Wert unterhalb der bilanziellen HK-Obergrenze entweder
- die Bewertung der Bestandsminderung auf Basis des vollkostenorientierten HK-Begriffs der GuV mit ergänzender Erfassung der in den Vorperioden nicht aktivierten HK als sonstige betriebliche Erträge in Betracht oder
- die Bewertung der Bestandsminderung ist, wie dies vom Schrifttum befürwortet wird, abweichend von der sonstigen HK-Bewertungskonzeption der GuV i.H.d. aktivierten HK vorzunehmen und zzgl. der noch bis zur Veräußerung angefallenen Kosten unter dem Posten Nr. 2 auszuweisen.[244]

232 Eine prinzipielle Korrekturnotwendigkeit der HK ergibt sich beim UKV zudem bei der Bilanzierung **anderer aktivierter Eigenleistungen** zu einem Wert unterhalb der bilanziellen HK-Obergrenze. Ihre aktivierten HK fließen, anders als bei den Vorräten, nur dann bestimmungsgemäß in die HK zukünftiger Perioden ein, wenn die erstellten Wirtschaftsgüter im Herstellungsbereich genutzt werden, sodass der Ausweis der nicht aktivierten Aufwendungen unter den HK im Jahr ihrer Herstellung zutreffend ist. Andernfalls verstößt der Ausweis der nicht aktivierten Teilkosten unter den HK gegen die Funktionsbereichsgliederung des UKV, sodass diese Aufwendungen je nach beabsichtigter Verwendung der VG als Kosten des Verwaltungs- oder Vertriebsbereichs auszuweisen bzw. anteilig auf diese Bereiche zu verteilen sind. Die Abnutzbarkeit der aktivierten Eigenleistungen vorausgesetzt, wird so gewährleistet, dass die nicht aktivierten HK-Bestandteile unter demselben Aufwandsposten ausgewiesen werden wie die Abschreibungen während der späteren Nutzungsdauer.

> **Praxis-Beispiel**
> Als Beispiel kann hier ein selbsterstelltes Bürogebäude angeführt werden, welches dem Bereich „allgemeine Verwaltung" zuzuordnen ist und dessen Abschreibungen in den Folgeperioden vollständig dem Verwaltungsbereich zugeordnet werden.

---

[241] Vgl. BT-Drs. 10/4268 v. 18.11.1985 S. 108.
[242] Vgl. ADS, Rechnungslegung und Prüfung der Unternehmen, 6. Aufl. 1995–2001, § 275 HGB Rz 223; Kliem/Müller, in Beck Bil-Komm., 14. Aufl. 2024, § 275 HGB Rz 270.
[243] Vgl. dazu Eppinger/Schöpfer, in Küting/Weber, HdR-E, § 275 HGB Rz 128, Stand: 05/2024; Kliem/Müller, in Beck Bil-Komm., 14. Aufl. 2024, § 275 HGB Rz 270.
[244] Vgl. ADS, Rechnungslegung und Prüfung der Unternehmen, 6. Aufl. 1995–2001, § 275 HGB Rz 222; Hüttemann, in Staub, Großkommentar Handelsgesetzbuch, 4. Aufl. 1983ff., § 275 Rn 53.

Allerdings ergeben sich hier seit der Neufassung des § 255 HGB durch das BilMoG nur geringe Auswirkungen auf den GuV-Ausweis. Die Erfolgsneutralisierung der Aufwendungen für die aktivierte Eigenleistung ist, falls von einer direkten Umbuchung von den Aufwandskonten auf die Bestandskonten abgesehen wird, unter den „sonstigen betrieblichen Erträgen" (Nr. 6) zu erfassen. Vorzuziehen ist allerdings die direkte Umbuchung.

Sind in den ausgewiesenen HK (Posten Nr. 2) außerplanmäßige Abschreibungen enthalten, sind diese entweder in der GuV oder im Anhang gesondert anzuführen (§ 277 Rz 7f.). 233

Mit der deutlich **veränderten Umsatzerlösdefinition** ergibt sich bei Anwendung des UKV zwangsläufig die Notwendigkeit, die Zuordnung der einzelnen Aufwandsarten zu den Funktionsbereichen des Unt entsprechend anzupassen, wodurch sich erhebliche Konsequenzen für den HK-Ausweis ergeben können. 234

So müssen die „HK des Umsatzes" sämtliche Kosten enthalten, die mit der Erzielung von Umsatzerlösen verbunden sind. D.h., werden die bisher als Nebenerlöse erfassten Erträge in die Umsatzerlöse umklassifiziert, so sind auch die diesen Nebenerlösen gegenüberstehenden Aufwendungen als HK auszuweisen. Werden Kantinenerlöse als Umsatzerlöse ausgewiesen, sind die Aufwendungen der Kantine (z.B. Personalaufwendungen, Wareneinsatz) als HK auszuweisen.

Diese Notwendigkeit resultiert allein aus der Bezeichnung des Postens. Wurden bislang die Rohstoffe der Kantine entsprechend ihrer kostenrechnerischen Zuordnung verursachungsgerecht in den Funktionsbereichen Herstellung, Verwaltung oder Vertrieb bzw. als Auffangposten unter der Position sonstige betriebliche Aufwendungen erfasst, so war dieses Vorgehen dem Umstand geschuldet, dass die Kantine i.S.e. allgemeinen Kostenstelle bzw. Hilfskostenstelle nur einen sehr mittelbaren Bezug zum Herstellungsbereich hatte und die Aufwendungen der Kantine dem Herstellungsbereich somit nur anteilig zuzuordnen waren.

Durch den gesetzlich verordneten Ausweis der Kantinenerlöse als Umsatzerlöse werden die Produkte dieses Bereichs zwangsweise zu eigenen Kosten-/Umsatzträgern deklariert, sodass analog zu den Produkten der gewöhnlichen Geschäftstätigkeit auch für sie ein eigener Herstellungsbereich i.S.e. Hauptkostenstelle abzugrenzen ist, dessen Aufwendungen unter der Position Herstellungskosten auszuweisen sind. Folglich muss zumindest i.S.d. Umsatzkostenverfahrens die Kantine zum Herstellungsbereich erklärt werden, sodass sowohl die Gemeinkosten als auch Einzelkosten der Kantine dem Herstellungsbereich zuzuordnen sind.[245] Um dies zu gewährleisten bedarf es einer entsprechenden Anpassung der Kostenrechnung, deren Ausgestaltung eine handelsrechtliche Kostenstellenabgrenzung und die Erstellung eines eigenen handelsrechtlichen Betriebsabrechnungsbogens ermöglicht. Diese Vorgabe ist für alle Sachverhalte zu beachten, die bislang als sonstige betriebliche Erträge und jetzt als Umsatzerlöse ausgewiesen werden. Insgesamt entspricht dieses Vorgehen der Grundlogik des UKV und widerspricht dieser nicht.[246] Zugleich liegt es nahe i.R.d. ohnehin erforderlichen Feindifferenzierung der HK, diese zumindest für interne Zwecke danach zu differenzieren, welche

---

[245] A. A. Haaker, der diese Umgliederung nicht mit den Grundsätzen des UKV vereinbar hält. Vgl. dazu Haaker, DStR 2015, S. 964.
[246] A. A. Haaker, DStR 2015, S. 964.

Teile der HK auf die Umsatzerlöse der gewöhnlichen Geschäftstätigkeit entfallen und welche den übrigen Umsatzerlösen zuzuordnen sind.

Entscheidet sich ein Unt für den vorgeschlagenen **untergliederten Umsatzerlösausweis**, so sollte dem auch eine **Untergliederung des Herstellungskostenausweises** folgen, aus welchem hervorgeht, welcher Anteil der HK auf Umsatzerlöse aus der gewöhnlichen Geschäftstätigkeit entfällt und welche HK auf die übrigen Umsatzerlöse entfallen.

4.3 Bruttoergebnis vom Umsatz (Abs. 3 Nr. 3)

235 Das Bruttoergebnis vom Umsatz (§ 275 Abs. 3 Nr. 3 HGB) ergibt sich durch Saldierung der unter Posten Nr. 1 und Nr. 2 ausgewiesenen Beträge. Im Fall eines negativen Bruttoergebnisses ist eine Kennzeichnung mit einem Minus-Zeichen erforderlich. Diese Größe wird bei Herstellungsbetrieben auch als „Rohgewinnspanne" und bei Handelsbetrieben als „**Handelsspanne**" bezeichnet und stellt vielfach einen wichtigen Ausgangspunkt externer und interner Erfolgsanalysen dar.

Eine **Untergliederung** nach dem Bruttoergebnis der gewöhnlichen Geschäftstätigkeit und dem Bruttoergebnis aus dem Verkauf von Produkten und Dienstleistungen weiterer Unternehmenstätigkeiten scheint hier nur **i. S. v. „Davon"-Vermerken** als gangbar. Im Hinblick auf die veränderte Zuordnung einzelner Kosten zu den Herstellungskosten ist eine solche Untergliederung jedoch zu begrüßen.

4.4 Vertriebskosten (Abs. 3 Nr. 4)

236 Bei den Vertriebskosten (§ 275 Abs. 3 Nr. 4 HGB) handelt es sich um Aufwendungen, die für **die Produktion und Leistungserstellung nachgelagerter Aktivitäten** anfallen. Der Ausweis der Vertriebskosten ist periodenbezogen und nicht umsatzbezogen vorzunehmen, womit ein Ausweis der (bereits angefallenen) Vertriebsaufwendungen auch für jene Erzeugnisse erforderlich ist, die erst in späteren Perioden am Markt abgesetzt werden (Rz 209). Wie für den bilanzbezogenen Ausweis der HK gilt auch für den Ausweis in der GuV, dass ein Einbezug der Vertriebskosten in den HK-Ausweis unzulässig ist (Rz 224).[247] Dem Vertriebsbereich zuzuordnen sind die Aufwendungen für die Abteilungen Verkauf, Werbung und Marketing sowie die Aufwendungen für Handelsvertreter, Vertriebslager und Absatzförderung.[248]

237 Nach dem kostenrechnerischen Systematisierungskriterium der Zurechenbarkeit lassen sich die Vertriebskosten in Vertriebseinzelkosten, Sondereinzelkosten des Vertriebs und Vertriebsgemeinkosten unterteilen. Während es sich bei den **Vertriebseinzelkosten** um Aufwendungen handelt, die für bestimmte Absatzleistungen anfallen und diesen direkt zugerechnet werden können, erfüllen **Vertriebsgemeinkosten** das Kriterium der Zurechenbarkeit zu bestimmten Absatzleistungen nicht.

---

[247] Vgl. Kliem/Müller, in Beck Bil-Komm., 14. Aufl. 2024, § 275 HGB Rz 275.
[248] Vgl. Kliem/Müller, in Beck Bil-Komm., 14. Aufl. 2024, § 275 HGB Rz 276; Reiner, in Münch-Komm. HGB, 5. Aufl. 2024, § 275 HGB Rn 140.

> **Praxis-Beispiel**
> **Mögliche Vertriebseinzelkosten:**
> Umsatzprovisionen, Kosten für die Außenverpackung (Kosten für die Innenverpackung gehören, wenn aufgrund der Eigenart des Produktes eine Produktumschließung unerlässlich ist (z. B. Zahnpastatube, Getränkedose), zu den HK), Frachten, Versandkosten, Transportkosten, Transportversicherung, umsatz- und absatzabhängige Lizenzgebühren oder auftragsbezogene Reklameaufwendungen.
>
> **Mögliche Vertriebsgemeinkosten:**
> Personalkosten der gesamten Abteilungen, Sachaufwendungen, Marktforschungsaufwendungen, Aufwendungen für nicht auftragsbezogene Werbung, für Messen und Ausstellungen, Kundenschulung, kostenlose Warenproben, Abschreibungen des Vertriebsbereichs sowie dem Vertriebsbereich mittels Schlüsselung zuordenbare Verwaltungsaufwendungen.[249]

Für die Erfassung der Abschreibungen als Vertriebskosten ist maßgeblich, dass der betroffene VG dem Vertriebsbereich zuzuordnen ist. Einer Planmäßigkeit, Üblichkeit oder speziellen Rechtsgrundlage bedarf es dagegen nicht. D. h., auch außerplanmäßige Abschreibungen, die auf den Vertriebsbereich entfallen, sind hier auszuweisen.[250] Lediglich die Pflicht zum gesonderten Ausweis bzw. zur Anhangangabe ist zu beachten (§ 277 Rz 7 f.).

Die **Sondereinzelkosten des Vertriebs** nehmen eine Zwischenstellung zwischen Einzel- und Gemeinkosten ein. Zu ihnen zählen bspw. die Auftragserlangungskosten. **238**

Ebenfalls hier auszuweisen, wenn auch strittig, sind die **Abschreibungen auf Kundenforderungen** sowie die entsprechenden **Erhöhungen von Pauschalwertberichtigungen** (Rz 134).[251] **239**

Mittlerweile herrscht weitgehende Einigkeit, dass für die auf den Vertriebsbereich entfallenden **Zinsaufwendungen**[252] **und Betriebssteuern**[253] der Ausweis nicht unter Posten Nr. 4 des UKV vorzunehmen ist, sondern unter Posten Nr. 12 („Zinsen und ähnliche Aufwendungen") bzw. Nr. 15 („sonstige Steuern"). **240**

Erfolgt der Vertrieb über die Einschaltung eines TU, so sind die in diesem Zusammenhang zu entrichtenden Entgelte unter Posten Nr. 4 auszuweisen. **241**

4.5 Allgemeine Verwaltungskosten (Abs. 3 Nr. 5)

Unter diesem Posten (§ 275 Abs. 3 Nr. 5 HGB) werden jene Verwaltungskosten erfasst, die sich **keinem anderen Funktionsbereich** zuordnen lassen. Es handelt sich um die Aufwendungen des allgemeinen Verwaltungsbereichs. Ihr Ausweis **242**

---

[249] Vgl. Kliem/Müller, in Beck Bil-Komm., 14. Aufl. 2024, § 275 HGB Rz 278 f.
[250] Vgl. Reiner, in MünchKomm. HGB, 5. Aufl. 2024, § 275 HGB Rn 142.
[251] Dafür plädieren ebenfalls Budde, in Küting/Weber, HdR-E, § 275 HGB Rz 137, Stand: 05/2017; Kliem/Müller, in Beck Bil-Komm., 14. Aufl. 2024, § 275 HGB Rz 279; Reiner, in MünchKomm. HGB, 5. Aufl. 2024, § 275 HGB Rn 142.
[252] Vgl. ADS, Rechnungslegung und Prüfung der Unternehmen, 6. Aufl. 1995–2001, § 275 HGB Rz 236; IDW, WPH Edition, Wirtschaftsprüfung & Rechnungslegung, 18. Aufl. 2023, Kap. F Rz 921.
[253] Vgl. Eppinger/Schöpfer, in Küting/Weber, HdR-E, § 275 HGB Rz 137, Stand: 05/2024; Kirsch/Ewelt-Knauer/Schmitz, in Baetge/Kirsch/Thiele, Bilanzrecht, § 275 HGB Rz 327, Stand: 07/2023.

ist, wie der Ausweis der Vertriebskosten, periodenbezogen und nicht umsatzbezogen vorzunehmen (Rz 209). Diese Notwendigkeit ergibt sich aus dem Umstand, dass eine Zuordnung von Verwaltungskosten zu einzelnen Umsätzen nicht möglich ist.[254]

243 Zu den allgemeinen Verwaltungskosten zählen sämtliche im Verwaltungsbereich angefallenen Aufwendungen für Personal, Material und Abschreibungen.

> **Praxis-Beispiel**
> Im Einzelnen sind dies u. a. Aufwendungen für die allgemeine Geschäftsleitung, das Rechnungswesen, das Rechenzentrum, die Abteilungen Personal, Planung, Steuer, Recht, Finanzen und Revision, das Nachrichtenwesen, die Öffentlichkeitsarbeit, die Sozialeinrichtungen (z. B. Zuschüsse zur Betriebskantine, Freizeiteinrichtungen), den Betriebsrat, den Werkschutz, die Erstellung und Prüfung des Jahresabschlusses, die Rechts- und Steuerberatung, Beiträge zu Berufsverbänden, den Beirat, den Zahlungsverkehr, die Schwerbeschädigtenausgleichsabgabe sowie die Fort- und Ausbildung. Auch Aufwendungen für unternehmenseigene Bibliotheken sind als Verwaltungskosten in der GuV auszuweisen.[255]

244 Ein Ausweis unter Posten Nr. 5 geht dem zunächst ebenfalls denkbaren Ausweis unter Posten Nr. 7 („sonstige betriebliche Aufwendungen") vor. Dienen die sonstigen betrieblichen Aufwendungen im GKV als Sammelposten für alle Aufwendungen, die sich keiner anderen der aufgeführten Aufwandskategorien zuordnen lassen (Rz 130), so kommt diese Funktion im UKV in deutlich geringerem Maß zum Tragen, da die vorgegebenen Funktionsbereiche i. d. R. eine verursachungsgerechte Zuordnung aller Aufwendungen erlauben und der Ausweis unter Posten Nr. 7 nur als Auffanglösung zu wählen ist. Kommen bspw. Aufsichtsratsvergütungen und die Aufwendungen für die Durchführung der Hauptversammlung bzw. Gesellschafterversammlung beim GKV unter den sonstigen betrieblichen Aufwendungen zum Ausweis (Rz 135), sind diese beim UKV unter den allgemeinen Verwaltungskosten zu erfassen. Den Abgrenzungsentscheidungen zwischen den Posten Nr. 5 und Nr. 7 ist der Grundsatz der Darstellungsstetigkeit zugrunde zu legen.

4.6 Sonstige betriebliche Erträge (Abs. 3 Nr. 6)

245 Der Inhalt der unter diesem Posten auszuweisenden Sachverhalte (§ 275 Abs. 3 Nr. 6 HGB) deckt sich weitgehend mit dem des Postens Nr. 4 des GKV. Dennoch erfordern bestimmte Sachverhalte eine vom GKV abweichende Behandlung.
Wird die Erfolgsneutralität aktivierter Eigenleistungen (im Jahr ihrer Erstellung) beim GKV dadurch erreicht, dass den unter den jeweiligen **Aufwandsarten** ausgewiesenen anteiligen Beträgen ein Gesamtbetrag unter dem Posten „andere aktivierte Eigenleistungen" gegenübergestellt wird, so kann beim UKV die Erfolgsneutralisierung der aktivierten Eigenleistungen bei einem unver-

---

[254] Vgl. Reiner, in MünchKomm. HGB, 5. Aufl. 2024, § 275 HGB Rn 149.
[255] Vgl. Kliem/Müller, in Beck Bil-Komm., 14. Aufl. 2024, § 275 HGB Rz 291.

änderten Ausweis der Aufwendungen unter den jeweiligen Aufwandsposten durch Verbuchung eines entsprechenden Korrekturbetrags unter dem Posten „sonstige betriebliche Erträge" vorgenommen werden (Rz 232), anstatt diese direkt auf das Bestandskonto umzubuchen. Allerdings wird die Zulässigkeit dieser Variante der Erfolgsneutralisierung im Schrifttum unterschiedlich beurteilt. So wird zwar einhellig der Einwand erhoben, diese Methode verstoße gegen die Grundlogik des UKV,[256] jedoch stuft nur ein Teil des Schrifttums dieses Vorgehen als unzulässig ein.[257] Wird dennoch auf diese Ausweisvariante zurückgegriffen, schlägt sich dies in einem höheren Ausweis der sonstigen betrieblichen Erträge nach dem UKV als nach dem GKV nieder.

Weitere Unterschiede können sich aus abweichenden Zuordnungen von Betriebssteuern und Zinsaufwendungen ergeben, die als HK aktiviert wurden. So sind die Zinsaufwendungen und Betriebssteuern, die unter den Funktionsbereichen Herstellung, Vertrieb oder allgemeine Verwaltung erfasst werden, als Ausgleichsposten hier auszuweisen, sofern ihre Absetzung nicht unter den entsprechenden Aufwandsposten erfolgt (Rz 221, 253).[258]

246

4.7 Sonstige betriebliche Aufwendungen (Abs. 3 Nr. 7)

Wie der Posten Nr. 8 des GKV stellt auch der Posten § 275 Abs. 3 Nr. 7 HGB des UKV einen Sammelposten dar, in dem alle betrieblichen Aufwendungen auszuweisen sind, die keinem anderen Aufwandsposten des Gliederungsschemas zuzuordnen sind. Der Inhalt und Umfang dieses Postens stimmen nur z. T. mit dem Inhalt und Umfang des gleichnamigen Postens des GKV überein. Ein Großteil der Aufwendungen, die sich im GKV keinem – der nach **Aufwandsarten** gegliederten – Posten zuordnen lassen und daher unter den sonstigen betrieblichen Aufwendungen auszuweisen sind, kommt im UKV innerhalb der Aufwendungen der entsprechenden Funktionsbereiche zum Ausweis (Rz 244). Lediglich Aufwendungen, die sich im GKV keiner der vorgegebenen Aufwandsarten und im UKV keinem der vorgegebenen Funktionsbereiche zuordnen lassen, fließen in gleichem Umfang in die sonstigen betrieblichen Aufwendungen nach UKV und GKV ein. Die Abgrenzung der sonstigen betrieblichen Aufwendungen ist eng auszulegen. D. h., es darf nicht ohne Veranlassung auf eine mögliche Gemeinkostenverteilung auf die Funktionsbereiche zugunsten eines Ausweises unter Posten Nr. 7 verzichtet werden. Allein die fehlende Objektivität oder Eindeutigkeit des Verteilungsschlüssels berechtigt nicht zu einem Aufwandsausweis unter Posten Nr. 7.[259] Insgesamt wird der Umfang der ausgewiesenen sonstigen betrieblichen Aufwendungen im UKV deutlich niedriger ausfallen als im GKV.[260]

247

Die Einfügung dieses Postens in das Gliederungsschema wurde vom Gesetzgeber mit der indirekten Begründung vorgenommen, dass hier die Bewertungs-

248

---

[256] Vgl. Kliem/Müller, in Beck Bil-Komm., 14. Aufl. 2024, § 275 HGB Rz 300.
[257] Vgl. Eppinger/Schöpfer, in Küting/Weber, HdR-E, § 275 HGB Rz 114, Stand: 05/2024.
[258] Vgl. Kirsch/Ewelt-Knauer/Schmitz, in Baetge/Kirsch/Thiele, Bilanzrecht, § 275 HGB Rz 338, Stand: 07/2023; IDW, WPH Edition, Wirtschaftsprüfung & Rechnungslegung, 18. Aufl. 2023, Kap. F Tz 924.
[259] Vgl. Eppinger/Schöpfer, in Küting/Weber, HdR-E, § 275 HGB Rz 141a, Stand: 05/2024.
[260] Vgl. Rogler, Vergleichbarkeit von Gesamtkosten- und Umsatzkostenverfahren – Auswirkungen auf die Jahresabschlussanalyse, 2006, S. 5.

unterschiede auszuweisen sind, die sich bei einer Bilanzierung der Vorräte und sonstigen aktivierten Eigenleistungen unterhalb der bilanziellen Wertobergrenze i.H.d. nicht aktivierten Aufwendungen ergeben. Gleichwohl wird der Ausweis derartiger Beträge unter den HK als zu bevorzugende Variante eingestuft (Rz 230).[261]

249 Auch die den Erlösen aus **Nebenleistungen** gegenüberstehenden Aufwendungen sind unter dem Posten Nr. 7 zu erfassen, sofern der hierzu korrespondierende Erlösausweis unter den sonstigen betrieblichen Erträgen erfolgt. Aufgrund der nach BilRUG gültigen Umsatzerlösdefinition führen diese Nebenleistungen zumeist aber zu Umsatzerlösen, sodass die betreffenden Aufwendungen als HK auszuweisen sind.

250 Ein Ausweis unter diesem Posten ist ferner für jene F&E-Kosten erforderlich, die sich keinem der angeführten Funktionsbereiche zuordnen lassen und die nicht in einem eigenen Posten ausgewiesen werden. Ein solch separater Ausweis oder eine Untergliederung wird für erforderlich gehalten, wenn die F&E-Aufwendungen außerordentlich hoch sind.[262]

251 **Abschreibungen**, die mit keinem der betrieblichen Funktionsbereiche in Zusammenhang stehen, wie bspw. GoF-Abschreibungen, sind ebenso als sonstige betriebliche Aufwendungen auszuweisen, wie **periodenfremde Aufwendungen**, die sich keinem der Funktionsbereiche zuordnen lassen.[263] Für den Ausweis der GoF-Abschreibungen kommt alternativ auch ein Ausweis als separater Posten innerhalb des betrieblichen Ergebnisses in Betracht.[264]

252 Für **Spenden** wird i.d.R. ebenfalls keine Verteilung auf Funktionsbereiche möglich sein, sodass auch sie als sonstige betriebliche Aufwendungen auszuweisen sind.[265]

4.8 Zinsen und ähnliche Aufwendungen (Abs. 3 Nr. 12)

253 Zinsen, die entgegen der h.M. in die HK (Posten Nr. 2) eingeflossen sind (Rz 221), führen dazu, dass die unter Posten § 275 Abs. 3 Nr. 12 HGB ausgewiesene Aufwandssumme gegenüber dem GKV um diesen Betrag geringer ausfällt. Von einem Ausweis fertigungsbezogener Zinsaufwendungen unter Posten Nr. 12 mit erfolgswirkungsneutralisierender Gegenbuchung als sonstige betriebliche Erträge (Rz 246) ist Abstand zu nehmen.[266]

4.9 Sonstige Steuern (Abs. 3 Nr. 15)

254 Für Steueraufwendungen gilt wie für Zinsen, dass sich i.H.d. Betrags, in dem diese in die HK oder – dem vorherrschenden Konsens widersprechend in unzutreffender Weise – in die Vertriebs- bzw. allgemeinen Verwaltungskosten

---

[261] Vgl. Reiner, in MünchKomm. HGB, 5. Aufl. 2024, § 275 HGB Rn 154.
[262] Vgl. Eppinger/Schöpfer, in Küting/Weber, HdR-E, § 275 HGB Rz 142b, Stand: 05/2024; Kliem/Müller, in Beck Bil-Komm., 14. Aufl. 2024, § 275 HGB Rz 307. A. A. Reiner, in MünchKomm. HGB, 5. Aufl. 2024, § 275 HGB Rn 153.
[263] Vgl. Kirsch/Ewelt-Knauer/Schmitz, in Baetge/Kirsch/Thiele, Bilanzrecht, § 275 HGB Rz 344, Stand: 07/2023.
[264] Vgl. Kliem/Müller, in Beck Bil-Komm., 14. Aufl. 2024, § 275 HGB Rz 306.
[265] A. A. Kliem/Müller, in Beck Bil-Komm., 14. Aufl. 2024, § 275 HGB Rz 291, die eine Zuordnung zu den Allgemeinen Verwaltungskosten favorisieren.
[266] Vgl. Kliem/Müller, in Beck Bil-Komm., 14. Aufl. 2024, § 275 HGB Rz 308.

eingeflossen sind, ein niedriger Ausweis gegenüber dem GKV ergibt. D.h., in § 275 Abs. 3 Nr. 15 HGB sind nur die Steuern zu erfassen, die nicht Bestandteil der anderen Posten sind (Rz 240).

5 Veränderungen der Kapital- und Gewinnrücklagen (Abs. 4)

Zweck der GuV ist die Darstellung des **Jahresergebnisses und der einzelnen Erfolgsbestandteile.** 255

Veränderungen der Kapital- und Gewinnrücklagen dürfen demgemäß erst im Anschluss an den Posten „Jahresüberschuss/Jahresfehlbetrag" dargestellt werden. Eine Pflicht zum Ausweis der Veränderungen der Kapital- und Gewinnrücklagen in der GuV besteht nach den handelsrechtlichen Bestimmungen nicht (§ 275 Abs. 4 HGB).

Nach aktienrechtlichen Bestimmungen müssen Unt in der Rechtsform der AG und der KGaA unabhängig davon, ob die GuV-Darstellung in Form des GKV oder UKV vorgenommen wird, diese in Fortführung der Nummerierung um eine **Gewinnverwendungsrechnung** erweitern, es sei denn, die Angaben werden an anderer Stelle des Jahresabschlusses gemacht (§ 158 Abs. 1 Satz 1 und 2 AktG). 256

Für kapitalmarktorientierte Unt und Unt, die zur Aufstellung eines Konzernabschlusses verpflichtet sind, lassen sich die Angaben zur Gewinnverwendung aus dem für sie obligatorischen Eigenkapitalspiegel entnehmen (§ 264 Rz 32 ff.). 257

§ 158 AktG verlangt Angaben zu folgenden Posten:
1. Gewinnvortrag/Verlustvortrag aus dem Vorjahr;
2. Entnahmen aus der Kapitalrücklage;
3. Entnahmen aus Gewinnrücklagen
   a) aus der gesetzlichen Rücklage,
   b) aus der Rücklage für eigene Aktien,
   c) aus satzungsmäßigen Rücklagen,
   d) aus anderen Gewinnrücklagen;
4. Einstellungen in die Gewinnrücklagen
   a) in die gesetzliche Rücklage,
   b) in die Rücklage für eigene Aktien,
   c) in satzungsmäßige Rücklagen,
   d) in andere Gewinnrücklagen;
5. Bilanzgewinn/Bilanzverlust.

Für Einstellungen in die Kapitalrücklage ist aufgrund ihrer Erfolgsneutralität im Schema des § 158 AktG keine Darstellung innerhalb der aktienrechtlichen Ergebnisverwendungsrechnung vorgesehen.[267] 258

Der Umfang und die Notwendigkeit der Angaben zur Ergebnisverwendung bewegen sich in unmittelbarem Zusammenhang zu dem in § 268 Abs. 1 HGB eingeräumten Wahlrecht, die Bilanz unter Berücksichtigung einer teilweisen oder vollständigen Ergebnisverwendung aufstellen zu dürfen. Erfolgt die Bilanzaufstellung **vor Ergebnisverwendung**, wird sowohl in der GuV als auch in der Eigenkapitaldarstellung gem. § 266 Abs. 3 HGB der Jahresüberschuss ausgewiesen. Bei einer Bilanzaufstellung **nach teilweiser Ergebnisverwendung** kommen 259

---

[267] Vgl. Kirsch/Ewelt-Knauer/Schmitz, in Baetge/Kirsch/Thiele, Bilanzrecht, § 275 HGB Rz 353, Stand: 07/2023.

in der bilanziellen EK-Darstellung statt des Jahresergebnisses die einzelnen Rücklagenveränderungen und der Bilanzgewinn/Bilanzverlust unter Berücksichtigung evtl. vorhandener Gewinn- und Verlustvorträge, die in der Bilanz oder im Anhang gesondert anzugeben sind (§ 268 Abs. 1 Satz 2 HGB), zum Ausweis.

6 Übergangsvorschriften

260 Die noch über die Beibehaltungswahlrechte fortwirkenden Altregelungen, wie insb. die Implikationen der Übergangsvorschriften bzgl. der neuen Bewertungsvorschriften bei Pensionsverpflichtungen werden unter Art. 67 EGHGB Rz 9 ff., die Auflösung beibehaltener Sonderposten mit Rücklageanteil unter Art. 67 EGHGB Rz 70 ff. behandelt und die Sachverhalte bzgl. des Fortwirkens ausgelaufener Abschreibungsregelungen in Art. 67 EGHGB Rz 89 ff. kommentiert.[268]

7 Gewinn- und Verlustrechnung der Kleinstkapitalgesellschaft

261 Mit der Einfügung des § 275 Abs. 5 HGB hat der Gesetzgeber die in Art. 1a Abs. 3 Buchst. b der Bilanzrichtlinie in der Fassung der Mircro-Richtlinie eingeräumte Option genutzt,[269] KleinstKapG i. S d. § 267a HGB das Wahlrecht zu gewähren, eine verkürzte Gliederung für die GuV-Darstellung zu verwenden.[270]

7.1 Gliederung und Formvorschriften

262 Dem Konzept der komprimierten GuV-Darstellung der KleinstKapG liegt eine aufwandsartenorientierte Postengliederung zugrunde, welche sich im Wesentlichen an die Grundsystematik des GKV anlehnt. Eine funktionsbereichsorientierte verkürzte GuV-Gliederung, die an die Grundprinzipien des UKV angelehnt ist, existiert nicht, womit im Falle der Wahlrechtsausübung der aufwandsartenorientierte Postenausweis einheitlich vorzunehmen ist. Die Wahlrechtsinanspruchnahme unterliegt dem **Stetigkeitsgrundsatz** (§ 265 Abs. 1 Satz 1 HGB) und erfordert bereits bei der erstmaligen Ausübung die Angabe der **Vorjahreswerte** (§ 265 Abs. 2 HGB).

263 Der Umfang der verkürzten GuV-Gliederung (bzw. komprimierten GuV-Darstellung) wird durch § 275 Abs. 5 HGB wie folgt vorgegeben:
1. Umsatzerlöse,
2. sonstige Erträge,
3. Materialaufwand,
4. Personalaufwand,
5. Abschreibungen,
6. sonstige Aufwendungen,
7. Steuern,
8. Jahresüberschuss/Jahresfehlbetrag.

Leerposten müssen, sofern keine Vorjahreswerte vorhanden sind, nicht zum Ausweis gebracht werden.

---

[268] Kreipl/Müller, in Bertram/Brinkmann/Kessler/Müller, Haufe HGB Bilanz Kommentar BilMoG Erfahrungsbericht, 2012, Art. 67 EGHGB Rz 9 ff., 70 ff., 89 ff.
[269] 78/660/EWG, ABl. EG L 222 v. 14.8.1978.
[270] Vgl. BT-Drs. 17/11292 v. 5.11.2012 S. 17.

Die Regierungsbegründung greift zur Beschreibung des Sachverhalts auf den Terminus der „verkürzten" bzw. „vereinfachten Gliederung" zurück[271] und vermeidet es bewusst den Begriff „verkürzte" **GuV** zu verwenden, da sich an dem Umfang der zur Erfolgsermittlung zugrunde zu legenden Posten durch die Wahlrechtsausübung inhaltlich nichts ändern darf und derselbe Jahreserfolg wie nach dem GKV (Abs. 2) und UKV (Abs. 3) zum Ausweis gebracht werden muss.

Aus der angeführten Aufzählung und der ergänzend vorgegebenen Nummerierung sowie der Gesamtdeutung der Gesetzesmaterialien ergibt sich, dass die Darstellung der vereinfachten GuV-Gliederung in **Staffelform** zu erfolgen hat. Aus dem Gesetzeswortlaut und der buchstabengetreuen Betrachtung der Gesetzesbegründung ergäbe sich hingegen durchaus Spielraum für eine anderweitige Interpretation der Gliederungsvorgaben, die letztlich zunächst zu der Frage führt, ob die verkürzte GuV-Gliederung auch in Kontenform dargestellt werden darf. So wird in Abs. 5 darauf verwiesen, dass KleinstKapG die angeführte verkürzte GuV-Darstellung **anstelle der Staffelungen** nach den Abs. 2 und 3 verwenden dürfen. Ob sich das Wort „anstelle" lediglich auf das GKV und UKV oder auch auf die Staffelform beziehen soll, ist letztlich nicht zweifelsfrei zu erkennen. Zudem fehlt es im Hinblick auf die verkürzte Darstellungsform auch in den weiteren Ausführungen des Abs. 5 an einer wörtlichen Bezugnahme auf den Terminus „Staffelform". Zwar könnte diese unterlassene Begriffswiederholung mit dem Verweis auf den auch für KleinstKapG geltenden Abs. 1 begründet werden, allerdings ist auch dieser i. V. m. Abs. 5 keineswegs eindeutig formuliert. In Abs. 1 wird lediglich auf die „Staffelform nach dem GKV" und „der Staffelform nach dem UKV" Bezug genommen. Da es sich bei der verkürzten GuV-Darstellung nach Abs. 5 aber weder um eine GuV nach dem GKV noch um eine GuV nach dem UKV handelt, lässt sich aus den Ausführungen des Abs. 1 oder Abs. 5 zumindest keine direkte (wortwörtliche) Verpflichtung zur Verwendung der Staffelform ableiten.

Als ein Argument für ein sich daraus implizit ergebendes Formwahlrecht ließe sich zunächst anführen, dass der Vorteil einer besseren Übersichtlichkeit der Staffelform (Rz 8) aufgrund des stark reduzierten Postenumfangs der Kurzgliederung in diesem Sonderfall ebenso wenig greift wie der Vorteil der ansonsten staffelformspezifischen Zwischensummenbildung, womit Verweise auf einen höheren Informationsgehalt gegenstandslos sind. Insgesamt lässt sich somit zunächst weder unmittelbar aus dem Gesetzeswortlaut noch aus den Grundsätzen der Klarheit und Übersichtlichkeit eine Verpflichtung zur Staffelform ableiten. Da sich allerdings auch keine unmittelbaren Anzeichen für ein explizites Wahlrecht erkennen lassen, ist i. R. e. Gesamtbetrachtung lediglich von redaktionellen Unzulänglichkeiten i. R. d. Gesetzesformulierung und -begründung auszugehen und die Staffelform als verbindlich zu betrachten. Betriebswirtschaftlich begründen lässt sich diese Vorgabe jedoch nicht, sodass die Wahlrechtseinräumung auch im Hinblick auf den hohen Verbreitungsgrad der Kontendarstellung letztlich zu begrüßen gewesen wäre.

Die Erleichterungen des § 276 Satz 1 HGB (Ausweis des Rohergebnisses) dürfen von KleinstkapG, die von dem Wahlrecht der verkürzten GuV-Gliederung Gebrauch machen, nicht in Anspruch genommen werden.

---

[271] Vgl. BT-Drs. 17/11292 v. 5.11.2012 S. 17.

KleinstKapG in der Rechtsform der AG oder KGaA, die vom Wahlrecht der verkürzten GuV-Gliederung Gebrauch machen, sind von den zusätzlichen Angabenpflichten zur Ergebnisverwendung nach § 158 Abs. 1 und 2 AktG befreit (§ 158 Abs. 3 AktG).

7.2 Posteninhalte

265 Den 17 GuV-Posten des GKV bzw. 16 GuV-Posten des UKV stehen acht GuV-Posten der Kurzgliederung gegenüber. Regelungen für die Zuordnung der einzelnen Posten der allgemeinen Gliederung des GKV zu den Posten der Kurzgliederung finden sich im Abs. 5 nicht. Anhaltspunkte hierfür können lediglich der Gesetzesbegründung entnommen werden. Aus dieser ergibt sich, dass die verkürzte Gliederung des Abs. 5 auf die Bezeichnungen der „Bilanzposten" der allgemeinen Staffelung der Abs. 2 und 3 zurückgreift. Mit „Bilanzposten" sind die „GuV-Posten" gemeint und eine Deckungsgleichheit für die Posten „Steuern", welche die Posten „Steuern vom Einkommen und Ertrag" und „sonstige Steuern" der allgemeinen Gliederung zusammenfassen, ist nicht gegeben.[272]
I. R. d. Gesetzesbegründung werden ergänzend ausdrücklich die in Abs. 5 abweichenden Posteninhalte für die Posten **„sonstige Erträge"** (Nr. 2) **und „sonstige Aufwendungen"** (Nr. 6) hervorgehoben, die bereits dadurch zum Ausdruck kommen, dass im Gegensatz zu den Posten Nr. 4 und 8 des GKV jeweils auf den Zusatz **betrieblich** verzichtet wurde. Konkret verweist die Begründung des MircoBilG darauf, dass unter diesen Posten mehrere Posten der GuV-Staffelung nach Abs. 2 und Abs. 3 zusammengefasst werden. So sind gem. der Gesetzesbegründung unter der Position „sonstige Erträge" Bestandsmehrungen an fertigen Erzeugnissen und unfertigen Erzeugnissen, andere aktivierte Eigenleistungen, sonstige betriebliche Erträge sowie finanzielle Erträge (Zinserträge, Wertpapiererträge, Beteiligungserträge) zusammenzufassen. Im Einklang damit sind unter der Position „sonstige Aufwendungen" Bestandsminderungen an fertigen und unfertigen Erzeugnissen, sonstige betriebliche Aufwendungen sowie Zinsen und ähnliche Aufwendungen zusammenzufassen.[273]
Ein gesonderter Ausweis der **Bestandsveränderungen** ist nicht vorgesehen. Der Hinweis der Gesetzesbegründung, dass Bestandsmehrungen als sonstige Erträge und Bestandsminderungen als sonstige Aufwendungen auszuweisen sind, könnte zunächst den Eindruck erwecken, dass, sofern in einem Unt Bestandsmehrungen und -minderungen (z. B. Mehrung bei fertigen und Minderung bei unfertigen Erzeugnissen) gleichzeitig auftreten, diese jeweils getrennt als sonstiger Ertrag und sonstiger Aufwand auszuweisen sind. Da allerdings nicht zu erkennen ist, dass der Gesetzgeber hier ausdrücklich eine vom GKV abweichende Vorgehensweise festlegen wollte, ist auch bei der Kurzgliederung analog zum GKV die Zurechnung zu den sonstigen Erträgen und Aufwendungen auf den Saldo der Bestandsveränderungen zu beschränken. Somit ist ein positiver Saldo der Bestandsveränderungen als sonstiger Ertrag und ein negativer Saldo als sonstiger Aufwand auszuweisen.

---

[272] Vgl. BT-Drs. 17/11292 v. 5.11.2012 S. 17.
[273] Vgl. BT-Drs. 17/11292 v. 5.11.2012 S. 18.

Ausgehend vom GKV (§ 275 Abs. 2 HGB) sind dessen einzelnen GuV-Posten den Posten der verkürzten GuV-Gliederung wie folgt zuzuordnen: **266**

	GuV der KleinstKapG
1.	Umsatzerlöse (Nr. 1)
2.	sonstige Erträge
	umfasst folgende Posten aus § 275 Abs. 2 HGB:
	• Erhöhung des Bestands an fertigen und unfertigen Erzeugnissen (Saldo) (Nr. 2)
	• andere aktivierte Eigenleistungen (Nr. 3)
	• sonstige betriebliche Erträge (Nr. 4)
	• Erträge aus Beteiligungen (Nr. 9)
	• Erträge aus anderen Wertpapieren und Ausleihungen des Finanzanlagevermögens (Nr. 10)
	• sonstige Zinsen und ähnliche Erträge (Nr. 11)
3.	Materialaufwand (Nr. 5)
4.	Personalaufwand (Nr. 6)
5.	Abschreibungen (Nr. 7)
6.	sonstige Aufwendungen
	umfasst folgende Posten aus § 275 Abs. 2 HGB:
	• Minderung des Bestands an fertigen und unfertigen Erzeugnissen (Saldo) (Nr. 2)
	• sonstige betriebliche Aufwendungen (Nr. 8)
	• Abschreibungen auf Finanzanlagen und Wertpapiere des UV (Nr. 12)
	• Zinsen und ähnliche Aufwendungen (Nr. 13)
7.	Steuern
	umfasst folgende Posten aus § 275 Abs. 2 HGB:
	• Steuern vom Einkommen und vom Ertrag (Nr. 14)
	• sonstige Steuern (Nr. 16)
8.	Jahresüberschuss/Jahresfehlbetrag

Tab. 2: Zuordnung der einzelnen GuV-Posten zu den Posten der verkürzten GuV-Gliederung

Für die Zuordnung der **Abschreibungen auf das Finanzanlagevermögen und Wertpapiere des Umlaufvermögens** kommen prinzipiell zwei Varianten in Betracht: Zum einen könnte der Ausweis unter der Position „Abschreibungen" vorgenommen werden und zum anderen unter der Position „sonstige Aufwendungen". In der Gesetzesbegründung finden sich hierzu keine Vorgaben. In der Aufzählung möglicher Sachverhalte, die u.a. unter den sonstigen Aufwendungen vorzunehmen sind, wird dieser Posten nicht angeführt. Die Gesamtsystematik der in diesem Kontext aufgeführten Posten sowie der Verweis, dass die übrigen Posten der verkürzten Gliederung, mit denen der allgemeinen GuV-Gliederung übereinstimmen sollen, sprechen allerdings für einen Ausweis als sonstiger Aufwand.

267 Die Gesetzesbegründung verlangt, dass, sofern die kumulierte Darstellung nach Abs. 5 in Sonderfällen zu einer verzerrten Abbildung der Vermögens-, Finanz- und Ertragslage führt, gem. § 264 Abs. 2 Satz 2 bis 5 HGB zusätzliche Angaben unter der Bilanz zu machen sind.[274] Diese Bedingung wird ggf. von kleinen Finanzholdinggesellschaften erfüllt werden, die jedoch teilweise aus der Klasse der KleinstKapG durch § 267a Abs. 3 HGB ausgeschlossen werden.

Nicht zuletzt unter Bezugnahme auf diese Vorgabe der Gesetzesbegründung wird es auch nicht zu beanstanden sein, wenn dieser Angabepflicht durch eine über das vorgegebene Konzept hinausgehende Untergliederung in Form von „Davon"-Vermerken bei den jeweiligen Posten innerhalb der Staffelgliederung nachgekommen wird. So dürfte insb. für den Fall, dass die Bestandsmehrungen im Verhältnis zu den übrigen sonstigen Erträgen stark ins Gewicht fallen, ihr gesonderter Ausweis als „Davon"-Vermerk dem Grundsatz einer unverzerrten Erfolgsdarstellung gerecht werden.

> **Tipp**
> **Kurzgliederung (§ 275 Abs. 5 HGB) vs. Ausweis eines Rohergebnisses (§ 276 HGB)**
> Bevor KleinstKapG das Wahlrecht der verkürzten GuV-Gliederung nutzen, sollten die damit verbundenen Vorteile mit denen des alternativ dazu möglichen Ausweises eines Rohergebnisses innerhalb einer allgemeinen (ungekürzten) GuV-Gliederung gegeneinander abgewogen werden. Vielfach wird die mit der Kurzgliederung verbundene Darlegung der Umsatzerlöse nachteiliger einzustufen sein als die Aufgliederung des Finanzergebnisses i.R.d. allgemeinen Gliederung. Die Entscheidung für oder gegen die Kurzgliederung kann unabhängig von der Inanspruchnahme der weiteren Erleichterungen für KleinstKapG getroffen werden, ist dann aber grds. stetig beizubehalten.

268 Die Ergänzung in § 265 Abs. 5 Satz 2 HGB stellt klar, dass die **Hinzufügung von Zwischensummen in der GuV zulässig** ist.

---

[274] Vgl. BT-Drs. 17/11292 v. 5.11.2012 S. 17.

§ 276 Größenabhängige Erleichterungen

¹Kleine und mittelgroße Kapitalgesellschaften (§ 267 Abs. 1, 2) dürfen die Posten § 275 Abs. 2 Nr. 1 bis 5 oder Abs. 3 Nr. 1 bis 3 und 6 zu einem Posten unter der Bezeichnung „Rohergebnis" zusammenfassen. ²Die Erleichterungen nach Satz 1 gelten nicht für Kleinstkapitalgesellschaften (§ 267a), die von der Regelung des § 275 Absatz 5 Gebrauch machen.

Inhaltsübersicht

	Rz
1 Überblick	1–3
1.1 Inhalt	1
1.2 Normenzusammenhang	2–3
2 Rohergebnis	4–10
3 Regelungen für Kleinstkapitalgesellschaften	11–12

1 Überblick

1.1 Inhalt

§ 276 Satz 1 HGB erlaubt **kleinen und mittelgroßen Kapitalgesellschaften und diesen gleichgestellten Ges.** eine gegenüber den Gliederungsschemata der Abs. 2 und 3 des § 275 HGB verkürzte Aufstellung der GuV. Dabei wird ihnen durch die Möglichkeit, bereits bei der Aufstellung des Jahresabschlusses lediglich ein Rohergebnis auszuweisen, das Recht gewährt, auf eine Darstellung der für die Umsatztätigkeit unmittelbar relevanten Einzelposten zu verzichten.

1.2 Normenzusammenhang

Die Einstufung als kleine oder mittelgroße KapG richtet sich nach § 267 Abs. 1 und Abs. 2 HGB (§ 267 Rz 10ff.). KapG, die durch Ausgabe von Wertpapieren einen organisierten Kapitalmarkt i.S.d. § 2 Abs. 11 WpHG in Anspruch nehmen oder die Zulassung solcher Wertpapiere zum Handel an einem organisierten Markt beantragt haben, gelten stets als große KapG (§ 267 Abs. 3 HGB) und können als kapitalmarktorientierte Ges. i.S.d. § 264d HGB die größenabhängigen Erleichterungen unabhängig von ihrer Größe nicht in Anspruch nehmen. Ebenfalls ausgeschlossen ist die Anwendung größenabhängiger Erleichterungen für **Kreditinstitute, Finanzdienstleistungsinstitute** (§ 340a Abs. 2 Satz 1 HGB) und **VersicherungsUnt** (§ 341a Abs. 2 Satz 1 HGB). Für die KleinstKapG wird eine Kombination dieser Erleichterungen mit denen des § 275 Abs. 5 HGB ausgeschlossen (Rz 11ff.).

Obwohl explizit nur für KapG verankert, wird der Rückgriff auf das Wahlrecht des verkürzten GuV-Ausweises sowie der weiteren in § 276 HGB gewährten Erleichterungen auch für entsprechende Ges. anderer Rechtsformen (**Nicht-KapG**) als zulässig erachtet. Für die Schutzinteressen dieser Ges. kann aufgrund der für sie oftmals anzutreffenden Kombination aus engem Produktportfolio und beschränkter Abnehmerzahl in einem hart umkämpften Marktsegment nichts anderes gelten als für KapG.[1] Allerdings sind diese auch nicht an die Gliederungsvorschriften gebunden und die Veröffentlichung des Jahresabschlusses wäre freiwillig.

2 Rohergebnis

4 Mit § 276 HGB wurde von der Möglichkeit des Art. 27 der Vierten EG-RL Gebrauch gemacht, kleinen und mittelgroßen Ges. bei der Aufstellung und Offenlegung ihrer GuV die Zusammenfassung und Saldierung bestimmter Posten zum Posten „Rohergebnis" zu erlauben.

5 Die eingeräumte Saldierungsmöglichkeit ist als **Wahlrecht** konzipiert und stellt als **lex specialis** einen explizit zugelassenen Verstoß gegen das Saldierungsverbot (§ 246 Abs. 2 HGB) dar, mit welchem den Interessen kleiner und mittelgroßer Ges. an einem Informationsschutz Rechnung getragen werden soll, sofern sie nicht als kapitalmarktorientiert einzustufen sind. Ihnen wird hierdurch die Möglichkeit eingeräumt, den Einblick Außenstehender in die Erfolgsstruktur der Unternehmung zu verhindern und einer ansonsten durch die Offenlegung wettbewerbsrelevanter Informationen drohenden Gefährdung der Wettbewerbfähigkeit vorzubeugen. Adler/Düring/Schmaltz sehen es daher sogar als Pflicht der gewissenhaften Geschäftsführung einer kleinen oder mittelgroßen KapG an, dieses Wahlrecht i.S.d. Ges. zu nutzen.[2] Die Wahlrechtsinanspruchnahme der saldierten Ergebnisdarstellung unterliegt dem **Stetigkeitsgrundsatz** (§ 265 Abs. 1 Satz 1 HGB).

6 Der **Informationsnutzen** eines auf Basis dieser Aufstellungserleichterung ausgewiesenen saldierten Ergebnisses ist aus Sicht der Bilanzadressaten gering.

7 Der Rohergebnisausweis entbindet nicht von der in praxi letztlich stets gegebenen Verpflichtung, für den internen Gebrauch die in das **Rohergebnis eingeflossenen Posten gesondert zu erfassen**, da diese Angaben für unterschiedlichste unternehmerische Entscheidungen und mögliche Auskunftsersuchen der Gesellschafter verfügbar sein müssen. Im Fall einer AG oder KGaA ergibt sich dies im Hinblick auf den Informationsbedarf der Aktionäre allein aus dem Umstand, dass der Vorstand einer AG oder KGaA sicherstellen muss, den Aktionären der Ges. in der Hauptversammlung, in welcher der Jahresabschluss vorgelegt wird, auf Verlangen die ungekürzte Darstellung der GuV inkl. der alle Angaben umfassenden Anhangerläuterungen offenlegen zu können (§ 131 Abs. 1 Satz 3 AktG). Vergleichbares gilt, unter Vorbehalt der in § 51a Abs. 2 GmbHG kodifizierten Einschränkungen, für die Informationsrechte der Gesellschafter einer GmbH. So kann jeder GmbH-Gesellschafter Einsicht der Bücher und Schriften der Ges. verlangen und sich die Zusammensetzung der nach § 276 Satz 1 HGB zusammengefassten Posten erschließen. Auch zum Zweck der Größenklassenbestimmung müssen Informationen über die Höhe der Umsatzerlöse der einzelnen Gj verfügbar sein.

8 Aus den Gliederungsvorgaben des § 275 Abs. 2 und 3 HGB und den Saldierungsvorgaben ergibt sich nach Umsatzkostenverfahren (§ 275 Rz 17) und Gesamtkostenverfahren (§ 275 Rz 13) jeweils folgende Zusammensetzung des als Summe ausgewiesenen Rohergebnisses:

---

[1] Vgl. Reiner, in MünchKomm. HGB, 5. Aufl. 2024, § 276 HGB Rn 5.
[2] Vgl. ADS, Rechnungslegung und Prüfung der Unternehmen, 6. Aufl. 1995–2001, § 276 HGB Rz 3.

	Umsatzerlöse
+/−	Erhöhung oder Verminderung des Bestands an fertigen und unfertigen Erzeugnissen
+	andere aktivierte Eigenleistungen
+	sonstige betriebliche Erträge
−	Materialaufwand
=	Rohergebnis

Tab. 1: Rohergebnis Gesamtkostenverfahren (§ 275 Abs. 2 HGB)

	Umsatzerlöse
−	Herstellungskosten der zur Erzielung der Umsatzerlöse erbrachten Leistungen
=	Bruttoergebnis vom Umsatz
+	sonstige betriebliche Erträge
=	Rohergebnis

Tab. 2: Rohergebnis Umsatzkostenverfahren (§ 275 Abs. 3 HGB)

Nimmt eine kleine Ges. die Aufstellungserleichterung des verkürzten GuV-Ausweises in Anspruch, entfällt die Verpflichtung, bei Anwendung des Umsatzkostenverfahrens den Materialaufwand des Gj im Anhang anzugeben (§ 285 Nr. 8a HGB; § 275 Rz 19; § 288 Rz 4; § 275 Rz 19). Für mittelgroße Ges. ergibt sich diese Erleichterung für die Übermittlung des Anhangs an den Betreiber des Unernehmensregisters gem. § 327 Nr. 2 HGB (§ 288 Rz 8).

Die Höhe des ausgewiesenen Rohergebnisses kann in Abhängigkeit davon, ob das Umsatzkostenverfahren oder Gesamtkostenverfahren zur Anwendung kommt, hinsichtlich der einbezogenen Posten und Beträge variieren. Diese Abweichungen resultieren aus dem Umstand, dass nach dem Umsatzkostenverfahren die Personalaufwendungen und Abschreibungen über die Herstellungskosten des Umsatzes in das auszuweisende Rohergebnis einfließen, während sie beim Gesamtkostenverfahren außen vor bleiben. Im Gegenzug bleiben die im Vertriebs- und allgemeinen Verwaltungsbereich angefallenen Materialaufwendungen aufgrund des separaten Verwaltungs- und Vertriebsaufwandsausweises bei der Berechnung des Rohergebnisses des Umsatzkostenverfahrens außen vor. Ferner wird beim Umsatzkostenverfahren das ausgewiesene Ergebnis durch die weiteren anzutreffenden Aufwandszuordnungen nach Funktionsbereichen beeinflusst, sodass – abweichend zum Gesamtkostenverfahren – Teile der sonstigen Steuern einen Bestandteil des Rohergebnisses bilden können.

Die **Berechnung des Rohergebnisses ohne sonstige betriebliche Erträge** zugunsten eines separaten Ausweises dieses Ertragspostens wird nach h.M. als zulässig erachtet, sofern dies durch eine entsprechende Anpassung der Postenbezeichnung deutlich dokumentiert wird.[3] Insb. der Einbezug der sonstigen betrieblichen Erträge verfälscht den Aussagewert des Rohergebnisses erheblich und erscheint im Hinblick auf den betriebswirtschaftlichen Aussagewert äußert unbefriedigend. Durch den Einbezug dieses Sammelpostens fließen in das Rohergebnis Erfolgsgrößen ein, die nicht einmal die Definitionskriterien der nunmehr weitgefassten Umsatzerlösdefinition erfüllen. Das Rohergebnis besitzt somit nicht die gleiche Aussagekraft wie das Bruttoergebnis vom Umsatz des Umsatzkostenverfahrens.

3 Regelungen für Kleinstkapitalgesellschaften

11 Mit dem durch das MicroBilG eingefügten Satz 2 wird ausgeschlossen, dass **KleinstKapG**, die vom Wahlrecht der verkürzten GuV-Gliederung nach § 275 Abs. 5 HGB Gebrauch machen, zusätzlich die Zusammenfassung der Positionen zum **Rohergebnis** vornehmen können. In der Regierungsbegründung wird darauf verwiesen, dass eine solche Kombination nach EU-Recht nicht zulässig ist.[4] Demnach können KleinstKapG grds. zwischen der allgemeinen GuV-Darstellung, der verkürzten GuV-Gliederung und dem Ausweis eines Rohergebnisses wählen (§ 275 Rz 261 ff.),[5] wobei die erste Option aus Sicht eines gewissenhaften Kfm. nicht ernsthaft in Erwägung gezogen werden sollte.

12 Mit den Streichungen der in den §§ 275 und 277 HGB a.F. enthaltenen Ausweisvorschriften außerordentlicher Erfolgselemente entfällt auch die Notwendigkeit einer Sonderregelung für kleine und mittelgroße KapG. Machen KleinstKapG vom Wahlrecht zur Aufstellung eines Anhangs Gebrauch, so müssen sie auch die erforderlichen Angaben zu den außergewöhnlichen und periodenfremden Erfolgsbestandteilen machen.

---

[3] Vgl. ADS, Rechnungslegung und Prüfung der Unternehmen, 6. Aufl. 1995–2001, § 276 HGB Rz 10; Reiner, in MünchKomm. HGB, 5. Aufl. 2024, § 276 HGB Rn 8.
[4] Vgl. BT-Drs. 17/11292, S. 17.
[5] Vgl. Kreipl/Müller, DB 2013, S. 75.

§ 277 Vorschriften zu einzelnen Posten der Gewinn- und Verlustrechnung

(1) Als Umsatzerlöse sind die Erlöse aus dem Verkauf und der Vermietung oder Verpachtung von Produkten sowie aus der Erbringung von Dienstleistungen der Kapitalgesellschaft nach Abzug von Erlösschmälerungen und der Umsatzsteuer sowie sonstiger direkt mit dem Umsatz verbundener Steuern auszuweisen.

(2) Als Bestandsveränderungen sind sowohl Änderungen der Menge als auch solche des Wertes zu berücksichtigen; Abschreibungen jedoch nur, soweit diese die in der Kapitalgesellschaft sonst üblichen Abschreibungen nicht überschreiten.

(3) ¹Außerplanmäßige Abschreibungen nach § 253 Abs. 3 Satz 5 und 6 sind jeweils gesondert auszuweisen oder im Anhang anzugeben. ²Erträge und Aufwendungen aus Verlustübernahme und auf Grund einer Gewinngemeinschaft, eines Gewinnabführungs- oder eines Teilgewinnabführungsvertrags erhaltene oder abgeführte Gewinne sind jeweils gesondert unter entsprechender Bezeichnung auszuweisen.

(4) (weggefallen)

(5) ¹Erträge aus der Abzinsung sind in der Gewinn- und Verlustrechnung gesondert unter dem Posten „Sonstige Zinsen und ähnliche Erträge" und Aufwendungen gesondert unter dem Posten „Zinsen und ähnliche Aufwendungen" auszuweisen. ²Erträge aus der Währungsumrechnung sind in der Gewinn- und Verlustrechnung gesondert unter dem Posten „Sonstige betriebliche Erträge" und Aufwendungen aus der Währungsumrechnung gesondert unter dem Posten „Sonstige betriebliche Aufwendungen" auszuweisen.

Inhaltsübersicht

		Rz
1	Überblick	1–4
1.1	Inhalt	1–2
1.2	Normenzusammenhang und Zweck	3–4
2	Begriffsbestimmung einzelner GuV-Posten	5–6
3	Gesonderte Ausweis- und Erläuterungspflichten	7–24
3.1	Ausweis außerplanmäßiger Abschreibungen	7–13
3.2	Ausweis von Erträgen und Aufwendungen aus Verlustübernahmen, Gewinngemeinschaften und Gewinnabführungsverträgen	14
3.3	Erträge und Aufwendungen aus der Abzinsung	15–22
3.4	Erträge und Aufwendungen aus der Währungsumrechnung	23–24
4	Implikationen der Altfassung	25–32
4.1	Ausweis und Erläuterung außergewöhnlicher Erträge und Aufwendungen	25–30
4.2	Aufwendungen und Erträge aus der Anpassung der Bilanzierung und Bewertung an die Vorgaben des BilMoG nach Art. 66 und 67 Abs. 1–5 EGHGB	31
4.3	Periodenfremde Aufwendungen und Erträge	32

1 Überblick

1.1 Inhalt

1 § 277 HGB ergänzt die in § 275 HGB kodifizierten allgemeinen Gliederungsvorschriften, indem hier Definitionen für die GuV-Posten „Umsatzerlöse" und „Bestandsveränderungen" gegeben werden. Mit dem BilRUG ist die Pflicht zum gesonderten Ausweis „außerordentliche Erträge" und „außerordentliche Aufwendungen" entfallen, sodass diese nicht mehr in § 277 HGB definiert werden. Mit dieser Streichung geht die neue Pflicht zur Anhangangabe außergewöhnlicher Erträge und Aufwendungen einher (§ 285 Nr. 31 HGB; § 285 Rz 172 ff.).

2 Für die Beträge „außerplanmäßige Abschreibungen" und „Erträge und Aufwendungen aus Verlustübernahme und aufgrund einer Gewinngemeinschaft, eines Gewinnabführungsvertrages oder eines Teilgewinnabführungsvertrages erhaltene oder abgeführte Gewinne" wird der gesonderte Ausweis gefordert, der im Fall der außerplanmäßigen Abschreibungen wahlweise durch Anhangangaben erfolgen kann.

Zudem wird der gesonderte Ausweis von Erträgen und Aufwendungen aus der Abzinsung und der Währungsumrechnung vorgeschrieben. Seit dem BilRUG sind außerordentliche Posten nicht mehr in der GuV auszuweisen, sondern nur noch im Anhang anzugeben. Zugleich enthält § 277 HGB keine Vorgaben zur Erläuterungspflicht periodenfremder Erträge und Aufwendungen mehr. Diese Erläuterungspflicht ergibt sich nunmehr aus § 285 Nr. 32 HGB (§ 285 Rz 175).

1.2 Normenzusammenhang und Zweck

3 Die Vorschriften des § 277 HGB betreffen nur **KapG, ihnen gleichgestellte PersG und Ges., die unter die Regelungen des Publizitätsgesetzes fallen** (§ 5 Abs. 1 PublG). Die durch § 277 Abs. 1 HGB vorgegebene Umsatzerlösdefinition gilt sowohl für das Gesamtkostenverfahren als auch für das Umsatzkostenverfahren. Als unbestritten gilt, dass diese Umsatzerlösdefinition über den expliziten Adressatenkreis dieses Paragrafen hinaus auch für alle weiteren Kfl. (Nicht-KapG) Gültigkeit besitzt.

4 **Kreditinstitute und Finanzdienstleistungsinstitute** sind von der Beachtung der Definition für Umsatzerlöse (§ 277 Abs. 1 HGB), den Bestimmungen zu den Bestandsveränderungen (§ 277 Abs. 2 HGB) und außerplanmäßigen Abschreibungen (§ 277 Abs. 3 Satz 1 HGB) ausgenommen (§ 340a Abs. 2 Satz 1 HGB). Für **VersicherungsUnt und Pensionsfonds** erstreckt sich die Nichtanwendung auf § 277 Abs. 1 und 2 HGB (§ 341a Abs. 2 Satz 1 HGB). Im Umkehrschluss bedeutet dies, dass Kreditinstitute und Finanzdienstleistungsunternehmen nur § 277 Abs. 3 Satz 2 und Abs. 5 HGB anwenden müssen, während für Versicherungsunternehmen § 277 Abs. 3 (vollständig) und Abs. 5 HGB zu beachten ist.

2 Begriffsbestimmung einzelner GuV-Posten

5 Zur Erläuterung der **Umsatzerlöse** sei verwiesen auf § 275 Rz 45 ff.
6 **Bestandsveränderungen** sind erläutert in § 275 Rz 68 ff.

3 Gesonderte Ausweis- und Erläuterungspflichten

3.1 Ausweis außerplanmäßiger Abschreibungen

§ 277 Abs. 3 HGB fordert den gesonderten Ausweis der aufgrund voraussichtlich dauernder Wertminderungen vorgenommenen außerplanmäßigen Abschreibungen auf das **Anlagevermögen**, unabhängig davon, ob es sich um abnutzbare oder nicht abnutzbare Gegenstände handelt (§ 253 Abs. 3 Satz 5 HGB). Im Fall des Finanzanlagevermögens sind auch die aufgrund einer voraussichtlich vorübergehenden Wertminderung (gemildertes Niederstwertprinzip) vorgenommenen Wahlrechtsabschreibungen (§ 253 Abs. 3 Satz 6 HGB) gesondert auszuweisen. Diese gesonderte Ausweispflicht besteht sowohl für das Gesamtkostenverfahren als auch für das Umsatzkostenverfahren.

Abschreibungen, die daraus resultieren, dass VG des **Umlaufvermögens** mit dem niedrigeren Wert anzusetzen sind, der sich aus einem Börsen- oder Marktpreis am Abschlussstichtag ergibt (§ 253 Abs. 4 HGB), werden nicht von § 277 Abs. 3 HGB erfasst und sind somit nicht gesondert auszuweisen. In der Begründung des Gesetzesentwurfs wird die Ausweispflicht ausdrücklich auf Abschreibungen des Anlagevermögens beschränkt.[1]

Exakte Vorgaben, wie dieser Ausweis vorzunehmen ist, finden sich in § 277 Abs. 3 HGB nicht. Der Ausweis kann entweder über eine Zuordnung zu den einzelnen GuV-Posten erfolgen, im Anlagespiegel geschehen (§ 268 Rz 13 ff.) oder in summarischer Form als „außerplanmäßige Abschreibungen auf das Anlagevermögen" durch Anhangangabe vorgenommen werden.

Anders als bei den „Erträgen und Aufwendungen aus Verlustübernahmen und aufgrund einer Gewinngemeinschaft oder eines Gewinn- bzw. Teilgewinnabführungsvertrages erhaltenen oder abgeführten Gewinnen" besteht somit statt des gesonderten Ausweises unter entsprechender Postenbezeichnung die Möglichkeit der ausschl. Anhangangabe.

Im Fall der **separaten Zuordnung** sind außerplanmäßige Abschreibungen auf das Anlagevermögen im Gliederungsschema des Gesamtkostenverfahrens entweder unter den Posten Nr. 7a (Abschreibungen auf immaterielle Vermögensgegenstände und Sachanlagen) oder Nr. 12 (Abschreibungen auf Finanzanlagen und Wertpapiere des Umlaufvermögens) anzuführen oder als „Davon"-Vermerk bei den Aufwandsposten, denen die außerplanmäßigen Abschreibungen zugeordnet wurden, gesondert auszuweisen (§ 277 Abs. 3 HGB).[2]

Wird das Umsatzkostenverfahren zugrunde gelegt, sind die außerplanmäßigen Abschreibungen unter den Posten Herstellungskosten (Posten Nr. 2), Vertriebskosten (Posten Nr. 4), allgemeine Verwaltungskosten (Posten Nr. 5), sonstige betriebliche Aufwendungen (Posten Nr. 7) und Abschreibungen auf Finanzanlagen und auf Wertpapiere des Umlaufvermögens (Posten Nr. 11) auszuweisen. Jedoch empfiehlt sich insb. beim Umsatzkostenverfahren, statt der postenbezogenen Zuordnung, die Angabe der außerplanmäßigen Abschreibungen im Anhang.[3]

PersG sind von der Pflicht zum gesonderten Ausweis der außerplanmäßigen Abschreibungen nicht betroffen.

---

[1] Vgl. BT-Drs. 16/10067 v. 30.7.2008 S. 68.
[2] Vgl. ADS, Rechnungslegung und Prüfung der Unternehmen, 6. Aufl. 1995–2001, § 277 HGB Rz 49.
[3] Vgl. ADS, Rechnungslegung und Prüfung der Unternehmen, 6. Aufl. 1995–2001, § 277 HGB Rz 48.

3.2 Ausweis von Erträgen und Aufwendungen aus Verlustübernahmen, Gewinngemeinschaften und Gewinnabführungsverträgen

14 Erläutert in § 275 Rz 197f.

3.3 Erträge und Aufwendungen aus der Abzinsung

15 § 277 Abs. 5 HGB fordert den gesonderten Ausweis von Erträgen aus der Abzinsung unter dem Posten „Sonstige Zinsen und ähnliche Erträge". Aufwendungen aus der Abzinsung sind gesondert unter dem Posten „Zinsen und ähnliche Aufwendungen" auszuweisen. IDW RS HFA 34 sieht neben einem Davon-Vermerk oder der Aufgliederung innerhalb der Vorspalte mit Verweis auf die Klarheit und Übersichtlichkeit der GuV-Darstellung auch die Möglichkeit, diese Angaben im Anhang vorzunehmen.[4]

16 Eine Definition, was unter Erträgen und Aufwendungen aus der Abzinsung zu verstehen ist, findet sich in den handelsrechtlichen Bestimmungen nicht. Auch die Begründungen des RegE und die Ausführungen des Rechtsausschusses geben keinen Aufschluss. Offen bleibt sowohl, welche Sachverhalte unter dem Terminus „Abzinsung" zu subsumieren sind, als auch die Frage, ob ausschl. Abzinsungen aus Passiva oder auch Abzinsungen aus Aktiva betroffen sind.

Im RegE des BilMoG fand sich die gesonderte Ausweispflicht dieser Erfolgsbestandteile noch in § 253 HGB und damit im unmittelbaren Kontext der Bewertung von Rückstellungen und Verbindlichkeiten, für die eine Gegenleistung nicht mehr zu erwarten ist. Somit war die gesonderte Ausweispflicht in engem Kontext zu der im RegE gegebenen Begründung für die Einführung einer allgemeinen Abzinsungspflicht von Rückstellungen zu betrachten. Nach dieser soll durch die Abzinsung von Rückstellungen eine den tatsächlichen Verhältnissen entsprechende Darstellung der Vermögens-, Finanz-, und Ertragslage i.S.e. realitätsgerechteren Information der Abschlussadressaten über die wahre Belastung erreicht werden, zu der nicht unberücksichtigt bleiben soll, dass die in den Rückstellungen gebundenen Finanzmittel investiert und daraus Erträge realisiert werden können.[5]

In der abschließenden Regelung der getrennten Ausweispflicht von Erträgen und Aufwendungen aus der Abzinsung in § 277 Abs. 5 HGB fehlt es an einer Bezugnahme auf den Passivposten „Rückstellungen". Auch aus dem übrigen Paragrafenkontext lässt sich dieser nicht zwingend herstellen. Lediglich die Begründung des Rechtsausschusses zeigt, dass mit dieser Umpositionierung keine inhaltliche Änderung herbeigeführt werden sollte. Demnach soll dieser verpflichtend vorzunehmende gesonderte Ausweis den Abschlussadressaten darüber informieren, in welcher Höhe im Gj Aufwendungen und Erträge aus der nunmehr vorgeschriebenen Abzinsung der Rückstellungen angefallen sind.[6] Der Terminus „Abzinsung" ist dabei nicht stringent mathematisch auszulegen, sondern erstreckt sich allgemein auf die mit dem abgezinsten Ansatz der betreffenden Bilanzpositionen verbundenen Erfolgswirkungen. Diese Erfolgs-

---

[4] Vgl. IDW RS HFA 34.50.
[5] Vgl. Begründungsteil der BT-Drs. 16/10067 v. 30.7.2008 S. 6, 50.
[6] Vgl. BT-Drs. 16/12407 v. 24.3.2009 S. 114.

wirkungen sind, unabhängig davon, ob sie durch Auf- oder Abzinsung in die GuV einfließen, gesondert auszuweisen.[7]

Unstrittig gilt hinsichtlich der Abzinsung der Rückstellungen, dass für den Ausweis der Zuführungen zu den Pensionsrückstellungen eine Trennung des Betrags in einen Zinsanteil, der im Finanzergebnis (Posten Nr. 13 des GKV) auszuweisen ist, und einen sonstigen Anteil, der unter Posten Nr. 6b (GKV) auszuweisen ist, vorzunehmen ist.[8] Die Vorgaben über die Ausgestaltung des Ausweises erweisen sich jedoch in gewissem Maß als widersprüchlich. Während § 246 Abs. 2 Satz 2 HGB eine Verrechnung der Aufwendungen und Erträge aus der Abzinsung und aus dem zu verrechnenden Vermögen fordert (§ 246 Rz 122), ist in § 277 Abs. 5 HGB der gesonderte Ausweis der Aufwendungen und der Erträge aus Abzinsung innerhalb des Finanzergebnisses vorgeschrieben. Zugleich wird in der Beschlussempfehlung des Rechtsausschusses im Zug der Begründung des § 246 Abs. 2 Satz 2 HGB explizit auf § 277 Abs. 5 HGB verwiesen.[9] Hieraus könnte sich zunächst schließen lassen, dass die Intention dieser Gesetzesergänzung darin besteht, den Ausweis beider Effekte i. R. e. „gemeinsamen" Finanzergebnisses sicherzustellen. Für ein derartig abgestuftes Saldierungsgebot spräche zudem, dass in der Bilanz ein zusätzlicher Posten für den Ausweis des Unterschiedsbetrags aus Saldierung von Vermögen und Schulden („Aktiver Unterschiedsbetrag aus Vermögensverrechnung") eingefügt wurde,[10] eine solche Ergänzung des GuV-Schemas um einen Posten, der die Verrechnung der Erträge und Aufwendungen gem. § 246 Abs. 2 Satz 2 HGB ausweist, jedoch unterlassen wurde. Das IDW legt im RS HFA 30 dagegen den § 277 Abs. 5 Satz 1 HGB so aus, dass er sich auf die Nettobeträge aus der Abzinsung bezieht. Somit können sich die Nettobeträge der Saldierung aus der Verrechnung von Aufwendungen und Erträgen aus der Auf- bzw. Abzinsung von Verpflichtungen (inkl. möglicher Anpassungen des Diskontierungssatzes) und aus dem zu verrechnenden Deckungsvermögen ergeben; eine Aufgliederung ist lediglich im Anhang notwendig.[11] Erfolge aus der Änderung des Abzinsungssatzes zwischen zwei Abschlussstichtagen und Zinseffekte, die sich aus einer geänderten Schätzung der Restlaufzeit ergeben, dürfen entweder einheitlich im operativen oder im Finanzergebnis ausgewiesen werden.[12] Eine Anhangangabe, wie dieses Wahlrecht ausgenutzt wird, wird dabei für erforderlich gehalten.[13]

Für den Ausweis der Aufwendungen und Erträge aus der Abzinsung von Rückstellungen sind für den Erstansatz nach h. M. zwei Varianten als zulässig zu erachten. **Eindeutig zu präferieren** ist die **Nettomethode**.[14] Die Aufwands- und

---

[7] So letztlich auch IDW RS HFA 30.86; IDW RS HFA 34.50. Für einen auf die Abzinsungseffekte beschränkten Ausweis und eine buchstabengetreue Begriffsinterpretation vgl. Hoffmann/Lüdenbach, NWB Kommentar Bilanzierung, 14. Aufl. 2022, § 277 HGB Rz 61 f.
[8] Vgl. Küting/Kessler/Keßler, WPg 2008, S. 754. A.A. Hoffmann/Lüdenbach, NWB Kommentar Bilanzierung, 15. Aufl. 2024, § 275 HGB Rz 46 u. § 277 HGB Rz 64.
[9] Vgl. Begründung des Rechtsausschusses: BT-Drs. 16/12407 v. 24.3.2009 S. 110.
[10] Vgl. Begründung des Rechtsausschusses: BT-Drs. 16/12407 v. 24.3.2009 S. 113.
[11] Vgl. IDW RS HFA 30.85.
[12] Vgl. IDW RS HFA 34.49.
[13] Vgl. IDW RS HFA 34.51.
[14] Das IDW betrachtet die Nettomethode sogar als die einzige zulässige Variante: IDW RS HFA 30.59 bzw. IDW RS HFA 34.11.

Ertragserfassung i.R. beider Methoden hängt ab vom Bilanzansatz der Rückstellung im Zugangszeitpunkt. Dieser kann in Höhe entweder ihres abgezinsten Betrags (**Nettomethode**) oder ihres vollen Erfüllungsbetrags (**Bruttomethode**) vorgenommen werden (§ 253 Rz 137 ff.).[15]

19 Erfolgt der Bilanzansatz gem. der von der Praxis favorisierten **Nettomethode** (§ 253 Rz 137), ist in den Folgejahren die jährliche Aufzinsung unter dem Posten Zinsen und ähnliche Aufwendungen und damit i.R.d. Finanzergebnisses gesondert auszuweisen.[16] Im Zugangsjahr wird lediglich der abgezinste Aufwand innerhalb des betrieblichen Ergebnisses ausgewiesen.

20 Bei dem Erstansatz gem. der **Bruttomethode** ist der Erfüllungsbetrag der Rückstellung in voller Höhe als Aufwand i.R.d. operativen Ergebnisses auszuweisen und ein Zinsertrag i.H.d. Abzinsungsbetrags im Finanzergebnis unter dem Posten „Sonstige Zinsen und ähnliche Erträge" zu erfassen.

> **Praxis-Beispiel**
> Der Erfüllungsbetrag einer Rückstellung für Kulanzleistungen mit einer Laufzeit von vier Jahren beträgt 350 GE. Der durchschnittliche Zins beträgt 3 %. Der Barwert der Rückstellung beläuft sich demnach auf 310,97 GE.
>
> **Nettomethode:**
> Der Barwert der Rückstellung von 310,97 GE wird im Betriebsergebnis als sonstiger betrieblicher Aufwand erfasst. Die Aufzinsung in den Folgejahren wird im Finanzergebnis unter dem Posten „Zinsen und ähnliche Aufwendungen" erfasst.
>
> Buchung zum Rückstellungszeitpunkt (31.12.00):
>
> | Konto | Soll | Haben |
> | --- | --- | --- |
> | Sonstige betriebliche Aufwendungen | 310,97 | |
> | Sonstige Rückstellungen | | 310,97 |
>
> Buchung im Folgejahr (31.12.01):
>
> | Konto | Soll | Haben |
> | --- | --- | --- |
> | Zinsen und ähnliche Aufwendungen | 9,33 | |
> | Sonstige Rückstellungen | | 9,33 |
>
> Buchung zum 31.12.02:
>
> | Konto | Soll | Haben |
> | --- | --- | --- |
> | Zinsen und ähnliche Aufwendungen | 9,61 | |
> | Sonstige Rückstellungen | | 9,61 |

---

[15] Vgl. Weigl/Weber/Costa, BB 2009, S. 1064.
[16] Vgl. Theile/Stahnke, DB 2008, S. 1760.

Buchung zum 31.12.03:

Konto	Soll	Haben
Zinsen und ähnliche Aufwendungen	9,90	
Sonstige Rückstellungen		9,90

Buchung zum 31.12.04:

Konto	Soll	Haben
Zinsen und ähnliche Aufwendungen	10,20	
Sonstige Rückstellungen		10,20

Bruttomethode:
Die Ersterfassung der Rückstellung in der GuV erfolgt zum Erfüllungsbetrag von 350,00 GE und wird in dieser Höhe im Betriebsergebnis ausgewiesen. Gleichzeitig wird im Finanzergebnis ein Zinsertrag von 39,03 GE erfasst. Die Aufzinsung in den Folgejahren wird analog zur Nettomethode im Finanzergebnis unter dem Posten „Zinsen und ähnliche Aufwendungen" erfasst.
Buchung zum Rückstellungszeitpunkt (31.12.00):

Konto	Soll	Haben
Sonstige betriebliche Aufwendungen	350,00	
Sonstige Rückstellungen	39,03	
Sonstige Rückstellungen		350,00
Sonstige Zinsen und ähnliche Erträge		39,03

Buchung im Folgejahr (31.12.01):

Konto	Soll	Haben
Zinsen und ähnliche Aufwendungen	9,33	
Sonstige Rückstellungen		9,33

In den Folgejahren erfolgt die Erfassung der Aufzinsung in der GuV analog zur Nettomethode.

Während die Gesetzesbegründung insb. dadurch, dass sie die Abzinsungspflicht der Rückstellungen mit der Ertragserzielungsmöglichkeit der in den Rückstellungen gebundenen Finanzmittel rechtfertigt,[17] für den Bilanzansatz und GuV-Ausweis gem. der Bruttomethode spricht, gewährleistet die Nettomethode nicht nur eine überschneidungsfreie Zuordnung der Aufwandskomponenten zum Finanz- und Betriebsergebnis, sondern entspricht zudem der internationalen Bilanzierungspraxis. Im Weiteren wird so eine Doppelerfassung der Abzinsungsaufwendungen vermieden, die sich ansonsten aus der Erfassung der Abzinsungs-

---

[17] Vgl. Begründungsteil der BT-Drs. 16/10067 v. 30.7.2008 S. 54.

komponente im operativen Ergebnis des Zugangsjahrs und dem Ausweis der Aufwendungen aus der Aufzinsung in den Folgejahren ergibt. Folglich ist der Ansicht des IDW zu folgen, dass abweichend zum Gesetzeswortlaut, die Nettomethode als die de facto einzig praktikable Lösung einzustufen ist.

21 Hinsichtlich der Frage, für welche Bilanzpositionen die Erträge und Aufwendungen aus Abzinsung gesondert auszuweisen sind, ist angesichts der Begründung des Rechtsausschusses eine Beschränkung auf Rückstellungssachverhalte vorzuziehen.[18] Gleichwohl wird eine umfassendere Interpretation zu akzeptieren sein.[19] So kann die Vorgabe zum gesonderten Ausweis von Erträgen und Aufwendungen aus Abzinsungen auf sämtliche mit Abzinsungseffekten verbundene Verbindlichkeiten bezogen werden oder auf sämtliche mit Abzinsungseffekten verbundene Bilanzpositionen der Aktiv- und Passivseite ausgedehnt werden. Letzterem wäre zwar aufgrund der Gesetzesformulierung und deren Entstehungsgeschichte der Vorzug zu geben, erfordert aber zumindest bei stringenter Auslegung den Pflichtausweis von Erträgen unter Posten Nr. 10, die nach HGB a. F. eindeutig anderen Bereichen des Finanzergebnisses zugeordnet wurden. Bei dieser Ausweisvariante sind die Aufwendungen und Erträge aus der Rückstellungsabzinsung gemeinsam mit möglichen weiteren jeweils unsaldierten Erträgen und Aufwendungen aus der Abzinsung entsprechender Aktiva und Passiva auszuweisen (§ 275 Rz 174).

22 Die Beschränkung auf den engen Abzinsungsbegriff würde dazu führen, dass bei Zugrundelegung der zu favorisierenden Nettomethode der Ausweis der Erträge im Wesentlichen auf Effekte aus Zinssatzänderungen bei der Folgebewertung der Rückstellungen beschränkt ist. Diese ergeben sich, weil grds. der Zinssatz des Abschlussstichtags zugrunde zu legen ist, wenn der Zinssatz im Zeitablauf der Rückstellung steigt.

3.4 Erträge und Aufwendungen aus der Währungsumrechnung

23 Satz 2 des § 277 Abs. 5 HGB gibt vor, dass Erträge aus der Währungsumrechnung in der GuV gesondert unter dem Posten „Sonstige betriebliche Erträge" (§ 275 Rz 78 f.) und Aufwendungen aus der Währungsumrechnung (§ 275 Rz 133) gesondert unter dem Posten „Sonstige betriebliche Aufwendungen" auszuweisen sind. Diesem gesonderten Ausweiserfordernis kann wahlweise durch einen Davon-Vermerk oder eine Aufgliederung innerhalb einer Vorspalte Rechnung getragen werden. Eine Verrechnung der Aufwendungen und Erträge aus Währungsumrechnung ist unzulässig. Zuweilen wird die Möglichkeit gesehen, den gesonderten Ausweis alternativ i. R. e. Anhangdarstellung vorzunehmen.[20] Da es, anders als bei den außerplanmäßigen Abschreibungen, an einem solchen ausdrücklichen Verweis innerhalb des Gesetzestextes fehlt, sondern stattdessen explizit auf die Ausweisnotwendigkeit innerhalb der GuV verwiesen wird, erscheint dies zunächst unzulässig.[21] Da IDW RS HFA 34 eine solche Ausweisalternative für den gesonderten

---

[18] Eine ausschl. Beschränkung auf Rückstellungssachverhalte sieht der IDW (IDW RS HFA 34.50).
[19] Dieser weiten Fassung (nicht nachvollziehbar) ablehnend gegenüberstehend: Gelhausen/Fey/Kämpfer, Rechnungslegung und Prüfung nach dem Bilanzrechtsmodernisierungsgesetz, 2009, Kap. J Rz 58; Roß/Philippsen, DB 2010, S. 1252 f.
[20] Vgl. Gelhausen/Fey/Kämpfer, Rechnungslegung und Prüfung nach dem Bilanzrechtsmodernisierungsgesetz, 2009, Kap. J Rn 84; Kliem/Müller, in Beck Bil.-Komm., 14. Aufl. 2024, § 275 HGB Rn 165; Lüdenbach, StuB 2011, S. 916.
[21] So zumindest Roß, WPg 2012, S. 25.

Ausweis der Erträge und Aufwendungen aus Ab- und Aufzinsung mittlerweile zulässt, wird man, aufgrund vergleichbarer Gesetzesformulierungen, für die Erfolgswirkungen aus der Währungsumrechnung in enger Abhängigkeit vom Einzelfall und der jeweiligen Wesentlichkeit zu keinem anderen Urteil kommen können.[22] Die Übersichtlichkeit der GuV-Darstellung sollte dadurch ggf. deutlich verbessert werden, indem einer Überfrachtung der GuV mit Detailinformationen vorgebeugt wird. Dieser Ansicht folgt mittlerweile auch der DRS 25 und hält einen Ausweis innerhalb des Anhangs für zulässig (DRS 25.34).

Inhaltlich zielt diese Vorschrift vorrangig auf den gesonderten Aufwands- und Ertragsausweis unrealisierter Währungsumrechnungseffekte ab, die sich gem. § 256a HGB auf die GuV auswirken und somit aus der Umrechnung der auf fremde Währung lautenden VG und Verbindlichkeiten am Abschlussstichtag resultieren und deren Höhe sich direkt aus § 256a HGB ergibt.[23] Der Terminus „Währungsumrechnung" (in einer engen Fassung) knüpft dabei an Erfolgseffekte an, die zum Aufstellungszeitpunkt der Stichtagsbilanz auftreten. Eine Zugrundelegung dieser engen Begriffsauslegung führt dazu, dass unterjährige Währungsumrechnungseffekte, wie sie v.a. bei Veräußerungen ergebniswirksam werden, nicht der gesonderten Ausweispflicht unter dem Posten „sonstige betriebliche Erträge" bzw. „sonstige betriebliche Aufwendungen" unterliegen.

24

I.S.d. engen Begriffsauslegung und direkten Anlehnung an § 256a HGB kommt dieser Norm (zunächst) allein die Funktion zu, den gesonderten Ausweis der unter den sonstigen betrieblichen Erträgen und Aufwendungen erfassten nicht realisierten Umrechnungsdifferenzen zu gewährleisten.[24] Ein gesonderter Ausweis von Währungsumrechnungseffekten, die zwar als sonstige betriebliche Aufwendungen und Erträge erfasst werden, aber nicht dem Anwendungsbereich des § 256a HGB unterliegen, ist gem. einer engen Auslegung des Gesetzestextes somit (zunächst) zwar nicht direkt geboten, aber i.S.d. Klarheit auch nicht unzulässig, sofern die Höhe der aus der Anwendung des § 256a HGB resultierenden unrealisierten Währungserfolge erkennbar bleibt.[25] Mittlerweile wird eine solche Zusammenfassung beider währungsbedingten Erfolgskomponenten von DRS 25.35 explizit gefordert, wobei unrealisierte Währungserfolge gem. DRS 25.36 gesondert angegeben werden sollten. Dabei gilt der DRS formal nur als Konkretisierung der GoB in der Konzernrechnungslegung (§ 342q Rz 41 ff.), hat aber durchaus eine Ausstrahlungswirkung auf den Jahresabschluss.[26]

Währungsbedingte Abschreibungen nicht monetärer Vorratsgüter sind durch den Bezug auf § 256a HGB nicht von der Vorgabe zum gesonderten Ausweis betroffen. Dementsprechend wird für bestimmte Umrechnungsdifferenzen auch bei enger Begriffsauslegung ein Ausweis unter anderen GuV-Posten als zulässig bzw. verpflichtend erachtet,[27] wie dies für Aufwendungen der Fall ist, die aus währungsbedingt gesunkenen Wiederbeschaffungskosten von Vorratsgütern auf einen niedrigeren beizulegenden Wert resultieren (§ 256a Rz 36).

---

[22] IDW RS HFA 34.50.
[23] So auch Roß, WPg 2012, S. 24.
[24] Vgl. auch Roß, WPg 2012, S. 24.
[25] Vgl. Roß, WPg 2012, S. 25.
[26] Vgl. Müller, B+B 10/2017, S. 24.
[27] Vgl. hierzu Roß, WPg 2012, S. 24; Lüdenbach, StuB 2011, S. 216.

Auch Aufwendungen aus währungskursbedingten Niederstwertabschreibungen, die aus der Bewertung von Vermögensgegenständen nach § 253 Abs. 3 Satz 5 und 6 resultieren, unterliegen keiner gesonderten Ausweispflicht (DRS 25.35).

Im Ergebnis kommen dem Wesen nach somit nur sonstige betriebliche Aufwendungen für einen getrennten Ausweis in Betracht, die i. w. S. im Zusammenhang mit der Währungsumrechnung stehen und gem. ihrer Art nicht als Materialaufwendungen oder Abschreibungen auszuweisen sind.

4 Implikationen der Altfassung

4.1 Ausweis und Erläuterung außergewöhnlicher Erträge und Aufwendungen

25 Gem. § 275 Abs. 2 und 3 HGB ist seit dem BilRUG mit Erstanwendung im Gj 2015 oder ggf. schon vorgezogen 2014 **kein Ausweis eines außerordentlichen Ergebnisses** und der damit verbundenen Erträge und Aufwendungen mehr vorgesehen. In Folge entfällt die Definition der außerordentlichen Erträge und Aufwendungen sowie deren Erläuterungspflicht in § 277 Abs. 4 HGB a. F. Mit dieser Streichung geht die neue Pflicht zur Anhangangabe außergewöhnlicher Erträge und Aufwendungen einher (§ 285 Nr. 31 HGB). Aufgrund dieser Angabepflicht ist jeweils der Betrag und die Art der einzelnen „Ertrags- oder Aufwandsposten" von **außergewöhnlicher** Größenordnung oder **außergewöhnlicher** Bedeutung (§ 285 Nr. 31 HGB) anzugeben. Dies bedeutet, dass für jede GuV-Position der in ihr enthaltene außergewöhnliche Aufwands- bzw. Ertragsanteil angegeben werden muss, sofern die Beträge nicht von untergeordneter Bedeutung sind. Die Angabe eines außergewöhnlichen Ergebnisses ist nicht vorgesehen und nicht praktikabel. In ihrer Wirkung geht die Detailliertheit dieser Angabepflicht über die bisherigen Ausweisvorgaben hinaus.

26 Zu beachten ist, dass in diesem Kontext nicht mehr von „außerordentlichen Erträgen und Aufwendungen", sondern von **„außergewöhnlichen"** Erträgen und Aufwendungen gesprochen wird. Dabei weicht der Gesetzgeber vom Originaltext der deutschen Übersetzung der EU-Richtlinie ab und korrigiert hierdurch eine Übersetzungsungenauigkeit innerhalb der Richtlinie.[28]

27 Aufgrund dieser **erheblich modifizierten Ausweisvorgaben** stellt sich die Frage, inwieweit die Anhangangabe zu den außergewöhnlichen Erträgen und Aufwendungen entweder durch eine Abbildung dieser Informationen in der GuV ergänzt oder vollständig ersetzt werden kann. Bisher interpretiert das Schrifttum die Streichung der außerordentlichen Erträge und Aufwendungen einhellig als ein explizites Verbot zum Ausweis außerordentlicher Ergebniselemente innerhalb der GuV. Aus dem unmittelbaren Gesetzestext ergibt sich dieses Verbot jedoch nicht explizit. Allein die Aufhebung einer bisherigen Ausweispflicht kann ohne entsprechende Gesetzesergänzungen nicht ohne weiteres als Ausweisverbot ausgelegt werden. So findet sich lediglich in der Gesetzesbegründung der Hinweis, dass mit der Neuregelung zukünftig der gesonderte Ausweis außerordentlicher Ergebniselemente innerhalb der GuV untersagt sei. Allerdings erscheint der zur Begrün-

---

[28] Vgl. Lüdenbach/Freiberg, BB 2014, S. 2222.

dung herangezogene Verweis auf die Bilanzrichtlinie 2013/34/EU fraglich.[29] Zumindest ein explizites Verbot findet sich in dieser Bilanzrichtlinie nicht.[30] Allerdings lässt sich ein solches Verbot zum getrennten Ausweis außerordentlicher Erträge und Aufwendungen indirekt aus dem Grundkonzept der GuV-Gliederungsvorgaben des HGB ableiten. Generell gilt der Grundsatz, dass jeder Sachverhalt unter der Ertrags- oder Aufwandsposition auszuweisen ist, welcher dieser seinem Wesen nach zuzuordnen ist.[31] Bei den außerordentlichen Erträgen und Aufwendungen handelt es sich um eine vom Gesetzgeber künstlich geschaffene Position. Sämtliche Sachverhalte, die nach altem Stand als außerordentlich klassifiziert wurden, lassen sich einer der vom Gesamtkostenverfahren bzw. Umsatzkostenverfahren vorgegebenen Positionen zuordnen. Falls sich Aufwendungen keiner Kostenart (Gesamtkostenverfahren) bzw. keinem Funktionsbereich (Umsatzkostenverfahren) zuordnen lassen, dienen die sonstigen betrieblichen Aufwendungen als Auffangposition. Dementsprechend sind unabhängig davon, ob außerordentlich oder ordentlich, alle Aufwendungen unter der Aufwandsart auszuweisen, welcher diese nach ihrer Wesensart zuzuordnen sind. Ein überschneidungsfreier GuV-Ausweis i. S. e. Entweder-Oder-Entscheidung scheint somit zumindest für die Aufwendungen gewährleistet. Die Einfügung zusätzlicher getrennter GuV-Posten für außerordentliche Erträge und Aufwendungen kann somit auch nicht unter Verweis auf § 265 Abs. 5 HGB gerechtfertigt werden.

Allerdings zeigt sich, dass es auch aktuell nicht vollständig ausgeschlossen ist, **außergewöhnliche Ergebniselemente unmittelbar in der GuV** auszuweisen. Zu denken ist hier ausschl. an einen Davon-Vermerk für die einzelnen GuV-Posten. Während der Ausweis außerordentlicher Ergebniselemente nach IFRS (IAS 1.87) vollständig untersagt ist, führt das im HGB fehlende explizite Ausweisverbot dazu, dass die außergewöhnlichen Erträge und Aufwendungen in Gestalt von Davon-Vermerken doch Eingang in die GuV finden können. I.S.d. Gesetzgebers ist dies gleichwohl nicht und im Hinblick auf die Übersicht der GuV auch nicht zu empfehlen, sodass von dieser prinzipiell zur Verfügung stehenden Ausweisvariante allenfalls in Ausnahmefällen Gebrauch gemacht werden sollte.[32]

Erträge, die vor BilRUG die **Ausweisvoraussetzung** als außerordentliche Erträge erfüllten, werden nunmehr entweder als sonstige betriebliche Erträge oder Umsatzerlöse ausgewiesen. I.R.d. Gesetzesbegründung des RegE wird klargestellt, dass **Kreditinstitute** weiterhin zum Ausweis außerordentlicher Erträge und Aufwendungen sowie eines außerordentlichen Ergebnisses verpflichtet sind.[33]

Aufgrund der vorherigen **engen Definition außerordentlicher Erträge und Aufwendungen** sind die Auswirkungen der Aufhebung zum zwingend erforderlichen GuV-Ausweis des außerordentlichen Ergebnisses als überschaubar zu bezeichnen. Letztlich wird hiermit der Gefahr vorgebeugt, dass Interpretationsspielräume, welche Posten außerordentliche Aufwendungen darstellen und welche

---

29 Vgl. BR-Drs. 23/15 v. 23.1.2015 S. 78.
30 Auch der Verweis in Richtlinie 2013/34/EU Art. 1 Abs. 21 ist nicht geeignet, als eine solche zwingende Vorgabe gewertet zu werden.
31 Das Hinzufügen neuer Posten ist nur zulässig, sofern der Inhalt im vorgesehenen Schema nicht abgedeckt wird; vgl. dazu Richtlinie 2013/34/EU Art. 8 Abs. 2.
32 Eine ähnliche Einschätzung zur ausschl. Anhangangabe findet sich in BR-Drs. 23/15 v. 23.1.2015 S. 80.
33 BR-Drs. 23/15 v. 23.1.2015 S. 79.

außerordentlichen Erträge zum Zweck der Bilanzpolitik asymmetrisch ausgelegt werden können. Dieser bilanzpolitische Ermessensspielraum ist mit Inkrafttreten des BilRUG in den Anhang verlagert worden. Die notwendige Zuordnung der außergewöhnlichen Aufwendungen zu den einzelnen Aufwendungen erhöht mitunter sogar die Aussagefähigkeit der Bilanzanalyse. So sind bspw. sehr hohe Abfindungszahlungen für ausscheidende Mitarbeiter nunmehr zwingend als Personalaufwand anzugeben und der jeweilige Bilanzanalytiker kann selbst frei entscheiden, ob er den betreffenden Aufwandsposten um außergewöhnliche Elemente bereinigen möchte oder ob er darauf verzichtet.

4.2 Aufwendungen und Erträge aus der Anpassung der Bilanzierung und Bewertung an die Vorgaben des BilMoG nach Art. 66 und 67 Abs. 1–5 EGHGB

31 Für die erstmalige Anwendung des BilMoG war die Vorschrift des Art. 67 Abs. 7 EGHGB von Bedeutung. Danach waren die in der GuV zu erfassenden Aufwendungen und Erträge aus der Anpassung der Bilanzierung und Bewertung an die Vorgaben des BilMoG (nach Art. 66 und 67 Abs. 1–5 EGHGB) unter den Posten „außerordentliche Aufwendungen" bzw. „außerordentliche Erträge" gesondert anzugeben.[34]
Über den unmittelbaren Übergangszeitpunkt hinaus besitzt diese gesonderte Ausweisvorschrift auch für jene Fälle Relevanz, in denen zunächst unter Bezugnahme der in Art. 67 EGHGB vorgesehenen Wahlrechte Bilanzposten fortgeführt werden, die erfolgswirksame Auflösung aber zu einem späteren Zeitpunkt als Durchbrechung der Stetigkeit vorgenommen wird.[35] Aufwendungen und Erträge aus der planmäßigen Fortführung sind dagegen nach den Altvorschriften zu behandeln. Von besonderer Relevanz[36] sind für den maximal 15-jährigen Zeitraum ab Erstanwendung die Übergangsvorschriften für Zuführungen zu Pensionsrückstellungen.[37]
Diese **Aufwendungen aus der Anwendung des Art. 67 Abs. 1 und 2 EGHGB**, die zuvor unter dem Posten außerordentlicher Aufwand gesondert anzugeben waren, sind nach den Bestimmungen des BilRUG in der GuV nunmehr innerhalb der sonstigen betrieblichen Aufwendungen gesondert anzugeben (Art. 67 Abs. 1 und 2 EGHGB). Erträge hieraus sind innerhalb der sonstigen betrieblichen Erträge als neuer Posten „Erträge nach Art. 67 Abs. 1 und 2 EGHGB" anzugeben (Art. 2 Abs. 5 EGHGB).

4.3 Periodenfremde Aufwendungen und Erträge

32 Die Erläuterungspflicht für Aufwendungen und Erträge, die **einem anderen Gj zuzuordnen** sind (§ 277 Abs. 4 Satz 3 HGB aF), ist nicht mehr Gegenstand von § 277 HGB. Stattdessen ergibt sich diese Erläuterungspflicht innerhalb des Anhangs nunmehr aus § 285 Nr. 32 HGB (§ 285 Rz 175).

---

[34] Zum praktischen Umfang Kreipl/Lange/Müller, in Bertram/Brinkmann/Kessler/Müller, Haufe HGB Bilanz Kommentar Erfahrungsbericht BilMoG, 2012, Rz 355 ff.
[35] Vgl. IDW HFA 28.27 WPg-Supplement 1/2010, S. 43.
[36] Vgl. Kreipl/Lange/Müller, in Bertram/Brinkmann/Kessler/Müller, Haufe HGB Bilanz Kommentar Erfahrungsbericht BilMoG, 2012, Rz 275 ff.
[37] Kreipl/Müller, in Bertram/Brinkmann/Kessler/Müller, Haufe HGB Bilanz Kommentar BilMoG Erfahrungsbericht, 2012, Art. 67 EGHGB Rz 9 ff.

§ 284 Erläuterung der Bilanz und der Gewinn- und Verlustrechnung

(1) ¹In den Anhang sind diejenigen Angaben aufzunehmen, die zu den einzelnen Posten der Bilanz oder der Gewinn- und Verlustrechnung vorgeschrieben sind; sie sind in der Reihenfolge der einzelnen Posten der Bilanz und der Gewinn- und Verlustrechnung darzustellen. ²Im Anhang sind auch die Angaben zu machen, die in Ausübung eines Wahlrechts nicht in die Bilanz oder in die Gewinn- und Verlustrechnung aufgenommen wurden.

(2) Im Anhang müssen
1. die auf die Posten der Bilanz und der Gewinn- und Verlustrechnung angewandten Bilanzierungs- und Bewertungsmethoden angegeben werden;
2. Abweichungen von Bilanzierungs- und Bewertungsmethoden angegeben und begründet werden; deren Einfluß auf die Vermögens- Finanz- und Ertragslage ist gesondert darzustellen;
3. bei Anwendung einer Bewertungsmethode nach § 240 Abs. 4, § 256 Satz 1 die Unterschiedsbeträge pauschal für die jeweilige Gruppe ausgewiesen werden, wenn die Bewertung im Vergleich zu einer Bewertung auf der Grundlage des letzten vor dem Abschlußstichtag bekannten Börsenkurses oder Marktpreises einen erheblichen Unterschied aufweist;
4. Angaben über die Einbeziehung von Zinsen für Fremdkapital in die Herstellungskosten gemacht werden.

(3) ¹Im Anhang ist die Entwicklung der einzelnen Posten des Anlagevermögens in einer gesonderten Aufgliederung darzustellen. ²Dabei sind, ausgehend von den gesamten Anschaffungs- und Herstellungskosten, die Zugänge, Abgänge, Umbuchungen und Zuschreibungen des Geschäftsjahrs sowie die Abschreibungen gesondert aufzuführen. ³Zu den Abschreibungen sind gesondert folgende Angaben zu machen:
1. die Abschreibungen in ihrer gesamten Höhe zu Beginn und Ende des Geschäftsjahrs,
2. die im Laufe des Geschäftsjahrs vorgenommenen Abschreibungen und
3. Änderungen in den Abschreibungen in ihrer gesamten Höhe im Zusammenhang mit Zu- und Abgängen sowie Umbuchungen im Laufe des Geschäftsjahrs.
⁴Sind in die Herstellungskosten Zinsen für Fremdkapital einbezogen worden, ist für jeden Posten des Anlagevermögens anzugeben, welcher Betrag an Zinsen im Geschäftsjahr aktiviert worden ist.

Inhaltsübersicht	Rz
1 Überblick	1–19
1.1 Allgemeines	1–4
1.2 Zweck und Funktion	5–8
1.3 Anforderung, Form und Umfang	9–15
1.4 Normenzusammenhänge und Sanktionen	16–19
2 Inhalt des Anhangs (Abs. 1)	20–26
2.1 Pflichtangaben	21–22
2.2 Wahlpflichtangaben	23–24

	2.3	Freiwillige Angaben	25
	2.4	Weitere Angabepflichten neben dem Anhang	26
3	Allgemeine Angaben (Abs. 2)		27–55
	3.1	Angaben zu Bilanzierungs- und Bewertungsmethoden (Abs. 2 Nr. 1)	28–44
		3.1.1 Bilanzierungsmethoden.....................	28–32
		3.1.2 Bewertungsmethoden	33–44
		3.1.2.1 Allgemeines	33–36
		3.1.2.2 Aktivposten	37–42
		3.1.2.3 Passivposten......................	43–44
	3.2	Angabe und Begründung von Abweichungen von Bilanzierungs- und Bewertungsmethoden (Abs. 2 Nr. 2)	45–51
	3.3	Ausweis von Unterschiedsbeträgen (Abs. 2 Nr. 3).......	52–54
	3.4	Angabe über Einbeziehung von Fremdkapitalzinsen in die Herstellungskosten (Abs. 2 Nr. 4).....................	55
4	Angaben zur Entwicklung des Anlagevermögens und zu im Geschäftsjahr aktivierten Zinsen (Abs. 3)		56–86
	4.1	Anlagespiegel	56–85
		4.1.1 Grundsätzliche Ausgestaltung...............	56–77
		4.1.2 Sonderfragen.............................	78–85
	4.2	Angabe zu im Geschäftsjahr aktivierten Zinsen........	86

1 Überblick

1.1 Allgemeines

1 Gem. § 264 Abs. 1 HGB müssen alle Kapitalgesellschaften mit Ausnahme der KleinstKapG (§ 264 Rz 45 ff.) einen Anhang als einen gleichwertigen Pflichtbestandteil des Jahresabschlusses neben der Bilanz und der GuV erstellen. Durch das Zusammenspiel von Bilanz, GuV und Anhang soll ein den tatsächlichen Verhältnissen entsprechendes Bild der berichtenden KapG unter Beachtung der GoB vermittelt werden. Sollte dieses **Ziel** aufgrund besonderer Umstände nicht erreicht sein, muss gem. § 264 Abs. 2 Satz 2 HGB der Anhang um weitere Angaben erweitert werden (§ 264 Rz 82 ff.). In der Praxis sind in der Umsetzung der Anhangberichterstattung durch eine kritischere Überwachung der Abschlussprüfer und gestiegene Anforderungen der Adressaten deutliche Verbesserungspotenziale zu sehen.[1] Für KleinstKapG müsste eine derartige Angabe unter der Bilanz erfolgen, wobei jedoch gem. § 264 Abs. 2 Satz 5 HGB zunächst vermutet wird, dass der verkürzte Jahresabschluss dieser Unt auch ohne Anhang ein den tatsächlichen Verhältnissen entsprechendes Bild der Vermögens-, Finanz- und Ertragslage zu vermitteln vermag.

2 Der **Anhang** muss zunächst die Pflichtangaben gem. §§ 284–285 HGB enthalten. Bei diesen **Mindestangaben** handelt es sich nicht um eine abschließende Aufzählung. Die Angaben im Anhang sind durch ergänzende Normen für Unt spezifischer Rechtsformen, wie z. B. AktG, GmbHG etc. sowie ggf. durch

---

[1] Vgl. z. B. Dilßner/Müller/Saile, StuB 2018, S. 435 ff.

zusätzliche Angaben zur Erfüllung der Generalnorm des § 264 Abs. 2 HGB zu erweitern.[2] **Wahlpflichtangaben** ergeben sich aus einigen wenigen Ausweiswahlrechten, wonach Angaben in den jeweiligen Rechenwerken oder im Anhang zu erfolgen haben. Zudem kann der **Anhang** über die Mindestvorgaben hinaus durch **freiwillige Angaben** ergänzt werden. Während der Anhang das Zahlenwerk des Jahresabschlusses erläutern und ergänzen soll, ist in dem davon abzugrenzenden Lagebericht über den Geschäftsverlauf und die Lage des Unt zu berichten.

In zahlreichen Analysen wurde die **Qualität der Anhänge deutscher KapG** als verbesserungswürdig eingestuft und auch die Nachschau der WPK zeigt immer wieder Fehler in der Anwendung der Normen des Anhangs.[3]

Der Anhang muss mit Ausnahme der KleinstKapG (§ 267a Rz 1ff.) von allen KapG, KapCoGes, VersicherungsUnt und Kreditinstituten aufgestellt werden. Kreditinstitute müssen gem. § 340a Abs. 2 Satz 1 HGB den § 284 Abs. 2 Nr. 4 HGB nicht anwenden. Genossenschaften müssen ebenfalls den Anhang erstellen, jedoch gelten Einschränkungen gem. § 338 Abs. 3 HGB. KapG und KapCoGes brauchen, auch wenn sie keine KleinstKapG sind, keinen Anhang zu erstellen, wenn sie als TU gem. § 264 Abs. 3, Abs. 4 HGB oder § 264b HGB befreit sind.

In **§ 284 Abs. 1** HGB werden die Inhalte des Anhangs auf allgemeine Art beschrieben. **Abs. 2** konkretisiert die Inhalte, indem allgemeine Angaben zu den Ansatz- und Bewertungsmethoden sowie deren Änderung, zu bestehenden Unterschiedsbeträgen und der Einbeziehung von Fremdkapitalzinsen in die Herstellungskosten gefordert werden. In **§ 284 Abs. 3** HGB werden schließlich Angaben zum Anlagespiegel konkretisiert.

1.2 Zweck und Funktion

Der Anhang ist ein **integraler Bestandteil des Jahresabschlusses** und erfüllt somit die zentrale **Informationsfunktion**, die unter Beachtung der GoB ein den tatsächlichen Verhältnissen entsprechendes Bild der Vermögens-, Finanz- und Ertragslage des Unt erbringen soll. Der Anhang unterliegt grds. denselben **Offenlegungsvorschriften** wie die Bilanz und die GuV (§ 325 Rz 49ff.) und soll die Gesamtheit der Gesellschafter sowie die interessierte Öffentlichkeit informieren. Zu diesem Zweck enthält der Anhang zahlreiche Informationen und Interpretationshilfen. Neben der Informationsfunktion dient der Anhang der Rechenschaftslegung gegenüber den Anteilseignern.[4]

Der Informationsvermittlung werden in der Literatur ferner die Erläuterungs-, Korrektur-, Entlastungs- und Ergänzungsfunktionen zugewiesen.[5] Die **Erläuterungsfunktion** in Form von allgemeinen Erläuterungen hilft bei der Interpretation von Posten der Bilanz und der GuV. So muss der Abschlussadressat die Nutzung der Wahlrechte und ggf. Einschätzungsspielräume wissen, um die in den Rechenwerken gegebenen Daten interpretieren zu können.

---

[2] Vgl. Wulf, in Baetge/Kirsch/Thiele, Bilanzrecht, § 284 HGB Rz 10, Stand: 1/2022.
[3] Vgl. Philipps, BBK 2019, S. 467ff. sowie Dißner/Müller/Saile, StuB 2018, S. 435ff.
[4] Vgl. Poelzig, in MünchKomm. HGB, 5. Aufl. 2024, § 284 HGB Rn 2.
[5] Vgl. Armeloh, in Baetge/Kirchhoff, Der Geschäftsbericht, 1997, S. 210.

> **Praxis-Beispiel**
> Die Kenntnis
> - der Berechnung der **Herstellungskosten** ist notwendig, um die aktivierten Eigenleistungen und die betroffenen Bilanzansätze ...,
> - der Angabe der Nutzungsdauern und Abschreibungsmethoden ist notwendig, um die Abschreibungen und Bilanzansätze ...,
> - der Prämissen der Pensionsrückstellungsbewertung sind notwendig, um die verrechneten Aufwendungen und angesetzten Pensionsrückstellungen zumindest tendenziell treffend einordnen zu können.

Die Adressaten nutzen diese Informationen primär dazu, einzuschätzen, ob der Bilanzierende sich eher konservativ (gewinnmindernd) oder progressiv (gewinnerhöhend) dargestellt hat. Für die Abschlussadressaten sind dies Signale, die sie auch auf die durch sie nicht beobachtbaren Einschätzungen des Bilanzierenden übertragen, wie z. B. die Notwendigkeit einer außerplanmäßigen Abschreibung oder eines Rückstellungsansatzes. Da die Anzahl der berichtspflichtigen Wahlrechte jedoch inzwischen eher gering ist und die verbleibenden Wahlrechte tw. auch unter dem Aspekt der Vereinfachung zu interpretieren sind (wie z. B. die Regelung zur Verwendung eines Abzinsungssatzes mit pauschal angenommener Restlaufzeit von 15 Jahren bei Pensionsverpflichtungen (§ 253 Abs. 2 Satz 2 HGB) oder eines Nichtansatzes eines Aktivüberhangs latenter Steuern (§ 274 Abs. 1 Satz 2 HGB)), sind diese Signale aber nicht mehr ganz so eindeutig.

Einleitend ist es angesichts der in Deutschland anwendbaren Rechenwerke notwendig, darüber zu informieren, ob es sich um einen Jahresabschluss nach HGB oder etwa IFRS handelt. Ob auch die wesentlichen Bilanzierungsregelungen kurz darzustellen sind, für die keine konkreten Wahlrechte existieren, ist strittig. Einerseits stellen diese Angaben für einen sachverständigen Leser keine Informationen dar und es drohen die wirklich wichtigen Informationen in diesen allgemeinen Aussagen unterzugehen.[6] Andererseits ist nicht bei jedem Adressaten das Wissen über die Grundsachverhalte und damit etwa auch der Unterschiede von HGB und IFRS bei der Bilanzierung bekannt. Zudem fordert § 284 Abs. 2 Nr. 1 HGB explizit die Angabe der auf die Bilanz- und GuV-Posten angewandten Bilanzierungs- und Bewertungsmethoden. Daher sind diese auch – in der gebotenen Kürze – darzustellen.[7] Grds. ist die Nennung von Paragrafen zulässig, allerdings muss der Anhang auch ohne das Heranziehen der jeweiligen gesetzlichen Vorschriften verständlich sein.

7 Eine **Korrekturfunktion** kommt dem Anhang nur in Ausnahmefällen zu, insb. wenn besondere Umstände dazu führen, dass ein der Generalnorm entsprechendes Unternehmensbild nicht vermittelt werden kann (§ 264 Abs. 2 Satz 2 HGB).[8] Allerdings kann der Anhang keine i. S. v. unkorrekt verstandenen falschen Dar-

---

[6] So etwa Hoffmann/Lüdenbach, NWB-Kommentar Bilanzierung, 15. Aufl. 2023, § 284 HGB Rz 16.
[7] Auch das IDW betont die Verständlichkeit für den Adressaten, vgl. IDW, WPH Edition, Wirtschaftsprüfung & Rechnungslegung, 18. Aufl. 2023, Kap. F Tz 961.
[8] Vgl. Leker/Möhlmann, Die Berichterstattung im Anhang und Konzernanhang von Kapitalgesellschaften, 1997, S. 6.

stellungen in Bilanz und GuV heilen. Zur konkreteren Diskussion und zu Beispielen s. § 264 Rz 82 ff.
Zudem hat der Bilanzierende bestimmte Ausweiswahlrechte, die es ihm ermöglichen, Angaben ohne Informationsverlust wahlweise im Anhang oder in der Bilanz und GuV darzustellen.

> **Praxis-Beispiel**
> - Nach § 268 Abs. 6 HGB ist ein Disagio in der Bilanz gesondert auszuweisen oder im Anhang anzugeben.
> - Nach § 277 Abs. 3 HGB sind außerplanmäßige Abschreibungen in der GuV gesondert auszuweisen oder im Anhang anzugeben.

Daher kommt dem Anhang auch eine **Entlastungsfunktion** zu.
Gem. der **Ergänzungsfunktion** können im Anhang weitere Informationen nötig werden, die nach den geltenden Rechnungslegungsnormen nicht aus der Bilanz oder GuV ersichtlich sind und zu einer Beurteilung der Unternehmenslage benötigt werden.[9]

> **Praxis-Beispiel**
> Nach § 285 Nr. 3 HGB sind Art und Zweck sowie Risiken und Vorteile und finanzielle Auswirkungen von nicht in der Bilanz enthaltenen Geschäften anzugeben, soweit die Risiken und Vorteile wesentlich sind und dies für die Beurteilung der Finanzlage erforderlich ist.

Der Anhang ist daher von besonderer Bedeutung für eine externe Unternehmensanalyse. Die Angaben im Anhang können z. B. im Zusammenhang mit der Aufdeckung von stillen Reserven bzw. Lasten eine bedeutende Informationsquelle darstellen.[10] Anders als in der Bilanz oder GuV, die durch Gliederungsvorschriften stark vorgegeben sind, ist der Bilanzierende beim Anhang deutlich freier und kann in diesem Teil des Jahresabschlusses sich sehr bewusst als transparentes oder eher verschlossenes Unt präsentieren. Gleichwohl ist bei den Angaben darauf zu achten, dass diese nach der Reihenfolge der Posten in der Bilanz und GuV erfolgen (§ 284 Abs. 1 Satz 1 2. Halbsatz HGB).

1.3 Anforderung, Form und Umfang

Der Anhang hat unter Beachtung der GoB ein den tatsächlichen Verhältnissen entsprechendes Bild der Vermögens-, Finanz- und Ertragslage zu vermitteln.[11] Der Anhang muss vollständig und die Angaben müssen wahr sein, jedoch sind bei Ersterem Ausnahmen zu beachten bzgl. Wesentlichkeit, Schutzklauseln (§ 286 Abs. 1 HGB) und größenabhängiger Erleichterungen (z. B. § 288 HGB und bzgl. der Offenlegung §§ 326 und 327 HGB). Somit sind bei der Erstellung des Anhangs die Angaben durch den Grundsatz der **Wesentlichkeit** begrenzt. Es ist

---

[9] Vgl. Wulf, in Baetge/Kirsch/Thiele, Bilanzrecht, § 284 HGB Rz 7, Stand: 1/2022.
[10] Vgl. Lachnit/Müller, Bilanzanalyse, 2. Aufl. 2017, S. 113ff.
[11] Vgl. Farr, WPg 1995, S. 233; IDW, WPH Edition, Wirtschaftsprüfung & Rechnungslegung, 18. Aufl. 2023, Kap. F Tz 935.

somit nicht nötig oder sogar falsch, Details zu beschreiben und damit eigentlich relevante Informationen zu verschleiern.[12] Zur Beurteilung der Wesentlichkeit ist auf das **Konzept der Entscheidungsrelevanz des Abschlussadressaten** abzustellen. Demnach ist eine Information dann Wesentlich, „wenn vernünftigerweise zu erwarten ist, dass ihre falsche Darstellung (einschließlich ihres Weglassens) im Einzelnen oder insgesamt die auf Basis der Rechnungslegung getroffenen wirtschaftlichen Entscheidungen der Rechnungslegungsadressaten beeinflusst" (IDW PS 250.5 n.F.). Dabei kann eine Orientierung an den Abschlussposten erfolgen. Sind die Abschlussposten selbst unwesentlich, dann sind es auch die dazugehörigen Anhangangaben. Bei Angabepflichten ohne Bezug zu einem Abschlussposten aber mit Einfluss auf die Einschätzung der Vermögens-, Finanz- und Ertragslage, wie etwa sonstige finanzielle Verpflichtungen, hat ebenfalls eine Erwägung der Wesentlichkeit zu erfolgen. Angabepflichten ohne diese Anbindung, etwa Organvergütung oder Namen der Organträger, sind stets als wesentlich einzustufen und können somit nicht vermieden werden.

Fehlangaben sind nicht notwendig, können aber vor dem Hintergrund der Informationsfunktion sinnvoll sein. Die Angabe von **Vorjahreswerten** ist grds. nur notwendig, soweit es sich um Wahlpflichtangaben handelt, die aus der Bilanz oder GuV in den Anhang verlegt wurden.[13] Explizit sind nur für Bilanz und GuV nach § 265 Abs. 2 HGB Vorjahreswerte zu nennen (§ 265 Rz 10ff.). Gleichwohl ist die Angabe von Vorjahreswerten zu empfehlen, wie etwa auch explizit mit dem DRS 17.13 i.d.F. d. DRÄS 9 zumindest empfohlen.

10 Die Anforderungen an die gesetzliche Berichterstattung des Anhangs werden durch eine Vielzahl von Einzelvorschriften geregelt. Um die vorgeschriebenen Funktionen erfüllen zu können, wird in den Vorschriften zwischen Angaben, Aufgliederungen, Ausweisen, Darstellungen, Erläuterungen und Begründungen unterschieden:[14]

- Unter **Angabe** ist die qualitative oder quantitative Nennung des Gegenstands bzw. der Tatsache ohne weitere Zusätze zu verstehen. Sie kann als Oberbegriff für alle Arten von Anforderungen an eine Berichterstattung im Anhang gesehen werden.[15]
- Die **Aufgliederung** gibt durch die Teilkomponenten eines zusammengefassten Berichtsobjekts die Art der Zusammensetzung i.d.R. quantitativ an (zahlenmäßige Segmentierung einer einzelnen Größe).
- Unter dem **Ausweis** ist eine gesonderte Nennung von Beträgen zu verstehen.
- Bei einer **Darstellung** ist der Sachverhalt durch Aufgliederungen oder Erläuterungen aus sich selbst heraus anschaulich und verständlich aufzubereiten.
- Die **Erläuterung** stellt eine verbale Erklärung, Kommentierung und Interpretation eines Sachverhalts dar.
- Durch die **Begründung** werden die Motive und Gründe für einen bestimmten Vorgang oder ein Verhalten offengelegt.

Eine besondere Form besitzt der Anhang grds. nicht, gleichwohl sind die Angaben in der **Reihenfolge der Nennung** der Posten der Bilanz oder GuV

---

[12] Vgl. Grottel, in Beck Bil-Komm., 14. Aufl. 2024, § 284 HGB Rz 23.
[13] Vgl. IDW, WPH Edition, Wirtschaftsprüfung & Rechnungslegung, 18. Aufl. 2023, Kap. F Tz 941.
[14] Vgl. Schulte, BB 1986, S. 1468; Selchert/Karten, BB 1985, S. 1890.
[15] Vgl. IDW, WPH Edition, Wirtschaftsprüfung & Rechnungslegung, 18. Aufl. 2023, Kap. F Tz 949.

vorzunehmen. Der Anhang muss als solcher gekennzeichnet sein, um eine Abgrenzung zu freiwilligen Angaben im Geschäftsbericht oder zum pflichtgemäß zu erstellenden Lagebericht zu erreichen. Damit wird gleichzeitig für einen Außenstehenden sichtbar, welche Informationen vom Abschlussprüfer als geprüft anzusehen sind. Ferner ist der Anhang in deutscher Sprache und in Euro aufzustellen. Eine enge Verknüpfung mit der Bilanz und der GuV ist notwendig, damit seine Zugehörigkeit zum Jahresabschluss eindeutig erkennbar ist. Aufgrund seiner Informationsfunktionen ist es zweckmäßig, den Anhang hinter der Bilanz und der GuV zu platzieren und durch numerische Verweise mit den erläuterten Bilanz- und GuV-Positionen zu verbinden. Da der Jahresabschluss unterzeichnet werden muss, kann die Unterschrift am Ende des Anhangs geboten sein, sofern der Anhang nach der Bilanz und der GuV platziert wird.

Der Gesetzgeber gibt bzgl. der **Strukturierung des Anhangs** zumindest für die die Bilanz und GuV betreffenden Angaben eine Gliederung vor; diese sind in der Reihenfolge der einzelnen Posten der Bilanz und der GuV darzustellen. Damit wird eine Vorgabe aus der RL 2013/34/EU umgesetzt. Die gesamte Gliederung muss dem Prinzip der Klarheit und Übersichtlichkeit genügen.[16] Daher erscheint eine Gliederung auch außerhalb der Vorgabe des § 284 Abs. 1 Satz 1 HGB nach sachlichen Aspekten als zweckmäßig. Eine Darstellung in Form von sog. „notes", die aus dem englischen Recht bekannt sind, kann als ausreichend angesehen werden.

11

I. d. R. wird in der Praxis folgende **Gliederung** des Anhangs vorgenommen:[17]
- Allgemeine Angaben und Bericht zum Jahresabschluss (einschl. der Angaben des einleitenden Teils gem. § 264 Abs. 1a HGB)
- Erläuterung zur Bilanz und GuV
  – Allgemeine Erläuterungen zu angewandten Bilanzierungs- und Bewertungsmethoden sowie Begründungen zu Abweichungen von Bilanzierungs- und Bewertungsmethoden sowie Darstellung des Einflusses dieser auf die Vermögens-, Finanz- und Ertragslage
  – Erläuterungen zur Bilanz (in der Reihenfolge der Nennung der Posten in der Bilanz)
  – Erläuterungen zur GuV (in der Reihenfolge der Nennung der Posten in der GuV)
- Sonstige Angaben

12

Die Vorgabe aus § 284 Abs. 1 Satz 1 HGB der Reihenfolge der Anhangnennungen ist vor dem Hintergrund der Klarheit und Übersichtlichkeit zu relativieren. So sollte etwa bei der Pflicht, latente Steuern zu erläutern, die sowohl die Aktivals auch die Passivseite der Bilanz betreffen, eine zusammenfassende Beschreibung im Anhang sinnvoller sein. Ebenso ist der Anlagespiegel sinnvoller als eine Tabelle mit den entsprechenden Summenzeilen zu dem gesamten Anlagevermögen darzustellen, als positionsbezogen zerstückelt. Innerhalb der Tabelle ist allerdings die Gliederung nach der in der Bilanz erfolgten Nennung der Positionen vorzunehmen. Eine mechanische Erfüllung des Gesetzeswortlauts (aktive und passive latente Steuern werden separat erläutert und der Anlagespiegel wird

---

[16] Vgl. Farr, WPg 1995, S. 234.
[17] Vgl. Grottel, in Beck Bil-Komm., 14. Aufl. 2024, § 284 HGB Rz 37; Wulf, in Baetge/Kirsch/Thiele, Bilanzrecht, § 284 HGB Rz 25, Stand: 1/2022.

zerstückelt) kann aus Sicht der Klarheit der Darstellung nicht zielführend sein.[18] Vielmehr ist es hier auch möglich, die Erläuterungen zentral an einer Stelle im Anhang vorzunehmen, so z.B. beim Gliederungspunkt zu den aktiven latenten Steuern. Beim Gliederungspunkt zu den passiven latenten Steuern ist dann auf die zentrale Erläuterung der aktiven und passiven latenten Steuern im vorhergehenden Bereich zu verweisen. Die zentrale Darstellung von Sachverhalten, die verschiedene Positionen innerhalb der vorgegebenen Reihenfolge betreffen, trägt zu einer für die Adressaten übergreifend verständlichen und nachvollziehbaren Darstellung bei und vermeidet Redundanzen.

13 Die grds. Gestaltungsfreiheit kann nur unter Beachtung des **Grundsatzes der Klarheit und Übersichtlichkeit** (§ 243 Abs. 2 HGB) ausgelegt werden. Da der Anhang auch freiwillige Angaben enthalten kann, ist eine Strukturierung und Gruppierung nach sachlichen Kriterien geboten, was dem Gesetzeszweck entspricht. Eine Angabe der Pflichtangaben etwa in der Reihenfolge der Nennung in § 285 HGB ist unzweckmäßig. Dagegen ist eine Beibehaltung der Reihenfolge der Posten in Bilanz und GuV für die damit verbundenen Angaben im Anhang zweckmäßig und auch gefordert (Rz 56).

14 Ferner hat die Darstellung im Anhang dem **Grundsatz der Stetigkeit** zu folgen, auch wenn dies nicht unmittelbar aus dem Gesetzestext (§ 265 Abs. 1 HGB) abgeleitet werden kann.[19] In § 265 Abs. 1 HGB wird die formale Stetigkeit „insbesondere" für die Bilanz und die GuV erwähnt. Da der Jahresabschluss als eine Einheit aus Bilanz, GuV und Anhang das Gesamtbild des Unt vermitteln soll, sind die Leitlinien der Berichterstattung auch im Anhang zu beachten. Zusätzlich ist der Anhang unter Beachtung der **GoB** zu erstellen. Angaben sind in jedem Jahr zu machen und die Darstellung darf nicht von Jahr zu Jahr wechseln. Analog dazu sollten auch Vj-Angaben im Anhang erfolgen, wobei dies allerdings mit § 265 Abs. 2 HGB nur für solche, die sich auf die Bilanz und GuV beziehen, explizit gefordert ist. Somit sind Vj-Angaben zu anderen Sachverhalten im Anhang lediglich als freiwillige Berichterstattung zu werten. Gleichwohl sind sie inzwischen in der Praxis üblich.[20]

15 Der Umfang der Berichterstattung wird gesetzlich lediglich in Form von Mindestangaben konkretisiert. Der Anhang kann durch Wahlangaben, die nicht zwingend in der Bilanz oder GuV zu berichten sind, sowie durch freiwillige Angaben erweitert werden. Zur genauen Abgrenzung wird in der Literatur unterschieden zwischen:[21]

- **Pflichtangaben**: Sie müssen in jedem Jahresabschluss gemacht werden.
- **Wahlpflichtangaben**: Angaben, die im Jahresabschluss anzugeben sind und bei denen vom Ausweiswahlrecht zugunsten des Anhangs Gebrauch gemacht wurde. Auf diese Weise wird die Entlastungsfunktion des Anhangs erfüllt.
- **Zusätzliche Angaben**: Sie sind gem. § 264 Abs. 2 Satz 2 HGB zu machen, wenn durch den Jahresabschluss ein den tatsächlichen Verhältnissen entsprechendes Bild der Vermögens-, Finanz- und Ertragslage der Ges. nicht erreicht wird.

---

[18] Vgl. IDW, WPH Edition, Wirtschaftsprüfung & Rechnungslegung, 18. Aufl. 2023, Kap. F Tz 943.
[19] Vgl. IDW, WPH Edition, Wirtschaftsprüfung & Rechnungslegung, 18. Aufl. 2023, Kap. F Tz 947.
[20] Vgl. Wulf, in Baetge/Kirsch/Thiele, Bilanzrecht, § 284 HGB Rz 14 m.w.N., Stand: 1/2022.
[21] Vgl. z.B. Poelzig, in MünchKomm. HGB, 5. Aufl. 2024, § 284 HGB Rn 18.

- **Freiwillige Angaben:** Informationen, die über die gesetzlich geforderten Angaben hinausgehen, um den Adressaten des Jahresabschlusses zusätzliche Informationen zukommen zu lassen. Freiwillige Angaben müssen den gleichen gesetzlichen Normen der Pflichtangaben genügen und dürfen insb. kein falsches oder verschleierndes Gesamtbild der berichtenden Ges. durch mengenmäßige, sinnentstellende oder irreführende Angaben entstehen lassen. Sie sind vor dem Aspekt der Wesentlichkeit aus Sicht der Rechnungslegungsadressaten daher stets kritisch zu prüfen.

Praxis-Beispiel
Sinnvolle freiwillige Angaben:
Die Bundesdruckerei GmbH gibt in ihrem Konzernabschluss 2019 freiwillig den **nicht aktivierten Aktivüberhang an latenten Steuern** quantitativ an[22] (46.281 TEUR bei 287.235 TEUR Eigenkapital). Diese Information über stille Reserven ist somit wesentlich für die Einschätzung der Vermögens-, Finanz- und Ertragslage, allerdings nur höchst selten so klar in HGB-Abschlüssen vorzufinden.

1.4 Normenzusammenhänge und Sanktionen

Der Anhang soll zusammen mit Bilanz und GuV ein den tatsächlichen Verhältnissen entsprechendes Bild der Vermögens-, Finanz- und Ertragslage unter Beachtung der GoB vermitteln. Daher gelten für die Erstellung des Anhangs die allgemeinen Vorschriften für den Jahresabschluss. Hierzu zählen:
- Grundsatz der Klarheit und Übersichtlichkeit,
- Grundsatz der Wahrheit,
- Grundsatz der Vollständigkeit (soweit die Schutzklausel des § 286 Abs. 1 HGB nicht betroffen ist) sowie der
- Grundsatz der Wesentlichkeit.[23]

Ferner gelten für den Anhang die allgemeinen Bewertungsvorschriften. Hierzu zählen neben dem Grundsatz der Klarheit und Übersichtlichkeit der Grundsatz der Bewertungsstetigkeit sowie das Vorsichtsprinzip.[24]
Als Teil des Jahresabschlusses ist die **Zuwiderhandlung gegen die Angabepflichten im Anhang** oder die **Nichtaufstellung bzw. Nichtoffenlegung** des Anhangs mit einem Bußgeld gem. § 334 HGB bzw. einem Ordnungsgeld gem. § 335 HGB bewehrt. Bei Verstoß gegen § 331 HGB droht sogar eine Freiheits- oder Geldstrafe. Darüber hinaus können Verstöße gegen die Vorschriften über den Anhang zur Nichtigkeit des Jahresabschlusses führen (z. B. § 256 AktG). Fehlt ein Anhang im Jahresabschluss gänzlich, ist der Jahresabschluss nichtig. Zudem sind HV-Beschlüsse anfechtbar, wenn Angaben im Anhang fehlen und zur Beurteilung von Beschlussvorlagen wichtig gewesen wären. Fehlende oder unvollständige Angaben im Anhang können darüber hinaus eine Sonderprüfung

---

[22] Bundesdruckerei GmbH, Konzernabschluss 2019 i. d. F. d. Bundesanzeigers, S. 31.
[23] Vgl. Wulf, in Baetge/Kirsch/Thiele, Bilanzrecht, § 284 HGB Rz 13, Stand: 1/2022; Schülen, WPg 1987, S. 224; Ossadnik, BB 1993, S. 1763.
[24] Vgl. Poelzig, in MünchKomm. HGB, 5. Aufl. 2024, § 284 HGB Rn 18; Grottel, in Beck Bil-Komm., 14. Aufl. 2024, § 284 HGB Rz 35.

nach § 258 AktG zur Folge haben. Mitglieder des Geschäftsführungsorgans oder des Aufsichtsrats können mit einer Freiheitsstrafe oder Geldstrafe belegt werden, wenn sie vorsätzlich oder leichtfertig die Verhältnisse der KapG oder der KapCoGes im Anhang unrichtig wiedergeben oder verschleiern. Eine vorsätzliche oder leichtfertige Zuwiderhandlung gegen Einzelvorschriften zum Anhang stellt eine Ordnungswidrigkeit dar, die mit einer Geldbuße geahndet wird. Ferner kann der Abschlussprüfer je nach Schwere des Verstoßes gegen die gesetzlichen Vorschriften den Bestätigungsvermerk einschränken oder versagen.[25]

17 Die Abgabe **zentraler Angaben im Jahresabschluss** nach § 264 Abs. 1a HGB ist, sofern sie nicht in der Überschrift zur Bilanz oder in der Kopf- bzw. Fußzeile erfolgt, direkt am Beginn des Anhangs[26] zu platzieren (§ 264 Rz 49).

18 Kleine und mittelgroße Ges. können **Erleichterungen** bei der Aufstellung des Anhangs gem. § 288 HGB nutzen (§ 288 Rz 1ff.), KleinstKapG brauchen diesen unter bestimmten Vorgaben gar nicht aufzustellen (§ 264 Abs. 1 Satz 5 HGB; § 264 Rz 45ff.). Zudem gibt es weitere erhebliche Offenlegungserleichterungen nach § 326 Abs. 1 Satz 2 HGB für kleine KapG (§ 326 Rz 1ff.) und einige wenige Offenlegungserleichterungen nach § 327 Nr. 2 HGB für mittelgroße KapG (§ 327 Rz 1ff.). Sofern ein Konzernabschluss vorliegt, dürfen der Konzernanhang und der Anhang des MU zusammengefasst werden. Dieser Umstand sowie die Angaben, die nur Konzernabschluss oder Jahresabschluss betreffen, müssen kenntlich gemacht werden (§ 313 Rz 43). Ges., die zur Erstellung eines Anhangs nicht verpflichtet sind, können freiwillig einen Anhang unter Beachtung der Vorschriften über Mindestinhalt und Form erstellen.[27] Ansonsten darf der Begriff Anhang nicht verwendet werden.[28]

19 Die nach § 245 HGB nötige **Unterzeichnung des Jahresabschlusses** (§ 245 Rz 1ff.) bietet sich am Ende des Anhangs an,[29] wenn dieser zu erstellen ist. Der Anhang ist wie der Jahresabschluss **in deutscher Sprache sowie in Euro** aufzustellen (§ 244 Rz 1ff.) und kann nach § 298 Abs. 2 HGB **mit dem Konzernanhang zusammengefasst** werden (§ 289 Rz 66).

2 Inhalt des Anhangs (Abs. 1)

20 In den Anhang sind gem. § 284 Abs. 1 HGB diejenigen Angaben aufzunehmen, die zu einzelnen Posten der Bilanz und der GuV nur im Anhang vorgeschrieben sind, und die Angaben, die wahlweise nicht in die Bilanz oder GuV aufgenommen wurden. Bei beiden Arten von Angaben handelt es sich um **Pflichtangaben**. Jedoch sind die ersten immer in den Anhang aufzunehmen, während die zweiten wahlweise in den Anhang aufgenommen werden können (**Wahlpflichtangaben**). Außerdem kann der Anhang **freiwillige Angaben** beinhalten.[30] Dies sollte jedoch sehr sparsam erfolgen und ggf. sollten die freiwilligen Angaben bevorzugt im Lagebericht platziert werden, da sie dort durch die weiteren Beschreibungs-

---

[25] Vgl. Poelzig, in MünchKomm. HGB, 5. Aufl. 2024, § 284 HGB Rn 124f.
[26] So auch Störk/Rimmelacher, in Beck Bil-Komm., 14. Aufl. 2024, § 264 HGB Rz 21.
[27] Vgl. Poelzig, in MünchKomm. HGB, 5. Aufl. 2024, § 284 HGB Rn 6.
[28] Vgl. Hoffmann/Lüdenbach, NWB-Kommentar Bilanzierung, 15. Aufl. 2023, § 284 HGB Rz 3.
[29] Vgl. Wulf, in Baetge/Kirsch/Thiele, Bilanzrecht, § 284 HGB Rz 26.2, Stand: 1/2022.
[30] Vgl. Wulf, in Baetge/Kirsch/Thiele, Bilanzrecht, § 284 HGB Rz 2, Stand: 1/2022.

notwendigkeiten tendenziell als Pflichtangaben zu verstehen sind. Gleichwohl kann insb. bei Unt, die nicht lageberichtspflichtig sind, auch ein Ausweis im Anhang sinnvoll sein.

Soweit bei den Verpflichtungen nicht explizit anders vermerkt (z. B. „wesentliche Risiken"), sind stets **alle geforderten Angaben** ohne Beachtung der Wesentlichkeit in den Anhang aufzunehmen. Daher kann auf Fehlangaben verzichtet werden, da eine Nichtnennung stets als „nicht vorhanden" zu interpretieren ist.

2.1 Pflichtangaben

Rechtsform- und branchenunabhängige Pflichtangaben im Anhang umfassen:[31]   21

Kurzerläuterung und evtl. Ausnahmen	Fundstelle HGB
Unterschiedsbetrag aus der Abzinsung von Pensionsverpflichtungen mit dem Zehn- statt Sieben-Jahresdurchschnittszinssatz.	§ 253 Abs. 6 Satz 3
Zusätzliche Angaben, falls der Jahresabschluss trotz Beachtung der GoB aufgrund besonderer Umstände **kein den tatsächlichen Verhältnissen entsprechendes Bild** vermittelt.	§ 264 Abs. 2 Satz 2
Angabe und Begründung von **Abweichungen in der Form der Darstellung und Gliederung** der Bilanz und der GuV im Vergleich zum Vorjahr.	§ 265 Abs. 1 Satz 2
Angabe und Erläuterung von **nicht vergleichbaren Vorjahreszahlen** in der Bilanz und der GuV.	§ 265 Abs. 2 Satz 2
Angabe und Erläuterungen von **Anpassungen der Vorjahreszahlen** zu Vergleichszwecken in der Bilanz und GuV.	§ 265 Abs. 2 Satz 3
Angabe und Begründung der **Ergänzung des Jahresabschlusses** nach der für die anderen Geschäftszweige vorgeschriebenen Gliederung. **Keine Angabepflicht** für kleine KapG.	§ 265 Abs. 4 Satz 2
Gesonderter Ausweis der Einzelposten, falls zur Vergrößerung der Klarheit der Darstellungen in der Bilanz oder der GuV **Posten zulässigerweise zusammengefasst** ausgewiesen werden.	§ 265 Abs. 7 Satz 1 Nr. 2
Erläuterung von größeren Beträgen im Posten „sonstige **Vermögensgegenstände**", die rechtlich erst nach dem Abschlussstichtag entstehen. **Keine Angabepflicht** für kleine KapG.	§ 268 Abs. 4 Satz 2
Erläuterung von größeren Beträgen unter dem Posten „**Verbindlichkeiten**", die rechtlich erst nach dem Abschlussstichtag entstehen. **Keine Angabepflicht** für kleine KapG.	§ 268 Abs. 5 Satz 3

---

[31] Zu den Angaben vor dem BilRUG bis einschl. Gj 2015 vgl. Bertram/Brinkmann/Kessler/Müller, Haufe HGB Bilanz Kommentar, 6. Aufl. 2015, § 284 HGB. Seit dem Gj 2021 sind die Angaben für kapitalmarktorientierte Unt bzgl. individualisierter Offenlegung der Vorstandsbezüge in § 162 AktG verschoben worden.

Kurzerläuterung und evtl. Ausnahmen	Fundstelle HGB
Angaben zu nicht auf der Passivseite auszuweisenden Verbindlichkeiten oder Haftungsverhältnissen gem. § 251 HGB.	§ 268 Abs. 7 Nr. 1
Angabe der gewährten Pfandrechte und sonstigen Sicherheiten für Haftungsverhältnisse gem. § 251 HGB.	§ 268 Abs. 7 Nr. 2
Angabe der die Altersversorgung und verbundene sowie assoziierte Unt betreffenden Verpflichtungen für die nach § 251 HGB genannten Haftungsverhältnisse.	§ 268 Abs. 7 Nr. 3
Angabe der auf die Posten der Bilanz und der GuV angewandten **Bilanzierungs- und Bewertungsmethoden**.	§ 284 Abs. 2 Nr. 1
Angaben zu und Begründung der **Abweichungen von Bilanzierungs- und Bewertungsmethoden** sowie gesonderte Darstellung ihres Einflusses auf die Vermögens-, Finanz- und Ertragslage.	§ 284 Abs. 2 Nr. 2
Ausweis von **Unterschiedsbeträgen bei Anwendung des Gruppenbewertungsverfahrens** mit Durchschnittswerten oder eines Verbrauchsfolgeverfahrens, wenn die Bewertung im Vergleich zu einer Bewertung auf der Grundlage des Börsenkurses oder Marktpreises einen erheblichen Unterschied aufweist. Keine **Angabepflicht** für kleine KapG (§ 288 Abs. 1 HGB).	§ 284 Abs. 2 Nr. 3 (§ 240 Abs. 4 und § 256 Satz 1)
Angaben über die **Einbeziehung von Zinsen** für Fremdkapital **in die Herstellungskosten**.	§ 284 Abs. 2 Nr. 4
Darstellung des Anlagespiegels einschl. Abschreibungen und im Gj aktivierter Zinsen. **Angabepflicht** für kleine KapG.	§ 284 Abs. 3
Angabe der **Gesamtverbindlichkeit** mit einer Restlaufzeit von **über fünf Jahren**.	§ 285 Nr. 1a
Angabe des **Gesamtbetrags von besicherten Verbindlichkeiten** unter Angabe von Art und Form der Sicherheiten.	§ 285 Nr. 1b
Aufgliederung der **nach § 285 Nr. 1 HGB** verlangten Angaben für jeden einzelnen Posten. **Angabepflicht** für kleine KapG (§ 288 Abs. 1 HGB). **Keine Offenlegungspflicht** für mittelgroße KapG (§ 317 HGB).	§ 285 Nr. 2
Angaben über Art, Zweck, Vorteile und Risiken sowie finanzielle Auswirkungen von **außerbilanziellen Geschäften**, sofern für die Beurteilung der Finanzlage notwendig. **Angabepflicht** für kleine KapG (§ 288 Abs. 1 HGB).	§ 285 Nr. 3
Angabe der **sonstigen finanziellen Verpflichtungen**, die in der Bilanz nicht ausgewiesen und auch nicht nach § 251 oder § 285 Nr. 3 HGB anzugeben sind, sofern die Angaben für die Beurteilung der Finanzlage von Bedeutung sind. Angaben gegenüber verbundenen Unt sind gesondert zu machen.	§ 285 Nr. 3a

Kurzerläuterung und evtl. Ausnahmen	Fundstelle HGB
Aufgliederung der **Umsatzerlöse** nach Tätigkeitsbereichen sowie nach geografisch bestimmten Märkten. **Keine Angabepflicht** für kleine und mittelgroße KapG (§ 288 Abs. 1 und 2 HGB) oder wenn erhebliche Nachteile drohen (§ 286 Abs. 2 HGB).	§ 285 Nr. 4
Angabe der **durchschnittlichen Zahl von Mitarbeitern** während des Gj, getrennt nach Gruppen. (**Angabebefreiung** für kleine KapG **entfallen**, allerdings nur Gesamtangabe nötig).	§ 285 Nr. 7
Angabe des **Materialaufwands** bei Anwendung des UKV. **Keine Angabepflicht** für kleine KapG (§ 288 Abs. 1 HGB). **Keine Offenlegungspflicht** für mittelgroße KapG (§ 317 HGB).	§ 285 Nr. 8a
Angabe des **Personalaufwands** bei Anwendung des UKV. **Keine Angabepflicht** für kleine KapG (§ 288 Abs. 1 HGB). **Keine Offenlegungspflicht** für mittelgroße KapG (§ 317 HGB).	§ 285 Nr. 8b
Angabe des **Gesamtbetrags für die Tätigkeit der Organmitglieder**. **Keine Angabepflicht** für kleine KapG (§ 288 Abs. 1 HGB). **Keine Angabepflicht**, soweit sich die Bezüge eines Mitglieds der Organe feststellen lassen (§ 286 Abs. 4 HGB). Börsennotierte AG können diese Schutzklausel **nicht** beanspruchen. Bei Genossenschaften sind nur die Forderungen gegen die Organmitglieder anzugeben. Die Beträge können für jedes Organ in einer Summe angegeben werden (§ 338 Abs. 3 HGB).	§ 285 Nr. 9 Buchst. a
Angabe der **Gesamtbezüge früherer Organmitglieder** und deren Hinterbliebenen für jede Personengruppe. **Keine Angabepflicht** für kleine KapG (§ 288 Abs. 1 HGB). **Keine Angabepflicht**, soweit sich die Bezüge eines Mitglieds der Organe feststellen lassen (§ 286 Abs. 4 HGB). Börsennotierte AG können diese Schutzklausel **nicht** beanspruchen. Bei Genossenschaften sind Besonderheiten zu beachten (§ 338 Abs. 3 HGB).	§ 285 Nr. 9 Buchst. b
Angabe über gewährte Vorschüsse und Kredite unter Angabe der Zinssätze und die zugunsten dieser Personen eingegangenen Haftungsverhältnisse (diese Angabe ist von KleinstKapG nach § 264 Abs. 1 Satz 5 HGB unter der Bilanz notwendig, um auf den Anhang verzichten zu können). Besonderheiten gelten für Genossenschaften (§ 338 Abs. 3 HGB).	§ 285 Nr. 9 Buchst. c

Kurzerläuterung und evtl. Ausnahmen	Fundstelle HGB
Angabe aller **Mitglieder des Geschäftsführungsorgans und eines Aufsichtsrats** sowie Zusatzangaben bei börsennotierten Ges. **Keine Angabepflicht** für kleine KapG (§ 288 Abs. 1 HGB).	§ 285 Nr. 10
Angabe über Beteiligungen **Keine Angabe**, wenn: von untergeordneter Bedeutung (§ 286 Abs. 3 Satz 1 Nr. 1 HGB) oder ein erheblicher Nachteil droht (§ 286 Abs. 3 Satz 1 Nr. 2 HGB). **Aber**: Die Schutzklausel des § 286 Abs. 3 Satz 1 Nr. 2 HGB ist nicht anwendbar, wenn die KapG oder eines ihrer TU am Abschlussstichtag i. S. d. § 264d HGB kapitalmarktorientiert ist (§ 286 Abs. 3 HGB). **Angabe des EK und des letzten Jahresergebnisses können unterbleiben**, wenn das Unt seinen Jahresabschluss nicht offenzulegen hat und die berichtende KapG weniger als die Hälfte der Anteile besitzt (§ 286 Abs. 3 Satz 3 HGB). **Keine Angabepflicht** für kleine KapG (§ 288 Abs. 1 HGB).	§ 285 Nr. 11
Angabe von **Name, Sitz und Rechtsform der Unt**, deren uneingeschränkt haftender Gesellschafter die Ges. ist. Keine Angaben notwendig, wenn die Voraussetzungen für die Schutzklausel des § 286 Abs. 3 HGB vorliegen. **Keine Angabepflicht** für kleine KapG (§ 288 Abs. 1 HGB).	§ 285 Nr. 11a
Angaben zum **Beteiligungsbesitz börsennotierter KapG** an großen KapG mit mehr als 5 % Stimmrechtsanteil.	§ 285 Nr. 11b
Erläuterung der in der Bilanz nicht gesondert ausgewiesenen, **nicht unerheblichen sonstigen Rückstellungen**. **Keine Angabepflicht** für kleine KapG (§ 288 Abs. 1 HGB). **Keine Offenlegungspflicht** für mittelgroße KapG (§ 327 Nr. 2 HGB).	§ 285 Nr. 12
Erläuterung der angenommenen **betrieblichen Nutzungsdauer eines entgeltlich erworbenen GoF**.	§ 285 Nr. 13
Angaben zum **MU**, das den Konzernabschluss mit dem größten Kreis einbezogener Unt erstellt (Gesamtkonzernmutter). **Keine Angabepflicht** für kleine KapG (§ 288 Abs. 1 HGB).	§ 285 Nr. 14
Angaben zum **MU**, das den Konzernabschluss mit dem kleinsten Kreis einbezogener Unt erstellt (das nächste übergeordnete MU). Kleine KapG brauchen den Ort, wo der vom MU aufgestellte Konzernabschluss erhältlich ist, nicht anzugeben.	§ 285 Nr. 14a

Kurzerläuterung und evtl. Ausnahmen	Fundstelle HGB
Angaben zu mezzaninem Kapital (Genussscheinen, Genussrechten, Wandelschuldverschreibungen, Optionsscheinen, Optionen, Besserungsscheinen und vergleichbaren Wertpapieren oder Rechten). **Keine Angabepflicht** für kleine KapG (§ 288 Abs. 1 HGB).	§ 285 Nr. 15a
Angabe der **Art und Höhe der Honorare des Abschlussprüfers** für das Gj. **Keine Angabe**, soweit die Angaben in einem das Unt einbeziehenden Konzernabschluss enthalten sind (§ 285 Nr. 17 2. Halbsatz HGB). **Keine Angabepflicht** für kleine und mittelgroße KapG (§ 288 Abs. 1 und 2 HGB). Mittelgroße KapG müssen auf schriftliche Anfrage der WPK diese Angaben zur Verfügung stellen (§ 288 Abs. 2 Satz 2 HGB).	§ 285 Nr. 17
Angaben über Finanzanlagevermögen, das **über dem beizulegenden Zeitwert** ausgewiesen wird. **Keine Angabepflicht** für kleine KapG (§ 288 Abs. 1 HGB).	§ 285 Nr. 18
Angaben zu jeder Kategorie **nicht zum beizulegenden Zeitwert bilanzierter derivativer Finanzinstrumente** über deren Art und Umfang, deren beizulegenden Zeitwert und die Bewertungsmethode, soweit der beizulegende Zeitwert sich nach § 255 Abs. 4 HGB verlässlich ermitteln lässt, deren Buchwert und die dazugehörigen Bilanzposten sowie ggf. die Gründe, warum sich der Zeitwert nicht bestimmen lässt. **Keine Angabepflicht** für kleine KapG (§ 288 Abs. 1 HGB).	§ 285 Nr. 19
Angaben für die gem. § 340e Abs. 3 Satz 1 HGB mit dem **beizulegenden Zeitwert bewerteten Finanzinstrumente** über die grundlegenden Annahmen, die zur Bestimmung des beizulegenden Zeitwerts mithilfe allgemein anerkannter Bewertungsmethoden zugrunde gelegt wurden, sowie zu Umfang und Art jeder Kategorie derivativer Finanzinstrumente einschl. der wesentlichen Bedingungen, welche die Höhe, den Zeitpunkt und die Sicherheit künftiger Zahlungsströme beeinflussen können.	§ 285 Nr. 20
Angabe von zumindest **nicht zu marktüblichen Konditionen zustande gekommenen Geschäften mit nahestehenden Unt und Personen**, soweit diese Geschäfte wesentlich sind, sowie Bezeichnung der nahestehenden Personen und Unt und Angaben zur Art der Beziehung, zum wertmäßigen Umfang der Geschäfte und sonstige Informationen, die für die Beurteilung der Finanzlage der Ges. erforderlich sind.	§ 285 Nr. 21

Kurzerläuterung und evtl. Ausnahmen	Fundstelle HGB
Ausgenommen von der Angabepflicht sind generell Geschäfte mit und zwischen Unt, die in denselben Konzernabschluss einbezogen werden und mittelbar oder unmittelbar in 100 %igem Anteilsbesitz stehen. Eine Zusammenfassung der Angaben über die Geschäfte nach Geschäftsarten ist zulässig, wenn eine getrennte Angabe für die Beurteilung der Auswirkungen auf die Finanzlage nicht notwendig ist. **Keine Angabepflicht** für kleine KapG (§ 288 Abs. 1 HGB). Mittelgroße Ges. können die Berichtspflicht auf Geschäfte beschränken, die direkt oder indirekt mit dem Hauptgesellschafter oder Mitgliedern des Geschäftsführungs-, Aufsichts- oder Verwaltungsorgans abgeschlossen wurden (§ 288 Abs. 2 Satz 3 HGB).	
Angabe des **Gesamtbetrags der F&E-Kosten** des Gj sowie des davon auf selbst geschaffene immaterielle VG des Anlagevermögens entfallenden Betrags. Angabe hat nur zu erfolgen, wenn eine Aktivierung von selbst geschaffenen immateriellen VG gem. § 248 Abs. 2 HGB erfolgt (§ 255 Rz 184 ff.; § 248 Rz 10 ff.). **Keine Angabepflicht** für kleine KapG (§ 288 Abs. 1 HGB).	§ 285 Nr. 22
Bei **Bildung von Bewertungseinheiten** gem. § 254 HGB ist anzugeben, mit welchem Betrag jeweils VG, Schulden, schwebende Geschäfte und mit hoher Wahrscheinlichkeit vorgesehene Transaktionen zur Absicherung welcher Risiken in welche Arten von Bewertungseinheiten einbezogen sind. Angabepflichtig ist auch die Höhe der mit Bewertungseinheiten abgesicherten Risiken. Für die jeweils abgesicherten Risiken ist darüber hinaus anzugeben, warum, in welchem Umfang und für welchen Zeitraum sich die gegenläufigen Wertänderungen oder Zahlungsströme künftig voraussichtlich ausgleichen (Effektivität der Sicherungsmaßnahmen). Auch die Ermittlungsmethode ist anzugeben. Die mit hoher Wahrscheinlichkeit erwarteten Transaktionen, die in Bewertungseinheiten einbezogen wurden, sind zu erläutern. Sämtliche Angaben sind nur dann im Anhang zu machen, soweit diese Angaben nicht im **Lagebericht** gemacht werden.	§ 285 Nr. 23
Zu den **Rückstellungen für Pensionen und ähnliche Verpflichtungen** Angabe des angewandten versicherungsmathematischen Berechnungsverfahrens sowie die grundlegenden Annahmen der Berechnung (insb. Zinssatz, erwartete Lohn- und Gehaltssteigerungen und zugrunde gelegte Sterbetafeln). **Keine Angabepflicht** für kleine KapG (§ 288 Abs. 1 HGB).	§ 285 Nr. 24

Kurzerläuterung und evtl. Ausnahmen	Fundstelle HGB
Angabe der **Anschaffungskosten** und des **beizulegenden Zeitwerts** der verrechneten VG, des **Erfüllungsbetrags** der verrechneten Schulden sowie der verrechneten Aufwendungen und Erträge, soweit die Ges. eine Verrechnung von VG und Schulden nach § 246 Abs. 2 Satz 2 HGB vorgenommen hat. Unter entsprechender Anwendung des § 285 Nr. 20a HGB sind auch die grundlegenden Annahmen, die der Bestimmung des beizulegenden Zeitwerts mithilfe allgemein anerkannter Bewertungsmethoden zugrunde gelegt wurden, im Anhang anzugeben.	§ 285 Nr. 25
Angaben zu **Anteilen an inländischen oder ausländischen Investmentvermögen** i.S.d. § 1 InvG oder vergleichbaren ausländischen Investmentanteilen i.S.d. § 2 Abs. 9 InvG, soweit die Ges. mehr als 1/10 der Anteile hält. Die Angaben müssen – aufgegliedert nach Anlagezielen – den Marktwert gem. § 36 InvG oder vergleichbarer ausländischer Vorschriften, die Differenz zum Buchwert, die für das Gj erfolgten Ausschüttungen sowie die etwaigen Beschränkungen in der Möglichkeit der täglichen Rückgabe umfassen. Ferner muss die Ges. die Gründe dafür angeben, dass eine Abschreibung gem. § 253 Abs. 3 Satz 4 HGB unterblieben ist, einschl. der Anhaltspunkte, die darauf hindeuten, dass die Wertminderung voraussichtlich nicht von Dauer ist; § 285 Nr. 18 HGB ist insoweit nicht anzuwenden. **Keine Angabepflicht** für kleine KapG (§ 288 Abs. 1 HGB).	§ 285 Nr. 26
Angabe von **Gründen für die Einschätzung des Risikos der Inanspruchnahme** für die nach § 251 HGB unter der Bilanz oder nach § 268 Abs. 7 1. Halbsatz HGB im Anhang ausgewiesenen **Verbindlichkeiten und Haftungsverhältnisse**. **Keine Angabepflicht** für kleine KapG (§ 288 Abs. 1 HGB).	§ 285 Nr. 27
Angabe des **Gesamtbetrags der Beträge i.S.d. § 268 Abs. 8 HGB**, aufgegliedert in solche aus der Aktivierung von selbst geschaffenen immateriellen VG des Anlagevermögens, von latenten Steuern und von zum beizulegenden Zeitwert bewerteten VG, jeweils ggf. unter Abzug der entsprechenden passivierten latenten Steuern. **Keine Angabepflicht** für kleine KapG (§ 288 Abs. 1 HGB).	§ 285 Nr. 28 (§ 268 Rz 50ff.)
Angabe, auf welchen Differenzen oder steuerlichen Verlustvorträgen **die latenten Steuern beruhen** und mit welchen **Steuersätzen** die Bewertung erfolgt ist. **Keine Angabepflicht** für kleine und mittelgroße KapG (§ 288 Abs. 1 und 2 HGB).	§ 285 Nr. 29
Angaben zu **latenten Steuersalden**, wenn Steuerschulden angesetzt sind. **Keine Angabepflicht** für kleine KapG (§ 288 Abs. 1 HGB).	§ 285 Nr. 30

Kurzerläuterung und evtl. Ausnahmen	Fundstelle HGB
Angabe des tatsächlichen Steueraufwands oder Steuerertrag, der sich nach dem **Mindeststeuergesetz und ausländischen Mindeststeuergesetzen** nach § 274 Abs. 3 Nr. 2 HGB für das Gj ergibt, oder, wenn diese Gesetze noch nicht in Kraft getreten sind, eine Erläuterung, welche Auswirkungen auf die KapG bei der Anwendung dieser Gesetze zu erwarten sind. **Keine Angabepflicht** für kleine KapG (§ 288 Abs. 1 HGB).	§ 285 Nr. 30a
Angaben von Betrag und Art von **Ertrags- und Aufwandsposten außergewöhnlicher Größenordnung oder Bedeutung**, soweit die Beträge nicht von untergeordneter Bedeutung sind.	§ 285 Nr. 31
Erläuterung von **einzelnen periodenfremden Erträgen und Aufwendungen**, soweit sie nicht von untergeordneter Bedeutung sind. **Keine Angabepflicht** für kleine und mittelgroße KapG (§ 288 Abs. 1 und 2 HGB).	§ 285 Nr. 32
Angabe von **Vorgängen von besonderer Bedeutung nach dem Bilanzstichtag**. **Keine Angabepflicht** für kleine KapG (§ 288 Abs. 1 HGB).	§ 285 Nr. 33
Angabe des **Vorschlags oder Beschlusses zur Ergebnisverwendung**. **Keine Angabepflicht** für kleine KapG (§ 288 Abs. 1 HGB).	§ 285 Nr. 34
Angabe der **Inanspruchnahme zur Unterlassung der Umsatzaufgliederung**.	§ 286 Abs. 2
Angabe über die **Anwendung der Schutzklausel des § 286 Abs. 3 Satz 1 Nr. 2 HGB** bei Unterlassen von Angaben über BeteiligungsUnt aufgrund drohender erheblicher Nachteile im Fall der Angabe der Informationen.	§ 286 Abs. 3 Satz 4
Angabe von **Name und Sitz des MU, das den befreienden Konzernabschluss und Konzernlagebericht aufstellt**, einen Hinweis auf die Befreiung von der Verpflichtung, einen Konzernabschluss und einen Konzernlagebericht aufzustellen, und eine Erläuterung der im befreienden Konzernabschluss vom deutschen Recht abweichend angewandten Bilanzierungs-, Bewertungs- und Konsolidierungsmethoden.	§ 291 Abs. 2 Nr. 4
Angabe von **Name und Sitz des MU, das den befreienden Konzernabschluss und Konzernlagebericht aufstellt**, einen Hinweis auf die Befreiung von der Verpflichtung, einen Konzernabschluss und -lagebericht aufzustellen, und eine Erläuterung der im befreienden Konzernabschluss vom deutschen Recht abweichend angewandten Bilanzierungs-, Bewertungs- und Konsolidierungsmethoden.	§ 292 Abs. 2

Erläuterung der Bilanz und der Gewinn- und Verlustrechnung § 284

Kurzerläuterung und evtl. Ausnahmen	Fundstelle HGB
Angabe und Gründe des **Unterlassens der Einrichtung eines Prüfungsausschusses** für Ges., die ausschl. durch VG besicherte Wertpapiere ausgeben.	§ 324 Abs. 1 Satz 2 Nr. 1
Angaben zu einem MU, das einen **Konzernzahlungsbericht mit befreiender Wirkung** aufstellt.	§ 341s Abs. 2 Satz 2
Angabe der nicht in der Bilanz ausgewiesenen **Rückstellungen für laufende Pensionen, Anwartschaften auf Pensionen und ähnliche Verpflichtungen**.	Art. 28 Abs. 2 EGHGB bzw. Art. 48 Abs. 6 EGHGB
Angabe des Betrags der **Überdeckung bei Anwendung des Beibehaltungswahlrechts** gem. Art. 67 Abs. 1 EGHGB für Pensionsrückstellungen und sonstige Rückstellungen.	Art. 67 Abs. 1 Satz 4 EGHGB
Angabe des **Fehlbetrags bei Pensionsverpflichtungen** aus Art. 67 Abs. 1 Satz 1 EGHGB.	Art. 67 Abs. 2 EGHGB
Angabe zur **Beibehaltung steuerlicher Mehrabschreibungen**.	Art. 67 Abs. 4 EGHGB

Rechtsform- und branchenspezifische Pflichtangaben umfassen bei einer **AG**: 22

Kurzerläuterung und evtl. Ausnahmen	Fundstelle AktG
Angaben über den Bestand und den Zugang an **Vorratsaktien** einschl. deren Verwendung. **Kleine KapG** sind von einer Angabe befreit.	§ 160 Abs. 1 Nr. 1
Angaben über den Bestand an **eigenen Aktien,** über deren Erwerb oder die Veräußerung eigener Aktien unter Angabe der Zahl, des auf sie entfallenden Betrags des Grundkapitals, des Anteils am Grundkapital, des Zeitpunkts und der Gründe für den Erwerb (diese Angabe ist von KleinstKapG nach § 264 Abs. 1 Satz 5 HGB unter der Bilanz notwendig, um auf den Anhang verzichten zu können). **Kleine KapG** können die Vorschrift mit der Maßgabe anwenden, dass die Ges. nur Angaben zu von ihr selbst oder durch eine andere Person für Rechnung der Ges. erworbenen und gehaltenen eigenen Aktien machen muss und über die Verwendung des Erlöses aus der Veräußerung eigener Aktien nicht zu berichten braucht.	§ 160 Abs. 1 Nr. 2
Gattungsspezifische Angabe des Aktienbestands. **Kleine KapG** sind von einer Angabe befreit.	§ 160 Abs. 1 Nr. 3
Angaben über **das genehmigte Kapital**. **Kleine KapG** sind von einer Angabe befreit.	§ 160 Abs. 1 Nr. 4
Angaben zur Zahl der **Bezugsrechte** nach § 192 Abs. 2 Nr. 3 AktG, der **Wandelschuldverschreibungen** und vergleichbarer Wertpapiere. **Kleine KapG** sind von einer Angabe befreit.	§ 160 Abs. 1 Nr. 5
Angaben zu **Genussrechten**, Rechten aus **Besserungsscheinen** und ähnlichen Rechten. **Kleine KapG** sind von einer Angabe befreit.	§ 160 Abs. 1 Nr. 6

Kurzerläuterung und evtl. Ausnahmen	Fundstelle AktG
Angaben über das Bestehen einer **wechselseitigen Beteiligung** unter Angabe des Unt. **Kleine KapG** sind von einer Angabe befreit.	§ 160 Abs. 1 Nr. 7
Angabe über das Bestehen einer nach § 20 Abs. 1 oder Abs. 4 AktG oder nach § 33 Abs. 1 oder Abs. 1a WpHG **mitgeteilten Beteiligung** sowie den Inhalt der Mitteilung. **Kleine KapG** sind von einer Angabe befreit.	§ 160 Abs. 1 Nr. 8
Schutzklausel für die Angaben nach § 160 Abs. 1 AktG.	§ 160 Abs. 7 (§ 286 HGB)
Erläuterungen über die Verwendung der aus einer Kapitalherabsetzung oder aus der Auflösung offener **Gewinnrücklagen** gewonnenen Beträge. **Kleine KapG** sind von einer Angabe befreit.	§ 240 Satz 3
Bei einer Sonderprüfung wegen unzulässiger Unterbewertung nach § 258 AktG, Angabe der **Begründung für eine niedrigere Bewertung** und Angabe und **Entwicklung des Werts** oder Betrags sowie Bericht über den Abgang von Gegenständen und die Verwendung von Erlösen.	§ 261 Abs. 1 Satz 3 und 4
Erleichterungen für kleine KapG.	§ 261 Abs. 1 Satz 7
Hinweis zu der nach § 161 AktG vorgeschriebenen Erklärung zum **Corporate Governance Kodex** für börsennotierte Ges.	§ 285 Nr. 16 HGB
Abgabe eines **gesonderten Vergütungsberichts** nach § 162 AktG ab dem Gj. 2021 für börsennotierte AG und KGaA, ab dann keine individualisierten Organvergütungsangaben im Anhang mehr notwendig (§ 315a Rz 41 ff.).	§ 162 AktG

Rechtsform- und branchenspezifische Pflichtangaben umfassen bei einer **PersG**:

Kurzerläuterung	Fundstelle HGB
Angabe des Betrags der im Handelsregister gem. § 172 Abs. 1 HGB eingetragenen und nicht geleisteten Einlagen.	§ 264c Abs. 2 Satz 9
Angabe von Name und Sitz der Ges., die **persönlich haftende Gesellschafter** sind, sowie deren **gezeichnetes Kapital**.	§ 285 Nr. 15

2.2 Wahlpflichtangaben

23 **Rechtsform- und branchenunabhängige Wahlpflichtangaben**, die wahlweise in der Bilanz bzw. der GuV oder im Anhang oder im Einzelfall im Lagebericht anzugeben sind, umfassen aktuell:[32]

---

[32] Zu den Angaben bis einschl. Gj 2015 vgl. Bertram/Brinkmann/Kessler/Müller, Haufe HGB Bilanz Kommentar, 6. Aufl. 2015, § 284 HGB.

Kurzerläuterung und Ausnahmen	Fundstelle HGB
Allgemeine Angaben zum Jahresabschluss (Firma, Sitz, Registergericht und Nummer, unter der die Ges. in das Handelsregister eingetragen ist). Zudem – falls vorliegend – Status in Liquidation oder in Abwicklung; dies kann auch außerhalb des Anhangs an jeder Stelle im Jahresabschluss erfolgen.	§ 264 Abs. 1a
Angabe über die **Mitzugehörigkeit eines Postens** zu einem anderen Bilanzposten.	§ 265 Abs. 3
Gesonderter Ausweis, falls zur Vergrößerung der Klarheit der Darstellung in Bilanz oder GuV **Einzelposten zulässigerweise zusammengefasst** wurden.	§ 265 Abs. 7 Nr. 2
Angabe des **Gewinn- oder Verlustvortrags** bei Bilanzaufstellung unter Berücksichtigung der tw. Ergebnisverwendung.	§ 268 Abs. 1 Satz 3
Gesonderte postenbezogene Angabe der **Verbindlichkeiten mit einer Restlaufzeit bis zu und über einem Jahr.**	§ 268 Abs. 5 Satz 1
Angabe eines **Unterschiedsbetrags nach § 250 Abs. 3** HGB (Disagio).	§ 268 Abs. 6
Keine Angabepflicht für kleine KapG (§ 274a Nr. 3 HGB).	
Angabe **außerplanmäßiger Abschreibungen** nach § 253 Abs. 3 Sätze 5 und 6 HGB.	§ 277 Abs. 3 Satz 1
Angaben bestimmter Bilanzposten durch **mittelgroße KapG bei Verwendung des für kleine KapG geltenden Gliederungsschemas** für die Offenlegung.	§ 327 Nr. 1 Satz 2

Rechtsform- und branchenspezifische Pflichtangaben, die wahlweise in der Bilanz bzw. der GuV oder im Anhang anzugeben sind, umfassen:
Bei **AG**: 24

Kurzerläuterung	Fundstelle AktG
Angabe des in andere Gewinnrücklagen eingestellten Betrags des Eigenkapitalanteils von **Wertaufholungen** und von bei der steuerrechtlichen Gewinnermittlung gebildeten Passivposten.	§ 58 Abs. 2a Satz 2
Angabe der während des Gj eingestellten und der für das Gj **entnommenen Beträge der Kapitalrücklage.**	§ 152 Abs. 2
Angabe der **Beträge zu den einzelnen Posten der Gewinnrücklagen**, die die HV aus dem Bilanzgewinn des Vj eingestellt hat, die aus dem Jahresüberschuss des Gj eingestellt und die für das Gj entnommen werden.	§ 152 Abs. 3
Ergänzende Positionen zur Darstellung der GuV.	§ 158 Abs. 1 Satz 2
Angabe über die **Zahl** und bei Nennbetragsaktien den **Nennbetrag der Aktien** jeder Gattung.	§ 160 Abs. 1 Nr. 3

Bei PersG:

Kurzerläuterung	Fundstelle HGB
Angabe über Ausleihungen, Forderungen und Verbindlichkeiten gegenüber Gesellschaftern, wenn sie in der Bilanz nicht gesondert ausgewiesen sind.	§ 264c Abs. 1

Bei GmbH:

Kurzerläuterung	Fundstelle GmbHG
Angabe des in andere Gewinnrücklagen eingestellten Betrags des Eigenkapitalanteils von **Wertaufholungen** und von bei der **steuerrechtlichen Gewinnermittlung** gebildeten Passivposten.	§ 29 Abs. 4 Satz 2
Angabe von **Ausleihungen, Forderungen und Verbindlichkeiten gegenüber Gesellschaftern**.	§ 42 Abs. 3

2.3 Freiwillige Angaben

25 Über die Pflicht- und Wahlpflichtangaben hinaus können freiwillige Angaben im so gekennzeichneten Anhang berichtet werden. Diese Angaben unterliegen der Offenlegungspflicht und bei mittelgroßen und großen KapG sowie KapCoGes der Prüfungspflicht des Abschlussprüfers. Die freiwillige Berichterstattung findet Grenzen bei Beeinträchtigung der Klarheit und der Übersichtlichkeit der Darstellung.[33] Die im Anhang berichteten freiwilligen Angaben können i.d.R. besser im Lagebericht dargestellt werden, es sei denn, sie sind inhaltlich näher dem Jahresabschluss zugeordnet, wie etwa die freiwillige Nichtnutzung von größenabhängigen Erleichterungen.

Vor dem Hintergrund der vielen **Einschätzungsspielräume** etwa im Zusammenhang mit der Pflicht zur Angabe bestimmter stiller Reserven auf Basis von § 264 Abs. 2 HGB bzw. Angaben zur Bestandsgefährdung nach § 264 Abs. 2 HGB[34] oder der Frage, wie intensiv zu berichten ist, wird in der Praxis eine trennscharfe Abgrenzung von Pflicht- zu freiwilligen Angaben häufig gar nicht möglich sein.

2.4 Weitere Angabepflichten neben dem Anhang

26 Der Gesetzgeber fordert zunehmend eine **weitere Unternehmenspublizität**, die außerhalb von Jahresabschluss und Lagebericht positioniert ist. Exemplarisch sind als in den letzten Jahren hinzugekommene Berichte etwa zu nennen:
- **Bericht zur Gleichstellung und Entgeltgleichheit:** Nach § 21 EntgTranspG haben Arbeitgeber mit i.d.R. mehr als 500 Beschäftigten, die zur Erstellung eines Lageberichts nach den §§ 264 und 289 HGB verpflichtet sind (KapG und denen über § 264a HGB gleichgestellten Personenhandelsgesellschaften), einen Bericht zur Gleichstellung und Entgeltgleichheit zu erstellen und gemein-

---

[33] Vgl. Grottel, in Beck Bil-Komm., 14. Aufl. 2024, § 284 HGB Rz 90 ff.; Selchert/Karsten, BB 1985, S. 1889; Poelzig, in MünchKomm. HGB, 5. Aufl. 2024, § 284 HGB Rn 25.
[34] Vgl. Schüttler, StuB 2019, S. 438 ff.

sam an die das Unternehmensregister führende Stelle zu übermitteln. In dem Bericht zur Gleichstellung und Entgeltgleichheit ist Folgendes darstellen:
1. Maßnahmen zur Förderung der Gleichstellung von Frauen und Männern und deren Wirkungen sowie
2. Maßnahmen zur Herstellung von Entgeltgleichheit für Frauen und Männer.

Arbeitgeber, die keine Maßnahmen in einem der beiden Bereiche durchführen, haben dies dann in ihrem Bericht zu begründen. Begleitend sind, nach Geschlecht aufgeschlüsselt, die durchschnittliche Gesamtzahl der Beschäftigten sowie die durchschnittliche Zahl der Vollzeit- und Teilzeitbeschäftigten anzugeben. Der Bericht ist nicht Teil des Jahresabschlusses oder des Lageberichts, was angesichts des ggf. abweichend vom Gj zugrunde zu legenden Kalenderjahrs plausibel ist, sondern ist regulär dem nächsten Lagebericht nach § 289 HGB, der dem jeweiligen Berichtszeitraum folgt, als Anlage beizufügen und an die das Unternehmensregister führende Stelle zu übermitteln. Die Berichte sind nicht jährlich abzugeben, sondern für Arbeitgeber, die tarifgebunden oder tarifanwendend sind (§ 5 Abs. 4 und 5 EntgTranspG) und dies dem Betriebsrat gegenüber auch schriftlich oder in Textform erklärt haben, nur alle fünf Jahre, wobei der Berichtszeitraum dann die vergangenen fünf Jahre umfasst. Alle anderen Arbeitgeber erstellen den Bericht alle drei Jahre. Der Berichtszeitraum umfasst dann die vergangenen drei Jahre. Die nach Geschlecht aufgeschlüsselten Angaben der durchschnittlichen Gesamtzahl der Beschäftigten sowie der durchschnittlichen Zahl der Vollzeit- und Teilzeitbeschäftigten beziehen sich nur auf das jeweils letzte Kalenderjahr im Berichtszeitraum. Allerdings sind ab dem zweiten Bericht für diese genannten Angaben die Veränderungen im Vergleich zum letzten Bericht anzugeben.

- **Vollständigkeitserklärung:** Hersteller, die im Jahr mind. 80 Tonnen Glas, 50 Tonnen Papier, Pappe und Karton oder 30 Tonnen anderer Verpackungsmaterialien in den Verkehr bringen, haben jährlich bis zum 15.5. eine Vollständigkeitserklärung zu hinterlegen (§ 11 Abs. 1 Satz 1 VerpackG[35]). In der Vollständigkeitserklärung sind umfassende Angaben über sämtliche vom Hersteller im vorangegangenen Kalenderjahr erstmals in den Verkehr gebrachte Verkaufs- und Umverpackungen zu machen (§ 11 Abs. 2 Nr. 1–7 VerpackG). Die Vollständigkeitserklärung ist durch den Hersteller oder beauftragte Dritte zusammen mit dem zugehörigen Prüfbericht bei der Zentralen Stelle in einem rein elektronischen Verfahren zu hinterlegen. Sie bedarf der Prüfung und Bestätigung durch einen im Prüferregister der Zentralen Stelle nach § 27 VerpackG registrierten Sachverständigen bzw. Prüfer (§ 11 Abs. 1 Satz 2 VerpackG), der seine Bestätigung mit einer qualifizierten elektronischen Signatur zu versehen hat (§ 11 Abs. 3 Satz 2 VerpackG).
- **Vergütungsbericht:** Mit § 162 AktG müssen seit dem Gj. 2021 Vorstand und Aufsichtsrat von börsennotierten AG und KGaA gemeinsam jährlich einen Vergütungsbericht abgeben und auf einer Internetseite veröffentlichen. Dieser ergänzt die Erklärung zur Unternehmensführung nach § 289f HGB. Mit der Verschiebung ins AktG wurden spezielle vergütungsrelevante Teile der Angabepflichten des Anhangs (konkret § 285 Nr. 9a Satz 5–8

---

[35] BGBl 2017 I S. 2234.

HGB a.F.) und des Lageberichts (§ 289a Abs. 2 HGB a.F.) im HGB gestrichen (§ 315a Rz 41 ff.).
- **Bericht zu den Lieferkettensorgfaltspflichten:** Unt (oder MU) mit (konzernweit) mehr als 3.000 Beschäftigten in Deutschland haben ab dem 1.1.2023 (bzw. mit mehr als 1.000 Beschäftigten nach dem 1.1.2024) nach § 10 LkSG – unabhängig von weiteren bestehenden Berichtspflichten, wie etwa im Lagebericht nach § 289 HGB – die Erfüllung ihrer Sorgfaltspflichten jährlich in einem auf der eigenen Internetseite zu veröffentlichendem **Bericht** darzulegen. Derzeit ist die Sanktionierung einer verspäteten Einreichung vom BAFA bis zum 31.12.2025 ausgesetzt. Zudem soll mit dem CSRD-UmsG die Möglichkeit des Ersetzens des gesonderten LkSG-Berichts durch einen Nachhaltigkeitsbericht geschaffen werden. Der Bericht über die Erfüllung der eigenen Sorgfaltspflichten ist bis spätestens vier Monate nach dem Schluss des Gj zu erstellen und für einen Zeitraum von **sieben Jahren kostenfrei öffentlich zugänglich** zu machen. Die **Mindestberichtsinhalte** umfassen
  - menschenrechtliche und umweltbezogene Risiken oder Pflichtverletzungen (sofern identifiziert),
  - Maßnahmen, die das Unt, in Bezug auf die in den §§ 4 bis 9 LkSG beschriebenen Vorgaben zur Erfüllung seiner Sorgfaltspflichten unternommen hat:
    § 4 LkSG Risikomanagement,
    § 5 LkSG Risikoanalyse,
    § 6 LkSG Präventionsmaßnahmen, einschl. Grundsatzerklärung,
    § 7 LkSG Abhilfemaßnahmen,
    § 8 LkSG Beschwerdeverfahren, einschl. getroffener Maßnahmen aufgrund von Beschwerden,
    § 9 LkSG Mittelbare Zulieferer, Verordnungsermächtigung,
  - wie das Unternehmen die Auswirkungen und die Wirksamkeit der Maßnahmen bewertet und
  - welche Schlussfolgerungen es aus der Bewertung für zukünftige Maßnahmen zieht.[36]

Sofern das Unt kein menschenrechtliches oder umweltbezogenes Risiko und keine entsprechende Pflichtverletzung festgestellt hat, ist dies in seinem Bericht plausibel darzulegen und keine weiteren Ausführungen zu den vorausgehend gelisteten Maßnahmen erforderlich.[37]
Durch die Pflicht zur Nachhaltigkeitsberichterstattung im Lagebericht schrittweise ab dem Gj 2024 ist eine **Zusammenführung der Berichte** vorgesehen, was aber noch nicht umgesetzt wurde. Ebenso ist angekündigt, dass mit Umsetzung der europäischen Sorgfaltspflichtenrichtlinie eine Überarbeitung des LkSG erfolgen wird (§ 315b HGB Rz 4).
Zudem ist für nach dem 21.6.2024 beginnende Geschäftsjahre ein **Ertragsteuerinformationsbericht** erforderlich (§§ 342–342p HGB Rz 1 ff.).

---

[36] § 10 Abs. 2 LkSG.
[37] § 10 Abs. 3 LkSG.

3 Allgemeine Angaben (Abs. 2)

§ 284 Abs. 2 HGB verlangt vier verschiedene **Angaben zu Bilanzierungs- und Bewertungsmethoden.** Mit dieser Vorschrift sollen dem Abschlussadressaten wesentliche Informationen zur Interpretation der in der Bilanz und GuV enthaltenen Angaben geboten werden, damit insgesamt ein den tatsächlichen Verhältnissen entsprechendes Bild der Vermögens-, Finanz- und Ertragslage der Ges. unter Beachtung der GoB entstehen kann. Diese Angaben sind insb. notwendig, wenn durch gesetzlich zulässige Wahlrechte Unterschiede bei der Abbildung des Unt im Jahresabschluss entstanden sind. Mit dieser Verpflichtung ist keine allgemeine Pflicht zur Erläuterung der Posten in der Bilanz verbunden, da es nur um die Methoden von Bilanzierung und Bewertung geht.[38]

27

3.1 Angaben zu Bilanzierungs- und Bewertungsmethoden (Abs. 2 Nr. 1)

3.1.1 Bilanzierungsmethoden

Als eine erste Angabe im Kontext der Bilanzierungs- und Bewertungsmethode sollten unter Verweis auf § 264 Abs. 2 Satz 2 HGB zusätzliche Informationen im Anhang aufgenommen werden, wenn die weitere **Anwendung der Fortführungsprämisse** in Zweifelsfällen, d. h. bei wesentlicher Unsicherheit bez. Ereignissen und Gegebenheiten, nicht sicher ist.[39] Andernfalls vermittelt der Jahresabschluss kein den tatsächlichen Verhältnissen entsprechendes Bild.[40]

28

> **Praxis-Beispiel**
> Sowohl die Corona-Pandemie im Jahr 2020 als auch der russische Krieg in der Ukraine sind Beispiele, bei denen durch wertbegründende Ereignisse jeweils im Februar eine sehr große Unsicherheit in die Zeit der Aufstellung des Jahresabschlusses für Unt mit kalenderjahrgleichem Gj fiel. Das IDW hat dazu jeweils Hinweise für den Umgang, die Berichterstattung und Prüfung gegeben.[41]

Konkret müssen die gesetzlichen Vertreter im Abschluss
- die wichtigsten Ereignisse oder Gegebenheiten, die bedeutsame Zweifel an der Fähigkeit des Unt zur Fortführung der Unternehmenstätigkeit aufwerfen können, und die Pläne der gesetzlichen Vertreter zum Umgang mit diesen Ereignissen oder Gegebenheiten angeben und
- eindeutig angeben, dass eine wesentliche Unsicherheit im Zusammenhang mit Ereignissen oder Gegebenheiten besteht, die bedeutsame Zweifel an der Fähigkeit des Unt zur Fortführung der Unternehmenstätigkeit aufwerfen können, und das Unt daher möglicherweise nicht in der Lage ist, im gewöhnlichen Geschäftsverlauf seine Vermögenswerte zu realisieren sowie seine Schulden zu begleichen.

---

[38] Vgl. zur praktischen Anwendung Kreipl/Lange/Müller, in Bertram/Brinkmann/Kessler/Müller, Haufe HGB Bilanz Kommentar BilMoG Erfahrungsbericht, 2012, Rz 335 ff.
[39] Vgl. IDW RS HFA 17 i. V. m. IDW PS 270.9 n. F.
[40] Vgl. Müller/Reinke, BC 2021, S. 322.
[41] Fachlicher Hinweis v. 22.12.2022, Auswirkungen des Ukraine-Krieges auf die Rechnungslegung und deren Prüfung (4. Update, Dezember 2022), www.idw.de/idw/themen-branchen/russland-ukrainekrieg/, Abruf 1.10.2024.

Diese Angaben sind unabhängig von anderen Befreiungen notwendig, d. h. auch kleine KapG, die keinen Nachtragsbericht nach § 285 Nr. 33 HGB zu erstellen haben (§ 288 Abs. 1 HGB), sind zu dieser Anhangangabe verpflichtet. „Aufgrund der expliziten gesetzlichen Befreiungsvorschriften in Bezug auf Nachtrags- bzw. Lageberichterstattung ist nach der Wertung des Gesetzgebers keine entsprechende Berichterstattung erforderlich. Bestehen allerdings wesentliche Unsicherheiten im Zusammenhang mit Ereignissen und Gegebenheiten, die bedeutsame Zweifel an der Fähigkeit des Unternehmens zur Fortführung der Unternehmenstätigkeit aufwerfen können (sog. bestandsgefährdende Risiken), muss der Bilanzierende darüber berichten (IDW PS 270 n. F., Tz. 9; vgl. Frage 2.5.). Kleine Kapitalgesellschaften, die nicht freiwillig einen Lagebericht aufstellen, haben eine solche Berichterstattung in den Anhang aufzunehmen."[42]

Sollte ein Unt keinen Anhang aufzustellen haben, so sind die Angaben an anderer geeigneter Stelle notwendig, etwa unter der Bilanz. Sind die einer Fortführung ggf. entgegenstehenden tatsächlichen und rechtlichen Gegebenheiten nicht hinreichend konkret, um von einer Durchbrechung der Prämisse auszugehen, besteht die Vermutung der Fortführung fort. Eine Verletzung der Generalnorm des § 264 HGB kann in diesen Fällen keinesfalls attestiert werden und eine entsprechende Angabe ist nicht begründbar (§ 252 Rz 34 ff.).

29 Obwohl der Begriff **Bilanzierungsmethode** nicht gesetzlich fixiert ist, lässt sich ableiten, dass darunter ein planmäßiges Vorgehen bei der Ansatzentscheidung eines Bilanzpostens zu verstehen ist. I. R. d. Ansatzentscheidung wird geprüft, ob **ein VG bzw. eine Schuld bilanzierungsfähig** ist und ob bilanziert werden muss oder bei Wahlrechten bilanziert werden darf. Dies schließt die Betrachtung der Fragen des Umfangs und des Zeitraums der Bilanzierung ein. Somit sind auch Ausweiswahlrechte anzugeben. Bei eindeutigen gesetzlichen Ansatzvorgaben sind keine Angaben im Anhang notwendig. Dagegen sind Angaben zur Bilanzierungsmethode immer dann notwendig, wenn die Art des Bilanzierungsansatzes von Entscheidungen des Bilanzierenden abhängt.[43]

30 Das HGB räumt folgende **Ansatzwahlrechte** ein:[44]
- Ansatz von **selbst geschaffenen immateriellen VG** (§ 248 Abs. 2 HGB);
- Nichtansatz für **Pensionsrückstellungen** für Altzusagen; dies gilt auch für mittelbare Verpflichtungen aus einer Zusage und ähnliche unmittelbare sowie mittelbare Verpflichtungen (§ 249 Abs. 1 Satz 1 HGB i. V. m. Art. 28 Abs. 1 EGHGB);
- Einstellung eines **Disagios** in den aktiven RAP (§ 250 Abs. 3 HGB);
- Nichtansatz **aktiver latenter Steuern** (§ 274 Abs. 1 Satz 2 HGB);
- unsaldierter Ausweis aktiver und passiver latenter Steuern (§ 274 Abs. 1 HGB);
- tw. Ergebnisverwendung (§ 268 Abs. 1 HGB).

Im Anhang ist nur die Angabe der Bilanzierungsmethode notwendig, d. h. es ist darauf einzugehen, wie Wahlrechte und Ermessensentscheidungen ausgefüllt wur-

---

[42] IDW, Fachlicher Hinweis v. 22.12.2022, Auswirkungen des Ukraine-Krieges auf die Rechnungslegung und deren Prüfung, (4. Update, Dezember 2022), S. 8, www.idw.de/idw/themen-branchen/russland-ukraine-krieg/, Abruf 1.10.2024.
[43] Vgl. Poelzig, in MünchKomm. HGB, 5. Aufl. 2024, § 284 HGB Rn 40.
[44] Zur praktischen Anwendung s. Kreipl/Lange/Müller, in Bertram/Brinkmann/Kessler/Müller, Haufe HGB Bilanz Kommentar BilMoG Erfahrungsbericht, 2012, Rz 127 ff., 158 ff., 207 ff., 247 ff., 355 ff.

den. Eine Begründung ist nicht gefordert.[45] Die i.R.d. Übergangs auf das BilMoG aufgrund von Art. 67 EGHGB weiter bestehenden Altwahlrechte, wie insb.
- **Sonderposten mit Rücklagenanteil** (§ 247 Abs. 3 HGB a.F., § 273 HGB a.F., Art. 67 Abs. 3 EGHGB),
- **aktive RAP** (§ 250 Abs. 1 Satz 2 HGB a.F., Art. 67 Abs. 3 EGHGB),
- **Aufwandsrückstellungen** (§ 249 Abs. 2 HGB a.F., Art. 67 Abs. 3 EGHGB) sind ebenfalls angabepflichtig.

Neben den explizit gewährten Wahlrechten können Ansatzentscheidungen durch die Auslegung von Einschätzungsspielräumen i.R.d. Festlegung des Zeitpunkts der Bilanzierung beeinflusst werden. Bei Sachverhalten, bei denen Einschätzungsspielräume bestehen, sind die Grundsätze der Ermittlung des Bilanzierungszeitpunkts anzugeben.[46]

31

> **Praxis-Beispiel**
> Bilanzierung von unterwegs befindlichen Waren im Zeitpunkt des Gefährdungsübergangs oder der späteren Eigentumsübertragung, Bilanzierung von Beteiligungserträgen aus KapG phasengleich oder unter Berücksichtigung des Gewinnverwendungsbeschlusses sowie Bilanzierung von Zulagen.

Darüber hinaus sollte die Handhabung von **geringfügigen VG** berichtet werden.[47] Die früher gesonderte Pflicht zur Angabe der **Grundlagen der Fremdwährungsumrechnung** ist aus dem HGB entfernt. Die verbleibenden nötigen Angaben sind unter die angewandten Bewertungsmethoden nach Abs. 2 Nr. 1 zu subsumieren. Durch § 256a HGB ist die Bewertungsmethode für die Umrechnung von VG und Schulden in Fremdwährung auf Euro klar bestimmt; mit DRS 25 „Währungsumrechnung im Konzernabschluss" liegt eine Auslegung mit der Vermutung der GoB-Erfüllung vor, die auch wichtige Hinweise für den Einzelabschluss liefert.[48]

32

> **Praxis-Beispiel**
> Mit dem Krieg Russlands gegen die Ukraine und der Einführung von Sanktionen und Beschränkungen gegen Russland und Belarus gibt es seit Februar 2022 eine erhebliche Volatilität des Wechselkurses des ukrainischen Hrywnja, des Rubels und des belarussischen Rubels. Dies bedingt im Einzelfall ggf. auch das Heranziehen von Wechselkursen auf dem Grau-/Schwarzmarkt, wenn dort überhaupt Beträge in der benötigten Größenordnung beschafft werden können, unter Beachtung des handelsrechtlichen Vorsichtsprinzips (§ 252 Abs. 1 Nr. 4 HGB).[49] Statt differenzierter (Geld- oder Brief-)Kurse dürfen nach DRS 25.14 bei der Erstverbuchung aus

---

[45] Vgl. Grottel, in Beck Bil-Komm., 14. Aufl. 2024, § 284 HGB Rz 100.
[46] Vgl. Wulf, in Baetge/Kirsch/Thiele, Bilanzrecht, § 284 HGB Rz 56, Stand: 1/2022.
[47] Vgl. zur praktischen Anwendung Kreipl/Lange/Müller, in Bertram/Brinkmann/Kessler/Müller, Haufe HGB Bilanz Kommentar BilMoG Erfahrungsbericht, 2012, Rz 176 ff.
[48] Vgl. Müller, b+b 10/2017, S. 24 ff.
[49] Vgl. Grottel/Koeplin, Beck Bil-Komm., 14. Aufl. 2024, § 256a HGB Rz 13.

> Vereinfachungsgründen auch zeitraumbezogene Durchschnittskurse verwendet werden, wenn die damit verbundene Beeinträchtigung der Vermögens- und Ertragslage unwesentlich ist. Angesichts der gestiegenen Volatilität ist kritisch zu prüfen, ob die Voraussetzungen für die Verwendung von zeitraumbezogenen Durchschnittskursen für die betroffenen Währungen für die laufende Erfassung der Transaktionen in den Landeswährungen noch erfüllt sind bzw. ggf. die Zeiträume für die Ermittlung des jeweiligen Durchschnittskurses verkürzt werden müssen, d. h. z. B. Verwendung von Wochen- statt Monatsdurchschnittskursen. Derartige Abweichungen müssten nach § 284 Abs. 2 Nr. 1 HGB berichtet werden.[50]

3.1.2 Bewertungsmethoden

3.1.2.1 Allgemeines

33 Unter dem Begriff der **Bewertungsmethode** ist nach h. M. ein planmäßiges Verfahren zur Ermittlung des Wertansatzes zu verstehen, das den GoB entspricht. Die Bewertungsmethode umfasst sowohl den formalen Ablauf als auch die Ermittlung der Messgröße. Anzugeben sind daher die zugrunde gelegten Wertmaßstäbe und das gewählte Verfahren. Die Bewertungsmethode ist eine grundlegende Voraussetzung, um das den tatsächlichen Verhältnissen entsprechende Bild der Vermögens-, Finanz- und Ertragslage unter Beachtung der GoB zu vermitteln.[51]

> **Praxis-Beispiel**
> Eine AG bietet Aktienoptionen („stock options") als Teil des Entlohnungssystems an Mitarbeiter an. Im Anhang ist die angewandte Bewertungsmethode (z. B. Black-Scholes, Binomialbaumverfahren, Monte-Carlo-Simulationen) anzugeben und deren Fähigkeit, den entstehenden Aufwand aus dem Aktienoptionsplan abzubilden. Des Weiteren sind die eingesetzten Bewertungsparameter (Volatilität, Restlaufzeit, risikoloser Zinssatz, Ausübungsverhalten) sowie deren Ermittlungsart anzugeben, die zur Bestimmung der Optionspreise herangezogen wurden. Da die Volatilität den größten Einfluss auf den Optionspreis hat, ist die Angabe der Ermittlung (z. B. historische Volatilität der gehandelten Call-Optionen auf die eigene Aktie, historische Volatilität eigener Aktien – im Fall eines neu notierten Unt: Volatilität von Aktien vergleichbarer Unt) von Interesse.

34 Die angewandten Bewertungsmethoden und die Art ihrer Anwendung sind, insb. bei den Bilanzposten, bei denen ein Bewertungswahlrecht eingeräumt ist, in jedem Jahresabschluss anzugeben. Die bloße Angabe der Bewertungsmethode ist ausreichend, solange keine weitergehenden Erläuterungen notwendig sind. Eine Begründung muss nicht gegeben werden.

---

[50] Vgl. IDW, Fachlicher Hinweis v. 22.12.2022, Auswirkungen des Ukraine-Krieges auf die Rechnungslegung und deren Prüfung, (4. Dezember 2022), S. 23 f., www.idw.de/idw/themen-branchen/russland-ukraine-krieg/, Abruf 1.10.2024.
[51] Vgl. Schulte, BB 1986, S. 1470; Schülen, WPg 1987, S. 226.

Vom HGB eingeräumte zentrale **Bewertungswahlrechte:**[52]
- Festwertbewertung bei Sachanlagen und RHB (§ 240 Abs. 3 i.V.m. § 256 Satz 2 HGB);
- Gruppenbewertung mit dem gewogenen Durchschnittswert für Vorratsvermögen und andere gleichartige oder annähernd gleichwertige bewegliche VG des Anlagevermögens und Schulden (§ 240 Abs. 4 i.V.m. § 256 Satz 2 HGB);
- außerplanmäßige Abschreibungen auf Finanzanlagen bei nur vorübergehender Wertminderung (§ 253 Abs. 3 Satz 4 HGB);
- Bildung von Bewertungseinheiten (§ 254 HGB);[53]
- Bemessung von Herstellungskosten (§ 255 Abs. 2 Satz 3 HGB); dieses Wahlrecht wurde im Zuge des BilMoG durch die Einführung der Aktivierungspflicht von MGK, FGK und Abschreibungen auf Anlagevermögen eingeschränkt;
- Einbeziehung von Fremdkapitalkosten in die Herstellungskosten (§ 255 Abs. 3 HGB);
- Bemessung des beizulegenden Zeitwerts mit allgemein anerkannten Bewertungsverfahren (§ 255 Abs. 4 Satz 2 HGB);
- Anwendung der Verbrauchsfolgeverfahren Lifo und Fifo zur Bewertung von Vorratsvermögen (§ 256 Satz 1 HGB);
- Bewertung der Rückstellungen für Pensionen und ähnliche Verpflichtungen (§ 253 Abs. 2 HGB);
- Buchwertübernahmen nach § 24 UmwG beim übernehmenden Rechtsträger im Fall der Verschmelzung nach § 2 UmwG.[54]

Darüber hinaus sind im bei Übergangsregelungen einige Beibehaltungen aus dem EGHGB denkbar, die aber in der Praxis kaum noch Relevanz haben dürften.

Neben diesen berichtspflichtigen Bewertungswahlrechten kommen als Bewertungsmethode prinzipiell auch Methodeneinschätzungsspielräume in Betracht, die nur anzugeben sind, soweit ein bestimmtes Verfahren zur Anwendung kommt.[55] Beispiele sind das gewählte versicherungsmathematische Verfahren bei der Bilanzierung von Pensionsverpflichtungen (§ 253 Abs. 1 Satz 2 i.V.m. § 285 Nr. 24 HGB), die Abschreibungsmethode und die Bestimmung der voraussichtlichen Nutzungsdauern für Sachanlagen (§ 253 Abs. 3 HGB).

3.1.2.2 Aktivposten

Die Erläuterung der **Anschaffungskosten** im Anlagevermögen ist grds. in keiner besonderen Weise notwendig, da diese eindeutig in § 255 Abs. 1 HGB definiert sind. In bestimmten Sonderfällen, z.B. Tausch, tauschähnliche Geschäfte, Verschmelzungen zum Buchwert, erhaltene Zuschüsse und Subventionen, kann jedoch eine Berichterstattung geboten sein.[56]

Die Angabe der **Herstellungskosten** muss erkennen lassen, ob und inwieweit vom Wahlrecht gem. § 255 Abs. 2 Satz 3 HGB oder § 255 Abs. 3 HGB Gebrauch

---

[52] Vgl. zur praktischen Anwendung Kreipl/Lange/Müller, in Bertram/Brinkmann/Kessler/Müller, Haufe HGB Bilanz Kommentar BilMoG Erfahrungsbericht, 2012, Rz 108 ff., 114ff., 133ff., 143ff., 196ff., 411, 422ff.
[53] Vgl. zur Einschränkung des Wahlrechts mit Blick auf die Erfüllung der Generalnorm § 254 Rz 7.
[54] Vgl. Melhem/Müller, in Kußmaul/Müller, HdB, Verschmelzung Rz 47ff., Stand: 26.1.2024; IDW RS HFA 42.33 und 42.57ff.
[55] Vgl. Wulf, in Baetge/Kirsch/Thiele, Bilanzrecht, § 284 HGB Rz 59, Stand: 1/2022.
[56] Vgl. Poelzig, in MünchKomm. HGB, 5. Aufl. 2024, § 284 HGB Rn 51.

39 gemacht wurde. Bei Anwendung des UKV ist die Art der Errechnung der Umsätze anzugeben. Ferner sind die zugrunde gelegten Beschäftigungsgrade zu erläutern.[57] Abweichend vom bisherigen strikten Anschaffungskostenprinzip ist für **Finanzinstrumente**, die von Kreditinstituten zu Handelszwecken erworben wurden, sowie **VG, die ausschl. der Erfüllung von Schulden aus Altersversorgungsverpflichtungen** oder vergleichbaren Verpflichtungen dienen und dem Zugriff aller übrigen Gläubiger entzogen sind,[58] der beizulegende Zeitwert anzusetzen. Der beizulegende Zeitwert wird in § 255 Abs. 4 Satz 1 HGB als der Marktpreis definiert. Dabei ist gem. § 255 Abs. 4 HGB eine Ermittlungshierarchie zu beachten, nach der zunächst geprüft wird, ob ein Marktpreis an einem aktiven Markt beobachtbar ist. Ist dies nicht der Fall, ist der Preis nach einer anerkannten Bewertungsmethode zu bestimmen, die geeignet ist, „den beizulegenden Zeitwert angemessen an den Marktpreis anzunähern, wie er sich am Bewertungsstichtag zwischen unabhängigen Geschäftspartnern bei Vorliegen normaler Geschäftsbedingungen ergeben hätte".[59] Erst nachdem kein Marktpreis vorliegt, könnten sich somit Ermessensspielräume in der Bewertung ergeben. Als Verfahrensweisen werden beispielhaft Marktpreise vergleichbarer Geschäftsvorfälle aus der jüngeren Vergangenheit oder anerkannte wissenschaftliche Methoden genannt.[60] Falls sich ein zuverlässiger Preis weder durch Marktpreise noch durch anerkannte Bewertungsmethoden ermitteln lässt, soll dem **Vorsichtsprinzip** folgend die Bewertung anhand der fortgeführten Anschaffungs-/Herstellungskosten (AHK) erfolgen.

40 Eine globale Angabe zur Bewertungsmethode des **Vorratsvermögens** ist nicht zulässig, da einerseits die Unterposten der Vorräte unterschiedlich bewertet und andererseits für verschiedene Vorratsgruppen unterschiedliche Bewertungsmethoden angewandt werden können. Grds. sind für alle wesentlichen Gruppen die jeweiligen Verfahren zu nennen. Bei der Bewertung des Vorratsvermögens können als Abweichungen vom Grundsatz der Einzelbewertung Festwert-, Durchschnitts-, Gruppenbewertungs- oder Bewertungsvereinfachungsverfahren i. S. d. § 256 HGB infrage kommen.[61] Das Durchschnittsverfahren kann auch bei gleichartigen oder annähernd gleichwertigen beweglichen VG angewandt werden (§ 240 Abs. 4 HGB). Das Festwertverfahren kann auch bei Sachanlagen zur Anwendung kommen (§ 240 Abs. 3 HGB).[62]

41 Bei der Angabe von **Abschreibungsmethoden** ist der Abschreibungsplan gem. § 253 Abs. 3 Satz 2 HGB von Bedeutung. Im Einzelfall müssen die zugrunde gelegte Nutzungsdauer sowie die Art der Abschreibung angegeben werden. Aus Vereinfachungsgründen kann auf die von der Finanzverwaltung ausgegebenen AfA-Tabellen verwiesen werden, jedoch ist gleichzeitig anzugeben, ob die Höchst- oder Mindestwerte angesetzt werden und dass diese als tatsachengemäß einge-

---

[57] Vgl. Grottel, in Beck Bil-Komm., 14. Aufl. 2024, § 284 HGB Rz 139; Wulf, in Baetge/Kirsch/Thiele, Bilanzrecht, § 284 HGB Rz 61, Stand: 1/2022.
[58] Gilt gem. § 253 Abs. 1 HGB nicht für KleinstKapG, die diese Posten zu AK zu bewerten haben, wenn sie die Erleichterungen für diese Größenklasse nutzen möchten (§ 267a Rz 5).
[59] Vgl. BT-Drs. 16/10067 v. 30.7.2008 S. 61.
[60] Vgl. BT-Drs. 16/10067 v. 30.7.2008 S. 61.
[61] Vgl. zur praktischen Anwendung Kreipl/Lange/Müller, in Bertram/Brinkmann/Kessler/Müller, Haufe HGB Bilanz Kommentar BilMoG Erfahrungsbericht, 2012, Rz 196 ff.
[62] Vgl. Grottel, in Beck Bil-Komm., 14. Aufl. 2024, § 284 HGB Rz 131; Poelzig, in MünchKomm. HGB, 5. Aufl. 2024, § 284 HGB Rn 49.

schätzt werden.[63] Bei planmäßiger Abschreibung sind die Gründe, die Bemessung der Nutzungsdauer sowie die ihrer Schätzung zugrunde liegenden Erwägungen anzugeben. Bei außerplanmäßigen Abschreibungen gem. § 253 Abs. 3 Satz 3 HGB muss angegeben werden, für welche Gegenstände oder Gruppen von Gegenständen bzw. nach welchem Verfahren außerplanmäßige Abschreibungen vorgenommen bzw. errechnet werden. Ferner ist anzugeben, ob bei Finanzanlagen Abschreibungen aufgrund nicht dauernder Wertminderungen vorgenommen werden (§ 253 Abs. 3 Satz 4 HGB). Über sofortige Abschreibungen im Gj des Zugangs ist i. R. d. Abschreibungsmethoden zu berichten.[64] Ferner müssen gem. § 285 Nr. 13 HGB die gewählten Nutzungsdauern der GoF erläutert werden (§ 285 Rz 93 f.).

Falls im aktiven RAP ein **Disagio** enthalten ist (§ 250 Abs. 3 HGB), ist im Anhang die Ermittlungs- und Tilgungsmethode darzustellen, sofern darüber bei den Bilanzierungsmethoden nicht berichtet wurde.[65]

42

3.1.2.3 Passivposten

Die Berichtspflicht hinsichtlich der Passivposten bezieht sich v. a. auf **Fremdwährungsverbindlichkeiten**. Bei Rückstellungen für Verluste aus schwebenden Geschäften sind Angaben notwendig, ob die Wertermittlung nach dem Teil- oder Vollkostenverfahren erfolgte. Auch bei schwebenden Finanzgeschäften sind Angaben über die Bewertungsmethode notwendig.[66]

43

Die Bewertungsmethoden von **Pensionsrückstellungen** sind in jedem Fall zu erläutern, wobei es hierfür eine spezielle Norm nach § 285 Abs. 1 Nr. 24 HGB gibt, die die Pflichten konkretisiert.[67] Wird für mittelbare Pensionszusagen keine Rückstellung gebildet, ist der Betrag der unterbliebenen Passivierung im Anhang anzugeben. Dabei sind die versicherungsmathematischen Grundsätze, die angesetzten Zinssätze, die zugrunde gelegten Sterbetafeln sowie die Berechnungsmethode anzugeben. Ein Fehlbetrag muss genannt und erläutert werden, um ein den tatsächlichen Verhältnissen entsprechendes Unternehmensbild zu ermöglichen.[68]

44

3.2 Angabe und Begründung von Abweichungen von Bilanzierungs- und Bewertungsmethoden (Abs. 2 Nr. 2)

Neben den Angaben der Bilanzierungs- und Bewertungsmethoden kommt der Angabe von **Abweichungen** im Anhang eine wesentliche Erläuterungsfunktion zu. Neben der Nennung und Begründung der Abweichungen ist ihr Einfluss auf die Vermögens-, Finanz- und Ertragslage darzustellen. Die Vorschrift ergänzt andere Angabepflichten, z. B. aus § 265 Abs. 1 Satz 2 HGB, wobei eine zusammengefasste Darstellung sinnvoll erscheint.[69]

45

Eine berichtspflichtige **Abweichung** liegt vor, wenn die Grundsätze des Regelfalls nicht eingehalten oder die im zeitlichen Ablauf angewandten Methoden und

46

---

[63] Vgl. zur praktischen Anwendung Kreipl/Lange/Müller, in Bertram/Brinkmann/Kessler/Müller, Haufe HGB Bilanz Kommentar BilMoG Erfahrungsbericht, 2012, Rz 133 ff.
[64] Vgl. Poelzig, in MünchKomm. HGB, 5. Aufl. 2024, § 284 HGB Rn 54; Schülen, WPg 1987, S. 227; Wulf, in Baetge/Kirsch/Thiele, Bilanzrecht, § 284 HGB Rz 63, Stand: 1/2022.
[65] Vgl. Wulf, in Baetge/Kirsch/Thiele, Bilanzrecht, § 284 HGB Rz 66, Stand: 1/2022.
[66] Vgl. Grottel, in Beck Bil-Komm., 14. Aufl. 2024, § 284 HGB Rz 158.
[67] Vgl. IDW RS HFA 30.89 ff.
[68] Vgl. Poelzig, in MünchKomm. HGB, 5. Aufl. 2024, § 284 HGB Rn 64.
[69] Vgl. IDW RS HFA 38.18.

Grundsätze auf gleichartige Sachverhalte nicht beibehalten werden und zudem die Abweichung nicht unerheblich ist.[70] Hinsichtlich der Auswirkungen der Angabe der Abweichungen wird eine verbale Berichterstattung und Berichterstattung mit Beschränkung auf wesentliche Aspekte für grds. zulässig erachtet, nicht aber die gesonderte Darstellung des Einflusses auf die Vermögens-, Finanz- und Ertragslage (Rz 52).[71] Damit ist das Ziel der Vorschrift kaum zu erreichen, weshalb auch das IDW in RS HFA 38.25 auf quantifizierte Angaben zumindest für die Einschätzung der Größenordnung abstellt. Bei **nicht unwesentlichen Abweichungen** wird daher eine verbale Berichterstattung nicht ausreichen, den Einfluss auf die wirtschaftliche Unternehmenslage erkennen zu lassen. Dies impliziert in diesen Fällen zwangsläufig zahlenmäßige Angaben.[72] Aus den Angaben muss erkennbar sein, von welchen Methoden und Grundsätzen abgewichen wird und auf welche Posten sich die Abweichungen beziehen, sofern die Änderung nicht alle Bilanzpositionen betrifft.[73] Die Angaben müssen sich auf alle Posten beziehen, die von der Abweichung berührt sind. Es ist somit über die Bilanz und GuV hinaus ggf. auch auf die Posten in der Kapitalflussrechnung oder im Anlagespiegel einzugehen, soweit diese aufgestellt werden. Angaben können auch zusammengefasst werden, wenn sie mehrere Positionen betreffen.[74]

47 Mit dieser Vorschrift soll die **Vergleichbarkeit der Jahresabschlüsse** im Zeitablauf verbessert werden. Für eine Abweichung müssen sachliche Gründe vorliegen, um insb. willkürliche Abweichungen auszuklammern. Gesetzlich zwingende Änderungen müssen nicht berichtet werden.[75] Eine auch dahingehende Berichterstattung empfiehlt sich jedoch insb. dann, wenn die gesetzlichen Änderungen wesentliche Auswirkungen auf die Vermögens-, Finanz- und Ertragslage haben.[76]

48 Abweichungen von **Bilanzierungsmethoden** liegen dann vor, wenn einerseits Ansatzwahlrechte im Vergleich zum Vj unterschiedlich ausgeübt und andererseits i. R. v. Einschätzungsspielräumen die zeitlichen Voraussetzungen für bestimmte Bilanzansätze unterschiedlich festgelegt werden.

> **Praxis-Beispiel**
> **Selbst geschaffene immaterielle VG des Anlagevermögens**
> Unt A entscheidet sich im Jahr 02, neue Entwicklungsprojekte zu aktivieren. Im Vj waren bereits Entwicklungsprojekte aktivierungsfähig. Hier liegt eine Abweichung vor, die mit Nennung der Bilanzposition, aber auch mit Angabe der Auswirkungen auf die GuV sowie der Darlegung der Überlegungen und Argumente, die zur Abweichung geführt haben, zu berichten ist.
> Unt B entscheidet sich im Jahr 02, neue Entwicklungsprojekte zu aktivieren. In den Vj zurück bis zum Gj der Erstanwendung des BilMoG waren jedoch keine Entwicklungsprojekte aktivierungsfähig, so dass letztlich das Bilanzie-

---

70 Vgl. IDW RS HFA 38.20.
71 Vgl. Grottel, in Beck Bil-Komm., 14. Aufl. 2024, § 284 HGB Rz 171 und Rz 196.
72 Vgl. Schülen, WPg 1987, S. 229 und IDW RS HFA 38.25.
73 Vgl. IDW RS HFA 38.19.
74 Vgl. Wulf, in Baetge/Kirsch/Thiele, Bilanzrecht, § 284 HGB Rz 78, Stand: 1/2022.
75 Vgl. Poelzig, in MünchKomm. HGB, 5. Aufl. 2024, § 284 HGB Rn 68.
76 Zu der trotz Einschränkung mit Art. 67 Abs. 8 EGHGB erfolgten Beschreibung der BilMoG-Erstanwendung in Jahresabschlüssen vgl. Kreipl/Lange/Müller, in Bertram/Brinkmann/Kessler/Müller, Haufe HGB Bilanz Kommentar BilMoG Erfahrungsbericht, 2012, Rz 335 ff.

rungswahlrecht seit Inkrafttreten nicht genutzt werden konnte. Es liegt dann keine berichtspflichtige Abweichung vor, da diese auf die Gesetzesänderung zurückzuführen ist und diesbzgl. keine Angaben nach Art. 67 Abs. 8 Satz 1 EGHGB gefordert werden.
Unt C entscheidet sich im Jahr 02, neue Entwicklungsprojekte zu aktivieren. In den Vj waren Entwicklungsprojekte aktivierungsfähig, aber nicht wesentlich, so dass diese nicht angesetzt wurden. Es liegt zwar eine berichtspflichtige Abweichung vor, allerdings braucht keine Begründung zu erfolgen, sodass der Hinweis auf die erstmalige Anwendung mit Nennung der Posten und der Auswirkungen ausreicht (IDW RS HFA 38.21).

Gem. § 246 Abs. 3 HGB gilt das Stetigkeitsgebot auch für Ansatzentscheidungen. Bei dennoch vorgenommenen Durchbrechungen muss über die Abweichungen berichtet werden. **Abweichungen von Bilanzierungsmethoden** liegen insb. vor, wenn i. R. desselben Bilanzierungswahlrechts aufgrund eines gleichen Sachverhalts eine andere Bilanzierungsentscheidung als bisher vorgenommen wird. Auch Einschätzungen hinsichtlich der Festlegung des Zeitpunkts der Bilanzierung, obwohl ein Bewertungsgrundsatz, ist berichtspflichtig nach § 284 Abs. 2 Nr. 2 HGB. 49

Praxis-Beispiel
Abweichungen von Bilanzierungsmethoden
Beispiele hierfür können sein:
- Änderungen des Realisationszeitpunkts von Umsätzen und Gewinnen sind zu berichten.
- Abweichungen vom Wesentlichkeitsgrundsatz sind stets anzugeben, da in diesem Fall eine Abweichung vom Regelfall vorliegt.
- Besonders eine Durchbrechung des Vollständigkeitsgrundsatzes im Fall einer unterlassenen Bilanzierung von Pensionsrückstellungen ist gesondert anzugeben.
- Ferner liegt eine Angabepflicht vor, wenn der Grundsatz der Unternehmensfortführung (§ 252 Abs. 1 Nr. 2 HGB) nicht mehr erfüllt erscheint und daher andere Bilanzierungsmethoden heranzuziehen sind.[77]

Abweichungen von Bewertungsmethoden liegen vor, wenn Bestandteile eines angewandten Bewertungsverfahrens gegenüber dem Vj-Abschluss nicht identisch sind. Änderungen von Parametern stellen dagegen keine Abweichung dar. Abweichungen resultieren i. d. R. aus einer Durchbrechung des Stetigkeitsgrundsatzes. Abweichungen vom Grundsatz der Bilanzidentität, der Unternehmensfortführung und der Periodenabgrenzung können zu Abweichungen von Bewertungsmethoden führen. Berichtspflichtige Abweichungen vom Vorsichtsprinzip können z. B. beim geänderten Realisationsprinzip entstehen. Abweichungen vom Grundsatz der Einzelbewertung sind zulässig, aber berichtspflichtig. Auch über eine Änderung der Ausübung von Bewertungswahlrechten muss berichtet werden.[78] 50

---

[77] Vgl. Schulte, BB 1986, S. 1471; Wulf, in Baetge/Kirsch/Thiele, Bilanzrecht, § 284 HGB Rz 82ff, Stand: 1/2022; Poelzig, in MünchKomm. HGB, 5. Aufl. 2024, § 284 HGB Rn 69; IDW RS HFA 17.40.
[78] Vgl. Freidank, DB 1989, S. 1202.

51 Neben der Angabe und der Begründung von Abweichungen muss gleichzeitig der **Einfluss auf die Vermögens-, Finanz- und Ertragslage** dargestellt werden. Damit werden die Auswirkungen i.d.R. über quantifizierte Wertangaben deutlich gemacht.[79] Ein Einfluss auf die Vermögenslage (§ 264 Rz 65ff.) ist gegeben, wenn infolge einer Abweichung die VG oder Schulden höher oder niedriger ausgewiesen werden. Ein Einfluss auf die Finanzlage ist einerseits gegeben, wenn Abweichungen die Vermögens- und Finanzverhältnisse ändern, die zur Beurteilung wichtig sind, und andererseits, wenn Abweichungen finanzwirksame Vorgänge in naher Zukunft beeinflussen. Geänderte Bilanzierungs- und Bewertungsmethoden werden i.d.R. Einfluss auf die Ertragslage (§ 264 Rz 74ff.) haben. Die Darstellung der Auswirkungen ist gesondert für die Vermögens-, Finanz- und Ertragslage zu geben. Eine Saldierung von positiven und negativen Auswirkungen ist nicht zulässig, da eine gesonderte Darstellung verlangt wird. Ausnahmsweise ist eine Zusammenfassung zulässig, wenn ein einheitlicher Einfluss auf die Vermögens-, Finanz- und Ertragslage gegeben ist oder die Auswirkungen bei isolierter Betrachtung einen geringen Einfluss haben.[80] Die Darstellung der Auswirkungen erfordert quantitative Angaben; eine Vj-Angabe ist auch i.R.d. Begründung empfehlenswert.[81]

3.3 Ausweis von Unterschiedsbeträgen (Abs. 2 Nr. 3)

52 Bei Anwendung einer **Gruppenbewertung** mit gewogenem Durchschnittswert oder eines **Verbrauchsfolgeverfahrens** müssen für jede Gruppe im Anhang Unterschiedsbeträge ausgewiesen werden, wenn im Vergleich zum Börsen- oder Marktpreis ein erheblicher Unterschied existiert. Kleine KapG sind von dieser Vorschrift befreit (§ 288 Abs. 1 HGB). Mit dieser Vorschrift werden Bewertungsreserven aufgedeckt. Die Vorschrift ist nur anzuwenden, wenn der Börsen- oder Marktpreis über dem Durchschnittswert liegt, da bei einem niedrigeren Preis eine außerplanmäßige Abschreibung vorzunehmen wäre.[82]

53 Von der Ausweispflicht sind Bilanzpositionen mit einer Bewertung nach § 240 Abs. 4 HGB oder § 256 Satz 1 HGB und damit die Bewertung von **gleichartigen VG des Vorratsvermögens** sowie **anderen gleichartigen oder annähernd gleichwertigen beweglichen VG und Schulden** betroffen. Für einen Ausweis muss grds. der letzte Börsen- oder Marktpreis vor dem Abschlussstichtag bekannt sein. Wenn kein Börsen- oder Marktpreis ermittelt werden kann, entfällt die Angabe; es ist jedoch darauf hinzuweisen.[83]

54 Der Ausweis kann pauschal für die jeweilige Gruppe erfolgen. Eine betragsgenaue Angabe ist nicht notwendig. Eine Voraussetzung für die Angabe besteht in der Erheblichkeit. Dabei kommt es auf die vernünftige kaufmännische Beurteilung im Einzelfall an. Von Erheblichkeit ist insb. auszugehen, wenn die Höhe des Unterschiedsbetrags im Verhältnis zum Wert des z.B. vereinfacht bewerteten VG oder aber der Anteil des z.B. vereinfacht bewerteten VG am Bilanzposten hoch ist. Im Allgemeinen werden Beträge von mehr als 10 % als erheblich angesehen.[84]

---

[79] Vgl. Grottel, in Beck Bil-Komm., 14. Aufl. 2024, § 284 HGB Rz 199.
[80] Vgl. Schülen, WPg 1987, S. 223; Poelzig, in MünchKomm. HGB, 5. Aufl. 2024, § 284 HGB Rn 79.
[81] Vgl. IDW RS HFA 38.25.
[82] Vgl. Wulf, in Baetge/Kirsch/Thiele, Bilanzrecht, § 284 HGB Rz 92, Stand: 1/2022.
[83] Vgl. Grottel, in Beck Bil-Komm., 14. Aufl. 2024, § 284 HGB Rz 205.
[84] Vgl. Poelzig, in MünchKomm. HGB, 5. Aufl. 2024, § 284 HGB Rn 88.

3.4 Angabe über Einbeziehung von Fremdkapitalzinsen in die Herstellungskosten (Abs. 2 Nr. 4)

Wenn Fremdkapitalzinsen gem. § 255 Abs. 3 HGB in die Herstellungskosten einbezogen werden, ist eine besondere **Berichtspflicht** gegeben. Angabepflichtig ist, ob alle oder nur Teile der aktivierungsfähigen Fremdkapitalzinsen einbezogen worden sind und, bei unterschiedlicher Inanspruchnahme des Wahlrechts, für welche VG das Wahlrecht ausgeübt wurde. Es ist ausreichend, wenn auf die Einbeziehung der Fremdkapitalzinsen hingewiesen wird. Eine Zahlenangabe wird nicht als erforderlich erachtet, ausgenommen bei außergewöhnlichen Erträgen oder wenn Wahlrechte unterschiedlich ausgeübt wurden.[85]

4 Angaben zur Entwicklung des Anlagevermögens und zu im Geschäftsjahr aktivierten Zinsen (Abs. 3)

4.1 Anlagespiegel

4.1.1 Grundsätzliche Ausgestaltung

Aufgrund der Vorgaben der RL 2013/34/EU ist der **Anlagespiegel stets im Anhang** auszuweisen. Mittelgroße und große KapG sowie denen gleichgestellte mittelgroße und große Personenhandelsgesellschaften (§ 264a HGB) haben nach § 284 Abs. 3 HGB die Entwicklung der einzelnen Posten des Anlagevermögens in der Bilanz oder im Anhang darzustellen. Dabei haben sie nach § 284 Abs. 3 Satz 2 HGB ausgehend von den gesamten AHK die Zugänge, Abgänge, Umbuchungen und Zuschreibungen des Gj sowie die Abschreibungen gesondert aufzuführen.

Die Abschreibungen sind weiter zu untergliedern in die kumulierten Abschreibungen zu Beginn und zum Ende des Gj, die Abschreibungen des Gj sowie die Änderung der kumulierten Abschreibungen im Zusammenhang mit Zugängen, Abgängen und Umbuchungen des Gj (§ 284 Abs. 3 Satz 3 HGB).[86] Die vom deutschen Gesetzgeber direkt aus der Bilanzrichtlinie 2013/34/EU übernommenen Formulierungen sind dahingehend unklar, ob die **Änderungen der kumulierten Abschreibungen** in einer Position oder analog zu den Angabepflichten der Bruttobeträge untergliedert in Änderungen der kumulierten Abschreibungen aus

- Zugängen,
- Abgängen und
- Umbuchungen

anzugeben sind. Während Ersteres vom Gesetzestext her ggf. vertretbar wäre, erscheint die aufgegliederte Variante erheblich sinnvoller zu sein. In der Literatur wird zunehmend nur die komplette Aufgliederung als sachgerecht erachtet.[87]

---

[85] Vgl. Grottel, in Beck Bil-Komm., 14. Aufl. 2024, § 284 HGB Rz 210; Poelzig, in MünchKomm. HGB, 5. Aufl. 2024, § 284 HGB Rn 92; zur praktischen Anwendung Kreipl/Lange/Müller, in Bertram/Brinkmann/Kessler/Müller, Haufe HGB Bilanz Kommentar BilMoG Erfahrungsbericht, 2012, Rz 108 ff.

[86] Vgl. Müller, BC 2016, S. 103.

[87] Vgl. Grottel, in Beck Bil-Komm., 14. Aufl. 2024, § 284 HGB Rz. 233 m.w.N.; Lorson/Haustein, in Küting/Weber, HdR-E, §§ 284–288 HGB Rz 215, Stand: 9/2021; Rimmelspacher/Reitmeier, WPg 2015, S. 1007.

Die nach § 284 Abs. 3 HGB zu erbringenden Angaben werden regelmäßig im sog. **Anlagespiegel oder Anlagegitter** zusammengefasst. Der Zweck des Anlagespiegels besteht darin, das im Anlagevermögen gebundene Kapital, die Altersstruktur der VG und die Entwicklung der einzelnen Posten im abgelaufenen Gj darzulegen.

58 **Kleine KapG** sind von der Aufstellung eines Anlagespiegels befreit (§ 288 Abs. 1 HGB). Es steht ihnen – wie allen übrigen nicht zur Erstellung eines Anlagespiegels verpflichteten Unt – frei, freiwillig einen Anlagespiegel zu erstellen. In diesem Fall sollten sie den Anlagespiegel nach den für mittelgroße KapG etc. geltenden Vorschriften erstellen; wird davon abgewichen, so ist gem. § 284 Abs. 2 HGB zu erläutern, nach welcher Methode der Anlagespiegel konzipiert wurde. Soweit eine Verpflichtung zur Erstellung des Anlagespiegels besteht, ist dieser zwingend nach der sog. direkten Bruttomethode zu entwickeln.

59 Zur Erstellung des Anlagespiegels verpflichtete Unt haben diesen vertikal **entsprechend dem Bilanzgliederungsschema** des § 266 Abs. 2 HGB aufzubauen, d. h., sämtliche Posten des in der Bilanz ausgewiesenen Anlagevermögens sind einzubeziehen. Gem. § 265 HGB sind auch im Anlagespiegel abweichende, der Klarheit dienende Postenbezeichnungen zulässig, neue Posten dürfen eingefügt, unerhebliche Posten dürfen zusammengefasst und Leerposten brauchen nicht ausgewiesen zu werden. Im Anlagespiegel sind stets die Bezeichnungen zu verwenden, die in der Bilanz des Unt stehen. Soweit mittelgroße KapG für **Zwecke der Offenlegung** von den Erleichterungen nach § 327 Nr. 1 HGB Gebrauch machen und lediglich eine verkürzte Bilanz einreichen, darf nach h. M. auch der Anlagespiegel bei der Offenlegung der verkürzten Gliederung folgen.[88] Kleine KapG, die freiwillig einen Anlagespiegel erstellen, können sich ebenso damit begnügen, den Anlagespiegel entsprechend des Mindestgliederungsschematas der Bilanz unter Angabe der mit Buchstaben und römischen Zahlen versehenen Posten aufzubauen, oder können ihn bei der Offenlegung weglassen.

60 Die **horizontale Gliederung des Anlagespiegels** ergibt sich aus § 284 Abs. 3 Satz 2 HGB, wonach ausgehend von den gesamten AHK die Zugänge, Abgänge, Umbuchungen und Zuschreibungen des Gj sowie die Abschreibungen aufzuführen sind. Die Abschreibungen sind weiter zu unterteilen in den Gesamtbetrag der Abschreibungen zu Gj-Beginn und -Ende, die Abschreibungen des Gj sowie Änderungen der Gesamtabschreibungen, die aus Zu- und Abgängen sowie Umbuchungen im Gj resultieren. Darüber hinaus sind zu jeder Bilanzposition der Buchwert zum Ende des Gj sowie nach § 265 Abs. 2 HGB der entsprechende Vj-Wert anzugeben. Das HGB schreibt zwar keine zwingende Reihenfolge vor, nach der der Anlagespiegel horizontal zu gliedern ist. Diese Reihenfolge ergibt sich jedoch aus dem Zweck, der mit dem Anlagespiegel verfolgt wird: Da der Anlagespiegel u. a. die wertmäßige Entwicklung des Anlagevermögens im Zeitablauf dokumentieren soll, bietet es sich an, die Spalten so zu ordnen, dass sich der Restbuchwert zum Ende des Gj durch Verrechnung der einzelnen Zugänge, Abgänge etc. mit den historischen AHK ableiten lässt. Dies entspricht auch der für den Anlagespiegel allein zulässigen **direkten Bruttomethode**. Um neben dem Anlagespiegel die Entwicklung der Abschreibungen und Zuschreibungen zu verdeutlichen, können zusätzlich ein Abschreibungs- und ein Zuschreibungsspiegel erstellt werden. Ein diesen Anforderungen genügender und zweckmäßi-

---

[88] Vgl. Müller, in Baetge/Kirsch/Thiele, Bilanzrecht, § 327 HGB Rz 23, Stand: 4/2022.

gerweise die Abschreibungen des Gj einbeziehender Anlagespiegel kann entsprechend dem folgenden Beispiel aufgebaut werden:

(0)	(1)	(2)	(3)	(4)	(5)	(6)	(7)
Bilanzposten	AHK zum 1.1.	Zugänge des Gj	Abgänge des Gj	Umbuchungen des Gj	AHK am Ende des Gj	Abschreibungen (kumuliert) zum 1.1.	Abschreibungen des Gj
		+	−	+/−	−		+

(8)	(9)	(10)	(11)	(12)	(13)	(14)
Zuschreibungen des Gj	Weitere Abschreibungsänderungen durch Zugänge	Weitere Abschreibungsänderungen durch Abgänge	Weitere Abschreibungsänderungen durch Umbuchungen	Abschreibungen (kumuliert) zum 31.12.	Buchwert am 31.12.	Buchwert Vj
+	+	−	+/−	−	Bilanzansatz	

Tab. 1: Horizontale Gliederung des Anlagespiegels

Neben diesem sich an der in § 284 Abs. 3 Satz 2 und 3 HGB **verwendeten Reihenfolge** orientierenden Aufbau des Anlagespiegels – zunächst Darstellung der **mengenmäßigen Änderungen** in Form der Zu- und Abgänge sowie Umbuchungen, sodann der **wertmäßigen Änderungen** in Form der Zu- und Abschreibungen i. R. d. kumulierten Abschreibungen – sind weitere Varianten denkbar. So können etwa den Wert der historischen AHK erhöhende Vorgänge den wertmindernden vorangestellt werden.

Da § 284 Abs. 3 HGB die Zahl der zu bildenden Spalten nicht vorschreibt, wird es als statthaft angesehen, diese durch **Zusammenfassungen** wie folgt zu reduzieren:
- Zuordnen von Umbuchungen mit entsprechenden Vorzeichen zu den Zugängen oder Abgängen,
- Erfassen von Zuschreibungen unter den Zugängen,
- Zusammenfassen von Zu- und Abschreibungen in einer Spalte,
- Weglassen von Leerspalten, sofern diese auch im Vj keine Werte enthalten haben.

In all diesen Fällen muss jedoch sichergestellt sein, dass sich die Einzelangaben, die § 284 Abs. 3 Satz 2 und 3 HGB fordert, dem Anlagespiegel entnehmen lassen, sodass diese Verkürzungen wenig geeignet erscheinen, einen klaren Ausweis zu ermöglichen, da eine Fülle von Zusatzangaben notwendig werden.

Die geforderte **Aufgliederung der kumulierten Abschreibungen** kann auch, da der Anlagespiegel mit den vielen Spalten kaum noch sinnvoll abgedruckt werden kann, gesondert nach folgendem Schema dargestellt werden:[89]

---

[89] Vgl. ADS, Rechnungslegung und Prüfung der Unternehmen, 6. Aufl. 1995–2001, § 268 HGB Rz. 63–66.

Kum. Abschreibungen zu Beginn des Gj	Kumulierte Abschreibungen					Kum. Abschreibungen zum Ende des Gj
	Zugänge (Abschreibungen des Gj)	Zugänge (kum. Abschreibungen auf bestimmte Zugänge)	Zuschreibungen des vorangegangenen Gj	Abgänge (Abschreibungen auf Abgänge des Gj)	Umbuchungen (Abschreibungen auf Umbuchungen des Gj)	
	+	+	–	–	+/–	=

Tab. 2: Übersicht über die Aufgliederung der kumulierten Abschreibungen

Vor diesem Hintergrund ist es zulässig und sinnvoll, den Anlagespiegel über die Mindestangaben hinaus zu erweitern und bspw. **Abschreibungs- und Zuschreibungsspiegel** zu integrieren:

Historische Anschaffungs- und Herstellungskosten					Kumulierte Abschreibungen			Buchwert zum 31.12.t0	Buchwert zum 31.12.t1
Stand zum 01.01.t1	Zugänge des Gj [+]	Umbuchungen des Gj [+/–]	Abgänge des Gj [–]	Stand zum 31.12.t *(freiwillige Zusatzinformation)*	Stand zum 01.01.t1		Stand zum 31.12.t1		
EUR	EUR	EUR	EUR	EUR	EUR		EUR	EUR	EUR

Kumulierte Abschreibungen				
Abschreibungen des Gj t1 [+]	Zugänge (kumulierte Abschreibungen auf bestimmte Zugänge) [+]	Abgänge (kumulierte Abschreibungen auf Abgänge) [–]	Umbuchungen (kumulierte Abschreibungen auf Umbuchungen) [+/–]	Zuschreibungen des Gj [–]
EUR	EUR	EUR	EUR	EUR

Abb. 1: Erweiterte Darstellung eines Anlagespiegels

Hier ist die Entwicklung der kumulierten Abschreibungen deutlich besser zu ersehen und es werden direkte Vergleiche mit den Positionen zu historischen AHK möglich.

63 Die Darstellungsmöglichkeiten im Anlagespiegel stoßen allerdings an Grenzen, wenn die **erforderliche Klarheit** nicht mehr gegeben ist. Daher ist **alternativ eine vertikale Anordnung** denkbar, in der die Inhalte der Spalten zu den Zeileninhalten werden und in den Spalten die jeweiligen Positionen des Anlagevermögens stehen.[90]

64 In der ersten Spalte des Anlagespiegels werden die ursprünglichen (**historischen**), nach § 255 Abs. 1 und 2 HGB ermittelten **AHK** von in früheren Perioden angeschafften oder hergestellten VG, die zu Beginn des Gj noch im Unt vorhanden sind, erfasst. Hierunter fallen auch solche VG, die bereits voll abgeschrieben sind, nicht aber geringwertige Wirtschaftsgüter (GWG), die bereits als Abgänge behandelt

---

[90] Vgl. Lorson/Haustein, in Küting/Weber, HdR-E, §§ 284–288 HGB Rz 148, Stand: 9/2021; Wulf, in Baetge/Kirsch/Thiele, Bilanzrecht, § 284 HGB Rz 105, Stand: 1/2022.

wurden. Die historischen AHK eines jeden Postens des Anlagevermögens sind alljährlich unter Einbeziehung der Änderungen des Vj wie folgt fortzuschreiben:

	AHK zu Beginn des vorangegangenen Gj
+	Zugänge des vorangegangenen Gj
–	Abgänge des vorangegangenen Gj
+ / –	Umbuchungen des vorangegangenen Gj
=	AHK zu Beginn des laufenden Gj

Ist ein Unt **erstmals zur Erstellung eines Anlagespiegels** verpflichtet, z. B. eine ehemals kleine, nun mittelgroße KapG oder eine aus der Umwandlung einer PersG hervorgegangene mittelgroße KapG, und kann dieses die Ausgangsdaten für den Anlagespiegel nicht ohne unverhältnismäßig hohe Kosten oder zeitliche Verzögerungen ermitteln, dann darf das Unt in diesem Fall ausnahmsweise die Buchwerte der VG aus dem Jahresabschluss des vorhergehenden Gj als ursprüngliche AHK übernehmen und fortführen (Art. 24 Abs. 3 EGHGB). Diese Erleichterung greift v. a. dann, wenn AHK bereits längere Zeit zurückliegen und die Wertentwicklung insb. in Form kumulierter Ab- und Zuschreibungen nicht mehr nachvollziehbar ist. Neben Buchwerten können auch höhere Zwischenwerte unter Berücksichtigung zwischenzeitlicher Abschreibungen angesetzt werden; die ursprünglichen AHK bilden jedoch die Obergrenze für den Ansatz. Keinesfalls dürfen die Buchwerte sämtlicher VG generell aus Vj-Abschlüssen übernommen werden. Wird von dieser Erleichterung bei der erstmaligen Erstellung des Anlagespiegels Gebrauch gemacht, so ist im Anhang darüber zu berichten.[91]

65

Unter den **Zugängen** werden sämtliche mengenmäßigen Vermehrungen von Anlagegütern während eines Gj verstanden. Zu den Zugängen rechnen neben eindeutigen Anschaffungs- und Herstellungsvorgängen auch:
- **nachträgliche Anschaffungs-, Anschaffungsneben- und Herstellungskosten**
- sowie **nachträgliche Erhöhungen** solcher Kosten auf Zugänge früherer Gj. Hierunter fallen z. B. nachträgliche Erhöhungen von Kaufpreisen, anschaffungsnaher Aufwand i. V. m. dem Erwerb eines Gebäudes, aktivierungspflichtiger Herstellungsaufwand, nachträglich entstandene Erschließungskosten für Grundstücke. Obwohl es sich häufig nicht um mengen-, sondern um wertmäßige Erweiterungen des Anlagevermögens handelt, sind diese nach h. M. als Zugänge auszuweisen, da der sonst allein infrage kommende Ausweis als Zuschreibungen einerseits erfolgswirksamen Charakter hätte, andererseits dazu führen würde, dass die nachträglichen Kosten nicht im Folgejahr den historischen AHK zugeordnet werden könnten;[92]
- **Nachaktivierungen** infolge steuerlicher Außenprüfungen. Ob diese als Zugänge oder Zuschreibungen auszuweisen sind, ist in der Literatur strittig;[93] Dabei wird jedoch bisweilen die Ursache für Nachaktivierungen übersehen. Im Wesentlichen

66

---

[91] Vgl. Lorson/Haustein, in Küting/Weber, HdR-E, §§ 284–288 HGB Rz 284, Stand: 9/2021.
[92] Vgl. Lorson/Haustein, in Küting/Weber, HdR-E, §§ 284–288 HGB Rz 167, Stand: 9/2021.
[93] Für einen Ausweis unter Zugängen: Lorson/Haustein, in Küting/Weber, HdR-E, §§ 284–288 HGB Rz 167, Stand: 9/2021; für einen Ausweis unter Zuschreibungen: Grottel, in Beck Bil-Komm., 14. Aufl. 2024, § 284 HGB Rz 271.

sind diese darauf zurückzuführen, dass einerseits aktivierungspflichtige AHK fälschlicherweise als Aufwand gebucht wurden, andererseits erfolgten überhöhte Abschreibungen. Im ersten Fall greift m. E. die gleiche Argumentation wie bei vorstehenden Posten, was für einen Ausweis dieser nachträglichen Aufwand unter den Zugängen spricht. Anders dagegen, wenn Nachaktivierungen zur Korrektur von Abschreibungen vorgenommen werden. In diesem Fall müssen die bisherigen kumulierten Abschreibungen korrigiert werden, was nur über eine Erfassung der Nachaktivierungsbeträge unter den Zuschreibungen und eine entsprechende Verrechnung mit den kumulierten Abschreibungen erreicht werden kann;[94]
- **Umgliederungen von VG aus dem Umlauf- in das Anlagevermögen.** Derartige Umgliederungen können alternativ unter den Umbuchungen erfasst werden. Dies hat jedoch zur Folge, dass es innerhalb der Umbuchungen keine kompensierende Wirkung gibt. Wird dennoch die alternative Vorgehensweise gewählt, sollte der Saldo mit einem entsprechenden Vermerk gekennzeichnet werden. Aus Gründen der Klarheit und Übersichtlichkeit werden Umgliederungen häufig in einer separaten Spalte dargestellt;
- **kurzlebige VG** mit einer Nutzungsdauer von weniger als einem Jahr;
- **GWG.** Nur solche VG, deren AHK 250 EUR nicht überschreiten, dürfen steuerrechtlich sofort als Aufwand verrechnet werden, was handelsrechtlich mit Verweis auf die Wesentlichkeit ebenfalls durchgeführt werden kann. Dann sind diese VG nicht in den Anlagespiegel einzubeziehen.

Die unter den Zugängen ausgewiesenen Beträge erhöhen im folgenden Gj die jeweiligen AHK der einzelnen Anlagevermögensposten.

67 Grds. sind sämtliche **Zugänge** mit den vollen ursprünglichen AHK zu bewerten. Dies hat zur Folge, dass
- **keine Saldierung mit Abgängen** erfolgen darf. Scheidet der VG im Jahr des Zugangs wieder aus, sind Zugang und Abgang – von Korrekturen der Abschreibungen zunächst abgesehen – jeweils in voller Höhe auszuweisen;
- **keine Kürzung um bereits vorgenommene Abschreibungen** erfolgen darf. Soweit etwa auf aus dem Umlaufvermögen umgegliederte VG bereits Abschreibungen vorgenommen wurden, sind diese im Jahr des Zugangs unter den kumulierten Abschreibungen auszuweisen. Gleiches gilt für im Zugangsjahr auf Anlagegüter vorgenommene planmäßige und außerplanmäßige Abschreibungen, die zusätzlich unter den Abschreibungen des Gj zu erfassen sind;
- **keine Kürzung um i. V. m. der Anschaffung oder Herstellung von Anlagegütern gewährten Zuschüssen, Zulagen oder sonstigen Zuwendungen** erfolgen darf. Sofern derartige Subventionen nicht erfolgswirksam, sondern erfolgsneutral behandelt und die AHK in entsprechender Höhe gekürzt werden, sind dennoch die Brutto-AHK als Zugang zu erfassen. Der Kürzungsbetrag ist entweder den kumulierten Abschreibungen bzw. Abschreibungen des Gj zuzuordnen und in Form eines Davon-Vermerks oder durch entsprechende Angaben im Anhang oder eindeutiger noch durch eine eigene Spalte „verrechnete Zuschüsse" im Anlagespiegel gesondert kenntlich zu machen. Insb. letztere Ausweistechnik hat die Vorteile, das tatsächliche Investitionsvolumen offen-

---

[94] So auch Kahle/Heinstein, in Schulze-Osterloh/Hennrichs/Wüstemann, HdJ, Abt. II/3, Sachanlagevermögen nach HGB und EStG, Rz 330, Stand: 11/2015.

zulegen, Zuschüsse von Abschreibungen abzugrenzen und der Konzeption des Anlagespiegels nach der direkten Bruttomethode zu entsprechen.
Entscheidende Bedeutung kommt dem **Zeitpunkt des Zugangs eines VG** zu. Grds. gilt ein VG als zugegangen, wenn die wirtschaftliche Verfügungsgewalt erlangt wird. Nicht maßgeblich sind die Zeitpunkte der Rechnungsstellung oder der Erlangung des rechtlichen Eigentums. Im Einzelnen sind folgende Zeitpunkte maßgebend:

- **Grundstücke und grundstücksgleiche Rechte** gelten im Zeitpunkt des Übergangs von Besitz, Gefahr, Nutzen und Lasten als zugegangen; meist also in dem im Kaufvertrag festgelegten Zeitpunkt, nicht erst im Zeitpunkt der Grundbucheintragung.
- **Selbst erstellte Anlagen oder hergestellte Gebäude** sind mit ihrer Fertigstellung, d.h. in dem Zeitpunkt, in dem sie bestimmungsgemäß genutzt werden können, als Zugang auszuweisen bzw. bei vorherigem Ausweis unter „Anlagen im Bau" umzubuchen.
- **Anzahlungen** sind als Zugang zu erfassen, wenn sie tatsächlich geleistet sind.

Einen Sonderfall stellen die **Zugänge bereits in früheren Gj oder von einem Rechtsvorgänger abgeschriebener VG des Anlagevermögens** dar. Diese treten etwa im Zusammenhang mit Umwandlungen auf. Hier können nach § 24 UmwG z.B. bei einer Verschmelzung die Buchwerte fortgeführt werden. Wird das mit der Bruttoerfassung dargestellt, so müssen, wie in Rz 67 beschrieben, die historischen AHK als Zugang ausgewiesen und gleichzeitig die bisherigen kumulierten Abschreibungen des Rechtsvorgängers übernommen werden, was als **Änderungen in der Darstellung der kumulierten Abschreibungen** zu verstehen ist und in den kumulierten Abschreibungen eine gesonderte Position nötig werden lässt. Erfolgt eine Darstellung der gebrauchten oder wertgeminderten VG des Anlagevermögens mit der Nettomethode, kann auch nur der Buchwert als Zugang zu AHK erfasst werden und die Position in der Aufstellung der Entwicklung der kumulierten Abschreibungen bleibt ungenutzt.[95]

Die **Abgänge** bilden das Gegenstück zu den Zugängen, sodass in dieser Spalte grds. alle mengenmäßigen Verminderungen der Anlagevermögenspositionen zu erfassen sind. Abgänge i.d.S. liegen vor bei sämtlichen Formen des Ausscheidens, insb. bei Veräußerung, Tausch, Entnahme, Verschrottung und Enteignung; darüber hinaus bei der Umbuchung vom Anlage- in das Umlaufvermögen. Wertminderungen des Anlagevermögens sind dagegen regelmäßig den Abschreibungen zuzurechnen. Eine Saldierung von Abgängen mit Zugängen ist unzulässig. Analog der Behandlung als Zugänge sind unter den Abgängen einige wertmäßige Änderungen von VG zu buchen. Dies gilt bspw. für nachträgliche Minderungen der AHK, etwa infolge von nach Ablauf des vorangegangenen Gj gewährten Rabatten. Ein Abgang liegt ebenfalls vor, wenn sich im Nachhinein herausstellt, dass eine aktivierte Position nicht oder nicht in dem erfassten Umfang aktivierungsfähig ist.
Die Abgänge müssen **in voller Höhe**, d.h. zu ihren historischen AHK ausgewiesen werden. Der Ausweis eines Abgangs im Anlagespiegel macht es erforderlich, nicht nur die Spalte „historische AHK", sondern auch die Spalten „weitere Abschreibungsänderungen aus Abgängen" sowie „Zuschreibungen des Gj" zu korrigieren. Zuschreibungen früherer Gj werden regelmäßig bereits durch Saldierung mit den kumulierten Abschreibungen berücksichtigt sein; wird eine eigene Spalte „kumu-

---

[95] Vgl. IDW, WPH Edition, Wirtschaftsprüfung & Rechnungslegung, 18. Aufl. 2023, Kap. F Tz 1027.

lierte Zuschreibungen" ausgewiesen, ist diese entsprechend den „kumulierten Abschreibungen" zu berichtigen. Der Abgangswert ist demnach wie folgt zu ermitteln:

	Restbuchwert des ausgeschiedenen VG am Ende des Gj
+	auf den Abgang entfallende kumulierte Abschreibungen (einschl. der Zuschreibungen in früheren Gj)
–	auf den Abgang entfallende Zuschreibungen des Gj
=	Abgangswert (= Historische AHK)

Die historischen AHK von abnutzbaren VG am **Ende ihrer Nutzungsdauer** müssen weiter angesetzt bleiben, obwohl sie bereits vollständig abgeschrieben sind; AHK und kumulierte Abschreibungen stehen sich in gleicher Höhe gegenüber. Solange ein derartiger VG körperlich noch vorhanden ist und genutzt oder als Reservevermögen vorgehalten wird, ist er im Anlagespiegel auszuweisen. Erst dann, wenn er faktisch wertlos geworden ist oder veräußert werden soll, kann ein Abgang fingiert werden. In der Buchhaltungspraxis wird in diesen Fällen häufig auf einen Erinnerungswert von 1 EUR abgeschrieben.

Für den **Abgangszeitpunkt** gelten entsprechende Grundsätze wie für den Zugangszeitpunkt: Abgänge sind in dem Zeitpunkt zu erfassen, wenn die wirtschaftliche Zurechnung zum Anlagevermögen nicht mehr greift. Dies betrifft zum einen das Ausscheiden eines VG des Anlagevermögens aus dem Unt. Zum anderen sollte aufgrund der Klarheit und Übersichtlichkeit das Ausscheiden aus dem Anlagevermögen als Abgang und nicht als Umbuchung erfasst werden. Da jedoch die Berücksichtigung als Abgang den Einblick in die Investitions-/Desinvestitionstätigkeit verzerrt, sind nach h. M. beide Varianten vertretbar.[96]

Um dem Bruttoprinzip des Anlagespiegels gerecht zu werden, müssen alle mengenmäßigen Änderungen des Anlagevermögens mit ihren **historischen Bruttowerten** angesetzt werden. Folglich sind bei einem Abgang auch die auf den Posten entfallenden Wertberichtigungen der Vj über die Spalte „Abgang Abschreibungen" bei den kumulierten Abschreibungen zu korrigieren; analog ist eine Korrektur des Restbuchwerts zu berücksichtigen.[97]

71 Die Spalte **Umbuchungen des Gj** dient grds. allein dazu, Umgliederungen zwischen den einzelnen Posten des Anlagevermögens während eines Rechnungslegungszeitraums zu erfassen. Umgliederungen zwischen Anlage- und Umlaufvermögen können zulässigerweise ebenfalls als Umbuchungen behandelt werden,[98] sind als Zu- oder Abgänge auszuweisen. Mit dem Ausweis als Umbuchung sollen weder mengen- noch wertmäßige Änderungen des Vermögens, sondern lediglich Ausweisänderungen sichtbar gemacht werden. Diese Ausweisänderungen beziehen sich primär auf das Anlagevermögen, für das der Anlagespiegel zu erstellen ist. Umbuchungen aus dem

---

[96] Vgl. z. B. ADS, Rechnungslegung und Prüfung der Unternehmen, 6. Aufl. 1995–2001, § 268 HGB Rz 51; Lorson/Haustein, in Küting/Weber, HdR-E, §§ 284–288 HGB Rz 183, Stand: 9/2021. Letztlich kommt es auf die primäre Aufgabe des Anlagespiegels an (Entwicklung des Anlagevermögens oder Darstellung der Investitions-/Desinvestitionstätigkeit; vgl. Poelzig, in MünchKomm. HGB, 5. Aufl. 2024, § 284 HGB Rz 113.
[97] Vgl. Lorson/Haustein, in Küting/Weber, HdR-E, §§ 284–288 HGB Rz 184, Stand: 9/2021.
[98] Vgl. Grottel, in Beck Bil-Komm., 14. Aufl. 2024, § 284 HGB Rz 261.

Umlaufvermögen sind aber ebenso denkbar. Hauptanwendungsfälle für Umbuchungen sind die Bilanzposition „Geleistete Anzahlungen und Anlagen im Bau", die in die entsprechenden Einzelpositionen fertiggestellter Sachanlagen eingestellt werden, weiterhin „Geleistete Anzahlungen auf immaterielle Vermögensgegenstände" oder innerhalb des Finanzanlagevermögens durch Änderung der Konzernzugehörigkeit.
Bei Umbuchungen ist mit **positiven und negativen Vorzeichen** zu operieren. Bei der Position des Anlagevermögens, aus der der Gegenstand ausscheidet, sind die historischen AHK mit negativem Vorzeichen zu vermerken; bei der Position, der sie neu zugeordnet werden, erfolgt die Gegenbuchung mit positivem Vorzeichen. Allerdings sind nicht nur die AHK umzubuchen, sondern ggf. bereits vorgenommene Ab- und Zuschreibungen. Soweit während des Gj, in dem umgebucht wird, weitere HK für den umzubuchenden VG anfallen, können diese entweder zunächst dem umzubuchenden Posten zugeordnet oder als Zugang bei der Position behandelt werden, auf die umgebucht wird. In dem der Umbuchung folgenden Jahr erhöht bzw. vermindert der Umbuchungsbetrag die AHK der betroffenen Bilanzpositionen. Der Umbuchungswert ist dementsprechend wie folgt zu ermitteln:

	Restbuchwert des umzubuchenden VG am Ende des Gj
+	auf die Umbuchung entfallende kumulierte Abschreibungen (einschl. der Zuschreibungen in früheren Gj sowie der Abschreibungen des Gj)
–	auf die Umbuchung entfallende Zuschreibung des Gj
=	Umbuchungswert (= Historische AHK)

Anlagen im Bau sind in dem Gj umzubuchen, in dem sie fertiggestellt bzw. zum Betrieb bereit sind. Soweit Anzahlungen auf VG geleistet wurden, erfolgen die Umbuchungen in dem Gj, in dem die wirtschaftliche Verfügungsgewalt über die angezahlten Gegenstände erlangt wird.
Unter einer **Zuschreibung** wird eine rein wertmäßige Erhöhung der Gegenstände des Anlagevermögens verstanden. Zuschreibungen sind als Korrektur der in den Vj durchgeführten Abschreibungen zu interpretieren. I.d.R. handelt es sich um eine Korrektur vorgenommener außerplanmäßiger Abschreibungen, bei denen der Abschreibungsgrund entfallen ist. Es können auch planmäßige Abschreibungen korrigiert werden, wenn bspw. bei steuerlichen Betriebsprüfungen längere Nutzungsdauern zugrunde gelegt werden und dies in der Handelsbilanz nachvollzogen wird. Als Wertobergrenze der Zuschreibungen sind stets die fortgeführten historischen AHK zu berücksichtigen. Zuschreibungen erhöhen den Restbuchwert am Ende des Gj, ohne die historischen AHK zu beeinflussen. Sie resultieren aus dem Wertaufholungsgebot, was mit Ausnahme des GoF (§ 253 Rz 336 f.) für alle VG gilt. Zuschreibungen auf im Gj abgegangene VG sind sowohl als Zuschreibungen des Gj als auch als Änderung der gesamten AHK im Zusammenhang mit Abgängen darzustellen, da ansonsten der Anlagespiegel rechnerisch nicht aufgeht.[99]
Im Anlagespiegel sind lediglich die **Zuschreibungen des Gj** auszuweisen, während der Ausweis von kumulierten Zuschreibungen in einer separaten Spalte in § 284 Abs. 3 HGB nicht vorgeschrieben wird. Dies hat zur Folge, dass der

---

[99] Vgl. Grottel, in Beck Bil-Komm., 14. Aufl. 2024, § 284 HGB Rz 232.

isolierte Ausweis von Jahreszuschreibungen keine rechnerische Ableitung der Restbuchwerte aus den historischen AHK zulässt. Aus diesem Grund wird es als zulässig angesehen, die Zuschreibungen des Gj auch im Bereich der kumulierten Abschreibungen auszuweisen und mit diesen zum Gj-Ende aufzurechnen, auch wenn dies prinzipiell gegen das Saldierungsverbot verstößt.

73 Auf freiwilliger Basis können darüber hinaus die **kumulierten Zuschreibungen** im Anlagespiegel ausgewiesen und als Korrekturposten in einen Abschreibungsspiegel integriert werden. Alternativ kann ein – aus Gründen der Übersichtlichkeit gesonderter – Zuschreibungsspiegel erstellt werden. Mit der Entwicklung eines Zuschreibungsspiegels kann ein weiteres Problem umgangen werden: dass Zuschreibungen auf während des Gj abgegangene VG die rechnerische Nachvollziehbarkeit der betroffenen Zeile des Anlagespiegels stören.

74 Im Anlagespiegel sind die „Abschreibungen in ihrer gesamten Höhe zu Beginn und zum Ende des Geschäftsjahrs gesondert aufzuführen". Diese Spalten, meist als **„kumulierte Abschreibungen"** bezeichnet, umfassen die aufgelaufenen Abschreibungen der Vergangenheit, soweit sie auf Posten des Anlagevermögens entfallen, die am Anfang bzw. zum Ende des Gj noch im Anlagespiegel aufgeführt sind. Demgemäß sind Abschreibungen auf abgegangene VG zum Gj-Ende nicht mehr in dieser Spalte aufzuführen; sie müssen auch nicht gesondert vermerkt werden, sondern sind seit dem BilRUG in der Spalte „Weitere Abschreibungsänderungen aus Abgängen" zu verdeutlichen. Abschreibungen auf innerhalb des Anlagevermögens umgebuchte VG werden weiterhin im Anlagespiegel erfasst, allerdings erfolgt hier ein „Zeilenwechsel" entsprechend der Umbuchung. Im Anlagespiegel wird somit der Wertverzehr des zum Gj-Ende noch vorhandenen Anlagevermögens abgebildet. Dem entspricht auch, dass die Zuschreibungen des Gj bei der Entwicklung der kumulierten Abschreibungen auszuweisen und dann mit diesen aufzurechnen sind. Demgemäß können die kumulierten Abschreibungen wie folgt von Gj zu Gj fortgeschrieben werden:

Betrag der kumulierten Abschreibungen zu Beginn des Gj
+ Abschreibungen des laufenden Gj
− Zuschreibungen des laufenden Gj
+ Abschreibungen auf während des laufenden Gj zugebuchte/übernommene VG
− Abschreibungen auf während des laufenden Gj abgebuchte VG (Umbuchungen)
− Abschreibungen auf während des laufenden Gj abgegangene VG
= Betrag der kumulierten Abschreibungen des laufenden Gj

75 Der Begriff **Abschreibungen** ist weit gefasst, sodass hier auch noch allein steuerrechtlich zulässige Abschreibungen einschl. übertragener steuerfreier Rücklagen aus der Zeit vor dem BilMoG ausgewiesen sein können, soweit das Übergangswahlrecht aus Art. 67 Abs. 4 Satz 1 EGHGB genutzt wurde. Wurde jedoch von dem Wahlrecht in § 281 Abs. 1 HGB i.V.m. § 247 Abs. 3 HGB a.F. Gebrauch gemacht, den Differenzbetrag zwischen handelsrechtlich gebotener

und steuerrechtlich zulässiger Abschreibung in einen Sonderposten mit Rücklageanteil einzustellen, so sind im Anlagespiegel lediglich die aktivisch abgesetzten handelsrechtlichen Abschreibungen zu zeigen. Werden steuerfreie Rücklagen auf VG übertragen, so steigen weder die kumulierten Abschreibungen in entsprechendem Umfang, noch darf eine Kürzung der historischen AHK vorgenommen werden, da § 254 HGB a. F. für diese neu erworbenen VG mit der Abschaffung der umgekehrten Maßgeblichkeit nicht mehr gelten kann.[100]
Für **Abschreibungen des Gj** besteht kein Ausweiswahlrecht mehr, sie sind seit dem Gj 2016 als Anhangangabe im Anlagespiegel darzustellen. Diese Regelung entspricht der als am zweckmäßigsten anzusehenden Umsetzung der Informationspflicht, indem die Abschreibungen des Gj in den Abschreibungsspiegel integriert werden. Zwischen den „Abschreibungen des Gj" nach dem Anlagespiegel und den „Abschreibungen auf immaterielle VG des Anlagevermögens und Sachanlagevermögens" in der GuV nach § 275 Abs. 2 Nr. 7a HGB soll nach h.M. grds. **Betragsidentität** bestehen. Allerdings sind Abweichungen denkbar, wenn die Abschreibungen nach der GuV auch die im Anlagespiegel meist nicht aufgeführten Abschreibungen auf **GWG** enthalten.
Als weitere Begründung für **Abweichungen zwischen Abschreibungen** des Gj und Abschreibungen laut GuV werden Umbuchungen zwischen Anlage- und Umlaufvermögen genannt.[101] Dem kann jedoch nicht gefolgt werden. In der GuV sind Abschreibungen auf Umlaufvermögen getrennt von den Abschreibungen auf Anlagevermögen auszuweisen. Ausschlaggebend für die Zuordnung von Abschreibungen zu den jeweiligen Posten der GuV ist die Zuordnung des abgeschriebenen VG zum Anlage- oder Umlaufvermögen zum Bilanzstichtag. Wurden demnach Sachanlagen während des Gj abgeschrieben, anschließend jedoch dem Umlaufvermögen zugeordnet, muss auch die Abschreibung in der GuV den Abschreibungen auf Umlaufvermögen zugeordnet werden. Entsprechendes gilt auch umgekehrt.
Durch das BilRUG ist in § 284 Abs. 3 HGB klargestellt worden, welchen Charakter die im Anlagespiegel enthaltenen **Abschreibungen des Gj** haben. Die Abschreibungen des Gj umfassen die laufenden Abschreibungen bis zum Ausscheiden des VG – die Korrektur des Abgangs ist gesondert in der Spalte „Weitere Abschreibungsänderungen aus Abgängen" oder, wenn zusammengefasst, in den Spalten „Weitere Abschreibungsänderungen aus Abgängen, – aus Zugängen und – aus Umbuchungen" zu zeigen.
Die **Restbuchwerte** sämtlicher Posten des Anlagevermögens zum Gj-Ende ergeben sich aus der Queraddition der vorstehend erläuterten Spalten des Anlagespiegels, indem die historischen AHK um Zugänge erhöht, um Umbuchungen korrigiert und um Abgänge sowie kumulierte Abschreibungen vermindert werden. Darüber hinaus ist die Angabe des Restbuchwerts zum Ende des Vj nach § 265 Abs. 2 HGB zwingend.

4.1.2 Sonderfragen

Bei **immateriellen VG** kann sich die Frage nach dem Zeitpunkt des Zugangs oder Abgangs stellen. Da die VG keine physische Substanz aufweisen, müssen Zugangs- und Abgangsfiktionen zugrunde gelegt werden. Der Zugangszeitpunkt

---

[100] Vgl. Lorson/Hauschild, in Küting/Weber, HdR-E, §§ 284–288 HGB Rz 168, Stand: 9/2021.
[101] Vgl. Lorson/Hauschild, in Küting/Weber, HdR-E, §§ 284–288 HGB Rz 212, Stand: 9/2021.

orientiert sich nach wirtschaftlichen Gesichtspunkten, also am Zeitpunkt der Erlangung der tatsächlichen Verfügungsgewalt über den VG, d.h. der Auswertungsmöglichkeit. Konkret bestimmt sich der Zugangszeitpunkt bei
- **immateriellen Werten, die mit körperlichen Sachen verbunden sind**, z.B. Ton-, Film- und Datenträgern, Plänen, Modellen oder Archiven, nach dem Zeitpunkt der Übergabe der körperlichen Gegenstände;
- **Nutzungsrechten** an Sachen, z.B. Miet- und Wohnrechten sowie Nießbrauch, nach dem Zeitpunkt der Übergabe der Sache;
- **immateriellen Werten ohne Bezug zu einem körperlichen Gegenstand**, z.B. Rechten und Lizenzen, nach dem vertraglich festgelegten Zeitpunkt der Auswertungsbefugnis;
- **GoF** nach dem Zeitpunkt des Übergangs des Vermögens und der Schulden des erworbenen Unt.

Nach dem HGB besteht bei Erfüllung bestimmter Kriterien ein **Ansatzwahlrecht für selbst geschaffene immaterielle VG des Anlagevermögens,** weshalb sie im Fall der Aktivierung im Anlagespiegel aufzuführen sind. Entsprechend dem Gliederungsschema des § 266 HGB sind selbst geschaffene immaterielle Anlagen separat von den erworbenen immateriellen Anlagen auszuweisen. Dieser Unterteilung ist im Anlagespiegel zu folgen. Ferner implizieren die handelsrechtlichen Ansatzvorschriften für selbst geschaffene immaterielle Anlagen unter Berücksichtigung der Regelung des § 255 Abs. 2a HGB neben dem Ansatzgebot der Entwicklungskosten von selbst geschaffenen immateriellen VG des Anlagevermögens auch einen Ansatz von in der Entwicklung befindlichen Immaterialanlagen. Da diese noch nicht fertiggestellten immateriellen Anlagen die „Betriebsbereitschaft" noch nicht erreicht haben, dürfte keine planmäßige, sondern ggf. nur eine außerplanmäßige Abschreibung erfolgen. Um eine Vermischung von Posten mit unterschiedlichem Charakter zu vermeiden, sollte aus Transparenzgründen ein separater Ausweis von noch nicht fertiggestellten und bereits fertiggestellten immateriellen Anlagen im Anlagespiegel erfolgen.

79 Der **Zeitpunkt des Abgangs von immateriellen VG** ist anzunehmen
- bei Veräußerung oder Untergang der immateriellen Werte, etwa durch Verzicht auf ein Recht;
- bei Werterschöpfung eines immateriellen VG, d.h. in allen Fällen, in denen eine außerplanmäßige Abschreibung zulässig wäre, z.B. bei fehlender wirtschaftlicher Verwertbarkeit eines Patents infolge von Neuentwicklungen oder bei Verflüchtigung eines erworbenen GoF;
- bei zeitlichem Ablauf eines befristet zur Verfügung stehenden immateriellen Rechts, z.B. bei Konzessionen und Lizenzen;
- bei Vollabschreibung der immateriellen Werte, es sei denn, dass nachweislich noch ein objektiver Wert vorhanden ist.

80 Zur selbstständigen Nutzung fähige **(geringwertige) Wirtschaftsgüter**, deren AHK, vermindert um darin enthaltene Vorsteuer, 800 EUR nicht übersteigen, dürfen seit dem Wirtschaftsjahr 2018 (vorher 410 EUR) steuerrechtlich nach § 6 Abs. 2 EStG als GWG im Jahr der Anschaffung oder Herstellung sofort abgesetzt werden, was in der Handelsbilanz mit Verweis auf die Wesentlichkeit für die VG des Anlagevermögens nachvollzogen werden kann. Sie sind im Anschaffungsjahr im Anlagespiegel als Zugang und im gleichen Jahr als Abgang

zu erfassen.[102] Alternativ besteht nach § 6 Abs. 2a EStG die Regelung, für GWG mit einem Wert von über 250 EUR bis 1.000 EUR (mit dem Wachstumschancengesetz sollten die Werte erhöht werden, was aber letztlich nicht erfolgte) (vor dem Wirtschaftsjahr 2018: 150 bis 1.000 EUR) für die steuerliche Gewinnermittlung je Wirtschaftsjahr einen Sammelposten zu bilden, der ab dem Jahr der Anschaffung oder Herstellung gleichmäßig über fünf Jahre, d. h. mit jeweils 1/5, abzuschreiben ist. Die betriebsübliche Nutzungsdauer spielt ebenso wenig eine Rolle wie die Veräußerung oder Wertminderung der einzelnen Wirtschaftsgüter. Wird diese Regelung in der Handelsbilanz nachvollzogen, so ist ein Abgang im Anlagespiegel erst nach vollständiger Abschreibung im letzten Jahr des Sammelpostens (Poolabschreibung) zu verzeichnen. Obwohl diese Regelung nicht zwingend für die Handelsbilanz anzuwenden ist, ist sie zulässig, weil dieser Posten i. d. R. von untergeordneter Bedeutung ist.[103] Entsprechendes gilt, sieht man von den Aufzeichnungspflichten für GWG ab, für geringstwertige Wirtschaftsgüter, deren Netto-AHK 250 EUR (vor dem Wirtschaftsjahr 2018: 150 EUR) nicht übersteigen. Handelsrechtlich wurden diese steuerrechtlichen Regelungen als den GoB entsprechende Vereinfachungsregelungen übernommen, die wahlweise in Anspruch genommen werden können.

Bei **Verzicht auf die Vereinfachungsregelungen** sind gering- und geringstwertige Wirtschaftsgüter wie übliches Anlagevermögen zu behandeln. Werden derartige Wirtschaftsgüter jedoch im Jahr des Zugangs sofort abgeschrieben, stellt sich die Frage, ob und in welcher Form sie in den Anlagespiegel aufzunehmen sind. Während geringstwertige Wirtschaftsgüter den Anlagespiegel unbeeinflusst lassen,[104] sind GWG in den Anlagespiegel aufzunehmen. Für die Abbildung der GWG im Anlagespiegel sind verschiedene Methoden denkbar, von denen sich zwei Methoden durchgesetzt haben:

- Bei der ersten Methode wird unterstellt, dass dem Zugang an GWG im gleichen Jahr ein Abgang in identischer Höhe gegenübersteht. Folglich sind im Anlagespiegel lediglich die Spalten Zugänge und Abgänge, nicht aber die historischen AHK sowie die kumulierten Abschreibungen betroffen. Wenn unter den Abschreibungen des Gj auch die auf die während des Gj abgegangenen Anlagegüter entfallenden Abschreibungen verstanden werden, ist der Betrag an GWG auch in der Spalte „Abschreibungen (kumuliert)" auszuweisen.
- Um insb. einen identischen Ausweis der Abschreibungen des Gj im Anlagespiegel und der Abschreibungen auf das Anlagevermögen nach der GuV zu erreichen, wird bei der zweiten Methode davon ausgegangen, dass im Jahr des Zugangs Zugänge, kumulierte Abschreibungen und Abschreibungen des Gj zu erfassen sind, ein Abgang wird erst für das folgende Jahr unterstellt. Letzteres Vorgehen ist auch für die Poolabschreibung notwendig, wobei dann eine Abschreibung über fünf Jahre zu erfolgen hat, was einen entsprechenden Ausweis notwendig macht.

---

[102] Vgl. Poelzig, in MünchKomm. HGB, 5. Aufl. 2024, § 284 HGB Rz 98.
[103] IDW RH HFA 1.015, FN 2007, S. 506.
[104] Vgl. Lorson/Hauschild, in Küting/Weber, HdR-E, §§ 284–288 HGB Rz 237, Stand: 9/2021.

81 Nach § 240 Abs. 3 HGB dürfen VG des Sachanlagevermögens, die regelmäßig ersetzt werden und deren Menge für das Unt von nachrangiger Bedeutung ist, mit einer gleichbleibenden Menge und einem gleichbleibenden Wert angesetzt werden (**Festbewertung**), sofern ihr Bestand in seiner Größe, seinem Wert und seiner Zusammensetzung nur geringen Änderungen unterliegt. Dieser Festwert stellt eine besondere Form der AHK dar. Beim erstmaligen Ansatz des Festwerts werden die AHK, vermindert um den jeweiligen Abnutzungssatz (ca. 40 % – 60 %), als Zugang erfasst. Ein derartiger Ausweis wird jedoch der für den Anlagespiegel geltenden Bruttomethode nicht gerecht. Entsprechend der Bruttomethode sollten die ungeminderten AHK zunächst als Zugang, im Folgejahr als historische AHK ausgewiesen werden, die Differenz zum ermittelten Festwert sollte unter den Gj-Abschreibungen sowie den kumulierten Abschreibungen ausgewiesen werden. Der Restbuchwert entspräche dann dem Festwert. Diese Beträge bleiben bis zur Inventur unverändert, da bei diesen VG von keinen oder nur geringen Veränderungen der Größe, des Werts und der Zusammensetzung des Bestands ausgegangen wird. Daher werden zwischenzeitliche Neuanschaffungen sowie die regelmäßigen Aufwendungen zur Instandhaltung und Ergänzung dieser VG bis zur Inventur als Aufwand gebucht und nicht im Anlagespiegel aufgeführt.[105] Ergibt eine i. d. R. alle drei Jahre durchzuführende Bestandsaufnahme wesentliche Veränderungen, sind Anpassungen des Festwerts als Mengen- oder Wertänderungen im Anlagespiegel vorzunehmen. Mengenmäßige Erhöhungen (Aufstockungen) des Festwertansatzes werden als Zugänge erfasst, sofern sie sich auf das Gj beziehen. Erfolgt hingegen eine Kompensation eines im Vj zu hoch ausgewiesenen Aufwands, stellt der Betrag grds. eine Zuschreibung dar. Aus Vereinfachungsgründen wird jedoch empfohlen, die Erhöhung des Festwerts stets in voller Höhe erfolgswirksam (Buchung als sonstiger betrieblicher Ertrag) als Zugang zu behandeln. Analog sind Mengen- und Wertänderungen bei Minderungen (Abstockungen) zu erfassen.

82 Die vorstehend dargestellten Grundsätze für den Ausweis im Anlagespiegel gelten sinngemäß auch für die **Finanzanlagen**. Allerdings ergeben sich hier Besonderheiten, da i. d. R. – von Wertpapieren zunächst abgesehen – keine mengenmäßigen, sondern überwiegend wertmäßige Änderungen auftreten. Weist der Anlagespiegel im Bereich des Finanzanlagevermögens Zu- oder Abgänge aus, handelt es sich regelmäßig um Investitions- oder Desinvestitionsvorgänge, bei Zu- oder Abschreibungen dagegen um Wertänderungen bei bestehenden Finanzanlagen. Soweit Umbuchungen ausgewiesen werden, betreffen sie Umgliederungen im Bereich der Finanzanlagen, bspw. von „Beteiligungen" zu „Anteilen an verbundenen Unternehmen" bzw. Umgliederungen entsprechender Ausleihungen. Umgliederungen aus dem oder in das Umlaufvermögen sind dagegen nach der hier vertretenen Auffassung als Zu- oder Abgänge auszuweisen.

83 Beteiligungen an KapG und PersG sind grds. zu den Anschaffungskosten zu erfassen. Dies gilt auch, wenn die vertraglich vereinbarte Einlage bei einer Neugründung oder bei einer Kapitalerhöhung noch nicht in voller Höhe geleistet wurde; in diesem Fall gehen die Anschaffungskosten in voller Höhe

---

[105] Vgl. Grottel, in Beck Bil-Komm., 14. Aufl. 2024, § 284 HGB Rz 266.

in den Anlagespiegel ein. I.H.d. noch nicht eingezahlten Betrags ist – unabhängig davon, ob er bereits eingefordert wurde oder nicht – eine sonstige Verbindlichkeit zu passivieren. Änderungen beim Ausweis der Posten des Finanzanlagevermögens können sich dagegen insb. infolge von Kapitalerhöhungen oder -herabsetzungen, Ergebniszuweisungen, Nachschüssen und letztlich durch Abschreibungen ergeben.

Gewinne, die ein Beteiligungsunternehmen ausschüttet, haben keinen Einfluss auf den Anlagespiegel, da sie in der GuV als Beteiligungserträge erfasst werden. Auch Gewinnthesaurierungen von KapG wirken sich im Einzelabschluss nicht aus, da sonst als unrealisiert qualifizierte Gewinne erfasst würden. Anders verhält es sich ggf. bei assoziierten Unt im Konzernabschluss und wenn laufende Gewinne als Einlagen in PersG verwendet werden. Hier sind folgende Fälle zu unterscheiden:
- Werden Gewinne zum **Ausgleich ausstehender Einlagen** verwendet, bleibt der Anlagespiegel unberührt. Vielmehr ist die i.H.d. ausstehenden Einlage passivierte Verbindlichkeit insoweit aufzulösen.
- Werden Gewinne **den Rücklagen zugeführt**, beeinflusst dies den Beteiligungsansatz nicht, da dem Gesellschafter kein individueller Anspruch zusteht.
- Werden Gewinne den **variablen Kapitalkonten der Gesellschafter** zugeführt, handelt es sich um Gesellschafterdarlehen, die den Beteiligungsansatz ebenfalls nicht berühren.
- Nur dann, wenn Gewinne den **individuellen Konten der Gesellschafter** zugeschrieben werden, ohne dass ausstehende Einlagen aufgefüllt werden, wirkt sich dies auf den Beteiligungsansatz aus. Solche Gewinne sind grds. als Zugänge zu erfassen, es sei denn, dass in früheren Perioden Abschreibungen auf die Beteiligung vorgenommen wurden: dann werden diese durch Zuschreibungen korrigiert.

Zu- oder Nachschüsse, die an ein BeteiligungsUnt geleistet werden, stellen zunächst nachträgliche Anschaffungskosten dar, die als Zugang zu erfassen sind. Da derartige Leistungen häufig erbracht werden, um ein in eine wirtschaftliche Krise geratenes BeteiligungsUnt zu stützen, ist zugleich die Werthaltigkeit des Beteiligungsansatzes zu prüfen. Bei Vorliegen der Voraussetzungen für eine Abschreibung steht dem Zugang ggf. bereits eine gleich hohe Gj-Abschreibung gegenüber.

Ein **Zugang** liegt ebenfalls vor, wenn neue Anteile i.R.e. Kapitalerhöhung gegen Zuzahlungen – nicht jedoch bei Kapitalerhöhungen aus Gesellschaftsmitteln – erworben werden. Neben dem Zuzahlungsbetrag sind die hinzuerworbenen Bezugsrechte als Zugang zu erfassen. Zugleich sind die den vorhandenen Altanteilen zuzurechnenden bei der Kapitalerhöhung eingesetzten Bezugsrechte als Abgang zu buchen. Aus Vereinfachungsgründen wird auch ein Nettoausweis von ausgenutzten alten und hinzuerworbenen neuen Bezugsrechten zugelassen. Unverzinsliche oder niedrig verzinsliche **Ausleihungen** können mit dem Nennwert, der den Anschaffungskosten gleichgestellt wird, als Zugang angesetzt werden. I.H.d. Differenz zwischen Nenn- und Barwert ist im Jahr des Zugangs eine außerplanmäßige Abschreibung auf die Ausleihung vorzunehmen. Entsprechend dem jährlichen Aufzinsungsbetrag ist diese Abschreibung alljährlich durch Zuschreibungen zu korrigieren.

Wird i. V. m. einer Ausleihung ein **Auszahlungsdisagio oder ein Rückzahlungsagio** vereinbart, kann die Ausleihung entweder i. H. d. Auszahlungsbetrags oder i. H. d. Rückzahlungsbetrags als Zugang gebucht werden. Erfolgt der Ansatz zum Auszahlungsbetrag, so ist die Differenz zum Nominalwert der Ausleihung erfolgswirksam über die Laufzeit zu verrechnen und jährlich in Form eines Zugangs der Ausleihung zuzurechnen. Wird dagegen der Rückzahlungsbetrag – unter gleichzeitiger Einstellung des Disagios in einen passiven Rechnungsabgrenzungsposten – angesetzt, erübrigen sich Korrekturen der Ausleihungen.

85 Die im Anlagespiegel auszuweisenden Anschaffungskosten von **Wertpapieren** entsprechen i. d. R. dem Ausgabe- bzw. Kaufpreis zzgl. der Anschaffungsnebenkosten; allerdings sind ggf. gezahlte Stückzinsen als sonstige VG gesondert zu aktivieren. Auch Zero-Bonds oder Null-Kupon-Anleihen sind mit den Anschaffungskosten anzusetzen, die jährlich als realisiert geltenden Zinsen sind als Zugänge zu erfassen.[106]

4.2 Angabe zu im Geschäftsjahr aktivierten Zinsen

86 Ab dem Gj 2016 sind Angaben zum Umfang der im laufenden Gj in die Herstellungskosten von VG des Anlagevermögens einbezogenen Fremdkapitalzinsen gefordert. Bei der Einbeziehung handelt es sich um ein Wahlrecht (§ 255 Rz 204). Es sind nur die in den Gj angefallenen Beträge darzustellen, wobei die Positionen der Bilanzgliederung bzw. des Anlagespiegels zugrunde zu legen sind. Die Angabe sollte als Davon-Vermerk im Anlagespiegel oder unter den Erläuterungen zum Anlagevermögen erfolgen.[107]

---

[106] Vgl. Wulf, in Baetge/Kirsch/Thiele, Bilanzrecht, § 284 HGB Rz 134, Stand: 1/2022.
[107] Vgl. Grottel, in Beck Bil-Komm., 14. Aufl. 2024, § 284 HGB Rz 310.

§ 285 Sonstige Pflichtangaben

Ferner sind im Anhang anzugeben:
1. zu den in der Bilanz ausgewiesenen Verbindlichkeiten
   a) der Gesamtbetrag der Verbindlichkeiten mit einer Restlaufzeit von mehr als fünf Jahren,
   b) der Gesamtbetrag der Verbindlichkeiten, die durch Pfandrechte oder ähnliche Rechte gesichert sind, unter Angabe von Art und Form der Sicherheiten;
2. die Aufgliederung der in Nummer 1 verlangten Angaben für jeden Posten der Verbindlichkeiten nach dem vorgeschriebenen Gliederungsschema;
3. Art und Zweck sowie Risiken, Vorteile und finanzielle Auswirkungen von nicht in der Bilanz enthaltenen Geschäften, soweit die Risiken und Vorteile wesentlich sind und die Offenlegung für die Beurteilung der Finanzlage des Unternehmens erforderlich ist;
3a. der Gesamtbetrag der sonstigen finanziellen Verpflichtungen, die nicht in der Bilanz enthalten sind und die nicht nach § 268 Absatz 7 oder Nummer 3 anzugeben sind, sofern diese Angabe für die Beurteilung der Finanzlage von Bedeutung ist; davon sind Verpflichtungen betreffend die Altersversorgung und Verpflichtungen gegenüber verbundenen oder assoziierten Unternehmen jeweils gesondert anzugeben;
4. die Aufgliederung der Umsatzerlöse nach Tätigkeitsbereichen sowie nach geografisch bestimmten Märkten, soweit sich unter Berücksichtigung der Organisation des Verkaufs, der Vermietung oder Verpachtung von Produkten und der Erbringung von Dienstleistungen der Kapitalgesellschaft die Tätigkeitsbereiche und geografisch bestimmten Märkte untereinander erheblich unterscheiden;
5. *(weggefallen)*
6. *(weggefallen)*
7. die durchschnittliche Zahl der während des Geschäftsjahrs beschäftigten Arbeitnehmer getrennt nach Gruppen;
8. bei Anwendung des Umsatzkostenverfahrens (§ 275 Abs. 3)
   a) der Materialaufwand des Geschäftsjahrs, gegliedert nach § 275 Abs. 2 Nr. 5,
   b) der Personalaufwand des Geschäftsjahrs, gegliedert nach § 275 Abs. 2 Nr. 6;
9. für die Mitglieder des Geschäftsführungsorgans, eines Aufsichtsrats, eines Beirats oder einer ähnlichen Einrichtung jeweils für jede Personengruppe
   a) [1]die für die Tätigkeit im Geschäftsjahr gewährten Gesamtbezüge (Gehälter, Gewinnbeteiligungen, Bezugsrechte und sonstige aktienbasierte Vergütungen, Aufwandsentschädigungen, Versicherungsentgelte, Provisionen und Nebenleistungen jeder Art). [2]In die Gesamtbezüge sind auch Bezüge einzurechnen, die nicht ausgezahlt, sondern in Ansprüche anderer Art umgewandelt oder zur Erhöhung anderer Ansprüche verwendet werden. [3]Außer den Bezügen für das Geschäftsjahr sind die weiteren Bezüge anzugeben, die im Geschäftsjahr gewährt, bisher aber in keinem Jahresabschluss angegeben worden sind. [4]Bezugsrechte und sonstige aktienbasierte Vergütungen sind mit ihrer Anzahl und dem beizulegenden Zeitwert zum Zeitpunkt ihrer Gewährung anzugeben; spätere Wertver-

änderungen, die auf einer Änderung der Ausübungsbedingungen beruhen, sind zu berücksichtigen;
b) ¹die Gesamtbezüge (Abfindungen, Ruhegehälter, Hinterbliebenenbezüge und Leistungen verwandter Art) der früheren Mitglieder der bezeichneten Organe und ihrer Hinterbliebenen. ²Buchstabe a Satz 2 und 3 ist entsprechend anzuwenden. ³Ferner ist der Betrag der für diese Personengruppe gebildeten Rückstellungen für laufende Pensionen und Anwartschaften auf Pensionen und der Betrag der für diese Verpflichtungen nicht gebildeten Rückstellungen anzugeben;
c) die gewährten Vorschüsse und Kredite unter Angabe der Zinssätze, der wesentlichen Bedingungen und der gegebenenfalls im Geschäftsjahr zurückgezahlten oder erlassenen Beträge sowie die zugunsten dieser Personen eingegangenen Haftungsverhältnisse;
10. ¹alle Mitglieder des Geschäftsführungsorgans und eines Aufsichtsrats, auch wenn sie im Geschäftsjahr oder später ausgeschieden sind, mit dem Familiennamen und mindestens einem ausgeschriebenen Vornamen, einschließlich des ausgeübten Berufs und bei börsennotierten Gesellschaften auch der Mitgliedschaft in Aufsichtsräten und anderen Kontrollgremien i. S. d. § 125 Abs. 1 Satz 5 des Aktiengesetzes. ²Der Vorsitzende eines Aufsichtsrats, seine Stellvertreter und ein etwaiger Vorsitzender des Geschäftsführungsorgans sind als solche zu bezeichnen;
11. Name und Sitz anderer Unternehmen, die Höhe des Anteils am Kapital, das Eigenkapital und das Ergebnis des letzten Geschäftsjahrs dieser Unternehmen, für das ein Jahresabschluss vorliegt, soweit es sich um Beteiligungen i. S. d. § 271 Absatz 1 handelt oder ein solcher Anteil von einer Person für Rechnung der Kapitalgesellschaft gehalten wird;
11a. Name, Sitz und Rechtsform der Unternehmen, deren unbeschränkt haftender Gesellschafter die Kapitalgesellschaft ist;
11b. von börsennotierten Kapitalgesellschaften sind alle Beteiligungen an großen Kapitalgesellschaften anzugeben, die 5 Prozent der Stimmrechte überschreiten;
12. Rückstellungen, die in der Bilanz unter dem Posten „sonstige Rückstellungen" nicht gesondert ausgewiesen werden, sind zu erläutern, wenn sie einen nicht unerheblichen Umfang haben;
13. jeweils eine Erläuterung des Zeitraums, über den ein entgeltlich erworbener Geschäfts- oder Firmenwert abgeschrieben wird;
14. Name und Sitz des Mutterunternehmens der Kapitalgesellschaft, das den Konzernabschluss für den größten Kreis von Unternehmen aufstellt, sowie der Ort, wo der von diesem Mutterunternehmen aufgestellte Konzernabschluss erhältlich ist;
14a. Name und Sitz des Mutterunternehmens der Kapitalgesellschaft, das den Konzernabschluss für den kleinsten Kreis von Unternehmen aufstellt, sowie der Ort, wo der von diesem Mutterunternehmen aufgestellte Konzernabschluss erhältlich ist;
15. soweit es sich um den Anhang des Jahresabschlusses einer Personenhandelsgesellschaft i. S. d. § 264a Abs. 1 handelt, Name und Sitz der Gesellschaften, die persönlich haftende Gesellschafter sind, sowie deren gezeichnetes Kapital;

15a. das Bestehen von Genussscheinen, Genussrechten, Wandelschuldverschreibungen, Optionsscheinen, Optionen, Besserungsscheinen oder vergleichbaren Wertpapieren oder Rechten, unter Angabe der Anzahl und der Rechte, die sie verbriefen;
16. dass die nach § 161 des Aktiengesetzes vorgeschriebene Erklärung abgegeben und wo sie öffentlich zugänglich gemacht worden ist;
17. das von dem Abschlussprüfer für das Geschäftsjahr berechnete Gesamthonorar, aufgeschlüsselt in das Honorar für
    a) die Abschlussprüfungsleistungen,
    b) andere Bestätigungsleistungen,
    c) Steuerberatungsleistungen,
    d) sonstige Leistungen,
    soweit die Angaben nicht in einem das Unternehmen einbeziehenden Konzernabschluss enthalten sind;
18. für zu den Finanzanlagen (§ 266 Abs. 2 A. III.) gehörende Finanzinstrumente, die über ihrem beizulegenden Zeitwert ausgewiesen werden, da eine außerplanmäßige Abschreibung nach § 253 Absatz 3 Satz 6 unterblieben ist,
    a) der Buchwert und der beizulegende Zeitwert der einzelnen Vermögensgegenstände oder angemessener Gruppierungen sowie
    b) die Gründe für das Unterlassen der Abschreibung einschließlich der Anhaltspunkte, die darauf hindeuten, dass die Wertminderung voraussichtlich nicht von Dauer ist;
19. für jede Kategorie nicht zum beizulegenden Zeitwert bilanzierter derivativer Finanzinstrumente
    a) deren Art und Umfang,
    b) deren beizulegender Zeitwert, soweit er sich nach § 255 Abs. 4 verlässlich ermitteln lässt, unter Angabe der angewandten Bewertungsmethode,
    c) deren Buchwert und der Bilanzposten, in welchem der Buchwert, soweit vorhanden, erfasst ist, sowie
    d) die Gründe dafür, warum der beizulegende Zeitwert nicht bestimmt werden kann;
20. für mit dem beizulegenden Zeitwert bewertete Finanzinstrumente
    a) die grundlegenden Annahmen, die der Bestimmung des beizulegenden Zeitwertes mit Hilfe allgemein anerkannter Bewertungsmethoden zugrunde gelegt wurden, sowie
    b) Umfang und Art jeder Kategorie derivativer Finanzinstrumente einschließlich der wesentlichen Bedingungen, welche die Höhe, den Zeitpunkt und die Sicherheit künftiger Zahlungsströme beeinflussen können;
21. zumindest die nicht zu marktüblichen Bedingungen zustande gekommenen Geschäfte, soweit sie wesentlich sind, mit nahe stehenden Unternehmen und Personen, einschließlich Angaben zur Art der Beziehung, zum Wert der Geschäfte sowie weiterer Angaben, die für die Beurteilung der Finanzlage notwendig sind; ausgenommen sind Geschäfte mit und zwischen mittel- oder unmittelbar in 100-prozentigem Anteilsbesitz stehenden in einen Konzernabschluss einbezogenen Unternehmen; Angaben über Geschäfte können nach Geschäftsarten zusammengefasst wer-

den, sofern die getrennte Angabe für die Beurteilung der Auswirkungen auf die Finanzlage nicht notwendig ist;
22. im Fall der Aktivierung nach § 248 Abs. 2 der Gesamtbetrag der Forschungs- und Entwicklungskosten des Geschäftsjahrs sowie der davon auf die selbst geschaffenen immateriellen Vermögensgegenstände des Anlagevermögens entfallende Betrag;
23. bei Anwendung des § 254,
    a) mit welchem Betrag jeweils Vermögensgegenstände, Schulden, schwebende Geschäfte und mit hoher Wahrscheinlichkeit erwartete Transaktionen zur Absicherung welcher Risiken in welche Arten von Bewertungseinheiten einbezogen sind sowie die Höhe der mit Bewertungseinheiten abgesicherten Risiken,
    b) für die jeweils abgesicherten Risiken, warum, in welchem Umfang und für welchen Zeitraum sich die gegenläufigen Wertänderungen oder Zahlungsströme künftig voraussichtlich ausgleichen einschließlich der Methode der Ermittlung,
    c) eine Erläuterung der mit hoher Wahrscheinlichkeit erwarteten Transaktionen, die in Bewertungseinheiten einbezogen wurden,
    soweit die Angaben nicht im Lagebericht gemacht werden;
24. zu den Rückstellungen für Pensionen und ähnliche Verpflichtungen das angewandte versicherungsmathematische Berechnungsverfahren sowie die grundlegenden Annahmen der Berechnung, wie Zinssatz, erwartete Lohn- und Gehaltssteigerungen und zugrunde gelegte Sterbetafeln;
25. im Fall der Verrechnung von Vermögensgegenständen und Schulden nach § 246 Abs. 2 Satz 2 die Anschaffungskosten und der beizulegende Zeitwert der verrechneten Vermögensgegenstände, der Erfüllungsbetrag der verrechneten Schulden sowie die verrechneten Aufwendungen und Erträge; Nummer 20 Buchstabe a ist entsprechend anzuwenden;
26. zu Anteilen an Sondervermögen im Sinn des § 1 Abs. 10 des Kapitalanlagegesetzbuchs oder Anlageaktien an Investmentaktiengesellschaften mit veränderlichem Kapital im Sinn der §§ 108 bis 123 des Kapitalanlagegesetzbuchs oder vergleichbaren EU-Investmentvermögen oder vergleichbaren ausländischen Investmentvermögen von mehr als dem zehnten Teil, aufgegliedert nach Anlagezielen, deren Wert i.S.d. §§ 168, 278 oder § 286 Absatz 1 des Kapitalanlagegesetzbuchs oder vergleichbarer ausländischer Vorschriften über die Ermittlung des Marktwertes, die Differenz zum Buchwert und die für das Geschäftsjahr erfolgte Ausschüttung sowie Beschränkungen in der Möglichkeit der täglichen Rückgabe; darüber hinaus die Gründe dafür, dass eine Abschreibung gem. § 253 Absatz 3 Satz 6 unterblieben ist, einschließlich der Anhaltspunkte, die darauf hindeuten, dass die Wertminderung voraussichtlich nicht von Dauer ist; Nummer 18 ist insoweit nicht anzuwenden;
27. für nach § 268 Abs. 7 im Anhang ausgewiesene Verbindlichkeiten und Haftungsverhältnisse die Gründe der Einschätzung des Risikos der Inanspruchnahme;
28. der Gesamtbetrag der Beträge im Sinn des § 268 Abs. 8, aufgegliedert in Beträge aus der Aktivierung selbst geschaffener immaterieller Vermögensgegenstände des Anlagevermögens, Beträge aus der Aktivierung

latenter Steuern und aus der Aktivierung von Vermögensgegenständen zum beizulegenden Zeitwert;
29. auf welchen Differenzen oder steuerlichen Verlustvorträgen die latenten Steuern beruhen und mit welchen Steuersätzen die Bewertung erfolgt ist;
30. wenn latente Steuerschulden in der Bilanz angesetzt werden, die latenten Steuersalden am Ende des Geschäftsjahrs und die im Laufe des Geschäftsjahrs erfolgten Änderungen dieser Salden;
30a. der tatsächliche Steueraufwand oder Steuerertrag, der sich nach dem Mindeststeuergesetz und ausländischen Mindeststeuergesetzen nach § 274 Absatz 3 Nummer 2 für das Geschäftsjahr ergibt, oder, wenn diese Gesetze noch nicht in Kraft getreten sind, eine Erläuterung, welche Auswirkungen auf die Kapitalgesellschaft bei der Anwendung dieser Gesetze zu erwarten sind;
31. jeweils der Betrag und die Art der einzelnen Erträge und Aufwendungen von außergewöhnlicher Größenordnung oder außergewöhnlicher Bedeutung, soweit die Beträge nicht von untergeordneter Bedeutung sind;
32. eine Erläuterung der einzelnen Erträge und Aufwendungen hinsichtlich ihres Betrags und ihrer Art, die einem anderen Geschäftsjahr zuzurechnen sind, soweit die Beträge nicht von untergeordneter Bedeutung sind;
33. Vorgänge von besonderer Bedeutung, die nach dem Schluss des Geschäftsjahrs eingetreten und weder in der Gewinn- und Verlustrechnung noch in der Bilanz berücksichtigt sind, unter Angabe ihrer Art und ihrer finanziellen Auswirkungen;
34. der Vorschlag für die Verwendung des Ergebnisses oder der Beschluss über seine Verwendung.

Inhaltsübersicht

		Rz
1	Überblick	1–7
2	Pflichtangaben im Einzelnen	8–177
2.1	In der Bilanz ausgewiesene Verbindlichkeiten (Nr. 1)	8–12
2.2	Aufgliederung der nach Nr. 1 verlangten Angaben (Nr. 2)	13–15
2.3	Angaben über in der Bilanz nicht enthaltene Geschäfte (Nr. 3)	16–20
2.4	Gesamtbetrag sonstiger Verpflichtungen (Nr. 3a)	21–28
2.5	Aufgliederung der Umsatzerlöse (Nr. 4)	29–35
2.6	Belastung durch Steuern (Nr. 6 a. F.)	36
2.7	Beschäftigte Arbeitnehmer (Nr. 7)	37–43
2.8	Material- und Personalaufwand (Nr. 8)	44–48
2.9	Bezüge der Organvertreter (Nr. 9)	49–72
2.9.1	Grundsachverhalte	49–51
2.9.2	Angabepflicht für große und mittelgroße Kapitalgesellschaften (Nr. 9 Buchst. a) Satz 1–3)	52–59
2.9.3	Angaben zur aktienbasierten Vergütung (Nr. 9 Buchst. a) Satz 4)	60–61

2.9.4	Gesamtbezüge früherer Organmitglieder und deren Hinterbliebene (Nr. 9 Buchst. b)	62–63
2.9.5	Gewährte Vorschüsse und Kredite sowie Haftungsverhältnisse (Nr. 9 Buchst. c)	64–72
2.10	Personalien der Organvertreter (Nr. 10)	73–78
2.11	Beteiligungen (Nr. 11)	79–83
2.12	Angaben über Unternehmensbeteiligungen als haftender Gesellschafter (Nr. 11a)	84–86
2.13	Erweiterte Angabepflichten für börsennotierte Kapitalgesellschaften (Nr. 11b)	87–88
2.14	In der Bilanz nicht gesondert ausgewiesene Rückstellungen (Nr. 12)	89–92
2.15	Abschreibung des Geschäfts- oder Firmenwerts (Nr. 13)	93–94
2.16	Angaben über Mutterunternehmen für den größten Kreis von Unternehmen (Nr. 14)	95–104
2.17	Angaben über Mutterunternehmen für den kleinsten Kreis von Unternehmen (Nr. 14a)	105
2.18	Persönlich haftende Gesellschafter (Nr. 15)	106–108
2.19	Angaben zu mezzaninem Kapital (Nr. 15a)	109
2.20	Publizität der Entsprechenserklärung (Nr. 16)	110–112
2.21	Gesamthonorar des Abschlussprüfers (Nr. 17)	113–118
2.22	Unterlassene Abschreibung von Finanzinstrumenten (Nr. 18)	119–122
2.23	Nicht zum beizulegenden Zeitwert bilanzierte derivative Finanzinstrumente (Nr. 19)	123–124
2.24	Bewertungsmethode, Umfang und Art mit dem Zeitwert bewerteter Finanzinstrumente (Nr. 20)	125–128
2.25	Geschäfte mit Nahestehenden (Nr. 21)	129–140
2.26	Forschungs- und Entwicklungskosten (Nr. 22)	141–142
2.27	Absicherung von Risiken (Nr. 23)	143–152
2.28	Berechnung von Pensionsrückstellungen (Nr. 24)	153
2.29	Verrechnung von Vermögensgegenständen und Schulden (Nr. 25)	154–155
2.30	Sondervermögen (Nr. 26)	156–160
2.31	Aufschlüsselung von Haftungsverhältnissen (Nr. 27)	161–165
2.32	Nicht ausschüttbare Beträge (Nr. 28)	166
2.33	Latente Steuern (Nr. 29)	167–169
2.34	Angaben zu latenten Steuerschulden (Nr. 30)	170
2.35	Angaben zur Mindestbesteuerung	171
2.36	Außergewöhnliche Aufwands- und Ertragsposten (Nr. 31)	172–174
2.37	Aperiodische Erträge und Aufwendungen (Nr. 32)	175
2.38	Nachtragsbericht (Nr. 33)	176
2.39	Ergebnisverwendungsvorschlag oder -beschluss (Nr. 34)	177

1 Überblick

Aus den §§ 284, 285 HGB folgen Anforderungen, die an den **Anhang des Jahresabschlusses** einer KapG gestellt werden (§ 284 Rz 1). Der Anhang bildet mit der Bilanz und der GuV eine Einheit (§ 264 Abs. 1 Satz 1 HGB) und ist an die das Unternehmensregister führende Stelle nach den Vorgaben des § 325 HGB zu übermitteln. Die Pflichtangaben erläutern die Angaben in der Bilanz und GuV und ergänzen diese um Informationen in Form von Zahlen oder durch verbale Angaben.[1] Außerdem setzt die Anwendung des HGB stets die Annahme der Unternehmensfortführung voraus. Daher wird spätestens vor Aufstellung des JA zumindest eine implizite Bestätigung der Annahme der Unternehmensfortführung für den Konzern, d.h. mind. des MU, für mind. die nächsten 12 Monate nach dem Stichtag gefordert.[2] Die Einschätzung der Annahme der Unternehmensfortführung nach § 252 Abs. 1 Nr. 2 HGB i.V.m. § 298 HGB ist von den gesetzlichen Vertretern des Unt zu treffen, wobei im Regelfall eine echte Prüfung und eine Angabepflicht nur notwendig ist, wenn Anhaltspunkte für eine mögliche Verneinung vorliegen. Eine intensivere Prüfung kann daher nur unterbleiben, wenn das Unt in der Vergangenheit nachhaltig Gewinne erzielt hat, davon auch zukünftig auszugehen ist und der Konzern leicht auf finanzielle Mittel zurückgreifen kann und keine bilanzielle Überschuldung droht. Dies war insb. bei der Corona-Pandemie allerdings bei vielen Unt nicht mehr so einfach zu bejahen, sodass für viele Unt vielleicht erstmals seit langer Zeit wieder eine explizite Einschätzung dieser Annahme notwendig wurde (§ 252 Rz 35 ff.). Der Abschlussprüfer hat die Einschätzung der gesetzlichen Vertreter zu prüfen. Daher müssen die Annahmen der gesetzlichen Vertreter ausreichend begründet und dokumentiert sein. Dabei sind mit Rechtsprechung[3] und der Angleichung des IDW-Prüfungsstandards an die ISA gerade in diesem Bereich die Anforderungen an die Vornahme der Einschätzung der Fortführungsfähigkeit der gesetzlichen Vertreter deutlich gestiegen. So verlangt der IDW PS 270 n.F., Tz. 5 ff. nun stets eine dokumentierte Einschätzung und führt deutlich frühere Indikatoren für das mögliche Fehlen der Fortführungsfähigkeit auf. Nach Auffassung des BGH scheidet eine Bilanzierung nach Fortführungswerten aus, wenn innerhalb des Prognosezeitraums damit zu rechnen ist, dass das Unt noch vor dem Insolvenzantrag, im Eröffnungsverfahren oder alsbald nach Insolvenzeröffnung stillgelegt werden wird, d.h., ein Insolvenzgrund besteht.[4] Dies ist unabhängig davon, ob die Insolvenzantragspflicht gerade temporär ausgesetzt ist oder nicht.[5] Gibt es **Zweifel an der Fortführungsfähigkeit** sind angemessene Informationen der Abschlussadressaten über das bestandsgefährdende Risiko im Jahresabschluss und im Lagebericht erforderlich und der Abschlussprüfer hat in den Bestätigungsvermerk dann auch einen entsprechenden Hinweis aufzunehmen.[6] Die für den Anhang geforderten umfangreichen Pflichtangaben sind in jedem

---

[1] Vgl. zum Zweck des Anhangs Kirsch, in Kußmaul/Müller, HdB, Anhang nach HGB, Rz 4 ff., Stand: 26.1.2024.
[2] Vgl. BGH, Urteil v. 26.1.2017, IX ZR 285/14.
[3] Vgl. BGH, Urteil v. 26.1.2017, IX ZR 285/14.
[4] Vgl. BGH, Urteil v. 26.1.2017, IX ZR 285/14.
[5] Vgl. Müller/Reinke, StuB 2021, 54–57; Müller/Needham, Bilanz aktuell 2022, S. 4–8.
[6] Vgl. Bonnecke, StuB 2020, S. 946–952; Braun/Geppert, BB 2021, S. 811–815; Schüttler, StuB 2019, 438–440.

Jahresabschluss vollständig vorzulegen. Die Angabe von Vorjahreswerten ist nach § 265 Abs. 2 HGB nur notwendig, soweit diese über ein Ausweiswahlrecht konkret die Bilanz und GuV betreffen. Allerdings ist es üblich und sinnvoll, Vj-Werte anzugeben. Verweise auf entsprechende Angaben in einem früheren Jahresabschluss sind unzulässig.[7]

2 Grundsätzlich sind die Pflichtangaben an alle KapG adressiert (§ 264 Abs. 1 Satz 1 HGB). Soweit einige wenige Angaben unter der Bilanz erfolgen, dürfen KleinstKapG auf die Aufstellung eines Anhangs verzichten (§ 264 Rz 45 ff.) Es gibt zudem **Erleichterungen** bzgl. des Umfangs und der Ausgestaltung von Angaben bereits bei der Aufstellung des Jahresabschlusses für kleine (§ 267 Abs. 1 HGB) und mittelgroße KapG (§ 267 Abs. 2 HGB) gem. §§ 274a, 288 Abs. 1 HGB bzw. § 288 Abs. 2 HGB sowie Erleichterungen bzgl. der Offenlegung gem. §§ 326 und 327 HGB, auf die im Folgenden jeweils hingewiesen wird.

3 Zur Abgabe der Pflichtangaben im Anhang des Jahresabschlusses sind nach § 264a Abs. 1 HGB auch solche OHG und KG verpflichtet, bei denen nicht wenigstens ein persönlich haftender Gesellschafter
- eine natürliche Person oder
- eine OHG, KG oder andere PersG mit einer natürlichen Person als persönlich haftender Gesellschafter ist oder
- sich die Verbindung von Gesellschaften in dieser Art fortsetzt.

4 **Kreditinstitute** und **VersicherungsUnt** haben im Zusammenhang mit der Anwendung von § 285 HGB Sondervorschriften zu beachten (§ 340a Abs. 1 und Abs. 2 Satz 2 HGB, § 341a Abs. 1 und Abs. 2 Satz 2 HGB sowie die entsprechenden Formblätter).[8]

5 Aufgrund § 5 PublG sind alle Unt, die die **Voraussetzungen des § 1 PublG** erfüllen, zur Vorlage eines Jahresabschlusses verpflichtet. Die gesetzlichen Vertreter eines Unt, das nicht in der Rechtsform einer PersG oder des e.K. geführt wird, haben nach § 5 Abs. 2 PublG den Jahresabschluss ebenfalls um einen Anhang zu erweitern, der mit der Bilanz und der GuV eine Einheit bildet, sowie einen Lagebericht aufzustellen. Für den Anhang gelten bei diesen publizitätspflichtigen Unt, soweit sie nicht schon als KapG aufgrund von § 264 HGB zur Aufstellung des Jahresabschlusses mit Anhang uneingeschränkt verpflichtet sind, § 285 Nrn. 1–4, 7–13 und 17–29 HGB und § 286 HGB sinngemäß.

6 Mit dem **Mindestbesteuerungsrichtlinie-Umsetzungsgesetz (MinBestRL-UmsG)**[9] wurde mit Wirkung für Jahres- und Konzernabschlüsse für ein nach dem 30.12.2023 endendes Gj mit § 285 Nr. 30a HGB eine weitere Angabepflicht im Anhang verankert. Anzugeben sind der tatsächliche Steueraufwand oder Steuerertrag, der sich nach dem Mindeststeuergesetz und ausländischen Mindeststeuergesetzen nach § 274 Abs. 3 Nr. 2 HGB für das Gj ergibt, oder, wenn diese Gesetze noch nicht in Kraft getreten sind, eine Erläuterung, welche Auswirkungen auf die Kapitalgesellschaft bei der Anwendung dieser Gesetze zu erwarten sind (Rz 171).

---

[7] Vgl. Poelzig, in MünchKomm. HGB, 5. Aufl. 2024, § 285 HGB Rn 1; Grottel, in Beck Bil-Komm., 14. Aufl. 2024, § 285 HGB Rz 1–2.
[8] Vgl. ausführlich Wulf, in Baetge/Kirsch/Thiele, Bilanzrecht, § 285 HGB Rz. 4, Stand: 3/2023.
[9] Gesetz zur Umsetzung der Richtlinie (EU) 2022/2523 des Rates zur Gewährleistung einer globalen Mindestbesteuerung und weiterer Begleitmaßnahmen, BGBl. v. 27.12.2023, I, Nr. 397.

Die Angabepflichten unterliegen stets dem Wesentlichkeitsvorbehalt. Zur Beurteilung der Wesentlichkeit ist auf das **Konzept der Entscheidungsrelevanz des Abschlussadressaten** abzustellen. Demnach ist eine Information dann Wesentlich, „wenn vernünftigerweise zu erwarten ist, dass ihre falsche Darstellung (einschließlich ihres Weglassens) im Einzelnen oder insgesamt die auf Basis der Rechnungslegung getroffenen wirtschaftlichen Entscheidungen der Rechnungslegungsadressaten beeinflusst." (IDW PS 250.5 n.F.; § 284 Rz 9).

Hoffmann und Lüdenbach fordern bereits seit einigen Jahren, die **Anhangberichterstattung auf das Wesentliche zu beschränken** und beklagen auch nach HGB eine zu ausufernde Berichterstattung.[10]

Zudem ist stets die **Schutzklausel** des § 286 Abs. 1 HGB zu prüfen, die verhindert, dass das Wohl der Bundesrepublik Deutschland oder eines seiner Länder beschädigt wird. Darüber hinaus bietet § 286 Abs. 2 bis 4 HGB **Befreiungsmöglichkeiten von Anhangangabepflichten** unter bestimmten Voraussetzungen (§ 286 Rz 8 ff.).

2 Pflichtangaben im Einzelnen

2.1 In der Bilanz ausgewiesene Verbindlichkeiten (Nr. 1)

Zu den in der Bilanz anzugebenden Verbindlichkeiten (§ 266 Rz 143 ff. und § 268 Rz 29 ff.) ist nach Nr. 1 Buchst. a) der Gesamtbetrag derjenigen sich nach § 266 Abs. 3 C. HGB bestimmenden Verbindlichkeiten summarisch auszuweisen, die eine **Restlaufzeit** von mehr als fünf Jahren haben, sowie nach Nr. 1 Buchst. b) unter Angabe von Art und Form der Sicherheiten der Gesamtbetrag derjenigen Verbindlichkeiten, die durch Pfandrechte oder ähnliche Rechte gesichert sind. Bei der nach §§ 186 ff. BGB vorzunehmenden Berechnung der Frist nach Nr. 1 Buchst. a) sind der Abschlussstichtag einerseits und der Fälligkeitstermin der Verbindlichkeit (als objektives, sich aus Vertrag oder Gesetz ergebendes Datum und nicht etwa ein sich nach der Zahlungsbereitschaft oder -fähigkeit bemessender subjektiver Termin)[11] maßgebend. Besteht aber die Absicht, eine vorzeitige Tilgung vorzunehmen, und ist diese auch zulässig, so soll dieses vorzeitige Tilgungsdatum ebenso berücksichtigt werden dürfen[12] wie ein vorzeitiges Kündigungsrecht des Schuldners, wenn dieser vom Kündigungsrecht tatsächlich Gebrauch machen will.

> **Praxis-Beispiel**
>
> Ein Kreditinstitut kündigt außerordentlich, aber vertragsgemäß einen noch acht Jahre nach dem Bilanzstichtag laufenden Kredit nach dem Bilanzstichtag, jedoch noch während der Aufstellungsphase. In diesem Fall muss bereits in der Anhangangabe für die Verbindlichkeiten mit mehr als fünf Jahren Restlaufzeit der gekündigte Betrag abgezogen werden.

Es entspricht dem Vorsichtsprinzip aus § 252 Abs. 1 Nr. 4 HGB, den frühestmöglichen Rückzahlungstermin zugrunde zu legen, was auch bei einer Kündi-

---

[10] Vgl. etwa Hoffmann/Lüdenbach, NWB Kommentar Bilanzierung, 15. Aufl. 2023, § 284 HGB Rz. 28 ff.
[11] Vgl. Poelzig, in MünchKomm. HGB, 5. Aufl. 2024, § 285 HGB Rn 13.
[12] So Poelzig, in MünchKomm. HGB, 5. Aufl. 2024, § 285 HGB Rn 13 m.w.N.

gungsmöglichkeit des Gläubigers zu beachten ist, wenn dadurch der Fälligkeitstermin vorverlegt werden kann.[13] Erfolgt die Tilgung in Raten (**Annuitäten**), sind nur diejenigen zur Verbindlichkeit gehörenden Ratenzahlungen zu berücksichtigen, die noch eine Restlaufzeit von mehr als fünf Jahren haben.[14] Für den Fall des Verstoßes gegen Kreditvereinbarungen (sog. **Covenants**) kommt das Stichtagsprinzip zur Anwendung. Werden Darlehen durch den Verstoß als sofort fällig gestellt und besteht dies zum Stichtag, so sind diese Verbindlichkeiten dem Vorsichtsprinzip folgend zwingend als kurzfristig einzustufen, auch wenn der Kreditgeber noch nicht formal gekündigt hat.[15]

9 **Andere Verbindlichkeiten**, die von § 266 Abs. 3 C. HGB nicht, insb. auch nicht von dessen Nr. 8, erfasst werden, brauchen nicht berücksichtigt zu werden, wie etwa Rückstellungen für ungewisse Verbindlichkeiten oder Rechnungsabgrenzungsposten.[16]
Dies gilt auch für **erhaltene Anzahlungen**, die nach § 268 Abs. 5 Satz 2 HGB offen von den Vorräten abgesetzt wurden, da grds. nicht von einer Rückzahlung ausgegangen wird.[17]

10 Auch Haftungsverhältnisse gem. § 251 HGB brauchen nicht dargestellt zu werden.[18]

11 § 285 Nr. 1 Buchst. b) HGB verlangt die Angabe von Art und Form der **eigenen** Sicherheiten für **eigene**, nicht für fremde Verbindlichkeiten.[19] Offenzulegen sind die Art der Sicherung durch Angaben wie „Sicherungsübereignungen oder -abtretungen", „Eigentumsvorbehalt", „Pfandrecht", „Nießbrauch an beweglichen Sachen" oder „Hypothek" und die Form mit Angaben darüber, wie das **Sicherungsrecht** ausgestaltet wurde. Gibt es keine **Sicherheiten**, bedarf es keiner Angabe, auch nicht etwa als „Fehlanzeige" oder „keine Sicherheiten". Beim Eigentumsvorbehalt dürfte es branchenabhängig genügen, nur in allgemeiner Form darüber zu berichten. Eine quantitative Angabe der jeweiligen Sicherheiten ist nicht erforderlich.[20]

12 Für **KleinstKapG** entfällt die Angabe nach Nr. 1 aufgrund der Anhangaufstellungsbefreiung ersatzlos.

2.2 Aufgliederung der nach Nr. 1 verlangten Angaben (Nr. 2)

13 Die nach Nr. 2 vorzulegenden Angaben müssen im Anhang nach dem vorgegebenen **Gliederungsschema** für jeden einzelnen Posten der Verbindlichkeiten i. S. v. § 266 Abs. 3 C. HGB für mittelgroße und große KapG sowie PersG nach § 264a HGB wie folgt aufgegliedert werden:
C. Verbindlichkeiten:
1. Anleihen,
   davon konvertibel;

---

[13] Vgl. IDW, WPH Edition, Wirtschaftsprüfung & Rechnungslegung, 18. Aufl. 2023, Kap. F Tz. 1033.
[14] Vgl. Oser/Holzwarth, in Küting/Weber, HdR-E, §§ 284–288 HGB Rz. 292, Stand: 9/2021.
[15] Vgl. Grottel, in Beck Bil-Komm., 14. Aufl. 2024, § 285 HGB Rz 18.
[16] Vgl. Poelzig, in MünchKomm. HGB, 5. Aufl. 2024, § 285 HGB Rn 12.
[17] Vgl. Wulf, in Baetge/Kirsch/Thiele, Bilanzrecht, § 285 HGB Rz. 24, Stand: 3/2023.
[18] Vgl. Poelzig, in MünchKomm. HGB, 5. Aufl. 2024, § 285 HGB Rn 12.
[19] Ausführlich dazu Poelzig, in MünchKomm. HGB, 5. Aufl. 2024, § 285 HGB Rn 12.
[20] Vgl. IDW, WPH Edition, Wirtschaftsprüfung & Rechnungslegung, 18. Aufl. 2023, Kap. F Tz. 10350.

2. Verbindlichkeiten gegenüber Kreditinstituten;
3. erhaltene Anzahlungen auf Bestellungen;
4. Verbindlichkeiten aus Lieferungen und Leistungen;
5. Verbindlichkeiten aus der Annahme gezogener Wechsel und der Ausstellung eigener Wechsel;
6. Verbindlichkeiten gegenüber verbundenen Unt;
7. Verbindlichkeiten gegenüber Unt, mit denen ein Beteiligungsverhältnis besteht;
8. sonstige Verbindlichkeiten,
   davon aus Steuern,
   davon i. R. d. sozialen Sicherheit.

Kleine KapG sowie PersG nach § 264a HGB können es nach § 265 Abs. 1 Satz 3 HGB bei der zusammengefassten Darstellung auf der Ebene der Verbindlichkeiten in einer Position belassen, sind aber auch nach § 288 Abs. 1 HGB komplett von der Angabepflicht befreit. Zu jedem in der Bilanz unter C. ausweisnötigen Posten sind etwaige **Sicherheiten** nach Art und Form gesondert auszuweisen. Im Anhang sind demnach die **Gesamtbeträge** der Verbindlichkeiten mit einer Restlaufzeit von mehr als fünf Jahren und, wenn sie gesichert sind, Art und Form der Sicherheiten anzugeben (Nr. 1) sowie die nach den sich aus § 266 Abs. 3 C. HGB ergebenden Posten aufgegliederten **Einzelangaben**. Die sich ergänzenden und sachlich zusammengehörenden Angaben müssen alle im Anhang aufgenommen werden.[21]

Bei umfangreicheren Angaben wird die Darstellung im Interesse der Übersichtlichkeit in Form eines **Verbindlichkeitenspiegels** empfohlen.[22] Darin sollten nicht nur die Restlaufzeiten von über fünf Jahren, sondern **alle** Restlaufzeiten angegeben werden, weil § 268 Abs. 5 Satz 1 HGB dazu verpflichtet, in der Bilanz die Restlaufzeiten bis zu einem Jahr anzugeben. Es liegt auf der Hand, dass es klar und übersichtlich ist, wenn alle Verbindlichkeiten, aufgeteilt nach den Restlaufzeiten von bis zu einem Jahr, von einem Jahr bis zu fünf Jahren und über fünf Jahren, tabellarisch im Verbindlichkeitenspiegel aufgeführt werden. Zwar verlangt § 268 Abs. 5 Satz 1 HGB ausdrücklich, dass die Angabe der Restlaufzeit von Verbindlichkeiten bis zu einem Jahr in die Bilanz und nicht in den Anhang gehört; dennoch wird im Interesse der größeren Übersichtlichkeit dieser Verstoß in Kauf genommen (§ 268 Rz 29 ff.).[23]

Kleine KapG brauchen die Angaben nach Nr. 2 gem. § 288 Abs. 1 HGB nicht zu machen, **mittlere KapG** brauchen die Angaben nach § 327 Nr. 2 HGB nicht offenzulegen.

2.3 Angaben über in der Bilanz nicht enthaltene Geschäfte (Nr. 3)

Die Pflicht zur Angabe im Anhang von Art und Zweck sowie von Risiken, Vorteilen und finanziellen Auswirkungen der nicht in der Bilanz enthaltenen Geschäfte (Off-balance-Transaktion) ist für große und mittelgroße KapG ob-

---

[21] Vgl. BT-Drs. 16/10067 v. 30.7.2008 S. 68.
[22] So die BT-Drs. 16/10067 v. 30.7.2008 S. 69; s. das Muster bei Poelzig, in MünchKomm. HGB, 5. Aufl. 2024, § 285 HGB Rn 26 oder Wulf, in Baetge/Kirsch/Thiele, Bilanzrecht, § 285 HGB Rz. 33, Stand: 3/2023.
[23] Vgl. auch Poelzig, in MünchKomm. HGB, 5. Aufl. 2024, § 285 HGB Rn 26; IDW, WPH Edition, Wirtschaftsprüfung & Rechnungslegung, 18. Aufl. 2023, Kap. F Tz 1036; zu Umsetzungsbeispielen vgl. Kreipl/Lange/Müller, in Bertram/Brinkmann/Kessler/Müller, Haufe HGB Bilanz Kommentar BilMoG Erfahrungsbericht, 2012, Rz 389.

ligatorisch, soweit die Risiken und Vorteile wesentlich und für die Beurteilung der Finanzlage erforderlich sind (Art. 17 Abs. 1 Buchst. p RL 2013/34/EU). Mit dem BilRUG ist es damit einerseits zu einer Ausweitung der Angabepflichten durch die Notwendigkeit der Darstellung **finanzieller Auswirkungen** von nicht in der Bilanz enthaltenen Geschäften und andererseits zu einer Einschränkung der Berichterstattung auf Geschäfte mit **wesentlichen Risiken und Chancen** gekommen. Als **außerbilanzielle Geschäfte** sind alle Transaktionen rechtlicher oder wirtschaftlicher Art sowie Vereinbarungen zu verstehen, durch die der Bilanzierende Vorteile oder Risiken übernimmt, ohne dass diese als VG oder Schulden in der Bilanz erscheinen. Nach der Gesetzesbegründung[24] handelt es sich bei nicht in der Bilanz enthaltenen Geschäften um Transaktionen, die von vornherein dauerhaft keinen Eingang in die HB finden oder einen dauerhaften Abgang von VG oder Schulden aus der HB nach sich ziehen.[25] Beispielhaft nennt die Gesetzesbegründung Geschäfte, die mit der Errichtung oder Nutzung von ZweckGes., mit Offshore-Geschäften oder sonstigen Geschäften verbunden sind, mit denen gleichzeitig auch andere wirtschaftliche, rechtliche, steuerliche oder bilanzielle Ziele verfolgt werden. Die Gesetzesbegründung geht davon aus, dass nicht in der Bilanz enthaltene Geschäfte i. d. R. rechtsgeschäftliche Vereinbarungen sind. Der Erwägungsgrund Nr. 9 der Abänderungsrichtlinie nennt hier nicht abschließend das Factoring, (unechte) Pensionsgeschäfte, Konsignationslagervereinbarungen, Verträge mit unbedingter Zahlungsverpflichtung („take-or-pay"-Verträge), Forderungsverbriefungen über gesonderte Gesellschaften oder nicht rechtsfähige Einrichtungen, die Verpfändung von Aktiva, Leasingverträge (operative Leasingverträge, Sale-and-lease-back-Geschäfte bei Vorliegen von Operating-Leasing und verdeckte Leasinggeschäfte)[26] und die Auslagerung von Tätigkeiten. Es handelt sich um Verpflichtungen, die noch von keiner Seite erfüllt sind. Somit entfällt i. d. R. eine Berücksichtigung in der Bilanz. Als grobe Einteilung kann damit vorgenommen werden:[27]

- schwebende Geschäfte über einzelne Lieferungen oder sonstige Leistungen,
- schwebende Dauerschuldverhältnisse über wiederkehrende Lieferungen oder Leistungen sowie
- sonstige Dauerschuldverhältnisse oder Geschäfte, bei denen es bei bestehenden nicht unwesentlichen Risiken und Vorteilen noch nicht zu einem Bilanzausweis gekommen ist.

In letztere Kategorie fällt etwa das Bestellobligo aus Beschaffungsgeschäften. Inwiefern die Voraussetzung „nicht in der Bilanz enthalten" erfüllt ist, ist dabei zu jedem Abschlussstichtag zu prüfen[28] und eng auszulegen. So fallen Geschäfte, aufgrund derer es zu einem endgültigen Abgang von VG bzw. zu einem rechtswirksamen Erlöschen von Schulden bis zum Bilanzstichtag kommt, grds. nicht unter die Angabepflicht. Ausnahmsweise kann im Zusammenhang mit dem Abgang von VG oder Schulden dann eine Angabepflicht bestehen, wenn dem Bilanzierenden dauerhaft oder für eine gewisse Zeit nach dem Abschlussstichtag

---

[24] Vgl. BT-Drs. 16/10067 v. 30.7.2008 S. 69.
[25] BT-Drs. 16/10067 v. 30.7.2008 S. 69.
[26] Vgl. IDW RS HFA 32.8.
[27] Vgl. Oser/Holzwarth, in Küting/Weber, HdR-E, §§ 284–288 HGB Rz. 304, Stand: 9/2021.
[28] Vgl. IDW RS HFA 32.6.

weiterhin Vorteile oder Risiken aus dem abgegangenen Bilanzposten zuzuordnen sind,[29] wie etwa Earn-Out-Vereinbarungen oder nachlaufende erfolgsabhängige Zahlungsbelastungen.[30] In jedem Einzelfall ist zu prüfen, ob die Angabe über das Geschäft **erforderlich** (anders Nr. 3a: von Bedeutung) ist. Dabei ist in doppelter Weise zu prüfen. Erstens ist zu klären, ob mit den außerbilanziellen Geschäften wesentliche Vorteile und Risiken verbunden sind. Dies stellt eine Verankerung des Wesentlichkeitsgrundsatzes dar, der bisher implizit zu beachten war.[31] Zweitens ist die finanzielle Auswirkung einzuschätzen. Ergibt eine Bewertung der Vorteile und Risiken der Transaktion, dass sie sich „in erheblicher Höhe"[32] auf die Finanzlage auswirken kann, hat die Angabe zu erfolgen. Unter der **Finanzlage eines Unt** versteht das Gesetz nach der Begründung zu Nr. 3 dessen Liquidität und seine Fähigkeit, vorhandenen Verpflichtungen in einem überschaubaren Zeitraum nachkommen zu können (§ 264 Rz 69 ff.). Ergibt die Bewertung von Vorteilen und Risiken, dass sich die Liquidität des Unt durch die Transaktion erheblich besser oder schlechter darstellen wird und es künftig erheblich besser oder schlechter in der Lage sein wird, seinen Verpflichtungen nachzukommen, sind Informationen darüber im Anhang zu geben. Dabei ist die Einschätzung von „erheblich" auf die Gesamtheit der außerbilanziellen Geschäfte zu beziehen, sodass auch mehrere Geschäfte mit jeweils unerheblicher Beeinflussung der Finanzlage in der Summe angabepflichtig werden können.[33] Ergeben sich diese Informationen über die Lage zum Bilanzstichtag aus der Bilanz, ist über diese Risiken im Anhang nicht zu berichten. Nach dem Abschlussstichtag erkenntliche, wertaufhellende Ereignisse sind zu berücksichtigen. Werden außerbilanzielle Geschäfte nach dem Abschlussstichtag vereinbart oder modifiziert, hat keine Angabe im abgelaufenen Gj zu erfolgen. Diese sind ggf. im Nachtragsbericht (§ 285 Nr. 33 HGB) zu erläutern.[34] Die neu eingefügte Forderung nach Angabe der **finanziellen Auswirkungen** kommt als Bezugsgrundlage die ausgewiesene Liquidität als auch der quantifizierte Umfang der bestehenden oder zukünftigen Verpflichtung in Betracht. Da nur für die Beurteilung der Finanzlage des Unt erforderliche Angaben gefordert sind, erscheint eine rein verbale Beschreibung nicht ausreichend, es ist eine quantitative Angabe notwendig.[35] In der Literatur wird empfohlen, diese zahlenmäßige Darstellung nach Fristigkeiten zu unterteilen.[36]

17

Es sind nicht nur unsaldiert die Vorteile und Risiken für die Finanzlage des Unt, sondern auch die **Art des Geschäfts** (z.B. Pensionsgeschäft, Leasinggeschäft oder Forderungsverbriefung) und der **Zweck des Geschäfts** (bei einem Leasinggeschäft etwa die Beschaffung liquider Mittel für ein Investitionsvorhaben)

18

---

29 Vgl. IDW RS HFA 32.7.
30 Vgl. Oser/Holzwarth, in Küting/Weber, HdR-E, §§ 284–288 HGB Rz. 306, Stand: 9/2021.
31 Vgl. Lüdenbach/Hoffmann, BB 2015, S. 2225.
32 Vgl. IDW RS HFA 32.10, in 32.27 wird weiter konkretisiert auf „für die Beurteilung der Finanzlage ‚notwendig', d.h. unbedingt erforderlich …".
33 Vgl. IDW RS HFA 32.12.
34 Vgl. IDW RS HFA 32.11.
35 Vgl. IDW RS HFA 32.19.
36 Vgl. z.B. IDW, WPH Edition, Wirtschaftsprüfung & Rechnungslegung, 18. Aufl. 2023, Kap. F Tz 1043.

anzugeben. In der Praxis wird diesen umfangreichen Angabepflichten nur eingeschränkt nachgekommen. Dies könnte daran liegen, dass die Zwecke etwa bei Leasingverträgen vergleichsweise klar sind, sodass es in den meisten Fällen bei einer Nennung der Art belassen wird.[37]

19 Dem Normzweck entsprechend werden von dem Begriff Risiko nicht nur jene Risiken umfasst, die zum Abschlussstichtag ungewisse künftige negative Auswirkungen mit sich bringen, sondern auch feststehende finanzielle, nicht bilanzierte Nachteile. Als Gradmesser für das Vorliegen von Risiken oder Vorteilen kann dabei der Einfluss der Geschäfte auf die Liquidität oder die Fähigkeit des Unt zur Erfüllung von Verpflichtungen in einem absehbaren Zeitraum verstanden werden.[38] Die Angaben sind auch dann zu machen, wenn sie etwa bei einem **Dauerschuldverhältnis** bereits in einem früheren Jahresabschluss enthalten waren, wie folgendes Beispiel zeigt.

> **Praxis-Beispiel**
> **Nicht in der Bilanz enthaltene Geschäfte**[39]
> „Factoring
> Zum Bilanzstichtag hat die Gesellschaft Forderungen im Rahmen eines sog. ‚echten' Factoring von 38.938 TEUR (Vj. 20.795 TEUR) verkauft, wovon 38.938 TEUR noch nicht fällig waren. Das Factoring dient der kurzfristigen Verbesserung der Kapitalstruktur und Liquidität des Unternehmens. Sämtliche Forderungsausfallrisiken gehen auf die Käufer über. Risiken bestehen keine.
> **Haftungsverhältnisse**
> Am 21. März 2012 wurde gegenüber der Penang Development Corporation Sdn. Bhd. Penang/Malaysia eine Bürgschaft i. H. v. von 35 Mio. MYR für die langfristige Miete eines Gebäudes der Tochtergesellschaft Malaysian Automotive Lighting Sdn. Bhd. Penang/Malaysia abgegeben. Die Bürgschaftsverpflichtung reduziert sich über eine Laufzeit von 20 Jahren in vier Stufen alle fünf Jahre. Zum Stichtag beträgt die Bürgschaft 19 Mio. MYR (zum Stichtagskurs umgerechnet 4,0 Mio. EUR). Das Risiko einer Inanspruchnahme hieraus wird aufgrund der guten Finanz- und Vermögenslage der Tochtergesellschaft als gering eingeschätzt.
> Am 30. Juni 2021 wurden gegenüber der Carello Lighting Pension Schemes Trustee Limited, Essex, Großbritannien, Bürgschaften i. H. v. 44,55 Mio. GBP (zum Stichtagskurs umgerechnet 53,1 Mio. EUR) für die Pensionsrückstellungen der Automotive Lighting UK Limited, Cannock, Großbritannien, abgegeben. Die Bürgschaften haben eine Laufzeit bis 31. März 2030. Die Bürgschaftsverpflichtung reduziert sich über die Laufzeit. Das Risiko einer Inanspruchnahme hieraus wird aufgrund der guten Finanz- und Vermögenslage der Tochtergesellschaften als gering eingeschätzt.
> …"

---

[37] Vgl. Kreipl/Lange/Müller in Bertram/Brinkmann/Kessler/Müller, Haufe HGB Bilanz Kommentar BilMoG Erfahrungsbericht, 2012, Rz 398. Zu positiven Beispielen vgl. IDW RS HFA 32.16 ff. sowie Phillips, DB 2011, S. 127 f.
[38] Vgl. IDW RS HFA 32.18.
[39] Entn. aus Marelli Automotive Lighting Reutlingen GmbH, Jahresabschluss 2022 gem. Unternehmensregister S. 5.

Kleine KapG i.S.v. § 267 Abs. 1 HGB und kleine OHG und KG, die nach § 264a HGB ansonsten Normadressaten sind, werden von der Anzeigepflicht durch § 288 Abs. 1 HGB ausgenommen. **Mittelgroße KapG** haben gem. § 288 Abs. 2 HGB keine Erleichterungen mehr.

2.4 Gesamtbetrag sonstiger Verpflichtungen (Nr. 3a)

Auch kleine KapG und Ges. nach § 264a HGB haben im Anhang den Gesamtbetrag der sonstigen finanziellen Verpflichtungen anzugeben. Die Art. 16 Abs. 1d der RL 2013/34/EU umsetzende Angabepflicht nach Nr. 3a zielt somit bis auf die KleinstKapG (für die jedoch ggf. eine Angabepflicht aus § 264 Abs. 2 HGB resultieren könnte) für alle anhangerstellenden Unt darauf, die für die Finanzlage wesentlichen finanziellen Verpflichtungen aufzudecken, die sich nicht schon aus der Bilanz ergeben.[40] Hiernach sind die im Jahresabschluss nicht enthaltenen Angaben über „**sonstige finanzielle Verpflichtungen**" im Anhang aufzuführen. Bei diesen Verpflichtungen geht es um solche, die nicht schon als Verbindlichkeit oder als Rückstellung in der Bilanz passiviert wurden und auch nicht gem. § 251 HGB als Haftungsverhältnisse unter der Bilanz vermerkt (§ 251 Rz 1 ff.) bzw. unter § 268 Abs. 7 HGB aufzuführen, mit § 285 Nr. 3 HGB zu beschreiben und unter § 285 Nr. 19 HGB im Zusammenhang mit nicht zum beizulegenden Zeitwert bilanzierten derivativen Finanzinstrumenten zu nennen sind. Insofern stellt sich diese Angabepflicht als eine Auffangvorschrift dar.[41] Um angesichts der Überschneidung des sachlichen Anwendungsbereichs mit § 285 Nr. 3 HGB mögliche **Doppelerfassungen** auszuschließen, sollen bei Nr. 3a nur Angaben aufgenommen werden, die nicht schon in Nr. 3 enthalten sind. Zur Vermeidung einer Doppelerfassung ist stets eine Einzelfallprüfung geboten.[42]

Eine **Legaldefinition** der „finanziellen Verpflichtung", die nicht mit dem Rechtsbegriff der „Verbindlichkeit" identisch ist, existiert nicht. Daher sind darunter solche zum Bilanzstichtag bestehenden Verpflichtungen zu verstehen, die erst in der Zukunft zu Ausgabepflichten führen werden, ohne dass es sich dabei zwingend um vertragliche oder gesetzliche Pflichten handelt. In der Gesetzesbegründung zum BilMoG werden **finanzielle Verpflichtungen** als solche Verpflichtungen bezeichnet,
- die aus schwebenden Rechtsgeschäften oder gesellschaftsrechtlichen Verpflichtungen folgen,
- die zu einer wesentlichen Belastung der Finanzlage eines Unt führen können sowie
- Verpflichtungen aus öffentlich-rechtlichen Rechtsverhältnissen, die sich noch nicht in einer Weise verdichtet haben, die einen Bilanzausweis rechtfertigen.[43]

---

[40] Kritisch Poelzig, in MünchKomm. HGB, 5. Aufl. 2024, § 285 HGB Rn 50, der zwar Informationsnachteile ausgeglichen sieht, weil Verpflichtungen aufzudecken sind, die im Jahresabschluss nicht enthalten sein dürfen, aber dennoch kein vollständiges, den tatsächlichen Verhältnissen entsprechendes Bild der Finanzlage vermitteln würden.
[41] Vgl. auch Poelzig, in MünchKomm. HGB, 5. Aufl. 2024, § 285 HGB Rn 55.
[42] Vgl. IDW RS HFA 32.27.
[43] BT-Drs. 16/10067 v. 30.7.2008 S. 69; weitere Beispiele hierzu bei Merkt, in Hopt, Beck'scher Kurz-Kommentar Handelsgesetzbuch, 44. Aufl. 2024, § 285 Rn 3–4; Poelzig, in MünchKomm. HGB, 5. Aufl. 2024, § 285 HGB Rn 53 ff., insb. 65 ff.

Des Weiteren werden als **Beispiele** für sonstige finanzielle Verpflichtungen (soweit nicht bereits unter § 285 Nr. 3 HGB oder nach § 251 HGB benannt)
- zwangsläufige Folgeinvestitionen bereits begonnener Investitionsvorhaben,
- mehrjährige Verpflichtungen aus Miet- und Pachtverträgen oder anderen Dauerschuldverhältnissen,
- notwendig werdende Umweltschutzmaßnahmen auf Basis öffentlich-rechtlicher Vorgaben,
- ungewöhnlich hohes Bestellobligo oder andere schwebende Geschäfte,
- sonstige Haftungsverhältnisse für fremde Verbindlichkeiten, z.B. Konsortialhaftungen, gesetzliche Gesamtschuldverhältnisse, …,
- bedingte Verbindlichkeiten, z.B. für bedingt rückzahlbare Zuwendungen/Zuschüsse, …, und
- künftige für das Unt unabwendbare Großreparaturen, bei denen noch keine vertraglichen Vereinbarungen vorliegen

genannt.[44]

> **Praxis-Beispiel**
> **Sonstige finanzielle Verpflichtungen**[45]
> „Operating Lease: Der Nutzung von Kfz, Gabelstaplern, IT-Hardware, Gebäude sowie Kopierern liegen teilweise Operating-Leasingverträge zugrunde. Der Abschluss von Leasingverträgen dient der Verringerung der Kapitalbindung und verlagert das Risiko der Verwertung auf den Leasinggeber. Die Leasingverträge haben Laufzeiten bis maximal 2026. Die Gesamtverpflichtung aus diesen Leasingverträgen beträgt 10.763 TEUR (Vj. 11.164 TEUR). Den wesentlichen Anteil hierin haben die Mietverpflichtungen für Gebäude über 8.933 TEUR (Vj. 9.517 TEUR). Der Mietvertrag für den Sitz der Gesellschaft in Reutlingen wurde durch den Vermieter unter Einhaltung der Kündigungsfrist von 36 Monaten im November 2022 gekündigt. Darüber hinaus bestehen Verpflichtungen aus Umlagen gegenüber verbundenen Unternehmen aus Management-Fee-Verträgen (AL MAF). In 2022 resultierten hieraus Verpflichtungen in Höhe von 2.946 TEUR (Vj. 2.854 TEUR).
> Die übrigen sonstigen finanziellen Verpflichtungen liegen im Rahmen des üblichen Geschäftsverkehrs."

23 Der Begriff der „finanziellen Verpflichtungen" i.S.v. Nr. 3a ist dabei enger gefasst als der Begriff „Risiko" i.S.v. Nr. 3. Ist eine „finanzielle Verpflichtung" im Regelfall mit einem Ressourcenabfluss verknüpft, umfasst der Begriff „Risiko" auch unwahrscheinliche Ressourcenabflüsse.[46] In der Literatur wird als Abgrenzungskriterium vorgeschlagen, dass unter Nr. 3 die Geschäfte zu nennen sind, bei denen durch Nebenabreden oder besonderen Vereinbarungen bewusste

---

[44] Vgl. z.B. Grottel, in Beck Bil-Komm., 14. Aufl. 2024, § 285 HGB Rz 165; IDW, WPH Edition, Wirtschaftsprüfung & Rechnungslegung, 18. Aufl. 2023, Kap. F Tz 1048.
[45] Entn. aus Marelli Automotive Lighting Reutlingen GmbH, Jahresabschluss 2022 gem. Unternehmensregister.
[46] Vgl. IDW RS HFA 32.27.

Gestaltungsüberlegungen des Managements in Bezug auf die Finanzlage umgesetzt wurden, während unter Nr. 3a dies nicht erfolgte.[47] Für die sich aus den beispielhaft aufgezählten Dauerschuldverhältnissen ergebenden finanziellen Verpflichtungen wird sich eine Einstufung als für die **Beurteilung der Finanzlage bedeutsam** nur dann ergeben, wenn eine Verpflichtung den finanziellen Spielraum der KapG tatsächlich einschränkt.[48] Zu beachten ist, dass die Angaben für die Beurteilung der Finanzlage „von Bedeutung" sein müssen. Demgegenüber sind die Angaben über Art und Zweck sowie Risiken und Vorteile von nicht in der Bilanz enthaltenen Geschäften nach Nr. 3 nur zu machen, wenn sie für die Beurteilung der Finanzlage „erforderlich" sind. „Von Bedeutung" ist der ggü. „erforderlich" umfassendere Begriff. Daher können außerbilanzielle Geschäfte, die nach Nr. 3 aufgrund der Einschätzung der Risiken und Vorteile als nicht wesentlich oder die Offenlegung als nicht erforderlich eingestuft werden und somit nicht nach Nr. 3 angegeben werden, dennoch ggf. als unter Nr. 3a angabepflichtig angesehen werden.[49]

Anzugeben ist der sich aus der Summe der einzelnen Erfüllungsbeträge ergebende **Gesamtbetrag**; eine Auflistung der einzelnen Verpflichtungen wird nicht verlangt, ist aber zweckmäßig, um ein den tatsächlichen Verhältnissen entsprechendes Bild der Finanzlage zu vermitteln. Sinnvoll ist auch die Angabe, ob der Betrag sich nur als Belastung in dem auf das dem Bilanzstichtag folgenden Gj darstellt oder sich über einen längeren Zeitraum verteilt.[50]

24

Sonstige finanzielle Verpflichtungen sind **nicht deckungsgleich mit Eventualverbindlichkeiten** nach IFRS. Nach IAS 37.10 sind diese zum einen mögliche Verpflichtungen, die aus einem vergangenen Ereignis resultieren und deren Existenz durch das Eintreten oder Nichteintreten eines oder mehrerer unsicherer künftiger Ereignisse erst noch bestätigt wird, die nicht vollständig unter der Kontrolle des Unt liegen. Diese stellen keine sonstigen finanziellen Verpflichtungen nach HGB dar, da die Zahlungsverpflichtung am Stichtag bereits fest bestehen muss.[51] Zudem sind Eventualverbindlichkeiten gegenwärtige Verpflichtungen, die auf vergangenen Ereignissen beruhen, jedoch nicht erfasst werden, weil der Ressourcenabfluss nicht wahrscheinlich ist oder die Höhe der Verpflichtung nicht ausreichend verlässlich geschätzt werden kann. Dieser Teil kann Überschneidungen mit dem HGB aufweisen. Eventualverbindlichkeiten sind nach IAS 37.86 im Anhang anzugeben, sofern die Möglichkeit eines Abflusses bei der Erfüllung nicht unwahrscheinlich ist. Zu dieser klaren Definition und Vorgehensweise hat sich die EU und der Gesetzgeber nicht durchringen können. Somit sind Sachverhalte, die nicht als Rückstellungen angesetzt werden können, da die Wahrscheinlichkeit der Inanspruchnahme zu gering ist, nach HGB eher im Risikobericht des Lageberichts zu benennen als unter den Positionen Nr. 3 und 3a.[52]

25

Finanzielle Verpflichtungen, die ggü. **verbundenen Unt** bestehen, sind mit einem Gesamtbetrag gesondert auszuweisen. Es gibt keine Vorgabe, ob die beiden

26

---

47 Vgl. Phillips, DB 2011, S. 128.
48 Näher dazu Poelzig, in MünchKomm. HGB, 5. Aufl. 2024, § 285 HGB Rn 57.
49 Vgl. Oser/Holzwarth, in Küting/Weber, HdR-E, §§ 284–288 HGB Rz. 314, Stand: 9/2021.
50 Vgl. Poelzig, in MünchKomm. HGB, 5. Aufl. 2024, § 285 HGB Rn 59.
51 Vgl. Hoffmann/Lüdenbach, NWB Kommentar Bilanzierung, 15. Aufl. 2023, § 285 HGB Rz 19 ff.
52 Zu Beispielen s. Kreipl/Lange/Müller in Bertram/Brinkmann/Kessler/Müller, Haufe HGB Bilanz Kommentar BilMoG Erfahrungsbericht, 2012, Rz 390 ff.

Gesamtbeträge als zu addierende Teilbeträge des Gesamtbetrags nebeneinanderstehen oder ob die sich auf verbundene Unt beziehende finanzielle Verpflichtung als „Davon-Angabe" auszuweisen ist.[53] Verbindlichkeiten ggü. GmbH-Gesellschaftern sind ebenfalls gesondert nach § 42 Abs. 3 GmbHG auszuweisen.

27 **Sachleistungsverpflichtungen** sind nicht als finanzielle Verpflichtung i.S.d. Nr. 3 anzusehen. Ist der Gesamtbetrag vage oder nur zu schätzen, so ist eine verbale **Erläuterung** aufzunehmen.[54] Ansonsten erfolgt die **Bewertung** grds. wie bei Verbindlichkeiten und Rückstellungen. Somit ist der Erfüllungsbetrag bei Rückstellungen unter Berücksichtigung von Abzinsungen[55] bei mehr als einem Jahr Restlaufzeit sowie ggf. erwarteter Preissteigerungen zu verwenden. Nicht zu leistende Teilbeträge (etwa Investitionszuschüsse oder Versicherungsentschädigungen) sind abzuziehen.

Analog zur Darstellung bei Haftungsverhältnissen nach § 251 HGB sind **sonstige finanzielle Verpflichtungen betreffend die Altersversorgung** sowie ggü. verbundenen oder assoziierten Unt gesondert anzugeben. Dabei sind Fehlbeträge nach Art. 28 Abs. 2 EGHGB (Ansatzwahlrecht für mittelbare und Altzusagen von Pensionsverpflichtungen) sowie nach Art. 67 Abs. 2 EGHGB (Bewertungsanpassungsübergang auf das BilRUG bei Pensionsverpflichtungen bis zum Gj 2024) gesondert zu nennen und nicht Teil des unter Nr. 3a anzugebenden Gesamtbetrags, da Nr. 3a einen Auffangtatbestand darstellt.[56] Der Fall von nicht bereits an anderer Stelle berücksichtigten Altersversorgungsverpflichtungen dürfte in der Praxis sehr selten vorkommen.

Praxis-Beispiel
Denkbar ist die Angabe einer bestehenden Nachhaftung des übertragenden Rechtsträgers bei einer Spaltung.[57]

Die Angabepflicht der bestehenden **sonstigen finanziellen Verpflichtungen** ggü. **verbundenen oder assoziierten Unt** ist als „Davon-Angabe" zum Gesamtbetrag in einem Betrag möglich. Durch das „oder" ist eine Aufteilung auf Beträge aus TU und solchen aus assoziierten Unt nicht notwendig. Darüber hinaus erscheint es empfehlenswert, auch die nach § 42 Abs. 3 GmbHG bzw. § 264c Abs. 1 HGB gesonderte Angabe der Verbindlichkeiten ggü. Gesellschaftern auf die sonstigen finanziellen Verpflichtungen auszuweiten und auch Beträge, die diese betreffen, gesondert anzugeben.[58]

28 **Kleine KapG** i.S.v. § 267 Abs. 1 HGB und kleine PersG, die nach § 264a HGB ansonsten Normadressaten sind, werden von der Anzeigepflicht durch § 288 Abs. 1 HGB nicht ausgenommen. Für diese stellt aber die Abgrenzung zu § 285 Nr. 3 HGB, von der diese befreit sind, eine besondere Herausforderung dar.

---

[53] Vgl. Hoffmann/Lüdenbach, NWB Kommentar Bilanzierung, 15. Aufl. 2023, § 285 HGB Rz 27.
[54] Vgl. Grottel, in Beck Bil-Komm., 14. Aufl. 2024, § 285 HGB Rz 105–107; Poelzig, in MünchKomm. HGB, 5. Aufl. 2024, § 285 HGB Rn 60.
[55] Vgl. Grottel, in Beck Bil-Komm., 14. Aufl. 2024, § 285 HGB Rz 105; IDW, WPH Edition, Wirtschaftsprüfung & Rechnungslegung, 18. Aufl. 2023, Kap. F Tz 1052; a.A. Oser/Holzwarth, in Küting/Weber, HdR-E, §§ 284–288 HGB Rz. 337, Stand: 9/2021.
[56] Vgl. IDW, WPH Edition, Wirtschaftsprüfung & Rechnungslegung, 18. Aufl. 2023, Kap. F Tz 1053.
[57] Vgl. Rimmelspacher/Meyer, DB 2015, Beilage 5, S. 25.
[58] Vgl. Grottel, in Beck Bil-Komm., 14. Aufl. 2024, § 285 HGB Rz 120.

Mittelgroße und große KapG haben in Nr. 3 die Pflicht zur Angabe von Art und Zweck sowie von Risiken, Vorteilen und finanziellen Auswirkungen der nicht in der Bilanz enthaltenen Geschäfte (Off-balance-Transaktion) im Anhang, soweit die Risiken und Vorteile wesentlich und für die Beurteilung der Finanzlage erforderlich sind (Art. 17 Abs. 1 Buchst. p RL 2013/34/EU). Aus deren Sicht stellt Nr. 3a mit den finanziellen Verpflichtungen eine Auffangvorschrift dar. Da kleine Gesellschaften Nr. 3 nach § 288 Abs. 1 HGB nicht zu beachten haben, ergibt sich lediglich eine Abgrenzungsnotwendigkeit zu den nach § 251 HGB unter der Bilanz anzugebenden Haftungsverhältnissen. Damit ist bei kleinen Ges. die Befreiung von der Angabe der nicht in der Bilanz enthaltenen Geschäften nach Nr. 3 z.T. ausgehöhlt, da diese ggf. von kleinen Gesellschaften in die Berechnung des nach Nr. 3a anzugebenden Gesamtbetrags mit eingehen müssen. Für kleine Ges. sind alle sonstigen finanziellen Verpflichtungen, soweit für die Beurteilung der Finanzlage von Bedeutung, im Anhang neben den Schulden in der Bilanz und den nach § 268 Abs. 1 Nr. 7 HGB im Anhang zu berichtenden Haftungsverhältnissen nach § 251 HGB anzugeben. Es kommt im Anhang bei dieser Größenklasse zur Angabe von zwei Gesamtbeträgen nebeneinander. Dabei sind auch die Haftungsverhältnisse mit den „Davon-Angaben" mit den Verpflichtungen betreffend die Altersversorgung und Verpflichtungen ggü. verbundenen oder assoziierten Unt zu verstehen. Anders als die sonstigen finanziellen Verpflichtungen sind bei den Haftungsverhältnissen nach § 268 Abs. 7 Nr. 2 HGB gesonderte Angaben der gewährten Pfandrechte und sonstigen Sicherheiten notwendig.[59]

2.5 Aufgliederung der Umsatzerlöse (Nr. 4)

Auf Basis von dem im HGB umgesetzten Art. 18 Abs. 1 Buchst. a der RL 2013/34/EU sind von großen KapG die Nettoumsatzerlöse nach sachlichen Tätigkeitsbereichen und geografisch bestimmten Märkten aufzugliedern, soweit sie sich voneinander erheblich unterscheiden. Dabei ist die Umsatzdefinition nach § 277 Abs. 1 HGB zugrunde zu legen.

29

Die vom steuerrechtlichen Begriff abweichende handelsrechtliche Definition der **Umsatzerlöse** (§ 275 Rz 44) umfasst alle Beträge, die sich aus dem Verkauf von Produkten und der Erbringung von Dienstleistungen nach Abzug von Erlösschmälerungen und der Umsatzsteuer sowie sonstigen direkt mit dem Umsatz verbundenen Steuern ergeben.

30

Es gibt keine normative Vorgabe, nach der die **Aufgliederung** anhand absoluter Umsatzzahlen oder anhand prozentualer Angaben in Bezug auf den Gesamtumsatz zu erfolgen hat. Die Summe der Einzelangaben muss den in der GuV angegebenen Umsatzerlösen entsprechen. Auch beschriftete Diagramme vermögen einen guten Eindruck von der Aufgliederung nach Tätigkeitsbereichen respektive geografisch bestimmten Märkten vermitteln. Die Angabe der aufgegliederten Umsatzerlöse wird nicht ausreichen; vielmehr ist verbal zu erläutern, nach welchen sachlichen Tätigkeitsbereichen und geografisch bestimmten Märkten aufgegliedert wird.

31

---

[59] Vgl. Müller/Ziegler, BC 2017, S. 28.

32 Die Tätigkeitsbereiche wie auch die nach geografischen Kategorien unterschiedenen Märkte müssen deutliche **Unterschiede** aufweisen, sonst fehlt es vor dem Hintergrund des Erkenntnisinteresses, signifikante Abweichungen und Unterschiede bei den Umsatzerlösen zwischen den Tätigkeitsbereichen und den geografisch bestimmten Märkten erkennen zu können, am Informationsgehalt, eine Aufgliederung vorzunehmen. Dies bedeutet, dass in Fällen, in denen keine sinnvolle Aufgliederung erfolgen kann, die Angabe unterbleiben muss.[60]
Erfolgt eine Aufgliederung, so ist es geboten, diese über mehrere Jahresabschlüsse hinweg dem **Stetigkeitsgrundsatz** folgend beizubehalten, solange nicht nachvollziehbare Gründe, die anzugeben sind, für eine Abweichung der gewählten Gliederung vorliegen.

33 **Abgrenzungskriterien** für die sachlichen Tätigkeitsbereiche können sich bspw. aus der Art der Dienstleistung oder des Produkts ergeben. Bei großen Unt können sich erhebliche Unterschiede, die als Abgrenzungskriterium herangezogen werden, aus der Differenzierung in die bestehenden Unternehmensbereiche ergeben (Medizin-, Verkehrs-, Lager- und Rüstungstechnik im einen oder Chemie, Pharmazeutik und Kosmetik im anderen Unt),[61] aber auch aus deutlich unterscheidbaren Absatzkanälen (private oder öffentliche Auftraggeber) oder aus anderen Kriterien, die eine klare Unterscheidung erkennen lassen.

34 Das Merkmal **geografisch bestimmte Märkte** ist weit zu fassen.

> **Praxis-Beispiel**
> **Abgrenzung geografischer Märkte**
> Zunächst können geografisch bestimmte Märkte Kontinente wie Europa, Asien oder Afrika sein, aber auch Wirtschaftsunionen wie EU (Europäische Union), EMEA (Europe, Middle East and Africa), NAFTA (North American Free Trade Area mit Kanada, USA und Mexiko), MERCOSUR (Mercado Común del Sur) oder CARICOM (Caribbean Community and Common Market). Auch innerhalb Deutschlands lassen sich „geografisch bestimmte Gebiete" definieren, z.B. die Bundesländer, Nord- und Süddeutschland, Großstädte und ländlicher Raum, rechts- und linksrheinisch oder die Gebietsvertretungen, die je nach Marktpräsenz unterschiedlich groß und keineswegs nach geografischen Kriterien zugeschnitten wurden. So kann bspw. ein Dachprodukte herstellendes Unt ein räumlich kleines Gebiet, in dem eine bestimmte Dachpfanne landschaftstypisch stark verbreitet ist, einem anderen wesentlich größeren Gebiet gegenüberstellen, in dem baustilbedingt traditionell nur eine geringe Nachfrage besteht.

Es muss erkennbar sein, dass sich hier die Märkte wesentlich voneinander unterscheiden und dementsprechend die Vertriebsorganisation darauf eingestellt ist.

35 Kleine und mittelgroße KapG und ihnen gleichgestellte PersG sind zur Aufgliederung der Umsatzerlöse nicht verpflichtet (§ 288 Abs. 1 und 2 Satz 1 HGB). Nach § 286 Abs. 2 HGB besteht eine Schutzklausel (§ 286 Rz 8). Demnach kann

---

[60] Vgl. Hoffmann/Lüdenbach, NWB Kommentar Bilanzierung, 15. Aufl. 2023, § 285 HGB Rz 30.
[61] Weitere Beispiele bei Poelzig, in MünchKomm. HGB, 5. Aufl. 2024, § 285 HGB Rn 97f.

auf die Aufgliederung der Umsatzerlöse verzichtet werden, wenn sie geeignet ist, dem bilanzierenden Unt einen erheblichen Nachteil zuzufügen. Versicherungs-Unt müssen anstelle der Pflichtangaben nach Nr. 4 die durch Rechtsverordnung erlassenen Formblätter beachten und andere Vorschriften anwenden (§ 341a Abs. 2 Satz 2 HGB).

2.6 Belastung durch Steuern (Nr. 6 a. F.)

Mit § 275 HGB brauchen außerordentliche Erträge und Aufwendungen nicht mehr in der GuV dargestellt zu werden. Folgerichtig entfällt jede weitergehende Angabepflicht, sodass Nr. 6 nur bis zum letzten vor dem 31.12.2015 beginnenden Gj zu beachten war. Auf eine getrennte Darstellung, in welchem Umfang **Steuern vom Einkommen und vom Ertrag** verschiedene Ergebnisse belasten, kann damit verzichtet werden. 36

2.7 Beschäftigte Arbeitnehmer (Nr. 7)

Im Anhang ist in Umsetzung des Art. 16 Abs. 1 Buchst. h der RL 2013/34/EU die durchschnittliche Zahl der während des Gj beschäftigten Arbeitnehmer aufgegliedert nach Gruppen anzugeben, um nähere Angaben über die **Personalstruktur** zu erhalten. Ergänzend sind die **Personalaufwendungen** bei Nr. 8 Buchst. b) aufzuführen. Angaben über die Vj-Zahlen sind im Anhang nicht notwendig, nach § 265 Abs. 2 HGB aber in der GuV und in der Bilanz. 37

Wer Arbeitnehmer ist, ergibt sich aus den üblichen arbeitsrechtlichen Kriterien, bei denen § 84 Abs. 1 HGB ein wesentlicher Auslegungsmaßstab ist. Demnach ist Arbeitnehmer, wer nicht als selbstständiger Gewerbetreibender ständig damit betraut ist, für einen anderen Unternehmer Geschäfte zu vermitteln oder in dessen Namen abzuschließen, und nicht im Wesentlichen frei seine Tätigkeit gestalten und seine Arbeitszeit bestimmen kann. Wesentlich für die Feststellung der **Arbeitnehmereigenschaft** sind Weisungsgebundenheit und Abhängigkeit.[62] Organmitglieder, zu Wehrübungen einberufene Reservisten und Personen in Elternzeit gehören auch dann, wenn sie einen Anspruch auf Weiterbeschäftigung haben, ebenso wenig zu den Arbeitnehmern wie die Auszubildenden oder die i. R. e. Arbeitnehmerüberlassung tätigen Personen. Gleichwohl können diese bei einer freiwilligen Angabe zusätzlich genannt werden. Dagegen sind Arbeitnehmer auch diejenigen, die bei selbstständigen TU – bei Weisungsbefugnis der Vorgesetzten im anderen Unt – arbeiten, aber auf der „pay roll" des entsendenden Unt stehen.[63] In die Arbeitnehmerzahl einzubeziehen sind **auch Kurzarbeiter** und sich im Streik befindliche Personen – ggf. sind Zusatzangaben notwendig, wenn die tatsächlichen Verhältnisse sonst nicht wiedergegeben werden.[64] Anzugeben sind analog zu § 267 HGB die **Zahl der beschäftigten Personen** – eine **Umrechnung auf Vollzeitäquivalente ist dort nicht vorgesehen.** Allerdings erscheint mit Blick auf mögliche Angabezwecke, wie etwa die Bildung einer Relation zum Umsatz, auch eine Angabe auf Basis von Vollzeitäquivalenten sinnvoll, so wie etwa auch im Anhang nach IFRS die Zahl der Mitarbeiter anzugeben ist. 38

---

[62] S. auch Wulf, in Baetge/Kirsch/Thiele, Bilanzrecht, § 285 HGB Rn 124 ff., Stand: 03/2023.
[63] Ebenso Poelzig, in MünchKomm. HGB, 5. Aufl. 2024, § 285 HGB Rn 113.
[64] Vgl. Oser/Holzwarth, in Küting/Weber, HdR-E, §§ 284–288 HGB Rz. 366, Stand: 9/2021.

39 Das Gesetz lässt offen, in welcher Weise bzw. nach welchen Kriterien Gruppen gebildet werden sollen. Nahe liegt zunächst eine Unterteilung nach dem BetrVG in gewerbliche Arbeiter, Angestellte und außertariflich Angestellte. Denkbar und in vielen Fällen sehr sinnvoll sind auch andere Kriterien wie Vollzeitkräfte, Teilzeitkräfte und Kurzarbeiter. Ebenfalls sinnvoll ist eine **Untergliederung** nach Tätigkeitsbereichen (z. B. F&E, Produktion, Logistik, Vertrieb, Verwaltung, Außendienst), nach Unternehmenssparten (z. B. Medizin, Pharmazeutik, Chemie), nach Standorten, nach Alter und nach Geschlecht. Daneben sollten auch Angaben über Leiharbeitnehmer und Auszubildende gemacht werden, um die Personalstruktur und -entwicklung transparent zu machen.

40 Die Angaben nach Nr. 7 brauchen sich nicht auf ein einziges Gruppenbildungskriterium zu beschränken; es muss nur klar sein, dass die durchschnittliche Gesamtzahl der Arbeitnehmer nach jeweils unterschiedlichen Gruppenkriterien angegeben wird.

41 Wie der Durchschnitt zu berechnen ist, wird nicht vorgegeben. Sinnvoll erscheint es, die Zahl der Arbeitnehmer am Ende eines Quartals zu addieren und durch vier zu dividieren (analog zu § 267 Abs. 5 HGB). Es kann aber auch – insb. wenn die so ermittelte Durchschnittszahl nicht den tatsächlichen Verhältnissen entspricht[65] – der zwölfte Teil der Summe aus der Zahl der am Monatsende beschäftigten Arbeitnehmer gebildet werden (gem. § 1 Abs. 2 Satz 5 PublG). Es empfiehlt sich, im Geschäftsbericht und im Anhang, wenn Durchschnittsangaben zu machen sind, durchgängig bei einer **Berechnungsmethode** zu bleiben. Durch die ggf. notwendige Erläuterung der Durchschnittsberechnung kann die bei Saisongeschäften schwankende Arbeitnehmerzahl erkennbar werden. Die nach einem Monat bzw. einem Quartal ausscheidenden Arbeitnehmer sind mitzuzählen, wenn sie am letzten Tag dieses Zeitabschnitts noch beschäftigt waren. Relevant sind die am jeweiligen Stichtag beschäftigten Personen, unabhängig davon, ob unbefristete oder befristete Arbeitsverträge vorliegen.

42 Die Angaben können in Zahlen als Teilmenge, in Prozenten oder als Bruchteil angegeben werden, soweit durch Angabe der Gesamtzahl die konkreten Zahlen mathematisch zu ermitteln sind. Auch eine grafische Darstellung in Diagrammform ist möglich, wenn dies dabei unterstützt, eine Information über die tatsächliche Lage schnell und zutreffend zu erlangen. Dabei ist der Stetigkeitsgrundsatz zu beachten, d. h., dass in den folgenden Gj die gleichen Gruppenbildungskriterien angelegt werden sollten, um eine **Vergleichbarkeit** über einen längeren Zeitraum zu ermöglichen und **Entwicklungstrends** zu erkennen. Abweichungen sind mit erläuternden Angaben zu begründen.

43 Kleine KapG und diesen gleichgestellte PersG sind zwar grundsätzlich zur Angabe verpflichtet, allerdings dürfen diese auf die Trennung der Angabe in Gruppen verzichten (§§ 288 Abs. 1, 264a HGB).

2.8 Material- und Personalaufwand (Nr. 8)

44 Wird das **Umsatzkostenverfahren** gem. § 275 Abs. 3 HGB angewandt, ist der Material- und Personalaufwand in der GuV nicht erkennbar. In diesem Fall sind im Interesse der Transparenz der Material- und Personalaufwand des Gj im

---

[65] Vgl. IDW, WPH Edition, Wirtschaftsprüfung & Rechnungslegung, 18. Aufl. 2023, Kap. F Tz 1066.

Anhang anzugeben. Die Angabepflicht bzgl. des Personalaufwands resultiert aus Art. 17 Abs. 1 Buchst. e) der RL 2013/34/EU. Die Pflicht, Angaben über den Materialaufwand zu machen, entspringt einer nicht auf EU-Recht zurückgehenden Entscheidung des Gesetzgebers.

Getrennt nach Material- und Personalaufwand sind die Angaben in Form des jeweils aufgewandten Betrags notwendig. Die Untergliederung erfolgt entsprechend der nach dem GKV üblichen Form (§ 275 Abs. 2 Nrn. 5 und 6 HGB; s. § 275 Rz 88 ff.). Bei den Personalaufwendungen sind die Altersvorsorgeaufwendungen als „Davon-Angabe" gesondert auszuweisen. 45

Der **Materialaufwand** ist gem. der Gliederung des § 275 Abs. 2 Nr. 5 HGB anzugeben, d. h. unterschieden nach
a) Aufwendungen für RHB und für bezogene Waren sowie nach
b) Aufwendungen für bezogene Leistungen.
Diese Angabe brauchen nur große KapG i. S. v. § 267 Abs. 3 HGB offenzulegen. § 327 Nr. 2 HGB befreit die mittelgroßen KapG (§ 267 Abs. 2 HGB) von der Offenlegung. Die kleinen KapG (§ 267 Abs. 1 HGB) müssen gem. § 288 Abs. 1 HGB bereits bei der Aufstellung keine Angaben zum Materialaufwand machen. 46

Der **Personalaufwand** ist entsprechend der in § 275 Abs. 2 Nr. 6 HGB vorgegebenen Aufteilung in
a) Löhne und Gehälter,
b) soziale Abgaben und Aufwendungen für Altersversorgung und für Unterstützung, davon für Altersversorgung,
anzugeben. 47

Die Vj-Angaben sollten zum Vergleich angegeben werden; eine gesetzliche Verpflichtung dazu besteht nicht,[66] da sich § 265 Abs. 2 HGB nur auf die Bilanz und GuV bezieht (§ 265 Rz 10).

Diese Angaben müssen alle KapG mit Ausnahme der kleinen KapG und Kleinst-KapG (§ 288 Abs. 1 HGB) machen. In der HV einer AG müssen aber die Angaben auf Verlangen eines Aktionärs gemacht werden. Bei einer GmbH kann ein Gesellschafter Auskunft über Material- und Personalaufwand verlangen (§ 51a Abs. 1 GmbHG). Mittelgroße KapG haben die Angabe in den aufgestellten Anhang aufzunehmen, können diese aber nach § 327 Nr. 2 HGB bei der Offenlegung weglassen. 48

2.9 Bezüge der Organvertreter (Nr. 9)

2.9.1 Grundsachverhalte

Der Gesetzgeber hat die Angaben zu Bezügen der Organvertreter zweigeteilt. Auf Basis der Bilanz-RL 2013/34/EU werden von **allen mittelgroßen und großen KapG und Ges. gem.** § 264a HGB unter Vorbehalt der Schutzklausel des § 286 Abs. 4 HGB nach Nr. 9 Buchst. a) Sätze 1–4 Angaben zu den gewährten **Gesamtbezügen** der aktuell tätigen Vorstands-[67] und Aufsichtsratsmitglieder sowie aller sonstigen Mitglieder von Geschäftsführungsorganen oder Aufsichtsgremien im Gj gefordert. Von **börsennotierten Ges.** wird zusätzlich ein spezieller Vergütungsbericht mit § 162 AktG gefordert (§ 315a Rz 41 ff.). 49

---

[66] Vgl. Poelzig, in MünchKomm. HGB, 5. Aufl. 2024, § 285 HGB Rn 122.
[67] Ausführlich zu den Bemühungen des Gesetzgebers, Transparenz über die Vorstandsvergütung herzustellen, Hohenstatt/Wagner, ZIP 2008, S. 945; zu den Informationsrechten und Entscheidungskompetenzen der HV bzgl. der Vorstandsvergütung Schüppen, ZIP 2010, 905.

50 Eine auf die einzelne Person bezogene **Offenlegung** ist nach HGB nicht vorgesehen. Anzugeben sind aggregierte Informationen über die Gesamtsumme der Bezüge aller Mitglieder einer Gruppe. Nach § 286 Abs. 4 HGB können die in § 285 Nr. 9 Buchst. a) und b) HGB verlangten Angaben über die Gesamtbezüge der dort bezeichneten Personen sogar ganz unterbleiben, wenn sich anhand dieser Angaben die Bezüge eines Mitglieds dieser Organe feststellen lassen. Der Gesetzgeber hat sich um eine Abwägung des Informationsinteresses zur Befriedigung unterschiedlicher Interessen mit dem Persönlichkeitsschutz der Betroffenen bemüht.

51 Als Umsetzungshinweis bzgl. der Vergütungsangaben liegt der **DRS 17** vor. Dieser gilt gem. § 342q Abs. 2 HGB primär für den Konzernabschluss. Gleichwohl hat das IDW die Stellungnahme zur Rechnungslegung „Berichterstattung nach § 285 Satz 1 Nr. 9a HGB bzw. § 314 Abs. 1 Nr. 6a HGB über die Vergütung der Organmitglieder (IDW ERS HFA 20)" mit Verweis auf den DRS 17 zurückgezogen und im DRS 17 wird unter Tz. 83 explizit die Empfehlung zur Beachtung der dortigen Regelungen auch im Anhang und Lagebericht ausgesprochen. DRS 17 befasst sich aufgrund der Änderungen aus DRÄS 9 nur noch für die verbleibenden Angabepflichten zur Vergütung im (Konzern-)Anhang.

2.9.2 Angabepflicht für große und mittelgroße Kapitalgesellschaften (Nr. 9 Buchst. a) Satz 1–3)

52 Von großen und mittelgroßen KapG sind die **Gesamtbezüge** „für die Mitglieder des Geschäftsführungsorgans, eines Aufsichtsrats, eines Beirats oder einer ähnlichen Einrichtung" anzugeben. Aus den §§ 6, 35 und 52 GmbHG ergibt sich, dass die Geschäftsführer und die Mitglieder eines fakultativen Aufsichtsrats als Organmitglieder hierunter fallen. In der AG sind es die Vorstände und Aufsichtsräte gem. §§ 76, 95 AktG. In den KapCoGes i. S. v. § 264a HGB ist als Geschäftsführungsorgan das Organ der Komplementär-KapG anzusehen (IDW RS HFA 7, Tz. 34). Die Erwähnung des gesetzlich nicht definierten „Beirats" weist darauf hin, dass auch die Personen solcher Gremien mit Verwaltungsfunktion, die auf Beschluss von Gesellschaftsorganen durch Gesellschaftsvertrag oder Satzung geschaffen wurden und den Vorstand beraten, überwachen oder in anderer Weise auf Vorstandsentscheidungen Einfluss nehmen, ebenfalls ihre Gesamtbezüge anzugeben haben.[68] Die Erweiterung der Aufzählung auf „ähnliche Einrichtungen" soll deutlich machen, dass es auf die Bezeichnung der Einrichtung, die eine vergleichbare Aufgabe wie ein Aufsichtsrat wahrnimmt, nicht ankommt. Abzugrenzen sind aber alle Organe, die der Geschäftsführung unterstellt und damit Teil des Unternehmens sind, wie die Interne Revision oder das Compliance-Management. Dies gilt auch, wenn eine gewisse Selbstständigkeit vorliegt, wie etwa bei der nach § 4 Abs. 3 LkSG von bestimmten Unt zu bestimmenden Person zur Überwachung der Einhaltung der Menschenrechte. Die Angabe der Gesamtbezüge hat **für jedes Gremium** (Geschäftsführung, Aufsichtsrat) zu erfolgen.[69]

---

[68] Ausführlich Grottel, in Beck Bil-Komm., 14. Aufl. 2024, § 285 HGB Rz 237.
[69] Vgl. IDW, WPH Edition, Wirtschaftsprüfung & Rechnungslegung, 18. Aufl. 2023, Kap. F Tz 1087.

Die Angabepflicht betrifft auch **Arbeitnehmervertreter** im Aufsichtsrat oder im Beirat, und zwar selbst dann, wenn sie Teile der für ihre Tätigkeit als Organmitglied erhaltenen Bezüge oder insgesamt an Dritte abgeben.

53

Das Gesetz zählt zu den **Bezügen** namentlich die Gehälter, die Gewinnbeteiligungen, Bezugsrechte und sonstige aktienbasierte Vergütungen, Aufwandsentschädigungen, Versicherungsentgelte, Provisionen und Nebenleistungen auf. Auch Vorteile aus Aktienoptionsprogrammen gehören zu den Bezügen,[70] wobei die Ansicht vertreten wird, dass eine Berichtspflicht nur hinsichtlich solcher **stock options** besteht, deren Zuteilung im entsprechenden Berichtsjahr erfolgte.[71] Bei der Angabe des Zeitwerts ist auf den Zeitpunkt der Gewährung abzustellen (analog zu IFRS 2). Unter **Aufwandsentschädigungen** sind pauschalierte Zahlungen, nicht ein erstatteter Auslagenersatz zu verstehen;[72] auch von der Ges. gezahlte, gegenüber dem Organmitglied verhängte Straf-, Buß- und Zwangsgelder sind als Aufwandsentschädigung auszuweisen, soweit nicht das eigenbetriebliche Interesse im Vordergrund steht.[73] Der Begriff „Versicherungsentgelte" meint die vom Unt auf den Namen von Organmitgliedern gezahlten **Versicherungsprämien** für Lebens-, Pensions- oder Unfallversicherungen, aus denen die Organmitglieder berechtigt sind. Auch Haftpflichtversicherungen wie die D&O-Versicherung sind zu berücksichtigen, wenn das Organmitglied anspruchsberechtigt ist. Nicht dazu gehören gesetzliche Arbeitgeberanteile zur Sozialversicherung, falls diese für die Mitglieder des Vorstands/der Geschäftsführung entrichtet wurden.[74]

54

Erfindervergütungen sind dann einzubeziehen, wenn die Erfindung während der Tätigkeit als Organmitglied erfolgte und die erfinderische Tätigkeit zu den Aufgaben des Organmitglieds als solchem gehörte.[75] Der Begriff „Nebenleistungen" ist weit auszulegen; so gehören die vergünstigte Überlassung von Wohnraum, übermäßige Reisespesen, der Verkauf von Gütern unterhalb des Verkehrswerts oder die Einräumung von Darlehen zu Konditionen unterhalb des Marktüblichen ebenfalls zu den Bezügen. Anhaltspunkt für die Höhe des Einbezugs in die Angabepflicht sind die einkommensteuer-/lohnsteuerpflichtigen Beträge für diese Bezüge.

55

Die Bezüge im vorgenannten Sinn müssen nicht ausgezahlt worden sein, um angegeben werden zu müssen.[76] Werden „Pensions"-Ansprüche gewährt, gehören auch diese **Zusagen** zu den Bezügen.[77]

56

Wurden zwar in einem früheren Gj Bezüge gewährt, aber noch nicht in einem Jahresabschluss bekannt gegeben, sind diese ebenfalls anzugeben. Es ist unerheblich, ob die Bezüge in Geld oder in anderer Form, z. B. als geldwerter Vorteil oder

57

---

[70] Eingefügt durch das KonTraG, weil die Gewährung von Bezugsrechten nach § 192 Abs. 2 Nr. 3 AktG auch an Organmitglieder zulässig ist. Vgl. zur Berechnung Grottel, in Beck Bil-Komm., 14. Aufl. 2024, § 285 HGB Rz 353. IFRS 2 ist bei der Ermittlung des beizulegenden Zeitwerts heranzuziehen (BT-Drs. 15/5577 v. 31.5.2005).
[71] Vgl. Henke/Fett, BB 2007, S. 1267 ff.
[72] Vgl. Poelzig, in MünchKomm. HGB, 5. Aufl. 2024, § 285 HGB Rn 151.
[73] Vgl. Grottel, in Beck Bil-Komm., 14. Aufl. 2024, § 285 HGB Rz 253.
[74] Vgl. IDW, WPH Edition, Wirtschaftsprüfung & Rechnungslegung, 18. Aufl. 2023, Kap. F, Tz 1080.
[75] Vgl. Poelzig, in MünchKomm. HGB, 5. Aufl. 2024, § 285 HGB Rn 155.
[76] Zu denken wäre etwa an Deferred Compensation; vgl. auch Strieder, DB 2005, S. 957.
[77] Dazu näher Hoffmann-Becking, ZIP 2007, S. 2101, 2108; s. aber auch Leuering/Simon, NZG 2005, S. 945 f.

als **Naturalleistungen**, gewährt werden. Die Bewertung hat sich am Zeitwert zu orientieren, d. h. es sind die einkommensteuerpflichtigen Werte zu verwenden.[78] Es ist zudem für die Angabepflicht unbeachtlich, ob die Bezüge ganz oder tw. von Dritten (z. B. Konzernunternehmen) erstattet wurden, soweit die Gewährung der Bezüge von der Ges. erfolgte. Erfolgt die Gewährung dagegen von einem Dritten, ist diese vom berichtenden Unt nur in die Angabepflicht einzubeziehen, wenn diese dem berichtenden Unt weiterberechnet wurde.[79]

58 Anzugeben sind die Bezüge aller im Gj amtierenden Organmitglieder. Dies gilt unabhängig davon, ob die Funktion zum Bilanzstichtag noch ausgeübt wird (DRS 17.16). Ist ein Organmitglied ausgeschieden, so sind die Bezüge im Jahr des Ausscheidens auf den Zeitpunkt der **Beendigung der Organtätigkeit** abzugrenzen und Teil der anzugebenden Gesamtbezüge (DRS 17.36). DRS 17.13b empfiehlt die Angabe von Vj.-Werten, was aber gesetzlich nicht gefordert ist.

59 Da auch im Vergütungsbericht nach § 162 AktG, dem Lagebericht sowie aktuell der nichtfinanziellen Berichterstattung bzw. künftig der Nachhaltigkeitsberichterstattung Angaben zur Managementvergütung gefordert werden, kommt es bei einigen Unt zu erheblichen Dopplungen der Angaben. Es besteht **keine Verweismöglichkeit** von Anhang auf Lage- oder Vergütungsbericht oder umgekehrt, so dass die Angaben stets notwendig sind und besonders auf die Konsistenz geachtet werden sollte.

2.9.3 Angaben zur aktienbasierten Vergütung (Nr. 9 Buchst. a) Satz 4)

60 Zusätzlich zu ihrer wertmäßigen Einbeziehung in die nach Satz 1–3 anzugebenden Gesamtbezüge verpflichtet Satz 4 zu der Angabe der Anzahl der ausgegebenen Bezugsrechte und der sonstigen aktienbasierten Vergütungen mit dem beizulegenden Zeitwert zum Zeitpunkt der Gewährung (DRS 17.28). Damit erfolgt die Klarstellung der notwendigen Berücksichtigung von **Bezugsrechten** und **sonstigen aktienbasierten Vergütungen** bei der Liste der Gesamtbezüge, dass auch Aktienoptionspläne und ähnliche Entgeltformen als Bezüge der aktiven Organmitglieder anzugeben sind. Aus der Problematik der betriebswirtschaftlichen Diskussion um die sachgemäße Abbildung, was nicht zuletzt an den vielfältigen Formen der aktienbasierten Vergütung liegt,[80] hat der Gesetzgeber bestimmt, dass in Anlehnung an den IFRS 2 die Bezugsrechte und sonstigen aktienbasierten Vergütungen mit ihrer Anzahl und dem beizulegenden Zeitwert zum Zeitpunkt ihrer Gewährung anzugeben sind. Spätere Wertänderungen sind ebenfalls in Analogie zum IFRS 2.26 nur zu berücksichtigen, wenn sie auf einer Änderung der Ausübungsbedingungen beruhen (DRS 17.28). Somit sind Aktienoptionen oder ähnliche Vorteile einmalig zum Zeitpunkt der Gewährung mit dem Marktpreis vergleichbarer Optionen oder, falls diese nicht existieren, über finanzwirtschaftliche Optionspreismodelle zu bewerten.[81] Dabei wird einzig auf die Sichtweise des Unt und die beabsichtigte gewährte Entgeltung abgestellt. Die Berücksichtigung späterer Wertänderungen der Bezugsrechte durch Börsenkurs-

---

[78] DRS 17.A37 sieht zusätzlich auch Kosten als mögliche Bewertung der Sachleistungen an.
[79] Vgl. IDW, WPH Edition, Wirtschaftsprüfung & Rechnungslegung, 18. Aufl. 2023, Kap. F Tz 1085.
[80] Vgl. zur Ausgestaltung derartiger Entgelte z. B. OLG Stuttgart, Urteil v. 13.6.2001, 20 U 75/00, DB 2001 S. 1604.
[81] So auch Grottel, in Beck Bil-Komm., 14. Aufl. 2024, § 285 HGB Rz 253.

schwankungen würde den Fokus auf das Gesamteinkommen der Organmitglieder lenken und – zumal zusammengefasst in einem Betrag – vom Unt nicht zu beeinflussende Sachverhalte als gewährte Bezüge ausweisen. Jedoch kann je nach Ausgestaltungsform die tatsächliche Belastung des Unt bei Einlösung der Option deutlich von der zum Zeitpunkt der Begebung erwarteten abweichen. Aufgrund der Problematik dieser Entgeltteile sollte eine ausführlichere Beschreibung im Anhang erfolgen, wobei die Pflichtangaben des IFRS 2.44-IFRS 2.52 zur Orientierung dienen können; dabei fordert der Gesetzgeber die Angabe der Anzahl und des beizulegenden Zeitwerts zum Zeitpunkt der Gewährung explizit. Wichtige weitere Angaben wären insb. die Ausübungsbedingungen, die konkrete Ausgestaltung und die bestehenden Risiken bei noch zu erwerbenden Aktien oder phantom stocks.

Für variable **nicht aktienbasierte Bezüge**, d. h. es besteht eine Abhängigkeit vom Eintritt oder Wegfall künftiger Bedingungen, sind im Gj der Zusage die wesentlichen Merkmale der Zusage, die Einfluss auf die Höhe und die zeitliche Verteilung der Bezüge haben (Basisdaten der Zusage), nach DRS 17.34 darzustellen. Dies beinhaltet die Angabe des zugesagten Betrags, sofern die Zusage absolute Beträge beinhaltet, und die Darstellung der vereinbarten Bedingungen (z. B. Erfolgs-/Leistungsziele, das fortbestehende Anstellungsverhältnis/die fortbestehende Bestellung). Ferner sind in dem Gj, in dem diese Bezüge gewährt werden, separat die Höhe des gewährten Betrags und das Gj, in dem die Zusage dieser Bezüge ursprünglich erfolgte, nach dieser Norm anzugeben.

2.9.4 Gesamtbezüge früherer Organmitglieder und deren Hinterbliebene (Nr. 9 Buchst. b)

Nach Buchst. b) sind die **Gesamtbezüge** auch der **früheren Mitglieder der genannten Organe und ihrer Hinterbliebenen** getrennt nach Gremien auszuweisen. Genannt werden als Bezüge bspw. Abfindungen, Ruhegehälter, Hinterbliebenenbezüge und Leistungen verwandter Art.[82] Wechselt ein Organmitglied etwa vom Vorstand in den Aufsichtsrat, so sind sowohl dessen früheren Bezüge als Vorstandsmitglied nach Buchst. b) als auch dessen jetzige Bezüge nach Buchst. a) auszuweisen – allerdings getrennt.

Nach § 285 Nr. 9 Buchst. b) Satz 3 HGB ist neben den Gesamtbezügen auch der Betrag der **Rückstellungen für laufende Pensionen und Anwartschaften**, die für die früheren Organmitglieder gebildet wurden, anzugeben. Sollten Fehlbeträge aus einer Unterdeckung aus Art. 28 Abs. 2 EGHGB oder Art. 67 Abs. 2 EGHGB bestehen, so sind diese zusätzlich zu der nötigen Gesamtangabe für diese Personengruppe an dieser Stelle des Anhangs auch zu benennen.[83] Die anzugebenden Rückstellungen sind grds. unsaldiert mit einem ggf. bestehenden Planvermögen nach § 246 Abs. 2 Satz 2 HGB anzugeben; Erläuterungen zu einem vorhandenen Planvermögen sind sinnvoll, aber nicht zwingend.

---

[82] Näher Poelzig, in MünchKomm. HGB, 5. Aufl. 2024, § 285 HGB Rn 183 ff.
[83] Vgl. IDW, WPH Edition, Wirtschaftsprüfung & Rechnungslegung, 18. Aufl. 2023, Kap. F Tz 1097.

2.9.5 Gewährte Vorschüsse und Kredite sowie Haftungsverhältnisse (Nr. 9 Buchst. c)

64 Buchst. c) verlangt die Angabe von gewährten Vorschüssen und Krediten einschl. der Zinssätze, der wesentlichen Bedingungen und der ggf. im Gj zurückgezahlten Beträge (zu denen nach dem BilRUG explizit auch die erlassenen Beträge zählen) sowie der zugunsten dieser Personen eingegangenen Haftungsverhältnisse. Selbst dann, wenn der in einem Gj gewährte Kredit im gleichen Gj getilgt wurde, ist die Angabe vorzunehmen. Die Regelung in Buchst. c) zielt darauf ab, dass finanzielle **Verflechtungen** zwischen dem Unt und seinen Organen transparent werden.[84]

65 Unter „**Vorschüssen**" sind die Vorauszahlungen auf die dem Organmitglied zustehenden, aber zum Bilanzstichtag noch nicht fälligen Bezüge jeder Art zu verstehen.

66 Was unter „**Kredit**" erfasst werden muss, ist weit auszulegen; jede Form des Darlehens, wie z. B. das aus einem Abzahlungsgeschäft, aus einem Kontokorrent oder aus einer Warenlieferung mit gestundeter Zahlung, gehört dazu. Bzgl. der Bewertung ist auf Nominalwerte abzustellen.[85]

67 Die Bedeutung des Begriffs der „**Haftungsverhältnisse**" ergibt sich aus den §§ 251, 268 Abs. 7 HGB (§ 268 Rz 42 ff.).

68 Die „**Zinssätze**", nicht die jeweiligen Zinsbeträge, sind anzugeben. Unter den „wesentlichen Bedingungen" sind bspw. Laufzeiten, gegebene Sicherheiten, Tilgungsmodalitäten oder Stundungen zu verstehen. Der Plural spricht für die gesonderte Angabe jeder einzelnen Vereinbarung.

69 Alle im Gj zurückgezahlten Beträge einschl. der Rückzahlungen von kurzfristigen, im Gj gewährten Krediten mit kurzen Laufzeiten sind zu erfassen. Hierunter sind auch erlassene Beträge zu subsumieren.

70 Die in den Buchst. a)-c) geforderten Angaben sind für jede Gruppe von Mitgliedern getrennt als Summe der Bezüge dieser Gruppe auszuweisen. Es wird nicht verlangt, die Angaben in erfolgsunabhängige und in erfolgsabhängige Zahlungen oder in Zahlungen mit langfristiger **Anreizwirkung** aufzugliedern. Dies ist nach § 162 AktG nur mit individualisierten, d. h. auf die einzelne Person bezogenen Angaben bei börsennotierten Ges. der Fall.

71 Das Fehlen der oder Fehler in den Angaben gelten als wesentlich und sind zu korrigieren.[86]

72 Kleine KapG sind von der Angabepflicht nach Nr. 9 Buchst. a) und b) befreit (§ 288 Abs. 1 HGB).
Die Angabepflichten nach Nr. 9 Buchst. c) sind auch von KleinstKapG zu beachten, wobei diese Angaben mangels Anhangaufstellungspflicht unter der Bilanz zu erfolgen haben (§ 264 Rz 45).

---

[84] Zu den aktienrechtlichen Vorschriften über Vorstandskredite Fleischer, WM 2004, S. 1057.
[85] Vgl. Grottel, in Beck Bil-Komm., 14. Aufl. 2024, § 285 HGB Rz 332.
[86] S. IDW RS HFA 6.23: Pflicht zur Korrektur von Angabefehlern, die für die Darstellung der Vermögens-, Finanz- und Ertragslage wesentlich sind. S. dazu auch IDW PS 400. S. a. Breker/Kuhn, WPg 2007, S. 770, 773, und zum öffentlichen Interesse an der Veröffentlichung des Fehlers aus Präventionserwägungen Gahlen/Schäfer, BB 2006, S. 1619, 1621.

2.10 Personalien der Organvertreter (Nr. 10)

Die Mitglieder und die stellvertretenden Mitglieder gem. § 44 GmbHG bzw. § 94 AktG sowie die Mitglieder des Aufsichtsrats sind mit ihrem **Namen** und mind. einem ausgeschriebenen Vornamen und mit der Bezeichnung des zum Zeitpunkt der Erstellung des Anhangs tatsächlich ausgeübten **Berufs** anzugeben. Dies gilt auch dann, wenn das Mitglied während des Gj aus dem Organ ausgeschieden ist. Bei Mitgliedern, die im Laufe des Gj oder danach in der Zeit bis zur Aufstellung (beim Geschäftsführungsorgan) bzw. bis zur Feststellung (beim Aufsichtsrat) des Jahresabschlusses in das Organ berufen wurden oder aus diesem ausschieden, ist mit Angabe des Datums der Beginn bzw. das Ende der Mitgliedschaft aufzuführen. Die Angabe des tatsächlich ausgeübten Berufs erfordert bei einem Geschäftsführungsorgan die genaue Bezeichnung der Tätigkeit, aus der sich der Verantwortungsbereich ergibt, z. b. Vertriebs-, Technik-, Finanz- oder Risk-Management-Vorstand, aber auch die in Gebrauch gekommen englischen Bezeichnungen CEO, CFO, COO oder CIO sind möglich. Bei Geschäftsführern ist ebenfalls die Funktion entsprechend anzugeben, bspw. Geschäftsführer Marketing, Geschäftsführer Vertrieb. Bei den Mitgliedern des Aufsichtsrats ist anzugeben, in welchem Unt die Tätigkeit ausgeübt wird. Bei sog. Berufs-Aufsichtsräten ist verbal zum Ausdruck zu bringen, dass neben der Tätigkeit als Aufsichtsrat in verschiedenen Ges. kein weiterer Beruf ausgeübt wird, aus dem sich eine Feststellung der Hauptberufstätigkeit ergeben könnte. Weitere Angaben wie der Wohnort, was bei verbreiteten Namen einer Verwechslungsgefahr vorbeugt, können aufgenommen werden.

Ein **Arbeitsdirektor** nach dem MitbestG braucht nicht angegeben zu werden.[87]

Die börsennotierten Ges. haben im Anhang auch die Mitgliedschaft in anderen Aufsichtsräten bzw. Kontrollgremien i. S. v. § 125 Abs. 1 Satz 5 AktG[88] anzugeben, wobei sich hier auch Überschneidungen zu den von diesen Unt abzugebenden Erklärungen zur Unternehmensführung ergeben können (§ 289f Rz 20ff.). Bei Eintreten oder Ausscheiden im Laufe des Gj ist das Datum anzugeben. Durch diese Angabepflicht sollen mögliche Interessenkonflikte und die Belastbarkeit erkennbar werden.[89] Dementsprechend sind alle vergüteten oder unvergüteten vergleichbaren Funktionen in in- wie ausländischen Ges. einschl. derjenigen in freiwillig gebildeten Aufsichtsräten, Beiräten, Boards oder Verwaltungsräten anzugeben, wenn diese Organe die Aufgaben eines Aufsichtsrats entsprechend der gesetzlichen Regelung für Aufsichtsräte übernehmen.[90]

Auszuweisen ist, ob das Aufsichtsratsmitglied **Vorsitzender** oder stellvertretender Vorsitzender ist. Hat das Geschäftsführungsorgan einen Vorsitzenden, ist dies bekannt zu machen; die Funktion des Sprechers dagegen nicht.[91] Die Angabe der Funktion des Stellvertreters ist nach dem Wortlaut der Norm nicht zwin-

---

[87] Vgl. Poelzig, in MünchKomm. HGB, 5. Aufl. 2024, § 285 HGB Rn 209.
[88] Durch das Gesetz zur Umsetzung der Aktionärsrechterichtlinie (ARUG) v. 30.7.2009, BGBl 2009 I S. 2479, wurde der Verweis von bisher § 125 Abs. 1 Satz 3 AktG auf nunmehr § 125 Abs. 1 Satz 5 AktG geändert.
[89] Vgl. Grottel, in Beck Bil-Komm., 14. Aufl. 2024, § 285 HGB Rz 355.
[90] Zur Angabepflicht bei freiwillig gebildeten Aufsichtsräten Poelzig, in MünchKomm. HGB, 5. Aufl. 2024, § 285 HGB Rn 214; Grottel, in Beck Bil-Komm., 14. Aufl. 2024, § 285 HGB Rz 357.
[91] Vgl. Grottel, in Beck Bil-Komm., 14. Aufl. 2024, § 285 HGB Rz 356.

gend, empfiehlt sich jedoch aus Gründen der Transparenz auch bei den Geschäftsführungsorganen.

77 Diese Angabepflichten gehen nicht auf die RL 2013/34/EU zurück, sondern stellen originäres nationales Recht dar (§ 160 Abs. 5 AktG a.F.), das durch das KonTraG bzgl. der weitergehenden Angaben durch börsennotierte Ges. erweitert wurde.

78 Die Pflicht zur Angabe trifft alle KapG mit Ausnahme der kleinen KapG (§ 288 Abs. 1 HGB) und die dem PublG unterliegenden Unt, die zur Erstellung des Anhangs verpflichtet sind. In der KGaA sind die phG, die zur Geschäftsführung und zur Vertretung befugt sind, bekannt zu machen (§ 278 Abs. 2 HGB i.V.m. § 283 AktG). Für Genossenschaften gilt die vergleichbare Regelung in § 338 Abs. 2 Nr. 2 HGB.

2.11 Beteiligungen (Nr. 11)

79 Nach Nr. 11 müssen mittelgroße und große KapG, die direkt oder indirekt durch eine für ihre Rechnung handelnde Person[92] eine Beteiligung nach § 271 Abs. 1 HGB eines anderen Unt halten, verschiedene Angaben machen. Börsennotierte Ges. haben nach Nr. 11b zusätzlich alle **Beteiligungen** an großen KapG anzugeben, die **5 % der Stimmrechte** überschreiten.

Die für Anleger bedeutsame[93] Transparenz über **Kapitalverflechtungen**, über Anteils- und Stimmrechtsbesitz und über die Vermögens-, Finanz- und Ertragslage verpflichtet die genannten Ges., in einer der Übersichtlichkeit dienenden Form den Namen und den Sitz anderer Unt im In- oder Ausland, an denen eine Beteiligung besteht, sowie jeweils die Höhe des Anteils am Kapital, das Eigenkapital und das Ergebnis des letzten Gj dieser Unt anzugeben, für das ein Jahresabschluss vorliegt. Anzugeben sind auch Beteiligungen an BGB-Ges., die – wie typischerweise bei bis zur Zweckerfüllung errichteten Arbeitsgemeinschaften und Joint Ventures – einen wirtschaftlichen Zweck verfolgen, über ein Gesamthandsvermögen verfügen und im wirtschaftlichen Verkehr beteiligt sind.[94]

80 Über Beteiligungen an InnenGes. (**Stille Gesellschaften**) ist nicht zu berichten; die Beteiligung stellt eine Verbindlichkeit und keine Kapitalbeteiligung aus Sicht des berichtenden Unt dar.[95]

81 Satz 1 spricht vom Besitz der Anteile. Darunter ist ausschl. das Eigentum an den Anteilen, auch wenn das Unt die ihm gehörenden Anteile an einen Dritten treuhänderisch übergeben hat, nicht aber etwa auch der für andere Unt erfolgende treuhänderische Besitz zu verstehen.[96]

82 Die Berechnung der **Beteiligungsquote** richtet sich nach der aktienrechtlichen Vorschrift des § 16 Abs. 2 und 4 AktG.[97] Die Berechnung der von dem Gesamt-

---

[92] Ein Treuhandverhältnis im wirtschaftlichen Sinn ist ausreichend, Poelzig, in MünchKomm. HGB, 5. Aufl. 2024, § 285 HGB Rn 225.
[93] Dazu relativierend Poelzig, in MünchKomm. HGB, 5. Aufl. 2024, § 285 HGB Rn 216f.
[94] Vgl. Poelzig, in MünchKomm. HGB, 5. Aufl. 2024, § 285 HGB Rn 220.
[95] Vgl. Poelzig, in MünchKomm. HGB, 5. Aufl. 2024, § 285 HGB Rn 223, mit einschränkendem Hinweis auf die wie eine KG strukturierte Stille Gesellschaft; Grottel, in Beck Bil-Komm., 14. Aufl. 2024, § 285 HGB Rz 366, mit Hinweis auf eine Gegenmeinung.
[96] Vgl. Oser/Holzwarth, in Küting/Weber, HdR-E, §§ 284–288 HGB Rz. 505, Stand: 9/2021.
[97] Ausführlich zur Berechnung Grottel, in Beck Bil-Komm., 14. Aufl. 2024, § 285 HGB Rz 369ff.; Poelzig, in MünchKomm. HGB, 5. Aufl. 2024, § 285 HGB Rn 224ff.

betrag zu kürzenden eigenen Anteile und der Zurechnung der von anderen gehaltenen Anteile erfolgt zum Bilanzstichtag.[98]

Eine Kapitalerhöhung muss zu diesem Zeitpunkt wirksam geworden, also bei KapG in das HR eingetragen bzw. bei PersG eingezahlt worden sein.

Das unmittelbare oder über ein TU gehaltene mittelbare Beteiligungskapital ist als Beteiligungsquote in Prozenten genau und ungerundet anzugeben. Außerdem sind das sich aus der Bilanz ergebende EK und das ausweislich des letzten Gj, über das ein Jahresabschluss vorliegt, festgestellte Ergebnis des Gj des Unt, an dem eine Kapitalbeteiligung besteht, als Jahresüberschuss oder Jahresfehlbetrag in EUR (§ 244 HGB) auszuweisen. Im Falle eines Rumpf-Gj ist nur das ausgewiesene Ergebnis anzugeben; eine Hochrechnung auf einen Zwölf-Monats-Zeitraum ist nicht geboten. Allerdings ist eine Abweichung von dem bei einem Jahresergebnis üblicherweise angenommenen Zeitraum anzugeben. Besteht zwischen dem BeteiligungsUnt und einem Dritten ein Gewinnabführungsvertrag, ist darauf hinzuweisen, da sonst über die Ertragslage des Unt im Anteilsbesitz kein den tatsächlichen Verhältnissen entsprechendes Bild vermittelt wird.[99]

2.12 Angaben über Unternehmensbeteiligungen als haftender Gesellschafter (Nr. 11a)

Nr. 11a wurde durch das KapCoRiLiG eingeführt; sie geht auf Art. 43 Abs. 1 Nr. 2 i. d. F. d. GmbH & Co-RL zurück und soll auf das mit der persönlichen Haftung verbundene erhöhte Risiko hinweisen. Danach sind die sich aus dem HR ergebenden Daten über Name, Sitz und Rechtsform derjenigen Unt anzugeben, bei denen die KapG allein oder neben anderen zum Bilanzstichtag **unbeschränkt haftender Gesellschafter** ist. Das Unt, für das unbeschränkt gehaftet wird, muss selbst nicht rechnungslegungspflichtig sein. Auch die Höhe der Beteiligung ist für die Angabepflicht nicht relevant.[100]

Mit Abschluss des Vertrags mit den weiteren Gesellschaftern und der Fortsetzung der Geschäfte mit Zustimmung des Eintretenden ist der Eintritt wirksam, was die Angabepflicht auslöst. Auf den Zeitpunkt der Eintragung der nur deklaratorisch wirkenden HR-Eintragung kommt es nicht an.

Die Angabe nach Nr. 11a kann entfallen, wenn die Voraussetzungen des § 286 Abs. 3 Satz 1 HGB vorliegen (§ 286 Rz 12) bzw. generell für kleine KapG (§ 288 Abs. 1 HGB).

2.13 Erweiterte Angabepflichten für börsennotierte Kapitalgesellschaften (Nr. 11b)

Börsennotierte KapG haben auch Angaben über Beteiligungen an großen KapG (§ 267 Abs. 3 HGB) zu machen, die 5 % der Stimmrechte übersteigen; auf die Kapitalanteile kommt es nicht an. Die Berechnung erfolgt gem. § 16 Abs. 3 und 4 AktG. Diese Angabepflicht überschneidet sich mit aktuellen **Anforderungen des Transparenzregisters**. Der Ausbau des Transparenzregisters zu einem Vollregister basiert auf dem Bestreben des europäischen, aber auch des nationalen

---

[98] Vgl. Oser/Holzwarth, in Küting/Weber, HdR-E, §§ 284–288 HGB Rz. 506, Stand: 9/2021.
[99] Vgl. Grottel, in Beck Bil-Komm., 14. Aufl. 2024, § 285 HGB Rz 400.
[100] Vgl. IDW, WPH Edition, Wirtschaftsprüfung & Rechnungslegung, 18. Aufl. 2023, Kap. F Tz 1116.

Gesetzgebers zum weiteren Ausbau der Beteiligungstransparenz gerade auch bei börsennotierten Gesellschaften. So hat der deutsche Gesetzgeber im September 2020 mit Umsetzung der reformierten Aktionärsrechterichtlinie[101] in § 67d AktG die interne Beteiligungstransparenz der Aktionäre gegenüber der Gesellschaft als solche gestärkt, indem er dem Vorstand einer AG das Recht eingeräumt hat, sämtliche Aktionäre der Gesellschaft über eine Abfrage bei den die Aktien verwahrenden Intermediären zu identifizieren. Mit dem Geldwäschegesetz (GWG)[102] wurde mit der Umsetzung der 5. Geldwäscherichtlinie das öffentliche Einsichtsrecht mit § 23 Abs. 2 Satz 1 Nr. 3 GwG und damit die Beteiligungstransparenz erheblich gestärkt.[103] Zudem wird die externe Beteiligungstransparenz bei börsennotierten Gesellschaften über die kapitalmarktrechtliche Transparenzpflicht der §§ 33 ff. WpHG gewährleistet, nach der schon ein Über- bzw. Unterschreiten der Schwellen von 3 %, 5 %, 10 %, 15 %, 20 %, 25 %, 30 %, 50 % und 75 % der Stimmrechte an einem Emittenten zu melden ist. Durch den Ausbau des Transparenzregisters zum Vollregister gelingt neben der Vernetzung der unterschiedlichen Transparenzregister der Mitgliedstaaten vor allem eine weitere Verbesserung der Beteiligungstransparenz.

88 Nur eine Wiederholung von Angaben, die bereits aufgrund § 285 Nr. 11 HGB in den Anhang aufgenommen wurden, ist nicht notwendig, so dass die Meldungen zum Transparenzregister völlig unabhängig von der Anhangberichterstattung ist. Anders als in Nr. 11 ist lediglich der Hinweis, dass dem berichtenden Unt mehr als 5 % der Stimmrechte zustehen, ausreichend. Die genaue Höhe der Stimmrechte ist nicht gefordert. Da zudem durch die Ausweitung der Berichtspflicht in Nr. 11 auf alle Beteiligungen die allermeisten angabenötigen Unternehmensbeteiligungen bereits dort erfolgen, reicht ein Hinweis auf die mehr als 5 % zustehenden Stimmrechte, der entweder durch eine Zwischenüberschrift und Gruppierung der Angaben oder auch durch eine Fußnote an dem jeweilig benannten Unt erfolgen kann. Ausnahmen von der Angabepflicht bestehen nach § 286 Abs. 1 und 3 HGB (§ 286 Rz 12) und für KleinstKapG.

2.14 In der Bilanz nicht gesondert ausgewiesene Rückstellungen (Nr. 12)

89 Im Anhang ist von mittelgroßen und großen KapG eine Erläuterung aufzunehmen, wenn Rückstellungen,[104] die in der Bilanz unter dem Posten **sonstige Rückstellungen** nicht gesondert ausgewiesen worden sind, einen nicht unerheblichen Umfang haben; Steuer- und Pensionsrückstellungen sind hier nicht zu erläutern. Die Pflicht zur näheren Erläuterung gem. Nr. 12 besteht nur dann, wenn von dem **Wahlrecht** des § 265 Abs. 5 Satz 1 HGB Gebrauch gemacht wurde und die Rückstellungsarten nicht gesondert ausgewiesen sind.

90 Es ist verbal zu erläutern, in welcher Art, in welcher Größenordnung und zu welchem Zweck die Rückstellung gebildet wurde und in welcher Größenordnung sie erfolgte. Es gibt keine überzeugenden Gründe, weshalb bei der Erläuterung nicht auch eine **zahlenmäßige Angabe** erfolgen kann. Die Tatsache, dass

---

[101] Vgl. Art. 3a RL (EU) 2017/828 v. 17.5.2017, ABl. L 2017 132/1.
[102] Geldwäschegesetz v. 23.6.2017, BGBl. 2017 I S. 1822, zuletzt geändert durch Gesetz v. 19.12.2022, BGBl. 2022 I S. 2606.
[103] Vgl. Eisenschmidt/Grimm, AG 2022, S. 318.
[104] Vgl. zu den in der Bilanz in drei Gruppen aufgegliederten Rückstellungen § 266 Rz 126.

der Normwortlaut sie nicht fordert, schließt nicht aus, dass Zahlen innerhalb der Erläuterung zur besseren und klareren Information herangezogen werden.[105] Immerhin erfolgen die Erläuterungen anstelle der Aufgliederung in der Bilanz und müssen deshalb einen entsprechenden Aussagewert haben. Hier werden aktuell noch deutliche Verbesserungspotenziale in der praktischen Umsetzung gesehen.[106]

Die Angabepflicht besteht nur, wenn die Rückstellungen einen nicht unerheblichen Umfang haben, was sehr vage und unbestimmt ist und einen Spielraum lässt. Die **Erheblichkeit** bestimmt sich aus der Gesamtschau, sinnvollerweise ausgehend von der Bilanz ist der Gesamtbetrag der sonstigen Rückstellungen und auch die Belastung des Jahresergebnisses zu betrachten. Erweisen sich die Rückstellungen danach als nicht erheblich, bedarf es keiner Erläuterung.   91

Mittelgroße KapG/KapCoGes sind nicht von der Aufstellung, aber doch von der Offenlegung der Angabe aus Nr. 12 gem. § 327 Nr. 2 HGB befreit;[107] kleine KapG sind schon von der Aufstellung dieser Angabe gem. § 288 Abs. 1 HGB befreit.   92

2.15 Abschreibung des Geschäfts- oder Firmenwerts (Nr. 13)

Aufgrund der Vorgaben der EU-RL 2013/34 wird unter Nr. 13 als Angabepflicht jeweils eine **Erläuterung des Zeitraums, über den ein entgeltlich erworbener Geschäfts- oder Firmenwert (GoF) abgeschrieben wird**, verlangt. Dazu haben die Unt nachvollziehbar darzulegen, wie die angenommene planmäßige Nutzungsdauer bestimmt wird. Dies inkludiert Angaben von Voraussetzungen sowie Ursachen des gewählten Zeitraums und geht über eine bloße Darstellung deutlich hinaus.[108] Die Erläuterungspflicht gilt nicht nur für ansatzpflichtige GoF, sondern auch für Fälle vor dem Inkrafttreten des BilMoG, soweit bei der Umstellung auf das BilMoG hieraus noch ein GoF ausgewiesen wurde. Die Gesetzesbegründung[109] weist ausdrücklich darauf hin, dass ein Hinweis auf die steuerlichen Vorschriften (hier gem. § 7 Abs. 1 Satz 3 EStG Abschreibung über 15 Jahre) deshalb nicht genügt, weil die handelsrechtliche Nutzungsdauer vom Steuerrecht unabhängig zu beurteilen ist.   93

Als Beispiele für Anhaltspunkte der GoF-Nutzungsdauerschätzung und damit der Begründung können Vertragslaufzeiten, Stabilität und Bestandsdauer der Branche, Lebenszyklus der Produkte, erwartete Nutzungsdauern von Reputation und Markennamen sowie Zeiträume von technologischen Vorsprüngen oder Synergieeffekten sein. Allerdings müssen die Sachverhalte auch als GoF erfasst sein, d. h. eine gesonderte Bilanzierung als VG ist nicht möglich. Die Angabe der planmäßigen Nutzungsdauer hat bereits nach § 284 Abs. 3 Nr. 1 HGB zu erfolgen, kann aber mit der hier nötigen Erläuterung zusammengefasst werden. Die Erläuterungspflicht bezieht sich auf die einzelnen GoF, eine Zusammenfassung ist nur bei vergleichbaren Voraussetzungen sowie Ursachen denkbar und unterliegt den Anforderungen der Klarheit und Übersichtlichkeit (zu den An-   94

---

[105] Ebenso neben anderen Grottel, in Beck Bil-Komm., 14. Aufl. 2024, § 285 HGB Rz 431.
[106] Vgl. Dilßner/Müller/Saile, StuB 2018, S. 438 ff.
[107] So auch Poelzig, in MünchKomm. HGB, 5. Aufl. 2024, § 285 HGB Rn 253.
[108] Vgl. IDW, WPH Edition, Wirtschaftsprüfung & Rechnungslegung, 18. Aufl. 2023, Kap. F Tz 1123.
[109] Vgl. BT-Drs. 16/10067 v. 30.7.2008 S. 70.

forderungen im Konzernabschluss DRS 23.208 sowie § 314 Rz 118 ff.). Nicht zu erläutern sind die außerplanmäßigen Abschreibungen auf GoF. Diese sind nach § 277 Abs. 3 Satz 1 HGB in der GuV oder im Anhang gesondert anzugeben, ohne dass dazu erläuternd Stellung zu beziehen ist (§ 277 Rz 7).[110]

> **Praxis-Beispiel**
> **Geschäfts- oder Firmenwert**[111]
> „Die erworbenen Geschäfts- bzw. Firmenwerte resultieren aus den Käufen der Ferienanlagen Prerow (1998), Born (2001), Tecklenburg (2002) Nonnevitz (2003) und Ladbergen (2008). Der Geschäfts- bzw. Firmenwert der Ferienanlage Prerow bezieht sich auf langfristige Nutzungsverträge, die insbesondere das Alleinstellungsmerkmal der Ferienanlage, nämlich die Dünennutzung beinhaltet. Bei den Ferienanlagen Born und Nonnevitz bezieht sich der Geschäfts- bzw. Firmenwert auf die Übernahme der lukrativen Pachtverträge und der bereits hervorragenden Reputation der bestehenden Ferienanlagen. Der Geschäfts- bzw. Firmenwert der Ferienanlage Tecklenburg besteht lediglich in Höhe eines Erinnerungswertes. Auf Grund der Laufzeit der Verträge sieht die Regenbogen AG eine Nutzungsdauer von 15 Jahren vor, in der die Geschäfts- bzw. Firmenwerte linear abgeschrieben werden."

2.16 Angaben über Mutterunternehmen für den größten Kreis von Unternehmen (Nr. 14)

95 Die **Angabe zur Gesellschaft, die den Konzernabschluss für den kleinsten Kreis von Unt aufstellt,** und zu der Ges., die den Konzernabschluss für den größten Kreis von Unt aufstellt (Nr. 14) sind im HGB aufgeteilt auf Nr. 14 und Nr. 14a, da der Gesetzgeber für kleine KapG nur die Angabepflicht zum Konzernabschluss für den kleinsten Kreis von Unt verlangt (§ 288 Abs. 1 HGB). Der Gesetzgeber geht zu Recht von einem Missverhältnis von bürokratischem Aufwand für diese Angabe im Verhältnis zu dem mit der Offenlegung von Konzernverbindungen erreichbaren Transparenzgewinn aus.[112]
Mit den Angaben nach Nr. 14, die Art. 16 Abs. 2 i.V.m. Art. 17 Abs. 1 Buchst. m der RL 2013/34/EU umsetzt, soll im Interesse der Offenlegung von Konzernverflechtungen und der „Verbindungen in eine fremdbestimmte Interessensphäre"[113] bei konzernabhängigen Ges. der **Zugang zum Konzernabschluss** erleichtert werden. Verlangt wird (nur) von einem TU gem. § 290 HGB, das jedoch nicht kleine KapG ist, die Angabe von Namen und Sitz des MU, das den Konzernabschluss für den größten Kreis (Konzernspitze) von Unt aufstellt, also der MU mit dem größten KonsKreis.

---

[110] Zu weiteren praktischen Beispielen s. Kreipl/Lange/Müller, in Bertram/Brinkmann/Kessler/Müller, Haufe HGB Bilanz Kommentar BilMoG Erfahrungsbericht, 2012, Rz 400.
[111] Entn. aus Regenbogen AG, Jahresabschluss 2017 i.d.F. des BAnz, S. 15.
[112] Vgl. BR-Drs. 23/15 v. 23.1.2015 S. 85.
[113] Vgl. Grottel, in Beck Bil-Komm., 14. Aufl. 2024, § 285 HGB Rz 452; s.a. Poelzig, in MünchKomm. HGB, 5. Aufl. 2024, § 285 HGB Rn 264.

96 Wer MU[114] ist, ergibt sich aus § 290 HGB. Allerdings ist es unerheblich, in welcher Rechtsform das MU organisiert ist.[115] Es ist auch ohne Belang, ob es sich um ein kleines oder großes Unt handelt und ob es im Inland oder im Ausland gelegen ist.

97 Gibt es in einem GemeinschaftsUnt (§ 310 HGB) mehrere MU, weil das angabepflichtige Unt unter der gemeinschaftlichen Leitung durch mehrere MU steht, so sind alle MU anzugeben.

98 Die Angabepflicht besteht, wenn die Mutter einen Konzernabschluss aufgestellt hat, unabhängig davon, ob eine Gesetzespflicht aus § 290 HGB besteht oder ob der Konzernabschluss freiwillig aufgestellt wurde, und unabhängig davon, ob das TU in den Konzernabschluss einbezogen wurde oder nicht.[116] Liegen Gründe vor, nach denen eine Befreiung von der Verpflichtung zur Aufstellung eines Konzernabschlusses erfolgt, bezieht sich die Angabepflicht auf das nächst höhere MU.[117]

99 Ist entgegen einer entsprechenden Verpflichtung kein Konzernabschluss erstellt worden, hat das TU das pflichtwidrig handelnde MU gleichwohl anzugeben. Nur dann, wenn keine Pflicht zur Aufstellung des Konzernabschlusses besteht und ein solcher auch nicht freiwillig erstellt wurde, bedarf es zu Nr. 14 keiner Angabe, auch keiner Fehlanzeige.

100 Anzugeben sind der **Name**, der die Rechtsform des MU einschließt, und der **Sitz** des Unt.

101 Es ist weiter der Ort anzugeben, an dem die offengelegten Konzernabschlüsse erhältlich sind. Dies dürfte am genauesten die Registernummer und die Nummer im Unternehmensregister bzw. bei ausländischen Ges. eines vergleichbaren ausländischen Registers sein. Ab 2027 plant die EU ein einheitliches Register.

102 Steht die Offenlegung durch Übermittlung an die das Unternehmensregister führende Stelle des Konzernabschlusses noch bevor, ist auf die folgende Einreichung und die Bekanntmachung im BAnz/Übermittlung an die das Unternehmensregister führende Stelle bzw. einem ausländischen Veröffentlichungsorgan hinzuweisen.

103 Ist der Konzernabschluss freiwillig erstellt worden und somit auch nicht einzureichen, braucht der Ort nicht angegeben zu werden.

Ist ein Konzernabschluss nicht erstellt worden, besteht keine Pflicht zur Angabe nach Nr. 14, es sei denn, es hätte aufgrund einer gesetzlichen Pflicht ein Konzernabschluss erstellt werden müssen. In diesem Fall ist anstelle der Angabe des Orts der Offenlegung auf die nicht erfolgte Offenlegung hinzuweisen.[118]

104 Bei Vorliegen der in Nr. 14 genannten Voraussetzungen sind mit Ausnahme der kleinen KapG alle KapGes und KapCoGes sowie eingetragene Genossenschaften, Kreditinstitute und VersicherungsUnt angabepflichtig, aufgrund von § 5 Abs. 2 Satz 2 PublG nicht jedoch die nach § 3 Abs. 1 PublG publizitätspflichtigen Unt.

---

[114] MU impliziert, dass eine unternehmerische Tätigkeit ausgeübt wird, was etwa bei einer reinen vermögensverwaltenden Tätigkeit nicht der Fall ist.
[115] Vgl. Wulf, in Baetge/Kirsch/Thiele, Bilanzrecht, § 285 HGB Rn 232, Stand: 3/2023.
[116] Ebenso Poelzig, in MünchKomm. HGB, 5. Aufl. 2024, § 285 HGB Rn 270.
[117] Vgl. Poelzig, in MünchKomm. HGB, 5. Aufl. 2024, § 285 HGB Rn 270.
[118] Vgl. Grottel, in Beck Bil-Komm., 14. Aufl. 2024, § 285 HGB Rz 461.

2.17 Angaben über Mutterunternehmen für den kleinsten Kreis von Unternehmen (Nr. 14a)

105 Nach dem § 285 Nr. 14a HGB ist von allen KapG mit Ausnahme der KleinstKap in analoger Weise dasjenige MU anzugeben, das den Konzernabschluss für den kleinsten Kreis von Unt erstellt. Es handelt sich somit um das direkt übergeordnete MU. Diese Angabe ist daher auch für kleine KapG notwendig, womit der deutsche Gesetzgeber über die Mindestvorgaben der RL 2013/34/EU hinausgeht. Allerdings kommen die kleinen KapG und KapCoGes insofern in den Genuss einer Erleichterung, als sie gem. § 288 Abs. 1 HGB den Ort des offengelegten Konzernabschlusses nicht anzugeben brauchen.

Sind von KapG und KapCoGes beide Angaben notwendig und die beiden MU, für die die Angaben vorzunehmen sind, sind im Fall des zweistufigen Konzerns deckungsgleich, kann die Angabe auch nur zu diesem einen MU erfolgen.[119]

2.18 Persönlich haftende Gesellschafter (Nr. 15)

106 Nr. 15 verpflichtet PersG i.S.v. § 264a Abs. 1 HGB, Namen und Sitz ihrer **persönlich haftenden Gesellschafter** anzugeben. Außerdem ist das von ihnen gezeichnete Kapital auszuweisen. Bei KapG als phG ist das zum Bilanzstichtag im HR eingetragene Grund- und Stammkapital anzugeben. Bei PersG sind die Kapitalanteile der Gesellschafter zu benennen. Bei Stiftungen wird das Grundstockvermögen angegeben. Die zusammengefassten Kapitalanteile der Kommanditisten sind jeweils gesondert und entsprechend § 264c Abs. 2 HGB aufzuführen, wenn der phG eine KapCoGes ist. Die Angabepflicht beschränkt sich auf die Nennung der voll haftenden Ges.; voll haftende natürliche Personen brauchen nicht angegeben zu werden.

107 Wenn die berichtende Ges. selbst die Anteile an ihrer KomplementärGes. hält, kann es zu einer Doppelangabe mit Nr. 11 kommen; wird auf die Stellung als phG hingewiesen, können die Angaben zusammengefasst werden.

108 Unter den Voraussetzungen des § 286 Abs. 1 HGB (Gefahr für das Wohl der Bundesrepublik Deutschland oder eines ihrer Länder) braucht die Angabe nicht zu erfolgen. § 286 Abs. 3 HGB (untergeordnete Bedeutung oder Möglichkeit des erheblichen Nachteils) kann nicht herangezogen werden.[120] Kleine Ges. (§ 267 Abs. 1 HGB) sind von dieser Angabe befreit (§ 288 Abs. 1 HGB).

2.19 Angaben zu mezzaninem Kapital (Nr. 15a)

109 Von allen mittelgroßen und großen KapG und KapCoGes ist die Angabe des Bestands ausgegebener **Genussscheine, Genussrechte, Wandelschuldverschreibungen, Optionsscheine, Optionen, Besserungsscheine oder vergleichbarer Wertpapiere oder Rechte** unter Angabe der Anzahl und der Rechte, die sie verbriefen, notwendig. Die Angabepflicht geht auf Art. 17 Abs. 1 (i) und (j) der RL 2013/34/EU zurück und gilt für alle KapG und KapCoGes, wobei die früheren Angabepflichten aus dem AktG gestrichen wurden.

Die Angabe bezieht sich auf solche vom Unt ausgegebene Finanzinstrumente, die den Gläubigern Rechte auf Zahlungen aus dem Gewinn, einem Liquidationserlös

---

[119] Vgl. Grottel, in Beck Bil-Komm., 14. Aufl. 2024, § 285 HGB Rz 460.
[120] Vgl. Poelzig, in MünchKomm. HGB, 5. Aufl. 2024, § 285 HGB Rn 276.

des berichtenden Unt oder Wandlung in EK verbriefen,[121] und am Bilanzstichtag bestehen. Diese Instrumente werden aufgrund der Nähe zum EK mezzanines Kapital genannt. Nicht anzugeben sind dagegen Konstruktionen, die in anderen VG als EK bezahlt werden können (z.B. unechte Aktienoptionen). Vielmehr soll die Angabepflicht das (mögliche) Volumen und die (möglichen) Auswirkungen bei Eintritt der Bedingungen verdeutlichen, sodass die Abschlussadressaten sich ein zutreffendes Bild der Lage des Unt verschaffen können. Daher sind auch der Inhalt und der Zweck der einzelnen Rechte zu berichten.

Kleine Ges. (§ 267 Abs. 1 HGB) sind von der Angabepflicht befreit.

2.20 Publizität der Entsprechenserklärung (Nr. 16)

Börsennotierte AG haben anzugeben, dass die nach § 161 AktG vorgeschriebene **Entsprechenserklärung**[122] zum DCGK abgegeben wurde und wo diese dauerhaft öffentlich zugänglich gemacht worden ist. Es ist damit leichter nachzuprüfen, ob Vorstand und Aufsichtsrat erklärt haben, dass den im amtlichen Teil des BAnz bekannt gemachten und auch unter www.dcgk.de/de/ veröffentlichten Empfehlungen der Regierungskommission DCGK entsprochen wurde und wird bzw. welchen Empfehlungen nicht gefolgt wurde oder wird.[123] Diese Angabe ist als wesentlich anzusehen, sodass Fehler zu korrigieren sind.[124] Der DCGK wurde zuletzt 2022 überarbeitet.[125] Nach der Bekanntmachung im Bundesanzeiger am 28.4.2022 ist der überarbeitete Kodex anzuwenden, der einen Einbezug der Nachhaltigkeit in Unternehmensführung und -überwachung einfordert.[126]

Öffentlich zugänglich ist die Entsprechenserklärung noch nicht, wenn sie i.S.v. § 325 HGB an die das Unternehmensregister führende Stelle übermittelt wurde. Hat die angabepflichtige Ges. eine eigene **Webseite**, wovon auszugehen ist, ist die Entsprechenserklärung dort öffentlich zugänglich zu machen. Sie sollte mit einem Datum versehen werden, damit erkennbar ist, ob sie sich unter Berücksichtigung der im mind. jährlichen Turnus erfolgenden Aktualisierung noch auf die jüngste Fassung des DCGK bezieht. Der Inhalt der Erklärung ist nicht in den Anhang aufzunehmen, allerdings muss die Erklärung vollständig i.S.d. wesensbezogenen Mindestbestandteile sein, da sie ansonsten nicht als abgegeben gelten kann.[127]

---

[121] Vgl. Grottel, in Beck Bil-Komm., 14. Aufl. 2024, § 285 HGB Rz 481.
[122] Zu den Anforderungen an die Entsprechenserklärung vgl. ausführlich Grottel, in Beck Bil-Komm., 14. Aufl. 2024, § 285 HGB Rz 492; Lutter, in Kremer/Bachmann/Lutter/v. Werder, Deutscher Corporate Governance Kodex. Kodex-Kommentar, 8. Aufl. 2021, Rz. 90; Lutter, in Kölner Kommentar zum AktG, 3. Aufl. 2015, § 161 Rz 116.
[123] Zum Plädoyer für einen eigenständigen Corporate-Governance-Bericht neben Bilanz und Lagebericht vgl. Lentfer/Weber, DB 2006, S. 2357 und AK Corporate Governance Reporting der Schmalenbachgesellschaft, DB 2016, S. 2130.
[124] Vgl. dazu Breker/Kuhn, WPg 2007, S. 770, 773.
[125] Die aktuelle Fassung ist abrufbar unter www.dcgk.de//files/dcgk/usercontent/de/download/kodex/220627_Deutscher_Corporate_Governance_Kodex_2022.pdf, Abruf 1.10.2024.
[126] Vgl. Müller in Kußmaul/Müller, HdB, Deutscher Corporate Governance Kodex, Rz. 1 ff, Stand: 17.8.2022.
[127] Vgl. Grottel, in Beck Bil-Komm., 14. Aufl. 2024, § 285 HGB Rz 494.

112 Die Angabe doppelt sich insoweit, als in der Erklärung zur Unternehmensführung nach § 289f Abs. 2 HGB als Teil des Lageberichts die Erklärung gem. § 161 AktG komplett aufzunehmen ist (§ 289f Rz 12 ff.).

2.21 Gesamthonorar des Abschlussprüfers (Nr. 17)

113 Die Pflicht zur Angabe des aufzuschlüsselnden Gesamthonorars des Abschlussprüfers ist zunächst von allen Unt zu beachten.[128] Erleichterungen sieht § 288 HGB für kleine und mittlere KapG vor, wobei kleine KapG (wie auch Kleinst-KapG) mangels Pflichtprüfung ganz befreit sind, mittelgroße KapG haben die Information nur auf schriftlicher Anforderung der Wirtschaftsprüferkammer zu übermitteln. Die Angabepflicht entfällt nach dem letzten Hs. zudem, wenn die Angaben bereits in einem das Unt einbeziehenden Konzernabschluss enthalten sind. Die Anwendung der Konzernklausel erfolgt unter dem Vorbehalt, dass die Honorarangaben aller in den Konzernabschluss einbezogenen Unt im Anhang zum Konzernabschluss erfolgen. Dies wird in der Praxis verbreitet genutzt.[129]

114 Anzugeben ist nach dem Gesetzestext das für im Gj **erbrachte Leistungen** berechnete Gesamthonorar des gesetzlichen Abschlussprüfers in EUR bzw. TEUR oder Mio. EUR; nach IDW RS HFA 36.8 wird dies zutreffend als das aus Sicht des Bilanzierenden auf das Gj entfallende Honorar angesehen, was letztlich auch als Aufwand in der GuV erfasst wurde.[130] Dazu gehören auch Rückstellungen für noch nicht berechnete Leistungen.[131] Soweit es hier zu Fehleinschätzungen kommt, sind diese im nächsten Gj analog zur erfolgswirksamen Anpassung in der Angabe des Honorars zu berücksichtigen; bei wesentlichen Beträgen empfiehlt IDW RS HFA 36.9 einen „Davon-Vermerk".

115 Das **Honorar** ist in seine Vergütungsbestandteile a) für die Abschlussprüfungsleistungen, b) für andere Bestätigungsleistungen, c) für Steuerberatungsleistungen und d) für sonstige Leistungen aufzuschlüsseln; eine Negativanzeige ist nicht erforderlich, wenn auf eine der vorgenannten Kategorien kein Teilbetrag entfällt. Das Gesamthonorar darf nicht in einer Gesamtsumme angegeben werden.[132] In der Kategorie a) sind die an den Abschlussprüfer für den Jahresabschluss im Gj zu zahlenden Honorare einschl. des geltend gemachten Auslagenersatzes für Übernachtungen, Fahrt- und Reisekosten, Schreibkosten und andere Aufwendungen anzugeben. Auch die Honorare für sonstige dem Abschlussprüfer gesetzlich obliegende Prüfungen (z.B. nach § 313 AktG, nach § 53 HGrG oder nach § 29 Abs. 2 KWG) fallen unter die Angabepflicht nach Kategorie a), wenn sie in der GuV als Aufwand erfasst sind.[133] In die Kategorie b) fallen Angaben über Honorare für andere Bestätigungsleistungen, etwa freiwillige Prüfungen, Prüfungen nach dem UmwG oder nach Spezialgesetzen (z.B. nach § 89 WpHG) und für auf Zwischenabschlüsse bezogene Prüfungsleistungen.

---

[128] S. zum Anwendungsbereich auch Bischof, WPg 2006, S. 705 f.
[129] Vgl. zu den praktischen Konsequenzen Kreipl/Lange/Müller in Bertram/Brinkmann/Kessler/Müller, Haufe HGB Bilanz Kommentar BilMoG Erfahrungsbericht, 2012, Rz 402 ff. Joha, WPg 2018, S. 403 ff. und Quick, BB 2018, S. 2411 ff.
[130] Vgl. Arbeitskreis Externe Unternehmensrechnung (AKEU), BB 2008, S. 997.
[131] Vgl. Kling, WPg, S. 211.
[132] Zu den Kategorien näher Bischof, WPg 2006, S. 705, 709.
[133] Vgl. Kling, WPg, S. 213 ff.

Als Honorar für die Abschlussprüfung zählen gem. Buchst. c) ausdrücklich auch diejenigen für Steuerberatungsleistungen. Zu den „anderen Bestätigungsleistungen" werden andere berufstypische Prüfungsleistungen außerhalb der Jahresabschlussprüfung gezählt, darunter für zulässigerweise erbrachte Bewertungsleistungen, die „wegen § 319 Abs. 3 Nr. 3 Buchst. d) HGB kaum noch durch den Abschlussprüfer erbracht werden dürfen".[134] Unter den Auffangtatbestand der „sonstigen Leistungen" können etwa Honorare für prüfungsnahe Beratungen verstanden werden. 116

Die **Umsatzsteuer** ist nicht Bestandteil des Honorars. Soweit das Unt Schadenersatzansprüche gegen den Abschlussprüfer geltend macht, darf der Schaden nicht von dem anzugebenden Honorar abgezogen werden. 117

Vorjahreszahlen fallen nicht unter die Angabepflicht.[135] 118

2.22 Unterlassene Abschreibung von Finanzinstrumenten (Nr. 18)

Die Art. 17 Abs. 1 Buchst. c Abschn. ii der RL 2013/34/EU umsetzende Angabepflicht nach Nr. 18 fordert, für zu den Finanzanlagen nach § 266 Abs. 2 A. III. HGB gehörende Finanzinstrumente, die über ihrem beizulegenden Zeitwert ausgewiesen werden, Angaben, wenn eine außerplanmäßige Abschreibung nach § 253 Abs. 3 Satz 4 HGB unterblieben ist. Es sind einmal nach Buchst. a der **Buchwert** und der beizulegende **Zeitwert** der einzelnen VG oder angemessener Gruppierungen sowie nach Buchst. b die **Gründe für das Unterlassen der Abschreibung** einschl. der konkreten, begründeten Anhaltspunkte, die darauf hindeuten, dass die Wertminderung voraussichtlich nicht von Dauer ist, anzugeben. Es muss anhand der Begründung erkennbar, plausibel und nachvollziehbar sein, dass der Angabepflichtige zur Unterlassung der Abschreibung berechtigt war. Unter Buchwert ist der Wert zu verstehen, mit dem die zu AHK bewerteten Aktiva und Passiva, vermindert um Abschreibungen und vermehrt um Zuschreibungen, in der Bilanz erfasst sind; während der Zeitwert derjenige Wert ist, der beim Verkauf von VG zum aktuellen Zeitpunkt erreicht würde, also derjenige Wert, den ein Posten in der Bilanz zum Bilanzstichtag hat.[136] Insb. sind keine Transaktionskosten zu berücksichtigen.[137] Die Herleitung erfolgt nach § 255 Abs. 4 Satz 1 und 2 HGB (§ 255 Rz 223 ff.). Diese Angabepflicht resultiert aus dem Wahlrecht des § 253 Abs. 3 Satz 6 HGB, bei Finanzanlagen eine außerplanmäßige Abschreibung wegen einer voraussichtlich nicht von Dauer bestehenden Wertminderung vorzunehmen oder nicht. 119

Eine Angabepflicht besteht also nur, wenn die Finanzinstrumente über dem Zeitwert ausgewiesen sind, wie er zum Bilanzstichtag beizulegen ist. Das ist der Fall, wenn entsprechend dem ganz oder tw. ausgeübten **Wahlrecht** nicht auf den niedrigeren beizulegenden Zeitwert, der nicht als dauerhaft angesehen worden war, abgeschrieben wurde. Bei der Ermittlung des Zeitwerts ist wie bei Derivaten vorzugehen (Sätze 2 und 3). 120

---

[134] Referentenentwurf BilMoG v. 8.11.2007, S. 145.
[135] Zu Umsetzungsbeispielen und empirischen Erkenntnissen vgl. Kreipl/Lange/Müller in Bertram/Brinkmann/Kessler/Müller, Haufe HGB Bilanz Kommentar BilMoG Erfahrungsbericht, 2012, Rz 407 ff.
[136] Vgl. Grottel, in Beck Bil-Komm., 14. Aufl. 2024, § 285 HGB Rz 541.
[137] IDW RS HFA 1.005.10.

121 Eine gesetzliche oder nur allgemein vereinheitlichte **Definition** des Begriffs „Finanzinstrumente" existiert nicht. Es sind alle Finanzanlagen i. S. d. § 266 Abs. 2 A. III. HGB als Finanzinstrumente anzusehen.[138]
Liegen gleichartige Gründe für das Unterlassen der Abschreibung vor, sollten die Finanzinstrumente bei entsprechend großer Zahl anzugebender Daten in Gruppierungen zusammengefasst werden.[139]

122 Der Angabepflicht unterliegen mit Ausnahme der kleinen KapG alle KapG und KapCoGes, die unter das PublG fallenden Unt, die Kredit- und die Finanzdienstleistungsinstitute sowie die VersicherungsUnt. Eine Angabe nach Nr. 18 unterbleibt, wenn die Angaben nach der spezielleren Vorschrift der Nr. 26 vorzunehmen sind.

2.23 Nicht zum beizulegenden Zeitwert bilanzierte derivative Finanzinstrumente (Nr. 19)

123 Nr. 19 verlangt Angaben für den Fall der abweichenden Bilanzierung derivativer Finanzinstrumente vom beizulegenden Zeitwert. Aus Nr. 23 folgt jedoch die Ausnahme für die derivativen Finanzinstrumente, die in eine Bewertungseinheit einbezogen wurden.[140] Als derivative Finanzinstrumente gelten nach IDW RH HFA 1.005.4f.
- als Fest- oder Optionsgeschäfte ausgestattete Termingeschäfte sowie
- Warentermingeschäfte, bei denen Veräußerer oder Erwerber zur Abgeltung in bar oder durch andere Finanzinstrumente berechtigt sind.

Zudem sind auch eingebettete Derivate eines strukturierten Finanzinstruments, die gem. IDW RS HFA 22 getrennt zu bilanzieren sind, hierunter zu subsumieren. Die Angabepflicht nach Nr. 19 ergänzt die nach Nr. 18 und 20 und führt in der Summe zur Angabe der beizulegenden Zeitwerte der derivativen Finanzinstrumente, soweit nicht eine Bilanzierung zum beizulegenden Zeitwert erfolgt ist.
Die analog zu Nr. 18 geforderten Angaben haben nach Kategorien und bezogen auf den Abschlussstichtag zu erfolgen; selbst wesentliche Einzelderivate sind nicht getrennt angabepflichtig. Als Kategorien sind mind. zu unterscheiden zinsbezogene, währungsbezogene, aktien-/indexbezogene sowie sonstige Geschäfte.[141] An zu benennende Arten bieten sich insb. Optionen, Futures, Forwards und Swaps sowie ggf. deren Kombinationen an.

124 Die **umfangreichen Angabepflichten** können anhand einer Tabelle erfolgen, die die Spalten a) Kategorien (Arten), b) Nominalbetrag, c) positiver beizulegender Zeitwert, d) negativer[142] beizulegender Zeitwert, e) Bewertungsmethode, f) Buchwert (soweit vorhanden) sowie g) Bilanzposten (sofern in Bilanz erfasst) enthält.[143] Für die Unmöglichkeit der verlässlichen Ermittlung des beizulegenden Zeitwerts muss ausgehend von § 255 Abs. 4 HGB erläutert werden; ein bloßer Hinweis darauf reicht nicht aus.

---

[138] Vgl. dazu Poelzig, in MünchKomm. HGB, 5. Aufl. 2024, § 285 HGB Rn 306; IDW RS HFA 1.005.3.
[139] Zur praktischen Umsetzung s. Kreipl/Lange/Müller in Bertram/Brinkmann/Kessler/Müller, Haufe HGB Bilanz Kommentar BilMoG Erfahrungsbericht, 2012, Rz 411.
[140] IDW RH HFA 1.005.24.
[141] Vgl. IDW, WPH Edition, Wirtschaftsprüfung & Rechnungslegung, 18. Aufl. 2023, Kap. F Tz 1157.
[142] Eine Saldierung widerspricht dem Sinn der Angabepflicht, vgl. IDW RH HFA 1.005.31.
[143] Vgl. Oser/Holzwarth, in Küting/Weber, HdR-E, §§ 284–288 HGB Rz. 650, Stand: 9/2021.

Kleine KapG und kleine KapCoGes sind von der Angabe nach § 288 Abs. 1 HGB befreit.

2.24 Bewertungsmethode, Umfang und Art mit dem Zeitwert bewerteter Finanzinstrumente (Nr. 20)

Die Nr. 20 musste durch das BilMoG eingefügt werden, um dem Gesetzgebungsbefehl des Art. 42d Bilanz-RL i.d.F. d. Fair-Value-Richtlinie nachzukommen. Danach müssen im Anhang, wenn Finanzinstrumente mit dem beizulegenden Zeitwert bewertet werden – was nur bei **Kreditinstituten** entsprechend § 340e Abs. 3 Satz 1 HGB möglich ist –, ausweislich des Buchst. a) die grundlegenden Annahmen, die der **Bestimmung des beizulegenden Zeitwerts** mithilfe allgemein anerkannter Bewertungsmethoden zugrunde gelegt wurden, und nach Buchst. b) für jede Kategorie derivativer Finanzinstrumente deren **Umfang und Art** einschl. der wesentlichen Bedingungen, welche die Höhe, den Zeitpunkt und die Sicherheit künftiger Zahlungsströme beeinflussen können, angegeben werden.[144] Der konkrete Verweis auf den § 340e Abs. 3 Satz 1 HGB ist nicht mehr im Gesetzestext. Daher sind „für alle zum beizulegenden Zeitwert bewerteten Finanzinstrumente zusätzliche Angaben im Anhang erforderlich."[145] Damit kommt es aber zu größeren Überschneidungen mit anderen Angabepflichten. So sind die zum beizulegenden Zeitwert zu bewertenden Deckungsvermögen (§ 246 Abs. 2 Satz 2 HGB) etwa unter der Nr. 25 näher zu berichten (Rz 154). Fraglich ist, ob mit der Gesetzesänderung nun auch auf den beizulegenden Zeitwert abgeschriebene Finanzinstrumente betroffen sind und damit eine ergänzende Angabe zu den über dem beizulegenden Zeitwert aufgrund einer unterlassenen Abschreibung angesetzten Finanzinstrumenten nach § 285 Nr. 18 HGB zu erfolgen hat. Dagegen spricht, dass die zugrunde liegende EU-Norm Art. 16 Abs. 1c) EU-RL 34/2013 auch andere VG, die nicht Finanzinstrumente sind, in die Angabepflicht einbezieht, was vom Gesetzgeber aber nicht umgesetzt wurde. Daher ist mit „zum beizulegenden Zeitwert bewertet" nur die grundsätzliche Bewertungsmethode gemeint, was im HGB nur den Handelsbestand bei Kreditinstituten sowie das Deckungsvermögen im Zusammenhang mit Pensionsverpflichtungen betrifft. Dass bei der ganz überwiegend für Finanzinstrumente im HGB geforderten Bewertung mit der AK-Methode bei Wertminderungen auch auf einen beizulegenden Zeitwert abgeschrieben wird, löst an dieser Stelle keine Angabepflichten aus. Dieses Vorgehen ist unter § 284 Abs. 2 Nr. 1 HGB zu beschreiben (§ 284 Rz 29).

Nach der Gesetzesbegründung zum BilMoG sind ausführlichere Angaben nach Buchst. a) nur erforderlich, wenn der beizulegende Zeitwert der Finanzinstrumente nicht unmittelbar auf einem eigenen Marktwert basiert, sondern auf der Anwendung von allgemein anerkannten Bewertungsmethoden beruht.[146] Es müssen die zentralen Angaben, die die Gesetzesbegründung als „die wesentlichen nachvollziehbaren Parameter" bezeichnet, angegeben werden, die i.R.d. Anwendung der Bewertungsmethode Berücksichtigung gefunden haben.

---

[144] Vgl. IDW RS BFA 2 (Bilanzierung von Finanzinstrumenten des Handelsbestands bei Kreditinstituten), FN-IDW 4/2010, S. 154.
[145] BT-Drs. 18/9982 v. 17.10.2016 S. 42.
[146] BT-Drs. 16/10067 v. 30.7.2008 S. 71.

127 Nach Buchst. b) werden Angaben zu Art und Umfang jeder Kategorie der **derivativen Finanzinstrumente** gefordert. Die Arten sind nach IDW RH HFA 1.005.29 z.B. Optionen, Futures, Swaps oder Forewards. Die Umfänge sind auf Basis der Nominalwerte zu benennen.[147]

128 Die **Kategorienbildung** muss sich an den dem jeweiligen derivativen Finanzinstrument zugrunde liegenden Basiswerten bzw. dem abgesicherten Risiko orientieren. Die Gesetzesbegründung hält etwa eine Einteilung in zinsbezogene, währungsbezogene oder aktienbezogene derivative Finanzinstrumente für denkbar.[148] Für jede Kategorie sind die wesentlichen Bedingungen anzugeben, die die Höhe, den Zeitpunkt und die Sicherheit künftiger Zahlungsströme beeinflussen können. Das soll die Risiken erhellen, mit denen die derivativen Finanzinstrumente einhergehen. Um den Umfang des derivativen Finanzinstruments festzustellen, ist über den Nominalwert zu informieren.[149]

2.25 Geschäfte mit Nahestehenden (Nr. 21)

129 Die Regelung des Nr. 21 verpflichtet mittelgroße und große KapG/KapCoGes zu Angaben zumindest über die wesentlichen **marktunüblichen Geschäfte** der Ges. mit nahestehenden Unt und Personen, einschl. der Angaben über deren Wertumfang und über die Art der **Beziehung zu den nahestehenden Unt und Personen**.[150] Außerdem sind weitere Angaben über solche Geschäfte zu machen, die für die Beurteilung der Finanzlage der Ges. notwendig sind.

130 Die Regelung stellt es als Übernahme des Mitgliedstaatenwahlrechts aus der RL 2013/34/EU den Angabepflichtigen frei, entweder nur die wesentlichen marktunüblichen Geschäfte anzugeben oder über alle Geschäfte mit nahestehenden Unt und Personen zu berichten. Mit der Angabepflicht werden die handelsrechtlichen Berichtspflichten an die internationale Rechnungslegung angepasst und mehr Transparenz geschaffen, dem Schlüsselfaktor für eine gute Corporate Governance.[151] Die Regelung im HGB ist trotz Hinweis auf die Verhältnismäßigkeit des Mehraufwands[152] komplexer als die entsprechenden Vorschriften des IAS 24 (Related Party Disclosures) und führt folglich auch zu einem entsprechend höheren Mehraufwand für HGB-Bilanzierer.

131 Daneben kennt das Handelsrecht Vorschriften, die eine Transparenz
- über die Beziehungen zu verbundenen Unt (§ 271 Abs. 2 HGB i.V.m. §§ 266, 268, 275, 285 Nrn. 3 und 14 HGB),
- über die Mitglieder der Unternehmensführung und der Kontrollorgane (Nrn. 9 und 10),
- über Unt, deren Anteile gehalten werden (Nrn. 11 und 11a) und
- über Unt, die in den Konzernabschluss einbezogen werden (§§ 313, 314 HGB), herstellen.

---

[147] Vgl. Grottel, in Beck Bil-Komm., 14. Aufl. 2024, § 285 HGB Rz 597.
[148] BT-Drs. 16/10067 v. 30.7.2008 S. 71.
[149] Vgl. Grottel, in Beck Bil-Komm., 14. Aufl. 2024, § 285 HGB Rz 598.
[150] Ausführlich dazu Petersen/Zwirner/Busch, BB 2009, S. 1854, 1855 f.; vgl. auch IDW RS HFA 33.1 ff.
[151] Vgl. Pfitzer/Oser/Orth, DCGK, S. 21.
[152] BT-Drs. 16/10067 v. 30.7.2008 S. 34.

Auch außerhalb des HGB regeln Vorschriften die Pflicht zur Angabe über nahestehende Unt und Personen (§ 312 AktG; §§ 20 f. AktG). Im DCGK 2022 findet sich noch der Hinweis auf die Zustimmungspflicht des Aufsichtsrats für Geschäfte mit nahestehenden Personen. Mit Umsetzung des ARUG II wurden für börsennotierte Unt deutlich ausgeweitete Regelungen zur Zustimmung und Offenlegung derartiger Geschäfte ins AktG als §§ 111a bis 111c AktG geschrieben.[153]

Als Rechnungslegungsvorschrift, die den Begriff der **nahestehenden Unt und Personen** definiert, kommen hier nur die internationalen Rechnungslegungsstandards (IFRS) in Betracht, die auch nach dem ARUG II mit § 111a AktG im Zuge eines Verweises Eingang in ein deutsches Gesetz gefunden hat.[154] Nach IAS 24.1 (Präambel) ist sicherzustellen, dass die Abschlüsse eines Unt die notwendigen Angaben enthalten, um auf die Möglichkeit hinzuweisen, dass die Vermögens-, Finanz- und Ertragslage eines Unt u. U. durch die Existenz nahestehender Unt und Personen sowie durch Geschäftsvorfälle und ausstehende Salden beeinflusst werden kann. Als „nahestehend" ist nach IAS 24.9 nach dessen Neufassung[155] anzusehen

- ein Unt aus dem KonsKreis, zu dem das berichtende Unt gehört,
- ein assoziiertes Unt oder ein GemeinschaftsUnt des Konzerns, zu dem das berichtende Unt gehört,
- ein GemeinschaftsUnt, wenn es ebenfalls dem herrschenden Unt gehört wie das berichtende (Gemeinschafts-)Unt,
- ein Unt, das in die betriebliche Versorgung von eigenen Arbeitnehmern (Pensionsplan) eingebunden ist,
- ein Unt, welches von einer als nahestehend klassifizierten Person beherrscht wird oder worauf diese einen maßgeblichen Einfluss hat,
- eine Person, die das berichtende Unt beherrscht, an der gemeinschaftlichen Führung beteiligt ist oder einen maßgeblichen Einfluss ausüben kann,
- eine Person im Management des berichtenden Unt oder des beherrschenden MU, die eine Schlüsselrolle bekleidet,
- nahe Familienangehörige, d. h. Kinder, Ehegatten oder Lebenspartner, Kinder von Ehegatten und Lebenspartnern sowie abhängige Angehörige (auch von Ehegatten und Lebenspartnern) der vorgenannten Personen.

Diesen Bezug zu den internationalen Rechnungslegungsvorschriften stellt auch die Gesetzesbegründung zum BilMoG her, nach der „gemäß Art. 43 Abs. 1 Nr. 7b Bilanz-RL i. d. F. der Abänderungs-RL der Begriff „nahestehende Unternehmen und Personen" im Sinn der gem. der IAS-Verordnung übernommenen internationalen Rechnungslegungsstandards – also gegenwärtig im Sinn von IAS 24 – zu verstehen" ist.[156]

Was als „Geschäft" i. S. d. Vorschrift zu qualifizieren ist, soll nach dem Willen des Gesetzgebers „funktional" ausgelegt werden, also über die Rechtsgeschäfte im rechtlichen Sinn hinausgehen. Insofern ergeben sich Abweichungen von der Be-

---

[153] Vgl. BT-Drs. 19/9739 v. 29.4.2019 S. 12 f.
[154] Zur Übertragung der Definition vgl. auch IDW RS HFA 33 n. F., Tz. 8.
[155] Zu den Änderungen der Abgrenzung durch die Neufassung vgl. Busack/Scharr, IRZ 2011, S. 395 ff.
[156] BT-Drs. 16/10067 v. 30.7.2008 S. 72; so auch IDW, WPH Edition, Wirtschaftsprüfung & Rechnungslegung, 18. Aufl. 2023, Kap. F Tz 1173.

richtspflicht gem. § 312 AktG. Transaktionen nicht nur rechtlicher, sondern gerade wirtschaftlicher Art, die sich auf die Finanzlage eines Unt auswirken können, sollen erfasst werden. Es ist i. S. d. IAS 24.10 der wirtschaftliche Gehalt der Beziehung und nicht allein die rechtliche Gestaltung zu prüfen. Beispielhaft werden von der Gesetzesbegründung Käufe oder Verkäufe von Grundstücken und/oder Gebäuden oder fertigen oder unfertigen Waren oder Erzeugnissen, der Bezug oder die Erbringung von Dienstleistungen, die Nutzung oder Nutzungsüberlassung von Vermögensgegenständen, Finanzierungen, die Gewährung von Bürgschaften oder anderen Sicherheiten, Produktionsverlagerungen, Produktionsänderungen, Investitionen, Stilllegungen von Betriebsteilen, Abstimmungen im Ein- oder Verkauf oder die Übernahme der Erfüllung von Verbindlichkeiten genannt.[157]

135 Eine Angabepflicht hierüber besteht nur, wenn diese Geschäfte nicht zu **marktüblichen Bedingungen** zustande kamen. Das ist der Fall, wenn sich aus dem Vergleich mit einem (gedachten) Rechtsgeschäft mit einem fremden Dritten ergibt, dass diesem die Konditionen nicht eingeräumt worden wären, wie sie dem Geschäft mit dem nahestehenden Unt oder Person zugrunde lagen. Es gibt ein Wahlrecht nur über die wesentlichen zu marktunüblichen Bedingungen geschlossenen Geschäfte zu berichten. Dann muss aus der Angabe aber erkennbar sein, dass das Geschäft nicht zu marktüblichen Bedingungen abgeschlossen wurde.[158] Alternativ können auch alle Geschäfte mit nahestehenden Personen oder Unt angegeben werden; in diesem Fall ist eine Untergliederung in Geschäfte mit marktüblichen und -unüblichen Konditionen nicht erforderlich.[159]

136 Eine weitere Bedingung, ohne deren Vorliegen keine Angabepflicht besteht, ist die Wesentlichkeit des Geschäfts selbst; denn dann, wenn die Angabe nicht erforderlich ist, um den Einblick in die Vermögens-, Finanz- und Ertragslage zu gewährleisten, braucht sie nicht zu erfolgen (§ 264 Abs. 2 HGB).

137 Sind alle Voraussetzungen erfüllt, die zur Angabepflicht nach Nr. 21 führen, ist im Anhang über die **Art der Beziehung** zu den nahestehenden Personen und Unt und über den Wertumfang des Geschäfts zu berichten. Die Berichterstattung ist so vorzunehmen, dass eine möglichst hohe Transparenz über die **Namen der Beteiligten**, den Wert der Geschäfte durch die Angabe des genauen Gesamtbetrags und die Bedingungen, zu denen die Geschäfte, insb. Kredite, abgewickelt wurden, gegeben ist. Bündelungen der Angaben sind zulässig, wenn eine getrennte Angabe für die Beurteilung der Auswirkungen auf die Finanzlage nicht notwendig ist. Bei Dauerschuldverhältnissen ist lediglich der im Gj angefallene Gesamtbetrag zu berichten. Eine Angabe des marktüblichen Betrags ist nicht notwendig.[160]

138 Hier geht die Nr. 21 über das hinaus, was IAS 24 verlangt. Dies hat bereits zu der Forderung Anlass gegeben, eine Anpassung im Interesse der Aufwandsreduktion vorzunehmen.[161] Der Gesetzgeber verweist aber ausdrücklich nur bzgl. der Definition auf den IAS 24, die Angaben sind abweichend.[162]

---

[157] Eine Liste mit Beispielen enthält auch IAS 24.20 sowie Kreipl/Lange/Müller in Bertram/Brinkmann/Kessler/Müller, Haufe HGB Bilanz Kommentar BilMoG Erfahrungsbericht, 2012, Rz 414 ff.
[158] Vgl. Kirsch, in Kußmaul/Müller, HdB, Anhang nach HGB, Rz 242, Stand: 26.1.2024.
[159] Vgl. IDW, WPH Edition, Wirtschaftsprüfung & Rechnungslegung, 18. Aufl. 2023, Kap. F Tz 1178.
[160] Vgl. Oser/Holzwarth, in Küting/Weber, HdR-E, §§ 284–288 HGB Rz. 683, Stand: 9/2021.
[161] S. etwa Niehus, DB 2008, S. 2493, 2498.
[162] Vgl. Philipps, BBK 2011, S. 212; IDW, WPH Edition, Wirtschaftsprüfung & Rechnungslegung, 18. Aufl. 2023, Kap. F Tz 1173 ff.

Daher wird vom IDW im RS HFA 33 n.F., Tz. 17 sowie in der Literatur auch empfohlen, die Angaben aus Übersichtlichkeitsgründen in einer Tabelle mit ergänzenden verbalen Erläuterungen vorzunehmen.[163]

Für hoch integrierte Konzerne, in denen es zwischen den KonzernUnt zu einem intensiven Leistungsverkehr kommt, sieht die Vorschrift in Umsetzung des Mitgliedstaatenwahlrechts in Art. 17 Abs. 1 Buchst. r RL 2013/34/EU eine erheblich entlastende Freistellung vor, wenn das Geschäft mit oder zwischen mittelbar oder unmittelbar in 100 %igem Anteilsbesitz stehenden, in einen Konzernabschluss einbezogenen[164] TU des angabepflichtigen Unt abgewickelt wurde. 139

Kleine KapG sind in Übereinstimmung mit Art. 17 Abs. 1 Buchst. r RL 2013/34/EU von der Angabepflicht befreit; mittelgroße KapG können die Angaben nach § 288 Abs. 2 Satz 2 HGB auf Geschäfte beschränken, die direkt oder indirekt mit einem Gesellschafter, Unt, an denen die Gesellschaft selbst eine Beteiligung hält, oder Mitgliedern des Geschäftsführungs-, Aufsichts- oder Verwaltungsorgans abgeschlossen wurden (§ 288 Rz 7). 140

2.26 Forschungs- und Entwicklungskosten (Nr. 22)

Die Nr. 22 verpflichtet mittelgroße und große KapG/KapCoGes zur Angabe des Gesamtbetrags der **F&E-Kosten** des Gj sowie des davon auf selbst geschaffene **immaterielle VG des AV** entfallenden Betrags, der aufgegliedert in F&E-Kosten anzugeben ist.[165] Weil selbst geschaffene immaterielle VG des AV in den Grenzen von § 248 Abs. 2 HGB i.H.d. in der Entwicklungsphase angefallenen HK (Entwicklungskosten) **aktiviert werden können**, soll hier der Gesamtbetrag der F&E-Kosten des Gj sowie der davon auf selbst geschaffene immaterielle VG des AV entfallende, in F&E-Kosten aufzuschlüsselnde Betrag ausgewiesen werden. Dadurch werden die F&E-Kosten des Angabepflichtigen und ihr Verhältnis zueinander sowie seine **Innovationsfähigkeit** transparent.[166] 141

In den anzugebenden **Gesamtbetrag der F&E-Kosten** des Gj sind die Forschungskosten, die nicht aktivierbaren Entwicklungskosten (da die Wahrscheinlichkeit der Entstehung eines VG fehlt (§ 246 Abs. 1 Satz 1 HGB), das Stetigkeitsgebot oder das Ansatzverbot aus § 248 Abs. 2 Satz 2 HGB dies verbietet) und die aktivierten Entwicklungskosten des Gj einzubeziehen.

Nicht einzubeziehen sind dagegen die Abschreibung auf in Vj aktivierte Entwicklungskosten, Vertriebskosten i.S.d. § 255 Abs. 2 Satz 4 HGB sowie Aufwendungen für F&E Dritter. Letztere sind als Auftragsforschung dem Umlaufvermögen zuzuordnen.[167]

Neben dem Gesamtbetrag ist als „Davon-Angabe" der **Betrag der im Gj aktivierten Entwicklungskosten** anzugeben, obwohl dieser auch im Anlagespiegel nach § 284 Abs. 3 HGB als Zugänge auszuweisen ist.

---

[163] Vgl. z.B. Küting/Seel, KoR 2008, S. 233; Hoffmann/Lüdenbach, NWB Kommentar Bilanzierung, 15. Aufl. 2023, § 285 HGB Rz. 164; Wulf, in Baetge/Kirsch/Thiele, Bilanzrecht, § 285 HGB Rz. 383, Stand: 3/2023.
[164] Vgl. zur Verhinderung von Missbräuchen BT-Drs. 16/10067 v. 30.7.2008 S. 72.
[165] Vgl. Seidel/Grieger/Muske, BB 2009, S. 1286; Hüttche, BB 2009, S. 1346, 1350f.
[166] Zur praktischen Umsetzung s. Kreipl/Lange/Müller in Bertram/Brinkmann/Kessler/Müller, Haufe HGB Bilanz Kommentar BilMoG Erfahrungsbericht, 2012, Rz 419 ff.
[167] Vgl. IDW, WPH Edition, Wirtschaftsprüfung & Rechnungslegung, 18. Aufl. 2023, Kap. F Tz 1191.

142 Im § 248 Abs. 2 HGB ist ein Aktivierungswahlrecht für selbst geschaffene immaterielle VG des AV verankert. Danach sind Angaben zu den F&E-Kosten im Anhang nur zu machen, wenn selbst geschaffene immaterielle VG des AV aktiviert werden (§ 248 Rz 36ff.; § 255 Rz 184ff.). Wird das Wahlrecht nicht genutzt, haben Angabe zu F&E nur im Lagebericht zu erfolgen (§ 289 Rz 93ff.).

2.27 Absicherung von Risiken (Nr. 23)

143 Aufgrund der Nr. 23 ist vom Angabepflichtigen, wenn nach § 254 HGB **Bewertungseinheiten** gebildet wurden, anzugeben, welche Arten von Bewertungseinheiten zur Absicherung welcher Risiken gebildet wurden und inwieweit der Eintritt der Risiken ausgeschlossen ist. Dadurch soll eine hinreichende Transparenz für die Abschlussadressaten erreicht werden. Es ist über das Gesamtvolumen der mit den am Bilanzstichtag bestehenden Bewertungseinheiten abgesicherten Risiken zu berichten.[168]

144 Die Anwendung von § 254 HGB fordert Anhangangaben
- zur Art der Bewertungseinheit („ob die Risikoabsicherung mittels eines Micro-, Portfolio- oder Macro-Hedging betrieben wird"[169]),
- zu dem betragsmäßigen Umfang des Grundgeschäfts und insb. dem abgesicherten Risiko (§ 285 Nr. 23 Buchst. a HGB), wobei „als Risiken ... bspw. Zins-, Währungs-, Bonitäts- und Preisrisiken"[170] denkbar sein sollen,
- zu dem Gesamtvolumen der am Bilanzstichtag in bestehenden Bewertungseinheiten abgesicherten Risiken (§ 285 Nr. 23 Buchst. a HGB),
- zu dem Sicherungsinstrument und zur Effektivität der Bewertungseinheit, wobei auch anzugeben ist, welches Verfahren das Unt heranzieht, um die Effektivität zu messen (§ 285 Nr. 23 Buchst. b) HGB) und
- gesondert zu einem antizipativen Grundgeschäft (§ 285 Nr. 23 Buchst. c) HGB).

An die Begründung antizipativer Grundgeschäfte stellt der Gesetzgeber hohe Anforderungen. Hier muss der Bilanzierende für Dritte nachvollziehbar und plausibel deutlich machen, warum das Tatbestandsmerkmal einer „hohen Wahrscheinlichkeit" erfüllt ist. Wird zur Absicherung eines antizipativen Grundgeschäfts ein derivatives Finanzinstrument verwendet, dessen Wert unterhalb der AK liegt, ist gesondert „zu erläutern, weshalb aus der ... mit hoher Wahrscheinlichkeit erwarteten Transaktion ein kompensierender Ertrag zu erwarten ist".[171]

Der Gesetzgeber stellt es dem Bilanzierenden frei, die beschriebenen Informationen statt im Anhang im Lagebericht zu veröffentlichen. Dadurch soll eine Zusammenfassung von Informationen ermöglicht werden.[172]

145 Nach § 285 Nr. 23 Buchst. a) HGB ist durch Offenlegung des Betrags der Umfang anzugeben, in dem jeweils VG, Schulden, schwebende Geschäfte und mit hoher Wahrscheinlichkeit erwartete[173] Transaktionen zur **Absicherung von**

---

[168] Zur praktischen Umsetzung s. Kreipl/Lange/Müller in Bertram/Brinkmann/Kessler/Müller, Haufe HGB Bilanz Kommentar BilMoG Erfahrungsbericht, 2012, Rz 422 ff.
[169] BT-Drs. 16/12407 v. 24.3.2009 S. 115.
[170] BT-Drs. 16/12407 v. 24.3.2009 S. 115.
[171] BT-Drs. 16/12407 v. 24.3.2009 S. 115.
[172] BT-Drs. 16/12407 v. 24.3.2009 S. 116.
[173] Mit dem Gesetz zur Umsetzung der Aktionärsrechterichtlinie (ARUG) v. 30.7.2009, BGBl 2009 I S. 2479, wurde das im BilMoG enthaltene Wort „vorgesehene" in „erwartete" ersetzt.

Risiken in eine Bewertungseinheit einbezogen wurden. Als Risiken sind bspw. Preisänderungs-, Zins-, Währungs-, Bonitäts- und Liquiditätsrisiken denkbar. Es sind sowohl Grund- als auch Sicherungsgeschäfte anzugeben, wobei bei Grundgeschäften die Angabe des abgesicherten Buchwerts ausreicht.[174] Der Betrag ist nur jeweils zusammengefasst für die vier Kategorien VG, Schulden, schwebende Geschäfte und mit hoher Wahrscheinlichkeit erwartete Transaktionen anzugeben. Analog sind auch die Sicherungsgeschäfte nur in Summe für die jeweilige Art anzugeben. Die Höhe der abgesicherten Risiken kann als Gesamtbetrag der aufgrund der Bildung von Bewertungseinheiten bis zum Abschlussstichtag vermiedenen negativen Wert- oder Zahlungsstromänderungen verstanden werden.[175] Dies sind etwa die nicht notwendigen Abschreibungen bei VG und die nicht notwendigen Drohverlustrückstellungen bei schwebenden Geschäften.

Nach Nr. 23 Buchst. b) ist eine Angabe zur Wirksamkeit der einzelnen am Bilanzstichtag bestehenden Bewertungseinheiten unterteilt nach den unterschiedlichen abgesicherten Risiken vorzunehmen. Der Offenlegungsadressat soll für jedes abgesicherte Risiko erkennen können, aus welchen Gründen und in welchem Umfang sich die gegenläufigen Wertänderungen (Fair Value Hedge) oder Zahlungsströme (Cash Flow Hedge) am Bilanzstichtag ausgleichen.[176] Die Angaben sollen erhellen, warum und in welchem Umfang sie sich bis zum vorgesehenen Ende der Bewertungseinheit ausgleichen werden. Dazu bedarf es der Erläuterung, wie der Angabepflichtige zu seiner Beurteilung gekommen ist, d.h. welche **Methoden zur Ermittlung** dieser Feststellungen angewandt worden sind. **146**

Nr. 23 Buchst. c) bezieht sich auf **antizipative Bewertungseinheiten**. Der Gesetzgeber stellt strenge Anforderungen an die Begründung antizipativer Bewertungseinheiten.[177] Die Begründung einer antizipativen Bewertungseinheit setzt eine hohe Wahrscheinlichkeit des Eingehens des gesicherten Grundgeschäfts voraus. Konkrete und plausible Gründe sollen nachvollziehbar machen, weshalb am Bilanzstichtag diese „hohe Wahrscheinlichkeit" besteht. Dabei ist der Umstand gesondert und mit Erläuterungen anzugeben, warum aus der in diesem Zusammenhang mit hoher Wahrscheinlichkeit erwarteten Transaktion ein kompensierender Ertrag erwartet wird, wenn derivative Finanzinstrumente, deren beizulegender Zeitwert unter den AK liegt, als Sicherungsinstrumente in eine antizipative Bewertungseinheit einbezogen werden. **147**

Die Gesetzesbegründung fordert eine Berichterstattung über **Risikomanagementziele** und -methoden in Bezug auf den Einsatz von Finanzinstrumenten, wobei Angaben über die bei Abschluss von Sicherungsgeschäften verwendete Systematik, über Art und Kategorie sowie über alle wichtigen geplanten Transaktionen zu machen sind. Der Angabepflichtige muss dementsprechend Transparenz über die Art der gesicherten Grundgeschäfte und der **Sicherungsinstrumente**, die Art der Risiken und das Ausmaß der **Effektivität** herstellen. Zu berichten ist im Hinblick auf den Absicherungszusammenhang, ob es sich um **148**

---

[174] Vgl. IDW RS HFA 35.98; Grottel, in Beck Bil-Komm., 14. Aufl. 2024, § 285 HGB Rz 705 ff.
[175] Vgl. IDW, WPH Edition, Wirtschaftsprüfung & Rechnungslegung, 18. Aufl. 2023, Kap. F Tz 1196; a.A. Oser/Holzwarth, in Küting/Weber, HdR-E, §§ 284–288 HGB Rz. 721, Stand: 9/2021.
[176] Vgl. IDW RS HFA 35.96.
[177] S. die Stellungnahme des Rechtsausschusses BT-Drs. 16/12407 v. 24.3.2009; dazu auch Ernst/Seidler, BB 2009, S. 766 f.

eine Mikro-, Portfolio- oder Makrosicherungsbeziehung handelt. Angaben werden auch über antizipative Bewertungseinheiten zu machen sein.[178] Der Adressat der Angaben soll die Effektivität der Bewertungseinheiten erkennen können, was impliziert, dass zu berichten ist, inwieweit die abgesicherten Risiken nicht eintreten bzw. der Eintritt der abgesicherten Risiken ausgeschlossen ist. Nach der Begründung zum BilMoG ist „insb. für den Bereich des sog. macro-hedging ausführlich auf die **Verknüpfungen mit dem Risikomanagement** einzugehen und (…) zu erläutern, wie Risiken verifiziert und gemessen werden und aus welchen Gründen davon auszugehen ist, dass die abgesicherten Risiken nicht eintreten".[179]

149 Die Ausführlichkeit und der Umfang der Angaben sind in eine vernünftige Relation zum Umfang der gebildeten Bewertungseinheiten zu bringen.

150 Die Angabepflicht gilt mit Ausnahme von KleinstKapG für alle KapG/KapCoGes, die die im Zusammenhang mit der nach § 254 HGB erlaubten Möglichkeit, VG, Schulden, schwebende Geschäfte oder mit hoher Wahrscheinlichkeit erwartete Transaktionen zur Absicherung von Risiken mit Finanzinstrumenten (und diesen nach § 254 Satz 2 HGB gleichgestellten Warentermingeschäften) in einer Bewertungseinheit zusammenzufassen, nutzen.

151 Diese Angabepflicht entfällt aufgrund der in Nr. 23 enthaltenen Öffnungsklausel, wenn die Informationen bereits im **Lagebericht** enthalten sind; die Angaben nach Nr. 23 können im Lagebericht mit den Angaben nach § 289 Abs. 2 Nr. 1 HGB zusammengefasst werden, um einen – wie die Gesetzesbegründung formuliert – „Risikobericht aus einem Guss" vorzulegen.[180]

152 Auf den engen Zusammenhang mit § 289 Abs. 2 Nr. 1 Buchst. a) HGB und die vom Gesetzgeber in Kauf genommene Möglichkeit der Überschneidung ist hinzuweisen (§ 289 Rz 82 ff.).

2.28 Berechnung von Pensionsrückstellungen (Nr. 24)

153 Aufgrund der Komplexität der Berechnung der Pensionsverpflichtungen werden mit Nr. 24 ausdrücklich Angaben bzgl. der zur Bewertung der Pensionsrückstellungen angewandten versicherungsmathematischen **Berechnungsverfahren** und den **grundlegenden Annahmen**, insb. den Zinssatz und den erwarteten Lohn- und Gehaltssteigerungen, sowie die zugrunde gelegten biometrischen Annahmen (insb. die zugrunde gelegte Sterbetafeln) von allen KapG mit Ausnahme der kleinen KapG gefordert.[181] Kleine KapG sind von der Angabe befreit (§ 288 Abs. 1 HGB).

Diese Angabepflicht konkretisiert die auch mit § 284 Abs. 2 Nr. 1 HGB notwendigen Erläuterungen (§ 284 Rz 16). Die Angabe der grundlegenden Annahmen hat für Zinssatz und die erwarteten Lohn- und Gehaltssteigerungen in Prozentwerten zu erfolgen. Bei dem Zinssatz ist das entweder der nach § 253 Abs. 2 HGB pauschal herangezogene Zinssatz für eine 15-jährige Restlaufzeit oder, falls dieses Erleichterungswahlrecht nicht genutzt wird, die laufzeitadä-

---

[178] Vgl. BT-Drs. 16/10067 v. 30.7.2008 S. 73.
[179] BT-Drs. 16/10067 v. 30.7.2008 S. 73.
[180] Ausführlich zu den im Lagebericht zu kommunizierenden Risikomanagementzielen und -methoden der Ges. BT-Drs. 16/10067 v. 30.7.2008 S. 73.
[181] Vgl. auch IDW RS HFA 30.89.

quaten Zinssätze, die als Bandbreite angegeben werden dürfen. Wenn es für die Berechnung der Rückstellung erforderlich ist, sind die erwarteten Renditen auf etwaig ausgelagertes Planvermögen, bei entsprechenden Zusagen einer medizinischen Versorgung zu erwartende Kostentrends sowie vorgenommene weitere versicherungsmathematische Annahmen anzugeben.[182] Angestrebt wird eine Transparenz darüber, ob und nach welcher Methode eine realitätsnahe Bewertung von Pensionsrückstellungen, wie sie nach § 253 Abs. 1 HGB vorzunehmen ist, erfolgt.[183] Zumindest bei Änderungen der verwendeten Trendannahmen sollte eine Erläuterung erfolgen, da diese i.d.R. große Auswirkungen auf den Bilanzausweis haben und das Jahresergebnis aufgrund der Notwendigkeit der erfolgswirksamen Berücksichtigung stark beeinflussen können. Durch die Verwendung von Durchschnittszinssätzen wirkte sich der scharfe Anstieg der Zinsen im Jahr 2022 bislang kaum auf die Bewertung aus, während von April 2022 bis März 2023 der Durchschnittszinssatz mit 15-jähriger Restlaufzeit knapp unter 1,8 % war, steigt er seit April 2023 in sehr kleinen Schritten monatlich an bis auf 1,82 % zum 31.12.2023, was zu einer Verringerung der in der Bilanz zu berücksichtigenden Verpflichtung führt, die erfolgswirksam zu erfassen ist. Die Angaben sind nach IDW RS HFA 30.92 auch notwendig, wenn die Pensionsverpflichtung durch Vermögensverrechnung nach § 246 Abs. 2 Satz 2 HGB nicht als Pensionsrückstellung in der Bilanz erscheint.[184] In die Erläuterung der Pensionsverpflichtungen sind die im Anhang anzugebenden Fehlbeträge aus Ansatzwahlrechten (Art. 28 Abs. 2 EGHGB) und Bewertungserleichterungen (Art. 67 Abs. 2 EGHGB) einzubeziehen. Die Anhangangabe ist entbehrlich, wenn die betriebliche Altersversorgung im Wege etwa der Direktversicherung durchgeführt wird und keine Fehlbeträge bestehen.[185]

Mit der Umstellung des zu verwendenden Durchschnittszinssatzes auf Basis der letzten sieben Jahre auf einen Durchschnittszinssatz auf Basis der letzten zehn Jahre[186] ist der Unterschiedsbetrag (der bei dem aktuellen Zinsniveau eine stille Last darstellt) gem. § 253 Abs. 6 HGB für alle Unt im Anhang oder unter der Bilanz anzugeben. Mit dieser Information ist es von externer Seite möglich, die durchschnittliche Laufzeit der Pensionsverpflichtungen zu berechnen und darüber etwa die bestehenden stillen Reserven oder Lasten aus den Einschätzungsspielräumen der Parameter der Verpflichtungsberechnung abzuleiten.[187]

2.29 Verrechnung von Vermögensgegenständen und Schulden (Nr. 25)

Sofern der Angabepflichtige nach § 246 Abs. 2 Satz 2 HGB VG und Schulden verrechnet, sind die AK und der beizulegende Zeitwert der **verrechneten VG**, der Erfüllungsbetrag der verrechneten Schulden sowie die verrechneten Aufwendungen und Erträge anzugeben. Konkret ist diese Verrechnungspflicht auf Deckungsvermögen von Altersversorgungsverpflichtungen anzuwenden (§ 246

---

[182] Vgl. Kirsch, in Kußmaul/Müller, HdB, Anhang nach HGB, Rz. 78, Stand: 26.1.2024.
[183] Vgl. Pradl/Uckermann, GStB 2009, S. 178.
[184] Zur praktischen Umsetzung s. Kreipl/Lange/Müller in Bertram/Brinkmann/Kessler/Müller, Haufe HGB Bilanz Kommentar BilMoG Erfahrungsbericht, 2012, Rz 434ff.
[185] Vgl. IDW, WPH Edition, Wirtschaftsprüfung & Rechnungslegung, 18. Aufl. 2023, Kap. F Tz 1205.
[186] BGBl 2016 I S. 396ff.
[187] Vgl. Dißner/Müller, BB 2016, S. 2539ff.

Rz 104). Voraussetzungen für die Verrechnung ist die Durchführung der Altersversorgung als Leistungszusage sowie eine Konkretisierung des Deckungsvermögens gem. § 246 Abs. 2 Satz 2 HGB, sodass einer Pensionsverpflichtung ein Deckungsvermögen gegenübersteht. Eine beitragsorientierte Zusage in Form eines versicherungsförmigen Tarifs mit voller Kapitaldeckung ist nach IDW RS HFA 30.93 nicht berichtspflichtig.

155 Durch die Angaben im Anhang soll Transparenz darüber hergestellt werden, welche Aktiv- und Passivposten der Bilanz sowie welche aus den verrechneten VG und Schulden resultierenden Aufwendungen und Erträge in der GuV verrechnet wurden.[188] Konkret sind die Effekte der Auf- bzw. Abzinsung von Verpflichtungen mit der erfolgswirksamen Wertänderung des Deckungsvermögens zu verrechnen. Dabei dürfen Auswirkungen aus der Änderung des Abzinsungssatzes mit einbezogen werden. Gesondert sind in der GuV die übrigen Komponenten, d. h. insb. der Dienstzeitaufwand und die Änderung der Trendannahmen im operativen Ergebnis auszuweisen.[189] Sollte von dem Ausweiswahlrecht Gebrauch gemacht werden und die Effekte aus der Änderung des Abzinsungssatzes sowie der Zeitwertänderung und der laufenden Erträge des Deckungsvermögens auch im operativen Ergebnis ausgewiesen werden, sind diese verrechneten Beträge entsprechend brutto im Anhang anzugeben, wobei eine Gesamtangabe der verrechneten Aufwendungen und Erträge grds. ausreichend ist. Um eine Einschätzung der Nachhaltigkeit des Ergebnisses von externer Seite zu ermöglichen, erscheint eine Trennung der regelmäßig wiederkehrenden Auf- und Abzinsung sowie laufenden Erträge aus dem Deckungsvermögen von den stark zufallsgetriebenen Zeitwertänderungen und erfolgswirksamen Effekten aus der Änderung der Prämissen überaus sinnvoll zu sein. Der letzte Hs. mit dem Verweis auf die entsprechende Anwendung der Nr. 20 Buchst. a verpflichtet im Fall der Bewertung von VG i. S. v. § 246 Abs. 2 Satz 2 HGB zum beizulegenden Zeitwert dazu, die grundlegenden Annahmen, die der Bestimmung des beizulegenden Zeitwertes mithilfe allgemein anerkannter Bewertungsmethoden zugrunde gelegt werden, im Anhang anzugeben.[190]

KleinstKapG müssen eine auch bei dieser Größenklasse denkbare Verrechnung nicht angeben, dürfen jedoch, um als KleinstKapG klassifiziert zu werden und um die Erleichterungen nutzen zu können, die Bewertung des Deckungsvermögens nur zu AK vornehmen (§ 267a Rz 5).

Kleine KapG haben diese Angabepflicht zu erfüllen, obwohl für diese für die Nr. 24 eine Befreiung geschaffen wurde (§ 288 Abs. 1 HGB).

2.30 Sondervermögen (Nr. 26)

156 Auf Basis des Kapitalanlagegesetzbuches sind Angaben zum **Sondervermögen (Investmentanteile)** und zu Anlageaktien an Investmentvermögen notwendig. Konkret sind nur solche KapG zu Angaben verpflichtet, die jeweils mehr als 10 % der Anteile oder Anlageaktien an inländischen **Sondervermögen** i. S. v. § 1 Abs. 10 KAGB, Anlageaktien an inländischen Investment-AG i. S. v. §§ 108 bis

---

[188] BT-Drs. 16/10067 v. 30.7.2008 S. 73.
[189] Vgl. IDW RS HFA 30.85–88.
[190] Zur praktischen Umsetzung s. Kreipl/Lange/Müller in Bertram/Brinkmann/Kessler/Müller, Haufe HGB Bilanz Kommentar BilMoG Erfahrungsbericht, 2012, Rz 443 ff.

123 KAGB oder vergleichbaren ausländischen Anteilen/Anlageaktien i.S.v. § 1 Abs. 8 KAGB besitzen und nicht als kleine KapG klassifiziert sind. Die Angaben umfassen die in Anteilen an Spezialfonds enthaltenen stillen Reserven oder stillen Lasten, wobei eine detaillierte Aufschlüsselung zu erfolgen hat.[191] Die Vorschrift berücksichtigt mit der Einbeziehung von Anlageaktien und vergleichbaren Anlagen in ausländischem Investmentvermögen die wirtschaftliche Vergleichbarkeit mit Anteilen an in- oder ausländischen Investmentfonds in vertraglicher Form.[192] Stimmberechtigte andere Aktien sowie vergleichbare Anlagen in ausländische Investmentanteile sind nach Nr. 26 nicht anzugeben, weil bei derartigen Anlagen vorrangig die Frage der Kons. zu prüfen ist.[193] Die Angaben sind notwendig für **Sondervermögen** i.S.d. § 1 Abs. 10 KAGB oder Anlageaktien an Investment-AG mit veränderlichem Kapital i.S.d. §§ 108 bis 123 KAGB oder vergleichbaren EU-Investmentvermögen oder vergleichbaren ausländischen Investmentvermögen. Der Verweis auf das aufgehobene InvG wurde deshalb noch nicht gestrichen, da noch eine Übergangsfrist für dessen Anwendung besteht.[194]

Nach Nr. 26 ist dem in der Bilanz ausgewiesenen Buchwert der Wert (nach §§ 168, 278 KAGB) der Anteile oder Anlageaktien (Marktwert) aufgegliedert nach **Anlagezielen** gegenüberzustellen. Bei ausländischen Investmentanteilen kann der nach ausländischen Vorschriften ermittelte Marktwert verwendet werden, wenn er dem Wert gem. §§ 168, 278 KAGB entspricht, andernfalls ist der Marktwert für die Ermittlung der stillen Reserven oder stillen Lasten nach deutschem Investmentrecht festzustellen. Dadurch erhalten die Adressaten des Jahresabschlusses die erforderlichen Informationen, ohne dass eine Kons. erfolgt; die Angaben im Anhang zu Nr. 26 stellen insofern ein Konsolidierungssurrogat dar.[195] Zusätzlich sind die für das Gj **erfolgten Ausschüttungen** anzugeben.

157

Sind **Abschreibungen** auf Anteile oder Anlageaktien gem. § 253 Abs. 3 Satz 4 HGB unterblieben, ist das im Anhang zu begründen. Wenn es Anhaltspunkte für eine nicht dauerhafte Wertminderung gibt, sind Gründe anzugeben, aus denen sich die Abschreibungsnotwendigkeit nach den für Direktanlagen geltenden Kriterien ergibt. Nach der Gesetzesbegründung kann die unterbliebene Abschreibung einer stillen Last nicht lediglich mit den üblicherweise vorkommenden Wertschwankungen bei den Anteilen und Anlageaktien als Wertpapiere begründet werden. Vielmehr ist auf die **Ursachen für den niedrigeren Wert** der Anteile oder Anlageaktien einzugehen.[196]

158

Wenn es Ausschüttungen mit Kapitalentnahmecharakter gab, die stille Lasten begründen oder erhöhen, folgt daraus zwingend eine Abschreibung auf die Buchwerte der Anteile oder Anlageaktien, weil sonst die Gefahr des doppelten Ausweises der Kapitalentnahme besteht.[197]

159

---

[191] S. dazu Ernst/Seidler, ZGR 2008, S. 653 f.
[192] BT-Drs. 16/10067 v. 30.7.2008 S. 73 f.
[193] BT-Drs. 16/10067 v. 30.7.2008 S. 74.
[194] Vgl. BR-Drs. 791/12 v. 21.12.2012 S. 559.
[195] So Ernst/Seidler, ZGR 2008, S. 631, 654.
[196] BT-Drs. 16/10067 v. 30.7.2008 S. 74.
[197] Dieser doppelte Ausweis könnte zum einen implizit als Bestandteil des aktivierten Anteils bzw. der aktivierten Anlageaktie und zum anderen über die aktivierte Forderung, d.h. den rechtlichen Anspruch auf Kapitalentnahme, erfolgen; vgl. BT-Drs. 16/10067 v. 30.7.2008 S. 74.

160 Der Gesetzgeber will mit der Aufgliederung der Anteile bzw. Anlageaktien nach Anlagezielen (z.B. in Aktien-, Renten-, Immobilien-, Misch- und Hedgefonds, sonstige Spezial-Sondervermögen) erreichen, dass den Abschlussadressaten eine überschlägige **Einschätzung des Anlagerisikos** möglich ist und sie Kenntnis von den im Gj durch das Unt vereinnahmten Ausschüttungen erhalten. Außerdem sind rechtlich oder wirtschaftlich veranlasste Beschränkungen in Möglichkeit der täglichen Rückgabe der Anteile und Anlageaktien zu erläutern, damit die Abschlussadressaten „Hinweise auf ungewöhnliche Verhältnisse wie Investitionen in illiquide strukturierte Anlagevehikel, Hedgefonds mit langen Kündigungsfristen, Infrastrukturprojekte, unverbriefte Darlehensforderungen oder Private Equity Engagements"[198] erhalten.[199] Kleine KapG sind von der Angabe befreit.

2.31 Aufschlüsselung von Haftungsverhältnissen (Nr. 27)

161 Durch die Pflicht zur Angabe der Gründe der Einschätzung des Risikos der Inanspruchnahme für nach § 251 HGB i.V.m. § 268 Abs. 7 1. Hs. HGB im Anhang ausgewiesene Haftungsverhältnisse soll für den Adressaten des handelsrechtlichen Jahresabschlusses mehr Transparenz über die **Eventualverbindlichkeiten** hergestellt werden,[200] wobei nach dem HGB hier anders als nach IAS 37.10 nur Haftungsverpflichtungen gemeint sind. Mit dem BilRUG wurde § 268 Abs. 7 HGB verändert, womit der Verweis auf den 1. Hs. in der Vorschrift als Redaktionsversehen zu werten ist.

162 Die Gesamtsumme ist im Anhang hinsichtlich der zugrunde liegenden Verpflichtungen und Haftungsverhältnisse im Einzelnen aufzuschlüsseln und die damit zusammenhängenden immanenten Risiken zu erläutern.[201] Die Pflicht zur Angabe der Gründe für die Einschätzung des Risikos der Inanspruchnahme besteht auch, wenn die Angabe der Haftungsverhältnisse im Anhang erfolgt.

163 Selbst wenn in der Praxis eine Aufschlüsselung der Haftungsverhältnisse erfolgte, blieben doch die der **Risikoabschätzung** zugrunde liegenden Erwägungen weitgehend im Dunkeln. Erhellt werden sollen nunmehr die der Einschätzung des Risikos der Inanspruchnahme aus den für die Vermögens-, Finanz- und Ertragslage bedeutsamen (wesentlichen) Haftungsverhältnisse zugrunde liegenden Erwägungen dadurch, dass sie im Anhang detailliert anzugeben sind. Es soll erkennbar werden, aus welchen Gründen Haftungsverhältnisse im Anhang und nicht auf der Passivseite der Bilanz ausgewiesen werden. Wenn ein Risiko selbst aber nicht bezifferbar ist, entfällt auch die Erläuterungspflicht nach IDW RH HFA 1.013.21.

164 Weil es sich hier um die Herstellung von Transparenz zur Risikoabschätzung handelt, wäre es, worauf auch die Gesetzesbegründung hinweist, aus rechtssystematischen Gründen denkbar, diese Erwägungen in den Lagebericht als den Ort, der Risikoabschätzungen erläutert, aufzunehmen. Gleichwohl entschied sich der Gesetzgeber dafür, die Angaben im Anhang „als ergänzende wichtige

---

[198] BT-Drs. 16/10067 v. 30.7.2008 S. 74; vgl. dazu auch Ernst/Seidler, BB 2007, S. 2557, 2560.
[199] Zur praktischen Umsetzung s. Kreipl/Lange/Müller in Bertram/Brinkmann/Kessler/Müller, Haufe HGB Bilanz Kommentar BilMoG Erfahrungsbericht, 2012, Rz 445 ff.
[200] Vgl. dazu näher Ernst/Seidler, ZGR 2008, S. 631, 654.
[201] So BT-Drs. 16/10067 v. 30.7.2008 S. 74.

Erläuterung der ausgewiesenen Eventualverbindlichkeiten" aufzunehmen.²⁰² Gegen die gesonderte Angabe des den Haftungsverhältnissen innewohnenden Risikos spricht nichts.²⁰³

Kleine KapG sind mit dem BilRUG ab dem Gj 2016 von der Angabe befreit. Damit haben auch KleinstKapG, die die nach § 251 HGB und nach § 268 Abs. 7 HGB geforderten Angaben zu Verbindlichkeiten und Haftungsverhältnissen unter der Bilanz zu machen haben, keine erläuternde Anhangangabepflicht nach Nr. 27.

165

2.32 Nicht ausschüttbare Beträge (Nr. 28)

Die Vorschrift der Nr. 28 zielt auf den Schutz der Gläubiger des Unt. Es soll Transparenz darüber hergestellt werden, in welchem Umfang im Jahresergebnis Beträge enthalten sind, die nicht ausgeschüttet werden können, soweit nicht in zumindest derselben Höhe jederzeit auflösbare **Gewinnrücklagen** zzgl. eines Gewinnvortrags und abzgl. eines Verlustvortrags im Unt vorhanden sind. Alle KapG mit Ausnahme der kleinen KapG sowie VersicherungsUnt müssen den Gesamtbetrag der Beträge i. S. d. § 268 Abs. 8 HGB aufgeschlüsselt in die Beträge aus der Aktivierung selbst geschaffener immaterieller VG des AV, Beträge aus der Aktivierung latenter Steuern sowie aus der Aktivierung von VG zum beizulegenden Zeitwert angeben.²⁰⁴ Anzugeben ist auch der Gesamtbetrag der ausschüttungsgesperrten Beträge zum Abschlussstichtag. Die Angaben haben jeweils gemindert um die gebildeten passiven latenten Steuern zu erfolgen.²⁰⁵ Zu den konkreten Ermittlungs- und Darstellungsmöglichkeiten siehe § 268 Rz 55. Kleine KapG sind mit dem BilRUG seit dem Gj 2016 von der Angabe befreit. Die Unternehmensleitung wird dafür den ausschüttungsfähigen Gewinn in einer Nebenrechnung zur Bilanz festlegen (§ 268 Rz 50ff.).²⁰⁶ Eine Deckungsrechnung zur Erläuterung der frei verfügbaren Rücklagen kann für die Darstellung empfohlen werden. KapCoGes sind von der Angabepflicht nicht betroffen, da sie keiner Haftungsbeschränkung unterliegen.²⁰⁷

166

2.33 Latente Steuern (Nr. 29)

Nach Nr. 29 sind die Gründe anzugeben, auf welchen Differenzen oder steuerlichen Verlustvorträgen die **latenten Steuern** beruhen und mit welchen Steuersätzen die Bewertung erfolgte.²⁰⁸ Soweit Steuergutschriften und Zinsvorträge bei der Berechnung der latenten Steuern berücksichtigt worden sind, ist hierüber

167

---

202 Vgl. BT-Drs. 16/10067 v. 30.7.2008 S. 74.
203 So auch Ernst/Seidler, BB 2007, S. 2557, 2560. Zur praktischen Umsetzung s. Kreipl/Lange/Müller in Bertram/Brinkmann/Kessler/Müller, Haufe HGB Bilanz Kommentar BilMoG Erfahrungsbericht, 2012, Rz 449.
204 Zur praktischen Umsetzung s. Kreipl/Lange/Müller in Bertram/Brinkmann/Kessler/Müller, Haufe HGB Bilanz Kommentar BilMoG Erfahrungsbericht, 2012, Rz 450ff.
205 Vgl. IDW, WPH Edition, Wirtschaftsprüfung & Rechnungslegung, 18. Aufl. 2023, Kap. F Tz 1229ff.
206 S. die Berechnungsbeispiele bei Lanfermann/Röhricht, DStR 2009, S. 1216, 1218.
207 Vgl. IDW RS HFA 7.38.
208 Ausführlich zu den Angaben über die latenten Steuern Hoffmann/Lüdenbach, NWB Kommentar Bilanzierung, 15. Aufl. 2023, § 285 HGB Rz 184ff.; Küting/Seel, DB 2009, S. 922; Loitz, DB 2009, S. 913; IDW, WPH Edition, Wirtschaftsprüfung & Rechnungslegung, 18. Aufl. 2023, Kap. F Tz 735ff. sowie 1233ff.

eine Angabe vorzunehmen. Um Verständnis für die ausgewiesenen Posten zu schaffen, soll zur Information der Abschlussadressaten der ausgewiesene Steueraufwand/-ertrag in einer gesonderten Rechnung auf den erwarteten Steueraufwand/-ertrag übergeleitet werden.[209] Weil sich eine Verpflichtung zu einer solchen Überleitungsrechnung dem verabschiedeten Gesetzeswortlaut im Gegensatz zu den ersten Entwürfen nicht mehr entnehmen lässt, sieht es das IDW als regelmäßig ausreichend an, qualitative Angaben zur Art der bestehenden temporären Differenzen oder zu steuerlichen Verlustvorträgen zu geben, um die Erläuterungspflichten zu erfüllen und künftiges Nutzenpotenzial aufzuzeigen.[210] Auch das DRSC hat mit der Überarbeitung des DRS 18 durch DRÄS 11 vom 21.5.2021 die bisherige Forderung nach einer Überleitungsrechnung sowie zu quantitativen Angaben zu nicht angesetzten aktiven latenten Steuern, ungenutzten Verlustvorträgen und ungenutzten Steuergutschriften aufgegeben und gibt in DRS 18.63c nun lediglich den Gesetzestext wieder. Somit ist es nicht notwendig, die aufgrund des Aktivierungswahlrechts des § 274 Abs. 1 HGB nicht angesetzten aktiven latenten Steuern im Anhang zu quantifizieren (§ 274 Rz 123). Ansonsten würde sich die vom Gesetzgeber angestrebte Erleichterung durch das Aktivierungswahlrecht auch nicht erreichen lassen. Daher ist lediglich die Art des Bilanzpostens, die Art der Differenz sowie, ob es sich um eine aktive oder passive Latenz handelt, anzugeben. Hinsichtlich der Angaben zu den aktiven latenten Steuern unterteilt das WP-Handbuch; werden diese i. R. d. Gesamtdifferenzbehandlung mit den passiven latenten Steuern verrechnet und es entsteht ein Passivüberhang – egal ob saldiert oder unsaldiert ausgewiesen – so haben Angaben hierzu zu erfolgen. Wurde hingegen das Aktivierungswahlrecht für einen Aktivüberhang genutzt, sollen nach dieser Meinung keine Erläuterungen der abziehbaren Differenzen oder Verlustvorträge nötig sein.[211] Somit werden den Unt Möglichkeiten zur Legung stiller Reserven eingeräumt, die auch durch Anhangangaben nicht einmal in der Tendenz zu erläutern sind. Dennoch gibt es in der Praxis freiwillig ausführliche Angaben hierzu. Ein besonders transparentes Beispiel bietet die Bundesdruckerei Gruppe GmbH, wo sich im Konzernanhang des Gj 2019 bei einem ausgewiesenen Eigenkapital von gut 287 Mio. EUR folgende Passage findet:[212]

> **Praxis-Beispiel**
> „Die aktiven latenten Steuern sinken im Geschäftsjahr 2022 um 2.883 TEUR auf 82.671 TEUR. Die passiven latenten Steuern sinken um 1.749 TEUR auf 23.441 TEUR, so dass sich der aktivische Überhang um 1.134 TEUR auf 59.230 TEUR verringert.
> Die Gesellschaft macht von dem Wahlrecht nach § 274 Abs. 1 S. 2 HGB Gebrauch und aktiviert den Überhang der aktiven latenten Steuern nicht."

---

[209] Vgl. Kirsch, DStZ 2009, S. 510, 517, unter Hinweis auf den RegE.
[210] Vgl. IDW, WPH Edition, Wirtschaftsprüfung & Rechnungslegung, 18. Aufl. 2023, Kap. F Tz 1234; ebenso Kirsch, DStZ 2009, S. 510, 517.
[211] Vgl. IDW, WPH Edition, Wirtschaftsprüfung & Rechnungslegung, 18. Aufl. 2023, Kap. F Tz 1233.
[212] Bundesdruckerei Gruppe GmbH, Einzelabschluss 2022 lt. Bekanntmachung im Bundesanzeiger, S. 26.

Die Angabe der **Steuersätze** bezieht sich bei KapG auf die KSt und GewSt, bei PersG nach § 264a HGB sind dagegen nur die Steuersätze aus der GewSt anzugeben. Bei unterschiedlichen Steuersätzen (insb. bei der GewSt) ist es möglich Durchschnittssätze anzugeben, solange dadurch keine Fehleinschätzungen der Adressaten resultieren können.

168

Von der Angabepflicht nach § 285 Nr. 29 HGB sind kleine KapG gem. § 288 Abs. 1 HGB und mittelgroße KapG gem. § 288 Abs. 2 Satz 2 HGB befreit.

169

2.34 Angaben zu latenten Steuerschulden (Nr. 30)

Mit Nr. 30 wurden die **Angaben zu latenten Steuern** aufgrund europäischer Vorgaben deutlich ausgeweitet. Notwendig sind quantitative Angaben zu den latenten Steuersalden und ihren Bewegungen im Gj, was insb. den Auf- oder Abbau einschließt.[213] Allerdings sind diese Angaben auf die angesetzten latenten Steuerschulden begrenzt, weshalb der Gesetzgeber eine Trennung zu den unter Nr. 29 geforderten allgemeinen Angaben vorgenommen hat. Die latente Steuerschuld sollte gleichgesetzt werden mit dem Begriff der **passiven latenten Steuern**.[214] Demnach ist die Angabe nur notwendig, wenn in der Gesamtdifferenzbetrachtung nach § 274 Abs. 1 HGB ein Passivüberhang an latenten Steuern besteht, der auf der Passivseite der Bilanz ansatzpflichtig ist, oder aber, wenn freiwillig trotz eines Aktivüberhangs ein Bruttoausweis der aktiven und passiven latenten Steuern in der Bilanz erfolgt.[215] Der Bilanzansatz über die **Gesamtdifferenzbetrachtung** bedingt allerdings im Vorfeld die Ermittlung und Saldierung von aktiven und passiven latenten Steuern. Nicht Betrachtungsgegenstand sind die ansatzfähigen aktiven latenten Steuerüberhänge, die unter Nutzung des Ansatzwahlrechts des § 274 Abs. 1 Satz 2 HGB nicht aktiviert wurden. Da zudem von Steuersalden im Plural gesprochen wird, ist von einer ausführlichen Darlegung der angesetzten aktiven und passiven latenten Steuern in Form von Salden und deren Veränderung auszugehen. Der Ausweis hat quantitativ im Anhang zu erfolgen, auch wenn die Salden und deren Veränderung durch die Vorjahresangabe aus der Bilanz ableitbar wären (insb. bei Nichtanwendung der Gesamtdifferenzbetrachtung). Eine weitere Aufgliederung der Veränderungen in Form einer Überleitungsrechnung nach IAS 12 ist wünschenswert, aber nicht verpflichtend, wie auch das DRSC mit der Überarbeitung des DRS 18 mit DRÄS 11 explizit bestätigt hat. Die Mindestangabe kann wie folgt aussehen:

170

Praxis-Beispiel			
	Stand zu Beginn des Gj	Veränderung	Stand zum Ende des Gj
Aktive latente Steuern			
Passive latente Steuern			

---

[213] Für ein Beispiel zur Ausgestaltung vgl. Kirsch, BBK 2015, S. 327.
[214] Vgl. Grottel, in Beck Bil-Komm., 14. Aufl. 2024, § 285 HGB Rz 845.
[215] Vgl. Grottel, in Beck Bil-Komm., 14. Aufl. 2024, § 285 HGB Rz 846; Lüdenbach/Freiberg, StuB 2015, S. 572; DRS 18.63 Buchst. c i.d.F.d. DRÄS 11 v. 21.5.2021; a. A. Rimmelspacher/Meyer, DB 2015, Beilage 5, S. 27.

Kleine KapG sind von den Erläuterungspflichten des § 285 Nr. 29 und 30 HGB befreit, was auch gilt, wenn sie freiwillig § 274 HGB anwenden. Mittelgroße KapG sind zwar von der Erläuterungspflicht des § 285 Nr. 29 HGB befreit, müssen aber § 285 Nr. 30 HGB anwenden.

2.35 Angaben zur Mindestbesteuerung

171 Mit dem Mindestbesteuerungsrichtlinie-Umsetzungsgesetz (MinBestRL-UmsG)[216] wird eine **globale Mindestbesteuerung (GloBE)** von 15 % der erzielten Gewinne vorgeschrieben. Sollte ein Unternehmen in einem Staat eine geringere Steuerquote aufweisen, so kann ein anderes Land die Differenz zwischen der tatsächlichen Besteuerung und dem vereinbarten Mindeststeuersatz nachveranlagen. Zur Berechnung der Steuerquote wird im Nenner das (aufwendig, aber letztlich doch nur ansatzweise bereinigte) Handelsbilanz II-vor-Steuer-Ergebnis verwendet. Als Zähler dient der (um bestimmte latente Steuern bereinigte) Steueraufwand. Die Konzernrechnungslegung wird somit maßgeblich für die GloBE. Zielgruppe sind multinationale Unternehmensgruppen oder große inländische Gruppen, die in 2 der vergangenen 4 Geschäftsjahre mind. 750 Mio. EUR Umsatzerlöse erzielt haben. Konzernmütter haben im ersten Schritt dann für alle (d. h. die Einbeziehungswahlrechte gelten nicht) TU und Betriebsstätten die Besteuerung nach dem weltweit gültigen Mindestniveau von 15 % nachzuweisen. Gelingt dies nicht, kann mit einer Ergänzungssteuer nachversteuert werden. Als Auffanglösung, falls diese Ertragseinbeziehungsregelung nicht von dem Land des Sitzes der Konzernmutter vorgenommen wird, sieht das Gesetz auch die umgekehrte Ertragseinbeziehungsregelung vor, um die vereinbarte effektive Mindestbesteuerung nicht nur bei ausländischen Tochtergesellschaften, sondern auch bei allen ansässigen Geschäftseinheiten und Betriebsstätten von multinationalen Unternehmensgruppen sicherzustellen. Die Umsetzung des Gesetzes ist sehr umstritten.[217]

Die enorme Komplexität der Berechnung der Steuern hat den Gesetzgeber – ebenso wie das IASB – dazu bewogen, die Auswirkungen auf die Berechnung der latenten Steuern nach § 274 HGB zu verhindern, indem die aus der GloBE resultierenden Unterschiede nach § 274 Abs. 3 HGB für die Berechnung nicht zu berücksichtigen sind. Damit ist konkret die handelsbilanzrechtliche Ausnahme der Ausnahme in IAS 12.4A nachgebildet und soll nach der Gesetzesbegründung die Komplexität der Umsetzung des Mindeststeuergesetzes reduzieren und etwaigen Benachteiligungen für HGB-Bilanzierer entgegenwirken. Allerdings soll die handelsbilanzrechtliche Ausnahme überprüft werden, „wenn und sobald der IASB die aus seiner Sicht nur vorübergehende Ausnahme in den internationalen Rechnungslegungsstandards überprüft hat".[218] Als Ausgleich für den Eingriff in die tatsachengemäße Abbildung ist aber eine Anhangangabe notwendig, nach der der **tatsächliche Steueraufwand oder Steuerertrag,** der sich nach dem Mindeststeuergesetz und ausländischen Mindeststeuergesetzen nach § 274 Abs. 3 Nr. 2 HGB für das Gj. ergibt, anzugeben ist. Somit ist – in

---

[216] v. 27.12.2023, BGBl. 2023 I Nr. 397.
[217] Vgl. etwa Anregung des DRSC zur Gesetzesanpassung v. 14.3.2024, www.drsc.de/app/uploads/2024/03/240314_DRSC-Anmerkungen_zum_MinStG.pdf, Abruf 1.10.2024; Müller, DB 35/2022, S. M4f; Müller/Saile, KoR 2022, S. 363 ff.
[218] BT-Drs. 20/8668, S. 240.

Anlehnung an IAS 12.88B bis D – auch für mittelgroße und große KapG und denen gleichgestellte PHG im Anhang ein Mindestmaß an Transparenz und Information der Abschlussadressaten sichergestellt. Anzugeben ist, welcher tatsächliche Steueraufwand oder Steuerertrag sich nach dem Mindeststeuergesetz und ausländischer Mindeststeuergesetze für das Gj und die einzelne KapG ergibt. Darüber hinaus sind die Auswirkungen auf die KapG oder die diesen über § 264a HGB gleichgestellte haftungsbeschränkte Personenhandelsgesellschaft näher zu erläutern, wenn die Gesetze zur Mindestbesteuerung (in anderen Ländern) noch nicht in Kraft getreten sind. Es sind mind. qualitative Angaben dazu zu machen, inwieweit die Gesellschaft von den Mindeststeuerregelungen betroffen ist. Sofern möglich und vertretbar, ist die Erläuterung durch quantitative Angaben zu ergänzen.[219]

Nach § 288 Abs. 1 HGB sind nur **kleine KapG** von den Angabepflichten befreit.

2.36 Außergewöhnliche Aufwands- und Ertragsposten (Nr. 31)

Da die EU-RL die Unterscheidung zwischen gewöhnlicher und außergewöhnlicher Geschäftstätigkeit aufgibt und die GuV-Gliederung dementsprechend vereinfacht, entfällt die Definition der außerordentlichen Erträge und Aufwendungen sowie deren Erläuterungspflicht in § 277 Abs. 4 HGB a.F. Mit dieser Streichung geht die neue Pflicht zur Anhangangabe für alle KapG und diesen gleichgestellten PHG außergewöhnlicher Erträge und Aufwendungen[220] einher (§ 285 Nr. 31 HGB), um auch weiterhin Einblicke in die Qualität der Ergebnisse zu bekommen.[221] Konkret sind **Angaben zu Erträgen und Aufwendungen von außergewöhnlicher Größenordnung oder Bedeutung** notwendig, allerdings nur, wenn diese nicht lediglich von untergeordneter Bedeutung sind. Dabei weicht der Gesetzgeber vom Originaltext der deutschen Übersetzung des Art. 16 Abs. 1 Buchst. f RL 2013/34/EU ab und korrigiert eine Übersetzungsungenauigkeit innerhalb der Richtlinie.[222] Unter Nr. 31 sind somit Betrag und Art von diesen Erträgen und Aufwendungen anzugeben, soweit sie nicht von untergeordneter Bedeutung sind. Neu im Vergleich zur bisherigen Angabepflicht zu den außerordentlichen Erträgen und Aufwendungen ist zum einen die Notwendigkeit, diese einzeln vornehmen zu müssen. Somit ist im Anhang für jeden einzelnen Geschäftsvorfall

- die Bezeichnung des außergewöhnlichen Vorgangs,
- der entsprechende außergewöhnlich hohe/niedrige Betrag bzw. Betrag von besonderer Bedeutung sowie die Art des Aufwands und des Ertrags (ggf. bereits durch die Positionsbezeichnung deutlich) anzugeben,

soweit die Beträge von nicht untergeordneter Bedeutung sind.

Zum anderen ist die Definition nicht deckungsgleich zu den bis zum Gj 2015 in der GuV anzugebenden außerordentlichen Erträgen und Aufwendungen, da es nicht darauf ankommt, dass diese aus Sachverhalten außerhalb der gewöhnlichen Geschäftstätigkeit stammen. Somit sind zu den Erträgen und Aufwendungen von außergewöhnlicher Bedeutung, für die nach der Gesetzesbegründung weiterhin

---

[219] Vgl. BT-Drs. 20/8668, S. 240.
[220] Vgl. Müller, BC 2016, S. 58.
[221] Vgl. zu Vorgehen und Aussagekraft einer Erfolgsspaltung Müller, BRg 2015, S. 20–24.
[222] Vgl. Lüdenbach/Freiberg, BB 2014, S. 2222.

die von der Praxis bisher entwickelte (enge) Abgrenzung nach der gewöhnlichen Geschäftstätigkeit (§ 277 Rz 25 ff.) weiter herangezogen werden kann,[223] auch die Beträge von außergewöhnlicher Größenordnung hinzuzunehmen.

Bis zum Gj 2015 waren außerordentliche Erträge und Aufwendungen gekennzeichnet durch das Zugrundeliegen von ungewöhnlichen Vorgängen, die als selten einzustufen sind und eine wesentliche Ergebniswirkung entfalten.[224] Ihrem Charakter nach sind sie somit im Vorfeld nicht vorhersehbar und weder der Art noch der Höhe nach kalkulierbar. Eine **Wesentlichkeit** und eine gewisse materielle Bedeutung sind gegeben, wenn es sich um Geschäftsvorfälle von nicht untergeordneter Bedeutung handelt. Eine **Ungewöhnlichkeit** ist bei für das Unt untypischen Geschäftsvorfällen zu unterstellen. Als grobe Orientierung für die Beurteilung kann die Satzung der Ges. zugrunde gelegt werden. Als alleiniger Maßstab genügt sie jedoch nicht. Vielmehr kann hier im Zweifelsfall das Auseinanderklaffen zwischen Aufgabe gem. Satzung und der faktischen Üblichkeit eine von der Satzung abweichende Aufwands- und Ertragsklassifizierung erfordern, sodass die Aufwands- und Ertragsklassifizierung letztlich an der tatsächlichen Geschäftstätigkeit auszurichten ist. Ereignisse, die zu Störungen des Geschäftsablaufs führen, müssen das für die betrieblichen Verhältnisse übliche Maß überschreiten, um die Klassifizierung der aus ihnen resultierenden Aufwendungen als außerordentlich zu rechtfertigen. Eine **Seltenheit** des Geschäftsvorfalls liegt vor, wenn es diesem an einer Regelmäßigkeit fehlt. Der Wiederholung zu einem bestimmten Zeitpunkt steht nur in Ausnahmefällen eine konkrete Erwartung gegenüber. Die Kriterien der Seltenheit und Ungewöhnlichkeit sind nicht überschneidungsfrei. Sie können nur in enger Abhängigkeit zu den konkreten betrieblichen internen und externen Rahmenbedingungen der Ertrags- bzw. Aufwandsklassifikation dienen und der Angabeentscheidung zugrunde gelegt werden. Insgesamt müssen die genannten Kriterien kumulativ erfüllt werden. Als Beispiele für außerordentliche Sachverhalte können etwa aufgeführt werden:

> **Praxis-Beispiel**
> - Gewinne oder Verluste aus der Veräußerung oder Aufgabe kompletter Unternehmensbereiche, von Teilbetrieben oder wesentlicher Beteiligungen;
> - Gewinne oder Verluste in Verbindung mit grundlegenden Unternehmensreorganisationen oder -umwandlungen (Verschmelzung, Spaltung);
> - Aufwendungen aus der (wesentlichen) Erweiterung der Geschäftstätigkeit;
> - Erträge aufgrund eines allgemeinen Forderungsverzichts der Gläubiger (Sanierungsgewinne);
> - Aufwendungen aus Sanierungsmaßnahmen;
> - Wesentliche außerplanmäßige Abschreibungen zur Erfassung von Wertminderungen aufgrund externer Einflüsse, wie z. B. Enteignung, Katastrophen, Krieg;

---

[223] Vgl. BT-Drs. 23/15 v. 23.1.2015 S. 81.
[224] Vgl. ADS, Rechnungslegung und Prüfung der Unternehmen, 6. Aufl. 1995–2001, § 277 HGB Rz 79.

- Aufwendungen infolge von betrügerischen Machenschaften (und anderen Straftaten);
- Aufwendungen für Abfindungen aufgrund von Sozialplänen;
- Aufwendungen oder Erträge aus existenzentscheidenden Rechtsstreitigkeiten;
- Bußgelder aufgrund von Verstößen gegen das Kartellgesetz;
- einmalige Großzuschüsse der öffentlichen Hand zu Branchenumstrukturierungen;
- Erträge aus Schenkungen.

Bzgl. der Beträge von außergewöhnlicher Größenordnung ist die Größenordnung im Hinblick auf die das Unt ansonsten bestimmenden Größenordnungen zu bewerten. Möglich sind dabei sowohl deutliche Ausreißer nach oben wie auch nach unten.

Praxis-Beispiel
- Durch Währungseffekte stark gestiegene wie auch stark gesunkene Aufwendungen;
- Stark gestiegene Umsätze aufgrund des Erwerbs einer größeren Betriebsstätte;
- Stark gestiegene Zinsaufwendungen aufgrund eines veränderten Abzinsungssatzes für die Rückstellungen;
- Umsatzschub durch den modebedingten starken Anstieg des Absatzes eines Produktes;
- Gewinne-/Verluste aus Wertpapierverkäufen erheblichen Ausmaßes;
- Erhebliche Ab- oder Zuschreibungen;
- Kosten einer wesentlichen Unterbeschäftigung.

Die Angabe eines zusammenfassenden außergewöhnlichen Ergebnisses sowie wie bisher die darauf entfallenden EE-Steuern sind nicht mehr vorgesehen und nicht praktikabel. In ihrer Wirkung geht die Detailliertheit dieser Angabepflicht über die bisherigen Ausweisvorgaben hinaus. Eine zunächst noch geforderte Erläuterung der Aufwendungen und Erträge von außergewöhnlicher Größenordnung ist zum Ende des Gesetzgebungsverfahrens mit Verweis auf eine Übererfüllung der EU-Richtlinie wieder gestrichen worden.[225] Eine Tabelle mit der Benennung von Bezeichnung, Art und Betrag reicht aus. KapG können freiwillig eine Erläuterung in den Anhang aufnehmen.

Es ist weiterhin nicht ausgeschlossen, **außergewöhnliche Ergebniselemente unmittelbar in der GuV** auszuweisen. Zu denken ist hier ausschl. an einen „Davon-Vermerk" für die einzelnen GuV-Posten. Während der Ausweis außerordentlicher Ergebniselemente nach IFRS (IAS 1.87) vollständig untersagt ist, führt das im HGB fehlende explizite Ausweisverbot zu der Möglichkeit des Ausweises außergewöhnlicher Erträge und Aufwendungen in Gestalt von „Davon-Vermerken" in der GuV. I.S.d. Gesetzgebers ist dies gleichwohl nicht zu empfehlen, auch nicht im Hinblick auf die Übersicht der GuV, sodass von dieser

---

[225] Vgl. BT-Drs. 18/5256 v. 18.6.2015 S. 17, 85.

prinzipiell zur Verfügung stehenden Ausweisvariante allenfalls in Ausnahmefällen Gebrauch gemacht werden sollte.[226]

174 Wie bereits bei der bisherigen engen Auslegung der außerordentlichen Sachverhalte dürften an die außergewöhnliche Größenordnung vergleichsweise hohe Anforderungen zu stellen sein, sodass es auch weiterhin eher selten zu diesbezüglichen Angaben kommen dürfte. Nach dem Gesetzgeber ist dabei entscheidend, dass der Vergleichsmaßstab für die „Außergewöhnlichkeit" von Größe und Bedeutung dabei die konkreten Verhältnisse im Unt und insb. die allgemein üblichen Vorgänge in diesem Unt sind. Es ist daher bei der Klärung der Notwendigkeit der gesonderten Nennung zu beurteilen, ob der einzelne Ertrag oder die einzelne Aufwendung aus den sonstigen Erträgen oder Aufwendungen aufgrund seiner Größenordnung oder aufgrund seiner Bedeutung deutlich hervortritt. Dieser abschlusspolitische Ermessensspielraum, der auch beim bisherigen außerordentlichen Ausweis in der GuV bestand, wird mit dem BilRUG in den Anhang verlagert. Durch die notwendige Angabe der einzelnen außergewöhnlichen Aufwendungen und Erträge wird die Bilanzanalyse letztlich aussagekräftiger. So werden sehr hohe Abfindungszahlungen für ausscheidende Mitarbeiter fortan zwingend als solche benannt werden und der jeweilige Bilanzanalytiker kann selbst entscheiden, ob er den betreffenden Aufwandsposten um außergewöhnliche Elemente bereinigen möchte oder ob er darauf verzichtet.

2.37 Aperiodische Erträge und Aufwendungen (Nr. 32)

175 Nach § 285 Nr. 32 ist eine entsprechende Angabe auch für Aufwendungen und Erträge notwendig, die periodenfremd und nicht von untergeordneter Bedeutung sind. Die Erläuterung **periodenfremder Aufwendungen und Erträge** ist wichtig, um ein zutreffendes Bild von der Vermögens-, Finanz und Ertragslage in einem bestimmten Gj zu erhalten. Die Erläuterung dient somit der Vergleichbarkeit von Jahresabschlüssen aufeinanderfolgender Gj.

Alle Aufwendungen und Erträge, die einem anderen Gj zuzurechnen sind, sind hinsichtlich ihres Betrags und ihrer Art im Anhang zu erläutern, sofern sie nicht von untergeordneter Bedeutung sind. Der Beurteilung, ob eine untergeordnete Bedeutung vorliegt, die von der Erläuterungspflicht entbindet, sollten keine strengeren Kriterien zugrunde gelegt werden als die Entscheidung, ob die Erläuterung der außergewöhnlichen Erträge und Aufwendungen unterlassen werden kann. Schwerpunktmäßig wird es sich hierbei um Teilbeträge der Posten „sonstige betriebliche Erträge", „sonstige betriebliche Aufwendungen" und „Steuern vom Einkommen und Ertrag" handeln. Beispielhaft kommen in Betracht:

Praxis-Beispiel
- Buchgewinne und -verluste aus der Veräußerung von Vermögensgegenständen des Anlagevermögens;
- Zuschreibungen zu Vermögenswerten des Anlagevermögens;
- Erträge aus Zahlungseingängen auf in den Vorjahren abgeschriebene Forderungen;

---

[226] Eine ähnliche Einschätzung zur ausschließlichen Anhangangabe findet sich in BR-Drs. 23/15 v. 23.1.2015 S. 80.

> - Erträge aus der Auflösung frei gewordener Rückstellungen;
> - Steuernachzahlungen oder Steuererstattungen;
> - Kostenerstattungen und Gutschriften für frühere Gj;
> - Nachzahlungen für Mitarbeiter für Vorjahre;
> - Nachholung von Abschreibungen.

Die Angabe hat als Erläuterung zu erfolgen. Somit sind die einzelnen periodenfremden Erträge und Aufwendungen mit ihrer Art und dem Betrag anzugeben. Eine Zusammenfassung kann aber, da der Gesetzgeber im Gegensatz zur Nr. 31 das Wort „jeweils" weggelassen hat, für die periodenfremden Erträge und Aufwendungen gleicher Art mit dem Gesamtbetrag ausreichend sein.[227]
Hier bleibt es bei der Befreiung für kleine KapG (§ 288 Rz 4) und auch mittelgroße KapG werden von dieser Angabe befreit (§ 288 Rz 6).

2.38 Nachtragsbericht (Nr. 33)

Im sog. Nachtragsbericht nach § 285 Nr. 33 HGB ist über die Vorgänge von besonderer Bedeutung zwischen Abschlussstichtag und Zeitpunkt der Berichtserstellung zu berichten. Vorgänge besitzen eine besondere Bedeutung, wenn sie zu einer anderen Darstellung der Lage der Ges. geführt hätten, wären sie schon vor Ende des Gj eingetreten. Zu berichten ist über positive wie negative Vorgänge von besonderer Bedeutung nach Abschluss des Gj.

> **Praxis-Beispiel**
> Sowohl die Corona-Pandemie im Jahr 2020 als auch der russische Krieg in der Ukraine sind Beispiele, bei denen durch wertbegründende Ereignisse jeweils im Februar eine sehr große Unsicherheit in die Zeit der Aufstellung des Jahresabschlusses für Unt mit kalenderjahrgleichem Gj fiel. Das IDW hat dazu jeweils Hinweise für den Umgang, die Berichterstattung und Prüfung gegeben.[228]

Dem Vorsichtsprinzip entsprechend, kommt beunruhigenden negativen Entwicklungen eine größere Bedeutung bei der Berichterstattung zu. Der Nachtragsbericht behebt die zeitliche Verzögerung zwischen Abschlussstichtag und Zeitpunkt der Berichterstellung und aktualisiert die Darstellung der Lage der Ges. entsprechend. Für den Nachtragsbericht wird eine Grobstruktur vorgeschlagen, die auf drei Gruppen von Vorgängen mit besonderer Bedeutung eingeht. Demnach ist zunächst über die **Branche betreffende wirtschaftliche und politische Ereignisse** zu berichten.

---

[227] Vgl. Grottel, in Beck Bil-Komm., 14. Aufl. 2024, § 285 HGB Rz 922.
[228] Auswirkungen des Ukraine-Krieges auf die Rechnungslegung und deren Prüfung (4. Update, Dezember 2022), www.idw.de/IDW/Medien/Arbeitshilfen-oeffentlich/Fachliche-Hinweise-oeffentlich/Downloads-Ukraine/IDW-UkraineKrieg-Rechnunglegung-Pruefung-FH-Update4-221222.pdf, Abruf 1.10.2024.

> **Praxis-Beispiel**
> - Verschärfte Exportvorschriften;
> - Auf- und Abwertungseinflüsse;
> - Wettbewerbsverzerrungen.

Weiterhin sind **Abweichungen von der durch den Jahresabschluss vorgezeichneten Linie** darzustellen:

> **Praxis-Beispiel**
> - Schwerwiegende Verluste;
> - stark rückläufige Marktpreise;
> - Marktumschwünge;
> - unvorhersehbare Kostensteigerungen;
> - Umsatzrückgänge.

Schließlich ist auf **Vorgänge, die die Lage der Ges. verändern**, einzugehen.

> **Praxis-Beispiel**
> - Angaben über den Erwerb oder die Veräußerung von Beteiligungen, Grundstücken oder wichtigen Vermögenswerten;
> - Kapitalerhöhungs- und -herabsetzungsmaßnahmen;
> - Kurzarbeit, Streiks, Sozialpläne, Entlassungen;
> - Ausgang wichtiger Rechtsstreitigkeiten;
> - Abschluss oder Kündigung wichtiger Verträge;
> - Gründung oder Aufgabe von Niederlassungen;
> - Verlust von Großkunden;
> - Beitritt zu Interessensgemeinschaften oder Kartellen.

Konkretisierend zur bisherigen Regelung ergeben sich zwei Änderungen: Zum einen brauchen Vorgänge von besonderer Bedeutung, die in der Bilanz oder in der GuV schon berücksichtigt sind (z.B. in Rückstellungen), nicht im Anhang dargestellt zu werden. Zum anderen sind zusätzlich auch Art und finanzielle Auswirkung der Vorgänge von besonderer Bedeutung zu erläutern, was allerdings mit DRS 20.114 für Konzerne auf der Basis einer vermuteten GoB-Erfüllung bereits im Lagebericht notwendig war.
Eine Befreiung gilt für kleine KapG (§ 288 Rz 4).

2.39 Ergebnisverwendungsvorschlag oder -beschluss (Nr. 34)

177 § 285 Nr. 34 HGB fordert auf Basis der RL 2013/34/EU für mittelgroße und große KapG den Einbezug des Vorschlags für die **Ergebnisverwendung** oder des entsprechenden Beschlusses in den Anhang. Bislang war dieser nicht Bestandteil des Jahresabschlusses, aber dennoch nach § 325 HGB offenzulegen. Damit sind die Angaben von der Geschäftsführung schon zu einem Zeitpunkt vor der Prüfung, Billigung oder Feststellung des Jahresabschlusses vorzunehmen. Daher dürfte im Anhang i.d.R. nur ein Vorschlag für die Ergebnisverwendung darstellbar sein. Der spätere Beschluss ist nicht im folgenden Anhang nachzuholen, durch das „oder" in der Gesetzesformulierung ist die Angabepflicht mit dem Vorschlag bereits erfüllt. Relevant ist dabei die Darstellung der Ergebnisverwendung, d. h., wie das gesamte Ergebnis verwendet werden soll. Bei einem regelmäßig nur möglichen Vorschlag für die Gewinnausschüttung dürfte nach der Gesetzesbegründung die Angabe genügen, welcher Teil des Gewinns ausgeschüttet werden soll.[229] Angaben zu den Bezugsberechtigten der Gewinnausschüttung können unterbleiben, was auch schon vor dem Hintergrund der Belange des Datenschutzes notwendig ist. Ebenso müssen wie bisher die Bezüge einzelner natürlicher Personen aus ihrer Gesellschafterstellung nicht offengelegt werden. Sind KapG bezugsberechtigt, lassen sich aus ihren Jahresabschlüssen Angaben zu Erträgen aus den Beteiligungen ableiten.

Eine Angabepflicht besteht nur für Unt, die auch die Gewinnverwendung beschließen lassen müssen. Damit brauchen GmbH ohne Aufsichtsrat, Unt mit Ergebnisabführungsvertrag, KapG mit einem Bilanzverlust sowie PersG i.S.d. § 264a HGB mit dem gesetzlichen Normstatus **keine Angaben** zur Ergebnisverwendung zu machen.[230]

Kleine KapG bleiben von dieser Angabe befreit (§ 288 Rz 4).

---

[229] Vgl. BR-Drs. 23/15 v. 23.1.2015 S. 84.
[230] Vgl. IDW, WPH Edition, Wirtschaftsprüfung & Rechnungslegung, 18. Aufl. 2023, Kap. F Tz 1258.

§ 286 Unterlassen von Angaben

(1) Die Berichterstattung hat insoweit zu unterbleiben, als es für das Wohl der Bundesrepublik Deutschland oder eines ihrer Länder erforderlich ist.
(2) Die Aufgliederung der Umsatzerlöse nach § 285 Nr. 4 kann unterbleiben, soweit die Aufgliederung nach vernünftiger kaufmännischer Beurteilung geeignet ist, der Kapitalgesellschaft einen erheblichen Nachteil zuzufügen; die Anwendung der Ausnahmeregelung ist im Anhang anzugeben.
(3) ¹Die Angaben nach § 285 Nr. 11 und 11b können unterbleiben, soweit sie
1. für die Darstellung der Vermögens-, Finanz- und Ertragslage der Kapitalgesellschaft nach § 264 Abs. 2 von untergeordneter Bedeutung sind oder
2. nach vernünftiger kaufmännischer Beurteilung geeignet sind, der Kapitalgesellschaft oder dem anderen Unternehmen einen erheblichen Nachteil zuzufügen.

²Die Angabe des Eigenkapitals und des Jahresergebnisses kann unterbleiben, wenn das Unternehmen, über das zu berichten ist, seinen Jahresabschluß nicht offenzulegen hat und die berichtende Kapitalgesellschaft keinen beherrschenden Einfluss auf das betreffende Unternehmen ausüben kann. ³Satz 1 Nr. 2 ist nicht anzuwenden, wenn die Kapitalgesellschaft oder eines ihrer Tochterunternehmen (§ 290 Abs. 1 und 2) am Abschlussstichtag kapitalmarktorientiert im Sinn des § 264d ist. ⁴Im Übrigen ist die Anwendung der Ausnahmeregelung nach Satz 1 Nr. 2 im Anhang anzugeben.
(4) Bei Gesellschaften, die keine börsennotierten Aktiengesellschaften sind, können die in § 285 Nr. 9 Buchstabe a und b verlangten Angaben über die Gesamtbezüge der dort bezeichneten Personen unterbleiben, wenn sich anhand dieser Angaben die Bezüge eines Mitglieds dieser Organe feststellen lassen.
(5) (weggefallen)

Inhaltsübersicht

		Rz
1	Inhalt	1–3
2	Schutzklausel (Abs. 1)	4–7
3	Ausnahmeregelungen	8–18
	3.1 Angaben zu Umsatzerlösen (Abs. 2)	8–11
	3.2 Angaben zum Anteilsbesitz (Abs. 3)	12–16
	3.3 Angaben zu Gesamtbezügen (Abs. 4)	17–18

1 Inhalt

1 § 286 HGB beinhaltet ergänzende Vorschriften, nach denen die **Berichterstattung im Anhang** in Ausnahmefällen eingeschränkt wird. Dabei wird unterschieden nach Fällen, in denen die an sich gesetzlich notwendigen Angaben unterbleiben müssen (Abs. 1) und in denen die Angaben unterbleiben können (Abs. 2–5). Mit der Umsetzung des Gesetzes zur Umsetzung der zweiten Aktionärsrechterichtlinie (ARUG II)[1] erfolgte die **ersatzlose Streichung des Abs. 5**

---

[1] Gesetz v. 12.12.2019, BGBl 2019 I S. 2637 ff.

mit Wirkung für Gj ab 2021. Der Vergütungsbericht ist als neuer § 162 AktG aus dem (Konzern-)Anhang und (Konzern-)Lagebericht ausgelagert worden. Ab 2021 haben Vorstand und Aufsichtsrat gemeinsam den Vergütungsbericht zu erstellen und diesen gesondert offenzulegen. Eine Befreiungsmöglichkeit von individuellen Vergütungsangaben analog zu § 286 Abs. 5 HGB a.F. ist dann nicht mehr vorgesehen.

Die Regelung gilt sowohl nach der Gesetzessystematik als auch durch den unmittelbaren Bezug in § 286 Abs. 2–4 HGB nur für den Anhang. 2

Die Ausnahmeregelungen des § 286 HGB können von allen **KapG, eG, Kreditinstituten, VersicherungsUnt**, dem **PublG** unterliegenden Ges. sowie **KapCoGes** in Anspruch genommen werden.[2] Lediglich Abs. 5 enthielt eine mit dem ARUG II ab dem Gj 2021 gestrichene Spezialregelung für börsennotierte Ges.

Die Anwendung der Ausnahmeregelungen nach § 286 HGB ist an strenge Anforderungen geknüpft. Bei der Anwendung müssen die Vorschriften eng ausgelegt sowie der Grundsatz der Ausweisstetigkeit (§ 266 Rz 8) beachtet werden, soweit Ermessensspielräume bestehen. Ferner dürfen keine falschen Angaben im Anhang ausgewiesen werden. Erscheinen die übrigen Angaben über die Vermögens-, Finanz- und Ertragslage als nicht zutreffend, werden zusätzliche Angaben erforderlich. Ferner muss u.U. eine Abwägung zwischen den Datenschutzinteressen der Betroffenen und den Informationsinteressen der Abschlussadressaten erfolgen.[3] 3

2 Schutzklausel (Abs. 1)

Die allgemeine Schutzklausel nach § 286 Abs. 1 HGB stellt originäres deutsches Recht dar, nach der die Berichterstattung im Anhang zu unterbleiben hat, wenn dies **im öffentlichen Interesse** der Bundesrepublik Deutschland oder eines ihrer Länder ist. Da nur das Wohl der BRD oder eines ihrer Länder im Wortlaut des Gesetzes genannt wird, reichen kommunale Interessen oder Interessen anderer öffentlicher Anstalten bzw. Gebietskörperschaften nicht als Begründung zur Wahrnehmung der Schutzklausel aus.[4] 4

Die Schutzklausel regelt den Zielkonflikt zwischen einer getreuen Rechnungslegung und dem öffentlichen Interesse an Geheimhaltung bestimmter Angaben. Die Berichterstattung im Anhang muss unterbleiben, wenn die Ges. einer eindeutigen **Verschwiegenheitspflicht** unterliegt. Dies lässt sich aus gesetzlichen Normen (z.B. §§ 93 ff. StGB) oder aus vertraglichen Verpflichtungen ggü. der BRD oder den Ländern ableiten.[5] 5

Die allgemeine Schutzklausel gilt für alle einzelnen **Angaben im Anhang**, unabhängig davon, ob es sich um Pflicht-, Wahlpflicht- oder freiwillige Angaben handelt, gleich nach welcher Vorschrift sie zu machen sind. Die Erstellung des Anhangs insgesamt darf nicht unterbleiben.[6] 6

---

2 Vgl. Wulf, in Baetge/Kirsch/Thiele, Bilanzrecht, § 286 HGB Rz 2, Stand: 1/2023.
3 Vgl. Poelzig, in MünchKomm. HGB, 5. Aufl. 2024, § 286 HGB Rn 14; Wulf, in Baetge/Kirsch/Thiele, Bilanzrecht, § 286 HGB Rz 3, Stand: 1/2023.
4 Vgl. Grottel, in Beck Bil-Komm., 14. Aufl. 2024, § 286 HGB Rz 11.
5 Vgl. Poelzig, in MünchKomm. HGB, 5. Aufl. 2024, § 286 HGB Rn 14.
6 Vgl. Wulf, in Baetge/Kirsch/Thiele, Bilanzrecht, § 286 HGB Rz 24, Stand: 1/2023.

7 Im Interesse der Abschlussadressaten ist eine **enge Auslegung** der Schutzklausel geboten. Die Anwendung ist nach pflichtgemäßer Prüfung und anhand objektiver Kriterien zu entscheiden. Die Inanspruchnahme der Schutzklausel darf nicht im Anhang berichtet werden und darf für Dritte nicht erkennbar sein. Dies folgt einerseits als Umkehrschluss aus § 286 Abs. 3 Satz 4 HGB und andererseits aus der Verpflichtung zur Geheimhaltung.[7]

3 Ausnahmeregelungen

3.1 Angaben zu Umsatzerlösen (Abs. 2)

8 Die Angaben zu **Umsatzerlösen** nach § 285 Nr. 4 HGB, nach dem eine **Umsatzaufgliederung** nach geografischen Märkten und nach Tätigkeitsbereichen (§ 285 Rz 29 ff.) erfolgen soll, können unterbleiben, wenn diese **nach vernünftiger kaufmännischer Beurteilung** der Ges. einen **wirtschaftlichen Nachteil** zufügen kann. Die **Befreiung von der Angabe** soll die Ges. vor Nachteilen schützen, die durch die Weitergabe von Informationen an die Konkurrenz entstehen.[8]

> **Praxis-Beispiel**
> Ein Unt betreibt eine Einheit Spezialbau. Da der Marktanteil des Unt unter 2 % sowie der Umsatz aus dieser Einheit gering ist, befürchtet es einen wirtschaftlichen Schaden bei der Neukundenakquise, da die Kunden aufgrund der scheinbar untergeordneten Bedeutung der Einheit für das Unt von einer Aufgabe des Geschäftsfelds ausgehen könnten. Daher kann von einer Umsatzaufgliederung nach Tätigkeitsbereichen für diesen Bereich abgesehen werden.

9 Für Gj, die nach dem 31.12.2015 beginnen, kann als Grund für die Nichtaufgliederung der Umsatzerlöse nicht mehr angeführt werden, dass dadurch einem Unt, an dem die KapG mit mind. 20 % der Anteile beteiligt ist, ein wirtschaftlicher Nachteil droht.[9]

Die Vorschrift ist nur für große Ges. relevant, da kleine und mittlere Ges. ohnehin nach § 288 HGB von der Angabepflicht befreit sind.[10]

10 An die **Inanspruchnahme der Befreiung** werden strenge Anforderungen gestellt. Nach vernünftiger kaufmännischer Beurteilung und unter Beachtung des Gebots der Stetigkeit muss ein erheblicher Nachteil für die berichtende Ges. oder für ein verbundenes Unt drohen. Die Befreiung von der Angabepflicht muss dabei getrennt für beide Umsatzaufgliederungen geprüft werden. Der Nachteil, z.B. drohender Umsatzrückgang, Verringerung der Wettbewerbsfähigkeit, Schwächung der Marktposition oder Imageverluste, muss nicht konkret messbar, jedoch objektiv nachprüfbar sein und muss nicht sicher zu erwarten, jedoch wahrscheinlich sein. Das **Kriterium der Erheblichkeit** ist am Wesentlichkeitscharakter zu überprüfen. Daher muss der Nachteil von einigem Gewicht und spürbar sein.

---

[7] Vgl. Schülen, WPg 1987, S. 230.
[8] Vgl. Ossadnik, BB 1993, S. 1765; Poelzig, in MünchKomm. HGB, 5. Aufl. 2024, § 286 HGB Rn 26.
[9] Vgl. Wulf, DStR 2015, S. 829.
[10] Vgl. Poelzig, in MünchKomm. HGB, 5. Aufl. 2024, § 286 HGB Rn 24.

Geringe Nachteile sind in Kauf zu nehmen und dürfen nicht zu einer Befreiung von der Umsatzaufgliederung führen.[11]

Über die **Anwendung der Ausnahmevorschrift** nach § 286 Abs. 2 HGB muss nach dem Gesetzeswortlaut im Anhang berichtet werden.

3.2 Angaben zum Anteilsbesitz (Abs. 3)

Die Angaben nach § 285 Nrn. 11 und 11b HGB über andere Unt, an denen die Ges. oder eine für Rechnung der Ges. handelnde Person mit mind. 20 % beteiligt ist (§ 285 Rz 79ff.), müssen nicht berichtet werden, wenn die Darstellung der Vermögens-, Finanz- und Ertragslage der KapG nach § 264 Abs. 2 HGB **von untergeordneter Bedeutung** für die Ges. ist (Satz 1 Nr. 1) oder die Angaben geeignet sind, der Ges. oder dem beteiligten Unt einen **wirtschaftlichen Nachteil** zuzufügen (Satz 1 Nr. 2). Ferner kann auf die Angabe des EK und des Jahresergebnisses verzichtet werden, wenn das Unt, über das zu berichten ist, seinen Jahresabschluss nicht offenzulegen hat und die Ges. weniger als die Hälfte der Anteile besitzt (Satz 2).

Mit dem BilRUG ist die Ausnahmeregelung für die Angaben nach § 285 Nr. 11a HGB bzgl. der Angaben über Unternehmensbeteiligungen als haftender Gesellschafter aufgrund europarechtlicher Vorgaben entfallen. Zudem wird die Ausnahme von der Angabepflicht zu EK und Ergebnis nach § 285 Nr. 11 HGB auf Fälle begrenzt, in denen das betreffende Unt seine Bilanz nicht offenlegt und es darüber hinaus nicht vom berichtenden Unt i.S.d. Richtlinie 2013/34/EU kontrolliert wird, das berichtende Unt also keinen beherrschenden Einfluss ausüben kann.

Kapitalmarktorientierte Unt dürfen von der Vorschrift nach Satz 1 Nr. 2 keinen Gebrauch machen (Satz 3). Auch bei Abs. 3 handelt es sich um Ausnahmevorschriften, die eng auszulegen sind. Gleichzeitig muss der Grundsatz der Stetigkeit gewahrt bleiben.

Voraussetzung für die Inanspruchnahme des § 286 Abs. 3 Satz 1 Nr. 1 HGB ist die **untergeordnete Bedeutung von vorgeschriebenen Angaben** für die Ges. Von untergeordneter Bedeutung ist auszugehen, wenn die Angaben den Informationsadressaten in seiner Entscheidung nicht beeinflussen können. Die Bedeutung ist am Wesentlichkeitscharakter zu messen. Die untergeordnete Bedeutung muss von der Ges. nachgewiesen werden. Die Bedeutung eines Anteilsbesitzes muss für die berichtende Ges. an einer Vielzahl von Kennzahlen wie z.B. EK, Bilanzsumme, Umsatzerlöse oder Jahresergebnis gemessen werden, wobei die überwiegende Zahl der Kriterien von untergeordneter Bedeutung sein muss. Dabei kommt es auf das Gesamtbild der wirtschaftlichen Bedeutung an. Prozentuale Grenzen reichen daher i.d.R. nicht aus. Besteht Anteilsbesitz an mehreren Unt von untergeordneter Bedeutung, kann eine Berichterstattung geboten sein, wenn die Vielzahl solcher Beteiligungen insgesamt eine erhebliche Bedeutung für die Darstellung einer zutreffenden Vermögens-, Finanz- und Ertragslage der Ges. hat. Die fehlende Berichterstattung darf kein falsches Bild über die Vermögens-, Finanz- und Ertragslage der Ges. vermitteln. Auf eine Inanspruchnahme der Schutzklausel nach Satz 1 Nr. 1 muss nicht hingewiesen werden.[12]

---

[11] Vgl. Wulf, in Baetge/Kirsch/Thiele, Bilanzrecht, § 286 HGB Rz 32, Stand: 1/2023.
[12] Vgl. Poelzig, in MünchKomm. HGB, 5. Aufl. 2024, § 286 HGB Rn 45.

15 Nach § 286 Abs. 3 Satz 1 Nr. 2 HGB können die Angaben nach § 285 Nrn. 11 und 11b HGB unterbleiben, wenn die Angaben nach vernünftiger kaufmännischer Beurteilung geeignet sind, der berichtenden Ges. oder dem anderen Unt einen **erheblichen Nachteil** zuzufügen. Die Eignung einer Nachteilzufügung, die wahrscheinlich, von erheblicher Bedeutung und objektiv nachprüfbar sein muss, ist ausreichend für die Inanspruchnahme. Der Nachteil muss nicht konkret bezifferbar sein; auch immaterielle Nachteile kommen in Betracht. Geringe Nachteile sind in Kauf zu nehmen. Die Anwendung dieser Vorschrift muss im Anhang offengelegt werden. Eine Begründung ist nicht notwendig, da dies dem Schutzcharakter der Vorschrift widersprechen würde.[13]

16 Auf die Angabe des EK und des Jahresergebnisses von Unt kann gem. § 286 Abs. 3 Satz 2 HGB verzichtet werden, wenn das Unt, über das zu berichten ist, seinen Jahresabschluss nicht offenzulegen hat und die Ges. keinen beherrschenden Einfluss auf das Unt ausüben kann. Mit dieser Vorschrift soll sichergestellt werden, dass Informationen eines Unt, das selbst nicht berichten muss, im Anhang der Ges. nicht angegeben werden. Diese Regelung gilt insb. für PersG, die weder nach dem HGB noch nach dem PublG offenlegungspflichtig sind, und für ausländische Ges., die in ihrem Sitzstaat keinen Offenlegungspflichten unterliegen. Die Ausnahme gilt nur für die ausdrücklich genannten Angaben; somit sind insb. Name, Sitz und Beteiligungsquote immer anzugeben. Die Angaben nach § 286 Abs. 3 Satz 2 HGB können auch teilweise berichtet werden. Dabei darf kein falsches Bild über die Vermögens-, Finanz- und Ertragslage der berichtenden Ges. vermittelt werden. Auf die Anwendung der Ausnahmeregelung muss nicht hingewiesen werden.[14] Von der Schutzklausel des § 286 Abs. 3 Satz 1 Nr. 2 kann nicht Gebrauch gemacht werden, wenn die KapG oder eines ihrer TU kapitalmarktorientiert i.S.d. § 264d HGB ist.

3.3 Angaben zu Gesamtbezügen (Abs. 4)

17 Die Ausnahmevorschrift des § 286 Abs. 4 HGB befreit alle KapG, jedoch nicht die kapitalmarktorientierten Ges., unabhängig von ihrer Größe von der Angabe der Gesamtbezüge der Organmitglieder (DRS 17.5), unbeschadet des Auskunftsanspruchs des Aktionärs nach § 131 Abs. 1 AktG in der HV, sofern sich durch die Angabe die Bezüge eines Mitglieds feststellen lassen.[15] Die Vorschrift zielt auf den Schutz persönlicher Daten von Organmitgliedern. Eine **Schutzbedürftigkeit** besteht nur, wenn der Name des einzelnen Organmitglieds den Adressaten des Jahresabschlusses bekannt ist. Dafür kommen die nach § 285 Nr. 10 HGB genannten Personen in Betracht (§ 285 Rz 73 ff.). Im Übrigen sind die Angaben gem. § 285 Nr. 9c HGB (§ 285 Rz 64 ff.) weiterhin notwendig.[16] Aus dem Gesetzestext ergibt sich die Angabepflicht des Betrags der gebildeten und der nicht gebildeten Pensionsrückstellungen für ehemalige Organmitglieder und deren Hinterbliebene sowie gewährte Vorschüsse und Kredite einschl. der Haftungsverhältnisse für alle Organmitglieder von mittelgroßen und großen KapG im Anhang.

---

[13] Vgl. Grottel, in Beck Bil-Komm., 14. Aufl. 2024, § 286 HGB Rz 38.
[14] Vgl. Poelzig, in MünchKomm. HGB, 5. Aufl. 2024, § 286 HGB Rn 56; Wulf, in Baetge/Kirsch/Thiele, Bilanzrecht, § 286 HGB Rz 48, Stand: 1/2023.
[15] Vgl. OLG Düsseldorf v. 26.6.1997, 19 W 2/97 AktE, AG 1997 S. 520.
[16] Vgl. Niessen, WPg 1991, S. 199; Grottel, in Beck Bil-Komm., 14. Aufl. 2024, § 286 HGB Rz 50.

Die Anwendung der Ausnahmevorschrift ist für jedes Organ und für jedes Gj getrennt zu prüfen. Die Ausnahmeregelung kann in Anspruch genommen werden, wenn sich die Bezüge eines Mitglieds feststellen lassen. Besteht also das Organ einer Ges. nur aus einer Person, kann die Angabe der Gesamtbezüge unterbleiben. Wenn die Bezüge bei zwei Organmitgliedern untereinander unbekannt bleiben sollen, ist die Angabe im Anhang wegzulassen. Bei einer AG/KGaA oder bei einer GmbH muss die Geschäftsführung keine volle Kenntnis der Bezüge aller Organmitglieder haben, da diese zwischen Aufsichtsrat bei einer AG bzw. zwischen Gesellschaftern bei einer GmbH und dem Organmitglied vereinbart werden. Besteht das Organ aus mehr als zwei Mitgliedern und erhalten alle von der berichtenden Ges. Vergütungen, wird in der Literatur überwiegend die Auffassung vertreten, dass sich die Bezüge eines Mitglieds des Organs nicht feststellen ließen, außer, wenn die Vergütungsregel, z.B. durch Satzung, oder das Verhältnis der einzelnen Bezüge untereinander bekannt sind, z.B. wenn die Bezüge der Organmitglieder unbedeutend voneinander abweichen und diese Information bekannt ist. Auch wenn die Vergütungsregel unbekannt ist, aber sich die Bezugshöhe eines Organmitglieds annähernd verlässlich schätzen oder durch Durchschnittsbildung ermitteln lässt und der so ermittelte Betrag nur unwesentlich vom tatsächlichen Betrag abweicht, kann die Ausnahmeregelung angewandt werden. Darauf hat der Abschlussprüfer zu achten. Eine rein zufällig treffende Ermittlung der Bezüge über die Durchschnittsmethode ist nicht ausreichend, um die Schutzklausel anzuwenden.[17] Nach Ansicht des HFA kann § 286 Abs. 4 HGB grds. nur zur Anwendung kommen, wenn das Geschäftsführungsorgan aus bis zu drei Mitgliedern besteht.[18]

Auch wenn die Organe aus mehreren Mitgliedern bestehen, aber die Bezüge nur eines Mitglieds von der berichtenden Ges. bezahlt werden, kann die Ausnahmevorschrift angewandt werden.[19]

---

[17] Vgl. IDW, WPH Edition, Wirtschaftsprüfung & Rechnungslegung, 18. Aufl. 2023, Kap. F Tz 1089.
[18] Vgl. HFA, FN-IDW 2011, S. 339.
[19] Vgl. Poelzig, in MünchKomm. HGB, 5. Aufl. 2024, § 286 HGB Rn 66.

§ 288 Größenabhängige Erleichterungen

(1) Kleine Kapitalgesellschaften (§ 267 Absatz 1) brauchen nicht
1. die Angaben nach § 264c Absatz 2 Satz 9, § 265 Absatz 4 Satz 2; § 284 Absatz 2 Nummer 3, Absatz 3, § 285 Nummer 2, 3, 4, 8, 9 Buchstabe a und b, Nummer 10 bis 12, 14, 15, 15a, 17 bis 19, 21, 22, 24, 26 bis 30a, 32 bis 34 zu machen;
2. eine Trennung nach Gruppen bei der Angabe nach § 285 Nummer 7 vorzunehmen;
3. bei der Angabe nach § 285 Nummer 14a den Ort anzugeben, wo der vom Mutterunternehmen aufgestellte Konzernabschluss erhältlich ist.

(2) ¹Mittelgroße Kapitalgesellschaften (§ 267 Absatz 2) brauchen die Angabe nach § 285 Nummer 4, 29 und 32 nicht zu machen. ²Wenn sie die Angabe nach § 285 Nummer 17 nicht machen, sind sie verpflichtet, diese der Wirtschaftsprüferkammer auf deren schriftliche Anforderung zu übermitteln. ³Sie brauchen die Angaben nach § 285 Nummer 21 nur zu machen, sofern die Geschäfte direkt oder indirekt mit einem Gesellschafter, Unternehmen, an denen die Gesellschaft selbst eine Beteiligung hält, oder Mitgliedern des Geschäftsführungs-, Aufsichts- oder Verwaltungsorgans abgeschlossen wurden.

Inhaltsübersicht	Rz
1 Inhalt	1–3
2 Erleichterungen	4–9
2.1 Erleichterungen für kleine Kapitalgesellschaften (Abs. 1)	4–5
2.2 Erleichterungen für mittelgroße Kapitalgesellschaften (Abs. 2)	6–9

1 Inhalt

1 § 288 HGB sieht für kleine und mittelgroße Ges. i.S.d. § 267 Abs. 1 und 2 HGB ein Wahlrecht vor, das **größenabhängige Erleichterungen** der Berichterstattung im Anhang ermöglicht. Das Wahlrecht beinhaltet sowohl eine teilweise **Befreiung von der Berichterstattung** als auch einen teilweise **eingeschränkten Berichtsumfang**. Das Wahlrecht kann für jede einzelne Vorschrift nach pflichtgemäßem Ermessen der Ges., jedoch unter Beachtung der Darstellungsstetigkeit (§ 265 Rz 5) ausgeübt werden.[1]

2 Kreditinstitute (§ 340a Abs. 2 HGB), VersicherungsUnt (§ 341a Abs. 2 HGB), kapitalmarktorientierte Ges. (§ 267 Abs. 3 Satz 2 i.V.m. § 264d HGB) sowie dem PublG unterliegende Ges. können das Wahlrecht nicht in Anspruch nehmen. Zu beachten ist § 131 Abs. 1 Satz 3 AktG, nach dem ein Aktionär auf der HV die Vorlage des vollständigen Anhangs verlangen kann. Ebenso kann nach § 51a Abs. 1 GmbHG jeder Gesellschafter einer GmbH von der Ges. weitergehende Angaben verlangen. Auch Kommanditisten haben nach § 166 HGB ggf.

---

[1] Vgl. Poelzig, in MünchKomm. HGB, 5. Aufl. 2024, § 288 HGB Rn 3.

zusätzliche Einblicksmöglichkeiten.[2] Zu Informationsrechten der Arbeitnehmervertretungen vgl. § 267 Rz 36 und § 267a Rz 18.

Mit dem Gesetz zur Umsetzung der Richtlinie (EU) 2022/2523 des Rates zur Gewährleistung einer globalen Mindestbesteuerung und weiterer Begleitmaßnahmen (Mindestbesteuerungsrichtlinie-Umsetzungsgesetz – MinBestRL-UmsG)[3] wurde die neu in § 285 HGB eingefügte Nr. 30a für kleine KapG wieder von der Angabepflicht ausgenommen. Mittelgroße KapG haben die Angabe zur Mindestbesteuerung, die eigentlich nur für große national oder international tätige Unternehmensgruppen, welche die Umsatzgrenze von 750 Mio. EUR in mind. zwei der vier vorangegangenen Geschäftsjahre erreichen, relevant ist, somit zu tätigen (§ 285 HGB Rz 171).

2 Erleichterungen

2.1 Erleichterungen für kleine Kapitalgesellschaften (Abs. 1)

Für kleine Ges. i. S. d. § 267 Abs. 1 HGB können nach den Änderungen durch das BilRUG[4] für Gj, die nach dem 31.12.2015 beginnen,[5] gem. § 288 Abs. 1 HGB die folgenden **Angabepflichten im Anhang** entfallen:

- Betrag der im HR gem. § 172 Abs. 1 HGB eingetragenen Einlage, soweit dieser nicht geleistet ist gem. § 264c Abs. 2 Satz 9 HGB;
- Angaben zu Gliederungsergänzung bei mehreren Geschäftszweigen gem. § 265 Abs. 4 Satz 2 HGB (§ 265 Rz 18);
- Unterschiedsbeträge bei Anwendung einer Bewertungsmethode nach § 240 Abs. 4 HGB, § 256 Satz 1 HGB (§ 284 Abs. 2 Nr. 3 HGB; § 284 Rz 52);
- Aufstellung des Anlagespiegels gem. § 284 Abs. 3 HGB (Verschiebung der Befreiung aus § 274a Nr. 1 HGB a. F.; § 284 Rz 58);
- Aufgliederung der Verbindlichkeiten nach § 285 Nr. 2 HGB (§ 285 Rz 13);
- Art, Zweck, Risiken und Vorteile von außerbilanziellen Geschäften nach § 285 Nr. 3 HGB (§ 285 Rz 16);
- Aufgliederung der Umsatzerlöse nach Tätigkeitsbereichen sowie nach geografisch bestimmten Märkten gem. § 285 Nr. 4 HGB (§ 285 Rz 29);
- Angabe des Materialaufwands bei Anwendung des UKV nach § 285 Nr. 8a HGB (§ 285 Rz 44);
- Personalaufwand des Gj gem. § 285 Nr. 8b HGB (§ 285 Rz 47);
- Betrag der Gesamtbezüge für die Organmitglieder gem. § 285 Nr. 9a HGB (§ 285 Rz 52);
- Betrag der Gesamtbezüge früherer Organmitglieder und deren Hinterbliebene sowie der für diese Personengruppe gebildeten und nicht gebildeten Pensionsrückstellungen nach § 285 Nr. 9b HGB (§ 285 Rz 62);
- Personalien der Organvertreter gem. § 285 Nr. 10 HGB (§ 285 Rz 73);
- Anteilsbesitz, Unternehmensbeteiligungen als haftender Gesellschafter und Angaben zum Beteiligungsbesitz gem. § 285 Nr. 11, 11a, 11b HGB (§ 285 Rz 79);
- Erläuterung von nicht gesondert ausgewiesenen sonstigen Rückstellungen von nicht unerheblichem Umfang nach § 285 Nr. 12 HGB (§ 285 Rz 84);

---

[2] Vgl. Grottel, in Beck Bil-Komm., 14. Aufl. 2024, § 288 HGB Rz 1.
[3] v. 27.12.2023, BGBl 2023 I Nr. 397.
[4] Vgl. Kreipl/Lange/Müller, Schnelleinstieg BilRUG, Freiburg 2016, S. 139.
[5] Zur alten Regelung s. Bertram/Brinkmann/Kessler/Müller, Haufe HGB Bilanz Kommentar, 6. Aufl. 2015, § 288 HGB.

- Name und Sitz des MU der KapG, das den Konzernabschluss für den größten Kreis von Unt aufstellt, sowie der Ort, wo der von diesem MU aufgestellte Konzernabschluss erhältlich ist gem. § 285 Nr. 14 HGB (§ 285 Rz 95);
- Angaben zu dem persönlich haftenden Gesellschafter gem. § 285 Nr. 15 HGB (§ 285 Rz 106);
- Angaben zum Bestand an mezzaninem Kapital gem. § 285 Nr. 15a HGB (§ 285 Rz 109);
- Art und Höhe der vom Abschlussprüfer im Gj berechneten und nach § 285 Nr. 17 HGB aufgeschlüsselten Honorare (§ 285 Rz 113);
- unterlassene Abschreibungen von Finanzinstrumenten gem. § 285 Nr. 18 HGB (§ 285 Rz 119);
- Informationen für jede Kategorie der nicht zum beizulegenden Zeitwert bilanzierten derivativen Finanzinstrumente nach § 285 Nr. 19 HGB (§ 285 Rz 123);
- die nicht zu marktüblichen Konditionen zustande gekommenen Geschäfte mit nahestehenden Unt und Personen nach § 285 Nr. 21 HGB (§ 285 Rz 129);
- Angaben gem. § 285 Nr. 22 HGB: Im Fall der Aktivierung nach § 248 Abs. 2 HGB Angabe des Gesamtbetrags der Forschungs- und Entwicklungskosten des Gj sowie der davon auf die selbst geschaffenen immateriellen VG des AV entfallende Betrag (§ 285 Rz 141);
- Angaben zu der Berechnung der Pensionsverpflichtungen gem. § 285 Nr. 24 HGB (§ 285 Rz 153);
- Sondervermögen gem. § 285 Nr. 26 HGB (§ 285 Rz 156);
- Angabe zu den Gründen der Einschätzung des Risikos der Inanspruchnahme bei Haftungsverpflichtungen § 285 Nr. 27 HGB (§ 285 Rz 161);
- nicht ausschüttbare Beträge gem. § 285 Nr. 28 HGB (§ 285 Rz 166);
- Angaben zu latenten Steuern nach § 285 Nr. 29 HGB (§ 285 Rz 167);
- angesetzte latente Steuern nach § 285 Nr. 30 HGB (§ 285 Rz 170);
- Angaben zur Mindestbesteuerung nach § 285 Nr. 30a HGB (§ 285 Rz 171);
- periodenfremde Erträge und Aufwendungen gem. § 285 Nr. 32 HGB (§ 285 Rz 175);
- Vorgänge von besonderer Bedeutung nach Abschluss des Gj gem. § 285 Nr. 33 HGB (§ 285 Rz 176) und
- Ergebnisverwendung gem. § 285 Nr. 34 HGB (§ 285 Rz 177).

5 Ferner haben kleine Ges. i. S. d. § 267 Abs. 1 HGB die Möglichkeit, gem. § 266 Abs. 1 Satz 3 HGB Posten in der Bilanz zusammenzufassen und die Bilanz dadurch in verkürzter Form aufzustellen. Bei der Aufstellung der GuV haben die Ges. gem. § 276 Satz 1 HGB ebenfalls die Möglichkeit, Posten zusammenzufassen. Nach § 274a HGB sind kleine Ges. außerdem von der Anwendung folgender Vorschriften befreit: Pflicht zur Erläuterung bestimmter Forderungen im Anhang (§ 268 Abs. 4 Satz 2 HGB), Erläuterung bestimmter Verbindlichkeiten im Anhang (§ 268 Abs. 5 Satz 3 HGB), Angabe von RAP nach § 250 Abs. 3 HGB (§ 268 Abs. 6 HGB) sowie Steuerabgrenzung (§ 274 HGB). Weitere erhebliche Erleichterungen können kleine Ges. außerdem bei der **Einreichung des Anhangs** zum BAnz gem. § 326 HGB in Anspruch nehmen: Es müssen lediglich die Bilanz sowie der Anhang ohne die Angaben zur GuV eingereicht werden. Zudem werden weitere Offenlegungserleichterungen für Bilanz und GuV eingeräumt (§ 326 Rz 1).

Generell will der Gesetzgeber einerseits mit diesen zusätzlichen Befreiungen der Tatsache Rechnung tragen, dass die Vorteile einer Berichterstattung für kleine mittelständische KapG in einem besonders kritischen Verhältnis zu den Nachteilen stehen. Andererseits können Vereinfachungsgründe für die Befreiungen angeführt werden.⁶

2.2 Erleichterungen für mittelgroße Kapitalgesellschaften (Abs. 2)

Mittelgroße Ges. i.S.d. § 267 Abs. 2 HGB brauchen für Gj, die nach dem 31.12.2015 beginnen, folgende Angaben im Anhang nicht zu machen:
- Aufgliederung der Umsatzerlöse nach Tätigkeitsbereichen sowie nach geografisch bestimmten Märkten gem. § 285 Nr. 4 HGB (§ 285 Rz 29);
- Art und Höhe der Honorare der Abschlussprüfer nach § 285 Nr. 17 HGB; die Ges. sind jedoch verpflichtet, der Wirtschaftsprüferkammer auf deren schriftliche Anfrage hin diese Informationen zu übermitteln (§ 285 Rz 113);
- auf welchen Differenzen oder steuerlichen Verlustvorträgen die latenten Steuern beruhen und mit welchen Steuersätzen die Bewertung erfolgt ist (§ 285 Nr. 29 HGB; § 285 Rz 167);
- Angaben zu periodenfremden Erträgen und Aufwendungen gem. § 285 Nr. 32 HGB (§ 285 Rz 175).

Ein **eingeschränkter Umfang der Berichterstattung** gilt bei Geschäften mit nahestehenden Unt und Personen gem. § 285 Nr. 21 HGB (§ 285 Rz 129), die nicht zu marktüblichen Konditionen zustande gekommen sind, kann der Umfang der Berichterstattung einer berichtenden mittelgroßen KapG auf die Angabe der Geschäfte beschränkt werden, die direkt oder indirekt mit dem Hauptgesellschafter oder Mitgliedern des Geschäftsführungs-, Aufsichts- oder Verwaltungsorgans abgeschlossen wurden. Der Begriff Hauptgesellschafter ist funktional zu verstehen.⁷ Diejenige natürliche oder juristische Person oder eine PersG ist als Hauptgesellschafter anzusehen, die die Möglichkeit besitzt, die Finanz- und Geschäftspolitik des Unt zu beeinflussen und insoweit das Eingehen eines marktunüblichen Geschäfts zum eigenen Nutzen durchsetzen kann.

Mittelgroße Ges. können außerdem bei der **Einreichung des Anhangs** zum BAnz gem. § 327 Nr. 2 HGB folgende Angaben weglassen: die Aufgliederung des Gesamtbetrags der Verbindlichkeiten nach dem vorgeschriebenen Gliederungsschema (§ 285 Nr. 2 HGB), den gegliederten Materialaufwand bei der Anwendung des UKV (§ 285 Nr. 8a HGB) sowie die Erläuterung von nicht gesondert ausgewiesenen sonstigen Rückstellungen von nicht unerheblichem Umfang (§ 285 Nr. 12 HGB).

Basierend auf dem Art. 43 Abs. 1 Nr. 1 der Bilanzrichtlinie sind mittelgroße Ges. von der **Aufschlüsselung des Abschlussprüferhonorars** befreit, müssen diese Information jedoch der Wirtschaftsprüferkammer auf deren schriftliche Anfrage hin übermitteln. Die Übermittlung des Abschlussprüferhonorars muss durch die Ges. erfolgen. Der Abschlussprüfer darf nicht von der Ges. zur Übermittlung beauftragt werden (§ 319 Sätze 2 und 3 HGB). Falls ein mittelgroßes TU in einen Konzernabschluss einbezogen ist und deren Abschlussprüferhonorarzahlungen im Konzernabschluss enthalten sind, kann es unter den Voraussetzungen des § 285 Nr. 17 2. Hs. HGB die Befreiungsvorschrift auch gegenüber einer Anforderung durch die WPK in Anspruch nehmen.

---

6   Zu der diesbzgl. Problematik bei der Ausnahme von latenten Steuern nach § 274 HGB vgl. § 274 Rz 7ff.
7   Vgl. BT-Drs. 16/10067 v. 30.7.2008 S. 76.

§ 289 Inhalt des Lageberichts

(1) ¹Im Lagebericht sind der Geschäftsverlauf einschließlich des Geschäftsergebnisses und die Lage der Kapitalgesellschaft so darzustellen, dass ein den tatsächlichen Verhältnissen entsprechendes Bild vermittelt wird. ²Er hat eine ausgewogene und umfassende, dem Umfang und der Komplexität der Geschäftstätigkeit entsprechende Analyse des Geschäftsverlaufs und der Lage der Gesellschaft zu enthalten. ³In die Analyse sind die für die Geschäftstätigkeit bedeutsamsten finanziellen Leistungsindikatoren einzubeziehen und unter Bezugnahme auf die im Jahresabschluss ausgewiesenen Beträge und Angaben zu erläutern. ⁴Ferner ist im Lagebericht die voraussichtliche Entwicklung mit ihren wesentlichen Chancen und Risiken zu beurteilen und zu erläutern; zugrunde liegende Annahmen sind anzugeben. ⁵Die Mitglieder des vertretungsberechtigten Organs einer Kapitalgesellschaft, die als Inlandsemittent (§ 2 Absatz 14 des Wertpapierhandelsgesetzes) Wertpapiere (§ 2 Absatz 1 des Wertpapierhandelsgesetzes) begibt und keine Kapitalgesellschaft i. S. d. § 327a ist, haben in einer dem Lagebericht beizufügenden schriftlichen Erklärung zu versichern, dass im Lagebericht nach bestem Wissen der Geschäftsverlauf einschließlich des Geschäftsergebnisses und die Lage der Kapitalgesellschaft so dargestellt sind, dass ein den tatsächlichen Verhältnissen entsprechendes Bild vermittelt wird und dass die wesentlichen Chancen und Risiken i. S. d. Satzes 4 beschrieben sind.

(2) ¹Im Lagebericht ist auch einzugehen auf:
1. a) die Risikomanagementziele und -methoden der Gesellschaft einschließlich ihrer Methoden zur Absicherung aller wichtigen Arten von Transaktionen, die im Rahmen der Bilanzierung von Sicherungsgeschäften erfasst werden, sowie
    b) die Preisänderungs-, Ausfall- und Liquiditätsrisiken sowie die Risiken aus Zahlungsstromschwankungen, denen die Gesellschaft ausgesetzt ist, jeweils in Bezug auf die Verwendung von Finanzinstrumenten durch die Gesellschaft und sofern dies für die Beurteilung der Lage oder der voraussichtlichen Entwicklung von Belang ist;
2. den Bereich Forschung und Entwicklung sowie
3. bestehende Zweigniederlassungen der Gesellschaft.
4. *(weggefallen)*

²Sind im Anhang Angaben nach § 160 Absatz 1 Nummer 2 des Aktiengesetzes zu machen, ist im Lagebericht darauf zu verweisen.

(3) Bei einer großen Kapitalgesellschaft (§ 267 Abs. 3) gilt Absatz 1 Satz 3 entsprechend für nichtfinanzielle Leistungsindikatoren, wie Informationen über Umwelt- und Arbeitnehmerbelange, soweit sie für das Verständnis des Geschäftsverlaufs oder der Lage von Bedeutung sind.

(4) Kapitalgesellschaften im Sinn des § 264d haben im Lagebericht die wesentlichen Merkmale des internen Kontroll- und des Risikomanagementsystems im Hinblick auf den Rechnungslegungsprozess zu beschreiben.

Inhaltsübersicht

		Rz
1	Überblick	1–17
2	Grundsätze ordnungsmäßiger Lageberichterstattung	18–22
	2.1 Grundsatz der Wahrheit	18–20
	2.2 Grundsatz der Vollständigkeit	21
	2.3 Grundsatz der Klarheit	22
3	Elemente des Lageberichts nach Abs. 1	23–81
	3.1 Darstellung des Geschäftsverlaufs einschließlich Geschäftsergebnis und Lage der Gesellschaft (Abs. 1 Satz 1)	23–27
	3.2 Analyse des Geschäftsverlaufs und Lage der Gesellschaft (Abs. 1 Satz 2)	28–37
	3.3 Darstellung und Erläuterung der bedeutsamsten finanziellen Leistungsindikatoren (Abs. 1 Satz 3)	38–42
	3.4 Prognose-, Chancen- und Risikobericht (Abs. 1 Satz 4)	43–69
	3.5 Lageberichtseid (Abs. 1 Satz 5)	70–81
4	Elemente des Lageberichts nach Abs. 2	82–99
	4.1 Nachtragsbericht (früherer Abs. 2 Satz 1 Nr. 1)	82
	4.2 Berichterstattung über Finanzinstrumente (Abs. 2 Satz 1 Nr. 1a und b)	83–92
	4.3 Forschungs- und Entwicklungsbericht (Abs. 2 Satz 1 Nr. 2)	93–96
	4.4 Zweigniederlassungsbericht (Abs. 2 Satz 1 Nr. 3)	97–98
	4.5 Hinweis zum Bestand an eigenen Aktien (Abs. 2 Satz 2)	99
5	Darstellung und Erläuterung der bedeutsamsten nichtfinanziellen Leistungsindikatoren durch große Kapitalgesellschaften (Abs. 3)	100–106
6	Risikomanagement-Bericht durch kapitalmarktorientierte Kapitalgesellschaften (Abs. 4)	107–115
7	Schlusserklärung zum Abhängigkeitsbericht durch AG, KGaA, SE (§ 312 Abs. 3 Satz 3 AktG)	116–127
	7.1 Überblick	116–117
	7.2 Anwendungsbereich	118–119
	7.3 Berichtsinhalte	120–125
	7.3.1 Allgemeine Anforderungen	120
	7.3.2 Berichtpflichtige Beziehungen und Vorgänge	121–123
	7.3.3 Nachteilsausgleich	124
	7.3.4 Schlusserklärung	125
	7.4 Form der Berichterstattung	126–127
8	Sanktionen	128–133
9	CSRD-Umsetzungsgesetz: Änderungen	134–136

1 Überblick

Nach § 264 Abs. 1 HGB haben mittelgroße und große KapG (§ 267 Abs. 2 und 3 HGB) sowie mittelgroße und große PersG i. S. d. § 264a Abs. 1 HGB, sofern sie als TU nicht nach § 264 Abs. 3 bzw. § 264b HGB befreit sind, einen Lagebericht aufzustellen. Unt, die dem PublG unterliegen, haben, sofern es sich bei ihnen nicht um Einzelkaufleute (EKfl.) oder reine PersG handelt, ebenfalls einen Lagebericht sinngemäß nach § 289 HGB aufzustellen (§ 5 Abs. 2 Satz 2 PublG). Gesonderte Normen finden sich zu eingetragenen Genossenschaften (§ 336 Abs. 1 Satz 1 HGB), europäischen Genossenschaften (§ 23 SCEAG), Kreditinstituten (§ 340a Abs. 1 HGB) und VersicherungsUnt (§ 341a Abs. 1 HGB).

2   Entsprechend seiner gesetzlichen Aufgabenstellung (§ 342q Abs. 1 HGB) hatte der DRSC die Konzernlageberichterstattung mit **DRS 20 „Konzernlagebericht"** konkretisiert. Auch aufgrund der **Ausstrahlungswirkung der DRS** auf den Einzelabschluss erscheint eine Anwendung i. S. e. sinngemäßen Beachtung dort als angemessen. Für den Lagebericht sind die Regelungen des DRSC zum Konzernlagebericht auch deshalb von Relevanz, weil Konzernlagebericht und Lagebericht nach § 315 Abs. 5 HGB zusammengefasst werden können, zumal die Anforderungen von § 289 HGB und § 315 HGB sinngemäß übereinstimmen.[1] Jedoch deuten empirische Ergebnisse darauf hin, dass die DRS v. a. bei nicht börsennotierten Unt relativ geringe Akzeptanz besitzen.[2]

3   Der DRS 20 zielt insb. darauf ab, die Risikoberichterstattung weiter zu verbessern.[3] Das DRSC verabschiedete nach 2012 verschiedene Änderungen am DRS 20, zuletzt **DRÄS 9** (Neuerungen aus dem Gesetz zur Umsetzung der zweiten Aktionärsrechterichtlinie – ARUG II),[4] und 2022 **DRÄS 12**.[5] Mit dem DRÄS 12 wurde DRS 20 formal an jene neue Gesetzeslage angepasst, die sich durch das Zweite Führungspositionen-Gesetz (FüPoG II) ergibt. Dabei geht es im Wesentlichen um Zielgrößen mit Blick auf den Anteil von Frauen in Führungspositionen und um eine Berichtspflicht über die Einhaltung des sog. Mindestbeteiligungsgebots im Vorstand bestimmter börsennotierter paritätisch mitbestimmter Unt. Weiterhin fügte DRÄS 12 in den Abschnitt zur nichtfinanziellen Konzernerklärung des DRS 20 einen Hinweis auf die Berichtspflichten gem. Art. 8 EU-Taxonomie-Verordnung ein, da Ges., die eine nichtfinanzielle Erklärung bzw. Konzernerklärung abzugeben haben, seit Januar 2022 u. a. sog. Taxonomie-Quoten (Anteil ökologisch nachhaltiger Umsatzerlöse sowie Anteil Investitionsausgaben und Betriebsausgaben) nach Art. 8 der EU-Taxonomie-VO aufnehmen müssen.

4   In der Entwicklung des § 289 HGB spiegelt sich letztlich die Entwicklung der vergangenen Jahre wider, die im Zuge eines Bemühens des Gesetzgebers um eine Erhöhung der Transparenz und damit der Verbesserung der **Corporate Governance** eine sukzessive Erweiterung der Lageberichterstattung mit sich brachte. Der Inhalt des Lageberichts wurde zunächst durch das **BilReG** (2004) erweitert. Dabei erfolgte eine Transformation der Bestimmungen der Fair-Value-RL (RL 2001/65/EG des Europäischen Parlaments und des Rates v. 27.9.2001) und der Modernisierungs-RL (RL 2003/51/EG des Europäischen Parlaments und des Rates v. 18.6.2003). Qualität und Aussagekraft der Lageberichterstattung sollten mit Blick auf die Vermittlung eines den tatsächlichen Verhältnissen entsprechenden Bilds erhöht werden. Durch das **VorstOG** (2005) wurden börsennotierte

---

[1] Vgl. Böcking/Dutzi/Gros, in Baetge/Kirsch/Thiele, Bilanzrecht, § 289 HGB Rz 50, Stand: 12/2018.
[2] Vgl. Kajüter/Bachert/Blaesing/Kleinmann, DB, 2010, S. 460 f.; DRS 20.B4; Kajüter in Küting/Weber, HdR-E, §§ 289, 289a-f HGB Rz 33, Stand: 05/2019.
[3] Vgl. Müller/Juchler/Ergün, ZCG 2012, S. 281 ff.
[4] DRÄS 9 v. 2.4.2020, BAnz AT 9.4.2020, Anlage B2.
[5] DRÄS 12 v. 25.2.2022, BAnz AT 7.3.2022, Anlage B1.

AG für nach dem 31.12.2005 beginnende Gj verpflichtet, den Lagebericht um einen Vergütungsbericht zu erweitern (Abs. 2 Nr. 4).

Das **BilMoG** (2009) baute im Wesentlichen auf der sog. Abschlussprüferrichtlinie (RL 2006/43/EG des Europäischen Parlaments und des Rates v. 17.5.2006) und der Abänderungsrichtlinie (RL 2006/46/EG des Europäischen Parlaments und des Rates v. 14.6.2006) auf und enthielt eine Reihe von Bestimmungen, die die Corporate Governance kapitalmarktorientierter Ges. verbessern sollten. Mit Blick auf die Berichterstattung im Lagebericht sollten in Umsetzung von Art. 46a der Bilanzrichtlinie i.d.F. d. Abänderungsrichtlinie im Lagebericht bestimmter Ges., namentlich KapG i.S.d. § 264d HGB, nun die wesentlichen Merkmale des internen Kontroll- und des Risikomanagementsystems im Hinblick auf den Rechnungslegungsprozess beschrieben werden (Abs. 5).

Seit Inkrafttreten des **FüPoG**[6] ist der Lagebericht von börsennotierten AG und KGaA sowie anderen verpflichteten Unt (**mitbestimmte GmbH, GmbH mit Aufsichtsrat, VersicherungsUnt**) nach § 289f HGB um einen Abschnitt zu ergänzen, in dem die Festlegung der Frauenquoten der 1. und 2. Führungsebenen und Angaben, ob die festgelegten Zielgrößen während des Bezugszeitraums erreicht worden sind, und wenn nicht, Angaben zu den Gründen, enthalten sind. Mit dem **FüPoG II**[7] wurden diese Regelungen dahingehend erweitert, dass Unt, die Zielgrößen festzulegen haben und die Zielgröße null wählen, die Begründung hierfür in ihrer Berichterstattung nach § 289f HGB transparent zu machen haben. Weiterhin wird durch einen neu eingefügten § 289f Abs. 2 Nr. 5a HGB erreicht, dass eine Berichterstattung über die Einhaltung der Vorgabe, den Vorstand mit mind. einer Frau und mind. einem Mann zu besetzen, zu erfolgen hat (bei Nichterfüllung einschl. Begründung). S. hierzu auch DRÄS 12 des DRSC vom 25.2.2022 (Rz 3).

Mit dem **CSR-RL-Umsetzungsgesetz** (2017) wurde die RL 2014/95/EU des Europäischen Parlaments und des Rates zur Änderung der RL 2013/34/EU im Hinblick auf die Angabe nichtfinanzieller und die Diversität betreffender Informationen durch bestimmte große Unt und Gruppen, die sog. Corporate-Social-Responsibility-Richtlinie (CSR-RL)[8], in deutsches Recht umgesetzt. Siehe hierzu auch DRÄS 8 (Rz 3). Die in diesem Zusammenhang eingefügten §§ 289b–289e HGB dienen der Umsetzung der Vorgaben der CSR-RL in Bezug auf die nichtfinanzielle Berichterstattung.[9] Die Vorschriften sind letztmals für das Gj 2023 anzuwenden, auch wenn die Umsetzung der neuen Nachhaltgkeitsberichterstattung ins HGB aktuell noch läuft.

Mit dem **ARUG II** wurde der Vergütungsbericht ab dem Gj 2021 in das AktG verschoben und § 289a Abs. 2 HGB a.F. gestrichen (§ 315a Rz 41 ff.).

Mit dem Ziel einer verbesserten Transparenz und Vergleichbarkeit der Jahresfinanzberichte wurde mit Wirkung zum 1.1.2020 für börsennotierte Unt die Pflicht zur Erstellung von Jahresfinanzberichten in einem einheitlichen elek-

---

[6] Gesetz für die gleichberechtigte Teilhabe von Frauen und Männern an Führungspositionen in der Privatwirtschaft und im öffentlichen Dienst v. 24.4.2015, BGBl. 2015 I S. 642.
[7] Gesetz zur Ergänzung und Änderung der Regelungen für die gleichberechtigte Teilhabe von Frauen an Führungspositionen in der Privatwirtschaft und im öffentlichen Dienst v. 7.8.2021, BGBl. 2021 I S. 3311.
[8] Vgl. RL 2014/95/EU, ABl. EU L 330/1 v. 15.11.2014; Berichtigung der Richtlinie 2014/95/EU, ABl. EU L 369/79 v. 24.12.2014.
[9] Vgl. Kreipl/Müller, DB 2016, S. 2425; Paetzmann, ZCG 2016, S. 281.

tronischen Berichtsformat, dem sogenannten **European Single Electronic Format (ESEF)**, beschlossen, die mit der Umsetzung der CSRD auch auf nicht-kapitalmarktorientierte Unt zumindest für den Nachhaltigkeitsbericht ausgeweitet werden wird. Die European Securities und Markets Authority (ESMA) wurde dazu mandatiert, Entwürfe für den technischen Regulierungsstandard (RTS) zu entwickeln. Nach dem 2020 verabschiedeten ESEF-Umsetzungsgesetz[10] wurden die Offenlegungsvorschriften nach § 328 Abs. 1 HGB dahingehend geändert, dass die betroffenen Unt die nach § 325 HGB offenzulegenden Dokumente (Jahresabschluss, Lagebericht, Konzernabschluss, Konzernlagebericht und die Erklärungen der gesetzlichen Vertreter) nach Maßgabe des Art. 3 der ESEF-VO[11] im einheitlichen ESEF-Format (XHTML-Format) offenzulegen haben, wobei der Konzernabschluss nach Maßgabe der Art. 4 und 6 der ESEF-VO unter Verwendung der vorgegebenen XBRL-Taxonomie auszuzeichnen ist (sog. „Tagging"). Insofern ist hiervon auch der Lagebericht bestimmter kapitalmarktorientierter Unt betroffen (§ 328 Rz 28 ff.).

9 Obwohl die Richtlinie (EU) 2022/2464 (**Corporate Sustainability Reporting Directive (CSRD)**)[12] gem. Art. 5 Abs. 1 bis zum 6.7.2024 in nationales Recht umzusetzen ist, wurde in Deutschland erst am 22.3.2024 den Verbänden der „Entwurf eines Gesetzes zur Umsetzung der Richtlinie (EU) 2022/2464 des Europäischen Parlaments und des Rates vom 14. Dezember 2022 zur Änderung der Verordnung (EU) Nr. 537/2014 und der Richtlinien 2004/109/EG, 2006/43/EG und 2013/34/EU hinsichtlich der Nachhaltigkeitsberichterstattung von Unternehmen" (RefE CSRD-Umsetzungsgesetz[13]) zur Stellungnahme zugeschickt. Mit der Veröffentlichung des RefE wurde eine Frist zur Stellungnahme bis zum 19.4.2024 gesetzt. Am 24.7.2024 erfolgte die Veröffentlichung des RegE CSRD-Umsetzungsgesetzes.[14]

Zentral in der entworfenen nationalen Umsetzung ist, dass die Neufassung in den §§ 289b ff. HGB die Verpflichtung zu einer Nachhaltigkeitsberichterstattung im Lagebericht statt der bisherigen Nichtfinanziellen Berichterstattung enthält. Die Umsetzung der Richtlinie erfolgt 1:1, wobei die Übergangs- und Erleichterungsvorschriften größtenteils im EGHGB-E geregelt werden sollen. Die Auswirkungen auf den § 289 HGB sind hingegen gering und betreffen Folgeänderungen im Zusammenhang mit der Umsetzung sowie eine redaktionelle Anpassung. Zum CSRD-UmsG s. Rz 134.

10 Der Lagebericht ist ein eigenständiger Teil i.R.d. jährlichen Rechenschaftslegung, der neben dem Jahresabschluss steht. Trotz dieser formalen Trennung sind Jahresabschluss und Lagebericht inhaltlich nicht voneinander unabhängig, da die Aufgaben des Lageberichts in der Verdichtung der Jahresabschlussinformationen und in der zeitlichen und sachlichen Ergänzung des Jahresabschlusses bestehen. Jahres-

---

[10] Gesetz zur weiteren Umsetzung der Transparenzrichtlinie-Änderungsrichtlinie im Hinblick auf ein einheitliches elektronisches Format für Jahresfinanzberichte v. 12.8.2020, BGBl. 2020 I S. 1874.
[11] ESEF-Verordnung – 2018/815/EU, ABl. EU L 143/1 v. 29.5.2019.
[12] Vgl. RL (EU) 2022/2464, ABl. EU L 322/15 v. 16.12.2022.
[13] www.bmj.de/SharedDocs/Downloads/DE/Gesetzgebung/RefE/RefE_CSRD_UmsG.pdf?__blob=publicationFile&v=2, Abruf 4.10.2024.
[14] www.bmj.de/SharedDocs/Downloads/DE/Gesetzgebung/RegE/RegE_CSRD.pdf?__blob=publicationFile&v=2; eine Synopse zum geltenden recht ist abrufbar unter www.bmj.de/SharedDocs/DE/Gesetzgebung/Synopse/Synopse_CSRD-UmsG_RegE.pdf?__blob=publicationFile&v=2, Abruf jew. 4.10.2024

abschluss und Lagebericht müssen miteinander in Einklang stehen (DRS 20.4). Die Zwecke bzw. Aufgaben der Berichterstattung im Lagebericht sind:

- **Informations- und Rechenschaftsfunktion**: Der Jahresabschluss einschl. der erläuternden Angaben im Anhang allein vermag dem Adressaten nur begrenzt die tatsächliche Lage der Ges. zu vermitteln, zumal keine Erläuterungspflicht aller wesentlichen Einzelpositionen besteht. Dies verdeutlicht die hohe Bedeutung der Informations- und Rechenschaftsfunktion des Lageberichts.
- **Ergänzungsfunktion**: Die Aufgabe der Ergänzung wird seit dem BilReG insb. betont durch die Formulierung des Abs. 1 Satz 3 2. Hs.: „unter Bezugnahme auf die im Jahresabschluss ausgewiesenen Beträge und Angaben". Nach dem Willen des Gesetzgebers dient der Jahresabschluss der Darstellung, während der Lagebericht die Analyse und Kommentierung relevanter Kennzahlen und Sachverhalte beinhaltet.[15]

Die Verbindungslinie zwischen Jahresabschluss und Lagebericht wird durch die fast wortgleiche Kernaussage in den zugrunde liegenden **Generalnormen** deutlich: Nach Abs. 1 muss der Lagebericht ein den tatsächlichen Verhältnissen entsprechendes Bild des Geschäftsverlaufs (einschl. des Geschäftsergebnisses) und der Lage der Ges. vermitteln. Der § 264 Abs. 2 HGB fordert als Generalnorm des Jahresabschlusses für diesen ein den tatsächlichen Verhältnissen entsprechendes Bild der Vermögens-, Finanz- und Ertragslage der Ges. Auch wenn eine Übertragung des Konzepts **„true and fair view"** auf den Lagebericht vorliegt, besteht eine Besonderheit des Lageberichts im Vergleich zum Jahresabschluss darin, dass nicht nur Rechenschaft über die Vergangenheit abgelegt wird, sondern der Lagebericht einen **Prognosebericht** über die zukünftigen Aussichten der Ges. einschl. Risiken und Chancen beinhaltet.

Im Lagebericht sind grds. alle Vorgänge anzugeben, die für die wirtschaftliche Gesamtbeurteilung der Ges. erforderlich sind. Die geschäftsführenden Organe geben ihr persönliches Urteil über den Geschäftsverlauf, das Geschäftsergebnis, die Lage und die voraussichtliche Entwicklung ab.

Der Inhalt des Lageberichts ist nicht begrenzt, sodass Abs. 1 nur den **Mindestumfang** angibt, jedoch auch umfänglicher berichtet werden kann. In der Fassung des Abs. 1 bis zum BilReG war klarstellend das Wort „zumindest" enthalten, wobei aus dem Wegfall nicht auf eine Begrenzung geschlossen werden kann (zumal die dem BilReG zugrunde liegende europäische Modernisierungsrichtlinie das Wort „zumindest" enthielt).[16] Der Lagebericht kann somit um **freiwillige Angaben** erweitert werden.

Der Lagebericht ist in jedem Jahr neu zu erstellen, Verweise auf Vj reichen nicht. Damit der Lagebericht vom Jahresabschluss unterschieden werden kann, ist er als solcher zu kennzeichnen. Dies erlangt besondere Bedeutung, da durch den Berichtsadressaten nachvollziehbar sein muss, welche Informationen als vom Abschlussprüfer nach § 317 Abs. 2 HGB geprüft anzusehen sind. Es besteht die Möglichkeit, getrennte Sonderabschnitte mit zusätzlichen **freiwilligen Angaben** außerhalb des Lageberichts (und Anhangs) in einem Geschäftsbericht einzurichten, die keinen gesetzlichen Vorschriften und keiner Prüfungspflicht nach § 317

---

[15] Vgl. BT-Drs. 16/10067 v. 30.7.2008 S. 63; Grottel, in Beck Bil-Komm., 14. Aufl. 2024, § 289 HGB Rz 6.
[16] Vgl. BT-Drs. 16/10067 v. 30.7.2008 S. 62; Lange, ZIP 2004, S. 983; Kajüter, DB 2004, S. 197.

Abs. 2 HGB unterliegen. Diese Abschnitte sind gleichwohl vom Abschlussprüfer kritisch zu lesen.[17]

15 An welcher Stelle der Lagebericht i.R.d. jährlichen Rechenschaftslegung **platziert** sein muss, wird durch das HGB nicht vorgegeben. Während der Lagebericht der Struktur des Gesetzes entsprechend hinter Jahresabschluss und Anhang einzuordnen wäre, stellt die Praxis den Lagebericht üblicherweise an den Anfang der schriftlichen Berichterstattung. Der Lagebericht ist in deutscher Sprache und in Euro aufzustellen. Es genügt – wenn auch ohne praktische Relevanz – die handschriftliche Form, die gedruckte Form ist nicht vorgeschrieben. Anders als der Jahresabschluss braucht der Lagebericht nicht durch das geschäftsführende Organ unterzeichnet zu werden.

16 Sofern eine Ges. einen Lagebericht **freiwillig** aufstellt, unterliegt dieser nicht den Vorschriften des § 289 HGB. Dies ist dann anders, wenn die Ges. einen Bestätigungsvermerk zum Lagebericht nach § 322 Abs. 6 HGB erhalten will.[18]

17 Der § 289 HGB lässt durch die Nutzung zahlreicher unbestimmter Rechtsbegriffe unterschiedliche Interpretationsmöglichkeiten zu und erhöht dadurch den Gestaltungsspielraum des Lageberichterstellers. Zur Auslegung sind daher Kriterien heranzuziehen, die sich aus den allgemeinen Grundsätzen der Rechenschaftslegung ergeben.[19] Diese **Grundsätze ordnungsmäßiger Lageberichterstattung (GoL)** besagen, dass der Lagebericht wahr (richtig), vollständig und klar (übersichtlich) sein soll. Der DSR hatte im früheren DRS 15 fünf allgemeine Grundsätze formuliert, die tw. über diese GoL hinausgehen, indem etwa ein „Grundsatz der Konzentration auf die nachhaltige Wertschaffung" integriert wird. In DRS 20.34–35 tritt an dessen Stelle ein Grundsatz der „Informationsabstufung".

2 Grundsätze ordnungsmäßiger Lageberichterstattung

2.1 Grundsatz der Wahrheit

18 In der gesamten Rechnungslegung spielt der **Grundsatz der Wahrheit** eine dominierende Rolle. Er verlangt eine **der Realität entsprechende Darstellung** der Angaben im Lagebericht, die intersubjektiv nachprüfbar und willkürfrei ist. Objektiv falsche Angaben, die allein oder zusammen einen falschen Eindruck vermitteln, dürfen nicht gemacht werden. Bei **Tatsachenangaben** (Verlaufs- und Zustandsangaben) muss die Übereinstimmung mit der Realität nicht dokumentarisch exakt sein, es reicht, wenn die Darstellung in der Tendenz mit der Realität übereinstimmt.

19 Dies gilt auch in **krisenbefangenen Unternehmenssituationen**, bei denen die Fortführung gefährdet ist. Berechtigte Interessen und Hoffnungen der Organe treten zurück, sodass ein Verschweigen oder eine Beschönigung der Situation nicht infrage kommt.[20] Insg. ist in Bezug auf **zukunftsgerichtete Angaben** des Lageberichts, die auf Prognosen der Organe beruhen und denen noch kein abgeschlossener Sachverhalt zugrunde liegt, die Anwendung des Grundsatzes der Wahrheit problematisch. Hier müssen die Prognosen jedoch schlüssig und

---

[17] Vgl. IDW PS 202.7.
[18] Vgl. ADS, Rechnungslegung und Prüfung der Unternehmen, 6. Aufl. 1995–2001, § 289 HGB Rz 6; a.A. Dörner/Bischof, WPg 1999, S. 378.
[19] Vgl. Grottel, in Beck Bil-Komm., 14. Aufl. 2024, § 289 HGB Rz 21.
[20] Vgl. Grottel, in Beck Bil-Komm., 14. Aufl. 2024, § 289 HGB Rz 27.

widerspruchsfrei entwickelt und die zugrunde liegenden Annahmen und der Prognosehorizont offengelegt werden.
Der Grundsatz der Wahrheit verlangt eine **willkürfreie Berichterstattung**. Die Organe haben entsprechend bei **Beurteilungsangaben** mit der Sorgfalt eines gewissenhaften und ordentlichen Geschäftsführers für deren Willkürfreiheit Sorge zu tragen.

2.2 Grundsatz der Vollständigkeit

Nach dem Grundsatz der Vollständigkeit ist umfassend, unter Ausschöpfung aller erreichbaren Erkenntnisquellen, über die wirtschaftliche Situation des Unt zu berichten. Dieser Grundsatz ist im Zusammenhang mit dem **Grundsatz der Wesentlichkeit** zu sehen (quantitative oder qualitative Bedeutung eines betrieblichen Sachverhalts). Für die Auswahl der berichtspflichtigen Sachverhalte sind als Maßstab die schutzwürdigen Informationsinteressen der Lageberichtsadressaten heranzuziehen. Ziel kann nicht die lückenlose Berichterstattung über Geschäftsvorfälle sein, sondern das Übermitteln jener Informationen, die der Adressat für seine Dispositionen in Bezug auf die Ges. benötigt. In der Praxis variiert das Informationsinteresse des Adressaten stark etwa je nach Unternehmensgröße, Branche, wirtschaftlicher Situation und Inanspruchnahme des Kapitalmarktes.[21]

2.3 Grundsatz der Klarheit

Der Grundsatz der Klarheit und Übersichtlichkeit verlangt eine verständliche, prägnante und übersichtliche Darstellung der Lageberichtsinformationen. Dies bedingt, dass die Angaben **weder vage noch weitschweifig** sein dürfen. Hierzu gehört bereits die Kennzeichnung von Anfang und Ende des Lageberichts im Geschäftsbericht. Eine **systematische Gliederung** des Lageberichts sollte sich an den gesetzlich in § 289 HGB geforderten Elementen orientieren. In der Form der Darstellung im Lagebericht ist **Stetigkeit** nach § 265 Abs. 1 HGB zu wahren.[22] Sinngemäß sind weiterhin die folgenden Vorschriften auf die Lageberichterstattung anzuwenden:[23]
- Gliederung des Lageberichts nach Geschäftsbereichen (§ 265 Abs. 4 HGB),
- Anpassung der Darstellung an branchentypische Spezifika der Ges. (§ 265 Abs. 6 HGB),
- Zusammenfassungen, um die Klarheit der Darstellung zu erhöhen (§ 265 Abs. 7 HGB),
- Fehlanzeigen für vorgesehene Berichterstattungen können unterbleiben (§ 265 Abs. 8 HGB).

> **Praxis-Beispiel**
> E-DRS 27 enthielt ein Beispiel für die Gliederung eines Konzernlageberichts, das aber nicht in DRS 20 übernommen wurde und aufgrund gesetzlicher Fortentwicklung inzwischen anzupassen ist:

---

[21] Vgl. Sieben, Offene Fragen bei der Erstellung und Prüfung des Lageberichts, in FS Goerdeler, 1987, S. 588; DRS 20.34.
[22] Vgl. Palmes, in MünchKomm. HGB, 5. Aufl. 2024, § 289 HGB Rz 38.
[23] Vgl. Grottel, in Beck Bil-Komm., 14. Aufl. 2024, § 289 HGB Rz 29.

> „Um die Klarheit und Übersichtlichkeit zu erhöhen, gliedert Unternehmen A seinen Konzernlagebericht wie folgt:
> 1. Grundlagen des Konzerns
> 2. Wirtschaftsbericht
> 3. Nachtragsbericht (mit dem BilRUG in den Anhang verschoben)
> 4. Prognosebericht
> 5. Chancen-/Risikobericht
> 6. Risikoberichterstattung über die Verwendung von Finanzinstrumenten
> 7. Internes Kontroll- und Risikomanagementsystem bezogen auf den Konzernrechnungslegungsprozess
> 8. Übernahmerelevante Angaben
> 9. Vergütungsbericht
> 10. Erklärung zur Unternehmensführung (§ 289f HGB)
> 11. Versicherung der gesetzlichen Vertreter (mit CSR-Richtlinie-Umsetzungsgesetz: Mitglieder des vertretungsberechtigten Organs)" (E-DRS 27.A.3.1)

3 Elemente des Lageberichts nach Abs. 1

3.1 Darstellung des Geschäftsverlaufs einschließlich Geschäftsergebnis und Lage der Gesellschaft (Abs. 1 Satz 1)

23 Das HGB definiert die Begriffe „Geschäftsverlauf", „Geschäftsergebnis" und „Lage" nicht. Die Darstellung von Geschäftsverlauf und Lage der Ges. im **Wirtschaftsbericht** gehen Hand in Hand, denn zwischen beiden Angabepflichten bestehen Ursache-Wirkungs-Beziehungen. Während sich die Angaben zum **Geschäftsverlauf** auf die vergangene Periode beziehen, liegt bei den Angaben zur **Lage** der Ges. eine Zeitpunktbetrachtung zum Abschlussstichtag vor. Eine gemeinsame Berichterstattung ist zweckmäßig. Unter der „Lage" werden zumindest die Vermögens-, Finanz- und Ertragslage nach § 264 Abs. 2 HGB (darüber hinaus in der Literatur tw. etwa auch die Struktur der Ges. und wesentliche Entwicklungstendenzen[24]) verstanden. Grds. soll die Betrachtung der Lage zum Zeitpunkt des Abschlussstichtags die zukünftige Entwicklung berücksichtigen. Die Lage der Ges. wird durch die Verhältnisse zum Stichtag wie auch durch Entwicklungserwartungen (insb. strategische Marktchancen und -risiken mit ihrer herausragenden Bedeutung[25]) charakterisiert.[26]

Durch das BilReG wurde in Abs. 1 Satz 1 die Pflicht explizit, mit der Erläuterung des Geschäftsverlaufs im Wirtschaftsbericht auch das **Geschäftsergebnis** darzustellen. Während der zugrunde liegende europäische Art. 46 Abs. 1a der Bilanzrichtlinie i.d.F. d. Modernisierungsrichtlinie Geschäftsverlauf, Lage und Geschäftsergebnis gleichberechtigt nebeneinander nennt, hat der deutsche Gesetzgeber das Geschäftsergebnis in Abs. 1 Satz 1 als Annex zum Geschäftsverlauf („Geschäftsverlauf einschließlich des Geschäftsergebnisses") formuliert.[27] Hieraus kann geschlossen werden, dass nicht eine reine Wiederholung der Darstellung der Ertragslage aus der

---

[24] Vgl. Kajüter, in Küting/Weber, HdR-E, §§ 289, 289a-f HGB Rz 68, Stand: 05/2019 m.w.N.
[25] Vgl. Paetzmann, Corporate Governance: Strategische Marktrisiken, Controlling, Überwachung, 2. Aufl. 2012, S. XXVII.
[26] Vgl. Kajüter, in Küting/Weber, HdR-E, §§ 289, 289a-f HGB Rz 69, Stand: 05/2019.
[27] Vgl. Baetge/Kirsch/Thiele, Bilanzen, 17. Aufl. 2023, S. 778.

GuV, sondern vielmehr eine Darstellung, Einordnung und Wirkungsanalyse in Bezug auf den realwirtschaftlichen Geschäftsverlauf und ursächliche Ereignisse in der abgelaufenen Periode vom Gesetzgeber gewollt sind.

Die Darstellung des Geschäftsverlaufs, des Geschäftsergebnisses und der Lage muss dem Adressaten vermitteln, wie das Gj aus Sicht der Ges. verlaufen ist und wie die Situation zum Abschlussstichtag eingeschätzt wird. Hierzu kann, muss aber nicht, eine Erläuterung anhand einzelner **Segmente** der Ges. erfolgen. 24

Zunächst ist auf die **gesamtwirtschaftlichen und branchenspezifischen Rahmenbedingungen** einzugehen. Weiterhin kann die Darstellung anhand der einzelnen **Funktionsbereiche der Ges.** erfolgen. Hierzu gehören: 25

- **Beschaffung**: Wichtige Entwicklungen der Versorgungslage, Kosten für Roh-, Hilfs- und Betriebsstoffe, Energiekosten, Vorratshaltung etc.
- **Fertigung**: Wesentliche Änderungen des Produktionsprogramms, Investitionen, Öffnung oder Schließung von Betriebsstätten, Beschäftigung, Auslastung etc.
- **Produkt/Markt/Wettbewerb**: Aufgliederung der Absatzmengen und des Umsatzes nach Produkten und geografischen Märkten, neue Produkte, neue Märkte, Marktanteile, Konkurrenzprodukte, Wettbewerbssituation, Marktwachstum, Auftragseingänge und -bestände etc.

Weiterhin ist über **wichtige Ereignisse im Gj** (oder in naher Zukunft anstehende Ereignisse) zu berichten, wozu etwa der Erwerb oder die Veräußerung von Beteiligungen, die Eingehung oder Beendigung wichtiger Verträge, wichtige Prozesse und Rechtsformänderungen gehören können. 26

Die im Gesetzgebungsprozess zum BilReG noch enthaltene **Strategieberichterstattung** im Konzernlagebericht, die gleichwohl nicht in die Gesetzesfassung des BilReG aufgenommen wurde, nahm der DSR im E-DRS 27 wieder auf, allerdings nur für den Konzernlagebericht kapitalmarktorientierter MU. Im DRS 20 haben kapitalmarktorientierte MU jedoch wie bisher lediglich freiwillig im Konzernlagebericht die wichtigsten strategischen Ziele und die zu ihrer Erreichung verfolgten Strategien (DRS 20.K39–K44), wesentliche Veränderungen im Vergleich zum Vj (DRS 20.K.44) sowie Aussagen zum Stand der Erreichung der strategischen Ziele (DRS 20.56) anzugeben. 27

3.2 Analyse des Geschäftsverlaufs und Lage der Gesellschaft (Abs. 1 Satz 2)

Im Zuge des BilReG wurde in den Abs. 1 der Satz 2 aufgenommen, der eine Analyse fordert, die über eine reine Darstellung hinausgeht. Unter **Analyse** ist die Untersuchung von **Geschäftsverlauf** und Lage der Ges. (die Modernisierungsrichtlinie, nicht jedoch Abs. 1 Satz 2, nennt auch das Geschäftsergebnis) zu verstehen. Die Analyse muss 28

- ausgewogen und
- umfassend sowie
- dem Umfang und
- der Komplexität der Geschäftstätigkeit entsprechend sein.

Auf wesentliche außerordentliche und/oder einmalige Faktoren, die einen Zeitvergleich oder eine Fortschreibung der historischen Lage auf die zukünftige Entwicklung beeinträchtigen, ist hinzuweisen, möglichst mittels quantitativer Angaben. Hierzu können auch Unt-Transaktionen gehören (DRS 20.63–64). 29

30 Instrumentelle Unterstützung bietet hierzu vor allem die **klassische Jahresabschlussanalyse** (bez. auf die Vermögens-, Finanz- und Ertragslage) einschl. Rentabilitäts- und Erfolgsquellenanalyse sowie Kennzahlen. Zu beachten sind dabei stets die Wirkungen einer Bilanzpolitik und von Sachverhaltsgestaltungen auf die Ertragslage der Ges. Eine quantitative (Kennzahlen-)Analyse ist durch **qualitative Analysen** zu ergänzen, etwa mit Blick auf die Markt- und Wettbewerbslage, in der sich die Ges. befindet.

31 Bei der Darstellung, Analyse und Beurteilung der **Ertragslage** (§ 264 Rz 74) der Ges. ist auf die wesentlichen Ergebnisquellen sowie wesentliche Veränderungen einzugehen. Zudem sind die ursächlichen Faktoren für wesentliche Veränderungen einschl. etwaiger Trends und relevanter gesamtwirtschaftlicher Änderungen anzugeben. Die Darstellung und Analyse ist dabei an der Entscheidungsnützlichkeit der verständigen Adressaten auszurichten.

> **Praxis-Beispiel**
> Zu den wesentlichen Faktoren, die eine Veränderung der Ertragslage bewirken können, gehören bspw. (DRS 20.68):
> - Rohstoffmangel, Mangel an Fachkräften, unsichere Zulieferungsbedingungen,
> - Entwicklung von Patenten, Lizenzen oder Franchiseverträgen,
> - starke Abhängigkeit von bestimmten Zulieferern oder Kunden,
> - Produkthaftung,
> - Umweltschutzaufwendungen und mögliche Umweltschutzhaftung,
> - Änderung der rechtlichen oder regulatorischen Rahmenbedingungen, z.B. Einschränkung der Absatz- oder Beschaffungsmöglichkeiten,
> - Wechselkursschwankungen oder unterschiedliche Inflationsraten bei Aufwendungen und Erträgen oder auf verschiedenen Märkten.

32 Die Darstellung und Analyse der Ertragslage hat eine Aufgliederung der Umsatzerlöse nach wesentlichen Unt-Segmenten (etwa nach Märkten, Produkten, Währungen) zu beinhalten. Sofern die Umsatzerlöse nicht die relevante Größe darstellen, kann auch eine andere Dimension gewählt werden (bspw. die Gesamtleistung im Anlagenbau oder im Baugewerbe). Daneben kann, insb. in Unt der langfristigen Auftragsfertigung, die Darstellung und Analyse der Auftragslage und ihrer Entwicklung entscheidungsnützlich sein.

33 Die **Finanzlage** (§ 264 Rz 69) der Ges. ist in den Dimensionen Kapitalstruktur, Investitionen und Liquidität darzustellen, zu analysieren und zu beurteilen. Mit Blick auf die Kapitalstruktur ist auf wesentliche Veränderungen einschl. neuer Finanzierungen oder geänderter Kreditkonditionen einzugehen. Dies kann bspw. auch Angaben und Analysen zum Working Capital Management, zur Fristigkeit aufgenommener Darlehen oder zum Fremdwährungsmanagement beinhalten. Ebenfalls sind außerbilanzielle Verpflichtungen und ihre möglichen Auswirkungen auf die Finanzlage zu beschreiben und zu analysieren.

34 Zu den Investitionen sind die wesentlichen im Berichtszeitraum durchgeführten und geplanten Investitionsvorhaben zu erläutern.

35 Die Liquidität soll grds. mithilfe einer Kapitalflussrechnung dargestellt und analysiert werden. Eingetretene oder absehbare Liquiditätsengpässe und die ergriffenen oder geplanten Maßnahmen zur Behebung sind darzustellen und zu erläutern (DRS 20.98).

Neben der Ertrags- und Finanzlage ist auch die **Vermögenslage** (§ 264 Rz 65) darzustellen und zu analysieren, wobei wesentliche Veränderungen des Nettoreinvermögens der Ges. und wesentliche Inflations- und Wechselkurseinflüsse zu erläutern sind. 36

Insg. muss die nach Abs. 1 Satz 2 enthaltene Analyse mehr enthalten, als ein Unternehmensexterner aus publizierten Jahresabschlussdaten ableiten bzw. als Kennzahl errechnen könnte.[28] Dies verdeutlicht, dass die Analysefunktion des Lageberichts durch das BilReG deutlich aufgewertet wurde. 37

3.3 Darstellung und Erläuterung der bedeutsamsten finanziellen Leistungsindikatoren (Abs. 1 Satz 3)

In die nach Abs. 1 Satz 2 durchzuführende Analyse von Geschäftsverlauf und Lage der Ges. sind nach Abs. 1 Satz 3 die für die Geschäftstätigkeit bedeutsamsten **finanziellen Leistungsindikatoren** einzubeziehen. Abs. 1 Satz 3 präzisiert damit die Regelung des Abs. 1 Satz 1, wobei für große KapG die Besonderheiten des Abs. 3 gelten (nichtfinanzielle Leistungsindikatoren). 38

Die finanziellen Leistungsindikatoren sind unter Bezugnahme auf die im Jahresabschluss ausgewiesenen Beträge und Angaben zu erläutern. Die Formulierung „Bezugnahme" bedeutet hierbei zunächst eine Einschränkung, indem eine Wiederholung der Angaben des Jahresabschlusses im Lagebericht unterbleiben soll. V. a. soll jedoch die Beziehung der im Lagebericht genannten Leistungsindikatoren zu den Jahresabschlussdaten aufgezeigt werden, d.h., die Ermittlung der Leistungsindikatoren ist zu erläutern. 39

Neben den finanziellen sollten auch **nichtfinanzielle Leistungsindikatoren** mit einbezogen werden, soweit sie für das Verständnis des Geschäftsverlaufs und der Lage der Ges. bedeutsam sind. Dabei stehen jene Indikatoren im Vordergrund, die auch zur internen Steuerung der Ges. genutzt werden. 40

> **Praxis-Beispiel**
> Nichtfinanzielle Leistungsindikatoren sind bspw. (DRS 20.107):
> - Kundenbelange (Kundenstamm, Kundenzufriedenheit etc.),
> - Umweltbelange (Emissionswerte, Energieverbrauch etc.),
> - Arbeitnehmerbelange (Mitarbeiterfluktuation, Mitarbeiterzufriedenheit, Betriebszugehörigkeit, Fortbildungsmaßnahmen etc.),
> - Indikatoren zur Forschung und Entwicklung (sofern diese Angaben nicht im Forschungs- und Entwicklungsbericht erfolgen),
> - gesellschaftliche Reputation der Ges. (Indikatoren zum sozialen und kulturellen Engagement, Wahrnehmung gesellschaftlicher Verantwortung etc.).

Nach DRS 20.K111 haben kapitalmarktorientierte MU im Konzernlagebericht gesonderte Angaben zu machen, sofern die berichteten finanziellen und nichtfinanziellen Leistungsindikatoren intern unter dem Aspekt der **Nachhaltigkeit** verwendet werden. Diese Angabepflicht tangiert die Pflicht zur Abgabe einer nichtfinanziellen Erklärung für große kapitalmarktorientierte Unt (§ 289b HGB). 41

---

[28] Vgl. Kirsch/Scheele, WPg 2004, S. 8.

42 Mit dem Ziel eines **intertemporalen Vergleichs** sollten die Leistungsindikatoren **stetig** genutzt werden. Erfolgen von einem Jahr zum anderen Wechsel oder Neuaufnahmen von Kennzahlen, sollten Vj-Vergleichswerte angegeben werden.

3.4 Prognose-, Chancen- und Risikobericht (Abs. 1 Satz 4)

43 Wenngleich mit dem BilReG vorwiegend die Etablierung der IFRS als weiterer Standard der externen Rechnungslegung in Deutschland in Verbindung gebracht wird, erweiterte dieser Reformschritt (nochmals) die Inhalte des Lageberichts:
- Ausgehend vom **BiRiLiG** (1985) hatten Unt, die nach § 264 Abs. 1 HGB verpflichtet waren, einen Lagebericht zu erstellen, zumindest den Geschäftsverlauf und die Lage so darzustellen, dass ein den tatsächlichen Verhältnissen entsprechendes Bild vermittelt wurde. Nach § 289 Abs. 2 HGB sollte u. a. auf die voraussichtliche Entwicklung des Unt eingegangen werden.
- Durch das **KonTraG** (1998) war der Inhalt des Lageberichts dahingehend konkretisiert worden, dass bei der Darstellung des Geschäftsverlaufs und der Lage des Unt nach Abs. 1 „auch auf Risiken der künftigen Entwicklung einzugehen" war („Risikoberichterstattung").
- Seit dem **BilReG** (2004) ist im Lagebericht „die voraussichtliche Entwicklung mit ihren wesentlichen Chancen und Risiken zu beurteilen und zu erläutern; zugrunde liegende Annahmen sind anzugeben".[29]

44 Verglichen mit der durch das KonTraG eingeführten Regelung reicht seit dem BilReG nunmehr ein „Eingehen" (oder eine reine Nennung) nicht mehr aus. Vielmehr ist eine aussagekräftigere **„Beurteilung"** und **„Erläuterung"** einschl. Angabe der zugrunde liegenden Annahmen notwendig, nun auch bezogen auf die Chancen der zukünftigen Entwicklung. Hierdurch sollen dem Lageberichtsadressaten laut Begründung im Regierungsentwurf zum BilReG **Soll-Ist-Vergleiche** ermöglicht werden.

45 Im **Prognoseberichtsteil** des Lageberichts hat nunmehr eine zusammengefasste Berichterstattung über die wirtschaftliche Entwicklung der Ges. **mit den wesentlichen Chancen und Risiken** unter Angabe der zugrunde liegenden Annahmen zu erfolgen. Die vor BilReG bestehende gesetzestechnische Trennung der Berichtsteile **„voraussichtliche Entwicklung"** und **„Risikoberichterstattung"** wurde aufgegeben. Aufgrund der engen sachlichen Verknüpfung der Ausführungen zur zukünftigen Entwicklung und den Angaben zu wesentlichen Chancen und Risiken kann die Berichterstattung nun zusammenhängend erfolgen. Nach Abs. 1 Satz 4 ist daher ein **zusammengehöriger Prognose- und Risikobericht** vorgeschrieben.

46 Dies wird auch in DRS 20.116 gefordert, wobei die DRS für den Einzelabschluss gleichwohl nur empfehlenden Charakter haben. Ob die Praxis den kodifizierten zusammengehörigen Risiko- und Prognosebericht annimmt (bisher eher nicht), bleibt abzuwarten. Erfolgt eine zusammenhängende Berichterstattung, sollte die Berichterstattung über die Finanzinstrumente (Abs. 2 Nr. 1) jedoch zumindest separat erfolgen.

47 Genaue **Inhalte** werden durch das HGB nicht vorgegeben. Auch ist der **Risikobegriff** im Gesetz nicht definiert, obwohl dies der Ausgangspunkt einer jeden Auseinandersetzung mit Risiken (und Chancen) sein sollte:

---

[29] Vgl. Freidank/Steinmeyer, BB 2005, S. 2513 f.

- In einer (auch umgangssprachlich üblichen) engen Begriffsabgrenzung wird Risiko als reine Verlustgefahr verstanden (Risiko i. e. S.).
- Eine weite Begriffsdefinition begreift Risiko hingegen unter Einbeziehung der positiven Entwicklungen bzw. Abweichungen: Risiko ist hier die Möglichkeit, dass etwas anders kommt als erwartet (Risiko i. w. S.).

Wirtschaftswissenschaftliche Risikobegriffe beziehen sich stets auf eine Abweichung zwischen dem tatsächlich eintretenden Ereignis und dem mit der größten Wahrscheinlichkeit erwarteten Ereignis (Erwartungswert) oder auf die Möglichkeit der Verfehlung eines (zuvor festgelegten) Ziels. Bei Letzterem wird von Zielverfehlung oder, bei Vorliegen der weiteren Abgrenzung, auch von Zielübererfüllung gesprochen. Dies verdeutlicht den Zusammenhang von Risiko und Ziel.[30]

Abweichend hiervon wird im Schrifttum zum Lagebericht unter Risiko ein **negatives Abweichen vom erwarteten Wert** begriffen (DRS 20 beschreibt Risiken als „mögliche künftige Entwicklungen oder Ereignisse, die zu einer für das Unt negativen Prognose- bzw. Zielabweichung führen können"). Derart verstandenen Risiken werden seit dem BilReG im Lagebericht die Chancen gleichwertig dazugestellt. DRS 20 greift die Parallelität der Risiko- und Chancenbegriffe auf und präzisiert Chancen als „mögliche künftige Entwicklungen oder Ereignisse, die zu einer für das Unt positiven Prognose- bzw. Zielabweichung führen können".

Über welche **wesentlichen** Chancen und Risiken der zukünftigen Entwicklung zu berichten ist, besagt das HGB nicht. Angelehnt an den inzwischen aufgehobenen IDW RS HFA 1 Anm. 29 sind jene Risiken und Chancen wesentlich, die einen **wesentlichen Einfluss auf die Vermögens-, Finanz- und Ertragslage** der Ges. haben können (potenziell spürbarer Einfluss auf die künftige Entwicklung der Ges.). Hierzu gehören insb. solche **Risiken, die den Fortbestand der Ges. gefährden** können (zur Berichterstattungspflicht in der Unternehmenskrise s.u.). DRS 20.148 verlangt hingegen, dass über jene wesentlichen Risiken und Chancen zu berichten ist, die die Entscheidungen eines verständigen Konzernlageberichtsadressaten beeinflussen können (was auch bestandsgefährdende Risiken einschließt). In jedem Fall muss die Bedeutung der Risiken und Chancen für das Unt aus der Darstellung hervorgehen (DRS 20.152).

Praxis-Beispiel
E-DRS 27 enthielt folgendes Beispiel für die Darstellung der Bedeutung von Chancen und Risiken:
„Auf die voraussichtliche Entwicklung von Unternehmen H wirken wesentliche Chancen und Risiken ein. Unternehmen H verdeutlicht deren unterschiedliche Bedeutung, indem es die Eintrittswahrscheinlichkeiten und möglichen Auswirkungen der Chancen und Risiken auf die voraussichtliche Entwicklung des Geschäftsverlaufs und der Lage des Unternehmens darstellt. Da die Veränderung von Rohstoffpreisen das Ergebnis von Unternehmen H stark beeinflusst, zeigt es deren Bedeutung durch eine Sensitivitätsanalyse auf, die angibt, wie sich ceteris paribus das Ergebnis vor Steuern bei einer 10 %igen Erhöhung (Reduzierung) des Rohstoffpreises gegenüber der Prognose verändert."[31]

---

[30] Vgl. Paetzmann, Corporate Governance: Strategische Marktrisiken, Controlling, Überwachung, 2. Aufl. 2012, S. 39 ff.
[31] E-DRS 27.A.3.8 – Beispiele wurden nicht in den DRS 20 übernommen.

51 **Risiken** und **Chancen** der zukünftigen Entwicklung sind nunmehr **gleichwertig** nebeneinandergestellt. Über diese ist ausgewogen zu berichten, womit das Vorsichtsprinzip des § 252 Abs. 1 Nr. 4 HGB nicht greift. Über wesentliche Risiken und wesentliche Chancen ist getrennt zu berichten. Sie dürfen **nicht saldiert** werden, um nur über die verbleibenden Restrisiken oder -chancen berichten zu müssen. Ebenso ist eine **Risikokompensation** (etwaig bestehende Risikoausgleichseffekte) bei der Berichterstattung unzulässig. Auch wenn nach Ansicht der Geschäftsführung Ausgleichspotenziale oder Sicherheitsreserven für potenzielle Risiken vorhanden sind oder Anpassungsmaßnahmen getroffen wurden, darf eine Berichterstattung über wesentliche Risiken nicht unterbleiben. Nur bei vorgenommener **Überwälzung von Risiken auf Dritte**, insb. Versicherungs-Unt, ist nicht mehr zu berichten (vorausgesetzt, dass evtl. aus einem Selbstbehalt verbleibende Restrisiko ist nicht mehr wesentlich).

52 Bei der Berichterstattung sollten die Risiken in geeigneten Risikokategorien zusammengefasst werden, wofür der ehemalige DRS 5.17 empfahl:
- Umfeld- und Branchenrisiken,
- unternehmensstrategische Risiken,
- leistungswirtschaftliche Risiken,
- Personalrisiken,
- informationstechnische Risiken,
- finanzwirtschaftliche Risiken (s. a. Abs. 2 Nr. 1),
- sonstige Risiken.

Über wesentliche steuerliche Risiken ist ebenfalls zu berichten.[32] Situationsspezifisch kann sich eine vertiefte, ergänzende Berichterstattung über bestimmte Risiken anbieten. So empfiehlt bspw. das IDW den von den Auswirkungen der Finanzmarktkrise betroffenen Unt, im Lagebericht gesondert z.B. über mögliche Probleme bei der Beschaffung liquider Mittel, über Unwägbarkeiten bei der Bewertung derivativer Finanzinstrumente und/oder über drastische Nachfragerückgänge zu berichten.[33]

> **Praxis-Beispiel**
> Der im Lagebericht (nach § 315 Abs. 5 HGB zusammengefasst mit dem Konzernlagebericht) 2018 der Daimler AG enthaltene Risikobericht ist nach folgenden Risikokategorien gegliedert:[34]
> - Risiko- und Chancenmanagementsystem,
> - Risiken und Chancen,
> - Umfeld- und Branchenrisiken und -chancen,
> - Unternehmensspezifische Risiken und Chancen,
> - Finanzwirtschaftliche Risiken und Chancen,
> - Rechtliche und steuerliche Risiken,
> - Nichtfinanzielle Risiken,
> - Gesamtbetrachtung Risiko- und Chancensituation.

---

[32] Vgl. Freidank/Mammen, ZCG 2008, S. 290.
[33] Vgl. IDW, Besondere Prüfungsfragen im Kontext der aktuellen Wirtschafts- und Finanzmarktkrise, Stand: 19.12.2008, Tz 40.
[34] Vgl. Daimler AG, Jahresabschluss 2018, S. 4; Daimler AG, Geschäftsbericht 2018, S. 143 ff.

Um dem Lageberichtsadressaten ein Bild über die künftigen Risiken zu vermitteln, sollten die Risiken – soweit und sofern möglich – mit Eintrittswahrscheinlichkeiten versehen und die Auswirkungen auf die wirtschaftliche Lage der Ges. beschrieben werden. Sofern eine **Quantifizierung** der Risiken auf Grundlage verlässlicher und anerkannter Methoden wirtschaftlich vertretbar ist und entscheidungsrelevante Informationen liefert, hat sie zu erfolgen, wobei die angewandten Methoden und Annahmen zu erläutern sind.

Für die **Chancen**, nach DRS 20.11 als „mögliche künftige Entwicklungen oder Ereignisse, die zu einer für das Unt positiven Prognose- bzw. Zielabweichung führen können" definiert, hat eine entsprechende Berichterstattung zu erfolgen, wobei der ehemalige DRS 15 folgende beispielhafte Inhalte nannte:
- Änderungen der Geschäftspolitik,
- Erschließung neuer Absatzmärkte,
- Verwendung neuer Verfahren,
- Angebot neuer Produkte und Dienstleistungen am Markt.

Zugleich sollten diejenigen Bereiche, die Gegenstand der Berichterstattung über den Geschäftsverlauf und die Lage sind, grds. auch Inhalt des Prognoseberichts sein. Mögliche Inhalte mit Angabe der wesentlichen Chancen und Risiken sind etwa:
- die für das nächste Gj geplante Ertragsentwicklung (Umsatz- und Ergebnisentwicklung),
- geplante Investitions- und Finanzierungsvorhaben,
- Angaben zu noch nicht geschlossenen Verträgen, Großaufträgen, Unternehmensbeteiligungen,
- die Entwicklung einzelner Geschäftsfelder, Regionen, Sparten,
- Zielerreichung in Bezug auf unternehmerische wesentliche Steuerungsgrößen.

Die Prognoseberichterstattung ist geprägt von den **Einschätzungen und Erwartungen** der geschäftsführenden Organe. Um dem Lageberichtsadressaten ein eigenes Urteil über die Plausibilität der angegebenen Prognosen zu ermöglichen, sind nach Abs. 1 Satz 4 2. Hs. die den genannten Erwartungen zugrunde liegenden **Annahmen** anzugeben. Hierzu sollten wichtige Einflussgrößen (bspw. Erwartungen mit Blick auf Dollarkurs-, Zins- oder Ölpreisentwicklung) und wichtige Ursache-Wirkungs-Beziehungen benannt werden.

> **Praxis-Beispiel**
> Der im Lagebericht (nach § 315 Abs. 2 HGB zusammengefasst mit dem Konzernlagebericht) 2018 der Daimler AG enthaltene Ausblick beginnt mit der folgenden Darstellung:
> „Die im Kapitel ‚Prognosebericht' getroffenen Aussagen basieren auf der im Dezember 2018 von Vorstand und Aufsichtsrat verabschiedeten Operativen Planung der Daimler AG. Grundlage dieser Planung sind die von uns gesetzten Prämissen zu den gesamtwirtschaftlichen Rahmenbedingungen und zur Entwicklung der Automobilmärkte. Dabei handelt es sich um Einschätzungen des Unternehmens, die sich auf Analysen verschiedener renommierter Wirtschaftsforschungsinstitute, internationaler Organisationen und Branchenverbände sowie auf interne Marktanalysen unserer Vertriebsgesellschaf-

> ten stützen. Die dargestellten Einschätzungen für den künftigen Geschäftsverlauf orientieren sich an Zielsetzungen unserer Geschäftsfelder sowie an den Chancen und Risiken, die die erwarteten Marktbedingungen und die Wettbewerbssituation im Planungszeitraum bieten. Vor diesem Hintergrund passen wir unsere Erwartungen für den Geschäftsverlauf jeweils an die aktuellen Prognosen bez. der Entwicklung der Automobilmärkte an. Die im Folgenden getroffenen Aussagen basieren auf unserem Kenntnisstand zu Beginn des Jahres 2019."[35]

57   Die Berichterstattung erfolgt i.d.R. **verbal** (dies ergibt sich aus der geforderten „Beurteilung" und „Erläuterung") **mit Unterstützung quantitativer Eckdaten**. Eine Quantifizierung der Risiken ist nach DRS 20.152 gefordert, wenn sie auch für interne Steuerungszwecke erfolgt und die quantitativen Angaben wesentlich für den verständigen Adressaten sind. Dann sind die internen Werte zu berichten, einschl. einer Darstellung und Erläuterung der verwendeten Modelle und zugrunde liegenden Annahmen. Der Unsicherheit der zukünftigen Entwicklung kann in der Berichterstattung durch Nennung einer Bandbreite (statt einwertiger Prognosen) und ggf. durch Aufzeigen von Alternativen in Form von Szenarien Rechnung getragen werden.

58   Die voraussichtliche Entwicklung der Ges. ist durch die Geschäftsführung **mit einer eigenen Meinung** zu beurteilen und zu kommentieren. Hierbei erfährt der Grundsatz der Wahrheit eine besondere Bedeutung, sollen sich doch Beurteilung und Erläuterung der voraussichtlichen Entwicklung an realistischen Erwartungen orientieren. Berichterstattende Ges. haben in den letzten Jahren begonnen, im angelsächsischen Raum verbreitete haftungsmindernde **Disclaimer** in den Lagebericht aufzunehmen.[36]

> **Praxis-Beispiel**
> Der Konzernlagebericht 2018 der Audi AG enthält den folgenden Disclaimer:
> „Disclaimer:
> Der Prognose-, Chancen- und Risikobericht enthält zukunftsbezogene Aussagen über erwartete Entwicklungen. Diese Aussagen basieren auf aktuellen Einschätzungen und sind naturgemäß mit Risiken und Unsicherheiten behaftet. Die tatsächlich eintretenden Ergebnisse können von den hier formulierten Aussagen abweichen."[37]

59   Der **Prognosezeitraum** soll, im Einklang mit dem früheren DRS 15.86, einen überschaubaren Zeitraum von etwa zwei Jahren beinhalten. Ein einjähriger Prognosezeitraum erscheint zu kurz bemessen, da bei Veröffentlichung des Lageberichts regelmäßig bereits mehrere Monate des Folgejahrs vergangen sind. Gleichwohl wurde der geforderte Prognosezeitraum durch DRS 20.127 auf mind. ein Jahr, gerechnet vom Abschlussstichtag, verkürzt. Längere Zeiträume (bspw. drei bis fünf Jahre) dürften eine zu geringe Prognosegüte aufweisen.

---

[35] Daimler AG, Geschäftsbericht 2018, S. 158.
[36] Vgl. Tesch/Wissmann, Lageberichterstattung nach HGB, 2. Aufl. 2009, S. 75.
[37] Audi AG, Geschäftsbericht 2018, S. 152.

Jedoch sind absehbare Sondereinflüsse nach dem Prognosehorizont dazustellen und zu analysieren (DRS 20.127).

> **Praxis-Beispiel**
> E-DRS 27 enthielt folgendes Beispiel für eine Konzernlageberichtdarstellung von Sondereinflüssen nach dem Prognosehorizont:
> „Im Konzernlagebericht für das Berichtsjahr X1 prognostiziert Unternehmen F für das Geschäftsjahr X2 einen leicht steigenden Umsatz. Für das folgende Jahr X3 ist jedoch aufgrund eines großen Sportereignisses, das alle vier Jahre stattfindet, mit einer hohen Umsatzsteigerung im Vergleich zu X2 zu rechnen. Unternehmen F stellt die Auswirkungen dieses absehbaren Sondereinflusses dar, auch wenn es jenseits des einjährigen Prognosehorizonts liegt."[38]

Zur **Prognosegenauigkeit** forderte DRS 20.129, dass die Prognosen als positiver oder negativer Trend und auch hinsichtlich der Intensität (Stärke des Trends, etwa stark, erheblich, geringfügig, leicht) zu beschreiben sind.

Für die in den (Konzern-)Lagebericht aufzunehmenden Prognosen sieht DRS 20.130 grds. die Prognosearten der Punkt-, Intervall- oder qualifiziert-komparativen Prognose vor. Ist die Prognosefähigkeit wesentlich beeinträchtigt und die zukünftige Entwicklung aufgrund besonderer Umstände hochgradig unsicher, kann die Darstellung verschiedener Zukunftsszenarien unter Angabe der Annahmen ausreichen, wobei die wichtigsten zur internen Steuerung verwendeten finanziellen und nichtfinanziellen Leistungsindikatoren aufzuzeigen sind (DRS 20.133).

Eine starke Beeinträchtigung der Prognosefähigkeit, wie etwa im Zuge der Anfang 2020 in Deutschland auftretenden **Covid-19-Pandemie** rechtfertigt keinen vollständigen Verzicht auf eine Prognoseberichterstattung, aber ggf. eine Inanspruchnahme der Erleichterungen nach DRS 20.133.[39]

Eine ähnliche Situation ergab sich in der Berichterstattung im Zusammenhang mit dem am 24.2.2022 begonnenen Kriegs gegen die Ukraine. Hierzu publizierte das IDW bereits am 8.3.2022 einen fachlichen Hinweis,[40] der auch dieses Ereignis als wertbegründend einstufte. Nach diesem fachlichen Hinweis ist grundsätzlich der jeweils einschlägigen Berichterstattungspflicht sowohl im Anhang als auch im Lagebericht nachzukommen, was Doppelungen nicht ausschließt. Mit dem Ziel einer Erhöhung der Transparenz und Übersichtlichkeit der Berichterstattung ist es jedoch zulässig, im Nachtragsbericht auf die Darstellungen im Lagebericht zu verweisen, um die Doppelungen zu vermeiden. Dadurch stehen dann

---

[38] E-DRS 27.A.3.6 – Beispiele wurden nicht in den DRS 20 übernommen.
[39] Vgl. IDW, Fachlicher Hinweis v. 4.3.2020, Auswirkungen des Ausbreitung des Coronavirus auf die Rechnungslegung zum Stichtag 31.12.2019 und deren Prüfung (Teil 1), S. 4, www.idw.de/blob/ 122498/31bce74e5b1413b91f74c9de1ea64383/down-corona-idw-fachlhinw-relepruefung-teil1-data.pdf; IDW, Fachlicher Hinweis v. 26.2.2021, Zweifelsfragen zu den Auswirkungen der Ausbreitung des Coronavirus auf die Rechnungslegung und deren Prüfung (Teil 3, 5. Update, April 2021), S. 6, www.idw.de/IDW/Medien/Arbeitshilfen-oeffentlich/Fachliche-Hinweise-oeffentlich/Downloads/ Down-Corona-IDW-FachlHinw-ReLePruefung-Teil3-Update5.pdf, Abruf 4.10.2024.
[40] IDW, Fachlicher Hinweis v. 8.3.2022, Auswirkungen des Ukraine-Krieges auf die Rechnungslegung und deren Prüfung (4. Update, Dezember 2022), www.idw.de/IDW/Medien/Arbeitshilfen-oeffentlich/Fachliche-Hinweise-oeffentlich/Downloads-Ukraine/IDW-UkraineKrieg-Rechnunglegung-Pruefung-FH-Update4–221222.pdf, Abruf 4.10.2024.

zukunftsbezogene Informationen zu den Auswirkungen des Ausbruchs des Kriegs in der Ukraine an einer zentralen Stelle, und zwar im Lagebericht. Ebenfalls erwähnt der fachliche Hinweis den umgekehrten Fall eines Verweises im Lagebericht auf die Angaben im Nachtragsbericht (DRS 20.114). In jedem Fall müssen die Verweise (im Nachtragsbericht auf den Lagebericht bzw. im Lagebericht auf den Nachtragsbericht) jedoch eindeutig und klar erkennbar sein.

64 Über **Geschäfts- und Betriebsgeheimnisse** sowie über Sachverhalte, deren Veröffentlichung der Ges. Schaden zufügen würde, ist grds. nicht zu berichten. Sofern mit derartigen Sachverhalten jedoch **wesentliche Risiken** verbunden sind, ist auf diese Sachverhalte auch dann einzugehen, wenn ihre Offenlegung schädlich oder bestandsgefährdend für die Ges. sein könnte. Dies ist insb. bei Ges. in der **Unternehmenskrise** relevant. Die durch die Offenlegung eintretende potenzielle Schadenswirkung kann nur dadurch abgeschwächt oder vermieden werden, dass zugleich über **durchgeführte oder eingeleitete Maßnahmen zur Krisenbewältigung** (bzw. Risikoabwehr) berichtet wird.[41]

65 Der Einbezug wesentlicher Chancen in den Lagebericht bringt zugleich nicht unerhebliche Auswirkungen auf die handelsrechtliche **Abschlussprüfung** mit sich, die sich weiter nach § 316 HGB auf Jahresabschluss und Lagebericht bezieht: Gem. § 317 Abs. 2 Satz 2 HGB ist neben der zutreffenden Darstellung der Risiken nun auch die zutreffende Darstellung der Chancen der künftigen Entwicklung im Lagebericht zu prüfen. Im Bestätigungsvermerk des Abschlussprüfers ist nach § 322 Abs. 6 Satz 2 HGB auch darauf einzugehen, „ob die Chancen und Risiken der entsprechenden Entwicklung zutreffend dargestellt sind". Es wird in der Literatur bezweifelt, ob der Abschlussprüfer hierfür eine eigene Chancenanalyse erbringen kann, sodass sich seine Tätigkeit auf eine Untersuchung der zugrunde liegenden Annahmen auf Plausibilität, Vollständigkeit und Widerspruchsfreiheit beschränkt.[42] Durch die Vorschriften des BilReG rückt nun noch stärker die Frage in den Vordergrund, inwieweit das **Controlling** Objekt der handelsrechtlichen Abschlussprüfung ist.[43]

66 **Praxis-Beispiel**
Den expliziten Einbezug von Chancen in den Risikobericht zeigt das Beispiel des Lageberichts 2018 der Beiersdorf AG:
„Risiken und Chancen
Der Beiersdorf Konzern ist im Rahmen seiner Geschäftstätigkeit einer Vielzahl von Risiken ausgesetzt. Diese resultieren unter anderem aus dem unternehmerischen Handeln mit dem Ziel, Chancen zur Verbesserung der Wettbewerbsfähigkeit zu erschließen und zu nutzen. Risiken und Chancen umfassen Ereignisse und Entwicklungen, die mit einer gewissen Wahrscheinlichkeit eintreten und wesentliche negative bzw. positive finanzielle und nichtfinanzielle Auswirkungen auf die Erreichung der Ziele des Beiersdorf Konzerns haben können. Um die wesentlichen Risiken frühzeitig zu erken-

---

[41] Vgl. Dörner/Bischof, WPg 1999, S. 449.
[42] Vgl. Küting/Hütten, Darstellung und Prüfung der künftigen Entwicklungsrisiken und -chancen im Lagebericht, in Lachnit/Freidank (Hrsg.): Investororientierte Unternehmenspublizität, 2000, S. 426; Freidank/Steinmeyer, BB 2005, S. 2516; IDW PS 350.10.
[43] Vgl. Paetzmann, ZP 2005, S. 270.

> nen, zu bewerten und konsequent durch gegensteuernde Maßnahmen zu begrenzen, setzt Beiersdorf ein integriertes Risiko- und Chancenmanagementsystem ein."[44]

Insg. hat die deutsche Gesetzgebung mit dem BilReG eine Besonderheit verankert, indem – über die in der EU-Modernisierungsrichtlinie geforderte Beschreibung der wesentlichen Risiken und Ungewissheiten hinaus – die Berichterstattung über wesentliche Chancen und Risiken im Lagebericht festgeschrieben wurde.[45] So wird eine zukunftsorientierte Lageberichterstattung ermöglicht, die auf einem unternehmerischen Chancen-/Risikomanagement (Enterprise Risk Management) fußt und auch das Management strategischer Marktchancen und -risiken integrieren kann.[46]

Infolge des BilRUG ist die Pflicht entfallen, als Teil der Lageberichterstattung über Ereignisse von besonderer Bedeutung nach dem Schluss des Gj zu berichten (sog. Nachtragsbericht als Teil des Lageberichts), da diese Angaben nun stattdessen in den Anhang aufzunehmen sind. Jedoch verbleibt eine Pflicht, im Prognosebericht über Ereignisse nach dem Schluss des Gj zu berichten, soweit diese Ereignisse für das Verständnis der Prognosen von wesentlicher Bedeutung sind (DRS 20.B30 i.d.F. DRÄS 6). Weiterhin kann im Lagebericht auf die entsprechenden Anhangangaben verwiesen werden, sofern derartige Ereignisse Auswirkungen auf den Geschäftsverlauf und die Lage sowie zukünftige Entwicklungen haben. Beim Fehlen derartiger Ereignisse kann eine entsprechende Negativerklärung abgegeben werden (DRS 20.114 i.d.F. DRÄS 6).

Die spezifischen Anforderungen an den Prognose- und Risikobericht von **Kredit- und Finanzdienstleistungsinstituten** sowie **Versicherungen** (insb. mit spezifischen Risikokategorien) waren bislang in den DRS 5–10 und DRS 5–20 beschrieben. In DRS 20 sind diese nun als Anlagen 1 und 2 integriert.

3.5 Lageberichtseid (Abs. 1 Satz 5)

Mit Abs. 1 Satz 5 transformierte der deutsche Gesetzgeber den Art. 4 Abs. 2 EU-Transparenz-RL[47] in deutsches Recht. Gemeinsam mit dem neu eingefügten § 264 Abs. 2 Satz 3 HGB soll diese Vorschrift einen Beitrag dazu leisten, dass Adressaten der Berichterstattung zuverlässige und umfassende Informationen über die Wertpapieremittenten am Kapitalmarkt erhalten. Art. 4 der EU-Transparenz-RL sieht hierzu die Veröffentlichung eines sog. **Jahresfinanzberichts**, bestehend aus Jahresabschluss und Lagebericht, vor, dessen Inhalte durch Erklärungen seitens der gesetzlichen Vertreter zu bestätigen sind. Ergänzt wird dieser Jahresfinanzbericht durch einen **Halbjahresfinanzbericht** (aus verkürztem Jahresabschluss und Zwischenlagebericht), der nach Art. 5 Abs. 2c Transparenz-RL ebenfalls Gegenstand derartiger Erklärungen ist.

---

44 Beiersdorf AG, Geschäftsbericht 2018, S. 40.
45 Vgl. Böcking/Dutzi/Gros, in Baetge/Kirsch/Thiele, Bilanzrecht, § 289 HGB Rz 111, Stand: 12/2018.
46 Vgl. Paetzmann, ZP 2005, S. 270f.
47 Vgl. RL 2004/109/EG, ABl. EU L 390/38ff.

71 Hiermit orientierte sich der europäische Gesetzgeber am US-amerikanischen **Sarbanes-Oxley Act**, der in Section 302 und 906 Ges. verpflichtet, die Richtigkeit und Vollständigkeit der bei der Securities and Exchange Commission (SEC) eingereichten Berichte gesondert zu bestätigen. Der durch Chief Executive Officer (CEO) und Chief Financial Officer (CFO) zu unterzeichnende „Bilanzeid" schließt auch eine Bestätigung ein, dass ordnungsmäßige und wirksame interne Kontrollmechanismen (**"internal controls"**) bestehen.

72 Die deutsche Umsetzung der EU-Transparenz-RL durch das **TUG**[48] entspricht mit Blick auf die abzugebende Erklärung weitgehend dem US-amerikanischen Vorbild. Als wesentlicher Unterschied wurde jedoch die Erklärung zu den internen Kontrollen nicht übernommen.[49] In diesem Zusammenhang ist gleichwohl auf die zeitlich nachlaufenden Umsetzungen von Änderungen der 4. RL (in nationales Recht umzusetzen bis 5.9.2008) durch das **BilMoG** hinzuweisen, die einen neuen Abs. 5 (seit dem CSR-RL-Umsetzungsgesetz nun Abs. 4) einfügen, nach dem im Lagebericht die wesentlichen Merkmale des internen Kontroll- und des Risikomanagementsystems im Hinblick auf den Rechnungslegungsprozess zu beschreiben sind. Dadurch sind die Unterschiede zu den US-amerikanischen Regelungen zumindest reduziert worden.

73 Die nach Abs. 1 Satz 5 abzugebende Erklärung bezieht sich allein auf den Inhalt des Lageberichts. Da u.a. die Angaben des Lageberichts überwiegend qualitativen (und nicht quantitativen) Charakter besitzen und bislang bei Nichtabgabe der Erklärung keine besonderen Sanktionen drohen (Ordnungswidrigkeit, die mit einer Geldbuße analog zu den übrigen Nichtabgaben von Rechnungslegungsunterlagen geahndet werden kann), wird die rechtliche Bedeutung des **Lageberichtseids** im Schrifttum bisher bereits als gering bezeichnet.[50] Mit dem Regierungsentwurf des FISG[51] ist die Einfügung eines § 331a HGB n. F. vorgesehen, mit einer Freiheitsstrafe bis zu fünf Jahren oder mit einer Geldstrafe bei Abgabe einer unrichtigen Versicherung, wobei bei Leichtfertigkeit die Freiheitsstrafe höchstens zwei Jahre oder eine Geldstrafe betragen soll. Dennoch handelt es sich beim Lageberichtseid im rechtlichen Sinne nicht um eine eidesgleiche Bekräftigung oder eidesstattliche Erklärung.

74 Zur Abgabe einer Erklärung i.S.d. Abs. 1 Satz 5 sind die Mitglieder des vertretungsberechtigten Organs jener KapG verpflichtet, die **Inlandsemittenten** nach § 2 Abs. 14 WpHG sind (alle Emittenten, für die Deutschland der Herkunftsstaat oder deren Herkunftsstaat ein anderer EU- oder EWR-Mitgliedstaat ist und die ihre Wertpapiere nur im Inland zum Handel an einem organisierten Markt zugelassen haben) und die keine KapG nach § 327a HGB sind.

75 Der nach dem (deutschen) Grundsatz der Gesamtverantwortung durch sämtliche (mit Bezug auf die Unterschriftspflichtigen geht Abs. 1 Satz 5 also über die US-amerikanischen Regelungen hinaus) gesetzlichen Vertreter abzugebende Lageberichtseid bezieht sich auf die Lageberichterstattung. Es ist zu versichern, dass der **Geschäftsverlauf einschl. des Geschäftsergebnisses** und die **Lage** der

---

[48] Vgl. Transparenzrichtlinie-Umsetzungsgesetz v. 5.1.2007, BGBl 2007 I S. 10ff.
[49] Vgl. Böcking/Dutzi/Gros, in Baetge/Kirsch/Thiele, Bilanzrecht, § 289 HGB Rz 143, Stand: 12/2018.
[50] Vgl. Reiner, in MünchKomm. HGB, 5. Aufl. 2024, § 264 HGB Rz 101; Böcking/Dutzi/Gros, in Baetge/Kirsch/Thiele, Bilanzrecht, § 289 HGB Rz 144, Stand: 12/2018.
[51] BT-Drs. 19/26966 v. 24.2.2021.

KapG so dargestellt sind, dass der Lagebericht ein den tatsächlichen Verhältnissen entsprechendes Bild vermittelt. Die gewählte Formulierung entspricht weitgehend dem Gesetzeswortlaut des Abs. 1 Satz 1. Weiterhin ist zu versichern, dass die **wesentlichen Chancen und Risiken** i.S.d. Abs. 1 Satz 4 beschrieben sind (nach dem TUG zugrunde liegenden Art. 4 Abs. 2c EU-Transparenz-RL sind nur die „wesentlichen Risiken und Ungewissheiten" zu beschreiben, was im Vergleich zu Abs. 1 Satz 4 inkonsistent erscheint).

Die abzugebende Versicherung der Mitglieder des vertretungsberechtigten Organs hat nach bestem Wissen zu erfolgen. Durch diesen im Gesetz – anders als zunächst im TUG-Regierungsentwurf – verankerten **Wissensvorbehalt** ist klargestellt, dass es auf den subjektiven Kenntnisstand ankommt, sodass nur vorsätzliches (und nicht auch fahrlässiges) Handeln bez. auf die Richtigkeit der Angaben rechtliche Folgen auslösen kann. Zugleich gelten jedoch die **Sorgfaltspflichten** der gesetzlichen Vertreter („Sorgfalt eines ordentlichen und gewissenhaften Geschäftsleiters", vgl. u.a. § 93 Abs. 1 Satz 1 AktG), sodass vorhandenes Wissen allein nicht vollständig genügt, um eine richtige Erklärung zum Inhalt des Lageberichts abzugeben.[52] Vielmehr haben sich die Mitglieder des vertretungsberechtigten Organs nach besten Kräften um einen optimalen Wissensstand zu bemühen, um unrichtige Angaben in der Erklärung zum Lageberichtsinhalt zu vermeiden.

Insb. mit Blick auf die Versicherung hinsichtlich der Darstellung aller wesentlichen Chancen und Risiken im Lagebericht ist daher ein funktions- und leistungsfähiges **internes Überwachungssystem** eine conditio sine qua non. Das folgende Schaubild zeigt die Komponenten des unternehmerischen Überwachungssystems, bestehend aus internen und externen Überwachungskomponenten. Im Kern des internen Überwachungssystems befindet sich das (Chancen- und) Risikomanagement, eingebettet in die Komponenten organisatorische Sicherungsmaßnahmen, Controlling und interne Revision.

Abb. 1: Risikomanagement im internen Überwachungssystem[53]

---

52 Vgl. Böcking/Dutzi/Gros, in Baetge/Kirsch/Thiele, Bilanzrecht, § 289 HGB Rz 151 f., Stand: 12/2018.
53 Vgl. Paetzmann, ZP 2005, S. 278; Paetzmann, Corporate Governance: Strategische Marktrisiken, Controlling, Überwachung, 2. Aufl. 2012, S. 92.

78 Hinsichtlich Form und Ort des Lageberichtseids macht Abs. 1 Satz 5 (wie auch § 264 Abs. 2 Satz 3 HGB) keine Vorgabe, allerdings sieht der Gesetzgeber mit Einführung des ESEF-Formats (§ 328 Rz 28 ff.) eine gesonderte, dem Lagebericht beizufügende schriftliche Erklärung vor. Der Lageberichtseid hat schriftlich zu erfolgen und eine Kombination mit dem Bilanzeid des § 264 Abs. 2 Satz 3 HGB in einer **kombinierten Erklärung** erscheint praktisch geboten.[54] Gegen eine kombinierte Erklärung spricht hingegen u. a., dass der Lageberichtseid im Vergleich zum Bilanzeid umfassendere Aussagen enthält und es sich bei Jahresabschluss und Lagebericht um zwei getrennte Rechnungslegungsinstrumente handelt.[55]

79 Der Lageberichtseid ist ein gesonderter Bericht und nicht im Lagebericht zu erbringen. Aus § 114 Abs. 2 sowie § 115 Abs. 2 WpHG kann ebenfalls geschlossen werden, dass die Erklärungen nicht notwendigerweise in den einzelnen Rechnungslegungsinstrumenten, sondern **im Jahres- bzw. Halbjahresfinanzbericht** insg. enthalten sein müssen. Der DSR plädiert für eine kombinierte Erklärung von Bilanz- und Lageberichtseid und schlägt in DRS 16.56 eine Formulierung für eine **„Versicherung der Mitglieder des vertretungsberechtigten Organs"** vor (das folgende Beispiel lehnt sich an diesen Vorschlag an).

> **Praxis-Beispiel**
> Kombinierte Erklärung der Vorstandsmitglieder der Daimler AG zum Jahresabschluss und Lagebericht 2018:
> „Wir versichern nach bestem Wissen, dass gem. den anzuwendenden Rechnungslegungsgrundsätzen der Konzernabschluss ein den tatsächlichen Verhältnissen entsprechendes Bild der Vermögens-, Finanz- und Ertragslage des Konzerns vermittelt und im Konzernlagebericht, der mit dem Lagebericht der Daimler AG zusammengefasst ist, der Geschäftsverlauf einschließlich des Geschäftsergebnisses und die Lage des Konzerns so dargestellt sind, dass ein den tatsächlichen Verhältnissen entsprechendes Bild vermittelt wird, sowie die wesentlichen Chancen und Risiken der voraussichtlichen Entwicklung des Konzerns beschrieben sind. Stuttgart, den 13. Februar 2019" [es folgen die Unterschriften der acht Vorstandsmitglieder der Daimler AG][56]

80 Ein separater Lageberichtseid nach Abs. 1 Satz 5 kann entfallen, sofern der Lagebericht nach § 315 Abs. 5 i. V. m. § 298 Abs. 3 HGB mit dem Konzernlagebericht zusammengefasst wird (§ 315 Rz 94).[57]

81 § 289 Abs. 1 Satz 5 HGB wird durch den RegE **CSRD-Umsetzungsgesetz** mit Wirkung für die Gj 2024 aufgehoben, s. Rz 134.

---

[54] Vgl. Reiner, in MünchKomm. HGB, 5. Aufl. 2024, § 264 HGB Rz 108; Grottel, in Beck Bil-Komm., 14. Aufl. 2024, § 298 HGB Rz 74.
[55] Vgl. Kliem/Rimmelspacher, in Beck Bil-Komm., 14. Aufl. 2024, § 264 HGB Rz 90; Böcking/Dutzi/Gros, in Baetge/Kirsch/Thiele, Bilanzrecht, § 289 HGB Rz 146, Stand: 12/2018.
[56] Daimler AG, Geschäftsbericht 2018, S. 334.
[57] Vgl. Böcking/Dutzi/Gros, in Baetge/Kirsch/Thiele, Bilanzrecht, § 289 HGB Rz 158, Stand: 12/2018.

4 Elemente des Lageberichts nach Abs. 2

4.1 Nachtragsbericht (früherer Abs. 2 Satz 1 Nr. 1)

Der frühere Bericht über besondere Vorgänge nach Abschluss des Gj im Lagebericht (Nachtragsbericht) ist infolge des BilRUG (2015) entfallen, da diese Angaben zukünftig im Anhang (§ 285 Nr. 33 HGB) zu machen sind. Hintergrund ist europäisches Recht. Anders als der frühere Art. 46 Abs. 2 Buchst. a der RL 78/660/EWG verlangt Art. 17 Abs. 1 Buchst. q der RL 2013/34/EU statt einer Angabe im Lagebericht nun eine Anhangangabe zur Art und finanziellen Auswirkung wesentlicher Ereignisse nach dem Bilanzstichtag, die weder in der Bilanz noch in der GuV berücksichtigt sind. Hierdurch hat sich auch die Nummerierung geändert: Die früheren Nummern 2–5 wurden die Nummern 1–4, wobei Nr. 4 inzwischen in § 289a Abs. 2 HGB verschoben wurde.

82

4.2 Berichterstattung über Finanzinstrumente (Abs. 2 Satz 1 Nr. 1a und b)

Abs. 2 Nr. 1a und b der Vorschrift gehen zurück auf das BilReG, das die Vorschriften des Art. 46 Abs. 2f der Bilanzrichtlinie i.d.F. d. Fair-Value-RL bez. der **Risikoberichterstattung über Finanzinstrumente** in deutsches Recht transformierte. Zweck der neuen Nr. 1a und b war es, den Informationsgehalt von Lageberichten und die Vergleichbarkeit zu verbessern.

83

Abs. 2 Nr. 1a und b schreiben vor, dass mit Blick auf die Verwendung von Finanzinstrumenten auf
- die Risikomanagementziele und -methoden (Nr. 1a) sowie
- die Preisänderungs-, Ausfall- und Liquiditätsrisiken sowie die Risiken aus Zahlungsstromschwankungen (Nr. 2b)

einzugehen ist, sofern dies für die Beurteilung der Lage oder der voraussichtlichen Entwicklung von Belang ist. Abs. 2 Satz 1 Nr. 1a und b beziehen sich auf Risiken aus Finanzinstrumenten, nicht aber auf andere Risiken. Die Berichtsinhalte orientieren sich weitgehend an den **IFRS-Regelungen** zu Finanzinstrumenten (IAS 32 bzw. IFRS 7). Wählt eine große Ges. nach § 325a Abs. 2a HGB die Offenlegung eines IFRS-Jahresabschlusses anstelle eines nach HGB erstellten Jahresabschlusses, entfällt die Berichterstattungspflicht nach Abs. 2 Satz 1 Nr. 1a und b, da nach IFRS entsprechende Angaben zu machen sind.

84

Das HGB macht keine Vorgaben hinsichtlich der Form der Darstellung. Das „Eingehen" bedeutet, dass eine **verbale** Darstellung ausreichend ist. Vergleiche mit Vj-Angaben sind nicht erforderlich. Der Umfang der Berichterstattung ist grds. abhängig von der Risikoposition der Ges. Die Berichterstattung kann in einem gesonderten Abschnitt des Lageberichts oder innerhalb des Risikoberichts erfolgen.

85

Das HGB wie auch die zugrunde liegende EU-RL definieren den Begriff **„Finanzinstrument"** nicht. Unter Finanzinstrumenten werden Vermögensgegenstände und Schulden verstanden, die auf vertraglicher Basis zu Geldzahlungen oder zum Zu- oder Abgang anderer Finanzinstrumente führen. Zu den berichterstattungspflichtigen Finanzinstrumenten gehören zum Bilanzstichtag verwendete Finanzanlagen, Wertpapiere, Derivate, Darlehensverbindlichkeiten, darüber hinaus ebenso Forderungen und Verbindlichkeiten aus Lieferungen und Leistungen.[58] Unerheblich ist, ob sie in der Bilanz erfasst sind oder nicht. Schwebende Geschäfte sind zu berücksichtigen. Unklar ist, wie für den eigenen Bedarf abgeschlossene Warentermingeschäfte zu behandeln sind, da sich hier das HGB und die zugrunde liegende Bilanzrichtlinie i. d. F. d. Fair-Value-RL widersprechen.

86 Die Berichterstattung unterliegt dem **Grundsatz der Wesentlichkeit**, indem sie nur zu erfolgen hat, sofern die Finanzinstrumente für die Beurteilung der Lage oder der voraussichtlichen Entwicklung von Belang sind. Es ist demnach bspw. zu berichten, wenn wesentliche mit Finanzinstrumenten einhergehende Risiken erst in einem zweijährigen Prognosezeitraum erwartet werden, für die Beurteilung der Lage zum Abschlussstichtag aber noch nicht von Belang sind. Das Kriterium der Wesentlichkeit wird an der Vermögens-, Finanz- und Ertragslage oder der voraussichtlichen Entwicklung der Ges. festgemacht (eines der Merkmale reicht aus).

87 Die Vorschrift des § 289 Abs. 2 Satz 1 Nr. 1a HGB bezieht sich auf die Risikomanagementziele und -methoden in Bezug auf Finanzinstrumente, nicht auf das Risikomanagement des gesamten Unt (und aller seiner Ziele und Methoden). Bei der Berichterstattung reichen pauschale Hinweise auf ein existierendes Risikomanagementsystem nicht aus. Finanzinstrumente mit ähnlichen Merkmalen können in der Darstellung zusammengefasst werden. Die Erläuterungen zu den **Zielen des Risikomanagements** sollen insb. eingehen auf:
- die Grundeinstellung der Geschäftsführung zu Risiken (Risikoneigung) beim Einsatz von Finanzinstrumenten und dabei auf
- das Ziel der vollständigen Erfassung aller Risiken und
- die Bestimmung von Wesentlichkeitsgrenzen.

88 Zu den **Methoden des Risikomanagements** in Bezug auf Finanzinstrumente sind insb. zu erläutern:
- das Vorgehen der aktiven Beeinflussung der mit Finanzinstrumenten verbundenen Risiken sowie
- die Angaben zum Verzicht risikobehafteter Finanzinstrumente
  - zur Vermeidung unangemessener Risikokonzentrationen,
  - zur Überwälzung von Risiken auf Dritte und
  - zu verbleibenden Restrisiken.

89 Zu den Risikomanagementmethoden gehören auch die Methoden der **Absicherung** aller wichtigen Arten von Transaktionen, die bei der Bilanzierung von Sicherungsgeschäften erfasst werden, insb. Hedging. Dies betrifft neben den verwendeten zugrunde liegenden Systematiken auch Art und Kategorie der eingesetzten Sicherungsgeschäfte. Anzugeben ist, welche Finanzinstrumente bzw. Derivate zur Absicherung wesentlicher Risiken eingesetzt wurden.

90 Die Vorschrift des Abs. 2 Satz 1 Nr. 1b bezieht sich nach dem Gesetzeswortlaut auf die Verwendung von Finanzinstrumenten in Bezug auf die vier Risikokategorien:[59]
- Preisänderungsrisiken (Währungs-, Zins-, Marktrisiken),
- Ausfallrisiken (Kreditrisiken),
- Liquiditätsrisiken,
- Risiken aus Zahlungsstromschwankungen (Cashflow-Risiken).

---

[58] Vgl. IDW RH HFA 1.005, Anm. 32.
[59] Vgl. IDW RH HFA 1.005, Anm. 36.

Art und Ausmaß dieser Risiken sind im Einzelnen zu erläutern, sofern sie mit Finanzinstrumenten – unabhängig von deren Bilanzierung – im Zusammenhang stehen. 91

Grds. ist aus der wörtlichen Übereinstimmung dieser Vorschrift bzw. des transformierten Art. 1 Nr. 4 der Fair-Value-RL mit IAS 32.43a-d (rev. 2000) in Verbindung mit dem Ziel des BilReG, die Vergleichbarkeit des deutschen Bilanzrechts mit internationalen Rechnungslegungsstandards zu verbessern, zu schließen, dass sich ihre Auslegung an den IFRS-Offenlegungsregeln zu orientieren hat. 92

4.3 Forschungs- und Entwicklungsbericht (Abs. 2 Satz 1 Nr. 2)

Zweck dieser Vorschrift ist es, dem Lageberichtsadressaten weitere Informationen zur Beurteilung der Zukunftsaussichten und somit zur Lage der Ges. zu geben. Insb. bei forschungsintensiven Branchen (bspw. Pharma, Chemie, Luft- und Raumfahrt, Informationstechnologie) kann der Aussagewert der Lageberichterstattung durch diese Vorschrift deutlich erhöht werden. Zugleich erwachsen aus der **Branchenzugehörigkeit** einer Ges. Erwartungen, woraus Berichterstattungspflichten folgen können: 93

- Wird keine F&E-Tätigkeit betrieben und ist diese auch nicht branchenüblich, kann eine Berichterstattung darüber unterbleiben.
- Betreibt eine Ges. keine F&E-Tätigkeiten, obwohl diese aus der Branchenzugehörigkeit oder der Art der Produkte zu erwarten sind, sind hingegen hierzu Ausführungen i. R. d. Lagedarstellung nach Abs. 1 erforderlich.

Für Dritte durchgeführte F&E-Tätigkeiten fallen nicht unter die Vorschrift des Abs. 2 Satz 1 Nr. 2. 94

Zu Art und Umfang der Berichterstattung besagt das Gesetz nichts Näheres, sodass es der Ges. überlassen bleibt, Erläuterungen zu geben bspw. hinsichtlich: 95

- der F&E-Ziele,
- der F&E-Felder,
- der Budgethöhe oder des Geschäftsjahresaufwands,
- der Zahl der engagierten Mitarbeiter,
- der Anzahl der Patentanmeldungen,
- der zukünftig beabsichtigten Investitionen.

Wesentliche Veränderungen der F&E-Aktivitäten gegenüber dem Vj sind zu erläutern. Über **Geschäfts- und Betriebsgeheimnisse** ist nicht oder nicht detailliert zu berichten. Im Übrigen hat eine Berichterstattung zu unterbleiben, soweit es das Wohl der Bundesrepublik Deutschland oder eines ihrer Länder erfordert. 96

Praxis-Beispiel

Einen expliziten Forschungs- und Entwicklungsbericht enthält der Lagebericht 2017/2018 der KWS SAAT SE:
„Forschungs- und Entwicklungsbericht
Allein im Geschäftsjahr 2017/2018 betrug der Aufwand für Forschung & Entwicklung 197,8 (190,3) Mio. EUR. Als Ergebnis wurden uns 402 (357) Vertriebsgenehmigungen für neue KWS Sorten erteilt.

> Weitere Stärkung unserer Innovationskraft
> Wissenschaftler der KWS arbeiten im Rahmen eigener Forschungsaktivitäten kontinuierlich an innovativen Ansätzen, um verbesserte Produkteigenschaften zu entwickeln und unsere Züchtungsmethodik weiter zu optimieren. Dabei sind wir bestrebt, internes Wissen und Kompetenz in der Pflanzenzüchtung durch Partnerschaften mit öffentlichen Forschungseinrichtungen und privaten Unternehmen kontinuierlich zu erweitern. Dies erlaubt uns, neuste wissenschaftliche Erkenntnisse und Methoden schneller in unsere Züchtung zu integrieren. In einem immer stärker konzentrierten Wettbewerbsumfeld ist es unumgänglich, unsere Forschungsergebnisse durch Patentanmeldungen abzusichern und gleichzeitig den Handlungsspielraum als forschendes Unternehmen zu erhalten. Im Berichtsjahr führten diese schutzrechtlichen Maßnahmen im Vergleich zum Vorjahr zu einer Verdopplung unserer Anmeldeaktivitäten bei Patenten in der Anwendung von wichtigen Züchtungstechnologien. Weiterhin konnten mittels Sortenschutz wichtige Sortenmerkmale und Linien in verschiedenen Kulturpflanzen erfolgreich geschützt werden. Neben dem eigenen Schutz eröffnet uns der Aufbau eigener Patentpositionen Optionen für Kreuz-Lizenzierungen mit anderen Unternehmen in der Branche und sichert somit den Zugang zu neuesten Technologien."[60]

4.4 Zweigniederlassungsbericht (Abs. 2 Satz 1 Nr. 3)

97 Im Lagebericht sind Angaben zu den **in- und ausländischen Zweigniederlassungen** der Ges. zu machen. Als Zweigniederlassung angesehen wird „ein auf Dauer angelegter, räumlich und organisatorisch von der Hauptniederlassung getrennter Unternehmensteil ohne eigene Rechtspersönlichkeit, der im Außenverhältnis selbstständig handelt und im Innenverhältnis weisungsgebunden ist." (DRS 20.11) Das Gesetz sagt nichts über den erforderlichen **Umfang** der Berichterstattung aus. Dieser ist in Abhängigkeit von der **Bedeutung** der Zweigniederlassung für die Lage der Ges. zu wählen. Zumindest dürften bspw. Angaben notwendig sein über:[61]

- die örtliche Gelegenheit der Zweigniederlassung,
- wesentliche Veränderungen gegenüber dem Vj mit Blick auf Errichtung, Aufhebung und Sitzverlegung von Zweigniederlassungen,
- Firmierung von Zweigniederlassungen, die die Zugehörigkeit zum Stammhaus nicht mehr eindeutig erkennen lassen.

Weitergehende Anforderungen sind bspw.:[62]

- Umsätze des Gj,
- Vertriebsprogramme,
- Investitionsvorhaben,
- beschäftigte Mitarbeiter.

98 Bestehen mehrere Zweigniederlassungen, empfiehlt sich aus Gründen der Klarheit und Übersichtlichkeit die Darstellung mittels einer Tabelle. Bei zahlreichen Zweigniederlassungen können diese nach regionalen Gesichtspunkten

---

[60] KWS SAAT SE, Jahresabschluss der KWS SAAT SE 2017/2018, S. 17.
[61] Vgl. den inzwischen aufgehobenen IDW RS HFA 1.49 und Anlage, Abschn. D5.
[62] Vgl. Grottel, in Beck Bil-Komm., 14. Aufl. 2024, § 289 HGB Rz 101.

zusammengefasst werden; eine detaillierte Darstellung sollte sich dann auf die wesentlichen Zweigniederlassungen konzentrieren.[63] Sofern die Ges. über keine Zweigniederlassung verfügt, entfällt die Angabe. Eine Fehlanzeige kann unterbleiben.[64]

4.5 Hinweis zum Bestand an eigenen Aktien (Abs. 2 Satz 2)

Sind im Anhang Angaben zum Bestand an eigenen Aktien der Ges. (nach § 160 Abs. 1 Nr. 2 AktG) zu machen, ist im Lagebericht darauf zu verweisen.

5 Darstellung und Erläuterung der bedeutsamsten nichtfinanziellen Leistungsindikatoren durch große Kapitalgesellschaften (Abs. 3)

Große KapG, wozu nach § 267 Abs. 3 Satz 2 HGB auch alle kapitalmarktorientierten Ges. zählen, haben auch **nichtfinanzielle Leistungsindikatoren** in die Analyse von Geschäftsverlauf und Lage der Ges. nach Abs. 1 Satz 2 einzubeziehen. Wie bei Abs. 1 Satz 3 geht es dem Gesetzgeber hier um die „bedeutsamsten" Leistungsindikatoren (hier nichtfinanzieller Art), die für die Geschäftstätigkeit des Unt von Bedeutung und für das Verständnis seines Geschäftsverlaufs und seiner Lage erforderlich sind.

Ziel einer Nutzung nichtfinanzieller Leistungsindikatoren soll sein, die Prognostizierbarkeit künftiger Erträge zu verbessern. Eine freiwillige weitergehende Berichterstattung über sonstige nichtfinanzielle Leistungsindikatoren ist nur dann zulässig, wenn sie den Informationsgehalt des Lageberichts steigert. Werden hingegen die Klarheit und Übersichtlichkeit der Analyse und die Konzentration auf das Wesentliche beeinträchtigt, hat eine weitergehende Berichterstattung zu unterbleiben.

„Indikator" ist ein für das Verständnis der wirtschaftlichen Lage der Ges. notwendiger Einflussfaktor. Die Messbarkeit ist für den nichtfinanziellen Indikator nicht primär ausschlaggebend. Indikatoren sollten **Branchenbesonderheiten** Rechnung tragen und darüber Betriebsvergleiche mit anderen Branchenunternehmen ermöglichen. Die Analyse mittels nichtfinanzieller Indikatoren soll den **Bezug zur Darstellung der Vermögens-, Finanz- und Ertragslage** wahren.

Abs. 3 nennt als nichtfinanzielle Leistungsindikatoren beispielhaft „Informationen über Umwelt- und Arbeitnehmerbelange". Abhängig vom Einzelfall ist zu entscheiden, welche Indikatoren für den Adressaten des Lageberichts von Bedeutung sind. Zu beachten ist, dass seit Inkrafttreten des CSR-RL-Umsetzungsgesetzes – unter Berücksichtigung eines eingeschränkten, anderen Anwenderkreises – i.R.d. nichtfinanziellen Berichterstattung nach § 289c Abs. 2 HGB ebenfalls über Umwelt- und Arbeitnehmerbelange zu berichten ist. Nach § 289 Abs. 3 HGB ist über nichtfinanzielle Leistungsindikatoren zu berichten, soweit dies für das Verständnis des Geschäftsverlaufs und der Lage der Ges. von Bedeutung bzw. erforderlich ist. Dies ist in § 289c Abs. 2 u. 3 HGB anders, hier geht es um das Verständnis der Auswirkungen der Geschäftstätigkeit auf nichtfinanzielle Belange.[65]

---

[63] Vgl. Baetge/Kirsch/Thiele, Bilanzen, 17. Aufl. 2023, S. 796.
[64] Vgl. Grottel, in Beck Bil-Komm., 14. Aufl. 2024, § 289 HGB Rz 102.
[65] Vgl. Paetzmann, ZCG 2016, S. 283.

104 Für **Arbeitnehmerbelange** könnten etwa die folgenden nichtfinanziellen Leistungsindikatoren genutzt werden:

> **Praxis-Beispiel**
> - Fluktuation,
> - Betriebszugehörigkeit,
> - Vergütungsstrukturen,
> - Ausbildungsstrukturen,
> - Fortbildungsmaßnahmen,
> - interne Förderungsmaßnahmen.

105 Mit Blick auf **strategische Marktchancen und -risiken** können etwa die folgenden nichtfinanziellen Indikatoren gewählt werden:[66]

> **Praxis-Beispiel**
> - Marktwachstum und -anteile,
> - Entwicklung des Kundenstamms und der Kundenzufriedenheit,
> - Produkt- und Prozessqualität,
> - Anzahl und Entwicklung von Konkurrenzprodukten,
> - Abhängigkeiten von Kunden und Lieferanten (ABC-Analysen),
> - Position wichtiger Produkte im Produktlebenszyklus,
> - Anzahl Patentanmeldungen, Neuprodukte und Innovationen.

106 Durch den **RegE CSRD-Umsetzungsgesetz** soll dem bisherigen Abs. 3 ein Satz und ein weiterer Abs. 3a angefügt werden, s. Rz 134 ff.

6 Risikomanagement-Bericht durch kapitalmarktorientierte Kapitalgesellschaften (Abs. 4)

107 Im Lagebericht sind in Umsetzung von Art. 46a Abs. 1 Buchst. c der Bilanzrichtlinie i. d. F. d. Abänderungsrichtlinie von sog. kapitalmarktorientierten KapG im Lagebericht in einem **Risikomanagement-Bericht** die wesentlichen Merkmale des internen Kontroll- und des Risikomanagementsystems im Hinblick auf den Rechnungslegungsprozess zu beschreiben.[67]

108 Abs. 4 gilt nur für **kapitalmarktorientierte KapG** und ihnen gleichgestellte PersG (§ 264a HGB). Nach der Legaldefinition des § 264d HGB sind dies Ges., die einen organisierten Markt i. S. d. § 2 Abs. 11 WpHG durch von ihnen ausgegebene Wertpapiere gem. § 2 Abs. 1 Satz 1 WpHG (Aktien oder vergleichbare Anlagewerte bzw. Zertifikate, die Aktien vertreten, Schuldtitel, etwa Inhaber- oder Orderschuldverschreibungen, Genuss- und Optionsscheine oder Zertifikate, die Schuldtitel vertreten) in Anspruch nehmen oder die Zulassung zum Handel an einem organisierten Markt beantragt haben.

---

[66] Vgl. Paetzmann, Corporate Governance: Strategische Marktrisiken, Controlling, Überwachung, 2. Aufl. 2012, S. 177 ff.
[67] Vgl. Gelhausen/Fey/Kämpfer, Rechnungslegung und Prüfung nach dem Bilanzrechtsmodernisierungsgesetz, 2009, S. 433 ff.

Der RefE **CSRD-Umsetzungsgesetz** sieht als rein redaktionelle Änderung vor, dass in Abs. 4 die Wörter „Kapitalgesellschaften i. S. d. § 264d haben" durch die Wörter „Eine Kapitalgesellschaft, die kapitalmarktorientiert i. S. d. § 264d ist, hat" ersetzt werden.

Im Risikomanagement-Bericht sind die wesentlichen Merkmale des vorhandenen Risikomanagementsystems im Hinblick auf den Rechnungslegungsprozess zu erläutern, womit der **Fokus in zweierlei Hinsicht eingeschränkt** ist:
- zum einen bezieht sich der Bericht allein auf den **Rechnungslegungsprozess**,[68]
- zum anderen auf die **wesentlichen Merkmale** des Systems (während Art. 46a Abs. 1 Buchst. c der Bilanzrichtlinie i. d. F. d. Abänderungsrichtlinie von den „wichtigsten" Merkmalen sprach, hielt der deutsche Gesetzgeber am handelsrechtlich üblichen Begriff „wesentlich" fest).[69]

Umfang und Detailtiefe der Erläuterung hängen von den individuellen Gegebenheiten der Ges. ab, jedoch muss die Erläuterung den Rechnungslegungsadressaten eine Einsicht in das interne Kontroll- und Risikomanagementsystem in Bezug auf den Rechnungslegungsprozess ermöglichen.[70] Gemeint ist das **Interne Überwachungssystem (IÜS)** bzw. **Internal control system nach COSO** in Bezug auf den Rechnungslegungsprozess.[71] Hierunter fallen
- Grundsätze, Verfahren und Maßnahmen zur Sicherung der Wirksamkeit und Wirtschaftlichkeit der Rechnungslegung, zur Sicherung der Ordnungsmäßigkeit der Rechnungslegung sowie zur Sicherung der Einhaltung der maßgeblichen Rechtsvorschriften (**organisatorische Sicherungsmaßnahmen und das Controlling**, sofern rechnungslegungsrelevant),
- das **interne Revisionssystem**, soweit es auf den Rechnungslegungsprozess ausgerichtet ist,
- das **Risikomanagementsystem** im Hinblick auf den Risikomanagementprozess, was dann Bedeutung erlangt, wenn die Ges. Risikoabsicherungen betreibt, die handelsbilanziell abgebildet werden.[72]

Das Gesetz spricht in Abs. 4 zusammenfassend vom Risikomanagementsystem, meint jedoch das IÜS. Der Risikomanagement-Bericht hat den **Prozess** (die Organisation) des Risikomanagementsystems (bzw. des IÜS) mit seinen wesentlichen Merkmalen zu erläutern, nicht die Risiken als solche. Hierdurch unterbleibt eine zu umfangreiche Offenlegung, die der Gesetzgeber mit Blick auf die berechtigten schutzwürdigen Geheimhaltungsinteressen der berichtspflichtigen Ges. unterlassen wollte. Die Berichtspflicht erschöpft sich in der **Systembeschreibung** und enthält keine eigenständige Würdigung. Damit übermittelt das Geschäftsführungsorgan an die Rechnungslegungsadressaten **keine Einschätzung über die Funktionsfähigkeit** des Risikomanagementsystems. Jedoch geht der Gesetzgeber davon aus, dass bereits die Beschreibung des internen Risikomanagementsystems im Hinblick auf den Rechnungslegungsprozess zu

---

[68] Vgl. Strieder, BB 2009, S. 1003.
[69] Vgl. BT-Drs. 16/10067 v. 30.7.2008 S. 76.
[70] Vgl. BT-Drs. 16/12407 v. 24.3.2009 S. 14.
[71] Vgl. Freidank, Unternehmensüberwachung: Die Grundlagen betriebswirtschaftlicher Kontrolle, Prüfung und Aufsicht, 2012, S. 52 ff.; Paetzmann, Corporate Governance: Strategische Marktrisiken, Controlling, Überwachung, 2. Aufl. 2012, S. 85 ff.
[72] Vgl. BT-Drs. 16/10067 v. 30.7.2008 S. 76.

einer Auseinandersetzung mit dem System und seiner Effektivität auf Seiten der Geschäftsführungsorgane zwingt.[73]

112 Sofern die Ges. kein Risikomanagementsystem eingerichtet hat, ist dies zu berichten, jedoch nicht zwingend zu begründen. Abs. 4 enthält explizit keine Verpflichtung zur Einrichtung oder inhaltlichen Ausgestaltung eines internen Risikomanagementsystems mit Blick auf den Rechnungslegungsprozess.[74] Es bleibt vielmehr den geschäftsführenden Organen i.R. ihrer rechtsformspezifischen Leitungsautonomie überlassen, ein derartiges System einzurichten. Nur für die **Aktiengesellschaft** normiert § 91 Abs. 2 AktG eine Systemverantwortung des Vorstands, begrenzt auf die **Früherkennung** aller (nicht nur rechnungslegungsbezogenen) **bestandsgefährdenden Risiken**. Weder enthält Abs. 4 eine implizite Verpflichtung zur Einrichtung eines Risikomanagementsystems für alle kapitalmarktorientierten KapG noch eine Erweiterungsverpflichtung von einem Risikofrüherkennungs- hin zu einem umfassenderen Risikomanagementsystem. Faktisch ist jedoch nach dem Grundsatz „tue Gutes und rede darüber" zu erwarten, dass die Berichterstattungspflicht des Abs. 5 kapitalmarktorientierte KapG und ggf. auch andere KapG und KapCoGes veranlassen wird, ein derartiges System einzurichten, um darüber berichten zu können.[75]

113 Die Berichterstattung über das interne Risikomanagementsystem nach Abs. 4 erfolgt im Lagebericht. Dabei kann die Berichterstattung mit den Angaben nach Abs. 2 Nr. 1 zu einem **einheitlichen Risikobericht** zusammengefasst werden.[76] Anders als bei der Erklärung zur Unternehmensführung (§ 289 HGB) besteht keine Option, den **Risikomanagement-Bericht** auf der Internetseite der Ges. zu veröffentlichen. Ferner ist der Risikomanagement-Bericht **Gegenstand der Lageberichtsprüfung durch den Abschlussprüfer** nach § 317 Abs. 2 HGB.[77] Weiterhin ist in diesem Zusammenhang auf die Prüfung des Risikofrüherkennungssystems bei börsennotierten AG nach § 317 Abs. 4 HGB hinzuweisen.[78]

114 Die Prüfung kann sich neben der Einklangsprüfung nur auf die Frage erstrecken, ob die Erläuterung der wesentlichen Elemente des internen Risikomanagementsystems eine zutreffende Vorstellung von der Lage in der Ges. vermittelt. Die Abschlussprüfung enthält keine Funktionsfähigkeitsprüfung des Systems mit entsprechendem Testat, auch dann nicht, wenn freiwillige Angaben zu seiner Wirksamkeit getroffen wurden.

115 Sofern der Abschlussprüfer im Zuge seiner Prüfung Schwächen des internen Risikomanagementsystems bezogen auf den Rechnungslegungsprozess erkennt, hat er dem Aufsichtsrat oder dessen Prüfungsausschuss hierüber nach § 171 Abs. 1 Satz 2 AktG in der Bilanzsitzung zu berichten. Unabhängig vom Vorstehenden gilt mit Blick auf die börsennotierte AG seit dem KonTraG, dass der Abschlussprüfer das nach § 91 Abs. 2 AktG einzurichtende Risikofrüherkennungssystem auf seine Funktionsfähigkeit hin zu prüfen (§ 317 Abs. 4 HGB) und hierüber dem Aufsichtsrat in einem gesonderten Abschnitt des Prüfungsberichts zu berichten hat (§ 321 Abs. 4 HGB).

---

[73] Vgl. BT-Drs. 16/10067 v. 30.7.2008 S. 76.
[74] Vgl. BT-Drs. 16/10067 v. 30.7.2008 S. 76.
[75] Vgl. Hommelhoff/Mattheus, BB 2007, S. 2787; Melcher/Mattheus, DB 2008, Heft 7, Beilage 1, S. 53.
[76] Vgl. BT-Drs. 16/10067 v. 30.7.2008 S. 76.
[77] Vgl. IDW PS 350.19b.
[78] Vgl. IDW PS 340.2.

Praxis-Beispiel
Der Lagebericht 2018 der BASF SE enthält folgende Angaben nach § 289 Abs. 4 HGB:
„Wesentliche Merkmale des internen Kontroll- und Risikomanagementsystems im Hinblick auf den Rechnungslegungsprozess (§ 289 Abs. 4 HGB)
Die Erstellung des Jahresabschlusses erfolgt durch eine Einheit im Bereich Finance. Der Abschlussprozess der BASF SE basiert auf einer einheitlichen Bilanzierungsrichtlinie, die neben den Bilanzierungsvorschriften auch die wesentlichen Prozesse und Termine gruppenweit festlegt. Für die konzerninternen Abstimmungen und übrigen Abschlussarbeiten bestehen verbindliche Anweisungen. Zur Abbildung der buchhalterischen Vorgänge wird eine Standardsoftware eingesetzt, wobei die jeweiligen Zugriffsberechtigungen der Beteiligten eindeutig geregelt sind.
Die am Rechnungslegungsprozess beteiligten Mitarbeiter erfüllen die qualitativen Anforderungen und werden regelmäßig geschult. Zwischen den beteiligten Facheinheiten, Gesellschaften und regionalen Serviceeinheiten besteht eine klare Aufgabenabgrenzung. Die Funktionstrennung und das Vier-Augen-Prinzip werden dabei konsequent umgesetzt. Komplexe versicherungsmathematische Gutachten und Bewertungen werden durch spezialisierte Dienstleister oder entsprechend qualifizierte Mitarbeiter erstellt.
Durch das interne Kontrollsystem in der Finanzberichterstattung werden diese Grundsätze kontinuierlich überwacht. Dazu werden Methoden für eine strukturierte und gruppenweit einheitliche Evaluierung des internen Kontrollsystems in der Finanzberichterstattung zur Verfügung gestellt.
Die für die BASF SE wesentlichen Risiken in Bezug auf ein verlässliches Kontrollumfeld für eine ordnungsgemäße Finanzberichterstattung werden jährlich überprüft und aktualisiert. Die Risiken werden in einem zentralen Risikokatalog abgebildet.
Darüber hinaus werden in einem zentralen Auswahlprozess Bereiche bestimmt, die besonderen Risiken ausgesetzt sind, größere Bedeutung für den Jahresabschluss der BASF SE haben oder Serviceprozesse bereitstellen. Der Auswahlprozess wird jährlich durchgeführt. In den relevanten Bereichen ist ein Verantwortlicher benannt, der für die Umsetzung der Anforderungen an ein effektives Kontrollsystem in der Finanzberichterstattung zuständig ist.
Der Prozess umfasst folgende Schritte:
- Evaluierung des Kontrollumfelds: Die Einhaltung von internen und externen Richtlinien, die für die Aufrechterhaltung eines verlässlichen Kontrollumfelds relevant sind, wird durch die Beantwortung eines einheitlichen Fragebogens überprüft.
- Identifikation und Dokumentation der Kontrollaktivitäten: Die Einhaltung von internen und externen Richtlinien, die für die Aufrechterhaltung eines verlässlichen Kontrollumfelds relevant sind, wird durch die Beantwortung eines einheitlichen Fragebogens überprüft.
- Beurteilung der Kontrollaktivitäten: Nach der Dokumentation erfolgt eine Überprüfung, ob die beschriebenen Kontrollen dazu geeignet sind, die

> Risiken adäquat abzudecken. In der anschließenden Testphase wird mit Stichproben überprüft, ob die Kontrollen in der Praxis so wie beschrieben durchgeführt wurden und wirksam waren.
> - Monitoring von Kontrollschwächen: Identifizierte Kontrollschwächen sowie deren Behebung werden dem verantwortlichen Management berichtet und von einem interdisziplinären Gremium auf ihre Bedeutung für die BASF SE untersucht. Bei der Feststellung von Kontrollschwächen mit einem wesentlichen Einfluss auf die Finanzberichterstattung werden der Vorstand und der Prüfungsausschuss informiert. Nur nach Behebung wesentlicher Kontrollschwächen erfolgt die Bestätigung der Effektivität des internen Kontrollsystems durch den Geschäftsführer der Gesellschaft.
> - Interne Bestätigung des internen Kontrollsystems: Alle Geschäfts- und Finanzleiter der konsolidierten Gruppengesellschaften müssen gegenüber dem Vorstand der BASF SE halbjährlich sowie am Ende des jährlichen Zyklus die Effektivität des internen Kontrollsystems in Bezug auf die Rechnungslegung schriftlich bestätigen."[79]

7 Schlusserklärung zum Abhängigkeitsbericht durch AG, KGaA, SE (§ 312 Abs. 3 Satz 3 AktG)

7.1 Überblick

116 Sofern kein Beherrschungsvertrag besteht, hat der Vorstand einer abhängigen Ges. nach § 312 Abs. 1 AktG in den ersten drei Monaten des Gj einen Bericht über die Beziehungen der Ges. zu verbundenen Unt (**Abhängigkeitsbericht**) aufzustellen. Diese Vorschrift steht im Zusammenhang mit den Regelungen zum sog. faktischen Konzern (§§ 311 bis 318 AktG), deren Zweck der Schutz einer abhängigen Ges. und ihrer außen stehenden Minderheitsaktionäre und Gläubiger vor Benachteiligung durch die herrschende Ges. ist.[80] Nach § 311 Abs. 1 AktG darf eine abhängige AG oder KGaA durch Einflussnahme seitens eines beherrschenden Unt nicht dazu veranlasst werden, „ein für sie nachteiliges Rechtsgeschäft vorzunehmen oder Maßnahmen zu ihrem Nachteil zu treffen oder zu unterlassen, es sei denn, dass die Nachteile ausgeglichen werden". Durch dieses **Benachteiligungsverbot** soll die abhängige AG wirtschaftlich so gestellt werden, als sei sie eine unabhängige Ges.[81] § 317 Abs. 1 AktG enthält eine Schadensersatzpflicht des herrschenden Unt für den Fall, dass ein erforderlicher Nachteilsausgleich nicht bis zum Ende des Gj erfolgt.

117 Die Schwierigkeit kann darin liegen, dass die Organmitglieder (Vorstand und Aufsichtsrat) der abhängigen Ges., unter dem Einfluss des herrschenden Unt, nicht willens oder geneigt sind, das Benachteiligungsverbot ggü. dem herrschenden Unt durchzusetzen. An der Durchsetzung des Benachteiligungsverbots sind jedoch v. a. die außenstehenden Aktionäre (und bei Insolvenz die Gläubiger bzw. der Insolvenzverwalter) interessiert, denen jedoch zur Beurteilung unzureichende Informationen vorliegen. Der Abhängigkeitsbericht mit seiner Doku-

---

[79] BASF SE, Jahresabschluss 2018 und Lagebericht, S. 30 f.
[80] Vgl. Justenhoven/Heinz, in Beck Bil-Komm., 14. Aufl. 2024, § 289 HGB Rz 300.
[81] Vgl. ADS, Rechnungslegung und Prüfung der Unternehmen, 6. Aufl. 1995–2001, § 311 AktG Anm. 2.

mentation der konzerninternen bzw. -veranlassten Rechtsgeschäfte und Maßnahmen soll die Erwartungen des genannten Adressatenkreises in dreierlei Hinsicht erfüllen:[82] Er enthält erstens eine **Dokumentation** aller benachteiligungsverdächtigen Rechtsgeschäfte und Maßnahmen einschl. den zur Beurteilung ihrer Angemessenheit erforderlichen Angaben. Damit bildet er eine wichtige Grundlage für die Überprüfung der Angemessenheit durch den Aufsichtsrat (§ 314 AktG) und – bei Prüfungspflicht – durch den Abschlussprüfer (§ 313 AktG).[83] Zweitens soll der Abhängigkeitsbericht eine ständige **Mahnung** für Vorstand und Aufsichtsrat der abhängigen Ges. sein, das Interesse der Ges. auch ggü. der herrschenden Ges. zu wahren. In der Literatur wie auch von der Praxis wird diese mahnende Wirkung besonders hervorgehoben, wirkt doch die vom Vorstand anzufertigende testatähnliche Schlusserklärung wie ein „Griff an's Portepée".[84] Drittens ergibt sich aus der Pflicht zur Offenlegung der Schlusserklärung des Vorstands und der Prüfungsergebnisse des Vorstands und Aufsichtsrats eine **begrenzte Publizität**, auf deren Basis jeder Aktionär eine Sonderprüfung beantragen kann.

7.2 Anwendungsbereich

Die Pflicht zur Aufstellung eines Abhängigkeitsberichts besteht für inländische Ges. in der Rechtsform AG, nach h. M. auch für KGaA sowie für SE mit Sitz in Deutschland.[85] Sofern ein Beherrschungsvertrag i. S. d. § 291 AktG abgeschlossen ist, besteht nach § 312 Abs. 1 AktG keine Berichtspflicht, da dann § 311 AktG nicht anwendbar ist. Hierin wird im Schrifttum eine systemgerechte Nebenwirkung gesehen, die zum Abschluss eines Beherrschungsvertrags zwingt, weil mit der Dokumentation komplexer Konzernbeziehungen ein sehr hoher Aufwand verbunden sein kann.[86]

Weitere Ausnahmen von der Berichterstattungspflicht betreffen Fälle mit bestehendem Ergebnisabführungsvertrag i. S. d. § 291 AktG, Fälle mehrstufiger Abhängigkeit, wenn zwischen der abhängigen Ges. und einem übergeordneten Unt ein Beherrschungs- und/oder Ergebnisabführungsvertrag besteht, sowie Fälle, in denen abhängige Ges. in eine andere AG eingegliedert sind (§ 323 Abs. 1 Satz 3 AktG). Begründung für die genannten Ausnahmefälle ist, dass jeweils kein Schutzbedürfnis außenstehender Aktionäre und Gläubiger existiert.

7.3 Berichtsinhalte

7.3.1 Allgemeine Anforderungen

Nach § 312 Abs. 2 AktG hat der Abhängigkeitsbericht den Grundsätzen einer gewissenhaften und getreuen Rechenschaft zu entsprechen. Hieraus werden die allgemeinen Berichtsgrundsätze der **Wahrheit**, **Vollständigkeit** sowie **Klarheit und Übersichtlichkeit** abgeleitet.[87]

---

[82] Vgl. Altmeppen, in MünchKomm. AktG, 4. Aufl. 2015, § 312 AktG Rz 3–5.
[83] Vgl. IDW HFA 1/1991, S. 91.
[84] Flume, DB 1959, S. 191.
[85] Vgl. Altmeppen, in MünchKomm. AktG, 4. Aufl. 2015, § 312 AktG Rz 23; ADS, Rechnungslegung und Prüfung der Unternehmen, 6. Aufl. 1995–2001, § 312 AktG Anm. 15.
[86] Vgl. Altmeppen, in MünchKomm. AktG, 4. Aufl. 2015, § 312 AktG Rz 6.
[87] Vgl. Altmeppen, in MünchKomm. AktG, 4. Aufl. 2015, § 312 AktG Rz 132–139; ADS, Rechnungslegung und Prüfung der Unternehmen, 6. Aufl. 1995–2001, § 312 AktG Anm. 82.

7.3.2 Berichtspflichtige Beziehungen und Vorgänge

121 Nach § 312 Abs. 1 Satz 2 AktG ist über alle Rechtsgeschäfte mit dem herrschenden Unt oder einem mit ihm verbundenen Unt und über alle anderen Maßnahmen auf Veranlassung oder im Interesse des herrschenden Unt Bericht zu erstatten. Zeitlich bezieht sich die **Berichterstattungspflicht** auf das vergangene Gj. Die zu berichtenden Vorgänge sind demnach Rechtsgeschäfte oder Maßnahmen, wobei aus dem Gesetzeswortlaut zu entnehmen ist, dass Maßnahmen der weitere, auch Rechtsgeschäfte miteinschließende, Oberbegriff ist. Diese Differenzierung ist auch für die Berichtspflicht von Bedeutung: Rechtsgeschäfte sind immer dann berichtspflichtig, wenn sie mit dem herrschenden oder mit einem mit ihm verbundenen Unt durchgeführt wurden. Hingegen ist über Maßnahmen lediglich dann Bericht zu erstatten, wenn sie auf Veranlassung oder im Interesse des herrschenden oder eines mit ihm verbundenen Unt vorgenommen oder unterlassen wurden.[88]

122 Einseitige Rechtsgeschäfte des herrschenden oder eines mit ihm verbundenen Unt ggü. der abhängigen Ges. unterliegen nicht der Berichtspflicht, sondern nur Rechtsgeschäfte und Maßnahmen, die die abhängige Ges. selbst vorgenommen hat. Die Vertreter der abhängigen Ges. müssen also bei Rechtsgeschäften die Willenserklärung selbst abgegeben und bei Maßnahmen eine Entscheidung über Vornahme oder Unterlassen selbst getroffen haben.

123 Zu den berichtspflichtigen Rechtsgeschäften sind die Leistung und Gegenleistung anzugeben (§ 312 Abs. 1 Satz 3 AktG), wobei Umfang und Detaillierungsgrad die Prüfung und Beurteilung der Angemessenheit ermöglichen müssen. Dies dürfte i.d.R. eine Quantifizierung voraussetzen. Bei den zu berichtenden Maßnahmen sind neben den Gründen auch die Vor- und Nachteile anzugeben (§ 312 Abs. 1 Satz 3 AktG). Auch hier sollte – unter Vermeidung einer Saldierung – quantifiziert werden.

7.3.3 Nachteilsausgleich

124 Sofern sich bei den einzelnen Rechtsgeschäften Leistung und Gegenleistung bzw. bei den Maßnahmen Vor- und Nachteile nicht gleichwertig gegenüberstehen und dadurch eine **Ausgleichspflicht** nach § 311 AktG besteht, sind i.R.d. Berichtspflicht Angaben zu machen, wie der Ausgleich während des Gj tatsächlich erfolgte oder auf welche Vorteile ein Rechtsanspruch gewährt wurde. Auch hier sollten – in der gebotenen Ausführlichkeit – der Nachteil und der ausgleichende Vorteil einzeln angegeben und möglichst quantifiziert werden.

7.3.4 Schlusserklärung

125 Der Vorstand hat zum Schluss des Berichts eine zusammenfassende Aussage darüber abzugeben, ob die Ges. angemessene Gegenleistungen erhalten bzw. ob ihr entstandene Nachteile ausgeglichen wurden. Sind hingegen keinerlei berichtspflichtige Rechtsgeschäfte oder Maßnahmen angefallen, ist dies zu erklären (Negativtestat). Die Schlusserklärung des Vorstands ist jeweils gesondert der Sachlage anzupassen.

---

[88] Vgl. ADS, Rechnungslegung und Prüfung der Unternehmen, 6. Aufl., 1995–2001, § 312 AktG Anm. 38.

> **Praxis-Beispiel**
> Der Lagebericht 2017 der EWE AG enthält folgende Schlusserklärung nach § 312 Abs. 3 AktG:
> Gemäß § 312 Aktiengesetz (AktG) hat EWE AG einen Bericht über die Beziehungen zu verbundenen Unternehmen aufgestellt. Dieser Bericht schließt mit folgender Erklärung des Vorstands:
> „Unsere Gesellschaft hat bei den im Bericht über die Beziehungen zu verbundenen Unternehmen aufgeführten Rechtsgeschäften nach den Umständen, die uns in dem Zeitpunkt bekannt waren, in dem die Rechtsgeschäfte vorgenommen wurden, bei jedem Rechtsgeschäft eine angemessene Gegenleistung erhalten."[89]

7.4 Form der Berichterstattung

Der **Abhängigkeitsbericht** ist in seiner Gesamtheit nicht zu publizieren, sondern nur dem Abschlussprüfer und dem Aufsichtsrat zugänglich zu machen.[90] Jedoch ist die Schlusserklärung des Vorstands nach § 312 Abs. 3 Satz 3 AktG in den Lagebericht aufzunehmen.

Da nach § 264 Abs. 1 Satz 4 HGB (seit 1994) bestimmte kleine AGs keinen Lagebericht mehr aufstellen müssen, ist eine Regelungslücke entstanden, die durch ein anderes geeignetes Publizitätsinstrument zu schließen ist. Nach h.M. ist die Schlusserklärung in diesen Fällen in den Anhang zum Jahresabschluss aufzunehmen. Für Ges., die nach § 264 Abs. 3 HGB von der Aufstellung eines Anhangs befreit sind, wird ein Vermerk unter dem Jahresabschluss gefordert.[91]

8 Sanktionen

Werden die Verhältnisse der Ges. im Lagebericht **unrichtig wiedergegeben oder verschleiert**, werden die Mitglieder der Geschäftsleitung oder des Aufsichtsrats nach § 331 Nr. 1, Nr. 2 HGB mit Freiheitsstrafe bis zu drei Jahren oder mit Geldbuße bestraft.

Eine Wiedergabe der Verhältnisse ist unrichtig, sofern die im Lagebericht benannten Tatsachen den wahren Gegebenheiten objektiv nicht entsprechen. Eine Verschleierung liegt vor, wenn die zugrunde liegenden Tatsachen richtig sind, jedoch die Art der Darstellung objektiv geeignet ist, zu Fehlinterpretationen bei den Berichtsadressaten zu führen. Die Übergänge zwischen den Tatbeständen einer unrichtigen Wiedergabe und einer Verschleierung sind fließend.[92]

Darüber hinaus kann nach § 334 Abs. 1 Nr. 3 HGB als Ordnungswidrigkeit geahndet werden, wenn die gesetzlichen Vertreter der Ges. oder Aufsichtsratsmitglieder einer Vorgabe des § 289 Abs. 1 HGB über den Inhalt des Lageberichts zuwiderhandeln. Hingegen stellen reine Verstöße gegen Regelungen zu formalen Anforderungen weder eine Straftat noch eine Ordnungswidrigkeit dar, ebenso wenig inhaltlich fehlerhafte Angaben nach § 289 Abs. 2 HGB.

---

[89] EWE AG, Integrierter Bericht 2017, S. 59.
[90] Vgl. Altmeppen, in MünchKomm. AktG, 4. Aufl. 2015, § 312 AktG Rz 7.
[91] Vgl. Altmeppen, in MünchKomm. AktG, 4. Aufl. 2015, § 312 AktG Rz 152.
[92] Vgl. Palmes, in MünchKomm. HGB, 5. Aufl. 2024, § 289 HGB Rz 139.

131 Erstellen die gesetzlichen Vertreter der Ges. entgegen dem Gebot des § 264 Abs. 1 Satz 1 HGB keinen Lagebericht, sind sie nach § 335 Satz 1 Nr. 1 durch ein **Ordnungsgeldverfahren** zur Erfüllung ihrer Pflicht anzuhalten (§ 335 Rz 6 ff.).

132 Der Abschlussprüfer hat nach §§ 322 Abs. 3 und 4, 317 Abs. 2 HGB je nach Stärke des Verstoßes den **Bestätigungsvermerk** einzuschränken oder ganz zu versagen.[93]

133 Aus einem schuldhaften Verstoß – vorsätzlich oder fahrlässig – können zusätzlich zivilrechtliche **Schadenersatzforderungen** entstehen.[94]

9 CSRD-Umsetzungsgesetz: Änderungen

> **Hinweis**
> Die Kommentierung basiert auf dem **Regierungsentwurf eines CSRD-Umsetzungsgesetzes**.[95] Nach Veröffentlichung der finalen Fassung wird die Kommentierung in Ihrem Haufe HGB Bilanz Kommentar Online aktualisiert. Die **Online-Version** ist beim Kauf der Printausgabe inklusive.

134 Im Zuge der Umsetzung der CSRD in deutsches Recht wird auch der bisherige § 289 HGB an einigen Stellen angepasst. So wird § 289 Abs. 1 Satz 5 HGB durch den RegE **CSRD-UmsG** mit Wirkung für die Gj 2024 aufgehoben, weil die **Versicherungen der Mitglieder des vertretungsberechtigten Organs** von Inlandsemittenten hinsichtlich des Jahresabschlusses und des Lageberichts im neuen § 289h HGB-E zusammengeführt werden und sich der Regelungsgehalt des bisherigen § 289 Abs. 1 Satz 5 HGB künftig in § 289h Abs. 2 Satz 1 HGB-E findet, jedoch ergänzt um den expliziten Einbezug des Nachhaltigkeitsberichts.[96] Ziel dieser Zusammenführung ist die Erhöhung der Übersichtlichkeit sowie bessere Strukturierung und dient ferner der Klarstellung, dass beide Erklärungen eigenständige, von Jahresabschluss und Lagebericht jeweils zu trennende Rechnungslegungsunterlagen sind.[97]

Mit Umsetzung der CSRD soll zudem § 289 Abs. 3 HGB-E um einen weiteren Satz ergänzt werden, welcher KapG unter bestimmten Bedingungen von der Pflicht zur Berichterstattung über **nichtfinanzielle Leistungsindikatoren** befreit. Diese Änderung zielt darauf ab, Doppelberichterstattungen zu vermeiden und den administrativen Aufwand für Unt zu reduzieren, die bereits einen umfassenden Nachhaltigkeitsbericht oder Konzernnachhaltigkeitsbericht vorlegen.

Die Ergänzung von § 289 HGB-E durch den neuen Abs. 3a verpflichtet bilanzrechtlich große KapG sowie kleine und mittelgroße kapitalmarktorientierte KapG (außer KleinstKapG) in ihrem Lagebericht über die **wichtigsten immate-**

---

[93] Vgl. IDW PS 350, Anm. 26.
[94] Vgl. Palmes, in MünchKomm. HGB, 5. Aufl. 2024, § 289 HGB Rz 140.
[95] Regierungsentwurf eines Gesetzes zur Umsetzung der Richtlinie (EU) 2022/2464 des Europäischen Parlaments und des Rates vom 14. Dezember 2022 zur Änderung der Verordnung (EU) Nr. 537/2014 und der Richtlinien 2004/109/EG, 2006/43/EG und 2013/34/EU hinsichtlich der Nachhaltigkeitsberichterstattung von Unternehmen, BT-Drs. 20/12787 v. 9.9.2024.
[96] Vgl. RegE CSRD-UmsG, BT-Drs. 20/12787 v. 9.9.2024, https://dserver.bundestag.de/btd/20/127/2012787.pdf, Abruf 4.10.2024.
[97] Vgl. RegE CSRD-UmsG, BT-Drs. 20/12787 v. 9.9.2024 S. 113.

riellen Ressourcen zu berichten, von denen das Geschäftsmodell des Unt grundlegend abhängt und die eine Wertschöpfungsquelle für die Gesellschaft darstellen. Es ist unerheblich, ob diese bereits in der Bilanz angesetzt sind oder nicht. § 289 Abs. 3a HGB-E ist erstmalig in dem Jahr anzuwenden, in dem das Unt in Abhängigkeit seiner Größe und seines Zugangs zum Kapitalmarkt erstmalig einen Nachhaltigkeitsbericht i. S. d. CSRD erstellen muss.

Die geplante Ergänzung in § 289 Abs. 3 HGB-E führt eine Befreiung von der Berichterstattung über **nichtfinanzielle Leistungsindikatoren** gem. Satz 1 ein, wenn eine der beiden folgenden Bedingungen erfüllt ist:

1. Die KapG stellt den Lagebericht im Einklang mit § 289b Abs. 1–4 und den §§ 289c bis 289e HGB auf, also mit den gesetzlichen Vorgaben zur Nachhaltigkeitsberichterstattung, oder
2. die KapG erstellt einen Konzernlagebericht im Einklang mit § 315b Abs. 1–4 und § 315c HGB.

Unt werden somit von der Verpflichtung zur gesonderten Berichterstattung über nichtfinanzielle Leistungsindikatoren befreit, wenn sie entweder einen Nachhaltigkeitsbericht auf Einzelgesellschaftsebene oder einen Konzernnachhaltigkeitsbericht auf Konzernebene gem. den Anforderungen der CSRD erstellen. Die Ergänzung von § 289 Abs. 3 HGB basiert auf der Umsetzung der Art. 19a Abs. 8 und Art. 29a Abs. 7 der Bilanzrichtlinie, die durch die CSRD geändert wurden. Diese Vorschriften zielen darauf ab, KapG, die bereits umfassend über ihre Nachhaltigkeitsstrategien und -leistungen berichten, von der zusätzlichen Pflicht zur Erstellung eines gesonderten Berichts über nichtfinanzielle Leistungsindikatoren zu entbinden.[98]

Durch die Ergänzung von § 289 Abs. 3 HGB-E wird die Notwendigkeit einer doppelten Berichterstattung vermieden. Dies reduziert nicht nur den administrativen Aufwand, sondern erleichtert es den Unt auch, eine kohärente und umfassende Darstellung ihrer Nachhaltigkeitsstrategien und -maßnahmen zu präsentieren.

Obwohl die Ergänzung von § 289 Abs. 3 HGB-E Unt von der gesonderten Berichterstattung über nichtfinanzielle Leistungsindikatoren entbindet, sind die Anforderungen an Umfang und Qualität der Berichterstattung weiterhin hoch. Unt müssen sicherstellen, dass ihre Nachhaltigkeitsberichte den Vorgaben der §§ 289b bis 289e HGB-E bzw. §§ 315b und 315c HGB-E entsprechen, was auch die Offenlegung aller relevanten Informationen zu den nachhaltigkeitsbezogenen Leistungsindikatoren umfasst. Es ist somit auch in Zukunft sichergestellt, dass die externen Adressaten der Berichte weiterhin Zugang zu diesen Informationen haben.

Die Einführung von § 289 Abs. 3a HGB-E verpflichtet große KapG nach den Kriterien des § 267 Abs. 3 HGB sowie kleine und mittelgroße kapitalmarktorientierte Unt, im Lagebericht über die **wichtigsten immateriellen Ressourcen** zu berichten, die nicht in der Bilanz erfasst werden. § 289 Abs. 3a HGB-E ist erstmals in dem Jahr anzuwenden, in dem das Unt gem. seiner Größe und Kapitalmarktorientierung erstmals einen Nachhaltigkeitsbericht nach den Vorgaben der CSRD erstellen muss.

---

[98] Vgl. RegE CSRD-UmsG, BT-Drs. 20/12787 v. 9.9.2024, S. 110.

Die Bedeutung immaterieller Ressourcen im unternehmerischen Kontext ist in den letzten Jahren immer stärker in den Fokus der Berichterstattung gerückt.[99] Immaterielle Ressourcen umfassen hierbei ausweislich Art. 2 Nr. 19 der CSRD alle Vermögenswerte, die keine physische Substanz haben, aber dennoch maßgeblich zum Erfolg und zur langfristigen Wertschöpfung eines Unt beitragen. Dazu gehören unter anderem das Wissen und die Fähigkeiten der Mitarbeiter, Kunden- und Lieferantenbeziehungen, geistiges Eigentum wie Patente oder Marken sowie der Ruf und das Vertrauen, das ein Unt bei seinen Stakeholdern genießt. Diese Ressourcen sind oft der Schlüssel zur Wettbewerbsfähigkeit eines Unt und tragen entscheidend zur Steigerung des Unternehmenswerts bei. Die Notwendigkeit, immaterielle Ressourcen im Lagebericht offenzulegen, beruht auf der zunehmenden Diskrepanz zwischen dem Marktwert und dem Buchwert vieler Unt.[100] Während der Buchwert traditionell auf materiellen Vermögenswerten basiert, repräsentiert der Marktwert den wahrgenommenen Wert eines Unt am Kapitalmarkt, der zunehmend von immateriellen Faktoren beeinflusst wird. Besonders in wissens- und dienstleistungsbasierten Branchen, in denen Innovation, Humankapital und Netzwerke eine herausragende Rolle spielen, sind immaterielle Ressourcen oft entscheidend für den Unternehmenswert. Die fehlende Berücksichtigung dieser Ressourcen in der klassischen Bilanzierung führt zu einer Informationslücke, die die CSRD durch erweiterte Berichtspflichten schließen möchte.

In Art. 19 Abs. 1 der CSRD wird klargestellt, dass immaterielle Ressourcen nicht klar von der Nachhaltigkeitsberichterstattung abzugrenzen sind. Tatsächlich besteht eine starke Verknüpfung zwischen immateriellen Ressourcen und Nachhaltigkeitsaspekten. So sind viele der immateriellen Ressourcen, die in der Unternehmensführung eine zentrale Rolle spielen, eng mit den sozialen, ökologischen und Governance-Faktoren (ESG) verbunden, die i. R. d. Nachhaltigkeitsberichterstattung bereits erfasst werden. Ein Beispiel für diese Überschneidung ist das Humankapital eines Unt. Die Fähigkeiten, die Motivation und die Loyalität der Mitarbeiter tragen nicht nur zur operativen Effizienz und Innovationskraft eines Unt bei, sondern sind auch ein wesentlicher Bestandteil der sozialen Dimension der Nachhaltigkeitsberichterstattung.[101] Ebenso können Kunden- und Lieferantenbeziehungen, die als immaterielle Ressourcen angesehen werden, einen wichtigen Beitrag zur ökologischen und sozialen Nachhaltigkeit leisten. Unt, die auf starke, nachhaltige Partnerschaften mit ihren Lieferanten setzen, tragen dazu bei, Umweltstandards und soziale Gerechtigkeit in der gesamten Wertschöpfungskette zu verbessern. Die Offenlegung solcher Beziehungen ist daher nicht nur aus finanzieller Sicht relevant, sondern auch in Bezug auf die nachhaltige Unternehmensführung.

Die erweiterte Berichtspflicht über immaterielle Ressourcen bringt eine Reihe praktischer Herausforderungen für Unt mit sich. Im Gegensatz zu materiellen Vermögenswerten, die klar definierbar und leicht quantifizierbar sind, sind immaterielle Ressourcen oft schwer fassbar und nur schwer messbar. Unt müssen daher Methoden entwickeln, um diese Ressourcen zu identifizieren, zu bewerten

---

[99] Vgl. ausführlich zu den vorherigen Entwicklungen: Müller/Scheid/Reinke, IRZ 2022, S. 85 ff.
[100] Vgl. CSRD, ErwGr. 32.
[101] Vgl. Needham/Warnke/Müller, IRZ 2023, S. 44.

und transparent darzustellen. Hierbei ist es für die Unt wenig hilfreich, dass die neue Angabepflicht im Regierungsentwurf für ein Umsetzungsgesetz der CSRD unter Verwendung unbestimmter Rechtsbegriffe nur grob umrissen wird und seitens der Unt weitergehend interpretiert und ausgelegt werden muss. Es ist daher zu erwarten, dass sich aufgrund der inhärenten Ermessensspielräume dieser Vorgabe ein heterogenes Bild hinsichtlich der Umsetzung dieser Norm beobachten lässt.[102]

Die Identifikation der wichtigsten immateriellen Ressourcen ist dabei der erste Schritt. Unt müssen analysieren, welche immateriellen Werte für ihr Geschäftsmodell und ihre langfristige Wettbewerbsfähigkeit von entscheidender Bedeutung sind. Dies kann von Branche zu Branche variieren. Während in technologieorientierten Unt der Fokus auf Innovation und geistigem Eigentum liegt, spielen in anderen Sektoren möglicherweise die Beziehungen zu Kunden und Lieferanten oder das Humankapital eine größere Rolle.

Die Quantifizierung und Bewertung immaterieller Ressourcen stellt eine weitere Herausforderung dar. Während einige immaterielle Werte, wie bspw. Patente oder Marken, anhand von Marktpreisen oder Lizenzgebühren bewertet werden können, ist die Bewertung anderer Ressourcen, wie der Mitarbeitermotivation oder der Unternehmenskultur, weniger klar. Hier sind Unt gefordert, geeignete Indikatoren zu entwickeln, die den Wert dieser Ressourcen nachvollziehbar darstellen.

Schließlich stellt die Integration der immateriellen Ressourcen in die Gesamtberichterstattung eine Herausforderung dar. Unt müssen sicherstellen, dass die Offenlegung dieser Ressourcen nicht isoliert erfolgt, sondern in den Kontext des Geschäftsmodells und der langfristigen Strategie eingebettet ist. Dies erfordert eine enge Verknüpfung zwischen der finanziellen Berichterstattung und der nichtfinanziellen Berichterstattung über Nachhaltigkeit und immaterielle Werte.

Trotz der Herausforderungen bietet die erweiterte Berichtspflicht über immaterielle Ressourcen erhebliche Chancen für Unt und ihre Stakeholder. Durch die transparente Offenlegung dieser Ressourcen können Unt das Vertrauen ihrer Investoren stärken und ihre langfristige Wertschöpfungsstrategie klarer kommunizieren. Insb. Investoren, die auf der Suche nach langfristigen Anlagemöglichkeiten sind, profitieren von der erweiterten Berichterstattung, da sie ein umfassenderes Bild von den zukünftigen Erfolgspotenzialen eines Unt erhalten. Darüber hinaus kann die stärkere Fokussierung auf immaterielle Ressourcen dazu beitragen, dass Unt ihre internen Prozesse zur Förderung und Nutzung dieser Ressourcen weiter optimieren. Unt, die sich intensiv mit ihren immateriellen Ressourcen auseinandersetzen und diese gezielt managen, können ihre Innovationskraft steigern, die Mitarbeiterbindung verbessern und ihre Kundenbeziehungen vertiefen.

---

[102] Vgl. Kajüter, IRZ 2024, S. 228.

§ 289a Ergänzende Vorgaben für bestimmte Aktiengesellschaften und Kommanditgesellschaften auf Aktien

¹Aktiengesellschaften und Kommanditgesellschaften auf Aktien, die einen organisierten Markt i.S.d. § 2 Absatz 7 des Wertpapiererwerbs- und Übernahmegesetzes durch von ihnen ausgegebene stimmberechtigte Aktien in Anspruch nehmen, haben im Lagebericht außerdem anzugeben:
1. die Zusammensetzung des gezeichneten Kapitals unter gesondertem Ausweis der mit jeder Gattung verbundenen Rechte und Pflichten und des Anteils am Gesellschaftskapital;
2. Beschränkungen, die Stimmrechte oder die Übertragung von Aktien betreffen, auch wenn sie sich aus Vereinbarungen zwischen Gesellschaftern ergeben können, soweit sie dem Vorstand der Gesellschaft bekannt sind;
3. direkte oder indirekte Beteiligungen am Kapital, die 10 Prozent der Stimmrechte überschreiten;
4. die Inhaber von Aktien mit Sonderrechten, die Kontrollbefugnisse verleihen, und eine Beschreibung dieser Sonderrechte;
5. die Art der Stimmrechtskontrolle, wenn Arbeitnehmer am Kapital beteiligt sind und ihre Kontrollrechte nicht unmittelbar ausüben;
6. die gesetzlichen Vorschriften und Bestimmungen der Satzung über die Ernennung und Abberufung der Mitglieder des Vorstands und über die Änderung der Satzung;
7. die Befugnisse des Vorstands insbesondere hinsichtlich der Möglichkeit, Aktien auszugeben oder zurückzukaufen;
8. wesentliche Vereinbarungen der Gesellschaft, die unter der Bedingung eines Kontrollwechsels infolge eines Übernahmeangebots stehen, und die hieraus folgenden Wirkungen;
9. Entschädigungsvereinbarungen der Gesellschaft, die für den Fall eines Übernahmeangebots mit den Mitgliedern des Vorstands oder mit Arbeitnehmern getroffen sind.

²Die Angaben nach Satz 1 Nummer 1, 3 und 9 können unterbleiben, soweit sie im Anhang zu machen sind. ³Sind Angaben nach Satz 1 im Anhang zu machen, ist im Lagebericht darauf zu verweisen. ⁴Die Angaben nach Satz 1 Nummer 8 können unterbleiben, soweit sie geeignet sind, der Gesellschaft einen erheblichen Nachteil zuzufügen; die Angabepflicht nach anderen gesetzlichen Vorschriften bleibt unberührt.

Inhaltsübersicht

	Rz
1 Übersicht	1–2
2 Übernahmerelevante Angaben	3–13
3 Vergütungsbericht durch börsennotierte Aktiengesellschaften (Abs. 2 a.F.)	14–18

1 Übersicht

Der § 289a HGB a.F. war 2009 im Zuge des BilMoG in das Handelsrecht aufgenommen worden und enthielt bis zum CSR-RL-Umsetzungsgesetz[1] die Erklärung zur Unternehmensführung. Diese wurde in den § 289f HGB verschoben. § 289a HGB n.F. nahm aus den Vorschriften zum Lagebericht ausgegliederte Inhalte auf, und zwar in Abs. 1 die übernahmerelevanten Angaben des früheren § 289 Abs. 4 HGB a.F. und in Abs. 2 den Vergütungsbericht durch börsennotierte AG des früheren § 289 Abs. 2 Satz 1 Nr. 4 HGB a.F. Diese Änderungen betrafen erstmalig Gj, die nach dem 31.12.2016 begannen.[2]

Die Zweite Aktionärsrechterichtlinie von 2017[3] enthält u.a. ein Votum der Hauptversammlung über die als Rahmenregelung für die zukünftige Vergütung angelegte Vergütungspolitik sowie einen Vergütungsbericht, mit dem vergangene Zahlungen offenzulegen sind. Das ARUG II[4] hob den Abs. 2 (wie auch den § 315a Abs. 2 HGB a.F.) auf, da der Vergütungsbericht börsennotierter Aktiengesellschaften in den neuen § 162 AktG verschoben wurde (§ 315a Rz 41 ff.). Das ARUG II trat (mit Ausnahme des Art. 7) am 1.1.2020 in Kraft. Der bisherige Abs. 2 ist letztmalig auf Jahresabschlüsse sowie Lageberichte für das vor dem 1.1.2021 beginnende Gj anzuwenden. Sofern für das vor dem 1.1.2021 beginnende Gj oder für ein diesem vorausgehendes Gj jedoch ein Vergütungsbericht nach dem neuen § 162 AktG erstellt wird, ist Abs. 2 bereits nicht mehr anzuwenden.

2 Übernahmerelevante Angaben

Durch die Übernahmerichtlinie von 2006 sind börsennotierte KapG verpflichtet, übernahmespezifische Angaben im Lagebericht aufzunehmen. Die Transformation von Art. 10 der Übernahmerichtlinie erfolgte in Deutschland durch das ÜbernRLUG,[5] mit dem ein neuer Abs. 4 in § 289 HGB a.F. eingefügt wurde, wonach im Lagebericht zahlreiche Angaben zur Kapitalstruktur und zu möglichen Übernahmehindernissen aufzunehmen sind. Zweck der Veränderung war es, dass potenzielle Bieter sich vor Abgabe eines Angebots ein umfassendes Bild über die Zielgesellschaft und ihre Struktur sowie über etwaige Übernahmehindernisse machen können.[6]

Zu den Berichterstattungspflichten i.R.d. § 289a HGB n.F. (§ 289 Abs. 4 HGB a.F.) gehören dem Gesetzeswortlaut nach:

- **Zusammensetzung des Kapitals** (Nr. 1): Gemeint ist das gezeichnete Kapital entsprechend § 272 Abs. 1 HGB. Sofern dieses in verschiedene **Aktiengattungen** gem. § 11 AktG unterteilt ist, sind diese einschl. des Anteils am Gesell-

---

[1] Gesetz zur Stärkung der nichtfinanziellen Berichterstattung der Unternehmen in ihren Lage- und Konzernlageberichten (CSR-Richtlinie-Umsetzungsgesetz) BGBl 2017 I S. 802.
[2] Vgl. Paetzmann, ZCG 2016, S. 281.
[3] RL 2017/828/EU, ABl. EU L 132/1 v. 20.5.2017.
[4] Gesetz zur Umsetzung der zweiten Aktionärsrechterichtlinie (ARUG II) BGBl 2019 I S. 2637.
[5] Vgl. Gesetz zur Umsetzung der Richtlinie 2004/25/EG des Europäischen Parlaments und des Rates v. 21.4.2004 betreffend Übernahmeangebote (Übernahmerichtlinie-Umsetzungsgesetz), BGBl 2006 I S. 1426.
[6] Vgl. Kajüter, in MünchKomm. HGB, 5. Aufl. 2024, § 289a HGB Rn 3.

schaftskapital und der entsprechenden Rechte und Pflichten anzugeben.[7] Anzugeben sind die Anzahl der ausgegebenen Aktien (bei mehreren Aktiengattungen die Zahl der pro Gattung ausgegebenen Aktien), der Nennbetrag der Aktien (sofern vorhanden) sowie Zahl der Aktien jeden Nennbetrags und die Art der ausgegebenen Aktien (Nennbetrags- oder Stückaktie sowie Inhaber-, Namens- oder vinkulierte Namensaktie) (DRS 20.K191). Ebenfalls sind Wertpapiere anzugeben, die nicht auf einem geregelten Markt eines EU-Mitgliedstaats gehandelt werden. Diese Angaben treten neben jene der §§ 152 Abs. 1 Satz 2 und 160 Abs. 1 Nr. 3 AktG, sodass daraus bisher eine Doppelangabe resultierte.[8] Nach dem BilMoG entfallen jedoch die betreffenden Angaben im Lagebericht, soweit diese bereits im Anhang zu machen sind.

> **Praxis-Beispiel**
> Der Lagebericht 2016 der Deutschen Lufthansa AG enthält folgende Angaben:
> **„Zusammensetzung des gezeichneten Kapitals, Aktiengattungen, Rechte und Pflichten**
> Das Grundkapital der Deutschen Lufthansa AG beträgt 1.200.174.218,24 EUR, aufgeteilt in 468.818.054 auf den Namen lautende Stückaktien. Auf jede Stückaktie entfällt ein Anteil von 2,56 EUR am Grundkapital. Die Übertragung der Aktien ist an die Zustimmung der Gesellschaft gebunden (Vinkulierung). Die Gesellschaft darf die Zustimmung nur verweigern, wenn durch die Eintragung des neuen Aktionärs in das Aktienregister die Aufrechterhaltung der luftverkehrsrechtlichen Befugnisse gefährdet sein könnte. Jede Namensaktie gewährt eine Stimme. Die Aktionäre nehmen nach Maßgabe der gesetzlichen Vorschriften und der Satzung ihre Rechte in der Hauptversammlung wahr und üben dort ihr Stimmrecht aus."[9]

6 • **Beschränkungen betreffend Stimmrechte oder Übertragung** (Nr. 2): Die Berichtspflicht nach Abs. 1 Nr. 2 bezieht sich primär auf Angaben zu evtl. bestehenden Mehrheitsstimmrechten gem. § 5 Abs. 1 EGAktG und Höchstgrenzen für die Stimmrechtsausübung, wie sie nach deutschem Recht bei börsennotierten Ges grds. unzulässig sind (§ 134 Abs. 1 Satz 2 AktG), jedoch als Ausnahme durch § 2 Abs. 1 HGB des Gesetzes über die Überführung der Anteilsrechte an der Volkswagenwerk Gesellschaft mit beschränkter Haftung in private Hand (VW-Gesetz) bislang fortbesteht. Die Darstellung der durch stimmrechtslose Aktien gegebenen Beschränkungen kann unterbleiben, da hierüber bereits nach § 289a Abs. 1 Nr. 1 HGB zu berichten ist. Hingegen ist über Beschränkungen aus Vereinbarungen der Gesellschafter untereinander (Stimmbindungsverträge) Bericht zu erstatten.[10] Über alle Beschränkungen mit Blick auf die Übertragbarkeit von Aktien ist zu berichten, insb. über die aus der Ausgabe vinkulierter Namens-

---

[7] Vgl. Kajüter, in MünchKomm. HGB, 5. Aufl. 2024, § 289a HGB Rn 7; Paetzmann, Übernahmerelevante Angaben, in Müller/Stute/Withus, Handbuch Lagebericht, 2013, S. 295; Grottel, in Beck Bil-Komm., 14. Aufl. 2024, § 289a HGB Rz 25.
[8] Vgl. Grottel, in Beck Bil-Komm., 14. Aufl. 2024, § 289a HGB Rz 26; Böcking/Dutzi/Gros, in Baetge/Kirsch/Thiele, Bilanzrecht, § 289a HGB Rz 28, Stand: 02/2019.
[9] Deutsche Lufthansa AG, Geschäftsbericht 2016, S. 87.
[10] Vgl. Böcking/Dutzi/Gros, in Baetge/Kirsch/Thiele, Bilanzrecht, § 289a HGB Rz 30, Stand: 02/2019.

aktien (§ 68 Abs. 2 AktG) und aus wechselseitigen Beteiligungen (§ 328 AktG) resultierenden Beschränkungen. Ebenfalls ist über Haltevereinbarungen (Lock-up-Verpflichtungen) mit der Ges. und unter Aktionären sowie über ähnliche Beschränkungen zu berichten.

> **Praxis-Beispiel**
> Im Lagebericht 2016 der Deutschen Lufthansa AG wird insb. auf branchenspezifische Regelungen im Zusammenhang mit europarechtlichen Vorgaben zur Luftverkehrsbetriebsgenehmigung und mit Luftverkehrsrechten eingegangen:
> „**Stimmrechts- oder Übertragungsbeschränkungen**
> Damit die Luftverkehrsbetriebsgenehmigung nach Europarecht und die Luftverkehrsrechte zum Anflug diverser internationaler Ziele gewahrt bleiben, darf der Anteil nichteuropäischer beziehungsweise ausländischer Aktionäre jedenfalls 50 Prozent des Grundkapitals der Gesellschaft nicht übersteigen. Erreicht der Anteil ausländischer Aktionäre 40 Prozent, so wird die Deutsche Lufthansa AG gem. § 4 Abs. 1 Luftverkehrsnachweissicherungsgesetz (LuftNaSiG) in Verbindung mit § 71 Abs. 1 Nr. 1 AktG in die Lage versetzt, eigene Aktien zu erwerben, um eine drohende Überfremdung abzuwehren. Wird ein Ausländeranteil von 45 Prozent im Aktienregister erreicht, ist die Gesellschaft ermächtigt, mit Zustimmung des Aufsichtsrats das Grundkapital gegen Bareinlage durch die Ausgabe neuer Aktien um bis zu 10 Prozent zu erhöhen und hierbei das Bezugsrecht der Aktionäre auszuschließen (§ 4 Abs. 2 und 3 LuftNaSiG in Verbindung mit § 4 Abs. 8 der Satzung der Gesellschaft). Nähert sich der Anteil ausländischer Aktionäre der 50-Prozent-Grenze, hat die Gesellschaft das Recht, die Zustimmung zur Eintragung neuer ausländischer Aktionäre ins Aktienregister zu verweigern (§ 5 Abs. 1 der Satzung der Gesellschaft). Sollte gleichwohl der 50-prozentige Anteil ausländischer Aktionäre überschritten werden, ist die Deutsche Lufthansa AG mit Zustimmung des Aufsichtsrats befugt, zuletzt eingetragene Aktionäre aufzufordern, ihre Aktien zu veräußern. Ab dem vierten Tag nach Bekanntmachung der Aufforderung können die betroffenen Aktionäre die Rechte aus den betroffenen Aktien nicht mehr ausüben. Wird der Aufforderung nicht binnen vier Wochen nachgekommen, ist die Gesellschaft nach Verstreichen einer Nachfrist von drei Wochen berechtigt, die betreffenden Aktien gegen Entschädigung für verlustig zu erklären (§ 5 LuftNaSiG).
> Am 31. Dezember 2016 lag der Anteil ausländischer Aktionäre im Aktienregister der Deutschen Lufthansa AG bei 31,4 Prozent. Detaillierte Informationen zum LuftNaSiG und die quartalsweise aktualisierte Aktionärsstruktur finden sich auf unserer Website www.lufthansagroup.com/investor-relations. Bei Mitarbeiterprogrammen bestehen zeitliche Verfügungsbeschränkungen für Aktien, insbesondere Haltefristen von bis zu vier Jahren."[11]

---

[11] Deutsche Lufthansa AG, Geschäftsbericht 2016, S. 87.

7 • **Direkte und indirekte Beteiligungen** (Nr. 3): Die Vorschrift zielt nach der Regierungsbegründung zum ÜbernRLUG insb. auf Pyramidenstrukturen (Stimmrechtskontrolle über eine Ges. wird durch Zwischenschaltung von Holdingges. sowie ohne Kapitalanteilsmehrheit erreicht) und Beteiligungen über zwischengeschaltete Personen sowie wechselseitige Beteiligungen ab.[12] Die Vorschrift bestimmt, dass alle direkten und indirekten Beteiligungen am Kapital anzugeben sind, die 10 % der Stimmrechte überschreiten. Angaben hierzu entfallen, soweit die Angaben im Anhang zu machen sind. Dabei sind für die Zurechnung von indirekten Beteiligungen die §§ 34f. WpHG anzuwenden (DRS 20.K199).[13]

8 • **Sonderrechte, die Kontrollbefugnisse verleihen** (Nr. 4): Die Vorschrift betrifft die namentliche Nennung der Inhaber von Aktien mit Sonderrechten, die Kontrollbefugnisse verleihen. Ebenfalls ist die Ausgestaltung der Sonderrechte anzugeben.

9 • **Die Art der Stimmrechtskontrolle bei Mitarbeiterbeteiligung** (Nr. 5): Zu berichten ist über die Art der Stimmrechtskontrolle, sofern bei bestehenden Mitarbeiterbeteiligungsprogrammen Arbeitnehmer der Ges. am Kapital beteiligt sind und die Kontrollrechte von ihnen nicht unmittelbar ausgeübt werden.

10 • **Bestimmungen über die Ernennung und Abberufung der Mitglieder des Vorstands** (Nr. 6): Die zu benennenden deutschen gesetzlichen Vorschriften zur Bestellung und Abberufung von Mitgliedern des Vorstands finden sich in §§ 84, 85 AktG. Etwaige Abweichungen oder Ergänzungen der Satzung sind anzugeben. Ebenfalls sind die Vorschriften zur Änderung der Satzung zu benennen (§§ 179, 133 AktG).

11 • **Befugnisse des Vorstands, Aktien auszugeben oder zurückzukaufen** (Nr. 7): Bei dieser Vorschrift kommt der Ermächtigung zur Ausgabe und zum Rückerwerb eigener Aktien besondere Bedeutung zu.[14]

12 • **Wesentliche Vereinbarungen der Ges., die unter der Bedingung eines Kontrollwechsels infolge eines Übernahmeangebots stehen** (Nr. 8): Diese Vorschrift betrifft alle bestehenden „Change of Control"-Klauseln, die bei Kontrollwechseln wirksam werden.[15]

13 • **Entschädigungsvereinbarungen der Ges.** (Nr. 9): Zu berichten ist über Entschädigungsvereinbarungen, die die Ges. mit Mitgliedern des Vorstands für den Fall getroffen hat, dass sie bei einem Übernahmeangebot gekündigt oder ohne triftigen Grund entlassen werden oder dass ihr Arbeitsverhältnis endet („Golden Parachutes"). Ebenso besteht eine Berichtspflicht für Entschädigungsvereinbarungen der Ges. mit bei ihr beschäftigten Arbeitnehmern („Tin Parachutes").[16] Mit dem Ziel der Übersichtlichkeit und Klarheit sollten nur die wesentlichen Inhalte der Eintrittsvoraussetzungen und Entschädigungen genannt werden.[17] Die Berichtspflichten des Abs. 1 Nr. 9 ergänzen die durch das VorstOG eingeführten zusätzlichen Angaben im Lagebericht nach § 289 Abs. 2

---

[12] Vgl. ebenfalls die EU-Übernahmerichtlinie v. 21.4.2004, ABl. EU L 142/12.
[13] Vgl. Paetzmann, Übernahmerelevante Angaben, in Müller/Stute/Withus, Handbuch Lagebericht, 2013, S. 297f.
[14] Vgl. Grottel, in Beck Bil-Komm., 14. Aufl. 2024, § 289a HGB Rz 45.
[15] Vgl. Grottel, in Beck Bil-Komm., 14. Aufl. 2024, § 289a HGB Rz 51.
[16] Vgl. Böcking/Dutzi/Gros, in Baetge/Kirsch/Thiele, Bilanzrecht, § 289a HGB Rz 41, Stand: 02/2019.
[17] Vgl. Kajüter, in MünchKomm. HGB, 5. Aufl. 2024, § 289a HGB Rn 27.

Nr. 4 HGB sowie im Anhang nach § 285 Nr. 9 HGB. Angaben hierzu im Lagebericht entfallen nach der durch das BilMoG erfolgten Ergänzung des Abs. 1 Nr. 9, soweit die Angaben im Anhang zu machen sind.

3 Vergütungsbericht durch börsennotierte Aktiengesellschaften (Abs. 2 a. F.)

Abs. 2 a. F. ist auf Jahresabschlüsse und Lageberichte **letztmalig für das vor dem 1.1.2021 beginnende Gj anzuwenden**. Soweit für das vor dem 1.1.2021 beginnende Gj oder für ein diesem vorausgehenden Gj ein Vergütungsbericht nach dem neuen § 162 AktG erstellt wird (§ 315a Rz 41 ff.), ist Abs. 2 a. F. bereits nicht mehr anzuwenden.   14

Durch das **VorstOG** wurden börsennotierte AG i. S. v. § 3 Abs. 2 AktG verpflichtet, im Lagebericht auf die Grundzüge ihres Vergütungssystems einzugehen. In einem Vergütungsbericht nach Abs. 2 Satz 1 Nr. 4 sind die **Grundzüge des Vergütungssystems** der börsennotierten AG für die in § 285 Nr. 9 HGB genannten Gesamtbezüge darzustellen und zu erläutern. Die durch das VorstOG eingefügte Berichterstattungspflicht (in § 289 Abs. 2 HGB a. F. wie auch § 289a Abs. 2 HGB n. F.) orientiert sich an der „Empfehlung der EU-Kommission vom 12.12.2004 zur Einführung einer angemessenen Regelung für die Vergütung von Mitgliedern der Unternehmensleitung börsennotierter Gesellschaften"[18] und nimmt Bezug auf die umfangreiche Diskussion in Deutschland über die **Verbesserung der Corporate Governance**. Die Diskussion um die angemessene Vergütung von Vorstandsmitgliedern börsennotierter AG und die personenspezifische Offenlegung der Vergütungsbestandteile hatte sich Mitte des ersten Jahrzehnts zu einem neuralgischen Thema in der Corporate-Governance-Diskussion entwickelt.

Daneben empfahl der **DCGK** in seiner früheren Fassung von 2017 in Ziff. 4.2.5 die Offenlegung eines Vergütungsberichts als Teil eines Corporate-Governance-Berichts.[19] Der DCGK hat in seiner am 16.12.2019 von der Regierungskommission beschlossenen und am 20.3.2020 im Bundesanzeiger bekanntgemachten Fassung[20] den Vergütungsbericht gar in einem eigenen Grundsatz 25 verankert; in der aktuellen Fassung 2022 nun unverändert im Grundsatz 26.[21] Der gesetzlich vor Einführung des ARUG II[22] in Abs. 2 Satz 1 Nr. 4 verankerte Vergütungsbericht zielt darauf ab, mehr Transparenz ggü. den Aktionären zu schaffen und diese in die Lage zu versetzen, sich ein Urteil über das Vergütungssystem zu bilden. Zur letztmaligen Anwendung des Abs. 2 s. Rz 2. Zur Ausgestaltung des Vergütungsberichts nach § 162 AktG s. § 315a Rz 41 ff.   15

---

18 Vgl. ABl. EU L 385/55, Abschn. II Nr. 3.3.
19 Vgl. Regierungskommission DCGK, Deutscher Corporate Governance Kodex in der am 7. Februar 2017 beschlossenen Fassung, www.dcgk.de/files/dcgk/usercontent/de/download/kodex/170424_Kodex.pdf, Abruf 1.10.2024; Krimpmann, Vergütungsbericht, in Müller/Stute/Withus, Handbuch Lagebericht, 2013, S. 338 f.
20 Vgl. Regierungskommission DCGK, Deutscher Corporate Governance Kodex in der am 16. Dezember 2019 beschlossenen Fassung, www.dcgk.de//files/dcgk/usercontent/de/download/kodex/191216_Deutscher_Corporate_Governance_Kodex.pdf, Abruf 1.10.2024.
21 Vgl. Regierungskommission DCGK, Deutscher Corporate Governance Kodex in der am 28. April 2022 beschlossenen Fassung, www.dcgk.de//files/dcgk/usercontent/de/download/kodex/220627_Deutscher_Corporate_Governance_Kodex_2022.pdf, Abruf 1.10.2024.
22 Gesetz zur Umsetzung der zweiten Aktionärsrechterichtlinie (ARUG II) BGBl 2019 I S. 2637.

16 Die Berichterstattungspflicht ist in jedem Lagebericht neu zu erfüllen. Verweise auf Vj allein sind unzulässig. Vorgaben über den genauen **Umfang der Berichterstattung** macht das HGB nicht. Im Vergütungsbericht sind lediglich die Grundzüge des Vergütungssystems und der Vergütungspolitik (verbal) darzustellen und zu erläutern. Eine umfassende Berichterstattung ist auch nach der Begründung des Regierungsentwurfs zum VorstOG nicht gefordert.[23] Die Berichterstattungspflicht bezieht sich auf die in § 285 Nr. 9 HGB genannten Gesamtbezüge
- des Vorstands,
- der früheren Mitglieder des Vorstands und ihrer Hinterbliebenen,
- des Aufsichtsrats, eines Beirats oder einer ähnlichen Einrichtung und
- der früheren Mitglieder des Aufsichtsrats, eines Beirats oder einer ähnlichen Einrichtung.

17 Die **Inhalte der Berichterstattung** beziehen sich jeweils auf die Gesamtbezüge der genannten Gremien, nicht auf individuelle Bezüge. Zu den Grundzügen der Vergütungspolitik gehören:
- ein Überblick über die grundlegende Gestaltung der Organverträge (Dauer, Kündigungsfristen, Regelungen zu einem vorzeitigen Ausscheiden),
- die Form der Vergütung (Höhe, Geldleistungen, Sachbezüge),
- erfolgsabhängige Vergütungsanteile in Anlehnung an die in § 285 Nr. 9 Buchst. a Satz 5 HGB genannten Komponenten (erfolgsunabhängig, erfolgsbezogen, mit langfristiger Anreizwirkung).
- Besondere Bedeutung kommt den langfristig ausgelegten Anreizsystemen (Aktienoptionen, sonstige Bezugsrechte auf Aktien) zu.
- Zu den Grundzügen der Vergütungspolitik gehört auch die Darstellung der Versorgungs-, Vorruhestands- und Ruhegehaltsleistungen (Form, Struktur, Höhe).

Es sind jeweils die wesentlichen Änderungen ggü. dem Vj. anzugeben.

18 Abs. 2 Satz 1 Nr. 4 Satz 2 a. F. enthält ergänzend den Hinweis, dass die durch das VorstOG vorgeschriebenen Anhangangaben nach § 285 Nr. 9 Buchst. a Sätze 5–8 HGB in den Vergütungsbericht einbezogen werden können und eine separate Darstellung im Anhang dann unterbleiben kann. Hierbei handelt es sich um:
- Bezüge jedes einzelnen Vorstandsmitglieds unter Namensnennung (Satz 5),
- Vorstandsmitgliedern zugesagte Leistungen für den Fall der Beendigung der Tätigkeit mit Darstellung des wesentlichen Inhalts (Satz 6),
- Leistungen, die einem Vorstandsmitglied von einem Dritten zugesagt oder gewährt worden sind (Satz 7),
- weitergehende Angaben zu bestimmten Bezügen im Jahresabschluss (Satz 8).

---

[23] Vgl. BT-Drs. 15/5577 v. 31.5.2005 S. 8.

§ 289b Pflicht zur nichtfinanziellen Erklärung; Befreiungen

(1) ¹Eine Kapitalgesellschaft hat ihren Lagebericht um eine nichtfinanzielle Erklärung zu erweitern, wenn sie die folgenden Merkmale erfüllt:
1. die Kapitalgesellschaft erfüllt die Voraussetzungen des § 267 Absatz 3 Satz 1,
2. die Kapitalgesellschaft ist kapitalmarktorientiert i. S. d. § 264d und
3. die Kapitalgesellschaft hat im Jahresdurchschnitt mehr als 500 Arbeitnehmer beschäftigt.

²§ 267 Absatz 4 bis 5 ist entsprechend anzuwenden. ³Wenn die nichtfinanzielle Erklärung einen besonderen Abschnitt des Lageberichts bildet, darf die Kapitalgesellschaft auf die an anderer Stelle im Lagebericht enthaltenen nichtfinanziellen Angaben verweisen.

(2) ¹Eine Kapitalgesellschaft i. S. d. Absatzes 1 ist unbeschadet anderer Befreiungsvorschriften von der Pflicht zur Erweiterung des Lageberichts um eine nichtfinanzielle Erklärung befreit, wenn
1. die Kapitalgesellschaft in den Konzernlagebericht eines Mutterunternehmens einbezogen ist und
2. der Konzernlagebericht nach Nummer 1 nach Maßgabe des nationalen Rechts eines Mitgliedstaats der Europäischen Union oder eines anderen Vertragsstaats des Abkommens über den Europäischen Wirtschaftsraum im Einklang mit der Richtlinie 2013/34/EU aufgestellt wird und eine nichtfinanzielle Konzernerklärung enthält.

²Satz 1 gilt entsprechend, wenn das Mutterunternehmen i. S. v. Satz 1 einen gesonderten nichtfinanziellen Konzernbericht nach § 315b Absatz 3 oder nach Maßgabe des nationalen Rechts eines Mitgliedstaats der Europäischen Union oder eines anderen Vertragsstaats des Abkommens über den Europäischen Wirtschaftsraum im Einklang mit der Richtlinie 2013/34/EU erstellt und öffentlich zugänglich macht. ³Ist eine Kapitalgesellschaft nach Satz 1 oder 2 von der Pflicht zur Erstellung einer nichtfinanziellen Erklärung befreit, hat sie dies in ihrem Lagebericht mit einer Erläuterung anzugeben, welches Mutterunternehmen den Konzernlagebericht oder den gesonderten nichtfinanziellen Konzernbericht öffentlich zugänglich macht und wo der Bericht in deutscher oder englischer Sprache offengelegt oder veröffentlicht ist.

(3) ¹Eine Kapitalgesellschaft i. S. d. Absatzes 1 ist auch dann von der Pflicht zur Erweiterung des Lageberichts um eine nichtfinanzielle Erklärung befreit, wenn die Kapitalgesellschaft für dasselbe Geschäftsjahr einen gesonderten nichtfinanziellen Bericht außerhalb des Lageberichts erstellt und folgende Voraussetzungen erfüllt sind:
1. der gesonderte nichtfinanzielle Bericht erfüllt zumindest die inhaltlichen Vorgaben nach § 289c und
2. die Kapitalgesellschaft macht den gesonderten nichtfinanziellen Bericht öffentlich zugänglich durch
   a) Offenlegung zusammen mit dem Lagebericht nach § 325 oder
   b) Veröffentlichung auf der Internetseite der Kapitalgesellschaft spätestens vier Monate nach dem Abschlussstichtag und mindestens für zehn Jahre, sofern der Lagebericht auf diese Veröffentlichung unter Angabe der Internetseite Bezug nimmt.

²Absatz 1 Satz 3 und die §§ 289d und 289e sind auf den gesonderten nichtfinanziellen Bericht entsprechend anzuwenden.
(4) Ist die nichtfinanzielle Erklärung oder der gesonderte nichtfinanzielle Bericht inhaltlich überprüft worden, ist auch die Beurteilung des Prüfungsergebnisses in gleicher Weise wie die nichtfinanzielle Erklärung oder der gesonderte nichtfinanzielle Bericht öffentlich zugänglich zu machen.

Inhaltsübersicht

		Rz
1	Überblick	1–9
2	Anwendungsbereich	10–12
3	Konzern- und Unternehmensberichterstattung	13
4	Gesonderter nichtfinanzieller Bericht	14–16
5	Externe Prüfung	17–18
6	Prüfung durch den Aufsichtsrat	19–20
7	CSRD-Umsetzungsgesetz: Änderungen	21–30
7.1	Überblick zu und Normzweck von § 289b HGB-E	21
7.2	Anwenderkreis der Nachhaltigkeitsberichterstattung (§ 289b Abs. 1 HGB-E)	22–24
7.3	Pflicht zur Erweiterung des Lageberichts um einen Nachhaltigkeitsbericht (§ 289b Abs. 1 HGB-E)	25
7.4	Befreiungstatbestände (§ 289b Abs. 2 und 3 HGB-E)	26–27
7.5	Anforderungen an die Befreiungstatbestände (§ 289b Abs. 4 HGB-E)	28
7.6	Befreiung bei Erstellung eines Konzernnachhaltigkeitsberichts (§ 289b Abs. 5 HGB-E)	29
7.7	Beteiligungen der Arbeitnehmervertretungen bei der Erstellung des Konzernnachhaltigkeitsberichts (§ 289b Abs. 6 HGB-E)	30

1 Überblick

1 Auf europäischer Ebene wurden vor dem Hintergrund der öffentlichen Diskussion über die Verantwortung von Unt Regelungen einer Berichterstattung von Unt entwickelt, die das **Vertrauen von Investoren sowie Verbrauchern** in Unt stärken sollen, indem umfangreicher als bisher über nichtfinanzielle Aspekte unternehmerischen Handelns berichtet wird. Bezweckt wird, über neue Vorgaben für die Berichterstattung mittelbar das Handeln der Unt zu beeinflussen und Anreize zu schaffen, nichtfinanziellen Belangen und entsprechenden Risiken, Konzepten und Prozessen stärkeres Gewicht in der Unternehmensführung beizumessen. Erfahrungen hierzu liegen bereits aus der freiwilligen Nachhaltigkeitsberichterstattung von Unt vor.[1]

---

[1] Vgl. Freidank, Unternehmensüberwachung, 2012, S. 29; Wulf/Sackbrook, Nachhaltigkeitsberichte, in Müller/Stute/Withus, 2013, S. 394 f.; Simon-Heckroth, WPg 2014, S. 312 f.; AKEU der Schmalenbach-Gesellschaft, Nichtfinanzielle Leistungsindikatoren: Bedeutung für die Finanzberichterstattung, zfbf 2015, S. 236–240.

2014 wurde die RL 2014/95/EU des Europäischen Parlaments und des Rates zur Änderung der RL 2013/34/EU im Hinblick auf die **Angabe nichtfinanzieller und die Diversität betreffender Informationen** durch bestimmte große Unt und Gruppen, die sog. Corporate-Social-Responsibility-Richtlinie (CSR-RL), verabschiedet.[2] Nach der CSR-RL hat die Berichterstattung der betroffenen Unt ein den tatsächlichen Verhältnissen entsprechendes Bild ihrer Konzepte, Ergebnisse und Risiken mit Bezug auf nichtfinanzielle Aspekte zu vermitteln. Die CSR-RL erkennt die mögliche Vielfalt der von Unt umgesetzten Konzepte für die Wahrnehmung gesellschaftlicher Verantwortung an und will den Unt ein hohes Maß an Handlungsflexibilität belassen. Die Anwendung eines bestimmten Standards der Berichterstattung wird daher nicht vorgeschrieben. Zugleich soll jedoch ein hinreichender Grad an Vergleichbarkeit der Berichterstattung gewährleistet werden.[3]

Die Regelungen der CSR-RL gelten für große Unt von öffentlichem Interesse mit mehr als 500 Beschäftigten. Dies betrifft nach Art. 2 und 3 der Bilanzrichtlinie kapitalmarktorientierte Unt, Kreditinstitute und VersicherungsUnt.

Die Berichterstattung über nichtfinanzielle Informationen erfolgt grds. auf Konzernebene. Eine gesonderte **nichtfinanzielle Berichterstattung** auf Ebene der TU ist nicht vorgesehen. Die CSR-RL sieht vor, dass neben der Beschreibung des Geschäftsmodells die nichtfinanzielle Berichterstattung mind. Angaben zu Umwelt-, Arbeitnehmer- und Sozialbelangen, zur Achtung der Menschenrechte und zur Bekämpfung von Korruption und Bestechung enthält.

Über die nichtfinanzielle Berichterstattung hinaus regelt die CSR-RL, dass die Erklärung zur Unternehmensführung eine **Beschreibung des Diversitätskonzepts**, der damit verbundenen Ziele, Art und Weise der Umsetzung und der erreichten Ergebnisse bei der Besetzung von Leitungs- und Aufsichtsorganen enthalten soll. Hierzu können bislang Beschreibungen der Aspekte, wie Alter, Geschlecht, Bildungs- oder Berufshintergrund dienlich sein. Dies gilt nur für große kapitalmarktorientierte Unt, wobei die CSR-RL ein Mitgliedstaatenwahlrecht vorsieht, dies im Wesentlichen auf große börsennotierte AG und KGaA zu begrenzen. Für die geplanten Änderungen der Vorgaben zum Diversitätskonzept durch das CSRD-UmsG s. § 315d Rz 10. Die CSR-RL war bis zum 6.12.2016 in nationales Recht umzusetzen. In Deutschland erfolgte die Umsetzung über ein eigenes CSR-RL-Umsetzungsgesetz (Gesetz zur Stärkung der nichtfinanziellen Berichterstattung der Unt in ihren Lage- und Konzernlageberichten), welches vom Deutschen Bundestag am 9.3.2017 und vom Bundesrat am 31.3.2017 beschlossen wurde. Die neuen Berichterstattungspflichten der §§ 289b bis 289f HGB traten am Tag nach der Verkündung des CSR-RL-Umsetzungsgesetzes in Kraft und betrafen erstmalig Gj, die nach dem 31.12.2016 begannen, mit Ausnahme der Berichterstattungspflicht über eine freiwillige externe Prüfung der nichtfinanziellen Erklärung nach § 289b Abs. 4 HGB (wie auch § 315b Abs. 4 HGB). Diese Regelungen traten am 1.1.2019 in Kraft.[4] Das CSR-RL-Umsetzungsgesetz führte im Wesentlichen zu Änderungen des HGB. Die zuvor in § 289a HGB a.F. geregelte Erklärung zur Unternehmensführung wurde in einen neuen § 289f HGB verschoben. § 289a HGB n.F. nahm aus den Vorschriften

---

[2] Vgl. ABl. EU L 330/1 v. 15.11.2014; L 369/79 v. 24.12.2014.
[3] Vgl. BT-Drs. 18/9982 v. 17.10.2016 S. 26.
[4] Vgl. BT-Drs. 18/11450 v. 8.3.2017 S. 44 u. 51.

zum Lagebericht ausgegliederte Inhalte auf. Die neuen §§ 289b bis 289e HGB dienen der Umsetzung der Vorgaben der CSR-RL in Bezug auf die nichtfinanzielle Berichterstattung durch ein Unt.

5 Die EU ist bestrebt, eine **nachhaltige Entwicklung in Europa** weiter voranzutreiben. In diesem Zusammenhang steht auch die Selbstverpflichtung, die von den Vereinten Nationen verabschiedete Agenda 2030 für nachhaltige Entwicklung und die darin benannten 17 Ziele für eine nachhaltige Entwicklung (sog. Sustainable Development Goals) sowie das Pariser Klima-Übereinkommen (COP21) umzusetzen. Nach Auffassung der Europäischen Kommission kommt dem Finanzsystem dabei eine zentrale Rolle zu.[5] Neben allgemeinen Maßnahmen (z.B. Einführung einer Nachhaltigkeits-Taxonomie)[6] und gesonderten Anforderungen an Finanzintermediäre (z.B. Berücksichtigung von Nachhaltigkeitsaspekten bei ihren Investitionsentscheidungen) betreffen einige Maßnahmen des Aktionsplans auch die Finanzberichterstattung, sodass inzwischen eine neue Richtlinie zur Nachhaltigkeitsberichterstattung umzusetzen ist (Rz 21ff.).

6 Die finale RL (EU) 2022/2464 vom 14.12.2022 (**CSRD**)[7] wird mit Überschreitung der vorgegebenen Frist in Deutschland mit dem „Gesetz zur Umsetzung der Richtlinie (EU) 2022/2464 des Europäischen Parlaments und des Rates vom 14. Dezember 2022 zur Änderung der Verordnung (EU) Nr. 537/2014 und der Richtlinien 2004/109/EG, 2006/43/EG und 2013/34/EU hinsichtlich der Nachhaltigkeitsberichterstattung von Unternehmen" umgesetzt werden. Am 24.7.2024 erfolgte die Veröffentlichung des RegE CSRD-UmsG.[8] Durch das CSRD-UmsG soll § 289b HGB umbenannt werden in „Pflicht zur Erweiterung des Lageberichts um einen Nachhaltigkeitsbericht; Befreiungen; Beteiligung von Arbeitnehmervertretern", s. Rz 21ff.

7 Die **European Sustainability Reporting Standards** (ESRS) liegen seit dem 31.7.2023 in einem 1. Set von zwölf Standards vor.[9]
S. für die ESRS § 315c Rz 10ff.

8 Die nichtfinanzielle Berichterstattung bzw. Nachhaltigkeitsberichterstattung muss auch den Anforderungen des Art. 8 **Taxonomie-VO**[10] entsprechen. Bislang liegen die technischen Bewertungskriterien für die sechs Umweltziele vor. Die technischen Bewertungskriterien für die zwei klimabezogenen Umweltziele, Klimaschutz und Anpassung an den Klimawandel wurden bereits am 4.6.2021 veröffentlicht.[11]

---

[5] Vgl. Europäische Kommission, Aktionsplan: Finanzierung nachhaltigen Wachstums, COM2018 (97) final v. 8.3.2018.
[6] Taxonomie-Verordnung, VO 2020/852/EU, ABl. EU L 198/13 v. 22.6.2020 sowie weiterführend § 289c Rz 9ff.
[7] Vgl. Richtlinie (EU) 2022/2464 des Europäischen Parlaments und des Rates zur Änderung der Verordnung (EU) Nr. 537/2014 und der Richtlinien 2004/109/EG, 2006/43/EG und 2013/34/EU hinsichtlich der Nachhaltigkeitsberichterstattung von Unternehmen, ABl. EU L322/15 v. 16.12.2022.
[8] www.bmj.de/SharedDocs/Downloads/DE/Gesetzgebung/RegE/RegE_CSRD.pdf?__blob=publicationFile&v=2; eine Synopse zum geltenden Recht ist abrufbar unter www.bmj.de/SharedDocs/Downloads/DE/Gesetzgebung/Synopse/Synopse_CSRD-UmsG_RegE.pdf?__blob=publicationFile&v=2, Abruf jew. 9.10.2024.
[9] Die aktualisierte offizielle deutsche Übersetzung ist abrufbar unter https://eur-lex.europa.eu/legal-content/DE/TXT/PDF/?uri=OJ:L_202490457, Abruf 9.10.2024.
[10] VO (EU) Nr. 2020/852, ABl. EU L198/13.
[11] Delegierte Verordnung (EU) der Kommission C(2021)2800 final, v. 4.6.2021.

Diese wurde nochmal angepasst sowie um die technischen Bewertungskriterien für die anderen Umweltziele – nachhaltige Nutzung und Schutz von Wasser- und Meeresressourcen, Übergang zu einer Kreislaufwirtschaft, Vermeidung und Verminderung der Umweltverschmutzung sowie Schutz und Wiederherstellung der Biodiversität und der Ökosysteme – erweitert. Die dazugehörige Delegierte Verordnung wurde ca. zwei Jahre später, am 27.6.2024, von der EU-Kommission erlassen.[12] S. für die EU-Taxonomie-VO § 289c Rz 9f.

Am 13.6.2024 wurde die Corporate Sustainability Due Diligence Directive (CSDDD) von der EU-Kommission erlassen und am 5.7.2024 im Amtsblatt der EU veröffentlicht, welche die unternehmerischen Sorgfaltspflichten in Hinblick auf Nachhaltigkeit entlang der Wertschöpfungskette verschärft.[13]
S. für die CSDDD § 315b Rz 16.

2 Anwendungsbereich

§ 289b HGB enthält die Grundnorm von Art. 19a der Bilanzrichtlinie in der Fassung der CSR-RL, dass KapG ihren Lagebericht um eine nichtfinanzielle Erklärung zu erweitern haben. Dafür präzisiert Abs. 1 zunächst den Anwendungsbereich. Die Berichtspflicht betrifft nach derzeitiger Rechtslage nur KapG und KapCoGes i.S.d. § 264a HGB, die „groß" i.S.d. § 267 Abs. 3 Satz 1, Abs. 4 bis 5 HGB, soweit sie im Jahresdurchschnitt **mehr als 500 Arbeitnehmer** beschäftigen und zugleich **kapitalmarktorientiert** i.S.d. § 264d HGB sind. Die in § 267 Abs. 3 Satz 2 HGB enthaltene Fiktion, nach der eine kapitalmarktorientierte KapG i.S.d. § 264d HGB automatisch als „groß" gilt, ist nicht anwendbar. Die Größenkriterien nach § 267 Abs. 3 Satz 1 HGB müssen vielmehr tatsächlich erfüllt sein. Für die Frage, ob der Schwellenwert von 500 Mitarbeitern im Jahresdurchschnitt übertroffen wird, sind grundsätzlich zwei aufeinanderfolgende Abschlussstichtage zu betrachten, während im Falle von Neugründungen und Umwandlungen i.d.R. nur ein Abschlussstichtag maßgeblich ist (entsprechend § 267 Abs. 4 HGB).[14]

Die Regelung, dass die nichtfinanzielle Erklärung auch durch Kreditinstitute und VersicherungsUnt zu erstellen ist, sofern sie „groß" i.S.d. § 267 Abs. 3 Satz 1, Abs. 4 bis 5 HGB sind und im Jahresdurchschnitt mehr als 500 Arbeitnehmer beschäftigen, erfolgt nicht in § 289b HGB, sondern in den ergänzenden Vorschriften für Unt bestimmter Geschäftszweige, hier insb. in den §§ 340a und 341a HGB.[15]

§ 289b Abs. 1 Satz 3 HGB räumt die Möglichkeit ein, dass die KapG zur Vermeidung von Redundanzen in der nichtfinanziellen Erklärung, sofern sie einen besonderen Abschnitt des Lageberichts bildet, auf die an anderer Stelle im Lagebericht enthaltenen nichtfinanziellen Angaben verweisen kann. Dieser Wortlaut des § 289b HGB impliziert jedoch im Umkehrschluss, dass eine **Vollintegration der nichtfinanziellen Angaben** an verschiedenen Stellen im Lagebericht gemacht

---

12 Vgl. EU-Kommission, Delegierte Verordnung (EU) 2023/2486 v. 27.6.2023 im ABl. EU v. 21.11.2023, https://eur-lex.europa.eu/legal-content/DE/TXT/PDF/?uri=OJ:L_202302486, Abruf 9.10.2024.
13 Vgl. EU-Kommission, RL (EU) 2024/1760, ABl. EU v. 5.7.2024, https://eur-lex.europa.eu/legal-content/DE/TXT/PDF/?uri=OJ:L_202401760, Abruf 9.10.2024.
14 Vgl. Kajüter, DB 2017, S. 618.
15 Vgl. Kliem/Schäfer/Schönberger, in Beck Bil-Komm., 14. Aufl. 2024, § 289b HGB Rz 7.

werden kann, auch ohne einen gesonderten Abschnitt zu bilden. In jedem Fall sind die inhaltlichen Vorgaben der §§ 289c bis 289e HGB zu erfüllen.

3 Konzern- und Unternehmensberichterstattung

13 § 289b Abs. 2 HGB übernimmt den Grundsatz der CSR-RL, dass eine nichtfinanzielle Berichterstattung auf Konzernebene stattzufinden hat und diese Vorrang gegenüber der Berichterstattung auf Unternehmensebene besitzt. Ein TU muss daher regelmäßig keine eigene nichtfinanzielle Erklärung oder einen gesonderten nichtfinanziellen Bericht erstellen. Damit ein **TU von der Pflicht zur Erstellung eines eigenen nichtfinanziellen Berichts befreit** ist, muss es in den Konzernlagebericht eines MU mit Sitz in einem EU-Mitgliedstaat oder in einem anderen Vertragsstaat des Abkommens über den EWR einbezogen sein. Dieser muss eine nichtfinanzielle Erklärung enthalten, die den Vorgaben des auf das MU anwendbaren nationalen Rechts im Einklang mit der CSR-RL entspricht. Sofern das MU alternativ einen gesonderten nichtfinanziellen Konzernbericht erstellt und veröffentlicht, wirkt die Einbeziehung des TU in diesen Bericht ebenfalls befreiend. Dies gilt nach § 289b Abs. 2 Satz 2 Nr. 2 HGB auch, wenn das MU seinen Sitz außerhalb der EU oder des EWR hat, sofern die nichtfinanzielle Erklärung oder der gesonderte nichtfinanzielle Bericht nach Maßgabe des nationalen Rechts eines EU-Mitgliedstaats oder eines anderen Vertragsstaats des Abkommens über den EWR im Einklang mit der CSR-RL aufgestellt und öffentlich zugänglich gemacht wird. Dies entspricht dem Wortlaut des Art. 19a Abs. 3 der CSR-RL, der keine Einschränkung im Hinblick auf den Sitz des MU vorsieht.[16] Daher muss bspw. ein MU mit Sitz in Kanada, für das das deutsche Recht keine unmittelbare Anwendung findet, mit Blick auf die CSR-Berichterstattung auf Konzernebene die Maßstäbe des deutschen CSR-RL-Umsetzungsgesetz anlegen, sofern ihr deutsches TU von der eigenen CSR-Berichtspflicht befreit sein soll.

Ist das TU von der nichtfinanziellen Berichterstattung befreit, muss es angeben, welches MU den Konzernlagebericht oder die gesonderte nichtfinanzielle Konzernerklärung (§ 315b Rz 1ff.) offenlegt und wo dieser bzw. diese in deutscher oder englischer Sprache offengelegt oder veröffentlicht ist bzw. sind.

4 Gesonderter nichtfinanzieller Bericht

14 § 289b Abs. 3 HGB reflektiert bislang die Ausübung eines der Mitgliedstaatenwahlrechte aus Art. 19a Bilanzrichtlinie in der Fassung der CSR-RL durch den deutschen Gesetzgeber. Eine KapG kann derzeit die Pflicht zur Erstellung einer nichtfinanziellen Erklärung im Lagebericht nach Abs. 1 dadurch erfüllen, dass sie einen gesonderten nichtfinanziellen **Bericht außerhalb des Lageberichts** erstellt.[17] Voraussetzung hierfür ist allerdings, dass der gesonderte nichtfinanzielle Bericht mind. die gleichen Inhalte aufweist, die für die nichtfinanzielle Erklärung nach § 289c HGB vorgeschrieben sind.

15 In der deutschen nichtfinanziellen Berichterstattungspraxis zeigte sich in der Vergangenheit eine Vielfalt der Anwendungen der Vorgaben der CSR-RL. Eine empirische Untersuchung auf Grundlage von 106 Unt aus DAX 30, MDAX und

---

[16] Vgl. BT-Drs. 18/11450 v. 8.3.2017 S. 49f.
[17] Vgl. Kreipl/Müller, DB 2016, S. 2428; Kajüter, DB 2017, S. 69.

SDAX von 2021[18] verdeutlicht, dass 72 % dieser Unt die Inhalte im Geschäftsbericht platzieren, und zwar entweder (65 %) in Form einer nichtfinanziellen Erklärung als Teil des (Konzern-)Lageberichts oder (7 %) als nichtfinanziellen Bericht außerhalb des (Konzern-)Lageberichts (jedoch im Geschäftsbericht enthalten). Weitere 7 % der untersuchten Unt publizierten einen nichtfinanziellen Bericht als separates pdf-Dokument, nicht eingebunden in eine umfassendere Unternehmensberichterstattung. Schließlich nutzten 21 % der untersuchten Unt den Weg, einen nichtfinanziellen Bericht als Teil eines Nachhaltigkeitsberichts zu veröffentlichen. Im Vergleich zur Auswertung der Vorjahresberichterstattung zeigt sich, dass die Darstellungsform als nichtfinanzielle Erklärung im (Konzern-)Lagebericht nochmals zugenommen hat und zwischenzeitlich mit 65 % dominiert, was im Einklang mit dem Vorschlag der EU-Kommission für eine Weiterentwicklung der CSR-RL aus 2021 steht.

Der gesonderte nichtfinanzielle Bericht muss **zusammen mit dem Lagebericht** gem. § 325 HGB im BAnz offengelegt (Satz 1 Nr. 2 Buchst. a) oder auf der Internetseite der Ges. veröffentlicht werden (Satz 1 Nr. 2 Buchst. b). Sofern die KapG den gesonderten nichtfinanziellen Bericht im Internet veröffentlicht, hat sie dies spätestens vier Monate nach dem Abschlussstichtag zu tun und den Bericht mind. für eine Dauer von zehn Jahren auf der Internetseite verfügbar zu halten. Weiterhin ist bei der Veröffentlichung im Internet ein Bezug auf diese Veröffentlichung in den Lagebericht der Ges. aufzunehmen (Angabe der Internet-Adresse).

> **Praxis-Beispiel**
> „Der zusammengefasste Lagebericht 2020 der RWE AG enthält im Abschnitt ‚Strategie und Struktur' bei der Darstellung ‚Nachhaltiges Wirtschaften – mehr als die Senkung von Emissionen' folgenden Hinweis auf die nichtfinanzielle Berichterstattung:
> Weitergehende Informationen darüber, welche Ziele wir auf den Gebieten Umwelt, Soziales und Unternehmensführung verfolgen und was wir hier bereits erreicht haben, finden Sie in unserem Nachhaltigkeitsbericht und im gesonderten nichtfinanziellen Konzernbericht nach § 315b Abs. 3 HGB. Für das Geschäftsjahr 2020 werden diese Publikationen im April 2021 vorliegen. Sie können dann unter www.rwe.com/verantwortung-und-nachhaltigkeit abgerufen werden."[19]

5 Externe Prüfung

Die nichtfinanzielle Erklärung ist nach Art. 19a Abs. 5 der Bilanzrichtlinie in der Fassung der CSR-RL bislang nur einer **formalen und nicht inhaltlichen Prüfung** zu unterziehen. Das CSR-RL-Umsetzungsgesetz setzt diese Vorgabe nicht in § 289b HGB, sondern in § 317 Abs. 2 Satz 4 HGB um und gibt vor, dass mit Blick auf die Vorschriften der §§ 289b bis 289e HGB nur zu prüfen ist, ob die nichtfinanzielle Erklärung oder der gesonderte nichtfinanzielle Bericht vorgelegt

---

[18] Vgl. BDO/Kirchhoff, Nachhaltigkeit im Fokus. Die nichtfinanzielle Berichterstattung im DAX 160, 2021, S. 21 f.
[19] RWE AG, Geschäftsbericht 2020, S. 28.

wurde.[20] Dazu ist im Falle der Veröffentlichung im Internet sechs Monate nach dem Abschlussstichtag eine ergänzende Prüfung durch denselben Abschlussprüfer durchzuführen. Der Bestätigungsvermerk ist nur nach § 316 Abs. 3 Satz 2 HGB zu ergänzen, wenn der gesonderte nichtfinanzielle Bericht nicht innerhalb von sechs Monaten nach Abschlussstichtag vorgelegt wurde. Auf Konzernebene gilt dies entsprechend (§§ 315b und 315c HGB).

18 Unt können bislang eine externe inhaltliche Prüfung der nichtfinanziellen Erklärung freiwillig veranlassen, müssen allerdings nach § 289b Abs. 4 HGB das Ergebnis dieser freiwilligen Prüfung offenlegen (der Aufsichtsrat hat nach § 171 Abs. 1 AktG stets zu prüfen). Mit Umsetzung der CSRD wird ferner die Intensität der externen Prüfung auf eine inhaltliche Prüfung mit (zunächst) begrenzter Sicherheit (limited insurance) erhöht.

S. ausführlich für die Regelungen zur externen Prüfung der nichtfinanziellen Erklärung bzw. des Nachhaltigkeitsberichts: § 315b Rz 12 ff.

6 Prüfung durch den Aufsichtsrat

19 Das Aktienrecht schreibt derzeit die **Prüfung des gesonderten nichtfinanziellen Berichts nach § 289b HGB** (bzw. des gesonderten nichtfinanziellen Konzernberichts nach § 315b HGB) durch den Aufsichtsrat vor.[21] Nach geltendem Recht hat der Aufsichtsrat nach § 171 Abs. 1 Satz 1 AktG den Jahresabschluss (Konzernabschluss) und Lagebericht (Konzernlagebericht) sowie den Vorschlag für die Verwendung des Bilanzgewinns zu prüfen.[22] Dabei wird er bei prüfungspflichtigen Ges. durch den Abschlussprüfer unterstützt. Die Besonderheit des § 171 Abs. 1 Satz 4 AktG liegt darin, dass der Aufsichtsrat nach momentaner Rechtslage bei dieser Prüfung nicht automatisch durch den Abschlussprüfer unterstützt wird, denn der Abschlussprüfer prüft nach § 317 Abs. 2 Satz 4 HGB derzeit allein, ob der gesonderte nichtfinanzielle Bericht vorgelegt wurde und die Bestimmungen zur Offenlegung (wenn notwendig inkl. ESEF-Verordnung) eingehalten wurden. Sofern kein gesonderter nichtfinanzieller Bericht erstellt wird, sondern die Angaben im Lagebericht (Konzernlagebericht) erfolgen – vollintegriert oder in einem gesonderten Abschnitt –, unterliegen auch diese derzeit nicht der inhaltlichen Prüfung durch den Abschlussprüfer. Nach § 171 Abs. 1 Satz 1 AktG sind auch diese Informationen inhaltlich durch den Aufsichtsrat zu prüfen. Für den Aufsichtsrat einer AG muss seine Prüfungspflicht der Nachhaltigkeitsinformationen von hohem Interesse sein, weil das CSR-RL-Umsetzungsgesetz die Straf- und Bußgeldvorschriften (§§ 331 Nr. 1, 2 und 334 HGB) entsprechend erweitert hatte.[23]

20 Auch vor diesem Hintergrund wurde im Zuge des Gesetzgebungsprozesses in das Aktienrecht die Neuregelung des § 111 Abs. 2 Satz 4 AktG aufgenommen, wonach der Aufsichtsrat derzeit die Möglichkeit hat, eine freiwillige inhaltliche Überprüfung der nichtfinanziellen Erklärung oder des gesonderten nichtfinanziellen Berichts nach § 289b HGB zu beauftragen.[24]

---

[20] Vgl. Seibt, DB 2016, S. 2713 f.; Häfele/Stawinoga, DB 2017, S. M5.
[21] Vgl. Böcking, DB 2017, S. M5.
[22] Vgl. Freidank, Unternehmensüberwachung, 2012, S. 29; Kajüter, DB 2017, S. 624.
[23] Vgl. Deutscher Anwaltverein, Stellungnahme zum RefE CSR-Richtlinie-Umsetzungsgesetz, 19/2016 S. 23–26; Paetzmann, ZCG 2016, S. 282.
[24] Vgl. Böcking, DB 2017, S. M5; Kajüter, DB 2017, S. 624; Velte, KoR 2017, S. M3.

7 CSRD-Umsetzungsgesetz: Änderungen

> **Hinweis**
> Die Kommentierung basiert auf dem **Regierungsentwurf eines CSRD-Umsetzungsgesetzes**.[25] Nach Veröffentlichung der finalen Fassung wird die Kommentierung in Ihrem Haufe HGB Bilanz Kommentar Online aktualisiert. Die **Online-Version** ist beim Kauf der Printausgabe inklusive.

7.1 Überblick zu und Normzweck von § 289b HGB-E

Durch das CSRD-UmsG soll § 289b HGB umgenannt werden in „Pflicht zur Erweiterung des Lageberichts um einen Nachhaltigkeitsbericht; Befreiungen; Beteiligung von Arbeitnehmervertretern". Zur detaillierteren Kommentierung s. auch § 315b Rz 16ff.

21

Im geplanten § 289b HGB-E ist vorgesehen, dass bestimmte Unt künftig verpflichtet werden, ihren Lagebericht um einen umfassenden Nachhaltigkeitsbericht zu erweitern. Diese Neuerung steht im Kontext des European Green Deal und der Strategie der Europäischen Union zur Förderung nachhaltiger Investitionen. Ziel ist es, durch erhöhte Transparenz und Vergleichbarkeit die Nachhaltigkeitsleistung von Unt zu verbessern, um so nachhaltige Konsum- und Produktionsmuster sicherzustellen (Ziel 12 der UN-Ziele für nachhaltige Entwicklung). Mit § 289b HGB-E wird die Pflicht zur Nachhaltigkeitsberichterstattung für Unt in Deutschland erheblich ausgeweitet.

Als Teil des Lageberichts wird der Nachhaltigkeitsbericht mangels weiterer konkreter Regelungen im RegE CSRD-UmsG den Sanktionen des Lageberichts unterworfen (§ 289 Rz 128ff.).[26]

Die Bedeutung der Nachhaltigkeitsberichterstattung wächst auch deshalb, weil der RegE CSRD-UmsG in Art. 3 Änderungen am Lieferkettensorgfaltspflichtengesetz (LkSG) vorsieht. Mit der Einführung von Nachhaltigkeitsberichten als Teil des Lageberichts sollen die Vorschriften hinsichtlich des gesonderten Sorgfaltspflichtenberichts nach § 10 Abs. 2 LkSG angepasst werden. Nach § 10 Abs. 5 und 6 LkSG-E kann ein Sorgfaltspflichtenbericht künftig entfallen, sofern ein pflichtgemäßer oder freiwilliger (allerdings nur wenn der formal allen Anforderungen des Pflichtberichts entspricht und geprüft ist) Nachhaltigkeitsbericht nach §§ 289b ff. HGB-E (bzw. §§ 315b ff. HGB-E) erstellt und veröffentlicht wird.

7.2 Anwenderkreis der Nachhaltigkeitsberichterstattung (§ 289b Abs. 1 HGB-E)

Der § 289b Abs. 1 Satz 1 HGB-E behandelt die Erweiterung der Nachhaltigkeitsberichterstattungspflichten für Unt im Zuge der Umsetzung der CSRD in nationales deutsches Recht. Diese Erweiterung betrifft nicht nur kapitalmarkt-

22

---

[25] Regierungsentwurf eines Gesetzes zur Umsetzung der Richtlinie (EU) 2022/2464 des Europäischen Parlaments und des Rates vom 14. Dezember 2022 zur Änderung der Verordnung (EU) Nr. 537/2014 und der Richtlinien 2004/109/EG, 2006/43/EG und 2013/34/EU hinsichtlich der Nachhaltigkeitsberichterstattung von Unternehmen, BT-Drs. 20/12787 v. 9.9.2024, https://dserver.bundestag.de/btd/20/127/2012787.pdf, Abruf 9.10.2024.
[26] Müller/Reinke/Warnke, StuB 2024, S. 287.

orientierte Unt, sondern erstreckt sich künftig auf alle großen KapG sowie auf große Personenhandelsgesellschaften, die gem. § 264a HGB den KapG gleichgestellt sind. Zudem werden Emittenten aus Drittstaaten, die Deutschland als Herkunftsstaat gewählt haben (§ 114 Abs. 2 Nr. 2 Buchst. b Doppelbuchst. aa WpHG-E), in den Anwendungsbereich einbezogen.

Die Berichtspflicht kann sowohl auf Ebene des Einzelunternehmens (§§ 289b ff. HGB-E) als auch auf Ebene des MU von großen (Teil-)Konzernen (§§ 315b ff. HGB-E) entstehen. Zur Klassifizierung eines Unt als „groß" sind die aus der Finanzberichterstattung bekannten und kürzlich angepassten Kriterien nach § 267 Abs. 3 i.V.m. Abs. 2 HGB heranzuziehen. Ein Unt gilt demnach als groß, wenn es mind. zwei der folgenden Kriterien an zwei aufeinanderfolgenden Stichtagen erfüllt:

- Eine Bilanzsumme von mehr als 25 Mio. EUR,
- Umsatzerlöse von mehr als 50 Mio EUR,
- mehr als 250 Beschäftigte.

In Deutschland werden unter Berücksichtigung der angehobenen Schwellenwerte künftig etwa 13.200 Unt von der Pflicht zur Nachhaltigkeitsberichterstattung betroffen sein.[27]

Die Einführung der Berichtspflicht erfolgt gestaffelt über mehrere Gj, wie im Einführungsgesetz zum HGB (EGHGB) festgelegt und entspricht weitgehend den Vorgaben der CSRD:

- Für ab dem 1.1.2024 beginnende Gj: **Große Unt von öffentlichem Interesse**, einschl. Kreditinstituten und Versicherungsunternehmen, mit mehr als 500 Mitarbeitern sowie MU solcher Gruppen.
- Für ab dem 1.1.2025 beginnende Gj: Alle weiteren bilanzrechtlich **großen KapG und nach § 264a HGB gleichgestellte PersG** sowie **zur Konzernrechnungslegung nach § 290 HGB verpflichtete MU**.
- Für ab dem 1.1.2026 beginnende Gj: Mit Ausnahme der Kleinst-KapG alle bilanzrechtlich kleinen und mittelgroßen kapitalmarktorientierten Unt (sog. **„kapitalmarktorientierte KMU"**), kleine und nicht komplexe Institute sowie firmeneigene Versicherungs- und Rückversicherungsunternehmen.

KleinstUnt i.S.d. § 267a HGB sind generell vom Anwendungsbereich ausgenommen.

Für Gj beginnend ab dem 1.1.2028 ist gem. Art. 40a Bilanzrichtlinie eine zusätzliche Berichtspflicht für große bzw. kapitalmarktorientierte **TU und Zweigstellen von MU mit Sitz außerhalb der EU** vorgesehen. Diese Unt müssen das oberste MU jährlich dazu auffordern, einen Nachhaltigkeitsbericht für den Gesamtkonzern bereitzustellen, sofern dieser in den beiden letzten aufeinanderfolgenden Gj in der EU einen Umsatz von mehr als 150 Mio. EUR erzielt hat (§ 315h Abs. 1 HGB-E). Der Konzernbericht ist nach den von der EU-Kommission zu erlassenden „Non-EU"-ESRS gem. Art. 40b Bilanzrichtlinie zu erstellen (§ 315k HGB-E) und durch einen lokalen Prüfer im Sitzstaat des MU zu prüfen. Sollte das MU keinen solchen Bericht vorlegen, geht die Berichtspflicht auf die betroffenen Tochtergesellschaften bzw. Zweigstellen über. Diese müssen dann den Nachhaltigkeitsbericht für den Gesamtkonzern erstellen, soweit sie die notwendigen Informationen beschaffen können (§ 315h Abs. 2 Nr. 2 HGB-E),

---

[27] Kajüter, IRZ 2024, S. 230.

und eine Erklärung abgeben, dass vom MU kein Bericht zur Verfügung gestellt wurde (§ 315h Abs. 2 Nr. 1 HGB-E).

In Bezug auf **Genossenschaften** und Unt, die unter das PublG fallen, sieht der RegE CSRD-UmsG vor, dass auch große kapitalmarktorientierte Genossenschaften mit mehr als 500 Mitarbeitern einen Nachhaltigkeitsbericht aufstellen müssen (§ 336 Abs. 2 Satz 1 Nr. 2a HGB-E). Damit geht der Entwurf über die zwingende Richtlinienumsetzung hinaus und erhält die derzeitige Rechtslage für Genossenschaften in Deutschland bzgl. der nichtfinanziellen Berichterstattung bei. Bemerkenswert ist jedoch, dass die Bundesregierung trotz der Erweiterung für Genossenschaften davon absieht, die Berichtspflicht auf Unt auszuweiten, die ausschl. unter das PublG fallen. Insb. Einzelkaufleute, Personenhandelsgesellschaften, Vereine und Stiftungen, die nicht bereits nach Handelsrecht rechnungslegungspflichtig sind (§ 3 Abs. 1 PublG), bleiben somit von der Pflicht zur Nachhaltigkeitsberichterstattung ausgenommen.[28]

Die Neuerungen für **Unt der öffentlichen Hand** umfassen Vorschläge des BMJ, die Bundeshaushaltsordnung (BHO) in Bezug auf die Rechnungslegung von privatrechtlichen Unt mit Bundesbeteiligung zu ändern. Bisher mussten solche Unt unabhängig von ihrer tatsächlichen Größe stets wie große Unt i.S.d. § 267 Abs. 3 HGB Rechnung legen. Zukünftig soll diese Verpflichtung nur noch für die Finanzberichterstattung gelten. Für die Nachhaltigkeitsberichterstattung soll die Anknüpfung an die Größenkriterien des § 267 HGB auch bei Unt mit Bundesbeteiligung greifen. Dadurch können kleine und mittelgroße Unt des Bundes nach Maßgabe des Gesellschaftsvertrags von der Pflicht zur Nachhaltigkeitsberichterstattung befreit werden, sofern keine gesetzlichen Vorschriften entgegenstehen. Dies ermöglicht es, die Gesellschaftsverträge entsprechend anzupassen, sodass kleine und mittelgroße Bundesunternehmen keine CSRD-konforme Nachhaltigkeitsberichterstattung erstellen müssen oder große Unt von Konzernbefreiungsmöglichkeiten Gebrauch machen können.[29] Durch die Änderungen der BHO können allerdings ausschl. Unt im Eigentum des Bundes Erleichterungen hinsichtlich der Nachhaltigkeitsberichterstattung in Anspruch nehmen. Unt, die im Eigentum der Länder oder Kommunen stehen, sind weiterhin aufgrund der jeweiligen Landeshaushaltsordnungen oder Kommunalordnungen verpflichtet, ihren JA sowie den Lagebericht nach den Vorschriften für große KapG zu erstellen. Damit auch diese Unt von einer vergleichbaren Erleichterung profitieren können, müssten die Bundesländer ihre gesetzgeberische Kompetenz nutzen und die entsprechenden Bestimmungen anpassen. Es bleibt abzuwarten, ob die Bundesländer ihre Landeshaushaltsordnungen und ggf. Kommunalordnungen rechtzeitig ändern werden, um den Unt im Landes- und Kommunalbesitz ähnliche Freiräume zu ermöglichen.[30] Entsprechend der erfolgten Gesetzesänderungen von Nordrhein-Westfalen erfordern z.B. sowohl § 114a Abs. 10 GO NRW als auch die relevanten Passagen der KUV und der EigVO NRW nunmehr lediglich die Erstellung eines JA, nicht jedoch eines Lageberichts. Regelungen in der Satzung sind davon allerdings unberührt und müssen ggf. angepasst werden.

---

[28] Säuberlich/Jordan, WPg 2024, S. 529.
[29] Säuberlich/Jordan, WPg 2024, S. 529f.
[30] Säuberlich/Jordan, WPg 2024, S. 530.

Des Weiteren sollen durch die gesetzliche Verankerung des Public Corporate Governance Kodex (PCGK) in der BHO die verantwortungsvolle Unternehmensführung sowie die Corporate-Governance-Strukturen in den Beteiligungen des Bundes gestärkt werden. Der PCGK ergänzt die gesetzlichen Bestimmungen zur Leitung und Überwachung von Unt mit Bundesbeteiligung durch zusätzliche Standards für eine gute und verantwortungsvolle Unternehmensführung. Allerdings erfolgt keine gesetzliche Verpflichtung zur Anwendung des PCGK durch § 65 Abs. 7 BHO-E. Der Anwendungsbereich und die Systematik des PCGK („comply or explain") ergeben sich weiterhin aus dem Kodex selbst, und die Anwendungspflicht der Unt resultiert aus entsprechend gestalteten Gesellschaftsverträgen. Laut Gesetzesbegründung soll der Bund auf die Anwendung des PCGK bei seinen Beteiligungen hinwirken.[31]

7.3 Pflicht zur Erweiterung des Lageberichts um einen Nachhaltigkeitsbericht (§ 289b Abs. 1 HGB-E)

25   Der § 289b Abs. 1 Satz 1 HGB-E sieht vor, dass bestimmte Unt ihren **Lagebericht um einen Nachhaltigkeitsbericht erweitern** müssen, womit Art. 19a Abs. 1 Unterabs. 2 Bilanzrichtlinie umgesetzt wird, die durch die CSRD ergänzt wurde. Mit der Integration des Nachhaltigkeitsberichts in den Lagebericht wird dieser zum Bestandteil desselben. Die bisherige Möglichkeit, einen gesonderten befreienden Bericht nach § 289 Abs. 3 HGB zu erstellen, entfällt somit komplett. Die Verortung im Lagebericht soll gewährleisten, dass Nachhaltigkeitsaspekte stärker in die internen Entscheidungsprozesse der Unt einfließen (zielgerichtete Publizität). Durch die gesetzliche Verankerung in den Lagebericht wird die Bedeutung der Nachhaltigkeitsberichterstattung erhöht und ihre Verbindlichkeit gestärkt.

Die Integration impliziert grds., dass die Grundsätze ordnungsmäßiger Lageberichterstattung auch für den Nachhaltigkeitsbericht gelten. Dazu zählen insb. die **Grundsätze der Vollständigkeit, Klarheit und Richtigkeit**. Allerdings definieren die European Sustainability Reporting Standards (ESRS) eigene Berichtsgrundsätze, wie bspw. das Prinzip der doppelten Wesentlichkeit, welches sowohl die Auswirkungen des Unt auf die Umwelt (Inside-Out-Perspektive) als auch die Auswirkungen von Nachhaltigkeitsrisiken auf das Unt (Outside-In-Perspektive) berücksichtigt. Das Zusammenspiel dieser spezifischen Berichtsgrundsätze mit den allgemeinen Grundsätzen des Lageberichts bedarf einer weiterführenden juristischen Diskussion. Es stellt sich die Frage, inwieweit mögliche Konflikte aufzulösen sind und welche Normenhierarchie gilt.[32]

Gem. § 289b Abs. 1 Satz 2 HGB-E hat der Nachhaltigkeitsbericht im Lagebericht einen separaten, klar erkennbaren Abschnitt zu bilden, was insb. der besseren Auffindbarkeit der Angaben dienlich ist. Ferner erleichtert es den Unt durch zweckmäßige **Verweise** auf vergleichbare Angaben in anderen Teilen des Lageberichts oder Elementen der Corporate-Governance-Berichterstattung (wie insb. die Erklärung zur Unternehmensführung, den Bericht des Aufsichtsrats an die Hauptversammlung i.S.d. § 172 Abs. 2 AktG und den Vergütungsbericht

---

[31] Säuberlich/Jordan, WPg 2024, S. 530.
[32] So auch Kajüter, IRZ 2024, S. 230.

i. S. d. § 162 AktG) Berichtsdubletten und somit auch den Erstellungsaufwand zu reduzieren.[33]
Durch die erkennbare Abgrenzung des Nachhaltigkeitsberichts innerhalb des Lageberichts wird zudem die Anwendung unterschiedlicher Prüfungsniveaus erleichtert. Für die Praxis bedeutet dies jedoch einen Verlust der bisherigen Flexibilität, Nachhaltigkeitsinformationen auch integriert im gesamten Lagebericht darzustellen. Unt müssen nun ihre Berichtserstellung entsprechend anpassen und den Nachhaltigkeitsbericht deutlich abgrenzen.[34]

7.4 Befreiungstatbestände (§ 289b Abs. 2 und 3 HGB-E)

Trotz der deutlichen Ausweitung des Anwenderkreises sieht der Gesetzgeber **Ausnahmeregelungen für TU** vor. Diese Ausnahmeregelungen sind in § 289b Abs. 2 und Abs. 3 HGB-E festgelegt und ermöglichen es TU, von der Pflicht zur Erstellung eines eigenen Nachhaltigkeitsberichts befreit zu werden, wenn sie in den Konzernlagebericht eines MU einbezogen sind. Die Abs. 2 bis 4 des § 289b HGB-E setzen die in Art. 19a Abs. 9 und 10 Bilanzrichtlinie vorgesehenen Ausnahmen um. Fraglich ist der genaue zeitliche Ablauf, denn zu dem Zeitpunkt des Erstellens des Lageberichts der Tochter ist der Konzernlagebericht oft noch nicht erstellt und somit kann sie da nicht einbezogen sein. Die EU-Kommission löst dieses Pradaxon in den FAQ wie folgt: Unter anderem wird klargestellt, dass für die Befreiung eines TU der konsolidierte Nachhaltigkeitsbericht nicht zeitgleich vorliegen muss. Das befreite TU muss in seinem eigenen Lagebericht auf eine Website verweisen, auf der der konsolidierte Bericht zukünftig zur Verfügung stehen wird.[35] Diese hemdsärmelige Lösung erscheint sehr wackelig und wenig prüffähig.

Gem. § 289b Abs. 2 HGB-E sind TU von der Berichterstattungspflicht befreit, wenn ihre Muttergesellschaft ihren Sitz in einem Mitgliedstaat der Europäischen Union oder einem anderen Vertragsstaat des Europäischen Wirtschaftsraums hat und die Tochtergesellschaft in den Konzernlagebericht des MU einbezogen ist. Zusätzlich muss der Konzernlagebericht des MU einen Konzernnachhaltigkeitsbericht enthalten, der im Einklang mit den Anforderungen der RL 2013/34/EU erstellt wurde.

Diese Befreiungsmöglichkeit berücksichtigt die faktische Einheit von Unternehmensgruppen und vermeidet eine doppelte Berichterstattung innerhalb eines Konzerns. Sie stellt sicher, dass Nachhaltigkeitsinformationen auf Konzernebene konsolidiert und für alle Tochtergesellschaften einheitlich offengelegt werden, was insb. bei multinationalen Konzernen von großer praktischer Relevanz ist.

Zusätzlich präzisieren § 289b Abs. 2 Satz 3 und Abs. 3 Satz 3 HGB-E, dass die allgemeinen Befreiungsregelungen des Bilanzrechts gem. §§ 264 Abs. 3 und 264b HGB anwendbar sind. Dies bedeutet, dass Unt, die nach § 264 Abs. 3 HGB von

---

[33] Vgl. zur erlaubten Verweistechnik i. R. d. Nachhaltigkeitsbericht: ESRS 1.119 ff. sowie kommentierend Baumüller/Lapotta/Hrinkow, in Freiberg/Lanfermann, Haufe ESRS Kommentar, 1. Aufl. 2023, § 3 Rz 128 ff.
[34] So auch Kajüter, IRZ 2024, S. 230.
[35] EU-Kommission, DRAFT COMMISSION NOTICE on the interpretation of certain legal provisions in Directive 2013/34/EU, FAQ Frage 20, S. 24 f., https://finance.ec.europa.eu/document/download/c4e40e92-8633-4bda-97cf-0af13e70bc3f_en?filename=240807-faqs-corporate-sustainability-reporting_en.pdf, Abruf 9.10.2024.

der Pflicht zur Erstellung eines Lageberichts befreit sind, auch von der Verpflichtung zur Erstellung eines Nachhaltigkeitsberichts entbunden werden, sofern der Konzernlagebericht die relevanten Nachhaltigkeitsangaben enthält. Diese Regelung verhindert eine unnötige bürokratische Belastung für Unt, die bereits umfassend auf Konzernebene berichten.[36]

27 Für TU von Muttergesellschaften, die ihren Sitz außerhalb der Europäischen Union oder des Europäischen Wirtschaftsraums haben, gelten gem. § 289b Abs. 3 HGB-E strengere Anforderungen. In diesem Fall ist eine Befreiung nur möglich, wenn der konsolidierte Nachhaltigkeitsbericht des MU entweder im Einklang mit den europäischen Standards (ESRS) oder nach gleichwertigen Standards erstellt wurde. Die Gleichwertigkeit solcher Standards muss durch einen Durchführungsrechtsakt der Europäischen Kommission gem. Art. 23 RL 2004/109/EG festgestellt werden.
Darüber hinaus müssen der Nachhaltigkeitsbericht und das Prüfungsurteil des MU offengelegt werden, um sicherzustellen, dass die Berichtspflichten tatsächlich erfüllt werden. Diese strengen Vorgaben sollen gewährleisten, dass Unt mit außereuropäischen Muttergesellschaften denselben hohen Berichtsstandards unterliegen wie Unt innerhalb der EU, was die Vergleichbarkeit und Transparenz der Nachhaltigkeitsberichterstattung stärkt, aber wiederum eine enorme Herausforderung für den zeitlichen Ablauf darstellt, da auch diese Dokumente i.d.R. erst weit nach der Erstellung des Lageberichts auf Einzelunternehmensebene vorliegen dürften.

7.5 Anforderungen an die Befreiungstatbestände (§ 289b Abs. 4 HGB-E)

28 Für den Fall, dass eine Tochtergesellschaft von den Berichtsanforderungen befreit ist, enthält § 289b Abs. 4 HGB-E klare Vorgaben darüber, welche Informationen dennoch im Lagebericht des befreiten Unt offengelegt werden müssen. Diese umfassen:
1. Den Namen und Sitz des MU, das den befreienden Konzernlagebericht aufstellt,
2. die Internetseite (die zunächst nach Auslegung der EU-Kommission leer sein kann (Rz 26), auf der der Konzernlagebericht und der Prüfungsvermerk (ggf. erst später) abrufbar sind,
3. den Hinweis, dass das Unt von der Pflicht zur Erstellung eines Nachhaltigkeitsberichts befreit ist.

Diese Anforderungen dienen der Transparenz und Nachvollziehbarkeit der Befreiungsregelung. Die Angabe der Internetseite ermöglicht es den Stakeholdern, den Konzernnachhaltigkeitsbericht des MU einzusehen und sich über die Nachhaltigkeitsleistung des gesamten Konzerns zu informieren, natürlich erst, wenn dieser dort veröffentlicht wurde.

---

[36] Vgl. RegE CSRD-UmsG, BT-Drs. 20/12787 v. 9.9.2024, S. 110 f., https://dserver.bundestag.de/btd/20/127/2012787.pdf, Abruf 9.10.2024.

7.6 Befreiung bei Erstellung eines Konzernnachhaltigkeitsberichts (§ 289b Abs. 5 HGB-E)

Die geplante Regelung des § 289b Abs. 5 HGB-E sieht vor, dass MU, die bereits einen konsolidierten Nachhaltigkeitsbericht gem. §§ 315b und 315c HGB-E aufstellen, von der Pflicht zur Erweiterung des Lageberichts um einen Nachhaltigkeitsbericht befreit sind. § 289b Abs. 5 HGB-E übernimmt Art. 29a Abs. 7 Bilanzrichtlinie in der durch die CSRD geänderten Fassung. Die im RegE vorgeschlagene Änderung kann dazu beitragen, die Bürokratiekosten der Unt zu reduzieren und die Effizienz in der Berichterstattungspflicht zu erhöhen. In der Vergangenheit gab es keine Möglichkeit der **"Selbstbefreiung"** von der Nachhaltigkeitsberichterstattungspflicht für MU. Bisher mussten diese Unt sowohl eine nichtfinanzielle Erklärung als auch eine konsolidierte nichtfinanzielle Konzernerklärung erstellen, was einen erheblichen Mehraufwand verursachte, welchem keinen zusätzlichen Informationsnutzen für Berichtsadressaten gegenüberstand. Auch große kapitalmarktorientierte Unt profitieren von dieser Befreiung, da der § 289b Abs. 5 HGB-E für diese Unt keine explizite Ausnahme vorsieht.[37]

7.7 Beteiligungen der Arbeitnehmervertretungen bei der Erstellung des Konzernnachhaltigkeitsberichts (§ 289b Abs. 6 HGB-E)

§ 289b Abs. 6 HGB-E setzt Art. 19a Abs. 5 Bilanzrichtlinie um und verpflichtet die Mitglieder des vertretungsberechtigten Organs eines Unt, die Arbeitnehmervertreter auf geeigneter Ebene über die Inhalte des Nachhaltigkeitsberichts zu informieren und eine Erörterung darüber durchzuführen. Diese Regelung stärkt die Mitwirkungsrechte der Arbeitnehmervertreter und stellt sicher, dass deren Perspektive und Expertise in die Nachhaltigkeitsberichterstattung einfließen können, aber nicht müssen. Verantwortlich bleiben allein die gesetzlichen Vertreter der KapG oder der PersG. Arbeitnehmervertreter, wie der Betriebsrat, können insb. in Bezug auf soziale und menschenrechtliche Faktoren sowie arbeitsbezogene Belange wertvolle Beiträge leisten.

I.d.R. ist der Betriebsrat gem. den Vorschriften des BetrVG die zuständige Arbeitnehmervertretung. In größeren Unt mit mehreren Betriebsräten kann auch ein Gesamtbetriebsrat gem § 50 BetrVG zuständig sein. Für Unt, die über mehrere europäische Standorte verfügen, kann zusätzlich der Europäische Betriebsrat nach dem Gesetz über Europäische Betriebsräte (EBRG) involviert sein. Diese Regelungen schaffen nach der Gesetzesbegründung eine strukturierte Beteiligung der Arbeitnehmer an der Nachhaltigkeitsberichterstattung, insb. im Hinblick auf die Berücksichtigung ihrer Interessen und die Sicherstellung, dass auch sozial- und arbeitsrechtliche Aspekte adäquat in den Bericht integriert werden.[38]

Der Gesetzestext ist aber deutlich abgeschwächt und orientiert sich an dem Wortlaut der CSRD, der die Beteiligung nur als Unterrichtung und Möglichkeit der Eingabe von Stellungnahmen versteht.

---

[37] So auch Säuberlich/Jordan, WPg 2024, S. 532.
[38] Vgl. RegE CSRD-UmsG, BT-Drs. 20/12787 v. 9.9.2024, S. 111, https://dserver.bundestag.de/btd/20/127/2012787.pdf, Abruf 9.10.2024.

Für Unt, die keinen Betriebsrat haben, begründet die Vorschrift jedoch keine Verpflichtung zur Errichtung eines solchen Gremiums. Es handelt sich vielmehr um eine Bestimmung, die auf bestehende Arbeitnehmervertretungen abstellt. Sollte i. R. d. Erörterungen der Arbeitnehmervertreter eine Stellungnahme abgegeben werden, muss diese an das Organ weitergeleitet werden, das für die Prüfung des Lageberichts einschl. des Nachhaltigkeitsberichts verantwortlich ist. Dies ermöglicht es den Prüfungsgremien, die in den Nachhaltigkeitsinformationen dargestellten Aspekte aus einer umfassenderen Perspektive zu bewerten, die auch die Belange und Erfahrungen der Arbeitnehmer berücksichtigt.[39]

Die Stellungnahme der Arbeitnehmervertreter kann somit einen wertvollen Beitrag zur Beurteilung der Nachhaltigkeitsberichterstattung leisten und sicherstellen, dass der Bericht nicht nur die Sichtweise der Unternehmensführung widerspiegelt, sondern auch die Perspektive der Beschäftigten einbezieht. Dies ist besonders wichtig im Hinblick auf Themen wie soziale Gerechtigkeit, Arbeitsbedingungen und die Einhaltung von Menschenrechten, die für die langfristige Nachhaltigkeit eines Unt entscheidend sind.

---

[39] Vgl. RegE CSRD-UmsG, BT-Drs. 20/12787 v. 9.9.2024, S. 111, https://dserver.bundestag.de/btd/20/127/2012787.pdf, Abruf 9.10.2024.

§ 289c Inhalt der nichtfinanziellen Erklärung

(1) In der nichtfinanziellen Erklärung i.S.d. § 289b ist das Geschäftsmodell der Kapitalgesellschaft kurz zu beschreiben.

(2) Die nichtfinanzielle Erklärung bezieht sich darüber hinaus zumindest auf folgende Aspekte:
1. Umweltbelange, wobei sich die Angaben bspw. auf Treibhausgasemissionen, den Wasserverbrauch, die Luftverschmutzung, die Nutzung von erneuerbaren und nicht erneuerbaren Energien oder den Schutz der biologischen Vielfalt beziehen können,
2. Arbeitnehmerbelange, wobei sich die Angaben bspw. auf die Maßnahmen, die zur Gewährleistung der Geschlechtergleichstellung ergriffen wurden, die Arbeitsbedingungen, die Umsetzung der grundlegenden Übereinkommen der Internationalen Arbeitsorganisation, die Achtung der Rechte der Arbeitnehmerinnen und Arbeitnehmer, informiert und konsultiert zu werden, den sozialen Dialog, die Achtung der Rechte der Gewerkschaften, den Gesundheitsschutz oder die Sicherheit am Arbeitsplatz beziehen können,
3. Sozialbelange, wobei sich die Angaben bspw. auf den Dialog auf kommunaler oder regionaler Ebene oder auf die zur Sicherstellung des Schutzes und der Entwicklung lokaler Gemeinschaften ergriffenen Maßnahmen beziehen können,
4. die Achtung der Menschenrechte, wobei sich die Angaben bspw. auf die Vermeidung von Menschenrechtsverletzungen beziehen können, und
5. die Bekämpfung von Korruption und Bestechung, wobei sich die Angaben bspw. auf die bestehenden Instrumente zur Bekämpfung von Korruption und Bestechung beziehen können.

(3) Zu den in Absatz 2 genannten Aspekten sind in der nichtfinanziellen Erklärung jeweils diejenigen Angaben zu machen, die für das Verständnis des Geschäftsverlaufs, des Geschäftsergebnisses, der Lage der Kapitalgesellschaft sowie der Auswirkungen ihrer Tätigkeit auf die in Absatz 2 genannten Aspekte erforderlich sind, einschließlich
1. einer Beschreibung der von der Kapitalgesellschaft verfolgten Konzepte, einschließlich der von der Kapitalgesellschaft angewandten Due-Diligence-Prozesse,
2. der Ergebnisse der Konzepte nach Nummer 1,
3. der wesentlichen Risiken, die mit der eigenen Geschäftstätigkeit der Kapitalgesellschaft verknüpft sind und die sehr wahrscheinlich schwerwiegende negative Auswirkungen auf die in Absatz 2 genannten Aspekte haben oder haben werden, sowie die Handhabung dieser Risiken durch die Kapitalgesellschaft,
4. der wesentlichen Risiken, die mit den Geschäftsbeziehungen der Kapitalgesellschaft, ihren Produkten und Dienstleistungen verknüpft sind und die sehr wahrscheinlich schwerwiegende negative Auswirkungen auf die in Absatz 2 genannten Aspekte haben oder haben werden, soweit die Angaben von Bedeutung sind und die Berichterstattung über diese Risiken verhältnismäßig ist, sowie die Handhabung dieser Risiken durch die Kapitalgesellschaft,

5. der bedeutsamsten nichtfinanziellen Leistungsindikatoren, die für die Geschäftstätigkeit der Kapitalgesellschaft von Bedeutung sind,
6. soweit es für das Verständnis erforderlich ist, Hinweisen auf im Jahresabschluss ausgewiesene Beträge und zusätzliche Erläuterungen dazu.

(4) Wenn die Kapitalgesellschaft in Bezug auf einen oder mehrere der in Absatz 2 genannten Aspekte kein Konzept verfolgt, hat sie dies anstelle der auf den jeweiligen Aspekt bezogenen Angaben nach Absatz 3 Nummer 1 und 2 in der nichtfinanziellen Erklärung klar und begründet zu erläutern.

Inhaltsübersicht   Rz
1 Überblick 1
2 Beschreibung des Geschäftsmodells (Abs. 1) 2
3 Aspekte der nichtfinanziellen Berichterstattung (Abs. 2) 3
4 Angaben im Einzelnen (Abs. 3) 4–10
5 Comply or Explain (Abs. 4) 11
6 CSRD-Umsetzungsgesetz: Änderungen 12–25
   6.1 Überblick und Normzweck 12
   6.2 Grundsatz der doppelten Wesentlichkeit und Begriff der
        Nachhaltigkeit (§ 289b Abs. 1 HGB-E) 13–14
   6.3 Konkrete Berichtsthemen des Nachhaltigkeitsberichts
        (§ 289c Abs. 2 HGB-E) 15–21
   6.4 Berichterstattung über den Prozess zur Informations-
        ermittlung (§ 289c Abs. 3 HGB-E) 22
   6.5 Berichterstattung über die Wertschöpfungskette
        (§ 289c Abs. 4 HGB-E) 23
   6.6 Verweis auf andere Berichtsbestandteile
        (§ 289c Abs. 5 HGB-E) 24
   6.7 Verordnungsermächtigung und die Rolle der ESRS
        (§ 289c Abs. 6 HGB-E) 25

1 Überblick

1 § 289c HGB trat am Tag nach der Verkündung des CSR-RL-Umsetzungsgesetzes[1] am 18.4.2017 in Kraft und betraf erstmalig Gj, die nach dem 31.12.2016 begannen. Die Regelung des § 289c HGB enthält die inhaltlichen Vorgaben für die Berichterstattung der nichtfinanziellen Angaben. Grundsätzlich können nach derzeitiger Rechtslage zwecks Orientierung Rahmenwerke genutzt werden, von denen in der Praxis zahlreiche angewendet werden (§ 289d HGB). Jedoch decken die bisherigen Rahmenwerke mitunter nur Teilspekte dessen ab, was Art. 19a Abs. 1 der Bilanzrichtlinie in der Fassung der CSR-RL fordert. Es obliegt der KapG sicherzustellen, dass alle geforderten Berichtselemente abgedeckt werden. § 289c HGB enthält teils zwingende Elemente (Mindestvorgaben), teils auch beispielhafte Aufzählungen. Insg. soll so eine Vergleichbarkeit der Berichterstattung sichergestellt, zugleich jedoch Flexibilität

---

[1] Gesetz zur Stärkung der nichtfinanziellen Berichterstattung der Unternehmen in ihren Lage- und Konzernlageberichten (CSR-Richtlinie-Umsetzungsgesetz) BGBl 2017 I S. 802.

hinsichtlich verschiedener Geschäftsmodelle, Märkte, Länder und etwaig bereits durch die KapG genutzter Rahmenwerke erhalten werden.[2]
Durch das CSRD-Umsetzungsgesetz, für das ein RegE am 24.7.2024 veröffentlicht wurde,[3] wird der Titel des § 289c HGB-E in „Inhalt des Nachhaltigkeitsberichts; Verordnungsermächtigung" geändert werden, s. Rz 12.

2 Beschreibung des Geschäftsmodells (Abs. 1)

§ 289c Abs. 1 HGB fordert eine kurze Beschreibung des Geschäftsmodells, was zuvor schon Gegenstand der Lageberichterstattung war, denn letztlich fordert eine Darstellung und Analyse des Geschäftsverlaufs einschl. Geschäftsergebnis und Lage der Ges. gem. § 289 Abs. 1 HGB bereits eine kurze Beschreibung des Geschäftsmodells. Dies wurde durch § 289c Abs. 1 HGB auf die nichtfinanzielle Erklärung ausgeweitet, wobei nicht explizit auf die inhaltliche Verbindung mit § 289 Abs. 1 HGB und etwaige Doppelungen eingegangen wird. Zur Vermeidung von Redundanzen kann hierzu ein Verweis sinnvoll sein.

Weder im Gesetz noch in der Gesetzesbegründung wird definiert, was unter einem Geschäftsmodell zu verstehen ist. Jedoch bezieht sich die Gesetzesbegründung auf die aktuelle Berichtspraxis zum Geschäftsmodell im Lagebericht, die sich in einer Kurzdarstellung konkretisiert.[4]

Dies betrifft, im Einklang mit DRS 20.37, die grundlegenden Merkmale des Unt einschl. der organisatorischen Struktur, der Segmente, Standorte, Produkte und Dienstleistungen, Geschäftsprozesse und Absatzmärkte. Dort, wo Unt mit dem Ziel von Diversifikationseffekten aus mehreren, unterschiedlichen Geschäftsbereichen bestehen, ist es nach dem Sinn des Gesetzes geboten, diese Geschäftsmodelle kurz einzeln zu beschreiben. Stellt ein Unt das Geschäftsmodell im Lagebericht dar, kann die Darstellung Ergänzungen aufnehmen, die gerade nichtfinanzielle Aspekte beleuchten. Soweit die nichtfinanzielle Erklärung einen separaten Abschnitt im Lagebericht bildet oder die nichtfinanzielle Erklärung in einem separaten Bericht erfolgt, kann auf eine bestehende Darstellung des Geschäftsmodells im Lagebericht verwiesen werden.[5]

> **Praxis-Beispiel**
> In ihrem zusammengefassten Lagebericht 2021 verweist die TUI Group in der zusammengefassten nichtfinanziellen Erklärung auf eine Darstellung des Geschäftsmodells an anderer Stelle im Geschäftsbericht:

---

[2] Vgl. BT-Drs. 18/9982 v. 17.10.2016 S. 46f.
[3] www.bmj.de/SharedDocs/Downloads/DE/Gesetzgebung/RegE/RegE_CSRD.pdf?__blob=publicationFile&v=2; eine Synopse zum geltenden recht ist abrufbar unter www.bmj.de/SharedDocs/Downloads/DE/Gesetzgebung/Synopse/Synopse_CSRD-UmsG_RegE.pdf?__blob=publicationFile&v=2, Abruf jew. 4.10.2024
[4] Vgl. BT-Drs. 18/9982 v. 17.10.2016 S. 47; Kliem/Schäfer/Schöberger, in Beck Bil-Komm., 14. Aufl. 2024, § 289c HGB Rz 16.
[5] Vgl. Müller/Ergün, Inhaltliche Anforderungen an die Lageberichterstattung, in Müller/Stute/Withus, Handbuch Lagebericht, 2013, S. 44f.; Seibt, DB 2016, S. 2711; Kajüter, DB 2017, S. 621.

> „Geschäftsmodell
> Das Geschäftsmodell der TUI Group ist in diesem Geschäftsbericht auf Seite 25 ff. und 28 ff. i.S.d. § 315 Abs. 1 in Verbindung mit § 289c Abs. 1 HGB beschrieben."[6]

3 Aspekte der nichtfinanziellen Berichterstattung (Abs. 2)

§ 289c Abs. 2 HGB setzt die Vorgaben von Art. 19a Abs. 1 der Bilanzrichtlinie in der Fassung der CSR-RL zur Reichweite der nichtfinanziellen Berichterstattung um. Die in der Richtlinie aufgeführten Mindestaspekte werden fast in der gleichen Reihenfolge genannt, ohne eine Priorisierung zu präjudizieren: Umwelt-, Sozial- und Arbeitnehmerbelange, Achtung der Menschenrechte und Bekämpfung von Korruption und Bestechung. Arbeitnehmerbelange sind in § 289c Abs. 2 HGB gegenüber der Richtlinie um eine Position nach vorn gerückt, aber die Reihenfolge der Behandlung in der Berichterstattung ist nachrangig; es sind die Mindestaspekte insgesamt vollständig abzudecken. Auch sind die Mindestaspekte nicht vollständig, denn dies würde „das mittelbare Ziel der RL 2014/95/EU verfehlen, Unt über den Weg der Berichterstattung stärker dazu zu bewegen, ihre gesellschaftliche und ökologische Verantwortung zu erkennen und wahrzunehmen".[7] § 289c Abs. 2 HGB geht über die Richtlinie hinaus, indem beispielhaft die in Tab. 1 gezeigten Themen konkret benannt werden, die allerdings im Wesentlichen den Erwägungsgründen der CSR-RL entnommen sind (keine zwingenden Mindestinhalte).

Konkretisierung der Mindestaspekte der nichtfinanziellen Erklärung (Wortlaut des § 289c Abs. 2 HGB)	
Umweltbelange	Wobei sich die Angaben bspw. auf Treibhausgasemissionen, den Wasserverbrauch, die Luftverschmutzung, die Nutzung von erneuerbaren und nicht erneuerbaren Energien oder den Schutz der biologischen Vielfalt beziehen können.
Arbeitnehmerbelange	Wobei sich die Angaben bspw. auf die Maßnahmen, die zur Gewährleistung der Geschlechtergleichstellung ergriffen wurden, die Arbeitsbedingungen, die Umsetzung der grundlegenden Übereinkommen der Internationalen Arbeitsorganisation, die Achtung der Rechte der Arbeitnehmerinnen und Arbeitnehmer, informiert und konsultiert zu werden, den sozialen Dialog, die Achtung der Rechte der Gewerkschaften, den Gesundheitsschutz oder die Sicherheit am Arbeitsplatz beziehen können.

---

[6] TUI Group, Geschäftsbericht 2021, S. 75.
[7] BT-Drs. 18/9982 v. 17.10.2016 S. 52. Vgl. Kreipl/Müller, DB 2016, S. 2426 f.; Behnke/Schönberger, ZCG 2016, S. 277; Paetzmann, ZCG 2016, S. 282 f.; Kajüter, DB 2017, S. 620.

Konkretisierung der Mindestaspekte der nichtfinanziellen Erklärung (Wortlaut des § 289c Abs. 2 HGB)	
Sozialbelange	Wobei sich die Angaben bspw. auf den Dialog auf kommunaler oder regionaler Ebene oder auf die zur Sicherstellung des Schutzes und der Entwicklung lokaler Gemeinschaften ergriffenen Maßnahmen beziehen können.
Achtung der Menschenrechte	Wobei sich die Angaben bspw. auf die Vermeidung von Menschenrechtsverletzungen beziehen können.
Bekämpfung von Korruption und Bestechung	Wobei sich die Angaben bspw. auf die bestehenden Instrumente zur Bekämpfung von Korruption und Bestechung beziehen können.

Tab. 1: Konkretisierung der Mindestaspekte von § 289c Abs. 2 HGB

4 Angaben im Einzelnen (Abs. 3)

Nach § 289c Abs. 3 HGB sind jeweils solche Angaben zu machen, die für das Verständnis des Geschäftsverlaufs, des Geschäftsergebnisses, der Lage der KapG sowie der Auswirkungen ihrer Tätigkeit auf die genannten Aspekte erforderlich sind, einschl.

- einer Beschreibung der verfolgten Konzepte, einschl. der von der KapG angewandten Due-Diligence-Prozesse (Nr. 1),
- der Ergebnisse dieser Konzepte (Nr. 2),
- der wesentlichen Risiken, die mit der eigenen Geschäftstätigkeit der KapG verknüpft sind und die sehr wahrscheinlich schwerwiegende negative Auswirkungen auf die genannten Aspekte haben oder haben werden, sowie die Handhabung dieser Risiken durch die KapG (Nr. 3),
- der wesentlichen Risiken, die mit den Geschäftsbeziehungen der KapG, ihren Produkten und Dienstleistungen verknüpft sind und die sehr wahrscheinlich schwerwiegende negative Auswirkungen auf die genannten Aspekte haben oder haben werden, soweit die Angaben von Bedeutung sind und die Berichterstattung über diese Risiken verhältnismäßig ist, sowie die Handhabung dieser Risiken durch die KapG (Nr. 4),
- der bedeutsamsten nichtfinanziellen Leistungsindikatoren, die für die Geschäftstätigkeit der KapG von Bedeutung sind (Nr. 5), sowie
- Hinweisen und Erläuterungen auf im Jahresabschluss ausgewiesene Beträge, soweit es für das Verständnis erforderlich ist (Nr. 6).

Die Angaben sind nicht nur pauschal, sondern konkret und einzeln für jeden in Abs. 2 genannten nichtfinanziellen Aspekt zu machen.

Unter Konzepte (Nr. 1) sind die vom Unt hinsichtlich eines nichtfinanziellen Aspekts angestrebten Ziele und die zur Zielerreichung geplanten Maßnahmen zu verstehen. Diese Konzepte sind darzustellen. Vermieden werden soll, dass Konzepte allein zur Erfüllung dieser Berichtspflicht entwickelt oder fortentwickelt werden. Ein „Greenwashing", mit dem sich ein Unt als nachhaltiger, ökologischer, ethischer etc. darstellt als es tatsächlich ist, soll vermieden werden.[8] Konzepte und nichtfinanzielle Aspekte stehen bei der Darstellung in einer n:m-Beziehung. Es kann sich ein Konzept auf mehrere nichtfinanzielle Aspekte beziehen, wie auch für einen nichtfinanziellen Aspekt mehrere Konzepte vorliegen können, was in der Praxis zu erwarten ist.[9] Die Berichtspflicht nach Nr. 4 kann insb. für Konsumenten hilfreich sein, weil grds. auch wesentliche Angaben über die Lieferkette und die Kette von Subunternehmern und damit verbundene Risiken für die in der nichtfinanziellen Erklärung aufzuführenden Aspekte (etwa Umwelt- und Sozialbelange) gemacht werden müssen. Bei den Angaben zu Nr. 3 und 4 liegt ein Risikobegriff zugrunde, der sich auf nur wesentliche Risiken bezieht. Gem. Erwägungsgrund 8 der CSR-RL sind dies jene Risiken, die „sehr wahrscheinlich schwerwiegende negative Auswirkungen" auf nichtfinanzielle Aspekte haben (werden).[10] Im Zuge des Gesetzgebungsverfahrens hatte der Bundesrat am 4.11.2016 vorgeschlagen, aufgrund der potenziellen Bedeutung für Konsumenten in § 289c Abs. 3 Nr. 4 HGB die Wörter „sehr wahrscheinlich schwerwiegende negative Auswirkungen" durch die Wörter „wahrscheinlich negative Auswirkungen" zu ersetzen. Der Bundesrat argumentierte, dass die Formulierung eine unzulässige Einschränkung des Richtlinienwortlauts sei und die Grenze der Auslegung überschreite. Dies wurde jedoch vonseiten der Bundesregierung in ihrer Gegenäußerung mit Verweis auf den Erwägungsgrund 8 und die Rechtsklarheit zurückgewiesen.[11]

6 Nach derzeitiger Rechtslage muss nach § 289 Abs. 3 HGB im Lagebericht über nichtfinanzielle Leistungsindikatoren berichtet werden, soweit dies für das Verständnis des Geschäftsverlaufs und der Lage der Ges. von Bedeutung ist. Der Wortlaut „von Bedeutung" war schon in § 289 Abs. 3 HGB i.S.v. „für das Verständnis erforderlich" gemeint,[12] was hier nun fortgeführt wird. Anders als in § 289 Abs. 3 HGB, der bestehen bleibt, geht es in Nr. 5 auch um das Verständnis der Auswirkungen der Geschäftstätigkeit auf nichtfinanzielle Belange.

7 Im CSR-RL-Umsetzungsgesetz wurde ein sog. „doppelter Wesentlichkeitsvorbehalt" verankert: Bislang waren nur solche Angaben erforderlich, die für das Verständnis des Geschäftsverlaufs, des Geschäftsergebnisses, der Lage des Unt **sowie** der Auswirkungen seiner Tätigkeit auf die berichtspflichtigen Mindestinhalte erforderlich sind. Bislang musste sowohl die finanzielle als auch die nichtfinanzielle (ökologische und soziale) Wesentlichkeit auftreten, um eine Berichtspflicht i.R.d. nichtfinanziellen Berichterstattung auszulösen. Die EU-Kommission publizierte mit ihrem unverbindlichen Nachtrag zu den Leitlinien zur Erstellung eines nichtfinanziellen Berichts für die Unt eine Orientierungshilfe zu den Anforderungen an die klimabezogene Berichterstattung. Dieser Orientierungshilfe liegt, wie auch den GRI-Standards, ein **erweitertes Wesentlichkeitsverständnis** zugrunde. Der Nachtrag verknüpfte dabei die Anforderungen der CSR-Richtlinie mit den Anforderungen der Task Force on Climate-

---

[8] Vgl. Kirchschläger, zfwu 2015, S. 266; Velte, KoR 2017, S. M3.
[9] Vgl. Kajüter, DB 2017, S. 621.
[10] Vgl. CSR-Richtlinie, Erwägungsgrund 8.
[11] Vgl. Stellungnahme des Bundesrats und Gegenäußerung der Bundesregierung, Drs. 18/10344 v. 16.11.2016.
[12] Vgl. BT-Drs. 15/3419 v. 24.6.2004 S. 31.

related Financial Disclosures (TCFD). Die Leitlinien empfahlen, abweichend vom Wortlaut des § 289c Abs. 3 Nr. 3 und 4 HGB, dass die nichtfinanzielle Berichterstattung neben Angaben zu klimabezogenen Risiken auch Ausführungen zu klimabezogenen **Chancen** enthalten sollte.[13]

Im Zuge der deutschen Umsetzung der CSRD ist die Neufassung des § 289c Abs. 1 HGB-E geplant, welcher den „Grundsatz der doppelten Wesentlichkeit" gesetzlich verankert. Ausweislich dieser Regelung hat der Nachhaltigkeitsbericht diejenigen Informationen zu umfassen, die entweder für das Verständnis der Auswirkungen der Tätigkeiten der Gesellschaft auf Nachhaltigkeitsaspekte („Inside-out"-Perspektive) oder für das Verständnis der Auswirkungen von Nachhaltigkeitsaspekten auf den Geschäftsverlauf, das Geschäftsergebnis und die Lage der Gesellschaft („Outside-in"-Perspektive) erforderlich sind. Künftig ist somit für die Nachhaltigkeitsberichterstattung ein breiterer Wesentlichkeitsansatz zu wählen, der sich in einer umfassenderen Berichterstattung niederschlägt (vgl. weiterführend Rz 13).

Wesentlichkeitsanalyse

In der bisherigen Berichtspraxis hat sich ein Vorgehen etabliert, bei dem die nichtfinanzielle Berichterstattung auf einer umfassenden **Wesentlichkeitsanalyse** aufbaut. Diese hat dabei sowohl den derzeitigen gesetzlichen Anforderungen des CSR-RUG als auch der Berichterstattung nach den GRI-Standards (oder eines alternativ verwendeten Rahmenwerks) zu entsprechen. Eine derartige Wesentlichkeitsanalyse erfolgt üblicherweise auf Grundlage von persönlichen Interviews und/oder einer Onlinebefragung der Stakeholder-Gruppen Kunden, Lieferanten, sonstige Geschäftspartner und Mitarbeiter, sodass ein dokumentiertes Verständnis für Wesentlichkeit i. S. d. § 289c Abs. 3 HGB als auch der GRI entwickelt werden kann. Ziel ist es dabei, von den Stakeholdern des Unt eine Rückmeldung zur Wesentlichkeit einzelner Handlungsfelder zu erhalten. Zwecks Illustration der Ergebnisse bietet sich eine **Wesentlichkeitsmatrix** an, die die Ergebnisse der durchgeführten Stakeholderbefragung zusammenfasst und den Einschätzungen der Stakeholdergruppen die Auffassung des Managements zur Bedeutung für den Unternehmenserfolg gegenüberstellt.

8

> **Praxis-Beispiel**
> Der „Gesonderte zusammengefasste nichtfinanzielle Bericht 2020" der Aareal Bank AG enthält folgende Wesentlichkeitsmatrix, die die aus Sicht der externen Stakeholder der Bank wie auch des Managements identifizierten acht für die Sicherstellung des langfristigen Unternehmenserfolgs bedeutenden Handlungsfelder verdeutlicht.

---

[13] Vgl. EU-Kommission, Leitlinien für die Berichterstattung über nichtfinanzielle Informationen: Nachtrag zur klimabezogenen Berichterstattung, ABl. EU C 209/01 v. 20.6.2019.

Abb. 1: Wesentlichkeitsmatrix der Aareal Bank 2020[14]

9 EU-Taxonomie

Die nichtfinanzielle Berichterstattung muss auch die Angaben entsprechend Art. 8 der Taxonomie-Verordnung[15] enthalten, unter Beachtung der entsprechenden Delegierten Verordnung aus dem Jahr 2021.[16] Diese Delegierte Verordnung zu den neuen Berichtspflichten gem. Art. 8 der Taxonomie-Verordnung vervollständigt die Vorgaben, welche die betroffenen Unt zur Konkretisierung der Berichtspflichten benötigen.

Bei **Unt der Realwirtschaft** (sog. Nicht-FinanzUnt) stehen dabei die Angaben zum Anteil ihrer Umsatzerlöse, ihrer Investitionsausgaben (CapEx) und ihrer Betriebsausgaben (OpEx) in Verbindung mit ökologisch nachhaltigen Wirtschaftstätigkeiten im Zentrum.

Eine Definition, was ökologisch nachhaltige Wirtschaftstätigkeiten sind, ist bei den sog. technischen Bewertungskriterien zu finden, die ebenfalls in Delegierten Verordnungen präzisiert werden. Für die ersten Umweltziele, Klimaschutz und Anpassung an den Klimawandel, wurden die technischen Bewertungskriterien durch die Europäischen Kommission 2021 verabschiedet.[17] Die Delegierte Verordnung zu Art. 8 der Taxonomie-Verordnung konkretisiert die Angaben zu den drei Kennzahlen (Umsatz-Kennzahlen, CapEx-Kennzahlen, OpEx-Kennzahlen) und legt insb. die Definitionen für diese drei Kennzahlen und zu ihrer Ermittlung fest.[18] Zusätzlich enthält die Delegierte Verordnung zu Art. 8 Angaben, welche von den Nicht-FinanzUnt in Ergänzung zu den Kennzahlen offenzulegen sind. Teil der Vorgaben ist, dass die entsprechende Berichterstattung zu den Kennzahlen in Tabellenform zu erfolgen hat, wobei die

---

[14] Quelle: Aareal Bank AG, Gesonderter zusammengefasster nichtfinanzieller Bericht 2020, S. 6.
[15] Vgl. Verordnung (EU) Nr. 2020/852, ABl. EU L198/13.
[16] Vgl. Delegierte Verordnung (EU) C(2021)4987 final v. 6.7.2021. Vgl. auch Art. 1 Nr. 13 DRÄS 12, Änderungen des DRS 20 Konzernlagebericht v. 11.2.2022, wo darauf hingewiesen wird, dass berichterstattende Konzerne dabei auch die Delegierte Verordnung (EU) 2021/2178 zu beachten haben.
[17] Vgl. Delegierte Verordnung (EU) der Kommission C(2021)2800 final, v. 4.6.2021.
[18] Vgl. für empirische Ergebnisse Kirste/Wulf/Harms, WPg 2023, S. 1051 ff.

Tabellen tw. Aufrisse zu den Kennzahlen enthalten. Während für die Anfangszeit noch einige Erleichterungen in Anspruch genommen werden konnten, sind ab der dritten Berichtsperiode, d.h. der Berichterstattung über das Gj 2023, Vorjahresangaben erforderlich. Sofern die OpEx für das Geschäftsmodell des Unt nicht wesentlich sind, darf eine nur eingeschränkte Berichterstattung über die OpEx-Kennzahlen erfolgen. Detailangaben zu den nicht Taxonomie-konformen Wirtschaftstätigkeiten in den Berichtstabellen, wie sie noch im Entwurf der Delegierten Verordnung vorgesehen waren, entfallen. Am 27.6.2023 wurden eine überarbeitete Version der klimabezogenen Taxonomie und eine neue Umwelttaxonomie für die weiteren vier Umweltziele – nachhaltige Nutzung und Schutz von Wasser- und Meeresressourcen, Übergang zu einer Kreislaufwirtschaft, Vermeidung und Verminderung der Umweltverschmutzung sowie Schutz und Wiederherstellung der Biodiversität und der Ökosysteme- mittels Delegierte Verordnung erlassen. Die Erstanwendung dieser Offenlegungspflichten hat zum 1.1.2024 zu erfolgen.[19]

Für die Umsetzung der Vorgaben der EU-Tax-VO bei Unt der Realwirtschaft kann exemplarisch auf die Berichtspraxis der Hamburger Hafen und Logistik AG (HHLA) verwiesen werden (s. auch nachfolgendes Beispiel).[20]

> **Praxis-Beispiel**
> Im zusammengefassten Lagebericht der Hamburger Hafen und Logistik AG (HHLA) zum Gj 2023 werden u. a. folgende Informationen zur Umsatzkennzahl i.S. v. Art. 8 der EU-Taxonomie-VO offengelegt:
> „**Umsatzkennzahl**
> **Definition**
> Die Umsatzerlöse umfassen die gem. IAS 1.82a ausgewiesenen Einnahmen. Die Umsatzkennzahl ergibt sich aus dem Quotienten des wie folgt definierten Zählers und
> Nenners:
> - Der Zähler der Umsatzkennzahl ist definiert als der Konzernumsatz, der mit den Produkten und Dienstleistungen im Zusammenhang mit den taxonomiefähigen bzw. taxonomiekonformen wirtschaftlichen Tätigkeiten erzielt wird.
> - Der Nenner der Umsatzkennzahl basiert auf dem ausgewiesenen Umsatz des HHLA-Konzerns der Gewinn- und Verlustrechnung.
>
> Die in der Konzern-Gewinn- und Verlustrechnung der HHLA ausgewiesenen Umsatzerlöse wurden über alle Konzerngesellschaften hinweg daraufhin untersucht, ob sie mit taxonomiefähigen bzw. taxonomiekonformen Wirtschaftstätigkeiten für eines der sechs Umweltziele des Klimarechtsaktes erzielt wurde. Analyse der Wirtschaftsaktivitäten.

---

[19] Vgl. EU-Kommission, Delegierte Verordnung (EU) 2023/2486 v. 27.06.2023 im ABl. EU v. 21.11.2023, https://eur-lex.europa.eu/legal-content/DE/TXT/PDF/?uri=OJ:L_202302486, Abruf 7.10.2024 sowie kommentierend Weyer/Berndt/Ebin, BB 2024, S. 747ff. sowie Lanfermann in Haufe ESRS-Kommentar, 2. Auf. 2024, § 1, Rz. 62ff.

[20] Vgl. Hamburger Hafen und Logistik AG (HHLA), Geschäftsbericht 2023, S. 125ff., https://bericht.hhla.de/geschaeftsbericht-2023/_assets/downloads/HHLA_2023_Geschaefts bericht.pdf, Abruf 7.10.2024.

Abb. 2: Berechnung der Umsatzkennzahl[21]

Durch eine Detailanalyse der in den Umsatzerlösen enthaltenen Posten erfolgt die Zuordnung des jeweiligen Umsatzerlöses zu den taxonomiefähigen bzw. taxonomiekonformen Wirtschaftstätigkeiten.

Umsatzkennzahlen

Die ermittelten Umsatzkennzahlen für das Geschäftsjahr 2023 sind nachfolgend dargestellt:

Umsatzkennzahlen

in Mio. €	2023	in %	2022	in %
Umsatzerlöse	1.446,8	100,0	1.578,4	100,0
davon taxonomiefähig	1.386,1	95,8	1.509,4	95,6
davon taxonomiekonform	1.147,1	79,3	1.273,6	80,7
davon nicht taxonomiefähig	60,6	4,2	68,9	4,4

Abb. 3: Übersicht über die Umsatzkennzahlen[22]

Die HHLA erwirtschaftet den größten Teil der Umsatzerlöse durch ihre Seehafenterminals und intermodalen Containertransporte in Zentral- und Osteuropa. Insgesamt wurden 95,8 % der Umsatzerlöse durch taxonomiefähige Wirtschaftstätigkeiten erwirtschaftet. Dieser Anteil entspricht in etwa dem Vorjahreswert.

Die wesentlichen Anteile an den taxonomiefähigen Umsatzerlösen stellten die Wirtschaftstätigkeiten ‚6.16 Infrastruktur für eine CO_2-arme Schifffahrt' mit 50,3 % und ‚6.2 Güterbeförderung im Eisenbahnverkehr' mit 24,6 % dar. Weitere Anteile sind in den Meldebögen zur EU-Taxonomie detailliert aufgeführt.

Der Anteil der taxonomiekonformen Tätigkeiten der HHLA liegt im Berichtsjahr bei 79,3 %. Die wesentlichen beitragenden Tätigkeiten waren ‚6.16 Infrastruktur für eine CO_2-arme Schifffahrt' mit 50,3 %, ‚6.2 Güterbeför-

---

[21] Quelle: Hamburger Hafen und Logistik AG, Geschäftsbericht 2023, S. 131.
[22] Quelle: Hamburger Hafen und Logistik AG, Geschäftsbericht 2023, S. 132.

> derung im Eisenbahnverkehr' mit 23,8 % und ‚6.14 Schienenverkehrsinfrastruktur' mit 5,2 %. Die Umsatzerlöse resultieren zum überwiegenden Teil aus Kundenverträgen im Bereich Containerumschlag und -transporte. Lediglich 16,5 % der Umsatzerlöse der HHLA sind im Berichtsjahr 2023 taxonomiefähig, aber nicht taxonomiekonform."[23]

Die Delegierte Verordnung zu Art. 8 der EU Taxonomie-Verordnung behandelt neben den Unt der Realwirtschaft (Nicht-FinanzUnt) auch **FinanzUnt**, indem sie Vorgaben über die durch diese Unt offenzulegenden Informationen zur Nachhaltigkeit ihrer Tätigkeiten enthält. Zu den FinanzUnt werden in diesem Zusammenhang große Banken, Vermögensverwalter, Wertpapierfirmen und Versicherungs-/RückversicherungsUnt gezählt. Die Delegierte Verordnung fordert Angaben zum Anteil ökologisch nachhaltiger Wirtschaftstätigkeiten an den gesamten Vermögenswerten, welche FinanzUnt finanzieren oder in die sie investieren. Zu diesem Zwecke werden Kennzahlen definiert und sind ergänzende Angaben vorgesehen, wofür eine Berichtspflicht in Form von Tabellen besteht. Die Konkretisierung, inwieweit Wirtschaftstätigkeiten einen wesentlichen Beitrag zu den Umweltzielen der Taxonomie-Verordnung leisten, ohne andere Ziele erheblich zu beeinträchtigen (Technische Bewertungskriterien), sollen die entsprechenden anderen Delegierten Verordnungen festlegen. Nachdem zunächst nur die technischen Bewertungskriterien für zwei der insg. sechs Umweltziele, und zwar Klimaschutz und Anpassung an den Klimawandel, vorlagen,[24] wurden am 21.11.2023 auch die technischen Bewertungskriterien für die anderen Umweltziele – nachhaltige Nutzung und Schutz von Wasser- und Meeresressourcen, Übergang zu einer Kreislaufwirtschaft, Vermeidung und Verminderung der Umweltverschmutzung sowie Schutz und Wiederherstellung der Biodiversität und der Ökosysteme- im Amtsblatt der EU veröffentlicht, die zum 1.1.2024 erstmalig anzuwenden waren.[25] Für **Banken** ist die sog. Green Asset Ratio (GAR) als Anteil der klimafreundlichen Geschäfte der Bank an ihren bilanziellen Vermögenswerten eine Kern-Kennzahl. Die Delegierte Verordnung klärt bspw. hierzu, inwieweit bei der Errechnung der Kennzahlen Derivate oder Staatsanleihen einzubeziehen sind. Erstmals für das Berichtsjahr 2025 sollen Banken je eine Kennzahl für außerbilanzielle Vermögenswerte (Green Ratio for financial guarantees) und für Provisionen und Gebühren (Fees and Commission Income KPI) ausweisen.

Für die Umsetzung der Vorgaben der EU-Tax-VO bei Unt der Finanzwirtschaft kann exemplarisch auf die Berichtspraxis der Deutschen Bank verwiesen werden (s. auch nachfolgendes Beispiel).[26]

10

> **Praxis-Beispiel**
> In ihrer zusammengefassten Nichtfinanziellen Erklärung 2023 macht die Deutsche Bank AG unter anderem folgende Angaben zur Taxonomie-Verordnung:

---

[23] Vgl. Hamburger Hafen und Logistik AG (HHLA), Geschäftsbericht 2023, S. 131 f.
[24] Vgl. Delegierte Verordnung (EU) der Kommission C(2021)2800 final, v. 4.6.2021.
[25] Vgl. EU-Kommission, Delegierte Verordnung (EU) 2023/2486 v. 27.06.2023 im ABl. EU v. 21.11.2023, https://eur-lex.europa.eu/legal-content/DE/TXT/PDF/?uri=OJ:L_202302486, Abruf 7.10.2024.
[26] Vgl. Deutsche Bank, Geschäftsbericht 2023, S. 46 ff., https://investor-relations.db.com/files/documents/reports/Nichtfinanzieller-Bericht-2023.pdf, Abruf 7.10.2024.

		Gesamt ökologisch nachhaltige Vermögenswerte	Umsatz-KPIs	CapEx KPIs	% Erfassung (an den Gesamtaktiva)	% der nicht im Zähler der GAR erfassten Vermögenswerte (Artikel 7 (2) und (3) und Abschn. 1.1.2. von Annex V)	% der nicht im Nenner der GAR erfassten Vermögenswerte (Artikel 7 (1) Abschn. 1.2.4 von Annex V)
Haupt-KPI	Bestand Grüne Aktiva-Quote (GAR)	7,546 (Turnover)	1,3	1,5	18,0	26,2	55,8
		8,928 (Capex)					
	GAR (Zuflüsse)	3,529 (Turnover)	0,3	0,6	14,0	86,0	N/M
		6,481 (Capex)					
Zusätzliche KPIs	Handelsbuch	N/A	N/A	N/A			
	Finanzgarantien	153 (Turnover)	0,5	1,3			
		374 (Capex)					
	Verwaltete Vermögenswerte (Assets under management)	8,635 (Turnover)	0,8	1,6			
		16,857 (Capex)					
	Gebühren- und Provisionserträge	N/A	N/A	N/A			

Tab. 2: Überblick über die von Kreditinstituten nach Art. 8 der Taxonomieverordnung offenzulegenden KPI[27]

---

[27] S. https://investor-relations.db.com/files/documents/reports/Nichtfinanzieller-Bericht-2023.pdf, S. 48, Abruf 7.10.2024.

31.12.2022[28]	in Mio EUR	in % der gesamten Bilanzsumme	in % der gedeckten Vermögenswerte
Bilanzsumme	1.339.157	100,00	
Risikopositionen gegenüber Staaten, Zentralbanken und supranationalen Emittenten	301.900	22,54	
Risikopositionen im Handelsportfolio (ohne Risikopositionen gegenüber Staaten, Zentralbanken und supranationalen Emittenten	442.909	33,07	
Gedeckte Vermögenswerte	594.348	44,38	100,00
Risikopositionen in Derivaten	1.307		0,22
Risikopositionen gegenüber KapG ohne Verpflichtung gegenüber Non-Financial Reporting Directive	309.631		52,10
Risikopositionen aus kurzfristigen Interbankenkrediten	7.029		1,18
Risikopositionen in taxonomiefähigen wirtschaftlichen Aktivitäten basierend auf der Leistungskennzahl Investitionsausgaben	164.495		27,68
Risikopositionen in nicht-taxonomiefähigen wirtschaftlichen Aktivitäten basierend auf der Leistungskennzahl Investitionsausgaben	111.887		18,83
Risikopositionen in taxonomiefähigen wirtschaftlichen Aktivitäten basierend auf der Leistungskennzahl Umsatz	165.103		27,78
Risikopositionen in nicht-taxonomiefähigen wirtschaftlichen Aktivitäten basierend auf der Leistungskennzahl Umsatz	111.279		18,72

Tab. 3: Pflichtangaben gem. Art. 8 der Taxonomieverordnung[29]

---

[28] Vergleichswerte des Vorjahres wurden an die Darstellung des Berichtsjahres angepasst, indem Risikopositionen in Derivaten für das Handelsbuch unter Risikopositionen für das Handelsbuch anstatt von Risikopositionen in Derivaten, wie in der Veröffentlichung des Vorjahres ausgewiesen, ausgewiesen werden.

[29] S. https://investor-relations.db.com/files/documents/reports/Nichtfinanzieller-Bericht-2023.pdf, S. 48, Abruf 7.10.2024

Für **VersicherungsUnt** enthält die Taxonomie-Verordnung die Verpflichtung, den Versicherungs- und Kapitalanlagenbestand i.S.d. Taxonomie-Vorordnung durchzusehen und über das Ergebnis der Durchsicht zu berichten. Sowohl für den Versicherungsbestand als auch den Kapitalanlagenbestand sind seit dem Berichtsjahr 2022 die unter die Taxonomie-Verordnung fallenden Produkte bzw. Kapitalanlagen darauf hin zu untersuchen, ob sie **Taxonomie-fähig** (Betroffenheitsanalyse – Eligibility) und ob sie **Taxonomie-konform** (Technical Screening – Alignment) sind. Eine Aktivität ist grds. dann Taxonomie-konform, wenn sie kumulativ drei Bedingungen erfüllt: Die Aktivität muss (i) zu mind. einem der sechs in der Taxonomie-Verordnung definierten Ziele einen positiven Beitrag leisten, (ii) die Aktivität darf keinen negativen Beitrag zu einem der anderen Umweltziele leisten („Do no significant harm") und (iii) soziale Mindestvorschriften müssen bei Ausübung der Aktivität eingehalten werden (hierzu gehören die OECD-Leitsätze für multinationale Unt,[30] die Leitprinzipien der Vereinten Nationen für Wirtschaft und Menschenrechte,[31] die Kernarbeitsnormen der Internationalen Arbeitsorganisation (IAO bzw. ILO)[32] und die Allgemeine Erklärung der Menschenrechte).[33]

> **Hinweis**
> Die Verweise in der Taxonomie-Verordnung von 2020 sind statisch zu interpretieren.[34] Dynamische Verweise dürfen nur auf andere EU-Regulierungen erfolgen. Dies betrifft bzgl. der ILO-Kernnormen den erst kürzlich erweiterten Aspekt zur Gesundheit und Sicherheit der Beschäftigten sowie die Aktualisierung der OECD-Leitsätze für multinationale Unt im Jahr 2023 – die EU-Regulierung erfolgte früher, sodass juristisch gesehen die Aktualisierungen nicht beachtet werden müssen. Inhaltlich erscheint es aber sinnvoll, die aktualisierten Fassungen der Unternehmensführung zugrunde zu legen.

Die entsprechend berechneten Kennzahlen und die Erläuterungen gehen in die nichtfinanzielle Berichterstattung des berichtspflichtigen Unt ein.

Für die Umsetzung der Vorgaben der EU-Tax-VO bei VersicherungsUnt kann exemplarisch auf die Berichtspraxis der Munich Re AG verwiesen werden (s. auch nachfolgendes Beispiel).[35]

---

[30] Vgl. Die OECD-Leitsätze für multinationale Unternehmen, Neufassung 2011, mneguidelines.oecd.org/48808708.pdf, Neufassung 2023, https://www.oecd.org/de/publications/2023/06/oecd-guidelines-for-multinational-enterprises-on-responsible-business-conduct_a0b49990.html, Abruf jew. 7.10.2024.

[31] Vgl. UN-Leitprinzipien für Wirtschaft und Menschenrechte, 2. Aufl. 2014, www.auswaertiges-amt.de/blob/266624/b51c16faf1b3424d7efa060e8aaa8130/un-leitprinzipien-de-data.pdf, Abruf 15.10.2024.

[32] Vgl. Erklärung der IAO über grundlegende Prinzipien und Rechte bei der Arbeit und ihre Folgemaßnahmen, angenommen von der Internationalen Arbeitskonferenz auf ihrer 86. Tagung, Genf, 18. Juni 1998, www.ilo.org/sites/default/files/wcmsp5/groups/public/@europe/@ro-geneva/@ilo-berlin/documents/normativeinstrument/wcms_193727.pdf, Abruf 7.10.2024.

[33] Vgl. Allgemeine Erklärung der Menschenrechte, Resolution 217 A (III) der Generalversammlung vom 10. Dezember 1948, www.ohchr.org/sites/default/files/UDHR/Documents/UDHR_Translations/ger.pdf, Abruf 7.10.2024.

[34] Vgl. Lorenzen in Fellenberg/Kment, Taxonomie-VO Kommentar, 1. Aufl., 2024, Art. 18, Rz. 12 m.w.N.

[35] Vgl. Munich Re, Geschäftsbericht 2023, S. 30 ff., www.munichre.com/content/dam/munichre/mrwebsiteslaunches/2023-annual-report/MunichRe-Konzerngeschaeftsbericht-2023-de.pdf/_jcr_content/renditions/original./MunichRe-Konzerngeschaeftsbericht-2023-de.pdf, Abruf 7.10.2024.

Praxis-Beispiel
In ihrem zusammengefassten Lagebericht macht die Munich Re AG unter anderem folgende Angaben zur Taxonomie-Verordnung:
„Im Anwendungsbereich der Taxonomie-Kennzahlen sind alle Vermögenswerte, die grundsätzlich in der Lage sind, Wirtschaftstätigkeiten zu finanzieren. Dies umfasst im Wesentlichen die Bilanzposten Kapitalanlagen, Kapitalanlagen im Bereich der fondsgebundenen Lebensversicherung sowie versicherungsnahe Finanzinstrumente. Nicht enthalten sind immaterielle Vermögenswerte und eigengenutzte Grundstücke und Bauten sowie weitere Sachanlagen, die nicht auf die Finanzierung wirtschaftlicher Tätigkeiten ausgerichtet sind. Ebenso ausgeschlossen sind versicherungstechnische Posten, die bilanziell als Vermögenswert klassifiziert werden, und Barmittelbestände wie laufende Guthaben bei Kreditinstituten, Schecks und Kassenbestand. Weiterhin sind Kapitalanlagen in Staaten, Zentralbanken und supranationale Emittenten vom Anwendungsbereich der Taxonomie Kennzahlen ausgeschlossen. Kapitalanlagen in Staaten beinhalten auch Investitionen in Bundesländer, Regionen, Kommunen, Städte und Gemeinden. Durch EU-Staatsgarantien besicherte Emittenten werden der Prüfung hin sichtlich ihrer Taxonomiefähigkeit und -konformität unterzogen.
Die Gesamtkapitalanlagen als Bezugsgröße zur Ermittlung der Erfassungsquote umfassen neben den Kapitalanlagen im Anwendungsbereich im Wesentlichen noch die Bilanzpositionen Zahlungsmittel und Zahlungsmitteläquivalente sowie die übrigen Aktiva.
Die folgende Tabelle zeigt den Anwendungsbereich der Kennzahlen anhand der IFRS-Buchwerte sowie die Erfassungsquote, das heißt die Vermögenswerte im Anwendungsbereich bezogen auf das betrachtete Gesamtkapital. Dargestellt wird eine vollständige Aufteilung der Kapitalanlagen im Anwendungsbereich der Taxonomie Kennzahlen. Um der Anforderung in Art. 6 der Delegierten Verordnung (EU) 2021/2178 gerecht zu werden, weisen wir zusätzlich die Meldebögen entsprechend Anhang X im Abschnitt > Meldebögen zur EU-Taxonomieverordnung aus.
Ein wesentlicher Teil der in diesem Kapitel dargestellten Berichtsanforderungen wird für das aktuelle Geschäftsjahr erstmalig veröffentlicht. Daher werden Vorjahresvergleichszahlen zum ersten Mal für das Geschäftsjahr 2024 vorliegen.

Anwendungsbereich der Taxonomie-Kennzahlen gemäß Art. 8 der EU-Taxonomie-VO		
	31.12.2023	
	Mio. €	%
Gesamtkapitalanlagen	246.566	100,0
davon Vermögenswerte im Anwendungsbereich der Taxonomie.Kennzahlen im Verhältnis zu denGesamtkapitalanlagen (Erfassungsquote)	156.093	63,3
davon Vermögenswerte mit Ausnahme der Kapitalanlagen aus fondsgebundenen Lebensversicherungsverträgen	148.160	94,9
davon Vermögenswerte gegenüber anderen Gegenparteien	42.889	27,5
Kapitalanlagen, die zur Beurteilung der Taxonomiefähigkeit herangezogen werden, absolut und relativ zu den Vermögenswerten im Anwendungsbereich	61.400	39,3
Vermögenswerte gegenüber Finanzunternehmen, die zur Veröffentlichung einer nichtfinanziellen Erklärung verpflichtet sind	11.261	7,2
Vermögenswerte gegenüber Nicht-Finanzunternehmen, die zur Veröffentlichung einer nichtfinanziellen Erklärung verpflichtet sind	7.381	4,7
Vermögenswerte gegenüber anderen Gegenparteien, die zur Beurteilung der Taxonomiefähigkeit herangezogen werden	42.758	27,4
Kapitalanlagen, die nicht zur Beurteilung der Taxonomiefähigkeit herangezogen werden, absolut und relativ zu den Vermögenswerten im Anwendungsbereich	94.693	60,7
Vermögenswerte gegenüber Finanzundetnehmen, die nicht zur Veröffentlichung einer nichtfinanziellen Erklärung verpflichtet sind	57.012	36,5
Vermögenswerte gegenüber Finanzundetnehmen aus Nicht-EU-Ländern, die nicht zur Veröffentlichung einer nichtfinanziellen Erklärung verpflichtet sind	28.917	18,5
Vermögenswerte gegenüber Finanzundetnehmen aus EU-Ländern, die nicht zur Veröffentlichung einer nichtfinanziellen Erklärung verpflichtet sind	28.095	18,0
Vermögenswerte gegenüber Nicht-Finanzundetnehmen, die nicht zur Veräffentlichung einer nichtfinanziellen Erklärung verpflichtet sind	34.374	22,0
Vermögenswerte gegenüber Nicht-Finanzundetnehmen aus Nicht-EU-Ländern, die nicht zur Veröffentlichung einer nichtfinanziellen Erklärung verpflichtet sind	24.415	15,6
Vermögenswerte gegenüber Nicht-Finanzundetnehmen aus EU-Ländern, die nicht zur Veröffentlichung einer nichtfinanziellen Erklärung verpflichtet sind	9.958	6,4
Derivate	3.176	2,0
Vermögenswerte gegenüber anderen Gegenparteien, die nicht zur Beurteilung der Taxonimiefähigkeit herangezogen werden	131	0,1

Abb. 4: Anwendungsbereich der Taxonomie-Kennzahlen gem. Art. 8 der EU-Taxonomie-VO[36]

Wirtschaftstätigkeiten eines Unternehmens sind dann taxonomiefähig, wenn sie in der Delegierten Verordnung (EU) 2021/2139 (Taxonomie-DelVO 2021/2139) zur Ergänzung der EU-Taxonomie-VO enthalten sind. Taxonomiefähige Aktivitäten sind grundsätzlich geeignet, einen positiven Beitrag zum jeweiligen Umweltziel zu leisten.

Gemäß Artikel 3 der EU-Taxonomie-VO gelten sie als taxonomiekonform, wenn sie tatsächlich einen wesentlichen Beitrag zu mindestens einem der Umweltziele leisten, ohne dabei eines der anderen wesentlich zu beeinträchtigen („Do No Significant Harm', DNSH). Beides wird anhand von technischen Bewertungskriterien bestimmt. Gleich- zeitig muss die Einhaltung des Mindestschutzes durch das Unternehmen, das die wirtschaftliche Aktivität durchführt, sichergestellt sein.

Unsere Angaben zur Taxonomiekonformität basieren insbesondere auf Unternehmensberichten von Nicht-Finanz unternehmen, die wiederum erstmalig für das Geschäftsjahr 2022 Informationen zur Taxonomiekonformität für die Umweltziele Klimaschutz und Anpassung an den Klimawandel veröffentlicht haben. Für unsere Investitionen in andere Finanzunternehmen liegen uns hingegen noch keine veröffentlichten Angaben zur Taxonomiekonformität vor. Diese weisen wir daher unter den Vermögenswerten, die taxonomiefähige Wirtschaftsaktivitäten finanzieren und zu denen noch keine Informationen bez. der Taxonomiekonformität erhoben wurden, aus.

---

[36] Munich Re, Geschäftsbericht 2023, S. 31.

> Investments, für die inkonsistente oder unvollständige Daten zur Taxonomiekonformität vorliegen, weisen wir als Vermögenswerte aus, die taxonomiefähige, aber nicht taxonomiekonforme Wirtschaftstätigkeiten finanzieren.
> Für den Teil unserer Kapitalanlagen, der eine Investition in die Aktivitäten berichtspflichtiger Unternehmen darstellt, werden Quoten ausgewiesen für den taxonomiefähigen sowie taxonomiekonformen Umsatz bzw. die taxonomiefähigen sowie taxonomiekonformen Investitionsausgaben, die wir über unsere Kapitalanlage bei den berichtspflichtigen Unternehmen finanzieren. Dafür nutzen wir einen Datenanbieter und verwenden nur tatsächlich berichtete Daten. Im Nenner finden sich entsprechend alle Kapitalanlagen im Anwendungsbereich der Taxonomie-Kennzahlen.
> Für unsere fremdgenutzten Immobilien, Hypothekendarlehen und anderen Investitionen in nichtfinanzielle Vermögenswerte haben wir eine eigene Klassifizierung bez. ihrer Taxonomiefähigkeit und -konformität vorgenommen. Dies gilt auch für unsere Infrastrukturinvestments, die über Holdings und Zweckgesellschaften gehalten werden und bei denen wir eine Durchsicht vornehmen."[37]

5 Comply or Explain (Abs. 4)

Abs. 4 führt den Ansatz „Comply or Explain", wie er aus der Entsprechenserklärung gem. § 161 AktG bereits bekannt ist,[38] in der nichtfinanziellen Erklärung ein. Entscheidet sich eine Ges. dafür, kein Konzept für den Umgang mit einem nichtfinanziellen Aspekt zu haben, muss sie das unter Angabe von Gründen erläutern. Dies wirkt sich allerdings nicht auf die Berichterstattung über Risiken aus (Abs. 3 Nr. 3 und 4). Über diese ist in jedem Fall auch zu berichten, wenn die KapG kein Konzept zu einem oder mehreren nichtfinanziellen Aspekten hat.[39]

6 CSRD-Umsetzungsgesetz: Änderungen

> **Hinweis**
> Die Kommentierung basiert auf dem **Regierungsentwurf eines CSRD-Umsetzungsgesetzes**.[40] Nach Veröffentlichung der finalen Fassung wird die Kommentierung in Ihrem Haufe HGB Bilanz Kommentar Online aktualisiert. Die **Online-Version** ist beim Kauf der Printausgabe inklusive.

---

[37] Vgl. Munich Re AG, Geschäftsbericht 2023, S. 30f.
[38] Vgl. Paetzmann, Das neue Corporate-Governance-Statement nach § 289a HGB: Anforderungen an den Inhalt und Besonderheiten hinsichtlich der Abschlussprüfung, ZCG 2/2009, S. 65.
[39] Vgl. Kajüter, DB 2017, S. 623.
[40] Regierungsentwurf eines Gesetzes zur Umsetzung der Richtlinie (EU) 2022/2464 des Europäischen Parlaments und des Rates vom 14. Dezember 2022 zur Änderung der Verordnung (EU) Nr. 537/2014 und der Richtlinien 2004/109/EG, 2006/43/EG und 2013/34/EU hinsichtlich der Nachhaltigkeitsberichterstattung von Unternehmen, BT-Drs. 20/12787 v. 9.9.2024.

6.1 Überblick und Normzweck

12 Durch das CSRD-UmsG wird der Titel des § 289c HGB-E in „Inhalt des Nachhaltigkeitsberichts; Verordnungsermächtigung" geändert. § 289c HGB-E enthält Regelungen zum Inhalt des Nachhaltigkeitsberichts und setzt Art. 2 Nr. 17 sowie Art. 19a Abs. 1 bis 4 der Bilanzrichtlinie in der durch die CSRD eingefügten Fassung um.

Ziel des § 289c HGB-E ist es, die Transparenz über die Nachhaltigkeitsleistung von Unt zu erhöhen und damit einen Beitrag zur Erreichung der Klimaschutzziele und zur Förderung einer nachhaltigen Wirtschaft zu leisten. Durch die detaillierten Berichtspflichten sollen Unt angehalten werden, Nachhaltigkeitsaspekte systematisch in ihre Geschäftsstrategien und Entscheidungsprozesse zu integrieren. Der § 289c HGB-E ist hierbei eine nahezu 1:1- Umsetzung der Vorgaben der CSRD.

Der § 289c Abs. 2–5 HGB-E konkretisiert die inhaltlichen Anforderungen an den Nachhaltigkeitsbericht. Der § 289c Abs. 2 HGB-E enthält zunächst eine Aufzählung von verschiedenen Berichtsvorgaben mit Nachhaltigkeitsbezug. Hierbei geht es insb. darum, dass Unt darlegen, wie und in welchem Umfang Nachhaltigkeitsbelange innerhalb der Unternehmensführung berücksichtigt werden. Nach § 289c Abs. 3 HGB-E sind ferner Angaben zum Prozess zur Informationsermittlung zu machen. § 289c Abs. 4 HGB-E regelt die Berichterstattung über die Wertschöpfungskette des Unt. § 289c Abs. 5 HGB-E enthält Vorgaben zur Integration von Verweisen auf Angaben im Lagebericht bzw. auf im Jahresabschluss ausgewiesene Beträge.

Während die bisherige nichtfinanzielle Berichterstattung nach § 289b HGB relativ flexibel ausgestaltet war und den Unt die Möglichkeit bot, nationale oder internationale Rahmenwerke zur Berichterstattung zu wählen, führt § 289c HGB-E in Verbindung mit den ESRS eine verpflichtende und detaillierte Berichtsstruktur ein. In Abs. 6 Satz 1 regelt § 289c HGB-E daher die verpflichtende Anwendung der von der Europäischen Kommission erlassenen European Sustainability Reporting Standards (ESRS), die seit dem 31.7.2023 in einem 1. Set von zwölf Standards vorliegen.[41] Weiterhin sieht § 289c Abs. 6 Satz 2 HGB-E eine Verordnungsermächtigung vor, durch die das Bundesministerium der Justiz ermächtigt wird, angenommene delegierte Rechtsakte näher zu bezeichnen. Konkreter s. § 315c Rz 10.

Der Anwendungsbereich des § 289c HGB-E erstreckt sich auf Unt, die gem. § 289b HGB-E verpflichtet sind, einen Nachhaltigkeitsbericht zu erstellen. Dies betrifft insb. große Kapitalgesellschaften und kapitalmarktorientierte Unt (vgl. ausführlich § 289b Rz 22).

6.2 Grundsatz der doppelten Wesentlichkeit und Begriff der Nachhaltigkeit (§ 289b Abs. 1 HGB-E)

13 Zentral für die Berichterstattung nach § 289c HGB-E ist der Grundsatz der doppelten Wesentlichkeit, wie er in Abs. 1 Satz 1 des § 289c HGB-E verankert ist. Demnach sind diejenigen Angaben in den Nachhaltigkeitsbericht aufzuneh-

---

[41] https://ec.europa.eu/info/law/better-regulation/have-your-say/initiatives/13765-Erste-europaische-Standards-fur-die-Nachhaltigkeitsberichterstattung_de, Abruf 8.10.2024. Kommentierend vgl. Freiberg/Lanfermann (Hrsg.), Haufe ESRS-Kommentar, 2. Aufl., 2024.

men, die für das Verständnis der Auswirkungen der Tätigkeiten des Unt auf Nachhaltigkeitsaspekte sowie für das Verständnis der Auswirkungen von Nachhaltigkeitsaspekten auf den Geschäftsverlauf, das Geschäftsergebnis und die Lage des Unt erforderlich sind. Allerdings kann die im § 289b Abs. 1 HGB-E verwendete Formulierung „sowie" zu Interpretationsschwierigkeiten führen. Während der Wortlaut eine kumulative Betrachtung nahelegt, ist nach ESRS 1.21 ff., wie nachfolgend beschrieben, eine alternative Anwendung vorgesehen. Ein Aspekt ist demnach bereits dann wesentlich, wenn **entweder** sich die Unternehmenstätigkeit auf Nachhaltigkeitsaspekte auswirkt (Inside-Out-Perspektive) **oder** sich Nachhaltigkeitsaspekte auf den Geschäftsverlauf, das Geschäftsergebnis und die Lage des Unt auswirken (Outside-In-Perspektive). Aus Klarstellungsgründen wäre es daher sinnvoll, im Gesetzestext statt „sowie" ein „oder" zu verwenden, um die Übereinstimmung mit den europäischen Standards zu gewährleisten und Missverständnisse zu vermeiden.[42]

Der Grundsatz der doppelten Wesentlichkeit wird in ESRS 1.21 ff. weiter konkretisiert. Der Grundsatz der doppelten Wesentlichkeit fordert von Unt, Nachhaltigkeitsaspekte als wesentlich einzustufen und in die Berichterstattung einzubeziehen, wenn sie entweder aus der Wirkungsperspektive oder aus der Finanzperspektive als bedeutsam gelten.

- **Wirkungsperspektive (Inside-Out):** Betrachtet die Auswirkungen der Unternehmensaktivitäten auf Umwelt, Gesellschaft und Wirtschaft.
- **Finanzperspektive (Outside-In):** Betrachtet, wie Nachhaltigkeitsaspekte die finanzielle Performance und Position des Unt beeinflussen.

Diese beiden Perspektiven sind allerdings nicht statisch; vielmehr bestehen zwischen ihnen Wechselbeziehungen, die sich im Laufe der Zeit verändern können. Daher ist es unerlässlich, beide Dimensionen nicht isoliert, sondern im Zusammenspiel zu analysieren.

Unt sind aufgefordert, die wesentlichen Auswirkungen, Risiken und Chancen zu ermitteln, die sich kurz-, mittel- oder langfristig ergeben können. Die ESRS geben lediglich Leitlinien für die Identifizierung wesentlicher Aspekte vor, ohne konkrete Methoden vorzuschreiben. Dies eröffnet Unt die Möglichkeit, einen Ansatz zu wählen, der ihrer Unternehmenskultur, Governance-Struktur und ihrem Management-Ansatz entspricht, solange die regulatorischen Anforderungen erfüllt werden.

Ein wesentlicher Schritt in der Wesentlichkeitsanalyse ist die Identifikation relevanter Stakeholder, wobei interne Stakeholder, u.a. Mitarbeitende und das Management umfassen, während zu externen Stakeholder u.a. Kunden, Lieferanten, Gemeinschaften, Regulierungsbehörden und Kapitalgeber gehören können. Es gilt zu verstehen, wie diese Gruppen das Unt beeinflussen oder von dessen Aktivitäten beeinflusst werden. Dies ermöglicht eine fundierte Analyse der daraus resultierenden Auswirkungen, Risiken und Chancen.

Im nächsten Schritt ist eine Sektor- und Unternehmensanalyse durchzuführen. Unt. haben zunächst sektorspezifische Nachhaltigkeitsaspekte zu identifizieren und zu bewerten. Bspw. sind für die Energiebranche mitunter andere Nachhaltigkeitsaspekte relevant als für den Dienstleistungssektor. Im nächsten Schritt ist eine Unternehmens- und Umfeldanalyse durchzuführen, d.h. Unt unter-

---

[42] So auch Kajüter, IRZ 2024, S. 231.

suchen, welche spezifischen Nachhaltigkeitsaspekte sich aus der individuellen Situation des Unt und seines Umfelds ergeben.

Für die ermittelten Auswirkungen, Risiken und Chancen müssen spezifische Schwellenwerte und Kriterien definiert werden. Diese dienen dazu, zu entscheiden, welche Aspekte im Nachhaltigkeitsbericht extern abgebildet werden. Hierbei kommen sowohl quantitative Schwellenwerte (messbare Grenzwerte, wie z. B. Emissionsmengen) als auch qualitative Kriterien (Einschätzungen von Bedeutung und Relevanz, wie z. B. Reputationseinbußen) in Betracht.

Wenn bestimmte Aspekte als nicht wesentlich eingestuft werden, ist dies im Nachhaltigkeitsbericht zu begründen. Dies fördert Transparenz und ermöglicht es Stakeholdern, die Entscheidungsprozesse des Unt nachzuvollziehen.

Angesichts dynamischer Marktbedingungen und sich verändernder gesellschaftlicher Erwartungen sollte die Wesentlichkeitsanalyse jährlich überprüft werden, um Aktualität und Relevanz sicherzustellen sowie anlassbezogen angepasst werden, wenn neue Tatbestände oder Ereignisse auftreten, die das Ergebnis beeinflussen könnten.

Die Wesentlichkeitsanalyse dient nicht nur der Berichterstattung, sondern auch als Ausgangspunkt für die Weiterentwicklung der Nachhaltigkeitsstrategie (z. B. zur Identifikation von Handlungsfeldern und Prioritäten) und als Grundlage für nachhaltigkeitsbezogene Steuerungs- und Kontrollmechanismen (z. B. zwecks Implementierung effektiver Maßnahmen zur Risikominimierung und Chancenmaximierung).[43]

14 In § 289c Abs. 1 Satz 2 HGB-E wird zudem der Begriff des Nachhaltigkeitsaspekts rechtlich bestimmt. Unter dem Begriff des Nachhaltigkeitsaspekts werden im Kontext der Nachhaltigkeitsberichterstattung Umwelt-, Sozial- und Menschenrechtsfaktoren sowie Governance-Faktoren, einschl. Nachhaltigkeitsfaktoren i. S. d. Art. 2 Nr. 24 der Offenlegungs-VO verstanden.[44]

Die einzelnen Nachhaltigkeitsdimensionen werden durch die themenspezifischen ESRS weiter konkretisiert, weswegen sich die Details des Inhalts des Nachhaltigkeitsberichts aus der Umsetzung der ESRS ergibt.[45] Sofern bestimmte Nachhaltigkeitsbelange als wesentlich eingestuft sind, sind ferner die einschlägigen Offenlegungsanforderungen der einzelnen themenspezifischen Standards anzuwenden (vgl. hierzu auch § 315c Rz. 14 ff.).

6.3 Konkrete Berichtsthemen des Nachhaltigkeitsberichts (§ 289c Abs. 2 HGB-E)

15 Die Abs. 2 und 3 des § 289c HGB-E normieren die Mindestanforderungen an den Inhalt des Nachhaltigkeitsberichts und stützen sich auf die Vorgaben des Art. 19a Abs. 2 der durch die CSRD geänderten Bilanzrichtlinie, die wiederum durch die ESRS konkretisiert und erweitert werden.

---

[43] Vgl. ausführlich zur Umsetzung des Wesentlichkeitsgrundsatzes: Baumüller/Lopatta/Hrinkow, in Haufe ESRS Kommentar, 2. Aufl. 2024, § 3, Rz 61 ff.

[44] Vgl. für Offenlegungs-VO: Verordnung (EU) 2019/2088 über nachhaltigkeitsbezogene Offenlegungspflichten im Finanzdienstleistungssektor v. 27.11.2019 , ABl. EU L 317/1 v. 9.12.2019 sowie kommentierend Krakuhn/Stiefel/Gilles, IRZ 2021 S. 133 ff.; Baumüller/Scheid/Needham, IRZ 2021 S. 337 f.

[45] Vgl. RegE CSRD-UG, S. 134.

Gem. § 289c Abs. 2 Nr. 1 HGB-E muss der Nachhaltigkeitsbericht zunächst eine kurze Beschreibung des Geschäftsmodells und der Strategie der Unt enthalten. Unt haben nach § 289c Abs. 2 Nr. 1 HGB-E insb. Angaben zu folgenden Themen zu machen:

- **Widerstandsfähigkeit von Geschäftsmodell und Strategie gegenüber Risiken im Zusammenhang mit Nachhaltigkeitsaspekten (§ 289c Abs. 2 Nr. 1 Buchst. a) HGB-E):** Unt. haben darüber zu berichten, wie robust ihr Geschäftsmodell und ihre Strategie gegenüber Risiken im Zusammenhang mit Nachhaltigkeitsaspekten sind. Es ist somit um die Fähigkeit des Unt zu beschreiben, auf Umweltveränderungen, regulatorische Entwicklungen und gesellschaftliche Erwartungen zu reagieren.
- **Chancen im Zusammenhang mit Nachhaltigkeitsaspekten (§ 289c Abs. 2 Nr. 1 Buchst. b) HGB-E):** Unt. haben darüber zu berichten, welche Möglichkeiten sich dem Unt durch nachhaltige Geschäftsmodelle, Innovationen oder Marktveränderungen ergeben.
- **Art und Weise, wie das Unt sicherstellen will, dass Geschäftsmodell und Strategie mit dem Übergang zu einer nachhaltigen Wirtschaft und den Zielen des Pariser Klimaschutzabkommens vereinbar sind (§ 289c Abs. 2 Nr. 1 Buchst. c) HGB-E):** Unt. haben Angaben darüberzumachen, wie sie beabsichtigen sicherzustellen, dass ihr Geschäftsmodell und ihre Strategie mit dem Übergang zu einer nachhaltigen Wirtschaft und der Begrenzung der Erderwärmung auf 1,5 °C im Einklang stehen. Hierzu gehören auch Angaben zu Finanz- und Investitionsplänen sowie Angaben zur Exposition gegenüber Aktivitäten im Zusammenhang mit Kohle, Öl und Gas.
- **Berücksichtigung der Interessen der Stakeholder und der Auswirkungen der Geschäftstätigkeit auf Nachhaltigkeitsaspekte (§ 289c Abs. 2 Nr. 1 Buchst. d) HGB-E):** Unt. haben darüber zu berichten, wie das Unt. den Belangen seiner Stakeholder und den Auswirkungen seiner Tätigkeiten auf Nachhaltigkeitsaspekte Rechnung trägt.
- **Umsetzung der Strategie im Hinblick auf Nachhaltigkeitsaspekte (§ 289c Abs. 2 Nr. 1 Buchst. e) HGB-E):** Unt. haben Angaben darüberzumachen, wie ihre Strategie im Hinblick auf Nachhaltigkeitsaspekte konkret umgesetzt wird.

Diese Angaben sollen ein umfassendes Bild darüber vermitteln, wie das Unt seine Geschäftstätigkeit im Kontext der Nachhaltigkeitsziele ausrichtet und welche strategischen Maßnahmen ergriffen werden, um den Herausforderungen des Klimawandels und anderer Nachhaltigkeitsrisiken zu begegnen. Die Berichtsvorgaben des § 289c Abs. 2 Nr. 2 HGB-E verdeutlichen den hohen Stellenwert, den die Klimaberichterstattung innerhalb der Nachhaltigkeitsberichterstattung einnimmt.

Die Berichtsvorgaben des § 289c Abs. 2 Nr. 1 HGB-E werden insb. durch die Offenlegungsanforderungen des ESRS 2.37 ff. weiter konkretisiert.[46] Speziell für den § 289c Abs. 2 Nr. 1 Buchst. c) HGB-E ist ESRS E1–1 maßgeblich.[47]

---

[46] Vgl. kommentierend Baumüller/Lapotta/Müller/Needham, in Haufe ESRS Kommentar, 2. Aufl. 2024, § 4, Rz 81 ff.
[47] Vgl. kommentierend Lapotta/Sopp, in Haufe ESRS Kommentar, 2. Aufl. 2024, § 6, Rz 12 ff.

16 Nach § 289c Abs. 2 Nr. 2 HGB-E sind die zeitgebundenen Nachhaltigkeitsziele des Unt zu beschreiben, einschl.:
- ggf. absolute Ziele zur Verringerung von Treibhausgasemissionen mind. für die Jahre 2030 und 2050,
- eine Beschreibung der Fortschritte bei der Erreichung dieser Ziele,
- eine Erklärung, ob die umweltbezogenen Ziele auf schlüssigen wissenschaftlichen Beweisen beruhen.

Diese Anforderungen zielen darauf ab, die Ambitionen des Unt im Bereich der Nachhaltigkeit transparent zu machen und die Glaubwürdigkeit der Ziele durch Bezugnahme auf wissenschaftliche Erkenntnisse zu stärken. Besonders hervorzuheben ist, dass die Unt für die Jahre 2030 und 2050 bereits konkrete Zielvorgaben zur Reduktion ihrer Treibhausgasemissionen machen sollen. Diese langfristige Perspektive soll sicherstellen, dass Unt ihre Geschäftsmodelle und Strategien auf eine nachhaltige Zukunft ausrichten und notwendige Investitionen in emissionsarme Technologien tätigen. Dabei stellt sich jedoch die Frage, inwiefern diese Zielvorgaben über alle Branchen hinweg gleichermaßen anwendbar und realistisch sind.

Die Berichtsvorgaben des § 289c Abs. 2 Nr. 2 HGB-E werden insb. durch die allgemeinen Offenlegungsanforderungen des ESRS 2.78ff.[48] sowie die umweltbezogenen Offenlegungsanforderungen des ESRS E1–4 näher bestimmt.[49]

17 Gem. § 289c Abs. 2 Nr. 3 HGB-E ist die Rolle der Geschäftsführungs-, Aufsichts- oder Verwaltungsorgane im Zusammenhang mit Nachhaltigkeitsaspekten zu beschreiben, einschl.:
- deren Fachwissen und Fähigkeiten zur Wahrnehmung dieser Rolle,
- oder deren Zugang zu solchem Fachwissen und solchen Fähigkeiten.

Hiermit soll die Bedeutung der Verankerung von Nachhaltigkeit auf Führungsebene und die Verantwortung der Unternehmensorgane für die strategische Ausrichtung und Überwachung der Nachhaltigkeitsleistung betont werden. Es ist darzulegen, welche Kompetenzen und Fähigkeiten die Geschäftsführungs-, Aufsichts- und Verwaltungsorgane besitzen, um Nachhaltigkeitsrisiken und -chancen angemessen zu beurteilen und in ihre Entscheidungsfindung zu integrieren.

Die Berichtsvorgaben des § 289c Abs. 2 Nr. 3 HGB-E werden insb. durch die Offenlegungsanforderungen des ESRS 2.19ff. weiter spezifiziert.[50]

18 Darüber hinaus verlangt § 289c Abs. 2 Nr. 4 HGB-E eine Beschreibung der Unternehmenspolitik in Bezug auf Nachhaltigkeit. Dies umfasst die Grundsätze, Leitlinien und Maßnahmen, die das Unt ergriffen hat, um Nachhaltigkeitsaspekte in seiner Geschäftstätigkeit zu berücksichtigen. Diese Angaben sollen zeigen, wie tief Nachhaltigkeitsüberlegungen in den internen Prozessen des Unt verankert sind und inwiefern diese Überlegungen auch die Geschäftsführung und strategische Ausrichtung des Unt beeinflussen.

---

[48] Vgl. kommentierend Baumüller/Lapotta/Müller/Needham, in Haufe ESRS Kommentar, 2. Aufl. 2024, § 4, Rz 140ff.
[49] Vgl. kommentierend Lapotta/Sopp, in Haufe ESRS Kommentar, 2. Aufl. 2024, § 6, Rz 36ff.
[50] Vgl. kommentierend Baumüller/Lapotta/Müller/Needham, in Haufe ESRS Kommentar, 2. Aufl. 2024, § 4, Rz 31ff.

sowie die governancebezogenen Offenlegunganforderungen des ESRS G1–1 weiter konkretisiert.[51]

Nach § 289c Abs. 2 Nr. 5 HGB-E sind Angaben über das Vorhandensein von mit Nachhaltigkeitsaspekten verknüpften Anreizsystemen zu machen, die Mitgliedern der Geschäftsführungs-, Aufsichts- oder Verwaltungsorgane angeboten werden. Dies zeigt, inwieweit Nachhaltigkeitsziele in die Vergütungssysteme integriert sind und somit Anreize für eine nachhaltige Unternehmensführung geschaffen werden.

Die Berichtsvorgaben des § 289c Abs. 2 Nr. 5 HGB-E werden insb. durch die Offenlegungsanforderungen des ESRS 2.27 ff. weiter spezifiziert.[52]

Ein zentrales Element der Nachhaltigkeitsberichterstattung nach § 289c Abs. 2 Nr. 6 HGB-E ist die Verpflichtung zur Offenlegung der Due-Diligence-Prozesse des Unt im Hinblick auf Nachhaltigkeitsaspekte. Diese Prozesse umfassen die Identifizierung, Überwachung und Minderung von negativen Auswirkungen der eigenen Geschäftstätigkeit sowie der Geschäftspartner und Zulieferer auf Umwelt und Gesellschaft.

Gem. § 289c Abs. 2 Nr. 6 HGB-E ist eine Beschreibung der Due-Diligence-Prozesse mit Blick auf Nachhaltigkeitsbelange erforderlich:

- **a) Due-Diligence-Prozess:** Dem von dem Unt durchgeführten Due-Diligence-Prozess in Bezug auf Nachhaltigkeitsaspekte, einschl. der Einhaltung europäischer Anforderungen an die Sorgfaltspflicht.
- **b) Negative Auswirkungen:** Den wichtigsten tatsächlichen oder potenziellen negativen Auswirkungen, die mit der eigenen Geschäftstätigkeit und der Wertschöpfungskette verbunden sind, einschl. Produkte, Dienstleistungen, Geschäftsbeziehungen und Lieferkette.
- **c) Maßnahmen zur Verhinderung oder Minderung:** Jeglicher Maßnahmen zur Verhinderung, Minderung, Behebung oder Beendigung tatsächlicher oder potenzieller negativer Auswirkungen und des Erfolgs dieser Maßnahmen.

Diese Angaben sollen Transparenz über die Risiken und negativen Auswirkungen der Geschäftstätigkeit schaffen und die Bemühungen des Unt zur Verantwortung in der Wertschöpfungskette darstellen. Die Verpflichtung zur umfassenden Offenlegung von Due Diligence-Prozessen ist insb. im Kontext der globalen Lieferkette von großer Bedeutung. Unt müssen transparent darlegen, wie sie potenzielle Risiken und negative Auswirkungen entlang der gesamten Wertschöpfungskette identifizieren und welchen Maßnahmen sie zur Vermeidung oder Minderung dieser Risiken ergreifen. Dabei spielen auch menschenrechtliche Sorgfaltspflichten eine wesentliche Rolle, die i. R. internationaler Vorgaben wie der UN-Leitprinzipien für Wirtschaft und Menschenrechte festgelegt wurden.

Für die Umsetzung der Anforderungen des § 289c Abs. 2 Nr. 6 HGB-E sind mehrere Offenlegungsvorgaben der ESRS einschlägig. So werden zunächst die

---

[51] Vgl. kommentierend Hirnkow/Müller/Needham/Terko/Wieser, in Haufe ESRS Kommentar, 2. Aufl. 2024, § 16, Rz 17 ff.
[52] Vgl. kommentierend Baumüller/Lapotta/Müller/Needham, in Haufe ESRS Kommentar, 2. Aufl. 2024, § 4, Rz 62 ff.

allgemeinen Anforderungen an die Berichterstattung über die Sorgfaltspflicht (Due Diligence) im ESRS 1.58 ff. geregelt.[53]

Hierauf aufbauend sind ferner die Offenlegungspflichten des ESRS 2.50 ff. zum Management der Auswirkungen, Risiken und Chancen zu beachten.[54]

Damit externe Berichtsadressaten einen besseren Überblick und somit ein besseres Verständnis über die Verfahren zur Erfüllung der Sorgfaltspflicht (Due-Dilligence-Prozess) erlangen, haben Unt nach ESRS 2.30 ff. ferner eine Übersicht über die im Nachhaltigkeitsbericht enthaltenen Informationen zu diesem Thema offenzulegen.[55]

21 Nach § 289c Abs. 2 Nr. 7 HGB-E sind die wichtigsten Risiken, denen das Unt im Zusammenhang mit Nachhaltigkeitsaspekten ausgesetzt ist darzustellen, einschl. einer Beschreibung der wichtigsten Abhängigkeiten in diesem Bereich, und der Handhabung dieser Risiken durch das Unt. Dies soll ein Verständnis für die Risikolage des Unt im Kontext von Nachhaltigkeit vermitteln und aufzeigen, welche Maßnahmen ergriffen werden, um diesen Risiken zu begegnen.

Die Berichtsvorgaben des § 289c Abs. 2 Nr. 5 HGB-E werden insb. durch die Offenlegungsanforderungen des ESRS 2.50 ff. weiter spezifiziert.[56]

Gem. § 289c Abs. 2 Nr. 8 HGB-E sind schließlich Indikatoren anzugeben, die für die vorgenannten Angaben relevant sind. Diese quantitativen Informationen sind entscheidend für die Messbarkeit und Vergleichbarkeit der Nachhaltigkeitsleistung.

Diese Regelung wird insb. durch die Offenlegungsanforderungen des ESRS 2.73 ff. näher bestimmt.[57]

6.4 Berichterstattung über den Prozess zur Informationsermittlung (§ 289c Abs. 3 HGB-E)

22 Nach § 289c Abs. 3 HGB-E ist über den Prozess zur Ermittlung der den Angaben zugrunde liegenden Informationen zu berichten. Dies beinhaltet insb.:
- die Beschreibung der Methoden und Verfahren, die zur Datenerhebung und -analyse verwendet wurden,
- die Darstellung des Prozesses der Wesentlichkeitsanalyse.

Dies erhöht die Transparenz und Nachvollziehbarkeit der berichteten Informationen und ermöglicht eine Beurteilung der Qualität und Zuverlässigkeit der Daten.

Für die Umsetzung der Anforderungen des § 289c Abs. 3 HGB-E sind insb. die Offenlegungsvorgaben des ESRS 2.3 ff. einschlägig.[58]

---

[53] Vgl. kommentierend Baumüller/Lopatta/Hrinkow, in Haufe ESRS Kommentar, 2. Aufl. 2024, § 3, Rz 45 ff.
[54] Vgl. kommentierend Baumüller/Lapotta/Müller/Needham, in Haufe ESRS Kommentar, 2. Aufl. 2024, § 4, Rz 110 ff.
[55] Vgl. kommentierend Baumüller/Lapotta/Müller/Needham, in Haufe ESRS Kommentar, 2. Aufl. 2024, § 4, Rz 69 ff.
[56] Vgl. kommentierend Baumüller/Lapotta/Müller/Needham, in Haufe ESRS Kommentar, 2. Aufl. 2024, § 4, Rz 110 ff.
[57] Vgl. kommentierend Baumüller/Lapotta/Müller/Needham, in Haufe ESRS Kommentar, 2. Aufl. 2024, § 4, Rz 137 ff.
[58] Vgl. kommentierend Baumüller/Lopatta/Müller/Needham, in Haufe ESRS Kommentar, 2. Aufl. 2024, § 4, Rz 15 ff.

6.5 Berichterstattung über die Wertschöpfungskette (§ 289c Abs. 4 HGB-E)

Gem. § 289c Abs. 4 HGB-E sollen, soweit für das Verständnis erforderlich, die Angaben nach § 289c Abs. 1 und 2 HGB-E auch Informationen zur eigenen Geschäftstätigkeit und zur Wertschöpfungskette umfassen, einschl. Produkte, Dienstleistungen, Geschäftsbeziehungen und Lieferketten. Dies erweitert den Betrachtungsrahmen auf die gesamte Wertschöpfungskette und unterstreicht die Notwendigkeit, Nachhaltigkeitsaspekte auch bei Lieferanten und Geschäftspartnern zu berücksichtigen. Die Informationen sollen sowohl die Lieferkette (Upstream) als auch die Vertriebskette (Downstream) des Unt umfassen. Die Wertschöpfungskette ist dabei nicht auf die EU beschränkt, sondern weltweit zu betrachten. Mit § 289c Abs. 4 HGB-E wird Artikel 19a Abs. 3 der Bilanzrichtlinie, wie sie durch die CSRD ergänzt wurde, umgesetzt.[59]

Es ist zu beachten, dass der Gesetzgeber für die ersten drei Jahre eine Übergangsregelung vorsieht, die es Unt ermöglicht, auf bestimmte Angaben zur Wertschöpfungskette zu verzichten, sofern bestimmte Erläuterungen und Begründungen gegeben werden.

Der Gesetzgeber sieht das Einführungsgesetz zum HGB-E in Abs. 5 eine Übergangsregelung vor: In den ersten drei Jahren nach Inkrafttreten der Berichtspflicht können Unt. auf bestimmte Angaben zur Wertschöpfungskette verzichten, sofern sie:

- erläutern, welche Anstrengungen unternommen wurden, um die erforderlichen Informationen zu erhalten,
- begründen, warum nicht alle Informationen eingeholt werden konnten,
- darlegen, welche Pläne bestehen, um künftig die Informationen einzuholen.

Diese Regelung berücksichtigt die praktischen Schwierigkeiten bei der Erhebung von Daten entlang der gesamten Wertschöpfungskette respektive bei Lieferanten und Geschäftspartnern und gibt Unt Zeit, entsprechende Prozesse aufzubauen.

Zu beachten ist, dass die Offenlegung von Informationen über die Wertschöpfungskette in Konflikt mit Datenschutzbestimmungen und dem Schutz von Geschäftsgeheimnissen stehen kann. Unt müssen hier einen Ausgleich finden zwischen Transparenzanforderungen und rechtlichen Verpflichtungen zum Schutz sensibler Informationen.

Bei der Berichterstattung über die Wertschöpfungskette sind insb. die Anforderungen des ESRS 1.62 ff. zu beachten.[60]

6.6 Verweis auf andere Berichtsbestandteile (§ 289c Abs. 5 HGB-E)

Soweit für das Verständnis erforderlich, sollen die Angaben im Nachhaltigkeitsbericht auch Verweise auf andere gem. § 289 HGB in den Lagebericht aufgenommenen Angaben und auf die im Jahresabschluss ausgewiesenen Beträge sowie zusätzliche Erläuterungen umfassen. Dies fördert die Integration von Finanz- und Nachhaltigkeitsberichterstattung und ermöglicht ein ganzheitliches Verständnis der Unternehmensleistung. Hiermit wird Art. 19a Abs. 3 Unterabs. 3

---

[59] Vgl. RegE CSRD-UmsG, BT-Drs. 20/12787 v. 9.9.2024 S. 111.
[60] Vgl. kommentierend Baumüller/Lopatta/Hrinkow, in Haufe ESRS Kommentar, 2. Aufl. 2024, § 3, Rz 123 ff.

der Bilanzrichtlinie umgesetzt, welcher die Verpflichtung zur Verweisung normiert. Eine solche Verweisung darf jedoch nur dann erfolgen, wenn die im Lagebericht oder Jahresabschluss enthaltenen Informationen relevant für die Nachhaltigkeitsberichterstattung sind. Dies ermöglicht es Unt, Doppelungen zu vermeiden, indem sie auf bereits veröffentlichte Informationen hinweisen, jedoch muss der Nachhaltigkeitsbericht weiterhin eigenständige Angaben enthalten, die nicht vollständig durch Verweise ersetzt werden können.[61]

Die Nutzung von Verweisen innerhalb der Nachhaltigkeitsberichterstattung wird weiterführend im ESRS 1.119ff. geregelt.[62]

6.7 Verordnungsermächtigung und die Rolle der ESRS (§ 289c Abs. 6 HGB-E)

25   In § 289c Abs. 6 Satz 1 HGB-E wird die verpflichtende Anwendung der ESRS festgelegt, die durch die Europäische Kommission gem. Artikel 29b der Bilanzrichtlinie mittels delegierte Rechtsakte erlassen werden. Demnach sind die Angaben im Nachhaltigkeitsbericht im Einklang mit den nach Art. 29b der Richtlinie 2013/34/EU angenommenen delegierten Rechtsakten zu Standards für die Nachhaltigkeitsberichterstattung zu machen. Diese Standards konkretisieren die Berichtspflichten und sollen sicherstellen, dass Unt in der gesamten EU nach einheitlichen Kriterien über ihre Nachhaltigkeitsstrategien berichten.

Die CSRD verpflichtet daher die Mitgliedstaaten dazu, die verbindliche Anwendung der ESRS vorzuschreiben. Es besteht kein nationales Wahlrecht, andere Standards zu verwenden oder die Anwendung der ESRS abzulehnen. Durch die Anwendung der ESRS wird eine Vergleichbarkeit der Berichte gewährleistet, was sowohl für Investoren als auch für andere Stakeholder von zentraler Bedeutung ist. Die Einführung dieser Berichtsstandards stellt einen wichtigen Schritt zur Harmonisierung der Nachhaltigkeitsberichterstattung innerhalb der EU dar und sorgt dafür, dass die Unt auf Grundlage klarer und konsistenter Vorgaben berichten.

Darüber hinaus sieht § 289c Abs. 6 Satz 2 HGB-E eine Verordnungsermächtigung vor, welche das Bundesministerium der Justiz (BMJ) dazu ermächtigt, die delegierten Rechtsakte der Europäischen Kommission, die im Zusammenhang mit den ESRS erlassen werden, nach deren Inkrafttreten offiziell zu benennen. Diese Regelung schafft Flexibilität bei der Umsetzung zukünftiger Entwicklungen im Bereich der Nachhaltigkeitsberichterstattung und ermöglicht es, die nationalen Vorgaben an die europäischen Standards anzupassen, sobald neue delegierte Rechtsakte oder Änderungen der ESRS in Kraft treten.[63]

---

[61] Vgl. RegE CSRD-UmsG, BT-Drs. 20/12787 v. 9.9.2024 S. 111.
[62] Vgl. kommentierend Baumüller/Lopatta/Hrinkow, in Haufe ESRS Kommentar, 2. Aufl. 2024, § 3, Rz 162 ff.
[63] Vgl. RegE CSRD-UmsG, BT-Drs. 20/12787 v. 9.9.2024 S. 111.

§ 289d Nutzung von Rahmenwerken

¹Die Kapitalgesellschaft kann für die Erstellung der nichtfinanziellen Erklärung nationale, europäische oder internationale Rahmenwerke nutzen. ²In der Erklärung ist anzugeben, ob die Kapitalgesellschaft für die Erstellung der nichtfinanziellen Erklärung ein Rahmenwerk genutzt hat und, wenn dies der Fall ist, welches Rahmenwerk genutzt wurde, sowie andernfalls, warum kein Rahmenwerk genutzt wurde.

Inhaltsübersicht	Rz
1 Grundsatz	1–2
2 Bisher mögliche Rahmenwerke	3–7
3 European Sustainability Reporting Standards	8–11
3.1 Grundlagen der ESRS	8
3.2 Wesentlichkeitsanalyse nach ESRS 1	9–10
3.3 Berichtsanforderungen nach den ESRS	11
4 Künftiges Rahmenwerk des International Sustainability Standards Boards	12
5 CSRD-Umsetzungsgesetz: Änderungen	13–15

1 Grundsatz

§ 289d HGB trat am Tag nach der Verkündung des CSR-RL-Umsetzungsgesetzes in Kraft und betraf erstmalig Gj, die nach dem 31.12.2016 begannen. Im Zuge des Gesetzgebungsprozesses zum CSR-RL-Umsetzungsgesetz[1] war zum Zwecke der Vergleichbarkeit erwogen worden, ein bestimmtes Rahmenwerk für die Berichterstattung vorzuschreiben.[2] Dem stehen zunächst Erwägungen der Praktikabilität entgegen, denn vorliegende in der Praxis angewandte Rahmenwerke und Leitlinien erfassen häufig nur Teile des breiten Spektrums nichtfinanzieller Aspekte, wie es von der CSR-RL adressiert wird, oder fokussieren auf zielgruppenspezifische Aspekte. V. a. steht eine solche Festlegung den europarechtlichen Vorgaben entgegen, die ein bestimmtes Rahmenwerk gerade nicht vorgeben. § 289d HGB stellt es den berichterstattenden Unt frei, für die nichtfinanziellen Erklärung nationale, europäische oder internationale Rahmenwerke zu nutzen.[3] Daher muss „kein ‚richtiger' Nachhaltigkeitsbericht nach (inter)nationalen Rahmenwerken"[4] erstellt werden.

Findet ein Rahmenwerk Anwendung, ist dies in der Erklärung zu erläutern. Wird auf die Nutzung eines Rahmenwerks verzichtet, sind nach § 289d Satz 2 HGB die

---

[1] Gesetz zur Stärkung der nichtfinanziellen Berichterstattung der Unternehmen in ihren Lage- und Konzernlageberichten (CSR-Richtlinie-Umsetzungsgesetz), BGBl 2017 I S. 802.
[2] Vgl. BT-Drs. 18/9982 v. 17.10.2016 S. 53.
[3] Vgl. Paetzmann, ZCG 2016, S. 283f.; Seibt, DB 2016, S. 2712; Kajüter, DB 2017, S. 623; Kliem/Schäfer/Schönberger, in Beck Bil-Komm., 14. Aufl. 2024, § 298d HGB Rz 1.
[4] Velte, KoR 2017, S. M3.

Gründe hierfür anzugeben („comply-or-explain"-Ansatz entsprechend der Anregung eines Sachverständigen in der Bundestags-Anhörung vom 7.11.2016).[5] Wird ein Rahmenwerk gewählt, so bedeutet das nicht, dass dieses einschl. aller Vorgaben dieses Rahmenwerks vollumfänglich umzusetzen ist. Vielmehr darf das bilanzierende Unt auch lediglich Teile des Rahmenwerks nutzen (DRS 20.296, 20.B92). Dann ist jedoch anzugeben, dass das Rahmenwerk tw. genutzt wird. Ebenso ist insgesamt anzugeben, welche Rahmenwerke für welche Teile der nichtfinanziellen Berichterstattung genutzt werden (DRS 20.298 i.V.m. 20.300). Ungeachtet der Nutzung eines oder verschiedener Rahmenwerke ist zu beachten, dass das bilanzierende Unt sämtliche gesetzliche Vorgaben erfüllt.[6]

2 Infolge der **RL (EU) 2022/2464 (CSRD)**[7] die 20 Tage nach ihrer Veröffentlichung in Kraft trat und die bis zum 6.7.2024 in nationales Recht umzusetzen war, wird sich auch die Nutzung von Rahmenwerken in naher Zukunft verändern (§ 289b Rz 6 ff.), da dann die **European Sustainability Reporting Standards** (ESRS), anwendungspflichtig werden (Rz. 8). Die ESRS bauen wesentlich auf der CSRD sowie insb. auf den Standards der Global Reporting Initiative (GRI) auf (s. hierzu nachfolgend). Durch das CSRD-Umsetzungsgesetz, für das ein RegE am 24.7.2024 veröffentlicht wurde,[8] entfällt der § 289d HGB in der bisherigen Form bzw. geht im neuen § 289c HGB-E „Inhalt des Nachhaltigkeitsberichts; Verordnungsermächtigung" auf, s. Rz 13.

2 Bisher mögliche Rahmenwerke

3 In den Erwägungsgründen zur CSR-RL ist beispielhaft eine Vielzahl von nationalen, unionsbasierten wie auch internationalen Rahmenwerken aufgeführt,[9] die genutzt werden können.[10] Dazu gehören
- das auf der europäischen EMAS-Verordnung[11] und der internationalen Umweltmanagementnorm ISO 14001[12] basierende „Eco-Management and Audit Scheme" (EMAS) oder

---

[5] Vgl. BT-Drs. 18/11450 v. 8.3.2017 S. 50; Kliem/Schäfer/Schönberger, in Beck Bil-Komm., 14. Aufl. 2024, § 298d HGB Rz 2.
[6] Vgl. BT-Drs. 18/9982 v. 17.10.2016 52; Kliem/Schäfer/Schönberger, in Beck Bil-Komm., 14. Aufl. 2024, § 298d HGB Rz 3.
[7] Vgl. Richtlinie (EU) 2022/2464 des Europäischen Parlaments und des Rates zur Änderung der Verordnung (EU) Nr. 537/2014 und der Richtlinien 2004/109/EG, 2006/43/EG und 2013/34/EU hinsichtlich der Nachhaltigkeitsberichterstattung von Unternehmen, ABl. EU L322/15 v. 16.12.2022.
[8] www.bmj.de/SharedDocs/Downloads/DE/Gesetzgebung/RegE/RegE_CSRD.pdf?__blob=publicationFile&v=2; eine Synopse zum geltenden recht ist abrufbar unter www.bmj.de/SharedDocs/Downloads/DE/Gesetzgebung/Synopse/Synopse_CSRD-UmsG_RegE.pdf?__blob=publicationFile&v=2, Abruf jew. 1.10.2024.
[9] Vgl. Erwägungsgrund Nr. 9 der CSR-Richtlinie. Zur Rolle und Einordnung der ISO 26000 und anderer derartiger Rahmenwerke für/in die Unternehmensführung vgl. Hahn, Standardizing Social Responsibility? New Perspectives on Guidance Documents and Management System Standards for Sustainable Development, IEEE – Transactions on Engineering Management 4/2012, S. 717–727.
[10] Eine Übersicht über gängige Rahmenwerke und Standards findet sich bei IDW, WPH Edition, Wirtschaftsprüfung & Rechnungslegung, 17. Aufl. 2021, Kap. J Tz 107 (in der aktuellen Version entnommen).
[11] Vgl. Verordnung (EG) Nr. 1221/2009, ABl. EG L 342/1 vom 22.12.2009.
[12] Vgl. ISO 14001, Environmental Management Systems: General Guidelines on Principles, Systems and Support Techniques, 2015.

- auf internationaler Ebene das Rahmenprogramm „United Nations Global Compact",[13]
- das „Protect, Respect and Remedy" Rahmenprogramm und Leitprinzipien der Vereinten Nationen,[14]
- die „Leitsätze für multinationale Unternehmen" der Organisation für wirtschaftliche Zusammenarbeit und Entwicklung,[15]
- die „ISO 26000 Guidance on Social Responsibility" der Internationalen Organisation für Normung,[16]
- die „Dreigliedrige Grundsatzerklärung über multinationale Unternehmen und Sozialpolitik" der Internationalen Arbeitsorganisation,[17]
- der Berichtsrahmen des International Integrated Reporting Council (IIRC), zu dem am 19.1.2021 ein überarbeitetes Rahmenkonzept mit Geltung für Berichtsperioden mit Beginn ab 1.1.2022 publiziert wurde,[18]
sowie
- die modularen, miteinander verbundenen GRI-Standards, die zum 1.7.2018 die früheren „G4-Leitlinien zur Nachhaltigkeitsberichterstattung" ablösten.

In der Unternehmenspraxis sind, gerade bei multinationalen Unt, die **GRI-Standards** stark verbreitet.[19] Eine 2021 publizierte empirische Untersuchung der nichtfinanziellen Berichterstattungspraxis von 137 Unt aus DAX 30, MDAX und SDAX, die eine nichtfinanzielle Erklärung bzw. einen nichtfinanziellen Bericht veröffentlichen müssen, zeigt,[20] dass 77 % dieser Unt ein nationales und/oder internationales Rahmenwerk nutzten, davon immerhin 88 % eine der Optionen des GRI-Standards (und kein weiteres Rahmenwerk).

Bei den GRI-Standards lassen sich drei universelle und diverse themenspezifische Standards in den Dimensionen wirtschaftliche Standards (GRI 201–206), Umweltstandards (GRI 301–308) und soziale Standards (GRI 401–419) unterscheiden.[21]

- **GRI 1 (2021) Grundlagen** gibt einen Überblick über die Prinzipien der Berichterstattung und die Anforderungen des Rahmenwerks und vermittelt Erläuterungen zur Anwendung.
- **GRI 2 (2021) Allgemeine Angaben** fordert Angaben zum Berichterstatter, einschl. Organisationsprofil, Strategie, Ethik und Integrität, Unternehmensführung, Einbindung von Stakeholdern, Vorgehensweise bei der Bericht-

---

[13] Vgl. United Nations Global Compact, Guide to Corporate Sustainability: Shaping a Sustainable Future, 2014.
[14] Vgl. United Nations Human Rights Council, Protect, Respect and Remedy: A Framework for Business and Human Rights: Report of the Special Representative of the Secretary-General on the issue of human rights and transnational corporations and other business enterprises, Advanced edited version, 2008.
[15] Vgl. OECD, OECD-Leitsätze für multinationale Unternehmen: Neufassung, 2011.
[16] Vgl. ISO 26000, Guidance on Social Responsibility, 2010.
[17] Vgl. IAO, Dreigliedrige Grundsatzerklärung über multinationale Unternehmen und Sozialpolitik, auf der 295. Tagung, abgeänderte Fassung, 2006.
[18] Vgl. IIRC, The International <IR> Framework, 2021, https://integratedreporting.org/wp-content/uploads/2021/01/InternationalIntegratedReportingFramework.pdf, Abruf 1.10.2024.
[19] Vgl. Kliem/Schäfer/Schönberger, in Beck Bil-Komm., 14. Aufl. 2024, § 289d HGB Rz 1.
[20] Vgl. BDO/Kirchhoff, Nachhaltigkeit im Fokus. Die nichtfinanzielle Berichterstattung im DAX 160, 2021, S. 23.
[21] Vgl. GRI, Standards Download Center, www.globalreporting.org/how-to-use-the-gri-standards/gri-standards-german-translations/, Abruf 1.10.2024; vgl. ebenfalls Ewelt-Knauer/Schneider/Blaß, DB 2018, S. 1679 und Lindner/Müller, IRZ 2020, S. 139.

erstattung sowie Berücksichtigung wesentlicher Themen. Hierbei sind die Optionen „Kern" sowie „Umfassend" zu unterscheiden. Bei Letzterer sind weitere Angaben, etwa zur Strategie und Geschäftsethik, zu machen und eine Berichterstattung zu allen themenspezifischen Standards vorzunehmen.[22]
- Nach **GRI 3 (2021) Wesentliche Themen** ist über den verfolgten Managementansatz i. R. d. Wesentlichkeit für jedes wesentliche Thema Auskunft zu geben, auch für jeden verwendeten themenspezifischen Standard.

Die GRI-Standards werden fortlaufend weiterentwickelt. So wurden bspw. bereits neue Standards GRI 303 Wasser und GRI 403 Arbeitssicherheit und Gesundheitsschutz verabschiedet (Inkrafttreten: 1.1.2021). Im Januar 2023 wurden aktualisierte deutschsprachige Übersetzungen zu einigen GRI-Standards bereitgestellt.

6 Besondere Bedeutung, gerade auch im Kontext des CSR-RUG, besitzt das Wesentlichkeitsverständnis der GRI-Standards. Laut GRI 101, S. 28, ist ein wesentliches Thema ein solches, „das die erheblichen ökonomischen, ökologischen und sozialen Auswirkungen einer Organisation widerspiegelt oder das sich wesentlich auf die Beurteilungen und Entscheidungen der Stakeholder auswirkt." Dieses Verständnis steht im Gegensatz zum deutschen CSR-RL-Umsetzungsgesetz, wo ein „doppelter Wesentlichkeitsvorbehalt" verankert ist: Sowohl die finanzielle wie auch die nichtfinanzielle (ökologische und soziale) Wesentlichkeit muss auftreten, um eine Berichtspflicht i. R. d. nichtfinanziellen Berichterstattung auszulösen.[23] Die EU-Kommission stellte allerdings in ihrem unverbindlichen Nachtrag zu den Leitlinien zur Erstellung eines nichtfinanziellen Berichts den Unt eine Orientierungshilfe zu den Anforderungen an die klimabezogene Berichterstattung zur Verfügung. Dieser Orientierungshilfe liegt, wie auch den GRI-Standards, ein **erweitertes Wesentlichkeitsverständnis** zugrunde. Der Nachtrag verknüpft dabei die Anforderungen der CSR-Richtlinie mit den Anforderungen der Task Force on Climate-related Financial Disclosures (TCFD). Es ist jedoch unklar, was dies für das Verständnis der Wesentlichkeit im § 289c Abs. 3 HGB bedeutet. Der Nachtrag selbst ist unverbindlich und auf europäischer Ebene liegt lediglich eine Richtlinie vor. Die Intention des deutschen Gesetzgebers, die sich im „doppelten Wesentlichkeitsvorbehalt" manifestiert, bleibt eindeutig.[24]

7 Der Regierungsentwurf zum CSR-RL-Umsetzungsgesetz übernahm diese beispielhafte Aufzählung, ergänzt allerdings um den vom Rat für Nachhaltige Entwicklung (RNE) entwickelten Deutschen Nachhaltigkeitskodex (DNK).[25] Der DNK verweist berichterstattende Unt bei der Nutzung von Leistungsindikatoren auf die Indikatorensets der GRI und der European Federation of Financial Analysts Societies (EFFAS), zu deren Mitgliedern auch die Deutsche Vereinigung für Finanzanalyse und Asset Management (DVFA) gehört.

---

[22] Vgl. Lindner/Müller, IRZ 2020, S. 139.
[23] Vgl. Lindner/Müller, IRZ 2020, S. 139.
[24] Vgl. EU-Kommission, Leitlinien für die Berichterstattung über nichtfinanzielle Informationen: Nachtrag zur klimabezogenen Berichterstattung, ABl. EU C 209 v. 20.6.2019. Vgl. hierzu Didier, Interview mit G. Schneider, DB 2020, www.der-betrieb.de/interview/klimabezogene-berichterstattung-wesentlichkeitsbegriff-unter-der-lupe/, Abruf 1.10.2024.
[25] Vgl. Deutscher Nachhaltigkeitskodex – Maßstab für nachhaltiges Wirtschaften, www.deutschernachhaltigkeitskodex.de/de-DE/Home/DNK/DNK-Overview, Abruf 1.10.2024.

Ein gewähltes Indikatorenset soll konsistent über die gesamte Entsprechenserklärung genutzt werden,[26] wobei branchenspezifische Indikatoren ergänzt werden können. Es zeigt sich insgesamt eine Vielfalt an nationalen, europäischen und internationalen Vorgaben und Projekten.[27] Für berichterstattende Unt ist dies potenziell unübersichtlich. Darüber hinaus stellt sich gerade für multinationale Unt, die im Ausland bereits nach anderen Standards berichten oder dies tun wollen, die Frage, ob die Berichterstattung kompatibel ist. Vor diesem Hintergrund enthält der DNK bspw. eine Kompatibilitätsversion, in der das berichterstattende Unt bei den Kriterien des DNK darauf hinweist, wo und wie es anderweitig bereits dazu einschlägig und kompatibel berichtet (hat).[28]

3 European Sustainability Reporting Standards

3.1 Grundlagen der ESRS

Die durch die CSRD überarbeitete Bilanzrichtlinie (RL 2013/34/EU) verpflichtet bestimmte EU- und Drittstaatenunternehmen, zukünftig die European Sustainability Reporting Standards (ESRS) anzuwenden.[29] Diese ESRS werden als delegierte Rechtsakte durch die Europäische Kommission erlassen. Nach dem RegE CSRD-UmsG wird § 289c Abs. 6 Satz 1 HGB-E die verpflichtende Anwendung der ESRS als Rahmenwerk für die Nachhaltigkeitberichterstattung vorschreiben.

Set 1 umfasst zwölf ESRS, die von jedem großen Unt im Anwendungsbereich der Bilanzrichtlinie unabhängig von der Branchenzugehörigkeit anzuwenden sind. Bei den nun vorliegenden ESRS handelt es sich um zwei übergreifende Standardentwürfe, fünf Standardentwürfe zum Thema Umwelt, vier Standardentwürfe zum Thema soziale Aspekte und einen Standardentwurf zum Thema Governance:

ESRS	Standard	Inhalte
1	Allgemeine Anforderungen	• Allgemeine Anforderungen für die Erstellung der Nachhaltigkeitsberichte
2	Allgemeine Angaben	• Berichtsanforderungen mit Geltung für alle Ges., unabhängig von ihrer Tätigkeit und der Zuordnung zu Nachhaltigkeitsthemen

---

[26] Vgl. RNE 2017, S. 18.
[27] Zu den weiteren Rahmenwerken gehören Vorhaben des Carbon Disclosure Project (vgl. WWF Deutschland, Carbon Disclosure Project, 2009) sowie die 2012 gegründeten US-amerikanischen Sustainability Accounting Standards Board (SASB); vgl. Lindner/Müller, IRZ 2020, S. 139.
[28] Vgl. RNE 2017, S. 19.
[29] Vgl. Kliem/Schäfer/Schönberger, in Beck Bil-Komm, 14. Aufl. 2024, § 289d HGB Rz. 1.

ESRS	Standard	Inhalte
E1	Klimawandel	• Auswirkungen der Ges. auf den Klimawandel • Anstrengungen und Maßnahmen der Ges. hinsichtlich Klimaschutz • Befähigung und Pläne der Ges. zur Anpassung ihres Geschäftsmodells, insb. im Einklang mit dem 1,5°C-Ziel • Maßnahmen zur Vermeidung, Minderung oder Behebung negativer Auswirkungen • Art und Ausmaß wesentlicher Risiken und Chancen im Zusammenhang mit Auswirkungen und Abhängigkeiten der Ges. durch/vom Klimawandel und Umgang der Ges. damit • Effekte aus klimabezogenen Risiken und Chancen auf die Lage und Entwicklung der Ges.
E2	Umweltverschmutzung	• Auswirkungen der Ges. auf eine Verschmutzung von Luft, Wasser oder Boden • Maßnahmen zwecks Vermeidung, Minderung, Behebung negativer Auswirkungen der Umweltverschmutzung • Befähigung und Pläne der Ges. zur Anpassung von Strategie und Geschäftsmodell, mit Blick auf das Erfordernis der Vermeidung, Kontrolle und Beseitigung einer Umweltverschmutzung • Wesentliche Risiken und Chancen aus umweltverschmutzungsbezogenen Auswirkungen und Abhängigkeiten sowie aus einer Vermeidung, Kontrolle und Beseitigung • Effekte aus umweltverschmutzungsbezogenen Risiken und Chancen auf die Lage, weitere Entwicklung und Wertschöpfung der Ges.

ESRS	Standard	Inhalte
E3	Wasser- und Meeresressourcen	• Auswirkungen der Ges. auf Wasser- und Meeresressourcen • Maßnahmen der Ges. Schutz von Wasser- und Meeresressourcen und erzielte Ergebnisse hierdurch • Beitrag der Ges. zu den Zielen des EU Green Deals, einschl. saubere Luft, sauberes Wasser, gesunder Boden und Biodiversität, Ziele der Wasserrahmenrichtlinie (2000/60/EG) und weiterer Initiativen • Befähigung und Pläne der Ges. zur Anpassung von Strategie und Geschäftsmodell, insb. im Einklang mit dem Erfordernis der Erhaltung und Wiederherstellung von Wasser- und Meeresressourcen • Wesentliche Risiken und Chancen aus Auswirkungen und Abhängigkeiten von Wasser- und Meeresressourcen • Effekte aus Risiken und Chancen aus den Auswirkungen auf Wasser- und Meeresressourcen auf die Lage, Entwicklung und Wertschöpfung der Ges.
E4	Biologische Vielfalt und Ökosysteme	• Auswirkungen der Ges. auf die biologische Vielfalt und Ökosysteme • Maßnahmen zwecks Vermeidung, Minderung, Behebung negativer Auswirkungen auf biologische Vielfalt und Ökosysteme sowie zu deren Schutz und Wiederherstellung • Befähigung und Pläne zur Anpassung des Geschäftsmodells, u. a. im Einklang mit der Beachtung der Grenzen zur Erhaltung der Lebensräume • Wesentliche Risiken und Chancen aus Auswirkungen auf und Abhängigkeiten von biologischer Vielfalt und Ökosystemen sowie Umgang mit diesen • Risiken und Chancen aus den Auswirkungen auf die Biodiversität

ESRS	Standard	Inhalte
E5	Ressourcennutzung und Kreislaufwirtschaft	• Auswirkungen der Ges. auf Ressourcennutzung einschl. Ausbeutung nicht erneuerbarer Ressourcen und regenerativer Erzeugung erneuerbarer Ressourcen • Maßnahmen zwecks Vermeidung, Minderung, Behebung negativer Auswirkungen aus der Ressourcennutzung und Kreislaufwirtschaft, einschl. Maßnahmen zur Entkoppelung von Wachstum und Ressourcenverbrauch • Befähigung und Pläne zur Anpassung des Geschäftsmodells im Einklang mit den Grundsätzen der Kreislaufwirtschaft, einschl. Abfallminimierung und Erhaltung von Nutzen und Wert von Produkten, Komponenten und Materialien • Wesentliche Risiken und Chancen aus Auswirkungen auf und Abhängigkeiten der Ges. von Ressourcen und der Kreislaufwirtschaft • Risiken und Chancen im Zusammenhang mit den Auswirkungen und Abhängigkeiten der Ges. in Bezug auf die Ressourcennutzung und die Kreislaufwirtschaft auf die Lage, Entwicklung und Wertschöpfung der Ges.
S1	Arbeitskräfte des Unt	• Auswirkungen der Ges. auf die eigene Belegschaft • Maßnahmen zwecks Vermeidung, Minderung und Behebung negativer Auswirkungen • Wesentliche Risiken und Chancen aus Auswirkungen auf die Belegschaft und Abhängigkeiten von der Belegschaft • Effekte aus Risiken und Chancen auf die Lage, Entwicklung und Wertschöpfung der Ges.
S2	Arbeitskräfte in der Wertschöpfungskette	• Auswirkungen der Ges. auf die Arbeitkräfte in der Wertschöpfungskette • Maßnahmen zwecks Vermeidung, Minderung und Behebung negativer Auswirkungen • Wesentliche Risiken und Chancen aus Auswirkungen auf Arbeitnehmer und Abhängigkeiten von diesen in der Wertschöpfungskette

ESRS	Standard	Inhalte
S3	Betroffene Gemeinschaften	• Auswirkungen der Ges. auf ihr Umfeld, in jenen Bereichen, in denen Risiken am wahrscheinlichsten und bedeutsamsten sind • Maßnahmen zwecks Vermeidung, Minderung und Behebung negativer Auswirkungen • Wesentliche Risiken und Chancen aus Auswirkungen auf das gesellschaftliche Umfeld und Abhängigkeiten von diesem
S4	Verbraucher und Endnutzer	• Auswirkungen der Ges. auf Verbraucher und Endnutzer durch Produkte und Dienstleistungen • Maßnahmen zwecks Vermeidung, Minderung und Behebung negativer Auswirkungen • Wesentliche Risiken und Chancen aus Auswirkungen auf Konsumenten und Abhängigkeiten von diesen
G1	Unternehmensführung	• Verhalten (Strategie und Ansatz, Prozesse und Verfahren, Ergebnisse) der Ges. mit Blick auf Unternehmenskultur; Lieferantenbeziehungen; Bekämpfung von Korruption; Politische Einflussnahme/Lobbying; Schutz von Whistleblowern; Tierwohl; Zahlungspraktiken, insb. gegenüber klein- und mittelständischen Unt

Die übergreifenden Standards ESRS 1 und ESRS 2 definieren einerseits die allgemeinen Anforderungen zur Erstellung und Darstellung der Nachhaltigkeitsberichte (ESRS 1). Anderseits werden solche konkreten Berichtsanforderungen festgelegt, die für alle Unt, unabhängig von spezifischen Nachhaltigkeitsthemen (Umwelt, Soziales, Governance) und der Sektorzugehörigkeit gelten sollen (ESRS 2). Bei den weiteren, themenspezifischen ESRS handelt es sich um Konkretisierungen bzw. Erweiterungen der querschnittsbezogenen Berichtsanforderungen nach ESRS 2. ESRS 2 und die themenspezifischen ESRS sind jeweils im Wesentlichen wie folgt gegliedert:
- Zielsetzung;
- Interaktion mit anderen ESRS (in ESRS 2 jedoch nicht vorhanden);
- Berichtsanforderungen (*disclosure requirements*);
- Anhang A: Definitionen;
- Anhang B: Anwendungsvorgaben (*application requirements*).[30]

Bei der Entwicklung der finalen Entwürfe erkannte das EFRAG Sustainability Reporting Board (SRB) an, dass die früheren Entwürfe zu viel verlangten und die vorgeschlagenen Angabenvorschriften zu weit gingen. Gem. der zwölf finalen

---

[30] In ESRS 1 und 2 sind weitere Anhänge vorhanden, einschl. einer Aufstellung der Berichtsanforderungen und Datenpunkten, die unabhängig vom Ergebnis einer Wesentlichkeitsanalyse gelten, sowie Phase-In-Regelungen, vgl. Freiberg/Lanfermann (Hrsg.), Haufe-ESRS-Kommentar, 1. Aufl., 2023.

Entwürfe sind nun deutlich weniger Informationen offenzulegen.[31] Parallel ist die EFRAG mit einem zweiten Set beschäftigt, das KMU-Standards und branchenspezifische Standards[32] betrifft.

3.2 Wesentlichkeitsanalyse nach ESRS 1

9 Die Wesentlichkeitsanalyse ist ein zentrales Element der Nachhaltigkeitsberichterstattung nach den ESRS. Der ESRS 1 Allgemeine Vorschriften definiert das **Konzept der doppelten Wesentlichkeit** (*double materiality*), das der nichtfinanziellen Berichterstattung zugrundegelegt wird. Unterschieden wird zwischen einer *impact materiality* und einer *financial materiality*.
Impact materiality (inside-out Perspektive): Ein nachhaltigkeitsbezogener Aspekt oder eine nachhaltigkeitsbezogene Information ist dann wesentlich, wenn damit von dem Unt signifikante die Nachhaltigkeit betreffende Auswirkungen auf die Menschen oder die Umwelt ausgehen, wobei diese Auswirkungen kurz-, mittel- oder langfristiger Natur sein können. Die Auswirkungen müssen dabei nicht unmittelbar durch das Unt verursacht sein, sondern es genügt eine direkte Verbundenheit (*directly linked*) der Auswirkungen mit der Wertschöpfungskette des Unt.[33]
Financial materiality (outside-in Perspektive): Zum Zwecke der Erstellung eines Nachhaltigkeitsberichts ist ein nachhaltigkeitsbezogener Aspekt eines Unt wesentlich, sofern er aufseiten dieses Unt finanzielle Auswirkungen verursacht, indem er Risiken oder Chancen befördert, die kurz-, mittel- oder langfristig künftige Cash Flows und darüber den Wert des Unt beeinflussen oder beeinflussen können – das Verfahren zur Bewertung entspricht dem, welches auch im Abschluss zur Anwendung kommt.[34] Die aufgegriffenen Nachhaltigkeitsaspekte können sowohl negativer Natur sein als auch positive Auswirkungen und Chancen beinhalten.[35]
Zur Beurteilung, ob Auswirkungen im Hinblick auf ein Nachhaltigkeitsthema wesentlich sind, sind im Unt zu implementierende **Sorgfaltspflichten** durchzuführen.[36] Die CSRD definiert Sorgfaltspflichten als Verfahren, mithilfe derer die wesentlichen tatsächlichen und potenziellen nachteiligen Auswirkungen zu ermitteln, zu überwachen, zu verhüten, zu mildern, wiedergutzumachen oder zu beseitigen sind.[37] Bei der Nachhaltigkeitsberichterstattung ist über die Diligence-Prozesse zu berichten.

---

[31] Vgl. DRSC, DRSC Briefing Paper, European Sustainability Standards (ESRS), 24.11.2022, S. 7.
[32] Vgl. DRSC, Abgleich der bisher behandelten EFRAG Working Papers mit den Empfehlungen des DRSC vom 19. Dezember 2022, Öffentliche Sitzungsunterlage der 16. Sitzung FA NB vom 25.4.2023.
[33] Vgl. ESRS 1–43 f.
[34] Vgl. ESRS 1.49. Vgl. auch ESMA, Opinion of the European Securities and Markets Authority of 26 January 2023 on the technical advice by the European Financial Reporting Advisory Group on European Sustainability Reports Standards (Set 1), ESMA 32–334-589, Rz 48. Zum Zusammenspiel mit den Definitionen des International Sustainability Standards Board (ISSB) vgl. EBA, Opinion of the European Banking Authority on the draft European Sustainability Reporting Standards (ESRS), EBA/Op/2023/01, v. 26.1.2023, Rz 19.
[35] Vgl. Rat für nachhaltige Entwicklung, Comment Letter on the Draft European Sustainability Reporting Standards by the Office of the German Sustainability Code, 8.8.2022, S. 3.
[36] Vgl. ESRS 1.8 ff.
[37] Vgl. Richtlinie (EU) 2022/2464, ABl. EU L322/15, Erwägungsgrund 31.

Es gilt der Grundsatz, dass eine Berichterstattung nur dann zu erfolgen hat, wenn ein Nachhaltigkeitsthema als wesentlich erachtet wird. Im Zuge der **unternehmensindividuellen Wesentlichkeitseinschätzung** kann eine Fokussierung auf die spezifisch relevanten Aspekte gelingen. Dies fördert Transparenz und hält den Aufwand bei der Berichterstattung potentiell klein.[38]

Zugleich ist dabei, auch mit dem Ziel einer möglichst hohen Transparenz, der Prozess der Wesentlichkeitsanalyse, einschl. gewählter Methoden, Schwellenwerte und Wesentlichkeitsgrenzen, zugrundeliegender Annahmen und involvierter Stakeholder, offenzulegen.[39]

Wird ein Nachhaltigkeitsaspekt auf Grundlage der Wesentlichkeitsanalyse als wesentlich erachtet, sind die entsprechenden Berichtsanforderungen zu erfüllen. Jedoch entfällt eine Berichtspflicht für Kennzahlen (*metrics*), sofern diese als unwesentlich eingestuft werden und das Ziel der Berichtsanforderungen durch das Weglassen nicht beeinträchtigt wird.

Eine **Berichterstattung unabhängig von Wesentlichkeitserwägungen** hat zu erfolgen für die Berichtsanforderungen nach ESRS 2 und für sämtliche Berichtsanforderungen und Datenpunkte in Bezug auf ESRS 2 IRO-1 (Description of the process to identify and assess material impacts, risks and opportunities), wenn diese in den umweltbezogenen Standards (ESRS E1 bis E5) oder ESRS G1 Unternehmensführung aufgeführt sind.[40]

Dagegen stehen diverse Berichtsanforderungen im Zusammenhang mit einer Reihe von europäischen Rechtsakten, einschl. der Offenlegungsverordnung (2019/2088) im Zusammenhang mit den wichtigsten nachteiligen Auswirkungen (*principal adverse indicators*),[41] mit den technischen Durchführungsstandards der EBA zu aufsichtlichen Offenlegungen von ESG-Risiken nach Art. 449a der Kapitaladäquanzverordnung (575/2013), mit Offenlegungspflichten für Benchmark-Administratoren nach der Benchmark-Verordnung (2020/1816) sowie mit dem Europäischen Klimagesetz (2021/1119), zunächst doch unter dem Wesentlichkeitsvorbehalt der ESRS, obwohl eine Berichterstattung aus den zugrunde liegenden Regulierungen nötig ist.

Die EFRAG publizierte am 31.5.2024 einen **Leitfaden zur Wesentlichkeitsanalyse** (EFRAG IG 1: Materiality Assessment Implementation Guidance)[42] als einen von drei (unverbindlichen) Umsetzungsleitlinien (daneben: EFRAG IG 2: Value Chain[43] und EFRAG IG3 Detailed Data Points[44] and accompanying Explanatory Note[45]). Mit EFRAG IG 1 soll Unterstützung bei der Umsetzung

---

38 Vgl. RNE, Kommentierung der finalen Entwürfe der European Sustainability Reporting Standards (ESRS) v. 9.1.2023, S. 2.
39 Vgl. ESRS 1–61 und ESRS 2–51 ff.
40 Vgl. ESRS, Anlage C.
41 Vgl. EIOPA, Opinion to the European Commission on EFRAG's Technical Advice on European Sustainability Reporting Standards, EIOPA-BoS-23–016, v. 26.1.2023, S. 4f.
42 www.efrag.org/sites/default/files/sites/webpublishing/SiteAssets/IG%201%20Materiality%20Assessment_final.pdf, Abruf 1.10.2024.
43 www.efrag.org/sites/default/files/sites/webpublishing/SiteAssets/EFRAG%20IG%202%20Value%20Chain_final.pdf, Abruf 1.10.2024.
44 https://efrag.sharefile.com/share/view/s6e410fb208aa4685bf9c482ee405f48d/foa75419–44c9–4081–85a5–43217a6e8732, Abruf 1.10.2024.
45 www.efrag.org/sites/default/files/sites/webpublishing/SiteAssets/EFRAG%20IG%203%20List%20of%20ESRS%20Data%20Points%20-%20Explanatory%20Note.pdf, Abruf 1.10.2024.

der Wesentlichkeitsanalyse, insb. bei der Beurteilung der doppelten Wesentlichkeit geboten werden. EFRAG IG 1 führt selbst keine neuen Bestimmungen in die ESRS ein, sondern liefert Umsetzungsleitlinien zur Veranschaulichung und zur Erleichterung der praktischen Umsetzung.[46]

3.3 Berichtsanforderungen nach den ESRS

11 Eine Aufstellung der Berichtsanforderungen findet sich unter § 315c Rz 14 ff. Eine ausführliche Kommentierung findet sich bei Freiberg/Lanfermann (Hrsg.), Haufe-ESRS-Kommentar, 1. Aufl. 2023.

4 Künftiges Rahmenwerk des International Sustainability Standards Boards

12 Die IFRS Foundation kündigte im März 2021 an, einen internationalen Standard zur Nachhaltigkeitsberichterstattung auszuarbeiten.[47] Auf dem Weltklimagipfel in Glasgow im gleichen Jahr gab sie die Gründung des **International Sustainability Standards Board** (ISSB) bekannt, das den entsprechenden Standard ausarbeiten soll. Der neue Standard des ISSB soll einen globalen Mindeststandard darstellen, auf den sich nationale und regionale Standards beziehen können. Bereits bestehende internationale ESG-Standards sollen integriert werden.

Der Hauptfokus des ISSB liegt zunächst auf dem Thema Klima; die ersten beiden Standardprototypen widmen sich diesem Aspekt[48] und allgemeinen Vorgaben zur Nachhaltigkeitsberichterstattung.[49]

Im Juni 2023 veröffentlichte das ISSB die Entwürfe der ersten beiden **IFRS Sustainability Disclosure Standards** IFRS S1 General Requirements for Disclosure of Sustainability-related Financial Information[50] und IFRS S2 Climate-related Disclosures.

Hervorzuheben ist der Entschluss des ISSB, dass in IFRS S1 auf die Europäischen Standards zur Nachhaltigkeitsberichterstattung (ESRS) verwiesen werden soll. Berichterstattende Ges. können daher auf die ESRS als Orientierungshilfe referenzieren, soweit es keinen spezifischen IFRS Sustainability Disclosure Standard gibt. Dieser Entschluss steht im Einklang mit dem Bestreben, dass die Europäische Kommission (einschl. EFRAG) und ISSB gemeinsam eine **Interoperabilität** ihrer Standards erreichen wollen.[51] Überhaupt sollten die fast zeitgleich entwickelten Standards auf internationaler (ISSB) und europäischer (ESRS) Ebene aus mehreren Gründen verzahnt bzw. kompatibel gestaltet werden. Einheitliche

---

[46] Vgl. Reinke/Warnke/Müller, in PiR 2/2024, S. 63–73.
[47] Vgl. IFRS Foundation, IFRS Foundation Trustees announce working group to accelerate convergence in global sustainability reporting standards focused on enterprise value, 22.3.2021, www.ifrs.org/news-and-events/news/2021/03/trustees-announce-working-group/, Abruf 1.10.2024.
[48] Vgl. ISSB, Climate-related Disclosures Prototype, Developed by the Technical Readiness Working Group, chaired by the IFRS Foundation, to provide recommendations to the International Sustainability Standards Board for consideration, 3.11.2021.
[49] Vgl. ISSB, General Requirements for Disclosure of Sustainability-related Financial Information Prototype, 3.11.2021.
[50] Die Standards und weitere Unterlagen sind abrufbar unter https://www.ifrs.org/news-and-events/news/2023/06/issb-issues-ifrs-s1-ifrs-s2/, Abruf 1.10.2024.
[51] Vgl. Deutsches Rechnungslegungs Standards Committee, ISSB Exposure Draft ED/2022/S1 General Requirements for Disclosure of Sustainability-related Financial Information, Comment Letter to ISSB, S. 2 f.

Definition, Metriken und Strukturen sind insb. auch mit dem Ziel der Vergleichbarkeit und einer sinnvollen Begrenzung des Erstellungsaufwands zu wünschen. Im schlimmsten Fall sich widersprechende Standards führen zu erhöhtem Aufwand, etwa weil mehrere Rahmenwerke parallel genutzt werden müssen.

5 CSRD-Umsetzungsgesetz: Änderungen

> **Hinweis**
> Die Kommentierung basiert auf dem **Regierungsentwurf eines CSRD-Umsetzungsgesetzes**.[52] Nach Veröffentlichung der finalen Fassung wird die Kommentierung in Ihrem Haufe HGB Bilanz Kommentar Online aktualisiert. Die **Online-Version** ist beim Kauf der Printausgabe inklusive.

Durch das CSRD-UmsG entfällt der § 289d HGB in der bisherigen Form bzw. geht im neuen § 289c HGB-E „Inhalt des Nachhaltigkeitsberichts; Verordnungsermächtigung" auf, denn § 289c Abs. 6 Satz 1 HGB-E regelt die künftig verpflichtende Anwendung der von der Europäischen Kommission erlassenen **European Sustainability Reporting Standards** (ESRS) als Rahmenwerk. Die ESRS liegen seit dem 31.7.2023 in einem 1. Set von zwölf Standards vor.[53] Der neue § 289d HGB-E „Abweichende Vorgaben für bestimmte Kapitalgesellschaften; Verordnungsermächtigung" setzt Art. 19a Abs. 6 der Bilanzrichtlinie in der durch die CSRD eingefügten Fassung um und enthält vereinfachende Berichtsvorgaben für i.S.d. § 264d HGB kapitalmarktorientierte KapG, die klein oder mittelgroß i.S.d. § 267 HGB sind, aber nicht die Voraussetzungen einer Kleinst-KapG § 267a HGB erfüllen. Zudem wird in § 289d Satz 3 HGB-E eine Verordnungsermächtigung vorgeschlagen.

Durch die Möglichkeit der Erleichterung wird deutlich, dass der Gesetzgeber eine Balance zwischen der Notwendigkeit umfassender Transparenz auf den Kapitalmärkten und der Vermeidung einer übermäßigen administrativen Belastung für kleinere und mittelgroße Unt anstrebt. Die Berichtspflichten sollen proportional zur Größe und Bedeutung des Unt gestaltet werden, um die spezifischen Herausforderungen kleiner und mittelgroßer kapitalmarktorientierter Unt zu berücksichtigen.

Die Regelungen der CSRD stellen eine bedeutende Entlastung für kapitalmarktorientierte KMU dar, da die regulatorischen Anforderungen an die Nachhaltigkeitsberichterstattung umfangreich und ressourcenintensiv sein können. Die Vorschrift trägt somit dem Prinzip der Verhältnismäßigkeit Rechnung, indem sie den Unt ermöglicht, unter bestimmten Voraussetzungen einen geringeren Umfang an Informationen i.R. ihrer Nachhaltigkeitsberichterstattung offenzulegen. Durch die Reduzierung des Berichtsumfangs können KMU ihrer Ver-

---

[52] Regierungsentwurf eines Gesetzes zur Umsetzung der Richtlinie (EU) 2022/2464 des Europäischen Parlaments und des Rates vom 14. Dezember 2022 zur Änderung der Verordnung (EU) Nr. 537/2014 und der Richtlinien 2004/109/EG, 2006/43/EG und 2013/34/EU hinsichtlich der Nachhaltigkeitsberichterstattung von Unternehmen, BT-Drs. 20/12787 v. 9.9.2024.
[53] Abrufbar im Stand der zweiten korrigierten deutschen Übersetzung unter https://eur-lex.europa.eu/legal-content/DE/TXT/PDF/?uri=OJ:L_202490457, Abruf 1.10.2024.

antwortung zur Offenlegung von Nachhaltigkeitsinformationen nachkommen, ohne dass sie übermäßig belastet werden.
Trotz der Erleichterungen bleiben Herausforderungen bestehen, insb. im Hinblick auf die Erfassung und Aufbereitung der relevanten Daten. Auch bei einer beschränkten Berichterstattung müssen Unt sicherstellen, dass sie über geeignete Prozesse und Systeme verfügen, um die notwendigen Informationen zu sammeln und zu konsolidieren. Dies erfordert eine enge Zusammenarbeit zwischen verschiedenen Abteilungen, wie der Nachhaltigkeitsabteilung, dem Finanzwesen und der Compliance-Abteilung.[54]

14 Kapitalmarktorientierte kleine und mittelgroße KapG, die aber erst ab dem Gj 2026 verpflichtet sind, können ihren Nachhaltigkeitsbericht gem. § 289d HGB-E auf die nachfolgenden fünf wesentlichen Berichtsaspekte beschränken:
1. Beschreibung von Geschäftsmodell und Strategie: § 289d Satz 1 Nr. 1 HGB-E verlangt eine kurze Beschreibung des Geschäftsmodells und der Strategie der KapG. Diese Angaben sind entscheidend, um den Adressaten des Nachhaltigkeitsberichts einen Überblick über die Art und Weise zu geben, wie das Unt seine Geschäftsaktivitäten strukturiert und welche strategischen Ziele es verfolgt. Dabei ist es von besonderer Bedeutung, dass das Unt seine nachhaltigkeitsbezogenen Ziele und Strategien in Bezug auf das Geschäftsmodell transparent macht.
2. Beschreibung der Unternehmenspolitik in Bezug auf Nachhaltigkeit: Ferner ist nach § 289d Satz 1 Nr. 2 HGB-E eine Beschreibung der Unternehmenspolitik hinsichtlich Nachhaltigkeit in dem Nachhaltigkeitsbericht aufzunehmen. Hier geht es um die Offenlegung der spezifischen Maßnahmen und Ziele, die das Unt im Hinblick auf ökologische, soziale und governance-bezogene Belange verfolgt. Diese Informationen sind integral, um das Engagement des Unt in Bezug auf Nachhaltigkeit und sozialer Verantwortung zu bewerten.
3. Negative Auswirkungen und Gegenmaßnahmen: § 289d Satz 1 Nr. 3 HGB-E fordert eine Beschreibung der wichtigsten tatsächlichen oder potenziellen negativen Auswirkungen der Geschäftstätigkeit des Unt in Bezug auf Nachhaltigkeitsaspekte. Dies umfasst sowohl direkte als auch indirekte Auswirkungen, wie z. B. Umweltauswirkungen, Menschenrechtsverletzungen in der Lieferkette oder soziale Ungleichheiten. Darüber hinaus muss das Unt darlegen, welche Maßnahmen es zur Ermittlung, Überwachung, Verhinderung, Minderung oder Behebung dieser negativen Auswirkungen ergreift.
4. Wesentliche Nachhaltigkeitsrisiken und deren Handhabung: § 289d Satz 1 Nr. 4 HGB-E bezieht sich auf die wesentlichen Risiken, denen die KapG im Zusammenhang mit Nachhaltigkeitsaspekten ausgesetzt ist. Unt müssen die wichtigsten Risiken identifizieren, die sich aus den Nachhaltigkeitsaspekten für ihr Geschäftsmodell, ihre Finanzlage oder ihre Reputation ergeben, und erläutern, wie sie diese Risiken managen. Dazu gehören bspw. Klimarisiken, Lieferkettenrisiken oder Reputationsrisiken im Zusammenhang mit sozialen und ökologischen Belangen.
5. Schlüsselindikatoren: § 289d Satz 1 Nr. 5 HGB-E fordert die Offenlegung von Schlüsselindikatoren, die für die o.g. Berichtsaspekte erforderlich sind. Diese Kennzahlen sollen es den Adressaten des Nachhaltigkeitsberichts ermöglichen, die Nachhaltigkeitsleistung des Unt anhand quantitativer Daten zu bewerten. Zu

---

[54] Vgl. auch ausführlich Dickel/Schütte, DStR 2024, S. 1322 ff.

den Schlüsselindikatoren könnten bspw. der CO_2-Ausstoß, der Wasserverbrauch, die Anzahl der Arbeitsunfälle oder die Diversität in der Belegschaft zählen. KapG, die ihren Nachhaltigkeitsbericht auf die in § 289d Satz 1 HGB-E genannten fünf Berichtsaspekte beschränken, sind gem. § 289d Satz 2 HGB-E verpflichtet, den Bericht im Einklang mit den nach Art. 29c der Richtlinie 2013/34/EU angenommenen delegierten Rechtsakte zu erstellen. Diese delegierten Rechtsakte beziehen sich auf die European Sustainability Reporting Standards (ESRS), die von der Europäischen Kommission erlassen werden, um eine einheitliche und standardisierte Berichterstattung sicherzustellen. Für kleinere und mittelgroße Unt werden derzeit eigene ESRS konzipiert, die in Zukunft für diese Unt maßgebend sind. Ein Entwurf für ESRS speziell für kapitalmarktorientierte KMU (sog. „ESRS LSME") wurden von der EFRAG am 21.1.2024 veröffentlicht.[55]

Ferner sieht § 289d HGB-E eine Verordnungsermächtigung in Satz 3 vor, die es dem Bundesministerium der Justiz (BMJ) ermöglicht, die delegierten Rechtsakte, die im Zusammenhang mit der Beschränkung des Berichtsumfangs erlassen werden, nach deren Erlass oder Änderung zu bezeichnen. Diese Ermächtigung soll es dem Gesetzgeber ermöglichen, flexibel auf künftige Entwicklungen und Änderungen im europäischen Recht zu reagieren und die entsprechenden Bestimmungen im nationalen Recht zu verankern. Dies ist insb. vor dem Hintergrund wichtig, dass die CSRD und die entsprechenden europäischen Rechtsakte regelmäßig angepasst werden, um den sich verändernden Anforderungen an die Nachhaltigkeitsberichterstattung gerecht zu werden. Eine solche Verordnungsermächtigung stellt somit sicher, dass das nationale Recht zeitnah an europäische Vorgaben angepasst werden kann, ohne dass hierfür ein langwieriges Gesetzgebungsverfahren notwendig ist.[56]

---

[55] Vgl. EFRAG, ESRS LSME ED v. 21.1.2024, www.efrag.org/sites/default/files/sites/webpublishing/SiteAssets/ESRS%20LSME%20ED.pdf, Abruf 1.10.2024. sowie kommentierend Dickel/Schütte, DStR 2024, S. 1322 ff.
[56] Vgl. CSRD-UmsG, S. 134.

§ 289e Weglassen nachteiliger Angaben

(1) Die Kapitalgesellschaft muss in die nichtfinanzielle Erklärung ausnahmsweise keine Angaben zu künftigen Entwicklungen oder Belangen, über die Verhandlungen geführt werden, aufnehmen, wenn
1. die Angaben nach vernünftiger kaufmännischer Beurteilung der Mitglieder des vertretungsberechtigten Organs der Kapitalgesellschaft geeignet sind, der Kapitalgesellschaft einen erheblichen Nachteil zuzufügen, und
2. das Weglassen der Angaben ein den tatsächlichen Verhältnissen entsprechendes und ausgewogenes Verständnis des Geschäftsverlaufs, des Geschäftsergebnisses, der Lage der Kapitalgesellschaft und der Auswirkungen ihrer Tätigkeit nicht verhindert.

(2) Macht eine Kapitalgesellschaft von Absatz 1 Gebrauch und entfallen die Gründe für die Nichtaufnahme der Angaben nach der Veröffentlichung der nichtfinanziellen Erklärung, sind die Angaben in die darauf folgende nichtfinanzielle Erklärung aufzunehmen.

Inhaltsübersicht   Rz
1 Überblick 1
2 Voraussetzungen für die Nichtaufnahme (Abs. 1) 2
3 Entfallen der Gründe für die Nichtaufnahme (Abs. 2) 3
4 CSRD-Umsetzungsgesetz: Änderungen 4

1 Überblick

1 § 289e HGB trat am Tag nach der Verkündung des CSR-RL-Umsetzungsgesetzes am 18.4.2017 in Kraft[1] und betraf erstmalig Gj, die nach dem 31.12.2016 begannen. Die Regelung des § 289e HGB enthält die Mitgliedstaatenoption aus Art. 19a Abs. 1 Unterabs. 4 der Bilanzrichtlinie in der Fassung der CSR-RL, KapG den Verzicht auf die Berichterstattung bestimmter nichtfinanzieller Informationen zu gestatten. Der deutsche Gesetzgeber reicht dieses Wahlrecht an die Ges. weiter.
Zum CSRD-UmsG s. Rz 4.

2 Voraussetzungen für die Nichtaufnahme (Abs. 1)

2 Ges. können nach dem Wortlaut von § 289e Abs. 1 HGB in eng begrenzten Ausnahmefällen von der Berichterstattung über künftige Entwicklungen oder Belange, über die Verhandlungen geführt werden, absehen. Dafür muss einerseits nach vernünftiger kaufmännischer Beurteilung des Vorstands ansonsten der Ges. ein erheblicher Nachteil oder, angelehnt an den Wortlaut der CSR-RL, der Ges. ein ernsthafter Schaden[2] drohen. Der Wortlaut des § 289e Abs. 1 HGB folgt hierbei der Diktion des § 286 Abs. 2 HGB. Andererseits darf ein Weglassen der

---

[1] Gesetz zur Stärkung der nichtfinanziellen Berichterstattung der Unternehmen in ihren Lage- und Konzernlageberichten (CSR-Richtlinie-Umsetzungsgesetz) BGBl 2017 I S. 802.
[2] Vgl. Art. 19a Abs. 1 Unterabs. 4 der Bilanzrichtlinie in der Fassung der CSR-Richtlinie.

Angaben ein den tatsächlichen Verhältnissen entsprechendes und ausgewogenes Verständnis des Geschäftsverlaufs, des Geschäftsergebnisses, der Lage der KapG und der Auswirkungen ihrer Tätigkeit nicht verhindern. Insofern darf die potenziell ernsthaft schadenträchtige Angabe nicht so bedeutsam sein, dass ihr Weglassen ein ausgewogenes Gesamtverständnis vollständig ausschließt.[3]

3 Entfallen der Gründe für die Nichtaufnahme (Abs. 2)

§ 289e Abs. 2 HGB sieht vor, dass die KapG weggelassene Angaben in der nächsten zu erstellenden nichtfinanziellen Erklärung (künftig als Nachhaltigkeitsbericht bezeichnet) aufnehmen muss, sofern die Gründe für die Nichtaufnahme der Angaben zu einem späteren Zeitpunkt entfallen. Dies soll einer Willkür bei der Berichterstattung Grenzen setzen und dem Leser ein Nachvollziehen von Angaben im Nachhinein ermöglichen.[4]

4 CSRD-Umsetzungsgesetz: Änderungen

> **Hinweis**
> Die Kommentierung basiert auf dem **Regierungsentwurf eines CSRD-Umsetzungsgesetzes**.[5] Nach Veröffentlichung der finalen Fassung wird die Kommentierung in Ihrem Haufe HGB Bilanz Kommentar Online aktualisiert. Die **Online-Version** ist beim Kauf der Printausgabe inklusive.

Mit Umsetzung der Corporate Sustainability Reporting Directive (CSRD) in nationales Recht wird der Wortlaut des § 289e HGB-E marginal angepasst. Die Änderungen ergeben sich aus den geänderten Regelungen zur Offenlegung sowie aus der Ersetzung der „nichtfinanzielle Erklärung" durch einen „Nachhaltigkeitsbericht".[6]

Der RegE für ein Umsetzungsgesetz der CSRD sieht vor, dass in § 289e Abs. 1 HGB-E die Wörter „die nichtfinanzielle Erklärung" durch die Wörter „den Nachhaltigkeitsbericht" ausgetauscht werden. Ferner ist im RegE bestimmt, dass in § 289e Abs. 2 HGB-E die Wörter „Veröffentlichung der nichtfinanziellen Erklärung" durch „Offenlegung des Lageberichts" und die Wörter „die darauf folgende nichtfinanzielle Erklärung" durch „den darauf folgenden Nachhaltigkeitsbericht" ersetzt werden. Ansonsten sollen die Regelungen zum Weglassen von nachteiligen Angaben unverändert bestehen bleiben.

---

[3] Vgl. BT-Drs. 18/9982 v. 17.10.2016 S. 53; Behnke/Schönberger, ZCG 2016, S. 277; Paetzmann, ZCG 2016, S. 284; Seibt, DB 2016, S. 2717; Kajüter, DB 2017, S. 623; Störk/Schäfer/Schönberger, in Beck Bil-Komm., 13. Aufl. 2022, § 289e HGB Rz 2.
[4] Vgl. Seibt, DB 2016, S. 2712f.; Kajüter, DB 2017, S. 623.
[5] Regierungsentwurf eines Gesetzes zur Umsetzung der Richtlinie (EU) 2022/2464 des Europäischen Parlaments und des Rates vom 14. Dezember 2022 zur Änderung der Verordnung (EU) Nr. 537/2014 und der Richtlinien 2004/109/EG, 2006/43/EG und 2013/34/EU hinsichtlich der Nachhaltigkeitsberichterstattung von Unternehmen, BT-Drs. 20/12787 v. 9.9.2024.
[6] Vgl. zu den geänderten Vorgaben zur Offenlegung: § 289b Rz 21.

§ 289f Erklärung zur Unternehmensführung

(1) ¹Börsennotierte Aktiengesellschaften sowie Aktiengesellschaften, die ausschließlich andere Wertpapiere als Aktien zum Handel an einem organisierten Markt im Sinn des § 2 Absatz 11 des Wertpapierhandelsgesetzes ausgegeben haben und deren ausgegebene Aktien auf eigene Veranlassung über ein multilaterales Handelssystem im Sinn des § 2 Absatz 8 Satz 1 Nummer 8 des Wertpapierhandelsgesetzes gehandelt werden, haben eine Erklärung zur Unternehmensführung in ihren Lagebericht aufzunehmen, die dort einen gesonderten Abschnitt bildet. ²Sie kann auch auf der Internetseite der Gesellschaft öffentlich zugänglich gemacht werden. ³In diesem Fall ist in den Lagebericht eine Bezugnahme aufzunehmen, welche die Angabe der Internetseite enthält.

(2) In die Erklärung zur Unternehmensführung sind aufzunehmen
1. die Erklärung gem. § 161 des Aktiengesetzes;
1a. eine Bezugnahme auf die Internetseite der Gesellschaft, auf der der Vergütungsbericht über das letzte Geschäftsjahr und der Vermerk des Abschlussprüfers gem. § 162 des Aktiengesetzes, das geltende Vergütungssystem gem. § 87a Absatz 1 und 2 Satz 1 des Aktiengesetzes und der letzte Vergütungsbeschluss gem. § 113 Absatz 3 des Aktiengesetzes öffentlich zugänglich gemacht werden;
2. relevante Angaben zu Unternehmensführungspraktiken, die über die gesetzlichen Anforderungen hinaus angewandt werden, nebst Hinweis, wo sie öffentlich zugänglich sind;
3. eine Beschreibung der Arbeitsweise von Vorstand und Aufsichtsrat sowie der Zusammensetzung und Arbeitsweise von deren Ausschüssen; sind die Informationen auf der Internetseite der Gesellschaft öffentlich zugänglich, kann darauf verwiesen werden.
4. bei Aktiengesellschaften i.S.d. Absatzes 1, die nach § 76 Absatz 4 und § 111 Absatz 5 des Aktiengesetzes verpflichtet sind, Zielgrößen für den Frauenanteil und Fristen für deren Erreichung festzulegen und die Festlegung der Zielgröße Null zu begründen, die vorgeschriebenen Festlegungen und Begründungen und die Angabe, ob die festgelegten Zielgrößen während des Bezugszeitraums erreicht worden sind, und, wenn nicht, Angaben zu den Gründen;
5. bei börsennotierten Aktiengesellschaften, die nach § 96 Absatz 2 und 3 des Aktiengesetzes bei der Besetzung des Aufsichtsrats jeweils einen Mindestanteil an Frauen und Männern einzuhalten haben, die Angabe, ob die Gesellschaft im Bezugszeitraum den Mindestanteil eingehalten hat, und, wenn nicht, Angaben zu den Gründen; bei börsennotierten Europäischen Gesellschaften (SE) tritt an die Stelle des § 96 Absatz 2 und 3 des Aktiengesetzes § 17 Absatz 2 oder § 24 Absatz 3 des SE-Ausführungsgesetzes;
5a. bei börsennotierten Aktiengesellschaften, die nach § 76 Absatz 3a des Aktiengesetzes mindestens eine Frau und mindestens einen Mann als Vorstandsmitglied bestellen müssen, die Angabe, ob die Gesellschaft im Bezugszeitraum diese Vorgabe eingehalten hat, und, wenn nicht, Angaben zu den Gründen; bei börsennotierten Europäischen Gesellschaften (SE) tritt an die Stelle des

§ 76 Absatz 3a des Aktiengesetzes § 16 Absatz 2 oder § 40 Absatz 1a des SE-Ausführungsgesetzes;
6. bei Aktiengesellschaften i. S. d. Absatzes 1, die nach § 267 Absatz 3 Satz 1 und Absatz 4 bis 5 große Kapitalgesellschaften sind, eine Beschreibung des Diversitätskonzepts, das im Hinblick auf die Zusammensetzung des vertretungsberechtigten Organs und des Aufsichtsrats in Bezug auf Aspekte wie bspw. Alter, Geschlecht, Bildungs- oder Berufshintergrund verfolgt wird, sowie der Ziele dieses Diversitätskonzepts, der Art und Weise seiner Umsetzung und der im Geschäftsjahr erreichten Ergebnisse.

(3) Auf börsennotierte Kommanditgesellschaften auf Aktien sind die Absätze 1 und 2 entsprechend anzuwenden.

(4) ¹Andere Kapitalgesellschaften haben in ihren Lagebericht als gesonderten Abschnitt eine Erklärung zur Unternehmensführung mit den Festlegungen, Begründungen und Angaben nach Absatz 2 Nummer 4 aufzunehmen, wenn sie nach § 76 Absatz 4 oder § 111 Absatz 5 des Aktiengesetzes oder nach § 36 oder § 52 Absatz 2 des Gesetzes betreffend die Gesellschaften mit beschränkter Haftung verpflichtet sind, Zielgrößen für den Frauenanteil und Fristen für deren Erreichung festzulegen und die Festlegung der Zielgröße Null zu begründen. ²Absatz 1 Satz 2 und 3 gilt entsprechend. ³Kapitalgesellschaften, die nicht zur Aufstellung eines Lageberichts verpflichtet sind, haben eine Erklärung mit den Festlegungen, Begründungen und Angaben des Satzes 1 zu erstellen und auf der Internetseite der Gesellschaft zu veröffentlichen. ⁴Sie können diese Pflicht auch durch Offenlegung eines unter Berücksichtigung von Satz 1 aufgestellten Lageberichts erfüllen.

(5) Wenn eine Gesellschaft nach Absatz 2 Nummer 6, auch in Verbindung mit Absatz 3, kein Diversitätskonzept verfolgt, hat sie dies in der Erklärung zur Unternehmensführung zu erläutern.

Inhaltsübersicht	Rz
1 Überblick	1–8
2 Anwendungsbereich	9–11
3 Elemente der Erklärung	12–32
3.1 Entsprechenserklärung nach § 161 AktG (Abs. 2 Nr. 1)	12–14
3.2 Bezugnahme auf Vergütungsbericht (Abs. 2 Nr. 1a)	15–16
3.3 Unternehmensführungspraktiken (Abs. 2 Nr. 2)	17–19
3.4 Vorstand und Aufsichtsrat (Abs. 2 Nr. 3)	20–22
3.5 Gleichberechtigte Teilhabe von Frauen und Männern (Abs. 2 Nr. 4, 5 und 5a)	23–25
3.6 Beschreibung des Diversitätskonzepts (Abs. 2 Nr. 6)	26–27
3.7 Börsennotierte KGaA (Abs. 3)	28
3.8 Weitere Unternehmen (Abs. 4)	29–31
3.9 „Comply or Explain" in Bezug auf das Diversitätskonzept (Abs. 5)	32
4 Form der Erklärung	33–35
5 Pflichten des Abschlussprüfers	36–38
6 Sanktionen	39–41
7 CSRD-Umsetzungsgesetz: Änderungen	42

1 Überblick

1 Im Zuge der Reformmaßnahmen zur Modernisierung der Corporate Governance trat im September 2006 die EU-Abänderungsrichtlinie (RL 2006/46/EG des Europäischen Parlaments und des Rates v. 14.6.2006) in Kraft, die bis September 2008 in nationales Recht umzusetzen war. Diese enthält u.a. die Pflicht zur Veröffentlichung eines sog. **„Corporate-Governance-Statement"**, das deutlich über die bestehende Entsprechenserklärung nach § 161 Abs. 1 AktG hinausgeht.[1]

2 Der deutsche Gesetzgeber hat die Vorgaben des Art. 46a Abs. 1 Buchst. a und f der Bilanzrichtlinie i.d.F. d. Abänderungsrichtlinie umgesetzt, indem er 2009 durch das BilMoG die Pflicht zur Offenlegung einer **Erklärung zur Unternehmensführung** in das HGB aufgenommen hat.[2] Entsprechend den unionsrechtlichen Vorgaben sah der ursprüngliche BilMoG-RegE eine erstmalige Anwendung auf Jahresabschlüsse für nach dem 5.9.2008 beginnende Gj vor. Infolge der Verzögerungen im Gesetzgebungsverfahren war der eingefügte § 289a HGB a.F. jedoch erstmals auf Jahresabschlüsse für das nach dem 31.12.2008 beginnende Gj anzuwenden (Art. 66 Abs. 2 Satz 1 EGHGB). Zweck der Erklärung zur Unternehmensführung ist es, den Rechnungslegungsadressaten einen direkten Einblick in die Corporate Governance, also in die Praktiken der Unternehmensführung und deren -überwachung einschl. Struktur und Arbeitsweise der Leitungs- und Aufsichtsorgane, zu geben.

3 Mit dieser Ausrichtung steht der § 289f HGB in engem Zusammenhang mit der Entsprechenserklärung zu den Empfehlungen des **Deutschen Corporate Governance Kodex (DCGK)** nach § 161 Abs. 1 AktG.[3] Die Entsprechenserklärung ist in die Erklärung zur Unternehmensführung aufzunehmen.

4 Die Erklärung nach § 289f HGB umfasst, anders als durch die deutsche Formulierung „Erklärung zur Unternehmensführung" zunächst vermuten lässt, nicht nur die Praktiken der Unternehmensführung, sondern auch die installierten Instrumente der **Unternehmensüberwachung** und damit die **Corporate Governance** insg. Corporate Governance als zielgerichtete Führung und Überwachung beinhaltet Mechanismen zur Regelung von Kompetenzen, Schaffung von Anreizen, Installierung von Überwachungsprozessen und Koordinierung von Außenbeziehungen des Unt.[4] Durch die Erklärung zur Unternehmensführung wird die Corporate Governance tw. selbst Gegenstand der Rechnungslegung.[5]

Die Erklärung zur Unternehmensführung ist durch die integrierte Entsprechenserklärung des § 161 AktG geprägt, sie geht jedoch inhaltlich darüber hinaus, indem sie ein Corporate Governance Statement mit Angaben zu den angewandten wesentlichen Unternehmensführungspraktiken und zu den Arbeitsweisen von Vorstand und Aufsichtsrat sowie zur Zusammensetzung und Arbeitsweise seiner Ausschüsse enthält.[6]

---

[1] Vgl. Lentfer/Weber, DB 2006, S. 2359; Paetzmann, ZCG 2009, S. 64; Paetzmann, Corporate Governance: Strategische Marktrisiken, Controlling, Überwachung, 2. Aufl. 2012, S. 25.
[2] Vgl. Lanfermann/Maul, BB 2006, S. 2013 f.
[3] Vgl. Regierungskommission DCGK, Deutscher Corporate Governance Kodex (in der letzten bekannt gemachten Fassung vom 28. April 2022, www.dcgk.de//files/dcgk/usercontent/de/download/kodex/220627_Deutscher_Corporate_Governance_Kodex_2022.pdf, Abruf 1.10.2024; Melcher/Mattheus, DB 2008, Heft 7, Beilage 1, S. 54.
[4] Vgl. Paetzmann, Corporate Governance, in Freidank/Lachnit/Tesch, Auditing Lexikon, 2007, S. 302.
[5] Vgl. Müller, ZCG 2008, S. 43.
[6] Vgl. Paetzmann, ZCG 2009, S. 64 ff.

Mit dem Ziel eines Übergangs zu einer nachhaltigen globalen Wirtschaft beschloss das EU-Parlament 2014 eine Corporate-Social-Responsibility-Richtlinie (CSR-RL; RL 2014/95/EU), nach der bestimmte nichtfinanzielle und die Diversität betreffende Informationen, einschl. sozialer und umweltbezogener Faktoren, offengelegt werden müssen. Die Umsetzung der CSR-RL durch das CSR-RL-Umsetzungsgesetz änderte nichts an dem generellen Charakter der Erklärung zur Unternehmensführung, jedoch verschob sich die Regelung von § 289a HGB a.F. nach § 289f HGB. Dem § 289f HGB wurde dabei eine neue Nummer 6 angehängt, die die zusätzliche Beschreibung eines Diversitätskonzepts betrifft. Diese Änderungen durch das CSR-RL-Umsetzungsgesetz betrafen erstmalig Gj, die nach dem 31.12.2016 begannen.[7]

Die Zweite Aktionärsrechterichtlinie von 2017[8] wurde durch das ARUG II[9] in nationales deutsches Recht transformiert.[10] Es enthält u.a. ein Votum der Hauptversammlung über die als Rahmenregelung für die zukünftige Vergütung angelegte Vergütungspolitik sowie einen Vergütungsbericht, mit dem vergangene Zahlungen offenzulegen sind. Das ARUG II verschob den in § 289a Abs. 2 HGB enthaltenen Vergütungsbericht börsennotierter Aktiengesellschaften in einen neuen § 162 AktG. Eine Bezugnahme zum Vergütungsbericht nach § 162 AktG ist nunmehr in die Erklärung zur Unternehmensführung aufzunehmen, wofür in § 289f Abs. 2 HGB nach Nr. 1 eine neue Nr. 1a als Verlinkungslösung aufgenommen wurde, die folgenden Wortlaut hat: „eine Bezugnahme auf die Internetseite der Gesellschaft, auf der der Vergütungsbericht über das letzte Geschäftsjahr und der Vermerk des Abschlussprüfers gem. § 162 des Aktiengesetzes, das geltende Vergütungssystem gem. § 87a Absatz 1 und 2 Satz 1 des Aktiengesetzes und der letzte Vergütungsbeschluss gem. § 113 Absatz 3 des Aktiengesetzes öffentlich zugänglich gemacht werden".

Zur Ausgestaltung des Vergütungsberichts nach § 162 AktG s. § 315a Rz 41 ff. Ebenfalls mit dem ARUG II wurden Folgeänderungen zum Versicherungsaufsichtsgesetz eingefügt. Es handelt sich um geänderte Bezugnahmen in Abs. 4 Satz 1, wo Verweise auf das Versicherungsaufsichtsgesetz aktualisiert werden. Das ARUG II trat (mit Ausnahme des Art. 7) am 1.1.2020 in Kraft. Die neue Verlinkungslösung des Abs. 2 Nr. 1a ist erstmalig auf Jahresabschlüsse sowie Lageberichte für das nach dem 31.12.2020 beginnende Gj anzuwenden. Sofern für das vor dem 1.1.2021 begonnene Gj oder für ein diesem vorausgehendes Gj jedoch ein Vergütungsbericht nach dem neuen § 162 AktG erstellt wurde, ist Abs. 2 Nr. 1a bereits anzuwenden.

Aufgrund der Umsetzung von unionsrechtlichen Vorgaben ist der Vergütungsbericht nach § 317 Abs. 2 Satz 6 HGB lediglich Gegenstand einer formellen Prüfung durch den Abschlussprüfer, wie es durch Art. 9b Abs. 5 Unterabs. 1 Satz 2 der zweiten Aktionärsrechterichtlinie gedeckt ist und es dem Vorgehen im Zuge der EU-CSR-Richtlinie entspricht. Dies kann durchaus kritisch gesehen werden, da durch eine rein formelle Prüfung den Adressaten kaum Sicherheit hinsichtlich der enthaltenen Information vermittelt werden kann, was diesen aber

---

[7] Vgl. Paetzmann, ZCG 2016, S. 284f.
[8] Richtlinie (EU) 2017/828, ABl. EU L 132/1 v. 20.5.2017.
[9] Gesetz zur Umsetzung der zweiten Aktionärsrechterichtlinie (ARUG II) BGBl 2019 I S. 2637.
[10] Vgl. Müller/Needham/Scheid, PiR 2020, S. 1ff.

7 Die Regierungskommission DCGK hat den **DCGK** in den letzten Jahren zwei Mal aktualisiert. Zunächst wurde das ARUG-II eingearbeitet. Dies brachte Änderungen an den Bestimmungen zur Vorstandsvergütung mit sich, die im Kodex nachvollzogen werden mussten. Mit der Veröffentlichung im Bundesanzeiger am 20.3.2020 ist der DCGK (2020) in Kraft getreten und ersetzt die bis dahin geltende Kodex-Fassung vom 7.2.2017. Das FISG machte wenig später eine nochmalige Überarbeitung nötig. Der aktuelle DCGK (2022) stammt vom 28.4.2022 und wurde im Bundesanzeiger am 27.6.2022 bekannt gemacht (§ 315d Rz 1ff.).

regelmäßig nicht ausreichend deutlich werden dürfte (Gefahr einer Vergrößerung der „Erwartungslücke").[11]

8 Die finale **RL** (EU) 2022/2464 v. 14.12.2022 (**CSRD**),[12] verlangt, dass große börsennotierte Ges. i.R.d. Erklärung zur Unternehmensführung neben der bisherigen Berichterstattung über ihr Diversitätskonzept gem. § 289f Abs. 2 Nr. 6 HGB (Geschlecht als mögliches Diversitätskriterium) künftig auch zwingend über ein **geschlechterbezogenes Diversitätskonzept** berichten müssen. Ferner kann die Offenlegung der Beschreibung des Diversitätskonzepts künftig in der Erklärung zur Unternehmensführung entfallen, sofern diese Angaben im Nachhaltigkeitsbericht gemacht werden und in die Erklärung zur Unternehmensführung ein entsprechender Verweis aufgenommen wird. Diese Regelungen wurden im am 24.7.2024 veröffentlichten Regierungsentwurf für ein Umsetzungsgesetz der CSRD[13] entsprechend umgesetzt.[14]

2 Anwendungsbereich

9 Entsprechend den unionsrechtlichen Vorgaben bezieht sich die Verpflichtung zur Abgabe der Erklärung zur Unternehmensführung nach § 289f Abs. 1 Satz 1 HGB nur auf **börsennotierte AG** und solche AG, die ausschl. **andere Wertpapiere** (etwa Schuldverschreibungen) zum Handel am organisierten Markt i.S.d. § 2 Abs. 11 WpHG ausgegeben haben und deren Aktien mit Wissen[15] der Ges. über ein multilaterales Handelssystem i.S.d. § 2 Abs. 8 Satz 1 Nr. 8 WpHG (in Deutschland grds. der Freiverkehr) gehandelt werden.

10 Durch das BilMoG wurde hierdurch auf den ersten Blick neben der börsennotierten AG nach § 3 Abs. 2 AktG und der kapitalmarktorientierten KapG nach § 264d HGB eine weitere Kategorie in das Gesetz eingefügt. Die Pflicht zur Abgabe einer Entsprechenserklärung nach § 161 AktG wurde entsprechend erweitert.[16] Bei genauer Betrachtung fällt allerdings auf, dass diese „neue Kategorie" letztlich deckungsgleich mit der Gruppe der kapitalmarktorientierten Unt ist (ausführlich § 315d Rz 2).

---

[11] Vgl. IDW, Stellungnahme zum ARUG II-RefE v. 4.12.2018, S. 4.
[12] Vgl. Richtlinie (EU) 2022/2464 des Europäischen Parlaments und des Rates zur Änderung der Verordnung (EU) Nr. 537/2014 und der Richtlinien 2004/109/EG, 2006/43/EG und 2013/34/EU hinsichtlich der Nachhaltigkeitsberichterstattung von Unternehmen, ABl. EU L322/15 v. 16.12.2022.
[13] Vgl. RegE, Entwurf eines Gesetzes zur Umsetzung der Richtlinie (EU) 2022/2464 des Europäischen Parlaments und des Rates vom 14. Dezember 2022 zur Änderung der Verordnung (EU) Nr. 537/2014 und der Richtlinien 2004/109/EG, 2006/43/EG und 2013/34/EU hinsichtlich der Nachhaltigkeitsberichterstattung von Unternehmen. Nachfolgend als RegE CSRD-UG abgekürzt.
[14] S. ausführlich: § 315d Rz 10.
[15] Vgl. BT-Drs. 16/10067 v. 30.7.2008 S. 104; Theusinger/Liese, DB 2008, S. 1423; Grottel, in Beck Bil-Komm., 14. Aufl. 2024, § 289f HGB Rz 16.
[16] Vgl. BT-Drs. 16/10067 v. 30.7.2008 S. 104.

Die Erklärung zur Unternehmensführung kann durch andere Unt auch freiwillig erfolgen.[17]
Wie schon zuvor, handelt es sich bei der Entsprechungserklärung nach § 161 Abs. 1 AktG um eine gemeinsame Erklärung des Vorstands und des Aufsichtsrats der Ges.[18] Hiervon abweichend ist für die Erstellung der Erklärung zur Unternehmensführung allein der gesetzliche Vertreter der Ges., also der Vorstand, verantwortlich. Der Aufsichtsrat ist allerdings in den Erstellungsprozess mit einzubeziehen, weswegen dieser auch eine Gestaltungsverantwortung für die Angaben trägt, die ihn unmittelbar betreffen. Die Notwendigkeit eines Einbezugs des Aufsichtsrats in die Abfassung der Erklärung ergibt sich insb. mit Blick auf die nach Abs. 2 Nr. 3 geforderte Beschreibung der Arbeitsweise des Aufsichtsrats und seiner Ausschüsse, die i. S. d. Corporate Governance durch den Aufsichtsrat selbst erfolgen sollte. Die Erklärung hat jedenfalls **durch Vorstand und Aufsichtsrat** der Ges. zu erfolgen.[19]

3 Elemente der Erklärung

3.1 Entsprechenserklärung nach § 161 AktG (Abs. 2 Nr. 1)

In § 289f Abs. 2 HGB sind die Bestandteile der Erklärung zur Unternehmensführung im Einzelnen aufgeführt. Nach Abs. 2 Nr. 1 ist zunächst die **Entsprechenserklärung nach § 161 AktG** in die Erklärung aufzunehmen. Nach Art. 46a Abs. 1 Buchstaben a und b der Bilanzrichtlinie i. d. F. d. Abänderungsrichtlinie hat die Erklärung einen Hinweis auf den angewandten Corporate-Governance-Kodex und eine Erläuterung zu enthalten, in welchen Punkten und aus welchen Gründen von diesem abgewichen wird („**comply or explain**"). Obwohl die Entsprechenserklärung nach § 161 Abs. 2 AktG (weiterhin) auf der Internetseite zu veröffentlichen ist, ist sie nun (in einem gesonderten Abschnitt) Teil der Erklärung zur Unternehmensführung. Es kommt so zu einer **Doppelabgabe** der Erklärung, denn § 289f Abs. 2 Nr. 1 HGB enthält keine Möglichkeit, auf die Internetseite zu verweisen.[20]

Dies geht über die Inhalte hinaus, die zuvor durch § 161 AktG für die Entsprechenserklärung vorgegeben waren, denn diese Vorschrift forderte vor dem BilMoG keine Begründung, warum von einer Empfehlung des DCGK abgewichen wurde, sondern lediglich eine Erklärung, ob den Empfehlungen entsprochen wurde und wird und welche Empfehlungen nicht angewandt wurden oder werden. Entsprechend wurde § 161 AktG durch das BilMoG derart erweitert, dass nun in der Entsprechenserklärung auch die **Gründe für ein etwaiges Abweichen** von den DCGK-Empfehlungen zu erläutern sind.

Hiervon unberührt bleibt die Anhangangabe nach § 285 Nr. 16 HGB, dass Vorstand und Aufsichtsrat eine Entsprechenserklärung abgegeben haben.

---

17 Vgl. Grottel, in Beck Bil-Komm., 14. Aufl. 2024, § 289f HGB Rz 21; Kajüter in Küting/Weber, HdR-E, §§ 289, 289f HGB Rz 291, Stand: 05/2019.
18 Vgl. BT-Drs. 16/10067 v. 30.7.2008 S. 103; Grottel, in Beck Bil-Komm., 14. Aufl. 2024, § 289f HGB Rz 70.
19 Vgl. ausführlich zur Gestaltungsverantwortung des Aufsichtsrats: § 315d Rz 2.
20 Vgl. Bischof/Selch, WPg 2008, S. 1027.

3.2 Bezugnahme auf Vergütungsbericht (Abs. 2 Nr. 1a)

15 Durch das ARUG II werden die handelsrechtlichen Vorschriften zum **Vergütungsbericht** (§ 289f HGB a.F.) unter grds. Beibehaltung des bisherigen Publizitätsniveaus in das Aktienrecht überführt (§ 315a Rz 41 ff.). Die Unt können dadurch einen einheitlichen und an einer Stelle zu veröffentlichenden Vergütungsbericht erstellen. Der neu eingefügte Abs. 2 Nr. 1a stellt ein Bindeglied zwischen der handels- und aktienrechtlichen Publizität dar (Verlinkungslösung).[21]

16 In der Erklärung zur Unternehmensführung ist ein Link auf die Internetseite der Gesellschaft aufzunehmen, auf der der Vergütungsbericht nach dem neuen § 162 AktG, das gültige Vergütungssystem nach § 87a Abs. 1 u. 2 AktG n.F. und der gültige Vergütungsbeschluss nach § 113 Abs. 3 AktG n.F. öffentlich zugänglich gemacht werden. Diese Verlinkung kann, muss aber nicht, elektronisch als ausführbarer URL-Hyperlink gestaltet sein. Ein Zugänglichmachen auf der Internetseite kann auch erst später im Laufe des Gj erfolgen, was aus der in die Zukunft gerichteten Formulierung „öffentlich zugänglich gemacht wird" gefolgert werden kann.[22]

3.3 Unternehmensführungspraktiken (Abs. 2 Nr. 2)

17 Nach § 289f Abs. 2 Nr. 2 HGB sind die angewandten wesentlichen **Unternehmensführungspraktiken anzugeben, die über die gesetzlichen Anforderungen aus dem deutschen Recht hinausgehen**. Dazu ist anzugeben, wo diese öffentlich zugänglich sind.

> **Praxis-Beispiel**
>
> Die Erklärung zur Unternehmensführung der Oldenburgischen Landesbank AG enthält 2016 folgende Angaben zu den Unternehmensführungspraktiken:
> „Die Oldenburgische Landesbank AG lebt vom Vertrauen ihrer Kunden, Aktionäre, Mitarbeiter und der Öffentlichkeit in die Leistung und Integrität des Unternehmens. Dieses Vertrauen hängt wesentlich davon ab, wie sich Mitarbeiter, Führungskräfte und Geschäftsführung verhalten und wie sie ihre Fähigkeiten zum Nutzen der Kunden, Aktionäre und des Unternehmens einsetzen.
> Die Oldenburgische Landesbank AG ist eine Gesellschaft der Allianz Gruppe. Die Allianz unterstützt mit eigenen Initiativen das UN Global Compact Programm und erkennt die OECD-Richtlinie für multinationale Unternehmen an. Dadurch sollen Nachhaltigkeit und gesellschaftliche Verantwortung in das Geschäft integriert werden. UN Global Compact ist eine Initiative des seinerzeitigen UN-Generalsekretärs Kofi Annan und internationaler Großunternehmen zur Anerkennung der Menschenrechte.
> Die vom Vorstand der Bank für alle Mitarbeiter, Führungskräfte und Mitglieder des Vorstands der OLB festgelegten Verhaltensgrundsätze setzen diese Prinzipien um und bilden Mindeststandards für alle Mitarbeiter. Hier-

---

[21] Zum aktienrechtlichen Vergütungsbericht s. bspw. Grottel/Rahe, in Beck Bil-Komm., 14. Aufl. 2024, § 289 HGB Rz 600 ff.
[22] Vgl. BT-Drs. 19/9739 v. 29.4.2019 S. 120.

> durch sollen den Mitarbeitern Leitlinien gegeben werden, die ihr tägliches Denken und Handeln bestimmen. Neben den Themenbereichen Korruption, Geldwäsche und Diskriminierung gehen die Verhaltensgrundsätze vor allem auch auf mögliche Interessenkonflikte und deren Vermeidung ein.
> Der Verhaltenskodex der Bank ist auf der Internetseite der OLB im Bereich ‚Investor Relations' unter ‚Corporate Governance' veröffentlicht und orientiert sich am Verhaltenskodex für Business Ethik und Compliance der Allianz Gruppe."[23]

Dem Gesetzgeber ging es laut BilMoG-RegE um solche grundlegenden Unternehmensführungsstandards (i.S.v. Corporate-Governance-Praktiken), die praktische Umsetzungen des anzuwendenden DCGK beinhalten oder die Regelungsbereiche betreffen, die ein Unternehmensführungskodex abdecken könnte, wie etwa unternehmensweit gültige ethische Standards, Arbeits- oder Sozialstandards.[24] Mögliche Beispiele sind Verschärfungen i.R.d. Besetzung des Aufsichtsrats und seiner Ausschüsse über die gesetzlichen Vorgaben hinaus, etwa hinsichtlich der Unabhängigkeit der Kandidaten bzw. Mitglieder.[25]

Mit Blick auf das Sustainability Reporting i.S.d. nichtfinanziellen Berichterstattung nach §§ 289b–289e HGB sind in der Erklärung zur Unternehmensführung Angaben zur Unternehmensführung auch für jene Praktiken zu machen, die über die gesetzlichen Anforderungen hinaus angewandt werden.[26] Dazu kann eine freiwillige Selbstverpflichtung der Unternehmensleitung gehören, die Unternehmensführung an den Zielen einer nachhaltigen Entwicklung auszurichten.[27] Dies betrifft gem. DRS 20.K229, Praktiken, die entweder Umsetzungen des jeweils angewandten Unternehmensführungskodex sind oder Regelungsbereiche abdecken, die ein Unternehmensführungskodex ausfüllen könnte. Hierzu gehören etwa unternehmensweit gültige ethische Standards, Arbeits- und Sozialstandards sowie Richtlinien zur Compliance und zur Nachhaltigkeit.[28]

3.4 Vorstand und Aufsichtsrat (Abs. 2 Nr. 3)

In der Erklärung zur Unternehmensführung sind nach § 289f Abs. 2 Nr. 3 HGB ebenfalls die **Arbeitsweisen von Vorstand und Aufsichtsrat** sowie die **Zusammensetzung und Arbeitsweise seiner Ausschüsse** zu beschreiben. Dabei kann sich die Erklärung zur Unternehmensführung auf die Beschreibung der personellen Zusammensetzung der Ausschüsse beschränken, da die Angaben zu den Organen als Ganzes bereits nach § 285 Nr. 10 HGB im Anhang darzustellen sind. Hinsichtlich des Aufsichtsrats und seiner Ausschüsse wird auf die Empfehlung der Kommission (2005/162/EG) verwiesen, nach der der Aufsichtsrat eine ideale Besetzung mit Blick auf Fachkenntnis, Urteilsfähigkeit und Erfahrung festzulegen, regelmäßig zu überprüfen und im Fall von Abweichungen entspre-

---

23 Oldenburgische Landesbank AG, Finanzbericht 2016, S. 20.
24 Vgl. BT-Drs. 16/10067 v. 30.7.2008 S. 78; Baetge/Kirsch/Thiele, Bilanzen, 16. Aufl. 2021, S. 801 f.; DRS 20.K229.
25 Vgl. Melcher/Mattheus, DB 2008, Heft 7, Beilage 1, S. 55.
26 Vgl. Freidank, Unternehmensüberwachung, 2012, S. 35 f.
27 Vgl. Müller/Needham, Stbg 2022, S. 182 ff.
28 Vgl. Simon-Heckroth, WPg 6/2014 S. 315 sowie ausführlich § 315d Rz 5.

chende Maßnahmen zu ergreifen hat.[29] Nach der Empfehlung der Kommission sollen die Aufsichtsratsmitglieder darüber hinaus eine jährliche Selbstevaluation durchführen, deren Ergebnisse einschl. Angaben zu Änderungen aufgrund der Selbstevaluationsergebnisse publiziert werden sollten.[30]

21 Die Darstellung der Arbeitsweise der Ausschüsse kann sich auf deren Ziele, Aufgaben, Entscheidungskompetenzen oder auf die Frequenz der Sitzungen beziehen. Hinsichtlich der personellen Besetzung der Ausschüsse reicht es aus, die Ausschussvorsitzenden und ihre Stellvertreter sowie die einzelnen Mitglieder mit Vor- und Nachnamen sowie ausgeübtem Beruf zu nennen.[31]

22 In der Praxis wird eine Orientierung an bestehenden Geschäftsordnungen sinnvoll sein. Die Beschreibungen zur Arbeitsweise der Gremien sollten Darstellungen zu Aufgabenabgrenzungen, Strukturen und Prozessen beinhalten.[32] In Bezug auf den Aufsichtsrat sind die geforderten Informationen tw. in seinem Bericht an die HV nach § 171 Abs. 2 Satz 2 AktG enthalten. Diese Informationen werden nun einem breiten Interessentenkreis zugänglich gemacht.[33] Erst im Zuge der Beratungen des Rechtsausschusses wurde der letzte Halbsatz in Abs. 2 Nr. 3 angefügt, wonach ein Verweis auf die Internetseite der Ges. ausreicht, sofern die geforderten Informationen dort öffentlich zugänglich sind. Dies soll im Interesse der Wirtschaft dazu dienen, Doppelangaben zu vermeiden.[34]

Die handelsrechtlichen Berichtsvorgaben zur Zusammensetzung und Arbeitsweise von Vorstand und Aufsichtsrat werden durch die Empfehlungen des DCGK erweitert. Für die Empfehlungen des DCGK zur Offenlegung von Informationen hinsichtlich der Corporate Governance s. § 315 Rz 4.

3.5 Gleichberechtigte Teilhabe von Frauen und Männern (Abs. 2 Nr. 4, 5 und 5a)

23 Durch das **FüPoG**[35] wurde dem § 76 AktG ein Abs. 4 angefügt (§ 289f Abs. 4 HGB), wonach der Vorstand von Ges., die börsennotiert sind oder der Mitbestimmung unterliegen, in den beiden Führungsebenen unterhalb des Vorstands **Zielgrößen für den Frauenanteil** festzulegen hat. Dabei dürfen, sofern der Frauenanteil bei Festlegung der Zielgrößen unter 30 % liegt, die Zielgrößen des jeweils erreichten Anteils nicht mehr unterschritten werden. Weiter sind Fristen zur Erreichung der Zielgrößen festzulegen, die nicht länger als fünf Jahre sein dürfen. Ebenfalls fügte das FührposGleichberG einen Abs. 5 in § 111 AktG ein, nach dem der Aufsichtsrat für den Frauenanteil in Aufsichtsrat und Vorstand Zielgrößen festzulegen hat. Nach dem FührposGleichberG ist in der Erklärung zur Unternehmensführung börsennotierter AG anzugeben, die **Festlegung der**

---

[29] Vgl. Empfehlung der Kommission v. 15.2.2005 (2005/162/EG), Abschn. III, 11. Fachliche Kompetenzen.
[30] Vgl. Empfehlung der Kommission v. 15.2.2005 (2005/162/EG), Abschn. II, 8. Selbstbeurteilung des Verwaltungs-/Aufsichtsrats.
[31] Vgl. auch DRS 20.K230; Kajüter, in Küting/Weber, HdR-E, §§ 289, 289f HGB Rz 310, Stand: 05/2019.
[32] Vgl. Strickmann, in Kessler/Leinen/Strickmann, Handbuch BilMoG, 2. Aufl. 2010, S. 657f.
[33] Vgl. Melcher/Mattheus, DB 2008, Heft 7, Beilage 1, S. 55.
[34] Vgl. BT-Drs. 16/12407 v. 24.3.2009 S. 14.
[35] Gesetz für die gleichberechtigte Teilhabe von Frauen und Männern an Führungspositionen in der Privatwirtschaft und im öffentlichen Dienst v. 24.4.2015, BGBl 2015 I S. 642.

Frauenquoten der 1. und 2. Führungsebene und ob die nach §§ 76 Abs. 4, 111 Abs. 5 AktG festgelegten Zielgrößen während des Bezugszeitraums erreicht wurden, und wenn nicht, aus welchen Gründen.

Seit dem Gj 2016 haben börsennotierte AG und SE, die die **Mindestfrauenanteile** im Aufsichtsrat einzuhalten haben, nach § 289f Abs. 2 Nr. 5 HGB anzugeben, ob die Ges. bei der Besetzung des Aufsichtsrats mit Frauen und Männern jeweils die vorgegebenen Mindestanteile im Gj eingehalten hat; wenn nicht, sind die Gründe dafür anzugeben.

24

Mit dem Ziel, die bereits erreichten Fortschritte auf diesem Feld zu stärken und weiter auszubauen, beschloss die Bundesregierung im Januar 2021 eine Novelle des FüPoG. Mit dem **FüPoG II**[36] soll der Anteil von Frauen in Führungspositionen, vor allem in den Vorständen, weiter erhöht werden. Nach dem FüPoG II muss u. a. der Vorstand eines börsennotierten und zugleich paritätisch mitbestimmten Unt, der aus mehr als drei Mitgliedern besteht, künftig mit mind. einer Frau und mind. einem Mann besetzt sein. Außerdem muss die Festlegung der Zielgröße Null für den Vorstand, die beiden obersten Führungsebenen unterhalb des Vorstands und den Aufsichtsrat begründet werden. Das FüPoG II schreibt vor, § 289f Abs. 2 Nr. 4 und 5 HGB durch die Nummern 4, 5 und 5a zu ersetzen. Außerdem sieht das FüPoG II vor, § 289f Abs. 4 neu zu fassen (s. dort). Die handelsrechtlichen Änderungen galten bereits rückwirkend für nach dem 31.12.2020 beginnende Gj. Mit dem DRÄS 12[37] passte das DRSC im Jahr 2022 den DRS 20 „Konzernlagebericht" an die neue Gesetzeslage an, die sich durch das FüPoG II ergab. Die Änderung des DRS 20 wurde deshalb notwendig, weil Anwendungsbereich und Inhalte der Konzernerklärung zur Unternehmensführung in DRS 20.K227 ff. und in einigen Tz. der Begründung des DRS 20 behandelt werden (s. § 315d Rz 1 ff.).

25

3.6 Beschreibung des Diversitätskonzepts (Abs. 2 Nr. 6)

Durch das CSR-RL-Umsetzungsgesetz wurde in Abs. 2 eine Nr. 6 (§ 289f Abs. 2 Nr. 6 HGB) angehängt. Diese betrifft die zusätzliche Beschreibung eines Diversitätskonzepts, das mit Blick auf die Zusammensetzung des vertretungsberechtigten Organs und des Aufsichtsrats Aspekte wie etwa Alter, Geschlecht sowie Bildungs- und Berufshintergrund enthält und die Ziele des Diversitätskonzepts einschl. Art und Weise seiner Umsetzung und der im Gj erreichten Ergebnisse beschreibt. Sofern die Ges. kein Diversitätskonzept verfolgt, ist dies in der Erklärung zur Unternehmensführung zu erläutern. Die Erläuterung kann unterbleiben, sofern die Erklärung zur Unternehmensführung nach § 289f Abs. 2 Nr. 2 HGB bereits Angaben zum Diversitätskonzept enthält.[38]

26

Die Neuregelung zur Beschreibung des Diversitätskonzepts gilt wie die gesamte Erklärung zur Unternehmensführung nur für kapitalmarktorientierte AG, SE und KGaA, allerdings abweichend nur für jene, die „groß" sind i. S. d. § 267 Abs. 3 Satz 1 und Abs. 4 bis 5 HGB. Der Anwendungsbereich weicht

27

---

36 Gesetz zur Ergänzung und Änderung der Regelungen für die gleichberechtigte Teilhabe von Frauen und Männern an Führungspositionen in der Privatwirtschaft und im öffentlichen Dienst, BGBl 2021 I v. 11.8.2021, S. 3311 ff.
37 DRÄS 12 v. 25.2.2022, BAnz AT 7.3.2022, Anlage B1.
38 Vgl. BT-Drs. 18/9982 v. 17.10.2016 S. 61.

damit von der nichtfinanziellen Erklärung der §§ 289b–289e HGB insofern ab, als dass keine Schwelle von 500 Arbeitnehmern vorgegeben wird und nur kapitalmarktorientierte AG, SE und KGaA, insb. aber nicht GmbHs, betroffen sind. Die Prüfung der Angaben in der Erklärung zur Unternehmensführung einschl. der Angaben zum Diversitätskonzept, beschränkt sich auf das Vorhandensein der Angaben und schließt keine inhaltliche Prüfung der Angaben ein.[39] Die Regelung zur Beschreibung des Diversitätskonzepts gilt erstmalig für Gj, die nach dem 31.12.2016 beginnen. Mit Umsetzung der CSRD werden die Vorgaben zum Diversitätskonzept nochmals angepasst (Rz 42 und § 315d Rz 7).

3.7 Börsennotierte KGaA (Abs. 3)

28 Nach dem durch das FüPoG neu angefügten § 289f Abs. 3 HGB sind die Abs. 1 und 2 seit dem Gj 2016 entsprechend auf die börsennotierte KGaA anzuwenden. Hierbei handelt es sich um eine Klarstellung.[40]

3.8 Weitere Unternehmen (Abs. 4)

29 Der durch das FüPoG neu angefügte Abs. 4 (§ 289f Abs. 4 HGB) erweitert seit dem Gj 2016 den Adressatenkreis des § 289f HGB über börsennotierte AG und KGaA hinaus auf all jene Unt (**mitbestimmte GmbH, GmbH mit Aufsichtsrat, VersicherungsUnt**), deren Organe nach gesetzlichen Vorgaben verpflichtet sind, Zielgrößen und Fristen für die Erhöhung des Frauenanteils festzulegen. Für diese Unt gelten nur die Berichtspflichten des § 289f Abs. 2 Nr. 4 HGB, nicht aber die weiteren Inhalte des § 289f Abs. 2 HGB.

30 Unt, die keinen Lagebericht zu erstellen haben, aber den Verpflichtungen des FüPoG zur Festlegung von Zielgrößen und Fristen zur Erhöhung des Frauenanteils unterliegen, haben seit dem Gj 2016 eine eigenständige Erklärung zur Unternehmensführung zu erstellen und auf ihrer Internetseite zu veröffentlichen. Stellen solche Unt freiwillig einen Lagebericht mit den Angaben der Erklärung der Unternehmensführung auf, ist er ebenfalls zu publizieren. Von der Regelung erfasst werden daher auch kleine, nicht börsennotierte Ges. i.S.d. § 267 Abs. 1 HGB.

31 Der Gesetzgeber beschloss 2021 die Novelle FüPoG II (Rz 25). Danach muss u.a. der Vorstand eines börsennotierten und zugleich paritätisch mitbestimmten Unt, der aus mehr als drei Mitgliedern besteht, künftig mit mind einer Frau und mind. einem Mann besetzt sein. Außerdem muss die Festlegung der Zielgröße Null für den Vorstand, die beiden obersten Führungsebenen unterhalb des Vorstands und den Aufsichtsrat begründet werden. Der DCGK in seiner aktuellen Fassung vom 28.4.2022 sieht in seiner Empfehlung B.1. allein vor, dass der Aufsichtsrat bei der Besetzung des Vorstands auf Diversität achten soll.[41]

---

[39] Vgl. IDW-Positionspapier zu den Angaben zur Frauenquote v. 28.9.2016, S. 5.
[40] Vgl. BT-Drs. 18/3784 v. 20.1.2015 S. 133.
[41] Vgl. Regierungskommission DCGK, Deutscher Corporate Governance Kodex (in der letzten bekannt gemachten Fassung vom 28. April 2022, https://dcgk.de//files/dcgk/usercontent/de/download/kodex/220627_Deutscher_Corporate_Governance_Kodex_2022.pdf, Abruf 1.10.2024.

3.9 „Comply or Explain" in Bezug auf das Diversitätskonzept (Abs. 5)

Mit § 289f Abs. 5 HGB wird, im Einklang mit Art. 20 Abs. 1 der Bilanzrichtlinie i.d.F. d. CSR-Richtlinie, auch in Bezug auf das Diversitätskonzept ein „Comply or Explain" eingeführt. Sofern eine Ges. kein Diversitätskonzept verfolgt, ist dies zu erläutern.

4 Form der Erklärung

Die Erklärung zur Unternehmensführung ist nach § 289f Abs. 1 Satz 1 HGB als **gesonderter Abschnitt in den Lagebericht** aufzunehmen bzw. im Falle des Konzerns in den Konzernlagebericht (§ 315 Abs. 3 HGB).[42] Hinzuweisen ist auf eine durch das **BilRUG** (2015) eingeführte Änderung für den Konzernlagebericht (neu eingefügter § 315 Abs. 5 HGB), nach der, sofern ein MU oder ein in den Konzernabschluss einbezogenes TU eine Ges. i.S.d. § 289f Abs. 1 Satz 1 HGB ist, das MU ab dem Gj 2016 in einem gesonderten Abschnitt des Konzernlageberichts für jede dieser Ges. eine Erklärung zur Unternehmensführung nach § 289f Abs. 2 HGB aufzunehmen hat.[43]

Mit dem Ziel einer adressatenfreundlichen hohen Transparenz und einer Vermeidung von Missverständnissen hinsichtlich der Zuverlässigkeit unterschiedlicher Teilberichte des Lageberichts – der Lagebericht als Objekt der Abschlussprüfung – wird im Schrifttum vorgeschlagen, die Erklärung zur Unternehmensführung **aus der Lageberichterstattung herauszulösen**. Damit können die Angaben im Lagebericht auf die traditionelle Informationsfunktion über Rechnungslegungsaspekte fokussiert werden.[44]

Alternativ kann die Erklärung ebenfalls auf der **Internetseite** der Ges. in einem gesonderten Bereich öffentlich zugänglich gemacht werden. Darauf ist nach § 289f Abs. 1 Satz 2 HGB im Lagebericht Bezug zu nehmen und die Adresse der Internetseite anzugeben. Eine derartige Darstellung der Erklärung auf der Internetseite beeinträchtigt nicht die notwendige Klarheit und Übersichtlichkeit der Berichterstattung (DRS 20.21). Die möglichen praktischen Probleme, die sich aus Umstrukturierungen und Umbenennungen von Internetseiten ergeben können (Verweise ins Leere), sind zu beachten.[45] Strittig ist, ob die Erklärung unterjährig zu aktualisieren ist, wenn Unt Abweichungen vom DCGK noch nicht begründet haben. Eine derartige Aktualisierung dient der Transparenz und es ist in Bezug auf § 161 AktG in der Praxis bisher eine Tendenz hierzu erkennbar.[46]

---

[42] Vgl. auch DRS 20.K226.
[43] Vgl. BR-Drs. 23/15 v. 23.1.2015 S. 81f.
[44] Vgl. IDW, 2005, S. 177; IDW, 2008, S. 20f.; Kuthe/Geiser, NZG 2008, 175; Melcher/Mattheus, DB 2008, Heft 7, Beilage 1, S. 55; Weber/Lentfer/Köster, IRZ 2008, S. 36; Grottel, in Beck Bil-Komm., 14. Aufl. 2024 § 289f HGB Rz 75 u. 78; Kajüter, in Küting/Weber, HdR-E, §§ 289, 289f HGB Rz 299, Stand: 05/2019.
[45] Vgl. Melcher/Mattheus, DB 2008, Heft 7, Beilage 1, S. 55.
[46] Vgl. Theusinger/Liese, DB 2008, S. 1421 u. 1423.

> **Praxis-Beispiel**
> Der Geschäftsbericht 2020 der RWE AG enthält folgenden Verweis auf die Erklärung zur Unternehmensführung nach § 289f HGB (und § 315b HGB) im Internet:
> „Vorstand und Aufsichtsrat der RWE AG haben am 15. Februar 2021 eine Erklärung zur Unternehmensführung nach §§ 289f und 315d HGB abgegeben. Die Erklärung ist veröffentlicht unter www.rwe.com/erklaerung-zur-unternehmensfuehrung. Sie enthält auch den Bericht zur Corporate Governance."[47]

35 Die Publikation auf der Internetseite war für die aktienrechtliche Entsprechenserklärung bereits zuvor regelmäßig üblich. In § 161 Abs. 2 AktG ist nun eine derartige Veröffentlichung auf der Internetseite vorgeschrieben, um der Maßgabe des Art. 46a Bilanzrichtlinie i.d.F. d. Abänderungsrichtlinie Rechnung zu tragen, dass die Erklärung zum DCGK nicht nur den Aktionären, sondern dauerhaft der Öffentlichkeit zugänglich zu machen ist (ausgedehnter Adressatenkreis).

5 Pflichten des Abschlussprüfers

36 Die Erklärung zur Unternehmensführung ist (wie auch der Inhalt der Entsprechenserklärung) de lege lata **vom Umfang der handelsrechtlichen Abschlussprüfungen ausgenommen (§ 317 Abs. 2 Satz 6 HGB)**.

37 Der Abschlussprüfer hat allenfalls eine Berichtspflicht, sofern er i.R. seiner Prüfung der Rechnungslegung auf entsprechende Gesetzes- oder Satzungsverletzungen (§ 321 Abs. 1 Satz 3 HGB) oder Unrichtigkeiten in der Entsprechenserklärung (Ziff. 7.2.3. DCGK) stößt. Gegenstand der Abschlussprüfung ist die Anhangangabe nach § 285 Nr. 16 HGB, dass die Erklärung abgegeben wurde und wo sie öffentlich zugänglich gemacht worden ist.

38 Für den Fall, dass die Erklärung zur Unternehmensführung nach § 289f Abs. 1 Satz 1 HGB als gesonderter Abschnitt in den Lagebericht aufgenommen wird, enthält § 317 Abs. 2 Satz 3 HGB die Klarstellung, dass die Angaben nach § 289f HGB nicht in die Prüfung einzubeziehen sind. Dies bedeutet konkret, dass **ein Teil des Lageberichts nicht Gegenstand der Abschlussprüfung** ist und nicht vom Bestätigungsvermerk erfasst wird.[48] Das IDW empfiehlt zur Vermeidung von Missverständnissen, in den Bestätigungsvermerk einen Hinweis zum eingeschränkten Prüfungsumfang aufzunehmen.[49] Zu beachten ist, dass der Abschlussprüfer aufgrund berufsständischer Vorgaben jedoch eine konkretere Prüfung vornehmen muss. Die Erklärung zur Unternehmensführung gehört zu den sog. „sonstigen Informationen" („other information"). Nach Definition des IAASB sind „sonstige Informationen" finanzielle und nichtfinanzielle Informationen, die zusammen mit dem zu prüfenden Jahresabschluss herausgegeben werden (bspw. in einem Geschäftsbericht oder mit Bezug auf diesen im Internet). Die Erklärung zur Unternehmensführung ist nach ISA 720 (Revised) (E-DE) Tz. D.1.2 ebenfalls den „sonstigen Informationen" zuzuordnen. Dieser regelt des Weiteren die Verantwortlichkeit des Abschlussprüfers bei „sonstigen Informa-

---

[47] RWE AG, Geschäftsbericht 2020, S. 65.
[48] Vgl. Grottel, in Beck Bil-Komm., 14. Aufl. 2024, § 289f HGB Rz 243.
[49] Vgl. IDW PS 345.22 Abs. 2.

tionen". „Sonstige Informationen" sollen nach ISA 720 (Revised) (E-DE) Tz. 11 nicht in der Form geprüft werden, dass eine hinreichende Prüfungssicherheit erzielt wird. Der Abschlussprüfer hat die „sonstigen Informationen" zu lesen und zu würdigen, ob diese Angaben **wesentliche Unstimmigkeiten** zum geprüften Jahresabschluss, Lagebericht und zu den im Zuge der Abschlussprüfung erlangten Erkenntnissen aufweisen. Der Abschlussprüfer darf indes gem. ISA 720 (Revised) (E-DE) Tz. D.22.1 das Ergebnis seiner Würdigung im Bestätigungsvermerk nur dann berichten, wenn er von seiner Verpflichtung zur Verschwiegenheit von dem zu prüfenden Unt entbunden wurde. Liegen wesentliche Unstimmigkeiten vor, wird bei Entbindung aus der Verschwiegenheitsverpflichtung eine beschreibende Erklärung der nicht korrigierten wesentlichen falschen Angaben in den Bestätigungsvermerk unter „sonstigen Informationen" aufgenommen. Im umgekehrten Fall kann nach ISA 720 (Revised) (E-DE) Tz. 22e die Formulierung „Wir haben in diesem Zusammenhang nichts zu berichten" in diesen Abschnitt aufgenommen werden.[50]

6 Sanktionen

Mitglieder eines vertretungsberechtigten Organs oder des Aufsichtsrats handeln gem. § 334 Abs. 1 Nr. 3 HGB **ordnungswidrig**, wenn sie bei der Aufstellung des Lageberichts einer Vorschrift des § 289f HGB zuwider handeln. Nach § 334 Abs. 3 HGB kann eine derartige Ordnungswidrigkeit mit einer Geldbuße von bis zu 50.000 EUR geahndet werden. Dies betrifft sowohl die Nichtabgabe als auch die nicht vollständige oder fehlerhafte Erklärung: 39

- Die **Nichtabgabe der Entsprechenserklärung**, auch das Unterlassen einer Erneuerung der Erklärung nach spätestens zwölf Monaten, stellt eine so schwerwiegende Pflichtverletzung dar, dass eine Entlastung der Vorstands- und Aufsichtsrats-Mitglieder anfechtbar ist. Hinweise allein im Geschäftsbericht, dass keine Entsprechenserklärung oder keine Erklärung zur Unternehmensführung abgegeben wurde, reichen nicht.[51]
- Bei fehlerhafter, **in bedeutsamem Umfang falscher vergangenheitsbezogener Erklärung** liegt eine schwerwiegende Pflichtverletzung vor, weshalb die Organe nicht entlastet werden dürfen und erteilte Entlastungen anfechtbar sind.

Eine **Nichtbeachtung der flexiblen Frauenquote** stellt hingegen keine Verletzung der Berichtspflichten dar; sie ist rechtlich folgenlos. Der Gesetzgeber geht davon aus, dass eine zu erwartende negative öffentliche Wirkung und Reaktion für den nötigen Druck sorgen, nicht zu niedrige oder Nullquoten festzulegen. 40

Die Wahl von Anteilseignervertretern in den Aufsichtsrat unter **Verstoß gegen die fixe Geschlechterquote** von 30 % hat zur Folge, dass die Wahl von Anfang an nichtig ist, wobei dafür keine Nichtigkeitsklage erhoben oder die Nichtigkeit auf andere Weise festgestellt werden muss (§ 250 Abs. 1 Nr. 5 AktG). Grds. gilt, dass der unterbesetzte Aufsichtsrat beschlussfähig bleibt (§ 108 Abs. 2 S. 2 AktG). Der BGH hatte entschieden (Urteil v. 19.2.2013, ZR 56/12), dass Beschlüsse als nicht wirksam gefasst betrachtet werden, wenn der Beschluss gerade von der Stimme des Mitglieds abhängt, dessen Wahl nichtig ist. Nach der 41

---

50 Vgl. ausführlich Velte, DB 2018, S. M4–M5.
51 Vgl. Theusinger/Liese, DB 2008, S. 1422; Grottel, in Beck Bil-Komm., 14. Aufl. 2024, § 289f HGB Rz 270.

Begründung des Regierungsentwurfs zum Frauenfördergesetz finden die allgemeinen Regeln über die Wirksamkeit von Aufsichtsratsbeschlüssen im Falle der Wahlanfechtung Anwendung. Für die Nichtigkeitsfolge ist entscheidend, ob per Block- oder Einzelwahl abgestimmt worden ist.[52]

Ggü. der Ges. (Innenhaftung) wie auch Aktionären, Investoren und Gläubigern (Außenhaftung) können Schadenersatzansprüche aus schuldhafter Verletzung von Sorgfaltspflichten von Vorstand (§ 93 AktG) und Aufsichtsrat (§ 116 AktG) entstehen. Die notwendige Kausalität zwischen Pflichtverletzung und entstandenem Schaden dürfte jedoch schwer nachzuweisen sein.[53]

7 CSRD-Umsetzungsgesetz: Änderungen

> **Hinweis**
> Die Kommentierung basiert auf dem **Regierungsentwurf eines CSRD-Umsetzungsgesetzes**.[54] Nach Veröffentlichung der finalen Fassung wird die Kommentierung in Ihrem Haufe HGB Bilanz Kommentar Online aktualisiert. Die **Online-Version** ist beim Kauf der Printausgabe inklusive.

42 Mit der Umsetzung der Corporate Sustainability Reporting Directive (CSRD) in das HGB sollen in Abs. 2 Nr. 6 die Wörter „Aspekte wie bspw. Alter, Geschlecht, Bildungs- oder Berufshintergrund" durch die Wörter „das Geschlecht sowie andere Aspekte wie bspw. Alter, Behinderungen oder Bildungs- oder Berufshintergrund" ersetzt werden. Somit ist künftig stets das Geschlecht als Diversitätskriterium zu verwenden. Künftig müssen die von den Berichtsvorgaben betroffenen bilanzrechtlich großen börsennotierten oder kapitalmarktorientierten AG respektive KGaA (§ 289f Abs. 3 HGB) bei den Angaben zum Diversitätskonzept, das im Hinblick auf die Zusammensetzung des vertretungsberechtigten Organs und des Aufsichtsrats verfolgt wird, inhaltlich auf das Geschlecht eingehen. Zweck der Angabepflicht ist es, eine ausgewogenere Beteiligung von Frauen und Männern an wirtschaftlichen Entscheidungsprozessen zu fördern.

Neu soll dem Abs. 5 folgender Satz angefügt werden: „Die Gesellschaft ist von der Pflicht zur Beschreibung des Diversitätskonzepts nach Absatz 2 Nummer 6, auch in Verbindung mit Abs. 3, befreit, wenn die Gesellschaft
1. den Lagebericht gem. § 289b um einen Nachhaltigkeitsbericht zu erweitern hat,
2. die nach Absatz 2 Nummer 6 erforderlichen Angaben in den Nachhaltigkeitsbericht aufnimmt und
3. in der Erklärung zur Unternehmensführung auf die nach Nummer 2 erforderlichen Angaben verweist."

Diese Verweismöglichkeit soll die berichtspflichtigen Gesellschaften vor unnötiger Bürokratie bewahren, ergibt sich aber auch aus den Regelungen zu Verweisen in ESRS 1.119f.

---

[52] Vgl. Grottel, in Beck Bil-Komm., 14. Aufl. 2024, § 289f HGB Rz 290.
[53] Vgl. Grottel, in Beck Bil-Komm., 14. Aufl. 2024, § 289f HGB Rz 266.
[54] Regierungsentwurf eines Gesetzes zur Umsetzung der Richtlinie (EU) 2022/2464 des Europäischen Parlaments und des Rates vom 14. Dezember 2022 zur Änderung der Verordnung (EU) Nr. 537/2014 und der Richtlinien 2004/109/EG, 2006/43/EG und 2013/34/EU hinsichtlich der Nachhaltigkeitsberichterstattung von Unternehmen, BT-Drs. 20/12587 v. 9.9.2024.

§ 289g-E Format des Lageberichts, Verordnungsermächtigung

> **Hinweis**
> Die Kommentierung basiert auf dem **Regierungsentwurf eines CSRD-Umsetzungsgesetzes**.[1] Nach Veröffentlichung der finalen Fassung wird die Kommentierung in Ihrem Haufe HGB Bilanz Kommentar Online aktualisiert. Die **Online-Version** ist beim Kauf der Printausgabe inklusive.

Inhaltsübersicht Rz
1 Format des Lageberichts 1
2 Verordnungsermächtigung 2

1 Format des Lageberichts

Der i. R. d. Umsetzung der CSRD neu einzufügende § 289g HGB-E bezieht sich auf die Vorgaben des Art. 29d Abs. 1 der Bilanzrichtlinie in der durch die CSRD eingefügten Fassung. Eine KapG, die gem. § 289b HGB-E ihren Lagebericht um einen Nachhaltigkeitsbericht erweitert, hat diesen Lagebericht gem. § 289g Satz 1 Nr. 1 HGB-E in dem einheitlichen elektronischen Berichtsformat (European Single Electronic Format, ESEF) nach Art. 3 der Delegierten Verordnung (EU) 2019/815 zu erstellen. Weiterhin ist der Nachhaltigkeitsbericht nach Maßgabe der vorgenannten Verordnung auszuzeichnen (§ 298g Satz 1 Nr. 2 HGB-E).[2]

Hier entzündet sich die Diskussion an der Notwendigkeit, bereits eine Aufstellung in nach ESEF getaggter Form vornehmen zu müssen. Bislang ist die elektronische Markierung nach § 328 Abs. 1 Satz 4 HGB (§ 328 Rz 28) erst i. R. d. Offenlegung notwendig, was insb. auch dem IDW deutlich einfacher erscheint, da ansonsten bereits bei der Feststellung des Abschlusses auch die Markierung Gegenstand wäre, was weitere formale Fragen aufwirft. Die Einführung eines einheitlichen elektronischen Berichtsformats dient generell dazu, dass Informationen in digitalem Format auffindbar, vergleichbar und maschinenlesbar sind. Die Formatvorgaben schließen die Angaben nach Art. 8 Taxonomie-Verordnung (VO (EU) 2020/852) ein. Fraglich ist, ob der in Satz 1 Nr. 1 verwendete Begriff des „Aufstellens" den in Art. 29d der englischsprachigen Fassung der Bilanzrichtlinie genutzten Begriff „prepare" korrekt übersetzt. Der EU-Gesetzgeber selbst verwendet in Erwägungsgrund 55 der deutschsprachigen Fassung der CSRD den Begriff „erstellen".

In seiner Stellungnahme zum RefE CSRD-UmsG argumentiert etwa das IDW, dass die Erstellung von Nachhaltigkeitsberichten im XHTML-Format der richtige Weg sei, die entsprechenden Informationen der Öffentlichkeit vergleichbar

---

[1] Regierungsentwurf eines Gesetzes zur Umsetzung der Richtlinie (EU) 2022/2464 des Europäischen Parlaments und des Rates vom 14. Dezember 2022 zur Änderung der Verordnung (EU) Nr. 537/2014 und der Richtlinien 2004/109/EG, 2006/43/EG und 2013/34/EU hinsichtlich der Nachhaltigkeitsberichterstattung von Unternehmen, BT-Drs. 20/12787 v. 9.9.2024.
[2] Vgl. Lanfermann, in Freiberg/Lanfermann, Haufe ESRS-Kommentar, § 1 Rz. 3.

und maschinenlesbar zur Verfügung zu stellen. Hiervon klar zu unterscheiden sei der Prozess der Aufstellung von Abschlüssen und Lageberichten auch in digitaler Form. Der IDW regte in seiner Stellungnahme zum RefE CSRD-UmsG an, entsprechend der notariellen Praxis die Verwendung des pdf-Formats (mit Eignung für die Langzeitarchivierung) für die elektronische Aufstellung von Abschluss und Lagebericht mit eingebetteten XHTML-Dateien (Anlage des PDF-Dokuments) vorzuschreiben.[3]

Die Bundesregierung bleibt aber bisher bei der Forderung, bereits bei der Aufstellung das ESEF-Format zu verwenden. Dies wird begründet mit einer richtlinienkonformen Umsetzung. Es wird die sog. „Aufstellungslösung" implementiert, da eine Fortführung der bisherigen „Offenlegungslösung" nicht richtlinienkonform möglich wäre.[4]

2 Verordnungsermächtigung

In § 289g Satz 2 HGB-E schlägt der RegE eine Verordnungsermächtigung vor, mithilfe derer das BMJ ermächtigt werden soll, die für § 289g Satz 1 Nr. 2 HGB-E relevanten künftig von der EU vorgegebenen Regelungen im Kontext der Delegierten Verordnung (EU) 2019/815 hinsichtlich der technischen Regulierungsstandards für die Spezifikation des einheitlichen elektronischen Berichtsformats nach deren Erlass bzw. deren Änderung nach der Verkündung des vorgeschlagenen Gesetzes zu bezeichnen.

Das von der EFRAG erstellte ESRS Set 1 XBRL-Taxonomiepaket, welches noch von der EU-Kommission final zu verabschieden und bekannt zu machen ist, kann bereits abgerufen werden.[5]

---

[3] Vgl. IDW, Stellungnahme zum Referentenentwurf eines Gesetzes zur Umsetzung der Richtlinie (EU) 2022/2464 des Europäischen Parlaments und des Rates vom 14. Dezember 2022, S. 13f.; Stellungnahmen des Gesamtverbandes der Deutschen Versicherungswirtschaft (GDV), S. 17, und des Arbeitskreises Bilanzrecht Hochschullehrer Rechtswissenschaft (AKBR), S. 4.

[4] Vgl. Begr. CSRD-UmsG, RegE, S. 112.

[5] Abruf und weitere Erläuterungen unter www.efrag.org/en/projects/esrs-xbrl-taxonomy/concluded, Abruf 1.11.2024.

§ 289h-E Versicherungen bei Kapitalgesellschaften, die Inlandsemittenten sind

> **Hinweis**
> Die Kommentierung basiert auf dem **Regierungsentwurf eines CSRD-Umsetzungsgesetzes**.[1] Nach Veröffentlichung der finalen Fassung wird die Kommentierung in Ihrem Haufe HGB Bilanz Kommentar Online aktualisiert. Die **Online-Version** ist beim Kauf der Printausgabe inklusive.

Inhaltsübersicht Rz
1 Übersicht 1
2 Bilanzeid 2
3 Lageberichtseid 3
4 Zusammengefasste Erklärung 4

1 Übersicht

Der durch das CSRD-UmsG neu einzufügende § 289h HGB-E sieht vor, dass die Versicherungen der Mitglieder des vertretungsberechtigten Organs von Inlandsemittenten dort im neuen Siebenten Titel „Versicherungen hinsichtlich des Jahresabschlusses und des Lageberichts" zusammengeführt werden. Dies betrifft die Versicherungen zum JA in Abs. 1 („Bilanzeid", derzeit § 264 Abs. 2 Satz 3 HGB, der aufgehoben wird) und zum Lagebericht in Abs. 2 Satz 1 („Lageberichtseid", derzeit § 289 Abs. 1 Satz 5 HGB, der ebenfalls aufgehoben wird). Dies soll laut der Begründung des RegE der Übersichtlichkeit sowie der Klarstellung dienen, dass beide Erklärungen eigenständige, von JA und Lagebericht jeweils zu trennende Rechnungslegungsunterlagen sind.[2] 1

2 Bilanzeid

§ 289h Abs. 1 HGB-E enthält inhaltlich unverändert die Vorschriften zum „Bilanzeid", die derzeit in § 264 Abs. 2 Satz 3 HGB enthalten sind. Zum Zeitpunkt des Redaktionsschlusses dieser Kommentierung lag das CSRD-UmsG noch nicht in einer verabschiedeten Form vor. Für Näheres s. daher § 264 Rz 88 ff. 2

3 Lageberichtseid

In § 289h Abs. 2 Satz 1 HGB-E werden die Vorschriften zum „Lageberichtseid" leicht verändert übernommen, die zuvor in § 289 Abs. 12 Satz 5 HGB enthalten waren. Zum Zeitpunkt des Redaktionsschlusses dieser Kommentierung lag das 3

---

[1] Regierungsentwurf eines Gesetzes zur Umsetzung der Richtlinie (EU) 2022/2464 des Europäischen Parlaments und des Rates vom 14. Dezember 2022 zur Änderung der Verordnung (EU) Nr. 537/2014 und der Richtlinien 2004/109/EG, 2006/43/EG und 2013/34/EU hinsichtlich der Nachhaltigkeitsberichterstattung von Unternehmen, BT-Drs. 20/12787 v. 9.9.2024.
[2] Vgl. Begr. CSRD-UmsG, RegE, S. 113

CSRD-UmsG noch nicht in einer verabschiedeten Form vor. Für Näheres s. daher § 289 HGB Rz 70 ff.
Mit § 289h Abs. 2 Satz 2 HGB-E soll der Lageberichtseid entsprechend den Vorgaben in Art. 4 Abs. 2 Buchst. c der Transparenzrichtlinie in der durch die CSRD geänderten Fassung inhaltlich erweitert werden.

4 Zusammengefasste Erklärung

4 § 289h Abs. 3 HGB-E erlaubt künftig, Bilanz- und Lageberichtseid in einer gemeinsamen Erklärung zusammenzufassen.

§ 290 Pflicht zur Aufstellung

(1) ¹Die gesetzlichen Vertreter einer Kapitalgesellschaft (Mutterunternehmen) mit Sitz im Inland haben in den ersten fünf Monaten des Konzerngeschäftsjahrs für das vergangene Konzerngeschäftsjahr einen Konzernabschluss und einen Konzernlagebericht aufzustellen, wenn diese auf ein anderes Unternehmen (Tochterunternehmen) unmittel- oder mittelbar einen beherrschenden Einfluss ausüben kann. ²Ist das Mutterunternehmen eine Kapitalgesellschaft im Sinn des § 325 Abs. 4 Satz 1, sind der Konzernabschluss sowie der Konzernlagebericht in den ersten vier Monaten des Konzerngeschäftsjahrs für das vergangene Konzerngeschäftsjahr aufzustellen.

(2) ¹Beherrschender Einfluss eines Mutterunternehmens besteht stets, wenn
1. ihm bei einem anderen Unternehmen die Mehrheit der Stimmrechte der Gesellschafter zusteht;
2. ihm bei einem anderen Unternehmen das Recht zusteht, die Mehrheit der Mitglieder des die Finanz- und Geschäftspolitik bestimmenden Verwaltungs-, Leitungs- oder Aufsichtsorgans zu bestellen oder abzuberufen, und es gleichzeitig Gesellschafter ist;
3. ihm das Recht zusteht, die Finanz- und Geschäftspolitik auf Grund eines mit einem anderen Unternehmen geschlossenen Beherrschungsvertrages oder auf Grund einer Bestimmung in der Satzung des anderen Unternehmens zu bestimmen, oder
4. es bei wirtschaftlicher Betrachtung die Mehrheit der Risiken und Chancen eines Unternehmens trägt, das zur Erreichung eines eng begrenzten und genau definierten Ziels des Mutterunternehmens dient (Zweckgesellschaft). ²Neben Unternehmen können Zweckgesellschaften auch sonstige juristische Personen des Privatrechts oder unselbständige Sondervermögen des Privatrechts sein, ausgenommen als Sondervermögen aufgelegte offene inländische Spezial-AIF mit festen Anlagebedingungen im Sinn des § 284 des Kapitalanlagegesetzbuchs oder vergleichbare EU-Investmentvermögen oder ausländische Investmentvermögen, die den als Sondervermögen aufgelegten offenen inländischen Spezial-AIF mit festen Anlagebedingungen im Sinn des § 284 des Kapitalanlagegesetzbuchs vergleichbar sind, oder als Sondervermögen aufgelegte geschlossene inländische Spezial-AIF oder vergleichbare EU-Investmentvermögen oder ausländische Investmentvermögen, die den als Sondervermögen aufgelegten geschlossenen inländischen Spezial-AIF vergleichbar sind.

(3) ¹Als Rechte, die einem Mutterunternehmen nach Absatz 2 zustehen, gelten auch die einem anderen Tochterunternehmen zustehenden Rechte und die den für Rechnung des Mutterunternehmens oder von Tochterunternehmen handelnden Personen zustehenden Rechte. ²Den einem Mutterunternehmen an einem anderen Unternehmen zustehenden Rechten werden die Rechte hinzugerechnet, über die es selbst oder eines seiner Tochterunternehmen auf Grund einer Vereinbarung mit anderen Gesellschaftern dieses Unternehmens verfügen kann. ³Abzuziehen sind Rechte, die

1. mit Anteilen verbunden sind, die von dem Mutterunternehmen oder von dessen Tochterunternehmen für Rechnung einer anderen Person gehalten werden, oder
2. mit Anteilen verbunden sind, die als Sicherheit gehalten werden, sofern diese Rechte nach Weisung des Sicherungsgebers oder, wenn ein Kreditinstitut die Anteile als Sicherheit für ein Darlehen hält, im Interesse des Sicherungsgebers ausgeübt werden.

(4) ¹Welcher Teil der Stimmrechte einem Unternehmen zusteht, bestimmt sich für die Berechnung der Mehrheit nach Absatz 2 Nr. 1 nach dem Verhältnis der Zahl der Stimmrechte, die es aus den ihm gehörenden Anteilen ausüben kann, zur Gesamtzahl aller Stimmrechte. ²Von der Gesamtzahl aller Stimmrechte sind die Stimmrechte aus eigenen Anteilen abzuziehen, die dem Tochterunternehmen selbst, einem seiner Tochterunternehmen oder einer anderen Person für Rechnung dieser Unternehmen gehören.

(5) Ein Mutterunternehmen ist von der Pflicht, einen Konzernabschluss und einen Konzernlagebericht aufzustellen, befreit, wenn es nur Tochterunternehmen hat, die gem. § 296 nicht in den Konzernabschluss einbezogen werden brauchen.

Inhaltsübersicht

	Rz
1 Überblick	1–16
1.1 Inhalt und Regelungszweck	1–7
1.2 Anwendungsbereich	8–9
1.3 Normenzusammenhänge	10–16
2 Aufstellung des Konzernabschlusses (Abs. 1)	17–27
2.1 Voraussetzungen beim Mutterunternehmen	17–18
2.2 Mutter-Tochter-Verhältnis	19–25
2.3 Aufstellungspflicht und Aufstellungszeitraum	26–27
3 Beherrschender Einfluss (Abs. 2)	28–54
3.1 Überblick	28
3.2 Stimmrechtsmehrheit (Abs. 2 Nr. 1)	29–34
3.3 Organbestellungsrecht (Abs. 2 Nr. 2)	35–41
3.4 Beherrschungsvertrag oder Satzungsbestimmung (Abs. 2 Nr. 3)	42–45
3.5 Risiken- und Chancentragung (Zweckgesellschaften) (Abs. 2 Nr. 4)	46–54
4 Rechtezurechnung (Abs. 3)	55–63
4.1 Grundsachverhalte	55–56
4.2 Hinzurechnungen von Rechten eines Tochterunternehmens (Abs. 3 Satz 1)	57–59
4.3 Hinzurechnung aufgrund von Vereinbarungen (Abs. 3 Satz 2)	60
4.4 Kürzungen (Abs. 3 Satz 3)	61–63
5 Berechnung der Stimmrechtsmehrheit (Abs. 4)	64–67
6 Befreiung von der Pflicht zur Konzernrechnungslegung (Abs. 5)	68–71

1 Überblick

1.1 Inhalt und Regelungszweck

§ 290 HGB beinhaltet die Bestimmung der Voraussetzungen für die Pflicht zur **Konzernrechnungslegung** einer KapG sowie die Vorgabe der Aufstellungspflicht des Konzernabschlusses. Dabei orientiert sich der Gesetzgeber an dem Vorliegen bestimmter Unternehmensbeziehungen. Ein MU mit Sitz in Deutschland ist konkret nach Abs. 1 zur Aufstellung eines Konzernabschlusses innerhalb von fünf Monaten nach Abschluss des Gj verpflichtet, wenn es ein TU direkt oder indirekt beherrschen kann. In Abs. 2 wird definiert, in welchen Fällen ein beherrschender Einfluss besteht. Abs. 3 und 4 dienen der Operationalisierung der einzelnen Kriterien bzgl. der Zuordnung der Rechte und der Berechnung der Stimmrechte. Abs. 5 enthält die Klarstellung zum Entfall der Verpflichtung zur Aufstellung eines Konzernabschlusses, wenn die einzubeziehenden TU alle unter die Einbeziehungswahlrechte des § 296 HGB fallen und diese Wahlrechte genutzt werden.

Obwohl der Jahresabschluss einer KapG gem. § 264 Abs. 2 Satz 1 HGB unter Beachtung der GoB ein den tatsächlichen Verhältnissen entsprechendes Bild der Vermögens-, Finanz- und Ertragslage zu vermitteln hat, reicht dieser zur Beurteilung der tatsächlichen Lage oftmals nicht aus, wenn es sich um ein verbundenes Unt handelt. In diesem Fall der auf die juristische Einheit Unt bezogenen Rechnungslegung kommt es zu Fehlabbildungen, wenn das Unt nicht isoliert, sondern im **Verbund mit anderen Wirtschaftssubjekten** zielorientiert handelt. So unterstellt das HGB, dass AK als Preis für einen VG in einem Prozess am Markt zustande gekommen sind und damit zumindest näherungsweise als objektiver Wertmaßstab für den Gegenstand verstanden werden können. Wenn aber das Geschäft von zwei rechtlich zwar selbstständigen, aber betriebswirtschaftlich verbundenen Unt abgewickelt wurde, ist es möglich, Gewinn, Vermögen und Finanzsituation weitgehend in der Darstellung zu gestalten, ohne dass die Regelungen des Handels- oder Steuerrechts verletzt würden.[1] Auch könnten bewusst handelsrechtliche Regelungen unterlaufen werden. So ist es etwa denkbar, dass zwei Unternehmen durch den Austausch zwischen ihren F&E-Abteilungen das Aktivierungsverbot für Forschungsaufwendungen gem. § 255 Abs. 2 Satz 4 HGB i. V. m. Abs. 2a HGB unterlaufen. Der Abschlussprüfer müsste im Jahresabschluss das auf dieser Basis ermittelte, den tatsächlichen Verhältnissen entsprechende Bild der Vermögens-, Finanz- und Ertragslage unter Beachtung der GoB testieren. Somit können einem KonzernUnt Bilanzvermögen oder nicht bilanziertes wirtschaftliches Potenzial entzogen und auf ein anderes Unt übertragen oder im umgekehrten Fall zugerechnet werden, was den Jahresabschluss verzerren kann.

Durch **vertikale Verbundbeziehungen**, die darauf beruhen, dass ein Unt ein anderes Unt gründet oder kauft, entsteht eine weitere Problematik. Das eingesetzte Eigenkapital (EK) des gegründeten TU besteht aus Kapital des auf der übergeordneten Ebene angesiedelten MU. So kommt es zu einem Mehrfachausweis von Kapital, sodass z. B. die Funktion des EK als Verlustpuffer unter-

---

[1] Vgl. Müller, in Kußmaul/Müller, HdB, Konzernabschluss nach HGB, Rz 53 ff., Stand: 10.5.2023.

graben wird und es insb. bei mehrfach gestuften Konzernen bei Auftritt einer Krisensituation zu einem Kaskadeneffekt kommen kann.

4 Weitere mögliche **Verbundbeziehungen** sind zum einen **finanzielle Verflechtungen**, d.h. das Verleihen und Entleihen von Geldbeträgen, was bei dem verleihenden Unt als Aktivposten unter den Ausleihungen oder Forderungen auszuweisen wäre und bei dem empfangenden Unt als Schuldenposition auf der Passivseite der Bilanz. Zum anderen können **Lieferungs- und Leistungsverflechtungen** bestehen, d.h., die Erträge des liefernden Unt entsprechen Aufwendungen des empfangenden Unt im Konzern.

5 Die **Konzernrechnungslegung** hat die Prämisse, dass das „Konzern" genannte Gebilde verbundener, d.h. wirtschaftlich zusammengehörender, aber juristisch getrennter Unt so in einem Abschluss abgebildet wird, als würde es sich um ein einzelnes Unt handeln (**Einheitstheorie**).[2] Demnach müssen alle Verflechtungen zwischen den Unt aufgedeckt und eliminiert werden, was i.R.d. Konzernrechnungslegung „**Konsolidierung**" genannt wird. Dies betrifft die KapKons (§ 301 HGB), die SchuldenKons (§ 303 HGB), die Zwischenergebniseliminierung (§ 304 HGB) und die Aufwands- und ErtragsKons (§ 305 HGB).[3]

6 Die **Verpflichtung zur Konzernrechnungslegung** fußt auf dem auch in international anerkannten Rechnungslegungssystemen angewandten Beherrschungssystem, das letztlich dem Control-Konzept entspricht.[4] Die in § 290 Abs. 2 HGB angegebenen, einen beherrschenden Einfluss i.S.d. **Control-Konzepts** begründenden Kriterien beinhalten explizit Regelungen zur konzerntypischen Beherrschung von ZweckGes. Die Konsolidierungspflicht für **ZweckGes.** wird dabei über eine wirtschaftliche Betrachtungsweise erreicht.

7 Konzeptionell ergeben sich aus der Formulierung von Abs. 1 und Abs. 2 Probleme für die Bestimmung des **Mutter-Tochter-Verhältnisses** über die Prüfung des Vorliegens einer Beherrschungsmöglichkeit. Abs. 1 stellt i.S.e. Generalnorm allgemein zunächst auf eine Beherrschungsmöglichkeit ab, wobei konkret die Pflicht zur Aufstellung eines Konzernabschlusses an das Vorliegen einer unmittel- oder mittelbaren Beherrschungsmöglichkeit gekoppelt wird. In § 290 Abs. 2 HGB werden dann aber statt Vermutungstatbeständen scheinbar unabhängig von der in Abs. 1 geforderten Beherrschungsmöglichkeit Sachverhalte aufgeführt, die stets zu einem beherrschenden Einfluss führen sollen. Konkret sollen jeweils Stimmrechtsmehrheit, Organbesetzungsrecht, satzungsmäßige oder vertragliche Beherrschungsmöglichkeit sowie die wirtschaftliche Betrachtungsweise (ZweckGes.) stets zu einer Klassifikation eines Mutter-Tochter-Verhältnisses führen. Diese missglückte Gesetzesformulierung findet sich sinngemäß auch in Art. 22 RL 2013/34/EU, dort werden die vom Gesetzgeber mit dem „stets" betonten Sachverhalte zunächst als Begründung eines Mutter-Tochter-Verhältnisses genannt (Abs. 1) und das Beherrschungskonzept erst als Mitgliedstaatenwahlrecht in Abs. 2 (zusammen mit dem Konzept der einheitlichen Leitung) angehängt. Erst i.R.d. Einbeziehungs-

---

[2] Vgl. Ammann/Müller, Konzernbilanzierung – Grundlagen sowie Steuerungs- und Analysemöglichkeiten, 2005, S. 43.
[3] Vgl. zur Anwendung der Techniken z.B. Krimpmann, Konsolidierung nach IFRS/HGB, 2009, S. 15 oder Krimpmann, Principles of Group Accounting under IFRS, 2015.
[4] Vgl. zur Fortentwicklung der IFRS mit dem Beherrschungskonzept nach IFRS 10 Lüdenbach/Hoffmann/Freiberg, Haufe IFRS-Kommentar, 22. Aufl. 2024, § 32 Rz 6ff.

wahlrechte des § 296 Abs. 1 HGB könnten die unterstellten Beherrschungsmöglichkeiten mit dem Ergebnis widerlegt werden, dass keine Einbeziehung notwendig, gleichwohl aber möglich ist. Dieses erscheint insgesamt wenig plausibel, da es zur Mehrfacheinbeziehung von TU in verschiedene Konzernabschlüsse kommen könnte, was mit dem Abs. 1 nicht zu vereinbaren wäre, da letztlich die Beherrschungsmöglichkeit nur bei einem Unt liegen kann. Somit sollte Abs. 2 lediglich als Beispiel für die in Abs. 1 zu bestimmende Beherrschungsmöglichkeit verstanden werden, was eine Annäherung an die IFRS - bedeuten würde und dazu führt, dass das Wahlrecht in § 296 Abs. 1 Nr. 1 HGB ins Leere laufen würde.[5] Dies ist aber mit dem Gesetzestext und auch der Auslegung mit GoB-Vermutung in DRS 19 nicht vereinbar, sodass im Ergebnis die „unwiderlegbaren Annahmen eines beherrschenden Einflusses"[6] mit § 296 Abs. 1 Nr. 1 HGB doch widerlegt werden müssen (bzw. können) um ein sinnvolles, die Generalnorm des § 297 Abs. 2 HGB erfüllendes Ergebnis zu bekommen. Zur Diskussion s. Rz 27.

Mit dem BilRUG wurde **Abs. 3** lediglich klarstellend geändert, was die Lesbarkeit und Verständlichkeit erhöhen soll, ohne dass sich daraus Auswirkungen für die Anwendung ergeben würden.

1.2 Anwendungsbereich

Der **sachliche Anwendungsbereich** des § 290 HGB bezieht sich auf die Definition des Mutter-Tochter-Verhältnisses und die grundsätzliche Pflicht zur Konzernrechnungslegung bei Vorliegen der Voraussetzungen für inländische MU in der **Rechtsform** einer KapG oder KapCoGes. 8

Zeitlich ist der Anwendungsbereich seit dem Gj 2010 hinsichtlich der Beherrschungsmöglichkeit von ZweckGes. erweitert worden. In der Praxis ergaben sich daraus im Durchschnitt gesehen nur geringe Veränderungen der Zusammensetzung des KonsKreis. Nur in Einzelfällen ergaben sich relevantere Veränderungen.[7] 9

Zudem ist seither einzig das Beherrschungskonzept relevant; das ehemals alternative Konzept der tatsächlich ausgeübten einheitlichen Leitung wurde gestrichen, was keine substanziellen Auswirkungen hatte, da das Beherrschungskonzept die einheitliche Leitung mit einschließt.

1.3 Normenzusammenhänge

PersG sind durch § 290 HGB nicht zur Konzernrechnungslegung verpflichtet. § 11 PublG regelt die hinsichtlich der ausschl. Geltung des Control-Konzepts gleichlautende Verpflichtung zur Aufstellung eines Konzernabschlusses, wenn ein Unt mit Sitz im Inland unmittelbar oder mittelbar einen beherrschenden Einfluss auf ein anderes Unt ausüben kann und wenn für drei aufeinanderfolgende Konzernabschlussstichtage jeweils mind. zwei der drei folgenden Merkmale zutreffen: 10

---

5 Vgl. Leinen, in Kessler/Leinen/Strickmann, BilMoG, 2009, S. 557; a. A. bspw. DRS 19.18.
6 So etwa Grottel/Kreher, in Beck Bil-Komm., 14. Aufl. 2024, § 290 HGB Rz 30.
7 Vgl. Kreipl/Lange/Müller, in Bertram/Brinkmann/Kessler/Müller, Haufe HGB Bilanz Kommentar BilMoG Erfahrungsbericht, 2012, Rz 476 ff.

1. Die Bilanzsumme einer auf den Konzernabschlussstichtag aufgestellten Konzernbilanz übersteigt 65 Mio. EUR.
2. Die Umsatzerlöse einer auf den Konzernabschlussstichtag aufgestellten Konzern-GuV in den zwölf Monaten vor dem Abschlussstichtag übersteigen 130 Mio. EUR.
3. Die KonzernUnt mit Sitz im Inland haben in den zwölf Monaten vor dem Konzernabschlussstichtag insgesamt durchschnittlich mehr als 5.000 Arbeitnehmer beschäftigt.

11 In § 11 Abs. 6 PublG wird direkt auf § 290 Abs. 2–5 HGB verwiesen, sodass die Begründung einer Konzernrechnungslegungspflicht identisch wie bei KapG erfolgt.[8] Über die PersG hinaus gilt der § 11 PublG auch etwa für **eG**.

12 Nach den §§ 340i und 341i HGB haben **Banken** und **Versicherungen** unabhängig von Größe und Rechtsform die Konzernrechnungslegungspflichten des § 290 HGB und der weiteren Vorschriften des zweiten Unterabschnitts zu beachten. § 271 Abs. 2 HGB verweist bzgl. der Bestimmung eines **verbundenen Unt** explizit auf § 290 HGB (§ 271 Rz 41 ff.).

13 Bei Vorliegen der Tatbestände des § 290 HGB und keinen weiteren Befreiungen der §§ 291–293 HGB sind ein Konzernabschluss und ein Konzernlagebericht nach den §§ 297 ff. HGB innerhalb von fünf Monaten aufzustellen, durch einen Abschlussprüfer nach **§ 316 Abs. 2 HGB zu prüfen** und gem. **§ 325 Abs. 3 HGB** innerhalb von zwölf Monaten **offenzulegen**. Eine Verkürzung der Offenlegungspflicht von max. zwölf auf vier Monate für **kapitalmarktorientierte Unt**, die nicht unter § 327a HGB fallen, gilt auch für den Konzernabschluss und den Konzernlagebericht (§ 325 Rz 154). Dies hat somit auch einen Einfluss auf die Aufstellungspflicht, die demnach für diese Unt faktisch weniger als vier Monate beträgt.

Der **KonsKreis** wird zwar explizit in § 294 und § 296 HGB bestimmt, dennoch bildet § 290 HGB faktisch die Grundlage der Bestimmung des KonsKreis, da dieser das Mutter-Tochter-Verhältnis regelt.

14 Zu beachten ist, dass die Konzerndefinition des § 290 HGB, die der RL EU/2013/34 entspricht, nicht deckungsgleich ist mit dem **aktienrechtlichen Konzernbegriff** in § 18 AktG bzw. dem **Verbundbegriff** in § 15 AktG. Dennoch finden sich angelehnte Regelungen, wie die Bestimmungen zum Beherrschungsvertrag (§§ 291 ff. AktG) und hinsichtlich der zurechenbaren Anteile (§ 16 AktG). Die vor 2010 bestehende Verbindung über § 18 AktG bzgl. eines Unterordnungskonzerns mit dem Tatbestandsmerkmal einer ausgeübten einheitlichen Leitung ist seither im HGB nicht mehr zu finden. Das Beherrschungskonzept beinhaltet stets auch die Fälle der einheitlichen Leitung.

15 Der § 290 HGB regelt die Verpflichtung zur Konzernrechnungslegung auch für die **kapitalmarktorientierten Unt**. Obwohl diese Unt nach der EU-VO 1606/2002 die IFRS für den Konzernabschluss anzuwenden haben, begründet sich die Verpflichtung zur Konzernbilanzierung einzig aus den Vorschriften des HGB. Daher sind die Verpflichtungsvorschriften in IFRS 10 für deutsche MU nicht hierfür relevant, wohl aber für die spätere Bestimmung des KonsKreises.[9] Zudem

---

[8] Vgl. Küting/Koch, in Küting/Pfitzer/Weber, Das neue Bilanzrecht, 2009, S. 401.
[9] Vgl. Lüdenbach/Hoffmann/Freiberg, Haufe IFRS-Kommentar, 22. Aufl. 2024, § 32 Rz 5 und Rz 103 ff.

müssen die MU nach § 315e Abs. 1 HGB bestimmte handelsrechtliche Regelungen zusätzlich beachten (§ 315e Rz 17).

Der Konzernabschluss ist eine Abbildung einer fiktiven Einheit, die bislang – bis auf die Bestimmung der Zinsschranke – keine Bedeutung für die Steuerermittlung hat. Mit der auf Basis der OECD/G20 vereinbarten Einführung einer **globalen Mindestbesteuerung** für multinationale Konzerne mit mehr als 750 Mio. EUR soll aber ab dem 1.1.2024 das Ergebnis der HB II neben anderen Rechnungslegungssystemen auch von Konzernabschlüssen nach HGB für die Berechnung einer ggf. nötigen Ergänzungssteuer herangezogen werden.[10]

Darüber hinaus kommt der Betrachtung des Konzerns auch für andere Berichterstattungsverpflichtungen außerhalb von Konzernabschluss und -lagebericht Relevanz zu. So ist gem. § 341v Abs. 3 Satz 1 Halbs. 1 HGB ein **Konzernzahlungsbericht** notwendig (§ 264 Rz 152), § 162 Abs. 1 AktG verlangt die Einbeziehung von gewährter und geschuldeter Vergütung auch von Unternehmen desselben Konzerns (mit Verweis auf § 290 HGB) in den **Vergütungsbericht** (§ 315a Rz 41 ff.) und auch die **Zwischenberichterstattung** hat nach § 117 WpHG auf Ebene des Konzerns zu erfolgen (§ 264 Rz 13 ff.), um nur einige wenige Berichte aufzuführen. Darüber hinaus kommt dem Konzern als Betrachtungsgegenstand auch im Zusammenhang mit dem **Lieferkettensorgfaltspflichtengesetz** (LkSG)[11] Bedeutung zu, da die Sorgfaltspflichten der Leitung des MU sich auf den gesamten Konzern und dessen Wertschöpfungsketten beziehen – über die konkrete Umsetzung ist nach § 10 Abs. 2 LkSG zu berichten.

2 Aufstellung des Konzernabschlusses (Abs. 1)

2.1 Voraussetzungen beim Mutterunternehmen

Voraussetzung für die Beachtung von § 290 HGB ist zunächst, dass das MU in der Rechtsform einer **KapG** geführt wird. Über einen Verweis in anderen gesetzlichen Regelungen sind KapCoGes (§ 264a HGB) sowie unabhängig von Größe und Rechtsform Banken und Versicherungen zur Konzernrechnungslegung verpflichtet. Große PersG, eG oder sonstige Rechtsformen sind bei Überschreiten der einschlägigen Größenkriterien über § 11 PublG zur Konzernrechnungslegung verpflichtet.

Allen diesen Unt ist gemein, dass sie ihren **Sitz im Inland** haben müssen, um durch das HGB zur Konzernrechnungslegung verpflichtet werden zu können. Als Sitz ist gem. § 24 BGB im Regelfall der Ort anzunehmen, an dem die Hauptverwaltung geführt wird. Die TU können dagegen weltweit verstreut sein, da die Inlandsvoraussetzung nur für die Bestimmung der MU relevant ist.

2.2 Mutter-Tochter-Verhältnis

Eine inländische KapG ist nur dann zur Konzernrechnungslegung verpflichtet, wenn gegenüber mind. einem anderen Unt ein **Mutter-Tochter-Verhältnis** be-

---

[10] Vgl. Richtlinie (EU) 2022/2523 sowie Mindestbesteuerungsrichtlinie-Umsetzungsgesetz, BGBl v. 27.12.2023, I, Nr. 397.
[11] Gesetz v. 16.7.2021, BGBl 2021 I S. 2959–2969.

steht. Ein solches Verhältnis besteht bei einer unmittel- oder mittelbaren **Beherrschungsmöglichkeit**, was dem **Control-Konzept** weitgehend entspricht. Dabei sieht der Gesetzgeber den Begriff „Kontrolle" von dem Begriff „beherrschender Einfluss" umfasst.[12] Mit dieser vom Gesetzgeber an IAS 27.4 (rev. 2008) und SIC 12 bzw. aktuell auch weiterhin an IFRS 10.5 ff. angelehnten Definition des Mutter-Tochter-Verhältnisses wird eine Bestimmung des KonsKreis einschl. bestimmter Ausprägungen von sog. ZweckGes. erreicht.[13] Trotz der Anlehnung erfolgt dabei aber keine Übernahme der Regelungen der international anerkannten Rechnungslegungssysteme, die sich zudem mit dem seit dem Gj 2014 verpflichtend anzuwendenden IFRS 10 ohnehin bereits wieder weiterentwickelt haben. Ausgangspunkt der Betrachtung sind daher der Wortlaut des HGB und die relevante Regelung der 7. EG-RL bzw. der RL EU/2013/34; erst danach kann auf die IFRS zurückgegriffen werden. Der handelsrechtliche Beherrschungsbegriff unterscheidet sich von dem aktienrechtlichen durch das Kriterium einer gesellschaftsrechtlichen Fundierung, die das AktG fordert. Nach § 290 HGB ist dies keine notwendige Bedingung, da sich eine Beherrschungsmöglichkeit auch zusätzlich durch schuldrechtliche Vereinbarungen oder über faktische Umstände konstituiert.[14]

20 Das MU muss das TU direkt oder indirekt beherrschen können (Art. 1 Abs. 2a der RL 2013/34/EU). Die **Möglichkeit der Beherrschung** reicht aus. Auf eine tatsächliche Ausübung des beherrschenden Einflusses kommt es nicht an. Nach der Gesetzesbegründung sowie nach DRS 19.11 ff. ist ein beherrschender Einfluss dann anzunehmen,
- wenn ein Unt die Möglichkeit hat, die Finanz- und Geschäftspolitik eines anderen Unt dauerhaft zu bestimmen und
- es aus dessen Tätigkeit Nutzen ziehen kann.[15]

Dies setzt nach DRS 19.6 auch die Fähigkeit zur Durchsetzung der wesentlichen Entscheidungen in bedeutenden Unternehmensbereichen (z.B. Produktion, Vertrieb, Investition, F&E, Personal, Finanzierung) bei diesem Unt voraus.

21 Im Gegensatz zu IAS 27.4, in dem diese Definition fast wortgleich zu finden ist, zielt der Gesetzgeber nach der Gesetzesbegründung und der DRS 19.12 auf eine **dauerhafte Beherrschungsmöglichkeit** ab, obwohl dies (oder indirekt etwa als notwendige Bedingung das Vorliegen einer Beteiligung) im Wortlaut des § 290 HGB nicht ausgedrückt wird.

Als **Finanz- und Geschäftspolitik** eines Unt können die zielgerichtete Gestaltung und Steuerung der für den Bestand und den andauernden Erfolg eines Unt notwendigen Bereiche wie etwa „Forschung und Entwicklung", „Beschaffung und Lagerhaltung", „Distribution", „Personal" oder „Finanzwesen" angesehen werden.[16] Wesentlicher Aspekt ist, dass ein Unt seine Interessen bei allen wesentlichen strategischen, operativen und finanziellen Entscheidungen eines

---

[12] Vgl. BT-Drs. 16/12407 v. 24.3.2009 S. 117.
[13] Vgl. Küting/Koch, in Küting/Pfitzer/Weber, Das neue deutsche Bilanzrecht, 2009, S 382; für Gj, die nach dem 1.1.2014 beginnen, ist IFRS 10 für die Bestimmungen des KonsKreis nach IFRS relevant, wobei die bisherigen Regelungen lediglich konkretisiert werden; vgl. Lüdenbach/Hoffmann/Freiberg, IFRS-Kommentar, 22. Aufl. 2024, § 32 Rz 103 ff.
[14] Vgl. Gelhausen/Deubert/Klöcker, DB 2010, S. 2005.
[15] Vgl. BT-Drs. 16/12407 v. 24.3.2009 S. 16.
[16] Vgl. Küting/Koch, in Küting/Pfitzer/Weber, Das neue deutsche Bilanzrecht, 2009, S. 387 und DRS 19.11.

anderen Unt auch gegen dessen Willen durchsetzen kann.[17] Indizien dafür sind etwa die Genehmigung der Budgetplanung des TU durch das MU sowie die Besetzung der Aufsichtsorgane des TU.

Das Kriterium der **Nutzenziehung** ist mangels weiterer gesetzlicher Beschreibung in Anlehnung an IAS 27.4 dual zu verstehen: Einerseits beinhaltet der Nutzenbegriff die Möglichkeit des MU zur Generierung von Mittelzuflüssen aus der Tätigkeit des TU, andererseits deckt der Nutzenbegriff auch die eingesparten Finanzmittel, etwa aus Synergien oder eingeschränktem Wettbewerb. Nach DRS 19.15 wird die Nutzenziehung analog dahingehend konkretisiert, dass es regelmäßig zu der Möglichkeit führt, wirtschaftliche Vorteile aus der Tätigkeit des TU zu erlangen.

Es handelt sich jedoch stets um ein **Über-Unterordnungsverhältnis**, sodass Gleichordnungskonzerne mangels der Möglichkeit der Feststellung der Mutter und der Tochter ausscheiden. Es kommt einzig auf die Möglichkeit der Beherrschung an. Die Beherrschung muss demnach nicht ausgeübt werden. Daher ist in jedem Fall zu prüfen, ob ein MU vorliegt. Dazu ist zunächst auf die in Abs. 2 explizierten vier Tatbestände zurückzugreifen (Rz 28 ff.). Führt dies nicht zu einem Ergebnis, kann wie nach IFRS 3.B14f zusätzlich auf folgende Indikatoren abgestellt werden:[18]

- Es liegt ein signifikanter Größenvorsprung einer der beiden zusammengeschlossenen Einheiten vor.
- Ein Unt zahlt in Geld, während das andere Unt in Aktien zahlt.
- Es liegt die Fähigkeit vor, die Auswahl des Managements der zusammengeschlossenen Unt zu dominieren.

Das Vorliegen von **GemeinschaftsUnt** nach § 310 HGB oder **assoziierten Unt** nach § 311 HGB begründet kein Mutter-Tochter-Verhältnis aufgrund mangelnder Beherrschungsmöglichkeit und somit auch für sich genommen keine Notwendigkeit zur Konzernbilanzierung. In einen Konzernabschluss sind diese daher nur einzubeziehen, wenn noch mind. ein TU vorliegt, das einbeziehungspflichtig ist und für das kein Wahlrecht des § 296 HGB genutzt wird.

> **Praxis-Beispiel**
> Die A AG hält seit Jahren 50 % der Anteile an der B GmbH, die, da die X AG ebenfalls 50 % der Anteile an der B GmbH hält, als GemeinschaftsUnt zu klassifizieren ist. Zudem hat die A AG einen maßgeblichen Einfluss auf die C GmbH. Im Gj 07 verkauft die X AG der A AG ihre Anteile an der B GmbH. Eine Konzernrechnungslegungspflicht besteht erst ab dem Gj 07, da in diesem Jahr die B GmbH TU geworden ist. Vorher bestand keine Notwendigkeit, neben dem Jahresabschluss einen Konzernabschluss aufzustellen.

Abs. 1 der Vorschrift stellt eine Generalnorm dar, die in Abs. 2 durch bestimmte Tatbestände, bei denen stets von einer Beherrschungsmöglichkeit auszugehen ist, konkretisiert wird.

---

17 Vgl. IDW, WPH Edition, Wirtschaftsprüfung & Rechnungslegung, 18. Aufl. 2023, Kap. G Tz 17.
18 Vgl. zu dem Fall des umgekehrten Unternehmenserwerbs Lüdenbach/Hoffmann/Freiberg, Haufe IFRS-Kommentar, 22. Aufl. 2024, § 31 Rz 3.

2.3 Aufstellungspflicht und Aufstellungszeitraum

26 Einen Konzernabschluss und Konzernlagebericht haben MU mit Sitz im Inland aufzustellen, soweit mind. ein TU vorliegt und keine der Befreiungstatbestände der §§ 291–293 HGB erfüllt sind sowie kein Einbeziehungswahlrecht nach § 296 HGB für alle TU genutzt wird. Der Aufstellungszeitraum beträgt nach § 290 Abs. 1 Satz 1 HGB **fünf Monate**, wobei diese Frist für kapitalmarktorientierte Unt, die nicht unter § 327a HGB fallen, im Ergebnis aufgrund von früheren Offenlegungsfristen auf unter **vier Monate** verkürzt ist. Die Aufstellung kann nur von den gesetzlichen Vertretern vorgenommen werden, für die Erstellung können diese jedoch Gehilfen hinzuziehen. Der Umfang des Konzernabschlusses ergibt sich aus § 297 HGB. Der Konzernabschluss besteht aus Konzernbilanz, Konzern-GuV, Konzernanhang, Kapitalflussrechnung (KFR) und Eigenkapitalspiegel. Er kann um eine Segmentberichterstattung erweitert werden. Zusätzlich ist stets ein Konzernlagebericht nach § 315 HGB zu erstellen. Größenabhängige Erleichterungen, wie sie z. B. nach § 267 HGB für kleine und mittelgroße KapG gelten, sind für die Konzernrechnungslegung grundsätzlich nicht vorgesehen. Allerdings besteht die Notwendigkeit zur Abgabe einer nichtfinanziellen Erklärung bisher nur für kapitalmarktorientierte MU eines Konzerns, das die Größenkriterien in § 293 HGB überschreitet und im Jahresdurchschnitt mehr als 500 Arbeitnehmer beschäftigt.

27 **Kapitalmarktorientierte Unt** haben ihren Konzernabschluss gem. § 315e Abs. 1 HGB verpflichtend nach den **IFRS** i.d.F. der jeweils aktualisierten EU-VO 1606/2002 zu erstellen. Wurde die Zulassung bestimmter Wertpapiere zum Handel an einem organisierten Markt beantragt, ergibt sich diese Verpflichtung aus § 315e Abs. 2 HGB. Alle übrigen Unt haben gem. § 315e Abs. 3 HGB ein Wahlrecht, die IFRS im Konzernabschluss mit befreiender Wirkung vom Konzernabschluss nach HGB anzuwenden. Der Umfang des Konzernabschlusses richtet sich dann nach den IFRS, ergänzt um die in § 315e Abs. 1 HGB geforderten Zusatzangaben. Auch dieser Konzernabschluss ist um einen **Konzernlagebericht** nach § 315 HGB zu ergänzen. Bestimmte kapitalmarktorientierte Unt haben zudem seit den Gj 2017 eine nichtfinanzielle Konzernerklärung bzw. einen nichtfinanziellen Konzernbericht (§§ 315b–315c HGB) sowie seit dem Gj 2016 eine Erklärung der Konzernführung (§ 315d HGB) zu erstellen. Kapitalmarktorientierte Unt haben des Weiteren einen **Konzernbilanzeid** nach § 297 Abs. 2 Satz 4 HGB abzugeben. Konkret haben die gesetzlichen Vertreter des MU, das Inlandsemittent i.S.d. § 2 Abs. 14 WpHG und keine KapG i.S.d. § 327a HGB ist, bei der Unterzeichnung schriftlich zu versichern, dass nach bestem Wissen der Konzernabschluss ein den tatsächlichen Verhältnissen entsprechendes Bild i.S.v. § 297 Abs. 2 Satz 2 HGB vermittelt oder der Konzernanhang nach § 297 Abs. 2 Satz 3 HGB Angaben von Abweichungen hiervon enthält. Da für die kapitalmarktorientierten Unt, die nicht unter § 327a HGB fallen, nach § 325 Abs. 3 HGB eine Offenlegung der Konzerninformationen durch Übermittlung der an die das Unternehmensregister führende Stelle analog zum Jahresabschluss bereits vier Monate nach dem Geschäftsjahresende zu erfolgen hat, verringert sich die Aufstellungsfrist auf unter vier Monate.

3 Beherrschender Einfluss (Abs. 2)

3.1 Überblick

Während die Vorschrift in Abs. 1 prinzipienorientiert ein die Konzernrechnungslegungspflicht auslösendes Mutter-Tochter-Verhältnis lediglich über die unbestimmten Rechtsbegriffe der Möglichkeit der unmittel- und mittelbaren Beherrschung postuliert, werden in Abs. 2 Tatbestände benannt, bei deren Zutreffen „stets" von einer Beherrschungsmöglichkeit auszugehen sei. DRS 19.18 bestätigt diese unwiderlegbare Auslegung der aufgeführten Tatbestände und sieht daher immer ein Mutter-Tochter-Verhältnis als gegeben an. Die Unwiderlegbarkeit eines beherrschenden Einflusses infolge einer vorliegenden Rechtsposition i.S.d. Nr. 1–4 bereitet aber insofern Probleme, als dass denkbar ist, dass zwei unterschiedlichen Unt verschiedene Rechte i.S.d. Abs. 2 zustehen und somit beide die Beherrschung hätten, was auch im DRS 19.7 für akzeptabel, notfalls als über § 296 Abs. 1 Nr. 1 HGB zu heilendes Problem angesehen wird. Dies würde aber Abs. 1 widersprechen, da eine Beherrschung eben nicht vorliegen kann, wenn ein anderes Unt bereits die Beherrschungsmöglichkeit besitzt.[19] Zudem wird so § 296 Abs. 1 Nr. 1 HGB zur Widerlegungsnorm für eigentlich unwiderlegbare Tatbestände.

28

> **Praxis-Beispiel**
> Unt A besitzt das Organbestellungsrecht gem. § 290 Abs. 2 Nr. 2 HGB über das TU. Gleichzeitig hat aber Unt B eine Stimmrechtsmehrheit gem. § 290 Abs. 2 Nr. 1 HGB an dem TU, die jedoch nicht ausreicht, um das Organbestellungsrecht von A zu kippen.
> Die Frage der Beherrschungsbestimmung ist unter Rückgriff auf die grundlegende Normintention, die Konsolidierung bei vorliegender Möglichkeit zur dauerhaften Bestimmung der Finanz- und Geschäftspolitik eines anderen Unt zur Nutzengewinnung, zu lösen. Demnach hat Unt A die Beherrschung über das TU, Unt B verfügt trotz Stimmrechtsmehrheit nicht über eine Beherrschungsmöglichkeit, da die Stimmrechtsmehrheit nicht dazu ausreicht, dem anderen Unt die Beherrschung i.S.d. Abs. 2 Nr. 2 zu entziehen.

Wäre die Beherrschung zwischen zwei unabhängigen Unt teilbar, läge höchstens ein GemeinschaftsUnt vor. Insofern sollte trotz der anderen Gesetzesformulierung und der Auslegung im DRS 19 nur von unwiderlegbaren Rechtspositionen ausgegangen werden, sofern die Grundvoraussetzung eines beherrschenden Einflusses gegeben ist.

Somit kann bei gleichzeitigem Vorliegen von Rechtspositionen i.S.d. Abs. 2 die Beherrschungsmöglichkeit nicht bei zwei verschiedenen Unt liegen, sodass jenes Merkmal vorrangig zu behandeln ist, das in dieser Konstellation den Ausschlag bei der Bestimmung der Finanz- und Geschäftspolitik gibt. Das „stets", welches letztlich aus der unglücklichen Formulierung der EU-RL

---

[19] Gl. A. Leinen, in Kessler/Leinen/Strickmann, BilMoG, 2009, S. 559; von Keitz/Ewelt-Knauer, in Baetge/Kirsch/Thiele, Bilanzrecht, § 290 HGB Rz 72, Stand: 1/2022; a. A. DRS 19.13; Grottel/Kreher, in Beck Bil-Komm., 14. Aufl. 2024, § 290 HGB Rz 31; Gelhausen/Fey/Kämpfer, Rechnungslegung und Prüfung nach dem Bilanzrechtsmodernisierungsgesetz, 2009, Abschn. Q Rz 39; Küting/Koch, in Küting/Pfitzer/Weber, Das neue deutsche Bilanzrecht, 2009, S. 388; IDW, WPH Edition, Wirtschaftsprüfung & Rechnungslegung, 18. Aufl. 2023, Kap. G Tz 20.

resultiert, sollte bei der materiellen Auslegung der Vorschrift im Ergebnis ignoriert werden, da es gegen die Grundvoraussetzungen des Abs. 1 verstößt, denn DRS 19.16 macht Abs. 1 (und DRS 19.8) lediglich zu einem Ergänzungstatbestand für eine faktische Beherrschung, die im Abs. 2 nicht erfasst werden würde.[20] Allerdings wird durch die Bestimmung eines Unt als TU über einen der Tatbestände nach Abs. 2 eine Berichtspflicht bei Nichteinbeziehung ausgelöst. Akzeptiert man das „stets" als rechtlich formale Auslegung, liegt wie bei dem § 290 Abs. 2 HGB in der Fassung vor dem BilMoG zunächst eine Beherrschungsmöglichkeit als Vermutung vor, die dann in § 296 HGB per Wahlrecht widerlegt werden kann.[21] So wird § 296 Abs. 1 Satz 1 HGB nach DRS 19.81 zum Korrektiv für das bei dieser Sichtweise entstehende Problem bei Mehr-Mütter-Beziehungen. Dies dürfte zwar nicht der Wille des Gesetzgebers gewesen sein, da Abs. 1 eindeutig eine Beherrschungsmöglichkeit verlangt, dennoch sollte vor dem Hintergrund der Berichtspflichten bei Nichteinbeziehung nach § 296 Abs. 3 HGB (§ 296 Rz 48) der rechtlich formale Weg über das Wahlrecht des § 296 Abs. 1 Nr. 1 HGB beschritten werden.

3.2 Stimmrechtsmehrheit (Abs. 2 Nr. 1)

29 Als ersten Tatbestand für eine Beherrschungsmöglichkeit und Hauptanwendungsfall in der Praxis sieht der Gesetzgeber die dem MU zustehende Mehrheit der Stimmrechte eines anderen Unt an, wobei die Berechnung der **Stimmrechtsmehrheit** in § 290 Abs. 3 und 4 HGB konkretisiert wird (Rz 55 ff.).

30 In Deutschland fallen die Stimmrechtsanteile häufig mit den Kapitalanteilen zusammen, doch sind Abweichungen bis hin zu dem Fall denkbar, dass Stimmrechte völlig von einer **Gesellschafterstellung** abgekoppelt sind.[22] Möglich sind stimmrechtslose Vorzugsaktien; die Ausgabe von Mehrfachstimmrechtsaktien ist dagegen nach § 12 Abs. 2 AktG unzulässig. Im Ausland sind jedoch derartige Kombinationen denkbar, sodass es dort ggf. möglich ist, Stimmrechte an einem ausländischen TU zu halten, ohne dass eine Gesellschafterstellung besteht. Der Gesetzgeber hat auf das Erfordernis einer Gesellschafterstellung verzichtet, sodass derartige Abweichungen vom deutschen Recht keine Auswirkungen auf die Erfüllung der Tatbestandsvoraussetzung haben.

31 Strittig ist, wie die Stimmrechtsmehrheit zu interpretieren ist. Nach h.M. war anders als bei den IFRS bislang von einer rechtlich bestehenden Stimmrechtsmehrheit auszugehen. Eine Mehrheit konnte nicht damit begründet werden, dass auf der HV regelmäßig weniger als 100 % der Stimmrechte vertreten sind und demnach für die Beherrschung bereits ein Anteil von unter 50 % ausreichen kann. In der Gesetzesbegründung weist der Gesetzgeber nun aber explizit darauf hin, dass sehr wohl bei lediglich bestehenden **Präsenzmehrheiten** die Notwendigkeit einer Konsolidierung zu prüfen ist, wenn ein möglicher Einfluss für eine gewisse Dauer und nicht nur vorübergehend ausgeübt werden kann.[23]

---

[20] Vgl. auch Landgraf/Roos, KoR 2011, S. 387.
[21] Vgl. Grottel/Kreher, in Beck Bil-Komm., 14. Aufl. 2024, § 290 HGB Rz 31 und 34.
[22] Vgl. ADS, Rechnungslegung und Prüfung der Unternehmen, 6. Aufl. 1995–2001, § 290 HGB Rz 43.
[23] Vgl. BT-Drs. 16/12407 v. 24.3.2009 S. 117.

> **Praxis-Beispiel**
> Auf der HV der A AG sind in den letzten Jahren nicht mehr als 80 % der Stimmrechte vertreten gewesen. Hält die M AG 45 % an der A AG, hat sie zwar keine rechtliche, jedoch eine faktische Mehrheit. Die faktische Mehrheit reicht für die Beherrschung der A AG aus.

Diese **faktische Mehrheit** ist somit ausreichend, wenn die **Dauerhaftigkeit** dafür nachgewiesen werden kann. Allerdings wird unterschieden. Die h.M. verlangt auch in Übereinstimmung mit DRS 19.22 eine rechtliche Absicherung der Stimmrechtsmehrheit für das Beherrschungskriterium des § 290 Abs. 2 Nr. 1 HGB,[24] die für sonstige Beherrschungssachverhalte nach § 290 Abs. 1 HGB aber wieder entfallen sollen (DRS 19.69).[25] Diese Auslegung ist erheblich ermessensbehaftet.

Für die Beherrschungsmöglichkeit kann eine formale Stimmrechtsmehrheit (d.h. mehr als 50 %), wie es aus dem Gesetzestext zunächst zu entnehmen ist (… liegt stets vor …[26]), m.E. alleine nicht für die Klassifikation eines TU ausreichen;[27] zu fordern ist das Vorliegen einer **materiellen Stimmrechtsmehrheit**, mit der auch tatsächlich alle Entscheidungen im TU durchgesetzt werden können.[28] Auch hier sieht der überwiegende Teil der Literatur in Übereinstimmung mit DRS 19 den komplizierteren Weg einer formalen Stimmrechtsmehrheit zunächst als ausreichend an. Bei Vorliegen schuldrechtlicher Vereinbarungen zur Einschränkung von Stimmrechten wird erneut über § 296 Abs. 1 Nr. 1 HGB ein Einbeziehungswahlrecht konstatiert (DRS 19.23).[29] Letzteres löst jedoch wieder Angabepflichten nach § 296 Abs. 3 HGB sowie einen m.E. völlig unnötigen Ermessensspielraum aus.

> **Praxis-Beispiel**
> In der Satzung der B GmbH wird für wesentliche Unternehmensentscheidungen eine qualifizierte Mehrheit von 75 % gefordert. Die A AG hat einen Anteil von 60 % der Stimmrechte:
> Formal besteht eine Stimmrechtsmehrheit, unter dem Aspekt der Beherrschungsmöglichkeit reicht diese jedoch nicht aus, d.h., es ist eine materielle Stimmrechtsmehrheit zu fordern, die in diesem Fall bei mind. 75 % liegt.
> § 296 Abs. 1 Nr. 1 HGB erlaubt nun in diesen Fällen widersinnigerweise dennoch die Einbeziehung in den Konsolidierungskreis.

---

24 Vgl. Baetge/Kirsch/Thiele, Konzernbilanzen, 14. Aufl. 2021, S. 92.
25 Vgl. von Keitz, in Baetge/Kirsch/Thiele, Bilanzrecht, § 290 HGB Rz 58, Stand: 1/2022.
26 Küting/Seel, DStR 2009, Beilage. 26/2009, S. 40, kommentieren treffend: „Hieran wird deutlich, dass der im letzten Stadium des parlamentarischen Gesetzgebungsverfahrens in dieser Form geregelte § 290 HGB nF durch einen notdürftigen und unreflektierten Rückgriff auf die IFRS zustande kam."
27 Gl. A. bspw. Leinen, in Kessler/Leinen/Strickmann, BilMoG, 2009, S. 557 f.; Küting/Seel, DStR 2009, Beih. 26/2009, S. 39; a. A. Künkele/Koss, in Petersen/Zwirner, BilMoG, 2009, S. 523.
28 Vgl. von Wysocki, WPg 1987, S. 276.
29 Vgl. von Keitz, in Baetge/Kirsch/Thiele, Bilanzrecht, § 290 HGB Rz. 73, Stand: 1/2022 und Baetge/Kirsch/Thiele, Konzernbilanzen, 14. Aufl. 2021, S. 92 f.

34 Durch die Notwendigkeit einer rechtlich formalen Auslegung reicht eine einfache Stimmrechtsmehrheit für die Klassifikation als TU nach h.M. auch dann aus, wenn die Satzung für wesentliche Entscheidungen höhere Zustimmungsquoten vorschreibt.[30] Zudem sind Stimmbindungsverträge oder unwiderrufliche Stimmrechtsvollmachten bei der Berechnung der Stimmrechtsmehrheit nicht zu berücksichtigen (DRS 19.23).[31] Fehlt es jedoch an dem Stimmrecht aufgrund von dinglich wirkenden Ausübungsbeschränkungen, wie etwa eine gesetzliche Beschränkung nach § 328 AktG oder statutarische Beschränkungen, müssen diese bei der Ermittlung der Stimmrechtszahl beachtet werden (DRS 19.24).

3.3 Organbestellungsrecht (Abs. 2 Nr. 2)

35 Ein Mutter-Tochter-Verhältnis wird auch dann stets angenommen, wenn ein MU das Recht hat, die **Mehrheit der Mitglieder** des die Finanz- und Geschäftspolitik bestimmenden Verwaltungs-, Leitungs- oder Aufsichtsorgans eines Unt zu bestellen oder abzuberufen, und es gleichzeitig Gesellschafter des Unt ist. Die Mehrheit bezieht sich auf die gesamte Anzahl etwa der Aufsichtsräte, wodurch es bei mitbestimmungspflichtigen Unt notwendig ist, dass alle von der Anteilseignerseite gewählten Vertreter bestimmt werden müssen, um die Mehrheit (durch das Doppelstimmengewicht des Aufsichtsratvorsitzenden) zu erlangen. DRS 19.29 fordert zudem, dass die Möglichkeit der Bestellung der Mehrheit der Mitglieder der Organe rechtlich abgesichert ist – eine faktische Möglichkeit scheidet somit aus.

36 Die Aufzählung der **Organe** sind den weltweit unterschiedlichen Unternehmensverfassungskonzepten geschuldet. Entscheidend ist das Organ, welches die Finanz- und Geschäftspolitik bestimmt, d.h. es reicht das Organbestellungsrecht für das Leitungs- oder Aufsichtsorgan aus.

> **Praxis-Beispiel**
> Eine US-amerikanische Public Corporation weist ein monistisches System auf. Hier muss das MU die Mehrheit des „Board of Directors" bestimmen können.

37 Bei dem in Deutschland verbreiteten **dualistischen System**, d.h. einer Geschäftsführung und einem getrennten Aufsichtsgremium, reicht es aus, wenn das MU die Mehrheit der Mitglieder an **einem Organ** bestellen und abberufen kann.

> **Praxis-Beispiel**
> Bei einer AG reicht es aus, die Mehrheit des Aufsichtsrats bestimmen zu können.

38 Üblicherweise werden die Kriterien in § 290 Abs. 2 Nr. 1 und 2 HGB zusammenfallen. Dennoch ist es denkbar, dass das MU als Gesellschafter unabhängig

---

[30] Vgl. WPH Edition, Wirtschaftsprüfung & Rechnungslegung, 18. Aufl. 2023, Kap. G Tz 22.
[31] Vgl. Grottel/Kreher, in Beck Bil-Komm., 14. Aufl. 2024, § 290 HGB Rz 46.

vom Stimmrecht die Möglichkeit hat, die Mehrheit der Mitglieder eines Organs zu bestimmen.

> **Praxis-Beispiel**
> Ist das MU einziger Komplementär einer KG, steht ihr nach § 164 HGB die Geschäftsführung bzw. das Besetzungsrecht zu.

Voraussetzung für die Relevanz dieses Tatbestandsmerkmals ist, dass das MU oder eines von ihr beherrschten Unt in der **Stellung eines Gesellschafters** sein muss. 39

Zeitlich gesehen muss allein durch die Ausübung der Stimmrechte des MU die Mehrheit der Mitglieder des Verwaltungs-, Leitungs- oder Aufsichtsorgans des TU, die während des aktuellen Gj sowie des vorhergehenden Gj bis zur Erstellung des Konzernabschlusses im Amt sind, bestellt worden sein. 40

Bei einer KapCoGes kann die KomplementärKapG die Mitglieder des Leitungsorgans zwar nicht bestellen oder abberufen, sie ist jedoch selbst Leitungsorgan. Damit verfügt sie nach IDW RS HFA 7.67 n.F. über ein stärkeres Recht als die Bestellung und ist daher vorbehaltlich satzungsgemäßer Beschränkungen als Leitungsorgan anzusehen. 41

3.4 Beherrschungsvertrag oder Satzungsbestimmung (Abs. 2 Nr. 3)

Zudem ergibt sich eine Verpflichtung zur Konzernrechnungslegung, wenn dem MU das Recht zusteht, die Finanz- und Geschäftspolitik aufgrund eines mit diesem Unt geschlossenen Beherrschungsvertrags oder aufgrund einer Satzungsbestimmung dieses Unt zu bestimmen (§ 290 Abs. 2 Nr. 3 HGB). Auch hier reicht das Bestehen der Möglichkeit aus, d.h., eine praktische Ausübung muss nicht gegeben sein. Dieser Tatbestand steht isoliert und benötigt keine Gesellschafterstellung. Das Recht kann dem MU auch über die Beherrschung eines TU zustehen, das den Beherrschungsvertrag mit einem anderen (Enkel-)Unt abgeschlossen hat. 42

Ein **Beherrschungsvertrag** liegt nach § 291 Abs. 1 Satz 1 AktG dann vor, wenn ein Unternehmensvertrag besteht, der eine **AG oder eine KGaA** der Leitung eines anderen Unt unterstellt. Auch die weiteren aktienrechtlichen Bestimmungen der §§ 293 ff. AktG müssen erfüllt sein, damit von einem Beherrschungsvertrag für diese Rechtsformen ausgegangen werden kann. Weitere Unternehmensverträge, wie Gewinnabführungs-, Betriebsverpachtungs- oder Betriebsüberlassungsverträge, begründen alleine regelmäßig kein Mutter-Tochter-Verhältnis, da in diesen Fällen nicht zwangsläufig eine Beherrschungsmöglichkeit gegeben ist. Bei diesen Rechtsformen ist eine Beherrschungsmöglichkeit durch Satzungsbestimmung aufgrund der gesetzlichen Mindestvorschriften ausgeschlossen.[32] 43

Andere Rechtsformen sind gesetzlich bzgl. eines Beherrschungsvertrags nicht reglementiert, sodass hier in Anlehnung an das AktG gestaltete Unternehmensverträge vorliegen können. Entscheidend für die Einschätzung, ob ein Beherrschungsvertrag vorliegt, ist die Möglichkeit des beherrschenden Einflusses auf die Finanz- und Geschäftspolitik des beherrschten Unt. Zudem muss der Vertrag rechtswirksam sein. 44

---

[32] Vgl. ADS, Rechnungslegung und Prüfung der Unternehmen, 6. Aufl. 1995–2001, § 290 HGB Rz 60.

45 In Gesellschaftsverträgen oder **Satzungen** vereinbarte Weisungsrechte können die Voraussetzung des § 290 Abs. 2 Nr. 3 HGB erfüllen.[33]

3.5 Risiken- und Chancentragung (Zweckgesellschaften) (Abs. 2 Nr. 4)

46 Erklärtes Ziel der Änderung des § 290 HGB durch das BilMoG war es, die Einbeziehungspflicht auf ZweckGes. auszuweiten. ZweckGes. sind Unt, die im Interesse eines MU oder TU (sog. Sponsor) tätig sind. Sie werden gegründet, um ein enges und genau definiertes Ziel zu erreichen und können die Rechtsform einer KapG, eines Treuhandfonds (unselbstständiges Sondervermögen), einer PersG oder einer sonstigen juristischen Person haben.[34] Die Gründung von ZweckGes. geht i.d.R. mit rechtlichen Vereinbarungen einher, die der Entscheidungsmacht des Vorstands, Treuhänders oder des Managements der ZweckGes. strenge und häufig dauerhafte Grenzen vorgeben, die etwa die Geschäftspolitik an bei der Gründung festgelegte Vorgaben binden. Der Sponsor transferiert häufig VG zur ZweckGes. Im Gegenzug erhält er das Recht zur Nutzung von VG. Die Finanzierung der ZweckGes. wird dagegen – zumindest in großen Teilen – regelmäßig von anderen Parteien erbracht. Eine nutzbringende Beteiligung an einer ZweckGes. kann etwa in Form eines Schuldinstruments, eines Eigenkapitalinstruments, einer Gewinnbeteiligung, eines Residualanspruchs oder eines Leasingverhältnisses bestehen. Im Regelfall entsteht dem Sponsor aus dem Konstrukt eine wesentliche nutzbringende Beteiligung an der Geschäftstätigkeit, wenngleich sein Eigenkapitalanteil gering ist.

Ihnen ist entsprechend gemein, dass sie für den Sponsor zwar Nutzen und Risiken generieren, der gesellschaftsrechtlich fixierte Einfluss des Sponsors aber gering ist. Typische Beispiele für ZweckGes. sind **Leasing-Objektgesellschaften**, **Conduits** und **Spezialfonds**.[35]

> **Praxis-Beispiel**
> So stellen die sog. Conduits eine Refinanzierungsstruktur, die mittels einer ZweckGes. Forderungen wie bspw. langfristige Kredite, Handelsforderungen oder einem externen Rating unterzogene Wertpapiere einmalig oder revolvierend ankauft und diese über die Ausgabe von Geldmarktpapieren refinanziert, dar. Solche ZweckGes. werden auch als Structured Investment Vehicle (SIV) oder Spezial Purpose Vehicle (SPV) bezeichnet.[36]

Die hinter solchen Konstruktionen bestehende Intention liegt i.d.R. in der **Verbesserung von bilanziellen oder ergebnisorientierten Kennzahlen**, die erreicht wird, indem etwa Aktiva ausgelagert und dadurch Veräußerungsgewinne erzielt oder zukünftige Aufwendungen vermieden werden.[37]

---

[33] Vgl. von Keitz, in Baetge/Kirsch/Thiele, Bilanzrecht, § 290 HGB Rz 89, Stand: 1/2022.
[34] Vgl. von Keitz, in Baetge/Kirsch/Thiele, Bilanzrecht, § 290 HGB Rz 121 ff., Stand: 1/2022.
[35] Vgl. Leinen, in Kessler/Leinen/Strickmann, BilMoG, 2009, S. 559.
[36] Vgl. Mujkanovic, StuB 2008, S. 140.
[37] Vgl. Küting/Seel, DStR 2009, Beih. 26/2009, S. 41.

Konkret will der Gesetzgeber die Einbeziehung von **ZweckGes.** in den Konzernabschluss des Sponsors sicherstellen, um diese Gestaltungen zu unterbinden.[38] Dafür wurde der eine Beherrschungsmöglichkeit avisierende Tatbestandskatalog in § 290 Abs. 2 HGB um ein viertes Kriterium erweitert. Demnach hat bei wirtschaftlicher Betrachtung das die Mehrzahl der Chancen und Risiken tragende Unt die ZweckGes. zu konsolidieren. Der Rechtsausschuss, der die von der Bundesregierung hierzu vorgeschlagenen Änderungen überarbeitet und konkretisiert hat, verweist in seiner Begründung explizit auf die Inhalte des durch IFRS 10 ersetzten SIC 12, die auf die handelsrechtlichen Regeln zur Aufstellungspflicht und Abgrenzung des KonsKreis übertragen werden. Die wesentlichen **Merkmale von ZweckGes.** sind nach SIC 12.1–3 (bzw. DRS 19.38 ff.):

- Gründung für ein eng und genau definiertes Ziel, wie die Durchführung von Leasing, Forschungs- und Entwicklungsaktivitäten oder Verbriefungen von Finanzinstrumenten;
- die Entscheidungsmacht des Leitungsorgans ist dauerhaft beschränkt oder nur sehr eng;
- es ist ein „Autopilot" zur Steuerung des Unt eingesetzt, der nur durch den Sponsor beeinflusst werden kann;
- der Sponsor wickelt Transaktionen mit dem Unt ab, während der Kapitalgeber lediglich die Finanzierung übernimmt.

Die **Konsolidierungspflicht** ist gegeben, wenn das Unt (die ZweckGes.) bei wirtschaftlicher Betrachtung beherrscht wird. Liegt eine Beherrschung in Form einer Vorbestimmung der Geschäftstätigkeit („Autopilot") oder in sonstiger Weise vor, ergibt sich eine Einbeziehung ggf. bereits aus § 290 Abs. 2 Nr. 3 HGB. Zur Identifizierung von konsolidierungspflichtigen ZweckGes. ist eine **qualitative Gesamtschau** der Risiko- und Chancenverteilung erforderlich. Führt diese nicht zu einem eindeutigen Bild, kann etwa eine wahrscheinlichkeitsorientierte Szenarientechnik bei der Bestimmung helfen, wer im Wesentlichen die Chancen und Risiken trägt,[39] wobei die Problematik der Gestaltbarkeit auch durch dieses Verfahren nicht ausgeschaltet werden kann. Entscheidend ist, wer im Wesentlichen die Risiken trägt. Indizien für die **wirtschaftliche Betrachtung** sind in Anlehnung an den inzwischen in IFRS 10 integrierten SIC 12.10, auf den sich der Rechtsausschuss bezieht,[40] die folgenden:

- Die Geschäftstätigkeit wird zugunsten des MU geführt, d.h. auf dessen Bedürfnisse abgestimmt.
- Das MU ist in der Lage, die Mehrheit des Nutzens aus dem Unt zu ziehen oder hat diese Macht delegiert.
- Das MU hat das Recht, die Mehrheit des Nutzens aus dem Unt zu ziehen und ist deshalb auch möglicherweise Risiken aus dessen Geschäftstätigkeit ausgesetzt.
- Das MU hält die Mehrheit der mit dem Unt verbundenen Residual- oder Eigentumsrisiken bzw. die VG.

---

[38] Zu den Gestaltungsmöglichkeiten, insb. im Zuge der Finanzkrise, siehe detailliert Mujkanovic, StuB 2009, S. 374; Thelen-Pischke, IRZ 2010, S. 187. Bzgl. des Sonderfalls Bad Banks s. von Keitz, in Baetge/Kirsch/Thiele, Bilanzrecht, § 290 HGB Rz 131, Stand: 1/2022.
[39] Vgl. Müller/Overbeck/Bührer, BB 2005, BB-Special 8, S. 26 sowie Lüdenbach/Hoffmann/Freiberg, Haufe IFRS-Kommentar, 22. Aufl. 2024, § 32 Rz 71 ff.
[40] Vgl. BT-Drs. 16/12407 v. 24.3.2009 S. 117.

51 Eine Diskussion, ob ZweckGes. dem in § 290 Abs. 2 Nr. 4 Satz 1 HGB verwendeten **Unternehmensbegriff** genügen, erübrigt sich. Um Umgehungen zu vermeiden, stellt Satz 2 derselben Regelung klar, dass auch sonstige juristische Personen oder **unselbstständiges Sondervermögen des Privatrechts** eine ZweckGes. darstellen können. Explizit ausgenommen sind Spezialfonds i.S.d. § 2 Abs. 3 InvG oder vergleichbarer ausländischer Gesetze oder als Sondervermögen aufgelegte offene inländische Spezial-AIF mit festen Anlagebedingungen i.S.d. § 284 KAGB oder vergleichbare EU-Investmentvermögen oder ausländische Investmentvermögen, die den als Sondervermögen aufgelegten offenen inländischen Spezial-AIF mit festen Anlagebedingungen i.S.d. § 284 KAGB vergleichbar sind. Diese stellen Investmentvermögen dar, die von einer KapitalanlageGes. für Rechnung der Anleger nach Maßgabe des InvG bzw. seit 22.7.2013 KAGB oder vergleichbarer ausländischer Gesetze und der jeweiligen Vertragsbedingungen getrennt gehalten und treuhänderisch verwaltet werden. Der Verweis auf § 36 des aufgehobenen InvG wurde deshalb noch nicht gestrichen, da noch eine Übergangsfrist für dessen Anwendung besteht.[41] Für sie greift die Berichtspflicht im Anhang nach § 314 Abs. 1 Nr. 2 und 2a HGB.

52 Eine ZweckGes. ist aber erst dann als TU zu klassifizieren, wenn das MU bei wirtschaftlicher Betrachtungsweise mittelbar oder unmittelbar die absolute Mehrheit der **Chancen und Risiken** aus der Geschäftstätigkeit der ZweckGes. trägt (DRS 19.50). Dabei ist auf das gesamte der Geschäftstätigkeit innewohnende Risiko abzustellen. Eine Auswirkung auf die Reputation, auf Kennzahlen, Ratings und Finanzierungskonditionen stellen nicht automatisch eine Mehrheit der Risiken und Chancen dar (DRS 19.53). Realisierte Chancen und Risiken sind bei der Feststellung aller Risiken und Chancen nicht zu beachten (DRS 19.55). I.S.d. Rechtssicherheit ist dies mit objektiv nachvollziehbaren Berechnungsmethoden zu bestimmen.[42] Gleichwohl ist die Abwägung subjektiv, weshalb das IASB mit dem IFRS 10 anders als in SIC 12 die Chancen und Risiken nur auf einen Indikator für die Beherrschung reduziert hat (IFRS 10.B20). Nach IFRS 10.B55 ff. können sich dabei Chancen und Risiken für ein MU ergeben aus[43]

- EK-Anteilen,
- FK mit erfolgsabhängigen Zinsen,
- Kapital mit Ausfall- bzw. Zusagen mit Inanspruchnahmerisiken,
- Vereinbarungen für erfolgsabhängige Vergütungen (z.B. Lizenzverträge),
- Steuervorteilen,
- Synergieeffekten,
- Restwertgarantien o.ä. als Leasingnehmer.

Die **Verteilung von Chancen und Risiken** sollte sowohl für die Zuordnung von VG im **Jahresabschluss** als auch im **Konzernabschluss** identisch interpretiert werden. Es ist zunächst kein Grund ersichtlich, warum bei der Frage, wem Vermögen zuzuordnen ist, aus Einzel- und Konzernsicht eine unterschiedliche Betrachtungsweise heranzuziehen wäre. Ob sich dies so darstellt, ist indes fraglich. Dazu folgendes Beispiel:

---

[41] Vgl. BR-Drs. 791/12 v. 21.12.2012 S. 560.
[42] Vgl. Hoffmann, DB 2011, S. 1404.
[43] Vgl. Lüdenbach/Hoffmann/Freiberg, Haufe IFRS-Kommentar, 22. Aufl. 2024 § 32 Rz 71.

Praxis-Beispiel[44]
Die B AG erwirbt eine Maschine X, die sie der C GmbH zur Nutzung überlässt. Der zwischen der B AG und der C GmbH geschlossene Leasingvertrag erfüllt die Merkmale eines erlasskonformen Vollamortisationsvertrags. Den Erwerb der Maschine hat die B AG über ein Bankdarlehen fremdfinanziert. Als Sicherheit dient der Bank die Forderung aus dem Leasingvertrag. Zudem gründet die B AG eine Ges., die Y GmbH. Alleiniger Gesellschaftszweck sind der fremdfinanzierte Erwerb der Maschine Y und deren Nutzungsüberlassung an die C GmbH auf Basis eines erlasskonformen Vollamortisationsvertrags. Die Y GmbH verfügt über ein im Verhältnis zum Wert der Maschine vernachlässigbares EK. Wiederum dient die Leasingforderung der Y GmbH gegenüber der C GmbH der Bank als Sicherheit.
Die Zuordnung von VG richtet sich im handelsrechtlichen Jahresabschluss nach dem wirtschaftlichen Eigentum. Dieser Grundsatz hat durch das BilMoG nunmehr in allgemeiner Form Eingang in das HGB gefunden (vgl. § 246 Abs. 1 Satz 2 HGB). Eine inhaltliche Veränderung ggü. dem alten Rechtszustand will der Gesetzgeber hiermit nicht verbunden wissen, dies gilt insb. auch für die Berücksichtigung der steuerlichen Leasingerlasse als Auslegungshilfe bei der Bestimmung des wirtschaftlichen Eigentümers in der handelsrechtlichen Bilanzierung.[45] Dem folgend haben im Sachverhalt die B AG die Maschine X und die Y GmbH die Maschine Y in ihren handelsrechtlichen Jahresabschluss abzubilden. In den handelsrechtlichen Jahresabschluss der C GmbH finden die VG keinen Eingang.
Im nächsten Schritt ist zu prüfen, ob die Y GmbH als TU in den Konzernabschluss der B AG oder der C GmbH einzubeziehen ist. Die B AG ist alleiniger Gesellschafter der Y GmbH, eine Beherrschungsmöglichkeit geht damit aber nicht einher. Der Zweck der Y GmbH besteht allein darin, der C GmbH die Maschine Y zur Nutzung zu überlassen. Chancen und Risiken aus dem in der Gesellschaft Y GmbH enthaltenen und sich in der Maschine Y verkörpernden Nutzenpotenzial liegen allein beim Leasingnehmer. Seine Wertschöpfung muss den Investitionswert der Maschine erwirtschaften. Die C GmbH trägt deshalb i.S.d. § 290 Abs. 2 Nr. 4 HGB bei wirtschaftlicher Betrachtung die Mehrheit der Risiken und hat spiegelbildlich dazu in aller Regel auch die Mehrheit der Chancen. Die C GmbH muss die Y GmbH deshalb konsolidieren. Damit findet die Maschine Y Eingang in den Konzernabschluss der C GmbH, nicht aber die Maschine X.

Es wird deutlich, dass **unterschiedliche wirtschaftliche Sichtweisen** im Jahresabschluss und im Konzernabschluss das Ergebnis sind. Während für die Leasingbilanzierung im Jahresabschluss steuerliches Gedankengut maßgeblich ist, wird über den geänderten § 290 HGB im Konzernabschluss auf den Grundsatz der wirtschaftlichen Betrachtungsweise abgestellt, der stärker in Anlehnung an die internationale Rechnungslegung auszulegen ist. **Leinen** fordert daher im

53

---

44 Entnommen aus Leinen, in Kessler/Leinen/Strickmann, BilMoG, 2009, S. 561.
45 BT-Drs. 16/10067 v. 30.7.2008 S. 47.

54 Ergebnis zu Recht, zu überdenken, ob die steuerlichen Leasingerlasse im neuen Handelsbilanzrecht noch ihren Platz haben.[46]

54 Für den Fall, dass ein Unt, an dem **keine Kapitalanteile** von MU oder anderen TU gehalten werden, in den Konzernabschluss einbezogen wird, werden die neu bewerteten VG und Schulden in den Konzernabschluss übernommen und das neu bewertete Reinvermögen im Ausgleichsposten für Anteile anderer Gesellschafter ausgewiesen. Da das MU keine Anteile am TU hält, findet keine Kapitalaufrechnung i. e. S. statt (DRS 23.20). Dennoch kann es sein, dass gerade bei der Kons. von schon länger bestehenden ZweckGes. in deren Bilanzen Gewinnvorträge ausgewiesen sind, die dem MU zustehen, es doch zu einer Kapitalaufrechnung kommt. In diesem Fall wäre der Differenzbetrag als passiver Unterschiedsbetrag aus der KapKons zu erfassen.

> **Praxis-Beispiel**[47]
> Eine ZweckGes. hat Aktiva von 150 GE. Diesem stehen Schulden von 148 GE gegenüber. Das verbleibende EK stammt ausschl. aus einem aufgelaufenen Bilanzgewinn (2 GE). In der Bilanz des MU, dem die Rechte und Chancen zustehen, ist kein Beteiligungsbuchwert enthalten, da keine Anteile erworben wurden. Bei der Buchung i. R. d. ErstKons kommt es somit gem. § 301 Abs. 3 Satz 1 HGB zu einem Ausweis eines passiven Unterschiedsbetrags aus der KapKons von 2 GE.
>
> | Konto | Soll | Haben |
> |---|---|---|
> | Gewinnvortrag | 2 | |
> | Passiver Unterschiedsbetrag aus KapKons | | 2 |
>
> Eine Auflösung des Unterschiedsbetrags darf erfolgswirksam nur erfolgen, wenn am Abschlussstichtag feststeht, dass es sich aus Sicht des Konzerns um einen realisierten Gewinn handelt. Dies dürfte regelmäßig erst dann der Fall sein, wenn die ZweckGes. aufgelöst oder verkauft wird.

4 Rechtezurechnung (Abs. 3)

4.1 Grundsachverhalte

55 Zur Bestimmung der dem MU zustehenden Rechte bei der Prüfung der Tatbestände, bei denen stets gem. Abs. 2 von einer Beherrschungsmöglichkeit auszugehen ist, regelt § 290 Abs. 3 HGB **Hinzurechnungen und Abzüge**. Während unmittelbare Rechte vergleichsweise problemlos identifiziert werden können, bedürfen die hier behandelten mittelbaren Rechte einer gesonderten Betrachtung. Konkret sind die Regeln an die Mittlerfunktion des Abhängigkeitsverhältnisses gem. § 16 Abs. 4 AktG angelehnt, jedoch eigenständig zu interpretieren, da § 290 Abs. 3 HGB von TU und Rechten spricht, während im AktG abhängige Unt und Anteile genannt werden.

56 Bei **mehrstufigen Konzernen** bewirkt dies, dass auch ein TU eines TU des MU als TU des MU i. S. v. § 290 HGB zu verstehen ist („Enkelgesellschaft").[48]

---

[46] Vgl. Leinen, in Kessler/Leinen/Strickmann, BilMoG, 2009, S. 562.
[47] Vgl. Künkele/Koss, in Petersen/Zwirner, BilMoG, 2009, S. 522.
[48] Vgl. Grottel/Kreher, in Beck Bil-Komm., 14. Aufl. 2024, § 290 HGB Rz 80.

Unerheblich ist dabei, ob das zwischengeschaltete TU in den Konzernabschluss einbezogen wird, solange das MU die Beherrschungsmöglichkeit über das TU auf das EnkelUnt ausüben kann. Liegt keine Beherrschungsmöglichkeit auf das TU vor, wie etwa bei Anwendung des DRS 19 mit zweiter Prüfung der Einschränkung der Beherrschungsmöglichkeit mit § 296 Abs. 1 Nr. 1 HGB, so dürfte grds. auch keine Beherrschungsmöglichkeit für das EnkelUnt vorliegen.

> **Praxis-Beispiel**
> Die M AG hält 60 % der Stimmrechte an der T GmbH, die jedoch in der Rechtsausübung durch vertragliche Gestaltungen eingeschränkt sind, d.h., es liegt keine Beherrschungsmöglichkeit nach § 290 Abs. 1 HGB, sondern lediglich die Vermutung der „stets" vorliegenden Beherrschung nach § 290 Abs. 2 Nr. 1 HGB vor. Hält die T GmbH nun ihrerseits eine Beteiligung an der E GmbH, so dürften auch diese theoretisch zurechenbaren Rechte eingeschränkt sein. Ebenso wäre zu argumentieren, dass das TU, welches von einem zum Verkauf bestimmten TU gehalten wird, in aller Regel auch als zum Verkauf bestimmt zu behandeln ist.

Dagegen wäre die Nichteinbeziehung eines TU aufgrund von Unwesentlichkeit (§ 296 Abs. 2 HGB) kein Grund, an der Beherrschungsmöglichkeit des MU auf eine darunter liegende EnkelGes. zu zweifeln.

> **Praxis-Beispiel**
> Die M AG hat zwischen sich und weiteren TU eine Zwischenholding Z GmbH angeordnet. Die Z GmbH verfügt über keine operative Geschäftstätigkeit und hält lediglich die Beteiligungen der darunter liegenden Ges. und hat keine Beschäftigten. M verzichtet – unabhängig von den dadurch ggf. auftretenden Komplikationen in der Konzernabschlusserstellung – auf die Einbeziehung von Z, müsste sich aber die Rechte von Z bzgl. der Beherrschungsmöglichkeit der darunter liegenden TU zurechnen, so dass diese Ges. zunächst einbeziehungspflichtig wären.

4.2 Hinzurechnungen von Rechten eines Tochterunternehmens (Abs. 3 Satz 1)

Hinzuzurechnen zu direkten Rechten des MU sind die folgenden indirekten Rechte gem. § 290 Abs. 3 Satz 1:
- einem TU des MU zustehende Rechte,
- Rechte, die für Rechnung des MU handelnden Personen zustehen,
- Rechte, die für Rechnung der TU des MU handelnden Personen zustehen.

Der erste Punkt weitet die zustehenden Rechte auf die **indirekten Rechte** aus, die bestehen, weil ein TU wiederum ein TU beherrscht. Kann das MU das TU beherrschen, so kann es demnach auch das TU des TU beherrschen. Dabei ist es irrelevant, ob das MU auch unmittelbare Rechte besitzt. Auch die Zahl der Zurechnungen ist nicht begrenzt, sodass durch jede weitere Stufe auch weitere TU des auf oberster Stufe stehenden MU hinzukommen. Relevant ist einzig, dass es sich bei den „weiterleitenden" TU um TU nach der Definition des § 290 Abs. 1 HGB handelt, d. h. dass eine Beherrschung möglich ist.

> **Praxis-Beispiel**
> Die M AG hat die Möglichkeit, ein im Ausland ansässiges TU zu beherrschen. Auch wenn dieses TU nach lokalem Recht einen Konzernabschluss zu erstellen hat, gelten nicht automatisch die dort einbezogenen TU als TU. Nur wenn der gleiche Beherrschungsbegriff Verwendung findet, kommt es zu einer kompletten Zurechnung der Rechte zum MU.

59 Zudem werden Rechte dem MU zugerechnet, die einem **Dritten** für Rechnung des MU oder TU zustehen. Mit der Formulierung „auf Rechnung" ist gemeint, dass wirtschaftlich betrachtet die Chancen und Risiken aus diesen Rechten dem MU bzw. dem TU zustehen müssen. Beispiele sind eine uneigennützige Verwaltungstreuhand, Fälle der Sicherungstreuhand oder echte Pensionsgeschäfte.

4.3 Hinzurechnung aufgrund von Vereinbarungen (Abs. 3 Satz 2)

60 Ausgehend von EU-Vorgaben hat der Gesetzgeber als weitere Notwendigkeit der Hinzurechnung von Rechten Vereinbarungen mit anderen Gesellschaftern des betreffenden Unt kodifiziert. Beispiele sind Rechte aus Stimmrechtsbindungsverträgen, Verwaltungsüberlassungsverträgen, Konsortialverträgen, Poolverträgen u. Ä. (DRS 19.65). Voraussetzung für die Hinzurechnung der Rechte zu denen des MU ist nach dem Wortlaut der Vorschrift zunächst, dass das MU oder übergeordnete TU eine Gesellschafterstellung bei dem betrachteten Unt innehaben. Zudem muss das MU auch über die Rechte verfügen können, d. h., paritätische Lösungen können nicht unter diese Regelung fallen. Die **Verfügungsmacht** steht dem MU nur zu, wenn es aus eigenem Willen heraus die Rechte ausüben kann und nicht an Weisungen von oder Absprachen mit anderen Gesellschaftern oder Dritten gebunden ist.[49]

4.4 Kürzungen (Abs. 3 Satz 3)

61 Abzuziehen sind von diesen unmittelbar nach § 290 Abs. 2 HGB und mittelbar nach § 290 Abs. 3 Satz 1 und 2 HGB zustehenden Rechten zunächst gem. Abs. 3 Satz 3 Nr. 1 die Rechte, die mit Anteilen verbunden sind, die von dem MU bzw. einem TU für Rechnung einer anderen Person gehalten werden, was letztlich der Umkehrposition der Hinzurechnung von Abs. 3 Satz 1 entspricht. Zudem sind gem. Abs. 3 Satz 3 Nr. 2 die Rechte abzuziehen, die mit Anteilen verbunden sind, die als Sicherheit gehalten werden und soweit diese Rechte nach Weisung des Sicherungsgebers oder, wenn ein Kreditinstitut die Anteile als Sicherheiten für ein Darlehen hält, im Interesse des Sicherungsgebers ausgeübt werden.[50]

62 Abzustellen ist somit auf den wirtschaftlichen Inhaber der Rechte und nicht auf den rechtlichen Eigentümer. Dabei ist der Begriff „Darlehen" weit auszulegen und auch eine Sicherungsübereignung ist nicht explizit gefordert, sodass auch

---

[49] Vgl. Grottel/Kreher, in Beck Bil-Komm., 14. Aufl. 2024, § 290 HGB Rz 85.
[50] Vgl. IDW, WPH Edition, Wirtschaftsprüfung & Rechnungslegung, 18. Aufl. 2023, Kap. G Tz 47.

Pfandrechte u. Ä. hier subsumiert werden können.[51] Die Regelung trennt zwischen Nicht-Kreditinstitute und Kreditinstituten.

> **Praxis-Beispiel**
> Die A AG bekommt vom Kunden K GmbH Anteile sicherungsübereignet. Diese sind der A AG nur zuzurechnen, wenn sie wie – üblicherweise vereinbart – die Rechte aus den Anteilen nach der Weisung des Sicherungsgebers (der K GmbH) auszuüben hat. Derartige Rechte sind von den der A AG als MU zustehenden Rechten abzuziehen.

Zur Darstellung der Gesamtwirkungen der Hinzurechnungen und Kürzungen dient folgendes Beispiel:

> **Praxis-Beispiel**[52]
>
>
>
> Zweifelsfrei ist TU1 als TU von M zu identifizieren. Die TU2 AG ist dagegen nur deshalb auch TU von M, da zusätzlich zu der direkt zustehenden Hälfte der Stimmrechte aufgrund des satzungsgemäßen Beherrschungsrechts auch die TU3 Tochter von M ist. Somit wird dem MU die eine Aktie zugerechnet, die zur Beherrschungsmöglichkeit bei der TU2 führt. Wenn TU2 ein TU ist, dann können zusätzlich zu dem direkt gehaltenen Stimmrechtsanteil an der TU4 auch die 20 % der von TU2 gehaltenen Stimmrechte dem MU zugerechnet werden, sodass auch dort ein 51 % Anteil besteht, der dem MU eine Beherrschungsmöglichkeit eröffnet.

5 Berechnung der Stimmrechtsmehrheit (Abs. 4)

In Anlehnung an § 16 Abs. 2 und 3 AktG wird in Abs. 4 der Vorschrift bestimmt, dass das Verhältnis der dem MU zustehenden Rechte zu der Gesamtzahl aller

---

51 Vgl. ADS, Rechnungslegung und Prüfung der Unternehmen, 6. Aufl. 1995–2001, § 290 HGB Rz 149.
52 In Anlehnung an WP-Handbuch, Bd. I, 14. Aufl., Abschn. T, Rz 397; dieses Beispiels ist in der aktuellen Auflage des WP-Handbuchs nicht mehr enthalten.

Stimmrechte die relevante **Verhältniszahl** zur Ermittlung der Stimmrechtsmehrheit darstellt:

$$\text{Stimmrechtsanteil} = \frac{\text{dem MU zustehende Rechte}}{\text{Gesamtzahl der Stimmrechte}}$$

65 Diese Regelung ist insoweit nicht systemkonform mit Abs. 2 Nr. 1, da in Abs. 4 im Gegensatz zu Abs. 2 auf den Anteilsbesitz abgestellt wird. Auch in Abs. 3 Satz 2 wurde die Hinzurechnung von Rechten gerade für nicht in Besitz befindliche Anteile (Stimmrechtsvereinbarungen) gefordert.[53] Es ist somit darauf abzustellen, dass Stimmrechte ausgeübt werden können. Bei der Ermittlung der dem MU zustehenden Stimmrechtsmehrheit bleiben deshalb die **Stimmrechte außer Betracht**, die (dauerhaft) nicht ausgeübt werden können.

> **Praxis-Beispiel**
>
> Der A AG gehören 48 % der Anteile an der B AG. Die B AG hat zur Einziehung bereits 5 % der eigenen Aktien zurückgekauft. Demnach liegt die Mehrheit bei über 47,5 %, sodass gem. § 290 Abs. 1 i.V.m. Abs. 2 Nr. 1 die B AG aufgrund der Beherrschungsmöglichkeit TU der A AG ist.

66 Von der Gesamtzahl aller Stimmrechte des MU werden auch die Stimmrechte abgezogen, die einem seiner TU oder einer anderen Person für Rechnung dieser TU gehören.

67 Fraglich ist, wie mit **Optionsrechten** zu verfahren ist. Unstrittig ist, dass während der Sperrfrist den bestehenden Optionen keine Relevanz beizumessen ist. Können vorhandene Optionen vom MU jedoch jederzeit ausgeübt werden, sodass dann eine Stimmrechtsmehrheit besteht, und stehen der Stimmrechtsausübung keine Bedingung für die Ausübung dieser Rechte oder sonstige vertragliche Vereinbarungen entgegen, kann – auch in Anlehnung an IFRS 10.B47 i.V.m. IFRS 10.B22–25 – von einer rechtlich abgesicherten Beherrschungsmöglichkeit infolge potenzieller Stimmrechte ausgegangen werden.

6 Befreiung von der Pflicht zur Konzernrechnungslegung (Abs. 5)

68 Ausgehend von einem Vorschlag der EU-Kommission[54] hat der Gesetzgeber mit dem Abs. 5 klargestellt, dass eine Verpflichtung zur Aufstellung eines Konzernabschlusses nicht besteht, wenn die einzubeziehenden TU alle unter die Einbeziehungswahlrechte des § 296 HGB (Einschränkung der Beherrschungsmöglichkeit, unverhältnismäßig hohe Kosten oder Verzögerungen, Weiterveräußerungsabsicht, Unwesentlichkeit; § 296 Rz 12 ff.) fallen und diese Wahlrechte auch genutzt werden. Damit wurden die bereits diesbzgl. vorherrschenden GoB gesetzlich explizit bestätigt.

---

53 Vgl. ADS, Rechnungslegung und Prüfung der Unternehmen, 6. Aufl. 1995–2001, § 290 HGB Rz 152.
54 Vorschlag für eine RL zur Änderung der RL 76/660/EWG und 83/348/EWG, KOM 2008, 195 v. 17.4.2008; hier: Klarstellung in Art. 13 Abs. 2a der RL 83/349/EWG.

> **Praxis-Beispiel**
> Ein MU hält 100 % an einer gemeinnützigen Unterstützungskasse. Weitere TU existieren nicht. Nach § 296 Abs. 1 Nr. 1 HGB liegt durch die Unmöglichkeit, auf das den Unterstützungsberechtigten zustehende Vermögen zuzugreifen, eine Beschränkung der Ausübung der Rechte des MU vor. Wird daher auf eine Einbeziehung verzichtet, kann und muss kein Konzernabschluss erstellt werden.

Diese Befreiung gilt auch für **kapitalmarktorientierte Unt**, sodass keine Rechnungslegungspflicht nach IFRS für diese Unt gegeben ist, da diese nur im Konzernabschluss verpflichtend anzuwenden sind. Damit wird nach der Gesetzesbegründung eine Unsicherheit hinsichtlich des IFRS-Konzernabschlusses gem. § 315e HGB beseitigt. Für diesen ist § 290 HGB somit stets von Bedeutung, da sich die Konzernrechnungslegungspflicht auch bei kapitalmarktorientierten Unt ausschl. aus dem Handelsrecht ergibt;[55] die IFRS gelten somit „lediglich" für den Inhalt eines danach aufzustellenden Konzernabschlusses.

Allerdings müssen kapitalmarktorientierte Unt ohne einbeziehungspflichtige TU gem. § 264 Abs. 1 HGB für den Fall der Nichtaufstellung eines Konzernabschlusses einen **umfangreicheren Jahresabschluss** vorlegen (§ 264 Rz 20f.).

Da mit dem Wegfall des Konzernabschlusses auch die nach § 296 Abs. 3 HGB geforderte Begründung im Konzernanhang ins Leere läuft, wäre i.S.d. Klarheit des Abschlusses im Jahresabschluss in der Aufstellung des Anteilsbesitzes gem. § 285 Nr. 11 HGB auf den Umstand **hinzuweisen**, dass ein oder mehrere TU vorliegen, deren Befreiung von der Einbeziehung zu einer Befreiung von der Konzernaufstellungspflicht geführt hat.

---

[55] Vgl. z.B. Küting/Seel, DStR 2009, Beilage 26/2009, S. 42.

§ 291 Befreiende Wirkung von EU/EWR-Konzernabschlüssen

(1) ¹Ein Mutterunternehmen, das zugleich Tochterunternehmen eines Mutterunternehmens mit Sitz in einem Mitgliedstaat der Europäischen Union oder in einem anderen Vertragsstaat des Abkommens über den Europäischen Wirtschaftsraum ist, braucht einen Konzernabschluß und einen Konzernlagebericht nicht aufzustellen, wenn ein den Anforderungen des Absatzes 2 entsprechender Konzernabschluß und Konzernlagebericht seines Mutterunternehmens einschließlich des Bestätigungsvermerks oder des Vermerks über dessen Versagung nach den für den entfallenden Konzernabschluß und Konzernlagebericht maßgeblichen Vorschriften in deutscher oder englischer Sprache offengelegt wird. ²Ein befreiender Konzernabschluß und ein befreiender Konzernlagebericht können von jedem Unternehmen unabhängig von seiner Rechtsform und Größe aufgestellt werden, wenn das Unternehmen als Kapitalgesellschaft mit Sitz in einem Mitgliedstaat der Europäischen Union oder in einem anderen Vertragsstaat des Abkommens über den Europäischen Wirtschaftsraum zur Aufstellung eines Konzernabschlusses unter Einbeziehung des zu befreienden Mutterunternehmens und seiner Tochterunternehmen verpflichtet wäre.

(2) ¹Der Konzernabschluß und Konzernlagebericht eines Mutterunternehmens mit Sitz in einem Mitgliedstaat der Europäischen Union oder in einem anderen Vertragsstaat des Abkommens über den Europäischen Wirtschaftsraum haben befreiende Wirkung, wenn

1. das zu befreiende Mutterunternehmen und seine Tochterunternehmen in den befreienden Konzernabschluß unbeschadet des § 296 einbezogen worden sind,
2. der befreiende Konzernabschluss nach dem auf das Mutterunternehmen anwendbaren Recht im Einklang mit der Richtlinie 2013/34/EU oder im Einklang mit den in § 315e Absatz 1 bezeichneten internationalen Rechnungslegungsstandards aufgestellt und im Einklang mit der Richtlinie 2006/43/EG geprüft worden ist,
3. der befreiende Konzernlagebericht nach dem auf das Mutterunternehmen anwendbaren Recht im Einklang mit der Richtlinie 2013/34/EU aufgestellt und im Einklang mit der Richtlinie 2006/43/EG geprüft worden ist,
4. der Anhang des Jahresabschlusses des zu befreienden Unternehmens folgende Angaben enthält:
    a) Name und Sitz des Mutterunternehmens, das den befreienden Konzernabschluß und Konzernlagebericht aufstellt,
    b) einen Hinweis auf die Befreiung von der Verpflichtung, einen Konzernabschluß und einen Konzernlagebericht aufzustellen, und
    c) eine Erläuterung der im befreienden Konzernabschluß vom deutschen Recht abweichend angewandten Bilanzierungs-, Bewertungs- und Konsolidierungsmethoden.

²Satz 1 gilt für Kreditinstitute und Versicherungsunternehmen entsprechend; unbeschadet der übrigen Voraussetzungen in Satz 1 hat die Aufstellung des befreienden Konzernabschlusses und des befreienden Konzernlageberichts bei Kreditinstituten im Einklang mit der Richtlinie 86/635/EWG des Rates vom 8. Dezember 1986 über den Jahresabschluß und den konsolidierten

Abschluß von Banken und anderen Finanzinstituten (ABl. L 372 vom 31.12.1986, S. 1; L 316 vom 23.11.1988, S. 51), die zuletzt durch die Richtlinie 2006/46/EG (ABl. L 224 vom 16.8.2006, S. 1) geändert worden ist, und bei Versicherungsunternehmen im Einklang mit der Richtlinie 91/674/EWG des Rates vom 19. Dezember 1991 über den Jahresabschluß und den konsolidierten Abschluß von Versicherungsunternehmen (ABl. L 374 vom 31.12.1991, S. 7), die zuletzt durch die Richtlinie 2006/46/EG (ABl. L 224 vom 16.8.2006, S. 1) geändert worden ist, zu erfolgen.

(3) Die Befreiung nach Absatz 1 kann trotz Vorliegens der Voraussetzungen nach Absatz 2 von einem Mutterunternehmen nicht in Anspruch genommen werden, wenn

1. das zu befreiende Mutterunternehmen einen organisierten Markt im Sinn des § 2 Abs. 11 des Wertpapierhandelsgesetzes durch von ihm ausgegebene Wertpapiere im Sinn des § 2 Abs. 1 des Wertpapierhandelsgesetzes in Anspruch nimmt,
2. Gesellschafter, denen bei Aktiengesellschaften und Kommanditgesellschaften auf Aktien mindestens 10 vom Hundert und bei Gesellschaften mit beschränkter Haftung mindestens 20 vom Hundert der Anteile an dem zu befreienden Mutterunternehmen gehören, spätestens sechs Monate vor dem Ablauf des Konzerngeschäftsjahrs die Aufstellung eines Konzernabschlusses und eines Konzernlageberichts beantragt haben.

Inhaltsübersicht	Rz
1 Überblick	1–5
1.1 Inhalt und Bedeutung	1–2
1.2 Rechtsentwicklung	3–4
1.3 Normenzusammenhang	5
2 Allgemeine Voraussetzungen für die Befreiung	6–13
2.1 Konzernrechnungslegungspflicht	6–13
2.1.1 Konzernverflechtung	9–10
2.1.2 Anforderungen an den befreienden Konzernabschluss	11–13
3 Besondere Voraussetzungen für die Befreiung (Abs. 2)	14–23
3.1 Einbeziehung des inländischen Teilkonzerns (Abs. 2 Nr. 1)	14–16
3.2 Aufstellung und Prüfung des befreienden Konzernabschlusses (Abs. 2 Nr. 2)	17–18
3.3 Aufstellung und Prüfung des befreienden Konzernlageberichts (Abs. 2 Nr. 3)	19–20
3.4 Angabepflicht beim zu befreienden inländischen Mutterunternehmen (Abs. 2 Nr. 4)	21–22
3.5 Besonderheiten bei Kreditinstituten und Versicherungsunternehmen (Abs. 2 Satz 2)	23
4 Ausnahmen von der Befreiung (Abs. 3)	24–27
4.1 Inanspruchnahme eines organisierten Marktes (Abs. 3 Nr. 1)	24–26
4.2 Minderheitenvotum (Abs. 3 Nr. 2)	27
5 Publizitätsgesetz	28
6 CSRD-Umsetzungsgesetz: Änderungen	29

1 Überblick

1.1 Inhalt und Bedeutung

1 § 291 HGB regelt die Voraussetzungen für die Befreiung von der Pflicht eines MU, gem. §§ 290, 293 HGB einen Konzernabschluss aufzustellen. Da nach § 290 Abs. 1 und 2 HGB grds. jedes MU zur Konzernrechnungslegung verpflichtet ist, sofern die Größenkriterien nach § 293 HGB erfüllt sind und sofern konsolidierungspflichtige TU vorliegen (§ 290 Abs. 5 HGB), kann dies in mehrstufigen Konzernen **zur Verpflichtung zur Konzernrechnungslegung auf jeder übergeordneten Konzernstufe** (nach dem **Tannenbaumprinzip**) führen.[1] Bei einer einfachen Konzernstruktur mit MU, TU und Enkel-Unt wären ggf. Stufenabschlüsse als Konzernabschluss (**Bereichs-Konzernabschluss = Teil-Konzernabschluss**) sowohl auf Ebene der Tochter als auch auf Ebene der Mutter die Folge, wenn keine entsprechende Befreiungsvorschrift existieren würde. Ausweislich der Gesetzesbegründung[2] soll die Befreiung daher in erster Linie dazu dienen, Konzerne unter bestimmten Voraussetzungen von der Aufstellung eines Konzernabschlusses zu entlasten. Zudem sind solche Stufenabschlüsse aufwendig zu erstellen und wenig aussagekräftig.[3] Mit dem Entwurf der Bundesregierung eines CSRD-UmsG soll die Norm zukünftig lediglich von der *finanziellen* Konzernrechnungslegung (konsolidierten Finanzberichterstattung), nicht aber von den Anforderungen zur *konsolidierten Nachhaltigkeitsberichterstattung* (§ 315c HGB-E) befreien. In der Folge ist es möglich, dass ein zur finanziellen Konzernrechnungslegung verpflichtetes Unt von seinem obersten MU mit Sitz in der Europäischen Union oder einem anderen EWR-Vertragsstaat den Konzernlagebericht zwar im Einklang mit Art. 29 der Bilanzrichtlinie aufstellt und damit von der finanziellen Konzernrechnungslegung befreit ist, nicht aber mit Art. 29a der Bilanzrichtlinie von der Nachhaltigkeitsberichterstattung.[4]

2 Die Bedeutung der Befreiung nach § 291 HGB liegt darin, dass die **Verpflichtung zur Konzernrechnungslegung** für ein auf einer Konzernstufe verpflichtetes MU **(untergeordnetes bzw. zu befreiendes MU) entfallen** kann, wenn **ein sog. befreiender Konzernabschluss** auf der übergeordneten Konzernstufe **von einem MU (übergeordnetes MU) mit Sitz innerhalb der EU/des EWR aufgestellt** wird - sog. Teil-Konzernabschluss auf höherer Ebene.[5]
Folgende Voraussetzungen müssen für die Befreiung nach § 291 HGB **kumulativ** erfüllt sein:[6]

---

[1] Vgl. Küting/Hayn, BB 1995, S. 668. Im Gegensatz hierzu hat das Tannenbaumprinzip bei einem Konzern nach dem PublG keinen Einzug gefunden; zum Tannenbaum- bzw. Stufenkonzept vgl. auch IDW, WPH Edition, Wirtschaftsprüfung & Rechnungslegung, 18. Aufl. 2023, Kap. G Tz 93.
[2] Vgl. BT-Drs 10/4268 S. 112.
[3] Vgl. Küting, DB 2012, S. 1049 m.w.N.
[4] Vgl. RegE eines Gesetzes zur Umsetzung der Richtlinie (EU) 2022/2464 des Europäischen Parlaments und des Rats v. 14.12.2022 zur Änderung der Verordnung (EU) Nr. 537/2014 und der Richtlinien 2004/109/EG, 2006/43/EG und 2013/34/EU hinsichtlich der Nachhaltigkeitsberichterstattung von Unternehmen, Stand: 24.7.2024, S. 136.
[5] Dagegen regelt § 292 HGB die Voraussetzungen eines befreienden Konzernabschlusses eines MU mit Sitz außerhalb der EU/des EWR (Drittstaat).
[6] Vgl. Dusemond, BB 1994, S. 2039.

- Bei dem zu befreienden MU handelt es sich um ein zur (Teil-)Konzernrechnungslegung verpflichtetes Unt (**untergeordnetes MU**, Rz 6–Rz 8).
- Das zu befreiende MU muss wiederum in einer Mutter-Tochter-Beziehung zu einem übergeordneten Unt mit Sitz in einem EU-/EWR-Staat stehen (**übergeordnetes MU**, Rz 9 f.).
- Das übergeordnete MU stellt einen Konzernabschluss auf, der den Anforderungen des § 291 Abs. 2 HGB genügt und der zusammen mit dem Bestätigungsvermerk in deutscher oder englischer Sprache offengelegt wird (Anforderungen an den befreienden Konzernabschluss, Rz 11–Rz 20).

Nach Abs. 2 müssen, um die Befreiungswirkung eintreten zu lassen, **folgende Voraussetzungen zusätzlich gegeben** sein:
- Der zu befreiende inländische Teilkonzern wird in den befreienden Konzernabschluss einbezogen (§ 291 Abs. 2 Nr. 1 HGB; Rz 14).
- Der Konzernabschluss muss inhaltlich nach dem für das übergeordnete MU geltenden Recht aufgestellt und nach diesem Recht geprüft werden (§ 291 Abs. 2 Nr. 2 HGB; Rz 17 f.).
- Ein ggf. aufgestellter Konzernlagebericht muss inhaltlich ebenfalls nach dem für das übergeordnete MU geltenden Recht aufgestellt und nach diesem Recht geprüft werden (§ 291 Abs. 2 Nr. 3 HGB; Rz 19 f.).
- Der Anhang des Jahresabschlusses des MU, das andernfalls zur Teilkonzernrechnung verpflichtet wäre, muss bestimmte Anhangangaben enthalten (§ 291 Abs. 2 Nr. 4 HGB; Rz 21).

Eine befreiende Wirkung tritt in folgenden Fällen trotz Vorliegens der o. g. Voraussetzungen **nicht ein**:
- Der zu befreiende inländische Teilkonzern nimmt den Kapitalmarkt in Anspruch (§ 291 Abs. 3 Nr. 1 HGB; Rz 24 f.).
- Ein entsprechendes Quorum der Minderheiten im inländischen Teilkonzern beantragt die Aufstellung eines Konzernabschlusses (§ 291 Abs. 3 Nr. 2 HGB; Rz 27).

Abb. 1: Befreiung nach § 291 HGB i.d.F. BilRUG

1.2 Rechtsentwicklung

3   Bezüglich der Rechtsentwicklung seit dem BiRiLiG wird auf die 4. Auflage 2013 des HGB Bilanz Kommentars verwiesen.

4   Das **BilRUG**[7] (Bilanzrichtlinie-Umsetzungsgesetz) stellt für nach dem 31.12.2015 beginnende Gj klar, dass auch ein nach internationalen Rechnungslegungsstandards (jetzt § 315e HGB) aufgestellter und geprüfter Konzernabschluss befreiende Wirkung i.S.v. § 291 HGB entfalten kann. In der Folge wurde der Konzernlagebericht als eigenständiges Befreiungsmerkmal i.R.d. Vorschrift geregelt, sofern hierfür nach dem Recht des übergeordneten MU eine Aufstellungserfordernis besteht. Dadurch hat der Gesetzgeber das Ziel umgesetzt, die befreiende Wirkung auch für solche Konzernabschlüsse nach Maßgabe der internationalen Rechnungslegungsstandards zu ermöglichen, die keinen Konzernlagebericht nach deutschem Vorbild kennen. Zugleich wurden die Bezugnahmen auf die europäischen Richtlinien in § 291 HGB aktualisiert und ein früheres Redaktionsversehen durch einen fehlerhaften Bezug auf § 2 Abs. 1 WpHG in der Vorschrift beseitigt.

Durch das CSR-Richtlinie-Umsetzungsgesetz (CSR-RUG) wurde die Erleichterungsvorschrift hinsichtlich der Bezugnahme auf § 315a HGB (nunmehr § 315e HGB) angepasst.[8]

---

[7] Vgl. BGBl. I 2015, S. 1245
[8] Vgl. BGBl. I 2017, S. 802.

Das Gesetz zur Umsetzung der zweiten Aktionärsrechterichtlinie (ARUG II)[9] hat die Befreiungsnorm weiter geöffnet. § 291 Abs. 1 Satz 1 HGB sieht nunmehr vor, dass künftig neben der Offenlegung eines befreienden Konzernabschlusses in deutscher auch eine Offenlegung in englischer Sprache erlaubt ist.
Das Gesetz zur Umsetzung der Richtlinie (EU) 2021/2101 im Hinblick auf die Offenlegung von Ertragsteuerinformationen durch bestimmte Unt und Zweigniederlassungen (Ertragsteuerinformations-Umsetzungsgesetz) hat lediglich zu redaktionelle Änderungen im Hinblick auf die Anpassung an aktuelle Gesetzesverweise geführt. Dabei wurde der Verweis auf „ABl. EG Nr. L 372 S. 1)" durch die Wörter „(ABl. L 372 vom 31.12.1986, S. 1; L 316 vom 23.11.1988, S. 51), die zuletzt durch die Richtlinie 2006/46/EG (ABl. L 224 vom 16.8.2006, S. 1) geändert worden ist," ausgetauscht. Daneben wurden die Wörter „Jahresabschluß von Versicherungsunternehmen (ABl. EG L 374 S. 7) in ihren jeweils geltenden Fassungen" durch die Wörter „Abschluß von Versicherungsunternehmen (ABl. L 374 vom 31.12.1991, S. 7), die zuletzt durch die Richtlinie 2006/46/EG (ABl. L 224 vom 16.8.2006, S. 1) geändert worden ist," ersetzt.[10]

1.3 Normenzusammenhang

§ 291 HGB ist ein Ausnahmetatbestand von der Pflicht eines Konzernabschlusses samt Konzernlagebericht und richtet sich an die gesetzlichen Vertreter des zu befreienden untergeordneten inländischen MU, bei Vorliegen der Voraussetzung das gesetzliche Wahlrecht in Anspruch zu nehmen. Eine Verpflichtung zur Inanspruchnahme besteht nicht. Dieses gesetzliche Wahlrecht kann zwar durch gesellschaftsrechtliche Maßnahmen (dauerhaft) eingeschränkt werden. Allerdings ist zu beachten, dass zwingende Minderheiten schützende Vorschriften wie § 291 Abs. 3 Nr. 2 HGB (besonderes Antragsrecht für Minderheiten) nicht durch den Gesellschaftsvertrag eingeschränkt werden können. Solche Bestimmungen im Vertrag wären nichtig.[11]

2 Allgemeine Voraussetzungen für die Befreiung

2.1 Konzernrechnungslegungspflicht

Die Vorschrift setzt zunächst eine Konzernrechnungslegungspflicht eines inländischen MU (**inländischer Teilkonzern als Konzernspitze**) voraus, dessen Konzernabschluss wegfallen kann. Diese kann sich aus dem HGB (§ 290 HGB i.V.m. § 293 HGB) oder dem PublG (§ 11 PublG) ergeben. Dementsprechend sind diese Vorschriften vorrangig zu prüfen (s. Abb. 1).
Soweit die Konzernspitze kein Unt i.S.d. § 290 HGB ist, entfällt insoweit die Erleichterungsvorschrift des § 291 HGB.[12]

---

9 Vgl. BGBl. I 2019, S. 2637.
10 Vgl. BGBl. 2023 I Nr. 154 v. 21.6.2023.
11 Vgl. Petersen, WPg 2019, S. 335.
12 Zum Unternehmensbegriff vgl. Petersen/Zwirner, DB 2008, S. 481.

Privatpersonen, Bund, Länder und Gemeinden (Gebietskörperschaften) qualifizieren sich demnach nicht als befreiendes MU (§ 291 Abs. 1 Satz 2 HGB).[13]
Neben der Unternehmenseigenschaft des untergeordneten MU setzt **§ 291 Abs. 1 Satz 1 HGB einen Konzern voraus**, bei dem das zu befreiende Unt (**MU**) einen beherrschenden Einfluss (nach dem Control-Konzept) auf ein anderes Unt (**TU**) ausübt. Als Rechtsformen **für das zu befreiende (Mutter-) Unt kommen** entsprechend zu § 290 HGB eine KapG (AG, KGaA oder GmbH) oder eine PersG i.S.d. § 264a Abs. 1 HGB (KapCoGes) in Betracht. Dessen Einfluss i.R.d. Konzernverflechtung kann sich auf TU mit Sitz sowohl im In- als auch im Ausland (EU/EWR oder Drittstaaten) erstrecken (**sog. inländischer Teilkonzern**). Die Rechtsform(en) des/der TU ist/sind ebenfalls ohne Bedeutung für die Befreiung nach § 291 HGB. Bei einer reinen Beteiligungsbeziehung i.S.d. § 271 Abs. 1 HGB ohne Beherrschung ist somit eine Mutter-Tochter-Beziehung nicht erfüllt, auch wenn die Größenklassen des § 293 HGB dabei erfüllt wären.

Praxis-Beispiel 1

Als natürliche Person ist A an U1 als Konzernspitze mit Sitz im Inland (inländisches MU) mit Mehrheit beteiligt. Es besteht eine Konzernverflechtung nach dem Control-Prinzip gem. § 290 Abs. 2 Nr. 1 HGB. Daneben sind die Größenklassen nach § 293 HGB sowohl nach der Brutto- als auch nach der Nettomethode überschritten.

Beurteilung

A kann keinen befreienden Konzernabschluss für den inländischen Teilkonzern U1 gem. § 291 HGB aufstellen, da es an der Unternehmenseigenschaft von A fehlt.

Fallvariante

Die Tätigkeit von A geht mit anderen geschäftlichen Aktivitäten über die bloße Vermögensverwaltung hinaus und erfüllt damit die Unternehmenseigenschaft i.S.d. § 290 HGB.

Beurteilung

A kann gem. § 291 HGB einen befreienden Konzernabschluss für den inländischen Teilkonzern U1 aufstellen.

Praxis-Beispiel 2

U1 ist an U2 als Konzernspitze mit Sitz im Inland (inländisches MU) mit 15 % beteiligt. Daneben sind die Größenklassen nach § 293 HGB sowohl nach der Brutto- als auch nach der Nettomethode für U1/U2 erfüllt.

---

[13] Vgl. Petersen, WPg 2019, S. 336. Mit Blick auf die Befreiungswirkung eines befreienden Konzernabschlusses einer Kommune (sog. Gesamtabschluss) für einen gewerblichen (Teil-)Konzern (z.B. Stadtwerke-Konzern) ähnlich auch Henkes, Der Jahresabschluss kommunaler Gebietskörperschaften, S. 513 f.

> **Beurteilung**
> U1 kann U2 nicht gem. § 290 HGB beherrschen. Es liegt keine Mutter-Tochter-Beziehung vor. Ein befreiender Konzernabschluss durch U1 für U2 kann nicht nach § 291 HGB aufgestellt werden.

Unbeschadet von § 291 HGB sind die Vorschriften nach §§ 264 Abs. 3 und 4, 264b Abs. 3 HGB, die von der Pflicht zur Aufstellung eines Jahresabschlusses einer KapG oder einer PersG i.S.d. § 264a HGB befreien, gesondert zu beurteilen.[14] Allerdings kommt der Vorschrift des § 291 HGB mit Blick auf die Befreiungen beim Einzelabschluss insoweit Bedeutung zu, als ein nach § 291 HGB befreiender Konzernabschluss eine der Voraussetzungen nach §§ 264, 264b HGB erfüllen kann (§ 264 Abs. 3 bzw. § 264b Nr. 1 HGB). Eine Erleichterung für den Jahresabschluss eines TU (keine Prüfung etc.) tritt daher nur ein, wenn das zu befreiende TU in einen (evtl. auch befreienden) Konzernabschluss einbezogen wird.

> **Praxis-Beispiel 3**
> U1 ist an U2 als Konzernspitze mit Sitz im Inland (inländisches MU) nicht mit Mehrheit beteiligt. Ferner ist U2 an U3 mit Sitz im Inland beteiligt. U3 ist prüfungspflichtig gem. § 316 HGB. Für U3 hat U1 eine Verlustübernahme erklärt. Zudem wird U3 in den Konzernabschluss von U1 einbezogen.
>
> **Beurteilung**
> U1 kann U2 nicht gem. § 290 HGB beherrschen. Es liegt keine Mutter-Tochter-Beziehung i.S.d. § 290 HGB vor. Ein befreiender Konzernabschluss gem. § 291 HGB durch U1 für U2 kann nicht aufgestellt werden. Eine Befreiung für U3 scheidet damit aber ebenfalls aus.

Der inländische Teilkonzern bzw. das untergeordnete MU muss **nach den Vorschriften des HGB zur Konzernrechnungslegung verpflichtet** sein (**sog. Pflicht-Konzernabschluss**). Eine solche Verpflichtung ergibt sich dann, wenn das MU unter Einbezug des/der TU die Größenklassen nach § 293 HGB überschreitet. Hinzuweisen ist, dass die VO (EG) Nr. 1606/2002 des Europäischen Parlaments und des Rates vom 19.7.2002 betreffend die Anwendung internationaler Rechnungslegungsstandards (ABl. EG Nr. L 243 S. 1) keine eigenständige Konzernrechnungslegungspflicht festlegt, da diese nach h.M.[15] nach dem jeweiligen nationalen Recht zu prüfen ist.
Sofern der inländische Teilkonzern nicht zur Konzernrechnungslegung verpflichtet ist, ist auch die Befreiungsnorm des § 291 HGB ohne Bedeutung.
Inländische Gleichordnungskonzerne erfüllen insoweit nicht die Voraussetzungen des § 290 HGB, da für solche Konzerne auch keine Pflicht zur Konzernrechnungslegung besteht (§ 290 Rz 23).[16] Eine Befreiungsnotwendigkeit entfällt daher in diesen Fällen ebenfalls.

---

14 Vgl. Giese/Rabenhorst/Schindler, BB 2001, S. 513.
15 Vgl. Grottel/Kreher, in Beck Bil-Komm., 14. Aufl. 2024, § 315e HGB Rz 5.
16 Der deutsche Gesetzgeber hat bereits das in Art. 12 der 7. EG-RL vorgesehene Mitgliedstaatenwahlrecht nicht in nationales Recht umgesetzt.

> **Praxis-Beispiel 4**
> A ist mit Mehrheit an U1 und U2 beteiligt, wobei U1 und U2 inländische Teilkonzerne sind. Für den Gleichordnungskonzern U1 / U2 stellt A für Bankenzwecke einen Konzernabschluss auf.
>
> **Beurteilung**
> Da A nicht die Unternehmenseigenschaft erfüllt, liegt keine Mutter-Tochter-Beziehung zu U1 bzw. U2 vor. Daher befreit der aufgestellte Gleichordnungs-Konzernabschluss nicht die Konzerne U1 und U2.

Der vom untergeordneten MU angewandte Konzernrechnungslegungsstandard (HGB oder IFRS) ist ebenfalls ohne Bedeutung für die Befreiungsnorm des § 291 HGB. Denn sofern eine Konzernrechnungslegungspflicht dem Grunde nach besteht, kann die Befreiung auch für solche inländische MU wirken, die
- nur nach handelsrechtlichen Vorschriften einen Konzernabschluss aufstellen oder
- anstelle eines nach handelsrechtlichen Vorschriften aufgestellten Konzernabschlusses freiwillig einen den internationalen Rechnungslegungsstandards entsprechenden Konzernabschluss aufstellen (§ 315e Abs. 3 HGB).

§ 291 HGB kann demnach sowohl von einem HGB-Konzernabschluss als auch von einem IFRS/IAS-Konzernabschluss befreien. Dies gilt jedoch nicht, sofern die IFRS/IAS-Rechnungslegungsstandards gem. § 315e Abs. 1 HGB zwingend anzuwenden sind (§ 315e Rz 7).[17]

2.1.1 Konzernverflechtung

9   Der Wortlaut des § 291 Abs. 1 Satz 1 HGB **verlangt zusätzlich**, dass zwischen dem inländischen zu befreienden MU und dem übergeordneten MU, das den befreienden Konzernabschluss aufstellt, **eine Mutter-Tochter-Beziehung** besteht. Es reicht aus, dass diese nur am Stichtag des zu befreienden MU vorliegt und nicht das ganze Gj bestanden hat. Ein dauerhafter Bestand der Mutter-Tochter-Beziehung ist daher nicht erforderlich.

Nicht erforderlich ist, dass es sich bei dem übergeordneten MU um das der nächsthöheren Konzernstufe handelt. Die Befreiung nach § 291 HGB gilt somit auch bei einem Gesamt-Konzernabschluss. Damit kann es sich um eine **weitere unmittelbare** oder **mittelbare Mutter-Tochter-Beziehung** handeln.

Ob dieses Kriterium nach innerstaatlichem Recht zu beurteilen ist oder nach ausländischem Recht des Sitzstaates des übergeordneten MU, ist fraglich. Dabei ist aber zu bedenken, dass die Vorschrift des § 291 HGB EU-Recht in nationales Recht transformiert, so dass m.E. darauf abzustellen ist, ob ein zu befreiendes MU gleichzeitig TU eines übergeordneten MU nach dem für das obere MU geltenden nationalen Recht ist.[18] Bei übergeordneten MU mit Sitz im Inland gilt somit als Beurteilungsmaßstab § 290 HGB. Andernfalls gilt das

---

[17] Sofern ein IFRS-Konzernabschluss nach § 315e Abs. 1 HGB zu erstellen ist, ist eine Befreiung nach § 291 Abs. 3 Nr. 1 HGB nicht möglich (Rz 10).
[18] Vgl. zum Recht des jeweiligen Sitzstaats des übergeordneten MU, ADS, Rechnungslegung und Prüfung der Unternehmen, 6. Aufl. 1995–2001, § 291 HGB Rz 13; Grottel/Kreher, in Beck Bil-Komm., 14. Aufl. 2024, § 291 HGB Rz 20 m.w.N.

Recht des jeweiligen Sitzstaates der EU/des EWR. Daraus ergibt sich, dass im Einzelfall eine unterschiedliche Beurteilung je nach Betrachtung möglich ist, so dass z. B. nach ausländischem Recht eine Mutter-Tochter-Beziehung gegeben, während dies nach innerstaatlichem Recht zu verneinen ist. Daneben ist denkbar, dass die Voraussetzungen einer Mutter-Tochter-Beziehung zwar nach den anzuwendenden Konzernrechnungslegungsstandards vorliegen, wohl aber keine entsprechende Beziehung i. S. d. § 291 HGB durch Beherrschung besteht.

Praxis-Beispiel 5
U1 ist ohne Beherrschungsmöglichkeit an U2 beteiligt, wobei U1 und U2 inländische Teilkonzerne sind. Allerdings besteht eine faktische Beherrschungsmöglichkeit über die HV-Präsenzmehrheit der U1 bei der U2. Daneben stellt U1 einen IFRS-Konzernabschluss nach § 315e Abs. 1 HGB auf, in der U2 einbezogen wird.

Beurteilung
Durch die Einbeziehung der U2 in den Konzernabschluss der U1 wird den Informationsinteressen der übrigen Anteilseigner der U2 angemessen Rechnung getragen. Daher bejaht der HFA des IDW in einem derartigen Fall die Befreiung nach § 291 HGB, obwohl keine Mutter-Tochter-Beziehung vorliegt.[19]
Hinzuweisen ist, dass sich im Zuge der Annäherung der Anwendungsvoraussetzungen von § 290 HGB i. d. F. BilMoG und von IFRS 10 nur noch geringe Anwendungsfälle ergeben, in denen trotz Fehlen einer Mutter-Tochter-Beziehung gleichwohl eine Befreiung nach § 291 HGB durch bloße Einbeziehung in Betracht kommt.

Das **zu befreiende MU kann** auch **in mehrfacher Hinsicht in einer Mutter-Tochter-Beziehung** stehen. So können mehrere übergeordnete MU über die verschiedenen Beherrschungstatbestände des § 290 HGB mit dem zu befreienden MU verbunden sein. Bei einem **Gleichordnungskonzern** ohne Mutter-Tochter-Beziehung besteht grds. kein Anwendungsfall des § 291 HGB. Wegen der Maßgeblichkeit der nationalen Vorschriften zur Beurteilung einer Mutter-Tochter-Beziehung kann nach der hier vertretenen Auffassung auch ein in Übereinstimmung mit nationalen Regelungen aufgestellter **Gleichordnungskonzernabschluss eines in einem anderen EU-/EWR-Staat** ansässigen MU geeignet sein, eine Befreiung zu bewirken, auch wenn dies für deutsche Gleichordnungskonzernabschlüsse nicht gilt.
Eine **Mutter-Tochter-Beziehung liegt nicht** vor, wenn
- ohne Vorliegen der Voraussetzungen des § 290 HGB freiwillig ein Konzernabschluss aufgestellt wird,[20]
- die Verbindung in der Form eines Gleichordnungskonzerns eines im Inland ansässigen übergeordneten MU besteht, sofern die Voraussetzungen des § 290 HGB nicht vorliegen,[21]

---

19 Vgl. HFA FN 2005, S. 583.
20 Vgl. ADS, Rechnungslegung und Prüfung der Unternehmen, 6. Aufl. 1995–2001, § 291 HGB Rz 10.
21 Vgl. ADS, Rechnungslegung und Prüfung der Unternehmen, 6. Aufl. 1995–2001, § 291 HGB Rz 16.

- die Verbindung in der Form eines GemeinschaftsUnt besteht oder
- die Verbindung in der Form eines assoziierten Unt besteht.

Die Vorschrift des § 291 HGB setzt hinsichtlich des den befreienden Konzernabschluss aufstellenden MU wie auch § 290 HGB ein Unt voraus.[22]
Im Unterschied zu § 290 HGB (§ 290 Rz 8) wird hierbei jedoch **keine bestimmte Rechtsform für das den befreienden Konzernabschluss aufstellende (übergeordnete) MU** gefordert.[23] Aus den Gesetzesmaterialien[24] lässt sich jedoch entnehmen, dass als Bedingung für die Befreiung von der Teilkonzernrechnungslegungspflicht das den befreienden Konzernabschluss aufstellende Unt auch in der Rechtsform einer KapG geführt werden könnte und in diesem Fall zur Konzernrechnungslegung verpflichtet wäre.

10 Das **übergeordnete MU muss seinen Sitz in einem EU-/EWR-Staat** haben (§ 291 Abs. 1 Satz 1 HGB). Neben den Staaten der EU sind dies die Staaten des EWR (Island, Liechtenstein, Norwegen). Der Anwendungsbereich des § 291 HGB (Befreiung) erstreckt sich damit aber auch auf Konzernabschlüsse von MU mit Sitz im Inland, da auch diese Unt ihren Sitz in einem EU-Staat (Deutschland) haben.[25] Die Voraussetzung kann ggf. durch Gründung einer Zwischenholding in einem EU/EWR-Staat erreicht werden.

2.1.2 Anforderungen an den befreienden Konzernabschluss

11 **Der Konzernabschluss und der Konzernlagebericht, sofern dies dem Recht** des übergeordneten MU entspricht, sind **nach dem für dieses Unt maßgeblichen Recht aufzustellen** und von einem Abschlussprüfer **zu prüfen** (Rz 17–Rz 20) und in deutscher Sprache **offenzulegen** (Rz 13).
Eine befreiende Wirkung des Konzernabschlusses ist jedoch **nicht davon abhängig**, ob eine **gesetzliche Verpflichtung zur Aufstellung** eines Konzernabschlusses für das übergeordnete MU im Sitzstaat existiert. Dies ergibt sich auch daraus, dass Abs. 2 Nr. 2 für eine Befreiung ebenfalls erfordert, dass der befreiende Konzernabschluss dem Recht entsprechen muss, das für den Konzernabschluss des übergeordneten MU gilt **und** mit den Anforderungen der 7. EG-RL übereinstimmt (§ 292 Rz 8).[26] Sofern daher in dem betreffenden Mitgliedstaat keine entsprechenden gesetzlichen Regelungen existieren, ist es ausreichend, wenn das befreiende MU freiwillig einen Konzernabschluss in Entsprechung mit der 7. EG- RL aufstellt.[27]
Problematisch ist die Bestimmung der Aufstellung des befreienden Konzernabschlusses in Übereinstimmung mit der 7. EG-RL dann, soweit das nationale Recht nicht an die 7. EG-RL angepasst wurde und aus diesem Grund eine Befreiung bezweifelt wird.[28]

---

[22] Zum Unternehmensbegriff vgl. Petersen/Zwirner, DB 2008, S. 481.
[23] Vgl. Grottel/Kreher, in Beck Bil-Komm., 14. Aufl. 2024, § 291 HGB Rz 6.
[24] Vgl. BT-Drs 10/4268 S. 113. Fraglich ist aber, ob diese Ansicht des Gesetzgebers unter Berücksichtigung der Herkunft und Entstehung der Norm konform mit 7. EG-RL und damit rechtmäßig ist.
[25] Vgl. ADS, Rechnungslegung und Prüfung der Unternehmen, 6. Aufl. 1995–2001, § 291 HGB Rz 9.
[26] Dementsprechend wird auf das jeweils nationale Recht des Mitgliedstaates verwiesen, in dem das MU seinen Sitz hat.
[27] Vgl. ADS, Rechnungslegung und Prüfung der Unternehmen, 6. Aufl. 1995–2001, § 291 HGB Rz 38.
[28] Vgl. ADS, Rechnungslegung und Prüfung der Unternehmen, 6. Aufl. 1995–2001, § 291 HGB Rz 38.

Dem Wortlaut des Wahlrechts in § 291 HGB kann entnommen werden, dass ein **12** befreiender Konzernabschluss **auf den Stichtag des zu befreienden inländischen (Teilkonzern-)MU** aufzustellen ist, da § 291 Abs. 1 Satz 1 HGB an dessen Verpflichtung zur Aufstellung eines Konzernabschlusses inkl. Konzernlageberichts und damit (wenn auch nicht explizit genannt) an dessen Konzernabschlussstichtag anknüpft. Dies ist auch vom Gesetzeszweck gedeckt, Dritten gegenüber ein adäquates Informationsinstrument in Form eines übergeordneten befreienden Konzernabschluss zu bieten. Dies kann m. E. nur durch einen befreienden Konzernabschluss – unabhängig von dessen rechtlicher Qualität (freiwillig oder verpflichtend) – auf den Konzernabschlussstichtag des zu befreienden MU erreicht werden. Daraus folgt, dass ein übergeordnetes MU auch bei einem unterjährigen Erwerb eines zu befreienden Teilkonzerns ggf. auf diesen Stichtag einen freiwilligen befreienden Konzernabschluss aufstellen muss, um den erworbenen Teilkonzern zu befreien. **Keine Rolle spielt** daher, ob die Kosten der Aufstellung eines solchen Konzernabschlusses den entsprechenden Nutzen bzw. Informationsgehalt rechtfertigen, so dass darauf nicht verzichtet werden kann. Eine spezielle Befreiungs- bzw. Erleichterungsnorm wie im Fall der Aufstellung von Konzernabschlüssen (§ 296 HGB) ist vom Gesetzgeber nicht vorgesehen. Auch scheidet eine analoge Anwendung entsprechender Vorschriften mangels Ähnlichkeit der Sachverhalte aus. Denn der Gesetzgeber sieht in § 291 HGB ein Instrument zur allgemeinen Befreiung von der Konzernrechnungslegung und nicht nur ein Instrument zur Erleichterung der Einbeziehung wie bei § 296 HGB.[29]

Eine Befreiung kommt **nur dann** in Betracht, wenn der **Konzernabschluss und** **13** **Konzernlagebericht einschl. des Bestätigungsvermerks** oder des Vermerks über dessen Versagung **nach den für den entfallenden Konzernabschluss und Konzernlagebericht maßgeblichen Vorschriften in deutscher oder in englischer Sprache offengelegt** wird (§ 291 Abs. 1 Satz 1 HGB i.d.F. ARUG II). Eine Umrechnung des befreienden Konzernabschlusses in EUR ist dabei ebenso wenig erforderlich wie die Beglaubigung der Übersetzung der Konzernabschlussoffenlegungsunterlagen eines ausländischen übergeordneten MU.[30] Mit **maßgeblichen Vorschriften** meint der Gesetzgeber die Vorschriften der §§ 325 ff. HGB. Die Offenlegung des ausländischen Konzernabschlusses hat hierbei im Namen des befreiten MU für Unterlagen ab dem Gj 2022 im Unternehmensregister zu erfolgen.[31] Hierdurch wird die andernfalls bestehende Verpflichtung zur Offenlegung des Konzernabschlusses nach § 325 Abs. 3 HGB ersetzt. Die Unterlagen sind elektronisch spätestens bis zum Ablauf von 12 Monaten des dem Konzernabschlussstichtag des zu befreienden MU nachfolgenden Gj an die das Unternehmensregister führende Stelle zu übermitteln (§ 325 Abs. 1 Satz 2 HGB).

Sofern der Abschlussstichtag des zu befreienden MU und der des Konzernabschlusses voneinander abweichen, ist daher der Stichtag des zu befreienden MU für die Offenlegungsfrist maßgeblich.[32]

---

29 Ebenso Petersen, WPg 2019, S. 339; a. A. Hargarten/Rabenhorst/Schieler, WPg 2016, S. 1343 f., die überwiegend ökonomisch bzw. unter Verweis auf den geringen Informationsgehalt von Teilkonzernabschlüssen argumentieren.
30 Vgl. ADS, Rechnungslegung und Prüfung der Unternehmen, 6. Aufl. 1995–2001, § 291 HGB Rz 21.
31 Vgl. Grottel/Kreher, in Beck Bil-Komm., 14. Aufl. 2024, § 291 HGB Rz 11.
32 Zur h. M. vgl. statt vieler ADS, Rechnungslegung und Prüfung der Unternehmen, 6. Aufl. 1995–2001, § 291 HGB Rz 23.

Dabei kann sich die Offenlegungsfrist auf neun Monate reduzieren, wenn der Stichtag des übergeordneten MU drei Monate nach dem Stichtag des zu befreienden Konzernabschluss (z. B. nach § 299 Abs. 2 HGB) liegt.[33]

3 Besondere Voraussetzungen für die Befreiung (Abs. 2)

3.1 Einbeziehung des inländischen Teilkonzerns (Abs. 2 Nr. 1)

14 Der befreiende Konzernabschluss darf grds. frei nach dem Recht des Sitzstaates des übergeordneten MU aufgestellt werden (§ 291 Abs. 2 Satz 1 Nr. 2 HGB), jedoch mit der Einschränkung für den KonsKreis, wonach das zu befreiende MU und seine TU in den befreienden Konzernabschluss aufzunehmen sind, es sei denn, es liegt ein Grund vor, aufgrund dessen z. B. nach § 296 HGB auf deren Einbeziehung verzichtet werden könnte.

Ob eine Ausnahme von der Befreiung nach § 296 HGB aus Sicht des zu befreienden MU oder des übergeordneten MU zu erfolgen hat, ist angesichts des Wortlauts von Abs. 2 Nr. 1 umstritten.[34] Nach Sinn und Zweck der Norm ist eine über den Wortlaut hinausgehende Auslegung geboten, sodass die h. M. die Perspektive des übergeordneten MU zulässt.[35] Insoweit gilt, dass das KonsWahlrecht bei der Aufstellung des befreienden Konzernabschlusses neu ausgeübt werden kann und ggf. auch muss. Zweifelhaft ist jedoch, ob dies auch für die Nichteinbeziehung des zu befreienden MU selbst gilt, da sich § 296 HGB in Bezug auf den Anwendungsbereich nur auf TU erstreckt.[36]

15 Das Erfordernis eines Mutter-Tochter-Verhältnisses hat zur Folge, dass als Art der Einbeziehung lediglich die Vollkonsolidierung in Betracht kommt. Die anteilsmäßige Konsolidierung (§ 310 HGB) oder die Konsolidierung nach der Equity-Methode (§§ 311, 312 HGB) sind daher ausgeschlossen.[37]

Erst recht ist damit die befreiende Wirkung eines IFRS-Abschlusses einer Investmentgesellschaft i. S. d. IFRS 10.27 für ihre grds. zur Teilkonzernrechnungslegung verpflichteten TU zu versagen. Denn Investmentgesellschaften sind in der Praxis häufig Beteiligungsgesellschaften, deren Beteiligungen mit dem beizulegenden Wert einbezogen werden. Dies entspricht einer Konsolidierung nach der Equity-Methode. Daher fehlt es auch hier an einer Einbeziehung der TU im Sinne einer Vollkonsolidierung.[38]

16 Eine Einbeziehung ist nicht mehr gegeben, wenn das zu befreiende MU am Abschlussstichtag des übergeordneten MU nicht mehr in einem Mutter-Tochter-Verhältnis besteht und daher das zu befreiende MU am Abschlussstichtag des übergeordneten MU entkonsolidiert wurde.[39]

Sofern das übergeordnete MU den befreienden Konzernabschluss auf einen abweichenden späteren Stichtag aufstellt, muss das Mutter-Tochter-Verhältnis auch

---

[33] Vgl. Petersen, WPg 2019, S. 342.
[34] Vgl. ADS, Rechnungslegung und Prüfung der Unternehmen, 6. Aufl. 1995–2001, § 291 HGB Rz 34.
[35] Vgl. IDW, WPH Edition, Wirtschaftsprüfung & Rechnungslegung, 18. Aufl. 2023, Kap. G Tz 98.
[36] Erhebliche rechtliche Bedenken gegen die Möglichkeit, auf die Einbeziehung des zu befreienden MU zu verzichten, bestehen daher nach ADS, Rechnungslegung und Prüfung der Unternehmen, 6. Aufl. 1995–2001, § 291 HGB Rz 35; a. A. Grottel/Kreher, in Beck Bil-Komm., 14. Aufl. 2024, § 291 HGB Rz 17 m. w. N.
[37] Vgl. Petersen, WPg 2019, S. 339.
[38] IDW, WPH Edition, Wirtschaftsprüfung & Rechnungslegung, 18. Aufl. 2023, Kap. G Tz 99.
[39] Vgl. Grottel/Kreher, in Beck Bil-Komm., 14. Aufl. 2024, § 291 HGB Rz 17.

noch bis zu diesem Stichtag fortdauern. Hinsichtlich der ggf. bestehenden Notwendigkeit von Zwischenabschlüssen wird für den Inlandsfall auf § 299 HGB bzw. für den Auslandsfall auf die entsprechende nationale Regelung verwiesen.[40]

3.2 Aufstellung und Prüfung des befreienden Konzernabschlusses (Abs. 2 Nr. 2)

Der befreiende Konzernabschluss muss nach § 291 Abs. 2 Nr. 2 HGB dem Recht entsprechen, das für den Konzernabschluss des übergeordneten MU gilt, und mit den Anforderungen der Richtlinie 2013/34/EU (Bilanzrichtlinie, vorher 7. EG-RL) übereinstimmen (**Alternative 1**) oder in Einklang mit den in § 315e Abs. 1 HGB bezeichneten internationalen Rechnungslegungsstandards aufgestellt (**Alternative 2**) und zusätzlich im Einklang mit der Richtlinie 2006/43/EG (Abschlussprüfer-Richtlinie) geprüft werden. Ein nach den von der EU übernommenen IFRS aufgestellter Konzernabschluss hat somit ebenfalls befreiende Wirkung. Die Verwendung anderer internationaler Rechnungslegungsstandards bei § 291 HGB ist hingegen ausgeschlossen. Dies gilt somit für die vom IASB veröffentlichten, jedoch noch nicht von der EU übernommenen IFRS-Standards.[41]

Das Aufstellungserfordernis, wonach der befreiende Konzernabschluss in Einklang mit der Bilanzrichtlinie stehen muss, beinhaltet, dass der Konzernabschluss sowohl materiell als auch formell mit dem Recht des Sitzstaates des oberen (befreienden) MU übereinstimmen muss. Für eine KapG mit Sitz im Inland als übergeordnetes MU wird dies ohne Zweifel gegeben sein.

Bei Aufstellung eines befreienden Konzernabschlusses in Einklang mit § 315e Abs. 1 HGB durch ein inländisches MU sind daher die weiteren in § 315e Abs 1 HGB genannten Vorschriften zu beachten.[42] Soweit das nationale Recht auch mit den Anforderungen der Bilanzrichtlinie übereinstimmt, kann von einer Gleichwertigkeit des übergeordneten Konzernabschlusses ausgegangen werden. Dies könnte aber schon für ein MU mit Sitz in einem Staat der EWR, der nicht EU-Mitglied ist, anders zu bewerten sein.[43]

Im Falle, dass das übergeordnete MU mit Sitz in einem EU-/EWR-Staat freiwillig und ggf. zusätzlich zum national anzuwendenden Recht einen befreienden Konzernabschluss z.B. nach deutschen Rechtsnormen aufstellt, wird ebenfalls eine Befreiungswirkung für möglich gehalten. Der Verweis in § 291 Abs. 2 Satz 1 Nr. 2 HGB auf das jeweilige Landesrecht soll dem nicht entgegenstehen.[44]

Ein **nach dem PublG aufgestellter befreiender Konzernabschluss** muss gleichfalls mit den Anforderungen der Bilanzrichtlinie im Einklang stehen. Klarstellend ist insoweit § 13 Abs. 3 Satz 3 PublG, wonach der aufgestellte Konzernabschluss nur dann befreiende Wirkung hat, wenn das befreite TU, das gleichzeitig MU ist, diese Erleichterungen für seinen Konzernabschluss hätte in Anspruch nehmen können. Tochterkapitalgesellschaften bzw. TU i.S.v. § 264a HGB, die wiederum

---

[40] Vgl. Petersen, WPg 2019, S. 339.
[41] Vgl. Petersen, WPg 2019, S. 337.
[42] Vgl. Küting/Hayn, BB 1995, S. 668. Somit kommt in dem befreienden Konzernabschluss eine Bewertung auf Basis von Wiederbeschaffungskosten wie eine Begrenzung der Zwischenergebniseliminierung auf Beteiligungsquoten oder der Ausschluss der Quotenkons für GemeinschaftsUnt in Betracht.
[43] Vgl. IDW, WPH Edition, Wirtschaftsprüfung & Rechnungslegung, 18. Aufl. 2023, Kap. G Tz 101 m.w.N.; Petersen, WPg 2019, S. 340.
[44] Vgl. Petersen, WPg 2019, S. 340.

MU sind, können daher nur dann die Befreiung nach § 291 HGB durch einen übergeordneten, nach dem PublG aufgestellten Konzernabschluss in Anspruch nehmen, wenn das MU die in § 13 Abs. 3 Satz 3 PublG genannten Offenlegungswahlrechte nicht in Anspruch nimmt.

18 Die Befreiung hängt weiter davon ab, dass der nach dem Recht des Sitzstaates des übergeordneten MU aufgestellte Konzernabschluss von einem zugelassenen Abschlussprüfer geprüft wurde. Dies gilt auch dann, wenn das befreiende MU ansonsten (z. B. nach dem jeweils geltenden Recht eines EU-/EWR-Staates) nicht zur Prüfung verpflichtet ist.[45]

Bei einem im Inland ansässigen, den befreienden Konzernabschluss aufstellenden MU ist dies erfüllt, wenn die Prüfung durch einen Wirtschaftsprüfer oder eine WPG erfolgt ist (§ 319 Abs. 1 Satz 1 HGB). Das in einem EU-/EWR-Staat ansässige, den befreienden Konzernabschluss aufstellende MU hat diesen durch einen Abschlussprüfer prüfen zu lassen, der nach den jeweiligen in Übereinstimmung mit der 8. EG-RL erlassenen nationalen Vorschriften hierzu befugt ist. Fraglich ist, ob die befreiende Wirkung davon abhängt, ob die Prüfung zu einem uneingeschränkten Bestätigungsvermerk geführt hat. Nach bisheriger h. M.[46] im Schrifttum mit Verweis auf den Wortlaut des § 291 Abs. 2 Satz 1 Nr. 2 HGB kam einem Bestätigungsvermerk mit einer Einschränkung gleichwohl befreiende Wirkung zu. Da die Neufassung der Regelung weiterhin nur von einer Prüfung als Anforderung spricht, kann m. E. von der Fortgeltung dieser Auffassung für das BilRUG ausgegangen werden. Sofern ein Versagungsvermerk erteilt wurde, wird jedoch danach differenziert, ob die Versagung zum Ausdruck bringt, dass der befreiende Konzernabschluss nach den Gesamtumständen nicht mehr als in Übereinstimmung mit der Bilanzrichtlinie aufgestellt angesehen werden kann.[47] In diesem Fall soll eine Versagung keine befreiende Wirkung haben. Von einer mangelnden Übereinstimmung in diesem Sinne kann insoweit ausgegangen werden, wenn ein Versagungsvermerk durch den Abschlussprüfer wegen fehlender bzw. nicht beurteilbarer Going-Concern-Prämisse erteilt wird.

3.3 Aufstellung und Prüfung des befreienden Konzernlageberichts (Abs. 2 Nr. 3)

19 Mit dem BilRUG wurde Nr. 2 der bisherigen Fassung in 2 Nummern aufgeteilt, um den Konzernabschluss und den Konzernlagebericht getrennt zu behandeln, ohne dass sich daraus wesentliche inhaltlich Konsequenzen ergeben würden. Nach § 291 Abs. 2 Satz 1 Nr. 3 hat ein befreiender Konzernlagebericht dem Recht zu entsprechen, das für den Konzernabschluss des übergeordneten MU gilt, und mit den Anforderungen der RL 2013/34/EU (Bilanzrichtlinie) übereinzustimmen und in Einklang mit RL 2006/43/EG geprüft zu werden. Damit wird die befreiende Wirkung des Konzernlageberichts ab dem Gj 2016 davon abhängig gemacht, dass für den Konzernlagebericht als Berichtsbestandteil eines Konzernabschlusses eine originäre Verpflichtung zur Aufstellung nach dem Recht des übergeordneten MU besteht. Nur in diesem Fall besteht eine weitere

---

[45] Vgl. Petersen, WPg 2019, S. 341.
[46] Vgl. ADS, Rechnungslegung und Prüfung der Unternehmen, 6. Aufl. 1995–2001, § 291 HGB Rz 41; ebenso Grottel/Kreher, in Beck Bil-Komm., 14. Aufl. 2024, § 291 HGB Rz 23 m. w. N.
[47] Ähnlich differenzierend auch Petersen, WPg 2019, S. 341; Hinweis: Beachte aber die andersartige Regelung in § 292 HGB, wonach ein Versagungsvermerk nicht ausreichen soll; vgl. § 292 Rz 4, Rz 15.

materielle und formelle Übereinstimmungspflicht dieses Berichtsinstruments mit dem Recht des übergeordneten MU hinsichtlich Aufstellung und Prüfung. Dies bedeutet, dass ein inländisches übergeordnetes MU einen Konzernlagebericht nach deutschem Recht aufzustellen hat. Die Grundsätze ordnungsgemäßer Lageberichterstattung sind dabei zu beachten.[48]
Mangels genereller Prüfungspflicht für einen Konzernlagebericht bleibt die Regelung damit hinter der allgemeinen (strengen) deutschen Regelung für deutsche Konzernabschlüsse **und** Konzernlageberichte zurück. Dort, wo keine Aufstellungs- und ggf. Prüfungspflicht für einen Konzernlagebericht verlangt wird, genügt es, dass der übergeordnete Konzernabschluss den Anforderungen des Rechts entspricht, das für das übergeordnete MU gilt. Damit wird mit Blick auf das gesetzgeberische Ziel erreicht, dass auch „reine" IFRS-Abschlüsse als befreienden Konzernabschluss in Betracht kommen, wenn die für das übergeordnete MU geltenden nationalen Vorgaben keine weiteren Pflichten hinsichtlich eines Konzernlageberichts enthalten.[49]

> **Praxis-Beispiel 6**
> Ein deutsches übergeordnetes MU hat insoweit weiterhin einen Konzernlagebericht nach deutschem Recht aufstellen und prüfen zu lassen, damit dem übergeordneten Konzernabschluss befreiende Wirkung nach § 291 HGB für einen untergeordneten Teil-Konzernabschluss zukommt, während dies nach dem Recht eines anderen Staates der EU/des EWR ggf. nicht erforderlich ist.

Unter der Annahme der Pflicht zur Aufstellung eines Konzernlageberichts des übergeordneten MU beinhaltet das Aufstellungserfordernis, dass der Konzernabschluss sowohl materiell als auch formell mit dem Recht des Sitzstaates des oberen MU übereinstimmen muss.[50] Soweit das nationale Recht auch mit den Anforderungen der Bilanzrichtlinie übereinstimmt und entsprechend geprüft wurde, kann von einer Gleichwertigkeit des übergeordneten Konzernabschlusses ausgegangen werden. Dies könnte aber schon für ein MU mit Sitz in einem Staat der EWR, der nicht EU-Mitglied ist, anders zu bewerten sein.[51]

3.4 Angabepflicht beim zu befreienden inländischen Mutterunternehmen (Abs. 2 Nr. 4)

Im Anhang des Jahresabschlusses des zu befreienden MU müssen folgende Angaben gemacht werden, damit der aufgestellte Konzernabschluss des übergeordneten MU befreiende Wirkung entfaltet:
- Name und Sitz des Unt, das den befreienden Konzernabschluss und Konzernlagebericht aufstellt,
- einen Hinweis auf die Befreiung von der Verpflichtung, einen Konzernabschluss und einen Konzernlagebericht aufzustellen,

---

[48] Vgl. Petersen, WPg 2019, S. 340.
[49] Vgl. BT-Drs. 18/5256 S. 88.
[50] Vgl. Küting/Hayn, BB 1995, S. 668. Somit kommt in dem befreienden Konzernabschluss eine Bewertung auf Basis von Wiederbeschaffungskosten wie eine Begrenzung der Zwischenergebniseliminierung auf Beteiligungsquoten oder der Ausschluss der QuotenKons für GemeinschaftsUnt in Betracht.
[51] Vgl. IDW, WPH Edition, Wirtschaftsprüfung & Rechnungslegung, 18. Aufl. 2023, Kap. G Rz 103.

- eine Erläuterung der im befreienden Konzernabschluss vom deutschen Recht abweichend angewandten Bilanzierungs-, Bewertungs- und Konsolidierungsmethoden.

Diese Angaben dienen der Information der Minderheiten in dem von der Konzernrechnungslegung befreiten Teilkonzern. Die zusätzlichen Erläuterungen zur Bilanzierung sollen insb. diese Abschlussadressaten im Fall eines nach ausländischem Recht aufgestellten befreienden Konzernabschlusses über die **wesentlichen** Bilanzierungsunterschiede in Kenntnis setzen. Für den Umfang der Erläuterung wird hierbei auf die nach § 313 Abs. 1 Satz 2 Nr. 1 und 3 HGB üblicherweise im Konzernanhang gegebenen Erläuterungen verwiesen (§ 313 Rz 52 ff., Rz 60 ff.). Allerdings wird eine solche Erläuterung in der Praxis nur eine allgemeine Darstellung der Abweichungen umfassen. Quantitative Angaben sind nicht erforderlich. Für den Fall, dass der befreiende Konzernabschluss nach den IFRS, die von der EU übernommen wurden, aufgestellt wurde, besteht nach h. M. keine weitere Erläuterungspflicht. Das IDW empfiehlt in diesen Fällen, in den Jahresabschluss des zu befreienden MU einen Hinweis auf die Verwendung der EU-IFRS im befreienden Konzernabschluss aufzunehmen.[52]

Handelt es sich bei dem zu befreienden MU um eine Kleinst-KapG, sind die Angabepflichten in Ermangelung eines Anhangs unter der Bilanz aufzunehmen, wenngleich solche Fälle wegen der gesetzlichen Klassifikation von Holdinggesellschaften oder Unternehmensbeteiligungsgesellschaften als kleine KapG selten vorkommen dürften.[53]

22 Die Angabepflicht gem. § 291 Abs. 2 Satz 1 Nr. 4 HGB beim zu befreienden inländischen MU gilt auch dann, wenn hierbei die Vorschrift § 264 Abs. 3 HGB bzw. § 264b HGB genutzt wird. Auf die Angaben kann mangels Deckungsgleichheit und nach dem Gesetzeszweck nicht verzichtet werden. Soweit das zu befreiende inländische MU demnach zulässigerweise keinen Anhang erstellt, sind gleichwohl die Angabepflichten für die Befreiungswirkung unter der Bilanz des untergeordneten MU aufzunehmen.[54]

3.5 Besonderheiten bei Kreditinstituten und Versicherungsunternehmen (Abs. 2 Satz 2)

23 Nach § 291 Abs. 2 Satz 2 HGB gelten die zusätzlichen Anforderungen für die befreiende Wirkung für den Konzernabschluss nach § 291 Abs. 2 Satz 1 HGB auch für KI und VersicherungsUnt. Allerdings schränkt § 291 Abs. 2 Satz 2 2. Hs. HGB das Aufstellungserfordernis nach § 291 Abs. 2 Nr. 2 HGB insoweit ein, als der befreiende Konzernabschluss des übergeordneten MU für einen inländischen Bank-/Versicherungs-Teilkonzern in Einklang mit der Bankbilanz- bzw. Versicherungsbilanz-RL stehen muss.

---

[52] Vgl. IDW, WPH Edition, Wirtschaftsprüfung & Rechnungslegung, 18. Aufl. 2023, Kap. G Tz 108.
[53] Vgl. Petersen, WPg 2019, S. 341.
[54] Zutreffend Petersen, WPg 2019, 342; Grottel/Kreher, in Beck Bil-Komm., 14. Aufl. 2024, § 291 HGB Rz 28.

4 Ausnahmen von der Befreiung (Abs. 3)

4.1 Inanspruchnahme eines organisierten Marktes (Abs. 3 Nr. 1)

Ein befreiender Konzernabschluss eines übergeordneten MU kann nicht aufgestellt werden, wenn das zu befreiende MU einen organisierten Markt i. S. d. § 2 Abs. 11 WpHG durch von ihm ausgegebene Wertpapiere i. S. d. § 2 Abs. 1 WpHG am Abschlussstichtag in Anspruch nimmt. 24
Voraussetzung für die Versagung der befreienden Wirkung ist demnach, dass
- Wertpapiere i. S. d. § 2 Abs. 1 WpHG am Abschlussstichtag ausgegeben wurden (Rz 25) und
- dadurch ein organisierter Markt in Anspruch genommen wird (Rz 26).

Eine Befreiung kann demnach aber noch in Anspruch genommen werden, wenn am Abschlussstichtag nur ein Zulassungsantrag bei der zuständigen Börsenaufsicht gestellt wurde. Die Vorschrift in Abs. 3 Nr. 1 ist daher enger als die Definition für kapitalmarktorientierte KapG i. S. v. § 264d HGB.

Wertpapiere i. S. d. Vorschrift des § 2 Abs. 1 WpHG sind 25
- Aktien,
- andere Anteile an in- oder ausländischen juristischen Personen, PersG und sonstige Unt, soweit diese Anteile Aktien vergleichbar sind, sowie Zertifikate, die Aktien vertreten,
- Schuldverschreibungen,
  - insb. Genussscheine und Inhaberschuldverschreibungen und Orderschuldverschreibungen, sowie Zertifikate, die Schuldtitel vertreten,
  - sonstige Wertpapiere, die zum Erwerb oder zur Veräußerung von Wertpapieren nach Nr. 1 und 2 berechtigen oder zu einer Barzahlung führen (Differenzausgleich), die in Abhängigkeit von Wertpapieren, von Währungen, Zinssätzen oder anderen Erträgen, von Waren, Indizes oder Messgrößen bestimmt wird.

Wertpapiere sind daher sowohl nicht-festverzinsliche als auch festverzinsliche Papiere.

Ein **organisierter Markt i. S. d. § 2 Abs. 11 WpHG** ist ein **geregelter Markt gem. Art. 1 Nr. 13 der Wertpapierdienstleistungs-RL**. Diese Definition entspricht inhaltlich derjenigen des Art. 4 Abs. 1 Nr. 14 der **RL über Märkte für Finanzinstrumente**. Für die Befreiung spielt es keine Rolle, ob es sich um einen organisierten Markt im Inland oder in anderen EU/EWR-Staaten ansässige Märkte handelt.[55] **Ein geregelter Markt** ist definiert als ein von einem Marktbetreiber betriebenes und/oder verwaltetes multilaterales System, das die Interessen einer Vielzahl Dritter am Kauf und Verkauf von Finanzinstrumenten innerhalb des Systems und nach seinen nicht diskretionären Regeln in einer Weise zusammenführt oder das Zusammenführen fördert, die zu einem Vertrag in Bezug auf Finanzinstrumente führt, die gem. den Regeln und/oder den Systemen des Marktes zum Handel zugelassen wurden, sowie eine Zulassung erhalten hat und ordnungsgemäß und gem. den Bestimmungen des Titels III der RL 2004/39/EG funktioniert.[56] 26

---

[55] Finanzmarkt-RL 2004/39/EG des Rates, ABl. EU L 145/1 v. 30.4.2004.
[56] Zur Übersicht des geregelten Markts in Deutschland siehe die Übersicht in ABl. EU C 348/9 ff. v. 21.12.2010.

4.2 Minderheitenvotum (Abs. 3 Nr. 2)

27 Die Befreiung kann auch dann nicht in Anspruch genommen werden, wenn Minderheitsgesellschafter die Aufstellung eines (Teil-)Konzernabschlusses beantragen. § 291 Abs. 3 Nr. 2 HGB beinhaltet einen **rechtsformabhängigen Minderheitenschutz** für an dem zu befreienden MU beteiligte Minderheiten.

Andere Gesellschafter können spätestens sechs Monate vor dem Ablauf des Konzern-Gj die Aufstellung eines Konzernabschlusses und eines Konzernlageberichts beantragen, wenn ihnen mindestens 10 % der Anteile an der zu befreienden AG/KGaA bzw. mindestens 20 % der Anteile an der zu befreienden GmbH als MU gehören. Maßgeblich für die vorgenannte Sechs-Monatsfrist zur Antragstellung ist der Stichtag des Konzernabschlusses des unteren MU.[57] Nach dem Ablauf der Frist stattfindende Veräußerungen lassen nicht erneut ein Antragsrecht für den Erwerber unter dem Gesichtspunkt der Wiedereinsetzung in den vorherigen Stand aufleben.[58] Daher ist die Frist eine **materielle Ausschlussfrist**. Sofern hingegen ein Minderheitsgesellschafter fristgerecht die Aufstellung eines Konzernabschlusses beantragt, nach Ablauf der Frist seinen Anteil veräußert und der Erwerber erklärt, er habe kein Interesse an der Aufstellung eines Teil-Konzernabschlusses, muss nach dem Schutzzweck der Rechtsnorm ein Zurückziehen des Antrags durch den Erwerber noch möglich sein. Ein Teil-Konzernabschluss braucht dann nicht aufgestellt werden. Dies gilt ebenso, wenn die gestellten Anträge nach Ablauf der Frist nur ein Votum erzielen, das die Schwellenwerte nicht erreicht.[59] Eigene Anteile sind analog § 16 Abs. 2 Sätze 2, 3 AktG abzuziehen. Umgekehrt ist bei einer 100 %igen Beteiligung des den befreienden Konzernabschluss aufstellenden MU eine Befreiung nach Abs. 1 i.V.m. Abs. 2 generell möglich, sofern die Ausnahme nach Abs. 3 Nr. 1 nicht greift.

Die Beteiligungsverhältnisse beziehen sich auf den Tag des Endes der Sechs-Monatsfrist. Maßgeblich ist die Höhe der zurechenbaren Stimmrechte, die sich entsprechend § 290 Abs. 4 HGB bestimmen lässt.

Für die Zurechnung der Stimmrechte ist entweder auf das rechtliche oder auf das wirtschaftliche Eigentum abzustellen (§ 290 Abs. 2, 3 HGB; § 290 Rz 55 ff.). Da das Gesetz nur von Anteilen im Allgemeinen spricht, ist es zutreffend, die Quote nach § 291 Abs. 3 Nr. 2 HGB unter Einbezug der nicht stimmberechtigten Anteile zu berechnen.[60]

Ein bestimmtes Antragsverfahren ist nicht vorgesehen. Einschlägig und zu beachten sind die gesellschaftsrechtlichen Grundlagen des zu befreienden MU. Inhaltlich gewährt § 291 Abs. 3 Nr. 2 HGB ein sonst gesellschaftsrechtlich nicht vorgesehenes Minderheitenrecht.[61]

Bei einer Beteiligungsquote von mindestens 5 % am Grundkapital einer AG/KGaA besteht nach § 122 Abs. 1 AktG ein Recht auf Einberufung der HV. Das Verlangen ist durch Schreiben an den Vorstand geltend zu machen. In diesem Fall

---

[57] Vgl. Grottel/Kreher, in Beck Bil-Komm., 14. Aufl. 2024, § 291 HGB Rz 33.
[58] Vgl. Grottel/Kreher, in Beck Bil-Komm., 14. Aufl. 2024, § 291 HGB Rz 34.
[59] Vgl. Siebourg, in Küting/Weber, HdK, 2. Aufl. 1998, § 291 HGB Rz 40.
[60] Ebenso Busse von Colbe/Fehrenbacher, in MünchKomm. HGB, 4. Aufl. 2020, § 291 HGB Rz 34.
[61] Hinweis: Nach Sinn und Zweck der Norm ist nach der hier vertretenen Auffassung aber auch ein Ausschluss des Antragsrechts möglich, sofern die Zustimmung der jeweiligen Betroffenen eingeholt wird.

kann die HV sich auch bei antragenden Minderheiten von weniger als 10 % zu einer Aufstellung eines (Teil-)Konzernabschlusses entschließen, sofern die entsprechende Mehrheit von mindestens 10 % ein solches Votum abgibt. Auch ohne eigens eine HV einzuberufen, rechtfertigt eine Anteilshöhe von wenigstens 10 % in diesem Fall das Recht, den Antrag schriftlich dem Vorstand der zu befreienden AG/KGaA zur Kenntnis zu bringen. In diesem Fall ist der Vorstand zur Aufstellung eines (Teil-)Konzernabschlusses verpflichtet.

Bei einer GmbH als zu befreiendes MU greift das Recht, eine GesV einzuberufen, wenn eine Beteiligung von 10 % am Stammkapital besteht (§ 50 Abs. 1 GmbHG). Für Zwecke des § 291 HGB ist jedoch eine Beteiligung von mindestens 20 % erforderlich (§ 291 Abs. 3 Nr. 2 HGB). Im Übrigen gelten die Ausführungen zur AG/KGaA entsprechend. Bei KapCoGes als zu befreiende MU ist vorrangig auf die Bestimmungen im Gesellschaftsvertrag zu achten. Andernfalls ist u. E. im Umkehrschluss bei der AG/KGaA & Co. KG eine Beteiligung von 10 % und bei der GmbH & Co. KG eine Beteiligung von 20 % erforderlich.[62]

Das Antragsrecht ist nach h. M.[63] jedes Jahr neu auszuüben.

5 Publizitätsgesetz

Im Verhältnis zu **nach dem PublG konzernrechnungslegungspflichtigen Unt** gilt § 291 HGB ebenfalls (§ 11 Abs. 6 Satz 1 Nr. 1 PublG). Das befreiende obere MU kann unterschiedlicher Rechtsform sein. Im Übrigen sind die o. g. Voraussetzungen zur Befreiung des handelsrechtlichen Konzernabschlusses mit Ausnahme der unten dargestellten Besonderheiten identisch zu den Befreiungsmöglichkeiten eines Konzernabschlusses nach dem PublG.

28

Praxis-Beispiel 7

U1 ist an U2 mit Mehrheit beteiligt und ein in Frankreich ansässiges BeteiligungsUnt in der Form einer S.a.r.l. (entspricht einer GmbH). U2 ist ein im Inland ansässiger Teilkonzern in der Form einer KG mit einer natürlichen Person als Vollhafter, der nach dem PublG konzernrechnungslegungspflichtig wäre. Es besteht eine Konzernverflechtung nach dem Control-Prinzip gem. § 290 Abs. 2 Nr. 1 HGB. Daneben sind die Größenklassen nach § 293 HGB sowohl nach der Brutto- als auch nach der Nettomethode überschritten.

Beurteilung

U1 kann gem. § 11 Abs. 6 Nr. 1 PublG i. V. m. § 291 HGB einen befreienden Konzernabschluss für den inländischen Teilkonzern aufstellen. Dabei richtet sich der Inhalt des befreienden ausländischen Konzernabschlusses tw. nach dem Inhalt des zu befreienden Konzernabschlusses.[64] Insoweit wäre bei der Offenlegung des ausländischen Konzernabschlusses an die Inanspruchnahme der Erleichterungen nach § 13 Abs. 3 Satz 1 u. § 5 Abs. 5 PublG zu denken.[65]

---

[62] Vgl. Grottel/Kreher, in Beck Bil-Komm., 14. Aufl. 2024, § 291 HGB Rz 36.
[63] Vgl. ADS, Rechnungslegung und Prüfung der Unternehmen, 6. Aufl. 1995–2001, § 291 HGB Rz 47.
[64] S. auch IDW, WPH Edition, Wirtschaftsprüfung & Rechnungslegung, 18. Aufl. 2023, Kap. M Tz 703.
[65] Vgl. ADS, Rechnungslegung und Prüfung der Unternehmen, 6. Aufl. 1995–2001, § 13 PublG Rz 75.

Eine **zusätzliche Einschränkung der allgemeinen Befreiungsvoraussetzungen nach § 291 HGB** ist nach § 13 Abs. 3 Satz 2 PublG zu beachten, wonach die befreiende Wirkung des Konzernabschlusses des **übergeordneten MU, das bestimmte Bilanzierungswahlrechte (§ 13 Abs. 3 Satz 1 und § 5 Abs. 5 PublG) in Anspruch nimmt,** demnach nur dann eintritt, wenn das befreite TU, das gleichzeitig MU ist, diese für seinen Konzernabschluss oder Teil-Konzernabschluss hätte in Anspruch nehmen können. Ggf. zwingt dies das obere MU auf die nach PublG zustehenden Erleichterungen zu verzichten, um das untergeordnete MU wirksam zu befreien.

Praxis-Beispiel 8

U1 ist an U2 mit Mehrheit beteiligt. U2 ist ein im Inland ansässiger Teilkonzern in der Form einer GmbH. Hingegen ist U1 eine inländische GmbH & Co. mit einer natürlichen Person als Vollhafter, die nach dem PublG konzernrechnungslegungspflichtig wäre. Hierbei möchte U1 die Erleichterung des § 13 Abs. 3 Satz 1 PublG (keine Angabe von Organbezügen) in Anspruch nehmen.

Beurteilung

U1 kann gem. § 11 Abs. 6 Nr. 1 PublG i. V.m. § 291 HGB einen befreienden Konzernabschluss für den inländischen Teilkonzern aufstellen. Dabei richtet sich der Inhalt des befreienden Konzernabschlusses tw. nach dem Inhalt des zu befreienden Konzernabschlusses. Um befreiende Wirkung für U2 zu erzielen, müsste die U1 im befreienden Konzernabschluss auf die Inanspruchnahme der Erleichterungen nach § 13 Abs. 3 Satz 1 PublG verzichten.[66]

Darüber hinaus ist als weitere Einschränkung **§ 14 Abs. 2 PublG zu beachten**. Der von einem Prüfungsverband geprüfte Konzernabschluss oder Teil-Konzernabschluss hat nur dann befreiende Wirkung nach § 291 HGB, wenn das befreite TU, das gleichzeitig MU ist, seinen Konzernabschluss oder Teil-Konzernabschluss von dieser Person hätte prüfen lassen können (§ 14 Abs. 2 PublG). Schließlich gilt die Bezugnahme in § 11 Abs. 6 PublG auf § 291 HGB lediglich sinngemäß, so dass das in Abs. 3 geregelte **Minderheitenvotum** nach h. M. auch die Befreiungsmöglichkeit für publizitätsgesetzliche Konzernabschlüsse nicht durchbricht.[67]

---

[66] Vgl. ADS, Rechnungslegung und Prüfung der Unternehmen, 6. Aufl. 1995–2001, § 13 PublG Rz 75.
[67] Vgl. ADS, Rechnungslegung und Prüfung der Unternehmen, 6. Aufl. 1995–2001, § 11 PublG Rz 3; Grottel/Kreher, in Beck Bil-Komm., 14. Aufl. 2024, § 291 HGB Rz 43; ebenso Petersen, WPg 2019, S. 343.

6 CSRD-Umsetzungsgesetz: Änderungen

> **Hinweis**
> Die Kommentierung basiert auf dem **Regierungsentwurf eines CSRD-Umsetzungsgesetzes**.[68] Nach Veröffentlichung der finalen Fassung wird die Kommentierung in Ihrem Haufe HGB Bilanz Kommentar Online aktualisiert. Die **Online-Version** ist beim Kauf der Printausgabe inklusive.

Das CSRD-UmsG soll den Anwendungsbereich der Norm zukünftigen einschränken und damit Art. 23 Abs. 4 Buchst. b der Bilanzrichtlinie in der durch die CSRD geänderte Fassung umsetzen. Die Befreiungsregelung des § 291 HGB-E soll sich dabei hinsichtlich der Pflicht zur Aufstellung eines Konzernlageberichts nur noch auf dessen finanziellen Teil beziehen. Die Befreiungsregelung hinsichtlich des finanziellen Teils des Konzernlageberichts in § 291 HGB-E soll künftig neben der Befreiungsregelung für den Konzernnachhaltigkeitsbericht gem. § 315b Abs. 2 und 3 HGB-E (Erwägungsgrund 26 der CSRD) stehen. Dabei werden in Abs. 1 Satz 1 die Wörter „einen Konzernabschluß und einen Konzernlagebericht nicht" durch die Wörter „einen Konzernabschluss nicht und einen Konzernlagebericht nicht gem. den §§ 315, 315a und 315d" ersetzt und damit die inhaltlichen Anforderungen des Konzernlageberichts bez. des nichtfinanziellen Teils gem. §§ 315b und 315c HGB-E ausgenommen. Und in Abs. 2 Satz 1 Nr. 3 werden nach den Wörtern „Richtlinie 2013/34/EU" ein Komma und die Wörter „ausgenommen den Anforderungen des Artikels 29a," eingefügt. Neben diesen inhaltlichen Änderungen sind weitere redaktionelle Änderungen geplant (vgl. Rz 1).

29

---

[68] Regierungsentwurf eines Gesetzes zur Umsetzung der Richtlinie (EU) 2022/2464 des Europäischen Parlaments und des Rates vom 14. Dezember 2022 zur Änderung der Verordnung (EU) Nr. 537/2014 und der Richtlinien 2004/109/EG, 2006/43/EG und 2013/34/EU hinsichtlich der Nachhaltigkeitsberichterstattung von Unternehmen, BT-Drs. 20/12787 v. 9.9.2024, https://dserver.bundestag.de/btd/20/127/2012787.pdf, Abruf 9.10.2024.

§ 292 Befreiende Wirkung von Konzernabschlüssen aus Drittstaaten

(1) Ein Mutterunternehmen, das zugleich Tochterunternehmen eines Mutterunternehmens mit Sitz in einem Staat ist, der nicht Mitglied der Europäischen Union und auch nicht Vertragsstaat des Abkommens über den Europäischen Wirtschaftsraum ist, braucht einen Konzernabschluss und einen Konzernlagebericht nicht aufzustellen, wenn dieses andere Mutterunternehmen einen dem § 291 Absatz 2 Nummer 1 entsprechenden Konzernabschluss (befreiender Konzernabschluss) und Konzernlagebericht (befreiender Konzernlagebericht) aufstellt sowie außerdem alle folgenden Voraussetzungen erfüllt sind:
1. der befreiende Konzernabschluss wird wie folgt aufgestellt:
   a) nach Maßgabe des Rechts eines Mitgliedstaats der Europäischen Union oder eines anderen Vertragsstaats des Abkommens über den Europäischen Wirtschaftsraum im Einklang mit der Richtlinie 2013/34/EU,
   b) im Einklang mit den in § 315e Absatz 1 bezeichneten internationalen Rechnungslegungsstandards,
   c) derart, dass er einem nach den in Buchstabe a bezeichneten Vorgaben erstellten Konzernabschluss gleichwertig ist, oder
   d) derart, dass er internationalen Rechnungslegungsstandards entspricht, die gem. der Verordnung (EG) Nr. 1569/2007 der Kommission vom 21. Dezember 2007 über die Einrichtung eines Mechanismus zur Festlegung der Gleichwertigkeit der von Drittstaatemittenten angewandten Rechnungslegungsgrundsätze gem. den Richtlinien 2003/71/EG und 2004/109/EG des Europäischen Parlaments und des Rates (ABl. L 340 vom 22.12.2007, S. 66), die durch die Delegierte Verordnung (EU) Nr. 310/2012 (ABl. L 103 vom 13.4.2012, S. 11) geändert worden ist, in ihrer jeweils geltenden Fassung festgelegt wurden;
2. der befreiende Konzernlagebericht wird nach Maßgabe der in Nummer 1 Buchstabe a genannten Vorgaben aufgestellt oder ist einem nach diesen Vorgaben aufgestellten Konzernlagebericht gleichwertig;
3. der befreiende Konzernabschluss ist von einem oder mehreren Abschlussprüfern oder einer oder mehreren Prüfungsgesellschaften geprüft worden, die auf Grund der einzelstaatlichen Rechtsvorschriften, denen das Unternehmen unterliegt, das diesen Abschluss aufgestellt hat, zur Prüfung von Jahresabschlüssen zugelassen sind;
4. der befreiende Konzernabschluss, der befreiende Konzernlagebericht und der Bestätigungsvermerk sind nach den für den entfallenden Konzernabschluss und Konzernlagebericht maßgeblichen Vorschriften in deutscher oder englischer Sprache offengelegt worden.

(2) ¹Die befreiende Wirkung tritt nur ein, wenn im Anhang des Jahresabschlusses des zu befreienden Unternehmens die in § 291 Absatz 2 Satz 1 Nummer 4 genannten Angaben gemacht werden und zusätzlich angegeben wird, nach welchen der in Absatz 1 Nummer 1 genannten Vorgaben sowie gegebenenfalls nach dem Recht welchen Staates der befreiende Konzernabschluss und der befreiende Konzernlagebericht aufgestellt worden sind. ²Im Übrigen ist § 291 Absatz 2 Satz 2 und Absatz 3 entsprechend anzuwenden.

(3) ¹Ist ein nach Absatz 1 zugelassener Konzernabschluß nicht von einem in Übereinstimmung mit den Vorschriften der Richtlinie 2006/43/EG zugelassenen Abschlußprüfer geprüft worden, so kommt ihm befreiende Wirkung nur zu, wenn der Abschlußprüfer eine den Anforderungen dieser Richtlinie gleichwertige Befähigung hat und der Konzernabschluß in einer den Anforderungen des Dritten Unterabschnitts entsprechenden Weise geprüft worden ist. ²Nicht in Übereinstimmung mit den Vorschriften der Richtlinie 2006/43/EG zugelassene Abschlussprüfer von Unternehmen mit Sitz in einem Drittstaat im Sinn des § 3 Abs. 1 Satz 1 der Wirtschaftsprüferordnung, deren Wertpapiere im Sinn des § 2 Abs. 1 des Wertpapierhandelsgesetzes an einer inländischen Börse zum Handel am regulierten Markt zugelassen sind, haben nur dann eine den Anforderungen der Richtlinie gleichwertige Befähigung, wenn sie bei der Wirtschaftsprüferkammer gem. § 134 Abs. 1 der Wirtschaftsprüferordnung eingetragen sind oder die Gleichwertigkeit gem. § 134 Abs. 4 der Wirtschaftsprüferordnung anerkannt ist. ³Satz 2 ist nicht anzuwenden, soweit ausschließlich Schuldtitel i. S. d. § 2 Abs. 1 Nr. 3 des Wertpapierhandelsgesetzes
1. mit einer Mindeststückelung zu je 100.000 Euro oder einem entsprechenden Betrag anderer Währung an einer inländischen Börse zum Handel am regulierten Markt zugelassen sind oder
2. mit einer Mindeststückelung zu je 50.000 Euro oder einem entsprechenden Betrag anderer Währung an einer inländischen Börse zum Handel am regulierten Markt zugelassen sind und diese Schuldtitel vor dem 31. Dezember 2010 begeben worden sind.

⁴Im Falle des Satzes 2 ist mit dem Bestätigungsvermerk nach Absatz 1 Nummer 4 auch eine Bescheinigung der Wirtschaftsprüferkammer gem. § 134 Absatz 2a der Wirtschaftsprüferordnung über die Eintragung des Abschlussprüfers oder eine Bestätigung der Wirtschaftsprüferkammer gem. § 134 Absatz 4 Satz 8 der Wirtschaftsprüferordnung über die Befreiung von der Eintragungsverpflichtung offenzulegen.

Inhaltsübersicht   Rz
1   Überblick   1–5
    1.1 Bedeutung und Inhalt   1–3
    1.2 Rechtsentwicklung   4
    1.3 Normenzusammenhang   5
2   Befreiender Konzernabschluss eines Mutterunternehmens mit
    Sitz in einem Drittstaat   6–20
    2.1 Überblick über die Voraussetzungen von befreienden
         Drittstaaten-Konzernabschlüssen   6
    2.2 Aufstellung eines befreienden Konzernabschlusses   7
    2.3 Inhaltliche Anforderung an den befreienden Konzern-
         abschluss (Abs. 1 Nr. 1)........................   8–12
         2.3.1 Nach Maßgabe des Rechts eines EU-/EWR-Staates   9
         2.3.2 Im Einklang mit den in § 315e Abs. 1 HGB
                bezeichneten internationalen Rechnungslegungs-
                standards   10

	2.3.3	Gleichwertigkeit des befreienden Konzernabschlusses	11
	2.3.4	Im Einklang mit als gleichwertig festgestellten internationalen Rechnungslegungsstandards	12
2.4		Inhaltliche Anforderungen an den Konzernlagebericht (Abs. 1 Nr. 2)	13
2.5		Prüfung des befreienden Konzernabschlusses (Abs. 1 Nr. 3 i. V. m. Abs. 3)	14–17
2.6		Offenlegung des befreienden Konzernabschlusses (Abs. 1 Nr. 4)	18
2.7		Angabepflicht im Anhang des befreiten Mutterunternehmens (Abs. 2 Satz 1)	19
2.8		Ausschlusstatbestände (Abs. 2 Satz 2)	20
3		CSRD-Umsetzungsgesetz: Änderungen	21

1 Überblick

1.1 Bedeutung und Inhalt

1 Ein inländisches MU, das gleichzeitig TU eines anderen MU **mit Sitz außerhalb eines EU-/EWR-Staates** (**Drittstaat**) ist und mind. ein TU hat, ist grds. ebenfalls zur Aufstellung (und Prüfung) eines eigenen deutschen Teil-Konzernabschlusses samt Teil-Konzernlageberichts verpflichtet. Das Gesetz normiert jedoch neben dem **Ausnahmetatbestand** in § 291 HGB auch in diesem Fall eine Befreiungsmöglichkeit, die das inländische MU **von der Verpflichtung zur Erstellung eines Konzernabschlusses befreit**.[1] Ohne das Wahlrecht des § 292 HGB wäre das untergeordnete MU (inländische Teilkonzern-MU) andernfalls nach dem **Tannenbaumprinzip** zur Konzernrechnungslegung verpflichtet und müsste einen eigenen Konzernabschluss aufstellen.[2]

Mit dem Entwurf der Bundesregierung eines CSRD-UmsG soll die Norm zukünftig lediglich von der *finanziellen* Konzernrechnungsrechnungslegung (konsolidierten Finanzberichterstattung), nicht aber von den Anforderungen zur *konsolidierten Nachhaltigkeitsberichterstattung* (§ 315c HGB-E) befreien. In der Folge ist es möglich, dass ein Unt von den Anforderungen zur konsolidierten Finanzberichterstattung, nicht aber von den Anforderungen zur konsolidierten Nachhaltigkeitsberichterstattung befreit ist. Dies wäre der Fall, wenn sein oberstes MU mit Sitz in einem Drittstaat den Konzernlagebericht zwar im Einklang mit Art. 29 der Bilanzrichtlinie oder gleichwertigen Anforderungen, nicht aber mit Art. 29a der Bilanzrichtlinie oder gleichwertigen Anforderungen, aufstellt.[3]

---

[1] Der Ausnahmetatbestand des § 291 HGB regelt die Voraussetzungen eines befreienden Konzernabschlusses eines übergeordneten MU mit Sitz innerhalb eines EU-/EWR-Staates.

[2] Zum Tannenbaumprinzip siehe IDW, WPH Edition, Wirtschaftsprüfung & Rechnungslegung, 18. Aufl. 2023, Kap. G Tz 93.

[3] Vgl. RegE eines Gesetzes zur Umsetzung der Richtlinie (EU) 2022/2464 des Europäischen Parlaments und des Rats v. 14.12.2022 zur Änderung der Verordnung (EU) Nr. 537/2014 und der Richtlinien 2004/109/EG, 2006/43/EG und 2013/34/EU hinsichtlich der Nachhaltigkeitsberichterstattung von Unt, Stand: 24.7.2024, S. 136f.

Inhaltlich soll § 292 HGB inländischen (Teilkonzern-)MU unter den gleichen Anwendungsvoraussetzungen eine Befreiung von der Konzernrechnungslegung wie übergeordneten MU mit Sitz innerhalb eines EU-/EWR-Staates einräumen und damit die **Publizitätskosten durch die Konzernrechnungslegung senken**.[4]

Der Ausnahmetatbestand des § 292 HGB legt zusätzliche Anforderungen fest, um Gesellschafter und Dritte von durch Drittstaaten beherrschte inländische MU mit einem entsprechenden Informationsinstrument wie im Falle, dass ein eigener Teil-Konzernabschluss aufgestellt wird, zu schützen. Der Regelungsgehalt der Norm berücksichtigt dabei, dass das Schutzbedürfnis Dritter im Bereich von Drittstaaten-Konzernabschlüssen allerdings nicht allein durch die Aufstellung, Prüfung und Offenlegung eines Konzernabschlusses und Konzernlageberichts des übergeordneten MU, sondern auch durch die Gleichwertigkeit solcher Abschlüsse mit denen von „EU-Konzernabschlüssen" bewirkt wird.

Die Gleichwertigkeit ist allerdings ein unbestimmter Rechtsbegriff und daher für Auslegung zugänglich, was für zusätzliche Unklarheiten sorgt. Im Hinblick auf MU aus Drittstaaten ist deren Rechnungslegungspublizität daher *in jedem Einzelfall* auf Gleichwertigkeit mit einem „EU-Konzernabschluss" zu prüfen[5] und im Zweifel deren Rechnungslegungsunterlagen vor Offenlegung im nationalen Unternehmensregister in eine „gleichwertige EU-Konzernabschluss-Offenlegung" sowohl inhaltlich als auch formell zu konvertieren, was **zusätzliche Publizitätskosten** bedeutet. De lege ferenda wäre zu empfehlen, zumindest in Fällen von börsennotierten MU aus Drittstaaten deren Drittstaaten-Konzernabschlüsse ohne Einschränkung anzuerkennen und auf solche Offenlegung zu verzichten. Zumal diese Konzernabschlüsse mittlerweile über Börsenpublizitätspflichten von Dritten leicht gefunden und eingesehen werden können.

Der **Aufbau der Vorschrift** ist wie folgt:
- **Abs. 1** bestimmt die Eingangsvoraussetzungen, unter denen ein anderes übergeordnetes MU einen befreienden Konzernabschluss/Konzernlagebericht aufstellen kann.
- **Abs. 2** regelt zusätzliche Angabepflichten im Anhang des befreiten MU als weitere Anwendungsvoraussetzung. Daneben werden die Befreiungsvorschriften in bestimmten Fällen ausgeschlossen.
- **Abs. 3** macht zusätzliche Anforderungen an die Befähigung des Abschlussprüfers und dessen Nachweis zur Prüfung des befreienden Konzernabschlusses/Konzernlageberichts sowie an die Durchführungsweise der Abschlussprüfung.

1.2 Rechtsentwicklung

Die Befreiungsmöglichkeit in § 292 HGB geht auf EU-Recht (vormals Art. 7 83/349/EWG – 7. EG-Richtlinie (Konzernbilanzrichtlinie) – über den konsolidierten Abschluss, jetzt Art. 28 Abs. 8 RL 2013/34/EU – Bilanzrichtlinie) zurück, wonach den Mitgliedstaaten ein Wahlrecht eingeräumt wird, unter bestimmten Voraussetzungen eine Befreiung von der Pflicht zur Aufstellung eines (Teil-)Konzernabschlus-

---

[4] Ähnlich wie bei § 291 HGB vgl. hierzu Petersen, WPg 2019, S. 335.
[5] Vgl. Grottel/Kreher, in Beck Bil-Komm., 14. Aufl. 2024, § 292 HGB Rz 25.

ses eines MU mit Sitz außerhalb der EU/des EWR zu regeln. **Das Mitgliedstatenwahlrecht wurde** erstmals durch das **BiRiLiG von 1985 umgesetzt**.[6]
Die Transformation der neuen Richtlinienvorgabe durch den Gesetzgeber i. R. d. **BilRUG**[7] verfolgte das Ziel, diese weitere Befreiungsmöglichkeit ebenfalls im nationalen Recht in Form des § 292 HGB zu ermöglichen. Insoweit wurde § 292 HGB um § 292 Abs. 1 Nr. 1 Buchst. b) ergänzt. Ebenfalls wurde in Übereinstimmung mit der Bilanzrichtlinie geregelt, dass in jedem Fall der Bestätigungsvermerk offenzulegen ist und dass ein Versagungsvermerk für eine Befreiung nicht mehr ausreicht. Damit wird das besondere Schutzbedürfnis Dritter, insb. deren Interesse nach vollständiger und zutreffender Information durch einen Drittstaaten-Konzernabschluss betont. Darüber hinaus wurde ein gesetzgeberisches Redaktionsversehen in der Vorschrift mit den Verweisen auf § 2 WpHG beseitigt. Die Änderungen des BilRUG wurden schließlich zum Anlass genommen, die bis dahin in § 292 HGB geregelte Ermächtigungsgrundlage und die auf dieser Basis vom BMJ erlassene Rechtsverordnung zu § 292 HGB (sog. **Konzernbefreiungsverordnung**) in das Gesetz zu integrieren.[8]
Eine weitere Änderung betraf die Anpassung durch das Abschlussprüferaufsichtsreformgesetz, mit dem die Schwellenwerte nach § 292 Abs. 3 HGB angepasst wurden.[9]
Mit der letzten Gesetzesänderung durch das ARUG II (Gesetz zur Umsetzung der zweiten Aktionärsrichtlinien) wurde die Offenlegung des befreienden Konzernabschlusses in englischer Sprache (Abs. 1 Nr. 4) zugelassen sowie Abs. 3 Satz 3 Nr. 1 redaktionell geändert.[10]
Das Gesetz zur Umsetzung der Richtlinie (EU) 2021/2101 im Hinblick auf die Offenlegung von Ertragsteuerinformationen durch bestimmte Unt und Zweigniederlassungen (Ertragsteuerinformations-Umsetzungsgesetz)[11] hat lediglich zu einer redaktionellen Änderung geführt. Dabei wurde in dem Satzteil vor Nr. 1 innerhalb von § 292 Abs. 1 HGB das Wort „ist" nach dem Wort „Staat" eingefügt.

1.3 Normenzusammenhang

5 § 292 HGB ist ein **gesetzlicher Ausnahmetatbestand von der Verpflichtung zur Aufstellung eines Konzernabschlusses**, welche die §§ 290, 293 i. V. m. 296 HGB normieren. Dies gilt auch mit Blick auf die Anwendung des Ausnahmetatbestands nach § 296 Abs. 2 HGB (Entfall der Pflicht eines Konzernabschlusses für ein (untergeordnetes) inländisches MU, das nur TU von untergeordneter Bedeutung besitzt). § 292 HGB ist daher **eine Befreiungsvorschrift für die andernfalls greifende Konzernabschluss-Aufstellungspflicht**.
§ 292 HGB gilt nach § 13 Abs. 6 Nr. 1 PublG auch **für Konzernabschlüsse**, Teil-Konzernabschlüsse, Konzernlageberichte und Teil-Konzernlageberichte von **nach dem PublG konzernrechnungslegungspflichtige** und daher zu befreiende inländische Konzerne.

---

[6] Vgl. BT-Drs. 18/5256 v. 18.6.2015 S. 86 f.
[7] BGBl 2015 I S. 1245.
[8] BGBl 2015 I S. 1245.
[9] BGBl 2016 I S. 518.
[10] BGBl 2019 I S. 2637.
[11] BGBl 2023 I Nr. 154 v. 21.06.2023.

Die gesetzlichen Vertreter des untergeordneten inländischen (Teil-)Konzerns können bei ihrer Geschäftsführungsbefugnis unter den Voraussetzungen des § 292 HGB die Befreiungsmöglichkeit in Anspruch nehmen. Ein **Verzicht auf die Inanspruchnahme des Wahlrecht** ist gleichfalls **möglich**.[12]

2 Befreiender Konzernabschluss eines Mutterunternehmens mit Sitz in einem Drittstaat

2.1 Überblick über die Voraussetzungen von befreienden Drittstaaten-Konzernabschlüssen

Die in § 292 HGB enthaltenen Voraussetzungen sind denen des § 291 HGB nachgebildet und entsprechen diesen in den Eingangsvoraussetzungen weitgehend. Besonderheiten der Rechnungslegung durch übergeordnete MU in Drittstaaten wurden in der Vorschrift ergänzend berücksichtigt (Rz 2).[13]

Folgende Voraussetzungen müssen für die Befreiung nach § 292 HGB **kumulativ** erfüllt sein:

- Bei dem zu befreienden MU (**befreites MU**) muss es sich um ein zur (Teil-)Konzernrechnungslegung verpflichtetes Unt handeln (**inländischer Teilkonzern;** § 291 Rz 2). Das befreite MU muss wiederum in einer Mutter-Tochter-Beziehung zu einem übergeordneten Unt mit Sitz außerhalb eines EU-/EWR-Staates stehen (**übergeordnetes MU,** s. zu übergeordneten MU mit Sitz innerhalb der EU/des EWR unter § 291 Rz 11–Rz 13). Entsprechend wird hier gefordert, dass die Beurteilung des Mutter-Tochterverhältnisses nach den europarechtlichen Vorgaben zu erfolgen hat.[14]
- Das übergeordnete MU muss einen **Konzernabschluss (befreiender Konzernabschluss)** aufstellen, der den Anforderungen des § 291 Abs. 2 Satz 1 HGB entspricht (Rz 7). Mangels gesetzlichem Ausschluss kommt es auf die Größe oder Rechtsform des übergeordneten MU nicht an.[15]

Eine rechtliche Verpflichtung zur Beachtung der Aufstellungskriterien wie noch unter § 1 Satz 4 KonBefRV besteht zwar seit dem BilRUG nicht mehr. Allerdings geht das Schrifttum mit Verweis auf gleichwertige europarechtliche Vorgaben für einen Drittstaaten-Konzernabschluss weiter davon aus, dass eine sich daraus entsprechende Prüfung bzgl. des den befreienden Konzernabschluss aufstellenden MU nicht ersatzlos entfallen ist. Die bisherige Anforderung besteht demgemäß unverändert fort. Damit der Konzernabschluss/Konzernlagebericht befreiende Wirkung entfalten kann, ist daher ungeachtet von Rechtsform oder Größe weiterhin vom befreienden MU zu fordern, dass in einem Mitgliedstaat der EU/EWR eine Kapitalgesellschaft zur Aufstellung eines Konzernabschlusses/Konzernlageberichts verpflichtet wäre.[16]

---

12 Ebenso wie bei § 291 HGB; vgl. hierzu und zu Einschränkungsmöglichkeiten durch Gesellschaftsvertrag oder Satzung Petersen, WPg 2019, S. 336.
13 Vgl. Hoffmann/Lüdenbach, NWB Kommentar Bilanzierung, 15. Aufl. 2023, § 292 HGB Rz 5.
14 Vgl. Holzmeister/Hachmeister, in Hachmeister/Kahle/Mock/Schüppen, Bilanzrecht, 1. Aufl. 2018, § 292 HGB Rz 28.
15 Vgl. Kirsch/Berentzen, in Baetge/Kirsch/Thiele, Bilanzrecht, § 292 HGB Rz 1, Stand: 10/2019.
16 Vgl. Holzmeister/Hachmeister, in Hachmeister/Kahle/Mock/Schüppen, Bilanzrecht, 1. Aufl. 2018, § 292 HGB Rz 31; im Ergebnis ebenso Grottel/Kreher, in Beck Bil-Komm., 14. Aufl. 2024, § 292 HGB Rz 7.

Zusätzlich müssen **weitere inhaltliche Anforderungen** gegeben sein (§ 292 Abs. 1 Satz 1 Nr. 1 Buchst. a)-d) HGB), um die Befreiungswirkung eintreten zu lassen (Rz 8–Rz 12).

- Das übergeordnete MU hat einen **Konzernlagebericht (befreiender Konzernlagebericht)** aufzustellen. Dieser ist **inhaltlich** nach Maßgabe des Rechts eines EU-/EWR-Staates im Einklang mit der Bilanzrichtlinie genannten Vorgaben aufzustellen oder hat einem nach diesen Vorgaben aufgestellten Konzernlagebericht gleichwertig zu sein (Nr. 2; Rz 13).
- Der aufgestellte **Konzernabschluss** ist von einem oder mehreren Abschlussprüfern oder einem oder mehreren Prüfungsgesellschaften **zu prüfen**, die aufgrund der einzelstaatlichen Rechtsvorschriften, denen das Unt unterliegt, das diesen Abschluss aufgestellt hat, zur Prüfung von Jahresabschlüssen zugelassen sind (Nr. 3; Rz 14–Rz 17);
- Der **befreiende Konzernabschluss, der befreiende Konzernlagebericht und der Bestätigungsvermerk** sind nach den für den entfallenden Konzernabschluss und Konzernlagebericht maßgeblichen Vorschriften in deutscher oder englischer Sprache **offenzulegen** (Nr. 4; Rz 18; § 291 Rz 25).

Nach § 292 Abs. 2 HGB tritt die befreiende Wirkung nur dann ein, wenn **im Anhang des Jahresabschlusses des befreiten MU** die in § 291 Abs. 2 Satz 1 Nr. 4, Satz 2 und Abs. 3 HGB genannten **Angaben gemacht werden** (Rz 19). Trotz Vorliegens dieser Voraussetzungen darf das Wahlrecht zur Befreiung nicht in Anspruch genommen werden, wenn die in § 292 Abs. 3 HGB genannten Anforderungen (**Ausschlusstatbestände**) nicht erfüllt sind (Rz 20).

Abb. 1: Überblick über die Befreiung nach § 292 HGB i.d.F. BilRUG

2.2 Aufstellung eines befreienden Konzernabschlusses

Das übergeordnete MU hat **tatsächlich einen Konzernabschluss aufzustellen**. Dabei ist gem. § 292 Abs. 1 HGB das befreite MU und seine TU unbeschadet des Konsolidierungswahlrechts nach § 296 HGB einzubeziehen. Dies bedeutet, dass die Vermögensgegenstände und Schulden des zu befreienden (Teil-)Konzernabschlusses im übergeordneten, befreienden Konzernabschluss enthalten sein müssen.[17]

---

[17] Vgl. Kliem/Deubert, in Beck-Bil-Komm., 14. Aufl. 2024, § 299 HGB Rz 7.

2.3 Inhaltliche Anforderung an den befreienden Konzernabschluss (Abs. 1 Nr. 1)

8 Der Konzernabschluss samt Konzernlagebericht muss **inhaltlich** nach § 292 Abs. 1 Satz 1 Nr. 1 Buchst. a) und b) HGB nach Maßgabe des Rechts eines EU-/EWR-Staates (Rz 9) aufgestellt werden, um befreiende Wirkung entfalten zu können. Die befreiende Wirkung wird gem. § 292 Abs. 1 Satz 1 Nr. 1 Buchst. c) und d) HGB auch **dann gewährt**, wenn diese Unterlagen
- einem nach den Vorgaben der Bilanzrichtlinie (Buchst. a)) erstellten Konzernabschluss (Rz 11) **inhaltlich gleichwertig sind** oder
- einem nach internationalen Rechnungslegungsstandards (Buchst. b)) erstellten Konzernabschluss (Rz 10) **insoweit gleichwertig** sind, als sie gem. der Verordnung (EG) Nr. 1569/2007 der Kommission vom 21.12.2007 über die Einrichtung eines Mechanismus zur Festlegung der Gleichwertigkeit der von Drittstaatemittenten angewandten Rechnungslegungsgrundsätze gem. Richtlinie 2003/71/EG und 2004/19/EG des Europäischen Parlaments und des Rats[18], die durch die Delegierte Verordnung (EU) Nr. 310/2012[19] geändert worden ist, in ihrer jeweils geltenden Fassung entsprechend **festgelegt wurden**.

2.3.1 Nach Maßgabe des Rechts eines EU-/EWR-Staates

9 Das den befreienden Konzernabschluss aufstellende MU ist in der Wahl der Konzernrechnungslegungsvorschriften eines Mitgliedstaats der EU/des EWR für den befreienden Konzernabschluss formal nicht eingeschränkt. Zu den EWR-Staaten gehören Lichtenstein, Island und Norwegen. Das aufstellende MU ist befugt, das jeweilige Recht mit den geringsten Anforderungen zu wählen. Die vormals in den §§ 3 und 4 KonBefrV zum Ausdruck kommende Einschränkung, wonach der befreiende Konzernabschluss, der befreiende Konzernlagebericht und der Bestätigungsvermerk nach den für den entfallenden Konzernabschluss und Konzernlagebericht maßgeblichen Vorschriften offenzulegen ist, findet in der offenen Formulierung in § 292 Abs. 1 Nr. 1 Buchst. a) HGB unter Berücksichtigung des ohnehin geltenden Gleichwertigkeitserfordernisses (unter Buchst. c)) keine Stütze, so dass diese Auffassung daher nicht mehr aufrechtzuerhalten ist.[20]
Zur Bestimmung der maßgebenden Vorschriften sind die einschlägigen Bestimmungen des innerstaatlichen Rechts des EU-/EWR-Staates, die die Konzernrechnungslegungspflicht in gleichwertiger Weise zu gewährleisten vermögen, heranzuziehen. Ein Konzernabschluss, der nach dem Recht eines EWR-Staates aufgestellt wurde, muss allerdings nach § 292 Abs. 1 Nr. 1 Buchst. a) HGB noch **im Einklang mit der Bilanzrichtlinie** (RL 2013/34/EU) stehen. Dies impliziert, dass das jeweils angewandte innerstaatliche Recht des EWR-Staates in der Gesamtschau den wesentlichen Grundsätzen und Normen der Bilanzrichtlinie zu entsprechen hat.

---

[18] ABl. EU v. 22.12.2007 L 340/66.
[19] ABl. EU v. 13.4.2012 L 103/11.
[20] Gl. A. Kirsch/Berentzen, in Baetge/Kirsch/Thiele, Bilanzrecht, § 292 HGB Rz 52, Stand: 10/2019; Deubert/Lewe, DB 2016, S. 1262 (Fn. 15); bereits kritisch zu dieser Einschränkung Wollmert/Oser, DB 1995, S. 53.

Beim Vergleich des Drittstaaten-Konzernabschlusses mit dem Recht eines EU-/EWR-Staates bietet es sich an, zunächst eine Analyse im Hinblick auf die deutschen Konzernrechnungslegungsvorschriften vorzunehmen, da in den EU-/EWR-Staaten die Konzernrechnungslegung weitgehend harmonisiert wurde und daher nicht mit nennenswerten Abweichungen zu rechnen ist.[21]

2.3.2 Im Einklang mit den in § 315e Abs. 1 HGB bezeichneten internationalen Rechnungslegungsstandards

Diese Befreiungsmöglichkeit war bislang nur als Auffassung im Schrifttum vertreten und wird nunmehr in § 292 Abs. 2 Nr. 1 Buchst. b) HGB durch das BilRUG explizit genannt.[22] Durch die Klarstellung mit dem BilRUG werden IFRS-Konzernabschlüsse übergeordneter Drittstaaten-MU, soweit diese die von der EU übernommenen IFRS beachten, fortan als gleichwertig angesehen und erlauben die Befreiung von den Konzernrechnungslegungsvorschriften.[23] Relevant wird diese Befreiungsvorschrift somit für MU mit Sitz in den Drittstaaten, welche die IFRS bereits als maßgeblichen Rechnungslegungsstandard für bestimmte Unternehmensbereiche (z. B. börsennotierte Unt in Australien) übernommen haben. Das Einklangerfordernis erfordert, dass der aufgestellte Konzernabschluss die Normen und Vorschriften der IFRS beachtet und keine wesentlichen Abweichungen nach sich zieht. Nach einer Entscheidung der EU-Kommission vom 12.12.2008 (2008/961/EG) gehören hierzu auch die „Full IFRS", wenn der Konzernanhang zum geprüften Konzernabschluss eine ausdrückliche und eingeschränkte Erklärung enthält, wonach der Konzernabschluss gem. IAS 1 „Darstellung des Abschlusses" den IFRS entspricht.[24]

2.3.3 Gleichwertigkeit des befreienden Konzernabschlusses

§ 292 Abs. 1 Hs. 2 Nr. 1 Buchst. c) HGB stellt eine weitere Befreiungsoption für den Fall dar, dass der befreiende Konzernabschluss nicht direkt nach Maßgabe des Bilanzrechts eines EU-/EWR-Staates oder nach den IFRS aufgestellt wurde. Hierzu ist zu prüfen, ob der Konzernabschluss des übergeordneten MU mit Sitz im Drittstaat dennoch als inhaltlich gleichwertig angesehen werden kann. Auf die Beurteilung der Gleichwertigkeit kann nicht verzichtet oder durch pauschale Annahmen ersetzt werden. Dies sieht das Gesetz nicht vor.[25]

Problematisch ist, dass die Voraussetzungen für die Gleichwertigkeit und deren Beurteilung bislang und aktuell gesetzlich nicht geregelt sind und Ermessensspielräume eröffnet. So wird die **Gleichwertigkeit des aufgestellten befreienden Konzernabschlusses** sowohl durch die materiellen Rechnungslegungsvorschriften als auch durch deren konkreten Anwendung beeinflusst. Daher ist nach der hier vertretenen Auffassung beides bei der Beurteilung miteinzubeziehen.[26]

---

21 Vgl. Deubert/Lewe, DB 2016, S. 1262.
22 Vgl. Hoffmann/Lüdenbach, NWB Kommentar Bilanzierung, 15. Aufl. 2024, § 292 HGB Rz 13 f.
23 Vgl. Kolb/Roß, WPg 2014, S. 1089.
24 Vgl. Deuber/Lewe, DB 2016, S. 1260.
25 Vgl. IDW, WPH Edition, Wirtschaftsprüfung & Rechnungslegung, 18. Aufl. 2023, Kap. G Tz 119.
26 Nach Auffassung von Kirsch/Berentzen (vgl. Baetge/Kirsch/Thiele, Bilanzrecht, § 292 HGB Rz 54, Stand: 10/2019) sind sämtliche Normen der Bilanzrichtlinie, und zwar unabhängig von der Ausübung der den Mitgliedstaaten eingeräumten Wahlrechte, als Vergleichsmaßstab heranzuziehen.

Eine empfohlene Untersuchungsmethode geht dahin, zu überprüfen, welche Unterschiede durch die konkrete Anwendung der Rechnungslegungsvorschriften des Drittstaaten-MU zunächst existieren. Dabei erscheint es wegen der genannten Vergleichsmaßstäbe in § 292 Abs. 1 Nr. 1 Buchst. a) und b) geboten, die Unterschiede im Hinblick auf Abweichungen von nationalen Normen, IFRS-Regelungen und von Normen der Bilanzrichtlinie näher zu untersuchen. Soweit relevante Unterschiede bestehen, ist dann näher zu prüfen, ob diese im konkreten Fall der Gleichwertigkeit insgesamt entgegenstehen. Dies impliziert, dass die angewandten Rechnungsvorschriften insgesamt eine Gesamtaussage zu deren Einklang mit einem der vorgenannten Rahmenwerken der Rechnungslegung erlauben, d. h., nach diesen Vorschriften (noch) ein den tatsächlichen Verhältnissen entsprechendes Bild der Vermögens-, Ertrags- und Finanzlage des Drittstaaten-MU vermitteln können.[27]

Sofern man die bisherige Meinung hierzu in der Literatur gleichfalls heranzieht, wird bei der vergleichenden Analyse eine exakte Anwendung etwa der deutschen Konzernrechnungslegungsvorschriften oder derjenigen anderer EU-/EWR-Staaten nicht gefordert werden können. **Entscheidend ist danach das Gesamtbild des befreienden Abschlusses**, der zumindest einen wesentlichen Einblick in die Vermögens-, Finanz- und Ertragslage gewähren muss.[28] Jedenfalls bedeutet Gleichwertigkeit daher nicht Gleichheit bis ins letzte Detail.

Bei **Abweichungen** von dem maßgeblichen Mitgliedstaatenrecht ist im Einzelfall zu prüfen, ob der Tatbestand der Gleichwertigkeit insgesamt gefährdet ist. Ggf. genügt es fehlende Informationen, die hinter den Anforderungen zurückbleiben, zu ergänzen. Allzu strenge Anforderungen sind nicht anzulegen. Probleme ergeben sich regelmäßig bei der Frage der Gleichwertigkeit von ausländischen Konzernanhängen und Konzernlageberichten. Für die Beurteilung kommt es auf die Bilanzierungs-, Bewertungs- und sonstigen Berichterstattungspflichten in ihrer Gesamtheit an.[29] Sind Abweichungen vorhanden, jedoch nur von untergeordneter Bedeutung, so ist nach der hier vertretenen Auffassung eine Gleichwertigkeit gleichwohl gegeben.

2.3.4 Im Einklang mit als gleichwertig festgestellten internationalen Rechnungslegungsstandards

Auch ein im Einklang mit dem jeweiligen ausländischen Recht eines Drittstaates und dementsprechend nach anderen internationalen Rechnungslegungsstandards aufgestellter Konzernabschluss kann für die Anerkennung der Gleichwertigkeit ausreichen. Insoweit können nach § 292 Abs. 1 Nr. 1 Buchst. d) HGB auch andere Abschlüsse, z. B. US-GAAP-Abschlüsse, befreiend sein, sofern der Abschluss nicht bereits die Anforderungen gem. § 292 Abs. 1 Nr. 1 Buchst. b) erfüllt. Voraussetzung hierfür ist, dass der ausländische Rechnungslegungsstandard nach den in der Verordnung vom 21.12.2007 über die Einrichtung eines Mechanismus zur Festlegung der Gleichwertigkeit der von Drittstaatemittenten angewandten Rechnungslegungsgrundsätzen gem. RL 2003/71/EG und 2004/19/EG

---

[27] Vgl. Deubert/Lewe, BB 2016, S. 1262 mit einer beispielhaften Analyse für die schweizerischen Swiss GAAP FER.
[28] Vgl. IDW, WPH Edition, Wirtschaftsprüfung & Rechnungslegung, 18. Aufl. 2023, Kap. G Tz 119f.
[29] Vgl. Grottel/Kreher, in Beck Bil-Komm., 14. Aufl. 2024, § 292 HGB Rz. 25.

des Europäischen Parlaments und des Rates in ihrer jeweils geltenden Fassung als gleichwertig festgelegt bzw. anerkannt wurde. Die Gleichwertigkeit ausländischer Rechnungslegungssysteme wurde durch eine Entscheidung der Kommission vom 12.12.2008 für bestimmte Länder festgestellt.[30]
Nach diesem Verfahren zur Anerkennung ausländischen Rechts sind ergänzend die GAAP von Südkorea, Kanada und der Volksrepublik China als gleichwertige Rechnungslegungsstandards angesehen worden.[31] Für vor dem 1. April 2016 beginnende Gj können Drittlands-MU ihren Konzernabschluss auch nach den GAAP von Indien erstellen.[32] Für danach beginnende Berichtsperioden, sollen die indischen GAAP, soweit sie für börsennotierte Unt gelten, mit den IFRS konvergiert sein und daher die Voraussetzungen des § 292 Abs. 1 Nr. 1 Buchst. b) HGB erfüllen.[33]

2.4 Inhaltliche Anforderungen an den Konzernlagebericht (Abs. 1 Nr. 2)

Das befreite MU muss neben einem befreienden Konzernabschluss mit Verweis auf § 292 Abs. 1 Nr. 2 HGB einen Konzernlagebericht aufstellen, der entweder einem nach der Bilanzrichtlinie erstelltem Konzernlagebericht entspricht oder eine entsprechende gleichwertige Berichterstattung darstellt. Nach bisheriger – und wegen der Bezugnahme auf § 292 Abs. 1 Nr. 1 Buchst. a) HGB – weiterhin geltender Auffassung kann dieses Kriterium auch als erfüllt angesehen werden, wenn bspw. eine andersartige Rechnungslegung im Drittstaat (z. B. durch Anhang- statt Lageberichtsangaben oder Fehlen einzelner nebensächlicher Detailinformationen) erfolgt. Ein um ein MD&A erweiterter US-GAAP-Abschluss wird daher gleichwertig i. S. d. Norm sein.[34]

Das International Accounting Standards Board (IASB) hat zu den International Financial Reporting Standards (IFRS) ein unverbindliches Rahmenkonzept für die Darstellung des Managementberichts (Management Commentary) herausgegeben, der die in einem IFRS-Abschluss gemachten Angaben ergänzen und erläutern soll. Dieser ist lediglich eine Empfehlung für die Praxis (Practice Statement). Sofern der Management Commentary gleichwertige Angaben wie in einem nach der Bilanzrichtlinie oder deutschen Vorschriften (§ 315 HGB) zu erstellenden Konzernlagebericht enthält, ist die inhaltliche Befreiungsvoraussetzung an den Konzernlagebericht erfüllt.[35]

Ein weiterer Anwendungsfall ist die Berichterstattung nach schweizerischen anerkannten Rechnungslegungsstandard (Swiss GAAP FER), sofern es sich um einen befreienden Konzernabschluss eines übergeordneten MU mit Sitz in der Schweiz handelt. Dabei wird der Lagebericht als Teil des Jahresberichts im

---

30 Diese sind die GAAP der USA und von Japan, vgl. ABl. EU v. 19.12.2008, L 340/112.
31 Vgl. ABl. EU v. 13.04.2012 L 103/49.
32 Vgl. ABl. EU v. 25.9.2015 L 249/26.
33 Vgl. www.ifrs.org/use-around-the-world/use-of-ifrs-standards-by-jurisdiction/view-jurisdiction/india/, Abruf 9.10.2024.
34 Zur Frage, ob ein MD&A eines amerikanischen MU gleichwertig zu einem deutschen Konzernlagebericht ist, vgl. Lotz, KoR 2007, S. 682.
35 Vgl. Kolb/Roß, WPg 2014, S. 1089. Die Tatsache, dass zugleich die Gleichwertigkeit mit einem Konzernabschluss und Konzernlagebericht, die nach der EU-Bilanzrichtlinie erstellt wurden, verlangt wird, unterstreicht, dass von IFRS-Anwendern bestimmte zusätzliche Informationen (z. B. die Aufstellung eines Konzernlageberichts) einzufordern sind, um Befreiungswirkung zu erreichen.

Rahmenkonzept der Swiss GAAP FER (Ziff. 34) beschrieben und verlangt, dass dieser auch eine zukunftsorientierte Darstellung enthalten muss. Ohne zusätzliche Angaben bleiben die nach den Swiss GAAP FER erforderlichen Mindestangaben im Lagebericht allerdings hinter den nach der Bilanzrichtlinie geforderten Angaben zurück, so dass dieser nicht als inhaltlich gleichwertig i.S.v. § 292 Abs. 1 Nr. 2 HGB angesehen werden kann.[36]

2.5 Prüfung des befreienden Konzernabschlusses (Abs. 1 Nr. 3 i.V.m. Abs. 3)

14 Nach § 292 Abs. 1 Nr. 3 HGB wird für die befreiende Wirkung lediglich die Prüfung des befreienden Konzernabschlusses und nicht des Konzernlageberichts (sic!) durch einen zugelassenen Abschlussprüfer oder eine oder mehrere zugelassene Prüfungsgesellschaften verlangt.[37] Die Prüfung hat nach Maßgabe der einzelstaatlichen Regelungen zu erfolgen, denen das aufzustellende Drittstaaten-MU unterliegt. Die Regelung wurde durch das BilRUG nicht verändert und trägt dem Umstand Rechnung, dass der Konzernlagebericht oder ähnliche Berichte in Drittstaaten meistens nicht der Abschlussprüfung unterliegen.[38]

15 Der befreiende Konzernabschluss, der nicht von einem nach Abs. 1 zugelassenen Abschlussprüfer geprüft wurde, und der Konzernlagebericht haben gem. § 292 Abs. 3 Satz 1 HGB nur dann befreiende Wirkung, wenn dieser
- von einem Abschlussprüfer der nach der 8. EG-RL zugelassen ist **oder** über eine gleichwertige Befähigung verfügt (Rz 16) **und**
- in einer den Anforderungen des Dritten Unterabschnitts (§§ 316 ff. HGB) entsprechenden Weise **geprüft** wurde (Rz 17).

16 Die befreiende Wirkung tritt nur ein, wenn eine Prüfung durch einen **in Übereinstimmung mit der 8. EG-RL** (gemeint RL 2006/43/EG) zugelassenen **Abschlussprüfer** durchgeführt wurde. Nicht erforderlich ist demnach die Prüfung durch einen deutschen Abschlussprüfer.
Bei Prüfung durch andere ausländische, nicht nach der 8. EG-RL zugelassenen Abschlussprüfern wird eine **gleichwertige Befähigung** gefordert. Abschlussprüfer, die einer Mitgliedsorganisation der IFAC angehören, werden die Anforderungen der Gleichwertigkeit regelmäßig erfüllen. Ob die gleichwertige Befähigung die Kenntnisse des EU-Bilanzrechts voraussetzt, ist fraglich. Die gleichwertige Befähigung von Abschlussprüfern von Drittstaaten-MU, die Wertpapiere i.S.v. § 2 Abs. 1 WpHG an einer inländischen Börse zum Handel an einen regulierten Markt ausgegeben haben, ist davon abhängig, dass der Abschlussprüfer gem. § 134 Abs. 1 WPO registriert ist oder dass dessen gleichwertige Befähigung gem. § 134 Abs. 4 WPO anerkannt ist (§ 292 Abs. 3 Satz 2 HGB). Diese erhöhte Anforderung gilt hingegen nicht, soweit das obere MU (das Unt, das den befreienden Konzernabschluss aufstellt) ausschl. Schuldtitel i.S.d. § 2 Abs. 1 Nr. 3 WpHG

---

[36] Vgl. Deubert/Lewe, BB 2016, S. 1264.
[37] Vgl. auch Grottel/Kreher, in Beck Bil-Komm., 14. Aufl. 2024, § 292 HGB Rz 31; a.A. Kirsch/Berentzen, in Baetge/Kirsch/Thiele, Bilanzrecht, § 292 HGB Rz 67, Stand: 10/2019.
[38] Vgl. BT-Drs. 18/5256 v. 18.6.2015 S. 84 mit beispielhaftem Verweis auf USA und Kanada; zustimmend insoweit IDW, WPg 2015, S. 450.

1. mit einer Mindeststückelung zu je 100.000 EUR oder einem entsprechenden Betrag anderer Währung an einer inländischen Behörde zum Handel am regulierten Markt zugelassen sind oder
2. mit einer Mindeststückelung zu je 50.000 EUR oder einem entsprechenden Betrag anderer Währung an einer inländischen Börse zum Handel am regulierten Markt zugelassen sind und diese Schuldtitel vor dem 31.12.2010 begeben worden sind (§ 292 Abs. 3 Satz 3 HGB).

Diese Voraussetzungen müssen analog zur Regelung über das Vorliegen einer wirksamen Teilnahmebescheinigung nach § 319 Abs. 1 Satz 3 HGB zu Beginn der Prüfung vorliegen. Die Eintragungsbescheinigung bzw. die Bestätigung der WPK über die Befreiung von der Eintragungsverpflichtung ist zusammen mit den übrigen Unterlagen der Rechnungslegung für das zu befreiende MU offenzulegen (§ 292 Abs. 3 Satz 4 HGB).

Von der Eintragung und deren Folgen nach § 134 Abs. 4 WPO kann auf der Grundlage der Gegenseitigkeit abgesehen werden, wenn der Abschlussprüfer in seinem Drittstaat einer öffentlichen Aufsicht, einer Qualitätskontrolle sowie einer Berufsaufsicht unterliegt, die Anforderungen erfüllen, welche denen der Abschlussprüferrichtlinie gleichwertig sind, oder wenn die Europäische Kommission dies für eine Übergangsfrist nach Art. 46 Abs. 2 Satz 5 der Richtlinie 2006/43/EG vorsieht. Mit dem Beschluss der EU-Kommission 2011/30/EU[39] hat die EU-Kommission insoweit die öffentlichen Aufsichten von zehn Ländern (u. a. Japan, USA, Kanada, Schweiz) als gleichwertig anerkannt.

Die Prüfung hat sich nach h. M. wegen des eindeutigen Wortlauts des § 292 Abs. 2 Satz 1 HGB **nur auf den Konzernabschluss** und nicht auf den Konzernlagebericht zu erstrecken. Die Prüfung hat nach den Vorschriften des §§ 316 ff. HGB mit Ausnahme von § 321 HGB (Prüfungsbericht) zu erfolgen.[40] Eine prüferische Durchsicht reicht demnach nicht aus. Demgegenüber ist auch § 322 HGB bzgl. des Bestätigungsvermerks zu beachten. Die Prüfung muss im Wesentlichen den Anforderungen nach deutschem Recht entsprechen. Eine Prüfung nach den ISA erfüllt diese Anforderungen. Werden dagegen andere Prüfungsstandards der Prüfung zu Grunde gelegt, muss geprüft werden, ob sie inhaltlich mit denen des IDW bzw. den ISA übereinstimmen.[41]

17

2.6 Offenlegung des befreienden Konzernabschlusses (Abs. 1 Nr. 4)

Nach § 292 Abs. 1 Nr. 4 HGB setzt die Befreiung des deutschen MU von der Konzernrechnungslegungspflicht voraus, dass der befreiende Konzernabschluss samt Konzernlagebericht und Bestätigungsvermerk nach den Vorschriften offengelegt wird, die für den entfallenden Konzernabschluss und Konzernlagebericht maßgeblich sind. Diese Regelung bezweckt die hinreichende Informationsmöglichkeit von Gesellschaftern und Dritten (Rz 6). Durch die klare Formulierung der Vorschrift reicht ein mit einem Versagungsvermerk versehener Konzernabschluss nicht aus. Verlangt wird vielmehr ein (ggf. auch modifi-

18

---

39 Vgl. ABl. EU v. 20.1.2011 L 15/12 f.
40 Der deutsche Prüfungsbericht als Long-form-Report findet keine internationale Entsprechung und wird daher nicht als gesetzliche Anforderung genannt; gl. A. Grottel/Kreher, in Beck Bil-Komm., 13. Aufl. 2022, § 292 HGB Rz 33.
41 Vgl. Deubert/Lewe, DB 2016, S. 1261.

zierter) Bestätigungsvermerk.[42] Weiterhin zu beachten sind für inländische zu befreiende MU die Vorschriften der §§ 325ff. HGB (§ 291 Rz 20). Der befreiende Konzernabschluss kann sowohl in deutscher als auch in englischer Sprache veröffentlicht werden.

2.7 Angabepflicht im Anhang des befreiten Mutterunternehmens (Abs. 2 Satz 1)

19 Nach § 292 Abs. 2 Satz 1 HGB tritt die befreiende Wirkung nur dann ein, wenn im Anhang des Jahresabschlusses des zu befreienden MU die in § 291 Abs. 2 Satz 1 Nr. 4 HGB genannten Angaben sowie weitere Zusätze gemacht wurden. Dies beinhaltet:
- Name und Sitz des MU, das den befreienden Konzernabschluss und Konzernlagebericht aufstellt,
- einen Hinweis auf die Befreiung von der Verpflichtung, einen Konzernabschluss und einen Konzernlagebericht aufzustellen und
- eine Erläuterung der im befreienden Konzernabschluss vom deutschen Recht abweichend angewandten Bilanzierungs-, Bewertungs- und Konsolidierungsmethoden.

Den Erläuterungspflichten soll durch verbale Ausführungen zu wesentlichen Unterschieden ausreichend Rechnung getragen werden können.[43] Daneben sind folgende Zusätze im Anhang anzubringen:
- die Angabe, nach welchen der in § 292 Abs. 1 HGB genannten Vorgaben der Konzernabschluss aufgestellt wurde, sowie ggf.
- die Angabe, nach dem Recht welchen Staates der befreiende Konzernabschluss/Konzernlagebericht aufgestellt wurde.

2.8 Ausschlusstatbestände (Abs. 2 Satz 2)

20 Nach § 292 Abs. 2 Satz 2 HGB sind die Regelungen der § 291 Abs. 2 Satz 2 und Abs. 3 HGB entsprechend anzuwenden.
Somit gelten die besonderen Anforderungen für einen befreienden Konzernabschluss auch für VersicherungsUnt und Kreditinstitute, soweit der Drittstaaten-Konzernabschluss zusätzlich in Einklang mit den speziellen Vorgaben der EU-Bilanzrichtlinien für Banken und Kreditinstitute sowie Versicherungen steht (§ 291 Abs. 2 Satz 2 HGB). Gleichzeitig wird dadurch die Befreiungswirkung eines Konzernabschlusses eines übergeordneten MU mit Sitz in einem Drittstaat für den Fall, dass das inländische zu befreiende MU den Kapitalmarkt in Anspruch nimmt (§ 291 Abs. 3 Nr. 1 HGB) oder ein Minderheitenvotum die Aufstellung eines befreienden Konzernabschlusses und Konzernlageberichts (§ 291 Abs. 3 Nr. 2 HGB) beantragt, versagt.
Aufgrund der entsprechenden Anwendung der Regelungen in § 291 Abs. 2 Satz 2 und Abs. 3 HGB wird auf die entsprechende Kommentierung zu § 291 HGB verwiesen.

---

[42] Zur Abgrenzung von Bestätigungsvermerk und Versagungsvermerk vgl. § 322 Abs. 4 Satz 2 HGB.
[43] Gl. A. Kirsch/Berentzen, in Baetge/Kirsch/Thiele, Bilanzrecht, § 292 HGB Rz 72 m.w.N., Stand: 10/2019.

3 CSRD-Umsetzungsgesetz: Änderungen

> **Hinweis**
> Die Kommentierung basiert auf dem **Regierungsentwurf eines CSRD-Umsetzungsgesetzes**.[44] Nach Veröffentlichung der finalen Fassung wird die Kommentierung in Ihrem Haufe HGB Bilanz Kommentar Online aktualisiert. Die **Online-Version** ist beim Kauf der Printausgabe inklusive.

Das CSRD-UmsG soll den Anwendungsbereich der Norm zukünftig einschränken und damit Art. 23 Abs. 4 Buchst. b der Bilanzrichtlinie in der durch die CSRD geänderte Fassung umsetzen. Die Befreiungsregelung des § 292 HGB-E soll sich dabei hinsichtlich der Pflicht zur Aufstellung eines Konzernlageberichts nur noch auf dessen finanziellen Teil beziehen. Die Befreiungsregelung hinsichtlich des finanziellen Teils des Konzernlageberichts in § 292 HGB-E soll künftig neben der Befreiungsregelung für den Konzernnachhaltigkeitsbericht gem. § 315b Abs. 2 und 3 HGB-E (Erwägungsgrund 26 der CSRD) stehen. Dabei werden in Abs. 1 in dem Satzteil vor Nr. 1 die Wörter „einen Konzernabschluß und einen Konzernlagebericht nicht" durch die Wörter „einen Konzernabschluss nicht und einen Konzernlagebericht nicht gem. den §§ 315, 315a und 315d" ersetzt und damit die inhaltlichen Anforderungen des Konzernlageberichts bzgl. des nichtfinanziellen Teils gem. §§ 315b und c HGB-E ausgenommen. Und in Nr. 2 werden nach den Wörtern „Richtlinie 2013/34/EU" ein Komma und die Wörter „ausgenommen den Anforderungen des Artikels 29a," eingefügt. Neben diesen inhaltlichen Änderungen sind weitere redaktionelle Änderungen geplant (vgl. Rz 1).

21

---

[44] Regierungsentwurf eines Gesetzes zur Umsetzung der Richtlinie (EU) 2022/2464 des Europäischen Parlaments und des Rates vom 14. Dezember 2022 zur Änderung der Verordnung (EU) Nr. 537/2014 und der Richtlinien 2004/109/EG, 2006/43/EG und 2013/34/EU hinsichtlich der Nachhaltigkeitsberichterstattung von Unternehmen, BT-Drs. 20/12787 v. 9.9.2024, https://dserver.bundestag.de/btd/20/127/2012787.pdf, Abruf 9.10.2024.

§ 293 Größenabhängige Befreiungen

(1) ¹Ein Mutterunternehmen ist von der Pflicht, einen Konzernabschluß und einen Konzernlagebericht aufzustellen, befreit, wenn
1. am Abschlußstichtag seines Jahresabschlusses und am vorhergehenden Abschlußstichtag mindestens zwei der drei nachstehenden Merkmale zutreffen:
    a) Die Bilanzsummen in den Bilanzen des Mutterunternehmens und der Tochterunternehmen, die in den Konzernabschluß einzubeziehen wären, übersteigen insgesamt nicht 30.000.000 Euro.
    b) Die Umsatzerlöse des Mutterunternehmens und der Tochterunternehmen, die in den Konzernabschluß einzubeziehen wären, übersteigen in den zwölf Monaten vor dem Abschlußstichtag insgesamt nicht 60.000.000 Euro.
    c) Das Mutterunternehmen und die Tochterunternehmen, die in den Konzernabschluß einzubeziehen wären, haben in den zwölf Monaten vor dem Abschlußstichtag im Jahresdurchschnitt nicht mehr als 250 Arbeitnehmer beschäftigt;
    oder
2. am Abschlußstichtag eines von ihm aufzustellenden Konzernabschlusses und am vorhergehenden Abschlußstichtag mindestens zwei der drei nachstehenden Merkmale zutreffen:
    a) Die Bilanzsumme übersteigt nicht 25.000.000 Euro.
    b) Die Umsatzerlöse in den zwölf Monaten vor dem Abschlußstichtag übersteigen nicht 50.000.000 Euro.
    c) Das Mutterunternehmen und die in den Konzernabschluß einbezogenen Tochterunternehmen haben in den zwölf Monaten vor dem Abschlußstichtag im Jahresdurchschnitt nicht mehr als 250 Arbeitnehmer beschäftigt.

²Auf die Ermittlung der durchschnittlichen Zahl der Arbeitnehmer ist § 267 Abs. 5 anzuwenden.

(2) Auf die Ermittlung der Bilanzsumme ist § 267 Absatz 4a entsprechend anzuwenden.

(3) (*weggefallen*)

(4) ¹Außer in den Fällen des Absatzes 1 ist ein Mutterunternehmen von der Pflicht zur Aufstellung des Konzernabschlusses und des Konzernlageberichts befreit, wenn die Voraussetzungen des Absatzes 1 nur am Abschlußstichtag oder nur am vorhergehenden Abschlußstichtag erfüllt sind und das Mutterunternehmen am vorhergehenden Abschlußstichtag von der Pflicht zur Aufstellung des Konzernabschlusses und des Konzernlageberichts befreit war. ²§ 267 Abs. 4 Satz 2 und 3 ist entsprechend anzuwenden.

(5) Die Absätze 1 und 4 sind nicht anzuwenden, wenn das Mutterunternehmen oder ein in dessen Konzernabschluss einbezogenes Tochterunternehmen am Abschlussstichtag kapitalmarktorientiert im Sinn des § 264d ist oder es den Vorschriften des Ersten oder Zweiten Unterabschnitts des Vierten Abschnitts unterworfen ist.

Inhaltsübersicht

		Rz
1	Überblick	1–9
	1.1 Inhalt	2–3
	1.2 Anwendungsbereich	4–6
	1.3 Normenzusammenhänge	7
	1.4 Anwendungszeitpunkte	8–9
2	Befreiungsvoraussetzungen (Abs. 1)	10–18
3	Definition der Bilanzsumme (Abs. 2)	19–20
4	Härteklausel (Abs. 4)	21–33
	4.1 Bei einmaliger Überschreitung	21
	4.2 Bei Neugründung/Erstkonsolidierung	22
	4.3 Einschränkung bei Formwechsel	23–33
	4.3.1 Überblick	23
	4.3.2 Mutterunternehmen als formwechselnder Rechtsträger	24
	4.3.3 Rechtsform der formwechselnden Rechtsträger	25–31
	4.3.4 Formwechselbezogene Voraussetzungen	32–33
5	Wegfall der Befreiung (Abs. 5)	34–35
6	Rechtsfolgen bei Pflichtverletzung	36

1 Überblick

Von der Pflicht zur Aufstellung eines Konzernabschlusses und -lageberichts gibt es eine Reihe von Ausnahmen. Die Befreiung von der Aufstellungspflicht in Abhängigkeit von der Unternehmensgröße sowie die Definition der hierfür einschlägigen Größenklassen ergeben sich aus § 293 HGB.

Die Regelung setzt Art. 23 der RL 2013/34/EU (Bilanzrichtlinie) um, nach dem kleine Gruppen von der Aufstellung eines Konzernabschlusses und -lageberichts auszunehmen sind. Hinsichtlich mittlerer Gruppen ist ein Wahlrecht der Mitgliedstaaten vorgesehen, soweit dieses im Einzelfall keinem öffentlichen Interesse entgegensteht. Art. 3 der Bilanzrichtlinie gibt für die Schwellenwerte, die zur Bestimmung der Größe eines Konzerns notwendig sind, lediglich Höchstbeträge vor, sodass den Mitgliedstaaten bei der Umsetzung weitere Gestaltungsspielräume eingeräumt sind.

In der Vergangenheit erfolgten in regelmäßigen Abständen Anpassungen dieser Schwellenwerte (Rz 8). Zuletzt wurde mit der RL 2023/2775 vom 17.10.2023 eine **Erhöhung der monetären Größenklassenkriterien** beschlossen, da aufgrund hoher Inflationsraten mit einer schleichenden Ausweitung des Kreises verpflichteter Unt zu rechnen war. Die Umsetzung der Änderung der Bilanzrichtlinie erfolgte mit Bekanntmachung des zweiten Gesetzes zur Änderung des DWD-Gesetzes sowie zur Änderung handelsrechtlicher Vorschriften im Bundesgesetzblatt am 16.4.2024.[1]

Die Änderungen sind erstmals für Geschäftsjahre, die ab dem 1.1.2024 beginnen, **verpflichtend** anzuwenden. Aufgrund verschiedener Verzögerungen bei der Änderung der Bilanzrichtlinie sowie deren Umsetzung ist eine vorzeitige Anwendung mit erheblichen Rückwirkungen möglich (Rz 9).[2]

---

[1] BGBl. 2024 I Nr. 120.
[2] Art. 93 EGHGB.

1.1 Inhalt

2   Das HGB sieht mit § 293 HGB eine ersatzlose Freistellung von der Konzernrechnungslegungspflicht bei Unterschreiten bestimmter Größenschwellen vor, obwohl ein Mutter-Tochter-Verhältnis besteht.
Diese Befreiung tritt neben die größenunabhängige Freistellung von der Pflicht zur Konzernrechnungslegung aufgrund eines ersatzweisen Einbezugs in einen Konzernabschluss auf höherer Ebene durch ein übergeordnetes MU (§§ 291 und 292 HGB). Hierdurch soll eine sog. Tannenbaumrechnungslegung, also die Pflicht zur Aufstellung von Konzernabschlüssen auf mehreren Ebenen bei einem mehrstufigen inländischen Konzern, vermieden werden.

3   Die **Befreiung von der Pflicht zur Konzernrechnungslegung** nach § 293 HGB bezweckt die Reduzierung der durch die Rechnungslegung entstehenden Kosten.[3]

1.2 Anwendungsbereich

4   Der Geltungsbereich des § 293 HGB beschränkt sich auf **KapG** und **KapCoGes**. Gem. Abs. 5 steht eine Kapitalmarktorientierung i.S.d. § 264d HGB des MU oder eines TU der Befreiung (gem. der Abs. 1 und 4) entgegen (Rz 34 f.).

5   Vor der Einführung des Bankrichtlinie-Gesetzes[4] sowie des VersRiLiG[5] galten die Vorschriften des § 293 HGB auch für MU in Gestalt eines Kreditinstituts oder eines VersicherungsUnt. Seit deren Einführung ist sowohl **Kreditinstituten** (§ 340i Abs. 2 Satz 2 HGB) als auch **VersicherungsUnt** (§ 341j Abs. 1 Satz 2 HGB) die Anwendung des § 293 HGB untersagt (Abs 5). Sie müssen entsprechend den Regelungen der §§ 340i Abs. 1 Satz 1 und 341i Abs. 1 Satz 1 HGB ungeachtet ihrer Größe einen Konzernabschluss und einen Konzernlagebericht aufstellen.
Bis zur Einführung des BilRUG waren die Vorschriften des § 293 HGB a.F. allerdings zumindest dann für den Konzern maßgeblich, solange es sich lediglich bei einem TU um ein Kreditinstitut oder ein VersicherungsUnt handelte.[6] Infolge der Neuregelung des § 293 Abs. 5 HGB führen nunmehr auch TU in Gestalt eines Kreditinstituts oder eines VersicherungsUnt zum Ausschluss von der größenabhängigen Befreiung (Rz 34 f.).

6   Ist ein Unt (PersG) zur Rechnungslegung nach dem **PublG** verpflichtet, sind die Größenklassen des § 11 Abs. 1 PublG für die Pflicht zur Konzernrechnungslegung bestimmend (§ 290 Rz 10). Die Bilanzsumme sowie die Umsatzerlöse dürfen gem. PublG nur mittels der Nettomethode ermittelt werden. Die Schwellenwerte sind deutlich höher als jene des HGB.

1.3 Normenzusammenhänge

7   Neben der größenabhängigen Freistellung von der Pflicht zur Konzernrechnungslegung bestehen mit den **§§ 291, 292 HGB** weitere, größen**unabhängige** Vorschriften, die eine Befreiung aufgrund eines ersatzweisen Einbezugs in einen Konzernabschluss auf höherer Ebene durch ein übergeordnetes MU vorsehen. Die §§ 291, 292 HGB sind dabei vorrangig zu prüfen. Die Befreiungsmöglichkeit

---

[3] BT-Drs. 10/3440 S. 44.
[4] Bankrichtlinie-Gesetz v. 30.11.1990, BGBl 1990 I S. 2570.
[5] VersRiLiG v. 24.6.1994, BGBl 1994 I S. 1377.
[6] Vgl. Kirsch/Berentzen, in Baetge/Kirsch/Thiele, Bilanzrecht, § 293 HGB Rz 8, Stand: 3/2016.

bei Neugründung/Umwandlung/ErstKons wird mittels Verweis auf § 267 **Abs. 4 Satz 2 HGB** geregelt (§ 293 Abs. 4 Satz 2 HGB).
Auf die Größenklassen des § 293 HGB wird u. A. abgestellt bei:
- Der Befreiung von der Pflicht zur nichtfinanziellen Konzernerklärung (§ 315b Abs. 1 Satz 1 Nr. 2 lit. a)).
- Für die Einstufung eines Konzerns im Verfahren zur Festsetzung eines Ordnungsgeldes durch das Bundesamt für Justiz wegen des pflichtwidrigen Unterlassens der rechtzeitigen Offenlegung (§ 335 Abs. 6 Satz 3 HGB).

1.4 Anwendungszeitpunkte

Im Gegensatz zur Arbeitnehmerzahl wurden die **monetären Schwellenwerte** für die Größenklassen in der Vergangenheit regelmäßig alle fünf bis sieben Jahre angehoben. Die hierfür einschlägigen Vorgaben in Art. 3 der Bilanzrichtlinie wurden zuletzt mit der RL 2023/2775 vom 17.10.2023 erhöht, da aufgrund hoher Inflationsraten mit einer schleichenden Ausweitung des Kreises verpflichteter Unt zu rechnen war.
Die Umsetzung der Änderung der Bilanzrichtlinie erfolgte nicht wie die Anhebung der Schwellenwerte für die Befreiung von der Buchführungspflicht für Einzelkaufleute gem. § 241a HGB im Wachstumschancengesetz,[7] sondern wurde durch die Beschlussempfehlung des Verkehrsausschusses in die Novelle des Gesetzes über den Deutschen Wetterdienst (DWD-Gesetz) eingefügt.[8]
Die Anhebung wurde am 22.2.2024 vom Deutschen Bundestag verabschiedet und am 22.3.2024 vom Bundesrat gebilligt.[9] Die Bekanntmachung im Bundesgesetzblatt erfolgte am 16.4.2024.[10]
Davor erfolgte die letzte Änderung mit dem BilRUG für Gj, die am oder nach dem 1.1.2016 begonnen haben.[11] Sowohl bei der aktuellen, als auch der Erhöhung i. R. d. BilRUG nutzte der Gesetzgeber die Spielräume in der Bilanzrichtlinie vollumfänglich aus. Zudem wurde die Möglichkeit zur Ausweitung der Konzernrechnungslegungspflicht auch auf kleine Gruppen nicht wahrgenommen.
Verpflichtend sind die neuen Schwellenwerte (Rz 12) erstmals für Gj, die ab dem 1.1.2024 beginnen, anzuwenden.[12] Eine **vorzeitige Anwendung** ist jedoch rückwirkend bereits für Gj, die am oder nach dem 1.1.2023 begonnen haben, möglich.[13]
Mit dieser Möglichkeit zur vorgezogenen Anwendung sollen Unt so früh und umfassend wie möglich von der Befreiungswirkung der angehobenen Schwellenwerte profitieren können.[14]
Der Gesetzgeber stellt hinsichtlich der vorzeitigen Anwendung klar, dass die neuen Schwellenwerte rückbezogen zu betrachten sind, wie dies der Praxis bei früheren Anhebungen entsprochen habe. Entsprechend sind bei der Prüfung zum **Abschlussstichtag 31.12.2024** die geänderten Schwellenwerte **sowohl** für den

---

[7] BGBl. 2024 I Nr. 108.
[8] BT-Drs. 20/10428.
[9] BR-Drs. 97/24 (Beschluss).
[10] Zweites Gesetz zur Änderung des DWD-Gesetzes sowie zur Änderung handelsrechtlicher Vorschriften v. 11.4.2024, BGBl. 2024 I Nr. 120.
[11] Zur Möglichkeit des Rückbezugs und der damals erlaubten vorgezogenen Anwendung s. Bertram/Brinkmann/Kessler/Müller, Haufe HGB Bilanz Kommentar, 10. Aufl. 2019, § 293 Rz 8ff.
[12] Art. 93 Abs. 1 EGHGB.
[13] Art. 93 Abs. 2 EGHGB.
[14] Vgl. BT-Drs. 20/10428, S. 13.

Stichtag 31.12.2024 **als auch** rückbezogen für den Stichtag des Vorjahres 31.12.2023 maßgeblich.
In gleicher Weise sind bei der rückwirkenden Prüfung zum **Abschlussstichtag 31.12.2023** die geänderten Schwellenwerte **sowohl** rückbezogen für den 31.12.2023 **als auch** rückbezogen für den Stichtag 31.12.2022 maßgeblich.[15]
Wird vom Wahlrecht zur vorzeitigen Anwendung Gebrauch gemacht, ist dieses insgesamt auszuüben.[16]
D. h., die Wahlrechtsausübung erfolgt für dasselbe GJ einheitlich für den Einzel- und Konzernabschluss des MU, welches das Wahlrecht ausübt.[17]
Das folgende Beispiel veranschaulicht die Wirkung der hier beschriebenen Rückwirkung und des Rückbezugs bei Ausübung des Wahlrechts:

> **Praxis-Beispiel**
> **Sachverhalt**
> Es wird der Sachverhalt des Beispiels der Nudel GmbH in Rz 13 zugrunde gelegt.
> Für die Anwendung der Rückwirkung des Art. 93 Abs. 2 EGHGB wird angenommen, bei den Perioden t_0 bis t_3 des Beispiels in Rz 13 handle es sich um die Kalenderjahre 2020–2023. Die Daten der Perioden t_4 ff. seien daher noch nicht bekannt.
> **Beurteilung bei rückwirkender Anwendung der Schwellenerhöhung zum 31.12.2023**
> a) ohne Rückwirkung (nicht zulässig!)
>
> | Mio. EUR/Anzahl/ Einordnung | 2020 | 2021 | 2022 | 2023 |
> |---|---|---|---|---|
> | Bruttomethode | | | | |
> | Bilanzsumme | 9 | 29 | 31 | 30 |
> | Umsatzerlöse | 17 | 46,5 | 51 | 61 |
> | Arbeitnehmer | 100 | 242 | 240 | 251 |
> | Grenzwerte eingehalten | Ja | Ja | Nein | Nein |
> | Rechtsfolge | unbekannt | befreit | befreit | nicht befreit |
> | Nettomethode | | | | |
> | Bilanzsumme | 5 | 21 | 23 | 22 |
> | Umsatzerlöse | 17 | 46,5 | 51 | 61 |
> | Arbeitnehmer | 100 | 242 | 240 | 251 |
> | Grenzwerte eingehalten | Ja | Nein | Nein | Nein |
> | Rechtsfolge | unbekannt | befreit | nicht befreit | nicht befreit |

---

[15] Vgl. BT-Drs. 20/10428, S. 12.
[16] Art. 93 Abs. 2 Satz 1 2. HS EGHGB.
[17] Vgl. BT-Drs. 20/10428, S. 13.

b) ohne Rückbezug

Bei Auslegung der Rückwirkung des Art. 93 Abs. 2 EGHGB ohne den vom Verkehrsausschuss beschriebenen Rückbezug würden für die Jahre 2020 bis einschl. 2022 die alten Schwellenwerte nach BilRUG gelten; für das Jahr 2023 die neuen Schwellen nach der Novelle des DWD-Gesetzes. Hieraus ergäbe sich folgende Beurteilung:

Mio. EUR/Anzahl/Einordnung	2021	2021	2022	2023
Bruttomethode				
Bilanzsumme	9	29	31	30
Umsatzerlöse	17	46,5	51	61
Arbeitnehmer	100	242	240	251
Grenzwerte eingehalten	Ja	Ja	Ja	Nein
Rechtsfolge	unbekannt	befreit	befreit	befreit
Nettomethode				
Bilanzsumme	5	21	23	22
Umsatzerlöse	17	46,5	51	61
Arbeitnehmer	100	242	240	251
Grenzwerte eingehalten	Ja	Nein	Ja	Nein
Rechtsfolge	unbekannt	befreit	befreit	befreit

Ergebnis

Ohne die Anpassung der Schwellenwerte wäre die Nudel GmbH im Jahr 2023 erstmals zur Konzernrechnungslegung verpflichtet (Rz 14), sofern keine anderen Befreiungstatbestände erfüllt sind.

Eine rückwirkende Anwendung der angehobenen Schwellenwerte auf das Jahr 2023 ohne den Rückbezug der neuen Schwellen auf das ebenfalls zu prüfende Vorjahr (Fall a.), würde zum selben Ergebnis führen.

Werden bei der vorzeitigen Anwendung die angehobenen Schwellenwerte hingegen, wie in den Gesetzesmaterialien gefordert, auf das ebenfalls zu prüfende Vorjahr 2022 rückbezogen, werden im Jahr 2023 nach beiden Methoden zwei der drei Schwellenwerte zum ersten Mal überschritten, sodass aufgrund der Härteklausel (Rz 21) noch eine Befreiung von der Konzernrechnungslegung in Anspruch genommen werden kann.

Beurteilung

Eine teleologische Auslegung der Erläuterungen in den Gesetzesmaterialien ist m. E. nicht notwendig, da sich die **Anwendung mit Rückbezug** aus dem Wortlaut des § 293 Abs. 1 Satz 1 Nr. 1 und 2 HGB (neuer und alter Fassung) ergibt. Dieser schreibt die Schwellenwerte für den Abschlussstichtag **und den vorhergehenden Abschlussstichtag** vor. Die oben **unter a. dargestellte Variante ohne Rückbezug ist entsprechend nicht zulässig** und dient lediglich der Veranschaulichung der Rückwirkung. Die Ausführungen des Ausschusses sind insofern lediglich erläuternder Natur.

2 Befreiungsvoraussetzungen (Abs. 1)

10 Ein MU ist ungeachtet der weiteren Befreiungsmöglichkeiten der §§ 290 Abs. 5, 291, 292 HGB dann von der Pflicht, einen Konzernabschluss und einen Konzernlagebericht aufzustellen, befreit, wenn von den drei in § 293 Abs. 1 HGB genannten Größenkriterien am Abschlussstichtag seines Jahresabschlusses und am vorhergehenden Abschlussstichtag mind. zwei nicht überschritten werden. Die einer Befreiung zugrunde zu legenden Kriterien müssen dabei nicht über den Zeitverlauf hinweg identisch sein.[18] Auch besteht keine Pflicht zur Beibehaltung der Ermittlungsmethode. Eine Bindung an das Stetigkeitsgebot besteht somit nicht.[19] Zur Ermittlung der Größenkriterien können entweder die Einzelabschlüsse aller in den Konzernabschluss einzubeziehenden TU addiert (**Bruttomethode** gem. § 293 Abs. 1 Nr. 1 HGB) oder ein vollständig konsolidierter Konzernabschluss, quasi als Probeabschluss, aufgestellt werden (**Nettomethode** gem. § 293 Abs. 1 Nr. 2 HGB). Dieses Wahlrecht soll insb. in Grenzfällen Unsicherheiten in Bezug auf eine Erstellungspflicht vermeiden.[20]

11 Bei Anwendung der Bruttomethode ist der Abschlussstichtag des MU und bei Anwendung der Nettomethode infolge der Regelung des § 299 Abs. 1 HGB der fiktive einheitliche Abschlussstichtag des Konzerns maßgebend für die Bemessung der Schwellenwerte. Dies kann bei Anwendung der Bruttomethode zu Problemen führen, wenn die Abschlussstichtage der TU von jenem des MU abweichen. In diesen Fällen sind Schätzungen vorzunehmen.[21]

12 Im Einzelnen ergeben sich gem. § 293 Abs. 1 HGB die in Tab. 1 dargestellten Wertgrenzen (Altwerte in Klammern).

	Bruttomethode	Nettomethode
	§ 293 Abs. 1 Satz 1 Nr. 1 HGB	§ 293 Abs. 1 Satz 1 Nr. 2 HGB
Bilanzsumme	30.000.000 EUR (24.000.000 EUR)	25.000.000 EUR (20.000.000 EUR)
Umsatzerlöse	60.000.000 EUR (48.000.000 EUR)	50.000.000 EUR (40.000.000 EUR)
Arbeitnehmerzahl	250	250

Tab. 1: Wertgrenzen für die größenklassenabhängige Befreiung (Altwerte in Klammern).

---

[18] Gl. A. ADS, Rechnungslegung und Prüfung der Unternehmen, 6. Aufl. 1995–2001, § 293 HGB Rz 11; Grottel/Kreher, in Beck Bil-Komm., 14. Aufl. 2024, § 293 HGB Rz 20.
[19] Gl. A. Grottel/Kreher, in Beck Bil-Komm., 14. Aufl. 2024, § 293 HGB Rz 2; ADS, Rechnungslegung und Prüfung der Unternehmen, 6. Aufl. 1995–2001, § 293 HGB Rz 11.
[20] Vgl. Grottel/Kreher, in Beck Bil-Komm., 14. Aufl. 2024, § 293 HGB Rz 2.
[21] Vgl. Hoffmann/Lüdenbach, NWB Kommentar Bilanzierung, 15. Aufl. 2023, § 293 HGB Rz 10.

Praxis-Beispiel[22]

Sachverhalt

Die Nudel GmbH als MU hält 100 % der Anteile an der Spaghetti GmbH. Am 1.4.t_1 erwirbt die Nudel GmbH zudem 100 % der Anteile an der Spirelli GmbH. Ein Unterschiedsbetrag zwischen dem Buchwert der Beteiligungen beim MU und den EK-Ausweisen bestand beim Erwerb nicht. Lieferungs- und Leistungsbeziehungen zwischen den Unt sind nicht existent. Keines der Unt ist kapitalmarktorientiert i.S.d. § 264d HGB, von öffentlichem Interesse und weder in Form eines Kreditinstituts noch eines VersicherungsUnt organisiert. Die Beschäftigtenzahlen sind in den jeweiligen Jahren jeweils über alle Quartale hinweg konstant. Für die Gj t_0-t_6 liegen die folgenden (Plan-)Zahlen vor, wobei es sich bei den Umsatzerlösen lediglich um solche aus dem Verkauf von für die gewöhnliche Geschäftstätigkeit typischen Waren handelt (im Laufe des Beispiels folgt eine Erweiterung hinsichtlich der Umsatzkomponenten):

Der Neueintritt der Spirelli GmbH in den KonsKreis ist i.R.d. Prüfung auf Befreiung von der Konzernrechnungslegungspflicht zu berücksichtigen. Die Umsatzerlöse sind als zeitraumbezogene Größe nur zeitanteilig zu berücksichtigen. Der Erwerbszeitpunkt der Spirelli GmbH (1.4.t_1) definiert dabei den Anrechnungszeitraum. Die Bilanzsumme als zeitpunktbezogene Größe ist vollumfänglich zu berücksichtigen. Die Anzahl der Arbeitnehmer stellt ebenfalls eine zeitraumbezogene Größe dar. Hier wird jedoch gem. § 293 Abs. 1 Satz 1 Nr. 1 lit. c) bzw. Nr. 2 lit. c) HGB auf den Jahresdurchschnitt abgestellt, weshalb keine Anpassung erfolgt (Rz 15f.).[23] Für das Jahr t_1 ergeben sich infolge der Änderung des KonsKreises durch Eintritt der Spirelli GmbH in diesen zum 1.4. die folgenden Werte:

Spirelli GmbH (Mio. EUR/Anzahl)	$t_{1\ gesamt}$	$t_{1\ ab\ April}$
Bilanzsumme	6	6
Umsatzerlöse	14	10,5
Arbeitnehmer	72	72
Quartalsgenaue Umrechnung der Werte der Spirelli GmbH für t_1		

Beurteilung
Konzernrechnungslegungspflicht bei Anwendung der Grenzwerte nach dem Zweiten Gesetz zur Änderung des DWD-Gesetzes sowie zur Änderung handelsrechtlicher Vorschriften

Es ergibt sich die nachfolgend dargestellte Beurteilung hinsichtlich der Pflicht zur Erstellung eines Konzernabschlusses.

---

[22] Mit Änderungen entnommen aus Kreipl, KoR 2013, S. 164f.
[23] Vgl. Fehrenbacher, in MünchKomm. HGB, 5. Aufl. 2024, § 293 HGB Rz 18; Grottel/Kreher, in Beck Bil-Komm., 14. Aufl. 2024, § 293 HGB Rz 25.

Mio. EUR/ Anzahl/ Einordnung	t_0	t_1*	t_2	t_3	t_4	t_5	t_6
Bruttomethode							
Bilanzsumme	9	29	31	30	35	32	32
Umsatzerlöse	17	46,5	51	61	61	57	57
Arbeitnehmer	100	242	240	251	250	267	267
Grenzwerte eingehalten	Ja	Ja	Ja	Nein	Nein	Nein	Nein
Rechtsfolge	unbekannt	befreit	befreit	befreit	nicht befreit	nicht befreit	nicht befreit
Nettomethode							
Bilanzsumme	5	21	23	22	27	24	24
Umsatzerlöse	17	46,5	51	61	61	57	57
Arbeitnehmer	100	242	240	251	250	267	267
Grenzwerte eingehalten	Ja	Ja	Ja	Nein	Nein	Nein	Nein
Rechtsfolge	unbekannt	befreit	befreit	befreit	nicht befreit	nicht befreit	nicht befreit

* Die hier angegebenen Werte für t_1 beziehen sich auf das gesamte Jahr.

In t_0 werden nach beiden Methoden drei der drei Grenzwerte für die Befreiung von der Konzernrechnungslegungspflicht eingehalten, sodass die Voraussetzungen für eine Befreiung zunächst erfüllt sind. Hinsichtlich der Rechtsfolgen für t_0 kann jedoch keine genaue Aussage getroffen werden, da die Werte für t_{0-1} unbekannt sind. Sofern in t_{0-1} nach einer der beiden Methoden mind. zwei der drei Schwellenwerte nicht überschritten wurden, ergäbe sich die Möglichkeit zur Inanspruchnahme einer Befreiung, sonst bliebe diese versagt. Im Falle einer ErstKons (Neugründung/Umwandlung) – mit Ausnahme eines Formwechsels mit wechselndem Rechtsträger in der Rechtsform einer KapG oder einer PersG i.S.d. § 264a Abs. 1 HGB (Rz 23–Rz 33) – besteht keine Konzernrechnungslegungspflicht, da gem. § 293 Abs. 4 Satz 2 HGB i.V.m. § 267 Abs. 4 Satz 2 HGB dann bereits das einmalige Einhalten der Grenzwerte zu einer Befreiung führt. Liegt dagegen der Fall eines Formwechsels mit korrespondierendem Rechtsformwechsel vor, scheidet eine Befreiung infolge des mit dem BilRUG eingeführten § 267 Abs. 4 Satz 3 HGB i.V.m. dem Verweis des § 293 Abs. 4 Satz 2 HGB aus.
In t_1 und t_2 werden mind. bei einer Methode mind. zwei der drei Grenzwerte mind. zweimal in Folge eingehalten, sodass die Voraussetzungen für eine Befreiung stets erfüllt sind und in jedem Jahr eine Befreiung in Anspruch genommen werden kann.
In t_3 werden nach beiden Methoden zwei der drei Grenzwerte das erste Mal überschritten. Aufgrund der Härtefallklausel (Rz 21) kann die Befreiung dennoch in Anspruch genommen werden.

In t_4, t_5 und t_6 werden ebenfalls nach beiden Methoden mind. zwei der drei Grenzwerte überschritten. Da bereits im jeweiligen Vorjahr nach beiden Methoden mind. zwei der drei Grenzwerte überschritten waren, sind die Voraussetzungen der Befreiung in keinem der Jahre erfüllt. Vorbehaltlich weiterer (ggf. vorrangig zu prüfenden (Rz 7)) Befreiungsmöglichkeiten (Rz 10) ist die Nudel GmbH in diesen Jahren zur Konzernrechnungslegung verpflichtet.

Konsequenzen der Anpassung der Schwellenwerte[24] 14
Konzernrechnungslegungspflicht bei Anwendung der alten Grenzwerte
Bei der Beurteilung des Beispiels (Rz 13) hätte sich das Ergebnis ohne die Erhöhung der Schwellenwerte durch das Zweite Gesetz zur Änderung des DWD-Gesetzes sowie zur Änderung handelsrechtlicher Vorschriften (Rz 1) wie folgt dargestellt:

Mio. EUR/ Anzahl/ Einordnung	t_0	t_1*	t_2	t_3	t_4	t_5	t_6
Bruttomethode							
Bilanzsumme	9	29	31	30	35	32	32
Umsatzerlöse	17	46,5	51	61	61	57	57
Arbeitnehmer	100	242	240	251	250	267	267
Grenzwerte eingehalten	Ja	Ja	Nein	Nein	Nein	Nein	Nein
Rechtsfolge	unbekannt	befreit	befreit	nicht befreit	nicht befreit	nicht befreit	nicht befreit
Nettomethode							
Bilanzsumme	5	21	23	22	27	24	24
Umsatzerlöse	17	46,5	51	61	61	57	57
Arbeitnehmer	100	242	240	251	250	267	267
Grenzwerte eingehalten	Ja	Nein	Nein	Nein	Nein	Nein	Nein
Rechtsfolge	unbekannt	befreit	nicht befreit	nicht befreit	nicht befreit	nicht befreit	nicht befreit

* Die hier angegebenen Werte für t_1 beziehen sich auf das gesamte Jahr.

In t_0 werden nach beiden Methoden drei der drei Grenzwerte für die Befreiung von der Konzernrechnungslegungspflicht eingehalten, sodass die Voraussetzungen für eine Befreiung zunächst erfüllt sind. Hinsichtlich der Rechtsfolgen für t_0 kann jedoch keine genaue Aussage getroffen werden, da die Werte für t_{0-1} unbekannt sind. Sofern in t_{0-1} nach einer der beiden Methoden mind. zwei der drei Schwellenwerte nicht überschritten wurden, ergäbe sich

---

[24] Mit Änderungen entnommen aus Kreipl, KoR 2013, S. 164f.

die Möglichkeit zur Inanspruchnahme einer Befreiung, sonst bliebe diese versagt. Im Falle einer ErstKons (Neugründung/Umwandlung) – mit Ausnahme eines Formwechsels mit wechselndem Rechtsträger in der Rechtsform einer KapG oder einer PersG i.S.d. § 264a Abs. 1 HGB (Rz 23–Rz 33) – besteht keine Konzernrechnungslegungspflicht, da gem. § 293 Abs. 4 Satz 2 HGB i.V.m. § 267 Abs. 4 Satz 2 HGB dann bereits das einmalige Einhalten der Grenzwerte zu einer Befreiung führt. Liegt dagegen der Fall eines Formwechsels mit korrespondierendem Rechtsformwechsel vor, scheidet eine Befreiung infolge des mit dem BilRUG eingeführten § 267 Abs. 4 Satz 3 HGB i.V.m. dem Verweis des § 293 Abs. 4 Satz 2 HGB aus.

In t_1 werden mind. bei einer Methode mind. zwei der drei Grenzwerte mind. zweimal in Folge eingehalten, sodass die Voraussetzungen für eine Befreiung stets erfüllt sind und in jedem Jahr eine Befreiung in Anspruch genommen werden kann.

In t_2 werden nach der Nettomethode das zweite Mal in Folge mind. zwei der drei Schwellen überschritten. Aufgrund des Methodenwahlrechts (Rz 10) kann die Befreiung dennoch in Anspruch genommen werden, weil nach der Bruttomethode im Vorjahr nur einer der drei Schwellenwerte überschritten wurde.

In t_3, t_4, t_5 und t_6 werden nach beiden Methoden mind. zwei der drei Schwellenwerte überschritten. Da dies bereits im jeweiligen Vorjahr der Fall war, sind die Voraussetzungen der Befreiung in keinem der Jahre erfüllt. Vorbehaltlich weiterer (ggf. vorrangig zu prüfenden (Rz 7)) Befreiungsmöglichkeiten (Rz 10) ist die Nudel GmbH in diesen Jahren zur Konzernrechnungslegung verpflichtet.

Vergleich der Rechtsfolgen vor und nach Schwellenanhebung[**]
Da die Befreiung unter Inanspruchnahme sowohl der Netto- als auch der Bruttomethode gestattet ist, werden in der nachfolgenden Tabelle ausschließlich die Rechtsfolgen dargestellt, die aus Sicht einer Befreiung am günstigsten sind.

Rechtsfolgen	t_0	t_1	t_2	t_3	t_4	t_5	t_6
aktueller Rechtsstand (Novelle nach DWD-Gesetzes)	unbekannt	befreit	befreit	befreit	nicht befreit	nicht befreit	nicht befreit
bisheriger Rechtsstand (nach dem BilRUG)	unbekannt	befreit	befreit	nicht befreit	nicht befreit	nicht befreit	nicht befreit

[**] Für die Anwendung der neuen Schwellenwerte besteht eine erhebliche Rückwirkung. Deren Verdeutlichung anhand dieses Beispiels erfolgt in Rz 9.

15 Sowohl bei der Brutto- als auch bei der Nettomethode ist im Hinblick auf die Ermittlung der Größenmerkmale von dem KonsKreis auszugehen, der bei einer Überschreitung der Bezugsgrößen der späteren Kons. zugrunde liegen würde.

Somit können die Einbeziehungswahlrechte des § 296 HGB vor der Berechnung und dem Vergleich mit den Schwellenwerten genutzt werden, soweit die Wahlrechte auch bei einem zu erstellenden Konzernabschluss genutzt werden würden.[25] Sofern bereits ein Konzernabschluss aufgestellt wurde, ist dabei das Stetigkeitsgebot zu beachten. Die Inanspruchnahme der Einbeziehungswahlrechte des § 296 HGB beschränkt sich in diesen Fällen auf die bisherige Vorgehensweise hinsichtlich deren Ausübung. Die Wahlrechte des § 296 HGB entfalten insofern erhebliche Ausstrahlungswirkung auf die Ermittlung der Größenklassen, als gem. § 296 HGB nicht einbezogene Unt lediglich ggf. über die Bewertung nach der Equity-Methode Einfluss auf die Bilanzsumme haben, hierbei jedoch grds. keine Berücksichtigung bei den Umsatzerlösen und Arbeitnehmerzahlen finden. Mittels Ausnutzung der Wahlrechte respektive korrespondierender Planung bei noch nicht erfolgter Aufstellung eines Konzernabschlusses kann so ggf. eine Konzernabschlusserstellungspflicht vermieden werden.

Die Ermittlung der **durchschnittlichen Arbeitnehmerzahl** hat gem. § 293 Abs. 1 Satz 2 HGB nach Maßgabe des § 267 Abs. 5 HGB zu erfolgen. Bei der Ermittlung der Arbeitnehmerzahl ist entsprechend auf die durchschnittliche Arbeitnehmerzahl der letzten zwölf Monate oder auf die kürzere Konzernzugehörigkeit abzustellen. Dies gilt – sofern die Zeiträume vorhanden sind – auch im Fall eines Rumpf-Gj.[26] Nach § 293 Abs. 1 Satz 2 i.V.m. § 267 Abs. 5 HGB gilt dabei als durchschnittliche Zahl der Arbeitnehmer *„[...] der vierte Teil der Summe aus den Zahlen der jeweils am 31. März, 30. Juni, 30. September und 31. Dezember beschäftigten Arbeitnehmer [...]"*.[27] Anders als Beschäftigte im Ausland sind zur Berufsausbildung Beschäftigte,[28] sowie Organmitglieder von KapG nicht zu berücksichtigen (§ 267 Rz 29).[29] Mit Urteil vom 1.12.2020 hat das BAG jedoch das bisherige Kriterium des Weisungsrechts in Richtung einer „Lenkung" aufgeweicht, sodass ggf. auch Crowdworker zu den Arbeitnehmern zählen. Konkret kann die kontinuierliche Durchführung einer Vielzahl von Kleinaufträgen auf der Grundlage einer mit dem Betreiber getroffenen Rahmenvereinbarung i.R.d. nach § 611a Abs. 1 Satz 5 BGB gebotenen Gesamtbetrachtung zur Annahme eines Arbeitsverhältnisses führen, wenn der Crowdworker zur persönlichen Leistungserbringung verpflichtet ist, die geschuldete Tätigkeit ihrer Eigenart nach einfach gelagert und ihre Durchführungen inhaltlich vorgegeben sind sowie die Auftragsvergabe und die konkrete Nutzung der Online-Plattform i.S.e. Fremdbestimmens durch den Crowdsourcer gelenkt wird.[30]

---

25 Vgl. Fehrenbacher, in MünchKomm. HGB, 5. Aufl. 2024, § 293 HGB Rz 6.
26 Vgl. ADS, Rechnungslegung und Prüfung der Unternehmen, 6. Aufl. 1995–2001, § 293 HGB Rz 30; Kirsch/Berentzen, in Baetge/Kirsch/Thiele, Bilanzrecht-Kommentar, § 293 HGB Rz 32, Stand: 3/2016.
27 Die für das PublG relevante, korrespondierende Definition findet sich in § 1 Abs. 2 Satz 5 PublG.
28 Wie Auszubildende, Volontäre und Praktikanten.
29 Vgl. Fehrenbacher, in MünchKomm. HGB, 5. Aufl. 2024, § 293 HGB Rz 18; Kirsch/Berentzen, in Baetge/Kirsch/Thiele, Bilanzrecht, § 293 HGB Rz 45, Stand: 3/2016.
30 Vgl. BAG, Urteil v. 1.12.2020, 9 AZR 102/20.

16 Ergeben sich **Änderungen des KonsKreises**, ist zwischen dem Eintritt in diesen bzw. dem Austritt aus diesem zu unterscheiden. Eine Berücksichtigung von ausgeschiedenen Unt hat nach h. M. nicht zu erfolgen.[31]
Kommen neue Unt zum KonsKreis hinzu, hat hingegen ein Einbezug ab dem Zeitpunkt der ErstKons zu erfolgen. Die **Umsatzerlöse** und die **Anzahl der Arbeitnehmer** sind zeitraumbezogene Größen. Die Umsatzerlöse sind daher zeitanteilig zu berücksichtigen. Bei der Anzahl der Arbeitnehmer ist das arithmetische Mittel über den Zeitraum der Konzernzugehörigkeit maßgeblich. Bei Rumpf-Gj sind diese Größen für die fehlenden Zeiträume dem jeweils vorhergehenden Gj zu entnehmen. Steht diese Datenbasis, etwa aufgrund einer Neugründung, nicht zur Verfügung, sind die Umsatzerlöse des Rumpf-Gj bzw. der Durchschnitt der im Rumpf-Gj enthaltenen Quartale - bei solchen unter drei Monaten nur der Stichtagswert für die Arbeitnehmerzahl – heranzuziehen.[32]
Die **Bilanzsumme** muss in voller Höhe in die Berechnung einfließen, da es sich hier um eine zeitpunktbezogene Größe handelt.

17 Wie aus Tab. 1 zu entnehmen ist, wird bei der **Bruttomethode** im Hinblick auf die Bilanzsumme und die Umsatzerlöse von Werten ausgegangen, die die entsprechenden Werte der Nettomethode um 20 % übersteigen. Bei der Nettomethode werden so die Auswirkungen der Kons. pauschaliert berücksichtigt, was bei der Beschäftigtenzahl, die bei beiden Methoden gleich hohe Wertgrenzen aufweist, nicht notwendig ist. Da ein Unt bei der Wahl der Methode grds. frei ist, dürfte die Entscheidung für eine Methode, die zu jedem Abschlussstichtag neu getroffen werden kann, außer von Wirtschaftlichkeitsüberlegungen auch von Art, Form und Intensität der innerkonzernlichen Beziehungen beeinflusst werden. In wirtschaftlicher Hinsicht ist vor allem zu bedenken, dass die Nettomethode eine ProbeKons. erfordert. Dieser Nachteil relativiert sich jedoch, wenn die so gewonnenen Daten als Grundlage eines umfassenden Beteiligungscontrollings oder eines Konzernmanagements für die Planung, Steuerung und Kontrolle der einzelnen Unt und des Gesamtgebildes Konzern verwendet werden.

18 In Abweichung zur Festsetzung des Anrechnungszeitraums bei Änderungen des KonsKreises (Rz 16), für die gem. § 301 Abs. 2 Satz 1 HGB der Zeitpunkt, an dem das Unt TU geworden ist, maßgeblich ist, sind infolge des § 301 Abs. 2 Satz 3 HGB bei der **erstmaligen Aufstellung eines Konzernabschlusses** die Wertansätze zum Zeitpunkt der Einbeziehung in den Konzernabschluss zugrunde zu legen, soweit das TU nicht in dem Jahr TU geworden ist, für das der Konzernabschluss aufgestellt wird. In Ausnahmefällen dürfen nach § 301 Abs. 2 Satz 5 Halbs. 1 HGB jedoch auch die Wertansätze nach Satz 1 (Zeitpunkt, zu dem das Unt TU geworden ist) angewendet werden. In diesen Fällen verlangt § 301 Abs. 2 Satz 5 Halbs. 2 HGB allerdings, dass dieser Umstand im Konzernanhang angegeben und begründet wird (§ 301 Rz 99ff.).

---

[31] Vgl. ADS, Rechnungslegung und Prüfung der Unternehmen, 6. Aufl. 1995–2001, § 293 HGB Rz 20; Fehrenbacher, in MünchKomm. HGB, 5. Aufl. 2024, § 293 HGB Rz 9.
[32] Vgl. dazu Grottel/Kreher, in Beck Bil-Komm., 13. Aufl. 2022, § 293 HGB Rz 25; Hoffmann/Lüdenbach, NWB Kommentar Bilanzierung, 15. Aufl. 2023, § 293 HGB Rz 15f.

3 Definition der Bilanzsumme (Abs. 2)

Der § 293 Abs. 2 HGB dient der Klarstellung, dass die **Definition der Bilanzsumme** in § 267 Abs. 4a HGB auch auf Konzernabschlüsse entsprechend anzuwenden ist. § 267 Abs. 4a HGB legt fest, dass sich die Bilanzsumme aus den Posten A-E des § 266 Abs. 2 HGB zusammensetzt (§ 267 Rz 13 ff.). Entsprechend entfaltet das Ansatzwahlrecht für aktive latente Steuern gem. § 274 Abs. 1 Satz 2 HGB Einfluss auf die Größenklasse. Wenngleich die Ausübung des Wahlrechts grds. stetig zu erfolgen hat (§ 246 Abs. 3 HGB) und Abweichungen nach § 252 Abs. 2 HGB nur in begründeten Ausnahmen zulässig sind, werden vom IDW unter diese Ausnahmefälle ausdrücklich auch die Inanspruchnahme von Ansatz- oder Bewertungsvereinfachungsverfahren gefasst.[33] Dies ist bei einer Größenklassenbestimmung gegeben. Daher können Unt unter Verweis auf § 267 Abs. 4a HGB anstelle des Ansatzes aktiver latenter Steuern auf deren Aktivierung verzichten und damit das Stetigkeitsgebot durchbrechen.

19

Infolge von § 301 Abs. 2 Satz 2 HGB ist zu beachten, dass bei erstmaliger Aufstellung eines Konzernabschlusses für die Festsetzung des **Bewertungszeitpunkts** der Wertansätze zwar grds. der Zeitpunkt der Einbeziehung des TU in den Konzernabschluss – und nicht jener, an dem das Unt TU geworden ist – maßgeblich ist. In Ausnahmefällen dürfen aber auch die Wertansätze nach Satz 1 (Zeitpunkt, an dem das Unt TU geworden ist) angewendet werden. Somit können bei der Nettomethode aus der Anwendung dieses Wahlrechts ggf. unterschiedlich hohe Bilanzsummen resultieren.

20

4 Härteklausel (Abs. 4)

4.1 Bei einmaliger Überschreitung

§ 293 Abs. 4 HGB bietet neben der Befreiung nach Abs. 1 eine zeitraumbezogene Härtefallregelung für Konzerne, die die Schwellenwerte einmalig überschreiten. Die Härteklausel befreit nicht nur Unt von der Pflicht zur Erstellung eines Konzernabschlusses, die zwei der drei in § 293 Abs. 1 HGB genannten Größenkriterien am aktuellen und am vorhergehenden Abschlussstichtag unterschreiten, sondern auch jene, die zwei der drei Größenkriterien am aktuellen **oder** am davorliegenden Abschlussstichtag unterschreiten, am jeweilig anderen jedoch nicht die Voraussetzungen für eine Befreiung erfüllen bzw. erfüllt haben und für die am vor diesen Abschlussstichtagen gelegenen Stichtag ebenfalls ein Befreiungsrecht bestand. Der Verlust der Befreiung tritt somit nicht durch einmaliges Überschreiten der Schwellenwerte ein.

21

Praxis-Beispiel
Anwendung der Härteklausel
Sachverhalt
Für die Wiesinger AG und ihre TU ergeben sich in den Jahren t_0-t_2 folgende Werte bei Anwendung der Brutto- sowie der Nettomethode:

---

[33] Vgl. IDW RS HFA 38.15.

Mio. EUR/ Anzahl	t_0	t_1	t_2
Konzern (Summenbilanz)			
Bilanzsumme	31	33	29
Umsatzerlöse	53	61	64
Arbeitnehmer	255	249	260
Konzern (konsolidiert)			
Bilanzsumme	26	30	23
Umsatzerlöse	38	52	56
Arbeitnehmer	255	249	260

Zusätzliche Annahmen
In den Gj t_{-2} und t_{-1} wurden sämtliche Grenzwerte des § 293 HGB sowohl bei Anwendung der Brutto- als auch der Nettomethode unterschritten. Entsprechend hat die Wiesinger AG in t_{-1} von der Möglichkeit zur Befreiung von der Konzernrechnungslegung Gebrauch gemacht.

Beurteilung
t_0: Obwohl bei der Anwendung der Brutto- und der Nettomethode zwei der drei Grenzwerte überschritten werden, kann die Wiesinger AG bedingt durch die Härteklausel des § 293 Abs. 4 HGB auf eine Konzernrechnungslegung verzichten, da die Schwellenwerte noch nicht zwei Jahre in Folge (wieder) überschritten wurden.
t_1 und t_2: Hier ergibt sich eine Pflicht zur Konzernrechnungslegung. Die Grenzwerte wurden ab t_1 jeweils bereits zweimal in Folge überschritten.

4.2 Bei Neugründung/Erstkonsolidierung

22 Mit dem Verweis auf § 267 Abs. 4 Satz 2 HGB in § 293 Abs. 4 Satz 2 HGB hat der Gesetzgeber den Tatbestand der ErstKons klargestellt, wenngleich begrifflich nicht korrekt: Da die Ausführungen des § 267 Abs. 4 Satz 2 HGB in § 293 Abs. 3 Satz 2 HGB nicht um den Begriff der ErstKons erweitert wurden, sodass die ErstKons unter der Ausführung Umwandlung oder Neugründung zu subsumieren ist.[34] Entsprechend ist auch dann eine Befreiung gegeben, wenn mind. zwei der drei Schwellenwerte am aktuellen Abschlussstichtag unterschritten werden, jedoch aufgrund eines fehlenden Mutter-Tochter-Verhältnisses (Neugründung des MU oder erstmalige Begründung eines Konzerns) am vorhergehenden Abschlussstichtag kein Befreiungsrecht bestand. Für die ErstKons weiterer neuer TU mit einem bestehenden Konzerngebilde gilt dies jedoch nicht. Der Gesetzgeber hat mit dem Verweis auf die mögliche Befreiung bei **Umwandlung** und **Neugründung** so die Regelungslücke i.S.d. Zielsetzung des § 293 HGB geschlossen.

---

[34] S. dazu auch Küting, DStR 2009, S. 37.

4.3 Einschränkung bei Formwechsel

4.3.1 Überblick

Der bereits seit Einführung des BilMoG in § 293 Abs. 4 Satz 2 HGB verankerte explizite Verweis auf § 267 Abs. 4 Satz 2 HGB, betreffend den Tatbestand der Umwandlung/ErstKons, wurde mit dem BilRUG auf die in § 267 Abs. 4 Satz 3 HGB neu implementierte Einschränkung des Rechtsfolgeneintritts bei Umwandlung respektive Formwechsel bereits bei einmaliger Erfüllung der Voraussetzungen ausgedehnt. Für bestimmte Fälle eines **Formwechsels** – konkret, wenn der formwechselnde Rechtsträger eine KapG oder eine PersG i. S. d. § 264a Abs. 1 HGB ist – findet § 293 Abs. 4 Satz 2 HGB keine Anwendung. Eine Befreiung von der Konzernabschlusserstellungspflicht bereits im ersten Jahr der Unterschreitung von zwei der drei Schwellenwerte bei ErstKons scheidet damit genauso aus, wie das Entstehen einer Konzernrechnungslegungspflicht bereits im ersten Jahr der Überschreitung. Die Formulierung des § 267 Abs. 4 Satz 3 HGB ist unpräzise respektive **interpretationswürdig**. Unklar ist, ob mit „[...] wenn der formwechselnde Rechtsträger eine KapG oder eine PersG i. S. d. § 264a Abs. 1 HGB ist [...]" neben dem Fall der entsprechenden **Rechtsform vor und nach Formwechsel** auch die Konstellation gemeint ist, dass die entsprechende Rechtsform **nur nach Formwechsel** vorliegt. Dazu im Detail Rz 25–Rz 33.

23

4.3.2 Mutterunternehmen als formwechselnder Rechtsträger

Die Einschränkung des Rechtsfolgeneintritts bereits bei einmaliger Erfüllung der Voraussetzungen in Fällen eines Formwechsels ist grds. auf einen **Wechsel der Rechtsform** auf der Ebene des **MU** beschränkt. Die Rechtsform des/der TU spielt im Kontext der Pflicht zur Aufstellung eines Konzernabschlusses und folglich im Zuge der Anwendung des § 293 HGB keine Rolle (§ 290 Rz 19 ff.; § 294 Rz 8 ff.).

24

4.3.3 Rechtsform der formwechselnden Rechtsträger

Unter einem **Formwechsel i. S. d. UmwG** ist eine Umwandlung ohne Übertragung von Aktiva und Passiva zu verstehen, die neben Umwandlungen mit entsprechender Übertragung (Verschmelzung, Spaltung und Vermögensübertragung) zu einer der beiden (vier) Grundarten (Unterarten) von Umwandlungen i. S. d. UmwG gehört.[35] Als Rechtsträger eines Formwechsels kommt dabei grds. ein Großteil der Rechtsformen des inländischen Rechts in Betracht. Einen Überblick über die vom UmwG erfassten Rechtsträger und deren Handlungsspielräume i. R. v. Formwechseln liefert Tab. 2.

25

---

[35] Vgl. Melhem/Müller, in Kußmaul/Müller, HdB, Umwandlungen: Rechnungslegung Rz 5, 237. EL Stand: 2/2024.

Wechselnder Rechtsträger	Neue Rechtsform						
	eGbR	PersHG	Partnerschaft;	GmbH	AG	KGaA	eG
PersG (inkl. eGbR)		X	X	X	X	X	X
Partnerschaft	X	X		X		X	X
GmbH	X	X	X		X	X	X
AG	X	X	X	X		X	X
KGaA	X	X	X	X	X		X
eG				X	X	X	
eV/wV				X	X	X	X
VVaG					(X)		
Körp./Anstalten des öffentl. Rechts				X	X	X	

Tab. 2: Vom UmwG erfasste Rechtsträger beim Formwechsel[36]
* Mit (X) = eingeschränkte Übertragungsmöglichkeit.

Darüber hinaus gibt es **Formwechsel** bei Änderungen der Rechtsform, die **in anderen Gesetzen vorgesehen oder zugelassen** sind, wie der identitätswahrende Formwechsel zwischen Rechtsformen des Personengesellschaftsrechts kraft Gesetzes, die Registereintragung eines bisher nicht rechtsfähigen Vereins oder der Vermögensübergang im Wege der registergerichtlichen Eintragung von Körperschaften. Das UmwG ist insofern nicht abschließend.

26 **Nicht alle Arten eines Formwechsels** – sowohl i.S.d. UmwG als auch außerhalb dessen – **spielen** im Kontext der ausschließenden Regelung des § 267 Abs. 4 Satz 3 HGB und damit korrespondierend von jener des § 293 HGB **eine Rolle**. In Abhängigkeit der **Auslegung des Gesetzeswortlautes** des § 267 Abs. 4 Satz 3 HGB ergeben sich unterschiedliche Eingrenzungen (Rz 27–Rz 29) der möglichen Rechtsformen/Konstellationen im Zuge eines Formwechsels mit Relevanz für die §§ 267, 267a, 293 HGB.

KapG oder PersG i.S.d. § 264a Abs. 1 HGB vor und nach Formwechsel

27 Von der ausschließenden Regelung des § 267 Abs. 4 Satz 3 HGB und damit korrespondierend von jener des § 293 HGB sind gem. dieser Interpretation **Formwechsel von der Rechtsform der GmbH, AG/SE, KGaA oder von der Rechtsform der oHG oder KG ohne natürlichen Vollhafter hin zu einer (anderen) KapG oder einer (anderen) PersG i.S.d. § 264a HGB** erfasst. Grds. keine Rolle spielt in diesem Zusammenhang der Formwechsel einer eG hin zu einer (anderen) KapG, da diese Rechtsform nicht von den Vorschriften der EU-Bilanzrichtlinie erfasst wird.[37]

---

[36] Vgl. Melhem/Müller, in Kußmaul/Müller, HdB, Formwechsel, Rz 5 ff., Tab. 4, 237. EL Stand: 2/2024.
[37] S. Richtlinie 2013/34/EU, ABl. EU v. 29.6.2013 L 182/56 (Anhang I).

In Fällen des Formwechsels durch Ges. dieser Rechtsform ist der Sachverhalt eines Formwechsels im Kontext der Konsolidierung dabei nur erheblich, wenn sich die Möglichkeit der Inanspruchnahme der Befreiung im ersten Jahr nach Formwechsel infolge einer Unter- oder Überschreitung der Schwellenwert ändert. Die Auswirkungen können dabei sowohl positiv als auch negativ sein:

> **Praxis-Beispiel**
> **Folgen der Einschränkung bei Formwechsel**
> Sofern für ein MU in der Rechtsform einer GmbH zum 31.12.t_{0-2} und 31.12.t_{0-1} eine Befreiungsoption bestand, nach der Umwandlung des MU in eine AG (zum 1.1.t_0) zum 31.12.t_0 jedoch die Schwellenwerte für eine Befreiung überschritten werden, würden infolge des Formwechsels gem. Wortlaut der Altregelung bereits im ersten Jahr der Überschreitung der Schwellenwerte die Rechtsfolgen greifen – es wäre ein Konzernabschluss aufzustellen. Durch die Ausnahme vom Rechtsfolgeneintritt bereits im ersten Jahr in bestimmten Fällen des Formwechsels kann jedoch weiterhin auf diesen verzichtet werden. Im umgekehrten Fall verhält es sich genau andersherum, d.h., es sind negative Folgen zu erwarten. Sofern für ein MU in der Rechtsform einer GmbH zum 31.12.t_{0-2} und 31.12.t_{0-1} keine Befreiungsoption bestand, nach der Umwandlung des MU in eine AG (zum 1.1.t_0) zum 31.12.t_0 jedoch die Schwellenwerte für eine Befreiung unterschritten werden, würden infolge des Formwechsels gem. Altregelung bereits im ersten Jahr der Unterschreitung der Schwellenwerte die Rechtsfolgen greifen – es wäre kein Konzernabschluss aufzustellen. Durch die Ausnahme vom Rechtsfolgeneintritt bereits im ersten Jahr in bestimmten Fällen des Formwechsels kann jedoch nicht auf diesen verzichtet werden.

KapG oder PersG i. S. d. § 264a Abs. 1 HGB nur vor Formwechsel
Beim Formwechsel eines MU in der Rechtsform einer KapG oder einer PersG ohne natürlichen Vollhafter hin zu einer PersG mit natürlichem Vollhafter, einer Partnerschaft, einer eG oder einer GbR entfällt die Konzernabschlusserstellungspflicht gem. § 290 HGB losgelöst von § 293 HGB. In diesen Fällen ist die Regelung irrelevant.

KapG oder PersG i. S. d. § 264a Abs. 1 HGB nur nach Formwechsel
Auswirkungen auf die Konsolidierungspflicht durch einen Formwechsel können sich auch ergeben, wenn der formwechselnde Rechtsträger vor Formwechsel in einer Rechtsform organisiert ist bzw. war, die von der Konzernrechnungslegung der §§ 290ff. HGB grds. nicht erfasst wird und die Ges. in eine Rechtsform wechselt, für die die Vorschriften der §§ 290ff. HGB greifen.
Die Formulierung des Gesetzgebers kann sich mangels Präzisierung (zu welchem Zeitpunkt ist die Rechtsform des formwechselnden Rechtsträgers zu betrachten?) m.E. nach entsprechend auch auf jene Fälle beziehen, in denen der **Wechsel** einer **PersG mit natürlichem Vollhafter** oder einer **anderen Nicht-KapG** außerhalb des Anwendungsbereichs des § 264a Abs. 1 HGB zur Rechtsform einer **KapG** oder einer dieser gleichgestellten **PersG ohne natürlichen Vollhafter** vollzogen wird bzw. wurde. In diesem Fall kann es zu einer Relevanz eines Formwechsels im Kontext des § 293 HGB kommen, da trotz (theoretischer)

Überschreitung bislang keine Konzernabschlusserstellungspflicht bestand, infolge des Formwechsels jedoch eine Konsolidierung vorzunehmen und die Regelung des § 293 HGB entsprechend von Bedeutung ist. Dies liegt darin begründet, dass PersG mit natürlichem Vollhafter oder andere Nicht-KapG außerhalb des Anwendungsbereichs des § 264a Abs. 1 HGB – anders als KapG und PersG ohne natürlichen Vollhafter – nicht bzw. nur nach den hohen Vorgaben des PublG zur Konzernrechnungslegung verpflichtet sind (§ 290 Rz 8f.).

30 Einen **Überblick** über die vom UmwG erfassten und m. E. nach für **die implementierte Einschränkung** des Rechtsfolgeneintritts bei Umwandlung/Formwechsel **relevanten Formwechsel** liefert die nachfolgende Tab. 3.

Wechselnder Rechtsträger	Neue Rechtsform			
	PersHG ohne Vollhafter	GmbH	AG	KGaA
PersHG mit Vollhafter	X	X	X	X
PersHG ohne Vollhafter		X	X	X
Partnerschaft	X	X	X	X
GbmH	X		X	X
AG	X	X		X
KGaA	X	X	X	
eG		X	X	X
eV/wV		X	X	X
VVaG			(X)	
Körp./Anstalten des öffentl. Rechts		X	X	X

Tab. 3: Vom UmwG erfasste und für die Einschränkung des Rechtsfolgeneintritts bei Umwandlung respektive ErstKons relevante Arten des Formwechsels
* Mit (X) = eingeschränkte Übertragungsmöglichkeit.

31 Hier ist eine **Überarbeitung/Präzisierung des Gesetzeswortlautes** geboten. Dies könnten bspw. unter Verwendung der Formulierung „*[...] sofern der formwechselnde Rechtsträger **vor und nach** Wirksamwerden eine KapG oder eine PersG [...] ist*" oder „*[...] sofern der formwechselnde Rechtsträger **nach Wirksamwerden** eine KapG oder eine PersG [...] ist*" erfolgen.

4.3.4 Formwechselbezogene Voraussetzungen

32 **Grundlage** für einen **Formwechsel** i. S. d. UmwG und damit in Konsequenz auch für die Einschränkung des Rechtsfolgeneintritts i. S. d. § 267 Abs. 4 Satz 3 HGB bildet die Erstellung eines **Formwechselberichts** oder die Einholung von Erklärungen über den Verzicht auf dessen Erstellung durch das Vertretungsorgan des formwechselnden Rechtsträgers, der nach § 199 UmwG der **Anmeldung** des Formwechsels beim **Register** beizufügen ist. Darüber hinaus ist im Zuge eines Formwechsels i. S. d. UmwG ein **Formwechselbeschluss** auszufertigen, der erst

durch **Beschluss der Anteilsinhaber** in einer Versammlung wirksam wird, bevor die Einreichung zur Eintragung im Register zu erfolgen hat.[38]

Das **Wirksamwerden des Formwechsels**, das die Voraussetzung für die Anwendung der neu implementierten Einschränkung bildet, bedingt nach § 198 Abs. 1 UmwG abschließend die Anmeldung zur Eintragung in das Register (Handelsregister, Partnerschaftsregister, Genossenschaftsregister oder Vereinsregister) des Sitzes des formwechselnden Rechtsträgers unter Einreichung der erforderlichen Unterlagen. Im Zuge der Anmeldung sind dabei nach § 199 UmwG folgende Unterlagen einzureichen:

- Formwechselbeschluss;
- nach dem UmwG erforderliche Zustimmungserklärungen einzelner Anteilsinhaber einschl. der Zustimmungserklärungen nicht erschienener Anteilsinhaber;
- Formwechselbericht oder Erklärungen über den Verzicht auf seine Erstellung;
- Nachweis über die rechtzeitige Zustellung des Entwurfs des Formwechselbeschlusses an den zuständigen Betriebsrat.

Gem. § 198 Abs. 3 UmwG i. V. m. § 16 Abs. 2 UmwG ist in diesem Zusammenhang von den Vertretungsorganen zudem zu erklären, dass keine Klage gegen die Wirksamkeit eines Formwechselberichts vorliegt, keine Klage fristgemäß erhoben oder eine solche Klage rechtskräftig abgewiesen bzw. zurückgenommen worden ist.

In Abhängigkeit der Rechtsform des formwechselnden Rechtsträgers sind ggf. weitere/andere Bestimmungen zum Wirksamwerden des Formwechsels zu beachten.

5 Wegfall der Befreiung (Abs. 5)

Die Befreiung von der Pflicht zur Konzernrechnungslegung gem. § 293 Abs. 1 HGB gilt gem. § 293 Abs. 5 HGB nur, wenn das MU am Abschlussstichtag **nicht kapitalmarktorientiert** i. S. d. § 264d HGB ist (§ 264d Rz 1 ff.). Verknüpft ist diese Voraussetzung im Weiteren mit der Anforderung, dass zudem kein in den Konzernabschluss einbezogenes TU am Abschlussstichtag entsprechend § 264d HGB eingestuft ist. Die Einschränkung der Befreiung dient dem Anlegerschutz,[39] der eng mit dem Informationsinstrument des Konzernabschlusses verknüpft ist.

Auch Kreditinstituten (einschl. Finanzdienstleistungsinstituten und in § 340 Abs. 5 HGB genannten Instituten) und VersicherungsUnt (einschl. Pensionsfonds) ist unabhängig ob MU oder TU die größenabhängige Befreiung von der Konzernrechnungslegung versagt. Diese gelten zusammen mit dem kapitalmarktorientierten Unt als Unt von öffentlichem Interesse und sind daher auf Basis europäischen Rechts von diesen Erleichterungen auszunehmen.

6 Rechtsfolgen bei Pflichtverletzung

Wird eine Befreiung unrechtmäßig in Anspruch genommen, richten sich die **Sanktionen** nach den Regelungen des § 290 HGB. Ein direkter Verstoß gegen § 293 HGB kann aufgrund seines Wahlrechtscharakters nicht erfolgen.

---

[38] S. dazu im Detail Melhem/Müller, in Kußmaul/Müller, HdB, Formwechsel, Rz 11, 237. EL Stand: 2/2024.
[39] Vgl. Fehrenbacher, in MünchKomm. HGB, 5. Aufl. 2024, § 293 HGB Rz 22.

§ 294 Einzubeziehende Unternehmen. Vorlage- und Auskunftspflichten

(1) In den Konzernabschluß sind das Mutterunternehmen und alle Tochterunternehmen ohne Rücksicht auf den Sitz und die Rechtsform der Tochterunternehmen einzubeziehen, sofern die Einbeziehung nicht nach § 296 unterbleibt.

(2) Hat sich die Zusammensetzung der in den Konzernabschluß einbezogenen Unternehmen im Laufe des Geschäftsjahrs wesentlich geändert, so sind in den Konzernabschluß Angaben aufzunehmen, die es ermöglichen, die aufeinanderfolgenden Konzernabschlüsse sinnvoll zu vergleichen.

(3) ¹Die Tochterunternehmen haben dem Mutterunternehmen ihre Jahresabschlüsse, Einzelabschlüsse nach § 325 Abs. 2a, Lageberichte, gesonderte nichtfinanzielle Berichte, Konzernabschlüsse, Konzernlageberichte, gesonderten nichtfinanziellen Konzernberichte und, wenn eine Abschlussprüfung stattgefunden hat, die Prüfungsberichte sowie, wenn ein Zwischenabschluß aufzustellen ist, einen auf den Stichtag des Konzernabschlusses aufgestellten Abschluß unverzüglich einzureichen. ²Das Mutterunternehmen kann von jedem Tochterunternehmen alle Aufklärungen und Nachweise verlangen, welche die Aufstellung des Konzernabschlusses, des Konzernlageberichts und des gesonderten nichtfinanziellen Konzernberichts erfordert.

Inhaltsübersicht

		Rz
1	Überblick	1–7
	1.1 Inhalt und Regelungszweck	1–3
	1.2 Anwendungsbereich	4–5
	1.3 Normenzusammenhänge	6–7
2	Vollkonsolidierungsgebot (Abs. 1)	8–19
3	Berichtspflichten bei Änderung des Konsolidierungskreises (Abs. 2)	20–27
4	Übermittlungspflichten und Auskunftsrechte (Abs. 3)	28–35
	4.1 Übermittlungspflichten der Tochterunternehmen	28–33
	4.2 Auskunftsrechte des Mutterunternehmens	34–35
5	Rechtsfolgen bei Pflichtverletzung	36
6	CSRD-Umsetzungsgesetz: Änderungen	37

1 Überblick

1.1 Inhalt und Regelungszweck

1 § 294 HGB kodifiziert zunächst in Abgrenzung zu § 296 HGB, der die Einbeziehungswahlrechte regelt, das grds. Konsolidierungsgebot des HGB. Neben der Bestimmung des KonsKreises regelt § 294 HGB die sich daraus ergebenden Vorlagepflichten und Auskunftsrechte. Auch wenn es in der Überschrift weiter „Vorlagepflichten" heißt, fordert der Gesetzestext in Abs. 3 dann konkret eine

Einreichung bzw. mit Umsetzung der CSRD künftig eine Übermittlung (Rz 37). Welche TU i.R.d. VollKons[1] (§§ 300–309 HGB) in den Konzernabschluss einzubeziehen sind, sofern nicht die Inanspruchnahme eines Konsolidierungswahlrechts gem. § 296 HGB erfolgt, schreibt § 294 Abs. 1 HGB vor.

§ 294 Abs. 2 HGB bestimmt die Voraussetzungen sowie die angabepflichtigen Informationen, die im Fall einer **Änderung der Zusammensetzung des KonsKreises** Eingang in den Konzernabschluss finden müssen.[2] Die Informationspflicht dient dem Zweck der Vergleichbarkeit zweier aufeinander folgender Abschlüsse.[3]

Aus dem Konsolidierungsgebot ergeben sich zudem **Vorlagepflichten** seitens der TU und **Auskunftsrechte** seitens des MU. Diese werden in **§ 294 Abs. 3 HGB** geregelt. Abs. 3 sichert damit – zumindest theoretisch – insofern die Basis für den Konzernabschluss, als dessen Erstellung von der termingerechten Lieferung der notwendigen Unterlagen durch die TU abhängt. In der Praxis dürfte die gesetzliche Informationssicherung jedoch kaum von Bedeutung sein.

Die Änderungen im Zusammenhang der Umsetzung der CSRD in deutsches Recht betrifft in § 294 HGB ausschl. diesen dritten Absatz. S. hierzu ausführlich Rz 37.

1.2 Anwendungsbereich

Relevant sind die Regelungen der §§ 294 und 296 HGB, die die Abgrenzung des KonsKreises abschließend regeln, für alle Unt, die zur Aufstellung eines Konzernabschlusses verpflichtet sind.[4] Neben **KapG** müssen auch **KapCoGes** die Vorgaben der §§ 294 und 296 HGB einhalten. Unt, die gem. **PublG** einen Konzernabschluss zu erstellen haben, fallen ebenfalls unter den Anwendungsbereich der §§ 294 und 296 HGB. § 13 Abs. 2 PublG enthält einen expliziten Verweis auf die handelsrechtliche Regelung. Sonderstatus in Bezug auf die uneingeschränkte Anwendung der §§ 294 und 296 HGB besitzen lediglich Kreditinstitute. Zwar verweist § 340i HGB für Konzernabschlüsse auf die §§ 294 und 296 HGB, in Bezug auf die Abgrenzung des KonsKreises ist jedoch § 340j HGB ergänzend zu beachten.

Das grds. Gebot des **§ 294 Abs. 1 HGB** zur Vollkonsolidierung, sofern nicht ein Konsolidierungswahlrecht aufgrund der in § 296 HGB genannten Kriterien in Anspruch genommen wird, wurde mit dem BilRUG überarbeitet. In § 294 Abs. 1 HGB wurden nach dem Wort „Sitz" die Wörter „und die Rechtsform" eingefügt. Daraus ergibt sich eine Klarstellung hinsichtlich des Vollkonsolidierungskreises. Durch die Erweiterung um die Rechtsform wird präzisiert, dass diese für die Einbeziehung von TU in einen Konzernabschluss unbeachtlich ist, d.h. dass das MU und grds. alle unmittelbaren und mittelbaren TU ohne Rücksicht auf deren Sitz und deren Rechtsform in den Konzernabschluss einzubeziehen sind, sofern nicht ein Konsolidierungswahlrecht gem. § 296 HGB in Anspruch genommen wird. Dies schreibt im Ergebnis lediglich die schon bisher vorgenommene Auslegung explizit fort.

---

1 Konsolidierungskreis i.e.S.
2 Die Auswirkungen einer Änderung des KonsKreises auf die Konzern-GuV sind von § 294 Abs. 2 HGB nicht gedeckt. Eine Berichtspflicht zur Sicherstellung der Vergleichbarkeit ergibt sich in diesem Fall aus § 265 Abs. 2 Satz 2 u. 3 i.V.m. § 298 Abs. 1 HGB.
3 Vgl. ADS, Rechnungslegung und Prüfung der Unternehmen, 6. Aufl. 1995–2001, § 294 HGB Rz 4; von Keitz, in Baetge/Kirsch/Thiele, Bilanzrecht, § 294 HGB Rz 5, Stand: 6/2024.
4 Eine Befreiung von dieser Verpflichtung ist nach den §§ 291–293 HGB möglich.

1.3 Normenzusammenhänge

6 Voraussetzung für die Einbeziehung eines Unt in den KonsKreis ist das Bestehen eines Mutter-Tochter-Verhältnisses entsprechend den Vorschriften des § 290 HGB (§ 290 Rz 19 ff.). § 296 HGB relativiert die in § 294 HGB zunächst grds. kodifizierte Pflicht zur VollKons für jene Fälle, die die Voraussetzungen des § 296 HGB erfüllen und mithin den wahlweisen Einbezug der TU erlauben (§ 296 Rz 12 ff.). Trotz des engen Zusammenhangs mit der Aufstellungspflicht gem. § 290 HGB kann sich daraus ergeben, dass kein Konzernabschluss aufgestellt werden muss, was in § 290 Abs. 5 HGB explizit klargestellt ist.

7 § 294 Abs. 2 HGB unterstreicht zudem die allgemeine Pflicht zur Angabe der entsprechenden Vorjahreszahlen – respektive zusätzlicher Angaben – jedes Bilanz- und GuV-Postens im Konzernabschluss (§ 265 Rz 10 ff.), die gem. § 265 Abs. 2 HGB i. V. m. § 298 Abs. 1 HGB (§ 298 Rz 46 ff.) besteht.[5]

2 Vollkonsolidierungsgebot (Abs. 1)

8 Für den Vollkonsolidierungskreis, d. h. den KonsKreis i. e. S., schreibt § 294 Abs. 1 HGB vor, dass das MU und grds. alle unmittelbaren und mittelbaren TU ohne Rücksicht auf deren Sitz und deren Rechtsform in den Konzernabschluss einzubeziehen sind, sofern nicht ein Konsolidierungswahlrecht aufgrund der in § 296 HGB genannten Kriterien in Anspruch genommen wird. Damit schreibt das HGB einen **Weltabschluss** verbindlich vor. Diese Beschreibung des KonsKreises i. e. S. zielt auf die Einbeziehung i. R. d. VollKons ab, die durchzuführen ist, wenn ein Mutter-Tochterverhältnis i. S. d. § 290 Abs. 1 HGB vorliegt. Auch nach dem **PublG** zur Aufstellung eines Konzernabschlusses verpflichtete Unt unterliegen dem Weltabschlussprinzip, da § 13 Abs. 2 PublG explizit auf § 294 HGB verweist.

9 Durch die Abgrenzung des KonsKreises werden wesentliche Entscheidungen bzgl. des Informationsgehalts eines Konzernabschlusses getroffen. Die zwingende Festschreibung des Prinzips des Weltabschlusses erfolgt dabei im Interesse einer **verbesserten Darstellung der Vermögens-, Finanz- und Ertragslage** des Konzerns.[6]

10 TU sind gegeben, wenn auf sie von einem MU unmittelbar oder mittelbar ein beherrschender Einfluss ausgeübt werden kann (§ 290 Rz 19 ff.). Die Definition des beherrschenden Einflusses eines MU erfolgt in § 290 Abs. 2 HGB (§ 290 Rz 28 ff.). Ein Anteilsbesitz von mehr als 50 % allein begründet somit nicht die Pflicht zur Einbeziehung in den Konzernabschluss.[7]

11 Die Einbeziehung in den Konzernabschluss über die VollKons von anderen Unt, die keine TU sind, ist ausgeschlossen. Eine **freiwillige Einbeziehung** in den Vollkonsolidierungskreis ist **nicht gestattet**.[8] Einerseits können solche Unt unter bestimmten Voraussetzungen im Wege der QuotenKons einbezogen werden (§ 310 Rz 15 ff.). Andererseits verlangt § 312 HGB grds. den Einbezug als assoziiertes Unt, wenn die in § 311 Abs. 1 HGB genannten Bedingungen erfüllt

---

[5] Vgl. von Keitz, in Baetge/Kirsch/Thiele, Bilanzrecht, § 294 HGB Rz 9, Stand: 6/2024.
[6] Vgl. Pfaff, in MünchKomm. HGB, 5. Aufl. 2024, § 294 HGB Rn 8.
[7] Zur Konsolidierungspflicht etwa wegen Präsenzmehrheit s. Lüdenbach, StuB 2009, S. 581.
[8] Vgl. Kliem/Deubert, in Beck Bil-Komm., 14. Aufl. 2024, § 294 HGB Rz 6; von Keitz, in Baetge/Kirsch/Thiele, Bilanzrecht, § 294 HGB Rz 26, Stand: 6/2024; Pfaff, in MünchKomm. HGB, 5. Aufl. 2024, § 294 HGB Rz 9.

sind (§ 311 Rz 6 ff., 22 ff.). Ihre Einbeziehung bestimmt die Differenz zwischen dem KonsKreis i.w.S. zu dem i.e.S. Dabei ist kein Fall denkbar, dass ein GemeinschaftsUnt gleichzeitig TU ist.[9]

Ist die Einbeziehung in den Konzernabschluss auch nach diesen Regelungen ausgeschlossen, sind die Anteile an dem Unt als einfache Beteiligung höchstens mit ihren AK im Konzernabschluss zu bilanzieren.

Unternehmensarten im Konzern sind in TU, GemeinschaftsUnt, assoziierte Unt oder sonstige BetUnt zu unterteilen. Die Unterscheidung setzt eine Analyse im Hinblick auf die Höhe des Kapitalanteils und auf das Ziel, mit dem die Verbindung eingegangen worden ist, voraus. Zudem ist zu berücksichtigen, welche Einflussmöglichkeiten gegeben sind bzw. tatsächlich genutzt werden. Die folgende Abbildung zeigt die Stufenkonzeption des HGB hinsichtlich der in den Konzernabschluss einzubeziehenden Unternehmensarten im Überblick.

TU	Mögliche Beherrschung (Control-Konzept) (§ 290 HGB) Ein beherrschender Einfluss wird unterstellt bei – Stimmrechtsmehrheit, – Organbesetzungs- oder Abberufungsrecht, – Beherrschungsvertrag bzw. vergleichbarer Satzungsbestimmung oder – Zweckgesellschaften (bei wirtschaftlicher Betrachtungsweise trägt das MU die Mehrheit der Risiken und Chancen des TU, welches zur Erreichung eines eng begrenzten und genau definierten Ziels des MU dient).
GemeinschaftsUnt (Joint Ventures)	Tatsächlich ausgeübte gemeinsame Führung mit einem oder mehreren anderen (konzernfremden) Unt (§ 310 Abs. 1 HGB).
Assoziiertes Unt	Tatsächlich ausgeübter maßgeblicher Einfluss auf die Geschäfts- und Finanzpolitik; dies wird ab einem Stimmrechtsanteil von 20 % vermutet (§ 311 Abs. 1 HGB).
Beteiligung	Herstellung einer dauerhaften Verbindung; dies wird ab einem (Nenn-)Kapitalanteil von mehr als 20 % vermutet (§ 271 Abs. 1 HGB).
Sonstige Eigenkapitalinstrumente	Alle übrigen VG, die nicht als immaterielles oder Sachanlagevermögen zu klassifizieren sind (§ 266 Rz 50).

Tab. 1: Stufenkonzeption der Einbindung in den Konzernabschluss

---

[9] Vor dem BilMoG war dies noch strittig, vgl. ADS, Rechnungslegung und Prüfung der Unternehmen, 6. Aufl. 1995–2001, § 290 HGB Rz 98.

14 TU liegen bei Erfüllung der Voraussetzungen des § 290 HGB vor (Rz 10), der auf die Möglichkeiten des MU direkt oder indirekt das TU zu beherrschen (Control-Konzept) abstellt.

15 Für den Begriff **GemeinschaftsUnt** gibt es keine ausdrückliche Definition im HGB. Aus § 310 Abs. 1 HGB lässt sich jedoch ableiten, dass ein Gemeinschafts-Unt ein Unt ist, das von einem in den Konzernabschluss einbezogenen Unt (MU oder TU) gemeinschaftlich mit einem oder mehreren nicht in den Konzern-abschluss einbezogenen Unt geführt wird (§ 310 Rz 6 ff.). Gemeinschaftliche Führung bedeutet, dass keine Vorherrschaft eines der GesellschaftsUnt besteht. Die Zusammenarbeit der gleichberechtigt agierenden GesellschaftsUnt muss auf Dauer angelegt und nach DRS 27.7 auch vertraglich festgeschrieben sein. Unt dürfen gem. § 310 Abs. 1 HGB nur als GemeinschaftsUnt in den Konzern-abschluss einbezogen werden, wenn eine **gemeinsame Führung** mit einem oder mehreren anderen (konzernfremden) Unt **tatsächlich ausgeübt** wird (§ 310 Rz 6 ff.).

16 Ein **assoziiertes Unt** ist gem. § 311 Abs. 1 HGB ein Unt, auf dessen Geschäfts- und Finanzpolitik ein in den Konzernabschluss einbezogenes Unt einen maß-geblichen Einfluss ausübt und an dem dieses Unt eine Beteiligung i.S.d. § 271 Abs. 1 HGB hält. Nach DRS 26.7 wird hingegen von einem assoziierten Unt auch dann ausgegangen, wenn ein maßgeblicher Einfluss auf die Geschäfts- und Finanzpolitik widerlegbar vermutet wird und ein Beteiligungsverhältnis vorliegt (§ 311 Rz 6 ff.).
Dabei ist handelsrechtlich zwischen assoziierten Unt i. e. S. und assoziierten Unt i. w. S. zu unterscheiden. Um ein assoziiertes Unt i. e. S. handelt es sich, wenn ein konsolidiertes Unt eine Beteiligung an einem nicht in den Konzernabschluss einbezogenen Unt hält und einen maßgeblichen Einfluss auf die Geschäfts- und Finanzpolitik des assoziierten Unt tatsächlich ausübt. Dabei sind zur Beurteilung des maßgeblichen Einflusses grds. qualitative Hinweise heranzuziehen. Gem. § 311 Abs. 1 HGB wird jedoch ab einem Stimmrechtsanteil von 20 % ein maß-geblicher Einfluss widerlegbar vermutet. Nicht durch eine VollKons in den Konzernabschluss einbezogene TU und nicht anteilmäßig konsolidierte Ge-meinschaftsUnt stellen assoziierte Unt i. w. S. dar. Der Grund für die Unterschei-dung ist, dass der maßgebliche Einfluss geringer zu bewerten ist als der beherr-schende Einfluss bei einem TU oder die gemeinsame Leitung bei einem Joint Venture.

17 Die schwächste Form der für den Konzernabschluss relevanten Unternehmens-arten sind **BeteiligungsUnt,** die nicht Tochter-, Gemeinschafts- oder assoziierte Unt sind, und sonstige Unt. Sie sind entsprechend der Vorgehensweise beim Einzelabschluss mit ihren AK zu bewerten, wobei unter Ausweisgesichtspunk-ten und hinsichtlich der Strenge des Niederstwertprinzips (§ 253 Rz 216 ff., Rz 278 ff.) zu unterscheiden ist, ob das Halten von Anteilen lediglich kurzfristig (Ausweis unter „Wertpapiere des Umlaufvermögens" und volle Abschreibungs-pflicht) oder auf Dauer (Ausweis unter „Finanzanlagen des Anlagevermögens" und Abschreibungspflicht nur bei dauernder Wertminderung; bei nicht dauer-hafter Wertminderung besteht ein Wahlrecht) geplant ist.
Gem. § 294 Abs. 1 HGB sind zunächst alle MU und TU in den Konzern-abschluss einzubeziehen. Allerdings sieht das HGB Einbeziehungswahlrechte in § 296 HGB vor.

Abb. 1: Konsolidierungskreis-Parameter

Rechtssystematisch wenig überzeugend wurde das Einbeziehungsverbot des § 295 HGB bereits vor vielen Jahren gestrichen. Dies verhinderte den Einbezug von TU in den Konzernabschluss, wenn dadurch ein den tatsächlichen Verhältnissen entsprechendes Bild der Vermögens-, Finanz- und Ertragslage verhindert wurde. Daher müssen Fälle, in denen die Abbildung der betriebswirtschaftlichen Gegebenheiten der Wirklichkeit widersprach, nun nur über die **Konsolidierungswahlrechte** des § 296 HGB gelöst werden. So würde z. B. die Einbeziehung einer Unterstützungskasse in den Konzernabschluss dann verzerrend wirken, wenn Vermögen ausgewiesen werden würde, was den Unterstützungsberechtigten gehört. Ebenso verhält es sich mit Stiftungen, deren Vermögen ebenfalls nicht an den Konzern zurückfließen kann und somit bei dessen Abbildung die Finanzlage des Konzerns tatsachenwidrig besser erscheinen lassen würde. Vor dem Hintergrund von § 297 Abs. 2 Satz 2 HGB kommt aber eine Einbeziehung der zuvor genannten Beispiele weiterhin nicht in Betracht (§ 296 Rz 23). Verschiedene Betätigungsfelder eines Konzerns stellen dagegen keinen Grund für einen Ausschluss eines Unt dar, da Konzerne häufig aus Diversifikationsüberlegungen heraus entstehen. Erfolgt i. R. d. freiwilligen Konzernabschlusserstellung eine Abgrenzung nach gesetzesfremden Kriterien und werden auch Unt einbezogen, die keine TU i. S. d. § 290 HGB sind, werden diese regelmäßig als „erweiterte Konzernabschlüsse", „combined statement" oder „Gruppenabschlüsse" bezeichnet, welche weder rechtliche Relevanz noch befreiende Wirkung i. S. d. § 291 HGB entfalten.[10]

3 Berichtspflichten bei Änderung des Konsolidierungskreises (Abs. 2)

Hinsichtlich der Vergleichbarkeit aufeinanderfolgender Konzernabschlüsse stellt sich das Problem dar, dass sich die Zusammensetzung der in den Konzern-

---

[10] Vgl. Pfaff, in MünchKomm. HGB, 5. Aufl. 2024, § 294 HGB Rz 13; Kliem/Deubert, in Beck Bil-Komm., 14. Aufl. 2024, § 294 HGB Rz 6.

abschluss einbezogenen Unt insb. aufgrund von Erwerb oder Veräußerung von Anteilen im Laufe des Gj ändern kann oder aus bilanzpolitischen Überlegungen modifiziert werden sollen. Für den Fall **wesentlicher Änderungen** des KonsKreis schreibt **§ 294 Abs. 2 HGB** daher vor, dass in den Konzernabschluss Angaben aufzunehmen sind, die es ermöglichen, die aufeinanderfolgenden Konzernabschlüsse sinnvoll zu vergleichen, wobei der Begriff der **Wesentlichkeit im Einzelfall** zu konkretisieren ist. Grds. kann aber dann von wesentlichen Änderungen ausgegangen werden, wenn diese die Vergleichbarkeit in Bezug auf die Vermögens-, Finanz- und Ertragslage beeinträchtigen. Von einer Beeinträchtigung der Vergleichbarkeit ist insb. dann auszugehen, wenn die Änderung des KonsKreis die ursprüngliche, ungeänderte Entwicklung verschleiert.[11]

21 Nicht möglich ist die Herstellung der Vergleichbarkeit durch die Anpassung der Angaben aus dem Vorjahr an die Änderung des KonsKreises. Gleichwohl ist eine Angabe der angepassten Vj-Zahlen als eine zusätzliche Spalte neben aktuellen Zahlen und (unangepassten) Vj-Zahlen (Drei-Spalten-Form) nach IDW RS HFA 44.15 denkbar. Voraussetzung dafür sind,[12] dass

- die Angaben der angepassten Vj-Zahlen vollständig für alle Positionen erfolgen,
- die Spalte eindeutig als angepasst bezeichnet wird,
- das Anlagegitter von nicht angepassten Werten ausgeht und somit die Entwicklung des Gj verdeutlicht,
- die angepassten Vj-Werte so dargestellt werden, als wäre die Änderung im KonsKreis bereits im Vj erfolgt, was eine (statische) Erst- bzw. EntKons bedingt (dies macht aufgrund oftmals fehlender Informationen hierzu insb. die Anpassung der Zahlen bei vergrößertem KonsKreis schwierig oder zumindest sehr aufwendig).

Alternativ könnte das Problem der Herstellung der Vergleichbarkeit bei erfolgter ErstKons auch durch das Einfügen einer Spalte mit Angabe der sich zum aktuellen Stichtag ergebenden Zahlen unter Verwendung des alten KonsKreises (modifizierte Drei-Spalten-Form) gelöst werden.[13]

22 Für die in jedem Fall notwendige einzelfallbasierte Wesentlichkeitsprüfung können **Kennzahlen als Anhaltspunkte** herangezogen werden. Denkbar ist die Verwendung von Umsatzerlösen, des Jahresergebnisses, der Bilanzsumme oder der Zahl der Arbeitnehmer.[14] Aus der Anzahl der erstmals konsolidierten bzw. aus dem Konzern ausgeschiedenen Unt lassen sich dagegen keine generellen Schlüsse ableiten. Hier ist vielmehr das Verhältnis der jeweiligen Abschlusspositionen der ein- respektive austretenden TU zu den entsprechenden Positionen im Gesamt-Konzernabschluss von Bedeutung.[15] Hinzu kommt, dass TU für sich alleine genommen zwar von unwesentlicher Bedeutung sein können, eine Mehrzahl solcher TU für die Aussagefähigkeit des Konzernabschlusses jedoch wesentlich sein kann.[16]

---

[11] Vgl. IDW RS HFA 44.11.
[12] IDW RS HFA 44.15.
[13] IDW RS HFA 44.19.
[14] S. zur Beurteilung der Wesentlichkeit im Detail ADS, Rechnungslegung und Prüfung der Unternehmen, 6. Aufl. 1995–2001, § 303 HGB Rz 48.
[15] Vgl. Pfaff, in MünchKomm. HGB, 5. Aufl. 2024, § 294 HGB Rz 26.
[16] Vgl. IDW, WPH Edition, Wirtschaftsprüfung & Rechnungslegung, 18. Aufl. 2023, Kap. G Tz 177.

Abs. 2 gilt nicht nur für Fälle der VollKons. Die allgemein gehaltene Formulierung „…der in den Konzernabschluss einbezogenen Unternehmen…" schließt eine derartige Beschränkung aus. Unt, die i.R. d. Quotenkonsolidierung einbezogen werden, fallen demnach auch unter den Anwendungsbereich des § 294 Abs. 2 HGB. Assoziierte Unt nach § 311 HGB sind dagegen nicht von den Vorschriften des Abs. 2 betroffen. 23

Werden **Konsolidierungswahlrechte** gem. § 296 HGB **in anderer Form** als bisher wahrgenommen, was ohne tatsächliche Ursachen nach dem Stetigkeitsgrundsatz des § 297 Abs. 3 Satz 2 HGB nur in Ausnahmefällen zulässig ist (§ 296 Rz 8), liegt ebenfalls eine Änderung des KonsKreises vor. 24

Die Berichtspflicht zur Änderung des KonsKreises und auch die Vj-Angaben entfallen in einem **erstmals** nach § 290 HGB **aufgestellten Konzernabschluss.**[17] Gleichwohl sind freiwillig Angaben möglich. 25

Sind zusätzliche Angaben zur Herstellung der Vergleichbarkeit aufeinanderfolgender Konzernabschlüsse aufgrund **wesentlicher Änderungen** des KonsKreises erforderlich, sind diese zweckmäßigerweise in den Konzernanhang zu integrieren. Die Erkennbarkeit der Auswirkung der Änderungen gegenüber dem letzten Konzernabschluss setzt in diesen Fällen mindestens die Angabe der wesentlichen (mit römischen Zahlen gekennzeichneten Bilanzposten sowie Positionen der Konzern-GuV mit den jeweiligen Beträgen vor und nach der Änderung des KonsKreises) voraus.[18] Weitergehende Angaben können notwendig werden, wenn die angestrebte Vergleichbarkeit auch damit nicht zu erreichen ist.[19] Nach h.M. hat die Angabe der Änderungen unter Rückgriff auf Absolut- oder Prozentzahlen zu erfolgen. Bei der KFR ist analog zu verfahren, wobei dort abweichend zur Konzernbilanz, in der der Einzelerwerb der VG und Schulden fingiert wird, nach DRS 21.43 die Zahlungsströme im Zusammenhang mit der Änderung des KonsKreises in Zu- und Abgänge getrennt gesondert im Cashflow aus Investitionstätigkeit zu zeigen sind. Dennoch können die Veränderungen der Zahlungsströme etwa im Bereich der Umsatzeinzahlungen oder allgemein im Cashflow aus laufender Geschäftstätigkeit im Vergleich zum Vj Angaben notwendig machen. Rein verbale Angaben sind bei wesentlichen Änderungen nicht ausreichend (§ 313 Rz 42, 71).[20] 26

Praxis-Beispiel 27
Auszug aus dem Konzernabschluss der GFT AG zum 31.12.14 über die gesetzeskonform gestalteten Informationen zur Änderung des KonsKreises:[21]
Gegenüber dem Konzernabschluss zum 31. Dezember 2013 haben sich folgende Änderungen des Konsolidierungskreises und bei den TU ergeben. Die Gesellschaften werden seit dem 26. Juni 2014 ebenfalls vollkonsolidiert.
- Rule Finance Limited, London, Großbritannien
- …

---

17 IDW RS HFA 44.4.
18 Vgl. Kliem/Deubert, in Beck Bil-Komm., 14. Aufl. 2024, § 294 HGB Rz 14; Pfaff, in MünchKomm. HGB, 5. Aufl. 2024, § 294 HGB Rz 27.
19 Vgl. ADS, Rechnungslegung und Prüfung der Unternehmen, 6. Aufl. 1995–2001, § 294 HGB Rz 20.
20 Vgl. IDW HFA 44.14; Kliem/Deubert, in Beck Bil-Komm., 14. Aufl. 2024, § 294 HGB Rz 14; Pfaff, in MünchKomm. HGB, 5. Aufl. 2024, § 294 HGB Rz 27.
21 Entnommen aus GFT AG, Geschäftsbericht 2014, S. 78.

> Am 26. Juni 2014 hat die GFT UK Ltd., Großbritannien, 97,93 % des englischen IT-Dienstleistungsunternehmens Rule Finance Ltd., London, Großbritannien, erworben.
> Bis zum 31. Dezember 2014 wurde der Anteilsbesitz auf 98,83 % aufgestockt. Zu den Auswirkungen auf den Konzernabschluss verweisen wir auf Kapitel 28 Unternehmenszusammenschlüsse.
> Im Januar 2015 wurden die Rule Financial Limited .... umbenannt.
> Die GFT Software Factory, Iberia, S.L.U., Lleida, Spanien wurde in 2014 auf die GFT IT Consulting, S.L.U., Barcelona, Spanien verschmolzen.

4 Übermittlungspflichten und Auskunftsrechte (Abs. 3)

4.1 Übermittlungspflichten der Tochterunternehmen

28 **§ 294 Abs. 3 Satz 1 HGB** erlegt TU **Vorlagepflichten** gegenüber dem MU auf, indem Unterlagen unverzüglich einzureichen bzw. nach Umsetzung der CSRD (Rz 37) zu übermitteln sind. Die Vorschriften sollen das MU zur sachgerechten Aufstellung des Konzernabschlusses befähigen. Die **Übermittlungspflichten** bestehen **unabhängig** davon, ob die TU tatsächlich zum **KonsKreis i. e. S.** zählen und in den Konzernabschluss einbezogen werden oder nicht. Sie bestehen also auch, wenn ein Einbeziehungswahlrecht gem. § 296 HGB vorliegt. **Sonstige Auskunfts- und Einsichtsrechte** infolge gesellschaftsrechtlicher Bestimmungen bzw. deren Beschränkung stehen – wie auch eine Bilanzierung nach den IFRS, die dazu führt, dass das Unt der Regelung von § 294 Abs. 1 und 2 HGB gar nicht unterliegt[22] – den Übermittlungspflichten nicht entgegen. **GemeinschaftsUnt**, assoziierte Unt oder sonstige BetUnt sind nicht zur Vorlage gem. Abs. 3 verpflichtet.

29 In der **Praxis** ist die gesetzliche Informationssicherung kaum von Bedeutung, da davon auszugehen ist, dass das MU die entsprechenden Unterlagen bei vorliegender Beherrschung auch ohne Rückgriff auf Rechtsmittel entsprechend § 294 Abs. 3 HGB erlangen kann. Zudem ist zu bedenken, dass – wenngleich sich Abs. 3 auf inländische und ausländische TU bezieht – deutsches Recht im Ausland nur bedingt durchsetzbar ist. Sollte der seltene Fall der mangelnden Informationsbereitstellung des TU dennoch eintreten, steht dem MU als letzte Möglichkeit nur die befreiende Vorschrift des § 296 Abs. 1 Nr. 1 oder 2 HGB zur Verfügung, wobei jedoch die vorzunehmende EntKons ebenfalls Informationen des TU bedarf (s. auführlich Rz 30).

30 Die Pflicht zur Übermittlung bei **Ausscheiden eines TU** im Laufe des Gj oder kurz nach dessen Ablauf ist in Abs. 3 nicht explizit geregelt. Die dem TU auferlegte Pflicht, das MU mit den für die Aufstellung des Konzernabschlusses notwendigen Informationen zu versorgen, erstreckt sich dennoch auch auf diesen Fall. § 294 Abs. 3 HGB soll dem MU die Datengrundlage verschaffen, um den Konzernabschluss und den Konzernlagebericht zu erstellen (vgl. Satz 2). Dieser Regelungszweck würde vereitelt, wenn das MU einen Informationsanspruch nur gegen Unt hätte, die am Abschlussstichtag oder im Aufstellungszeitraum TU sind, nicht jedoch gegen solche Unt, die zwischenzeitlich aus dem KonsKreis

---

[22] Vgl. Pfaff, in MünchKomm. HGB, 5. Aufl. 2024, § 294 HGB Rz 33.

ausgeschieden sind. Der vorgenannte Einwand, das MU könne sich bei fehlender Beschaffbarkeit der Informationen auf das Konsolidierungswahlrecht des § 296 Abs. 1 Nr. 1 bzw. Nr. 2 HGB zurückziehen, überzeugt nicht. Dies erforderte eine EntKons des TU, die ohne entsprechende Informationsversorgung des MU nicht verlässlich darstellbar ist. Unabhängig davon empfiehlt sich im Vorfeld der Aufgabe der Beherrschungsmacht, die notwendige Bereitstellung weiterer Informationen vertraglich mit dem TU zu regeln.[23]

Die Übermittlungspflicht umfasst zunächst die **Jahresabschlüsse, Lageberichte, Einzelabschlüsse nach § 325 Abs. 2a HGB**, (Teil-)**Konzernabschlüsse** und **-Konzernlageberichte**, wobei die Befreiungsmöglichkeiten der §§ 291–293 HGB regelmäßig dazu führen dürften, dass Konzernabschluss und Konzernlagebericht nicht eingereicht werden.[24] Sofern eine Abschlussprüfung stattgefunden hat, sind dem MU die **Prüfungsberichte** zur Verfügung zu stellen. Dabei ist nicht von Bedeutung, ob eine Pflicht zur Prüfung entsprechend den §§ 316 ff. HGB bestand oder die Prüfung freiwillig oder infolge satzungsmäßiger Bestimmungen erfolgt ist. Besteht darüber hinaus bei den TU die Pflicht zur Aufstellung von **Zwischenberichten**, sind auf den Stichtag des Konzernabschlusses aufgestellte Zwischenabschlüsse an das MU weiterzureichen (im Detail s. § 299 Rz 7 ff.). I. V. m. § 297 Abs. 1 HGB entsteht die Pflicht zur Vorlage der **KFR**, des **EK-Spiegels** und ggf. der **Segmentberichterstattung bzw. der dafür benötigten Daten.**

Form und Inhalt der einzureichenden Unterlagen sind dem Wortlaut des Gesetzes nicht zu entnehmen. Grds. kann aber davon ausgegangen werden, dass die für die TU geltenden gesetzlichen Bestimmungen dafür maßgebend sind.[25] Besteht bei TU keine Pflicht zur Aufstellung etwa eines Anhangs,[26] Lageberichts oder einer KFR, besteht zunächst auch keine Übermittlungspflicht in Bezug auf diese Unterlagen. Da es dem MU nach **§ 294 Abs. 3 Satz 2** HGB jedoch frei steht, weitere Unterlagen für die Aufstellung des Konzernabschlusses oder Konzernlageberichts von den TU zu fordern, sofern diese für die Abschlusserstellung erforderlich sind, kann sich daraus jedoch eine Verpflichtung zur Übermittlung – und damit faktisch die Erstellung – dieser Unterlagen ergeben.[27]

§ 294 Abs. 3 HGB verlangt die **unverzügliche** Übermittlung der oben aufgeführten Unterlagen beim MU. Unter „unverzüglich" ist „ohne schuldhaftes Zögern" zu verstehen.[28] Insbesondere wenn es sich bei den TU um PersG, ausländische Unt oder kleine KapG handelt, kann es zu Verzögerungen kommen, da der Gesetzgeber deren Abschlusserstellung weniger streng reglemen-

---

[23] Vgl. Pfaff, in MünchKomm. HGB, 5. Aufl. 2024, § 294 HGB Rz 33.
[24] Gl. A. Kliem/Deubert, in Beck Bil-Komm., 14. Aufl. 2024, § 294 HGB Rz 21.
[25] Vgl. Pfaff, in MünchKomm. HGB, 5. Aufl. 2024, § 294 HGB Rz 34; Kliem/Deubert, in Beck Bil-Komm., 14. Aufl. 2024, § 294 HGB Rz 22; von Keitz, in Baetge/Kirsch/Thiele, Bilanzrecht, § 294 HGB Rz 52 f., Stand: 6/2024.
[26] Z.B. nicht dem PublG unterliegende PersG.
[27] Vgl. Pfaff, in MünchKomm. HGB, 5. Aufl. 2024, § 294 HGB Rz 34; Kliem/Deubert, in Beck Bil-Komm., 14. Aufl. 2024, § 294 HGB Rz 22.
[28] Vgl. § 121 Abs. 1 BGB.

tiert. PersG etwa können den Zeitrahmen der „einem ordnungsmäßigen Geschäftsgang entsprechende[n] Zeit" geltend machen.[29] Im Interesse der Einhaltung der Aufstellungsfrist für den Konzernabschluss[30] empfiehlt sich die Vereinbarung eines Terminplans für den Erstellungsprozess.[31]

4.2 Auskunftsrechte des Mutterunternehmens

34 Abs. 3 Satz 2 gewährt MU über die explizit aufgeführten Übermittlungspflichten entsprechend Satz 1 hinaus weitere **Auskunftsrechte**. Die Anwendung der IFRS (§ 315e HGB) steht dem Auskunftsrecht genauso wie das Vorliegen eines ausländischen TU analog zu Abs. 3 Satz 1 nicht entgegen. Die Auskunftspflichten des TU bestehen auch, wenn ein Einbeziehungswahlrecht gem. § 296 HGB ausgeübt wird und das TU nicht in den KonsKreis i.e.S. einbezogen wird.

35 Die Auskunftsrechte beziehen sich auf alle **Aufklärungen** und **Nachweise**, die auch **für eine sorgfältige Prüfung erforderlich** sind. Unter Aufklärungen kommen entgegen den Nachweisen, die in erster Linie dem Charakter schriftlicher Unterlagen entsprechen, auch mündliche Aussagen oder Erläuterungen in Betracht. Das Auskunftsrecht kommt dabei in aller Regel bei der Erlangung **ergänzender Angaben** zu den Jahresabschlüssen,[32] Lageberichten und Prüfungsberichten sowie zu den im Konzernabschluss zu konsolidierenden Positionen der Bilanzen und GuV zum Tragen, ohne die eine einheitliche Bilanzierung, Kapital-, Schulden-, Aufwands- und ErtragsKons sowie Ermittlung der latenten Steuern nicht möglich sind.[33] Darüber hinaus gelten die Auskunftsrechte auch für die in §§ 313–315d HGB geforderten Angaben in **Konzernanhang** und **Konzernlagebericht**. Wenngleich die Erforderlichkeit der Angaben für die Aufstellung des Konzernabschlusses und des Konzernlageberichts das **Auskunftsrecht begrenzt**, begründet nach h.M. bereits jeder indirekte Zusammenhang mit der Aufstellung dieses Recht.[34] Schutzrechte, die das Auskunftsrecht des MU einschränken, bestehen für TU nicht.

5 Rechtsfolgen bei Pflichtverletzung

36 Die Nichtbeachtung der Vorschriften des § 294 Abs. 1 HGB erfüllt den Tatbestand einer Ordnungswidrigkeit i.S.d. § 334 HGB. Diese kann mit einer Geldbuße von bis zu 50 TEUR sanktioniert werden. Werden die Vorschriften der Abs. 2 und 3 missachtet, liegt nur indirekt – über den Verstoß gegen die §§ 298 Abs. 1 HGB i.V.m. 265 Abs. 2 HGB – eine Ordnungswidrigkeit vor, die jedoch regelmäßig bußgeldbewehrt ist. Zudem kommt die Bestrafung der Mitglieder des vertretungsberechtigten Organs oder des Aufsichtsrats infolge der unrichtigen oder verschlei-

---

[29] Vgl. § 243 Abs. 2 HGB; gl.A. ADS, Rechnungslegung und Prüfung der Unternehmen, 6. Aufl. 1995–2001, § 294 HGB Rz 34; Pfaff, in MünchKomm. HGB, 5. Aufl. 2024, § 294 HGB Rz 35; a.A. in Bezug auf die Gültigkeit der Erleichterungen Kliem/Deubert, in Beck Bil-Komm., 14. Aufl. 2024, § 294 HGB Rz 26.

[30] Grds. beträgt die Frist fünf Monate. Ist das MU KM-orientiert i.S.d. § 264d HGB und fällt nicht in den Anwendungsbereich von § 327a HGB, beträgt die Frist nur vier Monate (§ 325 Abs. 4 Satz 1 HGB).

[31] Vgl. von Keitz, in Baetge/Kirsch/Thiele, Bilanzrecht, § 294 HGB Rz 54, Stand: 6/2024.

[32] Insb. zur Erstellung der Handelsbilanzen II.

[33] Vgl. zu den Einzelheiten die Kommentierungen zu den §§ 300–309 HGB.

[34] Vgl. Pfaff, in MünchKomm. HGB, 5. Aufl. 2024, § 294 HGB Rz 38.

ernden Wiedergabe der Verhältnisse des Unt gem. § 331 Nr. 1 bzw. Nr. 2 HGB in Betracht. Die Verletzung der Vorlage- und Auskunftspflichten durch ein TU wird nicht straf- oder ordnungsrechtlich belangt. Hier kommt lediglich eine zivilrechtliche Klage in Betracht, die bei ausländischen TU allerdings nur selten Erfolg haben dürfte.

6 CSRD-Umsetzungsgesetz: Änderungen

> **Hinweis**
> Die Kommentierung basiert auf dem **Regierungsentwurf eines CSRD-Umsetzungsgesetzes**.[35] Nach Veröffentlichung der finalen Fassung wird die Kommentierung in Ihrem Haufe HGB Bilanz Kommentar Online aktualisiert. Die **Online-Version** ist beim Kauf der Printausgabe inklusive.

Die – voraussichtlich rückwirkend anzuwendenden – Änderungen des CSRD-UmsG betreffen ausschl. die Formulierung von § 294 Abs. 3 Satz 1 HGB (Rz 28–Rz 33). Nach dem Entwurf sind die Unterlagen durch das TU nicht mehr beim MU „einzureichen", sondern an dieses „zu übermitteln", was keine materielle Änderung darstellt. Darüberhinaus soll der verschachtelte Satz 1, der die zu übermittelnden Unterlagen aufzählt (vgl. Rz 31), durch eine nummerierte Aufzählung ersetzt werden. Hierbei wurde die Reihenfolge der Unterlagen geringfügig verändert. Statt der „gesonderten nichtfinanziellen Berichte" sowie die „gesonderten nichtfinanziellen Konzernberichte" werden künftig „die Berichte über die Prüfung des Nachhaltigkeitsberichts, wenn eine solche Prüfung stattgefunden hat" verlangt. Da der Nachhaltigkeitsbericht nach § 289b Abs. 1 Satz 2 HGB in einem „dafür vorgesehenen, klar erkennbaren Abschnitt" des Lageberichts aufgehen soll, ist eine gesonderte Nennung nicht nötig.
§ 294 Abs. 3 Satz 1 HGB bleibt ebenso wie die Abs. 1 und 2 unverändert.

37

---

[35] Regierungsentwurf eines Gesetzes zur Umsetzung der Richtlinie (EU) 2022/2464 des Europäischen Parlaments und des Rates vom 14. Dezember 2022 zur Änderung der Verordnung (EU) Nr. 537/2014 und der Richtlinien 2004/109/EG, 2006/43/EG und 2013/34/EU hinsichtlich der Nachhaltigkeitsberichterstattung von Unternehmen, BT-Drs. 20/12787 v. 9.9.2024.

§ 296 Verzicht auf die Einbeziehung

(1) Ein Tochterunternehmen braucht in den Konzernabschluß nicht einbezogen zu werden, wenn
1. erhebliche und andauernde Beschränkungen die Ausübung der Rechte des Mutterunternehmens in bezug auf das Vermögen oder die Geschäftsführung dieses Unternehmens nachhaltig beeinträchtigen,
2. die für die Aufstellung des Konzernabschlusses erforderlichen Angaben nicht ohne unverhältnismäßig hohe Kosten oder unangemessene Verzögerungen zu erhalten sind oder
3. die Anteile des Tochterunternehmens ausschließlich zum Zwecke ihrer Weiterveräußerung gehalten werden.

(2) ¹Ein Tochterunternehmen braucht in den Konzernabschluß nicht einbezogen zu werden, wenn es für die Verpflichtung, ein den tatsächlichen Verhältnissen entsprechendes Bild der Vermögens-, Finanz- und Ertragslage des Konzerns zu vermitteln, von untergeordneter Bedeutung ist. ²Entsprechen mehrere Tochterunternehmen der Voraussetzung des Satzes 1, so sind diese Unternehmen in den Konzernabschluß einzubeziehen, wenn sie zusammen nicht von untergeordneter Bedeutung sind.

(3) Die Anwendung der Absätze 1 und 2 ist im Konzernanhang zu begründen.

Inhaltsübersicht   Rz
1 Überblick   1–11
   1.1 Inhalt und Regelungszweck   1–8
   1.2 Anwendungsbereich   9–10
   1.3 Normenzusammenhänge   11
2 Beschränkungen der Rechtsausübung (Abs. 1 Nr. 1)   12–28
3 Unverhältnismäßig hohe Kosten oder unangemessene
   Verzögerungen (Abs. 1 Nr. 2)   29–35
4 Weiterveräußerungsabsicht (Abs. 1 Nr. 3)   36–41
5 Untergeordnete Bedeutung von Tochterunternehmen (Abs. 2) .   42–46
6 Begründungspflicht im Konzernanhang (Abs. 3)   47–51
7 Rechtsfolgen bei Pflichtverletzung   52–55

1 Überblick

1.1 Inhalt und Regelungszweck

1 § 296 HGB gewährt **Wahlrechte für die Einbeziehung von TU** in Bezug auf das in § 294 HGB kodifizierte Vollständigkeitsgebot für den KonsKreis. Dort ist die Pflicht zur Einbeziehung aller TU in den KonsKreis i.e.S. postuliert (§ 294 Rz 8 ff.). Generell ist es bei Vorliegen bestimmter Sachverhalte gem. § 296 HGB erlaubt, Anteile an TU wahlweise nicht vollkonsolidiert in den Konzernabschluss einzubeziehen. **Abs. 1** hat für den Einbezug von TU i.S.d. § 294 Abs. 1 HGB befreiende Wirkung, wenn

- erhebliche und andauernde (nachhaltige) Beschränkungen **die Ausübung** der wesentlichen Rechte[1] des MU **nachhaltig beeinträchtigen** (Nr. 1),
- die für die Aufstellung des Konzernabschlusses erforderlichen Angaben nicht ohne **unverhältnismäßig hohe Kosten oder unangemessene Verzögerungen** zu erhalten sind (Nr. 2) oder
- die Anteile des TU ausschließlich **zum Zweck der Veräußerung** gehalten werden (Nr. 3).

Systematisch eher ungeeignet – als VollKons-Wahlrecht statt eines KonsVerbots dargelegt – soll gewährleistet werden, dass in den Konzernabschluss nur die TU einbezogen werden, die zur Zielerreichung des Konzernabschlusses – die in der zeitgerechten, wirtschaftlichen und tatsachengetreuen Darstellung der Vermögens-, Finanz- und Ertragslage unter Beachtung der GoB anzusehen ist – notwendig sind. Als Sonderfall soll mit § 296 Abs. 1 Nr. 1 HGB sichergestellt werden, dass nur die TU einbezogen werden, die tatsächlich zum Einflussbereich des MU gehören, bei denen also das MU seine ihm zustehenden (formalen) Rechte auch tatsächlich ausüben kann, nicht aber tatsächlich ausüben muss. Dieses Wahlrecht korrespondiert dabei mit den in § 290 Abs. 2 HGB kodifizierten Festlegungen, wann stets ein beherrschender Einfluss eines MU vorliegen soll. Entsprechend kann § 296 HGB die Rolle der Widerlegungsklausel zukommen.[2] Die Regelung des § 296 Abs. 1 Nr. 1 HGB kommt dabei als Korrektiv zu § 290 Abs. 2 HGB zum Tragen, sofern die Beherrschungstatbestände zwar formal, nicht jedoch tatsächlich gegeben sind (dazu im Detail Rz 4 f.).

Zur Einordnung der Auswirkungen des Kriegs in der Ukraine vgl. Rz 24 sowie Rz 32. Darüber hinaus entfällt die Pflicht zur Einbeziehung in den VollKonsKreis gem. **Abs. 2**, wenn die TU für die Vermittlung eines den tatsächlichen Verhältnissen entsprechenden Bildes der Vermögens-, Finanz- und Ertragslage **von untergeordneter Bedeutung** sind. Erfüllen mehrere TU diese Voraussetzung, müssen sie zusammengenommen von untergeordneter Bedeutung sein. Ausnahmetatbestände, die über jene des § 296 HGB hinausgehen, existieren nicht.

Werden Wahlrechte entsprechend Abs. 1[3] und 2 in Anspruch genommen, verlangt § 296 **Abs. 3** HGB die **Angabe** einer Begründung **der Maßnahme im Anhang.**

§ 296 Abs. 1 Nr. 2 und Abs. 2 HGB sind als Folge einer Abwägung der Einbeziehungskosten respektive etwaiger Verzögerungen mit den Nutzenmomenten einer Einbeziehungspflicht entstanden. Während hier der **Grundsatz der Wirtschaftlichkeit** bzw. der **Wesentlichkeitsgrundsatz** den Gesetzgeber auf Basis europäischer Vorgaben zu einer Gewährung der Wahlrechte bewogen hat, sind die Wahlrechte entsprechend § 296 Abs. 1 Nr. 1 und 3 HGB eingeführt worden, um eine Einbeziehung von TU, die faktisch nicht zur wirtschaftlichen Einheit des Konzerns gehören, aufgrund **formaler Gegebenheiten** aber etwa nach Auslegung des DRSC einbezogen werden müssten, zu vermeiden.[4] Die für das Vorliegen einer Beherrschungsmöglichkeit vom Gesetzgeber explizit benannten Sachverhalte des § 290 Abs. 2 HGB bedingen diese beiden Ausnahme-

---

1 Rechte in Bezug auf das Vermögen oder die Geschäftsführung.
2 Ebenso DRS 19.81.
3 Umsetzung des Art. 23 Abs. 9 der Richtlinie 2013/34/EU in deutsches Recht.
4 Vgl. BT-Drs. 10/4268 v. 18.11.1985 S. 114; von Keitz/Ewelt-Knauer, in Baetge/Kirsch/Thiele, Bilanzrecht, § 296 HGB Rz 3, Stand: 1/2020; Pfaff, in MünchKomm. HGB, 5. Aufl. 2024, § 296 HGB Rn 2.

tatbestände, die den § 296 HGB zu einer Widerlegungsklausel für § 290 HGB werden lassen.

5 Einige Stimmen in der Literatur stellten – mitunter mit Verweis auf die IFRS, die als Vorlage für das Beherrschungskonzept dien(t)en – in diesem Zusammenhang den Sinn des Wahlrechts resultierend aus § 296 Abs. 1 Nr. 1 HGB infrage. Konsequenterweise müsse eine Einbeziehung der TU untersagt werden, sofern das MU seine Rechte nicht auch tatsächlich ausüben kann.[5] Dem ist grds. zuzustimmen – die Formulierung des § 290 HGB ließe eine Prüfung auf das tatsächliche Vorliegen der Beherrschungsmöglichkeit i. S. d. § 290 Abs. 2 HGB bereits i. R. d. § 290 Abs. 1 HGB zu. De facto hat diese Prüfung jedoch aufgrund der rechtssystematisch wenig überzeugenden Ausgestaltung auf Ebene des § 296 HGB zu erfolgen, der in Konsequenz als Konkretisierung von § 290 Abs. 2 HGB zu verstehen ist. Diese Vorschrift stellt entsprechend die Widerlegungsklausel[6] für § 290 Abs. 2 HGB dar – § 290 Abs. 2 HGB enthält statt einer Ausdifferenzierung für eine „stets" vorliegende Beherrschung faktisch lediglich Vermutungstatbestände. Korrespondierend muss die Beherrschungsanforderung des § 290 Abs. 1 HGB als abstrakte Definition i. S. e. Generalnorm verstanden werden, während die vier konkreten Tatbestände des § 290 Abs. 2 HGB zunächst (d.h. auf Ebene des § 290 HGB) unwiderlegbar zur Annahme eines beherrschenden Einflusses führen.[7] Werden die formalen Voraussetzungen des § 290 Abs. 2 HGB erfüllt und liegt damit ein Beherrschungsverhältnis i.d.S. vor, kann sich dann über die als Wahlrecht ausgestaltete Regelung des § 296 Abs. 1 Nr. 1 HGB eine Befreiung ergeben.

Die Konsequenzen bei Ausübung des Wahlrechts i. S. eines Konsolidierungsverzichts bei erheblichen und andauernden Beschränkungen der Ausübung der Rechte des MU in Bezug auf das Vermögen oder die Geschäftsführung entsprechen jener, die sich auch bei einer Prüfung auf das tatsächliche Vorliegen der Beherrschungsmöglichkeit bereits auf Ebene des § 290 HGB ergeben würden – es kommt/käme zu keinem Einbezug von Unt, die nicht tatsächlich beherrscht werden können. Infolge des Wahlrechtscharakters der Regelung des § 296 Abs. 1 Nr. 1 HGB kann es problematischer Weise jedoch auch zu einer Einbeziehung bei nicht vorliegender faktischer Beherrschungsmöglichkeit kommen. Fraglich ist in diesem Zusammenhang, warum der Gesetzgeber dies als Wahlrecht ausgestaltet hat, ein Einbeziehungsverbot für Unt, die nicht beherrscht werden können, wäre konsequenter gewesen. Vor diesem Hintergrund sollte nach h.M. auf die Einbeziehung verzichtet werden, wenn § 296 Abs. 1 Nr. 1 HGB zur Anwendung kommt.[8] Dies kann auch mit der Generalnorm des § 297 Abs. 2 HGB begründet werden, die somit zur Begrenzung für eine Wahlrechtsnutzung wird, soweit die Einbeziehung eines TU mit andauernder eingeschränkter Beherrschungsmöglichkeit zu einer Verzerrung der abzubildenden tatsachengetreuen Vermögens-, Finanz- und Ertragslage unter Beachtung der GoB führt und nach Satz 3 zumindest diesbzgl. Anhangangaben erforderlich sind (§ 297 Rz 85).

---

[5] Vgl. Baetge/Kirsch/Thiele, Konzernbilanzen, 14. Aufl. 2021, S. 116; Pfaff, in MünchKomm. HGB, 5. Aufl. 2024, § 296 HGB Rn 3.
[6] Ebenso DRS 19.81.
[7] Vgl. z. B. DRS 19.18; IDW, WPH Edition, Wirtschaftsprüfung & Rechnungslegung, 18. Aufl. 2023, Kap. G Tz 19.
[8] Anstatt vieler DRS 19.81.

Infolge der Unbestimmtheit der Begriffe „unverhältnismäßig hohe Kosten" oder „unangemessene Verzögerungen" und der daraus resultierenden Ermessensspielräume hat in Bezug auf das VollKons-Gebot (§ 294 Abs. 1 HGB) nach h. M. eine **restriktive Auslegung** zu erfolgen.[9]

Obwohl im Gesetz nicht ausdrücklich erwähnt, sind Unt, die aufgrund eines Einbeziehungswahlrechts nicht voll konsolidiert werden, nach der **Equity-Methode** in den Konzernabschluss einzubeziehen, wenn die Bedingungen des § 311 HGB erfüllt sind.[10] Da die Voraussetzungen für die Einbeziehung in den KonsKreis i. e. S. eine QuotenKons konzeptionell ausschließen, kommt diese alternativ auch hier nicht in Betracht.

Für die Einbeziehungswahlrechte gilt zudem der **Grundsatz der Stetigkeit**. Wenngleich § 297 HGB nur in Bezug auf die Konsolidierungsmethoden, nicht aber auf die VollKons-Wahlrechte explizit die Anwendung des Grundsatzes vorschreibt, ersetzt die Generalklausel des § 297 Abs. 2 HGB die explizite Anwendungsverpflichtung, trägt doch gerade die Beachtung der Stetigkeit maßgeblich zur Darstellung eines den tatsächlichen Verhältnissen entsprechenden Bildes der Vermögens-, Finanz- und Ertragslage bei; eine willkürliche Ausübung der Wahlrechte ist somit ausgeschlossen.

1.2 Anwendungsbereich

Relevant sind die Regelungen der §§ 294 und 296 HGB, die die Abgrenzung des KonsKreises abschließend regeln, für alle Unt, die zur Aufstellung eines Konzernabschlusses verpflichtet sind. Neben **KapG** müssen demnach auch **KapCoGes** die Vorgaben der §§ 294 und 296 HGB einhalten. Unt, die gem. **PublG** einen Konzernabschluss zu erstellen haben, fallen ebenfalls in den Anwendungsbereich der §§ 294 und 296 HGB. § 13 Abs. 2 PublG enthält einen expliziten Verweis auf die handelsrechtliche Regelung.[11] Über einen **Sonderstatus** in Bezug auf die uneingeschränkte Anwendung der §§ 294 und 296 HGB verfügen lediglich **Kreditinstitute**. Zwar verweist § 340i HGB für Konzernabschlüsse auf die §§ 294 und 296 HGB, in Bezug auf die Abgrenzung des KonsKreises ist jedoch § 340j HGB ergänzend zu beachten.

Die Regelung des § 296 HGB betreffend die Wahlrechte für die Einbeziehung von TU in Bezug auf das in § 294 HGB kodifizierte Vollständigkeitsgebot für den KonsKreis wurde mit dem BilRUG dahingehend überarbeitet, als in § 296 Abs. 1 Nr. 2 HGB nach den Wörtern „hohe Kosten oder" das Wort „unangemessene" eingefügt wurde. Inhaltliche Änderungen sind daraus nicht abzuleiten.[12] Es handelt sich insofern lediglich um eine Änderung redaktioneller Natur, die laut Begründung zum BilRUG-RegE aufgrund einer – gegenüber jener des Art. 13 Abs. 3 Buchst. b der Richtlinie 83/349/EWG – geänderten Formulierung in der EU-Bilanzrichtlinie vorgenommen wurde. Warum der deutsche Gesetzgeber bei einer ohnehin inhaltslosen, nicht klarstellenden und damit letztlich

---

9 Vgl. anstatt vieler von Keitz/Ewelt-Knauer, in Baetge/Kirsch/Thiele, Bilanzrecht, § 296 HGB Rz 6–7, Stand: 1/2020.
10 Vgl. Pfaff, in MünchKomm. HGB, 5. Aufl. 2024, § 296 HGB Rn 6.
11 Vgl. dazu auch BT-Drs. 10/3440 v. 3.6.1985 S. 37: „damit sich der Konsolidierungskreis […] nicht von dem der Konzerne der AG, KGaA und GmbH unterscheidet".
12 Vgl. BR-Drs. 23/15 v. 23.1.2015 S. 87.

überflüssigen Änderung unter Bezugnahme auf eine geänderte Formulierung in der EU-Bilanzrichtlinie dann nicht die Formulierung dieser („ungebührliche") übernimmt, ist unklar.

1.3 Normenzusammenhänge

11 Grundsätzliche Voraussetzung für die Einbeziehung eines Unt in den KonsKreis ist das Bestehen eines Mutter-Tochter-Verhältnisses entsprechend den Vorschriften des § 290 HGB. Der § 296 HGB relativiert die in § 294 HGB kodifizierte Pflicht zur VollKons für jene Fälle, die die Voraussetzungen des § 296 HGB betreffen. Trotz des engen Zusammenhangs mit der Aufstellungspflicht gem. § 290 HGB kann sich daraus ergeben, dass kein Konzernabschluss aufgestellt werden muss, was unabhängig davon gilt, ob entsprechend § 290 HGB eine Pflicht zur Aufstellung besteht oder nicht (§ 290 Abs. 4 HGB). Die **Bedeutung der §§ 294 und 296 HGB** darf daher nicht nur im Lichte einer Abgrenzung des KonsKreises gesehen werden.[13]

2 Beschränkungen der Rechtsausübung (Abs. 1 Nr. 1)

12 Das erste sachlich begründete Wahlrecht bei der VollKons von TU besteht gem. § 296 Abs. 1 Nr. 1 HGB dann, wenn **erhebliche** und **andauernde** Beschränkungen die Ausübung der Rechte des MU in Bezug auf das Vermögen oder die Geschäftsführung dieses Unt **nachhaltig** beeinträchtigen.

13 Die Voraussetzungen für das VollKons-Wahlrecht in § 296 Abs. 1 Nr. 1 HGB, die kumulativ zu erfüllen sind und jeweils restriktiv ausgelegt werden, lauten wie folgt:
- Die Art der Beeinträchtigung muss in der Beschränkung der Ausübung der Rechte bzgl. des Vermögens oder der Geschäftstätigkeit liegen.
- Das Ausmaß der Beeinträchtigung muss sich auf erhebliche Beschränkungen beziehen. Dabei muss die Beeinträchtigung die Beherrschungsmöglichkeit verhindern.
- Die Beeinträchtigung muss nachhaltig und andauernd sein, d. h. über einen längeren Zeitraum bestehen.

Denkbar sind somit lediglich Anwendungen in Grenzbereichen, wenn es etwa um die Frage der Abgrenzung der andauernden Beeinträchtigung geht.

14 Die Beschränkungen des MU in Bezug auf die Geschäftsführung oder das Vermögen des TU sind in erster Linie **tatsächlicher Natur,**[14] wie etwa die Eröffnung von Zwangsverwaltungs- oder Konkursverfahren und die Auswirkungen politischer Verhältnisse, wie Tätigkeitsverbote für Ausländer in Geschäftsorganen oder staatliche Produktionsbeschränkungen. Vorübergehende oder geringfügige Beschränkungen sowie die bloße Möglichkeit einer Beeinträchtigung erfüllen nicht den Tatbestand einer tatsächlichen Beschränkung.[15]

Zur Einordnung des Kriegs in der Ukraine als Beschränkung des MU in Bezug auf die Geschäftsführung oder das Vermögen des TU vgl. Rz 24.

---

[13] Vgl. Pfaff, in MünchKomm. HGB, 5. Aufl. 2024, § 294 HGB Rn 3.
[14] Beschränkungen tatsächlicher Natur resultieren meist aus politischen oder sonstigen Veränderungen.
[15] Vgl. Sahner/Kammers, in Küting/Weber, HdK, 2. Aufl. 1998, § 296 HGB Rn 9.

Darüber hinaus kommen **rechtliche/vertragliche Restriktionen** wie Veto- oder Einstimmigkeitsklauseln in Unternehmensverträgen als Beschränkungen in Betracht. 15

Beeinträchtigungen auf Basis **gesellschaftsrechtlicher oder vertraglicher Vereinbarungen sowie gesetzlicher Vorschriften** sind dabei ebenfalls nur relevant, sofern diese tatsächlich die Ausübung des beherrschenden Einflusses verhindern. Geschieht dies nicht, hat eine Kons. zu erfolgen. Eine freiwillige Nicht-Ausübung entsprechender Beeinträchtigungen qualifiziert nicht für die Inanspruchnahme des Wahlrechts.[16] 16

Beschränkungen in der Rechtsausübung können sich sowohl auf die Geschäftsführung des TU als auch auf das Vermögen beziehen. Eine Ausgestaltung der nach Abs. 1 Nr. 1 kumulativ zu erfüllenden Kriterien durch den Gesetzgeber ist dabei unterblieben. Die Literatur hat den auslegungsbedürftigen Tatbestand inhaltlich konkretisiert. 17

Vermögensbeschränkungen i.S.d. § 296 Abs. 1 Nr. 1 HGB müssen sich auf das gesamte Vermögen, mindestens aber auf dessen wesentliche Teile erstrecken. Werden nur einzelne VG tangiert, sind die Voraussetzungen für die Inanspruchnahme des Konsolidierungswahlrechts nicht erfüllt.[17] 18

Beschränkungen in der Geschäftsführung erfüllen die Wahlrechtsvoraussetzungen, wenn Pläne und Maßnahmen des MU nachhaltig verhindert werden. Die generelle Gültigkeit von Beeinträchtigungen – etwa für eine Branche – steht dem Wahlrecht des § 296 Abs. 1 Nr. 1 HGB ausschließend entgegen, sofern es sich nicht um ausländische TU handelt. Sind die Beschränkungen erheblich und andauernd und ist das Kriterium der Nachhaltigkeit erfüllt, kann für die Auslandstochter das Recht zur Anwendung des Wahlrechts bestehen. Dies ist etwa denkbar, wenn gesetzliche Bestimmungen der Ausübung des Vorstands- oder Aufsichtsratsmandats entgegenstehen.[18] 19

In Bezug auf die VollKons von TU besteht gem. § 296 Abs. 1 Nr. 1 HGB dann ein Wahlrecht, wenn **erhebliche** und **andauernde** Beschränkungen die Ausübung der Rechte des MU **nachhaltig** beeinträchtigen. Ob sich die Beeinträchtigung auf das Vermögen oder die Geschäftsführung dieses Unt bezieht, ist unerheblich. 20

Erheblich ist dabei **i.S.v. „wesentlich"** zu interpretieren, d.h., es müssen auch Beschränkungen bei wesentlichen Sachverhalten vorliegen, sodass das TU nicht mehr entsprechend der Konzernpolitik geführt werden kann.[19] 21

Eine **Dauerhaftigkeit** und **Nachhaltigkeit** kann dann angenommen werden, wenn die Beschränkungen während des Gj bis zur Abschlusserstellung bestanden haben (**vergangenheitsorientierte Betrachtung**) und voraussichtlich nicht mit ihrer Aufhebung zu rechnen ist (**zukunftsorientierte Betrachtung**), d.h. unter Berücksichtigung bestehender Tatsachen mit einer Aufhebung in absehbarer Zeit nicht zu rechnen ist. 22

---

16 Vgl. Kliem/Deubert, in Beck Bil-Komm., 14. Aufl. 2024, § 296 HGB Rz 6; DRS 19.82.
17 Vgl. Pfaff, in MünchKomm. HGB, 5. Aufl. 2024, § 294 HGB Rn 16f.; Kliem/Deubert, in Beck Bil-Komm., 14. Aufl. 2024, § 296 HGB Rz 8.
18 Siehe dazu im Detail Pfaff, in MünchKomm. HGB, 5. Aufl. 2024, § 294 HGB Rn 24.
19 Vgl. Kliem/Deubert, in Beck Bil-Komm., 14. Aufl. 2024, § 296 HGB Rz 7, 8; Pfaff, in MünchKomm. HGB, 5. Aufl. 2024, § 294 HGB Rn 22.

23 Hinsichtlich der Reichweite der Begriffe „erheblich", „dauerhaft" sowie „nachhaltig" stellt sich die Frage, ob das Einbeziehungswahlrecht überhaupt systemkonform ist oder ob nicht vielmehr ein **Einbeziehungsverbot** konsequent wäre, damit im Konzernabschluss nicht VG und Schulden ausgewiesen werden, über die das MU tatsächlich nicht verfügen kann. Informatorisch kann der Einbezug eines Unt, bei dem das MU direkt oder indirekt nicht über die Beherrschungsmöglichkeit verfügt, nicht überzeugen (dazu detailliert Rz 5). Daher führt ein solcher Sachverhalt nach den IFRS auch zu einem VollKons-Verbot (IFRS 10.6 i.V.m. IFRS 10.B98).

24 Bei folgenden **Anwendungsfällen** kommt nach h.M. ein Wahlrecht zur VollKons. gem. § 296 Abs. 1 Nr. 1 HGB in Betracht, wobei mitunter bestimmte Bedingungen erfüllt sein müssen:

- **Enteignung,** sofern diese nicht nur drohenden Charakter besitzt, sondern tatsächlich und nachweisbar vollzogen wird und von voraussichtlicher Dauer ist.[20]
- **Insolvenzverfahren,** da das MU mangels Befugnis nicht mehr über das TU verfügen kann.[21]
- **Liquidation,** sofern im Einzelabschluss des TU nicht noch eine Bilanzierung nach dem going-concern-Prinzip erfolgt[22] und sofern absehbar keine (wesentliche) Vermögensauskehrung erfolgen wird.[23]
- **Unterstützungskassen,** wenn diese rechtlich selbstständig sind, gemeinnützig handeln und eine Unternehmenseigenschaft vorliegt.[24]
- Wesentliche **Beschränkungen aufgrund gesetzlicher Regelungen** im Fall von TU mit Sitz im **Ausland** (Rz 19).[25]
- **Veräußerung der Mehrheit/Gesamtheit der Anteile an einem TU zu Beginn des folgenden Gj,** sofern damit eine Informationsbeschaffung zwecks Kons. ausgeschlossen wird.[26]

Ein neuerer Anwendungsfall ergibt sich aufgrund des Ukrainekriegs: Aufgrund der Kriegswirren und der bestehenden Sanktionen kann es zur Anwendung des § 296 Abs. 1 Nr. 1 HGB für ukrainische, russische oder belarussische TU (Satzungssitz) kommen. Das MU muss sich hierfür erheblichen und andauernden Beschränkungen der Ausübung der (formalrechtlich ggf. fortbestehenden) Rechte in Bezug auf die Geschäftsführung oder das Vermögen des TU ausgesetzt sehen. Gem. DRS 19.82 sind politische, wirtschaftliche oder finanzielle Beschränkungen, insb. Beschränkungen infolge (ggf. drohender) staatlicher Zwangsmaßnahmen als solche Beschränkungen zu werten.[27]

In der Folge hat das MU zu prüfen, ob ein Einbezug mittels Equity-Methode (s. Rz 7 bzw. DRS 26.11) möglich ist. Ist dies ebenfalls nicht möglich, stellt der Ansatz des TU als Beteiligung mit ihren (fortgeführten) Anschaffungskosten das

---

[20] Vgl. ADS, Rechnungslegung und Prüfung der Unternehmen, 6. Aufl. 1995–2001, § 296 HGB Rz 12.
[21] Vgl. Kliem/Deubert, in Beck Bil-Komm., 14. Aufl. 2024, § 296 HGB Rz 11; Pfaff, in MünchKomm. HGB, 5. Aufl. 2024, § 294 HGB Rn 18.
[22] Vgl. Pfaff, in MünchKomm. HGB, 4. Aufl. 2020, § 294 HGB Rn 20.
[23] Vgl. Kliem/Deubert, in Beck Bil-Komm., 14. Aufl. 2024, § 296 HGB Rz 11.
[24] Vgl. Oser/Weidl, IRZ 2012, S. 63.
[25] Siehe dazu Pfaff, in MünchKomm. HGB, 5. Aufl. 2024, § 294 HGB Rn 25.
[26] Vgl. DRS 19.85.
[27] Vgl. IDW, Fachlicher Hinweis v. 22.12.2022, Auswirkungen des Ukraine-Krieges auf die Rechnungslegung und deren Prüfung, 4. Update, S. 12 f.; Müller, Auswirkungen des Ukraine-Kriegs auf Rechnungslegung und Prüfung, Stand: 28.12.2022, haufe.de.

letzte Mittel dar. In beiden Fällen ist eine erfolgsneutrale Übergangskonsolidierung gem. DRS 23.187–190 vorzunehmen.[28] Bzgl. der Begründung im Anhang s. Rz 47 ff.

> **Praxis-Beispiel**
> **Einbeziehungswahlrecht bei Liquidation eines TU**
> **Sachverhalt**
> Das MU P AG hat für das TU E GmbH Mitte des vergangenen Gj die (freiwillige) Liquidation eingeleitet und möchte für dieses Gj auf eine Einbeziehung der E GmbH in den KonsKreis unter Rückgriff auf § 296 Abs. 1 Nr. 1 HGB verzichten. Hinsichtlich der zu erwartenden, nach Liquidation verbleibenden Vermögenswerte sind folgende Szenarien denkbar:
> 1. Wesentliche Vermögensauskehrung zu erwarten
> 2. Zu Beginn absehbar keine (wesentliche) Vermögensauskehrung
>
> **Beurteilung**
> 1. Die Einschränkung der Verfügungsgewalt über das Vermögen hinsichtlich der Verteilung[29] im Sperrjahr kann mangels Dauerhaftigkeit keine Anwendung des § 296 Abs. 1 Nr. 1 HGB begründen.[30] Da i. R. d. Verteilung noch (wesentliche) Vermögenspositionen ausgekehrt werden, gehen diese (wieder) in den Verfügungsbereich des MU über.
> 2. Ist bereits zu Beginn absehbar, dass keine (wesentliche) Vermögensauskehrung nach Ablauf des Sperrjahres erfolgen wird/kann, wird die Möglichkeit der Inanspruchnahme des Wahlrechts bejaht.[31]

25

Inwiefern gesellschaftsvertraglich festgeschriebene qualifizierte Mehrheitserfordernisse, die das MU alleine nicht erreicht, oder ein **Entherrschungsvertrag** zwischen MU und TU ein VollKons-Wahlrecht begründen können, ist dagegen strittig.[32] Ein Anwendungsfall für das Wahlrecht scheint hier zwar vor dem Hintergrund des in der Generalnorm des § 297 Abs. 2 HGB postulierten Zwecks der Konzernbilanzierung problematisch, muss sich aber aus der Konkretisierungslogik des § 296 Abs. 1 Nr. 1 HGB ergeben, sofern infolgedessen eine tatsächliche Beherrschungsmöglichkeit nicht gegeben ist und – hinsichtlich Entherrschungsverträgen – eine Mindestlaufzeit unter Ausschluss einer ordentlichen Kündigung gegeben ist. Nach Literaturmeinung sollte die Mindestlaufzeit mind. fünf Jahre betragen, sodass eine Dominanz der nächsten Aufsichtsratswahl ausgeschlossen werden kann.[33] Sinnvoller ist u. E. jedoch die Verknüpfung der Mindestlaufzeit mit

26

---

[28] Vgl. IDW, Fachlicher Hinweis v. 22.12.2022, Auswirkungen des Ukraine-Krieges auf die Rechnungslegung und deren Prüfung, 4. Update, S. 14.
[29] Die Verteilung darf gem. § 73 Abs. 1 GmbHG nicht vor Tilgung oder Sicherstellung der Schulden der Ges. und nicht vor Ablauf eines Jahres seit dem Tage vorgenommen werden, an welchem die Aufforderung an die Gläubiger (§ 65 Abs. 2 GmbHG) in den Gesellschaftsblättern erfolgt ist.
[30] Im Ergebnis ebenso IDW RS HFA 17.45; Pfaff, in MünchKomm. HGB, 5. Aufl. 2024, § 296 HGB Rn 19.
[31] Vgl. IDW RS HFA 17.45.
[32] Für ein Wahlrecht plädierend etwa IDW, WPH Edition, Wirtschaftsprüfung & Rechnungslegung, 18. Aufl. 2023, Kap. G Tz 159; DRS 19.85. Unter Voraussetzungen (Mindestlaufzeit ohne ordentliche Kündigung) ebenfalls einen Anwendungsfall sehend Kliem/Deubert, in Beck Bil-Komm., 14. Aufl. 2024, § 296 HGB Rz 11. Dies ablehnend von Keitz/Ewert-Knauer, in Baetge/Kirsch/Thiele, Bilanzrecht, § 296 HGB Rz 26, Stand: 1/2020.
[33] Vgl. Kliem/Deubert, in Beck Bil-Komm., 14. Aufl. 2024, § 296 HGB Rz 11.

der konkreten nächsten Aufsichtsratswahl des jeweiligen Unt anstatt des maximalen „HV/Entlastung für das 4. Gj + Gj des Amtszeitbeginns"-Zeitraums gem. § 102 AktG. Zudem müssen für die befreiende Wirkung des Entherrschungsvertrags auch genügend Anteile bei den konzernfremden Gesellschaftern des TU vorhanden sein, die dann die faktische Stimmrechtsmehrheit, die ihnen durch den Entherrschungsvertrag zukommt, auch nutzen können. Ansonsten könnten im Extremfall auch Entherrschungsverträge mit 100-%-Töchtern geschlossen werden, was durch die dann entstehende „Führungslosigkeit" der Tochter ausgeschlossen sein muss.[34] Ein vertraglicher Ausschluss der Stimmrechtsausübung beseitigt nach h.M. die Möglichkeit vertragswidriger Stimmabgabe nicht – und damit auch nicht bereits ein Mutter-Tochter-Verhältnis nach § 290 Abs. 2 Nr. 1 HGB.[35]

Praxis-Beispiel
Einbeziehungswahlrecht bei vorliegendem Entherrschungsvertrag
Sachverhalt
Das MU C AG hält 70 % der Stimmrechte an der S AG. I. R. e. Entherrschungsvertrags hat sich die C AG gegenüber der S AG verpflichtet, von der Ausübung der Stimmrechtsmehrheit im Rahmen sämtlicher HV-Beschlüsse und aufsichtsratsbezogener Besetzungsfragen abzusehen bzw. nur weniger als die Hälfte der auf einer HV vertretenen Stimmrechte wahrzunehmen. Der Entherrschungsvertrag hat eine (Rest-)Laufzeit von elf Jahren bis ins Jahr 11. Die ordentliche Kündigung ist ausgeschlossen. Die nächste AR-Wahl steht im Jahr 5 auf der HV betreffend die Feststellung für das Gj 4 (in vier Jahren) an. Die C AG sieht aktuell (für das Gj 0) von einer Kons. der S AG unter Berufung auf § 296 Abs. 1 Nr. 1 HGB ab. Die C AG geht zudem davon aus, dass dieses Vorgehen auch in den kommenden zwölf Jahren praktiziert werden kann.

Beurteilung
Der Entherrschungsvertrag ist (aktuell; für das Gj 0) als erhebliche und andauernde Beschränkung der Ausübung der wesentlichen Rechte der C AG, der diese nachhaltig beeinträchtigt, zu sehen. Das Mutter-Tochter-Verhältnis gem. § 290 Abs. 2 Nr. 1 HGB wird durch den Entherrschungsvertrag nicht negiert.[36]
Eine Fortschreibung der Vorgehensweise für den gesamten Zwölf-Jahreszeitraum ist dagegen nicht zulässig, sofern keine Verlängerung der Laufzeit des Entherrschungsvertrags erfolgt. Unter „andauernd" ist im Kontext von Entherrschungsverträgen „die Dominanz der nächsten AR-Wahl ausschließend" zu verstehen. Maximal mit der zweiten zukünftigen AR-Wahl im Jahr 16 auf der HV für das Gj 15 endet damit unter sonst gleichen Umständen

---

[34] Vgl. Kliem/Deubert, in Beck Bil-Komm., 14. Aufl. 2024, § 296 HGB Rz 11.
[35] Gl. A. OLG Frankfurt, NZG 2007, S. 556. Gl. A. Kliem/Deubert, in Beck Bil-Komm., 14. Aufl. 2024, § 296 HGB Rz 11. A. A. Pfaff, in MünchKomm. HGB, 5. Aufl. 2024, § 296 HGB Rn 21.
[36] „Weil ein vertraglicher Ausschluss der Stimmrechtsausübung nach h.M. die Möglichkeit vertragswidriger Stimmabgabe nicht beseitigt, kann sich ein Unt der Mehrheit der Stimmrechte i.S.d. § 290 Abs. 2 Nr. 1 HGB nicht durch den Abschluss schuldrechtlicher Verträge (z.B. Stimmbindungs-, Entherrschungsverträge) begeben." OLG Frankfurt, NZG 2007, S. 556. Gl. A.Kliem/Deubert, in Beck Bil-Komm., 14. Aufl. 2024, § 296 HGB Rz 11. A. A. Pfaff, in MünchKomm. HGB, 5. Aufl. 2024, § 296 HGB Rn 21.

die Möglichkeit der Berufung auf § 296 Abs. 1 Nr. HGB in diesem Fall. Für den Konzernabschluss für die Gj 16 und 17 scheidet eine Berufung auf § 296 Abs. 1 Nr. 1 HGB mangels Erfüllung des Kriteriums „andauernd" aus, da die Restlaufzeit des Entherrschungsvertrags dann nicht mehr über die nächste AR-Wahl hinausgeht.

Ein **Vergleichsverfahren** bringt regelmäßig keine Einschränkung der Verfügungsgewalt mit sich, sodass eine Befreiung von der Pflicht zur VollKons hier nicht in Betracht kommt. 27

Bei Zweckges darf von dem Einbeziehungswahlrecht nicht lediglich mit dem Hinweis auf einen etwaig implementierten Autopilotmechanismus[37] oder ähnliche Regelungen Gebrauch gemacht werden.[38] 28

Praxis-Beispiel
Einbeziehungswahlrecht bei Zweckgesellschaften
Sachverhalt
Der Frankfurter Investmentkonzern KH AG gründet gemeinsam mit der MA L.L.C. die in Irland ansässige Zweckges T-Investment L.L.C. Wenngleich der KH AG nicht die formal erforderlichen Rechte der Beherrschung der Geschäfts- und Finanzpolitik i.S.d. § 290 Abs. 2 Nr. 1–3 HGB zustehen, trägt Sie bei wirtschaftlicher Betrachtung die Mehrheit der Chancen und Risiken i.S.d. § 290 Abs. 2 Nr. 4 HGB. Zur Sicherung ihres Einflusses verlangt die KH AG i.R.d. Gründung den Abschluss eines bindenden und nicht ordentlich kündbaren schuldrechtlichen Vertrags, der die wesentlichen geschäftspolitischen Entscheidungen und Handlungen der T-Investment L.L.C. im Voraus i.S.d. Zielsetzung/Interessen der KH AG festlegt (Autopilotmechanismus). I.R.d. Kons. unterlässt die KH AG die Kons. der T-Investment L.L.C. mit dem Verweis auf die fehlende tatsächliche Beherrschungsausübungsoption unter Inanspruchnahme des § 296 Abs. 1 Nr. 1 HGB (weitere Befreiungstatbestände liegen nicht vor). Der AP lehnt das Vorgehen der KH AG ab.
Beurteilung
Der AP lehnt das Vorgehen der KH AG zu Recht ab. Es liegt eine Beherrschung i.S.d. § 290 Abs. 2 Nr. 4 HGB vor. § 296 Abs. 1 Nr. 1 HGB greift in diesem Fall nicht. Erstens kommt es i.R.d. Beurteilung einer Beherrschung i.S.d. § 290 Abs. 2 Nr. 4 HGB nicht auf die formellen Rechte, sondern die wirtschaftliche Betrachtungsweise an – das Recht der Beherrschung wird dem formellen Rechteinhaber eben gerade „weggerechnet".[39] Zweitens können die Rechte aufgrund der Einrichtung des Autopilotmechanismus als ausgeübt angesehen werden.[40]

---

[37] Festlegung der wesentlichen Entscheidungen der Zweckges nach Maßgabe des MU in der Satzung oder Verträgen ohne nachgelagerte Einflussmöglichkeit, sofern keine gesellschaftsrechtliche Beziehung des MU zur Zweckges besteht oder die formale Beherrschungsmöglichkeit nicht beim MU liegt, dieses aber die wesentlichen Chancen und Risiken trägt.
[38] Anstatt vieler DRS 19.86.
[39] Vgl. Kliem/Deubert, in Beck Bil-Komm., 14. Aufl. 2024, § 296 HGB Rz 12.
[40] Vgl. DRS 19.86.

3 Unverhältnismäßig hohe Kosten oder unangemessene Verzögerungen (Abs. 1 Nr. 2)

29 Als zweites sachlich begründetes Einbeziehungswahlrecht sieht § 296 Abs. 1 Nr. 2 HGB vor, dass die Einbeziehung eines TU in den Konzernabschluss unterbleiben kann, wenn die für die Aufstellung des Konzernabschlusses erforderlichen Angaben nicht ohne unverhältnismäßig hohe Kosten oder unangemessene Verzögerungen zu erhalten sind.
Zur Einordnung des Kriegs in der Ukraine vgl. Rz 32.

30 In Bezug auf die **Kosten** ist für die Ausübung des VollKons-Wahlrechts ein deutlich erkennbares Missverhältnis zwischen den Kosten der Abschlusserstellung, d.h. den Kosten für die Beschaffung der Informationen, und dem zu erwartenden Informationsgewinn zu verlangen.[41] Dabei ist nur auf die Kosten abzustellen, die zusätzlich für eine VollKons im Gegensatz zur Bewertung at equity entstehen. Vergleichbare Unt können in Bezug auf die Konsolidierungskosten als Maßstab nicht herangezogen werden.[42] Ein objektives Ergebnis lässt sich so – wie auch grds. – nicht erreichen, da „Standardkosten" für eine Kons. nicht existieren und auch der mit der VollKons einhergehende Informationszuwachs etwa von der Wesentlichkeit des TU abhängig ist.

31 Auch das Zeitfenster für unangemessen hohe **Verzögerungen** ist nicht objektivierbar. Entsprechende Verzögerungen sind ohnehin nur denkbar, wenn die Einhaltung der Aufstellungsfrist von fünf Monaten i.S.d. § 290 Abs. 1 HGB bzw. der kürzeren Zeitspanne von vier Monaten bei nach § 325 Abs. 3 HGB offenlegungspflichtigen kapitalmarktorientierten Unt nicht möglich ist. Die Verletzung freiwillig verkürzter Abgabetermine erfüllt generell nicht den Tatbestand einer unverhältnismäßig hohen Verzögerung.[43] Auch „organisatorische Unzulänglichkeiten" begründen kein Einbeziehungswahlrecht gem. § 296 Abs. 1 Nr. 2 HGB.

32 Da die Begriffe unverhältnismäßig hohe Kosten oder unangemessene Verzögerungen **objektiv nicht quantifizierbar** sind, für die Aufstellung eines Konzernabschlusses eine bis zu fünfmonatige Frist besteht und die heutigen Kommunikationsmöglichkeiten einen umfassenden und zeitnahen Datentransfer ermöglichen, sollte dieses **an Wirtschaftlichkeitsüberlegungen orientierte Wahlrecht sehr restriktiv ausgelegt** werden und nur in Ausnahmefällen zur Anwendung kommen.[44]

> **Praxis-Beispiel**
> - Als Ausnahmefall könnte z.B. die Integrationsphase eines TU nach dem Erwerb zum Ende des Gj gelten, d.h., das Buchführungs- und Informationssystem dieses TU konnte bis zum Bilanzstichtag noch nicht auf Konzernerfordernisse umgestellt werden.

---

[41] Vgl. Kliem/Deubert, in Beck Bil-Komm., 14. Aufl. 2024, § 296 HGB Rz 15f.
[42] So vorgeschlagen von Sahner/Kammers, in Küting/Weber, HdK, 2. Aufl. 1998, § 296 HGB Rn 16; ablehnend ADS, Rechnungslegung und Prüfung der Unternehmen, 6. Aufl. 1995–2001, § 296 HGB Rz 17; Pfaff, in MünchKomm. HGB, 5. Aufl. 2024, § 294 HGB Rn 34; Kliem/Deubert, in Beck Bil-Komm., 14. Aufl. 2024, § 296 HGB Rz 17.
[43] Vgl. dazu und im Folgenden von Keitz/Ewert-Knauer, in Baetge/Kirsch/Thiele, Bilanzrecht, § 296 HGB Rz 33, Stand: 1/2020.
[44] Vgl. IDW, WPH Edition, Wirtschaftsprüfung & Rechnungslegung, 18. Aufl. 2023, Kap. G Tz 166; ADS, Rechnungslegung und Prüfung der Unternehmen, 6. Aufl. 1995–2001, § 296 HGB Rz 19; Sahner/Kammers, in Küting/Weber, HdK, 2. Aufl. 1998, § 296 HGB Rn 14.

> - Auch außergewöhnliche Ereignisse, wie der Zusammenbruch der EDV oder die Vernichtung von Unterlagen aufgrund von Naturkatastrophen, können als Ausnahmefälle angesehen werden.
> - Nach Ansicht des IDW kann der Krieg in der Ukraine in begründeten Ausnahmefällen eine unangemessene Verzögerung i.S.d. § 296 Abs. 1 Nr. 2 HGB begründen. Dies kann z.B. der Fall sein, wenn die notwendigen Informationen vom TU nicht oder nur erheblich verzögert an das MU geliefert werden. Sofern jedoch vorläufige Informationen mit vertretbarem Aufwand hochgerechnet und ggf. später in ihrem Wert aufgehellt werden können (vgl. auch Rz 35), soll die Anwendung ausgeschlossen sein.[45] Stets wäre aber zu fragen, warum dann nicht zumindest eine provisorische ErstKons gem. § 301 Abs. 2 Satz 2 HGB vorgenommen werden kann. S. hierzu auch Rz 24.

Systematisch höhere Konsolidierungskosten, wie sie etwa bei TU in **Hochinflationsländern** anzutreffen sind (§ 308a Rz 41 f.), begründen grds. kein Recht auf Inanspruchnahme der Möglichkeit der Befreiung gem. § 296 Abs. 1 Nr. 2 HGB.[46] Allerdings kann i.R.d. Prüfung nach Abs. 2 bei in Summe nicht wesentlichen Unt die Auswahl aktiv dahingehend gesteuert werden, dass insb. die einbeziehungsaufwendigeren (nicht wesentlichen) TU ausgeschlossen werden (Rz 45).

Das Wahlrecht zur Nichteinbeziehung eines TU kann nicht allein damit begründet werden, dass der Konzernabschluss **auf der bereits terminierten HV** nicht vorgelegt werden kann, soweit die Aufstellungsfrist noch nicht überschritten ist.[47]

Das VollKons-Wahlrecht nach Abs. 1 Nr. 2 kann stets nur für ein Jahr gelten, da es – wenn überhaupt – lediglich durch extreme Ausnahmesituationen, wie außergewöhnliche Ereignisse oder Katastrophenfälle, begründbar ist.[48] Die in § 301 Abs. 2 Satz 2 HGB vorgesehene Möglichkeit einer provisorischen ErstKons. mit verlängertem Wertaufhellungszeitraum degradiert das Einbeziehungswahlrecht zusätzlich zu einem überwiegend bedeutungslosen Tatbestand. Eine Nichteinbeziehung wegen eintretender Verzögerungen ist kaum mehr vertretbar und in der Praxis bereits höchst selten. Sollte das MU selbst eine provisorische ErstKons nicht zeitnah durchführen können, muss sich das Management zudem mit der Frage konfrontiert sehen, auf welcher Grundlage es die Erwerbsentscheidung eigentlich getroffen hat.

4 Weiterveräußerungsabsicht (Abs. 1 Nr. 3)

Gem. § 296 Abs. 1 Nr. 3 HGB besteht ein weiteres sachlich begründetes Einbeziehungswahlrecht für TU, wenn deren Anteile **ausschließlich zum Zwecke ihrer Weiterveräußerung** gehalten werden. Die Vorschriften gelten für den beabsichtigten Tausch gegen Anteile an einem anderen Unternehmen analog.

---

[45] Vgl. IDW, Fachlicher Hinweis v. 22.12.2022, Auswirkungen des Ukraine-Krieges auf die Rechnungslegung und deren Prüfung, 4. Update, S. 13.
[46] Vgl. IDW, WPH Edition, Wirtschaftsprüfung & Rechnungslegung, 18. Aufl. 2023, Kap. G Tz 167.
[47] Vgl. Kliem/Deubert, in Beck Bil-Komm., 14. Aufl. 2024, § 296 HGB Rz 18.
[48] Vgl. anstatt vieler IDW, WPH Edition, Wirtschaftsprüfung & Rechnungslegung, 18. Aufl. 2023, Kap. G Tz 166.

Dieses Wahlrecht ist insb. für institutionelle Anleger, wie Vermögensverwalter, Kreditinstitute und Versicherungen, von Bedeutung, die vielfach größere Anteilspakete ausschließlich zur Platzierung am Kapitalmarkt oder während einer vorübergehenden Sanierungsphase halten.

37 Die aktive Ausübung der Beherrschung kann dabei nicht als Indiz gegen eine beabsichtigte Weiterveräußerung der Anteile verstanden werden. Es kommt somit lediglich auf die Absicht der Konzernführung an.

38 In der Konzernbilanz sind die Anteile an dem TU aufgrund der beabsichtigten Veräußerung **als Teil des UV auszuweisen**. Ein Ausweis im UV begründet allein allerdings keine Veräußerungsabsicht.

39 Die unbestimmte Gesetzesformulierung, d.h. vor allem in Bezug auf den Nachweis der Weiterveräußerungsabsicht und den Zeitraum, in dem noch von einer Weiterveräußerungsabsicht ausgegangen werden kann, macht auch hier eine Einzelfallentscheidung und die Prüfung der folgenden **Kriterien** notwendig:
- Die Anteile müssen an **Konzernfremde** veräußert werden.[49]
- Die Weiterveräußerungsabsicht muss **intersubjektiv nachprüfbar** sein; Vorverträge oder andere Vereinbarungen als Indiz für eine Weiterveräußerungsabsicht sind jedoch nicht zwingend erforderlich, da die bloße Absicht genügt. Die Absicht muss aber ernsthaft bestehen und nachvollziehbar sein, was z.B. durch Verkaufsverhandlungen, das Einschalten eines Maklers oder entsprechende Entscheidungen des Aufsichtsrats glaubhaft gemacht werden kann.[50]
- Die Weiterveräußerungsabsicht bestand **bereits beim Erwerb**. Die Absicht des Abverkaufs einer bisher als operative Einheit geführten Tochter fällt nach h.M. nicht unter das VollKons-Wahlrecht.[51]
- Das MU verfolgt keine Pläne für eine **alternative Verwendung** der Anteile außer der Weiterveräußerung.[52]
- Es sollen zumindest **so viele Anteile** verkauft werden, dass anschließend ein Mutter-Tochter-Verhältnis nicht mehr vorliegt. Der Protokollerklärung zu Art. 13 Abs. 3 lit. c der 7. EG-RL ist zu entnehmen, dass sich eine Weiterveräußerung nicht auf alle Anteile zu beziehen hat.[53]

40 Wenn über einen längeren Zeitraum hinweg keine Veräußerung der Anteile stattfindet, ist von einer VollKons-Pflicht auszugehen, weil eine **dauerhafte Beziehung** zu vermuten ist.[54]

41 Im Interesse der **Konsolidierungsstetigkeit** und somit der Vergleichbarkeit der Konzernabschlüsse im Zeitverlauf wird das Wahlrecht in der vorherrschenden Literatur begrüßt.[55] Der positiven Wirkung einer Nichteinbeziehung kann beigepflichtet werden, wobei aber unverständlich bleibt, warum zur Sicherung der

---

[49] Vgl. von Keitz/Ewelt, in Baetge/Kirsch/Thiele, Bilanzrecht, § 296 HGB Rz 36.1, Stand: 1/2020.
[50] Vgl. IDW, WPH Edition, Wirtschaftsprüfung & Rechnungslegung, 18. Aufl. 2023, Kap. G Tz 171; ADS, Rechnungslegung und Prüfung der Unternehmen, 6. Aufl. 1995–2001, § 296 HGB Rz 26; Kliem/Deubert, in Beck Bil-Komm., 14. Aufl. 2024, § 296 HGB Rz 29.
[51] Vgl. Pfaff, in MünchKomm. HGB, 5. Aufl. 2024, § 296 HGB Rn 42; ADS, Rechnungslegung und Prüfung der Unternehmen, 6. Aufl. 1995–2001, § 296 HGB Rz 23.
[52] Vgl. von Keitz/Ewelt-Knauer, in Baetge/Kirsch/Thiele, Bilanzrecht, § 296 HGB Rz 39; s. dazu auch Rz 34, Stand: 1/2020.
[53] S. dazu Biener/Schatzmann, Konzernrechnungslegung, 1983, S. 25.
[54] Anstatt vieler IDW, WPH Edition, Wirtschaftsprüfung & Rechnungslegung, 18. Aufl. 2023, Kap. G Tz 172.
[55] So etwa Pfaff, in MünchKomm. HGB, 5. Aufl. 2024, § 296 HGB Rn 40.

verbesserten Darstellung der Vermögens-, Finanz- und Ertragslage des Konzerns nicht regelmäßig ein VollKons-Verbot gefordert wird.

5 Untergeordnete Bedeutung von Tochterunternehmen (Abs. 2)

Neben den in § 296 Abs. 1 HGB genannten drei Einbeziehungswahlrechten bei der Abgrenzung des KonsKreises hat ein MU gem. § 296 Abs. 2 HGB außerdem die Möglichkeit, auf die Einbeziehung eines TU zu verzichten, wenn es für die Verpflichtung, ein den tatsächlichen Verhältnissen entsprechendes Bild der Vermögens-, Finanz- und Ertragslage des Konzerns zu vermitteln, von **untergeordneter Bedeutung** ist. Besteht ein wesentlicher Zusammenhang zwischen der Darstellung einer dieser drei Aspekte und dem TU, ist keine Befreiung von der Pflicht zur Einbeziehung in den KonsKreis i. e. S. unter Berufung auf § 296 Abs. 2 HGB möglich. Das Einbeziehungswahlrecht des Abs. 2 soll den mit der Abschlusserstellung verbundenen Aufwand reduzieren, sofern der Ausschluss der TU aus dem VollKons-Kreis und der damit einhergehende Informationsverlust für Abschlussadressaten von untergeordneter Bedeutung ist. Zum Tragen kommt die Erleichterung insb. bei Konzernen mit einer Vielzahl an kleinen TU.

42

Zur Klassifizierung des **„Begriffs untergeordnete Bedeutung"** enthält das Gesetz weder Kenngrößen noch numerische Grenzwerte. In der Praxis ist auf den Einzelfall abzustellen, wobei das **Gesamtbild aller Umstände** und nicht nur einzelne Verhältniszahlen die Beurteilungsgrundlage bildet.[56] Bei im Wesentlichen konstanter wirtschaftlicher Situation dürfte allerdings nicht zu beanstanden sein, wenn eine Konzernleitung zur Vereinfachung der Konzernrechnungslegung i. R. e. Ermessensspielraums in Einzelfällen feste Größenkriterien anwendet,[57] wobei das Kriterium der Unwesentlichkeit bei einem (Umsatz-, Vermögens-, Ergebnis- oder Mitarbeitenden-)Anteil von mehr als 5 % am Gesamtkonzern kaum zu begründen sein wird.[58] Starre Kennzahlen – wie sie etwa auch in der US-amerikanischen Bilanzierungspraxis gebräuchlich sind – sind nach überwiegender Meinung nicht mit der gesetzlichen Regelung in Deutschland zu vereinbaren. So wird aufgeführt, dass dies der im Gesetz vorgesehenen flexiblen Regelung widerspricht und zu Zufallsergebnissen führen kann.[59] Insbesondere mangels alternativer operationaler Ermittlungsmethoden und unter Einhaltung bestimmter Voraussetzungen[60] plädieren einige Stimmen in der Literatur aber auch gegen die starre und ablehnende Haltung gegenüber der Verwendung von Verhältniszahlen im Allgemeinen.[61] Bei Abwägung der beiden gegensätzlichen Meinungsbilder erscheint die Verwendung von Verhältniszahlen zumindest in Einzelfällen und unter Berücksichtigung der Problemfelder (Rz 45) starrer Kenngrößen dann unproblematisch, wenn diese durch eine qualitative Beurteilung ergänzt wird. Die Voraussetzungen für eine

43

---

[56] Vgl. Kliem/Deubert, in Beck Bil-Komm., 14. Aufl. 2024, § 296 HGB Rz 41; ADS, Rechnungslegung und Prüfung der Unternehmen, 6. Aufl. 1995–2001, § 296 HGB Rz 31.
[57] Vgl. Baetge/Kirsch/Thiele, Konzernbilanzen, 14. Aufl. 2021, S. 81.
[58] Vgl. von Keitz/Ewelt-Knauer, in Baetge/Kirsch/Thiele, Bilanzrecht, § 296 HGB Rz 43, Stand: 1/2020.
[59] ADS, Rechnungslegung und Prüfung der Unternehmen, 6. Aufl. 1995–2001, § 296 HGB Rz 31.
[60] Siehe dazu im Detail von Keitz/Ewelt-Knauer, in Baetge/Kirsch/Thiele, Bilanzrecht, § 296 HGB Rz 43, Stand: 1/2020.
[61] So etwa von Keitz/Ewelt-Knauer, in Baetge/Kirsch/Thiele, Bilanzrecht, § 296 HGB Rz 43, Stand: 1/2020.

44 **Die Einbeziehung** eines TU **kann trotz niedriger anderer relativer Größenmerkmale insb. dann geboten sein**, wenn ein Verzicht auf die Einbeziehung mit der fehlenden Eliminierung bedeutender Zwischenergebnisse einhergeht, TU das Konzernergebnis mit strukturellen Verlusten belasten und ständige Zuflüsse notwendig machen sowie, wenn eine Abbildung wesentlicher Verpflichtungen oder Risiken ansonsten unterbleiben würde. Die Wahrnehmung unternehmenstypischer Funktionen durch ein TU begründet dagegen keine zwingende Einbeziehung in den Konzernabschluss im Wege der VollKons, da der Jahresabschluss nicht als Ausdruck der Ausübung bestimmter Leitungs- und Verwaltungsfunktionen betrachtet werden kann und deshalb nicht zwingend Gegenstand der Kons. sein muss.[62]

45 Sind mehrere TU von untergeordneter Bedeutung, darf ihre Wesentlichkeit gem. **§ 296 Abs. 2 Satz 2 HGB** nur zusammengefasst beurteilt werden, was einem **zweistufigen Testverfahren** entspricht. Eine Befreiung unter Bezug auf die untergeordnete Bedeutung eines TU setzt im Falle des gleichzeitigen Vorliegens der Befreiungsvoraussetzung bei mehreren TU demnach eine Prüfung der Befreiungsbedingungen in ihrer Gesamtheit voraus. Sind die TU isoliert betrachtet unbedeutend, ist ihr Einfluss auf die Darstellung der Vermögens-, Finanz- und Ertragslage insgesamt jedoch wesentlich, sind diese grds. in den VollKonsKreis einzubeziehen.[63] Strittig ist in diesem Zusammenhang, inwieweit die Konzernleitung dazu berechtigt ist, diejenigen TU aus dem Kreis der einzelnen Unbedeutenden auszuwählen, die nicht in den Konzernabschluss einbezogen werden sollen.[64] Aufgrund der Praktikabilität der Regelung muss dies – jedoch unter Beachtung des Stetigkeitsgebots für die Einbeziehung in bzw. Ausklammerung aus dem KonsKreis – erlaubt sein.

> **Praxis-Beispiel**
> Als Beispiel für ein System zur Bestimmung der (gemeinschaftlichen) Unwesentlichkeit könnte folgendes Prüfverfahren dienen, wobei eine kumulative Erfüllung der einzelnen Prüfungsstufen zu erfolgen hat:
> 1. Prüfung der **absoluten Kennzahlen**: Die Nichteinbeziehung von TU in den KonsKreis reduziert regelmäßig und grds. die Konzernabschlusspositionen Umsatz, Bilanzsumme und Mitarbeiteranzahl jeweils um weniger als 5 %. Das Jahresergebnis wird absolut gesehen um nicht mehr als 10 % verändert.
> 2. Prüfung der **relativen Kennzahlen**: Die zentralen Renditekennzahlen (z.B. ROI oder Umsatzrentabilität) werden grds. um nicht mehr als einen Prozentpunkt verändert, die zentralen Umschlagskennzahlen (z.B. Kapitalumschlagshäufigkeiten) grds. um nicht mehr als 0,1 verändert.

---

[62] So etwa Selchert/Baukmann, BB 1993, S. 1330; Kliem/Deubert, in Beck Bil-Komm., 14. Aufl. 2024, § 296 HGB Rz 42; Pfaff, in MünchKomm. HGB, 5. Aufl. 2024, § 296 HGB Rn 51.
[63] Vgl. von Keitz/Ewelt-Knauer, in Baetge/Kirsch/Thiele, Bilanzrecht, § 296 HGB Rn 44, Stand: 1/2020.
[64] Dies bejahend Kliem/Deubert, in Beck Bil-Komm., 14. Aufl. 2024, § 296 HGB Rz 44; Selchert/Baukmann, BB 1993, S. 1331; Pfaff, in MünchKomm. HGB, 5. Aufl. 2024, § 296 HGB Rn 53; dies für unzulässig erachtend etwa Sahner/Sauermann, in Küting/Weber, HdK, 2. Aufl. 1998, § 296 HGB Rn 30.

> 3. **Gesamtschau:** Die Veränderung darf nicht dazu führen, dass Trends in den zentralen Kennzahlen durch die Nichteinbeziehung falsch dargestellt werden. Als zentrale, i.R.d. Prüfung zu berücksichtigende Kennzahlen sind insb. jene heranzuziehen, die bei der Außendarstellung in den letzten Gj in den Vordergrund gestellt wurden, oder die im laufenden Abschluss in den Vordergrund gestellt werden. Vorübergehende Effekte mit Einfluss auf die i.R.d. Wesentlichkeitsprüfung zu berücksichtigenden Kennzahlen begründen keine Anwendung des Wahlrechts des § 296 Abs. 2 HGB. Entsprechend ist auf einen Zwei-Jahres-Zeitraum abzustellen.
>
> Damit nicht gegen die Stetigkeit der Abgrenzung des KonsKreises verstoßen wird, sollte eine geringfügige einmalige Überschreitung der absoluten und relativen Grenzen ohne sofortige Änderung des KonsKreises toleriert werden. Erst wenn ein bisher als unwesentlich eingestuftes TU so groß wird, dass es dazu beiträgt, die Kriterien an zwei aufeinanderfolgenden Stichtagen zu überschreiten, muss es in den KonsKreis aufgenommen werden.

Auch bei der Gesamtbetrachtung bildet das umfassende Bild aller Umstände die Beurteilungsgrundlage für die Prüfung auf untergeordnete Bedeutung. Die Beurteilung der Wesentlichkeit eines TU, das selbst MU i.S.v. § 290 HGB ist, erfordert zudem die Berücksichtigung seiner TU (**Enkelunternehmen**).[65]

6 Begründungspflicht im Konzernanhang (Abs. 3)

§ 296 Abs. 3 HGB verlangt, dass der Rückgriff auf ein Konsolidierungswahlrecht entsprechend den Abs. 1 und 2 in einer **Begründung im Konzernanhang** darzulegen ist. Die Vorschriften ergänzen damit die Angabepflichten (Name des TU, dessen Sitz sowie dessen Anteil am Kapital) des § 313 Abs. 2 Nr. 1 HGB. Die ausreichende Begründung im Anhang ersetzt für den Fall der Nichteinbeziehung die Einreichung der Jahresabschlüsse und Konzernabschlüsse der betroffenen TU beim BAnz bzw. bei Unterlagen ab dem Gj 2022 bei der das Unternehmensregister führenden Stelle.[66]

Kreditinstitute haben dahingehend **Besonderheiten** zu beachten, als sie gem. § 340j HGB den Jahresabschluss eines Tochterinstituts, das sie zur finanziellen Stützung erwerben, dem Konzernanhang beizufügen haben, sofern das Einbeziehungswahlrecht des § 296 Abs. 1 Nr. 3 HGB in Anspruch genommen wird. Damit ist zudem die Pflicht zur Angabe der Bedingungen und der Art der Stützungsaktion verbunden.

Der Gesetzgeber hat den Begriff der **Begründung** inhaltlich nicht näher präzisiert. Der Wortlaut des Gesetzes allerdings schließt einen reinen Verweis auf die Norm bereits aus; fordert er ja gerade eine Begründung der Anwendung. Ein **bloßer Verweis** auf die gesetzliche Vorschrift taugt auch nach h.M. nicht als Begründung.[67] Sie hat vielmehr Angaben über die jeweils genutzten Einbeziehungswahlrechte zu

---

[65] Vgl. Kliem/Deubert, in Beck Bil-Komm., 14. Aufl. 2024, § 296 HGB Rz 43.
[66] Vgl. Pfaff, in MünchKomm. HGB, 5. Aufl. 2024, § 296 HGB Rn 56.
[67] Vgl. Pfaff, in MünchKomm. HGB, 5. Aufl. 2024, § 296 HGB Rn 57.

umfassen und muss für jedes nicht einbezogene TU darlegen, warum die gesetzlichen Voraussetzungen dafür als gegeben erachtet werden.[68]

50 Die Begründung hat zwar jedes TU zu umfassen, für das ein Einbeziehungswahlrecht i.S.v. Abs. 1 oder 2 in Anspruch genommen wird, eine separate Begründung ist allerdings nicht notwendig.[69] Bezieht sich die Begründung auf mehrere TU, sind Name und Sitz der Gesellschaften aufgeführt und ist erkennbar, dass sie sich nicht nur auf ein einzelnes TU bezieht, kann dies als ausreichend angesehen werden. Denkbar ist hier etwa die Kenntlichmachung durch Zwischenüberschriften.[70]

51 Etwaige, aus der Begründungsverpflichtung resultierende Nachteile, wie bspw. die Veröffentlichung brisanter Details, die mit der Angabe über eine Veräußerungsabsicht einhergehen können, können nicht unter Rückgriff auf die Schutzklausel des § 313 Abs. 3 HGB beseitigt werden. Eine Anwendung der lockernden Vorschriften ist in diesem Fall nicht gestattet, da die Begründungspflicht nicht zu den explizit betroffenen Angaben entsprechend der Norm zählt. Einzig ein Verzicht auf die VollKons-Wahlrechte des § 296 Abs. 1 und 2 HGB rettet das MU vor den aus Abs. 3 resultierenden Konsequenzen.

7 Rechtsfolgen bei Pflichtverletzung

52 Liegen die Voraussetzungen für die Inanspruchnahme eines Konsolidierungswahlrechts nicht vor und werden TU unter Bezug auf § 296 HGB dennoch **vorsätzlich nicht** in den Konzernabschluss **einbezogen**, werden die Vorschriften des § 294 Abs. 1 HGB verletzt. Deren Nichtbeachtung erfüllt den Tatbestand einer **Ordnungswidrigkeit** i.S.d. § 334 HGB. Diese kann mit einer Geldbuße von bis zu 50 TEUR sanktioniert werden.[71]

53 Ein Verstoß gegen § 296 HGB kann auch einen **Verstoß gegen § 297 Abs. 2 HGB** bedingen, sofern ein für die Darstellung der Vermögens-, Finanz- und Ertragslage des Konzerns wesentliches TU nicht einbezogen wird. Dieser Verstoß erfüllt ebenfalls den Tatbestand einer Ordnungswidrigkeit, die bußgeldbewehrt ist.[72]

54 Zudem kommt die **Bestrafung der Mitglieder des vertretungsberechtigten Organs oder Aufsichtsrats** infolge der unrichtigen oder verschleiernden Wiedergabe der Verhältnisse des Unt gem. § 331 Nr. 2 HGB in Betracht.

55 Für MU in Gestalt von **KapCoGes** (§ 335b HGB) und MU, die gem. § 11 **PublG** (§ 20 Abs. 1 Nr. 2 Buchst. a PublG) zur Konzernabschlusserstellung verpflichtet sind, gelten die Rechtsfolgen sinngemäß.

---

[68] Anstatt vieler vgl. von Keitz/Ewelt-Knauer, in Baetge/Kirsch/Thiele, Bilanzrecht, § 296 HGB Rz 52, Stand: 1/2020.
[69] Gl.A. ADS, Rechnungslegung und Prüfung der Unternehmen, 6. Aufl. 1995–2001, § 296 HGB Rz 33; Kliem/Deubert, in Beck Bil-Komm., 14. Aufl. 2024, § 296 HGB Rz 51; Pfaff, in MünchKomm. HGB, 5. Aufl. 2024, § 296 Rn 57; a.A. etwa Sahner/Sauermann, in Küting/Weber, HdK, 2. Aufl. 1998, § 296 HGB Rn 32.
[70] Vgl. Kliem/Deubert, in Beck Bil-Komm., 14. Aufl. 2022, § 296 HGB Rz 51.
[71] Vgl. Pfaff, in MünchKomm. HGB, 5. Aufl. 2020, § 294 HGB Rn 14.
[72] Vgl. Kliem/Deubert, in Beck Bil-Komm., 14. Aufl. 2024, § 296 HGB Rz 65.

§ 297 Inhalt

(1) ¹Der Konzernabschluss besteht aus der Konzernbilanz, der Konzern-Gewinn- und Verlustrechnung, dem Konzernanhang, der Kapitalflussrechnung und dem Eigenkapitalspiegel. ²Er kann um eine Segmentberichterstattung erweitert werden.

(1a) ¹Im Konzernabschluss sind die Firma, der Sitz, das Registergericht und die Nummer, unter der das Mutterunternehmen in das Handelsregister eingetragen ist, anzugeben. ²Befindet sich das Mutterunternehmen in Liquidation oder Abwicklung, ist auch diese Tatsache anzugeben.

(2) ¹Der Konzernabschluß ist klar und übersichtlich aufzustellen. ²Er hat unter Beachtung der Grundsätze ordnungsmäßiger Buchführung ein den tatsächlichen Verhältnissen entsprechendes Bild der Vermögens-, Finanz- und Ertragslage des Konzerns zu vermitteln. ³Führen besondere Umstände dazu, dass der Konzernabschluß ein den tatsächlichen Verhältnissen entsprechendes Bild i. S. d. Satzes 2 nicht vermittelt, so sind im Konzernanhang zusätzliche Angaben zu machen. ⁴Die Mitglieder des vertretungsberechtigten Organs eines Mutterunternehmens, das als Inlandsemittent (§ 2 Absatz 14 des Wertpapierhandelsgesetzes) Wertpapiere (§ 2 Absatz 1 des Wertpapierhandelsgesetzes) begibt und keine Kapitalgesellschaft i. S. d. § 327a ist, haben in einer dem Konzernabschluss beizufügenden schriftlichen Erklärung zu versichern, dass der Konzernabschluss nach bestem Wissen ein den tatsächlichen Verhältnissen entsprechendes Bild i. S. d. Satzes 2 vermittelt oder der Konzernanhang Angaben nach Satz 3 enthält.

(3) ¹Im Konzernabschluß ist die Vermögens-, Finanz- und Ertragslage der einbezogenen Unternehmen so darzustellen, als ob diese Unternehmen insgesamt ein einziges Unternehmen wären. ²Die auf den vorhergehenden Konzernabschluß angewandten Konsolidierungsmethoden sind beizubehalten. ³Abweichungen von Satz 2 sind in Ausnahmefällen zulässig. ⁴Sie sind im Konzernanhang anzugeben und zu begründen. ⁵Ihr Einfluß auf die Vermögens-, Finanz- und Ertragslage des Konzerns ist anzugeben.

Inhaltsübersicht	Rz
1 Überblick	1–5
2 Bestandteile des Konzernabschlusses (Abs. 1)	6–79
2.1 Konzernbilanz	9
2.2 Konzern-Gewinn- und Verlustrechnung	10
2.3 Konzernanhang	11–13
2.4 Kapitalflussrechnung	14–49
2.4.1 Aufgaben und Grundsätze der Kapitalflussrechnung	16–17
2.4.2 Abgrenzung des Finanzmittelfonds	18–22
2.4.3 Ermittlung der Cashflows	23
2.4.4 Darstellung der Kapitalflussrechnung	24–48
2.4.4.1 Cashflow aus laufender Geschäftstätigkeit	29–36
2.4.4.2 Cashflow aus Investitionstätigkeit	37–43
2.4.4.3 Cashflow aus Finanzierungstätigkeit	44–45
2.4.4.4 Sonderfragen	46–48

		2.4.5	Ergänzende Angaben	49
	2.5		Eigenkapitalspiegel	50–64
		2.5.1	Darstellungsschema des Eigenkapitalspiegels	51–63
		2.5.2	Angaben im Konzernanhang	64
	2.6		Segmentberichterstattung	65–79
		2.6.1	Bestimmung der anzugebenden Segmente	68–74
		2.6.2	Bilanzierungs- und Bewertungsmethoden, Bewertungsgrundlagen in der Segmentberichterstattung	75–76
		2.6.3	Segmentangaben	77–78
		2.6.4	Erleichterungen bei der Aufstellung des Konzernanhangs	79
3	Zusätzliche Angaben zur Identifikation des Mutterunternehmens (Abs. 1a)			80
4	Klarheit und Übersichtlichkeit (Abs. 2 Satz 1)			81–83
5	Vermittlung eines den tatsächlichen Verhältnissen entsprechenden Bilds der Vermögens-, Finanz- und Ertragslage (Abs. 2 Satz 2 und 3)			84–88
6	Erklärung der gesetzlichen Vertreter/Bilanzeid (Abs. 2 Satz 4)			89
7	Fiktion der wirtschaftlichen Einheit (Abs. 3 Satz 1)			90–92
8	Stetigkeit der Konsolidierungsmethoden (Abs. 3 Satz 2–5)			93–98
9	CSRD-Umsetzungsgesetz: Änderungen			99

1 Überblick

1 § 297 HGB regelt mit den §§ 298f. HGB („Dritter Titel") den Inhalt und die Form des Konzernabschlusses. In § 297 Abs. 1 HGB sind die **obligatorischen Bestandteile** (Konzernbilanz, Konzern-GuV, Kapitalflussrechnung und Eigenkapitalveränderungsrechnung) sowie das optionale Element (Segmentberichterstattung) festgelegt. Der § 297 Abs. 1a HGB fordert Angaben im Konzernabschluss zur **Identifikation** und bei einer bestehenden Liquidation oder Abwicklung des MU. In § 297 Abs. 2 HGB werden allg. Anforderungen an die **Form und** den **Inhalt** (Klarheit, Übersichtlichkeit, Generalnorm) formuliert sowie die Pflicht zum **Bilanzeid** für die gesetzlichen Vertreter bestimmter MU vorgeschrieben. Inhaltlich entsprechen diese Anforderungen den Vorschriften für den Jahresabschluss in den §§ 243 Abs. 2, 264 Abs. 2 Sätze 1–3 HGB. § 297 Abs. 3 HGB enthält allg. konzernspezifische Bestimmungen (**Einheitsgrundsatz**, **Stetigkeit der Konsolidierungsmethoden**). Inhalt und Form des Konzernlageberichts bestimmen sich hingegen grundsätzlich nach den §§ 315–315d HGB, wobei die Regelungen zur Klarheit und Übersichtlichkeit (§ 297 Abs. 2 Satz 1 HGB) sowie die Generalnorm der Konzernrechnungslegung (§ 297 Abs. 2 Satz 2 sowie Abs. 3 Satz 1 HGB) auch auf die Konzernlageberichterstattung zu übertragen sind.

2 Beim Konzernabschluss steht die **Informations- und Rechenschaftsfunktion im Vordergrund,** die im §§ 297 Abs. 2 sowie Abs. 3 HGB normiert sind. Darüber hinaus lassen sich die Dokumentation der Konsolidierungsmaßnahmen und die Kapitalerhaltung aufgrund von Informationen als Zwecke der Konzernrechnungslegung identifizieren. Der Konzernabschluss bildet aber weder die Grundlage für die Gewinnverteilung noch für die Steuerbemessung. Dennoch

ist die Bedeutung des Konzernabschlusses unverändert hoch, da durch die Konsolidierungsmaßnahmen konzerninterne Beziehungen eliminiert werden und das Ergebnis des MU nicht von Gewinnthesaurierungen bei TU beeinflusst wird. In der Praxis besteht daher häufig zwischen der Höhe der Ausschüttung des MU und dem Konzernjahresergebnis ein enger Zusammenhang.

Bei **AGs** hat der Vorstand der Muttergesellschaft den Konzernabschluss nebst Konzernlagebericht zusammen mit dem Einzelabschluss und Lagebericht des MU unverzüglich nach der Aufstellung dem Aufsichtsrat vorzulegen (§ 170 Abs. 1 Satz 2 HGB). Der Konzernabschluss bedarf der **Billigung** durch den Aufsichtsrat (§ 171 Abs. 2 Sätze 4–5 AktG) respektive der Hauptversammlung (§§ 173 Abs. 1 Satz 2, 175 Abs. 3 Satz 1 AktG), sofern Vorstand und Aufsichtsrat gemeinsam diese Kompetenz auf die Hauptversammlung übertragen haben oder der Konzernabschluss zuvor nicht durch den Aufsichtsrat gebilligt wurde. Sofern der Konzernabschluss prüfungspflichtig ist, besteht eine **Teilnahmepflicht des Abschlussprüfers** an den Verhandlungen des Aufsichtsrats. Das Gesetz sieht alternativ die Teilnahme des Abschlussprüfers an der Bilanzsitzung des Gesamt-Aufsichtsrats oder des Prüfungsausschusses vor (§ 171 Abs. 1 Satz 2 AktG). In der Praxis hat sich etabliert, dass der Abschlussprüfer an beiden Sitzungen teilnimmt, sofern der Aufsichtsrat bzw. der Prüfungsausschuss seine Teilnahme nicht ausdrücklich ablehnt.[1] Nimmt der Abschlussprüfer an der Bilanzsitzung des Aufsichtsrats oder eines Ausschusses nicht teil, hat dies keinen Einfluss auf die Gültigkeit des gebilligten Konzernabschlusses. Es können daraus jedoch Schadensersatzansprüche gegen den Aufsichtsrat aus pflichtwidriger Handlung oder gegen den Abschlussprüfer aus Verletzung des Prüfungsvertrags (§ 280 Abs. 1 BGB) ausgelöst werden.[2]

Hinsichtlich der Intensität der Prüfung durch den Aufsichtsrat ist der Konzernabschluss dem Jahresabschluss gleichgestellt. Anders als beim Jahresabschluss wird der Konzernabschluss mit der Billigung durch den Aufsichtsrat nicht festgestellt. Eine Feststellung des Jahresabschlusses ist erforderlich, weil dieser Grundlage der Gewinnverwendung ist (§ 174 Abs. 1 AktG). Einer vergleichbaren Rechtswirkung für den Konzernabschluss bedarf es aufgrund der fehlenden Ausschüttungsfunktion nicht.

Handelt es sich bei dem MU um eine **GmbH** oder eine **Personenhandelsgesellschaft i. S. d. § 264a HGB**, haben die gesetzlichen Vertreter (Geschäftsführung) den Konzernabschluss und den Konzernlagebericht unverzüglich nach der Aufstellung bzw. bei einem prüfungspflichtigen Konzernabschluss und Konzernlagebericht eben diese zusammen mit dem Prüfungsbericht unverzüglich nach Eingang des Prüfungsberichts den Gesellschaftern zum Zweck der Billigung vorzulegen (bei GmbHs §§ 42a Abs. 4 i. V. m. Abs. 1, 46 Nr. 1b GmbHG). Sofern die Gesellschaft von § 1 DrittelbG bzw. § 1 MitbestG erfasst ist und obligatorisch einen Aufsichtsrat zu bilden hat oder der Gesellschaftsvertrag (Satzung) die fakultative Bildung eines Aufsichtsrats vorsieht, hat die Geschäftsführung hingegen dem Aufsichtsrat den Konzernabschluss nebst Konzernlagebericht zur Billigung vorzulegen.

---

[1] Vgl. IDW PS 470.1b, IDW PS 470.22 n. F.
[2] Vgl. Koch, AktG, 18. Aufl. 2023, § 171 AktG Rz 13–14.

5 Neben MU, die einen handelsrechtlichen Konzernabschluss nach §§ 290 ff. HGB aufstellen, gilt § 297 HGB sinngemäß für Konzernabschlüsse nach §§ 11 ff. PublG (§ 13 Abs. 2, 3 PublG). Bei Aufstellung eines befreienden Konzernabschlusses nach internationalen Rechnungslegungsstandards sind neben den IFRS-Vorschriften zusätzlich § 297 Abs. 1a HGB (Angaben zur Identifikation des MU) und Abs. 2 Satz 4 HGB (Bilanzeid) zu beachten (§ 315e Abs. 1 HGB). Beim Konzernlagebericht sind hingegen die nationalen Vorschriften der §§ 315 ff. HGB einschlägig.

2 Bestandteile des Konzernabschlusses (Abs. 1)

6 Ein handelsrechtlicher Konzernabschluss besteht nach § 297 Abs. 1 HGB aus einer **Konzernbilanz**, einer **Konzern-GuV**, dem **dazugehörigen Konzernanhang**, einer **Kapitalflussrechnung** und einem **Eigenkapitalspiegel**. Er kann um eine Segmentberichterstattung erweitert werden. Eine gesetzliche Verpflichtung zur Aufnahme einer Segmentberichterstattung besteht nicht. Alle Bestandteile bilden **eigenständige Bestandteile des Konzernabschlusses**.

7 Ein nach dem **PublG** aufgestellter Konzernabschluss von einem MU in der Rechtsform der Personenhandelsgesellschaft oder des EKfm., soweit das MU nicht kapitalmarktorientiert i. S. d. § 264d HGB ist, braucht eine Kapitalflussrechnung und einen Eigenkapitalspiegel nicht zu umfassen (§ 13 Abs. 3 Satz 2 PublG). Da zur möglichen befreienden Wirkung für einen Konzernabschluss nach §§ 290 ff. HGB weder im PublG der Verzicht auf Kapitalflussrechnung und Eigenkapitalspiegel ausgenommen wird (§ 13 Abs. 3 Satz 3 PublG verweist nicht auf Satz 2) noch sich aus §§ 291 f. HGB für einen befreienden Konzernabschluss nach §§ 290 ff. HGB das Vorhandensein der beiden Konzernbestandteile ergibt, entfaltet nur ein aus den Bestandteilen Konzernbilanz, Konzern-GuV und Konzernanhang bestehender Konzernabschluss befreiende Wirkung.[3]

8 Auf konkrete Vorgaben zur inhaltlichen Ausgestaltung der Kapitalflussrechnung, des Eigenkapitalspiegels und der Segmentberichterstattung hat der Gesetzgeber verzichtet. Es gelten somit die allg. Konzerngrundsätze und insb. die Generalnorm des § 297 Abs. 2 HGB. Zur Ausfüllung von Regelungslücken sowie Konkretisierung unbestimmter Rechtsbegriffe wurden vom DRSC Standards verabschiedet, die vom BMJ im BAnz bekannt gemacht werden. Für nach dem 31.12.2021 beginnende Gj sind folgende Standards maßgebend:

– **DRS 28 (Segmentberichterstattung):** Der Standard ist nach der Bekanntmachung im BAnz am 5.8.2020 für Gj anzuwenden, die nach dem 31.12.2020 beginnen. Im Vergleich zum früheren DRS 3 fehlen im DRS 28 branchenspezifische Regelungen, da diese aufgrund der strikten Ausrichtung des Standards am Management Approach (Vermittlung aus Sicht der Konzernleitung) und der Öffnung bestimmter im Standard verwendeter Begriffe bzw. Angabepflichten nicht mehr als notwendig angesehen werden.
Der DRS 28 ersetzte den gleichnamigen DRS 3 i. d. F. vom 22.9.2017. Der DRS 3 enthielt in Anlagen Besonderheiten der Segmentberichterstattung von Kredit- und Finanzdienstleistungsinstituten (Anlage 2) und von VersicherungsUnt (Anlage 3). DRS 3 durfte letztmalig auf Gj angewendet werden, die vor dem

---

[3] Vgl. auch IDW, WPH Edition, Wirtschaftsprüfung & Rechnungslegung, 18. Aufl. 2023, Kap. G Tz 151.

oder am 31.12.2020 beginnen. Bzgl. der Kommentierung zu DRS 3 wird auf die elfte Auflage verwiesen.[4]

- **DRS 22 (Konzerneigenkapital):** Der DRS 22 differenziert in den Anlagen zwischen den Schemata eines Konzerneigenkapitalspiegels für MU in der Rechtsform der KapG und der Personenhandelsgesellschaft.
- **DRS 21 (Kapitalflussrechnung):** Zum einen differenziert der DRS 21 in den Anlagen zwischen der direkten Methode und der in der Praxis ganz überwiegend gewählten indirekten Darstellung[5] und stellt zum anderen in den Anlagen Besonderheiten der Kapitalflussrechnung von Kredit- und Finanzdienstleistungsinstituten sowie VersicherungsUnt dar.

Für den Konzernlagebericht sind hingegen die Regelungen des DRS 20 zu beachten. Der DRS 20 wurde in der jüngsten Vergangenheit häufiger angepasst. So wurde der DRS 20 zuletzt durch den am 11.2.2022 verabschiedeten und am 7.3.2022 durch das BMJ bekannt gemachten Änderungsstandard Nr. 12 angepasst. Der Anlass dieser Überarbeitung von DRS 20 war das Gesetz zur Ergänzung und Änderung der Regelungen für die gleichberechtigte Teilhabe von Frauen an Führungspositionen in der Privatwirtschaft und im öffentlichen Dienst vom 7.8.2021 (BGBl I S. 3311 – FüPoG II), da mit diesem Gesetz auch zusätzliche Angaben zur Genderdiversität in der Unternehmensführung in der Konzernerklärung zur Unternehmensführung bzw. Erklärung zur Unternehmensführung eingeführt wurden. Der Abschnitt, der weiterführende Regelungen zur Nachhaltigkeitsberichterstattung in der nichtfinanziellen Konzernerklärung enthält, wurde zudem um einen Hinweis auf die Berichtspflichten gem. Art. 8 EU-Taxonomie-Verordnung ergänzt.

Im Jahr 2023 erfolgte dann bereits die nächste Änderung. Am 16.6.2023 wurde der Änderungsstandard Nr. 13 vom DSRC verabschiedet. Die Bekanntmachung der deutschsprachigen Fassung gem. § 342q Abs. 2 HGB durch das Bundesministerium der Justiz erfolgte am 27.7.2023.[6] Durch den DRÄS 13 werden nicht nur die Regelungen des DRS 20, sondern auch des DRS 21 zur Kapitalflussrechnung angepasst. Eine zentrale Änderung des DRÄS 13 ist die Ausweitung des Anwenderkreises der branchenspezifischen Anlagen des DRS 20 und DRS 21 auf Wertpapierinstitute, Zahlungsinstitute und E-Geld-Institute respektive Pensionsfonds. So sind Wertpapierinstitute, Zahlungsinstitute und E-Geld-Institute bislang nicht von den branchenspezifischen Konkretisierungen für die Risikoberichterstattung (Anlage 1 des DRS 20) und für die Kapitalflussrechnung (Anlage 2 des DRS 21) erfasst worden, obwohl diese in § 340 HGB explizit genannt werden. Auch Pensionsfonds sind bislang nicht im Geltungsbereich der Anlage 2 des DRS 20 bzw. der Anlage 3 des DRS 21 einbezogen worden. Beide Anlagen waren ausschl. an Versicherungsunternehmen adressiert gewesen, obwohl Pensionsfonds neben Versicherungsunternehmen durch § 341 HGB ebenfalls branchenspezifischen Berichtsvorschriften unterliegen.[7]

Ferner werden mit dem DRÄS 13 Anwenderfragen zu DRS 21 aufgegriffen, um Unklarheiten in der Anwendung dieses Standards zu klären. Das betrifft insb.

---

[4] Mackedanz, in Bertram/Kessler/Müller, Haufe HGB Bilanz Kommentar, 11. Aufl. 2020, § 297.
[5] Vgl. Tallau/Bankamp, DB 2017, S. 2240.
[6] BAnz AT 27.7.2023 B3.
[7] Vgl. DRÄS 13, Präambel.

Anwenderfragen hinsichtlich des Ausweises von Einzahlungen aus erhaltenen Ertrags- und/oder Betriebskostenzuschüssen in der Kapitalflussrechnung. Mit dem DRÄS 13 werden in DRS 21 Regelungen zu folgenden Themen ergänzt:
- Ausweis von Einzahlungen (bzw. Auszahlungen) aus erhaltenen (bzw. gewährten) Zuwendungen und Zuschüssen in der Kapitalflussrechnung des Zuschussempfängers (sowie des Zuschussgebers),
- Einbeziehung von Cash-Pool-Forderungen (bzw. Cash-Pool-Verbindlichkeiten) in den Finanzmittelfonds nach DRS 21,
- Ausweis von Zahlungsströmen aus der Veränderung von Cash-Pool-Forderungen (bzw. Cash-Pool-Verbindlichkeiten) sowie
- Ausweis von Zahlungsströmen im Zusammenhang mit der Veränderung des Konsolidierungskreises in Bezug auf den übernommenen (bzw. veräußerten) Finanzmittelfonds.[8]

Die DRS richten sich offiziell nur an Konzernabschlüsse und -lageberichte und erlangen ihre offizielle Wirkung in Form der Vermutung, dass die Anwendung dieser Standards zur Einhaltung der GoB von Konzernunternehmen führt, mit Bekanntmachung durch das BMJ. Aus diesem Umstand lässt sich für die Berichtspraxis eine faktische Bindungswirkung der DRS für Konzernabschlüsse und -lageberichte ableiten. Darüber hinaus entfalten die Regelungen der DRS mitunter auch eine Ausstrahlungswirkung auf Einzelabschlüsse und Lageberichte. Die in **§ 342q Abs. 2 HGB** geäußerte **Vermutung** kann die Gerichte bei ihrer Auslegung der GoB von Konzernunternehmen aber nicht binden.[9] Abweichungen von den im BAnz veröffentlichten Empfehlungen des DRSC wirken sich nicht unmittelbar auf den Bestätigungsvermerk des Abschlussprüfers aus, weil das MU den gesetzlichen Anforderungen z.T. auch auf andere Weise nachkommen kann bzw. einzelne Anforderungen der jeweiligen DRS auch mitunter über die gesetzlichen Bestimmungen hinausgehen. Die Überprüfung der Übereinstimmung des vorgelegten Konzernabschlusses und Konzernlageberichts mit den DRS ist allerdings Gegenstand der gesetzlichen Abschlussprüfung. Der Abschlussprüfer hat bei Abweichungen der vorgelegten Konzernberichterstattung von den DRS kritisch zu würdigen, ob trotz dieser Abweichungen die Einhaltung der GoB weiter gewährleistet ist.

2.1 Konzernbilanz

9 § 298 Abs. 1 HGB schreibt eine entsprechende Anwendung der Vorschriften für die Bilanz großer KapG einschl. der rechtsformspezifischen Vorschriften vor, soweit die Eigenart des Konzernabschlusses keine Abweichungen bedingt oder in den Vorschriften der §§ 298ff. HGB nichts anderes bestimmt ist. Somit ist die Konzernbilanz in **Kontoform** aufzustellen und es sind die Posten grds. entsprechend den **Gliederungsvorschriften** des § 266 Abs. 2, 3 HGB aufzuführen. Zu Ausnahmen wird auf die Kommentierung zu § 298 HGB verwiesen.

2.2 Konzern-Gewinn- und Verlustrechnung

10 § 298 Abs. 1 HGB schreibt eine entsprechende Anwendung der Vorschriften für die GuV großer KapG einschl. der rechtsformspezifischen Vorschriften vor,

---

[8] Vgl. DRÄS 13, Präambel.
[9] Vgl. Justenhoven/Holland, in Beck Bil-Komm., 14. Aufl. 2024, § 342q HGB Rz 23ff.

soweit die Eigenart des Konzernabschlusses keine Abweichung bedingt oder in den Vorschriften der §§ 298 ff. HGB nichts anderes bestimmt ist. Somit ist die Konzern-GuV in **Staffelform** aufzustellen und es sind die Posten grds. entsprechend den Gliederungsvorschriften des **§ 275 Abs. 2 HGB (Gesamtkostenverfahren)** oder des **§ 275 Abs. 3 HGB (Umsatzkostenverfahren)** aufzuführen. Zu Ausnahmen wird auf die Kommentierung zu § 298 HGB verwiesen.

2.3 Konzernanhang

§ 313 Abs. 1 Satz 1 HGB sieht eine Gliederungsvorgabe für den Konzernanhang vor. Danach sind die Angaben zu einzelnen Posten der Konzernbilanz und Konzern-GuV in der Reihenfolge der einzelnen Posten der Konzernbilanz und Konzern-GuV darzustellen. Nach einhelliger Literaturauffassung ist die Vorschrift nicht wortwörtlich, sondern nach deren Sinn und Zweck, die Klarheit und Übersichtlichkeit des Anhangs zu erhöhen, auszulegen.[10]

Hierdurch kann es z.B. zu folgenden Abweichungen im Vergleich zu einer wortwörtlichen Auslegung der Norm kommen:
– Die Angabe zu den angewandten Bilanzierungs- und Bewertungsmethoden auf die Posten der Konzernbilanz und Konzern-GuV und deren Änderungen zum Vj stellt eines der Schlüsselelemente des Anhangs zum Abschluss dar. Daher ist weiterhin die Vorabdarstellung in einem gesonderten Abschnitt im Konzernanhang sinnvoll und zulässig. Dabei ist darauf zu achten, dass diejenigen Angaben, die zu einzelnen Posten der Konzernbilanz und Konzern-GuV vorgeschrieben und keine Angaben zu den Bilanzierungs- und Bewertungsmethoden sind, nicht in den vorangestellten „allgemeinen Angaben zu Bilanzierungs- und Bewertungsmethoden" gemacht werden.

Praxis-Beispiel
Angabe der Bilanzierungs- und Bewertungsmethoden
„Rückstellungen für Pensionen und ähnliche Verpflichtungen werden nach der Projected-Unit-Credit-Methode bewertet. Die Abzinsung erfolgt pauschal mit dem von der Deutschen Bundesbank bekannt gegebenen durchschnittlichen Marktzinssatz der vergangenen zehn Geschäftsjahre, der sich bei einer angenommenen Restlaufzeit von 15 Jahren ergibt. Bei den erwarteten Gehaltssteigerungen werden neben dem reinen Gehaltstrend auch eine erwartete Inflationsrate und ein Karrieretrend einbezogen. Den Berechnungen liegen die Generationentafeln von Prof. Dr. Heubeck (Richttafeln 2018 G) und eine branchenübliche Fluktuation zugrunde."
Die weiteren Pflichtangaben zu den Pensionen und ähnlichen Verpflichtungen nach § 314 Abs. 1 Nr. 16, § 298 Abs. 1 i.V.m. § 253 Abs. 6 Satz 3 HGB sind hiervon getrennt bei den Erläuterungen zur Konzernbilanz und Konzern-GuV vorzunehmen, da es sich hier nicht um Methoden handelt:
„Der Bewertung der Pensionsverpflichtungen liegt ein Zinssatz von 2,30 % p.a. und eine erwartete Lohn- und Gehaltssteigerung von 1,5 % p.a. zugrunde."

---

[10] Vgl. Grottel, in Beck Bil-Komm., 14. Aufl. 2024, § 313 HGB Rz 26 f.; IDW, WPH Edition, Wirtschaftsprüfung & Rechnungslegung, 18. Aufl. 2023, Kap. G Tz 651 i.V.m. Kap. F Tz 246; Rimmelspacher/Meyer, DB 2015, Beilage 5 zu Heft 36, S. 30 m.w.N.; Fink/Theile, DB 2015, S. 754 mit Begründungen.

> Bei den Pensionsrückstellungen ergibt sich zwischen dem Ansatz nach dem durchschnittlichen Marktzinssatz aus den vergangenen 10 Geschäftsjahren und dem Ansatz nach dem durchschnittlichen Marktzinssatz aus den vergangenen 7 Geschäftsjahren ein Unterschiedsbetrag zum 31.12.2021 i. H. v. 900."

- Eine Darstellung in der Reihenfolge der Posten der Konzernbilanz und Konzern-GuV verbietet sich in den Fällen, in denen das Gesetz eine gesonderte Darstellung von Angaben verlangt. Dies trifft bspw. auf die Aufstellung eines Anlagenspiegels nach § 313 Abs. 4 i. V. m. § 284 Abs. 3 HGB zu.
- Bei Angaben, die mehrere Posten betreffen, ist die gesamte Anhangangabe dort vorzunehmen, wo sie nach dem Sinn und Zweck am besten geeignet erscheint. Eine Aufteilung und Darstellung des Sachverhalts an mehreren Stellen des Anhangs ist nicht sachgerecht, wenn dadurch die Klarheit und Übersichtlichkeit beeinträchtigt wird (z. B. bestehende Sicherheiten für bestimmte Verbindlichkeiten, Angaben zu den Schulden mit dem mit ihnen verrechneten Deckungsvermögen, Angaben zu Ausschüttungssperren).
- Eine Zusammenfassung von Restlaufzeiten (bis zu einem Jahr, von mehr als einem Jahr und von mehr als fünf Jahren) in einem Verbindlichkeitenspiegel zu allen Posten der Verbindlichkeiten dient der Übersichtlichkeit. Die Darstellung des Verbindlichkeitenspiegels oder der Verweis auf eine entsprechende Anlage ist am Anfang oder am Ende der Angaben zu den Posten der Verbindlichkeiten vorzunehmen.

Die Zunahme der Klarheit und Übersichtlichkeit als Grund der Einführung einer vorgeschriebenen Reihenfolge wird i. d. R. auch dann erfüllt, wenn Angaben dem Anhang als Anlagen beigefügt werden und im Anhang an entsprechender Stelle auf die Anlagen verwiesen wird (z. B. Anlagenspiegel, Beteiligungsliste, Zinsergebnis).

12 Aufgrund der Vielzahl und zudem an unterschiedlichen Stellen im Gesetz geregelten Angabepflichten für den handelsrechtlichen Konzernanhang empfiehlt sich zur Sicherstellung der Vollständigkeit der Angaben die Nutzung von **Konzernanhangchecklisten**. Mögliche Konzernanhangangabepflichten ergeben sich aus

- Vorschriften für den Jahresabschluss, die analog über § 298 Abs. 1 HGB auch für den Konzernabschluss gelten,
- konzernspezifischen Anhangangabe-Pflichten und
- rechtsform- und/oder geschäftszweigspezifischen Anhangvorschriften, die über § 298 Abs. 1 HGB grundsätzlich auch für den Konzernabschluss gelten.

13 Daneben bestehen Vorgaben **und Empfehlungen des DRSC** zu weiterführenden **Konzernanhangangaben** in den vom BMJ im BAnz veröffentlichten und nicht außer Kraft gesetzten Standards. Es handelt sich hier z. T. um Vorgaben und Empfehlungen zur Aufnahme von weiteren Angaben in den Konzernanhang, die über die im Gesetz im Einzelnen explizit aufgeführten gesetzlichen Pflichtangaben hinausgehen und ihre gesetzliche Anspruchsgrundlage in der Vermutung haben, dass deren Anwendung zur Erfüllung der Generalnorm des § 297 Abs. 2 Satz 2 HGB führen. Die Anwendung dieser Regelungen erhöht die Informationsqualität des Konzernabschlusses. Mangels spezieller gesetzlicher Anhangangabevorschriften führt die **Nichtbeachtung** derartiger Regeln aber

nicht unmittelbar dazu, dass von einem Verstoß gegen die Generalnorm des § 297 Abs. 2 Satz 2 HGB (unzureichende Wiedergabe der Vermögens-, Finanz- und Ertragslage) auszugehen ist. Der Abschlussprüfer hat in den Fällen über Abweichungen von DRS-Vorschriften (Beispiele: DRS 21.46: „Der Cashflow ... ist mindestens wie folgt zu gliedern"; DRS 21.52: „**sind** die folgenden Angaben aufzunehmen"), die nicht den Bestätigungsvermerk beeinflussen, **im Prüfungsbericht** in entsprechender Anwendung von IDW PS 450.134 n. F. und von IDW PS 201.12 gesondert **zu berichten**. Über Abweichungen von Empfehlungen des DRSC in den DRS (Beispiel: DRS 21.22: „Es **wird empfohlen**, Vergleichszahlen ... anzugeben") braucht nicht berichtet zu werden (zur Begründung s. Rz 64). Zur Sicherstellung der Vollständigkeit von veröffentlichten Anhangangabevorschriften des DRSC, die über eine Empfehlung hinausgehen, ist die Nutzung einer DRS-Anhangcheckliste sinnvoll.

2.4 Kapitalflussrechnung

Gesetzliche Regelungslücken hinsichtlich des Inhalts und der Ausgestaltung der Kapitalflussrechnung werden durch **DRS 21 (Kapitalflussrechnung)** ausgefüllt. **Abweichungen** von den Empfehlungen des DSR führen nicht zwingend zu Auswirkungen auf den Bestätigungsvermerk, weil das Unt den gesetzlichen Anforderungen auch auf andere Weise nachkommen kann. Nur wenn der Abschlussprüfer zur Beurteilung gelangt, dass bei Abweichungen von DRS-Empfehlungen die Beachtung der die Konzernrechnungslegung betreffenden GoB im Einzelfall nicht gelungen ist, ergeben sich Auswirkungen auf den Bestätigungsvermerk.[11]

14

Durch die Einführung des DRS 21 kam es zu einer Annäherung an IAS 7. Die Regelungen und Pflichtangaben in DRS 21 gehen i. A. über die in IAS 7 hinaus. Dies betrifft z. B. Regeln zur Einhaltung einer Mindestgliederung und Form der Darstellung sowie zur eindeutigen Zuordnung sowohl von erhaltenen als auch gezahlten Dividenden und Zinsen. Durch bestehende Spielräume bzw. Wahlrechte in IAS 7 ist eine nahezu vollständige Kompatibilität mit DRS 21 möglich.[12]

15

2.4.1 Aufgaben und Grundsätze der Kapitalflussrechnung

Mithilfe der Kapitalflussrechnung werden reine **Zahlungsströme** in einem Gj dargestellt. Da die Ein- und Auszahlungen im Gj die Grundlage für die Erstellung der Kapitalflussrechnung sind, kommt es nicht oder i. d. R. nur in unwesentlichem Umfang zu Bewertungseinflüssen (**Bewertungsunabhängigkeit**). Dadurch wird ein objektives Bild der Finanzlage vermittelt. Die Kapitalflussrechnung stellt Informationen über die Zahlungsströme und Zahlungsmittelbestände des Konzerns dar und vermittelt somit Informationen darüber, auf welche Weise der Konzern

16

---

[11] Vgl. Ergebnisbericht über die 189. Sitzung des HFA am 29.9.2003, Tagesordnungspunkt 7. Vgl. auch Justenhoven/Holland, in Beck Bil-Komm., 14. Aufl. 2024, § 342q HGB Rz 23f.; IDW, WPH Edition, Wirtschaftsprüfung & Rechnungslegung, 18. Aufl. 2023, Kap. G Tz 741; Baumann/Weiser, DB 2016, S. 121.

[12] Hinsichtlich der wesentlichen Unterschiede zwischen IAS 7 und DRS 21 vgl. Rudolph, in Beck'sches IFRS-Handbuch, 6. Aufl. 2020, § 18 Rz 95 ff.

Zahlungsmittel und Zahlungsmitteläquivalente erwirtschaftet hat,[13] welche zahlungswirksamen Investitionen vorgenommen und wie diese finanziert wurden.[14]

17 Bei der Erstellung einer Kapitalflussrechnung sind folgende Grundsätze zu beachten:
- **Stetigkeit:** Zu beachten sind insb. die Bilanzierungsstetigkeit (§ 298 Abs. 1 i.V.m. § 246 Abs. 3 HGB), die Darstellungsstetigkeit (§ 298 Abs. 1 i.V.m. § 265 Abs. 1 HGB) und die Stetigkeit der Konsolidierungsmethoden (§ 297 Abs. 3 Satz 2 HGB). Dazu gehören auch alle Techniken, die aus dem Einheitsgrundsatz abzuleiten und nicht im Einzelnen im Gesetz geregelt sind.[15] Es ist somit die gleiche Darstellung und bei Wahlrechten die gleiche Zuordnung von Zahlungsströmen zu den einzelnen Tätigkeitsbereichen wie im Vj vorzunehmen (DRS 21.23). Eine Durchbrechung des Stetigkeitsgrundsatzes ist nur in Ausnahmefällen zulässig. Ausnahmen sind z. B. Gesetzesänderungen, Änderungen von DRS und der Rechtsprechung, Anpassungen an konzerneinheitlichen Methoden sowie der Verzicht auf bisher in Anspruch genommene Erleichterungen.
- **Nachprüfbarkeit:** Die Werte der Kapitalflussrechnung müssen sich aus der Buchführung bzw. aus der daraus abgeleiteten Konzernbilanz und Konzern-GuV entwickeln lassen (DRS 21.10). Nicht erforderlich ist, dass sich die Werte unmittelbar aus den Zahlen und Angaben des Konzernabschlusses ergeben.
- **Wesentlichkeit:** Zahlungsströme aus Vorgängen von wesentlicher Bedeutung sind gesondert innerhalb des jeweiligen Tätigkeitsbereichs auszuweisen (DRS 21.27 und DRS 21.B5). Die Bestimmung der Wesentlichkeit von Vorgängen oder Sachverhalten ergibt sich i. d. R. aus den absoluten oder relativen Werten. Vorgänge von unwesentlicher Bedeutung müssen nicht gesondert ausgewiesen werden.
- **Einzubeziehende Ges.:** Alle in den Konzernabschluss einbezogenen Ges. sind entsprechend ihrer Konsolidierungsmethode in die Kapitalflussrechnung aufzunehmen (DRS 21.14); d. h.,
  - der dem Konzernabschluss zugrunde liegende Konsolidierungskreis ist auch für die Kapitalflussrechnung maßgeblich;
  - Zahlungsströme zwischen den im Konzernabschluss voll konsolidierten Unt sind zu konsolidieren;
  - GemeinschaftsUnt fließen quotal in die Kapitalflussrechnung ein; der auf GemeinschaftsUnt entfallende Fonds ist gesondert anzugeben (DRS 21.52d);
  - bei assoziierten Unt sind nur die Zahlungen zwischen dem assoziierten Unt und dem Konzern bzw. bei einem Kauf/Verkauf von Anteilen die damit verbundenen Zahlungen zu erfassen (DRS 21.14).

2.4.2 Abgrenzung des Finanzmittelfonds

18 Die Kapitalflussrechnung geht von der Veränderung des Finanzmittelfonds aus. Der Finanzmittelfonds umfasst:

---

[13] Vgl. Scheffler, BB 2002, S. 295.
[14] Zu den Vorteilen einer zahlungsstromorientierten Darstellung s. Müller, in Kußmaul/Müller, HdB, Kapitalflussrechnung/Cashflow Statement, Rz 87 ff., 220. EL Stand: 08/2021.
[15] Vgl. auch Störk/Rimmelspacher, in Beck Bil-Komm., 14. Aufl. 2024, § 297 HGB Rz 200 ff.; IDW, WPH Edition, Wirtschaftsprüfung & Rechnungslegung, 18. Aufl. 2023, Kap. G Tz 11.

Zahlungsmittel (DRS 21.33)
+ Zahlungsmitteläquivalente (DRS 21.33)
− jederzeit fällige Verbindlichkeiten gegenüber Kreditinstituten, die zur Disposition der liquiden Mittel gehören (DRS 21.34)
− andere kurzfristige Kreditaufnahmen, die zur Disposition der liquiden Mittel gehören (DRS 21.34)

Es ist aus DRS 21.34 nicht ersichtlich, ob sich der Relativsatz auf beide voranstehenden Aufzählungen oder nur auf das unmittelbar voranstehende Element bezieht. Fraglich ist somit, ob für jederzeit fällige Verbindlichkeiten gegenüber Kreditinstituten Voraussetzung für die Aufnahme in den Finanzmittelfonds ist, dass sie zur Disposition der liquiden Mittel gehören. Aufgrund der Regelung im vor DRS 21 geltenden DRS 2 und der Herstellung einer Bezugnahme zur Zahlungsmitteldisposition des Unt auch in IAS 7.8 ist davon auszugehen, dass zwingende Voraussetzung der Zuordnung von jederzeit fälligen Verbindlichkeiten gegenüber Kreditinstituten zum Finanzmittelfonds ist, dass diese zur Disposition der liquiden Mittel gehören.[16] Zu Prüfen ist, wann dies in konkreten Fällen zutrifft. Kurzfristige Betriebsmittel-, Saison-, Überziehungs- und Zwischenkredite, die während der Abrechnungsperiode vollständig zurückgeführt wurden oder in der folgenden Abrechnungsperiode voraussichtlich zurückgeführt werden, dürften regelmäßig dem Finanzmittelfonds zuzurechnen sein. Bei dauerhafter Kreditinanspruchnahme ist abzuwägen, ob die Finanzierung zur Disposition der liquiden Mittel gehört. Die Einschätzung richtet sich auch nach der subjektiven Zweckbestimmung des Bilanzierenden.

Praxis-Beispiel
Die Verbindlichkeiten gegenüber Kreditinstituten aus einem Kontokorrentkredit betragen zum Bilanzstichtag 200 TEUR. Dieser Saldo resultiert aus der Finanzierung des Working Capitals (150 TEUR) und einer im Gj angeschafften Produktionsmaschine (50 TEUR). Der Kontokorrentkredit wurde im gesamten Gj mit min. 110 TEUR in Anspruch genommen.
Zur Abgrenzung des Finanzmittelfonds ist zu bestimmen, ob der Kontokorrentkredit in die Liquiditätsdisposition eingebunden oder eine mittel- oder langfristige Finanzierung mit dem Vorteil flexibler Tilgungsraten beabsichtigt ist. Insofern besteht für den Bilanzierenden ein faktisches Wahlrecht, das durch den Grundsatz der Stetigkeit eingeengt wird. Je nach subjektiver Zweckbestimmung könnten nicht dem Finanzmittelfonds, sondern der Finanzierungstätigkeit zuzuordnen sein:
− 50 TEUR zur Finanzierung von Anlagevermögen,
− 110 TEUR als dauerhafter Finanzierungsbedarf des Working Capitals.

---

[16] So auch Baumann/Weiser, DB 2016, S. 121.

19 **Zahlungsmittel** umfassen Barmittel und täglich fällige Sichteinlagen, d. h. Guthaben auf Girokonten, Tagesgeldguthaben, Kassenbestände und Schecks. Diese Mittel sind unabhängig davon zu berücksichtigen, ob sie in ausländischer Währung gehalten werden und Wertschwankungen unterliegen können. **Zahlungsmitteläquivalente** sind kurzfristige, äußerst liquide Finanzmittel, die jederzeit in Zahlungsmittel umgewandelt werden können, nur unwesentlichen Wertschwankungen bzw. Einlösungsrisiken unterliegen (daher scheiden Aktien börsennotierter Unt und Beteiligungen an Fonds aus) und als Liquiditätsreserve dienen. Zahlungsmitteläquivalente dürfen im **Erwerbszeitpunkt** nur eine **Restlaufzeit** von **max. drei Monaten** haben (DRS 21.9). Zahlungsmittel und Zahlungsmitteläquivalente sind üblicherweise in folgenden Bilanzposten enthalten:

- **Kassenbestand, Bundesbankguthaben, Guthaben bei Kreditinstituten und Schecks**
  Festgeldanlagen mit einer Gesamtlaufzeit von mehr als drei Monaten zum Zeitpunkt des Erwerbs gehören nicht zum Finanzmittelfonds. Ein- und Auszahlungen von Festgeld- oder Termingeldanlagen mit mehr als dreimonatiger Restlaufzeit zum Zeitpunkt des Erwerbs sind innerhalb der Investitionstätigkeit gesondert als „Ein- bzw. Auszahlungen aufgrund von Finanzmittelanlagen i. R. d. kurzfristigen Finanzdisposition" zu erfassen.[17]
  Im Falle eines Beteiligungsverhältnisses können Guthaben bei Kreditinstituten auch in dem Posten Forderungen gegen verbundene Unt und Forderungen gegen Unt, mit denen ein Beteiligungsverhältnis besteht, enthalten sein.
- **Sonstige Wertpapiere u. a.**
  Voraussetzung ist, dass es sich um liquide verzinsliche Anlagen handelt, die keinen wesentlichen Wertschwankungsrisiken (z. B. in Form von Einlösungs-, Zins- und Währungsrisiken) unterliegen. Beispiele sind kurzlaufende festverzinsliche Wertpapiere gegen solvente Kreditinstitute. Langfristige festverzinsliche Anleihen und Festgeldanlagen mit mehr als dreimonatiger unkündbarer Laufzeit erfüllen die Voraussetzungen nicht.

20 Mit DRÄS 13 wurden einige Regelungen zum sog. **Cash-Pooling** eingeführt. Mit dem Begriff Cash-Pooling wird nach DRS 21.9 ein Liquiditätsverbund bezeichnet, in dem sich die an diesem Verbund beteiligten Unt zur Liquiditätssteuerung liquide Mittel zur Verfügung stellen und auf diese zurückgreifen. Der Cash-Pool ist hierbei das Bankkonto, an welches die an einem Cash-Pooling beteiligten Unt ihre Liquiditätsüberschüsse durch Ausgleichszahlungen abführen (bzw. welches Liquiditätsunterdeckungen der an einem Cash-Pooling beteiligten Unt ausgleicht). Cash-Pool-Forderungen respektive Cash-Pool-Verbindlichkeiten sind entsprechend Forderungen gegen das bzw. Verbindlichkeiten gegenüber dem Cash-Pool führende(n) Unt.

Zu beachten ist, dass nach 21.33a Cash-Pool-Forderungen aufgrund des inhärenten Risikos von Forderungsausfällen grds. nicht in den Finanzmittelfond einzubeziehen sind. Anders verhält es sich, wenn die Cash-Pool-Forderungen jederzeit in Zahlungsmittel umgewandelt werden können und nur unwesentlichen Wertschwankungsrisiken unterliegen. In diesem Fall sind die Cash-Pool-

---

[17] Vgl. auch Störk/Rimmelspacher, in Beck Bil-Komm., 14. Aufl. 2024, § 297 HGB Rz 58 und Hoffmann/Lüdenbach, NWB Kommentar Bilanzierung, 15. Aufl. 2023, § 297 HGB Rz 22 ff.

Forderungen in den Finanzmittelfonds einzubeziehen. Cash-Flow-Verbindlichkeiten sind hingegen nach DRS 21.34 stets in den Finanzmittelfonds einzubeziehen.

Werden in den Finanzmittelfonds Zahlungsmittel und/oder Zahlungsmitteläquivalente einbezogen, die einer **Verfügungsbeschränkung** unterliegen (z. B. durch Verpfändungen, Kreditvereinbarungen, Transferbeschränkungen, Verwahrgeldguthaben), ist zunächst zu prüfen, ob bei Zahlungsmitteläquivalenten die Voraussetzungen für die Zuordnung zum Finanzmittelfonds trotz der Verwendungsbeschränkung gegeben sind. Bspw. wird ein verpfändetes Sparbuch als Mietkaution trotz Kündigungsmöglichkeit nach drei Monaten nicht als Liquiditätsreserve gehalten, sodass kein Zahlungsmitteläquivalent vorliegt. Gibt es Bestände im Finanzmittelfonds, die Verfügungsbeschränkungen unterliegen (z. B. bei entsprechenden Kreditvereinbarungen), sind diese Beschränkungen unter der Kapitalflussrechnung oder im Konzernanhang anzugeben (DRS 21.52e, DRS 21.53). 21

Unter die **jederzeit fälligen Verbindlichkeiten gegenüber Kreditinstituten** fallen Kontokorrentkredite.[18] Es ist aus DRS 21.34 nicht ersichtlich, ob sich der Relativsatz („die zur Disposition der liquiden Mittel gehören") auch auf jederzeit fällige Verbindlichkeiten gegenüber Kreditinstituten oder nur auf andere kurzfristige Kreditaufnahmen bezieht. Aufgrund der Regelung im vor DRS 21 geltenden DRS 2 und der Herstellung einer Bezugnahme zur Zahlungsmitteldisposition des Unt auch in IAS 7.8 ist davon auszugehen, dass zwingende Voraussetzung der Zuordnung von jederzeit fälligen Verbindlichkeiten gegenüber Kreditinstituten zum Finanzmittelfonds ist, dass diese zur Disposition der liquiden Mittel gehören.[19] Fraglich ist, wann dies in konkreten Fällen zutrifft. Kurzfristige Betriebsmittel-, Saison-, Überziehungs- und Zwischenkredite, die während der Abrechnungsperiode vollständig zurückgeführt wurden oder in der folgenden Abrechnungsperiode voraussichtlich zurückgeführt werden, dürften regelmäßig dem Finanzmittelfonds zuzurechnen sein. Bei dauerhafter Kreditinanspruchnahme ist abzuwägen, ob die Finanzierung zur Disposition der liquiden Mittel gehört. Die Einschätzung richtet sich auch nach der subjektiven Zweckbestimmung des Bilanzierenden. 22

> **Praxis-Beispiel**
> Die Verbindlichkeiten gegenüber Kreditinstituten aus einem Kontokorrentkredit betragen zum Bilanzstichtag 200. Dieser Saldo resultiert aus der Finanzierung des Working Capitals (150) und einer im Gj angeschafften Produktionsmaschine (50). Der Kontokorrentkredit wurde im gesamten Gj mit mindestens 110 in Anspruch genommen.
> Zur Abgrenzung des Finanzmittelfonds ist zu bestimmen, ob der Kontokorrentkredit in die Liquiditätsdisposition eingebunden oder eine mittel- oder langfristige Finanzierung mit dem Vorteil flexibler Tilgungsraten beabsichtigt ist. Insofern besteht für den Bilanzierenden ein faktisches Wahlrecht, das durch den Grundsatz der Stetigkeit eingeengt wird. Je nach

---

[18] Zur Frage der jederzeitigen Fälligkeit ausführlich Baumann/Weiser, DB 2016, S. 121.
[19] So auch Baumann/Weiser, DB 2016, S. 121.

> subjektiver Zweckbestimmung könnten nicht dem Finanzmittelfonds, sondern der Finanzierungstätigkeit zuzuordnen sein:
> – 50 zur Finanzierung von Anlagevermögen,
> – 110 als dauerhafter Finanzierungsbedarf des Working Capitals.

Unter die **anderen kurzfristigen Kreditaufnahmen, die zur Disposition der liquiden Mittel gehören,** können kurzfristige Bankkredite, am Kapitalmarkt begebene Commercial Papers, bei Einbindung in das kurzfristige Cash-Management des Unt auch Cash-Pool-Verbindlichkeiten[20] und kurzfristige Überbrückungskredite eines Gesellschafters fallen. Die in dem Posten Verbindlichkeiten gegenüber Kreditinstituten enthaltenen Darlehensverbindlichkeiten gehören nicht dazu, auch wenn sie kurzfristig fällig werden oder bereits fällig sind. Tilgungen derartiger Darlehensverbindlichkeiten sind im Cashflow aus der Finanzierungstätigkeit zu erfassen.

Nach DRS 21.34 sind die einzubeziehenden Verbindlichkeiten offen abzusetzen. Dies kann bei den ergänzenden Angaben unter der KFR oder im Anhang erfolgen.

2.4.3 Ermittlung der Cashflows

23 Die einzelnen Cashflows können nach der **originären** oder der **derivativen** Methode ermittelt werden.[21]

Die **originäre** Methode ordnet alle Geschäftsvorfälle, die zu einer Veränderung des Finanzmittelfonds führen, einzelnen Zahlungsströmen zu. Die Ein- und Auszahlungen werden somit unmittelbar aus den Daten der Finanzbuchhaltung entnommen. Dafür ist im Kontenplan die klare Trennung der Zahlungsströme Voraussetzung, was i. d. R. mit einem hohen Zeitaufwand verbunden ist. Bei der **derivativen** Methode bildet das Rechnungswesen die Basis zur Ermittlung der Zahlungsströme. Die einzelnen Zahlungsströme werden aus der Konzern-GuV und der Konzernbilanz (Top-down-Ansatz) bzw. der einzelnen KFR der einzubeziehenden Unt (Bottom-up-Ansatz) abgeleitet. In der Praxis ist die derivative Methode vorherrschend.[22]

2.4.4 Darstellung der Kapitalflussrechnung

24 Die KFR ist in Staffelform aufzustellen (DRS 21.21). Die liquiditätswirksamen Veränderungen von Bilanz- und GuV-Posten, die die Nettoveränderung des Finanzmittelfonds ergeben, sind zweckmäßigerweise nach folgendem **Schema** darzustellen:

---

[20] Vgl. Baumann/Weiser, DB 2016, S. 121; Störk/Rimmelspacher, in Beck Bil-Komm., 14. Aufl. 2024, § 297 HGB Rz 61.
[21] Vgl. DRS 2.12. Da die Praxis der KFR international und in Deutschland inzwischen so weit gediehen ist, wird in DRS 21 auf Angaben zur originären und derivativen Erstellung der KFR verzichtet, vgl. DRS 21.B4. Materielle Änderungen zu den bisherigen GoB ergeben sich dadurch nicht.
[22] Zu den Aufstellungstechniken der KFR s. a. Müller, in Kußmaul/Müller, HdB, Kapitalflussrechnung/Cashflow Statement, Rz 8 ff., 220. EL Stand: 08/2021.

> **Schema**
>
> | | |
> |---|---|
> | +/– | Cashflow aus der laufenden Geschäftstätigkeit |
> | +/– | Cashflow aus der Investitionstätigkeit |
> | +/– | Cashflow aus der Finanzierungstätigkeit |
> | +/– | Wechselkurs-, konsolidierungskreis- und bewertungsbedingte Änderungen des Finanzmittelfonds |
> | = | Nettoveränderung des Finanzmittelfonds |

DRS 21 schreibt **Mindestgliederungen** vor, die nach der **direkten** und **indirekten Methode** dem Standard als Anlage beigefügt sind. Das Mindestgliederungsschema ist in DRS 21 im Vergleich zum vorherigen Standard zur KFR (DRS 2) erweitert worden und enthält bei der KFR nach der direkten Methode 41 Einzelposten und nach der indirekten Methode 48 Einzelposten. Zusätzlich sind Zahlungsströme aus Vorgängen von wesentlicher Bedeutung gesondert auszuweisen (DRS 21.27). 25

Einzahlungen der und **Auszahlungen an Minderheitsgesellschafter** i.R.d. Finanzierungstätigkeit (z.B. EK-Zuführungen, Dividenden, EK-Rückzahlungen, andere Ausschüttungen) sind gesondert anzugeben. Das Wahlrecht in DRS 2.51, diese Differenzierung zwischen Gesellschaftern des MU und anderen Gesellschaftern in der KFR durch zusätzliche Posten gesondert oder im Anhang darzustellen, ist nach DRS 21 durch Erweiterung des Mindestgliederungsschemas zugunsten der gesonderten Angabe von Ein- und Auszahlungen von Gesellschaftern des MU und anderen Gesellschaftern in der KFR weggefallen. 26

Die KFR kann nach der **direkten** oder nach der **indirekten Methode** aufgestellt werden. Für die Darstellung wird nach DRS 21.24 **keine Vorgehensweise bevorzugt**. Die beiden Methoden unterscheiden sich ausschl. in der Darstellung der Cashflows aus der laufenden Geschäftstätigkeit. Die Cashflows aus der Investitions- und Finanzierungstätigkeit sind immer nach der direkten Methode darzustellen. 27

Bei der direkten Methode werden die wesentlichen Bruttoeinzahlungen und Bruttoauszahlungen in der KFR gegenübergestellt. 28

> **Schema**
>
> | | |
> |---|---|
> | | Umsatzerlöse laut GuV |
> | +/– | Bestandsveränderung der Lieferungs- und Leistungsforderungen |
> | +/– | Zuschreibungen/Abschreibungen der Lieferungs- und Leistungsforderungen |
> | = | Umsatzeinzahlungen |
>
> Sofern wesentlich, sind zusätzlich Auswirkungen der USt zu berücksichtigen, da die Umsatzerlöse netto ohne USt, die Lieferungs- und Leistungsforderungen jedoch i.d.R. brutto mit USt ausgewiesen werden.

Bei der indirekten Methode wird das Periodenergebnis um alle nicht zahlungswirksamen Aufwendungen und Erträge (insb. Abschreibungen, Bestandsveränderungen, Veränderungen der Rückstellungen und Veränderungen des übrigen Nettoumlaufvermögens) bereinigt.

2.4.4.1 Cashflow aus laufender Geschäftstätigkeit

29 Durch DRS 21 wurden neben den Erweiterungen der Mindestgliederung insb. Zuordnungen von Zahlungsströmen zum vorherigen DRS 2 geändert. Während es nach DRS 2 noch weitreichende Zuordnungswahlrechte gab, werden nach DRS 21 Zuordnungen von Zahlungsströmen zu der laufenden Geschäftstätigkeit, der Investitionstätigkeit und der Finanzierungstätigkeit konkreter bestimmt und vorgegeben.

Die wesentlichen Änderungen durch DRS 21 bezogen auf den Cashflow aus laufender Geschäftstätigkeit betreffen:

- Der unbestimmte Rechtsbegriff **Periodenergebnis** als Ausgangsgröße bei der Kapitalflussrechnung nach der indirekten Methode **wird** im Standard **definiert** (DRS 21.9, DRS 21.B11). Es ist grds. vom Konzernjahresüberschuss/-fehlbetrag laut Konzern-GuV einschl. Ergebnisanteilen nicht beherrschender Anteile und somit von einem im HGB definierten Wert auszugehen. Dieses Konzernergebnis wird laut empirischer Analyse in der Praxis ganz überwiegend angewandt.[23] Wird eine nach DRS 21.41 zulässige andere Ausgangsgröße (z.B. EBIT, EBITDA) gewählt, ist diese in den ergänzenden Angaben zur Kapitalflussrechnung auf den Konzernjahresüberschuss/-fehlbetrag überzuleiten oder es ist auf die separat ausgewiesene Größe in der Konzern-GuV zu verweisen.

- Im Gegensatz zu den Empfehlungen in DRS 2 werden **erhaltene Zinsen für Kapitalüberlassungen und erhaltene Dividenden** aus der Investitionstätigkeit nicht mehr dem Cashflow aus laufender Geschäftstätigkeit zugeordnet, sondern dem Cashflow aus der Investitionstätigkeit (DRS 21.44). Begründet wird die Änderung damit, dass die Erträge als Entgelt für die Kapitalüberlassung in Form von auf der Aktivseite ausgewiesenen Investitionen interpretiert werden. Weil die Zinserträge in der GuV von den zu korrigierenden Zinserträgen bei der indirekten Methode im DRS 21 abweichen (DRS 21.9),[24] empfiehlt sich eine Anpassung der Postenbezeichnung („+/- Zinsaufwendungen/Zinserträge") in der Kapitalflussrechnung.

> **Praxis-Beispiel**
> Die Zinsen und ähnlichen Erträge in der Konzern-GuV betragen 1.600. Sie betreffen Zinserträge von 1.000 für gewährte Darlehen, von 500 für die Verzinsung von Steuererstattungen und von 100, die mit dem im Finanzmittelfonds erfassten laufenden Girokonto erzielt wurden. Mit Ausnahme der Zinsen auf Steuererstattungen sind die Zinsen im Gj zahlungswirksam. Nur die Zinserträge aus der Kapitalüberlassung, die der Investitionstätigkeit zugeordnet wurden, sind dem Cashflow aus der Investitionstätigkeit zuzuordnen:

---

[23] Vgl. Tallau/Bankamp, DB 2017, S. 2240.
[24] Nach DRS 21.9 sind Zinsen i.S.d. Standards nur solche aus Kapitalüberlassung, also für gewährte bzw. aufgenommene Kredite/Darlehen.

Periodenergebnis	1.600
– Zinserträge, deren Kapitalüberlassung der Investitionstätigkeit zuzuordnen ist	– 1.000
– Zunahme anderer Aktiva, die nicht der Investitions- oder Finanzierungstätigkeit zuzuordnen sind	– 500
Cashflow aus laufender Geschäftstätigkeit	100
Erhaltene Zinsen/Cashflow aus der Investitionstätigkeit	1.000
Zahlungswirksame Veränderungen des Finanzmittelfonds	1.100

- **Gezahlte Zinsen aus Kapitalüberlassungen,** die in der Finanzierungstätigkeit erfasst sind, werden nicht dem Cashflow aus laufender Geschäftstätigkeit zugeordnet, sondern dem Cashflow aus der Finanzierungstätigkeit (DRS 21.48). Begründet wird diese Empfehlung damit, dass im Cashflow aus der Finanzierungstätigkeit sämtliche Zahlungen mit externen Kapitalgebern ausgewiesen werden sollen. Weil die Definition der Zinsen im HGB von denen im DRS 21 abweicht (DRS 21.9), empfiehlt sich eine Anpassung der Postenbezeichnung in der Kapitalflussrechnung, z. B. „Zinsaufwendungen für in der Finanzierungstätigkeit erfasste aufgenommene Kredite/Darlehen".

Mindestgliederungsschema zur Darstellung des Cashflows aus der laufenden Geschäftstätigkeit nach der **direkten Methode** gem. DRS 21.39:

Schema		
1.		Einzahlungen von Kunden für den Verkauf von Erzeugnissen, Waren und Dienstleistungen
2.	–	Auszahlungen an Lieferanten und Beschäftigte
3.	+	Sonstige Einzahlungen, die nicht der Investitions- oder der Finanzierungstätigkeit zuzuordnen sind
4	–	Sonstige Auszahlungen, die nicht der Investitions- oder der Finanzierungstätigkeit zuzuordnen sind
5.	+	Einzahlungen im Zusammenhang mit Erträgen von außergewöhnlicher Größenordnung oder außergewöhnlicher Bedeutung
6.	–	Auszahlungen im Zusammenhang mit Aufwendungen von außergewöhnlicher Größenordnung oder außergewöhnlicher Bedeutung
7.	–/+	Ertragsteuerzahlungen
8.	=	Cashflow aus laufender Geschäftstätigkeit

Mit vollständigem Wirksamwerden des BilRUG wurde europäisches Recht in der Weise umgesetzt, dass außerordentliche Posten nicht mehr gesondert auszuweisen sind. Die Sachverhalte der dafür anzugebenden Liquiditätszu- und -abflüsse der Posten von außergewöhnlicher Größenordnung oder außergewöhnlicher Bedeutung sind grds. identisch mit denen aus der Anhangabe nach § 285 Nr. 31 HGB bzw. § 314 Abs. 1 Nr. 23 HGB. Es bestehen aufgrund der Konzerngrundsätze der Wirtschaftlichkeit und Wesentlichkeit keine Bedenken, wie im Konzernanhang auch in der KFR Sachverhalte von außergewöhnlicher Größenordnung oder außergewöhnlicher Bedeutung nicht zu berücksichtigen, soweit die damit verbundenen Beträge von untergeordneter Bedeutung sind. Sofern ein Sachverhalt als außergewöhnlich i. S. d. Vorschrift erfasst ist, sind die damit verbundenen Aufwendungen, Erträge, Ein- und Auszahlungen in Folgejahren ebenfalls als außergewöhnlich zu erfassen. Eine Prüfung der Wesentlichkeit erfolgt nur bei erstmaliger Beurteilung des Sachverhalts.

31 **Mindestgliederungsschema** zur Darstellung des Cashflows aus der laufenden Geschäftstätigkeit nach der **indirekten Methode** (DRS 21.40):

Schema

1.		Periodenergebnis (Konzernjahresüberschuss/-fehlbetrag einschl. Ergebnisanteile anderer Gesellschafter)
2.	+/–	Abschreibungen/Zuschreibungen auf Gegenstände des Anlagevermögens
3.	+/–	Zunahme/Abnahme der Rückstellungen
4.	+/–	Sonstige zahlungsunwirksame Aufwendungen/Erträge
5.	–/+	Zunahme/Abnahme der Vorräte, der Forderungen aus L&L sowie anderer Aktiva, die nicht der Investitions- oder der Finanzierungstätigkeit zuzuordnen sind
6.	+/–	Zunahme/Abnahme der Verbindlichkeiten aus L&L sowie anderer Passiva, die nicht der Investitions- oder der Finanzierungstätigkeit zuzuordnen sind
7.	–/+	Gewinn/Verlust aus dem Abgang von Gegenständen des Anlagevermögens
8.	+/–	Zinsaufwendungen/Zinserträge
9.	–	Sonstige Beteiligungserträge
10.	+/–	Aufwendungen/Erträge von außergewöhnlicher Größenordnung oder außergewöhnlicher Bedeutung
11.	+/–	Ertragsteueraufwand/-ertrag
12.	+	Einzahlungen im Zusammenhang mit Erträgen von außergewöhnlicher Größenordnung oder außergewöhnlicher Bedeutung
13.	–	Auszahlungen im Zusammenhang mit Aufwendungen von außergewöhnlicher Größenordnung oder außergewöhnlicher Bedeutung
14.	–/+	Ertragsteuerzahlungen
15.	=	Cashflow aus der laufenden Geschäftstätigkeit

Die einzelnen darzustellenden Korrekturen zum Periodenergebnis aus den Gliederungspunkten 2 bis 14 resultieren aus sehr unterschiedlichen Gründen. Die Gliederungspunkte 2 bis 4 betreffen ganz überwiegend nicht liquiditätswirksame Erträge bzw. Aufwendungen, die vom Ergebnis zu korrigieren sind. Die Gliederungspunkte 5 und 6 stellen Änderungen des Finanzmittelfonds aufgrund von Veränderungen des Working Capitals dar. Die in den Gliederungspunkten 7 bis 9 dargestellten Posten betreffen Sachverhalte, deren Ein- und Auszahlungen im Bereich der Investitions- oder Finanzierungstätigkeit erfasst werden müssen und deren Erfolgswirksamkeit im Periodenergebnis deshalb hier zu neutralisieren ist. Die Position 10 korrigiert Aufwendungen/ Erträge von außergewöhnlicher Größenordnung oder außergewöhnlicher Bedeutung, um die damit zusammenhängenden Zahlungsströme in den Positionen 12 und 13 getrennt nach Ein- und Auszahlungen zu erfassen. Analog werden in Position 11 die Aufwendungen und Erträge aus Ertragsteuern vom Jahresergebnis korrigiert, um in der Position 14 die Zahlungswirkung darzustellen. Durch diese das Periodenergebnis aus den unterschiedlichen Gründen zu korrigierenden Bestandteile wird die Interpretation der Daten erheblich erschwert.

Nach DRS 21.41 kann bei der indirekten Methode auch von einer **anderen Ausgangsgröße** ausgegangen werden. Die Überleitung auf das Periodenergebnis kann unter der KFR, in einer geschlossenen Angabe im Konzernanhang oder durch Verweis auf die in der Konzern-GuV gesondert ausgewiesene Ausgangsgröße erfolgen. 32

Die Differenz des Rückstellungsbetrags am Anfang und am Ende des Gj laut Konzernbilanz kann von dem Wert aus **Zunahme/Abnahme der Rückstellungen** abweichen, wenn es sich um Sachverhalte handelt, die an anderer Stelle der KFR gesondert darzustellen sind. In diesem Fall ist die Postenbezeichnung nach hier vertretener Auffassung anzupassen („… die nicht der Investitionstätigkeit zuzuordnen sind, ohne Posten von außergewöhnlicher Größenordnung oder außergewöhnlicher Bedeutung" o. Ä.). Beispiele sind: 33

- Veränderungen des Postens im Zusammenhang mit Investitionstätigkeit.

> **Praxis-Beispiel**
> Zum 31.12.00 erwirbt der Bilanzierende unmittelbar liquiditätswirksam ein Grundstück für 100 TEUR. Für ausstehende Notarkosten und GrErwSt werden Rückstellungen i. H. v. 15 TEUR passiviert (Buchung: Sachanlagen an Rückstellungen für ungewisse Verbindlichkeiten/Steuerrückstellungen). Die Erhöhung der Rückstellungen um 15 TEUR hängt mit der Investitionstätigkeit zusammen und darf folglich den Cashflow aus der laufenden Geschäftstätigkeit nicht erhöhen. Sie sind mit den noch nicht zahlungswirksamen Anschaffungskosten des Grundstücks zu verrechnen. Zur Klarstellung sollte die Postenbezeichnung in der KFR ergänzt werden, z. B. „Zunahme/Abnahme der Rückstellungen, die nicht der Investitionstätigkeit zuzuordnen sind".

- Veränderungen des Postens aufgrund von Aufwendungen von außergewöhnlicher Größenordnung oder außergewöhnlicher Bedeutung.

> **Praxis-Beispiel**
> Aufgrund einer Klage wurde im Vj eine Rückstellung für Prozessrisiken i. H. v. 1 Mio. EUR passiviert, die im Hinblick auf die das Unt prägenden Größenordnungen und die Bedeutung als außergewöhnlich eingestuft wurde. Der Betrag ist auch nicht von untergeordneter Bedeutung, sodass die Tatbestandsmerkmale für eine Angabepflicht nach § 314 Abs. 1 Nr. 23 HGB erfüllt sind. Aufgrund eines rechtskräftigen Urteils wurden im laufenden Gj 50 TEUR gezahlt und die Rückstellung i. H. v. 950 TEUR aufgelöst.
> Im Vj ist die noch nicht zahlungswirksame Rückstellungsbildung als Aufwendungen von außergewöhnlicher Größenordnung oder außergewöhnlicher Bedeutung (Posten Nr. 10) in der KFR zu erfassen. Aufgrund dieses Spezialausweises unterbleibt eine Erfassung unter dem Posten Zunahme der Rückstellungen (Posten Nr. 3).
> Die Rückstellungen haben im laufenden Gj um 1 Mio. EUR abgenommen. Die Auszahlung von 50 TEUR steht im Zusammenhang mit Geschäftsvorfällen, die im Vj als Aufwendungen von außergewöhnlicher Größenordnung oder außergewöhnlicher Bedeutung erfasst wurden und ist daher gesondert im Posten Nr. 13 zu erfassen. Die Erträge aus der Auflösung der Rückstellungen von 950 TEUR sind als Erträge von außergewöhnlicher Größenordnung oder außergewöhnlicher Bedeutung zu erfassen (Posten Nr. 10), da der Sachverhalt bei der erstmaligen Erfassung als außergewöhnlich erfasst wurde. Zur Klarstellung sollte die Postenbezeichnung ggf. in der KFR ergänzt werden, z. B. „Zunahme/Abnahme der Rückstellungen ohne Sachverhalte von außergewöhnlicher Größenordnung oder außergewöhnlicher Bedeutung".

- Erhöhungen des Postens aufgrund der Aufzinsung langfristiger Rückstellungen.

> **Praxis-Beispiel**
> Eine Rückstellung für Rückbauverpflichtung ist vollständig mit 100 TEUR passiviert. Der Rückbau wird voraussichtlich in drei Jahren erfolgen, bei einem unterstellten Diskontierungszinssatz von 4 % p. a. ergibt sich ein Rückstellungsbetrag i. H. v. (100 TEUR / $1{,}04^3$) 88.899,64 EUR. Am nächsten Abschlussstichtag sollen sich mit Ausnahme der Aufzinsung der Verpflichtung keine Veränderungen ergeben. Der Rückstellungsbetrag beträgt nun (100 TEUR / $1{,}04^2$) 92.455,62 EUR. Im Einklang mit § 298 Abs. 1 i. V. m. § 277 Abs. 5 HGB wird der Konzern buchen:
>
> | Konto | Soll | Haben |
> |---|---|---|
> | Zinsen und ähnliche Aufwendungen | 3.555,98 | |
> | Sonstige Rückstellungen | | 3.555,98 |
>
> Da der Vorgang im Gj nicht zahlungswirksam ist, muss das durch die Buchung geringere Periodenergebnis korrigiert werden. Nach DRS 21.9 umfassen Zinsen i. S. d. Standards nur Zinsen für Kapitalüberlassung, d. h. für gewährte bzw. aufgenommene Kredite/Darlehen. Die Korrektur des geringeren Periodenergebnisses hat somit bei den Veränderungen der Rück-

> stellungen (Nr. 3) und nicht bei den Zinsaufwendungen (Nr. 8) zu erfolgen. Zur Klarstellung sollten Angaben des abweichenden Inhalts des Begriffs Zinsaufwendungen in der Konzern-GuV und in der KFR gemacht werden.

- Erwerbe oder Verkäufe von TU. Der mit der Veränderung des KonsKreises verbundene Zu- oder Abgang von Rückstellungen ist als Einzahlungen aus Abgängen aus dem KonsKreis bzw. Auszahlungen für Zugänge zum KonsKreis im Cashflow aus der Investitionstätigkeit zu erfassen.

Praxis-Beispiel
Das MU erwirbt am 1.8.000 alle Anteile an dem TU für einen sofort beglichenen Kaufpreis i. H. v. 450 TEUR. Das TU wird i. R. d. Vollkonsolidierung zum Erwerbszeitpunkt in den Konzernabschluss einbezogen. Am 1.8.00 hatte das TU Rückstellungen i. H. v. 100 TEUR und weder liquide Mittel noch andere dem Finanzmittelfonds zuzurechnende Vermögensgegenstände und Schulden. Am 31.12.00 hat sich der Rückstellungsbetrag im Konzernabschluss um 60 TEUR erhöht.
Eine bloße Übernahme der Differenzen aus der Bewegungsbilanz würde zu fehlerhaften Ergebnissen führen. Unter der Annahme, dass vor dem Beteiligungserwerb ein liquiditätswirksamer Periodengewinn i. H. v. 10 TEUR vorliegt, würde sich bei bloßer Übernahme das folgende Bild ergeben:

Periodenergebnis	10.000
+ Zunahme der Rückstellungen	60.000
= Cashflow aus der laufenden Geschäftstätigkeit	70.000

Da die übernommenen Rückstellungen die Kaufpreishöhe beeinflusst haben und damit in den Auszahlungen für Zugänge zum KonsKreis enthalten sind, sind die Rückstellungen zunächst um Sachverhalte, die der Investitionstätigkeit zuzuordnen sind, zu bereinigen (somit der übernommene Rückstellungsbetrag zum 1.8.00 i. H. v. 100 TEUR). Es errechnet sich für die laufende Geschäftstätigkeit eine zu erfassende Abnahme der Rückstellungen von 40 TEUR. Zur Klarstellung sollte die Postenbezeichnung in der KFR ergänzt werden, z. B. „Zunahme/Abnahme der Rückstellungen, die nicht der Investitionstätigkeit zuzuordnen sind". Nach Korrektur der Rückstellungen ergibt sich folgender Cashflow aus der laufenden Geschäftstätigkeit:

Periodenergebnis	10.000
+ Abnahme der Rückstellungen, die nicht der Investitionstätigkeit zuzuordnen sind	−40.000
= Cashflow aus der laufenden Geschäftstätigkeit	−30.000

Was i. E. unter **sonstigen zahlungsunwirksamen Aufwendungen/Erträgen** auszuweisen ist, ergibt sich nicht aus DRS 21. Nach hier vertretener Auffassung gelten folgende Grundsätze:

34

- Diverse andere Posten in der KFR enthalten bereits zahlungsunwirksame Aufwendungen/Erträge (Nr. 2, 3 und 7) oder können solche enthalten (Nr. 9, 10, 11 und 12). Der Ausweis unter den anderen Posten geht vor, nur dort nicht erfasste „sonstige" zahlungsunwirksame Aufwendungen/Erträge kommen für den Ausweis in Betracht.
- Der Posten Nr. 4 und die Posten Nr. 5 und 6 sind nicht eindeutig voneinander abgrenzbar und bilden eine Schnittmenge. Wenn z. B. bei kalendergleichem Gj die Miete für Dezember noch nicht bezahlt wurde, erfolgt die periodengerechte Erfassung mit der Buchung „Mietaufwendungen an Verbindlichkeiten aus Leistungen". Es handelt sich sowohl um einen zahlungsunwirksamen Aufwand (Nr. 4) als auch um eine Zunahme der Verbindlichkeiten aus Lieferungen und Leistungen (Nr. 6).
- Aufgrund der fehlenden konsistenten Abgrenzung der einzelnen Bereiche ist eine sachgerechte, wirtschaftliche und aussagefähige Aufteilung der relevanten Sachverhalte vorzunehmen und stetig fortzuführen.

Als **sonstige zahlungsunwirksame Aufwendungen/Erträge** kommen u. a. in Betracht: Abschreibungen auf ein aktiviertes Disagio, Abschreibungen auf Gegenstände des Umlaufvermögens, Erträge aus der Auflösung von Sonderposten für Investitionszuschüsse, Aufwendungen aus der Auflösung von aktiven RAP, Erträge aus der Ausbuchung von Verbindlichkeiten, Ergebnis aus Forderungsverzichten, Verschmelzungsgewinne und -verluste.

35 In der Konzernbilanz gilt die Einzelerwerbsfiktion. Dagegen ist für die KFR im Konzern der finanzwirtschaftliche Charakter maßgeblich. Daher sind **Ein- und Auszahlungen im Zusammenhang mit dem Erwerb und der Veräußerung von Anteilen an TU, GemeinschaftsUnt und assoziierten Unt** sowie an sonstigen Beteiligungen ungeachtet der Einbeziehung in den Konzernabschluss als Investitionsauszahlungen bzw. Desinvestitionseinzahlungen (aus der Investitionstätigkeit) zu erfassen (vgl. das Praxis-Beispiel in Rz 33). Daraus ergibt sich, dass bei indirekter Ermittlung der Zahlungsströme aus laufender Geschäftstätigkeit die zu berücksichtigenden Änderungen der Bestände (z. B. Vorräte) um die Werte aus solchen Änderungen des KonsKreises zu korrigieren sind („die nicht der Investitions- oder Finanzierungstätigkeit zuzuordnen sind"). Ein Unternehmenserwerb durch nicht liquiditätswirksame Ausgabe von eigenen Anteilen führt somit i. H. d. positiven erworbenen Finanzmittelfonds der erworbenen Einheit in der KFR zu einer Desinvestition.[25]

> **Praxis-Beispiel**
> Das MU erwirbt zum 1.7.01 alle Geschäftsanteile der TU-GmbH für 550 TEUR. Die voll zu konsolidierende TU-GmbH weist im Zwischenabschluss zum 1.7.01 in ihrer Bilanz auf der Aktivseite Vorräte (500 TEUR) sowie liquide Mittel (50 TEUR) und auf der Passivseite EK (550 TEUR) aus. Es wird vereinbart, dass der Kaufpreis erst am 1.3.02 fällig ist. In der Konzernbilanz des MU zum 31.12.01 sind die Vorräte im Vergleich zum Vj-Stichtag um 300 TEUR gestiegen.

---

[25] Vgl. IDW, WPH Edition, Wirtschaftsprüfung & Rechnungslegung, 18. Aufl. 2023, Kap. G Tz 748f.

> Der Zugang der Vorräte im Zusammenhang mit dem Erwerb der TU-GmbH am 1.7.01 ist der Investitionstätigkeit zuzuordnen. Somit ergibt sich aus der laufenden Geschäftstätigkeit eine zu erfassende Abnahme der Vorräte i. H. v. 200 TEUR. Durch die Einbeziehung der TU-GmbH in den Konzernabschluss hat sich der Finanzmittelfonds i. H. d. liquiden Mittel um 50 TEUR erhöht. Da noch keine Kaufpreiszahlung in 01 erfolgte, errechnet sich eine Einzahlung für Zugänge zum KonsKreis von 50 TEUR.

Ertragsteuerzahlungen sind i. d. R. der laufenden Geschäftstätigkeit zuzuordnen (DRS 21.18). Sie sind nur dann der Investitions- oder der Finanzierungstätigkeit zuzuordnen, wenn sie einem Geschäftsvorfall dieser Tätigkeitsbereiche eindeutig zurechenbar sind (DRS 21.19), was in der bisherigen Praxis die Ausnahme sein dürfte. Durch DRS 21 werden einzelne steuerlich relevante Zahlungsströme, wie das Finanzergebnis und ein Teil des Zinsergebnisses, verpflichtend in den Investitions- bzw. Finanzierungsbereich verlagert. Da diese Verlagerung nicht auch für die damit verbundenen Ertragsteuerzahlungen zu erfolgen hat, sondern eine entsprechende Zuordnung nur bei eindeutiger Zurechenbarkeit vorgeschrieben wird, erschweren die Regelungen eine aussagefähige betriebswirtschaftliche Auswertung der KFR. Ohne eine entsprechende Zuordnung der Ertragsteuerzahlungen zu den diese verursachenden Einzahlungen kann es zu einer betriebswirtschaftlich verzerrten Darstellung der operativen Cashflows kommen.

In der Konzern-GuV sind gem. § 298 Abs. 1 i. V. m. § 275 Abs. 2 und 3 HGB „Steuern vom Einkommen und vom Ertrag" auszuweisen. Der in DRS 21 verwendete Begriff „Ertragsteuer" ist betriebswirtschaftlich als Gewinnsteuer zu verstehen und deckt sich somit inhaltlich mit dem Posten in der Konzern-GuV. Er enthält also auch die KSt und den SolZ.

Bislang wurden **Einzahlungen aus erhaltenen Zuschüssen/Zuwendungen** dem Cashflow aus der Finanzierungstätigkeit zugeordnet. Mit DRÄS 13 wurde diese Regelung allerdings im Jahr 2023 geändert. Der Ausweis von Zuwendungen und Zuschüssen erfolgt nun entsprechend den allgemeinen Grundsätzen zur Zuordnung von Zahlungsströmen auf die Tätigkeitsbereiche. Nach diesem Prinzip sind Einzahlungen aus erhaltenen Ertrags- und Aufwandszuschüssen der öffentlichen Hand (DRS 21.41a) sowie Einzahlungen aus erhaltenen privaten Zuschüssen, die an eine Gegenleistungsverpflichtung des Zuschussempfängers geknüpft sind (DRS 21.41b), dem Cashflow aus der laufenden Geschäftstätigkeit zuzuordnen. Ein offener Ausweis wird aber nicht verlangt.

2.4.4.2 Cashflow aus Investitionstätigkeit

Nach der Definition in DRS 21.9 gehören zur Investitionstätigkeit Aktivitäten i. V. m. Zu- und Abgängen von VG des Anlagevermögens sowie von VG des Umlaufvermögens, die nicht dem Finanzmittelfonds oder der laufenden Geschäftstätigkeit zuzuordnen sind.

Die Definition hat sich im Vergleich zur bisherigen Abgrenzung in DRS 2 geändert (DRS 2.30 f.). Inhaltlich sind aber keine Änderungen bei der Zuordnung von VG zur Investitionstätigkeit erkennbar. In DRS 21 und in der

Begründung zur Überarbeitung wurden aber Klarstellungen getroffen, um eine einheitliche Anwendung der Regeln zu gewährleisten. Abweichend von DRS 2 werden nach DRS 21 mit den Investitionen verbundene zahlungswirksame Erfolge erfasst (z. B. erhaltene Zinsen und Dividenden). Begründet wird dies vom Standardsetter damit, dass diese Erträge als Entgelt für die Kapitalüberlassung in Form von auf der Aktivseite ausgewiesenen Investitionen (ausgereichte Kredite oder Beteiligungen) interpretiert werden (DRS 21.B25).

38 **Mindestgliederungsschema** zur Darstellung des Cashflows aus der Investitionstätigkeit gem. DRS 21.46:

Schema		
1.		Einzahlungen aus Abgängen von Gegenständen des IAV
2.	–	Auszahlungen für Investitionen in das IAV
3.	+	Einzahlungen aus Abgängen von Gegenständen des Sachanlagevermögens
4.	–	Auszahlungen für Investitionen in das Sachanlagevermögen
5.	+	Einzahlungen aus Abgängen von Gegenständen des FAV
6.	–	Auszahlungen für Investitionen in das FAV
7.	+	Einzahlungen aus Abgängen aus dem KonsKreis
8.	–	Auszahlungen für Zugänge zum KonsKreis
9.	+	Einzahlungen aufgrund von Finanzmittelanlagen i. R. d. kurzfristigen Finanzdisposition
10.	–	Auszahlungen aufgrund von Finanzmittelanlagen i. R. d. kurzfristigen Finanzdisposition
11.	+	Einzahlungen im Zusammenhang mit Erträgen von außergewöhnlicher Größenordnung oder außergewöhnlicher Bedeutung
12.	–	Auszahlungen im Zusammenhang mit Aufwendungen von außergewöhnlicher Größenordnung oder außergewöhnlicher Bedeutung
13.	+	Erhaltene Zinsen
14.	–	Erhaltene Dividenden
15.	=	Cashflow aus der Investitionstätigkeit

39 DRS 21 sieht als **Mindestgliederung** eine **Differenzierung** der Zahlungsströme nach Gegenständen des **immateriellen Anlagevermögens** (IAV), des **Sachanlagevermögens** und des **Finanzanlagevermögens** (FAV) vor. Nach hier vertretener Auffassung ist auch für die Kapitalflussrechnung der konzernspezifische Grundsatz der Wirtschaftlichkeit und Wesentlichkeit anwendbar, sodass eine Zusammenfassung der Zahlungsströme möglich ist, wenn sie für die Beurteilung der Vermögens-, Finanz- und Ertragslage des Konzerns von untergeordneter Bedeutung sind. Dies kann in wenig anlageintensiven Konzernen der Fall sein.

Aus DRS 21 bzw. aus den Begründungen zur Neufassung wird die Auffassung des DRSC zur Behandlung nicht explizit im Standard aufgeführter Transaktionen deutlich:

- Wird von dem Wahlrecht der Aktivierung selbst geschaffener **Entwicklungskosten** des Anlagevermögens Gebrauch gemacht, sind die Auszahlungen im Cashflow aus der Investitionstätigkeit zu erfassen. Sofern angefallene Aufwendungen nicht im gleichen Gj zahlungswirksam geworden sind (z. B. bezogene Leistungen im Gj, die erst im Folgejahr bezahlt werden), können die Zugänge lt. Anlagenspiegel von den Auszahlungen lt. KFR abweichen. Über die Gesamtperioden betrachtet sind Auszahlungen für Investitionen in das IAV i. H. d. aktivierten Herstellungskosten zu erfassen.[26] Sofern von dem handelsrechtlichen Aktivierungswahlrecht kein Gebrauch gemacht wird, verbleiben die Auszahlungen aus Praktikabilitätsgründen im Cashflow aus der laufenden Geschäftstätigkeit. Für die Zuordnung zur Investitionstätigkeit wäre ansonsten eine gesonderte Erfassung der nicht aktivierten Auszahlungen erforderlich.
- Für **andere aktivierte Eigenleistungen** gelten die Regelungen für Entwicklungskosten analog. Sie sind ebenfalls korrespondierend zu den Änderungen der Bestände auszuweisen, sofern nicht ausnahmsweise Aktivierungs- und Auszahlungszeitraum wesentlicher Herstellungskosten in unterschiedlichen Berichtszeiträumen liegen.
- **Sanierungszuschüsse an Beteiligungen** zur Vermeidung von Buchwertminderungen, die nicht zu einer Aktivierung in der Handelsbilanz führen, sind ebenfalls dem Investitionsbereich zuzuordnen (DRS 21.B27).[27]
- Auszahlungen zur Vermeidung von Buchwertminderungen können auch bei den immateriellen Vermögensgegenständen und beim Sachanlagevermögen entstehen und gehören dann zum Investitionsbereich. Davon zu unterscheiden sind nachträgliche Anschaffungs- oder Herstellungskosten, die nach den allg. Regelungen zu behandeln sind, und Ausgaben für typische Erhaltungsaufwendungen von Anlagegegenständen, die im Cashflow aus der laufenden Geschäftstätigkeit zu erfassen sind. Indikatoren für typische Erhaltungsaufwendungen können die Regelmäßigkeit, Planmäßigkeit sowie die Höhe der angefallenen Kosten sein (DRS 21.B27).[28]
- Bei **Deckungsvermögen** handelt es sich um Vermögensgegenstände, die nicht in der operativen Geschäftstätigkeit eingesetzt werden. Daher sind Zahlungsvorgänge im Zusammenhang mit Deckungsvermögen der Investitionstätigkeit zuzuordnen (DRS 21.45).

Wenn für die beschriebenen Transaktionen weder im laufenden Gj noch im Vj (bei freiwilliger Angabe von Vorjahreszahlen) eine Ein- oder Auszahlung erfolgte, sollte der Posten bei der Darstellung der Kapitalflussrechnung weggelassen werden.

Nach DRS 21.45a sind **Einzahlungen aus erhaltenen Investitionszuschüssen der öffentlichen Hand** ebenfalls dem Cashflow aus der Investitionstätigkeit

---

[26] So auch Störk/Rimmelspacher, in Beck Bil-Komm., 14. Aufl. 2024, § 297 HGB Rz 53.
[27] Ausführlich: IDW, WPH Edition, Wirtschaftsprüfung & Rechnungslegung, 18. Aufl. 2023, Kap. G Tz 768.
[28] Vgl. Störk/Rimmelspacher, in Beck Bil-Komm., 14. Aufl. 2024, § 297 HGB Rz 52.

zuzuordnen. Die erhaltenen Zuschüsse sind allerdings getrennt von der entsprechenden Auszahlung, die für die Investition in den bezuschussten Vermögensgegenstand getätigt wurde, offen auszuweisen. Bislang wurden Einzahlungen aus erhaltenen Investitionszuschüssen der öffentlichen Hand, wie alle Einzahlungen aus erhaltenen Zuschüssen/Zuwendungen dem Cashflow aus der Finanzierungstätigkeit zugeordnet. Analog sind gewährte Investitionszuschüsse zu behandeln (DRS 21.45b und 45c).

42 Die Auszahlungen für Investitionen in das Anlagevermögen sind in der Konzern-Kapitalflussrechnung nicht unmittelbar mit den Zugängen laut **Anlagenspiegel** abstimmbar. Mögliche Abweichungsgründe hierfür sind vielfältig, in der Praxis trifft man folgende Abweichungsursachen häufig an:
- Zugänge/Abgänge im Anlagevermögen durch Erwerb oder Veräußerung von konsolidierten Unt sind i.R.d. Unternehmenskaufs („Einzahlungen aus Abgängen aus dem Konsolidierungskreis" bzw. „Auszahlungen für Zugänge zum Konsolidierungskreis") zu erfassen;
- Zugänge/Abgänge von Gegenständen des Anlagevermögens sind im Zugangs- bzw. Abgangsjahr nicht bzw. nicht vollständig zahlungswirksam geworden, weil die Transaktion entweder in zeitlicher Nähe zum Ende des Gj erfolgte und eine Verbindlichkeit passiviert wurde oder weil eine Ratenzahlung des vereinbarten Kaufpreises über mehrere Gj vereinbart wurde;
- Zugänge von Gegenständen des Anlagevermögens sind aufgrund von Einbringungsvorgängen (z.B. Sacheinlagen, Verschmelzungen und Abspaltungen) nicht zahlungswirksam.

43 Die Auszahlungen aus dem Erwerb von konsolidierten Unt und sonstigen Geschäftseinheiten sind um den auf den Finanzmittelfonds des Konzerns am Erwerbsstichtag entfallenden Teil zu korrigieren.

> **Praxis-Beispiel**
> Das MU erwirbt mit notariellem Vertrag vom 1.12.00 70 % der Anteile an TU. Der Kaufpreis beläuft sich auf 2.000, zahlbar in zwei gleichen Raten am 29.12.00 und am 29.12.01. Die erste Rate wird am 3.1.01 überwiesen. Das TU weist am 1.12.00 flüssige Mittel (= Finanzmittelfonds) i.H.v. 100 aus. Im Gj 00 war zwar eine Kaufpreisrate fällig; tatsächlich erfolgte der Mittelabfluss aber erst in 01. Durch die Vollkonsolidierung von TU hat sich der Finanzmittelfonds im Konzern bei der erstmaligen Einbeziehung um 100 erhöht. Es errechnet sich eine „Einzahlung für Zugänge zum Konsolidierungskreis" i.H.v. 100. Die Postenbezeichnung ist anzupassen.

2.4.4.3 Cashflow aus Finanzierungstätigkeit

44 Zum Cashflow aus Finanzierungstätigkeit zählen Transaktionen mit den Unternehmenseignern und Minderheitsgesellschaftern sowie Aufnahmen und Tilgungen von Finanzschulden.

45 **Mindestgliederungsschema** zur Darstellung des Cashflows aus der Finanzierungstätigkeit gem. DRS 21.50:

Schema		
1.		Einzahlungen aus Eigenkapitalzuführungen von Gesellschaftern des MU
2.	+	Einzahlungen aus Eigenkapitalzuführungen von anderen Gesellschaftern
3.	–	Auszahlungen aus Eigenkapitalherabsetzungen an Gesellschafter des MU
4.	–	Auszahlungen aus Eigenkapitalherabsetzungen an andere Gesellschafter
5.	+	Einzahlungen aus der Begebung von Anleihen und der Aufnahme von (Finanz-)Krediten
6.	–	Auszahlungen aus der Tilgung von Anleihen und (Finanz-)Kredite
7.	+	Einzahlungen im Zusammenhang mit Erträgen von außergewöhnlicher Größenordnung oder außergewöhnlicher Bedeutung
8.	–	Auszahlungen im Zusammenhang mit Aufwendungen von außergewöhnlicher Größenordnung oder außergewöhnlicher Bedeutung
9.	–	Gezahlte Zinsen
10.	–	Gezahlte Dividenden an Gesellschafter des MU
11.	–	Gezahlte Dividenden an andere Gesellschafter
12.	=	Cashflow aus der Finanzierungstätigkeit

Zur Finanzierungstätigkeit gehören alle Ein- und Auszahlungen im Zusammenhang mit externen Kapitalgebern. **Einzahlungen aus erhaltenen Zuschüssen bzw. Zuwendungen** waren bislang stets dem Cashflow aus der Finanzierungstätigkeit zuzuordnen. Diese Regelung wurde im Jahr 2023 und bereits mit Wirkung ab dem Geschäftsjahr 2023 mit DRÄS 13 angepasst. Der Ausweis von Zuwendungen und Zuschüssen erfolgt nun entsprechend den allgemeinen Grundsätzen zur Zuordnung von Zahlungsströmen auf die einzelnen Tätigkeitsbereiche. Einzahlungen aus erhaltenen Zuschüssen bzw. Zuwendungen sind nur noch dann dem Cashflow aus der Finanzierungstätigkeit zuzuordnen, sofern es sich hierbei um Einzahlungen aus erhaltenen unbedingt rückzahlbaren Zuschüssen (DRS 21.49) oder um Einzahlungen aus erhaltenen Zuschüssen, die Gesellschafter in ihrer Funktion als Gesellschafter gewähren (DRS 21.49a) handelt. Ein gesonderter Ausweis ist aber jeweils nicht nötig.

Ferner sind nach DRS 21.49b auch Zahlungsströme aus der Veränderung von Cash-Pool-Forderungen respektive Cash-Pool-Verbindlichkeiten dem Cashflow aus der Finanzierungstätigkeit zuzuordnen, sofern die Cash-Pool-Forderungen respektive Cash-Pool-Verbindlichkeiten nicht in den Finanzmittelfonds einzubeziehen sind. Eine Saldierung dieser Zahlungsströme ist grds. möglich, sofern die Ausnahmeregelungen des DRS 21.26 Buchst. a) erfüllt sind (Zahlungsströme mit hoher Umschlaghäufigkeit, großen Beträgen und kurzen Laufzeiten). Auch hier braucht kein gesonderter Ausweis zu erfolgen.

2.4.4.4 Sonderfragen

Es wird empfohlen, **Vj-Zahlen** anzugeben. Eine gesetzliche Verpflichtung hierzu besteht nicht (DRS 21.22). Sofern nur Zahlen für das aktuelle Berichtsjahr

47 angegeben werden, bedeutet das keine Abweichung von der Empfehlung des BMJ in DRS 21 (vgl. zur Begründung Rz 64).

47 Zahlungsströme in **Fremdwährungen** sind grds. mit dem **Devisenkassamittelkurs des jeweiligen Transaktionstags** umzurechnen. Zur Vereinfachung können **Durchschnittskurse der Berichtsperiode** verwendet werden (DRS 21.B13). Im in der Praxis häufigsten Fall der unmittelbaren Ableitung der Kapitalflussrechnung aus dem Konzernabschluss liegen der Kapitalflussrechnung bereits umgerechnete Werte zugrunde. In diesem Fall sind zunächst im Finanzmittelfonds entstehende Währungsdifferenzen zu ermitteln und gesondert auszuweisen. Wechselkursbedingte Änderungen anderer Bilanzposten sind zumindest näherungsweise zu eliminieren.[29]

48 Der Abschlussprüfer eines Konzernabschlusses sieht sich verschiedenen Verlautbarungen mit unterschiedlichen Empfehlungen bzw. Regeln über die Erstellung einer Kapitalflussrechnung gegenüber, ohne dass es Indizien, z. B. in Form von Aktivitäten des Gesetzgebers, Gerichten oder einschlägigem Schrifttum, für eine Änderung der Kapitalflussrechnung-GoB gibt. Lorson/Müller[30] kommen daher zu dem Schluss, dass der Abschlussprüfer zwar Abweichungen vom aktuellen DRS im Prüfungsbericht anzugeben hat (vgl. IDW PS 450.134 n. F.), eine Auswirkung auf den uneingeschränkten Bestätigungsvermerk sich aber nicht ergibt, wenn

- die Kapitalflussrechnung auch nach 2015 unverändert nach den außer Kraft gesetzten DRS-2-Regeln weiter erstellt wird,
- die Kapitalflussrechnung nach anderen anerkannten Regeln wie z. B. nach IAS 7 erstellt wird,
- die DRS-21-Regeln modifiziert angewendet werden, indem man insb. das Aktivitätenformat noch trennschärfer anwendet und in der Literatur aufgezeigte Mängel an den DRS-21-Regeln beseitigt.

Hierdurch wird die Zahl an Konzern-GoB-Alternativen in Bezug auf die Kapitalflussrechnung größer, was betriebswirtschaftliche Analysen und das Controlling im Unt erschweren. In der Praxis hat sich die Beachtung der Empfehlung des DRS 21 überwiegend durchgesetzt.

2.4.5 Ergänzende Angaben

49 Hinsichtlich ergänzender Angaben zur Kapitalflussrechnung ergeben sich aus DRS 21 die folgenden zusätzlichen Verpflichtungen:
Die Vorschriften zum **Ort der Angaben** ergeben sich aus DRS 21.53. Die Norm sieht eine **geschlossene Darstellung** der ergänzenden Angaben **unter der Kapitalflussrechnung oder** im **Konzernanhang** vor. Somit bestehen folgende Darstellungsmöglichkeiten:

- Die ergänzenden Angaben zur Kapitalflussrechnung werden mit entsprechender Überschrift (z. B. „Ergänzende Angaben zur Kapitalflussrechnung") in einem gesonderten Abschnitt im Konzernanhang dargestellt.
- Die geforderten Angaben werden als Anlage zur Kapitalflussrechnung gemacht.
- Die geforderten Angaben werden in die Kapitalflussrechnung aufgenommen, z. B. mittels Fußnote und/oder als Davon-Vermerk. Wegen des Grundsatzes

---

[29] Vgl. IDW, WPH Edition, Wirtschaftsprüfung & Rechnungslegung, 18. Aufl. 2023, Kap. G Tz 757.
[30] Vgl. Lorson/Müller, DB 2014, S. 968f.

der Klarheit und Übersichtlichkeit kommt diese Möglichkeit nur in Betracht, wenn der Umfang der ergänzenden Angaben nicht sehr hoch ist.

DRS 21.52 sieht folgende ergänzende Angaben als zwingend erforderlich für das Verständnis der Kapitalflussrechnung an:
- Definition und Zusammensetzung des Finanzmittelfonds einschl. ggf. rechnerischer Überleitung,
- Bestände des Finanzmittelfonds von quotal einbezogenen Unt,
- wesentliche zahlungsunwirksame Investitions- und Finanzierungsvorgänge und Geschäftsvorfälle; hierzu gehören nach hier vertretener Auffassung sowohl dauerhaft zahlungsunwirksame Transaktionen, wie z.b. Umwandlung von Fremd- in Eigenkapital und Sacheinlagen, als auch Transaktionen, in denen der Zugangs- und Zahlungszeitpunkt in unterschiedliche Berichtsperioden fallen, wie z.b. Erwerb von Immobilien am 31.12.00 und Zahlung des Kaufpreises in 01, und gestundete Kaufpreise,
- Bestände des Finanzmittelfonds, die Verfügungsbeschränkungen unterliegen,
- bei Anwendung der indirekten Methode die Überleitung einer vom Periodenergebnis abweichenden Ausgangsgröße, sofern kein Verweis auf die Konzern-GuV erfolgt (DRS 21.41),
- bei Zuordnungsmöglichkeit wesentlicher Zahlungsströme zu mehreren Tätigkeitsbereichen (also laufende Geschäftstätigkeit, Investitions- und Finanzierungstätigkeit, nicht von Posten innerhalb der Tätigkeitsbereiche), für die der Standard keine Zuordnung trifft oder präferiert, ist die vorgenommene Zuordnung anzugeben und zu erläutern (DRS 21.17).

2.5 Eigenkapitalspiegel

Der Eigenkapitalspiegel stellt systematisch die Veränderungen des Eigenkapitals im Konzernabschluss dar. Angesichts der Komplexität der Konzern-Eigenkapitalstruktur wird durch diese Darstellungsform für externe Adressaten der **Informationswert gesteigert.** Der Gesetzgeber hat darauf verzichtet, gesetzliche Vorgaben über die inhaltliche Ausgestaltung zu machen. Es existiert somit **kein gesetzliches Schema** für den Eigenkapitalspiegel. Hinsichtlich der erforderlichen Angaben hat das DRSC in **DRS 22 „Konzerneigenkapital"** Empfehlungen ausgesprochen, die vom BMJV am 23.2.2016 bekannt gemacht worden sind. Nach § 342q Abs. 2 HGB wird vermutet, dass die die Konzernrechnungslegung betreffenden GoB bei Anwendung dieses Standards beachtet werden.
DRS 22 enthält neben vielen Anwendungsregeln (z.B. DRS 22.19: „Die Veränderungen des Konzerneigenkapitals sind unsaldiert auszuweisen.") auch viele Empfehlungen (z.B. DRS 22.20: „Es wird empfohlen, eine Konzernergebnisverwendungsrechnung aufzustellen."). Sofern nur von Empfehlungen abgewichen wird, führt dies nicht zu einer Berichtspflicht des Konzernabschlussprüfers über Abweichungen nach IDW PS 450.134 n.F. Es ist somit für die Berichtspflicht im Prüfungsbericht zur Konzernabschlussprüfung zu prüfen, ob es sich im Standard um konkrete Anwendungsregeln oder lediglich um Empfehlungen im Standard handelt (vgl. zur Begründung Rz 64).

50

2.5.1 Darstellungsschema des Eigenkapitalspiegels

51 Der Konzerneigenkapitalspiegel stellt die Veränderungen der Posten des Konzerneigenkapitals in Matrixform dar. Aufgrund vieler Unterschiede in der Eigenkapitaldarstellung enthält DRS 22 als Anlagen separate Schemata für einen Konzerneigenkapitalspiegel für Mutterunternehmen in der Rechtsform einer Kapitalgesellschaft und einer Personenhandelsgesellschaft.
Der Konzerneigenkapitalspiegel von MU in der Rechtsform einer Kapitalgesellschaft hat laut Anlage 1 zu DRS 22 grds. die unten angegebenen Posten zu enthalten. Ein Posten, der keinen Betrag ausweist, braucht nicht aufgeführt zu werden.[31] Werden in der Konzernbilanz zusätzliche Posten innerhalb des Eigenkapitals ausgewiesen, sind diese unter Beibehaltung der Bezeichnung auch in den Konzerneigenkapitalspiegel aufzunehmen. Alle Bestandsposten des Konzerneigenkapitalspiegels müssen mit der Konzernbilanz abstimmbar sein.
Innerhalb der Spalten dürfen nach DRS 22.19 keine Saldierungen vorgenommen werden. Ggf. sind sich saldierende Sachverhalte in separaten Zeilen und Spalten auszuweisen.

Schema des Konzerneigenkapitalspiegels für Mutterunternehmen in der Rechtsform einer Kapitalgesellschaft (DRS 22)	
+	Gezeichnetes Kapital (Stammaktien/Vorzugsaktien/Summe)
–	Eigene Anteile (Stammaktien/Vorzugsaktien/Summe)
–	Nicht eingeforderte ausstehende Einlagen (Stammaktien/Vorzugsaktien/Summe)
=	(Korrigiertes) Gezeichnetes Kapital
+	Kapitalrücklage (nach § 272 Abs. 2 Nr. 1–3 HGB/nach § 272 Abs. 2 Nr. 4 HGB/Summe)
+	Gewinnrücklagen (gesetzliche Rücklage/nach § 272 Abs. 4 HGB/ satzungsmäßige Rücklagen/andere Gewinnrücklagen/Summe)
=	Rücklagen
+/–	Eigenkapitaldifferenz aus Währungsumrechnung
+/–	Gewinnvortrag/Verlustvortrag
+/–	Konzernjahresüberschuss/-fehlbetrag, der dem MU zuzurechnen ist
=	Nicht beherrschende Anteile (Nicht beherrschende Anteile vor Eigenkapitaldifferenz aus Währungsumrechnung und Jahresergebnis/auf nicht beherrschende Anteile entfallende Eigenkapitaldifferenz aus Währungsumrechnung/auf nicht beherrschende Anteile entfallende Gewinne/Verluste)
+	Nicht beherrschende Anteile
=	Konzerneigenkapital

---

[31] Vgl. DRS 22.10.

Folgende Veränderungszeilen zur Erläuterung der Abweichungen der Posten vom Geschäftsjahresanfang zum -ende werden vorgegeben:

> Stand am 31.12.00
>
> Kapitalerhöhung/Kapitalherabsetzung (Ausgabe von Anteilen/Erwerb, Veräußerung eigener Anteile/Einziehung von Anteilen/Kapitalerhöhung aus Gesellschaftsmitteln)
>
> Einforderung/Einzahlung bisher nicht eingeforderter Einlagen
>
> Einstellung in/Entnahme aus Rücklagen
>
> Ausschüttung
>
> Währungsumrechnung
>
> Sonstige Veränderungen
>
> Änderungen des Konsolidierungskreises
>
> Konzernjahresüberschuss/-fehlbetrag
>
> Stand am 31.12.01

In DRS 22.55 werden beispielhaft als „sonstige Veränderungen" Umstellungseffekte bei Anwendung neuer oder geänderter Rechnungslegungsvorschriften, erfolgsneutral erfasste Korrekturen der Erwerbsbilanzierung nach § 301 Abs. 2 Satz 2 HGB sowie erfolgsneutral erfasste Veränderungen des Konzerneigenkapitals im Zusammenhang mit der Aufstockung und Abstockung von Anteilen an TU ohne Statuswechsel genannt.

Sofern die sonstigen Veränderungen wesentlich sind, ist eine Aufteilung des Postens in mehrere Zeilen mit entsprechender Bezeichnung sinnvoll.[32] Alternativ können die Angaben und Erläuterungen in den ergänzenden Angaben unter dem Konzerneigenkapitalspiegel oder im Konzernanhang gemacht werden.

Als „Änderungen des Konsolidierungskreises" sind z. B. die Veränderungen des Postens „Nicht beherrschende Anteile" bei der Erst-, Übergangs- oder Entkonsolidierung zu erfassen.

52

Praxis-Beispiel

Das MU erwirbt 60 % der Anteile an dem TU für 60 TEUR. Das nach Aufdeckung stiller Reserven ermittelte Eigenkapital des TU beträgt 100 TEUR. Durch die Erstkonsolidierung erhöht sich das Konzerneigenkapital um 40 TEUR:

Konto	Soll	Haben
Eigenkapital des TU	100	
Anteile an verbundenen Unternehmen		60
Nicht beherrschende Anteile		40

---

[32] DRS 22.57 empfiehlt weitergehende Angaben bei wesentlichen Beträgen, ohne dies verpflichtend vorzuschreiben.

Einen weiteren Anwendungsfall sehen Störk/Rimmelspacher, wenn ein TU, das bisher nicht einbezogen wurde, erstmals konsolidiert und ein technischer passiver Unterschiedsbetrag direkt in das Eigenkapital umgebucht wird.[33] Da die Veränderungen des Konzerneigenkapitals gem. DRS 22.19 unsaldiert auszuweisen sind, sind Abgänge und Zugänge gesondert zu zeigen.

53 Gezeichnetes Kapital
Das gezeichnete Kapital des MU entspricht dem Grundkapital (bei einer AG, SE und KGaA) bzw. dem Stammkapital (bei einer GmbH). Bei **unterschiedlichen Aktiengattungen** einer AG (z.B. Stamm- und Vorzugsaktien) betrifft die Pflicht zur gesonderten Angabe des Betrags jeder Aktiengattung nach § 152 Abs. 1 Satz 2 AktG auch den Ausweis im Eigenkapitalspiegel (DRS 22.26f.). Nicht eingeforderte ausstehende Einlagen sind vom gezeichneten Kapital offen abzusetzen (§ 272 Abs. 1 Satz 2 i.V.m. § 298 Abs. 1 HGB) und entsprechend im Eigenkapitalspiegel auszuweisen. Eingeforderte ausstehende Einlagen sind i.R.d. Schuldenkonsolidierung zu berücksichtigen (bei in den Konzernabschluss einbezogenen TU oder anteilmäßig einbezogenen GemeinschaftsUnt) oder als Forderung gesondert auszuweisen (DRS 22.28).

54 Eigene Anteile
Zu den eigenen Anteilen im Konzernabschluss rechnen
- eigene Anteile, die das MU an sich selbst hält,
- Rückbeteiligungen; das sind Anteile, die ein einbezogenes TU oder ein quotal einbezogenes GemeinschaftsUnt am MU hält.

In dieser Spalte ist bei einem Erwerb nur der Nennbetrag oder, falls ein solcher nicht vorhanden ist, der rechnerische Wert der erworbenen eigenen Anteile abzusetzen (DRS 22.29). Die Differenz zu den Anschaffungskosten ist grds. mit den frei verfügbaren Rücklagen zu verrechnen. Da der Konzernabschluss keine Ausschüttungsbemessungsfunktion hat, darf die Verrechnung darüber hinaus mit allen anderen Rücklagen (also z.B. mit der Kapitalrücklage nach § 298 Abs. 1 i.V.m. § 272 Abs. 2 Nr. 1–3 HGB im Konzern eines MU in der Rechtsform einer AG) erfolgen. § 298 Abs. 1 HGB i.V.m. § 272 Abs. 1a Satz 2 HGB findet insoweit keine Anwendung, da die Eigenart des Konzernabschlusses eine Abweichung bedingt. Eine Verrechnung der den Nennbetrag oder den rechnerischen Wert übersteigenden Teil der Anschaffungskosten mit dem positiven Eigenkapitalposten „Eigenkapitaldifferenz aus Währungsumrechnung" gem. § 308a Satz 3 HGB darf aber in keinem Fall erfolgen, weil die Währungsgewinne noch nicht realisiert sind (DRS 22.34).[34] Reichen die Konzernrücklagen nicht aus, ist der verbleibende Betrag im Konzernbilanzgewinn/-verlust zu verrechnen. Bei der Rücklagenverrechnung ist der Grundsatz der Stetigkeit zu beachten, d.h. die bei früheren Erwerbsvorgängen gewählte Reihenfolge der Verrechnung ist beizubehalten, sofern nicht begründete Ausnahmefälle ein Abweichen rechtfertigen. Anschaffungsnebenkosten gehören gem. § 272 Abs. 1a Satz 3 HGB beim Erwerb eigener Anteile nicht zu den Anschaffungskosten. Dies bedeutet, dass bei Rückbeteiligungen die Anschaffungskosten beim TU oder quotal einbezogenen Ge-

---

[33] Vgl. Störk/Rimmelspacher, in Beck Bil-Komm., 14. Aufl. 2024, § 297 HGB Rz 115; zum Begriff des technischen passiven Unterschiedsbetrags vgl. DRS 23.147–150.
[34] Vgl. Störk/Rimmelspacher, in Beck Bil-Komm., 14. Aufl. 2024, § 297 HGB Rz 120.

meinschaftsUnt von denen im Konzernabschluss i.H.d. Anschaffungsnebenkosten abweichen und entsprechende Korrekturen vorzunehmen sind (DRS 22.33).

Nicht eingeforderte ausstehende Einlagen 55
Der hier auszuweisende Betrag entspricht dem Posten des § 272 Abs. 1 Satz 2 HGB. Eingeforderte ausstehende Einlagen sind i.R.d. Schuldenkonsolidierung zu eliminieren (bei Forderungen gegen einbezogene TU) oder gesondert auszuweisen (DRS 22.28).

Kapitalrücklage 56
Hinsichtlich der Definition ergeben sich bei diesem Posten keine Abweichungen zu den Vorschriften des Handelsrechts. Die Kapitalrücklage ist **aus Sicht des MU** zu beurteilen: Kapitalrücklagen von einbezogenen Ges. sind entweder zu konsolidieren oder als „Nicht beherrschende Anteile" zu **erfassen**.
Durch den gesonderten Ausweis der Kapitalrücklage von den Gewinnrücklagen ist die Herkunft des ausgewiesenen Kapitals von den Gesellschaftern erkennbar. Diese Information ist zudem für externe Konzernabschluss-Adressaten relevant. Durch aus Konzernsicht abweichend zum Jahresabschluss zu beurteilende Sachverhalte kann es aber zu dauerhaften Abweichungen der Kapitalrücklagen im Jahresabschluss und Konzernabschluss des MU und damit zu Beeinträchtigungen der Aussagekraft kommen:[35]

> **Praxis-Beispiel**
> Das MU erzielt im Gj 00 auf Einzelabschlussebene einen Jahresfehlbetrag von 100 TEUR, der durch Entnahme aus der Kapitalrücklage ausgeglichen wird. Im Konzernabschluss wird im Gj 00 ein Konzernjahresüberschuss erzielt, sodass eine Verlustabdeckung durch Entnahmen von Rücklagen im Konzern nicht erforderlich ist. Aus Konzernsicht ist somit das von außen zugeführte Kapital nicht geschmälert worden, sodass die Kapitalrücklage im Konzernabschluss unverändert auszuweisen ist.

Die im Eigenkapitalspiegel ausgewiesene Kapitalrücklage stimmt i.d.R. mit dem 57
Betrag der in der Bilanz des Jahresabschlusses des MU ausgewiesenen Kapitalrücklage überein. Sie kann aber auch von der Kapitalrücklage des MU abweichen (z.B. nach Verschmelzungen, einer vor Wirksamwerden des BilMoG zulässigen Verrechnung eines GoF mit einer Kapitalrücklage nach § 272 Abs. 2 Nr. 4 HGB, einer Verrechnung der Differenz zwischen Anschaffungskosten und Nennwert eigener Anteile sowie einer abweichenden Ergebnisverrechnung wie im Beispiel der Rz 56). DRS 22.54 empfiehlt im Konzerneigenkapitalspiegel im Hinblick auf die unterschiedlichen aktienrechtlichen Verwendungsbeschränkungen eine gesonderte Darstellung der Veränderung der Kapitalrücklage nach § 272 Abs. 2 Nr. 1–3 und Nr. 4 HGB. Mangels gesetzlicher Vorschrift einer entsprechenden Aufgliederung im Jahresabschluss, der formalrechtlich allein Grundlage für mögliche Entnahmen aus der Kapitalrücklage ist, sowie aufgrund oben dargestellter möglicher Abweichungen der Höhe der Kapitalrücklage im Einzel- und Konzernabschluss, die fiktiv zuzuordnen wären, ist die empfohlene zusätzliche Differenzierung im

---

[35] Vgl. Gelhausen/Gelhausen, Gedanken zur Behandlung des Eigenkapitals im Konzernabschluss, FS Forster, 1992, S. 225.

58 Gewinnrücklagen
Eine gesonderte Definition des Postens für Konzernzwecke besteht weder im Gesetz noch in DRS 22. Es sind also über § 298 Abs. 1 HGB die Regeln nach §§ 266 Abs. 3, 272 Abs. 3 HGB maßgebend, soweit die Eigenart des Konzernabschlusses keine Abweichung bedingt.

Nach DRS 22.10 hat der Konzerneigenkapitalspiegel von MU in der Rechtsform einer KapG die in der Anlage 1 dargestellten Posten zu enthalten. Danach hat eine Aufgliederung des Postens in „gesetzliche Rücklage", „Rücklage nach § 272 Abs. 4 HGB", „satzungsmäßige Rücklagen" und „andere Gewinnrücklagen" zu erfolgen. Die verschiedenen Kategorien des Eigenkapitals haben bei KapG insb. rechtliche Funktionen. Die Ausweisvorschriften im Jahresabschluss dienen den materiellen Vorschriften über Kapitalbindung und -erhaltung. All diese Funktionen hat der Kapitalausweis im Konzernabschluss nicht. Deshalb kann auch befürwortet werden, wie bisher den Eigenkapitalausweis im Konzern im Hinblick auf seinen betriebswirtschaftlichen Informationsgehalt auf die Unterscheidung zwischen von außen zugeführtem und selbst erwirtschaftetem Kapital zu beschränken.[37]

59 Eigenkapitaldifferenz aus Währungsumrechnung
Der Ausweis entspricht dem in § 308a HGB definierten Posten. Veränderungen ergeben sich durch im Vergleich zur letzten Umrechnung abweichende Devisenkassamittelkurse bei auf fremde Währung lautenden Abschlüssen sowie bei Ausscheiden von voll oder quotal einbezogenen Gesellschaften mit auf fremde Währung lautenden Abschlüssen durch Realisierung des Unterschiedsbetrags.

60 Gewinnvortrag/Verlustvortrag. Konzernjahresüberschuss/Konzernjahresfehlbetrag, der dem MU zuzurechnen ist
Wird die Konzernbilanz unter Berücksichtigung der vollständigen oder teilweisen Verwendung des Konzernjahresüberschusses/-fehlbetrags aufgestellt, so tritt an die Stelle der beiden Posten der Posten „Konzernbilanzgewinn/-verlust" (DRS 22.16 und § 298 Abs. 1 i. V. m. § 268 Abs. 1 HGB). Die Summe in der Zeile „Konzernjahresüberschuss/-fehlbetrag" muss dem gleichlautenden Posten in der Konzern-GuV entsprechen.

61 Nicht beherrschende Anteile
Der Posten wird in § 307 Abs. 1 HGB definiert. Die Anlage 1 zu DRS 22 sieht eine Aufgliederung der nicht beherrschenden Anteile in folgende Posten vor:
- Nicht beherrschende Anteile vor Eigenkapitaldifferenz aus Währungsumrechnung und Jahresergebnis
- Auf nicht beherrschende Anteile entfallende Eigenkapitaldifferenz aus Währungsumrechnung
- Auf nicht beherrschende Anteile entfallende Gewinne/Verluste
- Summe

---

[36] Ähnlich Störk/Rimmelspacher, in Beck Bil-Komm., 14. Aufl. 2024, § 297 HGB Rz 128.
[37] Vgl. Gelhausen/Gelhausen, Gedanken zur Behandlung des Eigenkapitals im Konzernabschluss, FS Forster, 1992, S. 232; vgl. auch Störk/Rimmelspacher, in Beck Bil-Komm., 14. Aufl. 2024, § 297 HGB Rz 131, nach denen ein getrennter Ausweis im Konzerneigenkapitalspiegel nicht gefordert werden kann.

Ergänzende Regelungen für Personenhandelsgesellschaften i. S. d. § 264a HGB

62

Aufgrund diverser Unterschiede in der Eigenkapitaldarstellung bei Kapital- und Personenhandelsgesellschaften wurden in DRS 22 separate Konzerneigenkapitalspiegel entwickelt. Nach Anlage 2 zu DRS 22 enthält das Schema für MU in der Rechtsform einer Personenhandelsgesellschaft folgende Spalten (Bestandsposten):

	Schema
+	Kapitalanteile (Kapitalanteile/ Nicht eingeforderte ausstehende Einlagen/Summe)
	Kapitalrücklage gem. Gesellschaftsvertrag
	Gewinnrücklagen (Rücklage gem. Gesellschaftsvertrag/ Sonstige Gewinnrücklagen/ Summe)
+	Rücklagen
+	Eigenkapitaldifferenz aus Währungsumrechnung
+	Gewinnvortrag/Verlustvortrag
+	Konzernjahresüberschuss/-fehlbetrag, der dem MU zuzurechnen ist
=	Eigenkapital des MU
+	Nicht beherrschende Anteile (Nicht beherrschende Anteile vor Eigenkapitaldifferenz aus Währungsumrechnung und Jahresergebnis/auf nicht beherrschende Anteile entfallende Eigenkapitaldifferenz aus Währungsumrechnung/auf nicht beherrschende Anteile entfallende Gewinne bzw. Verluste)
=	Konzerneigenkapital

Sofern in der Konzernbilanz eine weitere Untergliederung vorgenommen wurde oder neue Posten hinzugefügt wurden, ist auch der Konzerneigenkapitalspiegel entsprechend zu ergänzen. Die Postenbezeichnung der Konzernbilanz ist beizubehalten. Leerposten können weggelassen werden (DRS 22.10, DRS 22.18).

DRS 22.21 empfiehlt, den Konzerneigenkapitalspiegel auch für das Vj aufzustellen. Eine gesetzliche Verpflichtung zur Angabe von Vj-Zahlen im Konzerneigenkapitalspiegel fehlt. Angesichts des eindeutigen Gesetzeswortlauts des § 265 Abs. 2 Satz 1 HGB, der nur für bestimmte explizit aufgeführte Bestandteile des Jahresabschlusses Vj-Zahlen verlangt, ist festzuhalten, dass die **Angabe von Vj-Zahlen** für die Jahresabschluss-Bestandteile Kapitalflussrechnung, Eigenkapitalspiegel sowie Segmentberichterstattung **sinnvoll, aber gesetzlich nicht erforderlich** ist.[38] Bei fehlenden Vj-Zahlen in der Eigenkapitalveränderungsrechnung nach den Regeln des DRS 22 entfällt eine Berichterstattung im

63

---

[38] Gl. A. Gelhausen/Fey/Kämpfer, Rechnungslegung und Prüfung nach dem Bilanzrechtsmodernisierungsgesetz, 2009, Kap. K Tz. 8; Zwirner/Petersen/König, DB 2012, S. 64.

Prüfungsbericht analog IDW PS 450.134 n.F., da lediglich eine Empfehlung ausgesprochen wird (zur Begründung vgl. Rz 64).

2.5.2 Angaben im Konzernanhang

64 DRS 22.60 empfiehlt ergänzende Angaben zum Konzerneigenkapitalspiegel. Sofern ergänzende Angaben gemacht werden, schreibt DRS 22.61 vor, diese geschlossen entweder unter dem Konzerneigenkapitalspiegel oder im Konzernanhang vorzunehmen.

Nach § 342q Abs. 2 HGB wird die Beachtung der Konzernrechnungslegung betreffenden GoB vermutet, wenn die vom BMJ bekannt gemachten Empfehlungen des DRSC beachtet worden sind. Empfehlung i.S.d. Norm bedeutet dabei, dass die Konzernrechnungslegung im Einklang mit dem jeweiligen DRS zu stehen hat.[39] Jeder DRS unterscheidet zwischen Regelungen und Empfehlungen, die meistens mit den Worten „es wird empfohlen" beginnen. Die Anwendung der Empfehlungen erhöht i.d.R. die Qualität der Berichterstattung, jedoch zur Beurteilung der GoB-Vermutung in § 342q Abs. 2 HGB nach hier vertretener Auffassung nicht verbindlich. Sofern Angaben zur Beachtung der GoB und zur Vermittlung eines den tatsächlichen Verhältnissen entsprechenden Bilds der Vermögens-, Finanz- und Ertragslage als notwendig erachtet werden, sind in den DRS verpflichtende Regeln aufgestellt worden. Die Nichtbeachtung von weiteren Vorschlägen in einem DRS führt daher auch nicht zu einer Berichtspflicht des Konzernabschlussprüfers im Prüfungsbericht analog IDW PS 450.134 n.F. Die Verwendung des Begriffs „Empfehlungen" in § 342q Abs. 2 HGB und in den einzelnen DRS mit inhaltlich unterschiedlicher Bedeutung ist unglücklich.

Bezogen auf ergänzende Angaben zum Konzerneigenkapitalspiegel bedeutet dies, dass trotz eines Verzichts auf die im DRS 22 nur empfohlenen Angaben[40] die bekanntgemachte Empfehlung des BMJ beachtet worden ist. Sofern die Angaben jedoch im Konzernabschluss gemacht werden, würde aufgrund der Regel in DRS 22.61[41] eine nicht geschlossene Darstellung eine Abweichung von der bekannt gemachten Empfehlung bedeuten, über die im Konzernprüfungsbericht analog IDW PS 450.134 n.F. zu berichten ist.

Neben Angaben aus aktienrechtlichen Regelungen, die vom DRS 22 unberührt bleiben, werden folgende Angaben empfohlen:
– der Betrag, der am Stichtag für Gewinnausschüttungen an die Gesellschafter zur Verfügung steht,
– die Beträge, die einer gesetzlichen oder satzungsmäßigen bzw. gesellschaftsvertraglichen Ausschüttungssperre oder anderen Verfügungsbeschränkungen unterliegen.

---

[39] Vgl. z.B. die einleitenden Ausführungen des BMJ bei der Bekanntmachung des DRS 22. Hier wird von der nachstehend bekannt gemachten Empfehlung (Singular) gesprochen.
[40] S. DRS 22.60: „Es wird empfohlen, ... Folgendes anzugeben ..."
[41] „Die ergänzenden Angaben sind geschlossen entweder unter dem Konzerneigenkapitalspiegel oder im Konzernanhang zu machen."

2.6 Segmentberichterstattung

Gem. § 297 Abs. 1 Satz 2 HGB **kann** der Konzernabschluss um eine Segmentberichterstattung erweitert werden. Die **freiwillige Erstellung** einer Segmentberichterstattung als zusätzlicher Teil des Konzernabschlusses dient einer zusätzlichen und besseren Informationsgewinnung (DRS 28.1 f.). Gesetzliche Regelungslücken zum Inhalt und zur Ausgestaltung der Segmentberichterstattung werden durch **DRS 28 (Segmentberichterstattung)** ausgefüllt, der den früheren DRS 3 ersetzt. DRS 3 ist aufgehoben und war letztmalig anzuwenden auf ein Gj, das vor dem oder am 31.12.2020 beginnt. Das DRSC hat am 12.5.2020 den neuen **DRS 28 (Segmentberichterstattung)** verabschiedet. Die Bekanntmachung durch das BMJ erfolgte am 5.8.2020. DRS 28 ist für Gj anzuwenden, die nach dem 31.12.2020 beginnen. Der DRS 28 gilt für sämtliche Unt, ungeachtet ihrer Branchenzugehörigkeit. Die Segmentierung ergibt sich aus der internen Entscheidungs- und Berichtsstruktur des Konzerns. Ein wesentliches Ziel der Überarbeitung war die stringente und vollständige Implementierung des sog. Management Approachs (Grundsatz der Vermittlung der Sicht der Konzernleitung).[42] 65

DRS 28 ist von allen MU zu beachten, die ihren Konzernabschluss nach §§ 290 ff. HGB oder nach § 11 PublG freiwillig um eine Segmentberichterstattung erweitern. Für Unt, die ihren Konzernabschluss aufgrund gesetzlicher Verpflichtung oder freiwillig nach den IFRS erstellen, gelten die Vorschriften des IFRS 8; DRS 28 ist für diese MU nicht zu beachten. 66

Die Segmentberichterstattung soll Informationen über die wesentlichen Geschäftsfelder eines Unt geben und die Einschätzung von Chancen und Risiken einzelner Geschäftsfelder verbessern. Durch die Segmentierung in einzelne Unternehmensbereiche wird der Einblick in die Vermögens-, Finanz- und Ertragslage des Konzerns für die Adressaten des Konzernabschlusses gerade in den Fällen verbessert, in denen sich die Gewinnspannen, Risiken und Wachstumsaussichten einzelner Unternehmensbereiche stark voneinander unterscheiden. Die Konzernbilanz und Konzern-GuV allein geben keine Aussage über Erfolgs- und Risikopotenziale einzelner Bereiche wider.[43] 67

2.6.1 Bestimmung der anzugebenden Segmente

Ein **operatives Segment** ist ein Teil eines Konzerns, das Geschäftsaktivitäten entfaltet, die zu externen Umsatzerlösen oder intersegmentären Umsatzerlösen (Leistung wird an andere Segmente abgegeben; aufgrund der Aufwands- und Ertragskonsolidierung resultieren aus diesen Leistungen nicht unmittelbar Umsatzerlöse in der Konzern-GuV) führen. Zusätzlich müssen für diesen Bereich eigenständige Finanzinformationen vorliegen und regelmäßige wirtschaftliche Beurteilungen von der Unternehmensleitung zum Zwecke der Konzernsteuerung erfolgen. Im DRS 28 wird der Begriff Umsatzerlöse um **vergleichbare** 68

---

[42] Zu dem Umfang und den Auswirkungen bei Abweichungen von einem durch das BMJ bzw. BMJV im Bundesanzeiger veröffentlichten und nicht außer Kraft gesetzten DRS vgl. Rz 13 und Rz 64.
[43] Vgl. IDW, WPH Edition, Wirtschaftsprüfung & Rechnungslegung, 18. Aufl. 2023, Kap. G Tz 779.

Erträge explizit ergänzt. Damit wird der Tatsache Rechnung getragen, dass der neue Standard für sämtliche Unt, ungeachtet ihrer Branchenzugehörigkeit, gilt.[44] Damit ist die interne Organisations- und Berichtsstruktur für die Segmentberichterstattung maßgebend und der **Management Approach** wird im Unterschied zum bisherigen DRS 3 konsequent umgesetzt. DRS 28 stellt somit deutlich stärker auf die Steuerungsfunktion der Konzernleitung ab. Bei mehreren Segmentierungen ist diejenige für die Segmentberichterstattung heranzuziehen, nach der die Steuerung des Konzerns vorrangig erfolgt (DRS 28.13). DRS 28.14 verlangt für eine Zusammenfassung von operativen Segmenten, dass die wirtschaftlichen Charakteristika homogen sind. Die in DRS 28.16f. beispielhaft dargestellten produktorientierten und geografischen Abgrenzungsmerkmale entsprechen mit Ausnahme der Erweiterung von geschäftszweigspezifischen Besonderheiten für Finanzdienstleistungsinstitute denen in DRS 3.8.

69 Die Übernahme der Struktur der internen Berichterstattung für die externe Berichterstattung unterstellt, dass die Berichtssysteme im Konzern und die dort vorgenommenen Segmentabgrenzungen eine geeignete Grundlage für die Konzernsteuerung darstellen und dass diese Informationen gleichfalls geeignet sind, um externe Adressaten bei Entscheidungen zu unterstützen. I. d. R. wird sich bei der Segmentierung eine produktorientierte oder geografische Aufteilung ergeben.[45] **Vorteil** des Management Approachs ist die kostengünstige und zeiteffiziente Informationsbeschaffung. Als **Nachteil** werden z. T. häufige Veränderungen des internen Berichtswesens angeführt.

70 DRS 28.18 definiert operative Segmente als **anzugebende Segmente**, wenn
- die externen und intersegmentären **Umsatzerlöse** mind. 10 % der gesamten externen und intersegmentären Umsatzerlöse ausmachen **oder**
- das Ergebnis des operativen Segments mind. 10 % der Summe der **positiven Ergebnisse** aller Segmente oder der höheren Summe der **negativen Ergebnisse** aller Segmente beträgt **oder**
- das **Vermögen** des operativen Segments mind. 10 % des gesamten Vermögens aller operativen Segmente ausmacht.

Bzgl. der Erweiterung des Begriffs der Umsatzerlöse um „vergleichbare Erträge" vgl. Rz 68 und DRS 28.B4. Für Handels- und IndustrieUnt ergeben sich hierdurch keine Erweiterungen.

71 Von diesen Regelungen darf die Konzernleitung (Wahlrecht) gem. DRS 28.19ff. in folgenden Fällen abweichen:
- Trotz Unterschreiten aller Größenmerkmale darf ein operatives Segment als anzugebendes Segment bestimmt werden, sofern hierdurch der Einblick in die Vermögens-, Finanz- und Ertragslage des Konzerns verbessert und das Verständnis seiner geschäftlichen Tätigkeiten gefördert wird (DRS 28.19). Es wird somit auf die „Entscheidungsnützlichkeit der Segmentberichterstattung" abgestellt.

---

[44] Vgl. zur Definition DRS 28.8, DRS 28.B4 und Störk/Rimmelspacher, in Beck Bil-Komm., 14. Aufl. 2024, § 297 HGB Rz 152, sowie IDW, WPH Edition, Wirtschaftsprüfung & Rechnungslegung, 18. Aufl. 2023, Kap. G Tz 782.
[45] Vgl. hierzu IDW, WPH Edition, Wirtschaftsprüfung & Rechnungslegung, 18. Aufl. 2023, Kap. G Tz 781.

- Bei erstmaliger Unterschreitung aller Größenmerkmale darf ein operatives Segment ein anzugebendes Segment bleiben, wenn ihm die Konzernleitung weiterhin eine wesentliche Bedeutung beimisst (DRS 28.20).
- Bei voraussichtlich nur einmaligem Überschreiten eines Größenmerkmals aufgrund außergewöhnlicher Umstände kann von einem Ausweis als anzugebendes Segment abgesehen werden (DRS 28.21).

Operative Segmente, die nicht anzugebende Segmente sind, werden als „alle sonstigen Segmente" zusammengefasst (DRS 28.23).

Die auf die anzugebenden Segmente entfallenden externen Umsatzerlöse oder vergleichbaren Erträge müssen nach den Regeln des DSR mind. 75 % der konsolidierten Umsatzerlöse laut Konzern-GuV oder vergleichbarer Erträge ausmachen (DRS 28.22). Andernfalls sind zusätzliche operative Segmente als anzugebende Segmente zu bestimmen, z.B. durch Bestimmung von zusätzlichen operativen Segmenten als anzugebende Segmente, welche nicht die Größenkriterien des DRS 28.18 erfüllen, oder durch Zusammenfassung von operativen Segmenten, deren wirtschaftliche Charakteristika homogen sind (DRS 28.14, 28.23).

Anlage 1 zu DRS 28 enthält einen Entscheidungsbaum zur Bestimmung der anzugebenden Segmente.

Praxis-Beispiel

Die A-GmbH möchte als Teil ihres HGB-Konzernabschlusses eine Segmentberichterstattung nach DRS 28 erstellen. Sie steuert ihr Geschäft ausschl. auf Basis von sechs geografischen Geschäftseinheiten (A-F). E gibt seine Leistungen ausschl. an die anderen operativen Segmente ab. Gegeben sind folgende Daten (in TEUR):

	A	B	C	D	E	F
Externe und intersegmentäre Umsatzerlöse	350	300	80	50	30	25
Ergebnis des operativen Segments	50	-90	20	-20	5	0
Vermögen des operativen Segments	450	400	80	35	20	15

Bei der Bestimmung der anzugebenden Segmente ist wie folgt vorzugehen:

1. Schritt: Prüfung, ob es sich bei A-F um operative Segmente i.S.d. DRS 28.8 handelt. Alle Segmente erfüllen die Kriterien des DRS 28.8 als operatives Segment. Als operatives Segment gilt auch E, das ausschl. intersegmentäre Umsatzerlöse ausweist.

2. Schritt: Prüfung einer Berichtspflicht nach DRS 28.18a „Umsatzerlöse oder vergleichbare Erträge": mind. 10 % von 835 = 83,5. Somit sind A und B anzugebende Segmente (berichtspflichtig).

Prüfung einer Berichtspflicht nach DRS 28.18b „Ergebnis": mind. 10 % von 110 (Summe der negativen Ergebnisse ist höher als Summe der positiven Ergebnisse) = 11. Somit sind C und D zusätzlich anzugebende Segmente (berichtspflichtig).

Prüfung einer Berichtspflicht nach DRS 28.18c „Vermögen": mind. 10 % von 1.000 = 100. Es werden keine weiteren Segmente berichtspflichtig.

3. Schritt: Prüfung, ob Sonderfall nach DRS 28.19, DRS 28.20 oder DRS 28.21 vorliegt.

Abgrenzungs- und Bewertungsabweichungen zu den Zahlen der Konzernbilanz kommen und sind asymmetrische Allokationen abweichend zum bisher geltenden DRS 3 zulässig (z. B. unterlassene Zuordnung von Finanzschulden zu den Segmentschulden der anzugebenden Segmente wegen deren zentraler Steuerung durch die Konzernleitung bei gleichzeitiger Verwendung des Ergebnisses vor Steuern oder des Jahresüberschusses als Segmentergebnis).[48]
- **Segmenteigenkapital** definiert sich als Differenz von Segmentvermögen und Segmentschulden.

c) **Angabe erforderlich, falls**

c.1) Bestandteil des der Konzernleitung berichteten Segmentergebnisses oder

c.2) wenn nicht im Segmentergebnis enthalten, die Position aber der Konzernleitung regelmäßig berichtet und von dieser zur Steuerung genutzt wird:
- **Umsatzerlöse** (oder vergleichbare Erträge): Die Umsatzerlöse sind zu unterteilen in Umsatzerlöse (oder vergleichbare Erträge) mit Dritten und mit anderen Segmenten (DRS 28.35a).
- **Planmäßige Abschreibungen**: Nach dem vorausgehenden DRS 3 (dort DRS 3.31) waren im Segmentergebnis enthaltene Abschreibungen anzugeben. In Übereinstimmung mit IFRS 8.23e) verlangt DRS 28.35c) eine separate Angabe nur der planmäßigen Abschreibungen. Zu den außerplanmäßigen Abschreibungen s. DRS 28.35g).
- **Zinserträge und Zinsaufwendungen** (DRS 28.35b): Vom Grundsatz eines unsaldierten Ausweises darf abgewichen werden, sofern die Zinserträge die Mehrheit der Segmenterträge ausmachen und die Konzernleitung vorrangig die Nettozinserträge nutzt, um die Ertragskraft des Segments zu beurteilen und die Entscheidungen über die Allokation von Ressourcen für das Segment zu treffen. Auf eine vorgenommene Saldierung ist hinzuweisen (DRS 28.36).
- **Wesentliche sonstige Ertrags- und Aufwandsposten** (DRS 28.35d): Sofern das Segmentergebnis außer den Umsatzerlösen, Zinserträgen und -aufwendungen sowie planmäßigen Abschreibungen (DRS 28.35a-c) sonstige Ertrags- und Aufwandsposten enthält, die wesentlich sind, sind diese gesondert anzugeben (z.B. Erträge aus der Auflösung von Rückstellungen, Erträge aus Wertaufholungen, Buchgewinne/-verluste aus dem Abgang von Gegenständen des Anlagevermögens, Aufwendungen aus der Bildung einer Rückstellung für einen Rechtsstreit, außerplanmäßige Abschreibungen).[49]
- **Anteil des Konzerns am Jahresüberschuss/-fehlbetrag von Unt, die nach der Equity-Methode abgebildet werden** (DRS 28.35e): Die Regelung deckt sich inhaltlich mit IFRS 8.23g). Alle nach der equity-Methode bewerteten assoziierten Unt sind zu berücksichtigen.

---

[48] Vgl. Kirsch, in Kußmaul/Müller, HdB, Segmentberichterstattung nach HGB und IFRS, Rz 62f., Stand: 08/2022.
[49] Vgl. Kirsch, in Kußmaul/Müller, HdB, Segmentberichterstattung nach HGB und IFRS, Rz 79, 08/2022.

Nach DRS 28 ist nur die erfolgswirksam zu behandelnde Differenz zwischen „Anschaffungskosten der Beteiligung bzw. Equity-Wertansatz in der Vorjahres-Konzernbilanz" und den „fortgeführten Anschaffungskosten der Beteiligung am assoziierten Unternehmen" anzugeben. Abschreibungen auf den niedrigeren beizulegenden Wert nach DRS 26.57 ff. und Zuschreibungen max. auf fortgeführte Anschaffungskosten nach DRS 26.60 gehören nicht dazu.

- **Ertragsteueraufwand oder -ertrag** (DRS 28.35f): Die Vorschrift stimmt wörtlich und inhaltlich mit IFRS 8.23h überein.
- **Wesentliche nicht zahlungswirksame Posten, bei denen es sich nicht um Abschreibungen handelt** (DRS 28.35g): Nach hier vertretener Auffassung bezieht sich die Angabepflicht auf die vorhergehenden Posten DRS 28.35a-f). Sofern wesentliche dort aufgeführten Posten nicht zahlungswirksam sind, ist eine entsprechende Angabe erforderlich. Dies kann z. B. durch einen Davon-Vermerk erfolgen.

Sofern es sich um Abschreibungen handelt, ist die Angabe als zahlungsunwirksame Aufwendungen oder Erträge nicht erforderlich. Unter DRS 28.35c) aufgeführte planmäßige und unter DRS 28.35d) aufgeführte wesentliche außerplanmäßigen Abschreibungen sind immer zahlungsunwirksam. Die Angabe ist nur für Posten erforderlich, die zahlungswirksame und -unwirksame Sachverhalte enthalten können.[50]

d) Angabe erforderlich, falls

d.1) Bestandteil im von der Konzernleitung berichteten Segmentvermögen oder

d.2) wenn nicht im Segmentvermögen enthalten, die Position aber der Konzernleitung regelmäßig berichtet und von dieser zur Steuerung genutzt wird:

- Buchwert der nach der Equity-Methode abgebildeten Anteile (DRS 28.37a);
- Buchwert der Zugänge des Berichtszeitraums zum Anlagevermögen (DRS 28.37b).

Des Weiteren sind anzugeben:

- **Überleitungsrechnung** auf die entsprechenden Posten der Konzernbilanz und der Konzern-GuV, wesentliche Überleitungsposten sind dabei anzugeben und zu erläutern (DRS 28.41). Nach DRS 28.39 sind, sofern in der Segmentberichterstattung vorhanden, folgende Größen überzuleiten:
  - Segmentumsatzerlöse (oder vergleichbare Segmenterträge);
  - Segmentvermögen;
  - Segmentschulden;
  - sonstige wesentliche Segmentposten;
  - Segmentergebnis.

DRS 28.38 empfiehlt die Angabe von Vergleichszahlen des Vj. Wenn diese freiwillig angegeben werden, wird empfohlen, diese auch für ein erstmals anzugebendes operatives Segment anzugeben und die Vergleichszahlen des Vj entspre-

---

[50] A. A. Kirsch, in Kußmaul/Müller, HdB, Segmentberichterstattung nach HGB und IFRS, Rz 78, 79a, EL Stand: 08/2022, der die Posten DRS 28.35d) und g) als gleichberechtigte Posten ansieht. Das führt zur Empfehlung, über den Wortlaut der Norm die „Abschreibungen" auf planmäßige Abschreibungen zu beschränken und für die bestehenden wesentlichen Überschneidungsbereiche ausreichende Erläuterungen zur Abgrenzung zu fordern.

chend anzupassen (DRS 28.45). Bei dem Wegfall eines Segments sind nach DRS 28.46 die Beträge des Berichtszeitraums und des Vj anzugeben und auf den Wegfall gesondert hinzuweisen.
Zu den Auswirkungen bei Nichtbeachtung von Verpflichtungen/Empfehlungen in einem DRS-Standard vgl. Rz 64.

2.6.4 Erleichterungen bei der Aufstellung des Konzernanhangs

79 Nach § 314 Abs. 1 Nr. 3 HGB sind im Konzernanhang die Umsatzerlöse des Konzerns nach Tätigkeitsbereichen und geografisch bestimmten Märkte anzugeben, soweit sich unter Berücksichtigung der Organisation des Verkaufs, der Vermietung oder Verpachtung von Produkten und der Erbringung von Dienstleistungen die Tätigkeitsbereiche und geografisch bestimmten Märkten untereinander erheblich unterscheiden. Die Konzernanhangangabepflicht **entfällt**, wenn der Konzernabschluss um eine Segmentberichterstattung erweitert wird (§ 314 Abs. 2 HGB).

3 Zusätzliche Angaben zur Identifikation des Mutterunternehmens (Abs. 1a)

80 Die Vorschrift verlangt die folgenden Angaben zur erleichterten Identifikation des MU:
- **Firma**
Die Firma ist bei unterschiedlichen Schreibweisen vollständig aus der Eintragung im Handelsregister zu entnehmen. Wenn diese z.B. „ABC Gesellschaft mit beschränkter Haftung" lautet, ist eine Abkürzung (z.B. „ABC GmbH") zu vermeiden.
- **Sitz**
Nach der Begründung zum Gesetzentwurf der Bundesregierung bestimmt sich der Sitz der Gesellschaft nach Maßgabe des Gesellschaftsvertrags bzw. der Satzung.
- **Name des Registergerichts**
- **Nummer**, unter der das MU in das HR eingetragen ist.
Die Angabepflicht schließt die Angabe der Abteilung (A für Einzelkaufleute und Personenhandelsgesellschaften, B für Kapitalgesellschaften) ein.
- Sofern sich das **MU in Liquidation oder Abwicklung** befindet, diese Tatsache Die Angabe wird durch einen Zusatz in der Firma erfüllt, der auf die laufende Liquidation oder Abwicklung hinweist, z.B. „A-GmbH in Liquidation" oder „A-GmbH iL". Eine Differenzierung der Begriffe „Abwicklung" und „Liquidation" ergibt sich weder aus dem Gesetz noch aus den Begründungen zum Gesetzentwurf. Sofern der Gesetzgeber den Begriff „Abwicklung" verwendet,[51] sollte dieser Begriff verwendet werden, im Übrigen der allgemeinere und weitergehende Begriff „Liquidation".

Der Gesetzgeber schreibt nicht vor, an welcher Stelle die Angaben im Konzernabschluss zu machen sind. Die zusätzlichen Angaben sind kein eigenständiger Bestandteil des Konzernabschlusses, denn diese sind abschließend in § 297 Abs. 1 HGB aufgeführt. Zulässig sind nach hier vertretener Auffassung folgende Orte:

---

[51] Beispiel: Abwicklung i.S.d. § 264 Abs. 1 AktG ist nur das in §§ 265 ff. AktG geordnete Verfahren und umfasst nicht andere Arten der Liquidation.

- in der Überschrift eines Bestandteils des Konzernabschlusses (also bspw. in der Überschrift zur Konzernbilanz oder Konzern-GuV);[52]
- an anderer herausgehobener Stelle; dies ist insb. erfüllt durch Angabe am Anfang des Konzernanhangs;[53]
- auf einem gesonderten Deckblatt, das dem Konzernabschluss vorangestellt ist.

Dies entspricht zwar nicht dem Wortlaut der Norm, wonach die Angaben im Konzernabschluss anzugeben sind. Ein Deckblatt ist nach § 297 Abs. 1 HGB kein Bestandteil des Konzernabschlusses; die Möglichkeit wird aber in der Regierungsbegründung zum BilRUG ausdrücklich genannt. Im Fall eines gesonderten Deckblatts ist dieses mit dem Konzernabschluss zusammen offenzulegen.

Eine Angabe im Konzernlagebericht erfüllt aufgrund des eindeutigen Gesetzeswortlauts nicht die Anforderungen der Norm.

4 Klarheit und Übersichtlichkeit (Abs. 2 Satz 1)

Der Grundsatz der Klarheit und Übersichtlichkeit betrifft in erster Linie die **äußere Gestaltung** des Konzernabschlusses im Hinblick auf die **Gliederung** und die **Lesbarkeit**. Für die Konzernbilanz und die Konzern-GuV ist dies über § 298 Abs. 1 HGB durch Verweis auf die Gliederungsvorschriften für große Kapitalgesellschaften bereits weitestgehend geregelt. Hinsichtlich des Ausweises konzernspezifischer Posten ist eine sachgerechte und eindeutige Postenbezeichnung sowie eine sachgerechte Ergänzung der Posten in die vorgeschriebene Gliederung i.S.d. Klarheit und Übersichtlichkeit vorzunehmen.   81

Für den **Aufbau und** die **Form des Konzernanhangs** bestehen für den Konzernabschluss wie bei den Vorschriften zum Jahresabschluss mit den Änderungen durch das BilRUG in § 313 Abs. 1 Satz 1 letzter Halbsatz HGB **Gliederungsvorschriften** (Rz 11; im Übrigen vgl. § 313 Rz 17 ff.). Der Grundsatz der Klarheit und Übersichtlichkeit besagt beim Konzernanhang i. W., dass die Angaben so zu halten sind, dass der durchschnittlich informierte, situationsadäquat aufmerksame und verständige Leser sie verstehen kann. Bei den Abschlussadressaten dürfen somit gewisse Vorkenntnisse vorausgesetzt werden, weswegen an die klare und verständliche Ausgestaltung des Konzernanhangs keine überzogenen Anforderungen zu stellen sind. Die Bezugnahme im Konzernanhang auf Paragrafen ist grds. zulässig, dies darf aber nicht dazu führen, dass die Darlegungen nur unter Heranziehung der gesetzlichen Vorschriften für Außenstehende verständlich sind.   82

Konkretisierende Regelungen über Form und Aufbau der Kapitalflussrechnung, des Eigenkapitalspiegels und der Segmentberichterstattung für den Konzernabschluss hat der Gesetzgeber nicht normiert. Dem Grundsatz der Klarheit und Übersichtlichkeit dieser Bestandteile des Konzernabschlusses dient insb. die Beachtung der DRS, die konkrete Gliederungsregelungen vorschreiben und Empfehlungen aussprechen.   83

---

[52] So auch Oser/Orth/Wirtz, DB 2015, S. 1734; a.A. IDW, WPH Edition, Wirtschaftsprüfung & Rechnungslegung, 18. Aufl. 2023, Kap. G Tz 655, Fn 580: „Eine alternative Angabe in der Konzern-Bilanz und -GuV kommt nicht infrage."

[53] Vgl. auch Oser/Orth/Wirtz, DB 2015, S. 1729.

5 Vermittlung eines den tatsächlichen Verhältnissen entsprechenden Bilds der Vermögens-, Finanz- und Ertragslage (Abs. 2 Satz 2 und 3)

84 Identisch mit dem Wortlaut der Vorschrift zum Jahresabschluss (§ 264 Abs. 2 HGB) besteht für den Konzernabschluss eine **eigenständige Generalnorm**: Nach § 297 Abs. 2 Satz 2 HGB hat der Konzernabschluss unter Beachtung der GoB ein den tatsächlichen Verhältnissen entsprechendes Bild der Vermögens-, Finanz- und Ertragslage des Konzerns zu vermitteln. Durch die Generalnorm der tatsachengetreuen Abbildung der Konzernlage wird die Informationsfunktion des Konzernabschlusses ausdrücklich hervorgehoben. Bei Regelungslücken bzw. der Auslegung von unbestimmten rechtlichen Vorgaben ist diese Generalnorm als Auslegungshilfe heranzuziehen. Aus dem Wortlauf des § 297 Abs. 2 Satz 2 HGB kann hingegen abgeleitet werden, dass der Konzernabschluss lediglich als Gesamteinheit ein tatsachengetreues Bild der Konzernlage vermitteln muss und weniger seine Teilelemente für sich genommen. Das „starre Zahlenwerk" von Konzernbilanz und Konzern-GuV wird durch erläuternde Angaben im Konzernanhang ergänzt und soll im Zusammenspiel die Konzernlage tatsachengerecht abbilden.[54]

85 Bei der Formulierung der Generalnorm der tatsachengetreuen Vermittlung der Konzernlage hat sich der Gesetzgeber an das im britischen Recht verankerte „True and Fair View"-Berichtsprinzip orientiert. Anders als das britische „True and Fair View"-Berichtsprinzip ist die Generalnorm des § 297 Abs. 2 Satz 2 HGB allerdings nicht als sog. „Overriding Principle" (übergeordnetes Prinzip) verankert (§ 264 Rz 50).[55] Die jeweiligen Einzelvorschriften gehen somit als lex specialis der Generalnorm vor. Stehen die anzuwendenden Einzelvorschriften im Widerspruch zur Generalnorm, sind sie dennoch anzuwenden. § 297 Abs. 2 Satz 3 HGB sieht in diesem Fall **ergänzende Angaben** im Konzernanhang vor, um dem geforderten Bild zu entsprechen. Die Vorschrift dient nicht dazu, dass über einzeln geregelte Vorschriften hinaus Konzernanhangangaben erforderlich sind. Aufgrund des Anschaffungskostenprinzips nicht aufgedeckte erhebliche stille Reserven bei einzelnen Vermögensgegenständen sind z.B. aufgrund der Generalnorm nicht zusätzlich zu erläutern, auch wenn die Vermögenslage hierdurch erheblich beeinflusst wird.

86 Grds. kann davon ausgegangen werden, dass die Befolgung der Einzelvorschriften zum Konzernabschluss zur Erfüllung der Generalnorm führt. Nach dem Gesetzeswortlaut ist dies nur bei „besonderen Umständen" nicht der Fall. In diesem Zusammenhang ist zu berücksichtigen, dass bei Beachtung der vom BMJ bekannt gemachten Rechnungslegungsempfehlungen gem. § 342q Abs. 2 HGB eine Vermutung hinsichtlich einer Übereinstimmung mit den **Grundsätzen ordnungsmäßiger Konzernbuchführung** besteht.

87 Das **Vorhandensein besonderer Umstände** wird so verstanden werden können, dass nur Sachverhalte von erheblicher Bedeutung und einmaliger Art, für die sonst keine Erläuterungspflicht besteht, zu zusätzlichen Angaben zwingen.[56]

---

[54] Angelehnt an Böcking/Gros/Oser, in Ebenroth u.a., HGB, 5. Aufl. 2024, § 264 Rz 26ff.; Merkt, in Hopt u.a., Beck HGB-Kurzkomm., 43. Aufl. 2024, § 264 HGB Rz 12.
[55] Angelehnt an Böcking/Gros/Oser, in Ebenroth u.a., HGB, 5. Aufl. 2024, § 264 Rz 27.
[56] Vgl. auch IDW, WPH Edition, Wirtschaftsprüfung & Rechnungslegung, 18. Aufl. 2023, Kap. F Tz 932.

Mögliche Sachverhalte, die bei Wesentlichkeit eine Angabepflicht im Konzernabschluss auslösen, können sich aus den Jahresabschlüssen der einbezogenen Unt (z.B. unzureichende Darstellung der Ertragslage bei langfristiger Auftragsfertigung, Sale-and-lease-back-Geschäfte bei angespannter wirtschaftlicher Lage)[57] und aus konzernspezifischen Tatbeständen ergeben. Beispiele für konzernspezifische Tatbestände sind:
- Angabe schwebender Kartellverfahren, die u.U. zu wesentlichen Veränderungen des Konsolidierungskreises führen,
- unzureichende Daten, weil wesentliche TU im Einklang mit § 296 Abs. 1 HGB nicht in den Konzernabschluss einbezogen wurden,
- Umfang der fehlenden Verfügungsmacht über wesentliche Vermögensgegenstände, die i.R.d. Quotenkonsolidierung in den Konzernabschluss einbezogen wurden.

Der **Umfang** der Konzernanhangangaben ergibt sich aus dem Zweck der Vorschrift, ein den tatsächlichen Verhältnissen entsprechendes Bild der Vermögens-, Finanz- und Ertragslage zu vermitteln. Z.T. werden Betragsangaben erforderlich sein, z.T. sind verbale Angaben ausreichend.

6 Erklärung der gesetzlichen Vertreter/Bilanzeid (Abs. 2 Satz 4)

Nach § 297 Abs. 2 Satz 4 HGB haben die gesetzlichen Vertreter schriftlich zu versichern, dass der Konzernabschluss nach bestem Gewissen ein den tatsächlichen Verhältnissen entsprechendes Bild der Vermögens-, Finanz- und Ertragslage vermittelt (sog. „Konzernbilanzeid"). Mit Umsetzung der Corporate Sustainability Reporting Directive (CSRD) ins deutsche Recht soll der § 297 Abs. 2 Satz 4 HGB allerdings gänzlich gestrichen werden und in den neu eingeführten § 315f Abs. 1 HGB-E verschoben werden. Hierbei werden die Regelungen zum Konzernbilanzeid mit den Vorgaben zum Konzernlageberichtseid in einem Paragrafen zusammengefasst, was die Übersichtlichkeit fördern und klarstellen soll, dass beide Erklärungen der gesetzlichen Vertreter eigenständige und zueinander abzugrenzende Rechnungslegungsunterlagen sind.[58]

Für die Regelungen zum Konzernbilanzeid: s. § 315f-E Rz 2–Rz 6.

7 Fiktion der wirtschaftlichen Einheit (Abs. 3 Satz 1)

Die sog. **Einheitstheorie** besagt, dass die rechtlich selbstständigen im Konzernabschluss konsolidierten Unt wie unselbstständige Betriebsstätten behandelt werden. Es ist daher von einer wirtschaftlichen, nicht jedoch auch von einer rechtlichen Einheit auszugehen. Die Vermögens-, Finanz- und Ertragslage ist somit so darzustellen, als ob die einbezogenen Unt insgesamt ein einziges Unt wären. Eine Ausnahme bilden die quotal nach § 310 HGB einbezogenen Unt.

---

57 Vgl. zu weiteren Tatbeständen aus Einzelabschlüssen die Kommentierung zu § 264 HGB.
58 Vgl. RegE, Entwurf eines Gesetzes zur Umsetzung der Richtlinie (EU) 2022/2464 des Europäischen Parlaments und des Rates vom 14. Dezember 2022 zur Änderung der Verordnung (EU) Nr. 537/2014 und der Richtlinien 2004/109/EG, 2006/43/EG und 2013/34/EU hinsichtlich der Nachhaltigkeitsberichterstattung von Unternehmen, abrufbar unter: www.bmj.de/SharedDocs/Downloads/DE/Gesetzgebung/RegE/RegE_CSRD.pdf?__blob=publicationFile&v=2, Abruf 1.10.2024, S. 139.

91 Die Einheitstheorie ist ein wesentlicher Leitfaden für die Beurteilung aller nicht gesetzlich geregelten Einzelfragen. Um das Ziel der wirtschaftlichen Einheit zu erreichen, bestehen weitere konzernspezifische Einzelvorschriften wie z. B. das Weltabschlussprinzip (§ 294 Abs. 1 HGB), das Stichtagsprinzip (§ 299 HGB), das Prinzip der einheitlichen Bewertung (§ 308 HGB), die Vorschriften zur Schuldenkonsolidierung (§ 303 HGB), zur Aufwands- und Ertragskonsolidierung (§ 305 HGB), zur Zwischenergebniseliminierung (§ 304 HGB) und zur Kapitalkonsolidierung (§ 301 HGB). Weiterhin ergibt sich aus dem Grundsatz der Einheitstheorie die Notwendigkeit der Umgliederung von aus Konzernsicht anders zu beurteilenden Posten (z. B. können Rohstoffe aus Konzernsicht unfertige Erzeugnisse darstellen und können von einem TU erworbene Sachanlagen aus Konzernsicht selbsterstellt sein) und Eliminierungen von Anlagebewegungen zwischen den KonzernUnt im Anlagespiegel (aus Konzernsicht keine Zu- oder Abgänge).[59]

Aus der Einheitstheorie heraus rechtfertigt sich auch die Aufrechnung von Drittschuldverhältnissen.

> **Praxis-Beispiel**
> Am Abschlussstichtag hat TU 1 eine fällige Forderung von 150 gegen das Kreditinstitut und TU 2 eine Kontokorrentverbindlichkeit von 120 gegenüber demselben Kreditinstitut. Die allg. Auftragsbedingungen des Kreditinstituts schränken die gesetzliche Aufrechnungsmöglichkeit des § 387 BGB nicht ein. Eine Schuldenkonsolidierung nach § 303 HGB scheidet aus, weil es an Forderungen und Verbindlichkeiten **zwischen** den in den Konzernabschluss einbezogenen Unt mangelt. Eine Verrechnung von 120 ist aber aufgrund der Fiktion der wirtschaftlichen Einheit möglich.

92 Zwischen dem Nutzen des Konzernabschlusses und den Kosten für die Erstellung muss ein angemessenes Verhältnis bestehen. Dieser Grundsatz der **Wirtschaftlichkeit** und der **Wesentlichkeit** unterstreicht die Einheitstheorie, da nur bei unwesentlichen Sachverhalten und restriktiv auszulegender Unwirtschaftlichkeit vom Grundsatz der wirtschaftlichen Einheit abgewichen werden darf.

8 Stetigkeit der Konsolidierungsmethoden (Abs. 3 Satz 2–5)

93 Grds. sind gesetzliche Wahlrechte bei der Aufstellung eines Konzernabschlusses wie im Vj auszuüben, um eine Vergleichbarkeit der Konzernabschlüsse im Zeitablauf zu haben. Hinsichtlich der notwendigen Stetigkeit der Bilanzierungs- und Bewertungsmethoden und der Form der Darstellung verweist § 298 Abs. 1 HGB auf die entsprechenden Vorschriften für den Einzelabschluss (§§ 246 Abs. 3, 252 Abs. 1 Nr. 6, 265 Abs. 1 HGB). § 297 Abs. 3 Satz 2 HGB regelt, dass der Stetigkeitsgrundsatz grds. auch hinsichtlich der Konsolidierungsmethoden gilt.

94 Der Begriff **Konsolidierungsmethode** ist **weit zu fassen**. Hierzu zählen alle Maßnahmen, Methoden und Verfahren zur Entwicklung eines Konzernabschlusses aus den Jahresabschlüssen der einbezogenen Unt wie z. B. Kapitalkonsolidierung, Schuldenkonsolidierung, Zwischenergebniseliminierung, Aufwands- und Ertrags-

---

[59] Vgl. auch IDW, WPH Edition, Wirtschaftsprüfung & Rechnungslegung, 18. Aufl. 2023, Kap. G Tz 8 ff.

konsolidierung, Quotenkonsolidierung, equity-Bewertung und Abgrenzung des Konsolidierungskreises.[60] Zu den Konsolidierungsmethoden gehören ferner Verfahren und Techniken, die sich aus dem Einheitsgrundsatz ableiten lassen wie z. B. die Berechnung und Abgrenzung der latenten Steuern und Ergebnisübernahmen innerhalb des Konsolidierungskreises.

Neben der **zeitlichen Stetigkeit** (unveränderte Anwendung der Konsolidierungsmaßnahmen im Zeitablauf) gilt die **sachliche Stetigkeit** (gleichartige Sachverhalte sind nach den gleichen Konsolidierungsmethoden abzubilden) (DRS 13.15, DRS 13.6). Die sachliche Kontinuität ist aber nicht dahingehend zu verstehen, dass bei verschiedenen Sachverhalten nebeneinander unterschiedliche Konsolidierungsmethoden nicht zulässig sind. Der Beurteilung, ob jeweils sachlich gleichartige Fälle gegeben sind, kommt somit eine wesentliche Bedeutung zu.[61] Eine willkürliche und sachlich nicht gerechtfertigte Auslegung der vorliegenden Sachverhalte ist jedoch unzulässig. 95

Abweichungen von der Stetigkeit der Konsolidierungsmethoden sind in Ausnahmefällen zulässig (§ 297 Abs. 3 Satz 3 HGB). Nach Auffassung des DSR sind Änderungen der Konsolidierungsmethoden nur unter folgenden Voraussetzungen möglich (DRS 13.16 i. V. m. DRS 13.8): 96
- Änderungen aufgrund rechtlicher Gegebenheiten (Gesetze, Richtlinien, Rechtsprechung),
- Anpassung an geänderte oder neue vom BMJ veröffentlichte Empfehlungen des DRSC,
- Verbesserung der Darstellung der Vermögens-, Finanz- und Ertragslage bei strukturellen Veränderungen im Konzern,
- Anpassung an konzerneinheitliche Bilanzierungsgrundsätze bei erstmaliger Einbeziehung in den Konzernabschluss.

Darüber hinaus ist nach hier vertretener Auffassung eine Änderung der Konsolidierungsmethoden immer zulässig, wenn abweichend zum Vj auf weiterhin bestehende Erleichterungsmöglichkeiten verzichtet wird (z. B. Verzicht auf Konsolidierungsmaßnahmen wegen untergeordneter Bedeutung).

Keine Durchbrechung der Stetigkeit der Konsolidierung liegt vor, wenn die Durchbrechung gesetzlich zwingend ist (z. B. kann von dem Wahlrecht der Einbeziehung kein Gebrauch mehr gemacht werden, weil das TU für die Vermögens-, Finanz- und Ertragslage nicht mehr von untergeordneter Bedeutung ist). Die Einbeziehung des TU stellt in diesem Fall keine Änderung der Konsolidierungsmethode dar. 97

Bei abweichenden Konsolidierungsmethoden zum Vj sind folgende Konzernanhangangaben erforderlich: 98
- **Angabe der Abweichung**: Aus den Ausführungen muss ersichtlich werden, inwieweit ein Wechsel der Konsolidierungsmethode stattgefunden hat.
- **Begründung der Abweichung**: Es ist eine Erläuterung notwendig, warum der Wechsel vorgenommen wurde.
- **Angabe des Einflusses der Methodenänderung auf die Vermögens-, Finanz- und Ertragslage des Konzerns**: Sofern möglich, sind quantitative Auswirkungen anzugeben. Dritte müssen sich anhand der Angaben ein Bild machen

---

[60] Vgl. DRS 13.6 „Konsolidierung".
[61] Vgl. auch Störk/Rimmelspacher, in Beck Bil-Komm., 14. Aufl. 2024, § 297 HGB Rz 202.

können, wie der Konzernabschluss ohne die Änderung der Konsolidierungsmethode ausgesehen hätte. Die vom DSR geforderte Erstellung und Erläuterung von Pro-Forma-Angaben (DRS 13.16 i. V. m. DRS 13.15) ist sinnvoll. Eine Verpflichtung kann aber aus dem Gesetz nicht abgeleitet werden. Ist der Einfluss der Methodenänderung auf die Vermögens-, Finanz- und Ertragslage des Konzerns unwesentlich, so reicht ein entsprechender Hinweis.

9 CSRD-Umsetzungsgesetz: Änderungen

> **Hinweis**
> Die Kommentierung basiert auf dem **Regierungsentwurf eines CSRD-Umsetzungsgesetzes**.[62] Nach Veröffentlichung der finalen Fassung wird die Kommentierung in Ihrem Haufe HGB Bilanz Kommentar Online aktualisiert. Die **Online-Version** ist beim Kauf der Printausgabe inklusive.

99 Mit der Umsetzung der CSRD in das HGB[63] soll die Versicherung der gesetzlichen Vertreter von Konzernabschluss und -lagebericht in einem neuen § 315f HGB-E zusammengefasst werden (Rz 89).

---

[62] Regierungsentwurf eines Gesetzes zur Umsetzung der Richtlinie (EU) 2022/2464 des Europäischen Parlaments und des Rates vom 14. Dezember 2022 zur Änderung der Verordnung (EU) Nr. 537/2014 und der Richtlinien 2004/109/EG, 2006/43/EG und 2013/34/EU hinsichtlich der Nachhaltigkeitsberichterstattung von Unternehmen, BT-Drs. 20/12787 v. 9.9.2024.
[63] Bei Redaktionsschluss lag die BT-Drs. 20/12787 v. 9.9.2024 vor (RegE CSRD-UG).

§ 298 Anzuwendende Vorschriften. Erleichterungen

(1) Auf den Konzernabschluß sind, soweit seine Eigenart keine Abweichung bedingt oder in den folgenden Vorschriften nichts anderes bestimmt ist, die §§ 244 bis 256a, 264c, 265, 266, 268 Absatz 1 bis 7, die §§ 270, 271, 272 Absatz 1 bis 4, die §§ 274, 275 und 277 über den Jahresabschluß und die für die Rechtsform und den Geschäftszweig der in den Konzernabschluß einbezogenen Unternehmen mit Sitz im Geltungsbereich dieses Gesetzes geltenden Vorschriften, soweit sie für große Kapitalgesellschaften gelten, entsprechend anzuwenden.

(2) ¹Der Konzernanhang und der Anhang des Jahresabschlusses des Mutterunternehmens dürfen zusammengefaßt werden. ²In diesem Falle müssen der Konzernabschluß und der Jahresabschluß des Mutterunternehmens gemeinsam offengelegt werden. ³Aus dem zusammengefassten Anhang muss hervorgehen, welche Angaben sich auf den Konzern und welche Angaben sich nur auf das Mutterunternehmen beziehen.

Inhaltsübersicht

		Rz
1	Überblick	1–7
1.1	Inhalt und Regelungszweck	1–4
1.2	Anwendungsbereich	5–7
2	Anzuwendende Vorschriften für den Konzernabschluss (Abs. 1)	8–13
3	Analog anzuwendende Vorschriften des Jahresabschlusses für den Konzernabschluss	14–77
3.1	Allgemeine Vorschriften	14–18
3.1.1	Sprache. Währungseinheit (§ 244 HGB)	14–15
3.1.2	Unterzeichnung (§ 245 HGB)	16–18
3.2	Ansatzvorschriften	19–28
3.2.1	Vollständigkeit. Verrechnungsverbot (§ 246 HGB)	19–22
3.2.2	Inhalt der Bilanz (§ 247 HGB)	23
3.2.3	Bilanzierungsverbote und -wahlrechte (§ 248 HGB)	24–25
3.2.4	Rückstellungen (§ 249 HGB)	26
3.2.5	Rechnungsabgrenzungsposten (§ 250 HGB)	27
3.2.6	Haftungsverhältnisse (§§ 251, 268 Abs. 7 HGB)	28
3.3	Bewertungsvorschriften	29–44
3.3.1	Allgemeine Bewertungsgrundsätze (§ 252 HGB)	29–33
3.3.2	Zugangs- und Folgebewertung (§ 253 HGB)	34–37
3.3.3	Bildung von Bewertungseinheiten (§ 254 HGB)	38–39
3.3.4	Bewertungsmaßstäbe (§ 255 HGB)	40
3.3.5	Bewertungsvereinfachungsverfahren (§ 256 HGB)	41–43
3.3.6	Währungsumrechnung (§ 256a HGB)	44
3.4	Allgemeine Grundsätze für die Gliederung (§ 265 HGB)	45–53
3.5	Bilanz	54–71
3.5.1	Gliederung der Bilanz (§ 266 HGB)	54
3.5.2	Vorschriften zu einzelnen Posten der Bilanz. Bilanzvermerke (§ 268 Abs. 1–7 HGB)	55–61
3.5.3	Bildung bestimmter Posten (§ 270 HGB)	62

3.5.4	Beteiligungen. Verbundene Unternehmen (§ 271 HGB)	63
3.5.5	Eigenkapital (§ 272 Abs. 1–4 HGB)	64–66
3.5.6	Latente Steuern (§ 274 HGB)	67–69
3.5.7	Steuern (§ 278 HGB a. F.)	70–71
3.6	Gewinn- und Verlustrechnung	72–75
3.6.1	Gliederung der Gewinn- und Verlustrechnung (§ 275 HGB)	72–73
3.6.2	Vorschriften zu einzelnen Posten der Gewinn- und Verlustrechnung (§ 277 HGB)	74–75
3.7	Besondere Bestimmungen für OHG und KG i. S. d. § 264a HGB (§ 264c HGB)	76–77
4	Rechtsformspezifische Vorschriften	78–84
5	Geschäftszweigspezifische Vorschriften	85–87
6	Zusammenfassung der Anhänge für den Einzelabschluss und Konzernabschluss (Abs. 2)	88–92
7	Rechtsfolgen bei Pflichtverletzung	93

1 Überblick

1.1 Inhalt und Regelungszweck

1 Aus den Vorschriften zur Konzernrechnungslegung in den §§ 297 ff. HGB ergeben sich bis auf wenige Ausnahmen keine eigenständigen Ansatz-, Bewertungs- und Ausweisregelungen. Vor diesem Hintergrund beinhaltet § 298 HGB eine **abschließende Aufzählung** von Vorschriften, die aus dem Bereich des Jahresabschlusses – also des Einzelabschlusses – für den Konzernabschluss anzuwenden sind (§ 298 Abs. 1 HGB). Zudem sind einem Konzernabschluss gem. § 298 Abs. 1 HGB zwingend die Vorschriften für große KapG zugrunde zu legen, was damit eine Anpassung der Jahresabschlüsse der einbezogenen TU unabhängig von ihrer Größe und Rechtsform an die Vorschriften für große KapG für die Handelsbilanz II bedeutet.

2 Die größenabhängigen Erleichterungen in § 274a HGB, § 276 HGB und § 288 HGB gelten gem. § 267 HGB für kleine und mittelgroße KapG und sind folglich – und unabhängig von der Konzerngröße – im Konzernabschluss nicht anwendbar. Nicht kapitalmarktorientierte MU können allerdings die konzerngrößenabhängigen Befreiungen des § 293 HGB nutzen (§ 293 Abs. 5 HGB).[1] Darüber hinaus sind im Konzernabschluss nach § 298 Abs. 1 HGB auch die **rechtsformspezifischen Vorschriften** – insb. GmbHG und AktG – sowie die **geschäftszweigspezifischen Vorschriften** der in den Konzernabschluss einbezogenen Unt mit Sitz im Geltungsbereich des HGB – also inländischen KonzernUnt – entsprechend zu berücksichtigen. Vom grds. Vorgehen in § 298 Abs. 1 HGB ist abzuweichen,

- soweit die Eigenart des Konzernabschlusses eine Abweichung bedingt oder
- soweit in den Vorschriften der §§ 299 ff. HGB ein anderes Vorgehen festgelegt ist.[2]

---

[1] Vgl. Fehrenbacher, in MünchKomm. HGB, 5. Aufl. 2024, § 298 HGB Rz 2.
[2] Vgl. Kliem/Deubert, in Beck Bil-Komm., 14. Aufl. 2024, § 298 HGB Rz 1.

Auf ein geschlossenes System von Konzernrechnungslegungsvorschriften hat der Gesetzgeber bewusst zu Gunsten einer gesetzestechnischen Vereinfachung sowie der **Einheitlichkeit von Vorschriften für Konzernabschluss und Einzel-/Jahresabschluss** verzichtet. Bei einem Konzernabschluss, bei dem Ansatz, Bewertung und Ausweis den Vorschriften des Jahresabschlusses folgen, kann bei entsprechender Anwendung von einer gesetzeskonformen Rechnungslegung ausgegangen werden.[3]

§ 298 Abs. 2 HGB beinhaltet ein Wahlrecht und erlaubt es, den Konzernanhang und den Anhang des Einzel-/Jahresabschlusses des MU zusammenzufassen. Dabei sind nach § 298 Abs. 2 Satz 2 und 3 HGB folgende Bedingungen zu erfüllen:
- Der Konzernabschluss und der Jahresabschluss des MU müssen gemeinsam offengelegt werden.
- Aus dem zusammengefassten Anhang muss hervorgehen, welche Angaben sich auf den Konzern und welche Angaben sich nur auf das MU beziehen.[4]

1.2 Anwendungsbereich

Der Geltungsbereich des § 298 HGB erstreckt sich auf alle gem. § 290 HGB zu erstellenden Konzernabschlüsse und damit alle – unter Berücksichtigung der §§ 291–293 HGB – **zur Konzernrechnungslegung verpflichteten Unt** (§ 290 Rz 1 ff.). Sofern ein Unt zur Konzernrechnungslegung nach dem PublG verpflichtet ist, gilt § 298 HGB basierend auf § 13 Abs. 2 Satz 1 PublG für die Konzernabschlüsse dieses Unt entsprechend.

Die Vorschriften des § 298 HGB gelten sowohl für gem. den §§ 290 und 294 HGB in den Konzernabschluss einzubeziehende TU als auch für **GemeinschaftsUnt**, die i. R. d. QuotenKons nach § 310 HGB einbezogen werden sollen (§ 310 Abs. 2 HGB).

Kreditinstitute und **VersicherungsUnt** sind gem. § 340i Abs. 2 Satz 2 HGB und § 341j Abs. 1 Satz 2 HGB von der Anwendung des § 298 Abs. 1 HGB ausgenommen. Für § 298 Abs. 2 HGB gibt es keine entsprechende Einschränkung.

2 Anzuwendende Vorschriften für den Konzernabschluss (Abs. 1)

Nach § 298 Abs. 1 HGB sind grds. die folgenden für den Jahresabschluss und damit den Einzelabschluss geltenden Vorschriften im Konzernabschluss entsprechend anzuwenden:

Allgemeine Vorschriften
- § 244 HGB Sprache. Währungseinheit
- § 245 HGB Unterzeichnung

Ansatzvorschriften
- § 246 HGB Vollständigkeit. Verrechnungsverbot
- § 247 HGB Inhalt der Bilanz
- § 248 HGB Bilanzierungsverbote und -wahlrechte

---

[3] So auch Kliem/Deubert, in Beck Bil-Komm., 14. Aufl. 2024, § 298 HGB Rz 2.
[4] Ähnlich Hoffmann/Lüdenbach, NWB Kommentar Bilanzierung, 15. Aufl. 2023, § 298 HGB Rz 4.

- § 249 HGB Rückstellungen
- § 250 HGB Rechnungsabgrenzungsposten
- § 251 HGB Haftungsverhältnisse

Bewertungsvorschriften
- § 252 HGB Allgemeine Bewertungsgrundsätze
- § 253 HGB Zugangs- und Folgebewertung
- § 254 HGB Bildung von Bewertungseinheiten
- § 255 HGB Bewertungsmaßstäbe
- § 256 HGB Bewertungsvereinfachungsverfahren
- § 256a HGB Währungsumrechnung

Ergänzende allgemeine Vorschriften für KapG
- § 265 HGB Allgemeine Grundsätze für die Gliederung

Bilanz
- § 266 HGB Gliederung der Bilanz
- § 268 Abs. 1–7 HGB Vorschriften zu einzelnen Posten der Bilanz. Bilanzvermerke
- § 270 HGB Bildung bestimmter Posten
- § 271 HGB Beteiligungen. Verbundene Unternehmen
- § 272 Abs. 1–4 HGB Eigenkapital
- § 274 HGB Latente Steuern

Gewinn- und Verlustrechnung
- § 275 HGB Gliederung
- § 277 HGB Vorschriften zu einzelnen Posten der GuV

Besondere Bestimmungen für KapCoGes
- § 264c HGB Besondere Bestimmungen für offene Handelsgesellschaften und Kommanditgesellschaften i. S. d. § 264a HGB

9   Ferner sind nach § 298 Abs. 1 HGB zu beachten:
- die für die **Rechtsform** der in den Konzernabschluss einbezogenen Unt mit Sitz im Geltungsbereich des HGB geltenden Vorschriften,
- die für den **Geschäftszweig** der in den Konzernabschluss einbezogenen Unt mit Sitz im Geltungsbereich des HGB geltenden Vorschriften.

10 Die vorgenannten und sich aus § 298 Abs. 1 HGB ergebenden Vorschriften sind für den Konzernabschluss gem. den Anforderungen an große KapG anzuwenden. Größenabhängige Erleichterungen gem. § 274a HGB, § 276 HGB und § 288 HGB für kleine und mittelgroße KapG sind folglich – und unabhängig von der Konzerngröße – im Konzernabschluss nicht anzuwenden.[5] Insb. von einzubeziehenden TU, die größenabhängige Erleichterungen in Anspruch nehmen, ist sicherzustellen, dass die für den Konzernabschluss erforderlichen Informationen basierend auf den **Anforderungen an große KapG** zur Verfügung stehen (z. B. durch Bilanzierungsrichtlinien für den Konzern und Reporting Packages für die Kons).

---

[5] Vgl. Fehrenbacher, in MünchKomm. HGB, 5. Aufl. 2024, § 298 HGB Rz 2.

Vom Grundsatz des § 298 Abs. 1 HGB gibt es zwei Ausnahmen:
- Die **Eigenart des Konzernabschlusses** bedingt eine Abweichung (z.B. Bestände fertiger Erzeugnisse im Jahresabschluss eines einbezogenen TU sind aus Sicht des Konzerns Bestände unfertiger Erzeugnisse).
- Aus den **konzernspezifischen Vorschriften der §§ 299 ff. HGB** ergibt sich eine abweichende Regelung, die als lex specialis für den Konzern vorgehen.[6]

Für den Konzernabschluss gelten somit die folgenden handelsrechtlichen Vorschriften des Einzel-/Jahresabschlusses nicht:
- **Vorschriften mit entsprechenden speziellen Bestimmungen für die Konzernrechnungslegung in den §§ 290 ff. HGB:**
  - § 242 HGB Pflicht zur Aufstellung (Vorschrift für den Konzern in § 290 HGB),
  - § 243 HGB Aufstellungsgrundsatz (Vorschriften für den Konzern in § 297 Abs. 2 HGB bzgl. GoB sowie Klarheit und Übersichtlichkeit, in § 290 Abs. 1 HGB bzgl. Aufstellungszeitraum),
  - § 264 HGB Pflicht zur Aufstellung (Vorschriften für den Konzern in § 297 Abs. 1 HGB bzgl. des Inhalts des Abschlusses, in § 290 Abs. 1 HGB bzgl. der Pflicht zur Aufstellung eines Lageberichts und bzgl. der Aufstellungsfrist, in § 297 Abs. 1a HGB bzgl. der Angaben zur Identifikation des MU, in § 297 Abs. 2 HGB bzgl. zusätzlicher Anhangangaben, wenn ein den tatsächlichen Verhältnissen entsprechendes Bild der Vermögens-, Finanz- und Ertragslage sonst nicht vermittelt wird, und bzgl. des Bilanzeids),
  - §§ 267, 267a HGB Größenklassen i.V.m. §§ 274a, 276, 288 HGB größenabhängige Erleichterungen (Vorschrift für den Konzern in § 293 HGB),
  - §§ 284 ff. HGB Anhang (Vorschriften für den Konzern in §§ 313 f. HGB),
  - § 264d HGB kapitalmarktorientierte KapG (im Konzernabschluss wird jeweils der Anwenderkreis definiert, z.B. § 297 Abs. 2 Satz 4 HGB, § 314 Abs. 1 Nr. 8 HGB).
- **Befreiungsvorschriften**
  Ein Konzernabschluss ist grds. nach den für große KapG geltenden Vorschriften aufzustellen. Im Vergleich zum Einzel-/Jahresabschluss bestehen keine größenabhängigen Erleichterungen. Eine analoge Anwendung der sich für den Jahresabschluss ergebenden Erleichterungen aus den §§ 264 Abs. 3 und 4, 264b, 274a, 276 und 288 HGB entfällt somit.
- **Aufbewahrungs- und Vorlagepflichten**
  §§ 257 ff. HGB behandeln Aufbewahrungs- und Vorlagepflichten und enthalten bereits konkrete Vorschriften für Konzernabschluss, Konzernlagebericht und damit zusammenhängende Unterlagen. Ein Verweis in § 298 HGB, dass diese Rechtsnormen analog anzuwenden sind, ist somit nicht erforderlich.
- **Landesrechtliche Vorschriften**
  § 263 HGB betrifft landesrechtliche Vorschriften, die für Konzernabschlüsse nicht relevant sind.
- **Ausschüttungsrestriktionen**
  § 268 Abs. 8 HGB und § 272 Abs. 5 HGB sind vom Verweis in § 298 Abs. 1 HGB explizit ausgenommen, weil die Grundlage für die Ermittlung der Höhe

---

[6] Vgl. Kliem/Deubert, in Beck Bil-Komm., 14. Aufl. 2024, § 298 HGB Rz 1.

der dort geregelten Ausschüttungssperren nicht der Konzernabschluss, sondern allein der Jahresabschluss des MU ist. Daher sind die Vorschriften für den Konzernabschluss nicht analog anwendbar. Es ist davon auszugehen, dass der in § 298 Abs. 1 HGB fehlende Ausschluss von § 253 Abs. 6 Satz 2 HGB (Ausschüttungssperre im Zusammenhang mit Altersversorgungsverpflichtungen), § 264c Abs. 4 Satz 2 HGB (Ausgleichsposten für eigene Anteile im Konzernabschluss einer KapCoGes) und § 272 Abs. 4 HGB (Rücklage für eigene Anteile am herrschenden Unt) ein redaktionelles Versehen ist.[7]

12 Auch auf die Vorschriften zum **Lagebericht** in den §§ 289 ff. HGB wird in § 298 Abs. 1 HGB nicht verwiesen, weil gesonderte Vorschriften für den Konzernlagebericht in den §§ 315 ff. HGB vorliegen.

13 Durch den weitgehenden Verweis auf die Vorschriften zum Jahresabschluss in § 298 Abs. 1 HGB kann zum Inhalt und zur Auslegung dieser Regelungen grds. auf die diesbzgl. Kommentierungen zum Jahresabschluss verwiesen werden. Basierend auf dem Einheitsgrundsatz für den Konzern in § 297 Abs. 3 Satz 1 HGB kommt es **in den meisten Fällen zu keiner Abweichung** von Vorschriften des Jahresabschlusses, auf die in § 298 Abs. 1 HGB verwiesen wird.[8] Im Folgenden werden lediglich Besonderheiten durch die Eigenart des Konzernabschlusses oder abweichende Regelungen in den §§ 299 ff. HGB dargestellt.

3 Analog anzuwendende Vorschriften des Jahresabschlusses für den Konzernabschluss

3.1 Allgemeine Vorschriften

3.1.1 Sprache. Währungseinheit (§ 244 HGB)

14 Der Konzernabschluss ist **in deutscher Sprache und in EUR** aufzustellen – auch wenn er gem. § 315e HGB nach internationalen Rechnungslegungsstandards aufgestellt wird. Entsprechendes gilt auch für den Konzernlagebericht.[9] Die in der Praxis vorzufindende Verwendung von englischen Fachbegriffen (z.B. EBIT/Earnings before Interest and Taxes, Cashflow) und englischen Bezeichnungen von IFRS-Standards erscheint zulässig, solange sachverständigen Dritten diese Begriffe geläufig sind und durch deren Verwendung die Klarheit und Übersichtlichkeit des Konzernabschlusses nicht wesentlich beeinträchtigt werden.[10]

15 Der Konzernabschluss – und der Konzernlagebericht – sind in EUR aufzustellen. Auf **fremde Währung** lautende VG, Schulden und RAP sowie Erträge und Aufwendungen sind analog der Vorschriften für den Jahresabschluss umzurechnen (§§ 252 Abs. 1 Nr. 4, 253 Abs. 1, 256a HGB). Jahresabschlüsse in fremder Währung sind gem. § 308a HGB in EUR umzurechnen (modifizierte Stichtagskursmethode).

---

[7] Gl. A. Hoffmann/Lüdenbach, NWB Kommentar Bilanzierung, 15. Aufl. 2023, § 298 HGB Rz 7a; Kliem/Deubert, in Beck Bil-Komm., 14. Aufl. 2024, § 298 HGB Rz 5.
[8] Vgl. Fehrenbacher, in MünchKomm. HGB, 5. Aufl. 2024, § 298 HGB Rz 6.
[9] Gl. A. Senger/Kurz, in BeckOGK Bilanzrecht, 2. Aufl. 2024, § 298 HGB Rz 8; Kliem/Deubert, in Beck Bil-Komm., 14. Aufl. 2024, § 298 HGB Rz 20.
[10] Ähnlich Kliem/Deubert, in Beck Bil-Komm., 14. Aufl. 2024, § 298 HGB Rz 20 mit dem Hinweis auf eine tw. auch abweichende engere Auffassung in der Literatur.

3.1.2 Unterzeichnung (§ 245 HGB)

Der Konzernabschluss ist durch **alle gesetzlichen Vertreter des MU** unter Angabe des Datums zu unterzeichnen. Es ist z. b. bei einer KapG nicht ausreichend, wenn nicht alle Geschäftsführer oder Mitglieder des Vorstands unterzeichnen – auch dann nicht, wenn die Unterzeichnenden bei Rechtsgeschäften die Ges. vertreten könnten. Maßgeblich ist es, **zum Zeitpunkt der Aufstellung des Konzernabschlusses** gesetzlicher Vertreter des MU zu sein. Letzterer hat daher den Konzernabschluss auch dann zu unterzeichnen, wenn er erst nach dem Bilanzstichtag gesetzlicher Vertreter geworden ist.[11]

An welcher Stelle der Konzernabschluss zu unterzeichnen ist, hat der Gesetzgeber nicht geregelt. Allgemein üblich und zweckmäßig ist die Unterzeichnung am Ende des Konzernanhangs als letztem Bestandteil des Konzernabschlusses. Der Konzernlagebericht ist – wie auch der Lagebericht – nicht zu unterzeichnen, für die Unterzeichnung i. R. d. „Bilanz- und/oder Lageberichtseids" gelten spezielle Vorschriften (§ 315 Rz 64 ff.).

Bei KapG sind die gesetzlichen Vertreter die Geschäftsführer bzw. die Vorstandsmitglieder, bei PersG die persönlich haftenden Gesellschafter und bei EinzelUnt der Kaufmann. Bei PersG i. S. v. § 264a HGB – also KapCoGes – gelten die Geschäftsführer oder die Vorstandsmitglieder der vertretungsberechtigten Ges als gesetzliche Vertreter (§ 264a Abs. 2 HGB).

Bei PersG i. S. d. § 264a HGB hat die Unterzeichnung durch **sämtliche Mitglieder** der jeweiligen vertretungsberechtigten Organe zu erfolgen.[12] Es ist nicht ausreichend, wenn die vertretungsberechtigten Organe – also i. d. R. die persönlich haftenden Gesellschafter – nur in vertretungsberechtigtem Umfang den Konzernabschluss unterzeichnen.[13]

16

17

18

3.2 Ansatzvorschriften

3.2.1 Vollständigkeit. Verrechnungsverbot (§ 246 HGB)

In Bezug auf den Konzernabschluss ergeben sich keine Besonderheiten im Vergleich zum Jahresabschluss. Die **Vollständigkeit ist nach dem Recht des MU** zu beurteilen und in § 300 Abs. 2 Satz 1 HGB für den Konzern geregelt. Letzteres geht damit § 298 Abs. 1 i. V. m. § 246 Abs. 1 Satz 1 HGB vor. Die Vermögenszuordnung erfolgt auch für den Konzernabschluss auf Basis des wirtschaftlichen Eigentums (§ 246 Abs. 1 Satz 2 HGB). Wirtschaftliches Eigentum liegt vor, wenn der fiktiv rechtlich einheitliche Konzern den VG durch Nutzung oder Veräußerung verwerten kann und damit die Chancen und Risiken aus dessen laufender Nutzung und dessen Wertentwicklung trägt.[14]

Ein Verrechnungsverbot regelt § 300 HGB nicht, sodass hier § 298 Abs. 1 i. V. m. § 246 Abs. 2 HGB Anwendung im Konzernabschluss findet. Für die Konzernbilanz und Konzern-GuV gilt damit **grds. ein Saldierungsverbot**, wobei sich Ausnahmen i. R. v. Einzelvorschriften ergeben können (z. B. die Saldierung von aktiven und passiven latenten Steuern i. S. e. Gesamtdifferenzbetrachtung nach

19

20

---

[11] Vgl. IDW, WPH Edition, Wirtschaftsprüfung & Rechnungslegung, 18. Aufl. 2023, Kap. F Tz 21.
[12] So auch IDW, WPH Edition, Wirtschaftsprüfung & Rechnungslegung, 18. Aufl. 2023, Kap. F Tz 21.
[13] A. A. Senger/Kurz, in BeckOGK Bilanzrecht, 2. Aufl. 2024, § 298 HGB Rz 10.
[14] Vgl. Kliem/Deubert, in Beck Bil-Komm., 14. Aufl. 2024, § 298 HGB Rz 23.

§ 274 HGB bzw. § 306 HGB oder die Verrechnung von Deckungsvermögen und Altersversorgungsverpflichtungen nach § 246 Abs. 2 Satz 2 HGB).[15] Die Kap-Kons, SchuldenKons sowie Ertrags- und AufwandsKons sind kein Verstoß gegen das Saldierungsverbot, da mit der Kons lediglich die Fiktion der wirtschaftlichen Einheit des Konzerns i. S. d. § 297 Abs. 3 Satz 1 HGB erreicht wird.[16]

21 Die Ansatzstetigkeit des § 246 Abs. 3 Satz 1 HGB gilt über § 298 Abs. 1 HGB auch für den Konzernabschluss und ist somit i. R. d. Neuausübung nach § 300 Abs. 2 Satz 2 HGB in der Handelsbilanz II von MU und TU zu beachten. Grds. ergibt sich aus § 246 Abs. 3 HGB lediglich eine **zeitliche Ansatzstetigkeit**. Dieser Stetigkeitsgrundsatz ist nach h. M. auch auf Bilanzierungswahlrechte für gleichartige Sachverhalte im Konzern auszuweiten, um auch eine sog. **sachliche Stetigkeit** herzustellen.[17]

22 Gem. § 246 Abs. 1 Satz 4 HGB ist der **derivative GoF ein zeitlich begrenzt nutzbarer VG** – so z. B. als Folge aus einem Asset Deal. Dieser ist ebenso wie ein GoF aus der KapKons gem. § 301 Abs. 3 Satz 1 HGB zu aktivieren. Voraussetzung ist grds., dass der Erwerb aus Konzernsicht entgeltlich von konzernfremdem Dritten erfolgt ist. Konzernintern entstandener GoF ist i. R. d. Zwischenergebniseliminierung nach § 304 HGB zu entfernen.[18] Vor dem Wirksamwerden des BilMoG durfte der GoF aus der KapKons erfolgsneutral offen mit Rücklagen verrechnet werden. Diese Verrechnung konnte auch in Konzernabschlüssen ab dem 1.1.2010 beibehalten werden (Art. 66 Abs. 3 Satz 4 EGHGB).[19]

3.2.2 Inhalt der Bilanz (§ 247 HGB)

23 Die Vorschriften zum Inhalt der Bilanz haben auf den Konzernabschluss keine Auswirkung. Durch den Hinweis in § 298 Abs. 1 HGB, dass die Vorschriften für große KapG anzuwenden sind, gelten über die allg. Vorschriften zum Inhalt der Bilanz in § 247 Abs. 1 HGB die speziellen und **weitergehenden Gliederungsvorschriften des § 266 HGB**. Die in § 247 Abs. 2 HGB vorgenommene Definition des Anlagevermögens gilt uneingeschränkt auch für den Konzernabschluss. Die Beurteilung hat aus Konzernsicht und nicht aus Sicht des Einzel-/Jahresabschlusses des MU oder TU zu erfolgen. Hieraus können sich abweichende Beurteilungen im Konzernabschluss ergeben.

3.2.3 Bilanzierungsverbote und -wahlrechte (§ 248 HGB)

24 Die Bilanzierungsverbote und -wahlrechte des § 246 HGB gelten aufgrund § 298 Abs. 1 HGB auch für den Konzernabschluss, in dem der Bilanzansatz dann gem. § 300 Abs. 2 Satz 1 HGB **nach dem Recht und den Bilanzierungsvorschriften des MU** zu erfolgen hat. VG, Schulden, RAP und Sonderposten sowie Erträge und Aufwendungen sind unabhängig von der Berücksichtigung in den Einzelabschlüssen der einzubeziehenden Unt vollständig in den Konzernabschluss

---

[15] Vgl. Senger/Kurz, in BeckOGK Bilanzrecht, 2. Aufl. 2024, § 298 HGB Rz 12.
[16] Vgl. Kliem/Deubert, in Beck Bil-Komm., 14. Aufl. 2024, § 298 HGB Rz 24.
[17] So z. B. auch Fehrenbacher, in MünchKomm. HGB, 5. Aufl. 2024, § 300 HGB Rz 18; Hoffmann/Lüdenbach, NWB Kommentar Bilanzierung, 15. Aufl. 2024, § 300 HGB Rz 17.
[18] Vgl. Kliem/Deubert, in Beck Bil-Komm., 14. Aufl. 2024, § 298 HGB Rz 26.
[19] So auch IDW RS HFA 28.62.

aufzunehmen, soweit nach dem Recht des MU kein Bilanzierungsverbot oder -wahlrecht besteht. Somit kann über die Bilanzierung im Konzernabschluss losgelöst von den Ansätzen in den zugrunde liegenden Einzelabschlüssen des MU und der TU neu entschieden werden. Für ausländische TU folgt daraus, dass für den Konzernabschluss **die inländischen Regelungen des MU** mit den Bilanzierungsvorschriften des HGB gelten (s. hierzu § 300 Rz 23 ff.). Bilanzierungsverbote und -wahlrechte sind der Einheitstheorie nach § 297 Abs. 3 Satz 1 HGB folgend jeweils aus Sicht des fiktiv rechtlich einheitlichen Konzerns zu beurteilen. I. R. v. Akquisitionen erworbene und durch ein TU **vor der Erst-Kons** selbst geschaffene nicht aktivierte immaterielle VG des Anlagevermögens (z. B. Markenrechte) sind **aus Konzernsicht entgeltlich erworben** und i. H. d. beizulegenden Zeitwerts i. R. d. KapKons unter Anwendung der Neubewertungsmethode ansatzpflichtig. Für konzernintern veräußerte selbsterstellte immaterielle VG gilt die Bilanzierungspflicht im Konzernabschluss nicht, da diese **nach der ErstKons** entstanden und damit **aus Sicht des Konzerns selbsterstellt** sind.[20]

3.2.4 Rückstellungen (§ 249 HGB)

Für den Konzernabschluss gibt es keine vom Jahresabschluss abweichenden konzernspezifischen Regelungen. Die Passivierung von Rückstellungen richtet sich gem. § 300 Abs. 2 Satz 1 HGB nach dem Recht des MU. Aufgrund der Fiktion der wirtschaftlichen Einheit des Konzerns gem. § 297 Abs. 3 Satz 1 HGB können „konzerninterne" Rückstellungen im Jahresabschluss aus Konzernsicht und damit für den Konzernabschluss i. R. d. SchuldenKons nach § 303 HGB aufzulösen sein. Zudem müssen auch bei ausländischen TU gebildete Rückstellungen dem **Recht des MU** und damit Rückstellungsarten des § 249 HGB entsprechen, sodass darüber hinausgehende Rückstellungen zu eliminieren und verpflichtende, aber nicht gebildete Rückstellungen vorzunehmen sind.[21]

26

Praxis-Beispiel
Die TU 1 GmbH liefert fertige Erzeugnisse an die ebenfalls in den Konzernabschluss einbezogene TU 2 GmbH. Aufgrund der vertraglichen Gewährleistungsverpflichtung und der Erfahrungen aus der Vergangenheit bildet die TU 1 GmbH am Abschlussstichtag eine Gewährleistungsrückstellung gem. § 249 Abs. 1 Satz 2 Nr. 2 HGB. Sofern und soweit diese auch auf die Lieferung an die TU 2 GmbH entfällt und die TU 2 GmbH noch wirtschaftlicher Eigentümer der Erzeugnisse ist, ist sie aufgrund der Fiktion der wirtschaftlichen Einheit des Konzerns im Konzernabschluss mangels Drittverpflichtung aufzulösen.

3.2.5 Rechnungsabgrenzungsposten (§ 250 HGB)

Für den Konzernabschluss ergeben sich keine vom Jahresabschluss abweichenden Besonderheiten für RAP (§ 298 Abs. 1 i. V. m. § 249 HGB). Durch den

27

---

[20] So auch Fehrenbacher, in MünchKomm. HGB, 5. Aufl. 2024, § 298 HGB Rz 10.
[21] Vgl. Senger/Kurz, in BeckOGK Bilanzrecht, 2. Aufl. 2024, § 298 HGB Rz 20.

Grundsatz der Ansatzstetigkeit gem. § 246 Abs. 3 HGB bedarf es im Konzernabschluss einer **dem Recht des MU entsprechenden einheitlichen Methode** bei gleichen Sachverhalten. Anpassungen sind ggf. in der Handelsbilanz II vorzunehmen. Ansonsten gelten für RAP die in Rz 26 gemachten Ausführungen für Rückstellungen.

3.2.6 Haftungsverhältnisse (§§ 251, 268 Abs. 7 HGB)

28 Aufgrund der Fiktion der wirtschaftlichen Einheit des Konzerns gem. § 297 Abs. 3 Satz 1 HGB sind Haftungsverhältnisse zwischen den in den Konzernabschluss einbezogenen Unt **i. R. d. SchuldenKons nach § 303 HGB zu eliminieren**, da es sich aus Sicht des Konzerns nicht um Drittverpflichtungen handelt. Da die Vorschriften für große KapG auf den Konzernabschluss anzuwenden sind, ist die erweiterte Berichtspflicht nach § 268 Abs. 7 HGB und die „jeweils gesonderte" Angabe zu beachten. Bei ausländischen TU muss das MU sicherstellen, dass es sämtliche Informationen über Haftungsverhältnisse des TU zu Verfügung gestellt bekommt.

3.3 Bewertungsvorschriften

3.3.1 Allgemeine Bewertungsgrundsätze (§ 252 HGB)

29 Die allg. Bewertungsgrundsätze des § 252 HGB sind aufgrund von § 298 Abs. 1 HGB in vollem Umfang auch bei der Aufstellung des Konzernabschlusses zu beachten. Eigenständige konzernspezifische Bewertungsvorschriften ergeben sich zudem aus § 308 HGB und regeln die **einheitliche Bewertung im Konzern**. Nach § 308 Abs. 1 Satz 2 HGB können Bewertungswahlrechte, die nach dem Recht des MU zulässig sind, im Konzernabschluss unabhängig von ihrer Ausübung in den Einzel-/Jahresabschlüssen aller einbezogenen Unt – also sowohl TU als auch beim MU – **neu ausgeübt werden**. Unter das Recht zur Neuausübung fallen auch jene Wahlrechte, die bereits im Einzelabschluss des MU wahrgenommen wurden (§ 308 Rz 25 ff.).

30 Die sich aus § 252 Abs. 1 Nr. 1 HGB ergebende **Bilanzenidentität** ist im Konzernabschluss auch bei Änderungen des Konsolidierungskreises zu beachten. Zugänge und Abgänge von TU sind demnach zu dem Zeitpunkt, in dem das MU die tatsächliche Verfügungsmacht erhält bzw. verliert, als Zugang oder Abgang zu erfassen. Hat sich die Zusammensetzung der in den Konzernabschluss einbezogenen TU im Laufe des Gj wesentlich geändert, sind nach § 294 Abs. 2 HGB im Konzernabschluss Angaben vorzunehmen, die eine **sinnvolle Vergleichbarkeit der aufeinanderfolgenden Konzernabschlüsse** ermöglichen.[22]

> **Praxis-Beispiel**
> Die MU GmbH erwirbt mit notariell beurkundetem Kaufvertrag vom 1.12.X1 alle Geschäftsanteile an der TU GmbH. Der notarielle Kaufvertrag sieht vor, dass die Geschäftsanteile mit Wirkung zum 1.1.X2 übergehen. Der Zugangszeitpunkt bestimmt sich wie beim Jahresabschluss nach dem Erlangen der Verfügungsgewalt über die VG. Dies ist im vorliegenden Fall der

---

[22] Vgl. Senger/Kurz, in BeckOGK Bilanzrecht, 2. Aufl. 2024, § 298 HGB Rz 25.

> vertraglich vereinbarte Zeitpunkt. Die einzelnen VG und Schulden der TU GmbH gehen erst im Gj X2 zu und sind in diesem Gj als Zugänge zu erfassen.

Das **Erlangen der Verfügungsgewalt** kann durch vertragliche Vereinbarung nicht rückwirkend erfolgen. Entsprechende Regelungen in Verträgen sollen nur verdeutlichen, dass aufgelaufene Jahresergebnisse auf den Erwerber übergehen. **Wertaufhellende Informationen** sind gem. § 298 Abs. 1 i.V.m. § 252 Abs. 1 Nr. 4 HGB bis zum Aufstellungstag des Konzernabschlusses und nicht dem Aufstellungsende der Handelsbilanz II zu berücksichtigen. Da der Konzernabschluss zeitlich später als die Jahresabschlüsse der in den Konzernabschluss einbezogenen TU aufgestellt wird, kann es in Einzelfällen zu Abweichungen kommen.[23] 31

> **Praxis-Beispiel**
> Der Jahresabschluss der TU GmbH wird am 15.2.X1 aufgestellt. Passiviert ist eine Rückstellung für unterlassene Instandhaltung, die innerhalb der ersten drei Monate des folgenden Gj durchgeführt werden soll. Mit der Fertigstellung der Reparatur wird bei Aufstellung des Jahresabschlusses noch im März X2 gerechnet. Zum Zeitpunkt der Aufstellung des Konzernabschlusses am 31.3.X2 steht fest, dass die Reparatur noch nicht durchgeführt wurde und erst im April X2 ausgeführt wird. Die entsprechende Rückstellung für unterlassene Instandhaltung ist im Konzernabschluss nicht zu passivieren.

Steht ein Unternehmenskauf unter der **Zusammenschlusskontrolle durch das Bundeskartellamt**, erlangt der Erwerber frühestens die Verfügungsgewalt zum Zeitpunkt der Freigabe des Zusammenschlusses durch das Bundeskartellamt oder – sofern sich die Kartellbehörde nicht äußert – zum Zeitpunkt des Ablaufs der Untersagungsfrist. 32

Aus der Einheitlichkeit der Bewertung gem. § 298 Abs. 1 i.V.m. § 252 Abs. 1 Nr. 6 HGB ergibt sich, dass gleiche Sachverhalte nicht unterschiedlich behandelt werden dürfen. Für gleiche bzw. gleichartige Sachverhalte sind **einheitliche Bewertungsmethoden und Rechengrößen** anzuwenden: Art- oder funktionsgleiche VG oder Schulden sind unter gleichen wertbestimmenden Bedingungen auch mit gleichen Methoden zu bewerten.[24] Hieraus folgt, dass für gleiche bzw. gleichartige Sachverhalte Bewertungswahlrechte nicht unterschiedlich ausgeübt und keine unterschiedlichen Bewertungsmethoden genutzt werden dürfen. Im Umkehrschluss dürfen auch unterschiedliche Sachverhalte nicht gleich behandelt werden. Allerdings können z.B. verschiedene Abschreibungsmethoden und -dauern bei gleichartigen Anlagen aufgrund länderspezifischer Umstände – wie z.B. Klima oder Einsatzintensität – gerechtfertigt sein, wenn stark unterschiedliche Nutzungsbedingungen vorliegen.[25] Unterschiedliche Standorte allein sind 33

---

[23] Vgl. Kliem/Deubert, in Beck Bil-Komm., 14. Aufl. 2024, § 298 HGB Rz 45.
[24] Vgl. Fehrenbacher, in MünchKomm. HGB, 5. Aufl. 2024, § 308 HGB Rz 9.
[25] Vgl. IDW RH HFA 1.018.3 f.; Senger/Kurz, in BeckOGK Bilanzrecht, 2. Aufl. 2024, § 308 HGB Rz 12.

jedoch noch kein hinreichender Grund, um Abschreibungsmethoden und -dauern uneinheitlich anzuwenden.[26]

> **Praxis-Beispiel**
> Das deutsche MU schreibt seine Pkw über die betriebsgewöhnliche Nutzungsdauer von sechs Jahren ab. Zudem werden Forderungen, die seit mehr als sechs Monaten überfällig sind, pauschal mit einem Satz von 50 % einzelwertberichtigt.
> Das TU 1 mit Sitz im Ausland schreibt seine Pkw über die betriebsgewöhnliche Nutzungsdauer von vier Jahren ab, da diese aufgrund lokal schlechterer Straßenbedingungen regelmäßig nur vier Jahre nutzbar sind. Eine Abweichung im Konzernabschluss ist hier sachlich zulässig und geboten.
> Das TU 2 mit Sitz in Deutschland schreibt Forderungen, die seit mehr als vier Monaten überfällig sind, pauschal mit einem Satz von 40 % ab. Forderungen, die seit mehr als neun Monaten überfällig sind, werden pauschal mit einem Satz von 60 % abgeschrieben. Ohne sachliche Gründe für die unterschiedliche Bewertung im Vergleich zum MU liegt eine andere Ausübung des Ermessens vor. Für den Konzernabschluss ist die Bewertung zu vereinheitlichen und an das Vorgehen des MU für den Konzernabschluss anzupassen und Forderungen sind nach sechs Monaten Überfälligkeit pauschal mit 50 % abzuschreiben.

3.3.2 Zugangs- und Folgebewertung (§ 253 HGB)

34 Besonderheiten bei der Zugangs- und Folgebewertung ergeben sich für den Konzernabschluss grds. nicht (§ 298 Abs. 1 i.V.m. § 253 HGB). Basierend auf § 308 Abs. 1 Satz 2 HGB kann das einzige in § 253 HGB enthaltene Wahlrecht zur außerplanmäßigen Abschreibung von Finanzanlagen auch bei voraussichtlich nicht dauernder Wertminderung (§ 253 Abs. 3 Satz 6 HGB) im Konzernabschluss unabhängig von der Vorgehensweise in den jeweiligen Einzelabschlüssen neu ausgeübt werden.

35 Wenn in Ausnahmefällen beim **entgeltlich erworbenen GoF** die voraussichtliche Nutzungsdauer nicht verlässlich geschätzt werden kann, ist nach § 253 Abs. 3 Satz 4 i.V.m. Satz 3 HGB auch im Konzernabschluss ausnahmsweise eine Nutzungsdauer von zehn Jahren anzusetzen. Bei bestehenden Schätzungsunsicherheiten ist unter Beachtung des Vorsichtsprinzips eine i.R. möglicher Nutzungsdauern kurze Nutzungsdauer zu wählen. Schätzungsunsicherheiten alleine rechtfertigen nicht die Anwendung der Ausnahmeregelung, da diese restriktiv angewendet werden sollte. Sofern im Einzelfall Anhaltspunkte für eine bestimmte Nutzungsdauer bestehen, bleibt es auch beim GoF bei der allg. Regelung.[27] Nach außerplanmäßigen Abschreibungen des GoF sind diese auch im Konzernabschluss bei Entfall der dafür ursächlichen Gründe nicht wieder rückgängig zu machen, sondern beizubehalten (§ 253 Abs. 5 Satz 2 HGB).

36 Mit dem Wegfall der umgekehrten Maßgeblichkeit durch das BilMoG besteht ein Verbot von steuerrechtlichen Wertansätzen in der Handelsbilanz – und damit

---

[26] So auch Fehrenbacher, in MünchKomm. HGB, 5. Aufl. 2024, § 308 HGB Rz 13.
[27] Ähnlich Tiedchen, in BeckOGK Bilanzrecht, 2. Aufl. 2024, § 253 HGB Rz 128f.

sowohl im Einzel- als auch im Konzernabschluss. So müssen z. B. **planmäßige Abschreibungen** auf abnutzbare VG des Anlagevermögens den handelsrechtlichen GoB entsprechen und sind auf die Gj zu verteilen, in denen der VG voraussichtlich genutzt werden kann. Steuerrechtliche Wertansätze dürfen nicht in den Konzernabschluss übernommen werden, sofern diese nicht mit dem tatsächlichen Werteverzehr in Einklang stehen. Zulässig sind aber handelsrechtliche Vereinfachungsverfahren, sofern dadurch die Vermögens-, Finanz- und Ertragslage des Konzerns nicht wesentlich beeinträchtigt wird.

Rückstellungen mit einer Restlaufzeit von mehr als einem Jahr sind nach § 253 Abs. 2 Satz 1 HGB mit einem laufzeitadäquaten durchschnittlichen Zinssatz der vergangenen zehn Jahre für Rückstellungen von Altersversorgungsverpflichtungen und der vergangenen sieben Jahre für andere Rückstellungen abzuzinsen. Die entsprechenden Zinssätze werden von der Deutschen Bundesbank veröffentlicht. Sofern der Erfüllungsbetrag nicht in EUR, sondern **in fremder Währung** bestimmt ist, sind bei wesentlicher Beeinträchtigung der Vermögens-, Finanz- und Ertragslage nicht die von der Deutschen Bundesbank veröffentlichten Zinssätze, sondern währungskongruente Zinssätze heranzuziehen.[28]

3.3.3 Bildung von Bewertungseinheiten (§ 254 HGB)

Für den Konzernabschluss ergeben sich in Bezug auf die Bildung von Bewertungseinheiten grds. keine Besonderheiten im Vergleich mit dem Jahresabschluss (§ 298 Abs. 1 i. V. m. § 254 HGB). Somit gelten die Grundsätze des IDW RS HFA 35 zur handelsrechtlichen Bilanzierung von Bewertungseinheiten auch für den Konzernabschluss. Die Einheitstheorie des Konzernabschlusses kann dazu führen, dass das Vorliegen einer Bewertungseinheit aus **Konzernsicht anders zu beurteilen ist** als aus Sicht des Einzelabschlusses, weil

- das Grund- und das Sicherungsgeschäft von zwei verschiedenen einbezogenen Unt abgeschlossen wurden und somit aus Konzernsicht eine Bewertungseinheit besteht oder
- das Sicherungsgeschäft mit einem einbezogenen Unt abgeschlossen wurde und damit aus Konzernsicht entfällt und zu einer offenen Position führt.

Sofern bei Letzterem ein in den Konzernabschluss einbezogenes Unt für ein konzerninternes Kreditverhältnis eine Währungssicherung mit einem konzernfremden Dritten abgeschlossen und im Jahresabschluss oder in der Handelsbilanz II eine Bewertungseinheit nach § 254 HGB gebildet hat, führt gem. DRS 25.82 eine Aufrechnung von konzerninternen Ansprüchen und Verpflichtungen in fremder Währung, soweit sie Teil der Bewertungseinheit sind, **nicht zur Beendigung der Bewertungseinheit auf Ebene des Konzerns**. In diesem Fall ist der ineffektive Teil der Bewertungseinheit nach den allg. Grundsätzen zu behandeln (DRS 25.82). I. E. besteht also der Zusammenhang zwischen dem rechtlich bestehenden Grundgeschäft und dem mit einem Dritten abgeschlossenen Sicherungsgeschäft ungeachtet der Kons weiter fort.[29]

---

[28] So i. E. auch Kliem/Deubert, in Beck Bil-Komm., 14. Aufl. 2024, § 298 HGB Rz 47.
[29] Vgl. Senger/Kurz, in BeckOGK Bilanzrecht, 2. Aufl. 2024, § 298 HGB Rz 31.

3.3.4 Bewertungsmaßstäbe (§ 255 HGB)

40 Hinsichtlich des Umfangs der AHK ist auf den Konzern als wirtschaftlich fiktive Einheit und damit auf die **Konzern-AHK** abzustellen, wobei sich keine Besonderheiten für den Konzernabschluss ggü. dem Jahresabschluss ergeben (§ 298 Abs. 1 i. V. m. § 255 HGB). So können z. B.

- die Kosten für die konzerninterne Lieferung von Vorprodukten aus Konzernsicht aktivierungspflichtige innerbetriebliche Transportkosten der fertigen Erzeugnisse darstellen,
- bei konzerninternen Verkäufen von VG des Anlagevermögens Anschaffungsnebenkosten aktiviert worden sein, die aus Sicht des Konzerns nicht mehr aktivierungsfähig sind, oder
- bei konzerninternen Lieferungen oder Verkäufen Zwischenergebnisse aus Konzernsicht entstanden sein, die gem. § 304 HGB zu eliminieren sind.

3.3.5 Bewertungsvereinfachungsverfahren (§ 256 HGB)

41 Die Bewertungsvereinfachungsverfahren des § 256 HGB sind für den Konzernabschluss aufgrund § 298 Abs. 1 HGB ohne weitere Besonderheiten wie für den Jahresabschluss anzuwenden. Das Wahlrecht zur Nutzung von Bewertungsvereinfachungsverfahren kann für den Konzernabschluss unabhängig vom Vorgehen auf Ebene der Einzelabschlüsse grds. **neu ausgeübt werden** (§ 308 Abs. 1 Satz 2 i. V. m. § 256 HGB). Diese Neuausübung unterliegt dem Gebot der Einheitlichkeit der Bewertung und damit der sachlichen Stetigkeit (§ 308 Abs. 1 Satz 1 HGB) und dem Grundsatz der (zeitlichen) Stetigkeit (§ 298 Abs. 1 i. V. m. § 252 Abs. 1 Nr. 6 HGB).[30]

42 Aufgrund des Verweises in § 256 Satz 2 HGB auf § 240 Abs. 3 HGB (**Festwert**) und § 240 Abs. 4 HGB (**Durchschnittsbewertung**) sind diese Bewertungsvereinfachungsverfahren auch für den Konzernabschluss zulässig, obwohl § 298 Abs. 1 HGB nicht direkt auf § 240 Abs. 3 und 4 HGB verweist. Nach der Änderung des § 256 Satz 1 HGB mit dem BilMoG und der daraus resultierenden Streichung der Wörter „oder in einer sonstigen bestimmten Folge" sind sowohl im Jahresabschluss als auch im Konzernabschluss als **Verbrauchsfolgeverfahren** nur noch die Lifo-Methode und die Fifo-Methode zulässig. Alle weiteren Verbrauchsfolgeverfahren wie z. B. Hifo, Kifo, Kilo sind damit im Einzelabschluss und auch Konzernabschluss nicht (mehr) zulässig.

43 Es bestehen keine Bedenken, die Bewertungsvereinfachungen jeweils für separierbare Einheiten (z. B. rechtlich selbstständige Unt) vorzunehmen. Es ist somit **nicht erforderlich**, ein Verbrauchsfolgeverfahren über den gesamten Konzern anzuwenden und so die zuletzt bzw. zuerst angeschafften oder hergestellten VG des Vorratsvermögens aus Konzernsicht zu ermitteln. Die sachliche und zeitliche Methoden- und Bewertungsstetigkeit des Konzerns ist aber dennoch zu beachten.

3.3.6 Währungsumrechnung (§ 256a HGB)

44 Für die Währungsumrechnung im Konzernabschluss ergeben sich aufgrund des Verweises in § 298 Abs. 1 HGB auf § 256a HGB keine Besonderheiten im Vergleich mit dem Jahresabschluss. Alle TU und auch das MU haben zunächst

---

[30] Vgl. IDW RH HFA 1.018.3 und 1.018.5.

auf fremde Währung lautende VG und Verbindlichkeiten in den Jahresabschlüssen bzw. Handelsbilanzen II mit dem **Devisenkassamittelkurs am Abschlussstichtag** in die Landeswährung umzurechnen. Nach Erstellung der Handelsbilanz II ist diese – sofern nicht in EUR aufgestellt – für den Konzernabschluss nach § 308a HGB mit dem Devisenkassamittelkurs am (Konzern-)Abschlussstichtag in EUR umzurechnen. Diese Reihenfolge ist auch dann anzuwenden, wenn Fremdwährungsposten des in fremder Währung bilanzierenden TU bereits auf EUR lauten (sog. doppelte Währungsumrechnung).[31] § 308a HGB regelt bei in fremder Währung vorliegenden Jahresabschlüssen bzw. Handelsbilanzen II – also aller Aktiv- und Passivposten – deren Umrechnung in die Währung des Konzernabschlusses.[32]

3.4 Allgemeine Grundsätze für die Gliederung (§ 265 HGB)

Die allg. Grundsätze für die Gliederung im Jahresabschluss der KapG gem. § 265 HGB sind nach § 298 Abs. 1 HGB auch ohne weitere Besonderheiten im Konzernabschluss anzuwenden. § 265 Abs. 1 Satz 1 HGB zur **Darstellungsstetigkeit** gilt also auch für den Konzernabschluss und stellt so eine **intertemporäre Vergleichbarkeit** sicher. Die Darstellungsform des Konzernabschlusses kann grds. unabhängig vom Einzelabschluss des MU gewählt werden, wobei ein solches Vorgehen aus Gründen der Praktikabilität in der Praxis eher selten der Fall sein wird, wenn nicht erhebliche sachliche Gründe hierfür sprechen (z. B. MU agiert als reine Holding).[33] Von der Darstellungsform des Konzernabschlusses darf nur in Ausnahmefällen wegen besonderer Umstände im Vergleich mit dem Vj abgewichen werden (§ 265 Abs. 1 Satz 1 HGB). Ein willkürlicher Wechsel in der Form der Darstellung ist unzulässig. Eine auf **Dauer beabsichtigte Änderung** zu einer anderen Darstellungsform ist allerdings grds. nicht ausgeschlossen.[34] Eine Abweichung im Vergleich zum Vj ist nach § 265 Abs. 1 Satz 2 HGB im Anhang anzugeben und zu begründen.

45

Nach § 298 Abs. 1 i.V.m. § 265 Abs. 2 Satz 1 HGB sind die **Beträge des Vj zu jedem Posten** der Konzernbilanz und Konzern-GuV anzugeben. Hinsichtlich der Angabepflicht von Vj-Beträgen im Konzernanhang gilt Folgendes: Der Gesetzgeber lässt dem Bilanzierenden z.T. die Wahl, bestimmte Zusatzinformationen entweder im Konzernanhang oder in der Konzernbilanz bzw. Konzern-GuV darzustellen („Wahlpflichtangaben"). Für die Frage der Angabepflicht von Vj-Beträgen spielt es keine Rolle, in welchem Konzernabschluss-Bestandteil die gesetzlich vorgeschriebenen Angaben gemacht werden. Sofern der Bilanzierende die Angaben in den Konzernanhang aufnimmt, entfaltet der Konzernanhang insoweit eine **Entlastungsfunktion für die Konzernbilanz und Konzern-GuV**. Der in diesen Fällen lediglich zur Disposition stehende Ort des Ausweises darf hinsichtlich der zu gebenden Informationen nicht zur qualitativen Beeinträchtigung führen, sodass auch hier die Beträge des Vj anzugeben sind. Sofern die Beträge des Vj und des laufenden Gj nicht vergleichbar sind (§ 298 Abs. 1 i.V.m. § 265 Abs. 2 Satz 2 HGB) oder die Beträge des Vj angepasst

46

---

[31] Vgl. Kliem/Deubert, in Beck Bil-Komm., 14. Aufl. 2024, § 298 HGB Rz 54.
[32] Vgl. Senger/Kurz, in BeckOGK Bilanzrecht, 2. Aufl. 2024, § 298 HGB Rz 35.
[33] So auch Senger/Kurz, in BeckOGK Bilanzrecht, 2. Aufl. 2024, § 298 HGB Rz 38.
[34] Vgl. auch IDW, WPH Edition, Wirtschaftsprüfung & Rechnungslegung, 18. Aufl. 2023, Kap. F Tz 288.

wurden (§ 298 Abs. 1 i. V. m. § 265 Abs. 2 Satz 3 HGB), sind entsprechende Angaben und Erläuterungen im Anhang vorzunehmen. Die Vergleichbarkeit i. S. d. Vorschrift ist nur dann beeinträchtigt, wenn ohne weitere Angaben ein falscher Eindruck von der Entwicklung des Konzerns entstehen könnte.

47 Die Angabe der Beträge des Vj gem. § 298 Abs. 1 i. V. m. § 265 Abs. 2 HGB ist insb. mit Problemen verbunden, wenn im Entstehungsjahr **erstmalig ein Konzernabschluss** aufzustellen ist. In diesem Fall sind folgende Vorgehensweisen denkbar:
- Für die Beträge des Vj wird auf den Einzel-/Jahresabschluss des MU zurückgegriffen, was entsprechend kenntlich zu machen ist.
- Auf die Angabe der Beträge des Vj wird verzichtet, was entsprechend zu erläutern ist.
- Die Beträge des Vj werden freiwillig angegeben und basieren auf der Konzernbilanz zu Beginn des Konzerngeschäftsjahres (Konzerneröffnungsbilanz), was entsprechend kenntlich zu machen und zu erläutern ist. In diesem Fall ist eine Kapital- und SchuldenKons vorzunehmen, wohingegen auf eine Zwischenergebniseliminierung verzichtet werden kann.

Allerdings sind die Beträge des Vj in einem erstmalig aufgestellten Konzernabschluss anzugeben, wenn die Erstellung des Konzernabschlusses im Vj trotz des Vorliegens der gesetzlichen Verpflichtung unterblieben ist.[35]

48 Insb. bei **umfangreichen Abgängen aus dem Konsolidierungskreis** kann eine Anpassung der Beträge des Vj erforderlich sein. Um den Vergleich mit dem laufenden Gj zu ermöglichen, müssen die Beträge des Vj so aufbereitet werden, als ob die Abgänge und damit die Änderungen des Konsolidierungskreises bereits im Vj stattgefunden hätten. In diesem Zusammenhang wird dann auch eine „statistische" EndKons vorgenommen. Bei den so angepassten Vj-Beträgen liegt aber lediglich eine andere Art der Darstellung der im Vj tatsächlich vorhandenen Beträge vor. Die eigentliche EndKons im laufenden Gj wird durch die „statistische" EndKons im Vj **nicht ersetzt**, sondern ist einschl. der damit verbundenen Erfolgswirkung im laufenden Gj durchzuführen.[36]

49 Die Vorschriften des § 265 Abs. 2 HGB können im Konzernabschluss zudem zu praktischen Problemen führen, wenn es zu **wesentlichen Veränderungen im Konsolidierungskreis** kommt. In diesem Fall ist § 294 Abs. 2 HGB zu beachten und es sind Angaben vorzunehmen, die einen sinnvollen Vergleich der aufeinanderfolgenden Konzernabschlüsse ermöglichen.

50 Die Beträge des Vj für andere reine Konzernanhangangaben (als Informations- oder Ergänzungsfunktion) sind **nicht verpflichtend anzugeben**, da sich § 298 Abs. 1 i. V. m. § 265 Abs. 2 Satz 1 HGB dem Gesetzeswortlaut nach nur auf die Konzernbilanz und die Konzern-GuV bezieht. Die Angabe ist in der Praxis aber üblich geworden und **erhöht den Informationsgehalt des Konzernanhangs**.

51 Bereits nach früherer Auffassung in der Literatur waren Vj-Beträge für die **Konzern-KFR** und den **Konzern-EK-Spiegel** erforderlich, weil diese Abschlussbestandteile bisher nicht Bestandteile des Jahresabschlusses waren und weil sich die Angabe von Beträgen des Vj aus der Besonderheit und Eigenart des

---

[35] Vgl. Senger/Kurz, in BeckOGK Bilanzrecht, 2. Aufl. 2024, § 298 HGB Rz 39; Kliem/Deubert, in Beck Bil-Komm., 14. Aufl. 2024, § 298 HGB Rz 59.
[36] Vgl. Kliem/Deubert, in Beck Bil-Komm., 14. Aufl. 2024, § 298 HGB Rz 62.

Konzernabschlusses ergab. Durch das BilMoG sind auch bestimmte Jahresabschlüsse um eine KFR und einen EK-Spiegel zu ergänzen (§ 264 Abs. 1 Satz 2 HGB). Die Vorschriften zum Jahresabschluss enthalten keine Regelungen zur Angabepflicht der entsprechenden Vj-Beträge. Die Angabe von Vj-Beträgen ist in der Praxis aber **üblich und zu empfehlen,** auch wenn es sich aus dem Gesetzeswortlaut nicht (verpflichtend) ergibt. DRS 21 zur KFR und DRS 22 zum Konzern-EK empfehlen ebenfalls die Angabe der Vj-Beträge (DRS 21.22, DRS 22.21).

Die **Gliederung bei mehreren Geschäftszweigen** gem. § 298 Abs. 1 i.V.m. § 265 Abs. 4 HGB hat im Konzernabschluss eine größere Bedeutung, da ggf. Unt mit **abweichenden heterogenen Tätigkeiten** zusammengefasst werden und die Gliederung entsprechend zu ergänzen ist.[37] Vor diesem Hintergrund kann auch eine weitere Untergliederung mit neuen Posten und Zwischensummen notwendig sein (§ 298 Abs. 1 i.V.m. § 265 Abs. 5 HGB). Zudem kann auch die Änderung von Gliederungsnummern und Postenbezeichnungen für einen klaren und übersichtlichen Konzernabschluss erforderlich sein (§ 298 Abs. 1 i.V.m. § 265 Abs. 6 HGB). Aufgrund der Zusammenfassung aller rechtlich selbstständigen Unt des Konzerns können diese Ergänzungen und Änderungen zur Wahrung des Grundsatzes der Klarheit und Übersichtlichkeit nach § 297 Abs. 2 Satz 1 HGB **im Konzernabschluss eher als im Jahresabschluss geboten sein.**[38] Auch die Zusammenfassungsmöglichkeiten einzelner Posten gem. § 298 Abs. 1 i.V.m. § 265 Abs. 7 HGB sind in gleicher Weise für den Konzernabschluss anwendbar. Posten der Bilanz und der GuV, die **im Berichtsjahr und im Vj keine Beträge ausweisen,** brauchen nach § 298 Abs. 1 i.V.m. § 265 Abs. 8 HGB auch im Konzernabschluss nicht ausgewiesen werden.

52

53

3.5 Bilanz

3.5.1 Gliederung der Bilanz (§ 266 HGB)

Die Konzernbilanz ist in Kontoform aufzustellen (§ 298 Abs. 1 i.V.m. § 266 Abs. 1 Satz 1 HGB). Aufgrund der Eigenart des Konzernabschlusses und konzernspezifischer Regelungen sind in diesem **zusätzlich zum Jahresabschluss** bei Vorhandensein im Gj oder im Vj folgende Posten aufzunehmen:
- (aktiver) GoF bzw. (passiver) Unterschiedsbetrag aus der KapKons (§ 301 Abs. 3 Satz 1 HGB),
- eigene Anteile des MU (§ 301 Abs. 4 HGB),
- Anteile anderer nicht beherrschender Gesellschafter (§ 307 Abs. 1 HGB),
- EK-Differenz aus Währungsumrechnung (§ 308a Satz 3 HGB),
- Beteiligungen an assoziierten Unt (§ 311 Abs. 1 HGB).[39]

54

---

[37] Vgl. Senger/Kurz, in BeckOGK Bilanzrecht, 2. Aufl. 2024, § 298 HGB Rz 40.
[38] Ähnlich auch Kliem/Deubert, in Beck Bil-Komm., 14. Aufl. 2024, § 298 HGB Rz 58.
[39] Vgl. Senger/Kurz, in BeckOGK Bilanzrecht, 2. Aufl. 2024, § 298 HGB Rz 42; IDW, WPH Edition, Wirtschaftsprüfung & Rechnungslegung, 18. Aufl. 2023, Kap. G Tz 221 ff.

58 Für den Konzernabschluss gilt wie für den Jahresabschluss gem. § 298 Abs. 1 i.V.m. § 268 Abs. 3 HGB, dass ein **nicht durch Eigenkapital gedeckter Fehlbetrag** – also ein negatives EK – am Ende der Konzernbilanz auf der Aktivseite gesondert auszuweisen ist. I. R. d. Ermittlung des Konzern-EK sind die Anteile anderer nicht beherrschender Gesellschafter nach § 307 Abs. 1 HGB sowie die EK-Differenz aus der Währungsumrechnung nach § 308a HGB zu berücksichtigen.[48]

59 Wie im Jahresabschluss sind im Konzernabschluss nach § 298 Abs. 1 i.V.m. § 268 Abs. 4 Satz 1 und Abs. 5 Satz 1 HGB
- **Forderungen** mit einer Restlaufzeit von mehr als einem Jahr sowie
- **Verbindlichkeiten** mit einer Restlaufzeit bis zu einem Jahr und Verbindlichkeiten mit einer Restlaufzeit von mehr als einem Jahr

bei jedem gesondert ausgewiesenen Posten zu vermerken. Nach § 298 Abs. 1 i.V.m. § 268 Abs. 5 Satz 2 HGB besteht auch für den Konzernabschluss das Wahlrecht, **erhaltene Anzahlungen** auf Bestellungen entweder offen von den Vorräten abzusetzen oder gesondert unter den Verbindlichkeiten auszuweisen. Für den Konzernabschluss darf dieses Wahlrecht unabhängig von der Wahl im Einzelabschluss neu ausgeübt werden.[49]

60 Über die bilanzielle Behandlung von **Disagios** darf im Konzernabschluss ebenfalls neu entschieden werden. Hiervon betroffen sind einerseits das Aktivierungswahlrecht des Disagios gem. § 250 Abs. 3 HGB und andererseits das sich aus § 298 Abs. 1 i.V.m. § 268 Abs. 6 HGB ergebende Wahlrecht, das Disagio in einem eigenen Posten oder aber innerhalb der sonstigen RAP – unter einer dazugehörigen Angabe im Konzernanhang – auszuweisen.[50]

61 Für die in § 251 HGB bezeichneten **Haftungsverhältnisse** sind nach § 298 Abs. 1 i.V.m. § 268 Abs. 7 HGB im Konzernabschluss – also unter Beachtung, dass diese ggü. Dritten und nicht konzernintern bestehen –
- die Angaben zu nicht auf der Passivseite auszuweisenden Verbindlichkeiten und Haftungsverhältnissen im Konzernanhang zu machen,
- dabei die Haftungsverhältnisse jeweils gesondert unter Angabe der gewährten Pfandrechte und sonstigen Sicherheiten anzugeben und
- dabei Verpflichtungen betreffend die Altersversorgung und Verpflichtungen ggü. verbundenen oder assoziierten Unt jeweils gesondert zu vermerken.

Assoziierte Unt sind **zwingend aus Konzernsicht** nach §§ 311f. HGB zu beurteilen und können somit von der Abgrenzung aus Jahresabschlusssicht abweichen.

3.5.3 Bildung bestimmter Posten (§ 270 HGB)

62 Für die **Kapitalrücklage** und die **Gewinnrücklagen** bei Aufstellung der Konzernbilanz unter vollständiger oder tw. Verwendung des Konzernjahresergebnisses ergeben sich keine Besonderheiten für den Konzernabschluss (§ 298 Abs. 1 i.V.m. § 270 HGB). Die Kapitalrücklage im Konzernabschluss umfasst **nur die Kapitalrücklage des MU**. Die Kapitalrücklagen der TU werden i.R.d. KapKons eliminiert. Bei der in der Konzernbilanz ausgewiesenen Kapitalrücklage kann es allerdings zu Abweichungen von der Kapitalrücklage des MU kommen – z.B.

---

[48] Vgl. Kliem/Deubert, in Beck Bil-Komm., 14. Aufl. 2024, § 298 HGB Rz 76.
[49] Vgl. Senger/Kurz, in BeckOGK Bilanzrecht, 2. Aufl. 2024, § 298 HGB Rz 47f.
[50] Siehe auch Senger/Kurz, in BeckOGK Bilanzrecht, 2. Aufl. 2024, § 298 HGB Rz 49.

durch die offene Verrechnung des GoF nach § 309 Abs. 1 HGB a.F. mit den Kapitalrücklagen nach § 272 Abs. 2 Nr. 4 HGB, durch Verrechnungen von Jahresfehlbeträgen einbezogener TU mit den Kapitalrücklagen und aufgrund einer anderen Bewertung von Sacheinlagen in der Handelsbilanz II und im Jahresabschluss.[51]

3.5.4 Beteiligungen. Verbundene Unternehmen (§ 271 HGB)

Die Definitionen des Jahresabschlusses für Beteiligungen und verbundenen Unt gelten auch für den Konzernabschluss (§ 298 Abs. 1 i.V.m. § 271 HGB). Sofern es sich bei der Beteiligung um ein assoziiertes Unt handelt, **gehen der Ausweis und die Bilanzierung nach §§ 311f. HGB vor**. Beteiligungen an assoziierten Unt sind gesondert in der Konzernbilanz auszuweisen (§ 311 Abs. 1 Satz 1 HGB). In der Konzern-GuV ist das auf assoziierte Unt entfallende Ergebnis ebenfalls unter einem gesonderten Posten auszuweisen (§ 312 Abs. 4 HGB).[52]

3.5.5 Eigenkapital (§ 272 Abs. 1–4 HGB)

Die in § 272 HGB verwendeten Begriffe „gezeichnetes Kapital" und „Kapitalrücklage" beziehen sich nur auf MU in der Rechtsform der KapG. Bei KapCo-Ges als MU ist die Postenbezeichnung entsprechend § 264c Abs. 2 HGB anzupassen. Das **gezeichnete Kapital** im Konzernabschluss stimmt grds. mit dem Ausweis im Jahresabschluss des MU überein. Ausnahmen können sich bei Anteilen von TU am MU ergeben, da solche Anteile nach § 301 Abs. 4 HGB im Konzernabschluss wie eigene Anteile[53] des MU zu behandeln und mit ihrem – sofern vorhanden – Nennwert bzw. ansonsten mit ihrem rechnerischen Wert in der Vorspalte offen von dem gezeichneten Kapital abzusetzen sind.[54] Die **Kapitalrücklage** im Konzernabschluss umfasst grds. nur die Kapitalrücklage des MU, da die Kapitalrücklagen der TU i.R.d. KapKons eliminiert werden. Bei der in der Konzernbilanz ausgewiesenen Kapitalrücklage kann es allerdings zu Abweichungen von der Kapitalrücklage des MU kommen (Rz 62).

Der Begriff „**Gewinnrücklagen**" umfasst im Konzernabschluss Beträge sowohl des MU als auch von den einbezogenen TU. Die Aufgliederung der Gewinnrücklagen gem. § 266 Abs. 3 A. III. HGB ist grds. zulässig und beizubehalten. Die ausschüttungsgesperrten Rücklagen (gesetzliche Rücklage, Rücklage für Anteile an einem herrschenden oder mehrheitlich beteiligten Unt, ggf. satzungsmäßige Rücklagen) stellen anders als im Einzel-/Jahresabschluss aus Sicht des Konzerns keine relevanten Informationen dar. Vor diesem Hintergrund können auch alle Gewinnrücklagen **im Konzernabschluss zusammengefasst ausgewiesen werden**. Wegen der unterschiedlichen Herkunft der Mittel ist eine Trennung von Kapital- und Gewinnrücklagen aber zwingend geboten.[55]

Sowohl positive als auch negative Währungsumrechnungsdifferenzen sind gem. § 308a Satz 3 HGB innerhalb des Konzerneigenkapitals nach den Rücklagen

---

51 Vgl. Kliem/Deubert, in Beck Bil-Komm., 14. Aufl. 2024, § 298 HGB Rz 68 i.V.m. 81.
52 Vgl. Fehrenbacher, in MünchKomm. HGB, 5. Aufl. 2024, § 298 HGB Rz 11.
53 S. ausführlich zu eigenen Anteilen im Einzelabschluss Reinke, in Kußmaul/Müller, HdB, Eigene Anteile in Handels- und Steuerbilanz, Rz 1 ff., Stand: 16.3.2020.
54 Weiter erläuternd hierzu Senger/Kurz, in BeckOGK Bilanzrecht, 2. Aufl. 2024, § 298 HGB Rz 56f.
55 So auch Kliem/Deubert, in Beck Bil-Komm., 14. Aufl. 2024, § 298 HGB Rz 81.

unter dem Posten „**Eigenkapitaldifferenz aus Währungsumrechnung**" auszuweisen. Letzterer ist bei tw. oder vollständigem Ausscheiden des TU in entsprechender Höhe erfolgswirksam aufzulösen (§ 308a Satz 4 HGB). Unwesentliche Währungsumrechnungsdifferenzen dürfen i.S. d. Klarheit auch mit den Gewinnrücklagen zusammengefasst werden. Allerdings sind diese dann durch einen Davon-Vermerk kenntlich zu machen oder i.R. e. Aufgliederung der Gewinnrücklagen im Konzernanhang darzustellen.[56]

3.5.6 Latente Steuern (§ 274 HGB)

67 Im Konzernabschluss gelten für die Bilanzierung und Bewertung latenter Steuern § 298 Abs. 1 i.V. m. **§ 274 HGB und § 306 HGB nebeneinander**. Für temporäre Differenzen zwischen dem handelsrechtlichen Jahresabschluss bzw. der Handelsbilanz II und der Steuerbilanz sowie für die Nutzbarkeit steuerrechtlicher Verlustvorträge und den hieraus resultierenden steuerrechtlichen Be- und Entlastungen ergibt sich die Bilanzierung latenter Steuern aus § 274 HGB. Demgegenüber regelt § 306 HGB die sich aus **Konsolidierungsmaßnahmen** ergebenden temporären Differenzen und die daraus resultierenden Steuerbe- und -entlastungen. Vor diesem Hintergrund muss das MU sicherstellen, dass es von den einbezogenen TU neben der Handelsbilanz II alle weiteren notwendigen Informationen zu den temporären Bilanzdifferenzen, den etwaigen Verlustvorträgen und den unternehmensindividuellen Steuersätzen erhält. Hierbei helfen z.B. Bilanzierungsrichtlinien und spezielle Lösungen für ein (latentes) Steuerreporting. Ein konzerneinheitlicher Steuersatz ist aufgrund von § 274 Abs. 2 Satz 1 HGB grds. ausgeschlossen.[57]

68 Das sich aus § 274 Abs. 1 Satz 2 HGB ergebende **Aktivierungswahlrecht latenter Steuern** kann grds. auch in den Konzernabschluss übernommen werden. Diesbzgl. wurde DRS 18 zu latenten Steuern durch DRÄS 11 dahingehend konkretisiert, dass nun konsequenter auf die Möglichkeit der Übernahme des Aktivierungswahlrechts für latente Steuern aus § 274 Abs. 1 Satz 2 HGB in den Konzernabschluss hingewiesen wird und von der Idealvorstellung der „Nachaktivierung" dieser latenten Steuern **zugunsten der Wiedergabe der Gesetzeslage** abgerückt wurde. Konkret ergibt sich aus DRS 18.12, dass aktive latente Steuern vorbehaltlich der Anwendung des Aktivierungswahlrechts gem. § 298 Abs. 1 i.V. m. § 274 Abs. 1 Satz 2 HGB zwingend anzusetzen sind. Das Aktivierungswahlrecht besteht gem. DRS 18.14 auch für aktive latente Steuern aus der Anpassung an konzerneinheitliche Bilanzierungs- und Bewertungsmethoden. Für auf Konsolidierungsmaßnahmen gem. der § 300 Abs. 1, §§ 301 bis 305, § 310 und § 312 HGB beruhenden aktive latente Steuern besteht gem. § 306 Satz 1 HGB eine Aktivierungspflicht (DRS 18.25).[58] Das Aktivierungswahlrecht für latente Steuern des § 274 Abs. 1 Satz 2 HGB kann für den Konzernabschluss unabhängig vom Einzel-/Jahresabschluss neu ausgeübt werden.[59]

69 Für den Konzernabschluss ergeben sich zudem folgende weitere Besonderheiten in Bezug auf latente Steuern:

---

[56] Vgl. Kliem/Deubert, in Beck Bil-Komm., 14. Aufl. 2024, § 298 HGB Rz 82.
[57] Vgl. Kliem/Deubert, in Beck Bil-Komm., 14. Aufl. 2024, § 298 HGB Rz 35.
[58] Vgl. Müller/Reinke/Scheid, DStR 2021, S. 1722.
[59] Vgl. Senger/Kurz, in BeckOGK Bilanzrecht, 2. Aufl. 2024, § 298 HGB Rz 23.

- Die ggf. im Jahresabschluss von TU in Anspruch genommenen größenabhängigen Erleichterungen für kleine KapG nach § 274a Nr. 4 HGB können aufgrund des Einheitsgrundsatzes **nicht für Zwecke der Konzernrechnungslegung in Anspruch genommen werden.** Es muss unter Beachtung der Grundsätze der Wirtschaftlichkeit und Wesentlichkeit organisatorisch sichergestellt werden, dass die Informationen und Daten, die ohne Inanspruchnahme der größenabhängigen Erleichterungen erforderlich sind, bei der Berechnung der latenten Steuern für den Konzernabschluss vorliegen.
- Steuerliche Verlustvorträge, die bei der Berechnung aktiver latenter Steuern für die innerhalb der nächsten fünf Jahre zu erwartende Verlustverrechnung zu berücksichtigen sind, sind auch auf **Ebene des Konzerns für die jeweiligen Steuersubjekte zu ermitteln.** Dies gilt auch, wenn sich die vorliegenden Planungsrechnungen nur über einen kürzeren Zeitraum als fünf Jahre erstrecken. In diesem Fall sind sachgerechte und plausible Schätzungen vorzunehmen (DRS 18.19).
- Da der Konzernabschluss keine Grundlage für die Gewinnverwendung darstellt, hat die **Ausschüttungssperre des § 268 Abs. 8 HGB** für einen in der Handelsbilanz II angesetzten Aktivüberhang latenter Steuern gem. § 274 Abs. 1 Satz 2 HGB **keine Bedeutung.**[60]

3.5.7 Steuern (§ 278 HGB a.F.)

Im Zuge des BilRUG wurde § 278 HGB a.F. (Steuern) aufgehoben. Seit der Abschaffung eines gespaltenen Steuersatzes (unterschiedliche Körperschaftsteuersätze für thesaurierte und ausgeschüttete Gewinne) in Deutschland hatte § 278 HGB a.F. im Jahresabschluss **keine praktische Bedeutung mehr.**[61] Aufgrund des Weltabschlussprinzips kann es möglich sein, dass ein TU aus einem Staat mit gespaltenem Steuersatz in den Konzernabschluss einzubeziehen ist. In derartigen Fällen erscheint es weiterhin sachgerecht, die Steuern in der Handelsbilanz II auf Basis des **Gewinnverwendungsbeschlusses** zu ermitteln und anzusetzen. Liegt dieser noch nicht vor, ist der **Gewinnverwendungsvorschlag** heranzuziehen.[62]

Fraglich ist, ob bei Vorliegen eines Gewinnverwendungsbeschlusses oder -vorschlags auf Ebene des TU bei einer **phasengleichen Ergebnisvereinnahmung beim MU** die zusätzliche Ertragsteuer aufgrund von § 8b KStG („5-%-Besteuerung") im Konzernabschluss als latente Steuer zu erfassen ist.[63] In der Steuerbilanz darf eine Dividendenforderung vor Fassung des Gewinnverwendungsbeschlusses nicht aktiviert werden.[64] Sofern in diesem Fall im Jahresabschluss eines MU in der Form einer KapG eine phasengleiche Gewinnvereinnahmung erfolgt, besteht hinsichtlich der Dividendenforderung eine temporäre Differenz zwischen Handels- und Steuerbilanz, die bei der Ermittlung des Steuerabgrenzungspostens nach § 274 HGB zu berücksichtigen ist. Die Berücksichtigung latenter Steuern nach § 306 HGB entfällt aufgrund der **Sonderregelung zur**

---

[60] Vgl. Kliem/Deubert, in Beck Bil-Komm., 14. Aufl. 2024, § 298 HGB Rz 38.
[61] Vgl. RegE BilRUG, BT-Drs. 18/4050 v. 20.2.2015, S. 64.
[62] Vgl. Kliem/Deubert, in Beck Bil-Komm., 14. Aufl. 2024, § 298 HGB Rz 39.
[63] Zu den unterschiedlichen Auffassungen s. Kliem/Deubert, in Beck Bil-Komm., 14. Aufl. 2024, § 298 HGB Rz 40.
[64] Vgl. BFH, Beschluss v. 7.8.2000, GrS 2/99, BStBl II 2000 S. 632.

Behandlung sog. Outside Basis Differences (§ 306 Satz 4 HGB). Spätestens mit der Aufhebung von § 278 HGB a. F. gibt es keine Rechtsnorm mehr, bei phasengleicher Vereinnahmung im Konzernabschluss die zusätzliche Ertragsteuer aufgrund der 5-%-Besteuerung nach § 8b KStG für konzerninterne Ausschüttungen bereits vor dem Zeitpunkt des Gewinnverwendungsbeschlusses zu erfassen.[65]

3.6 Gewinn- und Verlustrechnung

3.6.1 Gliederung der Gewinn- und Verlustrechnung (§ 275 HGB)

72 Die Konzern-GuV ist gem. § 275 Abs. 1 HGB in Staffelform nach dem Gesamtkostenverfahren oder dem Umsatzkostenverfahren aufzustellen. Dieses Wahlrecht kann im Konzernabschluss **grds. unabhängig** von der Ausübung im Jahresabschluss des MU ausgeübt werden.[66] Hierbei ist natürlich der **Stetigkeitsgrundsatz** gem. § 298 Abs. 1 i. V. m. § 265 Abs. 1 HGB zu beachten. Für den Konzernabschluss ist z. B. durch Bilanzierungsrichtlinien sicherzustellen, dass alle Informationen rechtzeitig vorliegen, die zur Aufstellung der Konzern-GuV nach dem gewählten Verfahren erforderlich sind.[67] Für beide Formen der Darstellung der Konzern-GuV gelten die Erweiterungs-, Änderungs- und Zusammenfassungsmöglichkeiten gem. § 298 Abs. 1 i. V. m. § 265 Abs. 5–7 HGB.

73 Zusätzlich zum Jahresabschluss sind in der Konzern-GuV **bei Vorhandensein im Gj oder im Vj** folgende Posten aufzunehmen:
- Ergebnis (bzw. Erträge und Aufwendungen) aus assoziierten Unt (§ 312 Abs. 4 Satz 2 HGB),
- auf Anteil anderer nicht beherrschender Gesellschafter entfallender Gewinn/Verlust (nicht beherrschende Anteile; § 307 Abs. 2 HGB).[68]

3.6.2 Vorschriften zu einzelnen Posten der Gewinn- und Verlustrechnung (§ 277 HGB)

74 Für den Konzernabschluss ergeben sich durch den Verweis in § 298 Abs. 1 HGB auf § 277 HGB grds. keine Besonderheiten im Vergleich mit dem Einzel-/Jahresabschluss. **Abgrenzungswahlrechte** (z. B. Zuordnungen zu Umsatzerlösen oder sonstigen betrieblichen Erträgen) können gem. § 300 Abs. 1 Satz 2 HGB im Konzernabschluss neu ausgeübt werden. Folglich kann es hier im Konzernabschluss zu einer vom jeweiligen Jahresabschluss abweichenden Beurteilung kommen.[69] Als **Umsatzerlöse** sind nach § 277 Abs. 1 HGB die Erlöse aus dem Verkauf und der Vermietung oder Verpachtung von Produkten sowie aus der Erbringung von Dienstleistungen des Konzerns nach Abzug von Erlösschmälerungen und der Umsatzsteuer sowie sonstiger direkt mit dem Umsatz verbundener Steuern auszuweisen. Bei der Abgrenzung ist wiederum der Stetigkeitsgrundsatz zu beachten.

75 Nach der mit dem BilRUG geänderten neuen Definition der Umsatzerlöse entfallen die beiden Tatbestandsmerkmale „gewöhnliche Geschäftstätigkeit"

---

[65] So i. E. auch DRS 18.31; a. A. Kliem/Deubert, in Beck Bil-Komm., 14. Aufl. 2024, § 298 HGB Rz 40.
[66] Vgl. Senger/Kurz, in BeckOGK Bilanzrecht, 2. Aufl. 2024, § 298 HGB Rz 58.
[67] So auch Kliem/Deubert, in Beck Bil-Komm., 14. Aufl. 2024, § 298 HGB Rz 84.
[68] Vgl. Senger/Kurz, in BeckOGK Bilanzrecht, 2. Aufl. 2024, § 298 HGB Rz 58.
[69] Vgl. Kliem/Deubert, in Beck Bil-Komm., 14. Aufl. 2024, § 298 HGB Rz 86.

und „typische Erzeugnisse und Waren", sodass **alle Erlöse aus Produkten oder Dienstleistungen als Umsatzerlöse** zu qualifizieren sind (z. B. auch Erlöse aus Miet- und Pachteinnahmen, Entgelte für die Verleihung von Arbeitskräften, Erlöse aus vereinnahmten Verwaltungskostenumlagen, aus Schrottverkäufen und aus Verkäufen an das Personal).[70]

3.7 Besondere Bestimmungen für OHG und KG i. S. d. § 264a HGB (§ 264c HGB)

Nach den Änderungen durch das BilRUG verweist § 298 Abs. 1 HGB nunmehr auf § 264c HGB, sodass die darin enthaltenen Regelungen auch in einem nach §§ 290 ff. HGB aufgestellten **Konzernabschluss einer haftungsbeschränkten PersG** – also einer KapCoGes – entsprechend zu beachten sind. Hier treten in der Konzernbilanz die Kapitalanteile der Gesellschafter an die Stelle des Postens „Gezeichnetes Kapital".[71] 76

Sofern ein MU in der Rechtsform einer KapCoGes Anteile an seinem persönlich haftenden Gesellschafter hält, ist gem. § 298 Abs. 1 i. V. m. § 264c Abs. 4 Satz 2 HGB nach dem Posten „Eigenkapital" ein Sonderposten „**Ausgleichsposten für aktivierte eigene Anteile**" zu bilden (DRS 22.53). Für einbezogene TU, die solche Anteile halten, gilt das Vorgehen ebenfalls, was den Einheitsgrundsatz verdeutlicht. Wenn der persönlich haftende Gesellschafter selbst vollkonsolidiert wird, entfällt der Ausgleichsposten für aktivierte eigene Anteile allerdings und ist ins EK umzugliedern.[72] 77

4 Rechtsformspezifische Vorschriften

Neben den Vorschriften im HGB sind im Konzernabschluss nach § 298 Abs. 1 HGB auch die für die Rechtsform und den Geschäftszweig der in den Konzernabschluss einbezogenen Unt **mit Sitz im Geltungsbereich des HGB** – also inländischen KonzernUnt – geltenden Vorschriften entsprechend anzuwenden, soweit die Eigenart des Konzernabschlusses keine Abweichung bedingt. Sofern insb. Vorschriften aus dem AktG oder dem GmbHG von einem einbezogenen Unt für den Jahresabschluss zu beachten sind, gelten diese somit **grds. auch für den Konzernabschluss.** Der Gesetzgeber beschränkt sich nicht auf das MU betreffende Angaben, sondern schließt alle einbezogenen Unt mit Sitz im Geltungsbereich des HGB ein. Rechtsformspezifische Vorschriften für einbezogene ausländische Unt sind nicht zu berücksichtigen. 78

Für die Rechtsform der **AG oder KGaA** sind insb. folgende Vorschriften zu beachten: 79

- **§ 58 Abs. 2a Satz 2 AktG** Verwendung des Jahresüberschusses: EK-Anteil von Wertaufholungen bei VG des Anlage- und Umlaufvermögens, der in die anderen Gewinnrücklagen eingestellt wurde;
- **§ 150 AktG** Gesetzliche Rücklage. Kapitalrücklage: Bildung und Auflösung der gesetzlichen Rücklage und der Kapitalrücklage;

---

[70] Vgl. Oser/Orth/Wirtz, DB 2015, S. 203.
[71] Vgl. Kliem/Deubert, in Beck Bil-Komm., 14. Aufl. 2024, § 298 HGB Rz 68.
[72] Vgl. Senger/Kurz, in BeckOGK Bilanzrecht, 2. Aufl. 2024, § 298 HGB Rz 37.

- **§ 152 AktG** Vorschriften zur Bilanz: gesonderter Ausweis des auf jede Aktiengattung entfallenden Betrags des Grundkapitals, Vermerk des bedingten Kapitals mit dem Nennbetrag, Gesamtstimmzahl aller Mehrstimmrechtsaktien und der übrigen Aktien, Angabe zur Kapitalrücklage und zu den einzelnen Posten der Gewinnrücklage;
- **§ 158 AktG** Vorschriften zur GuV: Überleitung vom Jahresergebnis zum Bilanzergebnis, Ausweis eines vertraglich zu leistenden Ausgleichs für außenstehende Gesellschafter;
- **§ 160 AktG** Vorschriften zum Anhang: Angaben über Vorratsaktien, eigene Anteile, Aktien jeder Gattung, genehmigtes Kapital, Wandelschuldverschreibungen und vergleichbare Wertpapiere, Genussrechte, Besserungsscheine und ähnliche Rechte, wechselseitige Beteiligungen, Bestehen einer Beteiligung an der bilanzierten AG nach § 20 Abs. 1 oder Abs. 4 AktG bzw. nach § 33 Abs. 1 oder Abs. 2 WpHG;
- **§ 161 AktG** Erklärung zum Corporate Governance Kodex: Entsprechungserklärung zum Corporate Governance Kodex;
- **§ 232 AktG** Einstellung von Beträgen in die Kapitalrücklage bei zu hoch angenommenen Verlusten: erfolgswirksame Einstellung in die Kapitalrücklage der zu hoch angenommenen Verluste bei vereinfachter Kapitalherabsetzung;
- **§ 240 AktG** Ausweis der Kapitalherabsetzung: Ausweis eines Ertrags aus der Kapitalherabsetzung und einer Einstellung in die Kapitalrücklage nach den Vorschriften über die vereinfachte Kapitalherabsetzung einschl. zusätzlicher Anhangangaben;
- **§ 261 AktG** Entscheidung über den Ertrag aufgrund höherer Bewertung: Ausweis eines Ertrags aufgrund höherer Bewertung als Folge einer Sonderprüfung wegen unzulässiger Unterbewertung (§§ 258 ff. AktG) einschl. zusätzlicher Anhangangaben;
- **§ 286 AktG** Jahresabschluss. Lagebericht: gesonderter Ausweis von Kapitalanteilen persönlich haftender Gesellschafter bei KGaA sowie gesonderter Ausweis von Krediten an persönlich haftende Gesellschafter und diesen nahestehenden Personen bei diesen Ges.[73]

80 Für die Rechtsform der **GmbH** sind insb. folgende Vorschriften zu beachten:
- **§ 29 Abs. 4 Satz 2 GmbHG** Ergebnisverwendung: EK-Anteil von Wertaufholungen bei VG des Anlage- und Umlaufvermögens, der in die anderen Gewinnrücklagen eingestellt wurde;
- **§ 42 GmbHG** Bilanz: gesonderter Ausweis von „Eingeforderten Nachschüssen" unter den Forderungen und des entsprechenden Betrags unter der „Kapitalrücklage" sowie gesonderter Ausweis von bzw. Anhangabgaben über Ausleihungen, Forderungen und Verbindlichkeiten ggü. Gesellschaftern;
- **§§ 58a–58c GmbHG** Einstellung von aus der Kapitalherabsetzung gewonnenen Beträgen: Einstellung von aus einer vereinfachten Kapitalherabsetzung gewonnenen Beträgen in die Kapitalrücklage.[74]

---

[73] In Anlehnung an Senger/Kurz, in BeckOGK Bilanzrecht, 2. Aufl. 2024, § 298 HGB Rz 62; Kliem/Deubert, in Beck Bil-Komm., 14. Aufl. 2024, § 298 HGB Rz 91.
[74] In Anlehnung an Senger/Kurz, in BeckOGK Bilanzrecht, 2. Aufl. 2024, § 298 HGB Rz 63; Kliem/Deubert, in Beck Bil-Komm., 14. Aufl. 2024, § 298 HGB Rz 92.

Für KapCoGes ergeben sich aus § 264c HGB rechtsformspezifische Vorschriften insb. in Bezug auf den **gesonderten Ausweis von bestimmten Posten.** Diese Vorschriften sind entsprechend auch auf die Konzernbilanz eines MU in der Form einer KapCoGes anzuwenden.[75] 81

Rechtsformspezifische Vorschriften sind nicht zu beachten, sofern die Eigenart des Konzernabschlusses eine Abweichung bedingt. Durch diese Einschränkung ist bei jeder Vorschrift i.E. zu prüfen, ob aufgrund der **Eigenart des Konzernabschlusses** die Einzelvorschrift anwendbar ist. Rechtsformspezifische Vorschriften sind im Gegensatz zu den (konzerneinheitlichen) Bilanzierungs- und Bewertungsvorschriften gem. den §§ 300 und 308 HGB **nicht auf die für das MU geltenden Vorschriften beschränkt.** 82

Die für die AG bzw. KGaA gem. § 158 Abs. 1 AktG zwingend vorgeschriebene Überleitung **vom Jahresergebnis zum Bilanzergebnis** (Gewinnverwendungsrechnung) scheint für den Konzernabschluss verzichtbar. Die Bedeutung von § 158 Abs. 1 AktG ergibt sich aus der **Ausschüttungsbemessungsfunktion** des Einzel-/Jahresabschlusses, welche der Konzernabschluss nicht hat.[76] 83

Aus § 42 Abs. 3 GmbHG ergibt sich, dass Forderungen und Verbindlichkeiten einer GmbH ggü. den eigenen Gesellschaftern im Einzel-/Jahresabschluss gesondert auszuweisen oder im Anhang anzugeben sind. Sinn und Zweck des § 42 Abs. 3 GmbHG ist es, den **Umfang finanzieller Beziehungen** zwischen der häufig familiengeführten GmbH und ihren Gesellschaftern aufzuzeigen. Konzerninterne Forderungen und Verbindlichkeiten werden im Konzernabschluss durch die SchuldenKons nach § 303 HGB eliminiert, sodass weder ein Ausweis nötig noch eine Anhangangabe vorzunehmen ist. Bei einem MU in der Rechtsform einer GmbH sind im Konzernabschluss allerdings die Forderungen und Verbindlichkeiten ggü. nicht zum Konzern gehörenden Gesellschaften in der Konzernbilanz gesondert auszuweisen oder im Konzernanhang anzugeben. Mit Blick auf den Sinn und Zweck von § 42 Abs. 3 GmbHG sind auch die Forderungen und Verbindlichkeiten **von TU und GemeinschaftsUnt mit den Gesellschaftern des MU** auszuweisen oder anzugeben – auch wenn dieses nach dem Recht des TU und GemeinschaftsUnt nicht erforderlich ist. Die Eigenart des Konzernabschlusses bedingt eine abweichende Anwendung des § 42 Abs. 3 GmbHG. In Bezug auf finanzielle Beziehungen von TU und GemeinschaftsUnt in der Rechtsform der GmbH mit anderen nicht beherrschenden Gesellschaftern sollte die Beurteilung vor dem Hintergrund der **Bedeutung für die Vermögens-, Finanz- und Ertragslage des Konzerns** gem. § 297 Abs. 2 HGB erfolgen. Wesentliche Forderungen und Verbindlichkeiten ggü. anderen nicht beherrschenden Gesellschaftern sollten im Konzernabschluss des MU in der Rechtsform einer GmbH kenntlich gemacht werden. Für Konzernabschlüsse mit TU oder GemeinschaftsUnt in der Rechtsform der AG wird es wegen mangelnder Kenntnis und fehlender Meldpflichten allerdings tw. gar nicht möglich sein, entsprechende Informationen (mit vertretbarem Aufwand) zu beschaffen.[77] Die 84

---

[75] Vgl. Fehrenbacher, in MünchKomm. HGB, 5. Aufl. 2024, § 298 HGB Rz 25.
[76] So auch Senger/Kurz, in BeckOGK Bilanzrecht, 2. Aufl. 2024, § 298 HGB Rz 65.
[77] Ähnlich auch Kliem/Deubert, in Beck Bil-Komm., 14. Aufl. 2024, § 298 HGB Rz 96.

Überlegungen für die MU in der Rechtsform einer GmbH gelten für die haftungsbeschränkte KapCoGes entsprechend.[78]

5 Geschäftszweigspezifische Vorschriften

85 Nach § 298 Abs. 1 HGB sind neben den HGB-Vorschriften im Konzernabschluss auch die für die Rechtsform und den Geschäftszweig der in den Konzernabschluss einbezogenen Unt mit Sitz im Geltungsbereich des HGB – **also inländischen KonzernUnt** – geltenden Vorschriften entsprechend zu berücksichtigen, soweit die Eigenart des Konzernabschlusses diesbzgl. keine Abweichung erfordert. Geschäftszweigspezifische Vorschriften, die auch beim Konzernabschluss zu beachten sind, betreffen insb. die **Formblattverordnungen**. Hierunter fallen u. a.

- **Kreditinstitute** (§ 340i Abs. 2 HGB sowie Verordnung über die Rechnungslegung der Kreditinstitute, Finanzdienstleistungsinstitute und Wertpapierinstitute, Kreditinstituts-Rechnungslegungsverordnung, RechKredV),
- **VersicherungsUnt** (§ 341j Abs. 1 HGB sowie Verordnung über die Rechnungslegung von VersicherungsUnt, VersicherungsUnt-Rechnungslegungsverordnung, RechVersV),
- **VerkehrsUnt** (Verordnung über die Gliederung des Jahresabschlusses von VerkehrsUnt, JAbschlVUV),
- **WohnungsUnt** (Verordnung über Formblätter für die Gliederung des Jahresabschlusses von WohnungsUnt, JAbschlWUV),
- **Krankenhäuser** (Verordnung über die Rechnungs- und Buchführungspflichten von Krankenhäusern, Krankenhaus-Buchführungsverordnung, KHBV) und
- **Pflegeeinrichtungen** (Verordnung über die Rechnungs- und Buchführungspflichten der Pflegeeinrichtungen, Pflege-Buchführungsverordnung, PBV).[79]

86 Geschäftszweigspezifische **Bilanzierungs- und Bewertungsvorschriften** dürfen grds. im Konzernabschluss beibehalten werden. Diese Möglichkeit wird für die Bilanzierung in § 300 Abs. 2 Satz 3 HGB und für die Bewertung in § 308 Abs. 2 Satz 2 HGB explizit vorgesehen, wobei auf die Anwendung dieser Ausnahmen im Konzernanhang gesondert hinzuweisen ist.[80]

87 Grds. hat sich die Gliederung der Konzernbilanz und Konzern-GuV nach dem Geschäftszweig auszurichten, der **aus Konzernsicht die größte Bedeutung** hat. Hierbei handelt es sich nicht zwingend um den Geschäftszweig des MU. Ist der Konzernabschluss nach den Formblattvorschriften gegliedert, sind ggf. Posten für nicht dem Geschäftszweig angehörende TU unter Berücksichtigung von § 265 Abs. 4 HGB zu ergänzen. Für inländische Unt geltende geschäftszweigspezifische Vorschriften sind auch von den in den Konzernabschluss einbezogenen ausländischen Ges. zu berücksichtigen, da eine geschäftszweigspezifische Bilanzgliederung nicht vom Sitz des einbezogenen Unt beeinflusst werden sollte.[81]

---

[78] Ebenfalls Kliem/Deubert, in Beck Bil-Komm., 14. Aufl. 2024, § 298 HGB Rz 97.
[79] S. hierzu detaillierter § 330 Rz 11 f.
[80] Vgl. Senger/Kurz, in BeckOGK Bilanzrecht, 2. Aufl. 2024, § 298 HGB Rz 70; Fehrenbacher, in MünchKomm. HGB, 5. Aufl. 2024, § 298 HGB Rz 40.
[81] Vgl. Kliem/Deubert, in Beck Bil-Komm., 14. Aufl. 2024, § 298 HGB Rz 102 f.

gänzenden Dokumente unterliegen den allgemeinen Aufbewahrungsfristen von zehn Jahren (§ 257 Abs. 4 HGB i.V.m. § 257 Abs. 1 HGB).[21]

18 Besondere Rechnungslegungsvorschriften hinsichtlich der Aufstellung eines Zwischenabschlusses existieren nicht. Für den **Zwischenabschluss gelten die allgemeinen Vorschriften** zum Inhalt und zur Form sowie die GoB für den Konzernabschluss. Die allgemeinen Grundsätze, die bei der Aufstellung der Handelsbilanz II zu beachten sind, gelten demnach sinngemäß auch für den Zwischenabschluss. Als Grundlage für die Aufstellung des Konzernabschlusses sind insb. die angewandten Bilanzierungs- und Bewertungsmethoden des MU zu beachten.[22]

19 Zwischenabschlüsse stellen keine Abschlüsse minderer Qualität dar, da auch für sie die (Konzern-)Grundsätze der **Wesentlichkeit** und **Wirtschaftlichkeit** gelten. Die in DRS 16.20 ff. niedergelegten Grundsätze zur Zwischenberichterstattung hinsichtlich Bilanzierung und Bewertung lassen sich **sinngemäß** z.T. auch auf Zwischenabschlüsse für einen Konzernabschluss übertragen.[23] Dies betrifft u.a. folgende Grundsätze:

- Durch die Anwendung derselben Bilanzierungs- und Bewertungsmethoden wie im letzten Konzernabschluss wird erreicht, dass ein eigenständiger Abschluss erstellt wird. Unterjährige **Bewertungen** haben auf Basis einer Betrachtung vom Beginn des Gj bis zum Stichtag des Zwischenabschlusses zu erfolgen (DRS 16.21).
- **Erträge und Aufwendungen**, die unregelmäßig bzw. saisonal bedingt anfallen, sind nur dann abzugrenzen, wenn die Abgrenzung auch am Ende des Gj angemessen wäre (DRS 16.22f.). Somit scheiden z.B. Abgrenzungen für saisonal bedingte Ertragsschwankungen aus. Folglich sind Erträge und Aufwendungen nur abzugrenzen und somit zeitanteilig zu berücksichtigen, wenn die zugrunde liegenden Ansprüche bzw. Verpflichtungen regelmäßig erst zum Ende eines regulären Gj (rechtlich) entstehen und die Abgrenzung auch im handelsrechtlichen Einzelabschluss angemessen wäre – also insb., wenn das Gj dem Kalenderjahr entspricht und Erträge bzw. Aufwendungen nicht kontinuierlich anfallen.[24]
- **Ertragsteuern** werden auf der Grundlage des Einzelabschlusses des TU ermittelt. Im Zwischenabschluss werden Teile von zwei Einzel-Gj zusammengefasst. Die Ertragsteuern können ermittelt werden, indem man den tatsächlich angefallenen anteiligen Steueraufwand aus der ersten Teilperiode berücksichtigt sowie den Steueraufwand für die zweite Teilperiode anhand des in diesem Zeitraum entstandenen Ergebnisses berechnet. Die Ermittlung des Ergebnisses erfolgt dabei nach steuerrechtlichen Vorschriften und berücksichtigt den am Stichtag des Zwischenabschlusses geltenden Ertragsteuersatz.[25] Darüber hinaus ist auch eine in der Literatur tw. kritisch betrachtete fiktive Veranlagung für den Zwischenabschluss i.S.d. DRS 16.24 denkbar.

---

[21] Vgl. auch Kliem/Deubert, in Beck Bil-Komm., 14. Aufl. 2024, § 299 HGB Rz 18 f.; IDW, WPH Edition, Wirtschaftsprüfung & Rechnungslegung, 18. Aufl. 2023, Kap. G Tz 187.
[22] Vgl. Senger/Kurz, in BeckOGK Bilanzrecht, 2. Aufl., 2024, § 299 HGB Rz 12.
[23] Gl. A. Kliem/Deubert, in Beck Bil-Komm., 14. Aufl. 2024, § 299 HGB Rz 22.
[24] Vgl. mit diesbzgl. Beispielen Kliem/Deubert, in Beck Bil-Komm., 14. Aufl. 2024, § 299 HGB Rz 24.
[25] Vgl. Senger/Kurz, in BeckOGK Bilanzrecht, 2. Aufl., 2024, § 299 HGB Rn 19; Kliem/Deubert, in Beck Bil-Komm., 14. Aufl. 2024, § 299 HGB Rz 31.

Hierbei wird von einer Besteuerung des im Zwischenabschluss ausgewiesenen Vorsteuerergebnisses ausgegangen. Das Zwischenabschlussergebnis und die Ertragsteuern stehen dann in einem nachvollziehbaren Verhältnis zueinander.[26]
- **Latente Steuern** sind auch im Zwischenabschluss gem. den Regelungen in § 274 HGB i. V. m. § 298 Abs. 1 HGB zu bestimmen.[27]

20 Einzelne detaillierte Betrachtungen können vernachlässigt werden, wenn realistische Schätzungen möglich sind und dadurch die **Aussagefähigkeit des Konzernabschlusses** hinsichtlich der Darstellung der Vermögens-, Finanz- und Ertragslage nicht beeinträchtigt wird.[28] Da der Zwischenabschluss ausschl. zum Zweck der Einbeziehung in den Konzernabschluss aufgestellt wird, sind **Vereinfachungen** bei den einzubeziehenden betroffenen TU möglich[29] – auch da die Grundsätze der Wesentlichkeit und Wirtschaftlichkeit nach den **Verhältnissen des Konzerns** zu beurteilen sind.[30] Dies kann z. B. folgende Sachverhalte im Zwischenabschluss betreffen:

- **Versicherungsmathematische Gutachten** für Pensions- und Jubiläumsverpflichtungen sind nicht zu erneuern, wenn ein solches Gutachten zum Abschlussstichtag vorliegt, zwischenzeitlich keine wesentlichen Änderungen eingetreten sind und der Wert zum Konzernabschlussstichtag hinreichend genau festgestellt bzw. extrapoliert werden kann.[31]
- **Vorratsbestände** sind nicht zwingend durch eine körperliche Inventur am Stichtag des Zwischenabschlusses zu ermitteln, sondern dürfen nach den Grundsätzen für die permanente Inventur (§ 241 Abs. 2 HGB) oder für die vor- bzw. nachverlegte Stichtagsinventur ermittelt werden (§ 241 Abs. 3 HGB). Dabei ist sicherzustellen, dass durch Fortschreibungs- oder Rückrechnungsverfahren oder aufgrund anderer Verfahren die Feststellung wertmäßig hinreichend genau ist. Die gesetzlichen Fristen des § 241 Abs. 3 Nr. 1 HGB zur vor- bzw. nachverlegten Stichtagsinventur und ein Erfordernis der körperlichen Bestandsaufnahme innerhalb des Zeitraums können vernachlässigt werden, wenn die ordnungsgemäße Erfassung des Vorratsvermögens hinreichend gesichert ist.[32] Bei Vorratsbeständen mit einem größeren Wert ist eine körperliche Bestandsaufnahme zum Stichtag des Zwischenabschlusses dennoch empfehlenswert.[33]
- Für die **Berechnung der Abschreibungen** kann bei unveränderten bzw. unwesentlich veränderten Anlagebeständen auf die bisherige Normalabschreibung zurückgegriffen werden.

---

[26] Zustimmend IDW, WPH Edition, Wirtschaftsprüfung & Rechnungslegung, 18. Aufl. 2023, Kap. G Tz 192; Senger/Kurz, in BeckOGK Bilanzrecht, 2. Aufl., 2024, § 299 HGB Rn 19; ablehnend Kliem/Deubert, in Beck Bil-Komm., 14. Aufl. 2024, § 299 HGB Rz 29.
[27] So auch Kliem/Deubert, in Beck Bil-Komm., 14. Aufl. 2024, § 299 HGB Rz 26; IDW, WPH Edition, Wirtschaftsprüfung & Rechnungslegung, 18. Aufl. 2023, Kap. G Tz 193.
[28] Vgl. Senger/Kurz, in BeckOGK Bilanzrecht, 2. Aufl., 2024, § 299 HGB Rn 17.
[29] Ähnlich auch Kliem/Deubert, in Beck Bil-Komm., 14. Aufl. 2024, § 299 HGB Rz 26.
[30] Vgl. Hoffmann/Lüdenbach, NWB Kommentar Bilanzierung, 15. Aufl. 2023, § 299 HGB Rz 10.
[31] So auch Hoffmann/Lüdenbach, NWB Kommentar Bilanzierung, 15. Aufl. 2023, § 299 HGB Rz 10.
[32] Vgl. Kliem/Deubert, in Beck Bil-Komm., 14. Aufl. 2024, § 299 HGB Rz 27.
[33] Gl. A. Senger/Kurz, in BeckOGK Bilanzrecht, 2. Aufl., 2024, § 299 HGB Rz 17.

- Bei **abzugrenzenden Posten** (z. B. Urlaubsgeld, Weihnachtsgeld, Versicherungsprämien) kann unter Berücksichtigung der Wesentlichkeit von einer Neuberechnung abgesehen werden.[34]
- Bilanz- und GuV-Posten eines einbezogenen TU, das für die Vermögens-, Finanz- und Ertragslage des Konzernabschlusses von **untergeordneter Bedeutung** ist und nach § 296 Abs. 2 HGB nicht konsolidiert werden müsste, können **pauschal** – also z. B. auf Basis des eigentlichen Einzelabschlusses dieses TU – berücksichtigt werden.

Ergebnisabhängige Erträge und Aufwendungen (z. B. gewinnabhängige Tantiemen) bestimmen sich nicht nach dem im Zwischenabschluss ausgewiesenen Ergebnis, sondern legen die anteiligen Ergebnisse der beiden Gj und deren Einzelabschlüsse zugrunde.[35] Dabei erscheint es praktikabel, für die erste Teilperiode von den tatsächlichen Erträgen bzw. Aufwendungen auszugehen und für die zweite Teilperiode einen Schätzwert heranzuziehen.[36] Abweichungen zwischen dem Schätzwert und dem tatsächlichen Wert sind dann im nachfolgenden Zwischenabschluss zu korrigieren. Die gewählte Ermittlungsmethode für ergebnisabhängige Erträge und Aufwendungen ist dabei stetig anzuwenden und im Zeitablauf beizubehalten.[37]

21

Bei Aufstellung eines Zwischenabschlusses sind nach § 300 HGB und § 308 HGB die **Bilanzierungs- und Bewertungsmethoden des Konzerns** zu beachten. Abweichungen zu den Bilanzierungs- und Bewertungsmethoden im Einzelabschluss sind in der Handelsbilanz II zu korrigieren.[38]

22

Das im Zwischenabschluss ausgewiesene Jahresergebnis kann z. T. schon einer **vollständigen oder tw. Gewinnverwendung** unterlegen haben. Voraussetzung dafür ist, dass ein wirksamer Ausschüttungsbeschluss vorliegt und diesbzgl. Verbindlichkeiten ggü. den Gesellschaftern entstanden sind. Dabei ist der Einzelabschluss des TU und nicht der Zwischenabschluss entscheidend, da der Konzernabschluss keine Gewinnverwendungsgrundlage ist. Vor diesem Hintergrund ist die Gewinnverwendung des letzten Einzelabschlusses des TU **unverändert** in den Zwischenabschluss zu übernehmen.[39]

23

> **Praxis-Beispiel**
> Das Gj des TU geht vom 1.7.X1 bis zum 30.6.X2. Folglich muss für die Einbeziehung in den Konzernabschluss ein Zwischenabschluss auf das Gj des MU, welches dem Kalenderjahr entspricht und damit vom 1.1.X2 bis zum 31.12.X2 geht, aufgestellt werden. Das TU hat folgende Ergebnisse erzielt:
> - 1.7.X1 bis 30.6.X2: Jahresüberschuss = Bilanzgewinn 150 TEUR (davon 1.7.X1 bis 31.12.X1 90 TEUR und 1.1.X2 bis 30.6.X2 60 TEUR);
> - 1.7.X2 bis 31.12.X2: fiktiver Jahresüberschuss = fiktiver Bilanzgewinn 50 TEUR.

---

[34] Ähnlich auch Kliem/Deubert, in Beck Bil-Komm., 14. Aufl. 2024, § 299 HGB Rz 24 f.; Hoffmann/Lüdenbach, NWB Kommentar Bilanzierung, 15. Aufl. 2024, § 299 HGB Rz 10.
[35] Vgl. Kliem/Deubert, in Beck Bil-Komm., 14. Aufl. 2024, § 299 HGB Rz 28.
[36] Vgl. Senger/Kurz, in BeckOGK Bilanzrecht, 2. Aufl., 2024, § 299 HGB Rz 20.
[37] Vgl. Hoffmann/Lüdenbach, NWB Kommentar Bilanzierung, 15. Aufl. 2024, § 299 HGB Rz 12.
[38] Vgl. IDW, WPH Edition, Wirtschaftsprüfung & Rechnungslegung, 18. Aufl. 2023, Kap. G Tz 186.
[39] Vgl. IDW, WPH Edition, Wirtschaftsprüfung & Rechnungslegung, 18. Aufl. 2023, Kap. G Tz 194.

> Auf der Gesellschafterversammlung am 1.9.X2 wurde beschlossen, den Bilanzgewinn des vorangegangenen Gj X1/X2 (150 TEUR) anteilig i. H. v. 75 TEUR auszuschütten und den Restbetrag i. H. v. 75 TEUR in die anderen Gewinnrücklagen einzustellen.
> Alle wirksamen Gewinnverwendungsbeschlüsse sind im Zwischenabschluss zu erfassen. Der Zwischenabschluss ist unter tw. Verwendung des Jahresergebnisses aufzustellen. In Bezug auf die Darstellung ist § 268 Abs. 1 HGB zu berücksichtigen. Sofern das TU neben dem gezeichneten Kapital über kein weiteres EK verfügte, sind am 31.12.X2 im Zwischenabschluss neben dem gezeichneten Kapital folgende Eigenkapitalposten auszuweisen:
>
> | | |
> |---|---|
> | andere Gewinnrücklagen | 75 TEUR |
> | Bilanzgewinn (Zeitraum 1.7.X2 bis 31.12.X2) | 50 TEUR |

24 Positive Ergebnisanteile des Zwischenabschlusses, die auf den Zeitraum vom Stichtag des Jahresabschlusses bis zum Konzernabschlussstichtag entfallen, sind nicht realisiert und können z. B. noch durch Verluste in der zweiten Teilperiode aufgezehrt werden. Es handelt sich um Ergebnisanteile, die am Stichtag **noch nicht zur Gewinnausschüttung** an die Gesellschafter zur Verfügung stehen. In Anlehnung an DRS 22.60a) ist eine ergänzende diesbzgl. Angabe zu empfehlen, sofern diese dem MU zuzurechnen und wesentlich sind.

25 Ein **Zwischenabschluss** für Zwecke des Konzernabschlusses unterliegt der uneingeschränkten Prüfungspflicht und ist damit in gleichem Maß wie der Jahres- bzw. Einzelabschluss **vom Konzernabschlussprüfer zu prüfen**, was sich nach h. M. aus § 317 Abs. 3 Satz 1 HGB ergibt.[40] Im Gegensatz zum Jahresabschluss benötigt ein Zwischenabschluss aber weder eine Feststellung durch die Gesellschaftsorgane noch eine Billigung durch den Aufsichtsrat. Zudem gibt es auch keine Pflicht zur Offenlegung.[41] Sofern auf die Erstellung eines **Zwischenabschlusses verzichtet** wurde, ist i. R. d. Prüfung des Konzernabschlusses sicherzustellen, dass alle Vorgänge von besonderer Bedeutung für die Vermögens-, Finanz- und Ertragslage, die zwischen dem Stichtag des Einzelabschlusses des einbezogenen TU und dem Abschlussstichtag des Konzernabschlusses eingetreten sind, in der Konzernbilanz und der Konzern-GuV berücksichtigt wurden oder im Konzernanhang angegeben sind.[42]

5 Keine zwingende Aufstellung eines Zwischenabschlusses bei nicht mehr als drei Monaten auseinanderliegenden Abschlussstichtagen (Abs. 3)

5.1 Verzicht auf die Aufstellung

26 Ein Zwischenabschluss auf den Stichtag und den Zeitraum des Konzernabschlusses ist nach § 299 Abs. 2 Satz 2 HGB zwingend aufzustellen, wenn der Einzelabschlussstichtag des TU um mehr als drei Monate vor dem Stichtag des Kon-

---

[40] So z. B. IDW, WPH Edition, Wirtschaftsprüfung & Rechnungslegung, 18. Aufl. 2023, Kap. G Tz 195; Böcking/Gros/Schurbohm, in Ebenroth u. a., HGB, 4. Aufl. 2020, § 299 HGB Rz 10.
[41] Vgl. Kliem/Deubert, in Beck Bil-Komm., 14. Aufl. 2024, § 299 HGB Rz 18.
[42] Vgl. Senger/Kurz, in BeckOGK Bilanzrecht, 2. Aufl., 2024, § 299 HGB Rn 23.

zernabschlusses liegt. Dieses TU ist dann aufgrund des aufgestellten Zwischenabschlusses in den Konzernabschluss einzubeziehen. Im Umkehrschluss kann auf die Aufstellung eines **Zwischenabschlusses verzichtet werden**, wenn der Abschlussstichtag **nicht um mehr als drei Monate** vor dem Stichtag des Konzernabschlusses liegt und Vorgänge von besonderer Bedeutung für die Vermögens-, Finanz- und Ertragslage eines einbezogenen TU, die zwischen dem Abschlussstichtag des Einzelabschlusses und dem Abschlussstichtag des Konzernabschlusses eingetreten sind, durch **Nachbuchungen** in der Konzernbilanz und der Konzern-GuV oder durch **Angaben** im Konzernanhang berücksichtigt werden. Mit diesem Vorgehen sollen die Informationsdefizite aufgrund des fehlenden Zwischenabschlusses auf den Konzernbilanzstichtag ausgeglichen werden. Beide Alternativen sind gleichberechtigt zu betrachten, was letztlich bedeutet, dass die bereitgestellten Informationen, die entweder durch Nachbuchungen oder aber durch ergänzende Anhangangaben bereitgestellt werden, **gleichwertig** sein müssen.[43] Das Wahlrecht ist dabei **zeitlich stetig** auszuüben, wohingegen die sachliche Stetigkeit – also die gleichartige Ausübung des Wahlrechts bei allen TU nicht zwingend ist.[44] Ausgangspunkt für die Einbeziehung in den Konzernabschluss und die Nachbuchungen bzw. die Ermittlung der Anhangangaben ist der vom TU erstellte Einzelabschluss – ggf. nach Anpassungen an die konzerneinheitlichen Bilanzierungs- und Bewertungsmethoden in der Handelsbilanz II.

Grds. ist aus verschiedenen Gründen aber von einer **geringen Praxisrelevanz** nicht einheitlicher Stichtage auszugehen – sei es aufgrund eines Zwischenabschlusses oder aufgrund der Anpassung des Gj beim TU an das Konzern-Gj durch ein Rumpf-Gj. Zum einen ist das Unterlassen einheitlicher Stichtage „in der heutigen Zeit **moderner Kommunikationswege** kaum mehr zu begründen und somit auch nicht mehr zeitgemäß."[45] Zum anderen wird, da „die Erfassung und Berücksichtigung von Vorgängen von besonderer Bedeutung kostenträchtig ist, [...] von der Möglichkeit einer Überleitungsrechnung in der Praxis kaum Gebrauch gemacht"[46], da „die Aufstellung eines Zwischenabschlusses **sinnvoller und [ggf.] kostengünstiger** sein kann".[47] 27

Auch wenn kein Zwischenabschluss aufgestellt wird, geht grds. ein Zeitraum von **zwölf Monaten** in den Konzernabschluss ein, jedoch mit einer Phasenverschiebung von bis zu drei Monaten.[48] 28

Praxis-Beispiel
Der Stichtag des Konzernabschlusses ist der 31.12.X2. Das Gj des TU läuft vom 1.10.X1 bis zum 30.9.X2. Der Einzelabschluss des TU wird in den Konzernabschluss einbezogen, sodass Erträge und Aufwendungen des Zeitraums 1.10.X1–31.12.X1 aus dem Einzelabschluss des TU im Konzernabschluss zum 31.12.X2 enthalten sind, solche des Zeitraums 1.10.X2 bis

---

[43] Vgl. Kliem/Deubert, in Beck Bil-Komm., 14. Aufl. 2024, § 299 HGB Rz 45 f.
[44] Vgl. Hoffmann/Lüdenbach, NWB Kommentar Bilanzierung, 15. Aufl. 2023, § 299 HGB Rz 13.
[45] Senger/Kurz, in BeckOGK Bilanzrecht, 2. Aufl., 2024, § 299 HGB Rz 24.
[46] Busse von Colbe/Fehrenbacher, in MünchKomm. HGB, 5. Aufl. 2024, § 299 HGB Rn 12.
[47] Kliem/Deubert, in Beck Bil-Komm., 14. Aufl. 2024, § 299 HGB Rz 36.
[48] Vgl. IDW, WPH Edition, Wirtschaftsprüfung & Rechnungslegung, 18. Aufl. 2023, Kap. G Tz 196.

> 31.12.X2 jedoch grds. nicht. Für den Zeitraum 1.10.X2 bis 31.12.X2 sind allerdings Vorgänge von besonderer Bedeutung für die Vermögens-, Finanz- und Ertragslage eines einbezogenen TU durch Nachbuchungen in der Konzernbilanz und der Konzern-GuV oder durch Angaben im Konzernanhang zu berücksichtigen.

29 Auf Vorgänge von besonderer Bedeutung nach dem Konzernabschlussstichtag ist nach § 299 Abs. 3 HGB nicht einzugehen. Die Berichterstattung ist zeitlich auf **Vorgänge bis zum Konzernabschlussstichtag beschränkt**. Für Sachverhalte nach dem Konzernabschlussstichtag ergeben sich ggf. Berichtspflichten im Konzernanhang nach § 314 Abs. 1 Nr. 25 HGB.[49]

30 Der Einzelabschluss eines TU, dessen Stichtag auch nur geringfügig **nach dem Stichtag des Konzernabschlusses** liegt, kann in keinem Fall Grundlage der Einbeziehung sein – der Stichtag muss zwingend vor dem Stichtag des Konzernabschlusses liegen.[50] Der **Verzicht auf die Aufstellung eines Zwischenabschlusses** bedarf neben der Drei-Monats-Regelung (bzw. Sechs-Monats-Regelung bei VersicherungsUnt) keiner weiteren Voraussetzung, führt aber zur Verpflichtung, Vorgänge von besonderer Bedeutung in der Konzernbilanz und der Konzern-GuV nachzubuchen oder diese im Konzernanhang anzugeben.[51]

5.2 Vorgänge von besonderer Bedeutung für die Vermögens-, Finanz- und Ertragslage

31 Sofern kein Zwischenabschluss aufgestellt wird, sind **Vorgänge von besonderer Bedeutung für das einbezogene TU** zwischen dessen Abschlussstichtag und dem Stichtag des Konzernabschlusses gem. § 299 Abs. 3 HGB in der Konzernbilanz und der Konzern-GuV zu berücksichtigen oder im Konzernanhang anzugeben. Die besondere Bedeutung für die Vermögens-, Finanz- und Ertragslage muss nach dem eindeutigen Gesetzeswortlaut in § 299 Abs. 3 HGB die **Darstellung der Vermögens-, Finanz- und Ertragslage des einbezogenen TU** mit abweichendem Stichtag oder bei konzerninternen Lieferungs- oder Leistungsverkehr eines der übrigen konsolidierten TU betreffen.[52] Die Erfolgswirksamkeit des Vorgangs spielt keine Rolle; auch erfolgsneutrale Vorgänge können von besonderer Bedeutung sein.

32 Bei den Vorgängen von besonderer Bedeutung ist also auf die Vermögens-, Finanz- und Ertragslage irgendeines einbezogenen TU abzustellen und nicht auf die Vermögens-, Finanz- und Ertragslage des (gesamten) Konzerns.[53] Das Vorgehen resultiert daraus, dass aus Sicht der TU die Bedeutung der Vorgänge für den Konzernabschluss nicht immer **vollumfänglich beurteilt** werden kann.[54] Hieraus ergeben sich grds. folgende Schwierigkeiten:

---

[49] Ähnlich Kliem/Deubert, in Beck Bil-Komm., 14. Aufl. 2024, § 299 HGB Rz 47.
[50] Vgl. Fehrenbacher, in MünchKomm. HGB, 5. Aufl. 2024, § 299 HGB Rn 10.
[51] So auch Kliem/Deubert, in Beck Bil-Komm., 14. Aufl. 2024, § 299 HGB Rz 36.
[52] Vgl. Kliem/Deubert, in Beck Bil-Komm., 14. Aufl. 2024, § 299 HGB Rz 48.
[53] Vgl. IDW, WPH Edition, Wirtschaftsprüfung & Rechnungslegung, 18. Aufl. 2023, Kap. G Tz 199; Fehrenbacher, in MünchKomm. HGB, 5. Aufl. 2024, § 299 HGB Rn 10; kritisch Hoffmann/Lüdenbach, NWB Kommentar Bilanzierung, 15. Aufl. 2023, § 299 HGB Rz 14.
[54] So auch Kliem/Deubert, in Beck Bil-Komm., 14. Aufl. 2024, § 299 HGB Rz 48.

- Zum einen sind Vorgänge, die aus Sicht des TU eine besondere Bedeutung haben, aber aus Sicht des Konzerns keine besondere Bedeutung besitzen, zwingend zu berücksichtigen.
- Zum anderen sind Vorgänge mit keiner besonderen Bedeutung auf Ebene des TU auch nicht zu berücksichtigen, wenn diese aber auf Ebene des Konzerns eine besondere Bedeutung besitzen.[55]

> **Praxis-Beispiel**
> Ein Vorgang mit besonderer Bedeutung aus Konzernsicht, aber ohne besondere Bedeutung auf Ebene des TU kann z.B. vorliegen, wenn in größerem Umfang Vorräte von einem TU an eine anderes TU i.R.e. normalen Geschäftsbetriebs geliefert und hierbei erhebliche Zwischengewinne realisiert werden. Sowohl für das liefernde TU als auch für das empfangende TU haben diese Lieferungen keine besondere Bedeutung, allerdings liegt auf Konzernebene eine besondere Bedeutung vor.[56]

Dem Gesetzeswortlaut in § 299 Abs. 3 HGB folgend, ist hierfür keine Nachbuchung in der Konzernbilanz und der Konzern-GuV oder Angabe im Konzernanhang vorzunehmen, was mit Blick auf den Konzernabschuss sowie dessen Vermögens-, Finanz- und Ertragslage **nicht sachgerecht** wäre und dem eigentlichen Sinn der Regelung in § 299 Abs. 3 HGB widersprechen würde. Einerseits vor diesem Hintergrund und aber andererseits aus Praktikabilitätsgründen erscheint folgende Auslegung sinnvoll: 33

- Vorgänge von besonderer Bedeutung aus Sicht des Konzerns, welche aber auf Ebene des einbezogenen TU keine besondere Bedeutung haben, **sind zu berücksichtigen**. Das MU hat dieses bei den einbezogenen TU mit abweichendem Stichtag des Einzelabschlusses und bei fehlendem Zwischenabschluss durch entsprechende Konzernvorgaben sicherzustellen – z.B. durch gezielte Abfragen nach konzerninternem Lieferungs- oder Leistungsverkehr.[57]
- Vorgänge von besonderer Bedeutung für das TU, die wiederum aus Sicht des Konzerns keine besondere Bedeutung haben, können – insb. aufgrund der Grundsätze der Wesentlichkeit und Wirtschaftlichkeit – **unberücksichtigt bleiben**.[58] Auch in diesem Fall helfen dem TU entsprechende Konzernvorgaben bei der Beurteilung.

§ 299 Abs. 3 HGB regelt dabei nicht, ob die Vorgänge von besonderer Bedeutung für die Vermögens-, Finanz- und Ertragslage jeweils einzeln zu betrachten sind oder aber ob eine Betrachtung als Gesamtheit der Vorgänge zu erfolgen hat. Im ersten Schritt hat die Beurteilung der Bedeutung dabei **zunächst für den Einzelfall** zu erfolgen[59], allerdings sind mehrere **gleichartige Vorgänge gemeinsam zu** 34

---

[55] Ähnlich Hoffmann/Lüdenbach, NWB Kommentar Bilanzierung, 15. Aufl. 2023, § 299 HGB Rz 14.
[56] Entsprechende Beispiele bei Kliem/Deubert, in Beck Bil-Komm., 14. Aufl. 2024, § 299 HGB Rz 48; Hoffmann/Lüdenbach, NWB Kommentar Bilanzierung, 15. Aufl. 2023, § 299 HGB Rz 14.
[57] Gl. A. Kliem/Deubert, in Beck Bil-Komm., 14. Aufl. 2024, § 299 HGB Rz 48; Hoffmann/Lüdenbach, NWB Kommentar Bilanzierung, 15. Aufl. 2023, § 299 HGB Rz 14; Senger/Kurz, in Beck-OGK Bilanzrecht, 2. Aufl., 2024, § 299 HGB Rz 29.
[58] Gl. A. Hoffmann/Lüdenbach, NWB Kommentar Bilanzierung, 15. Aufl. 2023, § 299 HGB Rz 14.
[59] Vgl. IDW, WPH Edition, Wirtschaftsprüfung & Rechnungslegung, 18. Aufl. 2023, Kap. G Tz 200.

betrachten und auf ihre Bedeutung für die Vermögens-, Finanz- und Ertragslage zu untersuchen.[60] Grds. ist immer das Gesamtbild der Verhältnisse unter Berücksichtigung aller Umstände beim einbezogenen TU entscheidend.[61]

35 Vorgänge von besonderer Bedeutung für die Vermögens-, Finanz- und Ertragslage können **aus zeitlicher Perspektive** lediglich in den Drei-Monats-Zeitraum (bzw. Sechs-Monats-Zeitraum bei VersicherungsUnt) zwischen dem Einzelabschlussstichtag des einbezogenen TU und dem Konzernabschlussstichtag fallen. In allen anderen Fällen ist verpflichtend ein Zwischenabschluss aufzustellen.

36 Bei Vorgängen von besonderer Bedeutung für die Vermögens-, Finanz- und Ertragslage handelt es sich normalerweise um **nicht kontinuierlich anfallende, aperiodische oder sonstige außerordentliche Vorgänge**. Hiervon ist z.B. in nachfolgenden Fällen auszugehen:
- gestiegener oder gefallener Lieferungs- oder Leistungsverkehr,
- Zu-/Abgang wesentlicher Sach- und Finanzanlagen,
- Zu-/Abgang wesentlicher Beteiligungen,
- Bekanntwerden neuer Tatsachen in Bezug auf Rückstellungen,
- Eingehen neuer Verbindlichkeiten,
- Schließung von Standorten,
- günstiger/ungünstiger Ausgang von Rechtsstreitigkeiten,
- Abwicklung von einmaligen Großaufträgen.[62]

> **Praxis-Beispiel**
> Das Gj des TU geht vom 1.10.X1 bis zum 30.9.X2 und das TU stellt keinen Zwischenabschluss für die Einbeziehung in den Konzernabschluss auf. Das Gj des MU entspricht dem Kalenderjahr und damit dem Zeitraum 1.1.X2 bis 31.12.X2. Bei konstant gleichbleibendem Lieferungs- und Leistungsverkehr des einbezogenen TU mit abweichendem Stichtag des Einzelabschlusses und bei fehlendem Zwischenabschluss ist das in den Konzernabschluss eingeflossene Geschäftsvolumen auch trotz des abweichenden Stichtags des Einzelabschlusses sachgerecht. Aufgrund des konstant gleichbleibendem Lieferungs- und Leistungsverkehrs ist davon auszugehen, dass das Geschäftsvolumen im Zeitraum vom 1.10.X1 bis zum 31.12.X1 im Wesentlichen dem entspricht, dass auch im Zeitraum vom 1.10.X2 bis zum 31.12.X2 erwirtschaftet wird. In diesem Fall kommt es daher grds. zu keinem wesentlichen Informationsverlust und es kann von einer Nachbuchung in der Konzernbilanz und der Konzern-GuV oder einer Angabe im Konzernanhang abgesehen werden.[63]

Darüber hinaus können auch Indizien aus der **Berichterstattung nach § 285 Nr. 33 HGB** im Anhang des TU für das entsprechende Gj resultieren – also für

---

[60] So auch Kliem/Deubert, in Beck Bil-Komm., 14. Aufl. 2024, § 299 HGB Rz 52; Senger/Kurz, in BeckOGK Bilanzrecht, 2. Aufl., 2024, § 299 HGB Rz 29.
[61] Vgl. Kliem/Deubert, in Beck Bil-Komm., 14. Aufl. 2024, § 299 HGB Rz 52.
[62] Siehe Kliem/Deubert, in Beck Bil-Komm., 14. Aufl. 2024, § 299 HGB Rz 50; IDW, WPH Edition, Wirtschaftsprüfung & Rechnungslegung, 18. Aufl. 2023, Kap. G Tz 201; Hoffmann/Lüdenbach, NWB Kommentar Bilanzierung, 15. Aufl. 2023, § 299 HGB Rz 16.
[63] Ähnlich auch IDW, WPH Edition, Wirtschaftsprüfung & Rechnungslegung, 18. Aufl. 2023, Kap. G Tz 201; Hoffmann/Lüdenbach, NWB Kommentar Bilanzierung, 15. Aufl. 2023, § 299 HGB Rz 16.

Vorgänge von besonderer Bedeutung, die nach dem Schluss des Geschäftsjahrs eingetreten und die weder in der GuV noch in der Bilanz berücksichtigt sind.[64]

5.3 Berücksichtigung in der Konzernbilanz und der Konzern-GuV

Eine Berücksichtigung der Vorgänge von besonderer Bedeutung für Vermögens-, Finanz- und Ertragslage in der Konzernbilanz und der Konzern-GuV erfordert deren **Nachbuchung in der Handelsbilanz II des TU**.[65] Bei erfolgswirksamen Vorgängen sind auch die damit verbundenen Ertragsteuerauswirkungen zu erfassen. Bei den Eröffnungsbilanzbuchungen im Folgejahr sind Nachbuchungen ebenfalls zu berücksichtigen, damit der Bilanzzusammenhang im Konzern gewährleistet ist und eine **nochmalige – und damit doppelte – Erfassung** des Vorgangs im Konzernabschluss vermieden wird. Die Nachbuchungen werden im ersten Jahr im Konzernabschluss berücksichtigt und müssen somit im Folgejahr – also dann, wenn sie im Einzelabschluss des TU enthalten sind – wieder storniert werden.[66] Eine entsprechende **Nachverfolgung der nachgebuchten Vorgänge** ist dementsprechend wegen der Phasenverschiebung im Zeitablauf unumgänglich. Dabei ist im Einzelfall zu beurteilen, ob über gezielte Einzelkorrekturen hinaus auch pauschale Korrekturnachbuchungen und die Erfassung von Ausgleichsposten zulässig und erforderlich sind.[67]

Je mehr solcher Vorgänge von besonderer Bedeutung vorliegen und nachgebucht werden, desto mehr entspricht die Handelsbilanz II einem „partiellen Zwischenabschluss" auf den Konzernabschlussstichtag. Der Unterschied zu einem vollständigen Zwischenabschluss besteht darin, dass die nicht von Vorgängen von besonderer Bedeutung betroffenen Posten des Einzelabschlusses des TU unverändert in der Handelsbilanz II sind und so in den Konzernabschluss übernommen werden.

Sind die Zeiträume der Gj der einbezogenen TU untereinander oder auch mit dem Gj des MU **nicht deckungsgleich**, ergeben sich zwangsläufig bei Geschäftsbeziehungen innerhalb des Konzerns im nicht deckungsgleichen Zeitraum Posten, die bei der Aufwands- und ErtragsKons sowie der SchuldenKons **nicht eliminiert werden**. Sofern solche Posten von besonderer Bedeutung sind, erfolgt der Ausgleich durch Nachbuchung in der Handelsbilanz II. Bei Vorgängen von untergeordneter Bedeutung sind entsprechende Nachbuchungen nicht erforderlich.

Bei einbezogenen TU mit abweichendem Stichtag des Einzelabschlusses und bei fehlendem Zwischenabschluss können folglich **Schwierigkeiten bei der Kons** entstehen.[68] Die Konsolidierungsmaßnahmen können nicht problemlos durchgeführt werden, da die Geschäftsvorfälle aufgrund der Phasenverschiebung ggf. nur (noch) einseitig in einem der Einzelabschlüsse erfasst sind. Einerseits würde ohne Nachbuchung von Vorgängen mit besonderer Bedeutung zwischen TU und MU die Kons bei wesentlichen Sachverhalten nicht mehr aufgehen.[69] Anderer-

---

[64] Vgl. Kliem/Deubert, in Beck Bil-Komm., 14. Aufl. 2024, § 299 HGB Rz 50.
[65] Vgl. Senger/Kurz, in BeckOGK Bilanzrecht, 2. Aufl., 2024, § 299 HGB Rz 31.
[66] Vgl. Kliem/Deubert, in Beck Bil-Komm., 14. Aufl. 2024, § 299 HGB Rz 56.
[67] Vgl. IDW, WPH Edition, Wirtschaftsprüfung & Rechnungslegung, 18. Aufl. 2023, Kap. G Tz 206.
[68] Gl. A. Böcking/Gros/Schurbohm, in Ebenroth u.a., HGB, 4. Aufl. 2020, § 299 Rz 18.
[69] So auch Hoffmann/Lüdenbach, NWB Kommentar Bilanzierung, 15. Aufl. 2023, § 299 HGB Rz 17.

seits kann die Nachbuchung von Vorgängen, welche zwischen TU bestehen, dazu führen, dass nur ein TU diese als von besonderer Bedeutung einstuft und die Nachbuchung nur einseitig vorgenommen wird.[70]

> **Praxis-Beispiel**
> Ein TU mit einem abweichenden Gj vom 1.10.X1 bis zum 30.9.X2 weist zum Abschlussstichtag eine konzerninterne Verbindlichkeit ggü. dem MU aus, welche nach dem Abschlussstichtag des TU am 30.9.X2 und vor dem Konzernabschlussstichtag des MU am 31.12.X2 beglichen wird. Ohne Nachbuchung ist i. R. d. Kons für den Konzernabschluss die konzerninterne Verbindlichkeit ggü. dem MU enthalten, wohingegen die Forderung beim MU ggü. dem TU am Konzernabschlussstichtag nicht mehr besteht. Stattdessen wird ein anderer Posten auf der Aktivseite (z. B. Zahlungsmittel) im Konzernabschluss zu hoch ausgewiesen.[71]

41 Auch wenn Vorgänge von besonderer Bedeutung für die Vermögens-, Finanz- und Ertragslage in der Konzernbilanz und der Konzern-GuV berücksichtigt wurden, können darüber hinaus auch Angaben im Konzernanhang erforderlich sein, wenn das Wahlrecht in § 297 Abs. 3 HGB bei verschiedenen Vorgängen unterschiedlich ausgeübt wird.[72]

5.4 Angaben im Konzernanhang

42 Werden Vorgänge von besonderer Bedeutung für die Vermögens-, Finanz- und Ertragslage bei Fehlen eines Zwischenabschlusses nicht in der Konzernbilanz und der Konzern-GuV nachgebucht und damit berücksichtigt, sind diese im Konzernanhang anzugeben, wobei auch dann eine **vollständige Durchsicht aller Vorgänge** für den Zeitraum zwischen dem Einzelabschlussstichtag und dem Konzernabschlussstichtag zu erfolgen hat. Bei Berücksichtigung im Konzernanhang müssen die Angaben inhaltlich einer Berücksichtigung dieser Vorgänge in der Konzernbilanz und der Konzern-GuV **gleichwertig** sein, was neben verbalen Erläuterungen regelmäßig auch quantitative Angaben – mit Bezug zu den einzelnen Posten der Konzernbilanz und der Konzern-GuV – erforderlich macht.[73] Vor dem Hintergrund besteht **keine Erleichterung** im Vergleich zur Berücksichtigung in der Konzernbilanz und der Konzern-GuV,[74] da natürlich auch hier z. B. eine entsprechende Nachverfolgung der nachgebuchten Vorgänge wegen der Phasenverschiebung im Zeitablauf erforderlich ist.

6 Rechtsfolgen bei Pflichtverletzung

43 Ein Verstoß gegen die Vorschriften des § 299 HGB ist regelmäßig zunächst **nicht straf- oder bußgeldbewehrt**,[75] liegt aber vor, wenn

---

[70] Ähnlich Kliem/Deubert, in Beck Bil-Komm., 14. Aufl. 2024, § 299 HGB Rz 56.
[71] In Anlehnung an IDW, WPH Edition, Wirtschaftsprüfung & Rechnungslegung, 18. Aufl. 2023, Kap. G Tz 204.
[72] So auch Kliem/Deubert, in Beck Bil-Komm., 14. Aufl. 2024, § 299 HGB Rz 57.
[73] Vgl. IDW, WPH Edition, Wirtschaftsprüfung & Rechnungslegung, 18. Aufl. 2023, Kap. G Tz 207f.
[74] Vgl. Senger/Kurz, in BeckOGK Bilanzrecht, 2. Aufl., 2024, § 299 HGB Rn 41.
[75] Vgl. Böcking/Gros/Schurbohm, in Ebenroth u. a., HGB, 4. Aufl. 2020, § 299 Rz 20.

- der Konzernabschluss auf einen unzulässigen Stichtag aufgestellt wird – also vom Stichtag des Einzelabschlusses des MU abweicht,
- ein TU mit einem Einzelabschluss und ohne Zwischenabschluss in den Konzernabschluss einbezogen wird, wobei der Stichtag des Einzelabschlusses nach dem oder mehr als drei Monate vor dem Konzernabschlussstichtag liegt, oder
- ein TU mit einem Einzelabschluss und ohne Zwischenabschluss in den Konzernabschluss einbezogen wird, aber die Nachbuchung bzw. Angabe der Vorgänge von besonderer Bedeutung für Vermögens-, Finanz- und Ertragslage nicht oder nicht vollständig erfolgt ist.[76]

Führt der Verstoß gegen die Vorschriften des § 299 HGB allerdings dazu, dass die Verhältnisse des Konzerns im Konzernabschluss unrichtig wiedergegeben oder verschleiert werden, können die gesetzlichen Vertreter oder Mitglieder des Aufsichtsrats des MU nach § 331 Nr. 2 HGB mit einer Freiheitsstrafe von bis zu drei Jahren oder einer Geldstrafe bestraft werden.[77]

---

[76] S. Kliem/Deubert, in Beck Bil-Komm., 14. Aufl. 2024, § 299 HGB Rz 70.
[77] Vgl. Böcking/Gros/Schurbohm, in Ebenroth u. a., HGB, 4. Aufl. 2020, § 299 Rz 20.

§ 300 Konsolidierungsgrundsätze. Vollständigkeitsgebot

(1) ¹In dem Konzernabschluß ist der Jahresabschluß des Mutterunternehmens mit den Jahresabschlüssen der Tochterunternehmen zusammenzufassen. ²An die Stelle der dem Mutterunternehmen gehörenden Anteile an den einbezogenen Tochterunternehmen treten die Vermögensgegenstände, Schulden, Rechnungsabgrenzungsposten und Sonderposten der Tochterunternehmen, soweit sie nach dem Recht des Mutterunternehmens bilanzierungsfähig sind und die Eigenart des Konzernabschlusses keine Abweichungen bedingt oder in den folgenden Vorschriften nichts anderes bestimmt ist.

(2) ¹Die Vermögensgegenstände, Schulden und Rechnungsabgrenzungsposten sowie die Erträge und Aufwendungen der in den Konzernabschluß einbezogenen Unternehmen sind unabhängig von ihrer Berücksichtigung in den Jahresabschlüssen dieser Unternehmen vollständig aufzunehmen, soweit nach dem Recht des Mutterunternehmens nicht ein Bilanzierungsverbot oder ein Bilanzierungswahlrecht besteht. ²Nach dem Recht des Mutterunternehmens zulässige Bilanzierungswahlrechte dürfen im Konzernabschluß unabhängig von ihrer Ausübung in den Jahresabschlüssen der in den Konzernabschluß einbezogenen Unternehmen ausgeübt werden. ³Ansätze, die auf der Anwendung von für Kreditinstitute oder Versicherungsunternehmen wegen der Besonderheiten des Geschäftszweigs geltenden Vorschriften beruhen, dürfen beibehalten werden; auf die Anwendung dieser Ausnahme ist im Konzernanhang hinzuweisen.

Inhaltsübersicht	Rz
1 Überblick	1–12
1.1 Inhalt und Regelungszweck	1–8
1.2 Anwendungsbereich	9–11
1.3 Normenzusammenhänge	12
2 Zusammenfassung der Einzelabschlüsse zum Konzernabschluss (Abs. 1)	13–26
2.1 Grundsatz der Zusammenfassung der Einzelabschlüsse (Abs. 1 Satz 1 und Satz 2 1. Halbsatz)	13–20
2.2 Einschränkungen der einheitlichen Bilanzierung (Abs. 1 Satz 2 2. Halbsatz)	21–26
2.2.1 Fähigkeit der Bilanzierung nach dem Recht der Mutter	21–25
2.2.2 Abweichungen wegen der Eigenart des Konzernabschlusses	26
3 Bilanzierungswahlrechte im Konzernabschluss (Abs. 2)	27–41
3.1 Grundsatz der Vollständigkeit und Unabhängigkeit (Abs. 2 Satz 1)	27–35
3.2 Ausübung von Bilanzierungswahlrechten (Abs. 2 Satz 2)	36–39
3.3 Sondervorschriften für Kreditinstitute und Versicherungsunternehmen (Abs. 2 Satz 3)	40–41
4 Rechtsfolgen bei Pflichtverletzung	42

1 Überblick

1.1 Inhalt und Regelungszweck

§ 300 HGB regelt die Ableitung des Konzernabschlusses aus den Einzelabschlüssen der einbezogenen TU unter Rückgriff auf Konsolidierungsgrundsätze, welche als **Grundsätze ordnungsmäßiger Konzernrechnungslegung** – kurz GoK – zusammengefasst werden. Nach § 297 Abs. 2 HGB ist der Konzernabschluss klar und übersichtlich aufzustellen und hat unter Beachtung der GoB i. S. e. Generalnorm ein den tatsächlichen Verhältnissen entsprechendes Bild der Vermögens-, Finanz- und Ertragslage des Konzerns zu vermitteln. Aufgabe der GoK ist es also, die Aussagefähigkeit des Konzernabschlusses sicherzustellen und entscheidungsnützliche Informationen i. R. d. Konzernabschlusses sachgerecht und zweckentsprechend zu vermitteln.[1] Bezogen auf die Konzernrechnungslegung ist zu berücksichtigen, dass die aus den Zwecken des Einzelabschlusses entwickelten GoB das geforderte Bild der wirtschaftlichen Lage der Einheit Konzern nicht vermitteln können, sodass die GoK für den Konzernabschluss **ergänzend** neben die ebenfalls zu beachtenden GoB treten.[2]
Viele GoK-relevante Probleme – wie z. B. Fragen hinsichtlich der Abgrenzung des Konsolidierungskreises oder auch Anforderungen an die Konsolidierung – haben zwangsläufig kein Äquivalent auf der Ebene des Einzelabschlusses. Dies erfordert die Entwicklung und Ausgestaltung von Normen, mittels derer mehr oder weniger offene Probleme im Bereich der Konzernabschlusserstellung gelöst werden können. Im Ergebnis sind die GoK entwickelt worden, um eine ordnungsmäßige Konzernrechnungslegung auf unterschiedlichsten Ebenen zu gewährleisten.[3] Unterstützend wirkt dabei das DRSC, das Rechnungslegungsempfehlungen erarbeitet, die nach der Bekanntmachung durch das BMJ gem. § 342q Abs. 2 HGB die Vermutung in sich tragen, dass bei Anwendung der Empfehlungen die GoK erfüllt sind (§ 342q Rz 41 ff.).[4]
Ausgehend von den Zwecken des Konzernabschlusses ist zwischen allgemeinen Anforderungen an die Handelsbilanzen II, den Summenabschluss und die Konsolidierung zu unterscheiden.[5] Die Überschrift von § 300 HGB „Konsolidierungsgrundsätze, Vollständigkeitsgebot" ist insofern irreführend, als § 300 HGB nicht sämtliche Konsolidierungsgrundsätze des HGB umfasst, sondern lediglich jene in Bezug auf die Zusammenfassung der Einzelabschlüsse mittels **Vollkonsolidierung**, die **Einheitlichkeit der Bilanzierung** und die **Vollständigkeit des Konzernabschlusses**.[6]

---

[1] Vgl. Senger/Kurz, in BeckOGK Bilanzrecht, 2. Aufl., 2024, § 300 HGB Rz 2.
[2] So auch Kliem/Walkenbach, in Beck Bil-Komm., 14. Aufl. 2024, § 300 HGB Rz 1.
[3] Vgl. Müller, in Kußmaul/Müller, HdB, Konzernabschluss nach HGB, Rz 69, Stand: 15.3.2023.
[4] Vgl. Kliem/Walkenbach, in Beck Bil-Komm., 14. Aufl. 2024, § 300 HGB Rz 1.
[5] S. ergänzend dazu Müller, in Kußmaul/Müller, HdB, Konzernabschluss nach HGB, Rz 67, Stand: 10.5.2023.
[6] Vgl. Senger/Kurz, in BeckOGK Bilanzrecht, 2. Aufl., 2024, § 300 HGB Rz 3, Stand: 9/2020; Kliem/Walkenbach, in Beck Bil-Komm., 14. Aufl. 2024, § 300 HGB Rz 1.

> **Praxis-Beispiel**
> Zusammenfassend gibt es nachfolgende wesentliche im Schrifttum dargestellte, aber größtenteils nicht in § 300 HGB kodifizierte Konsolidierungsgrundsätze:[7]
> - Vollständigkeit des Konsolidierungskreises (§ 294 Abs. 1 HGB),
> - Beachtung der GoB aus den Regelungen des Einzelabschlusses (§ 297 Abs. 2 Satz 2 HGB i.V.m. § 298 Abs. 1 HGB),
> - Klarheit und Übersichtlichkeit (§ 297 Abs. 2 Satz 1 HGB),
> - „True and Fair View" (§ 297 Abs. 2 Satz 2 HGB),
> - Fiktion der rechtlichen Einheit des Konzerns (§ 297 Abs. 3 Satz 1 HGB), mit der Notwendigkeit der Kapital-, Schulden- sowie Aufwands- und Ertragskonsolidierung und der Zwischenergebniseliminierung (§§ 301, 303–305 HGB),
> - Stetigkeit der Konsolidierungsmethoden (§ 297 Abs. 3 Satz 2 HGB),
> - einheitlicher Abschlussstichtag (§ 299 Abs. 1 HGB i.V.m. § 299 Abs. 2 Satz 1 HGB),[8]
> - Vollkonsolidierung und Zusammenfassung der Einzelabschlüsse (§ 300 Abs. 1 HGB),
> - Vollständigkeit des Konzernabschlusses (§ 300 Abs. 2 Satz 1 HGB),
> - Einheitlichkeit der Bilanzierung (§ 300 Abs. 2 Satz 2 HGB),
> - Einheitlichkeit der Bewertung (§ 308 Abs. 1 Satz 1 HGB),
> - Einheitlichkeit der Währung (§ 308a HGB),
> - Wirtschaftlichkeit (z.B. § 291 Abs. 1, § 293, § 296 Abs. 1 HGB),
> - Wesentlichkeit (z.B. § 296 Abs. 2, § 303 Abs. 2, § 304 Abs. 3 HGB).

2 § 300 Abs. 1 Satz 1 HGB verlangt, dass der Einzelabschluss des MU und die Einzelabschlüsse der TU im Konzernabschluss **zusammenzufassen sind**, soweit die TU in den Konsolidierungskreis einbezogen werden. Die geforderte Zusammenfassung bezieht sich auf die Bilanzen und die GuVs und ergibt die Summenbilanz und die Summen-GuV – beide als **technische Vorstufe** zur Konsolidierung.[9]

3 Sofern die Eigenart des Konzernabschlusses keine Abweichung bedingt oder in anderen Vorschriften nichts Abweichendes vorgeschrieben ist, sind die **Anteile** im Besitz des MU gem. § 300 Abs. 1 Satz 2 HGB durch die Posten der TU zu ersetzen, sofern diese nach dem Recht des MU bilanzierungsfähig sind.

4 Generell gelten für den **Bilanzansatz** im Konzernabschluss die Bilanzierungsvorschriften des MU. Gem. § 300 Abs. 2 Satz 1 HGB sind die VG, Schulden und RAP, Sonderposten sowie die Erträge und Aufwendungen der in den Konzernabschluss einzubeziehenden Unt **unabhängig von ihrer Berücksichtigung in den Einzelabschlüssen** dieser Unt vollständig in den Konzernabschluss aufzunehmen, soweit nach dem Recht des MU kein Bilanzierungsverbot oder -wahlrecht besteht. Die Posten werden also aufgenommen, weil sie

---

[7] Vgl. Senger/Kurz, in BeckOGK Bilanzrecht, 2. Aufl., 2024, § 300 HGB Rz 3, Stand: 9/2020; Kliem/Walkenbach, in Beck Bil-Komm., 14. Aufl. 2024, § 300 HGB Rz 1.

[8] Vgl. dazu detaillierter Müller, in Kußmaul/Müller, HdB, Konzernabschluss nach HGB, Rz 130f., Stand: 10.5.2023.

[9] Vgl. Hoffmann/Lüdenbach, NWB Kommentar Bilanzierung, 15. Aufl. 2023, § 300 HGB Rz 3, 5.

nach dem Recht des MU bilanzierungspflichtig oder bilanzierungsfähig sind und das MU sein Wahlrecht entsprechend ausübt, nicht aber weil die Posten bereits in den Einzelabschlüssen enthalten sind. Hierbei sind allein die für das MU geltenden rechtlichen Vorschriften zu beachten. Das Vollständigkeitsgebot des Konzernabschlusses erfasst auch die beim TU nicht bilanzierten Sachverhalte, die aber nach dem Recht des MU bilanzierungspflichtig oder bilanzierungsfähig sind.[10]

Die Anwendung von **Bilanzierungswahlrechten** ist gem. § 300 Abs. 2 Satz 2 HGB unabhängig von einer entsprechenden Anwendung in den Einzelabschlüssen der zu konsolidierenden Unt (einschl. des MU) möglich – somit also auch eine vom MU abweichende Neuausübung für den Konzernabschluss. Eine konzernweit einheitliche Anwendungsverpflichtung für vergleichbare Fälle besteht für Bilanzierungsentscheidungen im Gegensatz zu § 308 Abs. 1 Satz 1 HGB für Bewertungsentscheidungen (§ 308 Rz 11ff.) allerdings nicht explizit. Grds. ergibt sich aus § 246 Abs. 3 HGB lediglich eine **zeitliche Ansatzstetigkeit**, welche über § 298 Abs. 1 HGB auch für den Konzernabschluss gilt. Nach h.M. ist dieser Stetigkeitsgrundsatz auch auf Bilanzierungswahlrechte für gleichartige Sachverhalte auszuweiten, um auch eine sog. **sachliche Stetigkeit** herzustellen.[11] Entsprechender Auffassung ist auch das IDW: „Sofern für bestimmte Posten verschiedene Methoden anwendbar sind (z.B. lineare oder degressive Abschreibungsmethode, nach HGB zulässige Formen von Lifo/Fifo), können die Wahlrechte nebeneinander nur dann unterschiedlich ausgeübt werden, wenn und soweit dies auch im handelsrechtlichen Jahresabschluss einer Kapitalgesellschaft zulässig wäre. Für gleiche Sachverhalte, d.h. art- oder funktionsgleiche Vermögensgegenstände oder Schulden, ist unter gleichen Bedingungen die unterschiedliche Ausübung von Ansatz- und Bewertungswahlrechten unzulässig."[12] Auf Konzernebene besteht vor dem Hintergrund der Neuausübungen von Bilanzierungs- und Bewertungswahlrechten somit auch die Möglichkeit, eine eigene **Konzernbilanzpolitik** zu verfolgen.[13]

Die konzerneinheitliche Bewertung erfordert in der praktischen Umsetzung regelmäßig eine **Konzernrichtlinie**, in der Bilanzierung, Bewertung und Ausweis erläutert und die Wahlrechte konzerneinheitlich festgelegt sind. Diese Konzernrichtlinie muss dabei unternehmensspezifisch so detailliert und konkret sein, dass sie auch bei ausländischen TU ein gleiches Verständnis herstellt und damit konzerneinheitlich Bilanzierung, Bewertung und Ausweis sicherstellt. Mit einer Konzernrichtlinie wird zudem eine zeitnahe, vergleichbare und standardisierte (Finanz-)Berichterstattung unterstützt.[14]

Für **Kreditinstitute** und **VersicherungsUnt** gelten seit Einführung des VersRiLiG gem. § 300 Abs. 2 Satz 3 HGB **Sondervorschriften** in Bezug auf die Beibehaltung

---

[10] Vgl. Fehrenbacher, in MünchKomm. HGB, 5. Aufl. 2024, § 300 HGB Rz 15f.
[11] So z.B. auch Kliem/Walkenbach, in Beck Bil-Komm., 14. Aufl. 2024, § 300 HGB Rz 50; Fehrenbacher, in MünchKomm. HGB, 5. Aufl. 2024, § 300 HGB Rz 18; Hoffmann/Lüdenbach, NWB Kommentar Bilanzierung, 15. Aufl. 2023, § 300 HGB Rz 17.
[12] IDW RH HFA 1.018.3.
[13] So in Bezug auf § 308 HGB Senger/Kurz, in BeckOGK Bilanzrecht, 2. Aufl., 2024, § 308 HGB Rz 5.
[14] So zu § 308 HGB Grottel/Huber, in Beck Bil-Komm., 14. Aufl. 2024, § 308 HGB Rz 2.

von Ansätzen, die auf spezifischen Vorschriften zur Berücksichtigung von branchenbedingten Besonderheiten beruhen. MU von Industrie- oder Handelskonzernen, die als TU Kreditinstitute oder VersicherungsUnt haben, können so den branchenspezifischen Ansatz aus dem Einzelabschluss des TU in den Konzernabschluss **übernehmen**.[15] Die Anwendung des Beibehaltungswahlrechts ist jedoch durch einen Hinweis im Konzernanhang kenntlich zu machen. Entsprechendes gilt nach § 308 Abs. 2 Satz 2 HGB auch i.R.d. Bewertung.

8 Der Konzernabschluss ist als **eigenständiges Informationsinstrument** zu verstehen,[16] das nach § 297 Abs. 2 Satz 2 HGB ein den tatsächlichen Verhältnissen entsprechendes Bild der Vermögens-, Finanz- und Ertragslage zu vermitteln hat. Das Informationsbild muss dabei so dargestellt werden, als handele es sich bei den einbezogenen Unt um eine rechtliche Einheit (**Einheitstheorie**). **Mehrfacherfassungen** als Folge konzerninterner Verflechtungen sind zu **eliminieren** und unterschiedliche Nutzungen von Bilanzierungswahlrechten zu unterlassen.

1.2 Anwendungsbereich

9 Der Geltungsbereich des § 300 HGB umfasst alle gem. § 290 HGB zu erstellenden Konzernabschlüsse und damit alle – unter Berücksichtigung der §§ 291–293 HGB – **zur Konzernrechnungslegung verpflichteten Unt** (§ 290 Rz 1 ff.). Ist ein Unt zur Konzernrechnungslegung nach dem **PublG** verpflichtet, gilt § 300 HGB über einen Verweis in § 13 Abs. 2 Satz 1 PublG für Konzernabschlüsse dieses Unt analog.

10 Die Vorschriften des § 300 HGB gelten sowohl für TU, die gem. den §§ 290 und 294 HGB in den Konzernabschluss einzubeziehen sind, als auch für **GemeinschaftsUnt**, die i.R.d. Quotenkonsolidierung nach § 310 HGB einbezogen werden sollen (§ 310 Rz 15 ff.).

11 **Kreditinstitute** und **VersicherungsUnt** haben gem. § 340i Abs. 1 HGB und § 341i Abs. 1 HGB unabhängig von ihrer Größe einen Konzernabschluss und einen Konzernlagebericht aufzustellen, auch wenn sie nicht in der Rechtsform einer KapG betrieben werden. Entsprechend ist dort § 300 HGB anzuwenden.

1.3 Normenzusammenhänge

12 I.R.d. Betrachtung von § 300 HGB sind insb. die weiteren Vorschriften des **Vierten Titels zur Vollkonsolidierung** zu berücksichtigen, die einzelne Konsolidierungsmaßnahmen regeln (§§ 301–307 HGB). Neben diesen Vorschriften steht § 300 HGB in einem engen Zusammenhang mit § 308 HGB, der explizit vorschreibt, dass die nach § 300 Abs. 2 HGB in den Konzernabschluss übernommenen VG und Schulden der in den Konzernabschluss einbezogenen Unt nach den auf den Einzelabschluss des MU anwendbaren Bewertungsmethoden **einheitlich zu bewerten** sind (§ 308 Abs. 1 Satz 1 HGB). Diese Bindung kommt bei der Vereinheitlichung der Einzelabschlüsse – den Handelsbilanzen II – zum Tragen. Die Regelungen in Bezug auf den Stichtag für die Aufstellung des Konzernabschlusses gem. § 299 HGB zur **Identität des Stichtags** des

---

[15] Vgl. Fehrenbacher, in MünchKomm. HGB, 5. Aufl. 2024, § 300 HGB Rz 20.
[16] Vgl. Kliem/Walkenbach, in Beck Bil-Komm., 14. Aufl. 2024, § 300 HGB Rz 11.

Konzernabschlusses mit dem des Einzelabschlusses des MU sind ebenfalls eng mit denen des § 300 HGB verknüpft. Zudem ergibt sich aus der Notwendigkeit der **Vereinheitlichung der Währung** und deren Umrechnung für den Konzernabschluss und die Handelsbilanz II der entsprechende Bezug zu § 308a HGB.[17]

2 Zusammenfassung der Einzelabschlüsse zum Konzernabschluss (Abs. 1)

2.1 Grundsatz der Zusammenfassung der Einzelabschlüsse (Abs. 1 Satz 1 und Satz 2 1. Halbsatz)

Der **Grundsatz der Zusammenfassung der Einzelabschlüsse** (§ 300 Abs. 1 Satz 1 HGB) verlangt, dass der Einzelabschluss des MU und die Einzelabschlüsse der TU im Konzernabschluss zusammenzufassen sind, soweit die TU in den Konsolidierungskreis einbezogen werden. § 300 Abs. 1 Satz 1 HGB selbst begründet keine Einbeziehungspflicht. Sind TU in Ausnahmefällen nicht zur Aufstellung eines Einzelabschlusses verpflichtet, führt § 300 Abs. 1 Satz 1 HGB nicht zu einer Pflicht der Aufstellung, sondern es kann eine Ableitung der in den Konzernabschluss zu übernehmenden VG und Schulden aus den Büchern des TU erfolgen, deren Übermittlung dann regelmäßig durch sog. Reporting Packages an das MU erfolgt.[18]

13

I.R.d. Zusammenfassung der Einzelabschlüsse werden die Einzelbilanzen und die Einzel-GuVs zur Summenbilanz und zur Summen-GuV zusammengefasst. Diesem Schritt vorausgehend ist einerseits bereits der Grundsatz der Vollständigkeit des Konzernabschlusses zu beachten; andererseits sind im Vorfeld auch die Abschlüsse der einbezogenen TU hinsichtlich Bilanzierung und Bewertung entsprechend dem Recht des MU zu vereinheitlichen (§§ 300 Abs. 2 Satz 2, 308 HGB). Zu den vor der Zusammenfassung durchzuführenden Schritten gehört auch die Umrechnung der Einzelabschlüsse von ausländischen TU in die Berichtswährung des MU (§ 308a HGB).[19] Hierbei handelt es sich grds. um **vorbereitende Maßnahmen**, aber noch nicht um Konsolidierungsmaßnahmen.[20]

---

[17] Vgl. zur Währungsumrechnung im Konzern Müller/Häfele, in Kußmaul/Müller, HdB (online), Währungsumrechnung nach HGB, EStG und IFRS, Rz 136 ff., Stand: 11.4.2024.
[18] Vgl. Hoffmann/Lüdenbach, NWB Kommentar Bilanzierung, 15. Aufl. 2023, § 300 HGB Rz 3; Kliem/Walkenbach, in Beck Bil-Komm., 14. Aufl. 2024, § 300 HGB Rz 6.
[19] Vgl. Senger/Kurz, in BeckOGK Bilanzrecht, 2. Aufl., 2024, § 300 HGB Rz 6.
[20] Vgl. Kliem/Walkenbach, in Beck Bil-Komm., 14. Aufl. 2024, § 300 HGB Rz 20.

Abb. 1: Abfolge der Konsolidierungsschritte[21]

14 Der **Konzernabschluss**, der gem. § 297 Abs. 1 HGB aus Konzernbilanz, Konzern-GuV, Konzernanhang, Kapitalflussrechnung sowie Konzerneigenkapitalspiegel besteht und um eine Konzernsegmentberichterstattung erweitert werden kann, kann dabei jedoch **nur tw. durch Zusammenfassung** erstellt werden. Entgegen der möglichen Zusammenfassung der Einzelbilanzen und der Einzel-GuVs ist dies für den Konzernanhang nicht möglich. Die fehlende Möglichkeit der Zusammenfassung verbaler Angaben als auch konzernspezifische Anhangvorgaben verhindern dies. Auch sind einige TU nicht zur Erstellung eines Anhangs verpflichtet.[22] Zudem werden sich die Wesentlichkeitsgrenzen im Konzernanhang anders darstellen als in den jeweiligen Anhängen der Einzelabschlüsse – auch wenn diese Diskrepanz durch einheitliche Regeln bei den Anhängen II wieder bereinigt wird. § 300 Abs. 1 Satz 1 HGB selbst begründet analog zur Jahresabschlusserstellung keine Pflicht zur Aufstellung. Konzerneigenkapitalspiegel und Konzernkapitalflussrechnung können direkt aus der Konzernbilanz und der Konzern-GuV, ggf. ergänzt um weitere nötige Informationen zur Korrektur nicht zahlungsbegleiteter Vorgänge, abgeleitet werden. Alternativ kann eine Konzernkapitalflussrechnung auch über die Konsolidierung der einzelnen Kapitalflussrechnungen der einzubeziehenden Unt abgeleitet werden (DRS 21.11), wobei allerdings keine konkrete

---

[21] So auch Hoffmann/Lüdenbach, NWB Kommentar Bilanzierung, 15. Aufl. 2023, § 300 HGB Rz 11; Fehrenbacher, in MünchKomm. HGB, 5. Aufl. 2024, § 300 HGB Rz 2.
[22] Vgl. Hoffmann/Lüdenbach, NWB Kommentar Bilanzierung, 15. Aufl. 2023, § 300 HGB Rz 5.

Aufstellungspflicht für Kapitalflussrechnungen auf Einzelabschlussebene nach HGB existiert.

Neben einer Konzernrichtlinie zur Festschreibung von Gliederungs- und Ausweiswahlrechten stellt ein verbindlich vorgeschriebener **einheitlicher Kontenplan** für alle Konzerngesellschaften ein wesentliches Hilfsmittel zur Vereinheitlichung des Rechnungswesens und damit zur Erleichterung des einheitlichen Ausweises dar. Eine Pflicht zur Konzernbuchführung besteht allerdings nicht und eine freiwillige Anwendung dürfte in der Praxis aufgrund des damit verbundenen hohen Aufwands nur selten zu finden sein.[23]

Unter dem Zusammenfassen der Einzelabschlüsse von MU und TU ist die zeilenweise Addition der gleichartigen Posten der vereinheitlichten Einzelabschlüsse der KonzernUnt i.R.e. Konsolidierung zur Summenbilanz und Summen-GuV zu verstehen.[24] Eine explizite Ausgestaltung der Zusammenfassung durch den Gesetzgeber ist an dieser Stelle unterblieben. Sie folgt in § 301 HGB zur Kapitalkonsolidierung (§ 301 Rz 23 ff.).

Das Gesetz schreibt für die Konsolidierung der Einheitstheorie folgend grds. die Einbeziehung der Posten mit ihren vollen Werten, die sog. **Voll- oder Brutto-Konsolidierung** vor. I. R. d. Vollkonsolidierung werden die gesamten Aktiva und Passiva sowie Aufwendungen und Erträge eines TU nach Anwendung konzerneinheitlicher Bilanzierungs- und Bewertungsvorschriften unabhängig von der Höhe der Beteiligung des MU in die Konzernbilanz übernommen. Dies ist der **Einheitstheorie** geschuldet, die den gesamten Konzern abbildet und dabei die Anteile der Minderheitsgesellschafter der TU als EK des Konzerns ausweist. Eine quotale Konsolidierung entsprechend den Anteilen des MU an den TU ist unzulässig (§ 300 Abs. 2 Satz 1 HGB) – eine Ausnahme bildet einzig die anteilmäßige Einbeziehungsmöglichkeit von GemeinschaftsUnt nach § 310 HGB (§ 310 Rz 1 ff.) und den entsprechenden Rechnungslegungshinweisen nach DRS 27.[25]

Das aus der Vollkonsolidierung folgende Problem der **Doppelerfassung**, das sich durch die Addition der Einzelabschlüsse zum Summenabschluss zwangsläufig ergibt, stellt sich dabei nur in den Fällen, in denen gem. § 300 Abs. 1 HGB der Einzelabschluss des MU mit den Einzelabschlüssen der TU zusammengefasst wird. Grds. geht der Gesetzgeber davon aus, dass der Konzernabschluss derivativ aus den Einzelabschlüssen der einbezogenen Unt entwickelt wird, sodass Summenbilanz und Summen-GuV sicherlich der herrschenden Praxis entsprechen. Allerdings wäre auch eine Ableitung des gesamten Konzernabschlusses direkt aus den für ihn relevanten Geschäftsvorfällen mit einer (partiellen) Konzernbuchführung denkbar.[26]

Eine zutreffende Darstellung der Vermögens-, Finanz- und Ertragslage des Konzerns als wirtschaftliche Einheit (§ 297 Rz 90 ff.) erfordert, dass Mehrfacherfassungen aufgrund **konzerninterner Kapitalverflechtungen** eliminiert werden. Deshalb kommt der Kapitalkonsolidierung, durch die eine Eliminierung der konzerninternen Beteiligungsverhältnisse erreicht werden soll, und der dabei angewendeten Methode eine zentrale Bedeutung zu. Die Vorschrift des § 300

---

[23] Vgl. IDW, WPH Edition, Wirtschaftsprüfung und Rechnungslegung, 18. Aufl. 2023, Kap. G Tz 213.
[24] Vgl. Fehrenbacher, in MünchKomm. HGB, 5. Aufl. 2024, § 300 HGB Rz 3.
[25] Vgl. Müller, in Kußmaul/Müller, HdB, Konzernabschluss nach HGB, Rz 4, Stand: 10.5.2023.
[26] Vgl. Fehrenbacher, in MünchKomm. HGB, 5. Aufl. 2024, § 300 HGB Rz 5.

Abs. 1 Satz 2 HGB, wonach bei dem MU an die Stelle der Anteile an den einzubeziehenden TU die Bilanzposten – ohne Eigenkapital – treten, legt dabei die Kapitalkonsolidierung als Grundsatz fest; die konkrete Ausgestaltung wird in § 301 HGB festgelegt und durch die Rechnungslegungshinweise nach DRS 23 konkretisiert.

20 Durch Konsolidierungsmaßnahmen ist neben der Eliminierung der konzerninternen Beteiligungsverhältnisse i.R.d. **Kapitalkonsolidierung** (§ 301 HGB), durch eine **Schuldenkonsolidierung** (§ 303 HGB) und **Zwischenergebniseliminierung** (§ 304 HGB) sowie **Aufwands- und Ertragskonsolidierung** (§ 305 HGB) sicherzustellen, dass innerkonzernliche Beziehungen vor der Erstellung des Konzernabschlusses eliminiert werden. Zudem sind gem. § 306 HGB ggf. **latente Steuern** zu bilden und im Falle einer Beteiligung von weniger als 100 % ein gesonderter Ausweis für **nicht beherrschende Anteile** (Anteile anderer Gesellschafter; § 307 HGB) vorgeschrieben. Die Konsolidierung ist folglich die Eliminierung von Posten aus den Einzelabschlüssen, die sich aus seinen juristischen Grenzen ergeben, aber unter der Fiktion des einheitlichen Gebildes Konzern im Konzernabschluss keinen Platz mehr haben. Hinsichtlich der konkreten Umsetzung ist zwischen der **Vollkonsolidierung** für TU und der **Quotenkonsolidierung** für Gemeinschaftsunternehmen zu unterscheiden. Gem. § 310 Abs. 2 HGB sind bei Letzteren i.R. quotaler Einbeziehung von gemeinsam geführten Unt die bei der Vollkonsolidierung vorgeschriebenen Maßnahmen zur Eliminierung konzerninterner Geschäftsbeziehungen aber entsprechend anzuwenden.

2.2 Einschränkungen der einheitlichen Bilanzierung (Abs. 1 Satz 2 2. Halbsatz)

2.2.1 Fähigkeit der Bilanzierung nach dem Recht der Mutter

21 § 300 Abs. 1 Satz 2 2. Halbsatz HGB knüpft die Übernahme von Bilanzposten aus den Einzelabschlüssen in den Konzernabschluss an die Bedingung der Bilanzierungsfähigkeit nach dem Recht des MU. Die Bilanzierungsfähigkeit ist hier i.S.d. **Zulässigkeit des Ansatzes** zu verstehen, wenngleich der Richtlinie 2013/34/EU keine Unterscheidung zwischen Bilanzierungs- und Bewertungsmethoden zu entnehmen ist. Der Vollständigkeitsgrundsatz lässt sich sinnvoll nur auf die Bilanzierung der Posten in der Konzernbilanz beziehen, zumal § 308 HGB, der explizit die einheitliche Bewertung innerhalb des Konzerns regelt, ausdrücklich auf die nach § 300 Abs. 2 HGB übernommenen Bilanzposten verweist.[27]

22 Die Bilanzierungsfähigkeit nach Maßgabe des Rechts des MU ist auch bei der anteilmäßigen Übernahme der Posten i.R.d. **Quotenkonsolidierung von GemeinschaftsUnt** entscheidend. Die Übernahme in den Summenabschluss erfolgt allerdings nur mit dem auf den Konzern entfallenden Teil.

23 Entsprechen die Einzelabschlüsse der einzubeziehenden TU nicht den Bilanzierungsvorschriften, die nach dem Recht des MU gelten, sind diese zu vereinheitlichen. Folglich können Sachverhalte, die bei einem TU nicht bilanzierungspflichtig oder bilanzierungsfähig sind, in den Konzernabschluss aufzunehmen sein, wenn diese nach dem Recht des MU bilanzierungspflichtig oder ggf.

---

[27] Vgl. Kliem/Walkenbach, in Beck Bil-Komm., 14. Aufl. 2024, § 300 HGB Rz 8; Fehrenbacher, in MünchKomm. HGB, 5. Aufl. 2024, § 300 HGB Rz 8.

bilanzierungsfähig sind.[28] Dabei können die **Bilanzierungswahlrechte** gem. § 300 Abs. 2 Satz 2 HGB unabhängig von der Anwendung in den Einzelabschlüssen der zu konsolidierenden Unt (einschl. des MU) ausgeübt werden – somit ist also auch eine vom MU abweichende Neuausübung für den Konzernabschluss möglich.

Die **Handelsbilanzen II** können dabei als eine **sinnvolle Ergänzungsrechnung** verstanden werden, in der die originären Handelsbilanzen des Einzelabschlusses durch Aufbereitungsmaßnahmen zu einer konsolidierungsfähigen Bilanz vereinheitlicht werden. Die Handelsbilanzen II sind somit als Bindeglied zwischen den einzelnen nach Landesrecht aufgestellten Einzelabschlüssen und dem Konzernabschluss zu sehen.[29] Außer Umgliederungen sind alle Abweichungen zwischen Handelsbilanz I und Handelsbilanz II ergebniswirksam.[30] Die Aufbereitung hat unter Beachtung latenter Steuern auf Basis des § 274 HGB zu erfolgen (§ 306 Rz 3). Die vorgenommenen Aufbereitungsmaßnahmen sind auch in den Folgejahren fortzuführen bzw. abzuschreiben oder aufzulösen. Die Handelsbilanzen II sind auch Gegenstand der Prüfung des Konzernabschlusses nach § 317 Abs. 3 HGB und unterliegen den Aufbewahrungs- und Vorlagepflichten nach den §§ 257–261 HGB.[31] Die entsprechenden **Dokumentationen** sollten den Anforderungen entsprechen, welche auch an die zugrunde liegenden Einzelbilanzen gestellt werden.[32]

Abb. 2: Aufbereitungsablauf von der Handelsbilanz I zur Handelsbilanz II[33]

Gewinnausschüttungen, Besteuerungssachverhalte oder Haftungstatbestände können aus den Handelsbilanzen II eines MU oder TU nicht abgeleitet werden. Sie haben keine rechtliche Wirkung für das EinzelUnt oder den Konzern.[34]

Sofern es sich bei der Konzernmutter um eine deutsche KapG oder KapCoGes handelt oder der Konzernabschluss freiwillig aufgestellt wird, sind die Rechnungslegungsvorschriften für **große KapG** entsprechend anzuwenden (§ 298

---

28 Vgl. Böcking/Gros/Schurbohm, in Ebenroth u.a., HGB, 4. Aufl. 2020, § 300 HGB Rz 5.
29 Vgl. Senger/Kurz, in BeckOGK Bilanzrecht, 2. Aufl., 2024, § 300 HGB Rz 14.
30 Vgl. Kliem/Walkenbach, in Beck Bil-Komm., 14. Aufl. 2024, § 300 HGB Rz 27.
31 Vgl. IDW RH HFA 1.018.9.
32 Vgl. Kliem/Walkenbach, in Beck Bil-Komm., 14. Aufl. 2024, § 300 HGB Rz 25.
33 Ähnlich auch Böcking/Gros/Schurbohm, in Ebenroth u.a., HGB, 4. Aufl. 2020, § 300 HGB Rz 9.
34 Vgl. Kliem/Walkenbach, in Beck Bil-Komm., 14. Aufl. 2024, § 300 HGB Rz 26.

Abs. 1 HGB). Ist ein MU zur Konzernrechnungslegung nach dem **PublG** verpflichtet, gilt dies über einen Verweis in § 13 Abs. 2 Satz 1 PublG analog.[35]

2.2.2 Abweichungen wegen der Eigenart des Konzernabschlusses

26 Sofern die **Eigenart des Konzernabschlusses** keine Abweichung bedingt oder in den § 300 HGB folgenden Vorschriften nichts anderes vorgeschrieben ist, sind die sich im Besitz des MU befindenden Anteile gem. § 300 Abs. 1 Satz 2 HGB durch die Bilanzposten der TU zu ersetzen, sofern diese nach dem **Recht des MU** bilanzierungsfähig sind. Die Bedingung, dass die Übernahme der VG, Schulden, RAP und Sonderposten eines TU der Eigenart des Konzernabschlusses nicht entgegenstehen darf oder in den Vorschriften der §§ 301, 303–312 HGB nichts anderes bestimmt ist, ist somit als **ergänzende Klausel** zur Bilanzierungsfähigkeit nach dem Recht des MU zu verstehen. Die Übernahme in den Konzernabschluss ist für jene Bilanzposten ausgeschlossen, deren Übernahme Konsolidierungsvorschriften entgegenstehen und die aus „Konzernsicht einen anderen Charakter bekommen als aus Sicht des einzelnen Unternehmens".[36]

> **Praxis-Beispiel**
> Die Eigenart des Konzernabschlusses zeigt sich z.B. bei **selbst geschaffene Marken**, welche nach § 248 Abs. 2 Satz 2 HGB im Einzelabschluss und über § 298 Abs. 1 Satz 1 HGB auch im Konzernabschluss nicht aktiviert werden dürfen. Wird die selbst geschaffene Marke von einem TU an ein anderes TU veräußert, so aktiviert das erwerbende TU die Marke im Anlagevermögen des Einzelabschlusses. Mit Blick auf die wirtschaftliche Einheit Konzern hat die Marke diesen aber nie verlassen und gilt damit hier weiterhin als selbst geschaffen, sodass auch im Konzern weiterhin das Aktivierungsverbot zu beachten ist (§ 298 Abs. 1 Satz 1 HGB i.V.m. § 248 Abs. 2 Satz 2 HGB).
> Aufgrund der Eigenart des Konzernabschlusses ist die aus dem Einzelabschluss resultierende Aktivierung der Marke auf Ebene des Konzerns wieder rückgängig zu machen. Zudem sind auch die sich draus ergebenden Abschreibungen für den Konzernabschluss zu korrigieren.[37]

3 Bilanzierungswahlrechte im Konzernabschluss (Abs. 2)

3.1 Grundsatz der Vollständigkeit und Unabhängigkeit (Abs. 2 Satz 1)

27 Generell gelten für den **Bilanzansatz** im Konzernabschluss die Bilanzierungsvorschriften des MU. Gem. § 300 Abs. 2 Satz 1 HGB sind die VG, Schulden, RAP und Sonderposten sowie die Erträge und Aufwendungen der in den Konzernabschluss einzubeziehenden Unt **unabhängig** von ihrer Berücksichtigung in den Einzelabschluss dieser Unt **vollständig** in den Konzernabschluss aufzunehmen, soweit nach dem Recht des MU kein Bilanzierungsverbot oder -wahlrecht besteht. Somit kann über die Bilanzierung im Konzernabschluss

---

[35] Vgl. auch Senger/Kurz, in BeckOGK Bilanzrecht, 2. Aufl., 2024, § 300 HGB Rz 15.
[36] Fehrenbacher, in MünchKomm. HGB, 5. Aufl. 2024, § 300 HGB Rz 11.
[37] Vgl. Senger/Kurz, in BeckOGK Bilanzrecht, 2. Aufl., 2024, § 300 HGB Rz 17; Fehrenbacher, in MünchKomm. HGB, 5. Aufl. 2024, § 300 HGB Rz 11.

losgelöst von den Ansätzen in den zugrunde liegenden Einzelabschlüssen des MU und der TU neu entschieden werden.[38] Dies gilt auch, wenn MU und alle TU inländische KapG oder KapCoGes sind.[39] Dabei sind allein die nach dem Recht des MU geltenden Vorschriften zu beachten. Für ausländische TU folgt daraus, dass für den Konzernabschluss die inländischen Regelungen des MU mit den Bilanzierungsvorschriften des HGB gelten.[40] Grds. ergibt sich aus § 246 Abs. 3 HGB lediglich eine **zeitliche Ansatzstetigkeit**, die aber über § 298 Abs. 1 HGB auch für den Konzernabschluss gilt. Dieser Stetigkeitsgrundsatz ist nach h. M. auch auf Bilanzierungswahlrechte für gleichartige Sachverhalte im Konzern auszuweiten, um auch eine sog. **sachliche Stetigkeit** herzustellen.[41]

Maßgeblich für die Bilanzierung nach dem Recht der Konzernmutter sind für alle konzernrechnungslegungspflichtigen Unt die Rechnungslegungsvorschriften für **große KapG** (§ 298 Abs. 1 HGB). Wird freiwillig ein Konzernabschluss aufgestellt, gilt dies **analog**.

Der Vollständigkeitsgrundsatz gilt gem. § 310 Abs. 2 HGB auch bei der anteilmäßigen Übernahme der Posten i. R. d. **Quotenkonsolidierung von GemeinschaftsUnt**.[42] § 307 Abs. 1 HGB verlangt für Anteile an einbezogenen TU, die Dritten zuzurechnen sind, den Ausweis eines **Ausgleichspostens** für die nicht beherrschenden Anteile i. H. ihres Anteils am EK. Bei der Quotenkonsolidierung entfällt der Ausweis dieses Ausgleichspostens aufgrund des anteiligen Ansatzes.

Bestehen **Bilanzierungsverbote oder -wahlrechte** nach dem Recht des MU, muss oder kann eine Aufnahme in den Konzernabschluss ungeachtet der Bilanzierung dieser Posten in den Einzelabschlüssen unterbleiben. „Damit dürfen auch bei dem Mutterunternehmen selbst die Ansatz- und Bewertungswahlrechte für Zwecke der Einbeziehung in den Konzernabschluss erneut ausgeübt werden. Das Gesetz geht allerdings davon aus, dass auf den Konzernabschluss grds. die Bewertungsmethoden angewendet werden, die das Mutterunternehmen in seinem Jahresabschluss tatsächlich anwendet. Werden auf den Konzernabschluss hiervon abweichende Bewertungsmethoden angewendet, so ist dies im **Konzernanhang anzugeben** und zu begründen (§ 308 Abs. 1 Satz 3 HGB). Diese Pflicht besteht naturgemäß nicht, wenn und soweit Posten aus dem Jahresabschluss des Mutterunternehmens im Wege der Konsolidierung eliminiert oder betragsmäßig modifiziert werden. Die Neuausübung der Ansatz- und Bewertungswahlrechte unterliegt dem Grundsatz der Einheitlichkeit."[43] Dies bezieht sich jedoch nur auf explizite gesetzliche Wahlrechte. Hingegen sind Ermessensentscheidungen (sog. **implizite Wahlrechte**) insb. bei Personenidentität grds. nicht neu auszuüben (Rz 38).[44]

---

[38] Vgl. IDW RH HFA 1.018.5.
[39] Reine PersG haben bei Einbezug in einen Konzern mit einer KapG als MU zudem auch die sich aus §§ 264 ff. HGB ergebenden Bilanzierungsvorschriften zu beachten.
[40] Vgl. Kliem/Walkenbach, in Beck Bil-Komm., 14. Aufl. 2024, § 300 HGB Rz 30.
[41] So z.B. auch Fehrenbacher, in MünchKomm. HGB, 5. Aufl. 2024, § 300 HGB Rz 18; Kliem/Walkenbach, in Beck Bil-Komm., 14. Aufl. 2024, § 300 HGB Rz 50; Hoffmann/Lüdenbach, NWB Kommentar Bilanzierung, 15. Aufl. 2023, § 300 HGB Rz 17.
[42] Vgl. Senger/Kurz, in BeckOGK Bilanzrecht, 2. Aufl., 2024, § 300 HGB Rz 13.
[43] IDW RH HFA 1.018.5.
[44] So auch Kliem/Walkenbach, in Beck Bil-Komm., 14. Aufl. 2024, § 300 HGB Rz 51; Hoffmann/Lüdenbach, NWB Kommentar Bilanzierung, 14. Aufl. 2023, § 300 HGB Rz 16.

Einen Überblick über die bestehenden relevanten Wahlrechte (für große KapG) liefert Tab. 1.

Bilanzierungs-/Ansatzwahlrechte
§ 248 Abs. 1 HGB Selbst geschaffene immaterielle VG.
§ 249 Abs. 1 HGB i. V. m. Art. 28 EGHGB Rückstellungen für unmittelbare Pensionszusagen, die vor dem 1.1.1987 erteilt wurden, und Rückstellungen für mittelbare Pensionszusagen und für ähnliche Verpflichtungen.
§ 250 Abs. 3 HGB Unterschiedsbetrag bei Verbindlichkeiten (Disagio).
§ 274 Abs. 1 Satz 2 HGB Aktive latente Steuern.

Tab. 1: Bilanzierungs-/Ansatzwahlrechte bei der Erstellung der Handelsbilanz II

Aus Sicht des Konzerns sind die in Tab. 2 aufgeführten Verbote zu beachten.

Bilanzierungs-/Ansatzverbote
§ 248 Nr. 1 HGB Aufwendungen für die Unternehmensgründung.
§ 248 Nr. 2 HGB Aufwendungen für die Eigenkapitalbeschaffung.
§ 248 Nr. 3 HGB Aufwendungen für den Abschluss von Versicherungsverträgen.
§ 248 Abs. 2 HGB Aufwendungen für Marken, Drucktitel, Verlagsrechte, Kundenlisten oder vergleichbare immaterielle VG des Anlagevermögens, die nicht entgeltlich erworben wurden.
§ 249 Abs. 2 Satz 1 HGB Rückstellungen für andere als in § 249 Abs. 1 HGB bezeichnete Zwecke.
§ 255 Abs. 2 Satz 4 HGB Forschungs- und Vertriebskosten.

Tab. 2: Zu beachtende Bilanzierungs-/Ansatzverbote bei der Aufstellung der Handelsbilanz II

31 Sind Posten nach dem Recht des MU, d.h. nach dem HGB für große KapG, **bilanzierungspflichtig**, sind diese verpflichtend in den Konzernabschluss aufzunehmen, es sei denn, dass Besonderheiten des Konzernabschlusses dieses verhindern (§ 300 Abs. 1 Satz 2 HGB). Die Posten werden also nicht deshalb aufgenommen, weil sie bereits in den Einzelbilanzen des MU oder der TU enthalten sind, sondern weil nach dem **Recht des MU** eine Bilanzierungspflicht oder ein Bilanzierungswahlrecht besteht und das MU bei Letzterem dieses entsprechend ausübt.[45]

Bilanzierungs-/Ansatzgebote
§ 246 Abs. 1 HGB Sämtliche VG, Schulden, RAP, Aufwendungen und Erträge, soweit gesetzlich nichts anderes bestimmt ist.
§ 249 Abs. 1 Satz 1 HGB Rückstellungen für ungewisse Verbindlichkeiten und für drohende Verluste aus schwebenden Geschäften.
§ 249 Abs. 1 Satz 2 Nr. 1 HGB Rückstellungen für im Gj unterlassene Instandhaltungen, die in den ersten drei Monaten des folgenden Gj nachgeholt werden, sowie für unterlassene Abraumbeseitigung, die innerhalb des nächsten Gj nachgeholt wird.
§ 249 Abs. 1 Satz 2 Nr. 2 HGB Rückstellungen für Gewährleistungen ohne rechtliche Verpflichtung.
§ 250 Abs. 1, Abs. 2 HGB i.V.m. § 246 Abs. 1 HGB Sämtliche aktivischen und passivischen RAP.
§ 251 HGB Haftungsverhältnisse.
§ 274 Abs. 1 HGB Passive latente Steuern.

Tab. 3: Zu beachtende Bilanzierungs-/Ansatzgebote bei der Aufstellung der Handelsbilanz II

Ändert sich der Konsolidierungskreis durch Erwerb oder Veräußerung eines TU **unterjährig**, ergibt sich aufgrund der Einheitstheorie für die diesbzgl. Aufwendungen und Erträge des TU, die vor Erwerb oder nach Veräußerung entstanden sind, ein Bilanzierungsverbot. Gem. § 300 Abs. 2 HGB sind nur die Aufwendungen und Erträge der TU im Konzernabschluss auszuweisen, die während der Konzernzugehörigkeit angefallen sind.[46] Der Einheitstheorie des Konzernabschlusses folgend, sollen Bilanzierungsverbote für Aufwendungen und Erträge der TU, welche außerhalb der Konzernzugehörigkeit durch unterjährigen Änderungen des Konsolidierungskreises entstanden sind, dem Bild der Vermögens-, Finanz- und Ertragslage der rechtlichen Einheit Konzern gerecht werden.

32

Bei einem vom Erwerbsstichtag abweichenden Abschlussstichtag ist für die Erstkonsolidierung eines TU oder eines anteilmäßig einbezogenen GemeinschaftsUnt ein **Zwischenabschluss** auf den Zeitpunkt des Beginns der Konzernzugehörigkeit aufzustellen, damit die auf den Zeitraum der Konzernzugehörigkeit entfallenden Aufwendungen und Erträge eindeutig zugeordnet werden können. Entsprechend ist bei der Entkonsolidierung eines TU oder eines anteilmäßig einbezogenen GemeinschaftsUnt vorzugehen und ein Zwischenabschluss

33

---

[45] Vgl. Fehrenbacher, in MünchKomm. HGB, 5. Aufl. 2024, § 300 HGB Rz 15.
[46] Vgl. IDW RS HFA 44.20; Senger/Kurz, in BeckOGK Bilanzrecht, 2. Aufl., 2024, § 300 HGB Rz 22.

aufzustellen. Eine gesetzliche Verpflichtung hierzu gibt es aber nicht – allerdings wird die Erstellung eines Zwischenabschlusses in beiden Fällen nach DRS 23.11 für die Erst- und nach DRS 23.180 für die Entkonsolidierung empfohlen.[47]

34 Alternativ ist es zulässig und auch regelmäßige Praxis, hierfür auf **Monats- oder Quartalsabschlüsse** zurückzugreifen. Als weitere Möglichkeit für die Zuordnung der Aufwendungen und Erträge kann auch auf statistische Methoden zurückgegriffen werden. Bedingen einzelne Geschäftsereignisse oder saisonabhängige Besonderheiten Abweichungen von einem konstanten „normalen" Geschäftsverlauf, sind diese bei der statistischen Aufteilung zu berücksichtigen, die ansonsten zeitanteilig erfolgen darf. Bei **Unwesentlichkeit des TU** kann auf die Aufteilung verzichtet werden und die Aufwendungen und Erträge werden ganz oder gar nicht in den Konzernabschluss einbezogen – in Abhängigkeit vom Zeitraum der Konzernzugehörigkeit.[48]

35 Auch wenn anders als in § 308 Abs. 2 Satz 3 HGB für die Vereinheitlichung der Bilanzierung nicht explizit Erleichterungen vorgesehen sind, gilt der **Grundsatz der Wesentlichkeit**. Demnach sind grds. gebotene Anpassungen der Bilanzierungsvorschriften der einzubeziehenden Unt entbehrlich, wenn dies für die Vermittlung eines den tatsächlichen Verhältnissen entsprechenden Bilds der Vermögens-, Finanz- und Ertragslage des Konzerns von untergeordneter Bedeutung ist.[49] Wie bei § 296 Abs. 2 HGB muss dabei der Maßstab angelegt werden, dass die Summe der nicht vorgenommenen Anpassungen unwesentlich sein muss. Eine Einzelbetrachtung ist nicht erlaubt. Zudem ist auf den Einzelfall und auf eine Betrachtung unter Berücksichtigung aller Umstände abzustellen.

3.2 Ausübung von Bilanzierungswahlrechten (Abs. 2 Satz 2)

36 § 300 Abs. 2 Satz 2 HGB gestattet die **unabhängige Ausübung** von Wahlrechten **im Konzernabschluss**, losgelöst von der etwaigen Inanspruchnahme in den jeweiligen Einzelabschlüssen. Für den Konzernabschluss ist dabei weder die Ausübung von Bilanzierungswahlrechten in den Einzelabschlüssen der TU noch die Ausübung im Einzelabschluss des MU maßgebend.[50] Allerdings ist für den Fall, dass auf den Konzernabschluss nicht die Bewertungsmethoden angewendet werden, die das MU in seinem Einzelabschluss tatsächlich anwendet, eine Angabe und Begründung der abweichenden Bewertungsmethoden im **Konzernanhang** vorgesehen (§ 308 Abs. 1 Satz 3 HGB), was auf den Fall der Bilanzierungsmethoden übernommen werden kann bzw. aus Gründen der Transparenz übernommen werden sollte. Werden die Posten i. R. d. Konsolidierung eliminiert, ist eine solche Angabe und Begründung im Konzernanhang nicht erforderlich.[51]

---

[47] Vgl. IDW RS HFA 44.23f.; Kliem/Walkenbach, in Beck Bil-Komm., 14. Aufl. 2024, § 300 HGB Rz 43; Hoffmann/Lüdenbach, NWB Kommentar Bilanzierung, 15. Aufl. 2023, § 300 HGB Rz 14.
[48] Vgl. IDW RS HFA 44.24f.; Kliem/Walkenbach, in Beck Bil-Komm., 14. Aufl. 2024, § 300 HGB Rz 45f.; Hoffmann/Lüdenbach, NWB Kommentar Bilanzierung, 15. Aufl. 2023, § 300 HGB Rz 14. Zu Problemen im Zusammenhang mit Verschmelzungen s. Störk/Kroner, in Beck Bil-Komm., 12. Aufl. 2020, § 300 HGB Rz 47 (in aktueller Auflage nicht mehr enthalten).
[49] Vgl. IDW RH HFA 1.018.11.
[50] Vgl. IDW RH HFA 1.018.5.
[51] Vgl. IDW RH HFA 1.018.5.

> **Praxis-Beispiel**
> In manchen Ländern sind die Maßstäbe für die Bildung von Rückstellungen strenger als nach HGB. Folglich ist in den jeweiligen Einzelabschlüssen nach Landesrecht bereits bei einer geringeren Eintrittswahrscheinlichkeit eine Rückstellung für die Erfüllung ungewisser Verbindlichkeiten zu bilden oder aber es sind auch Aufwandsrückstellungen vorzunehmen.[52] Für den Konzernabschluss nach dem Recht der MU gelten dann aber die Eintrittswahrscheinlichkeiten des HGB und auch das Verbot von Aufwandsrückstellungen. So kann also im Einzelabschluss des TU nach ausländischem Recht eine Rückstellung für die Erfüllung ungewisser Verbindlichkeiten bereits bei einer Eintrittswahrscheinlichkeit von 33 % gebildet worden sein, welche bei identischer Eintrittswahrscheinlichkeit nach HGB aber nicht passiviert werden darf.

§ 300 HGB fordert die **einheitliche Ausübung** von Bilanzierungswahlrechten nicht explizit. Grds. ist eine einheitliche Ausübung als Voraussetzung für eine adäquate Darstellung eines den tatsächlichen Verhältnissen entsprechenden Bilds der Vermögens-, Finanz- und Ertragslage zu sehen. Mit Bezug auf die **Generalnorm** in § 297 Abs. 2 Satz 2 HGB kann zudem angenommen werden, dass die über § 298 Abs. 1 HGB i.V.m. § 246 Abs. 3 HGB explizit geforderte zeitliche Ansatzstetigkeit auch für eine gleichartige Behandlung von gleichartigen Fälle i.R.d. sog. sachlichen Stetigkeit spricht.[53] Auch Art. 6 und Art. 24 der Richtlinie 2013/34/EU differenzieren bei Bewertungsregeln nicht zwischen Bilanzierungs- und Bewertungsvorschriften.[54] Deshalb ist davon auszugehen, dass im Konzernabschluss die Bilanzierungsentscheidung für gleichartige Sachverhalte einheitlich auszufallen hat (**sachliche Stetigkeit**) und gleiche Sachverhalte im Zeitablauf gleich darzustellen sind (**zeitliche Streitigkeit**).[55] Darüber hinaus wird durch das **Willkürverbot** eine weitere Grenze gesetzt. Die Beurteilung der Gleichartigkeit hat nach strengen Maßstäben zu erfolgen, um eine Nivellierung bei der Bilanzierung art- oder funktionsverschiedener VG und Schulden zu vermeiden.[56]

Für gleiche bzw. gleichartige Sachverhalte ergibt sich hieraus, dass Bilanzierungswahlrechte nicht unterschiedlich ausgeübt und keine unterschiedlichen Bilanzierungsmethoden genutzt werden dürfen. Im Umkehrschluss dürfen auch unterschiedliche Sachverhalte nicht gleich behandelt werden.[57]

Eine Neuausübung von Ermessensentscheidungen (sog. **implizite Wahlrechte**) im Konzernabschluss gegenüber den Einzelabschlüssen der einbezogenen Unt – etwa i.R.d. Frage der Passivierung von Rückstellungen – ist insb. bei Personenidentität aufgrund des Grundsatzes des Willkürverbots grds. nicht zulässig.[58] Ausnahmen sind

---

[52] Vgl. Fehrenbacher, in MünchKomm. HGB, 5. Aufl. 2024, § 300 HGB Rz 16.
[53] So z.B. auch Kliem/Walkenbach, in Beck Bil-Komm., 14. Aufl. 2024, § 300 HGB Rz 50.
[54] DRS 13.7 unterwirft die sachliche und zeitliche Erfassung von Posten grds. dem Stetigkeitsgebot.
[55] Vgl. IDW RH HFA 1.018.3. I.E. ebenso Kliem/Walkenbach, in Beck Bil-Komm., 14. Aufl. 2024, § 300 HGB Rz 50; Fehrenbacher, in MünchKomm. HGB, 5. Aufl. 2024, § 300 HGB Rz 18; Hoffmann/Lüdenbach, NWB Kommentar Bilanzierung, 15. Aufl. 2023, § 300 HGB Rz 17.
[56] Vgl. IDW RH HFA 1.018.4.
[57] So für Bewertungswahlrechte und Bewertungsmethoden Senger/Kurz, in BeckOGK Bilanzrecht, 2. Aufl., 2024, § 308 HGB Rz 12.
[58] So auch Kliem/Walkenbach, in Beck Bil-Komm., 14. Aufl. 2024, § 300 HGB Rz 51; Hoffmann/Lüdenbach, NWB Kommentar Bilanzierung, 15. Aufl. 2023, § 300 HGB Rz 16.

nur möglich, solange die Änderung für den Zweck der Einheitlichkeit der Bilanzierung erforderlich ist.[59] Das Ermessen ist somit **einheitlich auszuüben**.

In Einzelfällen – und bei fehlender Personenidentität – kann auch eine **sachlich begründete** unterschiedliche Einschätzung von Risiken, Wahrscheinlichkeiten und sonstigen unbestimmten Bewertungsfaktoren zulässig sein, wenn Erfahrungswerte oder bessere Erkenntnisse auf Konzernebene vorliegen.[60] So kann z. B. der Erkenntnisstand für die Bildung von Garantie- bzw. Gewährleistungsrückstellungen nach § 249 Abs. 1 HGB in einem ausländischen TU aufgrund unternehmenspolitischer Entscheidungen von dem beim MU abweichen, sodass die Wahrscheinlichkeit für den Konzernabschluss anders einzuschätzen ist.

> **Praxis-Beispiel**
> Die A-GmbH wird auf die Zahlung von Schadensersatz verklagt. Die Eintrittswahrscheinlichkeit für eine Verurteilung wird von der Geschäftsführung auf ca. 50 % geschätzt. Auch aus steuerlichen Gründen setzt die A-GmbH eine Rückstellung für ungewisse Verbindlichkeiten an. Die A-GmbH ist MU und zur Aufstellung eines Konzernabschlusses verpflichtet. Bei der Aufbereitung der Handelsbilanz II ist die Geschäftsführung an die eigene Einschätzung gebunden. Die Rückstellung ist auch in der Handelsbilanz II beizubehalten und kann – insb. vor dem Hintergrund der Personenidentität – nicht mit Hinweis auf eine andere Einschätzung unterlassen werden.

Allerdings können aufgrund der Aufstellung des Einzelabschlusses nachgelagerten Aufstellung/Feststellung des Konzernabschlusses **wertaufhellende Informationen** bekannt werden, die eine bessere Einschätzung der Verhältnisse zum Stichtag ermöglichen. Diese wertaufhellenden Tatsachen sind bei den Bilanzierungsentscheidungen im Konzernabschluss bis zum Tag der Aufstellung/Feststellung zu berücksichtigen (§ 252 Rz 71 ff.).

39 Die unabhängige Neuausübung von Bilanzierungswahlrechten in der Konzernbilanz bietet Konzernen, deren TU in verschiedenen Mitgliedsstaaten der EU ansässig sind, die Möglichkeit der Vermeidung von Konflikten, die aus der teils abweichenden Umsetzung der Richtlinie 2013/34/EU resultieren können. Auch werden **bilanzpolitische Ziele** der Einzelabschlüsse nicht durch die Ausübung von Wahlrechten im Konzernabschluss gefährdet.[61] Allerdings limitiert die Zahl der verbleibenden Bilanzierungs-/Ansatzwahlrechte das bilanzpolitische Potenzial erheblich.

---

[59] Vgl. IDW RH HFA 1.018.6.
[60] Vgl. Grottel/Huber, in Beck Bil-Komm., 14. Aufl. 2024, § 308 HGB Rz 12; noch weitgehender Hoffmann/Lüdenbach, NWB Kommentar Bilanzierung, 15. Aufl. 2023, § 300 HGB Rz 16.
[61] Vgl. IDW, WPH Edition, Wirtschaftsprüfung & Rechnungslegung, 15. Aufl. 2017, Kap. G Tz 291 (seit der 16. Auflage nicht mehr enthalten).

3.3 Sondervorschriften für Kreditinstitute und Versicherungsunternehmen (Abs. 2 Satz 3)

Kreditinstitute und VersicherungsUnt können gem. § 300 Abs. 2 Satz 3 HGB seit Einführung des Bankbilanzrichtlinie-Gesetzes[62] und des VersRiLiG[63] auch dann Ansätze und Ausweise aufgrund bestimmter **Sondervorschriften beibehalten**, wenn das den Konzernabschluss erstellende MU nicht dem Geltungsbereich der Sondervorschriften unterliegt. So können MU von Industrie- oder Handelskonzernen, die als TU Kreditinstitute oder VersicherungsUnt haben, den branchenspezifischen Ansatz aus dem Einzelabschluss des TU in den Konzernabschluss übernehmen.[64] Wird von einem Beibehaltungswahlrecht Gebrauch gemacht, ist dies mittels eines **Hinweises im Konzernanhang** kenntlich zu machen. Eine Begründung ist nicht notwendig. Ein entsprechendes Wahlrecht für die konzerneinheitliche Bewertung findet sich in § 308 Abs. 2 Satz 2 HGB. Explizit kommt etwa i. V. m. § 340g Abs. 1 HGB zur Sicherung gegen allgemeine Bankrisiken für Kreditinstitute die Bildung eines Sonderpostens **„Fonds für allgemeine Bankrisiken"** auf der Passivseite der Bilanz in Betracht. Für VersicherungsUnt wird bspw. i. V. m. § 341h Abs. 1 HGB die Beibehaltung von **Schwankungsrückstellungen** gestattet.[65] Da ein Bilanzierungsverbot für die Sonderposten nicht vorhanden ist, resultiert eine **erfolgswirksame Auflösung** in einen Verstoß gegen das Vollständigkeitsgebot. Sie ist deshalb **nicht gestattet**. Sollen die Sonderposten nicht beibehalten werden, kann eine Umgliederung in die sonstigen Rückstellungen oder anteilig – unter bestimmten Voraussetzungen wie z. B. einer Überdotierung – in die Gewinnrücklagen erfolgen.[66]

4 Rechtsfolgen bei Pflichtverletzung

Ein Verstoß gegen die Vorschriften des § 300 HGB erfüllt, sofern er sich nicht auf die Ausübung von Bilanzierungswahlrechten gem. § 300 Abs. 2 HGB bezieht, sowohl gem. § 334 Abs. 1 Nr. 2 Buchst. c HGB als auch gem. § 20 Abs. 1 Nr. 2 Buchst. c PublG den Tatbestand einer **Ordnungswidrigkeit**, die mit einem Ordnungsgeld für nicht kapitalmarktorientierte Unt von bis zu 50.000 EUR geahndet werden kann. Für kapitalmarktorientierte Unt gelten nach § 334 Abs. 3 HGB deutlich höhere Werte. Für **Kreditinstitute** (§ 340n Abs. 1 Nr. 2 Buchst. c HGB) und **VersicherungsUnt** (§ 341n Abs. 1 Nr. 2 Buchst. c HGB) ergeben sich die Rechtsfolgen aus den entsprechenden Sondervorschriften ebenfalls danach gestaffelt, ob eine Kapitalmarktorientierung vorliegt oder nicht.[67]

---

[62] Gesetz zur Durchführung der Richtlinie des Rates der EG über den Jahresabschluss und den konsolidierten Abschluss von Banken und anderen Finanzinstituten v. 30.11.1990, BGBl 1990 I S. 2570.
[63] Gesetz zur Durchführung der Richtlinie des Rates der EG über den Jahresabschluss und den konsolidierten Abschluss von Versicherungsunternehmen v. 24.6.1994, BGBl 1994 I S. 1377.
[64] Vgl. Kliem/Walkenbach, in Beck Bil-Komm., 14. Aufl. 2024, § 300 HGB Rz 53; Hoffmann/Lüdenbach, NWB Kommentar Bilanzierung, 15. Aufl. 2023, § 300 HGB Rz 18.
[65] Vgl. Kliem/Walkenbach, in Beck Bil-Komm., 14. Aufl. 2024, § 300 HGB Rz 52; Senger/Kurz, in BeckOGK Bilanzrecht, 2. Aufl., 2024, § 300 HGB Rz 27.
[66] Vgl. Fehrenbacher, in MünchKomm. HGB, 5. Aufl. 2024, § 300 HGB Rz 20.
[67] Vgl. Kliem/Walkenbach, in Beck Bil-Komm., 14. Aufl. 2024, § 300 HGB Rz 60.

§ 301 Kapitalkonsolidierung

(1) ¹Der Wertansatz der dem Mutterunternehmen gehörenden Anteile an einem in den Konzernabschluß einbezogenen Tochterunternehmen wird mit dem auf diese Anteile entfallenden Betrag des Eigenkapitals des Tochterunternehmens verrechnet. ²Das Eigenkapital ist mit dem Betrag anzusetzen, der dem Zeitwert der in den Konzernabschluß aufzunehmenden Vermögensgegenstände, Schulden, Rechnungsabgrenzungsposten und Sonderposten entspricht, der diesen an dem für die Verrechnung nach Absatz 2 maßgeblichen Zeitpunkt beizulegen ist. ³Rückstellungen sind nach § 253 Abs. 1 Satz 2 und 3, Abs. 2 und latente Steuern nach § 274 Abs. 2 zu bewerten.
(2) ¹Die Verrechnung nach Absatz 1 ist auf Grundlage der Wertansätze zu dem Zeitpunkt durchzuführen, zu dem das Unternehmen Tochterunternehmen geworden ist. ²Können die Wertansätze zu diesem Zeitpunkt nicht endgültig ermittelt werden, sind sie innerhalb der darauf folgenden zwölf Monate anzupassen. ³Stellt ein Mutterunternehmen erstmalig einen Konzernabschluss auf, sind die Wertansätze zum Zeitpunkt der Einbeziehung des Tochterunternehmens in den Konzernabschluß zugrunde zu legen, soweit das Tochterunternehmen nicht in dem Jahr Tochterunternehmen geworden ist, für das der Konzernabschluß aufgestellt wird. ⁴Das Gleiche gilt für die erstmalige Einbeziehung eines Tochterunternehmens, auf die bisher gem. § 296 verzichtet wurde. ⁵In Ausnahmefällen dürfen die Wertansätze nach Satz 1 auch in den Fällen der Sätze 3 und 4 zugrunde gelegt werden; dies ist im Konzernanhang anzugeben und zu begründen.
(3) ¹Ein nach der Verrechnung verbleibender Unterschiedsbetrag ist in der Konzernbilanz, wenn er auf der Aktivseite entsteht, als Geschäfts- oder Firmenwert und, wenn er auf der Passivseite entsteht, unter dem Posten „Unterschiedsbetrag aus der Kapitalkonsolidierung" nach dem Eigenkapital auszuweisen. ²Der Posten und wesentliche Änderungen gegenüber dem Vorjahr sind im Konzernanhang zu erläutern.
(4) Anteile an dem Mutterunternehmen, die einem in den Konzernabschluß einbezogenen Tochterunternehmen gehören, sind in der Konzernbilanz als eigene Anteile des Mutterunternehmens mit ihrem Nennwert oder, falls ein solcher nicht vorhanden ist, mit ihrem rechnerischen Wert, in der Vorspalte offen von dem Posten „Gezeichnetes Kapital" abzusetzen.

Inhaltsübersicht	Rz
1 Überblick	1–22
1.1 Inhalt und Regelungszweck	1–15
1.2 Anwendungsbereich	16
1.3 Normenzusammenhänge	17–22
2 Konsolidierungspflichtige Anteile und Ablauf der Aufrechnung (Abs. 1)	23–75
2.1 Konsolidierungspflichtige Anteile (Abs. 1 Satz 1)	26–33
2.2 Bewertung der Anteile (Abs. 1 Satz 1)	34–42
2.3 Bestimmung des zu konsolidierenden Eigenkapitals (Abs. 1 Satz 2)	43–49

	2.4 Bewertung des zu konsolidierenden Eigenkapitals (Abs. 1 Satz 2)...................................	50–70
	2.5 Bewertung von Rückstellungen und latenten Steuern (Abs. 1 Satz 3)...................................	71–75
3	Zeitpunkt der Bewertung der konsolidierungspflichtigen Anteile (Abs. 2)..	76–104
	3.1 Zeitpunkt, zu dem das Unternehmen Tochterunternehmen geworden ist (Abs. 2 Satz 1)	79–92
	3.1.1 Erwerb in einem Schritt...................	79–87
	3.1.2 Sukzessiver Anteilserwerb..................	88–92
	3.2 Vereinfachte Kapitalkonsolidierung (Abs. 2 Satz 2)......	93–98
	3.3 Erleichterung: Zeitpunkt der erstmaligen Einbeziehung (Abs. 2 Satz 3 bis 5)	99–104
4	Ausweis von Unterschiedsbeträgen aus der Erstkonsolidierung (Abs. 3)..	105–122
	4.1 Entstehung eines Unterschiedsbetrags (Abs. 3 Satz 1)	105–119
	4.1.1 Aktiver Unterschiedsbetrag..................	106–114
	4.1.2 Passiver Unterschiedsbetrag	115–119
	4.2 Anhangangabepflichten (Abs. 3 Satz 2)...............	120–122
5	Behandlung von eigenen Anteilen (Abs. 4)	123–126
6	Erstkonsolidierung	127–162
	6.1 Vereinheitlichung von Ansatz, Bewertung, Ausweis, Währung und Stichtag...........................	129
	6.2 Neubewertung der Bilanz des Tochterunternehmens	130–133
	6.3 Zusammenfassung in der Summenbilanz und Aufrechnung	134–139
	6.3.1 Ermittlung eines Geschäfts- oder Firmenwerts ...	135–137
	6.3.2 Ermittlung und Behandlung eines passiven Unterschiedsbetrags aus der Kapitalkonsolidierung	138–139
	6.4 Anwendungsbeispiel bei Einbeziehung einer 100-%-Tochter.................................	140–147
	6.5 Vollkonsolidierung bei Minderheitsanteilen	148–150
	6.6 Anwendungsbeispiel bei Einbeziehung einer Nicht-100-%-Tochter (Geschäfts- oder Firmenwert)	151–154
	6.7 Anwendungsbeispiel bei Einbeziehung einer Nicht-100-%-Tochter (passiver Unterschiedsbetrag)..........	155–162
7	Folgekonsolidierung	163–186
	7.1 Grundsätzliche Vorgehensweise	163–165
	7.2 Anwendungsbeispiel bei Nicht-100-%-Tochter (Geschäfts- oder Firmenwert).....................	166–177
	7.3 Anwendungsbeispiel bei Nicht-100-%-Tochter (passiver Unterschiedsbetrag)	178–186
8	Sonderfragen der Kapitalkonsolidierung	187–233
	8.1 Veränderung des Kapitalanteils ohne Änderung des Status als Tochterunternehmen	188–211
	8.1.1 Abbildung als Erwerbsvorgang	198–209
	8.1.2 Abbildung als Transaktion zwischen den Gesellschaftergruppen...........................	210–211

8.2	Änderung des Beteiligungsbuchwerts ohne Kapitalanteilsveränderung	212–213
8.3	Entkonsolidierung	214–217
8.4	Übergangskonsolidierung mit Wechsel der Einbeziehungsmethode	218–226
8.5	Konsolidierung bei konzerninternen Umwandlungen	227–228
8.6	Konsolidierung im mehrstufigen Konzern	229–233

1 Überblick

1.1 Inhalt und Regelungszweck

1 Eine zutreffende Darstellung der Vermögens-, Finanz und Ertragslage des Konzerns und die der Konzernbilanzierung zugrunde liegende **Einheitstheorie**, der zufolge sich der Konzern als fiktive rechtliche Einheit darstellt, erfordern die Beseitigung von Mehrfacherfassungen aufgrund konzerninterner Kapitalverflechtungen. Im einheitlichen Unternehmenskonzern kann es weder Beteiligungen an Betriebsabteilungen geben, noch können diese selbst Eigenkapital (EK) ausweisen. Dementsprechend sind die konzerninternen Beteiligungen gegen die auf diese Beteiligungen entfallenden Beträge des EK der Tochterunternehmen (TU) aufzurechnen (= **zu konsolidieren**), sodass der Wert der TU in der Konzernbilanz ausschl. durch deren Vermögensgegenstände (VG), Schulden, RAP und Sonderposten sowie ggf. nötige Ausgleichsposten ausgewiesen wird. TU sind im Ergebnis bei der Aufstellung des Konzernabschlusses als unselbstständige Betriebsabteilungen zu betrachten. Deshalb kommen der in § 301 HGB geregelten **Kapitalkonsolidierung (KapKons)**, durch die eine Elimination der konzerninternen Beteiligungsverhältnisse erreicht werden soll, und der dabei angewandten Methode zentrale Bedeutung zu. Nach DRS 23.7 sorgt die KapKons für die Eliminierung der Kapitalverflechtungen zwischen dem MU und seinen TU, wobei zwischen Erst-, Folge- sowie Übergangs- und Entkonsolidierungsmaßnahmen unterschieden werden kann.

2 Entsprechend den gesetzlichen Regelungen des HGB liegt dem Konzernabschluss ein Stufenkonzept zugrunde, das eine Abstufung der in den Konzernabschluss einzubeziehenden Unt nach dem **Grad der Einflussnahme** des MU auf das jeweilige Unt vornimmt und zu entsprechend unterschiedlichen Methoden der Einbeziehung führt.[1] Dabei gilt die **Bewertung nach der AK-Methode** für die Beteiligung an verbundenen Unt gem. § 271 Abs. 1 HGB als geringste Form der Einflussnahme noch nicht als Konsolidierungsmethode. Auch die Equity-Methode (§ 312 Rz 12ff.; DRS 26) stellt weniger eine Methode der Konsolidierung (Kons) als vielmehr eine spezielle Bewertungsmethode für solche Unt dar, die nicht den Tatbestand der Möglichkeit der Beherrschung, sondern unter dem Aspekt der Intensität der Einflussnahme lediglich den Tatbestand des maßgeblichen Einflusses erfüllen.

3 Das **Problem der Doppelerfassung**, das sich durch die Addition der Jahresabschlüsse zum Summenabschluss zwangsläufig ergibt, stellt sich folglich nur in den Fällen, in denen gem. § 300 Abs. 1 HGB der Jahresabschluss des MU mit den Jahresabschlüssen der TU (und der quotal einbezogenen GemeinschaftsUnt)

---

[1] Vgl. Müller, in Kußmaul/Müller, HdB, Konzernabschluss nach HGB, Rz 92–114, Stand: 15.5.2023.

zusammengefasst wird. I.R.d. Vollkonsolidierung (VollKons) werden die gesamten Aktiva und Passiva sowie Aufwendungen und Erträge eines TU nach Anwendung konzerneinheitlicher Ansatz- und Bewertungsvorschriften (= Erstellung der HB II) unabhängig von der Höhe der Beteiligung des MU in die Konzernbilanz übernommen.[2] Bei GemeinschaftsUnt erfolgt nach § 310 HGB die Konsolidierung lediglich quotal (anteilmäßig) oder sogar nur eine Bewertung at equity (§ 310 Rz 1ff.; DRS 27). Durch Konsolidierungsmaßnahmen ist neben der Eliminierung der konzerninternen Beteiligungsverhältnisse i.R.d. KapKons (§ 301 HGB) durch eine Schuldenkonsolidierung (SchuldenKons) (§ 303 HGB) und Zwischenergebniseliminierung (§ 304 HGB) sowie Aufwands- und Ertrags-Kons (§ 305 HGB) sicherzustellen, dass innerkonzernliche Beziehungen vor der Erstellung des Konzernabschlusses aufgerechnet werden. Zudem sind gem. § 306 HGB eine Steuerabgrenzung und im Fall einer Beteiligung von weniger als 100 % ein gesonderter Ausweis für nicht beherrschende Anteile (§ 307 HGB) vorgeschrieben. Die Kons ist folglich die Aufrechnung von sich aus den juristischen Grenzen ergebenden Positionen aus den Jahresabschlüssen der einzubeziehenden Unt, die aber unter der Fiktion des einheitlichen Gebildes Konzern im Konzernabschluss keinen Platz mehr haben. Hinsichtlich der konkreten Umsetzung ist zwar zwischen der VollKons für TU und der Quotenkonsolidierung (QuotenKons) für GemeinschaftsUnt zu unterscheiden, gem. § 310 Abs. 2 HGB sind bei quotaler Einbeziehung von gemeinsam geführten Unt die bei der VollKons vorgeschriebenen Maßnahmen zur Eliminierung konzerninterner Geschäftsbeziehungen aber entsprechend anzuwenden.

Die in § 301 HGB dargestellte **Erwerbsmethode** ist mit dem BilMoG spätestens seit dem Gj 2010 zur allein zulässigen VollKons-Methode für Erstkonsolidierungen (ErstKons) geworden. Die in § 302 HGB a. F. geregelte **Interessenzusammenführungsmethode** (Pooling-of-interest-Methode), die bei Vorliegen bestimmter Tatbestandsvoraussetzungen alternativ zur Erwerbsmethode anwendbar war, wurde im Zuge des BilMoG gestrichen; Altfälle durften beibehalten werden.[3] Auch in der internationalen Rechnungslegung existiert mit der Erwerbsmethode nur eine Abbildungsform für Unternehmenszusammenschlüsse.[4] 4

Art. 24 der aktuellen RL 2013/34/EU[5] lässt keinen Raum für eine Wiedereinführung der Interessenzusammenführungsmethode.[6] 5

Für Gj seit 2010 ist die Erwerbsmethode über die **Neubewertungsvariante** für ErstKons **verpflichtend**; die von der Bilanzierungspraxis bis dahin eindeutig bevorzugte **Buchwertmethode** zur Abbildung von Unternehmenserwerben ist für Neufälle nicht mehr anwendbar. **Altfälle** sind nach Art. 66 Abs. 3 EGHGB aber **verpflichtend beizubehalten**, sodass die Buchwertmethode – soweit eine ErstKons mit dieser bis zum Gj 2009 erfolgte – für die Altfälle parallel zu nach 6

---

[2] Vgl. Müller, in Kußmaul/Müller, HdB, Konsolidierung von Kapital und Schulden nach HGB und IFRS, Rz 3–16, Stand: 22.9.2023
[3] Vgl. Kreipl/Müller, in Bertram/Brinkmann/Kessler/Müller, Haufe HGB Bilanz Kommentar BilMoG Erfahrungsbericht, 2012, Art. 67 EGHGB Rz 144ff.
[4] Vgl. IFRS 3.14 bzw. SFAS 141.13 sowie auch im Folgenden Leinen, in Kessler/Leinen/Strickmann, BilMoG, 2009, S. 585 ff.
[5] RL EU/2013/34 v. 26.6.2013, ABl. EU v. 29.6.2013, L 182/19 ff.
[6] Zu Anwendungsvoraussetzungen und -beispielen vgl. z. B. Ammann/Müller, Konzernbilanzierung, 2005, S. 196.

der Neubewertungsmethode abgebildeten Erwerben weiter fortzuführen ist.[7] Mit der Fokussierung auf die Neubewertungsmethode sollten ein Mehr an Informationen und eine bessere Vergleichbarkeit einhergehen.[8] Die Neubewertungsmethode verlangt grds. zunächst die Bewertung der in die Konzernbilanz zu übernehmenden VG, Schulden und RAP zum beizulegenden Zeitwert im Zeitpunkt, zu dem das Unt TU geworden ist (zu Ausnahmen mit anderen Zeitpunkten s. Rz 99). Dabei sind latente Steuern zu berücksichtigen (§ 306 Rz 1 ff.). Anschließend ist die Summenbilanz zu bilden und der Beteiligungsbuchwert des MU ist mit dem anteiligen neu bewerteten EK des TU zu verrechnen. Ein sich ergebender Unterschiedsbetrag ist aktivisch als Geschäfts- oder Firmenwert (GoF) und passivisch als Unterschiedsbetrag aus der KapKons in der Konzernbilanz unsaldiert und gesondert auszuweisen. DRS 23.7 definiert die ErstKons wie folgt: Neubewertung des Reinvermögens eines TU zum maßgeblichen ErstKons-Zeitpunkt und Verrechnung der dem MU gehörenden Anteile mit dem darauf entfallenden (anteiligen) neu bewerteten EK und Erfassung eines danach verbleibenden (aktiven oder passiven) Unterschiedsbetrags (§ 301 Abs. 1–3 HGB).

7 Abb. 1 verdeutlicht die Prüfungsreihenfolge für einzubeziehende Unt und die jeweils anzuwendende Einbeziehungsmethode.

Abb. 1: Formen und Einbeziehung von Unternehmen in den HGB Konzernabschluss

8 Die Durchführung der Neubewertung bzgl. der Wertverhältnisse für die **Kapitalaufrechnung** hat grds. auf Basis der Wertansätze des Zeitpunkts zu erfolgen, zu dem das Unt TU geworden ist (§ 301 Abs. 2 HGB).

9 Die Bewertung des in den Konzernabschluss zu übernehmenden Reinvermögens des TU erfolgt gem. § 301 Abs. 1 Satz 2 HGB zum **beizulegenden Zeitwert**. Die

---

[7] Vgl. Kreipl/Müller, in Bertram/Brinkmann/Kessler/Müller, Haufe HGB Bilanz Kommentar BilMoG Erfahrungsbericht, 2012, Art. 66 EGHGB Rz 14 ff.
[8] Vgl. BT-Drs. 16/10067 v. 30.7.2008 S. 80.

Berücksichtigung eines (objektivierten) Marktwerts beeinflusst die Höhe des zu übernehmenden Reinvermögens des TU. Eine Ausnahme greift für die Zugangsbewertung von Rückstellungen und latenten Steuern. Ihr Wert ist gem. § 301 Abs. 1 Satz 3 HGB auf Basis des einzelgesellschaftlichen Bewertungsmodells zu ermitteln.

In § 301 Abs. 2 HGB wird der Zeitpunkt der Neubewertung grds. auf den Zeitpunkt festgelegt, zu dem die Beherrschungsmöglichkeit (§ 290 Rz 19 ff.) über das TU erlangt wurde (zu Ausnahmen mit anderen Zeitpunkten s. Rz 99). Dem (zeitlichen) Informationsbeschaffungsproblem bei der Ermittlung des maßgeblichen Zeitwerts begegnet der Gesetzgeber mit der Implementierung eines **einjährigen Zeitfensters**, in dem die Wertfindung für das übernommene Reinvermögen des TU zu finalisieren ist. 10

§ 301 Abs. 3 HGB fordert den Ausweis des **Unterschiedsbetrags aus der KapKons** – soweit aktivisch – als GoF, ansonsten als passiver Unterschiedsbetrag aus der KapKons – unabhängig von seinem Charakter – direkt nach dem EK. Sie sind unsaldiert und gesondert auf der Aktiv- bzw. Passivseite auszuweisen. Zudem ist eine Kommentierung für die Posten sowie wesentliche Änderungen zum Vj im Konzernanhang gefordert (§ 313 Rz 29). 11

§ 301 Abs. 4 HGB regelt den konzernbilanziellen Ausweis von Anteilen eines TU am MU (**Rückbeteiligung**) in der Weise, dass die Anteile, wie in § 272 Abs. 1a HGB (§ 272 Rz 74 ff.) für den Jahresabschluss festgeschrieben, offen vom ausgewiesenen EK abzuziehen sind. 12

Angesichts der Komplexität der Fragestellung i.R.d. KapKons sind die in § 301 HGB explizierten **Konsolidierungsprinzipien** sehr kurz gehalten und daher stark auslegungsbedürftig. So wird im Kern lediglich die ErstKons eines TU geregelt. Die sich in der Praxis anschließende FolgeKons sowie die ggf. später erfolgende Ent- bzw. Übergangskonsolidierung (ÜbergangsKons) sind – bis auf ganz wenige Hinweise, etwa bzgl. der Auflösung einer Währungsumrechnungsdifferenz nach § 308a Satz 4 HGB – explizit nicht Gegenstand des Gesetzestextes und mussten erst als Grundsätze ordnungsmäßiger Konzernrechnungslegung (GoK) entwickelt werden. Zentral ist dabei der **DRS 23 Kapitalkonsolidierung (Einbeziehung von Tochterunternehmen in den Konzernabschluss)**, der am 23.2.2016 vom BMJV im Bundesanzeiger bekannt gegeben wurde. Damit wurde **DRS 4 Unternehmenserwerbe im Konzernabschluss** ab dem Gj 2017 ersetzt und die konsolidierte Rechnungslegungsrichtlinie 2013/34/EU berücksichtigt. Bei der **FolgeKons** (Rz 163 ff.) sind die i.R.d. Neubewertung aufgedeckten stillen Reserven und Lasten fortzuführen und erfolgswirksam in Analogie zu der zugrunde liegenden Position zu behandeln. Ebenso ist der GoF erfolgswirksam abzuschreiben und ggf. der passive Unterschiedsbetrag aus der KapKons aufzulösen. Zur FolgeKons i.w.S. gehören nach DRS 23.7 auch alle Maßnahmen, die auf Veränderungen der Beteiligungsquote des MU, sonstige Veränderungen des Buchwerts konsolidierter Anteile sowie Kapitalveränderungen bei TU, die nicht zur Änderung der Beteiligungsquote führen, zurückzuführen sind. 13

Die **Entkonsolidierung (EntKons)** bzw. **ÜbergangsKons** ist notwendig, wenn die Beherrschungsmöglichkeit nicht mehr besteht und daher das Unt nicht mehr als TU zu klassifizieren ist. Dabei ist eine EntKons, bei der das TU aus dem Vollkonsolidierungskreis (VollKonsKreis) ausscheidet, grds. erfolgswirksam zu erfassen (Rz 214 ff.). Bei einer ÜbergangsKons mit einem (teilweisen) Anteils-

verkauf ist ebenfalls eine erfolgswirksame Vorgehensweise für die veräußerten Teile notwendig. Die im Konzern verbleibenden Anteile mit dem dahinter stehenden Reinvermögen sind jedoch erfolgsneutral abzubilden (Rz 218 ff.).
Zu weiteren Spezialproblemen wie **innerkonzernlichen Umwandlungen** s. Rz 227 oder **mehrstufigen Konzernen** s. Rz 229 ff.

14 Obwohl der Konzernabschluss nicht Gegenstand der Besteuerung ist, können die Regelungen in § 301 HGB zu **steuerlichen Implikationen** im Hinblick auf die Zinsschrankenthematik (Bestimmung der Konzerneigenkapitalquote) führen.[9]

15 Mit dem BilRUG wurde für Gj ab 2016 die vermeintliche erleichternde Regelung, die in der Praxis jedoch teilweise erschwerend wirkt, i. R. d. Verpflichtung zur Neubewertung auf den Zeitpunkt der erstmaligen Einbeziehung in einen pflichtgemäß zu erstellenden Konzernabschluss relativiert (Rz 99 ff.), indem Abs. 2 Satz 3–5 geändert und ergänzt wurde.

1.2 Anwendungsbereich

16 Der Geltungsbereich des § 301 HGB umfasst alle gem. § 290 HGB erstellten Konzernabschlüsse (§ 290 Rz 1 ff.). Somit haben alle MU in der Rechtsform der KapG oder einer KapCoGes, die keine der Befreiungen der §§ 291–293 HGB nutzen (können) und deren TU nicht alle unter § 296 HGB fallen (§ 290 Rz 67 ff.), für die KapKons ihrer TU die in § 301 HGB beschriebene Erwerbsmethode anzuwenden. Ist ein Unt zur Konzernrechnungslegung nach dem **PublG** verpflichtet, gilt § 301 HGB über einen Verweis in § 13 Abs. 2 Satz 1 PublG für Konzernabschlüsse dieses Unt analog. **Kreditinstitute, Finanzdienstleistungsinstitute** bzw. **VersicherungsUnt** und **Pensionsfonds** haben ebenfalls für die Kons der TU gem. § 340i Abs. 1 HGB bzw. § 341j Abs. 1 HGB den § 301 HGB zu beachten, solange kein Konzernabschluss nach IFRS gem. § 315e HGB erstellt wird.

1.3 Normenzusammenhänge

17 Die in § 301 HGB explizierte KapKons bedarf zunächst einer entsprechenden Vorbereitung. So fordert § 300 HGB die **grds. Einbeziehung** der VG, Schulden und RAP der TU anstelle der dem MU gehörenden Anteile in den Konzernabschluss (**Vereinheitlichung der Ansätze**). Die **Vereinheitlichung der Bewertung** der in den Konzernabschluss einbezogenen VG und Schulden fordert § 308 HGB; § 299 HGB verlangt die **Vereinheitlichung der Stichtage** der Jahresabschlüsse, die in den Konzernabschluss einbezogen werden sollen; § 308a HGB regelt die **Umrechnung** von auf fremde Währungen lautenden Abschlüssen von TU mit der Forderung der Anwendung der modifizierten Stichtagskursmethode.

18 Mit § 307 HGB wird die Durchführung der KapKons für die Fälle konkretisiert, in denen der Anteil des MU am EK des TU weniger als 100 % beträgt. Die auf konzernaußenstehende Gesellschafter entfallenden Eigenkapitalanteile werden vom Gesetz als „**nicht beherrschende Anteile**" bezeichnet und sind so in der Konzernbilanz auszuweisen (§ 307 Rz 1 ff.).

19 Verbleibt bei der KapKons nach der Verrechnung des Beteiligungsbuchwerts im Jahresabschluss des MU mit dem neu bewerteten anteiligen EK des TU ein

---

[9] Vgl. Richter/Meyering, in Kußmaul/Müller, HdB, Zinsaufwendungen im Abschluss nach HGB, EStG/KStG und IFRS, Rz 36–45, Stand: 14.12.2021.

Unterschiedsbetrag, so ist dieser nach dessen Ausweis in der Konzernbilanz gem. § 309 HGB zu behandeln. Dabei ist ein aktiver Betrag als GoF gem. § 246 Abs. 1 Satz 4 HGB einem begrenzt nutzbaren VG gleichgesetzt und planmäßig abzuschreiben, ein passiver Unterschiedsbetrag ist nur bei Eintritt der erwarteten negativen Entwicklung oder bei Feststehen eines realisierten Gewinns ergebniswirksam aufzulösen.

Darüber hinaus sind mit der SchuldenKons (§ 303 HGB), Zwischenergebniseliminierung (§ 304 HGB), Aufwands- und ErtragsKons (§ 305 HGB) sowie Steuerabgrenzung (§ 306 HGB) weitere **Tätigkeiten i.R.d. VollKons** von TU notwendig. Abb. 2 zeigt diese Zusammenhänge im Überblick:

MU – HB I	TU 1 – HB I	TU 2 – HB I	TU 3 – HB I
AV | EK UV | FK Währung: EUR	AV | EK UV | FK Währung: EUR	AV | EK UV | FK Währung: USD	AV | EK UV | FK Währung: GBP

Vereinheitlichung von:
Ansatz (§ 300 HGB), Bewertung (§ 308 HGB), Stichtag (§ 299 HGB) & Währung (§ 308a HGB)

MU – HB II	TU 1 – HB II	TU 2 – HB II	TU 3 – HB II
AV | EK UV | FK Währung: EUR	AV | EK UV | FK Währung: EUR	AV | EK UV | FK Währung: EUR	AV | EK UV | FK Währung: EUR

Summenbilanz als Konsolidierungsgrundlage
Konsolidierungsmaßnahmen
Kapitalkonsolidierung (§§ 300, 301 HGB)
Schuldenkonsolidierung (§ 303 HGB)
Zwischenergebniseliminierung (§ 304 HGB)
Aufwands- und Ertragskons. (§ 305 HGB)
Steuerabgrenzung (§ 306 HGB)

Konzernabschluss

Abb. 2: Vorgehensweise bei der VollKons und Normenzusammenhänge

Schließlich verweist § 310 Abs. 2 HGB i.R.d. Einbeziehung von Gemeinschafts-Unt über die **anteilmäßige Kons** (QuotenKons) auf diese Vorschriften und somit auf die Erwerbsmethode des § 301 HGB (§ 310 Rz 1 ff.).

Ergänzend sind mit **DRS 23** (Bekanntmachung am 23.2.2016) mit letzten größeren Änderungen durch DRÄS 8 (Bekanntmachung am 4.12.2017) – mit DRÄS 10 und DRÄS 11 wurde lediglich jeweils eine redaktionelle Änderung vorgenommen – die Regelungen zur KapKons mit der Vermutung der GoB-Einhaltung bei einer Anwendung (§ 342q Rz 41 ff.) sehr umfangreich konkretisiert worden. Dieser ersetzte den DRS 4 für Gj ab 2017.

2 Konsolidierungspflichtige Anteile und Ablauf der Aufrechnung (Abs. 1)

23 Zulässig für die konzernbilanzielle Abbildung des Erwerbs eines TU ist seit dem Gj 2010 allein die **Neubewertungsmethode**. Dies entspricht der Regelung in DRS 23.34. Bei Altfällen ist nach Art. 66 Abs. 3 EGHGB die damals angewandte Kapitalkonsolidierungsmethode verpflichtend beizubehalten. Bei der Neubewertungsmethode ist das in die Kapitalaufrechnung eingehende EK des TU mit dem Betrag anzusetzen, der sich nach vollständiger Aufdeckung der im Aufrechnungszeitpunkt in den VG, Schulden und RAP des TU ruhenden stillen Reserven und Lasten unter Beachtung von latenten Steuern ergibt. Eine Beschränkung auf die vom MU für die Anteile am TU gezahlten AK (Anschaffungskostenrestriktion) besteht nicht. Die Vorgehensweise erfordert im Anschluss an die Festlegung des Aufrechnungszeitpunkts zunächst eine Neubewertung des gem. §§ 300 und 308a HGB an die Bilanzierungs- und Bewertungsmethoden sowie die Währung des Konzerns angepassten Reinvermögens des TU zu diesem Zeitpunkt.

24 Der neu bewertete Jahresabschluss des TU ergibt mind. zusammen mit dem Jahresabschluss des MU den Summenabschluss. Es sind alle aufbereiteten Jahresabschlüsse der in den Konsolidierungskreis (KonsKreis) einzubeziehenden Unt in den Summenabschluss aufzunehmen. Bei der anschließenden Kapitalaufrechnung ist jeweils der Beteiligungsbuchwert des MU gegen das auf das MU entfallende neu bewertete EK der einzelnen TU aufzurechnen, wobei zwischen der Erst- und FolgeKons zu unterscheiden ist. Eine bei der Erstkonsolidierung (ErstKons) entstehende Differenz ist unmittelbar als GoF bzw. als passiver Unterschiedsbetrag aus der Kapitalkonsolidierung (KapKons) auszuweisen. Das etwaigen Minderheitsgesellschaftern des TU zuzurechnende neu bewertete Reinvermögen ist in einen Ausgleichsposten für nicht beherrschende Anteile umzubuchen (§ 307 HGB). Bei der FolgeKons sind die bei der ErstKons ermittelten Werte lediglich fortzuschreiben, eine erneute Neubewertung ist grds. ausgeschlossen. Eine Ausnahme kann sich ergeben bei der Aufstockungen von Anteilen an TU (DRS 23.171 ff.; Rz 192 ff.), wo eine tranchenweise Neubewertung möglich ist.

25 In den Details der einzelnen Konsolidierungsschritte hat der Gesetzgeber Spezifika in Abhängigkeit des Zeitverlaufs geregelt:
- Der **Aufrechnungszeitpunkt** muss bei sukzessivem Anteilserwerb oder bei einer späteren Aufstellung des Konzernabschlusses bzw. einer späteren erstmaligen Einbeziehung verschoben werden (Rz 59).
- Es ist ein **Wertaufhellungszeitraum von einem Jahr** für die Wertermittlung des Kaufpreises und der übernommenen VG und Schulden vorgesehen (Rz 93).

Bzgl. der Wertermittlung sind folgende Spezifika zu beachten:
- Als Maßstab zur Bestimmung des neu bewerteten Vermögens dient mit Ausnahmen der **beizulegende Zeitwert** (Rz 62 ff.).
- Bei der Neubewertung des Reinvermögens eines TU sind **latente Steuereffekte** zu beachten (Rz 58 ff.).

2.1 Konsolidierungspflichtige Anteile (Abs. 1 Satz 1)

Der Konzernabschluss hat sämtliche dem MU gehörenden Anteile an TU des Vollkonsolidierungskreis (VollKonsKreises) zu enthalten. Unter **Anteilen** sind alle Kapitalbeteiligungen mit Einlagencharakter zu verstehen.[10] Hierunter sind Mitgliedsrechte, Vermögensrechte (z. B. die Teilhabe am Gewinn und Verlust bzw. dem Liquidationserfolg sowie die nachrangige Bedienung im Insolvenzfall) und Verwaltungsrechte (z. B. Mitwirkungs- und Informationsrechte), d. h. der Einfluss auf die Geschäftsführung, zu subsumieren (§ 271 Rz 8 ff.). Dazu zählen v. a. die gesellschaftsrechtlichen EK-Anteile an in- und ausländischen KapG und solchen PersG, die über ein Gesamthandsvermögen verfügen (DRS 23.7). Für folgende Rechtsformen sind als Anteile insb. denkbar:[11]

26

- **AG**: Aktien, unabhängig von Aktiengattung und Stimmrechtsausstattung, Zwischenscheine (§ 10 Abs. 3 AktG).
- **KGaA**: Anteile der Kommanditaktionäre und Einlage des phG.
- **GmbH**: Geschäftsanteile gem. § 14 GmbHG i. V. m. § 5 GmbHG.
- **PersG**: Mitgliedschaft oder Gesellschafterstellung begründende Anteile, unabhängig, ob voll oder beschränkt haftend.
- **sonstige PersG**: Kapitaleinlage der phG oder der Kommanditisten sowie Anteile an GbR, sofern ein Gesamthandsvermögen besteht.

Anteile von **Vorgesellschaften** einer AG, KGaA oder GmbH werden analog einbezogen.

Die konsolidierungspflichtigen Anteile sind in den **Bilanzposten** „Anteile an verbundenen Unternehmen" des Jahresabschlusses des MU im AV oder UV ausgewiesen.

27

Schuldrechtliche Ansprüche jeder Art, d. h. auch Genussrechte, Wandel- und Gewinnschuldverschreibungen, Optionsanleihen und kapitalersetzende Darlehen, sind entsprechend nicht als Anteile zu qualifizieren.[12] Hier hat eine klare Trennung nach EK und FK zu erfolgen.[13] Letztere Anteile sind i. R. d. Schuldenkonsolidierung (SchuldenKons) zu eliminieren (§ 303 Rz 1 ff.).

28

Bei der **Errechnung der Anteile im Besitz des MU** sind sowohl die im juristischen Eigentum des MU stehenden Anteile als auch die von TU oder von einem Dritten für Rechnung eines KonzernUnt gehaltenen Anteile (z. B. echte Pensionsgeschäfte, Treuhandverhältnisse) zu berücksichtigen (§ 290 Rz 55 ff.). Diese Betrachtung stellt auf das wirtschaftliche Eigentum ab (§ 246 Abs. 1 Satz 2 HGB).

29

Insb. zählen zu den dem MU gehörenden Anteilen auch Anteile, die von **anderen voll zu konsolidierenden TU** gehalten werden, was sich aus dem Einheitsgrundsatz in § 297 Abs. 3 Satz 1 HGB ergibt. Anteile, die von nicht in den Konzernabschluss einbezogenen TU gehalten werden, sind der Aufrechnung entzogen – sie erscheinen nicht in der Konzernbilanz. Dies trifft auch für assoziierte Unt zu, die at equity zu bewerten sind. Die von diesen gehaltenen Anteile werden dann schlussendlich im Konzernabschluss im Posten nicht beherrschende Anteile

30

---

10 Vgl. IDW, WPH Edition, Wirtschaftsprüfung & Rechnungslegung, 18. Aufl. 2023, Kap. G Tz 336.
11 Vgl. Kirsch u. a., in Baetge/Kirsch/Thiele, Bilanzrecht, § 301 HGB Rz 23, Stand: 2/2017.
12 Vgl. Wohlgemuth, in Schulze-Osterloh/Hennrichs/Wüstemann, Handbuch des Jahresabschlusses (HdJ), Abt. V, Die Kapitalkonsolidierung nach Handelsrecht, Rn 13, Stand: 9/2018.
13 Vgl. grds. zur Trennung § 247 Rz 79–Rz 110 sowie zu EK-Verstärkungen im Detail § 272 Rz 210–Rz 226.

ausgewiesen. Es erscheint bei wesentlichen Beträgen sinnvoll, mit einer Davon-Angabe oder eine Anhangangabe auf diesen Umstand hinzuweisen (DRS 23.97). Die bei **GemeinschaftsUnt** liegende Anteile sind zu betrachten, wenn die GemeinschaftsUnt anteilmäßig einbezogen werden (DRS 23.17). In diesem Fall hat eine Kons der in der Summenbilanz erscheinenden (anteilmäßigen) von dem GemeinschaftsUnt gehaltenen Anteile des TU zu erfolgen, um eine Doppelerfassung zu vermeiden.[14] Allerdings setzt die Klassifikation als TU stets die Beherrschungsmöglichkeit voraus, wofür neben den Kapitalanteilen bei dem GemeinschaftsUnt weitere Indikatoren vorliegen müssen, da ein Gemeinschafts-Unt und damit auch deren TU lediglich gemeinschaftlich beherrscht werden kann. Die Kons bezieht sich jedoch nur auf die Anteile am TU, die bei einem Unt des KonsKreises liegen, unabhängig davon, ob beim MU oder einem anderen TU.

31 Anteile am MU, die von ihm selbst (**eigene Anteile**) oder einem einbezogenen TU gehalten werden (**Rückbeteiligung**), sind nach § 301 Abs. 4 HGB nicht in die KapKons einzubeziehen; sie sind mit dem EK zu verrechnen (DRS 23.20). Ebenso sind eigene Anteile des TU an sich selbst mit dessen EK zu verrechnen (§ 272 Abs. 1 HGB), was den rechnerischen Anteil des MU sowie etwaiger Minderheitsgesellschafter am verbleibenden EK erhöht. Als einzige Ausnahme kann mit Verweis auf das Wirtschaftlichkeitsprinzip in den Fällen vorgegangen werden, in denen die eigenen Anteile vom TU lediglich zur Weiterveräußerung z.B. an Arbeitnehmer, gehalten werden. In diesen Fällen wäre ansonsten nach der Verrechnung mit dem EK und der Wertermittlung i.R.d. KapKons bei dem Verkauf der Anteile die KapKons mit den dann neuen Beträgen anzupassen. Diese Nichtbeachtung des Gesetzestextes in diesem speziellen Fall kann etwa aus der Regelung nach DRS 23.18 für den Handelsbestand von Kreditinstituten und Finanzdienstleistungsinstituten abgeleitet werden und bedarf aber eines klaren Ausweises in der Konzernbilanz, etwa mit der Bezeichnung „davon zur Weiterveräußerung best Anteile an voll kons TU"[15] und einer entsprechenden Anhangerläuterung.[16]

32 Nach DRS 23.19 stellen direkte und indirekte **schuldrechtliche Ansprüche** des MU (z.B. aus Schuldverschreibungen oder Genussrechten) zum Zeitpunkt der erstmaligen Einbeziehung grds. keine zu verrechnenden Anteile dar. Nur wenn im Ausnahmefall solche Ansprüche EK-Charakter haben sollten, wären sie in die Kapitalkonsolidierung einzubeziehen.

33 Für den Fall, dass das MU weder direkt noch indirekt Kapitalanteile an einem konsolidierungspflichtigen TU hält, wie etwa bei einer **Zweckgesellschaft**, ist nach DRS 23.20 keine Verrechnung gem. § 301 Abs. 1 Satz 1 HGB vorzunehmen. Ein Unterschiedsbetrag gem. § 301 Abs. 3 HGB kann daher nicht entstehen. Allerdings sind die übrigen Regelungen des § 301 HGB hinsichtlich Ansatz und Bewertung und die Ermittlung der nicht beherrschenden Anteile gem. § 307 Abs. 1 HGB anzuwenden, was im Ergebnis zu einem vollständigen Ausweis des sich ergebenden Reinvermögens des TU unter dem Posten „nicht beherrschende Anteile" führt (§ 290 Rz 54).

---

[14] Vgl. ADS, Rechnungslegung und Prüfung der Unternehmen, 6. Aufl. 1995–2001, § 301 HGB Rz 20; Dusemond/Weber/Zündorf, in Küting/Weber, HdK, Bd. II, 2. Aufl. 1998, § 301 HGB Rz 25 f.; Kirsch u.a., in Baetge/Kirsch/Thiele, Bilanzrecht, § 301 HGB Rz 28, Stand: 2/2017.
[15] Kliem/Deubert, Beck Bil-Komm., 14. Aufl. 2024, § 301 HGB Rz 17.
[16] Vgl. Fehrenbacher, in MünchKomm HGB, 5. Aufl. 2024, § 301 HGB Rz 23, a.A. Scherrer, in Claussen/Scherrer, Kölner Kommentar zum Rechnungslegungsrecht, 2010, § 301 HGB Rz 32.

2.2 Bewertung der Anteile (Abs. 1 Satz 1)

Die im Weiteren zu verrechnenden Anteile sind nach § 301 Abs. 1 Satz 1 HGB mit ihren Wertansätzen in die Aufrechnung mit dem anteiligen EK des TU einzubeziehen. Die Wertansätze entsprechen den AK gem. § 255 Abs. 1 HGB, d.h. der für den Erwerb der Anteile bewirkten Gegenleistung, die ggf. um Anschaffungsnebenkosten oder sonstige direkt dem Erwerb zurechenbare Kosten zu erhöhen und ggf. um Anschaffungspreisminderungen zu verringern sind (DRS 23.21 ff.).

> **Praxis-Beispiel**
> Notariatskosten, Kapitalverkehrssteuern, Provisionen und Spesen sind werterhöhend zu berücksichtigen. Dagegen sind Bewertungsgutachten und eine Due-Diligence-Prüfung i.R.d. Entscheidungsvorbereitung nicht Teil der Anschaffungs(neben)kosten, da eine bloße Ursächlichkeit zwischen diesen Aufwendungen und der Anschaffung nicht ausreicht (DRS 23.24).

Als Anschaffungsnebenkosten kommen demnach nur solche Ausgaben in Betracht, die nach der grds. Kaufentscheidung anfallen. DRS 23.24 empfiehlt, das Datum der grds. Kaufentscheidung bspw. durch einen Letter of Intent oder ähnliche Absichtserklärungen zu konkretisieren, mit welchem dem Verkäufer das Interesse signalisiert wird, die Anteile eines bestimmten Unt erwerben zu wollen. Es ist unerheblich, in welcher Form das erwerbende Unt die Gegenleistung bewirkt hat. Maßgeblich ist der Betrag in EUR, was ggf. eine **Währungsumrechnung** notwendig macht. Hierbei ist auf den Wechselkurs im Erwerbszeitpunkt abzustellen (§ 255 Rz 20 ff.).

Liegt durch eine über der Gegenleistung liegenden Zahlung des Verkäufers im Ergebnis ein **negativer Kaufpreis** vor, so ist dieser wie zusätzliches EK des TU zu behandeln und damit in die KapKons einzubeziehen (DRS 23.28). Eine Weiterführung eines dafür im Jahresabschluss des MU gebildeten passivischen Sonderpostens scheidet damit zugunsten eines Untergangs des Betrags im Unterschiedsbetrag aus der KapKons aus.[17]

Erfolgte der Erwerb durch einen **Tausch**, so wird nach DRS 23.26 empfohlen, den Wertansatz grds. nach dem Zeitwert der hingegebenen VG bzw. der ausgegebenen Anteile zu bestimmen.[18] DRS 23.26 empfiehlt eine Begrenzung auf den beizulegenden Zeitwert der erlangten Anteile. Handelsrechtlich ist anders als steuerrechtlich auch ein Tausch auf der Basis der fortgeführten Buchwerte denkbar. Im Zuge der Erwerbsfiktion erscheint dies jedoch nur schwer mit der anzustrebenden Abbildung der Vermögens-, Finanz- und Ertragslage des Konzerns vereinbar.

Die Konstellation des Tauschs bzw. des tauschähnlichen Vorgangs taucht häufiger bei **konzerninternen Einbringungsvorgängen** ohne die Beteiligung anderer Gesellschafter auf. Allerdings sind dabei entstehende Gewinne auf der Einzelabschlussebene i.d.R. im Konzern zu eliminieren, da sie keine Gewinne mit Konzernfremden darstellen (DRS 23.170; § 304 Rz 11).

---

[17] Vgl. Kirsch u. a., in Baetge/Kirsch/Thiele, Bilanzrecht, § 301 HGB Rz 31.5, Stand: 2/2017.
[18] Eingeschränkt zustimmend Kliem/Deubert, in Beck Bil-Komm., 14. Aufl. 2024, § 301 HGB Rz 22.

38 Abzustellen ist auf die **Konzern-AK**. Werden Anteile von anderen in den Konzernabschluss einbezogenen TU gehalten, sind diese stets aus der Sicht des Konzerns zu bewerten.[19]

> **Praxis-Beispiel**
> **Sachverhalt**
> Die A-AG hat 20 % der Anteile der B-AG für 10 Mio. EUR im Gj 01 erworben. Anfang des Gj 04 übernimmt die M-AG die A-AG. I.R.d. Neubewertung der A-AG wird dem 20-%-Anteil aufgrund von Kurssteigerungen in der Konzernbilanz ein Wert von 20 Mio. EUR zugewiesen. Anfang des Gj 05 übernimmt die M-AG 40 % der Anteile der B-AG für 40 Mio. EUR.
>
> **Bewertung**
> Der 60-%-Anteil der B-AG, den die M-AG und die A-AG zusammengerechnet halten, ist mit 60 Mio. EUR in die Aufrechnung einzubeziehen.

39 Ebenso verhält es sich bei konzerninternen Einbringungsvorgängen oder Weiterverkäufen. Eventuelle Zwischenergebnisse durch Gewinnauf- oder -abschläge sind gem. § 304 Abs. 1 HGB zu eliminieren,[20] so dass es bei den Konzern-AK bleibt.

Bestehen Differenzen aus der Beendigung von **vorkonzernlichen Beziehungen**, so sind diese nach DRS 23.49 bei der Bewertung der Anteile zu berücksichtigen.[21] Fraglich ist die Bewertung von **bedingten AK**.[22] Konkret hängt hier ein Teil der Gegenleistung für den Erwerb von Anteilen von künftigen Ereignissen oder sonstigen Transaktionen ab.[23]

> **Praxis-Beispiel**
> Bedingte AK können aus Klauseln in Kaufverträgen resultieren, die Nachzahlungen für den Fall der Überschreitung eines bestimmten Erfolgsniveaus (Earn-out-Klausel) oder des Ausgangs von zum Erwerbszeitpunkt anhängigen Rechtsstreitigkeiten festlegen. Es sind in der Praxis zudem Minderzahlungen in Form von Bilanzgarantien des Verkäufers anzutreffen.

Nach DRS 23.30 sind derartige Kaufpreiskomponenten grds. schon bei Erwerb im Jahresabschluss des erwerbenden Unt zu berücksichtigen, wenn die Kaufpreisanpassung wahrscheinlich ist und der zusätzlich zu entrichtende Betrag verlässlich geschätzt werden kann.

Abzugrenzen hiervon sind nach DRS 23.31 **Ausgleichszahlungen vom Verkäufer an das erworbene Unt** oder **vom erworbenen Unt an den Verkäufer**, da diese die AK im Jahresabschluss des erwerbenden Unt nicht verändern. Auch das

---

[19] Vgl. Kirsch u.a., in Baetge/Kirsch/Thiele, Bilanzrecht, § 301 HGB Rz 34, Stand: 2/2017.
[20] Zur Eliminierung dieser Effekte vgl. Kliem/Deubert, in Beck Bil-Komm., 14. Aufl. 2024, § 301 HGB Rz 228.
[21] Vgl. Theile, BBK 2016, S. 1010 ff.
[22] Vgl. Hoffmann, StuB 2017 S. 41 ff.
[23] Zur rechtssicheren Ausgestaltung von Bilanzgarantien vgl. Göthel/Fornoff, DB 2017, S. 530 ff.

EK des TU wird hierdurch i.d.R. nicht beeinflusst. Entspricht die Höhe der Ausgleichszahlung nicht dem Betrag der an diese anknüpfenden Wertänderung im Vermögen des TU, sind die sich ergebenden Differenzen erfolgswirksam zu erfassen. Konsequenzen für die KapKons ergeben sich insofern nicht.
Der Gesetzgeber hat das Problem der Wahrscheinlichkeitseinschätzung insoweit entschärft, als § 301 Abs. 2 Satz 2 HGB die Notwendigkeit zur nachträglichen Anpassung der AK innerhalb eines Jahres vorsieht. Die Anpassung ist rückwirkend auf den Erwerbszeitpunkt zu erfassen.

> **Praxis-Beispiel**
> Am 31.12.01 erwirbt die M-AG 100 % der Anteile an der TU. Neben einer sofort geleisteten fixen Zahlung von 1 Mio. EUR ist eine erfolgsabhängige Zahlung von 0,2 Mio. EUR vereinbart, wenn das Jahresergebnis 0,3 Mio. EUR und der Umsatz des Jahres 02 mehr als 10 Mio. EUR betragen. Per 31.12.01 geht die M-AG mit hoher Wahrscheinlichkeit von der Erreichbarkeit dieser Ziele aus.
>
> **Bewertung**
> Zum 31.12.01 ist als Wertansatz für die Beteiligung (unter Vernachlässigung von ggf. vorzunehmenden Abzinsungen) ein Wert von 1,2 Mio. EUR anzusetzen.

Die in die KapKons einzubeziehenden AK bei gestundeten oder bedingten Kaufpreisverpflichtungen hat nach DRS 23.33 grds. zum **Barwert im Erwerbszeitpunkt** zu erfolgen. Die in Folgeperioden vorzunehmende Aufzinsung einer entsprechenden Rückstellung für bedingte Kaufpreisverpflichtungen hat keinen Einfluss auf die Höhe der im Erwerbszeitpunkt erfassten (bedingten) AK der Anteile. Die Aufzinsung ist insofern aufwandswirksam zu erfassen. Auch die Differenz zwischen den nachträglichen AK der Beteiligung und der zum Erfüllungsbetrag gem. § 253 Abs. 1 Sätze 2 und 3 HGB zu bewertenden (bedingten) Kaufpreisverpflichtung ist nach DRS 23.33 als Zinsaufwand zu erfassen.
Fehlt es – wie in der Praxis häufig zu erwarten – an den Voraussetzungen der Verlässlichkeit und Wahrscheinlichkeit, so besteht der einjährige Anpassungszeitraum; ansonsten müssen diese Werterhöhungen als nachträgliche AK behandelt werden und i.R.d. FolgeKons Berücksichtigung finden.[24] Dennoch sollte im Konzernabschluss über derartige Vorgänge berichtet werden.
Wertkorrekturen in Form von Abschreibungen auf den Beteiligungsbuchwert in den Einzelabschlüssen sind differenziert zu betrachten: Wertkorrekturen, die nach der ErstKons erfolgten, sind im Jahr der Abschreibung zugunsten des Konzernergebnisses erfolgserhöhend zu eliminieren. In den dem Abschreibungsjahr folgenden Gj hat eine erfolgsneutrale Eliminierung zu erfolgen.[25] Für den Fall, dass der Anteilserwerb und die ErstKons auseinander fallen (Abs. 2; Rz 70ff.), sind Abschreibungen in diesem Zeitraum denkbar. In diesen Fällen sind die Abschreibungen beizubehalten, soweit sie mit § 308 HGB vereinbar

---

[24] Vgl. Kliem/Deubert, in Beck Bil-Komm., 14. Aufl. 2024, § 301 HGB Rz 228, 250ff.
[25] Vgl. Kirsch u.a., in Baetge/Kirsch/Thiele, Bilanzrecht, § 301 HGB Rz 37, Stand: 2/2017.

sind;[26] eine Zuschreibung der Beteiligung bis auf die AK ist ohne gestiegenen beizulegenden (Zeit-)Wert nicht zulässig (DRS 23.26).

42 Werden die zu konsolidierenden Anteile von **ausländischen KonzernUnt** gehalten, sind die Konzern-AK nach Anwendung der Vereinheitlichungsregeln der §§ 300, 308 und 308a HGB zu ermitteln. Demnach dürfen die zu verrechnenden Anteile nur die Wertbestandteile enthalten, die auch handelsrechtlich zulässig sind. So sind ggf. bestimmte Einbeziehungen, wie z.B. Kosten der Unternehmensbewertung, zu eliminieren und Bewertungen at equity sowie handelsrechtlich nicht zulässige Abschreibungen zu korrigieren.

2.3 Bestimmung des zu konsolidierenden Eigenkapitals (Abs. 1 Satz 2)

43 Das **konsolidierungspflichtige Eigenkapital** umfasst bei KapG die Positionen gezeichnetes Kapital, offene Rücklagen (Kapital- und Gewinnrücklagen) und Ergebnis einschl. Ergebnisvortrag, deren Feingliederung in § 266 Abs. 3 HGB unter Position A. Eigenkapital aufgeführt ist. Bei dem **Ergebnis** ist zu unterscheiden, ob es sich um ein erworbenes oder ein den bisherigen Gesellschaftern zustehendes Ergebnis handelt. Ein erworbenes Ergebnis ist in die Kapitalaufrechnung gem. § 301 Abs. 1 Satz 1 HGB einzubeziehen, ein noch den bisherigen Gesellschaftern zustehendes Ergebnis ist dagegen als Verbindlichkeit anzusehen und entsprechend auszuweisen.

Eigene Anteile sind nicht gesondert zu behandeln, da sie bereits auf Jahresabschluss-Ebene gem. § 272 Abs. 1a und 1b HGB verrechnet wurden;[27] zu Rückbeteiligungen s. Rz 123 f.

Bei **Mezzanine-Kapital**[28] muss eine klare Zuordnung nach EK oder FK erfolgen. Nur eindeutig als EK zu klassifizierende Kapitalien sind in der KapitalKons zu berücksichtigen, ansonsten sind die Sachverhalte ggf. i.R.d. SchuldenKons zu eliminieren. So sind etwa anlässlich der Ausgabe von Wandel- oder Optionsanleihen für Schuldverschreibungen in den Kapitalrücklagen gem. § 272 Abs. 2 Nr. 2 HGB erfasste Beträge nur dann konsolidierungspflichtig, wenn die **Bezugsrechte** im Erwerbszeitpunkt bereits ausgeübt oder verfallen sind. Bestehen die Bezugsrechte dagegen noch, so kommt das MU in die Rolle des Stillhalters, sodass die ggf. im EK erfassten Beträge des TU aus Sicht des MU eine Optionsprämie bedeuten, die als sonstige Verbindlichkeit anzusetzen und neu zu bewerten ist.[29] Werden die Optionen eingelöst, entspricht dies einer Kapitalerhöhung und es verändern sich damit die Anteilsverhältnisse bis hin zu einem ggf. möglichen Verlust der Beherrschungsmöglichkeit.

44 Bei TU in der Rechtsform einer **PersG** ist ebenfalls das gesamte ausgewiesene EK konsolidierungspflichtig, was den Einbezug der Eigenkapitalkonten der Gesellschafter bedeutet.

45 Sollte ein Unt einen Eigenkapitalfehlbetrag auf der Aktivseite der Bilanz ausweisen, da das EK aufgebraucht ist (§ 268 Abs. 3 HGB), so sind die konsolidierungspflichtigen Anteile mit dem „**nicht durch Eigenkapital gedeckten Fehlbetrag**" zu

---

[26] Vgl. Dusemond/Weber/Zündorf, in Küting/Weber, HdK, Bd. II, 2. Aufl. 1998, § 301 HGB Rz 38 ff.
[27] Vgl. Müller/Reinke, DStR 2015, S. 1127 ff.
[28] Vgl. Müller/Brackschulze/Mayer-Friederich, Finanzierung mittelständischer Unternehmen nach Basel III, 2. Aufl. 2011, S. 237–253 mwN.
[29] Vgl. Kliem/Deubert, in Beck Bil-Komm., 14. Aufl. 2024, § 301 HGB Rz 40; DRS 23.40.

saldieren, was zu einer Addition der Beträge führt.[30] Es erscheint sinnvoll, einen auch nach der Neubewertung des TU verbleibenden nicht durch Eigenkapital gedeckten Fehlbetrag in die einzelnen Eigenkapitalbestandteile aufzugliedern, um die KapKons und hier insb. die FolgeKons nicht unnötig zu erschweren.[31]

Ausstehende Einlagen auf das gezeichnete Kapital sind zunächst nach § 272 HGB zu behandeln. Dabei ist zu beachten, dass eingeforderte Einlagen von einem anderen in den Konzernabschluss einbezogenen Unt i. R. d. SchuldenKons zu berücksichtigen sind, da es sich um eine konzerninterne Forderung respektive Verbindlichkeit handelt. Erfolgte die Einforderung ggü. Dritten, so hat ein Ausweis als eingeforderte Einlagen unter den Forderungen und sonstigen VG zu erfolgen. Eine Verrechnung mit den nicht beherrschenden Anteilen ist unzulässig.[32] Sind die Einlagen nicht eingefordert, bleibt es bei dem Nettoausweis im EK gem. den Regelungen in § 272 HGB (DRS 23.42). 46

Bei der Bestimmung des zu konsolidierenden EK gibt es einige Sonderfälle, die noch vor der eigentlichen Bewertung dem EK- unter Berücksichtigung latenter Steuerwirkungen – zuzuordnen sind. Diese sind zunächst **Sonderposten** mit Rücklageanteil, die nach Art. 67 Abs. 3 Satz 1 EGHGB bei Umstellung auf das BilMoG beibehalten werden konnten, Sonderrücklagen nach § 17 Abs. 4 Satz 3 und § 24 Abs. 5 DMBilG oder nicht rückzahlbare Investitionszulagen oder -zuschüsse der öffentlichen Hand. Im Konzernabschluss sind diese Posten nicht auszuweisen und entsprechend ggf. unter Beachtung latenter Steuern in das konsolidierungspflichtige EK bereits i. R. d. Ansatzanpassung nach § 300 Abs. 2 HGB aufzulösen. Darüber hinaus kann es sein, dass bei Erwerb des TU beim MU **bestehende Forderungen und Verbindlichkeiten** gegen dieses Unt etwa durch Verlustübernahmeverpflichtungserklärung den Charakter ändern. So sind ggü. dem MU bestehende Verbindlichkeiten des TU aus vor der Konzernzugehörigkeit bestehenden Lieferungs- und Leistungsbeziehungen dann dem konsolidierungspflichtigem EK zuzuordnen, wenn damit zukünftig in voller Höhe Verluste verrechnet werden können. Auch sind beim MU ggf. vorgenommene Abwertungen von bestehenden Forderungen an das TU bereits bei der Kaufpreisermittlung zu berücksichtigen und nicht erst i. R. d. Schulden-Kons.[33] 47

Die **Höhe der (relativen) kapitalmäßigen Beteiligung** am zu konsolidierenden EK richtet sich im Normalfall nach dem Verhältnis des Nennbetrags der dem MU gehörenden Anteile zu dem in der Bilanz ausgewiesenen gezeichneten Kapital (§ 272 Abs. 1 HGB). Dies kann von der Bestimmung der beherrschten Anteile nach § 290 HGB abweichen, da bei der KapKons nur die dem MU gehörenden und nicht die für die Bestimmung der Beherrschungsmöglichkeit dem MU zuzurechnenden Anteile betrachtet werden. Bei Stückaktien bestimmt sich das Verhältnis an der Anzahl der dem MU gehörenden zu den ausgegebenen Aktien. Bei PersG kann die Bestimmung des Anteils aus dem Verhältnis des Kapitalkontos zum Gesamtkapital ermittelt werden, es sei denn, es existiert im Gesellschaftervertrag eine Festkapitalregelung, an der der Anteil des MU abzu- 48

---

[30] Vgl. Kirsch u. a., in Baetge/Kirsch/Thiele, Bilanzrecht, § 301 HGB Rz 46, Stand: 2/2017.
[31] Vgl. Kliem/Deubert, in Beck Bil-Komm., 14. Aufl. 2024, § 301 HGB Rz 39.
[32] Vgl. Dusemond/Weber/Zündorf, in Küting/Weber, HdK, Bd. II, 2. Aufl. 1998, § 301 HGB Rz 52.
[33] Vgl. Kliem/Deubert, in Beck Bil-Komm., 14. Aufl. 2024, § 301 HGB Rz 43–46.

leiten ist. Herausforderungen bestehen dann, wenn etwa bei Zweckges. die Vermögens- und Gewinnrechte der Gesellschafter untereinander abweichend von dem gesetzlichen Normalfall geregelt sind. In diesen Fällen ist die Beteiligungsquote als effektive, wirtschaftliche Quote zu ermitteln. Dies bedarf einer noch genaueren Betrachtung als die Feststellung der Beherrschungsmöglichkeit, für die i.R.e. Gesamtbetrachtung lediglich zu bestimmen ist, ob die Mehrheit der Risiken und Chancen vom MU getragen wird (DRS 19.57), wobei DRS 19.61 zudem die Risiken stärker gewichtet haben möchte. Die Bestimmung des Anteils für Zwecke der Kons bedarf aber eines genauen Ergebnisses, um etwa die i.R.e. Neubewertung anfallenden stillen Reserven zwischen MU und den anderen Gesellschaftern verteilen zu können. Einzige Orientierung bieten die GoB, die in dieser Gemengelage zumindest eine willkürfreie Zuordnung fordern.[34]

49 Technisch bietet es sich an, auf den Zeitpunkt der erstmaligen Einbeziehung einen **Zwischenabschluss** für das TU aufzustellen, soweit nicht der Bilanzstichtag des TU diesem Zeitpunkt entspricht. DRS 23.11 erlaubt auch, einen zeitnah zum Erwerbszeitpunkt erstellten Monats- oder Quartalsabschluss heranzuziehen, sofern zwischenzeitlich keine wesentlichen (Vermögens-)Veränderungen eingetreten sind. Sofern kein Zwischenabschluss aufgestellt wird, fordert DRS 23.13, zumindest ein Inventar mit allen VG, Schulden und sonstigen Posten zum Zeitpunkt der erstmaligen Einbeziehung (unabhängig von einem bisherigen Ansatz beim TU) zu erstellen. Das Inventar kann auch aus einem Jahres-, Quartals- oder Monatsabschluss abgeleitet werden. Die Abgrenzung des Ergebnisses kann vereinfachend durch statistische Rückrechnung aus dem Jahresabschluss des TU ermittelt werden. Sofern wesentliche Schwankungen, z.B. bei saisonalem Geschäft, zu verzeichnen sind, sind nach dem DRS diese durch geeignete Anpassungen zu berücksichtigen.

2.4 Bewertung des zu konsolidierenden Eigenkapitals (Abs. 1 Satz 2)

50 Die nach dem HGB ausschl. zulässige Methode der Vollkonsolidierung (VollKons) für TU ist gem. § 301 HGB ebenso wie bei den IFRS[35] die **Erwerbsmethode**. Mit dieser Methode wird die Übernahme im Konzernabschluss so abgebildet, als wären keine Anteile an dem TU erworben worden, sondern die einzelnen VG, Schulden, RAP und Sonderposten. Diese Abbildung entspricht somit dem **asset deal im Einzelabschluss**, bei dem die VG und Schulden in Summe aus einem Unt herausgelöst werden und von dem übernommenen Unt gedanklich ggf. nur der leere Mantel übrig bleibt.

51 Wenn aber fingiert wird, dass die VG, Schulden, RAP und Sonderposten einzeln erworben werden, so stellt sich die Frage nach deren **Bewertung**. Da ein Erwerber i.R.d. Preisverhandlungen letztlich die Werte zum Zeitpunkt des Erwerbs zugrunde legen wird, verschiebt sich aus Konzernsicht der Zeitpunkt der Ermittlung der AK gem. § 255 HGB von der Anschaffung oder Herstellung des VG auf den Zeitpunkt des jeweiligen Erwerbs. Dies hat Auswirkungen auf den Wertansatz, da die historischen AHK, die in der Bilanz des TU die Wertobergrenze darstellen, nicht mehr relevant sind. Stattdessen ist wie nach IFRS

---

[34] Vgl. Kliem/Deubert, in Beck Bil-Komm., 14. Aufl. 2024, § 301 HGB Rz 48–50.
[35] Vgl. Lüdenbach/Hoffmann/Freiberg, Haufe IFRS-Kommentar, 22. Aufl. 2024, § 31 Rz 2ff.

zum Zeitpunkt des Erwerbs eine **Neubewertung** der VG und Schulden i.R.d. Konzernbilanzierung vorzunehmen. Dabei ist der Kaufpreis der Anteile, den das MU für die Erlangung der Beherrschungsmöglichkeit über das TU bezahlen musste, nicht relevant. Somit muss die Bewertung unabhängig von den Anschaffungs- und Anschaffungsnebenkosten der Beteiligung aus der (Bilanz-)Sicht des MU zum beizulegenden Zeitwert erfolgen (keine Anschaffungskostenrestriktion). Die sog. pagatorische Obergrenze mit der (relativen) Begrenzung der aufzudeckenden stillen Reserven auf die AK des MU hat seit dem TransPuG ab dem Gj 2003 keine Bedeutung mehr. Es ist somit denkbar, dass durch die Auflösung stiller Reserven letztlich ein passiver Unterschiedsbetrag aus der KapKons entsteht.

Stille Reserven sind Eigenkapitalbestandteile, die in der Bilanz nicht oder nicht als solche ausgewiesen werden.[36] Es handelt sich um die Differenz zwischen den Buchwerten in der hinsichtlich Ansatz, Bewertung und Währung vereinheitlichten HB II des TU und den stattdessen zu verwendenden beizulegenden Zeitwerten bzw. für Rückstellungen Erfüllungsbeträgen, und zwar bei Vermögensposten um die Differenz zwischen Buchwerten (auch ein Buchwert von null bei als Ansatz notwendig zu betrachtendem Vermögen) und höheren beizulegenden Zeitwerten bzw. bei Fremdkapitalposten um die Differenz zwischen Buchwerten und niedrigeren beizulegenden Zeitwerten bzw. Erfüllungsbeträgen. Neben stillen Reserven sind auch stille Lasten denkbar. Dies ist der Fall, wenn Fremdkapitalposten zu niedrig bzw. gar nicht oder Aktivposten zu hoch angesetzt worden sind. Ersteres ist z.B. möglich bei der Bilanzierung von Rückstellungen, Letzteres etwa beim Finanzanlagevermögen und vermeintlich nur vorübergehender Wertminderung.

Stille Reserven und Lasten sind nur bei solchen Bilanzposten möglich, die gem. HGB **dem Grunde nach ansatzfähig** sind, denn nur bei diesen Posten kann noch eine Verwerfung zwischen Buchwert und beizulegendem Zeitwert bzw. Erfüllungsbetrag auftreten. Im Konzernabschluss nicht ansatzfähige Positionen auf Ebene des Jahresabschlusses der TU sind bereits i.R.d. Ansatzvereinheitlichung mit § 300 Abs. 2 HGB zu bereinigen (Rz 47). Stille Reserven können hinsichtlich ihres Verhältnisses zu den gesetzlichen Ansatz- und Bewertungsvorschriften in stille Zwangs-, Wahlrechts-, Schätzungs- und Willkürreserven unterteilt werden:[37]

- Stille **Zwangsreserven** entstehen aufgrund der Bewertungsvorschriften automatisch, sobald der beizulegende Zeitwert von VG über die AHK dieser Güter bzw. der aktuelle Wert von Schulden unter die ursprünglichen Ansatzwerte dieser Schulden fällt. VG dürfen nach deutschem Bilanzrecht – von wenigen Ausnahmen wie bspw. kurzfristige Fremdwährungspositionen abgesehen – nicht über und langfristige Schulden nicht unter den Ursprungswertansätzen bilanziert werden. Diese sind i.R.d. Neubewertung aufzulösen.

---

[36] Vgl. Lachnit/Müller, Bilanzanalyse – Grundlagen – Einzel- und Konzernabschlüsse – HGB- und IFRS-Abschlüsse – Unternehmensbeispiele, 2. Aufl. 2017, S. 114.
[37] Diese Unterteilung lässt sich analog auf stille Lasten übertragen.

> **Praxis-Beispiel**
> - Grundstücke sind in der HB II zu historischen AK bewertet, der beizulegende Zeitwert ist aufgrund von Preissteigerungen für Grund und Boden häufig deutlich höher.
> - Gem. § 248 Abs. 2 Satz 2 HGB darf das TU keine selbst geschaffenen Kundenlisten aktivieren. Bei Erwerb durch das MU gelten diese Werte jedoch als entgeltlich erworben und sind damit ansatzpflichtig.

55 - Stille **Wahlrechtsreserven** entstehen durch eine bewusste und im Jahresabschluss darzulegende Entscheidung, indem das Unt gesetzlich gewährte Ansatz- und Bewertungswahlrechte dahin gehend nutzt, Vermögensteile nicht oder niedriger als erforderlich und Fremdkapitalposten höher als nötig anzusetzen. Die im Konzernabschluss notwendige Vereinheitlichung erfolgt schon bei der Erstellung der HB II über die §§ 300 und 308 HGB. Dennoch können i.R.d. Neubewertung weitere Auflösungen notwendig werden.

> **Praxis-Beispiel**
> - Das übernommene TU weist in der HB II eine Deckungslücke aus Pensionsaltzusagen auf. Diese wurden vom Erwerber i.R.d. Kaufpreiskalkulation berücksichtigt. Ein Ansatz als Pensionsverpflichtung ist trotz des auch im Konzernabschluss bestehenden Wahlrechts notwendig, da ansonsten ein hoher passiver Unterschiedsbetrag aus der KapKons anfallen würde.[38]
> - Der Konzern setzt aufgrund des Wahlrechts in § 248 Abs. 2 Satz 1 HGB keine Entwicklungskosten an. Bei dem Erwerb werden für diese Beträge aber Kaufpreisanteile bezahlt. Damit handelt es sich durch den entgeltlichen Erwerb um eine Ansatzpflicht, wenn die weiteren Bilanzierungsvoraussetzungen gegeben sind.

56 - Stille **Schätzungsreserven** ergeben sich nicht gesetzlich gewährt über Wahlrechte, sondern unvermeidlich aufgrund ungewisser Zukunft und unvollständiger Information sowie wegen des allgemeinen Vorsichtsprinzips im Jahresabschluss. Sie entstehen v.a., wenn die Nutzungsdauer von VG zu kurz, außerplanmäßige Abschreibungen zu hoch oder der erforderliche Rückstellungsbetrag zu hoch geschätzt werden. I.R.d. Neubewertung sind diese Beträge aufzulösen, wobei zu beachten ist, dass bei der Aufstellung des Konzernabschlusses wiederum Einschätzungen erfolgen müssen.

> **Praxis-Beispiel**
> In Bezug auf schwebende Risiken (anhängige Rechtsstreitigkeiten) sind häufig abweichende Einschätzungen zwischen dem Management des TU und dem des Erwerbers (MU) anzutreffen.

---

[38] Vgl. IDW RS HFA 42.36 und DRS 23.56.

- Im Gegensatz zu den Zwangs-, Wahlrechts- und Schätzungsreserven sind stille **Willkürreserven** gesetzlich unzulässig. Sie beruhen auf einer ökonomisch unbegründeten, gem. Ansatz- und Bewertungsvorschriften rechtlich nicht gedeckten willkürlich zu niedrigen Schätzung von VG bzw. willkürlich zu hohen Schätzung von Schulden. Eine genaue Abgrenzung von Schätzungs- und Willkürreserven ist in der Praxis schwierig, da sich Willkürreserven nicht selten hinter dem Vorsichtsprinzip verbergen können. 57

> **Praxis-Beispiel**
> I. R. e. feindlichen Übernahme hat das Management des TU den Jahresabschluss bewusst abschlusspolitisch durch das Ausnutzen von Schätzungsspielräumen positiv beeinflusst. I. R. d. Neubewertung sind die beizulegenden Zeitwerte bzw. die Erfüllungsbeträge anzusetzen.

Aus dem mit § 306 HGB geforderten bilanzorientierten Temporary-Konzept für die Bestimmung der latenten Steuern im Konzernabschluss folgt, dass bei der Auflösung der stillen Reserven und Lasten auch jeweils die **latenten Steuereffekte** zu berücksichtigen sind. Befreit von der Berechnung latenter Steuern ist lediglich der GoF bzw. der passive Unterschiedsbetrag aus der KapKons selbst. Somit sind in der HB II des TU das neu bewertete EK, die neu bewerteten VG, Schulden, RAP und Sonderposten sowie die i. R. d. Umbewertung angefallenen latenten Steuern – ohne die Möglichkeit der Nutzung eines Aktivierungswahlrechts, aber mit dem Saldierungswahlrecht (§ 306 Rz 35) – anzusetzen. 58

Der **Zeitpunkt des Erwerbs** wird bestimmt als der Zeitpunkt, an dem das Unt TU geworden ist, was im Regelfall der Zeitpunkt des Erwerbs der Anteile ist. Beim sukzessiven Beteiligungserwerb ist ebenfalls der Zeitpunkt maßgebend, an dem das betreffende Unt zum TU geworden ist. Nur für den Fall, dass erstmals überhaupt ein Konzernabschluss aufgestellt oder das TU nach Nutzung eines Einbeziehungswahlrechts gem. § 296 HGB erstmals in den Konzernabschluss einbezogen wird, sind grds. die Wertansätze zum Zeitpunkt der erstmaligen Einbeziehung maßgebend (§ 301 Abs. 2 HGB). 59

I. R. d. **Kaufpreisallokation** werden somit die konzernbilanziellen AK für das übernommene Reinvermögen eines TU ermittelt. Es sind alle stillen Reserven und Lasten unabhängig von der Anteilsquote des MU vollständig aufzudecken. Die ideellen Anteile der Gesellschafter des MU und der Minderheitsgesellschafter an den Konzern-AK entsprechen sich. 60

Die VG, Schulden, RAP und Sonderposten eines erworbenen TU sind fortan mit ihrem beizulegenden Zeitwert zum maßgeblichen Aufrechnungszeitpunkt vollständig und einzeln in den Konzernabschluss aufzunehmen (§ 301 Abs. 1 Satz 2 HGB; DRS 23.51). Demgegenüber sollen die konzernbilanziellen Zugangswerte für Rückstellungen und latente Steuern nach den für die einzelgesellschaftliche Rechnungslegung geltenden **Bewertungsmodellen** bestimmt werden (§ 301 Abs. 1 Satz 3 HGB). 61

62 Primärer Wertmaßstab für das in den Konzernabschluss aufzunehmende Reinvermögen bildet der **beizulegende Zeitwert** (§ 255 Rz 207 ff.).[39] Dieser entspricht, anders als der beizulegende Wert, der einen betriebsindividuellen Wert darstellt, dem Betrag, zu dem sachverständige, vertragswillige und voneinander unabhängige Marktteilnehmer einen VG oder eine Schuld bewerten. In der Sprache der internationalen Rechnungslegung ist dies der **Fair Value**. Bei seiner Ermittlung ist die Bewertungshierarchie in § 255 Abs. 4 HGB zu beachten: Bevorzugt soll der beizulegende Zeitwert dem sich auf einem aktiven Markt bildenden Preis entsprechen (DRS 23.64). Ist ein solcher nicht vorhanden, ist der Rückgriff auf anerkannte Bewertungsmethoden zulässig (§ 255 Rz 241 ff.). Die Verwendung von einkommens- oder kapitalwertorientierten Bewertungsverfahren (Ertragswert oder DCF-Verfahren) kommt nach DRS 23.65 nur in Betracht, wenn sich die Zahlungsströme den einzelnen zu bewertenden VG verlässlich zuordnen lassen. Kostenorientierte Bewertungsverfahren (Reproduktions- oder Wiederbeschaffungskostenmethode) dürfen nach DRS 23.66 nur zur Ermittlung des beizulegenden Zeitwerts herangezogen werden, wenn eine marktpreis-, einkommens- oder kapitalwertorientierte Wertermittlung nicht möglich ist. Dem jeweiligen Nutzungszustand des zu bewertenden VG ist durch angemessene Wertabschläge Rechnung zu tragen.

63 Der auf Objektivität zielende beizulegende Zeitwert führt i. R. d. Kaufpreisallokation zu einer eher allgemeingültigen Betrachtung und blendet unternehmensindividuelle Vorteile aus; diese werden daher im Ergebnis im GoF ausgewiesen.

> **Praxis-Beispiel**[40]
> **Sachverhalt**
> Die A-AG erwirbt ein TU. Dieses TU verfügt über ein Grundstück, über das zwei Betriebsstätten der A-AG nunmehr auf direktem Weg miteinander verbunden werden können. Bislang müssen Lieferungen zwischen den Betriebsstätten umständlich über das öffentliche Straßennetz erfolgen.
>
> **Beurteilung nach dem beizulegenden Wert**
> Bei der Bewertung des Grundstücks ist der Vorteil, die beiden Betriebsstätten nunmehr direkt miteinander verbinden zu können, irrelevant. Ein anderer Marktteilnehmer als die A-AG würde für das Grundstück nur den normalen Preis für Gewerbeflächen zahlen. Der unternehmensindividuelle Vorteil bleibt bei der Bewertung des Grundstücks außen vor. Er findet in die Konzernbilanz Eingang über den GoF.

Auch bei der Ermittlung des beizulegenden Zeitwerts von Verbindlichkeiten ist die Bonität des erworbenen Unt im Zeitpunkt des Erwerbs ohne Berücksichtigung der durch den Erwerb veränderten Gesellschaftsverhältnisse zu berücksichtigen (DRS 23.68).

---

[39] Vgl. zum Inhalt der Begriffe beizulegender Wert und beizulegender Zeitwert bspw. Küting/Trappmann/Ranker, DB 2007, S. 1703 ff., sowie auch im Folgenden Leinen, in Kessler/Leinen/Strickmann, BilMoG, 2009, S. 592 f.
[40] Beispiele im Folgenden in Anlehnung an Leinen, in Kessler/Leinen/Strickmann, BilMoG, 2009, S. 592 ff.

Der Gesetzgeber sieht in § 255 Abs. 4 Satz 3 HGB den Fall vor, dass der beizulegende Zeitwert **nicht ermittelbar** ist. VG, Schulden, RAP und Sonderposten eines erworbenen TU, auf die dies zuträfe, wären mangels verlässlicher Bewertbarkeit ihrer Bilanzierungsfähigkeit beraubt. Die in § 255 Abs. 4 Satz 3 HGB vorgesehene Rückfalllösung auf die AHK kann nicht zur Anwendung kommen, da sie die Folgebewertung, nicht aber die Zugangsbewertung vor Augen hat. Vom erworbenen TU ggf. für das betreffende Bilanzierungsobjekt ermittelte Zeitwerte können damit nicht als konzernbilanzielle Zugangswerte herangezogen werden (DRS 23.67). In der Konsequenz geht der mit dem jeweiligen Sachverhalt verbundene Vermögensvor- oder -nachteil in der nach der Kapitalaufrechnung verbleibenden Residualgröße, d.h. dem GoF bzw. dem (passiven) Unterschiedsbetrag aus der KapKons, auf. 64

Von praktischer Bedeutung ist die aufgeworfene Fragestellung einer hinreichend verlässlichen Bewertbarkeit im Bereich der **immateriellen VG**. 65

Praxis-Beispiel
Sachverhalt
Die A-AG erwirbt ein im Rohstoffhandel tätiges TU, das in der Vergangenheit stabile Erträge erwirtschaftete. Ein Werttreiber des TU ist ein sehr langfristiger Rohstoffeinkaufskontrakt. Dem Einkaufskontrakt seien keine bestehenden Verkaufskontrakte zuordenbar.

Beurteilung
Da das EnergiehandelsUnt auf Basis seines Geschäftsmodells aus dem langfristigen Einkaufskontrakt in der Vergangenheit einen wirtschaftlichen Nutzen in Form von Erlösen gezogen hat, ist auch im Erwerbszeitpunkt anzunehmen, dass dem Einkaufskontrakt ein positiver Wert beizumessen ist. Dieser ist entsprechend in der Kaufpreisfindung für das TU berücksichtigt. Da der Einkaufskontrakt die übrigen Kriterien, die an das Vorliegen eines VG zu knüpfen sind (Nutzenwert, Greifbarkeit und Übertragbarkeit), unzweifelhaft erfüllt, kann eine Bilanzierung dem Grunde nach nur daran scheitern, dass die selbstständige Bewertbarkeit zu negieren ist.
Deshalb ist zu überlegen, ob eine erhebliche Schätzungsunsicherheit dazu führen kann, dass der beizulegende Zeitwert als nicht ermittelbar i.S.v. § 298 Abs. 1 HGB i.V.m. § 255 Abs. 4 HGB anzusehen ist. Um den beizulegenden Zeitwert des Einkaufskontrakts bemessen zu können, müssen Erfüllungszeitpunkt und durchsetzbare Konditionen der dem Dauerbeschaffungsgeschäft nachfolgenden Veräußerungstransaktionen geschätzt werden. Da für beide Parameter eine Bandbreite argumentierbarer Werte zur Verfügung steht, wird der beizulegende Zeitwert in Abhängigkeit von ihrer Festlegung erheblich differieren. Bezogen auf den Wertansatz des Einkaufskontrakts droht damit eine beachtliche Überbewertung, die im Konzernabschluss indes regelmäßig durch den Ansatz eines niedrigeren GoF korrigiert wird.
Hier wird die Auffassung vertreten, dass die unter dem Einfluss des Vorsichtsprinzips in § 255 Abs. 4 HGB formulierte seltene Möglichkeit der nicht verlässlichen Ermittelbarkeit eines beizulegenden Zeitwerts nicht in

> Betracht zu ziehen ist. Sie sollte zugunsten des Gedankens verworfen werden, die sich im identifizierbaren Mengengerüst des erworbenen Reinvermögens niederschlagenden Ertragserwartungen als solche zu zeigen und nicht in der Saldogröße GoF aufgehen zu lassen.
> Die angestrebte Vergleichbarkeit mit der internationalen Rechnungslegung[41] wäre damit in diesem Punkt erreicht. Mit IAS 38 (2008) hat der IASB eine verlässliche Ermittlung des Fair Value von immateriellen Vermögenswerten unwiderlegbar vermutet, um dem Anspruch, möglichst wenige vom kaufenden Unt bezahlte Ertragserwartungen im **goodwill** aufgehen zu lassen, konsequent gerecht zu werden.

66 Selbst geschaffene **immaterielle Vermögensgegenstände** des TU, die aufgrund des Wahlrechts aus § 248 Abs. 2 Satz 1 oder dem Verbot aus Satz 2 HGB nicht in der HB I des TU ausgewiesen wurden, sind nach DRS 23.51 beim Erwerb durch das MU in der Konzernbilanz anzusetzen, da durch den Erwerbsvorgang unter Einzelerwerbsfiktion ein entgeltlicher Erwerb unterstellt wird. Ebenso sind in der HB I des TU nicht passivierte **Pensionsverpflichtungen** aufgrund von Art. 28 Abs. 1 EGHGB oder noch nicht zum Erfüllungsbetrag bewertete Verpflichtungen (Art. 67 Abs. 1 Satz 1 EGHGB) als Teil des (niedrigeren) Kaufpreises anzusehen, sodass hierfür i. R. d. ErstKons ebenfalls kein Wahlrecht angewendet werden darf und diese in der Konzernbilanz auszuweisen sind (DRS 23.56).

67 Strittig ist i. R. d. Neubewertung der nach DRS 23.58 nur unter sehr eng definierten Voraussetzungen verlangte Ausweis von **Restrukturierungsrückstellungen**. Da Aufwandsrückstellungen nach § 249 HGB nur noch für eng beschriebene Sachverhalte gelten, die für Restrukturierungen nicht in Betracht kommen, liegt für eine derartige Verpflichtung keine gesetzliche Grundlage vor, da es sich im Erwerbszeitpunkt lediglich um Verpflichtungen aus Maßnahmen bzw. Entscheidungen des Erwerbers und nicht um Vermögensbelastungen des erworbenen TU handelt. Gleichwohl sind die Aufwendungen für die Restrukturierung aus individueller Sicht des Erwerbs Teil der Gegenleistung für den Erwerb der Anteile. Würden keine Restrukturierungsrückstellungen gebildet werden, wäre dieser Betrag ggf. Teil des passiven Unterschiedsbetrags aus der KapKons. DRS 23.58 fordert – in Anlehnung an die internationale Rechnungslegung – den gesonderten Ausweis von Rückstellungen für Restrukturierungsmaßnahmen nur in der Neubewertungsbilanz, wenn hierfür im Zeitpunkt der erstmaligen Einbeziehung bereits eine **Außenverpflichtung des erworbenen TU** besteht. Indizien dafür sind die folgenden kumulativ erfüllten Punkte:
- Zum Zeitpunkt des Unternehmenserwerbs müssen die wesentlichen Bedingungen eines Plans zur Stilllegung oder Veräußerung des TU oder Teilen davon feststehen. Dazu gehören die Aufwendungen für die Abfindung von Mitarbeitern, die Schließung von Unternehmenseinrichtungen, die Aufgabe von Produktionslinien oder die vorzeitige Kündigung von Verträgen mit Dritten.
- Die wesentlichen Bedingungen des Plans müssen bereits von dem TU umgehend bekannt gemacht worden sein.

---

[41] Vgl. BT-Drs. 16/10067 v. 30.7.2008 S. 34.

Schulden, deren rechtliche Entstehung auf Maßnahmen oder Entscheidungen beruht, die der Erwerber erst nach der Erlangung der Beherrschungsmöglichkeit i. S. d. § 290 Abs. 1 Satz 1 HGB getroffen hat, dürfen in der Neubewertungsbilanz nicht angesetzt werden (DRS 23.57). Dagegen gehören zu den in der Neubewertungsbilanz ansatzpflichtigen Schulden auch Verpflichtungen ggü. AN oder sonstigen fremden Dritten, z. B. Lieferanten, deren Entstehung aufschiebend bedingt von einem Kontrollwechsel abhängig ist (change-of-control-Klauseln) und die nicht der Abgeltung für eine künftige (Arbeits-)Leistung dienen (DRS 23.60). 68

Die neu bewerteten Werte stellen die AK des Konzerns dar und sind die neuen **Wertobergrenzen für die Zukunft**. Bei in Fremdwährung bilanzierenden TU sind das neu bewertete EK sowie analog die VG und Schulden mit dem Devisenkassamittelkurs zum ErstKons-Zeitpunkt in Euro umzurechnen. Dieser Kurs gilt in der Folge als historischer Kurs gem. § 308a Satz 1 HGB (DRS 23.38). Die VG des Anlagevermögens sind mit diesen Werten im Konzernanlagespiegel auszuweisen, wobei es sinnvoll ist, das nach § 284 Abs. 3 HGB vorgeschriebene Schema um die Positionen „Veränderung des Konsolidierungskreises" und ggf. „Veränderung durch Währungsumrechnung" zu erweitern.[42] Bei den notwendigen FolgeKons wird daher stets, ggf. unter Beachtung nachträglicher Wertkorrekturen, die **ErstKons** mit den dabei verwandten Wertansätzen wiederholt. Folglich können bei der KapKons die Buchwerte aus den Einzelbilanzen der einzubeziehenden TU weder bzgl. des Ansatzes noch hinsichtlich der Bewertung unverändert übernommen werden. Maßgeblich sind vielmehr ihre AK zum Zeitpunkt des Erwerbs. 69

Technisch ist für die Neubewertung ein gesonderter Eigenkapitalposten in der neu bewerteten Bilanz des TU (sog. **Handelsbilanz III**) etwa mit der Bezeichnung „Neubewertungsrücklage" sinnvoll. Bei der Neubewertung gelten die GoB, wobei insb. der Grundsatz der Einzelbewertung zu beachten ist. Daraus folgt, dass jede aufgelöste stille Reserve oder Last einem bestimmten VG oder einer Schuld zuzuordnen und für spätere Konsolidierungsnotwendigkeiten ausreichend zu dokumentieren ist. Lediglich aus Wirtschaftlichkeitsgründen kann eine enge Gruppenbildung toleriert werden.[43] Zusätzlich müssen Vorkehrungen getroffen werden, dass in der Konzernbilanzierung auch die Informationen wie Verkäufe oder Wertänderungen der VG und Schulden aus den TU ankommen, was in der Praxis über entsprechend konzipierte Formblätter (Konzernpackage) sichergestellt wird. 70

2.5 Bewertung von Rückstellungen und latenten Steuern (Abs. 1 Satz 3)

Für Rückstellungen und latente Steuern hat der Gesetzgeber eine Ausnahme von der Verwendung des beizulegenden Zeitwerts festgeschrieben. Diese beiden Positionen sind gem. den allgemeinen Bilanzierungsregeln zu erfassen. Für **Rückstellungen** bedeutet dies, dass sie zum Erfüllungsbetrag anzusetzen sind (§ 253 Rz 32 ff.). 71

Als notwendiger **Erfüllungsbetrag** ist der Betrag anzusehen, den der Konzern aller Voraussicht nach aufzubringen hat, um die bestehende (ggf. ungewisse) Verpflichtung zu erfüllen. Die Klarstellung, dass es sich um den notwendigen

---

[42] Vgl. Müller, in Kußmaul/Müller, HdB, Anlagespiegel/Anlagegitter, Rz 1, Stand: 14.2.2022.
[43] Vgl. Kliem/Deubert, in Beck Bil-Komm., 14. Aufl. 2024, § 301 HGB Rz 56.

Erfüllungsbetrag sowie die Ausführungen in der Gesetzesbegründung handelt,[44] machen deutlich, dass der Gesetzgeber auf eine **zukunftsorientierte Verpflichtungsbewertung** abzielt. Zur Ermittlung ist demnach das im Zeitpunkt der Erfüllung geltende (zukünftige) Preis- und Kostenniveau auf Vollkostenbasis (§ 255 Abs. 2 HGB) zugrunde zu legen, wobei der dann errechnete Betrag bei Rückstellungen mit einer Restlaufzeit von mehr als einem Jahr gem. § 253 Abs. 2 HGB abzuzinsen ist mit einem der Laufzeit entsprechenden und von der Deutschen Bundesbank veröffentlichten Durchschnittsmarktzinssatz der letzten sieben Gj bzw. der letzten zehn Gj für Pensions- und ähnliche Verpflichtungen. Somit sollen „den Abschlussadressaten realitätsnähere Informationen über die wahre Belastungswirkung ungewisser Verbindlichkeiten"[45] vermittelt werden. Konkret sind bei der Bewertung von Rückstellungen sowohl **Preis- und Kostenänderungen** als auch eine **Abzinsung** zu berücksichtigen. Da die gesamte Rückstellungsbewertung zukunftsorientiert auszurichten ist, sind neben den Preis- und Kostenentwicklungen ggf. Anpassungen im Mengengerüst notwendig. I.d.R dürften die auf der Ebene des Jahresabschlusses gebildeten Rückstellungen und i.R.d. Vereinheitlichung von Ansatz und Bewertung in der HB II angepassten Beträge direkt in den Konzernabschluss übernommen werden. I.R.d. Neubewertung sind ggf. werterhellende Ereignisse zu berücksichtigen. Zu den Abweichungen im Zusammenhang mit Schätzungsreserven s. Rz 56 f.

72 Die für Rückstellungen und latente Steuern in § 301 Abs. 1 Satz 3 HGB formulierte **Ausnahme** von der Verwendung des beizulegenden Zeitwerts als alleinigem Maßstab für die Bestimmung der konzernbilanziellen Zugangswerte des erworbenen Reinvermögens eines TU ist vergleichbar in der internationalen Rechnungslegung (IFRS 3.24 ff.) bekannt: Auch dort sind bestimmte Bilanzposten von der Verpflichtung zur Bewertung zum Fair Value i.R.d. Kaufpreisallokation ausgenommen.

Praxis-Beispiel
Sachverhalt
Die A-AG erwirbt ein ausländisches TU, zu dessen Reinvermögen eine langfristige Rückstellung und eine aktive latente Steuer auf einen in den nächsten fünf Jahren zu nutzenden Verlustvortrag zählen.

Beurteilung
Ohne die Ausnahme von § 301 Abs. 1 Satz 3 HGB wären die Rückstellung und die aktive latente Steuer mit dem beizulegenden Zeitwert anzusetzen, was zwingend eine Abzinsung mit einem marktadäquaten Zinssatz voraussetzen würde. Ein so ermittelter Wertansatz gerät mit der (Folge-)Bewertung sowohl der Rückstellung als auch der aktiven latenten Steuer in Konflikt. Die Rückstellung ist nach § 253 Abs. 1 und 2 HGB auf Basis eines durchschnittlichen Marktzinses der vergangenen sieben Jahre gem. der Fristigkeit der Verpflichtung abzuzinsen (§ 253 Rz 127 ff.). Da dieser Zins regelmäßig vom Zins für die Ermittlung des beizulegenden Zeitwerts abweichen wird, müsste der konzernbilanzielle Zugangswert der Rückstellung am ersten Konzern-

---

[44] Vgl. BT-Drs. 16/10067 v. 30.7.2008 S. 52.
[45] Kessler, in Kessler/Leinen/Strickmann, Handbuch BilMoG, 2009, S. 278.

> bilanzstichtag, zu dem das erworbene TU im Konzernabschluss abgebildet wird, bei gleichbleibendem Mengengerüst erfolgswirksam i. H. d. Zinsdifferenz angepasst werden. Entsprechendes gilt für die aktive latente Steuer auf den Verlustvortrag. Sie ist in Anwendung des expliziten Abzinsungsverbots in § 274 Abs. 2 HGB (§ 274 Rz 104) am Konzernbilanzstichtag mit dem Nominalwert statt mit dem Barwert anzusetzen. Nach § 301 Abs. 1 Satz 3 HGB sind Rückstellungen und latente Steuern im konzernbilanziellen Zugangszeitpunkt nicht mit ihren beizulegenden Zeitwerten anzusetzen. Stattdessen ist auf die Werte zurückzugreifen, die sich nach den einzelgesellschaftlichen Bewertungsmodellen in §§ 253 Abs. 1 und 2 sowie 274 Abs. 2 HGB ergeben.

Für steuerliche Be- oder Entlastungen, die aus dem Abbau abzugsfähiger oder zu versteuernder temporärer Differenzen der in der Neubewertungsbilanz angesetzten Vermögens- und Schuldposten sowie aus der Nutzung eines steuerlichen Verlustvortrags resultieren, sind nach DRS 23.71 mit Verweis auf § 301 Abs. 1 i. V. m. § 306 Satz 1 HGB, DRS 18.25 latente Steuern anzusetzen. Der in § 301 Abs. 1 Satz 3 HGB enthaltene Verweis zur konzernbilanziellen **Zugangsbewertung von latenten Steuern** bezieht sich nur auf die Bewertungsvorschrift in § 274 Abs. 2 HGB. Hieraus ist nicht zu folgern, dass die in § 274 Abs. 1 Satz 4 HGB formulierte Beschränkung des Ansatzes aktiver latenter Steuern auf die innerhalb der nächsten fünf Jahre zu erwartenden Verlustverrechnungen für die konzernbilanzielle Zugangsbewertung nicht gilt und entsprechend ein längerer Prognosehorizont für sie zumindest in Betracht kommt. Dies entspräche nicht der mit dem Verweis auf das einzelgesellschaftliche Bewertungsmodell für latente Steuern verbundenen Absicht.[46] Es käme wiederum zu der im vorstehenden Beispiel beschriebenen Diskrepanz zwischen der Zugangsbewertung (Prognosehorizont nicht beschränkt) und der Folgebewertung (Prognosehorizont auf fünf Jahre beschränkt).[47] Hinsichtlich der Bewertung sind latente Steuern in der Neubewertungsbilanz mit dem unternehmensindividuellen Steuersatz des betreffenden TU zu bewerten und nicht abzuzinsen (DRS 18.41 und 18.49, DRS 23.73). Für die Bilanzierung latenter Steuern auf steuerliche Verlustvorträge des TU in der Neubewertungsbilanz sind ggf. bestehende Verlustabzugsbeschränkungen, die infolge des Anteilserwerbs entstehen, z. B. gem. § 8c KStG, zu berücksichtigen. Für zu versteuernde temporäre Differenzen zu bildende passive latente Steuern sind – unter Berücksichtigung ggf. bestehender Verlustabzugsbeschränkungen – unabhängig von ihrem Realisationszeitpunkt geeignet, die Werthaltigkeit eines Verlustvortrags zu belegen (DRS 18.21, DRS 23.75). Indem sich der Verweis nur auf § 274 Abs. 2 HGB bezieht, wird klargestellt, dass das in § 274 Abs. 1 HGB enthaltene Wahlrecht zum Ansatz eines aktiven latenten Steuerüberhangs bei der ErstKons **nicht** gilt.[48] Hat sich das TU in seinem handelsrechtlichen Einzelabschluss (HB I) gegen einen Ansatz entschieden,

---

[46] Vgl. BT-Drs. 16/12407 v. 24.3.2009 S. 118.
[47] Vgl. § 274 Abs. 1 Satz 4 i. V. m. § 298 Abs. 1 HGB, DRS 18.23 a) sowie Leinen, in Kessler/Leinen/Strickmann, BilMoG, 2009, S. 597 f.
[48] A. A. wohl Oser, PiR 2009, S. 125.

müssen die nicht aktivierten latenten Steuern bei der ErstKons nachaktiviert werden, da auch diese Beträge Teil des Kaufpreises sein können (Rz 66). Dies entspricht dem Ansatzgebot für aktive latente Steuerüberhänge aus Konsolidierungsmaßnahmen in § 306 HGB. Für in der Folge neu entstehende aktive Steuerüberhänge besteht unabhängig davon über § 298 Abs. 1 HGB i.V.m. § 274 HGB ein konzerneinheitlich und stetig auszuübendes Ansatzwahlrecht.

> **Praxis-Beispiel**
> **Sachverhalt**
> Die A-AG erwirbt am 8.10.01 ein TU (B-AG). Der Kaufpreis beträgt 100 Mio. EUR, das Reinvermögen des TU auf HB-I-Basis im Erwerbszeitpunkt 80 Mio. EUR. Hierin ist eine Drohverlustrückstellung i.H.v. 10 Mio. EUR enthalten. Allein die Drohverlustrückstellung begründet einen Bewertungsunterschied zwischen den handels- und steuerbilanziellen Wertansätzen. Die konzernbilanziellen Zugangswerte entsprechen den Wertansätzen in der HB I der B-AG. Die B-AG macht in ihrem Jahresabschluss von dem Wahlrecht Gebrauch, aktive latente Steuerüberhänge nicht anzusetzen. Zum 31.12.01 passiviert die B-AG eine weitere Drohverlustrückstellung i.H.v. 5 Mio. EUR, die ihren Ansatzgrund in einem im November 01 abgeschlossenen noch schwebenden Rechtsgeschäft hat. Der Ertragsteuersatz der B-AG beträgt 30 %.
>
> **Beurteilung**
> Bei der Ermittlung des der ErstKons der B-AG zugrunde zu legenden Reinvermögens ist die aus dem Ansatz der Drohverlustrückstellung resultierende aktive latente Steuer (3 Mio. EUR) zu berücksichtigen. Das Reinvermögen beträgt damit nicht 80 Mio. EUR, sondern 83 Mio. EUR. Durch den verpflichtenden Ansatz der aktiven Latenz wird verhindert, dass das sie begründende Steuerminderungspotenzial im GoF aufgeht.
> Ob der aktive Latenzüberhang aus der nach der ErstKons neu gebildeten Drohverlustrückstellung i.H.v. 5 Mio. EUR (1,5 Mio. EUR) im Konzernabschluss zum Ansatz kommt, richtet sich hingegen danach, wie im Konzern das Aktivierungswahlrecht nach § 274 Abs. 1 HGB ausgeübt wird.

75 Steuerliche Verlustvorträge, die beim MU oder bei anderen TU bestehen und erst durch den Erwerb des TU werthaltig i.S.v. § 274 Abs. 1 Satz 4 i.V.m. § 298 Abs. 1 HGB werden, dürfen i.R.d. KapKons nicht berücksichtigt werden (DRS 23.76). Die Nutzbarkeit betrifft die Vermögenssphäre des MU bzw. des anderen TU. Ihre Aktivierung erfolgt deshalb **erfolgswirksam**. Sie findet keine Berücksichtigung in der Kaufpreisallokation. Es mag zwar sein, dass die Nutzbarkeit des Verlustvortrags Eingang in die Kalkulation des Kaufpreises gefunden hat. Eine Aufteilung des Kaufpreises auf die Komponenten „erworbenes Reinvermögen TU" und „nutzbarer Verlustvortrag" scheidet indes aus. Der nutzbare Verlustvortrag entsteht originär beim MU und wird nicht erworben. Dies kann dazu führen, dass der beim MU entstehende Vorteil in der Konzernbilanz zweimal berücksichtigt wird: zum einen über den Ansatz aktiver latenter Steuern, zum anderen im GoF des TU.

3 Zeitpunkt der Bewertung der konsolidierungspflichtigen Anteile (Abs. 2)

Die Bestimmung der für die Kapitalaufrechnung maßgeblichen Wertansätze hat grds. zu dem **Zeitpunkt** zu erfolgen, zu dem das Unt TU geworden ist. Bei unterjährigen Unternehmenserwerben ist damit unter Berücksichtigung von Wesentlichkeits- und Wirtschaftlichkeitsaspekten i.d.R. die Erstellung von Zwischenabschlüssen notwendig, wenngleich dies nicht explizit etwa von DRS 23.11 gefordert wird (Rz 49). 76

Für den Fall, dass aufgrund des Überschreitens der Größenkriterien in § 293 HGB oder der erstmaligen Einbeziehung eines bislang nach § 296 HGB nicht berücksichtigten TU eine Kapitalkonsolidierung (KapKons) notwendig wird, sieht § 301 Abs. 2 Satz 3 und 4 HGB **Erleichterungen** vor. Die für die Kapitalaufrechnung notwendigen Wertansätze sind auf den Zeitpunkt der erstmaligen Einbeziehung in den Konzernabschluss zu ermitteln. Der Zeitpunkt der erstmaligen Einbeziehung sollte durch den Gj-Beginn und nicht das Gj-Ende determiniert werden. Die Regelung vermeidet mögliche Datenbeschaffungsprobleme bei länger zurückliegenden Beteiligungserwerben. Vor diesem Hintergrund ist auch die Ausnahme der Vereinfachungsregel konsequent: Ist am Bilanzstichtag erstmals ein Konzernabschluss aufzustellen, so müssen im abgelaufenen Gj erworbene TU auf Basis der Wertverhältnisse des Stichtags konsolidiert werden, zu dem sie TU geworden sind (Erwerbszeitpunkt). Hier vermutet der Gesetzgeber unwiderlegbar, dass die erforderlichen Informationen beschafft werden können. 77

Im Fall der vereinfachenden KapKons auf den Zeitpunkt der erstmaligen Einbeziehung eines TU können von TU thesaurierte Gewinne zu einem passiven Unterschiedsbetrag führen. Seinem Charakter entspräche eine **unmittelbare erfolgsneutrale** Erfassung im Konzerneigenkapital (Rz 99ff.). 78

3.1 Zeitpunkt, zu dem das Unternehmen Tochterunternehmen geworden ist (Abs. 2 Satz 1)

3.1.1 Erwerb in einem Schritt

Die Neubewertung des TU hat im Regelfall zu dem Zeitpunkt zu erfolgen, an dem das Unt TU geworden ist. Dies wird in der Praxis i.d.R. der Zeitpunkt sein, an dem das **wirtschaftliche Eigentum** an den die Beherrschung begründenden Anteilen auf das MU übergegangen ist. Denkbar ist auch, dass die zur Qualifikation eines Mutter-Tochter-Verhältnisses gem. § 290 HGB notwendige Beherrschungsmöglichkeit über ein TU ohne Anteilsbesitz bzw. zusätzlich zu einem die Beherrschung bislang noch nicht zulassenden Anteilsbesitz entsteht. Konkret ist gem. § 290 Abs. 2 HGB ein beherrschender Einfluss anzunehmen, wenn 79

- dem MU die Mehrheit der Stimmrechte der Gesellschafter zusteht (§ 290 Rz 29ff.),
- das Recht besteht, die **Mehrheit der Mitglieder des die Finanz- und Geschäftspolitik** bestimmenden Verwaltungs-, Leitungs- oder Aufsichtsorgans zu bestellen oder abzuberufen, und gleichzeitig eine Gesellschafterstellung gegeben ist (§ 290 Rz 35ff.),

- auch ohne Gesellschafterstellung eine Beherrschungsmöglichkeit über einen **Beherrschungsvertrag oder Satzungsbestimmungen** gegeben ist (§ 290 Rz 42 ff.) oder
- die **Risiken- und Chancentragung** bzgl. eines Unt, das zur Erreichung eines eng begrenzten und genau definierten Ziels des MU dient (**Zweckgesellschaft**), bei wirtschaftlicher Betrachtung durch das MU erfolgt (§ 290 Rz 46 ff.).

80 Problematisch ist, dass trotz der scheinbar klaren Regelung im Detail Spielräume verbleiben. Nach § 290 Abs. 1 HGB kann der beherrschende Einfluss auch unabhängig von diesen gesellschaftsrechtlichen Verhältnissen gegeben sein. Es kann etwa als ausreichend angesehen werden, wenn der Erwerber aufgrund schuldrechtlicher Vereinbarungen mit dem Veräußerer schon vor dem dinglichen Übergang der Anteile eine Beherrschungsmöglichkeit über das Erwerbsobjekt hat. Es ist somit zu prüfen, ob eine **unentziehbare Erwerbsposition** vorliegt. So können als praxisrelevante Abgrenzungsfälle aufgeführt werden:

81 - Der **Erwerb wird vertraglich rückverlagert**, d.h., bei Vertragsabschluss am 12.1.01 wird eine Übernahme der Anteile zum 1.1.01 festgelegt. Wenn zu diesem Zeitpunkt tatsächlich die Beherrschungsmöglichkeit übergegangen ist, ist somit der 1.1. als relevanter Stichtag für die Erlangung des TU-Status anzunehmen. Im Normalfall sind solche unterjährigen Vereinbarungen für die Bestimmung des Erwerbszeitpunkts unbeachtlich, da es sich häufig lediglich um eine im Innenverhältnis zwischen Verkäufer und Erwerber getroffene Klarstellung handelt, die letztlich nur auf eine Gewinnverteilung hinausläuft. Eine Rückverlagerung, ohne dass auch die Beherrschungsmöglichkeit zu dem fixierten Zeitpunkt bestand, wäre – wenn überhaupt – nur unter Wesentlichkeits- oder Kosten-Nutzen-Überlegungen denkbar. Die Beherrschungsmöglichkeit kann demnach nur in seltenen Ausnahmefällen rückwirkend übertragen werden.[49]

82 - **Abweichende Gewinnaufteilungen**, d.h. etwa, dass dem Erwerber auch die Altgewinne des Gj zugerechnet werden, sind daher ebenfalls im Regelfall nicht als Vorverlagerung des Erwerbszeitpunkts zu interpretieren.[50]

83 - Bei **Erwerb der Anteile bei Umwandlungsvorgängen** ist das rechtliche Eigentum an den Anteilen erst mit der Eintragung in das Handelsregister gegeben. Unter den Voraussetzungen des IDW RS HFA 42.31 ff.[51] kann aber für den Erwerbszeitpunkt bereits als frühester Zeitpunkt der ausdrücklich vereinbarte Umwandlungsstichtag angesehen werden. Umwandlungsstichtag ist der Zeitpunkt, ab dem die Handlungen des die Anteile des TU übertragenden Rechtsträgers für Rechnung des übernehmenden Rechtsträgers vorgenommen werden (§ 5 Abs. 1 Nr. 6 bzw. § 136 Abs. 1 Nr. 6 UmwG).[52]

84 - Bei **Gremienvorbehalten** ist zu differenzieren: Bedarf die Wirksamkeit der Anteilsübertragung einer Zustimmung durch den Aufsichtsrat oder die Geschäftsführung des Veräußerers, ist bis zur Erteilung der Zustimmung aus Sicht des Erwerbers völlig unsicher, ob der Vertrag wirksam wird. Der

---

[49] Vgl. Hoffmann/Lüdenbach, NWB-Kommentar Bilanzierung, 15. Aufl. 2023, § 301 HGB Rz 19.
[50] Vgl. Kliem/Deubert, in Beck Bil-Komm., 14. Aufl. 2024, § 301 HGB Rz 131.
[51] Vgl. HFA 2/1997.
[52] Vgl. Melhem/Müller, in Kußmaul/Müller, HdB, Umwandlungen: Rechnungslegung, Rz 1, Stand: 15.7.2021.

beherrschende Einfluss kann noch nicht übergehen. Besteht der Gremienvorbehalt hingegen nur noch zugunsten eines Organs des Erwerbers, liegt der Einfluss über das Erwerbsobjekt bereits in seiner Sphäre.[53]

- Bestehen **Kartellamtsvorbehalte**, so sind diese dahin gehend zu würdigen, wie hoch die Wahrscheinlichkeit des Versagens der Zustimmung ist und wie ggf. während des anhängigen Verfahrens die Handlungsoptionen aussehen. Darf der Erwerber lediglich mit Zustimmung des Veräußerers Geschäftshandlungen vornehmen, wird der Erwerbszeitpunkt erst auf den Tag der Genehmigungserteilung fallen können (§ 298 Rz 32).[54]

Mit der Bestimmung des Zeitpunkts sind zwei Sachverhalte verbunden: Zum einen erfolgt im Erstkonsolidierungszeitpunkt die **Qualifikation von Gewinnen**. Während die bis zu diesem Zeitpunkt angefallenen (alten) Gewinne in die Erstkonsolidierung (ErstKons) eingehen, sind die ab dem Tag des Unternehmenserwerbs entstehenden Gewinne Bestandteil der Konzern-GuV. Zum anderen hat zu diesem Zeitpunkt die **Wertermittlung** der für die KapKons benötigten Posten zu erfolgen, d.h. des Werts der Anteile, der neu bewerteten Jahresabschlüsse des TU mit neu bewertetem EK, der VG, Schulden, RAP und Sonderposten sowie mittelbar damit auch des GoF.

Auf den Zeitpunkt des Erwerbs wird i.d.R. von dem TU ein **Zwischenabschluss** aufzustellen sein, wenngleich dieser nach DRS 23.11 nicht gefordert wird. Dieser kann jedoch, soweit verlässlich, auch zeitnah als Monats- oder sogar Quartalsabschluss ausgestaltet sein und dient der Dokumentation der erworbenen VG, Schulden, RAP und Sonderposten (Mengengerüst) und der Ermittlung des erworbenen EK einschl. der ggf. enthaltenen Jahresergebnisse. Nach IDW RS HFA 44.23 ff. darf alternativ auf die Aufstellung eines Zwischenabschlusses verzichtet werden, wenn es über statistische Verfahren möglich ist, das Jahresergebnis sowie die Aufwendungen und Erträge verlässlich zurückzurechnen. Für das Mengengerüst sollte ein Inventar zum Erwerbszeitpunkt erstellt werden, wobei auch darauf ggf. verzichtet werden kann, wenn eine verlässliche Rückrechnung aus dem Jahresabschluss möglich ist.

3.1.2 Sukzessiver Anteilserwerb

Erfolgt der Erwerb eines TU in einem Schritt, sollten sich der Zeitpunkt des Anteilserwerbs und der für die Kapitalaufrechnung maßgebliche Zeitpunkt, zu dem das Unt TU geworden ist, regelmäßig entsprechen. Anders im Fall des sukzessiven Anteilserwerbs: Das Gesetz stellt dabei auf den Zeitpunkt des Erwerbs der Anteilstranche ab, mit der das MU die Beherrschungsmöglichkeit über das TU erlangt. **Eine tranchenweise Konsolidierung (Kons) scheidet damit für diesen Fall aus** (DRS 23.9),[55] wird aber i.R.d. Anteilszuerwerbs bei bereits bestehender Beherrschungsmöglichkeit von DRS 23.172 als möglich angesehen (Rz 212).

Auf frühere Beteiligungstranchen entfallende **thesaurierte Ergebnisse** des TU werden zu konsolidierungspflichtigem EK, was die Entstehung eines passiven

---

[53] Vgl. Hoffmann/Lüdenbach, NWB-Kommentar Bilanzierung, 15. Aufl. 2023, § 301 HGB Rz 20.
[54] Vgl. BFH, Urteil v. 25.6.2009, IV R 3/07, BStBl 2010 II S. 182.
[55] Vgl. Kliem/Deubert, in Beck Bil-Komm., 14. Aufl. 2024, § 301 HGB Rz 126; Leinen, in Kessler/Leinen/Strickmann, BilMoG, 2009, S. 603 f.; Oser u. a., WPg 2008, S. 691.

Unterschiedsbetrags begünstigt. Da § 301 Abs. 2 HGB eine Einbeziehung von TU zu einem alternativen Zeitpunkt nicht zulässt, ist die angeordnete Verfahrensweise bei sukzessiven Erwerben nicht als Vereinfachungslösung zu der dem Erwerbsgedanken stärker Rechnung tragenden tranchenweisen Kons aufzufassen. Von daher erscheint es konsequent, einen sich bei der ErstKons aufgrund von Gewinnthesaurierungen des TU während der Konzernzugehörigkeit ergebenden **passiven Unterschiedsbetrag** (auch technischer passiver Unterschiedsbetrag genannt) im Einklang mit § 309 HGB unmittelbar erfolgswirksam aufzulösen. Dieser aperiodische Ertrag entspräche indes nicht dem ökonomischen Charakter des Unterschiedsbetrags. Deshalb ist eine **erfolgsneutrale Umgliederung** in die Konzerngewinnrücklagen zu präferieren, was auch mit DRS 23.148 gefordert wird.

90 Die Entstehung eines passiven Unterschiedsbetrags kann nicht nur in Alttranchen zuzuordnenden thesaurierten Gewinnen begründet sein, sondern auch in der Wertsteigerung des auf die Alttranche entfallenden Vermögens, d. h., stille Reserven sind angewachsen oder stille Lasten haben abgenommen.

> **Praxis-Beispiel**
> **Sachverhalt**
> Die B-AG erwirbt am 1.1.01 10 % der Anteile an der C-AG zu einem Preis von 10 TEUR. Die C-AG hat ein buchmäßiges Reinvermögen von 100 TEUR, das allein aus einem steuerfrei veräußerbaren VG besteht. Der Zeitwert des VG beträgt bei Erwerb der 10-%-Tranche ebenfalls 100 TEUR. Nach Übergang auf das BilMoG erwirbt die B-AG weitere 50 % der Anteile an der C-AG, die damit als TU der B-AG zu klassifizieren ist. Weiterhin besteht das Reinvermögen der C-AG nur aus dem steuerfrei veräußerbaren VG, dessen Zeitwert nunmehr 200 TEUR beträgt. Der Kaufpreis für die 50-%-Tranche beträgt 100 TEUR.
>
> **Beurteilung**
> Da der VG steuerfrei veräußerbar ist, sind keine latenten Steuern zu berücksichtigen. Die im Zeitpunkt des Erwerbs der 50-%-Tranche vorzunehmende Kaufpreisaufrechnung führt zu folgendem Ergebnis: Den AK für den 60 %igen Anteilsbesitz i. H. v. 110 TEUR ist das hierauf entfallende neu bewertete Reinvermögen der C-AG (120 TEUR) gegenüberzustellen. Es entsteht ein passiver Unterschiedsbetrag von 10 TEUR. Der Minderheitenanteil ist mit 80 TEUR zu dotieren.

91 Der im Beispiel entstehende technische passive Unterschiedsbetrag aus der KapKons basiert – anders als ein aus thesaurierten Gewinnen resultierender technischer Unterschiedsbetrag – nicht auf (in der Vergangenheit) realisierten Erfolgen. Eine unmittelbare Berücksichtigung im EK scheidet somit aus. Für ihn greift das Folgebewertungsmodell des § 309 HGB. Mit Veräußerung des VG und einhergehender Erfolgsrealisierung ist der passive Unterschiedsbetrag **erfolgswirksam** aufzulösen (DRS 23.149a)). Kann die Zuordnung der stillen Reserven nicht oder nur mit unverhältnismäßig hohem Aufwand auf einzelne VG und Schulden erfolgen, ist der passive Unterschiedsbetrag planmäßig über die gewichtete durchschnittliche Restnutzungsdauer der erworbenen abnutzbaren Vermögensgegenstände oder der „Laufzeit" der übernommenen Schulden aufzulösen (DRS 23.149b).

Wird die an einem TU in der Vergangenheit erworbene Beteiligungstranche vor dem Übergang auf die Vollkonsolidierung (VollKons) nach der Equity-Methode bewertet, so findet sich keine gesetzliche Regelung und auch die diese Problematik klärenden Passagen des E-DRS 30 sind nicht im bekannt gemachten DRS 23 enthalten. In DRS 26 (Assoziierte Unternehmen) und DRS 27 (Anteilmäßige Konsolidierung) erfolgen Rechnungslegungsempfehlungen jeweils lediglich für die ÜbergangsKons auf diese spezielle Bewertung/Konsolidierung. Darin wird etwa vorgeschlagen, beim Übergang von der Equity-Methode auf die anteilmäßige Konsolidierung die bislang im Wertansatz der Beteiligung enthaltenen und nach § 312 Abs. 2 Satz 2 und 3 HGB fortgeführten Beträge direkt den anteilig in den Konzernabschluss übernommenen Vermögensgegenständen, Schulden, Rechnungsabgrenzungsposten und Sonderposten sowie dem Geschäfts- oder Firmenwert bzw. passiven Unterschiedsbetrag zuzuordnen (DRS 27.53; Rz 218 ff.).[56]

3.2 Vereinfachte Kapitalkonsolidierung (Abs. 2 Satz 2)

Die Bestimmung des Mengengerüsts des erworbenen Reinvermögens eines TU und dessen Bewertung sind in der Konsolidierungspraxis regelmäßig mit einem nicht unerheblichen Aufwand verbunden. Um insb. bei einer zeitnah zum Konzernbilanzstichtag getätigten Akquisition eines TU die zeitliche Dimension der Ermittlungsprobleme zu reduzieren, stellt § 301 Abs. 2 Satz 2 HGB dem Bilanzierenden ein **Zeitfenster von einem Jahr** zur Verfügung, innerhalb dessen die Zugangswerte des übernommenen Reinvermögens endgültig zu ermitteln sind.

Somit beginnt einerseits die Jahresfrist im **Zugangszeitpunkt** des erworbenen Reinvermögens zu laufen. Andererseits ist die Anpassung des vorläufig ermittelten Werts nicht als Möglichkeit aufzufassen – sie ist pflichtgemäß vorzunehmen (DRS 23.77).[57] Der in § 301 Abs. 2 Satz 2 HGB verwendete Begriff der endgültigen Wertansätze ist so zu interpretieren, dass ein Wertansatz als endgültig anzusehen ist, wenn er den Ansprüchen einer normalen Abschlusserstellung genügt.

Innerhalb des Jahresfensters vorgenommene Änderungen an den Zugangswerten des übernommenen Reinvermögens sind – dem Postulat der Erfolgsneutralität von Anschaffungsvorgängen folgend – erfolgsneutral unter Anpassung des GoF bzw. des Unterschiedsbetrags aus der KapKons sowie etwaiger latenter Steuerpositionen zu erfassen. Eine vergleichbare Regelung findet sich mit IFRS 3.62 in der internationalen und mit SFAS 141.F1 in der US-amerikanischen Rechnungslegung. Erfolgt die Anpassung erst in dem auf den Erwerb folgenden Konzernabschluss, sind die Anpassungsbeträge bis zum Beginn dieses Konzern-Gj nach DRS 23.78 fortzuschreiben und als Korrektur der Eröffnungsbilanzwerte zu berücksichtigen (retrospektive Korrektur). Ergebnisdifferenzen aus der Fortschreibung der Anpassungsbeträge sind erfolgsneutral gegen den (Konzern-)Ergebnisvortrag zu erfassen. Sind an dem TU andere Gesellschafter beteiligt, ist der anteilig auf sie entfallende Ergebniseffekt aus der Fortschreibung der Anpassungsbeträge unmittelbar gegen den Ausgleichsposten gem. § 307 Abs. 1 HGB zu erfassen.

Ziel der Regelung ist es, die Wertverhältnisse des Zeitpunkts transparent zu machen, zu dem das Unt TU geworden ist. Das Tatsachengerüst dieses Zeit-

---

[56] Vgl. zum Übergang von der Equity-Methode auf die VollKons nach bisherigem Recht Hayn, Konsolidierungstechnik bei Erwerb und Veräußerung von Anteilen, 1999, S. 176 ff.

[57] Vgl. Kliem/Hoffmann, in Beck Bil-Komm., 14. Aufl. 2024, § 301 HGB Rz 115.

punkts ist maßgeblich. Es darf nicht durch zeitlich nachgelagerte Vorgänge verändert werden.

> **Praxis-Beispiel**
> **Sachverhalt**
> Die B-AG erwirbt am 30.12.01 ein TU, zu dessen Reinvermögen ein Fertigungsverfahren zählt, mit dem es am Markt erfolgreich agiert. Das TU ist erstmalig in den zum 31.12.01 zu erstellenden Konzernabschluss der B-AG einzubeziehen. Im August 02 tritt ein Wettbewerber mit einem völlig neuen Fertigungsverfahren an den Markt, welches das Produktionsverfahren des erworbenen TU nahezu wertlos werden lässt.
>
> **Beurteilung**
> Für die auf den 30.12.01 vorzunehmende Kapitalaufrechnung ist das Fertigungsverfahren mit seinem beizulegenden Zeitwert anzusetzen. Für die Beschaffung der notwendigen Bewertungsinformationen und die Ermittlung des endgültigen beizulegenden Zeitwerts besteht ein Zeitfenster bis Ende 02. Bei dieser Ermittlung muss die Tatsache, dass ein KonkurrenzUnt Mitte 02 mit einem revolutionären Fertigungsverfahren an den Markt getreten ist, außen vor bleiben. Aus der Perspektive August 02 ist das Fertigungsverfahren des erworbenen TU zwar wertlos, nicht aber aus der des Erwerbszeitpunkts. Auch wenn es dem Willen der Bilanzierungspraxis manchmal zuwiderläuft: Der Wertverlust ist Teil des Konzernergebnisses der Periode 02, er darf nicht in der ErstKons „versteckt" werden.

97 Die Unterscheidung zwischen **werterhellenden** und **wertbegründenden** Ursachen, die bei einem gesetzeskonformen Umgang mit dem Wertaufhellungszeitraum in § 252 Abs. 1 Nr. 4 HGB vorzunehmen ist, muss auch für die Wertfindung i. R. d. konzernbilanziellen Zugangsbewertung beachtet werden. § 301 Abs. 2 Satz 2 HGB definiert in diesem Sinne einen verlängerten Wertaufhellungszeitraum. Die hieraus entstehenden **praktischen Probleme sind nicht zu unterschätzen.** Nicht umsonst hat der BFH im Hinblick auf die Ausdehnung des Wertaufhellungszeitraums auf „die kaum noch kontrollierbare Gefahr (hingewiesen, d. Verf.), dass einerseits im Verhältnis zu zeitgerechter Bilanzaufstellung nicht mehr maßgebliche spätere Umstände berücksichtigt, dass andererseits Umstände, die den Wert am Bilanzstichtag erhellen, mit solchen, die eine spätere Wertveränderung anzeigen, unzulässiger Weise vermischt werden."[58]

> **Praxis-Beispiel**
> **Sachverhalt**
> Die B-AG erwirbt am 15.9.01 ein TU. Dieses hat im Erwerbszeitpunkt eine im August 02 fällige Forderung aus einer Leistungsbeziehung ggü. der D-GmbH. Im Dezember 01 entsteht eine weitere, ebenfalls im August 02 fällige Forderung ggü. der D-GmbH. Am (Konzern-)Bilanzstichtag liegen

---

[58] BFH, Urteil v. 12.12.1972, VIII R 112/69, BStBl 1973 II S. 557.

dem TU keine Hinweise auf eine Wertminderung der Forderungen vor. In Variante (a) eröffnet die D-GmbH im Februar 02, in Variante (b) im Mai 02 ein Insolvenzverfahren. Der beizulegende Wert beider Forderungen sei daraufhin annahmegemäß null. Die B-AG beendet den Prozess der Erstellung ihres Konzernabschlusses Ende März 02.

Beurteilung Variante (a)
Eröffnet die D-GmbH im Februar 02 das Insolvenzverfahren, hat die B-AG dies in ihrem handelsrechtlichen Jahresabschluss zum 31.12.01 bei der Forderungsbewertung zu berücksichtigen. Die Eröffnung des Insolvenzverfahrens begründet einen Anscheinsbeweis dafür, dass beide in der Vergangenheit begründeten Forderungen bereits zum 31.12.01 wertgemindert sind. Der Anscheinsbeweis ist widerlegt, wenn glaubhaft gemacht werden kann, dass die Insolvenzanmeldung ihre Ursache in Ereignissen des Jahrs 02 hat.
Im Konzernabschluss ist wie folgt zu verfahren: Die im Dezember 01 begründete Forderung ist genauso zu behandeln wie im Jahresabschluss des TU. Für die zum 15.9.01 (ErstKons-Zeitpunkt) bereits bestehende Forderung ggü. der D-GmbH ist zu überlegen, ob die Eröffnung des Insolvenzverfahrens im Februar 02 Anscheinsbeweis dafür ist, dass die Forderung bereits im ErstKons-Zeitpunkt wertgemindert war. Da der Zeitraum zwischen konzernbilanziellem Zugang der Forderung und Eröffnung des Insolvenzverfahrens um einiges länger ist als der für die Stichtagsbewertung zum 31.12.01 zu betrachtende Zeitraum, fällt die Beantwortung der Frage, ob die Eröffnung des Insolvenzverfahrens ihre Ursache in Umständen hat, die bereits zum 15.9.01 bestanden oder diesem Datum nachgelagert sind, deutlich schwerer. Lässt man das Insolvenzverfahren als Anscheinsbeweis für die Wertverhältnisse im ErstKons-Zeitpunkt gelten, ist sie mit einem Wert von null in der Konzernbilanz zu berücksichtigen, entsprechend ist der GoF zu erhöhen bzw. ein passiver Unterschiedsbetrag zu verringern. Anderenfalls ist sie zunächst mit ihrem Nominalbetrag zu berücksichtigen und in der Folge zulasten des Konzernerfolgs außerplanmäßig abzuschreiben.[59]
Zu überlegen ist, ob für die zum 15.9.01 bereits bestehende Forderung die Abgrenzung latenter Steuern erforderlich ist. Zum 31.12.01 beträgt der steuerbilanzielle Wertansatz der Forderung für den Besteuerungszeitraum 01 null. Zum 31.12.01 ist ein Bewertungsunterschied zwischen (konzern)bilanziellem Wertansatz und steuerbilanziellem Wert damit nicht gegeben. Wird die Forderung im konzernbilanziellen Zugangszeitpunkt mit null angesetzt, ist auch der (objektive) steuerbilanzielle Wert in diesem Zeitpunkt null. Beim Ansatz der Forderung im konzernbilanziellen Zugangszeitpunkt mit ihrem Nominalbetrag mit anschließender außerplanmäßigen Abschreibung entspricht auch der (objektive) steuerbilanzielle Wertansatz in diesem Zeitpunkt dem Nominalbetrag. D.h., nach hier vertretener Ansicht kommt eine Berücksichtigung latenter Steuern bei der Kaufpreisallokation nicht in Betracht.

---

[59] Die fortgesetzte Lieferbeziehung, die sich im Entstehen der Dezemberforderung ausdrückt, ist weder Indiz noch widerlegbare Vermutung für die Werthaltigkeit der im Erwerbszeitpunkt bestehenden Forderung; vgl. BFH, Urteil v. 20.8.2003, I R 49/02, BStBl 2003 II S. 941 ff.

> **Beurteilung Variante (b)**
> Welcher Unterschied ergibt sich, wenn die Eröffnung des Insolvenzverfahrens im Mai 02 angenommen wird? Da die Eröffnung des Insolvenzverfahrens außerhalb des durch § 252 Abs. 1 Nr. 4 HGB beschriebenen Wertaufhellungszeitraums liegt, ist dieser Umstand bei der Bewertung beider Forderungen im handelsrechtlichen Jahresabschluss des TU nicht mehr zu berücksichtigen. Gleiches gilt im Konzernabschluss für die im Dezember 01 begründete Forderung.
> Für die im ErstKons-Zeitpunkt bereits bestehende Forderung ist zu überlegen, ob die Insolvenzanmeldung Anscheinsbeweis für eine bereits im damaligen Zeitpunkt gegebene Wertminderung ist. Die Lebenserfahrung lehrt, dass in den etwa neun Monaten zwischen Erwerb des TU und Eröffnung des Insolvenzverfahrens viel passieren kann. Ob die Insolvenzanmeldung bereits im zum 15.9.01 gegebenen Tatsachengerüst oder durch spätere Ereignisse begründet ist, lässt sich wohl häufig nicht eindeutig sagen. Es greift das Bewertungsvorrecht des Bilanzierenden. Kann er glaubhaft machen, dass die Insolvenzanmeldung Anscheinsbeweis für eine bereits im ErstKons-Zeitpunkt bestehende Wertminderung der Forderung ist, hat eine Anpassung der ErstKons zu erfolgen.
> Wiederum stellt sich die Frage nach der Abgrenzung latenter Steuern: Erfolgt keine Anpassung der ErstKons, ergeben sich keine Abweichungen zur steuerbilanziellen Behandlung der Forderung. Anders im Fall der Anpassung der ErstKons. Der steuerbilanzielle Wert für den Veranlagungszeitraum 01 entspricht dem Nominalbetrag der Forderung, ihre Abwertung wird erst in 02 berücksichtigt. Zwar beträgt der objektive Wert der Forderung am 15.9.01 null, die Regeln zur Abschnittsbesteuerung verhindern aber, dass dieser berücksichtigt wird. Entsprechend wäre bei Anpassung der ErstKons eine aktive latente Steuer aus diesem Sachverhalt zu berücksichtigen.

98 Die Zwölfmonatsperiode zur Anpassung der vorläufig in den Konzernabschluss aufgenommenen Wertansätze bezieht sich nicht nur auf Bewertungsfragen, sondern hat auch für die **Bilanzierung dem Grunde nach** Gültigkeit.[60] Dabei ist zu beachten, dass die Grundsätze zur Abgrenzung von ansatzerhellenden und ansatzbegründenden Umständen sinngemäß Anwendung finden.

> **Praxis-Beispiel**
> **Sachverhalt**
> Die B-AG erwirbt am 30.12.01 ein TU (C-AG). Dieses hat eine bestrittene Forderung ggü. der D-GmbH. Im Juni 02 ergeht ein letztinstanzliches Urteil zugunsten der C-AG.
>
> **Beurteilung**
> Die Aktivierung einer bestrittenen Forderung kommt erst in Betracht, wenn die Forderung anerkannt ist oder ein letztinstanzlich obsiegendes Urteil

---

[60] Vgl. BT-Drs. 16/12407 v. 24.3.2009 S. 118.

> vorliegt.[61] Erst in diesem Zeitpunkt verfügt der Gläubiger über einen durchsetzbaren Anspruch. Ein Schuldanerkenntnis bzw. ein letztinstanzlich obsiegendes Urteil haben deshalb wertbegründenden Charakter. Die bei der erstmaligen Einbeziehung der C-AG in den Konzernabschluss der A-AG vorgenommene Kapitalaufrechnung ist nicht zu korrigieren.

Wesentlich bessere Erkenntnisse über die Verhältnisse im Erwerbszeitpunkt, die erst nach Ablauf der Korrekturfrist von zwölf Monaten, jedoch bis zum **Ende der Aufstellungsphase** für den Konzernabschluss erlangt werden, in dem die ErstKons erfolgt, sind nach DRS 23.81 entsprechend den allgemeinen Grundsätzen (§ 252 Abs. 1 Nr. 3 i.V.m. § 290 Abs. 1 HGB) unmittelbar bei der erstmaligen Erfassung des erfolgsneutralen Anschaffungsvorgangs zu berücksichtigen. Diese Grundsätze gelten nach DRS 23.82 entsprechend, wenn die ErstKons eines TU nicht zum Erwerbszeitpunkt gem. § 301 Abs. 2 Satz 1 HGB, sondern gem. § 301 Abs. 2 Satz 3 und 4 HGB zu einem späteren Zeitpunkt erfolgt.

Die Pflicht, **nachträglich festgestellte Fehler** bei der Erwerbsbilanzierung nach den allgemeinen Grundsätzen zu korrigieren (DRS 13.25 ff.), gilt unabhängig von der Korrekturpflicht nach § 301 Abs. 2 Satz 2 HGB. Ausgeschlossen von der erfolgsneutralen Korrektur sind nach DRS 23.83

- Wertänderungen der Vermögens- und Schuldposten des TU, die eine Folge von Entscheidungen des MU sind, die erst nach dem Erwerbszeitpunkt getroffen werden, sowie
- bessere Erkenntnisse über die Höhe einer bedingten Gegenleistung, die vom MU für den Erwerb der Anteile am TU zu entrichten ist, weil diese (bedingte) Schuld nicht Teil des aus Konzernsicht erworbenen Reinvermögens ist und damit nicht von der Korrekturvorschrift erfasst wird.

3.3 Erleichterung: Zeitpunkt der erstmaligen Einbeziehung (Abs. 2 Satz 3 bis 5)

Von dem grds. anzuwendenden Konzept in der handelsrechtlichen Umsetzung des Erwerbsmodells (der Zeitpunkt, zu dem das Unt TU geworden ist) verlangt der Gesetzgeber zunächst zwei Abweichungen: Sowohl im Fall einer erstmaligen Erstellung eines Konzernabschlusses mit der Einbeziehung von TU, die bereits länger als ein Jahr beherrscht werden können, als auch für den Fall, dass ein TU aufgrund von Einbeziehungswahlrechten gem. § 296 HGB bislang nicht in den Vollkonsolidierungskreis (VollKonsKreis) einbezogen wurde, sollen die **Wertansätze zum Zeitpunkt der erstmaligen Einbeziehung** für die Kons maßgeblich sein. Hierbei handelt es sich zunächst nicht um ein Wahlrecht. Vielmehr ist die **prospektive Handhabung** nach dem aktuellen Gesetzestext **verpflichtend im Regelfall anzuwenden** – mit dem BilRUG wurde aber mit Satz 5 für Ausnahmefälle wieder ein Wahlrecht eingeführt, da dann statt des Zeitpunkts der erstmaligen Einbeziehung auch der grds. Zeitpunkt, an dem das Unt TU geworden ist, zur Anwendung kommen darf. Allerdings löst dies eine Angabe- und Begründungspflicht im Konzernanhang aus. Grund für diese Aufweichung der Pflichtvorgabe

---

[61] Vgl. BFH, Urteil v. 26.4.1989, I R 147/84, BStBl 1991 II S. 213 ff.

ist die mit den Sätzen 3 und 4 nicht in jedem Fall zwangsläufig vorliegende Erleichterung.[62] Vielmehr kann es zur Notwendigkeit einer erneuten Bewertung kommen, wenn zwischen der Bewertung i.R.d. Kaufpreisverhandlungen oder bei der Einbeziehung in einen freiwilligen Konzernabschluss und der notwendigen Neubewertung bei der Einbeziehung ein so langer Zeitraum liegt, dass neue Wertgutachten erforderlich sind. Dies verursacht unnötigen Aufwand, wenn die notwendigen Daten zur Pflichtkonsolidierung aus einem freiwilligen oder internen Konzernabschluss bereits vorliegen, die einfach und gut dokumentiert fortgeführt werden könnten. Dies hat der Gesetzgeber im BilRUG aufgegriffen und fordert ab dem Gj 2016 nicht mehr die Bewertung auf die Ersteinbeziehung in den pflichtgemäß zu erstellenden Konzernabschluss, sondern lässt auch den Ausnahmefall des freiwilligen Konzernabschlusses zu. Auch in den Fällen, in denen TU nicht erworben (gekauft), sondern vom Konzern (der MU) selbst gegründet wurden, ergeben sich deutliche Belastungen statt Erleichterungen: Bei Gründung des TU sind zumeist keine stillen Reserven vorhanden, während zum Zeitpunkt der erstmaligen Einbeziehung des TU eine umfängliche Bewertung (z.B. der nicht bilanzierten immateriellen VG, wie Kundenstamm, Patente etc.) erforderlich ist. Vor dem Hintergrund des Zwecks der Norm, eine Erleichterung zu schaffen, erscheint für diese Fälle die Pflicht zum „Fresh Start Accounting", d.h., die KapKons erfolgt zum Zeitpunkt der erstmaligen Einbeziehung (erster Tag des ersten Gj), als nicht sinnvoll. Schon bislang wurde in der Literatur in diesen begründeten Fällen eine Abweichung von der Gesetzesformulierung und die Fortführung der vorliegenden Werte für möglich gehalten.[63] Bedingung ist aber eine einheitliche Anwendung auf alle bereits vorliegenden Konsolidierungsfälle und eine entsprechende Erläuterung und Begründung im Anhang. Auch DRS 23.15 erlaubt in Übereinstimmung mit der aktuellen Gesetzesfassung die Vornahme der KapKons auf der Grundlage von § 301 Abs. 2 Satz 1 HGB, soweit die hierzu erforderlichen Informationen jeweils vorliegen.

100 Zur **erstmaligen Verpflichtung zur Aufstellung eines Konzernabschlusses** i.S.d. Vorschrift kann es kommen, wenn zwar bereits in der Vergangenheit ein Mutter-Tochter-Verhältnis gegeben war, aber der Verpflichtung des § 290 HGB zur Konzernrechnungslegung aufgrund von Befreiungstatbeständen nicht nachgekommen wurde. Als Befreiungstatbestand kommt die Befreiung nach §§ 291 und 292 HGB in Betracht, da hier das MU selbst TU eines übergeordneten MU ist und in den von diesem zu erstellenden Konzernabschluss einbezogen wurde. Dabei gilt § 291 HGB über § 11 Abs. 6 PublG auch für die übrigen Rechtsformen (§ 291 Rz 6f.). Des Weiteren können größenabhängige Befreiungen vorliegen gem. § 293 HGB für KapG und denen gleichgestellte PersG (§ 293 Rz 2ff.) bzw. für alle übrigen Rechtsformen über § 11 Abs. 1 PublG, wobei rechtssystematisch hier keine Befreiung zu nutzen ist, sondern eine Verpflichtung erst bei Überschreitung der Größenkriterien besteht. Schließlich kann auch der in § 290 Abs. 5 HGB beschriebene Fall vorliegen, dass für alle einbeziehungspflichtigen TU ein Einbeziehungswahlrecht nach § 296 HGB genutzt wurde (§ 290 Rz 68ff. und § 296 Rz 12ff.).

---

[62] Nach der Gesetzesbegründung sollte mit dieser Vorschrift eine Vereinfachung geschaffen werden, vgl. BT-Drs. 16/10067 v. 30.7.2008 S. 177.
[63] Vgl. Klaholz/Stibi, BB 2011, S. 2923; Kliem/Deubert, in Beck Bil-Komm., 14. Aufl. 2024, § 301 HGB Rz 137.

Können die Befreiungen nicht mehr genutzt werden, da die entsprechenden Sachverhalte sich verändert haben, so sind grds.[64] (zu den Ausnahmefällen Rz 99) die für die KapKons relevanten Werte, d.h. der Wert der Anteile, neu bewertete VG, Schulden, RAP und Sonderposten sowie neu bewertetes EK, zum **Zeitpunkt des Beginns des ersten im Konzernabschluss abzubildenden Gj** zu bewerten. Letztlich entstehen bei der Neubewertung zum Zeitpunkt der erstmaligen Einbeziehung vergleichbare Herausforderungen wie beim sukzessiven Anteilserwerb, wenngleich hier formal der Zeitpunkt relevant ist, zu dem das Unt TU geworden ist. Gleichwohl liegt auch hier ein (Teil-)Erwerb vor und die Einbeziehung fällt zeitlich auseinander, sodass fraglich ist, wie etwa mit zwischenzeitlich thesaurierten Gewinnen umzugehen ist.

Praxis-Beispiel
Sachverhalt
Die M-AG erwirbt am 30.12.01 für 250 TEUR ein TU (A-GmbH), das zu diesem Zeitpunkt VG von 500 TEUR und Schulden von 300 TEUR ausweist. Die M-AG ist aufgrund von größenabhängigen Befreiungen erst im Jahr 05 zur Konzernbilanzierung verpflichtet. Zu diesem Zeitpunkt (Anfang des Gj 05) weist die A-GmbH in der Bilanz VG von 750 TEUR und Schulden von 500 TEUR aus. Stille Reserven liegen i. H. v. 100 TEUR vor (Steuersatz 30 %). Der Ansatz des Beteiligungsbuchwerts im Jahresabschluss des MU beträgt unverändert 250 TEUR.

Beurteilung nach dem Grundsatz des § 301 Abs. 2 Satz 3 HGB bei Bewertung zum Einbeziehungszeitpunkt
Für die Einbeziehung in den Konzernabschluss der M-AG hat die Bilanz der A-GmbH folgendes Aussehen (in TEUR):

Aktiva	Bilanz 31.12.04 (A-GmbH)		Passiva
VG	850	EK	320
		FK	500
		Latente Steuern	30
	850		850

Da der Wertansatz der Anteile lediglich 250 TEUR beträgt, entsteht bei der KapKons ein passiver Unterschiedsbetrag von 70 TEUR. Dieser ist nach den Vorschriften zunächst anzusetzen und dann gem. § 309 Abs. 2 HGB zu behandeln (§ 309 Rz 24 ff.). Da es sich bei dem **Unterschiedsbetrag** um bereits realisierte (thesaurierte) Gewinne handelt, sind diese nach DRS 23.148 als „technischer Unterschiedsbetrag" erfolgsneutral unmittelbar in die Konzerngewinnrücklage bzw. den Konzernergebnisvortrag einzustellen.

---

[64] Vgl. DRS 23.15; Kliem/Deubert, in Beck Bil-Komm., 14. Aufl. 2024, § 301 HGB Rz 137.

> **Beurteilung nach § 301 Abs. 2 Satz 5 HGB bei Bewertung zum Erwerbszeitpunkt**
> Unter der Voraussetzung, dass die Wertansätze gut dokumentiert bereits für den Erwerbszeitpunkt des TU vorliegen, kann die erstmalige Einbeziehung im Ergebnis auch so gestaltet werden, als wäre das TU seither in den Konzernabschluss einbezogen worden, d. h., es handelt sich um eine „ErstKons" mit den Werten der vierten Folgekonsolidierung. Dann hätte für die Einbeziehung in den Konzernabschluss der M-AG die Bilanz der A-GmbH folgendes Aussehen (in TEUR):
>
> | Aktiva | Bilanz 31.12.04 (A-GmbH) | | Passiva |
> |---|---|---|---|
> | VG | 750 | EK | 250 |
> | | | FK | 500 |
> | | 750 | | 750 |
>
> Bei der KapKons entsteht ein Unterschiedsbetrag von 50 TEUR, da zum Zeitpunkt des Erwerbs das EK lediglich 200 TEUR hoch war. Dieser GoF ist jedoch aus Konzernsicht über die Jahre der Nichteinbeziehung abzuschreiben, sodass je nach Nutzungsdauer nur ein Restbetrag verbleibt. Die EK-Erhöhung des TU (thesaurierte Gewinne) erhöhen abzgl. der bereits gedanklich vorgenommenen GoF-Abschreibungen das Konzern-EK.

102 Im Ergebnis erscheint die zweite Variante sachgerechter, da ein Konzernabschluss entsteht, als wäre das TU gleich einbezogen worden bzw. als wäre schon immer ein Konzernabschluss erstellt worden. Die Variante nach dem Gesetzestext verzerrt diese Darstellung, was nur dann zu akzeptieren wäre, wenn die konsolidierungsrelevanten Informationen zum Zeitpunkt des Erwerbs nicht ausreichend dokumentiert vorliegen. Gem. DRS 23.208 ist bei der Angabe der Veränderung des Unterschiedsbetrags im Gj sowie generell bei wesentlichen Beträgen als auch aus § 297 Abs. 2 Satz 2 HGB auf diese Vorgänge im Konzernanhang erläuternd einzugehen.

103 Dieses Vorgehen der Verlegung des Zeitpunkts der Wertermittlung auf den Einbeziehungszeitpunkt ist gem. § 301 Abs. 2 Satz 4 HGB analog anzuwenden, wenn ein TU bislang nicht konsolidiert wurde, da ein **Einbeziehungswahlrecht** nach § 296 HGB genutzt wurde.

104 **Ausgenommen** von dieser speziellen Behandlung sind Fälle, in denen Erwerbe im ersten im Konzernabschluss abzubildenden Gj erfolgen. Für diese gilt die grds. Regel des § 301 Abs. 2 Satz 1 HGB, d. h., relevant ist der Zeitpunkt, zu dem das Unt TU geworden ist, und damit i. d. R. der Erwerbszeitpunkt.

4 Ausweis von Unterschiedsbeträgen aus der Erstkonsolidierung (Abs. 3)

4.1 Entstehung eines Unterschiedsbetrags (Abs. 3 Satz 1)

Da die Aufrechnung der Beteiligung aus dem Abschluss des MU mit dem anteiligen neu bewerteten EK des TU im Regelfall eine Differenz ergeben dürfte, entsteht ein Unterschiedsbetrag.

4.1.1 Aktiver Unterschiedsbetrag

Ein **aktiver Unterschiedsbetrag** drückt aus, dass der Buchwert der Beteiligung höher ist als der Wert des anteiligen neu bewerteten EK. Unter der Annahme, dass die Auflösung der stillen Reserven i.R.d. Neubewertung des TU komplett erfolgt ist, handelt es sich um einen GoF. Dieser weist den Betrag aus, der nicht durch die Neubewertung oder durch eine Nachaktivierung auf der Ebene der HB II des TU erklärt werden kann. Es handelt sich somit um isoliert nicht ansatzfähige Sachverhalte, wie erwartete Synergien, erwartete Gewinne durch die Ausschaltung eines Konkurrenten u.Ä. Der in der Praxis überwiegend anfallende aktive Unterschiedsbetrag resultiert aus den konkreten Verhandlungen unter Berücksichtigung der jeweiligen Interessen von Anteilskäufer und -verkäufer. So wird das eingeführte, Gewinn generierende Unt i.d.R. einen höheren Wert haben als die Summe der einzelnen VG abzgl. der Schulden.

Betriebswirtschaftlich problematisch bleibt in diesem Zusammenhang, dass die ansonsten mit hohen Anforderungen verbundene Aktivierungsfähigkeit immaterieller VG im Fall des GoF durch den Formalakt des Erwerbs von Dritten erfüllt ist. Im Konzernabschluss wird unterstellt, dass der GoF die Eigenschaft besitzt, einen **konkretisierbaren Vermögensbeitrag** zu leisten.[65] Ein Konzern, der sich positive Erfolgspotenziale durch Forschungsaufwendungen selbst aufbaut und nicht durch Unternehmenskäufe erwirbt, kann diese selbst geschaffenen immateriellen Werte im Gegensatz zu Entwicklungskosten dagegen nicht ansetzen. Somit können bzw. müssen manche Wertkomponenten in bestimmten Fällen in der Konzernbilanz enthalten sein, während bei anderen Konzernabschlüssen hierfür ein Aktivierungsverbot besteht.

Zur Milderung der **GoF-Problematik** i.R.d. Konzernrechnungslegung ist eine Behandlung des GoF in Analogie zum VG sinnvoll. Demgemäß sind Aktivierung und planmäßige Abschreibung vorzunehmen, wobei die unterstellte Nutzungsdauer aufgrund des konglomeraten Wesens des GoF i.d.R. schwer einschätzbar sein wird. Deshalb eine unendliche Nutzbarkeit zu unterstellen, wie zunächst mit der Maßgabe der jährlichen Überprüfung nach IFRS (impairment test), erscheint aber unangebracht, wobei IASB und FASB die Wiedereinführung der planmäßigen Abschreibungen diskutiert, aber letztlich verworfen haben.[66] Auch wenn eine pauschalisierte Nutzungsdauer, evtl. mit konkret begründbaren Ausnahmehand-

---

[65] Vgl. etwa Gutsche, IRZ 2017, S. 373.
[66] Vgl. IASB DP/2020/1, Business Combinations – Disclosures, Goodwill and Impairment, https://cdn.ifrs.org/-/media/project/goodwill-and-impairment/goodwill-and-impairment-dp-march-2020.pdf?la=en, letzter Abruf am 5.10.2022. Zum Entwurfsstand IASB/2024/1 vgl. www.ifrs.org/projects/work-plan/goodwill-and-impairment/, Abruf 11.10.2024; zur inhaltlichen Diskussion Müller/Reinke, PiR 2020, S. 242–247, 280–286, 309–314; Müller/Reinke, KoR 2020, S. 357–363 und Reinke/Müller, PiR 2024, S. 188 ff.

habungen, Einschätzungsspielräume eingedämmt hätte,[67] hat der Gesetzgeber bisher grds. keine Vorgaben über die Nutzungsdauern gemacht. Seit dem Gj 2016 wird für Ausnahmefälle, in denen die Nutzungsdauer des GoF nicht verlässlich geschätzt werden kann, mit § 253 Abs. 3 Satz 4 HGB pauschal eine Nutzungsdauer von zehn Jahren bestimmt.[68] Die Werthaltigkeit des GoF ist zusätzlich jährlich, wie auch bei anderen VG, zu überprüfen, mit der Folge, dass ggf. neben den planmäßigen Abschreibungen fallweise außerplanmäßige Abschreibungen nötig werden. Als Besonderheit sind Zuschreibungen auf einen GoF gem. § 253 Abs. 5 Satz 2 HGB ausgeschlossen.

109 Nach DRS 23.85 wird empfohlen, dass ein sich ergebender GoF aus der Erstkonsolidierung (ErstKons) eines TU, welches aus mehreren **Geschäftsfeldern (Segmenten)** besteht, diesen zugeordnet wird, was i.R.d. Vereinfachung der notwendigen Werthaltigkeitsprüfungen, einer Segmentberichterstattung sowie ggf. der internen Steuerung sinnvoll erscheint. Dabei besteht das Problem, dass die gesetzlich geforderte Aufrechnung des Beteiligungsbuchwerts mit dem anteiligen EK des TU erfolgt. Eine Aufteilung suggeriert, dass nicht ein TU, sondern verschiedene Untereinheiten von diesem konsolidiert würden und ist kaum objektiv möglich.[69] Dies führt zur Notwendigkeit, den Kaufpreis der Beteiligung einerseits sowie die VG und Schulden des TU auf die Geschäftsfelder andererseits zuzuordnen. Auch bei der Segmentberichterstattung nach DRS 3 verbleibt aber häufig ein sonstiger und/oder gemeinschaftlich genutzter Bereich (insb. der Verwaltung), sodass dies nicht trivial ist. Daher sollte – wenn überhaupt die Aufteilung vorgenommen werden soll – eine Anlehnung an die (großzügigen) Regelungen nach DRS 3 für die Geschäftsfeldabgrenzung erfolgen. Zudem können bei der segmentierten Betrachtung auch für ein TU sowohl Geschäftsfelder mit GoF als auch ggf. solche mit passivem Unterschiedsbetrag parallel herauskommen. Da das DRSC jedoch von einer Aufteilung spricht, ist dies wohl nicht gewollt. Gleichwohl wird man dies – nach nochmaliger Prüfung der Berechnung[70] – wohl akzeptieren müssen. Allerdings darf keine Zusammenfassung von GoF mehrerer TU eines Geschäftsfelds erfolgen (DRS 23.87). Da die Forderung/Empfehlung von DRS 23.85 nicht direkt aus dem Gesetz ableitbar ist und auf den Konzernabschluss eine Segmentierung des GoF durch den letztlich notwendigen Ausweis in einer Position keinen Informationsmehrwert bietet, sollte diese Regelung auch vor dem Hintergrund der Wesentlichkeit sehr großzügig ausgelegt werden.

110 Der **bei der ErstKons ermittelte GoF** ist als immaterielles Anlagevermögen in den Konzernanlagenspiegel aufzunehmen und zu aktivieren. Nach § 306 Satz 3 HGB sind Buchwertdifferenzen aus dem erstmaligen Ansatz eines Geschäfts- oder Firmenwerts bzw. passiven Unterschiedsbetrags nach § 301 Abs. 3 HGB bei der Ermittlung latenter Steuern nicht zu berücksichtigen.

---

[67] Vgl. Lachnit/Müller, KoR 2003, S. 540.
[68] Vgl. Art. 12 Abs. 11 RL EU/2013/34.
[69] Vgl. Kirsch/Engelke/Faber, WPg 2016, S. 1010 m.w.N.
[70] Vgl. Kliem/Deubert, in Beck Bil-Komm., 14. Aufl. 2024, § 301 HGB Rz 153.

Bei der Fortführung des GoF i.R.d. **FolgeKons** ist zunächst zu prüfen, ob der gem. § 301 Abs. 3 Satz 1 HGB ermittelte aktive Unterschiedsbetrag ganz oder teilweise Bestandteile enthält, die sich nur aufgrund der Konsolidierungstechnik ergeben und daher gesondert zu behandeln sind.[71] Diese können insb. Anschaffungsnebenkosten für den Erwerb der Anteile oder die Gründung eines TU sein, die beim erwerbenden Unt anzusetzen sind. Im Konzernfall werden diese jedoch Teil des GoF, obwohl sie keine Vor- oder Nachteile des TU oder einen Erfolg aus einem Gelegenheitskauf darstellen. Sie sind aufwandswirksam zu erfassen, möglichst i.R.d. ErstKons (DRS 23.110). Anders verhält es sich bei fälliger Grunderwerbsteuer, die nach DRS 23.112 als AK der erworbenen Grundstücke zu erfassen ist. Soweit ein TU erst nach dessen Erwerbszeitpunkt in den Konzernabschluss einbezogen wird, können auch zwischenzeitlich entstandene Verluste zu einem aktiven Unterschiedsbetrag führen. Der Unterschiedsbetrag repräsentiert in solchen Fällen allerdings bisher nicht im Konzernabschluss erfasste Minderungen des Konzernvermögens, sodass dieser mit dem Konzern-EK zu verrechnen ist (DRS 23.113).

111

Bei der **Abschreibung eines GoF** sind die gesetzlichen Regelungen zu beachten, nach denen dieser einem abnutzbaren VG bis auf eine Zuschreibung gleichgestellt ist. Sofern der GoF auf mehrere Geschäftsfelder des TU aufgeteilt wurde, ist für jedes Geschäftsfeld ein gesonderter Abschreibungsplan zu erstellen (DRS 23.116). DRS 23.119 schränkt die Abschreibungsmethoden grds. auf eine lineare Abschreibung ein. Für die Bestimmung der Nutzungsdauer schlägt DRS 23.121 folgende Anhaltspunkte vor:

112

- die voraussichtliche Bestandsdauer und Entwicklung des erworbenen Unt einschl. der gesetzlichen oder vertraglichen Regelungen,
- der Lebenszyklus der Produkte des erworbenen Unt,
- die Auswirkungen von zu erwartenden Veränderungen der Absatz- und Beschaffungsmärkte sowie der wirtschaftlichen, rechtlichen und politischen Rahmenbedingungen auf das erworbene Unt,
- die Höhe und der zeitliche Verlauf von Erhaltungsaufwendungen, die erforderlich sind, um den erwarteten ökonomischen Nutzen des erworbenen Unt zu realisieren, sowie die Fähigkeit des Unt, diese Aufwendungen aufzubringen,
- die Laufzeit wesentlicher Absatz- und Beschaffungsverträge des erworbenen Unt,
- die voraussichtliche Dauer der Tätigkeit wichtiger Schlüsselpersonen für das erworbene Unt,
- das erwartete Verhalten von (potenziellen) Wettbewerbern des erworbenen Unt sowie
- die Branche und deren zu erwartende Entwicklung.

Außerplanmäßige Abschreibungen sind vorzunehmen, soweit der Buchwert des am Abschlussstichtag ausgewiesenen GoF eines TU höher ist als der zu diesem Zeitpunkt ermittelte implizite GoF des TU. Der implizite GoF errechnet sich aus dem beizulegenden Zeitwert der Beteiligung des MU am TU abzgl. des anteiligen beizulegenden Zeitwerts des Nettovermögens i.S.v. § 301 Abs. 1 Satz 2 HGB des TU. Sollte der Betrag negativ sein, so ist der Buchwert des GoF auf den

---

[71] Vgl. auch im Folgenden Müller/Wobbe, BB 2015, S. 1263.

Erinnerungswert abzuschreiben. Eine Bildung von Rückstellungen i. H. d. verbleibenden Differenz zum negativen GoF ist nach DRS 23.131 nicht zulässig. Die Erfassung der Abschreibungen erfolgt nach dem GKV als Abschreibungen auf immaterielle VG und Sachanlagen sowie nach dem UKV möglichst bei den jeweiligen Funktionsbereichen, ansonsten in den sonstigen betrieblichen Aufwendungen.

113 Das DRSC, das in DRS 23.135 noch zwei Möglichkeiten zur **Behandlung der Währungsumrechnung** eines GoF vorsah, die von der Entscheidung abhängen, ob der GoF dem MU oder dem TU zugeordnet worden ist, hat in DRS 25.60 inzwischen eine eindeutigere Position eingenommen. Die Zuordnung richtet sich nach der Währung, in der die im GoF berücksichtigten künftigen Erfolgsbeiträge realisiert werden. Sofern sich ein GoF, der auf ein TU entfällt, welches seinen Abschluss in fremder Währung aufstellt, in dessen Währung realisiert, ist er wie ein VG des ausländischen TU zu behandeln. Dazu ist der sich aus der Kapitalaufrechnung nach § 301 Abs. 3 HGB ergebende GoF in EUR mit dem Devisenkassamittelkurs im maßgeblichen Erstkonsolidierungszeitpunkt in die Fremdwährung umzurechnen. Bei der FolgeKons ist der GoF in der ausländischen Währung fortzuführen und an den folgenden Abschlussstichtagen jeweils gem. § 308a Satz 1 HGB mit dem Devisenkassamittelkurs am Abschlussstichtag und die auf den GoF entfallende Abschreibung gem. § 308a Satz 2 HGB zum Durchschnittskurs in Euro umzurechnen (DRS 23.138 und DRS 25.63). Damit soll eine möglichst realitätsnahe und sachgerechte bilanzielle Abbildung sichergestellt werden (E-DRS 30.B38). Eine Aufteilung des GoF auf verschiedene Währungen ist regelmäßig nicht erforderlich. Anders verhält es sich, wenn der GoF dagegen dem MU zugerechnet wird, da von einer Realisierung in EUR ausgegangen wird. Dann ist dieser in EUR zu führen und somit eine Währungsumrechnung nicht notwendig.

114 Der **Ausweis** erfolgt zusammen mit den GoF, die aus den Einzelabschlüssen der einbezogenen Unt übernommen wurden und aus Asset Deals stammen, als gesonderte Position in der Konzernbilanz.

4.1.2 Passiver Unterschiedsbetrag

115 Ein **passiver Unterschiedsbetrag** bedeutet, dass der Beteiligungsbuchwert den Wert des anteiligen EK unterschreitet.[72] Die Gründe hierfür sind – ebenfalls unter der Annahme, dass die stillen Lasten i. R. d. Neubewertung komplett berücksichtigt wurden – ein konsolidierungstechnischer Unterschiedsbetrag, „badwill" oder „lucky buy".[73] In den letzten beiden Fällen war ein Erwerber nicht bereit, das neu bewertete anteilige EK auf der Basis der neu bewerteten VG, Schulden, RAP und Sonderposten für ein TU zu zahlen. Gründe können darin liegen, dass Restrukturierungsrückstellungen nötig sind, die noch nicht i. R. d. Neubewertung berücksichtigt werden konnten, oder die erwarteten Gewinne nicht in gewünschter Höhe oder womöglich gar nicht absehbar sind. Dies erklärt, warum etwa am Kapitalmarkt Unt zeitweise mit deutlich weniger als dem ausgewiesenen EK-Betrag bewertet werden, wobei diese negativen Zukunfts-

---

[72] Vgl. für eine Übersicht an Studien über die Größenordnungen in Konzernbilanzen Zülch, KoR 2016, S. 313.
[73] Vgl. Tettenborn/Rohleder, StuB 2016, S. 418 ff.

aussichten mit dem Begriff „badwill" bezeichnet werden und in der Praxis weit seltener anzutreffen sind als der Fall des aktiven Unterschiedsbetrags. Schließlich ist es möglich, dass die Verhandlungsposition des Verkäufers so schlecht ist, dass der Erwerber die Ges. unter Wert übernehmen konnte. Denkbar sind etwa gesetzliche Auflagen, die der Verkäufer nicht mehr erfüllen kann, oder Streitigkeiten zwischen den Gesellschaftern, die zu einem übereilten Verkauf führen, wie auch der „Notverkauf" insolventer oder insolvenzgefährdeter Unt. Dieser aus Käufersicht einen **„lucky buy"** darstellende Fall ist nicht immer ohne Abgrenzungsprobleme von einem „badwill" zu trennen. Gleichwohl verlangt DRS 23.139, die **Ursachen für die Entstehung** des passiven Unterschiedsbetrags im Zeitpunkt der ErstKons zu **dokumentieren**, da sich danach auch die spätere Auflösung richtet. DRS 23.92 überträgt die Empfehlung zur Zuordnung des GoF auf Geschäftsfelder (Rz 109) auch auf den passiven Unterschiedsbetrag.

Ein **technischer Unterschiedsbetrag** kann dagegen in folgenden Fällen entstehen (DRS 23.147) und verlangt die dargestellte Auflösungssystematik:

- Bei Auseinanderfallen des Zeitpunkts der Entstehung des Mutter-Tochter-Verhältnisses (§ 290 Abs. 1 und 2 HGB) und des Zeitpunkts der erstmaligen Einbeziehung des TU in den Konzernabschluss (§ 301 Abs. 2 Satz 3 oder Satz 4 HGB) hat sich das zu konsolidierende EK des TU zwischen diesen Zeitpunkten aufgrund von Gewinnthesaurierungen erhöht. → Der Unterschiedsbetrag ist unmittelbar erfolgsneutral im EK zu erfassen (DRS 23.148).
- Innerhalb dieses Zeitraums sind in den VG und Schulden des TU neue stille Reserven und/oder stille Lasten entstanden, die per Saldo zu einer Erhöhung des neu bewerteten zu konsolidierenden EK führen. → Der Unterschiedsbetrag ist an den folgenden Konzernabschlussstichtagen nach Maßgabe der Fortschreibung der Konzernbuchwerte der erworbenen VG oder übernommenen Schulden des TU ertragswirksam aufzulösen (DRS 23.149).
- Das Mutter-Tochter-Verhältnis wurde durch eine Sacheinlage begründet und die Beteiligung des MU wurde nach den Grundsätzen für die Bewertung von Sacheinlagen zulässigerweise mit AK unterhalb ihres beizulegenden Werts angesetzt. Ein ähnlicher Anwendungsfall ergibt sich für Anteile, die das MU i.R.e. Tauschs erworben hat. → Soweit keine Auflösung bei der konzerneinheitlichen Bewertung i.R.d. HB II erfolgt, ist eine erfolgswirksame Auflösung an den folgenden Konzernabschlussstichtagen nach Maßgabe der Fortschreibung der Konzernbuchwerte der erworbenen VG oder übernommenen Schulden des TU nötig (DRS 23.150).

Ein nichttechnischer **passiver Unterschiedsbetrag aus der Kapitalkonsolidierung (KapKons)** stellt dem Charakter nach eine Rückstellung für drohende Verluste (badwill) oder einen „Gewinn" aus Beteiligungserwerb (lucky buy) dar. Im ersten Fall darf er gem. § 309 Abs. 2 Nr. 1 HGB erst dann ergebniswirksam aufgelöst werden, wenn die zum Zeitpunkt des Erwerbs erwartete ungünstige Entwicklung der künftigen Ertragslage des Unt tatsächlich eingetreten ist oder zu diesem Zeitpunkt erwartete Aufwendungen zu berücksichtigen sind (DRS 23.143). V. a. mit Bezug auf das Realisations- und Vorsichtsprinzip ist davon auszugehen, dass eine Pflicht zur Auflösung besteht. Im zweiten Fall ist die erfolgserhöhende Auflösung des passiven Unterschiedsbetrags gem. § 309

Abs. 2 Nr. 2 HGB erst dann erlaubt, wenn am Abschlussstichtag feststeht, dass er einem realisierten Gewinn entspricht, wobei auch hier davon auszugehen ist, dass eine Auflösungspflicht besteht (§ 309 Rz 28 ff.). Während die Realisierung im Fall einer entsprechenden tatsächlichen Veräußerung an Konzernfremde zweifelsfrei ist, erscheint es zumindest fraglich, ob der passive Unterschiedsbetrag auch bereits dann aufgelöst werden darf, wenn nach vernünftiger kaufmännischer Beurteilung aufgrund einer nachhaltig guten Ertragslage und erheblicher Gewinnthesaurierungen des TU eine Gewinnrealisierung angenommen werden kann. Spätestens wenn der Wert des anteiligen EK des TU den Beteiligungsbuchwert nachhaltig übersteigt, erscheint auch nach HGB eine Realisierung möglich.[74]

Das BilRUG führt für Gj ab 2016 ebenso wie DRS 23.134–146 diese Auslegung konsequent fort (§ 309 Rz 26 ff.). Konkret allerdings sieht **DRS 23.145** vor, den aus einem „lucky buy" stammenden passiven Unterschiedsbetrag planmäßig über die gewichtete durchschnittliche Restnutzungsdauer der erworbenen abnutzbaren VG zu vereinnahmen. Eine vorzeitige Vereinnahmung darf nur bei wesentlichen Abgängen der zugrunde liegenden erworbenen abnutzbaren VG erfolgen. Sollte das erworbene Vermögen zu einem wesentlichen Teil aus nicht abnutzbaren VG bestehen, orientiert sich die Behandlung des passiven Unterschiedsbetrags am Verbrauch oder Abgang der nicht abnutzbaren VG. Der passive Unterschiedsbetrag ist somit in dem Umfang erfolgswirksam aufzulösen, in dem die nicht abnutzbaren VG außerplanmäßig abgeschrieben oder z. B. aufgrund eines Verkaufs als Abgang erfasst werden.

116 DRS 25.64 fordert bzgl. der **Währungsumrechnung** des passiven Unterschiedsbetrags, dass dieser grds. wie ein zum Vermögen des ausländischen Unternehmens gehörender Sonderposten zu behandeln ist. Für die Ermittlung des Zugangswerts des passiven Unterschiedsbetrags in fremder Währung ist dieser mit dem Devisenkassamittelkurs im maßgeblichen Erstkonsolidierungszeitpunkt von Euro in die Fremdwährung umzurechnen. Als Ausnahme gelten aber Fälle, in denen der Zeitpunkt der Entstehung des Mutter-Tochter-Verhältnisses (§ 290 Abs. 1 und 2 HGB) und des Zeitpunkts der erstmaligen Einbeziehung des TU in den Konzernabschluss (§ 301 Abs. 2 Satz 3 oder Satz 4 HGB) auseinanderfallen und sich das zu konsolidierende EK des TU zwischen diesen Zeitpunkten aufgrund von Gewinnthesaurierungen erhöht. Dann darf die in DRS 23.148 geforderte erfolgsneutrale Einstellung in die Konzerngewinnrücklagen bzw. den Konzernergebnisvortrag ohne weitere Währungsumrechnung erfolgen.

117 In Abb. 3 werden der schematische **Ablauf der KapKons** und die Erfassung der Unterschiedsbeträge in der Konzernbilanz dargestellt.[75]

---

[74] Vgl. Kirsch/Dollereder, in Baetge/Kirsch/Thiele, Bilanzrecht, § 309 HGB Rz 63.7 f., Stand: 3/2017.
[75] Entnommen aus Ammann/Müller, Konzernbilanzierung, 2005, S. 139.

Abb. 3: Ablauf der Kapitalkonsolidierung

Die erhöhten Aktiva in Fall A sind im Zeitverlauf durch erhöhte Aufwendungen mittels der Abschreibungen des GoF wieder aufzulösen. Ebenso sind die erhöhten Passiva in Fall C später im Konzernerfolg zu berücksichtigen. Daher kann bei der Erwerbsmethode generell von einer **erfolgswirksamen Methode** der KapKons gesprochen werden.

Eine **Saldierung** des GoF mit dem passiven Unterschiedsbetrag aus der KapKons darf nicht erfolgen. Gibt es in einem Konzernabschluss beide Fälle, so sind diese unsaldiert auf der Aktivseite als GoF innerhalb des immateriellen Anlagevermögens und auf der Passivseite als Unterschiedsbetrag aus der KapKons direkt nach dem EK auszuweisen.

4.2 Anhangangabepflichten (Abs. 3 Satz 2)

Zusätzlich zu den Angabepflichten nach § 313 Abs. 1 Satz 3 HGB (Erläuterung der angewandten Konsolidierungsmethoden, DRS 23.207) und § 314 Abs. 1 Nr. 20 HGB (anzugeben ist jeweils eine Erläuterung des Zeitraums, über den der GoF abgeschrieben wird) sind Erläuterungen der aktiven und passiven Unterschiedsbeträge aus der KapKons sowie wesentlicher Veränderungen dieser Posten ggü. dem Vj gem. § 301 Abs. 3 Satz 2 HGB erforderlich.

In diesem Kontext sind auch außerplanmäßige Abschreibungen gem. § 277 Abs. 3 Satz 1 i.V.m. § 298 Abs. 1 HGB anzugeben. Ein passiver Unterschiedsbetrag ist so weit zu erläutern, dass der Charakter des Postens erkennbar wird.[76]

---

[76] Vgl. Kliem/Deubert, in Beck Bil-Komm., 14. Aufl. 2024, § 301 HGB Rz 161.

122 DRS 23.208 f. konkretisiert die Angabepflicht des § 301 Abs. 3 Satz 2 HGB bzgl. des GoF oder passiven Unterschiedsbetrags durch folgende Posten, wobei wesentliche Änderungen ggü. dem Vj jeweils gesondert zu erläutern und die Veränderungen des GoF aus dem Konzernanlagegitter (§ 284 Abs. 3 i.V.m. § 313 Abs. 4 HGB) zu erkennen sind. Darüber hinaus sind hinsichtlich des GoF zumindest die folgenden Angaben erforderlich:
- Aufgliederung des Postens, soweit dieser auch in der Konzernbilanz ausgewiesene GoF enthält, die in den Jahresabschluss der einbezogenen Unt entstanden sind;
- wesentliche Veränderungen aufgrund von Zu- und Abgängen, z.B. aus Veränderungen im Konsolidierungskreis (KonsKreis) und Kaufpreisanpassungen;
- Abschreibungsverfahren und Nutzungsdauer (§ 313 Abs. 1 Satz 2 Nr. 1 HGB); dabei sind die Nutzungsdauern jeweils zu erläutern (§ 314 Nr. 20 HGB);
- Vorgehensweise bei der Bestimmung einer außerplanmäßigen Abschreibung des GoF und deren Höhe, falls diese nicht gesondert in der GuV ausgewiesen werden (§ 277 Abs. 3 Satz 1 i.V.m. § 298 Abs. 1 HGB).

Hinsichtlich des passiven Unterschiedsbetrags sind nach DRS 23.209 zumindest die folgenden Angaben erforderlich:
- Einordnung hinsichtlich des Charakters als EK oder FK und deren Begründung;
- Einordnung als technischer passiver Unterschiedsbetrag und deren Begründung;
- wesentliche Veränderungen aufgrund von Zu- und Abgängen, z.B. aus Veränderungen im KonsKreis und Kaufpreisanpassungen;
- Betrag des im Gj jeweils ergebniswirksam aufgelösten passiven Unterschiedsbetrags.

5 Behandlung von eigenen Anteilen (Abs. 4)

123 Die Regelung in § 301 Abs. 4 HGB ist das konzernbilanzielle Pendant zu der über § 298 Abs. 1 Satz 1 HGB auch für den Konzernabschluss geltenden Regelung des § 272 Abs. 1a HGB, die die Absetzung eigener Anteile vom EK verpflichtend macht (§ 272 Rz 74 ff.). Für den Konzernabschluss wird sie auf Anteile ausgedehnt, die ein TU am MU hält (**Rückbeteiligung**). Diese sind im Jahresabschluss des TU als VG des Umlaufvermögens zu zeigen. Gleichzeitig ist eine Rücklage für Anteile an einem herrschenden Unt zu bilden.[77] Aus Konzernsicht haben diese Anteile ökonomisch jedoch den Charakter von eigenen Anteilen des MU und sind deshalb wie diese zu behandeln.[78] Für den Fall eines mehrstufigen Konzerns ist zu beachten, dass eine Rückbeteiligung stets zum obersten, den Konzernabschluss aufstellenden MU zu bestehen hat.

124 Bei der Absetzung eigener Anteile vom EK ist zu beachten, dass das Nennkapital bzw. der rechnerische Wert der eigenen Anteile offen vom gezeichneten Kapital abzusetzen ist. Aufwendungen, die als Anschaffungsnebenkosten zu klassifizie-

---

[77] Vgl. Oser u.a., in Küting/Pfitzer/Weber, Das neue deutsche Bilanzrecht, 2009, S. 465 f.
[78] Vgl. BT-Drs. 16/10067 v. 30.7.2008 S. 82.

ren sind, stellen nach § 272 Abs. 1a Satz 3 HGB grds. laufenden Aufwand des Gj dar (DRS 22.32).[79] Nachstehend wird der **Ausweis** eigener Anteile und Rückbeteiligungen dargestellt.

> **Praxis-Beispiel**
> **Sachverhalt**
> Die B-AG ist das MU des B-Konzerns. Sie verfügt über eine 100 %ige Beteiligung an der T-AG. Zum 31.12.01 weist die B-AG in ihrem vorläufigen Konzernabschluss vor Berücksichtigung eigener Anteile folgende EK-Beträge aus:
>
> - Gezeichnetes Kapital 4 Mio. EUR
> - Kapitalrücklage 20 Mio. EUR
> - Gewinnrücklagen 35 Mio. EUR
> - Konzernjahreserfolg 7 Mio. EUR
>
> Die B-AG hält zum 31.12.01 eigene Anteile mit einem Nennwert von 200 TEUR, die sie zum Preis von 1 Mio. EUR zurückerworben hat. Die Anteile sind nicht zur Einziehung bestimmt. Die T-AG hält zum Abschlussstichtag ebenfalls Anteile an der B-AG. Diese weisen einen Nennwert von 100 TEUR auf. Ihre AK betragen 600 TEUR.
>
> **Beurteilung**
> Die von der B-AG erworbenen eigenen Anteile sind vom EK abzusetzen. Für den Nennbetrag (200 TEUR) fordert § 272 Abs. 1a HGB eine offene Absetzung vom gezeichneten Kapital. Für die von der T-AG erworbenen Anteile (Nennbetrag: 100 TEUR) gilt Entsprechendes. Der übersteigende Anteil des Kaufpreises für die eigenen Anteile (800 TEUR + 500 TEUR) kürzt die Gewinnrücklagen. Die verkürzte Konzernbilanz hat damit folgendes Aussehen (Angaben in TEUR):

Aktiva	Konzernbilanz zum 31.12.01		Passiva
	Gezeichnetes Kapital	4.000	
	./. Nennbetrag eigener Anteile	–300	3.700
	Kapitalrücklage		20.000
	Gewinnrücklagen		33.700
	Konzernjahreserfolg		7.000
	Summe EK		64.400

---

[79] A.A. DRS 22.30; Kliem/Deubert, in Beck Bil-Komm., 14. Aufl. 2024, § 301 HGB Rz 168, wonach im Konzernabschluss eine erfolgsneutrale Verrechnung möglich sei, was mit der fehlenden Besteuerungsfunktion des Konzernabschlusses begründet wird.

Sachverhalt-Variante
Abweichend vom Ausgangsfall sei angenommen, die B-AG halte nur 60 % der Anteile an der T-AG. Der Minderheitenposten weist vor Berücksichtigung eigener Anteile einen Betrag von 2 Mio. EUR auf.

Beurteilung
Der Nennbetrag der von der T-AG gehaltenen Anteile an der M-AG ist auch bei Existenz von Minderheiten in voller Höhe offen vom gezeichneten Kapital abzusetzen.

Der Mehrbetrag von 1.300 TEUR hat im 100-%-Fall die Gewinnrücklagen gekürzt. Er ist im 60-%-Fall auf das EK des MU und den Minderheitenposten aufzuteilen. Der Minderheitenposten ist um 240 TEUR (= 40 % von 600 TEUR) zu reduzieren. Der verbleibende Betrag von 1.060 TEUR kürzt das EK des MU. Die verkürzte Konzernbilanz hat damit folgendes Aussehen (Angaben in TEUR).

Aktiva	Konzernbilanz zum 31.12.01		Passiva
	Gezeichnetes Kapital	4.000	
	./. Nennbetrag eigener Anteile	–300	3.700
	Kapitalrücklage		20.000
	Gewinnrücklagen		33.940
	Minderheitenposten		1.760
	Konzernjahreserfolg		7.000
	Summe EK		66.400

125 Die Verrechnung des Unterschiedsbetrags zwischen dem Nennbetrag und den AK der eigenen Aktien ist im Konzernabschluss anders als im Jahresabschluss nicht auf die frei verfügbaren Rücklagen beschränkt (DRS 22.30). Im Gegensatz zum Jahresabschluss hat der Konzernabschluss keine Ausschüttungsbemessungsfunktion, sodass für die Verrechnung des Unterschiedsbetrags zwischen dem Nennbetrag und den AK der eigenen Aktien die Begrenzung auf die frei verfügbaren Rücklagen im Konzernabschluss keine Bedeutung hat (E-DRS 31.B29). Die **Verrechnung** kann somit **mit allen Rücklagen** erfolgen, allerdings ist eine Verrechnung mit dem ggf. gem. § 308a Satz 3 HGB einzustellenden Posten „Eigenkapitaldifferenz aus Währungsumrechnung" ausgeschlossen (DRS 22.34). Sofern die frei verfügbaren Rücklagen im Jahresabschluss des MU oder im nach konzerneinheitlichen Bilanzierungs- und Bewertungsvorschriften aufgestellten Abschluss des MU am Bilanzstichtag nicht mehr in ausreichender Höhe vorhanden sind, erfolgt die Verrechnung des Unterschiedsbetrags zwischen dem Nennbetrag und den AK der eigenen Aktien auf Konzernebene mit den Konzernrücklagen. Stehen auch dort Konzernrücklagen am Bilanzstichtag nicht in ausreichendem Umfang zur Verrechnung zur Verfügung, ist die Verrechnung zulasten des Konzernbilanzgewinns oder Konzernbilanzverlusts vorzunehmen (DRS 22.35).[80]

Bei **Veräußerung der eigenen Anteile** entfällt deren offener Ausweis. In Abhängigkeit von der Höhe des Veräußerungspreises der eigenen Anteile können sich folgende Situationen – und das daraus resultierende Vorgehen für die Abbildung im Konzernabschluss – ergeben:

126

1. Der **Veräußerungspreis ist geringer als der Nennbetrag** der veräußerten und zuvor offen abgesetzten eigenen Anteile: Dieser – eher unwahrscheinliche – Fall, in dem der Veräußerungspreis den Nennbetrag der veräußerten eigenen Anteile nicht deckt, führt dazu, dass die offene Absetzung nicht in vollem Umfang rückgängig gemacht werden kann. Bei einer Veräußerung von eigenen Anteilen zu einem Veräußerungspreis unterhalb des Nennbetrags ist im Konzernabschluss der Differenzbetrag zunächst mit den ursprünglich beim Erwerb berücksichtigten Rücklagen zu verrechnen (DRS 22.41).
   - Veräußerungspreis liegt unter den Anschaffungskosten: Im ersten Schritt ist zunächst die nach DRS 22.37 zu bildende Kapitalrücklage wieder aufzulösen. Im zweiten Schritt ist dann der aus dem unten den Anschaffungskosten liegenden Veräußerungspreis resultierende Verlust aus der Veräußerung reduzierend in die Rücklagen einzustellen (DRS 22.41).
   - Veräußerungspreis liegt über den Anschaffungskosten: Die nach DRS 22.37 zu bildende Kapitalrücklage ist anteilig wieder aufzulösen (DRS 22.41).
2. Der **Veräußerungspreis entspricht genau dem Nennbetrag** der veräußerten und zuvor offen abgesetzten eigenen Anteile: Nach der Veräußerung der eigenen Anteile entfällt deren offener Ausweis. Ein Fehlbetrag oder ein den Nennbetrag übersteigender Veräußerungspreis entsteht nicht und ist folglich nicht zu berücksichtigen.
3. Der **Veräußerungspreis übersteigt den Nennbetrag** der veräußerten und zuvor offen abgesetzten eigenen Anteile: Ein über dem Nennbetrag liegender Veräußerungspreis ist im Konzernabschluss bis zur Höhe des beim Erwerb mit den Rücklagen verrechneten Betrags in die jeweiligen Rücklagen wieder einzustellen (DRS 22.39).
   - Veräußerungspreis liegt unter den Anschaffungskosten: Die jeweiligen Rücklagen sind wieder zurückzunehmen. Hier empfiehlt sich die – wohl auch sachgerechte (E-DRS 31.B39) – proportionale Aufteilung auf die Rücklagen (DRS 22.40).
   - Veräußerungspreis liegt über den Anschaffungskosten: In Schritt eins sind ebenfalls die jeweiligen Rücklagen bis zum ursprünglich verrechneten Betrag zurückzunehmen. In Schritt zwei ist der über die ursprünglichen Anschaffungskosten hinausgehender Betrag – wie ein Agio – in die Kapitalrücklage nach § 272 Abs. 2 Nr. 1 HGB einzustellen (DRS 22.39).

---

[80] Vgl. Müller/Reinke, DStR 2015, S. 1130.

6 Erstkonsolidierung

127 Hinsichtlich der konkreten **Umsetzung der Erwerbsmethode** ist mit § 301 Abs. 1 HGB einzig die Neubewertungsmethode anzuwenden. Gleichwohl kommt es ggf. im Konzernabschluss zur parallelen Anwendung der Buchwertmethode, wenn diese nach § 301 Abs. 1 HGB vor Anwendung des BilMoG für eine Erstkonsolidierung (ErstKons) zur Anwendung kam.[81] Beiden Methoden liegt die Fiktion einer Anschaffung der einzelnen VG, Schulden, RAP und Sonderposten des TU zugrunde. Sie unterscheiden sich im Wesentlichen dadurch, dass die Auflösung der stillen Reserven und Lasten bei VG und Schulden nach (= Buchwertmethode) bzw. vor der Verrechnung des Beteiligungsbuchwerts und dem anteiligen EK (= Neubewertungsmethode) erfolgt. Durch den **Wegfall der Anschaffungskostenrestriktion** können sich nicht nur im Fall des Vorhandenseins von Minderheitsgesellschaftern Unterschiede im Konzernabschluss in Abhängigkeit von der verwendeten Methode ergeben. Gem. des inzwischen durch DRS 23 ersetzten DRS 4 wurde die Neubewertungsmethode i.R.d. vermuteten GoK bereits seit 2001 als die vorzugswürdige Methode betrachtet und auch nach IFRS ist im Ergebnis dieses Vorgehen gefordert, da eine Vermischung von Zeit- und Buchwerten vermieden wird.

128 Im Folgenden werden die einzelnen Schritte der **Neubewertungsmethode** dargestellt und erläutert. Zur Buchwertmethode und der ggf. bestehenden parallelen Anwendungsnotwendigkeit s.[82]

6.1 Vereinheitlichung von Ansatz, Bewertung, Ausweis, Währung und Stichtag

129 Zunächst sind die Abschlüsse hinsichtlich Ansatz (§ 300 Rz 27 ff.), Bewertung (§ 308 Rz 1 ff.), Darstellung (§ 300 Rz 13 ff. bzw. § 298 Rz 45 ff.), Währung (§ 308a Rz 1 ff.) und ggf. Stichtag (§ 299 Rz 1 ff.) zu vereinheitlichen.[83] Die so entstandenen Jahresabschlüsse werden als Handelsbilanz II (HB II) bezeichnet.

6.2 Neubewertung der Bilanz des Tochterunternehmens

130 Im nächsten Schritt werden die VG, Schulden, RAP und Sonderposten in der Bilanz des TU i.d.R. zum Zeitpunkt, zu dem das Unt TU geworden ist (Rz 76 ff.), erfolgsneutral, d.h. mit direkter Verrechnung der Beträge im EK und in den passiven oder aktiven latenten Steuern des TU, neu bewertet. Das neu bewertete EK ergibt sich somit aus dem EK vor Neubewertung zzgl. der aufgelösten und um latente Steuereffekte bereinigten stillen Reserven und abzgl. der um latente Steuereffekte bereinigten aufgedeckten stillen Lasten. Sinnvollerweise werden die Verrechnungen im EK intern in einer Neubewertungsrücklage nachgehalten. Für diesen zweiten Schritt wird zur Abgrenzung des Begriffs der HB II, in der die Buchwerte des TU abgebildet sind, die

---

[81] Vgl. für eine systematische Gegenüberstellung z.B. Ammann/Müller, Konzernbilanzierung, 2005, S. 191 ff.
[82] Vgl. Kreipl/Müller, in Bertram/Brinkmann/Kessler/Müller, Haufe HGB Bilanz Kommentar BilMoG Erfahrungsbericht, 2012, Art. 66 EGHGB Rz 14–17.
[83] Vgl. Müller, in Kußmaul/Müller, HdB, Konzernabschluss nach HGB, Rz 1 ff., Stand: 10.5.2023.

sog. **Handelsbilanz III (HB III)** eingeführt, die durch den Bezug auf die Zeitwerte bereits vor der Aufrechnung des Unterschiedsbetrags die gesamten aufgelösten stillen Reserven und stillen Lasten enthält. Bei dieser Neubewertung werden somit alle stille Reserven und alle stillen Lasten aufgelöst. Konkret ist der Buchwert der Positionen in der HB II mit seinem beizulegenden Zeitwert zu vergleichen. Als beizulegender Zeitwert kommt der Börsen- oder Marktpreis infrage, der aber in der Praxis für viele VG nur selten zweifelsfrei feststehen dürfte. Darüber hinaus ist als wichtigste Hilfsgröße der Wiederbeschaffungswert heranzuziehen, bei geplanter Veräußerung aber auch der Einzelveräußerungswert (Rz 50 ff.).

Auf den Konzern übertragen bedeutet dies zunächst, dass der **beizulegende Zeitwert** die AK der einzelnen Bilanzpositionen aus Konzernsicht darstellt. Problematisch ist, dass der Kaufpreis der Beteiligung in der Praxis eher vom Ertragswert als vom Substanzwert abhängt, sodass eine gesonderte Substanzwertermittlung für die Zuordnung des beizulegenden Zeitwerts erforderlich werden kann. Zwar können detaillierte Bewertungsgutachten das Problem mildern, eine zweifelsfreie Ermittlung stiller Reserven wird aber kaum möglich sein. Dies gilt insb., wenn Erwerbszeitpunkt und Basiszeitpunkt der Kapitalkonsolidierung (KapKons) auseinanderfallen, was nur noch bei einer erst später bestehenden Konzernbilanzierungspflicht, einem sukzessiven Anteilserwerb oder der Nutzung von Einbeziehungswahlrechten gem. § 296 HGB denkbar ist. Da im Konzern quasi fiktive AK für die einzelnen Positionen des TU auf den Stichtag des Erwerbs bzw. der ErstKons zu ermitteln sind, dürfte anzunehmen sein, dass bei der Wertermittlung für die einzelnen Sachverhalte grds. vom Zeitwert i. S. d. Wiederbeschaffungskosten auszugehen ist. Generelle Leitlinie und Bezugspunkt bei Zweifelsfragen sind zunächst § 255 Abs. 4 HGB und sodann die Generalnorm des § 297 Abs. 2 Satz 2 HGB.

131

Durch die Auflösung verschieben sich die AK der VG aus Konzernsicht und stellen für die handelsrechtliche Bewertung im Konzernabschluss die zukünftigen Wertobergrenzen bei der Bewertung im Konzernabschluss dar. Abb. 4 verdeutlicht dies schematisch:[84]

132

---

[84] In Anlehnung an Ammann/Müller, Konzernbilanzierung, 2005, S. 141.

Abb. 4: Auflösung stiller Reserven i. R. d. Kapitalkonsolidierung

133 Es wird deutlich, dass eine Auflösung stiller Reserven grds. nur im Zeitpunkt des Erwerbs bzw. der erstmaligen Einbeziehung möglich ist (Ausnahme wäre der spätere Zuerwerb weiterer Anteile des TU und die Abbildung als Erwerbsvorgang i.S.d. Interessentheorie mit einer tranchenweisen Konsolidierung nach DRS 23.172 s. Rz 192 ff.). Anschließend neu entstehende stille Reserven sind im Konzernabschluss ebenso wenig zu beachten wie im Jahresabschluss. Im Hinblick auf den **Umfang ihrer Auflösung** sind die stillen Reserven komplett aufzulösen. Eine letztlich nach der Pagatorik notwendige AK-Restriktion, d. h. die Überprüfung, ob der Kaufpreis für das anteilige EK durch die Neubewertung überschritten wird, ist nicht notwendig.

6.3 Zusammenfassung in der Summenbilanz und Aufrechnung

134 Im dritten Schritt erfolgt die Addition der Jahresabschlusswerte des MU mit allen einbezogenen Jahresabschlusswerten auf Basis der HB III zur sog. Summenbilanz und daran anschließend die **Aufrechnung** der Beteiligungsbuchwerte im Jahresabschluss des MU mit den anteiligen in der HB III ausgewiesenen neu bewerteten Eigenkapitalpositionen der jeweiligen TU. Der ermittelte Unterschiedsbetrag entspricht, soweit er aktiv ist, dem zu aktivierenden GoF, wenn er passiv ist, dem passiven Unterschiedsbetrag aus der KapKons.

6.3.1 Ermittlung eines Geschäfts- oder Firmenwerts

135 Neben den aus den Jahresabschlüssen übernommenen, aus Asset Deals stammenden GoF resultiert der GoF im Konzernabschluss aus der KapKons. Hierbei handelt es sich letztlich um die bei Share Deals bezahlten Mehrbeträge, die im Vergleich von

Kaufpreis und anteiligem Wert des erworbenen neu bewerteten EK (nach Bewertung der VG und Schulden zum beizulegenden Zeitwert) verbleiben.

Der **GoF im Jahresabschluss** ist nach § 246 Abs. 1 Satz 4 HGB einem VG mit begrenzter Nutzungsdauer im Wesentlichen gleichgestellt. Einzig besteht nach § 253 Abs. 5 HGB ein Zuschreibungsverbot. Diese Bestimmung wurde auch in den Konzernabschluss übernommen, indem in § 309 Abs. 1 HGB ein entsprechender Verweis eingefügt wurde. Für ab dem Gj 2010 durchgeführte Erwerbe bzw. Erst-Kons ist der GoF zu **aktivieren** und planmäßig über die Nutzungsdauer **erfolgswirksam abzuschreiben**. In DRS 4 wurde bereits ab dem 1.1.2001 für alle nach dem HGB bilanzierenden Konzerne für den GoF eine Ansatzpflicht mit erfolgswirksamer Abschreibung über eine Nutzungsdauer von zunächst max. 20 Jahren (widerlegbare Vermutung) festgelegt. Nach einer kurzzeitigen Begründungsnotwendigkeit für eine Überschreitung einer geschätzten Nutzungsdauer von fünf Jahren für Gj 2010–2015 fordert inzwischen der Gesetzgeber nach § 314 Abs. 1 Nr. 20 HGB jeweils eine Erläuterung des Zeitraums, über den ein GoF abgeschrieben wird, unabhängig vom Zeitraum. Zudem wird für den Fall, dass eine Nutzungsdauer nicht verlässlich geschätzt werden kann, ein Abschreibungszeitraum von pauschal zehn Jahren vorgegeben (§ 253 Abs. 3 Satz 3 und 4 HGB). Sowohl nach DRS als auch nach HGB ist eine Anpassung von zurückliegenden Konzernabschlüssen nicht notwendig bzw. nach HGB sogar ausgeschlossen.[85]

136

Da es sich bei einem GoF um einen einem VG gleichgestellten Posten handelt, haben eine **planmäßige Abschreibung** und die Prüfung der Werthaltigkeit und der Restnutzungsdauer zu jedem Stichtag erneut zu erfolgen (Rz 112); ggf. sind **außerplanmäßige Abschreibungen** vorzunehmen bzw. wird eine Kürzung der Restnutzungsdauer notwendig. Als Besonderheit im Vergleich zu den üblichen VG besteht jedoch auch dann ein **Zuschreibungsverbot**, wenn die Gründe der außerplanmäßigen Abschreibung nicht mehr gegeben sind. Dies ist angesichts der Gefahr, dass originäre GoF-Bestandteile aktiviert werden könnten, plausibel. Zudem ist über die Zuordnung des GoF zum MU oder zum TU auch die spätere **Fremdwährungsumrechnung** festzulegen (Rz 113).

137

6.3.2 Ermittlung und Behandlung eines passiven Unterschiedsbetrags aus der Kapitalkonsolidierung

Ein **passiver Unterschiedsbetrag aus der KapKons** stellt dem Charakter nach eine Rückstellung für drohende Verluste (badwill), einen „Gewinn" aus Beteiligungserwerb (lucky buy) oder einen technischen Unterschiedsbetrag dar (Rz 115 ff.). Im ersten Fall darf er gem. § 309 Abs. 2 Nr. 1 HGB erst dann ergebniswirksam aufgelöst werden, wenn

138

- die zum Zeitpunkt des Erwerbs erwartete ungünstige Entwicklung der künftigen Ertragslage des Unt tatsächlich eingetreten ist,
- feststeht, dass die Entwicklung nicht eintritt, oder
- zu diesem Zeitpunkt erwartete Aufwendungen zu berücksichtigen sind.

V. a. mit Bezug auf das Realisations- und Vorsichtsprinzip ist davon auszugehen, dass eine Pflicht zur Auflösung besteht. Im zweiten Fall ist die erfolgserhöhende

---

[85] Vgl. Kreipl/Müller, in Bertram/Brinkmann/Kessler/Müller, Haufe HGB Bilanz Kommentar BilMoG Erfahrungsbericht, 2012, Art. 66 EGHGB Rz 17 ff.

Auflösung des passiven Unterschiedsbetrags gem. § 309 Abs. 2 Nr. 2 HGB erst erlaubt, wenn am Abschlussstichtag feststeht, dass er einem realisierten Gewinn entspricht, wobei auch hier davon auszugehen ist, dass eine Auflösungspflicht besteht. Für die Behandlung des technischen Unterschiedsbetrags s. Rz 115.

139 Hinsichtlich des **Ausweises** des passiven Unterschiedsbetrags ist keine Saldierung mit Unterschiedsbeträgen auf der Aktivseite (GoF) erlaubt. Der passive Unterschiedsbetrag ist pflichtmäßig auf der Passivseite der Konzernbilanz zwischen EK und FK auszuweisen. Dies gilt auch für Altfälle, d. h., wenn noch GoF und ein passiver Unterschiedsbetrag aus vor dem Gj 2010 vorgenommenen ErstKons vorhanden sind, müssen diese getrennt auf der Aktiv- und Passivseite der Konzernbilanz ausgewiesen werden.

6.4 Anwendungsbeispiel bei Einbeziehung einer 100-%-Tochter

140 Mit den BeispielUnt M-GmbH und T-GmbH soll die Vorgehensweise der Neubewertungsmethode bei der **erstmaligen Konsolidierung (Kons) von 100 %igen TU** dargestellt werden.[86] Das MU M-GmbH erwirbt Ende t0 100 % der Anteile an der T-GmbH zu einem Preis von 6,0 Mio. EUR. Es wird vereinbart, dass das Jahresergebnis des gesamten Gj in der T-GmbH verbleiben soll, d. h. thesauriert werden soll, und somit vom Erwerber mit übernommen wird.[87] Die aggregierten Jahresbilanzen der beiden Unt zum 31.12.t0 haben folgendes Aussehen:

Bilanz der M-GmbH zum 31.12.t0 in Mio. EUR			
Sonstiges AV	7,0	Grundkapital	4,0
Beteiligung TU	6,0	Rücklagen	3,0
UV	4,0	Jahresüberschuss	2,0
		Sonstige Verbindlichkeiten	8,0
	17,0		17,0

Bilanz der T-GmbH zum 31.12.t0 in Mio. EUR			
Sonstiges AV	3,0	Grundkapital	2,0
Maschinen	2,0	Rücklagen	1,0
UV	2,0	Jahresüberschuss	1,0
		Sonstige Verbindlichkeiten	3,0
	7,0		7,0

141 Vorausgesetzt, dass die Bedingungen des § 290 HGB erfüllt sind, und unter Ausblendung größenabhängiger Befreiungen ist von der M-GmbH ein Konzernabschluss aufzustellen. Aus Vereinfachungsgründen wird angenommen, dass für beide Unt bei der Überleitung der Jahresabschlüsse zu den HB II keine Anpassungsbuchungen erforderlich sind.

---

[86] Vgl. zu weiteren (EDV-gestützten) Fallstudien Krimpmann, Konsolidierung nach IFRS/HGB, 2009, S. 54 ff.; Küting/Seel, DStR 2009, S. 47.
[87] DRS 23.12 spricht von einem erworbenen Ergebnis, was in die KapKons einzubeziehen ist.

Bei dem TU T-GmbH enthält die Position Maschinen **stille Reserven** i. H. v. 1,0 Mio. EUR. Diese müssen zunächst in voller Höhe aufgelöst werden, was in einer ersten Buchung erfolgt. Zur Verbesserung der Nachvollziehbarkeit erfolgt die Darstellung der Kons spaltenorientiert. Die Positionen der HB II des MU und TU stehen nebeneinander. Der **Neubewertung des TU** wird in der spaltenorientierten Darstellungsweise insofern Rechnung getragen, als eine gesonderte Spalte eingeführt wird, in der die Buchungen die Unterschiede zur HB III des TU aufzeigen. 142

Die im Beispiel erfolgte höhere Bewertung der Maschinen führt zwangsläufig zu einer Bilanzverlängerung auf der Aktivseite. Der Bilanzausgleich auf der Passivseite wird dadurch erreicht, dass – wie vom DRSC vorgeschlagen – eine **Neubewertungsrücklage** bei dem TU eingeführt wird, um die aufgedeckten stillen Reserven zu verdeutlichen. Dabei sind jedoch **latente Steuern** zu berücksichtigen,[88] sodass bei einem hier unterstellten Steuersatz von 40 % eine Erhöhung um 0,6 Mio. EUR sowie eine Bildung von passiven latenten Steuern von 0,4 Mio. EUR erfolgen. Der heranzuziehende Steuersatz soll derjenige des in den Konzernabschluss einbezogenen Unt sein, da sich bei diesem der Steuereffekt auch umkehrt. Damit wird die Fiktion des Konzerns als wirtschaftliche Einheit an dieser Stelle zugunsten einer stärker an den tatsächlichen Verhältnissen orientierten Vermögens-, Finanz- und Ertragslage zurückgedrängt.[89] Aus Wirtschaftlichkeits- und Wesentlichkeitsüberlegungen darf im Einzelfall für den Konzern aber ein einheitlicher Steuersatz angewandt werden (§ 306 Rz 34).[90] Die so ermittelte HB III des TU führt nach Summation mit der HB II des MU zum Summenabschluss. Tab. 1 verdeutlicht die Vorgehensweise: 143

144

	M-GmbH (HB II)		T-GmbH (HB II)		T-GmbH (Unterschied HB III)		Σ-bilanz	Konsolidierung		Konzernbilanz	
	A	P	A	P	A	P	A/P	S	H	A	P
GoF								(2) 1,4		1,4	
Sonst. AV	7,0		3,0				10,0			10,0	
Maschinen			2,0		(1) 1,0		3,0			3,0	
Bet. TU	6,0						6,0		(2) 6,0		
UV	4,0		2,0				6,0			6,0	
Gez. Kapital		4,0		2,0			6,0	(2) 2,0			4,0
Rücklagen		3,0		1,0			4,0	(2) 1,0			3,0
Neubew. RL						(1) 0,6	0,6	(2) 0,6			
Jahres-überschuss		2,0		1,0			3,0	(2) 1,0			2,0
Pass. lat. Steuern						(1) 0,4	0,4				0,4
Verbindlichkeiten		8,0		3,0			11,0				11,0
Summe	17,0	17,0	7,0	7,0	1,0	1,0	25,0	6,0	6,0	20,4	20,4

Tab. 1: Erstkonsolidierung mittels Neubewertungsmethode mit einem Kapitalanteil von 100 %, den die M-GmbH an der T-GmbH hält

---

[88] Vgl. Küting/Seel, DStR 2009, S. 47.
[89] Vgl. BT-Drs. 16/10067 v. 30.7.2008 S. 83.
[90] Vgl. Bieg u. a., Bilanzrechtsmodernisierungsgesetz, 2009, S. 187.

145 Die **Konsolidierungsbuchungen** vollziehen sich bei 100 %igen TU in zwei Schritten. Zunächst ist die Neubewertung des TU vorzunehmen.

Konto	Soll	Haben
Maschinen	1,0 Mio.	
Neubewertungsrücklagen		0,6 Mio.
Passive latente Steuern		0,4 Mio.

146 Im zweiten Schritt (= Buchung (2)) wird der Wert der Beteiligung (6,0 Mio. EUR) gegen das in voller Höhe neu bewertete EK des TU aufzurechnen. Dieser Schritt der KapKons nach der Neubewertungsmethode wird durch folgenden Buchungssatz (= Buchung (2)) wiedergegeben, wobei die entstehende Differenz – da aktivisch – als GoF zu erfassen ist:

Konto	Soll	Haben
Gezeichnetes Kapital	2,0 Mio.	
Rücklagen	1,0 Mio.	
Neubewertungsrücklagen	0,6 Mio.	
Jahresüberschuss	1,0 Mio.	
GoF	1,4 Mio.	
Beteiligung TU		6,0 Mio.

147 Die Berücksichtigung auch der zweiten Konsolidierungsbuchung lässt aus der Summenbilanz die Konzernbilanz entstehen, aus der nun die innerkonzernlichen Kapitalverflechtungen eliminiert sind.

6.5 Vollkonsolidierung bei Minderheitsanteilen

148 Da es sich bei der Neubewertungsmethode um eine **Vollkonsolidierung (VollKons) unter Erwerbsfiktion** handelt, setzt ihre Anwendung die Kons eines TU voraus. Zu beachten ist, dass die in § 290 HGB genannten Kriterien für das Bestehen eines Mutter-Tochter-Verhältnisses nicht nur bei einer Beteiligung von 100 % gelten. Bei einer Beteiligungsquote von unter 100 % würde die vollständige Übernahme aller VG und Schulden des TU die Vermögenslage des Konzerns unzutreffend darstellen, wenn im Konzernabschluss nicht deutlich gemacht wird, dass ein der Beteiligungsquote entsprechender Anteil konzernfremden Minderheitsgesellschaftern zusteht (§ 307 Rz 1 ff.). Deshalb ist in solchen Fällen gem. § 307 Abs. 1 HGB ein Ausgleichsposten für nicht dem MU gehörende Anteile i.H.d. Anteils anderer Gesellschafter am EK des TU zu bilden und gesondert im EK auszuweisen.

149 Bei der Neubewertungsmethode werden die **Anteile anderer Gesellschafter**, die mit dem BilRUG seit dem Gj 2016 als **nicht beherrschende Anteile** zu bezeichnen sind, auf der Basis des neu bewerteten EK ausgewiesen.[91] Ein nach der Aufrechnung des Beteiligungsbuchwerts mit dem anteiligen EK des MU evtl. verbleibender GoF muss mit Bezug auf § 307 Abs. 1 Satz 2 HGB ausschl. dem MU zugerechnet werden. Eine quotale Aufteilung auf Mehrheits- und Minderheitsgesellschafter kommt nicht in Betracht. Im Hinblick auf FolgeKons bedeutet die vollständige Auflösung der stillen Reserven und Lasten, dass zusätzliche Abschreibungen aufgedeckter stiller Reserven quotal zulasten des Ergebnisanteils des MU und des Minderheitenanteils gehen, während die Abschreibung des GoF nur zulasten der Anteilseigner des MU erfolgt.

---

[91] Vgl. z.B. Busse v. Colbe/Fehrenbacher, in MünchKomm HGB, 4. Aufl. 2020, § 301 HGB Rn 45.

Da sich die Neubewertungsmethode dadurch auszeichnet, dass die Kons des Beteiligungsbuchwerts auf Basis des neu bewerteten EK des TU erfolgt, bedeutet dies im Fall von Minderheitenanteilen, dass der Ausgleichsposten für nicht beherrschende Anteile auch stille Reserven oder Lasten enthält. Es wird unterstellt, „dass die Minderheiten im Zeitpunkt der erstmaligen Konsolidierung einen Preis für die Anteile gezahlt haben, der ihrem Anteil am konsolidierungspflichtigen Kapital und an den aufgedeckten stillen Reserven entspricht."[92] Der **Ausgleichsposten für nicht beherrschende Anteile** stellt sich im Vergleich zu der vor dem BilMoG alternativ zulässigen Buchwertmethode folglich in seiner Zusammensetzung und Höhe anders dar. Nach der per Wahlrecht im IFRS-Konzernabschluss anwendbaren full goodwill method nach IFRS 3.19 rev. 2008 (im US-GAAP-Konzernabschluss verpflichtend anzuwenden) können die nicht beherrschenden Anteile auch einen fiktiv zugerechneten GoF-Anteil beinhalten,[93] was mit dem HGB nicht vereinbar ist.[94]

6.6 Anwendungsbeispiel bei Einbeziehung einer Nicht-100-%-Tochter (Geschäfts- oder Firmenwert)

Die erstmalige KapKons nach der Neubewertungsmethode bei Vorhandensein von **Minderheitsgesellschaftern** soll auf der Basis der Daten des Ausgangsbeispiels erfolgen, wobei als Modifizierung unterstellt wird, es wären von dem MU für die 6,0 Mio. EUR lediglich 75 % der Kapitalanteile der T-GmbH erworben worden. Weiterhin besteht die Vereinbarung, dass das Jahresergebnis in der T-GmbH verbleibt und somit (anteilig) mit erworben wurde.

	M-GmbH (HB II)		T-GmbH (HB II)		T-GmbH (Unterschied HB III)		Σ-bilanz	Konsolidierung		Konzernbilanz	
	A	P	A	P	A	P	A/P	S	H	A	P
GoF								(2) 2,55		2,55	
Sonst. AV	7,0		3,0				10,0			10,0	
Maschinen			2,0		(1) 1,0		3,0			3,0	
Bet. TU	6,0						6,0		(2) 6,0		
UV	4,0		2,0				6,0			6,0	
Gez. Kapital		4,0		2,0			6,0	(2) 1,5 (3) 0,5			4,0
Rücklagen		3,0		1,0			4,0	(2) 0,75 (3) 0,25			3,0
Neubewertungsrücklagen						(1) 0,6	0,6	(2) 0,45 (3) 0,15			
Jahresüberschuss		2,0		1,0			3,0	(2) 0,75 (3) 0,25			2,0
nicht beherrschende Anteile									(3) 1,15		1,15
Pass. lat. Steuern						(1) 0,4	0,4				0,4
Verbindlichkeiten		8,0		3,0			11,0				11,0
Summe	17,0	17,0	7,0	7,0	1,0	1,0	25,0	7,15	7,15	21,55	21,55

Tab. 2: Erstkonsolidierung mittels Neubewertungsmethode mit einem Kapitalanteil von 75 %, den die M-GmbH an der T-GmbH hält (Abwandlung 1)

---

[92] Schildbach, Konzernabschluß, 1994, S. 158.
[93] Vgl. Lüdenbach/Hoffmann/Freiberg, Haufe IFRS-Kommentar, 22. Aufl. 2024, § 31 Rz 147.
[94] Vgl. zur Diskussion Kessler/Leinen/Strickmann, in Weber u. a., Berichtstattung für den Kapitalmarkt, FS Küting, 2009, S. 323 ff.

152 Die **ErstKons** nach der Neubewertungsmethode vollzieht sich bei Vorhandensein von Minderheitsgesellschaftern in drei Buchungsschritten.[95] Zunächst ist wieder die Neubewertung des TU vorzunehmen (= Buchung (1)).

Konto	Soll	Haben
Maschinen	1,0 Mio.	
Neubewertungsrücklagen		0,6 Mio.
Passive latente Steuern		0,4 Mio.

153 Im zweiten Schritt ist der Beteiligungsbuchwert (6,0 Mio. EUR) gegen das anteilige neu bewertete EK aufzurechnen (= Buchung (2)). Das anteilige EK ist zu berechnen durch Addition des neu bewerteten EK (4,6 Mio. EUR) und zu multiplizieren mit dem Kapitalanteil, woraus sich der Wert von 3,45 Mio. EUR ergibt. Die Differenz zwischen dem Wert der Beteiligung und der Summe der anteiligen Eigenkapitalkomponenten i. H. v. 6,0–3,45 = 2,55 Mio. EUR wird – da sie aktivisch ist – als GoF eingestellt:

Konto	Soll	Haben
Gezeichnetes Kapital	1,5 Mio.	
Rücklagen	0,75 Mio.	
Neubewertungsrücklagen	0,45 Mio.	
Jahresüberschuss	0,75 Mio.	
GoF	2,55 Mio.	
Beteiligung TU		6,0 Mio.

154 Schließlich ist der Teil des EK, der auf die Minderheiten entfällt (= 25 %), in die Position **nicht beherrschende Anteile** einzustellen (Buchung (3)):

Konto	Soll	Haben
Gezeichnetes Kapital	0,5 Mio.	
Rücklagen	0,25 Mio.	
Neubewertungsrücklagen	0,15 Mio.	
Jahresüberschuss	0,25 Mio.	
Nicht beherrschende Anteile		1,15 Mio.

6.7 Anwendungsbeispiel bei Einbeziehung einer Nicht-100-%-Tochter (passiver Unterschiedsbetrag)

155 In einer zweiten Abwandlung des Ausgangsbeispiels soll die Entstehung eines **passiven Unterschiedsbetrags** verdeutlicht werden. Dazu werden die Bilanzen wie folgt verändert:

156 Das MU M-GmbH erwirbt Ende t0 75 % der Anteile an der T-GmbH zu einem Preis von lediglich 2,5 Mio. EUR, da bei diesem Szenario **schlechte Zukunftsaussichten** bei dem TU angenommen werden (DRS 23.142). Bei dem bilanziell unveränderten TU T-GmbH enthält die Position Maschinen weiterhin 1,0 Mio. EUR stille Reserven. Vorausgesetzt, dass die Bedingungen des § 290 HGB erfüllt sind, und unter Ausblendung größenmäßiger Befreiungen ist von der M-GmbH ein Konzernabschluss aufzustellen. Im vorliegenden Beispiel waren weiterhin für beide Unt bei der Überleitung der Einzelbilanzen zu den HB II keine Anpassungsbuchungen notwendig.

---

[95] Vgl. auch Kirsch u. a., in Baetge/Kirsch/Thiele, Bilanzrecht, § 301 HGB Rz 98 ff., Stand: 2/2017.

Kapitalkonsolidierung § 301

Obwohl der Beteiligungsbuchwert (2,5 Mio. EUR) das **anteilige neu bewertete EK** des TU (4,6 Mio. EUR × 0,75 = 3,45 Mio. EUR) unterschreitet, sind die bei den Maschinen vorhandenen stillen Reserven (1,0 Mio. EUR) zunächst i.v.H. aufzulösen, da es unerheblich ist, dass damit das Anschaffungswertprinzip eindeutig verletzt wird. Offensichtlich ist es dem Verkäufer der Anteile nicht einmal gelungen, den Kapitalanteil zu Eigenkapitalwerten zu veräußern. Die vorhandenen stillen Reserven sind daher auch nicht mitbezahlt worden. Gleichwohl könnten sie Bestandteil des Kaufpreises gewesen sein, da ansonsten der Erwerber einen noch geringeren Betrag gezahlt hätte. Daher ist in der HB III die Tochter ebenso abzubilden wie im Ausgangsbeispiel.

157

	M-GmbH (HB II)		T-GmbH (HB II)		T-GmbH (Unterschied HB III)		Σ-bilanz	Konsolidierung		Konzernbilanz	
	A	P	A	P	A	P	A/P	S	H	A	P
Sonst. AV	7,0		3,0				10,0			10,0	
Maschinen			2,0		(1) 1,0		3,0			3,0	
Bet. TU	2,5						2,5		(2) 2,5		
UV	4,0		2,0				6,0			6,0	
Gez. Kapital		4,0		2,0			6,0	(2) 1,5 (3) 0,5			4,0
Rücklagen		3,0		1,0			4,0	(2) 0,75 (3) 0,25			3,0
Neubewertungsrücklagen						(1) 0,6	0,6	(2) 0,45 (3) 0,15			
Jahresüberschuss		2,0		1,0			3,0	(2) 0,75 (3) 0,25			2,0
Anteile and. Ges.									(3) 1,15		1,15
Pass. UB									(2) 0,95		0,95
Pass. lat. Steuern						(1) 0,4	0,4				0,4
Verbindlichkeiten		4,5		3,0			7,5				7,5
Summe	13,5	13,5	7,0	7,0	1,0	1,0	21,5	4,6	4,6	19,0	19,0

Tab. 3: Erstkonsolidierung mittels Neubewertungsmethode mit einem Kapitalanteil von 75 %, den die M-GmbH an der T-GmbH hält (Abwandlung 2)

Im **ersten Konsolidierungsbuchungsschritt** (= Buchung (1)) erfolgt wieder die Neubewertung des TU.

158

Konto	Soll	Haben
Maschinen	1,0 Mio.	
Neubewertungsrücklagen		0,6 Mio.
Passive latente Steuern		0,4 Mio.

159 Im zweiten Schritt (= Buchung (2)) ist der Beteiligungsbuchwert (2,5 Mio. EUR) gegen das anteilige neu bewertete EK (3,45 Mio. EUR) aufzurechnen. Die Differenz zwischen dem Wert der Beteiligung und der Summe der anteiligen Eigenkapitalkomponenten i. H. v. 2,5–3,45 = –0,95 Mio. EUR wird, da sie jetzt passivisch ist, in den **passiven Unterschiedsbetrag aus KapKons** eingestellt:

Konto	Soll	Haben
Gezeichnetes Kapital	1,5 Mio.	
Rücklagen	0,75 Mio.	
Neubewertungsrücklagen	0,45 Mio.	
Jahresüberschuss	0,75 Mio.	
Beteiligung TU		2,5 Mio.
Passiver Unterschiedsbetrag aus KapKons		0,95 Mio.

160 Schließlich ist der Teil des EK, der auf die Minderheiten entfällt, mit einer identischen Buchung wie im Ausgangsbeispiel in die Position **nicht beherrschende Anteile** einzustellen (Buchung (3)):

Konto	Soll	Haben
Gezeichnetes Kapital	0,5 Mio.	
Rücklagen	0,25 Mio.	
Neubewertungsrücklagen	0,15 Mio.	
Jahresüberschuss	0,25 Mio.	
Nicht beherrschende Anteile		1,15 Mio.

161 Bei dem passiven Unterschiedsbetrag ist zu prüfen und nach DRS 23.139 zu dokumentieren, ob er eher **Eigenkapital- oder Fremdkapitalcharakter** besitzt oder als technischer Unterschiedsbetrag zu verstehen ist. Der Ausweis muss bis auf wenige Ausnahmen beim technischen Unterschiedsbetrag (Rz 115) in der Konzernbilanz in jedem Fall zwischen EK und FK erfolgen; zudem sind Anhangangaben notwendig, damit der Charakter der Position von den Adressaten eingeschätzt werden kann (Rz 120 f.). Im Fall negativer Zukunftsaussichten liegt ein **badwill** vor, der eine gedankliche Zuordnung des Postens vom Adressaten zum FK bedingt. Im Ergebnis wird somit zwar das aus betriebswirtschaftlicher Sicht überhöht ausgewiesene EK des TU bei der KapKons unkorrigiert übernommen, doch erfolgt durch den passiven Unterschiedsbetrag aus KapKons in der Konzernbilanz der Hinweis darauf, dass die übernommenen und ausgewiesenen VG in Summe weniger wert sein dürften, als die Einzelbewertung suggeriert. Eine solche Konstellation dürfte jedoch in der Praxis höchst selten anzutreffen sein, da unter diesen Bedingungen i. d. R. bereits im Jahresabschluss des TU Abschreibungen auf die VG hätten vorgenommen werden müssen. Bilanzrechtlich vereinbar ist die Entstehung eines passiven Unterschiedsbetrags in größerem Umfang nur, wenn unterschiedliche Einschätzungen der Zukunft vorliegen, wobei das Management des TU deutlich bessere Zukunftserwartungen haben muss als der Erwerber und letztlich auch der Verkäufer, da dieser ansonsten wohl kaum zu dem geringen Preis verkauft hätte. Nach IFRS wird aufgrund der Zuordnungsproblematik verlangt, dass in dem Fall, in dem ein negativer goodwill auftritt, die Bewertung der Vermögenswerte und Schulden ausdrücklich erneut zu überprüfen und ggf. anzupassen ist, wobei ein badwill erfasst werden soll und der dann verbleibende Betrag, der eigentlich nur noch Eigenkapitalcharakter haben kann, direkt erfolgswirksam zu vereinnahmen ist. Gleichwohl eröffnet die Neubewertungsmethode ohne Beachtung der Anschaffungskostenrestriktion enorme **Einschätzungsspielräume** bei der Identifikation und Auflösung stiller Reserven, da die Kontrolle der Bewertung durch den Markt nicht mehr gegeben ist. Insb. beim Sachanlagevermögen, bei dem Marktpreise für die einzelnen VG oft nur unter strengen Prämissen abgeleitet werden können, erscheint die Befürchtung überhöhter Bewertungen nicht unbegründet.

7 Folgekonsolidierung

7.1 Grundsätzliche Vorgehensweise

I. R. d. **FolgeKons** werden die Bilanzansatz- und Bewertungskorrekturen sowie der GoF bzw. der passive Unterschiedsbetrag aus der Erstkonsolidierung (ErstKons) weiterverrechnet, d. h., die vom TU übernommenen VG, Schulden, RAP und Sonderposten werden mit ihren neuen Werten aus der Kapitalkonsolidierung (KapKons) fortgeführt.[96] Die zugeordneten Beträge sind analog zu den betreffenden Positionen fortzuführen, abzuschreiben oder aufzulösen, woraus sich die Erfolgswirksamkeit ergibt. Dabei gilt, dass die aufgelösten **stillen Reserven** oder Lasten das Schicksal der Position teilen, der sie zugeordnet worden sind.[97] Wird etwa im Anlagevermögen eine planmäßige lineare Abschreibung über eine bestimmte Nutzungsdauer vorgenommen, so wird auch die aufgelöste stille Reserve gleichmäßig über die verbleibende Nutzungsdauer verteilt und aus Konzernsicht als erhöhte Abschreibungen in der Konzern-GuV verrechnet. Findet keine planmäßige Abschreibung statt, wie etwa bei Vorräten, Forderungen, Finanzanlagen oder Grundstücken, so mindert die stille Reserve im Realisationszeitpunkt den im Jahresabschluss des TU ausgewiesenen Gewinn aus dem Abgang des Gegenstands. Umgekehrt mindert eine im Konzern erfasste stille Last etwa bei Rückstellungen oder Forderungen für den Fall des Eintritts des Schadensereignisses die im Jahresabschluss der Tochter ausgewiesenen Verluste. Die Aufdeckungen bedingen daher eine ergänzende Fortschreibungsrechnung zu den Daten der Jahresabschlüsse, da eine andere Verteilung auf die Perioden erfolgt.

Besteht ein **Abschreibungswahlrecht**, so kann es im Konzernabschluss unabhängig von seiner Ausübung in den Jahresabschlüssen der in den Konzernabschluss einbezogenen Unt ausgeübt werden (§ 308 Abs. 1 Satz 2 HGB). Technisch werden die Buchwertabschreibung im Jahresabschluss des TU und die Abschreibung des Korrekturbetrags in einer Ergänzungsrechnung nach dem gleichen Verfahren durchgeführt.

Auch die Behandlung des **GoF** bzw. des passiven Unterschiedsbetrags aus der KapKons hat in den Folgeperioden erfolgswirksame Konsequenzen. Bezogen auf den passiven Unterschiedsbetrag stellt sich die Erfolgswirksamkeit erst ein, wenn diese Position gem. § 309 Abs. 2 HGB aufgelöst wird, wobei DRS 23.109ff. Anwendungshinweise liefert. Bei der FolgeKons ist zudem zu berücksichtigen, dass die Verrechnung des Beteiligungsbuchwerts mit dem anteiligen EK des TU nicht jährlich, sondern einmalig geschieht. Während die erworbenen Rücklagen i.R.d. Kon-

---

[96] Vgl. z.B. Kirsch u.a., in Baetge/Kirsch/Thiele, Bilanzrecht, § 301 HGB Rz 241 ff., Stand: 2/2017; Fehrenbacher, in MünchKomm HGB, 5. Aufl. 2024, § 301 HGB Rn 99 ff.
[97] Vgl. z.B. DRS 23.101 und Oser/Wirth, in Küting/Pfitzer/Weber, Das neue deutsche Bilanzrecht, 2009, S. 445.

solidierung (Kons) verrechnet werden, sind die in den Folgejahren neu erwirtschafteten Rücklagen in der Konzernbilanz als andere Gewinnrücklagen auszuweisen, soweit sie nicht anderen Gesellschaftern zustehen und deshalb den Ausgleichsposten für die nicht beherrschenden Anteile erhöhen. Ein beim TU in den jeweiligen Folgejahren erwirtschafteter Jahresüberschuss bzw. -fehlbetrag, der die Gewinnrücklagen verändert, ist im Konzern nach Berücksichtigung von Aufwendungen und Erträgen, die im Zusammenhang mit der Fortschreibung stiller Reserven und Lasten sowie Abschreibungen auf den GoF stehen, zu berücksichtigen.

7.2 Anwendungsbeispiel bei Nicht-100-%-Tochter (Geschäfts- oder Firmenwert)

166 Erst mithilfe der **FolgeKons** wird deutlich, warum die Erwerbsmethode als Methode der erfolgswirksamen ErstKons bezeichnet wird. Es wird auf die Ausgangsdaten der BeispielUnt M-GmbH und T-GmbH zurückgegriffen (Rz 140 ff.) und für die Neubewertungsmethode die FolgeKons für den Fall vorgenommen, dass Minderheitsgesellschafter an dem TU zu 25 % beteiligt sind. Folgende zusätzlichen Informationen und Prämissen sind bei der FolgeKons zu berücksichtigen:
- Das MU M-GmbH schüttet den Jahresüberschuss des Jahrs t0 in voller Höhe aus und erwirtschaftet im nächsten Jahr einen Jahresüberschuss in gleicher Höhe.
- Das TU T-GmbH stellt den Jahresüberschuss des Jahrs t0 wie vereinbart komplett in die Rücklagen ein und erwirtschaftet im nächsten Jahr einen Jahresüberschuss i. H. v. 1,0 Mio. EUR, der zur Erhöhung des UV (0,8 Mio. EUR) sowie zur Tilgung von Verbindlichkeiten (0,2 Mio. EUR) führt.
- Das jeweilige Anlagevermögen wird von beiden Unt durch Reinvestitionen konstant gehalten.
- Ein sich bei der KapKons ergebender GoF wird linear über fünf Jahre abgeschrieben.
- Die Maschinen, bei denen die stillen Reserven aufgedeckt wurden, werden ausgehend vom Restbuchwert t0 ebenfalls linear über fünf Jahre abgeschrieben.
- Die angenommenen Steuersätze für die latente Steuerberechnung verbleiben bei 40 %.

167 Somit haben die Bilanzen zum 31.12.t1 folgendes Aussehen:

Bilanz der M-GmbH zum 31.12.t1 in Mio. EUR			
Sonstiges AV	7,0	Grundkapital	4,0
Beteiligung TU	6,0	Rücklagen	3,0
UV	4,0	Jahresüberschuss	2,0
		Sonstige Verbindlichkeiten	8,0
	17,0		17,0

Bilanz der T-GmbH zum 31.12.t1 in Mio. EUR			
Sonstiges AV	3,0	Grundkapital	2,0
Maschinen	2,0	Rücklagen	2,0
UV	2,8	Jahresüberschuss	1,0
		Sonstige Verbindlichkeiten	2,8
	7,8		7,8

Tab. 4: Bilanzen der BeispielUnt M-GmbH und T-GmbH

168 Die FolgeKons soll zunächst mithilfe der Neubewertungsmethode anknüpfend an Abwandlung 1 (Vorhandensein von Minderheitsgesellschaftern) am Zahlenbeispiel demonstriert werden (Rz 151). Somit beträgt der Kapitalanteil, den das MU an dem TU hält, 75 %.

169 Jede FolgeKons beginnt mit der **Wiederholung der ErstKons** mit den dabei verwandten Werten. Dies ist notwendig, weil die Konzernbilanzierung in Deutschland in aller Regel nicht in dem geschlossenen System der doppelten Buchhaltung stattfindet, sondern ausgehend von den einzelnen Abschlüssen zu jedem Erstellungszeitpunkt erneut durchgeführt werden muss. So ist etwa die Erhöhung von Wertansätzen bei VG durch die Auflösung von stillen Reserven i.R.d. Kons in der Bilanz des TU nicht durchgeführt worden. Hier muss mit den alten Wertansätzen weitergearbeitet werden. Daher sind vor der Kapitalaufrechnung wie bei der ErstKons die stillen Reserven/Lasten mit den ehemals verwandten Werten aufzudecken und in der HB III zu erfassen (= Buchung (1)):

Konto	Soll	Haben
Maschinen	1,0 Mio.	
Neubewertungsrücklagen		0,6 Mio.
Passive latente Steuern		0,4 Mio.

Im nächsten Schritt sind die in der Folgeperiode entstandenen neuen Werte in Form von Eigenkapitalerhöhungen und von notwendigen **Abschreibungen** auf die aufgedeckten stillen Reserven bereits auf Ebene der HB III zu berücksichtigen (= Buchung (2)).[98]

Auf die in voller Höhe aufgelösten stillen Reserven sind Abschreibungen vorzunehmen. Der gesamte Abschreibungsbetrag i.H.v. 1,0 Mio. EUR / 5 Jahre = 0,20 Mio. EUR ist ebenfalls zunächst im Jahresergebnis zu verrechnen. Konzeptionell könnte diese Berücksichtigung der Abschreibungen der aufgedeckten stillen Reserven auch erst i.R.d. weiteren Buchungen der FolgeKons erfolgen, was dann aber insb. bei Vorhandensein nicht beherrschender Gesellschafter weiterer Buchungen bedarf. Allerdings ist bei folgenden Kons. stets zwischen der Abschreibungsverrechnung mit den Rücklagen und dem Jahresergebnis des TU zu unterscheiden (Rz 199ff.).

Konto	Soll	Haben
Jahresüberschuss	0,20 Mio.	
Maschinen		0,20 Mio.

Da i.R.d. Auflösung der stillen Reserven **passive latente Steuern** berücksichtigt wurden, sind diese zudem analog zur Minderung des Unterschieds ergebniserhöhend aufzulösen.[99] Im konkreten Fall sind daher nur aus den abgebauten stillen Reserven der Maschinen 0,08 Mio. EUR als Ertrag in das Jahresergebnis zu buchen (= Buchung (3)).

---

[98] Vgl. z.B. Bieg u.a., Bilanzrechtsmodernisierungsgesetz, 2009, S. 285f.
[99] Vgl. z.B. Oser/Wirth, in Küting/Pfitzer/Weber, Das neue deutsche Bilanzrecht, 2009, S. 446.

Konto	Soll	Haben
Passive latente Steuern	0,08 Mio.	
Jahresüberschuss		0,08 Mio.

170 So können die Werte in die Summenbilanz eingehen. Im nächsten Schritt (= Buchung (4)) ist analog zur ErstKons der damalige Beteiligungsbuchwert (6,0 Mio. EUR) gegen das damalige anteilige neu bewertete Eigenkapital aufzurechnen. Das damalige anteilige Eigenkapital hatte einen Wert von 3,45 Mio. EUR, der jetzt in t1 in den Positionen „Gezeichnetes Kapital", „Rücklagen" und „Neubewertungsrücklage" ausgewiesen ist. Die Differenz zwischen dem Wert der Beteiligung und der Summe der anteiligen Eigenkapitalkomponenten i. H. v. 6,0 Mio. EUR – 3,45 Mio. EUR = 2,55 Mio. EUR wird in den **GoF** eingestellt:

Konto	Soll	Haben
Gezeichnetes Kapital	1,5 Mio.	
Rücklagen	0,75 Mio.	
Rücklagen (bei ErstKons: Jahresüberschuss t0)	0,75 Mio.	
Neubewertungsrücklagen	0,45 Mio.	
GoF	2,55 Mio.	
Beteiligung TU		6,0 Mio.

171 Schließlich ist der Teil des EK zum Zeitpunkt t0, der auf die Minderheiten entfällt, in die Position **nicht beherrschende Anteile** einzustellen (Buchung (5)):

Konto	Soll	Haben
Gezeichnetes Kapital	0,5 Mio.	
Rücklagen	0,25 Mio.	
Rücklagen (bei ErstKons: Jahresüberschuss t0)	0,25 Mio.	
Neubewertungsrücklagen	0,15 Mio.	
Nicht beherrschende Anteile		1,15 Mio.

172 Im nächsten Schritt sind die in der Folgeperiode entstandenen neuen Werte in Form von Eigenkapitalerhöhungen und von notwendigen **Abschreibungen** auf den GoF zu berücksichtigen. Da der GoF den Differenzbetrag zwischen dem vom MU gezahlten Beteiligungsbuchwert und dem auf das MU entfallenden Teil des EK darstellt, sind die Abschreibungen des GoF i. H. v. 2,55 Mio. EUR / 5 Jahre = 0,51 Mio. EUR erfolgswirksam gegen den Jahresüberschuss zu buchen. Zudem wäre eine außerplanmäßige Abschreibung zu prüfen und ggf. vorzunehmen,[100] was in diesem Beispiel als nicht notwendig angesehen wird.
Die die Abschreibung des GoF betreffende Konsolidierungsbuchung sieht folgendermaßen aus (= Buchung (6)):

Konto	Soll	Haben
Jahresüberschuss	0,51 Mio.	
GoF		0,51 Mio.

---

[100] Vgl. zu Umsetzungsbeispielen Theile, BBK 2016, S. 753.

Anderes als bei den Abschreibungen auf die aufgelösten stillen Reserven ist durch die Abschreibung des GoF keine latente Steuer zu berücksichtigen (§ 306 Satz 3 HGB), da es sich um Outside-basis-differences handelt.[101]

173

Die Kons schließt mit dem Ausweis des **Ergebnisanteils** der nicht beherrschenden Gesellschafter ab. Der zu verteilende Jahresüberschuss der Periode t1 beträgt lt. Ausweis im Jahresabschluss des TU 1,0 Mio. EUR. Allerdings sind hiervon noch die den Minderheitsanteilseignern zuzurechnenden Abschreibungen sowie die aufzulösenden latenten Steuern auf Konzernebene zu korrigieren. Diese betragen saldiert 0,12 Mio. EUR, sodass netto 0,88 Mio. EUR zu verteilen sind. Davon stehen den Minderheitsanteilseignern 25 % und somit 0,22 Mio. EUR zu, sodass der Buchungssatz (7) wie folgt aussieht:

174

Konto	Soll	Haben
Jahresüberschuss	0,22 Mio.	
Nicht beherrschende Anteile		0,22 Mio.

Insg. ergibt sich das in Tab. 5 aufgezeigte Bild:

175

	M-GmbH (HB II)		T-GmbH (HB II)		T-GmbH (Unterschied HB III)		Σ-bilanz	Konsolidierung		Konzernbilanz	
	A	P	A	P	A	P	A/P	S	H	A	P
GoF								(4) 2,55	(6) 0,51	2,04	
Sonst. AV	7,0	3,0					10,0			10,00	
Maschinen				2,0	(1) 1,0	(2) 0,2	2,8			2,80	
Bet. TU	6,0						6,0		(4) 6,0		
UV	4,0		2,8				6,8			6,80	
Gez. Kapital		4,0		2,0			6,0	(4) 1,5 (5) 0,5			4,00
Rücklagen		3,0		2,0			5,0	(4) 1,5 (5) 0,5			3,00
Neubewertungsrücklagen						(1) 0,6	0,6	(4) 0,45 (5) 0,15			
Jahresüberschuss		2,0		1,0	(2) 0,2	(3) 0,08	2,88	(6) 0,51 (7) 0,22			2,15
nicht beherrschende Ges.								(5) 1,15 (7) 0,22			1,37
Pass. lat. Steuern					(3) 0,08	(1) 0,4	0,32				0,32
Verbindlichkeiten		8,0		2,8			10,8				10,80
Summe	17,0	17,0	7,8	7,8	1,28	1,28	25,6	7,88	10,66	21,64	21,64

Tab. 5: Folgekonsolidierung mittels Neubewertungsmethode bei einem Anteilsbesitz von weniger als 100 % (hier 75 %) (Abwandlung 1 zum 31.12.t1)

---

[101] Vgl. Oser, StuB 2016, S. 627.

176 Durch die Vornahme der Buchungsschritte (2) und (3) direkt in der HB III kann der Anteil am Jahresergebnis der nicht beherrschenden Anteile direkt berechnet werden. Die zunehmend umfangreicheren Buchungen verdeutlichen die Notwendigkeit, die einzelnen Kons. stets sorgfältig zu dokumentieren und die Konzernabschlusserstellung mit geeigneten **EDV-gestützten Konsolidierungsprogrammen** abzuwickeln.[102]

177 Auch wird in diesem Beispiel deutlich, dass der Konzernabschluss hinsichtlich des Eigenkapitalausweises deutliche Informationsvorteile ggü. dem Jahresabschluss aufweist. Die thesaurierten Gewinne des TU finden im Jahresabschluss des MU keine Berücksichtigung. Auf Konzernebene werden diese Gewinne aber, korrigiert um die notwendigen Abschreibungserhöhungen, im Konzern-EK ausgewiesen. Insb. bei langjährigen Verbundbeziehungen kann es daher zu einer erheblichen Abweichung des Eigenkapitalausweises in Konzernabschluss und Jahresabschluss kommen.

7.3 Anwendungsbeispiel bei Nicht-100-%-Tochter (passiver Unterschiedsbetrag)

178 Die **FolgeKons** im Jahr t1 soll auch am Beispiel der **Abwandlung 2** (Rz 155 ff.) verdeutlicht werden, bei der das MU bedingt durch schlechte Zukunftsaussichten bei der Tochter lediglich 2,5 Mio. EUR für den Kapitalanteil von 75 % gezahlt hat.

179 Da die übrigen Prämissen wie im Ausgangsbeispiel gelten, hat die Bilanz des MU zum 31.12.t1 das identische Aussehen wie zum 31.12.t0. Die Bilanz des TU ist in Tab. 4 (Rz 167) abgebildet. Auch hier ist zunächst i.R.d. Ermittlung der HB III der 1. **Buchungssatz der ErstKons zu wiederholen** (= Buchungen (1)):
Buchung (1):

Konto	Soll	Haben
Maschinen	1,0 Mio.	
Neubewertungsrücklagen		0,6 Mio.
Passive latente Steuern		0,4 Mio.

180 Zudem sind auf die in voller Höhe aufgelösten stillen Reserven Abschreibungen vorzunehmen. Der gesamte **Abschreibungsbetrag** i.H.v. 1,0 Mio. EUR / 5 Jahre = 0,2 Mio. EUR ist ebenfalls zunächst im Jahresergebnis zu verrechnen. Die Abschreibungen betreffende Konsolidierungsbuchung (= Buchung (2)) lautet wie folgt:

Konto	Soll	Haben
Jahresüberschuss	0,20 Mio.	
Maschinen		0,20 Mio.

181 Da i.R.d. Auflösung der stillen Reserven **passive latente Steuern** berücksichtigt wurden, sind diese analog zur Minderung des Unterschiedsbetrags ergebniserhöhend aufzulösen. Im konkreten Fall sind wieder 0,08 Mio. EUR als Ertrag in das Jahresergebnis zu buchen (= Buchung (3)).

Konto	Soll	Haben
Passive latente Steuern	0,08 Mio.	
Jahresüberschuss		0,08 Mio.

---

[102] Vgl. etwa Krimpmann, Konsolidierung nach IFRS/HGB, 2009, S. 38 ff.

Nach der Fertigstellung der HB III werden die Buchungen (2) und (3) der ErstKons wiederholt mit den damaligen Werten. Allerdings ist zu bedenken, dass das damalige miterworbene Jahresergebnis inzwischen thesauriert wurde und sich in den Rücklagen befindet (Buchungen (4) und (5)):

Buchung (4):

Konto	Soll	Haben
Gezeichnetes Kapital	1,5 Mio.	
Rücklagen	0,75 Mio.	
Rücklagen (bei ErstKons: Jahresüberschuss t0)	0,75 Mio.	
Neubewertungsrücklagen	0,45 Mio.	
Beteiligung TU		2,5 Mio.
Konsolidierungsausgleichsposten		0,95 Mio.

Buchung (5):

Konto	Soll	Haben
Gezeichnetes Kapital	0,5 Mio.	
Rücklagen	0,25 Mio.	
Rücklagen (bei ErstKons: Jahresüberschuss t0)	0,25 Mio.	
Neubewertungsrücklagen	0,15 Mio.	
Nicht beherrschende Gesellschafter		1,15 Mio.

Im Folgenden ist eine evtl. Auflösung des passiven Ausgleichspostens aus der KapKons zu berücksichtigen. Da dieser Differenzbetrag den zwischen dem vom MU gezahlten Beteiligungsbuchwert und dem auf das MU entfallenden Teil des Eigenkapitals darstellt, sind die erfolgswirksamen Auflösungen dieses Postens gegen den Jahresüberschuss zu buchen. Im hier dargestellten Fall hatte der Erwerber **negative Zukunftsaussichten** für den Abschlag vom Eigenkapitalbetrag verantwortlich gemacht. Wie sich herausstellt, sind diese negativen Erwartungen doch nicht eingetreten, da die T-GmbH einen Jahresüberschuss von 1,0 Mio. EUR erwirtschaftet hat. Unter der Annahme, dass die negative Erwartung in der Periode 1 damit nicht mehr besteht, hat sich aus dem badwill ein lucky buy entwickelt. Hinsichtlich der Auflösung dieses Postens gibt es Interpretationsspielräume. Gem. § 309 Abs. 2 HGB ist eine Auflösung erst dann möglich, soweit dies mit den Grundsätzen der §§ 297 und 298 HGB i. V. m. dem 4. Abschnitt des HGB vereinbar ist. Dies ist dann als gegeben anzusehen, wenn der Grund für den Abschlag eingetreten ist oder der Abschlag realisiert wurde. Letzteres trifft in diesem Beispiel nur zu, wenn eine weite Auslegung des Realisationsbegriffs zugrunde gelegt wird.[103] Das DRSC schlägt mit DRS 23.145 in diesen Situationen eine Auflösung über die durchschnittliche Restlaufzeit der erworbenen abnutzbaren VG vor, was im Ergebnis eine Kaufpreisminderung bedeutet.[104] Falls das erworbene Vermögen zu einem wesentlichen Teil aus nicht abnutzbaren VG besteht, orientiert sich die Behandlung des passiven Unterschiedsbetrags am Verbrauch oder Abgang der nicht abnutzbaren VG. Der passive Unterschiedsbetrag ist somit in dem Umfang erfolgswirksam aufzulösen, in dem die nicht abnutzbaren VG außerplanmäßig abgeschrieben oder z. B. aufgrund eines Verkaufs als Abgang erfasst werden (DRS 23.146).

---

[103] Vgl. etwa Weber/Zündorf, in Küting/Weber, HdK, Bd. II, 2. Aufl. 1998, § 309 HGB Rz 88.
[104] Vgl. Kirsch/Dollereder, in Baetge/Kirsch/Thiele, Bilanzrecht, § 309 HGB Rz 69.3, Stand: 3/2017.

Durch den Wegfall der AK-Restriktion erscheint diese Möglichkeit betriebswirtschaftlich zutreffender zu sein, sodass sie für das Beispiel hier angewandt wird. Unter der Annahme, die durchschnittliche Nutzungsdauer der erworbenen VG beträgt fünf Jahre, ergibt sich somit der Buchungssatz (6):

Konto	Soll	Haben
Passiver Unterschiedsbetrag aus der KapKons	0,19 Mio.	
Jahresüberschuss		0,19 Mio.

184 Die Kons schließt mit dem Ausweis des Ergebnisanteils der **nicht beherrschenden Anteile** ab. Der zu verteilende Jahresüberschuss der Periode t1 beträgt lt. Ausweis des Jahresabschlusses des TU 1,0 Mio. EUR. Allerdings sind noch die den Minderheitsanteilseignern zuzurechnenden Abschreibungen auf Ebene der HB III zu korrigieren. Diese betragen saldiert 0,12 Mio. EUR, sodass netto 0,88 Mio. EUR zu verteilen sind. Davon stehen den Minderheitsanteilseignern 25 % und somit 0,22 Mio. EUR zu, sodass der Buchungssatz (7) wie folgt aussieht:

Konto	Soll	Haben
Jahresüberschuss	0,22 Mio.	
Nicht beherrschende Anteile		0,22 Mio.

185 Nach allen Buchungen ergibt sich das in Tab. 6 dargestellte Bild:

	M-GmbH (HB II)		T-GmbH (HB II)		T-GmbH (HB III)		Summenbilanz	Konsolidierung		Konzernbilanz	
	A	P	A	P	A	P	A/P	S	H	A	P
Sonst. AV	7,0		3,0				10,0			10,0	
Maschinen			2,0		(1) 1,0	(2) 0,2	2,8			2,8	
Bet. TU	2,5						2,5		(4) 2,5		
UV	4,0		2,8				6,8			6,8	
Gez. Kapital		4,0		2,0			6,0	(4) 1,5 (5) 0,5			4,0
Rücklagen		3,0		2,0			5,0	(4) 1,5 (5) 0,5			3,0
^Neubewertungsrücklagen						(1) 0,6	0,6	(4) 0,45 (5) 0,15			
Jahresüberschuss		2,0		1,0	(2) 0,2	(3) 0,08	2,88	(7) 0,22	(6) 0,19		2,85
nicht beherrschende Anteile									(5) 1,15 (7) 0,22		1,37
Pass. UB								(6) 0,19	(4) 0,95		0,76
Pass. lat. Steuern					(3) 0,08	(1) 0,4	0,32				0,32
Verbindlichkeiten		4,5		2,8			7,3				7,3
Summe	13,5	13,5	7,8	7,8	1,28	1,28	22,1	5,01	5,01	19,6	19,6

Tab. 6: Folgekonsolidierung mittels Neubewertungsmethode mit einem Kapitalanteil von 75 %, den die M-GmbH an der T-GmbH hält (Abwandlung 2 zum 31.12.t1)

Bei dieser Abwandlung besteht somit ein erheblich **größerer Einschätzungsspielraum** hinsichtlich der Interpretation des passiven Unterschiedsbetrags aus der KapKons, wobei die Behandlungsmöglichkeiten von einer vollständigen Auflösung, bei Begründung, dass die negative Zukunftserwartung eingetreten ist, bis zur Nichtauflösung mit Verweis auf die nicht erfolgte Realisation reichen. Allerdings ist eine solche Konstellation in der Praxis im Vergleich zum GoF-Ausweis deutlich seltener anzutreffen.

186

8 Sonderfragen der Kapitalkonsolidierung

Im prinzipienorientierten HGB sind viele Fragen im Bereich der Kapitalkonsolidierung (KapKons) nicht explizit geregelt, wie etwa

187

- der Erwerb weiterer Anteile an bereits vollkonsolidierten TU und Anteilsveräußerungen an weiterhin zu konsolidierenden TU zu behandeln ist,
- mit Änderungen des Beteiligungsbuchwerts ohne den Kapitalanteil im Jahresabschluss des MU umzugehen ist,
- eine Beendigung eines Mutter-Tochter-Verhältnisses, d. h. die Entnahme des TU aus dem Konsolidierungskreis (KonsKreis), zu behandeln ist,
- eine Übergangkonsolidierung (ÜbergangsKons) im Fall der Änderung der Einbeziehungsart in den Konzernabschluss vorzunehmen ist,
- mit konzerninternen Umwandlungen oder Unternehmenszusammenschlüssen unter gemeinsamer Kontrolle umzugehen ist oder
- eine Konsolidierung (Kons) in mehrstufigen Konzernen zu erfolgen hat.

Mit dem DRS 23 liegt für die Konsolidierung grds. eine Rechnungslegungsempfehlung vor, die für viele – aber nicht alle – dieser Sachverhalte Regelungen mit der Vermutung enthält, dass bei deren Beachtung die GoB für die Konzernbilanzierung eingehalten werden.

8.1 Veränderung des Kapitalanteils ohne Änderung des Status als Tochterunternehmen

Kapitalerhöhungen beim TU sind für den Fall, dass alle Gesellschafter in gleicher Höhe beteiligt sind und es somit nicht zu einer Verschiebung der Eigentumsverhältnisse kommt, für die KapKons unerheblich (DRS 23.166). Es ist lediglich darauf zu achten, dass der Buchwert der Beteiligung am TU in der Bilanz des MU in gleicher Höhe steigt wie das anteilige EK des TU. Ein sich dennoch ergebender Unterschiedsbetrag ist im Falle einer Kapitalerhöhung gegen Bareinlage regelmäßig auf Anschaffungsnebenkosten zurückzuführen, die aufwandswirksam wie Rechts- und Beratungskosten zu erfassen sind. Ergeben sich aufgrund der unterschiedlichen Bewertungsnotwendigkeiten der beim TU bilanzierten eingebrachten VG einerseits zu dem ehemaligen Buchwert der hingegebenen VG beim MU i. R. e. Sachkapitalerhöhung andererseits Wertunterschiede, so sind diese Differenzen i. R. d. Zwischenergebniseliminierung zu verrechnen (DRS 23.166).

188

Dies gilt in analoger Weise für Kapitalausschüttungen oder Kapitalherabsetzungen. Kommt es aber durch diese Maßnahmen zu einer Veränderung des Kapitalanteils, so liegt entweder eine Aufstockung oder Abstockung des Anteils am TU ohne Auswirkungen auf die Beherrschungsmöglichkeit oder eine Erstkonsolidierung (ErstKons) oder Entkonsolidierung (EntKons; Erhöhung oder Verringerung des Anteils mit Entstehung oder Verlust der Beherrschungsmöglichkeit) vor.

189 Kommt es durch diese Maßnahmen zu einer **Veränderung des Kapitalanteils**, beeinflusst dies entweder den Status als KonzernUnt (z. B. wird aus einem assoziierten Unt durch die Erlangung der Beherrschungsmöglichkeit ein TU) oder der Status bleibt unverändert (z. B. statt 75 % der Anteile werden anschließend 95 % der Anteile gehalten), was lediglich Fragen der Verrechnung entstehender Unterschiedsbeträge auslöst. Im ersten Fall liegt dagegen entweder ein sukzessiver Beteiligungserwerb (Erhöhung des Anteils) oder eine EntKons (Verringerung des Anteils) vor.

190 Bei **erstmaliger Einbeziehung** ist nach § 301 Abs. 2 Satz 1 HGB wie nach IFRS der Zeitpunkt maßgeblich, zu dem das Unt TU geworden ist (Rz 76 ff.).[105] Für diesen sukzessiven Erwerb ist somit der Zeitpunkt des Statuswechsels relevant. Für den Fall, dass erstmals überhaupt ein Konzernabschluss aufgestellt oder das TU nach Nutzung eines Einbeziehungswahlrechts gem. § 296 HGB erstmals in den Konzernabschluss einbezogen wird, besteht ein Wahlrecht: Wertansätze zum Zeitpunkt der erstmaligen Einbeziehung oder aber zum Zeitpunkt, zu dem das Unt TU geworden ist – also ohne Neubewertung bei erstmaliger Einbeziehung, soweit die hierzu erforderlichen Informationen vorliegen. Letzteres kann bspw. bei einem zuvor freiwillig erstellten Konzernabschluss der Fall sein (zur Klarstellung mit dem BilRUG Rz 99). Eine tranchenweise Konsolidierung bei sukzessivem Anteilserwerb kommt grds. nicht in Betracht. Auch DRS 23.9 hält eine tranchenweise KapKons unter Zugrundelegung der Wertverhältnisse der einzelnen (historischen) Erwerbsschritte in diesem Fall für nicht zulässig. Besonderheiten ergeben sich in den Fällen, in denen bisher die Quotenkonsolidierung (QuotenKons) oder die at-equity-Methode angewendet wurde und jetzt eine ÜbergangsKons erforderlich ist (Rz 218 ff.).

191 Wird die Beherrschung nach **IFRS** sukzessive erworben, bleibt der Bewertungs- und Einbeziehungsstichtag der Tag, an dem die Beherrschungsmöglichkeit erlangt wurde. Letztlich wird der Anteil an einem assoziierten oder sonstigen nicht einbezogenen Unt erhöht, sodass dieses neue TU bereits vorher in der Konzernbilanz mit einem Wert enthalten war, z. B. klassifiziert als finanzieller Vermögenswert mit erfolgsneutraler Bewertung zum beizulegenden Zeitwert (Fair Value) nach IFRS 9.4.1.2A. Diese Altanteile werden nach IFRS 3.42 i. V. m. 3.32a erfolgswirksam zum Fair Value bewertet dem Kaufpreis der Neuanteile zugeschlagen, es wird somit ein Neukauf der Altanteile fingiert. Die Differenz zwischen den Anschaffungskosten und dem Fair Value führt zu einem Erfolg in der GuV. Nach Meinung des DRSC findet dagegen anlässlich des Erwerbs der Anteilstranche, durch die das Mutter-Tochter-Verhältnis begründet wird, **kein Tauschvorgang** bezogen auf die zu diesem Zeitpunkt bereits bestehenden Anteilstranchen statt, sodass eine Neubewertung bereits vorhandener Anteile (Alterwerbe) zum beizulegenden Zeitwert ausgeschlossen ist. Somit berechnen sich die i. R. d. Vollkonsolidierung (VollKons) zu verrechnenden Anteile grds. nach den Anschaffungskosten der Anteile gem. § 255 Abs. 1 HGB i. V. m. § 253 Abs. 1 Satz 1 HGB in allen Konzernunternehmen (DRS 23.22).

---

[105] Vgl. z. B. Oser/Reichart/Wirth, in Küting/Pfitzer/Weber, Das neue deutsche Bilanzrecht, 2009, S. 423.

Bei der **Erhöhung des Kapitalanteils bei einem bereits vollkonsolidierten TU** durch den Erwerb von Dritten kommt es zu einer Verschiebung zwischen den Eigentumsverhältnissen der Anteilseigner des MU und der anderen Gesellschafter. Für die konzernbilanzielle Abbildung von **Zukäufen** an bereits vollkonsolidierten TU werden zwei Varianten in Abhängigkeit der zugrunde gelegten Konzerntheorie diskutiert und nun auch in DRS 23.171 alternativ zugelassen:[106] die **Abbildung als Erwerbsvorgang i.S.d. Interessentheorie**[107] (so bereits DRS 4.26) oder auch seit 2017 das nach IFRS verlangte Vorgehen der **Abbildung als Transaktion zwischen den Gesellschaftergruppen**[108] (Kapitalvorgang). Die gewählte Variante ist im Konzernabschluss einheitlich für alle Aufstockungsfälle – und ggf. auch Abstockungsfälle – sowie zeitlich und sachlich stetig anzuwenden (DRS 23.171).

192

- Nach bisher überwiegender Meinung der handelsrechtlichen Literatur und nach DRS 23.172 als eine mögliche Alternative ist in einem solchen Fall der hinzuerworbene Anteil separat vom bisherigen Anteil erst zu konsolidieren.[109] Für die hinzuerworbene Tranche ist somit eine eigenständige Kapitalaufrechnung vorzunehmen (**Abbildung als Erwerbsvorgang i.S.d. Interessentheorie**). Diese tranchenweise Konsolidierung ist grds. abzulehnen, da sie nicht mit dem Gesetzestext vereinbar ist (so auch E-DRS 30.B45 und DRS 23.9). Es kommt dabei zu einer anteiligen Aufdeckung der stillen Reserven und stillen Lasten der neu bewerteten VG und Schulden i.H.d. Zuerwerbs, zu einem Vergleich zwischen den AK des MU und dem hinzuerworbenen anteiligen EK des TU sowie zur Aktivierung eines GoF bzw. der Passivierung eines Unterschiedsbetrags aus der KapKons. Damit sind die stillen Reserven nur beteiligungsproportional aufzulösen, was im Ergebnis eher der Buchwertmethode nach § 301 Abs. 1 HGB entspricht, zumal auch konsolidierungstechnisch eine fortgeschriebene Neubewertungsbilanz schwierig darzustellen ist.[110] Abschließend ist der überschießende Betrag als GoF zu aktivieren bzw. als Unterschiedsbetrag aus der KapKons zu passivieren und in der Folge gesondert erfolgswirksam abzuschreiben bzw. in Abhängigkeit des Charakters des passiven Unterschiedsbetrags aufzulösen.

193

- Problem ist jedoch, dass der Konzernabschluss auch nach HGB primär nach der **Einheitstheorie** zu erstellen ist, wonach das Ziel der Konzernbilanzierung eine Darstellung des Konzerns als ein Jahresabschluss eines fiktiven rechtlich einheitlichen Unt ist (§ 297 Abs. 2 HGB). Wird dies unterstellt, muss es für die Darstellung der VG und Schulden unerheblich sein, ob es auf der Gesellschafterebene, d.h., die Minderheitsgesellschafter verkaufen Anteile an die Gesellschafter des MU, zu einem Wechsel von in der Höhe insgesamt unveränderten Anteilen kommt. Daher wird es nach DRS 23.175 auch als zulässig angesehen, bzw. es wäre sogar mit Blick auf die Annäherung an die IFRS zunehmend stärker

---

[106] Vgl. Leinen, in Kessler/Leinen/Strickmann, Leitfaden BilMoG, 2009, S. 605.
[107] Vgl. ADS, Rechnungslegung und Prüfung der Unternehmen, 6. Aufl. 1995–2001, § 301 HGB Rz 176; Kirsch/Gimpel-Henning, in Baetge/Kirsch/Thiele, Bilanzrecht, § 301 HGB Rz 296 ff., Stand: 2/2017.
[108] Vgl. Dusemond/Weber/Zündorf, in Küting/Weber, HdK, Bd. II, 2. Aufl. 1998, § 301 HGB Rn 196 ff.
[109] Vgl. Kirsch/Gimpel-Henning, in Baetge/Kirsch/Thiele, Bilanzrecht, § 301 HGB Rz 297 ff., Stand: 2/2017; Herrmann, Die Änderung von Beteiligungsverhältnissen im Konzernabschluß, 1994, S. 121–123.
[110] Vgl. Kliem/Deubert, in Beck Bil-Komm, 14. Aufl. 2024, § 301 HGB Rz 218; Hoffmann/Lüdenbach, NWB-Kommentar Bilanzierung, 15. Aufl. 2023, § 301 HGB Rz 112.

zu fordern,[111] den Unterschied zwischen dem Kaufpreis für die zusätzlichen Anteile und dem mit ihm korrespondierenden Buchvermögen des TU ohne erneute Kons erfolgsneutral mit dem EK zu verrechnen (**Abbildung als Transaktion zwischen den Gesellschaftergruppen**).[112] Bei einer derartigen Interpretation als Kapitalvorgang sind die VG und Schulden daher nicht neu zu bewerten. Vielmehr sind die AK der weiteren Anteile mit dem hierauf entfallenden Anteil anderer Gesellschafter am EK zum Zeitpunkt des Erwerbs dieser Anteile zu verrechnen. Diese Vorgehensweise erscheint für die Erreichung der Ziele der Konzernbilanzierung deutlich zweckmäßiger und wird auch nach den IFRS gefordert. Theoretisch noch überzeugender ist die Behandlung als Transaktion unter Anteilseignern bei Anwendung der full-goodwill-Methode,[113] da dann das Problem des letztlich nur anteilig ausgewiesenen GoF relativiert wird und die erfolgsneutrale Verrechnung deutlich geringer ausfällt. Wurde dagegen wie nach HGB – mangels einer vergleichbaren Möglichkeit – den nicht beherrschten Anteilen kein Anteil vom GoF zugerechnet, so muss der erst beim Erwerb der 25-%-Tranche gezahlte GoF letztlich erfolgsneutral gegen die Rücklagen gerechnet werden (DRS 23.175).[114] Die Transaktionskosten werden vom DRSC i.R.d. Regelung nicht explizit behandelt. Nach DRS 23.166 sind die Anschaffungsnebenkosten jedoch aufwandswirksam wie Rechts- und Beratungskosten zu erfassen, was hier auch sinnvoll erscheint.[115]

194 Beide Vorgehensweisen sind nach HGB zulässig und auch in DRS 23.171 ff. aufgeführt.

Die gewählte Vorgehensweise unterliegt der **Konsolidierungsmethodenstetigkeit** (DRS 23.171). Gegen die Behandlung des Erwerbs zusätzlicher Anteile an vollkonsolidierten TU spricht nicht, dass der Gesetzgeber die erfolgsneutrale Verrechnung des GoF in § 309 Abs. 1 HGB ersatzlos gestrichen hat.[116] Bei dieser Abbildungsvariante fehlt es an dem für ein Entstehen eines GoF notwendigen Erwerbsgedanken. Auch repräsentiert sie die gewollte Annäherung an die internationale Rechnungslegung. Nach IFRS 10.33 darf der Erwerb von zusätzlichen Anteilen an bereits vollkonsolidierten TU nur als Transaktion zwischen den Gesellschaftergruppen im Konzern abgebildet werden. Konkretisiert wird in IFRS 10.B96: „Treten bei dem im Besitz nicht beherrschender Anteilseigner befindlichen Eigentumsanteil Veränderungen ein, berichtigt ein Unternehmen die Buchwerte der beherrschenden und nicht beherrschenden Anteile in der Weise, dass die Veränderungen an ihren jeweiligen Anteilen am Tochterunternehmen dargestellt werden. Das Unternehmen erfasst jede Differenz zwischen dem Betrag, um den die nicht beherrschenden Anteile angepasst werden, und dem beizulegenden Zeitwert der gezahlten oder erhaltenen Gegenleistung unmittelbar im Eigenkapital und ordnet sie den Eigentümern des Mutterunternehmens zu." Dies fußt im Wesentlichen auf folgenden Gedanken: Die Anteils-

---

[111] Vgl. Kliem/Deubert, in Beck Bil-Komm., 14. Aufl. 2024, § 301 HGB Rz 208.
[112] Vgl. Dusemond/Weber/Zündorf, in Küting/Weber, HdK, Bd. II, 2. Aufl. 1998, § 301 HGB Rn 196 ff.
[113] Vgl. auch mit ausführlichem Beispiel Müller, in Kußmaul/Müller, HdB, Konsolidierung von Kapital und Schulden nach HGB und IFRS, Rz. 84 ff., Stand: 22.9.2022.
[114] Ebenso nach den IFRS, vgl. hierzu Lüdenbach/Hoffmann/Freiberg, Haufe IFRS-Kommentar, 22. Aufl. 2024, § 31 Rz 171 ff.
[115] Vgl. Müller/Reinke, StuB 2015, S. 376 ff.
[116] So Oser, PiR 2009, S. 125.

eigner des MU und die Minderheitsgesellschafter sind beide gleichwertige Eigenkapitalgeber des Konzerns. Durch den Austausch der Anteile zwischen beiden Gesellschaftergruppen lässt sich keine Neubewertung des Nutzenpotenzials des bilanzierten Reinvermögens begründen. Es ändert sich lediglich die Verteilung des Nutzenstroms auf die beiden Gesellschaftergruppen. Der entscheidende Moment für die Neubewertung des Reinvermögens eines TU ist die Überschreitung der Control-Grenze. Die Vorgehensweise ist zudem konsistent zur Behandlung des Erwerbs von eigenen Eigenkapitalinstrumenten.[117]

195 Das Vorstehende gilt entsprechend für die **Veräußerung** von Anteilen an weiterhin zu konsolidierenden TU. Hier ist zwischen den Varianten **Abbildung als Veräußerungsvorgang** (DRS 23.173) und **Abbildung als Transaktion zwischen den Gesellschaftergruppen**[118] zu unterscheiden. Wird die Anteilsreduktion als erfolgswirksame Veräußerung abgebildet, ist kein Raum mehr, den GoF konzernbilanziell im Zuge der Anteilsveräußerung teilweise abgehen zu lassen: Der GoF gilt nach § 246 Abs. 1 Satz 4 HGB als VG.[119] Stattdessen ist er anteilig den nicht beherrschenden Gesellschaftern zuzuordnen. Für eine andere Behandlung lieferte nach der hier vertretenen Auffassung keine Grundlage. Schließlich stellt der bilanzierte GoF eine pagatorisch abgesicherte Größe dar. Ihn im Zuge der Anteilsveräußerung teilweise aus der Bilanz zu beseitigen, führt zu einem Konflikt mit einem Pfeiler der handelsrechtlichen Bilanzierung, dem Anschaffungskostenprinzip.[120] Besteht bei einer teilweisen Anteilsveräußerung der beherrschende Einfluss des MU über das TU fort, ist die Differenz zwischen dem Verkaufspreis der Anteile und dem hierauf entfallenden Anteil des EK zum Zeitpunkt der Veräußerung dieser Anteile erfolgsneutral in das Konzern-EK einzustellen. Der auf die verkauften Anteile entfallende Anteil des EK ist als „nicht beherrschende Anteile" auszuweisen (DRS 23.176).

196 Die Auswirkung von Veränderungen des Kapitalanteils ohne Veränderung des TU-Status soll in Fortführung der Abwandlung 1 des Ausgangsbeispiels in der Periode t2 dargestellt werden, wobei nacheinander sowohl die **Abbildung als Erwerbsvorgang** als auch die **Abbildung als Transaktion zwischen den Gesellschaftergruppen** dargelegt werden.[121]

197 Per 31.12.t2 erwirbt die M-GmbH für 2,0 Mio. EUR die restlichen 25 % der Anteile an der T-GmbH. Weitere stille Reserven sind bei den Maschinen des TU seit dem Ersterwerb i. H. v. 0,8 Mio. EUR entstanden, der Steuersatz beträgt immer noch 40 %. Es wird erneut unterstellt, dass das anteilige Jahresergebnis von t2 mit von MU erworben wurde und somit keine Umgliederung als Verbindlichkeit notwendig ist. Die Bilanzen der beiden Unt haben folgendes Aussehen:

---

[117] Vgl. Leinen, in Kessler/Leinen/Strickmann, BilMoG, 2009, S. 606. Eher ablehnend: Wirth, in Weber u. a., Berichterstattung für den Kapitalmarkt, FS Küting, 2009, S. 398 f.
[118] Vgl. DRS 23.176; Dusemond/Weber/Zündorf, in Küting/Weber, HdK, Bd. II, 2. Aufl. 1998, § 301 HGB Rn 210, 221 ff.
[119] Dies darf nicht damit verwechselt werden, dass der GoF bei der Ermittlung des Abgangserfolgs zu berücksichtigen ist.
[120] Vgl. zum Anschaffungskostenprinzip i. R. d. KapKons Leinen, Die Kapitalkonsolidierung im mehrstufigen Konzern, 2002, S. 55 ff.; Leinen, in Kessler/Leinen/Strickmann, BilMoG, 2009, S. 606.
[121] Vgl. zu anderen Beispielen Kirsch, IRZ 2016, S. 461, Müller/Reinke, StuB 2015, S. 378 ff.; Wirth, in Weber u. a., Berichterstattung für den Kapitalmarkt, FS Küting, 2009, S. 384 ff.

Bilanz der M-GmbH zum 31.12.t2 in Mio. EUR		
Sonstiges AV	7,0	Grundkapital 4,0
Beteiligung TU	8,0	Rücklagen 3,0
UV	2,0	Jahresüberschuss 2,0
		Sonstige Verbindlichkeiten 8,0
	17,0	17,0

Bilanz der T-GmbH zum 31.12.t2 in Mio. EUR		
Sonstiges AV	3,0	Grundkapital 2,0
Maschinen	2,0	Rücklagen 3,0
UV	3,6	Jahresüberschuss 0,8
		Sonstige Verbindlichkeiten 2,8
	8,6	8,6

Tab. 7: Bilanzen der BeispielUnt M-GmbH und T-GmbH zum 31.12.t2

8.1.1 Abbildung als Erwerbsvorgang

198 Um zu vermeiden, dass die einzelnen ErstKons vermengt werden, ist bei sukzessivem Beteiligungserwerb bei Abbildung nach der Erwerbsmethode eine **ÜbergangsKons** vorzunehmen. Zunächst ist im Jahr t2 die **ErstKons** zum Zeitpunkt 31.12.t0, die FolgeKons zum Zeitpunkt 31.12.t1 und die FolgeKons zum 31.12.t2 mit den historischen Wertansätzen **zu wiederholen**, bevor dann der Zuerwerb der weiteren 25 % der Kapitalanteile des TU konsolidiert werden können.

199 Konkret ist zunächst die HB III zum 31.12.t2 zu ermitteln. Dafür wird die Neubewertung mit den Werten vom 31.12.t0 wiederholt (Rz 169ff. Buchung 1). Dann sind die bereits erfolgten **Abschreibungen aus t1** zu berücksichtigen, wobei eine Verrechnung jetzt erfolgsneutral mit den Rücklagen erfolgen muss, sodass die Buchungssätze (2) und (3) wie folgt lauten:

Konto	Soll	Haben
Gewinnrücklagen	0,20 Mio.	
Maschinen		0,20 Mio.

Konto	Soll	Haben
Passive latente Steuern	0,08 Mio.	
Gewinnrücklagen		0,08 Mio.

200 Als nächster Buchungsschritt sind die **Abschreibungen des aktuellen Jahres** im Jahresergebnis zu korrigieren, was zu Buchungssatz (4) führt:

Konto	Soll	Haben
Jahresergebnis	0,20 Mio.	
Maschinen		0,20 Mio.

Zudem sind die latenten Steuern aufzulösen (Buchung (5)):

Konto	Soll	Haben
Passive latente Steuern	0,08 Mio.	
Jahresergebnis		0,08 Mio.

Daran anschließend können nun die weiteren Konsolidierungsbuchungen vorgenommen werden. Auch hier werden die Buchungen der ErstKons und der FolgeKons wiederholt (Rz 170 ff.):
- Verrechnung des anteiligen EK mit dem Beteiligungsbuchwert und Ermittlung des GoF (Buchung damals (4), jetzt (6));
- Ausweis der verbleibenden EK-Anteile des TU unter dem Posten „nicht beherrschende Anteile" (Buchung damals (5), jetzt (7));
- Abschreibung des GoF im Jahr t1 (Buchung damals (6), jetzt (8)).

Für das Jahr t2 muss der GoF ebenfalls abgeschrieben werden, was im Buchungssatz (10) erfolgt. Der **Anteil am Jahresüberschuss t1**, der den Anteilen anderer Gesellschafter zusteht und in den Rücklagen verrechnet wurde, betrug 0,22 Mio. EUR, der Anteil am aktuellen Gewinn beträgt 0,17 Mio. EUR, was die klärenden Buchungen (9) und (11) erfordert:

Konto	Soll	Haben
Gewinnrücklagen	0,22 Mio.	
Nicht beherrschende Anteile		0,22 Mio.

Konto	Soll	Haben
Jahresergebnis	0,17 Mio.	
Nicht beherrschende Anteile		0,17 Mio.

Die FolgeKons für den Fall der 75-%-Beteiligung zum 31.12.t2 ist damit durchgeführt. Auf dieser Basis sind nun die Wertansätze zu ermitteln, die für die ErstKons des neu erworbenen 25-%-Anteils notwendig sind.

Bei der Neubewertungsmethode besteht das Problem, dass aus Konzernsicht bereits alle stillen Reserven zum Zeitpunkt der früheren ErstKons aufgedeckt wurden. Es ist strittig, ob der Bewertungszeitpunkt für die Ermittlung der Konzern-AK bei einem **Erwerb weiterer Anteile** auf den aktuellen Zeitpunkt mit der Konsequenz verschoben werden darf, dass die seit der ErstKons neu entstandenen stillen Reserven aufgedeckt wären. Dies verstößt ohne Zweifel gegen die generelle AK-Restriktion des HGB. Gleichwohl ist mit der grds. Streichung dieser Restriktion bei der Neubewertungsmethode durch den Gesetzgeber genau dieses Ergebnis bewusst ermöglicht worden und wird von DRS 23.172 bei der Behandlung als Erwerbsvorgang mit der anteiligen Neubewertung von VG und Schulden i. H. d. Zuerwerbs so auch gefordert.

Dagegen waren nach der Buchwertmethode stets nur die anteiligen stillen Reserven und Lasten aufzulösen. In diesem Fall blieben die Wertansätze der zu früheren Zeitpunkten ermittelten stillen Reserven und Lasten unverändert, lediglich die auf die neu erworbenen Anteile bezogenen Beträge kamen mit aktuellen Werten hinzu. Dieses Vorgehen steht wiederum der Einheitstheorie des Konzernabschlusses entgegen. Durch die nach IFRS 10.23 notwendige Behandlung als Transaktion zwischen den Gesellschaftergruppen entsteht dieses Problem nicht: Nur bei einem sukzessiven Unternehmenszusammenschluss mit

Wechsel des Status hat der Erwerber gem. IFRS 10.B88 seinen zuvor an dem erworbenen Unt gehaltenen Eigenkapitalanteil zu dem zum Erwerbszeitpunkt geltenden beizulegenden Zeitwert neu zu bestimmen und den daraus resultierenden Gewinn bzw. Verlust erfolgswirksam zu erfassen (Rz 210).

205 In diesem Beispiel hat das MU den **zusätzlichen Kapitalanteil** den anderen Gesellschaftern für 2,0 Mio. EUR abgekauft. Das anteilige neu bewertete EK beträgt ohne die aufgelöste stille Reserve 5,8 Mio. EUR. Per Ende t2 hat die stille Reserve aus der ErstKons einen Restbuchwert von 0,6 Mio. EUR (brutto) bzw. 0,36 Mio. EUR (netto), da sie in t5 aufgebraucht sein wird. Die neu aufzudeckende stille Reserve darf nur anteilig berücksichtigt werden (DRS 23.172). Demnach sind von den 0,8 Mio. EUR (brutto) bzw. 0,64 Mio. EUR (netto) nur 25 % zu verrechnen, d. h., in den Rücklagen sind zusätzliche 0,12 Mio. EUR zu erfassen, wie in den Buchungssatz (12) verdeutlicht.

Konto	Soll	Haben
Maschinen	0,2 Mio.	
Neubewertungsrücklagen		0,12 Mio.
Passive latente Steuern		0,08 Mio.

Die Konsolidierungsbuchung (13) verdeutlicht die Kons der zuerworbenen Tranche von 25 % und lautet unter Auslassung des Konsolidierungsausgleichspostens und direkter Buchung auf den GoF:

Konto	Soll	Haben
Gez. Kapital	0,50 Mio.	
Rücklagen – aus ErstKons	0,50 Mio.	
Rücklagen – aus Gewinnanteil Vj	+ 0,22 Mio.	
Neubewertungsrücklagen – aus ErstKons	+ 0,15 Mio.	
Neubewertungsrücklagen – aus neuen stillen Reserven	+ 0,12 Mio.	
Jahresergebnis (Gewinnanteil)	0,17 Mio.	
GoF	0,34 Mio.	
Beteiligungsbuchwert		2,0 Mio.

206 Anschließend sind die nicht beherrschenden Anteile auszubuchen, wobei letztlich genau die entgegengesetzten Buchungen wie bei der Einstellung des Postens nötig sind, die Konsolidierungsbuchung (14) verdeutlicht dies:

Konto	Soll	Haben
Nicht beherrschende Anteile	1,54 Mio.	
Gez. Kapital		0,50 Mio.
Rücklagen – aus ErstKons		0,50 Mio.
Rücklagen – aus Gewinnanteil Vj		+ 0,22 Mio.
Neubewertungsrücklagen		0,15 Mio.
Jahresergebnis (Gewinnanteil)		0,17 Mio.

Nach dieser Vielzahl von Buchungen ergibt sich insgesamt folgendes Bild: 207

	M-GmbH (HB II)		T-GmbH (HB II)		T-GmbH (Unterschied HB III)		Σ-bilanz	Konsolidierung		Konzernbilanz	
	A	P	A	P	A	P	A/P	S	H	A	P
GoF								(6) 2,55 (13) 0,34	(8) 0,51 (10) 0,51	1,87	
Sonst. AV	7,0		3,0				10,0			10,00	
Maschinen			2,0		(1) 1,0 (12) 0,2	(2) 0,2 (4) 0,2	2,6 0,2			2,80	
Bet. TU	8,0						8,0		(6) 6,0 (13) 2,0		
UV	2,0	3,6					5,6			5,60	
Gez. Kapital		4,0		2,0			6,0	(6) 1,5 (7) 0,5 (13) 0,5	(14) 0,5		4,00
Rücklagen		3,0		3,0	(2) 0,20	(3) 0,08	5,88	(6) 1,5 (7) 0,5 (8) 0,51 (9) 0,22 (13) 0,5 (13) 0,22	(14) 0,5 (14) 0,22		3,15
Neubewertungsrücklagen					(1) 0,6 (12) 0,12		0,60 0,12	(6) 0,45 (7) 0,15 (13) 0,15 (13) 0,12	(14) 0,15		
Jahresüberschuss		2,0		0,8	(4) 0,20	(5) 0,08	2,68	(10) 0,51 (11) 0,17 (13) 0,17	(14) 0,17		2,00
Nicht beherrschende Anteile								(14) 1,54	(7) 1,15 (9) 0,22 (11) 0,17		0
Pass. lat. Steuern					(3) 0,08 (5) 0,08	(1) 0,4 (12) 0,08	0,24 0,08				0,32
Verbindlichkeiten		8,0		2,8			10,8				10,80
Summe	17,0	17,0	8,6	8,6	1,76	1,76	26,4	12,1	12,1	20,27	20,27

Tab. 8: Folgekonsolidierung/Erstkonsolidierung bei sukzessivem Beteiligungserwerb mittels Erwerbsmethode bei einem Anteilsbesitz von 100 % statt 75 % (Abwandlung 1 zum 31.12.t2)

Denkbar ist auch, die die nicht beherrschenden Anteile betreffenden Buchungsschritte nicht durchzuführen und die Wertansätze in einer **Nebenrechnung** zu ermitteln. Hier wurde aus Gründen der besseren Nachvollziehbarkeit der längere Weg beschritten. 208

Für den neu entstandenen GoF sowie für die aufgedeckten stillen Reserven sind Abschreibungspläne zu erstellen und in den Folgejahren sind diese Positionen gesondert fortzuführen, was einen erheblichen Aufwand darstellen dürfte – zumal wenn mehrere derartige Transaktionen bei einer Tochter vorkommen (z.B. Erwerb bei einem 60-%-TU von weiteren 10 %, später nochmals 5 % und erst dann die restlichen 25 %).

Bei einer **teilweisen Anteilsveräußerung ohne Verlust der Beherrschung** ist nach DRS 23.173 die Differenz zwischen dem Verkaufspreis der Anteile und dem hierauf entfallenden Anteil des EK zum Zeitpunkt der Veräußerung dieser 209

Anteile erfolgswirksam zu behandeln. Der auf die verkauften Anteile entfallende Anteil des EK einschl. eines hierin enthaltenen GoF ist als „nicht beherrschende Anteile" auszuweisen.

Konsequenterweise ist bei einem TU, das seinen Abschluss in fremder Währung aufstellt, eine auf die verkauften Anteile entfallende Differenz aus der Währungsumrechnung nach § 308a Satz 3 HGB erfolgswirksam aufzulösen (DRS 23.174).

8.1.2 Abbildung als Transaktion zwischen den Gesellschaftergruppen

210   Nach DRS 23.175 darf bzw. nach den internationalen Rechnungslegungsstandards ist ein **Erwerb weiterer Anteile** an einem bereits beherrschten und in den KonsKreis einbezogenen TU als **Eigenkapitaltransaktion** (d.h. als Transaktion mit Eigentümern, die in ihrer Eigenschaft als Eigentümer handeln) zu bilanzieren (IFRS 10.23). Unter diesen Umständen sind die Buchwerte der beherrschenden und nicht beherrschenden Anteile anzupassen, sodass sie die Änderungen der an dem TU bestehenden Anteilsquoten widerspiegeln. Jede Differenz zwischen dem Betrag, um den die nicht beherrschenden Anteile angepasst werden, und dem beizulegenden Zeitwert der gezahlten oder erhaltenen Gegenleistung ist unmittelbar im EK zu erfassen und den Eigentümern des MU zuzuordnen (IFRS 10.B96). Nach DRS 23.175 sind ebenso bei einer Interpretation als Kapitalvorgang die VG und Schulden nicht neu zu bewerten. Vielmehr sind die AK der weiteren Anteile mit den hierauf entfallenden nicht beherrschenden Anteilen am EK zum Zeitpunkt des Erwerbs dieser Anteile zu verrechnen. Sofern sich nach dieser Verrechnung ein Unterschiedsbetrag ergibt, ist dieser ebenso wie nach IFRS erfolgsneutral mit dem Konzern-EK zu verrechnen.

Für das im vorangehenden Kapitel dargestellte Beispiel bedeutet dies, dass keine aufwendige Neubewertung des 25-%-Anteils nötig ist. Stattdessen wird die **Buchung (12) gestrichen**, da keine Neubewertung stattfindet und es werden lediglich die **13. und 14. Konsolidierungsbuchung (Rz 205f.) vereinfachend zusammengefasst**. Die Differenz zwischen dem Anstieg des Beteiligungsbuchwerts von 2,0 Mio. EUR im Jahresabschluss des MU wird direkt mit dem sich ergebenden Wert der nicht beherrschenden Anteile mit den Konzernrücklagen verrechnet **(Buchung 11)**. Stille Reserven und Lasten werden nicht aufgelöst.

Konto	Soll	Haben
Nicht beherrschende Anteile	1,54 Mio.	
Rücklagen	0,46 Mio.	
Beteiligungsbuchwert		2,0 Mio.

Nach dieser veränderten Buchung ergibt sich folgendes Bild:

	M-GmbH (HB II)		T-GmbH (HB II)		T-GmbH (Unterschied HB III)		Σ-bilanz	Konsolidierung		Konzernbilanz	
	A	P	A	P	A	P	A/P	S	H	A	P
GoF								(6) 2,55	(8) 0,51 (10) 0,51	1,53	
Sonst. AV	7,0		3,0				10,0			10,00	
Maschinen			2,0		(1) 1,0	(2) 0,2 (4) 0,2	2,6			2,60	
Bet. TU	8,0						8,0		(6) 6,0 (13) 2,0		
UV	2,0	3,6					5,6			5,60	
Gez. Kapital		4,0		2,0			6,0	(6) 1,5 (7) 0,5			4,00
Rücklagen		3,0		3,0	(2) 0,2	(3) 0,08	5,88	(6) 1,5 (7) 0,5 (8) 0,51 (9) 0,22 (13) 0,46			2,69
Neubewertungsrücklagen						(1) 0,6	0,6	(6) 0,45 (7) 0,15			
Jahresüberschuss		2,0		0,8	(4) 0,2	(5) 0,08	2,68	(10) 0,51 (11) 0,17			2,00
Nicht beherrschende Anteile								(13) 1,54	(7) 1,15 (9) 0,22 (11) 0,17		0
Pass. lat. Steuern					(3) 0,08 (5) 0,08	(1) 0,4	0,24				0,24
Verbindlichkeiten		8,0		2,8			10,8				10,80
Summe	17,0	17,0	8,6	8,6	1,16	1,16	26,2	10,56	10,56	19,73	19,73

Tab. 9: Folgekonsolidierung/Erstkonsolidierung bei sukzessivem Beteiligungserwerb mittels EK-Transaktionsmethode bei einem Anteilsbesitz von 100 % statt 75 % (Abwandlung 2 zum 31.12.t2)

Diese erfolgsneutrale Verrechnung führt zu einer geringeren Konzernbilanzsumme durch den Nichtansatz von GoF sowie der fehlenden Neubewertung der zuerworbenen Tranche und einer Verringerung des EK. Zudem entfällt im Vergleich zur Variante des Erwerbs der aufwendige zusätzliche Abschreibungsbedarf für einen neu entstandenen GoF sowie die aufzudeckenden stillen Reserven. Langfristig gleichen sich die Auswirkungen durch die erfolgswirksame Abschreibung wieder an. Konsequenterweise ist bei einem TU, das seinen Abschluss in fremder Währung aufstellt, eine auf die verkauften Anteile entfallende Differenz aus der Währungsumrechnung nach § 308a Satz 3 HGB nach dieser Methode erfolgsneutral in den Posten „nicht beherrschende Anteile" umzugliedern (DRS 23.177).

8.2 Änderung des Beteiligungsbuchwerts ohne Kapitalanteilsveränderung

Nachträgliche **Änderungen des Beteiligungsbuchwerts** beim MU sind unterschiedlich zu behandeln. Handelt es sich um bestimmte Nach- bzw. Rückzahlungen, die sich aus dem Unternehmenserwerb direkt ergeben, wie etwa vertraglich festgelegte Ausgleichszahlungen zwischen Verkäufer und Erwerber bei bestimmten Ereignissen (z. B. bei Prozessen und Geschäftsabschlüssen), sind die Wertansätze der ErstKons innerhalb des zwölfmonatigen Anpassungszeitraums nachträglich zu verändern (Rz 95). Es handelt sich somit um eine Veränderung der Konzern-AK. Erfolgt die Zahlung erst nach Ablauf der Zwölf-Monats-Frist, so ist diese erfolgswirksam zu erfassen, eine Anpassung der Werte der ErstKons ist nicht möglich. Erfolgt eine Kapitalerhöhung des TU, ohne dass sich die Beteiligungsquote ändern würde, so entsprechen die AK bis auf die Anschaffungsnebenkosten dem Zugang an Mitteln des TU, was somit ohne Änderung des Unterschiedsbetrags herausgerechnet werden kann. Die Anschaffungsnebenkosten sollten als „sonstiger betrieblicher Aufwand" erfasst werden.[122]

213 Hängt der Grund für die Veränderung des Beteiligungsbuchwerts nicht direkt mit dem Erwerb zusammen, wie etwa im Fall **von außerplanmäßigen Abschreibungen** auf den Wert des TU, so ist dies für die KapKons unerheblich (DRS 23.163).[123] Vielmehr kommt es in solchen Fällen zu einer Aufwands- und ErtragsKons mit evtl. Zwischenergebniseliminierung. Gleichwohl ist denkbar, dass in einem Abwertungsfall im Jahresabschluss des MU eine Wertkorrektur auf einen ggf. noch aktivierten GoF vorzunehmen ist, da dieser neben der planmäßigen Abschreibung auf ggf. bestehende außerplanmäßige Abschreibungsbedarfe hin zu überprüfen ist.

Im Falle von späteren **Zuschreibungen** verhindert das Zuschreibungsverbot des § 253 Abs. 5 Satz 2 HGB jedoch, dass eine im Einzelabschluss des MU nötige Zuschreibung auch im Konzernabschluss in der Position des GoF nachvollzogen werden kann. Eine Erhöhung von zuvor außerplanmäßig abgeschriebenen stillen Reserven in den Anlagegegenständen ist dagegen möglich, wobei als Wertobergrenze die fortgeführten AHK zu beachten sind.

8.3 Entkonsolidierung

214 Scheidet ein TU aus dem KonsKreis aus, ist eine **Entkonsolidierung** (EntKons) bzw. **Endkonsolidierung**[124] durchzuführen. Das Ausscheiden kann durch kompletten oder anteiligen Verkauf geschehen, wobei es stets zu einer EntKons, bezogen auf die verkauften Anteile, kommt. Allerdings wird bei einem Teilverkauf oft lediglich von einer ÜbergangsKons gesprochen. Ist der verkaufte Anteil aber so hoch, dass hinsichtlich der Einbeziehungsart eines Unt in den Konzernabschluss eine Änderung ggü. dem Vj eintritt, so wird das Unt nicht mehr vollkonsolidiert, sondern ist gar nicht als Beteiligung oder assoziiertes Unt zu bewerten bzw. im Ausnahmefall quotal zu konsolidieren. Es kommt zu einer EntKons i.e.S. Während dieser Vorgang im Jahresabschluss des verkaufenden KonzernUnt als Abgang im Posten „Anteile an verbundenen Unternehmen" behandelt wird, ist er im Konzernabschluss in Konsequenz zur einheitstheoretisch orientierten VollKons als Abgang

---

[122] Vgl. Wohlgemuth, in Schulze-Osterloh/Hennrichs/Wüstemann, Handbuch des Jahresabschlusses (HdJ), Abt. V, Die Kapitalkonsolidierung nach Handelsrecht, Rz 147 f., Stand: 9/2018.
[123] Vgl. IDW, WPH Edition, Wirtschaftsprüfung & Rechnungslegung, 18. Aufl. 2023, Kap. G Tz. 419.
[124] Während z. B. Kliem/Deubert (in Beck Bil-Komm., 14. Aufl. 2024, § 301 HGB Rz 300 ff.) von einer Endkonsolidierung sprechen, bezeichnen etwa Hoffmann/Lüdenbach (NWB-Kommentar Bilanzierung, 15. Aufl. 2023, § 301 HGB Rz 115 ff.), inzwischen auch Baetge/Kirsch/Thiele (Konzernbilanzen, 14. Aufl. 2021, S. 462 ff.) und das DRSC (z. B. im DRS 23) diesen Vorgang als Entkonsolidierung.

der einzelnen VG, Schulden, RAP und Sonderposten des TU zu erfassen. Eine Ausnahme von dieser Annahme der Einzelveräußerung besteht im Konzernabschluss lediglich i. R. d. Kapitalflussrechnung, bei der die Zahlungswirkungen in einer gesondert auszuweisenden Position innerhalb der Berechnung des Cashflows aus Investitionstätigkeit zu erfassen sind (DRS 21.43).

Die EntKons ist im Gesetz nur indirekt geregelt, da sich lediglich in § 308a Satz 4 HGB eine Regelung für den Abgang der erfolgsneutral erfassten Währungsumrechnungsdifferenzen im EK finden lässt. Daher ist die EntKons unter Berücksichtigung dieser Detailforderung aus dem Einheitsgrundsatz (§ 297 Abs. 3 HGB) und dem Grundsatz der Bilanzidentität (§ 298 Abs. 1 HGB i. V. m. § 252 Abs. 1 Nr. 1 HGB) abzuleiten. Die **generelle Vorgehensweise** behandelt den Abgang eines verbundenen Unt im Konzernabschluss wie den Abgang eines TeilUnt. Damit sind alle betreffenden VG, Schulden, RAP und Sonderposten auszubuchen und ein ggf. verbleibender Überschuss ist als Erfolg in der Konzern-GuV auszuweisen. Hinsichtlich des Zeitpunkts ist in Analogie zur ErstKons der Verkaufszeitpunkt für die Bewertung heranzuziehen. Bis zu diesem Zeitpunkt der Beendigung der Möglichkeit des beherrschenden Einflusses ist das auf das TU entfallende Reinvermögen zu Konzernbuchwerten (VG, Schulden, RAP und Sonderposten, ein ggf. bilanzierter GoF oder passiver Unterschiedsbetrag sowie eine ggf. vorhandene Eigenkapitaldifferenz aus der Währungsumrechnung) fortzuschreiben. Dafür empfiehlt DRS 23.180 die Aufstellung eines **Zwischenabschlusses**. Anschließend ist das zum Zeitpunkt der Beendigung der Möglichkeit des beherrschenden Einflusses ermittelte Reinvermögen zu Konzernbuchwerten des TU in voller Höhe als Abgang auszubuchen. In diesem Zusammenhang ist eine auf das ausscheidende TU entfallende Eigenkapitaldifferenz aus der Währungsumrechnung erfolgswirksam aufzulösen (§ 308a Satz 4 HGB). Der entstehende Unterschied zwischen dem Veräußerungspreis einerseits und dem zum Abgangszeitpunkt fortgeschriebenen Reinvermögen zu Konzernbuchwerten andererseits ist nach DRS 23.182 **ergebniswirksam als Veräußerungsgewinn bzw. -verlust** im Posten sonstige betriebliche Erträge bzw. Aufwendungen der GuV zu erfassen.

Als **Beispiel** können die in Tab. 5 dargestellten Werte (Rz 175) als Ausgangsbasis dienen, d. h. es wird ein Verkauf des 75-%-Anteils zum 1.1.t2 für 7 GE unterstellt.

Tab. 10 stellt die Ermittlung des Erfolgs aus der Veräußerung eines TU im Fall der EntKons dar, wobei als Beispiel die Werte von Tab. 5 fortgeschrieben werden:[125]

---

[125] Vgl. z. B. Kirsch/Zülch/Gimpel-Henning, in Baetge/Kirsch/Thiele, Bilanzrecht, § 301 HGB Rz 369.2, Stand: 2/2017.

	Veräußerungserlös des MU	7,00
−	anteilige Vermögenswerte des TU (zu Buchwerten der HB II)	−5,85
+	anteilige Schulden des TU (zu Buchwerten der HB II)	2,10
−	noch nicht erfolgswirksam verrechnete anteilige stille Reserven aus der ErstKons (unter Berücksichtigung der anteiligen noch angesetzten und nicht erfolgswirksam verrechneten passiven latenten Steuern)	−0,36
+	noch nicht erfolgswirksam verrechnete anteilige stille Lasten aus der ErstKons (unter Berücksichtigung der noch angesetzten und nicht erfolgswirksam verrechneten aktiven latenten Steuern)	./.
−	noch nicht erfolgswirksam verrechneter GoF aus der ErstKons	−2,04
+	noch nicht erfolgswirksam aufgelöster passiver Unterschiedsbetrag aus der ErstKons	./.
−	noch nicht erfolgswirksam berücksichtigte anteilige Währungsumrechnungsverluste	./.
+	noch nicht erfolgswirksam berücksichtigte anteilige Währungsumrechnungsgewinne	./.
=	Erfolg aus der Veräußerung des TU	0,85

Tab. 10: Ermittlung des Erfolgs aus der Veräußerung eines TU im Fall der EntKons

216 Durch die Anwendung der Neubewertungsmethode sind lediglich die anteiligen stillen Reserven und Lasten zu berücksichtigen (im Beispiel 75 %). Ist das TU nach der vor dem Gj 2010 geltenden und damals sehr verbreiteten Buchwertmethode erstkonsolidiert worden, was mit Umstellung auf das BilMoG beizubehalten war, dann müssen die noch nicht erfolgswirksam verrechneten stillen Reserven und Lasten unter Berücksichtigung der noch erfassten latenten Steuern komplett in die Rechnung eingehen, da bei der Buchwertmethode den nicht beherrschenden Anteilen keine anteiligen stillen Reserven zugerechnet wurden. Die übrigen Teile (25 %) werden mit den nicht beherrschenden Anteilen verrechnet. Da der auf diesen entfallenden Anteil am Reinvermögen mit dem ausgewiesenen Anteil anderer Gesellschafter auf der Passivseite der Bilanz übereinstimmt, erfolgt der Abgang der **nicht beherrschenden Anteile** erfolgsneutral. Das Ergebnis von 0,85 GE im Konzern aus dem Verkauf stimmt unter Berücksichtigung der 0,15 GE im Konzernjahresergebnis des Gj t1 insgesamt mit dem Veräußerungsergebnis der MU von 1 GE überein – im Konzernabschluss erfolgt lediglich eine andere Periodenzurechnung der Ergebniseffekte – dauerhafte Unterschiede dürfen nach der EntKons nicht verbleiben.

Der Erfolg der Veräußerung aus Sicht des Konzerns kann auch ermittelt werden aus dem Veräußerungserfolg, indem die anteiligen Rücklagenänderungen auf der Basis der HB II (im Beispiel 1 GE) korrigiert um die bereits erfolgswirksam verrechneten stille Reserven/Lasten sowie GoF-Auflösungen betrachtet werden:[126]

---

[126] Vgl. z.B. Küting/Weber, Der Konzernabschluss, 14. Aufl. 2018, S. 446.

	Veräußerungserlös des MU	7,00
–	Beteiligungsbuchwert	–6,00
=	Veräußerungserfolg des MU	1,00
+	anteilige, bereits erfolgswirksam verrechnete stille Reserven seit der ErstKons (unter Beachtung der aufgelösten passiven latenten Steuern)	0,09
+	bereits erfolgswirksam verrechnete Abschreibungen auf den GoF	0,51
–	anteilige Rücklagenzufuhr beim TU in der HB II	–0,75
=	Erfolg aus der Veräußerung des TU	0,85

Tab. 11: Ermittlung des Erfolgs aus der Veräußerung eines TU im Fall der EntKons

Bei Anwendung der **IFRS** kann es neben den Währungsumrechnungsverlusten weitere Neubewertungsrücklagen im EK geben, die erfolgswirksam einem Veräußerungserlös gegenüberzustellen sind (IFRS 10.B99). Mit der Eliminierung der VG und Schulden sind auch die nicht beherrschenden Anteile erfolgsneutral auszubuchen (IFRS 10.B98a ii).[127]

8.4 Übergangskonsolidierung mit Wechsel der Einbeziehungsmethode

Verändern sich die Verhältnisse von einem Unt zu dem MU, kann nach dem Stufenkonzept des HGB (§ 294 Rz 13) ein Auf- oder Abstieg geboten sein. So kann durch Hinzuerwerb von Anteilen aus einem assoziierten Unt ein TU werden, durch den Verkauf von Anteilen an einem TU ggf. ein Gemeinschafts-Unt. Eine Veränderung des Status muss auch zu einer Veränderung der Einbeziehungsmethode führen, wenn keine Wahlrechtsnutzung dies verhindert. Die i.R.d. Konzernbilanzierung notwendigen Schritte sind dann jeweils die Entflechtung der Altanteile, d.h. die Beendigung der Anwendung der bislang angewandten Methode, und die Neubewertung der Anteile und die Anwendung der zukünftig notwendigen Einbeziehungsmethode. Dabei ist eine **Stichtagsanpassung** notwendig. Wird aus einem assoziierten Unt ein TU durch Erwerb von zusätzlichen Anteilen, so muss zum Erwerbszeitpunkt die at-equity-Bewertung aufgelöst und das TU über eine ErstKons einbezogen werden.

Eine **retroaktive ÜbergangsKons**, nach der zum Zeitpunkt des Übergangs eine Einbeziehung erfolgt, als wäre schon vorher die zukünftige Einbeziehungsmethode angewandt worden, erscheint nicht mit den GoK und auch explizit nicht mit dem aktuellen Gesetzestext in § 301 Abs. 2 Satz 1 HGB vereinbar.[128] Allerdings plant der Gesetzgeber eine Überarbeitung und hat das DRSC um einen entsprechenden Vorschlag gebeten,[129] der wohl bereits (nicht-öffentlich) erfolgt sein soll und vom BMJV in eines der nächsten Gesetzespakete im HGB integriert werden könnte – bislang ist dies noch nicht erfolgt.

---

[127] Vgl. Lüdenbach/Hoffmann/Freiberg, Haufe IFRS-Kommentar, 22. Aufl. 2024, § 31 Rz 176 ff.
[128] Vgl. z.B. Kirsch/Zülch/Gimpel-Henning, in Baetge/Kirsch/Thiele, Bilanzrecht, § 301 HGB Rz 354.3, Stand: 2/2017; Herrmann, WPg 1994, S. 824 f.
[129] Vgl. Mitteilung des DRSC v. 11.12.2015, http://www.drsc.de/service/index.php?ixnp_do=show_news_index&ixnp_lang=de&ixnp_id=1&ixnp_page=1&ixnp_do=show_news_article&ixnp_art_id=3640, letzter Abruf am 24.3.2016 – aktuell nicht mehr verfügbar.

Aus diesem Grund wurden in dem bekannt gemachten DRS 23 die **Passagen zur Aufwärtskonsolidierung** (E-DRS 30.180–184) vorerst gestrichen. Die übrigen Passagen, die spiegelverkehrt die Abwärtskonsolidierung regeln, sind unverändert zum Entwurf im DRS 23 veröffentlicht und damit als GoB-adäquat erklärt worden, da diese sich zumindest indirekt aus dem Gesetzestext in § 308a Satz 4 HGB herleiten lassen. Mit DRS 26 (Assoziierte Unternehmen)[130] und DRS 27 (Anteilmäßige Konsolidierung)[131] liegen zwei Rechungslegungsempfehlungen vor, die verschiedene denkbare Wechsel der Konsolidierungsverfahren mit der Vermutung der Erüllung der GoB für die Konzernrechnungslegung beschreiben, allerdings nicht den Übergang auf die Vollkonsolidierung behandeln.

Grds. hat auch in dem Fall der vorherigen Einbeziehung als at-equity-bewertetes Unternehmen bei **erstmaliger Einbeziehung** eines nun als TU zu klassifizierenden Unt nach § 301 Abs. 2 Satz 1 HGB eine vollständige Neubewertung zu dem Zeitpunkt zu erfolgen, zu dem das Unt TU geworden ist (E-DRS 30.181). Allerdings kann das Vorgehen der Neubewertung dazu führen, dass in den VG und Schulden, die bei vorheriger QuotenKons anteilig als solche oder mittelbar über eine at-equity-Beteiligung im Konzernabschluss enthalten waren, erneut stille Reserven und Lasten aufgedeckt werden. Hier sieht das DRSC das Problem, dass die bisher bereits anteilig im Konzernabschluss enthaltenen VG und Schulden oberhalb ihrer historischen (ggf. fortgeführten) Konzern-AHK angesetzt sein könnten und damit der GoF (oder der passive Unterschiedsbetrag aus der KapKons) mit einem zu niedrigen oder zu hohen Betrag angesetzt wird (E-DRS 30.182 i. V. m. E-DRS 30.B43). Daher soll in diesem Fall bezogen auf das Altvermögen eine **anteilige Zwischenergebniseliminierung** nach § 304 HGB erfolgen (E-DRS 30.182). Dies führt im Ergebnis dazu, dass der Vermögens- und in der Folge der Ergebnisausweis nach der Zwischenergebniseliminierung demjenigen entspricht, der sich ergeben hätte, wenn eine tranchenweise KapKons erfolgt wäre (E-DRS 30.B44). Bei dieser Vorgehensweise wird nach Meinung des DRSC nur das auf die hinzuerworbenen Anteile, die i.d.R. den Statuswechsel auslösen (sog. Control-Tranche), entfallende anteilige Reinvermögen zu Beginn der VollKons zum beizulegenden Zeitwert bewertet und den AK dieser hinzuerworbenen Anteile gegenübergestellt, um den darauf entfallenden GoF bzw. passiven Unterschiedsbetrag zu ermitteln. Nach bislang in der Literatur häufig vertretener Auffassung waren dagegen die zuvor aufgelaufenen Differenzen erfolgsneutral auf die neue Konsolidierungsmethode zu übertragen.

Für das auf die zum Übergang auf die VollKons im Konzern enthaltene Beteiligung (**Alttranche**) entfallende Reinvermögen wird die historische Quoten-Kons bzw. der Wertansatz aus der bisherigen at-equity-Bewertung fortgeführt. Reinvermögen, das auf nicht beherrschende Anteile entfällt, wird zum Zeitpunkt der Erlangung der Beherrschungsmöglichkeit ebenfalls zum beizulegenden Zeitwert übernommen. Da es bei dieser Vorgehensweise im Zuge der Voll-Kons zu keinen zusätzlichen Wertanpassungen beim Altvermögen kommt, entfällt hierfür die Notwendigkeit einer Zwischenergebniseliminierung, wodurch die KapKons vereinfacht wird (E-DRS 30.B44). Dies rechtfertigt nach

---

[130] Bekanntmachung erfolgte im BAnz AT 16.10.2018 B1.
[131] Bekanntmachung erfolgte im BAnz AT 16.10.2018 B2.

Ansicht des DRSC auch eine tranchenweise KapKons (E-DRS 30.184) zu den jeweiligen Erwerbszeitpunkten beim Übergang von der QuotenKons oder at-equity-Bewertung auf die VollKons, auch wenn dies nach dem Wortlaut des § 301 HGB formal nicht zulässig ist (E-DRS 30.B45) und nicht dem aktuellen IFRS-Stand entspricht.

221 Im Ergebnis führt dies zu einer ähnlichen Behandlung wie bei der Abbildung der Aufstockung ohne Statuswechsel nach der Erwerbsmethode (Rz 198 ff.) und zu **erheblichem Aufwand** durch die getrennte Behandlung der GoF und stillen Reserven der einzelnen Tranchen.[132] Aus **Vereinfachungsgründen** darf daher gem. den bisher nicht bekannt gemachten Regeln des E-DRS 30.183 beim Übergang auf die VollKons auch auf eine Zwischenergebniseliminierung für das zuvor einbezogene Altvermögen verzichtet werden, wenn die damit verbundene Verzerrung des Vermögens- und Erfolgsausweises unwesentlich ist. Dies ist etwa der Fall, wenn im Zuge der Neubewertung für das hinter den Altanteilen stehende Vermögen stille Reserven aufgedeckt wurden, deren Abschreibungsdauer nicht wesentlich länger wäre als die des im Fall einer Zwischenergebniseliminierung sonst entstandenen GoF (E-DRS 30.183).

222 Ein TU könnte aufgrund eines der Wahlrechte des § 296 HGB bislang nicht in den Konzernabschluss einbezogen sein. In diesem Fall wäre bei der **erstmaligen Einbeziehung des bestehenden TU** der Zeitpunkt der erstmaligen Einbeziehung für die Wertansätze i. R. d. KapKons maßgeblich. Bei einem **Aufwärtswechsel** würde eine Fortschreibung der Werte aus zurückliegenden at-equity-Bewertungen eines Teils der Anteile jedoch gegen die explizite Konkretisierung des Neubewertungszeitpunkts nach § 301 Abs. 2 HGB verstoßen. Daher sind die hinzuerworbenen Anteile zusammen mit dem Wert der Altanteile mit dem zum Zeitpunkt der TU-Werdung neu bewerteten anteiligen EK des TU zu verrechnen (DRS 8.33 i. V. m. DRS 4.9 und E-DRS 30.181). Allerdings sollen zukünftig nach dem Willen des DRSC die dabei aufgedeckten stillen Reserven und stillen Lasten für die Altanteile erfolgsneutral zugunsten des GoF bzw. des passiven Unterschiedsbetrags eliminiert werden, was letztlich dem kritisch gesehenen[133] Vorgehen bei einer Kapitaländerung ohne Kontrollwechsel nach der Erwerbsmethode entspricht und zu mind. zwei hinsichtlich Höhe und Abschreibungsdauer unterschiedlichen Anteilen an stillen Reserven bzw. stillen Lasten pro neu bewertetem VG bzw. neubewerteter Schuld führt und die FolgeKons unnötig verkompliziert.

223 Eine vom DRSC in E-DRS 30.184 als technisch zulässig erachtete **tranchenweise Kons** wird in der Literatur kritisch gesehen.[134] I. R. d. tranchenweisen Kons wird bei einem Übergang von der QuotenKons auf die VollKons für die Altanteile die bisherige KapitalKons fortgeführt und lediglich für die hinzuerworbenen Anteile eine ErstKons zum Erwerbszeitpunkt durchgeführt (E-DRS 30.184). Damit kommt es zu einer Vermengung von Bewertungszeitpunkten, was die Aussagefähigkeit der in dem Konzernabschluss dargestellten Positionen schwächt und

---

[132] Vgl. zu konkreten Beispielen Müller/Reinke, StuB 2015, S. 408 ff.
[133] Vgl. Müller/Reinke, StuB 2015, S. 380.
[134] Vgl. Hoffmann/Lüdenbach, NWB Bilanzkommentar, 15. Aufl. 2023, § 301 HGB Rz 110; Kirsch/Zülch/Gimpel-Henning, in Baetge/Kirsch/Thiele, Bilanzrecht, § 301 HGB Rz 354.3, Stand: 2/2017; Leinen, in Kessler/Leinen/Strickmann, Leitfaden BilMoG, 2009, S. 603 f.; Oser u. a., WPg 2008, S. 691.

224 Allerdings ist das vom DRSC vorgeschlagene Verfahren analog zu dem Vorgehen bei dem **Abwärtswechsel** (Übergang von der VollKons auf die QuotenKons gem. § 310 HGB oder auf die at-equity-Bewertung gem. § 312 HGB). Dort hat nach dem Gesetzeswortlaut ebenfalls formal eine erneute Erwerbsbilanzierung auf den Zeitpunkt des Statuswechsels zu erfolgen. In diesem Fall mit der GoB-Vermutung durch das BMJV versehen, fordert DRS 23.186 dagegen in Fortführung der Regelungen des DRS 4.49ff., dass die bislang i.R.d. VollKons vorgenommenen Konsolidierungsmaßnahmen nunmehr ohne Neubewertung quotal fortzuführen sind, und DRS 23.187, dass das nach einer VollKons verbleibende entsprechende Reinvermögen eines assoziierten Unt zu Konzernbuchwerten im Zeitpunkt des Abgangs als AK der Beteiligung anzunehmen ist (so auch DRS 27.52).

225 Das DRSC begründet die vom Gesetz abweichende Regelung gut nachvollziehbar und für das BMJV überzeugend: Der Sinn und Zweck einer vollständigen Erwerbsbilanzierung ist nur dann plausibel, wenn ein GemeinschaftsUnt oder ein assoziiertes Unt erstmals in den Konzernabschluss einbezogen wird, also erstmals eine **gemeinsame Führung erfolgt** oder ein **maßgeblicher Einfluss auf die Geschäfts- und Finanzpolitik** ausgeübt wird. Dies sei aber bei der ÜbergangsKons gerade nicht der Fall. Da die Beherrschungsmöglichkeit der Geschäfts- und Finanzpolitik i.S.d. § 290 HGB, die bis zum Statuswechsel bestanden hat, die Einflussmöglichkeiten auf GemeinschaftsUnt oder assoziiertes Unt mit umfasst, sei daher anlässlich des Statuswechsels **keine neuerliche Zeitwertbewertung** für das anteilig auf die im Konzern verbleibenden Anteile entfallende Reinvermögen erforderlich (E-DRS 30.B46). Konkret sind die ausstehenden stillen Reserven und Lasten auf der Basis der Neubewertung bei damaligem Einbezug in den Konzernabschluss in die für die at-equity-Bewertung notwendige Nebenrechnung zu überführen. Die abgehenden Anteile werden dagegen erfolgswirksam entkonsolidiert.

226 Nach internationaler Rechnungslegung hat der Erwerber gem. IFRS 3.42 seinen zuvor an dem erworbenen Unt gehaltenen Eigenkapitalanteil zu dem zum Erwerbszeitpunkt geltenden beizulegenden Zeitwert neu zu bestimmen und den daraus resultierenden Gewinn bzw. Verlust erfolgswirksam zu erfassen. Der GoF ist nach IFRS 3.32a dann unter Berücksichtigung der zum Fair Value bewerteten Altanteile zu berechnen.

8.5 Konsolidierung bei konzerninternen Umwandlungen

227 Bei konzerninternen Umwandlungen ist von rein rechtlichen Änderungen innerhalb des KonsKreises auszugehen, die wirtschaftlich für die Abbildung der fiktiven Einheit „Konzern" keine Relevanz haben.[135] Daher sind Effekte aus Aufspaltungen, Verschmelzungen o. Ä. i.R.d. Vereinheitlichung der Jahresabschlüsse der TU vor der Kons zu korrigieren (DRS 23.170). Somit werden etwaige Verschmelzungsverluste oder -gewinne eliminiert. Sollten noch Unterschiedsbeträge aus der ErstKons vorhanden sein, so sind diese auch nach

---

[135] Vgl. Kliem/Deubert, in Beck Bil-Komm., 14. Aufl. 2024, § 301 HGB Rz 291; Hoffmann/Lüdenbach, NWB-Kommentar Bilanzierung, 15. Aufl. 2023, § 301 HGB Rz 126.

der juristischen Maßnahme unverändert fortzuführen und entsprechend der ursprünglichen Ausgestaltung zu behandeln.[136]

Ein im HGB nicht geregelter Sachverhalt sind Unternehmenszusammenschlüsse unter gemeinsamer Kontrolle. Da der deutsche Gesetzgeber das in Art. 25 der Richtlinie 2013/34/EU kodifizierten **Mitgliedstaatenwahlrecht zur Einführung einer Buchwertmethode** für die Abbildung derartiger Vorgänge – trotz der im Vorfeld in der Literatur geäußerten Anregungen[137] – nicht in das deutsche Bilanzrecht übernommen hat und auch der DRS 23 keine Regelungen für eine abweichende Behandlung von Transaktionen unter gemeinsamer Beherrschung enthält, sind im HGB-Konzernabschluss auch Unternehmenstransaktionen unter gemeinsamer Beherrschung zwingend nach der Erwerbsmethode abzubilden.[138]

Damit werden erhebliche Gestaltungsspielräume eröffnet, was nicht unproblematisch ist, da solche Transaktionen bei Umstrukturierungen oder auch der Schaffung von neuen Einheiten – ggf. auch für einen Börsengang – nicht selten vorkommen.[139]

228

Praxis-Beispiel
Die Darstellung der Auswirkungen verschiedener Transaktionsgestaltungen verdeutlicht die folgende Abbildung.

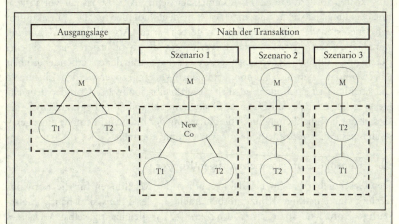

Abb. 5: Möglichkeiten der Umstrukturierung innerhalb eines Konzerns

In der Ausgangslage hält das MU M die Mehrheit an ihren TU T1 und T2. Zur Vorbereitung eines Börsengangs sollen T1 und T2 zusammengefasst werden. In Szenario 1 werden die Anteile an T1 und T2 in eine neu gegründete Zwischenholding eingebracht und durch die Neubewertung die stillen Reserven und stillen Lasten beider TU aufgedeckt. In Szenario 2 erfolgt eine Einbringung der Anteile an T1 in T2. Somit würden nur die stillen Reserven von T2 aufgedeckt; in Szenario 3 wäre es umgekehrt. Durch die Einbringung

---

[136] Vgl. Kirsch/Engelke, in Baetge/Kirsch/Thiele, Bilanzrecht, § 301 HGB Rz 442, Stand: 2/2017.
[137] Vgl. Oser, BB 2014, 1387 ff.
[138] Vgl. Kliem/Deubert, Beck Bil-Komm., 14. Aufl. 2024, § 301 HGB Rz 296; Küting, Konzerninterne Umstrukturierungen, 2012, S. 130.
[139] Vgl. Müller/Reinke/Potthast, BC 2021, S. 135–141.

> der Anteile an T2 in T1 würden die stillen Reserven von T1 aufgedeckt. Die Gestaltung der Umstrukturierung hat damit einen erheblichen Einfluss auf den Ausweis der Vermögenslage des Teilkonzerns zum Erstkonsolidierungszeitpunkt und beeinflusst über die Folgebewertung auch die Ertragslage des Teilkonzerns in den Folgeperioden. Die Höhe des Kaufpreises bestimmt den jeweiligen Entkonsolidierungserfolg. Eine Bewertung zu Buchwerten würde unabhängig von der gewählten Transaktion zu einheitlichen Ergebnissen führen. Da keinerlei stille Reserven oder stille Lasten aufzudecken sind, ergibt sich auch kein Einfluss auf die zukünftige Ertragslage des Teilkonzerns. Im übergeordneten Konzernabschluss M ist die gesamte Transaktion sowohl in den Fällen der Neubewertung als auch in den Fällen der Bewertung zu Buchwerten vollständig zu eliminieren.

Es wurde vom IASB im DP/2020/2[140] vorgeschlagen, die Transaktion alternativ statt über die Erwerbsmethode abzubilden, die eine Neubewertung der Vermögensgegenstände und Schulden zum Zeitwert verlangt, auch über die Buchwertmethode zu erlauben, die lediglich eine Vermögensübertragung zu fortgeführten Anschaffungskosten fordert. Der IASB kommt nach seiner Analyse zu der vorläufigen Entscheidung, dass nicht eine einzelne der beiden Methoden für alle Transaktionen den Interessen der Interessengruppen gerecht wird. Als objektives Kriterium, wann eine Transaktion mit der Erwerbsmethode zu bilanzieren ist, soll eine Beteiligung von nicht beherrschenden Gesellschaftern an der erwerbenden Einheit – bei Teilkonzernen auch auf höheren Ebenen – herangezogen werden. Eine finale Entscheidung ist noch nicht gefallen. Auch bleibt abzuwarten, ob der deutsche Gesetzgeber oder das DRSC diese Diskussion aufgreifen und ggf. zukünftig die Gestaltungsmöglichkeiten durch die Zulassung der Buchwertmethode einengen – noch muss die Erwerbsmethode zur Anwendung kommen.

8.6 Konsolidierung im mehrstufigen Konzern

229 Der Gesetzgeber hat im HGB hinsichtlich der Regelungen für die KapKons explizit nur einstufige Konzerne behandelt. In der Praxis sind häufig **mehrstufige Konzerne** anzutreffen, d.h., ein TU ist gleichzeitig selbst MU eines anderen TU. In diesen Fällen wird aus Sicht des obersten MU von einem EnkelUnt gesprochen. Auch dieses Unt gilt als verbundenes Unt des MU, da es von dem MU beherrscht werden kann, und muss auch in den Konzernabschluss des MU konsolidiert werden. Besondere Herausforderungen ergeben sich dabei, wenn auf den unteren Konzernebenen nicht beherrschende Anteile liegen. Nach langer Diskussion um das dabei anzuwendende Verfahren (additive oder multiplikative Methode) hat nun das OLG Frankfurt[141] im Einklang mit der Auffassung der Enforcementbehörden DPR und BaFin die additive Methode zumindest für einen IFRS-Anwendungsfall als gültig eingestuft und auch das DRSC empfiehlt diese nach HGB im DRS 23.19 ff., obwohl die multiplikative

---

[140] IASB, DP/2020/2: Business Combinations under Common Control, www.ifrs.org/content/dam/ifrs/project/business-combinations-under-common-control/discussion-paper-bcucc-november-2020.pdf, Abruf 11.10.2024.
[141] OLG Frankfurt a. M., Beschluss v. 4.2.2019, WpÜG 3/16, WpÜG 4/16.

Methode die Mehrheit der Befürworter in der Literatur aufwies (§ 307 Rz 30 ff.) und auch hier bis einschl. der 10. Auflage zugrunde gelegt wurde.
Folgendes Beispiel soll für die Erläuterungen herangezogen werden:

> **Praxis-Beispiel**
> **Mehrstufiger Konzern**
> Die M-GmbH erwirbt im Gj 01 80 % an der T-GmbH, die seit mehreren Jahren 60 % der Anteile an der E-GmbH hält (= Erwerb eines Teilkonzerns). Die Bilanzen haben zum Ende des Gj 01 folgendes Aussehen, wobei latente Steuern von 50 % bei der Auflösung der stillen Reserven berücksichtigt wurden.

(in TEUR)	M-GmbH HB II	T-GmbH HB II	T-GmbH HB III	E-GmbH HB II	E-GmbH HB III
(Sonstiges) AV	100	100	160	100	200
Anteile an verb. Unt. M an T	100				
T an E		100	100		
UV	160	100	100	100	100
Summe Aktiva	360	300	360	200	300
EK	150	50	80	100	150
FK	210	250	280	100	150
Summe Passiva	360	300	360	200	300

Für die KapKons mehrstufiger Konzerne kommen grds. die Simultankonsolidierung (SimultanKons) und die Kettenkonsolidierung (KettenKons) in Betracht.[142] DRS 23.191 lässt grds. beide Varianten zu, präferiert aber die KettenKons. Zudem wird mit DRS 23.193 für die KonsMethode gefordert, dass stets sichergestellt ist, dass Unterschiedsbeträge unterer Konzernstufen nicht saldiert werden. Bei der **SimultanKons** werden alle Unt gleichzeitig in einer Summenbilanz zusammengefasst und für jedes einzelne eine Kons mithilfe des Gleichungs- oder Matrizenverfahrens vorgenommen. Beim Gleichungsverfahren wird der gesamte Unterschiedsbetrag aus der KapKons bei einem zweistufigen Konzern jedoch ohne Beachtung der indirekten Anteile der Minderheitsanteilseigner (§ 307 Rz 29 ff.) errechnet, wobei die Werte des Beispiels eingefügt wurden:

230

	Beteiligungsbuchwert des TU in der Einzelbilanz der Mutter	100
−	Beteiligungsquote des MU am TU × neu bewertetes EK des TU	64
+	Beteiligungsbuchwert des EnkelUnt in der Bilanz der Tochter	100
−	Beteiligungsquote des TU am EU × neu bewertetes EK des EnkelUnt	90
=	Gesamter Unterschiedsbetrag aus der KapKons	46

Tab. 12: Ableitung des gesamten Unterschiedsbetrags eines zweistufigen Konzerns über das Gleichungsverfahren

---

[142] Vgl. Kliem/Deubert, in Beck Bil-Komm., 14. Aufl. 2024, § 301 HGB Rz 371.

Die nicht beherrschenden Anteile sind ohne Berücksichtigung der indirekten Anteile wie folgt zu ermitteln:

	Direkte Beteiligungsquote der nicht beherrschende Anteile am TU × neu bewertetes EK des TU	16
+	Direkte Beteiligungsquote der nicht beherrschenden Anteile am EnkelUnt × neu bewertetes EK des EnkelUnt	60
=	Nicht beherrschende Anteile	76

Tab. 13: Ableitung der nicht beherrschenden Anteile eines zweistufigen Konzerns über das Gleichungsverfahren

Siehe zur Diskussion der Berücksichtigung der indirekten Anteile bei der Berechnung der nicht beherrschenden Anteile mit weiterem Beispiel § 307 Rz 29 ff.

231 Bei **weiteren Konzernstufen** bietet sich die Matrizenrechnung als mathematisches Verfahren an. Dieses pragmatische Verfahren wurde in der Vergangenheit deshalb abgelehnt, weil die Unterschiedsbeträge auf den jeweiligen Konsolidierungsstufen nicht ersichtlich sind. Diese waren aber notwendig, um die Anschaffungskostenrestriktion auf den Zwischenebenen nicht zu verletzen und die auf den jeweiligen Ebenen höchstens auflösbaren stillen Reserven zu ermitteln. Inzwischen besteht diese Notwendigkeit nicht mehr, sodass das Verfahren grds. angewandt werden kann. Allerdings werden nicht nur für die Steuerung der einzelnen Konzernteileinheiten keine weiteren Informationen geliefert, sondern es kann auch zu einer nicht gesetzeskonformen Vermengung von GoF und passivem Unterschiedsbetrag aus der KapKons kommen.[143]

232 Die daher genauere und von der Literatur ganz überwiegend und auch von DRS 23.191 präferierte[144] **KettenKons** unterstellt die hierarchisch aufwärtsgerichtete Kons in jeweils nacheinander durchzuführenden Einzelschritten bis zur Konzernspitze. Für jede Stufe kommt es somit zur Erstellung eines (vereinfachten) Konzernabschlusses, der wiederum Ausgangsbasis für die nächsthöhere Konsolidierungsstufe und den dort zu erstellenden (vereinfachten) Konzernabschluss ist. Mit diesem Verfahren werden damit auch Informationen für die **interne Konzernsteuerung** generiert. Die Konzernabschlüsse sind insoweit vereinfacht, als dass die Minderheitsanteile an dem TU ausgewiesen werden müssen und nicht EK für die nächsthöhere Stufe darstellen (DRS 23.192).

---

[143] Vgl. Kliem/Deubert, in Beck Bil-Komm., 14. Aufl. 2024, § 301 HGB Rz 371.
[144] Vgl. etwa Fehrenbacher, in MünchKomm HGB, 5. Aufl. 2024, § 301 HGB Rn 135 ff.; Kliem/Deubert, in Beck Bil-Komm., 14. Aufl. 2024, § 301 HGB Rz 371.

Kapitalkonsolidierung § 301

Praxis-Beispiel
Kettenkonsolidierung
Für das Beispiel ergibt sich folgendes Schema:

	T-GmbH	E-GmbH	Konsolidierung		Zwischen-KA (T und E)	M-GmbH	Konsolidierung		KA
	HB III	HB III	S	H			S	H	
GoF			(1) 10		10		(3) 36		46
(Sonstiges) AV	160	200			360	100			460
Anteile an verb. Unt.					0				0
M an T					0	100		(3) 100	0
T an E	100			(1) 100	0				0
Umlaufvermögen	100	100			200	160			360
Summe Aktiva	360	300			570	360			866
EK	80	150	(1) 90 (2) 60		80	150	(3) 64 (4) 16		150
Nicht beherrschende Anteile				(3) 60	60			(4) 16	76
FK	280	150			430	210			640
Summe Passiva	360	300			570	360			866

Konkret sind folgende Buchungen durchzuführen:
Zunächst muss auf der Ebene von T ein Zwischenabschluss durch Einbezug der E erstellt werden, wobei dies letztlich einen Teilkonzernabschluss darstellt, da die Erstellung nicht nur aus Sicht des MU erfolgt. So ist der Beteiligungsbuchwert von T an E nicht aufzuteilen in den Anteil der Eigentümer des MU (80 %) und in den Anteil anderer Gesellschafter des TU (20 %). Daher ergibt sich sofort die Ermittlung des Unterschiedsbetrags in Buchung (1):

Konto	Soll	Haben
EK (E) = 150 × 60 %	90 TEUR	
GoF (Zwischenabschluss)	10 TEUR	
Beteiligungsbuchwert (T)		100 TEUR

Buchungssatz (2) gliedert das verbleibende EK der E in nicht beherrschende Anteile um:

Konto	Soll	Haben
EK (E) = 150 × 40 %	60 TEUR	
Nicht beherrschende Anteile (Zwischenabschluss)		60 TEUR

Durch Addition entsteht der Zwischenabschluss, der zu ergänzen ist um die Bilanz des MU und die auf dieser Ebene notwendigen Konsolidierungen. In Buchungssatz (3) erfolgt die Aufrechnung des Beteiligungsbuchwerts mit dem anteiligen neu bewerteten EK mit Ermittlung des GoF:

Konto	Soll	Haben
EK (Zwischenabschluss) = 80 × 80 %	64 TEUR	
GoF (Konzernabschluss)	36 TEUR	
Beteiligungsbuchwert (M)		100 TEUR

Schließlich sind die verbleibenden Eigenkapitalbeträge in nicht beherrschende Anteile umzubuchen (Buchungssatz (4)):

Konto	Soll	Haben
EK (Zwischenabschluss) = 80 × 20 %	16 TEUR	
Nicht beherrschende Anteile (Konzernabschluss)		16 TEUR

Im Konzernabschluss sind nun die beiden Unt so abgebildet, als wären sie ein einziges Unt.

233 Sollte auf einer der Ebenen ein passiver Unterschiedsbetrag entstehen, so ist dieser gesondert auszuweisen, eine Verrechnung mit dem GoF ist nicht erlaubt. Bei der FolgeKons sind die aufgedeckten stillen Reserven zusammen mit den gebildeten passiven latenten Steuern ergebniswirksam aufzulösen, wobei bei der Neubewertungsmethode die Beträge allen Anteilseignern zuzurechnen sind. Die Abschreibungen des GoF sind ebenfalls erfolgswirksam zu erfassen, wobei diese nur den Anteilseignern des MU zuzurechnen sind.

§ 303 Schuldenkonsolidierung

(1) Ausleihungen und andere Forderungen, Rückstellungen und Verbindlichkeiten zwischen den in den Konzernabschluß einbezogenen Unternehmen sowie entsprechende Rechnungsabgrenzungsposten sind wegzulassen.

(2) Absatz 1 braucht nicht angewendet zu werden, wenn die wegzulassenden Beträge für die Vermittlung eines den tatsächlichen Verhältnissen entsprechenden Bildes der Vermögens-, Finanz- und Ertragslage des Konzerns nur von untergeordneter Bedeutung sind.

Inhaltsübersicht Rz
1 Überblick 1–7
  1.1 Inhalt und Anwendungsbereich 1–6
  1.2 Normenzusammenhang 7
2 Anwendungsfälle der Schuldenkonsolidierung 8–15
3 Behandlung von Aufrechnungsdifferenzen 16–23
  3.1 Grundlagen 16–21
  3.2 Fallbeispiele 22–23
    3.2.1 Fallbeispiel 1: Schuldenkonsolidierung ohne
        Beteiligung von Minderheiten 22
    3.2.2 Fallbeispiel 2: Schuldenkonsolidierung mit
        Beteiligung von Minderheiten 23
4 Schuldenkonsolidierung und Währungsumrechnung 24–29

1 Überblick

1.1 Inhalt und Anwendungsbereich

Gegenstand der **Schuldenkonsolidierung** (SchuldenKons) ist gem. § 303 Abs. 1 HGB die **Aufrechnung** der zwischen den in den **Konzernabschluss** einbezogenen Unt bestehenden **Ansprüche** und **Verpflichtungen**. Die Eliminierung dieser innerkonzernlichen Schuldverhältnisse trägt der Tatsache Rechnung, dass der Konzern als fiktives einheitliches Unt nur Forderungen und Verbindlichkeiten gegenüber fremden Dritten, nicht jedoch gegenüber sich selbst haben kann; diese Anordnung geht letztlich auf den in § 297 Abs. 1 Satz 1 HGB kodifizierten Einheitsgrundsatz zurück.

1

Ebenso wie die Kapitalkonsolidierung (KapKons) soll auch die SchuldenKons eine Verlängerung der Konzernbilanz als Folge von Doppelzählungen beim **Vermögen und Kapital** vermeiden. Abb. 1 zeigt die Einordnung der SchuldenKons in die zur Realisierung des Einheitsgrundsatzes notwendigen Konsolidierungsmaßnahmen.

2

Abb. 1: Einordnung der Schuldenkonsolidierung

3 Die SchuldenKons gem. § 303 HGB ist verpflichtend anzuwenden bei der Erstellung von Konzernabschlüssen im Wege der **Vollkonsolidierung** (Voll-Kons). Dies gilt über §§ 340i und 341j HGB auch für Konzernabschlüsse von **Kreditinstituten** und **VersicherungsUnt** sowie über § 13 Abs. 2 PublG für Konzernabschlüsse nach dem **PublG**. Nach § 310 Abs. 2 HGB gelten die Vorschriften zur SchuldenKons für **quotal** in den Konzernabschluss einbezogene GemeinschaftsUnt entsprechend. Für nach der **Equity-Methode** im Konzernabschluss abgebildete Unt (§ 312 HGB) sieht das HGB ebenso wie DRS 26 keine Verpflichtung zur SchuldenKons vor. Im Falle einer langfristigen beteiligungsähnlichen Forderung eines KonzernUnt gegenüber einem assoziierten Unt wird vorgeschlagen, durch die den Equity-Wertansatz erhöhende SchuldenKons das Verrechnungsvolumen für anteilig auf den Konzern entfallende Verluste zu erhöhen, um ein vorzeitiges Aussetzen der Equity-Fortschreibung zu verhindern.[1] Die ansonsten notwendige Überlegung zur Werthaltigkeit der beteiligungsähnlichen Forderung geht damit in der Equity-Fortschreibung auf.

4 Nach § 306 HGB sind für aus Konsolidierungsmaßnahmen entstehende Differenzen zwischen den handelsrechtlichen Wertansätzen von VG, Schulden oder RAP und deren steuerlichen Wertansätzen latente Steuern zu bilden, sofern sich die Bewertungsunterschiede in späteren Perioden voraussichtlich wieder ausgleichen. Stehen sich eine zu eliminierende Forderung und Verbindlichkeit in gleicher Höhe gegenüber, hat die SchuldenKons keinen Einfluss auf das Nettovermögen im Konzern. Die Bildung latenter Steuern scheidet aus. Fallen die zu eliminierende Forderung und Verbindlichkeit betragsmäßig hingegen auseinander, sind i.R.d. SchuldenKons regelmäßig latente Steuern zu berücksichtigen (§ 306 Rz 11).

5 Sind Abschlüsse in **ausländischer Währung** in den Konzernabschluss einzubeziehen, erfolgt eine Umrechnung der für die SchuldenKons relevanten Bilanzpositionen gem. § 308a HGB nach der **modifizierten Stichtagskursmethode**. DRS 25 „Währungsumrechnung im Konzernabschluss" enthält Auslegungshinweise des DRSC auch zur SchuldenKons (DRS 25.78–25.82).

6 § 303 Abs. 2 HGB betont ausdrücklich die Geltung des **Wesentlichkeitsgrundsatzes** für die SchuldenKons. Danach müssen konzerninterne Ansprüche und Verpflichtungen nicht gegeneinander aufgerechnet werden, „wenn die wegzulassenden Beträge für die Vermittlung eines den tatsächlichen Verhältnissen entsprechenden Bildes der Vermögens-, Finanz- und Ertragslage des Konzerns nur von untergeordneter Bedeutung sind". Die Beurteilung der **untergeordneten**

---

[1] Vgl. Kliem/Deubert, in Beck Bil-Kom, 14. Aufl. 2024, § 303 HGB Rz 2.

Bedeutung kann nicht isoliert oder nach allgemein gültigen Grundsätzen erfolgen, sondern muss einer Gesamtbetrachtung genügen, bei der bspw. auf die Relation zur Bilanzsumme, zu den Umsatzerlösen oder zum Konzernergebnis abgestellt wird. Bei der Ausübung des **Konsolidierungswahlrechts** ist das **Stetigkeitsgebot** des § 297 Abs. 3 Satz 2 HGB zu beachten.

1.2 Normenzusammenhang

Die SchuldenKons gem. § 303 HGB ist – wie die KapKons gem. § 301 HGB die Behandlung der Zwischenergebnisse gem. § 304 HGB und die Aufwands- und ErtragsKons gem. § 305 HGB – eine Folge des in § 297 Abs. 1 Satz 1 HGB verankerten Einheitsgrundsatzes. Sofern Forderungen und Schulden erfolgswirksam konsolidiert werden, können latente Steuern i. S. d. § 306 HGB anfallen; des Weiteren sind insb. die Regelungen zur einheitlichen Bewertung (§ 308 HGB) und zur Währungsumrechnung (§ 308a HGB) zu beachten. Sowohl § 13 Abs. 2 PublG als auch branchenspezifisch die §§ 340i und 341j HGB verweisen (ebenfalls) auf § 303 HGB.

2 Anwendungsfälle der Schuldenkonsolidierung

Die SchuldenKons erschöpft sich nicht in der Aufrechnung konzerninterner Forderungen und Verbindlichkeiten. Gegenstand dieser Konsolidierungsmaßnahme sind vielmehr **alle Bilanzposten des Summenabschlusses** sowie **Angabepflichten**, die das Ergebnis von Schuldverhältnissen zwischen den in den Konzernabschluss einbezogenen Unt sind. Sprachlich genauer geht es damit bei der SchuldenKons um eine Kons. sämtlicher **innerkonzernlicher Ansprüche und Verpflichtungen**.

Die Notwendigkeit einer SchuldenKons kann sich damit bspw. auch bei den nachfolgend aufgeführten Sachverhalten ergeben.

Ausstehende Einlagen: Gegenstand der SchuldenKons können nur eingeforderte ausstehende Einlagen auf das gezeichnete Kapital gegenüber in den Konzernabschluss einbezogenen Unt sein. Einzahlungsforderungen gegenüber konzernfremden Dritten sind unverändert in den Konzernabschluss zu übernehmen. Nicht eingeforderte Beträge auf das gezeichnete Kapital sind vom Posten gezeichnetes Kapital offen abzusetzen. Sie können nicht Gegenstand der SchuldenKons sein. Soweit sie gegenüber in den Konzernabschluss einbezogenen Unt bestehen, korrigieren sie das in die KapKons einzubeziehende Kapital (§ 301 Rz 46).

Anleiheverbindlichkeiten: Hält ein in den Konzernabschluss einbezogenes Unt in seinem Wertpapierbestand von anderen KonzernUnt emittierte Anleihen, liegen innerkonzernliche Kreditverhältnisse vor, die grds. zu eliminieren sind. Zurückerworbene Anleihen sind nach verbreiteter Auffassung nur dann mit der passivierten Anleiheschuld zu saldieren, wenn die Wertpapiere nicht mehr an Dritte veräußert werden können.[2] Eine SchuldenKons ist daher nur vorzunehmen, wenn und soweit die von einem einbezogenen Unt gehaltenen Anleihen nicht wieder in den Verkehr gebracht werden können.

Geleistete und erhaltene Anzahlungen: Geleistete und erhaltene Anzahlungen zwischen in den Konzernabschluss einbezogenen Unt unterliegen der Eliminierungspflicht.

---

[2] Vgl. Busse v. Colbe/Ordelheide/Gebhardt/Pellens, Konzernabschlüsse, 9. Aufl. 2010, S. 360.

13 **Rückstellungen:** Besteht eine **Verbindlichkeitsrückstellung** gegenüber einem anderen in den Konzernabschluss einbezogenen Unt, ist die Rückstellung regelmäßig zu eliminieren. Etwas anderes gilt dann, wenn die ursprünglich gegenüber einem konsolidierten Unt eingegangene Verpflichtung am Bilanzstichtag (auch) gegenüber Dritten besteht, materiell also eine Außenverpflichtung vorliegt. Zu denken ist bspw. an passivierte Gewährleistungsverpflichtungen für Produkte, die unter Einschaltung eines weiteren KonzernUnt an Dritte verkauft wurden, oder an Drohverlustrückstellungen für konzerninterne Lieferungen, die Teil eines Reihengeschäfts sind, das aus Konzernsicht mit einem fremden Dritten eingegangen wurde. Sind in den Einzelabschlüssen der zu konsolidierenden Unt **Aufwandsrückstellungen** i.S.d. § 249 Abs. 1 Satz 2 HGB ausgewiesen, dürfen diese nicht eliminiert werden, soweit für die betreffenden Innenverpflichtungen auch aus Konzernsicht Passivierungspflicht besteht. Dazu gehören bspw. Rückstellungen für unterlassene Aufwendungen für Instandhaltung, die innerhalb von drei Monaten nach dem Abschlussstichtag nachgeholt werden. Entsprechendes gilt für vergleichbare konzerninterne Verbindlichkeitsrückstellungen, die aus Gesamtkonzernsicht den Charakter einer passivierungspflichtigen Aufwandsrückstellung annehmen (z.B. Instandhaltungsrückstellungen, die auf einem Pachtvertrag zwischen einbezogenen Unt beruhen).

14 **Eventualschulden, Haftungsverhältnisse und sonstige finanzielle Verpflichtungen:** Beruhen nach § 251 HGB unter der Bilanz anzugebende Haftungsverhältnisse (z.B. Verbindlichkeiten aus der Begebung oder Übertragung von Wechseln) sowie die nach § 285 Nr. 3a HGB anzugebenden sonstigen finanziellen Verpflichtungen auf einer Rechtsbeziehung mit einem anderen KonzernUnt, unterliegen diese der SchuldenKons. D.h., die Angabe ist nicht in den Konzernabschluss zu übernehmen.

15 **Drittschuldverhältnisse:** Ein Drittschuldverhältnis liegt vor, wenn ein in den Konzernabschluss einbezogenes Unt eine Forderung gegen einen konzernfremden Dritten ausweist, der seinerseits eine Forderung gegen ein anderes KonzernUnt hat. Gegenüber dem konzernfremden Dritten ist der Konzern damit sowohl Schuldner als auch Gläubiger. Eine Kons. von Drittschuldverhältnissen kommt nicht in Betracht, da § 303 HGB nur auf konzerninterne Ansprüche und Verpflichtungen abstellt.[3]

3 Behandlung von Aufrechnungsdifferenzen

3.1 Grundlagen

16 Bei der Kons. von konzerninternen Kreditverhältnissen, die sich wenigstens in einer Bilanz eines einzubeziehenden Unt niedergeschlagen haben, ist zwischen einer **erfolgsneutralen** und einer **erfolgswirksamen** SchuldenKons zu unterscheiden. Stehen sich die eliminierungspflichtigen Ansprüche und Verpflichtungen betragsgleich gegenüber, führt ihre Kons. zu einer erfolgsneutralen Kürzung der Konzernbilanzsumme. Häufig sind die aufzurechnenden Komponenten

---

[3] Hoffmann/Lüdenbach halten eine Aufrechnung für zulässig, wenn durch eine konzerninterne Forderungsabtretung an das verpflichtete KonzernUnt eine zivilrechtliche Aufrechnungslage nach § 387 BGB hergestellt werden könnte; vgl. Hoffmann/Lüdenbach, NWB Kommentar Bilanzierung, 15. Aufl. 2023, § 303 HGB Rz 11.

jedoch in unterschiedlicher Höhe in den Einzelbilanzen erfasst, sodass die
SchuldenKons zu Aufrechnungsdifferenzen führt.
Mögliche **Ursachen** hierfür sind: 17
1. fehlerhafte Buchungen;
2. systembedingte, zeitverschobene Erfassung von Geschäftsvorfällen bei den konsolidierten Unt (z. B. Einbuchung der Forderung aus einem Versendungskauf vor dem Bilanzstichtag, Passivierung der Verbindlichkeit erst bei Erlangung des wirtschaftlichen Eigentums an der Ware im neuen Gj);
3. zeitverschobene Erfassung von Geschäftsvorfällen aufgrund unterschiedlicher Bilanzstichtage der konsolidierten Unt (nach § 299 Abs. 2 HGB darf der Abschlussstichtag eines TU oder GemeinschaftsUnt bis zu drei Monate vor dem Konzernabschluss-Stichtag liegen);
4. unterschiedliche Ansatz- und Bewertungsvorschriften für die eliminierungspflichtigen Ansprüche und Verpflichtungen.

In den ersten drei Fällen liegen **unechte Aufrechnungsdifferenzen** vor. Sie sind 18
bei der Ableitung der konsolidierungsfähigen Einzelabschlüsse durch Korrektur
der buchungstechnischen Unzulänglichkeiten oder durch fiktive (erfolgsneutrale
oder erfolgswirksame) Anpassungsbuchungen zu beseitigen.

Echte Aufrechnungsdifferenzen beruhen auf unterschiedlichen Ansatz- und 19
Bewertungsvorschriften für Ansprüche und Verpflichtungen. Anders als unechte
Aufrechnungsdifferenzen, lassen sie sich durch organisatorische Maßnahmen im
Vorfeld der Kons. wie Saldenabstimmungen, Buchungsstopp kurz vor dem
Bilanzstichtag oder Vorgabe einheitlicher Bilanzstichtage für die in den Konzernabschluss einzubeziehenden Unt nicht vermeiden.

Echte Aufrechnungsdifferenzen können bspw. folgende **Ursachen** haben: 20
– Rückstellungen für konzerninterne Verpflichtungen (ihnen stehen keine Aktivposten gegenüber);
– Abschreibung konzerninterner Forderungen auf einen niedrigeren beizulegenden Wert ohne entsprechende Anpassung der Verbindlichkeit beim Schuldner;
– Abzinsung unverzinslicher Darlehen beim Gläubiger auf den Barwert, während der Schuldner die entsprechende Verbindlichkeit zum Erfüllungsbetrag nach § 253 Abs. 1 Satz 2 HGB ansetzt.

Für die **Behandlung echter Aufrechnungsdifferenzen** gelten folgende Grundsätze: 21
1. Aufrechnungsdifferenzen, die im **laufenden Gj** durch einseitige **erfolgswirksame** Buchungen entstanden sind, müssen durch Stornierung des entsprechenden Erfolgs in der Summen-GuV eliminiert werden. Das führt regelmäßig zur Erfassung latenter Steuern.
2. Ebenfalls **erfolgswirksam** zu bereinigen sind sämtliche Veränderungen des Differenzbetrags aus der erstmaligen Aufrechnung in den **Folgeperioden**, die sich als Aufwand oder Ertrag in der Summen-GuV niedergeschlagen haben.
3. Aufrechnungsdifferenzen, die nicht in der Abrechnungsperiode, sondern in **Vj** entstanden sind, sowie bereits erfolgswirksam erfasste Veränderungen dieser Differenzen sind **erfolgsneutral** (z. B. durch entsprechende Anpassung der Gewinnrücklagen) zu eliminieren. Da sie sich in der Vergangenheit auf den Konzernjahreserfolg ausgewirkt haben, dürfen sie diesen nicht ein weiteres Mal berühren.

3.2 Fallbeispiele

3.2.1 Fallbeispiel 1: Schuldenkonsolidierung ohne Beteiligung von Minderheiten

22 **Praxis-Beispiel**
In ihrem Jahresabschluss zum 31.12.X1 hat die nach HGB bilanzierende M AG (MU) gegenüber ihrem TU, der T GmbH, eine Rückstellung wegen Schadensersatzes i.H.v. 400 GE gebildet. Der Steuersatz aller Unt des KonsKreis beträgt 30 %. Die Ausgangsdaten des Beispiels enthält die nachfolgende Übersicht (einschl. der Buchungen zur KapKons):

Bilanzposten	MU	TU	Summen-abschluss	Konsolidierung S	Konsolidierung H	Konzern-abschluss
Bankguthaben	800	200	1.000			1.000
Beteiligung	2.100	–	2.100		❶ 2.100	–
Sonstiges Vermögen	7.500	6.000	13.500			13.500
Summe Aktiva	**10.400**	**6.200**	**16.600**			**14.500**
Gezeichnetes Kapital	2.000	1.500	3.500	❶ 1.500		2.000
Gewinnrücklage	1.000	600	1.600	❶ 600		1.000
Jahresüberschuss	800	500	1.300			1.300
Rückstellungen	400	–	400			400
Sonstige Schulden	6.200	3.600	9.800			9.800
Latente Steuern						
Summe Passiva	**10.400**	**6.200**	**16.600**			**14.500**

GuV-Posten	MU	TU	Summen-abschluss	Konsolidierung S	Konsolidierung H	Konzern-abschluss
Ertrag aus Rückstellungsauflösung	–	–	–			–
sonstige Erträge	18.000	8.000	26.000			26.000
Aufwand aus Rückstellungsbildung	400	–	400			400
sonstige Aufwendungen	16.300	7.200	23.500			23.500
Steueraufwendungen	500	300	800			800
Jahresüberschuss	**800**	**500**	**1.300**			**1.300**

SchuldenKons zum 31.12.X1
Zum 31.12.X1 sind die in der nachfolgenden Übersicht dargestellten Konsolidierungsbuchungen vorzunehmen:

Bilanzposten	MU	TU	Summen-abschluss	Konsolidierung S	Konsolidierung H	Konzern-abschluss
Bankguthaben	800	200	1.000			1.000
Beteiligung	2.100	–	2.100		❶ 2.100	–
Sonstiges Vermögen	7.500	6.000	13.500			13.500
Summe Aktiva	**10.400**	**6.200**	**16.600**			**14.500**
Gezeichnetes Kapital	2.000	1.500	3.500	❶ 1.500		2.000
Gewinnrücklage	1.000	600	1.600	❶ 600		1.000
Jahresüberschuss	800	500	1.300		❹ 280	1.580
Rückstellungen	400	–	400	❷ 400		0
Sonstige Schulden	6.200	3.600	9.800			9.800
Latente Steuern					❸ 120	120
Summe Passiva	**10.400**	**6.200**	**16.600**			**14.500**

GuV-Posten	MU	TU	Summen-abschluss	Konsolidierung S	Konsolidierung H	Konzern-abschluss
Ertrag aus Rückstellungsauflösung	–	–	–			–
sonstige Erträge	18.000	8.000	26.000			26.000
Aufwand aus Rückstellungsbildung	400	–	400		❷ 400	–
sonstige Aufwendungen	16.300	7.200	23.500			23.500
Steueraufwendungen	500	300	800	❸ 120		920
Jahresüberschuss	**800**	**500**	**1.300**	❹ 280		**1.580**

Buchung 1: KapKons
Buchung 2: Der Aufwand aus Rückstellungsbildung des MU ist mit der gebildeten Rückstellung zu verrechnen:

Konto	Soll	Haben
Rückstellung	400	
Aufwand aus Rückstellungsbildung		400

Buchung 3: Da die Konsolidierungsbuchung das im Konzernabschluss ausgewiesene Nettovermögen im Vergleich zur Steuerbilanz erhöht, ist der ausgewiesene Steueraufwand zu niedrig. Die Anpassung erfordert daher nach § 306 HGB die erfolgswirksame Erfassung latenter Steuern von 120 (30 % von 400).

Konto	Soll	Haben
Latenter Steueraufwand	120	
Passive latente Steuern		120

Buchung 4 ist technischer Natur und berücksichtigt die nach der Doppik sich automatisch einstellende Änderung des Jahreserfolgs in der Bilanz.
Aufgrund besserer Erkenntnisse stockt die M AG die Rückstellung zum 31.12.X2 auf 450 auf. Die Einzelabschlüsse und der Summenabschluss stellen sich zum Stichtag wie folgt dar (einschl. der Buchung zur KapKons):

Bilanzposten	MU	TU	Summen-abschluss	Konsolidierung S	Konsolidierung H	Konzern-abschluss
Bankguthaben	800	200	1.000			1.000
Beteiligung	2.100	–	2.100		❶ 2.100	–
Sonstiges Vermögen	8.700	6.500	15.200			15.200
Summe Aktiva	**11.600**	**6.700**	**18.300**			**16.200**
Gezeichnetes Kapital	2.000	1.500	3.500	❶ 1.500		2.000
Gewinnrücklage	1.800	1.100	2.900	❶ 600		2.300
Jahresüberschuss	1.150	500	1.650			1.650
Rückstellungen	450	–	450			450
Sonstige Schulden	6.200	3.600	9.800			9.800
Latente Steuern						
Summe Passiva	**11.600**	**6.700**	**18.300**			**16.200**

GuV-Posten	MU	TU	Summen-abschluss	Konsolidierung S	Konsolidierung H	Konzern-abschluss
Ertrag aus Rückstellungsauflösung						
sonstige Erträge	18.000	8.000	26.000			26.000
Aufwand aus Rückstellungsbildung	50	–	50			50
sonstige Aufwendungen	16.300	7.200	23.500			23.500
Steueraufwendungen	500	300	800			800
Jahresüberschuss	**1.150**	**500**	**1.650**			**1.650**

Zum 31.12.X2 sind folgende Konsolidierungsbuchungen vorzunehmen:

Bilanzposten	MU	TU	Summen-abschluss	Konsolidierung S	Konsolidierung H	Konzern-abschluss
Bankguthaben	800	200	1.000			1.000
Beteiligung	2.100	–	2.100		❶ 2.100	–
Sonstiges Vermögen	8.700	6.500	15.200			15.200
Summe Aktiva	**11.600**	**6.700**	**18.300**			**16.200**
Gezeichnetes Kapital	2.000	1.500	3.500	❶ 1.500		2.000
Gewinnrücklage	1.800	1.100	2.900	❶❹ 720	❸ 400	2.580
Jahresüberschuss	1.150	500	1.650		❻ 35	1.685
Rückstellungen	450	–	450	❷❸ 450		–
Sonstige Schulden	6.200	3.600	9.800			9.800
Latente Steuern					❹❺ 135	135
Summe Passiva	**11.600**	**6.700**	**18.300**			**16.200**

GuV-Posten	MU	TU	Summen-abschluss	Konsolidierung S	Konsolidierung H	Konzern-abschluss
Ertrag aus Rückstellungsauflösung sonstige Erträge	18.000	8.000	26.000			26.000
Aufwand aus Rückstellungsbildung sonstige Aufwendungen	50 16.300	7.200	50 23.500		❷ 50	23.500
Steueraufwendungen	500	300	800	❺ 15		815
Jahresüberschuss	**1.150**	**500**	**1.650**	❻ 35		**1.685**

Buchung 1: KapKons

Buchung 2: Die Aufstockung der Rückstellung ist gegen den gebuchten Aufwand aus Rückstellungsbildung des MU zu stornieren.

Konto	Soll	Haben
Rückstellung	50	
Aufwand aus Rückstellungsbildung		50

Buchung 3: Da die Rückstellung i.H.v. 400 GE bereits im vergangenen Jahr erfolgswirksam eliminiert worden ist, muss die Aufrechnungsdifferenz zum Ende des Vj per 31.12.X2 erfolgsneutral gegen die Rücklagen ausgebucht werden.

Konto	Soll	Haben
Rückstellung	400	
Gewinnrücklagen		400

Buchung 4: Entsprechendes gilt für die Einbuchung der latenten Steuern für die Aufrechnungsdifferenz zum 31.12.X1. Auch der latente Steueraufwand darf sich nicht ein weiteres Mal auf den Jahreserfolg auswirken.

Konto	Soll	Haben
Gewinnrücklagen	120	
Passive latente Steuern		120

Buchung 5: Die Aufstockung der latenten Steuern ist dagegen – ebenso wie die hierfür verantwortliche Eliminierungsbuchung (vgl. Buchung 2) – erfolgswirksam.

Konto	Soll	Haben
Latenter Steueraufwand	15	
Passive latente Steuern		15

Schuldenkonsolidierung § 303

Buchung 6 ist wiederum das Ergebnis der erfolgswirksamen Konsolidierungsbuchungen.
Im Verlauf des Jahrs X3 wird die Verpflichtung durch Zahlung i. H. v. 420 GE beglichen, i. H. v. 30 GE löst MU die Rückstellung auf. TU erfasst den erhaltenen Schadensersatz in den sonstigen Erträgen. Die Einzelabschlüsse und der Summenabschluss stellen sich zum Stichtag wie folgt dar:

Bilanzposten	MU	TU	Summen-abschluss	Konsolidierung S	H	Konzern-abschluss
Bankguthaben	380	620	1.000			1.000
Beteiligung	2.100	–	2.100		❶ 2.100	–
Sonstiges Vermögen	9.870	7.030	16.900			16.900
Summe Aktiva	**12.350**	**7.650**	**20.000**			**17.900**
Gezeichnetes Kapital	2.000	1.500	3.500	❶ 1.500		2.000
Gewinnrücklage	2.950	1.600	4.550	❶ 600		3.950
Jahresüberschuss	1.200	950	2.150			2.150
Rückstellungen	–	–	–			–
Sonstige Schulden	6.200	3.600	9.800			9.800
Latente Steuern						
Summe Passiva	**12.350**	**7.650**	**20.000**			**17.900**

GuV-Posten	MU	TU	Summen-abschluss	Konsolidierung S	H	Konzern-abschluss
Ertrag aus Rückstellungsauflösung	30	–	30			30
sonstige Erträge	18.000	8.420	26.420			26.420
Aufwand aus Rückstellungsbildung	–	–	–			–
sonstige Aufwendungen	16.330	7.020	23.350			23.350
Steueraufwendungen	500	450	950			950
Jahresüberschuss	**1.200**	**950**	**2.150**			**2.150**

Zum 31.12.X3 ergeben sich die folgenden Konsolidierungsbuchungen:

Bilanzposten	MU	TU	Summen-abschluss	Konsolidierung S	H	Konzern-abschluss
Bankguthaben	380	620	1.000			1.000
Beteiligung	2.100	–	2.100		❶ 2.100	–
Sonstiges Vermögen	9.870	7.030	16.900			16.900
Summe Aktiva	**12.350**	**7.650**	**20.000**			**17.900**
Gezeichnetes Kapital	2.000	1.500	3.500	❶ 1.500		2.000
Gewinnrücklage	2.950	1.600	4.550	❶❹ 735	❷ 450	4.265
Jahresüberschuss	1.200	950	2.150	❻ 315		1.835
Rückstellungen	–	–	–	❷ 450	❸ 450	–
Sonstige Schulden	6.200	3.600	9.800			9.800
Latente Steuern				❺ 135	❹ 135	–
Summe Passiva	**12.350**	**7.650**	**20.000**			**17.900**

GuV-Posten	MU	TU	Summen-abschluss	Konsolidierung S	H	Konzern-abschluss
Ertrag aus Rückstellungsauflösung	30	–	30	❸ 30		–
sonstige Erträge	18.000	8.420	26.420	❸ 420		26.000
Aufwand aus Rückstellungsbildung	–	–	–			–
sonstige Aufwendungen	16.330	7.020	23.350			23.350
Steueraufwendungen	500	450	950		❺ 135	815
Jahresüberschuss	**1.200**	**950**	**2.150**		❻ 315	**1.835**

Buchung 1: KapKons
Buchung 2 eliminiert die Aufrechnungsdifferenz nach dem Stand am Ende des Vj erfolgsneutral gegen die Rücklagen.

Konto	Soll	Haben
Rückstellung	450	
Gewinnrücklagen		450

Mit **Buchung 3** ist zum einen der sonstige Ertrag des TU zu stornieren, zum anderen der Ertrag aus Rückstellungsauflösung des MU. Da mit der Vortragsbuchung (Buchung 2) die zum 31.12.X3 im Summenabschluss nicht mehr enthaltene Rückstellung eliminiert wird, ist als Gegenposten die Rückstellungsposition anzusprechen.

Konto	Soll	Haben
Sonstige Erträge	420	
Ertrag aus Rückstellungsauflösung	30	
Rückstellung		450

Buchung 4 erfasst die latente Steuerverbindlichkeit des Konzerns zum Ende des Vj. Die Buchung ist ebenso wie die mit ihr korrespondierende Eliminierung der Rückstellung zum 31.12.X2 (vgl. Buchung 2) erfolgsneutral.

Konto	Soll	Haben
Gewinnrücklagen	135	
Passive latente Steuern		135

Buchung 5 berücksichtigt den latenten Steuerertrag aus dem Abbau des Bewertungsunterschieds zwischen Konzernabschluss und Steuerbilanz.

Konto	Soll	Haben
Passive latente Steuern	135	
Steueraufwand		135

Buchung 6 passt erneut den Jahreserfolg in der Bilanz statistisch an das Ergebnis der erfolgswirksamen Konsolidierungsbuchungen an.

3.2.2 Fallbeispiel 2: Schuldenkonsolidierung mit Beteiligung von Minderheiten

23

Praxis-Beispiel
In ihrem Einzelabschluss hat die B AG zum 31.12.X1 eine Drohverlustrückstellung für ein mit der C AG geschlossenes, Verlust bringendes Dauerbeschaffungsgeschäft über nicht bilanzierungsfähige Leistungen i.H.v. 400 GE gebildet. Die B AG und die C AG werden in den Konzernabschluss der A AG einbezogen. Die A AG ist an der B AG mit 80 % und an der C AG mit 100 % beteiligt. Der Ertragsteuersatz beträgt für alle Gesellschaften 30 %. Aktive latente Steuern für erwartete Steuerentlastungen werden im Konzernabschluss angesetzt.
Zum 31.12.X2 beläuft sich die Rückstellung auf 250 GE. I. H. v. 200 GE wurde sie in Anspruch genommen, ein Betrag von 50 GE wurde aufgrund geänderter Marktverhältnisse zugeführt. Am 31.12.X3 ist das Dauerbeschaffungsgeschäft ausgelaufen, die zum 31.12.X2 bilanzierte Rückstellung wurde vollständig in Anspruch genommen.

SchuldenKons zum 31.12.X1

Zum Bilanzstichtag 31.12.X1 hat die B AG aus der Perspektive ihres Einzelabschlusses eine Rückstellung nach § 249 Abs. 1 Satz 1 HGB i.H.v. 400 GE gebildet. Da die Drohverlustrückstellung steuerbilanziell keine Berücksichtigung findet, bildet die B AG für den Bewertungsunterschied zur Steuerbilanz aktive latente Steuern i.H.v. 120 GE. Der Jahresüberschuss wird somit nach Steuern mit 280 GE belastet. Hiervon entfallen 80 % auf den Konzernanteil, 20 % auf die an der B AG beteiligten Minderheitsgesellschafter. Dies ist in der nachstehend abgebildeten verkürzten Bilanz der B AG bereits berücksichtigt.

Aktiva	Bilanz B AG zum 31.12.X1		Passiva
...		...	
		JÜ Konzern	–224
		JÜ Minderheiten	–56
		Rückstellung	400
Aktive latente Steuern	120		

Die C AG berücksichtigt in ihrem Jahresabschluss zum 31.12.X1 kein korrespondierendes Aktivum. Im Konzernabschluss der A AG ist die von der B AG gebildete Rückstellung im Zuge der SchuldenKons zu eliminieren. Dabei ist wie folgt zu verfahren:

Die Rückstellung ist erfolgserhöhend gegen die Aufwandsposition auszubuchen, über die sie gebildet wurde:

Konto	Soll	Haben
Rückstellung	400	
Aufwand		400

Die aktive latente Steuer ist durch die Erfassung eines latenten Steueraufwands zu eliminieren.

Konto	Soll	Haben
Latenter Steueraufwand	120	
Aktive latente Steuern		120

Aus dem Saldo der beiden vorstehenden Effekte ergibt sich ein Erfolg i.H.v. 280 GE.

Der Erfolg aus der Eliminierung der Rückstellung ist im Verhältnis 80 % zu 20 % auf den Konzern (Gesellschafter der A AG) und die Minderheitsgesellschafter der B AG aufzuteilen.

Konto	Soll	Haben
Minderheiten (GuV)	56	
Minderheiten (Bilanz)		56

Letztere Buchung wird in der Bilanzierungspraxis häufig nicht umgesetzt. Während die Konsolidierungssysteme den Minderheitenposten auf Basis der (konsolidierungsfähigen) Einzelabschlüssen berechnen und damit den Aufwand aus der Rückstellungsbildung den Minderheiten anteilig zuordnen, wird die als Konzernbuchung zu erfassende erfolgswirksame SchuldenKons allein dem Konzernanteil zugeordnet. Damit verbleiben im Konzern ein auf die Minderheitsgesellschafter entfallender Verlust von 56 GE und ein auf die Gesellschafter des MU entfallender Gewinn von 56 GE. Unter Wesentlichkeitsgesichtspunkten kann diese Vereinfachung vertretbar sein.

SchuldenKons zum 31.12.X2
Zum Bilanzstichtag 31.12.X2 hat sich der Wertansatz der Drohverlustrückstellung auf 250 GE vermindert. Die Abnahme von 150 GE ist das Ergebnis einer Inspruchnahme von 200 und einer Erhöhung des berücksichtigten Verlusts um 50 GE. Der Sachverhalt hat auf den Einzelabschluss der B AG folgende Auswirkungen, wobei der aus der Konzernperspektive auf die Minderheitsgesellschafter entfallende Teil wiederum gesondert gezeigt wird.

Aktiva		Bilanz B AG zum 31.12.X2	Passiva
...		...	
		Gewinnrücklagen Konzern	−224
		JÜ Konzern	−76
		Gewinnrücklagen Minderheiten	−56
		JÜ Minderheiten	−19
Kasse	−200	Rückstellung	250
Aktive latente Steuern	75	...	

Der zum 31.12.X1 bestehende Bewertungsunterschied zwischen dem Wertansatz der Rückstellung in der HB der B AG und der Steuerbilanz von 400 GE hat sich auf 250 GE reduziert. Entsprechend ist die aktive latente Steuer von 120 GE auf 75 GE zu vermindern. Der daraus resultierende latente Steueraufwand entfällt zu 80 % auf den Konzernanteil (36 GE) und zu 20 % auf die Minderheitsgesellschafter der B AG (9 GE). Auch die erfolgswirksame Erhöhung der Rückstellung (50 GE) ist auf die beiden Gesellschaftergruppen aufzuteilen. Damit entfällt auf den Konzern ein Verlust i. H. v. 76 GE (40 GE + 36 GE), auf die Minderheitsgesellschafter ein Aufwand von 19 GE (10 GE + 9 GE). Die Inspruchnahme der Rückstellung (200) ist in der verkürzten Bilanz durch eine Abnahme des Kassenbestands dargestellt. Die auf den Konzern bzw. die Minderheitsgesellschafter entfallende Veränderung der Gewinnrücklagen enthält den aus der Vorperiode vorgetragenen Verlust.
Im Konzernabschluss der A AG ist im Zuge der SchuldenKons zum 31.12.X2 wie folgt zu buchen:

Schuldenkonsolidierung § 303

Die Eliminierungsbuchung der Vorperiode ist erfolgsneutral vorzutragen.

Konto	Soll	Haben
Rückstellung	400	
Aktive latente Steuern		120
Gewinnrücklagen Konzern		224
Gewinnrücklagen Minderheiten		56

Der in der Vorperiode aus der Eliminierungsbuchung resultierende Erfolg (280 GE) erhöht in der Periode X2 die Gewinnrücklagen und gleicht damit die in der verkürzten HGB-Bilanz der B AG zum 31.12.X2 enthaltenen negativen Gewinnrücklagen aus.

Der Vortrag der Eliminierungsbuchung aus dem Vj führt zudem zu einem vorläufigen Stand der aktiven latenten Steuern i.H.v. -45 GE und der Rückstellung i.H.v. -150 GE.

Im nächsten Schritt wird die erfolgswirksame Erhöhung der Rückstellung eliminiert. Dabei ist die Aufwandsposition anzusprechen, über die die Rückstellung gebildet wurde. Die Eliminierung der erfolgswirksamen Rückstellungsbildung führt, isoliert betrachtet, zu einer Reduktion der aktiven latenten Steuern von 15:

Konto	Soll	Haben
Rückstellung	50	
Latenter Steueraufwand	15	
Aufwand		50
Aktive latente Steuern		15

Nach dieser Buchung betragen der Stand der Rückstellung -200 GE und der der aktiven latenten Steuern -60 GE. Der verbleibende Saldo der Rückstellung ist gegen die GuV-Position auszubuchen, in der die C AG den ihr aus dem Vertragsverhältnis mit der B AG zufließenden Ertrag erfasst hat. Der Saldo der aktiven latenten Steuern ist durch die Erfassung eines latenten Steuerertrags auszugleichen:

Konto	Soll	Haben
Ertrag	200	
Rückstellung		200
Aktive latente Steuern	60	
Latenter Steuerertrag		60

Die Eliminierungsbuchungen der Periode X2 haben einen Erfolgseffekt i.H.v. 95 GE, bezogen auf den aus dem Einzelabschluss der B AG stammenden Aufwandssaldo, und einen gegenläufigen Erfolgseffekt von 200 GE, bezogen auf die Erträge aus dem Einzelabschluss der C AG. Die Eliminierung des aus dem Einzelabschluss der B AG stammenden Aufwandssaldos ist wiederum auf den Konzern- und den Minderheitsanteil im Verhältnis 80 % zu 20 % zu verteilen. Die aus dem Einzelabschluss der B AG in den Konzernabschluss einfließenden Erfolgsbeiträge der Gesellschaftergruppen werden damit auf null reduziert.

Konto	Soll	Haben
Minderheiten (GuV)	19	
Minderheiten (Bilanz)		19

SchuldenKons zum 31.12.X3
In der Periode X3 wird die verbleibende Rückstellung i.H.v. 250 GE vollständig in Anspruch genommen (dargestellt als Kassenabgang). Da sich damit auch der Bewertungsunterschied zum steuerbilanziellen Nichtansatz der Rückstellung auf null reduziert, ist die zum 31.12.X2 noch aktivierte Steuerlatenz erfolgswirksam aufzulösen. Der zu erfassende latente Steueraufwand wird wieder den beiden Gesellschaftergruppen des Konzerns zugeordnet. Zudem sind die Buchungen aus den Perioden X1 und X2 kumulativ vorzutragen. Auf die verkürzte HGB-Bilanz der B AG zum Stichtag 31.12.X3 hat der Sachverhalt damit folgende Auswirkungen:

Aktiva		Bilanz B AG zum 31.12.X3	Passiva
...		...	
		Gewinnrücklagen Konzern	–300
		JÜ Konzern	–60
		Gewinnrücklagen Minderh.	–75
		JÜ Minderheiten	–15
Kasse	–450	Rückstellung	0
Aktive latente Steuern	0	...	

Die SchuldenKons im Konzernabschluss der A AG erfordert zum 31.12.X3 folgende Maßnahmen:
Die Eliminierungsbuchungen der Vorperioden werden kumulativ vorgetragen:

Konto	Soll	Haben
Rückstellung	250	
Aktive latente Steuern		75
Gewinnrücklagen Konzern		100
Gewinnrücklagen Minderheiten		75

Unter Berücksichtigung der Vortragsbuchung ergeben sich ein Rückstellungssaldo i.H.v. -250 GE und ein Saldo der aktiven latenten Steuern i.H.v. -75 GE. Der Saldo der Rückstellung wird gegen die GuV-Position ausgebucht, in der die C AG den ihr aus dem Vertragsverhältnis mit der B AG zufließenden Ertrag erfasst hat. Der Saldo der aktiven latenten Steuern ist durch die Erfassung eines latenten Steuerertrags auszugleichen.

Konto	Soll	Haben
Ertrag	250	
Rückstellung		250
Aktive latente Steuern	75	
Latenter Steuerertrag		75

Der Erfolgseffekt aus dem Ausgleich des latenten Steuersaldos ist wieder im Verhältnis 80 % zu 20 % auf den Konzern und die Minderheitsgesellschafter aufzuteilen. Bei der Stornierung des Ertrags unterbleibt eine solche Aufteilung, da an der C AG keine Minderheiten beteiligt sind.

Konto	Soll	Haben
Minderheiten (GuV)	15	
Minderheiten (Bilanz)		15

4 Schuldenkonsolidierung und Währungsumrechnung

Werden innerkonzernliche Fremdwährungsforderungen/-verbindlichkeiten im Einzelabschluss eines KonzernUnt auf Basis der Wechselkurse am Bilanzstichtag in die Berichtswährung des Unt umgerechnet, ergeben sich – soweit keine anderen Bewertungsanpassungen erfolgen – **keine Aufrechnungsdifferenzen** in der Schuldenkonsolidierung. Das gilt jedenfalls dann, wenn das Kreditverhältnis in der Währung des Vertragspartners denominiert ist. In diesem Fall ist die korrespondierende Verbindlichkeit bzw. Forderung als Teil der Transformation des Abschlusses in die Berichtswährung des Konzerns ebenfalls mit dem Stichtagskurs umzurechnen. Nach § 256a HGB ergibt sich diese Übereinstimmung von innerkonzernlichen Forderungen und Verbindlichkeiten dann, wenn derjenige Partner, für den das Kreditverhältnis eine Fremdwährungstransaktion darstellt, aufgrund von Wechselkursänderungen unrealisierte Währungsverluste oder – bei Forderungen und Verbindlichkeiten mit einer Restlaufzeit von maximal einem Jahr – unrealisierte Währungsgewinne erfasst. 24

Fraglich ist, wie mit den diesen aus einzelgesellschaftlicher Sicht erfassten Umrechnungserfolgen im Konzernabschluss umzugehen ist. Auf den ersten Blick scheint der Ausweis von **Währungseffekten** aus konzerninternen Vorgängen dem Gedanken des Konzerns als wirtschaftlich einheitliches Unt zu widersprechen. Dem ist nicht so. Der Währungseffekt lässt sich ohne weiteres aus dem Umstand erklären, dass ein Teil des Konzernvermögens in einer fremden Währung investiert ist und damit sein Wert in der Währung des betreffenden Unt von der Entwicklung der Wechselkurse abhängt. Soweit sich die Währungsrisiken und -chancen bei monetären Posten realisieren, erscheint es begründbar, die entsprechenden Erfolge – analog zur einzelgesellschaftlichen Sicht – in den Konzernabschluss zu übernehmen. 25

DRS 25.78ff. folgt dieser Sichtweise nicht, sondern sieht eine erfolgsneutrale Behandlung der von den KonzernUnt nach § 256a HGB erfassten Umrechnungserfolge durch Umgliederung in den Posten „Eigenkapitaldifferenz aus Währungsumrechnung" (§ 308a HGB) vor. Eine erfolgswirksame Behandlung soll nur aus Vereinfachungsgründen bei nicht wesentlichen Darlehen zulässig sein. Erfolgsneutral im Konzern-EK erfasste Erfolge aus der einzelgesellschaftli- 26

27 Differenzen aus der Aufrechnung konzerninterner Forderungen und Verbindlichkeiten aus (einseitigen) Fremdwährungsgeschäften treten auf, wenn die Umrechnung bei den beteiligten Unt als Folge des aus einzelgesellschaftlicher Sicht (eingeschränkt) zu beachtenden Realisationsprinzips zu unterschiedlichen Forderungs- und Verbindlichkeitsbeträgen in der Berichtswährung des Konzerns führt. Das ist bei längerfristigen Fremdwährungsforderungen bzw. -verbindlichkeiten der Fall. Die daraus resultierende **Aufrechnungsdifferenz** sollte unmittelbar im EK erfasst und damit erfolgsneutral behandelt werden, um den Ausweis eines fiktiven Erfolgs zu vermeiden. Ein auf das Imparitätsprinzip zurückgehender einseitiger Umrechnungsverlust sollte dagegen nach der hier vertretenen Auffassung ebenso wie ein erfasster Umrechnungsgewinn bei kurzfristigen Positionen erfolgswirksam im Konzernabschluss berücksichtigt werden. In beiden Fällen ist im Konsolidierungskreis (KonsKreis) eine nach den GoB zu erfassende Nettovermögensänderung eingetreten, deren Ausweis nicht mit dem Einheitsgrundsatz kollidiert.

28 **Praxis-Beispiel**
Die A AG (MU) mit Sitz in Deutschland gewährt ihrem in den USA ansässigen TU B Inc. zum 31.12.X0 einen Kredit über 120 TUSD mit einer Laufzeit bis zum 31.12.X2. Die B Inc. stellt ihren Abschluss in USD auf. Der Devisenkassamittelkurs zum 31.12.X0 beträgt 1 EUR = 1,2 USD. In der Währung des MU beläuft sich die Forderung somit auf 100 TEUR.
Zum 31.12.X1 wird der Devisenkassamittelkurs mit 1 EUR = 1 USD festgestellt. Umgerechnet zum Stichtagskurs beträgt die Forderung des MU gegen das TU nunmehr 120 TEUR. Die Ertragsteuerbelastung beider Unt beträgt 30 %.

Beurteilung
Der Jahresabschluss der B Inc. ist zum 31.12.X1 in die Berichtswährung (EUR) umzurechnen. Das geschieht nach § 308a HGB nach der modifizierten Stichtagskursmethode (§ 308a Rz 8 ff.). Unter der vereinfachenden Annahme, die B Inc. halte den Kreditbetrag weiter in liquider Form vor, stellt sich die in EUR umgerechnete verkürzte Bilanz der B Inc. zum 31.12.X1 wie folgt dar:

Aktiva	Bilanz B Inc. zum 31.12.X1		Passiva
...		...	
Kasse	120	Verbindlichkeiten	120
...		...	

Die A AG rechnet in ihrem Abschluss zum 31.12.X1 die Fremdwährungsforderung mit dem Devisenkassamittelkurs am Stichtag um. Aufgrund der Veränderung der Währungsparität erhöht sich der Wert der Forderung von 100 TEUR auf 120 TEUR. Da die Forderung lediglich noch eine Restlaufzeit von einem Jahr hat, ist die Wertsteigerung **erfolgswirksam** zu erfassen. In der Steuerbilanz ist die Aufwertung über den Zugangswert nicht nachzuvollziehen (§ 256a Rz 18 ff.). Für die daraus resultierende zu versteuernde temporäre Differenz ist bei einem angenommenen Steuersatz von 30 % eine passive latente Steuer i. H. v. 6 TEUR zu bilden. Nachstehend ist die verkürzte Bilanz der A AG zum 31.12.X1 dargestellt:

Aktiva	Bilanz A AG zum 31.12.X1		Passiva
...		...	
Forderung	120	Jahresüberschuss	14
...		...	
		Passive latente Steuern	6

Im Zuge der SchuldenKons sind die sich in gleicher Höhe gegenüberstehende Forderung und Verbindlichkeit auszubuchen. Im Konzernabschluss verbleibt ein Erfolg nach latenten Steuern von 14 TEUR. Dieser ist Ausdruck der Wertsteigerung des in USD angelegten Vermögens von 100 TEUR auf 120 TEUR. Es ergibt sich die folgende verkürzte Konzernbilanz:

Aktiva	Konzernbilanz zum 31.12.X1		Passiva
...		...	
Kasse	120	Jahresüberschuss	14
...		...	
		Passive latente Steuern	6

Variante
Die Restlaufzeit der Forderung beträgt am 31.12.X1 noch zwei Jahre.

Beurteilung
Die Forderung aus der konzerninternen Kreditvergabe ist aufgrund des Realisationsprinzips im Einzelabschluss der A AG nicht aufzuwerten. Die SchuldenKons führt damit zu einer passivischen Aufrechnungsdifferenz von 20 TEUR. Diese ist nach der hier vertretenen Auffassung **nicht erfolgswirksam** zu behandeln, sondern in die Währungsumrechnungsdifferenz umzugliedern. Der in die Währungsumrechnungsdifferenz eingestellte unrealisierte Gewinn ist Ausdruck der in EUR bemessenen Wertsteigerung des in den USA investierten Vermögens, er ist dem Beteiligungsinvestment zuzuordnen. Der Ansatz einer latenten Steuer auf diese Wertsteigerung entspräche einer Steuerlatenzierung auf eine outside basis difference. Sie ist nach § 306 Satz 4 HGB unzulässig.

Die vorstehenden Erwägungen zur Behandlung der nach § 256a HGB in den Einzelabschlüssen der KonzernUnt erfassten Währungsumrechnungserfolge im Konzernabschluss gelten sinngemäß für konzerninterne Kreditverhältnisse, die aus Sicht beider Parteien eine Fremdwährungstransaktion darstellen.

§ 304 Behandlung der Zwischenergebnisse

(1) In den Konzernabschluß zu übernehmende Vermögensgegenstände, die ganz oder teilweise auf Lieferungen oder Leistungen zwischen in den Konzernabschluß einbezogenen Unternehmen beruhen, sind in der Konzernbilanz mit einem Betrag anzusetzen, zu dem sie in der auf den Stichtag des Konzernabschlusses aufgestellten Jahresbilanz dieses Unternehmens angesetzt werden könnten, wenn die in den Konzernabschluß einbezogenen Unternehmen auch rechtlich ein einziges Unternehmen bilden würden.

(2) Absatz 1 braucht nicht angewendet zu werden, wenn die Behandlung der Zwischenergebnisse nach Absatz 1 für die Vermittlung eines den tatsächlichen Verhältnissen entsprechenden Bildes der Vermögens-, Finanz- und Ertragslage des Konzerns nur von untergeordneter Bedeutung ist.

Inhaltsübersicht	Rz
1 Überblick	1–9
1.1 Inhalt und Anwendungsbereich	1–8
1.2 Normenzusammenhang	9
2 Voraussetzungen der Zwischenergebniseliminierung	10
3 Ermittlung von Zwischenerfolgen	11–35
3.1 Ermittlungsschema	11
3.2 Ermittlung der Konzernbestände	12–13
3.3 Feststellung der Einzelabschlusswerte	14
3.4 Bestimmung der Konzernanschaffungs- oder Herstellungskosten	15–26
3.5 Ermittlung der Zwischenergebnisse	27–30
3.6 Verrechnung zu eliminierender Zwischenergebnisse	31–35
4 Praxis-Beispiele	36–45
4.1 Zwischenergebniseliminierung im Anlagevermögen	36–37
4.2 Zwischenergebniseliminierung im Vorratsvermögen	38–40
4.3 Zwischenergebniseliminierung bei unterschiedlichen Steuersätzen	41
4.4 Zwischenergebniseliminierung bei Geschäften mit assoziierten Unternehmen	42–45

1 Überblick

1.1 Inhalt und Anwendungsbereich

1 Nach den für die einzelgesellschaftliche Rechnungslegung formulierten **Gewinnermittlungsprinzipien** – namentlich dem Realisationsprinzip und dem Imparitätsprinzip – gelten Gewinne erst dann als entstanden, wenn sie durch einen Umsatzakt mit einem fremden Dritten objektiviert wurden. Über § 298 Abs. 1 HGB gelten beide in § 252 Abs. 1 Nr. 4 HGB enthaltenen Prinzipien auch für die konsolidierte Rechnungslegung. In ihr sind die in den Konzernabschluss einbezogenen Unt nach dem Einheitsgrundsatz des § 297 Abs. 3 Satz 1 HGB so zu behandeln, als ob sie ein einziges Unt wären. Umsatzgewinne und -verluste können demnach erst durch die **Konzerngrenze überschreitende Austauschgeschäfte** entstehen. Für Gewinne und Verluste, die in den Einzelabschluss von KonzernUnt erfasst werden und ganz oder tw. aus Lieferungen und Leistungen an andere KonzernUnt stammen, fordert § 304 Abs. 1 HGB deshalb eine Eliminierungspflicht. Abb. 1 klassifiziert die Zwischenergebniseliminierung als eine zur Umsetzung des Einheitsgrundsatzes notwendige Konsolidierungsmaßnahme.

Abb. 1: Einordnung der Zwischenergebniseliminierung

Diese Regel zur **Zwischenerfolgseliminierung** ist als **Bewertungsvorschrift** konzipiert, die eine Neubewertung der innerkonzernlich transferierten und mit ihren Einzelabschlusswerten in die Summenbilanz eingegangenen VG aus Konzernsicht unter Beachtung der konzerneinheitlich gewählten Bilanzierungs- und Bewertungsmethoden vorsieht. Das erweitert den Anwendungsbereich der Zwischenergebniseliminierung insoweit, als mit ihr nicht nur Gewinne und Verluste aus innerkonzernlichen Lieferungen und Leistungen, die sich in den Einzelabschlusswerten der VG niedergeschlagen haben, storniert werden. Die Neubewertung aus Konzernsicht beseitigt auch **Bewertungsdifferenzen**, die aus einer unterschiedlichen Abgrenzung der AHK aus Sicht des EinzelUnt und des Konzerns resultieren. 2

Das eigentliche Ziel der Regelung besteht damit in der Anpassung der auf Einzelabschlussebene für innerkonzernlich transferierte VG angesetzten Buchwerte an ihre höheren oder niedrigeren Konzernabschlusswerte.[1] Die Eliminierung von Zwischenergebnissen i.e.S. ist nur ein Effekt – wenn auch der wichtigste – dieser Neubewertung. 3

Die Eliminierung von Zwischenergebnissen führt zu Abweichungen zwischen den konzernbilanziellen Wertansätzen der umbewerteten VG und deren steuerlichen Werten, die sich in den folgenden Gj regelmäßig abbauen. Diesem Umstand ist nach § 306 HGB durch die **Bildung von latenten Steuern** Rechnung zu tragen. 4

Werden GemeinschaftsUnt auf der Grundlage der **QuotenKons** in den Konzernabschluss einbezogen, sind die Bestimmungen des § 304 HGB entsprechend anzuwenden (§ 310 Abs. 2 HGB), sodass etwaige Zwischenergebnisse aus Geschäften mit den GemeinschaftsUnt quotal, d.h. i.H.d. Beteiligungsquote am GemeinschaftsUnt zu eliminieren sind (DRS 27.36). Nach DRS 27.46f. sind neben Up- und Downstream-Lieferungen auch Geschäfte zwischen mehreren anteilsmäßig einbezogenen GemeinschaftsUnt (sog. Cross-stream-Geschäfte) zu eliminieren. 5

---

[1] Vgl. ADS, Rechnungslegung und Prüfung der Unternehmen, 6. Aufl. 1995–2001, § 304 HGB Rz 22.

6 Für nach der **Equity-Methode** in den Konzernabschluss einbezogene Unt sieht § 312 Abs. 5 Satz 3 HGB eine Verpflichtung zur Zwischenergebniseliminierung dann vor, „soweit die für die Beurteilung maßgeblichen Sachverhalte bekannt oder zugänglich sind". Da bei Anwendung der Equity-Methode die VG und Schulden des assoziierten Unt nicht in den Konzernabschluss übernommen werden, halten Teile der Literatur nur eine Upstream-Eliminierung für geboten.[2] DRS 26.70 verlangt demgegenüber eine Zwischenergebniseliminierung auch bei Downstream-Lieferungen.

7 Da § 312 Abs. 5 Satz 3 HGB eine entsprechende Anwendung des § 304 HGB anordnet, sind Zwischenergebnisse bei quotal konsolidierten GemeinschaftsUnt i. H. d. Beteiligungsquote des Investors zu eliminieren. Damit kann sich nichts anderes ergeben, wenn die Beteiligung nach der Equity-Methode bewertet wird. Das gilt auch für assoziierte Unt. Eine Ausnahme soll nach vereinzelt vertretener Auffassung für nicht vollkonsolidierte TU gelten, die nach der Equity-Methode bewertet werden.[3]

8 Eingeschränkt wird die Anwendung der Zwischenergebniseliminierung durch den in § 304 Abs. 2 HGB explizit formulierten allgemeinen **Wesentlichkeitsvorbehalt** in Bezug auf die zu eliminierenden Zwischenergebnisse.

1.2 Normenzusammenhang

9 Die **Zwischenergebniseliminierung** gem. **§ 304 HGB** ist – wie die KapKons gem. **§ 301 HGB**, die SchuldenKons gem. **§ 303 HGB** und die Aufwands- und ErtragsKons gem. **§ 305 HGB** – eine Folge des in **§ 297 Abs. 1 Satz 1 HGB** verankerten Einheitsgrundsatzes. Erfolgswirksame Zwischenergebniseliminierungen führen regelmäßig zur Bildung latenter Steuern i. S. d. **§ 306 HGB**; des Weiteren sind die Regelungen zur einheitlichen Bewertung (**§ 308 HGB**) und zur Währungsumrechnung (**§ 308a HGB**) zu beachten. Sowohl **§ 13 Abs. 2 PublG** als auch branchenspezifisch die **§§ 340i** und **341j HGB** verweisen auf **§ 304 HGB**.

2 Voraussetzungen der Zwischenergebniseliminierung

10 Ausgehend vom Zweck der Zwischenergebniseliminierung und den Anforderungen der einschlägigen HGB-Vorschrift, lassen sich vier kumulativ zu erfüllende **Voraussetzungen** für eine Zwischenergebniseliminierung anführen:
1. Es müssen Lieferungen **zwischen** in den Konzernabschluss einbezogenen Unt erfolgt sein. Für Dreiecksgeschäfte, also Lieferungen, die aus dem Konzernbereich über einen fremden Dritten zu anderen KonzernUnt gelangen, kommt eine Zwischenergebniseliminierung nicht in Betracht. Das gilt auch dann, wenn der Dritte ein nicht konsolidiertes TU ist. Ausgenommen hiervon sind Fälle missbräuchlicher Gestaltung.[4]

---

[2] Vgl. ADS, Rechnungslegung und Prüfung der Unternehmen, 6. Aufl. 1995–2001, § 312 HGB Rz 156 f.; IDW, WPH Edition, Wirtschaftsprüfung & Rechnungslegung, 15. Aufl. 2017, Kap. G Tz 687 (Auffassung ab der 16. Auflage nicht mehr enthalten).
[3] Vgl. Küting/Zündorf, in Küting/Weber, HdK, 2. Aufl. 1998, § 312 HGB Rn 227 f.
[4] Vgl. zum HGB Weber, in Küting/Weber, HdK, 2. Aufl. 1998, § 304 HGB Rn 14.

2. Die zu eliminierenden Zwischenergebnisse müssen sich im **Buchwert** von VG niedergeschlagen haben.[5] Der Austausch von Leistungen, die bei den einbezogenen Unt nur zu Aufwendungen und Erträgen führen, ist demgegenüber Gegenstand der Aufwands- und ErtragsKons (§ 305 HGB).
3. Die zwischenergebnishaltigen VG müssen in den Konzernabschluss zu **übernehmen** sein. VG, die an nicht konsolidierte Unt veräußert wurden, fallen nicht unter die Konsolidierungsvorschrift.
4. Der Ansatz der Einzelabschlusswerte muss aus Konzernsicht **unzulässig** sein. Das ist der Fall, wenn der aus einzelgesellschaftlicher Sicht ermittelte Buchwert des betreffenden VG nicht unwesentlich von jenem Wertansatz abweicht, der sich nach den im Konzernabschluss angewandten Bewertungsmethoden ergibt.

3 Ermittlung von Zwischenerfolgen

3.1 Ermittlungsschema

Die Bestimmung der Bewertungsabweichung zwischen Einzelabschluss und Konzernabschluss bildet das Kernproblem der Zwischenergebniseliminierung. Sie erfolgt in drei Schritten.[6] Zunächst sind jene VG zu identifizieren, die ganz oder tw. auf konzerninternen Lieferungen beruhen (**Konzernbestände**). Anschließend ist der **Wertansatz** zu bestimmen, mit dem diese VG in den Summenabschluss eingegangen sind. Diesem ist sodann der aus Konzernsicht gebotene Wert gegenüberzustellen. Aus der Differenz beider Größen ergibt sich das zu eliminierende Zwischenergebnis.

3.2 Ermittlung der Konzernbestände

Die am Abschlussstichtag vorhandenen Konzernbestände können individuell oder mithilfe von Vereinfachungsverfahren bestimmt werden. Die **individuelle Ermittlung** setzt voraus, dass über sämtliche VG, die Gegenstand konzerninterner Lieferungen waren, gesondert Buch geführt wird. Diese Verfahrensweise bietet sich insb. bei Anlagegütern an.[7] Im Vorratsvermögen ist sie regelmäßig nur eingeschränkt praktikabel. Das gilt v.a. dann, wenn gleichartige Güter sowohl von KonzernUnt als auch von Dritten bezogen werden. In diesem Fall kommt eine individuelle Ermittlung der Konzernbestände nur in Betracht, wenn die jeweiligen Bestände separat gelagert werden oder sich zumindest äußerlich unterscheiden, sodass im Zuge der Inventur eine Trennung des Konzernmaterials vom Fremdmaterial erfolgen kann.[8]

---

[5] Für eine Zwischenergebniseliminierung auch bei der konzerninternen Übertragung von Schulden Kucher, DB 2020, S. 793 ff.; u. E. aufgrund des klaren Wortlauts von § 304 Abs. 1 HGB bedenklich.

[6] Vgl. hierzu auch Kessler/Strickmann, Konzernrechnungslegung und Konzernbilanzpolitik nach HGB, DRS und IFRS, in Küting, Saarbrücker Handbuch der Betriebswirtschaftlichen Beratung, 3. Aufl. 2004, 2. Kapitel, Teil H, Rn 2706 ff.

[7] Vgl. m.w.N. Dusemond, Die Konzernanschaffungs- und Konzernherstellungskosten nach § 304 HGB, 1994, S. 166 f.

[8] Vgl. ADS, Rechnungslegung und Prüfung der Unternehmen, 6. Aufl. 1995–2001, § 304 HGB Rz 59.

13 Scheidet eine individuelle Ermittlung der Konzernbestände aus praktischen oder wirtschaftlichen Erwägungen aus, ist auf **Vereinfachungsverfahren** zurückzugreifen, die die Zusammensetzung des Vorratsbestands anhand von Annahmen oder Fiktionen erklären. Gem. § 256 HGB kommen als Vereinfachungsverfahren die Durchschnittsmethode, die Fifo- oder die Lifo-Methode infrage.

3.3 Feststellung der Einzelabschlusswerte

14 Liegen die für die Zwischenergebniseliminierung relevanten Konzernbestände vor, sind in einem zweiten Arbeitsschritt die für die Kons. maßgeblichen **Einzelabschlusswerte** festzustellen. Diese sind den zuvor an die konzerneinheitlichen Bewertungsmethoden angepassten Jahresabschlüssen der die VG haltenden Unt zu entnehmen (HB II).

3.4 Bestimmung der Konzernanschaffungs- oder Herstellungskosten

15 Zur Ermittlung der den Einzelabschlusswerten gegenüberzustellenden konzernspezifischen Zielwerte sind zunächst die Konzern-AK oder Konzern-HK der um Zwischenergebnisse zu bereinigenden VG zu bestimmen. Die Fortschreibung dieser Zugangswerte zum Konzernbilanzstichtag unter Beachtung der konzerneinheitlichen Bewertungsgrundsätze ergibt sodann den maßgeblichen Konzernabschlusswert.

16 VG, die aus Sicht des Konzerns von nicht konsolidierten Unt angeschafft wurden, sind mit ihren fortgeführten Konzern-AK anzusetzen. Die **Konzern-AK** umfassen die dem VG aus Konzernsicht zurechenbaren Beträge, die von den in den Konzernabschluss einbezogenen Unt aufgewandt wurden, um den VG zu erwerben und ihn in einen betriebsbereiten Zustand zu versetzen.

17 Der aus Konzernsicht ermittelte Zugangswert weicht von den im Einzelabschluss angesetzten AK ab, wenn
1. VG konzernintern mit Gewinn oder Verlust weiterveräußert wurden und/oder
2. in die AK des den VG bilanzierenden Unt Beträge eingeflossen sind, die aus Sicht des Konzerns nicht aktiviert werden dürfen.

18 Ein Beispiel für die zweite Möglichkeit sind Anschaffungsnebenkosten, die nicht angefallen wären, wenn die in den Konzernabschluss einbezogenen Unt ein einziges Unt bildeten. Hierzu rechnen etwa weiterbelastete Lager-, Zins- und Vertriebskosten[9] und die bei der innerkonzernlichen Veräußerung von Grundstücken entstehenden Transaktionskosten, wie GrESt, Gerichts- und Notariatskosten.

19 In den Konzernabschluss zu übernehmende VG, die im Konzernverbund hergestellt wurden, sind mit ihren **Konzern-HK** (vgl. Abb. 2) als Zugangswert anzusetzen.

---

[9] Vgl. Kliem/Walkenbach, in Beck Bil-Kom., 14. Aufl. 2024, § 304 HGB Rz 12.

Komponenten der Herstellungskosten nach HGB	
Aufwandsarten	**§ 255 Abs. 2 u. 3**
Materialeinzelkosten	Pflicht
Fertigungseinzelkosten	Pflicht
Sondereinzelkosten der Fertigung	Pflicht
Materialgemeinkosten	Pflicht
Fertigungsgemeinkosten	Pflicht
Wertverzehr des Anlagevermögens	Pflicht
Verwaltungskosten des Material- und Fertigungsbereichs	Pflicht
Allgemeine Verwaltungskosten	Wahlrecht
Zinsen auf Fremdkapital bei Zurechenbarkeit	Wahlrecht
Betriebliche Altersversorgung, freiwillige soziale Leistungen / Einrichtungen	Wahlrecht
Entwicklungskosten	Bedingtes Wahlrecht
Forschungskosten	Verbot
Sondereinzelkosten des Vertriebs	Verbot
Vertriebsgemeinkosten, Lagerkosten der Fertigprodukte nach Absatzreife	Verbot

Abb. 2: Herstellungskostenermittlung nach HGB

Die **Wertuntergrenze** der HK wird danach durch die dem VG zurechenbaren Einzelkosten sowie angemessene Teile der Materialgemeinkosten und Fertigungsgemeinkosten und des Werteverzehrs des AV gebildet. Durch Einbeziehung der in § 255 Abs. 2 HGB aufgeführten aktivierungsfähigen Gemeinkosten sowie etwaiger Fremdkapitalzinsen nach § 255 Abs. 3 HGB gelangt man zur **Wertobergrenze**, die den Höchstwert der HK markiert.

Für Zwecke der Zwischenergebniseliminierung sind die HK der konzernintern erstellten VG aus der Sicht des Konzerns zu bestimmen. Aus diesem Grund können die einzelnen Kostenbestandteile nicht unbesehen aus den Kostenrechnungen der an der Herstellung beteiligten Unt übernommen werden. Zu eliminieren sind zum einen sämtliche Zwischenergebnisse i.e.S., also Gewinne und Verluste aus innerkonzernlichen Lieferungen und Leistungen, die beim bilanzierenden Unt als Einzelkosten in den Wertansatz eingegangen sind. Weitere Anpassungen können aufgrund des abweichenden Kostencharakters bestimmter Herstellungsaufwendungen aus Sicht des Einzelunternehmens bzw. des Konzerns erforderlich sein. Zu unterscheiden ist zwischen **HK-Mehrungen, -minderungen** und **-umgliederungen**.

Als **Konzern-HK-Mehrungen** zusätzlich zu berücksichtigen sind solche Aufwendungen, die in den Einzelabschluss nicht aktivierungsfähig sind, vom Standpunkt des Konzerns dagegen Einzel- oder Gemeinkosten der Herstellung darstellen. Hierzu rechnen bspw. Vertriebskosten eines liefernden Unt, die aus Sicht des Konzerns als EinheitsUnt aktivierungspflichtige HK-Bestandteile darstellen,[10] sowie Mehrabschreibungen auf im Produktionsprozess eingesetzte Anlagegüter als Folge der Aufdeckung stiller Rücklagen im Zuge der ErstKons.

---

[10] Vgl. ADS, Rechnungslegung und Prüfung der Unternehmen, 6. Aufl. 1995–2001, § 304 HGB Rz 22.

23 Umgekehrt dürfen solche auf Einzelabschlussebene aktivierten Aufwendungen nicht in die Konzern-HK einbezogen werden, die aus dem Blickwinkel des Konzerns den Charakter aktivierbarer HK verlieren. Als Beispiele für derartige **HK-Minderungen** sind innerkonzernlich angefallene Miet- und Pachtzinsen sowie Lizenzgebühren zu nennen, die ein KonzernUnt zur Herstellung eines VG aufgewandt hat.[11] Ggf. treten an ihre Stelle zu berücksichtigende Abschreibungen auf Produktionsgebäude und immaterielle VG.

24 **Unterschiede hinsichtlich der Untergrenze der HK** auf Einzelabschluss- und Konzernabschlussebene können sich nach HGB schließlich daraus ergeben, dass bestimmte Aufwendungen, die aus Sicht des einzelnen KonzernUnt als Einzelkosten aktivierungspflichtig sind, für den Konzern als fiktives EinheitsUnt jedoch den Charakter von aktivierungsfähigen, aber nicht aktivierungspflichtigen Gemeinkosten annehmen. Derartige Änderungen in der Kostenstruktur, die eine Umgliederung der entsprechenden Kostenarten von der Gruppe der aktivierungspflichtigen in die Gruppe der aus Konzernsicht lediglich aktivierungsfähigen HK-Bestandteile erfordern, treten insb. auf, wenn ein VG in mehreren Fertigungsstufen bei unterschiedlichen KonzernUnt hergestellt wird. Für den Hersteller des Endprodukts stellen in diesem Fall die Aufwendungen für den Bezug der von anderen konsolidierten Unt produzierten unfertigen Erzeugnisse Materialeinzelkosten dar. Aus Konzernsicht handelt es sich dagegen um ein Konglomerat verschiedener Kostenarten, das ggf. aktivierungsfähige, aber nicht aktivierungspflichtige Gemeinkosten enthält.[12] Seit der Anhebung der Wertuntergrenze der HK durch das BilMoG ist die Zahl der denkbaren Anwendungsfälle stark eingeschränkt worden.

25 In welcher Höhe die Konzern-HK tatsächlich anzusetzen sind, bestimmt sich nach den **konzerneinheitlichen Bewertungsvorschriften**. Mit dieser Entscheidung legt die Unternehmensleitung fest, ob die vom Konzern hergestellten VG mit dem Konzernmindestwert, dem Konzernhöchstwert oder mit einem Zwischenwert anzusetzen sind.

26 Die aus Konzernsicht ermittelten Zugangswerte sind in einem weiteren Schritt durch Vornahme etwaiger planmäßiger und außerplanmäßiger Abschreibungen auf den relevanten Stichtagswert fortzuschreiben. Auch insoweit sind die konzerneinheitlichen Bewertungsvorgaben zu beachten.

3.5 Ermittlung der Zwischenergebnisse

27 Die zu eliminierenden Zwischenergebnisse ergeben sich als Differenz zwischen dem in die Summenbilanz eingegangenen Wertansatz des VG und dem aus Konzernsicht anzusetzenden Abschlusswert. Dieser Vergleich kann insb. nach HGB in Abhängigkeit von den nach § 308 Abs. 1 Satz 1 HGB festgelegten konzerneinheitlichen Bewertungsmethoden zu unterschiedlichen Lösungen führen. Allgemein lassen sich drei Konstellationen unterscheiden.

28 Im ersten Fall (vgl. Abb. 3) liegt der Einzelabschlusswert über dem aus Konzernsicht max. ansetzbaren Betrag.

---

[11] Vgl. Weber, in Küting/Weber, HdK, 2. Aufl. 1998, § 304 HGB Rn 43.
[12] Vgl. Dusemond, Die Konzernanschaffungs- und Konzernherstellungskosten nach § 304 HGB, 1994, S. 173.

Abb. 3: Ermittlung von Zwischenergebnissen (Fall 1)

In dieser Konstellation muss unabhängig von der Abgrenzung der HK im Konzernabschluss eine Abwertung des VG auf den Konzernhöchstwert erfolgen. Der in jedem Fall eliminierungspflichtige Zwischengewinn beträgt im Beispiel mithin 200 GE (850–650). Da der VG nach § 255 Abs. 2 u. 3 i.V.m. § 298 Abs. 1 HGB aber auch mit einem zwischen dem Konzernhöchst- (650 GE) und dem Konzernmindestwert (500 GE) liegenden Wert angesetzt werden darf, ergibt sich zusätzlich ein eliminierungsfähiger Zwischengewinn von 150 GE. Dieses Eliminierungswahlrecht kann allerdings nicht frei ausgeübt werden. Es besteht einmalig bei der Festlegung des **konzernbilanziellen Bilanzierungs- und Bewertungsrahmens** und verliert damit für die Zwischenergebniseliminierung im Einzelfall aufgrund des Gebots der konzerneinheitlichen Bewertung seine Bedeutung.

Abb. 4: Ermittlung von Zwischenergebnissen (Fall 2)

29 Liegt der **Einzelabschlusswert** wie im Fall 2 (vgl. Abb. 4) unterhalb des **Konzernmindestwerts**, ergibt sich i. H. d. Differenz (im Beispiel: 350 GE) ein eliminierungspflichtiger Zwischenverlust. Durch eine Aufwertung des VG auf den Konzernhöchstwert können zusätzlich Zwischenverluste i. H. v. bis zu 100 GE eliminiert werden. Auch dieses Wahlrecht unterliegt dem Gebot der **konzerneinheitlichen Bewertung**.

Abb. 5: Ermittlung von Zwischenergebnissen (Fall 3)

30 Keine unmittelbare Verpflichtung zur Zwischenergebniseliminierung nach § 304 Abs. 1 HGB ergibt sich im **Fall 3**, da ein zwischen Konzernmindest- und Konzernhöchstwert liegender Einzelabschlusswert aus Konzernsicht grds. zulässig ist. Je nachdem, wie der zu aktivierende HK-Umfang im Konzern in Ausübung des Bewertungswahlrechts von § 255 Abs. 2 u. 3 i. V. m. § 298 Abs. 1 HGB festgelegt wird, ergibt sich jedoch die Notwendigkeit, Zwischengewinne i. H. v. bis zu 150 GE oder Zwischenverluste bis zu 200 GE zu eliminieren.

3.6 Verrechnung zu eliminierender Zwischenergebnisse

31 Bei der Verrechnung von Zwischenergebnissen ist danach zu unterscheiden, ob die zu eliminierenden Beträge im Gj erstmals aufgetreten sind oder aus Vj. resultieren.

32 Die Korrektur der Bestände um **neu entstandene** Zwischenergebnisse ist erfolgswirksam und beeinflusst in voller Höhe den Konzernjahreserfolg. Gemessen am Erfolg des Summenabschlusses führt die Eliminierung von Zwischengewinnen zu einer Verminderung, die Eliminierung von Zwischenverlusten zu einer Erhöhung des Konzernjahreserfolgs. Aufgrund des entstehenden Unterschieds zwischen dem handelsrechtlichen Wertansatz des VG und seinem steuerlichen Wert, der sich in den folgenden Gj wieder abbauen wird, sind jeweils latente Steuern zu erfassen.

33 Da der Konzernabschluss alljährlich neu aus den Einzelabschlüssen der zu konsolidierenden Unt abgeleitet wird, müssen die **aus früheren Gj** stammenden Zwischenergebnisse, die aus Sicht des Konzerns noch nicht realisiert sind, auch in den Folgejahren eliminiert werden. Da sie bereits erfolgswirksam verrechnet wurden, dürfen sie sich nicht ein weiteres Mal auf den Konzernjahreserfolg auswirken. Sie sind stattdessen erfolgsneutral zu konsolidieren. Die Gegenbuchung zur Anpassung der Bestände erfolgt dabei im Konzern-EK, verbreitet in den Gewinnrücklagen oder im Ergebnisvortrag.

Veräußert der Konzern die in die Zwischenergebniseliminierung einbezogenen VG, realisieren sich in Vj. eliminierte Zwischenergebnisse. Damit baut sich die ursprüngliche Bewertungsdifferenz zwischen Einzelabschluss und Konzernabschluss wieder ab. Dazu kann es auch kommen, wenn die betreffenden VG planmäßig oder außerplanmäßig abzuschreiben sind. In allen Fällen wirkt sich der Abbau der Zwischenergebnisse erfolgswirksam im Konzernabschluss aus.

Zusammenfassend bedeutet dies, dass Zwischenergebnisse nach dem Stand am Ende des Vj. erfolgsneutral zu eliminieren sind, während ihre Veränderung zwischen zwei Stichtagen den Konzernjahreserfolg berührt.

4 Praxis-Beispiele

4.1 Zwischenergebniseliminierung im Anlagevermögen

Beziehen KonzernUnt Anlagegüter von anderen in den Konzernabschluss einbezogenen Unt, erweist sich die **Ermittlung der Zwischenergebnisse** regelmäßig als unproblematisch. Bei langlebigen VG kann sie allerdings über Jahre hinweg entsprechende Anpassungsbuchungen erfordern. Um den damit verbundenen Aufwand zu vermeiden, sollten konzerninterne Lieferungen in das langfristige Vermögen nach Möglichkeit auf Basis der AHK oder wenigstens mit einem vernachlässigbaren Gewinnaufschlag erfolgen.

Das nachfolgende Fallbeispiel verdeutlicht die buchungstechnische **Umsetzung der Zwischenergebniseliminierung** bei konzernintern bezogenen Anlagegütern.

> **Praxis-Beispiel**
> Die T GmbH (TU) hat am 2.1.X1 eine von ihr hergestellte Verpackungsmaschine an die M AG (MU) zum Preis von 120 GE geliefert. Die produktionsbezogenen Vollkosten belaufen sich auf 100 GE.
> Das MU setzt die Maschine in ihrem eigenen Betrieb ein. Die Abschreibung erfolgt linear über zehn Jahre. Die Unt stellen ihre GuV jeweils nach dem UKV auf. Das MU erfasst die Abschreibungen in den Vertriebskosten. Der Ertragsteuersatz beider Unt beträgt 30 %.
> Die relevanten Ausschnitte aus den Einzelabschlüssen der Unt und aus dem Summenabschluss enthält die nachstehende Übersicht.

Bilanzposten	MU	TU	Summen-abschluss	Konsolidierung S	Konsolidierung H	Konzern-abschluss
...	...	...	...			
Maschine	108	...	108			
Aktive latente Steuern	...	...	...			
Summe Aktiva	...	...	...			
...	...	...	...			
Jahresüberschuss	-12	20	8			
...	...	...	...			
Summe Passiva	...	...	...			

GuV-Posten	MU	TU	Summen-abschluss	Konsolidierung S	Konsolidierung H	Konzern-abschluss
Umsatzerlöse	...	120	120			
...	...	...	...			
Herstellungskosten	...	100	100			
Vertriebskosten	12	...	12			
Latenter Steueraufwand	...	...	...			
Jahresüberschuss	-12	20	8			

Zwischenergebniseliminierung zum 31.12.X1

Zum 31.12.X1 sind die in der nachfolgenden Übersicht dargestellten Konsolidierungsbuchungen vorzunehmen:

Bilanzposten	MU	TU	Summen-abschluss	Konsolidierung S	Konsolidierung H	Konzern-abschluss
...	...	...	...			...
Maschine	108	...	108	❷ 2	❶ 20	90
Aktive latente Steuern	...	...	...	❸ 5,4		5,4
Summe Aktiva	...	...	...			...
...	...	...	...			...
Jahresüberschuss	-12	20	8	❹ 12,6		-4,6
...	...	...	...			...
Summe Passiva	...	...	...			...

GuV-Posten	MU	TU	Summen-abschluss	Konsolidierung S	Konsolidierung H	Konzern-abschluss
Umsatzerlöse	...	120	120	❶ 120		0
...	...	...	...		...	...
Herstellungskosten	...	100	100		❶ 100	0
Vertriebskosten	12	...	12		❷ 2	10
Latenter Steueraufwand	...	...	...		❸ 5,4	-5,4
Jahresüberschuss	-12	20	8		❹ 12,6	-4,6

Buchung 1: Die AK der Maschine sind um den von dem TU realisierten Zwischengewinn i.H.v. 20 GE zu reduzieren. Gleichzeitig ist der Umsatzvorgang in der GuV zu stornieren:

Konto	Soll	Haben
Umsatzerlöse	120	
HK		100
Maschine		20

Buchung 2: Als Folge der niedrigeren AK ergeben sich aus Konzernsicht um 2 GE geringere planmäßige Abschreibungen.

Konto	Soll	Haben
Maschine	2	
Vertriebskosten		2

Buchung 3: Der konzernbilanzielle Wertansatz der Maschine beträgt 90 GE, sein steuerlicher Wert, der dem des Einzelabschlusses des MU entspricht, 108 GE. Auf den Bewertungsunterschied ist eine aktive latente Steuer i.H.v. 5,4 GE (30 % von 18 GE) abzugrenzen.

Konto	Soll	Haben
Aktive latente Steuern	5,4	
Latenter Steuerertrag		5,4

Buchung 4: Insgesamt vermindert sich der Konzernerfolg durch die Zwischenergebniseliminierung nach Steuern um 11,8 GE. Die entsprechende Anpassung in der Bilanz berücksichtigt die statistische Buchung 4.

Zwischenergebniseliminierung zum 31.12.X2

Zum 31.12.X2 ergeben sich keine zusätzlichen konsolidierungspflichtigen Sachverhalte. Es sind die in der nachfolgenden Übersicht dargestellten Konsolidierungsbuchungen vorzunehmen:

Bilanzposten	MU	TU	Summen-abschluss	Konsolidierung S	Konsolidierung H	Konzern-abschluss
...	...	...	...			...
Maschine	96	...	96	❷ 2	❶ 18	80
Aktive latente Steuern	...	...	...	❸ 5,4	❹ 0,6	4,8
Summe Aktiva	...	...	...			...
	...	...	...			
Gewinnrücklagen	-12	20	8	❶ 18	❸ 5,4	-4,6
Jahresüberschuss	-12	...	-12		❺ 1,4	-10,6
...	...	...	...			...
Summe Passiva						

GuV-Posten	MU	TU	Summen-abschluss	Konsolidierung S	Konsolidierung H	Konzern-abschluss
Umsatzerlöse	...	...	...			0
	...	...	...			...
Herstellungskosten						0
Vertriebskosten	12	...	12		❷ 2	10
Latenter Steueraufwand	...	...	...	❹ 0,6		0,6
Jahresüberschuss	-12	...	-12	❺ 1,4		-10,6

Buchung 1: Die zum Ende des Gj X1 eliminierten Zwischenergebnisse sind erfolgsneutral gegen die Gewinnrücklagen zu eliminieren. Sie setzen sich aus dem stornierten Umsatzgewinn (20 GE) und der Abschreibungskorrektur (–2 GE) zusammen. Die Buchung vollzieht die zum Ende des Vj. erforderliche Bewertungsanpassung nach.

Konto	Soll	Haben
Gewinnrücklagen	18	
Maschine		18

Buchung 2: Ebenso wie im Gj X1 sind die vom MU im Gj X2 vorgenommenen planmäßigen Abschreibungen aus Konzernsicht um 2 GE zu hoch. Zum 31.12.X2 betragen die eliminierungspflichtigen Zwischengewinne damit nur noch 16 GE. Ihre Veränderung im Vergleich zum Vj. ist erfolgswirksam durch Verminderung der Vertriebskosten zu berücksichtigen.

Konto	Soll	Haben
Maschine	2	
Vertriebskosten		2

Buchung 3 stellt den Stand der latenten Steuern zum Ende des Vj. her. Die Buchung ist wie die Nachholung der Anpassungsbuchung für die Maschine erfolgsneutral.

Konto	Soll	Haben
Aktive latente Steuern	5,4	
Gewinnrücklagen		5,4

Buchung 4: Der Bewertungsunterschied zwischen dem konzernbilanziellen Wertansatz der Maschine und ihrem steuerlichen Wert hat sich von 18 GE auf 16 GE reduziert. Entsprechend ist die aktive latente Steuern um 0,6 GE (30 % von 2 GE) aufzulösen.

Konto	Soll	Haben
Latenter Steueraufwand	0,6	
Aktive latente Steuern		0,6

Buchung 5 schreibt den Jahreserfolg in der Bilanz um den Saldo der erfolgswirksamen Konsolidierungsbuchungen fort.

Zwischenergebniseliminierung zum 31.12.X3

Zu Beginn des Gj X3 verkauft das MU die Maschine gegen Barzahlung an ein konzernfremdes Unt zum Preis von 85 GE. Der Kaufpreis geht auf dem Bankkonto ein. Den Veräußerungsverlust von 11 GE erfasst das MU in den sonstigen betrieblichen Aufwendungen. Die abschließende Behandlung des Vorgangs im Konzernabschluss macht die in der folgenden Übersicht dargestellten Konsolidierungsbuchungen erforderlich.

Bilanzposten	MU	TU	Summen-abschluss	Konsolidierung SH		Konzern-abschluss
Maschine	...	...	...	❷ 16	❶ 16	...
Kasse	85	...	85			85
Aktive latente Steuern	...	...	...	❸ 4,8	❹ 4,8	...
Summe Aktiva	...	...	...			...
...	...	...	...			...
Gewinnrücklagen	-24	20	-4	❶ 16	❸ 4,8	-15,2
Jahresüberschuss	-11	...	-11		❺ 11,2	0,2
...	...	...	...			...
Summe Passiva	...	...	...			...

GuV-Posten	MU	TU	Summen-abschluss	Konsolidierung SH		Konzern-abschluss
s.b. Erträge	...	...	...		❷ 5	5
...	...	...	...			...
Herstellungskosten	...	...	...			...
s.b. Aufwendungen	11	...	11	❷ 11		...
Latenter Steueraufwand	...	...	...	❹ 4,8		4,8
Jahresüberschuss	-12	...	-11	❺ 11,2		0,2

Buchung 1: Im ersten Schritt ist erneut der Betrag der zum Ende des Vj. eliminierten Zwischenergebnisse erfolgsneutral gegen den Ergebnisvortrag zu buchen. Der Betrag entspricht dem Saldo aus storniertem Umsatzgewinn (20 GE) und der Abschreibungskorrektur für die Gj X1 und X2 (–4).

Konto	Soll	Haben
Gewinnrücklagen	16	
Maschine		16

Buchung 2: Aus Konzernsicht entsteht beim Verkauf der Verpackungsmaschine kein Veräußerungsverlust von 11 GE, sondern ein Gewinn von 5 GE (Differenz zwischen dem Konzernbuchwert per 31.12.X2 von 80 GE und dem Veräußerungspreis von 85 GE). Dieses Ergebnis stellt sich durch Berücksichtigung des im Vergleich zum Einzelabschluss um 16 GE verminderten Buchwerts der Maschine ein.

Konto	Soll	Haben
Maschine	16	
s. b. Aufwendungen		11
s. b. Erträge		5

Buchung 3 erfasst die latenten Steuern mit ihrem Stand zum Ende des Vj. i. H. v. 4,8 GE (30 % von 16 GE) erfolgsneutral gegen die Gewinnrücklagen.

Konto	Soll	Haben
Aktive latente Steuern	4,8	
Gewinnrücklagen		4,8

Buchung 4: Durch die Veräußerung der Maschine hat sich der Bewertungsunterschied zwischen konzernbilanziellem und steuerlichem Wertansatz auf null reduziert. Entsprechend ist die gebildete aktive latente Steuer aufzulösen.

Konto	Soll	Haben
Latenter Steueraufwand	4,8	
Aktive latente Steuern		4,8

Buchung 5 schreibt wiederum den Jahreserfolg in der Bilanz um den Saldo der erfolgswirksamen Konsolidierungsbuchungen fort.

4.2 Zwischenergebniseliminierung im Vorratsvermögen

38 Die Zwischenergebniseliminierung kann sich im Vorratsvermögen dann als problematisch erweisen, wenn gleichartige Güter sowohl von konzernfremden Dritten als auch von Unt des KonsKreis bezogen werden. In dieser Situation bieten sich zur Ermittlung der zwischenergebnishaltigen Vorratsbestände Vereinfachungsverfahren an, die die Anteile der konzernintern bezogenen VG auf Basis unterstellter Verbrauchsfolgen identifizieren.

39 Die Ermittlung der eliminierungspflichtigen Zwischenerfolge kann nach den Vorschriften des HGB zudem durch die Verwendung unterschiedlicher Bewertungsmethoden bei den einzelnen KonzernUnt erschwert sein. Das gilt etwa dann, wenn die Abgrenzung der HK im Konzernabschluss und in den Einzelabschlüssen der einbezogenen Unt abweichend erfolgt. Zwar können auch in diesem Fall die Konzern-HK der auf Lager liegenden Vorräte grds. **retrograd** durch Abzug der Bruttoergebnismarge von den Transferpreisen[13] ermittelt werden. In Abhängigkeit davon, ob die betreffenden Vorratsgüter in der laufenden oder einer früheren Periode produziert worden sind, können jedoch weitere Anpassungsbuchungen erforderlich werden.

40 Das folgende Beispiel verdeutlicht die Verfahrensweise bei der Zwischenergebniseliminierung in den aufgezeigten Problemfällen.

Praxis-Beispiel
Ein TU hat im Gj X1 die folgenden Lieferungen eines Vorratsguts erhalten:

Lieferung von	Menge [ME]	Preis pro ME	Gesamtpreis
Konzernfremden	1.000	10,0	10.000
Konzernunternehmen	800	12,0	9.600
Konzernunternehmen	600	10,5	6.300
Konzernfremden	1.100	14,0	15.400
Summe	3.500	11,8	41.300

Der vollständig von Konzernfremden bezogene Anfangsbestand am 1.1.X1 belief sich auf 875 ME, sein Buchwert auf 8.750. Zum 31.12.X1 liegen 1.000 ME des Vorratsguts auf Lager. Da das TU keine Aufzeichnungen darüber führt, wie sich der Lagerbestand zusammensetzt, sollen die konzernintern bezogenen Bestandsmengen für Zwecke der Zwischenergebniseliminierung im Konzernabschluss anhand der periodischen Durchschnittsmethode bestimmt werden.

---

[13] Vgl. hierzu Kliem/Walkenbach, in Beck Bil-Kom., 14. Aufl. 2024, § 304 HGB Rz 43.

D. h., der Endbestand setzt sich als gewogener Durchschnitt aus dem Anfangsbestand und allen Zugängen während der Berichtsperiode zusammen.

Das liefernde KonzernUnt hat die Vorratsgüter selbst von Dritten erworben und mit einem Gewinnaufschlag von jeweils 20 % an das TU verkauft. Niederstwertabschreibungen auf die Vorräte sind nicht vorzunehmen. Der Ertragsteuersatz im Konzern beträgt einheitlich 30 %. Die GuV wird nach dem Gesamtkostenverfahren erstellt.

Zwischenergebniseliminierung zum 31.12.X1

Von den während des Berichtsjahrs verfügbaren Vorratsgütern (4.375 ME = 875 ME + 3.500 ME) liegen am Jahresende noch 1.000 ME auf Lager. Das sind rund 22,86 %. Nach der Verbrauchsfolgefiktion, die der Durchschnittsmethode zugrunde liegt, sind damit vom Anfangsbestand und von jedem Zugang am 31.12.X1 noch jeweils rund 22,86 % vorhanden. Bezogen auf die konzernintern zugegangenen 1.400 ME an Vorratsgütern entspricht das 320 ME.

Der durchschnittliche Verkaufspreis der konzernintern an das TU gelieferten Vorräte beträgt 11,357 GE [(9.600 + 6.300) : 1.400], der Einkaufspreis damit 9,464 GE. Für jede am 31.12.X1 auf Lager liegende ME ist damit ein Zwischengewinn von 1,893 GE zu eliminieren. Insgesamt beläuft sich damit der Zwischengewinn auf 606 GE (1,893 GE × 320 ME).

Für die Anpassungsbuchung zum 31.12.X1 bedeutet dies: Zu stornieren sind zum einen die Innenumsatzerlöse von 15.900 GE. Zum anderen ist der Materialaufwand um 15.294 GE zu vermindern. Das entspricht dem konzerninternen Lieferwert der vom TU verkauften Vorratsgüter (12.266 GE = 1.080 ME × 11,357 GE) zzgl. des Einstandspreises der noch auf Lager liegenden Vorräte (3.028 GE = 320 ME × 9,464 GE). Die Differenz zwischen den Größen entspricht aus Konzernsicht dem unrealisierten Zwischengewinn des liefernden KonzernUnt (606 GE). Die Anpassungsbuchung lautet damit:

Konto	Soll	Haben
Umsatzerlöse	15.900	
Materialaufwand		15.294
Fertige Erzeugnisse		606

I. H. d. Abwertung der fertigen Erzeugnisse entsteht eine Bewertungsdifferenz zu deren steuerlichem Wertansatz, auf den latente Steuern abzugrenzen sind.

Konto	Soll	Haben
Aktive latente Steuern	181,8	
Latenter Steuerertrag		181,8

4.3 Zwischenergebniseliminierung bei unterschiedlichen Steuersätzen

Insb. bei international tätigen Konzernen werden die an der innerkonzernlichen Transaktion beteiligten Unt häufig unterschiedliche Steuersätze aufweisen. Das führt zu der Frage, ob der Steuersatz des liefernden oder des empfangenden Unt für die Bildung latenter Steuern heranzuziehen ist. Da zum einen die Regel zur

Zwischenergebniseliminierung als Bewertungsvorschrift formuliert ist, zum anderen die Bildung latenter Steuern nunmehr bilanzorientiert erfolgt, ist auf den **Steuersatz des** den VG bilanzierenden **EmpfängerUnt** abzustellen (vgl. DRS 18.45). Dies entspricht der Vorgehensweise nach IAS 12.[14] Das nachstehende Fallbeispiel verdeutlicht die Verfahrensweise.

Praxis-Beispiel
Das zu 80 % im Anteilsbesitz der A AG (MU) stehende österreichische TU Ö AG (TU) hat in Periode X1 100.000 Skimützen zum Preis von 15 EUR/Stück an die A AG geliefert. Die Einstandskosten der fremdbezogenen Waren betragen 12 EUR/Stück. Von den Skimützen befinden sich am 31.12.X1 bei der A AG noch 60.000 Stück auf Lager. Der Ertragsteuersatz beträgt in Deutschland 30 %, in Österreich 25 %.

Zwischenergebniseliminierung zum 31.12.X1
Zwischenerfolge sind auch bei Beteiligung von Minderheitsgesellschaftern stets in voller Höhe zu eliminieren. Im Fallbeispiel beträgt der zum 31.12.X1 zu eliminierende Zwischengewinn 180 TEUR (60.000 Stück × 3 EUR/Stück). Um diesen Betrag ist der Buchwert der bei der A AG auf Lager liegenden Skimützen zu reduzieren.
Darüber hinaus sind die im Abschluss der Ö AG erfassten innerkonzernlichen Aufwendungen von 720 TEUR (60.000 Stück × 12 EUR/Stück) und Umsätze von 900 TEUR (= 60.000 Stück × 15 EUR/Stück) für die noch nicht an Dritte veräußerten Skimützen zu stornieren.
Zusammengefasst ergibt sich damit zum 31.12.X1 die folgende Konsolidierungsbuchung (in TEUR):

Konto	Soll	Haben
Umsatzerlöse	900	
Materialaufwand		720
Vorräte		180

Auf den Bewertungsunterschied zwischen dem konzernbilanziellen Wertansatz der Vorräte und dem steuerlichen Wert ist eine latente Steuer auf Basis des Steuersatzes der A AG (30 %) abzugrenzen.

Konto	Soll	Haben
Aktive latente Steuern	54	
Latenter Steuerertrag		54

Die Minderheiten der Ö AG sind nach hier vertretener Auffassung nicht an der Erfolgswirkung der Zwischenergebniseliminierung zu beteiligen. Das auf sie entfallende Reinvermögen beinhaltet den aus der Perspektive der Ö AG realisierten Erfolg. Entsprechend dem Charakter des § 304 HGB als Bewertungsvorschrift für konzernintern transferierte VG erfolgt die Korrektur vollstän-

---

[14] Vgl. Senger/Diersch, in Beck'sches IFRS-Handbuch, 6. Aufl. 2020, § 35 Rz 137.

dig beim empfangenden Unt.[15] Damit ist die Erfolgswirkung im Beispiel in Gänze den Gesellschaftern des MU zuzuordnen.

Zwischenergebniseliminierung zum 31.12.X2
Veräußert die A AG in der Periode X2 sämtliche Skimützen mit Gewinn, sind die in der Vorperiode eliminierten Zwischengewinne zum 31.12.X2 zu realisieren. Der im Einzelabschluss des MU erfasste Umsatzgewinn ist daher um den im Vj. stornierten Zwischengewinn aus der Lieferung der Ö AG zu erhöhen. Dazu sind in einem ersten Schritt die einzelgesellschaftlichen AK der veräußerten Skimützen an die Konzern-AK anzupassen. Dies erfolgt mit der Buchung:

Konto	Soll	Haben
Gewinnrücklagen	180	
Vorräte		180

In einem zweiten Schritt ist die AK-Korrektur in die GuV zu übernehmen. Der Materialaufwand vermindert sich dementsprechend um 180 TEUR.

Konto	Soll	Haben
Vorräte	180	
Materialaufwand		180

Durch die Veräußerung der Vorräte hat sich die Differenz zwischen konzernbilanziellem Wertansatz der Vorräte und steuerlichem Wert vollständig abgebaut. Entsprechend sind die in der Vorperiode gebildeten latenten Steuern aufzulösen. Systematisch erfordert dies zunächst die erfolgsneutrale Einbuchung der in der Vorperiode gebildeten latenten Steuern, die sodann erfolgswirksam aufzulösen sind. Damit ergibt sich die folgende zusammengefasste Buchung:

Konto	Soll	Haben
Latenter Steueraufwand	54	
Gewinnrücklagen		54

Korrespondierend zur Vorperiode, in der die Gesellschafter des MU den gesamten ergebnisbelastenden Effekt der Zwischenergebniseliminierung zu tragen hatten, entfällt nunmehr der positive Ergebniseffekt zum 31.12.X2 vollumfänglich auf sie.

4.4 Zwischenergebniseliminierung bei Geschäften mit assoziierten Unternehmen

Wie dargestellt (Rz 6), fordert DRS 26.70 nicht nur bei Upstream-Lieferungen von assoziierten Unt, sondern auch bei Downstream-Lieferungen an assoziierte Unt eine Zwischenergebniseliminierung. Die Ermittlung der eliminierungspflichtigen Zwischenergebnisse folgt dem Schema für Transaktionen zwischen

---

[15] A.A. ohne nähere Begründung für die Rechtslage nach IFRS Lüdenbach/Hoffmann/Freiberg, Haufe IFRS-Kommentar, 21. Aufl., 2023, § 32 Rz 159.

vollkonsolidierten Unt. Dabei ist eine nur i. H. d. Anteilsquote vorgenommene Eliminierung zu präferieren.

43 Buchungstechnisch ergibt sich die Besonderheit, dass bei Downstream-Lieferungen die von der Zwischenergebniseliminierung intendierte Anpassung des gelieferten VG an seinen Konzernbuchwert nicht durchführbar ist, da dieser im Konzernabschluss nicht erfasst ist. Bei Upstream-Lieferungen ist der VG dagegen beim MU oder TU erfasst. Allerdings scheiden die üblichen Gegenkonten „Umsatzerlöse" oder „sonstige betriebliche Erträge/Aufwendungen" aus, da die im Abschluss des assoziierten Unt erfassten Erfolge aus dem Umsatzvorgang nicht in den Konzernabschluss eingehen.

44 Aus diesem Grund ist bei Transaktionen mit assoziierten Unt wie folgt zu verfahren: Bei **Downstream-Lieferungen** erfolgt die Zwischenergebniseliminierung statt gegen den nicht bilanzierten VG gegen die Anteile am assoziierten Unt (vgl. im Einzelnen DRS 26.74f.).

45 Bei **Upstream-Lieferungen** ist das zu eliminierende Zwischenergebnis im Posten „Ergebnis aus assoziierten Unternehmen" zu erfassen. Die bilanzielle Korrektur ist sowohl beim Buchwert des gelieferten VG als auch beim Equity-Wertansatz möglich, wobei das DRSC ersteres empfiehlt (DRS 26.72). Das nachfolgende Beispiel illustriert die Buchungstechnik der Zwischenergebniseliminierung bei Transaktionen mit assoziierten Unt.

> **Praxis-Beispiel**
> Zu betrachten ist ein Austauschgeschäft zwischen dem MU und einem assoziierten Unt, an dem es mit 30 % beteiligt ist. Gegenstand des Austauschgeschäfts sind fertige Erzeugnisse mit aus einzelgesellschaftlicher und Konzernsicht übereinstimmenden HK von 400 GE. Der Verkaufspreis beträgt 550 GE, der Ertragsteuersatz beider Unt jeweils 30 %. Die Lieferung erfolgt im Fall A vom MU an das assoziierte Unt (downstream), im Fall B vom assoziierten Unt an das MU (upstream). Die fertigen Erzeugnisse befinden sich am Bilanzstichtag X1 noch vollständig auf Lager. Im Gj X2 werden die fertigen Erzeugnisse mit Gewinn weiterverkauft.
>
> **Zwischenergebniseliminierung zum 31.12.X1 (Fall A)**
> Die im Einzelabschluss des MU erfassten Erfolge aus der Transaktion mit dem assoziierten Unt sind anteilig zu eliminieren. Das erfordert eine Verminderung der Umsatzerlöse um 165 GE (30 % von 550 GE) und des Materialaufwands um 120 GE (30 % von 400 GE). Die Differenz entspricht dem zum 31.12.X1 zu eliminierenden Zwischenerfolg von 45 GE (30 % von 150 GE). Latente Steuern sollen im ersten Schritt unberücksichtigt bleiben (siehe hierzu die Erläuterungen am Ende des Beispiels).
>
> | Konto | Soll | Haben |
> |---|---|---|
> | Umsatzerlöse | 165 | |
> | Materialaufwand | | 120 |
> | Anteile an assoziierten Unt | | 45 |

Zwischenergebniseliminierung zum 31.12.X2 (Fall A)
Die Verminderung der Anteile an assoziierten Unt ist mit folgender Buchung in die Periode X2 vorzutragen:

Konto	Soll	Haben
Gewinnrücklagen	45	
Anteile an assoziierten Unt		45

Veräußert das assoziierte Unt im Gj X2 die gelieferten fertigen Erzeugnisse, ist der zum 31.12.X1 eliminierte Zwischenerfolg zu realisieren. Umsatzerlöse und Materialaufwand sind dementsprechend aus Konzernsicht zu erhöhen. Die sich ergebende Nettovermögensmehrung erhöht die Anteile an assoziierten Unt.

Konto	Soll	Haben
Materialaufwand	120	
Anteile an assoziierten Unt	45	
Umsatzerlöse		165

Zwischenergebniseliminierung zum 31.12.X1 (Fall B)
Unklar ist, wie sich die mit dem BilRUG eingeführte Verpflichtung zur sinngemäßen Anwendung des § 306 HGB über latente Steuern auswirkt. Auf den ersten Blick mag es nahe liegen, die in der GuV des Jahresabschlusses ausgewiesene Steuerbelastung auf den eliminierten Zwischenerfolg durch Erfassung eines latenten Steuerertrags mit der Buchung „Anteile an assoziierten Unt 13,5 an Latenter Steueraufwand 13,5" ebenfalls zu eliminieren. Die Gegenbuchung erfolgt in diesem Fall erneut gegen die Anteile an assoziierten Unt. Bei dieser Verfahrensweise wirkt sich die Zwischenergebniseliminierung lediglich i.H.d. Nachsteuereffekts auf den Anteilswert aus. In der Folgeperiode wäre dann die Wertanpassung der Anteile ebenfalls nur i.H.d. eliminierten Zwischengewinns nach Steuern durch die Buchung „Gewinnrücklagen 31,5 an Anteile an assoziierten Unt 31,5" vorzunehmen. Mit der Veräußerung der an das assoziierte Unt gelieferten fertigen Erzeugnisse hätte das MU sodann einen mit dem realisierten Zwischenergebnis korrespondierenden latenten Steueraufwand zu erfassen. Die Buchung dazu lautet „Latenter Steueraufwand 13,5 an Anteile an assoziierten Unt 13,5".

Alternativ könnte man daran denken, auf die Steuerlatenzierung bei der Zwischenergebniseliminierung durchgängig zu verzichten, da die Anpassung der Anteile an assoziierten Unt zu einer outside basis difference führt. Derartige temporäre Differenzen sind von § 306 HGB nicht erfasst (vgl. § 306 Rz 29f.). Auch wenn das DRSC aufgrund des Hinweises in DRS 26.4 auf die entsprechende Geltung von § 306 HGB und DRS 18 an die erste Lösung denken mag, liegt es u. E. aus systematischen Gründen näher, keine latenten Steuern bei der Zwischenergebniseliminierung zu erfassen.

Im Fall einer Upstream-Lieferung kommt der Zwischenergebniseliminierung die Aufgabe zu, den Teil des Umsatzerfolgs des assoziierten Unt zu stornieren, der auf den Konzern entfällt. Latente Steuern bleiben zunächst erneut unberücksichtigt. Entsprechend der Empfehlung des DRSC erfolgt hier eine bilanzielle Verrechnung gegen den Buchwert der fertigen Erzeugnisse, alternativ wäre auch eine Verrechnung gegen die Anteile an assoziierten Unt möglich. Die Buchung zum 31.12.X1 lautet damit:

Konto	Soll	Haben
Ergebnis aus assoziierten Unt	45	
Fertige Erzeugnisse		45

Zwischenergebniseliminierung zum 31.12.X2 (Fall B)
Veräußert das MU im darauffolgenden Gj die fertigen Erzeugnisse, ist der in der Vorperiode eliminierte Zwischengewinn zu realisieren. Fasst man die Folgewirkung mit der Vortragsbuchung zusammen, lautet die Anpassungsbuchung aus der Zwischenergebniseliminierung wie folgt:

Konto	Soll	Haben
Fertige Erzeugnisse	45	
Ergebnis aus assoziierten Unt		45

Erneut führt die Zwischenergebniseliminierung u.E. zu einer outside basis difference, die keine Erfassung latenter Steuern auslöst.

§ 305 Aufwands- und Ertragskonsolidierung

(1) In der Konzern-Gewinn- und Verlustrechnung sind
1. bei den Umsatzerlösen die Erlöse aus Lieferungen und Leistungen zwischen den in den Konzernabschluß einbezogenen Unternehmen mit den auf sie entfallenden Aufwendungen zu verrechnen, soweit sie nicht als Erhöhung des Bestands an fertigen und unfertigen Erzeugnissen oder als andere aktivierte Eigenleistungen auszuweisen sind,
2. andere Erträge aus Lieferungen und Leistungen zwischen den in den Konzernabschluß einbezogenen Unternehmen mit den auf sie entfallenden Aufwendungen zu verrechnen, soweit sie nicht als andere aktivierte Eigenleistungen auszuweisen sind.

(2) Aufwendungen und Erträge brauchen nach Absatz 1 nicht weggelassen zu werden, wenn die wegzulassenden Beträge für die Vermittlung eines den tatsächlichen Verhältnissen entsprechenden Bildes der Vermögens-, Finanz- und Ertragslage des Konzerns nur von untergeordneter Bedeutung sind.

Inhaltsübersicht	Rz
1 Überblick	1–3
1.1 Inhalt und Anwendungsbereich	1–2
1.2 Normenzusammenhang	3
2 Gegenstand der Aufwands- und Ertragskonsolidierung	4–9
3 Konsolidierungstechnik	10–14
3.1 Eliminierung innerkonzernlicher Umsatzerlöse (Abs. 1 Nr. 1)	10–11
3.2 Eliminierung anderer innerkonzernlicher Erträge (Abs. 1 Nr. 2)	12
3.3 Bereinigung innerkonzernlicher Ergebnisübernahmen	13–14

1 Überblick

1.1 Inhalt und Anwendungsbereich

Die Konzern-GuV als weiterer Bestandteil des Konzernabschlusses wird durch Addition der Einzel-GuV-Rechnungen der zu konsolidierenden Unt zur **Summen-GuV** mit anschließender Bereinigung um innerkonzernliche Einflüsse gewonnen. Die **Aufwands- und Ertragskonsolidierung** bewirkt, dass in der Konzern-GuV ausschließlich **Erfolgsbeiträge** aus Geschäften mit **fremden Dritten** erfasst und dem Einheitsgrundsatz des § 297 Abs. 3 Satz 1 HGB entsprechend aufgeschlüsselt werden; dazu ist eine Aufrechnung korrespondierender innerkonzernlicher Aufwendungen und Erträge der Summen-GuV und/oder die Umgliederung einzelner Erfolgskomponenten in andere GuV-Posten erforderlich. 1

Die **Aufwands- und Ertragskonsolidierung** ist zwar eng mit der als Bewertungsvorschrift konzipierten Zwischenergebniseliminierung verflochten; sie **ist aber unabhängig** davon durchzuführen, ob Zwischenergebnisse zu eliminieren sind oder nicht. Abb. 1 zeigt die Einordnung der Aufwands- und Ertragskonsolidierung in die zur Realisierung des Einheitsgrundsatzes notwendigen Konsolidierungsmaßnahmen. 2

Abb. 1: Einordnung der Aufwands- und Ertragskonsolidierung

1.2 Normenzusammenhang

3   Die Aufwands- und Ertragskonsolidierung gem. § 305 HGB ist – wie die Kap-Kons gem. § 301 HGB die SchuldenKons gem. § 303 HGB und die Zwischenergebniseliminierung gem. § 304 HGB – eine Folge des in § 297 Abs. 3 Satz 1 HGB verankerten Einheitsgrundsatzes. Die Gliederung einer Konzern-GuV orientiert sich gem. § 298 Abs. 1 HGB an den für die Einzel-GuV einer großen KapG geltenden Gliederungsvorschriften des § 275 HGB. Sowohl § 13 Abs. 2 PublG als auch branchenspezifisch die §§ 340i und 341j HGB verweisen auf § 305 HGB.

2   Gegenstand der Aufwands- und Ertragskonsolidierung

4   Die Ertragslage der in den Konzernabschluss einbezogenen Unt ist so darzustellen, als ob diese ein einziges Unt wären. Daraus folgt, dass in die Konzern-GuV nur solche **Erfolgsbestandteile** eingehen dürfen, die aus **Beziehungen mit Konzernfremden** resultieren. Dazu sind die in der Summen-GuV erfassten **Aufwendungen und Erträge** aus dem **konzerninternen Lieferungs- und Leistungsverkehr** gegeneinander aufzurechnen oder in andere Posten umzugliedern, wobei als Vorbild die Behandlung der ihnen zugrunde liegenden Geschäftsvorfälle in einem (fiktiven) einheitlichen Unternehmen dient.

5   Die in § 305 HGB explizit angesprochenen Fälle der Aufwands- und Ertragseliminierung sind **erfolgsneutral**:
   - Abs. 1 Nr. 1 fordert die Verrechnung bzw. Umgliederung der aus Lieferungs- und Leistungsverflechtungen zwischen einbezogenen Unt resultierenden Innenumsatzerlöse;
   - Abs. 1 Nr. 2 erweitert die Eliminierungspflicht auf andere Erträge aus konzerninternen Lieferungen und Leistungen.

Keine expliziten gesetzlichen Regelungen finden sich für **innerkonzernliche Ergebnisübernahmen** sowie für **Abschreibungen bzw. Zuschreibungen** auf Anteile an einbezogenen Unt. Auch diese Erfolgsbeiträge müssen eliminiert werden, da sie aus Sicht des fiktiven EinheitsUnt Konzern keinen Bestand haben können. Im Gegensatz zu den in § 305 HGB genannten Verrechnungen oder Umgliederungen von Aufwendungen und Erträgen ist ihre Kons. **erfolgswirksam**.

6   Welche **Posten der GuV** – nach Gesamtkostenverfahren (GKV) oder nach Umsatzkostenverfahren (UKV) – vor allem für eine Aufwands- und Ertragskonsolidierung in Betracht kommen, fasst die nachfolgende Tabelle zusammen (+ = erfolgswirksame Eliminierung; – = erfolgsneutrale Eliminierung):

GKV (§ 275 Abs. 2 HGB)		UKV (§ 275 Abs. 3 HGB)	
• Nr. 1: Umsatzerlöse	–	• Nr. 1: Umsatzerlöse	–
• Nr. 2: Erhöhung oder Verminderung des Bestands an fertigen und unfertigen Erzeugnissen	–	• Nr. 2: HK der zur Erzielung der Umsatzerlöse erbrachten Leistungen	–
• Nr. 3: andere aktivierte Eigenleistungen	–	• Nr. 4: Vertriebskosten	–
• Nr. 4: sonstige betriebliche Erträge	–/+	• Nr. 5: allgemeine Verwaltungskosten	–
• Nr. 5: Materialaufwand	–	• Nr. 6: sonstige betriebliche Erträge	–/+
• Nr. 8: Sonstige betriebliche Aufwendungen	–	• Nr. 7: Sonstige betriebliche Aufwendungen	–
• Nr. 9: Erträge aus Beteiligungen	+	• Nr. 8: Erträge aus Beteiligungen	+
• Nr. 10: Erträge aus anderen Wertpapieren und Ausleihungen des FAV	–	• Nr. 9: Erträge aus anderen Wertpapieren und Ausleihungen des FAV	–
• Nr. 11: sonstige Zinsen und ähnliche Erträge	–	• Nr. 10: sonstige Zinsen und ähnliche Erträge	–
• Nr. 12: Abschreibungen auf Finanzanlagen	+	• Nr. 11: Abschreibungen auf Finanzanlagen	+
• Nr. 13: Zinsen und ähnliche Aufwendungen	–	• Nr. 12: Zinsen und ähnliche Aufwendungen	
• Erträge/Aufwendungen aus Verlustübernahmen und Gewinnabführungen (§ 277 Abs. 3 Satz 2 HGB)	+	• Erträge/Aufwendungen aus Verlustübernahmen und Gewinnabführungen (§ 277 Abs. 3 Satz 2 HGB)	+

Auf die Aufwands- und Ertragseliminierung kann nach § 305 Abs. 2 HGB verzichtet werden, „wenn die wegzulassenden Beträge für die Vermittlung eines den tatsächlichen Verhältnissen entsprechenden Bildes der Vermögens-, Finanz- und Ertragslage des Konzerns nur von untergeordneter Bedeutung sind" (Grundsatz der **Wesentlichkeit**). Ein diesbzgl. Hinweis im Anhang ist nicht erforderlich, aber zulässig.[1]

§ 310 Abs. 2 HGB regelt die analoge Anwendung der Aufwands- und Ertragseliminierung auf GemeinschaftsUnt, die auf der Grundlage der **QuotenKons** in den Konzernabschluss einbezogen werden. Dies bedeutet, dass die in quotaler Höhe in die Summen-GuV einfließenden Aufwendungen und Erträge des GemeinschaftsUnt aus Geschäften mit KonzernUnt in voller Höhe eliminiert werden, während die korrespondierenden Aufwendungen und Erträge der KonzernUnt i.H.d. Fremdanteils am GemeinschaftsUnt in die Konzern-GuV ein-

---

[1] Vgl. Kliem/Walkenbach, in Beck Bil-Komm., 14. Aufl. 2024, § 305 HGB Rz 50.

fließen. Etwas anderes gilt für die generell nur i. H. d. Konzernanteils erfassten Beteiligungserträge des GesellschafterUnt. Sie sind in voller Höhe gegen den anteiligen Erfolg des GemeinschaftsUnt aufzurechnen.

9 Für nach der **Equity-Methode** einbezogene Unt kommt eine Aufwands- und Ertragskonsolidierung **nicht in Betracht**, da die Aufwendungen und Erträge der assoziierten Unt nicht in den Konzernabschluss zu übernehmen sind.

3 Konsolidierungstechnik

3.1 Eliminierung innerkonzernlicher Umsatzerlöse (Abs. 1 Nr. 1)

10 Die konsolidierungstechnische Umsetzung der Aufwands- und Ertragskonsolidierung bei innerkonzernlichen Umsatzerlösen aus **Lieferungen** hängt im Wesentlichen davon ab, ob
- gelieferte VG außerkonzernlich erworben oder vom Konzern selbst erstellt wurden,
- sie innerkonzernlich weiterverarbeitet wurden und
- sie dem AV oder UV zuzuordnen sind.

Zudem hängt die Konsolidierungstechnik davon ab, ob die Konzern-GuV nach dem Gesamtkostenverfahren oder nach dem Umsatzkostenverfahren erstellt wird. Bei Anwendung des **Gesamtkostenverfahren** ergeben sich die folgenden Konsolidierungsalternativen:
- Verrechnung der innerkonzernlichen Umsatzerlöse mit den korrespondierenden Aufwendungen im Konzern;
- Umgliederung der innerkonzernlichen Umsatzerlöse in die Bestandsveränderungen bei Lieferung ins UV;
- Umgliederung der innerkonzernlichen Umsatzerlöse in die anderen aktivierten Eigenleistungen bei Lieferung ins AV.

Bei Anwendung des **Umsatzkostenverfahren** entfallen naturgemäß die letzten beiden Alternativen, es erfolgt eine Verrechnung der Umsatzerlöse mit den auf sie entfallenden HK.

> **Praxis-Beispiel**
> Ein TU liefert einen selbst erstellten VG zu 30 GE (= produktionsbezogene HK) an das MU. Dort wird er als Gegenstand des AV im Prozess der betrieblichen Leistungserstellung eingesetzt. Der Konzern als einheitliche Unternehmung hat einen Gegenstand des AV selbst erstellt. Bei Anwendung des Umsatzkostenverfahren sind in der Konzern-GuV kein Umsatz und entsprechend auch keine HK der zur Erzielung des Umsatzes erbrachten Leistungen zu zeigen. Damit ist folgende Konsolidierungsbuchung erforderlich:
>
> | GuV-Posten | MU | TU | Summen-abschluss | Konsolidierung S | H | Konzern-abschluss |
> |---|---|---|---|---|---|---|
> | Umsatzerlöse | ... | 30 | 30 | ❶ 30 | | 0 |
> | ... | | ... | ... | | | ... |
> | Herstellungskosten | ... | 30 | 30 | | ❶ 30 | 0 |
> | ... | | ... | ... | | | ... |
> | **Jahresüberschuss** | **0** | **0** | **0** | | | **0** |

> Im Gesamtkostenverfahren wären die Umsatzerlöse in die anderen aktivierten Eigenleistungen umzusetzen. Ihnen ständen die beim TU angefallenen Primäraufwendungen gegenüber.

Die Eliminierung innerkonzernlicher Umsatzerlöse aus **Leistungen** (z.B. Mieten, Pachten, Verwaltungskostenumlagen oder sonstige Dienstleistungen) erfolgt regelmäßig durch Verrechnung mit den i.d.R. gleich hohen Aufwendungen. Im (seltenen) Fall einer aktivierungspflichtigen Leistung wird bei Anwendung des Gesamtkostenverfahrens eine Umgruppierung in andere aktivierte Eigenleistungen notwendig.

Praxis-Beispiel
TU1 stellt Elektromotoren her, die das MU noch in der Lieferperiode bei der Herstellung einer selbst genutzten technischen Anlage verbaut. Bei TU1 sind zur Herstellung der Motoren Personalaufwand (50 GE) und Materialaufwand (30 GE) angefallen. TU1 realisiert aus der Veräußerung der Elektromotoren Umsatzerlöse i.H.v. 100 GE. Den Transport der Elektromotoren übernahm TU2. TU2 stellt TU1 für die Transportdienstleistung einen Betrag von 5 GE in Rechnung und vereinnahmt Umsatzerlöse von 5 GE. Bei TU2 fallen für die Erbringung der Transportdienstleistung Personalaufwand (1 GE) und sonstiger betrieblicher Aufwand (2 GE) an.

GuV-Posten	MU	TU$_1$	TU$_2$	Summen-abschluss	Konsolidierung S	Konsolidierung H	Konzern-abschluss
Umsatzerlöse	...	100	...	100	❶ 100		0
...							...
Aktivierte Eigenleistungen	100	...	...	100	❸ 17		83
s. b. Erträge	...	...	5	5	❷ 5		...
Materialaufwand	100	30	...	130		❶ 100	30
Personalaufwand	...	50	1	51			51
...							...
s. b. Aufwendungen	...	5	2	7		❷ 5	2
...							...
Jahresüberschuss	**0**	**15**	**2**	**17**			**0**

Buchung 1 eliminiert den innerkonzernlichen Umsatz und Materialaufwand aus der Veräußerung der Elektromotoren von TU1 an MU, Buchung 2 entsprechend den bei TU2 anfallenden Umsatz und den korrespondierenden sonstigen betrieblichen Aufwand bei TU1 aus dem innerkonzernlichen Transport. Die Verminderung der aktivierten Eigenleistungen um 17 GE (Buchung 3) findet ihre bilanzielle Entsprechung in der Herabsetzung des Buchwerts der selbst genutzten technischen Anlage. Die aktivierten Eigenleistungen (83 GE) umfassen die im Konzern für die Herstellung der Elektromotoren und ihre Verbringung an den Bestimmungsort angefallenen Primäraufwendungen.

3.2 Eliminierung anderer innerkonzernlicher Erträge (Abs. 1 Nr. 2)

12 Auch innerkonzernliche Lieferungen und Leistungen, die **nicht zu Umsatzerlösen**, sondern zu **anderen Erträgen** führen, sind zu eliminieren (§ 305 Abs. 1 Nr. 2 HGB). Dies betrifft Erfolgsbeiträge, die nicht aus Lieferungen und Leistungen resultieren, die sich auf Produkte oder Dienstleistungen des Unternehmens beziehen. Sie werden im Gliederungsschema des § 275 HGB in einem anderen Ertragsposten als den Umsatzerlösen ausgewiesen. Ebenso wie Erträge sind auch Aufwendungen aus dem innerkonzernlichen Leistungsaustausch zu eliminieren. Als Beispiel ist die konzerninterne Veräußerung von AV zu nennen. Erfolgt die Veräußerung über oder unter Buchwert, so ist der entstehende sonstige betriebliche Ertrag oder Aufwand zu eliminieren. Dies geschieht, indem die betreffenden VG entsprechend der in § 304 Abs. 1 HGB enthaltenen Bewertungsvorschrift auf ihre Konzern-AK/-HK ab- bzw. aufgewertet werden. Eine Aufwertung steht unter dem Vorbehalt, dass der beizulegende Zeitwert i.S.d. § 253 Abs. 3 Satz 5 HGB nicht überschritten wird. Andernfalls ist der vom liefernden Unt im sonstigen betrieblichen Aufwand erfasste Veräußerungsverlust seinem konzernbilanziellen Charakter entsprechend (teilweise) in die Abschreibungen umzugliedern.

3.3 Bereinigung innerkonzernlicher Ergebnisübernahmen

13 Bei der Bereinigung **innerkonzernlicher Ergebnisübernahmen** ist zwischen periodenungleichen und periodengleichen Vereinnahmungen von Beteiligungserträgen sowie Aufwendungen und Erträgen aus Ergebnisabführungsverträgen zu unterscheiden. Bei der **periodenungleichen** Vereinnahmung von Beteiligungserträgen ist zu beachten, dass der Gewinn eines vollkonsolidierten KonzernUnt nur in der Periode seiner Erwirtschaftung in die Konzern-GuV einfließen darf. Um eine nochmalige Erfassung dieses Erfolgs im Konzernabschluss in der Folgeperiode zu verhindern, ist der beim MU vereinnahmte Beteiligungsertrag gegen die thesaurierten Gewinne des Konzerns zu verrechnen. Werden Beteiligungserträge **periodengleich** vereinnahmt, wird die doppelte Erfassung dadurch verhindert, dass der Beteiligungsertrag gegen die vom MU eingebuchte Forderung gegen das vollkonsolidierte KonzernUnt eliminiert wird. Ist bereits eine Zahlung erfolgt (Vorabausschüttung), ist der Beteiligungsertrag des MU gegen das Vorabausschüttungskonto des KonzernUnt aufzurechnen.

14 Besteht zwischen MU und TU ein **Ergebnisabführungsvertrag**, sind die aus den Einzelabschlüssen in die Summen-GuV einfließenden Aufwendungen und Erträge aus der Gewinnabführung bzw. Verlustübernahme, die sich in gleicher Höhe gegenüberstehen, miteinander zu verrechnen.

§ 306 Latente Steuern

¹Führen Maßnahmen, die nach den Vorschriften dieses Titels durchgeführt worden sind, zu Differenzen zwischen den handelsrechtlichen Wertansätzen der Vermögensgegenstände, Schulden oder Rechnungsabgrenzungsposten und deren steuerlichen Wertansätzen und bauen sich diese Differenzen in späteren Geschäftsjahren voraussichtlich wieder ab, so ist eine sich insgesamt ergebende Steuerbelastung als passive latente Steuern und eine sich insgesamt ergebende Steuerentlastung als aktive latente Steuern in der Konzernbilanz anzusetzen.² Die sich ergebende Steuerbe- und die sich ergebende Steuerentlastung können auch unverrechnet angesetzt werden.³ Differenzen aus dem erstmaligen Ansatz eines nach § 301 Abs. 3 verbleibenden Unterschiedsbetrages bleiben unberücksichtigt. ⁴Das Gleiche gilt für Differenzen, die sich zwischen dem steuerlichen Wertansatz einer Beteiligung an einem Tochterunternehmen, assoziierten Unternehmen oder einem Gemeinschaftsunternehmen im Sinn des § 310 Abs. 1 und dem handelsrechtlichen Wertansatz des im Konzernabschluss angesetzten Nettovermögens ergeben. ⁵§ 274 Absatz 2 und 3 ist entsprechend anzuwenden. ⁶Die Posten dürfen mit den Posten nach § 274 zusammengefasst werden.

Inhaltsübersicht	Rz
1 Überblick	1–2
2 Ansatz latenter Steuern im Konzern	3–33
2.1 Anwendungsbereich	3–7
2.2 Konsolidierungsmaßnahmen	8–22
2.2.1 Kapitalkonsolidierung	9–10
2.2.2 Schuldenkonsolidierung	11
2.2.3 Zwischenergebniseliminierung	12–16
2.2.4 Aufwands- und Ertragskonsolidierung	17–18
2.2.5 Konsolidierung von assoziierten Unternehmen	19
2.2.6 Steuerliche Verlustvorträge	20–21
2.2.7 Besonderheiten bei Personenhandelsgesellschaften	22
2.3 Ausnahmen vom Ansatz	23–33
2.3.1 Erstmaliger Ansatz eines Geschäfts- oder Firmenwerts	23–28
2.3.2 Outside basis differences	29–32
2.3.3 Differenzen aus der Anwendung des Mindeststeuergesetzes	33
3 Bewertung latenter Steuern im Konzern	34
4 Ausweis und Erläuterung latenter Steuern im Konzern	35–38
5 Stetigkeit	39

1 Überblick

1 Die Bildung latenter Steuern folgt im Jahresabschluss und Konzernabschluss nach HGB dem in der internationalen Rechnungslegung üblichen bilanzorientierten **Temporary-Konzept**. Anlass für die Steuerlatenzierung geben danach Unterschiede zwischen den handelsrechtlichen Wertansätzen von Vermögensgegenständen, Schulden, Rechnungsabgrenzungsposten und ihren Steuerwerten. Wie sich diese Differenzen gebildet haben, ist unbeachtlich. Deshalb sind auch **erfolgsneutral entstandene Differenzen** in die Steuerlatenzierung einzubeziehen.[1]

2 Das DRSC hat den von ihm entwickelten ursprünglichen Deutschen Rechnungslegungsstandard Nr. 18 (DRS 18) am 8.6.2010 verabschiedet und seitdem mehrfach geändert. Die jüngste Änderung geht auf den am 28.5.2024 verabschiedeten DRÄS 14 zurück. DRÄS 14 trägt den durch das Gesetz zur Umsetzung der Richtlinie (EU) 2022/2523 des Rates zur Gewährleistung einer globalen Mindestbesteuerung und weiterer Begleitmaßnahmen vom 27.12.2023[2] erforderlichen Änderungen des DRS 18 Rechnung (Rz 33). Die Vorgaben des geänderten Standards sind erstmals für das **nach dem 28.12.2023** endende Geschäftsjahr bzw. die Tz 66, 67 und 67a für das **nach dem 30.12.2023** endende Geschäftsjahr anzuwenden (Art. 91 EGHGB). In diesem Zusammenhang erhält der DRS 18 den Namen „Latente Steuern im Konzernabschluss". Die Vorgaben der zuletzt durch DRÄS 11 v. 9.3.2021 geänderten Fassung sind letztmals für das vor dem 29.12.2023 endende Geschäftsjahr zu beachten.[3] Den DRS kommt zwar keine Gesetzeskraft zu, aber mit ihrer ordnungsgemäßen Anwendung ist die Vermutung verbunden, dass die die Konzernrechnungslegung betreffenden GoB beachtet wurden (§ 342q Abs. 2 HGB).

2 Ansatz latenter Steuern im Konzern

2.1 Anwendungsbereich

3 Auf Ebene des Konzerns sind für alle in den Konzernabschluss einbezogenen Unt latente Steuern nach § 274 HGB i.V.m. § 298 HGB und auf **Konsolidierungsmaßnahmen** nach §§ 300 ff. HGB zu ermitteln. Die Bildung latenter Steuern erfolgt somit auf **drei Ebenen**.[4] Nachdem auf Ebene des Jahresabschlusses der Konzernges. die latenten Steuern (HB I) gebildet wurden, sind im nächsten Schritt auf die Anpassung dieser Buchwerte der VG, Schulden und RAP durch die konzerneinheitliche Bilanzierung und Bewertung (HB II) folglich auch Anpassungen der latenten Steuern vorzunehmen. Schließlich stellt die Erfassung latenter Steuern auf Konsolidierungsmaßnahmen die dritte Ebene der Ermittlung latenter Steuern dar.[5] § 306 ergänzt § 274 HGB für Zwecke der Kons., ihre Anwendungsbereiche sind

---

[1] Vgl. Karrenbrock, WPg 2009, S. 334.
[2] Vgl. BGBl. 2023 I Nr. 397.
[3] Vgl. http://www.drsc.de.
[4] Vgl. Begründungsteil der BT-Drs. 16/10067 v. 30.7.2008 S. 83.
[5] Vgl. Wendholt/Wesemann, DB 2009, Beil. 5, S. 73.

aber verschieden. § 274 HGB regelt den Ansatz latenter Steuern im Jahresabschluss einschl. der HB II (Stufen 1 und 2), während § 306 HGB auf die Konsolidierungsmaßnahmen der §§ 300–307 HGB Anwendung findet (Stufe 3).[6]
Bei der Aufstellung des Konzernabschlusses stellt sich die Frage, ob das Ansatzwahlrecht für einen Aktivüberhang gem. § 274 Abs. 1 Satz 2 HGB, der durch Anpassungen an die konzerneinheitliche Bilanzierung und Bewertung entsteht, bereits in der HB II der einzubeziehenden Unt oder erst auf der Ebene der Summenbilanz ausgeübt wird.

Praxis-Beispiel
Ansatzwahlrecht Aktivüberhang nach § 274 i. V. m. § 298 HGB
Die in den Konzernabschluss einbezogenen Unt stellen in ihren jeweiligen Jahresabschluss (HB I) die folgenden latenten Steuern fest, die sich bei der Erstellung der HB II nicht verändern:

	TEUR
• MU: aktive latente Steuern	500
• TU1: passive latente Steuern	– 300
• TU2: aktive latente Steuern	50

Folgende mögliche Ergebnisse bei der Ausübung des Ansatzwahlrechts zeigen sich in der Summenbilanz:

	Latente Steuern vor Konsolidierungsmaßnahmen TEUR
• das Ansatzwahlrecht wird auf Ebene der HB II ausgeübt	250
• das Ansatzwahlrecht wird in der HB II nicht ausgeübt	– 300
• das Ansatzwahlrecht wird in der Summenbilanz nicht ausgeübt:	0

In Ermangelung einer gesetzlichen Regelung sind wohl alle drei in dem Beispiel dargestellten Ausweisvarianten als zulässig zu erachten. Die Ausübung des Ansatzwahlrechts auf der Ebene der Summenbilanz erscheint dem Einheitsgrundsatz folgend als die zu bevorzugende Betrachtungsweise.
Nicht erlaubt jedenfalls ist die Aktivierung von latenten Steuern nur einzelner in den Konzernabschluss einbezogener Unt (Teilaktivierung). Diese widerspricht dem Stetigkeitsgrundsatz (Rz 39).

---

[6] Vgl. Grottel/Larenz, in Beck Bil-Komm., 13. Aufl. 2022, § 306 HGB Rz 3. Die Zuordnung der latenten Steuern aus der Anpassung der Bewertung bei der Überleitung der HB I auf die HB II zum Jahresabschluss ist sachlich nicht unumstritten, da die Umbewertung nur für den Konzernabschluss erfolgt. Da die Umbewertung allerdings nicht zu den Konsolidierungsmaßnahmen gem. §§ 300–307 HGB zählt, ist die Zuordnung zu § 274 HGB insoweit aber folgerichtig. Vgl. Loitz, DB 2010, S. 2177. Zu weiterführenden Überlegungen vgl. Rz 4.

4 Der HGB-Fachausschuss des DRSC hält eine unterschiedliche Behandlung von aktiven latenten Steuern im Konzernabschluss in Abhängigkeit von deren Entstehung (Aktivierungswahlrecht nach § 274 Abs. 1 HGB i.V.m. § 298 Abs. 1 HGB vs. Aktivierungspflicht nach § 306 HGB) systematisch für nicht gerechtfertigt, da sich die unterschiedliche Behandlung nicht mit dem Einheitsgrundsatz des Konzernabschlusses vertrage (s. die zur Diskussion gestellte Frage 1 im E-DRÄS 11). Das IDW hält es dagegen in seiner Stellungnahme v. 27.2.2020 an das DRSC vor dem Hintergrund des geltenden Wortlauts für vertretbar und sinnvoll, auch weiterhin § 274 Abs. 1 HGB **einheitlich** auf Differenzen anzuwenden, die aus § 300 Abs. 2 HGB (Ansatz) **und** aus § 308 HGB (Bewertung) resultieren. Faktisch würde sonst für alle deutschen Unt, die in einen HGB-Konzernabschluss im Wege der Voll- oder Quotenkonsolidierung einbezogen werden, die Bilanzierungserleichterung ins Leere laufen. Auf Ebene der HB I nicht erforderliche detaillierte Ermittlungen bzgl. der genauen Höhe des Aktivüberhangs müssten spätestens auf Ebene der HB II nachgeholt werden.

5 Es sind nicht allein die sich im Zeitablauf ausgleichenden GuV-wirksamen Differenzen zu berücksichtigen, sondern auch alle sich im Zeitablauf abbauenden GuV-neutral entstandenen Differenzen. Diese bilanzorientierte Betrachtungsweise wird dadurch zum Ausdruck gebracht, dass begrifflich (Steuerabgrenzung) auf die Differenz zwischen den handelsrechtlichen Wertansätzen der VG oder Schulden und deren steuerlichen Wertansätzen abgestellt wird.[7]

6 Nach § 306 HGB sind auf **Bewertungsunterschiede, die durch Konsolidierungsmaßnahmen des Vierten Titels des HGB** (§§ 300–307 HGB) entstehen, latente Steuern anzusetzen, soweit sich die Differenz in Zukunft voraussichtlich wieder abbauen wird und dieser Abbau Steuerwirkungen auslöst. Ebenso wie nach § 274 HGB ist auf eine Gesamtbetrachtung der entstehenden Latenzen abzustellen (§ 306 Satz 1 HGB). Anders als § 274 Abs. 1 HGB sieht § 306 HGB aber kein Wahlrecht für den Ansatz eines Aktivüberhangs vor. Der entstehende Aktiv- oder Passivüberhang darf zum einen saldiert oder unsaldiert ausgewiesen werden (§ 306 Satz 2 HGB), zum anderen ist eine Zusammenfassung mit dem oder den Posten aus § 274 HGB zulässig (§ 306 Satz 6 HGB).

7 Die Vorschriften des § 306 HGB sind auch auf die Konsolidierung von **GU** (§ 310 HGB) und von **assoziierten** Unt (§§ 311, 312 HGB) anzuwenden (§§ 310 Abs. 2, 312 Abs. 5 Satz 3 HGB; DRS 18.4a). Einschränkend zu beachten ist jedoch das Latenzierungsverbot für outside basis differences (Rz 29).

2.2 Konsolidierungsmaßnahmen

8 Die Konsolidierungsmaßnahmen des relevanten Vierten Titels innerhalb der Konzernrechnungslegungsvorschriften des HGB beinhalten die **allg. Konsolidierungsgrundsätze und das Vollständigkeitsgebot** (§ 300 HGB), die **KapKons** (§ 301 HGB), die **SchuldenKons** (§ 303 HGB), die **Zwischenergebniseliminierung** (§ 304 HGB), die **Aufwands- und ErtragsKons** (§ 305 HGB) und die Ermittlung sowie den Ausweis der **Anteile anderer Gesellschafter** (§ 307 HGB). Für die anteilmäßige Konsolidierung und die Bewertung der Vermögensgegenstände und Schulden eines nach der Equity-Methode einbezogenen Unt gilt § 306 HGB kraft ausdrücklicher

---

[7] Vgl. Begründungsteil der BT-Drs. 16/10067 v. 30.7.2008 S. 83.

Anordnung (§§ 310 Abs. 2, 312 Abs. 5 Satz 3 HGB). Damit sind nachfolgende sonstige Konsolidierungsmaßnahmen von dem gesetzlichen Verweis ausgenommen:
- einheitliche Bewertung (§ 308 HGB)
- Währungsumrechnung (§ 308a HGB)
- Behandlung des Unterschiedsbetrags (§ 309 HGB)

Für diese Konsolidierungsmaßnahmen gelten meistenteils besondere Regelungen. **Währungsdifferenzen** werden nach § 308a HGB – ohne latente Steuern hierauf zu berechnen – in einem nach den Rücklagen auszuweisenden gesonderten Posten ausgewiesen. Auch handelt es sich nicht um eine Konsolidierungsmaßnahme im eigentlichen Sinne (DRS 18.31a integriert die Regelungen zu latenten Steuern aus DRS 25.40 und .B3).[8]

2.2.1 Kapitalkonsolidierung

Das EK von TU ist zum ErstKons-Zeitpunkt i.H.d. beizulegenden Zeitwerts der in den Konzernabschluss aufzunehmenden VG, Schulden, RAP und Sonderposten anzusetzen. Infolgedessen werden die zum Zeitpunkt der ErstKons auf den VG, Schulden, RAP und Sonderposten ruhenden „stillen" Reserven und Lasten aufgedeckt und als Wertansatz mit in den Konzernabschluss übernommen. Ausgenommen von der Zeitwertbewertung sind Rückstellungen und latente Steuern, die nach den Regelungen für den Jahresabschluss zu bewerten sind (§ 301 Abs. 1 Satz 3 HGB). Sofern zwischen dem Buchwert der vom MU ausgewiesenen Beteiligung und dem neu bewerteten EK des TU ein aktiver bzw. passiver Unterschiedsbetrag entsteht, ist dieser als GoF bzw. als Unterschiedsbetrag aus der KapKons gem. § 301 Abs. 3 HGB auszuweisen (§ 301 Rz 105 ff.). Die noch bis zur Verabschiedung des BilMoG zulässige erfolgsneutrale Verrechnung des GoF mit den Konzern-Rücklagen ist nicht mehr zulässig.

In der Steuerbilanz können diese Neubewertungen zumindest nicht unmittelbar nachgebildet werden, weil sie durch einen ausschl. rechnungslegungsbezogenen Bewertungsvorgang initiiert werden, dem kein Erwerbsvorgang bzw. Übertragungsvorgang, bezogen auf die neu bewerteten VG, Schulden, RAP und Sonderposten, zugrunde liegt. Erworben wird lediglich eine Beteiligung, durch die ein beherrschender Einfluss des MU entsteht. Infolge der Neubewertung entstehen latente Steuern auf die Differenzen zwischen den Wertansätzen der in den Konzernabschluss übernommenen VG, Schulden, RAP und Sonderposten und deren Wertansätzen in der Steuerbilanz. Die Differenzen entstehen bereits zum **Zugangszeitpunkt**, d.h. zu dem Zeitpunkt, zu dem das Unt TU geworden ist.

Für im Zuge der **ErstKons entstehende GoF bzw. Unterschiedsbeträge** aus der KapKons dürfen keine latenten Steuern abgegrenzt werden (§ 306 Satz 3 HGB), da der GoF nur eine Residualgröße darstellt und der Ansatz passiver latenter Steuern wiederum zu einer Erhöhung des GoF führen würde, was wiederum eine zusätzliche Abgrenzung latenter Steuern bedingen würde (Rz 23 ff.).

---

[8] Die Ermittlung latenter Steuern einer Zweigniederlassung bzw. einer Betriebsstätte soll künftig so erfolgen, als ob diese Zweigniederlassung bzw. Betriebsstätte ein rechtlich selbstständiges Unt wäre (DRS 18.31b).

Praxis-Beispiel
Unt A hat zum 31.12.01 eine 60 %ige Beteiligung zum Preis von 7 Mio. EUR an Unt B erworben. Das EK von B beträgt zum Erwerbsstichtag
- 4 Mio. EUR zu Buch- und steuerlichen Werten und
- 6 Mio. EUR nach Neubewertung.

B verfügt zum Zeitpunkt des Erwerbs über steuerlich nutzbare Verlustvorträge i.H.v. 1 Mio. EUR, die planmäßig in den nächsten 5 Jahren genutzt werden können. Bei der Neubewertung kommen folgende beizulegende Zeitwerte zum Ansatz (Buchwerte in Klammern) (Hinweis: Nach der Neubewertungsmethode sind die beizulegenden Zeitwerte vollständig, nicht nur i.H.d. Beteiligungsquote anzusetzen.):
- Grundstück: 2 Mio. EUR (1 Mio. EUR)
- Vorratsvermögen: 1,0 Mio. EUR (0,5 Mio. EUR)
- Immaterielle VG: 1,5 Mio. EUR (0,0 Mio. EUR)
- Pensionsrückstellungen: 5,0 Mio. EUR (4,0 Mio. EUR)

Die latenten Steuern sollen mit einem Steuersatz von 30 % zu bewerten sein. Es ergeben sich folgende aktive oder passive latente Steuern:
- Grundstück: passive latente Steuern 0,3 Mio. EUR
- Vorratsvermögen: passive latente Steuern 0,15 Mio. EUR
- Immaterielle VG: passive latente Steuern 0,45 Mio. EUR
- Pensionsrückstellungen: aktive latente Steuern 0,3 Mio. EUR
- GoF: 0,0 Mio EUR
- Verlustvorträge: Nach den Regelungen zur Verlustnutzung (§ 8c KStG) geht der Verlustvortrag infolge der Veräußerung der Anteilsmehrheit an A verloren. Daher sind bei der ErstKons keine aktiven latenten Steuern auf den Verlustvortrag zu berücksichtigen.

Infolge des Ansatzes der latenten Steuern entsteht ein GoF i.H.v. 1,6 Mio. EUR, der sich wie folgt ermittelt:
- AK der Beteiligung (7 Mio. EUR), abzgl. neu bewertetes EK (6 Mio. EUR) = 1 Mio. EUR
- Summe der auf die neu bewerteten VG entfallenden saldierten passiven latenten Steuern: 0,6 Mio. EUR

Nachfolgende Tabelle fasst die dargestellten Werte zusammen.

Praxis-Beispiel

	Buch-werte Mio. EUR	Neu-bewertung Mio. EUR	Abwei-chung Mio. EUR	latente Steuern Mio. EUR	Konzern-abschluss Mio. EUR
Geschäfts- oder Firmenwert					1,6
Immaterielle VG	0,0	1,5	1,5	0,45	1,5
Grundstück	1,0	2,0	1,0	0,30	2,0
Vorratsvermögen	0,5	1,0	0,5	0,15	1,0
Sonstige Aktiva	7,5	7,5	0,0	0,00	7,5
Latente Steuern					0,3
Summe Aktiva	9,0	12,0	3,0	0,90	13,9
EK/Konsolidiertes Nettovermögen	4,0	6,0	2,0		7,0
– davon steuerlich nutz-bare Verlustvorträge	– 1,0	– 1,0	0,0	0,00	– 1,0
Pensionsrückstellungen	4,0	5,0	1,0	0,30	5,0
Sonstige Passiva	1,0	1,0	0,0	0,00	1,0
Latente Steuern					0,9
Summe Passiva	9,0	12,0	3,0	0,30	13,9

2.2.2 Schuldenkonsolidierung

Bilanzierte Ansprüche, Verbindlichkeiten und Rückstellungen zwischen den in den Konzernabschluss einbezogenen Unt sind wegzulassen (§ 303 Abs. 1 HGB). Solange konzerninterne Geschäftsvorfälle in den betreffenden KonzernUnt spiegelbildlich erfasst werden und sich Forderungen und Verbindlichkeiten gleichartig und gleichwertig gegenüberstehen, kommt es zu keinen konsolidierungsbedingten Anpassungsmaßnahmen. Zwar entfällt der Ansatz konsolidierungspflichtiger Forderungen bzw. Schulden im Konzernabschluss. Hierbei handelt es sich allerdings nicht um einen durch den Entfall des Ansatzes begründeten divergierenden Wertansatz zwischen Konzernabschluss und Steuerbilanz, sondern um eine erforderliche Konsolidierungsmaßnahme zur Vermeidung des Ausweises von „Innengeschäften". Sofern sie sich jedoch nicht in gleicher Höhe gegenüberstehen, sind i.d.R. GuV-wirksame Konsolidierungsmaßnahmen erforderlich. Damit kommt es infolge solcher Schuldenkonsolidierungsmaßnahmen dazu, dass die Wertansätze der betreffenden Ansprüche, Verbindlichkeiten und Rückstellungen im Konzernabschluss zu verändern sind und damit von ihren steuerlichen Wertansätzen abweichen. Eine Steuerabgrenzung ist vorzunehmen, wenn diese Unterschiede auf **unterschiedlichen Bewertungsvorschriften**, so

11

z. B. auf einem imparitätischen Ansatz- bzw. Bewertungserfordernis beruhen und sich diese Differenzen in späteren Jahren voraussichtlich wieder abbauen.[9]

> **Praxis-Beispiel 1**
> TU A hat TU B Komponenten im Wert von netto 500 TEUR geliefert, die B als Hersteller von Maschinen in diese Maschinen einbaut. Infolge eines Einbruchs des Absatzmarkts gerät B in nachhaltige Zahlungsschwierigkeiten. A bewertet die gegen B bestehende Forderung aus Lieferungen und Leistungen daher in ihrem Jahresabschluss vorsichtshalber nur zu 50 % des Netto-Nennwerts und bildet eine entsprechende, auch steuerlich zulässige Einzelwertberichtigung.
> Bei der SchuldenKons im Konzernabschluss ist die auf die Forderung gebildete Einzelwertberichtigung i. H. v. 250 TEUR wieder aufzulösen. Die sich im Zeitablauf wieder abbauende Differenz führt zu passiven latenten Steuern i. H. v. 75 TEUR (bei einem unterstellten Steuersatz von 30 %).
> In Abwandlung des zuvor genannten Beispiels gewährt A für die gelieferten Komponenten ein Zahlungsziel von 2 Jahren. Die wirtschaftliche Entwicklung von B lässt erkennen, dass B in 2 Jahren die Kaufpreisschuld wird begleichen können. Die Forderung von A gegen B ist wegen des gewährten Zahlungsziels beim erstmaligen Ansatz im Jahresabschluss auch steuerlich wirksam mit einem annahmegemäß marktgerechten Zinssatz von 5 % abzuzinsen. Die über 2 Jahre diskontierte Brutto-Forderung (500 TEUR zzgl. 19 % USt) ist bei ihrem Zugang mit einem Wert i. H. v. 539,7 TEUR anzusetzen. Bei der Kons. ist die Abzinsung GuV-wirksam wieder aufzulösen. Infolge der konsolidierungsbedingten Auflösung der Abzinsung i. H. v. 55,3 TEUR sind passive latente Steuern i. H. v. 16,6 TEUR zu bilanzieren.

> **Praxis-Beispiel 2**
> TU A bildet im Jahresabschluss für gelieferte Komponenten an TU B auch steuerlich anerkannte Garantie- bzw. Gewährleistungsrückstellungen i. H. v. 50 TEUR. Im Jahresabschluss von B sind im Zusammenhang mit den bei A gebildeten Rückstellungen keine Ansprüche zu aktivieren, da Schäden an den gelieferten Komponenten noch nicht (übereinstimmend) festgestellt wurden. Im Konzernabschluss sind die Garantie- bzw. Gewährleistungsrückstellungen GuV-wirksam aufzulösen. Infolge der Auflösung kommt es zu einem Ansatz von passiven latenten Steuern i. H. v. 15 TEUR.

> **Praxis-Beispiel 3**
> TU A gewährt TU B ein Darlehen i. H. v. 100 TEUR. Es ist ein Disagio von 5 % vereinbart. A aktiviert die Darlehensforderung i. H. v. 100 TEUR und grenzt das Disagio passivisch ab. B setzt die Darlehensverbindlichkeit zum Erfüllungsbetrag von 100 TEUR an, verzichtet aber auf den Ansatz des Disagios als aktiven RAP. Da B in der Steuerbilanz das Disagio zu aktivieren hat, bildet er in der HB aktive latente Steuern i. H. v. 1,5 TEUR.
> Die bei B vorgenommene aufwandswirksame Erfassung des Disagios ist i. R. d. SchuldenKons wieder rückgängig zu machen.

---

[9] Vgl. Polt/Lenger, in Baetge/Kirsch/Thiele, Bilanzrecht, § 306 HGB Rz 44, Stand: 11/2022.

Mit der Eliminierung der aufwandswirksamen Erfassung des Disagios wird der steuerliche Wertansatz wiederhergestellt, mit der Folge, dass die auf der Jahresabschlussebene für diesen Sachverhalt gebildeten aktiven latenten Steuern i. H. v. 1,5 TEUR wieder zu eliminieren sind.

2.2.3 Zwischenergebniseliminierung

I. R. d. Zwischenergebniseliminierung gem. § 304 HGB werden die aus **Lieferungen und Leistungen** innerhalb des Konzerns entstehenden **Gewinn- bzw. Verlustbeiträge eliminiert**. Die dem Einheitsgedanken folgende Konsolidierungsmaßnahme verhindert, dass es bei konzerninternen Geschäftsvorfällen zu einem Gewinn- oder Verlustausweis kommt, der aus Konzernsicht nur bei Transaktionen mit Konzernfremden entstehen darf. Dabei ändert sich häufig der Charakter des Ertrags bzw. Aufwands. Dies gilt z. B. für von einem TU hergestellte Erzeugnisse, die entweder zum langfristigen Verbleib bzw. zu Handels- oder Weiterverarbeitungszwecken an ein anderes TU geliefert werden. Im Fall der Aktivierung bei dem empfangenden TU im AV verwandeln sich die Umsatzerlöse im Jahresabschluss des TU bei Anwendung des GKV in **Erträge aus anderen aktivierten Eigenleistungen** im Konzernabschluss (§ 304 Rz 10). Sofern die Erzeugnisse in den Vorräten des empfangenden TU zu aktivieren sind, stellen sie für sich betrachtet **Erhöhungen des Bestands an unfertigen oder fertigen Erzeugnissen** dar. In jedem Fall lässt schon dieser Charakterwandel darauf schließen, dass in den betreffenden Erträgen oder Aufwendungen enthaltene Gewinn- oder Verlustanteile auf der Ebene des Konzernabschlusses nicht realisiert sind und daher auch nicht aktiviert werden dürfen.

Im Ergebnis gilt dies auch für konzerninterne **Dienstleistungen**, die im Jahresabschluss des empfangenden TU nicht aktiviert, sondern im Aufwand erfasst werden. Mangels Aktivierungsfähigkeit der Dienstleistung beim Empfänger bedürfen diese konzerninternen Transaktionen keiner gesonderten Zwischenergebniseliminierung. Diese werden durch die Aufwands- und ErtragsKons miterfasst.

Durch die Zwischenergebniseliminierung wird der Wertansatz des betreffenden konzernintern gelieferten VG im Konzernabschluss gegenüber seinem steuerlichen Wertansatz verändert, woraus der Ansatz latenter Steuern abzuleiten ist. Die Differenzen werden bei den in der Nutzung zeitlich begrenzten VG des AV durch die Abschreibungen abgebaut. Bei in der Nutzung nicht zeitlich begrenzten VG des AV, z. B. Grundstücken und Beteiligungen, kommt ein Abbau insb. durch außerplanmäßige Abschreibungen oder durch Verkauf des VG in Betracht. Nach § 306 HGB unterliegen beide Arten von temporären Differenzen der Steuerlatenzierung.

Praxis-Beispiel 1
TU A liefert am 1.1.01 an TU B eine Maschine, die A selbst hergestellt hat. B plant, diese Maschine zukünftig für die eigene Produktion einzusetzen, und aktiviert die Maschine im AV. Die HK der Maschine betragen 250 TEUR. A hat einen Gewinnaufschlag von 20 % vereinbart und stellt B die Maschinen für 300 TEUR zzgl. USt in Rechnung.
Im Konzernabschluss ist die Lieferung der Maschine von A an B als Innenumsatz zu eliminieren. Infolgedessen sind die von A im Jahresabschluss hierfür ausgewie-

senen Umsatzerlöse im Konzernabschluss um den Gewinnanteil gekürzt in die Erträge aus anderen aktivierten Eigenleistungen umzugliedern. Der Wertansatz der Maschine im AV von B ist um den Gewinnaufschlag i. H. v. 50 TEUR auf die HK i. H. v. 250 TEUR zu reduzieren. Auf die Zwischengewinneliminierung entfallen bei einem Steuersatz von 30 % aktive latente Steuern i. H. v. 15 TEUR. Aufgrund von Erfahrungswerten aus der Vergangenheit wird die planmäßige Nutzungsdauer bei linearem Wertverbrauch für den Konzernabschluss mit 8 Jahren eingeschätzt. Danach wird noch ein Restwert von 50 TEUR erwartet, der durch den Verkauf der Maschine realisiert werden soll. Steuerlich soll die Maschine linear über 10 Jahre auf einen Restwert von 0 EUR abgeschrieben werden. Der Restbuchwert der Maschine im ersten Konzernabschluss nach dem Zugangszeitpunkt beträgt 225 TEUR, der steuerliche Wertansatz in der Steuerbilanz von B 270 TEUR. Die im Zugangszeitpunkt bilanzierten aktiven latenten Steuern von 15 TEUR sind auf 13,5 TEUR zu reduzieren.

Praxis-Beispiel 2
TU A veräußert eine vor einigen Jahren erworbene 20-%-Beteiligung an einem ZulieferUnt an TU B. B beabsichtigt eine langfristige strategische Partnerschaft mit dem ZulieferUnt und aktiviert die Beteiligung in den Finanzanlagen. Die AK der Beteiligung für A betrugen ursprünglich 1 Mio. EUR. Der Verkaufspreis an B, der dem auf die Beteiligung entfallenden beizulegenden Zeitwert des ZulieferUnt entspricht, beträgt 2 Mio. EUR.
Im Konzernabschluss ist der bei A entstandene Veräußerungsgewinn zu eliminieren. Im Konzernabschluss kommt es insofern zu einem von dem steuerlichen Wertansatz bei B divergierenden Ansatz i. H. v. 1 Mio. EUR. Da die Beteiligung mangels zeitlicher Nutzungsbegrenzung nicht planmäßig abgeschrieben werden darf, wird diese Differenz allerdings erst bei der Weiterveräußerung durch B wieder abgebaut (quasi-permanente Differenz). Es sind aktive latente Steuern zu bilden. Gem. § 8b Abs. 3 KStG ist allerdings der Gewinn aus der Veräußerung einer Beteiligung steuerlich nicht anzusetzen, dafür aber i. H. v. 5 % als nicht abzugsfähige Betriebsausgabe zu berücksichtigen. Die Regelung wirkt sich auch auf die gewerbesteuerliche Bemessungsgrundlage aus.
Adjustierungen des handelsrechtlichen Wertansatzes im Konzernabschluss durch ggf. notwendige außerplanmäßige Abschreibungen auf den niedrigeren beizulegenden Wert gem. § 253 Abs. 3 HGB und das Wertaufholungsgebot gem. § 253 Abs. 5 HGB erfordern entsprechende Anpassungen des latenten Steuerpostens im Zeitablauf. Demgegenüber haben Abschreibungen auf den Beteiligungsbuchwert auf Ebene des Jahresabschlusses von TU B keinen Einfluss auf die Steuerlatenz nach § 306 HGB, da sie steuerlich nicht berücksichtigt werden.
Nachfolgend wird das vorgenannte Beispiel tabellarisch wiedergegeben.

Praxis-Beispiel

	TU A			TU B		
	01_{Anfang}	Geschäfts-vorfälle	01_{Ende}	01_{Anfang}	Geschäfts-vorfälle	01_{Ende}
Bilanz						
Beteiligung	1.000	−1.000	0	0	2.000	2.000
Bank	0	2.000	2.000	2.000	−2.000	0
EK	−1.000	−985	−1.985	−2.000	0	−2.000
Verbindlichkeiten	0	−15	−15	0	0	0
Summe	0	0	0	0	0	0
GuV						
Sonstige betriebl. Erträge		−1.000	−1.000		0	0
Ertragsteuern						
§ 8b Abs. 3 KStG	5 %					
Steuersatz	30 %	15	15		0	0
Jahresergebnis		−985	−985	0	0	0

Konzern

	01_{Anfang}	Geschäfts-vorfälle	01_{Ende}	Kons.	Summe
Bilanz					
Beteiligung	1.000	1.000	2.000	−1.000	1.000
Bank	2.000	0	2.000		2.000
EK	−3.000	−985	−3.985	985	−3.000
Verbindlichkeiten	0	−15	−15		−15
Latente Steuern				15	15
Summe	0	0	0	0	0
GuV					
Sonstige betriebl. Erträge		−1.000	−1.000	1.000	0
Ertragsteuern		15	15	0	15
Latente Steuern		0	0	−15	−15
Jahresergebnis	0	−985	−985	985	0

Praxis-Beispiel
Im nachfolgenden Gj 02 erfolgt als einziger Geschäftsvorfall bei TU B eine Abschreibung auf den Beteiligungsansatz infolge einer andauernden Wertminderung. Die Abschreibung wirkt sich, wie oben erläutert, ertragsteuerlich nicht aus.

	TU A			TU B		
	02_{Anfang}	Geschäfts-vorfälle	02_{Ende}	02_{Anfang}	Geschäfts-vorfälle	02_{Ende}
Bilanz						
Beteiligung	0		0	2.000	−500	1.500
Bank	2.000		2.000	0	0	0
EK	−1.985		−1.985	−2.000	500	−1.500
Verbindlichkeiten	−15		−15	0	0	0
Latente Steuern						
Summe	0	0	0	0	0	0
GuV						
Sonstige betriebl. Erträge		0	0		0	0
Abschr. FAV		0	0		500	
Ertragsteuern						
§ 8b Abs. 3 KStG	5 %					
Steuersatz	30 %	0	0		0	0
Latente Steuern		0	0		0	0
Jahresergebnis		0	0		500	0

Konzern

	02_{Anfang}	Geschäfts-vorfälle	02_{Ende}	Kons. 01	Kons. 02	Konzern
Bilanz						
Beteiligung	2.000	−500	1.500	−1.000	500	1.000
Bank	2.000	0	2.000			2.000
Eigenkapital	−3.985	500	−3.485	985	−492,5	−2.992,5
Verbindlichkeiten	−15	0	−15			−15
Latente Steuern				15	−7,5	7,5
Summe	0	0	0	0	0	0
GuV						
Sonstige betriebl. Erträge		0	0	1.000		1.000
Abschr. FAV					−500	−500
Ertragsteuern		0	0	0	0	0
Latente Steuern		0	0	−15	7,5	−7,5
Jahresergebnis		0	0	985	−492,5	492,5

Die Regelung gilt wegen §§ 312 Abs. 5, 304 HGB auch für Zwischengewinne aus Liefer- und Leistungsverhältnissen mit **assoziierten** Unt.
Bei der Eliminierung von Zwischenergebnissen aus konzerninternen Lieferungen und Leistungen ist für die Bewertung latenter Steuern grundsätzlich auch weiterhin der **Steuersatz** des die Lieferung oder Leistung **empfangenden** Unt maßgeblich. In Ausnahmefällen lässt das DRSC ein **Abweichen** von diesem Grundsatz zu, z.B. bei einer Lieferung an eine Personenhandelsgesellschaft, wenn dadurch eine **zutreffendere Darstellung der Konzernsteuerquote** erreicht werden kann (DRS 18.45a).

2.2.4 Aufwands- und Ertragskonsolidierung

Bei der Aufwands- und ErtragsKons gem. § 305 HGB werden konzerninterne Erträge, insb. Umsatzerlöse, aber auch sonstige Liefer- und Leistungstransaktionen, mit den auf sie entfallenden Aufwendungen, soweit sie nicht als Bestandsveränderungen auszuweisen sind, verrechnet. I.d.R. stehen sich die zu konsolidierenden **Erträge und Aufwendungen in gleicher Höhe** gegenüber, sodass auch die mit den Erträgen und Aufwendungen korrespondierenden VG, z.B. Forderungen aus L&L oder AV, und Schulden sich gleichwertig gegenüberstehen. Mangels erforderlicher Anpassungen der Wertansätze durch die Konsolidierungsmaßnahme sind hierbei keine latenten Steuern zu erfassen.
Etwas anderes kann sich ergeben, wenn eine Transaktion zwischen zwei TU nur **einseitig** einen Ergebniseffekt auslöst. Dies ist regelmäßig bei Gewinnausschüttungen von KapG festzustellen. Die Ausschüttung der übertragenden Ges. erfolgt ergebnisneutral aus dem EK. Die empfangende Ges. weist ergebniswirksame Erträge aus Beteiligungen aus und aktiviert spätestens ab dem Zeitpunkt des Gewinnausschüttungsbeschlusses einen Gewinnanspruch.[10] Der Gewinnausschüttungsbeschluss erfolgt regelmäßig im Folge-Gj, sodass der ausgeschüttete Gewinn zum einen im Konzernabschluss des Gj seiner Entstehung ausgewiesen wird und zum anderen durch die Ausschüttung im Folgejahr oder in den Folgejahren ein weiteres Mal in den Konzernabschluss einfließt. Bei der dadurch erforderlichen Konsolidierungsmaßnahme ergeben sich zunächst keine Wertveränderungen des Gewinnanspruchs und der korrespondierenden Gewinnausschüttungsverpflichtung. Allerdings können sich je nach der Art der Besteuerung von Beteiligungserträgen Auswirkungen auf die Steuerschuld des empfangenden TU ergeben. Bei dem ausschüttenden TU ergibt sich regelmäßig keine steuerliche Auswirkung, da die Ausschüttung aus dem versteuerten Jahresergebnis erfolgt. Die durch die Kons. entstehende Differenz führt, solange hierdurch nicht eine permanente Differenz entsteht, grds. zum Ansatz latenter Steuern. Soweit die Beteiligungserträge (z.B. innerhalb eines Unternehmensverbunds) nicht besteuert werden und insoweit durch die Konsolidierungsmaßnahme die Steuerschuld nicht verändert wird, muss der Ansatz von latenten Steuern für diesen Teil unterbleiben.
Bei noch nicht erfolgtem Gewinnverwendungsbeschluss, aber handelsrechtlich zulässiger bzw. gebotener phasengleicher Übernahme von Ergebnissen aus Beteiligungen, entstehen aufgrund des steuerlichen Ansatzverbotes temporäre

---

[10] Es sei denn, es liegen die Voraussetzungen für eine phasengleiche Gewinnvereinnahmung vor.

Differenzen, die ebenfalls dem Ansatzverbot für temporäre Differenzen, die sich zwischen dem steuerlichen Wertansatz einer Beteiligung an einem TU, assoziierten Unt oder GemeinschaftsUnt und dem handelsrechtlichen Wertansatz des im Konzernabschluss angesetzten Nettovermögens ergeben, unterliegen (DRS 18.31, 18.B 8).

2.2.5 Konsolidierung von assoziierten Unternehmen

19 Nach den Regelungen des § 312 Abs. 5 Satz 3 HGB sind die §§ 304 HGB und 306 HGB für die Kons. von assoziierten Unt entsprechend anzuwenden (Rz 7). Damit sind die neben den in § 312 Abs. 1 bis 4 HGB geregelten Maßnahmen zusätzlich durchzuführenden Konsolidierungserfordernisse auf **Zwischenergebnisse** und **latente Steuern** beschränkt. Damit wurden vom Gesetzgeber Vorgaben u. a. durch Art. 27 Abs. 7 i.V.m. Art. 24 Abs. 7 der RL 2013/34/EU umgesetzt.[11] Die Schulden- und die Aufwands- und ErtragsKons wurden somit vom Gesetzgeber ausgenommen. Ebenso ist die Anwendung der §§ 304 HGB und 306 HGB begrenzt auf die Fälle, in denen die für die Beurteilung maßgeblichen Sachverhalte bekannt oder zugänglich sind.
Diese sich bis zum BilRUG nicht aus dem Gesetz ergebende Ausdehnung auf die Beteiligungen an assoziierten Unt beruht auf mit § 301 Abs. 1 HGB vergleichbaren Konsolidierungsmaßnahmen, die im Fall von assoziierten Unt nicht zu einer unterschiedlichen Behandlung führen sollen. Bei der Bewertung von Beteiligungen an assoziierten Unt im Konzernabschluss ist das auf die Beteiligung entfallende anteilige Eigenkapital des assoziierten Unt mit den Zeitwerten der VG, Schulden, RAP und Sonderposten zu bewerten. Diese Werte sind in den Folgeabschlüssen fortzuführen (§ 312 Rz 47). Infolgedessen kommt es auch hier zu einer Aufdeckung stiller Reserven.
Auf temporäre Differenzen, die i. R. d. Ermittlung des Wertansatzes der Beteiligung nach § 312 HGB entstehen (DRS 26.34 ff.), sind latente Steuern zu bilden. Sie stellen einen Teil des Equity-Wertansatzes dar (DRS 18.27).
Buchwertdifferenzen aus dem **erstmaligen Ansatz** eines **GoF bzw. passiven Unterschiedsbetrags** nach § 301 Abs. 3 HGB sind gem. § 306 Satz 3 HGB bei der Ermittlung latenter Steuern **nicht** zu berücksichtigen (Rz 23 ff.).
Für Zwecke der **Folgebewertung** sind latente Steuern auf Buchwertdifferenzen beim GoF bzw. passiven Unterschiedsbetrag (UB) anzusetzen, soweit sie auf temporäre Differenzen beruhen, die auf einen steuerlich abzugsfähigen GoF bzw. einem steuerlich zu berücksichtigenden passiven UB zurückzuführen sind. Nach DRS 18.27b i. d. F. DRÄS 11 sind diese Regelungen bei Anwendung der Equity-Methode entsprechend anzuwenden.
Auf **outside basis differences** dürfen keine latenten Steuern angesetzt werden (Rz 29 ff.).

2.2.6 Steuerliche Verlustvorträge

20 Die Vorschrift des § 306 HGB verlangt, dass auf durch Konsolidierungsmaßnahmen bedingte temporäre Differenzen zwischen den steuerlichen und handelsrechtlichen Wertansätzen von VG, Schulden und RAP aktive bzw. passive

---

[11] Vgl. BR-Drs. 23/15 v. 23.1.2015 S. 92.

latente Steuern zu bilden sind. Im Gegensatz zu § 274 HGB wird nicht nur auf ein Ansatzwahlrecht eines „Aktivüberhangs", sondern auch auf einen fünfjährigen Verlustverrechnungszeitraum bei bestehenden steuerlich nutzbaren Verlustvorträgen verzichtet. Letzteres ist deshalb nachvollziehbar, da sich die Regelung auf steuerlich nutzbare Verlustvorträge bezieht, die **durch Konsolidierungsmaßnahmen nicht beeinflusst** werden und insoweit auch nicht Regelungsbestandteil des § 306 HGB sein können. Die durch § 274 HGB bestehenden Wahlrechte, Ansatz eines Aktivüberhangs als aktive latente Steuern und Bruttoansatz aktiver und passiver latenter Steuern (§ 274 Rz 25 ff.), können gem. §§ 298, 300 Abs. 2 HGB im Konzernabschluss unabhängig von ihrer Anwendung im Jahresabschluss ausgeübt werden.

Die fehlende Einflussnahme von Konsolidierungsmaßnahmen auf steuerliche Verlustvorträge führt im Zusammenhang mit § 306 HGB grds. zu keinen weiteren Betrachtungen. Es wird daher nur auf die gleiche Grundannahme, nämlich die Realisierbarkeit des latenten Steueranspruchs, hingewiesen.[12] Diese ist nicht nur auf einen sich mechanisch darstellbaren temporären Abbaueffekt zu beschränken, sondern muss auch ökonomisch darstellbar sein. Insoweit ist auch in diesem Zusammenhang auf den Hinweis des Rechtsausschusses – allerdings zum § 274 HGB – zu verweisen, dass bei der Einschätzung der Werthaltigkeit der latenten Steueransprüche „- wie im HGB allg. üblich – das Vorsichtsprinzip zu berücksichtigen und der Ansatz aktiver latenter Steuern sorgfältig zu prüfen"[13] sei.

In betragsmäßig wesentlichen Fällen mit langer Abbauphase werden hierzu ertragswert- oder cashfloworientierte Bewertungsverfahren, unter Berücksichtigung des für latente Steuern bestehenden Abzinsungsverbots, für die Bewertung des steuerlichen potenziellen Anspruchs zurate gezogen werden müssen (§ 274 Rz 49 ff.).

Nach § 301 Abs. 1 Satz 2 HGB ist das mit dem Beteiligungsbuchwert zu verrechnende EK mit dem Zeitwert der in den Konzernabschluss aufzunehmenden VG, Schulden, RAP und Sonderposten des TU anzusetzen. Zu den Sonderposten zählen nicht zuletzt auch die von TU im Zusammenhang mit steuerlich nutzbaren Verlustvorträgen bilanzierten oder ggf. mit passiven latenten Steuern saldierten aktiven latenten Steuern. Damit sind steuerlich nutzbare Verlustvorträge grds. in die Kaufpreisallokation mit einzubeziehen. Es sind allerdings die Bewertungsrestriktionen gem. §§ 301 Abs. 1 Satz 3, 306 Satz 5 HGB zu beachten. Der Wert des Postens kann allein schon deswegen vom ggf. bilanzierten Buchwert bei TU abweichen, da infolge des Beteiligungserwerbs Auswirkungen auf das Jahresergebnis von TU seitens MU erwartet werden können (z.B. durch Sanierungs- bzw. Restrukturierungsmaßnahmen und Synergieeffekte), die innerhalb des von TU gem. § 274 Abs. 1 Satz 4 HGB zu berücksichtigenden Verlustverrechnungszeitraums von fünf Jahren zu einem von den Erwartungen von TU abweichenden verrechenbaren steuerlichen Verlust führen. Die somit infolge der ErstKons entstehende Differenz zwischen den bei der TU ggf. angesetzten und im Konzernabschluss gem. § 301

---

[12] Vgl. eine ähnliche Betrachtungsweise bei ADS, Rechnungslegung und Prüfung der Unternehmen, 6. Aufl. 1995–2001, § 306 HGB Rz 42.
[13] Vgl. Begründung des Rechtsausschusses: BT-Drs. 16/12407 v. 24.3.2009 S. 114 und DRS 18.17 ff.

Abs. 1 Satz 2 HGB auszuweisenden aktiven latenten Steuern ist allein schon deshalb kein Anwendungsfall von § 306 HGB, da dem handelsrechtlichen Wertansatz im Konzernabschluss kein steuerlicher Wertansatz gegenübersteht. Gleiches gilt für den Fall, dass ein TU in seinem Jahresabschluss wahlweise oder aufgrund nationaler Vorschriften auf den Ansatz von aktiven latenten Steuern verzichtet hat und erst im Zusammenhang mit der ErstKons im Konzernabschluss aktive latente Steuern zu bilanzieren sind (§ 301 Rz 66).[14]

Werden jedoch aufgrund geänderter Erwartungen innerhalb der auf den erstmaligen Ansatz folgenden zwölf Monate latente Steuern angesetzt, ist eine GuV-neutrale Erfassung beim GoF durchzuführen. Entsprechendes gilt im umgekehrten Fall. Erfolgen die Anpassungen später, hat die Erfassung latenter Steuern GuV-wirksam zu erfolgen (DRS 18.55).

21 Steuerliche Verlustvorträge gehen tw. oder vollständig verloren, wenn ein schädlicher Beteiligungserwerb i. S. d. § 8c KStG entsteht. Dies gilt, soweit der Beteiligungserwerb in den zeitlichen Regelungsbereich der Vorschriften reicht, nur so lange nicht, wenn an dem übertragenden und an dem übernehmenden Rechtsträger dieselbe Person zu jeweils 100 % mittelbar oder unmittelbar beteiligt ist (§ 8c Abs. 1 Satz 4 KStG), stille Reserven nutzbar sind (§ 8c Abs. 1 Satz 6 KStG) oder der Beteiligungserwerb zu Sanierungszwecken erfolgte (§ 8c Abs. 1a KStG). Die gewerbesteuerlichen Regelungen folgen den körperschaftsteuerlichen Vorschriften (§ 10a Satz 10 GewStG). Die sog. Sanierungsklausel gem. § 8c Abs. 1a KStG, die die fortdauernde Nutzbarkeit bestehender steuerlicher Verlustvorträge auch bei der Übernahme von mehr als 50 % der Anteile des Unt ermöglichte, ist zunächst wegen der Einleitung eines förmlichen Prüfverfahrens durch die Europäische Kommission vom BMF ausgesetzt worden.[15] Die Nichtigkeitsklage der Bundesrepublik Deutschland gegen den Beschluss über die Einleitung des Prüfverfahrens wurde seitens der Kommission wegen verspäteter Erhebung der Klage abgewiesen.[16] Letztlich hat aber mit den Urteilen vom 28.6.2018 der EuGH entschieden, dass die Sanierungsklausel nicht gegen das Beihilfeverbot verstößt.[17] Auch nachdem der Ausgang des Verfahrens entschieden ist, haben betroffene Unt in ihrem Konzernabschluss bzw. Jahresabschluss den Ansatz von aktiven latenten Steuern auf steuerlich nutzbare Verlustvorträge vor diesem Hintergrund zu überprüfen.

Nachfolgendes Beispiel zeigt eine mögliche Interdependenz von konzerninternen Transaktionen und dem Verlustverrechnungszeitraum und weist insoweit auf eine Gestaltungsmöglichkeit hin.

> **Praxis-Beispiel**
> TU A liefert an TU B eine Maschine zu einem Verkaufspreis von 1,1 Mio. EUR. Die HK der Maschine betragen 900 TEUR, der somit bei A entstandene Gewinn lautet 200 TEUR. A verfügt über steuerlich nutzbare

---

[14] Vgl. eine ähnliche Betrachtungsweise: Leinen, in Kessler/Leinen/Strickmann, BilMoG, 2009, S. 597 f.
[15] Vgl. BMF-Schreiben v. 30.4.2010, IV C 2 – S 2745-a/08/10005:002 – (2010/0332067).
[16] Vgl. Beschluss des EuGH v. 18.12.2012 in der Rechtssache T-205/11.
[17] Vgl. EuGH, Urteil v. 28.6.2018, C-203/16 P, ECLI:EU:C:2017:1017; EuGH, Urteil v. 28.6.2018, C-208/16 P, ECLI:EU:C:2018:506; EuGH, Urteil v. 28.6.2018, C-209/16 P, ECLI:EU:C:2018:507; EuGH, Urteil v. 28.6.2018, C-219/16 P, ECLI:EU:C:2018:508.

> Verluste von 100 TEUR, die erwartungsgemäß in den nächsten 5 Jahren mit Gewinnen in gleicher Höhe verrechnet werden können.
> TU B aktiviert die Maschine im AV mit ihren AK von 1,1 Mio. EUR und schreibt die Maschine über 10 Jahre vollständig ab. B verfügt über steuerlich nutzbare Verlustvorträge von 500 TEUR und erwartet in den nächsten 5 Jahren Gewinne von 500 TEUR.
> A und B sind 100 %ige TU der C, die ebenfalls steuerlich nutzbare Verlustvorträge von 1 Mio. EUR aufweist. C erwartet in den nächsten 5 Jahren Gewinne von 1 Mio. EUR.
> Bei der Erstellung des Konzernabschlusses ist der bei A entstandene Zwischengewinn von 200 TEUR zu eliminieren. Im Gegenzug ist bei B die Abschreibung der Maschine um den zeitanteilig auf den Gewinnaufschlag entfallenden Betrag zu korrigieren. Dieser beträgt in jedem Gj, bei Außerachtlassen des konkreten Anschaffungszeitpunkts im Gj des Zugangs, 20 TEUR.
> Auf den eliminierten Zwischengewinn von 200 TEUR sind aktive latente Steuern von 60 TEUR (Steuersatz 30 %) zu aktivieren, die sich im Zeitablauf von 10 Jahren abbauen. Entsprechendes gilt für den bei B zu eliminierenden Anteil an der Abschreibung.
> Ein anderes Ergebnis stellt sich ein, wenn A die Maschine, z.B. im Zuge einer auch Dritten zugänglichen Rabattaktion, zu HK an B verkaufen würde. Mangels in den nächsten 5 Jahren erwarteter ausreichender Gewinne (s.o.) würden auf den zusätzlich entstehenden, annahmegemäß auch steuerlich nutzbaren Verlust(vortrag) bei A keine aktiven latenten Steuern gebildet werden dürfen.

2.2.7 Besonderheiten bei Personenhandelsgesellschaften

Bei der Ermittlung latenter Steuern i.R.d. Kons. von PersG ist zu beachten, dass bei der Ermittlung der steuerlichen Wertansätze der VG, Schulden, RAP und Sonderposten nicht allein auf die Wertansätze in der Steuerbilanz des einzubeziehenden TU abzustellen ist, sondern dass darüber hinaus etwaige Ergänzungsbilanzen eines, mehrerer oder aller Gesellschafter in die Betrachtung einzubeziehen sind.[18] In der Ergänzungsbilanz spiegeln sich die über die steuerlichen Buchwerte der im Gesamthandsvermögen befindlichen VG, Schulden und RAP hinausgehenden bzw. die für den GoF geleisteten Kaufpreiszahlungen bei Eintritt eines Gesellschafters wider. Nicht einzubeziehen sind Sonderbilanzen, da das darin abgebildete Vermögen sich weder im rechtlichen Eigentum des TU befindet noch ihm wirtschaftlich zugerechnet wird (§ 246 Abs. 1 HGB).[19] Sofern das Sonderbetriebsvermögen allerdings dem rechtlichen oder wirtschaftlichen Eigentum eines in den Konzernabschluss einzubeziehenden Unt zuzurechnen ist, gelangt es hierdurch zum Ausweis im Konzernabschluss (DRS 18.39).

22

---

[18] Zur steuerlichen Bilanzierung bei Personenhandelsgesellschaften vgl. Werthebach, in Frotscher/Geurts, EStG, § 15 EStG, Rz 213 ff., Stand: 2.6.2022.
[19] Meyer/Loitz/Linder/Zerwas, Latente Steuern, 2. Aufl. 2010, S. 156.

Nicht zuletzt wegen der unterschiedlichen Zurechnung des Sonderbetriebsvermögens in der jeweiligen Handels- und Steuerbilanz der betreffenden Unt kann es z.B. aufgrund unterschiedlicher Abschreibungen zu unterschiedlichen Entwicklungen der als Sonderbetriebsvermögen klassifizierten VG und ihrer steuerlichen Wertansätze kommen. Wegen der gewerbesteuerlichen Hinzurechnungs- und Kürzungsvorschriften (§§ 8 Nr. 8, 9 Nr. 2 GewStG) fallen beim MU (Gesellschafter) keine latenten Steuern an. Es kann aber der Ansatz von KSt erforderlich sein, wenn der Gesellschafter eine KapG ist (IDW RS HFA 18.42 ff.)

Eine weitere Besonderheit ist zu berücksichtigen, sofern bei der PersG die Gewinnverwendung einer gesellschaftsvertraglichen Bestimmung oder eines darauf gründenden Gesellschafterbeschlusses unterliegt, durch die bzw. den den Gesellschaftern der PersG die Verfügungsgewalt über den zu verteilenden Gewinn, z.B. durch Einstellung in die Rücklagen, entzogen wird. Dies kann dazu führen, dass im Jahresabschluss des Gesellschafters eine Forderung auf den Gewinnanteil erst zum Zeitpunkt einer Beschlussfassung durch die GesV und somit ggf. erst in einem anderen Gj entsteht (IDW RS HFA 18.20). Steuerlich erfolgt die Gewinnzuweisung in dem Veranlagungszeitraum, in dem der steuerliche Gewinn entstanden ist. Im Jahresabschluss führt dies zu einem Ansatz aktiver latenter Steuern, der im Konzernabschluss zu eliminieren ist.

> **Praxis-Beispiel (Beträge in TEUR)**
> Eine GmbH ist an einer KG beteiligt (Buchwert der Beteiligung 100 GE). Zur Vereinfachung wird angenommen, dass der GmbH alle Anteile an der KG gehören. Einziger Geschäftsvorfall der GmbH im Gj ist die Abschreibung ihres Sachanlagevermögens i.H.v. 30 GE, das gleichzeitig als Sonderbetriebsvermögen (SBV) der KG klassifiziert ist. Die KG erzielt in dem Gj Umsatzerlöse i.H.v. 100 GE, die als Forderungen ausgewiesen werden. Des Weiteren sind Abschreibungen auf das Sachanlagevermögen i.H.v. 50 GE zu berücksichtigen, die in gleicher Höhe steuerlich berücksichtigt werden. Das SBV der KG wird im Gegensatz zu seiner handelsrechtlichen Abschreibung bei der GmbH aber i.H.v. 40 GE abgeschrieben.
> Die KG erzielt im Gj einen Jahresüberschuss i.H.v. 50 GE, der in Folge von gesellschaftsvertraglichen Gewinnverwendungsvorgaben in voller Höhe den Gewinnrücklagen zugeführt wird.
> Nachfolgend wird die Behandlung der Geschäftsvorfälle in dem Jahresabschluss und in den Steuerbilanzen der GmbH und KG und im Konzernabschluss der GmbH dargestellt:

Latente Steuern § 306

GmbH

	1.1.	EA lfd. Gj.	31.12.
Aktiva			
SAV (=SBV)	60,0	-30,0	30,0
Beteiligung	100,0		100,0
Forderungen		7,5	7,5
lat St			
HB Σ	160,0	-22,5	137,5
Passiva			
EK	80,0	-24,0	56,0
Kap.kto		80,0	80,0
FK	80,0		80,0
lat St		1,5	1,5
Σ	160,0	-22,5	137,5

GHB

	1.1.	lfd. Gj.	31.12.
Aktiva			
Kap.kto SBV	60,0	-40,0	20,0
Kap.kto Bet.	100,0	50,0	150,0
Forderungen			
StB Σ	160,0	10,0	170,0
Passiva			
EK	80,0	-40,0	40,0
Kap.kto		50,0	50,0
FK	80,0		80,0
Σ	160,0	10,0	170,0

KG

	1.1.	EA lfd. Gj.	31.12.
	180,0	-50,0	130,0
		100,0	100,0
	180,0	50,0	230,0
		50,0	50,0
	100,0		150,0
	80,0		80,0
	180,0	50,0	230,0

GHB

	1.1.	lfd. Gj.	31.12.
	180,0	-50,0	130,0
		100,0	100,0
	180,0	50,0	230,0
	100,0	50,0	150,0
	80,0		80,0
	180,0	50,0	230,0

SBV

	1.1.	lfd. Gj.	31.12.
	60,0	-40,0	20,0
	60,0	-40,0	20,0
	60,0	-40,0	20,0

Summenbilanz HB I

	1.1.	lfd. Gj.	31.12.
	240,0	-80,0	160,0
	100,0		100,0
		7,5	7,5
	340,0	27,5	367,5
	80,0	-24,0	56,0
	100,0	50,0	150,0
	160,0		160,0
		1,5	1,5
	340,0	27,5	367,5

Konsolidierungsbuchungen

	1.1.	lfd. Gj.	31.12.
	-100,0		-100,0
		-7,5	-7,5
	-100,0	-7,5	-107,5
		42,5	42,5
	-100,0	-50,0	-150,0
	-100,0	-7,5	-107,5

GmbH Konzernbilanz (KA)

	1.1.	lfd. Gj.	31.12.
	240,0	-80,0	160,0
			0,0
			100,0
			0,0
	240,0	20,0	260,0
	80,0	-24,0	56,0
	100,0	50,0	150,0
	160,0		160,0
		1,5	1,5
	340,0	27,5	367,5

	Wert-differenz (HB ./. StB)	Steuersatz	latente Steuer
	10	15%	1,5
	-50	15%	-7,5

Es sind passive latente Steuern auf den Unterschiedsbetrag i.H.v. 10 GE zwischen dem handelsrechtlichen und steuerlichen Wertansatz des SAV bzw. SBV zu bilden. Wegen der gewerbesteuerlichen Hinzurechnung wirkt sich dies nur bei der KSt aus:

Wegen einer gesellschaftsvertraglichen Gewinnverwendungsregel, die eine Zuführung des Jahresüberschusses der KG in die Rücklagen erfordert, erlangt GmbH keinen Anspruch auf den Gewinn und hat somit auch keine Beteiligungserträge. Es entsteht ein latenter Steueranspruch wegen unabhängig von der gesellschaftsvertraglichen Regelung vorzunehmender steuerlicher Ergebniszuweisung an die GmbH:

2.3 Ausnahmen vom Ansatz

2.3.1 Erstmaliger Ansatz eines Geschäfts- oder Firmenwerts

23 **Ausgeschlossen** ist die Bildung einer Steuerlatenz aus dem erstmaligen Ansatz eines **GoF bzw. eines passiven Unterschiedsbetrags** im Konzernabschluss (§ 306 Satz 3 HGB). Da der GoF die Residualgröße der Kaufpreisallokation darstellt, führt der Ansatz passiver latenter Steuern zu einer Erhöhung des GoF, was wiederum eine zusätzliche Abgrenzung latenter Steuern bedingen würde. Der Verzicht auf die Abgrenzung latenter Steuern auf den GoF dient der Vermeidung dieser iterativen GoF-Ermittlung.[20]

24 In diesem Punkt offenbart sich ein Bruch zur Regelung des § 274 HGB. Übernimmt ein Erwerber alle Aktiva und Passiva eines anderen Unt im Wege eines asset deals, richtet sich die Bildung latenter Steuern nach § 274 HGB. Das gilt auch für einen etwaigen nach § 246 Abs. 1 Satz 4 HGB anzusetzenden GoF. Wird der Erwerb als share deal abgewickelt, verbietet § 306 Satz 3 HGB einen Ansatz latenter Steuern für den sich ergebenden Konsolidierungsgoodwill (DRS 18.27a).

> **Praxis-Beispiel**
> Das Unt U, eine AG, ist das MU des U-Konzerns. U will den Konkurrenten T übernehmen. Zwei Szenarien zieht U in Betracht, nämlich den Erwerb sämtlicher Anteile an der T AG (share deal) und den Erwerb aller Aktiva und Passiva (asset deal) der T AG. Das in der HB erfasste Nettovermögen der T AG beträgt 20 Mio. EUR. Es umfasst keine stillen Reserven und keine stillen Lasten. Zu den Schulden gehört eine Drohverlustrückstellung i. H. v. 1 Mio. EUR. Da diese steuerlich keine Anerkennung gefunden hat, beläuft sich das Betriebsvermögen der T AG auf 21 Mio. EUR. U ist bereit, unabhängig von der Transaktionsstruktur einen maximalen Kaufpreis von 25 Mio. EUR zu zahlen.
>
> Erfolgt die Übernahme von T im Wege eines share deal, ermittelt sich im Konzernabschluss ein GoF von 5 Mio. EUR. Im Fall eines asset deal ergibt sich zunächst ebenfalls, wenn auch auf der Ebene des Jahresabschlusses von U, ein GoF von 5 Mio. EUR. Da dieser in der Steuerbilanz wegen der Nichtpassivierung der Drohverlustrückstellung um 1 Mio. EUR niedriger ausgewiesen wird, liegt eine zu versteuernde temporäre Differenz von 1 Mio. EUR vor, für die passive latente Steuern zu berücksichtigen sind. Diese erhöhen ihrerseits wiederum den GoF, was Anlass zu einer erneuten Anpassung der latenten Steuern gibt. Der letztlich anzusetzende Betrag passiver latenter Steuern ermittelt sich nach folgender Formel:
>
> $$\frac{\text{Temporäre Differenz in Bezug auf den GoF} \times \text{Steuersatz}}{(1 - \text{Steuersatz})}$$
>
> Er beträgt im Beispiel 428.571 EUR. Das ergibt einen GoF in der HB von 5.428.571 EUR.

---

[20] Vgl. Loitz, WPg 2004, S. 1180; Begründungsteil der BT-Drs. 16/10067 v. 30.7.2008 S. 83.

Das Ergebnis ist unbefriedigend. Obwohl der Erwerb im Konzernabschluss wie ein asset deal abgebildet wird, weicht die bilanzielle Abbildung von jener des Jahresabschlusses ab. Das ist allein die Folge der abweichenden tatsächlichen Transaktionsstruktur. Hiergegen mag man einwenden, auch bei Existenz stiller Reserven oder stiller Lasten führe ein asset deal zu einer anderen bilanziellen Darstellung als ein share deal. Hier geht es allerdings allein um die abweichende Behandlung des GoF. Im Konzernabschluss sollen für ihn keine latenten Steuern gebildet werden, weil er eine Residualgröße darstelle. Für den Jahresabschluss lässt § 274 HGB dieses Argument dagegen nicht gelten. Das erscheint wertungswidersprüchlich. Ursächlich für diesen Konflikt ist die mangelnde inhaltliche Abstimmung der Regelungen über latente Steuern im Jahresabschluss und Konzernabschluss. Eine einheitliche Regelung entsprechend dem Vorbild von IAS 12 würde derartige Verwerfungen vermeiden.

Diese Kritik aufgreifend sollte mit DRS 18.27b i.d.F. E-DRÄS 11 das **Ansatzverbot** nach § 306 Satz 3 HGB auch für latente Steuern auf Buchwertdifferenzen aus dem erstmaligen Ansatz eines **GoF nach § 246 Abs. 1 Satz 4 HGB** – mithin im Zuge eines **asset deals** – angewendet werden dürfen. Diese Regelung wurde jedoch nicht in die endgültige Fassung des DRÄS 11 übernommen. Stattdessen erwähnt nur noch die Begründung zu dem Standard i.d.F. v. DRÄS 11 die in der Literatur tw. vertretene analoge Anwendung des § 306 Satz 3 HGB. Dieser defensivere Umfang mit der GoF-Thematik ist der fehlenden gesetzlichen Regelung geschuldet. Die sich daraus ergebenden Auslegungsvarianten sollten durch DRS 18 nicht eingeschränkt werden.[21]

25

DRS 18.25 fordert in der bisherigen Fassung im Fall eines **steuerlich abzugsfähigen GoF** die Berücksichtigung latenter Steuern. Ob die Ermittlung der latenten Steuern mit oder ohne Berücksichtigung der Iteration erfolgt, ist wohl im Einzelfall unter Wesentlichkeitsgesichtspunkten zu entscheiden (§ 274 Rz 91 ff.).[22] Eine Klarstellung sollte durch DRS 18.27c insoweit erfolgen, als für Buchwertdifferenzen beim GoF bzw. passiven UB, soweit sie auf einem steuerlich abzugsfähigen GoF oder einem steuerlich zu berücksichtigenden passiven UB zurückzuführen sind, latente Steuern zu berücksichtigen sind. Dies entspricht der gängigen Auffassung zu temporären Differenzen aus der **Folgebewertung** eines GoF aus einem asset deal. Auch diese Regelung wurde nicht in den Standard i.d.F. v. DRÄS 11 übernommen, um die denkbaren Auslegungen des Gesetzes nicht einzuschränken. Immerhin macht die Begründung zu dem geänderten Standard deutlich, dass die Fortschreibung der latenten Steuern die Entscheidung für oder gegen eine Latenzierung der im Zugangszeitpunkt eines GoF auftretenden temporären Differenz konsequent fortführen muss (vgl. DRS 18.B6c).[23]

26

Faktisch wird der GoF in zwei Komponenten zerlegt: Eine **erste Komponente**, für die weder bei der Erst- noch bei der Folgebilanzierung latente Steuern angesetzt zu werden brauchen, sowie eine **zweite Komponente**, die aufgrund

---

[21] Vgl. Fink/Keller, StuB 2021, S. 539.
[22] Vgl. Loitz, DB 2009, S. 917; Kessler/van Hall, in Kessler/Leinen/Strickmann, BilMoG, 2009, S. 617 f.; zu den zu beachtenden Besonderheiten vgl. ADS, Rechnungslegung nach Internationalen Standards, Kap. 20 Tz 166 ff.
[23] Näher hierzu Fink/Keller, StuB 2021, S. 539 f.

der unterschiedlichen Amortisation des GoF in HB und Steuerbilanz lediglich i. R. d. Folgebewertung zu latenten Steuern führt bzw. führen kann.[24]

27 Aufgenommen wurde der Hinweis auf die entsprechende Anwendung der Regelungen betreffend die Buchwertdifferenzen beim GoF bzw. passiven UB bei Anwendung der **Equity-Methode** (DRS 18.27b).

28 Als problematisch wird angesehen, dass mit dieser Regelung der GoF bzw. der passive Unterschiedsbetrag abweichend von den allg. Bewertungsgrundsätzen nur „net of tax" ausgewiesen wird. Dies beeinträchtige nicht nur den Einblick in die Vermögenslage des Konzerns, sondern ziehe erhebliche Komplikationen i. R. d. Folgebewertung nach sich, wenn bspw. außerplanmäßige Abschreibungen je nach Umfang der Wertminderung ganz oder tw. net of tax vorzunehmen seien und Änderungen der Steuersätze in späteren Jahren entsprechende Korrekturen des Geschäftswertansatzes erforderlich machen.[25]

2.3.2 Outside basis differences

29 Die Differenz zwischen dem im Konzernabschluss erfassten Vermögen eines **TU** und dem steuerbilanziellen Wert der vom MU am TU gehaltenen Anteile[26] wird in der internationalen Rechnungslegung als outside basis difference bezeichnet. Durch die Abgrenzung latenter Steuern auf outside basis differences werden steuerliche Wirkungen antizipiert, die in der Zukunft aus der Veräußerung der Anteile oder aus der Ausschüttung von Gewinnen resultieren können.

30 Der Gesetzgeber hat in § 306 Satz 4 HGB klargestellt, dass latente Steuern auf outside basis differences nicht gebildet werden dürfen. Der diesbzgl. **Konzeptionsbruch** wird **eingeräumt** und ist **Praktikabilitätserwägungen geschuldet**.[27] Diese Regelungen gelten auch für **GemeinschaftsUnt** und **assoziierte Unt** (§ 306 Satz 4 HGB).

31 Dieses Verbot sollte nach DSR 18.28a i. d. F. E-DRÄS 11 auch für temporäre Differenzen zwischen dem steuerlichen Wertansatz und dem handelsrechtlichen Nettovermögen einer **Zweigniederlassung** bzw. **Betriebsstätte** gelten, wenn deren Einkommen im Inland aufgrund von DBA freigestellt ist und im Sitzstaat der Besteuerung unterliegt. In seiner Stellungnahme v. 27.2.2020 ggü. dem DRSC hat das IDW diese Regelung mit dem Hinweis abgelehnt, bei den beschriebenen Differenzen handele es sich aus Konzernsicht um inside basis differences. Dem trägt die angepasste Regelung in DRS 18.31b Rechnung.

32 Mit Blick auf die Informationsfunktion des Konzernabschlusses und die Regelungen zur internationalen Rechnungslegung mag man das Verbot bedauern. Die vom Gesetzgeber getroffene Kosten-Nutzen-Abwägung ist dennoch zu begrüßen. Insb. in mehrstufigen Konzernen verursacht die Ermittlung latenter Steuern auf outside basis differences nicht unerhebliche Schwierigkeiten, ja sie gehört zu den komplexesten Regelungen im Tax Accounting überhaupt.[28] Dies gilt zumindest, wenn man der Auffassung folgt, dass kaskadenartig auf jeder

---

[24] Vgl. Grottel/Larenz, in Beck Bil-Komm., 13. Aufl. 2022, § 274 HGB Rz 11.
[25] Vgl. Karrenbrock, WPg 2008, S. 335.
[26] Zur steuerlichen Spiegelbildtheorie bei der Bilanzierung von Anteilen an Personenhandelsgesellschaften vgl. Frotscher/Watrin, in Frotscher/Geurts, EStG, § 5 EStG Rz 204, Stand: 7.3.2019.
[27] Vgl. Begründung des Rechtsausschusses BT-Drs. 16/12407 v. 24.3.2009 S. 118f.
[28] Vgl. Loitz, DB 2009, S. 917.

Konzernstufe steuerbilanzieller Beteiligungsansatz und ihm gegenüberstehendes Reinvermögen zu vergleichen wären.[29] Ob die in diesem Falle drohende Mehrfacherfassung latenter Steuern zu einer für den Bilanzadressaten nützlichen Information führt, darf indes bezweifelt werden.[30]
Nach § 314 Abs. 1 Nr. 22 HGB (sowie auch nach § 285 Nr. 30 HGB) sind im (Konzern-) Anhang die latenten Steuersalden am Ende des Gj und die im Laufe des Gj erfolgten Änderungen dieser Salden anzugeben, wenn latente Steuerschulden im Konzernabschluss angesetzt werden.

2.3.3 Differenzen aus der Anwendung des Mindeststeuergesetzes

Das politische Ziel, den auf die Gewinnverlagerung in Steuerhoheitsgebiete ohne oder mit sehr niedriger Besteuerung abzielenden Steuerpraktiken multinationaler Unt ein Ende zu setzen, hat seinen Niederschlag in dem Bericht über das OECD/G20-Projekt „Steuerliche Herausforderungen im Zusammenhang mit der Digitalisierung der Wirtschaft – Mustervorschriften zur weltweiten Bekämpfung von Gewinnverkürzung (zweite Säule)" (im Folgenden „OECD-Mustervorschriften") gefunden. Der Bericht ist am 14.12.2021 vom Inclusive Framework on BEPS, einem Zusammenschluss von mehr als 140 Staaten und Jurisdiktionen gegen Gewinnverkürzung und Gewinnverlagerung (Base Erosion and Profit Shifting – BEPS) gebilligt worden. Seine Mitglieder haben sich verpflichtet, das Zwei-Säulen-Konzept umzusetzen. Für die Europäische Union erfolgte diese Umsetzung mittels der Richtlinie (EU) 2022/2523.[31]

33

Die Regelungen sehen vor, dass in Fällen, in denen ein multinationales Unt in einem Steuerhoheitsgebiet effektiv weniger als 15 % Steuern zahlt, eine zusätzliche Steuerabgabe („Ergänzungssteuer") erhoben wird. Die Umsetzung der Richtlinie in deutsches Recht erfolgte durch das MinBestRL-UmsG.

Danach bleiben Differenzen aus der Anwendung des deutschen Mindeststeuergesetzes und ausländischer Mindeststeuergesetze gem. §§ 274 Abs. 3, 306 Satz 5 HGB i.d.F. d. MinStG sowohl beim **Ansatz** als auch bei der **Bewertung** latenter Steuern unberücksichtigt. Sinn und Zweck dieser verpflichtenden Ausnahmeregelung besteht darin, die Komplexität der Umsetzung des Mindeststeuergesetzes zu reduzieren.[32]

Diese handelsbilanzrechtliche Einschränkung der Ansatzregelung für latente Steuern ist der Ausnahme in den internationalen Rechnungslegungsstandards (IAS 12.4A) nachgebildet und soll für einen Übergangszeitraum etwaigen Benachteiligungen von HGB-Bilanzierern entgegenwirken. Sobald in allen Mitgliedstaaten der EU bzw. der OECD hinreichende gesetzliche Regelungen erlassen worden sind und entsprechende Rechtssicherheit über Art und Zeitpunkt der nationalen Anforderungen besteht, soll der Übergangszeitraum enden.[33]

---

[29] Vgl. Loitz/Klevermann, DB 2009, S. 413.
[30] Vgl. Kessler/van Hall, in Kessler/Leinen/Strickmann, BilMoG, 2009, S. 617.
[31] Richtlinie (EU) 2022/2523 des Rates vom 14. Dezember 2022 zur Gewährleistung einer globalen Mindestbesteuerung für multinationale Unternehmensgruppen und große inländische Gruppen in der Union, ABl. EU L328/1 v. 22.12.2022.
[32] BT-Drs. 20/8668 S. 240
[33] Busch/Vordermeier/Zwirner, WPG 2024, S. 437.

Zur Sicherstellung eines Mindestmaßes an Transparenz gegenüber den Abschlussadressaten sind zusätzliche Anhangangaben zu machen (Rz 37).

Die Nachversteuerungsregelungen sollen eine globale effektive Mindestbesteuerung sicherstellen, schädlichem Steuerwettbewerb und aggressiven Steuergestaltungen entgegenwirken und damit zur Förderung der Steuergerechtigkeit und Wettbewerbsgleichheit beitragen.[34]

3 Bewertung latenter Steuern im Konzern

34 Die Berechnung latenter Steuern hat nach § 274 Abs. 2 HGB i.V.m. § 306 Satz 5 HGB auf dem Steuersatz desjenigen in den Konzernabschluss einbezogenen Unt zu basieren, bei dem die temporäre Differenz besteht und in der Zukunft abbaut. Damit wird die Fiktion des Konzerns als wirtschaftliche Einheit an dieser Stelle zugunsten einer stärker an den tatsächlichen Verhältnissen orientierten Vermögens-, Finanz- und Ertragslage zurückgedrängt.[35] Aus Wirtschaftlichkeits- und Wesentlichkeitsüberlegungen darf im Einzelfall für den Konzern ein einheitlicher Steuersatz angewandt werden.[36] Dies entspricht internationaler Praxis. Latente Steuern sind im Übrigen explizit nicht zu diskontieren (§ 274 Abs. 2 i.V.m. § 306 Satz 5 HGB).

4 Ausweis und Erläuterung latenter Steuern im Konzern

35 Nach § 306 Satz 6 HGB dürfen die Posten der latenten Steuern im Konzern mit den Posten nach § 274 HGB zusammengefasst werden. Durch diese Saldierung ist für den Abschlussadressaten die Ursache latenter Steuern nicht mehr ersichtlich,[37] jedoch wird dieser Mangel durch die nach § 314 Abs. 1 Nr. 21 HGB erforderlichen Anhangangaben geheilt. Wie § 285 Nr. 29 HGB für den Jahresabschluss postuliert § 314 Abs. 1 Nr. 21 HGB für den Konzernanhang, dass zu erläutern ist, auf welchen Differenzen oder steuerlichen Verlustvorträgen die latenten Steuern beruhen und mit welchen Steuersätzen die Bewertung erfolgt ist. Neben den für den Jahresabschluss geltenden Erläuterungspflichten dürften für den Konzernabschluss weitere Angaben erforderlich sein, wenn bspw. unter Materiality-Gesichtspunkten ein durchschnittlicher Konzernsteuersatz zugrunde gelegt wurde. Aber auch im Fall der Zusammenfassung konsolidierungsspezifischer latenter Steuern mit solchen nach § 274 HGB sind die Beträge jeweils gesondert anzugeben. Ebenso ist für den Betrag der GuV-neutral gebildeten latenten Steuern ein gesonderter Ausweis zu fordern.[38]

36 Durch die Konzernanhangangabe des § 314 Abs. 1 Nr. 22 HGB sind die latenten **Steuersalden** am Ende des Gj und die im Laufe des Gj erfolgten **Änderungen** dieser Salden anzugeben, **wenn latente Steuerschulden** in der Konzernbilanz entweder aus der Anwendung von § 274 Abs. 1 i.V.m. § 298 Abs. 1 HGB ausgewiesen (Passivüberhang) oder in Anwendung von § 306 Satz 1 HGB **angesetzt** werden (DRS 18.63c). Damit wird der in Rz 35 beschriebene Transparenzmangel geheilt.

---

[34] BT-Drs. 20/8668 S. 1.
[35] Vgl. Begründungsteil der BT-Drs. 16/10067 v. 30.7.2008 S. 83.
[36] Vgl. Begründungsteil der BT-Drs. 16/10067 v. 30.7.2008 S. 83 und DRS 18.42.
[37] Vgl. Karrenbrock, WPg 2009, S. 335.
[38] Vgl. Karrenbrock, WPg 2009, S. 336.

Nach den durch das MinBestRL-UmsG neu eingefügten Vorschriften der §§ 314 Abs. 1 Nr. 22a HGB und 285 Nr. 30a HGB ist im (Konzern-)Anhang anzugeben, welcher **tatsächliche Steueraufwand oder Steuerertrag** sich nach dem MinStG und ausländischen Mindeststeuergesetzen nach § 274 Abs. 3 Nr. 2 HGB **für das Geschäftsjahr** ergibt. Außerdem sind nach der Regierungsbegründung die Auswirkungen auf die KapG bzw. haftungsbeschränkte PersG näher zu erläutern. Danach sind mindestens qualitative Angaben dazu zu machen, inwieweit die Gesellschaft von den Mindeststeuerregelungen betroffen ist. Soweit möglich und vertretbar, sind quantitative Angaben zu ergänzen.[39]

Mit DRS 18.B23 wird klargestellt, dass für den Konzernabschluss eines MU mit einem kalendergleichen Gj ab dem Gj 2024 regelmäßig nur der tatsächliche Steueraufwand bzw. Steuerertrag aus der Anwendung der Mindeststeuergesetze anzugeben ist. Da das MinStG bereits zum 31.12.2023 in Kraft getreten ist, wird empfohlen, in zum 31.12.2023 zu erstellenden Jahresabschlüssen bereits über künftige Auswirkungen des MinStG auf den bei der berichtenden Gesellschaft bzw. dem berichtenden Konzern ausgewiesenen effektiven Steueraufwand bzw. -ertrag zu informieren. Dem Wortlaut des Gesetzes folgend ist eine quantitative Angabe eines Betrags von 0 EUR bezogen auf den sich für das Geschäftsjahr 2023 ergebenden effektiven Steueraufwand bzw. -ertrag nicht zu beanstanden.[40]

37

Die ehedem verlangten Angaben zu Betrag und etwaigem Zeitpunkt des Verfalls von **nicht berücksichtigten abzugsfähigen temporären Differenzen**, steuerlichen Verlustvorträgen und Steuergutschriften (DRS 18.66 a. F.) sowie eine steuerliche **Überleitungsrechnung** (DRS 18.67 a. F.) sind in der Fassung des DRÄS 11 nicht mehr enthalten. Bislang war ohnehin umstritten, ob diese Abgabepflichten die gesetzlichen Vorgaben konkretisieren oder darüber hinausgehen.

38

5 Stetigkeit

Gegebenenfalls kommt es bei der Erstellung des Konzernabschlusses zur Neubildung oder Auflösung von sich insgesamt ergebenden latenten Steuerentlastungen, die i. R. d. konzerneinheitlichen Bilanzierung entstehen. Diese Anpassungsmaßnahme ist dann zu bedenken, wenn die einzubeziehenden TU das Wahlrecht zum Ansatz einer sich insgesamt ergebenden latenten Steuerentlastung unterschiedlich ausüben. Das auch im Konzernabschluss anzuwendende Stetigkeitsgebot (§§ 298 Abs. 1, 246 Abs. 3 Satz 1, 252 Abs. 1 Nr. 6 HGB) zwingt zur einheitlichen und stetigen Anwendung bei den gewählten Ansatz- und Bewertungsmethoden. Die Ansatz- und Bewertungsstetigkeit bezieht sich dabei auch auf **gleichartige** VG, Schulden, RAP und Sonderposten (IDW RS HFA 38.14). Es sprechen wohl mehr Gründe dafür als dagegen, die Stetigkeitsregeln auf Konzernabschlussebene i. S. e. einheitlichen Ausübung von Ansatzwahlrechten zu verstehen. Grundsätzlich handelt es sich hierbei nicht um einen Anwendungsfall des § 306 HGB, da diese latenten Steuern bei der Erstellung des Konzernabschlusses auf der Ebene der HB II ermittelt und angesetzt werden (§§ 298 Abs. 1, 274 Abs. 1 HGB). In Ermangelung einer direkten Bezugnahme auf diesen Sachverhalt im Gesetz wird an dieser Stelle dazu Stellung genommen.

39

---

[39] BT-Drs. 20/8668 S. 240.
[40] DRS 18.67; Busch/Vordermeier/Zwirner, WPG 2024, S. 437 f.; Berichterstattung über die 275. Sitzung des FAB am 20.02.2024, IDW Life 2024, S. 458 f.

§ 307 Anteile anderer Gesellschafter

(1) In der Konzernbilanz ist für nicht dem Mutterunternehmen gehörende Anteile an in den Konzernabschluß einbezogenen Tochterunternehmen ein Ausgleichsposten für die Anteile der anderen Gesellschafter in Höhe ihres Anteils am Eigenkapital unter dem Posten „nicht beherrschende Anteile" innerhalb des Eigenkapitals gesondert auszuweisen.

(2) In der Konzern-Gewinn- und Verlustrechnung ist der im Jahresergebnis enthaltene, anderen Gesellschaftern zustehende Gewinn und der auf sie entfallende Verlust nach dem Posten „Jahresüberschuß/Jahresfehlbetrag" unter dem Posten „nicht beherrschende Anteile" gesondert auszuweisen.

Inhaltsübersicht

	Rz
1 Überblick	1–10
1.1 Inhalt und Regelungszweck	1–5
1.2 Anwendungsbereich	6–9
1.3 Normenzusammenhänge	10
2 Ansatz in der Konzernbilanz (Abs. 1)	11–56
2.1 Abgrenzung der Anteile anderer nicht beherrschender Gesellschafter	11–14
2.2 Höhe des Ausgleichspostens	15–45
2.2.1 Einstufiger Konzern	15–28
2.2.1.1 Einzubeziehende Posten des Eigenkapitals	15–19
2.2.1.2 Erstkonsolidierung	20–23
2.2.1.3 Folgekonsolidierung	24–27
2.2.1.4 Besonderheiten bei negativem Eigenkapital des Tochterunternehmens	28
2.2.2 Mehrstufiger Konzern	29–36
2.2.3 Wirkung anderer Konsolidierungsmaßnahmen	37–45
2.3 Änderung des Anteilsbesitzes anderer nicht beherrschender Gesellschafter	46–49
2.3.1 Erwerb von Anteilen	46–48
2.3.2 Veräußerung von Anteilen	49
2.4 Bezeichnung und Ausweis des Ausgleichspostens	50–56
3 Konzern-Gewinn- und Verlustanteile anderer nicht beherrschender Gesellschafter (Abs. 2)	57–66
3.1 Höhe des Anteils	57–64
3.2 Ausweis	65–66
4 Rechtsfolgen bei Pflichtverletzung	67–68

1 Überblick

1.1 Inhalt und Regelungszweck

1 Dem Grundsatz der Einheitstheorie des Konzerns in § 297 Abs. 3 Satz 1 HGB folgend, wird im Konzern eine einheitliche Interessenlage aller Anteilseigner unterstellt, sodass grds. alle Posten mit ihren vollen Werten – also zu 100 % –

einzubeziehen sind (sog. **Voll- oder BruttoKons**). I. R. d. VollKons werden alle VG, Schulden, Rechnungsabgrenzungsposten und Sonderposten sowie Erträge und Aufwendungen eines TU nach Anwendung konzerneinheitlicher Ansatz- und Bewertungsvorschriften unabhängig von der Höhe der Beteiligung des MU vollständig zu 100 % in die Konzernbilanz bzw. Konzern-GuV übernommen.[1]

Sind neben dem MU an einem TU **weitere nicht der Konzernmutter zuzurechnende Gesellschafter** beteiligt, ist der Anteil der anderen Gesellschafter am Nettovermögen des Konzerns gem. § 307 Abs. 1 HGB gesondert **innerhalb des EK** auszuweisen. Seit dem BilRUG ist dafür die Bezeichnung des Postens analog zu den IFRS mit „nicht beherrschende Anteile" zu wählen. Andere Gesellschafter sind Gesellschafter eines TU, welche allerdings keinen beherrschenden Einfluss auf dieses TU ausüben können (DRS 23.7). Durch die VollKons bei Minderheitenanteilen von anderen nicht beherrschenden Gesellschaftern wird die Tatsache berücksichtigt, dass das MU auch bei einem Anteilsbesitz von weniger als 100 % regelmäßig vollständig über alle VG, Schulden, Rechnungsabgrenzungsposten und Sonderposten des TU verfügen sowie deren Erträge und Aufwendungen beeinflussen kann.[2] Lediglich in Fällen der Einbeziehung von GemeinschaftsUnt i. R. e. QuotenKons ist kein Minderheitenausweis von nicht beherrschenden Gesellschaftern vorgesehen.

Die auf die anderen Gesellschafter entfallenden Teile des Jahresergebnisses des TU sind entsprechend § 307 Abs. 2 HGB in der **Konzern-GuV** nach dem Posten „Jahresüberschuss/Jahresfehlbetrag" gesondert auszuweisen. Dabei ist dieser Posten ebenfalls mit „nicht beherrschende Anteile" zu bezeichnen.

Ein **Minderheitenausweis anderer Gesellschafter ist geboten**, da die Übernahme sämtlicher VG, Schulden, Rechnungsabgrenzungsposten und Sonderposten des konsolidierten TU i. R. d. VollKons auch eine Übernahme des EK-Anteils, der auf die anderen Gesellschafter entfällt, in die Konzernbilanz bedingt.

Wenngleich die Einbeziehung eines TU in den Konzernabschluss verdeutlicht, dass die **Beherrschungsmöglichkeit** über das TU in der Hand des MU liegt und nicht den anderen Gesellschaftern zusteht, muss bedacht werden, dass die Anteile dieser Gesellschafter nicht an Bedeutung im eigentlichen Sinne verlieren, da sie den **Konzern mittragen**[3] und der **EK-Charakter** beim Übergang in den Konzernabschluss erhalten bleibt.[4] Auch nach IFRS werden die Anteile anderer Gesellschafter und damit von Minderheitseignern im Konzern-EK als „nicht beherrschende Anteile" ausgewiesen (IFRS 10.22).

1.2 Anwendungsbereich

Der Geltungsbereich des § 307 HGB umfasst **alle gem. § 301 HGB vollkonsolidierten Unt**, da hier einerseits die vollständige Übernahme von VG, Schulden, Rechnungsabgrenzungsposten und Sonderposten in den Konzernabschluss gefordert wird und andererseits bei der Übernahme der entsprechenden Posten

---

[1] Vgl. Fehrenbacher, in MünchKomm. HGB, 5. Aufl. 2024, § 307 HGB Rz 1.
[2] Vgl. Senger/Kurz, in BeckOGK Bilanzrecht, 2. Aufl., 2024, § 307 HGB Rz 1.
[3] Vgl. BT-Drs. 10/3440 v. 3.6.1985 S. 39, Begründung zu § 288 HGB.
[4] Vgl. Kliem/Roland, in Beck Bil-Komm., 14. Aufl. 2024, § 307 HGB Rz 56.

aus den Jahresabschlüssen der TU keine Berücksichtigung von Anteilen nicht beherrschender Gesellschafter erfolgt (§ 301 Rz 18).

7 Wird die Einbeziehung von GemeinschaftsUnt durch **QuotenKons** vorgenommen, kommt § 307 HGB nicht zum Tragen. Die Anteile der nicht beherrschenden Gesellschafter werden hier bereits durch den anteilmäßigen Ansatz berücksichtigt (§ 310 Rz 25 ff.). Ebenfalls keine Berücksichtigung findet § 307 HGB bei der Bewertung **assoziierter Unt**.

8 Ist ein Unt zur Konzernrechnungslegung nach dem **PublG** verpflichtet, gilt § 307 HGB über einen Verweis in § 13 Abs. 2 Satz 1 PublG für Konzernabschlüsse dieses Unt analog.

9 § 307 HGB gilt über die §§ 340i Abs. 1 und 341j Abs. 1 HGB auch für Konzernabschlüsse von **Kreditinstituten** und **VersicherungsUnt**; Sondervorschriften sind nicht vorgesehen.

1.3 Normenzusammenhänge

10 Die Bindung von § 307 HGB an die VollKons von TU bei der Konzernabschlusserstellung bedingt einen unmittelbaren Zusammenhang mit den sich aus §§ 301–306 HGB ergebenden einzelnen Konsolidierungsmaßnahmen sowie mit der sich aus § 308 HGB resultierenden einheitlichen Bewertung im Konzernabschluss. Darüber hinaus ergibt sich aus der Notwendigkeit der Vereinheitlichung der Währung für den Konzernabschluss und die Handelsbilanz II der entsprechende Bezug zu § 308a HGB. Für die §§ 340i Abs. 1 und 341j Abs. 1 HGB wie auch für § 13 Abs. 2 Satz 1 PublG ergibt sich der Zusammenhang aus einem Verweis auf die Regelungen zum Konzernabschluss im HGB und damit auf § 307 HGB.

2 Ansatz in der Konzernbilanz (Abs. 1)

2.1 Abgrenzung der Anteile anderer nicht beherrschender Gesellschafter

11 Anteile anderer nicht beherrschender Gesellschafter i.S.d. § 307 Abs. 1 HGB, für die ein Ausgleichsposten zu bilden ist, sind solche, die weder dem MU noch einem i.R.d. KapKons in den Konzernabschluss einbezogenen TU gehören. § 307 HGB ist in Bezug auf diese Anteile als **komplementäre Ergänzung zu § 301 HGB** zu verstehen. Für die Bestimmung der Anteile nicht beherrschender Gesellschafter ist grds. von zentraler Bedeutung, dass konzernfremde Dritte die Anteile halten und diese ihnen auch wirtschaftlich zugerechnet werden können.[5]

12 Neben Anteilen, die von Gesellschaftern gehalten werden, die keinen Bezug zum Konzern haben, sind auch folgende Anteile im Ausgleichsposten nach § 307 Abs. 1 HGB zu berücksichtigen:
- Anteile, deren Rechte dem MU nach § 290 Abs. 3 Satz 2 HGB zugerechnet werden können (etwa über ein Treuhandverhältnis oder eine sonstige Vereinbarung),
- Anteile, die von GemeinschaftsUnt gehalten und nicht nach § 301 HGB verrechnet werden (d.h. bei einem im Wege der QuotenKons nach § 310

---

[5] Vgl. Senger/Kurz, in BeckOGK Bilanzrecht, 2. Aufl., 2024, § 307 HGB Rz 5.

HGB einbezogenen GemeinschaftsUnt sind nur die auf den anderen Gesellschafter entfallenden Anteile zu berücksichtigen),[6]
- Anteile, die von assoziierten Unt gehalten werden,
- Anteile, die von nicht konsolidierten TU des MU gehalten werden,
- Anteile, die von Unt gehalten werden, an denen der Konzern nur eine Beteiligung hält,
- Anteile, die vom MU oder von konsolidierten TU gehalten werden und – ausnahmsweise vereinfachend – nicht konsolidiert werden, weil sie nur kurzfristig im Konzern bleiben sollen bzw. werden.[7]

Der Ausgleichsposten wird **entsprechend des Kapitalanteils** der anderen nicht beherrschenden Gesellschafter am Bilanzstichtag bestimmt, die Stimmrechte sind nicht maßgeblich (DRS 23.95).[8]

Wenn ein nicht in den Konzernabschluss einbezogenes TU Anteile an einem einbezogenen TU hält, liegen vom Grundsatz her im Ausgleichsposten zu zeigende Anteile anderer nicht beherrschender Gesellschafter vor. Allerdings bildet die Einbeziehung dieser Anteile in den Ausgleichsposten den Sachverhalt nicht zutreffend ab, da es sich um Anteile handelt, die dem **MU indirekt gehören**. Vor diesem Hintergrund sollte dieser Anteil am Ausgleichsposten bei Wesentlichkeit entweder gesondert als Davon-Vermerk unter der Bezeichnung „Ausgleichsposten für von nicht konsolidierten TU gehaltene Anteile" ausgewiesen oder durch eine entsprechende Angabe im Konzernanhang erläutert werden.[9]

13

Liegt ein **mehrstufiger Konzern** vor (§ 301 Rz 229 ff.) und werden anstatt eines Konzernabschlusses mehrere Teilkonzernabschlüsse aufgestellt, ergibt sich ein ähnliches Problem, sofern die Unt der verschiedenen Teilkonzerne Beteiligungen an anderen Unt in anderen Teilkonzernen halten. Ein gesonderter Ausweis des auf diese Anteile entfallenden EK-Anteils ist zwar nicht erforderlich, woraus sich ergibt, dass ein Ausweis als Ausgleichsposten für Anteile anderer nicht beherrschender Gesellschafter zu erfolgen hat (gem. der allgemeinen Regelung in DRS 23.94). Allerdings wäre ein gesonderter Ausweis als Davon-Vermerk oder eine Angabe im Konzernanhang zu empfehlen, wenn die Beträge wesentlich sind.[10]

14

2.2 Höhe des Ausgleichspostens

2.2.1 Einstufiger Konzern

2.2.1.1 Einzubeziehende Posten des Eigenkapitals

Der Ausgleichsposten hat gem. § 307 Abs. 1 HGB das anteilige EK des TU zu enthalten, das nicht auf das MU oder ein anderes einbezogenes TU entfällt. Die Basis der Ermittlung dieses Postens i. R. d. ErstKons bildet dabei zunächst das EK laut Handelsbilanz II (zur nötigen Neubewertung s. Rz 20 ff.). Entsprechend

15

---

[6] Vgl. Fehrenbacher, in MünchKomm. HGB, 5. Aufl. 2024, § 307 HGB Rz 4.
[7] Vgl. Kliem/Roland, in Beck Bil-Komm., 14. Aufl. 2024, § 307 HGB Rz 6.
[8] Vgl. Hoffmann/Lüdenbach, NWB Kommentar Bilanzierung, 15. Aufl. 2023, § 307 HGB Rz 15.
[9] Vgl. Fehrenbacher, in MünchKomm. HGB, 5. Aufl. 2024, § 307 HGB Rz 4; Böcking/Gros/Tonne, in Ebenroth u.a., HGB, 4. Aufl. 2020, § 307 HGB Rz 3. So auch DRS 23.97.
[10] Vgl. Kliem/Roland, in Beck Bil-Komm., 14. Aufl. 2024, § 307 HGB Rz 8.

§ 266 Abs. 3 A. HGB sind bei KapG die folgenden Posten quotal gem. des Kapitalanteils einzubeziehen:
- Gezeichnetes Kapital,
- Kapitalrücklage,
- Gewinnrücklagen (gesetzliche Rücklage, Rücklage für Rückbeteiligungen am MU, satzungsmäßige Rücklagen, andere Gewinnrücklagen,
- Gewinn-/Verlustvortrag,
- Jahresüberschuss/-fehlbetrag (ggf. sind abweichende Gewinnverteilungsvereinbarungen zu beachten).[11]

16 Der Kapitalanteil der nicht beherrschenden Gesellschafter am Bilanzstichtag ist dabei maßgebend für deren Anteil an den aufgeführten EK-Posten. Evtl. abweichende **Gewinnverteilungsabreden** sind bei der Aufteilung des Jahresergebnisses entsprechend zu berücksichtigen.[12] Die Stimmrechtsverteilung ist jedoch ohne Relevanz (DRS 23.95).

17 Bei eigenen Anteilen eines TU, die nach § 272 Abs. 1a HGB offen vom EK abgesetzt werden, ist hinsichtlich der Ermittlung des maßgeblichen Kapitalanteils der nicht beherrschenden Gesellschafter auf das „ausgegebene Kapital"[13] abzustellen (§ 272 Rz 74 ff.).[14]

18 Die Zuordnung der auf nicht beherrschende Gesellschafter entfallenden Teilbeträge einer **Rücklage für Anteile an einem herrschenden oder mit Mehrheit beteiligten Unt** i. S. d. § 272 Abs. 4 HGB zum Ausgleichsposten ist ebenfalls unstrittig. Die Rücklage für Anteile an einem herrschenden oder mit Mehrheit beteiligten Unt gehört zum zu konsolidierenden Kapital des TU.[15] Nach DRS 22.47 sind diese Rückbeteiligungen in der Konzernbilanz **als eigene Anteile des MU** zu behandeln. Nach DRS 23.41 ist daher die vom TU im Jahresabschluss gebildete Rücklage für Anteile am MU gem. § 272 Abs. 4 Satz 1 HGB (Rückbeteiligung) Teil des konsolidierungspflichtigen EK. Dabei hat nach DRS 23.70 die Bewertung einer bereits bei Erwerb bzw. zum Zeitpunkt der erstmaligen Einbeziehung in den Konzernabschluss bestehenden Rückbeteiligung des TU am MU mit dem beizulegenden Zeitwert aus Sicht eines unabhängigen Erwerbers zu erfolgen.

19 Eine **garantierte Ausgleichszahlung** (Garantiedividende) für die nicht beherrschenden Gesellschafter im Falle eines Gewinnabführungs- oder Beherrschungsvertrags zwischen der Konzernmutter und einem TU geht nicht in den Ausgleichsposten ein, da regelmäßig bereits ein Ausweis als **Verbindlichkeit gegenüber anderen Gesellschaftern** im Konzernabschluss erfolgt. Der aus der garantierten Ausgleichszahlung (Garantiedividende) resultierende Aufwand ist in der Konzern-GuV als „nicht beherrschenden Anteilen zustehender Gewinn" gesondert vor dem Posten „(Konzern-)Jahresüberschuss/Jahresfehlbetrag" auszuweisen und mindert Letzteren (DRS 23.159).

---

[11] Ähnlich Senger/Kurz, in BeckOGK Bilanzrecht, 2. Aufl., 2024, § 307 HGB Rz 7.
[12] Vgl. Kliem/Roland, in Beck Bil-Komm., 14. Aufl. 2024, § 307 HGB Rz 10.
[13] S. hierzu Reinke, in Kußmaul/Müller, HdB, Eigene Anteile in Handels- und Steuerbilanz, Rz 18, Stand: 16.3.2020.
[14] So auch Senger/Kurz, in BeckOGK Bilanzrecht, 2. Aufl., 2024, § 307 HGB Rz 10.
[15] Dies bejahend Kliem/Roland, in Beck Bil-Komm., 14. Aufl., 2024, § 307 HGB Rz 11; IDW, WPH Edition, Wirtschaftsprüfung & Rechnungslegung, 18. Aufl. 2023, Kap. G Tz 370.

2.2.1.2 Erstkonsolidierung

Entsprechend der **Neubewertungsmethode** gem. § 301 Abs. 1 Satz 2 HGB verläuft die **KapKons in drei Schritten**. Zunächst sind die Abschlüsse hinsichtlich Ansatz, Bewertung, Darstellung, Währung und ggf. Stichtag zu vereinheitlichen. Im nächsten Schritt werden die VG, Schulden, Rechnungsabgrenzungsposten und Sonderposten in der Bilanz des TU zum Zeitpunkt des Erwerbs erfolgsneutral, d. h. mit direkter Verrechnung der Beträge im EK und in den passiven oder aktiven latenten Steuern des TU, neu bewertet. Das neu bewertete EK ergibt sich aus dem EK vor Neubewertung zzgl. der aufgelösten und um latente Steuereffekte bereinigten stillen Reserven und abzgl. der um latente Steuereffekte bereinigten aufgedeckten stillen Lasten. Für diesen zweiten Schritt wurde zur Abgrenzung des Begriffs der Handelsbilanz II, in der die Buchwerte des TU abgebildet sind, die sog. **Handelsbilanz III** eingeführt, in der durch den Bezug auf die Zeitwerte bereits vor der Aufrechnung des Unterschiedsbetrags die gesamten stillen Reserven und stillen Lasten unter Beachtung latenter Steuerwirkungen aufgedeckt sein müssen. Bei dieser Neubewertung werden alle stillen Reserven und alle stillen Lasten aufgelöst. Im dritten Schritt erfolgt die Aufrechnung des Beteiligungsbuchwerts im Jahresabschluss des MU mit dem anteiligen in der Handelsbilanz III ausgewiesenen neu bewerteten EK des TU. Nach der Streichung der Anschaffungskostenrestriktion im HGB ergeben sich keine Probleme mehr bei der Frage nach der Höhe der aufzulösenden stillen Reserven und deren Zuordnung – die Auflösung hat vollumfänglich bei den jeweils relevanten Positionen zu erfolgen.

Sind neben dem MU an einem TU weitere nicht der Konzernmutter zuzurechnende Gesellschafter beteiligt, werden die nicht beherrschenden Anteile bei der Neubewertungsmethode auf der **Basis des neu bewerteten EK** ausgewiesen. Ein nach der Aufrechnung des Beteiligungsbuchwerts mit dem anteiligen EK des MU evtl. verbleibender GoF darf ausschl. dem MU zugerechnet werden. Der aus der ErstKons resultierende GoF ist also nicht auf die nicht beherrschenden Gesellschafter hochzurechnen und dessen Ansatz damit nicht zulässig. Eine quotale Aufteilung auf Mehrheits- und Minderheitsgesellschafter kommt anders als bei der Full-Goodwill-Methode nach IFRS nicht in Betracht.[16] Im Hinblick auf FolgeKons bedeutet dies, dass lediglich zusätzliche Abschreibungen aufgedeckter stiller Reserven quotal zulasten des Ergebnisanteils des MU und des nicht beherrschenden Anteils gehen. Abschreibungen auf den GoF belasten dagegen ausschl. den Ergebnisanteil des MU (zu Beispielen s. § 301 Rz 151 ff.). Führen stille Lasten für den Anteil des MU zu einem negativen Unterschiedsbetrag, ist auch dieser für den nicht beherrschenden Anteil nicht hochzurechnen.[17]

Da sich die Neubewertungsmethode durch die Kons des Beteiligungsbuchwerts auf Basis des neu bewerteten EK des TU auszeichnet, also die stillen Reserven und Lasten vor der eigentlichen Kons ohne Beachtung der Anschaffungskostenrestriktion aufgedeckt werden, bedeutet dies im Falle von nicht

---

[16] Gl. A. Hoffmann/Lüdenbach, NWB Kommentar Bilanzierung, 15. Aufl. 2023, § 307 HGB Rz 18; Fehrenbacher, in MünchKomm. HGB, 5. Aufl. 2024, § 307 HGB Rz 7; Senger/Kurz, in BeckOGK Bilanzrecht, 2. Aufl., 2024, § 307 HGB Rz 11.

[17] So auch Kliem/Roland, in Beck Bil-Komm., 14. Aufl. 2024, § 307 HGB Rz 17.

beherrschenden Anteilen, dass der **Ausgleichsposten** für nicht beherrschende Gesellschafter auch stille Reserven oder Lasten enthält. Es wird unterstellt, dass die anderen nicht beherrschenden Gesellschafter im Zeitpunkt der erstmaligen Kons. einen Preis für die Anteile gezahlt haben und dieser ihrem Anteil am konsolidierungspflichtigen Kapital und an den aufgedeckten stillen Reserven und Lasten entspricht.

23 Nach DRS 22.58 sind **Veränderungen des Konzern-EK** aufgrund von Änderungen des Konsolidierungskreis in einer gesonderten Zeile „Änderungen des Konsolidierungskreises" der EK-Veränderungsrechnung zu erfassen, was auch die Anteile nicht beherrschender Gesellschafter beinhaltet. Hierzu gehören z. B. die erfolgsneutral erfassten Effekte aus der Erst-, Ent- und ÜbergangsKons (DRS 22.59).

2.2.1.3 Folgekonsolidierung

24 Die aus der Anwendung der Neubewertungsmethode resultierenden Wertansätze sind in den Folgejahren i.R.d. FolgeKons fortzuschreiben. Der Ausgleichsposten für die Anteile nicht beherrschender Gesellschafter ist entsprechend auf Basis der Neubewertungsbilanz (Handelsbilanz III), die auf den Stichtag der FolgeKons fortgeschrieben wird, zu ermitteln (DRS 23.152). Der Ausgleichsposten nicht beherrschender Gesellschafter unterliegt somit anteilig den **späteren erfolgswirksamen Auswirkungen** der bei der Neubewertung aufgedeckten stillen Reserven/Lasten (DRS 23.153).[18]

25 Eine **erfolgsneutrale Verrechnung** ohne Berührung der GuV kommt grds. nicht in Betracht.[19] Im Fall einer nur bei Aufstockungen von Anteilen des MU am TU oder i.R.e. ÜbergangsKons nach DRS 23 möglichen tranchenweisen Kons kann es zu einer quotalen Aufdeckung stiller Reserven kommen (DRS 23.172), die sich dann nur auf das dem MU zustehende Ergebnis auswirkt.[20]

26 **Änderungen im EK** des TU wirken sich anteilig auf den Ausgleichsposten für nicht beherrschende Gesellschafter aus, da der Ausgleichsposten i.R.d. FolgeKons zu jedem Stichtag des Konzernabschlusses aus der Handelsbilanz III neu zu berechnen ist. Der auf die nicht beherrschenden Gesellschafter entfallende Teil der beim TU nach der ErstKons gebildeten Rücklagen und angefallenen Ergebnisse ist ebenfalls im Ausgleichsposten enthalten.[21]

27 Bei der erfolgswirksamen Verrechnung sind die auf die nicht beherrschenden Gesellschafter entfallenden **sonstigen erfolgswirksamen Konsolidierungsmaßnahmen** grds. wie die für das MU zu behandeln. Diese Aufteilung auf die beiden Gruppen von Anteilseignern kann aber mit erheblichen praktischen Problemen verbunden sein, sodass bei einem unverhältnismäßig hohen Ermittlungsaufwand auf eine entsprechende Zuordnung verzichtet werden kann (DRS 23.153). Hier-

---

[18] Vgl. Senger/Kurz, in BeckOGK Bilanzrecht, 2. Aufl., 2024, § 307 HGB Rz 11; Böcking/Gros/Tonne, in Ebenroth u. a., HGB, 4. Aufl. 2020, § 307 HGB Rz 7.
[19] Mit dem Einheitsgrundsatz begründend Fehrenbacher, in MünchKomm. HGB, 5. Aufl. 2024, § 307 HGB Rz 8; mit dem Realisationsprinzip begründend Kliem/Roland, in Beck Bil-Komm., 14. Aufl. 2024, § 307 HGB Rz 19.
[20] Vgl. mit Beispielen Müller/Reinke, StuB 2015, S. 376 ff. und S. 408 ff.
[21] Vgl. Senger/Kurz, in BeckOGK Bilanzrecht, 2. Aufl., 2024, § 307 HGB Rz 12.

für ist für den Einzelfall abzuwägen, ob die Informationsverluste die sonst anfallenden Informationskosten überwiegen.[22]

2.2.1.4 Besonderheiten bei negativem Eigenkapital des Tochterunternehmens

Ein möglicher aktiver – und damit negativer – Ausgleichsposten für die Anteile nicht beherrschender Gesellschafter kann sich z. B. aus einem nicht durch EK gedeckten Fehlbetrag in der Einzelbilanz eines TU in der Rechtsform einer KapGes ergeben oder aus einem negativen EK-Konto in der Einzelbilanz eines TU in der Rechtsform einer KapCoGes resultieren. Der Ausweis eines **aktiven Ausgleichspostens** ist allerdings im HGB nicht geregelt.[23] Aus DRS 23.96 ergibt sich, dass ein Betrag mit einem negativen Vorzeichen für die Anteile nicht beherrschender Gesellschafter – also ein negativer Ausgleichsposten – ebenfalls innerhalb des EK auszuweisen ist. Dabei dürfen Anteile nicht beherrschender Gesellschafter mit einem positiven und negativen Vorzeichen saldiert in einem Betrag ausgewiesen werden; allerdings empfiehlt DRS 23.96 eine Aufgliederung der saldierten Beträge im Konzernanhang. Ein aktiver Ausweis des negativen Ausgleichspostens nicht beherrschender Gesellschafter ist grds. nicht vorgesehen.[24] Nur sofern das gesamte Konzern-EK negativ ist, erfolgt ein aktiver Ausweis in Anlehnung an bzw. innerhalb einen/s nicht durch EK gedeckten Fehlbetrag/s gem. § 298 Abs. 1 i. V. m. § 268 Abs. 3 HGB.

28

2.2.2 Mehrstufiger Konzern

Der Gesetzgeber hat im HGB hinsichtlich der Regelungen für die KapKons explizit nur einstufige Konzerne behandelt. In der Praxis sind aber häufig mehrstufige Konzerne anzutreffen, bei denen ein TU gleichzeitig selbst MU eines anderen TU ist. Als unterschiedliche Möglichkeiten der KapKons mehrstufiger Konzerne kommen die **KettenKons** und die **SimultanKons (Gleichungsverfahren)** in Betracht (DRS 23.191–193). Bei der SimultanKons werden alle Unt gleichzeitig in einer Summenbilanz zusammengefasst und für jedes einzelne wird eine Kons mithilfe des Gleichungs- oder Matrizenverfahrens vorgenommen. Die KettenKons unterstellt die hierarchisch aufwärtsgerichtete Kons in jeweils nacheinander durchzuführenden Einzelschritten bis zur Konzernspitze. Für jede Stufe kommt es zur Erstellung eines Konzernabschlusses, der wiederum Ausgangsbasis für die nächsthöhere Konsolidierungsstufe und den dort zu erstellenden Konzernabschluss ist.[25] Sofern bei der KettenKons Anteile nicht beherrschender Gesellschafter auszuweisen sind, stellen diese bei der Kons auf der nächsthöheren Stufe kein zu verrechnendes EK dar (DRS 23.192) und werden in

29

---

[22] Vgl. Böcking/Gros/Tonne, in Ebenroth u. a., HGB, 4. Aufl. 2020, § 307 HGB Rz 8; Fehrenbacher, in MünchKomm. HGB, 5. Aufl. 2024, § 307 HGB Rz 9.
[23] Vgl. Senger/Kurz, in BeckOGK Bilanzrecht, 2. Aufl., 2024, § 307 HGB Rz 21; Kliem/Roland, in Beck Bil-Komm., 14. Aufl. 2024, § 307 HGB Rz 57.
[24] So auch Hoffmann/Lüdenbach, NWB Kommentar Bilanzierung, 15. Aufl. 2023, § 307 HGB Rz 7. Einen passiven Ausweis des negativen Ausgleichspostens im EK auch bevorzugend Kliem/Roland, in Beck Bil-Komm., 14. Aufl. 2024, § 307 HGB Rz 57; Senger/Kurz, in BeckOGK Bilanzrecht, 2. Aufl., 2024, § 307 HGB Rz 21.
[25] Ergänzend zur KettenKons sowie zur SimultanKons nach dem Gleichungsverfahren bzw. der Matrizenrechnung Küting, Konzerninterne Umstrukturierungen, 1. Aufl. 2012, S. 141 ff.

den übergeordneten (Teil-)Konzern übernommen.[26] Nach DRS 23.193 muss stets sichergestellt sein, dass Unterschiedsbeträge unterer Konzernstufen nicht saldiert werden, weshalb die KettenKons vom DRSC empfohlen wird (DRS 23.191).

30 Die Ermittlung des Ausgleichspostens für die Anteile nicht beherrschender Gesellschafter in **mehrstufigen Konzernen** ist umstritten, sofern Beteiligungen dieser Gesellschafter auf mehreren Stufen vorliegen. In der Diskussion sind zwei Verfahren: die **additive Ermittlung**, bei der die Ausgleichsposten für Anteile anderer nicht beherrschender Gesellschafter einfach addiert werden, und die **multiplikative Ermittlung**, bei der die indirekten Anteile anderer nicht beherrschender Gesellschafter zu berücksichtigen sind.[27]

31 Bei der direkten **additiven Ermittlung** wird der Ausgleichsposten für die nicht beherrschenden Gesellschafter auf der jeweiligen Konzernstufe ermittelt – also jeweils aus Sicht des Unt, welches die Beteiligung hält. Der Ausgleichsposten nicht beherrschender Gesellschafter wird also auf allen Ebenen entsprechend der direkten Beteiligungsquote ermittelt. Die tatsächlichen Beteiligungsquoten werden bei der additiven Ermittlung nicht abgebildet, sodass die im Konzernabschluss gezeigten Anteile nicht beherrschender Gesellschafter und damit auch der GoF höher ausfallen.[28] Die additive Ermittlung entspricht also dem Vorgehen wie bei einem einstufigen Konzern – und ist aus Sicht der praktischen Umsetzung und der Wirtschaftlichkeit zu begrüßen.[29] Auch nach DRS 23.199 sollte die additive Ermittlung und damit das jeweils direkte Beteiligungsverhältnis zugrunde gelegt werden, sodass der Beteiligungswert des unmittelbar hierarchisch übergeordneten TU/MU mit dem auf die Beteiligung entfallenden EK des hierarchisch nachgelagerten TU verrechnet wird. Das OLG Frankfurt a. M. ist mit Beschluss vom 4.2.2019 basierend auf der vom deutschen Enforcement durch die damals noch zuständige DPR und aktuell nur noch alleine zuständige BaFin vertretenen Auffassung, dass eine Anwendung der multiplikativen Ermittlung nicht gewünscht bzw. zulässig ist, in einem Fall der IFRS-Anwendung von einer verpflichtenden Anwendung der additiven Ermittlung ausgegangen.[30] I. R. d. FolgeKons sind bei der additiven Ermittlung die auf den Ausgleichsposten entfallenden indirekten Anteile am GoF in gleichem Maße aufzulösen wie für den auf das MU entfallenden Anteil.[31]

32 Bei der indirekten **multiplikativen Ermittlung** hingegen sind die indirekten Anteile anderer nicht beherrschender Gesellschafter ebenfalls zu berücksichtigen, damit der Ausgleichsposten für Anteile nicht beherrschender Gesellschafter zutreffend ausgewiesen wird. Der (Teil-)Konzernabschluss ist immer aus Sicht des obersten – den Konzernabschluss aufstellenden – MU durchzuführen. Dabei ist der von den anderen nicht beherrschenden Gesellschaftern mit dem Kaufpreis für die Beteiligung anteilig bezahlte GoF gegen deren Ausgleichs-

---

[26] Vgl. Kliem/Roland, in Beck Bil-Komm., 14. Aufl. 2024, § 307 HGB Rz 25.
[27] Vgl. Fehrenbacher, in MünchKomm. HGB, 5. Aufl. 2024, § 307 HGB Rz 18.
[28] Vgl. Küting, Konzerninterne Umstrukturierungen, 1. Aufl. 2012, S. 145.
[29] So bzgl. der Wirtschaftlichkeit auch Müller, in Kußmaul/Müller, HdB, Konsolidierung von Kapital und Schulden nach HGB und IFRS, Rz 74, Stand: 15.5.2024.
[30] Vgl. OLG Frankfurt a.M., Beschluss v. 4.2.2019, WpÜG 3/16, WpÜG 4/16; der additiven Ermittlung zustimmend auch Kliem/Roland, in Beck Bil-Komm., 14. Aufl. 2024, § 307 HGB Rz 27; Senger/Kurz, in BeckOGK Bilanzrecht, 2. Aufl., 2024, § 307 HGB Rz 19.
[31] Vgl. Fehrenbacher, in MünchKomm. HGB, 5. Aufl. 2024, § 307 HGB Rz 21.

posten zu kürzen (Kreisanteil). Dahinter liegt der Gedanke, das Verhältnis der Anteilseigner des MU zu denen der nicht beherrschenden Gesellschafter im Konzern-EK zutreffender abzubilden und den anteiligen GoF der Anteile nicht beherrschender Gesellschafter eben nicht auszuweisen, sondern direkt mit deren Anteilen zu verrechnen.[32] Die nötigen Abschreibungen auf den verbleibenden GoF sind bei FolgeKons dann nur von den Anteilseignern des MU zu tragen.[33] Auch wenn die multiplikative Ermittlung in der Literatur tw. für zulässig oder sogar zutreffender erachtet wird,[34] ist sowohl nach DRS 23[35] als auch gem. dem Beschluss des OLG Frankfurt vom 4.2.2019[36] die **additive Ermittlung im Ergebnis das „objektiv richtige" Verfahren.**

Praxis-Beispiel
Bestimmung des Ausgleichspostens für Anteile nicht beherrschender Gesellschafter
Die MU GmbH hält 80 % der Anteile an der TU GmbH. Die restlichen 20 % der Anteile befinden sich im Besitz anderer Gesellschafter G1. Die MU GmbH hat die Anteile für 50 Mio. EUR erworben. Die TU GmbH hat ein neu bewertetes EK von 40 Mio. EUR, wovon somit 32 Mio. EUR auf die MU GmbH und 8 Mio. EUR auf G1 entfallen. Daraus ergibt sich bei der MU GmbH ein Unterschiedsbetrag bzw. GoF (AK der MU GmbH abzgl. der EK-Anteile der MU GmbH) von 18 Mio. EUR.
Die TU GmbH ist mit 60 % an der untergeordneten EU GmbH beteiligt. 40 % der Anteile entfallen auf andere Gesellschafter G2. Der TU GmbH sind mit der Anschaffung Kosten von 20 Mio. EUR entstanden. Daraus ergibt sich bei der TU GmbH aufgrund des neu bewerteten EK der EU GmbH von 25 Mio. EUR ein Unterschiedsbetrag bzw. GoF von 5 Mio. EUR.[37]

---

[32] Vgl. Küting, Konzerninterne Umstrukturierungen, 1. Aufl. 2012, S. 146 f.
[33] Vgl. Müller, in Kußmaul/Müller, HdB, Konsolidierung von Kapital und Schulden nach HGB und IFRS, Rz 74, Stand: 15.5.2024.
[34] So z. B. Fehrenbacher, in MünchKomm. HGB, 5. Aufl. 2024, § 307 HGB Rz 20 f.; Küting, Konzerninterne Umstrukturierungen, 1. Aufl. 2012, S. 151.
[35] S. hierzu DRS 23.194 f. und DRS 23.199.
[36] Vgl. OLG Frankfurt a. M., Beschluss v. 4.2.2019, WpÜG 3/16, WpÜG 4/16.
[37] In Anlehnung an Müller, in Kußmaul/Müller, HdB, Konsolidierung von Kapital und Schulden nach HGB und IFRS, Rz 74 ff., Stand: 15.5.2024.

(in Mio. EUR)	MU GmbH (MU)	TU GmbH (TU)	EU GmbH (EU)
	HB II	HB II	HB II
(Sonstiges) AV	100	100	50
Anteile an verb. Unt			
MU an TU	50		
TU an EU		20	
Umlaufvermögen	160	80	65
Aktiva	310	200	115
EK	100	30	15
FK	210	170	100
Passiva	310	200	115

Berechnung des Ausgleichspostens nicht beherrschender Gesellschafter ohne Berücksichtigung der indirekten Anteile mit der additiven Ermittlung

Bei der additiven Ermittlung beläuft sich der gesamte Unterschiedsbetrag aus der KapitalKons bzw. dem GoF auf 23 Mio. EUR und die Anteile nicht beherrschender Gesellschafter auf 18 Mio. EUR. Der GoF beinhaltet dabei auch die Anteile nicht beherrschender Gesellschafter und erhöht so die Anteile nicht beherrschender Gesellschafter. Latente Steuern fallen gem. § 306 Satz 3 HGB nicht an (§ 306 Rz 23 ff.).

(in Mio. EUR)	TU GmbH (TU)	EU GmbH (EU)	Konsolidierung		MU GmbH (MU)	Teil-KA (TU + EU)	Konsolidierung		KA
1	2	3	4	5	6	7 (2+3+4+5)	8	9	10 (6+7+8+9)
	HB III	HB III	S	H	HB II		S	H	
GoF			(1) 5			5	(3) 18		23
(Sonstiges) AV	140	80			100	220			320
Anteile an verb. Unt									
MU an TU					50			(3) 50	
TU an EU	20		(1) 20						
Umlaufvermögen	80	65			160	145			305
Aktiva	240	145			310	370			648
EK	40	25	(1) 15 (2) 10		100	40	(4) 32 (5) 8		100
Nicht beherrschende Anteile				(2) 10		10		(4) 8	18
FK	200	120			210	320			530
Passiva	240	145			310	370			648

Tab. 1: Additive Ermittlung als KettenKons

Beteiligungsbuchwert der MU GmbH an der TU GmbH	50
Beteiligungsquote der MU GmbH an der TU GmbH × neu bewertetes EK der TU GmbH	−32
Beteiligungsbuchwert der TU GmbH an der EU GmbH	20
Beteiligungsquote der TU GmbH an der EU GmbH × neu bewertetes EK der EU GmbH	−15
Gesamter Unterschiedsbetrag aus der KapitalKons bzw. GoF	**23**
Direkte Beteiligungsquote der nicht beherrschenden Anteile an der TU GmbH × neu bewertetes EK an der TU GmbH	8
Direkte Beteiligungsquote der nicht beherrschenden Anteile an der EU GmbH × neu bewertetes EK an der EU GmbH	10
Anteile nicht beherrschender Gesellschafter	**18**

Tab. 2: Additive Ermittlung als SimultanKons (Gleichungsverfahren)

Berechnung des Ausgleichspostens nicht beherrschender Gesellschafter unter Berücksichtigung der indirekten Anteile mit der multiplikativen Ermittlung

Bei der multiplikativen Ermittlung hingegen beläuft sich der gesamte Unterschiedsbetrag aus der KapitalKons bzw. dem GoF auf 22 Mio. EUR, da einerseits nur der der MU GmbH zuzurechnende Anteil der AK von 16 Mio. EUR (80 % × 20 Mio. EUR) berücksichtigt wird und andererseits statt mit dem Anteil von 60 % der TU GmbH an der EU GmbH nur mit dem Anteil der beherrschenden Anteilseigner von 60 % × 80 % = 48 % gerechnet wird (48 % × 25 Mio. EUR = 12 Mio. EUR). Die Anteile nicht beherrschender Gesellschafter erreichen damit insgesamt nur 17 Mio. EUR. Der GoF beinhaltet so keine Anteile nicht beherrschender Gesellschafter, da diese im Ergebnis direkt mit deren Anteilen verrechnet werden und diese so reduzieren. Latente Steuern fallen gem. § 306 Satz 3 HGB nicht an.

(in Mio. EUR)	TU GmbH (TU)	EU GmbH (EU)	Konsolidierung		MU GmbH (MU)	Teil-KA (TU + EU)	Konsolidierung		KA
1	2	3	4	5	6	7 (2+3+4+5)	8	9	10 (6+7+8+9)
	HB III	HB III	S	H	HB II		S	H	
GoF			(1) 4			4	(4) 18		22
(Sonstiges) AV	140	80			100	220			320
Anteile an verb. Unt									
MU an TU					50			(4) 50	
TU an EU	20		(1) 16 (2) 4						
Umlaufvermögen	80	65			160	145			305
Aktiva	240	145			310	369			647
EK	40	25	(1) 12 (3) 13		100	40	(4) 32 (5) 8		100
Nicht beherrschende Anteile			(2) 4	(3) 13		9		(5) 8	17
FK	200	120			210	320			530
Passiva	240	145			310	369			647

Tab. 3: Multiplikative Ermittlung als KettenKons

Beteiligungsbuchwert der MU GmbH an der TU GmbH	50
Beteiligungsquote der MU GmbH an der TU GmbH × neu bewertetes EK der TU GmbH	−32
Beteiligungsquote der MU GmbH an der TU GmbH × Beteiligungsbuchwert der TU GmbH	16
Beteiligungsquote der MU GmbH an der TU GmbH × Beteiligungsquote der TU GmbH an der EU GmbH × neu bewertetes EK der EU GmbH	−12
Gesamter Unterschiedsbetrag aus der KapitalKons bzw. GoF	**22**
Direkte Beteiligungsquote der nicht beherrschenden Anteile an der TU GmbH × neu bewertetes EK der TU GmbH	8
Indirekte Beteiligungsquote der nicht beherrschenden Anteile an der EU GmbH × neu bewertetes EK der EU GmbH	3
Direkte Beteiligungsquote der nicht beherrschenden Anteile an der EU GmbH × neu bewertetes EK der EU GmbH	10
Direkte Beteiligungsquote der nicht beherrschenden Anteile an der TU GmbH × Beteiligungsbuchwert der TU GmbH an der EU GmbH	− 4
Anteile nicht beherrschender Gesellschafter	**17**

Tab. 4: Multiplikative Ermittlung als SimultanKons (Gleichungsverfahren)

34 Auch bei bestehenden innerkonzernlichen Beteiligungen zwischen SchwesterGes führen direkte additive Ermittlung und indirekte multiplikative Ermittlung erwartungsgemäß zu unterschiedlichen Ergebnissen beim Unterschiedsbetrag bzw. GoF und bei den Anteilen nicht beherrschender Gesellschafter. Auch hier ist basierend auf DRS 23[38] und dem Beschluss des OLG Frankfurt vom 4.2.2019[39] die **additive Ermittlung im Ergebnis das „objektiv richtige" Verfahren anzuwenden.**

35
> **Praxis-Beispiel**
> **Bestimmung des Ausgleichspostens für Anteile nicht beherrschender Gesellschafter bei zusätzlich bestehenden innerkonzernlichen Beteiligungen zwischen SchwesterGes**
> Die MU GmbH hält 80 % der Anteile an der TU 1 GmbH, 20 % der Anteile befinden sich im Besitz anderer Gesellschafter G. Der MU GmbH sind für die Anteile AK von 50 Mio. EUR entstanden. Die TU 1 GmbH hat ein neu bewertetes EK von 40 Mio. EUR. Davon entfallen 32 Mio. EUR auf die MU GmbH und 8 Mio. EUR auf G. Daraus ergibt sich bei der MU GmbH ein Unterschiedsbetrag bzw. GoF (AK der MU GmbH abzgl. der EK-Anteile der MU GmbH) von 18 Mio. EUR.
> Die TU 1 GmbH ist mit 40 % an einer gleichstufigen TU 2 GmbH beteiligt. 60 % der Anteile entfallen auf die MU GmbH. Der TU 1 GmbH sind AK von 15 Mio. EUR für die 40 %ige Beteiligung entstanden. Daraus ergibt sich bei der TU 1 GmbH aufgrund des neu bewerteten EK der TU 2 GmbH von 25 Mio. EUR ein Unterschiedsbetrag bzw. GoF von 5 Mio. EUR. Bei der MU GmbH haben die AK für die 60 %ige Beteiligung 20 Mio. EUR betragen. Hieraus resultiert bei der MU GmbH aufgrund des neu bewerteten EK der TU 2 GmbH von 25 Mio. EUR ein Unterschiedsbetrag bzw. GoF von 5 Mio. EUR.
>
>

---

[38] S. hierzu DRS 23.194 f. und DRS 23.199.
[39] Vgl. OLG Frankfurt a. M., Beschluss v. 4.2.2019, WpÜG 3/16, WpÜG 4/16.

Berechnung des Ausgleichspostens nicht beherrschender Gesellschafter ohne Berücksichtigung der indirekten Anteile mit der additiven Ermittlung i. R. d. SimultanKons (Gleichungsverfahren)	
Beteiligungsbuchwert der MU GmbH an der TU 1 GmbH	50
Beteiligungsquote der MU GmbH an der TU 1 GmbH × neu bewertetes EK der TU 1 GmbH	–32
Beteiligungsbuchwert der MU GmbH an der TU 2 GmbH	20
Beteiligungsquote der MU GmbH an der TU 2 GmbH × neu bewertetes EK der TU 2 GmbH	–15
Beteiligungsbuchwert der TU 1 GmbH an der TU 2 GmbH	15
Beteiligungsquote der TU 1 GmbH an der TU 2 GmbH × neu bewertetes EK der TU 2 GmbH	–10
Gesamter Unterschiedsbetrag aus der KapitalKons bzw. GoF	**28**
Direkte Beteiligungsquote der nicht beherrschenden Anteile an der TU 1 GmbH × neu bewertetes EK der TU 1 GmbH	8
Anteile nicht beherrschender Gesellschafter	**8**
Berechnung des Ausgleichspostens nicht beherrschender Gesellschafter unter Berücksichtigung der indirekten Anteile mit der multiplikativen Ermittlung i. R. d. SimultanKons (Gleichungsverfahren)	
Beteiligungsbuchwert der MU GmbH an der TU 1 GmbH	50
Beteiligungsquote der MU GmbH an der TU 1 GmbH × neu bewertetes EK der TU 1 GmbH	–32
Beteiligungsbuchwert der MU GmbH an der TU 2 GmbH	20
Beteiligungsquote der MU GmbH an der TU 2 GmbH × neu bewertetes EK der TU 2 GmbH	–15
Beteiligungsquote der MU GmbH an der TU 1 GmbH × Beteiligungsbuchwert der TU 1 GmbH an der TU 2 GmbH	12
Beteiligungsquote der MU GmbH an der TU 1 GmbH × Beteiligungsquote der TU 1 GmbH an der TU 2 GmbH × neu bewertetes EK der TU 2 GmbH	–8
Gesamter Unterschiedsbetrag aus der KapitalKons bzw. GoF	**27**
Direkte Beteiligungsquote der nicht beherrschenden Anteile an der TU 1 GmbH × neu bewertetes EK der TU 1 GmbH	8
Indirekte Beteiligungsquote der nicht beherrschenden Anteile an der TU 2 GmbH × neu bewertetes EK der TU 2 GmbH	2
Direkte Beteiligungsquote der nicht beherrschenden Anteile an der TU 1 GmbH × Beteiligungsbuchwert der TU 1 GmbH an der TU 2 GmbH	–3
Anteile nicht beherrschender Gesellschafter	**7**

Sofern auf einer Stufe in einem mehrstufigen Konzern ein passivischer Unterschiedsbetrag entsteht, ist dieser gesondert auszuweisen. Eine Verrechnung mit einem aktivischen GoF ist seit dem BilMoG nicht mehr erlaubt.[40] Unterschiedsbeträge müssen auf jeder Konzernstufe sichtbar gemacht werden (DRS 23.193).

2.2.3 Wirkung anderer Konsolidierungsmaßnahmen

Einigkeit besteht grds. darüber, dass die bei der Neubewertung aufgedeckten stillen Reserven bzw. Lasten aus der ErstKons erfolgswirksam anteilig über den Ausgleichsposten für Anteile nicht beherrschender Gesellschafter fortgeschrieben werden. In Bezug auf die **erfolgswirksamen anderen Konsolidierungsmaßnahmen** – also die SchuldenKons, die Zwischenergebniseliminierung, die diesbzgl. latenten Steuern und die Equity-Bewertung – wird vermehrt – mit dem deutlich werdenden höheren Anspruch an die Exaktheit der Darstellung im Konzernabschluss – die Auffassung vertreten, dass die Anteile anderer nicht beherrschender Gesellschafter der **Einheitstheorie** nach § 297 Abs. 3 Satz 1 HGB folgend auch an erfolgswirksamen anderen Konsolidierungsmaßnahmen beteiligt werden sollten, sodass diese im Ausgleichsposten berücksichtigt werden.[41] Entsprechend sieht es auch DRS 23.153, gem. dem zum Anteil anderer nicht beherrschender Gesellschafter neben dem Jahresergebnis der Neubewertungsbilanz auch die Ergebnisauswirkungen der auf das TU entfallenden Konsolidierungsmaßnahmen nebst entsprechenden latenten Steuern gehören.

Auf eine Zuordnung zu den Anteilen anderer nicht beherrschender Gesellschafter kann nur bei **Unwesentlichkeit und damit einhergehendem unverhältnismäßig hohem Ermittlungsaufwand** verzichtet werden (DRS 23.153). Jeder Fall ist allerdings grds. einzeln abzuwägen. Eine solche Konstellation kann bspw. vorliegen, wenn der Betrag aus den erfolgswirksamen anderen Konsolidierungsmaßnahmen gering ist und gleichzeitig am betroffenen TU lediglich wenige nicht beherrschende Gesellschafter bzw. Minderheiten beteiligt sind.[42]

Die Berücksichtigung der Anteile nicht beherrschender Gesellschafter und die damit verbundene Aufteilung der erfolgswirksamen anderen Konsolidierungsmaßnahmen sind problematisch. Die Zuordnung der Zwischengewinne und -verluste zu den entsprechenden TU oder deren Ermittlung auf jeder Konzernstufe etwa beinhalten **offene Fragen** und bergen **erhebliche Kosten**.

Bei der **Zwischenergebniseliminierung** wird die Eliminierung beim Eigentümer gefordert, nach der die Anteile der Gesellschaftergruppen am Gesamtkonzern-EK so dargestellt werden, wie sie sich auch bei ansonsten üblicher kapitalanteilig-proportionaler Aufteilung der Buchwerte der VG auf die jeweils daran beteiligten Gesellschaftergruppen ergibt. Auch wenn basierend auf den Zeitwerten keine Vermögensverschiebung zwischen den Gesellschaftergruppen stattgefunden hat, liegt diese aber basierend auf den Konzernbuchwerten vor.[43]

---

[40] Vgl. Müller, in Kußmaul/Müller, HdB, Konsolidierung von Kapital und Schulden nach HGB und IFRS, Rz 75, Stand: 15.5.2022.
[41] So z. B. Kliem/Roland, in Beck Bil-Komm., 14. Aufl. 2024, § 307 HGB Rz 40; Senger/Kurz, in BeckOGK Bilanzrecht, 2. Aufl., 2024, § 307 HGB Rz 14.
[42] Vgl. Senger/Kurz, in BeckOGK Bilanzrecht, 2. Aufl., 2024, § 307 HGB Rz 14.
[43] Vgl. Kliem/Roland, in Beck Bil-Komm., 14. Aufl. 2024, § 307 HGB Rz 44; Ebeling/Baumann, BB 2000, S. 1669.

41 | **Praxis-Beispiel**
Zwischenergebniseliminierung beim Eigentümer

Die MU GmbH ist mit 60 % an der TU 1 GmbH und mit 70 % an der TU 2 GmbH beteiligt. Die Anteile nicht beherrschender Gesellschafter belaufen sich also bei der TU 1 GmbH auf 40 % und bei der TU 2 GmbH auf 30 %. Die TU 1 GmbH verkauft an die TU 2 GmbH ein Grundstück für 500 TEUR, was die TU 2 GmbH mit liquiden Mitteln bezahlt. Der Buchwert des Grundstücks lag bei der TU 1 GmbH bei 100 TEUR. Unter Außerachtlassung von Transaktionskosten, Steuern sowie weiteren VG und Schulden weist die TU 1 GmbH nach der Transaktion einen Kassenbestand von 500 TEUR und einen Gewinn von 400 TEUR aus. Bei der TU 2 GmbH ist das Grundstück zu AK von 500 TEUR bilanziert. Die notwendige Zwischenergebniseliminierung nach § 304 HGB fordert nun eine Eliminierung des konzerninternen Gewinns. Wenn dafür die Methode der Eliminierung beim Eigentümer des VG zum Konzernbilanzstichtag genutzt wird, ist der Wert des Grundstücks bei der TU 2 GmbH aufgrund der Eliminierung des Zwischengewinns von 400 TEUR auf 100 TEUR zu reduzieren. Daraus ergibt sich im Ergebnis aus Konzernsicht wieder ein Ausweis des Grundstücks mit 100 TEUR und ein Bestand an liquiden Mitteln von 500 TEUR in der Konzernbilanz – genau wie vor der Transaktion. Allerdings ändern sich die Anteile nicht beherrschender Gesellschafter, da die VG und damit aus Sicht des Konzernabschlusses auch die stillen Reserven nun zwischen der TU 1 GmbH und der TU 2 GmbH getauscht wurden.

(in TEUR)	nicht beherrschende Anteile (nbA)	EK-Sicht			Gewinnsicht		
		Gesamt	nbA	MU GmbH	Gesamt	nbA	MU GmbH
TU 1 GmbH	40 %	100	40	60	0	0	0
TU 2 GmbH	30 %	500	150	350	0	0	0
Summe		600	190	410	0	0	0

Tab. 5: Verteilung von EK und Gewinn vor der Transaktion

(in TEUR)	nicht beherrschende Anteile (nbA)	EK-Sicht			Gewinnsicht		
		Gesamt	nbA	MU GmbH	Gesamt	nbA	MU GmbH
TU 1 GmbH	40 %	500	200	300	400 (ZEE*)	160	240
TU 2 GmbH	30 %	100	30	70	−400 (ZEE*)	−120	−280
Summe		600	230	370	0	40	−40

* ZEE=Zwischenergebniseliminierung
Tab. 6: Verteilung von EK und Gewinn nach Zwischenergebniseliminierung

Die Verschiebung der (ausgewiesenen) EK-Anteile ist konsistent, wenn die VG und ihre jeweiligen Anteilseigner betrachtet werden. Da die liquiden Mittel nun bei der TU 1 GmbH liegen, haben formal die Gesellschafter der MU GmbH 50 TEUR weniger Anteil daran (bei der TU 2 GmbH noch 350 TEUR (70 %) und bei der TU 1 GmbH nur noch 300 TEUR (60 %)). Dafür haben sie aber einen höheren Anteil am Buchwert des Grundstücks

> von 100 TEUR, da dies nun der TU 2 GmbH gehört, an der die MU GmbH mit 70 % beteiligt ist (10 TEUR mehr).
> An den – allerdings bei der Zwischenergebniseliminierung wieder korrigierten – nicht gezeigten stillen Reserven des Grundstücks, die bei Realisation mit einem konzernfremden Unt erst realisiert werden, ist die MU GmbH jetzt mit 10 % mehr beteiligt, was 40 TEUR entspricht. Die Beteiligung der MU GmbH an der TU 1 GmbH beträgt 60 %, sodass 240 TEUR der stillen Reserve am Grundstück von 400 TEUR auf die MU GmbH entfallen. Durch den Verkauf des Grundstücks von der TU 1 GmbH an die TU 2 GmbH beträgt der Anteil der MU GmbH an den stillen Reserven des Grundstücks 320 TEUR und damit 40 TEUR mehr.

In der Literatur werden auch noch andere Methoden diskutiert, wobei insb. noch eine Eliminierung beim Lieferanten denkbar wäre. Bei dieser wird die Zwischenergebniseliminierung anteilig den Gesellschaftern des liefernden Unt zugerechnet, womit genau das Ergebnis an der Stelle, an der der Gewinn aus der konzerninternen Transaktion angefallen ist, eliminiert wird.[44] Der Preis ist allerdings, dass die zuvor dargestellte Verbindung zu den VG nicht mehr gegeben ist, was dann klar für die zuvor genannte Eliminierung beim Eigentümer spricht.

Auch bei der **SchuldenKons** können erfolgswirksame Differenzen entstehen (§ 303 Rz 19 ff.), welche z. B. folgende Ursachen haben können:
- Rückstellungen für konzerninterne Verpflichtungen,
- Abschreibungen konzerninterner Forderungen auf einen niedrigeren beizulegenden Wert (ohne entsprechende Anpassung der Verbindlichkeit beim Schuldner),
- Abzinsung konzerninterner unverzinslicher Darlehen beim Gläubiger auf den Barwert (Ansatz der entsprechenden Verbindlichkeit beim Schuldner zum Erfüllungsbetrag nach § 253 Abs. 1 Satz 2 HGB).

Hier wird bzgl. der Erfassung bei den Minderheiten eine **imparitätische Zuordnung** der erfolgswirksam zu korrigierenden Beträge vorgeschlagen: Zeigt das konzerninterne Schuldverhältnis bezogen auf den Anteil des MU einen Forderungsüberhang (Anteil des MU am Gläubiger größer als am Schuldner), erfolgt eine Zuordnung zu den Gesellschaftern des konzerninternen Schuldners. Besteht ein Schuldüberhang, würde entsprechend umgekehrt verfahren und die Zuordnung erfolgt zu den Gesellschaftern des konzerninternen Gläubigers. Bei gleichen Anteilen des MU an Gläubiger und Schuldner kann die Zuordnung bei den Gesellschaftern nach den Verhältnissen beim Gläubiger als auch nach den Verhältnissen beim Schuldner vorgenommen werden. Denkbar wäre auch eine Zuordnung zu den Gesellschaftern, bei denen der Aufwand im Jahresabschluss erfasst wurde.[45] Im Ergebnis wird so der Erfolg des MU am Konzern dargestellt, wie sie auch für den Jahresabschluss gelten. Der notwendige Ausgleich erfolgt aber, da der Gesamtkonzernerfolg durch die Vorgänge der SchuldenKons stets nicht verändert werden darf, bei den nicht beherrschenden Anteilseignern (für Beispiele s. § 303 Rz 23).

---

[44] Vgl. Küting/Göth, WPg 1997, S. 316. Ein Beispiel zur Eliminierung beim Lieferanten findet sich bei Kliem/Roland, in Beck Bil-Komm., 14. Aufl. 2024, § 307 HGB Rz 41 f.
[45] Vgl. Kliem/Roland, in Beck Bil-Komm., 14. Aufl. 2024, § 307 HGB Rz 46 mit einem erläuternden Beispiel zur SchuldenKons in den Rz 46 ff.

44 Die **Währungsumrechnung** von TUs hat nach § 308a HGB erfolgsneutral zu erfolgen. Den nicht beherrschenden Anteilen sind entsprechend ihrer Anteilsquote dabei die Umrechnungsdifferenzen bzw. deren Veränderungen ebenfalls erfolgsneutral zuzurechnen.[46]

45 Die erfolgswirksamen Veränderungen aus der **Equity-Bewertung** sind anteilig den Gesellschaftern des TU als Eigentümer der Beteiligung zuzurechnen. Entsprechend ist auch mit den erfolgswirksamen Ergebnissen aus der **QuotenKons eines GemeinschaftsUnt**, das von einem TU gehalten wird, zu verfahren.[47]

2.3 Änderung des Anteilsbesitzes anderer nicht beherrschender Gesellschafter

2.3.1 Erwerb von Anteilen

46 Erfolgt ein Erwerb von weiteren bisher als nicht beherrschend eingestuften Anteilen von Dritten – also nicht beherrschenden Gesellschaftern – eines bereits konsolidierten TU durch das MU ohne Statusänderung des TU, vermindert sich der Ausgleichsposten für andere nicht beherrschende Gesellschafter. Nach DRS 23.171 können diese Transaktionen entweder als **Erwerbsvorgang** oder als **Kapitalvorgang** abgebildet werden. Dabei ist die gewählte Methode konzerneinheitlich für alle Erwerbs- sowie auch Veräußerungsfälle zeitlich stetig anzuwenden. Bei der Abbildung als Erwerbsvorgang werden die weiteren Anteile mittels einer ErstKons der zusätzlichen Anteile gem. § 301 HGB berücksichtigt. Bei der Abbildung als Kapitalvorgang wird der Hinzuerwerb weiterer Anteile an einem bereits beherrschten und im KonsKreis einbezogenen TU als EK-Transaktionen wie nach IFRS bilanziert – also als Transaktionen mit Eigentümern, die in ihrer Eigenschaft als Eigentümer handeln (§ 301 Rz 188 ff.).

47 Wird zur Abbildung eines Erwerbs von weiteren Anteilen nicht beherrschender Dritter auf die **Erwerbsmethode** zurückgegriffen (§ 301 Rz 198 ff.), ergibt sich das Problem, dass in Anlehnung an § 301 HGB eine vollständige Neubewertung des konsolidierungspflichtigen Kapitals oder zumindest nach DRS 23.172 eine eigentlich mit dem Gesetzestext nicht vereinbare anteilige tranchenweise Neubewertung und KapKons zu erfolgen hat. Bei Letzterem kommt es zu einer anteiligen Aufdeckung der stillen Reserven bzw. stillen Lasten der neu bewerteten VG und Schulden i.H.d. Zuerwerbs, zu einem Vergleich zwischen den AK des MU und dem hinzuerworbenen anteiligen EK des TU sowie zur Aktivierung eines GoF bzw. der Passivierung eines Unterschiedsbetrags aus der KapKons.[48] Damit sind die stillen Reserven bzw. Lasten nur beteiligungsproportional aufzulösen, was im Ergebnis eher der Buchwertmethode nach § 301 Abs. 1 HGB vor BilMoG entspricht, zumal auch konsolidierungstechnisch eine fortgeschriebene Neubewertungsbilanz schwierig darzustellen sein wird.[49] Abschließend ist der überschießende Betrag als GoF zu aktivieren bzw. als Unterschiedsbetrag aus der KapKons zu passivieren und in der

---

[46] Vgl. Hoffmann/Lüdenbach, NWB Kommentar Bilanzierung, 15. Aufl. 2023, § 307 HGB Rz 27.
[47] Vgl. Kliem/Roland, in Beck Bil-Komm., 14. Aufl. 2024, § 307 HGB Rz 52.
[48] Vgl. auch Müller, in Kußmaul/Müller, HdB, Konsolidierung von Kapital und Schulden nach HGB und IFRS, Rz 81, Stand: 15.5.2024.
[49] So auch Fehrenbacher, in MünchKomm. HGB, 5. Aufl. 2024, § 307 HGB Rz 15.

liegt, aber gleichzeitig auch aufgezeigt wird, welcher EK-Anteil nicht den Gesellschaftern des MU zuzurechnen ist.[59]

In Einzelfällen kann es zu einem **negativen Ausgleichsposten** für andere nicht beherrschende Anteile kommen – z.B. bei einem nicht durch EK gedeckten Fehlbetrag in der Einzelbilanz eines TU in der Rechtsform einer KapG oder bei einem negativen EK-Konto in der Einzelbilanz eines TU in der Rechtsform einer PersG.[60] Ergeben sich aus der Einbeziehung verschiedener TU sowohl aktive als auch passive Ausgleichsposten, dürfen diese gem. DRS 23.96 saldiert in einem Betrag ausgewiesen werden; allerdings wird eine Aufgliederung der saldierten Beträge im Konzernanhang empfohlen. 54

Sofern der positive Ausgleichsposten nicht zur Verrechnung eines negativen Ausgleichspostens ausreicht, scheidet gem. DRS 23.96 **ein gesonderter Ausweis** des Ausgleichspostens **auf der Aktivseite** der Konzernbilanz aus. Ein negativer Ausgleichsposten für die Anteile nicht beherrschender Gesellschafter ist ebenfalls innerhalb des EK auszuweisen (DRS 23.96). 55

Ein aktiver Ausweis des negativen Ausgleichspostens anderer nicht beherrschender Gesellschafter ist grds. nicht vorgesehen (so auch DRS 23.96).[61] Nur sofern das gesamte Konzern-EK negativ ist, erfolgt ein aktiver Ausweis in Anlehnung an bzw. innerhalb einen/s nicht durch EK gedeckten Fehlbetrag/s gem. § 298 Abs. 1 i.V.m. § 268 Abs. 3 HGB. 56

3 Konzern-Gewinn- und Verlustanteile anderer nicht beherrschender Gesellschafter (Abs. 2)

3.1 Höhe des Anteils

Gem. § 307 Abs. 2 HGB ist der im Jahresergebnis enthaltene und anderen nicht beherrschenden Gesellschaftern zustehende Gewinn resp. der auf sie entfallende Verlust in der Konzern-GuV gesondert auszuweisen. Der Ausweis hat nach dem „Jahresüberschuss/Jahresfehlbetrag" unter dem Posten **„nicht beherrschende Anteile"** zu erfolgen. Dieses kann als Überleitung oder als Davon-Vermerk erfolgen.[62] 57

Überleitung zum Konzerngewinn/-verlust	Davon-Vermerk beim Konzernjahresergebnis
Konzernjahresüberschuss/-fehlbetrag	Konzernjahresüberschuss/-fehlbetrag
– nicht beherrschende Anteile	*davon nicht beherrschende Anteile*
Konzerngewinn/-verlust	

---

[59] Vgl. Senger/Kurz, in BeckOGK Bilanzrecht, 2. Aufl., 2024, § 307 HGB Rz 22, Stand: 9/2021.
[60] Vgl. Senger/Kurz, in BeckOGK Bilanzrecht, 2. Aufl., 2024, § 307 HGB Rz 21.
[61] So auch Hoffmann/Lüdenbach, NWB Kommentar Bilanzierung, 15. Aufl. 2023, § 307 HGB Rz 7. Einen passiven Ausweis des negativen Ausgleichspostens im EK auch bevorzugend Kliem/Roland, in Beck Bil-Komm., 14. Aufl. 2024, § 307 HGB Rz 57; Senger/Kurz, in BeckOGK Bilanzrecht, 2. Aufl., 2024, § 307 HGB Rz 21.
[62] Vgl. Hoffmann/Lüdenbach, NWB Kommentar Bilanzierung, 15. Aufl. 2023, § 307 HGB Rz 8.

Die Berücksichtigung als Aufwand oder Ertrag vor dem Posten „Jahresüberschuss/Jahresfehlbetrag" ist nicht zulässig.

58 Beim Gewinn und Verlust der nicht beherrschenden Anteile handelt es sich unstrittig um den quotalen – also der Beteiligungsquote entsprechenden – **Anteil am Jahresüberschuss/Jahresfehlbetrag** des einbezogenen TU und nicht um einen quotalen Anteil am Konzernjahresergebnis.[63] Die Anteile der nicht beherrschenden Gesellschafter am Jahresergebnis begründen keinen Anspruch bzw. keine Verpflichtung der anderen nicht beherrschenden Gesellschafter im rechtlichen Sinne. Sie sind lediglich als „**ideeller Anteil**" zu verstehen.[64]

59 Unter Gewinn und Verlust der nicht beherrschenden Anteile ist der auf die anderen nicht beherrschenden Gesellschafter entfallende Teil des **Jahresüberschusses/-fehlbetrags** lt. Handelsbilanz III zu verstehen – also des neu bewerteten und fortgeschriebenen Jahresabschlusses des TU. Zu Letzterem gehören neben dem Jahresergebnis der Neubewertungsbilanz auch die Ergebnisauswirkungen der auf das TU entfallenden anderen erfolgswirksamen Konsolidierungsmaßnahmen einschl. der entsprechenden latenten Steuern (DRS 23.153).

60 Für den Ausgleichsposten in der Konzernbilanz nach § 307 Abs. 1 HGB ist der Kapitalanteil der nicht beherrschenden Gesellschafter am TU am jeweiligen Bilanzstichtag maßgeblich. Bei der Ermittlung des anteiligen Konzernergebnisses nach § 307 Abs. 2 HGB hingegen sind die **Beteiligungsverhältnisse während des Gj** zugrunde zu legen. Folglich ist bei der Ermittlung des Gewinn- oder Verlustanteils zu berücksichtigen, dass sich die Beteiligungsverhältnisse an einem TU im Laufe des Jahres verändern können. Bei unterjährigen Veränderungen der Anteile anderer nicht beherrschender Gesellschafter ist dieses entsprechend **zeitanteilig zu berücksichtigen** (DRS 22.155). Hat ein MU z.B. während eines Gj Anteile von nicht beherrschenden Gesellschaftern an einem TU erworben, basiert der Ergebnisanteil der Minderheit am Konzernergebnis bis zum Erwerb auf der alten Beteiligungsquote und ist erst ab dem Erwerb nach der neuen Beteiligungsquote zu bestimmen. Der auf die ausscheidenden nicht beherrschenden Minderheitengesellschafter entfallende Teil des Jahresergebnisses des TU wird dann bei der KapKons der neuen Anteile verrechnet, da dieser Teil zum erworbenen EK der neuen Anteile gehört.[65]

61 Wird **keine Ergebnisverwendungsrechnung** erstellt, ergibt sich eine Differenz zwischen dem in der Konzern-GuV ausgewiesenen Jahresüberschuss/-fehlbetrag und dem in der Konzernbilanz. Das in der Konzern-GuV ausgewiesene Jahresergebnis enthält den gesamten Konzernerfolg, wohingegen der in der Konzernbilanz ausgewiesene Jahresüberschuss/-fehlbetrag bereits um den anderen nicht beherrschenden Gesellschaftern zustehenden Anteil gekürzt ist. Letzterer ist **Teil des Ausgleichspostens der nicht beherrschenden Gesellschafter**. Der in der Konzern-GuV gesondert auszuweisende Posten für „nicht beherrschende Anteile" entspricht dann genau diesem Differenzbetrag und stellt das Bindeglied Konzern-GuV und Konzernbilanz dar.[66]

---

[63] Vgl. Kliem/Roland, in Beck Bil-Komm., 14. Aufl. 2024, § 307 HGB Rz 66.
[64] Vgl. IDW, WPH Edition, Wirtschaftsprüfung & Rechnungslegung, 18. Aufl. 2022, Kap. G Tz 417; Senger/Kurz, in BeckOGK Bilanzrecht, 2. Aufl., 2024, § 307 HGB Rz 27, Stand: 9/2021.
[65] Vgl. KliemRoland, in Beck Bil-Komm., 14. Aufl. 2024, § 307 HGB Rz 66.
[66] Vgl. Senger/Kurz, in BeckOGK Bilanzrecht, 2. Aufl., 2024, § 307 HGB Rz 30.

Ein bestehender **Gewinnabführungs- oder Beherrschungsvertrag** zwischen dem MU und einem TU mit Beteiligung anderer nicht beherrschender Gesellschafter bedingt gem. § 304 AktG einen angemessenen Ausgleich für die außenstehenden Aktionäre durch eine auf die Anteile am Grundkapital bezogene **wiederkehrende Geldleistung** (garantierte Ausgleichszahlung bzw. Garantiedividende). Dieser Betrag ist gem. DRS 23.159 nicht als Teil des Ausgleichspostens für Anteile anderer nicht beherrschender Gesellschafter auszuweisen, sondern als Verbindlichkeit gegenüber anderen Gesellschaftern zu berücksichtigen. Während DRS 23.159 hier den Ausweis als Verbindlichkeit gegenüber anderen Gesellschaftern bestimmt, ergibt sich aus DRS 22 Anlage 3 Beispiel 1 Variante B, dass dieser Betrag in den Posten „nicht beherrschende Anteile" und damit den Ausgleichsposten für andere nicht beherrschende Gesellschafter einzustellen ist – also auch als Teil der Verwendung des Konzernjahresergebnisses.[67] In der Konzern-GuV ist diese Ausgleichszahlung als „nicht beherrschenden Anteilen zustehender Gewinn" gesondert vor dem Posten „(Konzern-)Jahresüberschuss/Jahresfehlbetrag" auszuweisen (DRS 23.159). Ob die Ausgleichszahlung durch das MU oder das TU unter Garantie durch das MU geleistet wird, bleibt freigestellt.

62

Erfolgt die Begleichung der wiederkehrenden garantierten Geldleistung **durch das MU**, ist diese in deren Einzelabschluss vom übernommenen Gewinn abzusetzen bzw. dem übernommenen Verlust hinzuzurechnen. Bei der Aufwands- und ErtragsKons entsteht infolgedessen ein Restbetrag i.H.d. **Ausgleichszahlung**, der in den Posten als „nicht beherrschenden Anteilen zustehender Gewinn" einzustellen ist.

63

Leistet das **TU die Ausgleichszahlung**, hat eine erfolgswirksame Stornierung des beim TU gebuchten Aufwands zu erfolgen. Die Ausgleichszahlung muss gleichzeitig in den GuV-Posten „nicht beherrschenden Anteilen zustehender Gewinn" einbezogen werden. Auch hier resultiert aus der Aufwands- und ErtragsKons ein Restbetrag i.H.d. Ausgleichszahlung, der im Posten „nicht beherrschenden Anteilen zustehender Gewinn" auszuweisen ist. Der **Bilanzgewinn/-verlust des Konzerns** wird dabei nicht tangiert.

64

3.2 Ausweis

Wenn auf die anderen nicht beherrschenden Gesellschafter verschiedener TU sowohl Gewinn- als auch Verlustanteile entfallen, ist ein **Ausweis in einem Posten** als „nicht beherrschende Anteile" in der Konzern-GuV ausreichend (DRS 23.158). Allerdings wird in diesem Zusammenhang in DRS 23.158 empfohlen, die Zusammensetzung des Postens „nicht beherrschende Anteile" im Konzernanhang aufzugliedern. Ob der saldierte Ausweis allerdings der Intention des HGB entspricht, wird in der Literatur tw. infrage gestellt und wäre dann ggf. durch entsprechende **Angaben im Anhang** zu heilen.[68]

65

---

[67] So auch Hoffmann/Lüdenbach, NWB Kommentar Bilanzierung, 15. Aufl. 2024, § 307 HGB Rz 32a, die zur Beseitigung dieses Widerspruchs ein faktisches Wahlrecht unterstellen. Vgl. hierzu auch Bohnefeld/Ebeling, WPg 2017, S. 375 ff.
[68] Vgl. Fehrenbacher, in MünchKomm. HGB, 5. Aufl. 2024, § 307 HGB Rz 24; Kliem/Roland, in Beck Bil-Komm., 14. Aufl. 2024, § 307 HGB Rz 69; Senger/Kurz, in BeckOGK Bilanzrecht, 2. Aufl., 2024, § 307 HGB Rz 33.

66 Für die **Bezeichnung** des Postens ist gem. § 307 Abs. 2 HGB ebenfalls die Verwendung der Formulierung „nicht beherrschende Anteile" vorgeschrieben.

4 Rechtsfolgen bei Pflichtverletzung

67 Ein Verstoß gegen die Vorschriften des § 307 HGB ist regelmäßig **nicht straf- oder bußgeldbewehrt**. Führt eine Pflichtverletzung bei § 307 HGB jedoch zu einer Nichterfüllung der Anforderungen des § 297 Abs. 2 und 3 HGB und damit insb. zu keiner Vermittlung eines den tatsächlichen Verhältnissen entsprechenden Bilds der Vermögens-, Finanz- und Ertragslage des Konzerns, liegt gem. § 334 Abs. 1 Nr. 2 Buchst. b HGB eine Ordnungswidrigkeit vor. Diese kann mit einem Bußgeld von bis zu 50.000 EUR belegt werden. Für kapitalmarktorientierte Unt sind nach § 334 Abs. 3 HGB deutlich höhere Geldbußen möglich (§ 334 Rz 45).

68 Verstöße gegen § 307 HGB bedingen die Einschränkung des **Bestätigungsvermerks** durch den Abschlussprüfer. Ferner ist die nicht ordnungsgemäße Übernahme der Einzelabschlüsse im **Prüfungsbericht** zu erläutern.

§ 308 Einheitliche Bewertung

(1) ¹Die in den Konzernabschluß nach § 300 Abs. 2 übernommenen Vermögensgegenstände und Schulden der in den Konzernabschluß einbezogenen Unternehmen sind nach den auf den Jahresabschluß des Mutterunternehmens anwendbaren Bewertungsmethoden einheitlich zu bewerten. ²Nach dem Recht des Mutterunternehmens zulässige Bewertungswahlrechte können im Konzernabschluß unabhängig von ihrer Ausübung in den Jahresabschlüssen der in den Konzernabschluß einbezogenen Unternehmen ausgeübt werden. ³Abweichungen von den auf den Jahresabschluß des Mutterunternehmens angewandten Bewertungsmethoden sind im Konzernanhang anzugeben und zu begründen.

(2) ¹Sind in den Konzernabschluß aufzunehmende Vermögensgegenstände oder Schulden des Mutterunternehmens oder der Tochterunternehmen in den Jahresabschlüssen dieser Unternehmen nach Methoden bewertet worden, die sich von denen unterscheiden, die auf den Konzernabschluß anzuwenden sind oder die von den gesetzlichen Vertretern des Mutterunternehmens in Ausübung von Bewertungswahlrechten auf den Konzernabschluß angewendet werden, so sind die abweichend bewerteten Vermögensgegenstände oder Schulden nach den auf den Konzernabschluß angewandten Bewertungsmethoden neu zu bewerten und mit den neuen Wertansätzen in den Konzernabschluß zu übernehmen. ²Wertansätze, die auf der Anwendung von für Kreditinstitute oder Versicherungsunternehmen wegen der Besonderheiten des Geschäftszweigs geltenden Vorschriften beruhen, dürfen beibehalten werden; auf die Anwendung dieser Ausnahme ist im Konzernanhang hinzuweisen. ³Eine einheitliche Bewertung nach Satz 1 braucht nicht vorgenommen zu werden, wenn ihre Auswirkungen für die Vermittlung eines den tatsächlichen Verhältnissen entsprechenden Bildes der Vermögens-, Finanz- und Ertragslage des Konzerns nur von untergeordneter Bedeutung sind. ⁴Darüber hinaus sind Abweichungen in Ausnahmefällen zulässig; sie sind im Konzernanhang anzugeben und zu begründen.

(3) (*weggefallen*)

Inhaltsübersicht	Rz
1 Überblick	1–10
1.1 Inhalt und Regelungszweck	1–4
1.2 Anwendungsbereich	5–7
1.3 Normenzusammenhänge	8–10
2 Grundsatz der einheitlichen Bewertung (Abs. 1)	11–36
2.1 Anwendbare Bewertungsmethoden	11–16
2.2 Einheitliche Anwendung von Bewertungsmethoden	17–26
2.3 Neuausübung von Bewertungswahlrechten im Konzernabschluss (Abs. 1 Satz 2)	27–33
2.4 Pflicht zur Angabe und Begründung bei abweichender Bewertung im Konzernanhang (Abs. 1 Satz 3)	34–36
3 Neubewertungspflichten (Abs. 2)	37–61
3.1 Grundsatz der Neubewertung (Abs. 2 Satz 1)	37–43

3.2	Ausnahmetatbestände der Anpassungspflicht (Abs. 2 Satz 2–4)	44–61
3.2.1	Ausnahme für Kreditinstitute und Versicherungsunternehmen (Abs. 2 Satz 2)	44–50
3.2.2	Ausnahme bei untergeordneter Bedeutung von Bewertungsanpassungen (Abs. 2 Satz 3)	51–57
3.2.3	Abweichungen in Ausnahmefällen (Abs. 2 Satz 4)	58–61
4	Rechtsfolgen bei Pflichtverletzung	62

1 Überblick

1.1 Inhalt und Regelungszweck

1 Im Gegensatz zur Regelung der Bilanzierungswahlrechte in § 300 Abs. 2 HGB schreibt § 308 Abs. 1 Satz 1 HGB explizit vor, dass die nach § 300 Abs. 2 HGB in den Konzernabschluss übernommenen VG und Schulden der in den Konzernabschluss einbezogenen Unt nach den auf den Einzelabschluss des MU anwendbaren Bewertungsmethoden einheitlich zu bewerten sind (**Einheitlichkeit der Bewertung**). Die Verpflichtung zur einheitlichen Bewertung folgt dem Prinzip der **Einheitstheorie**, die in § 297 Abs. 3 HGB kodifiziert ist und gem. der Generalnorm in § 297 Abs. 2 Satz 2 HGB ein den tatsächlichen Verhältnissen entsprechendes Bild der Vermögens-, Finanz- und Ertragslage im Konzernabschluss entsprechend der Darstellung des Konzerns als wirtschaftliche Einheit fordert.[1] § 308 HGB soll so der **Informationsfunktion** des Konzernabschlusses gerecht werden.[2]

2 Grds. geht das Gesetz davon aus, dass die im Einzelabschluss des MU zulässige bzw. angewendete Bewertung auch im Konzernabschluss als Maßstab gilt.[3] Allerdings können die **Bewertungswahlrechte** ggü. der im Einzelabschluss des MU tatsächlich angewendeten Bewertung gem. § 308 Abs. 1 Satz 2 HGB neu ausgeübt werden. In diesem Fall besteht gem. § 308 Abs. 1 Satz 3 HGB eine **Angabe- und Begründungspflicht im Konzernanhang**. Auf Konzernebene besteht somit durch die Neuausübungen von Bewertungs- aber auch Bilanzierungswahlrechten die Möglichkeit, eine eigene Konzernbilanzpolitik zu verfolgen.[4]

3 Bei der Einbeziehung von Unt in den Konzernabschluss sind ggf. **Neubewertungen** zur Vereinheitlichung der Bewertung gem. § 308 Abs. 2 Satz 1 HGB erforderlich, wenn die in den Konzernabschluss aufzunehmenden VG und Schulden des MU oder der TU in den Einzelabschlüssen nach Methoden bewertet wurden, die sich von denen unterscheiden, die auf den Konzernabschluss anzuwenden sind oder als Ausübung von Bewertungswahlrechten auf den Konzernabschluss angewendet werden. In der praktischen Umsetzung erfordert die konzerneinheitliche Bewertung regelmäßig eine **Konzernrichtlinie**, in der Bilanzierung, Bewertung und Ausweis erläutert und die Wahl-

---

[1] Vgl. Senger/Kurz, in BeckOGK Bilanzrecht, 2. Aufl., 2024, § 308 HGB Rz 1.
[2] Vgl. Fehrenbacher, in MünchKomm. HGB, 5. Aufl. 2024, § 308 HGB Rz 1.
[3] Vgl. Fehrenbacher, in MünchKomm. HGB, 5. Aufl. 2024, § 308 HGB Rz 8.
[4] So auch Senger/Kurz, in BeckOGK Bilanzrecht, 2. Aufl., 2024, § 308 HGB Rz 5.

rechte konzerneinheitlich festgelegt sind. Diese Konzernrichtlinie muss dabei unternehmensspezifisch so detailliert und konkret sein, dass sie auch bei ausländischen TU ein gleiches Verständnis herstellt und damit konzerneinheitlich Bilanzierung, Bewertung und Ausweis sicherstellt. Durch eine Konzernrichtlinie wird zudem eine zeitnahe, vergleichbare und standardisierte (Finanz-)Berichterstattung unterstützt.[5]

Nicht nur aus Wirtschaftlichkeitsgründen, sondern auch zur Vereinfachung der Aufstellung des Konzernabschlusses erlaubt der Gesetzgeber in § 308 Abs. 2 Satz 2–4 HGB **drei Ausnahmen** vom Grundsatz der einheitlichen Bewertung. Gem. § 308 Abs. 2 Satz 2 HGB dürfen diejenigen Wertansätze beibehalten werden, die aufgrund der Besonderheiten des Geschäftszweigs für **Kreditinstitute oder VersicherungsUnt** gelten. Voraussetzung ist, dass im Anhang darauf hingewiesen wird. Außerdem ist ein Verzicht auf eine Vereinheitlichung der Bewertung gem. § 308 Abs. 2 Satz 3 HGB möglich, wenn die Übernahme abweichender Wertansätze für die Vermittlung eines den tatsächlichen Verhältnissen entsprechenden Bildes der Vermögens-, Finanz- und Ertragslage des Konzerns nur von **untergeordneter Bedeutung** ist. Auch bei im Gesetz **nicht näher definierten Ausnahmefällen** darf gem. § 300 Abs. 2 Satz 4 HGB von einer einheitlichen Bewertung abgewichen werden, was im Anhang anzugeben und zu begründen ist. **4**

1.2 Anwendungsbereich

Der Geltungsbereich des § 308 HGB umfasst alle gem. § 290 HGB zu erstellenden Konzernabschlüsse und damit alle – unter Berücksichtigung der §§ 291–293 HGB – **zur Konzernrechnungslegung verpflichteten Unt**. Ist ein Unt zur Konzernrechnungslegung nach dem **PublG** verpflichtet, gilt § 308 HGB über einen Verweis in § 13 Abs. 2 Satz 1 PublG für Konzernabschlüsse dieses Unt analog. **5**

Die Vorschriften des § 308 HGB gelten sowohl für TU, die gem. den §§ 290 und 294 HGB in den Konzernabschluss einzubeziehen sind, als auch für **GemeinschaftsUnt**, die i.R.d. Quotenkonsolidierung nach § 310 HGB einbezogen werden sollen (§ 310 Rz 15 ff.).[6] **6**

Gem. §§ 340i Abs. 1 und 341i Abs. 1 HGB haben **Kreditinstitute** und **VersicherungsUnt** unabhängig von ihrer Größe einen Konzernabschluss und einen Konzernlagebericht aufzustellen, auch wenn sie nicht in der Rechtsform einer KapG betrieben werden. Entsprechend ist hier § 308 HGB anzuwenden. **7**

1.3 Normenzusammenhänge

Die Verpflichtung zur einheitlichen Bewertung basiert auf dem Grundsatz der Einheitlichkeit. § 308 HGB dient dem Zweck der **Generalnorm in § 297 Abs. 2 Satz 2 HGB i.V.m. § 297 Abs. 3 HGB**, die ein den tatsächlichen Verhältnissen entsprechendes Bild der Vermögens-, Finanz- und Ertragslage im Konzernabschluss entsprechend der wirtschaftlichen Einheit Konzern fordert. **8**

I.R.d. Anwendung von § 308 HGB sind insb. die in § 298 Abs. 1 HGB genannten Vorschriften zu berücksichtigen, die die **Bewertungsmethoden** des Einzel- **9**

---

[5] Vgl. Grottel/Kreher, in Beck Bil-Komm., 14. Aufl. 2024, § 308 HGB Rz 2.
[6] Vgl. Senger/Kurz, in BeckOGK Bilanzrecht, 2. Aufl., 2024, § 308 HGB Rz 6.

abschlusses auf den Konzernabschluss übertragen. Für Kreditinstitute und VersicherungsUnt bestehen in Bezug auf die Bewertung mit §§ 340e-g HGB und §§ 341b-h HGB Sondervorschriften, woraus sich eine Anbindung des § 308 HGB ergibt. Darüber hinaus steht die Norm in einem engen Zusammenhang mit § 300 Abs. 2 HGB, da § 308 Abs. 1 Satz 1 HGB explizit vorschreibt, dass die nach § 300 Abs. 2 HGB in den Konzernabschluss übernommenen VG und Schulden der in den Konzernabschluss einbezogenen Unt nach den auf den Einzelabschluss des MU anwendbaren Bewertungsmethoden einheitlich zu bewerten sind. Sowohl für Bilanzierung nach § 300 HGB als auch für die Bewertung nach § 308 HGB gilt die **sachliche und zeitliche Stetigkeit** (Rz 17 und auch § 300 Rz 37f.).

10 Ebenfalls eng mit den Regelungen des § 300 HGB verknüpft, sind die Regelungen in Bezug auf den Stichtag für die Aufstellung des Konzernabschlusses gem. § 299 HGB zur **Identität des Stichtags** des Konzernabschlusses mit dem des Einzelabschlusses des MU. Aus der Notwendigkeit der **Vereinheitlichung der Währung** und deren Umrechnung für den Konzernabschluss und die Handelsbilanz II ergibt sich zudem der entsprechende Bezug zu § 308a HGB.[7]

2 Grundsatz der einheitlichen Bewertung (Abs. 1)

2.1 Anwendbare Bewertungsmethoden

11 Für die auf den Konzernabschluss anwendbaren Bewertungsmethoden ist grds. auf die Bewertungsmethoden abzustellen, die für das MU maßgeblich sind und von diesem angewendet wurden. Gem. § 308 Abs. 1 Satz 3 HGB sind Abweichungen hiervon und damit die Neuausübung der Bewertungswahlrechte auf Ebene des Konzerns in dessen Anhang anzugeben und zu begründen. Die Bewertung der VG und Schulden im Konzernabschluss ist damit **unabhängig** vom jeweiligen Einzelabschluss der TU und ggf. des MU. Bei einem mehrstufigen Konzern ist das den Konzernabschluss aufstellende und veröffentlichende oberste MU und nicht das jeweilige MU der Teilkonzerne gemeint.[8] Zur Anwendung kommen bei MU in der Rechtsform der **KapG oder KapCoGes** entsprechend grds. die Bewertungsvorschriften der §§ 252–256a HGB, die durch § 274 HGB und ggf. weitere branchenspezifische Regelungen zu ergänzen sind.[9] Aus Sicht des Konzerns sind im Wesentlichen folgende **explizite Bewertungswahlrechte** relevant:

---

[7] Vgl. zur Währungsumrechnung im Konzern Müller/Häfele, in Kußmaul/Müller, HdB (online), Währungsumrechnung nach HGB, EStG und IFRS, Rz 136ff., Stand: 11.4.2024.
[8] Vgl. Fehrenbacher, in MünchKomm. HGB, 5. Aufl. 2024, § 308 HGB Rz 7.
[9] Ähnlich Hoffmann/Lüdenbach, NWB Kommentar Bilanzierung, 15. Aufl. 2024, § 308 HGB Rz 4f.

HGB	Explizite Bewertungswahlrechte
§ 253 Abs. 2 Satz 1 und 2	Zinssatz zur Ermittlung des Barwerts von Pensionsrückstellungen entweder auf Basis von laufzeitadäquaten, über zehn Jahre ermittelten durchschnittlichen Marktzinssätzen oder pauschal mit einer unterstellten Laufzeit von 15 Jahren ermittelten über zehn Jahre ermittelten Marktzinssätzen
§ 253 Abs. 3 Satz 1	Bestimmung der Abschreibungsmethode bei VG des Anlagevermögens
§ 253 Abs. 3 Satz 4	Außerplanmäßige Abschreibungen auf Finanzanlagen bei voraussichtlich nur vorübergehender Wertminderung
§ 255 Abs. 2	Bemessung der Herstellungskosten; Einbezug von angemessenen Teilen der Kosten der allgemeinen Verwaltung sowie angemessener Aufwendungen für soziale Einrichtungen des Betriebs, freiwillige soziale Leistungen und die betriebliche Altersvorsorge
§ 255 Abs. 3	Bemessung der Herstellungskosten; Einbezug von Fremdkapitalkosten zur Finanzierung der Herstellung
§ 255 Abs. 4 Satz 1	Wahl einer allgemein anerkannten Bewertungsmethode, wenn kein Marktpreis verfügbar
§ 256 i.V.m. § 240 Abs. 3 und 4	Bewertungsvereinfachungsverfahren

Tab. 1: Wesentliche explizite Bewertungswahlrechte für KapG oder KapCoGes im Einzelabschluss mit Relevanz für den Konzernabschluss

Hinzu kommen noch einige **implizite Bewertungswahlrechte**, die an Bedeutung gewonnen haben, da einerseits mit dem BilMoG weitere explizite Wahlrechte gestrichen wurden und andererseits Neuregelungen zu impliziten Bewertungswahlrechten geführt haben. Konkret sind dies im Wesentlichen:

12

HGB	Implizite Bewertungswahlrechte
§ 252 Abs. 1 Nr. 2	Unternehmensfortführung: Einschätzung der Erfüllung der Going-Concern-Prämisse
§ 252 Abs. 1 Nr. 4	Realisations- und Imparitätsprinzip (Vorsichtsprinzip)
§ 252 Abs. 1 Nr. 5	Zeitliche Abgrenzung von Aufwendungen und Erträgen (Periodenabgrenzung)
§ 253 Abs. 1 Satz 2	Abschätzung des Erfüllungsbetrags bei Rückstellungen (insb. z.B. die Trendannahmen bei Pensionsverpflichtungen) sowie deren Laufzeit
§ 253 Abs. 1 Satz 2–4	Zeitwertbewertung bei Rückstellungen und Planvermögen im Zusammenhang mit Altersversorgungsverpflichtungen

HGB	Implizite Bewertungswahlrechte
§ 253 Abs. 3 Satz 2	Bestimmung der Abschreibungsdauer bei VG des Anlagevermögens
§ 253 Abs. 3 Satz 5 und 6	Vornahme von außerplanmäßigen Abschreibungen bei VG des Anlagevermögens
§ 253 Abs. 5 Satz 1	Zeitpunkt des Wegfalls der Gründe für vorgenommene außerplanmäßige Abschreibungen (Wertaufholungsgebot)
§ 254	Bildung von Bewertungseinheiten
§ 255 Abs. 1	Bemessung von Anschaffungskosten und Anschaffungsnebenkosten
§ 255 Abs. 2	Bemessung der Herstellungskosten; Abschätzung der angemessenen Teile bestimmter Kosten
§ 255 Abs. 2a	Trennung von Forschungs- und Entwicklungskosten
§ 256a	Währungsumrechnung
§ 274	Bemessung der aktiven und passiven latenten Steuern

Tab. 2: Wesentliche implizite Bewertungswahlrechte für KapG oder KapCoGes im Einzelabschluss mit Relevanz für den Konzernabschluss

13 Die **Bewertungsvorschriften für KapG** gelten auch für Unt anderer Rechtsformen, sofern diese gem. § 13 Abs. 2 PublG zur Aufstellung eines Konzernabschlusses verpflichtet sind und dieser befreiende Wirkung für eine untergeordnete KapG entfalten soll. § 13 Abs. 3 PublG relativiert die grds. aus § 13 Abs. 2 PublG folgende Pflicht zur Anwendung der Vorschriften für KapG insofern wieder: Wird nicht auf eine befreiende Wirkung entsprechend § 291 HGB abgestellt, müssen die Vorschriften für KapG nicht angewendet werden. Als Folge hat also dann ein TU, das selbst MU und in der Rechtsform einer KapG organisiert ist, einen Teilkonzernabschluss unter Beachtung der Vorschriften für KapG aufzustellen.

14 Ist das MU in der Rechtsform einer KapG organisiert und handelt es sich um ein **Kreditinstitut** oder ein **VersicherungsUnt**, sind die besonderen Bewertungsvorschriften der §§ 340e-g HGB für Kreditinstitute und §§ 341b-h HGB für VersicherungsUnt zu beachten. Bedingung für die Anwendung der Sondervorschriften auf ein TU von Kreditinstituten oder VersicherungsUnt ist, dass es sich bei diesem ebenfalls um ein Kreditinstitut respektive VersicherungsUnt handelt.[10]

15 Ein weder nach HGB noch PublG zur Aufstellung eines Konzernabschlusses verpflichtetes Unt hat die Bewertungsvorschriften für große KapG zu beachten, sofern die **freiwillige Erstellung** eines Konzernabschlusses erfolgt und dieser eine befreiende Wirkung für untergeordnete KapG entfalten soll.

16 Die Anwendung von **Bewertungsvorschriften anderer EU-Länder** auf den Konzernabschluss deutscher MU ist unzulässig.

---

[10] Vgl. Grottel/Kreher, in Beck Bil-Komm., 14. Aufl. 2024, § 308 HGB Rz 6.

2.2 Einheitliche Anwendung von Bewertungsmethoden

Die in den Konzernabschluss gem. § 300 Abs. 2 HGB übernommenen VG und Schulden der in den Konzernabschluss einbezogenen Unt sind nach den auf den Einzelabschluss des MU anwendbaren Bewertungsmethoden einheitlich zu bewerten (Einheitlichkeit der Bewertung; § 308 Abs. 1 Satz 1 HGB). Dem Einheitsgrundsatz des Konzerns in § 297 Abs. 3 HGB folgend, sind VG und Schulden im Konzernabschluss so zu bewerten, als ob MU und TU insg. eine rechtliche Einheit wären.

Für gleichartige Sachverhalte ist unter gleichen wertbestimmenden Bedingungen folglich eine unterschiedliche Ausübung von Bewertungswahlrechten unzulässig (sachliche und zeitliche Stetigkeit). Eine Neuausübung von Ermessensentscheidungen (implizite Wahlrechte) im Konzernabschluss gegenüber den Einzelabschlüssen der einbezogenen Unt etwa i.R.d. Frage der Nutzungsdauer von VG, ist aufgrund des Grundsatzes des Willkürverbots insb. bei Personenidentität grds. nicht zulässig.[11] Ausnahmen sind nur möglich, solange die Änderung für den Zweck der Einheitlichkeit der Bilanzierung erforderlich ist.[12] Das Ermessen ist somit einheitlich auszuüben (§ 300 Rz. 37f.).

In Einzelfällen – und insb. bei fehlender Personenidentität – kann auch eine sachlich begründete unterschiedliche Einschätzung von Risiken, Wahrscheinlichkeiten und sonstigen unbestimmten Bewertungsfaktoren zulässig sein, wenn Erfahrungswerte oder bessere Erkenntnisse auf Konzernebene vorliegen.[13] So kann z.B. der Erkenntnisstand für die Bildung von Garantie- bzw. Gewährleistungsrückstellungen nach § 249 Abs. 1 HGB in einem ausländischen TU aufgrund unternehmenspolitischer Entscheidungen von dem beim MU abweichen, sodass die Wahrscheinlichkeit für den Konzernabschluss anders einzuschätzen ist.

> **Hinweis: Bilanzierungs- und Bewertungsstetigkeit**
>
> § 308 Abs. 1 Satz 1 HGB fordert für die Bewertung die **einheitliche Ausübung** von Bewertungswahlrechten, wohingegen sich das aus § 300 HGB für Bilanzierungswahlrechte nicht explizit ergibt. Grds. ist eine einheitliche Ausübung als Voraussetzung für eine adäquate Darstellung eines den tatsächlichen Verhältnissen entsprechenden Bildes der Vermögens-, Finanz- und Ertragslage zu sehen. Mit Bezug auf die Generalnorm in § 297 Abs. 2 Satz 2 HGB kann zudem angenommen werden, dass die über § 298 Abs. 1 HGB i.V.m. § 246 Abs. 3 HGB explizit geforderte zeitliche Bilanzierungsstetigkeit auch für eine gleichartige Behandlung von gleichartigen Fällen i.R.d. sog. sachlichen Stetigkeit spricht.[14] Auch Art. 6 und Art. 24 der Richtlinie 2013/34/EU differenzieren

---

[11] So für Ermessensentscheidungen i.R.d. Bilanzierung/des Ansatzes für § 300 HGB auch Kliem/Walkenbach, in Beck Bil-Komm., 14. Aufl. 2024, § 300 HGB Rz 51; Hoffmann/Lüdenbach, NWB Kommentar Bilanzierung, 15. Aufl. 2023, § 308 HGB Rz 7.
[12] Vgl. IDW RH HFA 1.018.6.
[13] Vgl. Grottel/Kreher, in Beck Bil-Komm., 13. Aufl. 2022, § 308 HGB Rz 12; noch weitergehender Hoffmann/Lüdenbach, NWB Kommentar Bilanzierung, 15. Aufl. 2024, § 308 HGB Rz 7.
[14] So z.B. auch Kliem/Walkenbach, in Beck Bil-Komm., 14. Aufl. 2024, § 300 HGB Rz 50.

bei Bewertungsregeln nicht zwischen Bilanzierungs- und Bewertungsvorschriften.[15] Aus Letzterem kann zudem angenommen werden, dass der im HGB verwendete Begriff Bewertungsmethoden, deren Beibehaltung gem. § 298 Abs. 1 HGB i.V.m. § 252 Abs. 1 Nr. 6 HGB explizit gefordert wird, als Oberbegriff aller auf den Jahresabschluss angewendeten Rechnungslegungsmethoden zu verstehen ist, was damit auch die Bilanzierungswahlrechte einbezieht. Deshalb ist davon auszugehen, dass im Konzernabschluss die Bilanzierungsentscheidung für gleichartige Sachverhalte einheitlich auszufallen hat (**sachliche Stetigkeit**) und gleiche Sachverhalte im Zeitablauf gleich darzustellen sind (**zeitliche Stetigkeit**),[16] zumal durch das **Willkürverbot** eine weitere Grenze gesetzt wird. Für die Stetigkeit der Bewertung ist diese Frage unstrittig, da § 308 Abs. 1 Satz 1 HGB die einheitliche Ausübung von Bewertungswahlrechten und damit die sachliche Stetigkeit sowie § 298 Abs. 1 HGB i.V.m. § 252 Abs. 1 Nr. 6 HGB explizit eine Beibehaltung der angewendeten Bewertungsmethoden und so die zeitliche Stetigkeit fordert.

18 Für gleiche bzw. gleichartige Sachverhalte sind einheitliche Bewertungsmethoden und Rechengrößen anzuwenden: **Art- oder funktionsgleiche** VG oder Schulden sind unter **gleichen wertbestimmenden Bedingungen** auch mit gleichen Methoden zu bewerten.[17] Hieraus folgt, dass für gleiche bzw. gleichartige Sachverhalte Bewertungswahlrechte nicht unterschiedlich ausgeübt und keine unterschiedlichen Bewertungsmethoden genutzt werden dürfen. Im Umkehrschluss dürfen auch unterschiedliche Sachverhalte nicht gleich behandelt werden.[18] Allerdings können z.B. verschiedene Abschreibungsmethoden und -dauern bei gleichartigen Anlagen aufgrund länderspezifischer Umstände – wie z.B. Klima oder Einsatzintensität – gerechtfertigt sein, wenn stark unterschiedliche Nutzungsbedingungen vorliegen.[19] Unterschiedliche Standorte allein sind jedoch noch kein hinreichender Grund, um Abschreibungsmethoden und -dauern uneinheitlich anzuwenden.[20]

> **Praxis-Beispiel**
> Ein Kran, der auf einer Wüstenbaustelle eingesetzt wird und dessen Abtransport aus Kostengründen nach Fertigstellung zugunsten einer Entsorgung vor Ort nicht vorgesehen ist, ist im Konzernabschluss über eine kürzere Nutzungsdauer abzuschreiben als ein gleicher Kran in einer Gegend mit besserer Infrastruktur und damit einer Folgeverwendung auf einer anderen Baustelle.

---

[15] DRS 13.7 unterwirft die sachliche und zeitliche Erfassung von Posten grds. dem Stetigkeitsgebot.
[16] Vgl. IDW RH HFA 1.018.3. I. E. ebenso Kliem/Walkenbach, in Beck Bil-Komm., 14. Aufl. 2024, § 300 HGB Rz 50; Fehrenbacher, in MünchKomm. HGB, 5. Aufl. 2024, § 300 HGB Rn 18; Hoffmann/Lüdenbach, NWB Kommentar Bilanzierung, 15. Aufl. 2024, § 300 HGB Rz 17.
[17] Vgl. Fehrenbacher, in MünchKomm. HGB, 5. Aufl. 2024, § 308 HGB Rz 9.
[18] Vgl. Senger/Kurz, in BeckOGK Bilanzrecht, 2. Aufl., 2024, § 308 HGB Rz 12.
[19] Vgl. Senger/Kurz, in BeckOGK Bilanzrecht, 2. Aufl., 2024, § 308 HGB Rz 12.
[20] So auch Fehrenbacher, in MünchKomm. HGB, 5. Aufl. 2024, § 308 HGB Rz 13.

Liegen solche Unterschiede nicht vor, ist unter Verwendung gleicher Rechengrößen zu verfahren. Bestehen in Bezug auf die Bewertung Ermessensspielräume, sind diese ebenfalls gleich einzuschätzen.[21] Damit ist grds. keine Abweichung zwischen dem Einzelabschluss und dem Konzernabschluss bzgl. Ermessensspielräumen möglich, die nicht mit Wertaufhellungsgründen, welche in den Zeitraum zwischen Aufstellung des Einzelabschlusses und der Aufstellung des Konzernabschlusses angefallen sind, begründet werden kann. Ausnahmen sind nur möglich, solange die Änderung durch den Ansatz für den Zweck der Einheitlichkeit der Bilanzierung erforderlich ist.[22]

Als wertbestimmende Bedingungen sind standort-, branchen- und betriebsspezifische Faktoren zu sehen, die den Wert der VG und Schulden beeinflussen. Zu diesen Faktoren gehören bspw.:

- wirtschaftliche Rahmenbedingungen (z.B. Wirtschaftswachstum, Inflation, Lohnniveau, Zinsniveau),
- Beschaffungs- und Absatzmarktstruktur,
- Infrastruktur,
- klimatische Verhältnisse (z.B. wegen unterschiedlicher Einflüsse auf eine Maschine und damit eine unterschiedliche Abnutzung; s. Beispiel in Rz 18),
- Größe des Unt (z.B. Wettbewerbssituation),
- Schuldnerstruktur oder
- Auslastungsgrad (z.B. mit Wirkung auf die Nutzungsdauer einer Maschine).[23]

Problemresistent ist die **Definition der Art- oder Funktionsgleichheit und die Ungleichheit bei den wertbestimmenden Bedingungen** nicht. Unstrittig ist, dass Unterschiede stets zu berücksichtigen sind. Die Beurteilung der Gleichartigkeit hat nach strengen Maßstäben zu erfolgen, um eine Nivellierung der Bewertung art- oder funktionsverschiedener VG und Schulden zu vermeiden.[24] Allerdings sind bei sehr ähnlichen Sachverhalten analoge Bewertungsmethoden zu verwenden. Entsprechende Vorgaben werden sich in der Praxis regelmäßig aus der Konzernrichtlinie ergeben.[25] Eine **Artungleichheit** von VG und Schulden liegt z.B. dann vor, wenn diese unterschiedlichen Bilanzposten zuzuordnen sind. **Ungleiche Funktionen** bestehen z.B. bei technischen Anlagen, von denen eine zur Serienproduktion und die andere zur Entwicklung neuer Produkte genutzt wird.[26] Eine klare Definition dahingehend, welche Unterschiede für eine Gleichbehandlung ausschlaggebend sind und welche nicht, gibt es nicht. Dieses Problem tritt etwa in Bezug auf die in die Herstellungskosten einzubeziehenden Gemeinkosten bei unterschiedlichen Fertigungsstandorten auf.[27]

---

[21] Vgl. Senger/Kurz, in BeckOGK Bilanzrecht, 2. Aufl., 2024, § 308 HGB Rz 12, Stand: 9/2020.
[22] Vgl. IDW RH HFA 1.018.6.
[23] So auch Grottel/Kreher, in Beck Bil-Komm., 14. Aufl. 2024, § 308 HGB Rz 9; Senger/Kurz, in BeckOGK Bilanzrecht, 2. Aufl., 2024, § 308 HGB Rz 13.
[24] Vgl. IDW RH HFA 1.018.4.
[25] Vgl. Grottel/Kreher, in Beck Bil-Komm., 14. Aufl. 2024, § 308 HGB Rz 10; Senger/Kurz, in BeckOGK Bilanzrecht, 2. Aufl., 2024, § 308 HGB Rz 13.
[26] Vgl. Senger/Kurz, in BeckOGK Bilanzrecht, 2. Aufl., 2024, § 308 HGB Rz 16.
[27] So auch Fehrenbacher, in MünchKomm. HGB, 5. Aufl. 2024, § 308 HGB Rz 12.

> **Praxis-Beispiel**
> Ein in den Konzernabschluss einzubeziehendes TU, das in der Automobilbranche tätig ist, muss Gemeinkosten nicht in der gleichen Höhe in die Herstellungskosten einbeziehen wie ein ebenfalls zu konsolidierendes TU aus dem Maschinenbau. Eine einheitliche Abgrenzung ist zudem nicht geboten, wenn zwei TU in der Automobilindustrie tätig sind, sich die Produktions- und Kostenstrukturen aber signifikant unterscheiden. Denkbar ist etwa die Serienfertigung von Standardfahrzeugen auf der einen Seite im Vergleich zur Fertigung exklusiver Fahrzeuge in Einzelfertigung mit umfangreicher Handarbeit auf der anderen Seite. Sind hingegen beide einzubeziehenden TU in der Automobilindustrie tätig, weichen ihre Produktions- und Kostenstrukturen aber nur minimal voneinander ab (etwa Serienproduktion auf gleichem Stand der Technik mit kaum abweichenden Kostenstrukturen), ist eine einheitliche Bewertung geboten.

21 Auch **länderspezifische Bedingungen** können bei gleichen VG und Schulden die Anwendung unterschiedlicher Bewertungsmethoden oder Rechengrößen bedingen.[28] Zu den bewertungsbestimmenden Faktoren können in diesem Zusammenhang z. B. unterschiedliche Herstellungskosten oder unterschiedliche Anschaffungskosten zählen.

> **Praxis-Beispiel**
> Zwei in den Konsolidierungskreis einzubeziehende TU erhalten jeweils eine neue Maschine. Da die Preise individuell verhandelt wurden, zahlt TU 1 mit Sitz in Deutschland einen höheren Preis als TU 2 mit Sitz in einem Schwellenland. Für beide Maschinen gelten einheitliche Abschreibungsmethoden und -dauern, sodass die jährliche Abschreibung des TU 2 aufgrund der geringeren Anschaffungskosten niedriger ausfällt. Die Abschreibungsdauer kann allerdings unterschiedlich sein, wenn sich die Einsatzintensität unterscheidet – z. B. nutzt TU 1 die Maschine nur für zehn Schichten in der Woche, wohingegen TU 2 die Maschine durchgängig mit 21 Schichten betreibt.[29]
> In einem weiteren Fall erhalten ebenfalls zwei TU jeweils eine neue Maschine, deren Preis allerdings einheitlich vom Konzern verhandelt wurde. TU 1 mit Sitz in Deutschland bilanziert die Maschine mit den fortgeführten Anschaffungskosten. TU 2 mit Sitz im Ausland ist nach Landesrecht dazu verpflichtet, die Maschine zu höheren Wiederbeschaffungskosten zu bilanzieren. Auch wenn Abschreibungsmethoden und -dauern gleich sind, unterscheidet sich die Bewertung der Maschinen zwischen TU 1 und TU 2. Aus Konzernsicht sind nach dem Recht des deutschen MU für beide Maschinen die fortgeführten Anschaffungskosten als Wertobergrenze anzusetzen und somit für die Handelsbilanz II des TU 2 zu korrigieren, sofern diesem nicht eine explizite Hochinflationsrechnungslegung entgegensteht.[30]

---

[28] Vgl. IDW RH HFA 1.018.4; Senger/Kurz, in BeckOGK Bilanzrecht, 2. Aufl., 2024, § 308 HGB Rz 12.
[29] So auch Senger/Kurz, in BeckOGK Bilanzrecht, 2. Aufl., 2024, § 308 HGB Rz 16.
[30] In Anlehnung an Grottel/Kreher, in Beck Bil-Komm., 14. Aufl. 2024, § 308 HGB Rz 44.

> **Praxis-Beispiel**
> In den Konsolidierungskreis sind zwei TU einzubeziehen, die im Bereich der Herstellung von Werkzeugen tätig sind. Beide Unt produzieren die gleichen Produkte. TU 1 stellt seine Produkte in Deutschland her. TU 2 produziert die Produkte in einem Schwellenland zu geringeren Kosten. Aus Sicht des Konzerns sind die Bewertungswahlrechte einheitlich auszuüben und auch einheitliche Kalkulationsmethoden für das Produkt anzuwenden, was eine einheitliche Bezugsgröße für den Gemeinkostenzuschlag bedeutet. In der Praxis zeigt sich allerdings, dass länderspezifische Bedingungen regelmäßig zu unterschiedlichen Herstellungskosten führen.[31]

Die Liquidation eines TU führt grds. zur Abkehr von dem Gebot der einheitlichen Bewertung. Die Going-Concern-Prämisse des § 252 Abs. 1 Nr. 2 HGB ist hinfällig und die Bewertung erfolgt zu **Liquidationswerten**.[32] **22**

Werden art- oder funktionsgleiche VG oder Schulden nicht einheitlich bewertet, ist dies sachlich zu **begründen.** Willkür ist dabei zwar auszuschließen, de facto werden sich – wenn gewollt – in der Praxis aber zumeist begründbare Unterschiede finden lassen. **23**

Für die gewählten Bewertungsmethoden gilt in allen Fällen gem. § 298 Abs. 1 HGB i.V.m. § 252 Abs. 1 Nr. 6 HGB das **Gebot der (zeitlichen) Stetigkeit**, d.h., die auf den vorhergehenden Jahresabschluss angewendeten Bewertungsmethoden müssen – im Interesse der Vergleichbarkeit[33] – beibehalten werden. Ausnahmen sind nur in begründeten Einzelfällen zulässig (Rz 33 und § 252 Rz 150 ff.). **24**

In den Fällen, in denen Bewertungsmethoden für das MU zwar zulässig sind, von ihm aber nicht angewendet werden, weil es entsprechende VG und Schulden nicht besitzt, stehen die Bewertungsmethoden für den Konzernabschluss originär zur Verfügung. **25**

Insg. betrachtet bietet die **Einheitlichkeit der Bewertung im Konzernabschluss** den Vorteil, dass sie einem Wertekonglomerat im Konzernabschluss entgegenwirkt. Die Vereinheitlichung der Bewertung im Konzernabschluss eröffnet dabei die Möglichkeit einer **eigenständigen Konzernbilanzpolitik**. Die Fortschreibung und Weiterentwicklung der Differenzen zwischen Einzelabschlüssen und Konzernabschluss bewirkt aber erhebliche Dokumentationsanforderungen, die – auch wenn keine eigenständige Konzernbuchführung vorliegt – zumindest als Teil einer speziellen Konzernbuchführung gesehen werden können.[34] **26**

---

[31] Vgl. Grottel/Kreher, in Beck Bil-Komm., 14. Aufl. 2024, § 308 HGB Rz 50; Fehrenbacher, in MünchKomm. HGB, 5. Aufl. 2024, § 308 HGB Rz 12.
[32] Vgl. Fehrenbacher, in MünchKomm. HGB, 5. Aufl. 2024, § 308 HGB Rz 13; Senger/Kurz, in BeckOGK Bilanzrecht, 2. Aufl., 2024, § 308 HGB Rz 16.
[33] Vgl. Weirich, WPg 1987, S. 80.
[34] Vgl. IDW, WPH Edition, Wirtschaftsprüfung und Rechnungslegung, 18. Aufl. 2023, Kap. G Tz 213; Müller, in Kußmaul/Müller, HdB, Konzernabschluss nach HGB Rz 127, Stand: 10.5.2023.

2.3 Neuausübung von Bewertungswahlrechten im Konzernabschluss (Abs. 1 Satz 2)

27 **Bewertungswahlrechte,** die nach dem Recht des MU zulässig sind, können gem. § 308 Abs. 1 Satz 2 HGB im Konzernabschluss unabhängig von ihrer Ausübung in den Einzelabschlüssen aller einbezogenen Unt **neu ausgeübt** werden. Unter das Neuausübungsrecht fallen auch jene Wahlrechte, die bereits im Einzelabschluss des MU wahrgenommen wurden.

28 Denkbar ist z. B., dass im Einzelabschluss ein möglichst steuer- und/oder ausschüttungsoptimales Ergebnis dargestellt werden soll, während im Konzernabschluss, der eine reine Informationsfunktion hat, ein möglichst positives Ergebnis gezeigt werden soll, um z. B. den Zugang zu internationalen Kapitalmärkten vorzubereiten bzw. zu erleichtern. Ein solcher Fall liegt etwa vor, wenn **Bestandsmehrungen** bei fertigen und unfertigen Erzeugnissen im Konzernabschluss an der handelsrechtlichen Obergrenze bewertet werden, während im Einzelabschluss des MU oder eines TU ein Ansatz an der Untergrenze erfolgt.[35]

29 Unter **Bewertungswahlrechten** sind grds. die gesetzlichen Wahlrechte in Bezug auf die Bewertungsmethoden zu verstehen (explizite Wahlrechte; Rz 11). Implizite oder faktische Bewertungswahlrechte (Rz 12), die entstehen können, wenn verschiedene Rechengrößen verwendet werden dürfen oder Ermessensspielräume bestehen, dürfen bei Personenidentität insb. aufgrund des Grundsatzes des Willkürverbots grds. nicht neu ausgeübt werden.[36] Bedingen etwa Sachverhalte aus Sicht der Konzernführung eine von der Position der Führung des TU abweichende Beurteilung, kann aufgrund der fehlenden Personenidentität eine **sachlich begründete** unterschiedliche Einschätzung und damit eine Neuausübung des Ermessensspielraums zulässig sein (Rz 17).[37] Auch eine Neuausübung im Interesse der Vereinheitlichung der Bewertung ist zulässig. Als Grenze fungiert in allen Fällen aber der **Grundsatz des Willkürverbots** (§ 252 Rz 164).[38]

30 Davon zu trennen ist die Notwendigkeit zur Anpassung der Bewertung aufgrund von **werterhellenden Informationen**. Aufgrund des zeitlichen Versatzes zwischen der Aufstellung/Feststellung des Einzelabschlusses und der Aufstellung/Feststellung des Konzernabschlusses können wertaufhellende Informationen bekannt werden, die eine bessere Einschätzung der Verhältnisse zum Stichtag ermöglichen. Diese wertaufhellenden Tatsachen sind bei den Bewertungen im Konzernabschluss bis zum Tag der Aufstellung/Feststellung zu berücksichtigen (§ 252 Rz 71).

31 Die Neuausübung von Bewertungswahlrechten unterliegt neben dem Grundsatz des Willkürverbots dem Gebot der **Einheitlichkeit der Bewertung** und damit der sachlichen Stetigkeit (§ 308 Abs. 1 Satz 1 HGB; Rz 17 ff.) und dem **Grundsatz der (zeitlichen) Stetigkeit** (§ 252 Abs. 1 Nr. 6 i. V. m. § 298 Abs. 1 HGB).[39]

---

[35] So auch Fehrenbacher, in MünchKomm. HGB, 5. Aufl. 2024, § 308 HGB Rz 16.
[36] So für Ermessensentscheidungen i. R. d. Bilanzierung/des Ansatzes für § 300 HGB auch Kliem/Walkenbach, in Beck Bil-Komm., 14. Aufl. 2024, § 300 HGB Rz 51; Hoffmann/Lüdenbach, NWB Kommentar Bilanzierung, 15. Aufl. 2023, § 308 HGB Rz 7.
[37] Vgl. Grottel/Kreher, in Beck Bil-Komm., 14. Aufl. 2024, § 308 HGB Rz 12; noch weitergehender Hoffmann/Lüdenbach, NWB Kommentar Bilanzierung, 15. Aufl. 2023, § 308 HGB Rz 7.
[38] Vgl. IDW RH HFA 1.018.6.
[39] Vgl. IDW RH HFA 1.018.3 und 1.018.5.

Aus der Anwendung des Grundsatzes der (zeitlichen) Stetigkeit auf die Vorschriften des § 308 Abs. 1 Satz 2 HGB ergibt sich ein **Verbot** der Neuausübung der Bewertungswahlrechte **zu jedem Stichtag**. Die daraus resultierende Bindung an die Entscheidungen der Vj dient der Vergleichbarkeit der Konzernabschlüsse im Zeitverlauf. Die Pflicht zur stetigen Bewertung erstreckt sich auch auf im Laufe des Gj neu zugegangene VG und Schulden, sofern art- oder funktionsgleiche Posten bereits im Vj vorhanden waren.[40]

32

Von dem Grundsatz der Stetigkeit darf nur in begründeten Ausnahmefällen abgewichen werden (zu den in diesen Fällen grds. zu beachtenden Gesichtspunkten, wie der sachlichen Begründbarkeit, s. § 252 Rz 150 ff.).

33

Praxis-Beispiel
Als unstrittige begründete Ausnahmefälle kommen als Abweichungen vom Grundsatz der Bewertungsstetigkeit etwa – nicht abschließend – folgende Fälle in Betracht (§ 252 Rz 152):
- Änderungen bei den Bilanzierungsvorschriften bzw. Gesetzen,
- Änderungen in der Rechtsprechung,
- Anpassung an die Ergebnisse einer steuerlichen Außenprüfung,
- Änderungen bei der Konzernzugehörigkeit,
- Einleitung von Sanierungsmaßnahmen,
- Aufgabe der Unternehmensfortführung,
- wesentliche Veränderungen der Gesellschafterstruktur,
- Wechsel des Managements unter Wechsel auch der Unternehmensstrategie,
- wesentlich veränderte Einschätzung der Unternehmensentwicklung,
- Inanspruchnahme oder Wegfall der Anwendung von Bewertungsvereinfachungsverfahren,
- (ggf. wesentliche) technische Änderungen/Neuerungen,
- (ggf. wesentliche) Änderungen der Finanz- und Kapitalstruktur,
- (ggf. wesentliche) Veränderungen des Beschäftigungsgrades,
- (ggf. wesentliche) Produktions- und Sortimentsumstellungen,
- (ggf. wesentliche) Absatzmarktverschlechterungen,
- Änderungen im System der Kostenrechnung.

Eine Abweichung erfordert gem. § 313 HGB Abs. 1 Satz 3 Nr. 2 HGB dabei grds. die gesonderte Darstellung des Einflusses der Durchbrechung auf die Vermögens-, Finanz- und Ertragslage des Konzerns im Konzernanhang (§ 313 Rz 52 ff.).

2.4 Pflicht zur Angabe und Begründung bei abweichender Bewertung im Konzernanhang (Abs. 1 Satz 3)

Grds. geht das Gesetz davon aus, dass die im Einzelabschluss des MU zulässigen bzw. angewendeten Bewertungen auch im Konzernabschluss als Maßstab gelten. Durch die Neuausübung von Bewertungswahlrechten ggü. der im MU tatsächlich angewendeten Bewertung entsprechend den Möglichkeiten des § 308 Abs. 1 Satz 2 HGB wird deshalb gem. § 308 Abs. 1 Satz 3 HGB eine **Angabe- und Begründungspflicht im Konzernanhang** ausgelöst. Dabei ist der Grundsatz

34

---

[40] Ähnlich Fehrenbacher, in MünchKomm. HGB, 5. Aufl. 2024, § 308 HGB Rz 10.

35 Zwingende **Voraussetzung** für die Pflicht zur Angabe der im Konzernabschluss neu bewerteten Posten und der im Konzernabschluss angewendeten Bewertungsmethoden sowie für die Pflicht zur Begründung der Abweichungen bildet die Anforderung, dass der Sachverhalt sowohl im Einzelabschluss des MU als auch im Konzernabschluss auftritt. Letzteres dürfte z. B. bei MU, die hauptsächlich als Holding agieren, in den meisten Fällen nicht gegeben sein.[42] Die Angabe- und Begründungspflicht wird indes nicht ausgelöst, wenn der Sachverhalt im Einzelabschluss eines TU, nicht aber im Einzelabschluss des MU auftritt – und damit eine fiktive Ausübung der Bewertungswahlrechte des MU unterstellt wird. Die Angabe- und Begründungspflichten dürften daher bei einem operativen MU umfangreicher als bei einem MU mit reiner Holdingfunktion ausfallen.[43]

der Wesentlichkeit auf die Abweichungen zwischen dem Einzelabschluss des MU und dem Konzernabschluss zu beachten. Eine Pflicht zur Quantifizierung der Abweichungen oder der Ergebnisauswirkung besteht nicht.[41]

36 I. R. d. Angabe- und Begründungspflichten sind mind. folgende Informationen bereitzustellen:[44]
- Angabe der im Konzernabschluss anders als im Einzelabschluss des MU bewerteten Posten;
- Angabe der im Konzernabschluss anders als im Einzelabschluss des MU angewendeten Bewertungsmethoden;
- Begründung, warum im Konzernabschluss anders als im Einzelabschluss des MU bewertet wird. Pauschale Begründungen – wie etwa lediglich der Verweis auf besondere Umstände – sind unzulässig und nicht ausreichend.[45] Vielmehr müssen die Motive der Konzernleitung, die zu der Abweichung geführt haben, erkennbar werden.[46]

3 Neubewertungspflichten (Abs. 2)

3.1 Grundsatz der Neubewertung (Abs. 2 Satz 1)

37 Bei der Einbeziehung von Unt in den Konzernabschluss sind **Neubewertungen zur Vereinheitlichung der Bewertung** gem. § 308 Abs. 2 Satz 1 HGB erforderlich, wenn die in den Konzernabschluss aufzunehmenden VG und Schulden des MU oder der TU in den jeweiligen Einzelabschlüssen dieser Unt nach Methoden bewertet worden sind, die sich von denen unterscheiden, die auf den Konzernabschluss anzuwenden sind oder von den gesetzlichen Vertretern des MU in Ausübung von Bewertungswahlrechten auf den Konzernabschluss angewendet

---

[41] So auch Grottel/Kreher, in Beck Bil-Komm. 14. Aufl. 2024, § 308 HGB Rz 15.
[42] Vgl. Hoffmann/Lüdenbach, NWB Kommentar Bilanzierung, 15. Aufl. 2023, § 308 HGB Rz 9.
[43] Vgl. Grottel/Kreher, in Beck Bil-Komm., 14. Aufl. 2024, § 308 HGB Rz 16.
[44] So auch Senger/Kurz, in BeckOGK Bilanzrecht, 2. Aufl., 2024, § 308 HGB Rz 21; Hoffmann/Lüdenbach, NWB Kommentar Bilanzierung, 15. Aufl. 2024, § 308 HGB Rz 10. Für Kreditinstitute und VersicherungsUnt sind nach § 308 Abs. 2 Satz 2 HGB diesbzgl. Besonderheiten zu beachten und auch die Ausnahmefälle gem. § 308 Abs. 2 Satz 4 HGB lösen gesonderte Angabe- und Begründungspflichten aus.
[45] Vgl. Grottel/Kreher, in Beck Bil-Komm., 14. Aufl. 2024, § 308 HGB Rz 17.
[46] Vgl. Senger/Kurz, in BeckOGK Bilanzrecht, 2. Aufl., 2024, § 308 HGB Rz 23. Hoffmann/Lüdenbach gehen allerdings davon aus, dass dabei kein hoher Konkretisierungsgrad erforderlich ist; vgl. Hoffmann/Lüdenbach, NWB Kommentar Bilanzierung, 15. Aufl. 2023, § 308 HGB Rz 10.

werden. § 308 Abs. 2 Satz 1 HGB hat allerdings eher einen deklaratorischen Charakter, da mit der Vereinheitlichung der Bewertungsmethoden gem. § 308 Abs. 1 HGB eine Neubewertung zwingend einhergeht.[47]

Eine Neubewertung unter Verwendung der im Konzernabschluss geltenden Methoden ist auch für VG und Schulden erforderlich, die im Einzelabschluss nicht angesetzt werden, jedoch in den Konzernabschluss einbezogen werden sollen.[48]

38

Die Bewertungsanpassung erfolgt zweckmäßigerweise mittels Aufstellung einer Handelsbilanz II. Während die Handelsbilanz I dem jeweiligen Einzelabschluss nach Landesrecht entspricht, ist die Handelsbilanz II der für die Konsolidierung maßgebende Einzelabschluss aller einzubeziehenden Unt nach dem Recht des MU. Die durch Modifizierung der Einzelabschlüsse ermittelten Wertansätze werden im Wege der Konsolidierung im Anschluss in die Konzernbilanz übernommen (§ 300 Rz 13ff.).

39

Abb. 1: Aufbereitungsablauf von der Handelsbilanz I zur Handelsbilanz II[49]

Anpassungsmaßnahmen zur Vereinheitlichung der Bewertung sind v. a. bei der Einbeziehung **ausländischer TU** notwendig, deren Rechnungslegung nicht den handelsrechtlichen Anforderungen an eine große KapG, die gem. § 298 Abs. 1 HGB grds. für das MU gelten, entspricht.[50] Zudem sind auch bei **inländischen TU**, die keine KapG sind, Anpassungsmaßnahmen notwendig. Grds. sind natürlich auch bei allen inländischen TU in der Form der KapG Anpassungsmaßnahmen vorzunehmen, sofern der jeweilige Einzelabschluss von den Methoden des Konzernabschlusses abweicht.

40

Nachfolgende zentrale Anpassungspunkte für die Bewertung sind dabei in der Praxis für ausländische TU regelmäßig von Bedeutung:

41

---

[47] Vgl. Senger/Kurz, in BeckOGK Bilanzrecht, 2. Aufl., 2024, § 308 HGB Rz 24.
[48] Vgl. Grottel/Kreher, in Beck Bil-Komm., 14. Aufl. 2024, § 308 HGB Rz 17.
[49] Ähnlich auch Böcking/Gros/Schurbohm, in Ebenroth u. a., HGB, 4. Aufl. 2020, § 300 HGB Rz 9.
[50] Vgl. Senger/Kurz, in BeckOGK Bilanzrecht, 2. Aufl., 2024, § 308 HGB Rz 25.

HGB	Zentrale Anpassungspunkte
§ 252 Abs. 1 Nr. 4	Realisations- und Imparitätsprinzip (Vorsichtsprinzip)
§ 252 Abs. 1 Nr. 5	Zeitliche Abgrenzung von Aufwendungen und Erträgen (Periodenabgrenzung)
§ 253 Abs. 1 Satz 1	AHK-Obergrenze, ggf. mit Ausnahme des saldierten schuldendeckenden Vermögens
§ 253 Abs. 1 Satz 2 und 3	Wertansätze der Rückstellungen: Wahrscheinlichkeit des Eintritts und Bestimmung des Bewertungsbetrags (insb. Trendannahmen bei Pensionsrückstellungen)
§ 253 Abs. 3 Satz 1	Verfahren und Nutzungsdauerschätzungen der planmäßigen Abschreibung
§ 253 Abs. 4 und § 256	Bewertung der VG des Umlaufvermögens
§ 254 und § 252 Abs. 1 Nr. 3	Bildung von Bewertungseinheiten und Einzelbewertungsgrundsatz
§ 255 Abs. 2 und 3	Bemessung der Herstellungskosten
§ 248 und § 255 Abs. 2a	Ggf. Bewertung der selbst geschaffenen immateriellen VG des Anlagevermögens und Entwicklungskosten
§ 255 Abs. 4	Bestimmung der beizulegenden Zeitwerte und ggf. der Ersatzbewertungsmethoden
§ 256a	Währungsumrechnung
§ 272	Berechnung und Ausweis des Eigenkapitals
§ 274	Bemessung der aktiven und passiven latenten Steuern

Tab. 3: Zentrale Anpassungspunkte bei der Bewertung der Handelsbilanz II

42 Als **Folgewirkung** von erfolgswirksamen Bewertungsanpassungen in der Handelsbilanz II ist insb. zu beachten, dass sich hieraus latente Steuern ergeben (§ 298 Abs. 1 HGB i.V.m. § 274 HGB).[51] Da § 308 HGB somit nicht in den Anwendungskreis des § 306 HGB fällt, gilt für aktive latente Steuern das sich aus § 274 HGB ergebende Ansatzwahlrecht.

43 I.R.e. **Erstkonsolidierung** sind die aus den Bewertungsanpassungen resultierenden Beträge unter Berücksichtigung zumindest von **passiven latenten Steuern** (§ 306 Rz 8) saldiert in die Gewinnrücklagen einzustellen. Hier gilt ebenfalls, dass § 308 HGB nicht in den Anwendungskreis des § 306 HGB fällt, sodass für aktive latente Steuern das sich aus § 274 HGB ergebende Ansatzwahlrecht gilt. Die Anpassung der Bewertung erfolgt i.R.d. Erstellung der Handelsbilanz II **ohne Auswirkungen** auf das Konzernergebnis **erfolgsneutral**.[52]

---

[51] Vgl. Grottel/Kreher, in Beck Bil-Komm., 14. Aufl. 2024, § 308 HGB Rz 18.
[52] Vgl. Fehrenbacher, in MünchKomm. HGB, 5. Aufl. 2024, § 308 HGB Rz 21.

3.2 Ausnahmetatbestände der Anpassungspflicht (Abs. 2 Satz 2–4)

3.2.1 Ausnahme für Kreditinstitute und Versicherungsunternehmen (Abs. 2 Satz 2)

Werden **Kreditinstitute** und/oder **VersicherungsUnt** in einen Konzernabschluss eines branchenfremden MU einbezogen, dürfen die Wertansätze für diese Unt gem. § 308 Abs. 2 Satz 2 HGB losgelöst von der Anforderung der einheitlichen Bewertung **beibehalten** werden, sofern sie auf **branchenspezifischen Vorschriften** beruhen. Die Ausnahmetatbestände sind für Kreditinstitute in den §§ 340e-g HGB und für VersicherungsUnt in den §§ 341b-h HGB geregelt. Werden Sachverhalte tangiert, die keinen branchenspezifischen Regelungen unterliegen, sind im Umkehrschluss die allgemeinen Vorschriften anzuwenden. Entsprechend hat eine Anpassung auf die im Konzernabschluss geltenden Bewertungsvorschriften zu erfolgen.[53]

44

Die Einbeziehung von mehreren Kreditinstituten und/oder VersicherungsUnt bedingt die Einhaltung der Einheitlichkeit der Bewertung über die Gesamtheit dieser Unt.[54]

45

Die Sondervorschriften wurden für Kreditinstitute mit dem Bankbilanzrichtlinie-Gesetz[55] und für VersicherungsUnt mit dem VersRiLiG[56] aus der EG-Bankbilanzrichtlinie[57] und der EG-Versicherungsbilanzrichtlinie[58] in deutsches Recht umgesetzt. In der Praxis dürften Kreditinstitute und/oder Versicherungs-Unt wohl nur in seltenen Fällen in einen Konzernabschluss nach HGB eines branchenfremden MU einbezogen werden.[59]

46

Aus den branchenspezifischen Bewertungsvorschriften für **Kreditinstitute** resultieren folgende Möglichkeiten:

47

- abweichende Bewertung von bestimmten VG des Anlage- und Umlaufvermögens in Abhängigkeit davon, ob sie dauernd oder nicht dauernd dem Geschäftsbetrieb dienen (§ 340e HGB);
- Vorsorge für allgemeine Bankrisiken durch einen niedrigeren Wertansatz für bestimmte Forderungen an Kreditinstitute und Kunden, Schuldverschreibungen und andere festverzinsliche Wertpapiere sowie Aktien und andere nicht festverzinsliche Wertpapiere, soweit dies nach vernünftiger kaufmännischer Beurteilung zur Sicherung gegen die besonderen Risiken des Geschäftszweigs der Kreditinstitute notwendig ist und diese Vorsorgereserven 4 % des Gesamtbetrags der bezeichneten VG nicht übersteigen (§ 340f HGB);
- Sonderposten „Fonds für allgemeine Bankrisiken" (§ 340g HGB).

Die Sondervorschriften für **VersicherungsUnt** bedingen folgende Möglichkeiten:

48

- abweichende Bewertung von bestimmten VG des Anlage- und Umlaufvermögens (§ 341b HGB);

---

[53] Vgl. Grottel/Kreher, in Beck Bil-Komm., 14. Aufl. 2024, § 308 HGB Rz 24.
[54] Vgl. Senger/Kurz, in BeckOGK Bilanzrecht, 2. Aufl., 2024, § 308 HGB Rz 30.
[55] Gesetz zur Durchführung der Richtlinie des Rates der EG über den Jahresabschluss und den konsolidierten Abschluss von Banken und anderen Finanzinstituten v. 30.11.1990, BGBl 1990 I S. 2570.
[56] Gesetz zur Durchführung der Richtlinie des Rates der EG über den Jahresabschluss und den konsolidierten Abschluss von Versicherungsunternehmen v. 24.6.1994, BGBl 1994 I S. 1377.
[57] Richtlinie 86/635/EWG, ABl. L 372/1 v. 31.12.1986.
[58] Richtlinie 91/674/EWG, ABl. L 374/7 v. 31.12.1991.
[59] Vgl. Fehrenbacher, in MünchKomm. HGB, 5. Aufl. 2024, § 308 HGB Rz 23.

- versicherungstechnische Rückstellungen für Beitragsüberträge[60] (§ 341e Abs. 2 Nr. 1 HGB);
- versicherungstechnische Rückstellungen für Beitragsrückerstattungen (§ 341e Abs. 2 Nr. 2 HGB);
- versicherungstechnische Rückstellungen für drohende Verluste aus dem Versicherungsgeschäft (§ 341e Abs. 2 Nr. 3 HGB);
- Deckungsrückstellungen (§ 341f HGB);
- Rückstellungen für eingetretene Verpflichtungen von noch nicht abgewickelten Versicherungsfällen (§ 341g HGB);
- Schwankungsrückstellungen sowie ähnliche Rückstellungen (§ 341h HGB).

49 Handelt es sich bei den in einen Konzernabschluss eines branchenfremden MU einzubeziehenden TU um **ausländische Kreditinstitute und/oder VersicherungsUnt**, sind die Bilanzierung und Bewertung an die nach HGB gültigen branchenspezifischen Vorschriften anzupassen. Die Übernahme der Wertansätze nach ausländischem Recht kann zu Fehlinterpretationen bei den Abschlussadressaten führen, da diese grds. von den Vorschriften des HGB ausgehen.[61] Sofern es sich bei den abweichenden ausländischen Vorschriften nicht alleine um Besonderheiten von Kreditinstituten und VersicherungsUnt handelt, sondern es auch allgemeine Vorgaben betrifft, ist auch hier eine einheitliche Bewertung und damit eine Neubewertung der betroffenen Posten vorzunehmen.[62]

50 Die Inanspruchnahme der Möglichkeit der Beibehaltung von Wertansätzen abweichend vom Recht des MU verpflichtet gem. § 308 Abs. 2 Satz 2 2. Hs. HGB zu einem **Hinweis im Konzernanhang**, dass die Sondervorschriften für Kreditinstitute und/oder VersicherungsUnt beibehalten wurden. Da nur der Hinweis gefordert ist, sind betragsmäßige Angaben, weitere Begründungen oder Angaben zur Auswirkung auf die Vermögens-, Finanz- und Ertragslage nicht notwendig.[63]

3.2.2 Ausnahme bei untergeordneter Bedeutung von Bewertungsanpassungen (Abs. 2 Satz 3)

51 § 308 Abs. 2 Satz 3 HGB sieht dem Grundsatz der Wesentlichkeit entsprechend einen Verzicht auf eine Neubewertung und damit eine Vereinheitlichung der Bewertung vor, wenn die Übernahme abweichender Wertansätze für die Vermittlung eines den tatsächlichen Verhältnissen entsprechenden Bildes der Vermögens-, Finanz- und Ertragslage (§ 297 Rz 84 ff.) des Konzerns nur **von untergeordneter Bedeutung** ist. Die Wertansätze dürfen dann unverändert in den Konzernabschluss übernommen werden.

52 Für die Auslegung des Begriffs „untergeordnete Bedeutung" liefert das Gesetz weder Kenngrößen noch numerische Grenzwerte. Auch das IDW sieht keine Möglichkeit zur Normierung quantitativer Kriterien für die Beurteilung der Unwesentlichkeit.[64] In der Praxis ist auf den Einzelfall abzustellen, wobei das Gesamtbild aller Umstände und nicht nur einzelne Verhältniszahlen die Beur-

---

[60] Bei Beitragsüberträgen handelt es sich um den Teil der Beiträge, der Ertrag für eine bestimmte Zeit nach dem Abschlussstichtag darstellt (§ 341e Abs. 2 Nr. 1 HGB).
[61] Vgl. Grottel/Kreher, in Beck Bil-Komm., 14. Aufl. 2024, § 308 HGB Rz 24.
[62] Vgl. Senger/Kurz, in BeckOGK Bilanzrecht, 2. Aufl., 2024, § 308 HGB Rz 30.
[63] Vgl. Senger/Kurz, in BeckOGK Bilanzrecht, 2. Aufl., 2024, § 308 HGB Rz 31; Grottel/Kreher, in Beck Bil-Komm., 14. Aufl. 2024, § 308 HGB Rz 27.
[64] Vgl. IDW RH HFA 1.018.13.

teilungsgrundlage bilden.⁶⁵ Das Gesamtbild des Einzelfalls ist i. R. d. Wesentlichkeitsprüfung zu jedem Stichtag und unter Beachtung des Grundsatzes des Willkürverbots (§ 252 Rz 164) zu prüfen.⁶⁶

Ergibt sich trotz isoliert gesehen unwesentlicher Einzelsachverhalte auf Ebene des Einzelabschlusses bei **Gesamtbetrachtung** aller Sachverhalte auf Ebene des Konzernabschlusses keine untergeordnete Bedeutung für die Vermögens-, Finanz- und Ertragslage des Konzerns, muss eine Neubewertung einzelner Sachverhalte vorgenommen werden, bis die verbleibenden Einzelsachverhalte in der Summe nicht mehr das Merkmal der Wesentlichkeit erfüllen.⁶⁷

Ohne Kenntnis über die Folgen einer Neubewertung ist die Beurteilung einer untergeordneten Bedeutung nicht möglich. Eine **überschlägige Ermittlung** der Wertansätze nach den für den Konzernabschluss angewendeten Methoden kann als Voraussetzung für eine Befähigung zur Beurteilung der Wesentlichkeit angesehen werden.⁶⁸

Die Wesentlichkeit einer Bewertungsanpassung ist also in jedem Fall aus Konzernsicht zu beurteilen. Von einer Bewertungsanpassung mit unwesentlicher Bedeutung kann zusammenfassend ausgegangen werden, wenn die nachfolgenden Bedingungen kumulativ erfüllt sind:
- Die aus der Anpassung resultierende Bewertungsdifferenz ist unwesentlich.
- Die anzupassenden Posten sind im Vergleich zum Posten in der Konzernbilanz unbedeutend.
- I. R. e. Gesamtbetrachtung sind die Bewertungsanpassungen als Summe auch für den Konzern unwesentlich.⁶⁹

Entgegen den für Kreditinstitute und VersicherungsUnt gem. § 308 Abs. 2 Satz 2 2. Hs. HGB bestehenden Ausnahmetatbeständen löst ein Verzicht auf die Neubewertung unter Berufung auf eine untergeordnete Bedeutung für die Vermögens-, Finanz- und Ertragslage **keine Pflicht zum Hinweis** auf die Anwendung dieser Ausnahme im Konzernanhang aus. Aufgrund der untergeordneten Bedeutung beeinträchtigt der Verzicht auf die Bewertungsanpassung die Aussagefähigkeit des Konzernabschlusses kaum.⁷⁰

Darf gem. § 308 Abs. 2 Satz 3 HGB von einer Neubewertung abgesehen werden und handelt es sich bei der von der Befreiung betroffenen Unt um ein **ausländisches TU**, dessen Bewertungsmethoden den deutschen GoB entgegenstehen, darf eine Neubewertung dennoch unterbleiben, sofern die Verletzung unter Einhaltung der Vorschriften der EU-RL erfolgt.⁷¹ Gerade bei kleinen ausländischen TU ergibt sich eine gewisse praktische Relevanz, da bei diesen Unt der sich aus der einheitlichen Bewertung ergebende Informationsgewinn in keinem Verhältnis mit den damit verbundenen Kosten steht.⁷²

---

65 Vgl. Grottel/Kreher, in Beck Bil-Komm., 14. Aufl. 2024, § 308 HGB Rz 28.
66 Vgl. IDW RH HFA 1.018.13.
67 Ähnlich auch Grottel/Kreher, in Beck Bil-Komm., 14. Aufl. 2024, § 308 HGB Rz 29.
68 Vgl. Grottel/Kreher, in Beck Bil-Komm., 14. Aufl. 2024, § 308 HGB Rz 28.
69 Vgl. Senger/Kurz, in BeckOGK Bilanzrecht, 2. Aufl., 2024, § 308 HGB Rz 33.
70 Vgl. Senger/Kurz, in BeckOGK Bilanzrecht, § 308 HGB Rz 34, Stand: 9/2020.
71 So auch Fehrenbacher, in MünchKomm. HGB, 5. Aufl. 2024, § 308 HGB Rz 24.
72 Vgl. Senger/Kurz, in BeckOGK Bilanzrecht, 2. Aufl., 2024, § 308 HGB Rz 32.

3.2.3 Abweichungen in Ausnahmefällen (Abs. 2 Satz 4)

58 Auch in **begründeten Ausnahmefällen** darf gem. § 308 Abs. 2 Satz 4 HGB von einer einheitlichen Bewertung abgewichen werden. Eine nähere Spezifizierung der Anwendungsfälle und der damit verbundenen Voraussetzungen liefert der Gesetzgeber nicht. Die Regelung folgt dem Ziel der Praktikabilität der Konsolidierung. Vor dem Hintergrund eines drohenden Informationsverlustes bei abweichender Bewertung und nur unzulänglicher Kompensation durch Angabe respektive Begründung im Konzernanhang ist § 308 Abs. 2 Satz 4 HGB grds. restriktiv auszulegen.[73]

59
> **Praxis-Beispiel**
> In den folgenden Fällen sind Ausnahmen von der Bewertungsanpassung und der damit einhergehenden Neubewertung denkbar:
> - Die Neubewertung ist unmöglich (wenngleich in der Praxis kaum von Relevanz[74]). Die Informationsbereitstellung zur Bestimmung der Werte der VG und Schulden wird von einem TU verweigert (§ 294 Rz 28 ff.) oder aber Einzelwerte sind nicht mehr verfügbar, da die Bewertung unter Rückgriff auf Bewertungsvereinfachungsverfahren gem. § 256 HGB erfolgt ist.[75]
> - Die Neubewertung ist wirtschaftlich unzumutbar oder führt zu einer unangemessenen Verzögerung. Als Beispiel kann hier die erstmalige Einbeziehung eines kurz vor dem Stichtag neu erworbenen TU genannt werden, welches das Rechnungswesen noch nicht entsprechend der neu geltenden Konzernstandards umgestellt hat. Eine Bewertungsanpassung an konzerneinheitliche Regelungen würde hier zu einer unangemessenen Verzögerung führen. Alternativ zu einem Nichteinbezug des neu erworbenen TU gem. § 296 Abs. 1 Nr. 2 HGB (§ 296 Rz 29 ff.) kann in diesem Fall auf eine Neubewertung verzichtet und somit die bisherige Bewertung mit Blick auf eine bessere Informationsvermittlung beibehalten werden. Der Verzicht auf die Bewertungsanpassung ist allerdings als strenge Ausnahme zu sehen und kann damit nicht auf Dauer begründet werden.[76]

60 Wird ein TU liquidiert, greift § 308 Abs. 2 Satz 4 HGB nicht, da vorrangige Normen dieses verhindern. Eine einheitliche Bewertung scheitert bereits daran, dass dem Grundsatz der Einheitlichkeit der Bewertung durch die tw. notwendigen Liquidationswerte aufgrund unterschiedlicher Sachverhalte widersprochen wird (Rz 17). Zudem steht der einheitlichen Bewertung auch die Going-

---

[73] Vgl. IDW RH HFA 1.018.14; so auch Grottel/Kreher, in Beck Bil-Komm., 14. Aufl. 2024, § 308 HGB Rz 31; Fehrenbacher, in MünchKomm. HGB, 5. Aufl. 2024, § 308 HGB Rz 25.
[74] Grds. dürfte davon auszugehen sein, dass das MU dazu in der Lage ist, die entsprechenden Unterlagen bei vorliegender Kontrollmacht zu erlangen. Mit Blick auf ausländische TU und die Problematik der Durchsetzbarkeit deutschen Rechts im Ausland ist dieser Fall dennoch denkbar.
[75] Vgl. Grottel/Kreher, in Beck Bil-Komm., 14. Aufl. 2024, § 308 HGB Rz 32; Fehrenbacher, in MünchKomm. HGB, 5. Aufl. 2024, § 308 HGB Rz 25.
[76] Vgl. Senger/Kurz, in BeckOGK Bilanzrecht, 2. Aufl., 2024, § 308 HGB Rz 32. Siehe auch IDW RH HFA 1.018.15; IDW, WPH Edition, Wirtschaftsprüfung und Rechnungslegung, 18. Aufl. 2023, Kap. F Tz 251; Grottel/Kreher, in Beck Bil-Komm., 14. Aufl. 2024, § 308 HGB Rz 32, Hoffmann/Lüdenbach, NWB Kommentar Bilanzierung, 15. Aufl. 2023, § 308 HGB Rz 19.

Concern-Prämisse nach § 252 Abs. 1 Nr. 2 HGB – und den damit einhergehenden Fortführungswerten – entgegen.[77] Sofern landesrechtliche Vorschriften mit den konzerneinheitlichen Bewertungsmethoden nicht vereinbar sind, stellt dies allein allerdings keinen hinreichenden Grund für eine Inanspruchnahme der Ausnahme bei Abweichungen gem. § 308 Abs. 2 Satz 4 HGB dar. Durch die Handelsbilanz II soll es eben genau zu diesem Widerspruch nicht kommen, da eine konzerneinheitliche Bewertung nach dem Recht des MU vorzunehmen ist, was dann ggf. auch mit Unterstützung oder sogar direkt im Land des MU – also Deutschland – passieren kann.[78]

Wird die befreiende Ausnahmeregelung des § 308 Abs. 2 Satz 4 HGB in Anspruch genommen, resultiert hieraus – anders als für § 308 Abs. 2 Satz 2 und 3 HGB – eine **Angabe- und Begründungspflicht im Konzernanhang**. Pauschale respektive zusammenfassende Angaben und Begründungen sind nicht ausreichend. Die Gründe für die Abweichung von der (konzern)einheitlichen Bewertung müssen klar ersichtlich sein.[79] Ggf. ist sogar jeder Posten, der nicht neu bewertet wird, aufzuführen und mit einer Begründung zu versehen.

Eine Quantifizierung der Bewertungsabweichungen muss im Konzernanhang nicht erfolgen und ergibt sich auch nicht aus § 313 Abs. 1 Satz 2 Nr. 2 HGB.[80] Nach Letzterem muss aber zumindest der Einfluss der Abweichung bei den Bewertungsmethoden auf die Vermögens-, Finanz- und Ertragslage gesondert dargestellt werden (§ 313 Rz 53 ff.).[81]

4 Rechtsfolgen bei Pflichtverletzung

Ein Verstoß gegen die Vorschriften des § 308 HGB erfüllt sowohl gem. § 334 Abs. 1 Nr. 2 Buchst. d und f HGB als auch § 20 Abs. 1 Nr. 2 Buchst. d und f PublG den Tatbestand einer **Ordnungswidrigkeit**, die bei nicht kapitalmarktorientierten Unt mit einer Geldbuße von bis zu 50.000 EUR geahndet werden kann. Für kapitalmarktorientierte Unt sind nach § 334 Abs. 3 HGB deutlich höhere Geldbußen möglich (§ 334 Rz 45). Für **Kreditinstitute** (§ 340n Abs. 1 Nr. 2 Buchst. d und f HGB) und **VersicherungsUnt** (§ 341n Abs. 1 Nr. 2 Buchst. d und f HGB) ergeben sich die Rechtsfolgen aus den entsprechenden Sondervorschriften analog – also ebenfalls in Abhängigkeit davon, ob eine Kapitalmarktorientierung vorliegt oder nicht.[82]

---

[77] Vgl. Grottel/Kreher, in Beck Bil-Komm., 14. Aufl. 2024, § 308 HGB Rz 33. Ähnlich Hoffmann/Lüdenbach, NWB Kommentar Bilanzierung, 15. Aufl. 2023, § 308 HGB Rz 20.
[78] Vgl. Fehrenbacher, in MünchKomm. HGB, 5. Aufl. 2024, § 308 HGB Rz 2.
[79] Vgl. Grottel/Kreher, in Beck Bil-Komm., 14. Aufl. 2024, § 308 HGB Rz 34.
[80] Vgl. Hoffmann/Lüdenbach, NWB Kommentar Bilanzierung, 15. Aufl. 2023, § 308 HGB Rz 21; Senger/Kurz, in BeckOGK Bilanzrecht, 2. Aufl. 2024, § 308 HGB Rz 37.
[81] Vgl. IDW RH HFA 1.018.16.
[82] Vgl. Grottel/Kreher, in Beck Bil-Komm., 14. Aufl. 2024, § 308 HGB Rz 58.

§ 308a Umrechnung von auf fremde Währung lautenden Abschlüssen

[1]Die Aktiv- und Passivposten einer auf fremde Währung lautenden Bilanz sind, mit Ausnahme des Eigenkapitals, das zum historischen Kurs in Euro umzurechnen ist, zum Devisenkassamittelkurs am Abschlussstichtag in Euro umzurechnen. [2]Die Posten der Gewinn- und Verlustrechnung sind zum Durchschnittskurs in Euro umzurechnen. [3]Eine sich ergebende Umrechnungsdifferenz ist innerhalb des Konzerneigenkapitals nach den Rücklagen unter dem Posten „Eigenkapitaldifferenz aus Währungsumrechnung" auszuweisen. [4]Bei teilweisem oder vollständigem Ausscheiden des Tochterunternehmens ist der Posten in entsprechender Höhe erfolgswirksam aufzulösen.

Inhaltsübersicht	Rz
1 Überblick	1–7
2 Modifizierte Stichtagskursmethode	8–30
2.1 Umrechnung der Bilanzposten	8–11
2.2 Umrechnung der Gewinn- und Verlustrechnung	12–16
2.3 Umrechnungsdifferenzen	17–19
2.4 Ausscheiden eines Tochterunternehmens	20–27
2.5 Kapitalflussrechnung	28–30
3 Konsolidierungsmaßnahmen	31–40
3.1 Kapitalkonsolidierung	31–35
3.2 Schuldenkonsolidierung	36
3.3 Zwischenergebniseliminierung	37–39
3.4 Aufwands- und Ertragseliminierung	40
4 Hochinflation	41–42
5 Anhangangaben	43–44

1 Überblick

1 § 308a HGB ergänzt den im Einzel- und Konzernabschluss zu beachtenden Regelungsgehalt des § 256a HGB zur Währungsumrechnung einzelner auf fremder Währung lautender Vermögensgegenstände und Verbindlichkeiten um Vorschriften zur Umrechnung ganzer auf fremder Währung lautender Abschlüsse. Die anzuwendenden Umrechnungsregeln werden im Schrifttum unter dem Begriff **modifizierte Stichtagskursmethode** zusammengefasst.[1]

2 Der Gesetzgeber hat sich gegen eine differenzierte, der funktionalen Theorie folgenden Ausformulierung der Umrechnungsregeln entschieden, seine Festlegung auf die modifizierte Stichtagskursmethode folgt einem pragmatischen Ansatz.[2] Damit einher geht ein Konflikt zu den Regeln des § 256a HGB, der aus

---

[1] Vgl. z.B. die Zusammenfassung im DRS 25 oder IDW, WPH Edition, Wirtschaftsprüfung & Rechnungslegung, 18. Aufl. 2023, Kap. G Tz 292.
[2] Vgl. Hoffmann/Lüdenbach, NWB Bilanzkommentar, 15. Aufl. 2023, § 308a HGB Rz 8 ff. Vgl. auch BT-Drs. 16/10067 v. 21.5.2008 S. 84.

theoretischer Sicht zu beanstanden, vor dem Hintergrund des Grundsatzes der Wesentlichkeit und Wirtschaftlichkeit der Rechnungslegung im Konzernabschluss aber hinnehmbar ist.

> **Praxis-Beispiel**
> Ein MU legt zum 1.1.01 100 EUR auf einem jederzeit fälligen Fremdwährungskonto an. Daneben gründet es am 1.1.01 ein ausländisches in Fremdwährung (FW) bilanzierendes TU, das es mit 100 EUR EK ausstattet. Hier legt das TU ab dem 1.1.01 die 100 EUR in FW auf einem jederzeit fälligen Konto an. Zum 1.1.01 gilt folgender Kurs: 1 EUR = 1,1 FW, zum 31.12.01: 1 EUR = 1 FW.
> Bei Anlage der 100 EUR auf einem Fremdwährungskonto sieht § 256a HGB eine Realisierung des Währungskursgewinns i. H. v. 10 EUR vor. Im Fall der Anlage über ein ausländisches TU fließen die 10 EUR in die Währungsumrechnungsdifferenz ein. Dies wäre anders, wenn das ausländische TU als unselbstständige Einheit klassifiziert wird, die der funktionalen Theorie folgend nach der Zeitbezugsmethode in EUR als die funktionale Währung des MU und Konzerns umzurechnen wäre.

Nach der modifizierten Stichtagskursmethode sind die Bilanzposten eines Fremdwährungsabschlusses mit Ausnahme des zum historischen Kurs umzurechnenden EK zum **Devisenkassamittelkurs** des Abschlussstichtags in Euro umzurechnen (§ 308a Satz 1 HGB), die Posten der GuV mit dem **Durchschnittskurs** (§ 308a Satz 2 HGB). Da sich die Umrechnungskurse zur Abbildung der bilanziellen Reinvermögensdifferenz und des korrespondierenden Erfolgs in der GuV regelmäßig nicht entsprechen, entsteht eine **Währungsumrechnungsdifferenz**. Diese ist nach § 308a Satz 3 HGB innerhalb des Konzerneigenkapitals nach den Rücklagen unter der Bezeichnung „Eigenkapitaldifferenz aus Währungsumrechnung" auszuweisen. Ihre Realisierung erfolgt gem. § 308a Satz 4 HGB bei teilweisem oder vollständigem Ausscheiden des betreffenden TU aus dem Konzernabschluss.

Differieren das im Konzernabschluss ausgewiesene Reinvermögen eines TU und der steuerliche Wertansatz der vom MU am TU gehaltenen Beteiligung, ist auf diesen Bewertungsunterschied (**outside basis difference**) nach § 306 Satz 4 HGB **keine latente Steuer** zu bilden. Dies gilt auch, wenn diese Differenz währungskursbedingt ist. Entstehen indes bei einzelnen Konsolidierungsmaßnahmen durch die Währungsumrechnung Unterschiede zwischen dem konzernbilanziell gebotenen und dem steuerlichen Wertansatz sind hierauf latente Steuern nach § 306 HGB zu erfassen.

Die Umrechnungsregeln des § 308a HGB sind nicht nur auf Fremdwährungsabschlüsse von TU anzuwenden, sie gelten über den Verweis in § 310 Abs. 2 HGB auch für Fremdwährungsabschlüsse von **quotal konsolidierten** GemeinschaftsUnt. Für Fremdwährungsabschlüsse von GemeinschaftsUnt und assoziierten Unt, die nach der **Equity-Methode** in den Konzernabschluss einbezogen werden, enthält das Gesetz keine Bezugnahme auf § 308a HGB. Nach h. M. erstreckt sich der Regelungsgehalt des § 308a HGB auch auf solche Abschlüsse.[3]

---

[3] Vgl. m.w.N Melcher/Murer, DB 2010, S. 1601; IDW, WPH Edition, Wirtschaftsprüfung & Rechnungslegung, 18. Aufl. 2023, Kap. G Tz 314.

DRS 25 empfiehlt explizit eine entsprechende Anwendung des § 308a HGB nur für nach der Equity-Methode im Konzernabschluss einbezogene assoziierte Unt (DRS 25.42, DRS 25.90, DRS 26.29).

6 Unt, die nach dem **PublG** zur Konzernrechnungslegung verpflichtet sind, haben die Regelung des § 308a HGB aufgrund des Verweises in § 13 Abs. 2 Satz 1 PublG zu beachten.

7 Keine unmittelbare Anwendbarkeit der Umrechnungsregeln des § 308a HGB ist im Falle von Fremdwährungsabschlüssen aus Hochinflationsländern gegeben.[4] Der Währungsumrechnung vorgelagert, bedarf es hier zunächst einer **Bereinigung der Inflationseinflüsse** (Rz 41 f.).

2 Modifizierte Stichtagskursmethode

2.1 Umrechnung der Bilanzposten

8 Sämtliche Bilanzposten eines Fremdwährungsabschlusses mit Ausnahme des EK sind mit dem **Devisenkassamittelkurs des Abschlussstichtags** in Euro umzurechnen.

9 Die Bezugnahme auf den Devisenkassamittelkurs findet sich entsprechend auch in die Regelung des § 256a HGB. Während § 256a HGB explizit nur die Folgebilanzierung von auf fremder Währung lautenden VG und Verbindlichkeiten regelt, ergibt sich die Fokussierung des § 308a HGB auf die Folgekonsolidierung implizit aus der Bezugnahme auf den Abschlussstichtag und den Verweis auf die GuV. Beide Normen zur Währungsumrechnung enthalten keine Aussage bzgl. der zu verwendenden Kurse zur Bestimmung der AK im Zugangszeitpunkt. Entsprechend der Überlegungen zu § 256a HGB gibt es auch bei der Bestimmung der in Euro bemessenen Konzernanschaffungskosten im **Erstkonsolidierungszeitpunkt** keine Bedenken gegen die Anwendung des **Devisenkassamittelkurses** (§ 256a Rz 8). Auch DRS 23.38 fordert die Verwendung des Devisenkassamittelkurses im Erstkonsolidierungszeitpunkt.
Damit erübrigt sich eine theoretisch gebotene Differenzierung bei der Umrechnung von Aktivposten und Schulden im Hinblick auf die Verwendung von Geld- und Briefkursen (zur Umrechnung von Fremdwährungsgeschäften im Zugangszeitpunkt s. § 256a Rz 8 ff.).

10 Die Frage des maßgeblichen Zeitpunkts zur Bestimmung des Devisenkassamittelkurses stellt sich bei einem nach § 299 Abs. 2 HGB zulässigen **vom Konzernbilanzstichtag abweichenden Abschlussstichtag** eines Fremdwährungsabschlusses. Ein solcher kann als Ersatz für den eigentlich gebotenen auf den Konzernbilanzstichtag aufzustellenden (Zwischen-)Abschluss verwendet werden, sofern zwischen dem abweichenden Abschlussstichtag und dem Konzernbilanzstichtag keine Vorgänge von besonderer Bedeutung für die Vermögens-, Finanz- und Ertragslage des betreffenden TU stattfinden.[5] Ist dem so, sollte die Umrechnung mit dem **Devisenkassamittelkurs des Konzernbilanzstichtags**

---

[4] Vgl. BT-Drs. 16/10067 v. 30.7.2008 S. 84.
[5] Entsprechendes gilt über den Verweis in § 310 HGB für quotal konsolidierte GemeinschaftsUnt. Für at equity einbezogene GemeinschaftsUnt und assoziierte Unt ist nach § 312 Abs. 6 HGB auf den jeweils letzten Jahresabschluss abzustellen.

und nicht mit dem des abweichenden Abschlussstichtags erfolgen.[6] Es ist nicht ersichtlich, warum aus der unter dem Wesentlichkeitsvorbehalt stehenden Zulässigkeit eines abweichenden Abschlussstichtags zwangsläufig eine weitere Abweichung vom Stichtagsprinzip im Hinblick auf die Wahl des Umrechnungskurses folgen sollte. Der auf einen abweichenden Stichtag aufgestellte Fremdwährungsabschluss ist Ersatz für den eigentlich geforderten auf den Konzernbilanzstichtag aufzustellenden Abschluss und für die Währungsumrechnung wie dieser zu behandeln. Ist er hierfür nicht geeignet, ist er zunächst in Fremdwährung um wesentliche für die Vermögens-, Finanz- und Ertragslage bedeutsame bis zum Konzernbilanzstichtag eingetretene Vorgänge anzupassen, um dieser Eignung zu genügen.

Das **EK** eines Fremdwährungsabschlusses ist zum **historischen Kurs** umzurechnen. Als historischer Kurs gilt für das im Erstkonsolidierungszeitpunkt vorhandene neubewertete EK der Devisenkassamittelkurs des Erstkonsolidierungszeitpunkts (DRS 23.38; DRS 25.46).[7] In der Folge wird der historische Kurs für Kapitalzuführungen sowie Gewinnausschüttungen durch den Devisenkassamittelkurs des jeweiligen Transaktionszeitpunkts bestimmt. Als Transaktionszeitpunkt gilt der Zeitpunkt der Entstehung des Anspruchs bzw. der Verpflichtung.[8] Thesaurierte Erfolge des TU fließen mit dem Saldo der umgerechneten Aufwendungen und Erträge der jeweiligen Entstehungsperioden in das Konzerneigenkapital ein.

2.2 Umrechnung der Gewinn- und Verlustrechnung

Die Aufwands- und Ertragspositionen der GuV sind nach § 308a Satz 2 HGB zum **Durchschnittskurs** in Euro umzurechnen. Der Jahreserfolg ergibt sich als Saldo der umgerechneten Aufwendungen und Erträge.

Der Durchschnittskurs bildet sich als **arithmetischer Mittelwert** der Stichtagskurse für eine bestimmte Periode.[9] Mögliche Perioden für die Durchschnittskursbestimmung sind die Woche, der Monat, das Quartal, das Halbjahr oder das gesamte Gj. Innerhalb der für die Durchschnittskursbestimmung maßgeblichen Periode sollten die Aufwendungen und Erträge zeitlich relativ gleichverteilt anfallen.[10] Nur für den Fall, dass bei der Umrechnung mit einem Jahresdurchschnittskurs gearbeitet wird, entspricht der als Saldogröße ermittelte in Euro

---

[6] A.A. DRS 25.55; Hoffmann/Lüdenbach, NWB Bilanzkommentar, 15. Aufl. 2023, § 308a HGB Rz 15. Grds. auch a. A. Grottel/Koeplin, in Beck Bil-Komm., 14. Aufl. 2024, § 308a HGB Rz 30, die bei einer Verwendung des Devisenkassamittelkurses des abweichenden Abschlussstichtags aber möglichen Anpassungsbedarf bei wesentlichen Wechselkursschwankungen bis zum Konzernbilanzstichtag erkennen.

[7] Das Ergebnis entspricht dem Saldo der zum Devisenkassamittelkurs umgerechneten VG, Schulden, Abgrenzungs- und Sonderposten.

[8] Vgl. DRS 25.46c), wonach bei Kapitalzuführungen aus Vereinfachungsgründen bei stabilen Wechselkursen auch der Devisenkassamittelkurs im Zeitpunkt der Einlagenleistung angewandt werden kann, und DRS 25.47.

[9] Wird der Durchschnittskurs einer Periode (bspw. Quartal) nicht auf Basis von Stichtagskursen, sondern auf Basis von verfügbaren Durchschnittskursen eines kürzeren Zeitraums (bspw. Monat) ermittelt, ergeben sich durch die unterschiedlichen Gewichtungen der Tageskurse in beiden Ableitungen aufgrund der abweichenden Anzahl von Börsentagen in den einzelnen Perioden unterschiedliche Ergebnisse, die für die Bilanzierungspraxis vernachlässigbar sind.

[10] Die Tageskurse sowie Monats- und Jahresdurchschnittskurse der wichtigsten Währungen sind über den Internetauftritt der Deutschen Bundesbank verfügbar.

bemessene Jahreserfolg dem zum Durchschnittskurs umgerechneten. Entsprechendes gilt für die in der GuV enthaltenen Zwischensummen.

14 Entspricht der in der **Fremdwährungs-GuV** eines ausländischen TU abgebildete Zeitraum in den zulässigen Grenzen des § 299 Abs. 2 HGB nicht dem Konzern-Gj, sollte bei der Umrechnung dessen ungeachtet auf den Durchschnittskurs der Konzernabschlussperiode abgestellt werden.[11] Entsprechend der Umrechnung einer vom Konzernbilanzstichtag abweichenden Fremdwährungsbilanz (Rz 10) gilt auch hier: Die eine **vom Konzern-Gj abweichende Periode** abbildende Fremdwährungs-GuV ist ein unter Wesentlichkeitsgesichtspunkten zulässiger Ersatz für die theoretische gebotene mit dem Konzern-Gj deckungsgleiche GuV. Praktische Bedeutung haben diese Überlegungen nur bei der Verwendung eines Jahresdurchschnittskurses. Werden die Durchschnittskurse auf Basis kleinerer zeitlicher Perioden ermittelt, geht damit regelmäßig die Möglichkeit einher, einen Zwischenabschluss auf den Konzernabschlussstichtag zu erstellen.

15 Beim unterjährigen Eintritt oder Ausscheiden eines Unt aus dem Konsolidierungskreis ist der Konzernzugehörigkeitszeitraum für die Durchschnittskursermittlung maßgeblich. Durchschnittskurse für das gesamte Konzern-Gj dürfen nur bei unwesentlichem Einfluss auf die Ertragslage aus Vereinfachungsgründen herangezogen werden (DRS 25.51 f.).

16 Bei der Verwendung **unterjähriger Durchschnittskurse** ist zu beachten, dass die in einer unterjährigen Periode vorgenommene Währungsumrechnung nicht i. R. d. Währungsumrechnung für die nächste unterjährige Periode überschrieben wird.

Praxis-Beispiel

Ein seinen Abschluss in Fremdwährung (FW) aufstellendes TU weist für das 1. Quartal und das 1. Halbjahr (year to date) eines Gj folgende Aufwendungen und Erträge in seiner GuV aus:

Fremdwährung	1. Quartal	1. Halbjahr
Erträge	400	860
Aufwendungen	320	680
Erfolg	80	180

Für die abgebildeten Perioden werden folgende Durchschnittskurse ermittelt:

Durchschnittskurse	1 EUR = ... FW
1. Quartal	1,00
1. Halbjahr	1,50
2. Quartal	2,00

Basierend auf diesen Kursen ergeben sich nachstehende in EUR umgerechneten Aufwendungen und Erträge für das 1. Quartal, das 1. Halbjahr und durch Subtraktion abgeleitet das 2. Quartal:

---

[11] A. A. DRS 25.55. A. A. auch Hoffmann/Lüdenbach, NWB Bilanzkommentar, 15. Aufl. 2023, § 308a HGB Rz 20.

Umrechnung von auf fremde Währung lautenden Abschlüssen § 308a

		1. Quartal	1. Halbjahr	2. Quartal
Erträge	FW	400,00	860,00	460,00
	Kurs	1,00	1,50	
	EUR	400,00	573,33	173,33
Aufwendungen	FW	320,00	680,00	360,00
	Kurs	1,00	1,50	
	EUR	400,00	453,33	53,33
Erfolg	FW	80,00	180,00	100,00
	EUR	80,00	120,00	40,00

Bei dieser Vorgehensweise stimmen die rechnerischen Durchschnittskurse der Erträge und Aufwendungen für das 2. Quartal nicht miteinander überein und entsprechen auch nicht den tatsächlich ermittelten. Der Grund liegt darin, dass die Erträge und Aufwendungen des 1. Quartals nunmehr auch mit den Durchschnittskursen des 1. Halbjahres umgerechnet werden. Da sich die Aufwendungen und Erträge vom 1. Quartal zum 1. Halbjahr nicht im gleichen Verhältnis entwickelt haben, wirkt sich die Kursdifferenz zwischen dem Durchschnittskurs des 1. Quartals und dem Durchschnittskurs des 1. Halbjahres in unterschiedlicher Höhe aus. Deswegen weichen die rechnerischen Durchschnittskurse des 2. Quartals, durch die der Ausgleich erfolgt, voneinander ab. Auf diese Weise abgeleitete EUR-Werte für das 2. Quartal sind somit fehlerhaft. Die zutreffenden Werte für das 2. Quartal sind zu ermitteln, indem die Fremdwährungswerte der Aufwendungen und Erträge für das 2. Quartal mit dem Durchschnittskurs des 2. Quartals umgerechnet werden. Die Addition mit den EUR-Werten des 1. Quartals liefert dann die zutreffenden EUR-Werte des 1. Halbjahrs für eine year-to-date-Berichterstattung:

		1. Quartal	1. Halbjahr	2. Quartal	1. Halbjahr
Erträge	FW	400	860	460	
	Kurs	1		2	
	EUR	400		230	630
Aufwendungen	FW	320	680	360	
	Kurs	1		2	
	EUR	400		180	500
Erfolg	FW	80	180	100	
	EUR	80		50	130

2.3 Umrechnungsdifferenzen

17 Eine bei Anwendung der modifizierten Stichtagskursmethode entstehende Umrechnungsdifferenz ist nach § 308a Satz 3 HGB im Konzerneigenkapital nach den Rücklagen unter der Bezeichnung „**Eigenkapitaldifferenz aus Währungsumrechnung**" auszuweisen.

18 Die Veränderung der Währungsumrechnungsdifferenz in einer Berichtsperiode setzt sich aus **zwei Effekten** zusammen: Zum einen resultiert sie aus dem Produkt von bilanziellem Reinvermögen zu Periodenbeginn multipliziert mit dem Delta aus dem Kurs am Periodenende und dem Kurs am Periodenanfang. Zum anderen aus dem Produkt der Reinvermögensänderung der Periode multipliziert mit dem Delta aus dem Kurs am Periodenende und dem Periodendurchschnittskurs. Dieses Grundschema ist anzupassen, wenn Kapitalmaßnahmen wie Kapitalerhöhungen, Kapitalherabsetzungen oder Ausschüttungen stattgefunden haben.

Praxis-Beispiel

Ein in Fremdwährung (FW) bilanzierendes TU weist zum 1.1.01 ein bilanzielles Reinvermögen (EK) i.H.v. 100 FW aus. Zum 31.12.01 beträgt das bilanzielle Reinvermögen 120 FW. Da es in der Periode keine Kapitalzuführungen oder Kapitalentnahmen gab, zeigt die GuV einen Jahresüberschuss i.H.v. 20 FW.
In der Periode 01 gelten die folgenden Kurse:

	1 EUR = … FW
1.1.01	1,30
Durchschnittskurs	1,10
31.12.01	1,00

Die sich in der Periode 01 ergebende Veränderung der Währungsumrechnungsdifferenz lässt sich wie folgt rechnerisch herleiten:

	FW	EUR Kurs 1.1. 1,30	EUR Ø-Kurs 1,10	EUR Kurs 31.12. 1	Delta
Reinvermögen 1.1.	100	76,92		100	23,08
Jahresüberschuss	20		18,18	20	1,82
Reinvermögen 31.12.	120	Währungsumrechnungsdifferenz:			24,90

Die Veränderung der Währungsumrechnungsdifferenz in der Periode 01 entspricht einem noch nicht realisierten Erfolg. Sowohl dem am Anfang der Periode in Fremdwährung vorhandenen Reinvermögen als auch der in der Periode erwirtschafteten Reinvermögensmehrung entsprechen am Periodenende aufgrund der Fremdwährungsaufwertung höhere Euro-Beträge als bei Umrechnung mit dem Kurs am Periodenanfang bzw. mit dem Durchschnittskurs.

Sind an dem in Fremdwährung bilanzierenden TU **Minderheitsgesellschafter** beteiligt, so ist der auf sie entfallende Teil der Währungsumrechnungsdifferenz dem Posten „nicht beherrschende Anteile" zuzurechnen (DRS 23.156; DRS 25.54).[12] Für den EK-Spiegel empfiehlt DRS 22.14, die auf die Minderheitsgesellschafter entfallende Währungsumrechnungsdifferenz gesondert darzustellen (§ 297 Rz 50ff.). 19

2.4 Ausscheiden eines Tochterunternehmens

Die bei der Vollkonsolidierung eines in Fremdwährung bilanzierenden TU im Konzernabschluss gebildete Währungsumrechnungsdifferenz ist nach § 308a Satz 4 HGB bei **teilweisem oder vollständigem Ausscheiden** des TU entsprechend aufzulösen. Neben der Veräußerung kann ein TU auch durch Liquidation oder durch die Eröffnung eines Insolvenzverfahrens und dem damit einhergehenden Verlust der Beherrschungsmöglichkeit aus dem Konsolidierungskreis ausscheiden.[13] 20

Der Erfolg aus der Realisierung der Währungsumrechnungsdifferenz ist ein unselbstständiger **Bestandteil des Gesamterfolgs** infolge des Ausscheidens des TU und damit nicht gesondert in der Konzern-GuV auszuweisen (DRS 25.67).[14] 21

Scheidet das in Fremdwährung bilanzierende TU vollständig aus dem Konsolidierungskreis aus, sind sämtliche in den Wertansätzen der abgehenden VG und Schulden enthaltenen Währungseffekte zu realisieren, die Währungsumrechnungsdifferenz ist entsprechend in voller Höhe aufzulösen. 22

Bei nur **teilweiser Veräußerung** des TU ist die Währungsumrechnungsdifferenz nur anteilig, entsprechend der auf die verkauften Anteile entfallenden Höhe, aufzulösen.[15] Ist mit der Veräußerung der Anteile kein Statuswechsel verbunden, beinhaltet dies eine Umgliederung in den Posten „nicht beherrschende Anteile" (DRS 23.177). Ob mit der Übertragung aus Konzernsicht ein Erfolg realisiert wird, richtet sich nach der allgemeinen Behandlung des Abstockungsvorgangs als Veräußerungsvorgang oder Kapitaltransaktion (§ 301 Rz 188ff.; DRS 25.76). 23

Geht mit der Veräußerung der Anteile ein **Übergang auf die Quotenkonsolidierung oder die Equity-Methode** einher, ist der auf die verkauften Anteile entfallende Teil der Währungsumrechnungsdifferenz im Abgangserfolg zu berücksichtigen. Der auf die zurückbehaltenen, die Quotenkonsolidierung bzw. Equity-Methode begründenden Anteile entfallende Teil verbleibt in der Währungsumrechnungsdifferenz.[16] 24

Ist das ehemalige TU nach der Veräußerung der Anteile nur noch als **einfache Beteiligung** zu klassifizieren, entspricht der Zugangswert der Beteiligung dem anteiligen konzernbilanziellen Reinvermögen (DRS 23.190). Damit enthält der Zugangswert anteilig auch die bislang im Konzernabschluss in den Vermögenswerten und Schulden des ehemaligen TU erfassten Währungskurseffekte. Fraglich ist, wie mit der korrespondierenden im Konzerneigenkapital verbliebenen 25

---

[12] Vgl. auch Oser/Mojadadr/Wirth, KoR 2008, S. 575f.
[13] Vgl. Hoffmann/Lüdenbach, NWB Bilanzkommentar, 15. Aufl. 2023, § 308a HGB Rz 35.
[14] Vgl. ebenso Hoffmann/Lüdenbach, NWB Bilanzkommentar, 15. Aufl. 2023, § 308a HGB Rz 46.
[15] Vgl. IDW, WPH Edition, Wirtschaftsprüfung & Rechnungslegung, 18. Aufl. 2023, Kap. G Tz 298.
[16] Vgl. Deubert, DStR 2009, S. 344ff. DRS 25.70f. erachtet beim Übergang auf die Equity-Methode alternativ eine Berücksichtigung im Equity-Wertansatz für zulässig.

Währungsumrechnungsdifferenz zu verfahren ist. Denkbar ist, diese stehen zu lassen und bei Veräußerung der Beteiligung zu realisieren. Alternativ könnte das MU als Rechnungslegungsmethode auch eine Saldierung der verbliebenen Währungsumrechnungsdifferenz mit dem Wertansatz der Beteiligung definieren (DRS 25.72),[17] da die Beteiligungsbewertung zu fortgeführten AK keine Berücksichtigung unrealisierter Währungskurserfolge kennt.

26 Die Ausführungen zur Behandlung der Währungsumrechnungsdifferenz bei Statuswechsel gelten entsprechend für die **Veräußerung von Anteilen an GemeinschaftsUnt oder assoziierten Unt**.

27 Ist ein **mehrstufiger Konzern** gegeben, in dem das TU und das EnkelUnt in einer oder verschiedenen Fremdwährungen bilanzieren, so ist die Aufteilung der im Gesamtkonzern zu zeigenden Währungsumrechnungsdifferenz auf das TU und das EnkelUnt davon abhängig, ob zunächst ein Teilkonzernabschluss TU/EnkelUnt gebildet wird, der sich im Anschluss mit dem MU zum Gesamtkonzern zusammenfügt, oder ob das TU und das EnkelUnt zunächst beide in Euro umgerechnet werden und dann die Konsolidierung auf Teil- und Gesamtkonzernebene simultan erfolgt. Im zweiten Fall ist dem EnkelUnt eine eigenständige in Euro bemessene Währungsumrechnungsdifferenz zuzuordnen, die bei Veräußerung des EnkelUnt realisiert wird. Bei stufenweiser Konsolidierung ist hingegen zunächst auf der Ebene TU/EnkelUnt eine in der Fremdwährung des TU bemessene Währungsumrechnungsdifferenz zu realisieren, bevor zusammen mit dem MU der Gesamtkonzernabschluss abgeleitet wird. Als Konsequenz unterscheidet sich die Höhe des realisierten Entkonsolidierungserfolgs. Beide Vorgehensweisen sind als zulässig anzusehen.[18]

2.5 Kapitalflussrechnung

28 Zur Ableitung der **Kapitalflussrechnung** werden regelmäßig die Veränderungen der Bilanzposten ermittelt und in das Gliederungsschema der Kapitalflussrechnung überführt. Die so ermittelten vorläufigen Cashflows der Aktivitätsformate sind sodann u. a. im Hinblick auf nicht zahlungswirksame Aufwendungen und Erträge sowie nicht aufwandswirksame Ein- und Auszahlungen zu korrigieren.

29 Die Ableitung einer Konzernkapitalflussrechnung auf Gesamtkonzernebene führt im Hinblick auf in Fremdwährung bilanzierende TU zu folgendem Problem: Die Umrechnung der VG und Schulden zum Devisenkassamittelkurs des Bilanzstichtags führt zu Bestandsdifferenzen, die im **Widerspruch** zur Grundidee der Währungsumrechnung stehen. Danach sind Strömungsgrößen (z. B. Cashflows) mit dem Kurs im Zeitpunkt ihres Anfalls bzw. vereinfachend mit einem (Perioden-)Durchschnittskurs umzurechnen. Lediglich unter Wesentlichkeitsgesichtspunkten kann dieser Aspekt bei der Erstellung der Konzernkapitalflussrechnung außer Acht gelassen werden.

30 Das beschriebene Problem lässt sich lösen, indem für das ausländische TU eine **Kapitalflussrechnung in Fremdwährung** aufgestellt und in Euro umgerechnet wird. Die in Euro transformierte Kapitalflussrechnung ist dann mit der Kapital-

---

[17] So wohl Hoffmann/Lüdenbach, NWB Bilanzkommentar, 15. Aufl. 2023, § 308a HGB Rz 40.
[18] Vgl. Hoffmann/Lüdenbach, NWB Bilanzkommentar, 15. Aufl. 2023, § 308a HGB Rz 44, mit Präferenz für die simultane Vorgehensweise.

flussrechnung des Restkonzerns zusammenzufassen. Alternativ ist es möglich, die **Kapitalflussrechnung auf Gesamtkonzernebene** abzuleiten. Dann bedarf es allerdings einer rechnerischen Ermittlung der wechselkursbedingten Veränderung des Finanzmittelfonds und der Aufteilung dieser Veränderung auf die verschiedenen Cashflows, um die die Gesamtkonzern-Kapitalflussrechnung anzupassen ist.

Praxis-Beispiel
Ein ausländisches TU weist zum 31.12.00 und 31.12.01 die nachfolgenden vereinfachten Bilanzen in Fremdwährung (FW) aus, die basierend auf den angegebenen Kursen in EUR umgerechnet werden:

	1 EUR = ... FW
31.12.00	1,05
Durchschnittskurs	1,15
31.12.01	1,20

	31.12.00*			31.12.01*		
	FW	Kurs	EUR	FW	Kurs	EUR
AV	80	1,05	76,19	70	1,20	58,33
Ford.	120	1,05	114,29	130	1,20	108,33
Vorräte	90	1,05	85,71	85	1,20	70,83
Kasse	30	1,05	28,57	40	1,20	33,33
Summe Aktiva	320		304,76	325		270,83
Eigenkapital	–200		–183,00	–220		–200,00
JÜ	–20		–17,00	–15	1,15	–13,04
WUD**			–9,52			17,21
Finanzverb.	–100	1,05	–95,24	–90	1,20	–75,00
Summe Passiva	–320		–304,76	–325		–270,83

* Hinweis: Im Haben ausgewiesene Beträge sind mit Minus gekennzeichnet.
** Währungsumrechnungsdifferenz

Wird die Kapitalflussrechnung wie in der Praxis üblich derivativ abgeleitet, ergibt sich in FW die nachstehende vereinfachte Kapitalflussrechnung (KFR),[19] die ihrem Charakter als Veränderungsrechnung folgend auf Basis des **Durchschnittskurses** in EUR umgerechnet wird.

---

[19] Die KFR im Beispiel entspricht vereinfachend der Beständedifferenzbilanz. D.h., die erforderlichen weitergehenden Korrekturen (erfolgswirksame, aber nicht zahlungswirksame Erfolge bzw. zahlungswirksame, aber nicht erfolgswirksame Sachverhalte) werden nicht betrachtet.

Kapitalflussrechnung Tochterunternehmen			
	01		
	FW	Kurs	EUR
Jahresüberschuss	15	1,15	13,04
Veränderung Forderungen	–10	1,15	–8,70
Bestandsveränderung Vorräte	5	1,15	4,35
Cashflow laufende Geschäftstätigkeit	10		8,70
Veränderung AV	10	1,15	8,70
Cashflow Investitionstätigkeit	10		8,70
Veränderung Finanzverbindlichkeiten	–10	1,05	–8,70
Cashflow Finanzierungstätigkeit	–10		–8,70
Veränderung Aktivitätsformate	10		8,70
Wechselkursbedingte Veränderung Finanzmittelfonds			–3,93
Finanzmittelfonds 1.1.01	30	1,05	28,57
Finanzmittelfonds 31.12.01	40	1,20	33,33

Da der Finanzmittelbestand in EUR per 1.1.01 durch die Währungsumrechnung am 31.12.00 determiniert ist und die Umrechnung des Finanzmittelbestands am 31.12.01 mit dem Stichtagskurs erfolgt, entspricht die zum Durchschnittskurs umgerechnete Veränderung der Aktivitätsformate nicht dem Delta der zu Stichtagskursen umgerechneten Bestandsgrößen. Den Ausgleich stellt die **wechselkursbedingte Veränderung des Finanzmittelfonds** her. Sie lässt sich isoliert wie folgt ermitteln:

Ableitung währungsbedingte Veränderung Finanzmittelfonds					
	FW	EUR	EUR	EUR	Delta
		Kurs 31.12.00	Ø-Kurs	Kurs 31.12.01	
		1,05	1,15	1,20	
Kasse 1.1.01	30	28,57		25,00	–3,57
Veränderung	10		8,70	8,33	–0,36
Kasse 31.12.01	40				–3,93

Die für das ausländische TU abgeleitete und in EUR umgerechnete KFR ist mit der KFR des Restkonzerns zu addieren, um die KFR des Gesamtkonzerns abzuleiten.

Wird auf die Erstellung einer eigenständigen KFR für das in FW bilanzierende ausländische TU verzichtet und die Konzern-KFR unmittelbar auf der **aggregierten Gesamtkonzernebene** erstellt, fließen die in EUR umgerechneten Wertansätze des TU wie folgt in die Konzern-KFR ein. Die Bestandsveränderungen ergeben sich dabei als Delta aus den Bilanzwerten des TU zum 31.12.00 und 31.12.01 umgerechnet mit dem jeweiligen Stichtagskurs (siehe vorherige Tabelle zu den vereinfachten Bilanzen des TU).

Konzernkapitalflussrechnung	
	01
Wertbeiträge TU	EUR
Jahresüberschuss	13,04
Veränderung Forderungen	5,95
Bestandsveränderung Vorräte	14,88
Cashflow laufende Geschäftstätigkeit	**33,88**
Veränderung AV	17,86
Cashflow Investitionstätigkeit	**17,86**
Veränderung Währungsumrechnungsdifferenz	−26,73
Veränderung Finanzverbindlichkeiten	−20,24
Cashflow Finanzierungstätigkeit	**−46,97**
Veränderung Aktivitätsformate	4,76
Wechselkursbedingte Veränderung Finanzmittelfonds	
Finanzmittelfonds 1.1.01	28,57
Finanzmittelfonds 31.12.01	**33,33**

Aus den vorstehenden Wertbeiträgen zur Gesamtkonzern-KFR ist einerseits die nicht zahlungswirksame Veränderung der Währungsumrechnungsdifferenz (WUD) zu eliminieren (26,73 EUR), andererseits ist die vorstehend gesondert ermittelte währungsbedingte Veränderung des Finanzmittelfonds (-3,93 EUR) zu berücksichtigen. Zu klären ist, wie der Saldo beider Korrekturen (22,80 EUR) auf die restlichen Positionen zu verteilen ist. Hierzu ist der Währungskurseffekt für alle in die verschiedenen Aktivitätsformate eingehenden Bestandsveränderungen zu ermitteln. Dieser beinhaltet zum einen die Differenz aus der Umrechnung des Anfangsbestands in FW mit dem Kurs am 31.12.01 und dem Kurs am 31.12.00 (WUD 1); zum anderen die Differenz aus der Veränderung der jeweiligen Position umgerechnet mit dem Kurs am 31.12.01 und dem Durchschnittskurs (WUD 2).

FW	31.12.00*	31.12.01*	WUD 1	WUD 2	Gesamt
AV	80	70	–9,52	0,36	–9,16
Ford.	120	130	–14,29	–0,36	–14,65
Vorräte	90	85	–10,71	0,18	–10,53
Kasse	30	40			
Summe Aktiva	320	325			
EK	–200	–220			
JÜ	–15	–15			
Finanzverb.	–100	–90	11,90	–0,36	11,54
Summe Passiva	-320	-325			-22,80

* Hinweis: Im Haben ausgewiesene Beträge sind mit Minus gekennzeichnet.

Damit können die Wertbeiträge des TU zur Gesamtkonzern-KFR wie folgt korrigiert werden:

	Konzernkapitalflussrechnung		
Wertbeiträge TU	01 EUR	Korrektur	01 EUR
Jahresüberschuss	13,04		13,04
Veränderung Forderungen	5,95	–14,65	–8,70
Bestandsveränderung Vorräte	14,88	–10,53	4,35
Cashflow laufende Geschäftstätigkeit	**33,88**		**8,70**
Veränderung AV	17,86	–9,16	8,70
Cashflow Investitionstätigkeit	**17,86**		**8,70**
Veränderung Währungsumrechnungsdifferenz	–26,73	26,73	0,00
Veränderung Finanzverbindlichkeiten	–20,24	11,54	–8,70
Cashflow Finanzierungstätigkeit	**–46,97**		**–8,70**

Wertbeiträge TU	Konzernkapitalflussrechnung		
	01 EUR	Korrektur	01 EUR
Veränderung Aktivitätsformate	4,76	4,76	8,70
Wechselkursbedingte Veränderung Finanzmittelfonds			−3,93
Finanzmittelfonds 1.1.01	28,57		28,57
Finanzmittelfonds 31.12.01	33,33		33,33

Die korrigierten Wertbeiträge des TU zur Gesamtkonzern-KFR entsprechen damit der in FW abgeleiteten und in EUR umgerechneten KFR des TU.

3 Konsolidierungsmaßnahmen

3.1 Kapitalkonsolidierung

Die Bestimmung der **Konzernzugangswerte** i. R. d. **Erstkonsolidierung** eines in Fremdwährung bilanzierenden TU erfolgt auf Basis des Devisenkassamittelkurses des Zeitpunkts, zu dem das in Fremdwährung bilanzierende Unt TU geworden ist (DRS 23.38).

Werden beim erworbenen TU **stille Reserven und Lasten** identifiziert, so sind diese Teile der in Fremdwährung zu führenden Konzernanschaffungskosten der erworbenen VG und Schulden (DRS 25.59). Eine Zuordnung der stillen Reserven und Lasten zum MU und eine damit verbundene Führung in EUR ist abzulehnen.[20] Sie führte zu einer künstlichen Zerlegung des konzernbilanziellen Wertansatzes von VG und Schulden des TU in einen Fremdwährungs- und einen Euroanteil.

Die Zuordnung eines **Geschäfts- oder Firmenwerts** (GoF) richtet sich danach, wo die im Kaufpreis vergüteten Ertragspotenziale zukünftige Nutzenzuflüsse generieren. Werden diese beim MU erwartet, gilt der GoF als ein VG des MU und ist mithin nicht Gegenstand der Währungsumrechnung. Anders, wenn der Anfall der Nutzenpotenziale beim TU erwartet wird.[21] Dann ist der GoF dem TU zuzuordnen und als dessen VG in die Währungsumrechnung miteinzubeziehen (DRS 25.63). Für diesen Fall ist zu beachten, dass die aus der Umrechnung des GoF entstehende Währungsumrechnungsdifferenz **nicht anteilig etwaigen am TU beteiligten Minderheitsgesellschaftern zuzuordnen** sind. Die Ausführungen zum GoF gelten entsprechend für einen passivischen Unterschiedsbetrag.[22]

Die für TU geltende Vorgehensweise ist entsprechend dem Verweis in § 310 Abs. 2 HGB auf § 308a HGB sinngemäß auf die **Quotenkonsolidierung** von

---

[20] Die stillen Reserven und Lasten als Teil der in Fremdwährung zu führenden Konzernanschaffungskosten präferierend Oser/Mojadadr/Wirth, KoR 2008, S. 576; eine Führung in Euro als zulässig erachtend Grottel/Koeplin, in Beck Bil-Komm., 14. Aufl. 2024, § 308a HGB Rz 47.

[21] Denkbar ist auch eine Zerlegung des GoF auf mehrere Konzerneinheiten. DRS 23.135 hält dies regelmäßig nicht für erforderlich.

[22] DRS 25.64 will hingegen den passivischen Unterschiedsbetrag stets dem Vermögen des ausländischen TU zurechnen.

GemeinschaftsUnt zu übertragen. Ändert sich der Status eines Unt durch den Hinzuerwerb von Anteilen vom GemeinschaftsUnt zum TU, ist die i.R.d. Quotenkonsolidierung im EK gebildete **Währungsumrechnungsdifferenz beizubehalten**.[23]

35 Wird der Meinung gefolgt, wonach der Regelungsgehalt des § 308a HGB auch bei Anwendung der **Equity-Methode** zu beachten ist, wird das anteilig neubewertete Reinvermögen des nach der Equity-Methode einbezogenen Unt im Erstkonsolidierungszeitpunkt mit dem Devisenkassamittelkurs in Euro umgerechnet. Für das anteilige Jahresergebnis ist der Periodendurchschnittskurs maßgeblich. Wechselkursbedingte Veränderungen des anteilig neubewerteten EK sind im Konzernabschluss als Währungsumrechnungsdifferenz auszuweisen. Ein im Equity-Wertansatz enthaltener **Geschäfts- oder Firmenwert** ist entweder dem nach der Equity-Methode einbezogenen Unt oder dem MU zuzuordnen und entsprechend Gegenstand oder nicht Gegenstand einer Währungsumrechnung.[24] Werden weitere Anteile an dem Unt erworben, sodass es fortan als quotal konsolidiertes GemeinschaftsUnt oder als TU zu klassifizieren ist, bleibt die i.R.d. Equity-Fortschreibung gebildete Währungsumrechnungsdifferenz im Konzern-EK erhalten.[25]

3.2 Schuldenkonsolidierung

36 I.R.d. Konsolidierung von **innerkonzernlichen Forderungen und Verbindlichkeiten** zwischen in unterschiedlichen Währungen bilanzierenden Konzern-Unt stellt sich zum einen die Frage, wie in Anwendung des § 256a HGB in einem konsolidierungsfähigen Einzelabschluss auszuweisende Währungskursgewinne/-verluste aus der Bewertung konzerninterner Forderungen/Verbindlichkeiten im Konzernabschluss zu behandeln sind. Zum anderen ist der Umgang mit Aufrechnungsdifferenzen zu klären, wenn die Umrechnungen der konzerninternen Forderungen und Verbindlichkeiten in die Berichtswährung des Konzerns zu unterschiedlichen Wertansätzen führen.
Im ersten Fall wird der Ausweis der entsprechenden Erfolge im Konzernabschluss befürwortet,[26] im zweiten die erfolgsneutrale Verrechnung mit dem Posten „Eigenkapitaldifferenz aus Währungsumrechnung" (DRS 25.78; § 303 Rz 24f.).

3.3 Zwischenergebniseliminierung

37 Aufgabe der als Bewertungsvorschrift formulierten Zwischenergebniseliminierung ist es, die auf Einzelabschlussebene für innerkonzernlich transferierte Vermögensgegenstände angesetzten Buchwerte an ihre **höheren oder niedrigeren Konzernabschlusswerte** anzupassen. Sofern das liefernde und das empfangende Konzern-Unt in der gleichen Währung bilanzieren, entspricht die bei dem einen KonzernUnt

---

[23] Vgl. Grottel/Koeplin, in Beck Bil-Komm., 14. Aufl. 2024, § 308a HGB Rz 57.
[24] Vgl. Melcher/Murer, DB 2010, S. 1601 f.
[25] Vgl. Grottel/Koeplin, in Beck Bil-Komm., 14. Aufl. 2024, § 308a HGB Rz 58.
[26] A. A. DRS 25.78 ff., wonach die Währungserfolge erfolgswirksam gegen die „Eigenkapitaldifferenz aus der Währungsumrechnung" zu eliminieren sind. Nur aus Wesentlichkeitsgründen wird eine Übernahme der einzelgesellschaftlichen Währungserfolge in den Konzernabschluss für zulässig erachtet.

vorzunehmende Bewertungskorrektur dem Zwischenerfolg des anderen Konzern-Unt. Bilanziert eines der Unt in einer anderen Währung, ist dies nicht der Fall. Liefert bspw. das in Euro bilanzierende MU Vorräte an ein in Fremdwährung bilanzierendes TU, so bemisst sich der Zugangswert der Vorräte im Einzelabschluss des TU nach dem Transaktionskurs, ebenso ein aus der Weiterveräußerung beim TU entstehender Materialaufwand. Regelmäßig werden der für die Umrechnung des Bestandswerts am Abschlussstichtag maßgebliche Devisenkassamittelkurs und der für die Umrechnung des Materialaufwands maßgebliche Durchschnittskurs vom Transaktionskurs abweichen. Werden in diesem Fall der Bestandswert und der Materialaufwand anteilig um den vollen Zwischenerfolg korrigiert, führt dies im Konzernabschluss nicht zu Wertansätzen, die den Konzernanschaffungskosten entsprechen. Sind die Abweichungen wesentlich, ist wie im folgenden Beispiel dargestellt, eine Anpassung über den Posten **„Eigenkapitaldifferenz aus Währungsumrechnung"** vorzunehmen (DRS 25.83 f.).[27]

38

> **Praxis-Beispiel**
> Ein in Fremdwährung (FW) bilanzierendes ausländisches TU kauft am 11.11.01 Vorräte vom MU für 400 EUR. Der Kaufpreis wird vom TU unmittelbar beglichen. Hierfür muss es 460 FW aufwenden. Die Konzernanschaffungskosten der Vorräte betragen 350 EUR. Am 31.12.01 liegen beim TU noch 90 % der konzernintern bezogenen Vorräte auf Lager. 10 % der Vorräte wurden zum Preis von 60 FW an konzernfremde Dritte veräußert.
> In Periode 01 gelten die folgenden Kurse:
>
> | | 1 EUR = ... FW |
> | --- | --- |
> | 1.1.01 | 1,00 |
> | **Transaktionskurs** | 1,15 |
> | **Durchschnittskurs** | 1,20 |
> | **31.12.01** | 1,30 |
>
> Das MU realisiert in seinem Einzelabschluss aus der konzerninternen Veräußerung der Vorräte einen Gewinn von 50 EUR. Das TU weist zum 31.12.01 in seinem Einzelabschluss die konzernintern bezogenen Vorräte i. H. v. 414 FW (90 % von 460 FW) aus und zeigt aus der Veräußerung des 10 %igen Teils der vom MU bezogenen Vorräte an konzernfremde Dritte einen Gewinn i. H. v. 14 FW (Umsatz 60 FW, Materialaufwand 46 FW). Wären die Vorräte vom MU an das ausländische TU ohne Gewinnaufschlag veräußert worden, stünden die noch im Bestand befindlichen Vorräte im Fremdwährungsabschluss des TU mit 402,50 FW zu Buche und i. R. d. Weiterveräußerung an Konzernfremde wäre ein Materialaufwand von 40,25 FW zu erfassen, woraus ein Gewinn i. H. v. 19,75 FW resultierte.

---

[27] Ähnlich Grottel/Koeplin, in Beck Bil-Komm., 14. Aufl. 2024, § 308a HGB Rz 80.

§ 308a   Umrechnung von auf fremde Währung lautenden Abschlüssen

Vorräte	31.12.01	Transaktions-kurs	FW	davon Bestand (90 %)	davon Material-aufwand (10 %)
AK TU	400	1,15	460,00	414,00	46,00
AK MU	350	1,15	402,50	362,25	40,25
Zwischen-gewinn	50		57,50	51,75	5,75

Bei einer Veräußerung der Vorräte an das TU ohne Gewinnaufschlag wäre der Lagerbestand des TU nach Währungsumrechnung mit 278,65 EUR zu bewerten (362,25 FW / 1,30), der Materialaufwand aus der Weiterveräußerung mit 33,54 EUR zu erfassen (40,25 FW / 1,20). Wird der im Einzelabschluss des MU realisierte Zwischengewinn i.H.v. 50,00 EUR zu 90 % gegen den Wertansatz des in EUR umgerechneten Vorratsbestands des TU und zu 10 % gegen den umgerechneten Materialaufwand eliminiert, wird der Vorratsbestand mit 273,46 EUR bewertet und der Materialaufwand mit 33,33 EUR ausgewiesen. Für den Vorratsbestand ergibt sich eine Differenz zum Zielwert (278,65 EUR) i.H.v. 5,19 EUR, für den Material-aufwand zum Zielwert (33,54 EUR) i.H.v. 0,21 EUR. Diese Differenzen sind gegen die **Währungsumrechnungsdifferenz** (WUD) auszubuchen.

| | MU | TU | | | Summe | Elimi-nierung | Kon-zern |
		TU (FW)	Kurs	TU (EUR)			
...							
Vorräte		414	1,30	318,46	318,46	−45,00 5,19	278,65
...							
WUD						−5,40	−5,40
...							
Umsatz MU	−400				−400,00	400,00	0,00
Umsatz TU		−60	1,20	−50,00	−50,00		−50,00
Material-aufwand MU	350				350,00	−350,00	0,00
Material-aufwand TU		46	1,20	38,33	38,33	−5,00 0,21	33,54
...							

Der in der Währungsumrechnungsdifferenz erfasste Betrag von 5,40 EUR (Währungsgewinn) lässt sich wie folgt erklären. Über den **umgerechneten Einzelabschluss des TU** wird bezogen auf die Vorräte eine Währungs-umrechnungsdifferenz i.H.v. 43,21 EUR (Währungsverlust) erfasst:

Währungsumrechnungsdifferenz Vorräte – Basis AK TU				
	FW	EUR	EUR	EUR	Delta
		Kurs 11.11.	Ø-Kurs	Kurs 31.12.	
		1,15	1,20	1,30	
Zugangswert 11.11.01	460,00	400,00		353,85	–46,15
Veränderung	–46,00		–38,33	–35,38	2,95
Wertansatz 31.12.01	414,00			Währungsumrechnungsdifferenz:	–43,21

Wären die Vorräte **ohne Gewinnaufschlag** vom MU an das TU geliefert worden, hätte sich folgende Währungsumrechnungsdifferenz ergeben:

Währungsumrechnungsdifferenz Vorräte – Basis AK TU				
	FW	EUR	EUR	EUR	Delta
		Kurs 11.11.	Ø-Kurs	Kurs 31.12.	
		1,15	1,20	1,30	
Zugangswert 11.11.01	402,50	350,00		309,62	–40,38
Veränderung	40,25		–33,54	–30,96	2,58
Wertansatz 31.12.01	362,25			Währungsumrechnungsdifferenz:	–37,80

Durch die Reduktion der (über den umgerechneten Einzelabschluss des TU in den Konzernabschluss einfließenden) Währungsumrechnungsdifferenz um den Betrag von 5,40 EUR entspricht diese dem Wert, der sich ergäbe, wenn das MU die Vorräte ohne Gewinnaufschlag an das TU geliefert hätte.[28]

Durch die Zwischenergebniseliminierung weicht der konzernbilanzielle Wertansatz der Vorräte am 31.12.01 (278,65 EUR = 362,25 FW) von seinem steuerlichen Wert (414,00 FW) ab. Auf diesen Bewertungsunterschied (51,75 FW) ist nach § 306 HGB eine **aktive latente Steuer erfolgswirksam** zu erfassen. Bei einem angenommenen Steuersatz von 30 % beträgt diese 15,53 FW. Indem der Bilanzansatz der aktiven latenten Steuern zum Stichtagskurs von 1,30 FW/EUR in EUR umgerechnet wird (15,53 FW = 11,94 EUR), der latente Steuerertrag systembedingt zum Durchschnittskurs von 1,20 FW/EUR (15,53 FW = 12,94 EUR), ergibt sich aus der Berücksichtigung der latenten Steuer ein Effekt auf die Währungsumrechnungsdifferenz i.H.v. 1,00 EUR (Währungskursverlust).

Entsprechendes gilt für den umgekehrten Fall der Lieferung von VG eines in Fremdwährung bilanzierenden TU an das in Euro bilanzierende MU. 39

---

[28] Das im Beispiel auftretende Delta von 0,01 EUR ergibt sich aus Rundungsdifferenzen.

3.4 Aufwands- und Ertragseliminierung

40 Die in der Summen-GuV erfassten Aufwendungen und Erträge aus konzerninternen Leistungen, die i.R.d. **Aufwands- und Ertragseliminierung** gegeneinander aufzurechnen sind, stehen sich nicht in gleicher Höhe gegenüber, wenn die KonzernUnt in unterschiedlichen Währungen bilanzieren. Ursächlich hierfür ist, dass der Transaktionskurs, der den in Fremdwährung zu erfassenden Aufwand/Ertrag bestimmt, und der Durchschnittskurs, zu dem i.R.d. Konzernabschlusserstellung die Rückrechnung in EUR erfolgt, regelmäßig nicht übereinstimmen. Das bei Eliminierung der korrespondierenden Aufwendungen und Erträge in EUR entstehende **Delta** ist in die **Währungsumrechnungsdifferenz** einzubuchen. Aus **Wesentlichkeitsgründen** sollte auch nichts gegen eine **ergebniswirksame Behandlung** sprechen.[29] Ist der Effekt zu hoch, ist zu überlegen, ob die der Durchschnittskursbildung zugrunde gelegte Periode zu lang bemessen ist.

Praxis-Beispiel
Ein inländisches MU gründet am 1.1.01 ein in Fremdwährung (FW) bilanzierendes TU und stattet es mit EK i.H.v. 100 EUR aus. Für die Erbringung von Dienstleistungen in der Periode 01 zahlt das in FW bilanzierende TU 100 EUR an das MU, hierfür muss es 125 FW aufwenden.
In Periode 01 gelten folgende Kurse:

	1 EUR = ... FW
1.1.01	1,30
Transaktionskurs	1,25
Durchschnittskurs	1,20
31.12.01	1,15

Beim ausländischen TU entsteht ein Aufwand i.H.v. 125 FW (100 EUR umgerechnet zum Transaktionskurs). Aus dem Geschäftsvorfall geht in die Summen-GuV über das MU ein Ertrag i.H.v. 100 EUR und über das TU ein Aufwand i.H.v. 104,17 EUR ein (125 FW umgerechnet zum Durchschnittskurs).

	MU*	TU*			Summe*	Kapitalkonsolidierung*	Aufwand und Ertrag*	Konzern*
		TU (FW)	Kurs	TU (EUR)				
Anteile verb. Unt	100,00				100,00	–100,00		
Kasse	100,00	5,00	1,15	4,35	104,35			104,35
Eigenkapital	–100,00	–130,00	1,30	–100,00	–200,00	100,00		–100,00
JÜ	–100,00	125,00		104,17	4,17		–4,17	0
WUD				–8,51	–8,51		4,17	4,35
Ertrag	–100,00				–100,00		100,00	0
Aufwand		125,00	1,20	104,17	104,17		–104,17	0

* Hinweis: Im Haben ausgewiesene Beträge sind mit Minus gekennzeichnet.

---

[29] A.A. DRS 25.86, wonach grds. ein Ausweis der Aufrechnungsdifferenz als Währungsgewinn/-verlust im sonstigen betrieblichen Ertrag/Aufwand erfolgen soll.

> Der zum Durchschnittskurs in EUR umgerechnete Aufwand des ausländischen TU weicht um 4,17 EUR von dem beim MU erfassten Ertrag ab. Ursächlich hierfür ist das **Auseinanderfallen von Transaktions- und Durchschnittskurs**. Wird dieses Delta gegen die Währungsumrechnungsdifferenz gebucht, entspricht ihre Höhe im Konzern dem Kassenbestand des ausländischen TU am Periodenende (5 FW) umgerechnet zum Stichtagskurs von 1,15 FW/EUR. Die mit der konzerninternen Transaktion aufgrund der Aufwertung der FW verbundene Reinvermögensmehrung realisiert sich damit erst beim (teilweisen) Ausscheiden des TU.

4 Hochinflation

Für die Umrechnung von Fremdwährungsabschlüssen aus **Hochinflationsländern** ist § 308a HGB nicht unmittelbar anwendbar.[30] Es bedarf einer **Bereinigung der Inflationseffekte**. Hierzu stehen zwei Vorgehensweisen zur Verfügung (DRS 25.43, DRS 25.99ff.): Zum einen ist die Aufstellung des Abschlusses des FremdwährungsUnt in einer **Hartwährung** möglich (hier bietet sich die Währung des MU an). Zum anderen kann eine Bereinigung der Inflationseffekte durch die **Indexierung** erfolgen mit anschließender Umrechnung des Abschlusses nach der Stichtagskursmethode.[31] Hiernach sind die zu fortgeführten Anschaffungs- oder Herstellungskosten bewerteten Bilanzposten des Fremdwährungsabschlusses ab ihrem Anschaffungs- bzw. Herstellungszeitpunkt anhand eines **allgemeinen Preisindexes** (bspw. Verbraucherpreisindex, Güterpreisindex) anzupassen. Etwas anderes gilt für monetäre Posten, die unberührt bleiben. Die Aufwendungen und Erträge werden ab dem erstmaligen Zeitpunkt ihrer Erfassung im Abschluss anhand des Preisindexes angepasst. Für Aufwendungen und Erträge im Zusammenhang mit nicht monetären Bilanzposten (z.B. planmäßige Abschreibungen) ist hierzu auf den bilanziellen Zugangszeitpunkt des monetären Bilanzpostens abzustellen. Für andere Aufwendungen und Erträge (wie z.B. Mietaufwendungen) ist der Zeitpunkt ihrer erstmaligen Erfassung in der GuV maßgeblich (DRS 24.104; B.45). Aus der Nettoposition der monetären Posten ergibt sich entweder ein Gewinn (Kaufkraftgewinn aus einer Nettoschuldnerposition) oder ein Verlust (Kaufkraftverlust aus einer Nettogläubigerposition), der in der GuV zu berücksichtigen ist (so auch die Empfehlung in DRS 25.104a). Der Gewinn und Verlust ergibt sich als Saldo der Anpassungen der nicht monetären Posten, des EK und der Posten der GuV und sollte der Änderung des Preisindexes bezogen auf den gewichteten Durchschnitt der Nettoposition aus monetären Posten in der Periode entsprechen (DRS 25.104a). Der so angepasste Abschluss ist dann mit dem Stichtagskurs in Euro umzurechnen.[32]

Die Festlegung, ob ein TU seinen Sitz in einem Hochinflationsland hat, kann anhand der in IAS 29.3 genannten Kriterien erfolgen.[33] U. a. deutet danach eine

41

42

---

[30] Vgl. BT-Drs. 16/10067 v. 30.7.2008 S. 84.
[31] Dies entspricht der Vorgehensweise nach IAS 21.42f. i.V.m. IAS 29.
[32] Vgl. zu dieser Methode die Beispiele in DRS 25.B47 sowie bei Hoffmann/Lüdenbach, NWB Bilanzkommentar, 15. Aufl. 2024, § 308a HGB Rz 59.
[33] Vgl. Grottel/Koeplin, in Beck Bil-Komm., 14. Aufl. 2024, § 308a HGB Rz 117.

kumulative **Preissteigerungsrate**, die innerhalb von drei Jahren mindestens annähernd 100 % beträgt, auf ein Hochinflationsland hin.[34]

5 Anhangangaben

43 Gesonderte **Angaben zu den Grundlagen der Währungsumrechnung** werden nach der Gesetzesbegründung zum BilRUG durch § 313 Abs. 1 Satz 2 Nr. 1 HGB bei den Erläuterungen zu den Bewertungsmethoden gefordert.[35]

44 Da der Gesetzgeber die modifizierte Stichtagskursmethode in § 308a HGB verbindlich vorgeschrieben hat, bedarf es im Hinblick auf die Methode der Einbeziehung von in Fremdwährung bilanzierender TU und quotal konsolidierter GemeinschaftsUnt lediglich Erläuterungen ihrer konkreten Ausgestaltung. Dies betrifft die Ermittlung der Durchschnittskurse (insb. im Hinblick auf den Ermittlungszeitraum und eine etwaige Gewichtung) sowie die Behandlung von Währungsumrechnungsdifferenzen bei der Schulden- sowie Aufwands- und Ertragskonsolidierung und der Zwischenergebniseliminierung (DRS 25.106). Bei wesentlichen in Fremdwährung bilanzierenden nach der **Equity-Methode** einbezogenen Unt ist ein Hinweis auf die entsprechende Anwendung des § 308a HGB angebracht. Zu beschreiben wäre auch die Umrechnung von Fremdwährungsabschlüssen aus **Hochinflationsländern**. Des Weiteren sollten die wichtigsten Fremdwährungen ausländischer TU mit Angabe der verwendeten **Umrechnungskurse** aufgeführt werden. Sind die Einflüsse starker **Wechselkursänderungen** auf die Inhalte des Konzernabschlusses von Bedeutung, sollten auch diese beschrieben werden (DRS 25.107).

---

[34] Vgl. IDW, WPH Edition, Wirtschaftsprüfung & Rechnungslegung, 18. Aufl. 2023, Kap. G Tz 318; DRS 25.97. Das Center for Audit Quality veröffentlicht periodisch Inflationsdaten für Währungsräume, in denen eine Hyperinflation angenommen werden könnte; abrufbar unter www.thecaq.org/iptf-inflation-discussion-documents, Abruf 1.10.2024). Zu weiteren Indikatoren auf Hochinflation sei auf DRS 25.97 f. verwiesen.
[35] Vgl. BT-Drs. 18/4050 v. 20.2.2015 S. 73.

§ 309 Behandlung des Unterschiedsbetrags

(1) Die Abschreibung eines nach § 301 Abs. 3 auszuweisenden Geschäfts- oder Firmenwertes bestimmt sich nach den Vorschriften des Ersten Abschnitts.
(2) Ein nach § 301 Absatz 3 auf der Passivseite auszuweisender Unterschiedsbetrag kann ergebniswirksam nur aufgelöst werden, soweit ein solches Vorgehen den Grundsätzen der §§ 297 und 298 in Verbindung mit den Vorschriften des Ersten Abschnitts entspricht.

Inhaltsübersicht

	Rz
1 Überblick	1–10
1.1 Bedeutung und Inhalt	1–4
1.2 Rechtsentwicklung	5–10
2 Geschäfts- oder Firmenwert	11–23
2.1 Definition, Komponenten, Ausweis	11–13
2.2 Planmäßige Abschreibung	14–17
2.3 Außerplanmäßige Abschreibung	18–22
2.4 Wertaufholungsverbot	23
3 Passiver Unterschiedsbetrag aus der Kapitalkonsolidierung	24–34
3.1 Entstehungsursache und Ausweis	24–25
3.2 Auflösung	26–32
3.3 Einstellung in die Rücklagen	33
3.4 Saldierung von Unterschiedsbeträgen	34
4 Auswirkungen auf latente Steuern	35
5 Unterschiedsbetrag nach dem Publizitätsgesetz	36
6 Sanktionen	37

1 Überblick

1.1 Bedeutung und Inhalt

§ 309 HGB regelt die Behandlung eines aus der erstmaligen Kapitalkonsolidierung 1 entstandenen Unterschiedsbetrags **in den Folgeperioden**. Dabei gehört insb. die Bilanzierung des **Geschäfts- oder Firmenwerts** zu den seit Langem im Schrifttum diskutierten Bilanzierungsproblemen, insb. die Frage nach seinem bilanziellen Charakter (Rz 12 f.) sowie seiner Erst- und Folgebewertung.[1] Der Gesetzgeber hat sich dafür entschieden, einen gem. § 301 HGB nach der Aufrechnung des neu bewerteten, anteiligen Nettovermögens des TU mit dem Buchwert (Kaufpreis) der Beteiligung verbleibenden **aktiven Unterschiedsbetrag** als GoF oder einen verbleibenden **passiven Unterschiedsbetrag** (negativer Firmenwert bzw. Badwill) als „Unterschiedsbetrag aus der Kapitalkonsolidierung" nach dem Eigenkapital auszuweisen und gem. § 309 HGB einer eigenen Folgebewertung zugänglich zu machen, welche das Konzernergebnis i. d. R. unmittelbar beeinflusst.[2]

---

[1] Vgl. auch Moser/Hüttche, FB 2009, S. 394 mwN.
[2] Vgl. § 301 Abs. 3 HGB. Zur Bedeutung des GoF für die Beurteilung der Konzernlage vgl. Küting, DB 2005, S. 2757.

Durch die planmäßige Verteilung eines aktiven bzw. passiven Unterschiedsbetrags soll die Information der Abschlussadressaten verbessert werden.[3]
Technisch wird durch **§ 309 HGB** das Vorgehen der FolgeKons i.R.d. KapKons normiert. Im Gegensatz dazu regelt **§ 301 HGB**, ob und in welchem Umfang solche zu bewertenden Unterschiedsbeträge aus der KapKons entstehen (Ansatz und Zugangsbewertung; zu Methode, Zeitpunkt und Umfang der ErstKons vgl. § 301 Rz 23 ff.).

2 Inhaltlich regelt § 309 HGB in **Abs. 1** die **Folgebewertung** eines nach § 301 Abs. 3 HGB auszuweisenden GoF (**aktiver Unterschiedsbetrag**) durch einen Verweis auf die Vorschriften des Ersten Abschnitts sowie in **Abs. 2** die Voraussetzungen für eine ergebniswirksame Auflösung eines gem. § 301 Abs. 3 HGB auszuweisenden **passiven Unterschiedsbetrags** (zur Interpretation eines aktiven und passiven Unterschiedsbetrags vgl. Rz 11–Rz 23 und Rz 24–Rz 34).

Den **Ausweis** eines (aktiven oder passiven) Unterschiedsbetrags hingegen regelt die jeweilige KapKons-Methode selbst. Insoweit gilt § 301 Abs. 3 HGB unmittelbar für die VollKons und i.V.m. § 310 Abs. 2 HGB für die QuotenKons. Für die **Equity-Methode** gilt § 312 Abs. 1 HGB.

3 Der Anwendungsbereich des § 309 HGB umfasst nicht nur die typischen Anwendungsfälle der VollKons von TU, sondern gilt auch für die Kons. von GemeinschaftsUnt (§ 310 Abs. 2 HGB) und für Kapitalaufrechnungen i.R.d. Equity-Methode (§ 312 Abs. 2 HGB). § 309 HGB ist von allen Unt anzuwenden, welche nach § 290 HGB oder § 11 PublG einen Konzernabschluss aufstellen müssen.[4]

4 DRS 23 „Kapitalkonsolidierung (Einbeziehung von Tochterunternehmen in den Konzernabschluss)" konkretisiert u.a. auch die Behandlung eines Unterschiedsbetrags gem. § 309 HGB. Bei DRS 23 handelt es sich um eine für die Praxis hilfreiche Konkretisierung der eher prinzipienbasierten gesetzlichen Regelungen des § 309 HGB.

1.2 Rechtsentwicklung

5 Eine Regelung für die Behandlung von Unterschiedsbeträgen als GoF oder als passiver Unterschiedsbetrag aus der KapKons wurde erstmalig mit dem BiRiLiG 1985 in das HGB eingefügt.[5] Diese Regelung wurde weitgehend in Übereinstimmung mit der 7. EG-RL (Konzernbilanz-RL 83/349/EWG) in nationales Recht umgesetzt. Die Regelung des § 309 HGB entspricht insoweit inhaltlich Art. 30 und 31 der Konzernbilanz-RL.[6]

6 Die Regelung des § 309 HGB sah vor **BilMoG** Wahlrechte vor, die es ermöglichten, einen sich aus der KapKons ergebenden GoF (aktiver Unterschiedsbetrag) über vier Jahre oder planmäßig über eine voraussichtliche Nutzungsdauer abzuschreiben oder auch sofort mit den Rücklagen zu verrechnen.

7 Mit der Neufassung des § 309 HGB durch das **BilMoG**[7] entfallen diese Wahlrechte zur Behandlung des GoF. Nach der Neuregelung ist nur noch eine

---

[3] Vgl. Kliem/Roland, in Beck Bil-Komm., 14. Aufl. 2024, § 309 HGB Rz 2 und Beyer, in Hachmeister/Kahle/Mock/Schüppen, Bilanzrecht, 2. Aufl. 2020, § 309 HGB Rz 2.
[4] Vgl. Beyer, in Hachmeister/Kahle/Mock/Schüppen, Bilanzrecht, 2. Aufl. 2020, § 309 HGB Rz 3.
[5] BiRiLiG 1985, BGBl I 1985 S. 2355.
[6] Ob die 7. EG-Richtlinie zwingend die planmäßige Abschreibung des GoF vorschreibt, diskutiert Altenburger, WPg 2002, S. 806.
[7] BilMoG v. 25.5.2009, BGBl I 2009 S. 1102.

Abschreibung nach Maßgabe des Ersten Abschnitts des Dritten Buchs des HGB zulässig, d.h. eine Abschreibung des GoF über die planmäßige Nutzungsdauer (§§ 246 Abs. 1 Satz 4 i.V.m. 253 Abs. 3 HGB).

Die Umsetzung der Neufassung des HGB durch das BilMoG führt hinsichtlich der Behandlung des Unterschiedsbetrags aus der KapKons zu keiner Anpassung an die Bestimmungen der IFRS. Im Unterschied zum HGB gilt der GoF gem. IFRS als ein immaterieller Vermögenswert **mit unbestimmter Nutzungsdauer**, welcher nicht planmäßig abzuschreiben, sondern ausschl. einem jährlichen Impairment-Only-Approach zu unterwerfen ist.[8]

Anders als nach den full IFRS ist der GoF gem. den IFRS for SMEs – analog zu § 309 HGB – planmäßig über seine wirtschaftliche Nutzungsdauer abzuschreiben.[9] Diese Abweichung von den full IFRS begründete das IASB mit Kosten-Nutzen-Überlegungen.[10]

Eine Rückkehr zur planmäßigen Abschreibung des GoF wird in den letzten Jahren auch für die full IFRS diskutiert. Am 19.3.2020 wurde seitens des IASB das Discussion Paper DP/2020/1 „Unternehmenszusammenschlüsse – Angaben, Goodwill und Wertminderung" veröffentlicht. Darin schlägt das IASB jedoch vor, den **Impairment-Only-Approach für die full IFRS beizubehalten**. Allerdings sollen **Vereinfachungen im Hinblick auf die Durchführung des Wertminderungstests** eingeführt werden. Inzwischen wurde IASB/ED/2024/1 veröffentlicht, in dem Änderungen bei Unternehmenszusammenschlüssen mit Blick auf Angaben, Geschäfts- oder Firmenwerte und Wertminderungen vorgeschlagen werden.[11]

Die geänderte Rechnungslegungsrichtlinie sieht hinsichtlich der FolgeKons (Art. 25 RL 2013/34/EU)[12] keine materiell wesentlichen Änderungen vor. Allerdings wird darin betont, dass die Überführung eines negativen Unterschiedsbetrags in die GuV nur dann in Betracht kommt, wenn diese einem methoden- und prinzipienbasierten Vorgehen entspricht, ohne dafür aber konkrete Anwendungshinweise – wie bislang nach § 309 Abs. 2 HGB der Fall – zu geben (Art. 24 Abs. 3 RL 2013/34/EU).

Durch das BilRUG wurde der § 309 Abs. 2 HGB neu gefasst.[13] An die Stelle der bisherigen Kasuistik ist nun eine abstrakte Bilanzierungsanweisung getreten, welche aufgrund der ungenaueren Formulierung kritisch aufgenommen wurde.[14] Umso wichtiger ist für die Praxis die Heranziehung von DRS 23 (Rz 4).

2 Geschäfts- oder Firmenwert

2.1 Definition, Komponenten, Ausweis

Nach § 301 Abs. 3 HGB ist ein nach Verrechnung gem. § 301 Abs. 1 HGB verbleibender **Unterschiedsbetrag**, wenn er auf der **Aktivseite** entsteht, **in der**

---

[8] Vgl. auch Oser, DB 2008, S. 362.
[9] Vgl. IFRS for SMEs 19.23.
[10] Vgl. IFRS for SMEs BC.112 und Kirsch/Dollereder in Baetge/Kirsch/Thiele, Bilanzrecht, § 309 HGB Rz 551, Stand: 03/2017.
[11] Vgl. Reinke/Müller, PiR 2024, S. 188ff.
[12] Vgl. Bilanz-Richtlinie – RL 2013/34/EU, ABl. EU L182/19 v. 29.6.2013.
[13] BilRUG v. 17.7.2015, BGBl. I 2015 S. 1245; Die Anwendung ist zwingend für Konzernabschlüsse, deren Gj nach dem 31.12.2015 beginnt (Art. 75 EGHGB).
[14] Vgl. Müller/Wobbe, BB 2015, S. 1259ff.

Konzernbilanz als **GoF** auszuweisen. Durch die Verrechnung der AK der Anteile am TU mit den dahinter stehenden VG und Schulden des erworbenen TU (jeweils zu Zeitwerten bewertet) wird die rechtliche Sichtweise eines Beteiligungserwerbs im Jahresabschluss durch eine wirtschaftliche Sichtweise im Konzernabschluss ersetzt. Dahinter steht die Fiktion, dass der Konzern bei einem durch Share-Deal erworbenen TU ein Bündel einzelner VG und Schulden unmittelbar erworben hat.[15] Dies entspricht auch der Sichtweise des § 246 Abs. 1 Satz 4 HGB im Jahresabschluss, wonach ein unmittelbarer Erwerb von VG und Schulden erfolgt und ein derivativer GoF als positiver Unterschiedsbetrag aus dem gezahlten Kaufpreis und den Zeitwerten der übernommenen identifizierbaren VG und Schulden im Zeitpunkt der Übernahme entsteht.[16] § 246 Abs. 1 Satz 4 HGB gilt durch den Verweis in § 298 Abs. 1 HGB auch für die Konzernrechnungslegung. Zudem kann aus der Gesetzessystematik und dem Wortlaut der §§ 301 Abs. 3, 309 Abs. 1 HGB geschlossen werden, dass diese Fiktion auch für den Konzernabschluss gelten soll, so dass der **GoF definitionsgemäß** als ein **zeitlich begrenzt nutzbarer VG** aufzufassen und daher **aktivierungspflichtig** ist.[17]

12 Der GoF resultiert aus den spezifischen Chancen/Vorteilen (einem Bündel aus personen- und sachbezogenen geschäftswertbildenden Faktoren) eines Unternehmenserwerbs, die sich bspw. aus Fähigkeit und Wissen der Belegschaft, Standortvorteilen, Mitarbeiterstamm und Management oder auch Organisationsstrukturen ergeben können (Rz 13).[18] Im Unterschied zu den einzeln bilanzierungspflichtigen VG und Schulden fehlt es diesen Bestandteilen an der Einzelbewertbarkeit und Einzelveräußerbarkeit (-verkehrsfähigkeit) und daher auch an der Bilanzierungsfähigkeit in der Konzernbilanz. Eine Bewertung bzw. Übertragung dieser geschäftswertbildenden Faktoren ist daher nur bei einer Gesamtbewertung bzw. eines Gesamtunternehmensverkaufs möglich. Ein **ausgewiesener GoF** beinhaltet daher alle insoweit **nicht bilanzierungsfähigen** Werte und ist als „**Sammelposten**" zu begreifen. Dies entspricht dem in der Literatur vertretenen „**Residuum**"-**Konzept**.[19]

Daneben schlägt sich im GoF auch die künftige Gewinnerwartung (diskontierte Gewinne) nieder. Der GoF beinhaltet daher auch kapitalisierte Übergewinne, die über die bloße Ertragserwartung der Unternehmenssubstanz (Substanzwert) hinausgehen.[20] Insoweit entspricht der GoF auch einem **Kapitalisierungsmehrwert**. Dies steht im Einklang mit dem in der Literatur bezeichneten „Übergewinn"-Konzept (excess earnings). Zu Fragen des Ausweises des GoF vgl. § 301 Rz 100 ff.[21]

13 Um den GoF näher zu erklären bzw. zu plausibilisieren, werden zwei Erklärungsansätze diskutiert.[22] Aus der **Top-Down-Perspektive** handelt es sich bei dem GoF

---

[15] Vgl. ADS, Rechnungslegung und Prüfung der Unternehmen, 6. Aufl. 1995–2001, § 301 HGB Rz 37; Beyer, in Hachmeister/Kahle/Mock/Schüppen, Bilanzrecht, 2. Aufl. 2020, § 309 HGB Rz 13.
[16] Vgl. auch Fülbier/Gassen, DB 2007, S. 2611.
[17] Vgl. Stibi/Fuchs, KoR 2008, S. 102, m.w.N.; ebenso Petersen/Zwirner, DB 2008, S. 2098.
[18] Vgl. Beyer, in Hachmeister/Kahle/Mock/Schüppen, Bilanzrecht, 2. Aufl. 2020, § 309 HGB Rz 18; Kliem/Roland, in Beck Bil-Komm., 14. Aufl. 2024, § 309 HGB Rz 5.
[19] Vgl. Steiner/Gross, BBK 2003, S. 309; Küting, DB 2005, S. 2757 m.w.N.; zur Abgrenzung des GoF von anderen immateriellen VG s. auch Arbeitskreis der Schmalenbachgesellschaft, DB 2009, S. 989 ff.
[20] Vgl. Küting, DB 2005, S. 2757.
[21] Vgl. auch Sellhorn, DB 2000, S. 891; Hennrichs, DB 2008, S. 539; ADS, Rechnungslegung und Prüfung der Unternehmen, 6. Aufl. 1995–2001, § 309 HGB Rz 8.
[22] Vgl. Sellhorn, DB 2000, S. 891; Küting, DB 2005, S. 2757.

um die **Differenz zwischen dem Unternehmenswert und dem Zeitwert des Nettovermögens**. Diese Sichtweise entspricht den aus der Unternehmensbewertung bekannten Gesamtbewertungsverfahren. Hingegen wird aus der **Bottom-Up-Perspektive** der GoF **aus seinen einzelnen Komponenten** zu erklären versucht. Dabei handelt es sich jedoch eher um eine Ergänzung des den GoF definierenden Top-Down-Ansatzes mit dem Ziel, diesen durch die Aufzählung seiner wertbildenden Faktoren zu charakterisieren.[23] Dem GoF liegen somit i.d.R zahlreiche geschäftswertbildende Faktoren zugrunde, aus welchen die im Folgenden dargestellten **Einzelkomponenten des Goodwills** abgeleitet werden können.[24] Die **Kenntnis und Dokumentation der jeweiligen Einzelkomponenten des GoF** kann sowohl für die **Nutzungsdauerschätzung** des GoF als auch für Fragen der **Notwendigkeit einer außerplanmäßigen Abschreibung** in den Folgeperioden hilfreich sein. Bereits bei der Erstkonsolidierung zu korrigierende Komponenten des GoF (bspw. technischer aktiver Unterschiedsbetrag oder Überzahlungs- / Überbewertungskomponenten) sind in der folgenden (nicht abschließenden) Auflistung möglicher Einzelkomponenten eines GoF nicht enthalten:

- Übernommene aber separat nicht ansatzfähige immaterielle Vermögensgegenstände (bspw. Geheimhaltungsvereinbarungen unterliegende Kundenlisten oder nicht patentierte Technologien);
- Zukünftige immaterielle VG (auf Basis der erworbenen zukünftigen Innovationskraft und dem erworbenen technischen/branchenspezifischen Know-how);
- Mitarbeiterstamm (vorhandenes Wissen und individuelle Fähigkeiten des übernommenen Mitarbeiterstamms);
- Synergie-Potenziale:
  – Synergien bei der Erschließung neuer oder der Durchdringung bestehender Absatzmärkte;
  – Bessere Auslastung von Produktionskapazitäten;
  – Bessere Konditionen im Einkaufsbereich;
  – Verstärkter Einsatz von Gleichbauteilen / Plattformkonzepten in der Produktion;
  – Reduzierung von Gemeinkosten im Verwaltungsbereich.

Außerdem werden noch weitere Komponenten wie ein Restrukturierungs-, Strategie- und Flexibilitäts-Goodwill genannt.

Wichtig
Bedeutung der Einzelkomponenten des GoF für die Bestimmung der Nutzungsdauer und die Frage der Notwendigkeit außerplanmäßiger Abschreibungen in Folgeperioden
Sofern bspw. das vorhandene Wissen und die individuellen Fähigkeiten der Führungskräfte des erworbenen Unt einen zentralen geschäftswertbildenden Faktor darstellt, so ist dies bei der **Bemessung der Nutzungsdauer** des GoF entsprechend zu berücksichtigen (bspw. auf Basis historischer Fluktuationsraten). Weicht die tatsächliche Fluktuation in den Folgeperioden von der bei

---

[23] Vgl. Beyer, in Hachmeister/Kahle/Mock/Schüppen, Bilanzrecht, 2. Aufl. 2020, § 309 HGB Rz 13f.
[24] Vgl. Tettenborn/Höltken, DB 2018, S. 2514ff.; Beyer, in Hachmeister/Kahle/Mock/Schüppen, Bilanzrecht, 2. Aufl. 2020, § 309 HGB Rz 17ff. sowie IDW, WPH Edition, Wirtschaftsprüfung & Rechnungslegung, 18. Aufl. 2023, Kap. G, Tz 375.

> Bemessung der Nutzungsdauer des GoF angenommenen Fluktuationsrate ab, so ist dies zumindest ein **Anzeichen für eine evtl. vorzunehmende außerplanmäßige Abschreibung**.

Praxis-Beispiel zu Komponenten des GoF[25]

Die Spezial GmbH wurde im Wege eines Share-Deals zum 1.1.01 übernommen. Für die Übertragung der Anteile (100 %) wurde eine Gegenleistung von 600 Mio. EUR vereinbart. Bei den Kaufpreisverhandlungen ging der Erwerber von einem Unternehmenswert vor Synergien von 580 Mio. EUR (inkl. Terminal Value bei unbestimmter Nutzungsdauer) aus. Es wird erwartet, dass sich Synergien i. H. d. Barwerts von 30 Mio. EUR realisieren lassen.

Es bestehen weiterhin wirtschaftliche Vorteile, die nicht als VG zu qualifizieren sind, i. H. v. 5 Mio. EUR.

Für immaterielle und materielle VG wie Kundenstamm, Sachanlagen und Basistechnologie wird bei beschränkter Nutzungsdauer ein Zeitwert von 511 Mio. EUR berechnet. Die Zeitwerte der immateriellen VG wie Kundenstamm und Basistechnologie sollen bei einer bestimmten Nutzungsdauer 154 Mio. EUR bzw. 162 Mio. EUR betragen, somit insgesamt 316 Mio. EUR. Der Zeitwert der Sachanlagen beträgt 175 Mio. EUR.

Der Zeitwert des Goodwills aufgrund der Kaufpreisallokation beträgt somit 89 Mio. EUR (= 600 Mio. EUR ./. 511 Mio. EUR). Diesen gilt es nachfolgend zu erklären.

Erklärung der Goodwillkomponenten:

1. Dieser setzt sich zunächst aus den im Kaufpreis vergüteten **Synergien**, die mit dem zugrunde liegenden Unternehmenszusammenschluss verbunden sind, i. H. v. 20 Mio. EUR zusammen.
2. Daneben bestehen **rein wirtschaftliche Vorteile**, die typischerweise nicht aktiviert werden können, wie z. B. Mitarbeiterstamm, Ausgaben für die Aus- und Weiterbildung oder Ausgaben für eine effiziente Neuorganisation des Unt i. H. v. 5 Mio. EUR. Der Goodwill nach Abzug von Synergien und den nicht ansetzbaren, reinen wirtschaftlichen Vorteilen beträgt somit 64 Mio. EUR.
3. Er beinhaltet auch **zukünftig („zu schaffende") immaterielle VG**, die bisher bei der Kaufpreisallokation nicht berücksichtigt wurden, obwohl bei der Ableitung des Unternehmenswerts regelmäßig vom Ersatz der VG mit bestimmter Nutzungsdauer nach deren Ablauf ausgegangen wurde, sodass sich in der Kaufpreisallokation zumeist nur die bereits vorhandenen immateriellen VG auswirken, nicht jedoch deren Substitute.

   Da die Zeitwerte für immaterielle VG wie Kundenstamm und Basistechnologie i. R. d. Kaufpreisverteilung noch unter einer bestimmten Nutzungsdauer subsumiert wurden, sind zur Ermittlung dieser dritten Komponente deren Zeitwerte nunmehr unter der Annahme einer unbestimmten Nutzungsdauer zu berechnen. Diese sollen hier 306 Mio. EUR bzw. 142 Mio. EUR betragen, somit insgesamt 448 Mio. EUR. Die Änderung der Nutzungsdauerannahme führt somit bei diesem Teil des Goodwills

---

[25] Beispiel nach Moser/Hüttche, FB 2009, S. 394.

> aber zu einem Betrag von 132 Mio. EUR, der vom noch zu erklärenden Restbetrag abweicht. Hätte man diese Nutzungsdauerverlängerung bereits bei der Kaufpreisallokation berücksichtigt, hätte sich ein sog. „angepasster" Unternehmenswert i. H. d. Summe der Zeitwerte aller bei unbestimmter Nutzungsdauer anzusetzender VG von 643 Mio. EUR (= Zeitwert Kundenstamm, Sachanlagen und Basistechnologie) ergeben. Entsprechend würde ein sog. „angepasster" GoF i. H. v. 132 Mio. EUR (= 643 Mio. EUR ./. 511 Mio. EUR) resultieren, der den noch zu erklärenden Teilbetrag aus der Kaufpreisallokation von 64 Mio. EUR mit einschließt.

2.2 Planmäßige Abschreibung

Aus der **Einstufung als zeitlich begrenzt nutzbarer VG** (Rz 11) resultiert die Abschreibbarkeit des auszuweisenden GoF. Diese hat nach Maßgabe des Ersten Abschnitts zu erfolgen (§ 309 Abs. 1 HGB). Damit wird auf die für das AV maßgebliche Bewertungsnorm des § 253 Abs. 3 Satz 2 HGB i.V.m DRS 23.114 verwiesen, weil ein GoF dem Betrieb dauernd zu dienen bestimmt (§§ 247 Abs. 2, 298 Abs. 1 HGB) und daher dem AV zuzuordnen ist. Wegen der Einstufung als zeitlich begrenzt nutzbarer VG hat demnach eine **planmäßige Abschreibung des GoF über die voraussichtliche Nutzungsdauer** zu erfolgen.

14

Dies setzt die **Festlegung eines Abschreibungsplans** voraus, welcher durch die **Bestimmung der Nutzungsdauer** und einer **Abschreibungsmethode** den Entwertungsverlauf des GoF darstellen soll.[26] Als Abschreibungsmethode legt DRS 23.119 eine lineare Abschreibung des GoF über die geschätzte Nutzungsdauer (Rz 12) nahe. Nur wenn eine andere Methode den tatsächlichen Entwertungsverlauf des GoF besser widerspiegelt als die lineare Methode, ist diese zu verwenden. Im Konzernanhang sind gem. § 313 Abs. 1 Nr. 1 HGB Angaben über die Abschreibungsmethode zu machen sowie die Nutzungsdauer gem. § 314 Abs. 1 Nr. 20 HGB im Konzernanhang zu erläutern ist. Der Abschreibungsplan unterliegt dem Stetigkeitsgebot (§ 252 Abs. 1 Nr. 6 HGB) und darf in den Folgejahren nicht grundlos geändert werden (DRS 23.117).[27] Eine Anpassung des Abschreibungsplans ist nur dann möglich, wenn sich die Nutzungsdauer oder der Entwertungsverlauf verändern; ferner bei Vorliegen eines über die planmäßigen Abschreibungen hinausgehenden Wertminderungsbedarfs. Gem. DRS 23.116 ist ein Abschreibungsplan für jeden GoF zu erstellen und im Fall der Aufteilung eines GoF auf mehrere Geschäftsfelder auch pro Geschäftsfeld.[28]
Die planmäßige Abschreibung beginnt im Zugangsjahr des Erwerbs; bei unterjährigem Erwerb ist eine zeitanteilige Abschreibung vorzunehmen (DRS 23.118). Eine Festlegung des Abschreibungsbeginns am Monatsanfang des Erwerbsmonats oder des folgenden Monats ist i. d. R. unter Wesentlichkeitsgesichtspunkten zulässig.[29]

---

[26] Vgl. IDW, WPH Edition, Wirtschaftsprüfung & Rechnungslegung, 18. Aufl. 2023, Kap. F, Tz 321; Kliem/Roland, in Beck Bil-Komm., 14. Aufl. 2024, § 309 HGB Rz 11.
[27] Vgl. ADS, Rechnungslegung und Prüfung der Unternehmen, 6. Aufl. 1995–2001, § 309 HGB Rz 56.
[28] Vgl. Beyer, in Hachmeister/Kahle/Mock/Schüppen, Bilanzrecht, 2. Aufl. 2020, § 309 HGB Rz 25.
[29] Vgl. Beyer, in Hachmeister/Kahle/Mock/Schüppen, Bilanzrecht, 2. Aufl. 2020, § 309 HGB Rz 27.

15 Entsprechend dem Periodisierungsprinzips sind auch die Anschaffungskosten des GoF gem. § 253 Abs. 3 Satz 2 HGB auf die Perioden zu verteilen, in denen der VG voraussichtlich genutzt wird. Gem. DRS 23.120 ist die **Nutzungsdauer für jeden GoF individuell** anhand nachprüfbarer Kriterien festzulegen. Kann die Nutzungsdauer in eng begrenzten Ausnahmefällen (bspw. bei Unt in einem sehr innovativen Marktumfeld)[30] nicht verlässlich geschätzt werden, ist der GoF gem. § 253 Abs. 3 Satz 3 i.V.m Satz 4 HGB über die **widerlegbare max. Nutzungsdauer von zehn Jahren** abzuschreiben.[31] Bei der Bestimmung der Nutzungsdauer eines GoF bestehen i.d.R. deutlich größere Schätzungsunsicherheiten als bei anderen VG.[32] Dies soll an dem nachfolgenden Beispiel verdeutlicht werden.

> **Praxis-Beispiel (Fortsetzung)**
> Die am Beispiel der Übernahme durch die Spezial GmbH dargestellten Komponenten des Goodwills sollen nunmehr auf ihre voraussichtliche Nutzungsdauer untersucht werden.
> Während der Differenzbetrag aus dem Zeitwert der immateriellen VG eines Unt und deren Werte bei unbestimmter Nutzungsdauer bereits konzeptionell eine unbestimmte Nutzungsdauer aufweist, weisen die nicht bilanzierungsfähigen anderen wirtschaftlichen Vorteile dagegen sicherlich eine bestimmte Nutzungsdauer auf. Die Bestimmung der Nutzungsdauer von Synergien hängt vom Einzelfall ab und damit davon, ob von einer Nachhaltigkeit ausgegangen werden kann oder nicht.
> Die zuverlässige Bestimmung einer einheitlichen Nutzungsdauer für den gesamten (aggregierten) Goodwill i.H.v. 89 Mio. EUR unterliegt daher entsprechenden Schätzungsunsicherheiten.

16 Ungeachtet der bestehenden Schätzungsunsicherheiten ist die Nutzungsdauer des GoF unter Berücksichtigung der in Rz 13 dargestellten geschäftswertbildenden Faktoren zu schätzen.[33] Die **Bestimmungsfaktoren** für den GoF[34] können in folgende Gruppen eingeteilt werden, je nachdem, worin die Ursache ihres Einflusses auf den Erfolg des Unt besteht (Umweltanalyse):[35]
a) unternehmensexterne Faktoren,
b) unternehmensinterne Faktoren.

---

[30] Vgl. Kliem/Roland, in Beck Bil-Komm., 14. Aufl. 2024, § 309 HGB Rz 12; Beyer, in Hachmeister/Kahle/Mock/Schüppen, Bilanzrecht, 2. Aufl. 2020, § 309 HGB Rz 30.
[31] Vor BilRUG galt gem. § 314 Abs. 1 Nr. 20 HGB a.F. (eingeführt durch das BilMoG) eine widerlegbare max. Nutzungsdauer von fünf Jahren. Im Steuerrecht gilt seit dem BiRiLiG (1985) gem. § 7 Abs. 1 Satz 3 EStG eine Nutzungsdauer von 15 Jahren.
[32] Auf dieser Überlegung basiert der Impairment-Only-Approach der IFRS, welcher davon ausgeht, dass sich die Nutzungsdauer eines GoF nicht verlässlich schätzen lässt, und daher anstelle einer planmäßigen Abschreibung ein jährlicher Werthaltigkeitstest durchzuführen ist, vgl. auch Oser, DB 2008, S. 362.
[33] Zur Problematik der Schätzungen vgl. Arbeitskreis Bilanzrecht der Hochschullehrer Rechtswissenschaft, BB 2008, S. 156.
[34] Zu den Anhaltspunkten vgl. BT-Drs. 16/10067 v. 21.5.2008 S. 105.
[35] Vgl. Moser/Hüttche, FB 2009, S. 401 ff.; ebenso Schultze, KoR 2003, S. 458: Über den Erfolg eines einzelnen Unt entscheiden aber nicht nur die Umfeldbedingungen, sondern auch dessen besondere Eigenschaften, d.h. seine relative Positionierung innerhalb der Branche.

> **Hinweise zu den unternehmensexternen und -internen Faktoren**
> **Zu a):**
> Hierunter kommen alle aus der externen Unternehmensumwelt herrührenden Einflussfaktoren in Betracht, wie z.B. Branchenentwicklungen, insb. Stabilität und Bestandsdauer der Branche des erworbenen Unt, Auswirkungen von Veränderungen der Absatz- und Beschaffungsmärkte sowie der wirtschaftlichen Rahmenbedingungen des erworbenen Unt (Regulierung) sowie erwartetes Verhalten von Konkurrenten.
> **Zu b):**
> Unternehmensinterne Faktoren sind Faktoren, die an den Leistungspotenzialen eines Unt ansetzen. Hierzu zählen u.a. Art des Unt, Umfang der Erhaltungsaufwendungen, die erforderlich sind, um den erwarteten ökonomischen Nutzen des erworbenen Unt zu realisieren, Mitarbeiterstamm, Bezug zu immateriellen VG (Produktlebenszyklus, Laufzeit wichtiger Absatz- und Beschaffungsverträge) sowie Lebensdauer des erworbenen Unt (voraussichtliche Bestandsdauer und voraussichtliche Dauer der Beherrschung).[36]

Bewertungsrelevante Parameter wie Lebenszyklusdauern bedeutender Technologien, die bereits bei der Bewertung von bilanzierten VG zugrunde gelegt wurden, können nach der hier vertretenen Auffassung gleichwohl als Bewertungsgrundlage für die Bestimmung der Nutzungsdauer des GoF infrage kommen, wenn dadurch nicht nur der beizulegende Zeitwert der jeweiligen bilanzierten VG, sondern auch der Zukunftserfolg des Unt wertgemindert sein könnte. Insoweit wirken sich solche Umstände auf die Going-Concern-Komponente des GoF nachteilig aus und sind daher ebenfalls zu berücksichtigen.

Die vorgenannten Faktoren und Kriterien sind nicht abschließend. Im Einzelfall muss eine Abwägung vorgenommen werden, da nicht auszuschließen ist, dass die Faktoren interdependent sind und kompensatorische Wirkungen bestehen.

Bei der **Ermittlung der voraussichtlichen Nutzungsdauer** kann neben der Nutzungsdauer einzelner Goodwill-Komponenten (Rz 13) auch das Übergewinn-Konzept (Rz 12) zugrunde gelegt werden. In diesem Fall wird gedanklich durch den Kaufpreis für ein Unt, abgesehen von nichtfinanziellen Beweggründen, der Ertragswert bezahlt. Dies ist der Gegenwert, den der Käufer für die Zahlung des Kaufpreises vom Verkäufer eingeräumt bekommt. Hieraus ergibt sich die Problematik, dass der ursprüngliche Ertragswert **nachträglich im Laufe der Zeit durch einen selbst geschaffenen Firmenwert ersetzt wird.** Theoretisch exakt wäre die Trennung in den ursprünglichen Ertragswert mit dessen Bestimmungsfaktoren und den nachträglich geschaffenen Ertragswert und den damit verbundenen Bestimmungsfaktoren. Vor diesem Hintergrund ergeben sich Fragen der Dokumentation und deren Umfang für Zwecke der externen Rechnungslegung. **Auch wenn DRS 23 eine exakte Trennung nicht verlangt, muss dies zumindest nachvollziehbar und plausibel dokumentiert sein, um willkürliche Festlegungen der Nutzungsdauer**

---

[36] Vgl. DRS 23.121. Die genannten Beispiele sind nicht abschließend. Der Gesetzgeber führt in der Gesetzesbegründung zum BilMoG eine Reihe weiterer Anhaltspunkte zur Bestimmung der Nutzungsdauer des GoF auf, vgl. BT-Drs. 16/10067 v. 30.7.2008 S. 48; Beyer, in Hachmeister/Kahle/Mock/Schüppen, Bilanzrecht, 2. Aufl. 2020, § 309 HGB Rz 36.

auszuschließen.[37] Darüber hinaus wären theoretisch die Grundlagen dafür festzulegen, welche künftigen Zahlungen auf den erworbenen GoF entfallen, da nur diese bei der Bestimmung evtl. notwendiger außerplanmäßiger Abschreibungen in Folgeperioden berücksichtigt werden sollten. DRS 23 schreibt aus Praktikabilitätsüberlegungen eine derartige Trennung jedoch nicht vor.

Der **Gegenwert** besteht dabei in der Form eines u. U. zeitlich begrenzten Stroms von finanziellen Vorteilen. Hierbei entspricht theoretisch die Nutzungsdauer des Übergewinns dem Zeitraum, in dem der erworbene Ertragswert des Übergewinns auf den Substanzwert der erworbenen VG/des erworbenen Unt absinkt.[38] Aus dieser Überlegung wären dann die voraussichtliche Nutzungsdauer des GoF und damit die planmäßige Abschreibung eines GoF abzuleiten. Vereinfacht formuliert handelt es sich dabei um den Zeitraum, innerhalb dessen sich der GoF voraussichtlich verflüchtigt hat. Dementsprechend ist für die Bestimmung der **Nutzungsdauer des GoF** (die sog. **Goodwill-Reichweite**) die Angebots- und Kundenstruktur regelmäßig von zentraler Bedeutung: Je höher der Anteil an „Laufkundschaft" ist, desto geringer wird im Allgemeinen die Nutzungsdauer des GoF veranschlagt werden und umgekehrt. Denn für einen potenziellen Käufer ist das Risiko, solche Kunden zu verlieren, tendenziell größer als bei einer vorhandenen Stammkundschaft.

17 Eine Übernahme der steuerrechtlichen Abschreibung über 15 Jahre (§ 7 Abs. 1 Satz 3 EStG) muss unter Berücksichtigung der widerlegbaren max. handelsrechtlichen Nutzungsdauer von zehn Jahren nachvollziehbar dargestellt werden; der **Verweis auf die steuerliche Behandlung** allein ist als Begründung ausdrücklich **nicht ausreichend**.[39] Im Ergebnis hat eine gesonderte und insb. mit Blick auf das zu beachtende Vorsichtsprinzip gem. § 252 Abs. 1 Nr. 4 HGB eher zurückhaltende Einschätzung der Nutzungsdauer des GoF für handelsrechtliche Zwecke zu erfolgen (DRS 23.120).[40] Die steuerlich typisierte Nutzungsdauer von 15 Jahren wird dabei nur zufällig und in seltenen Ausnahmefällen mit der tatsächlichen Nutzungsdauer eines GoF übereinstimmen.

2.3 Außerplanmäßige Abschreibung

18 Im Fall einer **dauerhaften Wertminderung** (der beizulegende Wert des GoF ist dauerhaft unter dessen Buchwert gefallen) ist der GoF **außerplanmäßig** abzuschreiben (§ 309 Abs. 1 i.V. m. § 253 Abs. 3 Satz 3 HGB). Diese außerplanmäßige Abschreibung ist unabhängig von der planmäßigen Abschreibung vorzunehmen.[41] Es besteht insoweit eine **Pflicht** zur außerplanmäßigen Abschreibung im Fall einer dauerhaften Wertminderung. Daher ergibt sich daraus auch der **Bewertungszeitpunkt**, zu dem eine Überprüfung des Wertansatzes eines GoF durchzuführen ist. Im Hinblick auf die Verpflichtung zur Aufstellung eines Jahres- bzw. Konzernabschlusses, der den gesetzlichen Bestimmungen genügt, hat eine solche **Überprüfung jährlich im Zeitpunkt der Aufstellung** zu erfolgen.

---

[37] So auch Zwirner/Böcker, StuB 2011, S. 400 m. w. N.
[38] Vgl. Wagner/Schomaker, DB 1987, S. 1365.
[39] Vgl. Theile, BBK 23/2007, S. 1237; ebenso bereits Wagner/Schomaker, DB 1987, S. 1366.
[40] Vgl. Kliem/Roland, in Beck Bil-Komm., 14. Aufl. 2024, § 309 HGB Rz 12; Beyer, in Hachmeister/Kahle/Mock/Schüppen, Bilanzrecht, 2. Aufl. 2020, § 309 HGB Rz 38.
[41] Vgl. Prinz, BBK 2008, S. 897.

Eine **außerplanmäßige Abschreibung** ist dann vorzunehmen, wenn und soweit Bestimmungsfaktoren, die bei der ursprünglichen Nutzungsdauerschätzung zur Bemessung der planmäßigen Abschreibung zugrunde gelegt wurden (Rz 13), nachträglich weggefallen sind.[42] Die Gründe können dabei **unternehmensinterner oder -externer Art** sein.[43] **Gründe** hierfür können bspw. auf beschleunigten technologischen und wirtschaftlichen Entwicklungen (technologische Veralterung des Produktsortiments, Wegfall eines maßgeblichen Exportmarkts oder maßgeblichen Hauptkunden), Änderungen der Rechtslage, unerwartet hohe Fluktuation bei dem übernommenen Mitarbeiterstamm, geänderten Kostenstrukturen im erworbenen Unt (gesunkene Rentabilität) oder auch verschärften Konkurrenzsituationen beruhen.[44] Daneben muss das Absinken des Ertragswerts **voraussichtlich dauerhaft** erfolgen. Hiervon kann grds. ausgegangen werden, es sei denn, es liegen Anzeichen für eine voraussichtlich schnelle wertmäßige Erholung des Ertragswerts vor.

Die **Höhe der außerplanmäßigen Abschreibung** bestimmt sich als Unterschiedsbetrag zwischen Buchwert und niedrigerem beizulegenden Wert des GoF im Bewertungszeitpunkt. Der beizulegende Wert eines GoF kann jedoch aufgrund dessen Eigenschaft als Rest- bzw. Sammelposten (Rz 12) nur im Wege einer Gesamtbewertung der wirtschaftlichen Einheit, der er zugeordnet wurde, ermittelt werden, da für diesen VG im bilanziellen Sinn i.R.e. Unternehmenserwerbs kein Entgelt als solches bezahlt wird. Vielmehr ergibt sich der GoF als **Differenz** zwischen dem **zukunftsbezogenen Gesamtkaufpreis** für die wirtschaftliche Einheit, denen der GoF (regelmäßig die Anteile am TU) zugerechnet wurde, und deren **Substanzwert bzw. Zeitwert des Reinvermögens** (Summe der Zeitwerte aus einzelbewerteten und einzelveräußerungsfähigen VG und Schulden).[45]

Die **Ermittlung der außerplanmäßigen Abschreibung** auf den GoF bedarf daher zunächst der Ermittlung des Ertragswerts der wirtschaftlichen Einheit und deren Substanzwert, denen der GoF zugeordnet wurde, zum maßgeblichen Bewertungsstichtag (**Schritt 1**).[46] Sodann ist der beizulegende Wert des GoF als Saldogröße zwischen diesem tatsächlichen Ertragswert und dem Substanzwert am Bewertungsstichtag zu ermitteln und dem Buchwert des GoF gegenüberzustellen, um den Umfang der Wertminderung festzustellen (**Schritt 2**).[47] Allerdings werden dadurch die Bewertung der Unternehmenssubstanz und die Bewertung des Geschäftswerts vermischt.[48] Hier stellt sich dann das in der Praxis nur schwer zu lösende Problem der „Vermischung" des ursprünglichen und aktivierten derivativen GoF und des mittlerweile neu entstandenen originären GoF. Gem. DRS 23.128 wird daher als Vergleichswert hilfsweise der **gesamte**

---

[42] Ebenso Kliem/Roland, in Beck Bil-Komm., 14. Aufl. 2024, § 309 HGB Rz 13.
[43] Vgl. Wagner/Schomaker, DB 1987, S. 1368.
[44] Vgl. auch Kliem/Roland, in Beck Bil-Komm.,14. Aufl. 2024, § 309 HGB Rz 13.
[45] Vgl. auch Wagner/Schomaker, DB 1987, S. 1368.
[46] Ebenso wohl auch ADS, Rechnungslegung und Prüfung der Unternehmen, 6. Aufl. 1995–2001, § 255 HGB Rz 285, wonach eine außerplanmäßige Abschreibung nach § 253 Abs. 2 HGB a.F. dann als gerechtfertigt anzusehen ist, wenn der sich für den GoF ergebende Buchwert nicht durch die tatsächliche Ertragskraft gedeckt ist.
[47] Vgl. Kliem/Roland, in Beck Bil-Komm., 14. Aufl. 2024, § 309 HGB Rz 14.
[48] Anm.: Dies ist Ausfluss des Einzelbewertungsgrundsatzes in der Handelsbilanz; vgl. hierzu kritisch Wagner/Schomaker, DB 1987, S. 1367.

Geschäfts- oder Firmenwerts neu bestimmt, wodurch im Ergebnis die genannte Vermischung in Kauf genommen wird.

21 Die **Ermittlung der tatsächlichen Ertragskraft (Schritt 1)** der wirtschaftlichen Einheit, der der GoF angehört, muss auf Grundlage einer Unternehmensbewertung durchgeführt werden. Als **Ertragswert** kann hier der durch Abzinsung errechnete **Gegenwartswert (Barwert)** aller erwarteten Zukunftserfolge berücksichtigt werden. Dieser ist vom Bilanzierenden unter Berücksichtigung der gegenwärtigen Markt- und Unternehmenssituation unter Berücksichtigung aller möglichen echten und unechten Synergien sowie der vorhandenen individuellen Anlagealternative zu ermitteln. Es ist daher ein **subjektiver Ertragswert** zu ermitteln.[49]

Ob wegen der festgelegten begrenzten Nutzungsdauer des GoF die der **Ertragswertermittlung** zugrunde liegende Unternehmensbewertung auf Basis einer **ewigen Rente** beruhen darf, ist hingegen fraglich, da das Kalkül zur Feststellung der Werthaltigkeit nur die Feststellung verlangt, ob sich die in den AK für die wirtschaftliche Einheit manifestierten Ertragserwartungen, die zum erstmaligen Ansatz eines GoF geführt haben, nachhaltig auf einen niedrigeren beizulegenden Wert abgesenkt haben. Eine solche Forderung ist somit nicht zwingend. Zu bedenken ist, dass eine voraussichtliche Nutzungsdauer für den GoF (Rz 15) zu bestimmen ist, innerhalb derer der GoF auf den Substanzwert als Folge des nachträglichen allmählich eintretenden Wegfalls der Einflussfaktoren, die ursprünglich den Ertragswert für das Unt bestimmt haben, absinkt. Andererseits kann nicht unberücksichtigt bleiben, dass im Zugangszeitpunkt des GoF ein Ersatz von i.R.d. Kaufpreisallokation angesetzten VG und Schulden in naher Zukunft implizit vorausgesetzt wird – resultierend aus der Art der Ermittlung des GoF im Zugangszeitpunkt auf Basis einer Unternehmensbewertung mit unbestimmter Planungsdauer (Phasenmethode und Terminal Value).

Die Forderung nach einer **begrenzten Planungsdauer** i.R.d. Ertragswertkalküls zur Bemessung der Wertminderung würde daher voraussetzen, dass diesbzgl. auch bereits bei der **Zugangsbewertung des GoF** entsprechend verfahren wurde. Mangels dessen ist daher nach der hier vertretenen Auffassung weiterhin von einer unbegrenzten Planungsperiode für den Ertragswert des Unt zur Bestimmung des GoF im Folgebewertungszeitpunkt auszugehen.

Daneben ergibt sich wegen der Art der Ermittlung des GoF im Zugangszeitpunkt das Problem, dass der bislang bilanzierte und evtl. wertgeminderte GoF bislang noch zu schaffende immaterielle VG enthält, die sich nunmehr im Folgebewertungszeitpunkt konkretisiert haben (z.B. F&E-Projekte, die erst später die Marktreife erreicht haben). **Keinen Einfluss** auf die **Geschäftswertabschreibung** darf dementsprechend auch die Entwicklung haben, welcher der Substanzwert nach dem Unternehmenskauf unterliegt, da nur die Wertentwicklung des GoF nach dem Anschaffungsjahr relevant ist.[50] Daher kann bei der Ermittlung der Vergleichsgröße zum Buchwert des GoF auf den Ansatz des entsprechenden immateriellen VG im Folgebewertungszeitpunkt verzichtet werden.[51]

---

[49] Vgl. insoweit IDW S 1 i.d.F. 2008; auch Castedello, in IDW, WPH Edition, Bewertung und Transaktionsberatung, 2018, Kap. A Rz 270f.; ähnlich Wagner/Schomaker, DB 1987, S. 1369.
[50] Vgl. auch Wagner/Schomaker, DB 1987, S. 1368.
[51] Vgl. auch Kliem/Roland, in Beck Bil-Komm., 14. Aufl. 2024, § 309 HGB Rz 14.

Soweit **Minderheiten an der wirtschaftlichen Einheit**, denen der GoF angehört, beteiligt sind, ist bei der Ermittlung des Substanzwerts der wirtschaftlichen Einheit der entsprechende Minderheitenanteil auszuscheiden.[52] Die Ermittlung des Ertragswerts der wirtschaftlichen Einheiten erfolgt im Gegensatz dazu ohne Korrekturen, wenn dieser bereits ohne Berücksichtigung von Minderheiten ermittelt wurde **(keine Gesamtbewertung)**. Andernfalls wären sowohl beim Substanz- als auch beim Ertragswert der wirtschaftlichen Einheit für die auf die Minderheiten entfallenden Anteile entsprechende Korrekturen vorzunehmen (DRS 23.130).[53]

Der **Umfang der außerplanmäßigen Abschreibung** ist auf den **Buchwert des GoF beschränkt**. Dies folgt aus dem Grundsatz der Einzelbewertung.

2.4 Wertaufholungsverbot

Nach § 253 Abs. 5 Satz 2 HGB darf beim GoF im Gegensatz zu anderen VG des AV und UV nach Wegfall der Gründe für eine vorgenommene außerplanmäßige Abschreibung **keine Wertaufholung** vorgenommen werden. Dies wird damit begründet, dass ein einmal verbrauchter bzw. vernichteter GoF nicht wiederaufleben kann, sondern ein originärer GoF neu geschaffen wird, für den gem. § 248 Abs. 2 Satz 2 HGB ein Bilanzierungsverbot besteht.[54]

3 Passiver Unterschiedsbetrag aus der Kapitalkonsolidierung

3.1 Entstehungsursache und Ausweis

Wenn im Zeitpunkt der **ErstKons** die AK der Beteiligung bzw. der Buchwert der Beteiligung niedriger sind als die zum Zeitwert bewerteten VG und Schulden, ist **ein passiver Unterschiedsbetrag** aus der KapKons **auszuweisen**. Mögliche **Ursachen** dafür sind eine Gewinnthesaurierung beim TU in der Zeit zwischen Kauf und ErstKons, schlechte Ertragsaussichten, die ebenfalls bei den AK berücksichtigt wurden, ein aus einer starken Verhandlungsposition heraus unter den Wert des Eigenkapital des TU gedrückter Kaufpreis oder auch Abschläge im Kaufpreis zur Berücksichtigung künftiger Verluste, die noch nicht im Eigenkapital des erworbenen Unt berücksichtigt sind.[55] Die Einhaltung der Auflösungsregel des passiven Unterschiedsbetrags verlangt in der Praxis die **Analyse und Dokumentation der Entstehungsursachen**. Die im Kaufpreis antizipierten Abschläge sollten bei der ErstKons möglichst einzeln identifiziert und quantifiziert werden (ähnlich wie bei der Plausibilisierung des Goodwills; Rz 13). Je nachdem, welche Ursache dem Unterschiedsbetrag zugrunde liegt, hat er Eigen- oder Fremdkapitalcharakter.[56]

> **Praxis-Beispiel**
> Die Z-GmbH hat eine Beteiligung i. R. d. Tausches durch Hingabe eines anderen VG erworben. Der Buchwert des hingegebenen VG betrug 3 Mio. EUR. Durch

---

[52] Vgl. auch Kliem/Roland, in Beck Bil-Komm., 14. Aufl. 2024, § 309 HGB Rz 14.
[53] Vgl. IDW, WPH Edition, Wirtschaftsprüfung & Rechnungslegung, 18. Aufl. 2023, Kap. G Tz 397.
[54] Vgl. Beyer, in Hachmeister/Kahle/Mock/Schüppen, Bilanzrecht, 2. Aufl. 2020, § 309 HGB Rz 62; Kliem/Roland, in Beck Bil-Komm., 14. Aufl. 2024, § 309 HGB Rz 163.
[55] Vgl. auch Kliem/Roland, in Beck Bil-Komm., 14. Aufl. 2024, § 309 HGB Rz 20; ADS, Rechnungslegung und Prüfung der Unternehmen, 6. Aufl. 1995–2001, § 309 HGB Rz 67.
[56] Vgl. Kliem/Deubert, in Beck Bil-Komm., 14. Aufl. 2024, § 301 HGB Rz 20.

> ein Bewertungsgutachten nach IDW S1 belegt beträgt der beizulegende Zeitwert der (zu erwerbenden) Beteiligung rund 5 Mio. EUR. Das neu bewertete EK der Beteiligung beträgt 4 Mio. EUR im Zeitpunkt des Erwerbs. Die konzernrechnungslegende Z-GmbH macht von dem handelsrechtlichen Wahlrecht im Jahresabschluss Gebrauch, die erworbene Beteiligung weiterhin mit 3 Mio. EUR zu bilanzieren.
>
> Bei der KapKons entsteht im Konzernabschluss durch diese Art der Bilanzierung im Einzelabschluss ein passiver Unterschiedsbetrag i. H. d. Differenz zwischen dem Zeitwert des abgehenden VG, der durch den Zeitwert der erworbenen Beteiligung bestimmbar ist, und deren Buchwert.
>
> Im Konzernabschluss der Z-GmbH, der den hingegebenen VG mit Buchwert von 3 Mio. EUR enthielt, ist durch den Tausch ein sofort erfolgswirksam zu vereinnahmender Buchgewinn i. H. v. 2 Mio. EUR (= 5 Mio. EUR ./. 3 Mio. EUR) entstanden, wodurch der passive Unterschiedsbetrag betragsmäßig vollständig eliminiert wird. Dies entspricht zugleich einer Zugangsbewertung der Beteiligung mit deren Zeitwert als AK (DRS 23.26).

25 Dieser Unterschiedsbetrag ist **zwingend nach dem Eigenkapital offen als Unterschiedsbetrag** aus der KapKons **auszuweisen** (§ 301 Abs. 3 HGB). Das **Wahlrecht zur Verrechnung** mit einem GoF aus einem anderen Unternehmenserwerb wurde mit Streichung des § 301 Abs. 3 Satz 3 HGB **aufgehoben**. Eine ergebniswirksame Auflösung des Postens kann nur erfolgen, wenn die Bedingungen des § 309 Abs. 2 HGB erfüllt sind. Es handelt sich hierbei nach h. M. trotz des Wortlauts „kann" weiterhin um eine **Muss-Vorschrift**.[57]

3.2 Auflösung

26 Die Änderung des § 309 Abs. 2 HGB führt trotz des Wandels zur abstrakten Bilanzierungsanweisung nicht zu einer Änderung von materieller Bedeutung. Dies liegt daran, dass es sich bei diesem Absatz wie bereits zuvor im Endeffekt um einen Verweis auf die GoB handelt.[58]

27 Wenn die negativen Entwicklungen bzw. erwarteten Verluste im Zeitpunkt des Unternehmenserwerbs zum Ausweis eines **negativen Unterschiedsbetrags** aus der KapKons geführt haben und diese negative Entwicklung zum Zeitpunkt der FolgeKons eingetreten ist, ist der negative Unterschiedsbetrag gem. § 309 Abs. 2 HGB **erfolgswirksam** aufzulösen (DRS 23.143).

Im Fall der Unterverzinslichkeit des UntVermögens als Entstehungsursache, wird eine planmäßige Auflösung des Unterschiedsbetrags gem. DRS 23.143 (Rz 30) bevorzugt.[59] Eine sofortige Vereinnahmung wäre demnach nicht zulässig.

Gesetzlich weiter ungeregelt bleibt die Frage, wie zu verfahren ist, wenn die im Erwerbszeitpunkt **erwarteten Aufwendungen oder Verluste** wider Erwarten **nicht** eintreten. Hier gibt es zwei verschiedene Auffassungen. Es ist sowohl eine

---

[57] Vgl. Kliem/Roland, in Beck Bil-Komm., 14. Aufl. 2024, § 309 HGB Rz 24; vgl. auch Förschle/Hoffmann, in Beck Bil-Komm., 9. Aufl. 2014, § 309 HGB Rz 25 zum Rechtsstand vor BilRUG.
[58] Vgl. Deubert/Lewe, DB 2015, S. 53.
[59] Vgl. Kliem/Roland, in Beck Bil-Komm., 14. Aufl. 2024, § 309 HGB Rz 23.

ertragswirksame Auflösung[60] als auch eine **erfolgsneutrale Umgliederung** in das Eigenkapital[61] denkbar. Es wird hierzu die Meinung vertreten, dass ein solcher Unterschiedsbetrag **ergebniswirksam** aufgelöst werden darf (Rz 28).[62] Der Auflösungsbetrag darf den passiven Unterschiedsbetrag nicht überschreiten.[63]

Ein negativer Unterschiedsbetrag darf ergebniswirksam aufgelöst werden, wenn am Abschlussstichtag feststeht, dass er einem realisierten Gewinn entspricht. Mangels gesetzlicher Konkretisierungen wurde diese Auflösungsalternative durch DRS 23.144 ff. näher konkretisiert. **28**

Hierunter sind **Fälle** zu subsumieren, in denen der passive Unterschiedsbetrag auf einen günstigen Beteiligungserwerb („**lucky buy**")[64] oder auf die **Fortführung stiller Reserven beim Erwerb der Anteile** zurückzuführen ist.[65] Daneben kommen auch passive Unterschiedsbeträge, die auf der Abbildung von **Tauschgeschäften** beruhen, in Betracht (vgl. Beispiel in Rz 24).[66] Allerdings werden die sog. **technischen passiven Unterschiedsbeträge** wie die Fortführung stiller Reserven der Anteile nach der ErstKons ebenso wie passive Unterschiedsbeträge aufgrund von Tauschgeschäften nach h. M. nicht von § 309 Abs. 2 HGB erfasst.[67] In diesen Fällen ist deshalb auch eine erfolgsneutrale Umgliederung in die Rücklagen des Konzerns erlaubt (Rz 33). Dies ist bei Unterschiedsbeträgen, die nicht durch Transaktionen mit Eignern entstehen, auch deswegen möglich, da der Konzernabschluss eine Informations- und keine Ausschüttungsbemessungsfunktion innehat.[68] **29**

Fraglich ist, zu welchem Zeitpunkt die Realisierung eines Gewinns feststeht, wenn es zu einem **passiven Unterschiedsbetrag** gekommen ist, der **nicht durch erwartete Verluste bzw. Aufwendungen entstanden** ist. Nach früherer und strenger Auffassung des IDW[69] ist dies der Zeitpunkt, zu dem entsprechend dem Realisationsprinzip feststeht, dass ein Gewinn während der Konzernzugehörigkeit tatsächlich entstanden ist. Also wäre dies der Zeitpunkt, in dem für die Anteile eine EntKons vorzunehmen wäre. Nach einer anderen Meinung kann bereits bei nachhaltig guter Ertragslage des erworbenen TU eine Realisierung nach vernünftiger kaufmännischer Beurteilung (Quasi-Sicherheit) angenommen werden, wenn entsprechend stichhaltige Gründe vorliegen.[70] Abweichend hierzu fordert DRS 23.145 f., dass der passive Unterschiedsbetrag in allen Fällen, in denen er nicht auf erwarteten künftigen Aufwendungen oder Verlusten beruht, in einem **planmäßigen Verfahren aufgelöst** wird. Hierbei kann als Methode z. B. **30**

---

60 Vgl. Ordelheide, WPg 1987, S. 31; Kliem/Roland, in Beck Bil-Komm., 14. Aufl. 2024, § 309 HGB Rz 22 m. w. N.
61 Vgl. ADS, Rechnungslegung und Prüfung der Unternehmen, 6. Aufl. 1995–2001, § 309 HGB Rz 92.
62 Vgl. Kliem/Roland, in Beck Bil-Komm., 14. Aufl. 2024, § 309 HGB Rz 22 m. w. N.
63 Vgl. ADS, Rechnungslegung und Prüfung der Unternehmen, 6. Aufl. 1995–2001, § 309 HGB Rz 74.
64 Anmerkung: „Lucky" i. d. S. heißt, dass sich der Erwerb nachträglich (durch Zufall) als günstig erweist.
65 Vgl. ADS, Rechnungslegung und Prüfung der Unternehmen, 6. Aufl. 1995–2001, § 309 HGB Rz 75.
66 Vgl. Kliem/Roland, in Beck Bil-Komm., 14. Aufl. 2024, § 309 HGB Rz 26 m. w. N.
67 Vgl. auch Welling/Lewang, DB 2011, S. 2737.
68 Vgl. Deubert/Lewe, DB 2015, S. 53.
69 Vgl. IDW, SABI 2/1988, Behandlung des Unterschiedsbetrags aus der Kapitalkonsolidierung, WPg 1988, S. 622 (aufgehoben vom IDW am 14.3.2011).
70 Vgl. ADS, Rechnungslegung und Prüfung der Unternehmen, 6. Aufl. 1995–2001, § 309 HGB Rz 76.

eine Verteilung über die gewichtete durchschnittliche Restnutzungsdauer der erworbenen abnutzbaren VG hinsichtlich des Anteils des passiven Unterschiedsbetrags, der die beizulegenden Zeitwerte der erworbenen nichtmonetären VG nicht übersteigt, in Betracht kommen. Der andere Teil wäre dementsprechend sofort erfolgswirksam zu vereinnahmen. Damit ist de facto eine indirekte Kaufpreiskorrektur für solche VG enthalten. Sofern die VG überwiegend nicht abnutzbar sind, wird die Auflösung am Verbrauch oder Abgang der nicht abnutzbaren VG befürwortet. Es ist nach der hier vertretenen Auffassung jedoch zweifelhaft, ob diese Bilanzierungsweise sachgerecht ist. Eine strenge Orientierung am Kriterium des Verbrauchs oder Abgangs (Leistungsbewirkung) verkennt den wirtschaftlichen Gebrauch bzw. Einsatz des nicht abnutzbaren VG im Unternehmen. Daher wäre nach der hier vertretenen Auffassung einer planmäßigen Verteilung des passiven UB nach dem Grundsatz einer periodengerechten Konzerngewinnermittlung auch in solchen Fällen der Vorzug zu geben.

31 Sofern der negative Unterschiedsbetrag bis zum Abgang des TU nicht oder nicht vollständig nach Abs. 2 aufgelöst ist, kommt es bei der EntKons zur Ertragsrealisierung, indem der Abgangswert der Beteiligung verringert und so der Veräußerungsgewinn erhöht wird.[71]

32 Kommt es zur EntKons wegen der Verringerung der Beteiligungshöhe (z. B. wird aus der Beteiligung ein assoziiertes Unt), so ist der verbleibende anteilige negative Unterschiedsbetrag mit den AK dieser Beteiligung (auf Konzernebene) zu verrechnen.[72]

3.3 Einstellung in die Rücklagen

33 Sofern zwischen dem Erwerb eines TU und dem Zeitpunkt der **ErstKons** ein Zeitraum liegt, in dem das TU Gewinne thesauriert hat, kann der negative Unterschiedsbetrag auf Gewinnthesaurierungen beruhen, die seit der Konzernzugehörigkeit entstanden sind. Dann war es bislang zulässig und ggf. angebracht, um die Ertragslage des Konzerns ab dem Zeitpunkt der erstmaligen Kons. dieses TU nicht zu verzerren, den **negativen Unterschiedsbetrag** direkt in die **Gewinnrücklagen** einzustellen.[73] Da es sich nicht um selbst erwirtschaftete Konzernergebnisbeiträge handelt, wäre nach einer Auffassung der Einstellung in die **Kapitalrücklage** der Vorzug zu geben.[74] Diesem Vorgehen entsprach die Kons. auf den Zeitpunkt der erstmaligen Einbeziehung in den Konzernabschluss (§ 301 Abs. 2 HGB a. F.) und wurde als gleichwertige Darstellungsalternative zur Kons. auf den Erwerbszeitpunkt gesehen. Dieses Vorgehen ist im Anhang angabepflichtig.[75] Auch nach der **Einführung des ErstKons-Zeitpunkts auf den Zeitpunkt des**

---

[71] Vgl. ADS, Rechnungslegung und Prüfung der Unternehmen, 6. Aufl. 1995–2001, § 309 HGB Rz 79.
[72] Vgl. Kliem/Roland, in Beck Bil-Komm., 13. Aufl. 2022, § 309 HGB Rz 28.
[73] Vgl. auch Weber/Zündorf, in Küting/Weber, HdK, 2. Aufl. 1998, § 309 HGB Rn 87, die diesen Fall als Analogie zu § 309 Abs. 1 Satz 3 HGB sehen; vgl. auch ADS, Rechnungslegung und Prüfung der Unternehmen, 6. Aufl. 1995–2001, § 309 HGB Rz 68.
[74] Vgl. Weber/Zündorf, in Küting/Weber, HdK, 2. Aufl. 1998, § 309 HGB Rn 87; nach der hier vertretenen Auffassung ist dies abzulehnen, da ein entsprechender Ausweis eine stärkere Kapitalbindung und damit ein geringeres Ausschüttungspotenzial suggeriert, was de facto nicht vorhanden ist, und daneben auch inhaltlich mit dem Posteninhalt nach § 272 HGB nicht übereinstimmt (zum EK-Ausweis im Konzern vgl. insoweit Küting, DB 2010, S. 183).
[75] Vgl. Kliem/Roland, in Beck Bil-Komm., 14. Aufl. 2024, § 309 HGB Rz 30.

Erwerbs und der Abschaffung des § 309 Abs. 1 Satz 3 HGB a. F. kann nach der hier vertretenen Auffassung **dieses Wahlrecht weiter angewandt werden**, soweit es sich um eine erstmalige Kons. von bislang nicht einbezogenen TU handelt und der entstandene Unterschiedsbetrag insoweit nur technisch bedingt ist.[76] Diese Unterschiedsbeträge können aus der erstmaligen Aufstellung eines Konzernabschlusses oder aus der erstmaligen Kons. von bisher gem. § 296 HGB nicht einbezogenen TU resultieren. Gleiches gilt, wenn der Unterschiedsbetrag auf einer **Unterbewertung der Beteiligung** i. R. e. Sacheinlage beruht.

> **Praxis-Beispiel**
> Die S-AG bekommt durch Sacheinlage des Hauptaktionärs die Mehrheitsbeteiligung an der Z-GmbH übertragen. Nach einem vorliegenden Bewertungsgutachten nach IDW S1 beträgt der Zeitwert der Beteiligung 5 Mio. EUR. Im Übertragungsvertrag wird geregelt, dass auf die Einlage das Grundkapital um 1 Mio. EUR erhöht wird. Ein Agio wird ausdrücklich nicht vereinbart.
> Die Z-GmbH verfügt im Zeitpunkt der Einbringung über ein neu bewertetes EK i. H. v. 3 Mio. EUR.
> Damit ist die Sacheinlage bei der S-AG als MU unterbewertet. Bei der Erst-Kons entsteht i. H. d. Differenz zwischen dem neu bewerten EK und dem Buchwert der Beteiligung (= 5 Mio. EUR ./. 1 Mio. EUR) ein passiver Unterschiedsbetrag, der vorzugsweise innerhalb der Rücklagen als Kapitalrücklagen darzustellen wäre.[77]

3.4 Saldierung von Unterschiedsbeträgen

Aktive und passive Unterschiedsbeträge von mehreren TU dürfen nach BilMoG nicht mehr miteinander verrechnet werden (§ 301 Abs. 3 HGB). Damit entfällt ein gängiges Gestaltungsmittel der Konzernrechnungslegungspraxis zur Beeinflussung der Konzernbilanzsumme und damit zur Befreiungsmöglichkeit nach § 293 HGB hinsichtlich der Konzernrechnungslegungspflicht.

4 Auswirkungen auf latente Steuern

Nach den steuerrechtlichen Vorschriften (§ 7 Abs. 1 Satz 3 EStG) ist ein GoF zwingend über 15 Jahre abzuschreiben. Da die handelsrechtliche Nutzungsdauer nur in seltenen Ausnahmefällen 15 Jahre entsprechen dürfte, würden die Voraussetzungen zur Bildung latenter Steuern (§ 306 HGB) grds. vorliegen.[78] Ebenfalls

---

[76] Vgl. auch Kliem/Roland, in Beck Bil-Komm., 14. Aufl. 2024, § 309 HGB Rz 30, die aber noch weiter danach differenzieren, ob die erstmals konsolidierten Anteile bisher at equity oder mit den AK bewertet wurden. Im Unterschied zu den seit längerer Zeit bestehenden und nunmehr erstmals konsolidierten TU soll in diesen Fällen eine ergebniswirksame Auflösung nach § 309 Abs. 2 Nr. 2 HGB zu präferieren sein, sofern dieses Eigenkapital in den Beteiligungen bislang vor der Konzernzugehörigkeit erwirtschaftet wurde und sich noch nicht – wie bei der Bewertung zu AK – einmal in der Konzern-GuV niedergeschlagen hat. A. A. IDW, WPH Edition, Wirtschaftsprüfung & Rechnungslegung, 18. Aufl. 2023, Kap. G Tz. 413 ff.: **Mussvorschrift** (ebenso Kliem/Roland, in Beck Bil-Komm., 14. Aufl. 2024, § 309 HGB Rz 24).
[77] Vgl. Kliem/Roland, in Beck Bil-Komm., 14. Aufl. 2024, § 309 HGB Rz 30.
[78] Vgl. Ernst/Fink in Prinz/Kanzler, Handbuch Bilanzsteuerrecht, 4. Aufl. 2021, Rz 2537 und Wendholt/Wesemann, DB 2008, Beil. 1 zu Heft 7, S. 51.

Auswirkung auf den Ansatz latenter Steuern hätte grds. die unterschiedliche Behandlung des Wegfalls der Gründe einer außerplanmäßigen Abschreibung auf den GoF. Daneben hätte die **unterschiedliche Wertaufholungskonzeption** in Handels- und Steuerbilanz (§ 253 Abs. 5 Satz 2 HGB, § 6 Abs. 1 Nr. 1 Satz 4 EStG) Einfluss auf den Ansatz latenter Steuern. Gem. DRS 18.25 dürfen latente Steuern auf Buchwertdifferenzen beim GoF jedoch nur dann angesetzt werden, wenn diese auf temporären Differenzen beruhen, die auf einen **steuerlich abzugsfähigen GoF** zurückzuführen sind. Zu den jeweiligen Auswirkungen aus der Zugangs- und Folgebewertung des GoF auf die Bildung latenter Steuern vgl. insgesamt § 306 Rz 23–Rz 26.

5 Unterschiedsbetrag nach dem Publizitätsgesetz

36 § 13 Abs. 2 Satz 1 PublG wurde durch das BilMoG nicht geändert. Demnach sind die Vorschriften zum Konzernabschluss (§§ 294–314 HGB) weiterhin sinngemäß anzuwenden.

6 Sanktionen

37 § 309 HGB wird von der Bußgeldvorschrift § 334 HGB nicht unmittelbar erfasst. Ein Verstoß gegen die Vorschriften des § 309 HGB kann jedoch mittelbar von § 331 Nr. 2 HGB mit einer Freiheitsstrafe von bis zu drei Jahren oder mit Geldbuße sanktioniert werden, wenn dadurch die Verhältnisse im Konzernabschluss, Konzernlagebericht oder Konzernzwischenabschluss unrichtig wiedergegeben oder verschleiert werden. Ebenso ist ein Verstoß gegen die Generalnorm des § 297 Abs. 2 HGB mit einem Bußgeld nach § 334 Abs. 1 Nr. 2b HGB belegt, wenn die dargestellte Vermögens-, Finanz- und Ertragslage wesentlich von der tatsächlichen Vermögens-, Finanz- und Ertragslage abweicht.

Diese Vorschrift gewinnt bzgl. § 309 HGB durch den **Wegfall der Wahlrechte** und den damit zwingenden Ausweis des GoF an Bedeutung, da GoF wesentliche Bestandteile von Unternehmenszusammenschlüssen sind.[79]

---

[79] Vgl. Günther/Ott, WPg 2008, S. 917.

§ 310 Anteilmäßige Konsolidierung

(1) Führt ein in einen Konzernabschluß einbezogenes Mutter- oder Tochterunternehmen ein anderes Unternehmen gemeinsam mit einem oder mehreren nicht in den Konzernabschluß einbezogenen Unternehmen, so darf das andere Unternehmen in den Konzernabschluß entsprechend den Anteilen am Kapital einbezogen werden, die dem Mutterunternehmen gehören.
(2) Auf die anteilmäßige Konsolidierung sind die §§ 297 bis 301, §§ 303 bis 306, 308, 308a, 309 entsprechend anzuwenden.

Inhaltsübersicht Rz
1 Überblick 1–5
   1.1 Inhalt und Regelungszweck........................ 1–3
   1.2 Anwendungsbereich............................... 4
   1.3 Normenzusammenhänge 5
2 Voraussetzung für die anteilmäßige Konsolidierung 6–24
   2.1 Begriff des Gemeinschaftsunternehmens.............. 6–14
   2.2 Wahlrecht zur Quotenkonsolidierung oder der Bewertung at equity 15–21
   2.3 Wahlrecht zum Verzicht der Einbeziehung über die Quotenkonsolidierung oder die Bewertung at equity 22–24
3 Durchführung der Quotenkonsolidierung................. 25–37
   3.1 Kapitalkonsolidierung............................. 25–29
   3.2 Beispiel Teil 1 – Kapitalkonsolidierung............... 30
   3.3 Schuldenkonsolidierung 31–32
   3.4 Beispiel Teil 2 – Schuldenkonsolidierung.............. 33
   3.5 Aufwands- und Ertragskonsolidierung sowie Zwischenergebniseliminierung 34–35
   3.6 Beispiel Teil 3 – Aufwands- und Ertragskonsolidierung sowie Zwischenergebniseliminierung 36
   3.7 Ent- und Übergangskonsolidierung 37
4 Zurechnung von Beteiligungen von Gemeinschaftsunternehmen an untergeordnete Unternehmen auf ein gemeinschaftlich führendes Mutterunternehmen 38
5 Rechtsfolgen bei Pflichtverletzung 39

1 Überblick

1.1 Inhalt und Regelungszweck

Der Gesetzgeber hat für die Einbeziehung von Unt in den Konzernabschluss eine **Stufenkonzeption** vorgesehen.[1] Während TU voll zu konsolidieren (§ 301 Rz 30ff.) und assoziierte Unt nur at equity zu bewerten sind (§ 312 Rz 1ff.), können **GemeinschaftsUnt** anteilig in den Konzernabschluss einbezogen werden. Mit dieser Konzeption soll ein abgestufter Übergang unter Berücksichti-

---

[1] Vgl. Ebeling, in Baetge/Kirsch/Thiele, Bilanzrecht, § 310 HGB Rz 2, Stand: 7/2019.

gung der abnehmenden Intensität der Einflussnahme erreicht werden. Die VG und Schulden, Aufwendungen und Erträge sowie Zwischenergebnisse des gemeinschaftlich geführten Unt können daher höchstens mit einem dem MU gehörenden bzw. zuzurechnenden Kapitalanteil entsprechenden Bruchteil in den Konzernabschluss übernommen werden.

2 Diese sog. **Quotenkonsolidierung (QuotenKons)** ist i. R. d. Übernahme eines Wahlrechts aus Art. 32 der 7. EG-RL mit dem BiRiLiG 1985 ins HGB aufgenommen worden. Anders als in den USA und seit dem Gj 2014 auch nach den IFRS[2] ist die QuotenKons in vielen anderen europäischen Ländern als Alternative zur Equity-Methode (§ 312 Rz 1) zur Konsolidierung (Kons.) von GemeinschaftsUnt vorgesehen (Art. 26 RL 2013/34/EU).

3 Für die Einbeziehung von GemeinschaftsUnt wurde mit der Vermutung, es handele sich um GoB für Konzerne, am 11.12.2001 **DRS 9** „Bilanzierung von Anteilen an Gemeinschaftsunternehmen im Konzernabschluss" veröffentlicht. Zusätzlich ist seit dem Gj 2017 auch **DRS 23** „Kapitalkonsolidierung (Einbeziehung von Tochterunternehmen in den Konzernabschluss)" relevant, der Ausführungshinweise für die grds. Konsolidierungsmaßnahmen enthält. DRS 23 wurde vom DRSC am 25.9.2015 verabschiedet und vom BMJV am 23.2.2016 bekannt gemacht. Ab dem Gj 2020 wird DRS 9 durch **DRS 27 „Anteilmäßige Konsolidierung"** ersetzt, eine frühere Anwendung wird empfohlen (DRS 27.69ff.).[3] Zeitgleich wurde DRS 26 „Assoziierte Unternehmen"[4] bekannt gemacht, in der Rechnungslegungsempfehlungen für die Equity-Bewertung gegeben werden.

1.2 Anwendungsbereich

4 Die Vorschrift ist von allen **konzernrechnungslegungspflichtigen MU** anzuwenden (§ 290 Rz 8 ff.). Dies bedeutet, dass zumindest noch ein in den KonsKreis einzubeziehendes TU neben dem GemeinschaftsUnt vorhanden sein muss. Ein GemeinschaftsUnt alleine löst keine Konzernrechnungslegungspflicht aus. Die Rechtsform und der Sitz des Unt sind für dessen Einstufung als GemeinschaftsUnt analog zu § 294 Abs. 1 HGB unerheblich (DRS 27.9).

1.3 Normenzusammenhänge

5 Die QuotenKons ist der Interessentheorie (Rz 18) zuzurechnen und widerspricht somit der in § 297 Abs. 3 Satz 1 HGB geforderten Einheitstheorie. Bzgl. der Durchführung der Konsolidierungsmaßnahmen wird auf die §§ 297 bis 301, §§ 303 bis 306, 308, 308a und 309 HGB verwiesen. Wird keine QuotenKons vorgenommen, so ist gem. § 312 HGB die Einbeziehung des GemeinschaftsUnt at equity zu prüfen. Aus dem Wahlrecht folgt, dass gem. § 311 Abs. 2 HGB auch auf den Einbezug at equity verzichtet werden darf, wenn die Beteiligung an dem GemeinschaftsUnt für die Vermittlung eines den tatsächlichen Verhältnissen entsprechenden Bildes der Vermögens-, Finanz- und Ertragslage nur von untergeordneter Bedeutung ist.[5]

---

[2] Mit IFRS 11 wurde die QuotenKons für GemeinschaftsUnt abgeschafft, vgl. Lüdenbach/Hoffmann/Freiberg, Haufe IFRS-Kommentar, 13. Aufl. 2015, § 34 Rz 1 ff. (die Altregelung wird nicht mehr kommentiert).
[3] DRS 27 wurde bekannt gemacht im BAnz v. 16.10.2018 als Anlage B2.
[4] BAnz v. 16.10.2018 Anlage B1.
[5] Vgl. Pellens/Fülbier, in MünchKomm. HGB, 5. Aufl. 2024, § 310 HGB Rn 27.

2 Voraussetzung für die anteilmäßige Konsolidierung

2.1 Begriff des Gemeinschaftsunternehmens

Verallgemeinert handelt es sich bei **GemeinschaftsUnt** um rechtlich selbstständige Unt mit vertraglichen Vereinbarungen über die Durchführung wirtschaftlicher Aktivitäten unter gemeinsamer Leitung zwischen zwei oder mehreren voneinander unabhängigen Parteien, wobei die wirtschaftliche Zusammenarbeit und somit die Verfolgung gemeinsamer Interessen im Vordergrund steht. Es handelt sich um Unt, die von einem in den Konzernabschluss einbezogenen MU oder TU und einem oder mehreren anderen, nicht zum Konzern gehörenden Unt gemeinsam geführt werden. DRS 27.7 definiert ein GemeinschaftsUnt als „Unternehmen, dessen Geschäfts- und Finanzpolitik gemeinsam von zwei oder mehr voneinander unabhängigen Unternehmen geführt wird, wobei eines der Unternehmen das Mutterunternehmen oder ein Unternehmen sein muss, das im Wege der Vollkonsolidierung gem. §§ 300 ff. HGB in den Konzernabschluss des Mutterunternehmens einbezogen wird." Für die Erfüllung einer gemeinsamen Führung ist dabei die tatsächliche gleichberechtigte Ausübung des beherrschenden Einflusses auf die Finanz- und Geschäftspolitik des GemeinschaftsUnt durch das MU oder ein in den Konzernabschluss einbezogenes TU gemeinsam mit mind. einem nicht in den Konzernabschluss einbezogenen Unternehmen auf Basis einer **auf Dauer angelegten vertraglichen Vereinbarung** zur gemeinsamen Führung (DRS 27.10b) durch die Gesellschafter notwendig.

Unter dem Aspekt der **Intensität der Einflussnahme** bildet diese Gesellschaftsform die erste Übergangsstufe vom Kern der Unternehmensgruppe zur Umwelt. Im Gegensatz zum Beherrschungskonzept des § 290 HGB, das seinen Ausdruck darin findet, dass bei TU allein das Interesse des MU durchgesetzt werden kann, erfordern GemeinschaftsUnt einen Interessenausgleich der gleichberechtigten Gesellschafter.

Für die Einstufung als GemeinschaftsUnt sind weder die Beteiligungsquoten noch die Gesellschafterzahl bestimmend. Konstitutive Merkmale sind vielmehr die **tatsächlich ausgeübte gemeinsame Führung**, die sich darin ausdrückt, dass die Geschäftspolitik in wesentlichen Fragen gemeinsam bestimmt wird, keinem Beteiligten besondere Leitungsbefugnisse zustehen, die **Gesellschafter voneinander unabhängig sind** und eine i.d.R. **auf Dauer ausgerichtete Zusammenarbeit vorliegt**. Nach DRS 27.18 hängt die Mindestdauer der vertraglichen Vereinbarung von der vom GemeinschaftsUnt verfolgten Geschäftstätigkeit ab. Das Merkmal der Dauerhaftigkeit schließt nicht aus, dass das GemeinschaftsUnt von vornherein nur für eine gewisse Dauer, z.B. zur Abwicklung eines Großprojekts, errichtet wird.

Die Möglichkeit zur Ausübung der gemeinschaftlichen Leitung in Analogie zum Beherrschungskonzept des § 290 HGB ist somit nicht ausreichend. Denkbar ist jedoch, dass sich die Gesellschafter die Führungsrollen aufteilen, etwa in technische und kaufmännische Führung, wobei aber sichergestellt sein muss, dass bei unterschiedlichen Auffassungen **einvernehmliche Entscheidungen** herbeigeführt werden. DRS 9.3 unterstellte, dass eine gemeinschaftliche Führung dann gegeben sei, wenn die Gesellschafter strategische Geschäftsentscheidungen sowie Entscheidungen über Investitions- und Finanzierungstätigkeiten einstimmig treffen. Auch nach DRS 27.21 liegt eine gemeinsame Führung nicht vor, sofern sich einer der beteiligten Gesellschafter in Fragen der Finanz- und Geschäftspolitik in Konfliktfällen oder Pattsituationen einseitig durchsetzen kann; dann wäre eine Mutter-Tochter-Beziehung zu einem Gesellschafter anzunehmen. Konkretisierend werden nach DRS 27.25 faktische Gesellschaftsverhältnisse, z.B. paritätische Beteiligungen, alleine als nicht für eine gemeinsame Führung i.S.d. § 310 Abs. 1 HGB ausreichend angesehen. Gleiches wird selbst dann angenommen, wenn die Gesellschafter eines Unt erkennbar gleichgerichtete Interessen in Bezug auf dessen Geschäftstätigkeit haben, darüber hinaus aber keine vertraglichen Vereinbarungen zur gemeinsamen Führung der Finanz- und Geschäftspolitik des betreffenden Unt bestehen. Eine reine Finanzbeteiligung, die sich lediglich auf die Ausübung der mitgliedschaftlichen Rechte beschränkt, ist für eine gemeinsame Führung i.S.d. § 310 Abs. 1 HGB nicht ausreichend (DRS 27.27). GemeinschaftsUnt liegen nach DRS 27.24 sinnvollerweise auch dann nicht vor, wenn durch Vereinbarungen im Innenverhältnis Gesellschafter eines Unt die Mehrheit der Risiken und Chancen aus der Geschäftstätigkeit für einen bestimmten Bereich tragen (sog. Silo- oder Zebra-Gesellschaften). Dann ist regelmäßig nach § 290 Abs. 2 Nr. 4 HGB von einem TU in Form einer Zweckgesellschaft auszugehen, was i.R.d. VollKons einzubeziehen ist (§ 290 Rz 46ff.).

9 Auch wenn der Wortlaut von § 310 Abs. 1 HGB explizit eine Unternehmereigenschaft bei den anderen Gesellschaftern unterstellt, ist denkbar, dass auch eine **Privatperson** die Rolle eines „nicht in den Konzernabschluss einbezogenen Unternehmens" ausfüllen kann.[6] Dagegen hat das GemeinschaftsUnt selbst stets die Unternehmenseigenschaften zu erfüllen, wobei jedoch Sitz und Rechtsform unerheblich sind (DRS 27.9).

10 Bei **Arbeitsgemeinschaften**, deren Zusammenarbeit von Beginn an zeitlich befristet ist und die häufig in der Rechtsform der GbR geführt werden, ist die Zuordnung als GemeinschaftsUnt i.S.d. HGB im Schrifttum strittig. Im Zweifel ist eine Unternehmenseigenschaft nachzuweisen, welche gem. HFA 1/1993[7] dann als gegeben anzusehen ist, wenn
- das Vermögen ganz oder teilweise gesamthänderisch gebunden ist,
- keine reine vermögensverwaltende Tätigkeit ausgeübt wird,
- erwerbswirtschaftliche Interessen verfolgt werden,
- mittels einer Organisation nach außen in Erscheinung getreten wird sowie
- Rechtsbeziehungen zu Dritten oder zu Unt des Konzernverbunds bestehen.

11 Wird eine **GbR** als GemeinschaftsUnt klassifiziert, so müssen die die Ges. führenden Unt eine Rechnungslegung nach handelsrechtlichen Normen vereinbaren, da für diese Rechtsform keine gesetzlichen Rechnungslegungsvorschriften bestehen.[8]

12 Hinsichtlich der **Anzahl der gemeinschaftlich führenden Gesellschafter** werden als Untergrenze zwei – ansonsten handelt es sich um ein TU – und als Obergrenze fünf Gesellschafter genannt, da gem. § 311 Abs. 1 Satz 2 HGB bei unter 20 % kein maßgeblicher Einfluss mehr vermutet wird.[9] Es handelt sich dabei aber lediglich um den Vermutungstatbestand des maßgeblichen Einflusses, sodass auch mehr als

---

6 Vgl. Ebeling, in Baetge/Kirsch/Thiele, Bilanzrecht, § 310 HGB Rz 38, Stand: 7/2019.
7 Vgl. IDW HFA 1/1993, WPg 1993, S. 493.
8 Vgl. IDW HFA 1/1993, WPg 1993, S. 441.
9 Vgl. ADS, Rechnungslegung und Prüfung der Unternehmen, 6. Aufl. 1995–2001, § 310 HGB Rz 15.

fünf Gesellschafter möglich sind.[10] Grds. denkbar ist auch, dass neben den Gesellschaftern, die die gemeinschaftliche Führung ausüben, noch weitere Gesellschafter an dem GemeinschaftsUnt beteiligt sind (sog. Streubesitz). Maßgebend sind die Stimmenverteilung sowie die tatsächlich durchgeführte gemeinschaftliche Leitung. Wenn die das GemeinschaftsUnt führenden Gesellschafter eine Vereinbarung über die Beschränkung der Stimmrechtsausübung oder eine Einstimmigkeitsvereinbarung getroffen haben, sind letztlich jedoch auch die Höhe der Kapitalbeteiligung und die der Anteile der Stimmrechte für die Klassifikation eines GemeinschaftsUnt nicht mehr relevant (DRS 27.22).[11]

> **Praxis-Beispiel**
> GemeinschaftsUnt können bei folgenden Konstellationen vorliegen, soweit eine gemeinschaftliche Führung tatsächlich ausgeübt wird:
> - Paritätische Stimmrechtsverteilung, d. h. 50 % : 50 %, 33,33 % : 33,33 % : 33,33 %, 25 % : 25 % : 25 % : 25 %, ...
> - Stimmrechtsmehrheit, aber Einstimmigkeitsvereinbarung, d. h. z. B. 80 % : 20 %, 55 % : 45 %, ...
> - Vorhandensein von Minderheitsgesellschaftern, soweit die Hauptgesellschafter gemeinsam führen, z. B. 40 % : 40 % : 20 % (Streubesitz), ...

Zwingend ist jedoch, dass das konsolidierungspflichtige MU oder ein anderes KonzernUnt einen **Kapitalanteil** an dem GemeinschaftsUnt hält, da ansonsten eine quotale Einbeziehung bei einer Quote von 0 % nicht erfolgen kann.

Obwohl hier bereits seit längerem und nun auch im DRS 27.7 gefordert, ist die **vertragliche Vereinbarung** als Grundlage der gemeinsamen Führung nicht unumstritten. Nach DRS 27.16 kann es sich dabei um schuldrechtliche Vereinbarungen, z. B. in Form von sog. Joint-Venture-Verträgen oder Stimmrechtspooling-Verträgen, um gesellschaftsvertragliche Vereinbarungen oder um (Vorschalt-)Strukturen zur Koordination der gemeinsamen Willensbildung (z. B. Stimmrechts-GbR) handeln. Nach DRS 27.25 werden daher auch faktische Gesellschaftsverhältnisse, z. B. paritätische Beteiligungen, alleine als nicht für eine gemeinsame Führung i. S. d. § 310 Abs. 1 HGB ausreichend angesehen. Gleiches wird selbst dann angenommen, wenn die Gesellschafter eines Unt erkennbar gleichgerichtete Interessen in Bezug auf dessen Geschäftstätigkeit haben, darüber hinaus aber keine vertraglichen Vereinbarungen zur gemeinsamen Führung der Finanz- und Geschäftspolitik des betreffenden Unt bestehen. An anderer Stelle werden Verträge zwar als nützlich für die Absicherung des Anspruchs auf Beteiligung an der gemeinsamen Führung gesehen, aber nicht als Voraussetzung für die Klassifikation eines GemeinschaftsUnt verlangt.[12] Das Vorliegen eines Vertrags vereinfacht die Feststellung der Voraussetzung der tatsächlichen gemeinsamen Führung. Gleichwohl bedeutet dies eine weitere Einschränkung der bislang schon engen Voraussetzungen für die Zuordnung zum Konsolidierungskreis und findet sich weder im Gesetzestext (§ 310 HGB) noch in der EU-Richtlinie (Art. 26). Das DRSC begründet dies in DRS 27.B7

---

10 Vgl. Ebeling, in Baetge/Kirsch/Thiele, Bilanzrecht, § 310 HGB Rz 41, Stand: 7/2019.
11 Vgl. Zündorf, BB 1987, S. 1913.
12 Vgl. z. B. Ebeling, in Baetge/Kirsch/Thiele, Bilanzrecht, § 310 HGB Rz 32, Stand: 7/2019.

damit, dass Strukturen, in denen z.B. jedem Gesellschafter durch den Gesellschaftsvertrag für bestimmte Entscheidungen Vetorechte eingeräumt werden, bei wirtschaftlicher Betrachtungsweise einer gemeinsamen Führung gleichkommen könnten. In diesen Fällen mangelt es an einer durchsetzbaren Vereinbarung zur gemeinsamen Führung zwischen den Gesellschaftern – ein formelles (und damit ggf. einklagbares) Recht zur gemeinsamen Führung besteht somit nicht.

2.2 Wahlrecht zur Quotenkonsolidierung oder der Bewertung at equity

15 Für gemeinschaftlich geführte Unt ist gem. § 310 Abs. 1 HGB und DRS 9.4 bzw. DRS 27.2 im Konzernabschluss eine anteilmäßige Konsolidierung (**Quoten-Kons**) erlaubt, wenn mind. eines der gemeinschaftlich führenden Unt nicht zum Konsolidierungskreis (KonsKreis) gehört. Alternativ ist ein Einbezug nach der Equity-Methode gem. § 312 HGB zulässig, was auch entsprechend in DRS 9.4 bzw. DRS 27.28 nachgebildet ist.[13] Wird auf das Einbeziehungswahlrecht des § 311 Abs. 2 HGB zurückgegriffen, so hat der Ausweis als Beteiligung zu erfolgen (§ 311 Rz 42 ff.).

16 Das **Methodenwahlrecht** bezieht sich jedoch nur auf die GemeinschaftsUnt. Im umgekehrten Fall eines assoziierten Unt darf ebenso wenig statt der Equity-Methode die Quotenkonsolidierung (QuotenKons) erfolgen, wie ein TU statt der Vollkonsolidierung (VollKons) nicht anteilmäßig einbezogen werden darf.

17 Die für das GemeinschaftsUnt gewählte Konsolidierungsmethode muss im Anhang angegeben werden und ist gem. § 297 Abs. 3 Satz 2 HGB stetig beizubehalten. Allerdings darf diese Entscheidung für **jedes einzelne GemeinschaftsUnt gesondert** getroffen werden, wobei im Folgenden wiederum die Methodenstetigkeit zu beachten ist.[14]

18 Mit der QuotenKons wird der Zweck des konsolidierten Abschlusses, den Konzern als wirtschaftliche Einheit abzubilden, nicht erreicht. Zum einen gehören aus Sicht der Einheitstheorie die nicht in die Konzernbilanz aufgenommenen Anteile der anderen Gesellschafter ebenfalls zum Eigenkapital. Zum anderen werden im Konzernabschluss VG und Schulden ausgewiesen, deren Wertansatz von der Beteiligungshöhe abhängt und der sich bei einer steigenden oder sinkenden Beteiligungshöhe entsprechend verändert. Zudem kann der Konzern über die abgebildeten Teil-Vermögensgegenstände und -Schulden nicht frei verfügen. Auch wenn die anteilige Einbeziehung die beschränkte Verfügungsmacht des Konzerns zum Ausdruck bringen soll, entspricht diese Abbildung nicht der tatsächlichen Rechtslage, denn es ist bspw. keine selbstständige Verwertbarkeit der Vermögenswerte gegeben. Die Aussagefähigkeit des Konzernabschlusses kann durch die Vermischung von voll und quotal konsolidierten Daten beeinträchtigt werden, da dies zu einem von außen nicht differenzierbaren Bewertungskonglomerat führt. Die Lage des Konzerns wird dadurch nicht richtig wiedergegeben. Außerdem wird der Wertansatz eines Gegenstands von der Höhe des Kapitalanteils abhängig gemacht. Dies führt dazu, dass ein gleicher Sachverhalt bei ungleichen Kapitalanteilen unterschiedlich bewertet wird. Die Quoten-Kons verstößt in elementarer Weise gegen die Einheitstheorie; sie ist der **Interessentheorie** zuzurechnen, bei der der Konzernabschluss als erweiterter Abschluss des

---

[13] Vgl. zur Equity-Methode Müller, in Kußmaul/Müller, HdB, Equity-Bewertung nach HGB und IFRS Rz 1 ff., Stand: 4.7.2024.

[14] Vgl. Ebeling, in Baetge/Kirsch/Thiele, Bilanzrecht, § 310 HGB Rz 2, Stand: 7/2019.

MU zu verstehen ist. Als kritisch wird auch erachtet, dass die innerkonzernlichen Beziehungen und Geschäftsvorfälle nur anteilsmäßig eliminiert werden.

Als Resultat auf die Kritik an der QuotenKons werden von DRS 9 mit der Vermutung, es handele sich um GoB für den Konzern, **zusätzliche Anhangangaben** für kapitalmarktorientierte Unt gefordert, womit der Vorwurf des Wertekonglomerats entkräftet werden kann. So haben als Gesamtangabe zu erfolgen die Summen:
- der kurzfristigen Vermögenswerte,
- der langfristigen Vermögenswerte,
- der kurzfristigen Schulden,
- der langfristigen Schulden sowie
- der Aufwendungen und Erträge, die aus einbezogenen GemeinschaftsUnt resultieren.

Zudem ist eine gesonderte Angabe der nicht bilanzierten finanziellen Verpflichtungen, die im Zusammenhang mit dem GemeinschaftsUnt bestehen, d.h. gegenüber dem GemeinschaftsUnt selbst, gegenüber den anderen PartnerUnt oder gegenüber Dritten, notwendig (DRS 9.25). Nach DRS 27 wird von dieser Angabepflicht für kapitalmarktorientierte Unt abgesehen, da diese durch die Abschaffung der QuotenKons mit IFRS 11 obsolet geworden sind. Vor dem Hintergrund der geforderten tatsachengemäßen Darstellung der Vermögens-, Finanz- und Ertragslage des Konzerns kann es als notwendig erscheinen, diese Angaben im Konzernanhang auch von nicht kapitalmarktorientierten Unt zu machen.

Ein Vorteil der QuotenKons ist die **umfassende Darstellung des wirtschaftlichen Handelns** des Konzerns. Berücksichtigt man, dass viele Konzerne aus Kapazitäts- und Risikogründen bestimmte Aktivitäten zunehmend rechtlich ausgliedern und in Form von GemeinschaftsUnt durchführen, ist die Ablehnung der QuotenKons folglich zu relativieren. Die GemeinschaftsUnt gehören zwar nicht zur wirtschaftlichen Einheit, aber die daran beteiligten KonzernUnt beeinflussen die Geschäftsführung aktiv und sind an den Gewinnen und Verlusten operativ beteiligt. Eine unzulässige Erweiterung des Vollkonsolidierungskreises (VollKonsKreises) durch ein GemeinschaftsUnt erfolgt dadurch jedoch nicht. Außerdem ist zu vermuten, dass „die Auswirkungen der Quotenkonsolidierung auf die externe Rechnungslegung des Gesamtkonzerns zu einer intensiveren Betreuung des Rechnungswesens des Gemeinschaftsunternehmens führen dürften."[15]

Will man die **wirtschaftlichen Aktivitäten** eines Konzerns **zutreffend abbilden, stellt die QuotenKons** nach der hier vertretenen Ansicht durchaus eine **zieladäquate Konsolidierungsmethode** dar, zumal eine der Einheitstheorie entsprechende VollKons erst recht ein unzutreffendes Bild bieten würde. Unter Abbildungsaspekten sollte somit im Zweifel die QuotenKons einer Nettodarstellung, wie sie über die alternativ zulässige Equity-Bewertung, bei der die einzelnen Vermögens- und Erfolgskomponenten im Beteiligungsbuchwert untergehen, erfolgen würde (§ 312 Rz 12 ff.), vorgezogen werden. Sinnvoll ist zum Ausgleich der durch die Vermengung von voll und quotal einbezogenen Vermögensgegenständen und Schulden entsprechende Angaben im Konzernanhang über die Höhe der nur anteilmäßig abgebildeten Vermögensgegenstände und Schulden zu geben.

---

[15] Küting/Weber, Konzernabschluss, 14. Aufl. 2018, S. 641.

2.3 Wahlrecht zum Verzicht der Einbeziehung über die Quotenkonsolidierung oder die Bewertung at equity

22 Da es nach DRS 27.28 möglich ist, statt einer anteilmäßigen Einbeziehung auch eine Bewertung at equity nach §§ 311 f. HGB vorzunehmen, wirkt auch das Einbeziehungswahlrecht aus § 311 Abs. 2 HGB auf GemeinschaftsUnt. Demnach kann von einer Einbeziehung abgesehen werden, wenn diese für die Vermittlung eines den tatsächlichen Verhältnissen entsprechenden Bildes der Vermögens-, Finanz- und Ertragslage **von untergeordneter Bedeutung** ist (analog zu § 296 Abs. 2 HGB). In diesem Fall greifen aber die Angabepflichten nach § 313 Abs. 2 Nr. 2 Satz 2 HGB (DRS 26.80 ff.).

23 Für die anderen Wahlrechte aus § 296 Abs. 1 HGB bleibt bzgl. Nr. 1 und Nr. 3 keinen Platz. Die geforderte tatsächlich ausgeübte gemeinsame Führung verhindert, dass GemeinschaftsUnt, bei denen die Rechte nicht ausgeübt werden oder eingeschränkt sind, einbezogen werden können (DRS 27.20). Ebenso verhält es sich mit zur Veräußerung gehaltenen Unt, da es hier an der geforderten Dauerhaftigkeit mangelt.

24 Einen Sonderfall stellt die Übertragung des Wahlrechts aus § 296 Abs. 1 Nr. 2 HGB auf gemeinschaftlich geführte Unt dar. Sind die für die anteilmäßige Kons. erforderlichen Angaben nicht ohne unverhältnismäßig hohe Kosten oder mit unangemessener Verzögerung zu erhalten, dann kann zunächst auf die Bewertung at equity ausgewichen werden. Fehlen auch dafür die Angaben, so bietet § 312 HGB einige Erleichterungen, etwa auf den letzten verfügbaren Abschluss zurückzugreifen (§ 312 Rz. 98 ff.).

3 Durchführung der Quotenkonsolidierung

3.1 Kapitalkonsolidierung

25 Im Zusammenhang mit der Kapitalkonsolidierung (KapKons) werden die Aktiva und Passiva des durch die **konzerneinheitliche Bilanzierung** (§ 300 Rz 13 ff.) **und Bewertung** (§ 308 Rz 1 ff.) modifizierten Jahresabschlusses des GemeinschaftsUnt entsprechend des direkt gehaltenen oder nach § 290 Abs. 5 HGB zuzurechnenden Kapitalanteils des MU quotal in den Konzernabschluss übernommen. Aus dem Konstrukt eines GemeinschaftsUnt mit mind. zwei MU folgt das praktische Problem, dass das GemeinschaftsUnt i. d. R. in mind. zwei Konzernabschlüsse einzubeziehen ist, was auch die Beachtung von mind. zwei ggf. abweichenden Konzernrichtlinien zur jeweiligen Handhabung der Ansatz- und Bewertungsmethoden zur Folge hat. Da jedoch der explizite Verweis auf die Regelungen der Vereinheitlichung im Gesetz aufgenommen ist, bedeutet dies, dass das Rechnungswesen des GemeinschaftsUnt auch für jedes der gemeinsam leitenden Unt eine HB II erstellen, d. h. ggf. parallel mit unterschiedlichen Ansatz- und Bewertungsregelungen arbeiten muss. Allerdings sind Ausnahmen bei der Anpassung in § 308 Abs. 2 Satz 3 HGB für die Bewertung explizit und für die Ansatzvereinheitlichung implizit vorgesehen (§ 300 Rz 35). Demnach sind grds. gebotene Anpassungen der Ansatz- und Bewertungsvorschriften der einzubeziehenden Unt entbehrlich, wenn dies für die Vermittlung eines den tatsäch-

lichen Verhältnissen entsprechenden Bilds der Vermögens-, Finanz- und Ertragslage des Konzerns von untergeordneter Bedeutung ist.[16]
Es handelt sich bei der Quotenkonsolidierung (QuotenKons) um eine **Vollkonsolidierung (VollKons) mit der eigenen Beteiligungsquote**. Da die QuotenKons völlig von den Kapitalanteilen der anderen Gesellschafter abstrahiert, ist **kein Ausgleichsposten** für Anteile anderer Gesellschafter auszuweisen. Der direkte Verweis auf § 301 HGB bedingt die pflichtgemäße Verwendung der **Neubewertungsmethode** für die Erstkonsolidierung (ErstKons). Wurden GemeinschaftsUnt vor 2009 mit der Buchwertmethode erstkonsolidiert, so ist diese Konsolidierungsmethode beizubehalten.[17]

26

Hinsichtlich des Ansatzes der Wertverhältnisse schreibt § 301 Abs. 2 Satz 1 HGB den **Zeitpunkt** vor, an dem das Unt GemeinschaftsUnt geworden ist. Dies ist der Zeitpunkt, ab dem die gemeinsame Führung tatsächlich ausgeübt wird (DRS 27.43). Für den Fall, dass das MU erstmals einen Konzernabschluss aufstellt oder das GemeinschaftsUnt nach einer zuvor erfolgten Nutzung eines Konsolidierungswahlrechts erstmalig einbezogen wird, sind nach § 301 Abs. 2 Satz 3 und 4 HGB die Wertansätze zum Zeitpunkt der Einbeziehung des GemeinschaftsUnt in den Konzernabschluss zugrunde zu legen. Allerdings besteht mit § 301 Abs. 2 Satz 5 HGB in Ausnahmefällen die Möglichkeit, die Wertansätze von dem Zeitpunkt zugrunde zu legen, an dem die gemeinschaftliche Führung erstmals ausgeübt wurde, d. h. der Zeitpunkt aus § 301 Abs. 1 Satz 1 HGB. Dies ist allerdings im Konzernanhang anzugeben und zu begründen.

27

Hinsichtlich der Ermittlung der **Quote für die Einbeziehung** ist auf die vom MU und/oder von TU des Konzerns gehaltenen Anteile am Kapital abzustellen. Diese bestimmt sich grds. nach § 290 Abs. 3 und 4 HGB (Auslegung in DRS 23.46; § 290 Rz 55 ff.). Eine von der Kapitalbeteiligung abweichende Verteilung der Stimmrechte ist gem. DRS 27.41 für die Durchführung der anteilmäßigen Konsolidierungsmaßnahmen nach § 310 Abs. 2 HGB unerheblich. Zudem empfiehlt DRS 27.42 die Zugrundelegung der wirtschaftlichen Beteilgungsquote am GemeinschaftsUnt, wenn in Ausnahmefällen die kapitalmäßige Anteilsquote dauerhaft nicht der wirtschaftlichen Beteiligungsquote des MU an den laufenden Ergebnissen sowie am Liquidationserlös entspricht. Dies setzt voraus, dass die wirtschaftliche Beteiligungsquote eindeutig anhand entsprechender (gesellschafts-)vertraglicher Vereinbarungen bestimmt werden kann (DRS 23.47).

28

> **Praxis-Beispiel**
> Neben dem problemlosen Normalfall, dass ein Unt die Anteile neben mind. einem weiteren konzernunabhängigen Unt hält und beide entsprechend als gemeinschaftlich leitende Unt auftreten, bedürfen folgende Fälle aus der Sicht des einzelnen leitenden Unt einer gesonderten Betrachtung:

---

[16] Vgl. IDW RH HFA 1.018.11.
[17] Kreipl/Müller, in Bertram/Brinkmann/Kessler/Müller, Haufe HGB Bilanz Kommentar BilMoG Erfahrungsbericht, 2012, Art. 66 EGHGB Rz 14.

- Die Kapitalanteile wurden zu verschiedenen Zeitpunkten erworben, etwa wenn eines der gemeinsam leitenden Unt aus dem GemeinschaftsUnt ausgestiegen ist und dessen Anteile von den verbleibenden leitenden Unt erworben wurden. In diesem Fall ist nach § 301 Abs. 2 HGB eine gesonderte Kons. der einzelnen Quoten durchzuführen oder alternativ eine Abbildung als Transaktion zwischen den Gesellschaftern denkbar (DRS 23.176; § 301 Rz 198 f.).
- Das GemeinschaftsUnt wird nicht direkt vom MU, sondern von einem einbezogenen TU gehalten, an dem das MU weniger als 100 % der Anteile hält. In diesem Fall sind indirekte Anteile anderer Gesellschafter zu berücksichtigen, die jedoch implizit bereits in der Position der nicht beherrschenden Anteile enthalten sind, die i. R. d. VollKons des TU in die Konzernbilanz gelangen. Für den Ergebnisanteil ist darauf zu achten, dass diese Kons. auf Basis eines Teil-Konzernabschlusses erfolgt, da ansonsten die von § 307 Abs. 2 HGB geforderte Angabe nicht beherrschenden Anteile in der Konzern-GuV nicht richtig erfolgen könnte (§ 301 Rz 216 ff.).[18]
- Wird das GemeinschaftsUnt von einem TU gehalten, welches aufgrund eines Konsolidierungswahlrechts nach § 296 HGB nicht voll konsolidiert ist, ist die Voraussetzung für die QuotenKons nach § 310 Abs. 1 Satz 1 HGB – „… einbezogenes Mutter- oder Tochterunternehmen …" – nicht erfüllt. Zwar liegt nach § 271 Abs. 1 Satz 4 HGB i. V. m. § 16 Abs. 4 AktG eine Zuordnung der Anteile zum MU vor, für die Einbeziehung wäre jedoch ein Sonderposten notwendig, der im HGB nicht vorgesehen ist.[19]
- Ein GemeinschaftsUnt kann seinerseits wieder ein GemeinschaftsUnt leiten. In diesem Fall wäre das erste GemeinschaftsUnt zwangsläufig im Konsolidierungskreis (KonsKreis) vertreten, allerdings nicht als TU. Dennoch kann durch den Verweis auf die Regelungen der VollKons das zweite GemeinschaftsUnt mit den dem MU zuzurechnenden Anteilen in den Konzernabschluss einbezogen werden.[20]

29 Für den Fall, dass das GemeinschaftsUnt selbst MU ist, hat die quotale Einbeziehung des **Teilkonzernabschluss** zu erfolgen (DRS 27.32), was ggf. auch zu einem quotalen Ausweis von Anteilen anderer Gesellschafter führt, die aus den TU des GemeinschaftsUnt resultieren.[21] Somit ist für die Anwendung der QuotenKons der Jahresabschluss Ausgangspunkt oder analog zu § 312 Abs. 6 HGB der Konzernabschluss (HB I) des GemeinschaftsUnt (DRS 27.31 f.). Diese sind hinsichtlich Ansätze (§ 300 Rz 1 ff.) und Bewertungen (§ 308 Rz 1 ff.), Stichtag (§ 299 Rz 1 ff.) und Währung (§ 308a Rz 1 ff.) an die konzerneinheitlichen Vorgaben anzupassen (HB II, DRS 27.33 f.).

---

[18] Vgl. Ebeling, in Baetge/Kirsch/Thiele, Bilanzrecht, § 310 HGB Rz 83, Stand: 7/2019.

[19] Vgl. ADS, Rechnungslegung und Prüfung der Unternehmen, 6. Aufl. 1995–2001, § 310 HGB Rz 30; Ebeling, in Baetge/Kirsch/Thiele, Bilanzrecht, § 310 HGB Rz 73–75, Stand: 7/2019; Pellens/Fülbier, in MünchKomm. HGB, 5. Aufl. 2024, § 310 HGB Rn 41; a. A. Busse von Colbe/Müller/Reinhard, Aufstellung von Konzernabschlüssen, 1989, S. 504.

[20] Vgl. ADS, Rechnungslegung und Prüfung der Unternehmen, 6. Aufl. 1995–2001, § 310 HGB Rz 30; Ebeling, in Baetge/Kirsch/Thiele, Bilanzrecht, § 310 HGB Rz 76, Stand: 7/2019; a. A. Kliem/Lewe, in Beck Bil-Komm., 14. Aufl. 2024, § 310 HGB Rz 55 ff.

[21] Vgl. Pellens/Fülbier, in MünchKomm. HGB, 5. Aufl. 2024, § 310 HGB Rn 49; Kliem/Lewe, in Beck Bil-Komm., 14. Aufl. 2024, § 310 HGB Rz 80.

3.2 Beispiel Teil 1 – Kapitalkonsolidierung

Eine Konzernmutter M-AG hält Anteile an verschiedenen TU. Da Befreiungsmöglichkeiten nicht genutzt werden können, besteht eine Konzernrechnungslegungspflicht. Am Ende des Gj 02 erwirbt M eine Beteiligung i.H.v. 50 % an dem GemeinschaftsUnt G-GmbH für 38 Mio. EUR. G besitzt Grundstücke im Wert von 50 Mio. EUR mit stillen Reserven i.H.v. 20 Mio. EUR. Die Bilanzen (bei der M-AG wird zur klareren Darstellung auf die Abbildung der Anteile der TU verzichtet) haben das folgende Aussehen[22]:

Aktiva	Bilanz (HB II) 31.12.02 M-AG (in Mio. EUR)		Passiva
Anteile an Beteiligungen	38	EK	38
	38		38

Aktiva	Bilanz (HB II) 31.12.02 G-GmbH (in Mio. EUR)		Passiva
Grundstücke	50	EK	50
	50		50

1. Schritt

Die Ansätze und Bewertungen sind gem. § 300 Abs. 1 HGB und § 308 HGB jeweils i.V.m. § 310 Abs. 2 HGB zu vereinheitlichen. In diesem Beispiel ergibt sich dafür keine Notwendigkeit.

2. Schritt

Eine Neubewertung hat für die Grundstücke einen Wert von 70 Mio. EUR ergeben. Davon entfallen 50 % (35 Mio. EUR) auf M und 50 % auf die anderen Gesellschafter, mit denen G zusammen geleitet wird (35 Mio. EUR). Nach § 310 Abs. 2 i.V.m. § 301 Abs. 1 HGB muss diese Neubewertung in der Bilanz der G-GmbH vor der KapKons vorgenommen werden. Dabei sind latente Steuern zu beachten, die mit einer Steuerquote von 30 % angesetzt werden. Die Differenz zwischen Handels- und Steuerbilanz beläuft sich auf 20 Mio. EUR. Bei 30 % sind entsprechend passive latente Steuern i.H.v. 6 Mio. EUR zu berücksichtigen. Damit ergibt sich die folgende modifizierte Bilanz:

Aktiva	Bilanz (HB III) 31.12.02 G-GmbH neu (in Mio. EUR)		Passiva
Grundstücke	70	EK	64
		Passive latente Steuern	6
	70		70

---

[22] Für weitere Beispiele siehe Müller/Reinke, BC 2018, S. 272 ff.

3. Schritt

Entsprechend der Beteiligungsquote ist die Summenbilanz zu bilden, in der zu den Werten der M-AG (und den vollen Werten der einbeziehungspflichtigen TU, die hier aus Vereinfachungsgründen nicht dargestellt sind) die anteiligen Werte der G-GmbH hinzuzuaddieren sind (Tab. 1). Alternativ kann auch eine Summierung von G mit 100 % nebst Berücksichtigung der nur anteiligen Einbeziehung bei der Kons. erfolgen (Tab. 2).

4. Schritt

Anschließend erfolgen die Aufrechnung des Beteiligungsbuchwerts mit dem neu bewerteten EK der G-GmbH und die Ermittlung des Unterschiedsbetrags. Da alle stillen Reserven und Lasten bereits im 2. Schritt aufgelöst wurden, muss es sich bei einem aktiven Unterschiedsbetrag um einen GoF handeln, im umgekehrten Fall um einen passiven Unterschiedsbetrag aus der KapKons. Der GoF-„Anteil" von M beläuft sich hier auf 6 Mio. EUR. Tab. 1 zeigt die Schritte 3 und 4 im Überblick und führt zur Konzernbilanz, wobei die einbeziehungspflichtigen TU nicht dargestellt sind.

Bilanz (in Mio. EUR)	M		G (neu)		Summen-bilanz		Kons.		Konzern	
	A	P	A	P	A	P	A	P	A	P
Grundstücke			70		35				35	
Anteile an Beteiligungen	38				38			38		
GoF							6		6	
EK		38		64		70	32			38
Lat. Steuern				6		3				3
	38	38	70	70	73	73	38	38	41	41

Tab. 1: Konsolidierungsschritte bei anteiliger Berücksichtigung von G in der Summenbilanz

Die Summenbilanz setzt sich aus den Werten der M-AG und den entsprechend der Beteiligungsquote anteilig berücksichtigten (50 %) Werten der G-GmbH zusammen. I.R.d. Kons. werden die Position „Anteile an Beteiligungen" eliminiert, der GoF berücksichtigt sowie das EK aus der Summenbilanz um den anteiligen EK-Wert von G gekürzt.

Alternativ kann auch eine Summierung von G mit 100 % nebst Berücksichtigung der nur anteiligen Einbeziehung bei der Kons. erfolgen (Tab. 2). Die alternative Berechnung ist auch bei den folgenden Aufgabenteilen möglich, wird allerdings nur hier dargestellt und erläutert.

Bilanz (in Mio. EUR)	M		G (neu)		Summen-bilanz		Kons.		Konzern	
	A	P	A	P	A	P	A	P	A	P
Grundstücke			70		70				35	35
Anteile an Beteiligungen	38				38			38		
GoF							6		6	
EK		38		64		102	64			38
Lat. Steuern				6		6	3			3
	38	38	70	70	108	108	73	73	41	41

Tab. 2: Konsolidierungsschritte bei vollständiger Berücksichtigung von G in der Summenbilanz und entsprechender Korrektur i. R. d. Konsolidierung

Die Werte aus Tab. 2 ergeben sich grds. wie bei Tab. 1. Da die lediglich 50 %ige Beteiligung hier i. R. d. Bildung der Summenbilanz nicht berücksichtigt wurde, wurden die i. R. d. Kons. angewandten Korrekturwerte entsprechend um diese Anteile erhöht. Der Ausweis von nicht beherrschenden Anteilen ist bei der anteilmäßigen Kons. grds. ausgeschlossen. Diese können nur auftauchen, wenn die anteilmäßige KapKons auf der Basis des Konzernabschlusses des GemeinschaftsUnt durchgeführt wird (DRS 27.32) und in diesem bereits nicht beherrschende Anteile ausgewiesen wurden. Diese sind dann anteilmäßig in den Konzernabschluss des MU zu übernehmen und zusammen mit anderen nicht beherrschenden Anteilen in der nach § 307 HGB geforderten Position im Eigenkapital zu zeigen.

3.3 Schuldenkonsolidierung

Weitere innerkonzernliche Beziehungen mit GemeinschaftsUnt sind i. R. d. QuotenKons ebenfalls anteilig zu eliminieren. Generelles Ziel ist, dass im Konzernabschluss nur noch die Forderungen und Schulden, Zwischenergebnisse sowie Aufwendungen und Erträge erscheinen, die dem Anteil der anderen Gesellschafter am GemeinschaftsUnt entsprechen. So sind Schuldbeziehungen zwischen den übrigen in den Konzernabschluss einbezogenen Unt und dem GemeinschaftsUnt nur entsprechend der Konsolidierungsquote zu konsolidieren. Die verbleibenden Teile werden als **Forderungen bzw. Verbindlichkeiten gegenüber Unt, mit denen ein Beteiligungsverhältnis besteht**, in der Konzernbilanz ausgewiesen (DRS 27.45).[23]

Die quotale Einbeziehungsnotwendigkeit in den Konzernabschluss bezieht sich auch auf die nach § 251 HGB i. V. m. § 268 Abs. 7 HGB anzugebenden **Haftungsverhältnisse** sowie auf die nach § 314 Abs. 1 Nr. 2a HGB auszuweisenden **sonstigen finanziellen Verpflichtungen**. Aufgrund der verlangten engen Auslegung des Begriffs „Geschäft"[24] ist die Berichterstattung über Risiken und

---

[23] Vgl. ADS, Rechnungslegung und Prüfung der Unternehmen, 6. Aufl. 1995–2001, § 310 HGB Rz 38; Ebeling, in Baetge/Kirsch/Thiele, Bilanzrecht, § 310 HGB Rz 86, Stand: 7/2019.
[24] Vgl. BT-Drs. 16/10067 v. 30.7.2008 S. 69.

Vorteile von nicht in der Konzernbilanz enthaltenen Geschäften des MU und der in den Konzernabschluss einbezogenen TU nicht zwangsläufig auf nicht einbezogene Geschäfte des GemeinschaftsUnt auszuweiten.

> **Praxis-Beispiel**
> Mit der Abänderungsrichtlinie der EU sollen Geschäfte wie z. B. Factoring, Pensionsgeschäfte, Konsignationslagervereinbarungen, Verträge mit unbedingter Zahlungsverpflichtung, Forderungsverbriefungen über gesonderte Ges. oder nicht rechtsfähige Einrichtungen, die Verpfändung von Aktiva, Leasingverträge, die Auslagerung von Tätigkeiten u. Ä. umfasst werden.

Bestehen im Zusammenhang mit dem GemeinschaftsUnt derartige Geschäfte, die nicht oder nur anteilig im Konzernabschluss erfasst sind, so ist nach § 314 Abs. 1 Nr. 2 HGB eine Anhangangabe notwendig.
§ 310 Abs. 2 i. V. m. § 303 Abs. 2 HGB erlauben das Unterlassen der Schuldenkonsolidierung, sofern die zu eliminierenden Beträge für die Vermittlung eines den tatsächlichen Verhältnissen entsprechenden Bildes der Vermögens-, Finanz- und Ertragslage des Konzerns von untergeordneter Bedeutung sind.

3.4 Beispiel Teil 2 – Schuldenkonsolidierung

33 Aufbauend auf Teil 1 sei nun angenommen, dass M am Ende von Gj 02 ein zinsloses Darlehen i. H. v. 10 Mio. EUR an G vergibt. Die Tilgung beginnt erst im Gj 03. Aufbauend ergeben sich vor der Neubewertung des Grundstücks folgende Bilanzen:

Aktiva	Bilanz (HB II) 31.12.02 (M-AG) (in Mio. EUR)		Passiva
Anteile an Beteiligungen	38	EK	48
Ford ggü. Beteiligungen	10		
	48		48

Aktiva	Bilanz (HB II) 31.12.02 (G-GmbH) (in Mio. EUR)		Passiva
Grundstücke	50	EK	50
Kasse	10	Verb. ggü. Beteiligungen	10
	60		60

Wie in Teil 1 führen die Schritte 1 und 2 nach der Neubewertung und Berücksichtigung latenter Steuern (des Grundstücks) zu folgender Bilanz:

Aktiva	Bilanz 31.12.02 (HB III) (G-GmbH neu) (in Mio. EUR)		Passiva	
Grundstücke		70	EK	64
Kasse		10	Verb. ggü. Beteiligungen	10
			Passive latente Steuern	6
		80		80

Entsprechend der Beteiligungsquote ist dann die Summenbilanz zu bilden, in der zu den Werten der M-AG (und der vollen Werte der einbeziehungspflichtigen TU, die hier nicht dargestellt sind) die anteiligen Werte der G-GmbH hinzuzuaddieren sind (Tab. 3). Die Hinleitung zur Konzernbilanz ist wie folgt durchzuführen:

Bilanz (in Mio. EUR)	M		G (neu)		Summen-bilanz		Kons.		Konzern	
	A	P	A	P	A	P	A	P	A	P
Grundstücke			70		35				35	
Anteile an Beteiligungen	38				38			38		
Ford. ggü. Beteiligungen	10				10			5	5	
Kasse			10		5				5	
GoF							6		6	
EK		48		64		80	32			48
Verb. ggü. Beteiligungen				10		5	5			
Lat. Steuern				6		3				3
	48	48	80	80	88	88	43	43	51	51

Tab. 3: Konsolidierungsschritte bei anteiliger Berücksichtigung von G in der Summenbilanz

Die Summenbilanz setzt sich aus den Werten der M-AG und den entsprechend der Beteiligungsquote anteilig berücksichtigten (50 %) Werten der G-GmbH zusammen. I.R.d. Kons. werden die Positionen „Anteile an Beteiligungen" und „Verb. ggü. Beteiligungen" eliminiert. Die Position „Ford. ggü. Beteiligungen" ist um den konzerninternen Teil (50 % von 10 Mio. EUR) zu kürzen – die verbleibende Forderung i.H.v. 5 Mio. EUR besteht gegen die anderen Gesellschafter der G-GmbH. Darüber hinaus wurde der Buchungssatz der KapKons wiederholt:

Konto	Soll	Haben
Anteiliges EK	32 Mio.	
GoF	6 Mio.	
Anteile an Beteiligungen		38 Mio.

3.5 Aufwands- und Ertragskonsolidierung sowie Zwischenergebniseliminierung

34 Bei der Behandlung von **Zwischenergebnissen** aus innerkonzernlichen Geschäften mit GemeinschaftsUnt ist unabhängig von der Lieferungsrichtung eine **quotale Eliminierung** i. H. d. Beteiligungsquote durchzuführen (DRS 27.46). Die Zwischenergebniseliminierung ist somit sowohl bei upstream- (vom GemeinschaftsUnt zu anderen Unt im KonsKreis) als auch den umgekehrten downstream-Geschäften anteilsmäßig vorzunehmen (DRS 27.46). Auch Zwischenergebnisse aus dem Handel von einbezogenen GemeinschaftsUnt untereinander (cross-stream-Geschäfte) sind gem. des Anteils des empfangenden Unt zu eliminieren (DRS 27.47). Ebenso sind aus entsprechenden Geschäften stammende Aufwendungen und Erträge quotal gegeneinander aufzurechnen. Konsequenterweise sind auch die infolge dieser Eliminierungen notwendigen latenten Steuern nur anteilig zu berücksichtigen. Der nicht konsolidierte Teil gilt aus Sicht des Konzerns als realisiert (DRS 27.45).

Die Zwischenergebniseliminierung sowie die Aufwands- und Ertragskonsolidierung dürfen unterbleiben, sofern die zu eliminierenden Beträge für die Vermittlung eines den tatsächlichen Verhältnissen entsprechenden Bildes der Vermögens-, Finanz und Ertragslage des Konzerns von untergeordneter Bedeutung sind (§ 310 Abs. 2 i. V. m. § 304 Abs. 2 und § 305 Abs. 2 HGB; DRS 27.37).

35 Eine Ausnahme von der Pflicht zur quotalen Korrektur existiert i. R. d. Behandlung von Ausschüttungen, die von dem leitenden KonzernUnt als Beteiligungserträge erfasst sind. Wenn einem voll konsolidierten Unt im KonsKreis eine Ausschüttung aus dem GemeinschaftsUnt zufließt, ist diese komplett zu eliminieren, da die quotale Einbeziehung der Erträge und Aufwendungen bereits den Gewinnanteil zum Ausdruck bringt, der ansonsten doppelt erfasst würde. Da die Ausschüttung bereits auf Basis des Kapitalanteils berechnet ist, scheidet in diesem Fall auch eine quotale Behandlung aus.[25]

3.6 Beispiel Teil 3 – Aufwands- und Ertragskonsolidierung sowie Zwischenergebniseliminierung

36 Aufbauend auf Teil 1 und Teil 2 sei nun angenommen, dass M an G Fertigerzeugnisse mit HK von 18 Mio. EUR für einen Rechnungsbetrag (vereinfachend wird von der Darstellung der USt abgesehen) von 20 Mio. EUR liefert, die G sofort bezahlt und in der gleichen Periode für 24 Mio. EUR an Dritte auf Ziel weiterverkauft. G wiederum liefert am Jahresende Fertigfabrikate für 30 Mio. EUR an M, die HK i. H. v. 24 Mio. EUR erforderten und nicht sofort verkauft werden. M begleicht die Rechnung noch im laufenden Jahr, wozu ein Kredit i. H. v. 30 Mio. EUR aufgenommen wird. Zinsen und Tilgungszahlungen werden erst im darauf folgenden Gj fällig. Der Steuersatz beträgt 30 %. Aufbauend ergeben sich vor der Neubewertung des Grundstücks folgende Bilanzen:

---

[25] Vgl. ADS, Rechnungslegung und Prüfung der Unternehmen, 6. Aufl. 1995–2001, § 310 HGB Rz 46.

Bilanz (HB II) 31.12.02 (M-AG) (in Mio. EUR)

Aktiva		Passiva	
Anteile an Beteiligungen	38	EK	48
Vorräte	30	Gewinn	1,4
Bankguthaben	20	sonst. Verb.	18
Ford. ggü. Beteiligungen	10	Verb. aus Steuern	0,6
		Bankkredit	30
	98		98

Bilanz (HB II) 31.12.02 (G-GmbH) (in Mio. EUR)

Aktiva		Passiva	
Grundstücke	50	EK	50
Forderung	24	Gewinn	7
Bankguthaben	10	sonst. Verb.	24
Kasse	10	Verb. ggü. Beteiligungen	10
		Verb. aus Steuern	3
	94		94

Wie in Teil 1 und Teil 2 führen die Schritte 1 und 2 nach der Neubewertung und Berücksichtigung latenter Steuern (auf das Grundstück) zu folgender Bilanz:

Bilanz (HB III) 31.12.02 (G-GmbH neu) (in Mio. EUR)

Aktiva		Passiva	
Grundstücke	70	EK	64
Forderung	24	Gewinn	7
Bankguthaben	10	sonst. Verb.	24
Kasse	10	Verb. ggü. Beteiligungen	10
		Verb. aus Steuern	3
		Passive latente Steuern	6
	114		114

Entsprechend der Beteiligungsquote ist dann die Summenbilanz zu bilden, in der zu den Werten der M-AG (und der vollen Werte der einbeziehungspflichtigen TU, die hier nicht dargestellt sind) die anteiligen Werte der G-GmbH hinzuzuaddieren sind (Tab. 4). Die Hinleitung zur Konzernbilanz ist wie folgt durchzuführen:

Bilanz (in Mio. EUR)	M		G (neu)		Summenbilanz		Kons.		Konzern	
	A	P	A	P	A	P	A	P	A	P
Grundstücke			70		35				35	
Anteile an Beteiligungen	38				38			38		
Vorräte	30				30			3	27	
Forderungen			24		12				12	
Ford. ggü. Beteiligungen	10				10			5	5	
Bankguthaben	20		10		25				25	
Kasse			10		5				5	
GoF							6		6	
EK		48		64		80	32			48
Gewinn		1,4		7		4,9	2,1			2,8
Verb. ggü. Beteiligungen				10		5	5			
Lat. Steuern				6		3				3
Bankkredit		30				30				30
Sonstige Verb.		18		24		30				30
Verb. aus Steuern		0,6		3		2,1	0,9			1,2
	98	98	114	114	155	155	46	46	115	115

Tab. 4: Konsolidierungsschritte bei anteiliger Berücksichtigung von G in der Summenbilanz

Die **Summenbilanz** setzt sich wieder aus den Werten der M-AG und den entsprechend der Beteiligungsquote anteilig berücksichtigten (50 %) Werten der G-GmbH zusammen. I.R.d. Kapital- und Schuldenkonsolidierung werden die Positionen „Anteile an Beteiligungen" und „Verb. ggü. Beteiligungen" eliminiert. Die Position „Ford. ggü. Beteiligungen" ist um den konzerninternen Teil (50 % von 10 Mio. EUR) zu kürzen – die verbleibende Forderung i.H.v. 5 Mio. EUR besteht gegen die anderen Gesellschafter der G-GmbH. Darüber hinaus wird der GoF berücksichtigt sowie das EK aus der Summenbilanz um den anteiligen EK-Wert von G gekürzt.

I.R.d. **Aufwands- und ErtragsKons** und **Zwischenergebniseliminierung** ist zunächst das Liefergeschäft von M an G zu betrachten: Da der Weiterverkauf der Erzeugnisse in der gleichen Periode stattgefunden hat, ergibt sich lediglich die Notwendigkeit, die Aufwendungen und Erträge zu korrigieren. Konkret lautet der Buchungssatz:

Konto	Soll	Haben
Umsatzerlöse (M)	10 Mio.	
Bezogene Leistungen (Aufwand) (G)		10 Mio.

Das andere Geschäft endet mit einer Lieferung des GemeinschaftsUnt an M (in deren Lager), d.h., dass auch der entstandene Zwischengewinn von 6 Mio. EUR zu eliminieren ist. Die Konsolidierungsbuchung hat – da nach der quotalen Einbeziehung nur noch 50 % der Beträge in der Summenbilanz stehen – folgendes Aussehen:

Konto	Soll	Haben
Umsatzerlöse (G)	15 Mio.	
Bestandsveränderungen		12 Mio.
Vorräte		3 Mio.
(Steuern)		(0,9) Mio.
(Gewinn)		(2,1) Mio.

Da in der GuV die Beträge der Aufwendungen und Erträge nicht gleich sind, ergibt sich ein veränderter Gewinn, der hier in Klammern dargestellt ist. In der GuV stellt sich dies wie folgt dar:

GuV (in Mio. EUR)	M		G		Summen-GuV		Korrektur		Konzern	
	A	P	A	P	A	P	A	P	A	P
Umsatzerlöse		20		54		47	25			22
Bestandsveränderungen							12			12
Aufwand/HK	18		44		40			10	30	
Steuern	0,6		3		2,1			0,9	1,2	
Gewinn	1,4		7		4,9			2,1	2,8	

Tab. 5: Konsolidierungsschritte bei anteiliger Berücksichtigung von G in der Summenbilanz

Es wurden somit die internen Gewinne resp. Steuerverbindlichkeiten aus der Lieferung der Fertigerzeugnisse von G an M eliminiert, da die Erzeugnisse in den Bestand von M eingegangen sind und noch nicht an Externe veräußert wurden. Von den Gewinnen von G i.H.v. 7 Mio. EUR sind 4,2 Mio. EUR diesem Geschäft zuzuordnen. Entsprechend der Beteiligungsquote (50 %) erfolgte deshalb eine Korrektur um 2,1 Mio. EUR. Von der Steuerverbindlichkeit i.H.v. 3 Mio. EUR sind 1,8 Mio. EUR aus dem konzerninternen Geschäft entstanden. Unter Berücksichtigung der Beteiligungsquote ergibt sich so die Korrektur um 0,9 Mio. EUR.

3.7 Ent- und Übergangskonsolidierung

Für die **Änderung der Beteiligungsquote** gelten grds. die Regeln, die auch bei der VollKons zum Tragen kommen (§ 301 Rz 182 ff.):

- **Erhöhungen/Verminderungen des Kapitalanteils** sind, soweit es beim Status des GemeinschaftsUnt bleibt, gesondert mit den Werten zum Erwerbszeitpunkt quotal zu konsolidieren (DRS 23.166, DRS 27.48).[26] Da es bei der anteilmäßigen Kons. an dem Ausweis der nicht beherrschenden Anteile fehlt, kommt nur die Abbildung als Erwerbsvorgang und nicht eine Abbildung als

---

[26] Vgl. Müller/Reinke, StuB 2015, S. 376.

Transaktion unter Anteilseignern in Betracht. Die für die VollKons sinnvollere, nach DRS 23.171 mögliche und nach IFRS geforderte Behandlung derartiger Transaktionen als Kapitalvorgang unter den Gesellschaftern, der erfolgsneutral zu erfassen ist, ist somit nicht vorgesehen, da es sich nach E-DRS 35.B13 bei der Auf- und Abstockung von Anteilen an GemeinschaftsUnt nicht um Transaktionen mit anderen Gesellschaftern gem. § 307 HGB handelt, sondern um Transaktionen mit konzernfremden Dritten, deren Reinvermögen (bisher) auch nicht im Konzernabschluss enthalten ist. Aus Konzernsicht erfolgt dementsprechend ein Erwerb bzw. eine Veräußerung von Konzernvermögen, der/die entsprechend abzubilden ist.[27]

- Kommt es zu einer **Änderung der Konsolidierungsmethode**, ergeben sich folgende Notwendigkeiten:
  - Beim Übergang von der VollKons (TU) auf die anteilmäßige Kons. (GemeinschaftsUnt) ist eine erneute Zeitwertbewertung der nunmehr nur noch anteilmäßig im Konzernabschluss ausgewiesenen VG und Schulden nicht zulässig, soweit i.R.d. VollKons bereits eine Zeitwertbewertung erfolgt ist (DRS 23.186, DRS 27.52).
  - Beim Übergang von der Equity-Methode (assoziiertes Unt) auf die anteilmäßige Kons. (GemeinschaftsUnt) sind ebenfalls die bislang im Wertansatz der Beteiligung enthaltenen und nach § 312 Abs. 2 Satz 2 und 3 HGB fortgeführten Beträge direkt den anteilig in den Konzernabschluss übernommenen VG, Schulden, RAP und Sonderposten sowie dem GoF bzw. passiven Unterschiedsbetrag zuzuordnen (DRS 27.53).
  - Beim Übergang von einer Anschaffungskostenbilanzierung (Beteiligung oder Einbeziehungswahlrecht nach § 296 HGB) auf die anteilmäßige Kons. ist der fortgeführte Wertansatz der bislang gehaltenen Anteile zzgl. des Wertansatzes der ggf. hinzuerworbenen Anteile in die Kapitalverrechnung nach § 301 Abs. 1 i.V.m. § 310 Abs. 2 HGB einzubeziehen (DRS 27.55). Grds. ist auf den Zeitpunkt, zu dem die gemeinschaftliche Führung erstmals ausgeübt wurde, die anteilmäßige Kons. mit der Neubewertung vorzunehmen. Sollte erstmals ein Konzernabschluss erstellt oder das GemeinschaftsUnt erstmals einbezogen worden sein, gilt grds. der Zeitpunkt der Einbeziehung für die nötige Neubewertung (Rz 27).
  - Beim Übergang von der anteilmäßigen Kons. auf die Equity-Methode (assoziiertes Unt) bzw. die Anschaffungskostenbilanzierung (Beteiligung oder Einbeziehungswahlrecht nach § 296 HGB) erfolgt im Regelfall eine erfolgsneutrale Überführung des noch verbleibenden anteiligen Nettoreinvermögens in den Wertansatz der Anteile. Sofern ein negatives anteiliges Reinvermögen vorliegt, ist im Zeitpunkt der ÜbergangsKons ein Ertrag zu buchen, soweit aus Konzernsicht keine Außenverpflichtungen bestehen, die als Rückstellung oder Verbindlichkeit bilanzierungspflichtig sind (DRS 27.56).
  - Bei einem Übergang von der anteilmäßigen Kons. (GemeinschaftsUnt) auf die VollKons (TU), sind die alten Werte im Ergebnis insoweit fortzuführen und die ÜbergangsKons erfolgsneutral durchzuführen, als nach der not-

---

[27] Vgl. Müller/Reinke, BB 2018, S. 813–814.

wendigen Neubewertung eine Zwischenergebniseliminierung zu erfolgen hat (E-DRS 30.184, noch nicht mit DRS 23 umgesetzt).[28]
- Im Fall der **Veräußerung von Anteilen** hat eine erfolgswirksame Entkonsolidierung zu erfolgen (DRS 23.179/DRS 27.50). Demnach sind der auf die veräußerten Anteile entfallende Anteil der VG und Schulden sowie ein noch vorhandener anteiliger GoF bzw. passiver Unterschiedsbetrag als Abgang auszubuchen. Die Differenz zwischen dem Verkaufspreis der Anteile und dem hierauf entfallenden Anteil des Eigenkapitals sowie des anteiligen GoF bzw. passiven Unterschiedsbetrags ist zum Zeitpunkt der Veräußerung dieser Anteile erfolgswirksam als Veräußerungsgewinn bzw. -verlust zu erfassen.

4 Zurechnung von Beteiligungen von Gemeinschaftsunternehmen an untergeordnete Unternehmen auf ein gemeinschaftlich führendes Mutterunternehmen

Bei der Rechtezuordnung etwa zur Ermittlung der Beteiligungsquote sind neben direkten Beteiligungen nach § 290 Abs. 3 HGB auch Rechte zu berücksichtigen, die durch TU gehalten werden (§ 290 Rz 55). Da GemeinschaftsUnt nur gemeinschaftlich geführt werden, können die Rechte des GemeinschaftsUnt auf untergeordnete Unt nicht auf ein übergeordnetes (gemeinschaftlich führendes) Unt zugerechnet werden. Allerdings kann die Prüfung der Indikatoren der Beherrschungsmöglichkeit nach § 290 HGB oder des möglichen maßgeblichen Einflusses nach § 311 HGB auch dann geboten sein, wenn kein Beteiligungsverhältnis besteht, denn beide Einflüsse können sich auch auf vertraglicher oder anderer Grundlage ohne Vorliegen eines Beteiligungsverhältnisses ergeben. Die Prüfung kann dazu führen, dass auch auf indirekte Beteiligungen, die nicht durch TU, sondern GemeinschaftsUnt vermittelt werden, ein maßgeblicher oder sogar beherrschender Einfluss ausgeübt werden kann.[29] Im Normalfall müssten dagegen assoziierte Unt oder TU des GemeinschaftsUnt den gemeinschaftlich führenden Unt quotal zugerechnet werden. **Ausgangspunkt für die Konsolidierung ist somit der Konzernabschluss** des GemeinschaftsUnt. Dies erfolgt analog auch bei der Anwendung der Equity-Methode (§ 312 Abs. 6 Satz 2 HGB, § 312 Rz 106).

38

5 Rechtsfolgen bei Pflichtverletzung

Wird auf eine notwendige Einbeziehung oder at Equity-Bewertung des GemeinschaftsUnt verzichtet, greifen die **Sanktionsregeln** des § 334 Abs. 1 Nr. 2e HGB bzw. des § 20 Abs. 1 Nr. 2e PublG, die Bußgelder für nicht kapitalmarktorientierte Unt bis zu 50.000 EUR, für kapitalmarktorientierte Unt nach § 334 Abs. 3 HGB jedoch deutlich höher (§ 334 Rz 45 ff.), nach sich ziehen können.

39

---

[28] Vgl. Müller/Reinke, StuB 2015, S. 408; Müller/Wobbe, BB 2015, S. 1259.
[29] Vgl. für IFRS Beiersdorf/Schmidt, IRZ 2014, S. 179.

§ 311 Definition. Befreiung

(1) ¹Wird von einem in den Konzernabschluß einbezogenen Unternehmen ein maßgeblicher Einfluß auf die Geschäfts- und Finanzpolitik eines nicht einbezogenen Unternehmens, an dem das Unternehmen nach § 271 Abs. 1 beteiligt ist, ausgeübt (assoziiertes Unternehmen), so ist diese Beteiligung in der Konzernbilanz unter einem besonderen Posten mit entsprechender Bezeichnung auszuweisen. ²Ein maßgeblicher Einfluß wird vermutet, wenn ein Unternehmen bei einem anderen Unternehmen mindestens den fünften Teil der Stimmrechte der Gesellschafter innehat.
(2) Auf eine Beteiligung an einem assoziierten Unternehmen brauchen Absatz 1 und § 312 nicht angewendet zu werden, wenn die Beteiligung für die Vermittlung eines den tatsächlichen Verhältnissen entsprechenden Bildes der Vermögens-, Finanz- und Ertragslage des Konzerns von untergeordneter Bedeutung ist.

Inhaltsübersicht

	Rz
1 Überblick	1–5
2 Definition des assoziierten Unternehmens (Abs. 1 Satz 1)	6–21
2.1 In den Konzernabschluss einbezogenes Unternehmen	6–7
2.2 Beteiligung	8–9
2.3 Maßgeblicher Einfluss	10–21
2.3.1 Inhaltliche Bedeutung	10–12
2.3.2 Gegenstand	13–14
2.3.3 Tatsächliche Ausübung	15–21
3 Assoziierungsvermutung (Abs. 1 Satz 2)	22–36
3.1 Bedeutung	22–23
3.2 Berechnung	24–28
3.3 Widerlegung	29–36
3.3.1 Kein in den Konzernabschluss einbezogenes Unternehmen	29
3.3.2 Keine Beteiligung	30
3.3.3 Keine Ausübung maßgeblichen Einflusses	31–34
3.3.4 Keine ausreichenden Informationen zur Anwendung der Equity-Methode	35–36
4 Besonderheiten	37–41
4.1 Anwendung auf nach § 296 HGB nicht einbezogene Tochterunternehmen	37–40
4.2 Anwendung auf Gemeinschaftsunternehmen	41
5 Untergeordnete Bedeutung (Abs. 2)	42–44
6 Ausweis (Abs. 1 Satz 1)	45–47

1 Überblick

1 Beteiligungen an **assoziierten Unt** sind im Konzernabschluss gesondert auszuweisen und nach der Equity-Methode zu bewerten. Während § 311 HGB den

Begriff des assoziierten Unt definiert, ist die Anwendung der Equity-Methode in § 312 HGB geregelt. § 313 Abs. 2 Nr. 2 HGB sieht besondere Angabepflichten für den Konzernanhang vor.[1] Die Vorschriften werden durch DRS 26 „Assoziierte Unternehmen" ergänzt. Der Standard wurde am 17.7.2018 vom Deutschen Rechnungslegungs Standards Committee (DRSC) verabschiedet und durch das Bundesministerium der Justiz und für Verbraucherschutz (BMJV) am 16.10.2018 gem. § 342q Abs. 2 HGB bekanntgemacht. Der Standard ersetzt den früheren DRS 8. Die Regelungen des DRS 26 sind für die erstmalige Abbildung nach der Equity-Methode erstmals in Gj anzuwenden, die nach dem 31.12.2019 beginnen. Die Regelungen dieses Standards gelten zudem, unabhängig vom Zeitpunkt der erstmaligen Abbildung nach der Equity-Methode, für alle dieser erstmaligen Abbildung folgenden Bilanzierungsmaßnahmen in Gj, die nach dem 31.12.2019 beginnen. Regelungstechnisch wird damit erreicht, dass eine rückwirkende Anwendung des DRS 26 auf bereits bisher nach der Equity-Methode einbezogenen Unt nicht erforderlich ist.

Bei der Equity-Methode handelt es sich, auch wenn sie Elemente der Vollkonsolidierung (VollKons) aufnimmt, um ein eigenständiges Verfahren zur Abbildung von Anteilen an assoziierten Unt im Konzernabschluss und nicht lediglich um eine Form der Konsolidierung, auch wenn sie häufig als sog. einzeilige Konsolidierung bezeichnet wird. Diese Einordnung hat auch Bedeutung für die Beurteilung einer analogen Anwendung von Vorschriften zur VollKons i.R.d. Equity-Methode.[2]

Assoziierte Unt sind Beteiligungen, die unter dem maßgeblichen Einfluss des beteiligten Unt stehen, das regelmäßig zwischen 20 % bis einschl. 50 % der Stimmrechte hält. Mit dem assoziierten Unt wird neben dem TU und dem GemeinschaftsUnt für den Konzernabschluss eine weitere Unternehmenskategorie eingeführt. Assoziierte Unt sind demgemäß begrifflich keine TU i.S.d. § 290 HGB und keine GemeinschaftsUnt i.S.d. § 310 HGB. Diese verschiedenen Kategorien bringen die unterschiedliche **Einflussnahme** durch das MU zum Ausdruck. Durch verschiedene Methoden der Einbeziehung wird diesen unterschiedlichen Stufen der Einflussnahme im Konzernabschluss Rechnung getragen.[3]

Die Beteiligung an einem assoziierten Unt setzt die Ausübung **maßgeblichen Einflusses** auf die Geschäfts- und Finanzpolitik des nicht einbezogenen Unt voraus. Dabei handelt es sich im Vergleich zum beherrschenden Einfluss des § 290 HGB um eine schwächere Form der Einflussnahme. Der Begriff des maßgeblichen Einflusses ist gesetzlich nicht definiert. § 311 Abs. 1 Satz 2 HGB enthält aber eine widerlegbare Vermutung für die Ausübung **maßgeblichen Einflusses**, falls das beteiligte Unt mind. 20 % der Stimmrechte innehat.

2

Mit der Definition des assoziierten Unt und der Verpflichtung zum gesonderten Ausweis wurden Art. 2 Nr. 13 und Art. 27 Abs. 1 der Bilanzrichtlinie in deutsches Recht umgesetzt.

3

---

1 Da der Gesetzgeber das Mitgliedstaatenwahlrecht des Art. 9 Abs. 7 Buchst. a der Richtlinie 2013/34/EU (ABl. EU v. 29.6.2013 L 182/19 ff.; nachfolgend Bilanzrichtlinie) nicht an die Unt weitergegeben hat, ist die Equity-Methode auf den Konzernabschluss beschränkt. Gleichzeitig setzt die Anwendung der Equity-Methode voraus, dass überhaupt ein Konzernabschluss aufgestellt wird. Dies richtet sich nach Maßgabe des § 290 HGB.
2 Ebenso DRS 26.8 und 26.B1; diese Ansicht aufnehmend auch IDW, WPH Edition, Wirtschaftsprüfung & Rechnungslegung, 18. Aufl. 2023, Kap. G Tz 584.
3 Vgl. ADS, Rechnungslegung und Prüfung der Unternehmen, 6. Aufl. 1995–2001, § 311 HGB Rz 4.

4 § 311 Abs. 2 HGB sieht – auf der Grundlage des Art. 27 Abs. 9 der Bilanzrichtlinie – eine Befreiung von der Verpflichtung zum Ausweis unter einem gesonderten Posten mit entsprechender Bezeichnung und von der Verpflichtung zur Anwendung der Equity-Methode vor. Dies setzt voraus, dass die Beteiligung nur von **untergeordneter Bedeutung** für die nach § 297 Abs. 2 Satz 2 HGB gebotene Vermittlung eines den tatsächlichen Verhältnissen entsprechenden Bildes der Vermögens-, Finanz- und Ertragslage des Konzerns ist.

5 Gem. § 13 Abs. 2 Satz 1 **PublG** gilt § 311 HGB sinngem. für den Konzernabschluss oder Teil-Konzernabschluss nach PublG. Demgem. müssen assoziierte Unt auch in einen Konzernabschluss nach PublG nach Maßgabe des § 312 HGB einbezogen werden.

2 Definition des assoziierten Unternehmens (Abs. 1 Satz 1)

2.1 In den Konzernabschluss einbezogenes Unternehmen

6 § 311 Abs. 1 Satz 1 HGB enthält eine Legaldefinition des Begriffs assoziiertes Unt. Ein assoziiertes Unt ist ein nicht in den Konzernabschluss einbezogenes Unt, an dem ein in den Konzernabschluss einbezogenes Unt nach § 271 Abs. 1 HGB beteiligt ist und einen maßgeblichen Einfluss auf dessen Geschäfts- und Finanzpolitik ausübt.[4] In den Konzernabschluss einbezogene Unt sind gem. § 290 HGB das **MU und die im Wege der VollKons einbezogenen TU**.

7 Assoziierte Unt i.S.d. § 311 Abs. 1 Satz 1 HGB sind keine einbezogenen Unt, denn sie unterliegen keinem beherrschenden Einfluss i.S.d. § 290 HGB. Das Gleiche gilt auch für **GemeinschaftsUnt**.[5] Aus der Sicht der an dem GemeinschaftsUnt beteiligten Unt üben beide zusammen zwar einen beherrschenden Einfluss auf das GemeinschaftsUnt aus. Jedes Unt für sich genommen übt jedoch allenfalls maßgeblichen Einfluss aus. Damit fallen Beteiligungen von assoziierten Unt oder GemeinschaftsUnt an anderen Unt aus dem Anwendungsbereich des § 311 Abs. 1 Satz 1 HGB heraus.[6]

2.2 Beteiligung

8 Erforderlich ist zudem, dass das in den Konzernabschluss einbezogene Unt an dem anderen Unt eine Beteiligung i.S.d. § 271 Abs. 1 HGB hält (vgl. zur Beteiligungsvermutung und zur Beteiligungsdefinition § 271 Rz 6 ff., 20 ff.). Dies erfordert eine **Beteiligungsabsicht** (§ 271 Rz 13 ff.). Fehlt dem die Anteile haltenden in den Konzernabschluss einbezogenen Unt die Beteiligungsabsicht, soll also keine dauerhafte Verbindung zu dem erworbenen Unt geschaffen werden, fehlt es am

---

[4] Assoziierte Unt sind keine „verbundenen Unternehmen" i.S.d. §§ 271 Abs. 2 HGB, 15 AktG; vgl. WPH Edition, Wirtschaftsprüfung & Rechnungslegung, 16. Aufl. 2019, Abschn. G, Fn. 709 zu Tz 607 – in der Neuauflage nicht mehr enthalten.

[5] Vgl. auch Gschrei, Beteiligungen im Jahresabschluss und Konzernabschluss, S. 138; ADS, Rechnungslegung und Prüfung der Unternehmen, 6. Aufl. 1995–2001, § 311 HGB Rz 35, mit Diskussion der Argumente.

[6] Hiervon streng zu unterscheiden ist die zu bejahende Frage, ob die von einem im Wege der Quoten-Kons in den Konzernabschluss einbezogenen GemeinschaftsUnt gehaltenen Anteile an einem assoziierten Unt in die Bewertung nach der Equity-Methode einzubeziehen sind, wenn Anteile an dem assoziierten Unt auch noch von vollkonsolidierten Unt gehalten werden; vgl. dazu auch ADS, Rechnungslegung und Prüfung der Unternehmen, 6. Aufl. 1995–2001, § 312 HGB Rz 27.

Tatbestandsmerkmal der Beteiligung i.S.d. § 311 Abs. 1 Satz 1 HGB.[7] Auch **Anteile an PersG** sind grds. als Beteiligung anzusehen.
Ebenso kann die Stellung als **atypisch stiller Gesellschafter** eine Beteiligung i.S.d. § 271 Abs. 1 HGB darstellen, wenn dem stillen Gesellschafter Kontroll- und Mitspracherechte eingeräumt worden sind und er als Mitunternehmer i.S.d. § 15 Abs. 1 Satz 1 Nr. 2 EStG anzusehen ist.[8]

2.3 Maßgeblicher Einfluss

2.3.1 Inhaltliche Bedeutung

Das Gesetz sieht keine **Definition** des Begriffs „maßgeblicher Einfluss" vor. Ähnlich wie der Begriff des beherrschenden Einflusses ist der Begriff des maßgeblichen Einflusses einer abstrakten Definition nur schwer zugänglich.[9] Zur Interpretation ist eine Einordnung in den Sinnzusammenhang der gesetzlichen Kategorien der Einflussnahme hilfreich.

Im Vergleich zum **beherrschenden Einfluss** ist der maßgebliche Einfluss eine **schwächere, mit geringerer Intensität** ausgestattete Form der Einflussnahme.[10] Es ist insb. nicht erforderlich, dass den Interessen des beteiligten Unt in sämtlichen Entscheidungen Rechnung getragen werden muss.[11]

Unter Beachtung der Systematik des Gesetzes dürfte nichts dagegen sprechen, die **gemeinsame Führung** i.S.d. § 310 HGB als einen Spezialfall des maßgeblichen Einflusses und Grenzfall zum beherrschenden Einfluss einzustufen. Der maßgebliche Einfluss erreicht äußerstenfalls die paritätische Mitwirkung in den unternehmenspolitischen Entscheidungen. In diesen Fällen besteht ein Wahlrecht zur Anwendung der **QuotenKons** oder der **Equity-Methode**.[12]

Maßgeblicher Einfluss lässt sich im Wege einer Negativabgrenzung also dahingehend interpretieren, dass Entscheidungen von grundsätzlicher Bedeutung **nicht ohne Mitwirkung und nicht gegen den Willen des beteiligten Unt** getroffen werden.[13] Damit geht der maßgebliche Einfluss über den mit der Wahrnehmung von Gesellschafterrechten üblicherweise verbundenen Einfluss hinaus.[14]

2.3.2 Gegenstand

Der maßgebliche Einfluss muss nach § 311 Abs. 1 Satz 1 HGB auf die Geschäfts- und Finanzpolitik gerichtet sein. Dabei ist davon auszugehen, dass mit dem Begriff der

---

[7] Von einer dauernden Verbindung wird man grundsätzlich sprechen können, wenn die Anteile länger als ein Jahr gehalten werden. Indizien für eine dauerhafte Verbindung sind bspw. gemeinsame Projekte, personelle Verflechtungen oder bestehende vertragliche Bindungen; so auch Baetge/Kirsch/Thiele, Konzernbilanzen, 14. Aufl. 2021, S. 387 m.w.N.
[8] So auch ADS, Rechnungslegung und Prüfung der Unternehmen, 6. Aufl. 1995–2001, § 311 HGB Rz 12.
[9] So bereits Maas/Schruff, WPg 1986, S. 244, zur Abgrenzung der einheitlichen Leitung vom maßgeblichen Einfluss. Nach DRS 26.7 wird ein maßgeblicher Einfluss als tatsächliche Mitwirkung verstanden, ohne dass damit eine Beherrschung oder gemeinsame Führung verbunden ist. Die in DRS 26.18f. genannten Indizien (Anhaltspunkte) stimmen mit den im Schrifttum erwähnten weitestgehend überein.
[10] Vgl. zum maßgeblichen Einfluss auch IDW, WPH Edition, Wirtschaftsprüfung & Rechnungslegung, 18. Aufl. 2023, Kap. G Rz 587ff.
[11] Vgl. Schäfer, Bilanzierung von Beteiligungen an assoziierten Unternehmen nach der Equity-Methode, S. 210.
[12] Vgl. ADS, Rechnungslegung und Prüfung der Unternehmen, 6. Aufl. 1995–2001, § 311 HGB Rz 16.
[13] Vgl. Biener/Berneke, Bilanzrichtlinien-Gesetz, S. 368.
[14] Vgl. Kirsch, Die Equity-Methode im Konzernabschluss, S. 26.

Geschäfts- und Finanzpolitik die wesentlichen Entscheidungen innerhalb der Unternehmenspolitik erfasst werden sollen.[15] Nicht erforderlich ist es hingegen, dass sich die Einflussnahme auf jede einzelne Entscheidung im täglichen Geschäft erstreckt.[16] Notwendig ist aber die Mitwirkung bei den **Grundsatzentscheidungen der Geschäftspolitik**. Dazu können grundlegende Entscheidungen über Marketing-, Produkt-, Investitions-, Finanzierungsstrategien oder – in Anlehnung an § 290 Abs. 2 Nr. 2 HGB – die Besetzung von Führungspositionen gehören.[17] Der maßgebliche Einfluss muss zudem auf Dauer angelegt sein; die einmalige oder gelegentliche Einflussnahme genügt nicht.[18]

14 Erstreckt sich der Einfluss nur auf **einzelne Bereiche der Geschäftspolitik**, so können gleichwohl die Tatbestandsvoraussetzungen des § 311 Abs. 1 Satz 1 HGB erfüllt sein, wenn die betreffenden Bereiche für die Unternehmenspolitik von besonderer Bedeutung und/oder die Intensität und Regelmäßigkeit der Einflussnahme besonders ausgeprägt sind.[19]

2.3.3 Tatsächliche Ausübung

15 Im Gegensatz zu den IFRS und auch zu § 290 HGB verlangt § 311 HGB die **tatsächliche Ausübung** des **maßgeblichen Einflusses**; allein die Möglichkeit maßgeblichen Einflusses ist nicht ausreichend. Der Wortlaut des § 311 Abs. 1 Satz 1 HGB ist insoweit – auch im Verhältnis zu § 290 Abs. 1 HGB – eindeutig. Es ist daher erforderlich, dass aktiv an den Entscheidungen des assoziierten Unt mitgewirkt wird.

16 In Abhängigkeit von der jeweiligen **Unternehmensverfassung** wird der **Einfluss vermittelt durch die Organe** – regelmäßig die Aufsichtsorgane – des assoziierten Unt durch unter der Mehrheitsgrenze liegende Stimmrechtsausübung in der HV oder die Vertretung in Kontrollgremien ausgeübt. Dabei können grds. auch mehrere Unt gleichzeitig jeweils maßgeblichen Einfluss ausüben. Die Tatsache, dass einem anderen Unt die Mehrheit der Stimmrechte in der GesV zusteht – es also beherrschenden Einfluss ausübt –, schließt die Ausübung eines maßgeblichen Einflusses nicht aus.[20]

---

[15] Dafür spricht insb., dass die Finanzpolitik wesentlicher Bestandteil der Geschäftspolitik ist und sich aus dem Gesetz nichts dafür entnehmen lässt, dass der maßgebliche Einfluss insb. auf die Finanzpolitik ausgerichtet sein muss.

[16] Vgl. ADS, Rechnungslegung und Prüfung der Unternehmen, 6. Aufl. 1995–2001, § 311 HGB Rz 20.

[17] Eine Beherrschung der Entscheidung über die Gewinnverwendung ist für die Annahme maßgeblichen Einflusses nicht erforderlich, vgl. ADS, Rechnungslegung und Prüfung der Unternehmen, 6. Aufl. 1995–2001, § 311 HGB Rz 23 m.w.N.; a.A. Kirsch, Die Equity-Methode im Konzernabschluss, S. 29.

[18] Ebenso IDW, WPH Edition, Wirtschaftsprüfung & Rechnungslegung, 18. Aufl. 2023, Kap. G Tz 595. Dort wird ausdrücklich darauf hingewiesen, dass eine Befristung der Ausübung maßgeblichen Einflusses zumindest bis zum Fristablauf zur Widerlegung der Assoziierungsvermutung nicht genügt; so auch dem Umkehrschluss zu DRS 26.12.

[19] Vgl. IDW, WPH Edition, Wirtschaftsprüfung & Rechnungslegung, 18. Aufl. 2023, Kap. G Tz 592; ADS, Rechnungslegung und Prüfung der Unternehmen, 6. Aufl. 1995–2001, § 311 HGB Rz 22. Vor dem Hintergrund dieser Interpretation des Begriffs der Geschäfts- und Finanzpolitik kann auch der Auffassung von Biener/Bernecke, Bilanzrichtlinien-Gesetz, S. 368, nicht gefolgt werden, wonach die Tatbestandsvoraussetzungen des § 311 Abs. 1 Satz 1 HGB nicht erfüllt sein sollen, wenn sich der Einfluss nur auf die Geschäftspolitik (i.e.S.) oder nur auf die Finanzpolitik erstreckt.

[20] Vgl. Schäfer, Bilanzierung von Beteiligungen an assoziierten Unternehmen nach der Equity-Methode, S. 208.

Auch ist es **nicht erforderlich**, dass der maßgebliche Einfluss **allein von dem MU oder einem der einbezogenen TU** ausgeübt wird. Vielmehr kann der maßgebliche Einfluss auch durch das Zusammenwirken mehrerer einbezogener Unt ausgeübt werden.[21] Bspw. kann bei zwei oder mehr beteiligten TU, die unter dem beherrschenden Einfluss eines MU stehen, eine Bündelung des Einflusspotenzials erreicht werden. Hier wird der maßgebliche Einfluss dann mittelbar durch das MU ausgeübt.[22]

Wenn ausnahmsweise der tatsächliche Einfluss ausschl. bei **nach § 296 HGB nicht einbezogenen TU** liegt und dieser auch nicht dem MU zuzurechnen ist, liegen die Tatbestandsvoraussetzungen des § 311 Abs. 1 Satz 1 HGB nicht vor. § 311 Abs. 1 Satz 1 HGB fordert maßgeblichen Einfluss von in den Konzernabschluss einbezogenen Unt – daran fehlt es im Fall des § 296 HGB.

Bei einer AG begründet die **Ausübung der Stimmrechte** in der HV grds. noch keinen maßgeblichen Einfluss.[23] Hier wird regelmäßig zumindest ein Vertreter des in den Konzernabschluss einbezogenen Unt Mitglied des Aufsichtsrats sein müssen, da dort regelmäßig die geschäftspolitischen Entscheidungen gefällt werden. Demgegenüber kann bei einer GmbH regelmäßig über die GesV – je nach Gestaltung des Gesellschaftsvertrags – auf die Geschäftspolitik Einfluss genommen werden.

Der maßgebliche Einfluss kann auch **außerhalb der gesellschaftsrechtlichen Strukturen** z.B. durch den Austausch von Führungskräften, intensive Lieferungs- und Leistungsbeziehungen oder technologische Abhängigkeit ausgeübt werden. Ein Assoziierungsverhältnis liegt allerdings nur dann vor, wenn gleichzeitig eine Beteiligung besteht.[24]

Die Beurteilung der Frage, ob ein maßgeblicher Einfluss vorliegt und tatsächlich ausgeübt wird, kann nur in jedem **Einzelfall** unter Berücksichtigung des **Gesamtbildes der tatsächlichen Verhältnisse** anhand von Indizien beurteilt werden. Hierbei sind auch tatsächlich bestehende Einflussmöglichkeiten, die sich aus der Anteilseignerstruktur des zu beurteilenden Unt oder aus sonstigen Vereinbarungen ergeben, zu würdigen (DRS 26.17).

3 Assoziierungsvermutung (Abs. 1 Satz 2)

3.1 Bedeutung

Der Nachweis tatsächlichen maßgeblichen Einflusses ist in der Praxis häufig mit Schwierigkeiten verbunden. Um die Anwendung des § 311 Abs. 1 Satz 1 HGB zu erleichtern, wird die Ausübung maßgeblichen Einflusses **widerlegbar vermutet,** wenn das in den Konzernabschluss einbezogene Unt mind. den fünften Teil – 20 % – der Stimmrechte der Gesellschafter an dem assoziier-

---

[21] Vgl. ADS, Rechnungslegung und Prüfung der Unternehmen, 6. Aufl. 1995–2001, § 311 HGB Rz 33.
[22] Dementsprechend sind auch bei Anwendung der Assoziierungsvermutung die Stimmrechte der TU dem MU analog § 290 Abs. 3 HGB zuzurechnen; vgl. ADS, Rechnungslegung und Prüfung der Unternehmen, 6. Aufl. 1995–2001, § 311 HGB Rz 33.
[23] So auch ADS, Rechnungslegung und Prüfung der Unternehmen, 6. Aufl. 1995–2001, § 311 HGB Rz 26.
[24] Vgl. ADS, Rechnungslegung und Prüfung der Unternehmen, 6. Aufl. 1995–2001, § 311 HGB Rz 27; eine Aufzählung weiterer Anhaltspunkte für das Vorliegen eines maßgeblichen Einflusses findet sich in DRS 26.18f.

ten Unt innehat (§ 311 Abs. 1 Satz 2 HGB). Die Vorschrift führt zu einer Umkehr der Beweislast.[25]

23 Der Schwellenwert von 20 % entstammt Art. 27 der Bilanzrichtlinie, der seinerseits auf international Üblichem beruht. Aus der Vermutung darf nicht geschlossen werden, dass im Fall einer Beteiligung von weniger als 20 % die Ausübung maßgeblichen Einflusses ausgeschlossen ist. In einem solchen Fall kommt es vielmehr auf die **positive Feststellung** des maßgeblichen Einflusses an. DRS 26.15 Satz 2 stellt hier eine widerlegbare sog. negative Assoziierungsvermutung (DRS 26.16) auf, wonach, soweit ein Unt direkt oder indirekt weniger als 20 % der Stimmanteile hält, kein maßgeblicher Einfluss besteht. Diese widerlegbare Vermutung entbindet das MU jedoch (richtigerweise) nach DRS 26.16 Satz 2 nicht davon, zu prüfen, ob die Tatbestandsvoraussetzungen des § 311 Abs. 1 Satz 1 HGB auch bei Stimmrechtsanteilen von weniger als 20 % vorliegen. Es ist nicht ganz klar, welche Zielsetzung mit dieser sog. negativen Assoziierungsvermutung verfolgt wird, wenn jedenfalls die typische Beweiserleichterungsfunktion einer Vermutung gar nicht erreicht wird bzw. wohl auch nicht werden soll.[26]

3.2 Berechnung

24 Die Assoziierungsvermutung des § 311 Abs. 1 Satz 2 HGB knüpft – anders als die Beteiligungsvermutung des § 271 Abs. 1 Satz 3 HGB – **ausschl.** an den **Anteil der Stimmrechte** an.

25 Mit der Aufhebung der Konzernbilanzrichtlinie 83/349/EWG fehlt es zwar an einer dem bisherigen Art. 33 Abs. 1 Satz 3 vergleichbaren Vorschrift, die eine entsprechende Anwendung der Zurechnungsvorschriften für konsolidierte Abschlüsse für Stimmrechte zumindest auf Richtlinienebene auch für die Rechnungslegung nach der Equity-Methode vorschreibt, da auch die §§ 311 f. HGB eine solche Zurechnung nicht vorschreiben. Da ausweislich nach Erwägungsgrund 36 der Bilanzrichtlinie die Bestimmungen zur Bewertung von assoziierten Unt gegenüber der Konzernbilanzrichtlinie 83/349/EWG inhaltlich unverändert bleiben sollten, wird man aber wohl weiterhin – auch wenn damit über die inhaltliche Aussage des Erwägungsgrunds hinausgegangen wird – für die **analoge Berücksichtigung des § 290 Abs. 3 und 4 HGB** votieren müssen, auch wenn es dafür an einer ausdrücklichen Rechtsgrundlage fehlt.[27] Außer den dem MU unmittelbar zustehenden Stimmrechten sind danach auch die einem TU sowie die einem für Rechnung des MU oder TU handelnden Dritten zustehenden Stimmrechte zu berücksichtigen. Die Zurechnung der Stimmrechte hat zur Folge, dass im Fall einer Verteilung des Stimmrechtsbesitzes auf mehrere TU desselben MU eine Gesamtbetrachtung aus Konzernsicht anzustellen ist.

26 Bei der Berechnung der Stimmrechtsquote kommt es nicht darauf an, ob die **TU in den Konzernabschluss einbezogen** werden. Dies ergibt sich letztlich aus dem Wort-

---

[25] Die zur Widerlegung erforderlichen Tatsachen sind von dem den Konzernabschluss aufstellenden MU zu erbringen; ebenso Biener/Schatzmann, Konzern-Rechnungslegung, S. 53.
[26] IDW, WPH Edition, Wirtschaftsprüfung & Rechnungslegung, 18. Aufl. 2023, Kap. G Tz 590, führt aus, dass ein assoziiertes Unt bei weniger als 20 % der Stimmrechtsanteile nur vorliegt, wenn nachgewiesen wird, dass tatsächlich ein maßgeblicher Einfluss ausgeübt wird.
[27] Ebenso DRS 26.15, der für die Zurechnung auf die Regelungen des DRS 27.23 verweist, der seinerseits DRS 19.62ff. in Bezug nimmt. So wohl auch IDW, WPH Edition, Wirtschaftsprüfung & Rechnungslegung, 18. Aufl. 2023, Kap. G Tz 589; Biener/Berneke, Bilanzrichtlinien-Gesetz, S. 368.

laut des § 311 Abs. 1 HGB. Der maßgebende Einfluss muss nach Satz 1 von einem einbezogenen Unt – bspw. mittelbar dem MU – ausgeübt werden. Woher die für die Ausübung des maßgeblichen Einflusses erforderlichen Stimmrechte stammen müssen, schreibt Satz 2 hingegen nicht vor. Hier genügt es, wenn das einbezogene Unt die Stimmrechte innehat. Auch § 296 HGB bleibt daher hier – anders als bei der Frage, ob ein in den Konzernabschluss einbezogenes TU beteiligt ist – unberücksichtigt.[28]

Von der Zurechnung nicht umfasst sind Stimmrechte, die einem **Gemeinschafts-Unt** i. S. d. § 310 HGB oder einem **anderen assoziierten Unt** zustehen. 27

Aus der analogen Anwendung des § 290 Abs. 4 HGB ergibt sich, dass diejenigen **Stimmrechte**, die **nicht ausgeübt** werden **können** (z. B. Höchststimmrechtsklausel, § 134 Abs. 1 AktG), bei der Berechnung der Stimmrechtsquote nicht berücksichtigt werden. 28

3.3 Widerlegung

3.3.1 Kein in den Konzernabschluss einbezogenes Unternehmen

In den Konzernabschluss einbezogene Unt sind nur das MU oder die TU. Halten **assoziierte Unt oder GemeinschaftsUnt** eine Beteiligung, die ansonsten die Tatbestandsvoraussetzungen des § 311 Abs. 1 Satz 1 HGB erfüllt, ist die Anwendung der §§ 311, 312 HGB gleichwohl ausgeschlossen. 29

3.3.2 Keine Beteiligung

Da die Assoziierungsvermutung ausschl. die Stimmrechtsquote berücksichtigt, könnte auch ein Anteilsbesitz erfasst werden, der weder aus der Sicht des einzelnen TU noch aus Sicht des MU als Beteiligung i. S. d. § 271 Abs. 1 HGB angesehen wird. Das gilt z. B. in dem Fall, in dem mehrere TU über geringe Stimmrechtsquoten verfügen, die aufgrund der Zurechnungsvorschriften aus Konzernsicht zur Beteiligungsvermutung (§ 271 Abs. 1 Sätze 3, 4 HGB) und zur Assoziierungsvermutung führen. Wird in diesem Fall die Beteiligungsvermutung widerlegt, weil bspw. **keine Beteiligungsabsicht** besteht, ist damit auch die Assoziierungsvermutung widerlegt.[29] 30

3.3.3 Keine Ausübung maßgeblichen Einflusses

Die Vermutung eines maßgeblichen Einflusses kann durch den Nachweis widerlegt werden, dass tatsächlich kein maßgeblicher Einfluss ausgeübt wird. Dieser **Nachweis** ist schwierig zu führen. Liegen außer der Assoziierungsvermutung ergänzend auch noch Indizien für die Ausübung maßgeblichen Einflusses vor, so erscheint die Widerlegung der Vermutung ausgeschlossen. Besondere Schwierigkeiten dürfte es bereiten, den Nachweis zu erbringen, dass ein tatsächlich ausgeübter Einfluss graduell schwächer ist als ein maßgeblicher Einfluss.[30] Etwas anderes dürfte gelten, wenn der Nachweis erbracht werden kann, dass die Interessen des in den Konzernabschluss einbezogenen Unt dauerhaft keine Berücksichtigung gefunden haben. Denkbar ist dies bspw., wenn ein beherrschender Einfluss seitens eines anderen Unt ausgeübt wird. 31

---

[28] Vgl. ADS, Rechnungslegung und Prüfung der Unternehmen, 6. Aufl. 1995–2001, § 311 HGB Rz 42.
[29] Ebenso ADS, Rechnungslegung und Prüfung der Unternehmen, 6. Aufl. 1995–2001, § 311 HGB Rz 45.
[30] Vgl. ADS, Rechnungslegung und Prüfung der Unternehmen, 6. Aufl. 1995–2001, § 311 HGB Rz 46.

32 Kann der Nachweis erbracht werden, dass die Voraussetzungen für die Ausübung maßgeblichen Einflusses nicht vorliegen, ist die Vermutung widerlegt. Denkbar ist dies bspw. bei dem ergebnislosen Versuch, eine Vertretung in den Organen des Unt zu erreichen oder bei Vorliegen einer vertraglichen Vereinbarung, nach der auf die Geltendmachung der eigenen Rechte verzichtet wurde. Liegt ein solches **Hindernis der Einflussnahme** vor, so ist gleichwohl unter Berücksichtigung des Gesamtbildes der tatsächlichen Verhältnisse in jedem Einzelfall zu beurteilen, ob die Assoziierungsvermutung widerlegt ist. Dabei spielen auch die aufgrund von Lieferungs- und Leistungsbeziehungen oder technologischer Abhängigkeit ausgeübten Einflüsse eine Rolle.

33 Mit einem Stimmrechtsanteil von 20 % ist in einer AG normalerweise noch kein Einflusspotenzial verbunden. Die HV entscheidet nur in besonderen Fällen über Fragen der Geschäftspolitik. Deshalb kommt eine Widerlegung der Assoziierungsvermutung in Betracht, wenn die Stimmrechte bei einer AG trotz intensiver Bemühungen nicht wenigstens zu einer Vertretung im Aufsichtsrat geführt haben.[31] Diese **rechtsformspezifische Begründung** lässt sich aber nicht ohne Weiteres auf andere Rechtsformen ausdehnen. Die Mitwirkung an Grundsatzentscheidungen ist bei der GmbH regelmäßig schon auf der Ebene der GesV gegeben.

34 Die Ausübung eines maßgeblichen Einflusses ist ausgeschlossen, wenn über das Vermögen des Unt ein **Insolvenzverfahren** eröffnet worden ist (§ 80 InsO); die Assoziierungsvermutung ist dann generell widerlegt. Gleiches dürfte gelten für den Fall, dass das Insolvenzgericht die Eigenverwaltung angeordnet hat (§§ 270 ff. InsO). Nach § 276a Satz 1 InsO haben, soweit der Schuldner eine juristische Person oder Gesellschaft ohne Rechtspersönlichkeit ist, der Aufsichtsrat, die Gesellschafterversammlung oder entsprechende Organe keinen Einfluss auf die Geschäftsführung des Schuldners.

3.3.4 Keine ausreichenden Informationen zur Anwendung der Equity-Methode

35 Die Assoziierungsvermutung kann auch durch den Nachweis widerlegt werden, dass die zur Anwendung der Equity-Methode erforderlichen **Angaben von den assoziierten Unt nicht zu erhalten** sind.[32] Dies ergibt sich aus der Protokollerklärung Nr. 20 zu Art. 33 zu der zwischenzeitlich aufgehobenen und durch die Bilanzrichtlinie von 2013 ersetzten Konzernbilanzrichtlinie 83/349/EWG.[33] Damit wird den praktischen Problemen in der Anwendung der **Equity-Methode** Rechnung getragen, denn eine besondere Auskunftspflicht für die Konzernrechnungslegung besteht im Gegensatz zu den TU für assoziierte Unt nicht.

36 Wenn das Gesamtbild der tatsächlichen Verhältnisse dafür spricht, dass ein maßgeblicher Einfluss tatsächlich ausgeübt wird, ist fraglich, ob eine **schriftliche Mitteilung der geschäftsführenden Organe**, dass die verlangten Informationen nicht zur Verfügung gestellt werden dürfen oder sollen, als ausreichend angesehen werden kann.[34]

---

[31] Vgl. Biener/Schatzmann, Konzern-Rechnungslegung, S. 55; ebenso Schmalenbach-Gesellschaft – Deutsche Gesellschaft für Betriebswirtschaft e.V., AK „Externe Unternehmensrechnung", Aufstellung von Konzernabschlüssen, ZfbF Sonderheft 21/1987, 2. Aufl. 1989, S. 132.
[32] Vgl. BT-Drs. 10/3440 v. 3.6.1985 S. 42.
[33] Abgedruckt bei Biener/Berneke, Bilanzrichtlinien-Gesetz, S. 856.
[34] Vgl. Havermann, WPg 1987, S. 318.

Hier besteht die Gefahr, dass der maßgebliche Einfluss genutzt wird, um die geschäftsführenden Organe zu einer Verweigerung der Informationserteilung zu bewegen.[35] Zur Widerlegung der Assoziierungsvermutung mit der Begründung unzureichender Information sind vielmehr **verschiedene Informationserfordernisse** zu unterscheiden; der Hinweis auf ungenügende Information allein ist nicht ausreichend.[36] Zur Anwendung der **Equity-Methode** sind Informationen über stille Reserven und Lasten notwendig. Hingegen ist die Anwendung einheitlicher Bilanzierung und Bewertung nach § 312 Abs. 5 HGB nicht unabdingbar für die Equity-Methode. Die Eliminierung von Zwischenergebnissen wird nur verlangt, wenn die Informationen vorhanden oder zugänglich sind. Soweit sich das Informationsproblem also nur auf die einheitliche Bilanzierung und Bewertung oder die Eliminierung von Zwischenergebnissen bezieht, kann die Assoziierungsvermutung also nicht mit der Begründung widerlegt werden, die Daten seien nicht oder nicht in der gewünschten Qualität vorgelegt worden.[37]

4 Besonderheiten

4.1 Anwendung auf nach § 296 HGB nicht einbezogene Tochterunternehmen

Auch ohne ausdrücklichen Hinweis kommt für TU, die aufgrund von § 296 HGB nicht im Wege der VollKons einbezogen werden, die **Behandlung als assoziierte Unt in Betracht**.[38] Werden TU nicht in den KonsKreis einbezogen und liegen die Voraussetzungen des § 311 Abs. 1 Satz 1 HGB vor, so kann auf die Behandlung als assoziiertes Unt nur bei untergeordneter Bedeutung nach § 311 Abs. 2 HGB verzichtet werden. DRS 26.B5 spricht hier von unechten assoziierten Unt, d. h., solche Unt, die entweder nicht anteilsmäßig konsolidierte GemeinschaftsUnt oder nicht vollkonsolidierte TU sind. Damit werden die bereits in der Vergangenheit geführten Diskussionen aufgenommen, sodass sich für die Praxis keine wesentlichen Auswirkungen ergeben. Insb. begründet DRS 26 insoweit keinen Automatismus einer Einbeziehung. Auch weiterhin ist zu prüfen, ob die Tatbestandsvoraussetzungen des § 311 Abs. 1 Satz 1 HGB vorliegen.

Das Wahlrecht, auf die Einbeziehung eines TU in den Konzernabschluss zu verzichten, wenn die **Ausübung der Rechte** in Bezug auf das Vermögen oder die Geschäftsführung **erheblich und andauernd beschränkt** ist (§ 296 Abs. 1 Nr. 1 HGB), dürfte grds. auch eine Anwendung der Equity-Methode verhindern, da es in diesem Fall regelmäßig am maßgeblichen Einfluss fehlt.[39]

Besteht nach § 296 Abs. 1 Nr. 2 HGB ein Wahlrecht, wegen **unverhältnismäßiger Kosten oder Verzögerungen** auf die **VollKons zu verzichten**, so wird in den meisten Fällen die Behandlung als assoziiertes Unt in Betracht kommen, sofern tatsächlich ein maßgeblicher Einfluss ausgeübt wird und die für die Anwendung der Equity-Methode notwendigen Informationen zeitgerecht und mit vertretbaren Kosten erlangt werden können (DRS 26.11).

---

[35] Vgl. Bühner/Hille, WPg 1980, S. 263.
[36] Vgl. Küting/Köthner/Zündorf, in Küting/Weber, HdK, Bd. II, 2. Aufl. 1998, § 311 HGB Rn 89 ff.
[37] Vgl. Havermann, WPg 1987, S. 318.
[38] Vgl. IDW, WPH Edition, Wirtschaftsprüfung & Rechnungslegung, 18. Aufl. 2023, Kap. G Tz 596; Busse von Colbe, in FS Grochla, 1986, S. 254. Liegen die Voraussetzungen des § 311 HGB nicht vor, ist das TU zu AK im Konzernabschluss auszuweisen.
[39] Vgl. ADS, Rechnungslegung und Prüfung der Unternehmen, 6. Aufl. 1995–2001, § 311 HGB Rz 64.

39 Sind die Anteile an einem TU ausschl. mit der **Absicht der Weiterveräußerung** erworben worden, kann die VollKons nach § 296 Abs. 1 Nr. 3 HGB unterbleiben. In diesem Fall besteht keine Beteiligung i.S.d. § 271 Abs. 1 HGB, sodass die Behandlung des TU als assoziiertes Unt ausgeschlossen ist, auch wenn vorübergehend maßgeblicher Einfluss ausgeübt wird.[40] Zudem sieht DRS 26.13 vor, dass, sofern die Anteile an einem TU nur tw. in Weiterveräußerungsabsicht erworben worden sind und die nach der geplanten Weiterveräußerung weiterhin gehaltenen Anteile nur noch maßgeblichen Einfluss vermitteln, sämtliche Anteile an diesem TU vom Erwerbszeitpunkt an nach der Equity-Methode bilanziert werden dürfen. Rechtlich lässt sich dieses Wahlrecht nicht begründen, dürfte aber wohl die tw. anzutreffende Bilanzierungspraxis spiegeln.

40 Für TU, die nach § 296 Abs. 2 HGB wegen **untergeordneter Bedeutung** nicht einbezogen werden, wird regelmäßig auch nach § 311 Abs. 2 HGB auf die Anwendung der Equity-Methode verzichtet. Im Schrifttum wird vielfach die Auffassung vertreten, dass diese generell nicht nach den Vorschriften für assoziierte Unt behandelt werden müssen bzw. die Befreiung großzügig anzuwenden sei.[41] Die pauschale Anwendung des § 311 Abs. 2 HGB auf TU, die nach § 296 Abs. 2 HGB nicht konsolidiert werden, erscheint aber nicht gerechtfertigt, selbst wenn in vielen Fällen auch zugleich die Beteiligung von untergeordneter Bedeutung sein wird.[42]

4.2 Anwendung auf Gemeinschaftsunternehmen

41 Für GemeinschaftsUnt i.S.d. § 310 Abs. 1 HGB besteht das Wahlrecht zur Einbeziehung im Wege der QuotenKons. Wird diese Möglichkeit nicht genutzt, so ist die Anwendung der Equity-Methode zwingend, soweit die Voraussetzungen des § 311 Abs. 1 HGB vorliegen und die Beteiligung nicht von untergeordneter Bedeutung ist.[43] Die gemeinsame Führung i.S.d. § 310 Abs. 1 HGB ist gleichbedeutend mit der Ausübung maßgeblichen Einflusses.[44]

5 Untergeordnete Bedeutung (Abs. 2)

42 Sind die Voraussetzungen des § 311 Abs. 2 HGB erfüllt, ist die Beteiligung für die Darstellung der Vermögens-, Finanz- und Ertragslage also von untergeordneter Bedeutung, kann auf den **gesonderten Ausweis** und die **Anwendung der Equity-Methode verzichtet** werden. Ob eine Beteiligung von untergeordneter Bedeutung ist, lässt sich nur im **Einzelfall** beurteilen.

43 Die Beteiligung muss für sämtliche Teilaspekte der Lage des Konzerns von untergeordneter Bedeutung sein. Zu berücksichtigen sind dabei die sich aus der Anwendung der Equity-Methode und dem gesonderten Ausweis ergebenden Änderungen im Konzernabschluss. Bei isolierter Betrachtung unwesentliche Beteiligungen sind einer **Gesamtbeurteilung** zu unterwerfen (DRS 26.20 Satz 2). DRS 26.20ff. sieht

---

[40] Ebenso DRS 26.12, soweit Anteile zum Zweck der Weiterveräußerung in naher Zukunft erworben worden sind.
[41] Vgl. Schäfer, Bilanzierung von Beteiligungen an assoziierten Unternehmen nach der Equity-Methode, S. 198; Schmalenbach-Gesellschaft – Deutsche Gesellschaft für Betriebswirtschaft e.V., AK „Externe Unternehmensrechnung", Aufstellung von Konzernabschlüssen, ZfbF Sonderheft 21/1987, 2. Aufl. 1989, S. 133.
[42] Vgl. auch Küting/Zündorf, BB 1988, S. 873; ebenso DRS 26.14.
[43] Vgl. auch Baetge/Kirsch/Thiele, Konzernbilanzen, 14. Aufl. 2021, S. 384.
[44] Vgl. Busse von Colbe, in FS Grochla, 1986, S. 252; Havermann, WPg 1987, S. 316.

Klarstellungen bzgl. der Anforderungen an den Nachweis der untergeordneten Bedeutung einer Beteiligung an einem assoziierten Unt vor.[45] Entgegen dem Wortlaut des § 311 Abs. 2 HGB sei diesbzgl. jedoch nur die Bedeutung des assoziierten Unt für die Vermögens- und Ertragslage des Konzerns gesondert zu würdigen. Aufgrund der Besonderheiten der Equity-Methode sei ein assoziiertes Unt für die Würdigung der Finanzlage des Konzerns regelmäßig von untergeordneter Bedeutung. Problematisch ist, dass § 311 Abs. 2 HGB diese Differenzierung nicht vorsieht. Zudem stellt sich die Frage, warum die Würdigung der Finanzlage, wenn sie von untergeordneter Bedeutung und damit im Grunde problemlos ist, nicht einfach mit vorgenommen werden soll.

Wird nach § 311 Abs. 2 HGB auf die Behandlung als assoziiertes Unt verzichtet, so ist dies mit entsprechender Begründung im **Konzernanhang** nach § 313 Abs. 2 Nr. 2 Satz 2 HGB anzugeben. 44

6 Ausweis (Abs. 1 Satz 1)

Nach § 311 Abs. 1 Satz 1 HGB besteht die Verpflichtung, die Beteiligung an einem assoziierten Unt in der Konzernbilanz unter einem **besonderen Posten** mit entsprechender Bezeichnung auszuweisen. Ein „Davon-Vermerk" wird den gesetzlichen Anforderungen nicht gerecht.[46] 45

Im Gliederungsschema nach § 266 HGB, das für die **Konzernbilanz** um diesen Sonderposten zu erweitern ist, kann die Beteiligung an einem assoziierten Unt entweder als gesonderte Kategorie der Beteiligungen (A. III. 3.) oder als zusätzlicher Posten innerhalb der Finanzanlagen ausgewiesen werden.[47] Ein zusätzlicher Posten sollte vor den Beteiligungen (§ 266 Abs. 2 III. 3. HGB) stehen, da assoziierte Unt ihrer Art nach zwischen den Anteilen an verbundenen Unt und anderen Beteiligungen stehen.[48]

Grundsätzlich können alle Beteiligungen, auf die § 311 HGB angewandt wird, zusammengefasst ausgewiesen werden. Bei Anwendung auf **Beteiligungen an TU** ist dann aber ein Vermerk der Mitzugehörigkeit zum Posten „Anteile an verbundenen Unternehmen" erforderlich. Werden dagegen die nach der Equity-Methode bewerteten Beteiligungen an TU als „Anteile an verbundenen Unternehmen" (§ 266 Abs. 2 III. 1. HGB) ausgewiesen, so sind wegen der Besonderheiten der Equity-Methode zusätzliche Angaben im Konzernanhang erforderlich.[49] 46

Das Gesetz schließt zwar nicht aus, dass auch diejenigen Beteiligungen an assoziierten Unt, die wegen untergeordneter Bedeutung **nicht nach der Equity-Methode bewertet** werden, in den Sonderposten einbezogen werden. Im Interesse der Klarheit und Übersichtlichkeit sollten unter diesem Posten jedoch nur solche Beteiligungen ausgewiesen werden, auf die § 312 HGB angewandt wird.[50] Handelt es sich um eine Beteiligung an einem nicht einbezogenen TU, so ist sie unter den „Anteilen an verbundenen Unternehmen" auszuweisen; im Übrigen unter den „Beteiligungen". 47

---

[45] Zum Ganzen auch Kirsch, StuB 2018, S. 217.
[46] A. A. Küting/Köthner/Zündorf, in Küting/Weber, HdK, Bd. II, 2. Aufl. 1998, § 311 HGB Rn 130.
[47] Vgl. Küting/Köthner/Zündorf, in Küting/Weber, HdK, Bd. II, 2. Aufl. 1998, § 311 HGB Rn 130.
[48] Vgl. ADS, Rechnungslegung und Prüfung der Unternehmen, 6. Aufl. 1995–2001, § 311 HGB Rz 71.
[49] Vgl. ADS, Rechnungslegung und Prüfung der Unternehmen, 6. Aufl. 1995–2001, § 311 HGB Rz 72.
[50] Vgl. ebenso Küting/Köthner/Zündorf, in Küting/Weber, HdK, Bd. II, 2. Aufl. 1998, § 311 HGB Rn 131.

§ 312 Wertansatz der Beteiligung und Behandlung des Unterschiedsbetrags

(1) ¹Eine Beteiligung an einem assoziierten Unternehmen ist in der Konzernbilanz mit dem Buchwert anzusetzen. ²Der Unterschiedsbetrag zwischen dem Buchwert und dem anteiligen Eigenkapital des assoziierten Unternehmens sowie ein darin enthaltener Geschäfts- oder Firmenwert oder passiver Unterschiedsbetrag sind im Konzernanhang anzugeben.
(2) ¹Der Unterschiedsbetrag nach Absatz 1 Satz 2 ist den Wertansätzen der Vermögensgegenstände, Schulden, Rechnungsabgrenzungsposten und Sonderposten des assoziierten Unternehmens insoweit zuzuordnen, als deren beizulegender Zeitwert höher oder niedriger ist als ihr Buchwert. ²Der nach Satz 1 zugeordnete Unterschiedsbetrag ist entsprechend der Behandlung der Wertansätze dieser Vermögensgegenstände, Schulden, Rechnungsabgrenzungsposten und Sonderposten im Jahresabschluss des assoziierten Unternehmens im Konzernabschluss fortzuführen, abzuschreiben oder aufzulösen. ³Auf einen nach Zuordnung nach Satz 1 verbleibenden Geschäfts- oder Firmenwert oder passiven Unterschiedsbetrag ist § 309 entsprechend anzuwenden. ⁴§ 301 Abs. 1 Satz 3 ist entsprechend anzuwenden.
(3) ¹Der Wertansatz der Beteiligung und der Unterschiedsbetrag sind auf der Grundlage der Wertansätze zu dem Zeitpunkt zu ermitteln, zu dem das Unternehmen assoziiertes Unternehmen geworden ist. ²Können die Wertansätze zu diesem Zeitpunkt nicht endgültig ermittelt werden, sind sie innerhalb der darauf folgenden zwölf Monate anzupassen. ³§ 301 Absatz 2 Satz 3 bis 5 gilt entsprechend.
(4) ¹Der nach Absatz 1 ermittelte Wertansatz einer Beteiligung ist in den Folgejahren um den Betrag der Eigenkapitalveränderungen, die den dem Mutterunternehmen gehörenden Anteilen am Kapital des assoziierten Unternehmens entsprechen, zu erhöhen oder zu vermindern; auf die Beteiligung entfallende Gewinnausschüttungen sind abzusetzen. ²In der Konzern-Gewinn- und Verlustrechnung ist das auf assoziierte Beteiligungen entfallende Ergebnis unter einem gesonderten Posten auszuweisen.
(5) ¹Wendet das assoziierte Unternehmen in seinem Jahresabschluß vom Konzernabschluß abweichende Bewertungsmethoden an, so können abweichend bewertete Vermögensgegenstände oder Schulden für Zwecke der Absätze 1 bis 4 nach den auf den Konzernabschluß angewandten Bewertungsmethoden bewertet werden. ²Wird die Bewertung nicht angepaßt, so ist dies im Konzernanhang anzugeben. ³Die §§ 304 und 306 sind entsprechend anzuwenden, soweit die für die Beurteilung maßgeblichen Sachverhalte bekannt oder zugänglich sind.
(6) ¹Es ist jeweils der letzte Jahresabschluß des assoziierten Unternehmens zugrunde zu legen. ²Stellt das assoziierte Unternehmen einen Konzernabschluß auf, so ist von diesem und nicht vom Jahresabschluß des assoziierten Unternehmens auszugehen.

Inhaltsübersicht

		Rz
1	Überblick	1–11
2	Die Technik der Equity-Methode	12–97
	2.1 Erstmalige Anwendung (Abs. 1)	12–46
	2.1.1 Beteiligungsbuchwert (Abs. 1 Satz 1)	12–17
	2.1.2 Anteiliges Eigenkapital (Abs. 1 Satz 2)	18–23
	2.1.3 Buchwertmethode (Abs. 1 Satz 1 und 2)	24–37
	2.1.3.1 Kapitalaufrechnung	24–27
	2.1.3.2 Aktiver Unterschiedsbetrag	28–35
	2.1.3.3 Passiver Unterschiedsbetrag	36–37
	2.1.4 Stichtag der Kapitalaufrechnung (Abs. 3)	38–41
	2.1.5 Latente Steuern	42–43
	2.1.6 Angaben im Konzernanhang	44–46
	2.2 Anwendung in Folgejahren (Abs. 2)	47–73
	2.2.1 Fortschreibung des Unterschiedsbetrags	47–55
	2.2.2 Berücksichtigung von Eigenkapitalveränderungen (Abs. 4)	56–73
	2.2.2.1 Überblick	56
	2.2.2.2 Anteiliger Jahresüberschuss	57–61
	2.2.2.3 Anteiliger Jahresfehlbetrag	62–66
	2.2.2.4 Kapitalerhöhungen	67–71
	2.2.2.5 Kapitalherabsetzungen	72
	2.2.2.6 Gewinnausschüttungen	73
	2.3 Einheitliche Bilanzierungs- und Bewertungsmethoden (Abs. 5 Sätze 1 und 2)	74–84
	2.3.1 Wahlrecht	74–76
	2.3.2 Anwendung auch auf den Bilanzansatz	77–78
	2.3.3 Anpassung abweichender Wertansätze	79–83
	2.3.4 Angaben im Konzernanhang (Abs. 5 Satz 2)	84
	2.4 Zwischenergebniseliminierung (Abs. 5 Satz 3)	85–94
	2.4.1 Entsprechende Anwendung des § 304 HGB	85–87
	2.4.2 Downstream- und Upstream-Zwischenergebniseliminierung	88–90
	2.4.3 Verrechnungstechnik	91–93
	2.4.4 Verzicht auf die Zwischenergebniseliminierung	94
	2.5 Latente Steuern (Abs. 5 Satz 3)	95–97
3	Zugrunde zu legender Jahresabschluss des assoziierten Unternehmens (Abs. 6 Satz 1)	98–103
4	Zugrunde zu legender Konzernabschluss des assoziierten Unternehmens (Abs. 6 Satz 2)	104–108
5	Sonderfragen	109–126
	5.1 Außerplanmäßige Abschreibungen nach § 253 Abs. 3 Satz 5 HGB	109–112
	5.2 Währungsumrechnung	113
	5.3 Erwerb weiterer Anteile	114–118
	5.4 Veräußerung von Anteilen	119–122
	5.4.1 Fortführung der Equity-Methode	119–120

		5.4.2	Übergang von der Equity-Methode zur Anschaffungskosten-Methode	121
		5.4.3	Vollständige Veräußerung	122
	5.5		Übergang von der Vollkonsolidierung zur Equity-Methode	123
	5.6		Übergang von der Quotenkonsolidierung zur Equity-Methode	124–126
6	Anhang: Kapitalanteilsmethode			127–135
	6.1		Vorbemerkung	127–128
	6.2		Erstmalige Anwendung der Equity-Methode	129–133
	6.3		Fortschreibung der Equity-Methode	134–135

1 Überblick

1 Beteiligungen an assoziierten Unt – und ggf. TU bzw. GemeinschaftsUnt – sind im Konzernabschluss nach der **Equity-Methode** zu bewerten. Der wesentliche Unterschied im Vergleich zur VollKons oder zur QuotenKons besteht darin, dass die VG, Schulden, Sonderposten, RAP, Aufwendungen oder Erträge aus dem Jahresabschluss des assoziierten Unt nicht in den Konzernabschluss übernommen werden. Vielmehr wird der im Konzernabschluss angesetzte Beteiligungsbuchwert, ausgehend von den AK, entsprechend der Entwicklung des Werts des anteiligen bilanziellen Eigenkapitals (EK) des assoziierten Unt in einer außerbilanziellen Nebenrechnung fortgeschrieben (daher sog. **one-line consolidation**), um so auf längere Sicht einen Gleichlauf des Buchwerts der Beteiligung mit dem anteiligen bilanziellen EK des assoziierten Unt herzustellen. Dies geschieht, indem der Buchwert der Beteiligung um die nach dem Erwerb erzielten Gewinne/Einlagen erhöht und um die Verluste/Ausschüttungen und Entnahmen vermindert wird.[1] Die Bilanzierung der Beteiligung nach der Equity-Methode wird – jedenfalls im Vergleich zur Bilanzierung zu AK – als für die Abschlussadressaten informativer angesehen, weil sich die EK-Entwicklung direkt in dem Konzernabschluss widerspiegelt.

2 Mit dem **BilMoG** wurden die Abs. 1–3 des § 312 HGB neu gefasst. Der Zweck der Neufassung bestand in einer Vereinheitlichung und Vereinfachung der Abbildung von Beteiligungen an assoziierten Unt im Konzernabschluss. Gleichzeitig sollte die Vorschrift an die IFRS angenähert werden.[2] Mit der Neufassung des § 312 Abs. 1 Satz 1 HGB wurde die Kapitalaufrechnung bei erstmaliger Anwendung der Equity-Methode **auf die Buchwertmethode beschränkt**.[3]

3 Die **erstmalige Anwendung der Equity-Methode** verlangt nach § 312 Abs. 2 Satz 1 HGB, ebenso wie bei der Vollkonsolidierung (VollKons), die Analyse eines sich ergebenden Unterschiedsbetrags und dessen Zuordnung zu den be-

---

[1] Vgl. Baetge/Kirsch/Thiele, Konzernbilanzen, 14. Aufl. 2021, S. 394 ff.; ADS, Rechnungslegung und Prüfung der Unternehmen, 6. Aufl. 1995–2001, § 312 HGB Rz 2.
[2] Vgl. BT-Drs. 16/10067 v. 30.7.2008 S. 84.
[3] Der Gesetzgeber weist darauf hin, dass die Kapitalanteilsmethode zu einer stärkeren Annäherung an die IFRS geführt hätte. Gleichwohl sei von einer ausschl. Beibehaltung der Kapitalanteilsmethode abgesehen worden, weil beide Methoden nur in seltenen Ausnahmefällen zu einem unterschiedlichen Ergebnis kämen und die Anwendung der Buchwertmethode gängige Praxis in Deutschland sei; vgl. BT-Drs. 16/10067 v. 30.7.2008 S. 85.

treffenden VG, Schulden, RAP und Sonderposten des assoziierten Unt. Daraus ergibt sich gleichzeitig, dass die erstmalige Anwendung der Equity-Methode **erfolgsneutral** ist.[4]

Die Kapitalaufrechnung ist bei der erstmaligen Einbeziehung eines assoziierten Unt nach § 312 Abs. 3 Satz 1 HGB auf den Zeitpunkt durchzuführen, zu dem das Unt assoziiertes Unt geworden ist. Dies galt bisher grds. auch dann, wenn das Unt bisher von untergeordneter Bedeutung für den Konzernabschluss war oder das MU wegen Überschreitens der Schwellenwerte des § 293 HGB erstmals zur Aufstellung eines Konzernabschlusses verpflichtet war. Lag der Zeitpunkt, zu dem das Unt assoziiertes Unt geworden ist, schon lange zurück, wäre diese Vorgehensweise sehr aufwendig gewesen. Vor diesem Hintergrund und aufgrund der Bestrebungen des Gesetzgebers, einen weitestgehenden Gleichlauf zwischen § 301 und § 312 HGB zu erreichen, wurde bereits bisher vertreten, § 301 Abs. 2 Sätze 3 und 4 HGB auf die Konsolidierung (Kons.) assoziierter Unt entsprechend anzuwenden.[5] Die Anwendung dieser Erleichterungen wird in § 312 Abs. 3 Satz 3 HGB ausdrücklich gesetzlich eröffnet.[6]

Im Gegensatz zur VollKons erfolgt diese **Zuordnung ausschl. in einer Nebenrechnung**; sie dient als Berechnungsgrundlage für die Fortschreibung in den Folgejahren. Der Unterschiedsbetrag sowie ein darin enthaltener GoF oder passiver Unterschiedsbetrag sind im Konzernanhang anzugeben (§ 312 Abs. 1 Satz 2 HGB).

Die Sätze 2 und 3 des § 312 Abs. 1 HGB betreffen die **Anwendung der Equity-Methode in den Folgejahren**. Im Gegensatz zur erstmaligen Anwendung ergeben sich aus der Anwendung der Equity-Methode in den Folgejahren **Auswirkungen auf den Unternehmenserfolg**.

Für Zwecke der Kapitalaufrechnung ist nach § 312 Abs. 3 Satz 1 HGB grds. auf den **Zeitpunkt** abzustellen, **zu dem das Unt assoziiertes Unt geworden** ist. Dadurch wird ein Gleichlauf mit § 301 HGB erreicht. Der Zeitpunkt, zu dem das Unt assoziiertes Unt geworden ist, dürfte regelmäßig auch der Zeitpunkt sein, zu dem die in dem Konzernabschluss nach der Equity-Methode abzubildende Beteiligung erworben worden ist. Die sich durch einen sukzessiven Aufbau des maßgeblichen Einflusses möglicherweise ergebenden Gestaltungsmöglichkeiten werden wohl grds. nur eine geringe Bedeutung haben.

§ 312 Abs. 4 Satz 1 HGB schreibt den **Grundgedanken der Equity-Methode** fest: Der i.R.d. erstmaligen Anwendung der Equity-Methode ermittelte Wertansatz des Beteiligungsbuchwerts im Konzernabschluss ist in den Folgejahren um den Betrag der EK-Veränderungen (Gewinne, Einlagen, Verluste, Ausschüt-

---

[4] Der mit dem BilMoG erfolgte Austausch des Begriffs „Wert" gegen den Begriff „beizulegender Zeitwert" hat für die Anwendung der Equity-Methode keine Bedeutung. Bereits davor war es – anders als bei § 301 HGB – für Zwecke der Equity-Bewertung nicht zulässig, dass ein Erwerber seine subjektiven Erwartungen über den Wert von VG und Schulden bei der Kaufpreisallokation berücksichtigt. Nur maßgeblicher Einfluss wurde schon bisher als nicht ausreichend angesehen, um entsprechende Nutzungsentscheidungen auch durchzusetzen, vgl. dazu auch Melcher/Murer, DB 2010, S. 1598.

[5] Vgl. auch Gelhausen/Fey/Kämpfer, Rechnungslegung und Prüfung nach dem Bilanzrechtsmodernisierungsgesetz, Abschn. Q Rz 470 ff.; Melcher/Murer, DB 2010, S. 1602.

[6] Vgl. BGBl I, 2015, S. 1251. Dazu auch Oser/Orth/Wirth, DB 2015, S. 202; Blöink/Biermann, Der Konzern 2015, S. 73.

tungen, Entnahmen), die den dem MU gehörenden Anteilen am Kapital des assoziierten Unt entsprechen, zu erhöhen oder zu vermindern.

9 Werden im Jahresabschluss des assoziierten Unt andere **Bewertungsmethoden** angewandt als im Konzernabschluss, ist gem. § 312 Abs. 5 Satz 1 HGB eine Bewertungsanpassung zugelassen; im Konzernanhang wird eine Angabe verlangt, wenn keine Bewertungsanpassung erfolgt (§ 312 Abs. 5 Satz 2 HGB), d. h., dass assoziierte Unt auf Grundlage abweichender (eigener) Bewertungsmethoden einbezogen werden (DRS 26.30ff.).

10 Die **Eliminierung von Zwischenergebnissen** aus Geschäften zwischen assoziierten Unt und einem in den Konzernabschluss einbezogenen Unt ist nur unter der Voraussetzung vorgeschrieben, dass die notwendigen Informationen verfügbar sind (§ 312 Abs. 5 Satz 3 HGB). Eine Schulden- oder Aufwands- und Ertragskonsolidierung sieht § 312 HGB auch nach der Novellierung durch das BilRUG nicht vor.[7] Hingegen sind die latenten Steuern gem. § 312 Abs. 5 Satz 3 HGB, der ausdrücklich die entsprechende Anwendung des § 306 HGB fordert, seit dem BilRUG bei der Bewertung von Anteilen an assoziierten Unt zu berücksichtigen, soweit die für die Beurteilung maßgeblichen Sachverhalte bekannt oder zugänglich sind.[8]

11 Für die Anwendung der Equity-Methode ist nach § 312 Abs. 6 HGB der letzte Jahresabschluss des assoziierten Unt zugrunde zu legen. Bei abweichendem Gj braucht daher kein Zwischenabschluss aufgestellt zu werden, auch wenn der Bilanzstichtag mehr als drei Monate vor dem **Stichtag** des Konzernabschlusses liegt. Demgemäß kann auch der Vorjahresabschluss des assoziierten Unt verwendet werden, wenn der Jahresabschluss des Berichtsjahrs bis zur Aufstellung des Konzernabschlusses noch nicht vorliegt. Stellt das assoziierte Unt einen Konzernabschluss auf, ist dieser nach § 312 Abs. 6 Satz 2 HGB für die Anwendung der Equity-Methode zugrunde zu legen.

2 Die Technik der Equity-Methode

2.1 Erstmalige Anwendung (Abs. 1)

2.1.1 Beteiligungsbuchwert (Abs. 1 Satz 1)

12 Nach § 312 Abs. 1 Satz 1 HGB ist eine Beteiligung an einem assoziierten Unt im Konzernabschluss mit dem im Jahresabschluss des MU oder des beteiligten TU ausgewiesenen Beteiligungsbuchwert anzusetzen. Soweit – was regelmäßig der Fall sein dürfte – von vornherein eine Beteiligung an einem assoziierten Unt erworben wird, **entspricht der Beteiligungsbuchwert den AK**. Mithin geht der Beteiligungsbuchwert im Grundsatz direkt in den Konzernabschluss ein.

13 Werden im Jahresabschluss des unmittelbar beteiligten MU oder TU vom Konzernabschluss **abweichende Bewertungsmethoden** angewandt, muss eine Neubewertung der Beteiligung in der HB II erfolgen, die dann auch auf die Equity-Methode durchschlägt (sog. Konzern-AK). Denkbar ist dies insb. dann, wenn ausländische TU die Beteiligung halten.

---

[7] Diese war im Referentenentwurf zum BilRUG noch vorgesehen, wurde aber aufgrund der Kritik am Regierungsentwurf wieder fallen gelassen; dazu bspw. Oser/Orth/Wirtz, DB 2015, S. 202.
[8] Vgl. BGBl I 2015, S. 1251; BT-Drs. 18/4050 v. 20.2.2015 S. 73.

Ist der Beteiligungsbuchwert durch konzerninterne Transaktionen beeinflusst, so treten an die Stelle der AK des beteiligten Unt die AK des Konzerns.[9] 14

Halten **mehrere** in den Konzernabschluss **einbezogene Unt Anteile** an einem assoziierten Unt, so ist es zweckmäßig, deren Buchwerte zu einem Beteiligungsbuchwert zusammenzufassen. Ob die Anteile in den Jahresabschlüssen der beteiligten Unt als „Beteiligungen" ausgewiesen sind, ist dabei für die Anwendung der Equity-Methode unerheblich.[10] 15

Werden neben den Anteilen, die die Grundlage des Assoziierungsverhältnisses bilden, auch weitere Anteile am assoziierten Unt mit konkreter **Weiterveräußerungsabsicht** gehalten und im UV ausgewiesen, so sind diese nicht zu berücksichtigen. Es fehlt hier am Beteiligungscharakter der Anteile. DRS 26.13 geht hier weiter und sieht für Anteile an einem TU, die tw. in Weiterveräußerungsabsicht erworben worden sind, für den Fall, dass nach deren Veräußerung noch eine Beteiligung an einem assoziierten Unt verbleibt, vor, dass sämtliche Anteile vom Erwerbszeitpunkt an nach der Equity-Methode bilanziert werden können. Dem steht nach hier vertretener Auffassung § 271 Abs. 1 Satz 1 HGB entgegen. 16

Auch die von einem im Wege der Quotenkonsolidierung (QuotenKons) einbezogenen **GemeinschaftsUnt** gehaltenen Anteile an einem assoziierten Unt sind in die Kapitalaufrechnung – also in die Bewertung nach der Equity-Methode – einzubeziehen, soweit Anteile an dem assoziierten Unt auch noch von einem einbezogenen Unt (MU oder TU) gehalten werden.[11] Davon zu unterscheiden ist die zu verneinende Frage, ob die von GemeinschaftsUnt oder einem anderen assoziierten Unt gehaltenen Anteile bei der Prüfung der Assoziierungsvermutung i. S. d. § 311 HGB zu berücksichtigen sind (§ 311 Rz 24 ff.). Das GemeinschaftsUnt bzw. das andere assoziierte Unt sind weder einbezogene Unt i. S. d. § 311 Abs. 1 Satz 1 HGB, noch kommt eine Stimmrechtszurechnung analog zu § 290 Abs. 3 und 4 HGB in Betracht. Etwas vereinfachend betrachtet, erlaubt § 290 Abs. 3 und 4 HGB nur eine Zurechnung von Stimmrechten von Anteilen, die von TU gehalten werden. 17

2.1.2 Anteiliges Eigenkapital (Abs. 1 Satz 2)

Das anteilige Eigenkapital (EK) eines assoziierten Unt in der **Rechtsform einer KapG** ermittelt sich anhand der in § 266 Abs. 3 A. HGB aufgeführten Posten. Einzubeziehen sind zudem ein Gewinn- oder Verlustvortrag sowie ein Jahresüberschuss bzw. Jahresfehlbetrag, vorausgesetzt, dass es nicht den früheren Anteilseignern zusteht. Darüber hinaus muss auch der auf der Aktivseite ausgewiesene, nicht durch EK gedeckte Fehlbetrag (§ 268 Abs. 3 HGB) berücksichtigt werden.[12] Eigene Anteile sind mit der Neufassung des § 272 Abs. 1a und 1b HGB auf der Passivseite der Bilanz offen vom gezeichneten Kapital abzusetzen. Hier besteht also für Zwecke der Equity-Methode kein ergänzender Korrekturbedarf. Das Gleiche gilt für die nicht eingeforderten ausstehenden Einlagen. 18

---

[9] Dies ist möglich, wenn die Beteiligung bspw. von einem anderen einbezogenen Unt erworben wurde und dabei Zwischenergebnisse entstanden sind. In diesem Fall ist vor der Kapitalaufrechnung eine Zwischenergebniseliminierung vorzunehmen.
[10] Vgl. auch ADS, Rechnungslegung und Prüfung der Unternehmen, 6. Aufl. 1995–2001, § 312 HGB Rz 25.
[11] Vgl. ADS, Rechnungslegung und Prüfung der Unternehmen, 6. Aufl. 1995–2001, § 312 HGB Rz 27.
[12] Die Abgrenzung des EK bei Anwendung der Equity-Methode ist grds. mit der Abgrenzung der konsolidierungspflichtigen EK eines TU bei der VollKons nach § 301 HGB identisch.

19 Die Höhe der **Beteiligungsquote am EK** des assoziierten Unt in der Rechtsform einer KapG richtet sich nach dem auf das beteiligte Unt entfallenden Anteil am Nennkapital. Zu berücksichtigen sind zudem die (Sonderfall) von einem GemeinschaftsUnt gehaltenen Anteile an dem assoziierten Unt, soweit das Gemeinschafts-Unt im Wege der Quotenkonsolidierung einbezogen wird und neben ihm auch einbezogene Unt (MU oder TU) Anteile an dem assoziierten Unt halten. Hingegen bleiben Anteile im Besitz von nicht einbezogenen TU (§ 296 HGB) unberücksichtigt, auch wenn sie für Zwecke der Anhangangaben nach § 285 Nr. 11 HGB wegen der Zurechnung nach § 16 Abs. 4 AktG zu berücksichtigen sind. Unberücksichtigt bleiben ferner Anteile im Besitz von anderen assoziierten Unt.

20 Bei assoziierten Unt in der **Rechtsform einer PersG** können sich Schwierigkeiten in der Abgrenzung des anteiligen EK ergeben, wenn neben den festen Kapitalkonten sonstige Gesellschafterkonten existieren. Hier ist anhand der zur Klassifizierung von EK entwickelten Kriterien in jedem Einzelfall gesondert festzustellen, ob den Konten EK- oder FK-Charakter zukommt.[13]

21 Bei PersG richtet sich die **Beteiligungsquote am EK** nach dem Stand der Kapitalkonten. Bei einer Beteiligung als Komplementär ohne Einlage liegt zwar ein Beteiligungsverhältnis vor, gleichwohl kommt die Anwendung der Equity-Methode so lange nicht in Betracht, wie es an einem Anteil am EK fehlt.

22 Bei **ausländischen assoziierten Unt** muss das EK, das möglicherweise nach anderen Kriterien klassifiziert und gegliedert ist, in einer HB II entsprechend umklassifiziert, umgegliedert und ggf. an die einheitliche Bewertung angepasst werden.

23 Stellt das assoziierte Unt einen Konzernabschluss auf, so ist dieser gem. § 312 Abs. 6 Satz 1 HGB zugrunde zu legen. Aus der Kons. resultierende Posten sind, soweit sie nicht in den Gewinnrücklagen oder im Ergebnisvortrag enthalten sind, nicht zu berücksichtigen. Dies betrifft in erster Linie den **Ausgleichsposten für Anteile anderer Gesellschafter** gem. § 307 HGB (ebenso DRS 26.35).

2.1.3 Buchwertmethode (Abs. 1 Satz 1 und 2)

2.1.3.1 Kapitalaufrechnung

24 Bei erstmaliger Anwendung der Equity-Methode ist – unter Berücksichtigung der allein zulässigen Buchwertmethode – der aus dem Jahresabschluss des MU oder des beteiligten TU übernommene Beteiligungsbuchwert[14] zur **Ermittlung des Unterschiedsbetrags** gegen das anteilige Eigenkapital (EK) aus der Bilanz[15] des assoziierten Unt aufzurechnen (DRS 26.34 spricht hier vom „Unterschiedsbetrag 1").[16] Übersteigt der Beteiligungsbuchwert das anteilige EK, ergibt sich

---

[13] Vgl. dazu auch IDW RS HFA 7 sowie IDW HFA 1/1994.
[14] Regelmäßig werden der Beteiligungsbuchwert und der Betrag des anteiligen EK nicht übereinstimmen, weil beim Erwerb einer Beteiligung an einem assoziierten Unt regelmäßig stille Reserven oder stille Lasten mit erworben werden.
[15] Bei der Anpassung von abweichenden Bilanzierungs- und Bewertungsmethoden im Jahresabschluss an die konzerneinheitliche Bilanzierung und Bewertung nach § 312 Abs. 5 Satz 1 HGB ist auf die HB II abzustellen.
[16] Früher war alternativ neben der Buchwert- die Kapitalanteilsmethode vorgesehen. Da die Beschränkung auf die Buchwertmethode nur für Erwerbsfälle Anwendung findet, die in Gj erfolgt sind, die nach dem 31.12.2009 begonnen haben (Art. 66 Abs. 3 Satz 4 EGHGB), kann die Kapitalanteilsmethode für Altfälle beibehalten werden. Auf sie wird daher unter Rz 129 ff. noch eingegangen.

ein aktiver Unterschiedsbetrag. Ist der Beteiligungsbuchwert niedriger, ergibt sich ein passiver Unterschiedsbetrag.[17] Der Unterschiedsbetrag wird nach § 312 Abs. 2 Sätze 2 und 3 HGB in den Folgejahren in einer Nebenrechnung fortgeführt, abgeschrieben oder aufgelöst, sodass sich der Beteiligungsbuchwert und der Wert des anteiligen bilanziellen EK theoretisch zu irgendeinem Zeitpunkt entsprechen.[18]

Ein aktiver Unterschiedsbetrag deutet auf die **Existenz stiller Reserven** in den VG, nicht aktivierte selbst geschaffene immaterielle VG des AV und einen erworbenen selbst geschaffenen GoF hin. Ein passiver Unterschiedsbetrag deutet auf im Jahresabschluss des assoziierten Unt zulässigerweise nicht berücksichtigte Schulden – regelmäßig unter Art. 28 EGHGB fallende Pensionsverpflichtungen – oder negative Ertragsaussichten wegen mangelnder Rentabilität oder der Sanierungsbedürftigkeit des assoziierten Unt hin, mithin auf **stille Lasten**. Denkbar ist aber auch, dass der passive Unterschiedsbetrag auf einer (zulässigen) Unterbewertung der Beteiligung – z. B. aufgrund der Anwendung der Tauschgrundsätze – beruht. Eher selten ist der sog. lucky buy. Zudem kann ein passiver Unterschiedsbetrag auch darauf zurückzuführen sein, dass auf die Beteiligung in der Vergangenheit außerplanmäßige Abschreibungen erfolgten, denen keine Verminderung des anteiligen EK des assoziierten Unt gegenübersteht oder der Buchwert der Beteiligung sich nicht verändert hat, während das anteilige EK des assoziierten Unt bspw. aufgrund der Thesaurierung von Gewinnen über den Betrag des Buchwerts der Beteiligung hinaus angestiegen ist (sog. technischer passiver Unterschiedsbetrag, vgl. auch Rz 54). 25

Bestehen **mehrere Beteiligungen an assoziierten Unt,** ist die Kapitalaufrechnung für jedes assoziierte Unt gesondert vorzunehmen. 26

Hat das assoziierte Unt seinen Jahresabschluss in fremder Währung aufgestellt, sind das EK und das Jahresergebnis in EUR umzurechnen. Hierzu ist § 308a HGB entsprechend anzuwenden.

DRS 26.36 und 26.B16 sehen vor, dass die Aufdeckung der anteiligen stillen Reserven und Lasten bei der erstmaligen Anwendung der Equity-Methode nicht auf den sich aus der Aufrechnung des Beteiligungsbuchwertes gegen das anteilige EK aus der Bilanz des assoziierten Unt ergebenden Unterschiedsbetrag (in der Terminologie des DRS 26 der sog. Unterschiedsbetrag 1) begrenzt ist. Damit wird die sog. Anschaffungskostenrestriktion aufgegeben. Es findet im Zeitpunkt der erstmaligen Anwendung der Equity-Methode eine Neubewertung des anteiligen EK des assoziierten Unt statt. Dagegen spricht, dass der Gesetzgeber i. R. d. Änderung des § 312 HGB im Wege des BilMoG keine Neubewertung vorgesehen hat, sondern lediglich eine Beschränkung des Methodenwahlrechts auf die in der Praxis weit überwiegend angewandte Buchwertmethode. Ungeachtet dessen ist die praktische Relevanz der Aufgabe der Anschaffungskostenrestriktion fraglich. Jedenfalls der erstmalige Erwerb einer „Equity-Beteiligung" von einem fremden Dritten wird, wirtschaftliches Handeln der beteiligten Parteien unter- 27

---

[17] Die Technik der Kapitalaufrechnung entspricht grds. der KapKons nach § 301 HGB. Ein instruktives Beispiel unter Berücksichtigung von DRS 26 findet sich bei Müller/Reinke, BC 2018, S. 427.
[18] Vgl. dazu auch DRS 26.45 ff.

stellt, immer zu Anschaffungskosten führen, die dem beizulegenden Zeitwert der Beteiligung entsprechen.[19]

2.1.3.2 Aktiver Unterschiedsbetrag

28 Ein sich aus der Kapitalaufrechnung ergebender aktiver Unterschiedsbetrag ist, unter Beachtung des Einzelbewertungsgrundsatzes (§§ 252 Abs. 1 Nr. 3, 298 Abs. 1 HGB), den Wertansätzen der VG, Schulden, RAP und Sonderposten des assoziierten Unt gem. § 312 Abs. 2 Satz 1 HGB insoweit zuzuordnen, als deren beizulegender Zeitwert höher oder niedriger ist als ihr Buchwert. Die **Zuordnung** des aktiven Unterschiedsbetrags ist erfolgsneutral vorzunehmen.[20]

29 Die Zuordnung erfolgt in einer **Nebenrechnung,** denn die einzelnen Posten der Bilanz des assoziierten Unt gehen nicht in die Konzernbilanz ein. In der Nebenrechnung wird festgelegt, wie der zugeordnete aktive Unterschiedsbetrag in den Folgejahren fortzuführen, abzuschreiben oder aufzulösen ist (§ 312 Abs. 2 Satz 2 HGB sowie DRS 26.34).

30 Die Zuordnung der stillen Reserven hat sich auch auf **selbst erstellte immaterielle VG** zu erstrecken, die von assoziierten Unt bisher nicht aktiviert werden durften bzw. deren Aktivierung nach § 248 Abs. 2 Satz 1 HGB einem Wahlrecht unterliegt, denn aus Konzernsicht handelt es sich um entgeltlich erworbene VG. In der gleichen Weise ist schließlich auch ein selbst geschaffener GoF anzusetzen.

31 In § 312 Abs. 2 Satz 1 HGB wird ausdrücklich der beizulegende Zeitwert angesprochen. Die **Ermittlung** der in den VG, Schulden, RAP und Sonderposten ruhenden **stillen Reserven und stillen Lasten** hat demnach nach Maßgabe des auch international üblichen dreistufigen Konzepts zur Ermittlung des beizulegenden Zeitwerts zu erfolgen, das auch Eingang in den neuen § 255 Abs. 4 HGB gefunden hat.[21]

32 Als Ausnahme dazu wird in § 312 Abs. 2 Satz 4 HGB die entsprechende Anwendung des § 301 Abs. 1 Satz 3 HGB vorgeschrieben. In der Vorschrift, die durch den Rechtsausschuss des BT eingefügt worden ist, heißt es, dass Rückstellungen nach § 253 Abs. 1 Sätze 2 und 3, Abs. 2 HGB und latente Steuern nach § 274 Abs. 2 HGB zu bewerten sind. Diese Vorschrift sieht mithin eine – aus Gründen der besseren Vergleichbarkeit – zwingend zu befolgende **Bewertungsvereinfachung** vor, um unnötige Anpassungsbuchungen zu vermeiden. Im Jahresabschluss werden die Rückstellungen mit einer Restlaufzeit von mehr als einem Jahr, Rückstellungen für wertpapiergebundene Pensionszusagen und die latenten Steuern gerade nicht – wie § 312 Abs. 2 Satz 1 HGB vorschreibt – mit dem beizulegenden Zeitwert bewertet. Die Rückstellungen mit einer Restlaufzeit

---

[19] Ebenso IDW, WPH Edition, Wirtschaftsprüfung & Rechnungslegung, 18. Aufl. 2023, Kap. G Tz 613, die von einem Widerspruch zur Buchwertmethode sprechen. Dazu auch Haaker/Freiberg, PiR 2018, S. 122; Kirsch, StuB 2018, S. 628, unter Hinweis darauf, dass ein wesentliches Argument für die Aufgabe der Anschaffungskostenrestriktion die Überlegung gewesen sei, bei der Anwendung der Equity-Methode keine strengeren Maßstäbe anzuwenden, als i.R.d. Vollkonsolidierung; Kirsch, StuB 2018, S. 217; Ebeling/Bohnefeld, IZR 2019, S. 425; Deubert/Lewe, BB 2020, S. 1512.

[20] Die Abschreibungen bzw. Auflösungen der zugeordneten Beträge werden erst in den Folgejahren im Konzernerfolg wirksam. Für die Zuordnung gelten daher die Anforderungen an die Dokumentation bei der VollKons entsprechend (§ 301 HGB).

[21] Besondere Schwierigkeiten kann die Ermittlung der stillen Reserven und stillen Lasten des assoziierten Unt bereiten, wenn die notwendigen Informationen nicht unmittelbar zugänglich sind. Zu der daraus möglicherweise resultierenden Widerlegung der Assoziierungsvermutung vgl. § 311 Rz 35 ff.

von mehr als einem Jahr sind zu dem von der Deutschen Bundesbank vorgegebenen Durchschnittszinssatz und nicht mit einem fristenadäquaten Marktzinssatz abzuzinsen, die wertpapiergebundenen Pensionszusagen sind mit dem beizulegenden Zeitwert der Wertpapiere zu bewerten, nach deren Höhe sich die aus den Pensionszusagen resultierenden Altersversorgungsverpflichtungen richten. Ferner sind die latenten Steuern nicht abzuzinsen.

Den stille Reserven und stille Lasten aufweisenden Bilanzposten des assoziierten Unt dürfen Teile des aktiven Unterschiedsbetrags nur **beteiligungsproportional** zugewiesen werden. 33

Ein **nach der Zuordnung verbleibender aktiver Unterschiedsbetrag** ist als GoF in die Nebenrechnung aufzunehmen („Unterschiedsbetrag 2" i.S.d. DRS 26.34). Auf diesen ist § 309 HGB in den Folgejahren entsprechend anzuwenden (§ 312 Abs. 2 Satz 3 HGB). 34

Nach § 312 Abs. 1 Satz 2 HGB ist der in dem Beteiligungsbuchwert enthaltene und damit in der Konzernbilanz ausgewiesene (gesamte) aktive Unterschiedsbetrag im **Konzernanhang** anzugeben.[22] Zudem ist der enthaltene GoF gesondert anzugeben. Dies erscheint vor dem Hintergrund der nicht möglichen offenen Verrechnung mit den Rücklagen als sinnvoll. 35

2.1.3.3 Passiver Unterschiedsbetrag

Ein passiver Unterschiedsbetrag entsteht, wenn der **Beteiligungsbuchwert niedriger als das anteilige EK** ist. Auch der passive Unterschiedsbetrag ist zu analysieren und gem. § 312 Abs. 2 Satz 1 HGB den Wertansätzen der VG, Schulden, RAP und Sonderposten des assoziierten Unt in einer Nebenrechnung insoweit zuzuordnen, als deren beizulegender Zeitwert höher oder niedriger als ihr Buchwert ist (im Einzelnen Rz 25). Die Ausführungen zum aktiven Unterschiedsbetrag gelten hier entsprechend. Ein nach Zuordnung gem. § 312 Abs. 2 Satz 1 HGB verbleibender passiver Unterschiedsbetrag ist ein „Unterschiedsbetrag 2" i.S.d. DRS 26.34. 36

Denkbar ist die Entstehung eines passiven Unterschiedsbetrags auch aus dem Umstand heraus, dass die stillen Reserven des assoziierten Unt den ermittelten aktiven Unterschiedsbetrag übersteigen. In diesem Fall entsteht kein GoF. Der aktive Unterschiedsbetrag reicht nicht einmal aus, um die anteiligen stillen Reserven aufzudecken. Die Entstehung eines solchen passiven Unterschiedsbetrags setzt aber voraus, dass die stillen Reserven nicht lediglich anteilig in den Grenzen des ermittelten Unterschiedsbetrags – also faktisch in den **Grenzen der AK** – aufgedeckt werden, sondern anteilig in der tatsächlich vorhandenen Höhe. Dem steht aber § 312 Abs. 2 Satz 1 HGB entgegen. Danach ist der Unterschiedsbetrag zuzuordnen und nicht umgekehrt aus den anteiligen stillen Reserven abzuleiten.[23] 37

---

[22] Der bei erstmaliger Anwendung der Equity-Methode auch mögliche Vermerk in der Konzernbilanz entfällt aus Gründen der besseren Vergleichbarkeit ersatzlos.
[23] In diesem Punkt unterscheidet sich die letztlich durch die AK der Beteiligung begrenzte Aufdeckung der stillen Reserven und stillen Lasten auch von den internationalen Regelungen. Das BilMoG sah hier keine Änderung vor, vgl. dazu Melcher/Murer, DB 2010, S. 1600 m.w.N. Zu der in DRS 26.36 enthaltenen kritisch zu beurteilenden Aufgabe der Anschaffungskostenrestriktion vgl. Rz 27.

2.1.4 Stichtag der Kapitalaufrechnung (Abs. 3)

38 Nach Maßgabe des § 312 Abs. 3 HGB sind der Wertansatz der Beteiligung – mithin der Beteiligungsbuchwert – und der Unterschiedsbetrag auf der Grundlage der Wertansätze zu dem **Zeitpunkt zu ermitteln, zu dem das Unt assoziiertes Unt geworden ist** (Satz 1). Damit kann künftig nicht mehr auf den Zeitpunkt des Erwerbs der Anteile oder den Zeitpunkt der erstmaligen Einbeziehung des assoziierten Unt in den Konzernabschluss abgestellt werden, wie dies § 312 Abs. 3 HGB a.F. noch erlaubte. Zur Bestimmung des Stichtags der Kapitalaufrechnung rückt damit § 311 HGB und die Frage in den Fokus, ab wann ein maßgeblicher Einfluss auf die Geschäfts- und Finanzpolitik des assoziierten Unt ausgeübt wird.[24] Regelmäßig dürfte der Zeitpunkt, zu dem das Unt assoziiertes Unt geworden ist, mit dem Zeitpunkt des Anteilserwerbs übereinstimmen.

39 Mit § 312 Abs. 3 Satz 1 HGB werden insb. aus dem **sukzessiven Anteilserwerb** resultierende technische Probleme vermieden. Eine gesonderte Kapitalaufrechnung der verschiedenen Tranchen entweder durch rückwirkende Anpassung auf den Stichtag des jeweiligen Erwerbs oder auf den Zeitpunkt der erstmaligen Einbeziehung in den Konzernabschluss entfällt (DRS 26.39 ff.). Vielmehr sind die im Jahresabschluss bilanzierten AK aller Tranchen für Zwecke der erstmaligen Anwendung der Equity-Methode einfach zu addieren.

40 Ergänzend bezieht § 312 Abs. 3 Satz 3 HGB die **Erleichterungen des § 301 Abs. 2 Sätze 3–5 HGB** in die Wertansatzermittlung für Beteiligungen an assoziierten Unt mit ein. Danach sind die Wertansätze eines assoziierten Unt – wenn ein MU erstmals zur Aufstellung eines Konzernabschlusses verpflichtet ist – zum Zeitpunkt seiner Einbeziehung in den Konzernabschluss – also zum Beginn des Konzern-Gj, soweit die tatsächliche Ausübung maßgeblichen Einflusses nicht erst später im Konzern-Gj erfolgt ist – zugrunde zu legen (§ 301 Abs. 2 Satz 3 HGB; DRS 26.42). Das Gleiche gilt nach § 301 Abs. 2 Satz 4 HGB für ein assoziiertes Unt, auf dessen Einbeziehung bisher gem. § 311 Abs. 2 HGB verzichtet worden ist. In Ausnahmefällen dürfen – in entsprechender Anwendung des § 301 Abs. 2 Satz 5 HGB – die Wertansätze nach § 312 Abs. 3 Satz 1 HGB gleichwohl zugrunde gelegt werden; dies ist im Konzernanhang anzugeben und zu begründen. § 301 Abs. 2 Satz 5 HGB weicht die aus Gründen der besseren Vergleichbarkeit für alle, im Anwendungsbereich des § 312 HGB in entsprechender Anwendung, verpflichtenden Anwendung des § 301 Abs. 2 Sätze 3 und 4 HGB (leider) wieder auf. Da es sich um eine Ausnahmevorschrift handelt, sind an die Erfüllung der Tatbestandsvoraussetzungen hohe Anforderungen zu stellen.[25]

41 Zudem bietet § 312 Abs. 3 Satz 2 HGB eine weitere Erleichterung an. Können die Wertansätze zu dem Zeitpunkt, zu dem das Unt assoziiertes Unt geworden ist, nicht endgültig ermittelt werden, sind sie **innerhalb der darauffolgenden zwölf Monate anzupassen**. Der Gesetzgeber reagiert damit auf folgendes Problem: In der Praxis ist es häufig aus unterschiedlichen Gründen nicht möglich, die endgültigen beizulegenden Zeitwerte auf den Zeitpunkt zu bestimmen, zu dem das Unt assoziiertes Unt geworden ist. Üblicherweise erfordert es gerade bei

---

[24] Nach Maßgabe des Art. 66 Abs. 3 Satz 4 EGHGB ändert sich aber für Erwerbsvorgänge nichts, die in Gj erfolgt sind, die vor dem 1.1.2010 begonnen haben.
[25] Die Aufnahme der Vereinfachungsvorschrift in den § 312 Abs. 3 Satz 3 HGB erfolgte mit dem BilRUG, vgl. BGBl I 2015, S. 1251 sowie BT-Drs. 18/4050 v. 20.2.2015 S. 73.

assoziierten Unt einen erheblichen Zeitraum, um ausreichende Kenntnisse zu sammeln, die eine endgültige Bewertung zulassen. Um den Unt zu ermöglichen, die beizulegenden Zeitwerte mit hinreichender Sicherheit zu ermitteln, erlaubt § 312 Abs. 3 Satz 2 HGB innerhalb der auf den Stichtag folgenden zwölf Monate Anpassungen vorzunehmen.[26] Wörtlich bezieht sich § 312 Abs. 3 Satz 2 HGB „nur" auf den Beteiligungsbuchwert und den Unterschiedsbetrag. Regelmäßig stecken die Bewertungsprobleme jedoch in der Zuordnung des Unterschiedsbetrags auf die VG, Schulden, RAP und Sonderposten. Natürlich sind vom Sinn und Zweck des § 312 Abs. 3 Satz 2 HGB auch die insoweit bestehenden Bewertungsprobleme von der Vorschrift umfasst. Sie stehen letztlich im Zusammenhang mit dem Unterschiedsbetrag.

Wird im Hinblick auf ein TU bzgl. der VollKons von § 296 HGB Gebrauch gemacht, die Anteile aber nach der Equity-Methode bilanziert, sind, unbeschadet des § 301 Abs. 2 Satz 3 HGB die Wertverhältnisse zugrunde zulegen, die zu dem Zeitpunkt bestanden haben, zu dem das MU-TU-Verhältnis i.S.d. § 290 HGB begründet wurde (DRS 26.40 sowie DRS 23.8). Wird für ein TU nach erfolgter VollKons erstmals § 296 HGB in Anspruch genommen und werden die Anteile ab diesem Zeitpunkt nach der Equity-Methode bilanziert, werden die Wertansätze nach § 301 Abs. 1 Satz 2 HGB gem. DRS 26.41 weiterhin, soweit sie auf die Anteile des MU entfallen, genutzt. Ein GoF oder passiver Unterschiedsbetrag wird demgemäß ebenfalls fortgeführt. Eine erneute Wertermittlung nach § 312 Abs. 3 Satz 1 HGB entfällt.[27]

2.1.5 Latente Steuern

Gemäß § 312 Abs. 5 Satz 3 HGB ist § 306 HGB entsprechend anzuwenden, soweit die für die Beurteilung maßgeblichen Sachverhalte bekannt oder zugänglich sind.[28] Die Vorschrift stellt klar, was bereits vor dem BilRUG gängig Praxis war. Auch bei Anwendung der Equity-Methode waren und sind latente Steuern abzugrenzen, und zwar – entgegen dem Wortlaut des § 306 HGB – nicht lediglich beschränkt auf Konsolidierungsmaßnahmen. Der Ansatz der latenten Steuern ist bei der erstmaligen Anwendung der Equity-Methode auf Konzernabschlüsse für nach dem 31.12.2015 beginnende Gj, die mangels entsprechender Vereinfachungen in Art. 75 EGHGB retrospektiv zu erfolgen hat, erfolgsneutral, d.h. Bestandteil der Neubewertung in der Nebenrechnung. Es erscheint systematisch vertretbar, die erstmalige Erfassung der latenten Steuern in der Nebenrechnung erfolgsneutral durch Erhöhung oder Verminderung des Restbuchwerts eines GoF vorzunehmen. Bei der Anwendung der Equity-Methode in den Folgejahren sind die Veränderungen dann erfolgswirksam zu erfassen (so wohl auch DRS 26.34, 47f.). Zur Ermittlung der latenten Steuern ist DRS 18 zu berücksichtigen (so DRS 18.4a i.d.F. d. DRÄS 11).[29]

42

---

[26] In BT-Drs. 16/10067 v. 30.7.2008 S. 12, wurde formuliert, dass die Anpassungen „innerhalb des folgenden Jahres" vorgenommen werden können. Nach Anregungen aus der Praxis wurde hier eine Präzisierung vorgenommen, um Auslegungsunsicherheiten zu vermeiden. Damit ist klar, dass die Frist zur Anpassung ab dem Stichtag der Kapitalaufrechnung zu laufen beginnt.

[27] Zur Behandlung nicht einbezogener TU im Konzernabschluss auch Pollmann, DStR 2014, S. 1732.

[28] Vgl. BGBl I 2015, S. 1251 sowie die BT-Drs. 18/4050 v. 20.2.2015 S. 73; Oser/Orth/Wirtz, DB 2015, S. 2024; Blöink/Biermann, Der Konzern 2015, S. 73; Deubert/Lewe, DB 2015, Beilage 5, S. 49.

[29] Vgl. auch Oser/Orth/Wirtz, DB 2015, S. 202.

43 DRS 18.27 in der Fassung des DRÄS 11 nimmt nochmals auf, was § 312 Abs. 5 Satz 3 HGB schon regelt, nämlich, dass auf temporäre Differenzen, die i.R.d. Ermittlung des Wertansatzes nach § 312 HGB entstehen, latente Steuern zu bilden sind. Ergänzend wird DRS 26.34 ff. ausdrücklich in Bezug genommen. Weiter stellt DRS 18.27a, b in der Fassung des DRÄS 11 noch einmal fest, dass Buchwertdifferenzen aus dem erstmaligen Ansatz eines GoF bzw. eines passiven Unterschiedsbetrags nach § 301 Abs. 3 HGB gem. § 306 Satz 3 HGB bei der Ermittlung latenter Steuern auch bei Anwendung der Equity-Methode nicht zu berücksichtigen sind.[30]

2.1.6 Angaben im Konzernanhang

44 § 312 Abs. 1 Satz 2 HGB schreibt vor, dass der Unterschiedsbetrag sowie ein darin enthaltener GoF oder passiver Unterschiedsbetrag im **Konzernanhang** anzugeben sind. Der Begriff „Unterschiedsbetrag" meint entweder einen aktiven als auch einen passiven Unterschiedsbetrag. Zudem ist ein im Unterschiedsbetrag enthaltener GoF oder passiver Unterschiedsbetrag gesondert anzugeben. Die Angabepflicht ist nicht auf das Jahr der erstmaligen Anwendung der Equity-Methode beschränkt. Vielmehr soll den Abschlussadressaten die Entwicklung des Unterschiedsbetrags und eines ggf. darin enthaltenen GoF bzw. des passiven Unterschiedsbetrags gezeigt werden.

45 Bestehen **mehrere Beteiligungen an assoziierten Unt**, sind die diesbzgl. Unterschiedsbeträge und zugehörigen GoF oder passiven Unterschiedsbeträge einzeln darzustellen; dies ergibt sich letztlich aus dem Wortlaut des § 312 Abs. 1 Satz 2 HGB der ausdrücklich im Singular verfasst ist. Anders hingegen DRS 26.88, der eine zusammenfassende Angabe der Unterschiedsbeträge erlaubt, jedoch eine Saldierung der im Unterschiedsbetrag enthaltenen GoF und verbleibender passiver Unterschiedsbeträge aus der Nebenrechnung nicht für zulässig hält. Dies impliziert aber gleichzeitig, dass die Zusammenfassung der GoF bzw. der passiven Unterschiedsbeträge für sich genommen wohl für zulässig gehalten wird.

46 Zusätzliche Angaben im Konzernanhang sind dann erforderlich, wenn die nach der Equity-Methode bewerteten **Beteiligungen an TU** (§ 296 HGB) als „Anteile an verbundenen Unternehmen" ausgewiesen werden.

2.2 Anwendung in Folgejahren (Abs. 2)

2.2.1 Fortschreibung des Unterschiedsbetrags

47 Gem. § 312 Abs. 2 Satz 2 HGB ist der zugeordnete Unterschiedsbetrag aus der erstmaligen Anwendung der Equity-Methode entsprechend der Behandlung der Wertsätze der VG, Schulden, RAP und Sonderposten im Jahresabschluss des assoziierten Unt in einer **Nebenrechnung** fortzuführen, abzuschreiben oder aufzulösen. Das aus der Nebenrechnung resultierende Ergebnis wirkt sich auf den Beteiligungsansatz in der Konzernbilanz und auf den Jahresüberschuss bzw. Jahresfehlbetrag in der Konzern-GuV aus (DRS 26.49). Der Beteiligungsbuchwert

---

[30] Zum E-DRÄS 11 und u.a. dem dort enthaltenen, in DRÄS 11 aber aufgegebenen, Ansatz für den asset deal ein Wahlrecht zur analogen Anwendung des § 306 Satz 3 HGB vorzusehen, vgl. Müller/Reinke/Scheid, DStR 2020, S. 402.

kann sich vermindern oder auch über die ursprünglichen AK hinaus anwachsen (DRS 26.45).[31]

Beträge, einschl. der stillen Reserven, die dem abnutzbaren **AV** zugeordnet worden sind, sind grds. über die Restnutzungsdauer dieser VG nach den im Jahresabschluss angewandten Verfahren abzuschreiben. Sind im Zusammenhang mit der Aufdeckung der stillen Reserven passive latente Steuern gebucht worden, sind diese den Abschreibungen entsprechend aufzulösen. Erforderliche außerplanmäßige Abschreibungen auf den niedrigeren beizulegenden Wert sind vorzunehmen. Beträge, einschl. der stillen Reserven, die dem nicht abnutzbaren AV zugeordnet worden sind, werden erst im Zeitpunkt des Abgangs dieser VG erfolgswirksam. Bei der Veräußerung ist dem Erlös auf Konzernebene der diesbzgl. in der Nebenrechnung (noch) enthaltene Betrag gegenüberzustellen, sodass der Veräußerungsgewinn oder -verlust aus Sicht des Konzerns von demjenigen im Jahresabschluss abweichen kann. In der gleichen Weise sind abgehende abnutzbare VG des AV zu behandeln. 48

Beim Verbrauch oder der Veräußerung von RHB und Waren des **UV** werden die zugeordneten stillen Reserven ebenfalls im Zeitpunkt des Abgangs erfolgswirksam. In der gleichen Weise ist grds. auch mit den unfertigen und fertigen Erzeugnissen zu verfahren. 49

Zuschreibungen sind nur insoweit zulässig, als sie einer Korrektur außerplanmäßiger Abschreibungen dienen, die zuvor in der Nebenrechnung erfolgswirksam geworden sind. Demgemäß können auch im Jahresabschluss vorgenommene Zuschreibungen nur insoweit berücksichtigt werden, als dadurch die Wertansätze der VG und Schulden nach Zuordnung des Unterschiedsbetrags nicht überschritten werden. 50

Ebenso werden zugeordnete **stille Lasten** in der gleichen Weise fortgeschrieben, wie die zugehörigen Bilanzposten. Es dürfte davon auszugehen sein, dass diese im Wesentlichen nur bei Rückstellungen vorhanden sind. Die zugeordneten Beträge sind nach Maßgabe des Jahresabschlusses als Inanspruchnahme oder Auflösung zu behandeln. Dies führt in der Nebenrechnung zu Aufwandsminderungen oder Erträgen. 51

Aus der Fortschreibung in der Nebenrechnung ergibt sich der **im Gj abzuschreibende bzw. aufzulösende Teil des Unterschiedsbetrags**. Im Hinblick darauf, dass die Auskunftsrechte bei assoziierten Unt beschränkt sind, sind ggf. Vereinfachungen der Fortschreibung (z. B. über eine durchschnittliche Restnutzungsdauer) zulässig. 52

Für die Abschreibung des nicht zuzuordnenden Teils eines aktiven Unterschiedsbetrags, der als GoF anzusehen („Unterschiedsbetrag 2" i.S.d. DRS 26.34) ist, gilt nach § 312 Abs. 2 Satz 3 HGB der § 309 Abs. 1 HGB entsprechend. 53

Ein nicht zuzuordnender **passiver Unterschiedsbetrag** („Unterschiedsbetrag 2" i.S.d. DRS 26.34) ist nach Maßgabe des § 309 Abs. 2 HGB erfolgswirksam aufzulösen, soweit ein solches Vorgehen den Grundsätzen der §§ 297 und 298 HGB in Verbindung mit den Vorschriften des Ersten Abschnitts entspricht (die gesetzliche Vorgabe aufnehmend auch DRS 26.51). Mit dieser im Verhältnis zum früheren § 309 HGB a.F. abstrakteren Vorschrift sollen die bisherigen Fallgruppen weiterhin abgebildet werden können und eine Öffnung für mögliche weitere Fallgruppen erfolgen.[32] 54

---

[31] Ein instruktives Anwendungsbeispiel Equity-Methode unter Beachtung des DRS 26 findet sich bei Müller/Reinke, BC 2018, S. 427.

[32] Vgl. nur Blöink/Biermann, Der Konzern 2015, S. 73.

Nicht geregelt und daher auch nicht eingeschränkt werden soll eine mögliche ergebnisneutrale Auflösung des passiven Unterschiedsbetrages etwa durch Übertragung in eine Rücklage. Im Fall des sog. lucky buy sollte ein sich hier ergebender nicht zuzuordnender passiver Unterschiedsbetrag orientiert an der gewichteten durchschnittlichen Restnutzungsdauer der abnutzbaren VG des assoziierten Unt oder deren außerplanmäßiger Abschreibung bzw. deren Abgang erfolgswirksam aufgelöst werden (DRS 23.149f.).[33] Die Auflösung des passiven Unterschiedsbetrags erfolgt ebenfalls in der Nebenrechnung. Da das Ergebnis der Nebenrechnung in den Posten „Beteiligungen an assoziierten Unternehmen" eingeht, wird die Auflösung erfolgswirksam. Dies führt zu einer Werterhöhung der Beteiligung auch über die AK hinaus.[34]

55 In der Praxis kann sich auch ein sog. **technischer passiver Unterschiedsbetrag** ergeben, wenn nämlich eine bisher wegen Unwesentlichkeit (§ 311 Abs. 2 HGB) nicht im Wege der Equity-Methode in den Konzernabschluss einbezogene Beteiligung an einem assoziierten Unt im Zeitablauf wesentliche Bedeutung erlangt. In diesem Fall kann der Betrag des anteiligen Eigenkapitals des assoziierten Unt den Beteiligungsbuchwert im Jahresabschluss des MU oder des beteiligten TU aufgrund von Gewinnthesaurierungen erheblich übersteigen, mit der Folge, dass sich ein passiver Unterschiedsbetrag ergibt. Der Betrag der thesaurierten Gewinne ist in diesem Fall bei der erstmaligen Anwendung der Equity-Methode unter Erhöhung des Beteiligungsbuchwerts erfolgsneutral im Konzerneigenkapital – hier in den Konzerngewinnrücklagen – zu erfassen, um einen Ausweis der Beteiligung an dem assoziierten Unt in dem Konzernabschluss zu erreichen, der sich ergeben hätte, wenn das assoziierte Unt immer nach Maßgabe der Equity-Methode einbezogen worden wäre.[35]

Im Fall der ausnahmsweisen Berücksichtigung des sog. technischen passiven Unterschiedsbetrags erst i.R.v. dessen (eigener) Fortschreibung erfolgt dessen Auflösung analog DRS 23.149f.

2.2.2 Berücksichtigung von Eigenkapitalveränderungen (Abs. 4)

2.2.2.1 Überblick

56 Nach Maßgabe des § 312 Abs. 4 Satz 1 1. Hs. HGB ist der im Konzernabschluss angesetzte Beteiligungsbuchwert in den Folgejahren um den Betrag der Veränderungen des Eigenkapitals (EK), die den dem MU gehörenden Anteilen am Kapital des assoziierten Unt entsprechen, zu erhöhen oder zu vermindern. Die auf die Beteiligung entfallenden Gewinnausschüttungen sind abzusetzen (§ 312 Abs. 4 Satz 1 2. Hs. HGB). Das relevante EK determiniert § 266 Abs. 3 A. HGB. Zu berücksichtigen sind demgemäß anteilige Jahresüberschüsse, anteilige Jahresfehlbeträge, Einlagen (bspw. aus Kapitalerhöhungen), Entnahmen (bspw. aus Kapitalherabsetzungen) und Gewinnausschüttungen.

---

[33] Vgl. Blöink/Biermann, Der Konzern 2015, S. 73 m.w.N.
[34] Vgl. Schäfer, Bilanzierung von Beteiligungen an assoziierten Unternehmen nach der Equity-Methode, 1982, S. 267.
[35] ADS, Rechnungslegung und Prüfung der Unternehmen, 6. Aufl. 1995–2001, § 312 HGB Rz 51, 68; DRS 23.148 u .147a analog.

2.2.2.2 Anteiliger Jahresüberschuss

Der bei erstmaliger Anwendung der Equity-Methode im Konzernabschluss ausgewiesene Beteiligungsbuchwert des assoziierten Unt wird – soweit in dem Gj ein Jahresüberschuss auf der Ebene des assoziierten Unt entstanden ist – erfolgswirksam (gesonderter Posten in der Konzern-GuV) um den **anteiligen beteiligungsproportionalen Jahresüberschuss** erhöht, und zwar unabhängig davon, ob eine Gewinnausschüttung vorgenommen wird. Der anteilige Jahresüberschuss des assoziierten Unt wird aus dessen Jahresabschluss – bei Bewertungsanpassungen aus der HB II – übernommen. Ein wesentliches Merkmal der Equity-Methode ist damit die Synchronisierung der Gewinnentstehung bei dem assoziierten Unt mit der Gewinnvereinnahmung bei dem beteiligten Unt im Konzernabschluss (Rz 73). 57

Soweit in dem auf die Entstehung des Jahresüberschusses folgenden Gj oder in späteren Gj eine **Gewinnausschüttung** erfolgt, wird diese im Konzernabschluss als Aktivtausch erfolgsneutral behandelt. Sie mindert den Beteiligungsbuchwert (bspw. per Forderung an Beteiligungsbuchwert). Damit wird eine Erfolgsverdopplung in unterschiedlichen Perioden vermieden. Es ist zudem sicherzustellen, dass im Jahresabschluss des beteiligten Unt enthaltene Beteiligungserträge einschl. der damit verbundenen steuerlichen Belastungen aufgrund vereinnahmter anteiliger Jahresüberschüsse i.H.d. Gewinnausschüttung im Konzernabschluss zulasten des Konzernergebnisses vollständig eliminiert werden (§ 312 Abs. 4 Satz 1 2. Hs. HGB). 58

Besteht zwischen dem assoziierten und einem dritten Unt ein **Gewinnabführungsvertrag**, ist das Jahresergebnis des assoziierten Unt ausgeglichen. Abzuführende Gewinne und Erträge aus Verlustübernahme sind in der GuV vor dem Jahresüberschuss/Jahresfehlbetrag auszuweisen. Ein in der Konzernbilanz oder der Konzern-GuV zu berücksichtigender anteiliger Jahresüberschuss besteht nicht und kann daher auch nicht berücksichtigt werden. Gleichwohl ist eine von einem dritten Unt geleistete Ausgleichszahlung in der Konzern-GuV in dem Posten „Ergebnis aus Beteiligungen an assoziierten Unternehmen" zu berücksichtigen. Auf den Beteiligungsbuchwert in der Konzernbilanz hat diese Ausgleichszahlung aber keinen Einfluss, da ihr keine EK-Veränderung des assoziierten Unt zugrunde liegt.[36] 59

§ 312 Abs. 4 Satz 2 HGB schreibt vor, dass das auf eine Beteiligung an einem assoziierten Unt entfallende Ergebnis in der **Konzern-GuV** unter einem gesonderten Posten auszuweisen ist. Der Ausweis erfolgt als „Ergebnisse aus Beteiligungen an assoziierten Unternehmen" zweckmäßigerweise vor dem Posten „Erträge aus übrigen Beteiligungen" oder zwischen den Posten „Erträge aus Beteiligungen" und „Erträge aus anderen Wertpapieren und Ausleihungen des Finanzanlagevermögens".[37] 60

Alle Auswirkungen der Equity-Methode auf das Konzernergebnis können entsprechend dem Wortlaut der Vorschrift in dem Posten „Ergebnis aus Beteiligungen an assoziierten Unternehmen" **zusammengefasst ausgewiesen werden**.[38] 61

---

[36] Vgl. ADS, Rechnungslegung und Prüfung der Unternehmen, 6. Aufl. 1995–2001, § 312 HGB Rz 102.
[37] Vgl. ADS, Rechnungslegung und Prüfung der Unternehmen, 6. Aufl. 1995–2001, § 312 HGB Rz 98; Harms, BB 1987, S. 938; Schmalenbach-Gesellschaft – Deutsche Gesellschaft für Betriebswirtschaft e.V., Aufstellung von Konzernabschlüssen, ZfbF, Sonderheft 21/1987, S. 154.
[38] Vgl. ADS, Rechnungslegung und Prüfung der Unternehmen, 6. Aufl. 1995–2001, § 312 HGB Rz 93; IDW, WPH Edition, Wirtschaftsprüfung & Rechnungslegung, 18. Aufl. 2023, Kap. G Tz 621, 640.

Der Posten wird in § 312 Abs. 4 Satz 2 HGB für das auf assoziierte Beteiligungen entfallende Jahresergebnis ausdrücklich vorgeschrieben und ist auch für die Wertänderungen aus der Fortschreibung der Unterschiedsbeträge zutreffend, bei denen es sich letztlich ebenfalls nur um eine Korrektur des anteiligen Jahresergebnisses handelt (DRS 26.78).[39] Strittig war, ob der Ertrag aus assoziierten Unt vor oder nach den Ertragsteuern zu zeigen ist. DRS 26.79 sieht hier nunmehr ein Wahlrecht vor (DRS 8.46 a. F. fordert noch die erfolgswirksame Änderung des Beteiligungsbuchwertes in der Konzern-GuV nach Kürzung, um die Ertragsteuern auszuweisen (sog. Nettomethode), während andere Stimmen in der Literatur sich für die sog. Bruttomethode ausgesprochen haben, also den Ertragsteueraufwand in der Konzern-GuV erfassen wollten). Die angewandte Methode ist im Konzernanhang anzugeben (DRS 26.87 Buchst. h)).

2.2.2.3 Anteiliger Jahresfehlbetrag

62 Ein anteiliger Jahresfehlbetrag vermindert den in der Konzernbilanz ausgewiesenen **Beteiligungsbuchwert**. Die Ausführungen zur Behandlung eines anteiligen Jahresüberschusses in der Konzernbilanz gelten entsprechend.

63 Die Übernahme eines anteiligen Jahresfehlbetrags ist als gesonderter Posten der Konzern-GuV unter der Bezeichnung „Aufwendungen aus Verlustübernahme von assoziierten Unternehmen" nach den „Abschreibungen auf Finanzanlagen" auszuweisen. Es spricht bei mehreren Beteiligungen an assoziierten Unt nach dem Wortlaut des § 312 Abs. 4 Satz 2 HGB aber nichts gegen eine **Zusammenfassung von positiven und negativen Ergebnisbeiträgen** in der Konzern-GuV im Posten „Ergebnis aus Beteiligungen an assoziierten Unternehmen".[40] Dieser Posten ist dann im Anhang entsprechend zu erläutern.[41]

64 Unerheblich ist, ob ein **Jahresfehlbetrag durch eine Entnahme aus den Rücklagen ausgeglichen** worden ist; er führt gleichwohl zu einer Minderung des Beteiligungsbuchwerts. Werden Rücklagen zwecks Ausschüttung aufgelöst, ist erst die tatsächliche Ausschüttung zu berücksichtigen.

65 Die Verminderung des Beteiligungsbuchwerts in der Konzernbilanz um anteilige Jahresfehlbeträge kann dazu führen, dass der **Beteiligungsbuchwert auf null** absinkt. Es stellt sich hier die Frage, ob auch ein negativer Beteiligungsbuchwert denkbar ist. Im Schrifttum wird ganz überwiegend die Auffassung vertreten, dass, wenn der Wert der Beteiligung unter null sinkt, diese nicht in der Konzernbilanz angesetzt werden darf.[42] Der Wertansatz der Beteiligung bleibt mit einem

---

[39] Nicht vertretbar ist die Verteilung der Abschreibungen auf den aktiven Unterschiedsbetrag auf die verschiedenen Abschreibungsposten der Konzern-GuV im Gliederungsschema des § 275 HGB, da die Vermögensposten der assoziierten Unt selbst nicht in der Konzernbilanz erscheinen. Der einzeiligen Darstellung in der Konzernbilanz entspricht die einzeilige Darstellung in der Konzern-GuV; anders Zündorf, Der Anlagenspiegel im Konzernabschluss, 1990, S. 69.
[40] Ebenso Küting/Zündorf, in Küting/Weber, HdK, Bd. II, 2. Aufl. 1998, § 312 HGB Rn 114; a. A. Harms, BB 1987, S. 938.
[41] Vgl. Küting/Zündorf, in Küting/Weber, HdK, Bd. II, 2. Aufl. 1998, § 312 HGB Rn 114, 117.
[42] Vgl. IDW, WPH Edition, Wirtschaftsprüfung & Rechnungslegung, 18. Aufl. 2023, Kap. G Tz 661; Küting/Zündorf, in Küting/Weber, HdK, Bd. II, 2. Aufl. 1998, § 312 HGB Rn 125. Ebenso auch DRS 26.54, der durch DRS 26.86 Buchst. f) flankiert wird, der eine Anhangangabe für die Summe der negativen und daher nicht bilanzierten Beteiligungsbuchwerte vorsieht. Auch hier stellt sich die Frage, ob die Angabe einer Summe vor dem Hintergrund des § 312 Abs. 1 Satz 1 HGB sachgerecht ist. Es ist dann nicht mehr erkennbar, auf welche Beteiligung ein negativer Equity-Wert entfällt.

Erinnerungswert bilanziert, während weitere Verluste beim assoziierten Unt lediglich statistisch in der Nebenrechnung erfasst und vorgetragen werden (DRS 26.54). Werden in den Folgejahren wieder Jahresüberschüsse vom assoziierten Unt erwirtschaftet, werden diese zunächst zur vollständigen Kompensation der statistisch vorgetragenen anteiligen Jahresfehlbeträge verwandt. Erst ein Ansteigen über die Null-Grenze hinaus hat eine Erhöhung des Beteiligungsbuchwerts im Konzernabschluss zur Folge.[43]

Zu bedenken ist, dass dieses Vorgehen einen **Übergang von der Equity-Methode auf die Anschaffungskostenmethode,** wenn der Beteiligungsbuchwert unter null sinkt, und wiederum einen Übergang von der AK-Methode zur Equity-Methode bewirkt, sobald die Null-Grenze wieder überschritten wird.[44] Die zeitgleiche Vereinnahmung der Beteiligungsergebnisse wird ausgesetzt. Eine derartige Vorgehensweise stellt einen Bruch in der Bewertungskonzeption der Equity-Methode dar. Deren Ziel, einen Gleichlauf mit der Quoten- oder VollKons zu erreichen, ohne die einzelnen Bilanzposten des assoziierten Unt quotal oder voll in den Konzernabschluss zu übernehmen, wird nicht erreicht. Nach der hier vertretenen Auffassung schließt § 312 HGB die Anwendung der Equity-Methode auch bei einem entstehenden negativen Beteiligungsbuchwert nicht aus.[45]

66

2.2.2.4 Kapitalerhöhungen

Werden i. R. e. **Kapitalerhöhung gegen Einlagen** zusätzliche Anteile an einem bereits vorher nach der Equity-Methode einbezogenen assoziierten Unt erworben, ist für die neuen Anteile eine erfolgsneutrale Kapitalaufrechnung nach Maßgabe des § 312 Abs. 1 und 2 HGB vorzunehmen. Für einen Verzicht auf die Kapitalaufrechnung besteht keine gesetzliche Grundlage.[46]

67

Die **Kapitalerhöhung gegen Bareinlage** führt allenfalls i. H. d. aktivierungspflichtigen Anschaffungsnebenkosten zu einem aktiven Unterschiedsbetrag. Eine Zuordnung dieses Unterschiedsbetrags als stille Reserve zu den VG oder Schulden ist nicht möglich. Der Unterschiedsbetrag wäre demnach als GoF zu behandeln. Da der Unterschiedsbetrag jedoch nicht auf bezahlte Ertragserwartungen zurückzuführen ist, erscheint es sachgerecht, ihn im Konzernabschluss sofort erfolgswirksam zu berücksichtigen.[47]

68

Grds. gilt dies auch für die **Kapitalerhöhung gegen Sacheinlagen.** Denkbar ist allerdings auch, dass der Zugang der neuen Anteile bei dem beteiligten Unt mit dem (höheren) beizulegenden Zeitwert der eingelegten VG erfolgt (Tauschgrundsätze), während das assoziierte Unt den Buchwert der eingelegten VG

69

---

[43] Vgl. DRS 26.55 zur Rückstellungsbildung im Fall eines negativen Equity-Werts bei bestehender Verpflichtung zum Verlustausgleich im Jahresabschluss sowie DRS 26.56 zur Einbeziehung weiterer eigenkapitalähnlicher Posten im Fall eines negativen Equity-Wertes; dazu auch Frey/Mujkanovic, WPg 2003, S. 212; Deubert/Lewe, BB 2020, S. 1513.

[44] Vgl. Havermann, in IDW, Rechnungslegung und Prüfung in internationaler Sicht, 1978, S. 425; Fricke, Rechnungslegung für Beteiligungen nach der Anschaffungskostenmethode und nach der Equity-Methode, 1983, S. 242.

[45] Ebenso ADS, Rechnungslegung und Prüfung der Unternehmen, 6. Aufl. 1995–2001, § 312 HGB Rz 114. Es ist insoweit auch gleichgültig, ob eine Einstandspflicht für Verluste des assoziierten Unt besteht, denn auch bei der Voll- und QuotenKons bleibt unberücksichtigt, ob eine solche Verpflichtung besteht; vgl. auch Harms, BB 1987, S. 1427.

[46] So bspw. Küting/Zündorf, in Küting/Weber, HdK, Bd. II, 2. Aufl. 1998, § 312 HGB Rn 159; DRS 26.61.

[47] Vgl. ADS, Rechnungslegung und Prüfung der Unternehmen, 6. Aufl. 1995–2001, § 312 HGB Rz 118.

fortführt. In diesem Fall ergibt sich ein aktiver Unterschiedsbetrag, der die stillen Reserven im Buchwert der eingelegten VG widerspiegelt und in den Folgejahren fortzuschreiben ist.[48]

70 **Verringert** sich die **Beteiligungsquote** aufgrund von Kapitalerhöhungen, weil das einbezogene Unt nicht im Umfang seiner bisherigen Beteiligung neue Anteile übernimmt (sog. nicht verhältniswahrende Kapitalmaßnahme), so kann – je nach Ausgabekurs der neuen Anteile – eine Änderung (Verwässerung) des anteiligen Eigenkapitals (EK) eintreten.[49] Diese Veränderung des anteiligen EK ist gleichzeitig als Änderung des Beteiligungsbuchwerts erfolgswirksam in der Konzernbilanz zu berücksichtigen (DRS 26.62).[50] Wegen der Verringerung der Beteiligungsquote ist der Unterschiedsbetrag aus der früheren Kapitalaufrechnung – soweit noch nicht abgeschrieben oder aufgelöst – mithin erfolgswirksam abzuschreiben bzw. aufzulösen.[51]

71 Eine **Kapitalerhöhung aus Gesellschaftsmitteln** erfordert dagegen keine weitere Kapitalaufrechnung, weil sich weder der Beteiligungsbuchwert noch das anteilige EK des assoziierten Unt ändern.

2.2.2.5 Kapitalherabsetzungen

72 Kapitalherabsetzungen führen nur dann zu einer Änderung des anteiligen EK, wenn sie zu einer Vermögensauskehrung führen. Die Minderung des anteiligen EK tritt erst mit der **Vermögensauskehrung** ein.[52] Die Verminderung des Beteiligungsbuchwerts erfolgt – wie eine Gewinnausschüttung – im Konzernabschluss erfolgsneutral.

2.2.2.6 Gewinnausschüttungen

73 Anteilige Jahresüberschüsse assoziierter Unt erhöhen im Gj ihrer Entstehung den Beteiligungsbuchwert im Konzernabschluss erfolgswirksam. Die Gewinnausschüttung dagegen erfolgt üblicherweise erst im folgenden Gj oder zu einem noch späteren Zeitpunkt. Da die Gewinnausschüttung als Beteiligungsertrag in der GuV des Jahresabschlusses des beteiligten Unt enthalten ist, kann eine – in Abhängigkeit von der Höhe der Gewinnausschüttung – tw. oder vollständige **Doppelerfassung** des anteiligen Jahresüberschusses des assoziierten Unt in zwei Konzern-Gj nur vermieden werden, indem der Beteiligungsertrag eliminiert und gleichzeitig der Beteiligungsbuchwert vermindert wird. Die Gewinnausschüttung wird damit in der Konzernbilanz als erfolgsneutraler Aktivtausch dargestellt. In der Konzern-GuV sind die Erträge aus Beteiligungen erfolgswirksam zu eliminieren (Rz 57 ff.).[53]

---

[48] Zur kombinierten Bar- und Sacheinlage bei unterbewerteter Sacheinlage Deubert/Lewe, BB 2020, S. 1540.
[49] Vgl. die Beispiele bei Küting/Zündorf, in Küting/Weber, HdK, Bd. II, 2. Aufl. 1998, § 312 HGB Rn 161 ff.
[50] Vgl. auch ADS, Rechnungslegung und Prüfung der Unternehmen, 6. Aufl. 1995–2001, § 312 HGB Rz 120.
[51] Vgl. Fricke, Rechnungslegung für Beteiligungen nach der Anschaffungskostenmethode und nach der Equity-Methode, 1983, S. 199, sowie Küting/Zündorf, in Küting/Weber, HdK, Bd. II, 2. Aufl. 1998, § 312 HGB Rn 161 ff. mit Beispielen.
[52] Vgl. bspw. § 225 Abs. 2 AktG, der eine Auszahlung erst sechs Monate nach Bekanntmachung der Eintragung der Kapitalherabsetzung und nachdem den Gläubigern, die sich rechtzeitig gemeldet haben, Befriedigung oder Sicherheit gewährt worden ist.
[53] Je nach Vorbelastung der Ergebnisse assoziierter Unt mit KSt und je nach Ausschüttungsverhalten des empfangenden TU oder des MU ist eine Steuerabgrenzung vorzunehmen.

2.3 Einheitliche Bilanzierungs- und Bewertungsmethoden (Abs. 5 Sätze 1 und 2)

2.3.1 Wahlrecht

Die Anwendung der Equity-Methode führt zum Ausweis des Beteiligungsbuchwerts i. H. d. anteiligen Eigenkapitals (EK) und zur periodengleichen Übernahme des anteiligen Jahresergebnisses des assoziierten Unt in den Konzernabschluss. Im Verhältnis zu der AK-Methode werden stille Reserven im Beteiligungsbuchwert vermieden; zudem wird eine periodengerechte Erfolgsermittlung erreicht.[54] Dies setzt aber voraus, dass die **Bilanzierung und Bewertung im Konzernabschluss und im Jahresabschluss des assoziierten Unt einheitlich erfolgen**. Die Anwendung der Equity-Methode erfordert daher grds. eine vorherige Anpassung der Jahresabschlüsse der assoziierten Unt, sofern diese abweichende Bilanzierungs- und Bewertungsmethoden anwenden.[55]

74

Der maßgebliche Einfluss wird aber nicht immer ausreichen, das assoziierte Unt zur Anwendung der im Konzernabschluss angewandten Bilanzierungs- und Bewertungsmethoden oder zur Aufstellung einer HB II zu bewegen oder überhaupt die hierzu notwendigen Informationen zur Verfügung zu stellen. Außerdem können etwaige Bilanzierungs- und Bewertungsanpassungen unverhältnismäßigen Aufwand verursachen.[56] Auch DRS 26.30 sieht keine zwingende Anpassung an die Bilanzierungs- und Bewertungsmethoden des Konzerns vor, sondern verweist auf das Wahlrecht des § 312 Abs. 5 Satz 1 HGB. Zudem kann das Problem bestehen, dass das assoziierte Unt in den Konzernabschluss verschiedener beteiligter Unt einbezogen wird. Um den Unt unverhältnismäßigen Aufwand zu ersparen, hat der Gesetzgeber das **Wahlrecht** vorgesehen, auf die Anpassung zu verzichten.[57]

75

Demgemäß sieht § 312 Abs. 5 Satz 1 HGB vor, dass, soweit das assoziierte Unt in seinem Jahresabschluss vom Konzernabschluss abweichende Bewertungsmethoden anwendet, die abweichend bewerteten VG und Schulden für Zwecke der Abs. 1–4 des § 312 HGB nach den auf den Konzernabschluss angewandten Bewertungsmethoden bewertet werden können.[58] Aus der in § 312 Abs. 5 Satz 2 HGB enthaltenen Verpflichtung, die unterlassene Anpassung im **Konzernanhang** anzugeben, lässt sich die Präferenz des Gesetzgebers für eine Anpassung erkennen. Wird die Beteiligung an einem TU, für das von einem Einbeziehungswahlrecht nach § 296 HGB Gebrauch gemacht wird bzw. an einem GemeinschaftsUnt, welches nicht nach § 310 HGB quotenkonsolidiert wird, nach der Equity-Methode bilanziert, darf der Equity-Methode nach DRS 26.31 ein auf den Konzernabschlussstichtag aufgestellter und an konzerneinheitliche Bilanzierungs- und Bewertungsmethoden angepasster Abschluss zugrunde gelegt werden.

76

---

[54] Vgl. BT-Drs. 7/5221 v. 19.5.1976 S. 21.
[55] Vgl. Schmalenbach-Gesellschaft, Aufstellung von Konzernabschlüssen, ZfbF, Sonderheft 21/1987, S. 134.
[56] Zumindest die Kenntnis der Bilanzierungs- und Bewertungsmethoden, die auf Ebene des Jahresabschlusses des assoziierten Unt angewandt werden, sind aber erforderlich um überhaupt etwaige Anpassungserfordernisse für die Konzernabschlussebene identifizieren zu können.
[57] BT-Drs. 10/3440 v. 3.6.1985 S. 41.
[58] Eine Möglichkeit, auf die Anwendung der Equity-Methode insgesamt zu verzichten, wenn die Anpassungen nicht vorgenommen werden können, besteht ausweislich des Wortlauts des § 312 Abs. 5 Sätze 1 und 2 HGB nicht; so aber die Empfehlung der Schmalenbach-Gesellschaft, Aufstellung von Konzernabschlüssen, ZfbF, Sonderheft 21/1987, S. 134. Zu der in diesem Zusammenhang stehenden Widerlegung der Assoziierungsvermutung § 311 Rz 35 ff.

Zudem gelten die Wahlrechte nach § 300 Abs. 2 Sätze 2 und 3 HGB sowie nach § 308 Abs. 2 Sätze 2 und 4 HGB gem. DRS 26.32 auch für die einheitliche Bilanzierung und Bewertung i. R. d. HB II des assoziierten Unt.

2.3.2 Anwendung auch auf den Bilanzansatz

77 Von seinem Wortlaut her sieht § 312 Abs. 5 Satz 1 HGB ein Wahlrecht zur Anpassung der Bewertung im Jahresabschluss des assoziierten Unt an die im Konzernabschluss angewandten Bewertungsmethoden vor. Die Anpassung an die Bilanzansatzvorschriften wird nicht erwähnt. Fraglich ist daher, ob eine **analoge Anwendung** der Vorschrift auch auf Bilanzansatzvorschriften geboten ist.[59] Voraussetzung dafür ist, dass Ansatz und Bewertung ein strukturgleiches Problem i. R. d. Equity-Methode darstellen, im Gesetz aber eine Regelungslücke für den Bilanzansatz besteht.

78 Im Hinblick auf die einheitliche **Erfolgsermittlung** und die Höhe des **Eigenkapitals** sind Bilanzansatz- und Bewertungsregeln gleichermaßen bedeutend. Sowohl für die Voll- als auch QuotenKons wird eine Anpassung von Bewertung und Bilanzansatz verlangt. Auch hinsichtlich der Angabe und Begründungspflicht bei Abweichungen werden Bilanzierungs- und Bewertungsmethoden gem. § 313 Abs. 1 Nr. 3 HGB gleichgestellt. Die Ausdehnung des § 312 Abs. 5 Satz 1 HGB unter Berücksichtigung der Wertungen des § 300 Abs. 2 Satz 1 HGB ist daher geboten.[60]

2.3.3 Anpassung abweichender Wertansätze

79 § 308 Abs. 1 Satz 1 HGB verpflichtet zur einheitlichen Bewertung im Konzern nach den auf den Jahresabschluss des MU anwendbaren Bewertungsmethoden. Aufgrund des Verhältnisses der Equity-Methode zur Quoten- und VollKons kann die **Verpflichtung zur konzerneinheitlichen Bewertung** für Zwecke der Equity-Methode nicht weiter gehen als für Zwecke der VollKons.[61]

80 Eine einheitliche Bewertung kann erreicht werden, wenn die Bewertungsmethoden im Konzernabschluss auch im Jahresabschluss des assoziierten Unt angewandt werden. Auch für TU, die aufgrund des Konsolidierungswahlrechts gem. § 296 HGB ausnahmsweise nach der Equity-Methode bewertet werden, ist eine einheitliche Bewertung bereits im Jahresabschluss erreichbar. Für ausländische TU besteht diese Möglichkeit, wenn das jeweilige nationale Recht die für den Konzernabschluss vorgesehenen Bewertungsmethoden zulässt. Werden dagegen in den Jahresabschluss abweichende Bilanzierungs- und/oder Bewertungsmethoden angewandt, ist zu empfehlen, die erforderlichen **Anpassungen in der HB II** vorzunehmen. Kernproblem der Anpassungen dürfte aber die Frage sein, ob das MU überhaupt Zugriff auf die notwendigen Informationen erhält.[62] Ein

---

[59] Vgl. dazu nur ADS, Rechnungslegung und Prüfung der Unternehmen, 6. Aufl. 1995–2001, § 312 HGB Rz 132.
[60] Dies gilt umso mehr, als sich eine bewusste Unterscheidung zwischen Bilanzansatz und Bewertung auch aus der Bilanzrichtlinie nicht ableiten lässt. Art. 27 Abs. 3 der Bilanzrichtlinie spricht nur von einer neuen Bewertung.
[61] Vgl. Kommission Rechnungswesen im Verband der Hochschullehrer für Betriebswirtschaft e.V., Stellungnahme zur Umsetzung der 7. EG-Richtlinie, DBW 1985, S. 273.
[62] Vgl. Havermann, WPg 1987, S. 318.

assoziiertes Unt hat, anders als ein TU, keine Vorlage- und Auskunftspflichten i. S. d. § 294 Abs. 3 HGB. Umgekehrt steht dem MU auch kein Anspruch auf Information zu.

Es bestehen keine Bedenken, dass die **Ausnahmewahlrechte nach § 308 Abs. 2 Sätze 2–4 HGB** auch für die einheitliche Bewertung i. R. d. HB II des assoziierten Unt gelten (DRS 26.32).[63] Ansonsten wären die assoziierten Unt strengeren Anforderungen unterworfen als die voll zu konsolidierenden TU. So können z. B. abweichende Wertansätze, die auf besonderen Bewertungsvorschriften für Kreditinstitute und VersicherungsUnt beruhen, nach Maßgabe des § 308 Abs. 2 Satz 2 HGB auch für die Equity-Bewertung beibehalten werden. Die Anwendung dieses Ausnahmewahlrechts von der Anpassungspflicht zieht eine Angabepflicht im Konzernanhang nach sich.

Sind die Auswirkungen von Bewertungsanpassungen nur von untergeordneter Bedeutung, d. h., beeinflussen sie die Darstellung der Vermögens-, Finanz- und Ertragslage **nicht wesentlich**, so kann nach § 308 Abs. 2 Satz 3 HGB auf eine Vereinheitlichung verzichtet werden. Eine Angabe im Konzernanhang ist in diesem Fall entbehrlich.[64]

§ 308 Abs. 2 Satz 4 HGB lässt weitere, nicht näher konkretisierte **Ausnahmefälle** zu. Die Vorschrift kann – im Gegensatz zur vollumfänglichen Nichtanpassung aufgrund von Informationshindernissen – nur als Ausnahmeregelung in Bezug auf einzelne Posten verstanden werden. Wird von dieser postenbezogenen Ausnahme der Anpassung Gebrauch gemacht, ist dies im Konzernanhang anzugeben.

2.3.4 Angaben im Konzernanhang (Abs. 5 Satz 2)

Wird auf die Anpassung der Bilanzierung und Bewertung i. R. d. Ausübung des Wahlrechts des § 312 Abs. 5 Satz 1 HGB verzichtet, ist dies nach § 312 Abs. 5 Satz 2 HGB im **Konzernanhang** anzugeben. Die Angabepflicht bezieht sich sowohl auf die unterlassenen Bewertungsanpassungen, als auch auf abweichende Bilanzansatzmethoden.[65] Dementsprechend fordert DRS 26.87 Buchst. e) die Angabe des Verzichts auf die Anpassung bei vom Konzernabschluss abweichenden Bilanzierungs- und Bewertungsmethoden im Abschluss des assoziierten Unt. Eine Begründung oder Erläuterung ist nicht verlangt. Werden die erforderlichen Anpassungen vorgenommen, entfällt die zusätzliche Angabe im Konzernanhang. Jedenfalls für Fälle, in denen die auf Jahresabschlussebene des assoziierten Unt angewandten Bilanzierungs- und Bewertungsmethoden für Zwecke der Konzernabschlussaufstellung nicht bekannt sind, stellt sich die Frage, worin eine belastbare Angabe im Konzernanhang dann eigentlich bestehen soll.

2.4 Zwischenergebniseliminierung (Abs. 5 Satz 3)

2.4.1 Entsprechende Anwendung des § 304 HGB

§ 312 Abs. 5 Satz 3 HGB schreibt vor, dass **§ 304 HGB über die Behandlung der Zwischenergebnisse entsprechend anzuwenden ist**, soweit die für die Beur-

---

[63] Ebenso ADS, Rechnungslegung und Prüfung der Unternehmen, 6. Aufl. 1995–2001, § 312 HGB Rz 140.
[64] Vgl. Maas/Schruff, WPg 1986, S. 238, Fn. 88.
[65] Vgl. IDW, WPH Edition, Wirtschaftsprüfung & Rechnungslegung, 18. Aufl. 2023, Kap. G Tz 604.

teilung maßgeblichen Sachverhalte bekannt oder zugänglich sind.[66] Aus dem Umstand, dass der Gesetzgeber die Zwischenergebniseliminierung i.R.d. im BilRUG vorgenommenen klarstellenden Erweiterung auf die Beachtung der Vorschriften zu den latenten Steuern beibehalten hat, ergeben sich für die praktische Anwendung keine materiellen Auswirkungen.[67]

86 Weiterhin diskutabel ist, ob die Zwischenergebniseliminierung für Zwecke der Equity-Methode überhaupt geboten ist.[68] Für die in die VollKons einbezogenen TU lässt sich das Erfordernis der Zwischenergebniseliminierung aus der **Einheitstheorie und dem Realisationsprinzip** ableiten. Die zum Konsolidierungskreis gehörenden Unt werden wie unselbstständige Betriebsabteilungen der Einheit Konzern angesehen. Erfolgsbeiträge aufgrund von Lieferungen und Leistungen zwischen TU können daher noch nicht als realisiert angesehen werden und müssen folglich eliminiert werden. Demgegenüber steht die Zwischenergebniseliminierung im Anwendungsbereich der Equity-Methode nach ganz überwiegender Auffassung im **Widerspruch zur Einheitstheorie und stellt einen Verstoß gegen das Realisationsprinzip dar.**[69] Gewinne oder Verluste aus Geschäften mit assoziierten Unt, die i.S.d. Einheitstheorie nicht dem Konzernkreis zuzurechnen sind, müssen eigentlich wie Geschäfte mit Dritten zu klassifizieren sein und daher als realisiert gelten.

87 Zwischenergebnisse, die aus **Geschäften zwischen assoziierten Unt** (sog. Satelliten-Eliminierung oder Cross-stream-Lieferung) entstanden sind, brauchen nicht eliminiert zu werden. Es ist nicht davon auszugehen, dass der maßgebliche Einfluss des MU ausreicht, die Lieferbeziehungen solcher Unt und deren Verrechnungspreise zu steuern bzw. aus konzernbilanzpolitischen Erwägungen zu manipulieren. Sie sind daher wie Geschäfte zwischen fremden Dritten zu behandeln (DRS 26.70).[70]

2.4.2 Downstream- und Upstream-Zwischenergebniseliminierung

88 Nach § 304 Abs. 1 HGB unterliegen der Pflicht zur Zwischenergebniseliminierung die VG, die in die Konzernbilanz zu übernehmen sind und die ganz oder

---

[66] § 312 Abs. 5 Sätze 3 und 4 setzt die Vorgaben der Art. 33 Abs. 7, 26 Abs. 1 Buchst. c der (zwischenzeitlich aufgehobenen) Konzernbilanz-RL 83/349/EWG um. Die Vorschriften finden sich nunmehr in Art. 27 Abs. 7, Art. 24 Abs. 7 Buchst. c) der Bilanzrichtlinie. Aus der Kommissionsbegründung zum Vorschlag für eine Konzernbilanz-RL 83/349/EWG v. 27.6.1976, BT-Drs. 7/5221 v. 19.5.197 S. 21, geht hervor, dass es aufgrund des maßgeblichen Einflusses auf das assoziierte Unt für erforderlich gehalten wurde, das übernommene Jahresergebnis um Zwischenergebnisse zu bereinigen.

[67] Die Streichung des Wahlrechts zur (nur) beteiligungsproportionalen Zwischenergebniseliminierung – § 312 Abs. 5 Satz 4 HGB a.F. – ist vor dem Hintergrund der Tatsache, dass auch nur das anteilige Jahresergebnis des assoziierten Unt übernommen wird, schwer verständlich und kann wohl nur mit Vereinfachungsgesichtspunkten begründet werden. Eigentlich hätte für eine sachgerechte Darstellung die beteiligungsproportionale Zwischenergebniseliminierung als einzig mögliche Methode vorgeschrieben werden müssen.

[68] Vgl. zur Diskussion ADS, Rechnungslegung und Prüfung der Unternehmen, 6. Aufl. 1995–2001, § 312 HGB Rz 149.

[69] Vgl. Bühner/Hille, WPg 1980, S. 263; Harms/Küting, BB 1982, S. 2159; Fricke, Rechnungslegung für Beteiligungen nach der Anschaffungskostenmethode und nach der Equity-Methode, 1983, S. 277; Kommission Rechnungswesen im Verband der Hochschullehrer für Betriebswirtschaft e.V., DBW 1979, S. 275; Haase, BB 1985, S. 1703; Busse von Colbe, in FS Grochla, 1986, S. 263; Küting/Zündorf, BB 1986, Beilage 7, S. 18; Sahner/Häger, BB 1988, S. 1780.

[70] Vgl. ADS, Rechnungslegung und Prüfung der Unternehmen, 6. Aufl. 1995–2001, § 312 HGB Rz 154; Harms/Küting, BB 1982, S. 2160; Schmalenbach-Gesellschaft, Aufstellung von Konzernabschlüssen, ZfbF Sonderheft 21/1987, S. 139.

tw. auf Lieferungen und Leistungen von in den Konzernabschluss einbezogenen Unt beruhen.[71] Die entsprechende Anwendung des § 304 HGB setzt nach tw. vertretener Meinung voraus, dass die VG, die auf Lieferungen und Leistungen von assoziierten Unt beruhen, **in der Konzernbilanz** angesetzt sind. Damit werden solche Lieferungen und Leistungen aus der Zwischenergebniseliminierung herausgenommen, die von dem MU oder einem TU an ein assoziiertes Unt erbracht werden und sich dort am Stichtag noch im Bestand befinden (sog. **Downstream-Geschäfte**). Entsprechend kann i.R.d. Equity-Methode nur die Eliminierung von Zwischenergebnissen aus sog. Upstream-Geschäften verlangt werden.[72] Im Schrifttum aber wird richtigerweise die Auffassung vertreten, dass die Zwischenergebniseliminierung nach § 312 Abs. 5 Satz 3 HGB bei **Up- und Downstream-Geschäften** vorzunehmen ist.[73] Diese Auffassung hat der DSR auch in DRS 26.70 übernommen, der eine Zwischenergebniseliminierungspflicht auch für Downstream-Geschäfte vorsieht.

Grds. müssen Zwischenergebnisse aus Lieferungen und Leistungen eliminiert werden, die von assoziierten Unt erbracht werden. Um diesen Erfolgsbeitrag quantifizieren zu können, werden die AK oder HK des assoziierten Unt nach den konzerneinheitlichen Bewertungsmethoden ermittelt und aktivierungspflichtige Nebenkosten (z.B. Transportkosten) hinzugerechnet. Die so ermittelten **Konzern-AK bzw. -HK** stellen den Wert dar, zu dem die VG, vorbehaltlich der beteiligungsproportionalen Eliminierung, in der Konzernbilanz höchstens angesetzt werden dürfen bzw. mind. angesetzt werden müssen.[74]

89

Bedingt durch die Besonderheiten des Beteiligungsverhältnisses bei assoziierten Unt treten in der praktischen Anwendung der Equity-Methode regelmäßig Probleme auf, weil **notwendige Informationen** nicht bekannt oder zugänglich sind. Aus diesem Grund ist die Verpflichtung zur Zwischenergebniseliminierung nach § 312 Abs. 5 Satz 3 HGB auf die Fälle beschränkt, in denen solche Informationen bekannt oder zugänglich sind. Das Gleiche gilt, wenn der zu eliminierende Betrag für die Beurteilung der Vermögens- und Ertragslage des Konzerns nur von untergeordneter Bedeutung ist (DRS 26.71 unter Verweis auf § 304 Abs. 2 HGB; Rz 94).[75] Soweit exakte Einzelrechnungen nicht möglich oder zumutbar sind, kann die Eliminierung auch unter Verwendung vereinfachender Pauschsätze (z.B. pauschale Zwischenergebnissätze, kalkulatorische Zuschlagssätze) – ähnlich auch DRS 26.71 – vorgenommen werden.

90

---

[71] I.R.d. Equity-Methode werden die einzelnen VG und Schulden des assoziierten Unt nicht unmittelbar in den Konzernabschluss übernommen, sondern sind Bestandteil des in der Konzernbilanz ausgewiesenen Beteiligungsbuchwerts.
[72] Vgl. Havermann, WPg 1987, S. 319; Busse von Colbe, ZfbF 1976, S. 675; Sahner/Häger, BB 1988, S. 1783; ADS, Rechnungslegung und Prüfung der Unternehmen, 6. Aufl. 1995–2001, § 312 HGB Rz 159.
[73] Vgl. Groß/Schruff/von Wysocki, Der Konzernabschluss nach neuem Recht, 2. Aufl. 1987, S. 260; Schmalenbach-Gesellschaft, Aufstellung von Konzernabschlüssen, ZfbF, Sonderheft 21/1987, S. 138, die darauf hinweisen, dass in der Konzernbilanz-RL keine ausdrücklichen Hinweise dafür zu finden sind, dass § 312 Abs. 5 Satz 3 HGB nur auf Upstream-Geschäfte zu beziehen ist. Zur Diskussion vgl. auch Schmidbauer, DStR 2001, S. 1534.
[74] Vgl. auch ADS, Rechnungslegung und Prüfung der Unternehmen, 6. Aufl. 1995–2001, § 312 HGB Rz 162.
[75] Für die Zwischenergebniseliminierung bei Upstream-Geschäften müssen bspw. Informationen über die AK bzw. HK des assoziierten Unt zugänglich sowie Angaben über am Stichtag aktivierte Bestände der in den Konzernabschluss einbezogenen Unt erhältlich sein.

2.4.3 Verrechnungstechnik

91 Der Verweis des § 312 Abs. 5 Satz 3 HGB auf § 304 HGB legt es nahe, die **Verrechnung eliminierter Zwischenergebnisse** auch i.R.d. Equity-Methode bei den betreffenden Bilanzposten, den Beständen aus Upstream-Geschäften mit assoziierten Unt, vorzunehmen, wobei die erfolgswirksame Eliminierung in jedem Fall in der Konzern-GuV im Posten „Ergebnis aus Beteiligungen an assoziierten Unternehmen" vorzunehmen ist.[76] Der Wertansatz der Beteiligungen an assoziierten Unt bleibt bei dieser Vorgehensweise von der Eliminierung und Realisation des Zwischenergebnisses unberührt.

92 Nach der hier vertretenen Auffassung dürfte es aber eher dem Charakter der Equity-Methode entsprechen, die Eliminierung der Zwischenergebnisse entsprechend der im Schrifttum vertretenen Auffassung als eine **Korrektur des Wertansatzes der Beteiligung** anzusehen.[77] Mit der Verpflichtung zur Eliminierung von Zwischenergebnissen ginge ansonsten eine Ausweitung der Equity-Methode zu einer partiellen Kons. einher.[78]

Für Downstream-Lieferungen sieht auch der DSR grds. nur eine Eliminierung des Zwischengewinns über den Equity-Wertansatz vor (DRS 26.74). Lediglich für den Fall, dass der zu eliminierende Zwischengewinn den Equity-Wertansatz übersteigt, ist zunächst mit ggfs. bestehenden sonstigen langfristigen Forderungen (beteiligungsähnliche Darlehen) gegen das assoziierte Unt zu verrechnen.

Soweit die Zwischenergebniseliminierung ausnahmsweise zu einem negativen Equity-Wertansatz führen sollte, ist der Beteiligungsbuchwert in der Konzernbilanz mit einem Erinnerungswert anzusetzen und der Equity-Wert in der Nebenrechnung fortzuführen (DRS 26.75).

93 In den Folgejahren ist nur noch die **Veränderung der Zwischenergebnisse** gegenüber dem Vj. **erfolgswirksam** zu berücksichtigen. Dieser Betrag ist beim Beteiligungswert und beim Beteiligungsergebnis zu berücksichtigen. Der Betrag zum Ende des Vj. ist erfolgsneutral im Ergebnisvortrag bzw. in den Gewinnrücklagen des Konzerns zu verrechnen.

2.4.4 Verzicht auf die Zwischenergebniseliminierung

94 I. R. d. VollKons kann grds. auf die Eliminierung von Zwischenergebnissen verzichtet werden, wenn die Bedingungen des § 304 Abs. 2 HGB erfüllt sind, wenn also die Zwischenergebniseliminierung für die Vermittlung eines den tatsächlichen entsprechenden Bilds der Vermögens-, Finanz- und Ertragslage des Konzerns nur von untergeordneter Bedeutung ist. Dies gilt selbst dann, wenn die Sachverhalte bekannt und zugänglich sind. Eine Angabe im Anhang ist nicht erforderlich.

---

[76] Diese Vorgehensweise empfiehlt DRS 26.72 ausdrücklich für Upstream-Lieferungen, hält aber auch eine Verrechnung mit dem Equity-Wertansatz für zulässig; dazu auch Fricke, Rechnungslegung für Beteiligungen nach der Anschaffungskostenmethode und nach der Equity-Methode, 1983, S. 323.

[77] Vgl. Zündorf, Quotenkonsolidierung versus Equity-Methode, 1987, S. 174; Sahner/Häger, BB 1988, S. 1783; zur Behandlung des Sonderfalles, dass der zu eliminierende Zwischengewinn bei Upstream-Lieferungen den Equity-Wertansatz übersteigt, vgl. DRS 26.73, wonach der übersteigende Betrag mit dem Buchwert des erworbenen Vermögensgegenstandes zu verrechnen ist.

[78] Vgl. Sahner/Häger, BB 1988, S. 1783.

2.5 Latente Steuern (Abs. 5 Satz 3)

Gemäß § 312 Abs. 5 Satz 3 HGB ist § 306 HGB entsprechend anzuwenden, soweit die für die Beurteilung maßgeblichen Sachverhalte bekannt oder zugänglich sind. Flankiert wird § 312 Abs. 5 Satz 3 HGB durch DRS 18 (vgl. DRS 18.4a i.d.F. d. DRÄS 11).[79] Die Vorschrift stellt klar, was bereits bisher gängige Praxis war. Auch bei Anwendung der Equity-Methode waren und sind latente Steuern abzugrenzen, und zwar – entgegen dem Wortlaut des § 306 HGB – nicht lediglich beschränkt auf Konsolidierungsmaßnahmen.

Demgemäß sind bei der Kons. assoziierter Unt auf die i.R.d. Kaufpreisallokation ermittelten stillen Reserven und Lasten latente Steuern zu erfassen und in den Folgejahren fortzuschreiben. Für aktive latente Steuern, die sich auf temporäre Differenzen aus der Anpassung der HB I an die konzerneinheitlichen Bilanzierungs- und Bewertungsmethoden in der HB II ergeben, besteht – entsprechend dem Vorgehen bei der VollKons – ein Ansatzwahlrecht (DRS 18.14).

Strittig ist, ob eine Abgrenzung latenter Steuern auch auf phasenverschobene Ergebnisübernahmen in Betracht kommt. Nach der hier vertretenen Auffassung ist dies zu verneinen. Durch die anteilig zuzurechnenden Ergebnisübernahmen, die nach der Equity-Methode unabhängig von der Ausschüttung vorgenommen werden, ergeben sich Differenzen zwischen der Bewertung im handelsrechtlichen Konzernabschluss und der Beteiligungsbewertung in der Steuerbilanz des MU. Hierbei handelt es sich um sog. Outside Basis Differences, die § 306 Satz 4 HGB ausdrücklich von der Steuerabgrenzung ausnimmt.[80]

3 Zugrunde zu legender Jahresabschluss des assoziierten Unternehmens (Abs. 6 Satz 1)

Für die Einbeziehung in den Konzernabschluss sieht § 312 Abs. 6 Satz 1 HGB vor, dass der **letzte Jahresabschluss** des assoziierten Unt zugrunde zu legen ist. Mit dieser Vereinfachung – im Gegensatz zur VollKons ist die Aufstellung eines Zwischenabschlusses nicht erforderlich (§ 299 HGB) – wird wiederum den eingeschränkten Einflussmöglichkeiten des beteiligten Unt Rechnung getragen.[81] Die Verwendung des letzten verfügbaren Jahresabschlusses – die Überlegungen gelten in gleicher Weise für den Fall der Verwendung eines verfügbaren Konzernabschlusses – hat im Zeitablauf stetig zu erfolgen (DRS 26.23, der auf die §§ 252 Abs. 1 Nr. 6, 298 Abs. 1 HGB verweist). Dies dürfte aber auch mit der Einschränkung gelten, dass die erforderlichen Informationen verfügbar sind. DRS 8.12 und 8.13 a.F. schränkten die Anwendung dieser Vereinfachungsvorschrift bisher ein. Die Regelungen sahen eine analoge Anwendung der auch für die VollKons geltenden Vorschriften vor, nach denen entweder ein Zwischen-

---

[79] Vgl. BGBl I 2015, S. 1251 sowie BT-Drs. 18/4050 v. 20.2.2015 S. 73; Oser/Orth/Wirtz, DB 2015, S. 202; Blöink/Biermann, Der Konzern 2015, S. 73.

[80] Vgl. Melcher/Murer, DB 2010, S. 1599; Kühne/Melcher/Wesemann, WPg 2009, S. 1063; anders Gelhausen/Fey/Kämpfer, Rechnungslegung und Prüfung nach dem Bilanzrechtsmodernisierungsgesetz, 2009, Abschn. Q Rz 315, für den Fall, dass die Ausschüttung in dem Folgejahr so gut wie sicher ist und als Folge davon Ertragsteuern anfallen.

[81] Insb. bei assoziierten Unt, die in mehrere Konzernabschlüsse mit möglicherweise unterschiedlichen Bilanzstichtagen einbezogen werden, dürfte allein ein maßgeblicher Einfluss nicht zur Aufstellung eines oder mehrerer Zwischenabschlüsse ausreichen; so auch Schäfer, Bilanzierung von Beteiligungen an assoziierten Unternehmen nach der Equity-Methode, 1982, S. 347.

abschluss aufzustellen ist oder nur ein Jahresabschluss verwendet werden darf, dessen Stichtag nicht mehr als drei Monate vor dem Stichtag des Konzernabschlusses liegt. Das in § 299 HGB vorgesehene Wahlrecht, wesentliche Veränderungen zwischen dem Stichtag des Jahresabschlusses des assoziierten Unt und dem Stichtag des Konzernabschlusses entweder in der Konzernbilanz oder in der Konzern-GuV zu berücksichtigen oder im Konzernanhang anzugeben, wurde in DRS 8.13 a. F. auf eine Berücksichtigung in der Konzernbilanz und der Konzern-GuV beschränkt. Gegen die Einschränkungen der Vereinfachungsvorschrift wurde eingewandt, dass zeitnahe Jahresabschlüsse zwar grds. zu befürworten seien, § 312 Abs. 6 HGB jedoch dem Umstand Rechnung trage, dass der Einfluss des MU auf das assoziierte Unt regelmäßig sehr begrenzt sei. Weitere Probleme bestünden, wenn an dem assoziierten Unt mehrere MU mit unterschiedlichen Konzernabschlussstichtagen beteiligt seien. Daher wurde die Einschränkung der Vereinfachungsvorschrift hier bereits in der Vergangenheit abgelehnt und vertreten, dass es nur in den Fällen, in denen TU ausnahmsweise nach der Equity-Methode in den Konzernabschluss einbezogen werden, bei der Anwendung des § 299 HGB bleiben könne. Mit DRS 26 hat der DSR die bisher vorgesehenen Einschränkungen nunmehr aufgegeben (DRS 26.25).

100 Stimmen die Abschlussstichtage überein, so ist grds. der zu diesem Stichtag aufgestellte Jahresabschluss des assoziierten Unt zugrunde zu legen. Auch wenn im Gesetz nicht verlangt wird, dass der Jahresabschluss des assoziierten Unt festgestellt ist, sollte der Jahresabschluss zumindest in **wahrscheinlich endgültiger Fassung** vorliegen.[82] Jedenfalls ist nicht erforderlich, dass die Prüfung des Jahresabschlusses abgeschlossen ist.[83] Ist bei Aufstellung des Konzernabschlusses kein Jahresabschluss oder nur ein Entwurf verfügbar, muss auf den Jahresabschluss des Vorjahrs zurückgegriffen werden. Dann kann der Bilanzstichtag des assoziierten Unt bis zu zwölf Monate vor dem Stichtag des Konzernabschlusses liegen.[84]
DRS 26.24 sieht hier vor, dass der Jahresabschluss bzw. Konzernabschluss des assoziierten Unt, zumindest von den zuständigen Organen aufgestellt und dem MU zugänglich sein muss. Weiter müssen alle für den Abschluss wesentlichen Bilanzierungs- und Bewertungsentscheidungen verbindlich festgelegt worden sein. Die wesentlichen Prüfungshandlungen sollen bei bestehender Prüfungspflicht abgeschlossen sein; hingegen ist die Feststellung bzw. Billigung noch innerhalb der Aufstellungsphase des Konzernabschlusses nicht zwingend erforderlich. Fraglich ist, ob diese Anforderungen aufgrund des nur bestehenden maßgeblichen Einflusses überhaupt nachvollzogen bzw. überwacht werden können. Insoweit dürften die Anforderungen des DSR auf das in Praxis aufgrund der jeweiligen Informationslage tatsächlich Umsetzbare reduzierbar sein.
Vorgänge von besonderer Bedeutung für die Vermögens-, Finanz- und Ertragslage des assoziierten Unt nach dem Stichtag des Abschlusses, der für Zwecke der Equity-Methode verwendet wird, und nach dem Stichtag des Konzernabschlusses müssen nach DRS 26.27 grds. nicht berücksichtigt werden. Jedoch besteht eine Angabepflicht, soweit Vorgänge auf Ebene des assoziierten Unt geeignet sind,

---

[82] Vgl. IDW, WPH Edition, Wirtschaftsprüfung & Rechnungslegung, 18. Aufl. 2023, Kap. G Tz 598 f.
[83] Vgl. auch IDW RH HFA 1.019.16 ff.
[84] Vgl. Maas/Schruff, WPg 1985, S. 6.

den Einblick in die Vermögens-, Finanz- und Ertragslage zu beeinträchtigen (DRS 26.27, 26.87 Buchst. g), unter Verweis auf § 297 Abs. 2 Satz 3 HGB). Kapitalmaßnahmen (bspw. Kapitalerhöhungen oder Kapitalherabsetzungen) oder vergleichbare Vorgänge bei assoziierten Unt, die zu einer anlassbezogenen Fortschreibung des Equity-Wertes führen, sind gem. DRS 26.28 zu berücksichtigen, auch wenn sie erst nach dem Stichtag des Abschlusses des assoziierten Unt, aber vor dem Stichtag des Konzernabschlusses erfolgen, soweit dem MU alle bilanzierungsrelevanten Informationen vorliegen.

Das HGB enthält keine Vorschrift, wie bei abweichenden Bilanzstichtagen zu verfahren ist. Gleichwohl ist davon auszugehen, dass eine Berichterstattung über den Stichtag des dem Konzernabschluss zugrunde gelegten Jahresabschlusses des assoziierten Unt im Konzernanhang nach Maßgabe des § 313 Abs. 1 Satz 2 Nr. 1 HGB erforderlich ist. Die Anhangangabe ist erforderlichenfalls – in Anlehnung an § 299 Abs. 3 HGB – um Hinweise darauf zu ergänzen, in welchem Umfang wesentliche Größen auf Schätzungen beruhen. Weichen die Abschlussstichtage des assoziierten Unt und des Konzerns voneinander ab, muss, wie vorhergehend bereits ausgeführt, **kein Zwischenabschluss** aufgestellt werden.[85]

101

Natürlich bleibt es unbenommen, freiwillig einen Zwischenabschluss aufzustellen. Ein **freiwillig** auf den Konzernstichtag aufgestellter und geprüfter **Zwischenabschluss** ist zwar kein Jahresabschluss und kann daher bei wörtlicher Auslegung von § 312 Abs. 6 Satz 1 HGB gar nicht berücksichtigt werden. Da Abs. 6 Satz 1 jedoch nur eine Vereinfachung vorsieht, sollten gegen die Verwendung zumindest eines geprüften Zwischenabschlusses keine Bedenken bestehen, wenn dadurch eine exaktere Periodenabgrenzung im Konzernabschluss erreicht werden kann (ebenso auch DRS 26.26, differenzierend zwischen einem freiwilligen Zwischenabschluss und einem aufgrund kapitalmarktrechtlicher Vorgaben aufgestellten Zwischenabschluss). Allerdings ist dann wegen des Gebots der Methodenstetigkeit auch in den Folgejahren die Equity-Methode auf der Basis von Zwischenabschlüssen anzuwenden.[86]

102

Von den Beteiligungen an assoziierten Unt sind die **Beteiligungen an TU** abzugrenzen, die aufgrund des § 296 HGB nur ausnahmsweise nach der Equity-Methode bewertet werden. In diesen Fällen besitzt das MU gem. § 294 Abs. 3 HGB das Recht, die rechtzeitige Vorlage eines Jahresabschlusses zu verlangen. Die Erleichterungen des § 312 Abs. 6 Satz 1 HGB sind also nicht erforderlich. Gleichwohl kann eine gesetzliche Verpflichtung zur Verwendung eines auf den Stichtag des Konzernabschlusses aufgestellten Jahresabschlusses nicht angenommen werden.[87]

103

4 Zugrunde zu legender Konzernabschluss des assoziierten Unternehmens (Abs. 6 Satz 2)

Stellt das assoziierte Unt – gleichgültig ob **freiwillig oder aufgrund einer gesetzlichen Verpflichtung** – einen Konzernabschluss auf, so ist dieser nach § 312 Abs. 6 Satz 2 HGB anstelle des Jahresabschlusses für die Anwendung der

104

---

[85] Vgl. Biener/Berneke, BiRiLiG, 1986, S. 374.
[86] Vgl. IDW HFA 4/1988, Rz 4, Rz 5 u. 9.
[87] Vgl. Küting/Zündorf, in Küting/Weber, HdK, Bd. II, 2. Aufl. 1998, § 312 HGB Rn 182.

Equity-Methode zwingend zugrunde zu legen (so auch DRS 26.23). Diese Vorschrift führt dazu, dass der Anwendungsbereich der Equity-Methode den Konzernkreis des assoziierten Unt umfasst.[88]

105 Für den Konzernabschluss gilt ebenso wie für den Jahresabschluss das Gebot einheitlicher Bilanzierung und Bewertung. Zudem sollten sich auch die angewandten **Konsolidierungsmethoden** entsprechen. Diese können, ebenso wie die Bilanzierungs- und Bewertungsmethoden, das anteilige Eigenkapital (EK) beeinflussen.[89]

106 Auch wenn der **Ausgleichsposten für Anteile anderer Gesellschafter** nach § 307 Abs. 1 HGB im Konzernabschluss innerhalb des EK auszuweisen ist, kommt eine Berücksichtigung bei der Bemessung des anteiligen EK für Zwecke der Equity-Methode nicht in Betracht.[90]

107 Ob ein **passiver Unterschiedsbetrag** aus der KapKons dem anteiligen EK zuzurechnen ist, hängt vom bilanziellen Charakter des Postens im Einzelfall ab.[91]

108 Ergibt sich aus der Kapitalaufrechnung aus der Equity-Methode ein **aktiver Unterschiedsbetrag**, sind Informationen über die stillen Reserven nicht nur zu den Wertansätzen des assoziierten Unt, sondern auch zu den Konzernbilanzwerten der TU erforderlich. Hieraus resultieren in der Praxis besondere Schwierigkeiten für die Zuordnung und Fortschreibung. Ohne Vereinfachungen (z.B. durch Gruppenbildung bzw. Annahme durchschnittlicher Restnutzungsdauern) ist die Anwendung der Equity-Methode auf der Grundlage von Konzernabschlüssen wohl eher nicht praktikabel.

5 Sonderfragen

5.1 Außerplanmäßige Abschreibungen nach § 253 Abs. 3 Satz 5 HGB

109 Nach § 298 Abs. 1 HGB sind auf die im Konzernabschluss ausgewiesenen „Beteiligungen an assoziierten Unternehmen" auch die **allgemeinen Bewertungsvorschriften** anzuwenden. Demgemäß kann bei Vorliegen der Voraussetzungen auch eine außerplanmäßige Abschreibung in Betracht kommen, wenn der innere Wert der Beteiligung unter dem nach Maßgabe der Equity-Methode ausgewiesenen Wert liegt.[92]

110 In diesem Zusammenhang stellt sich die Frage, ob § 312 HGB gegenüber den allgemeinen Bewertungsvorschriften nicht die speziellere Bewertungsvorschrift darstellt und die allgemeinen Bewertungsvorschriften daher im Anwendungsbereich des § 312 HGB keine Bedeutung haben. Der Grund dafür ist darin zu sehen, dass die Vornahme einer außerplanmäßigen Abschreibung letztlich einer **Aussetzung der Equity-Methode** gleichkommt. Ganz überwiegend wird eine außerplanmäßige Abschreibung nach Maßgabe der allgemeinen Bewertungsvorschriften gleichwohl für erforderlich gehalten.[93] DRS 26.57ff. folgen dieser

---

[88] Vgl. Harms/Knischewsky, DB 1985, S. 1359.
[89] I. d. R. dürfte eine Anpassung der Bilanzierung, Bewertung und Kons. praktisch nicht durchführbar sein. Daher kommt der Angabe nach § 312 Abs. 5 Satz 2 HGB hier besondere Bedeutung zu.
[90] Vgl. IDW, WPH Edition, Wirtschaftsprüfung & Rechnungslegung, 18. Aufl. 2023, Kap. G Tz 601; ebenso DRS 26.35.
[91] Vgl. ebenso Fricke, Rechnungslegung für Beteiligungen nach der Anschaffungskostenmethode und nach der Equity-Methode, 1983, S. 119.
[92] Vgl. IDW, WPH Edition, Wirtschaftsprüfung & Rechnungslegung, 18. Aufl. 2023, Kap. G Tz 634.
[93] Vgl. ADS, Rechnungslegung und Prüfung der Unternehmen, 6. Aufl. 1995–2001, § 312 HGB Rz 195; Küting/Zündorf, in Küting/Weber, HdK, Bd. II, 2. Aufl. 1998, § 312 HGB Rn 78.

Auffassung und schreiben eine Überprüfung des Beteiligungsbuchwerts zu jedem Bilanzstichtag vor. Übersteigt der Beteiligungsbuchwert den beizulegenden Zeitwert, ist danach eine außerplanmäßige Abschreibung bzw. bei Unterlassung einer außerplanmäßigen Abschreibung wegen nur vorübergehender Wertminderung (§ 253 Abs. 3 Satz 6 HGB) eine Anhangangabe nach § 314 Abs. 1 Nr. 10 HGB vorzunehmen. Die außerplanmäßige Abschreibung vermindert in der Nebenrechnung zuerst den im Beteiligungsbuchwert enthaltenen GoF und dann die anderen Posten (DRS 26.58 sowie DRS 23.124 ff.).

Wird eine außerplanmäßige Abschreibung nach Maßgabe der allgemeinen Bewertungsvorschriften vorgenommen, muss sichergestellt werden, dass die durch die außerplanmäßige Abschreibung antizipierten, in den Folgejahren aber tatsächlich erst eintretenden anteiligen Jahresfehlbeträge nicht doppelt berücksichtigt werden. Die anteiligen Jahresfehlbeträge dürfen daher in den **Folgejahren** nur noch insoweit als Minderung des Beteiligungsbuchwerts berücksichtigt werden, als sie die vorherige außerplanmäßige Abschreibung übersteigen.[94]

Fällt der Grund für die außerplanmäßige Abschreibung weg, war gem. § 280 Abs. 1 HGB a.F. grds. eine Wertaufholung geboten. Durch das BilMoG wurde § 280 HGB aufgehoben und in § 253 Abs. 5 Satz 1 HGB ein umfassendes rechtsformunabhängiges Wertaufholungsgebot eingeführt. Die spätere Wertaufholung ist weiterhin auf den Wert begrenzt, der sich ergeben hätte, wenn die Fortschreibung des Beteiligungsbuchwerts ohne außerplanmäßige Abschreibungen fortgeführt worden wäre. Darüber hinaus ist hinsichtlich der Wertaufholung künftig zwischen dem GoF und anderen VG bzw. Schulden zu differenzieren. § 253 Abs. 5 Satz 2 HGB normiert für den GoF ein ausdrückliches Wertaufholungsverbot, das über die §§ 312 Abs. 2 Satz 3, 309, 298 HGB auch auf die Equity-Methode durchschlägt (DRS 26.59).[95] Demgemäß kommt eine Wertaufholung nur für VG und Schulden infrage, nicht aber für einen GoF. Für die Praxis folgt daraus, dass eine Zuschreibung nur durchgeführt werden kann, wenn der Zuschreibungsbetrag den Betrag des vorher abgeschriebenen GoF übersteigt. Dieser übersteigende Betrag ist dann auf die anderen zuvor abgeschriebenen VG und Schulden zu verteilen, dies jedoch begrenzt auf den Wert, der sich bei Fortschreibung des Beteiligungsbuchwerts unter Anwendung der Equity-Methode ohne außerplanmäßige Abschreibung ergeben hätte (DRS 26.60).

5.2 Währungsumrechnung

Besteht eine Beteiligung an einem ausländischen assoziierten Unt, dessen Jahresabschluss in fremder Währung aufgestellt wurde, ist i.R.d. Konsolidierung (Kons.) eine Umrechnung der Fremdwährungsbeträge in Euro durchzuführen. Zwar wurde in § 312 HGB im Gegensatz zu § 310 Abs. 2 HGB kein ausdrücklicher Verweis auf § 308a HGB aufgenommen; das Ziel des Gesetzgebers, die Umrechnung von Jahresabschlüssen in fremder Währung zu vereinheitlichen und zu vereinfachen, gilt auch für die Kons. assoziierter Unt und rechtfertigt eine analoge Anwendung des § 308a HGB. Eine Abweichung von § 308a HGB kann vor diesem

---

[94] Vgl. Küting/Zündorf, in Küting/Weber, HdK, Bd. II, 2. Aufl. 1998, § 312 HGB Rz 82.
[95] Ebenso Melcher/Murer, DB 2010, S. 1601.

Hintergrund – dem Sinn und Zweck des § 308a HGB – bei Kons. assoziierter Unt keine Rechtfertigung finden.[96]

5.3 Erwerb weiterer Anteile

114 Denkbar ist, dass eine **bisher zu AK bilanzierte Beteiligung** durch Erhöhung der Beteiligungsquote nach Maßgabe der §§ 311 f. HGB im Konzernabschluss zu zeigen ist. Nach Maßgabe des § 312 Abs. 3 Satz 1 HGB ist in diesem Fall für die erstmals vorzunehmende Kaufpreisallokation auf den Zeitpunkt abzustellen, zu dem das Unt assoziiertes Unt geworden ist. Eine sukzessive oder tranchenweise Ermittlung der Unterschiedsbeträge kommt nicht in Betracht. Die Erstkonsolidierung (ErstKons) hat – auch bei sukzessivem Erwerb – erfolgsneutral zu erfolgen. Die fortgeführten AK der bereits erworbenen und zu AK bilanzierten Tranchen werden bei der erstmaligen Anwendung der Equity-Methode wie zusätzliche AK behandelt.

115 Problematisch ist in diesem Zusammenhang, dass seit dem Erwerb der bisher zu AK bilanzierten Beteiligung – der ersten Tranche – Gewinne thesauriert und stille Reserven gebildet oder Lasten entwickelt worden sein können, die mit den fortgeführten AK nicht abgegolten wurden und daher zu einer erheblichen Verzerrung der Darstellung der Vermögens-, Finanz- und Ertragslage führen können.[97] Schlägt ein aktiver Unterschiedsbetrag aufgrund thesaurierter Gewinne oder gebildeter stiller Reserven in einen sog. technischen passiven Unterschiedsbetrag um, soll nach in der Literatur vertretener Auffassung die AK-Restriktion nicht durchgreifen, sondern der passive Unterschiedsbetrag sofort nach §§ 312 Abs. 2 Satz 3, 309 Abs. 2 Nr. 2 HGB erfolgswirksam aufgelöst werden.[98] Nach anderer Auffassung ist der passive Unterschiedsbetrag in diesen Fällen erfolgsneutral in die Konzerngewinnrücklagen umzugliedern.[99]

116 Werden weitere Anteile an einem assoziierten Unt, das bereits nach der Equity-Methode in den Konzernabschluss einbezogen wurde, hinzuerworben – wird also **lediglich die Beteiligungsquote erhöht** –, so ist für diese neuen Anteile eine **Kapitalaufrechnung** nach § 312 Abs. 1 HGB vorzunehmen (DRS 26.63).[100] Die dabei entstehenden Unterschiedsbeträge sind **gesondert** fortzuschreiben und im Konzernanhang anzugeben.

117 Sind die Auswirkungen einer Zuordnung für die Fortschreibung in den Folgejahren nur von **untergeordneter Bedeutung,** so bestehen keine Bedenken, den Unterschiedsbetrag insgesamt aus Vereinfachungsgründen als GoF zu behandeln.[101]

118 Bewirkt der Erwerb der Anteile einen **Übergang zur Quoten- oder zur Voll-Kons**, so wird die Beteiligung nicht mehr „einzeilig" in der Konzernbilanz ausgewiesen. Der Beteiligungsbuchwert im Zeitpunkt des Übergangs zur Voll-Kons stellt die anteiligen AK der Beteiligung dar. Die noch nicht verrechneten

---

[96] Anders aber Gelhausen/Fey/Kämpfer, Rechnungslegung und Prüfung nach dem Bilanzrechtsmodernisierungsgesetz, 2009, Abschn. Q Rz 353. DRS 26.29, 26.B11 verweisen auf die Anwendung des DRS 25, da der Gesetzgeber § 308a HGB nicht in Bezug nimmt. Besondere Bedeutung haben hier DRS 25.90a und .90b; dazu auch Deubert/Henning/Müller, DK 2018, S. 104.
[97] Vgl. Melcher/Murer, DB 2010, S. 1603 m.w.N.
[98] Vgl. Melcher/Murer, DB 2010, S. 1603.
[99] Vgl. Oser/Reichart/Wirth, in Küting/Pfitzer/Weber, Das neue deutsche Bilanzrecht, 2. Aufl. 2009, S. 424.
[100] Vgl. ebenso Küting/Zündorf, in Küting/Weber, HdK, Bd. II, 2. Aufl. 1998, § 312 HGB Rn 131.
[101] Ebenso Küting/Zündorf, in Küting/Weber, HdK, Bd. II, 2. Aufl. 1998, § 312 HGB Rn 137.

Unterschiedsbeträge sind auf die entsprechenden Bilanzposten zu verteilen. Erfolgswirksame Buchungen ergeben sich daraus nicht.[102] Zudem ändert sich der Konsolidierungskreis; die dazu nach Maßgabe des § 294 Abs. 2 HGB erforderlichen Angaben im Konzernanhang sollten von den nach § 313 Abs. 2 HGB erforderlichen Einzelangaben getrennt werden.

5.4 Veräußerung von Anteilen

5.4.1 Fortführung der Equity-Methode

Die Veräußerung von Anteilen unter Beibehaltung der Equity-Methode führt in der Konzernbilanz zu einem entsprechenden „**Abgang**" i. H. d. auf die verkauften Anteile entfallenden „Equity"-Wertansatzes im Veräußerungszeitpunkt. Die Bewertung der verbleibenden Anteile bleibt von der Veräußerung unberührt (DRS 26.64). 119

Die Veräußerung ist in der Nebenrechnung zu berücksichtigen. Dort ist auch ein noch vorhandener **GoF** anteilig als Abgang zu behandeln. 120

Sämtliche Abgangswerte werden dem Verkaufserlös gegenübergestellt, sodass sich im Konzern ggf. ein anderer **Verkaufserfolg** ergeben kann als im Jahresabschluss des beteiligten Unt (DRS 26.64).

5.4.2 Übergang von der Equity-Methode zur Anschaffungskosten-Methode

Wird nach dem Verkauf eines Teils der Beteiligung kein maßgeblicher Einfluss mehr ausgeübt, kann die Beteiligung nicht länger als Beteiligung an einem assoziierten Unt im Konzernabschluss ausgewiesen werden.[103] 121

Für die auf die verbliebenen Anteile entfallenden Wertabweichungen gegenüber dem Buchwert im Jahresabschluss des beteiligten Unt oder den niedrigeren beizulegenden Wert ist eine **erfolgsneutrale Verrechnung** mit den entsprechenden Gegenposten in den Gewinnrücklagen (bzw. Ergebnisvortrag) der Konzernbilanz vorzunehmen.[104] Davon abweichend sieht DRS 26.68 vor, dass als AK der verbleibenden Anteile der entsprechende Beteiligungsbuchwert im Konzernabschluss angesetzt wird („Einfrieren der Equity-Methode"). Gleiches gilt für den Fall, dass der maßgebliche Einfluss entfällt (DRS 26.69). Folge ist, dass die Beteiligung im Konzernabschluss ggfs. mit einem über dem im Jahresabschluss angesetzten Buchwert liegenden Buchwert ausgewiesen wird.[105]

---

[102] Vgl. zum Ganzen auch ADS, Rechnungslegung und Prüfung der Unternehmen, 6. Aufl. 1995–2001, § 312 HGB Rz 206.
[103] Ebenso Küting/Zündorf, in Küting/Weber, HdK, Bd. II, 2. Aufl. 1998, § 312 HGB Rn 155. Für die veräußerten Anteile gelten die unter Rz 119f. dargestellten Grundsätze.
[104] Vgl. Küting/Zündorf, in Küting/Weber, HdK, Bd. II, 2. Aufl. 1998, § 312 HGB Rn 154.
[105] Im handelsrechtlichen Schrifttum wird dieser Ansatz tw. als mit dem AK-Prinzip unvereinbar und daher unzulässig eingestuft; vgl. Küting/Zündorf, in Küting/Weber, HdK, Bd. II, 2. Aufl. 1998, § 312 HGB Rz 167 m. w. N.; Schmidbauer, DStR 2001, S. 1544. Nach a. A. sei die Behandlung vor dem Hintergrund einer zutreffenden Darstellung der Vermögens-, Finanz- und Ertragslage und der Anpassung an internationale Regelungen als zulässig hinnehmbar; vgl. Schruff, BB 2001, S. 87.

5.4.3 Vollständige Veräußerung

122 Wird die Beteiligung an einem assoziierten Unt vollständig veräußert, ist der Unterschiedsbetrag zwischen dem Veräußerungspreis und dem Equity-Wert zum Abgangszeitpunkt ergebniswirksam als Veräußerungsgewinn oder -verlust zu erfassen.

5.5 Übergang von der Vollkonsolidierung zur Equity-Methode

123 Der Übergang von der VollKons auf die Equity-Methode stellt sich aus der Sicht des Konzerns unter Berücksichtigung der Einzelveräußerungsfiktion als Abgang einzelner VG und Schulden des TU dar. Wird der Übergang – was regelmäßig der Fall sein dürfte – durch eine Anteilsveräußerung ausgelöst, ist der auf das MU entfallende Veräußerungserlös aufzuteilen. Das auf die veräußerten Anteile entfallende Reinvermögen – ggf. bewertet zu fortgeführten Konzern-AHK – ist dem dafür erzielten Veräußerungserlös gegenüberzustellen, d.h., es ist eine **erfolgswirksame EndKons** vorzunehmen.

Gleichzeitig ist i.H.d. beim MU verbleibenden anteiligen Eigenkapital (EK) des TU (jetzt assoziiertes Unt) ein Zugang unter den Beteiligungen an assoziierten Unt auszuweisen. Die Beteiligung ist mit dem Betrag anzusetzen, der sich als anteiliges Reinvermögen im Zeitpunkt des Übergangs ergibt. Der **Übergang auf die Equity-Methode ist somit für die verbliebenen Anteile erfolgsneutral**.[106] Noch verbliebene stille Reserven und Lasten sowie ein GoF oder passiver Unterschiedsbetrag werden in der Nebenrechnung fortgeführt.

5.6 Übergang von der Quotenkonsolidierung zur Equity-Methode

124 Bei Übergang von der QuotenKons auf die Equity-Methode scheidet ein bisher nach § 310 HGB anteilig in den Konzernabschluss einbezogenes Unt, auf das weiterhin ein maßgeblicher Einfluss ausgeübt wird, aus dem KonsKreis aus. In der Konzernbilanz ist dieser Vorgang – ebenso wie beim Übergang von der VollKons zur Equity-Methode – einerseits als **Abgang** der einzelnen anteiligen Vermögens- und Schuldposten und andererseits als **Zugang** bei den Beteiligungen an assoziierten Unt i.H.d. anteiligen EK darzustellen. Der Beteiligungsbuchwert ergibt sich aus dem anteiligen Reinvermögen zu Konzernwerten im Zeitpunkt des Übergangs.[107] Soweit der Unterschied zwischen den AK im Jahresabschluss und dem Beteiligungsbuchwert im Konzernabschluss auf während der Anwendung der Equity-Methode thesaurierten Gewinnen beruht, sind die in den Folgejahren erfolgenden Ausschüttungen dieser Beträge als Minderung des Beteiligungsbuchwerts zu behandeln. Auf diese Weise wird die Doppelerfassung von Ergebnisbeiträgen im Konzernabschluss vermieden.

125 Werden **keine Anteile veräußert**, ist der Übergang auf die Equity-Methode erfolgsneutral. Die Höhe des abgegangenen anteiligen Reinvermögens entspricht dem zugegangenen anteiligen EK.

---

[106] Vgl. ADS, Rechnungslegung und Prüfung der Unternehmen, 6. Aufl. 1995–2001, § 301 HGB Rz 285.
[107] Vgl. ADS, Rechnungslegung und Prüfung der Unternehmen, 6. Aufl. 1995–2001, § 312 HGB Rz 215.

Werden **Anteile veräußert**, gelten insoweit die Grundsätze der EndKons bei Übergang auf die Equity-Methode. Bzgl. der verbleibenden nach der Equity-Methode zu bewertenden Anteile gelten die vorstehenden Ausführungen.[108]

126

6 Anhang: Kapitalanteilsmethode

6.1 Vorbemerkung

Art. 66 Abs. 3 Satz 4 EGHGB schreibt die erstmalige Anwendung des § 312 HGB i.d.F. d. BilMoG auf **Erwerbsvorgänge** vor, die in Gj erfolgt sind, die nach **dem 31.12.2009** begonnen haben.[109] Mit der Vorschrift wird sichergestellt, dass sich bei den „Altfällen" kein Anpassungsbedarf ergibt. **Im Hinblick auf die Altfälle ist weiterhin nach den bisherigen Vorschriften des HGB zu verfahren.** Aus diesem Grund werden an dieser Stelle kurz auch die Grundsätze der Kapitalaufrechnung nach Maßgabe der Kapitalanteilsmethode dargestellt.

127

Im Grundsatz unterscheiden sich die Kapitalanteilsmethode (auch Neubewertungsmethode) und die künftig allein zulässige Buchwertmethode allein im **Ausweis**. Bei der Buchwertmethode war der gesamte Unterschiedsbetrag zwischen Buchwert und anteiligem EK vermerk- oder angabepflichtig, bei der Kapitalanteilsmethode wurden das anteilige neu bewertete EK und der GoF im Konzernabschluss getrennt ausgewiesen.

128

6.2 Erstmalige Anwendung der Equity-Methode

Das Gesetz enthielt bisher für die erstmalige Anwendung der Equity-Methode, ähnlich der VollKons, ein **Wahlrecht** zwischen der sog. Buchwertmethode und der sog. Kapitalanteilsmethode.

129

Das anteilige Eigenkapital (EK) war bei der **Kapitalanteilsmethode** nicht auf der Grundlage von Buchwerten, sondern von Zeitwerten zu ermitteln. Daher war zunächst in einer Nebenrechnung eine Neubewertung des EK des assoziierten Unt vorzunehmen.[110] Die VG, Schulden, RAP, Bilanzierungshilfen und Sonderposten des assoziierten Unt wurden mit dem Zeitwert am Stichtag der Kapitalaufrechnung angesetzt. Die Obergrenze für die Neubewertung des anteiligen EK bildeten die AK der Beteiligung. Mit dieser **Begrenzung** sollte die Einhaltung des Anschaffungswertprinzips bei erstmaliger Anwendung gewährleistet werden. Dies schloss nicht aus, dass die Berücksichtigung anteiliger Jahresüberschüsse des assoziierten Unt in Folgejahren zu einer Überschreitung der AK führte. Dies ist in der Systematik der Equity-Methode angelegt.[111]

130

---

[108] Ergeben sich allein daraus, dass i.R.d. Equity-Bewertung von den im Konzern anzuwendenden einheitlichen Bewertungsmethoden abgewichen wird (Abweichung des anteiligen EK des assoziierten Unt von dem anteiligen Reinvermögen zu Konzernwerten), ist eine erfolgswirksame Anpassung an den Beteiligungsbuchwert vorzunehmen; vgl. dazu auch ADS, Rechnungslegung und Prüfung der Unternehmen, 6. Aufl. 1995–2001, § 312 HGB Rz 218.

[109] Der Begriff „Erwerbsvorgang" ist hier weit auszulegen. Erfasst werden sollen alle Gestaltungen, die erstmals zur Anwendung der Equity-Methode zwingen, also auch Fallgestaltungen, bei denen es aufgrund irgendwelcher Umstände nach dem 31.12.2009 zur Begründung eines maßgeblichen Einflusses kommt, also ein Erwerb im eigentlichen Sinn gar nicht vorliegt.

[110] Die Neubewertung wird üblicherweise vor der erstmaligen Anwendung der Equity-Methode in der HB II des assoziierten Unt vorgenommen.

[111] Vgl. Havermann, WPg 1975, S. 235.

131 Überstiegen die AK der Beteiligung den sich nach der Neubewertung ergebenden Betrag des anteiligen EK, so hatte ein entstehender **aktiver Unterschiedsbetrag den Charakter eines (anteiligen) GoF.** Für den GoF bestand bei erstmaliger Anwendung nach § 312 Abs. 1 Satz 3 2. Hs. HGB a.F. ein Wahlrecht, ihn entweder in der Konzernbilanz gesondert auszuweisen oder ihn im Konzernanhang anzugeben. Wurde er in der Konzernbilanz gesondert ausgewiesen, so sollte er – seinem Charakter entsprechend – unter dem Posten „GoF" (§ 266 Abs. 2 A. I. 2. HGB) gesondert ausgewiesen werden.[112] Statt eines Sonderausweises war es auch zulässig, den entstehenden Unterschiedsbetrag in den Posten A. I. 2. „GoF" einzubeziehen und bei erstmaliger Anwendung im Konzernanhang anzugeben. Außerdem wurde auch bei Anwendung der Kapitalanteilsmethode der Ausweis des gesamten Buchwerts der Beteiligung im Posten „Beteiligungen an assoziierten Unternehmen" für zulässig gehalten, wenn der darin enthaltene GoF z.B. durch einen „Davon"-Vermerk gesondert ausgewiesen wurde.[113]

132 Ein **passiver Unterschiedsbetrag** entsteht, wenn der Buchwert (die AK) einer Beteiligung niedriger als das anteilige EK des assoziierten Unt ist. Die Neubewertung des anteiligen EK des assoziierten Unt war aber auf die Höhe der AK der Beteiligung beschränkt. Aus diesem Grund konnte ein passiver Unterschiedsbetrag nur unter der **Voraussetzung** entstehen, dass entweder vor der erstmaligen Anwendung der Equity-Methode eine außerplanmäßige Abschreibung auf die Beteiligung vorgenommen wurde oder beim assoziierten Unt Gewinne nach Erwerb der Anteile, aber vor dem Stichtag der Kapitalaufrechnung thesauriert wurden.

133 Der passive Unterschiedsbetrag aus der Kapitalaufrechnung nach der Kapitalanteilsmethode war wie bei der Buchwertmethode nur im Konzernanhang anzugeben.

6.3 Fortschreibung der Equity-Methode

134 Bei Anwendung der Kapitalanteilsmethode war der aktive Unterschiedsbetrag aus der Kapitalaufrechnung, der den Charakter eines (anteiligen) GoF besaß, unabhängig von seinem Ausweis nach den Regeln des § 309 Abs. 1 HGB a.F. abzuschreiben, soweit er nicht mit den Rücklagen verrechnet worden ist. Im Übrigen waren die Werte der **Neubewertungsbilanz fortzuschreiben**, sodass sich das anteilige Jahresergebnis aus der fortgeschriebenen Neubewertungsbilanz ergab. Dadurch war die Auswirkung auf das Konzernergebnis mit dem bei der Buchwertmethode identisch.[114]

135 Waren i.R.e. Neubewertung des EK stille Reserven im abnutzbaren AV des assoziierten Unt aufgedeckt worden, musste der zu übernehmende anteilige Jahreserfolg in den Folgejahren um zusätzliche Abschreibungen korrigiert werden, da sich die Neubewertung im Jahresabschluss des assoziierten Unt selbst nicht ausgewirkt hat. Entsprechende Korrekturen waren ggf. im UV und bei Abgängen erforderlich.

---

[112] Vgl. Busse von Colbe, in FS Grochla, 1986, S. 62; Küting/Zündorf, in Küting/Weber, HdK, Bd. II, 2. Aufl. 1998, § 312 HGB Rz 7.
[113] Vgl. zum Ganzen auch WP-Handbuch, Bd. I, 13. Aufl., Abschn. M, Rz 468 (Kommentierung der alten Methode, in Neuauflagen nicht mehr enthalten).
[114] Vgl. WP-Handbuch, Bd. I, 13. Aufl., Abschn. M, Rz 471 (Kommentierung der alten Methode, in Neuauflagen nicht mehr enthalten).

§ 313 Erläuterung der Konzernbilanz und der Konzern-Gewinn- und Verlustrechnung. Angaben zum Beteiligungsbesitz

(1) ¹In den Konzernanhang sind diejenige Angaben aufzunehmen, die zu einzelnen Posten der Konzernbilanz oder der Konzern-Gewinn- und Verlustrechnung vorgeschrieben sind; diese Angaben sind in der Reihenfolge der einzelnen Posten der Konzernbilanz und der Konzern-Gewinn- und Verlustrechnung darzustellen. ²Im Konzernanhang sind auch die Angaben zu machen, die in Ausübung eines Wahlrechts nicht in die Konzernbilanz oder in die Konzern-Gewinn- und Verlustrechnung aufgenommen wurden. ³Im Konzernanhang müssen
1. die auf die Posten der Konzernbilanz und der Konzern-Gewinn- und Verlustrechnung angewandten Bilanzierungs- und Bewertungsmethoden angegeben werden;
2. Abweichungen von Bilanzierungs-, Bewertungs- und Konsolidierungsmethoden angegeben und begründet werden; deren Einfluß auf die Vermögens-, Finanz- und Ertragslage des Konzerns ist gesondert darzustellen.

(2) Im Konzernanhang sind außerdem anzugeben:
1. ¹Name und Sitz der in den Konzernabschluß einbezogenen Unternehmen, der Anteil am Kapital der Tochterunternehmen, der dem Mutterunternehmen und den in den Konzernabschluß einbezogenen Tochterunternehmen gehört oder von einer für Rechnung dieser Unternehmen handelnden Person gehalten wird, sowie der zur Einbeziehung in den Konzernabschluß verpflichtende Sachverhalt, sofern die Einbeziehung nicht auf einer der Kapitalbeteiligung entsprechenden Mehrheit der Stimmrechte beruht. ²Diese Angaben sind auch für Tochterunternehmen zu machen, die nach § 296 nicht einbezogen worden sind;
2. ¹Name und Sitz der assoziierten Unternehmen, der Anteil am Kapital der assoziierten Unternehmen, der dem Mutterunternehmen und den in den Konzernabschluß einbezogenen Tochterunternehmen gehört oder von einer für Rechnung dieser Unternehmen handelnden Person gehalten wird. ²Die Anwendung des § 311 Abs. 2 ist jeweils anzugeben und zu begründen;
3. Name und Sitz der Unternehmen, die nach § 310 nur anteilmäßig in den Konzernabschluß einbezogen worden sind, der Tatbestand, aus dem sich die Anwendung dieser Vorschrift ergibt, sowie der Anteil am Kapital dieser Unternehmen, der dem Mutterunternehmen und den in den Konzernabschluß einbezogenen Tochterunternehmen gehört oder von einer für Rechnung dieser Unternehmen handelnden Person gehalten wird;
4. Name und Sitz anderer Unternehmen, die Höhe des Anteils am Kapital, das Eigenkapital und das Ergebnis des letzten Geschäftsjahrs dieser Unternehmen, für das ein Jahresabschluss vorliegt, soweit es sich um Beteiligungen i.S.d. § 271 Absatz 1 handelt oder ein solcher Anteil von einer Person für Rechnung des Mutterunternehmens oder eines anderen in den Konzernabschluss einbezogenen Unternehmens gehalten wird;
5. alle nicht nach den Nummern 1 bis 4 aufzuführenden Beteiligungen an großen Kapitalgesellschaften, die 5 Prozent der Stimmrechte überschrei-

ten, wenn sie von einem börsennotierten Mutterunternehmen, börsennotierten Tochterunternehmen oder von einer für Rechnung eines dieser Unternehmen handelnden Person gehalten werden;
6. Name, Sitz und Rechtsform der Unternehmen, deren unbeschränkt haftender Gesellschafter das Mutterunternehmen oder ein anderes in den Konzernabschluss einbezogenes Unternehmen ist;
7. Name und Sitz des Unternehmens, das den Konzernabschluss für den größten Kreis von Unternehmen aufstellt, dem das Mutterunternehmen als Tochterunternehmen angehört, und im Falle der Offenlegung des von diesem anderen Mutterunternehmen aufgestellten Konzernabschlusses der Ort, wo dieser erhältlich ist;
8. Name und Sitz des Unternehmens, das den Konzernabschluss für den kleinsten Kreis von Unternehmen aufstellt, dem das Mutterunternehmen als Tochterunternehmen angehört, und im Falle der Offenlegung des von diesem anderen Mutterunternehmen aufgestellten Konzernabschlusses der Ort, wo dieser erhältlich ist.

(3) [1]Die in Absatz 2 verlangten Angaben brauchen insoweit nicht gemacht zu werden, als nach vernünftiger kaufmännischer Beurteilung damit gerechnet werden muß, daß durch die Angaben dem Mutterunternehmen, einem Tochterunternehmen oder einem anderen in Absatz 2 bezeichneten Unternehmen erhebliche Nachteile entstehen können. [2]Die Anwendung der Ausnahmeregelung ist im Konzernanhang anzugeben. [3]Satz 1 gilt nicht, wenn ein Mutterunternehmen oder eines seiner Tochterunternehmen kapitalmarktorientiert im Sinn des § 264d ist. [4]Die Angaben nach Absatz 2 Nummer 4 und 5 brauchen nicht gemacht zu werden, wenn sie für die Vermittlung eines den tatsächlichen Verhältnissen entsprechenden Bilds der Vermögens-, Finanz- und Ertragslage des Konzerns von untergeordneter Bedeutung sind. [5]Die Pflicht zur Angabe von Eigenkapital und Ergebnis nach Absatz 2 Nummer 4 braucht auch dann nicht erfüllt zu werden, wenn das in Anteilsbesitz stehende Unternehmen seinen Jahresabschluss nicht offenlegt.

(4) § 284 Absatz 2 Nummer 4 und Absatz 3 ist entsprechend anzuwenden.

Inhaltsübersicht

	Rz
1 Überblick	1–16
1.1 Inhalt	1–3
1.2 Zweck	4–5
1.3 Anwendungsbereich	6–12
1.3.1 Persönlicher Anwendungsbereich	6–11
1.3.2 Zeitlicher Anwendungsbereich	12
1.4 Normenzusammenhänge	13–16
2 Inhalte des Konzernanhangs (Abs. 1 Sätze 1 und 2)	17–40
2.1 Anforderungen, Form und Umfang	17–24
2.2 Angaben zu den Posten des Konzernabschlusses	25–40
2.2.1 Pflichtangaben	27–31
2.2.2 Wahlpflichtangaben	32–38
2.2.3 Freiwillige Angaben	39–40

3 Angaben zu Bilanzierungs- und Bewertungsmethoden (Abs. 1 Satz 3 Nr. 1)	41–51
3.1 Bilanzierungs- und Bewertungsmethoden	41–45
3.2 Konsolidierungsmethoden	46–51
4 Angaben und Begründungen zu Abweichungen von Bilanzierungs-, Bewertungs- und Konsolidierungsmethoden (Abs. 1 Satz 3 Nr. 2)	52–66
4.1 Allgemeines	52
4.2 Methodenabweichungen	53–60
4.2.1 Bilanzierungs- und Bewertungsmethoden	53–57
4.2.2 Konsolidierungsmethoden	58–60
4.3 Erläuterung der Auswirkungen	61–66
5 Angaben zu einbezogenen Unternehmen und zum Konzernanteilsbesitz (Abs. 2)	67–101
5.1 Allgemeines	67–71
5.2 Tochterunternehmen (Abs. 2 Nr. 1)	72–78
5.3 Assoziierte Unternehmen (Abs. 2 Nr. 2)	79–85
5.4 Anteilmäßig einbezogene Unternehmen (Abs. 2 Nr. 3)	86–90
5.5 Anteile an sonstigen Unternehmen (Abs. 2 Nr. 4–8)	91–101
6 Sonstige relevante Angabepflichten und Regelungen (Abs. 3)	102–107
6.1 Befreiungsmöglichkeiten	102–103
6.1.1 Untergeordnete Bedeutung	102
6.1.2 Nicht publizitätspflichtige Unternehmen	103
6.2 Schutzklauseln	104–106
6.3 Sanktionen	107
7 Verweis auf § 284 Abs. 2 und 3 HGB (Abs. 4)	108–109

1   Überblick

1.1   Inhalt

Gem. § 297 Abs. 1 HGB bildet der Konzernanhang mit der Konzernbilanz, der Konzern-GuV, der Konzern-KFR und dem Konzern-EK-Spiegel den Konzernabschluss. Er ist insofern ein gleichwertiger Bestandteil im Konzernabschluss. Ergänzt werden kann der Konzernabschluss um eine Konzern-Segmentberichterstattung. Die wesentlichen **Inhalte des Konzernanhangs** sind in den §§ 313 und 314 HGB zusammengefasst. Grundlage hierfür bildet Art. 34 der 7. EG-RL.[1] **Zusätzliche Angabepflichten** können sich aus weiteren handelsrechtlichen Einzelvorschriften sowie anderen Gesetzen und Regelungen ergeben. Hierzu gehören im Besonderen verschiedene DRS sowie sich aus dem DCGK ergebende Angabenotwendigkeiten. Ferner sind **Wahlpflichtangaben** möglich, die sich aus der Verlagerung von Informationen aus Konzern-Bilanz, Konzern-GuV, Konzern-KFR, Konzern-EK-Spiegel und Konzern-Segmentberichterstattung in den Konzernanhang ergeben.[2] Daneben steht es den Erstellern eines Konzern-

---

[1] Vgl. ADS, Rechnungslegung und Prüfung der Unternehmen, 6. Aufl. 1995–2001, § 313 HGB Rz 2.
[2] Vgl. IDW, WPH Edition, Wirtschaftsprüfung & Rechnungslegung, 18. Aufl. 2023 Kap. G Tz 652.

abschlusses frei, weitere **freiwillige Informationen** zu geben. Aufgrund der Prüfungs- und Offenlegungspflicht wird eine Positionierung dieser Angaben in anderen Teilen des Geschäftsberichts allerdings bevorzugt.

2 Durch das KonTraG[3] wurde für Konzerne mit börsennotierten MU der Konzernanhang zunächst um eine vom Gesetzgeber nicht näher bestimmte **Kapitalflussrechnung** und eine **Segmentberichterstattung** erweitert. Zu beiden liegen als Ausgestaltungsempfehlungen mit GoB-Charakter mit dem DRS 21 (Kapitalflussrechnung) und dem DRS 28 (Segmentberichterstattung) Regelungen des DRSC vor (§ 297 Rz 14 ff., Rz 60 ff.). Mit Verabschiedung des TransPuG[4] sind diese Rechenwerke in ihrem Stellenwert aufgewertet worden. Sie sind als eigenständige Teile des Konzernabschlusses zusammen mit dem neu hinzukommenden **Konzerneigenkapitalspiegel** (DRS 22) zu sehen. Ferner wurde der Kreis der Unt, die einen Konzernabschluss aufzustellen haben, um Unt, die direkt oder indirekt (durch TU) einen organisierten Markt i.S.d. § 2 Abs. 11 WpHG in Anspruch nehmen, erweitert. Eine nochmalige Erweiterung der Erstellungspflicht auf alle konzernrechnungslegungspflichtigen Unt erfolgte mit dem BilReG.

3 Die **Aufgabe** des Konzernanhangs ist es, die anderen Elemente des Konzernabschlusses durch Informationen zu ergänzen, zu erläutern, zu korrigieren sowie ggf. von bestimmten Angaben zu entlasten.[5] Grundlage dafür ist die Generalnorm des § 297 Abs. 2 HGB. Demnach ist der Konzernabschluss „klar und übersichtlich aufzustellen" und hat „unter Beachtung der Grundsätze ordnungsmäßiger Buchführung ein den tatsächlichen Verhältnissen entsprechendes Bild der Vermögens-, Finanz- und Ertragslage des Konzerns" zu vermitteln (§ 297 Rz 84 ff.). Die Angabepflichten sind nach § 297 Abs. 2 Satz 3 HGB noch weitgehender, wenn der Konzernabschluss kein zutreffendes Bild vermittelt (§ 297 Rz 85 ff.).

1.2 Zweck

4 Als wesentlicher Bestandteil des Konzernabschlusses hat auch der Konzernanhang die Aufgabe, die Abbildung eines **tatsächlichen Bildes der Vermögens-, Finanz- und Ertragslage** des Konzerns gem. § 297 Abs. 2 HGB sicherzustellen. Damit unterliegt er im Hinblick auf die Aufstellungs-, Publizitäts- und Prüfungspflichten denselben Anforderungen wie die übrigen Teile des Konzernabschlusses. Aufgrund der Einheitstheorie dient der Konzernanhang nicht der Ausschüttungsbemessung und Steuerfestsetzung, sondern in erster Linie dem **Informationszweck** des Konzernabschlusses. Dies hat der Gesetzgeber nicht zuletzt i.R.d. TransPuG[6] erneut dadurch deutlich gemacht, dass der Konzernabschluss nunmehr keine steuerlichen Wertansätze mehr enthält.

5 Hinsichtlich der im Konzernanhang enthaltenen Informationen gelten die gleichen Grundsätze wie für die anderen Abschlussbestandteile. Danach soll sich der Abschlussadressat ein **zutreffendes Bild** verschaffen können. Dazu sind neben dem Grundsatz der Klarheit und Übersichtlichkeit die Vollständigkeit, Wahrheitspflicht, Wesentlichkeit und Darstellungsstetigkeit zu beachten.[7] Eine Auf-

---

[3] Gesetz zur Kontrolle und Transparenz im Unternehmensbereich v. 27.4.1998, BGBl 1998 I S. 786.
[4] Transparenz- und Publizitätsgesetz v. 19.7.2002, BGBl 2002 I S. 2681.
[5] Vgl. Baetge/Kirsch/Thiele, Konzernbilanzen, 14. Aufl. 2021, S. 549.
[6] Vgl. TransPuG v. 19.7.2002, BGBl 2002 I S. 2681.
[7] Vgl. Poelzig, in MünchKomm. HGB, 5. Aufl. 2024, § 313 HGB Rn 22.

stellung in deutscher Sprache und in Euro gem. § 298 Abs. 1 i.V.m. § 244 HGB ist verpflichtend. Fehlanzeigen sind im Konzernanhang gem. § 298 Abs. 1 i.V.m. § 265 Abs. 1 HGB zu unterlassen.

1.3 Anwendungsbereich

1.3.1 Persönlicher Anwendungsbereich

Der Konzernanhang ist bei **KapG** und bei **PersG** i.S.d. § 264a HGB, die der Konzernrechnungslegungspflicht des § 290 HGB unterliegen und bei denen keine Befreiungsgründe vorliegen (§ 290 Rz 17ff.), innerhalb von fünf Monaten nach Ablauf des Konzern-Gj aufzustellen.[8] Bei kapitalmarktorientierten KapG gem. § 264d HGB (§ 264d Rz 1ff.) reduziert sich die Frist um einen Monat auf vier Monate. Maßgeblich ist der Zeitpunkt der Einreichung der Unterlagen.

Befreiungsmöglichkeiten ergeben sich aus der größenabhängigen Befreiung nach § 293 HGB sowie aus einer Befreiung durch übergeordnete Konzernabschlüsse nach §§ 291 und 292 HGB. Die befreiende Wirkung nach § 291 Abs. 2 Nr. 2 HGB bzw. § 292 Abs. 1 Satz 1 HGB ist dabei an einen den Vorschriften der 7. EG-RL entsprechenden Konzernabschluss oder einen gleichwertigen informativen Abschluss geknüpft. Ein entsprechender Konzernanhang oder vergleichbare Erläuterungen in dem übergeordneten Konzernabschluss werden vorausgesetzt.

Eine **weitere Befreiung von der Aufstellungspflicht** eines Konzernabschlusses nach HGB ergibt sich aus der Anwendung der internationalen Rechnungslegungsstandards. Nach § 315e HGB haben deutsche MU, deren Wertpapiere in einem EU-Mitgliedstaat zum Handel zugelassen sind, nach Art. 4 der IAS-VO ihren Konzernabschluss verpflichtend nach den **IFRS** aufzustellen. Unt, die die Zulassung eines Wertpapiers zum Handel an einem organisierten Markt beantragt haben, sind ebenfalls zur Anwendung der IFRS gem. § 315e Abs. 2 HGB verpflichtet. Zur Sicherung des Informationsgehalts von Angaben über die IFRS hinaus regelt § 315e HGB, welche HGB-Vorschriften zusätzlich zu befolgen sind. Nicht kapitalmarktorientierten MU ist es nach § 315e Abs. 3 HGB gestattet, freiwillig die IFRS für die Aufstellung des Konzernabschlusses anzuwenden.

Angabepflichten im Konzernanhang ergeben sich rechtsformunabhängig auch aus § 11 PublG, sofern das MU die Voraussetzungen nach § 11 Abs. 1 PublG erfüllt. Erleichterungen von den Angabepflichten ergeben sich aus § 13 Abs. 3 PublG insofern, als dass Angaben zur Organvergütung gem. § 314 Abs. 1 Nr. 6 HGB unterbleiben können. Ferner sind Einzelkaufleute und Personenhandelsgesellschaften von der Erstellung einer Kapitalflussrechnung und eines Eigenkapitalspiegels befreit.

Branchenbezogene Erleichterungen existieren gem. § 340i Abs. 2 Satz 2 HGB für Kreditinstitute und gem. § 341j Abs. 1 Satz 2 HGB für VersicherungsUnt, wobei branchenspezifische Angabepflichten zu beachten sind.

Erstellt ein ausländisches MU einen (Teil-)Konzernabschluss für einen inländischen Teilkonzern so hat auch das MU einen Konzernanhang zu erstellen.

---

[8] Vgl. IDW, WPH Edition, Wirtschaftsprüfung & Rechnungslegung, 18. Aufl. 2023, Kap. G Rz 647.

1.3.2 Zeitlicher Anwendungsbereich

12 Mit dem **ARUG II**[9] ändern sich die Berichtspflichten für börsennotierte Unt. Ausgewählte Anhangangaben entfallen und sind in einem separaten Bericht anzugeben. Dies betrifft insb. ausgewählte Angaben zur Vergütung von Vorstandsmitgliedern. Die Änderungen gelten für Gj, die nach dem 1.1.2020 beginnen.

1.4 Normenzusammenhänge

13 Grundlage der Aufstellung des Konzernanhangs ist § 297 HGB bzw. § 11 PublG. Größenabhängige Erleichterungen bestehen für den Konzernanhang nicht. Gleiches gilt bzgl. Erleichterungen hinsichtlich der Offenlegung. Auch hier ist vollumfänglich zu berichten.

14 Die in § 313 Abs. 2 und 3 HGB geforderten Angaben haben Unt, die von der befreienden Regelung des § 315e HGB Gebrauch machen und ihren Konzernabschluss nach den IFRS gem. der jeweils geltenden Fassung der VO (EG) Nr. 1606/2002 des Europäischen Parlaments und des Rates vom 19.7.2002 erstellen, zu machen (§ 315e Rz 17). Somit ist auch für derartige Konzernabschlüsse ein Konzernanhang zu erstellen.

15 Über § 342q Abs. 2 HGB ergeben sich Konkretisierungen der Berichtspflichten für MU auf Basis vermuteter GoB aus den Standards des **DRSC** (§ 342q Rz 41). Danach werden MU verpflichtet, die vom DRSC entwickelten Empfehlungen der Grundsätze zur Konzernrechnungslegung zu beachten, wobei auch eine Abweichung hiervon gerechtfertigt sein kann.

16 Nicht rechtsverbindlich, aber bei Nichtbeachtung mit Begründungspflicht für kapitalmarktorientierte Unt sind die Anwendung der Angabeempfehlungen zum Deutschen Corporate Governance Kodex. Mit der Überarbeitung des DCGK in den Jahren 2020 und 2022 ergeben sich Anpassungen auch in den Anhangangaben, z. B. zu den Vergütungen von Organmitgliedern.[10] Über die Einhaltung der Verhaltensempfehlungen ist aber zu berichten; Abweichungen sind zu erläutern (§ 314 Rz 62).

2 Inhalte des Konzernanhangs (Abs. 1 Sätze 1 und 2)

2.1 Anforderungen, Form und Umfang

17 § 313 HGB unterscheidet hinsichtlich der im Konzernanhang aufzunehmenden Informationen nach dem Informationsgehalt. Es werden sowohl qualitative als auch quantitative Informationen gefordert. Zu den qualitativen Informationen gehören stets **Angaben** und **Darstellungen**. Sie sind als grundlegende Anforderungen an die Berichterstattung i. S. v. „Angabe aufnehmen" zu verstehen. Darstellungen können allerdings auch einen qualitativen Charakter haben. **Begründungen** und **Erläuterungen** sind über die bloße Angabe hinausgehende weitere Informationen, die eher einen qualitativen Charakter haben.[11]

18 Der Konzernanhang ist ein eigenständiger Bestandteil des Konzernabschlusses und als solcher **deutlich zu kennzeichnen**. Eine Platzierung von Informationen außerhalb des Konzernanhangs ist lediglich für ausgewählte Angaben zu Posi-

---

[9] Gesetz zur Umsetzung der zweiten Aktionärsrechterichtlinie v. 12.12.2019, BGBl 2019 I S. 2637.
[10] Vgl. Deutscher Corporate Governance Kodex vom 28.4.2022., www.dcgk.de/de/kodex/aktuellefassung/praeambel.html, Abruf 8.10.2024.
[11] Vgl. ADS, Rechnungslegung und Prüfung der Unternehmen, 6. Aufl. 1995–2001, § 313 HGB Rz 24.

tionen der Konzernbilanz und Konzern-GuV sowie bei kapitalmarktorientierten Konzernen auch in Konzern-KFR, Konzern-EK-Spiegel und Konzern-Segmentberichterstattung möglich. Eine Vermischung mit anderen Bestandteilen des Konzernabschlusses ist zu unterlassen, um einer Verwässerung von Angaben und damit einer Verschlechterung des Informationsgehalts vorzubeugen. Hiervon unberücksichtigt sind Ausweiswahlrechte nach § 115 Abs. 4 Satz 2 WpHG, § 315 Abs. 2 Nr. 4 HGB i.V.m. § 314 Abs. 1 Nr. 6a HGB und § 315 Abs. 4 HGB. Da der Konzernanhang ein eigenständiger Bestandteil des Konzernabschlusses ist, ist er eigenständig zu entwickeln.[12]

Werden Konzernabschluss und Jahresabschluss des MU gemeinsam offengelegt, dürfen nach § 298 Abs. 3 HGB der Konzernanhang und der Anhang des MU zusammengefasst werden (§ 298 Rz 88 ff.). Sinn und Zweck ist die Vermeidung von Wiederholungen und Doppelangaben. Bei der **Zusammenfassung** ist zu beachten, dass Sachverhalte, die ausschl. den **Konzernabschluss** oder den **Jahresabschluss** betreffen, entsprechend kenntlich gemacht werden. Quantitative Angaben (z.B. Beträge, Anzahl der Mitarbeiter etc.) müssen eindeutig zuordenbar sein. Dies betrifft insb. die Anhangangaben im Jahresabschluss, die nicht in den Konzernanhang zu übernehmen sind. Auch zusammengefasste Anhänge unterliegen den gleichen allgemeinen Formvorschriften wie der Konzernanhang.

Es gelten die **allgemeinen Formvorschriften** für die Erstellung des Konzernanhangs. Demnach ist
- der Konzernanhang nach § 298 Abs. 1 HGB i.V.m. § 244 HGB in deutscher Sprache und in Euro aufzustellen,
- die Angabe von Fehlanzeigen und Leerposten nicht erforderlich,
- auch für den Konzernanhang das Stetigkeitsprinzip zu beachten.

Eine Angabe von **Vorjahreszahlen** als Vergleichszahlen im Konzernanhang ist nicht zwingend, da nicht vorgeschrieben. Angabepflichten von Vorjahreszahlen können sich aber durch andere Normen ergeben. IDW RS HFA 44[13] empfiehlt zusätzlich die Angabe von Vorjahreszahlen bei Änderungen im KonsKreis, die dann auch zu quantifizieren sind.

Eine Angabe von **Fehlanzeigen** ist nicht erforderlich, sofern berichtspflichtige Sachverhalte nicht vorhanden sind. Derartige Angaben können aber als freiwillige Angaben in den Konzernanhang aufgenommen werden.

Der Konzernanhang unterliegt einer **Gliederungspflicht**. Demnach ergibt sich die Gliederung aus der Reihenfolge der Posten in der Konzernbilanz und der Konzern-GuV. Der Grundsatz einer Vermittlung eines zutreffenden Bildes der Lage des Konzerns ist bei der Gliederung zu berücksichtigen. Die Anwendung von sachlichen, logischen und zweckmäßigen Kriterien ist geboten. Dies kann zu einem Widerspruch mit den Gliederungsvorschriften führen, wenn gleichartige Anhangangaben für mehrere Bilanzposten erforderlich werden. Führt die Aufteilung von Anhangangaben zu einer unzureichenden oder irreführenden Darstellung oder werden die Zwecke der Anhangangaben nicht erreicht, scheint es

---

[12] Vgl. Poelzig, in MünchKomm. HGB, 5. Aufl. 2024, § 313 HGB Rn 3.
[13] Vgl. IDW RS HFA 44, FN-IDW 1/2012, S. 32 ff.

daher sachgerecht, gleichartige Anhangangaben zusammenzufassen.[14] In der Praxis hat sich das folgende Gliederungsschema herausgebildet:
1. Allgemeine Informationen zu den Grundsätzen des Konzernabschlusses.
2. Informationen zur Konsolidierung, zum KonsKreis sowie zu Konsolidierungsmethoden.
3. Allgemeine Informationen zu den Bilanzierungs- und Bewertungsmethoden inkl. der Währungsumrechnung (Rz 41 ff.).
4. Erläuterungen zu den Posten von Konzernbilanz und Konzern-GuV, Konzern-KFR, Konzern-EK-Spiegel und Konzern-Segmentberichterstattung hinsichtlich Bilanzierung und Bewertung in der Reihenfolge der jeweiligen Gliederung in diesen Rechenwerken (Rz 37 ff.).
5. Wahlpflichtangaben, die nicht in den Rechenwerken der Konzernbilanz und der Konzern-GuV, der Konzern-KFR, dem Konzern-EK-Spiegel und der Konzern-Segmentberichterstattung erfolgt sind (Rz 32 ff.).
6. Erläuterungen zur Konzern-KFR, zum Konzern-EK-Spiegel zur und Konzern-Segmentberichterstattung.
7. Sonstige Informationen des Konzernanhangs (Rz 102 ff.).

2.2 Angaben zu den Posten des Konzernabschlusses

25 Der Konzernanhang hat alle Angaben zu enthalten, die für die einzelnen Posten der Konzernbilanz und Konzern-GuV notwendig sind oder gem. einem Wahlrecht nicht in den übrigen Rechnungen ausgewiesen werden.

26 Aus der Rechtssystematik folgt, dass im Konzernanhang notwendige Angaben der anderen Teile des Konzernabschlusses (KFR, Konzern-EK-Spiegel und Segmentberichterstattung) erfolgen müssen. Die Pflichtangaben ergeben sich dabei aus den Empfehlungen des DRSC, die vom BMJ unter der Vermutung, dass eine Beachtung dieser Regelungen nicht zu GoB-Verstößen führen kann, veröffentlicht werden.

2.2.1 Pflichtangaben

27 Die im Folgenden dargestellten Informationen **sind pflichtgemäß** im Konzernabschluss anzugeben.[15] Der Konzernanhang muss die nachfolgenden, nach dem Vorschlag zur Anhangstrukturierung gegliederten Pflichtangaben enthalten. Außerdem können die unter Rz 32 ff. aufgeführten Wahlpflichtangaben notwendig sein.[16] Die Aufstellung ist ergänzt um die für kapitalmarktorientierte Unt aufgrund der **Regelungen des DRSC** erforderlichen weiteren Angaben sowie um die Angaben, die sich für börsennotierte Unt aufgrund **des DCGK** ergeben.

28 Sofern TU – seien es KapG oder PersG – von Angabepflichten nach §§ 264 ff. HGB gem. § 264 Abs. 3 HGB bzw. § 264b Nr. 3 HGB (§ 264 Rz 92 ff. bzw. § 264b Rz 24 f.) befreit sind, sind entsprechende Angaben über die Befreiung in den Konzernanhang aufzunehmen. Gleiches gilt für die Nichteinbeziehung von TU nach § 296 Abs. 3 HGB (§ 296 Rz 48 ff.).

---

[14] Vgl. Armeloh, Der Anhang, in Baetge/Kirchhoff (Hrsg.), Der Geschäftsbericht – Die Visitenkarte des Unternehmens, 1997, S. 214.
[15] Vgl. Poelzig, in MünchKomm. HGB, 5. Aufl. 2024, § 313 HGB Rn 32.
[16] Vgl. insb. Poelzig, in MünchKomm. HGB, 5. Aufl. 2024, § 313 HGB Rn 32–34; IDW, WPH Edition, Wirtschaftsprüfung & Rechnungslegung, 18. Aufl. 2023, Kap. G Rz 655.

Ändern sich Konsolidierungsgrundsätze und -methoden gegenüber den angewandten Grundsätzen und Methoden der Vj., sind entsprechende Angaben und Begründungen im Konzernanhang vorzunehmen. Explizit sind Angaben und Begründungen vorzunehmen für: 29
- Abweichungen von den Konsolidierungsmethoden des Vj. (§ 297 Rz 98 ff.),
- Einfluss von Abweichungen von den Vorjahreskonsolidierungsmethoden auf die Vermögens-, Finanz- und Ertragslage des Konzerns,
- Abweichung des Konzernabschlussstichtags vom Abschlussstichtag des MU (§ 299 Rz 7),
- Beibehaltung von Bilanzansätzen von Kreditinstituten oder Versicherungs-Unt im Konzernabschluss (§ 300 Rz 40).

Darüber hinaus sind folgende Angaben in den Konzernanhang aufzunehmen: 30
- Angabe der Methoden der KapKons (§ 301 Rz 7),
- Angabe der Unterlassung der Eliminierung von Zwischenergebnissen bei marktüblichen Lieferungs- und Leistungsverrechnungen sowie unverhältnismäßig hohem Aufwand und Erläuterung eines wesentlichen daraus resultierenden Einflusses auf die Vermögens-, Finanz- und Ertragslage des Konzerns (§ 304 Rz 8),
- Angabe und Begründung bei Abweichungen der Konzernbewertungsmethoden von den Bewertungsmethoden im Jahresabschluss des MU (§ 308 Rz 34 ff.),
- Hinweis auf die Beibehaltung von Wertansätzen von Kreditinstituten oder VersicherungsUnt im Konzernabschluss (§ 308 Rz 44 ff.),
- Angabe und Begründung von Abweichungen von der einheitlichen Bewertung (§ 308 Rz 34 ff.),
- Angabe des Einflusses dieser Abweichungen auf die Vermögens-, Finanz- und Ertragslage des Konzerns (§ 310 Rz 17),
- Angabe und Begründung der Abweichung des Stichtags des quotal konsolidierten Unt vom Stichtag des MU,
- Erläuterung des sich aus der KapKons ergebenden Unterschiedsbetrags (GoF bzw. negativer Unterschiedsbetrag aus der KapKons) und Erläuterung wesentlicher Änderungen dieses Postens gegenüber dem Vj. (§ 301 Rz 11),
- Angabe des Verzichts auf die Eliminierung von Zwischenergebnissen nach § 304 Abs. 2 Satz 1 HGB und Erläuterung eines daraus resultierenden Einflusses auf die Vermögens-, Finanz- und Ertragslage des Konzerns, soweit wesentlich (§ 304 Rz 8),
- Angabe und Begründung von Abweichungen von den auf den Jahresabschluss des MU angewandten Bewertungsmethoden im Konzernabschluss (§ 308 Rz 34 ff.),
- Hinweis auf die Beibehaltung von Wertansätzen von quotal konsolidierten Kreditinstituten oder VersicherungsUnt im Konzernabschluss,
- Angabe und Begründung von Abweichungen von den einheitlichen Bewertungsmethoden bei QuotenKons,
- Angabe des Unterschiedsbetrags zwischen dem Buchwert und dem anteiligen EK des assoziierten Unt sowie des enthaltenen GoF oder des passiven Unterschiedsbetrags (§ 312 Rz 5),
- Angabe der Unterlassung von Bewertungsanpassungen bei assoziierten Unt (§ 312 Rz 9),

- Angabe des Verzichts auf die Eliminierung von Zwischenergebnissen nach § 304 Abs. 2 Satz 1 HGB bei der Einbeziehung von assoziierten Unt und Erläuterung eines daraus resultierenden Einflusses auf die Vermögens-, Finanz- und Ertragslage des Konzerns, soweit wesentlich,
- Angaben im Jahr des Erwerbs von erworbenen Unt: Name und Beschreibung des erworbenen Unt sowie sich i.R.d. erstmaligen Einbeziehung in den Konzernabschluss ergebende Sachverhalte nach DRS 23.207–23.209.
- Angabe der angewandten Bilanzierungs- und Bewertungsmethoden bei der Konzernbilanz und Konzern-GuV (Rz 41 ff.),
- Angabe und Begründung von Abweichungen von Bilanzierungs-, Bewertungs- und Konsolidierungsmethoden und gesonderte Darstellung von deren Einfluss auf die Vermögens-, Finanz- und Ertragslage des Konzerns (Rz 52 ff.),
- Darstellung des erweiterten Bruttoanlagespiegels (Rz 108 ff.),
- Angabe der Abschreibungen des Gj (Rz 108 ff.),
- Angaben zur Stetigkeit und Fehlerberichtigung nach DRS 13,
- zusätzliche Angaben bei Nichtentsprechung der Vermittlung eines den tatsächlichen Verhältnissen entsprechenden Bildes des Konzernabschlusses wegen besonderer Umstände (§ 297 Rz 84 ff.),
- Angabe und Begründung von Darstellungs- und Gliederungsabweichungen in Konzernbilanz oder Konzern-GuV im Vergleich zum Vj.,
- Angabe und Erläuterung der Vorjahreszahlen in Konzernbilanz oder Konzern-GuV, sofern diese nicht vergleichbar sind (§ 265 Rz 10 ff.),
- Angabe und Erläuterung der Anpassungen von Vorjahreszahlen in Konzernbilanz und Konzern-GuV für Vergleichszwecke (§ 265 Rz 13),
- Angabe und Begründung der Ergänzung des Konzernabschlusses nach der für die anderen Geschäftszweige vorgeschriebenen Gliederung (§ 265 Rz 19),
- gesonderter Ausweis der Einzelposten, falls zur Erhöhung der Darstellungsklarheit in Konzernbilanz oder Konzern-GuV Posten zusammengefasst ausgewiesen werden,
- Erläuterung von Posten in den sonstigen VG, die erst nach dem Abschlussstichtag rechtlich entstehen, soweit sie einen größeren Umfang haben (§ 268 Rz 25 ff.),
- Erläuterung von Posten in den Verbindlichkeiten, die erst nach dem Abschlussstichtag rechtlich entstehen, soweit sie einen größeren Umfang haben (§ 268 Rz 37 f.),
- Erläuterungen zum Steueraufwand und zu bilanzierten Steuerpositionen (§ 285 Rz 167 f. und § 314 Rz 121 ff.),
- Angabe der außergewöhnlichen Erträge und Aufwendungen hinsichtlich Betrag und Art, soweit nicht von untergeordneter Bedeutung für die Ertragslage (§ 314 Rz 129 ff.),
- Erläuterung der periodenfremden Erträge und Aufwendungen hinsichtlich Betrag und Art, soweit nicht von untergeordneter Bedeutung für die Ertragslage (§ 314 Rz 132),
- zusätzliche Angaben, bei Nichtvermittlung eines den tatsächlichen Verhältnissen entsprechenden Bildes des Konzernabschlusses wegen besonderer Umstände (§ 297 Rz 81 ff.),
- Angabe des Gesamtbetrags der Konzernverbindlichkeiten mit einer Restlaufzeit von mehr als 5 Jahren und der gesicherten Konzernverbindlichkeiten unter Angabe von Art und Form der Sicherheiten (§ 314 Rz 10 ff.),

- Art und Zweck sowie Risiken und Vorteile von nicht in der Konzernbilanz enthaltenen Geschäften des MU und der in den Konzernabschluss einbezogenen TU, soweit dies für die Beurteilung der Finanzlage des Konzerns notwendig ist (§ 314 Rz 14 ff.),
- Gesamtbetrag der sonstigen finanziellen Verpflichtungen, die nicht in der Konzernbilanz enthalten und nicht nach § 298 Abs. 1 HGB i.V.m. § 251 HGB oder nach Nr. 2 anzugeben sind, sofern diese Angabe für die Beurteilung der Finanzlage des Konzerns von Bedeutung ist; davon und von den Haftungsverhältnissen nach § 251 HGB sind Verpflichtungen gegenüber TU, die nicht in den Konzernabschluss einbezogen werden, sowie Altersversorgungsverpflichtungen jeweils gesondert anzugeben (§ 314 Rz 19 ff.),
- Aufgliederung der Umsatzerlöse des Konzerns nach Tätigkeitsbereichen sowie nach geografisch bestimmten Märkten (§ 314 Rz 24 ff.); entfällt bei freiwilliger Erstellung einer Segmentberichterstattung gem. § 297 Abs. 1 Satz 2 HGB,
- Angabe des aus den Ansatzwahlrechten resultierenden Fehlbetrags bei den Rückstellungen für laufende Pensionen, Anwartschaften auf Pensionen und ähnliche Verpflichtungen im Konzern nach Art. 28 Abs. 2 EGHGB,
- Angabe des Fehlbetrags aus der Umstellung der Bewertung der Rückstellungen für laufende Pensionen, Anwartschaften auf Pensionen und ähnliche Verpflichtungen im Konzern auf das BilMoG nach Art. 67 Abs. 2 EGHGB,[17]
- hinsichtlich weiterer Angaben im Konzernanhang sind DRS 23.207–209, DRS 26.80–92, DRS 27.57–68[18] und DRS 18.63–65[19] zu beachten.

Keine Pflichtangabe besteht bzgl. der Grundlagen der Währungsumrechnung, da diese durch den § 308a HGB hinreichend klar sind.

2.2.2 Wahlpflichtangaben

Für Wahlpflichtangaben besteht **bzgl. des Orts** der Angabe **ein Wahlrecht**, sodass eine Nennung auch i.R.d. Konzernbilanz oder Konzern-GuV (bzw. in der Konzern-KFR, der Konzern-EK-Spiegel oder dem Konzern-Segmentberichterstattung) erfolgen kann. Eine konkrete Ausgestaltungsempfehlung kann nur insoweit erfolgen, als stets auf die Klarheit und Übersichtlichkeit der Darstellung abzustellen ist.

Allgemeine Wahlpflichtangaben
- Angaben zur Ermöglichung der Herstellung der Vergleichbarkeit aufeinanderfolgender Abschlüsse trotz wesentlicher Änderung des KonsKreis (§ 294 Rz 26 f.),
- Angaben zu VG und Schulden, die unter mehrere Posten der Bilanz fallen (§ 265 Rz 14 ff.),
- gesonderte Angabe des Gewinn- oder Verlustvortrags, wenn die Konzernbilanz unter Berücksichtigung der teilweisen Verwendung des Jahresergebnisses aufgestellt wird und der Gewinn-/Verlustvortrag in den Konzernbilanzgewinn/-verlust einbezogen ist (§ 268 Rz 8 ff.),

---

[17] Die Erfassung der Bewertungsdifferenz darf bis zum 31.12.2024 mit Zuführungen von mind. 1/15 pro Gj erfolgen. Erstmalige Anwendung im Gj, das nach dem 31.12.2009 beginnt, ggf. freiwillig auch schon ein Jahr früher.

[18] DRS 26 und 27 gelten ab dem Gj 2020 und haben DRS 8 und 9 ersetzt, allerdings durften die neuen DRS auch schon vorher angewendet werden.

[19] DRS 18 wurde mit Wirkung vom 1.1.2022 durch DRÄS 11 auch hinsichtlich der Empfehlungen zu den Anhangangaben überarbeitet.

- gesonderter Ausweis eines aktivierten Disagios (§ 268 Rz 39 ff.),
- gesonderte Angabe der in § 251 HGB bezeichneten einzelnen Gruppen der Haftungsverhältnisse unter Angabe der gewährten Pfandrechte und sonstigen Sicherheiten (§ 268 Rz 42 ff.),
- gesonderte Angabe der Haftungsverhältnisse gegenüber nicht einbezogenen verbundenen Unt nach einzelnen Gruppen (§ 268 47 f.),
- Angabe von außerplanmäßigen Abschreibungen im AV nach § 253 Abs. 3 Satz 3 HGB,
- Angabe von Vorgängen von besonderer Bedeutung im Zeitraum zwischen Abschlussstichtag und Konzernabschlussstichtag bei Einbeziehung von Unt mit einem abweichenden Abschlussstichtag (§ 299 31),
- gesonderte Angabe des aktiven oder passiven Steuerabgrenzungspostens oder Zusammenfassung mit Posten nach § 274 HGB (§ 306 34),
- Angabe von Vorgängen von besonderer Bedeutung im Zeitraum zwischen Abschlussstichtag und Konzernabschlussstichtag bei quotaler Einbeziehung von Unt mit einem abweichenden Abschlussstichtag,
- Angabe des Unterschiedsbetrags (ab 2010: sowie des darin enthaltenen GoF) bei erstmaliger Anwendung der Buchwertmethode bei der Einbeziehung von assoziierten Unt (§ 312 47 ff.),
- Angabe des Personalaufwands des Gj (bei Anwendung des Umsatzkostenverfahrens, § 314 35).

34 § 313 HGB enthält keine Pflichtangaben zur **Konzern-KFR**, zum **Konzern-EK-Spiegel** und zur **Konzern-Segmentberichterstattung**, die gem. § 297 Abs. 1 HGB Pflichtbestandteile des Konzernabschlusses sind. Insofern wären Angaben zu diesen Abschlussbestandteilen lediglich als freiwillige Angaben zu werten. DRS 3 (ab 1.1.2021: DRS 28), DRS 21 und DRS 22 greifen diese Regelungslücken auf und verlangen auf Basis vermuteter GoB zusätzliche Angaben, sodass diese als „Quasipflichtangaben" zu werten sind. Insofern gelten die Angabepflichten zur Konzern-KFR, zum Konzern-EK-Spiegel und zur Konzern-Segmentberichterstattung für Gj, die nach dem 31.12.2005 beginnen, und für alle Unt, die einen Konzernabschluss nach § 290 HGB zu erstellen haben, sowie für gleichgestellte Unt gem. § 264a HGB. Unt, die gem. § 315e HGB einen Konzernabschluss nach international anerkannten Rechnungslegungsstandards erstellen, sind von den Angabepflichten befreit.

- Die Angabeempfehlungen zur Konzern-KFR ergeben sich aus den Regelungen des DRS 21.52–53.
- Die Angabeempfehlungen zum Konzern-EK-Spiegel ergeben sich aus den Regelungen des DRS 22.60–62.
- Die Angabeempfehlungen zur Konzern-Segmentberichterstattung ergeben sich aus den Regelungen des DRS 3.25–28 sowie DRS 3.37–48 für Gj, die bis zum 31.12.2020 beginnen. Für Gj, die nach dem 31.12.2020 beginnen, ist DRS 28 anzuwenden. Angabeempfehlungen ergeben sich dann aus DRS 28.27–31 und DRS 28.33–40.

35 Sonstige Wahlpflichtangaben im Konzernanhang sind:
- Angaben über in den Konzernabschluss einbezogene Unt (72),
- Angaben über die nicht einbezogenen TU,
- Angaben über die assoziierten Unt (79),

- Angabe und Begründung bei Inanspruchnahme der Ausnahmeregelungen für assoziierte Unt von untergeordneter Bedeutung (§ 311 Abs. 2; 35),
- Angaben über anteilmäßig einbezogene Unt (86 ff.),
- Angaben über weitere im Konzernanteilsbesitz stehende Unt (91 ff.),
- Angabe über die Anwendung der Ausnahmeregelung bei Weglassen von Angaben über im Konzernanteilsbesitz stehende Unt,
- Angaben nach DRS 26.80 über den Namen und Sitz jedes assoziierten Unt sowie die jeweiligen Anteile am Kapital und an den Stimmrechten sowie Anzahl der assoziierten Unt, die wegen Unwesentlichkeit nicht nach der Equity-Methode bilanziert werden.

Neben diesen Wahlpflichtangaben sind auch die Anhangangaben nach § 314 HGB zwingender Bestandteil des Konzernanhangs (§ 314 10 ff.).

Zu den sonstigen Wahlpflichtangaben im Konzernanhang **börsennotierter Unt** gehören Vergütungsangaben nach DCGK (2022) Grundsatz 24 und 25 sowie Empfehlungen G1–G18, wobei die Vergütungsberichterstattung mit Wirkung vom 1.1.2021 in den Vergütungsbericht nach § 162 AktG verlagert wurde (§ 315a 41 ff.). Obwohl nur für kapitalmarktorientierte Unt verpflichtend, wird die freiwillige Anwendung der Auslegung zumindest der Angaben nach § 314 Abs. 1 Nr. 6 HGB für alle übrigen Unt empfohlen. 36

Weitere Angaben bzw. Erleichterungen können sich aus Einzelvorschriften des HGB oder anderen Gesetzen ergeben. Hier ist das Vollständigkeitsgebot zu beachten, das auch für den Anhang gilt. 37

Sofern Wahlpflichtangaben aus anderen Teilen des Konzernabschlusses in den Konzernanhang verlagert werden, besteht die Gefahr des Verwaschens und Auseinanderreißens relevanter Angaben. Daher ist es geboten, durch das Einfügen von Verweisnummern in allen Teilen des Konzernabschlusses die Nachvollziehbarkeit zu gewährleisten. 38

2.2.3 Freiwillige Angaben

Der verkürzte Konzernanhang i. R. d. unterjährigen Berichterstattung gem. § 115 WpHG i. V. m. § 114 WpHG von MU, die als Inlandsemittenten Aktien oder Schuldtitel i. S. d. § 2 Abs. 1 Satz 1 WpHG begeben, muss grds. den gleichen Rechnungslegungsgrundsätzen genügen wie der Jahresabschluss. 39

Aufgrund der verkürzten Bilanz und GuV mit den wesentlichen Gliederungspositionen nach DRS 16 reduzieren sich somit auch die Anhangangaben. Das Weglassen einzelner Positionen kann im Konzernanhang des Zwischenberichts nicht durch zusätzliche Angaben kompensiert werden. Wesentliche Änderungen von Positionen sind so zu beschreiben, dass ein angemessenes Verständnis des Zahlenmaterials und der Entwicklung des Konzerns in der Zwischenberichtsperiode ermöglicht wird. 40

3 Angaben zu Bilanzierungs- und Bewertungsmethoden (Abs. 1 Satz 3 Nr. 1)

3.1 Bilanzierungs- und Bewertungsmethoden

Analog zum Einzelabschluss nach § 284 Abs. 2 Nr. 1 HGB (§ 284 29 ff.) **sind** für den Konzernabschluss die angewandten **Bilanzierungs- und Bewertungs-** 41 methoden für Posten der Konzernbilanz und Konzern-GuV **anzugeben**. Im Vordergrund stehen nicht betragsmäßige Angaben, sondern die verbale Nennung der allgemeinen Rechnungslegungsgrundsätze, der angewandten Methoden und ausgeübten Wahlrechte für die Erstellung des Konzernabschlusses. Wie in Jahresabschlüssen sind die einzelnen angewandten Bilanzierungs- und Bewertungsmethoden anzugeben. Ein allgemeiner Verweis auf einheitlich angewandte Bilanzierungs- und Bewertungsmethoden reicht nicht aus.

42 Die recht allgemein gehaltenen Angabepflichten zu den Bewertungs- und Bilanzierungsmethoden werden durch DRS 24.134–24.146 aufgegriffen und präzisiert. Für ausgewählte Posten der Bilanz und der GuV sind nun detaillierte Angaben gefordert, wobei sich die Berichtspflicht schwerpunktmäßig auf immaterielle Vermögensgegenstände und Forschung und Entwicklung erstreckt.

43 Wird gem. § 298 Abs. 3 HGB der Konzernanhang mit dem Anhang des Jahresabschlusses des MU zusammengefasst, so ist ein **Verweis** auf die entsprechenden Anhangangaben des Einzelabschlusses bei gleicher Methodenanwendung möglich. Aus dem zusammengefassten Anhang muss deutlich hervorgehen, welche Angaben sich auf den Konzern und welche sich nur auf das MU beziehen. Insofern sind die konzernspezifischen Methoden gesondert anzugeben. Dies ergibt sich auch aus § 313 Abs. 1 Satz 2 Nr. 3 HGB, da neben den Bilanzierungs- und Bewertungsmethoden auch über die Konsolidierungsmethoden zu berichten ist.

44 Die angewandten Bilanzierungs- und Bewertungsmethoden erstrecken sich auf alle Bestandteile des Konzernabschlusses, also auch auf die Konzern-KFR, den Konzern-EK-Spiegel und die Konzern-Segmentberichterstattung. Zu beachten sind die Gestaltungswahlrechte nach DRS 21 und DRS 28. Ein Verweis auf diese Standards reicht alleine nicht aus. Beim EK-Spiegel können die entsprechenden Erläuterungen an den jeweiligen Stellen direkt vorgenommen werden.

45 I. R. v. Zwischenberichten sind gem. DRS 16.31 nur die übereinstimmende Anwendung der Bilanzierungs- und Bewertungsmethoden wie auch im Konzernabschluss zu bestätigen oder bei wesentlichen Abweichungen diese in Art und betragsmäßigen Auswirkungen zu beschreiben.

3.2 Konsolidierungsmethoden

46 Unter Konsolidierungsmethoden werden alle Methoden subsumiert, die für eine **Aufbereitung von Einzelabschlüssen** zur Erstellung eines Konzernabschlusses verwendet werden. Die Angabe der Konsolidierungsmethoden steht im engen Zusammenhang mit den angewandten Bewertungs- und Bilanzierungsmethoden. Zu den **Pflichtangaben** gehören
- Darstellung der angewandten Methoden. Hierzu gehören auch die Schulden- und die Aufwands-/Ertragskonsolidierung,
- einheitliche Anwendung von Bilanzierungs- und Bewertungsmethoden gem. § 300 und § 308 HGB sowie Abweichungen davon,[20]
- Vorgehensweise zur Vereinheitlichung der Bilanzstichtage einbezogener Unt nach § 299 Abs. 2 und 3 HGB.

---

[20] Vgl. Hachmeister/Zeyer, in Castan u. a., Beck HdR, C 600 153f., Stand: 04/2018.

Die im Konzernanhang aufzuführenden, angewendeten Bewertungs- und Bilanzierungmethoden zur KapKons werden von DRS 23.207 ff. präzisiert. Demnach ergeben sich aus diesen Vorschriften umfangreiche Anhangangaben, insb. zu: 47

- Freiwillige Anwendung des DRS 23 bei Asset Deals und vermögensübertragende Umwandlungen,
- Inanspruchnahme von Ausnahmeregelungen,
- Im Handelsbestand gehaltenen Anteile an TU,
- Einbeziehung schuldrechtlicher Verpflichtungen i.R.d. KapKons,
- Berücksichtigung wirtschaftlicher Beteiligungsquoten an TU,
- Angewendete Bilanzierungs- und Bewertungsmethoden bei neubewerteten Eigenkapital,
- Erläuterungen zur vorläufigen KapKons,
- Kapitalmaßnahmen bei TU,
- Übergangskonsolidierungen von Vollkonsolidierung auf die Equity-Methode und
- Detaillierte Angaben zum GoF und einem passiven Unterschiedsbetrags.

Für Unt, die **erstmalig in einen Konzernabschluss einbezogen** oder TU wurden, **sind** nach § 301 Abs. 2 HGB Erläuterungen zu dem Zeitpunkt der erstmaligen Einbeziehung und der Werte zu diesem Zeitpunkt vorzunehmen. Durch die Änderung des § 301 Abs. 2 HGB im Zuge des BilRUG hat die Einbeziehung in den Konzernabschluss nicht mehr zwingend zu dem Zeitpunkt zu erfolgen, zu dem das Unt zum TU geworden ist, das MU also die Beherrschung über das TU erlangt hat. 48

Zu den **weiteren Angaben** bzgl. der Konsolidierungsmethoden, **gehören** regelmäßig Angaben zur Zwischenergebniseliminierung und die damit verbundene Behandlung latenter Steuern. Es ist besonders auf die **ausgeübten Wahlrechte** einzugehen. 49

Angabepflichten zu ausgeübten Wahlrechten bei der Anwendung der **Equity-Methode** nach § 312 HGB sind zu beachten. Zu nennen ist, ob von einer Vereinheitlichung der Bewertung abgesehen wurde (§ 312 Rz 86). Bei der **Quotenkonsolidierung** sind nach § 310 Abs. 2 HGB Angaben wie bei vollkonsolidierten Unt zu machen. Diese Berichtspflicht wird durch § 313 Abs. 2 Nr. 3 HGB darüber hinaus erweitert, da die Unt und die jeweiligen Tatsachen, aus denen sich die Anwendung des § 310 HGB ergibt, i.R.d. Aufstellung des Anteilsbesitzes zu benennen sind. 50

Nur rudimentär geregelt ist die **EntKons**, wobei hierunter das Verlassen eines TU aus dem KonsKreis verstanden wird.[21] Die Veränderung des KonsKreises ist nach § 294 Abs. 2 HGB anzugeben (§ 294 Rz 20 ff.). Empfehlenswert, aber keine Pflichtangabe ist die Angabe der Methode der Entkonsolidierung, wofür DRS 23 eine Empfehlung unterbreitet, der Behandlung erfolgsneutral verrechneter Beträge mit dem Konzern-EK sowie der Effekte aus Währungsumrechnungen, wobei diese auch separat nach § 308a HGB anzugeben sind. Nach DRS 16.31 sind diese Angaben auch in den verkürzten Konzernanhang i.R.d. unterjährigen Berichtspflicht aufzunehmen. 51

---

21 Vgl. Ammann/Müller, Konzernbilanzierung, 2005, S. 190 f.; Baetge/Hermann, WPg 1995, S. 225 ff.

4 Angaben und Begründungen zu Abweichungen von Bilanzierungs-, Bewertungs- und Konsolidierungsmethoden (Abs. 1 Satz 3 Nr. 2)

4.1 Allgemeines

52 Liegen Abweichungen von Bilanzierungs- und Bewertungsmethoden sowie von Konsolidierungsmethoden vor, ist analog § 284 Abs. 2 Nr. 2 HGB nach § 313 Abs. 1 Satz 3 Nr. 2 HGB im Konzernanhang darüber zu berichten. Die Abweichungen sind zu erläutern und zu begründen. Ferner ist der Einfluss auf die Vermögens-, Finanz- und Ertragslage darzustellen.

4.2 Methodenabweichungen

4.2.1 Bilanzierungs- und Bewertungsmethoden

53 Bei einem Konzernabschluss können sich Abweichungen von den Bilanzierungs- und Bewertungsmethoden sowohl aus der Erstellung des Konzernabschlusses als auch aus den zugrunde liegenden Einzelabschlüssen ergeben. Selbst die Anpassung von Methoden in Einzelabschlüssen an die Methoden des MU oder des Konzernabschlusses lösen Berichtspflichten aus. Des Weiteren können Abweichungen bei der Vereinheitlichung der Bilanzierungs- und Bewertungsmethoden einzelner Abschlüsse von KonzernUnt zum Gesamtkonzern und aus Methodenabweichungen zwischen dem Einzelabschluss des MU und dem Konzernabschluss entstehen.[22]

54 Bei **Abweichungen** von Bilanzierungs- und Bewertungsmethoden ist der **Abschluss der Vorperiode** (§ 284 Rz 45 ff.) die **Vergleichsgrundlage**. Eine regelmäßig abweichende Ausübung von Bilanzierungs- und Bewertungswahlrechten ist nach § 313 Abs. 1 Satz 3 Nr. 2 HGB generell berichtspflichtig. Abweichungen vom Grundsatz der einheitlichen Bewertung sind nach § 308 Abs. 2 Satz 4 HGB anzugeben und zu begründen, da hier eine Verletzung des Stetigkeitsgrundsatzes vorliegt. **Abweichungen**, die zwischen dem **Einzelabschluss des MU und dem Konzernabschluss** bestehen, **sind** nach § 308 Abs. 1 Satz 3 HGB ebenfalls anzugeben und zu begründen. Eine Quantifizierung ist dagegen nicht erforderlich (§ 308 Rz 34 ff.).[23]

55 Die bisherigen Methoden und die neue angewandte Methode sind zu beschreiben. Aus der Begründung zur Anwendung der neuen Methode sollte der Grund ersichtlich sein, dass vom Stetigkeitsgrundsatz berechtigt abgewichen wurde.

56 Typische Abweichungen von Bilanzierungs- und Bewertungsmethoden im Konzernabschluss können z. B. resultieren aus:
- Nichteinbeziehung von wesentlichen TU in den Konzernabschluss,
- bewusste Abweichung von den konzerneinheitlichen Bewertungs- und Bilanzierungsmethoden bei TU in Hochinflationsländern,
- nachträglichen Neubewertungen von VG und Schulden i. R. v. Unternehmenserwerben.

---

[22] Vgl. IDW, WPH Edition, Wirtschaftsprüfung & Rechnungslegung, 18. Aufl. 2023, Kap. G Rz 697.
[23] Vgl. ADS, Rechnungslegung und Prüfung der Unternehmen, 6. Aufl. 1995–2001, § 308 HGB Rz 30.

Keine Abweichungen bei regelmäßig angewandten Methoden sind wiederkehrende Wechsel bei Bewertungsmethoden.[24] Eine allgemeine Beschreibung nach § 313 Abs. 1 Satz 2 Nr. 1 HGB ist ausreichend (Rz 41).

4.2.2 Konsolidierungsmethoden

Analog zu Änderungen bei Bilanzierungs- und Bewertungsmethoden können auch Änderungen von Konsolidierungsmethoden eine **Verletzung des Stetigkeitsgrundsatzes** bedeuten. Sie sind ebenfalls anzugeben und zu begründen, sowohl nach § 313 Abs. 1 Satz 3 Nr. 32 als auch nach § 297 Abs. 3 Sätze 4 und 5 HGB. Aus der Begründung hat der Ausnahmetatbestand hervorzugehen.[25] Ebenso sind die Auswirkungen auf die Vermögens-, Finanz- und Ertragslage anzugeben. Neben der Verletzung des Stetigkeitsgrundsatzes können sich auch Änderungen aus einer Verletzung der Einheitlichkeit ergeben, z. B. wenn abweichende Methoden auf den gleichen Sachverhalt angewandt werden.[26]

Zu den Abweichungen von den Konsolidierungsmethoden gehören regelmäßig die folgenden Sachverhalte:
- Abweichungen vom Einheitsgrundsatz,
- abweichende Ausübungen bzw. Wechsel von Konsolidierungsmethodenwahlrechten, z. B. Wechseln von der QuotenKons zur Equity-Methode und umgekehrt,
- Einbeziehung von TU mit Zwischenabschlüssen in den Konzernabschluss,
- Einbeziehung von Jahresabschlüssen mit einer Abweichung von mehr als drei Monaten vom Bilanzstichtag des Konzernabschlusses,
- Abweichung bei der Anwendung der modifizierten Stichtagskursmethode für die Einbeziehung ausländischer TU, z. B. durch Anwendung von Rückumrechnungen,
- Einbeziehung von Jahresabschlüssen des TU, die selbst wiederum MU sind.

Ist eine andere Konsolidierungsmethode **verpflichtend anzuwenden**, weil sich der Status einer Beteiligung geändert hat, stellt dies **keine Methodenänderung** i. S. d. § 313 Abs. 1 Satz 3 Nr. 2 HGB dar. Derartige Sachverhalte sind bei den Änderungen des KonsKreises nach § 294 Abs. 2 HGB zu beschreiben (§ 294 Rz 20 ff.).

4.3 Erläuterung der Auswirkungen

Durch die Abweichung von Bilanzierungs-, Bewertungs- oder Konsolidierungsmethoden können sich anders bewertete Posten im Konzernabschluss ergeben, sodass u. U. eine Vergleichbarkeit mit dem letzten Konzernabschluss nicht mehr gegeben ist. Folglich wird auch kein den tatsächlichen Verhältnissen entsprechendes Bild der Vermögens-, Finanz- und Ertragslage unter Beachtung der GoB vermittelt; die Auswirkungen sind daher entsprechend zu erläutern. Eine verbale Beschreibung ist ausreichend, sofern sich daraus der Umfang der Auswirkungen

---

[24] Vgl. ADS, Rechnungslegung und Prüfung der Unternehmen, 6. Aufl. 1995–2001, § 313 HGB Rz 80.
[25] Vgl. Grottel, in Beck Bil-Komm., 14. Aufl. 2024, § 313 HGB Rz 141.
[26] Vgl. ADS, Rechnungslegung und Prüfung der Unternehmen, 6. Aufl. 1995–2001, § 313 HGB Rz 86.

ersehen lässt.[27] Gleichwohl erscheint eine genaue Vergleichbarkeit nur dann herzustellen zu sein, wenn konkrete Zahlenangaben gegeben werden.[28]

62 Eine **Zusammenfassung** der Auswirkungen aller Änderungen auf die Vermögens-, Finanz- und Ertragslage des Konzernabschlusses ist aufgrund der unterschiedlichen Ursachen fraglich, da dies zu einer Verfälschung der möglichen Auswirkungen führen kann. Hier ist im Minimum eine Trennung zwischen der Abweichung von den Bewertungs- und Bilanzierungsmethoden und den Abweichungen von den Konsolidierungsmethoden geboten.[29]

63 Eine **erweiterte Angabepflicht** ergibt sich aus DRS 13 (Grundsatz der Stetigkeit und Berichtigung von Fehlern). Als Konkretisierung des § 313 Abs. 1 Satz 3 Nr. 2 HGB sind umfangreiche Angabepflichten gefordert. DRS 13.8 sieht Änderungen von Bilanzierungs-, Bewertungs- und Konsolidierungsmethoden nur in begründeten Ausnahmefällen, wie bei Änderung der rechtlichen Gegebenheiten, Anpassung an geänderte oder neue DRS, verbesserte Darstellung der Vermögens-, Finanz- und Ertragslage sowie Anpassungen an konzerneinheitliche Bilanzierungsgrundsätze bei der erstmaligen Einbeziehung in den Konzernabschluss vor. Die Angabepflichten nach DRS 13 beziehen sich insb. auf die betragsmäßige und individualisierte Darstellung der Auswirkungen eines anderen Bilanzierungsgrundsatzes auf die betreffenden Bilanzposten.

64 Für die Erläuterung der Auswirkungen ist der **Wesentlichkeitsgrundsatz** zu beachten. Auswirkungen von untergeordneter Bedeutung brauchen nicht erläutert zu werden, da hierdurch der Informationsgehalt des Konzernabschlusses nicht verzerrt wird.

65 Zu den Bilanzierungs- und Bewertungsmethoden gehören auch **Schätzungen**, wobei Schätzungen durch den DRSC als Ermittlung des Wertansatzes von Abschlussposten im Fall der Unsicherheit definiert werden. Bei abweichenden Schätzungen sind nach DRS 13.30 die Auswirkungen auf die Vermögens-, Finanz- und Ertragslage betragsmäßig anzugeben und zu erläutern. Ferner sind Angaben zu den Auswirkungen auf Folgeperioden zu machen.

66 **Fehler**, die sich aus Unrichtigkeiten oder Verstößen gegen Bilanzierungsvorschriften ergeben, sind analog zu den Schätzungen zu behandeln. Im Konzernanhang sind nach DRS 13.25 Angaben über die Art des Fehlers, den Korrekturbetrag für jede anzupassende frühere Periode sowie den kumulierten Betrag bei der Korrektur von Fehlern aufzunehmen. Die Korrekturbeträge sind so zu erläutern, dass eine zuverlässige Beurteilung möglich ist (DRS 13.31).

5 Angaben zu einbezogenen Unternehmen und zum Konzernanteilsbesitz (Abs. 2)

5.1 Allgemeines

67 Ein **Pflichtbestandteil** im Konzernanhang sind **Angaben und Erläuterungen** zu in den KonsKreis **einbezogenen Unt** und **sonstige Beteiligungsbeziehungen**. Üblicherweise erfolgt dies in Form von Aufstellungen oder Listen der zum

---

[27] Vgl. ADS, Rechnungslegung und Prüfung der Unternehmen, 6. Aufl. 1995–2001, § 313 HGB Rz 90; Grottel, in Beck Bil-Komm., 14. Aufl. 2024, § 313 HGB Rz 175.
[28] Vgl. Schülen, BB 1994, S. 2312.
[29] Vgl. auch Grottel in Beck BilKomm., 14. Aufl. 2024, § 313 HGB Rz 176 ff.

Konzern gehörenden Unt. Diese Anhangangabe ist unabhängig von Veränderungen im KonsKreis vorzunehmen. Ebenso ist die quotale Höhe des Anteils unerheblich. Ein Ausweiswahlrecht ist nicht vorhanden. Aufstellungen über den Anteilsbesitz können analog zu den Anhangangaben im Jahresabschluss des MU nach § 285 Nr. 11 HGB (§ 285 Rz 79 ff.) erfolgen.

Es gilt das **Stichtagsprinzip**. Demnach sind alle zum Stichtag des Konzernabschlusses in den Konzernabschluss einbezogenen sowie nicht einbezogenen Unt aufzuführen. 68

Die Rechtsform der Unt ist unerheblich. Auch stille Beteiligungen, Arge, GbR sowie sonstige juristische Personen können als Unt in den KonsKreis einbezogen werden, da ausschl. auf die Unternehmenseigenschaft abgestellt wird. Gleiches gilt für den Sitz des Unt. 69

Aus dem Wesentlichkeitskriterium in § 313 Abs. 2 Nr. 4 Satz 3 HGB folgt, dass Aufstellungen zu TU, assoziierten Unt und anteilmäßig konsolidierten Unt nach § 313 Abs. 2 Nrn. 1–3 HGB vollständig zu erfolgen haben. Lediglich Unt, die unter die Vorschrift des § 313 Abs. 2 Nr. 4 Satz 3 HGB fallen, brauchen – sofern sie für die Vermögens-, Finanz- und Ertragslage von untergeordneter Bedeutung sind – nicht in die Aufstellung aufgenommen zu werden. 70

Unt, die nach § 315e HGB ihren Konzernabschluss nach den IFRS erstellen, haben die Anforderungen des § 313 Abs. 2 HGB auch bei der Erstellung des Konzernanhangs nach IFRS/IAS zu erfüllen. Dies gilt für sämtliche Arten von Beteiligungen.

Unberührt von den Angaben zu einbezogenen Unt ist die **Veränderung** bei den Beteiligungen des MU, sowohl direkte als auch indirekte Beteiligungen. Hierüber ist separat zu berichten. Gleiches gilt für Veränderungen im KonsKreis. 71

5.2 Tochterunternehmen (Abs. 2 Nr. 1)

Sämtliche Unt, die die Voraussetzungen des § 290 Abs. 1 Satz 1 HGB erfüllen (§ 290 Rz 19 ff.), sind im Konzernanhang aufzulisten. Es ist dabei unerheblich, ob ein TU in den Konzernabschluss einbezogen wird oder nicht, da § 313 Abs. 2 Nr. 1 Satz 2 HGB eine Anwendung des § 296 HGB außer Kraft setzt (s. ferner das Wesentlichkeitskriterium Rz 70). Dies gilt auch für Anteile an Unt, die von einem Treuhänder oder einer ähnlichen Person gehalten werden. 72

Wurden TU bisher i.R.d. **Interessenzusammenführung** nach § 302 Abs. 3 HGB a.F. in den Konzernabschluss einbezogen, ist eine Fortführung nach Art. 67 Abs. 5 EGHGB zulässig. In diesem Fall ist eine gesonderte Angabe erforderlich.

Im Konzernanhang sind für TU **folgende Angaben** zu machen: 73
- Name,
- Sitz,
- Anteil am Kapital,
- Sachverhalt, der eine Einbeziehung bei fehlender Stimmrechtsmehrheit erfüllt.

Der **Name** und der **Sitz** sind entsprechend den Angaben im HR anzugeben. Bei ausländischen Unt sind die Angaben aus vergleichbaren Einrichtungen oder bei deren Nichtexistenz aus statutarischen Quellen abzuleiten.[30] Als Sitz ist nach § 24 BGB derjenige Ort zu werten, an dem sich die Hauptverwaltung befindet. 74

---

[30] Vgl. ADS, Rechnungslegung und Prüfung der Unternehmen, 6. Aufl. 1995–2001, § 313 HBG Rz 96.

75 Der **Anteil am Kapital** des TU ist prozentual für alle Anteile anzugeben. Eine Verteilung zwischen Unt im Konzernverbund ist somit unerheblich. Gleiches gilt bei indirekt gehaltenen Beteiligungen. Werden Anteile treuhänderisch durch Dritte gehalten, sind diese mit zu berücksichtigen; werden Anteile dagegen für Dritte gehalten, sind diese wiederum nicht zu berücksichtigen.

76 Ist eine Beherrschung eines TU trotz **fehlender Stimmrechtsmehrheit** und damit der Einbezug in den KonsKreis gegeben, ist über den Sachverhalt im Konzernanhang zu berichten.[31] Zu nennen sind die Art und der Umstand der Beherrschung, wobei eine Beherrschung nach dem BilMoG grds. nach § 290 Abs. 2 HGB (§ 290 Rz 28 ff.) gegeben ist bei
- der Mehrheit der Stimmrechte,
- dem Bestellungs- und Abberufungsrecht für die Mehrheit der Mitglieder der Leitungsorgane i. V. m. einer Gesellschafterstellung,
- dem vertraglichen oder satzungsgemäßen Beherrschungsrecht oder
- der wirtschaftlichen Betrachtungsweise der Chancen und Risiken (ZweckGes).

77 Ist das TU selbst MU weiterer TU sowie anderer Unt, sind all diese Unt mit aufzuführen.

78 Für nicht in den Konzernabschluss einbezogene Unt gelten die Angabepflichten analog.
DRS 19.107–124 konkretisiert die Angabepflichten.

5.3 Assoziierte Unternehmen (Abs. 2 Nr. 2)

79 Wie bei den TU ist eine Aufstellung der assoziierten Unt – wie in § 311 Abs. 1 HGB (§ 311 Rz 6 ff.) definiert – nach § 313 Abs. 2 Nr. 2 HGB in den Konzernabschluss aufzunehmen. Die Aufstellung hat alle assoziierten Unt zu berücksichtigen, das Vollständigkeitsgebot ist zu beachten. Dabei ist eine Assoziierung mit einem Unt aus dem Konzernverbund hinreichend. Werden Anteile an assoziierten Unt durch eine Person gehalten, die auf Rechnung eines Unt des Konzernverbundes tätig wird, sind diese ebenfalls aufzulisten.

80 Vergleichbar den TU sind im Konzernanhang für assoziierte Unt **folgende Angaben** zu machen:
- Name,
- Sitz,
- Anteil am Kapital.

81 Assoziierte Unt von untergeordneter Bedeutung sind getrennt aufzuführen. Die getrennte Angabe leitet sich aus § 313 Abs. 2 Nr. 2 Satz 2 i. V. m. § 311 Abs. 2 HGB indirekt ab.

82 **Name, Sitz** und **Anteil am Kapital** des assoziierten Unt sind analog zu den Kommentierungen der TU zu bestimmen (Rz 74 ff.).

83 Ist das assoziierte Unt selbst MU, brauchen dessen TU nicht angegeben zu werden.

84 Wird ein assoziiertes Unt nicht „at equity" konsolidiert, sind nach § 313 Abs. 2 Nr. 2 Satz 2 i. V. m. § 311 Abs. 2 HGB die Gründe hierfür darzulegen. Ein Grund können z. B. Wesentlichkeitserwägungen sein.

---

[31] Vgl. IDW, WPH Edition, Wirtschaftsprüfung & Rechnungslegung, 18. Aufl. 2023, Kap. G Rz 658.

Zusätzliche Angaben zu assoziierten Unt im Konzernanhang ergeben sich aus DRS 26:[32]

- Angewandte Bilanzierungs- und Bewertungsmethoden, finanzielle Verpflichtungen im Zusammenhang mit dem assoziierten Unt sowie bei Wesentlichkeit eine zusammengefasste Bilanz und GuV (DRS 8.49),
- die Angabe der Equity-Methode auf nicht einbezogene assoziierte Unt (DRS 26.87a),
- Beteiligungsquote (DRS 26.87b),
- Begründung und Auswirkungen auf Folgejahre bei der vorläufigen Ermittlung von beizulegenden Zeitwerten bei Unternehmenserwerben und deren Ersteinbezug in den Konzernabschluss (DRS 26.87c),
- die ausgeübten Wahlrechte gem. § 301 Abs. 2 Satz 5 HGB bei dem erstmaligen Einbezug bisher nicht konsolidierter assoziierter Unt (DRS 26.87d),
- Anpassungsverzichte bei abweichenden Bewertungs- und Bilanzierungsmethoden (DRS 26.87e),
- die Summe der nicht erfassten negativen Equity-Werte (DRS 26.87f),
- abweichende Bilanzstichtage wesentlicher assoziierter Unt sowie Vorgänge von besonderer Bedeutung bei den assoziierten Unt, die einen Einfluss auf die Vermögens-, Finanz- und Ertragslage des Konzerns haben können (DRS 26.87g),
- die Methode der Berücksichtigung von Ertragsteuern bei der Änderung von Equity-Werten im Konzernabschluss (DRS 26.87h),
- bei der erstmaligen Einbeziehung zusätzlich der Stichtag der Einbeziehung, die Höhe der AK, der entstandene Unterschiedsbetrag, die gewählte Abschreibungsdauer des Goodwill (DRS 26.88).

Assoziierte Unt, für die die Equity-Methode aufgrund untergeordneter Bedeutung nicht angewendet worden ist, sind nach DRS 26.84 einzeln anzugeben.

Assoziierte Unt sind im Konzernanlagengitter gesondert auszuweisen und fortzuschreiben.

5.4 Anteilmäßig einbezogene Unternehmen (Abs. 2 Nr. 3)

Alle Unt, die nach § 310 Abs. 1 HGB nur anteilmäßig in den Konzernabschluss einbezogen werden, unterliegen denselben Berichtspflichten wie TU und assoziierte Unt. Aufgrund des Wahlrechts zur quotalen Einbeziehung in den Konzernabschluss oder der Einbeziehung at equity ist eine entsprechende Angabe im Anhang aufzuführen. I. d. R. ist dies die Voraussetzung zur quotalen Einbeziehung, die auf sachlichen oder rechtlichen Gründen basiert, wobei diese Angabepflicht nicht unumstritten ist.[33]

Wie bei TU sind im Konzernanhang für anteilmäßig einbezogene Unt **folgende Angaben** zu machen:
- Name,
- Sitz,
- Anteil am Kapital.

Name, Sitz und **Anteil am Kapital** des assoziierten Unt sind analog zu den Kommentierungen der TU zu bestimmen (Rz 74 ff.). Die Angabe des Namens

---

[32] Erstmals anzuwenden auf Geschäftsjahre, die nach dem 31.12.2019 beginnen.
[33] So ist diese Methode nach US-GAAP grds. nicht vorgesehen. Vgl. zur generellen Kritik z.B. Küting/Weber, Konzernabschluss, 13. Aufl. 2012, S. 575 f.

und des Sitzes der anderen Anteilseigner an dem Gemeinschaftsunternehmen brauchen nicht in den Konzernanhang aufgenommen zu werden.

89 **Zusätzliche Angaben** zu anteilig konsolidierten Unt im Konzernanhang ergeben sich aus DRS 27.

90 Im Einzelnen regeln DRS 27.57–68 Angabepflichten zu folgenden Sachverhalten:
- Name, Sitz und Anteil am Kapital (insofern eine Wiederholung der Anhangangaben gem. § 313 Abs. 2 Nr. 3 HGB),
- Angabepflichten, wenn ein anteilmäßig einzubeziehendes Unt wie ein assoziiertes Unt behandelt wird,
- Angabe und Erläuterung der Gründe für eine Anwendung von abweichenden Bewertungs- und Bilanzierungsvorschriften,
- Angabe, Begründung und Auswirkungen auf Folgeperioden bei vorläufigen Wertansätzen i. R. d. erstmaligen Einbeziehung in den Konzernabschluss,
- Ausübung von Wahlrechten bei der erstmaligen Einbeziehung bisher nicht anteilsmäßig konsolidierter Unt,
- Gesonderte Angaben zu Geschäfts- oder Firmenwert sowie dem passiven Unterschiedsbetrag,
- Angaben zu Arbeitnehmern.

5.5 Anteile an sonstigen Unternehmen (Abs. 2 Nr. 4–8)

91 Alle im Konzernbesitz befindlichen Beteiligungen, die nicht die Kriterien des § 313 Abs. 2 Nrn. 1–3 HGB erfüllen, sind gesondert aufzustellen und auszuweisen, sofern es sich um Unt i. S. d. § 271 Abs. 1 HGB handelt. Insofern handelt es sich bei dieser Vorschrift um einen Auffangtatbestand. Es ist dabei unerheblich, welches Unt die Anteile hält – sei es direkt, indirekt oder über mehrere Unt verteilt. Auch das Halten von Anteilen durch Dritte, wie z. B. Treuhänder, sind zu berücksichtigen. Eine Konzernzugehörigkeit ist nicht zwingend erforderlich. Es reicht aus, wenn für Rechnung eines Konzernunternehmens diese Anteile gehalten werden. Anders als bei TU wird auf den Kapitalanteil abgestellt, auf Stimmrechte kommt es somit nicht an.

92 Unerheblich ist die Intention der Beteiligung. Es kommt weder auf die Absicht der Beteiligung noch auf die Beteiligungsdauer und somit auch nicht auf den Ausweis im Jahresabschluss des haltenden Unt an. Zur Bestimmung der Anteilsquote sind sämtliche im Konzern gehaltenen Anteile zusammenzufassen. Werden Anteile durch einen Treuhänder gehalten, sind auch diese bei der Bestimmung der Anteilsquote heranzuziehen.

93 Wie bei TU sind im Konzernanhang für sonstige Unt **folgende Angaben** zu machen:
- Name,
- Sitz,
- Anteil am Kapital.

Darüber hinaus sind nach § 313 Abs. 2 Nr. 4 Satz 1 HGB das EK und das Ergebnis des letzten Gj anzugeben.

94 **Name, Sitz** und **Anteil am Kapital** des sonstigen Unt sind analog zu den Kommentierungen der TU zu bestimmen (Rz 74 ff.). Die Bestimmung des Anteils am Kapital des sonstigen Unt umfasst allerdings sämtliche – auch nicht

konsolidierte – TU. Somit werden die von nicht konsolidierten TU gehaltenen Anteile auch voll in die Berechnung der Angabe unter § 313 Abs. 2 Nr. 4 HGB einbezogen.[34]

Angaben zu **EK** und **Jahresergebnis** beziehen sich auf das letzte Gj, für das ein Abschluss aufgestellt wurde. Demnach ist nicht zwangsläufig der letzte Jahresabschluss heranzuziehen. Es genügt, wenn der letzte vorliegende Jahresabschluss verwendet wird, selbst wenn das Unt ein MU ist. Dies sollte entsprechend kenntlich gemacht werden.[35] Dabei spielt der zurückliegende Zeitraum keine Rolle. Auch wenn der vorliegende Jahresabschluss mehr als drei Monate zurückliegt, braucht kein Zwischenabschluss aufgestellt werden. Für ausländische Abschlüsse ist entsprechend zu verfahren. Hier ist allerdings ggf. eine Währungsumrechnung durchzuführen.[36] Auf eine Angabe kann verzichtet werden, wenn das einbezogene Unt seinen Konzernabschluss nicht offenlegt. 95

Beteiligungen an großen KapG mit mehr als 5 % der Stimmrechte unterliegen einer gesonderten Berichtspflicht. Eine Summation sämtlicher im Konzernverbund gehaltenen Anteile von Unt, die nicht börsennotiert sind, ist zu unterlassen, da explizit auf von börsennotierten Unt gehaltene Anteile abgestellt wird. Dies kann neben dem MU auch auf börsennotierte TU zutreffen. Eine Wiederholung der unter § 313 Abs. 2 Nr. 4 Satz 1 HGB genannten Unt ist nicht erforderlich. Ebenso nicht erforderlich ist die Nennung des absolut gehaltenen Anteils. 96

Ist das Unt selbst MU, sind dessen TU mangels einer expliziten Vorschrift nicht in die Liste der einbezogenen Unt aufzunehmen. 97

Für **börsennotierte MU** und/oder **TU** sind auch Beteiligungen an großen KapG mit mehr als **5 % der Stimmrechte** berichtspflichtig. Diese Regelung ist auch weiterhin von MU, die nach § 315e HGB pflichtgemäß ihren Konzernabschluss nach internationalen Rechnungslegungsstandards gem. der jeweils geltenden Fassung der Verordnung (EG) Nr. 1606/2002 des Europäischen Parlamentes und des Rates vom 19.7.2002 erstellen, zu beachten. Anders als in den Angabepflichten von § 313 Abs. 2 Nr. 1–4 HGB ist dabei der Kapitalanteil unerheblich und es kommt auch nach dem BilRUG nicht zu einer Addition von auf verschiedene Unt verteilten Stimmrechten, da der Gesetzgeber die Formulierung „einem börsennotierten Mutterunternehmen, einem börsennotierten Tochterunternehmen oder von einer ..." beibehalten hat. Weiterhin werden dagegen nach § 33 WpHG aber Mitteilungspflichten ausgelöst, wenn die unmittelbaren und die mittelbaren Anteile zusammen 5 % überschreiten. Explizit anzugeben ist nur der Name. § 313 Abs. 2 Nr. 5 ist aus der Systematik dieser Vorschrift als Ergänzung zu den vorgenannten Angabepflichten zu verstehen, so dass eine Wiederholung der unter § 313 Abs. 2 Nr. 4 HGB genannten Unt nicht notwendig ist. 98

Analog zu § 285 Nr. 11a HGB muss in § 313 Abs. 2 Nr. 6 HGB Name, Sitz und Rechtsform der Unt, deren **unbeschränkt haftender Gesellschafter** das MU, das einbezogene TU oder ein einbezogenes GemeinschaftsUnt ist, angegeben werden. Danach sind die sich aus dem HR ergebenden Daten über Name, Sitz und Rechtsform derjenigen Unt anzugeben. Das Unt, an dem die Beteiligung besteht, muss selbst nicht rechnungslegungspflichtig sein. Mit Abschluss des Vertrags mit den weiteren Gesell- 99

---

[34] Vgl. IDW, WPH Edition, Wirtschaftsprüfung & Rechnungslegung, 18. Aufl. 2023, Kap. G Tz 662.
[35] Vgl. Poelzig, in MünchKomm. HGB, 5. Aufl. 2024, § 313 HGB Rn 77.
[36] Vgl. Grottel, in Beck Bil-Komm., 14. Aufl. 2024, § 313 HGB Rz 281.

schaften und der Fortsetzung der Geschäfte mit Zustimmung des Eintretenden ist der Eintritt wirksam, was die Angabepflicht auslöst. Auf den Zeitpunkt der Eintragung der nur deklaratorisch wirkenden HR-Eintragung kommt es nicht an. Die Angabepflicht gilt nicht nur für das MU, sondern auch für die anderen in den Konzernabschluss einbezogenen Unt, so dass es theoretisch auch zu mehreren Angaben kommen kann. Die dafür notwendigen Informationen ergeben sich jedoch aus den jeweiligen Jahresabschlüssen der betroffenen Unt, soweit diese unter Beachtung der sich auf RL 2013/34/EU basierenden Rechnungslegungsnormen erstellt wurden.

In der Praxis treffen die geforderten Angabepflichten hauptsächlich auf Komplementäre einer PersGes zu.[37]

100 Schließlich werden für den Konzernanhang auch Angaben nach § 313 Abs. 2 Nr. 7 und 8 HGB, die im Jahresabschluss unter § 285 Nr. 14 und 14a HGB ebenfalls gefordert werden, verlangt. Im Interesse der Offenlegung von Konzernverflechtungen und der „Verbindungen in eine fremdbestimmte Interessensphäre"[38] soll bei konzernabhängigen Ges. der **Zugang zu den übergeordneten Konzernabschlüssen** erleichtert werden. Verlangt wird die Angabe von Namen und Sitz des MU, das den Konzernabschluss für den größten Kreis (Konzernspitze); und dann desjenigen MU, das den Konzernabschluss für den kleinsten Kreis von Unt aufstellt, also der MU mit dem größten und mit dem kleinsten KonsKreis, und im Falle der Offenlegung den Ort, des von diesem anderen MU aufgestellten Konzernabschlusses, wo dieser Konzernabschluss erhältlich ist.

Wer MU[39] ist, ergibt sich aus § 290 HGB. Allerdings ist es unerheblich, in welcher Rechtsform das übergeordnete MU organisiert ist.[40] Es ist auch ohne Belang, ob es sich um ein kleines oder großes Unt handelt und ob es im Inland oder im Ausland gelegen ist.

Sind die beiden MU, für die die Angaben vorzunehmen sind, im Fall des zweistufigen Konzerns deckungsgleich, kann die Angabe auch nur zu diesem einen MU erfolgen.

101 Die Angabepflicht besteht dann, wenn die Mutter einen Konzernabschluss aufgestellt und offengelegt hat, unabhängig davon, ob eine Gesetzespflicht aus § 290 HGB besteht oder ob der Konzernabschluss freiwillig aufgestellt wurde, und auch unabhängig davon, ob das TU in den Konzernabschluss einbezogen wurde oder nicht.[41] Liegen Gründe vor, nach denen eine Befreiung von der Verpflichtung zur Aufstellung eines Konzernabschlusses erfolgt, bezieht sich die Angabepflicht auf das nächst höhere MU.[42] Ist entgegen einer entsprechenden Verpflichtung kein Konzernabschluss erstellt worden, hat in dem Konzernabschluss des angabepflichtigen MU das pflichtwidrig handelnde übergeordnete MU gleichwohl anzugeben. Nur dann, wenn keine Pflicht zur Aufstellung des Konzernabschlusses besteht und ein solcher auch nicht freiwillig erstellt wurde, bedarf es zu Nr. 7 und 8 überhaupt keiner Angabe, auch keiner Fehlanzeige. Anzugeben ist der **Name**, der die Rechtsform des MU einschließt, und der **Sitz**

---

[37] Vgl. Diemers/Haferkorn, in Hachmeister u.a., Bilanzrecht, 2018, § 313 Rz. 64.
[38] Vgl. Grottel, in Beck Bil-Komm., 14. Aufl. 2024, § 285 HGB Rz 452; s.a. Poelzig, in MünchKomm. HGB, 5. Aufl. 2024, § 285 HGB Rn 245.
[39] MU impliziert, dass eine unternehmerische Tätigkeit ausgeübt wird, was etwa bei einer reinen vermögensverwaltenden Tätigkeit nicht der Fall ist.
[40] Vgl. Wulf, in Baetge/Kirsch/Thiele Bilanzrecht, § 285 HGB Rn 232, Stand: 3/2023.
[41] Ebenso Poelzig, in MünchKomm. HGB, 5. Aufl. 2024, § 285 HGB Rn 253.
[42] Vgl. Poelzig, in MünchKomm. HGB, 5. Aufl. 2024, § 285 HGB Rn 253.

des Unt sowie der Ort, an dem die offengelegten Konzernabschlüsse erhältlich sind, also die Adresse der elektronisch eingereichten Fassung im UR oder BAnz. Steht die Offenlegung (z.B. die Übermittlung an die das Unternehmensregister führende Stelle, § 325 HGB) des Konzernabschlusses noch bevor, ist darauf hinzuweisen. Ist der Konzernabschluss freiwillig erstellt worden und somit auch nicht einzureichen, braucht der Ort nicht angegeben zu werden.[43] Ist ein Konzernabschluss nicht erstellt worden, besteht auch keine Pflicht zur Angabe nach Nr. 7 und 8, es sei denn, es hätte aufgrund einer gesetzlichen Pflicht ein Konzernabschluss erstellt werden müssen. In diesem Fall ist anstelle der Angabe des Orts der Offenlegung auf die nicht erfolgte Offenlegung hinzuweisen.[44]

6 Sonstige relevante Angabepflichten und Regelungen (Abs. 3)

6.1 Befreiungsmöglichkeiten

6.1.1 Untergeordnete Bedeutung

Analog den Einzelabschlussregelungen des § 286 Abs. 3 Satz 1 Nr. 1 HGB können Angaben nach § 313 Abs. 2 Nr. 4 und 5 HGB ersatzlos entfallen, wenn die Angaben für die Vermittlung eines den tatsächlichen Verhältnissen entsprechenden Bilds der Vermögens-, Finanz- und Ertragslage von nachrangiger Bedeutung sind. Die nachrangige Bedeutung umfasst sowohl das einzelne Unt als auch kumulativ alle betroffenen Unt (§ 286 Rz 12 ff.).

102

6.1.2 Nicht publizitätspflichtige Unternehmen

Anhangangaben zu EK und Ergebnis des letzten vorliegenden Abschlusses einer Beteiligung brauchen nach § 313 Abs. 3 Satz 5 HGB nicht gemacht zu werden, sofern das entsprechende Unt nicht publizitätspflichtig ist und sein Jahresabschluss nicht offenlegt. Die Befreiungsmöglichkeiten gelten auch für MU, die einen Konzernabschluss gem. § 315e HGB erstellen. Von dem Verzicht der Offenlegung profitieren i.d.R. PersG, GbR, stille Beteiligungen und ähnliche Rechtsformen.

103

6.2 Schutzklauseln

Ein **Verzicht auf Angaben** ist immer dann möglich, wenn einem Unt unter vernünftiger kaufmännischer Beurteilung ein erheblicher Nachteil zugefügt werden könnte. Grundlage hierfür ist eine auf das Mitgliedstaatenwahlrecht der 7. EG-RL zurückzuführende Schutzklausel. Ein erheblicher Nachteil bedeutet eine Abwägung zwischen den Eigeninteressen des Unt und dem Publizitätsinteresse Außenstehender (§ 286 Rz 4 ff.). Auf den Konzern als Ganzes ist dabei nicht abzustellen. Der Verzicht von Angaben ist selektiv für das betroffene Unt (und nicht den Konzern) und den entsprechenden Sachverhalt auszuüben. Eine entsprechende Angabe ist im Konzernanhang aufzunehmen, wobei ein bloßer Hinweis für ausreichend erachtet wird.[45]

104

---

[43] Vgl. Hüttemann, in Canaris/Schilling/Ulmer, in Staub, Großkommentar Handelsgesetzbuch, § 285 HGB Rz 101.
[44] Vgl. Grottel, in Beck Bil-Komm., 14. Aufl. 2024, § 285 HGB Rz 458.
[45] Vgl. Poelzig, in MünchKomm. HGB, 5. Aufl. 2024, § 313 HGB Rn 87.

105 Ein **Verzicht** auf Angaben greift dann **nicht**, wenn Angaben aufgrund anderer Normen im Konzernanhang aufzunehmen sind.

106 Konzerne, deren MU oder eines ihrer TU kapitalmarktorientiert i.S.d. § 264d HGB sind (§ 264d Rz 1ff.), haben diese Befreiungsmöglichkeit nicht, was einer Angleichung an die Regelung der damaligen Normsetzung des IAS 27 entsprach.[46] Aktuell finden sich die Regelungen zu den Angabepflichten im Konzernanhang in IFRS 3 und IFRS 12. Daher sind auch MU, die nach § 315e Abs. 1 oder Abs. 2 HGB pflichtgemäß ihren Konzernabschluss nach internationalen Rechnungslegungsstandards erstellen, von dieser Regelung bei der Erstellung des Konzernanhangs nach IAS/IFRS ausgenommen.

6.3 Sanktionen

107 Ein nicht ordnungsgemäß erstellter Konzernanhang sowie unrichtige Angaben darin können einen **Straftatbestand** nach § 331 Nr. 2 HGB (§ 331 Rz 51ff.) oder eine **Ordnungswidrigkeit** nach § 334 Abs. 1 Nr. 2 Buchst. f HGB (§ 334 Rz 23) darstellen. Straftatbestände werden mit einer Freiheitsstrafe bis zu 3 Jahren oder einer Geldbuße geahndet. Die Geldbuße für Ordnungswidrigkeiten beträgt für nicht kapitalmarktorientierte Unt max. 50.000 EUR. Als Folgeeffekt ist der **Bestätigungsvermerk** durch den Konzernabschlussprüfer gem. § 322 Abs. 4 HGB einzuschränken oder zu versagen (§ 322 Rz 58ff.). Bei Verstößen gegen die Offenlegungspflicht gem. § 325 Abs. 3 HGB ist ein Ordnungsgeld für nicht kapitalmarktorientierte Unt gem. § 335 Abs. 1 Satz 4 HGB zwischen 2.500 und 25.000 EUR anzudrohen.

7 Verweis auf § 284 Abs. 2 und 3 HGB (Abs. 4)

108 Aufgrund der Vorgaben der RL 2013/34/EU ist der Anlagespiegel stets im Konzernanhang und nicht mehr alternativ auch in der Konzernbilanz auszuweisen. Daher entfällt die bisherige Wahlrechtsangabe aus § 268 Abs. 2 i.V.m. § 298 Abs. 1 HGB a.F. (§ 268 Rz 13ff.) und wird inhaltlich leicht modifiziert als Anhangpflichtangabe über einen Verweis auf § 284 Abs. 2 Nr. 4 HGB neu im Konzernanhang gefordert, wobei den wesentlichen Bedingungen Rechnung zu tragen ist, die sich aus den Besonderheiten des Konzernabschlusses im Vergleich zum Jahresabschluss ergeben.

Zugleich wird die Vorgabe inhaltlich an die geänderten europäischen Vorgaben angepasst, indem auch eine **Aufgliederung der Abschreibungen** gefordert wird. Demnach sind Abschreibungen nicht nur in ihrer gesamten Höhe, sondern etwa nach folgendem Schema darzustellen:[47]

---

[46] Vgl. Schurbohm/Streckenbach, WPg 2002, S. 845, 851.
[47] Vgl. ADS, Rechnungslegung und Prüfung der Unternehmen, 6. Aufl. 1995–2001, § 268 HGB Rz. 63–66.

Kumulierte Abschreibungen					
Abschreibungen zu Beginn des Gj	Zugänge (Abschreibungen des Gj)	Zuschreibungen des vorangegangenen Gj	Abgänge (Abschreibungen auf Abgänge des Gj)	Umbuchungen (Abschreibungen auf Umbuchungen des Gj)	Abschreibungen zum Ende des Gj
	+	–	–	+/–	=

Tab. 1: Übersicht zur Aufgliederung der Abschreibungen

Um den besonderen Umständen des Konzernabschlusses gerecht zu werden, sollten im Anlagespiegel jeweils in gesonderten Spalten (falls relevant) die Änderungen des KonsKreises und die Effekte aus der Währungsumrechnung zur besseren Nachvollziehbarkeit eingefügt werden.

Ebenfalls ist im Konzernanhang auch eine Angabe erforderlich, ob Fremdkapitalzinsen in die Herstellungskosten von VG des AV oder UV einbezogen wurden. Auch dies entspricht der Anhangangabepflicht im Jahresabschluss in § 284 Abs. 2 Nr. 4 HGB (Angabe zu Fremdkapitalzinsen).

§ 314 Sonstige Pflichtangaben

(1) Im Konzernanhang sind ferner anzugeben:
1. der Gesamtbetrag der in der Konzernbilanz ausgewiesenen Verbindlichkeiten mit einer Restlaufzeit von mehr als fünf Jahren sowie der Gesamtbetrag der in der Konzernbilanz ausgewiesenen Verbindlichkeiten, die von in den Konzernabschluß einbezogenen Unternehmen durch Pfandrechte oder ähnliche Rechte gesichert sind, unter Angabe von Art und Form der Sicherheiten;
2. Art und Zweck sowie Risiken, Vorteile und finanzielle Auswirkungen von nicht in der Konzernbilanz enthaltenen Geschäften des Mutterunternehmens und der in den Konzernabschluss einbezogenen Tochterunternehmen, soweit die Risiken und Vorteile wesentlich sind und die Offenlegung für die Beurteilung der Finanzlage des Konzerns erforderlich ist;
2a. der Gesamtbetrag der sonstigen finanziellen Verpflichtungen, die nicht in der Konzernbilanz enthalten sind und die nicht nach § 298 Absatz 1 in Verbindung mit § 268 Absatz 7 oder nach Nummer 2 anzugeben sind, sofern diese Angabe für die Beurteilung der Finanzlage des Konzerns von Bedeutung ist; davon sind Verpflichtungen betreffend die Altersversorgung sowie Verpflichtungen gegenüber Tochterunternehmen, die nicht in den Konzernabschluss einbezogen werden, oder gegenüber assoziierten Unternehmen jeweils gesondert anzugeben;
3. die Aufgliederung der Umsatzerlöse des Konzerns nach Tätigkeitsbereichen sowie nach geografisch bestimmten Märkten, soweit sich unter Berücksichtigung der Organisation des Verkaufs, der Vermietung oder Verpachtung von Produkten und der Erbringung von Dienstleistungen des Konzerns die Tätigkeitsbereiche und geografisch bestimmten Märkte untereinander erheblich unterscheiden;
4. die durchschnittliche Zahl der Arbeitnehmer der in den Konzernabschluss einbezogenen Unternehmen während des Geschäftsjahrs, getrennt nach Gruppen und gesondert für die nach § 310 nur anteilmäßig konsolidierten Unternehmen, sowie, falls er nicht gesondert in der Konzern-Gewinn- und Verlustrechnung ausgewiesen ist, der in dem Geschäftsjahr entstandene gesamte Personalaufwand, aufgeschlüsselt nach Löhnen und Gehältern, Kosten der sozialen Sicherheit und Kosten der Altersversorgung;
5. *(weggefallen)*
6. für die Mitglieder des Geschäftsführungsorgans, eines Aufsichtsrats, eines Beirats oder einer ähnlichen Einrichtung des Mutterunternehmens, jeweils für jede Personengruppe:
    a) ¹die für die Wahrnehmung ihrer Aufgaben im Mutterunternehmen und den Tochterunternehmen im Geschäftsjahr gewährten Gesamtbezüge (Gehälter, Gewinnbeteiligungen, Bezugsrechte und sonstige aktienbasierte Vergütungen, Aufwandsentschädigungen, Versicherungsentgelte, Provisionen und Nebenleistungen jeder Art). ²In die Gesamtbezüge sind auch Bezüge einzurechnen, die nicht ausgezahlt, sondern in Ansprüche anderer Art umgewandelt oder zur Erhöhung anderer Ansprüche verwendet werden. ³Außer den Bezügen für das Geschäftsjahr sind

die weiteren Bezüge anzugeben, die im Geschäftsjahr gewährt, bisher aber in keinem Konzernabschluss angegeben worden sind. ⁴Bezugsrechte und sonstige aktienbasierte Vergütungen sind mit ihrer Anzahl und dem beizulegenden Zeitwert zum Zeitpunkt ihrer Gewährung anzugeben; spätere Wertveränderungen, die auf einer Änderung der Ausübungsbedingungen beruhen, sind zu berücksichtigen;

b) ¹die für die Wahrnehmung ihrer Aufgaben im Mutterunternehmen und den Tochterunternehmen gewährten Gesamtbezüge (Abfindungen, Ruhegehälter, Hinterbliebenenbezüge und Leistungen verwandter Art) der früheren Mitglieder der bezeichneten Organe und ihrer Hinterbliebenen; Buchstabe a Satz 2 und 3 ist entsprechend anzuwenden. ²Ferner ist der Betrag der für diese Personengruppe gebildeten Rückstellungen für laufende Pensionen und Anwartschaften auf Pensionen und der Betrag der für diese Verpflichtungen nicht gebildeten Rückstellungen anzugeben;

c) die vom Mutterunternehmen und den Tochterunternehmen gewährten Vorschüsse und Kredite unter Angabe der gegebenenfalls im Geschäftsjahr zurückgezahlten oder erlassenen Beträge sowie die zugunsten dieser Personen eingegangenen Haftungsverhältnisse;

7. der Bestand an Anteilen an dem Mutterunternehmen, die das Mutterunternehmen oder ein Tochterunternehmen oder ein anderer für Rechnung eines in den Konzernabschluß einbezogenen Unternehmens erworben oder als Pfand genommen hat; dabei sind die Zahl und der Nennbetrag oder rechnerische Wert dieser Anteile sowie deren Anteil am Kapital anzugeben;

7a. die Zahl der Aktien jeder Gattung der während des Geschäftsjahrs im Rahmen des genehmigten Kapitals gezeichneten Aktien des Mutterunternehmens, wobei zu Nennbetragsaktien der Nennbetrag und zu Stückaktien der rechnerische Wert für jede von ihnen anzugeben ist;

7b. das Bestehen von Genussscheinen, Wandelschuldverschreibungen, Optionsscheinen, Optionen oder vergleichbaren Wertpapieren oder Rechten, aus denen das Mutterunternehmen verpflichtet ist, unter Angabe der Anzahl und der Rechte, die sie verbriefen;

8. für jedes in den Konzernabschluss einbezogene börsennotierte Unternehmen, das die nach § 161 des Aktiengesetzes vorgeschriebene Erklärung abgegeben und wo sie öffentlich zugänglich gemacht worden ist;

9. das von dem Abschlussprüfer des Konzernabschlusses für das Geschäftsjahr berechnete Gesamthonorar, aufgeschlüsselt in das Honorar für
   a) die Abschlussprüfungsleistungen,
   b) andere Bestätigungsleistungen,
   c) Steuerberatungsleistungen,
   d) sonstige Leistungen;

10. für zu den Finanzanlagen (§ 266 Abs. 2 A. III.) gehörende Finanzinstrumente, die in der Konzernbilanz über ihrem beizulegenden Zeitwert ausgewiesen werden, da eine außerplanmäßige Abschreibung gem. § 253 Absatz 3 Satz 6 unterblieben ist,
    a) der Buchwert und der beizulegende Zeitwert der einzelnen Vermögensgegenstände oder angemessener Gruppierungen sowie

b) die Gründe für das Unterlassen der Abschreibung einschließlich der Anhaltspunkte, die darauf hindeuten, dass die Wertminderung voraussichtlich nicht von Dauer ist;
11. für jede Kategorie nicht zum beizulegenden Zeitwert bilanzierter derivativer Finanzinstrumente
    a) deren Art und Umfang,
    b) deren beizulegender Zeitwert, soweit er sich nach § 255 Abs. 4 verlässlich ermitteln lässt, unter Angabe der angewandten Bewertungsmethode,
    c) deren Buchwert und der Bilanzposten, in welchem der Buchwert, soweit vorhanden, erfasst ist, sowie
    d) die Gründe dafür, warum der beizulegende Zeitwert nicht bestimmt werden kann;
12. für mit dem beizulegenden Zeitwert bewertete Finanzinstrumente
    a) die grundlegenden Annahmen, die der Bestimmung des beizulegenden Zeitwertes mit Hilfe allgemein anerkannter Bewertungsmethoden zugrunde gelegt wurden, sowie
    b) Umfang und Art jeder Kategorie derivativer Finanzinstrumente einschließlich der wesentlichen Bedingungen, welche die Höhe, den Zeitpunkt und die Sicherheit künftiger Zahlungsströme beeinflussen können;
13. zumindest die nicht zu marktüblichen Bedingungen zustande gekommenen Geschäfte des Mutterunternehmens und seiner Tochterunternehmen, soweit sie wesentlich sind, mit nahe stehenden Unternehmen und Personen, einschließlich Angaben zur Art der Beziehung, zum Wert der Geschäfte sowie weiterer Angaben, die für die Beurteilung der Finanzlage des Konzerns notwendig sind; ausgenommen sind Geschäfte zwischen in einen Konzernabschluss einbezogenen nahestehenden Unternehmen, wenn diese Geschäfte bei der Konsolidierung weggelassen werden; Angaben über Geschäfte können nach Geschäftsarten zusammengefasst werden, sofern die getrennte Angabe für die Beurteilung der Auswirkungen auf die Finanzlage des Konzerns nicht notwendig ist;
14. im Fall der Aktivierung nach § 248 Abs. 2 der Gesamtbetrag der Forschungs- und Entwicklungskosten des Geschäftsjahres der in den Konzernabschluss einbezogenen Unternehmen sowie der davon auf die selbst geschaffenen immateriellen Vermögensgegenstände des Anlagevermögens entfallende Betrag;
15. bei Anwendung des § 254 im Konzernabschluss,
    a) mit welchem Betrag jeweils Vermögensgegenstände, Schulden, schwebende Geschäfte und mit hoher Wahrscheinlichkeit erwartete Transaktionen zur Absicherung welcher Risiken in welche Arten von Bewertungseinheiten einbezogen sind sowie die Höhe der mit Bewertungseinheiten abgesicherten Risiken;
    b) für die jeweils abgesicherten Risiken, warum, in welchem Umfang und für welchen Zeitraum sich die gegenläufigen Wertänderungen oder Zahlungsströme künftig voraussichtlich ausgleichen einschließlich der Methode der Ermittlung;
    c) eine Erläuterung der mit hoher Wahrscheinlichkeit erwarteten Transaktionen, die in Bewertungseinheiten einbezogen wurden,
    soweit die Angaben nicht im Konzernlagebericht gemacht werden;

16. zu den in der Konzernbilanz ausgewiesenen Rückstellungen für Pensionen und ähnliche Verpflichtungen das angewandte versicherungsmathematische Berechnungsverfahren sowie die grundlegenden Annahmen der Berechnung, wie Zinssatz, erwartete Lohn- und Gehaltssteigerungen und zugrunde gelegte Sterbetafeln;
17. im Fall der Verrechnung von in der Konzernbilanz ausgewiesenen Vermögensgegenständen und Schulden nach § 246 Abs. 2 Satz 2 die Anschaffungskosten und der beizulegende Zeitwert der verrechneten Vermögensgegenstände, der Erfüllungsbetrag der verrechneten Schulden sowie die verrechneten Aufwendungen und Erträge; Nummer 12 Buchstabe a ist entsprechend anzuwenden;
18. zu den in der Konzernbilanz ausgewiesenen Anteilen an Sondervermögen im Sinn des § 1 Absatz 10 des Kapitalanlagegesetzbuchs oder Anlageaktien an Investmentaktiengesellschaften mit veränderlichem Kapital im Sinn der §§ 108 bis 123 des Kapitalanlagegesetzbuchs oder vergleichbaren EU-Investmentvermögen oder vergleichbaren ausländischen Investmentvermögen von mehr als dem zehnten Teil, aufgegliedert nach Anlagezielen, deren Wert i. S. d. §§ 168, 278 oder 286 Absatz 1 des Kapitalanlagegesetzbuchs oder vergleichbarer ausländischer Vorschriften über die Ermittlung des Marktwertes, die Differenz zum Buchwert und die für das Geschäftsjahr erfolgte Ausschüttung sowie Beschränkungen in der Möglichkeit der täglichen Rückgabe; darüber hinaus die Gründe dafür, dass eine Abschreibung gem. § 253 Absatz 3 Satz 6 unterblieben ist, einschließlich der Anhaltspunkte, die darauf hindeuten, dass die Wertminderung voraussichtlich nicht von Dauer ist; Nummer 10 ist insoweit nicht anzuwenden;
19. für nach § 268 Abs. 7 im Konzernanhang ausgewiesene Verbindlichkeiten und Haftungsverhältnisse die Gründe der Einschätzung des Risikos der Inanspruchnahme;
20. jeweils eine Erläuterung des Zeitraums, über den ein entgeltlich erworbener Geschäfts- oder Firmenwert abgeschrieben wird;
21. auf welchen Differenzen oder steuerlichen Verlustvorträgen die latenten Steuern beruhen und mit welchen Steuersätzen die Bewertung erfolgt ist;
22. wenn latente Steuerschulden in der Konzernbilanz angesetzt werden, die latenten Steuersalden am Ende des Geschäftsjahrs und die im Laufe des Geschäftsjahrs erfolgten Änderungen dieser Salden;
22a. der tatsächliche Steueraufwand oder Steuerertrag, der sich nach dem Mindeststeuergesetz und ausländischen Mindeststeuergesetzen nach § 274 Absatz 3 Nummer 2 für das Geschäftsjahr ergibt, oder, wenn diese Gesetze noch nicht in Kraft getreten sind, eine Erläuterung, welche Auswirkungen auf den Konzern bei der Anwendung dieser Gesetze zu erwarten sind;
23. jeweils den Betrag und die Art der einzelnen Erträge und Aufwendungen von außergewöhnlicher Größenordnung oder außergewöhnlicher Bedeutung, soweit die Beträge nicht von untergeordneter Bedeutung sind;
24. eine Erläuterung der einzelnen Erträge und Aufwendungen hinsichtlich ihres Betrages und ihrer Art, die einem anderen Konzerngeschäftsjahr zuzurechnen sind, soweit die Beträge für die Beurteilung der Vermögens-, Finanz- und Ertragslage des Konzerns nicht von untergeordneter Bedeutung sind;

25. Vorgänge von besonderer Bedeutung, die nach dem Schluss des Konzerngeschäftsjahrs eingetreten und weder in der Konzern-Gewinn- und Verlustrechnung noch in der Konzernbilanz berücksichtigt sind, unter Angabe ihrer Art und ihrer finanziellen Auswirkungen;
26. der Vorschlag für die Verwendung des Ergebnisses des Mutterunternehmens oder gegebenenfalls der Beschluss über die Verwendung des Ergebnisses des Mutterunternehmens.

(2) Mutterunternehmen, die den Konzernabschluss um eine Segmentberichterstattung erweitern (§ 297 Abs. 1 Satz 2), sind von der Angabepflicht gem. Absatz 1 Nr. 3 befreit.

(3) Für die Angabepflicht gem. Absatz 1 Nr. 6 Buchstabe a und b gilt § 286 Abs. 4 entsprechend.

Inhaltsübersicht

		Rz
1	Überblick	1–9
1.1	Allgemeines	1–2
1.2	Anwendungsbereich	3–9
1.2.1	Allgemeiner Anwendungsbereich	3–7
1.2.2	Persönlicher Anwendungsbereich	8–9
2	Pflichtangaben (Abs. 1)	10–144
2.1	Angaben zu Verbindlichkeiten mit mehr als fünf Jahren Restlaufzeit und zu gesicherten Verbindlichkeiten (Abs. 1 Nr. 1)	10–13
2.2	Angaben zu außerbilanziellen Geschäften (Abs. 1 Nr. 2)	14–18
2.3	Angaben zu sonstigen Verpflichtungen (Abs. 1 Nr. 2a)	19–23
2.4	Aufgliederung der Umsatzerlöse (Abs. 1 Nr. 3)	24–29
2.5	Angaben zur Mitarbeiteranzahl und zum Personalaufwand (Abs. 1 Nr. 4)	30–37
2.5.1	Zahl der Arbeitnehmer	30–34
2.5.2	Personalaufwand	35–37
2.6	Angaben zu Organbezügen sowie Krediten und sonstigen Rechtsgeschäften mit Organmitgliedern (Abs. 1 Nr. 6)	38–56
2.6.1	Angaben für tätige Organmitglieder (Abs. 1 Nr. 6 Buchst. a)	45–49
2.6.2	Angaben für ehemalige Organmitglieder und ihre Hinterbliebenen (Abs. 1 Nr. 6 Buchst. b)	50–52
2.6.3	Angaben über Vorschüsse und Kredite (Abs. 1 Nr. 6 Buchst. c)	53–56
2.7	Angaben zu Anteilen am Mutterunternehmen (Abs. 1 Nr. 7–7b)	57–61
2.8	Angabe zur Erklärung gem. § 161 AktG (Abs. 1 Nr. 8)	62
2.9	Angaben zum Honorar des Abschlussprüfers (Abs. 1 Nr. 9)	63–74
2.10	Angaben zu oberhalb des beizulegenden Zeitwerts ausgewiesenen Finanzinstrumenten (Abs. 1 Nr. 10)	75–78
2.11	Angaben zu derivativen Finanzinstrumenten (Abs. 1 Nr. 11)	79–82
2.12	Angaben zum Handelsbestand (Abs. 1 Nr. 12)	83–85

2.13 Angaben zu nahestehenden Personen (Abs. 1 Nr. 13)	86–102
2.14 Angaben zu Forschungs- und Entwicklungskosten (Abs. 1 Nr. 14)	103–105
2.15 Angaben zu Bewertungseinheiten (Abs. 1 Nr. 15)	106–109
2.16 Angaben zur Bewertung der Pensionsverpflichtungen (Abs. 1 Nr. 16)	110
2.17 Angaben zu saldiertem Planvermögen (Abs. 1 Nr. 17)....	111–112
2.18 Angaben zu Sondervermögen (Abs. 1 Nr. 18)	113–116
2.19 Angaben zu Haftungsverhältnissen (Abs. 1 Nr. 19)......	117
2.20 Angaben zu Geschäfts- oder Firmenwerten (Abs. 1 Nr. 20)	118–120
2.21 Angaben zu latenten Steuern (Abs. 1 Nr. 21-22a)	121–128
2.22 Angaben zu außergewöhnlichen Aufwendungen und Erträgen (Abs. 1 Nr. 23)	129–131
2.23 Angaben zu periodenfremden Erträgen und Aufwendungen (Abs. 1 Nr. 24)	132
2.24 Angaben zu Ereignissen nach dem Abschlussstichtag (Abs. 1 Nr. 25)	133–137
2.25 Angaben zur Ergebnisverwendung (Abs. 1 Nr. 26)	138–144
3 Wahlpflichtangaben	145–147
4 Sonstige relevante Regelungen.........................	148–154
4.1 Befreiungsmöglichkeiten.........................	148
4.2 Schutzklauseln (Abs. 2 und 3)	149–151
4.3 Sanktionen	152–154

1 Überblick

1.1 Allgemeines

§ 314 HGB erweitert die Angabepflichten des § 313 HGB. Diese **weiteren Pflichtangaben** beziehen sich auf Sachverhalte, die aus keiner Regelung des HGB hervorgehen, aber Bestandteil des Konzernanhangs sind. Die Angaben sind an die Angabepflichten des Jahresabschlusses für KapG nach § 285 HGB angelehnt, allerdings um Konzernspezifika angepasst. 1

Hinsichtlich der **Ausgestaltung der Angaben** wird mangels Angaben zur Art der Darstellung auf die Ausführungen zu § 313 HGB verwiesen (§ 313 Rz 17 ff.). Dabei gilt, dass die Angaben jeweils gesondert darzustellen sind, die gewählte Darstellungsform aber beizubehalten ist. Eine Angabenreihenfolge ist aus der Norm nicht abzuleiten. Ebenso wenig ist die Angabe von Fehlanzeigen erforderlich, sofern Sachverhalte nicht vorhanden sind. 2

1.2 Anwendungsbereich

1.2.1 Allgemeiner Anwendungsbereich

Mit dem **BilMoG**[1] sind die Angabepflichten nach § 314 HGB erheblich erweitert worden. Ursächlich hierfür sind die umzusetzenden EU-Richtlinien, die sich in der Neufassung der Nr. 2, 2a, 8, 9 u. 13 niedergeschlagen haben. Anzuwenden 3

---

[1] BilMoG v. 25.5.2009, BGBl I 2009 S. 1102.

sind diese für Konzernabschlüsse für nach dem 31.12.2008 beginnende Gj. Des Weiteren sind aufgrund geänderter Ansatz- und Bewertungsvorschriften die Nr. 10–11 inhaltlich neu gefasst und die Nr. 14–21 hinzugefügt worden.

4   Ferner erfolgten mit dem **VorstAG**[2] weitere Ergänzungen zu Abs. 1 Nr. 6 Buchst. a hinsichtlich der Erläuterungspflicht möglicher Leistungen und Zusagen an Vorstandsmitglieder. Mit dem **KAGB**[3] wurde in Abs. 1 Nr. 18 eine Konkretisierung der berichtsnötigen Investmentvermögen vorgenommen, die für Gj, die nach dem 21.7.2013 beginnen, anzuwenden ist.

5   Durch das **BilRUG**[4] wurde weitgehend auf Basis europäischer Vorgaben und überwiegend parallel zu den im Anhang des Jahresabschlusses nach § 285 HGB der § 314 HGB überarbeitet. Während die bestehenden Angabepflichten bis Nr. 21 durch teilweise kleinere Änderungen konkretisiert wurden, sind mit den Nr. 22–26 neue Angabenotwendigkeiten hinzugekommen. Zudem wurden nun explizit die Angabeerleichterungen aus dem Einzelabschluss in § 314 Abs. 3 HGB auch für den Konzernanhang aufgenommen. Anzuwenden sind die Regelungen für das nach dem 31.12.2015 beginnende Gj.

6   Eine weitere Modifikation von § 314 HGB wurde durch das **ARUG II**[5] vorgenommen. Durch die Stärkung der Aktionärsrechte wurden erhöhte Berichtspflichten zur Organvergütung, Geschäften mit nahestehenden Personen sowie der Aktionärsstruktur eingeführt, die aber in einer gesonderten Berichterstattung nach AktG zu erfolgen haben. Im Konzernanhang wurden die Angabepflichten zur **Organvergütung** (§ 314 Abs. 1 Nr. 6 Sätze 5–8 HGB) gestrichen und in einen getrennten Vergütungsbericht nach § 162 AktG verschoben. Die Angaben zu **nahestehenden Personen** sowie zur **Aktionärsstruktur** dürfen auch im Konzernanhang erfolgen und überschneiden sich teilweise mit Angaben nach § 314 HGB (Rz 87). Letztendlich führen die Angabepflichten im Vergütungsbericht gem. § 162 AktG und den verbliebenen Angabepflichten in § 314 Abs. 1 Nr. 6 HGB zu redundanten Angaben zur Vergütung (§ 315a Rz 41 ff.).

7   Mit dem **MinStG**[6] wurde § 314 HGB abermals modifiziert. Neu aufgenommen wurden Angabepflichten zum Konzernsteueraufwand bzw. -ertrag, der sich nach den Mindeststeuergesetzen ergibt. Eine indirekte Angabepflicht ergibt sich zudem über den Verweis auf § 274 Abs. 3 HGB für latente Steuern, die ihre Ursache ebenfalls aus der Anwendung von Mindeststeuergesetzen haben. Die Angabepflicht bezieht sich auf Gj, die nach dem 31.12.2023 beginnen.

1.2.2 Persönlicher Anwendungsbereich

8   Erleichterungen ergeben sich für **Kreditinstitute** aus dem § 340i Abs. 2 HGB. Demnach entfallen die Berichtspflichten für:
- die Angabe von Verbindlichkeiten mit einer Restlaufzeit von mehr als fünf Jahren und zu gesicherten Verbindlichkeiten (Abs. 1 Nr. 1),

---

[2] Gesetz zur Angemessenheit der Vorstandsvergütung v. 31.7.2009, BGBl 2009 I S. 2509.
[3] KAGB eingeführt mit AIFM-UmsG v. 4.7.2013, BGBl 2013 I S. 1981.
[4] Bilanzrichtlinie-Umsetzungsgesetz v. 17.7.2005, BGBl 2015 I S. 1245.
[5] Gesetz zur Umsetzung der zweiten Aktionärsrechterichtlinie v. 12.12.2019, BGBl 2019 I S. 2637.
[6] Gesetz zur Umsetzung der Richtlinie (EU) 2022/2523 des Rates zur Gewährleistung einer globalen Mindestbesteuerung und weiterer Begleitmaßnahmen v. 21.12.2023, BGBL 2023 I Nr. 397.

- die Aufgliederung von Umsatzerlösen nach Tätigkeitsbereichen und Märkten (Abs. 1 Nr. 3),
- die Angaben zu Vorschüssen und Krediten (Abs. 1 Nr. 6c) und
- die Angaben zu außergewöhnlichen Aufwendungen und Erträgen (Abs. 1 Nr. 23).

VersicherungsUnt dürfen gem. § 341j Abs. 1 HGB ebenfalls Erleichterungen in Anspruch nehmen für: 9
- die Aufgliederung von Umsatzerlösen nach Tätigkeitsbereichen und Märkten (Abs. 1 Nr. 3) und
- die Angabe zu außergewöhnlichen Aufwendungen und Erträgen (Abs. 1 Nr. 23).

Darüber hinaus ergibt sich eine modifizierte Anhangangabe für den Gesamtbetrag der sonstigen finanziellen Verpflichtungen (Abs. 1 Nr. 2a). Von der Anhangangabe ausgenommen sind solche finanziellen Verpflichtungen, die bei Versicherungsgeschäften entstehen.

2 Pflichtangaben (Abs. 1)

2.1 Angaben zu Verbindlichkeiten mit mehr als fünf Jahren Restlaufzeit und zu gesicherten Verbindlichkeiten (Abs. 1 Nr. 1)

Der **Gesamtbetrag der Verbindlichkeiten mit einer Restlaufzeit von mehr als fünf Jahren** ist im Konzernanhang gesondert ohne eine weitere Aufgliederung anzugeben. Eine Aufgliederung, wie für den Einzelabschluss nach § 285 Nr. 2 HGB sowie nach § 298 Abs. 1 HGB i.V.m. § 268 Abs. 5 HGB zwingend geboten, ist allerdings gängige Praxis. Die Angabe für den Konzernabschluss impliziert eine vorher durchzuführende SchuldenKons; eine bloße Zusammenfassung aus den Einzelabschlüssen ist nicht zulässig. Ein Davon-Ausweis für verbindliche Unt, die nicht konsolidiert sind, ist nicht erforderlich.[7] 10

Analog sind **gesicherte Verbindlichkeiten** als Gesamtbetrag für den Konzern anzugeben. Auch hier ist eine vorherige SchuldenKons vorzunehmen.[8] Gesicherte Verbindlichkeiten sind zu quantifizieren und nach Art und Form der Sicherheiten zu benennen (§ 285 Rz 8 ff.). 11

Die Gesamtbeträge der Verbindlichkeiten mit einer Restlaufzeit von mehr als fünf Jahren und der gesicherten Verbindlichkeiten beinhalten auch Beträge gegenüber nicht in den KonsKreis einbezogenen KonzernUnt sowie die nicht-konsolidierten Beträge gegenüber GemeinschaftsUnt. Eine gesonderte Angabe dieser Beträge ist nicht erforderlich. 12

Aufgrund der geforderten Angabepflichten ist ein **Verbindlichkeitenspiegel** empfehlenswert, in dem eine Aufgliederung der langfristigen und der gesicherten Beträge auf die Einzelposten vorgenommen werden kann. Dies kommt einer freiwilligen Angabe gleich. 13

2.2 Angaben zu außerbilanziellen Geschäften (Abs. 1 Nr. 2)

Unter außerbilanziellen Geschäften werden Geschäfte verstanden, die von KonzernUnt getätigt werden, aber keinen Einzug in den Konzernabschluss finden. Beispiele hierfür sind Factoring, Pensionsgeschäfte, Konsignationslagervereinbarungen, Verträge mit unbedingter Zahlungsverpflichtung, Forderungsverbrie- 14

---

[7] Vgl. ADS, Rechnungslegung und Prüfung der Unternehmen, 6. Aufl. 1995–2001, § 315 HGB Rz 5.
[8] Vgl. IDW, WPH Edition, Wirtschaftsprüfung & Rechnungslegung, 18. Aufl. 2023, Kap. G Tz 702.

fungen über gesonderte Ges. oder nicht rechtsfähige Einrichtungen, Verpfändung von Aktiva, Leasingverträge oder die Auslagerung von Tätigkeiten. Zweck der Anhangangaben ist die Berichterstattung über Risiken und Chancen, die sich aus diesen Geschäften ergeben und sich auf die Vermögens-, Finanz- und Ertragslage des Konzerns auswirken können. Dies ist der Fall, wenn sich aus den außerbilanziellen Geschäften ein künftiger Ressourcenabfluss ergeben könnte, wobei immer auf den Einzelfall abzustellen ist. Ist dies gegeben, ist eine Anhangangabe zwingend. Dabei sind nicht nur die Chancen und Risiken zu nennen, es ist auch auf die Art und den Zweck des Geschäfts einzugehen.

15 Mit dem BilRUG neu aufgenommen wurde die verpflichtende Darstellung der **finanziellen Auswirkungen** von nicht in der Bilanz enthaltenen Geschäften. Dies ist allerdings nur als Konkretisierung zu werten, da es bereits schon in der alten Fassung des Abs. 1 Nr. 2. h.M. war, die Auswirkungen von Chancen und Risiken in positiver und negativer Art auf die Vermögens-, Finanz- und Ertragslage des Konzerns anzugeben, wobei diese sowohl in quantitativer als auch qualitativer Form erfolgten.

16 Ebenfalls neu mit dem BilRUG eingeführt wurde die Einschränkung der Berichterstattung auf Geschäfte mit **wesentlichen Chancen und Risiken**.

17 Mit der Änderung des § 290 Abs. 2 HGB sind nun **Zweckges.** in den Konzernabschluss einzubeziehen. Sollten dennoch Gründe dafür sprechen, Zweckges. nicht in den Konzernabschluss einzubeziehen, sind zumindest Angaben über die Zweckges. zu machen. § 314 Abs. 1 Nr. 2 HGB hat somit eine Auffangfunktion.

18 Nicht angabepflichtig sind außerbilanzielle Geschäfte von nicht in den Konzernabschluss einbezogenen KonzernUnt. Hierzu gehören regelmäßig nicht konsolidierte TU, GemeinschaftsUnt und assoziierte Unt.[9] Gleiches gilt für i.R.d. Kons. eliminierte außerbilanzielle Geschäfte.

2.3 Angaben zu sonstigen Verpflichtungen (Abs. 1 Nr. 2a)

19 Der **Gesamtbetrag der sonstigen finanziellen Verpflichtungen** ist anzugeben, sofern dieser für die Finanzlage des Konzerns von Bedeutung ist. Dabei handelt es sich um eine Wahlpflichtangabe (Rz 145), die dann von Bedeutung ist, wenn die finanziellen Verpflichtungen für die Beurteilung des künftigen finanziellen Spielraums des Konzerns erheblich sind.[10] Zusätzlich ist ein Davon-Vermerk für die finanziellen Verpflichtungen gegenüber nicht einbezogenen TU aufzunehmen.

20 Mit dem BilRUG wurden die Angaben zu den sonstigen Verpflichtungen erweitert. Es sind ein Davon-Vermerk für Altersversorgungsverpflichtungen und ein Davon-Vermerk für finanzielle Verpflichtungen gegenüber assoziierten Unt aufzunehmen.

21 Eine gesonderte Angabepflicht besteht dabei nach Art. 28 Abs. 2 EGHGB für nicht passivierte **Pensionsaltzusagen**. Sie sind als Fehlbetrag gesondert im Konzernanhang aufzuführen. Die Regelung ist deckungsgleich mit der des Einzelabschlusses.[11]

---

[9] Vgl. IDW RS HFA 32.32.
[10] Vgl. Grottel, in Beck Bil-Komm., 14. Aufl. 2024, § 314 HGB Rz 23.
[11] Vgl. Selchert, DB 1987, S. 545 ff.

Empfehlenswert ist die Aufgliederung der einzelnen Verpflichtungen mit Angaben zu den Fristigkeiten, um eine bessere Darstellung der tatsächlichen Verhältnisse des Konzerns zu vermitteln.

Ferner sind die Angaben gem. § 298 Abs. 1 HGB i.V.m. § 268 Abs. 7 HGB bzgl. der Haftungsverhältnisse des Konzerns um die darin enthaltenen **Haftungsverhältnisse**, die sich auf nicht einbezogene TU beziehen, zu erweitern.

2.4 Aufgliederung der Umsatzerlöse (Abs. 1 Nr. 3)

Umsatzerlöse sind sowohl nach Tätigkeitsbereichen als auch nach geografisch bestimmten Märkten aufzugliedern. Dies impliziert, dass sich Tätigkeitsbereiche von Märkten unterscheiden. Bei Unt mit monolithischen Produkt- oder Vertriebsstrukturen ist diese Unterscheidung nicht notwendig; ein Berichtsformat ist ausreichend.[12] Umsatzerlöse spiegeln die Liefer- und Leistungsbeziehungen gegenüber Dritten wider.[13] Innenumsätze nach § 305 Abs. 1 HGB sind zu eliminieren und nicht in die Aufgliederung einzubeziehen. Somit ist stets auf die konsolidierten, mit Dritten realisierten Erträge abzustellen. Innenumsätze können aber auf freiwilliger Basis aufgenommen werden.

Für die Aufgliederung der Umsatzerlöse **nach Tätigkeitsbereichen** ist eine Anlehnung an die Segmentberichterstattung nach DRS 28 mangels einer Konkretisierung im Gesetzestext empfehlenswert.[14] Eine Anlehnung der Aufgliederung der Umsatzerlöse an DRS 28, der sich eng an den IFRS 8 oder die US-GAAP-Regelung anlehnt, ist mit Vorsicht durchzuführen, da eine Umsatzaufgliederung nach diesen Standards auf dem Management Approach, also auf der Abbildung der internen Berichts- und Managementstrukturen, basiert. Diese Strukturen müssen nicht zwangsläufig mit Tätigkeitsbereichen deckungsgleich sein. Dies eröffnet einen nicht zu unterschätzenden Einschätzungsspielraum bei der Aufgliederung.[15]

Für die Aufgliederung der Umsatzerlöse **nach geografisch bestimmten Märkten** ist auf Absatzmärkte abzustellen.[16] Dies ergibt sich aus der Forderung im Gesetz nach Berücksichtigung der Organisation des Verkaufs von Produkten und Dienstleistungen. Entscheidend ist demnach der Sitz des Kunden, also der finale Absatzmarkt.[17] Bei stark divergierenden Vertriebsgebieten, uneinheitlichen Absatzkanälen oder verstreuten Kundenstandorten können diese auch zu einem geografisch bestimmten Markt zusammengefasst werden, wenn dadurch eine bessere Darstellung der tatsächlichen Verhältnisse der Umsatzaufgliederung erreicht wird. Hier ist insb. der Wesentlichkeitsgrundsatz zu beachten und die Aufgliederung so zu wählen, dass die relevanten Märkte einzeln dargestellt werden.

Die Aufgliederung der Umsatzerlöse für das aktuelle Jahr ist um **Vj-Angaben** zu ergänzen. Bei erheblichen Änderungen von Konzernstrukturen sind ggf. Pro-

---

12 Vgl. ADS, Rechnungslegung und Prüfung der Unternehmen, 6. Aufl. 1995–2001, § 314 HGB Rz 22.
13 Vgl. IDW, WPH Edition, Wirtschaftsprüfung & Rechnungslegung, 18. Aufl. 2023, Kap. G Tz 703.
14 DRS 28 ist erstmalig auf Gj anzuwenden, die nach dem 31.12.2020 beginnen.
15 Vgl. IDW, WPH Edition, Wirtschaftsprüfung & Rechnungslegung, 18. Aufl. 2023, Kap. G Tz 706 ff.
16 Vgl. Grottel, in Beck Bil-Komm., 14. Aufl. 2024, § 314 HGB Rz 42; Poelzig, in MünchKomm. HGB, 5. Aufl. 2024, § 314 HGB Rz 29.
17 Dagegen sieht das IDW auch die Möglichkeit der Gliederung nach dem Ort der jeweiligen Betriebstätigkeit (Umsatzherkunft), vgl. IDW, WPH Edition, Wirtschaftsprüfung & Rechnungslegung, 18. Aufl. 2023, Kap. G Tz 706.

Forma-Angaben notwendig, sofern eine Vergleichbarkeit ansonsten nicht mehr gewährleistet ist.

28 Unt, die eine **Segmentberichterstattung**, sei es verpflichtend oder auf freiwilliger Basis, erstellen, sind nach § 314 Abs. 2 Satz 1 HGB von den Angabepflichten zur Aufgliederung der Umsatzerlöse befreit. Insofern handelt es sich um ein Anwendungswahlrecht. Der Umfang der Anhangangaben wird durch DRS 28 präzisiert.

29 I. R. d. **Aufgliederung der Umsatzerlöse** wurde die geänderte Umsatzdefinition aus § 277 Abs. 1 HGB (§ 275 Rz 45 ff.) eingearbeitet, ohne dass sich daraus für den Anhang inhaltliche Änderungen ergeben würden. Es sind daher die Umsatzerlöse nach Tätigkeitsbereichen und geografisch bestimmten Märkten aufzugliedern, soweit sich unter Berücksichtigung der Organisation des Verkaufs, der Vermietung oder Verpachtung von Produkten und der Erbringung von Dienstleistungen der KapG die Tätigkeitsbereiche und geografisch bestimmten Märkte untereinander erheblich unterscheiden.

2.5 Angaben zur Mitarbeiteranzahl und zum Personalaufwand (Abs. 1 Nr. 4)

2.5.1 Zahl der Arbeitnehmer

30 Im Konzernanhang hat eine Angabe der **durchschnittlichen Zahl der Arbeitnehmer** zu erfolgen. Durch die Beschränkung auf die einbezogenen Unt kommen nur die Mitarbeiter des MU sowie von voll- und quotal konsolidierten TU in Betracht. Doppelzählungen sind dabei zu vermeiden. Im Umkehrschluss dürfen konzernzugehörige Mitarbeiter nicht konsolidierter Unt (sowohl vollkonsolidiert als auch anteilsmäßig), assoziierter Unt sowie sonstiger Beteiligungen nicht einbezogen werden. Die Vorschrift ist identisch mit den Anhangangaben zum Einzelabschluss nach § 285 Nr. 7 HGB (§ 285 Rz 37 ff.).

31 Die Angabe von Mitarbeiterzahlen **quotal einbezogener Unt** hat in einer separaten Gruppe zu erfolgen. DRS 27.68 hat diese Angabepflicht aufgenommen und präzisiert, wonach diese Mitarbeiter anteilig und gesondert darzustellen sind. Unabhängig von der getrennten Angabe ist nach wie vor die Art der Berücksichtigung dieser Mitarbeiter in der Literatur umstritten. Es werden sowohl eine volle[18] als auch eine anteilmäßige[19] Berücksichtigung präferiert, wobei die erstere Meinung dem Wortlaut des Gesetzes am nächsten kommt; die anteilmäßige Einbeziehung aber dem Gedanken der Abbildung des Konzerns als ein Unt näher kommt und auch der Darstellung des Konzernpersonalaufwands entspricht. Somit wären auch im Konzern sinnvolle Verhältniszahlen aus der Mitarbeiterzahl ableitbar. Unabhängig vom Meinungsstreit ist die durchschnittliche Anzahl der Arbeitnehmer quotal einbezogener Unt entweder gesondert oder als „Davon"-Vermerk anzugeben. Mit dem BilRUG hat der Gesetzgeber durch eine gesonderte Angabe der Mitarbeiter der quotal einbezogenen Unt dem Konflikt die Schärfe genommen.

32 Als **durchschnittliche Anzahl** ist der Jahresmittelwert der Mitarbeiter einbezogener Unt anzusetzen. Veränderungen des KonsKreises haben auch stets Auswirkungen auf die Berechnung der durchschnittlichen Anzahl der Mitarbeiter.

---

[18] Vgl. ADS, Rechnungslegung und Prüfung der Unternehmen, 6. Aufl. 1995–2001, § 314 HGB Rz 31.
[19] Vgl. Grottel, in Beck Bil-Komm., 14. Aufl. 2024, § 314 HGB Rz 56 ff.

Gleiches gilt für quotal einbezogene Unt, wobei hier eine anteilmäßige Einbeziehung von Mitarbeitern möglich erscheint.[20]

Die durchschnittliche Anzahl der Arbeitnehmer ist zu **gruppieren**. Eine Gruppierung für Mitarbeiterzahlen quotal einbezogener Unt ist als separate Gruppe zu führen. 33

Es gilt **Methodenfreiheit** für die Berechnung der durchschnittlichen Mitarbeiteranzahl. Es ist allerdings auf Methodenstetigkeit in der Anwendung zu achten. 34

2.5.2 Personalaufwand

Erfolgt die **Gliederung** der **GuV nach dem Umsatzkostenverfahren**, ist der Personalaufwand im Konzernanhang anzugeben. Die Gesamtangabe ist insb. für Wertschöpfungsrechnungen[21] und Relationen wie Personalaufwand/Mitarbeiter von Interesse. 35

Eine Aufteilung des Personalaufwands ist nach Löhnen und Gehältern, Kosten der sozialen Sicherheit und Kosten der Altersversorgung vorzunehmen. Somit nähert sich die Angabepflicht des Konzernanhangs dem des Anhangs an. Eine Identität der zwei Anhangangaben ist allerdings nicht gegeben, da die Analyse des Personalaufwands im Konzernabschluss weitreichender ist als im Jahresabschluss. So sind die Kosten der Altersversorgung im Konzernabschluss explizit zu nennen, während diese im Jahresabschluss lediglich als „Davon"-Vermerk (der aggregierten Aufwendungen für Sozialabgaben, Altersvorsorge und Unterstützung) anzugeben sind. 36

Ist eine Anhangidentität zwischen Konzernabschluss und Jahresabschluss gewünscht, wäre die Angabe im Jahresabschluss als freiwillige Angabe entsprechend aufzuschlüsseln.

MU, die gem. § 315e HGB ihren Konzernabschluss pflichtgemäß oder freiwillig nach den IFRS erstellen, haben diese Angaben zusätzlich in den Konzernanhang aufzunehmen (§ 315e Rz 17). 37

2.6 Angaben zu Organbezügen sowie Krediten und sonstigen Rechtsgeschäften mit Organmitgliedern (Abs. 1 Nr. 6)

Im Konzernanhang **sind** Angaben über die Organbezüge, Kredite und sonstige Rechtsgeschäfte mit Organmitgliedern **aufzunehmen**. Getrennt nach Personengruppen (Mitglieder des Geschäftsführungsorgans, Aufsichtsrats, Beirats oder einer ähnlichen Einrichtung des MU) sind die Gesamtbezüge des Gj zu nennen. Gleiches gilt für die Bezüge früherer Mitglieder der Organe und ihrer Hinterbliebenen im Gj. Pensionsverpflichtungen dieses Personenkreises sind gesondert darzustellen. Gewährte Vorschüsse und Kredite sind zu erläutern, wobei neben der Angabe des Zinssatzes, der Bedingungen und der ggf. im Gj getilgten Beträge außerdem eingegangene Haftungsverhältnisse darzulegen sind. Diese Angabepflichten sind durch DRS 17 konkretisiert worden, der über § 315e Abs. 1 HGB auch für Unt gilt, die ihren Konzernabschluss nach den IFRS erstellen. 38

Durch die Novellierung des AktG und des HGB durch das ARUG II wurden DRS 17 sowie DRS 20 entsprechend abgeändert. Neben redaktionellen Anpassungen wurden alle Vorschriften, die sich auf die erweiterten Berichtspflichten 39

---

[20] Vgl. Poelzig, in MünchKomm. HGB, 5. Aufl. 2024, § 314 HGB Rn 38.
[21] Vgl. zu Wertschöpfungsrechnungen z. B. Haller, Wertschöpfungsrechnung, 1997.

börsennotierter Unt beziehen und die aus dem Konzernanhang in den § 162 AktG verlagert wurden (§ 315a Rz 41 ff.), ersatzlos gestrichen.

40 Die Regierungskommission Deutscher Corporate Governance Kodex hat mit der Kodexreform 2019 die Regeln zur Vorstandsvergütung neu gefasst, die in der aktuellen Überarbeitung von 2022, die am 27.6.2022 im amtlichen Teil des Bundesanzeigers bekannt gemacht wurde, unverändert weitergelten. Dabei wird für die Vorstandsvergütung empfohlen, die langfristige Vergütung auf Aktienbasis erfolgen zu lassen und diese mit der Unternehmensstrategie zu koppeln. Sie solle die kurzfristig, in bar zu leistende Vergütung übersteigen und auf eine Maximalvergütung beschränkt sein, wobei diese Aktien mit einer Sperrperiode von vier Jahren belegt werden sollten.[22]

41 Bei den **Organmitgliedern** im Konzern ist ausschl. auf das MU abzustellen. Damit wird die Berichterstattung des Personenkreises mit dem des Einzelabschlusses des MU identisch sein. Üben Organmitglieder weitere Funktionen bei anderen Unt im Konzern aus und erhalten sie daraus weitere Einkünfte, können die Bezugsangaben zwischen Jahresabschluss und Konzernabschluss divergieren. Für den Konzernabschluss sind allerdings alle Bezüge aufzunehmen, unabhängig vom KonsKreis, von der Einstufung des betroffenen TU und von Art und Umfang der Tätigkeit. Es gilt stets eine konzernweite Betrachtung, wobei allerdings Bezüge aus Tätigkeiten bei GemeinschaftsUnt oder assoziierten Unt oder im Fall eines Teilkonzernabschlusses aus Tätigkeiten bei übergeordneten Ges. auszuklammern sind.[23]

42 **Tätigkeiten** von Organmitgliedern, aus denen Bezüge entstehen, umfassen sämtliche Tätigkeiten, nicht nur Organtätigkeiten. Der Begriff ist weit auszulegen, wobei es ausreicht, dass die Tätigkeiten im Interesse des MU stehen. Demgegenüber sind nebenamtliche Tätigkeiten sowie Aufgaben als Freiberufler nicht einzubeziehen.[24]

43 Obwohl nur zeitanteilig gezahlt, sollten Bezüge von Organmitgliedern unterjährig erworbener oder veräußerter TU vollständig für die Zeit der Konzernzugehörigkeit berücksichtigt werden.[25]

44 Eine **Differenzierung** von Bezügen nach den Ursprüngen im Konzern ist nicht notwendig. Werden Einzel- und Konzernanhang gem. § 298 Abs. 3 HGB zusammengefasst, sind getrennte Angaben gem. § 285 Nr. 9 HGB u. § 314 Nr. 6 HGB erforderlich.

2.6.1 Angaben für tätige Organmitglieder (Abs. 1 Nr. 6 Buchst. a)

45 Gesamtbezüge tätiger Organmitglieder umfassen Gehälter, Gewinnbeteiligungen, Bezugsrechte und sonstige aktienbasierte Vergütungen, Aufwandsentschädigungen, Versicherungsentgelte, Provisionen, Nebenleistungen jeder Art sowie nicht ausgezahlte Bezüge. Unter nicht ausgezahlten Bezügen werden Erhöhungen von Ansprüchen und Bezüge des Gj, die bisher in keinem Konzernabschluss angegeben worden sind, verstanden. Zu entrichtende gesetzliche

---

[22] Vgl. Böcking/Bundle/Schmid/Wagner, DB 2019, S. 137 ff.
[23] Vgl. IDW, WPH Edition, Wirtschaftsprüfung & Rechnungslegung, 18. Aufl. 2023, Kap. G Tz 728.
[24] Vgl. Grottel, in Beck Bil-Komm., 14. Aufl. 2024, § 314 HGB Rz 88 f.
[25] Vgl. zu einer nur anteiligen Berücksichtigung Poelzigs, in MünchKomm. HGB, 5. Aufl. 2024, § 314 HGB Rn 48.

Arbeitgeberanteile zur Sozialversicherung nach DRS 17.18 fallen jedoch nicht unter diese Bezüge. Gleiches gilt für die den Mitgliedern des Aufsichtsrats, Beirats oder ähnlicher Einrichtungen erstattete USt, die als durchlaufender Posten zu behandeln ist. Bezüge und Zusagen, die mit einer aufschiebenden Bedingung versehen sind, sind erst mit vollständigem Eintritt der Bedingung angabepflichtig.

DCGK 2022 G.3 empfiehlt, die Gesamtbezüge des Vorstands anhand einer Peer-Group vergleichbarer Unt durch den Aufsichtsrat zu ermitteln. Wenngleich diese Vorgehensweise ein Teil des Vergütungssystems darstellt und im Konzernlagebericht zu nennen wäre, würden die sich daraus ergebenden Bezüge, insb. die Ausübung von Aktien und Aktienoptionen, Bestandteil der berichtspflichtigen Gesamtbezüge sein. **46**

Die Angabe im Konzernanhang kann nach bisheriger Rechtsprechung analog § 286 Abs. 4 HGB (§ 286 Rz 17f.) unterbleiben, wenn aus der Angabe auf die Bezüge eines einzelnen Organmitglieds geschlossen werden kann.[26] Das Auskunftsrecht der Anteilseigner des MU (z.B. gem. § 131 AktG) bleibt davon unberührt.[27] Dies gilt nicht für Vorstände **börsennotierter AG**. Deren Bezüge sind nach § 162 AktG individualisiert – allerdings im Vergütungsbericht außerhalb des Konzernanhangs (§ 315a Rz 41ff.) – anzugeben. Die in § 286 Abs. 5 i.V.m. § 286 Abs. 2 Satz 2 HGB a.F. eingeräumte Möglichkeit der Unterlassung von Angaben nach § 314 Abs. 1 Nr. 6 Buchst. a Sätze 5–8 HGB a.F. für einen Zeitraum von fünf Jahren aufgrund eines Beschlusses der HV bleibt ebenfalls hiervon unberührt, galt aber nur noch im Gj 2020 (§ 315a Rz 41 ff.). **47**

Vergütungen von Vorstandsmitgliedern börsennotierter AG sind nach § 162 AktG individualisiert anzugeben, wobei die Angaben aus dem Vergütungsbericht bzgl. der gesamten Höhe mit den Angaben gem. § 314 Abs. 1 Nr. 6a Satz 1 HGB übereinstimmen müssen. **48**

Börsennotierte Unt hatten **zusätzliche Angaben** in den Konzernanhang nach § 314 Abs. 1 Nr. 6a Satz 6 HGB aufzunehmen. Seit dem 1.1.2021 haben diese aber nach § 162 AktG in einem gesonderten Vergütungsbericht zu erfolgen (§ 315a Rz 41ff.). **49**

2.6.2 Angaben für ehemalige Organmitglieder und ihre Hinterbliebenen (Abs. 1 Nr. 6 Buchst. b)

Angabepflichtig sind die **Gesamtbezüge der ehemaligen Organmitglieder** des MU und deren Hinterbliebenen. Hierzu gehören Abfindungen, Ruhegehälter, Hinterbliebenenbezüge und Leistungen verwandter Art. Die Gesamtbezüge umfassen alle Bezüge, die von allen Unt des Konzerns, also auch den TU, gewährt wurden. Hier liegt eine systematische Abweichung zu den Angaben nach § 285 Nr. 9 Buchst. b HGB vor, der für Zwecke des Einzelabschlusses einzig auf die gewährten Bezüge des MU abstellt (§ 285 Rz 49ff.). Leistungen von Pensions- oder Unterstützungskassen sind nur bei einem unmittelbaren Anspruch des MU **50**

---

[26] Vgl. ADS, Rechnungslegung und Prüfung der Unternehmen, 6. Aufl. 1995–2001, § 314 HGB Rz 50; LG Köln, Beschluss v. 18.12.1996, 91 O 147/96, DB 1997 S. 320; Klatte, BB 1995, S. 35; Kling, BB 1995, S. 349, 350.

[27] Vgl. OLG Düsseldorf, Entscheidung v. 26.6.1997, 19 W 2/97 AktE, DB 1997 S. 1609.

oder TU auf die Auszahlungen einzubeziehen oder wenn diese Pensions- und Unterstützungskassen als TU zu klassifizieren sind.

51 Gesamtbezüge ehemaliger Organmitglieder können auch geschuldete Vergütungsbestandteile wie z. B. Aktien und Aktienoptionen aus der Zeit als aktives Organmitglied beinhalten, die einer Sperrfrist unterliegen. Diese sind in die Anhangangaben mit entsprechenden Erläuterungen aufzunehmen.

52 Bei **Pensionsverpflichtungen** sind – anders als im Einzelabschluss – alle Unt des Konzerns einzubeziehen. Auf eine einheitliche Bewertung der Pensionszusagen ist zu achten, da zum einen über die Kons auch die Zusagen von TU einbezogen werden und zum anderen die Zusagen nicht konsolidierter Unt und Beteiligungen zu berücksichtigen sind.[28] Für die Pensionsverpflichtungen ist eine Unterteilung nach passivierten und nicht gebildeten Pensionsrückstellungen sowie nach den jeweiligen Personengruppen vorzunehmen.

2.6.3 Angaben über Vorschüsse und Kredite (Abs. 1 Nr. 6 Buchst. c)

53 Neben den Gesamtbezügen tätiger Organmitglieder sind Angaben zu **gewährten Vorschüsse, Krediten** sowie **eingegangenen Haftungsverhältnissen** im Konzernanhang zu berichten. Rechtsgeschäfte ehemaliger Organmitglieder und ihrer Hinterbliebenen fallen nicht unter diese Angabepflicht. Allerdings sind Rechtsgeschäfte zwischen den aktiven Organmitgliedern und TU angabepflichtig.[29]

54 Die Angabepflicht erstreckt sich nicht nur auf gewährte Vorschüsse und Kredite, es sind auch zurückgezahlte oder erlassene Beträge anzugeben. Es ist empfehlenswert, beide Beträge getrennt voneinander darzustellen.

55 Es sind alle gewährten Vorteile unsaldiert anzugeben. Darunter fallen nicht nur Beträge, sondern auch Zinskonditionen und wesentliche Bedingungen der zugrunde liegenden Rechtsgeschäfte. Unsaldiert bedeutet, dass eine Saldierung von Verpflichtungen des Konzerns (bzw. sämtlicher Unt des Konzerns) mit den gewährten Vorschüssen und Krediten nicht vorgenommen werden darf. Es ist unerheblich, auf welcher Ebene im Konzern Vorschüsse und Schulden ggü. Organmitgliedern bestehen.

56 **Übernommene Haftungsverhältnisse** sind nun anzugeben. Die Angabepflicht ist konzernweit auszulegen, d. h. es sind alle Unt des KonsKreises (MU und alle TU) für diese Angabepflicht zu berücksichtigen.

2.7 Angaben zu Anteilen am Mutterunternehmen (Abs. 1 Nr. 7–7b)

57 Über Anteile am MU, die von dem MU, einem TU oder einem Dritten treuhänderisch gehalten werden, sind Angaben in den Konzernanhang aufzunehmen. Dies umfasst auch von TU gehaltene Anteile, die nicht in den KonsKreis einbezogen sind. Damit fallen Anteile am MU, die von Gemeinschafts- oder assoziierten Unt gehalten werden, aus der Angabepflicht heraus. Zu den Pflichtangaben gehören Anzahl, Nennbetrag (bzw. der rechnerische Wert bei nennwertlosen Aktien) und der prozentuale Anteil am gezeichneten Kapital. Diese Vorschrift steht in Analogie zu § 160 Abs. 1 Nr. 2 AktG, der identische Angaben fordert. Somit besteht für AG eine entsprechende Angabepflicht auch im Einzel-

---

[28] Vgl. Grottel, in Beck Bil-Komm., 14. Aufl. 2024, § 314 HGB Rz 107.
[29] Vgl. Dörner/Wirth, in Küting/Weber, HdK, 2. Aufl. 1998, §§ 313, 314 HGB, Rz 390.

abschluss. Auszuweisen sind die Anteile in der Bilanz als offen abgesetzte Rücklage gem. § 301 Abs. 4 HGB unter § 266 Abs. 3 A. III. 2. HGB.
Von einem Dritten treuhänderisch gehaltene Anteile an dem MU umfassen Anteile, die sowohl erworben als auch als Pfand genommen wurden. Nach h. M. ist diese Einschränkung entgegen der Formulierung in § 314 Abs. 1 Nr. 7 HGB, die zu einem Ausschluss der nichtkonsolidierten TU führt, als Ungenauigkeit zu werten. Folglich sind auch treuhändisch gehaltene Anteile nicht konsolidierter TU zu berücksichtigen.[30] Eine Differenzierung bzgl. des Besitzers der Anteile oder dem Ort der Hinterlegung ist nicht notwendig.

58

Die Anteile des MU fallen nicht unter die Angabepflichten zum sonstigen Anteilsbesitz nach § 313 Abs. 2 Nr. 4 HGB (§ 313 Rz 91 ff.); eine Inanspruchnahme der Schutzklausel des § 313 Abs. 3 HGB (§ 313 Rz 104 f.) ist ausgeschlossen.

59

Mit dem BilRUG neu aufgenommen in Nr. 7a ist die Nennung der Aktien und deren Beträge je Gattung des MU. Dabei ist zu unterscheiden nach Nennbetragsaktien, für die der Nennbetrag anzugeben ist, und nach Stückaktien, für die der rechnerische Wert anzugeben ist. Diese Vorschrift ist nur für AG und KGaA relevant und ist deckungsgleich mit den nach § 160 AktG geforderten Angaben.

60

Ebenfalls wurde in diesem Kontext neu aufgenommen in Nr. 7b die Angabe zu Genussscheinen, Wandelschuldverschreibungen, Optionsscheinen, Optionen und vergleichbare Wertpapiere und Rechte. Für jede Kategorie sind die Anzahl und die Rechte aufzuführen. Die ursprünglich nur für AG und KGaA berichtspflichtigen Angaben sind durch die Übernahme aus dem AktG in das HGB auch für andere Rechtsformen berichtspflichtig. Dies betrifft mittelgroße und große KapG sowie PersG.

61

Die Aufzählung der Instrumente ist dabei nicht abschließend. Unter Nr. 7b fallen sämtliche Instrumente, die ein Recht begründen.

Die Ausgabe von derartigen Instrumenten ist konzernweit zu betrachten. Es sind sämtliche Instrumente, die Unt des Konzerns ausgeben, berichtspflichtig, sofern hierdurch eine Verpflichtung des MU entsteht. Dabei ist es egal, wie die Verpflichtung des MU entstanden ist. Konzerninterne Patronatserklärungen, Bürgschaften und ähnliche rechtlich bindende Zusagen, die eine externe Wirkung entfalten, können z. B. eine derartige Verpflichtung begründen.

2.8 Angabe zur Erklärung gem. § 161 AktG (Abs. 1 Nr. 8)

Vorstand und Aufsichtsrat einer börsennotierten Ges. haben gem. § 161 AktG jährlich darüber zu berichten, ob den Verhaltensempfehlungen des **Deutschen Corporate Governance Kodexes (DCGK)** entsprochen wurde und wird oder welche Empfehlungen nicht angewandt werden oder wurden. Sofern Empfehlungen des DCGK nicht angewendet bzw. von ihnen abgewichen werden oder wurden, ist eine Begründung abzugeben, warum von diesen Empfehlungen abgewichen wird oder wurde. Diese Erklärung ist auch für alle voll und anteilig einbezogenen börsennotierten Unt abzugeben. Die Erklärung zum DCGK selbst ist nicht Gegenstand des Konzernanhangs. Im Konzernanhang ist anzugeben, dass die Erklärung nach § 161 AktG abgegeben und **wo** sie dauerhaft öffentlich zugänglich gemacht worden ist.

62

---

[30] Vgl. ADS, Rechnungslegung und Prüfung der Unternehmen, 6. Aufl. 1995–2001, § 314 HGB Rz 53.

> **Praxis-Beispiel**
> Die Angabe zur Erklärung gem. § 161 AktG könnte wie folgt formuliert werden:
> „Der Vorstand und der Aufsichtsrat der xyz AG haben die gem. § 161 AktG geforderte Entsprechenserklärung zum Deutschen Corporate Governance Kodex abgegeben und den Aktionären im Internet unter folgender Adresse dauerhaft zugänglich gemacht: www.Internetadresse.de."

2.9 Angaben zum Honorar des Abschlussprüfers (Abs. 1 Nr. 9)

63 Alle Unt haben im Konzernabschluss Angaben zum Honorar des Abschlussprüfers zu machen. Eine Beschränkung auf Unt, die einen organisierten Markt i.S.d. § 2 Abs. 11 WpHG in Anspruch nehmen, wurde mit dem BilMoG aufgehoben. Die Angabepflicht gilt gem. § 315e HGB auch dann, wenn der Konzernabschluss verpflichtend oder freiwillig nach den IFRS aufgestellt wird. Der Gesetzgeber bezweckt mit den Honorarangaben eine erhöhte **Transparenz** der Beziehungen zwischen Abschlussprüfer und Prüfungsmandant, um so eine verbesserte Einschätzung der Unabhängigkeit des Abschlussprüfers vornehmen zu können. Diese Pflichtangabe ist im Kontext des § 319 HGB sowie der entsprechenden EU-Abschlussprüfungsverordnung[31] zur Vereinbarkeit bzw. Nichtvereinbarkeit von bestimmten Beratungsdienstleistungen mit der Tätigkeit und der Unabhängigkeit des Abschlussprüfers zu sehen.

64 **Erleichterungsvorschriften** greifen **nicht**. Es ist unabhängig von der Größenklasse eines Konzerns zu berichten.

65 Als **Abschlussprüfer** wird die Person oder Ges. verstanden, die zur Abschlussprüfung bestellt wurde. Werden mehrere Personen oder Ges. zur Abschlussprüfung bestellt, umfasst die Anhangangabe sämtliche Honorare aller bestellten Personen oder Ges.

66 **Offenzulegen** sind alle Honorare des Abschlussprüfers des Konzerns i.S.d. § 319 Abs. 1 HGB. Diese Angabepflicht umfasst damit Leistungen, die für das MU und alle TU erbracht wurden. GemeinschaftsUnt sind quotal einzubeziehen. Nicht einzubeziehen sind hingegen Honorare, die für Leistungen an assoziierte Unt erbracht wurden. Somit beinhaltet die Honorarangabe erbrachte Leistungen für den Konzernabschluss als auch die Jahresabschlüsse der geprüften Unt. Ist als Abschlussprüfer eine Prüfungsges. bestellt, sind die Honorare aller erbrachten Leistungen anzugeben. Nicht anzugeben sind Prüfungs- und Beratungsleistungen, die von Netzwerken von Prüfungsges. erbracht werden. Hierdurch wird die Aussagekraft der Honorarangaben allerdings erheblich verwässert.[32] Die Angabe des Honorars i.R.d. Konzernabschlusses weicht dabei regelmäßig von den Angaben zu den Honoraren im Anhang zum Jahresabschluss ab.

67 Honorare sind **betragsmäßig** anzugeben. Gefordert ist eine absolute, wertmäßige Honorarangabe für alle im Gj erbrachten Leistungen. Die Angabe der als Aufwand erfassten Honorare ist nicht hinreichend. Zu berücksichtigen sind ebenfalls erbrachte, aber noch nicht abgerechnete Leistungen des Abschlussprüfers. Davon abzugrenzen sind im Nachgang abgerechnete Leistungen des Vj. Insofern ist auf den Zeitpunkt

---

[31] Verordnung (EU) Nr. 537/2014, ABl. EU L158/77 v. 27.5.2014.
[32] Vgl. Lenz, BB 2004, S. 711.

Wertansätze ggü. dem Einzelabschluss ergeben, z. B. durch eine Neubewertung i. R. d. ErstKons.

Angabepflichtig sind der beizulegende Zeitwert sowie der Buchwert, woraus sich der Betrag der unterlassenen Abschreibung ermitteln lässt. Die Angabe sollte stets pro Vermögensgegenstand erfolgen. Eine Gruppierung ist zulässig. 76

Neben den Angaben zu Buch- und Zeitwert sind die Gründe für das Unterlassen der Abschreibung zu nennen. Explizit sollen die Anhaltspunkte für eine nicht dauerhafte Wertminderung genannt werden. Ziel der Angabe ist letztendlich die Begründung, warum eine nicht dauerhafte Wertminderung vorliegt, da nur dann keine außerplanmäßige Abschreibung vorzunehmen ist. 77

Auf die Angabe kann verzichtet werden, sofern es sich bei den Finanzinstrumenten um Anteile an Investmentvermögen handelt, über die nach Abs. 1 Nr. 18 zu berichten ist (Rz 113 ff.). 78

2.11 Angaben zu derivativen Finanzinstrumenten (Abs. 1 Nr. 11)

Die Art und der Umfang von Angaben zu derivativen Finanzinstrumenten (identisch mit § 285 Abs. 1 Nr. 19 HGB) verpflichten zu einer umfassenden Berichterstattung hinsichtlich schwebender Geschäfte und den damit verbundenen Risiken. Der Berichtsumfang bezieht sich auf das MU sowie alle einbezogenen TU und soll somit eine Gesamtbeurteilung ermöglichen. Dabei ist es unerheblich, ob die derivativen Finanzinstrumente bilanzwirksam erfasst wurden oder ob dies noch nicht erfolgte.[37] Der **Begriff** „derivatives Finanzinstrument" ist seitens des Gesetzgebers nicht definiert. Daher wird ersatzweise auf die Definitionen nach KWG, WpHG und IFRS zurückgegriffen. Der Begriff der Finanzinstrumente wird als Oberbegriff verwendet, womit eine möglichst umfassende Definition erreicht werden soll.[38] Zu den derivativen Finanzinstrumenten gehören somit typischerweise Zinsswaps, -futures, -optionsgeschäfte und Devisentermingeschäfte, -optionsgeschäfte sowie Währungsswaps, aktien-/indexbezogene Instrumente und Warentermingeschäfte. 79

Finanzinstrumente sind zu kategorisieren. Für jede **Kategorie** sind die folgenden Angaben offenzulegen: 80

- Art und Umfang,
- Buchwert und korrespondierender Bilanzposten,
- beizulegender Zeitwert nebst der angewandten Bewertungsmethoden. Kann ein beizulegender Zeitwert nicht bestimmt werden, sind stattdessen die Gründe hierfür anzugeben.

Als Kategorien für derivative Finanzinstrumente eignen sich in Anlehnung an § 1 Abs. 11 Nr. 2 Satz 4 KWG die zugrunde liegenden Risiken. Beispiele hierfür sind zinsbezogene, währungsbezogene oder aktien-/indexbezogene Risiken. Bestehen Zuordnungsschwierigkeiten, sind derivative Finanzinstrumente entweder als eigenständige Kategorie oder gesondert innerhalb der sonstigen Geschäfte zu erfassen.[39]

Art und Umfang können über die Natur der Finanzinstrumente, deren Einsatzbereiche und deren Volumen bestimmt werden. So sind als **Arten** z. B. Optionen, 81

---

[37] Vgl. BT-Drs. 15/3419 v. 24.6.2004 S. 30.
[38] Vgl. Pfitzer/Oser/Orth, DB 2004, S. 2593, 2595.
[39] Vgl. IDW RH HFA 1/2005, WPg 2005, S. 531, 532.

Futures, Forwards und Swaps zu nennen.[40] Der **Umfang** kann über Nominalwerte und Volumen verdeutlicht werden. Der **beizulegende Zeitwert** ist für jede Art von derivativen Finanzinstrumenten zu nennen, sofern er verlässlich ermittelbar ist. Demnach sind als zuverlässigster Maßstab Marktwerte zu verwenden. Mangelt es an deren Verfügbarkeit, ist ein mehrstufiges Ermittlungsschema nach § 255 Abs. 4 HGB anzuwenden, das an den international üblichen Verfahren angelehnt ist. Erst wenn keines der Verfahren greift, ist auf die fortgeführten Anschaffungskosten (AK) abzustellen. In diesem Kontext sind die Angaben zu den angewandten Bewertungsmethoden anzusiedeln. Zu den Angaben bzgl. der Bewertungsmodelle gehören nicht nur die Modelle an sich, sondern auch die zugrunde liegenden Annahmen. Ebenso sind hier die Gründe zu nennen, falls keine Bewertungsmethode für eine Bestimmung des beizulegenden Zeitwerts geeignet ist. Bei der Angabe des **Buchwerts** und des **Bilanzpostens**, in dem der Buchwert erfasst wurde, ist stets auf den Wertansatz des Konzernabschlusses abzustellen, da durch Neubewertungen der Bilanzansatz vom Bilanzansatz des Einzelabschlusses abweichen kann. Da es sich bei derivativen Finanzinstrumenten häufig um schwebende Geschäfte handelt, ist bzgl. des Wertansatzes zu unterscheiden. Liegt ein negativer Wertansatz vor, ist aufgrund des Imparitätsprinzips eine Drohverlustrückstellung nach § 249 Abs. 1 Satz 1 HGB zu bilden. Dann sind entsprechende Anhangangaben i. R. d. Bilanzpostens vorzunehmen. Bei einem beizulegenden Zeitwert über den AK erfolgt eine Begrenzung auf die AK. Damit sind schwebende Gewinne der externen Seite im Konzernanhang enthalten, sodass ein um stille Reserven bzw. Lasten bereinigter Bilanzansatz derivativer Finanzinstrumente für die Beurteilung der Erfolgs- und Finanzlage des Konzerns möglich ist.

82 Wegen der **gesonderten Angabepflichten** zu Bewertungseinheiten (Rz 106 ff.) beschränkt sich die Angabepflicht nach Nr. 11 auf reine Finanzinstrumente. Ferner brauchen hier **keine Angaben** zu Finanzinstrumenten des Handelsbestands von Kreditinstituten gemacht werden (Rz 83 ff.).

2.12 Angaben zum Handelsbestand (Abs. 1 Nr. 12)

83 Die Pflichtangabe für Finanzinstrumente, die mit dem beizulegenden Zeitwert zu bewerten sind, beschränkt sich aufgrund des Verweises auf § 340e Abs. 3 Satz 1 HGB ausschl. auf Kreditinstitute. Ziel der Bewertung mit dem beizulegenden Zeitwert ist es, die Bewertung des meist sehr kurzfristig angelegten Handelsbestands der Banken ohne Anwendung des Imparitätsprinzips einfacher zu gestalten. Die sich daraus ergebenden Buchgewinne sind nach § 6 Abs. 1 Nr. 2b EStG für die Kreditinstitute auf Ebene der Steuerbilanz allerdings steuerpflichtig. Auf Konzernebene sind nur latente Steuern relevant.

84 Im Konzernabschluss ist die Angabe zum Handelsbestand relevant, wenn das MU ein Kreditinstitut ist. TU sind nur in die Angabepflicht einzubeziehen, wenn sie ebenfalls Kreditinstitute sind und über einen Handelsbestand an Finanzinstrumenten verfügen. Eine Angabe ist zu unterlassen, wenn das MU im Gegensatz zum TU kein Kreditinstitut ist. In diesem Fall ist eine Zuordnung des

---

[40] Vgl. Heuser/Theile, GmbHR 2005, S. 201, 202.

Handelsbestands zu den Wertpapieren des Umlaufvermögens vorzunehmen. Die AK-Obergrenze ist zu beachten.

Aufgrund der Bewertung mit dem beizulegenden Zeitwert sind die grundlegenden Annahmen, die der Bestimmung des beizulegenden Zeitwerts mithilfe allgemein anerkannter Bewertungsmethoden zugrunde gelegt wurden, anzugeben. Analog den Vorgaben in Abs. 1 Nr. 11 sind Finanzinstrumente zu kategorisieren sowie Art und Umfang anzugeben (Rz 75 ff.). Zusätzlich sind für jede Kategorie die wesentlichen Bedingungen anzugeben, die die Höhe, den Zeitpunkt und die Sicherheit künftiger Zahlungsströme beeinflussen können. Die Angaben sollen über den Umfang der den Finanzinstrumenten anhaftenden Risiken informieren.

2.13 Angaben zu nahestehenden Personen (Abs. 1 Nr. 13)

Angaben sind zumindest über wesentliche marktunübliche Geschäfte des MU und der TU mit nahestehenden Unt und Personen, einschl. der Angaben über deren Wert, über die Art der Beziehung zu den nahestehenden Unt und Personen, in den Konzernanhang aufzunehmen. Dabei ist es freigestellt, ob nur über die wesentlichen marktunüblichen Geschäfte oder über alle Geschäfte mit nahestehenden Unt und Personen berichtet wird. Mit dieser Regelung werden die handelsrechtlichen Berichtspflichten an die internationale Rechnungslegung (IAS 24) angepasst und mehr Transparenz entsprechend der Corporate Governance geschaffen. Diese Pflichtangabe steht im Zusammenhang mit § 312 AktG, § 111a AktG, §§ 33f. WpHG und Grundsatz 6 des DCGK (2020), die ähnliche Angaben verlangen.

Mit der Neufassung der §§ 111a–111c AktG durch das ARUG II erfährt die Berichterstattung zu nahestehenden Personen eine deutliche Aufwertung, die sich auch in erweiterten Angaben des Konzernanhangs zu nahestehenden Personen niederschlägt. Künftig bedürfen Geschäfte, deren Wert 2,5 % der Summe aus Anlage- und Umlaufvermögen des Unt übersteigen, einer vorherigen Zustimmung des Aufsichtsrats. Bei Konzernen ist dabei auf die letzte verfügbare Konzernbilanz abzustellen. Dabei sind Geschäfte nicht auf das MU beschränkt. Auch Geschäfte von TU mit nahestehenden Personen des MU, die den Schwellbetrag übersteigen, müssen vom Aufsichtsrat des MU genehmigt werden.

Aus der engen Auslegung des § 111a AktG und der Beschränkung auf nahestehende Personen des MU ergibt sich eine Abgrenzungserwägung mit den Angabepflichten des HGB, die auf nahestehende Personen des Konzerns abzielen. Um beiden Vorschriften Rechnung zu tragen, sind hier ggf. detailliertere Ausführungen, „Davon"-Vermerke für das MU oder tabellarische Übersichten erforderlich. Sofern Geschäfte im ordentlichen Geschäftsgang mit nahestehenden Personen zu marktüblichen Konditionen getätigt werden, fallen diese gem. § 111a Abs. 2 Satz 1 AktG nicht in den berichtspflichtigen Regelungsbereich. Hier können sich durch das Wahlrecht des § 111a Abs. 2 Satz 2 AktG aber auslegungsbedürftige Sachverhalte ergeben, die bzgl. der Aufnahme in den Konzernanhang im Einzelfall zu würdigen sind.[41]

Nahestehende Personen können natürliche oder juristische Personen sein. Zu den juristischen Personen zählen u.a. Unt, die das berichtende Unt oder eines

---

[41] Vgl. Eisele/Oser, DB 2019, S. 1517.

seiner TU beherrschen können oder die auf das berichtende Unt oder auf seine TU unmittelbar oder mittelbar einwirken können. Gleiches gilt für natürliche Personen und für Zusammenschlüsse natürlicher Personen oder Unt, die einen gemeinsamen Einfluss gewährleisten.

89 Organmitglieder (Vorstand, Aufsichtsrat) sowie Manager in Schlüsselpositionen im Konzern sind demnach stets als nahestehende Personen zu qualifizieren, da sie aufgrund ihrer Funktion eine Beherrschung begründen können. Gleiches gilt für Aktionäre, sofern diese einen entsprechenden Einfluss auf das MU ausüben können.

90 Die Angaben zu nahestehenden Personen erstrecken sich auf das MU und alle TU des KonsKreis. Unt, deren Geschäfte konsolidiert werden, gelten nicht als nahestehende Personen. Diese Unt sind von der Berichtspflicht ausgenommen. Von den Berichtspflichten sind ferner Geschäfte mit Unt ausgeschlossen, die einer Ermächtigung oder Zustimmung der Hauptversammlung einer AG bedürfen oder die sich im Zuge der Umsetzung einer HV-Zustimmung befinden. § 111a Abs. 3 AktG listet explizit die Geschäfte mit nahestehenden Personen auf, die nicht einbezugpflichtig sind. Ausgenommen sind auch Geschäfte mit nahestehenden Personen von assoziierten Unt und GemeinschaftsUnt. Ebenfalls von den Berichtspflichten ausgenommen sind Geschäfte, die durch Konsolidierungsmaßnahmen eliminiert wurden. Daher sind einbezogene TU und GemeinschaftsUnt, soweit die Kons nach §§ 303, 304 und 305 HGB erfolgte, nicht in die Darstellung einzubeziehen. Assoziierte Unt gelten zwar als nahestehende Unt, sodass Geschäfte zwischen dem MU oder einbezogenen TU anzugeben sind, nicht aber Geschäfte des assoziierten Unt mit konzernfremden Dritten.[42]

91 Nicht als Geschäfte mit nahestehenden Personen gelten nach § 111a Abs. 3 AktG:
- Geschäfte mit allen TU des Konsolidierungskreises;
- durch eine Hauptversammlung zustimmungspflichtige Geschäfte;
- Kapitalbeschaffung und Kapitalherabsetzung;
- Übertragung von Gesellschaftsvermögen;
- Erwerb eigener Aktien;
- Verträge des Unt mit deren Gründern;
- Ausschluss von Minderheitsaktionären;
- Umwandlungsgeschäfte i. S. d. UmwG;
- Vergütungsgeschäfte mit Mitgliedern des Aufsichtsrats oder Vorstands;
- durch eine Behörde angeordnete oder gebilligte Geschäfte eines Kreditinstituts zur Sicherung ihrer Stabilität;
- Geschäfte, die allen Aktionären unter gleichen Bedingungen angeboten werden.

92 Nicht unter die Regelung fallen ferner natürliche Personen, die mittels **Anstellungsvertrag** an das Unt gebunden sind. Eine Überschneidung mit den Vorschriften des § 314 Abs. 1 Nr. 6 Buchst. a und b HGB sowie den Regelungen des DRS 17 ist somit ausgeschlossen.

93 Die **Art der Beziehung** ist offenzulegen. Dabei ist es unerheblich, ob Geschäfte mit eindeutig nahestehenden Personen stattgefunden haben. Haben nahestehende Personen jedoch lediglich die Möglichkeit einer wesentlichen Einwir-

---

[42] Vgl. Poelzig, in MünchKomm HGB, 5. Aufl. 2024, § 314 HGB Rz. 89.

kung, ist über diese Personen nur dann zu berichten, wenn tatsächlich Geschäfte getätigt wurden. Sofern mehrere nahestehende Personen unterschiedliche Arten von Beziehungen mit den KonzernUnt haben, ist eine Gruppierung nach Art der Geschäfte geboten.

> **Praxis-Beispiel**
> Arten nahestehender Personen:
> - Unt und natürliche Personen, die das berichtende Unt direkt oder indirekt beherrschen,
> - Unt, die vom berichtenden Unt direkt oder indirekt beherrscht werden und keine TU sind,
> - Unt, die einen maßgeblichen Einfluss auf das berichtende Unt haben,
> - Personen in Schlüsselpositionen,
> - Nahe Familienangehörige beherrschender Personen oder Schlüsselpersonen,
> - Unt, die beherrschenden Unt, beherrschenden natürlichen Personen, Schlüsselpersonen oder nahen Familienangehörigen gehören.

Liegt eine Vielzahl von Geschäften vor, ist eine Gruppierung nach **Art der Geschäfte** empfehlenswert. Geschäfte müssen in diesem Fall hinreichend gleichartig ein. Ist dies nicht gewährleistet, ist über die Geschäfte getrennt zu berichten. Unter Berücksichtigung der Art der Beziehung ist die Berichterstattung in Form einer Matrixstruktur zu bevorzugen. **94**

Der **Wert der Geschäfte** ist betragsmäßig anzugeben, auch wenn ein Geschäft unentgeltlich ist. Angabepflichtig sind die wesentlichen Geschäfte, die zu marktunüblichen Konditionen getätigt wurden. Für alle weiteren Geschäfte liegt die Nennung durch das Wahlrecht der Angabe im Ermessen des Konzerns. Unter Geschäften werden alle Tätigkeiten und Maßnahmen verstanden, die direkt oder indirekt vorteilhaft oder nachteilig für den Konzern sind. Wesentlich sind Geschäfte, wenn sie sich auf die Finanzlage des Konzerns, mithin auf die gegenwärtige und künftige Liquidität, also der Mittelzu- und -abflüsse des MU und aller TU, auswirken. Marktunüblich sind Geschäfte, wenn sie einem Drittvergleich nicht standhalten. Ist eine quantitative Wertangabe nicht möglich, sind zumindest qualitative Angaben in Form ausführlicher Erläuterungen zu machen. **95**

§ 111b AktG präzisiert künftig den Wert der Geschäfte. Geschäfte, deren Wert 2,5 % der Summe aus Anlage- und Umlaufvermögen des Unt übersteigen, bedürfen einer vorherigen Zustimmung des Aufsichtsrats. Bei Konzernen ist dabei auf die letzte verfügbare Konzernbilanz abzustellen. Dabei sind Geschäfte nicht auf das MU beschränkt. Auch Geschäfte von TU, die den Schwellbetrag übersteigen, müssen vom Aufsichtsrat genehmigt werden. **96**

Sofern mehrere Geschäfte mit einer nahestehenden Person abgeschlossen sind, die für sich genommen unter dem Schwellenwert liegen, aggregiert diesen aber überschreiten, bedürfen ab dem Zeitpunkt der Überschreitung einer vorherigen Zustimmung, wobei dann ein Neustart bzgl. der Aggregation vorzunehmen ist. Auch hier ist eine konzernweite Betrachtung der Geschäfte aller in den Konzernabschluss einbezogenen TU geboten.

97 Bei Geschäften in Form von **Dauerschuldverhältnissen** ist als Wert die Verpflichtung während der Restlaufzeit anzusetzen.

98 Rechtlich nicht geregelt ist die Art der Angabe des **Werts der Geschäfte**. Demnach dürfen Geschäfte einzeln, in Gruppen oder in der Gesamtheit aufgeführt werden. Gleiches gilt für mehrere unwesentliche Geschäfte, die in ihrer Gesamtheit allerdings als wesentlich einzustufen sind. Zweckmäßig ist daher eine Zusammenfassung gleichartiger oder wirtschaftlich identischer Geschäfte. Gegenläufige Geschäfte dürfen nicht zusammengefasst werden, da sie sonst ein unzutreffendes Bild liefern würden.

99 Eine zusammenfassende bzw. kumulierte Anhangangabe zu den Geschäften mit nahestehenden Personen wird auch künftig möglich sein. Ausgenommen hiervon sind allerdings die zustimmungspflichtigen Geschäfte. § 111c AktG verlangt eine ausführlichere Nennung der nachfolgenden Angaben:
- Name der nahestehenden Person;
- Art des Verhältnisses zur nahestehenden Person;
- Datum des Geschäfts;
- Wert des Geschäfts.

Diese Angaben sind zum einen gem. § 3a Abs. 1–4 WpAV zu veröffentlichen und zum anderen auf der Internetseite des Unt für eine Dauer von fünf Jahren zu veröffentlichen. Analog ist hier für Konzerne zu verfahren, wobei auch die berichtspflichtige Geschäfte von TU mit einzubeziehen sind.
Eine entsprechende Aufnahme der Detailinformationen in den Konzernanhang erscheint zudem geboten.

100 Liegen **weitere Sachverhalte** vor, die sich auf die Finanzlage des Konzerns auswirken, ist auch hierüber Bericht zu erstatten.

101 Im direkten Zusammenhang mit § 314 Abs. 1 Nr. 13 HGB steht DRS 11, der nunmehr eine verpflichtende Wirkung für alle Konzernabschlüsse entfalten kann.

102 **Schutzklauseln** für die Angaben zu nahestehenden Personen gibt es nicht. Es sind vollumfängliche Angaben zu machen, auch zum Nachteil des Konzerns.

2.14 Angaben zu Forschungs- und Entwicklungskosten (Abs. 1 Nr. 14)

103 Wird vom **Ansatzwahlrecht** des § 248 Abs. 2 HGB Gebrauch gemacht, sind für Konzernabschlüsse, deren Gj nach dem 31.12.2009 beginnen, die **Gesamtbeträge der Forschungs- und Entwicklungskosten** (F&E) des Konzerns **anzugeben**. Anzugeben sind der Gesamtbetrag sowie der davon auf die selbst geschaffenen immateriellen VG des AV entfallende Anteil. Die Angabe im Konzernanhang steht im Zusammenhang mit den Erläuterungspflichten zu F&E im Konzernlagebericht nach § 315 Abs. 2 Nr. 2 HGB (§ 315 Rz 73f.). Aufgrund der konzerneinheitlichen Bilanzierungs- und Bewertungsvorschriften werden die angegebenen Beträge im Konzernanhang i.d.R. deutlich höher als im Einzelabschluss ausfallen. Konzerninterne Leistungsbeziehungen bei ausgelagerten Entwicklungseinheiten und Aktivierungen von konzernintern erworbenen F&E-Leistungen sind zu eliminieren, sodass nur die reinen F&E-Aufwendungen im Konzern in den Anhangangaben zu berücksichtigen sind.

104 Aufgrund der konzerneinheitlichen Bilanzierungs- und Bewertungsvorschriften werden die angegebenen Beträge im Konzernanhang i.d.R. deutlich höher als im Einzelabschluss ausfallen. Konzerninterne Leistungsbeziehungen bei ausgelager-

ten Entwicklungseinheiten und Aktivierungen von konzernintern erworbenen F&E-Leistungen sowie darauf anfallende Zwischengewinne sind zu eliminieren. Kostenkomponenten des Jahresabschlusses, die einer Ansatzpflicht bzw. einem Ansatzverbot unterliegen, sind für Zwecke des Konzernabschlusses hinsichtlich der Ansatzpflicht neu zu bewerten und sofern ansatzpflichtig als Bestandteile der F&E-Aufwendungen zu berücksichtigen. **Nur** die **reinen F&E-Aufwendungen im Konzern sind** in den Anhangangaben **zu berücksichtigen.** Eine weitere Aufgliederung in F&E-Kosten ist nicht erforderlich. Ferner brauchen keine Angaben zu den Folgeeffekten, insb. zu den Abschreibungen der nach § 248 Abs. 2 HGB aktivierten Aufwendungen, gemacht zu werden.

105

2.15 Angaben zu Bewertungseinheiten (Abs. 1 Nr. 15)

Mit der Neufassung des § 254 HGB durch das BilMoG sind dezidierte Vorschriften zur Bilanzierung von Bewertungseinheiten (Sicherungsgeschäfte/Hedging) in das HGB aufgenommen worden. Analog dazu sind nach Abs. 1 Nr. 15 umfangreiche Angaben zu den Geschäftsvorfällen in den Konzernanhang aufzunehmen. Konkret sind **Angaben zum Betrag** der jeweiligen VG, Schulden, schwebenden Geschäfte und mit hoher Wahrscheinlichkeit erwarteten Transaktionen **gefordert**. Der Betrag bezieht sich auf das **abgesicherte Grundgeschäft**, jedoch nicht auf die einzelne Bewertungseinheit und spiegelt somit das Gesamtvolumen des gesicherten Risikos wider. Das Risiko ist zu benennen, wobei dies in erster Linie Zins-, Währungs- und Preisrisiken sind. Aufgrund unterschiedlicher Sicherungsarten von Risiken sind zudem die Arten der Bewertungseinheiten anzugeben. Als **Minimalanforderung** ist hier nach **Mikro-, Portfolio- oder Makrohedge** zu unterscheiden. Analog zur betragsmäßigen Angabe ist das Gesamtvolumen des gesicherten Risikos anzugeben.

106

Über **Bewertungseinheiten** ist hinsichtlich der Wirksamkeit der Sicherung des inhärenten Risikos zu berichten. Hierzu gehören Angaben zum Umfang und zum Sicherungszeitraum, in dem sich die gegenläufigen Wertänderungen oder Zahlungsströme voraussichtlich ausgleichen. Ferner sind **Ausführungen zur Ermittlungsmethode** aufzunehmen. Ein besonderes Augenmerk ist dabei auf die Makrohedges zu legen, die oftmals eng mit dem **Risikomanagementsystem** verbunden sind. Hier sind ebenso Angaben zur Verifizierung und Messung von Risiken gefordert wie auch zur Begründung des Absicherungszusammenhangs. Durch die unterschiedlichen Sicherungsstrategien und die Natur des Risikos des Grundgeschäfts ist schließlich eine Erläuterung der **mit hoher Wahrscheinlichkeit erwarteten Transaktionen**, die in die Bewertungseinheiten einbezogen wurden, notwendig.

107

Im Unterschied zu der Vorschrift zum Einzelabschluss (§ 285 Nr. 23 HGB) sind Bewertungseinheiten im Konzern weiter zu fassen. So sind auch Bewertungseinheiten über Unternehmensgrenzen hinweg denkbar.

108

Eine Angabe zu den Bewertungseinheiten im Konzernlagebericht ist zulässig. Dieses Wahlrecht ist jedoch abzulehnen, weil der Konzernlagebericht eine andere Aufgabe als die Offenlegung von Detailinformationen hat.

109

Bei den geforderten Angaben handelt es sich um Detailinformationen und Erläuterungen von Bilanzpositionen, die konzeptionell dem Konzernanhang vorbehalten sein sollten.

2.16 Angaben zur Bewertung der Pensionsverpflichtungen (Abs. 1 Nr. 16)

110 Mit der Konkretisierung der Bilanzierung und Bewertung von Pensionsverpflichtungen durch das BilMoG für Konzernabschlüsse erfolgte eine Abkehr von der bisherigen Praxis der Anlehnung an die steuerliche Berechnung nach § 6a EStG hin zu einer Anlehnung an die IFRS. Es sind Angaben bzgl. der **versicherungsmathematischen Berechnungsverfahren** und der grundlegenden Annahmen der Berechnungen zu treffen. Angabepflichtig ist der Abzinsungszinssatz, insb. auch hinsichtlich der Ausübung des Wahlrechts zwischen dem laufzeitabhängigen oder pauschalierten, von der Deutschen Bundesbank veröffentlichten Zinssatz. Ferner sind die **erwarteten Lohn- und Gehaltssteigerungen** angabepflichtig, die zugrunde liegenden Sterbetafeln sowie ggf. Details zu den einzelnen Pensionsplänen der einbezogenen Unt bei abweichenden Bewertungsmethoden. Generell gilt allerdings, dass ein kumulierter Ausweis ausreichend ist, sofern keine Detailangaben gemacht werden. Eine Angabe von Bandbreiten bei den verwendeten Berechnungsgrößen ist in Anlehnung an IAS 19.120 nicht notwendig. Getrennte Darstellungen, wie sie von vielen IFRS-Anwendern geboten werden, sind vorzuziehen.[43]

2.17 Angaben zu saldiertem Planvermögen (Abs. 1 Nr. 17)

111 Durch das BilMoG wurde die Saldierungspflicht von zur Erfüllung von Altersvorsorgeverpflichtungen dienenden VG mit den korrespondierenden Schulden bei Vorliegen bestimmter Voraussetzungen eingeführt. War eine Saldierung davor nur bei unmittelbaren Zusagen gem. § 112 AVmG möglich, ist eine Saldierung nach § 246 Abs. 2 Satz 2 HGB nun Pflicht. Die Saldierungspflicht greift immer dann, wenn VG der Erfüllung von Altersvorsorgeverpflichtungen und vergleichbaren langfristig fälligen Verpflichtungen dienen und wenn sie dem Zugriff aller übrigen Gläubiger entzogen sind. Hierunter fallen regelmäßig die Planvermögen von Pensionsfonds, wobei diese nach § 253 Abs. 1 Satz 4 HGB zum Zeitwert zu bewerten sind. Die Bewertung hat unabhängig vom tatsächlichen späteren Erfüllungsbetrag zu erfolgen. Im Fall einer Überdeckung nach Saldierung ist ein offener Ausweis als „Aktiver Unterschiedsbetrag aus der Vermögensverrechnung" unter § 266 Abs. 2 E HGB vorzunehmen.

112 Vor dem unter Rz 111 erläuterten Hintergrund sind umfangreiche Angabepflichten erforderlich, wobei die Angabepflichten für Finanzinstrumente nach Nr. 12 Buchst. a (Rz 83 ff.) entsprechend anzuwenden sind. Anzugeben sind immer die AK, der beizulegende Zeitwert sowie der Erfüllungsbetrag der verrechneten Schulden. Ferner sind Angaben zu den verrechneten Aufwendungen und Erträgen zu machen. Aus den Angabepflichten für Finanzinstrumente nach Nr. 12 Buchst. a sind zudem die grundlegenden Annahmen, die zur Bestimmung des beizulegenden Zeitwerts mithilfe allgemein anerkannter Bewertungsmethoden angewandt wurden, mit aufzunehmen.

2.18 Angaben zu Sondervermögen (Abs. 1 Nr. 18)

113 Ferner sind Angaben notwendig für **Sondervermögen** i.S.d. § 1 Abs. 10 KAGB oder Anlageaktien an Investment-AG mit veränderlichem Kapital i.S.d. §§ 108–123 KAGB oder vergleichbaren EU-Investmentvermögen oder vergleichbaren ausländischen Investmentvermögens. Der Verweis auf das aufgeho-

---

[43] Vgl. Müller, IFRS: Fremdkapital, 2008, S. 122.

bene InvG wurde deshalb noch nicht gestrichen, da noch eine Übergangsfrist für dessen Anwendung besteht.[44]

Durch die Angabepflicht des Buchwerts in der Konzernbilanz und des Marktwerts i.S.d. § 36 InvG bzw. der §§ 168, 278 KAGB sind die stillen Reserven und Lasten im Konzernanhang nicht nur anzugeben, sondern auch nach Anlagezielen aufzugliedern. Bei ausländischen Investmentanteilen darf der nach ausländischen Vorschriften ermittelte Marktwert verwendet werden, sofern er dem Wert gem. § 36 InvG bzw. der §§ 168, 278 KAGB entspricht. Ist dies nicht der Fall oder die Ermittlung nicht möglich, ist nach deutschem Investmentrecht zu verfahren.

114

In Ausübung des Wahlrechts des **gemilderten Niederstwertprinzips** nach § 253 Abs. 3 Satz 6 HGB kann eine Abschreibung auf Sondervermögen/Investmentanteile unterbleiben, sofern es sich nur um eine vorübergehende Wertminderung handelt. In diesem Fall sind die Gründe hierfür anzugeben, aus der auch die Prüfung hinsichtlich einer notwendigen Abschreibung hervorgeht. Dabei ist auf die Kriterien für Direktanlagen abzustellen. Eine unterbliebene Abschreibung einer stillen Last kann nicht lediglich damit begründet werden, dass es sich bei den Anteilen und Anlageaktien um Wertpapiere handelt, die üblicherweise Wertschwankungen unterliegen. Auf die Ursachen für den niedrigeren Wert der Anteile oder Anlageaktien ist explizit einzugehen.[45]

115

Gefordert ist eine **Aufgliederung der Investmentanteile bzw. des Sondervermögens nach Anlagezielen**. Diese Aufgliederung nach Anlagezielen kann dabei z.B. nach Aktienfonds, Rentenfonds, Immobilienfonds, Mischfonds, Hedgefonds oder sonstige Spezial-Sondervermögen erfolgen. Die Aufgliederung soll der Erhöhung der Transparenz des Anlagerisikos dienen. Ferner sind rechtlich oder wirtschaftlich veranlasste Beschränkungen bei der Möglichkeit der täglichen Rückgabe der Anteile zu erläutern, damit die Interessenten „Hinweise auf ungewöhnliche Verhältnisse wie Investitionen in illiquide strukturierte Anlagevehikel, Hedgefonds mit langen Kündigungsfristen, Infrastrukturprojekte, unverbriefte Darlehensforderungen oder Private Equity Engagements"[46] erhalten.

116

2.19 Angaben zu Haftungsverhältnissen (Abs. 1 Nr. 19)

Angabepflichten zu den Gründen der Einschätzung des Risikos der Inanspruchnahme aus Haftungsverhältnissen nach § 268 Abs. 7 1. Hs. HGB sind anzugeben. Sinn der Angabe ist eine erhöhte Transparenz von Eventualverbindlichkeiten.[47] Hierzu sind im Konzernanhang eingegangene **Haftungsverhältnisse** nach Art der Verpflichtung aufgeschlüsselt anzugeben. Dabei sind Ausführungen zum inhärenten Risiko aufzunehmen. Diese Angabe ist auch bei einem Vorliegen von reinen Eventualverbindlichkeiten im Konzernanhang zu machen. Konkret sollen nunmehr die der Einschätzung des Risikos der Inanspruchnahme aus den für die Vermögens-, Finanz- und Ertragslage des Konzerns bedeutsamen (wesentlichen) Eventualverbindlichkeiten zugrunde liegenden Erwägungen deutlich werden. Eine Gruppierung nach Haftungsarten oder Risikoklassen ist möglich.

117

---

[44] Vgl. BR-Drs. 791/12 v. 21.12.2012 S. 560.
[45] Vgl. BT-Drs. 16/10067 v. 30.7.2008 S. 86 i.V.m. S. 74.
[46] BT-Drs. 16/10067 v. 30.7.2008 S. 74.
[47] Vgl. dazu näher Ernst/Seidler, ZGR 2008, S. 631 (654 f.).

2.20 Angaben zu Geschäfts- oder Firmenwerten (Abs. 1 Nr. 20)

118 Ein entgeltlich erworbener Geschäfts- oder Firmenwert (GoF)[48] wird als ein eigenständiger VG betrachtet. Für diesen VG sind mit Verweis auf den 1. Abschnitt Schätzungen zur betrieblichen Nutzungsdauer durchzuführen, die eine planmäßige Abschreibung zur Folge hat. Aufgrund des Einzelbewertungsgrundsatzes hat die Schätzung individuell für jeden entgeltlich erworbenen GoF zu erfolgen. Kann die voraussichtliche Nutzungsdauer des derivativen GoF nicht verlässlich geschätzt werden, ist dieser gem. § 253 Abs. 3 Satz 3 HGB planmäßig über einen Zeitraum von zehn Jahren abzuschreiben (§ 253 Rz 156).

119 Hinsichtlich der Einschätzung zur betrieblichen Nutzungsdauer ist der Zeitraum zu erläutern, über den der GoF abgeschrieben wird. Anders als im Einzelabschluss, in dem ein GoF i.d.R. nur i.R.e. Asset-Deal entstehen kann, ist im Konzernabschluss auch ein GoF aus einem Share-Deal anzutreffen. Beiden Arten von GoF werden unterschiedliche Nutzungsdauern zurechenbar sein, sodass es in der Konzernbilanz zu einer Vermengung kommt. Es sollte daher auf die systembedingten Abschreibungsunterschiede bei der Angabe der Gründe eingegangen werden.

120 Gesonderte Erläuterungen sind bei einem negativen GoF i.R.d. ErstKons erforderlich, die sich aus den Vorschriften des § 301 Abs. 2 Satz 3 HGB ergeben. DRS 23.208 präzisiert diese Angaben. Demnach ist neben ausführlichen Anhangangaben auch die Einordnung des negativen GoF zu erläutern (§ 313 Rz 47).

2.21 Angaben zu latenten Steuern (Abs. 1 Nr. 21–22a)

121 Angaben zu latenten Steuern sollen die Grundlagen für die bilanzierten latenten Steuern erläutern. Aufgrund der **Gesamtdifferenzbetrachtung** beschränkt sich die Angabepflicht nicht auf die Bilanzposten, es ist vielmehr eine **differenzierte Darstellung** vorzunehmen. Hierzu gehören auch Angaben zu nicht bilanzierten temporären Differenzen. Des Weiteren sind wegen des Wahlrechts zum Ansatz aktiver latenter Steuern im Einzelabschluss die Latenzen aus Differenzen und steuerlichen Verlustvorträgen auch bei Nichtaktivierung aufzuführen. Die Verwendung eines Latenzenspiegels wird empfohlen.

Mit DRÄS 11 wurden bisher geforderte weitergehende Anhangangaben spätestens ab dem Gj 2022 in DRS 18, konkret die Tz. 66 und 67, gestrichen. Damit sind insb. quantitative Angaben zu nicht angesetzten Steuern, ungenutzten Verlustvorträgen und Steuergutschriften nun nicht mehr explizit gefordert, gleichwohl können die Informationen i.S.d. Erläuterung der Vermögens-, Finanz- und Ertragslage notwendig sein, wenn diese für eine treffende Einschätzung wesentlich sind.

122 Der **Berichtsumfang** erstreckt sich dabei auf alle in den KonsKreis des Konzerns einbezogene Unt. Hierzu gehören auch quotal einbezogene Unt.

123 I.R.d. Anhangangaben zu latenten Steuern sind die **Steuersätze** anzugeben, mit denen die latenten Steuern bewertet werden. Diese Angabe ist aufgrund des Konzernabschlusses weitreichender als die korrespondierende Angabe im Jahresabschluss (§ 285 Rz 167f.). Eine allgemeine Aussage zu den verwendeten Steuersätzen reicht somit nicht aus. Allerdings können sich aufgrund des Umfangs des

---

[48] § 246 Abs. 1 Satz 4 HGB i.V.m. § 309 Abs. 1 HGB.

KonsKreises umfangreiche Berichtpflichten ergeben. Bei ausländischen Beteiligungen sind die jeweiligen Steuersätze zu verwenden, die in den jeweiligen Ländern gelten, wobei eine Zusammenfassung der Steuersätze der Unt pro Land sachgerecht ist. Unterschiedliche Steuersätze ergeben sich in Deutschland durch unterschiedliche gewerbesteuerliche Hebesätze bei Beteiligungen. Hier dürfte mit der Angabe von Bandbreiten der Berichtspflicht Genüge getan werden.

Wird ein konzerneinheitlicher durchschnittlicher Steuersatz zur Berechnung latenter Steuern angewendet, ist dieser anstelle der individuellen Steuersätze anzugeben. **124**

Eine weitere notwendige Angabe ergibt sich aus der **Entstehung** latenter Steuern. Die bei der **Neubewertungsmethode** i.R.d. KapKons anfallenden **Steuerlatenzen** sind nach § 306 HGB **ansatzpflichtig** (§ 306 Rz 9f.). Dagegen besteht für aktive Steuerlatenzen auf Ebene der TU (HB I und HB II) ein Ansatzwahlrecht. Hier bietet sich aufgrund der abweichenden Regelungen bzgl. der latenten Steuern im Jahresabschluss bzw. Konzernabschlusses eine Orientierung an den Berichtspflichten zu latenten Steuern nach IAS 12 an. **125**

Die Aufnahme einer **steuerlichen Überleitungsrechnung** in den Konzernanhang ist nicht erforderlich. **126**

Mit Nr. 22 eingefügt ist die Angabepflicht latenter Steuersalden, wenn latente Steuerschulden in der Konzernbilanz angesetzt werden. Ferner ist die Änderung dieser Salden angabepflichtig. Latente Steuerschulden können ihre Ursache in der Bilanzierung passiver latenter Steuern und Passivüberhängen haben. Im Fall von Passivüberhängen wäre es geboten, neben den Passivposten auch die saldierten Aktivposten anzugeben. **127**

Diese Angabepflicht wird durch § 274 Abs. 3 HGB (§ 274 Rz 106) eingeschränkt. Latente Steuern, die sich aus der Anwendung des MinStG ergeben, bleiben bei Ansatz und Bewertung unberücksichtigt und sind dementsprechend nicht im Konzernanhang auszuweisen.

Neu eingefügt wurden Angaben zum Steueraufwand mit Nr. 22a. Demnach ist über den Steueraufwand bzw. den Steuerertrag zu berichten, der sich nach dem **Mindeststeuergesetz** ergibt und der beim Ansatz und der Bewertung latenter Steuern nicht berücksichtigt wird. Dabei ist die Berichtspflicht weit gefasst und beschränkt sich nicht nur auf das deutsche Steuerrecht. Ist ein MU zugleich TU eines ausländischen Konzerns und hat das ausländische MU ebenfalls eine Berichtspflicht aus der Anwendung eines ausländischen MinStG, so entfaltet diese Berichtspflicht eine Bindungswirkung für das deutsche MU. Somit sind auch Angaben in den Konzernanhang aufzunehmen, die sich aus ausländischen MinStG ergeben. **128**

Gleiches gilt, wenn ausländische TU eine Berichtspflicht nach lokalen MinStG haben. Auch diese Angaben fließen in die Berichtspflicht ein.

Da sich die Berichtspflicht auf das deutsche MinStG und ausländische MinStG bezieht und auch kein Wahlrecht zum Berichtsumfang eingeräumt wurde, kann sich hieraus im Zweifelsfall eine umfangreichere Anhangsangabe ergeben. Zu berichten wären dann im Minimum Angaben zum Steueraufwand bzw. Steuerertrag nach dem deutschen MinStG sowie der anzuwendenden MinStG der übergeordneten MU. Empfehlenswert wäre dann eine länderbezogene Auflistung von Steueraufwand bzw. Steuerertrag.

Sofern MinStG angekündigt oder vorhanden, aber noch nicht in Kraft sind, werden weiterführende Anhangangaben verlangt. Im Konzernanhang ist dann eine Erläuterung über die erwarteten Auswirkungen aufgrund der Anwendung dieser Gesetze aufzunehmen. Der Umfang und die Reichweite der Erläuterung sind nicht weiter präzisiert. Es können sowohl quantitative als auch qualitative Aussagen zu den erwarteten Auswirkungen aufgenommen werden.

> **Praxis-Beispiel**
> Eine mögliche positive Formulierung zur Auswirkung der Anwendung des MinStG auf einen deutschen (Teil-)Konzern könnte wie folgt aussehen:
> „Das [Unternehmen] gehört zum [Konzern bzw. Gruppe], welcher im Geschäftsjahr [Jahr] einen weltweiten Umsatz von [Betrag] erwirtschaftete und daher in den Anwendungsbereich der OECD-Mustervorschriften (OECD Pillar Two) fällt. Mit Bezug auf [Unternehmen] ist die entsprechende deutsche Gesetzgebung am 28. Dezember 2023 in Kraft getreten. Die von [Unternehmen] gehaltenen Tochtergesellschaften sind in [Länder] ansässig, welche der ordentlichen Besteuerung und somit einem effektiven Steuersatz von über 15 % unterliegen. Dies gilt auch für die von [Unternehmen] im Ausland registrierten Betriebsstätten in [Länder]. Darüber hinaus verfügt [Unternehmen] über keine weiteren ausländischen Beteiligungen und/oder Betriebsstätten.
> Unter Berücksichtigung der vorstehenden Ausführungen kann festgehalten werden, dass der effektive Steuersatz der [Unternehmen] und der von ihr gehaltenen Tochtergesellschaften und Betriebsstätten den erforderlichen effektiven Mindeststeuersatz von 15 % im Jahr [Jahr] und in den Folgejahren nicht unterschritten wird."

2.22 Angaben zu außergewöhnlichen Aufwendungen und Erträgen (Abs. 1 Nr. 23)

129 Angaben zu außergewöhnlichen Aufwendungen und Erträgen beziehen sich auf Positionen von außergewöhnlicher Größenordnung oder Bedeutung. Es sind jeweils der Betrag sowie ihre Art zu nennen. Daher ist es sinnvoll, die Angabe der einzelnen Beträge unterteilt nach GuV-Positionen vorzunehmen.
Die außergewöhnliche **Größenordnung** ist im Kontext des Konzerns zu beurteilen und anhand konkreter Verhältnisse zu bestimmen. Es ergeben sich u. U. Unterschiede zwischen dem Konzernabschluss und den Jahresabschlüssen des MU aufgrund der Berichtsreichweite.
Die außergewöhnliche **Bedeutung** ist aus der bisherigen Definition der Geschäftstätigkeit abzuleiten. Demnach sind GuV-Posten als außerordentlich zu klassifizieren, wenn sie außerhalb der gewöhnlichen Geschäftstätigkeit anfallen. Sie sind außerordentlich, mithin ungewöhnlich und selten.

130 Eine über Betrag und Art hinausgehende Angabepflicht besteht nicht.

131 Sind die GuV-Posten lediglich von untergeordneter Bedeutung kann die Angabepflicht entfallen.

2.23 Angaben zu periodenfremden Erträgen und Aufwendungen (Abs. 1 Nr. 24)

Mit Streichung von § 277 Abs. 4 HGB ist die Angabe zu periodenfremden Erträgen und Aufwendungen in den Anhang (§ 285 Nr. 32 HGB) bzw. Konzernanhang verlagert worden. Materielle Änderungen ergeben sich dadurch keine (§ 285 Rz 175).

132

2.24 Angaben zu Ereignissen nach dem Abschlussstichtag (Abs. 1 Nr. 25)

Die Berichtspflicht von Ereignissen nach dem Bilanzstichtag beschränkt sich auf diejenigen Vorgänge, die weder in der Konzern-GuV noch in der Konzernbilanz erfasst sind. Damit ist klargestellt, dass ausschl. wertbegründende und keine wertaufhellenden Ereignisse berichtspflichtig sind.

133

> **Praxis-Beispiel**
> Als aktuelles Beispiel für die Relevanz eines Nachtragsberichtes ist der russische Überfall auf die Ukraine vom 24.2.2022, der ebenfalls trotz des bereits am 31.12.2021 beobachtbaren Aufmarsches russischer Truppen an der Grenze zur Ukraine als wertbegründendes Ereignis des Jahres 2022 angesehen wird, zu nennen.[49]

Die Angaben von Ereignissen nach dem Bilanzstichtag sind mit dem BilRUG aus dem Konzernlagebericht in den Konzernanhang verlagert worden. Inhaltlich haben sich keine Änderungen ergeben.

134

Strittig ist der Zeitpunkt, bis wann diese Vorgänge nach dem Konzernbilanzstichtag berücksichtigt werden sollen. Nach h.M. ist als frühester Zeitpunkt der Zeitpunkt der Aufstellung des Konzernabschlusses zu wählen. Darüber hinaus kann dieser Zeitraum bis zur Billigung des Konzernabschlusses reichen.

135

Nicht weiter spezifiziert ist die **besondere Bedeutung**. Allgemein werden hierunter Vorgänge verstanden, die eine materielle, wesentliche Auswirkung auf den Konzernabschluss haben. Unwesentliche Vorgänge sind somit nicht aufzunehmen. Ebenso sind Vorgänge, die für den Einzelabschluss eines Unt des KonsKreises wesentlich, für den Konzernabschluss aber unwesentlich sind, nicht zu berichten. Vorgänge von besonderer Bedeutung sind nach Literaturmeinung Vorgänge nach Abschluss des Konzern-Gj, die sowohl Auswirkungen auf die Lage des Konzerns wie auch auf seine Fortbestandsfähigkeit haben können. Danach kommt einem nach Abschluss des Konzern-Gj eingetretenen Vorgang eine besondere Bedeutung immer dann zu, wenn dieser Vorgang eine andere Darstellung der Lage des Konzerns i.R.d. Berichtspflicht erzwingen würde, hätte er sich bereits vor Ablauf des Konzern-Gj vollzogen. Dabei ist sowohl über positive wie auch über negative Vorgänge zu berichten. An diese Berichtspflichten sind umso schärfere Anforderungen zu stellen, je ungünstiger das berichtspflichtige Ereignis ist.

136

---

[49] Vgl. IDW, Fachlicher Hinweis v. 22.12.2022, Auswirkungen des Ukraine-Krieges auf Rechnungslegung und Prüfung (4. Update, Dezember 2022), S. 6ff., www.idw.de/idw/idw-aktuell/4-update-des-fachlichen-hinweises-zu-den-auswirkungen-des-krieges-in-der-ukraine.html, Abruf 1.10.2024.

> **Praxis-Beispiel**
> Im Einzelnen können u. a. folgende weitere Vorgänge oder Ereignisse, soweit sie nach Abschluss des Konzern-Gj eingetreten sind, von besonderer Bedeutung sein:
> - Wirtschaftliche oder politische Ereignisse mit der Folge verschärfter Exportvorschriften, Auf- und Abwertungseinflüsse, Wettbewerbsverzerrungen etc., soweit sie eine bzw. verschiedene konzernrelevante Branchen betreffen,
> - Abweichungen von der aus dem Konzernabschluss erkennbaren zukünftigen Entwicklung, bedingt z. B. durch bisher unvorhergesehene Marktänderungen, Kostensteigerungen, Umsatzrückgänge, schwerwiegende Verluste, stark rückläufige Marktpreise etc.,
> - Erwerbe oder Veräußerungen von Beteiligungen oder anderen relevanten Anteilen,
> - Kapitalerhöhungs- oder Kapitalherabsetzungsmaßnahmen,
> - Gründungen oder Auflösungen von Niederlassungen/TU etc.,
> - Beitritte zu Interessensgemeinschaften oder Kartellen,
> - Abschlüsse außerordentlicher Verträge,
> - Ergebnisse wichtiger Prozesse,
> - Arbeitskämpfe in für den Konzern wesentlichen Tarifgebieten,
> - erhebliche Belegschaftsreduzierungen,
> - Zusammenbrüche von Großkunden,
> - Rückgängigmachung von Bilanzmaßnahmen, die der Verbesserung des Bilanzbilds dienen.

137 Die **finanziellen Auswirkungen** auf den Konzernabschluss sind zu nennen. Hier sind die Auswirkungen auf die Vermögens-, Finanz- und Ertragslage des Konzerns zu verstehen, analog der in DRS 20.114 konkretisierten Auslegung des Berichtsumfangs. Nach h. M. ist eine Beschreibung der qualitativen Auswirkung hinreichend, da sich aus dem Wortlaut keine Pflicht zur Angabe quantitativer Angaben herleiten lässt.

2.25 Angaben zur Ergebnisverwendung (Abs. 1 Nr. 26)

138 Neu in den Anhang aufgenommen wurde die Angabe zur Ergebnisverwendung. Da diese Angabe bisher nicht Pflichtbestandteil des Konzernabschlusses war, wird die Ergebnisverwendung nun prüfungspflichtig. I. R. d. Konzernabschlusses erstreckt sich diese Angabe ausschl. auf das MU.

139 Zu berichten ist über den Vorschlag bzw. den Beschluss über die Ergebnisverwendung. Da ein Ergebnisverwendungsbeschluss regelmäßig auf einer HV oder Gesellschafterversammlung erfolgt, erfolgt dieser regelmäßig zeitlich nach dem Ergebnisverwendungsvorschlag. Durch die Wortwahl des Gesetzgebers („gegebenenfalls") lässt sich daher ein Vorrang des Vorschlages vor dem Beschluss interpretieren.

140 Es ist über die gesamte Ergebnisverwendung zu berichten. Ist eine Ausschüttung Bestandteil der Ergebnisverwendung, ist über die Höhe der vorgeschlagenen oder beschlossenen Ausschüttung zu berichten, nicht aber über den Zeitpunkt oder die Bezugsberechtigten.

141 Da der Beschluss zur Ergebnisverwendung regelmäßig erst nach der Aufstellung des Konzernabschlusses durch die HV oder Gesellschafterversammlung erfolgt, ist der **Zeitpunkt** der Ergebnisverwendung irrelevant. Ebenso kann kein Zeitpunkt genannt werden, wenn der Ergebnisverwendungsvorschlag nach der Aufstellung des Konzernabschlusses erfolgt.

142 Angaben zu den **Bezugsberechtigten** der Gewinnausschüttung können unterbleiben, was auch schon vor dem Hintergrund der Belange des Datenschutzes notwendig ist. Ebenso müssen wie bisher die Bezüge einzelner natürlicher Personen aus ihrer Gesellschafterstellung nicht offengelegt werden.

143 Da **Vorabausschüttungen** bereits Bestandteil des Konzernabschlusses sind, reicht eine verkürzte Berichtspflicht über das verbleibende Ergebnis und deren Ergebnisverwendung aus. Dennoch liegt es letztendlich im Ermessen des MU, auch die Vorabausschüttung in die Anhangangabe aufzunehmen.

144 Die Angabe zum Gewinnverwendungsvorschlag kann **entfallen**, wenn keine Gewinnverwendung beschlossen werden muss, kann oder wird.

3 Wahlpflichtangaben

145 § 314 HGB beinhaltet eine Reihe von Wahlpflichtangaben, die wahlweise in der Konzernbilanz, in der Konzern-GuV, im Konzernanhang oder im Konzernlagebericht aufgenommen werden können.

146 Wahlweise dürfen im Konzernanhang oder im Konzernlagebericht aufgenommen werden

- Angaben zur Aufgliederung von Umsatzerlösen nach Tätigkeitsbereichen nach Nr. 3, sofern sie i. R. d. Segmentberichterstattung erfolgen (Rz 24).
- Angaben zu Bewertungseinheiten nach Nr. 15. Aufgrund der vorgeschriebenen Angabepflichten werden Angaben zu Bewertungseinheiten im Konzernlagebericht üblicherweise i. R. d. Risikoberichterstattung gemacht.

147 Angaben zum Personalaufwand sind nach Nr. 4 dann in den Konzernanhang aufzunehmen, wenn der Konzern das Umsatzkostenverfahren anwendet. Wird das Gesamtkostenverfahren angewandt und der Personalaufwand dadurch in der Konzern-GuV offen ausgewiesen, ist keine weitere Anhangangabe erforderlich.

4 Sonstige relevante Regelungen

4.1 Befreiungsmöglichkeiten

148 Erleichterungs- und Befreiungsvorschriften bestehen seit dem TransPuG[50] nicht mehr. Daher sind die handelsrechtlich vorgeschriebenen Anhangangaben vollständig zu machen. Befreiungsvorschriften können sich aber aus anderen Vorschriften ergeben:

- MU, die keine KapG sind und nur nach dem PublG zur Aufstellung des Konzernanhangs verpflichtet sind, sind nach § 13 Abs. 3 Satz 1 PublG von der Angabepflicht nach § 314 Abs. 1 Nr. 6 HGB entbunden.

---

[50] TransPuG v. 19.7.2002, BGBl I 2002 S. 2681.

4.2 Schutzklauseln (Abs. 2 und 3)

149 Unt, die freiwillig eine Segmentberichterstattung erstellen, brauchen keine Aufgliederung der Umsatzerlöse nach § 314 Abs. 1 HGB aufzunehmen. Die direkte Angabepflicht entfällt. Aus der Gesetzesbegründung kann aber geschlossen werden, dass die nach § 314 Abs. 1 Nr. 3 HGB geforderten Angaben in der Segmentberichterstattung enthalten sind, wie dies insb. mit DRS 3.31 Buchst. a sowie DRS 3.38–39 gefordert wurde und aktuell mit DRS 28 gefordert wird, wobei der Management Approach ggf. zu einer besonders kritischen Betrachtung der Entsprechung der Angaben führen sollte. Die Segmentberichterstattung hat somit einen Ersatzinformationscharakter. Der Ort der Segmentberichterstattung ist nicht explizit festgelegt. Sie kann in den Konzernanhang oder in den Konzernlagebericht aufgenommen werden. Die Aufnahme in den Konzernanhang analog zu den IFRS ist schon aus Gründen der Vergleichbarkeit der Angaben zu empfehlen.

150 **Angaben** zur individuellen **Offenlegung von Vorstandsvergütungen** gem. § 314 Abs. 1 Nr. 6 Buchst. a Sätze 5–8 HGB a.F. konnten nur noch im Gj 2020 **unterlassen** werden, sofern dies durch die HV beschlossen wurde, da mit dem ARUG II ein gesonderter Vergütungsbericht nach § 162 AktG ab dem Gj 2021 zu veröffentlichen ist. Eröffnet wurde diese Möglichkeit der Unterlassung von Pflichtangaben noch bis zum Gj 2020 durch § 314 Abs. 3 Satz 1 i.V.m. § 286 Abs. 5 HGB a.F. Hintergrund dieser Vorschrift war die Ermöglichung einer verhältnisgerechten Anwendung. Die Unterlassung der Angaben bedurfte eines **Mehrheitsbeschlusses** von mind. drei Viertel des bei der Beschlussfassung vertretenen Grundkapitals und sollte sicherstellen, dass eine breite Basis unter den Anteilseignern diesen Beschluss stützt. Von der Abstimmung **ausgenommen** waren Vorstandsmitglieder, die zugleich Aktionäre sind. Sie unterliegen nach § 136 Abs. 1 AktG einem Abstimmungsverbot, wenn sie persönlich betroffen sind. Wirksam anzuwenden war der Beschluss der HV auf den nächsten, der HV folgenden Jahresabschlüsse. Eine Beschlusswiederholung war zulässig.

151 Die bisherigen Erleichterungsregeln des § 314 Abs. 2 HGB wurden mit dem BilRUG um eine Erleichterung ergänzt: Für die Angabepflicht gem. Abs. 1 Nr. 6 Buchst. a und b gilt § 286 Abs. 4 entsprechend (§ 314 Abs. 3 Satz 2 HGB). Diese Änderung stellt die Umsetzung der Mitgliedstaatenoption aus Art. 28 Abs. 1 i.V.m. Art. 17 Abs. 1 Buchst. d Unterabs. 2 der Richtlinie 2013/34/EU dar und dient dem Schutz personenbezogener Daten zu einzelnen Mitgliedern der Organe des MU im Konzernanhang. Die Ausnahmevorschrift des § 286 Abs. 4 HGB befreit alle KapG, jedoch **nicht die kapitalmarktorientierten Unt**, von der Angabe der Gesamtbezüge der Organmitglieder, unbeschadet des Auskunftsanspruchs des Aktionärs nach § 131 Abs. 1 AktG in der HV, sofern sich durch die Angabe die Bezüge eines Mitglieds feststellen lassen.[51] Die Vorschrift zielt auf den Schutz persönlicher Daten von Organmitgliedern. Eine Schutzbedürftigkeit besteht nur, wenn der Name des einzelnen Organmitglieds den Adressaten des Konzernabschlusses bekannt ist (§ 286 Rz 17). Somit kann auf die **Angabe der Vergütungen und Pensionen** verzichtet werden, wenn die

---

[51] Vgl. OLG Düsseldorf, Entscheidung v. 26.6.1997, 19 W 2/97 AktE, AG 1997 S. 520.

Gefahr besteht, dass der finanzielle Status eines bestimmten Mitglieds des Organs festgestellt werden kann.

4.3 Sanktionen

Verstöße gegen das **Vorstandsvergütungs-Offenlegungsgesetz**,[52] die sich aus einer unzulässigen Nichtanwendung der Nr. 6 ergeben, können mit einer Geldbuße für Ordnungswidrigkeiten bei nicht-kapitalmarktorientierten MU bis zu einer Höhe von 50.000 EUR geahndet werden. 152

Verstöße gegen die Offenlegungspflicht gem. § 325 Abs. 3 HGB können im Ordnungsgeldverfahren mit einem anzudrohenden Ordnungsgeld gem. § 335 Abs. 1 HGB für nicht-kapitalmarktorientierten MU zwischen 2.500 und 25.000 EUR geahndet werden. Die pflichtgemäße Offenlegung ist von dem Betreiber des BAnz bzw. für Unterlagen, die Gj ab 2022 betreffen, von der das Unternehmensregister führenden Stelle nach § 329 Abs. 1 HGB zu prüfen. 153

Zu den Folgen eines Verstoßes gegen die Vorschriften zum Anhang s. auch § 313 Rz 97. 154

---

[52] Vorstandsvergütungs-Offenlegungsgesetz v. 3.8.2005, BGBl 2005 I S. 2267.

§ 315 Inhalt des Konzernlageberichts

(1) ¹Im Konzernlagebericht sind der Geschäftsverlauf einschließlich des Geschäftsergebnisses und die Lage des Konzerns so darzustellen, dass ein den tatsächlichen Verhältnissen entsprechendes Bild vermittelt wird. ²Er hat eine ausgewogene und umfassende, dem Umfang und der Komplexität der Geschäftstätigkeit entsprechende Analyse des Geschäftsverlaufs und der Lage des Konzerns zu enthalten. ³In die Analyse sind die für die Geschäftstätigkeit bedeutsamsten finanziellen Leistungsindikatoren einzubeziehen und unter Bezugnahme auf die im Konzernabschluss ausgewiesenen Beträge und Angaben zu erläutern. ⁴Ferner ist im Konzernlagebericht die voraussichtliche Entwicklung mit ihren wesentlichen Chancen und Risiken zu beurteilen und zu erläutern; zugrunde liegende Annahmen sind anzugeben. ⁵Die Mitglieder des vertretungsberechtigten Organs eines Mutterunternehmens, das als Inlandsemittent (§ 2 Absatz 14 des Wertpapierhandelsgesetzes) Wertpapiere (§ 2 Absatz 1 des Wertpapierhandelsgesetzes) begibt und keine Kapitalgesellschaft i.S.d. § 327a ist, haben in einer dem Konzernlagebericht beizufügenden schriftlichen Erklärung zu versichern, dass im Konzernlagebericht nach bestem Wissen der Geschäftsverlauf einschließlich des Geschäftsergebnisses und die Lage des Konzerns so dargestellt sind, dass ein den tatsächlichen Verhältnissen entsprechendes Bild vermittelt wird und dass die wesentlichen Chancen und Risiken i.S.d. Satzes 4 beschrieben sind.

(2) ¹Im Konzernlagebericht ist auch einzugehen auf:
1. a) die Risikomanagementziele und -methoden des Konzerns einschließlich seiner Methoden zur Absicherung aller wichtigen Arten von Transaktionen, die im Rahmen der Bilanzierung von Sicherungsgeschäften erfasst werden, sowie
   b) die Preisänderungs-, Ausfall- und Liquiditätsrisiken sowie die Risiken aus Zahlungsstromschwankungen, denen der Konzern ausgesetzt ist, jeweils in Bezug auf die Verwendung von Finanzinstrumenten durch den Konzern und sofern dies für die Beurteilung der Lage oder der voraussichtlichen Entwicklung von Belang ist;
2. den Bereich Forschung und Entwicklung des Konzerns und
3. für das Verständnis der Lage des Konzerns wesentliche Zweigniederlassungen der insgesamt in den Konzernabschluss einbezogenen Unternehmen.

²Ist das Mutterunternehmen eine Aktiengesellschaft, hat es im Konzernlagebericht auf die nach § 160 Absatz 1 Nummer 2 des Aktiengesetzes im Anhang zu machenden Angaben zu verweisen.

(3) Absatz 1 Satz 3 gilt entsprechend für nichtfinanzielle Leistungsindikatoren, wie Informationen über Umwelt- und Arbeitnehmerbelange, soweit sie für das Verständnis des Geschäftsverlaufs oder der Lage des Konzerns von Bedeutung sind.

(4) Ist das Mutterunternehmen oder ein in den Konzernabschluss einbezogenes Tochterunternehmen kapitalmarktorientiert i.S.d. § 264d, ist im Konzernlagebericht auch auf die wesentlichen Merkmale des internen Kontroll- und Risikomanagementsystems im Hinblick auf den Konzernrechnungslegungsprozess einzugehen.

(5) § 298 Absatz 2 über die Zusammenfassung von Konzernanhang und Anhang ist entsprechend anzuwenden.

Inhaltsübersicht Rz
1 Überblick 1–10
  1.1 Inhalt 1
  1.2 Zweck 2
  1.3 Anwendungsbereich 3–4
  1.4 Normenzusammenhänge 5–10
2 Inhalte 11–93
  2.1 Anforderungen, Form und Umfang 11–19
  2.2 Basisinhalte des Konzernlageberichts (Abs. 1 und 2) 20–77
    2.2.1 Angaben zum Geschäftsverlauf und Analyse von Geschäftsverlauf und Lage des Konzerns (Abs. 1 Satz 1 und 2) 20–45
    2.2.2 Angaben zu den bedeutsamen finanziellen Leistungsindikatoren (Abs. 1 Satz 3) 46–47
    2.2.3 Erläuterungen zur voraussichtlichen Entwicklung mit ihren wesentlichen Chancen und Risiken (Abs. 1 Satz 4) 48–63
    2.2.4 Bilanzeid (Abs. 1 Satz 5) 64–67
    2.2.5 Risiken bei Finanzinstrumenten (Abs. 2 Nr. 1) ... 68–72
    2.2.6 Angaben zur Forschung und Entwicklung (Abs. 2 Nr. 2) 73–76
    2.2.7 Zweigniederlassungsbericht (Abs. 2 Nr. 3) 77
  2.3 Angaben zu den bedeutsamen nichtfinanziellen Leistungsindikatoren (Abs. 3) 78–83
  2.4 Immaterialressourcenbericht (Abs. 3a) 84
  2.5 Pflichtangaben kapitalmarktorientierter Unternehmen (Abs. 4) 85–93
3 Zusammenfassung von Konzernlagebericht und Lagebericht des Mutterunternehmens (Abs. 5) 94–96
4 Sonstige relevante Regelungen 97–101
  4.1 Befreiungsmöglichkeiten 97
  4.2 Schutzklauseln 98
  4.3 Offenlegung 99
  4.4 Sanktionen 100–101

1 Überblick

1.1 Inhalt

Gem. § 290 Abs. 1 Satz 1 HGB ist der Konzernlagebericht zusammen mit dem Konzernabschluss innerhalb der ersten fünf Monate aufzustellen. Insofern ist der Konzernlagebericht ein eigenständiger Bericht, der losgelöst vom Konzernabschluss aufzustellen ist. Die wesentlichen **Inhalte des Konzernlageberichts** sind in § 315 HGB zusammengefasst.

1.2 Zweck

Zweck des Konzernlageberichts ist es, in Ergänzung zum Konzernabschluss ein **umfassendes Bild der tatsächlichen wirtschaftlichen Situation des Konzerns** als wirtschaftliche Einheit aus Sicht des Managements zu geben. Hierzu zählen neben der Darstellung der Vermögens-, Finanz- und Ertragslage des Konzerns auch sonstige relevante Aspekte wie z.B. Produkte, Märkte, Technologien, politisches und soziales Umfeld oder rechtliche Rahmenbedingungen. Ferner soll der Konzernlagebericht einen Ausblick auf die erwartete künftige Entwicklung mit Chancen und Risiken des Konzerns geben. Insofern hat der Konzernlagebericht einen **Informations- und Rechenschaftszweck** zu erfüllen. Eine reine Zusammenfassung der Lageberichte der Unt des Konsolidierungskreises ist somit nicht hinreichend, der Konzernlagebericht ist vielmehr eigenständig auf Basis des Konzerns als wirtschaftliche Einheit zu entwickeln.

Der Bedeutungsgewinn des Konzernlageberichts kann daran abgelesen werden, dass der Gesetzgeber in den letzten Jahren erhebliche Änderungen an den relevanten Normen vorgenommen hat. Gleichzeitig ist der Konzernlagebericht regelmäßig unter den Prüfungsschwerpunkten der BaFin bzw. bis 2021 der DPR der letzten Jahre zu finden,[1] wodurch sich ggf. auch die Qualität der Berichterstattung – zunächst bezogen auf kapitalmarktorientierte Unt, die aber auch auf andere Unt ausstrahlen – verbessert hat.[2]

Ein Hauptaugenmerk der Prüfungsschwerpunkte der Berichterstattung 2023 liegt auf der Berücksichtigung von klimabezogenen Sachverhalten (u.a. Wertminderungen nicht-finanzieller Vermögenswerte, Rückstellungen, Energielieferverträge), wobei insb. die Konsistenz der Angaben im Abschluss (inkl. Lagebericht) mit den Angaben in der nichtfinanziellen Berichterstattung wichtig ist.[3]

1.3 Anwendungsbereich

Der Konzernlagebericht ist nach § 290 Abs. 1 Satz 1 HGB grds. von den gesetzlichen Vertretern jedes **MU in der Rechtsform der KapG** und i.V.m. § 264a HGB in den Rechtsformen einer **Personenhandelsgesellschaft**, soweit keine natürliche Person als Vollhafter vorhanden ist, zu erstellen, welches einen beherrschenden Einfluss auf ein anderes Unt (TU) ausüben kann. Dieser Anwendungsbereich wird nach § 11 PublG auf **Unt anderer Rechtsformen** erweitert, die einen Konzernabschluss aufstellen. Zudem sind Unt, die als **Inlandsemittent** Wertpapiere begeben haben, nach § 114 Abs. 1 WpHG verpflichtet, für den Schluss eines jeden Gj einen Jahresfinanzbericht zu erstellen und spätestens vier Monate nach Ablauf eines jeden Gj zu veröffentlichen. Unt, die als Inlandsemittent Aktien oder Schuldtitel i.S.d. § 2 Abs. 1 WpHG begeben haben, müssen i.R.d. Halbjahresfinanzberichte nach § 115 i.V.m. § 117 Abs. 2 WpHG einen Zwischenlagebericht erstellen.

Eine **Befreiung** von der Aufstellung eines Konzernlageberichts ist generell bei Vorliegen einer Konzernrechnungslegungspflicht nicht gegeben. Die Aufstellungspflicht ist somit an die des Jahresabschlusses gebunden; kann dieser auf-

---

[1] Vgl. Storbeck/Knopke/Marx, PiR 2022, S. 81ff.
[2] Vgl. Müller, B+B 5/2017, S. 28–33.
[3] ESMA-Prüfungsschwerpunkte 2023, abrufbar unter www.esma.europa.eu/document/statement-european-common-enforcement-priorities-2023-annual-reports, Abruf 8.10.2024.

grund von Befreiungen aus § 290 Abs. 5 i.V.m. § 296 HGB sowie der §§ 291–293 HGB entfallen, so ist auch kein Konzernlagebericht aufzustellen (Rz 97).

1.4 Normenzusammenhänge

Die **Pflicht zur Aufstellung** eines Konzernlageberichts ergibt sich aus § 290 Abs. 1 Satz 1 HGB. Demnach ist ein Konzernlagebericht innerhalb der ersten fünf Monate nach dem Stichtag für das vergangene Konzern-Gj zu erstellen. Die Frist verringert sich bei kapitalmarktorientierten Unt, die nicht die Erleichterung nach § 327a HGB nutzen können, gem. § 325 Abs. 4 Satz 1 HGB auf vier Monate. Obwohl sich die Pflicht zur Erstellung nach § 290 HGB auf KapG bezieht, greift die Aufstellungspflicht auch für Kreditinstitute nach § 340i Abs. 1 Satz 1 HGB, für VersicherungsUnt nach § 341i Abs. 1 Satz 1 HGB und rechtsformunabhängig nach § 13 Abs. 1 Satz 1 PublG.

Während § 290 HGB die Pflicht zur Aufstellung des Konzernlageberichts regelt, ergibt sich der Inhalt des Konzernlageberichts aus § 315 HGB. Darüber hinaus können sich weitere **Inhalte** aus Ansatz-, Bewertungs- und Ausweisvorschriften anderer Vorschriften des HGB ergeben. Seit dem Gj. 2021 muss von Vorständen und Aufsichtsräten börsennotierter Ges. gemeinsam ein Vergütungsbericht nach § 162 AktG erstellt werden (§ 315a Rz 41 ff.), so dass dies nicht mehr Teil des Konzernlageberichts ist. Allerdings werden ab dem Gj. 2024 i.R.d. Nachhaltigkeitsberichterstattung nach der Corporate Sustainability Reporting Directive (CSRD)[4] i.V.m. den European Sustainable Reporting Standards (ESRS)[5] wieder Angaben zur Vergütung auch der gesamten Belegschaft gefordert, was mit dem RegE eines Gesetzes zur Umsetzung der Richtlinie (EU) 2022/2464 des Europäischen Parlaments und des Rates vom 14.12.2022 zur Änderung der Verordnung (EU) Nr. 537/2014 und der Richtlinien 2004/109/EG, 2006/43/EG und 2013/34/EU hinsichtlich der Nachhaltigkeitsberichterstattung (RegE-CSRD-UmsG) umgesetzt werden soll.[6]

Zusätzlich gelten die Vorschriften des DRS 20, die die Normen zur Konzernrechnungslegung des HGB mit der Vermutung konkretisieren, dass eine Beachtung zu einer Erfüllung der GoB führt (§ 342q Rz 41 ff.).[7] DRS 20 gibt explizit Empfehlungen zum Inhalt der einzelnen Bestandteile des Konzernlageberichts (Rz 17 ff.). Die Beachtung des DRS 20 ist verpflichtend. Da der DRS 20 tw. Forderungen enthält, die über die gesetzlichen Verpflichtungen hinausgehen, ist er nicht unumstritten[8] und sollte lediglich auf der Basis von weitgehend sinnvollen Empfehlungen genutzt werden.[9]

---

[4] Vgl. RL (EU) 2022/2464, ABl. EU L 322/15 v. 16.12.2022.
[5] EU-Amtsblatt v. 22.12.2023, Reihe L. S. 1–284, abrufbar unter https://eur-lex.europa.eu/legal-content/DE/TXT/PDF/?uri=OJ:L_202302772, Abruf 8.10.2024.
[6] RegE CSRD-UmsG, BT-Drs. 20/12787 v. 9.9.2024, https://dserver.bundestag.de/btd/20/127/2012787.pdf, Abruf 8.10.2024.
[7] Vgl. Müller/Stawinoga, in Müller/Stute/Withus, Handbuch Lagebericht, 2013, Teil A, Rz. 14. Bzgl. der praktischen Erfahrungen vgl. z.B. Kajüter/Bachert/Blaesing/Kleinmanns, ZfB 2010, S. 457.
[8] Vgl. Lorson/Melcher/Müller/Velte/Wulf/Zündorf, ZGR 2015, S. 887.
[9] Vgl. Martin/Mühlbauer, B+B 7–8/2016, S. 44; Wiechers, BBK 2017 S. 177.

Neben einigen weiteren Änderungsstandards zum Nachvollzug gesetzlicher Änderungen wurden mit dem DRÄS 12[10] die Änderungen des FüPoG II[11] in den DRS 20 eingearbeitet. Konkret betrifft dies neue Berichtspflichten im Kontext der Einhaltung der Vorgaben zum Frauenanteil in der Erklärung zur Konzernführung nach § 315d HGB. Zudem wurde in DRS 20.232ff. die EU-Taxonomie-Verordnung mit einem Hinweis und einem Verweis auf Art. 8 EU-Taxonomie-Verordnung sowie auf die Delegierte Verordnung (EU) 2021/2178 der Kommission vom 6.7.2021 in den Abschnitten zur nichtfinanziellen Konzernerklärung nach § 315b HGB berücksichtigt.

Mit dem am 27.7.2023 im BAnz bekannt gemachten DRÄS 13 wurden mit Wirkung bereits für das Gj 2023 Änderungen auch an DRS 20 vorgenommen. Konkret wurde u. a. der Geltungsbereich der branchenspezifischen Anlagen des DRS 20 für die Risikoberichterstattung auf die Wertpapierinstitute, Zahlungsinstitute und E-Geld-Institute sowie auf Pensionsfonds ausgeweitet. Bislang waren Wertpapierinstitute, Zahlungsinstitute und E-Geld-Institute nicht Gegenstand der **branchenspezifischen Konkretisierungen**, obwohl diese in § 340 HGB explizit genannt werden. Ebenso waren Pensionsfonds bislang nicht im Geltungsbereich der Anlage 2 des DRS 20 enthalten. Dies führt zu zahlreichen eher formalen Anpassungen an verschiedenen Stellen des Standards.

8 Unt, die nach § 315e HGB/§ 315g HGB-E i.d.F. RegE-CSRD-UmsG ihren Konzernabschluss nach den IFRS verpflichtend (Abs. 1 und 2) oder freiwillig (Abs. 3) erstellen, haben die Anforderungen des § 315e Abs. 1 HGB/§ 315g Abs. 1 HGB-E i.d.F. RegE-CSRD-UmsG zu beachten. Dieser fordert von IFRS-Anwendern einen vollständigen Konzernlagebericht nach diesem Paragrafen. Nur so entfaltet der IFRS-Abschluss die befreiende Wirkung hinsichtlich des Konzernabschlusses nach HGB. Aufgrund der unterschiedlichen Rechtsnormen kommt es in einigen Teilen zu Überschneidungen von Inhalten des IFRS-Konzernabschlusses und dem (HGB-)Konzernlagebericht. Dennoch verlangt DRS 20.20 grds. eine Aufstellung in geschlossener Form für den Konzernlagebericht, d.h. ohne Verweise auf den Konzernanhang. Ausnahmen stellen z.B. dar:
- die Erklärung zur Unternehmensführung gem. § 315d HGB (kann auf der Internetseite des Konzerns erfolgen),
- Informationen im Konzernlagebericht, die aufgrund von gesetzlichen Vorschriften (§ 315 Abs. 2 Satz 2 HGB, § 315a Satz 3 HGB) oder aufgrund von Regeln dieses Standards (DRS 20.K192, K198, K219, 223a und K231) durch einen Verweis auf den Konzernanhang vermittelt werden.

Somit sind ggf. Angaben sowohl im Konzernanhang als auch im Konzernlagebericht nötig, was zu vom DRSC gewollten, allerdings vom Gesetzgeber etwa mit der Umsetzung der CSR-Richtlinie wieder verringerten (§ 315a Rz 39) Doppelausweisen führt.

9 Konzernlageberichte, die nach DRS 20 erstellt werden, erfüllen nicht wie noch im E-DRS 27 angestrebt sowohl HGB als auch IFRS. Allerdings handelt es sich beim Practice Statement ausschließlich um Empfehlungen des IASB, die nicht

---

[10] DRÄS 12 v. 11.2.2022, BAnz AT v. 7.3.2022, Anlage B1.
[11] Gesetz zur Ergänzung und Änderung der Regelungen für die gleichberechtigte Teilhabe von Frauen an Führungspositionen in der Privatwirtschaft und im öffentlichen Dienst v. 7.8.2021, BGBl 2021 I S. 3311 ff.

verpflichtend anzuwenden sind, und der Überschneidungsbereich ist vergleichsweise groß, so dass mit wenigen Zusatzangaben bzw. konkreteren Angaben eine duale Anforderungserfüllung möglich erscheint. Zudem erfolgt aktuell unter Beteiligung des DRSC eine Überarbeitung des Management Commentary (Practice Statement 1), was eine noch stärkere Angleichung mit sich bringen könnte. Ein Entwurf wurde stark verzögert erst im Mai 2021 vorgelegt, die Auswertung ist zwar abgeschlossen, der IASB rechnet aber damit, das überarbeitete Leitliniendokument erst im ersten Halbjahr 2025 herauszugeben.[12] In der Überarbeitung von „Management Commentary (Practice Statement 1)" werden zunächst allgemeine Regelungen zur Abgrenzung der Lageberichterstattung und zur Identifizierung des zugehörigen Abschlusses, zur Autorisierung des Lageberichts und zur Aufnahme einer Einhaltungserklärung getroffen. Er beschreibt außerdem die Zielsetzung der Lageberichterstattung nach den IFRS, die darin gesehen wird, Informationen bereitzustellen, die das Verständnis der Investoren und Kreditgeber für die im Abschluss ausgewiesene Vermögens-, Finanz- und Ertragslage des Unt verbessern, und einen Einblick in die Faktoren gibt, die die Fähigkeit des Unt beeinflussen könnten, über alle Zeithorizonte hinweg, auch langfristig, Werte zu schaffen und Cashflows zu generieren. Es werden die folgenden Inhaltsbereiche vorgeschlagen:

- das Geschäftsmodell des Unternehmens,
- die Strategie der Unternehmensleitung zur Aufrechterhaltung und Weiterentwicklung des Geschäftsmodells des Unternehmens,
- die Ressourcen und Beziehungen des Unternehmens,
- die Risiken, denen das Unternehmen ausgesetzt ist,
- das externe Umfeld des Unternehmens und
- die Vermögens-, Finanz- und Ertragslage des Unternehmens.

Anders als im Lagebericht nach HGB sind die Adressaten, auf die die Berichterstattung zielen soll, nach IFRS lediglich die Investoren und Fremdkapitalgeber. Zudem ist, ebenfalls anders als nach HGB, bereits mit DRS 20 gefordert, auf die Schlüsselaspekte der Strategie der Unternehmensleitung einzugehen. Die weiteren geforderten Aspekte entsprechen den gesetzlichen Forderungen nach § 289 HGB bzw. § 315 HGB. Es wird auch explizit eine Berichterstattung über Aspekte gefordert, die die langfristigen Aussichten des Unt beeinflussen könnten, wie etwa über immaterielle Ressourcen und Beziehungen sowie über ökologische und soziale Aspekte.

Im Teil C wird bzgl. der Auswahl und der Darstellung der Informationen intensiv auf die Bestimmung der Wesentlichkeit eingegangen. Im Kontext der Lageberichterstattung ist eine Information dann wesentlich, wenn ihr Weglassen, ihre falsche Darstellung oder ihre Verschleierung nach vernünftigem Ermessen die Entscheidungen beeinflussen könnte, die Investoren und Kreditgeber auf der Grundlage des Lageberichts und des zugehörigen Abschlusses treffen. Die Identifizierung wesentlicher Informationen erfordert von der Unternehmensleitung Ermessensentscheidungen. Informationen über einen Sachverhalt können aufgrund der Art oder des Ausmaßes dieses Sachverhalts oder einer Kombination aus beidem wesentlich sein. Die im Lagebericht enthaltenen Informationen müssen – wie auch nach DRS 20

---

[12] Vgl. IFRS, Exposure Draft and comment letters: Management Commentary sowie weitere Informationen unter www.ifrs.org/projects/work-plan/management-commentary/, Abruf 8.10.2024.

gefordert – vollständig, ausgewogen, genau, klar und eindeutig sein. Informationen in Lageberichten sind entscheidungsnützlicher, wenn sie vergleichbar, überprüfbar und kohärent sind. Metriken, die zur Beschreibung wesentlicher Informationen in Lageberichten verwendet werden, sollten von Metriken abgeleitet werden, die die Unternehmensleitung zur Überwachung wichtiger Sachverhalte und zur Messung des Fortschritts bei der Steuerung dieser Sachverhalte verwendet (management approach).

10 Als weitere beschlossen regulatorische Änderung wurde die **Richtlinie zur Nachhaltigkeitsberichterstattung von Unternehmen (Corporate Sustainability Reporting Directive, CSRD)** als Richtlinie (EU) 2022/2464 im Amtsblatt der EU veröffentlicht, die eine sowohl qualitative als auch quantitative Veränderung der 2017 eingeführten nichtfinanziellen Erklärung bewirkt.[13] Die deutsche Umsetzung hätte bis zum 6.7.2024 erfolgen müssen, ein RegE wurde aber erst am 24.7.2024 vorgelegt.[14] Als **Nachhaltigkeitsbericht** ist diese erweiterte Berichterstattung künftig **pflichtgemäß in den Lagebericht** aufzunehmen, wobei folgende Anwendungszeitpunkte im Art. x1 EGHGB-E i.d.F. RegE CSRD-UmsG vorgesehen sind:
- Für die **kapitalmarktorientierten Unt** gilt eine Pflicht zur Anwendung der neuen Vorgaben **ab dem 1.1.2024** für den (Konzern-)Lagebericht, soweit sie bereits jetzt nach § 289b HGB bzw. § 315b HGB zur Abgabe einer nichtfinanziellen (Konzern-)Erklärung verpflichtet sind.
- Der verpflichtete Anwenderkreis wird dann zunächst erheblich erweitert auf **alle großen KapG und alle Konzernabschlüsse mit Erstanwendung ab dem Gj 2025.**
- Kapitalmarktorientierte KMU haben – mit Ausnahme der weiter befreiten KleinstKapG – ab 2026 zu berichten.
- TU bestimmter MU mit Sitz außerhalb der EU und des EWR haben ab dem Gj 2028 nach § 315h HGB-E i.d.F. des RegE CSRD-UmsG bzw. Zweigniederlassungen bestimmter unverbundener Unt mit Sitz in einem Drittstaat nach § 315i HGB-E i.d.F. RegE CSRD-UmsG bzw. Zweigniederlassungen bestimmter verbundener Unt mit Sitz in einem Drittstaat nach § 315j HGB-E i.d.F. RegE CSRD-UmsG für einen Nachhaltigkeitsbericht zu sorgen.

Da durch die verpflichtende Betrachtung der gesamten Lieferkette und Geschäftsbeziehungen viele Unt und auch KMU **mittelbar betroffen** sein werden,[15] wurde eine Erleichterung gewährt. Während einer **Übergangszeit bis 2028** wurden diese Unt von der Anwendung der Richtlinie ausgenommen. Durch die ESRS wird zudem eine deutliche Vereinheitlichung und Ausweitung der Berichterstattungen vorgeschrieben. Die für 2023 angekündigten Entwürfe für branchenspezifische und spezielle KMU-Standards zur Nachhaltigkeitsberichterstattung wurden zeitlich zugunsten der Finalisierung der 12 ESRS aus Set 1 geschoben und dürften erst 2025 veröffentlicht werden. In bislang zusammen 84 nur tw. unter dem Wesentlichkeitsvorbehalt stehenden Offenlegungspflichten, die jeweils noch mit verschiedenen konkretisierenden Angabepflichten unterlegt

---

[13] EU-ABl v. 16.12.2022, L322/15ff., https://eur-lex.europa.eu/legal-content/DE/TXT/PDF/?uri=CELEX:32022L2464, Abruf 8.10.2024; vgl. Needham/Warnke/Müller, IRZ 2023, S. 41ff.
[14] RegE CSRD-UmsG, BT-Drs. 20/12787 v. 9.9.2024, https://dserver.bundestag.de/btd/20/127/2012787.pdf, Abruf 8.10.2024.
[15] Vgl. Müller/Adler/Duscher, DB 2023, S. 242ff.

sind (aktuell über 1.100 Datenpunkte), reicht die Palette von notwendigen Angaben zu Treibhausgasemissionen über Auswirkungen des Unternehmenshandelns auf die Biodiversität und Angaben zur Einhaltung der Menschenrechte bis hin zu Angaben zur Unternehmensführung und -überwachung sowie angewandten Strategien und Normen.[16]

2 Inhalte

2.1 Anforderungen, Form und Umfang

Der Konzernlagebericht ist aufgrund seiner Bedeutung nach § 290 Abs. 1 HGB als ein **eigenständiges Element** klar und deutlich als solcher zu kennzeichnen. Aufgrund seiner eigenständigen Bedeutung muss er grds. eigenständig lesbar sein, ohne auf andere Bestandteile im Konzernabschluss zu verweisen. Allerdings liegen mit der Konzernerklärung zur Unternehmensführung (§ 315d HGB) und der nichtfinanziellen Konzernerklärung (§ 315b HGB) explizit Berichte bzw. Berichtsteile vor, die (noch) als Abschnitt im Konzernlagebericht oder getrennt vom Konzernlagebericht dargestellt werden dürfen. Mit der Umsetzung der Überarbeitung der Bilanzrichtlinie EU/2013/34 mit der CSRD in das HGB wird bereits mit Wirkung ab dem Gj 2024, allerdings zunächst nur für die nichtfinanzielle Berichterstattung, die dann Nachhaltigkeitsberichterstattung genannt wird, eine pflichtgemäße Integration in den Lagebericht vorgeschrieben (§ 315b Abs. 1 Satz 2 HGB-E i.d.F. RegE CSRD-UmsG). Die in § 315a HGB verlangten übernahmerelevanten Informationen können auch tw. durch Angaben im Konzernanhang erfüllt werden.

Grds. sind positive wie auch negative Aspekte separat darzustellen (DRS 20.16). I.R.d. Geschäftsberichts eines Konzerns befindet sich der Konzernlagebericht regelmäßig vor dem Konzernabschluss.[17]

Nach dem DRS 20.12 hat der Konzernlagebericht „sämtliche Informationen zu vermitteln, die ein verständiger Adressat benötigt, um die Verwendung der anvertrauten Ressourcen und um den Geschäftsverlauf im Berichtszeitraum und die Lage des Konzerns sowie die voraussichtliche Entwicklung mit ihren wesentlichen Chancen und Risiken beurteilen zu können."

Dazu hat der Konzernlagebericht **materiellen und formellen Anforderungen** zu genügen. Hierzu gehören in Anlehnung an die GoB und § 297 Abs. 2 HGB insb. die Grundsätze der Vollständigkeit, Verlässlichkeit und Ausgewogenheit, Klarheit und Übersichtlichkeit, Vermittlung der Sicht der Konzernleitung, Wesentlichkeit und Informationsabstufung (DRS 20.12–35). Wie für den Konzernabschluss ist auch für den Konzernlagebericht das Gebot der Stetigkeit und der Wahrheit zu beachten.

Stetigkeit bedeutet, dass der Konzernlagebericht hinsichtlich Form und Inhalt fortzuführen ist. Ist durch eine geänderte Berichterstattung eine bessere Klarheit und Übersichtlichkeit im Konzernlagebericht gegeben, kann der Stetigkeitsgrundsatz durchbrochen werden. Wird der Stetigkeitsgrundsatz durchbrochen, ist hierüber Bericht zu erstatten. Insb. sind die Gründe hierfür anzugeben. Vj-Angaben sind –

---

[16] Vgl. ausführlich Freiberg/Lanfermann, ESRS-Kommentar, 2. Aufl. 2024.
[17] Vgl. Stute, IFRS: Lagebericht und Konzernlagebericht, 2010, S. 173f.

wenn möglich – anzupassen (DRS 20.26), wobei generell im Konzernlagebericht die Angabe von Vj-Werten nur empfohlen und nicht gesetzlich gefordert sind.

14 **Wesentlichkeit** für den Konzernlagebericht bedeutet, dass Informationen aus Sicht des Konzerns und nicht aus Sicht des MU von Bedeutung sein müssen. Zudem ist der Grundsatz der **Informationsabstufung** zu beachten, wonach Ausführlichkeit und Detaillierungsgrad der Ausführungen im Konzernlagebericht von den spezifischen Gegebenheiten des Konzerns, wie insb. von der Art seiner Geschäftstätigkeit, seiner Größe und der Inanspruchnahme des Kapitalmarktes, abhängen (DRS 20.34).

15 Die im Konzernlagebericht getätigten Aussagen müssen **verlässlich** sein. Dies bedeutet, dass sie zutreffend und nachvollziehbar sein müssen und einseitige Darstellungen nicht getätigt werden dürfen. Die im Konzernlagebericht getätigten Aussagen müssen ferner frei von Widersprüchen zum Konzernabschluss und konsistent mit diesem sein (DRS 20.19).

16 Bzgl. der Form wird zunehmend auch eine Maschinenlesbarkeit zentraler Informationen des Konzernlageberichts gefordert (EU-Verordnung 2018/815, sog. ESEF-Verordnung), weshalb hier entsprechende Informationen nach der Taxonomie zu kennzeichnen sind (§ 328 Rz 28).

17 Wie beim Konzernanhang hat der Gesetzgeber für den Konzernlagebericht **keine zwingenden Gliederungsvorgaben** vorgesehen. Basierend auf den allgemeinen Grundsätzen soll der Konzernlagebericht ein zutreffendes Bild der Lage des Konzerns geben. Insofern ist eine **Gliederung** nach **sachlichen**, **logischen** und **zweckmäßigen** Kriterien geboten. Informationen sind dementsprechend zusammenzufassen. In der **Praxis** haben sich **unterschiedliche Gliederungen** herausgebildet, die aber alle nach einem ähnlichen Muster aufgebaut sind. DRS 20 gliedert – für Anwendung im Gj. 2023 bzw. 2024 - wie folgt:

- **Grundlagen des Konzerns:** Geschäftsmodell, Ziele und Strategien (freiwillig), Steuerungssystem, Forschungs- und Entwicklungsbericht, Zweigniederlassungsbericht;
- **Wirtschaftsbericht:** Bestandteile des Wirtschaftsberichts sind immer die Darstellung und Analyse des Geschäftsverlaufs nebst Rahmenbedingungen, Geschäftsergebnis und aktueller Lage, bedeutende Leistungsindikatoren sowie Ausführungen zur Vermögens-, Finanz- und Ertragslage, wobei diese Ausführungen getrennt für jedes Element (Vermögens-, Finanz- und Ertragslage) vorzunehmen sind;
- **Prognose-, Chancen- und Risikobericht:** Der Prognosebericht sollte zum einen eine Entwicklungsprognose und zum anderen eine Sensitivitätsanalyse beinhalten. Ferner ist es sinnvoll, Ausführungen zu den Risikozielen von Finanzinstrumenten aufzunehmen; der Risikobericht sollte nicht nur auf die Risikoanalyse eingehen, sondern auch Ausführungen zu den Risiken von Finanzinstrumenten und dem internen Kontroll- und Risikomanagementsystem enthalten. Sofern der Risikoteil i. R. d. Prognoseberichts aufgenommen wurde, kann ein separater Risikobericht entfallen; zudem hat ein Chancenbericht zu erfolgen;
- **Internes Kontrollsystem und Risikomanagementsystem** bezogen auf den Konzernrechnungslegungsprozess (nur kapitalmarktorientierte Unt);
- **Risikoberichterstattung in Bezug auf die Verwendung von Finanzinstrumenten;**

- **Übernahmerelevante Angaben** (nur kapitalmarktorientierte Unt nach § 315a HGB);
- **Nichtfinanzielle Konzernerklärung** (nur bestimmte kapitalmarktorientierte Unt nach § 315b Abs. 1 HGB; darf nach § 315b Abs. 2 und 3 HGB auch als nichtfinanzieller Konzernbericht ausgelagert werden) – ab Gj 2024 ist ein **Nachhaltigkeitsbericht** als gesonderter Teil des Lageberichts zu integrieren (§ 315b Abs. 1 HGB-E i.d.F. RegE CSRD-UmsG);
- **Erklärung zur Konzernführung** (nur börsennotierte AG und KGaA nach § 315d HGB; darf nach § 315d i.V.m. § 289 Abs. 1 Satz 4 HGB auch ausgelagert werden);
- **Versicherung der gesetzlichen Vertreter** bei MU, die Inlandsemittenten sind (umgangssprachlich auch als Bilanz- oder Lageberichtseid bezeichnet) – ab Gj 2024 als gesonderter Teil außerhalb des Lageberichts nach § 315f HGB-E i.d.F. RegE CSRD-UmsG;
- ab dem Gj 2024 **Bericht über Ressourcen ohne physische Substanz**, von denen das Geschäftsmodell des Konzerns grundlegend abhängt und die eine Wertschöpfungsquelle für den Konzern darstellen (§ 315 Abs. 3a HGB-E i.d.F. RegE CSRD-UmsG).

Sofern geboten, kann ein Inhaltsverzeichnis bzw. eine Gliederung den Ausführungen im Konzernlagebericht vorangestellt werden. Die einzelnen Abschnitte sind durch Überschriften deutlich kenntlich zu machen (DRS 20.25).

§ 315 HGB unterscheidet auch sprachlich nicht zwischen Pflicht- und Sollbestandteilen. DRS 20 fordert die genannten Bestandteile unter Beachtung des Grundsatzes der Informationsabstufung regelmäßig. Somit sind alle in § 315 HGB geforderten Angaben als Mindestumfang des Konzernlageberichts zu verstehen.

2.2 Basisinhalte des Konzernlageberichts (Abs. 1 und 2)

2.2.1 Angaben zum Geschäftsverlauf und Analyse von Geschäftsverlauf und Lage des Konzerns (Abs. 1 Satz 1 und 2)

Der **Geschäftsverlauf** des Gj ist in einem **Wirtschaftsbericht** zu analysieren, zusammenzufassen und wiederzugeben. Hierbei sind die Geschäftsfelder des Konzerns sowie die Struktur und Komplexität des Konzerns ausgewogen und umfassend zu berücksichtigen. Es sind nicht nur finanzielle Angaben, sondern auch nicht finanzielle Leistungsindikatoren in den Wirtschaftsbericht aufzunehmen.

Für den in § 315 Abs. 1 Satz 1–4 HGB verlangten, unter das Gebot der Vermittlung tatsächlicher Verhältnisse gestellten **Wirtschaftsbericht**, der als Herzstück des Konzernlageberichts bezeichnet werden kann,[18] genügt es nicht, den Geschäftsverlauf und die Lage des Konzerns zu analysieren und darzustellen. **Ausgangspunkt** für eine fundierte Analyse des Geschäftsverlaufs und der wirtschaftlichen Lage stellen die **Geschäftstätigkeit und deren Rahmenbedingungen** dar. Zum besseren Verständnis fordert DRS 20.36 als Ausgangspunkt für die Darstellung, Analyse und Beurteilung des Geschäftsverlaufs und der wirtschaftlichen Lage Angaben zu den Grundlagen des Konzerns. Konkret ist bzgl. des **Geschäftsmodells**, soweit für das Verständnis der Ausführungen im Konzernlagebericht erforderlich, einzugehen auf den Geschäftszweck, die organisatorische Struktur des Konzerns, die notwendigen

---

[18] Vgl. Ergün/Müller, in Müller/Stute/Withus, Handbuch Lagebericht, 2013, Teil B2, Rz. 1.

Einsatzfaktoren für die Durchführung der Geschäftstätigkeit, Produkte und Dienstleistungen, Geschäftsprozesse, Absatzmärkte sowie externe Einflussfaktoren für das Geschäft (z. B. rechtliche, politische, wirtschaftliche, ökologische und soziale Rahmenbedingungen).[19] Die nach DRS 20.39 im Folgenden gewünschten Angaben zu **Zielen und Strategien** des Konzerns lassen sich nicht aus dem Gesetz ableiten und erfolgen somit freiwillig. Kapitalmarktorientierte Unt sollen nach DRS 20.K45 daran anschließend auf das **Steuerungssystem** eingehen.

22 Angaben zu den **Zielen** und **Strategien** des Konzerns sollen den Abschlussadressaten dabei unterstützen, die im Konzernlagebericht publizierten Informationen besser in das wirtschaftliche Umfeld einzuordnen. Allerdings bleibt es bei der freiwilligen Angabe. Insb. nennt DRS 20.40 hier die verbesserte Möglichkeit für den Abschlussadressaten, den Geschäftsverlauf, die wirtschaftliche Lage und die voraussichtliche Entwicklung im Hinblick auf die angestrebten Ziele i. R. e. Strategieberichterstattung besser einordnen zu können.

> **Beispiele zu strategischen Zielen**
> Im Bereich Kunden und Märkte:
> - Marktanteile, Marktpositionierung, Marktdurchdringung,
> - Markenentwicklung,
> - Kundenakzeptanz, Kundenzufriedenheit.
>
> Im Bereich Anteilseigner:
> - Unternehmenswert,
> - Dividendenpolitik.
>
> Im Bereich Produkte:
> - Produktmix/Portfolio,
> - Produktdiversifizierung.

23 Unter **Strategien** wird üblicherweise das längerfristige Ausrichten eines Unt unter Berücksichtigung der vorhandenen Ressourcen verstanden, um gesetzte Ziele zu erreichen. Die freiwilligen Angaben zur Strategie des Konzerns im Hinblick auf die Ziele beschränken sich auf den Konzern selbst und betreffen nicht untergeordnete Organisationsstrukturen wie z. B. Geschäftsbereiche. DRS 20 lässt dabei den freiwilligen Berichtsumfang und die Berichtstiefe offen. Neben den allgemeinen Ausführungen zu den strategischen Zielen können i. R. d. Wirtschaftsberichts zusätzlich Aussagen zur Zielerreichung aufgenommen werden.

24 DRS 20 erweitert die Angaben zur Darstellung des Geschäftsmodells, der Strategien und Ziele sowie den Steuerungssystemen **über die gesetzlichen Vorgaben hinaus**. Je nach Detaillierungsgrad und Struktur im Konzern kann dies u. U. zu unerwünschten Publizitätseffekten von Unternehmensinterna führen. Ähnlich dem Practice Statement zum Management Commentary des IASB können sie nur als Empfehlungen betrachtet werden. Es bleibt abzuwarten, ob diese Angaben zur Akzeptanz bei den Anwendern führen und hier detaillierte Aussagen getätigt oder ob nur allgemeine Angaben vorzufinden sein werden. Untersuchungen zur Strategieberichterstattung haben Angaben im Konzernlagebericht in unterschiedlichster

---

[19] Vgl. DRS 20.37 sowie Ergün/Müller, in Müller/Stute/Withus, Handbuch Lagebericht, 2013, Teil B1, Rz. 1 ff.

Weise vorgefunden, die mangels einer Normierung aber nicht zu einer generellen Aussage bzgl. des Umfangs und der Qualität einer Strategieberichterstattung führen.[20] Eine **Nichtangabe** im Konzernlagebericht kann nicht zu Konsequenzen führen, soweit der Konzernlagebericht ansonsten i.R.d. rechtlichen Vorschriften erstellt wird und im Einklang mit diesen ist (§ 342q Rz 43).

Das im Konzern eingesetzte **Steuerungssystem** ist von kapitalmarktorientierten MU darzustellen (DRS 20.K45). Unter dem Steuerungssystem ist das Managementsystem zu verstehen, das zur Zielerreichung und Strategieumsetzung verwendet wird und mit den Beteiligungen sowie der Leistungsprozess von der Beschaffung zum Absatz gesteuert wird. Eine einfache verbale Beschreibung des Systems kann als hinreichend betrachtet werden. Die Pflicht zur Angabe von **Kennzahlen**, nach denen der Konzern gesteuert wird, beschränkt sich auf Angaben im Kontext der Konzernsteuerung. I.d.R. werden sich diese Kennzahlen auf betriebswirtschaftliche Größen zur Vermögens-, Finanz- und Ertragslage sowie zur Unternehmenswertsteuerung beschränken,[21] könnten aber angesichts der zunehmend zu beobachtenden stärkeren Ausrichtung auf die Nachhaltigkeit durchaus auch nichtfinanzielle Kennzahlen umfassen,[22] was aber in der Praxis bislang noch sehr selten erfolgt.[23] Sofern Kennzahlen verwendet werden, die sich nicht direkt aus dem Jahresabschluss ergeben (sog. Alternative Performance Kennzahlen oder Non-IFRS-Größen), sind diese zu erläutern, wobei sich die Erläuterung auch auf die Berechnung der Kennzahlen erstreckt.[24] Die Angabe zur Berechnung der Kennzahlen ist nicht neu, sie wurde bisher lediglich für finanzielle Leistungsindikatoren gefordert und nun in den Angaben zum Steuerungssystem integriert. Mit der Berichtspflicht von Steuerungssystem und Kennzahlen erfolgt die Umsetzung des in den IFRS implementierten Management Approach auf für HGB basierte Konzernabschlüsse und -lageberichte. Wie für die Ziele und Strategien ist die Angabepflicht zu den Steuerungssystemen des Konzerns nur von kapitalmarktorientierten MU zu erfüllen.

Erhöhte Berichtspflichten ergeben sich auch, sofern das MU i.R.d. Konzernabschlusses eine **Segmentberichterstattung** veröffentlicht. Neben den Erläuterungen zur Entwicklung der Segmente im Wirtschaftsbericht sind im Konzernlagebericht von kapitalmarktorientierten Unt Erläuterungen zu den Steuerungssystemen der Segmente aufzunehmen. Voraussetzung für diese Angabepflicht ist, dass sich die für die Segmente verwendeten Kennzahlen grundlegend voneinander unterscheiden. Ursachen für heterogene Segmentstrukturen können z.B. in der Aufbauorganisation eines Konzerns oder in den unter dem Konzerndach vereinten unterschiedlichen Geschäftsmodellen sein.

Die in DRS 20 geforderten Angaben zu den Steuerungssystemen von kapitalmarktorientierten Unt sind auch im **Mehrjahresvergleich** zu betrachten. Liegen wesentliche Veränderungen in den Steuerungssystemen oder in den Berechnungsmethoden von Kennzahlen vor, ist über die jeweiligen Sachverhalte im Konzernlagebericht zu berichten. Insb. sind die Veränderungen ggü. dem Vj darzustellen. Unter wesentli-

---

[20] Vgl. Weißenberger/Sieber/Kraft, KoR 2011, S. 254.
[21] Vgl. Mack/Müller/Needham, ZCG 2018, S. 230ff.
[22] Vgl. Mack/Müller/Needham, PiR 2018, S. 293ff. und BB 2019, S. 939ff.
[23] Vgl. Mack/Müller/Needham, WPg 2019, S. 671ff.
[24] Vgl. ESMA Guidelines on Alternative Performance Measures, ESMA/2015/1057, www.esma.europa.eu/sites/default/files/library/2015/11/2015-esma-1057_final_report_on_guidelines_on_alternative_performance_measures.pdf, Abruf 8.10.2024; die wird künftig auch analog nach IFRS 18 gefordert.

chen Veränderungen sind die Veränderungen zu verstehen, die die Vermögens-, Finanz- und Ertragslage des Konzerns beeinflussen.

28 Basierend auf diesen vorgeschalteten Erläuterungen der Grundlagen kann der Konzernlagebericht im Wirtschaftsbericht seinen Adressaten aufzeigen, wie sich der Konzern im abgelaufenen Konzern-Gj entwickelt hat und welche Gegebenheiten zu dieser Entwicklung geführt haben.[25] Diese Aussagen sind nicht nur beschreibender, sondern tw. auch wertender Art. Letzteres gilt bspw. für Aussagen der Konzernleitung darüber, ob sie die jüngste Konzernentwicklung als günstig oder ungünstig beurteilt, wobei die wirtschaftliche Gesamtbeurteilung des Konzerns aus der Sicht der Konzernleitung im Vordergrund des Berichts steht und nicht die Erläuterung einzelner Posten des Konzernabschlusses. Welche Angaben zu machen sind, hängt von den spezifischen Gegebenheiten des Einzelfalls ab.

29 Ein Überblick über den Geschäftsverlauf und die Lage des Konzerns kann nur vor dem Hintergrund der gesamtwirtschaftlichen und branchenspezifischen Rahmenbedingungen erfolgen (DRS 20.59). Deshalb ist es erforderlich, u.a. kurz auf die gesamtwirtschaftliche Entwicklung einzugehen und über die Gegebenheiten und Entwicklungen der konzernrelevanten Branchen zu berichten. Zudem empfiehlt es sich, über den Bereich Personal- und Sozialwesen sowie sonstige wichtige Vorgänge und Ereignisse zu informieren.[26]

> **Praxis-Beispiel**[27]
> Zu den Angaben zur **gesamtwirtschaftlichen Entwicklung** gehören u.a. Angaben zur konjunkturellen Entwicklung (z.B. Nachfrageentwicklung), zu konjunkturpolitischen Maßnahmen auf den Gebieten der Steuer-, Geld-, Zins- und Außenwirtschaftspolitik, zu gesellschaftspolitischen Ereignissen (z.B. wirtschaftspolitische Reformen), soweit der Konzern von diesen gesamtwirtschaftlichen Entwicklungen bzw. Maßnahmen betroffen ist.
> Zu den Angaben über **konzernrelevante Branchen** gehören u.a. Angaben über die Strukturen der konzernrelevanten Branchen (z.B. Wettbewerbs- und Marktverhältnisse), deren Konjunkturlage (z.B. Branchenumsatz, Branchenrentabilität, Branchenproduktionsleistung, Branchenpreis- und Lohnentwicklung) sowie Aussagen über die Position des Konzerns innerhalb dieser Branchen (z.B. Marktanteil, gewählte Marktstrategie).

30 Mit den Angaben zum Bereich **Personal und Soziales** ist über die **Arbeitnehmerschaft** (z.B. Anzahl und Qualifikation der Mitarbeiter, Altersaufbau, Fluktuation), über **Arbeitszeitregelungen, Arbeitsbedingungen, Mitbestimmungsregelungen,** über die **Struktur des Personalaufwands** (z.B. gesetzliche, tarifliche, freiwillige Bestandteile), über **Entlohnungssysteme** (z.B. Akkordlohn, Monatslohn, Fremdlohn), über **besondere Vergütungsregelungen** (z.B. Gewinnbeteiligung, Gratifikationen, Belegschaftsaktien), über **betriebliche Sozialleistungen** (z.B. betriebliche Altersversorgung, Betriebskrankenkassen, Fürsorgeeinrichtungen, Unfallschutz, Werkswohnungen, Erholungsheime, Betriebskindergärten, Werksver-

---

[25] Vgl. IDW, WPH Edition, Wirtschaftsprüfung & Rechnungslegung, 18. Aufl. 2023, Kap. G Tz 804.
[26] Vgl. Ergün/Müller, in Müller/Stute/Withus, Handbuch Lagebericht, 2013, Teil B2, Rz 17 ff.
[27] Vgl. Müller, in Kußmaul/Müller, HdB, Konzernlagebericht: Inhalt und Ausgestaltung, Rz 36, Stand: 2/2023.

pflegung) und über **Aus- und Fortbildung** (z. B. über das Angebot an Aus- und Weiterbildungsmaßnahmen einschl. dafür unterhaltene Einrichtungen, Ausgaben für Schulung und Fortbildung wie auch über den Umfang, in dem die Belegschaft Aus- und Weiterbildungsmöglichkeiten genutzt hat bzw. nutzt) zu informieren. Gleichzeitig ist auf **konzerninterne** wie auch **-externe Gegebenheiten** oder **Ereignisse** einzugehen mit besonderem Einfluss auf die Bereiche Personal und Soziales, insb. wesentliche Betriebsvereinbarungen, tarifliche Vereinbarungen und Streiks. Dabei ist stets das Bild des Konzerns als wirtschaftliche Einheit zu beachten.[28]

I. R. d. Darstellung des Konzerngeschäftsverlaufs ist auch auf **sonstige wichtige Vorgänge** und/oder Ereignisse des abgelaufenen Konzern-Gj einzugehen. 31

> **Praxis-Beispiel**
> Zu diesen **berichtspflichtigen Vorgängen/Ereignissen** gehören u. a. wesentliche Veränderungen der rechtlichen Rahmenbedingungen, der Abschluss oder die Beendigung wichtiger Verträge (z. B. Kooperationsvereinbarungen, Gewinnabführungs-, Beherrschungs-, Eingliederungs-, Lizenzverträge). Zu berichten ist auch über wichtige laufende bzw. abgeschlossene Rechtsstreitigkeiten, den Erwerb oder die Veräußerung von konzernwesentlichen Anteilen/Beteiligungen, wettbewerbsrechtlich bzw. kartellrechtlich bedeutsame Fragen für den Konzern, Betriebsgrößenveränderungen, Änderungen der Rechtsform und der Gesellschafterstruktur wichtiger Konzernges., besondere Unglücksfälle, Naturkatastrophen, Arbeitskampfmaßnahmen, Restrukturierungsmaßnahmen, Personalveränderungsmaßnahmen, Umstrukturierungs- und Rationalisierungsmaßnahmen sowie damit verbundene Mitarbeiterumsetzungen, Entlassungen und über Vorruhestandsregelungen sowie damit verbundene Abfindungsregelungen.

Zu informieren ist auch über **Vorgänge bzw. Ereignisse**, welche die **rechtlichen, wirtschaftlichen** und **gesellschaftlichen Rahmenbedingungen** ändern und für den Konzern wesentlich sind (z. B. Zinsänderungen, Währungskrisen, politische Veränderungen, Veränderungen in den Absatz- und Beschaffungsmarktbedingungen, Umweltauflagen, Ausgliederungen von Unternehmensbereichen). 32

Neben dem Geschäftsverlauf sind **Angaben zur Lage** des Konzerns in den Konzernlagebericht aufzunehmen. Hier wird es zwangsläufig zu Überschneidungen kommen. Im Prinzip ist die Lage eine Weiterentwicklung des Geschäftsverlaufs auf den Konzernbilanzstichtag mit einem Ausblick auf künftige Entwicklungen, die bereits zum Konzernbilanzstichtag bekannt sind. Insofern kann bereits aus dem Geschäftsverlauf auf die Lage geschlossen werden. Im Kontext der Rechnungslegung kann unter der Lage die gegenwärtige und zukünftige Vermögens-, Finanz- und Ertragslage verstanden werden. Da auch nichtfinanzielle Indikatoren in die Analyse nach § 315 Abs. 1 HGB einzubeziehen sind, sind auch diese, die Lage beeinflussenden Faktoren zu benennen. 33

---

[28] Vgl. Böcking/Dutzi/Gros in Baetge/Kirsch/Thiele, Bilanzrecht, § 315 HGB Rz 42, Stand: 10/2019.

> **Praxis-Beispiel**
> Konkret können in Anlehnung an DRS 20.60 Angaben in folgenden Bereichen i. R. d. Erläuterung des Geschäftsverlaufs erforderlich sein:
> - Umstrukturierungs- und Rationalisierungsmaßnahmen,
> - Unternehmenserwerbe/-veräußerungen,
> - Veränderungen bei Kooperationsvereinbarungen,
> - Veränderungen der rechtlichen oder wirtschaftlichen Rahmenbedingungen,
> - Veränderungen der Markt- und Wettbewerbsbedingungen,
> - Veränderungen des Marktanteils oder der Wettbewerbsposition,
> - besondere saisonale Einflüsse,
> - besondere Schadens- und Unglücksfälle.

Ein **grundlegendes Element** des Konzernlageberichts ist dabei die Darstellung der **Vermögens-, Finanz- und Ertragslage**.

34 Bzgl. der **Ertragslage** (§ 264 Rz 74 ff.) soll die Ergebnisentwicklung des Konzerns analysiert und erläutert werden. Im Zusammenhang mit der Darstellung der Ertragslage des Konzerns ist u. a. konkret über dessen Ergebnisentwicklung, Ergebnisstruktur (abgebildet z. B. durch Strukturkennzahlen) und wesentliche Ergebnisquellen zu berichten, wobei das Ergebnis in betriebliches und betriebsfremdes Ergebnis aufzuteilen ist; gleichzeitig müssen geschäftsgewöhnliche und ungewöhnliche oder nicht wiederkehrende Ergebniskomponenten voneinander getrennt quantifiziert werden (DRS 20.66), wenn wesentlich etwa Windfallprofits durch ungewöhnliche Preisänderungen. Soweit erforderlich, sind auch etwaige periodische und/oder aperiodische Ergebniskomponenten einzeln darzustellen, wenn wesentlich etwa Auflösungen von Rückstellungen oder Erträgen aus dem Abgang von Anlagevermögen. Zum Zwecke umfassender und sachgerechter Informationsdarbietung zur Ertragslage kann es evtl. auch erforderlich sein, Aufwandsstruktur- sowie Rentabilitätskennzahlen zu bilden.[29] Verschiedene Einflüsse sind – soweit wesentlich – gem. DRS 20.67 in der Rangfolge ihrer Bedeutung darzustellen. So kann etwa die Aufschlüsselung in Mengen- und Preiseffekte notwendig sein. Sind verschiedene Erklärungen für die Veränderung eines Postens verantwortlich, so sind diese bei Wesentlichkeit alle aufzuführen.

> **Praxis-Beispiel**
> Als Beispiele können nach DRS 20.68 dienen:
> - Rohstoffmangel, Mangel an Fachkräften, unsichere Zulieferungsbedingungen,
> - Entwicklung von Patenten, Lizenzen oder Franchiseverträgen,
> - starke Abhängigkeit von bestimmten Zulieferern oder Kunden,
> - Produkthaftung,
> - Umweltschutzaufwendungen und mögliche Umweltschutzhaftung,
> - Änderung der rechtlichen oder regulatorischen Rahmenbedingungen, z. B. Einschränkung der Absatz- oder Beschaffungsmöglichkeiten,
> - Wechselkursschwankungen oder unterschiedliche Inflationsraten bei Aufwendungen und Erträgen oder auf verschiedenen Märkten.

---

[29] Vgl. Lachnit/Müller, Bilanzanalyse, 2. Aufl. 2017, S. 167 ff.

Integraler Bestandteil der Ertragslage ist die Auftrags- und Umsatzentwicklung im Konzern. I.R.d. Analyse der Ertragslage ist hierauf gesondert einzugehen. Werden Ausführungen zur Auftrags- und Umsatzreichweite getätigt, ist auf eine konsistente Aussage mit den Ausführungen im Prognosebericht zu achten. Dies gilt insb. für Auftragseingänge von Langfristaufträgen, die erst in kommenden Berichtsperioden ihre volle Wirkung entfalten werden. Haben die Umsatzerlöse aufgrund der Art des Geschäftsmodells für den Konzern keine große Bedeutung, so ist die Position nach DRS 20.71 in der Berichterstattung durch relevantere gleichwertige Angaben zu ersetzen.

Bei der **Vermögenslage** (§ 264 Rz 65 ff.) soll die Zusammensetzung des Konzernvermögens erläutert werden. Zudem soll auf wesentliche Veränderungen ggü. dem Vj eingegangen werden. Dazu werden zweckmäßigerweise Vermögenskennzahlen, Aussagen zur Zusammensetzung des Vermögens wie auch Angaben zur Investitions- und Abschreibungspolitik, zu wesentlichen Unterschiedsbeträgen zwischen den Buchwerten der VG und ihren Zeit- bzw. Verkehrswerten, zu betriebsindividuell begründeten Abweichungen von ansonsten üblichen Werten, zum bilanzmäßig nicht ausgewiesenen Vermögen etc. erläutert. Einzugehen ist auch darauf, inwieweit die Vermögenswerte durch außerbilanzielle Geschäfte und Haftungsverhältnisse wesentlich beeinflusst werden und ob Vermögensteile aufgrund politischer oder sonstiger Einflüsse bedroht sind. Weiterhin ist auf wesentliches nicht betriebsnotwendiges Vermögen hinzuweisen.

Die Darstellung der Lage des Konzerns wird vervollständigt durch Angaben über bereits begonnene oder beabsichtigte bedeutende Vorhaben, schwebende Geschäfte und wesentliche Entwicklungstendenzen. Auch hinsichtlich dieser Berichtspflicht kommt es grds. nur auf die Darstellung solcher Entwicklungen an, die den **Konzern in seiner Gesamtheit** und nicht nur einzelne KonzernUnt beeinflussen. Gleichwohl kann auch über einzelne KonzernUnt zu berichten sein, wenn sich aufgrund neuer Entwicklungen für die überschaubare Zukunft abzeichnet, dass bspw. einzelne KonzernUnt stillzulegen sind und dies gleichzeitig für die Lage des Konzerns bedeutsam ist.[30]

Bei der **Finanzlage** (§ 264 Rz 69 ff.) soll die Kapitalstruktur des Konzerns erläutert werden. Dabei ist von kapitalmarktorientierten Unt auch auf Grundsätze des Finanzmanagements einzugehen (DRS 20.K79). Darüber hinaus sind Aussagen zur zukünftigen Erreichbarkeit bzw. Beibehaltung des finanziellen Gleichgewichts notwendig (Liquiditätslage). Dieses Gleichgewicht besteht dann, wenn die zukünftigen Auszahlungen durch vorhandene liquide Mittel und zukünftige Einzahlungen gedeckt werden. Aussagen zur Finanzlage sind somit Aussagen über die Fähigkeit des Konzerns, seine Zahlungsverpflichtungen zu erfüllen (DRS 20.95). Nach DRS 20.78 werden im Zusammenhang mit der Darstellung der Finanzlage auch Aussagen zur **Kapitalstruktur** (Deckungsgrade, horizontale Bilanzstrukturkennzahlen), zu **Investitionen** und zur **Liquiditätslage** (Liquiditätsgrade 1., 2. oder 3. Ordnung aber auch Finanzierungsrechnungen i.S.v. Cashflow-Rechnungen bzw. Rechnungen zur Cashflow-Rentabilität oder auch Aussagen zur Kapitalflussrechnung) erwartet.[31] Letztere ist Basis der Liquiditätsanalyse, wobei neben der zukunftsorientierten

---

[30] Vgl. IDW, WPH Edition, Wirtschaftsprüfung & Rechnungslegung, 18. Aufl. 2023, Kap. G Tz 806.
[31] Vgl. Lachnit/Müller, Bilanzanalyse, 2. Aufl. 2017, S. 267 ff.

Betrachtung auch die abgelaufene Periode mit ihren Veränderungen des Zahlungsbestands darzustellen und zu kommentieren ist.

39 DRS 20.81 ff. verlangt eine ausführliche Darstellung und Analyse der **Kapitalstruktur** des Konzerns. Hier ist insb. auf Verbindlichkeiten mit Strukturangaben zu Fälligkeiten, Währung und Zinsen einzugehen. Ferner sind Aussagen zu Finanzierungsmaßnahmen zu tätigen, sei es durch Eigen- oder Fremdfinanzierung. Bei kapitalmarktorientierten MU ist zudem auf die Kreditwürdigkeit aufgrund eines durchgeführten Ratings einzugehen. Sämtliche Angaben sind mit einem Vorjahresvergleich zu versehen, sofern die Änderungen ggü. dem Vj wesentlich sind.

40 Sind **Investitionen** wesentlich für den Konzern, sind entsprechende Ausführungen im Wirtschaftsbericht aufzunehmen. Investitionen können sich dabei auf Finanz- und Sachanlagen sowie auf immaterielle VG erstrecken. Der Umfang erstreckt sich von abgeschlossenen über laufende bis hin zu geplanten Investitionen, wobei neben der eigentlichen Investition auch auf die Finanzierung der Investition einzugehen ist.

41 Aussagen zur **Liquidität** sollen anhand der Kapitalflussrechnung (KFR) erläutert werden. Im Mittelpunkt soll die Fähigkeit des Konzerns stehen, seinen Zahlungsverpflichtungen nachzukommen, künftige Liquiditätsengpässe zu identifizieren und diese zu beheben. Ein Abgleich mit der künftigen Geschäftsentwicklung ist damit unabdingbar. Insofern müssen die Aussagen kongruent zu den im Prognosebericht gegebenen Informationen sein. Mögliche Liquiditätsbelastungen durch vorzeitige Rückzahlungsverpflichtungen sind ebenfalls aufzunehmen. Diese können sowohl bilanzierte als auch außerbilanzielle Verpflichtungen, z. B. durch Garantien, Leasingverträge oder Optionen, beinhalten. Es sind ebenfalls Aussagen zu Liquiditätspotenzialen zu tätigen. Gefordert werden explizit Angaben zu nicht ausgenutzten Kreditlinien. Da die KFR Bestandteil des Konzernabschlusses ist, können u. U. Verweise auf die KFR erforderlich werden, die konträr zur Intention des Konzernlageberichts als eigenständiges Dokument sind. Insofern sind bei den Ausführungen zur Liquidität auf eine eigenständige Lesbarkeit zu achten und Verweise zwischen Konzernabschluss und -lagebericht möglichst zu vermeiden.

42 Die **Darstellung der Finanzlage** erfordert auch Aussagen zur **Konzernfinanzierung**. Hierzu ist u. a. auf finanzwirtschaftlich relevante Vorgänge und/oder Entwicklungen des Konzerns einzugehen. Detailliert zu informieren ist insb. über den durch bestimmte Kapitalbindungs- bzw. -entzugsentscheidungen verursachten **Kapitalbedarf** wie über die vom Konzern i. R. seiner Finanzierungspolitik zur Kapitalbedarfsdeckung geplanten bzw. im abgelaufenen Konzern-Gj begonnenen oder abgeschlossenen Finanzierungsmaßnahmen. Dabei ist u. a. über die **Art der Kapitalbeschaffungsalternativen** (z. B. Emissionen von Gesellschaftsanteilen, Genussscheinen, Anleihen etc.) wie auch über eine Kapitalbeschaffung durch Kreditaufnahme, Finance Leasing, Subventionen und über mit diesen Subventionen verbundenen Auflagen etc.) wie auch über den **Umfang und die Fristigkeit der geplanten**, schon **beschlossenen** bzw. **bereits begonnenen Kapitalbedarfsdeckung** zu informieren. Wenn notwendig, ist die Begründetheit der jeweiligen Maßnahme anzugeben. Erforderlichenfalls ist im Konzernlagebericht auf die – nur tw. aus dem Konzernabschluss erkennbaren – finanzwirtschaftlich relevanten Verhältnisse einzugehen und über die **Höhe der Kreditlinien** bzw. deren etwaige Änderungen zu berichten. Zu informieren ist auch über die – ggf. inzwischen geänderten – Grundsätze finanzwirtschaftlicher Planungen bzw. Entscheidungen der gesetzlichen Vertreter wie auch über die von den gesetzlichen Vertretern verfolgten Strategien zur Absicherung von Währungs-, Zins- und Kursrisiken. Zu berichten ist auch über **Geschäfte mit derivativen Finanzinstrumenten**, wobei dies auch im Kontext des Risikoberichts erfolgen kann.

Bestandteil der Darstellung zur Finanzlage sind darüber hinaus Ausführungen zum **Finanzmanagement** des Konzerns. Neben den Zielen sollten auch Aussagen zu den Grundsätzen getätigt werden. Für die Ausführungen zum Finanzmanagement ist eine konzernweite Betrachtung erforderlich, in der auch TU einzubeziehen sind. Dabei reicht eine verbale Beschreibung aus. Die Angabepflicht ist auf Konzerne mit kapitalmarktorientierten MU beschränkt (DRS 20.K79). 43

Ein besonderes Augenmerk ist auf **außerbilanzielle Finanzierungsinstrumente** zu richten, die zu beschreiben und hinsichtlich ihrer erwarteten Wirkung zu erläutern sind. Auch sind **geplante Finanzierungen** i. R. d. **Investitionsplanung** Gegenstand der Beschreibung der Finanzlage. 44

Neben den detaillierten Ausführungen zum Geschäftsverlauf und zur Vermögens-, Finanz- und Ertragslage des Konzerns ist eine **zusammenfassende Gesamtaussage** zu tätigen, die die Einschätzung der Konzernleitung zur Geschäftsentwicklung beinhaltet. 45

2.2.2 Angaben zu den bedeutsamen finanziellen Leistungsindikatoren (Abs. 1 Satz 3)

In die Analyse des Geschäftsverlaufs sind **finanzielle Leistungsindikatoren** einzubeziehen (zu nichtfinanziellen Leistungsindikatoren s. Rz 78 ff.). Unter **finanziellen Leistungsindikatoren** werden insb. **Kennzahlen** verstanden, die Aufschluss über **wesentliche** finanzielle Entwicklungen des Konzerns geben. Hier sind neben **Bilanz-**, **Ertrags-** und **Liquiditätskennzahlen** auch wertorientierte Kennzahlen zu nennen, die in den Wirtschaftsbericht aufzunehmen sind. Neben der Angabe und der Interpretation sind auch die **Berechnungsgrundlagen dieser Kennzahlen** zur Wahrung von Klarheit und Transparenz aufzuführen.[32] 46

Praxis-Beispiel
Typische in der Praxis zu beobachtende finanzielle Leistungsindikatoren[33]
- Renditekennzahlen (Umsatz-, EK-, Gesamtkapitalrentabilität),
- Cashflow,
- Gewinn,
- Umsatz,
- EBIT, EBITA, EBITDA,
- Wertschöpfungs- und Shareholder Value-Kennzahlen.

Erfolgt die Steuerung des Konzerns anhand finanzieller Indikatoren, sind diese im Konzernlagebericht zu nennen. Bei der Definition und Berichterstattung der Kennzahlen sind von kapitalmarktorientierten Unt die Leitlinien der ESMA 47

---

[32] Vgl. Ergün/Müller, in Müller/Stute/Withus, Handbuch Lagebericht, 2013, Teil B2, Rz. 86ff.
[33] Vgl. Mack/Müller/Needham, ZCG 2018, S. 233.

„Guidelines on Alternative Performance Measures"[34] zu berücksichtigen;[35] andere Unt sollten sich ebenfalls daran orientieren, da diese im Wesentlichen auf die Grundsätze der Lageberichterstattung beruhen.[36] Ein Unterlassen der Angaben zu diesen Kenngrößen kann als Fehler gewertet werden.[37]

2.2.3 Erläuterungen zur voraussichtlichen Entwicklung mit ihren wesentlichen Chancen und Risiken (Abs. 1 Satz 4)

48 Die voraussichtliche Entwicklung des Konzerns ist zusammen mit den daraus resultierenden wesentlichen Chancen und Risiken bzgl. der Vermögens-, Finanz- und Ertragslage aus Sicht der Konzernleitung in einem **Prognosebericht** zusammenzufassen.[38] Der Prognosebericht hat alle wesentlichen Entwicklungen und Tendenzen des Konzerns zu berücksichtigen. Die künftigen Entwicklungen sollen auf den zugrundeliegenden Prognoseprämissen basieren. Insofern sind auch diese Prämissen in den Bericht aufzunehmen.

Sofern Entwicklungen und Tendenzen bei einzelnen Unt des Konzerns für den Konzern relevant sind, sind diese in den Prognosebericht zu integrieren. Die aus der voraussichtlichen Entwicklung resultierenden wesentlichen **Chancen** und **Risiken** sind darzustellen. Dabei haben Chancen und Risiken einen **gleichwertigen Stellenwert** (DRS 20.166). Es ist somit dezidiert auf **beide Komponenten** einzugehen; eine **Saldierung** mit Angaben zu den daraus resultierenden Effekten ist **nicht zulässig**. Chancen und Risiken sind zu bewerten und Angaben zur Eintrittswahrscheinlichkeit und den daraus resultierenden Auswirkungen zu machen. Insb. ist auf künftige Faktoren zu Beschaffung, Produktion, Absatz und Personal einzugehen, die für die Lage des Konzerns von besonderer Bedeutung sind. Dies sollte im Kontext der erwarteten wirtschaftlichen Rahmenbedingungen und künftigen Branchenentwicklung erfolgen.[39] Die im Wirtschaftsbericht einbezogenen finanziellen und nichtfinanziellen Leistungsindikatoren sind weiterzuentwickeln und auch im Prognosebericht aufzunehmen. Die detaillierten Aussagen zur Prognose sind zu einer Gesamtaussage zu verdichten (DRS 20.118). Die Gesamtaussage soll die Einschätzung der Konzernleitung widerspiegeln. Empirische Untersuchungen in der Unternehmenspraxis offenbaren, dass gerade diese zusammenfassende Beurteilung oftmals fehlt.[40]

49 Mit dem DCGK 2022 wird klargestellt, dass bei der Risikobetrachtung zumindest für börsennotierte Unt auch explizit auf **Nachhaltigkeitsrisiken und -chancen** zu achten ist, so dass es hier zu einer Überlappung mit Angaben in der nichtfinanziellen Berichterstattung kommen kann bzw. ab 2024 durch die nicht dem Wesentlichkeitsvorbehalt unterliegenden Anforderungen von ESRS 2 kommen wird.[41]

---

[34] www.esma.europa.eu/sites/default/files/library/2015/10/2015-esma-1415de.pdf, Abruf 8.10.2024.
[35] Ein weiteres Dokument mit Fragen und Antworten zur Umsetzung dieser Leitlinien ist abrufbar unter www.esma.europa.eu/sites/default/files/library/esma32-51-370_qas_on_esma_guidelines_on_apms.pdf, Abruf 8.10.2024.
[36] Vgl. Bach/Berger, BB 2016, S. 1514; Dinh/Thielemann, IRZ 2016, S. 433; Fischer, PiR 2017, S. 89.
[37] Vgl. zur praktischen Umsetzung Zülch/Voll, KOR 2016 S. 487.
[38] Vgl. Withus, in Müller/Stute/Withus, Handbuch Lagebericht, 2013, Teil B5, Rz. 1ff.
[39] Vgl. Baetge/Hippel/Sommerhoff, ZfB 2011, S. 365.
[40] Vgl. Müller/Seebeck/Weeger, StuB 2021, S. 400ff.
[41] Vgl. Müller/Needham, Stbg 5/2022, S. 182ff.

Die **Annahmen**, auf denen die Prognose der künftigen Geschäftsentwicklung beruht, sind anzugeben (DRS 20.120), was aktuell etwa bei den stark schwankenden Energiepreisen relevant sein kann. Die Annahmen müssen mit dem Konzernabschluss im Einklang stehen. Ferner sollten die Annahmen kongruent zu den Markt- und Branchenentwicklungen sein. Zu den Annahmen gehören sowohl finanzielle als auch nichtfinanzielle Größen. Vorstellbar sind externe Annahmen bzgl. prognostiziertem Marktvolumen und -wachstum, Preisgestaltungen im Markt, Technologietrends, Finanzmarktentwicklungen sowie dem wirtschaftlichen Umfeld. Interne Annahmen können auf Produktportfolios, Kosten- und Mengengerüsten, interne Strukturen, Entwicklungsaktivitäten sowie laufenden oder beendeten Investitionsprojekten basieren. Stützen sich die eigenen Prognosen auf Prognosen Dritter, ist dies nach DRS 20.123 anzugeben.

50

I. R. d. Aussagen zu künftigen **Risiken** sollten zumindest Aussagen zu Marktentwicklungen getätigt werden, die sich nachteilig auf die Konzernentwicklung auswirken könnten. Hierzu sind neben Markttendenzen auch Aussagen zu Produkttendenzen und -entwicklungen vorstellbar. Der Risikobericht muss so ausgestaltet sein, dass die Adressaten entscheidungsnützliche Informationen bekommen. Daher ist nach DRS 20.135 auf das Risikomanagementsystem einzugehen, was für kapitalmarktorientierte Unt nach § 315 Abs. 4 HGB explizit bzgl. der internen Kontroll- und Risikomanagementsystems im Hinblick auf den Konzernrechnungslegungsprozess gefordert ist; es sind die (wesentlichen) einzelnen Risiken sowie eine zusammenfassende Darstellung der Risikolage erforderlich.

51

Sollten **einzelne Risiken** bestandsgefährdend sein, muss dies auch klar zum Ausdruck gebracht werden. Als Betrachtungszeitraum muss dafür mind. der Prognosehorizont zugrunde gelegt werden und es ist grds. von einer Stichtagsbetrachtung auszugehen. Sollten sich während der Aufstellungszeit Gründe für eine Änderung von Einschätzungen ergeben, so wäre ein zusätzlicher Hinweis notwendig, falls ansonsten dem Adressaten ein falscher Eindruck vermittelt werden könnte.

52

Zudem sind für alle wesentlichen Risiken die bei Eintritt zu erwartenden Konsequenzen zu analysieren und zu beurteilen. Dabei muss deren Bedeutung für den Konzern oder für wesentliche, in den Konzernabschluss einbezogene Unt erkennbar werden. Die Risiken sind quantifiziert darzustellen, soweit diese Informationen auch intern vorliegen und für die Steuerung genutzt werden. DRS 20.152 verlangt für diesen Fall die intern ermittelten Werte anzugeben sowie die verwendeten Modelle und deren Annahmen darzustellen und zu erläutern.

Beispiel nach DRS 20.153
Marktpreisrisiken sind etwa mithilfe von Sensitivitätsanalysen und Kennzahlen wie Value at Risk quantifizierbar.

Die Unt können bei der Darstellung der Risiken nach DRS 20.157 auf zwei Arten vorgehen:

53

- Bei der Bruttodarstellung sind die Risiken vor den ergriffenen Maßnahmen sowie gesondert die Maßnahmen zur Risikobegrenzung darzustellen;

- bei der Nettobetrachtung sind die Risiken nach Risikobegrenzungsmaßnahmen darzustellen, allerdings müssen auch hier gesondert die ergriffenen Maßnahmen dargestellt werden.

> **Beispiel nach DRS 20.158**
> Die Auswirkungen von Risiken können z.B. durch den Abschluss eines Termingeschäfts oder einer Versicherung begrenzt werden. Sofern Risiken betrachtet werden, die sich auf bilanzielle Positionen auswirken (Ertragsperspektive), kann eine bilanzielle Vorsorge, wie z.B. Abschreibungen und die Bildung von Rückstellungen, eine Risikobegrenzungsmaßnahme sein.

Sind wesentliche Änderungen von Risiken im Vergleich zum Vj aufgetreten, so ist darauf konkret erläuternd hinzuweisen. DRS 20.162 fordert für die Darstellung der Risiken i.S.d. Klarheit und Übersichtlichkeit eine Zusammenfassung nach Risikogruppen oder eine Gliederung nach einer Rangfolge; alternativ kann segmentbezogen vorgegangen werden.

54 Seine Grenze hat die Darstellung von Risiken da, wo die Position des Konzerns geschwächt werden könnte. In diesem Fall kann von einer Quantifizierung abgesehen werden, was aber zu begründen ist. Zudem ist es erlaubt, die Darstellung im Konzernlagebericht zu aggregieren, so dass sie quantitativ nicht mit dem internen Risiko übereinstimmen muss (DRS 20.154).

55 Die **Risikolage** ist zu einem Gesamtbild zusammenzuführen, wobei auch auf die Risikotragfähigkeit des Konzerns eingegangen werden kann.

56 Bei der Berichterstattung über **Chancen** ist analog wie bei den Risiken vorzugehen. Es ist konzernspezifisch zu entscheiden, ob eine Darstellung zusammengefasst oder getrennt erfolgen soll. I. d. R. liegt in jeder Chance auch ein Risiko und umgekehrt.[42]

57 Hinsichtlich der **Finanzlage** und deren Entwicklung sollten im Prognosebericht Aussagen über das Investitionsvolumen, über wesentliche Mittelabflüsse und über Finanzierungen gemacht werden.

58 Hinsichtlich der **Ertragslage** werden Aussagen zu Umsatzentwicklungen, Aufwendungen und Finanzergebnissen erwartet. Aussagen zur steuerlichen Belastung und zur Steuerquote sollten diese Aussagen abrunden. Daneben sind auch Aussagen zur Dividendenpolitik möglich.

59 Der **Prognosezeitraum** hat nach DRS 20.127 **mind. ein Jahr** zu umfassen. Dabei ist von dem Konzern in der zum Stichtag existierenden Zusammensetzung auszugehen. Die Prognosen müssen Aussagen zur erwarteten Veränderung der prognostizierten Leistungsindikatoren ggü. dem entsprechenden Istwert des Berichtsjahrs enthalten und dabei die **Richtung und Intensität der Veränderung** verdeutlichen. Abweichende Bezugspunkte der Prognosen sind anzugeben (DRS 20.128).

Explizit müssen bei den abgegebenen Prognosen neben der **Richtung** (als positiver oder negativer Trend) auch die **Intensität** (Stärke des Trends) der erwarteten Veränderung ggü. dem Istwert des Berichtsjahrs ersichtlich sein (DRS 20.128). Während Punkt-, Intervall- und qualifiziert-komparative Prognosen nach DRS 20.130 die gestiegenen Anforderungen an die Prognosepräzision

---

[42] Vgl. Müller/Müller, Unternehmenscontrolling, 3. Aufl. 2020, S. 211ff.

erfüllen, ist dies für komparative und qualitative Prognosen nicht der Fall, da zwar den Adressaten die Veränderungsrichtung bekannt gemacht wird, jedoch nicht die erwartete Intensität der Veränderung. Abzugeben sind Prognosen dabei zu allen finanziellen und nichtfinanziellen Leistungsindikatoren, welche auch zur internen Steuerung verwendet werden.[43]

Der **Prognosebericht** ist ein unverzichtbarer, integraler Bestandteil des Konzernlageberichts. Ein **Weglassen** aufgrund interner oder externer Gründe ist **nicht zulässig** und würde als wesentlicher Fehler gewertet werden.[44] Die Prognose ist unter Berücksichtigung der Einschätzung der künftigen wirtschaftlichen Entwicklung des Unt durch das Management aus der bisherigen Unternehmensentwicklung abzuleiten. Sollten Gründe vorliegen, die eine qualifizierte Prognose nicht ermöglichen, bestehen vielmehr erweiterte Berichtspflichten. Hier kommen neben allgemeineren Prognoseaussagen auch Beschreibungen der Gründe und der Auswirkungen auf den Konzernabschluss mit Nennung der wesentlichen Einflussfaktoren infrage. Sind keine verlässlichen quantitativen Angaben möglich, ist auch vorstellbar, dass Bandbreitenangaben oder Szenarien in den Prognosebericht aufgenommen werden. In diesen Fällen sind die zugrundeliegenden jeweiligen Annahmen anzugeben. Auf die sich hieraus ergebenden Risiken ist entsprechend einzugehen, insb. ist auf die Auswirkung auf die Vermögens-, Finanz- und Ertragslage des Konzerns einzugehen.

60

> **Praxis-Beispiel**
> Folgende Gründe können zu einer erschwerten Erstellung eines Prognoseberichts führen:
> Interne Gründe:
> - Insolvenzen,
> - Managementwechsel.
>
> Externe Gründe:
> - nicht einschätzbares wirtschaftliches Umfeld,
> - starke Strukturverschiebungen am Markt,
> - Inflationsrisiken.

Beinhaltet der Konzernabschluss eine **Segmentberichterstattung**, ist gem. DRS 20 eine Berichterstattung im Konzernlagebericht grds. auch auf Segmentebene erforderlich. Somit sind die Entwicklungen je Segment zu prognostizieren und zu erläutern. Die Angaben je Segment sind separat von der voraussichtlichen Entwicklung des Konzerns zu machen, können aber Bestandteil des Prognoseberichts sein. Dabei müssen die zum Segmentbericht getätigten Aussagen konsistent hinsichtlich der Unternehmensentwicklung im Konzernlagebericht und konsistent zum Konzernabschluss sein. Allerdings geht dies über die gesetzliche Anforderung hinaus und ist daher als Empfehlung zu verstehen.

61

Durch die Angabe von Risiken als Bestandteil des Prognoseberichts ist ein eigenständiger **Risikobericht** nicht zwingend erforderlich. DRS 20.117 lässt

62

---

[43] Vgl. zur Umsetzung Ergün/Juchler/Müller, StuB 2012, S. 897; Mujkanovic, PiR 2017, S. 21; Velte/Czaya, KoR 2017, S. 70.
[44] OLG Frankfurt, Entscheidung v. 24.11.2009, WpÜG 11/09 und 12/09.

offen, ob eine geschlossene oder getrennte Darstellung angewandt werden soll.[45] Die Form der Darstellung sollte sich danach richten, wie die voraussichtliche Entwicklung und die Risiken im konkreten Einzelfall klarer zum Ausdruck gebracht werden können. I.S.d. Stetigkeit ist eine einmal gewählte Variante beizubehalten.

63 Die im Prognosebericht getätigten Aussagen zur künftigen Entwicklung des Konzerns haften naturgemäß Unsicherheiten bzgl. des späteren Eintritts an. Insofern wird empfohlen, auf diesen Sachverhalt im Konzernlagebericht hinzuweisen.

> **Beispiel zur Eintrittswahrscheinlichkeit der getätigten Aussagen**
> Die im Lagebericht erfolgten Ausführungen zu künftigen Ereignissen und Entwicklungen der Gesellschaft basieren auf Annahmen, Einschätzungen und Erwartungen, die zum Zeitpunkt der Erstellung des Konzernabschlusses getroffen wurden. Annahmen, Einschätzungen und Erwartungen künftiger Ereignisse und Entwicklungen haften naturgemäß Unsicherheiten und Risiken an. Daher können die tatsächlich eintretenden künftigen Ereignisse und Entwicklungen von den hier getätigten Aussagen abweichen.

2.2.4 Bilanzeid (Abs. 1 Satz 5)

64 Die Mitglieder des vertretungsberechtigten Organs eines MU, das als Inlandsemittent (§ 2 Abs. 14 WpHG) Wertpapiere (§ 2 Abs. 1 WpHG) begibt und keine KapG i.S.d. § 327a HGB ist (also wenn das MU ausschl. Schuldtitel i.S.d. § 2 Abs. 1 Nr. 3 WpHG mit einer Mindeststückelung von 100.000 EUR oder dem am Ausgabetag entsprechenden Gegenwert einer anderen Währung begeben hat), haben in einer gesonderten Erklärung zu versichern, dass sie nach bestem Wissen den Geschäftsverlauf so im Konzernlagebericht dargestellt haben, dass dieser ein den tatsächlichen Verhältnissen entsprechendes Bild vermittelt. Diese im Zusammenhang mit § 264 Abs. 2 Satz 3 HGB auch als **Bilanzeid**[46] umschriebene Angabe nach § 315 Abs. 1 Satz 5 HGB ist i.R.d. TUG[46] in den Konzernlagebericht aufgenommen worden (§ 264 Rz 88 ff.). Sie soll nochmals das Bemühen des Managements unterstreichen, dass der Konzernlagebericht frei von unrichtigen Angaben ist und ein den tatsächlichen Verhältnissen entsprechendes Bild vermittelt.

65 Der Bilanzeid kann getrennt oder einheitlich für Konzernabschluss und -lagebericht ausgeführt werden,[47] wobei die Erklärung als „Versicherung der Mitglieder des vertretungsberechtigten Organs" zu bezeichnen ist und aufgrund des Gesetzes zur weiteren Umsetzung der Transparenzrichtlinie-Änderungsrichtlinie im Hinblick auf ein einheitliches elektronisches Format für Jahresfinanzberichte[48] als gesondertes Dokument zu behandeln ist (§ 328 Rz 28 ff.).

---

[45] Zu Ausgestaltung vgl. Ergün/Juchler/Müller, ZCG 2012, S. 281.
[46] Transparenzrichtlinie-Umsetzungsgesetz (TUG) v. 5.1.2007, BGBl 2007 I S. 10.
[47] Vgl. IDW, WPH Edition, Wirtschaftsprüfung & Rechnungslegung, 18. Aufl. 2023, Kap. G Tz 815.
[48] Gesetz v. 12.8.2020, BGBl 2020 I, S. 1874 ff.

> **Praxis-Beispiel**
> Der Deutsche Standardisierungsrat schlägt für den Eid bezogen auf den Konzernlagebericht folgende Fassung vor (DRS 20.K308): „Wir versichern nach bestem Wissen, dass im Konzernlagebericht der Geschäftsverlauf einschließlich des Geschäftsergebnisses und die Lage des Konzerns so dargestellt sind, dass ein den tatsächlichen Verhältnissen entsprechendes Bild vermittelt wird, sowie die wesentlichen Chancen und Risiken der voraussichtlichen Entwicklung des Konzerns beschrieben sind."

> **Praxis-Beispiel**
> Wird von der Wahl eines einheitlichen Bilanzeids Gebrauch gemacht, schlägt DRS 20.K309 folgende Formulierung vor: „Wir versichern nach bestem Wissen, dass gem. den anzuwendenden Rechnungslegungsgrundsätzen der Konzernabschluss ein den tatsächlichen Verhältnissen entsprechendes Bild der Vermögens-, Finanz- und Ertragslage des Konzerns vermittelt und im Konzernlagebericht der Geschäftsverlauf einschließlich des Geschäftsergebnisses und die Lage des Konzerns so dargestellt sind, dass ein den tatsächlichen Verhältnissen entsprechendes Bild vermittelt wird, sowie die wesentlichen Chancen und Risiken der voraussichtlichen Entwicklung des Konzerns beschrieben sind."

Rechtlich bedeutet ein **Verstoß gegen den Bilanzeid**, dass auch explizit gegen andere Vorschriften, insb. gegen § 315 Abs. 1 Satz 1 HGB, verstoßen wurde. Hier greifen die verschärften strafrechtlichen Vorschriften des mit dem FISG eingeführten § 331a HGB (§ 331a Rz 1 ff.), der für einen Verstoß eine Geldstrafe oder Freiheitsstrafe von bis zu fünf Jahren vorsieht, wenn eine unrichtige Versicherung abgegeben wird (Rz 101). Handelt der Täter leichtfertig, so ist die Strafe Freiheitsstrafe bis zu zwei Jahren oder Geldstrafe (§ 331a Abs. 2 HGB). Weitere rechtliche Konsequenzen aufgrund eines Verstoßes gegen den Bilanzeid sind dagegen fraglich.

Mit der Umsetzung der CSRD soll der Bilanzeid aus dem Lagebericht entnommen werden und mit § 315f HGB-E i.d.F. RegE CSRD-UmsG gesondert behandelt werden. Nach § 315f Abs. 2 HGB haben die Mitglieder des vertretungsberechtigten Organs einer KapG, die MU ist, als Inlandsemittent (§ 2 Abs. 14 WpHGB) Wertpapiere (§ 2 Abs. 1 WpHG) begibt und keine KapG i.S.d. § 327a HGB ist, in einer schriftlichen Erklärung **nach bestem Wissen zu versichern**, dass im **Konzernlagebericht** der Geschäftsverlauf einschl. des Geschäftsergebnisses und die Lage des Konzerns so dargestellt sind, dass ein den tatsächlichen Verhältnissen entsprechendes Bild vermittelt wird, und dass die wesentlichen Chancen und Risiken i.S.d. § 315 Abs. 1 Satz 4 HGB beschrieben sind. Ist der Konzernlagebericht gem. § 315b HGB-E i.d.F. RegE CSRD-UmsG um einen **Konzernnachhaltigkeitsbericht** zu erweitern, haben die vorgenannten Personen in dieser Erklärung auch nach bestem Wissen zu versichern, dass der Konzernnachhaltigkeitsbericht nach Maßgabe der nach Art. 29b und 29c der Richtlinie 2013/34/EU angenommenen Standards für die Nachhaltigkeitsberichterstattung (ESRS) in ihrer jeweils geltenden Fassung und nach Maßgabe der Art. 2 bis 8 der Delegierten Verordnung (EU) 2021/2178 zur Ergänzung der

Verordnung (EU) 2020/852 (**Taxonomie-VO**) durch Festlegung des Inhalts und der Darstellung der Informationen, die von Unt, die unter Art. 19a oder Art. 29a der Richtlinie 2013/34/EU fallen, in Bezug auf ökologisch nachhaltige Wirtschaftstätigkeiten offenzulegen sind, und durch Festlegung der Methode, anhand derer die Einhaltung dieser Offenlegungspflicht zu gewährleisten ist.

Die Umpositionierung dient nach der Gesetzesbegründung der Übersichtlichkeit und der Klarstellung, dass beide Erklärungen eigenständige, von Konzernabschluss und Konzernlagebericht jeweils zu trennende Rechnungslegungsunterlagen sind. Dem Schriftlichkeitserfordernis genügt auch die elektronische Form nach den §§ 126 Abs. 3, 126a BGB.[49] Weiterhin ist es nach § 315f Abs. 3 HGB-E i.d.F. RegE CSRD-UmsG erlaubt diese Erklärung mit der für den Konzernabschluss inkl. Konzernanhang zusammenzufassen.

2.2.5 Risiken bei Finanzinstrumenten (Abs. 2 Nr. 1)

68 Sind Finanzinstrumente wesentlicher Bestandteil der gewöhnlichen Geschäftstätigkeit eines Unt, sind hierüber **Angaben im Konzernlagebericht** erforderlich.[50] Die Angaben zu Risiken der Finanzinstrumente sollten getrennt von den sonstigen Risiken erfolgen, können aber in dem Risikobericht integriert werden, solange das die Klarheit und Übersichtlichkeit nicht beeinträchtigt (DRS 20.180). Die notwendigen Angaben richten sich dabei nach dem Umfang und der Art der eingesetzten Finanzinstrumente. Unabhängig hiervon sind immer Angaben zu den **Risikomanagementzielen und -methoden** sowie den Risiken, die sich aus dem Einsatz der Finanzinstrumente ergeben, in den Konzernlagebericht aufzunehmen. Insb. sind Ausführungen zu der Risikoneigung der Unternehmensleitung i.R.d. Risikomanagementziele zu machen.

69 Zu den Risikomanagementzielen und -methoden gehören Angaben zu den Absicherungsmethoden der wichtigsten Transaktionen, insb. der Behandlung bei Sicherungsgeschäften.[51]

70 Risiken aus dem Einsatz der Finanzinstrumente sind nach Preisänderungs-, Ausfall-, Liquiditäts- und Zahlungsstromrisiken zu unterscheiden. Je nach Risikoart empfiehlt sich eine Angabe zu den voraussichtlichen Entwicklungen. In jedem Fall sind Chancen und Risiken entsprechend darzustellen. Der Umfang der Ausführungen richtet sich nach dem Umfang des Einsatzes von Finanzinstrumenten.

71 Hinsichtlich des Umfangs und des Inhalts der Angaben zu Finanzinstrumenten empfiehlt sich ein Rückgriff auf die IFRS, insb. auf IAS 32 und IFRS 7. Zudem bestehen auch für den Konzernanhang bereits diesbezügliche Angabepflichten.

> **Praxis-Beispiel**
> Aufgrund des Wahlrechts der Angaben zu den Finanzinstrumenten im Konzernlagebericht und im Konzernanhang empfiehlt sich eine Arbeitsteilung beider Berichte. Während im Konzernlagebericht allgemeine Ausführungen

---

[49] Vgl. RegE CSRD-UmsG, BT-Drs. 20/12787 v. 9.9.2024 S. 113, https://dserver.bundestag.de/btd/20/127/2012787.pdf, Abruf 8.10.2024.
[50] Vgl. ausführlich Ergün/Müller, in Müller/Stute/Withus, Handbuch Lagebericht, 2013, Teil B6, Rz. 1ff.
[51] Vgl. zu praktischen Ausgestaltungen Ergün/Müller/Panzer, StuB 2014, S. 756ff.

> zu den Risiken, Risikomanagementzielen und -methoden aufgenommen werden sollten, bleiben detaillierte und quantitative Aussagen zu den Finanzinstrumenten dem Konzernanhang vorbehalten.

Nach DRS 20.181 ist in Bezug auf die Verwendung von Finanzinstrumenten im Konzern gesondert einzugehen auf 72
- die aus der Verwendung von Finanzinstrumenten resultierenden **Risikoarten**, denen der Konzern ausgesetzt ist (Marktpreis-, Ausfall-, Liquiditätsrisiken), und deren jeweiliges Ausmaß, wobei sich dies nur erstreckt auf offene Risikopositionen und nicht auf durch konkrete Sicherungsgeschäfte gedeckte Marktpreis-, Ausfall- bzw. Liquiditätsrisiken. Bei Letzteren ist daher nur das Restrisiko nach Liquiditätszusagen und eingeräumten Kreditlinien darzustellen;
- die **Risikomanagementziele** für die einzelnen Arten von Risiken aus der Verwendung von Finanzinstrumenten, denen der Konzern ausgesetzt ist;
- die **Risikomanagementmethoden** bzgl. der Risiken aus der Verwendung von Finanzinstrumenten, wobei relevant ist, wie der Konzern eingegangene Risiken in Bezug auf die Verwendung von Finanzinstrumenten steuert. Dies beinhaltet Ausführungen zu Maßnahmen der Risikoreduktion und -überwälzung. Dabei sind ggf. auch vom Unt eingegangene Sicherungsgeschäfte, sofern diese bestimmten, risikoverursachenden Geschäften nachweislich zuzuordnen sind, bedeutsam. Unabhängig davon, ob die Finanzinstrumente Teil einer Sicherungsbeziehung sind oder isoliert behandelt werden, ist einzugehen auf: die Art der Risiken, die gesichert werden, die Art der Sicherungsbeziehung, Maßnahmen zur Sicherstellung der beabsichtigten Effektivität der Risikoabsicherungen und antizipative Sicherungsbeziehungen.

Es ist zudem anzugeben, ob ökonomische Sicherungsbeziehungen als bilanzielle Sicherungsbeziehungen im Konzernabschluss abgebildet werden.

2.2.6 Angaben zur Forschung und Entwicklung (Abs. 2 Nr. 2)

Der Konzernlagebericht soll auf Forschungs- und Entwicklungsaktivitäten des Konzerns eingehen. Hier sind Angaben zu den wesentlichen Aktivitäten und zur Intensität notwendig, da sie Auskunft über die künftige Wettbewerbsfähigkeit des Konzerns geben. Nach DRS 20.48 ist auch der F&E-Bericht Teil der Darstellung der Grundlagen des Konzerns.[52] Werden oder wurden F&E-Leistungen ausgelagert, sind auch die ausgelagerten Aktivitäten im Konzernlagebericht in dem Umfang und in der Art zu berücksichtigen, wie sie für die konzerninternen Aktivitäten erfolgen (DRS 20.48). Eine separate Angabe ist nicht erforderlich. 73

Eine **Aufgliederung** der Angaben in Grundlagenforschung, angewandte Forschung sowie Entwicklungstätigkeiten mit separaten Erläuterungen wird **empfohlen**.[53] Da für KonzernUnt, die keine Aktivierung von Entwicklungskosten vornehmen, die Angabe im Konzernanhang bzgl. F&E-Kosten entfällt, kommt dieser Lageberichtsbenennungspflicht hohe Bedeutung zu. Die Angabe ist unabhängig von der Aktivierung von Entwicklungskosten vorzunehmen. 74

---

[52] Vgl. ausführlich Ergün/Müller, in Müller/Stute/Withus, Handbuch Lagebericht, 2013, Teil B1, Rz. 69 ff.
[53] Vgl. Müller, in Kußmaul/Müller, HdB, Konzernlagebericht: Inhalt und Ausgestaltung Rz 55, Stand: 14.8.2019.

75 Die **Angaben zu Forschungs- und Entwicklungsaktivitäten** beziehen sich auf die Aktivitäten für **eigene Zwecke**. Hierzu gehören sowohl die eigenen Aktivitäten als auch die an Dritte vergebenen F&E-Aktivitäten. Die verbalen Ausführungen zu den Aktivitäten sind mit quantitativen Angaben zu untersetzen.

> **Praxis-Beispiel**
> **Beispiele zu quantitativen Aussagen**
> DRS 20.50 listet eine Vielzahl von quantitativen Angaben zu F&E-Aktivitäten auf:
> - Aufwendungen für F&E-Aktivitäten (absolut oder in Prozent),
> - Investitionsvolumen in F&E,
> - Anzahl Mitarbeiter,
> - Anzahl von Patenten, Lizenzen und Produktentwicklungen.

Wesentliche Veränderungen der F&E-Aktivitäten ggü. dem Vj sind anzugeben. Gründe für wesentliche Veränderungen können in geänderten Konzernstrukturen und -strategien, veränderten Forschungsschwerpunkten, neuen Produktportfolios oder Technologiegründen gegeben sein.

76 Über F&E-Aktivitäten für **fremde Zwecke** als Dienstleistung braucht hingegen **nicht** berichtet zu werden.

2.2.7 Zweigniederlassungsbericht (Abs. 2 Nr. 3)

77 § 315 Abs. 2 Nr. 3 HGB fordert das Eingehen auf für das Verständnis der Lage des Konzerns wesentliche Zweigniederlassungen der insgesamt in den Konzernabschluss einbezogenen Unt im Konzernlagebericht. Anzugeben sind Zweigniederlassungen (Begriff analog zu § 289 Abs. 2 Nr. 3 HGB, § 289 Rz 97), des MU sowie der in den Konzernabschluss einbezogenen TU und quotal einbezogenen GemeinschaftsUnt.[54] Die Ausgestaltung sollte sich orientieren an den mit DRÄS 6 geänderten Regelungen der DRS 20.38a–38c. Demnach ist die **Bedeutung der Zweigniederlassungen** für den Konzern darzustellen, wobei etwa auf die geografische Verbreitung und den Geschäftszweck der Zweigniederlassungen eingegangen werden kann. Nur wenn für das Verständnis der Lage des Konzerns erforderlich, sind im Konzernlagebericht zudem für die wesentlichen Zweigniederlassungen anzugeben:
- Sitz der in- und ausländischen Zweigniederlassungen,
- abweichende Firmierung, wenn die Zugehörigkeit zur Hauptniederlassung aus dieser nicht erkennbar ist,
- wesentliche Veränderungen ggü. dem Vj (z.B. Errichtung, Aufhebung, Sitzverlegung).

2.3 Angaben zu den bedeutsamen nichtfinanziellen Leistungsindikatoren (Abs. 3)

78 Mit der Umsetzung der CSR-Richtlinie wurde der bisher in § 315 Abs. 1 Satz 4 HGB stehende Satz als eigener Abs. 3 gefasst. Allerdings ergeben sich daraus keine weiteren inhaltlichen Änderungen. Auch hat der Gesetzgeber diese klarere

---

[54] Vgl. IDW, WPH Edition, Wirtschaftsprüfung & Rechnungslegung, 18. Aufl. 2023, Kap. G Tz 822.

Positionierung nicht dazu genutzt, um die für große kapitalmarktorientierte Unt (§ 315b Rz 5) bestehende Gefahr der Dopplung von Angaben mit der nichtfinanziellen Erklärung textlich klar zu vermeiden. Bei der Auswertung der nichtfinanziellen Erklärungen für Gj seit 2017 sind daher häufiger statt einer geschlossenen ausführlichen nichtfinanziellen Erklärung lediglich Tabellen mit Verweisen auf verschiedene Stellen des Konzernlageberichts bzw. auf ausgelagerte Nachhaltigkeitsberichte anzutreffen.[55]

Angaben zu **nichtfinanziellen Leistungsindikatoren** sollen Aufschluss über die aktuellen und künftig zu erwartenden wesentlichen Parameter des Geschäftsumfelds geben.

Praxis-Beispiel
Hierzu gehören z. B. Erläuterungen zu Kunden, Lieferanten, Arbeitnehmern, Umweltaspekte, F&E, gesellschaftliche Reputation oder soziales Umfeld.
DRS 20.107 nennt exemplarisch:
- Kundenbelange (Indikatoren zum Kundenstamm, Kundenzufriedenheit etc.),
- Umweltbelange (Emissionswerte, Energieverbrauch etc.),
- Arbeitnehmerbelange (Indikatoren zur Mitarbeiterfluktuation, Mitarbeiterzufriedenheit, Betriebszugehörigkeit, Fortbildungsmaßnahmen etc.),
- Indikatoren zu F&E (sofern diese Angaben nicht im Forschungs- und Entwicklungsbericht gemacht werden) und
- die gesellschaftliche Reputation des Konzerns (Indikatoren zum sozialen und kulturellen Engagement, Wahrnehmung gesellschaftlicher Verantwortung etc.).

In der Praxis zeigt sich, dass nur 15,6 % der von den DAX-30-Konzernen angegebenen Leistungsindikatoren nichtfinanzieller Art waren. Davon sind mit Bezug auf Mitarbeiter sowie Markt/Kunden je ein Viertel, mit Bezug auf Prozesse 16 % und mit Nachhaltigkeitsbezug nur 22 % (insb. auf Umweltbelange).[56]

In welchem Umfang über **nichtfinanzielle Leistungsindikatoren** zu berichten ist, ist nicht explizit vorgeschrieben, soll sich aber an der Lage und Struktur des Konzerns orientieren. Sofern nichtfinanzielle Größen die Grundlage der Beurteilung der Vermögens-, Finanz- und Ertragslage des Konzerns sind, diese zur Entscheidungsfindung herangezogen werden oder anderweitig für die Geschäftstätigkeit von Bedeutung sind, sind diese nichtfinanziellen Größen im Konzernlagebericht aufzunehmen. Hier sind qualitative Angaben gefordert, die um quantitative Angaben ergänzt werden können, sofern dies die Lage des Konzerns erfordert (DRS 20.108).

Gem. DRS 20.106 soll sich die Berichtspflicht nichtfinanzieller Leistungsindikatoren auf diejenigen Parameter beschränken, die von der Konzernleitung regelmäßig zur Beurteilung und Entscheidungsfindung herangezogen werden.

DRS 20.104 verlangt eine weitergehende Erläuterung von Kennzahlen mit Angabe der Maßgrößen. Werden Kennzahlen als interne Steuerungsgrößen ver-

---

[55] Vgl. Kajüter/Wirth, DB 2018, S. 1605.
[56] Vgl. Mack/Müller/Needham, PiR 2018, S. 296.

wendet, sind deren Komponenten zu erläutern und aus dem Konzernabschluss in Form einer Überleitungsrechnung abzuleiten.[57] Bei der Definition und Berichterstattung der Kennzahlen sind von kapitalmarktorientierten Unt die Leitlinien der ESMA „Guidelines on Alternative Performance Measures"[58] zu berücksichtigen; andere Unt sollten sich ebenfalls daran orientieren, da diese im Wesentlichen auf den Grundsätzen der Lageberichterstattung beruhen.[59]

83 In DRS 20 sind in diesem Kontext Aussagen zur **Nachhaltigkeit** aufzunehmen. Verfolgt der Konzern ein Nachhaltigkeitskonzept,[60] so ist dies anzugeben.[61] **Große kapitalmarktorientierte Unt** (§ 315b Rz 5) haben seit der Umsetzung der CSR-Richtlinie[62] in das HGB[63] innerhalb eines gesonderten Abschnitts im Konzernlagebericht oder als getrennten Bericht eine **nichtfinanzielle Erklärung** abzugeben (§ 315c Rz 1 ff.). Mit der CSRD erfolgte eine nochmalige Überarbeitung der Bilanzrichtlinie EU/2013/34, die noch final in deutsches Recht umzusetzen ist – bislang liegt nur ein RegE vor -,[64] aber eine Konzernnachhaltigkeitsberichterstattung ab dem Gj 2025 auch von allen konzernrechnungslegungspflichtigen Unt im Konzernlagebericht verlangt (Rz 10). Mit einem durch das RegE CSRD-UmsG ergänzten Satz in Abs. 3 soll in Umsetzung von Art. 19a Abs. 8 und Art. 29a Abs. 7 der Bilanzrichtlinie i.d.F. d. CSRD klargestellt werden, dass ein Konzern auch weiterhin von der Pflicht zum Bericht über nichtfinanzielle Leistungsindikatoren befreit ist, soweit im Konzernlagebericht ein im Einklang mit den gesetzlichen Vorgaben stehender Konzernnachhaltigkeitsbericht enthalten ist. Die Einfügung soll nach dem Art. x2 EGHGB-E RegE CSRD-UmsG zeitlich gestaffelt Wirkung erlangen, wie auch die Verpflichtung zur Konzernnachhaltigkeitsberichterstattung entsteht.

2.4 Immaterialressourcenbericht (Abs. 3a)

84 Mit der Umsetzung der CSRD in das HGB wird primär der Konzernlagebericht um einen Konzernnachhaltigkeitsbericht als eigenständiger Abschnitt erweitert. Hinzu kommt aber auch als Pflichtangabe des Konzernlageberichts neu ein **Bericht über die wichtigsten immateriellen Ressourcen** nach Art. 2 Nr. 19 und Art. 19 Abs. 1 Unterabs. 4 i.V.m. Art. 29 der Bilanzrichtlinie 2013/34/EU i.d.F. der CSRD als neuer § 315 Abs. 3a HGB-E RegE CSRD-UmsG. Danach müssen MU im Konzernlagebericht über die wichtigsten immateriellen Ressourcen auf Konzernebene berichten, wenn die Voraussetzungen für eine größenabhängige Befreiung von der Pflicht zur Aufstellung eines Konzernlageberichts

---

[57] Vgl. mit einem Beispiel IDW, WPH Edition, Wirtschaftsprüfung & Rechnungslegung, 18. Aufl. 2023, Kap. G Tz 808.
[58] www.esma.europa.eu/sites/default/files/library/2015/10/2015-esma-1415de.pdf, Abruf 8.10.2024.
[59] Vgl. Bach/Berger, BB 2016 S. 1514; Dinh/Thielemann, IRZ 2016 S. 433; Fischer, PiR 2017 S. 89.
[60] Vgl. Kotlenga/Müller/Scheid, PiR 2019, S. 202 ff.
[61] Vgl. zu Nachhaltigkeitskonzepten Wulf/Sackbrock, in Müller/Stute/Withus, Handbuch Lagebericht, 2013, Teil B13, Rz. 1 ff. sowie Freidank/Müller/Velte (Hrsg.), Handbuch Integrated Reporting, 2015 sowie § 289d Rz. 1 ff.
[62] EU-Richtlinie 2014/95/EU vom 22.10.2014 zur Erhöhung der Unternehmenstransparenz in Sozial- und Umweltbelangen.
[63] Gesetz zur Stärkung der nichtfinanziellen Berichterstattung der Unternehmen in ihren Lage- und Konzernlageberichten (CSR-Richtlinie-Umsetzungsgesetz) BGBl 2017 I S. 802.
[64] RegE CSRD-UmsG, BT-Drs. 20/12787 v. 9.9.2024, https://dserver.bundestag.de/btd/20/127/2012787.pdf, Abruf 8.10.2024.

gem. § 293 Abs. 1 und 2 HGB nicht vorliegen. Das Gleiche gilt, wenn ein in den Konzernlagebericht einbezogenes Unt kapitalmarktorientiert ist, ohne Kleinstunternehmen i. S. d. § 267a HGB zu sein. Somit soll nach dem Art. x2 EGHGB-E RegE CSRD-UmsG diese neue Angabepflicht zeitlich gestaffelt Wirkung erlangen, wie auch die Verpflichtung zur Konzernnachhaltigkeitsberichterstattung entsteht, d. h. für bislang bereits verpflichtete große kapitalmarktorientierte Unt ab dem Gj 2024, für nicht kapitalmarktorientierte Konzerne ab dem Gj 2025 und alle übrigen Konzerne, die ein kapitalmarktorientiertes KMU als MU oder TU haben, was keine KleinstKapG ist, ab dem Gj. 2026.

Konkret sind künftig im Konzernlagebericht die wichtigsten immateriellen Ressourcen anzugeben und es ist zu erläutern, inwiefern das Geschäftsmodell der Gesellschaft grundlegend von diesen Ressourcen abhängt und inwiefern diese Ressourcen eine Wertschöpfungsquelle für die Gesellschaft darstellen. Wichtigste immaterielle Ressourcen sind **Ressourcen ohne physische Substanz**, von denen das Geschäftsmodell der Gesellschaft grundlegend abhängt und die eine Wertschöpfungsquelle für die Gesellschaft darstellen. Nach Erwägungsgrund 32 CSRD ist weithin anerkannt, dass über Informationen zu immateriellen Anlagewerten und anderen immateriellen Faktoren, einschl. intern geschaffener immaterieller Ressourcen, in zu geringem Maße Bericht erstattet wird, wodurch eine ordnungsgemäße Bewertung des Geschäftsverlaufs, des Geschäftsergebnisses und der Lage eines Unt sowie die Überwachung von Investitionen erschwert wird. Um Anlegern ein besseres Verständnis der bei zahlreichen Unt und in vielen Wirtschaftszweigen zunehmend beobachteten Diskrepanz zwischen Buchwert und Marktbewertung zu verschaffen, wird mit der CSRD von allen Konzernen eine angemessene Berichterstattung über immaterielle Ressourcen verlangt. Da bestimmte Informationen über immaterielle Ressourcen untrennbar mit Nachhaltigkeitsaspekten verbunden sind, sollten diese Teil der Nachhaltigkeitsberichterstattung sein. Bspw. sind Informationen über die Fähigkeiten der Beschäftigten, ihre Kompetenzen, ihre Erfahrung, ihre Loyalität gegenüber dem Unt und ihre Motivation zur Verbesserung von Prozessen, Waren und Dienstleistungen Nachhaltigkeitsinformationen zu sozialen Aspekten, die auch als Informationen über immaterielle Ressourcen betrachtet werden könnten. Ebenso sind Informationen über die Qualität der Beziehungen zwischen dem Unt und seinen Interessenträgern, einschl. Kunden, Lieferanten und Gemeinschaften, die von den Tätigkeiten des Unternehmens betroffen sind, Nachhaltigkeitsinformationen, die für Sozial- oder Governance-Aspekte relevant sind und ebenfalls als Informationen über immaterielle Ressourcen betrachtet werden könnten. Diese Beispiele verdeutlichen, dass es in manchen Fällen nicht möglich ist, Informationen über immaterielle Ressourcen von Informationen über Nachhaltigkeitsaspekte zu unterscheiden, was den Unt hier letztlich Ausweiswahlmöglichkeiten lässt, die allerdings, wenn es sich um Datenpunkte aus dem Nachhaltigkeitsbericht nach den ESRS handelt, nur mit bestimmten Verweisregelungen außerhalb des Konzernnachhaltigkeitsberichts gezeigt werden dürfen (ESRS 1.119 ff.).[65]

---

[65] Vgl. Baumüller/Lopatta/Hrinkow, in Freiberg/Lanfermann, ESRS-Kommentar, 1. Aufl. 2023, § 3 Rz 128 ff.

2.5 Pflichtangaben kapitalmarktorientierter Unternehmen (Abs. 4)

85 Die wesentlichen Merkmale des **internen Kontroll- und Risikomanagementsystems** im Hinblick auf den **Konzernrechnungslegungsprozess** sind in den Konzernlagebericht aufzunehmen, sofern kapitalmarktorientierte Unt i. S. d. § 264d HGB (§ 264d Rz 1 ff.) dem Konzernverbund angehören.[66] Dabei ist es gleichgültig, ob das MU oder ein TU die Kriterien des § 264d HGB erfüllt. Auch ein nicht börsennotiertes MU hat diese Angaben zu machen, wenn ein TU kapitalmarktorientiert ist.

86 Eine Berichtspflicht kann sich auch aus weiteren Vorschriften ergeben:
- Für publizitätspflichtige Unt nach § 13 PublG.
- Für Kreditinstitute nach § 340i HGB.
- Für Versicherungen nach § 341i HGB.

87 Die Position des Berichts über die wesentlichen Merkmale des internen Kontroll- und Risikomanagementsystems im Hinblick auf den Konzernrechnungslegungsprozess im Konzernlagebericht ist nicht explizit vorgeschrieben. Es ist daher zulässig, diese Angaben in den Risikobericht zu integrieren.

88 Waren die **Angaben** über die **wesentlichen Merkmale** des internen Kontroll- und Risikomanagementsystems im Hinblick auf den Konzernrechnungslegungsprozess bislang dann **erforderlich**, wenn ein **entsprechendes System** im Konzern implementiert war,[67] wurde nun gesetzlich die Einrichtung eines derartigen Systems vorgeschrieben. Mit dem Finanzmarktintegritätsstärkungsgesetz (**FISG**)[68] kam es zur verpflichtenden Einführung eines (wirksamen) internen Kontrollsystems und eines Risikomanagementsystems nach § 91 Abs. 3 AktG, die vom Gesetzgeber selber lediglich als Klarstellung der bisherigen Regelungen aus § 93 AktG dargestellt wurde,[69] denn deren Vorhandensein wurde schon bisher betriebswirtschaftlich unter eine sorgsame Unternehmensführung subsumiert.[70] Im Konzernlagebericht sind lediglich Ausführungen zu diesem System zu machen. Die Ausführungen sind über den Rechnungslegungsprozess des gesamten Konzerns zu machen, eine Beschränkung auf nur kapitalmarktorientierte Unt ist nicht zulässig.

89 Gegenstand der Angabepflicht sind diejenigen Teile des internen Kontrollsystems und des Risikomanagementsystems, die sich auf den Konzernrechnungslegungsprozess beziehen.[71] Somit sind andere Elemente des internen Kontrollsystems und des Risikomanagementsystems explizit von den Berichtspflichten ausgenommen. Hierdurch soll dem Schutzbedürfnis des Konzerns Rechnung getragen werden.[72]

90 **Angaben zur Effizienz** des Systems sind zunächst **nicht** erforderlich (DRS 20.K178). Aus der Gesetzesbegründung zum BilMoG ergibt sich, dass sich bereits mit der Auseinandersetzung mit diesem System die Frage nach der

---

[66] Vgl. ausführlich Withus, in Müller/Stute/Withus (Hrsg.), Handbuch Lagebericht, Berlin 2013, Teil B7, Rz. 1 ff.
[67] Vgl. BT-Drs. 16/10067 v. 30.7.2008 S. 76 i. V. m. S. 86.
[68] V. 3.6.2021 BGBl 2021 I S. 1534 ff.; vgl. Needham/Müller, Stbg 2021, S. 293 ff.
[69] Vgl. FISG RegE, S. 132 f., www.bmj.de/SharedDocs/Gesetzgebungsverfahren/DE/2020_Finanzmarktintegritaet.html, Abruf 8.10.2024.
[70] Vgl. ausführlich Müller/Müller, Unternehmenscontrolling, 3. Aufl. 2020, S. 211 ff.
[71] Vgl. zu Ausgestaltungen z. B. Ergün/Lange/Müller, StuB 2013, S. 909.
[72] Zu praktischen Umsetzungen vgl. Ergün/Müller, in Bertram/Brinkmann/Kessler/Müller, Haufe HGB Bilanz Kommentar BilMoG Erfahrungsbericht, 2012, Rz 571 ff.

Effizienz stellt.[73] Mit dem DCGK 2022[74] wird jedoch in Empfehlung A.5 gefordert, auch zur Angemessenheit und Wirksamkeit dieser Systeme Stellung zu nehmen – wird der Empfehlung nicht gefolgt, so ist dies in der Entsprechenserklärung nach § 161 AktG zu begründen (§ 289f Rz 12). Die Ausführungen zum System sind so zu gestalten, dass sich ein fremder Dritter ein angemessenes Bild über das interne Kontrollsystem und das Risikomanagementsystem im Hinblick auf den Konzernrechnungslegungsprozess machen kann.

Zu nennen sind die wesentlichen Merkmale des Systems, insb. deren Strukturen und Prozesse. Hierunter ist eine **Systembeschreibung** zu verstehen, die eine Darstellung der Struktur und der relevanten Kontroll-, Organisations- und Überwachungsmaßnahmen beinhaltet. Hinsichtlich der Ausführungen ist grds. nach Kontrollsystem und Risikomanagementsystemen zu trennen, wo sinnvoll, können sie aber zusammengefasst werden (DRS 20.K171). Dabei sind die Ausführungen auf die für einen externen Adressaten relevanten Informationen zu beschränken.

Hinsichtlich der **Kontrollsysteme** sind Ausführungen zu den **Grundsätzen und Verfahren** der Wirksamkeit von Kontrollen zu machen (DRS 20.K174). Daneben sind über die **Sicherung der Einhaltung maßgeblicher Vorschriften** Ausführungen zu machen. Zu den maßgeblichen Vorschriften gehören neben externen Anforderungen durch Gesetze, Richtlinien und sonstigen Vorschriften auch interne Anforderungen und Regelungen des Konzerns. Unterhält der Konzern eine interne Revision, ist über die Revisionssysteme zu berichten, die sich auf die Konzernrechnungslegung beziehen.

Hinsichtlich der **Risikomanagementsysteme** ist auf Maßnahmen zur **Identifizierung und Bewertung von Risiken** einzugehen (DRS 20.K177). Bei bekannten und erkannten Risiken sind im Konzernlagebericht zusätzlich Ausführungen zu deren Begrenzung und Überprüfung im Hinblick auf den Einfluss auf den Konzernabschluss aufzunehmen. Nach dem DCGK ist der Vorstand für ein angemessenes Risikomanagement und -controlling verantwortlich,[75] wobei nach dem DCGK (2022) nun auch explizit die **Berücksichtigung der ökologischen und sozialen Nachhaltigkeit** zu erfolgen hat.

3 Zusammenfassung von Konzernlagebericht und Lagebericht des Mutterunternehmens (Abs. 5)

Werden Konzernabschluss und Jahresabschluss des MU gemeinsam offengelegt, dürfen nach § 298 Abs. 3 HGB der Konzernlagebericht und der Lagebericht des MU zusammengefasst werden (§ 298 Rz 88 ff.). Sinn und Zweck ist die Vermeidung von Wiederholungen und redundanten Angaben. In diesem Fall sind die Vorschriften der §§ 298 und 315 HGB gleichermaßen zu erfüllen.

Der zusammengefasste Lagebericht muss inhaltlich gleichermaßen auf die Geschäftsverläufe des MU und des Konzerns eingehen. Bei der Zusammenfassung ist zu beachten, dass Sachverhalte, die ausschließlich den **Konzernlagebericht** oder den Lagebericht des MU betreffen, entsprechend kenntlich gemacht wer-

---

[73] Vgl. BT-Drs. 16/10067 v. 30.7.2008 S. 76 i. V. m. S. 86.
[74] www.dcgk.de//files/dcgk/usercontent/de/download/kodex/220627_Deutscher_Corporate_Governance_Kodex_2022.pdf, Abruf 8.10.2024.
[75] Vgl. Ergün/Müller, zrfc 2012, S. 102.

den. Quantitative Angaben (z. B. Beträge und Anzahl der Mitarbeiter) müssen eindeutig zuzuordnen sein.

96 Auch zusammengefasste Lageberichte unterliegen den gleichen allgemeinen Formvorschriften wie der Konzernlagebericht.

4 Sonstige relevante Regelungen

4.1 Befreiungsmöglichkeiten

97 Eine **Befreiung von der Aufstellung** eines Konzernlageberichts ist nur möglich, wenn keine Pflicht zur Aufstellung des Konzernabschlusses besteht (§ 290 Abs. 5 HGB i. V. m. § 296 HGB, §§ 291–293 HGB).

4.2 Schutzklauseln

98 Schutzklauseln analog § 286 HGB für den Jahresabschluss sind für den Konzernabschluss **nicht vorgesehen**. Zumindest in Bezug auf § 286 Abs. 1 HGB wird allerdings eine Ausstrahlungswirkung auf den Lagebericht angenommen, da ansonsten die Pflicht zur Unterlassung von Angaben, die das Wohl der Bundesrepublik Deutschland oder eines ihrer Länder gefährden, nicht greifen würde.[76] Die weiteren im Anhang explizierten Schutzklauseln, die ein Unterlassen von Angaben bereits erlauben, wenn dem Konzern dadurch erhebliche Nachteile zugefügt werden würden, sind nur in sehr engem Rahmen auf den Konzernlagebericht übertragbar. So wird ein Unterlassen von Angaben dann als gerechtfertigt angesehen, wenn:

- diese einen Verstoß gegen die Sorgfalts- und Verschwiegenheitspflichten der Konzernleitung begründen (§ 93 Abs. 1 AktG; § 43 Abs. 1 GmbHG),[77]
- diese bereits nach § 131 Abs. 3 Satz 1 Nr. 1 AktG bzw. § 51a Abs. 2 Satz 2 GmbHG von den Auskunftsrechten des Aktionärs bzw. Gesellschafters ausgenommen sind[78] sowie
- durch die Angabe im Konzernlagebericht ein Straftatbestand verwirklicht sowie gegen ein anderes Gesetz verstoßen wird.[79]

Ein außerhalb dieser sehr engen Grenzen liegendes Unterlassen von Angaben, die zu einem unrichtigen Bild der Vermögens-, Finanz- und Ertragslage des Konzerns führen könnten, haben Sanktionen zur Folge (Rz 101 f.).

4.3 Offenlegung

99 Wie der Konzernabschluss ist der Konzernlagebericht nach § 325 Abs. 3 HGB offenzulegen. Die Offenlegung hat innerhalb von zwölf Monaten nach Ablauf des betreffenden Gj durch Übermittlung an die das Unternehmensregister führende Stelle zu erfolgen. Für kapitalmarktorientierte Unt verkürzt sich die Frist gem. § 325 Abs. 4 HGB auf vier Monate.

---

[76] Vgl. IDW, WPH Edition, Wirtschaftsprüfung & Rechnungslegung, 18. Aufl. 2023, Kap. G Tz 837. A. A. Böcking/Dutzi/Gros, in Baetge/Kirsch/Thiele, Bilanzrecht, § 315 HGB Rz 9, Stand: 10/2019.
[77] Vgl. Kajüter in Küting/Weber, HdR-E, §§ 289, 289a HGB Rz 59, Stand: 4/2011 sowie Böcking/Dutzi/Gros, in Baetge/Kirsch/Thiele, Bilanzrecht, § 315 HGB Rz 9, Stand: 10/2019.
[78] Vgl. Böcking/Dutzi/Gros, in Baetge/Kirsch/Thiele, Bilanzrecht, § 289 HGB Rz 62, Stand: 12/2018.
[79] Vgl. IDW, WPH Edition, Wirtschaftsprüfung & Rechnungslegung, 18. Aufl. 2023 Kap. G Tz 838.

4.4 Sanktionen

Nicht ordnungsgemäß erstellte Konzernlageberichte sowie unrichtige Angaben im Konzernlagebericht unterliegen denselben Sanktionen wie Verstöße beim Konzernabschluss. Sie können einen **Straftatbestand** nach § 331 Nr. 2 HGB (§ 331 Rz 51 ff.) oder eine **Ordnungswidrigkeit** nach § 334 Abs. 1 Nr. 4 HGB (§ 334 Rz 23) erfüllen. Straftatbestände werden mit einer Freiheitsstraße bis zu drei Jahren oder einer Geldbuße geahndet. Die Geldbuße für Ordnungswidrigkeiten beträgt für nicht kapitalmarktorientierte Unt max. 50.000 EUR. 100

Für die **unrichtige Abgabe des Bilanzeids** von Mitgliedern des vertretungsberichtigten Organs eines MU, das als Inlandsemittent (§ 2 Abs. 14 WpHG) Wertpapiere (§ 2 Abs. 1 WpHG) begibt und keine KapG i.S.d. § 327a HGB ist (also wenn das MU ausschl. Schuldtitel i.S.d. § 2 Abs. 1 Nr. 3 WpHG mit einer Mindeststückelung von 100.000 EUR oder dem am Ausgabetag entsprechenden Gegenwert einer anderen Währung begeben hat), ist mit dem FISG ein neuer § 331a HGB eingeführt worden. Dieser droht einen Freiheitsentzug bis zu fünf Jahren oder eine Geldstrafe demjenigen an, der eine unrichtige Versicherung abgibt. Bei Leichtfertigkeit beträgt die Strafe Freiheitsstrafe bis zu zwei Jahren oder Geldstrafe.

Als Folgeeffekt ist der **Bestätigungsvermerk** durch den Konzernabschlussprüfer gem. § 322 Abs. 4 HGB i.V.m. § 322 Abs. 6 HGB einzuschränken oder zu versagen (§ 322 Rz 58ff.). Bei Verstößen gegen die Offenlegungspflicht gem. § 325 Abs. 3 HGB ist ein Ordnungsgeld gem. § 335 Abs. 1 HGB zwischen 2.500 und 25.000 EUR anzudrohen. Bei kapitalmarktorientierten Unt beträgt die Geldbuße für Ordnungswidrigkeiten höchstens das Höhere aus 2 Mio. EUR oder dem zweifachen des aus der Ordnungswidrigkeit gezogenen wirtschaftlichen Vorteils (§ 334 Abs. 3 HGB). Für die Verletzung von Offenlegungspflichten wird ein Ordnungsgeld fällig, welches höchstens das Höhere aus 10 Mio. EUR, 5 % des jährlichen Gesamtumsatzes oder dem 2-fachen des aus der unterlassenen Offenlegung gezogenen wirtschaftlichen Vorteils (§ 335 Abs. 1a HGB) beträgt.

Unterliegt das Unt, das einen Konzernabschluss und -lagebericht erstellt, den Vorschriften des **WpHG** können weitere Straf- oder Bußgeldvorschriften der §§ 119 ff. WpHG einschlägig sein. 101

§ 315a Ergänzende Vorschriften für bestimmte Aktiengesellschaften und Kommanditgesellschaften auf Aktien

¹Mutterunternehmen (§ 290), die einen organisierten Markt i. S. d. § 2 Absatz 7 des Wertpapiererwerbs- und Übernahmegesetzes durch von ihnen ausgegebene stimmberechtigte Aktien in Anspruch nehmen, haben im Konzernlagebericht außerdem anzugeben:
1. die Zusammensetzung des gezeichneten Kapitals unter gesondertem Ausweis der mit jeder Gattung verbundenen Rechte und Pflichten und des Anteils am Gesellschaftskapital;
2. Beschränkungen, die Stimmrechte oder die Übertragung von Aktien betreffen, auch wenn sie sich aus Vereinbarungen zwischen Gesellschaftern ergeben können, soweit die Beschränkungen dem Vorstand der Gesellschaft bekannt sind;
3. direkte oder indirekte Beteiligungen am Kapital, die 10 Prozent der Stimmrechte überschreiten;
4. die Inhaber von Aktien mit Sonderrechten, die Kontrollbefugnisse verleihen, und eine Beschreibung dieser Sonderrechte;
5. die Art der Stimmrechtskontrolle, wenn Arbeitnehmer am Kapital beteiligt sind und ihre Kontrollrechte nicht unmittelbar ausüben;
6. die gesetzlichen Vorschriften und Bestimmungen der Satzung über die Ernennung und Abberufung der Mitglieder des Vorstands und über die Änderung der Satzung;
7. die Befugnisse des Vorstands insbesondere hinsichtlich der Möglichkeit, Aktien auszugeben oder zurückzukaufen;
8. wesentliche Vereinbarungen des Mutterunternehmens, die unter der Bedingung eines Kontrollwechsels infolge eines Übernahmeangebots stehen, und die hieraus folgenden Wirkungen;
9. Entschädigungsvereinbarungen des Mutterunternehmens, die für den Fall eines Übernahmeangebots mit den Mitgliedern des Vorstands oder mit Arbeitnehmern getroffen sind.

²Die Angaben nach Satz 1 Nummer 1, 3 und 9 können unterbleiben, soweit sie im Konzernanhang zu machen sind. ³Sind Angaben nach Satz 1 im Konzernanhang zu machen, ist im Konzernlagebericht darauf zu verweisen. ⁴Die Angaben nach Satz 1 Nummer 8 können unterbleiben, soweit sie geeignet sind, dem Mutterunternehmen einen erheblichen Nachteil zuzufügen; die Angabepflicht nach anderen gesetzlichen Vorschriften bleibt unberührt.

Inhaltsübersicht

		Rz
1	Übersicht	1
2	Pflichtangaben bez. übernahmerechtlicher Informationen (Abs. 1)	2–40
	2.1 Angaben zum gezeichneten Kapital (Nr. 1)	5–6
	2.2 Beschränkungen (Nr. 2)	7–10
	2.3 Kapitalbeteiligungen mit mehr als 10 % der Stimmrechte (Nr. 3)	11–14

2.4 Aktien mit Sonderrechten (Nr. 4)	15–16
2.5 Stimmrechtskontrolle bei Arbeitnehmerbeteiligungen (Nr. 5)	17–19
2.6 Ernennung und Abberufung von Vorstandsmitgliedern und Satzungsänderungen (Nr. 6)	20–22
2.7 Befugnisse des Vorstands (Nr. 7)	23–25
2.8 Wesentliche Vereinbarungen im Rahmen von Übernahmeangeboten (Nr. 8)	26–33
2.9 Entschädigungsvereinbarungen im Rahmen von Übernahmeangeboten (Nr. 9)	34–38
2.10 Ausweiswahlrechte und Schutzklausel	39–40
3 Exkurs: Vergütungsbericht nach § 162 AktG	41–47

1 Übersicht

Mit Umsetzung der unionsrechtlichen Übernahmerichtlinie[1] haben MU i.S.d. § 290 HGB, die einen organisierten Markt i.S.d. § 2 Abs. 7 WpÜG von ihnen ausgegebene stimmberechtigte Aktien in Anspruch nehmen, im Konzernlagebericht über übernahmerelevante Belange zu berichten. Die mit diesem Gesetz eingeführten Berichtspflichten waren erstmals auf Konzernabschlüsse und Konzernlageberichte (bzw. Jahresabschlüsse und Lageberichte) für das nach dem 31.12.2005 beginnende Gj anzuwenden.

Mit der Umsetzung der CSR-Richtlinie (RL 2014/95/EU)[2] hat der deutsche Gesetzgeber für nach dem 31.12.2016 beginnende Gj die Regelungen zur Konzernlageberichterstattung neu strukturiert und deutlich erweitert. Es wurden die §§ 315a bis 315d HGB neu eingeführt; der bisherige § 315a HGB a.F. ist inhaltlich unverändert in § 315e HGB verschoben worden. Inhaltlich finden sich in § 315a HGB die bis zum Gj 2016 in § 315 Abs. 4 HGB a.F. geforderten übernahmerelevanten Angaben in überarbeiteter Form.

Die Angaben sind in jedem Konzernlagebericht der betroffenen Unt notwendig; bloße Verweise auf das Vj oder die Ausführungen im Lagebericht des MU sind nicht erlaubt. Bei einer nach § 315 Abs. 5 HGB möglichen Zusammenfassung von Konzernlagebericht und Lagebericht des MU dürften die Angaben aber nur einmal berichtet werden.[3] Zudem sind für einzelne Angabepflichten Verweise in den Konzernanhang bzw. sogar der Wegfall der Angaben möglich, wenn sie bereits im Konzernanhang erfolgen (Rz 4). Mit dem ARUG II[4] wurden die bislang in § 315a Abs. 2 HGB a.F. geforderten Pflichtangaben zu den **Grundzügen des Vergütungssystems** für börsennotierte MU zum Gj 2021 ganz aus

---

[1] Gesetz zur Umsetzung der Richtlinie 2004/25/EG des Europäischen Parlaments und des Rates vom 21. April 2004 betreffend Übernahmeangebote (Übernahmerichtlinie-Umsetzungsgesetz), BGBl. 2006 I S. 1426; Richtlinie 2004/25/EG des Europäischen Parlaments und des Rates vom 21. April 2004 betreffend Übernahmeangebote, ABl. EU L 142/12 v. 30.4.2004.
[2] Gesetz zur Stärkung der nichtfinanziellen Berichterstattung der Unternehmen in ihren Lage- und Konzernlageberichten (CSR-Richtlinie-Umsetzungsgesetz), BGBl. 2017 I S. 802.
[3] Vgl. Grottel, in Beck Bil-Komm., 14. Aufl. 2024, § 315a HGB Rz 11.
[4] Gesetz zur Umsetzung der zweiten Aktionärsrechterichtlinie v. 12.12.2019, BGBl 2019 I S. 2637ff.

dem HGB gestrichen und werden nun in veränderter Form nach § 162 AktG als Teil eines gesonderten **Vergütungsberichts** gefordert (Rz 41 ff.).

Bei den Angaben hinsichtlich übernahmerechtlicher Belange handelt es sich um Informationen, die externen Berichtsadressaten helfen, die Corporate Governance der einzelnen Unt besser zu verstehen. Vor diesem Hintergrund erscheint eine Bündelung dieser Angaben mit anderen Governance-bezogenen Berichtsinhalten in der Konzernerklärung zur Unternehmensführung bzw. Erklärung zur Unternehmensführung zweckmäßig.[5]

Die Konzernerklärung zur Unternehmensführung (bzw. Erklärung zur Unternehmensführung) wurde allerdings erst im Jahr 2009 mit dem BilMoG als Berichtsmedium eingeführt.[6] Eine nachträgliche Änderung der Regelung zum Standort der Pflichtangaben bez. übernahmerechtlicher Informationen hat der Gesetzgeber bislang als nicht notwendig erachtet.

2 Pflichtangaben bez. übernahmerechtlicher Informationen (Abs. 1)

2 Der Konzernlagebericht ist um weiterführende **Angaben zu der Eigentumsstruktur** zu erweitern, sofern eigene, stimmrechtsberechtigte Aktien an einem organisierten Markt ausgegeben werden.[7] Als ein organisierter Markt ist ein Markt i. S. d. § 2 Abs. 14 WpHG zu verstehen.

3 Vom Wortlaut ist § 315a HGB weitgehend identisch mit § 289a HGB. Konkretisiert wird der § 315a HGB durch DRS 20 – Übernahmerechtliche Angaben (K188-K223) im Konzernlagebericht (§ 289a Rz 3 ff.). Mit dem Ende 2017 bekannt gemachten DRÄS 8[8] wurden in DRS 20 die durch das CSR-RL-Umsetzungsgesetz erfolgten gesetzlichen Änderungen der Konzernlageberichterstattung berücksichtigt und i. S. d. Aufgaben des DRSC als Rechnungslegungsempfehlung weiter konkretisiert.[9] Mit DRÄS 9[10] wurden die in DRS 17 speziell für börsennotierte MU formulierten Transparenzvorgaben bzgl. der Organvergütung aufgehoben. Diese Änderung ist durch das ARUG II nötig geworden. Mit dem ARUG II wird die Vergütungsberichterstattung aus dem (Konzern-)Lagebericht in ein im Aktiengesetz geregeltes eigenständiges Berichtsformat verschoben. Der gesetzliche Auftrag des DRSC i. S. d. § 342q HGB erstreckt sich allerdings nicht auf das Aktiengesetz, weswegen eine Konkretisierung aktienrechtlicher Vorgaben zur Unternehmensberichterstattung durch die DRS rechtlich nicht gedeckt ist.[11]

Mit DRÄS 12[12] wurden die Regelungen des DRS letztmalig angepasst. Gegenstand dieser Überarbeitung waren Änderungen, die aufgrund der durch das Gesetz zur Ergänzung und Änderung der Regelungen für die gleichberechtigte

---

[5] Vgl. Arbeitskreis Corporate Governance Reporting der Schmalenbach-Gesellschaft für Betriebswirtschaft e. V., DB 2020, S. 2025 ff.
[6] Vgl. Gesetz zur Modernisierung des Bilanzrechts (Bilanzrechtsmodernisierungsgesetz), BGBl 2009 I S. 1102.
[7] Vgl. Paetzmann, in Müller/Stute/Withus, Handbuch Lagebericht, Teil B8, Rz. 1 ff.
[8] DRÄS 8 v. 27.11.2017, BAnz AT 4.12.2017, Anlage B1.
[9] Vgl. Müller/Scheid, BB 2017, S. 1835 ff.
[10] DRÄS 9 v. 2.4.20, BAnz AT 9.4.2020, Anlage B2.
[11] Vgl. DRSC, 43. Sitzung HGB-FA v. 27.6.2019, www.drsc.de/projekte/drs-17_arug2/, Abruf 1.10.2024.
[12] DRÄS 12 v. 11.2.2022, BAnz AT 7.3.2022, Anlage B1.

Teilhabe von Frauen an Führungspositionen in der Privatwirtschaft und im öffentlichen Dienst vom 7.8.2021 (FüPoG II, BGBl. 2021 I S. 3311) eingeführten zusätzlichen Berichtspflichten zu Genderdiversität in Vorstand und Aufsichtsrat in der Konzernerklärung zur Unternehmensführung respektive Erklärung zur Unternehmensführung, eingeführt wurden. Der DRS 20 wurde zudem um einen Hinweis auf die Berichtspflichten gem. Art. 8 EU-Taxonomie-Verordnung ergänzt. Der DRS 20 wird derzeit ferner aufgrund des Umsetzungsgesetzes der CSRD großflächig überarbeitet.[13]

Die Veröffentlichung des Änderungsstandards ist unmittelbar nach Abschluss des Gesetzgebungsverfahrens zu erwarten.

Aufgrund der **Einheitstheorie** und der Fiktion der wirtschaftlichen Einheit eines Konzerns wird folglich die Angabe zur Eigentumsstruktur eines Konzerns nahezu identisch mit der Eigentumsstruktur des MU sein. Neben der Eigentumsstruktur des MU ist jedoch zusätzlich noch eine Prüfung von gleichlautenden Sachverhalten bei den TU vorzunehmen und in den Konzernlagebericht zu integrieren, sofern sie von Bedeutung sind.

Die gem. § 315a Satz 1 HGB geforderte **explizite Nennung** der Angaben im Konzernlagebericht wird in Satz 2 jedoch deutlich relativiert. Zum einen können die in den Nrn. 1, 3 und 9 geforderten Angaben im Konzernlagebericht ganz unterbleiben, wenn sie im Konzernanhang notwendig sind. Zum anderen sind auch die übrigen Angabepflichten durch Verweis auf die entsprechenden Angaben im Konzernanhang zu erfüllen, wenn sie dort zu machen sind. Dabei gibt es eine deutliche Präferenz zur Darstellung der Angaben im Konzernanhang.[14] Nur für die Angaben der Nr. 8 gibt es die Möglichkeit des Verzichts für den Fall, dass die Angaben dazu geeignet sind, dem MU erheblichen Schaden zuzufügen.

Bei den Angaben sind die Verhältnisse vom Bilanzstichtag zugrunde zu legen.

2.1 Angaben zum gezeichneten Kapital (Nr. 1)

Lässt sich das **gezeichnete Kapital** in unterschiedliche Gattungen unterteilen, ist für jede Gattung gesondert anzugeben:
- Anteil am Gesellschaftskapital,
- damit verbundene Pflichten und
- damit verbundene Rechte.

Die Anteile pro Gattung müssen in Summe der Zusammensetzung des gezeichneten Kapitals entsprechen.

Die Zusammensetzung des gezeichneten Kapitals ist aufzugliedern in die Art der Aktien, den Nennbetrag pro Aktie und die Anzahl der ausgegebenen Aktien. Bei mehreren Gattungen sind diese Angaben pro Gattung zu machen. Die Angaben können komplett unterbleiben, wenn sie sich bereits im Konzernanhang finden. Ein Beispiel findet sich in § 289a Rz 5.

---

[13] Vgl. DRSC, 36. Sitzung des GFA v. 14.3.2024, www.drsc.de/projekte/ueberarbeitung-drs-20-2024-aufgrund-csrd/, Abruf 1.10.2024.

[14] Vgl. IDW, WPH Edition, Wirtschaftsprüfung & Rechnungslegung, 18. Aufl. 2023, Kap. G Rz 828.

2.2 Beschränkungen (Nr. 2)

7   Unter Beschränkungen werden Beschränkungen bei der Übertragung von Aktien, der Stimmrechtsbegrenzung und -ausübung verstanden. Beschränkungen können durch **unterschiedliche Ursachen** initiiert sein:
- gesetzliche Vorschriften,
- Satzungsbestimmungen,
- Vereinbarungen zwischen Gesellschaftern und/oder Aktionären.

Im Konzernlagebericht sind die Regelungen zu erläutern, die sich auf die Beschränkungen beziehen.

8   Beschränkungen können zeitlicher und/oder inhaltlicher Natur sein. Während sich zeitliche Beschränkungen auf einen Zeitraum, z.B. eine definierte Halteperiode, beziehen, können inhaltliche Beschränkungen unterschiedliche Gründe haben. Dabei ist zu unterscheiden zwischen Beschränkungen
- der Höhe nach (z.B. prozentuale Beschränkungen, Volumen oder Mengen) und
- der Art nach (Ausgestaltung der Beschränkung).

9   Die Ausführungen zu den Beschränkungen unter Rz 7 gelten auch für Beschränkungen zwischen Aktionären und Gesellschaftern. Insofern sind diese Beschränkungen in den Konzernlagebericht aufzunehmen, sofern diese dem Vorstand der Ges. bekannt sind. Aktionäre und Gesellschafter sind nicht zu einer Auskunft verpflichtet. Da dem Vorstand nicht alle Sachverhalte bekannt sein dürften, führt dies im Zweifelsfall zu unvollständigen Angaben im Konzernlagebericht.

10 Ein Beispiel für die Umsetzung der Angabepflichten findet sich in § 289a Rz 6. Die Angaben können durch Verweis auf den Konzernanhang erfüllt werden, wenn sie dort erfolgen.

2.3 Kapitalbeteiligungen mit mehr als 10 % der Stimmrechte (Nr. 3)

11 Übersteigen direkte oder indirekte Beteiligungen am Kapital einen Satz von mehr als 10 %, sind gesonderte Angaben erforderlich. Der Anteil ist kumulativ über alle gehaltenen Anteile zu ermitteln.

12 Diese Angabe soll die tatsächlichen Anteile an einem Unt offenlegen. Ziel ist es, einer Verschleierung der tatsächlichen Anteile durch Pyramidenstrukturen, wechselseitige Beteiligungen und zwischengeschalteten Konstrukten vorzubeugen.

13 Pflichtangaben sind
- die Höhe des Anteils am Kapital,
- bei natürlichen Personen: Name und Staat des Wohnsitzes und
- bei juristischen Personen: Name, Sitz und Staat.

Die Angaben sind Minimalangaben und können durch weiterführende Angaben ergänzt werden.

14 Die Berechnung der Höhe des Anteils am Kapital kann nach § 33 WpHG erfolgen. Die Angaben können komplett unterbleiben, wenn sie sich bereits im Konzernanhang finden.

2.4 Aktien mit Sonderrechten (Nr. 4)

15 Aktionäre, die Aktien mit Sonderrechten halten, sind in den Konzernlagebericht aufzunehmen. Sie sind namentlich zu nennen. Sofern Aktien mit unterschiedlichen Sonderrechten ausgestattet sind, können die Inhaber der Aktien sortiert nach Sonderrechten im Konzernlagebericht aufgeführt werden.

Neben der reinen Nennung der Inhaber der Aktien mit Sonderrechten sind die den Aktien anhaftenden Sonderrechte zu beschreiben. Gefordert sind hier qualitative Angaben zu den Rechten. Insb. ist dabei auf die Art und den Umfang der Kontrollrechte einzugehen. Die Angaben können durch Verweis auf den Konzernanhang erfüllt werden, wenn sie dort erfolgen.

2.5 Stimmrechtskontrolle bei Arbeitnehmerbeteiligungen (Nr. 5)

Werden Arbeitnehmer am Kapital ihres Unt beteiligt, sind i.R.d. Eigentumsstrukturberichts gesonderte Angaben aufzunehmen. Unter Arbeitnehmern werden Mitarbeiter verstanden, die bei der Konzernmutter oder bei TU angestellt sind. Zu berichten ist über
- die Art der Stimmrechtskontrolle und
- die Art der Ausübung der Kontrolle.

Hinsichtlich der Art der Stimmrechtskontrolle sind Strukturangaben gefordert, wie eine unmittelbare Ausübung der Kontrollrechte erfolgt. Hierzu gehören auch Angaben, wie die Anteile gehalten werden.

Bzgl. der Art der Ausübung der Kontrollrechte sind – soweit möglich – Auskünfte über den Umfang und die Weise der Ausübung der Stimmrechte in den Konzernlagebericht aufzunehmen. Die Angaben können durch Verweis auf den Konzernanhang erfüllt werden, wenn sie dort erfolgen.

2.6 Ernennung und Abberufung von Vorstandsmitgliedern und Satzungsänderungen (Nr. 6)

Für die Ernennung und Abberufung von Vorstandsmitgliedern und für Satzungsänderungen sind die gesetzlichen Vorschriften und die Bestimmungen der Satzung anzugeben.

Die Angabe der **gesetzlichen Vorschriften** bezieht sich auf die Nennung der relevanten Vorschriften. Zu nennen sind hier insb. die §§ 84 und 85 AktG bzgl. der Ernennung und Abberufung von Vorstandsmitgliedern und die §§ 133 und 176 AktG bzgl. Satzungsänderungen. Eine Auflistung der gesetzlichen Vorschriften ist nicht erforderlich. Nach DRS 20.K207 reicht ein Verweis auf die entsprechenden Vorschriften aus.

Anders als bei den Angaben zu den gesetzlichen Vorschriften ist ein Verweis auf die **Bestimmungen der Satzung** nicht ausreichend, da dem Informationsbedürfnis potenzieller Bieter nicht genügend Rechnung getragen wird.[15] DRS 20.K207 fordert eine Darstellung. Die wesentlichen Elemente und Bestimmungen der Satzung sind gesondert im Konzernlagebericht darzustellen. Änderungen, Abweichungen oder Ergänzungen der Satzung sind anzugeben. Die Angaben können durch Verweis auf den Konzernanhang erfüllt werden, wenn sie dort erfolgen.

2.7 Befugnisse des Vorstands (Nr. 7)

Die Befugnisse des Vorstands hinsichtlich der Möglichkeit, Aktien auszugeben oder zurückzukaufen, sind in den Konzernlagebericht aufzunehmen. Hier sind die **tatsächlichen Befugnisse** anzugeben, ein Verweis auf gesetzliche Vorschriften ist nicht notwendig.

---

[15] Vgl. Baetge/Brüggemann/Haenelt, BB 2007, S. 1887.

24 Die Befugnisse des Vorstands können sich aus satzungsmäßigen Ermächtigungen sowie aus Ermächtigungen aufgrund von Beschlüssen der Hauptversammlung ergeben. Dabei sind insb. die Befugnisse bzw. Ermächtigungen zu nennen, die für potenzielle Bieter von Bedeutung sind.

25 Die Befugnisse des Vorstands erstrecken sich auf
- den Erwerb eigener Aktien,
- die Ausgabe erworbener eigener Aktien,
- die Ausgabe von Aktien aus dem genehmigten Kapital und
- die Ausgabe von Wandel- oder Gewinnschuldverschreibungen sowie Genussrechten i. S. d. § 221 AktG.

Die Angaben können durch Verweis auf den Konzernanhang erfüllt werden, wenn sie dort erfolgen.

2.8 Wesentliche Vereinbarungen im Rahmen von Übernahmeangeboten (Nr. 8)

26 Unter **wesentlichen Vereinbarungen** des MU werden solche Vereinbarungen verstanden, die für die Vermögens-, Finanz- und Ertragslage des Konzerns von **besonderer Bedeutung** sind und im Fall von Übernahmeangeboten wirksam werden, sich ändern oder enden. Mangels Konkretisierung einer wesentlichen Vereinbarung ergibt sich ein Ermessensspielraum für den Ersteller des Konzernlageberichts, welche Vereinbarungen zu berücksichtigen sind.

> **Praxis-Beispiel**
> DRS 20.K214 nennt unter wesentlichen Vereinbarungen die folgenden Beispiele:
> - Finanzierungsverträge,
> - Joint-Venture-Verträge,
> - Lizenzverträge,
> - Einkaufsverträge,
> - Lieferverträge.

27 Obwohl sich die Vereinbarungen auf das MU beziehen, entfalten sie eine konzernweite Wirkung und sind aus Sicht des Konzerns zu beurteilen. Nicht berichtspflichtig sind hingegen Vereinbarungen von TU.[16]

28 **Wesentliche Vereinbarungen** sind diejenigen des MU. Dies umfasst auch Vereinbarungen mit TU. Insofern brauchen nach Wortlaut des Gesetzestextes keine wesentlichen Vereinbarungen der TU berücksichtigt zu werden. Durch den Bezug auf die Vermögens-, Finanz- und Ertragslage als Kriterium einer wesentlichen Vereinbarung entfalten wesentliche Vereinbarungen von TU allerdings eine indirekte Wirkung, die i. R. d. Erstellung des Konzernlageberichts entsprechend zu würdigen ist.

29 Vereinbarungen, die als **unwesentlich** klassifiziert sind, brauchen nicht in den Konzernlagebericht aufgenommen werden. Erweisen sich jedoch unwesentliche Vereinbarungen kumulativ betrachtet als wesentlich, sind auch hierfür im Konzernlagebericht entsprechende qualitative Ausführungen zu machen.

30 Der Begriff Kontrollwechsel ist nicht weiter erläutert und daher unbestimmt. In Anlehnung an § 29 WpÜG wird von einer Kontrolle i. R. v. Übernahmen gespro-

---

[16] Vgl. Grottel, in Beck Bil-Komm., 14. Aufl. 2024, § 315a HGB Rz 12.

chen, wenn mind. 30 % der Stimmrechte gehalten werden. Insofern ist von einem **Kontrollwechsel** auszugehen, wenn diese Schwelle i. R. e. Übernahmeangebots nach § 29 Abs. 1 WpÜG überschritten wird.

Die **Folgewirkungen** aus den Vereinbarungen, die im Fall eines Übernahmeangebots wirksam werden, sind darzustellen. Hier ist eine **qualitative Beschreibung** erforderlich. 31

Entsteht dem MU ein **erheblicher Nachteil**, kann eine Angabe zu den wesentlichen Vereinbarungen **unterlassen** werden. Ein erheblicher Nachteil ist nach vernünftiger kaufmännischer Beurteilung zu werten. Der Nachteil sollte anhand sachgerechter und sinnvoller Kriterien messbar sein und zu einem materiellen Schaden führen. Im Fall der unterlassenen Angabe ist eine entsprechende Anmerkung im Konzernlagebericht einzufügen. 32

Durch die explizite Angabe, dass andere gesetzliche Vorschriften unberührt bleiben, wird deutlich, dass diese anderen Vorschriften weiterhin zu beachten sind. Zu nennen sind hier insb. die **Vorschriften des AktG**, insb. die dezidierten Angaben zur Eigentumsstruktur. 33

2.9 Entschädigungsvereinbarungen im Rahmen von Übernahmeangeboten (Nr. 9)

Unter **Entschädigungsvereinbarungen** werden Zahlungen an Vorstandsmitglieder und Arbeitnehmer verstanden, die im Fall einer Übernahme fällig werden. Ursächlich hierfür sind entweder **vertragliche Vereinbarungen** oder die **Beendigung eines Arbeits- oder Dienstvertrags**, sei es aufgrund von Kündigungen, Vertragsauflösungen oder ähnlichen Ursachen. 34

Die Vereinbarungen sind **so darzustellen**, dass die wesentlichen Inhalte unter dem **Aspekt der Klarheit und Übersichtlichkeit** wiedergegeben werden. Hierzu gehören auch die sich im Falle einer Übernahme ergebenden finanziellen Verpflichtungen samt ihren Berechnungsgrundlagen. Soweit absolute Verpflichtungen, z. B. in Form von Fixbeträgen, vorhanden sind, sind diese kumulativ anzugeben. Eine zusammenfassende Darstellung ist hinreichend. 35

Die zu **berichtenden Entschädigungsvereinbarungen** beziehen sich auf **Zusagen des MU**. Je nach Art und Umfang können sich diese Zusagen auch auf TU erstrecken. Daher sind alle vom MU gemachten direkten und indirekten Zusagen in die Angabepflichten einzubeziehen. Zusagen der TU sind hiervon allerdings nicht erfasst und somit auch nicht berichtspflichtig (DRS 20.K221). 36

Die **Zielgruppe** der Begünstigten erstreckt sich nicht nur auf Vorstandsmitglieder. Auch Arbeitnehmer sind als Begünstigte zu berücksichtigen. Der Kreis der einzubeziehenden Arbeitnehmer richtet sich dabei nach den vom MU gegebenen Zusagen und kann somit auch Arbeitnehmer von TU umfassen. Sofern es der Klarheit dient, ist eine Gliederung der Entschädigungsvereinbarungen nach Status des Mitarbeiters geboten. 37

Praxis-Beispiel
Entschädigungsvereinbarungen lassen sich bspw. nach folgendem Schema gliedern:
- Vorstand des MU,
- Vorstände von TU,

- leitende Mitarbeiter (Geschäftsbereiche, Leiter, Manager, GF von TU etc.),
- sonstige Mitarbeiter.

38 Die Angaben zu den Entschädigungsvereinbarungen können wahlweise in den Konzernlagebericht oder in den Konzernanhang aufgenommen werden. Erfolgt eine Angabe im Konzernanhang, ist in den Konzernlagebericht seit dem Gj 2016 **kein entsprechender Verweis** mehr aufzunehmen (§ 289a Abs. 1 Satz 2 HGB). Zu einem Praxisbeispiel s. § 289a Rz 13.

2.10 Ausweiswahlrechte und Schutzklausel

39 In § 315a Abs. 1 Satz 2 HGB sieht der Gesetzgeber **Ausweiswahlrechte** für die Angaben der Nrn. 1, 3 und 9 vor; für die übrigen Angaben reicht ein Verweis auf eine entsprechende Angabe im Konzernanhang, die insb. bei Rechnungslegung nach den IFRS mit den dort bestehenden Angabepflichten oftmals möglich sein dürfte, für die Berichterstattungspflicht im Konzernlagebericht.

40 Eine Schutzklausel hat der Gesetzgeber explizit nur für die Angaben nach Nr. 8 in das Gesetz eingeführt. Nach h.M. soll aber generell die Schutzklausel von § **286 Abs. 1 HGB** für den Konzernlagebericht gelten, nach der Angaben unterbleiben müssen, die das Wohl der Bundesrepublik Deutschland oder eines ihrer Länder gefährden (§ 286 Rz 4).[17]

3 Exkurs: Vergütungsbericht nach § 162 AktG

41 Mit dem ARUG II ist der **Vergütungsbericht ab dem Gj 2021 aus dem Konzernlagebericht herausgelöst** worden und muss seither als gesonderter Bericht nach § 162 AktG von Vorstand und Aufsichtsrat gemeinsam erstellt und getrennt vom Konzernlagebericht veröffentlicht werden.[18]

Nach § 162 Abs. 1 AktG haben **Vorstand und Aufsichtsrat einer börsennotierten Gesellschaft seit** dem **Gj 2021** jährlich einen klaren und verständlichen Bericht über die im letzten Gj jedem einzelnen gegenwärtigen oder früheren Mitglied des Vorstands und des Aufsichtsrats von der Ges. und von Unt desselben Konzerns gewährte und geschuldete Vergütung zu erstellen (**Vergütungsbericht**). Durch diesen zentralen Rechnungslegungsaspekt des ARUG II entfallen im (Konzern-)Anhang und (Konzern-)Lagebericht die bislang geforderten speziellen Organvergütungsangaben für börsennotierte Unt nach § 285 Nr. 9a Sätze 5–8 HGB a.F., § 289a Abs. 2 HGB a.F., § 314 Abs. 1 Nr. 6a Sätze 5–8 HGB a.F., § 315a Abs. 2 HGB a.F. Ebenfalls gestrichen wurde in diesem Zusammenhang die Möglichkeit gem. § 286 Abs. 5 HGB a.F., sich per Hauptversammlungsbeschluss gegen die Angaben individualisierter Vorstandsbezüge zu entscheiden. Mit dieser Gesetzesänderung ist der Vergütungsbericht kein gesetzlicher Bestandteil des Konzernlageberichts bzw. des Lageberichts mehr und wurde somit auch der gesetzlichen Lageberichtsprüfung durch den Abschlussprüfer entzogen. Aus dem gesetzlichen Wortlaut lässt sich zwar nicht unmittelbar entnehmen, dass der Vergütungsbericht nicht auch in den Konzernlagebericht bzw. Lagebericht

---

[17] Vgl. IDW, WPH Edition, Wirtschaftsprüfung & Rechnungslegung, 18. Aufl. 2023, Kap. G Rz 837.
[18] Vgl. Needham/Scheid/Müller, PiR 2020, S. 1 ff.

integriert werden darf. Aus der Verankerung der Pflicht zur Erstellung eines Vergütungsberichts in das AktG folgt allerdings eine klare Trennung zur handelsrechtlichen Rechnungslegung und somit auch eine Abgrenzung zum Konzernlagebericht. Da der Gesetzgeber auf die Verankerung eines expliziten Ausweiswahlrechtes verzichtet hat, ist somit auch die Integration der Berichtsinhalte in den Konzernlagebericht nicht möglich.[19]

Zur Erstellung verpflichtet sind börsennotierte Ges., der Berichtsgegenstand bezieht sich aber auf den gesamten nach § 290 HGB festgelegten **Konzern**. Es ist die von der Ges. und von Unt. desselben Konzerns im letzten Gj. gewährte und geschuldete Vergütung anzugeben. Die Begrifflichkeiten „gewährt" und „geschuldet" sind als faktisch zu betrachtender Zufluss der Vergütung („gewährt") und als nach rechtlichen Kategorien fällige, aber (bisher) nicht zugeflossene Vergütung („geschuldet") zu verstehen.[20]

Der europäische Richtliniengeber sieht in der Offenlegung der Vergütung einzelner Mitglieder der Unternehmensleitung und die Veröffentlichung des Vergütungsberichts einen Beitrag, um für mehr **Unternehmenstransparenz**, eine verbesserte **Rechenschaftspflicht** der Mitglieder der Unternehmensleitung sowie eine bessere **Überwachung der Vergütung** von Mitgliedern der Unternehmensleitung durch die Aktionäre zu sorgen.[21] Für die Praxis ist nach dem Gesetzgeber ein besonderes Augenmerk darauf zu legen, „dass der Vergütungsbericht wie auch das Vergütungssystem klar und verständlich abgefasst und somit tatsächlich geeignet sein muss, dem durchschnittlich informierten, situationsadäquat aufmerksamen und verständigen Aktionär eine informierte Entscheidung zu ermöglichen. Der Vergütungsbericht muss somit nicht für jedermann, sondern dem durchschnittlichen Aktionär, d.h. einem mit der Materie entsprechend befassten Personenkreis, verständlich sein. Wie beim Vergütungssystem sind an die klare und verständliche Ausgestaltung keine überzogenen Anforderungen zu stellen. Langatmige Ausführungen mit technischen Begriffen sind zu vermeiden. Schaubilder und Beispiele sind unter Umständen sinnvoll. Vergütungsbericht und -system unterliegen also identischen Anforderungen hinsichtlich der Verständlichkeit sowie des maßgeblichen Empfängerhorizonts."[22] Der Gesetzgeber sieht einen ggü. der aktuellen Fassung **gestiegenen durchschnittlichen Bürokratieaufwand** allein für den Vergütungsbericht von 40 Std. oder gut 2.200 EUR pro Unt.[23]

Eine Neuerung stellt die **gemeinsame Erstellung** des Vergütungsberichts durch Vorstand und Aufsichtsrat dar. Zuvor lag die Berichterstattung über die Organvergütung als Bestandteil des (Konzern-)Anhangs bzw. (Konzern-)Lageberichts gänzlich im Verantwortungsbereich des Vorstands. Die Einbeziehung des Aufsichtsrats in die Berichtsverantwortung ist allerdings folgerichtig. Der Aufsichtsrat ist nach § 87 Abs. 1 AktG für die Festsetzung der Gesamtbezüge der Vorstandsmitglieder sowie nach § 87a Abs. 1 AktG für den Beschluss eines klaren und verständlichen Vergütungssystems verantwortlich. Die Inhalte des Vergütungsberichts leiten sich daher vorrangig aus den Tätigkeiten des Aufsichtsrats ab,

42

---

[19] Vgl. Vetter/Tielmann, NZG 2022, S. 387.
[20] Vgl. BT-Drs. 19/9739 v. 29.4.2019.
[21] Vgl. Richtlinie 2017/828/EU, Erwägungsgrund 33, ABl. EU L 132/1 v. 20.5.2017.
[22] Vgl. BT-Drs. 19/9739 v. 29.4.2019 S. 109f.
[23] Vgl. BT-Drs. 19/9739 v. 29.4.2019 S. 50.

weswegen dieses Organ für die Vergütungsberichterstattung ohnehin eine Gestaltungsverantwortung trägt und somit in den Erstellungsprozess einzubeziehen ist. Zudem erfolgt durch den Abschlussprüfer **keine inhaltliche Prüfung** der vergütungsbezogenen Angaben mehr. § 162 Abs. 3 AktG fordert zwar eine Prüfung des Vergütungsberichts durch den Abschlussprüfer, doch hat dieser nur zu prüfen, ob die Angaben nach § 162 Abs. 1 und 2 AktG erfolgt sind (**formelle Prüfung**). Darüber ist ein Vermerk zu erstellen und dem Vergütungsbericht beizufügen. Der Gesetzgeber überträgt dabei die in § 323 HGB spezifizierten Verantwortlichkeiten des Abschlussprüfers auch auf die Prüfung des Vergütungsberichts. Mit dem gesonderten Vermerk soll die unterschiedliche Qualität der formellen Prüfung des Vergütungsberichts von der umfangreicheren Abschlussprüfung verdeutlicht werden. Es wird allerdings eine gegenseitige Kontrolle von Vorstand und Aufsichtsrat für die jeweils andere Seite erwartet, da die Angabepflichten grds. im Vergütungsbericht für beide Organe gleich sind und letztlich beide für den Bericht einzustehen haben.[24]

43 Der nach § 162 AktG erstellte und geprüfte **Vergütungsbericht ist** nach § 120a Abs. 4 AktG verpflichtend von der **Hauptversammlung** börsennotierter Ges. jeweils für das vorausgehende Gj **zu billigen**, wobei der Beschluss der Hauptversammlung weder Rechte noch Pflichten begründet. Das Votum zum Vergütungsbericht erfüllt allerdings die notwendige Voraussetzung für die Anwendung des § 131 Abs. 1 Satz 1 AktG (Auskunftsrecht des Aktionärs). Den Mitgliedern der Hauptversammlung wird somit durch diese Regelung die Möglichkeit eingeräumt, sich ex post kritisch mit der gewährten Vergütung auseinanderzusetzen und zu beurteilen, ob diese nach ihrer Einschätzung angemessen war. Nach § 120a Abs. 5 AktG reicht für kleine und mittelgroße (jeweils nach § 267 Abs. 1 und 2 HGB) börsennotierte Ges. eine Vorlage der Hauptversammlung zur Erörterung aus. Anschließend hat die Ges. Vergütungsbericht und Prüfungsvermerk innerhalb von sieben Tagen (§ 130 Abs. 6 AktG) **zehn Jahre lang** auf ihrer Internetseite kostenfrei **öffentlich zugänglich** zu machen (§ 162 Abs. 4 AktG). Allerdings dürfte aufgrund der Regelungen in den §§ 124 Abs. 2 Satz 3 AktG i.V.m. § 124a Nr. 1 AktG häufig keine neuerliche Veröffentlichung auf der Internetseite mehr erforderlich sein, da der geprüfte Vergütungsbericht bereits als Teil der Einberufungsunterlagen zur Hauptversammlung auf der Internetseite bekannt gemacht sein dürfte.[25]

44 **Inhaltlich** müssen im Vergütungsbericht gem. § 162 Abs. 1 AktG für jedes einzelne Organmitglied unter Nennung des Namens die folgenden Angaben gegeben werden, soweit sie inhaltlich tatsächlich vorliegen:
1. alle **festen und variablen Vergütungsbestandteile,** deren jeweiliger relativer Anteil sowie eine Erläuterung, wie sie dem maßgeblichen Vergütungssystem entsprechen, wie die Vergütung die langfristige Entwicklung der Gesellschaft fördert und wie die Leistungskriterien angewendet wurden;
2. eine **vergleichende Darstellung** der jährlichen Veränderung der Vergütung, der Ertragsentwicklung der Gesellschaft sowie der über die letzten fünf Gj betrachteten durchschnittlichen Vergütung von Arbeitnehmern auf Vollzeitäquivalenzbasis, einschl. einer Erläuterung, welcher Kreis von Arbeitnehmern einbezogen wurde (hier kann somit etwa gewählt werden zwischen den Arbeit-

---

[24] Vgl. BT-Drs. 19/9739 v. 29.4.2019 S. 109.
[25] Vgl. BT-Drs. 19/9739 v. 29.4.2019 S. 113.

nehmern des gesamten Konzerns, nur der inländischen TU oder nur jenen des berichtenden Unt. Da der Vergütungsbericht der Hauptversammlung zur Billigung (oder bei kleinen und mittelgroßen Ges. Erörterung) vorgelegt werden muss, sollte aus Sicht des Gesetzgebers eine kontrollierende und disziplinierende Wirkung auf die Praxis der Ges. in Bezug auf die gewählten Vergleichsgruppen eintreten[26]; § 26j Abs. 2 EGAktG schreibt für die Gj 2021 bis 2025 eine abweichende Handhabung der Berechnung der letzten fünf Gj. vor, da in diesem Zeitraum nicht die durchschnittliche Vergütung der letzten fünf Gj, sondern lediglich die durchschnittliche Vergütung des Zeitraums ab 2021 darzustellen ist, im Gj 2021 somit nur die Werte von 2021.

3. die **Anzahl der gewährten oder zugesagten Aktien und Aktienoptionen** (hier ist eine weite Auslegung bezweckt: Es sind hier nicht nur die zur Leistung fälligen aber noch nicht geleisteten Vergütungsbestandteile anzugeben, sondern überhaupt alle Vergütungsbestandteile, für die eine Verpflichtung rechtlich besteht, die fällig sein kann, aber nicht muss und die noch nicht erfüllt wurde)[27] und die wichtigsten Bedingungen für die Ausübung der Rechte, einschl. Ausübungspreis, Ausübungsdatum und etwaiger Änderungen dieser Bedingungen,
4. Angaben dazu, ob und wie von der Möglichkeit Gebrauch gemacht wurde, **variable Vergütungsbestandteile zurückzufordern**;
5. Angaben zu etwaigen **Abweichungen vom Vergütungssystem des Vorstands**, einschl. einer Erläuterung der Notwendigkeit der Abweichungen, und der Angabe der konkreten Bestandteile des Vergütungssystems, von denen abgewichen wurde;
6. eine Erläuterung, wie der **Beschluss der Hauptversammlung** nach § 120a Abs. 4 AktG oder die Erörterung nach § 120a Abs. 5 AktG berücksichtigt wurde.

Darüber hinaus sind für die Vergütung **jedes einzelnen Mitglieds des Vorstands** im Vergütungsbericht Angaben zu solchen Leistungen zu enthalten, die
1. einem Vorstandsmitglied von **einem Dritten** im Hinblick auf seine Tätigkeit als Vorstandsmitglied zugesagt oder im Gj gewährt worden sind,
2. einem Vorstandsmitglied für den Fall der **vorzeitigen Beendigung seiner Tätigkeit** zugesagt worden sind, einschl. während des letzten Gj vereinbarter Änderungen dieser Zusagen,
3. einem Vorstandsmitglied für den Fall der **regulären Beendigung seiner Tätigkeit** zugesagt worden sind, mit ihrem Barwert und dem von der Ges. während des letzten Gj hierfür aufgewandten oder zurückgestellten Betrags, einschl. während des letzten Gj vereinbarter Änderungen dieser Zusagen,
4. einem **früheren Vorstandsmitglied**, das seine Tätigkeit im Laufe des letzten Gj beendet hat, in diesem Zusammenhang zugesagt und im Laufe des letzten Gj gewährt worden sind.

Dies entspricht der weitgehenden Übernahme der bisherigen handelsrechtlichen Vorschriften des § 285 Nr. 9a Satz 5–7 bzw. § 314 Abs. 1 Nr. 6a Satz 5–7 HGB a. F. Die jeweiligen Sätze 8 wurden nicht übernommen, um grds. das gleiche Regelungsniveau beizubehalten. Die dort geforderten weitergehenden Angaben zur Vergütung im Jahresabschluss und Konzernbericht sind bereits dort vorhanden und

---

[26] Vgl. BT-Drs. 19/9739 v. 29.4.2019 S. 112.
[27] Vgl. BT-Drs. 19/9739 v. 29.4.2019 S. 112.

eine Wiederholung im Vergütungsbericht soll vermieden werden. Gleichwohl steht es den Unt frei, zusätzliche Angaben im Vergütungsbericht zu machen. § 162 AktG definiert nur ein inhaltliches Mindestniveau.[28]
Die Einschränkung der Angabepflicht nur auf die tatsächlich vorliegenden Aspekte **erspart Negativmeldungen**. Was „tatsächlich vorliegt", ist aus dem Blickwinkel einer objektiven Bewertung eines durchschnittlich informierten, situationsadäquat aufmerksamen und verständigen Aktionärs ohne Berücksichtigung zu bewerten. Dies trägt dazu bei, eine verständlichere, knappe und weniger formelhafte Fassung des Vergütungsberichtes zu erhalten, die sich am Wesentlichen orientiert.[29]

45 Einschränkend darf der Vergütungsbericht gem. § 162 Abs. 5 AktG keine Daten enthalten, die sich auf die **Familiensituation einzelner Mitglieder** des Vorstands oder des Aufsichtsrats beziehen. Exemplarisch hierfür wären etwa bewährte Familien- oder Kinderzuschläge, die zwar im Vergütungsbericht in der Höhe zu berücksichtigen sind, nicht aber als solche bezeichnet werden dürfen. Darüber hinaus sind alle **personenbezogenen Angaben** zu früheren Mitgliedern des Vorstands oder des Aufsichtsrats in allen Vergütungsberichten, die nach Ablauf von zehn Jahren nach Ablauf des Gj, in dem das jeweilige Mitglied seine Tätigkeit beendet hat, zu erstellen sind, zu unterlassen. Im Übrigen sind personenbezogene Daten nach Ablauf der Offenlegungsfrist von zehn Jahren aus Vergütungsberichten zu entfernen, die über die Internetseite zugänglich sind, dem regelmäßig durch die Entnahme älterer Berichte entsprochen werden dürfte. Die Löschungspflicht gilt ausweislich des expliziten Wortlauts nur für Vergütungsberichte, die tatsächlich auf der Internetseite der Ges. veröffentlicht werden. Die Ges. und andere Akteure trifft hingegen keine Pflicht, auf die Löschung der Daten aus anderen Berichten hinzuwirken, selbst wenn sie inhaltlich gleiche oder ähnliche Daten enthalten.[30]

46 Schließlich gewährt der Gesetzgeber eine **Schutzerleichterung** in § 162 Abs. 6 AktG auf Basis des Erwägungsgrundes 45 der RL 2017/828/EU, nach der in den Vergütungsbericht keine Angaben aufgenommen zu werden brauchen, die nach vernünftiger kaufmännischer Beurteilung geeignet sind, der Ges. einen nicht unerheblichen Nachteil zuzufügen. Macht die Ges. von dieser Möglichkeit Gebrauch und entfallen die Gründe für die Nichtaufnahme der Angaben nach der Veröffentlichung des Vergütungsberichts, sind die bislang als nachteilig eingeschätzten Angaben in den darauf folgenden Vergütungsbericht aufzunehmen. Eine nachträgliche Anpassung erstellter Berichte ist somit nicht notwendig. Der Maßstab für die Beurteilung der Eignung, einen nicht unerheblichen Nachteil zuzufügen, orientiert sich mit den Formulierungen des § 131 Abs. 3 Nr. 1 AktG und des § 289e HGB an bewährten aktien- und handelsrechtlichen Maßstäben.[31]

47 Berichtsangaben zu den Vergütungssystemen für die Organmitglieder im Allgemeinen sowie zur Einbeziehung von Nachhaltigkeitsleistungen in diese Anreiz-

---

[28] Vgl. BT-Drs. 19/9739 v. 29.4.2019 S. 112 f.
[29] Vgl. BT-Drs. 19/9739 v. 29.4.2019 S. 109.
[30] Vgl. BT-Drs. 19/9739 v. 29.4.2019 S. 114.
[31] Vgl. BT-Drs. 19/9739 v. 29.4.2019 S. 114.

systeme im Speziellen sind künftig **auch im Nachhaltigkeitsbericht** zu machen. So ist in dem durch die CSRD neu gefassten Art. 19a Abs. 2 e) RL 2013/34/EU[32] geregelt, dass Unt auch über das Vorhandensein von Anreizsystemen für Mitglieder der Verwaltungs-, Geschäftsführungs- und Aufsichtsorgane, die mit Nachhaltigkeitsfragen verknüpft sind, zu berichten haben. Die Berichtsvorgaben der CSRD werden durch die Offenlegungsanforderungen der ESRS konkretisiert und erweitert (§ 315c Rz 8 ff.). Die Berichtsvorgaben zu den Vergütungssystemen werden hierbei durch die Offenlegungsanforderungen des ESRS 2 GOV-3 näher konkretisiert. Ziel der **Offenlegungspflicht des ESRS 2 GOV-3** ist es, ein Verständnis dafür zu schaffen, ob für die Mitglieder der Verwaltungs-, Geschäftsführungs- und Aufsichtsorgane Anreizsysteme vorliegen, die zu nachhaltigem Handeln incentivieren. Die EFRAG sieht hierbei die Offenlegung des Zusammenhangs zwischen Anreizsystemen und der Umsetzung der Nachhaltigkeitsstrategie und -ziele des Unt sowie dem Management der Auswirkungen, Risiken und Chancen des Unt als ein wesentliches Merkmal an, da es zeigt, wie das Unt versucht sicherzustellen, dass Nachhaltigkeitsfragen von den einzelnen Mitgliedern der Verwaltungs-, Geschäftsführungs- und Aufsichtsorgane auch angemessen berücksichtigt werden.[33]

Die **Regelungen des ESRS 2.29** fordern hierbei sowohl eine Beschreibung der Hauptmerkmale der Anreizsysteme als auch konkrete Angaben zur Integration von nachhaltigkeitsbezogenen Leistungen in die Vergütungssysteme für die Mitglieder der Verwaltungs-, Geschäftsführungs- und Aufsichtsorgane. Im Detail ist nach ESRS 2.29 offenzulegen,

- ob die Leistung des jeweiligen Organmitglieds anhand bestimmter nachhaltigkeitsbezogener Ziele und/oder Auswirkungen bewertet wird, und wenn ja, anhand welcher,
- ob und wie nachhaltigkeitsbezogene Leistungskennzahlen als Richtwerte betrachtet und einbezogen werden,
- sowie Angaben zum variablen Anteil an der Vergütung, der von der Erreichung nachhaltigkeitsbezogener Ziele und/oder Auswirkungen abhängt,
- und Angaben zur Zuständigkeitsebene, die die Bedingungen genehmigt und anpasst.

Letzteres ist im deutschen Corporate-Governance-System der Aufsichtsrat, dem in § 87 Abs. 1 AktG die Vergütungskompetenz zugewiesen wird.[34]

Es ist erkennbar, dass die Offenlegungsanforderungen des ESRS 2 GOV-3 eine hohe inhaltliche Nähe zu den zuvor beschriebenen Berichtspflichten haben, die börsennotierte Unt nach § 162 AktG im Vergütungsbericht zu erfüllen haben. Die Nähe des ESRS 2 GOV-3 zu diesen Regelungen wurde auch seitens der EFRAG erkannt, weswegen in ESRS 2.A6 geregelt wird, dass die betroffenen Unt auf ihren Vergütungsbericht verweisen dürfen. Die Aufnahme von Informationen in den Nachhaltigkeitsbericht mittels Verweis in andere Elemente der Unternehmensberichterstattung (sog. „incorporation by reference"), wie z.B.

---

[32] Zuletzt geändert durch Richtlinie des Europäischen Parlaments und des Rates zur Änderung der Verordnung (EU) Nr. 537/2014 und der Richtlinie 2004/109/EG, 2006/43/EG und 2013/34/EU hinsichtlich der Nachhaltigkeitsberichterstattung von Unternehmen (PE-CONS 35/22) v. 16.11.2022.
[33] Vgl. ESRS 2 BC 36.
[34] Vgl. ausführlich zu den Offenlegungsanforderungen des ESRS 2-GOV 3: Baumüller/Lapotta/Müller/Needham, in Freiberg/Lanfermann, Haufe ESRS Kommentar, 2. Aufl. 2024, § 4 Rz 62 ff.

den Vergütungsbericht, ist allerdings an die Erfüllung der Bestimmungen des ESRS 1.119 ff. geknüpft.[35]

Bei der Aufnahme von Information mittels Verweis in den Vergütungsbericht sind insb. die Regelungen des ESRS 1.120 zu beachten, die mitunter eine Hürde darstellen können. So ist ein Verweis u. a. nur dann möglich, wenn der andere (Teil-)Bericht vor oder gleichzeitig mit dem (Konzern-)Lagebericht veröffentlicht wurde und die Angaben denselben technischen Digitalisierunganforderungen („Tagging") wie der Nachhaltigkeitsbericht unterliegen. Eine besondere Hürde ist die Regelung des ESRS 1.120(d), welche fordert, dass die Informationen, auf die verwiesen wird, auch mind. die gleiche Prüfungssicherheit, wie die Angaben im Nachhaltigkeitsbericht, aufweisen. Der Nachhaltigkeitsbericht ist allerdings künftig auch inhaltlich mit begrenzter Prüfungssicherheit von einem Wirtschaftsprüfer zu prüfen.[36]

Falls ein Unt die Anforderungen des ESRS 2 GOV-3 mittels Verweis in den Vergütungsbericht erfüllen möchte, hat ein Unt diese Angaben somit auch freiwillig mit begrenzter Prüfungssicherheit prüfen zu lassen. In diesem Zusammenhang ist es durchaus problematisch, dass das genaue Verhältnis zwischen den Anforderungen des ESRS 2 GOV-3 und den Bestimmungen des § 162 AktG stark auslegungsbedürftig ist. So ist im ESRS.AR 7 lediglich vermerkt, dass für börsennotierte Unt die Angabepflichten des ESRS 2 GOV-3 mit den Angaben im Vergütungsbericht „im Einklang stehen sollten". Auf eine weitere Konkretisierung wird an dieser Stelle allerdings verzichtet. So ist diskussionswürdig, ob aus dieser Formulierung abzuleiten ist, dass diese beiden Regelungen im Kern deckungsgleich sind und dieselbe Information fordern und somit bei einer Aufnahme der in ESRS 2 GOV-3 mittels Verweis in den Vergütungsbericht, der vollständige Vergütungsbericht einer inhaltlichen Prüfung mit begrenzter Prüfungssicherheit zu unterziehen ist.

Für **nicht-börsengelistete Unt** gelten die Regelungen des § 162 AktG nicht, weswegen diese Unt auch nicht auf den Vergütungsbericht verweisen können. Diese Unt haben somit erstmalig über die Vergütungssysteme ihrer Organmitglieder zu berichten. Für diese Unt können die Berichtsvorgaben des § 162 AktG allerdings eine Orientierung zur Umsetzung der Berichtspflichten des ESRS 2.29 sein, wobei die betroffenen Unt nur dann Angaben zu machen haben, sofern die entsprechenden Bestandteile auch tatsächlich in die Vergütungssysteme integriert wurden.

---

[35] Vgl. ausführlich zum Einsatz von Verweisen: Baumüller/Lapotta/Hirnkow, in Freiberg/Lanfermann, Haufe ESRS Kommentar, 2. Aufl. 2024, § 3 Rz 1628 ff.
[36] Vgl. ausführlich zur Prüfung des Nachhaltigkeitsbericht: Freiberg/Terko/Hirnkow, in Freiberg/Langefermann, Haufe ESRS Kommentar, 2. Aufl. 2024, § 17 Rz 7 ff.

§ 315b Pflicht zur nichtfinanziellen Konzernerklärung; Befreiungen

(1) ¹Eine Kapitalgesellschaft, die Mutterunternehmen (§ 290) ist, hat ihren Konzernlagebericht um eine nichtfinanzielle Konzernerklärung zu erweitern, wenn die folgenden Merkmale erfüllt sind:
1. die Kapitalgesellschaft ist kapitalmarktorientiert i.S.d. § 264d,
2. für die in den Konzernabschluss einzubeziehenden Unternehmen gilt:
   a) sie erfüllen die in § 293 Absatz 1 Satz 1 Nummer 1 oder 2 geregelten Voraussetzungen für eine größenabhängige Befreiung nicht und
   b) bei ihnen sind insgesamt im Jahresdurchschnitt mehr als 500 Arbeitnehmer beschäftigt.

²§ 267 Absatz 4 bis 5 sowie § 298 Absatz 2 sind entsprechend anzuwenden. ³Wenn die nichtfinanzielle Konzernerklärung einen besonderen Abschnitt des Konzernlageberichts bildet, darf die Kapitalgesellschaft auf die an anderer Stelle im Konzernlagebericht enthaltenen nichtfinanziellen Angaben verweisen.

(2) ¹Ein Mutterunternehmen i.S.d. Absatzes 1 ist unbeschadet anderer Befreiungsvorschriften von der Pflicht zur Erweiterung des Konzernlageberichts um eine nichtfinanzielle Konzernerklärung befreit, wenn
1. das Mutterunternehmen zugleich ein Tochterunternehmen ist, das in den Konzernlagebericht eines anderen Mutterunternehmens einbezogen ist, und
2. der Konzernlagebericht nach Nummer 1 nach Maßgabe des nationalen Rechts eines Mitgliedstaats der Europäischen Union oder eines anderen Vertragsstaats des Abkommens über den Europäischen Wirtschaftsraum im Einklang mit der Richtlinie 2013/34/EU aufgestellt wird und eine nichtfinanzielle Konzernerklärung enthält.

²Satz 1 gilt entsprechend, wenn das andere Mutterunternehmen i.S.d. Satzes 1 einen gesonderten nichtfinanziellen Konzernbericht nach Absatz 3 oder nach Maßgabe des nationalen Rechts eines Mitgliedstaats der Europäischen Union oder eines anderen Vertragsstaats des Abkommens über den Europäischen Wirtschaftsraum im Einklang mit der Richtlinie 2013/34/EU erstellt und öffentlich zugänglich macht. ³Ist ein Mutterunternehmen nach Satz 1 oder 2 von der Pflicht zur Erstellung einer nichtfinanziellen Konzernerklärung befreit, hat es dies in seinem Konzernlagebericht mit der Erläuterung anzugeben, welches andere Mutterunternehmen den Konzernlagebericht oder den gesonderten nichtfinanziellen Konzernbericht öffentlich zugänglich macht und wo der Bericht in deutscher oder englischer Sprache offengelegt oder veröffentlicht ist.

(3) ¹Ein Mutterunternehmen i.S.d. Absatzes 1 ist auch dann von der Pflicht zur Erweiterung des Konzernlageberichts um eine nichtfinanzielle Konzernerklärung befreit, wenn das Mutterunternehmen für dasselbe Geschäftsjahr einen gesonderten nichtfinanziellen Konzernbericht außerhalb des Konzernlageberichts erstellt und folgende Voraussetzungen erfüllt:
1. der gesonderte nichtfinanzielle Konzernbericht erfüllt zumindest die inhaltlichen Vorgaben nach § 315c in Verbindung mit § 289c und

2. das Mutterunternehmen macht den gesonderten nichtfinanziellen Konzernbericht öffentlich zugänglich durch
   a) Offenlegung zusammen mit dem Konzernlagebericht nach § 325 oder
   b) Veröffentlichung auf der Internetseite des Mutterunternehmens spätestens vier Monate nach dem Abschlussstichtag und mindestens für zehn Jahre, sofern der Konzernlagebericht auf diese Veröffentlichung unter Angabe der Internetseite Bezug nimmt.

²Absatz 1 Satz 3, die §§ 289d und 289e sowie § 298 Absatz 2 sind auf den gesonderten nichtfinanziellen Konzernbericht entsprechend anzuwenden.
(4) Ist die nichtfinanzielle Konzernerklärung oder der gesonderte nichtfinanzielle Konzernbericht inhaltlich überprüft worden, ist auch die Beurteilung des Prüfungsergebnisses in gleicher Weise wie die nichtfinanzielle Konzernerklärung oder der gesonderte nichtfinanzielle Konzernbericht öffentlich zugänglich zu machen.

Inhaltsübersicht	Rz
1 Überblick	1–4
2 Verpflichtung zur Aufstellung der nichtfinanziellen Konzernerklärung (Abs. 1).................................	5–7
3 Befreiungsmöglichkeiten (Abs. 2)	8–9
4 Möglichkeit der Auslagerung aus dem Konzernlagebericht (Abs. 3)..	10–11
5 Offenlegung des Ergebnisses der freiwilligen Prüfung (Abs. 4) .	12–15
6 CSRD-Umsetzungsgesetz: Änderungen	16–21
6.1 Überblick und Normzweck	16
6.2 Pflicht zur Erweiterung des Konzernlageberichts um einen Konzernnachhaltigkeitsberichts (§ 315b Abs. 1 HGB-E)..	17
6.3 Befreiungstatbestände (§ 315b Abs. 2 und 3 HGB-E)	18–19
6.4 Anforderungen an die Befreiungstatbestände (§ 315b Abs. 4 HGB-E)..	20
6.5 Beteiligungen der Arbeitnehmervertretungen bei der Erstellung des Konzernnachhaltigkeitsberichts (§ 315b Abs. 5 HGB-E).............................	21

1 Überblick

1 Die Unternehmensberichterstattung befindet sich seit Jahren in einem grundlegenden Wandel. Die Tendenz geht dabei weg von der rein finanziellen Abbildung der Vermögens-, Finanz- und Ertragslage hin zu einer integrierten **Darstellung von sowohl finanziellen als auch nichtfinanziellen bzw. nachhaltigkeitsbezogenen Faktoren,**[1] wobei unter dem Terminus Nachhaltigkeit die Dimensionen Ökologie, Soziales und (Corporate) Governance subsumiert werden **(ESG – Environment, Social and Governance).** Aufgrund des bedrohlich voranschreitenden Klimawandels wird in letzter Zeit der Fokus etwa von der EU verstärkt auf die klimabezo-

---

[1] Vgl. Freidank/Müller/Velte, Handbuch Integrated Reporting, 2015; Hakelmacher, WPg 2017, S. 204; Kreipl/Müller, DB 2016, S. 2425; Zülch/Kretzmann, DB 2016, S. 2617.

gene Berichterstattung gelenkt.[2] Es werden zudem intensiv auch Maßnahmen zur Erhöhung der Qualität sowie Glaubwürdigkeit der nachhaltigkeitsbezogenen Informationen diskutiert und umgesetzt, um so das Ziel der **adressatengerechten Fokussierung** der Informationen gerecht zu werden, da eine bloße Erhöhung des Berichtsumfangs nicht unmittelbar einen Mehrwert aufseiten der externen Adressaten bewirkt.[3] Schon vor der Einführung der Pflicht zur nichtfinanziellen Berichterstattung hatten und haben weiterhin MU im Konzernlagebericht über die bedeutsamsten nichtfinanziellen Leistungsindikatoren, zu denen auch Informationen über Umwelt- und Arbeitnehmerbelange gehören, zu berichten, soweit diese für das Verständnis des Geschäftsverlaufs oder der Lage von Bedeutung sind (§ 315 Abs. 3 HGB). Diese gesetzliche Vorgabe wurde in der letzten Dekade zunehmend seitens der Unt um eine **Nachhaltigkeitsberichterstattung** auf zunächst freiwilliger Basis ergänzt, wobei als Stichworte hierzu nur stellvertretend das im Januar 2021 in einer überarbeiteten Fassung veröffentlichte[4] Framework des International Integrated Reporting Councils (IIRC)[5] und der Deutsche Nachhaltigkeitskodex (DNK) zu nennen sind. Mit dem Ziel, die nachhaltige Transformation weiter voranzutreiben, wurde der Verpflichtungsgrad der Nachhaltigkeitsberichterstattung erhöht. Die EU hat hierzu im November 2014 die RL 2014/95/EU (sog. CSR-Richtlinie) verabschiedet, die eine weitere Ausweitung der pflichtmäßigen Publizität nichtfinanzieller Informationen fordert.[6] Konkret wurde die Bilanzrichtlinie 2013/34/EU geändert und die Berichte pflichtgemäß seit dem Gj 2017 von den Unt mit dem Gesetz zur Stärkung der nichtfinanziellen Berichterstattung der Unt in ihren Lage- und Konzernlageberichten (CSR-Richtlinie-Umsetzungsgesetz) gefordert.[7]

Demnach müssen nach aktueller Rechtslage kapitalmarktorientierte MU, die mehr als 500 Mitarbeitende im Jahresdurchschnitt aufweisen i.R.d. Konzernrechnungslegung jährlich eine **nichtfinanzielle (Konzern-)Erklärung** veröffentlichen (**Abs. 1**), von der es jedoch Befreiungsmöglichkeiten gibt (**Abs. 2**), und die wahlweise bislang als separater Abschnitt im Konzernlagebericht oder in einem vom Konzernlagebericht gesonderten nichtfinanziellen Konzernbericht vorgenommen werden kann (**Abs. 3**). Neben einer kurzen Beschreibung des Geschäftsmodells ist in der nichtfinanziellen (Konzern-)Erklärung zumindest auf Umwelt-, Arbeitnehmer- und Sozialbelange sowie die Achtung der Menschenrechte und Bekämpfung von Korruption und Bestechung einzugehen (§ 315c HGB i.V.m. § 289c HGB).[8] Mit dem seit Ende 2017 vorliegenden DRÄS 8[9] wurde in dem DRS 20 auch die durch das CSR-RL-Umsetzungsgesetz geforderte nichtfinanzielle (Konzern-)Erklärung berücksichtigt und i.S.d. Auf-

---

[2] Vgl. z.B. Müller/Scheid, PiR 2019, S. 330.
[3] Vgl. etwa zum Umgang mit dieser Herausforderung bei Siemens Wagner/Mayer/Kubessa, WPg 2018, S. 935.
[4] Vgl. International Integrated Reporting Council (IIRC), https://integratedreporting.org/wp-content/uploads/2021/01/InternationalIntegratedReportingFramework.pdf, Abruf 7.10.2024.
[5] Vgl. Freidank/Müller/Velte, Handbuch Integrated Reporting, 2015; Müller/Stawinoga, WPg 2016, S. 612.
[6] Vgl. Meeh-Bunse/Hermeling/Schomaker, DStR 2016, S. 2769 und zur praktischen Umsetzung Kajüter/Wirth, DB 2018, S. 1605.
[7] BGBl 2017 I S. 802.
[8] Vgl. Kajüter, IRZ 2016, S. 507; Kreipl/Müller, DB 2016, S. 2425; Müller/Stawinoga/Velte, ZfU 2015, S. 313; Seibt, DB 2016, S. 2707; Wulf/Niemöller, IRZ 2016 S. 245.
[9] DRÄS 8 v. 27.11.2017, BAnz AT 4.12.2017, Anlage B1.

gaben des DRSC als Rechnungslegungsempfehlung weiter konkretisiert.[10] Zudem hat die Europäische Kommission **Leitlinien für die Berichterstattung über nichtfinanzielle Informationen**[11] herausgegeben, die zuletzt im Jahr 2019 ergänzt worden sind.[12] Es ist als Anhang eine Konkretisierung der nicht bindenden Leitlinien zur Angabe nichtfinanzieller Informationen der EU zumindest bzgl. klimabezogener Informationen erfolgt, wobei eine Angleichung an die Empfehlungen der vom Finanzstabilitätsrat gegründeten Task Force on Climate-related Financial Disclosures (TCFD) vorgenommen worden ist, die viel mehr auf **Wirkungen** der Unternehmenstätigkeit **auf die Umwelt** abstellt.[13] Neben allgemeinen Grundsätzen der nichtfinanziellen Berichterstattung werden die Inhalte einer solchen Berichterstattung, z. T. anhand von Beispielen, konkretisiert. Dabei werden in Bezug auf die Methodik etwa Fragen wie der zeitliche Ablauf der Berichterstattung, die Definition von Schlüsselbegriffen oder die Anwendung der Prinzipien aber nur vergleichsweise rudimentär aufgegriffen.[14] Zu weiteren aktuellen Fortentwicklungen der Bemühungen um eine stärkere Berücksichtigung von Nachhaltigkeitsaspekten in der Rechnungslegung s. auch § 289b Rz 5.

3 Die Richtlinie 2014/95/EU enthält ein Mitgliedstaatenwahlrecht hinsichtlich der **externen Prüfung** der nichtfinanziellen (Konzern-)Erklärung, die der deutsche Gesetzgeber an die Unt weitergegeben hat. Demnach hat die externe Prüfung bislang lediglich formell seitens eines Vertreters des Berufsstands der Wirtschaftsprüfer zu erfolgen, d.h. es wird geprüft, ob die nichtfinanzielle (Konzern-)Erklärung die gesetzlichen vorgeschriebenen Berichtsinhalte aufweist und seitens des Berichtserstellers die Vorschriften zur Offenlegung eingehalten wurden (§ 317 Abs. 2 Satz 4 HGB). Nach § 317 Abs. 2 Satz 5 HGB ist die formelle Prüfung der nichtfinanziellen (Konzern-)Erklärung durch den gesetzlichen Abschlussprüfer durchzuführen. Hierbei ist es unerheblich, ob die nichtfinanzielle (Konzern-)Erklärung als Teil des (Konzern-)Lageberichts veröffentlicht oder ein gesonderter nichtfinanzieller (Konzern-)Bericht erstellt wurde.

Eine inhaltliche Prüfung der nichtfinanziellen Erklärung ist somit bislang nicht gesetzlich vorgeschrieben. Der Aufsichtsrat kann aber gem. § 111 Abs. 2 Satz 4 AktG auf freiwilliger Basis eine externe inhaltliche Prüfung der nichtfinanziellen (Konzern-)Erklärung oder des gesonderten nichtfinanziellen Berichts in Auftrag geben. Für die freiwillige inhaltliche Prüfung der nichtfinanziellen Erklärung kann der Aufsichtsrat den externen Prüfer frei wählen. Anders als bei der formellen Prüfung der nichtfinanziellen Berichterstattung ist er somit nicht verpflichtet, den gesetzlichen Abschlussprüfer mit dieser Prüfung zu beauftragen. In § 111 Abs. 2 Satz 4 AktG ist ferner nicht geregelt, mit welcher Intensität die freiwillige inhaltliche Prüfung durchzuführen ist, d.h. das auch diese Frage in die Entscheidungsautonomie des Aufsichtsrats fällt. Der Aufsichtsrat kann somit frei entscheiden, ob er eine externe Prüfung der nichtfinanziellen (Konzern-)Erklärung mit **begrenzter**

---

10 Vgl. Müller/Scheid, BB, 2017, S. 1835271.
11 Mitteilung der Kommission: Leitlinien für die Berichterstattung über nichtfinanzielle Informationen (Methode zur Berichterstattung über nichtfinanzielle Informationen), ABl. EU v. 5.7.2017, C 215/1ff.
12 Mitteilung der Kommission: Leitlinien für die Berichterstattung über nichtfinanzielle Informationen: Nachtrag zur klimabezogenen Berichterstattung, ABl. EU v. 20.6.2019, C 209/1ff.
13 Vgl. Wulf/Kirste, IRZ 2021, S. 213–220.
14 Vgl. Müller/Scheid, DStR 2017, S. 2240.

Sicherheit („limited Assurance") oder mit **hinreichender Sicherheit** („**reasonable Assurance**") beauftragt. Die externe Prüfung der nichtfinanziellen (Konzern-)Erklärung oder des gesonderten nichtfinanziellen (Konzern-)Berichts weist somit auch bei einer Beauftragung einer freiwilligen inhaltlichen Prüfung nicht zwangsläufig die gleiche Prüfungsintensität wie die Prüfung des (Konzern-)Lageberichts auf.[15] Die Beauftragung einer inhaltlichen Prüfung der nichtfinanziellen (Konzern-)Erklärung durch einen externen Prüfer entbindet den Aufsichtsrat aber nicht von seiner Pflicht, diesen Bericht auch intern zu prüfen. Die nichtfinanzielle (Konzern-)Erklärung als gesetzlicher Bestandteil des (Konzern-)Lageberichts sowie der gesonderte nichtfinanzielle (Konzern-)Bericht sind de lege ferenda nach § 264 Abs. 1 HGB i.V.m. § 78 AktG vom Vorstand der erklärungspflichtigen (Mutter-)Gesellschaft zu erstellen. Einen wesentlichen Eckpfeiler der Überwachung der Geschäftsführung bildet die in § 171 Abs. 1 AktG geregelte Prüfung der vom Vorstand erstellten Unternehmensberichte durch den Aufsichtsrat. Der Gesetzgeber konkretisiert in § 171 Abs. 1 Satz 4 HGB, dass sich die Prüfungsverantwortung des Aufsichtsrats auch auf die nichtfinanzielle (Konzern-)Erklärung erstreckt. Anders als bei der Prüfung durch den gesetzlichen Abschlussprüfer hat der Aufsichtsrat allerdings nicht nur das Vorhandensein der nichtfinanziellen (Konzern-)Erklärung sowie die Einhaltung der Vorschriften zur Offenlegung zu prüfen, sondern auch zu prüfen, ob der Berichtsinhalt den Tatsachen entspricht. Die Verantwortung des Aufsichtsrats geht somit über die des gesetzlichen Abschlussprüfers deutlich hinaus. Eine Entbindung des Aufsichtsrats von der Pflicht zur Prüfung der nichtfinanziellen (Konzern-)Erklärung ist grds. nicht möglich. Entsprechende Regelungen in der Satzung wären somit unzulässig (§ 23 Abs. 5 AktG). Die Möglichkeit der Beauftragung einer freiwilligen, externen inhaltlichen Prüfung soll den Aufsichtsrat nur unterstützen, allerdings nicht von seinen Verpflichtungen entbinden. Der Aufsichtsrat hat sich somit selbst ein Urteil darüber zu bilden, ob den Beurteilungen des Abschlussprüfers zu folgen ist und darf den Prüfungsbericht des Abschlussprüfers somit nicht „ungeprüft" als Hilfsinstrument verwenden.

Die hohe Intensität der internen Prüfung durch den Aufsichtsrat schlägt sich in hohe Anforderungen an die Qualifikation der Aufsichtsratsmitglieder nieder. Eine interne Prüfung der nichtfinanziellen Berichterstattung mit dem Maßstab einer hinreichenden Sicherheit („reasonable assurance") i.S.e. positiv formulierten Prüfungsurteils setzt aufseiten des Aufsichtsrats zum einen ein hohes Maß an Expertise in nachhaltigkeitsrelevanten Belangen voraus. Zum anderen ist methodisches Wissen gefordert, um die für die Nachhaltigkeit relevanten Berichterstattungsprozesse zu kontrollieren und die darin enthaltenen Aussagen inhaltlich zu validieren. Hinzu kommt der hohe zeitliche Aufwand, der mit dieser Prüfung verbunden ist und weit über den Rahmen einzelner Aufsichtsratssitzungen hinausgeht. Es bedarf vielmehr eine laufende und v.a. intensive Befassung der Aufsichtsratsmitglieder mit nachhaltigkeitsbezogenen Themen.[16]

In der Praxis beauftragt daher der Aufsichtsrat häufig den Abschlussprüfer mit einer inhaltlichen Prüfung – wenn auch überwiegend nur mit begrenzter Sicher-

---

[15] Vgl. Kotlenga/Müller/Scheid, ZCG 2017, S. 271; Müller/Stawinoga/Velte, DB 2015, S. 542; Simon-Heckroth, WPg 2014, S. 311.
[16] Vgl. Scheid/Needham, ZCG 2020, S. 266–270.

heit („limited assurance").[17] Mit dem Gj 2019 (Art. 81 EGHGB) sind die Ergebnisse der freiwilligen Prüfung mit **Abs. 4** offenlegungspflichtig.

4 Mit der Umsetzung der CSR-Richtlinie sind die Bemühungen des europäischen Richtliniengebers bzw. des nationalen Gesetzgebers keineswegs abgeschlossen. Vielmehr findet derzeit eine grundlegende Novellierung der Regelungen zur Nachhaltigkeitsberichterstattung statt. S. für die aktuellen Entwicklungen sowie für Änderungen durch das CSRD-Umsetzungsgesetz Rz 16 ff.

2 Verpflichtung zur Aufstellung der nichtfinanziellen Konzernerklärung (Abs. 1)

5 Die Verpflichtung zur Aufstellung einer nichtfinanziellen Konzernerklärung trifft die gesetzlichen Vertreter des MU, da diese eine Erweiterung des Konzernlageberichts darstellt. Der Konzernlageberichtseid nach § 315 Abs. 1 Satz 5 HGB erstreckt sich allerdings nicht auf die nichtfinanzielle Konzernberichterstattung.[18] Die Umsetzung der CSR-Richtlinie machte eine **neue Größenklasse** im HGB notwendig, die der großen Unternehmen von öffentlichem Interesse. Diese sind zunächst nach § 315b Abs. 1 HGB KapG, die
1. ein Konzernmutterunternehmen nach § 290 HGB darstellen,
2. zum Stichtag des Konzernabschlusses kapitalmarktorientiert i. S. v. § 264d HGB sind,
3. die Schwellenwerte für die Konzernrechnungslegung nach § 293 HGB überschreiten und
4. zusammen mit den einzubeziehenden TU im Jahresdurchschnitt mehr als 500 Mitarbeiter aufweisen.

Dabei gelten die für die größenabhängigen Befreiungen geltenden Regelungen der § 267 Abs. 4 bis 5 HGB für die Nrn. 3 und 4. Konkret tritt die Rechtsfolge ein, wenn die Bedingungen an zwei aufeinanderfolgenden Bilanzstichtagen erfüllt sind (§ 267 Rz 25). Die Berechnung der Durchschnittswerte für die Mitarbeiterzahl ist auf Basis der Quartalswerte zu ermitteln (§ 267 Rz 24). Dabei ist auf den tatsächlich bestimmten Konsolidierungskreis abzustellen, d. h. nach § 296 HGB nicht konsolidierte TU sind bei der Bestimmung der Schwellenwerte nicht zu berücksichtigen (§ 293 Rz 15). Da kein Verweis auf § 293 Abs. 5 HGB erfolgt, in der die Erleichterung der größenabhängigen Befreiung kapitalmarktorientierten Unt. verwehrt wird, gilt für die Befreiung von der nichtfinanziellen Berichterstattung diese Einschränkung nicht.[19] Somit sind die mind. zwei Schwellenwerte an zwei aufeinanderfolgenden Stichtagen unterschreitenden kapitalmarktorientierten Konzerne zwar zur Konzernrechnungslegung verpflichtet, brauchen aber keine nichtfinanzielle Konzernerklärung abzugeben.

Anzumerken ist, dass eine Erhöhung der monetären Schwellenwerte für 2024 erfolgte (§ 293 Rz 1).

Eine Berichterstattungspflicht hängt an der **Kapitalmarktorientierung des MU**; ein lediglich im Konsolidierungskreis enthaltenes kapitalmarktorientiertes TU löst keine Aufstellungspflicht für eine nichtfinanzielle Erklärung des MU aus. Auch

---

[17] Vgl. Althoff/Wirth, WPg 2018, S. 1147–1149; Needham/Schildhauer/Müller, ZCG 2022, S. 122–123.
[18] Vgl. Kliem/Schäfer/Schönberger, in Beck Bil-Komm., 14. Aufl. 2024, § 315b HGB Rz 15.
[19] Vgl. Kliem/Schäfer/Schönberger, in Beck Bil-Komm., 14. Aufl. 2024, § 315b HGB Rz 7.

muss das MU zur Aufstellung eines Konzernlageberichts verpflichtet sein, was nach der Gesetzesbegründung auch die Befreiungen der §§ 291 und 292 HGB neben der im Gesetzestext genannten größenabhängigen Befreiung nach § 293 HGB zur Anwendung kommen lässt. Demnach befreit der Einbezug in einen Konzernabschluss und -lagebericht eines übergeordneten MU (§ 291 Rz 14 ff.) von der Aufstellung einer nichtfinanziellen Konzernerklärung.[20]

Zum Kreis der Zielgruppe der Regelung gehören auch **Kreditinstitute und Versicherungen**, die die Kriterien Nr. 1, 3 und 4 aus Rz 5 erfüllen (DRS 20.233). Diese haben über Verpflichtungen aus anderen Stellen im Gesetz (§ 340i Abs. 5 HGB und § 341j Abs. 4 HGB) ebenfalls eine nichtfinanzielle Konzernerklärung abzugeben.

6

Die Regelungen zur **Zusammenfassung** von Anhang und Konzernanhang aus § 298 Abs. 2 HGB werden in § 315b Abs. 1 Satz 2 HGB auf die nichtfinanzielle Erklärung auf Einzelunternehmens- und Konzernebene übertragen. Daher können diese zur Vermeidung von Doppelangaben zusammengefasst aufgestellt und veröffentlicht werden, soweit aus den Angaben jeweils klar hervorgeht, welche Ebene konkret beschrieben wird (§ 298 Rz 88 ff.).

7

In der nichtfinanziellen Konzernerklärung oder in dem gesonderten nichtfinanziellen Konzernbericht können zur Vermeidung von Doppelungen auf nichtfinanzielle Angaben im Konzernlagebericht **Verweisungen** eingesetzt werden. Diese können etwa die nach § 315 Abs. 3 HGB geforderten Angaben zu den wesentlichen nichtfinanziellen Leistungsindikatoren sein.

3 Befreiungsmöglichkeiten (Abs. 2)

In § 315b Abs. 2 HGB wird die Befreiung von der Aufstellung einer nichtfinanziellen Konzernerklärung bei Einbezug in eine nichtfinanzielle Konzernerklärung eines übergeordneten MU, die für die unter § 291 oder § 292 HGB fallenden MU bereits aus Abs. 1 gilt (§ 291 Rz 14 ff.), erweitert, da einige Anforderungen der §§ 291 und 292 HGB für die befreiende Einbeziehung explizit nicht gefordert werden (DRS 20.237). So ist **keine Zustimmung der Aktionäre** zur Erreichung der befreienden Wirkung notwendig. Die übrigen genannten Befreiungsvoraussetzungen sind aber kumulativ zu erfüllen. An die befreiende nichtfinanzielle Konzernerklärung sind die gleichen Anforderungen zu stellen, wie sie auch das MU erfüllen müsste (s. analog § 289b Rz 13).

8

Nach § 315b Abs. 2 Satz 3 HGB ist die Nutzung der Befreiung im Konzernlagebericht des eigentlich berichtspflichtigen MU mit der **Erläuterung** aufzunehmen, wo die befreiend wirkende nichtfinanzielle Konzernerklärung, in die das MU einbezogen wurde, offengelegt oder öffentlich zugänglich gemacht wurde und um welches Unt es sich handelt. Eine befreiende Wirkung kann eine nichtfinanzielle Konzernerklärung nur erlangen, wenn sie zudem in deutscher oder englischer Sprache verfügbar ist (DRS 20.238).

9

---

[20] BT-Drs. 18/9982 v. 17.10.2016 S. 56.

4 Möglichkeit der Auslagerung aus dem Konzernlagebericht (Abs. 3)

10 Die nichtfinanzielle Konzernerklärung kann entweder als Teil des Konzernlageberichts oder **ausgelagert in einem gesonderten nichtfinanziellen Konzernbericht** veröffentlicht werden, wobei die Frist der Veröffentlichung in der verabschiedeten Fassung nun ebenso wie der Konzernabschluss vier Monate nach dem Abschlussstichtag beträgt und zusammen mit dem Konzernlagebericht erfolgen kann.[21] In der Praxis für das Gj 2017 zeigte sich zunächst, dass die Frist selbst von vielen DAX- und MDAX-Konzernen komplett ausgenutzt wurde.[22] Seit den Gj 2018 wurden die Berichte dagegen häufig deutlich früher vorgelegt. Durch die Verweismöglichkeiten finden sich in der Praxis einige nichtfinanzielle Konzernerklärungen als gesonderte Abschnitte im Konzernlagebericht, die lediglich eine tabellarische Darstellung der Angabepflichten und die entsprechenden Verweise auf andere Berichterstattungsteile beinhalten.[23] Dies erfolgt in Übereinstimmung zu DRS 20.255. Der gesonderte nichtfinanzielle Konzernbericht kann auch in einem umfassenderen Nachhaltigkeitsbericht oder Integrated Report erfolgen. Dieses Ausweiswahlrecht wurde aus Art. 29a Abs. 4 CSR-Richtlinie fast eins zu eins in § 315b Abs. 3 HGB übernommen und wird in der Praxis sehr verbreitet angenommen; einzig die Frist wurde von sechs auf vier Monate verkürzt. Daher darf eine Ges. auf den Ausweis der nichtfinanziellen Konzernerklärung im Konzernlagebericht verzichten, sofern diese einen gesonderten Bericht erstellt, der zusammen mit dem Konzernlagebericht veröffentlicht oder innerhalb einer Frist von maximal vier Monaten nach dem Bilanzstichtag auf der Website der Ges. publiziert wird und ein entsprechender Verweis im Konzernlagebericht hinterlegt ist. Somit können die Konzernlageberichterstattung und die CSR-Berichterstattung nebeneinander erfolgen, was angesichts der Relevanz der CSR-Informationen gerade für die im Konzernlagebericht darzustellende wirtschaftliche Lage überschneidungsfrei nur schwer vorstellbar ist.[24] Unter nichtfinanzielle Leistungsindikatoren sind gem. § 315 Abs. 3 HGB im Konzernlagebericht bislang schon und auch weiterhin u.a. Informationen über Umwelt- und Arbeitnehmerbelange zu subsummieren. Die Aufzählung ist nicht abschließend. Daraus ergibt sich eine weit gefasste Berichterstattungspflicht. Diese hat generell die nichtfinanziellen Indikatoren zu umfassen, die zur Steuerung des Unt eingesetzt werden (DRS 20.106). Darüber hinaus ist bei der Analyse des Geschäftsverlaufs und der Lage des Konzerns nach h. M. auf nicht aktivierungsfähige immaterielle Werte einzugehen.[25] Unter Umständen ist in diesem Zuge auch über die gesellschaftliche Reputation zu berichten. Einschränkungen ergeben sich lediglich aus der unpräzisen Vorgabe, dass nur Informationen zu berichten sind, die für das Verständnis des Geschäftsverlaufs oder der Lage des Konzerns von Bedeutung sind.

---

[21] Vgl. Fink, KoR 2018, S. 468f.
[22] Vgl. z.B. http://geschaeftsbericht2017.volkswagenag.com/konzernlagebericht/nachhaltige-wertsteigerung/nichtfinanzieller-bericht.html, Abruf 7.10.2024.
[23] Vgl. z.B. https://bericht.basf.com/2019/de/konzernlagebericht/uebersicht-zum-konzernlagebericht/nichtfinanzielle-erklaerung.html, Abruf 7.10.2024.
[24] Vgl. Needham/Scheid/Müller, WPg 2019, S. 330.
[25] Vgl. z.B. IDW, WPH Edition, Wirtschaftsprüfung & Rechnungslegung, 18. Aufl. 2023, Kap. F Tz 1396.

Daher stehen gerade die Unt, die intensiv Nachhaltigkeitskennzahlen als nichtfinanzielle Leistungsindikatoren im Steuerungssystem nutzen, was allerdings bislang noch sehr wenige sind,[26] vor dem Dilemma, viele Informationen aus der nichtfinanziellen Konzernerklärung zu wiederholen. Dabei darf die KapG nach dem Gesetzestext nur dann auf die an anderer Stelle im Konzernlagebericht enthaltenen nichtfinanziellen Angaben verweisen, wenn die nichtfinanzielle Erklärung einen besonderen Abschn. des Konzernlageberichts bildet. Somit kommt es nach dem Gesetzestext bei einer Auslagerung der nichtfinanziellen Erklärung in einen anderen (Nachhaltigkeits- oder Integrierten-) Bericht immer zu einer **Dopplung von Angaben**, da in diesem Fall weiterhin auch im Konzernlagebericht auf die nichtfinanziellen Leistungsindikatoren einzugehen ist. In der Gesetzesbegründung wird dagegen auch explizit der in der Gesetzestextfassung fehlende nichtfinanzielle Konzernbericht im Zusammenhang mit der **Verweismöglichkeit** genannt,[27] weshalb Verweise auch von diesem ausgelagerten Bericht auf den Konzernlagebericht erlaubt sind (DRS 20.256). DRS 20 fordert auf der Basis einer Rechnungslegungsempfehlung mit der Vermutung, dass eine Anwendung zur Beachtung der GoB in der Konzernrechnungslegung führt, dass der Konzernlagebericht – mit Ausnahme der expliziten gesetzlichen Ausweiswahlrechte – vollständig und aus sich heraus ohne Verweise verständlich zu sein hat. Somit sind nur Verweise vom ausgelagerten nichtfinanziellen Konzernbericht in den Konzernlagebericht möglich, es sei denn, es gibt ein explizites Ausweiswahlrecht des Gesetzgebers. Eine Doppelangabe ist angesichts der letztlich nicht getrennten Adressatengruppen wenig überzeugend. Wenn eine CSR-Berichterstattung Relevanz für den Konzern hat, muss neben der Frage der konkreten Abgrenzung von den nichtfinanziellen Leistungsindikatoren klar sein, dass diese Aspekte der Konzerntätigkeit zwangsläufig zur Darstellung der wirtschaftlichen Lage gehören, die im Konzernlagebericht zu erfolgen hat. Es erscheint daher wenig sinnvoll, relevante ökonomische, ökologische und soziale Aspekte des Konzerns zusammen und mit ihren jeweiligen Interdependenzen nur aus dem Konzernlagebericht ausgelagert darzustellen.[28] Generell bleibt fraglich, ob sich diese Verpflichtung zur CSR-Berichterstattung nicht nachteilig auf die sich bislang primär auf freiwilliger Basis entwickelnde Nachhaltigkeitsberichterstattung auswirken wird, da ein Nachhaltigkeitsbericht bisher ein Signal i. S. d. Differenzierung unter den Unt darstellt.[29]

5 Offenlegung des Ergebnisses der freiwilligen Prüfung (Abs. 4)

Die nichtfinanzielle Erklärung muss auch als Teil des Konzernlageberichts lediglich einer formalen Prüfung unterzogen werden, eine inhaltliche Prüfung durch den Abschlussprüfer ist bislang freiwillig. Wird eine nichtfinanzielle Erklärung **inhaltlich geprüft**, so ist nach § 315b Abs. 4 HGB das Ergebnis der Prüfung ebenfalls offenzulegen. Diese Regelung gilt jedoch nach Art. 81 EGHGB erst für **Gj, die nach dem 31.12.2018 beginnen**. Grund dafür ist, dass diese Bestimmung erst im laufenden Gesetzgebungsverfahren hinzugefügt und ein zeitlich gestuftes Inkrafttreten für sinnvoll gehalten wurde, um Unt und insb. Aufsichtsräten die Zeit

---

[26] Vgl. Needham/Müller/Mack, PiR 2018, S. 293.
[27] Vgl. BT-Drs. 18/9982 v. 17.10.2016 S. 57.
[28] Vgl. Freidank/Müller/Velte, Handbuch Integrated Reporting – Herausforderungen für Steuerung, Überwachung und Berichterstattung, 2015.
[29] Vgl. Kreipl/Müller, DB 2016, S. 2429.

zu bieten, sich auf die neuen Aufgaben vorzubereiten und Erfahrungen mit den neuen Berichtsvorgaben zu sammeln.[30] Somit lag die Entscheidung über die Veröffentlichung der Ergebnisse einer freiwillig durch den Aufsichtsrat beauftragten externen Prüfung der nichtfinanziellen Berichterstattung noch bis zum Gj 2019 im Ermessen des Unt. Dies sollte die Unt darin bestärken, bei Bedarf umfangreichen externen Rat hinzuzuziehen, auch um eigene Kenntnisse im Hinblick auf die Prüfung der nichtfinanziellen Berichterstattung aufzubauen.

13 Es bleibt gem. § 317 Abs. 2 Satz 4 HGB insofern bei einer **Überprüfung der Vorlage** der nichtfinanziellen Konzernerklärung oder des gesonderten nichtfinanziellen Konzernberichts durch den Abschlussprüfer (§ 289b Rz 17).[31] Der Aufsichtsrat hat dagegen auch eine inhaltliche Prüfung vorzunehmen (§ 171 Abs. 1 AktG) und kann auch eine externe Prüfung der nichtfinanziellen Konzernerklärung nach § 111 Abs. 2 Satz 4 HGB beauftragen (§ 289b Rz 19). Da der Hinweis auf die Auslagerung der Erklärung im Konzernlagebericht zu erfolgen hat, muss ein ausgelagerter nichtfinanzielle Konzernbericht stets vorher oder zumindest gleichzeitig mit dem Konzernlagebericht vorliegen, da der Prüfer ansonsten in seinem Bestätigungsvermerk das Vorhandensein des nichtfinanziellen Konzernberichts nicht bestätigen kann. Gleichwohl zeigt die Praxis, dass die Offenlegung des gesonderten nichtfinanziellen Konzernberichts verbreitet später als die Offenlegung des Konzernlageberichts erfolgt.

14 Zu beachten ist, dass der Abschlussprüfer aufgrund berufsständischer Vorgaben eine Prüfung mit höherer Intensität vornehmen muss. Die nichtfinanzielle Konzernerklärung gehört zu den sog. **„sonstigen Informationen"** („other information"). Nach Definition des IAASB sind „sonstige Informationen" finanzielle und nichtfinanzielle Informationen, die zusammen mit dem zu prüfenden Jahresabschluss herausgegeben werden (bspw. in einem Geschäftsbericht oder mit Bezug auf diesen im Internet). Die nichtfinanzielle Konzernerklärung ist nach ISA 720 (Revised) (DE) Tz. DA5.1 ebenfalls den „sonstigen Informationen" zuzuordnen. Der Entwurf regelt des Weiteren die Verantwortlichkeit des Abschlussprüfers bei „sonstigen Informationen". „Sonstige Informationen" sind nach ISA 720 (Revised) (DE) Tz. 11 zwar nicht in der Form zu prüfen, dass eine hinreichende Prüfungssicherheit erzielt wird. Der Abschlussprüfer hat die „sonstigen Informationen" aber zu lesen und zu würdigen, ob diese Angaben **wesentliche Unstimmigkeiten** zum geprüften Konzernabschluss, Konzernlagebericht und zu den im Zuge der Abschlussprüfung erlangten Erkenntnissen aufweisen. Der Abschlussprüfer darf indes gem. ISA 720 (Revised) (DE) Tz. D.22.1 das Ergebnis seiner Würdigung im Bestätigungsvermerk nur berichten, wenn er von seiner Verpflichtung zur Verschwiegenheit vom zu prüfenden Unt entbunden wurde. Liegen wesentliche Unstimmigkeiten vor, wird bei Entbindung aus der Verschwiegenheitsverpflichtung eine beschreibende Erklärung der nicht korrigierten wesentlichen falschen Angaben in den Bestätigungsvermerk unter „sonstigen Informationen" aufgenommen. Im umgekehrten Fall kann nach ISA 720 (Revised) (DE) Tz. 22(e) die Formulierung „Wir haben in diesem Zusammenhang nichts zu berichten." in diesem Abschn. aufgenommen werden.[32]

15 Mit Umsetzung der CSRD soll auch die Intensität der externen Prüfung durch einen Wirtschaftsprüfer erhöht werden. So soll der Nachhaltigkeitsbericht (als

---

[30] Vgl. BT-Drs. 18/11450 v. 8.3.2017 S. 50.
[31] Vgl. Marten/Weigt, KoR 2018, S. 450.
[32] Vgl. ausführlich Velte, DB 2018, S. M4–M5.

Teil des (Konzern-)Lageberichts) künftig mit zumindest begrenzter Prüfungssicherheit geprüft werden. Parallel wird auf Unionsebene evaluiert, ob auch eine Anhebung auf das Prüfungsniveau der Lageberichtsprüfung umsetzbar ist.[33] Das IDW veröffentlichte drei Entwürfe für Prüfungsstandards für die inhaltliche Prüfung der nichtfinanziellen Berichterstattung, welche die in § 289b Abs. 3 HGB eingeräumten unterschiedlichen Ausweismöglichkeiten berücksichtigen, aber inhaltlich größtenteils deckungsgleich sind. Inzwischen wurde entschieden, die Entwürfe in dieser Form für anwendbar zu erklären, da das formale Anerkennungsverfahren angesichts der nur noch kurzen Gültigkeit zu lange dauern würde. Der Entwurf des IDW EPS 352[34] bezieht sich auf die freiwillige inhaltliche Prüfung einer im (Konzern-)Lagebericht enthaltenen nichtfinanziellen (Konzern-)Erklärung. Dieser Standard wurde ergänzt durch die IDW EPS 990[35] und IDW EPS 991.[36] Gegenstand dieser beiden Prüfungsstandards ist die freiwillige inhaltliche Prüfung eines gesonderten nichtfinanziellen (Konzern-)Berichts außerhalb der Abschlussprüfung mit hinreichender bzw. begrenzter Sicherheit. Die grds. Anforderungen an die Unt bei der Aufstellung vor der externen Prüfung sind jedoch gleich und auch die Prüfungshandlungen sind grds. ähnlich. Eine Unterscheidung liegt lediglich in der nötigen Beurteilung (hinreichende Sicherheit) oder der Würdigung (begrenzte Sicherheit) vor.

Die drei Prüfungsstandards fundieren zwar noch auf den aktuellen gesetzlichen Bestimmungen zur Prüfung der nichtfinaziellen Berichterstattung. Allerdings werden auch die Prüfungsniveaus „begrenzte" und „hinreichende Sicherheit" bzgl. der Risikoidentifizierung und -beurteilung im Zusammenhang mit der nichtfinanziellen Berichterstattung konkreter herausgearbeitet, so dass diese Standards auch eine Orientierung für die künftigen Vorgaben geben. Die Standards bauen auf den nationalen Standard IDW PS 350 n. F. (10.2021) zur Prüfung des Lageberichts sowie auf die internationalen berufsständigen Vorgaben des ISAE 3000 (Revised) „Assurance Engagements Other Than Audits or Reviews of Historical Financial Information" auf und greifen die Besonderheiten bei der freiwilligen inhaltlichen Prüfung der nichtfinanziellen Berichterstattung auf. Die Entwürfe der Prüfungsstandards sind durch den Wirtschaftsprüfer bereits für Zeiträume, die am oder nach dem 15.12.2022 beginnen, mit der Ausnahme von Rumpfgeschäftsjahren, die vor dem 31.12.2023 enden, anwendungspflichtig. Eine freiwillige vorzeitige Anwendung war zulässig.

Die drei Entwürfe zu IDW-Prüfungsstandards schaffen insb. viel Klarheit über die Anforderungen an die Aufstellung und Prüfung der nichtfinanziellen Berichterstattung. Nach Auffassung des IDW enthalten die in den Vorschriften zur nichtfinanziellen Berichterstattung Formulierungen und Begriffe, die erheblichen Auslegungsunsicherheiten unterliegen und für die noch keine maßgebenden

---

[33] RL: (EU) 2022/2464.
[34] Entwurf eines IDW Prüfungsstandards: Inhaltliche Prüfung der nichtfinanziellen (Konzern-) Erklärung i.R.d. Abschlussprüfung (IDW EPS 352(08.2022)), Stand: 17.8.2022, www.idw.de/idw/idw-verlaut barungen/idw-eps-352-08-2022.html, Abruf 7.10.2024.
[35] Entwurf eines IDW Prüfungsstandards: Inhaltliche Prüfung mit hinreichender Sicherheit der nichtfinanziellen (Konzern-)Berichterstattung außerhalb der Abschlussprüfung (IDW EPS 990 (11.2022)), Stand: 24.11.2022, www.idw.de/idw/idw-verlautbarungen/idw-eps-990–11-2022.html, Abruf 7.10.2024.
[36] Entwurf eines IDW Prüfungsstandards: Inhaltliche Prüfung mit begrenzter Sicherheit der nichtfinanziellen (Konzern-)Berichterstattung außerhalb der Abschlussprüfung (IDW EPS 991 (11.2022)), Stand: 24.11.2022, www.idw.de/idw/idw-verlautbarungen/idw-eps-991–11-2022.html, Abruf 7.10.2024.

umfassenden Interpretationen veröffentlicht wurden. Die gesetzlichen Vertreter haben daher ihre Auslegungen der Formulierungen und Begriffe, die in der nichtfinanziellen Berichterstattung verwendet werden, anzugeben. Da solche Formulierungen und Begriffe unterschiedlich durch Regulatoren oder Gerichte ausgelegt werden können, bleibt die Gesetzmäßigkeit dieser Auslegungen unsicher. Ferner unterliegt ggf. die Quantifizierung nichtfinanzieller Leistungsindikatoren inhärenten Unsicherheiten bspw. aufgrund von unvollständigen wissenschaftlichen Erkenntnissen über die Feststellung von Emissionsfaktoren und den Werten, die notwendig sind, um Emissionen von unterschiedlichen Gasen zu kombinieren.[37]

Wichtig hierbei ist, dass die Unt die Prüfbarkeit der Informationen schon vor der Prüfungsannahme nachzuweisen haben, was dazu führt, dass die Maßnahmen und Systeme zur Erstellung dokumentiert sein müssen. Mit Blick auf die Regelungen der CSRD, die fordert, dass die Nachhaltigkeitsberichterstattung inhaltlich mit zumindest begrenzter Sicherheit geprüft werden muss, bedeutet dies, dass keinesfalls mit großen Erleichterungen für die Unt gerechnet werden darf. Es sind vielmehr grds. alle Maßnahmen und Systeme vorzuhalten und zu dokumentieren, damit eine Prüfung – unabhängig von dem Sicherheitsniveau – möglich ist. Auch wenn die drei Entwürfe bereits umfassende Regelungen beinhalten, werden nur sehr allgemein Maßnahmen und Systemen eher von dem nötigen Ergebnis für den Wirtschaftsprüfer her beschrieben, wie die konkrete Umsetzung dann zu erfolgen hat, liegt hingegen in der Hand der Unt.[38]

Am 28.6.2023 wurde zudem der Entwurf des International Standard on Sustainability Assurance (ISSA) 5000 veröffentlicht, der am 20.9.2024 verabschiedet wurde und als Blaupause für den von der EU-Kommission angekündigten Prüfungsstandard für die Nachhaltigkeitsberichterstattung nach CSRD verstanden werden kann.[39]

6 CSRD-Umsetzungsgesetz: Änderungen

> **Hinweis**
> Die Kommentierung basiert auf dem **Regierungsentwurf eines CSRD-Umsetzungsgesetzes**.[40] Nach Veröffentlichung der finalen Fassung wird die Kommentierung in Ihrem Haufe HGB Bilanz Kommentar Online aktualisiert. Die **Online-Version** ist beim Kauf der Printausgabe inklusive.

---

[37] Vgl. IDW EPS 990, S. 1.
[38] Vgl. ausführlich Müller/Needham, BB 2023, S. 43 ff.
[39] Vgl. www.iaasb.org/publications/proposed-international-standard-sustainability-assurance-5000-general-requirements-sustainability (Entwurf), die finale Fassung findet sich unter www.iaasb.org/meetings/iaasb-quarterly-board-meeting-september-16–20-2024, Abruf 7.10.2024.
[40] Regierungsentwurf eines Gesetzes zur Umsetzung der Richtlinie (EU) 2022/2464 des Europäischen Parlaments und des Rates vom 14. Dezember 2022 zur Änderung der Verordnung (EU) Nr. 537/2014 und der Richtlinien 2004/109/EG, 2006/43/EG und 2013/34/EU hinsichtlich der Nachhaltigkeitsberichterstattung von Unternehmen, BT-Drs. 20/12787 v. 9.9.2024.

6.1 Überblick und Normzweck

Vor dem Hintergrund der zunehmenden Bedeutung von Umwelt-, Sozial- und Governance-Themen (ESG) haben sich in der jüngsten Vergangenheit die regulatorischen Anforderungen sowohl auf nationaler als auch auf europäischer Ebene erheblich weiterentwickelt.

So wurde die im Zusammenhang mit dem European Grean Deal stehende CSRD am 16.12.2022 im Amtsblatt der EU veröffentlicht.[41]

Mit der Verabschiedung durch den Europäischen Rat begann die 18-monatige Frist für die nationalen Gesetzgeber, um die Regelungen der CSRD in nationales Recht umzusetzen.[42] Diese Frist hat der deutsche Gesetzgeber allerdings verstreichen lassen und erst am 24.7.2024 den Regierungsentwurf für ein nationales Umsetzungsgesetz der CSRD veröffentlicht.[43]

Eckpunkte der CSRD sind u. a die folgenden Änderungen:

- Der Anwenderkreis der Nachhaltigkeitsberichterstattung wird erheblich ausgeweitet. Unt, die bereits zur nichtfinanziellen Berichterstattung verpflichtet sind, haben bereits für Gj ab oder nach dem 1.1.2024 einen Nachhaltigkeitsbericht i.S.d. Regelungen der CSRD zu erstellen. Da das Gesetzgebungsverfahren noch läuft, haben diese Unt die Regelungen der CSRD voraussichtlich rückwirkend anzuwenden. Ab dem 1.1.2025 werden darüber hinaus **alle großen KapG** i.S.d. § 267 Abs. 3 HGB sowie PersG, die diesen Gesellschaften über § 264a HGB gleichgestellt sind (z.B. GmbH & Co.), unabhängig von ihrem Zugang zum Kapitalmarkt zur Nachhaltigkeitsberichterstattung verpflichtet. MU, die die Schwellenwerte des § 293 HGB übersteigen, haben ihren Konzernlagebericht um einen Nachhaltigkeitsbericht für den Konzern zu erweitern. Das Kriterium der Kapitalmarktorientierung und die bisherige zusätzliche Schwelle von 500 Mitarbeitenden werden somit entfallen. Ab dem 1.1.2026 werden auch kapitalmarktorientierte KMU sowie nicht-komplexe Kreditinstitute in den Anwenderkreis einbezogen werden.
- Die Offenlegung des Nachhaltigkeitsberichts hat künftig verpflichtend im **(Konzern-)Lagebericht** zu erfolgen. Der Nachhaltigkeitsbericht wird dann einen gesonderten Abschn. bilden. Eine Veröffentlichung der Nachhaltigkeitsberichterstattung als gesonderter Bericht ist künftig nicht mehr möglich.
- Es wird eine **Pflicht zur externen Prüfung** der Nachhaltigkeitsberichterstattung mit begrenzter Sicherheit durch einen Wirtschaftsprüfer eingeführt werden (prüferische Durchsicht). Nachdem spezifische Standards zur Prüfung der nichtfinanziellen Berichterstattung entwickelt und durch einen delegierten Rechtsakt verbindlich angenommen wurden, soll die Intensität der externen Prüfung weiter angehoben und eine Prüfung mit hinreichender Sicherheit vorgeschrieben werden.
- Die nationalen Kapitalmarktaufsichten, wie die BaFin, sollen ein Mandat zum **Enforcement** bzgl. der Regelungen zur Nachhaltigkeitsberichterstattung erhalten.

---

[41] Vgl. CSRD v. 14.12.2022, EU-ABl. L322/15, https://eur-lex.europa.eu/legal-content/DE/TXT/PDF/?uri=CELEX:32022L2464, Abruf 30.09.2024.

[42] Vgl. CSRD v. 16.11.2022, 199.

[43] BT-Drs. 20/12787 v. 9.9.2024, https://dserver.bundestag.de/btd/20/127/2012787.pdf, Abruf 10.10.2024. Nachfolgend als CSRD-UG abgekürzt.

Mit dem Ziel, die Qualität und Vergleichbarkeit der Nachhaltigkeitsberichterstattung zu erhöhen, wird mit der CSRD zudem eine Pflicht zur Anwendung von einheitlichen europäischen Nachhaltigkeitsberichterstattungsstandards eingeführt. In Art. 19b CSRD ist geregelt, dass die EU-Kommission delegierte Rechtsakte zu erlassen hat, welche verbindliche Standards enthalten, die europäische Unt anzuwenden haben. Die inhaltlichen Vorarbeiten hierfür erfolgen durch die European Financial Reporting Advisory Group (EFRAG). Die EFRAG hat Standardentwürfe zur Nachhaltigkeitsberichterstattung (ESRS) entwickelt, die sicherstellen sollen, dass Unt nach einheitlichen Kriterien berichten, um so die Qualität und die Vergleichbarkeit der Nachhaltigkeitsberichterstattung zu gewährleisten. Die EFRAG hat insg. zwölf Kernstandards konzipiert, die neben zwei allgemeinen Standards (ESRS 1 und 2) mit den ESRS E1 bis E5, ESRS S1 bis S4 sowie G1 zehn sektorunabhängige Standards zu den drei Dimensionen Ökologie (E), Soziales (S) und Governance (G) vorgelegt, die am 31.07.2023 mittels delegierte Rechtsakte verbindlich angenommen wurden.[44]
S. für die ESRS § 315c Rz 10ff.

Neben den Berichtsvorgaben für Emittenten sind i.R.d. Nachhaltigkeitsberichterstattung auch die Vorgaben für Finanzmarktteilnehmer, die sich insb. aus den Regelungen der Offenlegungs-VO aus dem Jahr 2019[45] und der Taxonomie-VO aus dem Jahr 2020[46] sowie den damit zusammenhängenden delegierten Verordnungen zusammensetzen, zu beachten. Die Taxonomie-VO definiert Kriterien zur Bestimmung von ökologisch nachhaltigen („grünen") Wirtschaftsaktivitäten. Da noch immer ca. 50 % der Wirtschaftsaktivitäten nicht von der EU geregelt sind, sind jeweils die Anteile an taxonomiefähigen und taxonomiekonformen Umsätzen, Investitionen und Aufwendungen anzugeben. Darüber hinaus werden Berichtspflichten zum einen für Finanzmarktteilnehmer verankert, die offenlegen müssen, welchen Anteil am Gesamtportfolio ökologisch nachhaltige Investitionen i.S.d. Taxonomie-VO haben. Korrespondierend müssen Emittenten darüber berichten, ob und in welchem Umfang ihre Wirtschaftstätigkeit i.S.d. Taxonomie-VO als ökologisch nachhaltig zu klassifizieren sind. Für die ersten zwei Umweltziele – Klimaschutz sowie Anpassung an den Klimawandel – sind seit dem 1.1.2022 die Offenlegungspflichten der Taxonomie-VO anzuwenden. Seit dem 1.1.2024 hat die Erstanwendung der Offenlegungspflichten im Zusammenhang mit den sonstigen vier ökologischen Zielen – nachhaltige Nutzung und Schutz von Wasser- und Meeresressourcen, Übergang zu einer Kreislaufwirtschaft, Vermeidung und Verminderung der Umweltverschmutzung sowie Schutz und Wiederherstellung der

---

[44] Vgl. ESRS, Delegierte Verordnung (EU) 2023/2772 v. 22.12.2023, in der korrigierten Übersetzung im ABl. EU v. 9.8.2024, https://eur-lex.europa.eu/legal-content/DE/TXT/PDF/?uri=OJ:L_202490457, Abruf 25.9.2024.

[45] Verordnung (EU) 2019/2088 über nachhaltigkeitsbezogene Offenlegungspflichten im Finanzdienstleistungssektor v. 27.11.2019, ABl. EU L 317/1 v. 9.12.2019 sowie kommentierend Krakuhn/Stiefel/Gilles, IRZ 2021 S. 133ff.; Baumüller/Scheid/Needham, IRZ 2021 S. 337f.

[46] Verordnung (EU) 2020/852 über die Einrichtung eines Rahmens zur Erleichterung nachhaltiger Investitionen und zur Änderung der Verordnung (EU) 2019/2088 v. 18.06.2020, ABl. EU L 198/13 v. 22.6.2020 sowie kommentierend Lanfermann/Scheid, DB 2021 S. 741ff.; Scheid/Baumüller, StuB 2021 S. 686ff.; Baumüller/Haring/Merl, IRZ 2022 S. 77ff.

Biodiversität und der Ökosysteme zu erfolgen.[47] Die „Platform on Sustainable Finance" hat weiterführende Vorschläge zur Ausgestaltung einer „EU-Sozial-Taxonomie" sowie zur weiteren Ausdifferenzierung der Klassifikationsergebnisse i.S.e. „Ampel-Systems" veröffentlicht.[48]

Im Februar 2022 wurde ein dazugehöriger Abschlussbericht veröffentlicht,[49] der weiter konkretisiert, wie eine „EU-Sozial-Taxonomie" aussehen könnte, wobei sich die vorgeschlagene Struktur einer „EU-Sozial-Taxonomie" an der Taxonomie-VO orientiert.[50] Die „EU-Sozial-Taxonomie" soll die folgenden drei Hauptziele adressieren:

1. Menschenwürdige Arbeit (sowohl für die eigene Belegschaft als auch für Arbeitnehmer in der Wertschöpfungskette),
2. angemessener Lebensstandard und Wohlbefinden für Endverbraucher sowie
3. inklusive und nachhaltige Gemeinschaften und Gesellschaften.[51]

Die EU-Sozialtaxonomie befindet sich derzeit weiter in Bearbeitung. Noch ist vollkommen unklar, ob und wann die EU-Sozialtaxonomie fertiggestellt wird. Bis dahin sind die Sozialaspekte über die Notwendigkeit zur Einhaltung des Mindestschutzes bei der Klassifikation von taxonomiekonformen Tätigkeiten berücksichtigt.

Mit der Offenlegungs-VO (Sustainable Finance Disclosure Regulation) wurden für Akteure im Finanzdienstleistungssektor (z.B. Investmentfonds- und Portfolioverwalter, VersicherungsUnt, die Versicherungsanlageprodukte verkaufen, Unt, welche verschiedene Altersvorsorgeprodukte anbieten, sowie Finanzberater) weitere nachhaltigkeitsbezogene Offenlegungspflichten statuiert. Die Offenlegung-VO verpflichtet Finanzmarktteilnehmer eine Erklärung über ihre Strategien zur Wahrnehmung ihrer Sorgfaltspflicht im Zusammenhang mit den wesentlichen negativen Auswirkungen von Investitionsentscheidungen auf Nachhaltigkeitsfaktoren abzugeben. Abweichungen von dieser Verpflichtung sind i.S.d. „Comply-or-Explain"-Berichtsprinzips offenzulegen und zu begründen. Eine Abgabe der Erklärung i.S.d. Art. 4 Abs. 3 der Offenlegungs-VO ist bereits seit dem 30.6.2021 für die von der Verordnung erfassten Finanzmarktteilnehmer verpflichtend. Die Offenlegungs-VO ordnen zudem zahlreiche Berichtspflichten für Finanzdienstleister auf Produktebene an, welche auch an die Offenlegungspflichten i.S.d. Taxonomie-VO der Unt anknüpft, dessen Wertpapiere ausgewählt wurde. Diese Regelung erhöht die Relevanz der offengelegten Taxonomie-Quoten nochmal ausdrücklich.

Für das zweite Halbjahr 2021 war ursprünglich die Veröffentlichung eines Richtlinienvorschlags zur Anpassung des Corporate-Governance-Rahmens der Unternehmen geplant (**Sustainable Corporate Governance**). Gegenstand der europäischen Sustainable-Corporate-Governance-Initiative sollte u.a. auch die

---

[47] Vgl. EU-Kommission, Delegierte Verordnung (EU) 2023/2486 v. 27.06.2023 im ABl. EU v. 21.11.2023, https://eur-lex.europa.eu/legal-content/DE/TXT/PDF/?uri=OJ:L_202302486, Abruf 7.10.2024.

[48] https://finance.ec.europa.eu/sustainable-finance/overview-sustainable-finance/platform-sustainable-finance_en, Abruf 7.10.2024.

[49] Vgl. Platform on Sustainable Finance, Final Report on Social Taxonomy v. 28.02.2022, https://finance.ec.europa.eu/system/files/2022-08/220228-sustainable-finance-platform-finance-report-social-taxonomy_en.pdf, Abruf 7.10.2024.

[50] Vgl. Platform on Sustainable Finance, Final Report on Social Taxonomy v. 28.02.2022, S. 29f.

[51] Vgl. Platform on Sustainable Finance, Final Report on Social Taxonomy v. 28.02.2022, S. 32–38.

Erweiterung der Sorgfaltspflichten der Unternehmensführungsorgane hinsichtlich ökologischer und sozialer Auswirkungen ihrer Wirtschaftstätigkeiten sein. Grds. ergibt sich die Notwendigkeit der Anpassung von **Sorgfaltspflichten** von Vorstand und Aufsichtsrat auch aus der Novellierung der Bestimmungen zur Nachhaltigkeitsberichterstattung und deren Prüfung durch den gesetzlichen AP. Die von der EU-Kommission i.R.d. CSRD-Entwurfs vorgeschlagene stufenweise Anhebung der Intensität der Prüfung der Nachhaltigkeitsberichterstattung durch den gesetzlichen AP setzt voraus, dass ökologische und soziale Belange in den internen Überwachungssystemen (Compliance-Management-System, internes Kontrollsystem und Risikomanagement-System) sinnvoll von den zu prüfenden Unt integriert wurden. Fehlen hingegen für eine verlässliche Nachhaltigkeitsberichterstattung hinreichende Systeme, Kontrollen und Belege, kann der Prüfer die Verlässlichkeit und Glaubwürdigkeit der Berichterstattung entsprechend auch nicht bestätigen. Durch eine Verschärfung der Sorgfaltspflichten von Vorstand und Aufsichtsrat soll gefördert werden, dass die Unt innerhalb ihrer inneren Organisation sowie ihrer internen Kontroll- und Risikomanagementsysteme Nachhaltigkeitsbelange (stärker) berücksichtigen.[52]

Vor dem Hintergrund von weiterhin bestehenden bzw. mitunter sogar zunehmenden Menschenrechtsverletzungen und Umweltschädigungen i.R. globaler Lieferketten wurde am 23.2.2022 von der EU-Kommission anstelle eines Richtlinienvorschlags zur Sustainable Corporate Governance ein **Vorschlag zur Corporate Sustainability Due Diligence Directive** (CSDDD bzw. Richtlinie über die Sorgfaltspflichten von Unternehmen in Hinblick auf Nachhaltigkeit) veröffentlicht, welches ein europäisches Pendant zum nationalen Lieferkettensorgfaltspflichtengesetz darstellt.[53] Mit dem Ziel Unt anzureizen, dass diese ihre Corporate-Governance- und Managementsysteme stärker an Nachhaltigkeitsbelange ausrichten, sollen die Sorgfaltspflichten der Unt sowie der Unternehmensleitung (Geschäftsführung bzw. Vorstand und Aufsichtsrat) hinsichtlich der Beachtung von ökologischen und menschenrechtlichen Belangen anhand der Wertschöpfungskette drastisch verschärft werden. Die CSDDD enthält Regelungen, die große Unt i.S.d. Richtlinie verpflichtet, verschiedene menschenrechts- und umweltbezogene Maßnahmen (hier als Due-Diligence-Mechanismen bezeichnet) zu errichten sowie die (tatsächlichen wie möglichen) negativen Auswirkungen aus der unternehmerischen Geschäftstätigkeit entlang der Wertschöpfungskette zu erfassen. Die vertretungsberechtigten Unternehmensführungsorgane haben hierbei Sorge zu tragen, dass innerhalb des Unt diese Maßnahmen auch ergriffen werden. Zur Umsetzung der Regelungen der CSDDD werden Unt insb. in deutlich stärkerem Umfang als bisher ökologische und menschenrechtliche Aspekte in die internen Steuerungs-, Risikomanagement-, Kontroll- und Berichtssysteme zu integrieren haben. Um die nötige Transparenz zu schaffen, sieht die CSDDD in Art. 16 auch entsprechende Berichtspflichten zu den verschärften Sorgfaltspflichten vor. Unt, die in den

---

[52] Vgl. Sustainable-Finance-Beirat der Bundesregierung, Shifting the Trillions, 2021, 69f., https://sustainable-finance-beirat.de/wp-content/uploads/2021/02/210224_SFB_-Abschlussbericht-2021.pdf, Abruf 7.10.2024 sowie kommentierend Needham/Müller, ZCG 2021, S. 136–140.

[53] Vgl. EU-Kommission, Proposal for a Directive of the European Parliament and of the Council on Corporate Sustainability Due Diligence and amending Directive (EU) 2019/1937, COM(2022) 71 final, https://eur-lex.europa.eu/legal-content/EN/TXT/?uri=CELEX%3A52022PC0071, Abruf 7.10.2024.

Anwenderkreis der CSRD fallen, haben entsprechende Darstellungen zur Umsetzung der Sorgfaltspflichten im Nachhaltigkeitsbericht aufzunehmen. Unt, die die Regelungen der CSDDD anzuwenden haben, allerdings weder aufgrund gesetzlicher Vorgaben noch fakultativ einen Nachhaltigkeitsbericht erstellen, haben auf ihrer Website eine gesonderte jährliche Erklärung zur Einhaltung der Sorgfaltspflichten zu veröffentlichen. Eine weiterführende Konkretisierung dieser Berichtspflichten wird durch delegierte Rechtsakte erfolgen. Die ESRS enthalten bereits Regelungen zur Berichterstattung über die Maßnahmen zur Erfüllung der Sorgfaltspflichten entlang der Wertschöpfungskette.[54]

Nach langen Verhandlungen zwischen EU-Kommission, EU-Rat und EU-Parlament wurde die CSDDD am 13.06.2024 von der EU-Kommission und am 5.7.2024 im Amtsblatt der EU veröffentlicht.[55]

Die CSDDD findet Anwendung auf Unt innerhalb der EU, mit mehr als 1.000 Beschäftigten und einen jährlichen Nettoumsatz von über 450 Mio. EUR erzielen. Für Unt mit Sitz außerhalb der Union gilt die Richtlinie, sofern diese einen Nettoumsatz von mehr als 450 Mio. EUR innerhalb der EU generieren. Die Richtlinie sieht eine gestaffelte Einführung in drei Phasen vor: Bereits drei Jahre nach Inkrafttreten ist sie verbindlich für EU-Unternehmen mit über 5.000 Beschäftigten und einem Nettojahresumsatz von mehr als 1.500 Mio. EUR sowie für ausländische Unt, die diesen Umsatzschwellen entsprechen. Vier Jahre nach Inkrafttreten erfasst die Richtlinie EU-Unternehmen mit mehr als 3.000 Beschäftigten und einem Nettoumsatz von über 900 Mio. EUR, ebenso wie ausländische Unt mit vergleichbarem Umsatz. Nach fünf Jahren gilt sie schließlich für sämtliche Unternehmen, die die o. g. Schwellenwerte von 1.000 Beschäftigten und 450 Mio. EUR Nettoumsatz erreichen. Die Richtlinie ist innerhalb von zwei Jahren nach ihrem Inkrafttreten in nationales Recht zu überführen.

Mit Umsetzung der CSRD soll auch der § 315b HGB-E neugefasst werden. § 315b HGB-E regelt die rechtliche Ausgestaltung der Pflicht zur Erweiterung des Konzernlageberichts um einen Konzernnachhaltigkeitsbericht, den vorgesehenen Befreiungstatbeständen sowie den besonderen Anforderungen an die Beteiligung der Arbeitnehmervertretungen bei der Erstellung des Konzernnachhaltigkeitsberichts.

6.2 Pflicht zur Erweiterung des Konzernlageberichts um einen Konzernnachhaltigkeitsberichts (§ 315b Abs. 1 HGB-E)

§ 315b HGB-E führt eine neue Verpflichtung für Mutterunternehmen ein, die nicht von der Pflicht zur Erstellung eines Konzernlageberichts befreit sind. Diese Pflicht besteht darin, den Konzernlagebericht, um einen Konzernnachhaltigkeitsbericht zu erweitern. Diese Regelung setzt Art. 29a Abs. 1 Unterabs. 2 der Bilanzrichtlinie in der durch die CSRD geänderten Fassung um. Die Verpflichtung zur Berichterstattung über Nachhaltigkeitsaspekte knüpft damit

---

[54] Vgl. ausführlich zum CSDDD-Entwurf Baumüller/Scheid, PiR 2022, S. 112 ff.; Baumüller/Needham/Scheid, DB 2022, S. 1401 ff; Baumüller/Needham/Scheid, DK 2022 S. 194 ff.

[55] Vgl. EU-Kommission, Richtlinie (EU) 2024/1760 v. 13.06.204 im ABl. EU v. 5.7.2024, https://eur-lex.europa.eu/legal-content/DE/TXT/PDF/?uri=OJ:L_202401760, Abruf 7.10.2024.

direkt an die allgemeine Berichtspflicht der Unt an, die bereits gem. § 315 HGB zur Erstellung eines Konzernlageberichts verpflichtet sind.[56]
Die Pflicht zur Erstellung eines Konzernnachhaltigkeitsberichts trifft grds. alle MU, die gem. § 290 HGB zur Erstellung eines Konzernabschlusses verpflichtet sind. Dabei gilt die Pflicht jedoch nur für Unt, die nicht von der Pflicht zur Aufstellung eines Konzernlageberichts gem. § 293 HGB befreit sind. Die Befreiungstatbestände nach §§ 291, 292 und 293 Abs. 1, 2 und 4 HGB sehen vor, dass MU von der Pflicht zur Aufstellung eines Konzernlageberichts befreit werden können, wenn sie bestimmte größenabhängige Voraussetzungen erfüllen oder ihre TU in einen Konzernlagebericht eines übergeordneten Unt einbezogen sind.
Der Konzernnachhaltigkeitsbericht muss künftig nach § 315b Abs. 1 HGB-E i.R. d Konzernlageberichts einen klar erkennbaren, gesonderten Abschn. bilden. Dieser soll umfassende Informationen über Nachhaltigkeitsaspekte der Geschäftstätigkeit des Unt und seiner TU liefern. Hierzu gehören unter anderem Angaben zu Umweltbelangen, sozialen und Arbeitnehmerfragen, zur Achtung der Menschenrechte sowie zur Corporate Governance.[57]
Die Berichterstattungspflicht über Nachhaltigkeitsaspekte zielt darauf ab, eine höhere Transparenz im Hinblick auf die nachhaltige Unternehmensführung zu schaffen. Insb. soll die Öffentlichkeit – darunter Investoren, Stakeholder und andere Interessengruppen – in die Lage versetzt werden, sich ein umfassendes Bild über die Auswirkungen der Geschäftstätigkeit auf die Umwelt und die Gesellschaft zu verschaffen. Die durch die CSRD vorgeschriebenen neuen Berichtsstandards schaffen somit ein Instrument zur Steuerung der Unternehmenspolitik in Richtung nachhaltiger Entwicklung.

6.3 Befreiungstatbestände (§ 315b Abs. 2 und 3 HGB-E)

18 Neben der Pflicht zur Erstellung eines Konzernnachhaltigkeitsberichts sehen § 315b HGB-E in Abs. 2 und Abs. 3 auch bestimmte Befreiungsmöglichkeiten für MU vor. Diese Befreiungen unterscheiden sich je nach dem Sitz des übergeordneten MU und der entsprechenden Einbindung des TU in dessen Konzernlagebericht oder konsolidierten Nachhaltigkeitsbericht.
MU, die selbst TU eines übergeordneten MU mit Sitz in einem Mitgliedstaat der Europäischen Union oder einem Vertragsstaat des Europäischen Wirtschaftsraums (EWR) sind, können nach § 315b Abs. 2 HGB-E von der Pflicht zur Erstellung eines eigenen Konzernnachhaltigkeitsberichts befreit werden. Voraussetzung hierfür ist, dass das MU und seine TU bereits in den Konzernlagebericht des übergeordneten EU- oder EWR-MU einbezogen sind. Dieser Bericht muss den Anforderungen der Bilanzrichtlinie 2013/34/EU und der CSRD entsprechen und um einen Konzernnachhaltigkeitsbericht erweitert sein.
Diese Befreiung soll verhindern, dass innerhalb eines Konzerns mehrere Konzernnachhaltigkeitsberichte erstellt werden müssen, die im Wesentlichen die gleichen Informationen enthalten. Durch die Einbindung in den übergeord-

---

[56] Vgl. RegE CSRD-UG, S. 138.
[57] Vgl. ausführlich zu den Inhalten des Konzernnachhaltigkeitsbericht: § 315c Rz 1 ff.

neten Konzernlagebericht wird eine Redundanz vermieden, was insb. großen multinationalen Konzernen zugutekommt.

Eine ähnliche Befreiung besteht auch für MU, deren übergeordnetes MU seinen Sitz außerhalb der Europäischen Union oder des Europäischen Wirtschaftsraums hat. In diesem Fall ist die Voraussetzung für die Befreiung nach § 315b Abs. 3 HGB-E erfüllt, dass das MU und seine TU in einen konsolidierten Nachhaltigkeitsbericht des Drittland-MU einbezogen sind. Dieser Bericht muss entweder im Einklang mit den nach Art. 29b der Bilanzrichtlinie angenommenen delegierten Rechtsakten zu Standards für die Nachhaltigkeitsberichterstattung erstellt sein oder zumindest gleichwertige Anforderungen erfüllen. 19

Eine Befreiung nach § 315b Abs. 3 HGB-E soll sicherstellen, dass auch Konzerne mit einem MU außerhalb der EU oder des EWR nicht unverhältnismäßig durch doppelte Berichtspflichten belastet werden. Voraussetzung ist jedoch, dass die Nachhaltigkeitsstandards des Drittlandes als gleichwertig anerkannt sind, um sicherzustellen, dass die Informationen, die den europäischen Anforderungen entsprechen, weiterhin verfügbar bleiben.

6.4 Anforderungen an die Befreiungstatbestände (§ 315b Abs. 4 HGB-E)

Die Befreiung von der Pflicht zur Erstellung eines eigenen Konzernnachhaltigkeitsberichts nach § 315b Abs. 2 und 3 HGB-E tritt jedoch jeweils nur ein, wenn § 315b Abs. 4 HGB-E erfüllt ist und der Lagebericht des übergeordneten MU bestimmte Angaben enthält. Diese Angaben umfassen unter anderem den Namen und Sitz des MU, das den befreienden Bericht erstellt, sowie die Internetseite, auf der dieser Bericht und der entsprechende Prüfungsvermerk öffentlich zugänglich sind. Zudem muss der Bericht in deutscher oder englischer Sprache vorliegen, um den Zugang für die deutschen und internationalen Interessengruppen zu gewährleisten. Durch diese Regelungen soll sichergestellt werden, dass die relevanten Nachhaltigkeitsinformationen, auch wenn sie nicht im eigenen Konzernnachhaltigkeitsbericht enthalten sind, dennoch öffentlich zugänglich bleiben und den Informationsanforderungen der Stakeholder genügen. 20

6.5 Beteiligungen der Arbeitnehmervertretungen bei der Erstellung des Konzernnachhaltigkeitsberichts (§ 315b Abs. 5 HGB-E)

Eine Besonderheit des § 315b HGB-E stellt die Regelung zur Beteiligung der Arbeitnehmervertretungen bei der Erstellung des Konzernnachhaltigkeitsberichts dar. Nach § 315b Abs. 5 HGB-E sind die Mitglieder des vertretungsberechtigten Organs des MU verpflichtet, die Arbeitnehmervertreter auf geeigneter Ebene über die Inhalte des Berichts zu informieren und mit ihnen die relevanten Informationen und Mittel zur Einholung und Überprüfung von Nachhaltigkeitsinformationen zu erörtern. 21

Diese Regelung setzt Art. 29a Abs. 6 der Bilanzrichtlinie um und entspricht in ihrer Struktur der Beteiligung der Arbeitnehmervertretungen bei der Erstellung des Nachhaltigkeitsberichts nach § 289b Abs. 6 HGB. Sie zielt darauf ab, die Arbeitnehmervertreter stärker in den Prozess der Nachhaltigkeitsberichterstattung einzubeziehen, da diese häufig über umfassende Informationen zu den betrieblichen Abläufen und deren Auswirkungen auf Umwelt und Gesellschaft verfügen.

Besonders relevant ist dabei, dass die Stellungnahme der Arbeitnehmervertreter dem für die Prüfung des Konzernlageberichts zuständigen Organ übermittelt werden muss. In den meisten Fällen dürfte dies der Aufsichtsrat sein. Diese Regelung stärkt nicht direkt die Mitspracherechte der Arbeitnehmervertretungen, stellt aber sicher, dass deren Position in den Prüfungsprozess des Berichts zumindest zur Kenntnis genommen wird. Die Erstellung des Nachhaltigkeitsberichts obliegt weiterhin alleinig den Mitgliedern des vertretungsberechtigten Organs. Zudem bleiben die bestehenden Informations- und Auskunftsrechte der Arbeitnehmervertretungen nach anderen Gesetzen, wie dem Betriebsverfassungsgesetz oder dem Europäischen Betriebsrätegesetz (EBRG), unberührt.[58]

---

[58] Vgl. RegE CSRD-UG, S. 138.

§ 315c Inhalt der nichtfinanziellen Konzernerklärung

(1) Auf den Inhalt der nichtfinanziellen Konzernerklärung ist § 289c entsprechend anzuwenden.

(2) § 289c Absatz 3 gilt mit der Maßgabe, dass diejenigen Angaben zu machen sind, die für das Verständnis des Geschäftsverlaufs, des Geschäftsergebnisses, der Lage des Konzerns sowie der Auswirkungen seiner Tätigkeit auf die in § 289c Absatz 2 genannten Aspekte erforderlich sind.

(3) Die §§ 289d und 289e sind entsprechend anzuwenden.

Inhaltsübersicht

		Rz
1	Überblick	1–4
2	Inhaltliche Ausgestaltung (Abs. 1)	5
3	Vorgaben zur Einnahme der Konzernsichtweise bei der Berichterstattung (Abs. 2)	6–7
4	Nutzung von Rahmenwerken und Weglassen nachteiliger Angaben (Abs. 3)	8–9
5	CSRD-Umsetzungsgesetz: Änderungen	10–19

1 Überblick

Die nichtfinanzielle Konzernerklärung hat das **Ziel**, zum einen eine Stärkung der Rechenschaft und der Vermittlung entscheidungsnützlicher Informationen über nichtfinanzielle bzw. nachhaltigkeitsbezogener Aspekte zu erreichen. Dabei stellt der Gesetzgeber nicht nur auf den Konzern, sondern auch auf die Lieferketten der vom Konzern bearbeiteten Produkte und erbrachten Dienstleistungen ab.[1] Zum anderen ist eine Verhaltensbeeinflussung der Konzernführung bezweckt: Es soll analog zu den Überlegungen des International Integrated Reporting Councils eine Sensibilisierung für Nachhaltigkeit und intensivere Berücksichtigung von sowohl ökonomischer als auch ökologischer sowie sozialer Belange in internen Entscheidungsprozessen (Integrated Thinking)[2] erreicht werden. 1

Die für Gj, die nach dem 31.12.2016 beginnen, bestehende **Verpflichtung zur Erstellung einer nichtfinanziellen Konzernerklärung** ergibt sich aus dem bisherigen § 315b Abs. 1 HGB mit Befreiungsmöglichkeiten in § 315b Abs. 2 HGB und einem Ausweisausgestaltungswahlrecht in § 315b Abs. 3 HGB. Die nichtfinanzielle Konzernerklärung ist bislang entweder Bestandteil des Konzernlageberichts oder kann als nichtfinanzieller Konzernbericht getrennt vom Konzernlagebericht veröffentlicht werden. Dennoch finden grds. die etwa in DRS 20 dargestellten Grundsätze ordnungsmäßiger Lageberichterstattung (§ 315 Rz 11ff.) für beide Berichtsarten Anwendung. Seitens des Abschlussprüfers ist bislang (§ 315b Rz 4) lediglich eine formale Prüfung vorgesehen (§ 317 Abs. 2 Satz 4 HGB). Dieser hat eine Würdigung des Inhalts bzgl. 2

---

[1] BT-Drs. 18/9982 v. 17.10.2016 S. 1.
[2] Vgl. The International <IR> Framework, S. 2, www.integratedreporting.org/wp-content/ uploads/2021/01/InternationalIntegratedReportingFramework.pdf, Abruf 10.10.2024.

wesentlicher Unstimmigkeiten mit dem Konzernabschluss und -lagebericht vorzunehmen (§ 315b Rz 13 ff.). Der Aufsichtsrat hat dagegen auch inhaltlich zu prüfen (§ 315b Rz 3 und Rz 13). Sollte eine Prüfung durch einen Abschlussprüfer freiwillig erfolgt sein, so ist nach § 315b Abs. 4 HGB für Gj, die nach dem 31.12.2018 begonnen haben, das Ergebnis dieser Prüfung offenzulegen.

3 Der Gesetzgeber **spiegelt die Vorgaben** der bisherigen §§ 289c bis 289e HGB in § 315c HGB auf den Konzern, da die nichtfinanzielle (Konzern-)Erklärung inhaltlich bis auf das andere Abbildungssubjekt (EinzelUnt/Konzern) keine Unterschiede aufweist.

4 Als integraler Bestandteil der europäischen Strategie zur Bekämpfung des Klimawandels werden die unionsrechtlichen Vorgaben zur nichtfinanziellen Berichterstattung durch die **Corporate Sustainability Reporting Directive (CSRD)** erneut grundlegend reformiert. Die CSRD wurde nach Verhandlungen zwischen EU-Kommission, EU-Rat und EU-Parlament verabschiedet und am 16.12.2022 im Amtsblatt der EU veröffentlicht.[3] Mit reichlich Verzögerung wurde am 24.7.2024 der Regierungsentwurf eines CSRD-Umsetzungsgesetzes veröffentlicht.[4]
Zum CSRD-UmsG s. Rz 10 ff.

2 Inhaltliche Ausgestaltung (Abs. 1)

5 Inhaltlich ist neben einer kurzen Beschreibung des Geschäftsmodells in der nichtfinanziellen Konzernerklärung zumindest auf Umwelt-, Arbeitnehmer- und Sozialbelange sowie die Achtung der Menschenrechte und Bekämpfung von Korruption und Bestechung einzugehen (§ 315c Abs. 1 HGB i. V. m. § 289c Abs. 1 und 2 HGB). Sollte die Konzernleitung ein Konzept zu einem oder mehreren dieser Aspekte nur für einen Konzernteil verfolgen, so ist dies deutlich zu machen.[5]
Die inhaltliche Ausgestaltung ist unter Berücksichtigung der mit Abs. 2 geforderten Konzernsichtweise identisch mit den Regelungen auf Ebene des Einzelunternehmens, weshalb im Weiteren auf die **Ausführungen zu § 289c HGB** verwiesen werden kann (§ 289c Rz 2 ff.).
Das DRSC hat mit dem DRÄS 8[6] einen Standard zur Änderung des DRS 20 „Konzernlagebericht" publiziert. Zudem stellt die Europäische Kommission den Unt entsprechende, unverbindliche Leitlinien zur nichtfinanziellen Berichterstattung zur Verfügung.[7] I. R. d. veröffentlichten Leitlinien ermutigt der europäische Gesetzgeber die Unt ausdrücklich, die ihnen durch die Richtlinie

---

[3] Vgl. CSRD v. 14.12.2022, ABl. EU L322/15, https://eur-lex.europa.eu/legal-content/DE/TXT/PDF/?uri=CELEX:32022L2464, Abruf 10.10.2024.
[4] Regierungsentwurf eines Gesetzes zur Umsetzung der Richtlinie (EU) 2022/2464 des Europäischen Parlaments und des Rates vom 14. Dezember 2022 zur Änderung der Verordnung (EU) Nr. 537/2014 und der Richtlinien 2004/109/EG, 2006/43/EG und 2013/34/EU hinsichtlich der Nachhaltigkeitsberichterstattung von Unternehmen, BT-Drs. 20/12787 v. 9.9.2024, https://dserver.bundestag.de/btd/20/127/2012787.pdf, Abruf 10.10.2024.
[5] Vgl. Störk/Schäfer/Schönberger, in Beck Bil-Komm., 14. Aufl. 2024, § 315c HGB Rz 8.
[6] DRÄS 8 v. 27.11.2017, BAnz AT 4.12.2017, Anlage B1; vgl. hinsichtlich einer (tatsächlichen) Konkretisierung der nichtfinanziellen Erklärung im Kontext der Konzernlageberichterstattung durch den E-DRÄS 8 Müller/Scheid, BB 2017, S. 1835–1838.
[7] Mitteilung der Kommission: Leitlinien für die Berichterstattung über nichtfinanzielle Informationen (Methode zur Berichterstattung über nichtfinanzielle Informationen), ABl. EU 3027, C 215/1 ff.

gewährte Flexibilität zu nutzen, um die Entwicklung innovativer Berichterstattungslösungen zu fördern.[8] Insofern handelt es sich bei dieser Orientierungshilfe weder um eine neue rechtliche Verpflichtung noch um einen technischen Standard.[9] Allerdings zeigt die Ergänzung der Leitlinie von Juni 2019[10] um die Empfehlungen der vom Finanzstabilitätsrat gegründeten Task Force on Climate-related Financial Disclosures (TCFD) sowie andere flankierende Maßnahmen der EU zur Bekämpfung des Klimawandels, dass von politischer Seite eine tendenziell intensivere Berichterstattung über die Wirkungen der Unternehmenstätigkeit auf die Umwelt (insb. klimaschädliche Emissionen) erfolgen soll, damit letztlich auch die Unternehmenssteuerung intensiver nach klimaschonenden Aspekten ausgerichtet wird.[11]

3 Vorgaben zur Einnahme der Konzernsichtweise bei der Berichterstattung (Abs. 2)

Der Gesetzgeber wiederholt die Anforderungen an die inhaltliche Ausgestaltung anders als in Art. 29a der EU-Bilanzrichtlinie nicht noch einmal für die Konzernberichterstattung, sondern nutzt die Verweismöglichkeit. Allerdings wird in § 315c Abs. 2 HGB explizit darauf hingewiesen, dass die Konzernsichtweise einzunehmen ist. Dabei ist auf den Konzern bezogen auf den tatsächlichen Konsolidierungskreis abzustellen. Somit sind jeweils diejenigen Angaben zu machen, die für das Verständnis des Geschäftsverlaufs, des Geschäftsergebnisses, der Lage des Konzerns sowie der Auswirkungen seiner Tätigkeit auf die genannten Aspekte erforderlich sind. Dies kann als **doppelter Wesentlichkeitsvorbehalt** gewertet werden: So müssen die Angaben für das Verständnis des Geschäftsverlaufs, des Geschäftsergebnisses, der Lage des Konzerns bedeutsam und gleichzeitig auch für das Verständnis der Auswirkungen der Konzerntätigkeit notwendig sein.[12] Damit können Angaben zu nichtfinanziellen Aspekten, die in der nichtfinanziellen Erklärung noch für das Verständnis nötig waren, in der nichtfinanziellen Konzernerklärung obsolet sein, da durch die insg. größere Abbildungseinheit dieser Aspekt an Relevanz verliert.[13] Dennoch bestehen aktuell noch große Unsicherheiten, wie der Wesentlichkeitsgrundsatz auszulegen ist, da es an konkreten Vorgaben dazu mangelt.[14] Zudem wird es zu großen inhaltlichen Überschneidungen zur Berichterstattung auf Einzelunternehmensebene kommen, da die grds. Konzepte und Lieferketten oftmals keine großen Unterschiede aufweisen dürften, insb. wenn es sich um einen Stammhauskonzern handelt. Im Falle von Holdinggesellschaften kann es zu deutlich größeren Abweichungen kommen, da die TU über ihre eigenen Lieferketten verfügen, die, soweit die Angaben notwendig sind, auch aus der Perspektive des Konzerns darzustellen sind.

6

---

8   Vgl. Leitlinien der Europäischen Kommission zur Umsetzung der Richtlinie 2014/95/EU, S. 3.
9   Vgl. Leitlinien der Europäischen Kommission zur Umsetzung der Richtlinie 2014/95/EU, S. 4.
10 Mitteilung der Kommission – Leitlinien für die Berichterstattung über nichtfinanzielle Informationen: Nachtrag zur klimabezogenen Berichterstattung, C/2019/4490, EU-ABl. v. 20.6.2019, C 209/1.
11 Vgl. Kotlenga/Müller/Scheid, StuB 2018, S. 841 und Müller/Scheid, PiR 2019, S. 330.
12 Vgl. Kajüter, DB 2017, S. 619.
13 Vgl. Störk/Schäfer/Schönberger, in Beck Bil-Komm., 14. Aufl. 2024, § 315c HGB Rz 5f.
14 Vgl. Baumüller/Nguyen, PiR 2018, S. 197, 199ff.

7   Bei der **Beschreibung der Lieferketten** ist ein Widerspruch zwischen Gesetzesbegründung und gesetzlicher Anforderung zu konstatieren. Einerseits sollen nach Erwägungsgrund 8 der RL 2014/95/EU die Berichtspflichten nicht zu übermäßigem Verwaltungsaufwand für kleine und mittlere Unt führen, da berichtspflichtige Unt nach der RL ihre Berichtspflicht nicht pauschal an kleine und mittlere Unt in ihrer Lieferkette und ihrer Kette von Subunternehmern weitergeben sollen.[15] Anderseits wird mit § 315b Abs. 1 HGB i.V.m. § 289c Abs. 3 HGB gefordert, wesentliche Risiken, die mit den Geschäftsbeziehungen der KapG, ihren Produkten und Dienstleistungen verknüpft sind und die sehr wahrscheinlich schwerwiegende negative Auswirkungen auf die in § 289c Abs. 2 HGB genannten Aspekte haben oder haben werden, soweit die Angaben von Bedeutung sind und die Berichterstattung über diese Risiken verhältnismäßig ist, anzugeben, wobei auch dies nur zu erfolgen hat, wenn dies für das Verständnis des Geschäftsverlaufs, des Geschäftsergebnisses, der Lage des Konzerns bedeutsam ist. Somit müssen MU versuchen, die Informationen von ihrem TU bzw. eigenen Zulieferern zu erhalten,[16] wobei der mehrfache Wesentlichkeitsvorbehalt beachtet werden muss, der im Ergebnis bislang zu vergleichsweise wenigen Angaben in der Praxis in diesem Bereich führt.[17]

4   Nutzung von Rahmenwerken und Weglassen nachteiliger Angaben (Abs. 3)

8   Analog zu § 289d HGB dürfen nach derzeitiger Rechtslage für den nichtfinanziellen Konzernbericht **nationale, europäische oder internationale Rahmenwerke** genutzt werden.[18] Das berichtspflichtige MU hat gegenüber den Adressaten allerdings zu konkretisieren, welche Leitlinie bei der Erstellung des Berichts herangezogen wurde und falls keine Rahmenwerke genutzt wurden, warum dies entschieden wurde (§ 289d Rz 1 ff.). In der Praxis zeigt sich eine eindeutige Dominanz der Global Reporting Initiative (GRI) als Rahmenkonzept.[19]

9   Auch in der nichtfinanziellen Konzernerklärung sowie dem aus dem Konzernlagebericht ausgelagerten nichtfinanziellen Konzernbericht ist es möglich, analog zu § 289e HGB für den Konzern **nachteilige Angaben wegzulassen** (§ 289e Rz 1 ff.). Allerdings ist die Konzernperspektive einzunehmen, sodass ggf. auf Einzelebene problematische Aspekte in der größeren Konzernsicht dem Konzern aus vernünftiger kaufmännischer Betrachtung keinen erheblichen Schaden zufügen können und gleichzeitig das Weglassen der Angaben ein den tatsächlichen Verhältnissen entsprechendes und ausgewogenes Verständnis des Geschäftsverlaufs, des Geschäftsergebnisses, der Lage des Konzerns und der Auswirkungen seiner Tätigkeiten nicht verhindert, sodass diese daher im nichtfinanziellen Konzernbericht angabepflichtig sind.

---

[15] BT-Drs. 18/9982 v. 17.10.2016 S. 2.
[16] Vgl. Haaker/Freiberg, PiR 2017, S. 27.
[17] Vgl. Kajüter/Wirth, DB 2018, S. 1608 ff.
[18] Vgl. für eine Übersicht z.B. Kotlenga/Müller/Scheid, PiR 2019, S. 202.
[19] Vgl. Althoff/Wirth, WPg 2018, S. 1139 f.

5 CSRD-Umsetzungsgesetz: Änderungen

> **Hinweis**
> Die Kommentierung basiert auf dem **Regierungsentwurf eines CSRD-Umsetzungsgesetzes**.[20] Nach Veröffentlichung der finalen Fassung wird die Kommentierung in Ihrem Haufe HGB Bilanz Kommentar Online aktualisiert. Die **Online-Version** ist beim Kauf der Printausgabe inklusive.

Aufgrund der Zielsetzung der Stärkung der Transparenz und Vergleichbarkeit der Unternehmensberichterstattung in puncto Nachhaltigkeit hat die EU die CSRD erlassen, die die bisherigen Vorgaben zur Nachhaltigkeitsberichterstattung erheblich erweitert und präzisiert. Der RegE CSRD-UmsG sieht die Einführung bzw. die Neufassung des § 315c HGB-E vor, welcher die Anforderungen an den Inhalt des Konzernnachhaltigkeitsberichts regelt und dabei auf die Vorschriften des § 289c HGB-E verweist. Letzterer legt die allgemeinen Anforderungen an die Nachhaltigkeitsberichterstattung auf Ebene des Lageberichts fest. Gleichzeitig enthält § 315c HGB-E spezifische Maßgaben für die Berichterstattung auf Konzernebene und schafft eine Verordnungsermächtigung für das Bundesministerium der Justiz. Diese ermöglicht es, weitere delegierte Rechtsakte zur Konkretisierung der Berichtspflichten zu erlassen.

10

Die Einführung der CSRD respektive deren nationale Umsetzung ins HGB zielt darauf ab, die Qualität und Vergleichbarkeit der Nachhaltigkeitsberichterstattung zu erhöhen.[21] Die geänderten Vorgaben zur Nachhaltigkeitsberichterstattung haben bereits berichtspflichtige Unt und Konzerne ab Gj, die nach dem 1.1.2024 beginnen, erstmalig anzuwenden. Große, haftungsbeschränkte Unt sowie nach § 290 HGB zur Konzernrechnungslegung verpflichtete MU, die erstmalig einen Nachhaltigkeitsbericht obligatorisch erstellen müssen, haben ein Jahr später die Regelungen anzuwenden. Kapitalmarktorientierte KMU haben wiederum erst für Gj, die nach dem 1.1.2026 beginnen, über Nachhaltigkeitsbelange verpflichtend zu berichten.[22] Parallel hat die EFRAG Standardentwürfe zur Nachhaltigkeitsberichterstattung (ESRS) entwickelt, die gewährleisten sollen, dass Unt nach einheitlichen Kriterien berichten und die Stakeholder umfassende Informationen erhalten, um fundierte Entscheidungen treffen zu können. Die verbindliche Annahme der Kernstandards (Set 1) durch delegierte Rechtsakte erfolgte am 31.7.2023.[23] Es ist ferner geplant, weitere sektorspezifische Standards sowie KMU-Standards zu erlassen. Die CSRD enthält nur wenige Mitgliedsstaatenwahlrechte, weswegen der Regierungsentwurf bereits eine gute Orientierung für die Regelungen auf Ebene der nationalen Gesetzgebung ist.

---

[20] Regierungsentwurf eines Gesetzes zur Umsetzung der Richtlinie (EU) 2022/2464 des Europäischen Parlaments und des Rates vom 14. Dezember 2022 zur Änderung der Verordnung (EU) Nr. 537/2014 und der Richtlinien 2004/109/EG, 2006/43/EG und 2013/34/EU hinsichtlich der Nachhaltigkeitsberichterstattung von Unternehmen, BT-Drs. 20/12787 v. 9.9.2024.
[21] Vgl. CSRD, ErG. 9.
[22] Vgl. hierzu ausführlich Borcherding/Freiberg/Skouda, StuB 2021, S. 469 ff.; Müller/Needham/Tjin, BC 2021, S. 266 ff.
[23] Vgl. ESRS, Delegierte Verordnung (EU) 2023/2772 v. 22.12.2023, in der korrigierten Übersetzung im ABl. EU L 2024/90457 v. 9.8.2024 abrufbar unter: https://eur-lex.europa.eu/legal-content/DE/TXT/?uri=OJ:L_202490457, Abruf 10.10.2024.

11 Der § 315c Abs. 1 Satz 1 HGB-E verweist hierbei zunächst auf die allgemeinen Vorschriften des § 289c HGB-E, der die Inhalte des Nachhaltigkeitsberichts auf Ebene des Lageberichts regelt, und fordert eine entsprechende Anwendung auf Ebene des Konzernlageberichts. Damit wird sichergestellt, dass auch auf Konzernebene die gleichen Berichtspflichten gelten wie für einzelne Unt, jedoch unter Berücksichtigung der spezifischen Anforderungen an die Konsolidierung der Informationen. Diese Verknüpfung gewährleistet ferner eine einheitliche Struktur und Kohärenz in der Berichterstattung, sowohl auf Einzel- als auch auf Konzernebene.

§ 289c Abs. 2 und 3 HGB-E konkretisieren die Berichtsthemen, die die Unt i. R. ihres Nachhaltigkeitsberichts behandeln müssen. Diese Regelungen setzen Art. 19a Abs. 2 Bilanzrichtlinie um. Zu den zu behandelnden Themen gehören:
1. **Umweltbelange,**
2. **Sozial- und Arbeitnehmerbelange,**
3. **Achtung der Menschenrechte** sowie
4. **Governance.**

Vgl. ausführlich die Regelungen des § 289c Rz 12 ff.

Die Regelungen des § 315c Abs. 1 Nr. 1 HGB-E fordern, dass der Konzernnachhaltigkeitsbericht diejenigen Angaben enthalten muss, die für das Verständnis der Auswirkungen des Konzerns auf Nachhaltigkeitsaspekte sowie der Auswirkungen von Nachhaltigkeitsaspekten auf den Geschäftsverlauf, das Geschäftsergebnis und die Lage des Konzerns erforderlich sind.

12 Diese Vorgabe entspricht der allgemeinen Regelung der doppelten Wesentlichkeit (double materiality) in der Nachhaltigkeitsberichterstattung, die in § 289c Abs. 1 HGB-E verankert ist, betont jedoch deren Bedeutung auch für den Konzernnachhaltigkeitsbericht. Unt haben zu evaluieren, ob die in § 289c HGB-E geregelten Nachhaltigkeitsaspekte, die wiederum in den ESRS konkretisiert werden, entweder aus der Wirkungsperspektive (sog. **Inside-Out-Perspektive**) oder aus der Finanzperspektive (sog. **Outside-In-Perspektive**) oder aus beiden Perspektiven für das Unt als wesentlich einzustufen sind. Bei der Wesentlichkeitsanalyse gilt es ferner zu beurteilen, welche Stakeholder das Unt direkt oder indirekt beeinflussen respektive von deren Unternehmenshandlungen beeinflusst werden können. Außerdem ist zu analysieren, welche Auswirkungen, Risiken und Chancen sich in diesem Kontext für das Unt ergeben können. Die Wesentlichkeitsanalyse umfasst daher u. a. neben einer Unternehmens-, Sektor- und Umfeldanalyse auch eine Stakeholder-Analyse bzw. einen Stakeholder-Dialog.[24]

Dieses geänderte Verständnis der Wesentlichkeit von Nachhaltigkeitsinformationen wird dazu führen, dass künftig mehr Informationen als wesentlich einzustufen sind und sich der Umfang der Nachhaltigkeitsberichterstattung erhöhen wird. Qualitative als auch quantitative Nachhaltigkeitsangaben werden sich künftig zudem durch einen höheren Zukunfts- und Prognosebezug auszeichnen.

---

[24] Vgl. auch ESRS 1.25 ff. sowie kommentierend Baumüller/Lapotta/Hrinkow, in Freiberg/Lanfermann, Haufe ESRS Kommentar, 1. Aufl. 2023, § 3 Rz 42 ff.

Die zweite Maßgabe gem. § 315c Abs. 1 Nr. 2 HGB-E verpflichtet Unt, ihre Angaben im Konzernnachhaltigkeitsbericht im Einklang mit den nach Art. 29b RL 2013/34/EU angenommenen delegierten Rechtsakten zu den Standards für die Nachhaltigkeitsberichterstattung zu machen. Diese delegierten Rechtsakte beziehen sich auf die European Sustainability Reporting Standards (ESRS), die von der Europäischen Kommission entwickelt wurden, um eine einheitliche und vergleichbare Nachhaltigkeitsberichterstattung in der EU zu gewährleisten. Der § 315c Abs. 1 Nr. 2 HGB-E entspricht hierbei der Regelung des § 289c Abs. 6 HGB-E.

Die ESRS legen detaillierte Anforderungen an die Berichterstattung fest und bieten Unt klare Leitlinien dafür, wie sie über ihre Nachhaltigkeitsstrategien und -maßnahmen berichten sollen. Dies umfasst sowohl qualitative als auch quantitative Angaben, die es den Stakeholdern ermöglichen sollen, die Nachhaltigkeitsleistungen von Unt zu bewerten und miteinander zu vergleichen. Die Einführung der ESRS ist ein wichtiger Schritt zur Harmonisierung der Nachhaltigkeitsberichterstattung in der EU. Durch die Anwendung einheitlicher Standards wird sichergestellt, dass Unt konsistente und vergleichbare Informationen über ihre Nachhaltigkeitsleistungen offenlegen. Dies trägt nicht nur zur Erhöhung der Transparenz bei, sondern erleichtert auch Investoren und anderen Stakeholdern die Bewertung der langfristigen Risiken und Chancen, die sich aus den Nachhaltigkeitsstrategien eines Unt ergeben.[25] Die bisherige Regelung des § 289d HGB bzw. § 315c Abs. 3 HGB zur Nutzung von Rahmenwerken entfällt künftig gänzlich. § 289d HGB ist bislang als „Comply or Explain"-Berichtsprinzip konzipiert, d.h. es kann begründet von der Anwendung einschlägiger Standards zur Nachhaltigkeitsberichterstattung abgesehen werden. Zudem verzichtete der Gesetzgeber bislang darauf die Anwendung bestimmter Standards vorzuschreiben bzw. zu empfehlen. Die Wahl des Rahmenwerkes lag bislang somit in der Entscheidungsautonomie der Berichtsersteller. Der hohe Freiheitsgrad hinsichtlich der Anwendung von Berichtsstandards und somit auch der inhaltlichen Ausgestaltung der Nachhaltigkeitsberichterstattung schränkte allerdings schlussendlich zum einen die temporale als auch die zwischenbetriebliche Vergleichbarkeit der Nachhaltigkeitsberichterstattung ein. Zum anderen variierte die Qualität der Nachhaltigkeitsberichte mitunter deutlich.[26]

Diese Probleme sollen nun mit der Einführung von innerhalb der EU einheitlichen und von den Unt verpflichtend anzuwendenden Berichtsstandards entgegengewirkt werden. In Art. 19b CSRD ist geregelt, dass die EU-Kommission delegierte Rechtsakte zu erlassen hat, welche verbindliche Standards enthalten, die europäische Unt anzuwenden haben. Die europäischen Nachhaltigkeitsberichterstattungsstandards (European Sustainability Reporting Standards bzw. ESRS) werden von der European Financial Reporting Advisory Group (EFRAG) vorbereitet, wobei das erste Set dieser Standards in einem mehrstufigen Verfahren von der EU-Kommission als delegierter Rechtsakt final verabschiedet wurde – eine Bekanntmachung und das Inkrafttreten erfolgte nach Ablauf der Einspruchsfrist des Rates und des Parlaments am 31.7.2023.

---

[25] Vgl. weiterführend Sopp/Baumüller/Scheid, BFuP 2022, S. 25 ff.
[26] Vgl. Velte, DB 2022, S. 1081 ff.

Parallel arbeitet allerdings nicht nur die EFRAG an Standards für die Nachhaltigkeitsberichterstattung. Auch die Vertreter des ISSB haben am 26.6.2023 den **IFRS S1 „Allgemeine Vorschriften für die Angabe von nachhaltigkeitsbezogenen Finanzinformationen"** veröffentlicht,[27] der auf dem gleichnamigen Prototyp der Technical Readiness Working Group (TRWG) der IFRS-Stiftung fundiert.[28] Sowohl die EFRAG als auch das ISSB arbeiten i. R. d. Entwicklung der Nachhaltigkeitsberichterstattungstandards mit etablierten Standardsettern, wie insb. der GRI, zusammen.[29] Anders als bei den ESRS ist die Anwendung der Nachhaltigkeitsberichterstattungsstandards des ISSB innerhalb der EU nicht verbindlich. Die Standardsetzung des ISSB genießt allerdings weltweite Akzeptanz, weswegen für börsennotierte Gesellschaften, dessen Investoren sich global verteilen, diese Regelungen trotzdem eine enorme Relevanz haben. Die hohe Bedeutung der Standards des ISSB für Kapitalmarktteilnehmer wurde durch die direkt am Folgetag der Veröffentlichung der ISSB-Entwürfe erfolgte Pressemitteilung der Vereinigung der weltweiten Börsenaufsichtsbehörden (IOSCO), die bekräftigte, die finalen Standards unterstützen zu wollen, abermals unterstrichen.[30] Kapitalmarktorientierte europäische Unt werden somit mit der Herausforderungen konfrontiert, eine Nachhaltigkeitsberichterstattung zu erstellen, welche sowohl den Anforderungen der Regelungen der Standards des ISSB als auch der ESRS gerecht wird. Um eine mögliche Koexistenz verschiedener Nachhaltigkeitsberichte, die nach unterschiedlichen Berichtstandards erstellt wurden, zu vermeiden, hat man sich um eine größtmöglichen Harmonisierung dieser Rahmenwerke bemüht. Vergleicht man die beiden Rahmenwerke, lassen sich dennoch einige Unterschiede in der Ausrichtung dieser Berichtsstandards identifizieren, die sich in unterschiedlichen Einzelvorschriften niederschlagen. Nach IFRS S1.1 wird die **Bereitstellung von entscheidungsnützlichen Informationen über die wesentlichen nachhaltigkeitsbezogenen Risiken und Chancen**, denen das berichtende Unt ausgesetzt ist, für **Investoren und Gläubiger** als primäre Adressaten der allg. Finanzberichterstattung als Primärziel der Nachhaltigkeitsberichterstattung festgesetzt.[31]

Um den Anforderungen der CSRD gerecht zu werden, wird in den ESRS ein breiter Blickwinkel eingenommen. In ESRS 1.3 wird statuiert, dass Gegenstand der Nachhaltigkeitsberichterstattung nicht nur die Offenlegung aller wesentlichen Informationen zu den nachhaltigkeitsbezogenen Risiken und Chancen des Unt ist, sondern auch über die **Auswirkungen der Unternehmenstätigkeit auf die Umwelt und Gesellschaft** (sog. **Inside-Out-Perspektive**) zu berichten. Auch der Adressatenkreis der Nachhaltigkeitsberichterstattung wird breiter interpretiert und umfasst nach Auffassung der EFRAG neben Kapitalgebern auch sonstige Anspruchsgruppen bis hin zur allg. Öffentlichkeit.

---

[27] www.ifrs.org/issued-standards/ifrs-sustainability-standards-navigator/ifrs-s1-general-requirements/, Abruf 10.10.2024.
[28] General Requirements for Disclosure of Sustainability-related Financial Information Prototype (November 2021), www.ifrs.org/content/dam/ifrs/groups/trwg/trwg-general-requirements-prototype.pdf, Abruf 10.10.2024.
[29] Mitteilung der GRI v. 9.7.2021, www.globalreporting.org/news/news-center/gri-welcomes-role-as-co-constructor-of-new-eu-sustainability-reporting-standards/, Abruf 10.10.2024.
[30] IOSCO – Presseerklärung v. 1.4.2022, www.iosco.org/news/pdf/IOSCONEWS638.pdf, Abruf 10.10.2024.
[31] Vgl. ausführlich Müller/Needham/Reinke, PiR 2022, S. 172 ff.

Die **ESRS 1 (Allgemeine Anforderungen)**[32] und **ESRS 2 (Allgemeine Angaben)**[33] sind sog. Querschnittsstandards, die zunächst allg. Berichtsprinzipien und übergreifende Berichtsinhalte regeln. Berichtspflichtige Gesellschaften haben zunächst Angaben zur Strategie, zum Geschäftsmodell, zur Governance und Organisation im Kontext von Nachhaltigkeit zu machen sowie die Wesentlichkeitsbewertung seiner nachhaltigkeitsbezogenen Auswirkungen, Risiken und Chancen zu beschreiben. Hierauf aufbauend werden spezifische Offenlegungspflichten für Umweltaspekte (**ESRS E1 bis E5**), Sozialaspekte (**ESRS S1 bis S4**) und Governance-Aspekte (**ESRS G1**) statuiert, wobei jeweils über Umsetzungsmaßnahmen, die Strategien, Ziele, Aktionen und Aktionspläne sowie die Zuweisung von Ressourcen und die konkreten Leistungskennzahlen zu berichten ist (ESRS 1.7 und ESRS 1.12f.). Die Unterteilung der Offenlegungspflichten orientiert sich hierbei an der Struktur der Empfehlungen der Task Force on Climate-related Financial Disclosures (TCFD) und rückt die Steuerung der abgebildeten Nachhaltigkeitsthemen in den Fokus der Berichterstattung.

In ESRS 1 sind ferner die grundlegenden Berichtsgrundsätze geregelt, welche die Unt bei der Nachhaltigkeitsberichterstattung anwenden müssen, um die Anforderungen der CSRD zu erfüllen:

- **Informationsqualität**: Die berichteten Informationen müssen relevant, wahrheitsgetreu abgebildet, (temporal und zwischenbetrieblich) vergleichbar, nachprüfbar und für Externe verständlich sein (ESRS 1.19f.).
- **Doppelte Wesentlichkeit**: Berichtspflichtige Unt haben alle wesentlichen Informationen offenzulegen, die erforderlich sind, damit Berichtsadressaten sowohl verstehen können, welche Auswirkungen die Unternehmenstätigkeit auf Umwelt und Gesellschaft hat (Inside-Out-Perspektive) als auch welche Auswirkungen Nachhaltigkeitsbelange auf die Entwicklung, Leistung und Position des Unt (Outside-In-Perspektive) haben (ESRS 1.21–53).
- **Berichtsgrenzen und Wertschöpfungskette**: Es sind alle wesentlichen tatsächlichen oder potenziellen (nachteiligen) Auswirkungen, Risiken und Chancen im Zusammenhang mit der Wertschöpfungskette des Unt, einschl. seiner Produkte und Dienstleistungen, seiner Geschäftsbeziehungen und seiner Lieferkette, zu berücksichtigen (ESRS 1.62–67).
- **Zeithorizont**: Nachhaltigkeitsaspekte sind über einen angemessenen kurz-, mittel- und langfristigen Zeithorizont zu betrachten, der sowohl vergangenheits- als auch zukunftsorientierte Angaben enthält (ESRS 1.73–82).
- **Nachhaltigkeitsbezogene Due Diligence (Sorgfaltspflicht)**: Unt haben eine nachhaltigkeitsbezogene Due Diligence durchzuführen, um die tatsächlichen und potenziellen nachteiligen Auswirkungen im Zusammenhang mit ihrer Geschäftstätigkeit, ihren Produkten oder Dienstleistungen durch ihre eigenen Aktivitäten und ihre Geschäftsbeziehungen zu identifizieren, zu bewerten, zu verhindern, zu mindern und zu beheben (ESRS 1.58–61).[34]

---

[32] Vgl. ausführlich zu den Regelungen des ESRS 1: Baumüller/Lapotta/Hrinkow, in Freiberg/Lanfermann, Haufe ESRS Kommentar, 2. Aufl. 2024, § 3.
[33] Vgl. ausführlich zu den Regelungen des ESRS 2: Baumüller/Lapotta/Müller/Needham, in Freiberg/Lanfermann, Haufe ESRS Kommentar, 2. Aufl. 2024, § 4.
[34] Vgl. ausführlich Müller/Warnke, IRZ 2022, S. 283 ff.

14 Vor dem Hintergrund der Zielsetzung der EU bis 2050 klimaneutral zu sein, nimmt die Abbildung von Klimaaspekten im Speziellen bzw. Umweltaspekten i. Allg. einen besonderen Stellenwert i.R.d. Nachhaltigkeitsberichterstattung ein. Entsprechend wurden für diese Bereiche die meisten Offenlegungspflichten entwickelt. Die Standards zu den Umweltnormen sind in die folgenden fünf Themenbereiche aufgeteilt:
a) ESRS E1 Klimawandel,
b) ESRS E2 Umweltverschmutzung,
c) ESRS E3 Wasser- und Meeresressourcen,
d) ESRS E4 Biologische Vielfalt und Ökosysteme,
e) ESRS E5 Ressourcennutzung und Kreislaufwirtschaft.

Die Themenfelder der Berichtsstandards zu den Umweltaspekten folgen in ihrer Grundstruktur den Umweltzielen der EU-Taxonomie-VO, was die Harmonisierung der Regelungen der Sustainable-Finance-Initiative fördert. Die nachfolgende Übersicht stellt kompakt die Offenlegungspflichten des **ESRS E1: Klimawandel („climate change")** dar, welcher Berichtsstandards für die beiden Umweltziele „Klimaschutz" und „Anpassung an den Klimawandel" der EU-Taxonomie-VO statuiert.[35] Auch die Zielsetzung des ESRS 1 ist u.a., dass Berichtsadressaten nachvollziehen können, wie sich die Unternehmenstätigkeit auf den Klimawandel sowohl im Positiven als auch im Negativen tatsächlich und potenziell auswirkt, welche Chancen und Risiken in diesem Zusammenhang für das Unt bestehen und welchen Beitrag das Unt zur Bekämpfung des Klimawandels und zur Begrenzung der globalen Erwärmung auf 1,5°C leistet. Unt haben daher nach diesen Vorgaben zu ihrem Übergangsplan („transition plan") für die Eindämmung des Klimawandels zu berichten, was sich implizit in einer Neuausrichtung des unternehmerischen Geschäftsmodells niederschlagen dürfte. Darüber hinaus sollen die Unt künftig eine Vielzahl an Leistungsindikatoren u.a. zum Energieverbrauch und zu allen drei Scopes von Treibhausgasemissionen offenlegen, was ebenfalls eine Herausforderung darstellen dürfte.[36]

ESRS E1: Klimawandel („climate change")	
Allgemeine Angaben	
ESRS 2 GOV-3	Einbeziehung der nachhaltigkeitsbezogenen Leistung in Anreizsysteme
E1–1	Übergangsplan („transition plan") für den Klimaschutz
ESRS 2 SBM-3	Wesentliche Auswirkungen, Risiken und Chancen und ihr Zusammenspiel mit Strategie und Geschäftsmodell

---

[35] Auch die Offenlegungspflichten der anderen Standards werden nachfolgend tabellarisch zusammengefasst.
[36] Vgl. ausführlich zu den Regelungen des ESRS E1: Lapotta/Sopp, in Freiberg/Lanfermann, Haufe ESRS Kommentar, 2. Aufl. 2024, § 6.

ESRS E1: Klimawandel („climate change")	
Management der Auswirkungen, Risiken und Chancen	
ESRS 2 IRO-1	Beschreibung der Verfahren zur Ermittlung und Bewertung der wesentlichen klimabezogenen Auswirkungen, Risiken und Chancen
E1–2	Konzepte im Zusammenhang mit dem Klimaschutz und der Anpassung an den Klimawandel
E1–3	Maßnahmen und Mittel im Zusammenhang mit den Klimakonzepten
Kennzahlen und Ziele	
E1–4	Ziele im Zusammenhang mit dem Klimaschutz und der Anpassung an den Klimawandel
E1–5	Energieverbrauch und Energiemix
E1–6	THG-Bruttoemissionen der Kategorien Scope 1, 2 und 3 sowie THG-Gesamtemissionen
E1–7	Entnahme von Treibhausgasen und Projekte zur Verringerung von Treibhausgasen, finanziert über CO_2-Zertifikate
E1–8	Interne CO_2-Bepreisung
E1–9	Erwartete finanzielle Effekte wesentlicher physischer Risiken und Übergangsrisiken sowie potenzielle klimabezogene Chancen

Die Zielsetzung des Standards **ESRS E2: Umweltverschmutzung („pollution")** ist, dass Berichtsadressaten nachvollziehen können, wie sich die Tätigkeit des Unt auf die Verschmutzung von Luft, Wasser, Boden, lebenden Organismen und Lebensmitteln im Positiven und im Negativen tatsächlich und potenziell auswirkt, welche Chancen und Risiken in diesem Zusammenhang für das Unt bestehen und welche Maßnahmen getroffen wurden, um die Umweltverschmutzung zu begrenzen.[37]

ESRS E2: Umweltverschmutzung („pollution")	
Management der Auswirkungen, Risiken und Chancen	
ESRS 2 IRO-1	Beschreibung der Verfahren zur Ermittlung und Bewertung der wesentlichen Auswirkungen, Risiken und Chancen im Zusammenhang mit Umweltverschmutzung
E2–1	Konzepte im Zusammenhang mit Umweltverschmutzung
E2–2	Maßnahmen und Mittel im Zusammenhang mit Umweltverschmutzung

---

[37] Vgl. ausführlich zu den Regelungen des ESRS E2: Warnke/Müller, in Haufe ESRS Kommentar, 2. Aufl. 2024, § 7.

ESRS E2: Umweltverschmutzung („pollution")	
Kennzahlen und Ziele	
E2–3	Ziele im Zusammenhang mit Umweltverschmutzung
E2–4	Luft-, Wasser- und Bodenverschmutzung
E2–5	Besorgniserregende Stoffe und besonders besorgniserregende Stoffe
E2–6	Erwartete finanzielle Effekte durch Auswirkungen, Risiken und Chancen im Zusammenhang mit Umweltverschmutzung

Die Zielsetzung des nächsten Standardentwurfs **ESRS E3: Wasser und Meeresressourcen** („**water and marine resources**") ist, dass externe Adressaten verstehen, welche Auswirkungen die Unternehmenstätigkeit im Positiven als im Negativen tatsächlich bzw. potenziell auf die Meeres- und Wasserressourcen hat, welche Chancen und Risiken in diesem Zusammenhang für das Unt bestehen und welche Schutzmaßnahmen getroffen werden.[38]

ESRS E3: Wasser und Meeresressourcen („water and marine resources")	
Management der Auswirkungen, Risiken und Chancen	
ESRS 2 IRO-1	Beschreibung der Verfahren zur Ermittlung und Bewertung der wesentlichen Auswirkungen, Risiken und Chancen im Zusammenhang mit Wasser- und Meeresressourcen
E3–1	Konzepte im Zusammenhang mit Wasser- und Meeresressourcen
E3–2	Maßnahmen und Mittel im Zusammenhang mit Wasser- und Meeresressourcen
E3–3	Maßnahmen und Ressourcen hinsichtlich Wasser und Meeresressourcen
Kennzahlen und Ziele	
E3–3	Ziele im Zusammenhang mit Wasser- und Meeresressourcen
E3–4	Wasserverbrauch
E3–5	Erwartete finanzielle Effekte durch Auswirkungen, Risiken und Chancen im Zusammenhang mit Wasser- und Meeresressourcen

Die Vorgaben des **ESRS E4: Biologische Vielfalt und Ökosysteme** („**biodiversity and ecosystems**") sollen dazu beitragen, dass externe Adressaten nachvollziehen können, wie sich die Unternehmenstätigkeit auf die Biodiversität und Ökosysteme sowohl positiv als auch negativ tatsächlich und potenziell auswirkt, welche Chancen und Risiken in diesem Zusammenhang für das Unt bestehen und welche Maßnahmen hierbei getroffen werden. Hierbei handelt es sich um ein Thema, das zuletzt verstärkt in den Fokus der Aufmerksamkeit gelangt ist und

---

[38] Vgl. ausführlich zu den Regelungen des ESRS E3: Sopp/Scheid, in Freiberg/Lanfermann, Haufe ESRS Kommentar, 2. Aufl. 2024 § 8.

sich zu einem weiteren Schwerpunkt der politischen Bemühungen im Bereich Nachhaltigkeit entwickelt hat.[39]

ESRS E4: Biologische Vielfalt und Ökosysteme („biodiversity and ecosystems")	
Allgemeine Angaben	
E4–1	Übergangsplan und Berücksichtigung von biologischer Vielfalt und Ökosystemen in Strategie und Geschäftsmodell
ESRS 2 SBM-3	Wesentliche Auswirkungen, Risiken und Chancen und ihr Zusammenspiel mit Strategie und Geschäftsmodell
Management der Auswirkungen, Risiken und Chancen	
ESRS 2 IRO-1	Beschreibung der Verfahren zur Ermittlung und Bewertung der wesentlichen Auswirkungen, Risiken und Chancen im Zusammenhang mit biologischer Vielfalt und Ökosystemen
E4–2	Konzepte im Zusammenhang mit biologischer Vielfalt und Ökosystemen
E4–3	Maßnahmen und Mittel im Zusammenhang mit biologischer Vielfalt und Ökosystemen
Kennzahlen und Ziele	
E4–4	Ziele im Zusammenhang mit biologischer Vielfalt und Ökosystemen
E4–5	Kennzahlen im Zusammenhang mit biologischer Vielfalt und Ökosystemveränderungen
E4–6	Erwartete finanzielle Effekte durch Auswirkungen, Risiken und Chancen im Zusammenhang mit biologischer Vielfalt und Ökosystemen

Abschließend sollen die Regelungen des **ESRS E5: Ressourcennutzung und Kreislaufwirtschaft** („resource use and circular economy") dazu beitragen, dass sich Adressaten ein Bild darüber machen können, wie sich die Unternehmenstätigkeit auf die Ressourcennutzung, einschl. der Erschöpfung nicht erneuerbarer Ressourcen und der Regeneration erneuerbarer Ressourcen („Recycling") sowohl im Positiven als auch Negativen tatsächlich und potenziell auswirkt, welche Chancen und Risiken in diesem Zusammenhang für das Unt bestehen und welche Maßnahmen hierbei getroffen werden.[40]

---

[39] Vgl. ausführlich zu den Regelungen des ESRS E4: Lapotta/Rudolf/Sopp, in Freiberg/Lanfermann, Haufe ESRS Kommentar, 2. Aufl. 2024, § 9.
[40] Vgl. ausführlich zu den Regelungen des ESRS E5: Sopp/Rogler/G. Sopp, in Freiberg/Lanfermann, Haufe ESRS Kommentar, 2. Aufl. 2024, § 10.

ESRS E5: Ressourcennutzung und Kreislaufwirtschaft („resource use and circular economy")	
Management der Auswirkungen, Risiken und Chancen	
ESRS 2 IRO-1	Beschreibung der Verfahren zur Ermittlung und Bewertung der wesentlichen Auswirkungen, Risiken und Chancen im Zusammenhang mit Ressourcennutzung und Kreislaufwirtschaft
E5–1	Konzepte im Zusammenhang mit Ressourcennutzung und Kreislaufwirtschaft
E5–2	Maßnahmen und Mittel im Zusammenhang mit Ressourcennutzung und Kreislaufwirtschaft
Kennzahlen und Ziele	
E5–3	Ziele im Zusammenhang mit Ressourcennutzung und Kreislaufwirtschaft
E5–4	Ressourcenzuflüsse
E5–5	Ressourcenabflüsse
E5–6	Erwartete finanzielle Effekte durch Auswirkungen, Risiken und Chancen im Zusammenhang mit Ressourcennutzung und Kreislaufwirtschaft

Insg. fällt auf, wie weitgefasst die Sachverhalte sind, zu denen Angaben nach den ESRS E1 bis E5 zu machen sind. Um diese Fülle an Berichtsvorgaben nachzukommen, werden Unt früh damit beginnen müssen, entsprechende Prozesse zu etablieren und Daten zu generieren. Auch eine Anpassung des Geschäftsmodells kann in vielen Fällen vonnöten sein.

15 Einen weiteren wichtigen Eckpfeiler der Nachhaltigkeitsberichterstattung stellt auch die Abbildung von Sozialaspekten dar, zu denen insb. Arbeitnehmerbelange, Menschenrechte, Sozial- und Verbraucherbelange gehören. Während die hohe Bedeutung von **Arbeitnehmerbelangen** für den Unternehmenserfolg nachgewiesen ist,[41] hat die Relevanz der **Achtung von Menschenrechten entlang der Wertschöpfungskette** aufgrund der (geplanten) Verschärfung der unternehmerischen Sorgfaltspflichten durch das nationale Lieferkettensorgfaltspflichtengesetz (LkSG) und der unionsrechtlichen Corporate Sustainability Due Diligence Directive (CSDDD)[42] einen deutlichen Schub bekommen. Aufgrund weiterhin be-

---

[41] Vgl. u.a. Burkhardt/Graumann, zfo 2015, S. 312; Fahr/Foit, PERSONALquarterly 2016, S. 25f.
[42] Vgl. Gesetz über die unternehmerischen Sorgfaltspflichten in Lieferketten v. 16.7.2021, BGBl 2021 I S. 2959; Richtlinie des Europäischen Parlaments und des Rates v. 13.06.2024 über die Sorgfaltspflichten von Unternehmen im Hinblick auf Nachhaltigkeit und zur Änderung der Richtlinie (EU) 2019/1937 und der Verordnung (EU) 2023/2859, ABl. EU L 2024/1760, https://eur-lex.europa.eu/legal-content/DE/TXT/PDF/?uri=OJ:L_202401760, Abruf 10.10.2024 sowie kommentierend zum Kommissionsvorschlag Baumüller/Needham/Scheid, DB 2022, S. 1401ff.; Baumüller/Needham/Scheid, DK 2022, S. 194ff.

stehender und zugleich schwerwiegender globalen Menschenrechtsverletzungen[43] erscheint eine Anpassung des Rechtsrahmens allerdings auch notwendig.
Neben diesen beiden Aspekte werden i.R.d. ESRS S1 bis S4 Offenlegungspflichten zu weiteren **Sozial- und Verbraucherbelange** verankert, um so gesamtgesellschaftliche Belange zu fördern und mehr Transparenz für unternehmerisches Handeln zu fordern.[44]
Die ESRS S1 bis S4 bilden daher die folgenden Bereiche ab:
a) ESRS S1: Arbeitskräfte des Unt,
b) ESRS S2: Arbeitskräfte in der Wertschöpfungskette,
c) ESRS S3: Betroffene Gemeinschaften und
d) ESRS S4: Verbraucher und Endnutzer.

Seitens der EFRAG wurde mitunter bereits die verabschiedete, aber noch ins nationale Recht umzusetzende CSDDD einbezogen, sodass hier deutlich ein Bestreben der Harmonisierung der Transparenzvorschriften der beiden Reformen erkennbar ist. Parallel wurde zudem an einer europäischen, sozialen Taxonomie gearbeitet. Allerdings befinden sich die Arbeiten an einer Sozialtaxonomie noch im Anfangsstudium und es ist derzeit unklar, ob und wann mit einer Veröffentlichung einer Sozialtaxonomie gerechnet werden kann. Die Offenlegungspflichten der ESRS S1 bis S4 sind noch nicht abschließend, sondern sollen in Zukunft noch um Regelungen zu weiteren Subthemen (z.B. im S1 zu „Arbeitsbedingungen") erweitert werden.

Zielsetzung des **ESRS S1: Arbeitskräfte des Unt („own workforce")** ist es, dass Berichtsadressaten verstehen, welche Auswirkungen die Unternehmenstätigkeit auf die Belegschaft sowohl im Positiven als auch im Negativen tatsächlich und potenziell hat, welche Chancen und Risiken in diesem Zusammenhang für das Unt bestehen und welche Maßnahmen das Unt in diesem Kontext ergreift. Der ESRS S1 stellt zusammen mit dem ESRS E1 zum Klimawandel den Standardentwurf mit den umfassendsten Offenlegungspflichten dar. Auffällig ist zudem die Fülle an Leistungsindikatoren, die Unt in diesem Bereich künftig berichten sollen.[45]

ESRS S1: Arbeitskräfte des Unt („own workforce")	
Allgemeine Angaben	
ESRS 2 SBM-2	Interessen und Standpunkte der Interessenträger
ESRS 2 SBM-3	Wesentliche Auswirkungen, Risiken und Chancen und ihr Zusammenspiel mit Strategie und Geschäftsmodell

---

[43] Vgl. Danish Institute for Human Rights, Responsible business conduct as a cornerstone of the 2030 Agenda – A look at the implications, https://media.business-humanrights.org/media/documents/fb476c137639063b99bf62c8ce8bc86a5ed9e9b7.pdf, Abruf 10.10.2024.

[44] Vgl. Germanwatch, Stellungnahme zum RefE CSR-RL-UmsG, 2016, https://www.bmj.de/SharedDocs/Downloads/DE/Gesetzgebung/Stellungnahmen/2016/04222016_Stellungnahme_Germanwatch_RefE_CSR_Umsetzungsgesetz.pdf?__blob=publicationFile&v=3, Abruf 10.10.2024.

[45] Vgl. ausführlich zu den Regelungen des ESRS S1: Baumüller/Leben/Wieser, in Freiberg/Lanfermann, Haufe ESRS Kommentar, 2. Aufl. 2024, § 12.

ESRS S1: Arbeitskräfte des Unt („own workforce")	
Wesentliche Auswirkungen, Risiken und Chancen und ihr Zusammenspiel mit Strategie und Geschäftsmodell	
S1–1	Konzepte im Zusammenhang mit den Arbeitskräften des Unt
S1–2	Verfahren zur Einbeziehung von Arbeitskräften des Unt und von Arbeitnehmervertretern in Bezug auf Auswirkungen
S1–3	Verfahren zur Verbesserung negativer Auswirkungen und Kanäle, über die Arbeitskräfte des Unt Bedenken äußern können
S1–4	Ergreifung von Maßnahmen in Bezug auf wesentliche Auswirkungen auf die Arbeitskräfte des Unt und Ansätze zum Management wesentlicher Risiken und zur Nutzung wesentlicher Chancen im Zusammenhang mit den Arbeitskräften des Unt sowie die Wirksamkeit dieser Maßnahmen und Ansätze
Kennzahlen und Ziele	
S1–5	Ziele im Zusammenhang mit der Bewältigung wesentlicher negativer Auswirkungen, der Förderung positiver Auswirkungen und dem Umgang mit wesentlichen Risiken und Chancen
S1–6	Merkmale der Arbeitnehmer des Unt
S1–7	Merkmale der Fremdarbeitskräfte des Unt
S1–8	Tarifvertragliche Abdeckung und sozialer Dialog
S1–9	Diversitätskennzahlen
S1–10	Angemessene Entlohnung
S1–11	Soziale Absicherung
S1–12	Menschen mit Behinderungen
S1–13	Kennzahlen für Weiterbildung und Kompetenzentwicklung
S1–14	Kennzahlen für Gesundheitsschutz und Sicherheit
S1–15	Kennzahlen für die Vereinbarkeit von Berufs- und Privatleben
S1–16	Vergütungskennzahlen (Verdienstunterschiede und Gesamtvergütung)
S1–17	Vorfälle, Beschwerden und schwerwiegende Auswirkungen im Zusammenhang mit Menschenrechten

Die Regelungen des **ESRS S2: Arbeitskräfte in der Wertschöpfungskette** (**„workers in the value chain"**) sollen Berichtsadressaten helfen, zu verstehen, welche Auswirkungen die Unternehmenstätigkeit auf die Arbeitnehmer in den vor- und nachgelagerten Wertschöpfungsketten sowohl im Positiven als auch im Negativen tatsächlich und potenziell hat, welche Chancen und Risiken in diesem Zusammenhang für das Unt bestehen und welche Maßnahmen das Unt in diesem

Kontext ergreift. Der Standard greift somit auch die Regelungen der CSDDD auf und behandelt zudem Abgrenzungsfragen zwischen den beiden Standards ESRS S1 und S2.[46]

ESRS S2: Arbeitskräfte in der Wertschöpfungskette („workers in the value chain")	
Allgemeine Angaben	
ESRS 2 SBM-2	Interessen und Standpunkte der Interessenträger
ESRS 2 SBM-3	Auswirkungen, Risiken und Chancen und ihr Zusammenspiel mit Strategie und Geschäftsmodell
Management der Auswirkungen, Risiken und Chancen	
S2–1	Konzepte im Zusammenhang mit Arbeitskräften in der Wertschöpfungskette
S2–2	Verfahren zur Einbeziehung der Arbeitskräfte in der Wertschöpfungskette in Bezug auf Auswirkungen
S2–3	Verfahren zur Verbesserung negativer Auswirkungen und Kanäle, über die die Arbeitskräfte in der Wertschöpfungskette Bedenken äußern können
S2–4	Ergreifung von Maßnahmen in Bezug auf wesentliche Auswirkungen und Ansätze zum Management wesentlicher Risiken und zur Nutzung wesentlicher Chancen im Zusammenhang mit Arbeitskräften in der Wertschöpfungskette sowie die Wirksamkeit dieser Maßnahmen und Ansätze
Kennzahlen und Ziele	
S2–5	Ziele im Zusammenhang mit der Bewältigung wesentlicher negativer Auswirkungen, der Förderung positiver Auswirkungen und dem Umgang mit wesentlichen Risiken und Chancen

Die Vorgaben des **ESRS S3: Betroffene Gemeinschaften („affected communities")** sollen fördern, dass Berichtsadressaten verstehen, welche Auswirkungen die Unternehmenstätigkeit auf lokale Gemeinden, durch seine Tätigkeiten sowie seine vor- und nachgelagerte Wertschöpfungsketten sowohl im Positiven als auch im Negativen tatsächlich und potenziell hat, welche Chancen und Risiken in diesem Zusammenhang für das Unt bestehen und welche Maßnahmen das Unt in diesem Kontext ergreift.[47]

---

[46] Vgl. ausführlich zu den Regelungen des ESRS S2: Auer, in Freiberg/Lanfermann, Haufe ESRS Kommentar, 2. Aufl. 2024, § 13.
[47] Vgl. ausführlich zu den Regelungen des ESRS S3: Baumüller, in Freiberg/Lanfermann, Haufe ESRS Kommentar, 2. Aufl. 2024, § 14.

ESRS S3: Betroffene Gemeinschaften („affected communities")	
Allgemeine Angaben	
ESRS 2 SBM-2	Interessen und Standpunkte der Interessenträger
ESRS 2 SBM-3	Auswirkungen, Risiken und Chancen und ihr Zusammenspiel mit Strategie und Geschäftsmodell
Management der Auswirkungen, Risiken und Chancen	
S3–1	Konzepte im Zusammenhang mit betroffenen Gemeinschaften
S3–2	Verfahren zur Einbeziehung betroffener Gemeinschaften in Bezug auf Auswirkungen
S3–3	Verfahren zur Verbesserung negativer Auswirkungen und Kanäle, über die betroffene Gemeinschaften Bedenken äußern können
S3–4	Ergreifung von Maßnahmen in Bezug auf wesentliche Auswirkungen auf betroffene Gemeinschaften und Ansätze zum Management wesentlicher Risiken und zur Nutzung wesentlicher Chancen im Zusammenhang mit betroffenen Gemeinschaften sowie die Wirksamkeit dieser Maßnahmen
Kennzahlen und Ziele	
S3–5	Ziele im Zusammenhang mit der Bewältigung wesentlicher negativer Auswirkungen, der Förderung positiver Auswirkungen und dem Umgang mit wesentlichen Risiken und Chancen

Zielsetzung des **ESRS S4: Verbraucher und Endnutzer ("consumers and end-users")** ist es schließlich, dass Berichtsadressaten verstehen, welche Auswirkungen die Unternehmenstätigkeit auf Verbraucher und Endnutzer seiner Produkte und/oder Dienstleistungen sowohl im Positiven als auch im Negativen tatsächlich und potenziell hat, welche Chancen und Risiken in diesem Zusammenhang für das Unt bestehen und welche Maßnahmen das Unt in diesem Kontext ergreift.[48]

ESRS S4: Verbraucher und Endnutzer („consumers and end-users")	
Allgemeine Angaben	
ESRS 2 SBM-2	Interessen und Standpunkte der Interessenträger
ESRS 2 SBM-3	Wesentliche Auswirkungen, Risiken und Chancen und ihr Zusammenspiel mit Strategie und Geschäftsmodell

---

[48] Vgl. ausführlich zu den Regelungen des ESRS S4: Müller/Reinke, in Freiberg/Lanfermann, Haufe ESRS Kommentar, 2. Aufl. 2024, § 15.

ESRS S4: Verbraucher und Endnutzer („consumers and end-users")	
Management der Auswirkungen, Risiken und Chancen	
S4–1	Konzepte im Zusammenhang mit Verbrauchern und Endnutzern
S4–2	Verfahren zur Einbeziehung von Verbrauchern und Endnutzern in Bezug auf Auswirkungen
S4–3	Verfahren zur Verbesserung negativer Auswirkungen und Kanäle, über die Verbraucher und Endnutzer Bedenken äußern können
S4–4	Ergreifung von Maßnahmen in Bezug auf wesentliche Auswirkungen auf Verbraucher und Endnutzer und Ansätze zum Management wesentlicher Risiken und zur Nutzung wesentlicher Chancen im Zusammenhang mit Verbrauchern und Endnutzern sowie die Wirksamkeit dieser Maßnahmen und Ansätze
Kennzahlen und Ziele	
S4–5	Ziele im Zusammenhang mit der Bewältigung wesentlicher negativer Auswirkungen, der Förderung positiver Auswirkungen und dem Umgang mit wesentlichen Risiken und Chancen

Die Nachhaltigkeitsberichterstattung wird künftig um die Abbildung von Elementen der (Corporate) Governance erweitert. Nachdem zunächst ein äußerst breiter Ansatz gewählt wurde und die ESRS zunächst Offenlegungspflichten zu einer Vielzahl an Corporate-Governance-Modalitäten aufwiesen, wurde i.R.e. Überarbeitung der Blickwinkel deutlich enger gefasst und die Regelungen mit bestehenden unionsrechtlichen Vorgaben sowie den Regelungen der IFRS S1 abgestimmt. Die ESRS beinhalten daher nur noch Angabepflichten über Corporate-Governance-Modalitäten, die entweder einen unmittelbaren Bezug zu Nachhaltigkeitsaspekten aufweisen oder die für das Verständnis der Nachhaltigkeitsberichterstattung erforderlich sind. Das soll dazu beitragen, dass sich Doppelungen zu bestehenden Berichtserfordernissen, wie insb. die Berichtsangaben, die in der (Konzern-)Erklärung zur Unternehmensführung, im (Konzern-)Lagebericht, im Vergütungsbericht und im Bericht des Aufsichtsrats an die Hauptversammlung zu machen sind, in Grenzen halten.

16

Im **ESRS 2: Allgemeine Angaben (General requirements)** werden auch fünf Offenlegungspflichten zu Corporate-Governance-Modalitäten statuiert. Hierbei handelt es sich um Offenlegungspflichten zur Arbeitsweise und Zusammensetzung der Verwaltungs-, Leitungs- und Kontrollorgane, zur Vergütungspolitik sowie zu den internen Risikomanagement- und Kontrollsystemen. Ferner haben Unt eine Übersicht über die im Nachhaltigkeitsbericht bereitgestellten Informationen über das Verfahren zur Erfüllung der Sorgfaltspflicht zu geben.[49]

---

[49] Vgl. ausführlich zu den governancebezogenen Regelungen des ESRS 2: Hrinkow/Müller/Needham/Terko/Wieser, in Freiberg/Lanfermann, Haufe ESRS Kommentar, 2. Aufl. 2024, § 4 Rz. 30ff.

ESRS 2-Governance, Risikomanagement und interne Kontrollen ("governance, risk management and internal control")	
ESRS 2 - GOV-1	Die Rolle der Verwaltungs-, Leitungs- und Aufsichtsorgane
ESRS 2 - GOV-2	Informationen und Nachhaltigkeitsaspekte, mit denen sich die Verwaltungs-, Leitungs- und Aufsichtsorgane des Unternehmens befassen
ESRS 2 - GOV-3	Einbeziehung der nachhaltigkeitsbezogenen Leistung in Anreizsysteme
ESRS 2 - GOV-4	Erklärung zur Sorgfaltspflicht
ESRS 2 - GOV-5	Risikomanagement und interne Kontrollen der Nachhaltigkeitsberichterstattung Vergütungspolitik

Im **ESRS G1: Unternehmensführung** („business conduct") sind schließlich verschiedene Angabepflichten zur Unternehmenskultur und zu den Corporate-Governance-Praktiken, die ein integres Geschäftsverhalten gewährleisten sollen, geregelt. Hierzu gehören auch Offenlegungspflichten zu den Maßnahmen zur Bekämpfung von Korruption, Bestechung und wettbewerbswidrigem Verhalten sowie zu verschiedenen Leistungsindikatoren in diesem Bereich.[50]

ESRS G1: Unternehmensführung (Business Conduct)	
Allgemeine Angaben	
ESRS 2 - GOV1	Angabepflicht im Zusammenhang mit ESRS 2 GOV-1 – Die Rolle der Verwaltungs-, Leitungs- und Aufsichtsorgane
Management der Auswirkungen, Risiken und Chancen	
ESRS 2 IRO-1	Beschreibung der Verfahren zur Ermittlung und Bewertung der wesentlichen Auswirkungen, Risiken und Chancen
G1–1	Unternehmenskultur und Konzepte für die Unternehmensführung
G1–2	Management der Beziehungen zu Lieferanten
G1–3	Verhinderung und Aufdeckung von Korruption und Bestechung
Kennzahlen und Ziele	
G1–4	Korruptions- oder Bestechungsfälle
G1–5	Politische Einflussnahme und Lobbytätigkeiten
G1–6	Zahlungspraktiken

---

[50] Vgl. ausführlich zu den Regelungen des ESRS G1: Baumüller/Leben/Wieser, in Freiberg/Lanfermann, Haufe ESRS Kommentar, 2. Aufl. 2024, § 12.

§ 315c Abs. 1 Nr. 3 und 4 HGB-E sehen darüber hinaus spezifische Maßgaben 17
vor, die bei der Erstellung eines Konzernnachhaltigkeitsberichts zu berücksichtigen sind. Diese Regelungen tragen den Besonderheiten der Berichterstattung auf Konzernebene Rechnung und betreffen insb. die Konsolidierung der Informationen sowie die Berichterstattung über TU.
§ 315c Abs. 1 Nr. 3 HGB-E verpflichtet das MU, im Konzernnachhaltigkeitsbericht Angaben darüberzumachen, ob erhebliche Unterschiede zwischen den Risiken für den Konzern insg. und den Risiken für einzelne TU feststellt. Diese Regelung gilt sinngemäß, wenn Diskrepanzen zwischen Auswirkungen auf der Ebene des Konzerns und den Auswirkungen der TU bestehen. Dies kann z. B. der Fall sein, wenn bestimmte Tochtergesellschaften in Ländern tätig sind, in denen höhere Umweltrisiken bestehen, oder wenn die Geschäftstätigkeit einzelner TU besonders stark von sozialen oder governance-bezogenen Risiken betroffen ist. In solchen Fällen muss der Konzernnachhaltigkeitsbericht ein hinreichendes Verständnis der spezifischen Risiken und Auswirkungen für die betroffenen TU vermitteln. Dies erfordert eine tiefergehende Analyse der individuellen Risiken und Herausforderungen, denen die Tochtergesellschaften ausgesetzt sind, und stellt sicher, dass die Berichterstattung auf Konzernebene nicht die spezifischen Gegebenheiten in den einzelnen Tochtergesellschaften verschleiert.
Die Regelung des § 315c Abs. 1 Nr. 4 HGB-E betrifft TU, die von der Pflicht zur Erstellung eines Nachhaltigkeitsberichts oder Konzernnachhaltigkeitsberichts befreit sind. Das MU muss im Konzernnachhaltigkeitsbericht angeben, welche TU nach dem jeweils anwendbaren Recht von dieser Pflicht befreit sind. Diese Befreiungen sind in Art. 19a Abs. 9 und Art. 29a Abs. 8 Bilanzrichtlinie geregelt und betreffen insb. Tochtergesellschaften, deren MU bereits einen konsolidierten Nachhaltigkeitsbericht erstellt. In solchen Fällen ist es ausreichend, wenn das MU den Nachhaltigkeitsbericht für den gesamten Konzern erstellt, ohne dass die Tochtergesellschaften eigene Berichte vorlegen müssen.
Die Konsolidierung von Nachhaltigkeitsinformationen auf Konzernebene stellt 18
Unt vor erhebliche Herausforderungen. Im Gegensatz zur finanziellen Berichterstattung, bei der standardisierte Verfahren und etablierte Rechnungslegungsstandards zur Anwendung kommen, ist die Erfassung und Konsolidierung von nachhaltigkeitsbezogenen Informationen oftmals komplexer und weniger eindeutig.
Ein zentrales Problem bei der Konsolidierung von Nachhaltigkeitsinformationen auf Konzernebene ist die Heterogenität der Berichterstattungsanforderungen in den verschiedenen Tochtergesellschaften. Insb. international tätige Konzerne sind mit unterschiedlichen regulatorischen Vorgaben in den Ländern konfrontiert, in denen ihre TU ansässig sind. Dies kann dazu führen, dass die erfassten Informationen nicht einheitlich oder vergleichbar sind. Um diesem Problem zu beggnen, sind Unt gefordert, konzernweite Standards und Prozesse für die Datenerfassung und Berichterstattung zu entwickeln, um so die Nachhaltigkeitsdaten aller zum Konzern gehörenden Tochtergesellschaften zusammenzuführen und harmonisieren zu können, unabhängig davon, wo die Tochtergesellschaften ihren Sitz haben. Diese Standards müssen sicherstellen, dass alle Tochtergesellschaften relevante Informationen auf konsistente Weise erfassen

und an das MU übermitteln. Gleichzeitig müssen die spezifischen Gegebenheiten und Risiken in den einzelnen Ländern berücksichtigt werden.[51]

Eine weitere Herausforderung bei der Konsolidierung von Nachhaltigkeitsinformationen ist die Erfassung der Auswirkungen entlang der gesamten Wertschöpfungskette des Konzerns. § 289c Abs. 4 HGB-E, der sinngemäß auch für den Konzern gilt, setzt Art. 19a Abs. 3 Unterabsatz 1 Bilanzrichtlinie um und verpflichtet Unt, auch über ihre gesamte Wertschöpfungskette zu berichten. Dies bedeutet, dass Unt nicht nur die direkten Auswirkungen ihrer Geschäftstätigkeit offenlegen müssen, sondern auch die indirekten Auswirkungen, die sich aus ihrer Wertschöpfungskette ergeben.

Die Berichterstattung über die Wertschöpfungskette umfasst sowohl die Upstream- als auch die Downstream-Lieferkette des Unt. Dies bedeutet, dass Unt Informationen über die sozialen und ökologischen Auswirkungen der Aktivitäten ihrer Lieferanten und Geschäftspartner offenlegen müssen. Die Erfassung dieser Informationen erfordert eine enge Zusammenarbeit mit Lieferanten und Geschäftspartnern, die oftmals nicht direkt dem Einflussbereich des Konzerns unterliegen. Unt müssen geeignete Verfahren und Systeme implementieren, um die erforderlichen Daten von ihren Partnern zu erhalten und in den Konzernnachhaltigkeitsbericht zu integrieren. Durch die Verpflichtung zur Berichterstattung über die Wertschöpfungskette soll sichergestellt werden, dass Unt die gesamte Bandbreite ihrer Nachhaltigkeitsrisiken und -chancen berücksichtigen. Dies erhöht die Transparenz und trägt dazu bei, dass Stakeholder ein umfassenderes Bild von den Nachhaltigkeitsleistungen eines Unt erhalten.[52]

Ein weiterer wichtiger Aspekt des Konzernnachhaltigkeitsberichts ist die Einbindung der Arbeitnehmervertreter in den Erstellungsprozess. Diese Beteiligung ist in § 315c Abs. 1 HGB-E vorgesehen und entspricht den Regelungen, die auch für den allgemeinen Nachhaltigkeitsbericht nach § 289c HGB-E gelten. Insb. für große, international tätige Konzerne ist die Einbindung der Arbeitnehmer von entscheidender Bedeutung, da diese eine wichtige Rolle bei der Überwachung und Einhaltung von Sozial- und Umweltstandards spielen. Die Regelung sieht vor, dass die Arbeitnehmervertreter regelmäßig in den Berichterstellungsprozess eingebunden werden und die Möglichkeit haben, Stellungnahmen abzugeben. Diese Stellungnahmen müssen den zuständigen Organen des Unt zur Verfügung gestellt werden, um sicherzustellen, dass die Arbeitnehmerperspektive in die Berichterstattung einfließt.

19 Neben den inhaltlichen Vorgaben enthält § 315c HGB-E in Abs. 2 eine Verordnungsermächtigung für das Bundesministerium der Justiz (BMJ). Diese Ermächtigung ermöglicht es dem Ministerium, die delegierten Rechtsakte, die i.R.v. Art. 29b RL 2013/34/EU erlassen oder geändert werden, durch eine Rechtsverordnung offiziell zu bezeichnen. Diese Verordnung bedarf nicht der Zustimmung des Bundesrates. Diese Flexibilität ist notwendig, da insb. die ESRS, die i.R.d. CSRD entwickelt werden, eine dynamische Anpassung der Berichterstattungsanforderungen mit sich bringen. Durch die Verordnungsermächtigung kann der Gesetzgeber sicherstellen, dass die nationalen Vorschriften zeitnah an die europäischen Entwicklungen angepasst werden.[53]

---

[51] Vgl. ausführlich Lanfermann/Baumüller, IRZ 2023, S. 89 ff.
[52] Vgl. ausführlich Velte, DStR 2023, S. 2358 ff.
[53] Vgl. RegE CSRD-UmsG, S. 139.

§ 315d Konzernerklärung zur Unternehmensführung

¹Ein Mutterunternehmen, das eine Gesellschaft i.S.d. § 289f Absatz 1 oder Absatz 3 ist, hat für den Konzern eine Erklärung zur Unternehmensführung zu erstellen und als gesonderten Abschnitt in den Konzernlagebericht aufzunehmen. ²§ 289f ist entsprechend anzuwenden.

Inhaltsübersicht Rz
1 Überblick.. 1–2
2 Ausgestaltung der Konzernerklärung
  zur Unternehmensführung........................... 3–8
3 CSRD-Umsetzungsgesetz: Änderungen.......... 9–10

1 Überblick

Mit dem BilRUG wurde als Umsetzung der Vorgabe der Bilanz-RL (Art. 29 Abs. 1 RL 2013/34/EU i.V.m. Art. 20 RL 2013/34/EU) in § 315 HGB ein Abs. 5 angefügt, der mit dem CSR-RL-Umsetzungsgesetz ab dem Gj 2017 in einen neuen § 315d HGB verschoben wurde, der bestimmte MU zu einer **Erklärung zur Unternehmensführung** für den Konzern verpflichtet. 1
Danach sind die in § 289a HGB a.F. seit dem Gj 2017 § 289f HGB umgesetzten speziellen Vorgaben für börsennotierte AG sowie AG, die ausschl. andere Wertpapiere als Aktien zum Handel an einem organisierten Markt i.S.d. § 2 Abs. 11 des WpHG ausgegeben haben und deren ausgegebene Aktien auf eigene Veranlassung über ein multilaterales Handelssystem i.S.d. § 2 Abs. 8 Satz 1 Nr. 8 des WpHG gehandelt werden auf konsolidierter Ebene auch im Konzernlagebericht notwendig. Der Inhalt wurde bereits mehrfach ergänzt. So erfuhr die Konzernerklärung zur Unternehmensführung bereits durch das Gesetz für die gleichberechtigte Teilhabe von Frauen und Männern an Führungspositionen in der Privatwirtschaft und im öffentlichen Dienst,[1] das CSR-RL-Umsetzungsgesetz,[2] das Zweite Aktionärsrechte-RL-Umsetzungsgesetz (ARUG II);[3] und Zweite Führungspositionen-Gesetz (FüPoG II)[4] eine Erweiterung.
Für die Entwicklung der Erklärung zur Unternehmensführung: s. § 289f HGB Rz 1ff.
Der **Anwendungsbereich** von § 315d HGB umfasst **börsennotierte MU in der Rechtsform einer AG** und solche AG, die ausschl. **andere Wertpapiere** (etwa Schuldverschreibungen) zum Handel am organisierten Markt i.S.d. § 2 Abs. 11 2

---

[1] Gesetz für die gleichberechtigte Teilhabe von Frauen und Männern an Führungspositionen in der Privatwirtschaft und im öffentlichen Dienst v. 24.4.2015, BGBl 2015 I, S. 642ff.
[2] Gesetz zur Stärkung der nichtfinanziellen Berichterstattung der Unternehmen in ihren Lage- und Konzernlageberichten (CSR-Richtlinie-Umsetzungsgesetz) v. 11.4.2017, BGBl 2017 I, S. 802.
[3] Gesetz zur Umsetzung der zweiten Aktionärsrechterichtlinie v. 12.12.2019, BGBl 2019 I, S. 2637.
[4] Gesetz zur Ergänzung und Änderung der Regelungen für die gleichberechtigte Teilhabe von Frauen an Führungspositionen in der Privatwirtschaft und im öffentlichen Dienst v. 7.08.2021, BGBl 2021 I, S. 3311.

WpHG ausgegeben haben und deren Aktien mit Wissen[5] der Ges. über ein multilaterales Handelssystem i. S. d. § 2 Abs. 8 Satz 1 Nr. 8 WpHG (in Deutschland grds. der Freiverkehr) gehandelt werden (§ 289f Rz 9). In den Anwendungsbereich des § 315d HGB fallen somit zum einen MU, die in der Rechtsform der AG organisiert und **„kapitalmarktorientiert"** sind.

Im § 264d HGB sind zwei Bedingungen statuiert, die erfüllt sein müssen, sodass KapG als kapitalmarktorientiert gelten. So gelten KapG nur dann als kapitalmarktorientiert, wenn sie zum einen Wertpapiere i. S. v. § 2 Abs. 1 Satz 1 WpHG ausgeben. Zu den Wertpapieren i. S. v. § 2 Abs. 1 Satz 1 WpHG gehören:
– Aktien,
– Zertifikate, die Aktien vertreten,
– Schuldverschreibungen,
– Genussscheine,
– Optionsscheine
– sowie sonstige Wertpapiere, die mit Aktien oder Schuldverschreibungen vergleichbar sind.

Die ausgegebenen Wertpapiere müssen zusätzlich an einem **organisierten Markt** i. S. v. § 2 Abs. 11 WpHG gehandelt werden. Diese Bedingung ist auch dann erfüllt, wenn für diese Wertpapiere die Zulassung zum Handel an einem derartigen Markt bislang nur beantragt wurde. Zu den organisierten Märkten zählen wiederum die regulierten Märkte i. S. v. § 32ff. BörsG. Die Begrifflichkeit des organisierten Marktes ist somit beschränkt auf die Kapitalmärkte innerhalb der EU sowie innerhalb der Vertragsstaaten, mit denen der EWR ein Abkommen hält.[6] Der Begriff des multilateralen Handelssystems i. S. v. § 2 Abs. 8 Satz 1 Nr. 8 WpHG,[7] der im § 289f Abs. 1 Satz 1 HGB aufgegriffen wird, ist somit räumlich breiter befasst als der Begriff des organisierten Marktes i. S. d. § 2 Abs. 11 WpHG. Eine Beschränkung auf die regulierten Märkte innerhalb der EU sowie der Vertragspartner der EWR ist zwar grds. aus § 289f Abs. 1 Satz 1 HGB nicht abzuleiten. Allerdings wird in der Erläuterung zum RegE zum BilMoG, welches die Pflicht zur Abgabe einer Erklärung zur Unternehmensführung eingeführt hat, explizit darauf verwiesen, dass diese Regelung bei Drittstaaten keine Anwendung findet, weswegen sich der Anwendungsbereich dieser Norm mit der Gruppe der kapitalmarktorientierten Aktiengesellschaften letztlich deckt.[8]

Eine Konzernerklärung zur Unternehmensführung haben des Weiteren MU zu erstellen, die in einer **börsennotierten KGaA** (§ 289f Rz 23ff.) organisiert sind. Zudem verlangt Art. 61 der EU-Verordnung 2157/2001[9] von **börsennotierten SE** eine entsprechende Anwendung. Die Abgabepflicht hängt einzig an der Rechtsform und des Zugangs zum Kapitalmarktes des MU, sollte nur ein oder

---

[5] Vgl. BT-Drs. 16/10067 v. 30.7.2008 S. 104; Grottel, in Beck Bil-Komm., 14. Aufl. 2024, § 289f HGB Rz 10 ff.
[6] Vgl. Suchan, in MüKo zum Bilanz-Recht, 2013, HGB § 264d, Rn. 14–19.
[7] Vgl. ausführlich zum Begriff des multilateralen Handelssystems: Assmann, in: Assmann/Schneider/Mülbert (Hrsg.): Wertpapierhandelsrecht, 8. Aufl 2023., § 2 WpHG, Rn. 160–164.
[8] Vgl. RegE BilMoG, BT-Drs. 16/10067, S. 104.
[9] EU-Verordnung 2157/2001 v. 8.10.2001, ABl. EG L 294/16ff. v. 10.11.2001.

mehrere TU börsennotiert sein, löst dies keine Berichterstattungspflicht auf Ebene des Konzerns aus.[10] Über den Anwendungsbereich des § 289f Abs. 1 Satz 1 HGB hinaus haben nach § 289f Abs. 4 HGB auch nicht-börsennotierte AGs, nicht-börsennotierte KGaAs, GmbHs, Versicherungsunternehmen sowie Genossenschaften, die der Mitbestimmung unterliegen, eine Erklärung zur Unternehmensführung mit den Angaben zur Teilhabe von Frauen und Männern in Führungspositionen i. S. v. § 289f Abs. 2 Nr. 4 HGB zu erstellen. MU, die in einer der genannten Unternehmensformen organisiert sind, sind allerdings nicht verpflichtet eine Konzernerklärung zur Unternehmensführung nach § 315d HGB zu erstellen.

Die Konzernerklärung zur Unternehmensführung ist **gesetzlicher Bestandteil** des Konzernlageberichts. Hierbei ist es unerheblich, ob die Konzernerklärung zur Unternehmensführung im Konzernlagebericht als gesonderter Abschnitt aufgenommen wurde oder die Konzernerklärung zur Unternehmensführung auf der Internetseite des Unternehmens veröffentlicht wurde und der Konzernlagebericht eine entsprechende Bezugnahme enthält. Dieser Interpretation der Norm wird auch in den Regelungen des DRS 20 zum Konzernlagebericht nicht widersprochen. So wird im DRS 20.20 zwar hervorgehoben, dass der Konzernlagebericht in **geschlossener Form** aufzustellen und offenzulegen ist. Eine geschlossene Offenlegung liege nach DRS 20.21 allerdings auch dann vor, wenn die Konzernerklärung zur Unternehmensführung auf der Internetseite veröffentlicht wird. Die in den DRS 20.12 ff. statuierten allgemeinen Konzernlageberichtsgrundsätze sowie die speziellen Regelungen der DRS 20.K224 ff. gelten somit unabhängig von der Form der Veröffentlichung der Konzernerklärung zur Unternehmensführung.

Nach § 290 Abs. 1 Satz 1 HGB ist der Konzernlagebericht und somit auch die Konzernerklärung zur Unternehmensführung als dessen gesetzlichen Bestandteil vom **gesetzlichen Vertreter** der MU aufzustellen, was im Falle einer AG nach § 78 Abs. 1 Satz 1 AktG wiederum der Vorstand ist. Der Aufsichtsrat prüft de lege lata nach § 171 Abs. 1 AktG die Konzernerklärung zur Unternehmensführung. Bei der Konzernerklärung zur Unternehmensführung tritt allerdings die Besonderheit auf, dass in dieser Erklärung auch Angaben zu machen sind, welche die Aufgaben und Kompetenzen des Aufsichtsrats extern abbilden. Für die Berichtsteile der Konzernerklärung zur Unternehmensführung, die aus der Erfüllung der Aufgaben des Aufsichtsrats als Überwachungsorgan resultieren, trägt der Aufsichtsrat eine **Gestaltungsverantwortung**. Der Vorstand ist somit zum einen bei der Beschreibung des Diversitätskonzepts nach § 289f Abs. 2 Nr. 6 HGB an den Ausführungen des Aufsichtsrats zu den Zielen des Konzepts, zur Art und Weise der Umsetzung sowie zum Grad der Zielerreichung gebunden. Auch bei anderen aufsichtsratsbezogenen Inhalten, wie z. B. zur Arbeitsweise des Aufsichtsrats sowie zur Zusammensetzung und Arbeitsweise der Ausschüsse nach § 289f Abs. 2 Nr. 2 HGB und zur gleichberechtigten Teilhabe von Frauen und Männern im Aufsichtsrat nach § 289f Abs. 2 Nr. 4 und 5 HGB ist der Aufsichtsrat in den Erstellungsprozess der Konzernerklärung zur Unterneh-

---

[10] Vgl. z. B. IDW, WPH Edition, Wirtschaftsprüfung & Rechnungslegung, 18. Aufl. 2023, Kap. G Tz 833.

mensführung miteinzubeziehen, um so zu gewährleisten, dass die Verhältnisse tatsachengetreu abgebildet werden.[11]

Die Besonderheit der Erklärung zur Unternehmensführung bzw. der Konzernerklärung zur Unternehmensführung hinsichtlich der Verantwortung seiner Erstellung wird auch in Grundsatz 23 des überarbeiteten DCGK aufgegriffen. So heißt es hier „Aufsichtsrat und Vorstand berichten jährlich in der Erklärung zur Unternehmensführung über die Corporate Governance der Gesellschaft." Die Formulierung von Grundsatz 23 DCGK ist allerdings in hohem Maße auslegungsbedürftig bzw. missverständlich. Mit dem Ziel, Anleger und andere Stakeholdergruppen über den rechtlichen Rahmen des Corporate-Governance-Systems in Deutschland zu informieren, geben die Grundsätze nach eigener Aussage der Regierungskommission nur das geltende Recht wieder.[12] In der Begründung zur Änderung des Kodex von 2020 wird ersichtlich, dass die Regierungskommission mit dieser Formulierung die Gestaltungsverantwortung des Aufsichtsrats hervorheben möchte, die dieser für die einzelnen Berichtsteile hat, die seine Aufgaben und Tätigkeiten abbilden.[13] Grundsatz 23 DCGK (2022) kann daher nur als Empfehlung zur gemeinsamen ganzheitlichen Aufstellung samt Unterzeichnung der Erklärung zur Unternehmensführung bzw. Konzernerklärung zur Unternehmensführung durch Vorstand und Aufsichtsrat und nicht als Wiedergabe der Gesetzeslage verstanden werden, auch wenn dies durch die Formulierung sowie Systematisierung als Grundsatz suggeriert wird.[14] Die gesetzlichen Regelungen untersagen eine gemeinsame Erstellung der Erklärung zur Unternehmensführung bzw. Konzernerklärung zur Unternehmensführung grds. nicht.

Diese Vorgabe ist trotzdem anders aufzufassen als die im § 162 Abs. 1 Satz 1 AktG geregelte Pflicht zur gemeinsamen Erstellung des Vergütungsberichts von Vorstand und Aufsichtsrat. Diese Norm weist ausdrücklich die Erstellungskompetenz des Vergütungsberichts beiden Organen zu. Dieser Pflicht kann sich weder eines der beiden Organe entziehen, noch besteht die Möglichkeit, diese Kompetenz auf eine andere Einheit zu übertragen. Zur Beschlussfassung kann auch nur ein einheitlich ausgearbeiteter Vergütungsbericht vorgelegt werden. Die Regelung schließt somit aus, dass die beiden Organe eine in irgendeiner Form voneinander getrennte oder abweichende Vergütungsberichterstattung erstellen. Eine **Doppelzuständigkeit** von Vorstand und Aufsichtsrat ist zudem in § 161 Abs. 1 Satz 1 AktG gesetzlich verankert. Die Erklärung zum Deutschen Corporate Governance Kodex (sog. **Entsprechenserklärung**) ist nach § 161 Abs. 1 Satz 1 AktG von beiden Organen der erklärungspflichtigen Gesellschaft abzugeben. Diese Vorschrift weist somit eine funktionale Nähe zu den Regelungen zur Kompetenzverteilung von Vorstand und Aufsichtsrat bei der Erstellung der Erklärung zur Unternehmensführung bzw. Konzernerklärung zur Unternehmensführung und des Vergütungsberichts auf. Insgesamt ist eine Pflicht zur

---

[11] Vgl. AK „Corporate Governance Reporting" der Schmalenbach-Gesellschaft für Betriebswirtschaft e.V., DB 2019, S. 318.
[12] Vgl. Regierungskommission. Begründung des Deutschen Corporate Governance Kodex v. 16.12.2019, S. 4, www.dcgk.de/de/, Abruf 1.10.2024.
[13] Vgl. Regierungskommission, Begründung des Deutscher Corporate Governance Kodex vom 16.12.2019, 4, www.dcgk.de, Abruf 1.10.2024.
[14] Vgl. Needham/Müller, BC 2020, S. 237–238.

Abgabe einer gemeinsamen Erklärung von den vorherigen Berichterstattungsvorgaben aber abzugrenzen.[15]

Grundsatz 23 DCGK (2022) löste im Jahr 2020 die frühere Empfehlung Ziff. 3.10 des DCGK (2017) ab. Nach Ziff. 3.10 des DCGK (2017) sollten Vorstand und Aufsichtsrat jährlich in einem **Corporate-Governance-Bericht** über die Corporate Governance berichten und diesen Bericht im „Zusammenhang" mit der Erklärung zur Unternehmensführung veröffentlichen. Die Regierungskommission verzichtete indes zu konkretisieren, in welchem konkreten Zusammenhang der Corporate-Governance-Bericht mit der (Konzern-)Erklärung zur Unternehmensführung veröffentlicht werden soll. Es war somit z.B. unklar, ob der **Corporate-Governance-Bericht** in die (Konzern-)Erklärung zur Unternehmensführung integriert oder der Corporate-Governance-Bericht als eigenständiger Bericht im Geschäftsbericht veröffentlicht werden soll. Mit Grundsatz 23 DCGK (2022) wird das bisherige Nebeneinander von (Konzern-)Erklärung zur Unternehmensführung und dem Corporate Governance Bericht sinnvollerweise beseitigt. Berichtsangaben, die aus der Befolgung des DCGK resultieren, sind somit seit der Kodexänderung von 2020 in der (Konzern-)Erklärung zur Unternehmensführung vorzunehmen.[16]

Neben den Regelungen des DCGK sind bei der Erstellung der Konzernerklärung zur Unternehmensführung auch die Standards des Deutschen Rechnungslegungs Standards Committee (DRSC) zu beachten, die an Konzernabschlüsse und -lageberichte adressiert sind. Die DRS erlangen mit Bekanntmachung durch das BMJV ihre offizielle Wirkung in Form der Vermutung, dass eine Anwendung zur Einhaltung der GoB zumindest in der Konzernrechnungslegung führt. Dieser Aspekt schlägt sich in einer faktischen Bindungswirkung der DRS für Konzernabschlüsse und -lageberichte nieder, die sogar für Jahresabschlüsse und Lageberichte zu beobachten ist.[17]

Als gesetzlicher Bestandteil des Konzernlageberichts sind die allg. Berichtsgrundsätze des DRS 20 auch für die Konzernerklärung zur Unternehmensführung einschlägig. Zu den Berichtsgrundsätzen der Konzernlageberichterstattung gehören die Grundsätze der Vollständigkeit und Verlässlichkeit der Informationen, die Klarheit und Übersichtlichkeit der Berichterstattung, der Wesentlichkeit und der Informationsabstufung sowie der Vermittlung der Sicht der Konzernleitung, wobei dieser Grundsatz bei Modalitäten über die Vorstand und Aufsichtsrat gemeinsam berichten, sinngemäß auf beide Organe anzuwenden ist (DRS 20.12–35). Der DRS 20 enthält zudem für die Konzernerklärung zur Unternehmensführung spezifische Berichtsstandards (DRS 20.K224-K231m). Der DRS 20 wurde zuletzt durch DRÄS 12 geändert, welcher am 7.3.2022 im amtlichen Teil des Bundesanzeigers veröffentlicht wurde.[18] Aufgrund der geänderten Berichtspflichten zur Teilhabe von Frauen an Führungspositionen, die mit dem FüPoG II eingeführt wurden, wurde auch die Regelungen des DRS 20 zur Konzernerklärung zur Unternehmensführung

---

[15] Vgl. Needham/Müller, in: Baetge/Kirsch/Thiele (Hrsg.): Bilanzrecht, § 314 HGB, Rn. 709–712 (Stand: April 2021).
[16] Vgl. Arbeitskreis Corporate Governance Reporting der Schmalenbach-Gesellschaft für Betriebswirtschaft e V. (Hrsg.), DB 2018, S. 2125.
[17] Vgl. Fink/Kajüter/Winkeljohann, Lageberichterstattung, 2013, S. 23 f.; Lorson et al., ZGR 2015, S. 887–917; Needham/Müller, IRZ 2019, S. 81.
[18] DRÄS 12 v. 11.2.2022, BAnz AT 7.3.2022, Anlage B1.

angepasst. Die Überarbeitungen beschränken sich allerdings auf die Wiedergabe der geänderten Rechtslage und beinhalten über die gesetzlichen Bestimmungen hinaus keine weiterführende Anweisung an die Unt (vgl. zu den Berichtspflichten nach dem FüPoG II § 315d Rz 6).

2 Ausgestaltung der Konzernerklärung zur Unternehmensführung

3   Nach § 315d Satz 2 HGB ist § 289f HGB entsprechend anzuwenden. Die **Konzernerklärung zur Unternehmensführung** gem. § 315d i.V.m. 289f Abs. 2 HGB umfasst
- die Erklärung zum Deutschen Corporate Governance Kodex durch den Vorstand und Aufsichtsrat gem. § 161 Abs. 1 AktG (sog. Entsprechenserklärung),
- eine Bezugnahme auf die Internetseite der Gesellschaft, auf der der Vergütungsbericht über das letzte Gj und der Vermerk des Abschlussprüfers gem. § 162 AktG, das geltende Vergütungssystem gem. § 87a Abs. 1 und 2 Satz 1 AktG und der letzte Vergütungsbeschluss gem. § 113 Abs. 3 AktG öffentlich zugänglich gemacht werden,
- die relevanten Angaben zu Unternehmensführungspraktiken, die über die gesetzlichen Anforderungen (inkl. der Entsprechung des Deutschen Corporate Governance Kodex) hinaus angewandt werden, nebst Hinweis, wo sie öffentlich zugänglich sind,
- eine Darstellung der Arbeitsweise von Vorstand und Aufsichtsrat und der Zusammensetzung und Arbeitsweise ihrer Ausschüsse bzw. Verweis auf die Internetseite der Gesellschaften, sofern die Informationen hier öffentlich zugänglich gemacht wurden,
- eine Darstellung der Zielgrößen für den Frauenanteil in Aufsichtsrat, Vorstand und den beiden Führungsebenen unterhalb des Vorstands und der festgelegten Fristen für deren Erreichung sowie eine Begründung, falls in einer der Bereiche die Zielgröße Null festgelegt wurde und eine Angabe, ob die festgelegten Zielgrößen während des Bezugszeitraums erreicht worden sind bzw. wenn nicht, Angaben zu den Gründen,
- (nur sofern das MU börsennotiert ist und der paritätischen Mitbestimmung unterliegt) die Angaben zur Einhaltung der Mindestquoten hinsichtlich der Teilhabe von Frauen und Männern bei der Besetzung des Aufsichtsrats sowie eine Begründung, falls die Mindestquoten, nicht eingehalten wurde,
- (nur sofern das MU börsennotiert ist und der paritätischen Mitbestimmung unterliegt) Angaben zur Einhaltung der Mindestanzahl hinsichtlich der Teilhabe von Frauen und Männern bei der Besetzung des Vorstands sowie eine Begründung, falls die Mindestanzahl, nicht eingehalten wurde sowie ggf.
- (nur sofern die Größenkriterien des § 293 HGB überschritten sind) Beschreibungen zu den Diversitätskonzepten sowohl für die Besetzung des Vorstands als auch für die des Aufsichtsrats.

Mit Umsetzung des ARUG II wurde in § 289f HGB die Aufzählung in Abs. 2 ergänzt um die Bezugnahme auf die Internetseite der Ges., auf der der Vergütungsbericht über das letzte Gj und der Vermerk des Abschlussprüfers gem. § 162 AktG, das geltende Vergütungssystem gem. § 87a Abs. 1 und 2 Satz 1 AktG und der letzte Vergütungsbeschluss gem. § 113 Abs. 3 AktG öffentlich zugänglich gemacht werden,[19] was durch den Verweis entsprechend auf den Konzernlagebericht zu übernehmen ist. Die Erstanwendung hatte erstmals im Gj 2021 zu erfolgen (§ 26j EGAktG). Die Bezugnahme auf den Ort der Veröffentlichung des Vergütungsberichts ist auch in die Konzernerklärung zur Unternehmensführung aufzunehmen.

Nach §§ 315 Abs. 5 i.V.m. 298 Abs. 2 HGB kann der Konzernlagebericht mit dem Lagebericht des MU zusammengefasst werden. Es muss allerdings aus dem zusammengefassten Konzernlagebericht klar hervorgehen, welche Angaben sich auf den Konzern beziehen und welche Angaben sich auf das MU beziehen. Diese Regelung wird auch im DRS 20.22 aufgegriffen. Eine Zusammenfassung der Inhalte der Konzernerklärung zur Unternehmensführung und der Erklärung zur Unternehmensführung des MU ist somit grds. möglich und auch sinnvoll, da es zwischen diesen beiden Erklärungen in weiten Teilen zu Wiederholungen und inhaltlichen Überschneidungen kommen sollte.[20]

Die Einführung der Pflicht zur Abgabe einer Konzernerklärung zur Unternehmensführung folgt aus der Umsetzung der unionsrechtlichen Richtline 2013/34/EU.[21]

Der Gesetzgeber hat sich i.R.d. Gesetzgebungsverfahrens des BilRUG mit der Frage auseinandergesetzt, ob eine Erklärung zur Unternehmensführung auf Konzernebene erforderlich ist. Der Gesetzgeber räumt in diesem Zusammenhang ein, dass u.a. bei den Angaben zu der Zusammensetzung und Arbeitsweise des Leitungs- und Aufsichtsorgans die Angaben zu den Organen des MU als Konzernspitze genügen und somit in diesen Bereichen die Angaben der Konzernerklärung zur Unternehmensführung und der Erklärung zur Unternehmensführung des MU identisch sind. In anderen Bereichen kommt der Gesetzgeber zum Schluss, dass sich die beiden Erklärungen grds. auch unterscheiden könnten.[22]

Nach Auffassung des Gesetzgebers sei u.a. die Regelung zur Wiedergabe der Entsprechenserklärung i.S.d. § 161 AktG in der Form zu verstehen, dass in der Erklärung zur Unternehmensführung des MU nur die auf die börsennotierten AG selbst bezogenen Inhalten einzubeziehen sind, während in der Konzernerklärung zur Unternehmensführung die auf den gesamten Konzern bezogenen Inhalte darzustellen sind. Ähnlich verhält es sich nach Meinung des Gesetzgebers bei den unternehmensinternen **Corporate-Governance-Praktiken**, über die nach § 289f Abs. 2 Nr. 2 HGB zu berichten sind, weswegen sich auch hier die Inhalte der Konzernerklärung zur Unternehmensführung mit den Inhalten der Erklärung zur Unternehmensführung des MU unterscheiden können. Bei der inhaltlichen Abgrenzung der beiden Erklärungen ist dem Wesentlichkeitsgrundsatz in Verbindung mit den unterschiedlichen Zielsetzungen der beiden Erklärungen Rechnung zu tragen. So wären zwar Kernaussagen zur börsennotierten AG in beiden Erklärungen vonnöten. Allerdings sollte sich die Erklärung zur Unternehmens-

---

[19] Vgl. Gesetz zur Umsetzung der zweiten Aktionärsrechterichtlinie v. 12.12.2019, BGBl 2019 I, S. 2637 ff.; Needham, ZCG 2020 S. 22 ff.
[20] Vgl. BR-Drs 23/15 v. 23.1.2015 S. 93.
[21] Richtlinie 2013/34/EU v. 26.6.2013, ABl. EU L 182/19 v. 29.6.2013.
[22] Vgl. BT-Drs 18/5256 v. 17.6.2015 S. 84–85.

führung des MU vielmehr durch eine Informationstiefe hinsichtlich der berichteten AG auszeichnen, während sich hingegen die Konzernerklärung zur Unternehmensführung durch eine größere Informationsbreite hinsichtlich der Gesamtverhältnisse des Konzerns bei gleichzeitiger Begrenzung der Informationstiefe hervorheben sollte.[23]

Dieser Umstand wird vom Gesetzgeber an anderer Stelle auch anders gesehen. So betont der Gesetzgeber in der Erläuterung zum RegE des BilRUG, dass das MU für den Konzern und für sich selbst i. d. R. gleiche Unternehmensführungsgrundsätze zugrunde legen dürfte. Im Einzelfall können sich daher Fragen der richtigen Umsetzung ergeben. Auch gibt es etwa mit der **Berichterstattung über den vorgenommenen und erreichten Frauenanteil** auf der obersten und den beiden darunter folgenden Unternehmensführungsebenen weitere Ausgestaltungsfragen im Konzern.[24] Doch dürften beide Erklärungen letztlich in den wesentlichen Punkten übereinstimmen,[25] sodass auf die Kommentierung zu § 289f verwiesen werden kann und im Folgenden lediglich die **Konzernspezifika** thematisiert werden (§ 289f Rz 1 ff.). Mit DRÄS 8 wurde der DRS 20 ab Tz. K224 diesbzgl. an die geänderten gesetzlichen Vorgaben des § 315d HGB angepasst.[26] Mit DRÄS 9 wurde der DRS 20.K227 nur dahingehend ergänzt, dass die Konzernerklärung zur Unternehmensführung die gesetzlich geforderte und bereits erwähnte Bezugnahme auf den Vergütungsbericht enthalten muss. Weitere Änderungen blieben aus.

Zumindest sind auch die Unternehmensführungsberichte von ggf. börsennotierten TU in die Konzernerklärung zur Unternehmensführung einzubeziehen. So ist in der Erklärung zur Unternehmensführung nach § 289f HGB von dem MU tiefer auf die berichtende AG, KGaA oder SE einzugehen, wohingegen sich die Konzernerklärung zur Unternehmensführung nach § 315d HGB eher durch eine größere Breite der Berichterstattung bezogen auf den Konzern als Ganzes bei ggf. geringerer Informationstiefe auszeichnet.[27] Auch i. R. d. mit dem ARUG II ab dem Gj. 2021 neu geregelten **zustimmungspflichtigen Geschäften mit nahestehenden Personen** nach § 111a Abs. 1 AktG, die nun nach dem Kriterienkatalog des IAS 24.9 zu definieren sind, könnte es ggf. zu Abweichungen kommen, wenn sich die Geschäfte auf konkrete Tochtergesellschaften beziehen.[28] In den Thesen zur Umsetzung eines Corporate Governance Berichts wird ebenfalls eine klare Konzernsicht präferiert,[29] da in der Praxis der Konzernabschluss und -lagebericht zunehmend das zentrale Instrument der Finanzinformationskommunikation von MU werden.

Mit der Kodexreform von 2020 wurde auch die Regelung zur Corporate-Governance-Berichterstattung angepasst. Konkret fordert Grundsatz 23 DCGK (2022): „Aufsichtsrat und Vorstand berichten jährlich in der Erklärung zur

---

[23] Vgl. BT-Drs 18/5256 v. 17.6.2015 S. 85.
[24] Vgl. Grottel, in Beck Bil-Komm., 14. Aufl. 2024, § 315d HGB Rz 20; Rimmelsbacher/Schäfer/Schönberg, KoR 2017, S. 231.
[25] Vgl. IDW, WPH Edition, Wirtschaftsprüfung & Rechnungslegung, 18. Aufl. 2023, Kap. G Tz 835.
[26] DRÄS 8 v. 27.11.2017, BAnz AT 4.12.2017, Anlage B1.
[27] Vgl. BT-Drs 18/5256 v. 17.6.2015 S. 85.
[28] Vgl. Needham, ZCG 2020, S. 25.
[29] Vgl. AK Corporate Governance Reporting der Schmalenbach-Gesellschaft für Betriebswirtschaftslehre e. V., DB 2016, S. 2132.

Unternehmensführung über die Corporate Governance der Gesellschaft."[30] Grundsatz 23 DCGK leitet sich von der gesetzlichen Regelung des § 289f HGB ab und beschreibt hierbei aber nur partiell die Rechtslage. Ausweislich Präambel Abs. 5 DCGK (2022) bezieht sich der Terminus „Gesellschaft" auf die MU, da andernfalls der Begriff „Unternehmen" verwendet wird. Grundsatz 23 DCGK (2022) ist allerdings nicht in der Form zu interpretieren, dass die Regierungskommission trennscharf zwischen der Erklärung zur Unternehmensführung des MU und der Konzernerklärung zur Unternehmensführung differenziert. Vielmehr sind die Empfehlungen zur Offenlegung von einzelnen Modalitäten der Corporate Governance auf Konzernebene entsprechend anzuwenden. Letztlich bietet sich auch hier eine Konsolidierung der Konzernerklärung zur Unternehmensführung und der Erklärung zur Unternehmensführung des MU an.

Mit Grundsatz 23 DCGK (2022) wurde im Jahr 2020 zudem der Corporate-Governance-Bericht, der zuvor nach Ziff. 3.10 DCGK (2017) zu erstellen war, gänzlich abgeschafft. In der Berichtspraxis waren in der Vergangenheit jedoch bereits zahlreiche Unternehmen selbstständig dazu übergegangen, die Inhalte des Corporate-Governance-Berichts nach Ziff. 3.10 DCGK (2017) und die Inhalte der (Konzern-)Erklärung zur Unternehmensführung gem. § 289f bzw. § 315d HGB in einem Bericht zusammenzufassen.[31] Die Konsolidierung dieser beiden Berichte zur Corporate Governance kann aufgrund der unterschiedlichen Vorgaben zur Erstellung ggf. eine Herausforderung darstellen. Die derzeitigen Regelungen nach § 289f bzw. 315d HGB verpflichten eine kapitalmarktorientierte AG zur Abgabe einer (Konzern-)Erklärung zur Unternehmensführung. Als formeller Bestandteil des (Konzern-) Lageberichts ist die (Konzern-)Erklärung zur Unternehmensführung gem. § 264 Abs. 1 HGB i.V.m. § 76 AktG vom Vorstand der kapitalmarktorientierten Gesellschaft aufzustellen. Der Corporate-Governance-Bericht nach Ziff. 3.10 DCGK (2017) sollte hingegen von beiden Verwaltungsorganen erstellt werden. Auch nach Grundsatz 23 DCGK berichten nach Auffassung der Regierungskommission DCGK sowohl der Aufsichtsrat als auch der Vorstand in der (Konzern-) Erklärung zur Unternehmensführung über die Corporate Governance der Gesellschaft. Die Regelung des Grundsatzes 23 DCGK (2022) ist in dem vorliegenden Wortlaut stark auslegungsbedürftig. Sofern unter einer Berichterstattung beider Organe über die Corporate Governance eine gemeinsame Erstellung der (Konzern-)Erklärung zur Unternehmensführung verstanden werden soll, würde Grundsatz 23 DCGK (2022) somit über die bestehenden handelsrechtlichen Bestimmungen letztlich hinausgehen.[32] Die Regierungskommission schlägt dazu in der Begründung zur Kodexreform von 2020 vor, dass die Kompetenzverteilung zwischen Vorstand und Aufsichtsrat dadurch gewahrt werden könne, dass die beiden Organe die (Konzern-)Erklärung zur Unternehmensführung gemeinsam erstatten und jeweils für die sie betreffenden Berichtsteile zuständig sind.[33]

Die Regierungskommission DCGK hat aufbauend auf den handelsrechtlichen Berichtspflichten des § 289f HGB, die nach § 315d Satz 2 HGB für die Konzern-

---

[30] Vgl. DCGK 2022, www.dcgk.de/de/kodex.html, Abruf 1.10.2024.
[31] Vgl. z.B. Ceschinski/Buhleier/Freidank, ZCG 2017 S. 231.
[32] Vgl. Needham/Scheid/Müller, PiR 2020, S. 5.
[33] Vgl. Regierungskommission (Hrsg.), Deutscher Corporate Governance Kodex vom 16.12.2019 mit Begründungen, S. 4, www.dcgk.de/files/dcgk/usercontent/de/download/kodex/191216_Begruendung_DCGK.pdf, Abruf 1.10.2024.

erklärung zur Unternehmensführung entsprechend anzuwenden sind, **Empfehlungen zur weiterführenden Berichterstattung** über einzelne Elemente der Corporate Governance statuiert. Hierbei werden gezielt Regelungslücken der handelsrechtlichen Vorgaben aufgegriffen. Die Regierungskommission empfiehlt den nach § 162 AktG erklärungspflichtigen Gesellschaften Angaben zu folgenden Modalitäten in der (Konzern-)Erklärung zur Unternehmensführung zu machen:
– Nachfolgeplanung von Aufsichtsrat und Vorstand (Empfehlung B.2 DCGK),
– Altersgrenze für die Vorstandmitglieder (Empfehlung B.5 DCGK),
– Kompetenzprofil für den Aufsichtsrat sowie die Anzahl unabhängiger Aufsichtsratsmitglieder (Empfehlung C.1 DCGK),
– Altersgrenze für die Aufsichtsratsmitglieder (Empfehlung C.2 DCGK),
– Begründung der Unabhängigkeit trotz Indikation (Empfehlung C.8 DCGK),
– namentliche Nennung der Mitglieder der Ausschüsse des Aufsichtsrats (Empfehlung D.2 DCGK),
– namentliche Nennung der Prüfungsausschussmitglieder und nähere Angaben zu deren Sachverstand hinsichtlich der für den Prüfungsausschuss relevanten Gebieten (Empfehlung D.3 DCGK),
– Selbstbeurteilung der Wirksamkeit der Aufsichtsratstätigkeit (Empfehlung D.12 DCGK),
– (eventuelle) Abweichungen vom DCGK aufgrund anderweitiger gesetzlicher Vorgaben (Empfehlung F.4 DCGK).[34]

Der Großteil der Berichtsempfehlungen des DCGK (2022) fordert zusätzliche Angaben zur Zusammensetzung des Aufsichtsrats und seiner Ausschüsse. Während der Fokus der handelsrechtlichen Vorgaben auf Regelungen zur Darstellung der Diversität des Aufsichtsrats sowie der Einhaltung der Vorgaben zur gleichberechtigten Teilhabe von Frauen und Männern liegt, ergänzt der DCGK diese Bestimmungen um Empfehlung zur Darstellung der Qualifikation bzw. Kompetenzen sowie zur Unabhängigkeit der einzelnen Aufsichtsratsmitglieder im Allgemeinen sowie zu den Mitgliedern des Prüfungsausschusses im Speziellen. Die nach § 289f Abs. 2 Nr. 3 HGB geforderten Berichtsangaben zur Arbeitsweise des Aufsichtsrats werden zudem um eine Empfehlung zur Darstellung der Selbstbeurteilung der Wirksamkeit der Aufsichtsratstätigkeit ergänzt. Die (zusätzlichen) Angaben zu (eventuellen) Abweichungen vom DCGK aufgrund anderweitiger gesetzlicher Vorgaben helfen externen Adressaten die von Aufsichtsrat und Vorstand gemachten Angaben in der Entsprechungserklärung nach § 161 Abs. 1 AktG besser einzuordnen. Bei den Berichtsempfehlungen des DCGK gilt das in § 161 Abs. 1 Satz 1 AktG verankerte **„Comply-or-Explain"-Berichtsprinzip** entsprechend. Die Unternehmen haben somit die Möglichkeit, begründet von einer Aufnahme der oben genannten Angaben abzusehen. Die in den DCGK-Empfehlungen geforderten Angaben stellen somit keine gesetzlichen Pflichtbestandteile der (Konzern-)Erklärung zur Unternehmensführung dar.

Im DCGK (2022) werden noch weitere Berichtsempfehlungen statuiert, die allerdings andere Elemente der Unternehmensberichterstattung betreffen. Die Regierungskommission empfiehlt den erklärungspflichtigen Ges. die folgenden Angaben zu machen:

---

[34] Vgl. kommentierend Needham/Scheid/Müller, PiR 2020, S. 1–7.

- Berichterstattung über die wesentlichen Merkmale des gesamten internen Kontrollsystems, Risikomanagementsystems und Compliance-Management-Systems sowie eine Beurteilung zur Wirksamkeit und Angemessenheit dieser Systeme im (Konzern-)Lagebericht (Empfehlung A.5 DCGK),
- Dauer der Zugehörigkeiten im Aufsichtsrat (Empfehlung C.3 DCGK),
- Angaben zur Sitzungspräsenz des Aufsichtsrats und seiner Ausschüsse sowie zur Form der Teilnahme der Mitglieder (Präsenz, Videotelefonie oder Telefon) im Bericht des Aufsichtsrats an die Hauptversammlung (Empfehlung D.7 DCGK),
- Berichterstattung über die Maßnahmen zur Unterstützung der Aufsichtsratsmitglieder bei der Amtseinführung sowie Aus- und Fortbildungsmaßnahmen im Bericht des Aufsichtsrats an die Hauptversammlung (Empfehlung D.11 DCGK),
- Berichtersattung über Interessenskonflikte zwischen Aufsichtsrat und Vorstand im Bericht des Aufsichtsrats an die Hauptversammlung (Empfehlung E.1 DCGK),
- Erstellung des Vergütungsberichts unter Einhaltung der gesetzlichen Bestimmungen (Grundsatz 26 DCGK).

Bei der Empfehlung C.3 DCGK zur Offenlegung der Dauer der Zugehörigkeiten im Aufsichtsrat verzichtet die Regierungskommission zu konkretisieren, in welchem Bericht die Angaben gemacht werden sollen. Sinnvoll erscheint es diese Angaben entweder in der (Konzern-)Erklärung zur Unternehmensführung oder im Bericht des Aufsichtsrats an die Hauptversammlung zu machen.

Nach (§ 315d HGB i.V.m.) § 289f Abs. 2 Nr. 2 HGB sind in die (Konzern-) Erklärung zur Unternehmensführung „relevante Angaben zu Unternehmensführungspraktiken, die über die gesetzlichen Anforderungen hinaus angewandt werden, nebst Hinweis, wo sie öffentlich zugänglich sind" aufzunehmen. Diese Regelung, die mit dem Bilanzrechtsmodernisierungsgesetzes („BilMoG")[35] eingeführt wurde, ist stark auslegungsbedürftig und bedarf somit einer tiefergehenden Betrachtung. Der Gesetzgeber setzt mit dieser Vorgabe die unionsrechtlichen Regelungen der Richtlinie 2006/46/EG um.[36] Die englischsprachige Fassung dieser Richtlinie spricht im Kontext dieser Berichtsvorgabe von sog. „corporate governance practices". Mit „Unternehmensführungspraktiken" scheint der Gesetzgeber somit weniger ausschl. die Praktiken der Geschäftsführung, sondern vielmehr Corporate-Governance-Praktiken, die sowohl die Geschäftsführung und deren Kontrolle betreffen, zu meinen. Dieses Begriffsverständnis deckt sich im Kern mit der Definition der Regierungskommission DCGK, die unter dem Begriff „Unternehmensführung" auch augenscheinlich sowohl die Leitung als auch deren Überwachung subsumiert.[37]

Hervorzuheben ist zudem, dass nur Unternehmenspraktiken in die (Konzern-) Erklärung zur Unternehmensführung zu nennen sind, die über die gesetzlichen Anforderungen hinausgehen. Das schließt die Anwendung der Regelungen des DCGK i.S.d. „Comply-or-Explain"-Prinzips des § 161 Abs. 1 AktG bereits mit ein. In der EU-Richtlinie 2006/46/EG wird hierzu weitergehend erläutert, dass

---

[35] Vgl. Gesetz zur Modernisierung des Bilanzrechts v. 25. Mai 2009, BGBl 2009 I, S. 1102.
[36] Richtlinie 2006/46/EG v. 14.6.2006; ABl. EU L 224/1 v. 16.8.2006.
[37] Vgl. z.B. DCGK, Präambel Abs. 4.

die Unt an dieser Stelle, primär die Anwendung eines unternehmenseigenen Unternehmensführungskodexes zu beschreiben haben.[38] Zu den unternehmensindividuellen Unternehmenskodizes zählen insb. interne Verhaltenskodizes, wie ein **Code of Conduct,** der Mitarbeitende und Lieferanten einen Leitfaden für integres Geschäftsgebaren an die Hand gibt oder interne Compliance-Richtlinien. Ausweislich der EU-Richtlinie 2006/46/EG gehören auch (globale) **ökologische und soziale Standards** bzw. Vorgaben, die die Wahrung der Menschenrechte entlang der gesamten, globalen Wertschöpfungskette fördern, zu den Unternehmensführungspraktiken.[39] Aufgrund der Unbestimmtheit der Regelung sind allerdings auch andere interne Kodizes bzw. Richtlinien denkbar, die an dieser Stelle genannt werden können. Denkbar sind z.B. auch interne Richtlinien zur Zusammensetzung und Arbeitsweise der Organe, die über die gesetzlichen Vorgaben oder der Entsprechung der Empfehlungen des DCGK hinausgehen. Da der § 289f Abs. 2 Nr. 2 HGB nur „relevante Angaben" zu den Unternehmensführungspraktiken in der (Konzern-)Erklärung zur Unternehmensführung fordert, ist eine Benennung der angewandten Unternehmensführungspraktiken nebst Hinweis, wo sie öffentlich zugänglich gemacht wurden, bereits ausreichend.[40] Eine tiefergehende Beschreibung bzw. Erläuterung dieser Unternehmensführungspraktiken bedarf es somit grds. nicht.

6 Mit dem Ziel die Teilhabe von Frauen an Führungspositionen abermals zu stärken ist am 8.8.2021 das Zweite Führungspositionen-Gesetz (FüPoG II) in Kraft getreten.[41]

Das FüPoG II ersetzt das zuvor im Jahr 2015 eingeführte Gesetz zur gleichberechtigten Teilhabe von Frauen und Männern an Führungspositionen.[42]

Mit dem FüPoG II wurden geänderte Vorgaben zur **Besetzung von Aufsichtsrat, Vorstand und der beiden Führungsebenen** unterhalb des Vorstands eingeführt. Um die notwendige Transparenz hinsichtlich der Einhaltung dieser Regelungen zu schaffen, wurde zudem spezifische Berichtspflichten eingeführt, die in der (Konzern-)Erklärung zur Unternehmensführung zu erfüllen sind. Zu beachten sind hierbei die divergierende Anwenderkreise dieser Berichtspflichten. Nach der neu eingeführten Vorgabe des § 289f HGB Abs. 5a HGB haben AG bzw. SE, die sowohl börsennotiert sind als auch der paritätischen Mitbestimmung unterliegen, in der Erklärung zur Unternehmensführung bzw. i.V.m. § 315d HGB auch in der Konzernerklärung zur Unternehmensführung anzugeben, ob sie die geschlechtsspezifische Mindestvorgabe des § 76 Abs. 3a Satz 1 AktG erfüllen. Falls dies nicht zutrifft, sind Angaben zu den Gründen zu machen. Der § 76 Abs. 3a Satz 1 AktG sieht erstmalig eine Mindestbeteiligung von Frauen und Männern im Vorstand vor. Nach dieser Regelung ist der Vorstand einer paritätisch mitbestimmten und börsennotierten Ges. mit jeweils mind. einem Mann und mind. einer Frau zu besetzen, sofern der Vorstand mehr als drei Mitglieder aufweist. Mit diesem geschlechtsspezifischen Beteiligungs-

---

[38] Vgl. Richtlinie 2006/46/EG v. 14.6.2006, ABl. EU L 224/1 v. 16.8.2006, Erwägungsgrund 10.
[39] Vgl. Richtlinie 2006/46/EG v. 14.6.2006, ABl. EU L 224/1 v. 16.8.2006, Erwägungsgrund 10; BT-Drs. 16/10067 30.7.2008 S. 78.
[40] Vgl. BT-Drs. 16/10067 v. 30.7.2008 S. 78.
[41] Gesetz zur Ergänzung und Änderung der Regelungen für die gleichberechtigte Teilhabe von Frauen an Führungspositionen in der Privatwirtschaft und im öffentlichen Dienst v. 7.8.2021, BGBl 2021 I, S. 3311.
[42] BGBl 2015 I v. 30.4.2015 S. 642.

gebot geht indes kein Qualifikationsvorbehalt einher. Nach Auffassung des Gesetzgebers ist auch trotz dieser Vorgabe gewährleistet, dass der Aufsichtsrat den Vorstand mit für diese Position geeigneten Persönlichkeiten besetzen kann, weswegen er eine Regelung, die die Vorgabe zur Mindestbeteiligung beider Geschlechter im Vorstand in irgendeiner Form einschränkt, für nicht notwendig erachtet. Ferner sei Voraussetzung für den Erfolg eines Vorstandsgremiums eine Besetzung dieses Organs mit unterschiedlichen Persönlichkeiten, die unterschiedliche Erfahrungen und Blickwinkel mitbringen und somit auch unterschiedliche Geschlechter aufweisen.[43]

Nach § 76 Abs. 3a Satz 2 AktG ist die Bestellung eines Vorstandsmitglieds, welches gegen das Beteiligungsgebot verstößt, nichtig. Bei Vorständen, die bislang noch nicht mit einer Frau besetzt sind, ist die Bestellung von weiteren männlichen Vorstandsmitgliedern somit unwirksam. Auf bestehende Mandate hat diese Regelung allerdings keine unmittelbare Rechtsfolge. Allerdings ist nach Ablauf der vorgesehenen Laufzeiten dieser Mandate das geschlechtsspezifische Beteiligungsgebot zu beachten. Es wird ersichtlich, dass, auch wenn § 289f Abs. 5a HGB die Möglichkeit einräumt, die Nicht-Erfüllung der Mindestbeteiligung des § 76 Abs. 3a Satz 1 AktG zu begründen, diese Vorgabe nicht als „Comply-or-Explain"-Berichtsprinzip zu verstehen ist, da die Möglichkeiten der Begründung der Nicht-Erfüllung stark eingeschränkt sind.

Mit dem FüPoG II wurde zudem die Berichtsvorgabe des § 289f Abs. 2 Nr. 4 HGB angepasst. Gem. § 289f Abs. 2 Nr. 4 HGB sind in die Erklärung Angaben betreffend die Festlegung der Zielgröße für den **Frauenanteil** in den beiden Führungsebenen unterhalb des Vorstands sowie die Festlegung der Zielgröße für den Frauenanteil im Aufsichtsrat und im Vorstand aufzunehmen. Sofern Zielgrößen in Prozentzahlen angegeben werden, haben diese vollen Personenzahlen zu entsprechen. Eine Zielvorgabe mit dem Wert Null ist zu begründen. Ausweislich der RegE zum FüPoG II ist i.R.d. Begründung der Ausnahmecharakter dieser Zielvorgabe hervorzuheben. Es sei plausibel darzulegen, dass es sich bei der Entscheidung für die Zielvorgabe Null, um eine gewissenhafte Entscheidung handelt. Ferner wird erläutert, dass insb. Ausführungen zur Personalstruktur und -strategie, zu den Maßnahmen zur Personalgewinnung, zur Beteiligung von Personalvertretern, insb. aus dem Bereich Gleichstellung sowie eine Einordnung der Zielgröße in das Gesamtkonzept der Frauenförderung im Unt zweckmäßig sein dürften.[44]

Darüber hinaus ist anzugeben, ob die festgelegten Zielgrößen während des Bezugszeitraums erreicht wurden, und wenn nicht, warum. Gem. § 289f Abs. 2 Nr. 5 HGB ist in die Erklärung zur Unternehmensführung bei börsennotierten AG und SE, für die die zwingende Frauenquote von 30 % gilt, die Angabe zu implementieren, ob die Ges. bei der Besetzung des Aufsichtsrats mit Frauen und Männern jew. Mindestanteile im Bezugszeitraum eingehalten hat und wenn nicht, weshalb. Die Konzernerklärung zur Unternehmensführung hat nach der generellen Regelung des § 315d Satz 2 HGB entsprechende Angaben zur Beteiligung beider Geschlechter an den Führungspositionen zu enthalten.

---

[43] Vgl. BT-Drs. 19/26689 v. 15.2.2021 S. 95.
[44] Vgl. BT-Drs. 19/26689 v. 15.2.2021 S. 96.

7 Mit dem CSR-RL-Umsetzungsgesetz wurde eine Ausweitung der Erklärung zur Unternehmensführung für eine andere Anwendungsgruppe als die der großen Unt von öffentlichem Interesse in § 289f HGB um **Diversitätsangaben** verankert. Hiervon sind anders als bei der nichtfinanziellen Konzernerklärung nach § 315b HGB nur bestimmte Rechtsformen betroffen (AG, KGaA, SE), die allerdings nicht den bei der Pflicht zur nichtfinanziellen Konzernerklärung bislang geltenden Schwellenwert von 500 Arbeitnehmern anwenden dürfen, sondern die Größenkriterien des § 293 HGB zu beachten haben. Demnach ist ein MU von der Erweiterung der Diversitätsangaben befreit, wenn am Abschlussstichtag und am vorhergehenden Abschlussstichtag das MU und die in den Konzernabschluss einzubeziehenden TU zusammen nicht die Voraussetzungen für eine größenabhängige Befreiung gem. § 293 Abs. 1 HGB erfüllen (DRS 20.K231d). Im Fall von Neugründungen oder Umwandlungen, jedoch nicht bei einem Formwechsel, ist die größenabhängige Befreiung nur am ersten Abschlussstichtag nach der Neugründung oder Umwandlung zu prüfen. Insgesamt geht die Bundesregierung von gut 325 Fällen in Deutschland aus, die diese Erklärung betrifft.[45]

Bei den Diversitätsangaben handelt es sich über die bereits gesetzlich geforderten Angaben und Erläuterungen zur Frauenquote hinaus um eine Beschreibung des Diversitätskonzepts, das im Hinblick auf die Zusammensetzung des vertretungsberechtigten Organs und des Aufsichtsrats in Bezug auf Aspekte wie bspw. Alter, Geschlecht, Bildungs- oder Berufshintergrund verfolgt wird, sowie der Ziele dieses Diversitätskonzepts, der Art und Weise seiner Umsetzung und der im Gj erreichten Ergebnisse im Berichtszeitraum (§ 289f Abs. 2 Nr. 6 HGB). Die in § 289f Abs. 2 Nr. 6 HGB aufgezählten Diversitätskriterien haben bislang nur beispielhaften Charakter.

Mit Umsetzung der CSRD wird künftig allerdings das Merkmal „Geschlecht" verpflichtend in die Diversitätskonzepte einzubeziehen sein. So werden bei der Formulierung des § 289f Abs. 2 Nr. 6 HGB, auf den sich wiederum der § 315d HGB bezieht, die Wörter „Aspekte wie bspw. Alter, Geschlecht, Bildungs- oder Berufshintergrund" durch „das Geschlecht sowie andere Aspekte wie bspw. Alter, Behinderungen oder Bildungs- oder Berufshintergrund" ersetzt.[46]

Aufgrund der nationalen Regelungen des FüPoG II haben Unt, die in Deutschland ansässig sind, grds. bereits das Merkmal „Geschlecht" bei der Zusammensetzung der Organe und somit auch bei der Erstellung des jeweiligen Diversitätskonzepts zu beachten, weswegen die Umsetzung dieser unionsrechtlichen Vorgabe in diesem Punkt keine neue Anweisung beinhaltet. Bei genauer Betrachtung sind allerdings zwei Änderungen bemerkenswert. So wurde im vorliegenden RegE zum CSRD-UmsG die Beispielaufzählung des § 289f Abs. 2 Nr. 6 HGB um das Merkmal „Behinderungen" erweitert. Zum anderen scheint aufgrund der Nutzung der Pluralform („Aspekte") eine gesetzeskonforme Umsetzung dieser Regelung nur dann gewährleistet zu sein, wenn in die Beschreibung des Diversitätskonzepts neben dem Merkmal „Geschlecht" mind. zwei weitere Diversitätskriterien einbezogen werden. In der bisherigen Fassung waren die gesetzlichen Anforderungen bereits bei Einbeziehung von insgesamt zwei Kriterien erfüllt.

---

[45] BT-Drs. 18/9982 v. 17.10.2016 S. 35.
[46] Vgl. RegE-CSRD UmsG, BT Dr. 20/12787 v. 9.9.2024, S. 11.

Wenn Ausmaß und Zeitbezug der Ziele des Diversitätskonzepts intern festgelegt werden, ist bei der Darstellung der Ziele nach DRS 20.K231h darauf einzugehen. Die Angaben zu Art und Weise der Umsetzung des Diversitätskonzepts können nach DRS 20.231i z. B. eine Beschreibung der Prozesse beinhalten, die der Konzern einsetzt, um die Ziele des Diversitätskonzepts zu erreichen. Auch die Pflicht zur Beschreibung des Diversitätskonzepts bleibt dabei ohne konkrete Festlegung anzugebender Kriterien.[47] Analog zur nichtfinanziellen Konzernerklärung ist bei fehlendem Konzept eine erläuternde Negativerklärung abzugeben (DRS 20.K231l). Durch die an verschiedenen Stellen möglichen Angaben zur Diversität kann auf diese Angaben verwiesen werden. Eine Wiederholung ist nicht nötig. Doppelungen haben sich bislang zum einen durch die nationalen Regelungen des FüPoG II ergeben. Über die §§ 289 Abs. 3 und 315 Abs. 3 HGB ist zudem u. U. auch im Zuge der Berichterstattung über Arbeitnehmerbelange oder die gesellschaftliche Reputation auf Aspekte der Diversität einzugehen. Die bisher im deutschen Handels- und Gesellschaftsrecht verankerten Angabepflichten beschränken sich in diesem Bereich jedoch auf Diversitätsfragen mit Geschlechtsbezug, die in Nr. 6 geforderten Diversitätsangaben haben auch auf andere Kriterien einzugehen.

Der Gesetzgeber verweist komplett auf den § 289f HGB, sodass auch das **Ausgliederungswahlrecht** des § 289f Abs. 1 HGB genutzt werden kann, wonach Angaben, wie z. B. zum Diversitätskonzept, auch gesondert auf einer Internetseite statt im Konzernlagebericht veröffentlicht werden können, was jedoch die Angabe der Seite im Konzernlagebericht und das dauerhafte Vorhalten voraussetzt (§ 289f Rz 33 ff.).

8

3 CSRD-Umsetzungsgesetz: Änderungen

> **Hinweis**
> Die Kommentierung basiert auf dem **Regierungsentwurf eines CSRD-Umsetzungsgesetzes**.[48] Nach Veröffentlichung der finalen Fassung wird die Kommentierung in Ihrem Haufe HGB Bilanz Kommentar Online aktualisiert. Die **Online-Version** ist beim Kauf der Printausgabe inklusive.

Eine direkte Änderung des § 315d HGB ist nicht vorgesehen, allerdings wird der § 289f HGB, auf den verwiesen wird, geändert: Aufgrund des breiten Begriffsverständnisses der Richtlinie hinsichtlich Nachhaltigkeit, welche auch die Dimension der (Corporate) Governance umfasst, werden künftig i. R. d. Nachhaltigkeitsberichterstattung nicht nur ökologische und soziale Aspekte, sondern im größeren Umfang auch Elemente der Corporate Governance abgebildet.

9

Das neue Verständnis des Nachhaltigkeitsterminus drückt sich auch in den Offenlegungsanforderungen der verpflichtend anzuwendenden **europäischen**

---

[47] Empfehlungen für die konkrete Ausgestaltung finden sich bei AK Corporate Governance Reporting der Schmalenbach-Gesellschaft für Betriebswirtschaftslehre e. V., ZfBF-Sonderheft 2017, S. 355 ff.
[48] Regierungsentwurf eines Gesetzes zur Umsetzung der Richtlinie (EU) 2022/2464 des Europäischen Parlaments und des Rates vom 14. Dezember 2022 zur Änderung der Verordnung (EU) Nr. 537/2014 und der Richtlinien 2004/109/EG, 2006/43/EG und 2013/34/EU hinsichtlich der Nachhaltigkeitsberichterstattung von Unternehmen, BT-Drs. 20/12787 v. 9.9.2024.

Nachhaltigkeitsberichtsstandards (ESRS) aus, die am 22.12.2023 mittels delegierten Rechtsakt erlassen wurden.[49]

Offenlegungsanforderungen zu einzelnen Modalitäten der Corporate Governance finden sich im ESRS 2 (Allgemeine Angaben) sowie im themenspezifischen Governance-Standard G1 (Unternehmensführung, engl.: Business Conduct).

Im ESRS 2 (Allgemeine Angaben) wurden Offenlegungsanforderungen zur Rolle der Verwaltungs-, Leitungs- und Aufsichtsorgane (ESRS 2 GOV-1), zu der Zusammenarbeit und Informationsversorgung dieser Organe (ESRS 2 GOV-2), zu der Integration der nachhaltigkeitsbezogenen Leistung in die Vergütungssysteme (ESRS 2 GOV-3), zur Erklärung der Sorgfaltspflicht (ESRS 2 GOV-4) sowie zum Risikomanagement und internen Kontrollen der Nachhaltigkeitsberichterstattung (ESRS 2 GOV-5) statuiert.[50] Der ESRS G1 (Unternehmensführung) beinhaltet ferner Vorgaben zur Offenlegung bestimmter Informationen zum Business Conduct (Geschäftsgebaren) des Unt. Nach diesem Standard haben Unt Angaben zu den Themen Unternehmenskultur, Schutz von Hinweisgebern („Whistleblower"), Tierschutz, Politisches Engagement und Lobbyismus, Lieferantenmanagement inkl. Zahlungspraktiken sowie zur Vermeidung und Aufdeckung von Korruption und Bestechung zu machen.[51]

Insb. die Offenlegungsanforderungen des ESRS 2 GOV-1 sowie ESRS 2 GOV-2 weisen hierbei eine hohe inhaltliche Nähe zu den bereits bestehenden handelsrechtlichen Vorschriften auf, die in der (Konzern-)Erklärung zur Unternehmensführung zu erfüllen sind. Der Hintergrund ist, dass sich die einzelnen Berichtsvorgaben des ESRS 2 mitunter nicht nur auf Elemente der Corporate Governance beziehen, die einen unmittelbaren Nachhaltigkeitsbezug aufweisen, sondern auch auf allgemeine Governance-Aspekte, die allerdings für das Verständnis des Nachhaltigkeitsberichts notwendig sind.[52] Unt haben zu evaluieren, wie sie mit diesem Umstand am besten umgehen. Um unnötige Berichtsdoubletten und hiermit zusammenhängend unnötigen Erstellungsaufwand möglichst zu vermeiden, bietet es sich an, die Informationen, die nach ESRS 2 GOV-1 sowie ESRS 2 GOV-2 offenzulegen sind, mit dem Angaben in der (Konzern-)Erklärung zur Unternehmensführung zu konsolidieren und im Nachhaltigkeitsbericht auf die (Konzern-)Erklärung zur Unternehmensführung zu verweisen. Die Aufnahme von Informationen in den Nachhaltigkeitsbericht mittels Verweis in andere Elemente der Unternehmensberichterstattung (sog. „incorporation by reference") ist grundsätzlich nach ESRS 1.119 ff. möglich. Im ESRS 1.119 wird hierbei klargestellt, dass ein Verweis auch auf die Angaben in der (Konzern-)Erklärung zur Unternehmensführung möglich ist, und zwar unabhängig davon, ob die (Konzern-)Erklärung zur Unternehmensführung als gesonderter Abschnitt des (Konzern-)Lageberichts oder gesondert auf der Homepage des Unt ver-

---

[49] Vgl. ESRS, Delegierte Verordnung (EU) 2023/2772 v. 22.12.2023, in der korrigierten Übersetzung im ABl. EU v. 9.8.2024 abrufbar unter: https://eur-lex.europa.eu/legal-content/DE/TXT/?uri=OJ:L_202490457, Abruf 1.10.2024.
[50] Vgl. ausführlich Baumüller/Lapotta/Müller/Needham, in Freiberg/Lanfermann, Haufe ESRS Kommentar, 2. Aufl. 2024, § 4, Rz 31 ff.
[51] Vgl. ausführlich Hrinkow/Müller/Needham/Terko/Wieser, in Freiberg/Lanfermann, Haufe ESRS Kommentar, 2. Aufl. 2024, § 16, Rz 12 ff.
[52] Vgl. im Detail Baumüller/Lapotta/Müller/Needham, in Freiberg/Lanfermann, Haufe ESRS Kommentar, 2. Aufl. 2024, § 4, Rz. 31 ff.

öffentlicht wurde. Bei Nutzung eines Verweises i.S.d. ESRS 1.119ff. wäre die jeweilige Offenlegungsanforderung, die nach den ESRS anzuwenden ist, erfüllt und die entsprechenden Informationen müssten nicht erneut im Nachhaltigkeitsbericht wiederholt werden. Bei der Nutzung eines Verweises sind allerdings die Vorgaben des ESRS 1.119ff. zu beachten.[53]

Bei der Aufnahme von Information mittels Verweis in die (Konzern-)Erklärung zur Unternehmensführung können insb. die Bestimmungen des ESRS 1.120 Herausforderungen darstellen. So ist u.a. Voraussetzung für einen Verweis, dass der andere (Teil-)Bericht vor oder gleichzeitig mit dem (Konzern-)Lagebericht veröffentlicht wurde und die Angaben denselben technischen Digitalisierunganforderungen („Tagging") wie der Nachhaltigkeitsbericht unterliegen. Eine Barriere stellt die Anforderung des ESRS 1.120 d) dar, welche verlangt, dass die Informationen, auf die verwiesen wird, auch mind. die gleiche Prüfungssicherheit wie die Angaben im Nachhaltigkeitsbericht aufweisen. Anders als die (Konzern-)Erklärung zur Unternehmensführung[54] ist der Nachhaltigkeitsbericht allerdings künftig inhaltlich mit begrenzter Prüfungssicherheit von einem Wirtschaftsprüfer zu prüfen.[55]

Sofern ein Unt in dem vorliegenden Fall von der Möglichkeit eines Verweises Gebrauch machen möchte, um so die Erstellungskosten der Unternehmensberichterstattung zu senken, sind die betroffenen Angaben in der (Konzern-)Erklärung zur Unternehmensführung entsprechend mit begrenzter Prüfungssicherheit prüfen zu lassen.

Mit Umsetzung der CSRD kann künftig die Aufnahme der Beschreibung des Diversitätskonzepts in die (Konzern-)Erklärung zur Unternehmensführung allerdings gänzlich entfallen, sofern die Anforderungen des § 289f Abs. 5 HGB erfüllt sind. Unt sind künftig von der Pflicht zur Beschreibung des Diversitätskonzepts nach § 289f Abs. 2 Nr. 6 HGB befreit, sofern das Unt bereits einen Nachhaltigkeitsbericht erstellt und die im § 289f Abs. 2 Nr. 6 HGB geforderten Angaben im Nachhaltigkeitsbericht aufnimmt. In der (Konzern-)Erklärung zur Unternehmensführung ist dann ein Verweis auf den Nachhaltigkeitsbericht aufzunehmen. In welchem Ausmaß die Unt von dieser Verweismöglichkeit Gebrauch machen, bleibt abzuwarten. Grundsätzlich ist zu bedenken, dass die Beschreibung des Diversitätskonzepts sowohl eine inhaltliche Nähe zu den Offenlegungspflichten, die sich aus dem FüPoG II ergeben, sowie zum Kompetenzprofil i.S.d. DCGK Empfehlung C.1 aufweist. Diese Anforderungen sind weiterhin in der (Konzern-)Erklärung zur Unternehmensführung zu erfüllen. Mit dem Ziel der Vermeidung von Berichtsdoubletten kann die Aufnahme der Beschreibung des Diversitätskonzepts in die (Konzern-)Erklärung zur Unternehmensführung somit weiterhin zweckmäßig sein.

10

---

[53] Vgl. ausführlich zum Einsatz von Verweisen: Baumüller/Lapotta/Hirnkow, in Freiberg/Lanfermann, Haufe ESRS Kommentar, 2. Aufl. 2024, § 3, Rz. 162ff.
[54] S. ausführlich zur externen Prüfung der (Konzern-)Erklärung zur Unternehmensführung: § 289f HGB, Rz 36ff.
[55] Vgl. ausführlich zur Prüfung des Nachhaltigkeitsbericht: Freiberg/Terko/Hirnkow, in Freiberg/Lanfermann, Haufe ESRS Kommentar, 2. Aufl. 2024, § 17, Rz. 7ff.

§ 315e Konzernabschluss nach internationalen Rechnungslegungsstandards

(1) Ist ein Mutterunternehmen, das nach den Vorschriften des Ersten Titels einen Konzernabschluss aufzustellen hat, nach Artikel 4 der Verordnung (EG) Nr. 1606/2002 des Europäischen Parlaments und des Rates vom 19. Juli 2002 betreffend die Anwendung internationaler Rechnungslegungsstandards (ABl. L 243 vom 11.9.2002, S. 1), die zuletzt durch die Verordnung (EG) Nr. 297/2008 (ABl. L 97 vom 9.4.2008, S. 62) geändert worden ist, verpflichtet, die nach den Artikeln 2, 3 und 6 der genannten Verordnung übernommenen internationalen Rechnungslegungsstandards anzuwenden, so sind von den Vorschriften des Zweiten bis Achten Titels nur § 294 Abs. 3, § 297 Absatz 1a, 2 Satz 4, § 298 Abs. 1, dieser jedoch nur in Verbindung mit den §§ 244 und 245, ferner § 313 Abs. 2 und 3, § 314 Abs. 1 Nr. 4, 6, 8 und 9, Absatz 3 sowie die Bestimmungen des Neunten Titels und die Vorschriften außerhalb dieses Unterabschnitts, die den Konzernabschluss oder den Konzernlagebericht betreffen, entsprechend anzuwenden.

(2) Mutterunternehmen, die nicht unter Absatz 1 fallen, haben ihren Konzernabschluss nach den dort genannten internationalen Rechnungslegungsstandards und Vorschriften aufzustellen, wenn für sie bis zum jeweiligen Bilanzstichtag die Zulassung eines Wertpapiers i.S.d. § 2 Abs. 1 des Wertpapierhandelsgesetzes zum Handel an einem organisierten Markt i.S.d. § 2 Abs. 11 des Wertpapierhandelsgesetzes im Inland beantragt worden ist.

(3) ¹Mutterunternehmen, die nicht unter Absatz 1 oder 2 fallen, dürfen ihren Konzernabschluss nach den in Absatz 1 genannten internationalen Rechnungslegungsstandards und Vorschriften aufstellen. ²Ein Unternehmen, das von diesem Wahlrecht Gebrauch macht, hat die in Absatz 1 genannten Standards und Vorschriften vollständig zu befolgen.

Inhaltsübersicht	Rz
1 Überblick	1–8
1.1 Inhalt, Bedeutung und Verfassungsmäßigkeit	1–2
1.2 Rechtsentwicklung	3–4
1.3 Normenzusammenhang	5–8
2 Anwendung internationaler Rechnungslegungsvorschriften auf den Konzernabschluss	9–22
2.1 Allgemeine Pflicht zur Aufstellung eines Konzernabschlusses nach IFRS/IAS (Abs. 1)	9–18
2.1.1 Pflicht zur Konzernrechnungslegung nach HGB/PublG	9
2.1.2 Mutterunternehmen i.S.v. Art. 4 Verordnung (EG) Nr. 1606/2002	10–15
2.1.3 Umfang der Konzernrechnungslegungspflicht	16–18
2.2 Erweiterte Pflicht zur Aufstellung eines Konzernabschlusses nach IFRS/IAS (Abs. 2)	19–20
2.3 Wahlrecht zur Aufstellung eines Konzernabschlusses nach IFRS/IAS (Abs. 3)	21–22

1 Überblick

1.1 Inhalt, Bedeutung und Verfassungsmäßigkeit

§ 315e HGB regelt, nach welchen (nationalen oder internationalen) Rechnungslegungsvorschriften der Konzernabschluss eines MU aufzustellen ist. Dies setzt daher zunächst eine Pflicht zur Konzernrechnungslegung voraus (Rz 6). 1

Der **Inhalt** der Vorschrift umfasst nicht die Frage, **ob** ein Konzernabschluss aufzustellen ist, sondern vielmehr die Frage, nach welchen Vorschriften dies zu geschehen hat.[1] Sofern aufgrund der **Kapitalmarktorientierung**[2] des Konzerns die Voraussetzungen des § 315e Abs. 1 oder Abs. 2 HGB vorliegen, **muss (Pflicht)** der Konzernabschluss unter Anwendung der internationalen Rechnungslegungsstandards aufgestellt werden. Ein **Wahlrecht** zur Konzernrechnungslegung nach internationalen Standards **gewährt § 315e Abs. 3 HGB** nur für nicht kapitalmarktorientierte Konzerne.[3] 2

§ 315e HGB regelt die materiellen Anforderungen an den Konzernabschluss. **Diese Bestimmung ergänzt die sog. IFRS-VO (EG) Nr. 1606/2002** des EU-Parlaments und des Rates vom 19.7.2002 betreffend die Anwendung internationaler Rechnungslegungsstandards,[4] die zuletzt durch die Verordnung (EG) Nr. 297/2008[5] geändert worden ist, und bildet mit dieser einen einheitlichen Rechtsrahmen für die Konzernrechnungslegung nach internationalen Standards.[6] Mit der IAS-VO trägt der europäische Gesetzgeber dazu bei, die Funktionsweise des Binnenmarktes respektive des Kapitalmarktes zu verbessern. Die Übernahme internationaler Rechnungslegungsstandards in deutsches Recht wirft auf den ersten Blick **verfassungsrechtliche Probleme und Bedenken,** insb. hinsichtlich der faktischen Abgabe der Gesetzgebungskompetenz, auf. Diese Bedenken werden mittlerweile als unbegründet erachtet, sodass die Regelung verfassungsrechtlichen Bedenken Stand hält.[7]

---

[1] Dies ergibt sich aus dem Wortlaut des § 315e HGB. Dort heißt es in Satz 1: „Ist ein Mutterunternehmen, das nach den Vorschriften des Ersten Titels einen Konzernabschluss aufzustellen hat, ...". So auch Grottel/Kreher, in Beck Bil-Komm., 14. Aufl. 2024, § 315e HGB Rz 5.
[2] Zur Definition der Kapitalmarktorientierung vgl. § 264d Rz 1 ff. und Zwirner, PiR 4/2010, S. 93.
[3] Diese Möglichkeit nutzen bislang jedoch nur wenige nicht kapitalmarktorientierte MU. Vgl. Sultana, in Hachmeister et al., Bilanzrecht, 3. Aufl. 2022, § 315e HGB Rz 10.
[4] ABl. EG Nr. L 243 S. 1.
[5] ABl. L 97 vom 9.4.2008, S. 62.
[6] BT-Drs. 15/3419 v. 24.6.2004 S. 33. Vgl. Sultana, in Hachmeister et al., Bilanzrecht, 3. Aufl. 2022, § 315e HGB Rz 8 f.
[7] Vgl. Heintzen, BB 2001, S. 825, insbes. 827 ff.; Albert, Zur Rechtsverbindlichkeit internationaler Rechnungslegungsstandards (IAS/IFRS), IFSt-Schrift Nr. 448, S. 27, 32 ff.; Heuermann, FS Spindler, 2011, S. 83, 89 f.

Abb. 1: Konzernrechnungslegung nach internationalen Standards

1.2 Rechtsentwicklung

3 Mit dem **BilReG**[8] wurde die Vorschrift erstmals ins HGB eingefügt. Durch § 315e Abs. 3 HGB wird das in Art. 5 der IAS-VO vorgesehene Mitgliedstaatenwahlrecht – auch für alle nicht kapitalmarktorientierten MU einen Konzernabschluss nach internationalen Standards freiwillig zuzulassen – in nationales Recht umgesetzt.

4 Sowohl durch das BilRUG vom 17.7.2015 als auch durch das CSR-Richtlinie-Umsetzungsgesetz vom 11.4.2017 wurde der § 315e HGB lediglich redaktionell abgeändert. Somit ergeben sich aus beiden Gesetzen keine materiellen Änderungen.[9]
Auch mit dem Gesetz zur Umsetzung der Richtlinie (EU) 2021/2101 im Hinblick auf die Offenlegung von Ertragsteuerinformationen wurde nur der variable Verweis in Abs. 1 „in der jeweils geltenden Fassung" durch die Wörter „betreffend die Anwendung internationaler Rechnungslegungsstandards (ABl. L 243 vom 11.9.2002, S. 1), die zuletzt durch die Verordnung (EG) Nr. 297/2008 (ABl. L 97 vom 9.4.2008, S. 62) geändert worden ist" ersetzt, was lediglich eine redaktionelle Änderung darstellt.[10]
Nach dem RegE CSRD-UmsG[11] soll der § 315e HGB zum § 315g HGB-E, ohne dass es inhaltliche Änderungen gäbe, werden.

---

[8] Bilanzrechtsreformgesetz (BilReG) v. 4.12.2004, BGBl 2004 I S. 3166; zum Entwurf der IAS-VO vgl. Ernst, BB 2001, S. 823.
[9] BilRUG v. 17.7.2015, BGBl 2015 I, S. 1245; Gesetz zur Stärkung der nichtfinanziellen Berichterstattung von Unternehmen in ihren Lageberichten und Konzernlageberichten v. 11.4.2017, BGBl 2017 I, S. 802.
[10] Vgl. Gesetz zur Umsetzung der Richtlinie (EU) 2021/2101 im Hinblick auf die Offenlegung von Ertragsteuerinformationen durch bestimmte Unternehmen und Zweigniederlassungen, BGBl. 2023 I Nr. 154 S. 18.
[11] Regierungsentwurf eines Gesetzes zur Umsetzung der Richtlinie (EU) 2022/2464 des Europäischen Parlaments und des Rates vom 14. Dezember 2022 zur Änderung der Verordnung (EU) Nr. 537/2014 und der Richtlinien 2004/109/EG, 2006/43/EG und 2013/34/EU hinsichtlich der Nachhaltigkeitsberichterstattung von Unternehmen, BT-Drs. 20/12787 v. 9.9.2024, https://dserver.bundestag.de/btd/20/127/2012787.pdf, Abruf 10.10.2024.

1.3 Normenzusammenhang

§ 315e HGB gilt auch für nach PublG konzernrechnungslegungspflichtige Unt mit der Einschränkung, dass Abs. 2 nur Anwendung findet, wenn das MU seiner Rechtsform nach („Gesellschaft" i.S.d. IFRS-VO) in den Anwendungsbereich der IFRS-VO fällt (§ 11 Abs. 6 Satz 1 Nr. 2 PublG).[12] Insoweit wird die verpflichtende Anwendung der IAS/IFRS auf den Konzernabschluss im Fall der Beantragung der Zulassung von Wertpapieren zum Handel in einem geregelten Markt begrenzt auf unter die IFRS-VO fallende Unt. Damit sind „kapitalmarktorientierte" Einzelkaufleute oder eine Stiftung ausgeschlossen.[13]

§ 315e HGB regelt nicht, ob eine Pflicht zur Konzernrechnungslegung besteht. Diese beurteilt sich nach den Vorschriften des HGB (§§ 290–293 HGB) oder des PublG (§ 11 ff. PublG).[14] **Nicht maßgebend** bzgl. der Verpflichtung zur Aufstellung eines Konzernabschlusses ist IFRS 10 (Konzernabschlüsse).[15]

Im Verhältnis zu den **Befreiungen der §§ 291 und 292 HGB** von der (Teil-)Konzernrechnungslegung gilt grds., dass zwar ein befreiender Konzernabschluss auch nach internationalen Standards in Betracht kommt. Allerdings kommt nur einem Konzernabschluss nach Abs. 3 befreiende Wirkung für ein konzernrechnungslegungspflichtiges TU, das gleichzeitig MU ist, zu, da bei Zulassung von Wertpapieren zum Handel auf einem organisierten Markt gem. § 291 Abs. 3 Nr. 1 HGB weiterhin eine Pflicht zur Konzernrechnungslegung für das zu befreiende TU besteht, und zwar nach der Vorschrift des Abs. 1. Sofern nur ein Antrag auf Zulassung zum Handel durch das zu befreiende TU gestellt wurde, besteht zwar dem Grunde nach eine Konzernrechnungslegungspflicht, eine Befreiung durch einen Konzernabschluss auf übergeordneter Ebene ist aber noch möglich. Dieser kann nach Abs. 3 aufgestellt sein.

Eine andere Problemstellung besteht darin, nach welchen Vorschriften (HGB oder IFRS) eine Abgrenzung des Konsolidierungskreises (KonsKreis) erfolgt, wenn ein kapitalmarktorientiertes MU mit einem TU von untergeordneter Bedeutung vorliegt. Hat demnach ein Unt einen Konzernabschluss nach internationalen Standards (§ 315e Abs. 1 oder Abs. 2 HGB) aufzustellen, so ist nach der hier vertretenen Auffassung die Abgrenzung des KonsKreises bei der Aufstellung des Konzernabschlusses nach den IFRS, also unter Beachtung von IFRS 10, zu beurteilen.[16] Eine Anwendung des Wahlrechts zur Einbeziehung nach § 296 Abs. 2 HGB scheidet dabei aus.[17]

---

[12] Vgl. Sultana, in Hachmeister et al., Bilanzrecht, 3. Aufl. 2022, § 315e HGB Rz 12.
[13] BT-Drs. 15/3419 v. 24.6.2004 S. 53.
[14] Vgl. Pfitzer/Oser/Orth, DB 2004, S. 2593; ebenso Waschbusch/Steiner, StB 2008, S. 22 m. w. N.; vgl. Grottel/Kreher, in Beck Bil-Komm., 14. Aufl. 2024, § 315e HGB Rz 5 und Rz 22.
[15] Vgl. Sultana, in Hachmeister et al., Bilanzrecht, 3. Aufl. 2022, § 315e HGB Rz 14.
[16] Vgl. Sultana, in Hachmeister et al., Bilanzrecht, 3. Aufl. 2022, § 315e HGB Rz 14. Hingegen beurteilt sich die Pflicht zur Konzernrechnungslegung unter Einschluss von §§ 294, 296 HGB i.V.m. DRS 19. Dabei dürfen die Wahlrechte des § 296 Abs. 1 HGB ausgeschöpft werden; dieser kann sich daher von dem für die Aufstellung maßgeblichen KonsKreis unterscheiden (vgl. auch Küting/Mojadadr, GmbHR 2011, S. 904). Zum Meinungsstand vgl. Engelmann/Zülch, DB 2006, S. 293 ff.
[17] Vgl. Sultana, in Hachmeister et al., Bilanzrecht, 3. Aufl. 2022, § 315e HGB Rz 15.

2 Anwendung internationaler Rechnungslegungsvorschriften auf den Konzernabschluss

2.1 Allgemeine Pflicht zur Aufstellung eines Konzernabschlusses nach IFRS/IAS (Abs. 1)

2.1.1 Pflicht zur Konzernrechnungslegung nach HGB/PublG

9 Eine Pflicht zur Aufstellung eines Konzernabschlusses nach IFRS/IAS setzt eine Verpflichtung zur Konzernrechnungslegung des MU voraus (Rz 1, Rz 6). Diese ergibt sich aus §§ 290–293 HGB bzw. § 11ff. PublG.[18] Mit dem BilMoG wurde das für die **Verpflichtung zur Konzernrechnungslegung** bislang geltende duale System von einheitlicher Leitung i.V.m. einer Beteiligung nach § 271 Abs. 1 HGB einerseits und Control-Verhältnis andererseits ersetzt durch das auch in international anerkannten Rechnungslegungssystemen inzwischen angewandte Beherrschungssystem (§ 290 Abs. 1 HGB), das letztlich dem Control-Konzept entspricht.[19] Besteht nach Feststellung der Konzernrechnungslegungspflicht keine Verpflichtung nach § 315e Abs. 1 oder Abs. 2 HGB, den Konzernabschluss nach IFRS aufzustellen, kann gem. Abs. 3 freiwillig ein Konzernabschluss nach internationalen Standards aufgestellt werden. Die freiwillige Aufstellung eines Konzernabschlusses nach IFRS hat befreiende Wirkung, sodass nicht etwa zusätzlich ein Konzernabschluss nach HGB aufzustellen ist.

2.1.2 Mutterunternehmen i.S.v. Art. 4 Verordnung (EG) Nr. 1606/2002

10 Ist ein MU nach §§ 290–293 HGB konzernrechnungslegungspflichtig, ist zu prüfen, ob das MU gem. Art. 4 der IFRS-VO verpflichtet ist, seinen Konzernabschluss nach den in EU-Recht übernommenen internationalen Rechnungslegungsstandards aufzustellen.[20] **Adressat der Verordnung, die zuletzt durch die Verordnung (EG) Nr. 297/2008[21] geändert worden ist,** sind damit **nur MU,** die einen Konzernabschluss aufzustellen haben.[22] Dabei wird zusätzlich eine Kapitalmarktorientierung i.S.d. IFRS-VO des MU vorausgesetzt.[23] Keine Rolle spielt dabei, ob dieses MU selbst wieder ein TU eines übergeordneten MU ist, für das eine uneingeschränkte Pflicht zur Konzernrechnungslegung nach handelsrechtlichen Grundsätzen besteht. Eine Anwendung des Abs. 1 kommt daher auch für solche MU in Betracht.[24]

11 **I.S.d. Art. 4 der IAS-VO** sind dies solche MU, die unter den Rechtsformbegriff „Gesellschaft" i.S.d. der IFRS-VO fallen und
- die dem Recht eines Mitgliedstaats unterliegen (Rz 12) und
- deren **Wertpapiere** (Rz 13)[25]

---

[18] Vgl. Sultana, in Hachmeister et al., Bilanzrecht, 3. Aufl. 2022, § 315e HGB Rz 3.
[19] Vgl. Künkele/Koss, in Petersen/Zwirner, BilMoG, 2009, S. 520.
[20] Hinweis: Art. 4 der VO ist unmittelbar geltendes EU-Recht und muss nicht gesondert in deutsches Recht umgesetzt werden.
[21] ABl. L 97 vom 9.4.2008, S. 62.
[22] Vgl. auch Grottel/Kreher, in Beck Bil-Komm., 14. Aufl. 2024, § 315e HGB Rz 3.
[23] Zur Kapitalmarktorientierung allg. § 264d Rz 1ff. und Zwirner, PiR 4/2010, S. 93.
[24] Vgl. Zeyer/Maier, PiR 7/2010, S. 190.
[25] Im Gegensatz hierzu nennt Abs. 2 den Begriff des organisierten Marktes, ohne inhaltliche Unterschiede zu implizieren.

- an einem **geregelten Markt** i.S.d. Art. 1 Abs. 13 der RL 93/22/EWG des Rates vom 10.5.1993 über Wertpapierdienstleistungen zum Handel in einem beliebigen Mitgliedstaat der EU **zugelassen** sind (Rz 14).

Unter „Gesellschaft" i.S.d. IFRS-VO werden nach Art. 48 des Vertrags von Rom solche **Unt** verstanden, die nach dem Zivil- oder dem Handelsrecht gegründet wurden, einschl. Genossenschaften und anderen juristischen Personen, die unter das öffentliche Recht oder unter das Privatrecht fallen, **ausgenommen jener**, die keinen Erwerbscharakter haben.[26] Die IFRS-VO **gilt somit nur für EU-Ges., die nach dem Recht eines Mitgliedstaats gegründet wurden und auch ihren Sitz in einem Mitgliedstaat der EU haben.** Für nicht nach dem Recht eines Mitgliedstaats gegründete Ges. (Nicht-EU-Ges.) ist Art. 4 nicht anwendbar; es gilt das jeweils anwendbare nationale Recht. 12

Wenngleich die Verordnung keine **Definition von Wertpapieren** enthält, ist es nach der hier vertretenen Auffassung wegen des Verweises auf die Wertpapierdienstleistungs-Richtlinie[27] hinsichtlich des geregelten Markts in Art. 4 sachgerecht, diese ebenfalls zur Auslegung des Begriffs Wertpapiere heranzuziehen.[28] **Wertpapiere** sind demnach[29] 13

- Aktien,
- andere, Aktien vergleichbare Wertpapiere,
- Schuldverschreibungen und sonstige verbriefte Schuldtitel,
- die auf einem Kapitalmarkt gehandelt werden können, und
- alle anderen üblicherweise gehandelten Titel, die zum Erwerb solcher Wertpapiere durch Zeichnung oder Austausch berechtigen oder zu einer Barzahlung führen,
- mit Ausnahme von Zahlungsmitteln.

Die Definition ist **mit der des § 2 Abs. 1 WpHG vergleichbar**, jedoch nicht identisch. Es handelt sich daher sowohl um festverzinsliche als auch um nicht festverzinsliche Papiere.

Der Begriff des geregelten Markts umschreibt **einen Markt für Finanzinstrumente** und **entspricht** inhaltlich den in **Art. 4 Abs. 1 Nr. 21 der zweiten Finanzmarktrichtlinie**[30] formulierten Eigenschaften eines solchen Markts. Art. 4 Abs. 1 Nr. 21 der zweiten Finanzmarktrichtlinie wurde durch das zweite Finanzmarktnovellierungsgesetz[31] in deutsches Recht umgesetzt. Danach wird ein geregelter Markt in § 2 Abs. 11 WpHG auch als organisierter Markt bezeichnet. **Ein geregelter Markt** ist definiert als ein von einem Marktbetreiber betriebenes und/oder verwaltetes multilaterales System, das die Interessen einer Vielzahl Dritter am Kauf und Verkauf von Finanzinstrumenten innerhalb des Systems und nach seinen nicht diskretionären Regeln in einer Weise zusammenführt oder das Zusammenführen fördert, die zu einem Vertrag in Bezug auf Finanzinstrumente 14

---

[26] Vgl. Kommentar der Kommission der EG vom November 2003, S. 6f. Diese Definition entspricht jener der 4. und 7. EG-RL sowie der Bank-/Versicherungs-RL.
[27] Richtlinie über Wertpapierdienstleistungen 93/22/EWG des Rates v. 10.5.1993, ABl. L 141 v. 11.6.1993, S. 27.
[28] Vgl. Grottel/Kreher, in Beck Bil-Komm., 14. Aufl. 2024, § 315e HGB Rz 3.
[29] Art. 1 Nr. 4 der RL 93/22/EWG des Rates v. 10.5.1993.
[30] Richtlinie über Märkte für Finanzinstrumente (zweite Finanzmarktrichtlinie) 2014/65/EU des Rates, ABl. L 173 v. 12.6.2014, S. 349.
[31] Zweites Finanzmarktnovellierungsgesetz v. 23.6.2017, BGBl 2017 I S. 1693.

führt, die gem. den Regeln und/oder den Systemen des Markts zum Handel zugelassen wurden, sowie eine Zulassung erhalten hat und ordnungsgemäß und gem. den Bestimmungen des Titels III der RL 2014/65/EU funktioniert.[32]

15 Als **Anwendungsbeispiele für § 315e Abs. 1 HGB** kommen in Betracht:

> **Praxis-Beispiel**
> **Beispiel 1**: Ein MU, das selbst einen geregelten Markt durch Ausgabe von Wertpapieren (Schuldtitel oder Aktien an einem organisierten Markt) in Anspruch nimmt und das **aufgrund der Überschreitung der Größenklassen** in § 293 HGB einer Pflicht zur Konzernrechnungslegung nach §§ 290–293 HGB unterliegt.
> **Beispiel 2**: Ein MU, das selbst einen geregelten Markt (nicht Freiverkehr) durch Ausgabe von Wertpapieren (Schuldtitel oder Aktien) in Anspruch nimmt, aber **trotz der Unterschreitung der Größenklassen** (§ 293 HGB) einer Pflicht zur Konzernrechnungslegung nach §§ 290–293 HGB unterliegt (§ 293 Abs. 5 HGB).
> **Beispiel 3**: Ein TU eines übergeordneten MU, das selbst MU ist (Teilkonzern) und das eine Zulassung seiner Wertpapiere zum Handel an einem geregelten Markt (nicht Freiverkehr) beantragt hat oder das den Kapitalmarkt bereits durch Ausgabe von solchen Wertpapieren in Anspruch nimmt (ungeachtet der Größenklassen).
> **Exkurs**: Die größenabhängige Befreiung des § 293 HGB ist wegen § 293 Abs. 5 HGB nicht anwendbar; es besteht daher grds. eine Pflicht zur Konzernrechnungslegung, sofern keine Befreiung nach §§ 291, 292 HGB eintritt. Ein befreiender Konzernabschluss nach §§ 291, 292 HGB ist aber dann ausgeschlossen, wenn eine Kapitalmarkt-Orientierung vorliegt (vgl. § 291 Abs. 3 Nr. 1 HGB) . Dabei ist im Hinblick auf die Kapitalmarktorientierung wie folgt zu differenzieren: a) Bei bloßer Stellung eines Zulassungsantrags durch das TU, das gleichzeitig MU ist, besteht zwar eine Konzernrechnungslegungspflicht, jedoch (noch) mit der Möglichkeit der Befreiung durch einen übergeordneten Konzernabschluss. b) Besteht hingegen für das TU, das gleichzeitig MU ist, bereits eine Zulassung, ist hingegen – ungeachtet der Größe des Teilkonzerns – eine Konzernrechnungslegungspflicht anzunehmen und eine Befreiung nach §§ 291, 292 nicht mehr möglich. Im Fall a) bestünde eine Pflicht zur Konzernrechnungslegung nach Abs. 2, wenn kein befreiender Konzernabschluss (entweder nach nationalen oder internationalen Vorschriften) aufgestellt wird. Im Fall b) bestünde eine Pflicht zur Konzernrechnungslegung ohne Befreiungsmöglichkeit nach Abs. 1.

2.1.3 Umfang der Konzernrechnungslegungspflicht

16 § 315e Abs. 1 HGB bestimmt den Umfang der anzuwendenden Vorschriften auf den internationalen Konzernabschluss eines MU, das einen organisierten Markt in Anspruch nimmt. Neben den internationalen Rechnungslegungsvorschriften sind auf diesen Konzernabschluss ergänzend auch nationale Vorschriften anzu-

---

[32] Zur Übersicht des geregelten Markts in Deutschland s. die Übersicht über die geregelten Märkte in ABl. EU 2011/C 209/13 v. 15.7.2011.

wenden.³³ Die **Angaben nach Abs. 1** müssen mit dem HGB und den IFRS - **zweierlei Maßstäben** gerecht werden. Für das HGB muss beachtet werden, dass die Rechnungslegung auf die Erfüllung der durch Abs. 1 bezweckten Angaben ausgerichtet ist. Zur Erfüllung der IFRS ist zu fordern, dass die nach Abs. 1 insoweit zu erfolgenden freiwilligen Angaben der Systematik und der Verständlichkeit des Abschlusses gerecht werden und zur Steigerung der Entscheidungsnützlichkeit des Abschlusses beitragen.³⁴ Dies beinhaltet nach der hier vertretenen Auffassung grds. auch die Angabe von Vorjahresangaben.³⁵

Hintergrund für den erweiterten Umfang der Konzernrechnungslegung bei Kapitalmarktorientierung ist, dass bestimmte Bereiche der Konzernrechnungslegung nicht von der IFRS-VO abgedeckt sind, die nach Auffassung des Rates und der Kommission³⁶ auch für einen Konzernabschluss nach IFRS von grundlegender Bedeutung sind.

Die **Positionierung der Angaben** nach Abs. 1 im Konzernabschluss ist nicht gesetzlich geregelt. Üblicherweise werden die Angaben im IFRS-Anhang gemacht und nicht in einem eigenständigen Abschnitt außerhalb des IFRS-Anhangs.³⁷ Hierbei stellt sich aber die Frage der sachlogischen Positionierung, wobei einmal eine Präsentation der Angaben innerhalb eines eigenständigen zusammenhängenden Abschnittes in Betracht kommt. Daneben ist auch die inhaltliche Zuordnung zu den Erläuterungen der einzelnen Bilanz-/GuV-Posten möglich.

Folgende nationale Vorschriften sind dabei von Bedeutung für einen Konzernabschluss nach IFRS und ergänzend anzuwenden, wobei zahlenmäßige Angaben – soweit erforderlich und möglich – auf Basis der IFRS zu erfolgen haben:³⁸

- Vorlage- und Auskunftspflichten der TU gegenüber dem MU nach § 294 Abs. 3 HGB;
- Firma, Sitz, Registergericht und Nummer unter der das MU in das Handelsregister eingetragen ist nach § 297 Abs. 1a HGB;
- Angabe, falls sich das MU in Liquidation oder Abwicklung befindet (§ 297 Abs. 1a HGB);
- Erklärung der Unternehmensleitung nach § 297 Abs. 2 Satz 4 HGB;
- Pflicht zur Erstellung des Konzernabschlusses in deutscher Sprache und in EUR sowie Unterzeichnungspflicht nach § 298 Abs. 1 i.V.m. §§ 244, 245 HGB;
- Anteilsbesitz des Konzerns nach § 313 Abs. 2 bis 3 HGB, sofern nicht die Schutzklausel des § 313 Abs. 3 HGB Anwendung findet;

---

[33] S. auch BT-Drs. 15/3419 v. 24.6.2004 S. 34; ebenso Wendlandt/Knorr, KoR 2005, S. 55.
[34] Vgl. auch Zeyer/Maier, PiR 7/2010, S. 190.
[35] Vgl. Sultana, in Hachmeister et al., Bilanzrecht, 3. Aufl. 2022, § 315e HGB Rz 34. Gem. Grottel/Kreher, in Beck Bil-Komm., 14. Aufl. 2024, § 315e HGB Rz 13 sollen Vj-Angaben dann nicht erforderlich sein, wenn die ergänzenden HGB-Anhangangaben nach § 315e HGB in einem separaten Abschnitt dargestellt werden.
[36] Vgl. die gemeinsame Erklärung des Rates und der Kommission anlässlich der Verabschiedung der Modernisierungs-RL 2003/51/EG, die die 4. und 7. EG-RL zusammenfasst, v. 18.6.2003, ABl v. 17.7.2003 L 178/17, S. 1.
[37] Vgl. die Feststellung für DAX-Unternehmen von Zeyer/Maier, PiR 7/2010, S. 190.
[38] Vgl. BT-Drs. 15/3419 v. 24.6.2004 S. 34f. mit Erläuterungen. Hinweis: Die Heranziehung der IFRS als Grundlage zur Ermittlung der geforderten zahlenmäßigen Angaben ist für einen IFRS-Konzernabschluss sachgerecht.

- bestimmte Anhangangaben im Konzernabschluss nach § 314 Abs. 1 Nr. 4, 6, 8 und 9 und Abs. 3 HGB;
- Konzernlagebericht (Neunter Titel) i. V. m. DRS 20;
- Vorschriften außerhalb des 2. Unterabschnitts, die den Konzernabschluss oder den Konzernlagebericht betreffen (insb. Prüfung).[39]

Die gleichzeitige Anwendung nationaler Vorschriften und internationaler Standards führt zu inhaltlichen Redundanzen zwischen den Angaben im Konzernlagebericht und im IFRS-Anhang.[40]

18 Der **Umfang** der anzuwendenden internationalen Rechnungslegungsstandards ist gem. § 315e Abs. 1 HGB davon abhängig, ob diese nach den Art. 2, 3 und 6 der IAS-VO übernommen wurden.[41] Der Abschluss muss auf Standards beruhen, die durch einen Rechtsetzungsakt auf EU-Ebene legitimiert sind, da die Verlautbarungen des privatrechtlich organisierten IASB als Standardsetter für die internationale Rechnungslegung keine unmittelbare Rechtswirkung entfalten.[42] IFRS bzw. IAS, die erst nach dem Bilanzstichtag, aber vor Unterzeichnung des Konzernabschlusses durch die EU „endorsed" werden, dürfen (Wahlrecht) berücksichtigt werden, wenn eine frühzeitige Anwendung in der Verordnung und in dem entsprechenden IFRS bzw. IAS gestattet ist.[43]

Diese Transformation der IFRS in EU-Recht wird in Art. 2, 3 und 6 der Verordnung geregelt. Dies geschieht durch ein sog. **Komitologieverfahren**.[44] Mit der Änderung der IAS-VO durch die VO 297/2008/EG vom 11.3.2008[45] wurde ein neues Verfahren zur Übernahme der IFRS implementiert, um eine stärkere Einbindung des Europäischen Parlaments sicheustellen.[46]

2.2 Erweiterte Pflicht zur Aufstellung eines Konzernabschlusses nach IFRS/IAS (Abs. 2)

19 § 315e Abs. 2 HGB trägt dem Informationsbedürfnis potenzieller Anleger Rechnung, das mit der bevorstehenden Börseneinführung zum Tragen kommt, und bestimmt, dass internationale Standards und die in Abs. 1 genannten ergänzenden Vorschriften auch im Fall eines Antrags auf Zulassung eines Wertpapiers zum Handel an einem geregelten Markt anzuwenden sind. Damit wird das Qualifikationsmerkmal „Kapitalmarktorientierung" in zeitlicher Hinsicht aus-

---

[39] Vgl. Sultana, in Hachmeister et al., Bilanzrecht, 3. Aufl. 2022, § 315e HGB Rz 5.
[40] Vgl. Prigge, KoR 2006, S. 252.
[41] Zum aktuellen Übernahmestatus (EU Endorsement status report) vgl. www.efrag.org/en/financial-reporting/endorsement-status, Abruf 9.10.2024. Vgl. Sultana, in Hachmeister et al., Bilanzrecht, 3. Aufl. 2022, § 315e HGB Rz 1.
[42] Vgl. auch Grottel/Kreher, in Beck Bil-Komm., 14. Aufl. 2024, § 315e HGB Rz 8 und BT-Drs. 15/3419 v. 24.6.2004 S. 34.
[43] Vgl. CESR-Erklärung v. 21.1.2006 bzgl. der Angaben zu Bilanzierungs- und Bewertungsmethoden nach IFRS.
[44] Beim Komitologieverfahren entscheiden das Europäische Parlament und der Rat über die grds. Bestimmungen in den Rechtsakten und übertragen einem Fachausschuss die Regelung der technischen Durchführung. Diese Fachausschüsse existieren in allen Bereichen und sind mit Vertretern der Mitgliedstaaten unter Leitung der Kommission besetzt. Zum Rechtsschutz gegen fehlerhaft übernommene IFRS vgl. Pöschke, KoR 2008, S. 325.
[45] EU-Verordnung 297/2008/EG v. 11.3.2008, ABl. L 97/62 v. 9.4.2008.
[46] Vgl. zum neuen Verfahren Buchheim/Knorr/Schmidt, KoR 2008, S. 334.

gedehnt.[47] Dies führt dazu, dass der Anwendungsbereich weiter ist, als dies durch Art. 4 u. 5 der IFRS-VO vorgesehen ist.[48]

Für den Antrag auf Zulassung wird in gleicher Weise wie bei Abs. 1 nur auf den Antrag des MU abgestellt.[49] Der Antrag muss nach Abs. 2 bis zum jeweiligen Bilanzstichtag, für den eine Pflicht zur Konzernrechnungslegung in Betracht kommt, gestellt worden sein.

Soweit die Voraussetzungen des Abs. 2 erfüllt sind, besteht eine Pflicht zur Aufstellung eines Konzernabschluss nach internationalen Standards im Umfang von Abs. 1 (Rz 16 ff.).

Sofern bereits eine entsprechende Zulassung besteht, ist Abs. 1 und damit eine Pflicht zur internationalen Konzernrechnungslegung ohnehin zu beachten.

Als **Anwendungsbeispiele des § 315e Abs. 2 HGB** kommen in Betracht: 20

> **Praxis-Beispiel**
> **Beispiel 1:** Ein MU, das selbst einen Antrag auf Zulassung zum Handel seiner Wertpapiere (Schuldtitel oder Aktien) auf einem geregelten Markt (nicht Freiverkehr) gestellt hat und das aufgrund des Überschreitens der Größenklassen in § 293 Abs. 1 und 2 HGB eine Pflicht zur Konzernrechnungslegung nach §§ 290–293 HGB hat.
> **Beispiel 2:** Ein MU, das selbst einen Antrag auf Zulassung zum Handel seiner Wertpapiere (Schuldtitel oder Aktien) auf einem geregelten Markt (nicht Freiverkehr) gestellt hat und das daher trotz infrage kommender größenabhängiger Befreiungen (§ 293 HGB) eine Pflicht zur Konzernrechnungslegung nach §§ 290–293 HGB hat (§ 293 Abs. 5 HGB).
> **Beispiel 3:** Ein TU eines übergeordneten MU, das selbst MU ist (Teilkonzern) und das eine Zulassung seiner Wertpapiere (Schuldtitel oder Aktien) zum Handel auf einem geregelten Markt (nicht Freiverkehr) beantragt hat (ungeachtet der Größenklassen), soweit kein befreiender Konzernabschluss nach §§ 291, 292 HGB aufgestellt wird.[50]

2.3 Wahlrecht zur Aufstellung eines Konzernabschlusses nach IFRS/IAS (Abs. 3)

Für alle nicht kapitalmarktorientierten MU, die konzernrechnungslegungspflichtig sind, besteht ein **Wahlrecht nach Abs. 3, anstelle** eines Konzernabschlusses nach den Vorschriften des HGB einen befreienden **Konzernabschluss nach den internationalen Standards (IFRS/IAS)** aufzustellen. Damit setzt der deutsche Gesetzgeber das Mitgliedstaatenwahlrecht in Art. 5 Buchst. b) der IAS-VO inso- 21

---

[47] Vgl. BT-Drs. 15/3419 v. 24.6.2004 S. 35.
[48] Vgl. auch Grottel/Kreher, in Beck Bil-Komm., 14. Aufl. 2024, § 315e HGB Rz 15.
[49] Soweit ein TU, das gleichzeitig ein MU ist, einen Zulassungsantrag gestellt hat, besteht evtl. für dieses Unt eine Pflicht zur Konzernrechnungslegung nach Abs. 2. S. die Übersicht über die geregelten Märkte in ABl. EU 2011/C 209/13 v. 15.7.2011.
[50] Siehe die Übersicht über die geregelten Märkte in ABl. EU 2011/C 209/13 v. 15.7.2011.

weit in nationales Recht um, als es sich um die Aufstellung eines Konzernabschlusses handelt.[51] Auf Ebene des Jahresabschlusses besteht dieses Wahlrecht nicht.[52]

Der **Umfang der Konzernrechnungslegung** bei Inanspruchnahme des Wahlrechts hat dabei dem **bei Anwendung des Abs. 1** vollständig zu entsprechen, um von der Konzernrechnungslegung nach HGB befreit zu werden (Rz 16 ff.).

22 Als **Anwendungsbeispiele des § 315e Abs. 3 HGB** kommen in Betracht:

> **Praxis-Beispiel**
> **Beispiel 1:** Ein MU, das weder einen Antrag auf Zulassung seiner Wertpapiere (Schuldtitel oder Aktien) zum Handel auf einem geregelten Markt gestellt hat noch einen organisierten Kapitalmarkt aufgrund einer solchen Zulassung in Anspruch nimmt und das aufgrund des Überschreitens der Größenklassen in § 293 Abs. 1 und 2 HGB eine Pflicht zur Konzernrechnungslegung nach §§ 290–293 HGB hat.
>
> **Beispiel 2:** Ein TU, das gleichzeitig MU und mangels Befreiung nach §§ 291, 292 HGB zur Konzernrechnungslegung nach §§ 290–293 HGB verpflichtet ist, kann wahlweise einen Konzernabschluss nach IFRS/IAS nach Abs. 3 anstelle eines Konzernabschlusses nach HGB aufstellen, sofern keine Kapitalmarktorientierung i. S. v. Abs. 1 und 2 besteht.

---

[51] Zur Begründung vgl. Sultana, in Hachmeister et al., Bilanzrecht, 3. Aufl. 2022, § 315e HGB Rz 7.
[52] Vgl. zur Begründung Sultana, in Hachmeister/Kahle/Mock/Schüppen, Bilanzrecht, 3. Aufl. 2022, § 315e HGB Rz 11.

§ 315e-E Format des Konzernlageberichts, Verordnungsermächtigung

> **Hinweis**
> Die Kommentierung basiert auf dem **Regierungsentwurf eines CSRD-Umsetzungsgesetzes**.[1] Nach Veröffentlichung der finalen Fassung wird die Kommentierung in Ihrem Haufe HGB Bilanz Kommentar Online aktualisiert. Die **Online-Version** ist beim Kauf der Printausgabe inklusive.

Inhaltsübersicht Rz
1 Überblick 1
2 Elektronisches Berichtsformat des Konzernlageberichts (Satz 1 Nr. 1) 2–5
3 Auszeichnung des Konzernnachhaltigkeitsbericht (Satz 1 Nr. 2) 6–8
4 Verordnungsermächtigung (Satz 2) 9
5 XBRL-Taxonomie: Umsetzung in der Praxis 10

1 Überblick

Mit Umsetzung der Corporate Sustainability Reporting Directive (CSRD) wird der § 315e HGB-E neu eingeführt,[2] welcher MU, die ihren Konzernlagebericht um einen Konzernnachhaltigkeitsbericht erweitern müssen, verpflichtet, diesen in einem standardisierten elektronischen Format nach Maßgabe des Art. 3 Delegierten Verordnung (EU) 2019/815[3] zu erstellen und auszuzeichnen (s. zur Anwendung von ESEF auf den Lagebericht auch § 289 Rz 8).

Die Vorgaben des § 315e HGB-E setzen hierbei die Formatvorgaben nach Art. 29d Abs. 2 Bilanzrichtlinie um, die durch die CSRD geändert wurde.[4]

Der bisherige § 315e HGB wird im Wesentlichen unverändert verschoben zu § 315g HGB-E. Nach dem zu ändernden EGHGB ist § 315e HGB-E von MU erstmals anzuwenden auf Unterlagen der Konzernrechnungslegung für **ein nach dem 31.12.2025 beginnendes Gj**.

Mit der CSRD wird die Nachhaltigkeitsberichterstattung grundlegend reformiert. Ein zentrales Ziel der CSRD ist es u.a., sicherzustellen, dass die bereitgestellten Informationen nicht nur transparent und vergleichbar, sondern auch maschinenlesbar sind, um so eine breitere Nutzung und Analyse der Berichte durch Investoren und anderen Stakeholder zu ermöglichen.

1

---

[1] Regierungsentwurf eines Gesetzes zur Umsetzung der Richtlinie (EU) 2022/2464 des Europäischen Parlaments und des Rates vom 14. Dezember 2022 zur Änderung der Verordnung (EU) Nr. 537/2014 und der Richtlinien 2004/109/EG, 2006/43/EG und 2013/34/EU hinsichtlich der Nachhaltigkeitsberichterstattung von Unternehmen, BT-Drs. 20/12787 v. 9.9.2024.
[2] Vgl. RegE CSRD-UmsG, BT-Drs. 20/12787 v. 9.9.2024, https://dserver.bundestag.de/btd/20/127/2012787.pdf, Abruf 10.10.2024.
[3] EU-Kommission, Delegierte Verordnung 2019/815 v. 17.12.2018, ABl. EU L 143/1, https://eur-lex.europa.eu/legal-content/DE/TXT/PDF/?uri=CELEX:32019R0815, Abruf 10.10.2024. Kommentierend Liepe/Obst in Haufe ESRS-Kommentar, 2. Aufl., § 20.
[4] Vgl. CSRD v. 14.12.2022, ABl. EU L322/15, https://eur-lex.europa.eu/legal-content/DE/TXT/PDF/?uri=CELEX:32022L2464, Abruf 10.10.2024.

Durch die Delegierte Verordnung (EU) 2019/815 wurde mit **European Single Electronic Format (kurz ESEF)** ein standardisiertes elektronisches Format vorgegeben. Die Einführung des ESEF verfolgt mehrere Ziele:
1. **Transparenz und Vergleichbarkeit**: Durch die einheitliche Struktur der Berichte wird die Vergleichbarkeit von Informationen zwischen verschiedenen Unt und Konzernen erheblich verbessert.
2. **Digitalisierung und Effizienzsteigerung**: Das maschinenlesbare Format ermöglicht es, Berichte automatisiert auszuwerten und zu analysieren, was zu einer effizienteren Nutzung der Informationen führt. Dies erleichtert insb. Investoren und Regulierungsbehörden die Arbeit, da sie schneller und präziser auf relevante Informationen zugreifen können.
3. **Vermeidung von Fehlinterpretationen**: Die standardisierte Berichterstellung minimiert die Gefahr von Fehlinterpretationen und Missverständnissen, da die Berichte nach einheitlichen Standards erstellt und strukturiert sind.
4. **Verstärkung der Nachhaltigkeitsberichterstattung**: Da Nachhaltigkeit eine zunehmend wichtige Rolle in der Unternehmensstrategie spielt, wird durch das einheitliche Format sichergestellt, dass auch Informationen über Nachhaltigkeitsaspekte in einer konsistenten und nachvollziehbaren Weise dargestellt werden.[5]

Neben der Aufstellung des Konzernlageberichts in diesem standardisierten Format sieht § 315e HGB-E in Satz 1 Nr. 2 vor, dass der darin enthaltene Nachhaltigkeitsbericht elektronisch ausgezeichnet werden muss. Dieses sog. **„Tagging"** (Markierung) soll sicherstellen, dass der Nachhaltigkeitsbericht maschinenlesbar ist. Für die Berichterstattung auf Einzelabschlussebene ist eine analoge Regelung in § 289g HGB-E vorgesehen. Das Hauptziel dieser Vorgaben besteht darin, die Informationen nicht nur digital auffindbar und vergleichbar zu machen, sondern auch die maschinelle Lesbarkeit der Berichte zu gewährleisten. Um dies zu ermöglichen, wurde eine entsprechende XBRL-Taxonomie entwickelt, die die technischen Spezifikationen für die digitale Auszeichnung und Strukturierung der Nachhaltigkeitsberichte festlegt.[6]

Der § 315e HGB-E teilt sich hierbei in zwei Regelungskomponenten auf. Der § 315e Satz 1 HGB-E statuiert die Pflicht zur Anwendung des elektronischen Berichtsformats auf den Konzernlagebericht (Satz 1 Nr. 1) und zur elektronischen Auszeichnung des Konzernnachhaltigkeitsberichts (Satz 1 Nr. 2). Satz 2 enthält eine Verordnungsermächtigung, die dem Bundesministerium der Justiz erlaubt, die Vorschriften der Delegierten Verordnung (EU) 2019/815, die nach § 315e Satz 1 Nr. 2 HGB-E zu beachten sind, durch Rechtsverordnung, die nicht der Zustimmung des Bundesrates bedarf, näher zu bezeichnen.

Nach § 315e Satz 1 HGB-E fallen alle MU, die ihren Konzernlagebericht gem. § 315b HGB-E um einen Konzernnachhaltigkeitsbericht zu erweitern haben, in den Anwenderkreis von § 315e Satz 1 HGB-E. Somit ist nicht nur die Pflicht zur elektronischen Auszeichnung des Konzernnachhaltigkeitsbericht (Satz 1 Nr. 2), sondern auch die Pflicht zur Anwendung des elektronischen Berichtsformats auf den Konzernlagebericht (Satz 1 Nr. 1) daran geknüpft, ob das MU einen Konzernnachhaltigkeitsbericht zu erstellen hat. Entsprechend hat ein MU in dem Gj

---

[5] Vgl. ausführlich Seebeck/Rudolph, IRZ 2020, S. 35 ff.
[6] So auch Zwirner/Boecker, BC 2024, S. 220.

2 Elektronisches Berichtsformat des Konzernlageberichts (Satz 1 Nr. 1)

Gem. § 315e Abs. 1 Nr. 1 HGB-E sind MU, die ihren Konzernlagebericht gem. § 315b HGB um einen Konzernnachhaltigkeitsbericht erweitern müssen, dazu verpflichtet, ihren Konzernlagebericht in einem einheitlichen elektronischen Berichtsformat nach Maßgabe der Delegierten Verordnung (EU) 2019/815 aufzustellen. Dies bedeutet, dass der gesamte Konzernlagebericht, einschl. der finanziellen und nichtfinanziellen Informationen, in einem maschinenlesbaren Format, wie XHTML (Extensible Hypertext Markup Language), erstellt werden muss. Ziel der Einführung eines einheitlichen elektronischen Berichtsformats ist es, die digitale Auffindbarkeit, Vergleichbarkeit und Maschinenlesbarkeit der Berichte sicherzustellen. Diese Anforderungen sollen insb. gewährleisten, dass Berichte zur Nachhaltigkeit und andere relevante Informationen leichter zugänglich und verarbeitbar sind und von Maschinen als auch von Menschen verstanden und genutzt werden können.[7]

Der § 315e Satz 1 HGB-E dient der Umsetzung der Vorgaben des Art. 29d Abs. 1 Bilanzrichtlinie in der durch die CSRD modifizierten Fassung. Das elektronische Berichtsformat wird durch die Delegierte Verordnung (EU) 2019/815 der Europäischen Kommission vom 17. Dezember 2018 festgelegt, die technologische Regulierungsstandards zur Spezifikation eines solchen einheitlichen Berichtsformats enthält. Diese Verordnung wurde zuletzt durch die Delegierte Verordnung (EU) 2022/2553[8] angepasst.

Um die richtlinienkonforme Umsetzung dieser Anforderungen zu gewährleisten, wird die sog. „Aufstellungslösung" eingeführt. Dies bedeutet, dass die Informationen in dem vorgegebenen Format erstellt werden müssen, um den Anforderungen der Bilanzrichtlinie und der CSRD zu genügen. Eine Fortführung der bisherigen „Offenlegungslösung", bei der lediglich eine Offenlegung der Berichte erforderlich war, ist ausweislich des RegE CSRD-UmsG künftig nicht mehr mit den neuen unionsrechtlichen Vorgaben vereinbar.[9]

Im Zuge der ESEF-Verordnung wurde Extensible Hypertext Markup Language (XHTML) als Berichtsformat für die Finanzberichterstattung festgelegt, welches nach § 315e Satz 1 Nr. 1 HGB-E auch für den Konzernlagebericht maßgebend ist. XHTML ist eine XML-konforme Erweiterung des traditionellen HTML und somit eine Auszeichnungssprache, die primär zur Darstellung von Informationen im Web-Browser verwendet wird. Der Einsatz von XHTML ermöglicht es, Finanzberichte digital zu veröffentlichen, wobei gleichzeitig eine maschinenlesbare Struktur geschaffen wird, die die automatisierte Verarbeitung und Auswertung von Finanzdaten erleichtert. Der entscheidende Vorteil von XHTML liegt

---

[7] Vgl. CSRD, Erwägungsgrund 55.
[8] Delegierte Verordnung (EU) 2022/2553 v. 21.09.2022, ABl. EU L339/1, https://eur-lex.europa.eu/legal-content/DE/TXT/PDF/?uri=CELEX:32022R2553, Abruf 10.10.2024.
[9] Vgl. RegE CSRD-UmsG, BT-Drs. 20/12787 v. 9.9.2024 S. 112, https://dserver.bundestag.de/btd/20/127/2012787.pdf, Abruf 10.10.2024.

in seiner Kompatibilität mit neuen Technologien und Datenformaten, wie sie in modernen Webanwendungen und Datenverarbeitungssystemen zum Einsatz kommen. Das „X" in XHTML steht dabei für „extensible", was bedeutet, dass dieses Format erweiterbar ist. Diese Erweiterbarkeit bezieht sich auf die Fähigkeit, zusätzliche Datentypen, wie bspw. Videos oder interaktive Skripte, in den Bericht zu integrieren. Insb. die Einbindung von XML, einer Meta-Auszeichnungssprache, macht XHTML zu einem flexiblen und zukunftssicheren Format für die Berichterstattung.[10] XHTML weist gegenüber HTML verschiedene technische Merkmale auf, die es zu einem geeigneten Format für die finanzielle Berichterstattung machen. XHTML basiert auf den strengen Regeln von XML, wodurch eine klare Strukturierung und Konsistenz gewährleistet wird. Die Einhaltung dieser Strukturvorgaben ist für die maschinelle Verarbeitung der Berichte von zentraler Bedeutung. Durch diese strenge Validierung von Inhalten wird verhindert, dass fehlerhafte oder unvollständige Daten in den Bericht aufgenommen werden. Ein weiterer Vorteil von XHTML ist seine Lesbarkeit sowohl für Menschen als auch für Maschinen. Dies wird insb. durch die Integration von iXBRL-Tags ermöglicht. Diese Tags dienen der maschinellen Auswertung der im Bericht enthaltenen Daten, während der Bericht gleichzeitig in einem für den Menschen verständlichen Format vorliegt. Die iXBRL-Technologie (Inline XBRL) erlaubt es somit, dass sowohl Maschinen als auch menschliche Nutzer denselben Bericht lesen und verstehen können, was die Transparenz und Verständlichkeit der veröffentlichten Informationen erheblich steigert.[11]

4 Die Formatvorgaben nach § 315e HGB-E umfassen auch die Angaben, die nach Art. 8 VO (EU) 2020/852 (**EU-Taxonomie-Verordnung**) erforderlich sind. Die EU-Taxonomie-Verordnung legt fest, dass Unt detaillierte Informationen darüber bereitstellen müssen, inwieweit ihre wirtschaftlichen Aktivitäten als ökologisch nachhaltig i. S. d. der EU-Taxonomie eingestuft werden können.[12] Die neuen Formatvorgaben gem. § 315e HGB-E schließen diese Informationen ein und stellen sicher, dass die relevanten Nachhaltigkeitsinformationen im gleichen standardisierten Format wie die finanziellen Informationen bereitgestellt werden.
S. für die EU-Taxonomie-Verordnung § 289c Rz 9f.

5 Die Anwendung von § 315e Satz 1 HGB-E in der Praxis hat weitreichende Implikationen für die Unt. Die Konzernleitung hat grds. Sorge zu tragen, dass die Berichte im geforderten elektronischen Format (ESEF) erstellt werden. Dies erfordert in vielen Fällen die Implementierung oder zumindest Anpassung von Berichterstattungssystemen, die in der Lage sind, Berichte im XHTML-Format zu erstellen und die notwendigen XBRL-Tags zu integrieren. Neben der Anpassung der bestehenden Berichtsprozesse steht der Aufbau einer technischen Infrastruktur, die die neuen Anforderungen erfüllt. Unt müssen möglicherweise in neue Softwarelösungen investieren oder bestehende Systeme aktualisieren, um die Anforderungen zu erfüllen.

---

[10] Seebeck/Rudolph, IRZ 2020, S. 37f. sowie weiterführend Obst, WPg 2019, S. 771ff.
[11] Seebeck/Rudolph, IRZ 2020, S. 37f.
[12] Vgl. für die technischen Bewertungskriterien der sechs Umweltziele: Delegierte Verordnung (EU) der Kommission C(2021)2800 final, v. 4.6.2021 sowie Delegierte Verordnung (EU) 2023/2486 v. 27.6.2023, ABl. EU L2023/2486 v. 21.11.2023.

Eine weitere Herausforderung besteht darin, die Finanz- und Nachhaltigkeitsberichterstattung enger zu verzahnen. Während finanzielle Informationen traditionell klar strukturiert und standardisiert sind, sind Nachhaltigkeitsinformationen oft komplexer und weniger formell standardisiert. Die neuen Anforderungen verlangen jedoch, dass sowohl finanzielle als auch nichtfinanzielle Informationen in einem einheitlichen Format bereitgestellt werden. Dies erfordert eine enge Zusammenarbeit zwischen den Finanzabteilungen und den Abteilungen, die für die Nachhaltigkeitsberichterstattung verantwortlich sind.

Trotz der Herausforderungen bietet die Einführung eines einheitlichen elektronischen Berichtsformats auch erhebliche Chancen. Die Standardisierung der Berichtsformate und die Einführung maschinenlesbarer Daten ermöglichen es Unt, ihre Berichtsprozesse zu automatisieren und effizienter zu gestalten. Insb. die Verwendung von XBRL-Tags zur Auszeichnung der Berichte ermöglicht eine automatisierte Analyse der bereitgestellten Informationen, was zu einer schnelleren und präziseren Auswertung der Daten führt.

Für Investoren bieten die neuen Berichtsanforderungen erhebliche Vorteile. Durch die Bereitstellung standardisierter, maschinenlesbarer Daten erhalten Investoren einen besseren Zugang zu den relevanten Finanz- und Nachhaltigkeitsinformationen. Dies erleichtert die Analyse von Unt und unterstützt fundierte Investitionsentscheidungen, insb. in Bezug auf nachhaltige Investitionen. Da die Anforderungen an die Nachhaltigkeitsberichterstattung weiter steigen, wird die Fähigkeit eines Unt, umfassende und transparente Informationen bereitzustellen, zunehmend zu einem Wettbewerbsfaktor auf den internationalen Kapitalmärkten.

3 Auszeichnung des Konzernnachhaltigkeitsbericht (Satz 1 Nr. 2)

Neben der Pflicht, den Konzernlagebericht in einem einheitlichen elektronischen Format zu erstellen, schreibt § 315e Abs. 1 Nr. 2 HGB-E vor, dass der Konzernnachhaltigkeitsbericht gem. den Anforderungen der Delegierten Verordnung (EU) 2019/815 ausgezeichnet werden muss. Dieser Auszeichnungsprozess, der als „Tagging" bezeichnet wird, erfordert die Verwendung von XBRL (eXtensible Business Reporting Language), einem offenen Standard zur maschinenlesbaren Auszeichnung von Geschäftsinformationen.

Die Auszeichnung des Konzernnachhaltigkeitsberichts stellt sicher, dass die einzelnen Berichtsbestandteile eindeutig identifiziert und maschinell ausgelesen werden können. Dies erleichtert die Analyse von Nachhaltigkeitsinformationen und ermöglicht es den Stakeholdern, die bereitgestellten Daten effizient zu verarbeiten und in ihre Entscheidungen einfließen zu lassen.

Der Ausdruck „maschinenlesbar" kann irreführend sein, da im weitesten Sinne jedes elektronische Format von Maschinen gelesen werden kann. Ein einfaches Textdokument, eine PDF-Datei oder sogar ein Bild können von einem Computer geöffnet und angezeigt werden. Dies führt zu der Annahme, dass solche Formate per se maschinenlesbar sind. Im spezifischen Kontext der elektronischen Datenverarbeitung bedeutet „maschinenlesbar" jedoch mehr als nur die Fähigkeit, eine Datei zu öffnen. Es bezieht sich darauf, dass Informationen in einer strukturierten und standardisierten Weise ausgezeichnet werden – ein

Prozess, der als **Tagging** bezeichnet wird. Durch diese Auszeichnung werden die Daten für Softwareanwendungen nicht nur lesbar, sondern auch interpretierbar und verarbeitbar. Dies ermöglicht es, Daten automatisiert auszulesen, zu analysieren und weiterzuverarbeiten. Tagging ist der Prozess, bei dem Daten mit zusätzlichen Informationen versehen werden, die ihre Bedeutung, Struktur und Beziehungen definieren. Dies geschieht häufig durch die Verwendung von Markup-Sprachen wie XML (eXtensible Markup Language) oder JSON (JavaScript Object Notation), die es ermöglichen, Daten in einer hierarchischen und semantisch verständlichen Weise zu strukturieren.[13]

Die Vorteile des Taggings sind u. a:

- **Automatisierte Verarbeitung:** Getaggte Daten können von Softwareanwendungen automatisch verarbeitet werden, ohne dass menschliches Eingreifen erforderlich ist.
- **Interoperabilität:** Standardisierte Tags ermöglichen den Datenaustausch zwischen verschiedenen Systemen und Plattformen.
- **Effizienz:** Durch die Automatisierung werden Fehler reduziert und Prozesse beschleunigt.

Maschinenlesbarkeit ist grds. im Kontext von Schnittstellen zwischen elektronischen Systemen zu betrachten. Eine Schnittstelle definiert die Art und Weise, wie Daten zwischen Systemen übertragen und empfangen werden. Dabei ist es entscheidend, dass beide Systeme ein gemeinsames Verständnis der Datenstruktur und -semantik haben.[14]

Die Umsetzung wird von einigen Herausforderungen begleitet. Eine der größten Herausforderungen ist die Gewährleistung der Kompatibilität zwischen unterschiedlichen Systemen. Die Verwendung verschiedener Standards kann zu Problemen führen. Daher ist die Einhaltung von allgemein anerkannten Standards essenziell. Die maschinelle Verarbeitung setzt zudem voraus, dass die Daten korrekt und vollständig sind. Fehlerhafte Daten können zu fehlerhaften Ergebnissen führen. Daher sind Mechanismen zur Datenvalidierung und Qualitätssicherung notwendig. Die Übertragung sensibler Daten erfordert ferner besondere Sicherheitsmaßnahmen. Dies beinhaltet Verschlüsselung, Authentifizierung und Zugriffskontrollen, um unbefugten Zugriff zu verhindern. Vor dem Hintergrund der genannten Aspekte wurde speziell für die Unternehmensberichterstattung **XBRL** entwickelt.

8 Der Berichtsstandard eXtensible Business Reporting Language (XBRL) hat sich weltweit als Format für die elektronische Finanz- bzw. Nachhaltigkeitsberichterstattung etabliert. XBRL ermöglicht die strukturierte und standardisierte Darstellung von Finanz- und Nachhaltigkeitsdaten, die ausschl. maschinell lesbar sind. iXBRL stellt eine essenzielle Weiterentwicklung dar, indem es die XBRL-Elemente direkt in das HTML-Format integriert. Dies führt zur Erstellung von XHTML-Dokumenten, die sowohl für Menschen als auch für Computer lesbar sind.[15]

Die Integration von XBRL-Tags in HTML eliminiert die Notwendigkeit einer separaten XBRL-Datei. Zukünftige Nachhaltigkeitsberichte können somit in

---

[13] Obst, WPg 2019, S. 773.
[14] Obst, WPg 2019, S. 773.
[15] Rudolph, IRZ 2020, S. 332.

einem einzigen Dokument bereitgestellt werden, das die Lesbarkeit für menschliche Nutzer gewährleistet und gleichzeitig die maschinelle Verarbeitbarkeit sicherstellt. Diese Vorgehensweise reduziert den Aufwand für die Berichtsersteller und minimiert potenzielle Fehlerquellen, die bei der parallelen Erstellung zweier Formate entstehen können. Gem. der anzuwendenden Inline-XBRL-Spezifikation müssen Transformationsregeln, Zusatzdaten und Verlinkungen im XHTML-Dokument versteckt hinterlegt werden. Der Adressat des Berichts muss mit einer speziellen XBRL-Software das XHTML-Dokument in ein XBRL-Instanzdokument überführen, um die maschinenlesbaren Daten zu extrahieren.[16] In den USA verlangt die Securities and Exchange Commission (SEC) von Unt die Einreichung sowohl von HTML- als auch von XBRL-Dokumenten (Dual Filing). Diese Praxis führt häufig zu Inkonsistenzen zwischen den beiden Versionen. Typische Fehler umfassen Vorzeichenfehler, falsche Skalierungen von Zahlenwerten und unvollständiges Taggen von Finanzdaten. Solche Diskrepanzen können die Zuverlässigkeit der veröffentlichten Finanzinformationen beeinträchtigen und das Vertrauen der Investoren schmälern. Die europäische Entscheidung für iXBRL zielt darauf ab, die genannten Schwächen zu beseitigen. Durch die Integration von XBRL-Tags in das HTML-Format werden Inkonsistenzen vermieden, da nur noch ein einziges Dokument erstellt und gepflegt werden muss.[17]

Eine Taxonomie in der XBRL-Welt entspricht einem Wörterbuch, das sämtliche zulässigen Elemente (sog. Tags) definiert. Diese Tags sind standardisierte Bezeichnungen für Finanzbegriffe respektive Nachhaltigkeitsbegriffe und ermöglichen die konsistente Auszeichnung von Finanzdaten bzw. Nachhaltigkeitsdaten.[18] Die European Financial Reporting Advisory Group (EFRAG) hat am 30.8.2024 eine XBRL-Taxonomie für die Nachhaltigkeitsberichterstattung nach den ESRS und die XBRL-Taxonomie für die Offenlegungserfordernisse gem. Art. 8 EU-Taxonomie-Verordnung veröffentlicht (Rz 10). Die Taxonomie unterliegt regelmäßigen Revisionen, um Anpassungen an neue oder geänderte Berichtsstandards zu ermöglichen. Dies gewährleistet, dass die Taxonomie stets den aktuellen Anforderungen der Nachhaltigkeitsberichterstattung entspricht und neue Berichtserfordernisse adäquat abgebildet werden können.

Obwohl die XBRL-Taxonomie umfangreich ist, kann es Situationen geben, in denen die standardisierten Tags nicht ausreichen, um spezifische Sachverhalte eines Unt korrekt darzustellen. Um eine fälschliche Darstellung zu vermeiden, wird den Berichtserstellern die Möglichkeit eingeräumt, unternehmensindividuelle Ergänzungen der Taxonomie, sog. Extensions, vorzunehmen.

Die Erstellung von Extensions ist an bestimmte Bedingungen geknüpft:
- **Inhaltliche Differenzierung**: Das neue Element muss sich inhaltlich von bestehenden XBRL-Basistaxonomie-Tags unterscheiden.
- **Identifikationsmöglichkeit**: Der Urheber der Extension muss eindeutig identifizierbar sein.

---

[16] Obst, WPg 2019, S. 776.
[17] Rudolph, IRZ 2020, S. 332.
[18] Rudolph, IRZ 2020, S. 332.

- **Kongruenz der Bezeichnung:** Die Bezeichnung der Extension muss mit der jeweiligen rechnungslegungs- bzw. nachhaltigkeitsbezogenen Bedeutung übereinstimmen.[19]

4 Verordnungsermächtigung (Satz 2)

9 § 315e Satz 2 HGB-E enthält eine Verordnungsermächtigung, die das Bundesministerium der Justiz (BMJ) dazu bevollmächtigt, nach Erlass oder Änderung der Delegierten Verordnung (EU) 2019/815 diese spezifisch zu bezeichnen. Dies bezieht sich auf die für § 315e Satz 1 Nr. 2 HGB-E relevante Verordnung, die in Bezug auf die Ausgestaltung eines einheitlichen elektronischen Berichtsformats für Lageberichte erlassen wird. Diese Ermächtigung soll ausweislich der Begründung des RegE CSRD-UmsG sicherstellen, dass die nationale Rechtsanpassung flexibel auf künftige Änderungen der europäischen Regelungen reagieren kann, ohne dass eine Zustimmung des Bundesrates erforderlich ist.[20]

Durch diese Verordnungsermächtigung kann der Gesetzgeber sicherstellen, dass nationale Regelungen an die jeweiligen Anforderungen und technischen Standards angepasst werden, die auf europäischer Ebene festgelegt werden. Hintergrund ist, dass u.a. die XBRL-Taxonomie, die die technischen Spezifikationen für die digitale Auszeichnung und Strukturierung der Nachhaltigkeitsberichte festlegt, noch nicht durch die EU-Kommission erlassen wurde.

5 XBRL-Taxonomie: Umsetzung in der Praxis

10 Die EFRAG hat am 30.8.2024 die XBRL-Taxonomie für die Nachhaltigkeitsberichterstattung nach den ESRS und die XBRL-Taxonomie für die Offenlegungserfordernisse gem. Art. 8 der EU-Taxonomie-Verordnung veröffentlicht.[21] Die EFRAG erhielt den Auftrag, eine digitale Taxonomie für die ESRS zu entwickeln. Die Veröffentlichung der XBRL-Taxonomie durch die EFRAG erfüllt einen doppelten Zweck: Zum einen unterstützt sie Unt dabei, ihre Berichte in Übereinstimmung mit den ESRS-Vorgaben maschinenlesbar und standardisiert zu erstellen. Zum anderen dient die Taxonomie als Grundlage für die Entwicklung technischer Regulierungsstandards (RTS) durch die Europäische Wertpapier- und Marktaufsichtsbehörde (ESMA). Diese Standards werden später durch die Europäische Kommission i.R.e. delegierten Rechtsakts zur Änderung der ESEF-Verordnung (Verordnung (EU) 2019/815) in geltendes Recht überführt.[22]

Die Einführung der XBRL-Taxonomie ermöglicht es Unt, diesen erweiterten Berichtpflichten nachzukommen und ihre Berichte in einer für Aufsichtsbehörden und Investoren nachvollziehbaren und vergleichbaren Form bereitzustellen. Es wird erwartet, dass die Verpflichtung zur digitalen Kennzeichnung von

---

[19] Bauman/Raschke, DB 2020, S. 855 ff.
[20] Vgl. RegE CSRD-UmsG, BT-Drs. 20/12787 v. 9.9.2024, S. 115, https://dserver.bundestag.de/btd/20/127/2012787.pdf, Abruf 10.10.2024.
[21] Vgl. EFRAG, https://www.efrag.org/en/news-and-calendar/news/efrag-publishes-the-esrs-set-1-xbrl-taxonomy, Abruf 10.10.2024.
[22] Vgl. EFRAG, Pressemitteilung v. 30.8.2024, https://www.efrag.org/sites/default/files/sites/webpublishing/SiteAssets/2024–08–30%20EFRAG%20publishes%20the%20ESRS%20Set%201%20XBRL%20Taxonomy%20.pdf, Abruf: 10.10.2024.

Nachhaltigkeitsberichten gem. der XBRL-Taxonomie für Berichtsjahre ab dem 31.12.2025 greift, was bedeutet, dass Unt ihre Berichterstattung ab 2026 entsprechend anpassen müssen. Dies stellt insb. für große, kapitalmarktorientierte Unt eine bedeutende Herausforderung dar, da sie ihre internen Berichtssysteme und Prozesse an die neuen Anforderungen anpassen müssen.[23]

Die Entwicklung der technischen Regulierungsstandards (RTS) durch die ESMA spielt eine zentrale Rolle bei der Implementierung der XBRL-Taxonomie in die Praxis. Die ESMA ist dafür verantwortlich, die detaillierten technischen Spezifikationen für die Anwendung der XBRL-Taxonomie festzulegen und sicherzustellen, dass diese Spezifikationen in den delegierten Rechtsakt zur Änderung der ESEF-Verordnung einfließen. Die RTS werden genaue Vorgaben dazu enthalten, wie Unt ihre Nachhaltigkeitsberichte digital kennzeichnen müssen und welche Anforderungen an die Struktur und den Inhalt der Berichte gestellt werden. Mit der Einführung der RTS wird ein hohes Maß an Einheitlichkeit und Transparenz in der Berichterstattung gewährleistet. Dies ist nicht nur für die Regulierungsbehörden von Vorteil, die die Einhaltung der Berichterstattungspflichten überwachen, sondern auch für Investoren und andere Stakeholder, die auf standardisierte und vergleichbare Daten angewiesen sind, um fundierte Entscheidungen treffen zu können.

---

[23] Vgl. EFRAG, Pressemitteilung v. 30.8.2024, https://www.efrag.org/sites/default/files/sites/webpublishing/SiteAssets/2024–0830%20EFRAG%20publishes%20the%20ESRS%20Set%201%20 XBRL%20Taxonomy%20.pdf, Abruf: 10.10.2024.

§ 315f-E Versicherungen bei Mutterunternehmen, die Inlandsemittenten sind

> **Hinweis**
> Die Kommentierung basiert auf dem **Regierungsentwurf eines CSRD-Umsetzungsgesetzes**.[1] Nach Veröffentlichung der finalen Fassung wird die Kommentierung in Ihrem Haufe HGB Bilanz Kommentar Online aktualisiert. Die **Online-Version** ist beim Kauf der Printausgabe inklusive.

Inhaltsübersicht	Rz
1 Überblick	1
2 Konzernbilanzeid (Abs. 1)	2–3
3 Konzernlageberichtseid (Abs. 2)	4–5
4 Zusammenfassung von Konzernbilanzeid und Konzernlageberichtseid (Abs. 3)	6–7
5 Sanktionen	8

1 Überblick

1 Der RegE CSRD-UmsG[2] sieht die Einführung des § 315f HGB-E vor, welcher die bislang in § 297 Abs. 2 Satz 4 HGB und § 315 Abs. 1 Satz 5 HGB geregelten Versicherungen der Mitglieder des vertretungsberechtigten Organs von Inlandsemittenten bzgl. des Konzernabschlusses und des Konzernlageberichts zusammenführen soll. Der sog. „Konzernbilanzeid", der die Richtigkeit und Vollständigkeit des Konzernabschlusses versichert, und der „Konzernlageberichtseid", der sich auf den Konzernlagebericht bezieht, sollen künftig in einem neuen Zehnten Titel des HGB vereint und explizit in § 315f HGB-E geregelt werden. Diese strukturelle Neuerung soll ausweislich der Begründung zum RegE CSRD-UmsG die Übersichtlichkeit und Trennung der beiden Erklärungen von den eigentlichen Rechnungslegungsunterlagen – dem Konzernabschluss und dem Konzernlagebericht – klarstellen.[3]

Die Funktion dieser Zusammenführung liegt also primär in einer systematischen Klarstellung, dass beide Erklärungen eigenständige Elemente der Rechnungslegung sind und als solche unabhängig voneinander stehen, auch wenn sie sich auf unterschiedliche Bestandteile der Rechnungslegung beziehen.

Mit § 315f Abs. 2 Satz 2 HGB-E wird zudem der Konzernlageberichtseid inhaltlich erweitert, um den Anforderungen des Art. 4 Abs. 2 Buchstabe c der Trans-

---

[1] Regierungsentwurf eines Gesetzes zur Umsetzung der Richtlinie (EU) 2022/2464 des Europäischen Parlaments und des Rates vom 14. Dezember 2022 zur Änderung der Verordnung (EU) Nr. 537/2014 und der Richtlinien 2004/109/EG, 2006/43/EG und 2013/34/EU hinsichtlich der Nachhaltigkeitsberichterstattung von Unternehmen, BT-Drs. 20/12787 v. 9.9.2024.
[2] https://dserver.bundestag.de/btd/20/127/2012787.pdf, Abruf 11.10.2024.
[3] RegE CSRD-UmsG, S. 139, BT-Drs. 20/12787 v. 9.9.2024, https://dserver.bundestag.de/btd/20/127/2012787.pdf, Abruf 11.10.2024.

parenzrichtlinie, die durch die CSRD geändert wurde, gerecht zu werden.[4] Diese Anpassung trägt dem Umstand Rechnung, dass der Konzernnachhaltigkeitsbericht künftig zwingend Teil des Konzernlageberichts ist (§ 315b Rz 17). Diese Erweiterung des Eides stellt sicher, dass die Mitglieder des vertretungsberechtigten Organs auch die Korrektheit und Vollständigkeit des Konzernnachhaltigkeitsberichts bestätigen müssen.

§ 315f Abs. 3 HGB-E stellt klar, dass Konzernbilanzeid und Konzernlageberichtseid in einer Erklärung zusammengefasst werden können.

2 Konzernbilanzeid (Abs. 1)

Nach § 315f Abs. 1 HGB-E haben die Mitglieder des vertretungsberechtigten Organs einer KapG, die MU ist, als Inlandsemittent (§ 2 Abs. 14 WpHG) Wertpapiere (§ 2 Abs. 1 WpHG) begibt und keine KapG i.S.d. § 327a HGB ist, in einer schriftlichen Erklärung nach bestem Wissen zu versichern, dass der Konzernabschluss ein den tatsächlichen Verhältnissen entsprechendes Bild der Vermögens-, Finanz- und Ertragslage des Konzerns vermittelt (§ 297 Abs. 2 Satz 2 HGB), ggf. durch zusätzliche Angaben im Konzernanhang.

Der Wortlaut des § 315f Abs. 1 HGB-E ist nahezu identisch mit dem Wortlaut des bisherigen § 297 Abs. 2 Satz 4 HGB. Lediglich die Normverweise wurden aktualisiert. Die Anforderungen an den **Konzernbilanzeid** wurden somit durch diese Verschiebung weder geändert noch erweitert.

Ausgenommen vom Konzernbilanzeid sind somit auch künftig KapG i.S.d. § 327a HGB. Also KapG, die keine Aktien, sondern nur zum Handel an einem organisierten Markt zugelassene Schuldtitel (Schuldverschreibungen oder andere übertragbare Forderungen in verbriefter Form mit Ausnahme von Wertpapieren, die Aktien gleichgestellt sind) mit einer Mindeststückelung von 100 TEUR oder dem am Ausgabetag entsprechenden Gegenwert einer anderen Währung begeben.

Mit der Änderung des § 297 Abs. 2 Satz 4 HGB durch das ESEF-UmsG[5] wurde damals die Festlegung der von dem sog. Konzernbilanzeid betroffenen MU enger an die Formulierung des in § 114 Abs. 1 Satz 1 WpHG in Verbindung mit § 117 Nr. 1 WpHG angepasst.[6] Die Änderung wurde im § 315f Abs. 1 HGB-E übernommen.

Die Formulierung „in einer schriftlichen Erklärung" ist in der Form auszulegen, dass es sich bei dem Konzernbilanzeid um eine eigenständige Erklärung handelt, die sich zwar auf den Inhalt des Konzernabschlusses bezieht, aber nicht gesetzlicher Teil des Konzernabschlusses ist.

Das Schriftlichkeitserfordernis ist allerdings auch erfüllt, wenn der Konzernbilanzeid in elektronischer Form nach den §§ 126 Abs. 3, 126a BGB vorgelegt wird.[7]

Die Mitglieder des vertretungsberechtigten Organs des MU haben die Versicherung **schriftlich** abzugeben. Jedes Mitglied des Vertretungsorgans hat den Kon-

---

[4] Vgl. CSRD v. 14.12.2022, ABl. EU L322/15, https://eur-lex.europa.eu/legal-content/DE/TXT/PDF/?uri=CELEX:32022L2464, Abruf 11.10.2024.
[5] v. 12.8.2021, BGBl 2020 I S. 1874ff.
[6] S. BT-Drs. 19/17343 v. 24.2.2020, S. 20.
[7] Vgl. RegE CSRD-UmsG, S. 139, BT-Drs. 20/12787 v. 9.9.2024, https://dserver.bundestag.de/btd/20/127/2012787.pdf, Abruf 11.10.2024.

zernbilanzeid persönlich abzugeben. Es hat die Versicherung nach bestem Wissen abzugeben, d. h., Maßstab ist die subjektive Kenntnis von der Wirklichkeit, wobei Überwachungs- und Sorgfaltspflichten eines ordentlichen und gewissenhaften Geschäftsleiters vorausgesetzt werden können.[8]
Der Konzernbilanzeid ist **nicht Bestandteil des Konzernabschlusses oder Konzernlageberichts**. Eine Aufnahme des Konzernbilanzeids in den Konzernanhang oder Konzernlagebericht kommt daher nicht in Betracht. Möglich ist es, den Konzernbilanzeid bereits bei Aufstellung des Konzernabschlusses auf einem separaten Blatt abzugeben und zu unterschreiben. Es wird auch als zulässig angesehen, den Konzernbilanzeid im unmittelbaren Anschluss oder am Ende des Anhangs zu platzieren und für den Konzernabschluss und Konzernbilanzeid im Anschluss nur eine gemeinsame Unterschrift zu leisten.[9]

3 Konzernlageberichtseid (Abs. 2)

4   Nach § 315f Abs. 2 Satz 1 HGB-E haben die in Abs. 1 benannten Personen in einer schriftlichen Erklärung nach bestem Wissen zu versichern, dass im Konzernlagebericht der Geschäftsverlauf einschl. des Geschäftsergebnisses und die Lage des Konzerns so dargestellt sind, dass ein den tatsächlichen Verhältnissen entsprechendes Bild vermittelt wird, und die wesentlichen Chancen und Risiken i. S. d. § 315 Abs. 1 Satz 4 HGB beschrieben sind.
Die Formulierung „in einer schriftlichen Erklärung" ist hierbei analog zum Konzernbilanzeid auszulegen, dass es sich bei dem Konzernlageberichtseid um eine eigenständige Erklärung handelt, die sich zwar auf den Inhalt des Konzernlageberichts bezieht, aber nicht gesetzlicher Teil des Konzernlageberichts ist. Der Konzernlageberichtseid kann daher auch nicht in diesen aufgenommen werden.[10]
Das Schriftlichkeitserfordernis ist auch hier bereits erfüllt, wenn der Konzernbilanzeid in elektronischer Form nach den §§ 126 Abs. 3, 126a BGB veröffentlicht wird.[11]
Nach § 315f Abs. 2 Satz 1 HGB-E haben die in Abs. 1 benannten Personen zum einen die **Einhaltung der für den Konzernlagebericht geltenden Vorschriften** zu versichern. Diese Versicherungspflicht gilt auch für MU, die ihren Konzernabschluss nach den internationalen Rechnungslegungsstandards gem. § 315g Abs. 1 HGB-E erstellen.[12] Dem Wortlaut der Norm zufolge sind die gesetzlichen Vertreter verpflichtet, ihre Versicherung „nach bestem Wissen" abzugeben. Diese Formulierung ist dahingehend auszulegen, dass eine Erklärung nur dann als unrichtig gilt, wenn sie wissentlich falsch abgegeben wurde oder wenn die gesetzlichen Vertreter aufgrund der ihnen vorliegenden Informationen von der Unrichtigkeit hätten wissen können. Dieses Verständnis impliziert, dass die

---

[8] Vgl. IDW, WPH Edition, Wirtschaftsprüfung & Rechnungslegung, 18. Aufl. 2023, Kap. B Rz 184 ff. und Kap. J Rz 197.
[9] Vgl. IDW, WPH Edition, Wirtschaftsprüfung & Rechnungslegung, 18. Aufl. 2023, Kap. J Rz 197 i. V. m. Kap. B Rz 201 und Störk/Rimmelspacher, in Beck Bil-Komm., 14. Aufl. 2024, § 297 HGB Rz 189 i. V. m. § 264 HGB Rz 78.
[10] Vgl. Kliem/Rimmelspacher, in Beck Bil-Komm, 14. Aufl. 2024, § 264 HGB Rz. 94, wohl versehentlich noch a. A. Grottel, in Beck Bil-Komm, 14. Aufl. 2024, § 315 HGB Rz 290.
[11] Vgl. RegE CSRD-UG, S. 139, BT-Drs. 20/12787 v. 9.9.2024, https://dserver.bundestag.de/btd/20/127/2012787.pdf, Abruf 11.10.2024.
[12] Vgl. Grottel, in Beck Bil-Komm, 14. Aufl. 2024, § 315 HGB Rz 290.

Erklärung nur bei Vorliegen von Vorsatz oder grober Fahrlässigkeit als unzutreffend betrachtet wird.

Der Wortlaut des § 315f Abs. 2 Satz 1 HGB-E ist nahezu identisch mit dem Wortlaut des bisherigen § 315 Abs. 1 Satz 5 HGB. Lediglich die Normverweise wurden aktualisiert. Aus diesem Grund kann an dieser Stelle auf die § 315 Rz 64ff. verwiesen werden.

Eine Neuerung stellt hingegen der § 315f Abs. 2 Satz 2 HGB-E dar. Ist der Konzernlagebericht gem. § 315b HGB-E um einen Konzernnachhaltigkeitsbericht zu erweitern,[13] haben die in Abs. 1 benannten gesetzlichen Vertreter des MU im Konzernlageberichtseid zum anderen nach bestem Wissen auch zu versichern, dass der **Konzernnachhaltigkeitsbericht** wie folgt aufgestellt wurde:

1. nach Maßgabe der nach Art. 29b RL 2013/34/EU angenommenen delegierten Rechtsakte zu Standards für die Nachhaltigkeitsberichterstattung. D. h., die European Sustainability Reporting Standards (ESRS) wurden eingehalten (§ 315c Rz 10ff).
2. nach Maßgabe der Art. 2 bis 8 der Delegierten Verordnung (EU) 2021/2178 in ihrer jeweils geltenden Fassung, die die technischen Regulierungsstandards zur Offenlegung bestimmter Informationen gem. der Taxonomie-Verordnung enthält (§ 289c Rz 9ff.).

Diese Erweiterung stellt sicher, dass die Unternehmensleitung auch für die Einhaltung der ESRS und der Anforderungen der EU-Taxonomie-VO Verantwortung übernimmt.

Allerdings hat die Unternehmensleitung auch nach § 315f Abs. 2 Satz 2 HGB-E zu erklären, „nach bestem Wissen" gehandelt zu haben. Eine Erklärung ist daher auch in diesem Falle nur dann als unrichtig anzusehen, wenn die Unternehmensleitung vorsätzlich eine falsche Erklärung abgegeben hat oder wenn die Unternehmensleitung aufgrund der ihr vorliegenden Informationen von der Unrichtigkeit hätte wissen können und ihr Vorsatz oder grobe Fahrlässigkeit unterstellt wird. Gerade vor dem Hintergrund, dass ein Teil der Unt, die künftig einen Nachhaltigkeitsbericht i.S.d. CSRD erstellen müssen,[14] und gleichzeitig in den Anwenderkreis dieser Norm fallen, zuvor keinen nichtfinanziellen (Konzern-)Bericht erstellen mussten und somit zum einen Erfahrungen in der gesetzeskonformen Erstellung sammeln müssen. Da zum anderen die Erstellung des (Konzern-)Nachhaltigkeitsbericht aufgrund des Detaillierungsgrads und Komplexität der Vorgaben der ESRS sowie der EU-Taxonomie-Verordnung für alle Unt eine größere Herausforderung darstellen kann, kommt dieser Regelung eine wichtige Bedeutung zu, da gerade in der Anfangszeit unrichtige Nachhaltigkeitsberichte aufgrund von fehlender Erfahrung, Fachwissen und Verständnis der Thematik durchaus häufiger vorkommen könnten.

4 Zusammenfassung von Konzernbilanzeid und Konzernlageberichtseid (Abs. 3)

In § 315f Abs. 3 HGB-E wird klargestellt, dass der Konzernbilanzeid und der Konzernlageberichtseid in einer gemeinsamen Erklärung abgegeben werden

---

[13] S. Anwenderkreis des § 315b HGB-E: § 315b Rz 17.
[14] S. zum Anwenderkreis: § 289b Rz 22.

können. Dies bedeutet, dass es den Mitgliedern des vertretungsberechtigten Organs freigestellt ist, die beiden Eide getrennt oder zusammen abzugeben, solange die inhaltlichen Anforderungen erfüllt sind. Die Möglichkeit, die Versicherungen in einer einheitlichen Erklärung zusammenzufassen, stellt eine praktische Erleichterung für die Unt dar.

Die Form der Erklärung muss dabei dem Schriftlichkeitserfordernis genügen, welches nach den §§ 126 Abs. 3 und 126a BGB auch durch elektronische Form gewahrt werden kann. In dem Falle wäre der Konzernbilanzeid i.S.d. § 126a BGB elektronisch von den Mitgliedern des vertretungsberechtigten Organs zu signieren. Diese Regelung erlaubt eine flexiblere Handhabung der Formvorschriften, insb. im Hinblick auf den zunehmenden Einsatz digitaler Technologien in der Unternehmensberichterstattung.[15]

7 Das DSRC empfiehlt folgende **Formulierung** (DRS 20.K308, DRS 20.K309)
- bei einer zusammengefassten Versicherung für den Konzernabschluss (i.S.d. bisherigen § 287 Abs. 2 Satz 4 HGB) und den Konzernlagebericht (i.S.d. bisherigen § 315 Abs. 1 Satz 5 HGB), die allerdings für die zusammengefasste Versicherung i.S.d. § 315f Abs. 3 HGB-E herangezogen werden kann:

> **Praxis-Beispiel**
> „Wir versichern nach bestem Wissen, dass gem. den anzuwendenden Rechnungslegungsgrundsätzen der Konzernabschluss ein den tatsächlichen Verhältnissen entsprechendes Bild der Vermögens-, Finanz- und Ertragslage des Konzerns vermittelt und im Konzernlagebericht der Geschäftsverlauf einschließlich des Geschäftsergebnisses und die Lage des Konzerns so dargestellt sind, dass ein den tatsächlichen Verhältnissen entsprechendes Bild vermittelt wird, sowie die wesentlichen Chancen und Risiken der voraussichtlichen Entwicklung des Konzerns beschrieben sind."

- bei getrennten Erklärungen für den Konzernabschluss und den Konzernlagebericht:
  Für den Konzernabschluss:

> **Praxis-Beispiel**
> „Wir versichern nach bestem Wissen, dass gem. den anzuwendenden Rechnungslegungsgrundsätzen der Konzernabschluss ein den tatsächlichen Verhältnissen entsprechendes Bild der Vermögens-, Finanz- und Ertragslage des Konzerns vermittelt."

Für den Konzernlagebericht:

> **Praxis-Beispiel**
> „Wir versichern nach bestem Wissen, dass im Konzernlagebericht der Geschäftsverlauf einschließlich des Geschäftsergebnisses und die Lage des Konzerns so dargestellt sind, dass ein den tatsächlichen Verhältnissen entspre-

---

[15] Vgl. RegE CSRD-UmsG, S. 139, BT-Drs. 20/12787 v. 9.9.2024, https://dserver.bundestag.de/btd/20/127/2012787.pdf, Abruf 11.10.2024.

> chendes Bild vermittelt wird, sowie die wesentlichen Chancen und Risiken der voraussichtlichen Entwicklung des Konzerns beschrieben sind."

Es müsste für den Fall, dass der Konzernlagebericht gem. § 315b HGB-E um einen Konzernnachhaltigkeitsbericht zu erweitern ist, noch die Versicherung ergänzt werden, dass bei der Erstellung des Konzernnachhaltigkeitsberichts die relevanten ESRS und die Art. 2 bis 8 der Delegierten Verordnung (EU) 2021/2178 in der jeweils geltenden Fassung beachtet wurden.

5 Sanktionen

Im Zuge des Gesetzes zur Stärkung der Finanzmarktintegrität (FISG)[16] wurde der § 331a HGB eingeführt, welcher u. a. auch die Strafbarkeit eines unrichtigen Konzernbilanzeids sowie unrichtigen Konzernlageberichtseid regelt und auch künftig maßgeblich ist. Durch das CSRD-UmsG werden zum einen lediglich die Normverweise angepasst. Die Rechtsfolgen bei Abgabe eines unrichtigen Konzernbilanzeids oder unrichtigen Konzernlageberichtseids bleiben grds. unberührt. Im Kern sind die folgenden Regelungen zu beachten (§ 331a Rz 1 ff.):

- Auch ein **leichtfertiges Handeln** steht unter Strafe, und kann mit einer Freiheitsstrafe von bis zu zwei Jahren oder einer Geldstrafe geahndet werden (§ 331a Abs. 2 HGB).
- Vorsätzliches Handeln wird sogar mit bis zu fünf Jahren Freiheitsstrafe oder Geldstrafe bestraft (§ 331a Abs. 2 HGB).
- Der Verweis auf die §§ 325 Abs. 2a Satz 3 f., 315g Abs. 1 HGB-E dient der Klarstellung, dass auch eine **Versicherung** zu einem Abschluss und dem dazugehörigen Lagebericht **nach IFRS** den Straftatbestand einer unrichtigen Versicherung erfüllen kann.
- Das **Unterlassen der Abgabe** der Versicherung begründet keine Strafbarkeit nach § 331a HGB, sondern führt zu einem **Ordnungsgeldverfahren** (§ 335 Abs. 1 HGB).[17]

Allerdings ist die Erklärung i. S. d. § 315f Abs. 2 Satz 2 HGB-E zum Konzernnachhaltigkeitsbericht (vorerst) von diesen Regelungen ausgenommen. Ein Verstoß gegen § 315f Abs. 2 Satz 2 HGB steht somit vorerst nicht unter Strafe. Der Gesetzgeber begründet diese Ausnahme nicht.[18]

Zu bedenken ist allerdings, dass der Teil der Unt, die künftig einen Nachhaltigkeitsbericht i. S. d. CSRD erstellen müssen und gleichzeitig in den Anwenderkreis des § 315f HGB-E fallen, zuvor keinen nichtfinanziellen (Konzern-)Bericht erstellen mussten und somit Erfahrungen in der gesetzeskonformen Erstellung sammeln müssen (§ 289b Rz 22).

Diesen Unt. hinsichtlich der Strafbarkeit anfänglich eine „Schonfrist" zu geben, scheint daher durchaus sachgerecht.

---

[16] Vgl. Gesetz zur Stärkung der Finanzmarktintegrität (FISG) v. 3.6.2021, BGBl 2021 I, S. 1534 ff.
[17] Vgl. Begründung Referentenentwurf des BMJV zum FISG zu Nr. 10 (§ 331 HGB) und Nr. 11 (§ 331a HGB), S. 104 f., https://www.bmj.de/SharedDocs/Downloads/DE/Gesetzgebung/RefE/RefE_Finanzmarktintegriaet.pdf?__blob=publicationFile&v=3, Abruf 11.10.2024.
[18] RegE CSRD-UmsG, S. 149, BT-Drs. 20/12787 v. 9.9.2024, https://dserver.bundestag.de/btd/20/127/2012787.pdf, Abruf 11.10.2024.

§ 315g-E Konzernabschluss nach internationalen Rechnungslegungsstandards

> **Hinweis**
> Die Kommentierung basiert auf dem **Regierungsentwurf eines CSRD-Umsetzungsgesetzes**.[1] Nach Veröffentlichung der finalen Fassung wird die Kommentierung in Ihrem Haufe HGB Bilanz Kommentar Online aktualisiert. Die **Online-Version** ist beim Kauf der Printausgabe inklusive.

1 Infolge der Einfügung des neuen § 315e HGB-E mit dem geplanten CSRD-UmsG[2] zu Formatvorgaben für den Konzernlagebericht und der Zusammenführung der Versicherungen der Mitglieder des vertretungsberechtigten Organs von Inlandsemittenten hinsichtlich des Konzernabschlusses und des Konzernlageberichts im neuen § 315f HGB-E soll der bisherige § 315e HGB nach § 315g HGB-E verschoben werden. Als einzige Änderung wird der Verweis auf § 297 Abs. 2 Satz 4 HGB (Versicherungen der Mitglieder des vertretungsberechtigten Organs) durch einen Verweis auf die inhaltlich kaum veränderten Vorschriften des Zehnten Titels (bislang § 315f HGB) ersetzt. Im Übrigen bleibt die Regelung unverändert. Zur Kommentierung s. § 315e Rz 1 ff.

---

[1] Regierungsentwurf eines Gesetzes zur Umsetzung der Richtlinie (EU) 2022/2464 des Europäischen Parlaments und des Rates vom 14. Dezember 2022 zur Änderung der Verordnung (EU) Nr. 537/2014 und der Richtlinien 2004/109/EG, 2006/43/EG und 2013/34/EU hinsichtlich der Nachhaltigkeitsberichterstattung von Unternehmen, BT-Drs. 20/12787 v. 9.9.2024.
[2] BT-Drs. 20/12787 v. 9.9.2024, https://dserver.bundestag.de/btd/20/127/2012787.pdf, Abruf 10.10.2024.

§ 315h-E Tochterunternehmen mit Sitz im Inland von obersten Mutterunternehmen mit Sitz in einem Drittstaat

> **Hinweis**
> Die Kommentierung basiert auf dem **Regierungsentwurf eines CSRD-Umsetzungsgesetzes**.[1] Nach Veröffentlichung der finalen Fassung wird die Kommentierung in Ihrem Haufe HGB Bilanz Kommentar Online aktualisiert. Die **Online-Version** ist beim Kauf der Printausgabe inklusive.

Inhaltsübersicht Rz
1 Überblick 1–6
  1.1 Inhalt und Regelungszweck 1–3
  1.2 Anwendungsbereich 4–5
  1.3 Normenzusammenhänge 6
2 Aufstellungspflicht 7–10
  2.1 Nachhaltigkeitsbericht nach § 315k Abs. 2 HGB-E ... 7–9
  2.2 Bestätigungsurteil 10
3 Befreiungsmöglichkeiten 11

1 Überblick

1.1 Inhalt und Regelungszweck

Die Pflicht zur Nachhaltigkeitsberichterstattung für Unt wird seit der Umsetzung der Corporate-Social-Responsibility-Richtline (CSR-RL) durch das CSR-Richtlinien-Umsetzungsgesetz (CSR-RUG) im Jahr 2017 in § 289b HGB geregelt. Seither sind große KapG i.S.d. § 267 HGB von öffentlichem Interesse und mit mehr als 500 Beschäftigten verpflichtet ihren Lagebericht um eine nichtfinanzielle Erklärung zu erweitern. Mit der im Januar 2023 in Kraft getretenen Corporate Sustainability Reporting Directive (CSRD) wurden die Regelungen zur Nachhaltigkeitsberichterstattung nunmehr durch den europäischen Gesetzgeber reformiert und die bisherige Berichterstattung in Form der nichtfinanziellen Erklärung ersetzt. Vor dem Hintergrund der Umsetzung des „Green Deals", welcher auf eine klimaneutrale, moderne, ressourcenschonende und wettbewerbsfähige Wirtschaft in der Europäischen Union bis zum Jahr 2050 abzielt, sowie der gestiegenen Nachfrage nach transparenten und vergleichbaren Nachhaltigkeitsinformationen sieht die CSRD eine sukzessive Ausweitung des Anwenderkreises der Nachhaltigkeitsberichterstattung vor.[2]

Infolgedessen sind neben allen großen KapG i.S.d. § 267 HGB und denen nach § 264a HGB gleichgestellten PersG, sowie kapitalmarktorientierten kleinen und mittelgroßen Unt (KMU) fortan auch die TU von bestimmten Drittstaatsunter-

---

[1] Regierungsentwurf eines Gesetzes zur Umsetzung der Richtlinie (EU) 2022/2464 des Europäischen Parlaments und des Rates vom 14. Dezember 2022 zur Änderung der Verordnung (EU) Nr. 537/2014 und der Richtlinien 2004/109/EG, 2006/43/EG und 2013/34/EU hinsichtlich der Nachhaltigkeitsberichterstattung von Unternehmen, BT-Drs. 20/12787 v. 9.9.2024.
[2] Vgl. RL 2022/2464/EU, ABl. EU L 322/15–21 v. 16.12.20221.

nehmen von der Nachhaltigkeitsberichterstattung betroffen. Die geplante Berichtspflicht für TU und Zweigniederlassungen von Unt mit Sitz in einem Drittstaat ermöglicht dem Gesetzgeber künftig auch Drittstaatsunternehmen, die in erheblichem Umfang im Hoheitsgebiet der Union wirtschaften, mittelbar zur Bereitstellung von Nachhaltigkeitsinformationen zu verpflichten. Damit sollen nicht nur gleiche Wettbewerbsbedingungen im europäischen Binnenmarkt geschaffen werden, sondern auch transparente Informationen von Drittstaatsunternehmen über ihre Auswirkungen auf Mensch und Umwelt sichergestellt werden.[3]

2 Die europäischen Vorgaben für die Nachhaltigkeitsberichterstattung von inländischen TU und Zweigniederlassungen von Drittstaatsunternehmen sollen mit der, im RegE CSRD-UmsG[4], geplanten Einführung der §§ 315h–315j HGB-E in nationales Gesetz umgesetzt werden. Während die Vorschriften für inländische Zweigniederlassungen von Drittstaatsunternehmen in den §§ 315i und 315j HGB-E geregelt werden sollen, beinhaltet § 315h HGB-E die Aufstellungspflicht für den Konzernnachhaltigkeitsbericht von TU mit Sitz im Inland von obersten MU mit Sitz in einem Drittstaat. Die Umsetzung der CSRD in das nationale Recht der Mitgliedstaaten sollte spätestens bis Juli 2024 erfolgen. Das CSRD-UmsG soll am Tag nach seiner Verkündung in Kraft treten, welche bis zum derzeitigen Zeitpunkt (November 2024) noch aussteht.[5]

3 Die Ausweitung der Berichtspflicht erfolgt sukzessive. Die erstmalige Anwendung des § 315h HGB-E für TU von obersten MU mit Sitz in einem Drittstaat ist, ebenfalls wie die Berichtspflichten der §§ 315i und 315j HGB-E, für die **Gj ab dem 1.1.2028** vorgesehen. Damit beginnt die Pflicht zur Nachhaltigkeitsberichterstattung für die drei Drittstaatskonstellationen im Vergleich zu anderen Unt, wie z. B. für die großen KapG i. S. d. § 267 HGB ab dem 1.1.2025, deutlich später.

1.2 Anwendungsbereich

4 § 315h HGB-E betrifft KapG mit Sitz im Inland, die TU eines obersten MU mit Sitz in einem Drittstaat sind. Die Berichtspflicht wird in § 315h Abs. 1 HGB-E auf KapG i. S. d. § 289b Abs. 1 HGB-E beschränkt. Demnach fallen solche Unt in den Anwenderkreis, die große KapitalG i. S. d. § 267 Abs. 3 Satz 1 und Abs. 4 bis 5 HGB oder kapitalmarktorientiert nach § 264d HGB und keine KleinstKapG sind. Dementsprechend sind auch kleine und mittelgroße Unt von der Nachhaltigkeitsberichterstattung betroffen, sofern diese kapitalmarktorientiert sind, während KleinstKapG grds. von der Aufstellungspflicht befreit sind.

Die Vorschriften des § 315h HGB-E verweisen explizit auf die inländischen TU von obersten MU mit Sitz in einem Drittstaat. TU von MU mit Sitz in einem anderen Mitgliedstaat der Europäischen Union oder einem anderen Vertragsstaat des Abkommens über den Europäischen Wirtschaftsraum (EWR) sind entsprechend nicht betroffen. Weiterhin beschränkt § 315h HGB-E den Anwenderkreis

---

[3] Vgl. RL 2022/2464/EU, ABl. EU L 322/20 v. 16.12.2022.
[4] Entwurf eines Gesetzes zur Umsetzung der Richtlinie (EU) 2022/2464 des Europäischen Parlaments und des Rates vom 14. Dezember 2022 zur Änderung der Verordnung (EU) Nr. 537/2014 und der Richtlinien 2004/109/EG, 2006/43/EG und 2013/34/EU hinsichtlich der Nachhaltigkeitsberichterstattung von Unternehmen, BT-Drs. 20/12787 v. 9.9.2024https://dserver.bundestag.de/btd/20/127/2012787.pdf, Abruf 7.10.2024.
[5] RegE CSRD-UmsG, BT-Drs. 20/12787 v. 9.9.2024 S. 118, https://dserver.bundestag.de/btd/20/127/2012787.pdf, Abruf 7.10.2024.

auf TU, deren oberstes MU mit Sitz in einem Drittstaat eine der im Anhang I der RL 2013/34/EU genannten Rechtsform, z.B. die einer deutschen GmbH oder AG, aufweist. Mit dieser Beschränkung weicht der deutsche Gesetzgeber von den europäischen Vorgaben ab. Im August 2024 veröffentlichte die Europäische Kommission FAQ zur Implementierung der Nachhaltigkeitsberichterstattung, in welchen verdeutlicht wurde, dass die Verpflichtung zur Nachhaltigkeitsberichterstattung für die TU von Drittstaatsunternehmen unabhängig von der Rechtsform des obersten MU besteht (s. dort Frage 41).[6]

Um die Verhältnismäßigkeit und die Durchsetzbarkeit der Nachhaltigkeitsberichterstattung durch die Tochtergesellschaften zu gewährleisten, wurden für die Berichtspflicht Schwellenwerte festgelegt.[7] Die Konzernumsatzerlöse des obersten MU und seiner TU, die in den Konzernabschluss einzubeziehen wären, müssen in den Mitgliedstaaten der Europäischen Union oder anderen EWR-Vertragsstaaten **in den beiden letzten aufeinander folgenden Gj 150 Mio. EUR übersteigen.** Die Berechnung der Konzernumsatzerlöse erfolgt nach § 315h Abs. 4 HGB-E unter Anwendung der nach dem Recht des obersten MU geltenden Rechnungslegungsgrundsätze.

1.3 Normenzusammenhänge

§ 315h HGB-E bezieht sich auf die KapG, die nach § 289b Abs. 1 HGB-E verpflichtet sind, ihren Lagebericht, um einen Nachhaltigkeitsbericht zu erweitern. Nach dem RegE CSRD-UmsG[8] erfährt § 289b HGB eine umfassende Überarbeitung und die Berichterstattung wird auf alle großen KapG i.S.d. § 267 HGB und kapitalmarktorientierte Unt nach § 264d HGB (KleinstKapG ausgenommen) ausgeweitet. Durch den Verweis auf § 289b HGB-E fallen somit nur solche KapG unter die Regelungen des § 315h HGB-E, die die Größenmerkmale einer großen KapG nach § 267 HGB erfüllen oder ihre Wertpapiere i.S.d. § 2 Abs. 1 WpHG an einem organisierten Markt nach § 2 Abs. 11 WpHG handeln (§ 264d HGB) und dabei keine KleinstKapG nach § 267a HGB sind. Der Inhalt der zur Verfügung zu stellenden Nachhaltigkeitsberichte ist nach Maßgabe des § 315k Abs. 2 HGB-E aufzustellen, in welchem wiederum auf Abs. 1 und somit auf die Angaben nach § 289c Abs. 2 HGB sowie die ESRS verwiesen wird. Der Nachhaltigkeitsbericht ist nach § 328b HGB-E innerhalb von einem Jahr offenzulegen.

Durch den Verweis in § 264a Abs. 1 HGB ist § 315h HGB-E entsprechend auch für haftungsbeschränkte PersG anzuwenden.

2 Aufstellungspflicht

2.1 Nachhaltigkeitsbericht nach § 315k Abs. 2 HGB-E

§ 315h HGB-E verpflichtet die Mitglieder des vertretungsberechtigten Organs einer inländischen KapitalG, die TU eines obersten MU mit Sitz in einem Drittstaat ist, einen Konzernnachhaltigkeitsbericht des obersten MU zur Verfügung

---

[6] FAQ zur Implementierung der Nachhaltigkeitsberichterstattung (FAQ), https://finance.ec.europa.eu/publications/frequently-asked-questions-implementation-eu-corporate-sustainability-reporting-rules_en, Abruf 7.10.2024
[7] Vgl. RL 2022/2464/EU, ABl. EU L 322/20 v. 16.12.2022.
[8] BT-Drs. 20/12787 v. 9.9.2024, https://dserver.bundestag.de/btd/20/127/2012787.pdf, Abruf 7.10.2024.

zu stellen. Der Inhalt des **Konzernnachhaltigkeitsberichts ist nach Maßgabe des § 315k HGB-E** aufzustellen, in welchem in Abs. 1 auf die Angaben nach § 289c Abs. 2 Satz 1 Nr. 1 Buchstabe c bis e, Nr. 2 bis 6 sowie Nr. 8 HGB abgestellt wird. Die Angaben sind durch Verweis in § 315h HGB-E auf § 315k Abs. 2 HGB-E so zu tätigen, dass sie die Auswirkungen des Konzerns auf Nachhaltigkeitsaspekte und die Auswirkungen von Nachhaltigkeitsaspekten auf den Konzern verdeutlichen. Der Nachhaltigkeitsbericht für die Drittstaatsunternehmen fällt demnach im Vergleich zum regulären Bericht weniger umfangreich aus. Informationen, wie z. B. Angaben zu Chancen und Risiken und der Belastbarkeit, werden nicht gefordert, um den Fokus auf die Nachhaltigkeitsauswirkungen zu legen.[9]

Die Nachhaltigkeitsinformationen sind zudem im Einklang mit den nach Art. 40b oder nach Art. 29b RL 2013/34/EU angenommenen delegierten Rechtsakten zu Standards für die Nachhaltigkeitsberichterstattung (ESRS) oder in einer Weise, die den Standards für die Nachhaltigkeitsberichterstattung nach Art. 29b RL 2013/34/EU gleichwertig ist, aufzustellen. Die ESRS dienen der konkreten Ausgestaltung der Nachhaltigkeitsberichterstattung und ergänzen die Richtlinien. Die ESRS für die Nachhaltigkeitsberichterstattung von Drittstaatsunternehmen sollten ursprünglich bis zum 30.6.2024 durch einen delegierten Rechtsakt erlassen werden, wurden aber bis zum 30.6.2026 aufgeschoben. Erstellt das oberste MU einen Konzernnachhaltigkeitsbericht in Einklang mit den ESRS, muss das TU keinen weiteren Bericht in Übereinstimmung mit den speziellen ESRS für bestimmte Unt aus Drittländern erstellen.[10]

8 Während Unt, die nach § 289b HGB-E zur Nachhaltigkeitsberichterstattung verpflichtet sind, grds. auch die Vorgaben des Art. 8 EU-Taxonomieverordnung (VO (EU) 2020/852) einhalten müssen, sind Drittstaatsunternehmen von der Anwendung der Taxonomie-VO ausgenommen. Legt das oberste MU anstelle des Nachhaltigkeitsberichts einen konsolidierten Konzernnachhaltigkeitsbericht offen, ist diese ebenfalls nicht dazu verpflichtet einen Bericht nach Art. 8 Taxonomie-VO bereitzustellen. Um eine befreiende Wirkung für die inländische Tochtergesellschaft nach § 289b Abs. 3 HGB-E zu erreichen, muss diese entsprechend ihren eigenen Lagebericht oder den konsolidierten Konzernnachhaltigkeitsbericht des MU um die Angaben zur Taxonomie erweitern.[11]

9 Die Verpflichtung zur Erstellung des Nachhaltigkeitsberichts obliegt nicht ausdrücklich dem TU. Das TU ist nach § 315h HGB-E lediglich dazu verpflichtet, den Konzernnachhaltigkeitsbericht des obersten MU zur Verfügung zu stellen. In seinen FAQ verdeutlicht die Europäische Kommission, dass die Erstellung des Berichts auch vom MU vorgenommen werden kann, sofern das TU den Bericht im Namen der Mutter veröffentlicht und zugänglich macht. Erstellt das oberste

---

[9] FAQ zur Implementierung der Nachhaltigkeitsberichterstattung (FAQ), https://finance.ec.europa.eu/publications/frequently-asked-questions-implementation-eu-corporate-sustainability-reporting-rules_en, S. 18, Abruf 7.10.2024.
[10] Müller/Reinke/Warnke, StuB 2024, S. 181; RL (EU) 2024/1306, ABl. L2024/1306 v. 8.5.2024, S. 2; FAQ zur Implementierung der Nachhaltigkeitsberichterstattung (FAQ), https://finance.ec.europa.eu/publications/frequently-asked-questions-implementation-eu-corporate-sustainability-reporting-rules_en, S. 11, Abruf 7.10.2024.
[11] FAQ zur Implementierung der Nachhaltigkeitsberichterstattung (FAQ), https://finance.ec.europa.eu/publications/frequently-asked-questions-implementation-eu-corporate-sustainability-reporting-rules_en, Frage 47, Abruf 7.10.2024; RL 2022/2464/EU, ABl. EU L 322/20 v. 16.12.2022.

MU den Nachhaltigkeitsbericht nicht, kann das TU den Bericht im Namen des MU selbst erstellen und veröffentlichen (Frage 42).[12] Stellt das oberste MU weder einen Konzernnachhaltigkeitsbericht noch die relevanten Informationen für die Erstellung des Konzernnachhaltigkeitsberichts durch die Tochter zur Verfügung, hat das TU nach § 315h Abs. 2 Nr. 2 HGB-E einen **Konzernnachhaltigkeitsbericht** nach § 315k Abs. 2 HGB mit allen vorliegenden und zu beschaffenden Informationen zu erstellen. Zusätzlich ist eine **Erklärung nach § 315h Abs. 2 Nr. 1 HGB-E** abzugeben, aus welcher hervorgeht, dass kein Konzernnachhaltigkeitsbericht zur Verfügung gestellt wurde. Stellt das oberste MU einen Konzernnachhaltigkeitsbericht zur Verfügung, der nicht den gesetzlichen Vorgaben entspricht, sind § 315h Abs. 2 Nr. 1 und 2 HGB-E entsprechend anzuwenden.

2.2 Bestätigungsurteil

Neben dem Konzernnachhaltigkeitsbericht hat das inländische TU **ein zugehöriges Bestätigungsurteil zur Verfügung zu stellen**. Das Bestätigungsurteil ist von einer oder mehreren Personen abzugeben, die nach dem Recht des in dem Drittstaat ansässigen obersten MU, eines Mitgliedstaats der Europäischen Union oder eines EWR-Vertragsstaats zur Abgabe eines solchen Urteils über die Bestätigung der Nachhaltigkeitsberichterstattung befugt ist oder sind. Weitere Vorgaben zur Ausgestaltung des Bestätigungsurteils bestehen nicht. Stellt das oberste MU kein Bestätigungsurteil zur Verfügung, ist die inländische Tochtergesellschaft nach § 315h Abs. 3 HGB-E verpflichtet, eine Erklärung abzugeben, aus der hervorgeht, dass das Bestätigungsurteil nicht zur Verfügung gestellt wurde.

3 Befreiungsmöglichkeiten

In Art. 40a CSRD verlangt der europäische Gesetzgeber, dass mind. ein TU den Konzernnachhaltigkeitsbericht des obersten MU in einem Mitgliedstaat zur Verfügung stellt. Damit ermöglicht die CSRD grds. die Befreiung von der Berichtspflicht, wenn ein TU desselben Drittlandunternehmens der Verpflichtung zur Aufstellung des Konzernnachhaltigkeitsberichts in der Europäischen Union nachkommt und den weiteren TU einen Link zum veröffentlichten Nachhaltigkeitsbericht bereitstellt.[13] Dieses Mitgliedstaatenwahlrecht wurde vom deutschen Gesetzgeber nicht in den Entwurf zum CSRD-UmsG übernommen. Eine umfassende Befreiung des inländischen TU kann infolgedessen nur über § 289b Abs. 3 HGB-E erfolgen, nach welchem das oberste MU einen konsolidierten Konzernnachhaltigkeitsbericht im Einklang mit den ESRS oder einem gleichwertigen Standard aufzustellen und mit dem zugehörigen Prüfungsurteil nach den Vorschriften der §§ 325, 327a und 328 HBG-E offenzulegen hat.

---

[12] FAQ zur Implementierung der Nachhaltigkeitsberichterstattung (FAQ), https://finance.ec.europa.eu/publications/frequently-asked-questions-implementation-eu-corporate-sustainability-reporting-rules_en, Abruf 7.10.2024.

[13] Vgl. FAQ zur Implementierung der Nachhaltigkeitsberichterstattung (FAQ), https://finance.ec.europa.eu/publications/frequently-asked-questions-implementation-eu-corporate-sustainability-reporting-rules_en, Frage 43, Abruf 7.10.2024.

§ 315i-E Inländische Zweigniederlassungen unverbundener Unternehmen mit Sitz in einem Drittstaat

> **Hinweis**
> Die Kommentierung basiert auf dem **Regierungsentwurf eines CSRD-Umsetzungsgesetzes.**[1] Nach Veröffentlichung der finalen Fassung wird die Kommentierung in Ihrem Haufe HGB Bilanz Kommentar Online aktualisiert. Die **Online-Version** ist beim Kauf der Printausgabe inklusive.

Inhaltsübersicht

	Rz
1 Überblick..	1–6
1.1 Inhalt und Regelungszweck.......................	1–2
1.2 Anwendungsbereich.............................	3–5
1.3 Normenzusammenhang.........................	6
2 Aufstellungspflicht......................................	7–9
2.1 Nachhaltigkeitsbericht nach § 315k Abs. 1 HGB-E......	7–8
2.2 Bestätigungsurteil.............................	9
3 Befreiungsmöglichkeiten.................................	10
4 Verstoß gegen die Aufstellungspflicht......................	11

1 Überblick

1.1 Inhalt und Regelungszweck

1   Durch die im Januar 2023 in Kraft getretene Corporate Sustainability Reporting Directive (CSRD) wurden die europäischen Vorgaben für die Nachhaltigkeitsberichterstattung umfassend überarbeitet und der Anwenderkreis deutlich erweitert. Infolgedessen sind künftig auch bestimmte Drittstaatsunternehmen von der Nachhaltigkeitsberichterstattung betroffen, sofern sie in einem erheblichen Umfang im Hoheitsgebiet der Europäischen Union wirtschaften. Die CSRD sieht vor, dass derartige Drittstaatsunternehmen künftig dazu angehalten werden, Nachhaltigkeitsinformationen zur Verfügung zu stellen, wobei die originäre Berichtspflicht den inländischen TU bzw. Zweigniederlassungen obliegt. Hierdurch soll ein fairer Binnenmarkt mit gleichen Wettbewerbsbedingungen geschaffen und die Verantwortung von Drittstaatsunternehmen für ihre Auswirkungen auf Mensch und Umwelt sichergestellt werden. Die CSRD war bis Juli 2024 durch die Mitgliedstaaten in nationales Recht umzusetzen. Die Umsetzung in deutsches Recht erfolgt durch das sich im Gesetzgebungsverfahren befindende CSRD-UmsG, welches am Tag nach der noch ausstehenden Verkündung in Kraft treten soll.[2]

---

[1] Regierungsentwurf eines Gesetzes zur Umsetzung der Richtlinie (EU) 2022/2464 des Europäischen Parlaments und des Rates vom 14. Dezember 2022 zur Änderung der Verordnung (EU) Nr. 537/2014 und der Richtlinien 2004/109/EG, 2006/43/EG und 2013/34/EU hinsichtlich der Nachhaltigkeitsberichterstattung von Unternehmen, BT-Drs. 20/12787 v. 9.9.2024.

[2] Vgl. RL 2022/2464/EU, Abl. 322/20 v. 16.12.2022. BT-Drs. 20/12787 v. 9.9.2024, https://dserver.bundestag.de/btd/20/127/2012787.pdf, Abruf 7.10.2024.

Die Nachhaltigkeitsberichterstattung von Drittstaatsunternehmen soll nach deutschem Recht künftig in den neu gefassten §§ 315h–315j HGB-E geregelt werden. Während § 315h HGB-E auf inländische TU von MU mit Sitz in einem Drittstaat abzielt, werden die Vorgaben für inländische Zweigniederlassungen von Drittstaatsunternehmen in den §§ 315i und 315j HGB-E geregelt. § 315i HGB-E umfasst dabei die Aufstellungspflicht für den Nachhaltigkeitsbericht von inländischen Zweigniederlassungen unverbundener Unt, die ihren Sitz in einem Drittstaat haben.

1.2 Anwendungsbereich

Die Bestimmungen des § 315i HGB-E sind von inländischen Zweigniederlassungen von KapG mit Sitz in einem Drittstaat anzuwenden. Eine Definition des Begriffs der Zweigniederlassung wird, wie auch in den grds. für Zweigniederlassungen geltenden Vorgaben der §§ 13 bis 13f HGB, im Gesetzesentwurf nicht vorgenommen. Allgemein wird aber unter einer Zweigniederlassung der rechtlich unselbstständige, aber räumlich und organisatorisch getrennte Teil einer Gesellschaft verstanden (§ 325a Rz 9ff).

Für die Nachhaltigkeitsberichterstattung verantwortlich sind die in § 13e Abs. 2 Satz 5 Nr. 3 HGB genannten angemeldeten Personen. Somit ist der Nachhaltigkeitsbericht von den ständigen Vertretern der Zweigniederlassung, die zur gerichtlichen und außergerichtlichen Vertretung der Gesellschaft befugt sind, zur Verfügung zu stellen. Wurden keine ständigen Vertreter angemeldet, sind die Mitglieder des vertretungsberechtigten Organs der KapG zuständig.

Der Anwendungsbereich wird, abweichend von der Auffassung der Europäischen Kommission, auf Zweigniederlassungen von Unt mit Sitz in einem Drittstaat, deren Rechtsform mit einer in Anhang I der RL 2013/34/EU genannten Rechtsform vergleichbar ist, begrenzt. In den FAQ zur Implementierung der CSRD verdeutlichte die Europäische Kommission, dass die Nachhaltigkeitsberichterstattung unabhängig von der Rechtsform des Drittstaatsunternehmens zu erfolgen hat, wohingegen nach der deutschen Auffassung eine der deutschen AG oder GmbH vergleichbare Gesellschaft vorliegen muss.[3]

§ 315i HGB-E verweist explizit auf inländische Zweigniederlassungen von Drittstaatsunternehmen. Zweigniederlassungen von Unt mit Sitz in einem Mitgliedstaat der Europäischen Union oder einem Vertragsstaat des Abkommens über den Europäischen Wirtschaftsraum (EWR) sind von der Regelung ausgenommen, da diese bereits selbst zur Nachhaltigkeitsberichterstattung nach europäischen Vorgaben verpflichtet sind. Weiterhin darf es sich bei dem Drittstaatsunternehmen nicht um verbundene Unt i.S.d. § 271 Abs. 2 HGB handeln, da hier die Vorschriften des § 315j HGB-E anzuwenden sind.

Da die Berichtpflicht der inländischen Zweigniederlassung obliegt, sieht die CSRD die Einführung von Schwellenwerten für die Berichterstattungspflicht vor, um die Verhältnismäßigkeit und Durchsetzbarkeit zu gewährleisten.

---

[3] EU-Kommission – FAQ zur Implementierung der Nachhaltigkeitsberichterstattung (FAQ), https://finance.ec.europa.eu/publications/frequently-asked-questions-implementation-eu-corporate-sustainability-reporting-rules_en, Abruf 7.10.2024.

⁴ Demnach ist die Nachhaltigkeitsberichterstattung nach § 315i HGB-E nur dann anzuwenden, wenn:
- die der Zweigniederlassung zuzuordnenden Umsatzerlöse im vorangegangenen Gj **40 Mio. EUR** und
- die Umsatzerlöse der Hauptniederlassung in allen Mitgliedsstaaten der EU und den EWR-Vertragsstaaten in den beiden letzten aufeinander folgenden Gj **150 Mio. EUR** übersteigen.

Nach § 315i Abs. 4 HGB-E ist bei den Umsatzerlösen der Hauptniederlassung auf den Betrag abzustellen, der sich bei Anwendung der Rechnungslegungsgrundsätze ergibt, die nach dem nationalen Recht der Hauptniederlassung anzuwenden sind.

5 Die Ausweitung des Anwenderkreises soll sukzessiv über mehrere Jahre erfolgen. Die Einführung der Nachhaltigkeitsberichterstattung für die drei Drittstaatskonstellationen erfolgt zuletzt. Entsprechend ist § 315i HGB-E erstmals auf Rechnungslegungsunterlagen für ein nach dem **31.12.2027 beginnendes Gj** anzuwenden.

1.3 Normenzusammenhang

6 Inhaltlich verweist § 315i HGB-E auf § 315k Abs. 1 HGB-E, welcher die Inhalte des (Konzern-)Nachhaltigkeitsberichts beinhaltet und wiederum auf bestimmte Angaben nach § 289c HGB-E und die Standards für Nachhaltigkeitsberichterstattung (European Sustainability Reporting Standards; ESRS) abstellt. Die Offenlegung erfolgt nach Maßgabe des neu gefassten § 325b HGB-E, nach welchem die Unterlagen zur Nachhaltigkeitsberichterstattung innerhalb von einem Jahr nach Ablauf des Berichtszeitraums elektronisch dem Unternehmensregister zur Verfügung zu stellen sind.

2 Aufstellungspflicht

2.1 Nachhaltigkeitsbericht nach § 315k Abs. 1 HGB-E

7 Nach § 315i HGB-E sind die für eine inländische Zweigniederlassung zuständigen Personen dazu verpflichtet, jährlich ihre Hauptniederlassung aufzufordern, ihnen für das vergangene Gj einen **Nachhaltigkeitsbericht** zur Verfügung zu stellen, welcher gem. § 315k Abs. 1 HGB-E erstellt wurde. Nach § 315k Abs. 1 HGB-E sind im Nachhaltigkeitsbericht die Angaben des § 289c Abs. 2 Satz 1 Nr. 1 Buchstabe c bis e, Nr. 2 bis 6 sowie Nr. 8 HGB-E zu tätigen, weshalb der Nachhaltigkeitsbericht entsprechend weniger Informationen als ein regulärer Nachhaltigkeitsbericht nach § 289c HGB-E enthält. So sind u. a. Informationen über die Resilienz gegenüber Risiken sowie Angaben zu Chancen im Zusammenhang mit Nachhaltigkeitsaspekten nicht zur Verfügung zu stellen, um den Fokus auf den Nachhaltigkeitsauswirkungen der ausländischen Hauptniederlassung zu belassen. Angaben zu Vorgaben der Taxonomieverordnung (Art. 8 VO (EU) 2020/852) sind ebenfalls nicht zu tätigen.[5]

---

[4] RL 2022/2464/EU, ABl. EU L 322/20 v. 16.12.2022.
[5] EU-Kommission – FAQ zur Implementierung der Nachhaltigkeitsberichterstattung (FAQ), https://finance.ec.europa.eu/publications/frequently-asked-questions-implementation-eu-corporate-sustainability-reporting-rules_en, S. 18, 36, Abruf 7.10.2024.

Die Berichterstattung muss nach § 315k Abs. 1 HGB-E im Einklang mit den ESRS für die Nachhaltigkeitsberichterstattung für bestimmte Drittstaatsunternehmen erfolgen, welche die CSRD ergänzen und der konkreten Ausgestaltung der Berichtsinhalte dienen. Die speziellen ESRS für diese Nachhaltigkeitsberichterstattung sollten bis spätestens 30.6.2024 entwickelt werden, wurden aber bis zum 30.6.2026 verschoben, was durch die späte Einführung der Berichtspflicht des § 315i HGB-E ab 2028 eher unkritisch zu sehen ist. Alternativ können auch die ESRS nach Art. 29b RL 2013/34/EU herangezogen oder die Nachhaltigkeitsberichterstattung in einer Weise aufgestellt werden, die den ESRS gleichwertig ist. Liegt demnach von der Hauptniederlassung ein Nachhaltigkeitsbericht nach den ESRS vor, ist kein weiterer Bericht nach den speziellen ESRS für Drittstaaten aufzustellen.[6]

Obwohl die Berichtspflicht nach § 315i HGB-E bei der inländischen Zweigniederlassung liegt, ist diese nicht ausdrücklich dazu verpflichtet, den Nachhaltigkeitsbericht zu erstellen. Der Zweigniederlassung obliegt lediglich die Pflicht, den Nachhaltigkeitsbericht der Hauptniederlassung anzufordern und zur Verfügung zu stellen. Dementsprechend ist der Bericht zunächst von der Hauptniederlassung zu erstellen und der Zweigniederlassung zukommen zu lassen. Alternativ kann die inländische Zweigniederlassung den Nachhaltigkeitsbericht im Namen der Hauptniederlassung erstellen und veröffentlichen.[7] Stellt die Hauptniederlassung trotz Aufforderung durch die Zweigniederlassung keinen Nachhaltigkeitsbericht zur Verfügung oder entspricht dieser nicht den gesetzlichen Vorgaben, hat die Zweigniederlassung dies nach **§ 315i Abs. 2 Nr. 1 HGB-E in einer Erklärung** darzulegen. Darüber hinaus hat die Zweigniederlassung selbst einen **Nachhaltigkeitsbericht im Namen der Hauptniederlassung** zu erstellen. Dieser ist, wie der reguläre Nachhaltigkeitsbericht nach Abs. 1, **nach Maßgabe des § 315k Abs. 1 HGB-E** zu erstellen und hat diejenigen Informationen zu enthalten, über die die Zweigniederlassung verfügt oder die sie beschaffen kann.

8

2.2 Bestätigungsurteil

Die Pflicht zur Prüfung eines Nachhaltigkeitsberichts nach § 324b HGB-E ist auf den Nachhaltigkeitsbericht nach § 315i HGB-E nicht anzuwenden, da zusätzlich zum Nachhaltigkeitsbericht der Hauptniederlassung ein entsprechendes Bestätigungsurteil zur Verfügung zu stellen ist (§ 315i Abs. 1 Nr. 2 HGB-E). Dieses Bestätigungsurteil ist von einer oder mehreren Personen abzugeben, die nach dem Recht des Staats der Hauptniederlassung, eines Mitgliedstaats der EU oder eines EWR-Vertragsstaats zur Abgabe eines solchen Urteils befugt ist oder

9

---

[6] RL (EU) 2024/1306, ABl. EU L 2024/1306 v. 8.5.2024, S. 2; EU-Kommission – FAQ zur Implementierung der Nachhaltigkeitsberichterstattung (FAQ), https://finance.ec.europa.eu/publications/frequently-asked-questions-implementation-eu-corporate-sustainability-reporting-rules_en, S. 11, Abruf 7.10.2024.

[7] Vgl. EU-Kommission – FAQ zur Implementierung der Nachhaltigkeitsberichterstattung (FAQ), abrufbar unter: https://finance.ec.europa.eu/publications/frequently-asked-questions-implementation-eu-corporate-sustainability-reporting-rules_en, S. 35, Abruf 7.10.2024.

sind. Für das Format des Bestätigungsvermerks liegen keine weiteren Vorgaben vor. Stellt die Hauptniederlassung kein Bestätigungsurteil zur Verfügung, hat die Zweigniederlassung dies nach § 315i Abs. 3 HGB-E zu erklären.[8]

3 Befreiungsmöglichkeiten

10 Nach den europäischen Vorgaben zur Nachhaltigkeitsberichterstattung von Drittstaatsunternehmen ist es den Mitgliedstaaten gestattet, eine doppelte Berichterstattung durch TU und Zweigniederlassung derselben Hauptniederlassung zu vermeiden. Veröffentlicht ein anderes TU oder eine andere Zweigniederlassung einen Nachhaltigkeitsbericht der Hauptniederlassung in der EU, kann die inländische Zweigniederlassung ihrer Berichtspflicht bereits dadurch nachkommen, indem sie den Link, zu dem von dem anderen Unt veröffentlichten Nachhaltigkeitsbericht bereitstellt. Hierbei handelt es sich um ein Wahlrecht, welches durch die Mitgliedstaaten umgesetzt werden konnte. Der deutsche Gesetzgeber hat das Wahlrecht nicht in den Gesetzesentwurf übernommen und sieht demnach – bislang – keine Befreiung von der Berichtspflicht für Zweigniederlassung vor.[9]

4 Verstoß gegen die Aufstellungspflicht

11 Im Zuge der Einführung der §§ 315h–315j HGB-E wurden auch die Sanktionsvorschriften des § 334 HGB-E ergänzt. Demnach liegt eine Ordnungswidrigkeit vor, wenn die ständigen Vertreter bei der Erstellung des Nachhaltigkeitsberichts den Vorgaben des § 315i Abs. 2 Nr. 2 HGB-E über den Inhalt des Nachhaltigkeitsberichts zuwiderhandeln. Damit wird nur eine Sanktion für den Nachhaltigkeitsbericht in Erwägung gezogen, der von der Zweigniederlassung zu erstellen ist, wenn die Hauptniederlassung keinen Nachhaltigkeitsbericht zur Verfügung stellt. Die Ordnungswidrigkeit kann nach § 334 Abs. 3 HGB mit einer Geldbuße von 50.000 EUR geahndet werden.

---

[8] EU-Kommission – FAQ zur Implementierung der Nachhaltigkeitsberichterstattung (FAQ), https://finance.ec.europa.eu/publications/frequently-asked-questions-implementation-eu-corporate-sustainability-reporting-rules_en, S. 37, Abruf 7.10.2024.

[9] RL 2024/1306/EU, ABl. EU L2024/1306, v. 8.5.2024, S. 2; EU-Kommission – FAQ zur Implementierung der Nachhaltigkeitsberichterstattung (FAQ), abrufbar unter: https://finance.ec.europa.eu/publications/frequently-asked-questions-implementation-eu-corporate-sustainability-reporting-rules_en, S. 11, Abruf 7.10.2024.

§ 315j-E Inländische Zweigniederlassungen verbundener Unternehmen mit Sitz in einem Drittstaat

> **Hinweis**
> Die Kommentierung basiert auf dem **Regierungsentwurf eines CSRD-Umsetzungsgesetzes**.[1] Nach Veröffentlichung der finalen Fassung wird die Kommentierung in Ihrem Haufe HGB Bilanz Kommentar Online aktualisiert. Die **Online-Version** ist beim Kauf der Printausgabe inklusive.

Inhaltsübersicht	Rz
1 Überblick	1–5
1.1 Inhalt und Regelungszweck	1
1.2 Anwendungsbereich	2–4
1.3 Normenzusammenhang	5
2 Aufstellungspflicht	6–8
2.1 Konzernnachhaltigkeitsbericht nach § 315k Abs. 2 HGB-E	6–7
2.2 Bestätigungsurteil	8
3 Befreiungsmöglichkeiten	9
4 Verstoß gegen die Aufstellungspflicht	10

1 Überblick

1.1 Inhalt und Regelungszweck

Unt aus Drittstaaten, die in einem hohen Umfang im Hoheitsgebiet der Europäischen Union wirtschaften, sollen zukünftig zur Bereitstellung von Nachhaltigkeitsinformationen verpflichtet werden. Die Einführung der Berichtspflicht für bestimmte Unt mit Sitz in einem Drittstaat erfolgt i. R. d. Umsetzung der Corporate Sustainability Reporting Directive (CSRD), welche bereits im Januar 2023 in Kraft getreten ist und bis Juli 2024 in das nationale Recht der Mitgliedstaaten zu transformieren war. Um transparente Informationen über die Auswirkungen von Drittstaatsunternehmen auf Mensch und Umwelt sicherzustellen sowie gleiche Wettbewerbsbedingungen im europäischen Binnenmarkt zu schaffen, sieht die CSRD vor, die im europäischen Hoheitsgebiet der Europäischen Union ansässigen TU und Zweigniederlassungen von Drittstaatsunternehmen zur Abgabe eines (Konzern-)Nachhaltigkeitsbericht der ausländischen Hauptniederlassung bzw. des MU und somit die Drittstaatsunternehmen indirekt zur Abgabe von Nachhaltigkeitsinformationen zu verpflichten.[2]

1

Die Umsetzung der CSRD in deutsches Recht steht bislang noch aus und liegt derzeit nur als RegE CSRD-UmsG[3] vor. Für die Berichtspflicht für Drittstaats-

---

[1] Regierungsentwurf eines Gesetzes zur Umsetzung der Richtlinie (EU) 2022/2464 des Europäischen Parlaments und des Rates vom 14. Dezember 2022 zur Änderung der Verordnung (EU) Nr. 537/2014 und der Richtlinien 2004/109/EG, 2006/43/EG und 2013/34/EU hinsichtlich der Nachhaltigkeitsberichterstattung von Unternehmen, BT-Drs. 20/12787 v. 9.9.2024.
[2] Vgl. RL 2022/2464/EU, Abl. EU L 322/20 v. 16.12.2022.
[3] BT-Drs. 20/12787 v. 9.9.2024, https://dserver.bundestag.de/btd/20/127/2012787.pdf, Abruf 9.10.2024.

unternehmen sieht der Gesetzesentwurf die Einführung der §§ 315h, 315i und 315j HGB-E vor, welche jeweils die Vorgaben für eine der drei Drittstaatskonstellationen enthalten. § 315j HGB-E umfasst dabei die Regelungen für die Nachhaltigkeitsberichterstattung von inländischen Zweigniederlassungen von verbundenen Unt mit Sitz in einem Drittstaat.

1.2 Anwendungsbereich

2   § 315j HGB-E betrifft die für eine inländische Zweigniederlassung von KapG mit Sitz in einem Drittstaat verantwortlichen Personen. Die Nachhaltigkeitsberichterstattung ist demnach in erster Linie von den nach § 315e Abs. 2 Satz 5 Nr. 3 HGB-E genannten Personen vorzunehmen. Hierbei handelt es sich um die ständigen Vertreter, die bei der Anmeldung der Zweigniederlassung angegeben wurden und befugt sind, die Gesellschaft gerichtlich und außergerichtlich zu vertreten. Wurden keine ständigen Vertreter angegeben, sind die Mitglieder des vertretungsberechtigten Organs der KapG für die Berichterstattung der Zweigniederlassung zuständig. Der Begriff der Zweigniederlassung wird weder im Handels- und Steuerrecht noch im RegE CSRD-UmsG eindeutig definiert. Allgemein handelt es sich bei einer Zweigniederlassung um einen rechtlich unselbstständigen, aber räumlich und organisatorisch getrennten Teil der Gesellschaft (§ 325a Rz 9–Rz 14).
Um unter den Anwendungsbereich von § 315j HGB-E zu fallen, muss es sich bei dem Drittstaatsunternehmen um ein Unt handeln, dessen Rechtsform mit einer in Anhang I RL 2013/34/EU genannten Rechtsform vergleichbar ist, wie z. B. der deutschen AG oder GmbH. Durch diese Beschränkung in § 315j Abs. 1 Satz 2 HGB-E weicht die deutsche Umsetzung von der EU-Richtlinie ab. Die Europäische Kommission verdeutlichte in ihren FAQ zur Implementierung der CSRD in nationales Recht, dass die Berichterstattung unabhängig von der Rechtsform des Drittstaatsunternehmens vorzunehmen ist. Es ist daher möglich, dass die Regelung noch entsprechend den europäischen Vorgaben überarbeitet und angepasst wird.[4]
Weiterhin muss es sich bei dem Drittstaatsunternehmen um ein verbundenes Unt i.S.d. § 271 Abs. 2 HGB handeln und infolgedessen ein Mutter-Tochter-Verhältnis nach § 290 Abs. 1 Satz 1 HGB zwischen der Zweigniederlassung und dem Drittstaatsunternehmen bestehen. Liegt dieses Verhältnis nicht vor, ist die Berichterstattung nach Maßgabe des § 315i HGB-E auszuführen. § 315j HGB-E betrifft ausdrücklich nur die Zweigniederlassungen von Hauptniederlassung mit Sitz in einem Drittstaat. Da die im Hoheitsgebiet der Europäischen Union ansässigen Hauptniederlassungen bereits regulär zur Nachhaltigkeitsberichterstattung in der Union verpflichtet sind, fallen diese nicht unter den Anwendungsbereich.

3   Die CSRD hat für die Berichterstattung nach § 315j HGB-E Schwellenwerte vorgegeben, um die Verhältnismäßigkeit zu bewahren und die Durchsetzbarkeit durch die inländischen Zweigniederlassungen zu gewährleisten. Die Schwellenwerte wurden 1:1 in den RegE CSRD-UmsG übernommen.

---

[4]   EU-Kommission – FAQ zur Implementierung der Nachhaltigkeitsberichterstattung (FAQ), https://finance.ec.europa.eu/publications/frequently-asked-questions-implementation-eu-corporate-sustainability-reporting-rules_en, Abruf 9.10.2024.

Zweigniederlassungen von Drittstaatsunternehmen können hiernach von der Berichtspflicht entbunden werden, wenn:
- die der Zweigniederlassung zuzuordnenden Umsatzerlöse im vorangegangenen Gj **40 Mio. EUR** und
- die Umsatzerlöse des Konzerns innerhalb der Europäischen Union und den Vertragsstaaten des Abkommens über den Europäischen Wirtschaftsraum (EWR) in den beiden letzten aufeinander folgenden Gj **150 Mio. EUR**

nicht übersteigen. Die Umsatzerlöse sind unter Anwendung der Rechnungslegungsgrundsätze zu ermitteln, die nach dem nationalen Gesetz der ausländischen Hauptniederlassung gelten.

Die Nachhaltigkeitsberichterstattung für Drittstaatsunternehmen nach § 315j HGB-E ist erstmals für nach dem **31.12.2027 beginnende Gj** anzuwenden. Damit wird die Berichtspflicht für Unt mit Sitz in einem Drittstaat als letztes eingeführt. Durch die sukzessive Erweiterung des Anwenderkreises sind einige Unt, z.B. große KapG i.S.d. § 267 HGB, deutlich früher von der Nachhaltigkeitsberichterstattung betroffen.

1.3 Normenzusammenhang

Die Anwendung des § 315j HGB-E bedingt das Vorliegen eines Mutter-Tochter-Verhältnisses nach § 290 Abs. 1 Satz 1 HGB. Dieses liegt vor, wenn eine KapG auf ein anderes Unt unmittel- oder mittelbar einen beherrschenden Einfluss nach § 290 Abs. 2 Nr. 1–4 HGB ausüben kann. Darüber hinaus stellt § 315j HGB-E inhaltlich auf den Konzernnachhaltigkeitsbericht nach § 315k Abs. 2 HGB-E ab, in welchem auf die Angaben nach Abs. 1 verwiesen wird. § 315k Abs. 1 HGB-E beruft sich wiederum auf einige bestimmte Inhalte des § 289c Abs. 2 HGB-E. Durch den Bezug in § 315k Abs. 1 HGB-E sind die Angaben zudem in Übereinstimmung mit den European Sustainability Reporting Standards (ESRS) zu tätigen, welche die Richtlinie ergänzen und der konkreten Ausgestaltung der Nachhaltigkeitsberichterstattung dienen.[5]

2 Aufstellungspflicht

2.1 Konzernnachhaltigkeitsbericht nach § 315k-E Abs. 2 HGB

Die für die Zweigniederlassung verantwortlichen Personen sind nach § 315j Abs. 1 HGB-E verpflichtet, das oberste MU jährlich dazu aufzufordern, ihnen einen **Konzernnachhaltigkeitsbericht des obersten MU** zur Verfügung zu stellen, welcher gem. **§ 315k Abs. 2 HGB-E** aufgestellt wurde. Nach § 315k Abs. 2 HGB-E sind die inhaltlichen Vorschriften des Abs. 1 für den Nachhaltigkeitsbericht auch auf den Konzernnachhaltigkeitsbericht anzuwenden. Abs. 2 setzt allerdings voraus, dass die Angaben so zu tätigen sind, dass Auswirkungen des Konzerns auf Nachhaltigkeitsaspekte sowie die Auswirkungen von Nachhaltigkeitsaspekten auf den Konzern deutlich werden. Gem. § 315k Abs. 1 HGB-E hat der Konzernnachhaltigkeitsbericht entsprechend die Angaben nach § 289c Abs. 2 Satz 1 Nr. 1 Buchstabe c bis e, Nr. 2 bis 6 sowie Nr. 8 HGB-E zu enthalten. Demzufolge sind im Vergleich zu dem regulären Nachhaltigkeitsbericht nach § 289c HGB-E im Konzernnachhaltigkeitsbericht der Drittstaatsunternehmen weniger Pflichtangaben zu tätigen.

---

[5] Vgl. Müller/Reinke/Warnke, StuB 2024, S. 181.

Die Europäische Kommission begründet den verkürzten Konzernnachhaltigkeitsbericht von Drittstaatsunternehmen damit, den Schwerpunkt auf die Nachhaltigkeitsauswirkungen der Unt legen zu wollen, wodurch die in diesem Zusammenhang weniger relevanten Informationen, wie z. B. die Angaben zu Risiken und Chancen in Bezug auf Nachhaltigkeitsaspekte, nicht gefordert werden.[6]

Die Angaben sind nach § 315k Abs. 1 HGB-E zudem unter Berücksichtigung der ESRS zu tätigen. Für die Berichterstattung von Drittstaatsunternehmen ist die Entwicklung eigener ESRS geplant. Diese sollten bis zum 30.6.2024 erlassen werden, wurden aber um zwei Jahre, auf den 30.6.2026 verschoben. Neben den speziellen ESRS für die Drittstaaten ist auch eine Anwendung der ESRS für die Nachhaltigkeitsberichterstattung nach Art. 29b RL 2013/34/EU möglich. Zudem können Standards herangezogen werden, die den ESRS nach Art. 29b RL 2013/34/EU gleichwertig sind. Ob ein Standard als gleichwertig betrachtet werden kann, ist durch einen der in Art. 23 Abs. 4 Unterabsatz 3 RL 2004/109/EG erlassenen Durchführungsakte festzustellen. Legt das oberste MU einen Konzernnachhaltigkeitsbericht nach den ESRS vor, ist dieser nicht weiter nach den besonderen ESRS für die Nachhaltigkeitsberichterstattung für Drittstaatsunternehmen anzupassen.[7]

Im Gegensatz zu den anderen Unt, die regulär zur Nachhaltigkeitsberichterstattung verpflichtet sind, müssen in dem Konzernnachhaltigkeitsbericht nach § 315k Abs. 2 HGB-E keine Angaben zur EU-Taxonomie-Verordnung (Art. 8 VO (EU) 2020/852) getätigt werden.[8]

7 Nach § 315j Abs. 1 HGB-E ist die inländische Zweigniederlassung zunächst nur dazu verpflichtet, das oberste MU aufzufordern, einen Konzernnachhaltigkeitsbericht zur Verfügung zu stellen. Damit liegt die Aufstellungspflicht nicht ausschl. bei der Zweigniederlassung. Der Konzernnachhaltigkeitsbericht kann daher von dem obersten MU aufgestellt und der Zweigniederlassung für Offenlegungszwecke zur Verfügung gestellt werden. Alternativ kann die Zweigniederlassung den Konzernnachhaltigkeitsbericht im Namen des MU, das die erforderlichen Informationen zur Verfügung stellt, aufstellen und veröffentlichen. Stellt das oberste MU, trotz Aufforderung durch die Zweigniederlassung, keinen Nachhaltigkeitsbericht zur Verfügung oder entspricht dieser nicht den Anforderungen des § 315k Abs. 2 HGB-E, hat die Zweigniederlassung eine **Erklärung nach § 315j Abs. 2 Nr. 1 HGB-E** zu veröffentlichen, aus welcher hervorgeht, dass kein Bericht zur Verfügung gestellt wurde oder dieser nicht den Vorgaben entspricht. Zusätzlich zur Erklärung hat die Zweigniederlassung selbst einen **Konzernnachhaltigkeitsbericht nach § 315k Abs. 2 HGB-E** zu erstellen,

---

[6] Vgl. EU-Kommission – FAQ zur Implementierung der Nachhaltigkeitsberichterstattung (FAQ), abrufbar unter: https://finance.ec.europa.eu/publications/frequently-asked-questions-implementation-eu-corporate-sustainability-reporting-rules_en, S. 18, Abruf 9.10.2024.

[7] Vgl. RL (EU) 2024/1306, ABl. EU L 2024/1306 v. 8.5.2024, S. 2; EU-Kommission – FAQ zur Implementierung der Nachhaltigkeitsberichterstattung (FAQ), https://finance.ec.europa.eu/publications/frequently-asked-questions-implementation-eu-corporate-sustainability-reporting-rules_en, S. 11, Abruf 9.10.2024.

[8] Vgl. EU-Kommission – FAQ zur Implementierung der Nachhaltigkeitsberichterstattung (FAQ), https://finance.ec.europa.eu/publications/frequently-asked-questions-implementation-eu-corporate-sustainability-reporting-rules_en, S. 36, Abruf 9.10.2024.

in welchem die Informationen erfasst werden, über die die Zweigniederlassung verfügt und die sie beschaffen kann.[9]

2.2 Bestätigungsurteil

Neben dem Konzernnachhaltigkeitsbericht hat das obersten MU zusätzlich ein entsprechendes Bestätigungsurteil zur Verfügung zu stellen, weshalb der in § 315j Abs. 1 HGB-E geforderte Konzernnachhaltigkeitsbericht nicht der Prüfungspflicht des § 324b HGB-E unterliegt. Das Bestätigungsurteil ist von einer oder mehreren Personen oder Gesellschaften abzugeben, die nach dem Recht des Staats des obersten MU, der Europäischen Union oder eines EWR-Vertragsstaats zur Abgabe eines solchen Urteils befugt ist oder sind. Stellt das oberste MU kein Bestätigungsurteil zur Verfügung, ist die inländische Zweigniederlassung nach § 315j Abs. 3 HGB-E dazu verpflichtet, eine entsprechende Erklärung abzugeben.[10]

3 Befreiungsmöglichkeiten

Die inländische Zweigniederlassung kann von der Berichtspflicht entbunden werden, wenn ein TU desselben obersten MU dieser nachkommt. Demnach ist § 315j HGB-E nur anzuwenden, wenn das oberste MU keine TU hat, die nach § 315h Abs. 1, 2 oder 3 HGB-E einen Konzernnachhaltigkeitsbericht zur Verfügung stellt oder vergleichbaren Pflichten innerhalb der Europäischen Union oder einem EWR-Vertragsstaat unterliegt. Auch die Europäische Kommission ermöglicht eine Befreiung von der Berichtspflicht, wenn ein anderes TU bzw. eine andere Zweigniederlassung desselben MU einen Nachhaltigkeitsbericht innerhalb der Union zur Verfügung stellt, wodurch eine doppelte Berichterstattung desselben Unt vermieden werden kann.[11]

4 Verstoß gegen die Aufstellungspflicht

Mit der neu eingeführten Pflicht zur Nachhaltigkeitsberichterstattung von Unt mit Sitz in einem Drittstaat, wurden auch die Bußgeldvorschriften des § 334 HGB-E angepasst. Dabei wird lediglich die Pflicht in § 315j Abs. 2 Satz 2 HGB-E berücksichtigt, nach welcher die Zweigniederlassungen einen Konzernnachhaltigkeitsbericht aufzustellen haben, wenn das oberste MU keinen zur Verfügung gestellt hat. Fortan gelten Zuwiderhandlungen gegen die Pflicht zur Nachhaltigkeitsberichterstattung für Zweigniederlassungen von Drittstaatsunternehmen oder gegen die inhaltlichen Vorgaben nach § 334 Abs. 1 Satz 1 Nr. 4a HGB-E als Ordnungswidrigkeit. Diese können nach § 334 Abs. 3 HGB-E mit einer Geldbuße i. H. v. bis zu 50.000 EUR geahndet werden.

---

[9] Vgl. EU-Kommission – FAQ zur Implementierung der Nachhaltigkeitsberichterstattung (FAQ), https://finance.ec.europa.eu/publications/frequently-asked-questions-implementation-eu-corporate-sustainability-reporting-rules_en, S. 35, Abruf 9.10.2024.
[10] Vgl. EU-Kommission – FAQ zur Implementierung der Nachhaltigkeitsberichterstattung (FAQ), abrufbar unter: https://finance.ec.europa.eu/publications/frequently-asked-questions-implementation-eu-corporate-sustainability-reporting-rules_en, S. 37, Abruf 9.10.2024.
[11] Vgl. RL (EU) 2024/1306, ABl. EU L 2024/1306, 8.5.2024, S. 2; EU-Kommission – FAQ zur Implementierung der Nachhaltigkeitsberichterstattung (FAQ), https://finance.ec.europa.eu/publications/frequently-asked-questions-implementation-eu-corporate-sustainability-reporting-rules_en, S. 11, Abruf 9.10.2024.

§ 315k-E Inhalt des Nachhaltigkeitsberichts; Verordnungsermächtigung

> **Hinweis**
> Die Kommentierung basiert auf dem **Regierungsentwurf eines CSRD-Umsetzungsgesetzes**.[1] Nach Veröffentlichung der finalen Fassung wird die Kommentierung in Ihrem Haufe HGB Bilanz Kommentar Online aktualisiert. Die **Online-Version** ist beim Kauf der Printausgabe inklusive.

Inhaltsübersicht

		Rz
1	Überblick..	1
2	Anwendungsbereich..................................	2–3
3	Inhalt des Nachhaltigkeitsberichts (Abs. 1 und 2)	4–6
4	Verordnungsermächtigung (Abs. 3).....................	7

1 Überblick

1 Die zunehmende Bedeutung von Nachhaltigkeit, insb. vor dem Hintergrund des sich zuspitzenden Klimawandels, hat die EU dazu veranlasst, die Berichterstattung von Unt hinsichtlich ihrer Nachhaltigkeitsleistung zu intensivieren. Mit der Corporate Sustainability Reporting Directive (CSRD) werden die bisherigen Regelungen hinsichtlich der Nachhaltigkeitsberichterstattung erweitert und verschärft.[2] Eine wesentliche Neuerung ist die Einbeziehung von Unt mit Sitz außerhalb der EU, die jedoch in erheblichem Maße wirtschaftliche Aktivitäten innerhalb der Union entfalten.

Der deutsche Gesetzgeber plant diese Vorgaben u. a. durch die Einführung des § 315k HGB-E umzusetzen.[3] Der § 315k HGB-E dient der Umsetzung von Art. 1 40a und 40b Bilanzrichtlinie (RL 2013/34/EU) in der durch die CSRD geänderten Fassung. Diese Norm regelt die Inhalte des (Konzern-)Nachhaltigkeitsberichts für Unt, die in den Anwendungsbereich der neu eingeführten §§ 315h, 315i HGB-E und 315j HGB-E fallen. Hierbei handelt es sich um Unt mit Sitz außerhalb der EU, die jedoch in Deutschland eine Tochtergesellschaft oder Zweigniederlassung haben und in der EU tätig sind und hierbei bestimmte Schwellenwerte überschreiten.

Ziel der Regelung ist es sicherzustellen, dass auch Unt außerhalb der EU, die jedoch in erheblichem Umfang in der Union tätig sind, vergleichbare Nachhaltigkeitsinformationen offenlegen. Dadurch soll die Transparenz erhöht und

---

[1] Regierungsentwurf eines Gesetzes zur Umsetzung der Richtlinie (EU) 2022/2464 des Europäischen Parlaments und des Rates vom 14. Dezember 2022 zur Änderung der Verordnung (EU) Nr. 537/2014 und der Richtlinien 2004/109/EG, 2006/43/EG und 2013/34/EU hinsichtlich der Nachhaltigkeitsberichterstattung von Unternehmen, BT-Drs. 20/12787 v. 9.9.2024.
[2] Vgl. CSRD v. 14.12.2022, ABl. EU L322/15, https://eur-lex.europa.eu/legal-content/DE/TXT/PDF/?uri=CELEX:32022L2464, Abruf 10.10.2024.
[3] Vgl. RegE CSRD-UmsG, BT-Drs. 20/12787 v. 9.9.2024, https://dserver.bundestag.de/btd/20/127/2012787.pdf, Abruf 10.10.2024.

eine einseitige Benachteiligung europäischer Unternehmen vermieden werden.[4] Konkret soll ein „Level Playing Field" bzgl. der Transparenz hinsichtlich der Nachhaltigkeitsaktivitäten geschaffen werden. Ferner sollen Wettbewerbsverzerrungen vermieden werden, die durch die strengeren Berichtspflichten und die hiermit verbundenen Bürokratiekosten entstehen. Der Regelungskomplex der §§ 315hff. HGB-E unterstreicht zudem die Ambitionen der EU-Kommission, mit ihren regulatorischen Initiativen über den eigenen Rechtsraum hinaus zu strahlen und eine globale Vorreiterrolle v. a. im Kampf gegen den Klimawandel einzunehmen, wie es häufig z.B. beim European Green Deal ausdrücklich artikuliert wurde. Allerdings stellt die Erreichung dieser ambitionierten Zielsetzungen auch eine enorme Herausforderung dar, da die Durchsetzung der Pflichten gegenüber Unt außerhalb der EU komplex sein kann.[5]

§ 315k Abs. 1 und 2 HGB-E regeln die inhaltlichen Anforderungen an den (Konzern-)Nachhaltigkeitsbericht der betroffenen Unt aus Drittstaaten. In § 315k Abs. 1 Satz 1 HGB-E werden zunächst die Berichtsinhalte festgelegt, indem auf bestimmte Berichtsvorgaben des § 289 Abs. 2 HGB-E verwiesen wird. In § 315k Abs. 1 Satz 2 HGB-E wird die Anwendung der ESRS geregelt. Ferner wird in § 315k Abs. 2 HGB-E präzisiert, dass Abs. 1 i.R.d. Konzernnachhaltigkeitsberichts entsprechend anzuwenden ist. Der § 315k Abs. 3 HGB-E enthält eine Verordnungsermächtigung, die das Bundesministerium der Justiz dazu ermächtigt, die genannten Rechtsakte durch Rechtsverordnung näher zu bezeichnen.

2 Anwendungsbereich

Der Anwendungsbereich des § 315k HGB-E ergibt sich aus den vorherigen Vorschriften §§ 315h, 315i sowie 315j HGB-E. Eine Berichtspflicht nach § 315k HGB-E entsteht für Unt aus Drittstaaten grundsätzlich dann, wenn sie in erheblichem Umfang wirtschaftliche Aktivitäten in der EU betreibt. Im Prinzip lassen sich hier drei verschiedene Konstellationen unterscheiden, wo dieser Sachverhalt zutrifft, wobei sich die festgelegten Kriterien zur Bestimmung des Anwenderkreises in allen drei Fällen im Wesentlichen überlappen.

So hat in allen drei Fällen das oberste MU die folgenden drei Kriterien zu erfüllen:
- Das oberste MU ist einer Rechtsform organisiert, die mit einer in Anhang I der RL 2013/34/EU genannten Rechtsform vergleichbar ist (§§ 315h Abs. 1, 315i Abs. 1, 315j Abs. 1 HGB-E). Konkret heißt das, dass das MU eine Rechtsform, die mit einer KapG vergleichbar ist, haben muss. Hier weicht die Bundesregierung von der Fassung der CSRD ab, die keine Einschränkung der Rechtsform vorsieht (§ 315h-E Rz 4).
- Das oberste MU hat seinen Sitz nicht in einem Mitgliedstaat der EU oder einem anderen Vertragsstaat des Abkommens über den Europäischen Wirtschaftsraum (§§ 315h Abs. 1, 315i Abs. 1, 315j Abs. 1 HGB-E).
- Das oberste MU hat in den letzten zwei aufeinanderfolgenden Gj Nettoumsatzerlöse von mehr als 150 Mio. EUR in der EU bzw. in einem anderen

---

[4] Vgl. RegE CSRD-UmsG, BT-Drs. 20/12787 v. 9.9.2024 S. 116f., https://dserver.bundestag.de/btd/20/127/2012787.pdf, Abruf 10.10.2024.
[5] Lanfermann/Baumüller, IRZ 2023, S. 93.

Vertragsstaat des Abkommens über den Europäischen Wirtschaftsraum erzielt (§§ 315h Abs. 1, 315i Abs. 1, 315j Abs. 1 HGB-E).

Für das dritte Kriterium werden die Umsatzerlöse respektive die Konzernumsatzerlöse herangezogen. Diese sind vereinfachend nach Anwendung der Rechnungslegungsgrundsätze zu bestimmen, die nach dem jeweiligen nationalen Recht für die Aufstellung eines Jahresabschlusses oder des Konzernabschlusses des obersten MU gelten (§§ 315h Abs. 4, 315i Abs. 4, 315j Abs. 4 HGB-E), womit es hier im Ergebnis zu Unterschieden kommen kann.

Auch so ist das dritte Kriterium auslegungsbedürftig. So bleibt unklar, ob die genannten Schwellenwerte bereits im Jahr ihrer zweiten Überschreitung eine Berichtspflicht auslösen oder erst im Folgejahr. Allerdings deutet sowohl der Wortlaut der CSRD als auch die Systematik der allgemeinen Bestimmungen zum Umgang mit Größenklassen in der Bilanzrichtlinie darauf hin, dass die vorgesehenen Rechtsfolgen bereits im Jahr der relevanten Überschreitung wirksam werden. Ebenso würde ein einmaliges Unterschreiten der genannten Umsatzschwellenwerte zu einem sofortigen Wegfall der Berichtspflicht noch im selben Jahr führen.[6]

Ferner können sich bei der Ermittlung der einschlägigen Nettoumsätze Abgrenzungsprobleme ergeben.

So sollen ausweislich der Regelungen der §§ 315h Abs. 1, 315i Abs. 1, 315j Abs. 1 HGB-E auf die Nettoumsatzerlöse, die „in der EU bzw. in einem anderen Vertragsstaat des Abkommens über den Europäischen Wirtschaftsraum" erzielt wurden, abgestellt werden. Weiterführend konkretisiert wird diese Regelung nicht. Europäische TU oder Zweigniederlassungen können allerdings auch einen hohen Anteil konzerninterner Transaktionen aufweisen bzw. andersherum von europäischen Produktions- oder Vertriebsstandorten aus globale Exportaktivitäten durchführen. Eine enge Interpretation des Begriffs der in der EU erzielten Nettoumsatzerlöse könnte daher ausschließlich auf den (konzernexternen) EU-Absatzmarkt abstellen; alternativ könnte eine Orientierung an den Vorgaben für geografische Segmente gem. IFRS 8 in Betracht gezogen werden.[7]

Zusätzlich zu den Anforderungen an das oberste MU muss mind. eines der folgenden Kriterien erfüllt sein, damit § 315k HGB-E zur Anwendung kommt:

- Das oberste MU hat in Deutschland ein TU, das die Anforderungen des § 289b Abs. 1 HGB-E erfüllt und somit unter die CSRD fällt (§ 315h Abs. 1 HGB-E).
- Das oberste MU hat eine Zweigniederlassung in der EU, die im vorangegangenen Gj Nettoumsatzerlöse von mehr als 40 Mio. EUR erzielt hat. Diese Regelung greift sowohl für Zweigniederlassungen unverbundener Unt (§ 315i Abs. 1 HGB-E) als auch für Zweigniederlassungen verbundener Unt (§ 315j Abs. 1 HGB-E).

3   Das EGHGB-E sieht vor, dass die Berichtspflichten i.S.d. § 315k HGB-E für Unt aus Drittstaaten erstmalig für Gj anzuwenden sind, die nach dem 31.12.2027

---

[6] Lanfermann/Baumüller, IRZ 2023, S. 93.
[7] Lanfermann/Baumüller, IRZ 2023, S. 93.

beginnen.[8] Dies gibt den betroffenen Unt Zeit, sich auf die neuen Anforderungen vorzubereiten.

Ferner sieht der RegE CSRD-UmsG eine Übergangserleichterung vor. Bis zum 6.1.2030 ist es den TU in der EU erlaubt, einen Nachhaltigkeitsbericht zu veröffentlichen, der lediglich die Angaben für alle Unions-TU des MU umfasst. Dies soll den Aufwand reduzieren und die Umsetzung erleichtern.[9]

3 Inhalt des Nachhaltigkeitsberichts (Abs. 1 und 2)

§ 315k Abs. 1 und 2 HGB-E legen fest, welche Angaben im (Konzern-)Nachhaltigkeitsbericht der anwendungspflichtigen Unt mit Sitz außerhalb der EU zu machen sind. § 315k Abs. 1 Satz 1 HGB-E regelt die inhaltlichen Anforderungen an den (Konzern-)Nachhaltigkeitsbericht, indem er auf die Vorgaben des § 289c HGB-E verweist. Im Detail hat der Nachhaltigkeitsbericht gem. § 315k Abs. 1 Satz 1 HGB-E die Angaben nach § 289c Abs. 2 Satz 1 Nr. 1 Buchst. c bis e, Nr. 2 bis 6 und, soweit betroffen, Nr. 8 zu enthalten. Es sind somit Informationen zu folgenden Berichtsthemen offenzulegen:

- Beschreibung der Strategie in Bezug auf Nachhaltigkeit, insb. im Hinblick auf die Vereinbarkeit mit dem Pariser Klimaschutzabkommen und dem Europäischen Klimagesetz;
- Nachhaltigkeitsziele und Fortschritte, einschl. Ziele zur Verringerung von Treibhausgasemissionen;
- Rolle der Unternehmensorgane im Zusammenhang mit Nachhaltigkeitsaspekten;
- Unternehmenspolitik hinsichtlich Nachhaltigkeit;
- Anreizsysteme für Unternehmensorgane, die mit Nachhaltigkeitsaspekten verknüpft sind;
- Due-Diligence-Prozesse in Bezug auf Nachhaltigkeitsaspekte und die wichtigsten negativen Auswirkungen;
- relevante Indikatoren für die vorgenannten Angaben.

Siehe im Detail § 289c Rz 12 ff. sowie § 315c Rz 10 ff.

Ausweislich der Begründung des RegE CSRD-UmsG erfolgt die Verknüpfung mit § 289c HGB-E, da zum einen gem. § 315i HGB-E ein Nachhaltigkeitsbericht vorgelegt werden muss. Zum anderen will der Gesetzgeber eine mehrstufige Kettenverweisung vermeiden. Anstelle einer indirekten Verweisung über § 315c HGB-E, die erneut auf § 289c HGB-E Bezug nimmt, wurden die Berichtspflichten in Abs. 1 direkt auf die Vorgaben des § 289c HGB-E übertragen, was nach Auffassung des Gesetzgebers zu einer klareren Struktur und einer besseren Verständlichkeit der Regelungen führt. In § 315k Abs. 2 HGB-E wird klargestellt, dass diese Anforderungen i.R.d. Konzernnachhaltigkeitsberichts entsprechend anzuwenden sind.[10]

---

[8] Vgl. RegE CSRD-UmsG, BT-Drs. 20/12787 v. 9.9.2024 S. 44, Abruf 10.10.2024.
[9] Vgl. RegE CSRD-UmsG, BT-Drs. 20/12787 v. 9.9.2024 S. 43, Abruf 10.10.2024.
[10] Vgl. RegE CSRD-UmsG, BT-Drs. 20/12787 v. 9.9.2024 S. 117, Abruf 10.10.2024.

5 Nach § 315k Abs. 1 Satz 2 HGB-E ist auch der (Konzern-)Nachhaltigkeitsbericht von anwendungspflichtigen Unt aus Drittstaaten im Einklang mit den nach Art. 40b oder Art. 29b RL 2013/34/EU angenommenen delegierten Rechtsakten zu Standards für die Nachhaltigkeitsberichterstattung zu erstellen. Konkret bedeutet dies, dass auch hier die ESRS Anwendung finden.[11]
S. ausführlich die §§ 315c Rz 10 ff.
Alternativ ist der Bericht in einer Weise aufzustellen, die den ESRS gleichwertig ist, was in einem Durchführungsrechtsakt über die Gleichwertigkeit der Standards festgestellt wurde.
In Art. 40a der durch die CSRD geänderten Bilanzrichtlinie ist ferner festgelegt, dass die EU-Kommission auch ESRS für „Non-EU"-Unt erlassen soll, die dann für die (Konzern-)Nachhaltigkeitsberichte nach § 315k HGB-E maßgeblich sind. Es ist geplant, dass die „Non-EU"-ESRS bis spätestens Juni 2026 mittels delegiertem Rechtsakt durch die EU-Kommission erlassen werden. Diese spezifische ESRS müssen allerdings noch durch die EFRAG erarbeitet werden. Die Veröffentlichung eines ersten Entwurfs ist für das 1. Quartal 2025 geplant. Die Übergabe des finalen Entwurfs der EFRAG ist für spätestens November 2025 geplant.[12]

6 Die Umsetzung des § 315k HGB-E kann sich in der Praxis als große Herausforderung erweisen. Die anwendungspflichtigen Unt aus Drittstaaten müssen möglicherweise erhebliche Anstrengungen unternehmen, um die hohen unionsrechtlichen Anforderungen in Hinblick auf die Nachhaltigkeitsberichterstattung zu erfüllen. Dies betrifft insb. die Anpassung von Berichtsprozessen und die Einhaltung der ESRS.
Die Umsetzung der Berichtspflichten erfordert eine enge Zusammenarbeit innerhalb des Konzerns. Insb. müssen die MU aus den Drittstaaten auch bereit sein, die erforderlichen Informationen bereitzustellen. Dies kann insb. dann zu Spannungen führen, wenn das MU in einem Rechtsraum ansässig ist, der weniger strenge Berichtspflichten in Hinblick auf Nachhaltigkeit kennt oder gar der Nachhaltigkeitstransformation kritisch gegenübersteht.
Die TU und Zweigniederlassungen in der EU sind daher auf die Kooperation mit dem MU im Drittstaat angewiesen, um die erforderlichen Informationen zu erhalten. Verweigert das MU die Herausgabe, sind die EU-Einheiten verpflichtet, einen eingeschränkten Bericht zu erstellen und darauf hinzuweisen, dass nicht alle Informationen vorliegen (§§ 315h Abs. 2 und 3 , 315i Abs. 2 und 3, 315j Abs. 2 und 3 HGB-E).
Die Mitglieder der Verwaltungs-, Leitungs- und Aufsichtsorgane der TU oder Zweigniederlassungen in der EU sind allerdings für die Einhaltung der Berichtspflichten verantwortlich. Bei Verstößen können Sanktionen verhängt werden. Wie effektiv diese Regelungen durchgesetzt werden können, bleibt abzuwarten.

---

[11] Vgl. ESRS, Delegierte Verordnung (EU) 2023/2772 v. 22.12.2023, in der korrigierten Übersetzung im ABl. EU v. 9.8.2024, https://eur-lex.europa.eu/legal-content/DE/TXT/?uri=OJ:L_202490457, Abruf 10.10.2024.
[12] Vgl. EFRAG, https://www.efrag.org/en/projects/noneu-groups-standard-setting/research-phase, Abruf 10.10.2024.

4 Verordnungsermächtigung (Abs. 3)

In § 315k Abs. 3 HGB-E wird eine Verordnungsermächtigung vorgeschlagen, die das Bundesministerium der Justiz (BMJ) dazu befugt, nach Erlass oder Änderung der delegierten Rechtsakte gem. § 315k Abs. 1 Satz 2 HGB-E die entsprechenden Vorschriften zu bezeichnen. Diese Verordnungsermächtigung stellt sicher, dass nationale Regelungen flexibel auf Änderungen der delegierten Rechtsakte reagieren können und die Vorgaben der EU stets zeitnah und rechtskonform umgesetzt werden.[13]

Allerdings gelten EU-Verordnungen ohnehin unmittelbar für in der EU ansässige Unt, sodass dies eher klarstellende Wirkung haben dürfte.

---

[13] Vgl. RegE CSRD-UmsG, BT-Drs. 20/12787 v. 9.9.2024 S. 117, https://dserver.bundestag.de/btd/20/127/2012787.pdf, Abruf 10.10.2024.

§ 316 Pflicht zur Prüfung

(1) ¹Der Jahresabschluß und der Lagebericht von Kapitalgesellschaften, die nicht kleine i.S.d. § 267 Abs. 1 sind, sind durch einen Abschlußprüfer zu prüfen. ²Hat keine Prüfung stattgefunden, so kann der Jahresabschluß nicht festgestellt werden.
(2) ¹Der Konzernabschluß und der Konzernlagebericht von Kapitalgesellschaften sind durch einen Abschlußprüfer zu prüfen. ²Hat keine Prüfung stattgefunden, so kann der Konzernabschluß nicht gebilligt werden.
(3) ¹Werden der Jahresabschluß, der Konzernabschluß, der Lagebericht oder der Konzernlagebericht nach Vorlage des Prüfungsberichts geändert, so hat der Abschlußprüfer diese Unterlagen erneut zu prüfen, soweit es die Änderung erfordert. ²Über das Ergebnis der Prüfung ist zu berichten; der Bestätigungsvermerk ist entsprechend zu ergänzen. ³Die Sätze 1 und 2 gelten entsprechend für diejenige Wiedergabe des Jahresabschlusses, des Lageberichts, des Konzernabschlusses und des Konzernlageberichts, welche eine Kapitalgesellschaft, die als Inlandsemittent (§ 2 Absatz 14 des Wertpapierhandelsgesetzes) Wertpapiere (§ 2 Absatz 1 des Wertpapierhandelsgesetzes) begibt und keine Kapitalgesellschaft i.S.d. § 327a ist, für Zwecke der Offenlegung erstellt hat.

Inhaltsübersicht	Rz
1 Überblick	1–2
2 Gesetzlich vorgeschriebene Abschlussprüfungen	3–47
2.1 Prüfungspflicht für den Jahresabschluss (Abs. 1 Satz 1)	3–9
2.1.1 Prüfungspflichtige Kapitalgesellschaften	3–7
2.1.2 Andere prüfungspflichtige Unternehmen	8
2.1.3 Prüfungspflicht bei Abwicklung/Liquidation	9
2.2 Prüfungspflicht für den Konzernabschluss (Abs. 2)	10–14
2.2.1 Mutterunternehmen in der Rechtsform der Kapitalgesellschaft	10–13
2.2.2 Mutterunternehmen anderer Rechtsformen	14
2.3 Rechtsfolgen unterlassener (Pflicht-)Prüfungen	15–37
2.3.1 Jahresabschluss (Abs. 1 Satz 2)	15–17
2.3.2 Ergänzende Hinweise zu den Konsequenzen unterlassener Pflichtprüfungen	18–34
2.3.2.1 Kapitalgesellschaften	18–21
2.3.2.2 Personenhandelsgesellschaften	22–25
2.3.2.3 Konsequenzen für Abschlussprüfung, Bestätigungsvermerk und Prüfungsbericht im Folgejahr	26–34
2.3.3 Konzernabschluss (Abs. 2 Satz 2)	35–37
2.4 Nachtragsprüfungen (Abs. 3)	38–47
3 Freiwillige und satzungsgemäße Prüfungen	48–50
4 Prüfungen nach dem Publizitätsgesetz	51
5 CSRD-Umsetzungsgesetz	52

1 Überblick

§ 316 HGB bestimmt die **Pflicht zur Prüfung** von KapG und KapCoGes und die wesentlichen Prüfungsgegenstände. Nähere Einzelheiten zu den Prüfungsgegenständen finden sich in § 317 HGB.[1] Wer zur Prüfung beauftragen kann, regelt § 318 HGB.

Nicht prüfungspflichtig i.S.d. § 316 HGB sind etwa:
- kleine Gesellschaften i.S.d. § 267 Abs. 1 HGB,
- nicht konzernrechnungslegungspflichtige Konzerne gem. § 293 HGB,
- befreite Mutterunternehmen gem. §§ 291, 292 HGB,
- Tochter-KapG, die sämtliche Voraussetzungen des § 264 Abs. 3 HGB erfüllen,
- Tochter-KapCoGes, die die Anforderungen des § 264b HGB erfüllen.

Abschlussprüfer dürfen nur Wirtschaftsprüfer und Wirtschaftsprüfergesellschaften sein. Mittelgroße Ges. dürfen allerdings auch von vereidigten Buchprüfern und Buchprüfungsgesellschaften geprüft werden.

2 Gesetzlich vorgeschriebene Abschlussprüfungen

2.1 Prüfungspflicht für den Jahresabschluss (Abs. 1 Satz 1)

2.1.1 Prüfungspflichtige Kapitalgesellschaften

Eine KapG ist nach § 316 Abs. 1 HGB **prüfungspflichtig**, wenn sie an zwei aufeinanderfolgenden Stichtagen jeweils mind. zwei der drei **Größenmerkmale** des § 267 **Abs. 1 HGB** überschreitet. Im Fall einer Umwandlung oder Neugründung besteht die Prüfungspflicht bereits am ersten Abschlussstichtag nach einer solchen Maßnahme, sofern die erforderlichen Größenmerkmale gegeben sind (§ 267 Abs. 4 Satz 2 HGB).[2] Nachfolgend sind die Größenkriterien des § 267 HGB dargestellt:

	klein	mittelgroß	groß
Bilanzsumme TEUR	≤ 7.500	> 7.500 ≤ 25.000	> 25.000
Umsatzerlöse TEUR	≤ 15.000	> 15.000 ≤ 50.000	> 50.000
Arbeitnehmer	≤ 50	> 50 ≤ 250	> 250

Tab. 1: Überblick über die Größenklassen für die Jahresabschlussprüfung

Die im Prinzip allein von der Größe einer KapG abhängige Prüfungspflicht kennt eine Reihe von **Ausnahmen**. So sind **kapitalmarktorientierte** KapG immer prüfungspflichtig, weil sie kraft gesetzlicher Fiktion (§ 267 Abs. 3 Satz 2 HGB) immer als groß gelten.

---

[1] Die „Technik" der Prüfung ist im Gesetz nicht umfassend geregelt. Daher hat das IDW entsprechende berufsständische Prüfungsgrundsätze, insb. die IDW PS, in einem sog. *due process* festgelegt. Der Übergang auf die ISA [DE] ist im Jahr 2023 erfolgt.

[2] Zu den Besonderheiten durch die im Jahr 2024 geänderten Größenkriterien vgl. i.E. die Kommentierung zu § 267 HGB.

Eine weitere Ausnahme von der Prüfungspflicht nach § 316 HGB besteht gem. § 264 Abs. 3 HGB für KapG, die TU eines nach § 290 HGB zur Aufstellung eines Konzernabschlusses verpflichteten MU sind, sofern sie die in § 264 Abs. 3 HGB geregelten Voraussetzungen erfüllen. Gleiches gilt für KapG, die TU eines nach § 11 PublG zur Aufstellung eines Konzernabschlusses verpflichteten MU sind (§ 264 Abs. 4 HGB).

5 Für KapG bestimmter **Wirtschaftszweige** gelten Spezialvorschriften, z.B. für Kreditinstitute und VersicherungsUnt, die die Prüfungspflicht ebenfalls grds. unabhängig von der Unternehmensgröße regeln.

6 Die vorgenannten Ausführungen gelten für **KapCoGes** über § 264a HGB analog.

7 Im Jahr 2023 sind die **Größenkriterien** des § 267 HGB **angehoben** worden. Die geänderten Schwellenwerte waren verpflichtend erstmals auf Jahres- und Konzernabschlüsse für Gj anzuwenden, die nach dem 31.12.2023 beginnen (Art. 93 Abs. 2 Satz 2 EGHGB). Die geänderten Werte konnten wahlweise bereits auf Gj angewendet werden, die nach dem 31.12.2012 beginnen (Art. 93 Abs. 2 Satz 1 EGHGB).

2.1.2 Andere prüfungspflichtige Unternehmen

8 Eine Abschlussprüfung i.S.d. Vorschriften des HGB ist auch für eine Reihe von Unt vorgeschrieben, die nicht die Rechtsform einer KapG bzw. KapCoGes haben. Die **Prüfungspflicht** gilt etwa für
- publizitätspflichtige Unternehmen gem. § 6 i.V.m. § 3 PublG,
- bestimmte Genossenschaften (§§ 53 ff. GenG),
- Kredit- und Finanzdienstleistungsinstitute (§ 340k HGB),
- Versicherungsunternehmen (§ 341k HGB),
- Eigenbetriebe, Beteiligungen von Gebietskörperschaften.[3]

2.1.3 Prüfungspflicht bei Abwicklung/Liquidation

9 Aus § 270 Abs. 3 AktG bzw. § 71 Abs. 3 GmbHG ergibt sich, dass die Prüfungspflicht im Stadium der Abwicklung/Liquidation für die AG und GmbH grds. fortbesteht. Allerdings kann das Gericht von der Prüfung befreien, wenn die Verhältnisse der Ges. so überschaubar sind, dass eine Prüfung im Interesse der Gläubiger und der Aktionäre/Gesellschafter nicht geboten erscheint.[4]

2.2 Prüfungspflicht für den Konzernabschluss (Abs. 2)

2.2.1 Mutterunternehmen in der Rechtsform der Kapitalgesellschaft

10 Die bei kleinen KapG vorgesehene Trennung zwischen der Verpflichtung zur Aufstellung des Abschlusses und dessen Prüfungspflicht ist der Konzernrechnungslegung fremd. Daher kann bei der Abgrenzung der **prüfungspflichtigen Konzerne** auf die §§ 290–293 HGB verwiesen werden. Ist ein MU zur **Aufstellung** eines Konzernabschlusses verpflichtet, muss dieser **geprüft** werden. Die

---

[3] Vgl. ergänzend Justenhoven/Küster/Bernhardt, in Beck Bil-Komm., 13. Aufl. 2022, § 316 HGB Rz 3 ff.
[4] Eine kleine Ges. i.S.v. § 267 Abs. 1 HGB ist auch im Stadium der Abwicklung/Liquidation grds. von der Prüfungspflicht befreit. Vgl. ADS, Rechnungslegung und Prüfung der Unternehmen, 6. Aufl. 1995–2001, § 316 HGB Rz 34.

Prüfungspflicht erstreckt sich auch auf einen nach internationalen Rechnungslegungsgrundsätzen aufgestellten Konzernabschluss nach § 315e HGB. Die (Aufstellungs- und) Prüfungspflicht ergibt sich aufgrund der nachfolgend skizzierten Größenkriterien (§ 293 HGB):

	addiert (§ 293 Abs. 1 Satz 1 Nr. 1)	konsolidiert (§ 293 Abs. 1 Satz 1 Nr. 2)
Bilanzsumme TEUR	> 30.000	> 25.000
Umsatzerlöse TEUR	> 60.000	> 50.000
Arbeitnehmer	> 250	> 250

Tab. 2: Überblick über die Größenklassen der Konzernabschlussprüfung[5]

Um von der Pflicht, einen Konzernabschluss aufstellen und prüfen zu lassen, befreit zu sein, muss eine Ges. entweder die Größenmerkmale nach § 293 Abs. 1 Satz 1 Nr. 1 oder von Nr. 2 HGB unterschreiten (grds. zwei der drei Kriterien an zwei aufeinanderfolgenden Stichtagen).

Nach § 293 Abs. 5 i.V.m. § 264d HGB sind auch „kleine" Konzerne aufstellungs- und **prüfungspflichtig**, wenn das MU oder ein in den Konzernabschluss einbezogenes TU **kapitalmarktorientiert** ist. 11

Freiwillig aufgestellte **Konzernabschlüsse** sind **nicht prüfungspflichtig**. Sollen freiwillig aufgestellte Konzernabschlüsse aber **befreiende Wirkung haben**, müssen diese Konzernabschlüsse nach §§ 316 ff. HGB geprüft sein. 12

Die vorgenannten Ausführungen gelten für **KapCoGes** über § 264a HGB analog. 13

2.2.2 Mutterunternehmen anderer Rechtsformen

Abschlussprüfungen i.S.d. Vorschriften des HGB sind auch für bestimmte Konzerne vorgeschrieben, deren MU nicht die Rechtsform einer KapG aufweist. Die **Prüfungspflicht** gilt etwa für 14

- Kreditinstitute, Versicherungsunternehmen und deren Holding-Ges. jeder Größe und Rechtsform (§§ 340k, 340i Abs. 3, 341k, 341i Abs. 2 HGB),
- Unt, die unter das PublG fallen (§ 14 PublG).

2.3 Rechtsfolgen unterlassener (Pflicht-)Prüfungen

2.3.1 Jahresabschluss (Abs. 1 Satz 2)

Soweit **Abschlussprüfungen** (einschl. Nachtragsprüfungen) gesetzlich vorgeschrieben sind, dürfen sie selbst dann nicht unterlassen werden, wenn alle Anteilseigner und gesetzlichen Vertreter damit einverstanden sind. Zur Durchsetzung der Prüfungspflicht sieht der Gesetzgeber für den Fall, dass eine Abschlussprüfung nicht erfolgt, eine Reihe von Sanktionen vor. 15

---

[5] Die Ausführungen in Rz 7 zum Anwendungszeitpunkt der neuen Größenkriterien gelten analog auch für den Konzernabschluss.

Wenn keine Prüfung stattgefunden hat, kann der Jahresabschluss einer KapG **nicht festgestellt** werden. Handelt es sich um den Jahresabschluss einer AG, so ist dieser gem. § 256 Abs. 1 Nr. 2 AktG **nichtig**. Eine entsprechende Vorschrift gilt für Unt, die nach dem PublG Rechnung legen müssen (§ 10 Nr. 1 PublG). Für die GmbH hat der Gesetzgeber auf eine explizite Regelung, welche die Nichtigkeit des Jahresabschlusses vorsieht, verzichtet. Es ist nach h.M. aber davon auszugehen, dass § 256 AktG sinngemäß auf die GmbH angewendet wird, sodass bei fehlender Prüfung auch die Nichtigkeit des Jahresabschlusses der GmbH gegeben ist.[6]

16 Eine für die Feststellung des Jahresabschlusses erforderliche Prüfung hat erst dann stattgefunden, wenn die Prüfung gem. §§ 316 ff. HGB durchgeführt und abgeschlossen worden ist. Als abgeschlossen gilt eine Prüfung, wenn der Abschlussprüfer den gesetzlichen Vertretern der KapG (bzw. dem Aufsichtsrat) den Prüfungsbericht einschl. des Bestätigungsvermerks (oder Versagungsvermerks) vorlegt.

Sofern bei einer AG oder KGaA der Jahresabschluss nicht durch den Vorstand und Aufsichtsrat, sondern durch die Hauptversammlung festgestellt wird und diese den geprüften Jahresabschluss ändert, kommt der **Nachtragsprüfung** besondere Bedeutung zu. Denn die von der Hauptversammlung gefassten Beschlüsse über die Feststellung des Jahresabschlusses und die Gewinnverwendung werden erst dann wirksam, wenn aufgrund einer Nachtragsprüfung ein hinsichtlich der Änderungen uneingeschränkter Bestätigungsvermerk erteilt worden ist (§ 173 Abs. 3 Satz 1 AktG). Geschieht dies nicht binnen zwei Wochen nach der Beschlussfassung, so sind die genannten Beschlüsse der Hauptversammlung unwirksam (§ 173 Abs. 3 Satz 2 AktG). Eine analoge Anwendung des § 173 Abs. 3 AktG auf die GmbH ist umstritten.[7]

17 Neben den unmittelbaren Auswirkungen auf die Gültigkeit des Jahresabschlusses sieht das Gesetz weitere Maßnahmen vor, die die Durchführung der Abschlussprüfung sicherstellen sollen. Gegen die gesetzlichen Vertreter des prüfungspflichtigen Unt kann ein **Ordnungsgeld** festgesetzt werden, wenn sie ihre Pflichten hinsichtlich der Abschlussprüfung nicht erfüllen (§ 335 HGB, § 21 PublG).

2.3.2 Ergänzende Hinweise zu den Konsequenzen unterlassener Pflichtprüfungen

2.3.2.1 Kapitalgesellschaften

18 Eine **Heilung der Nichtigkeit** ist nur durch eine **Jahresabschlussprüfung** möglich.[8]

19 Zu berücksichtigen ist, dass die Nichtigkeit eines festgestellten Jahresabschlusses auch zur **Unwirksamkeit** der auf dem Feststellungsbeschluss aufbauenden **Ergebnisverwendungsbeschlüsse** führt.

Eine Rücklagendotierung kann etwa nicht wirksam erfolgt sein. Eine bereits buchmäßig erfasste, aber nicht wirksame Rücklagendotierung wäre unter Erhöhung des dem Folgeabschluss zugrunde zu legenden Ergebnisvortrags zu stornieren.

20 Sofern bei einer GmbH aufgrund eines nichtigen Gewinnverwendungsbeschlusses ein **Vermögenstransfer** von der Ges. an die Gesellschafter erfolgte, entsteht grds. ein **Rückforderungsanspruch** nach § 812 BGB. Allerdings müssen die

---

[6] Vgl. Baetge/Sickmann, in Küting/Weber, HdR-E, § 316 HGB Rn 28, m.w.N., Stand: 1/2023.
[7] Vgl. die Quellenangaben bei Baetge/Sickmann, in Küting/Weber, HdR-E, § 316 HGB Rn 32, Stand: 1/2023.
[8] Vgl. zu den nachfolgenden Ausführungen IDW, Fachausschuss Recht, IDW-FN 2002, S. 214 ff.

Gesellschafter nach § 32 GmbHG Beträge nicht zurückzahlen, die sie in gutem Glauben (leichte Fahrlässigkeit) erhalten haben und wenn die Voraussetzungen des § 31 GmbHG nicht vorliegen. Bei einer AG besteht ein Rückforderungsanspruch nur bei fahrlässiger Unkenntnis der Unwirksamkeit.

Wird die Nichtigkeit des Vorjahresabschlusses nicht beseitigt, so folgt hieraus nicht zwangsläufig die Nichtigkeit des **Folgeabschlusses**, was damit zu begründen ist, dass § 256 AktG eine abschließende Aufzählung von Nichtigkeitsgründen enthält und dort die Nichtigkeit eines vorhergehenden Jahresabschlusses nicht als eigenständiger Nichtigkeitsgrund aufgeführt wird. 21

2.3.2.2 Personenhandelsgesellschaften

Eine **Heilung** der Nichtigkeit ist auch bei der PersG nur durch eine **Jahresabschlussprüfung** möglich.[9] 22

Weil aufgrund eines nichtigen Jahresabschlusses kein Gläubigerrecht der Kommanditisten ggü. der Ges. hinsichtlich eines Gewinnanteils entstehen kann, kommt ein **Ausweis von Gewinnanteilen** unter den Verbindlichkeiten ggü. Gesellschaftern in den Saldovorträgen für den Folgeabschluss nicht in Betracht. Vielmehr ist das EK vor Ergebnisverwendung, also unter Ausweis eines Jahresüberschusses, darzustellen. 23

Wird der Folgeabschluss geprüft und wirksam festgestellt, wird bei der PersG, deren Gesellschaftsvertrag keine gesonderte Beschlussfassung über die Gewinnverteilung vorsieht, die gesetzlich vorgesehene Gewinnverteilung auch hinsichtlich der Gewinne aus dem Vj. wirksam. Ist eine Beschlussfassung der Gesellschafter über die Ergebnisverwendung im Gesellschaftsvertrag vorgesehen, kann bei Vorliegen eines wirksamen Folgeabschlusses auch über die Gewinne aus dem nichtigen Vorjahresabschluss disponiert werden. 24

Auch bei PersG folgt aus der Nichtigkeit des Vorjahresabschlusses nicht zwangsläufig die Nichtigkeit des Folgeabschlusses. Begründet wird dies mit § 10 PublG, der wie § 256 AktG eine abschließende Aufzählung von Nichtigkeitsgründen enthält; auch in § 10 PublG wird die Nichtigkeit eines vorhergehenden Jahresabschlusses nicht als eigenständiger Nichtigkeitsgrund aufgeführt. 25

2.3.2.3 Konsequenzen für Abschlussprüfung, Bestätigungsvermerk und Prüfungsbericht im Folgejahr

Sofern der **Vorjahresabschluss nicht geprüft** worden ist, sind bei der Abschlussprüfung des Folgeabschlusses die **Grundsätze über Erstprüfungen** zu beachten.[10] Falls der Abschlussprüfer des Folgeabschlusses gegen die Bilanz des Vorjahresabschlusses keine Einwendungen aufgrund von Verstößen gegen handelsrechtliche Rechnungslegungsvorschriften zu erheben hat, ergeben sich aus der Nichtigkeit des Vorjahresabschlusses keine Auswirkungen auf die Einschätzung der Ordnungsmäßigkeit des zu prüfenden Folgeabschlusses.[11] 26

Anderenfalls ist der **Folgeabschluss** nur dann als **ordnungsmäßig** zu beurteilen, wenn den Einwendungen entweder durch eine Änderung des Vorjahresabschlusses 27

---

9 Vgl. zu den nachfolgenden Ausführungen IDW, Fachausschuss Recht, IDW-FN 2002, S. 217 ff.
10 Vgl. IDW PS 205 und IDW PS 318.
11 Vgl. zu den nachfolgenden Ausführungen IDW, Fachausschuss Recht, IDW-FN 2002, S. 216 f.

entsprochen worden ist oder die Fehler im Folgeabschluss unter Beachtung des Bilanzzusammenhangs ergebniswirksam korrigiert und die daraus resultierenden Erfolgswirkungen gesondert ausgewiesen und angemessen erläutert wurden.

28 Sofern der nichtige Vorjahresabschluss (unwirksam) festgestellt und ein (ebenfalls unwirksamer) Ergebnisverwendungsbeschluss gefasst worden ist, ist die Ordnungsmäßigkeit des Folgeabschlusses ferner danach zu beurteilen, ob die **Rechtsfolgen aus der Nichtigkeit** des Vorjahresabschlusses im Folgeabschluss zutreffend berücksichtigt worden sind (z.B. Stornierung einer auf einem unwirksamen Ergebnisverwendungsbeschluss beruhenden Rücklagendotierung zugunsten des Ergebnisvortrags).

29 Vor diesem Hintergrund ist über eine **Einschränkung des Bestätigungsvermerks** oder die Erteilung eines Versagungsvermerks ausschl. nach Maßgabe der Ordnungsmäßigkeit des zu prüfenden Jahresabschlusses zu entscheiden.

Die Möglichkeit der Erteilung eines uneingeschränkten oder eingeschränkten Bestätigungsvermerks zu dem Folgeabschluss ist weiterhin danach zu beurteilen, ob die zuständigen Gesellschaftsorgane die Feststellung des Vorjahresabschlusses unterlassen haben oder ein – wenn auch wegen der fehlenden Prüfung unwirksamer – Feststellungsbeschluss vorliegt.

30 Auch bei einem unwirksamen Feststellungsbeschluss ist davon auszugehen, dass dieser den Willen der zuständigen Organe zum Ausdruck bringt, den (nichtigen) Abschluss für verbindlich zu erklären. Sofern nicht im Einzelfall abweichende Umstände bestehen, kann somit von einer hinreichend sicheren Grundlage für die Urteilsfindung des Abschlussprüfers und damit für die Erteilung eines Bestätigungsvermerks für den Folgeabschluss ausgegangen werden.

31 Dem steht nicht entgegen, dass der **nichtige Vorjahresabschluss** noch **geändert** werden könnte, da auch wirksam festgestellte Abschlüsse grds. durch das Feststellungsorgan geändert werden können. Es besteht somit keine besondere Unsicherheit, die zusätzliche Ausführungen zu der unterlassenen Prüfung des Vorjahresabschlusses im Bestätigungsvermerk geboten erscheinen lassen.

32 Etwas anderes gilt, wenn die Feststellungsorgane **keinen** (unwirksamen) **Feststellungsbeschluss** gefasst haben, da es in diesem Fall mangels Vorjahreszahlen an einer sicheren Grundlage für die Urteilsbildung des AP zu dem zu prüfenden Jahresabschlusses mangelt.

Dementsprechend kommt die Erteilung eines uneingeschränkten oder eingeschränkten Bestätigungsvermerks nicht in Betracht.

33 Ein Urteil des Abschlussprüfers über den Jahresabschluss kann in diesem Fall nur auf der Basis der Annahme einer Beschlussfassung der Gesellschafter über den Vorjahresabschluss in der dem Abschlussprüfer vorgelegten Form getroffen werden, sofern diese Beschlussfassung mit Sicherheit erwartet werden kann.

Der Bestätigungsvermerk kann in diesem Fall nur schwebend unwirksam unter dem Vorbehalt der Beschlussfassung über den Vorjahresabschluss erteilt werden (bedingte Erteilung des Bestätigungsvermerks).

34 In allen anderen Fällen ist der **Bestätigungsvermerk** unter Hinweis auf die Unmöglichkeit der abschließenden Urteilsbildung **zu versagen.**

Sofern als Ergebnis der Jahresabschlussprüfung eine Einschränkung oder bedingte Erteilung des Bestätigungsvermerks erfolgt, ist der Grund dafür zu erläutern.[12]

---

[12] Eine Berichtspflicht über die Nichtigkeit des Vorjahresabschlusses ergibt sich aus IDW PS 450.42 n.F.

2.3.3 Konzernabschluss (Abs. 2 Satz 2)

Der **Konzernabschluss** wird im Gegensatz zum Jahresabschluss nicht festgestellt, sondern gebilligt (§ 171 Abs. 2 Sätze 4 und 5 AktG, § 42a Abs. 4 GmbHG). Sofern der Konzernabschluss nicht von einem Abschlussprüfer geprüft worden ist, kann der Konzernabschluss nicht gebilligt werden (§ 316 Abs. 2 Satz 2 HGB). Die fehlende Billigung des Konzernabschlusses hat aber keine unmittelbaren Folgen, da der Konzernabschluss lediglich eine Informationsfunktion hat und sich nicht auf die Gewinnverwendung auswirkt. Im Fall der AG hat der Aufsichtsrat in seinem Bericht über die Prüfung des Konzernabschlusses allerdings auch darauf einzugehen, ob er den Konzernabschluss gebilligt hat. Dieser Bericht des Aufsichtsrats ist gem. § 325 Abs. 3 Satz 1 HGB zusammen mit dem Konzernabschluss und dem Konzernlagebericht offenzulegen. Auf diese Weise wird die Öffentlichkeit über die Versagung der Billigung informiert. Rechtsfolgen sind mit der fehlenden Billigung nicht verknüpft, da der Konzernabschluss weder rechtsbegründende noch rechtsbegrenzende Wirkungen hat.

Ein ungeprüfter Konzernabschluss hat darüber hinaus **keine befreiende Wirkung** i.S.d. §§ 291, 292 HGB und § 11 Abs. 6 PublG. Insofern wären TU ggf. zur Aufstellung von Teilkonzernabschlüssen verpflichtet.

Auch hier sieht der Gesetzgeber Maßnahmen vor, die die Durchführung von Konzernabschlussprüfungen gewährleisten sollen (Verhängung von **Ordnungsgeld** gegen die gesetzlichen Vertreter, § 335 HGB, § 21 PublG).

2.4 Nachtragsprüfungen (Abs. 3)

Bei **Änderungen** eines bereits **geprüften Jahresabschlusses**, IFRS-Einzelabschlusses nach § 325 Abs. 2a HGB oder Konzernabschlusses respektive Lageberichts oder Konzernlageberichts hat eine **erneute Prüfung** stattzufinden, **soweit es die Änderungen erfordern** (§ 316 Abs. 3 Satz 1 HGB).

Über das **Ergebnis der Nachtragsprüfung** ist gem. § 316 Abs. 3 Satz 2 HGB **zu berichten**.

Zu einer Änderung von Abschlüssen und damit einer **Nachtragsprüfung** führen insb. folgende **Sachverhalte**:
- Änderung des Gewinnverwendungsvorschlags,
- Bekanntwerden von wertaufhellenden Tatsachen,
- Berichtigung von Fehlern.

Ferner können auch fehlerfreie Jahresabschlüsse geändert werden, wenn dafür gewichtige Gründe vorliegen.[13]

Der **Umfang einer Nachtragsprüfung** hängt vom Ausmaß der Änderungen sowie von der Zeitspanne seit Beendigung der ursprünglichen Prüfung ab.[14] Der Abschlussprüfer hat bei jeder Änderung alle Unterlagen erneut zu prüfen, aber nur, soweit es die Änderung erfordert.

Das bedeutet, dass zunächst die **Änderung** selbst auf ihre **Zulässigkeit** zu prüfen ist. Daraufhin muss festgestellt werden, ob aufgrund dieser Änderung auch **Änderungen an anderen Stellen** erforderlich sind und diese auch vorgenommen worden sind.

---

[13] Vgl. IDW RS HFA 6.10 ff. Änderungen bei geprüften, noch nicht festgestellten Abschlüssen sind jederzeit möglich. Bei festgestellten Abschlüssen ist das nur bei gewichtigen Gründen möglich.

[14] Längere Zeitspannen können sich insb. auf den Lagebericht auswirken, da der Kenntnisstand im Zeitpunkt der erneuten Aufstellung zugrunde zu legen ist.

Schließlich muss auch geprüft werden, ob sich die Änderungen auf das **Gesamtbild** des Jahresabschlusses/Konzernabschlusses auswirken. Zu weitergehenden Prüfungshandlungen ist der Abschlussprüfer weder verpflichtet noch berechtigt.[15]

42 Werden dem Abschlussprüfer jedoch bei der Nachtragsprüfung andere Tatsachen bekannt, die – hätte er sie schon vorher gekannt – sein bisheriges Urteil zum Jahresabschluss beeinflusst hätten, muss er die gesetzlichen Vertreter zur weiteren Änderung des Jahresabschlusses veranlassen und bzgl. dieser Änderungen wiederum eine Nachtragsprüfung durchführen.

43 Über das **Ergebnis der Nachtragsprüfung** ist zu berichten.[16] Entsprechend § 321 Abs. 1 Satz 1 HGB ist die Berichterstattung **schriftlich** vorzunehmen. Diese erfolgt grds. in Form eines **eigenständigen Nachtragsprüfungsberichts**. Der Nachtragsprüfungsbericht hat zwingend einen **Hinweis** zu enthalten, dass der ursprünglich erstattete Prüfungsbericht und der Nachtragsprüfungsbericht nur gemeinsam verwendet werden dürfen. Er **bezieht** sich ausschl. auf vorgenommene **Änderungen**, sodass die allgemeinen Gliederungsanforderungen grds. nicht zur Anwendung gelangen. Sofern die Berichterstattung **ausnahmsweise** durch eine **Ergänzung des ursprünglichen Prüfungsberichts** erfolgt, ist sicherzustellen, dass dem Abschlussprüfer **sämtliche Exemplare** des ursprünglich erstatteten Prüfungsberichts **ausgehändigt** werden.[17]

44 Im **Nachtragsprüfungsbericht** sind **einleitend** Angaben zum Auftrag an den Abschlussprüfer zur Prüfung der Änderungen im Jahresabschluss oder Konzernabschluss, Lagebericht oder Konzernlagebericht zu machen, wobei Hinweise zur Wahl des Nachtragsprüfers entfallen, da die Nachtragsprüfung zwingend durch den Abschlussprüfer durchzuführen ist (§ 316 Abs. 3 HGB). Wird der ursprünglich erstattete Prüfungsbericht ergänzt, sind nur die Angaben zur Beauftragung erforderlich.[18]

45 Die **vorgenommenen Änderungen** sind darzulegen und Art und Umfang der Nachtragsprüfung zu erläutern, wobei es sich empfiehlt, darauf hinzuweisen, dass die gesetzlichen Vertreter für die Änderungen die Verantwortung tragen und es Aufgabe des Abschlussprüfers ist, diese i. R. e. pflichtgemäßen Prüfung zu beurteilen.[19]

46 Eine Änderung des Jahresabschlusses führt nicht zur Unwirksamkeit des Bestätigungsvermerks. Der **Bestätigungsvermerk** ist jedoch gem. § 316 Abs. 3 Satz 2 HGB um das Ergebnis der Nachtragsprüfung zu **ergänzen**.[20]

47 Am 19.6.2020 hat der Bundestag das ESEF verabschiedet (Inhalt des Gesetzes: Offenlegung und Prüfung elektronischer Jahresfinanzberichte). Mit Wirkung für Gj, die nach dem 31.12.2019 beginnen, wird § 316 Abs. 3 HGB um einen Satz 3 ergänzt. Mit der Ergänzung soll klargestellt werden, dass eine Nachtragsprüfung grds. auch dann erforderlich ist, wenn die für Zwecke der Offenlegung erstellten elektronischen Wiedergaben der Abschlüsse und Lageberichte der betroffenen WpHG-Inlandsemittenten nach Vorlage des Prüfungsberichts geändert werden.[21]

---

[15] Vgl. Justenhoven/Küster/Bernhardt, in Beck Bil-Komm., 13. Aufl. 2022, § 316 HGB Rz 27.
[16] Vgl. IDW PS 450.144 n. F.
[17] Vgl. IDW PS 450.145 n. F.
[18] Vgl. IDW PS 450.146 n. F.
[19] Vgl. IDW PS 450.147 n. F.
[20] Ein Formulierungsvorschlag findet sich in IDW PS 400.108.
[21] Vgl. BT-Drs. 19/17343 v. 24.2.2020 S. 20.

3 Freiwillige und satzungsgemäße Prüfungen

Auch bei kleinen und damit gesetzlich nicht prüfungspflichtigen Ges. finden häufig Abschlussprüfungen statt. **Freiwillige** Prüfungen werden i.d.R. von **Banken** verlangt, die dies in ihren Kreditverträgen vorsehen. Weiterhin bestehen Konzernleitungen häufig auch auf der Prüfung von „kleinen" TU.

Darüber hinaus kann auch die **Satzung** oder der **Gesellschaftsvertrag** einer kleinen Ges. eine Prüfung vorschreiben. Satzung und Gesellschaftsvertrag können gesetzliche Prüfungen erweitern, jedoch weder einschränken noch aufheben.

In den vorgenannten Fällen resultieren keine Rechtsfolgen wegen Verletzung von § 316 Abs. 1 Satz 2 HGB, wenn gegen satzungsgemäße oder vertragliche Prüfungspflichten verstoßen worden ist. Allerdings liegen Satzungsverstöße vor oder es entstehen Schadensersatzansprüche. Darüber hinaus entsteht eine Berichtspflicht des Abschlussprüfers nach § 321 HGB.[22]

48

49

50

4 Prüfungen nach dem Publizitätsgesetz

Die Jahresabschlüsse von PersG, die nicht unter § 264a HGB fallen, Einzelkaufleuten, Stiftungen, Körperschaften des öffentlichen Rechts sowie von anderen, in § 3 Abs. 1 PublG genannten Unt sind bei Erfüllung der Voraussetzungen prüfungspflichtig. **Voraussetzungen** für eine **Prüfungspflicht** des **Jahresabschlusses** nach PublG ist, dass für drei aufeinanderfolgende Abschlussstichtage mind. zwei der drei Größenmerkmale des § 1 Abs. 1 PublG überschritten werden. Für die Prüfung von Jahresabschlüssen nach PublG gelten gem. § 6 Abs. 1 PublG im Wesentlichen die §§ 316ff. HGB. Voraussetzung für die Prüfungspflicht eines **Konzernabschlusses** nach § 11 PublG ist, dass mind. zwei der drei Größenmerkmale zum dritten Mal überschritten werden. Auch hier entsprechen die Prüfungsvorschriften weitgehend den §§ 316ff. HGB (§ 14 Abs. 1 PublG).

51

5 CSRD-Umsetzungsgesetz: Änderungen

> **Hinweis**
> Die Kommentierung basiert auf dem Regierungsentwurf eines CSRD-Umsetzungsgesetzes.[23] Nach Veröffentlichung der finalen Fassung wird die Kommentierung in Ihrem Haufe HGB Bilanz Kommentar Online aktualisiert. Die Online-Version ist beim Kauf der Printausgabe inklusive.

52

Zum Zeitpunkt des Redaktionsschlusses dieser Kommentierung lag das CSRD-Umsetzungsgesetz noch nicht in einer verabschiedeten Form vor. Die zu erwartenden Änderungen werden auf Basis des Regierungsentwurfs zum CSRD-Umsetzungsgesetz nachfolgend dargestellt: Die Abs. 1 und 2 der Vorschrift sollen unverändert bleiben. In Abs. 3 soll der Begriff „Prüfungsbericht" durch „Abschlussprüfungsbericht" geändert werden. Materielle Auswirkungen sind hieraus nicht zu erwarten.

---

[22] Vgl. hierzu auch IDW PS 450.42 n.F.
[23] Regierungsentwurf eines Gesetzes zur Umsetzung der Richtlinie (EU) 2022/2464 des Europäischen Parlaments und des Rates vom 14. Dezember 2022 zur Änderung der Verordnung (EU) Nr. 537/2014 und der Richtlinien 2004/109/EG, 2006/43/EG und 2013/34/EU hinsichtlich der Nachhaltigkeitsberichterstattung von Unternehmen, BT-Drs. 20/12787 v. 9.9.2024.

§ 316a Abschlussprüfung bei Unternehmen von öffentlichem Interesse

¹Auf die Abschlussprüfung bei Kapitalgesellschaften, die Unternehmen von öffentlichem Interesse sind, sind die Vorschriften dieses Unterabschnitts nur insoweit anzuwenden, als nicht die Verordnung (EU) Nr. 537/2014 des Europäischen Parlaments und des Rates vom 16. April 2014 über spezifische Anforderungen an die Abschlussprüfung bei Unternehmen von öffentlichem Interesse und zur Aufhebung des Beschlusses 2005/909/EG der Kommission (ABl. L 158 vom 27.5.2014, S. 77; L 170 vom 11.6.2014, S. 66) anzuwenden ist.
²Unternehmen von öffentlichem Interesse sind Unternehmen, die
1. kapitalmarktorientiert sind i.S.d. § 264d,
2. CRR-Kreditinstitute sind i.S.d. § 1 Absatz 3d Satz 1 des Kreditwesengesetzes, mit Ausnahme derjenigen Institute, die in § 2 Absatz 1 Nummer 1 und 2 des Kreditwesengesetzes und in Artikel 2 Absatz 5 Nummer 5 der Richtlinie 2013/36/EU des Europäischen Parlaments und des Rates vom 26. Juni 2013 über den Zugang zur Tätigkeit von Kreditinstituten und die Beaufsichtigung von Kreditinstituten und Wertpapierfirmen, zur Änderung der Richtlinie 2002/87/EG und zur Aufhebung der Richtlinien 2006/48/EG und 2006/49/EG (ABl. L 176 vom 27.6.2013, S. 338; L 208 vom 2.8.2013, S. 73; L 20 vom 25.1.2017, S. 1; L 203 vom 26.6.2020, S. 95), die zuletzt durch die Richtlinie (EU) 2019/2034 (ABl. L 314 vom 5.12.2019, S. 64) geändert worden ist, genannt sind, oder
3. Versicherungsunternehmen sind i.S.d. Artikels 2 Absatz 1 der Richtlinie 91/674/EWG.

Inhaltsübersicht	Rz
1 Überblick	1–4
1.1 Inhalt	1–2
1.2 Anwendungsbereich	3–4
2 Unternehmen von öffentlichem Interesse (Satz 2)	5–8
3 Abschlussprüfung (Satz 1)	9–23

1 Überblick

1.1 Inhalt

1 Der durch das FISG[1] geschaffene § 316a HGB enthält Regelungen für Unt des öffentlichen Interesses. Satz 1 der Vorschrift enthält den Verweis auf die EU-Verordnung zur Abschlussprüfung, der früher in § 317 Abs. 3a HGB verortet war.

2 Die Schaffung von § 316a HGB steht im Zusammenhang mit dem Wegfall von früheren deutschen Sonderreglungen durch Ausübung von Mitgliedstaatenoptionen, namentlich dem Wegfall der längeren Rotationspflichten für Abschlussprüfer von Unt öffentlichen Interesses (§ 318 Abs. 1a HGB a.F.) und den Ausschlussgründen für Prüfer von Unt von öffentlichem Interesse (§ 319a HGB a.F.).

---

[1] V. 3.6.2021, BGBl 2021 I S. 1534.

1.2 Anwendungsbereich

§ 316a HGB ist ausschl. für Abschlussprüfer von Unt des öffentlichen Interesses anwendbar, für die auch vorher schon entsprechende Sonderregelungen durch Verweis auf die für diese anwendbare EU-Verordnung zur Abschlussprüfung bestanden. Materiell hat sich insoweit nichts geändert, d.h. dass die Regelungen der §§ 316–324 nur dann zur Anwendung kommen, soweit die EU-Verordnung zur Abschlussprüfung nichts anderes regelt. Die Regelungen sind entsprechend für die Mehrzahl der Abschlussprüfer von Unt, die nicht im öffentlichen Interesse sind, nicht anzuwenden.

§ 316a HGB ist unmittelbar mit Inkrafttreten des FISG am 1.7.2021 anwendbar. Da sich wie vorstehend ausgeführt materiell nichts ggü. der früheren Rechtslage geändert hatte, bedurfte es auch keiner Übergangsregelung.

2 Unternehmen von öffentlichem Interesse (Satz 2)

Satz 2 der Vorschrift definiert **Unt von öffentlichem Interesse** als solche, die
- kapitalmarktorientiert i.S.v. § 264d HGB sind (Nr. 1),
- bestimmte CRR-Kreditinstitute sind (Nr. 2),
- VersicherungsUnt i.S.d. Art. 2 Abs. 1 der Richtlinie 91/674 EWG sind (Nr. 3).

Zur Definition von kapitalmarktorientierten Unt i.S.v. § 264d HGB wird auf die diesbzgl. Kommentierung verwiesen (§ 264d Rz 1ff.).

In der EU-Verordnung zur Abschlussprüfung werden Unt von öffentlichem Interesse als sog. PIE (Public Interest Entities) bezeichnet. Ein **CRR-Kreditinstitut**[2] ist im Bankwesen ein Unt, das Einlagen oder andere rückzahlbare Gelder des Publikums entgegennimmt und Kredite für eigene Rechnung gewährt.

Als CRR-Kreditinstitute gelten u.a. Einlagenkreditinstitute, mit Ausnahme der Deutschen Bundesbank und der Kreditanstalt für Wiederaufbau (KfW).

§ 1 Abs. 3d Satz 3 KWG differenziert zwischen CRR-Kreditinstituten und CRR-Wertpapierfirmen. Aufgrund des Wortlauts in § 340k Abs. 1 HGB fallen nur CRR-Kreditinstitute i.S.d. § 1 Abs. 3d Satz 1 KWG unter die PIE-Definition. § 1 Abs. 3d Satz 1 KWG verweist auf Art. 4 Abs. 1 Nr. 1 der Verordnung (EU) Nr. 575/2013. Danach ist ein Kreditinstitut ein Unt, dessen Tätigkeit darin besteht, Einlagen oder andere rückzahlbare Gelder des Publikums entgegenzunehmen und Kredite für eigene Rechnung zu gewähren. CRR-Wertpapierfirmen sind lediglich dann PIE, wenn sie kapitalmarktorientiert sind.

Für Sparkassen und Genossenschaftsbanken gelten in Deutschland aufgrund der Inanspruchnahme des Wahlrechts nach Art. 2 Abs. 3 Verordnung 575/2013/EU bestimmte Regelungen der Verordnung 575/2013/EU nicht (vgl. z.B. § 340k Abs. 4 HGB).[3]

---

[2] CRR: Capital Requirements Regulation = Kapitalanforderungsverordnung.
[3] Vgl. IDW, IDW Positionspapier zu Inhalten und Zweifelsfragen der EU-Verordnung und der Abschlussprüferrichtlinie (6. Aufl., Stand: 30.6.2021 mit Ergänzungen v. 16.11.2021 und 4.4.2022), S. 15, www.idw.de/IDW/Medien/Positionspapier/Downloads-IDW/IDW-Positionspapier-Zweifelsfragen-6-Auflage.pdf, Abruf 10.6.2024.

8 VersicherungsUnt:
„Bei Versicherungsunternehmen erfolgt die Analyse, ob es sich um ein PIE handelt, auf Basis der Verweistechnik der PIE-Definition in Art. 2 Nr. 13 AP-RiLi: Danach sind PIE u. a. ‚Versicherungsunternehmen i. S. d. Artikels 2 Abs. 1 der Richtlinie 91/674/EWG' (Versicherungsbilanzrichtlinie). Die Versicherungsbilanzrichtlinie verweist für die Definition der Versicherungsunternehmen auf Versicherungsunternehmen i. S. d. Richtlinie 73/239/EWG (Schadenversicherung) und i. S. d. Richtlinie 79/267/EWG (Lebensversicherung), wobei letztere zwischenzeitlich durch die Richtlinie 2002/83/EG ersetzt wurde. Die Richtlinien 73/239/EWG und 2002/83/EG sind jedoch durch die Richtlinie 2009/138/EG (Solvency II) aufgehoben worden.

In der für diese Frage maßgeblichen Solvency II-Richtlinie wird geregelt, dass Verweisungen auf die aufgehobenen Richtlinien als Verweisungen auf die Solvency II-Richtlinie gelten und nach Maßgabe der Entsprechungstabelle im Anhang zu lesen sind (Art. 310 Solvency II-Richtlinie). Das bedeutet im vorliegenden Fall, dass der Verweis in der Versicherungsbilanzrichtlinie auf die Definition von Versicherungsunternehmen in der Schadens- und der Lebensversicherungsrichtlinie als Verweise auf die Solvency II-Richtlinie zu lesen ist.

Finden sich für Vorschriften der aufgehobenen Richtlinien keine entsprechenden Normen in der Solvency II-Richtlinie, finden die aufgehobenen Normen keine Anwendung mehr. Sind bspw. für Versicherungsvereine auf Gegenseitigkeit (VVaG) in den genannten und nunmehr aufgehobenen Richtlinien Ausnahmevorschriften geregelt, die in der Solvency II-Richtlinie keine Entsprechung finden, ist die Rechtsgrundlage für eine entsprechende Ausnahmeregelung entfallen. Dies kann bedeutsam sein in einem Beispiel, in dem ein VVaG kraft Ausnahmeregelung in einer der aufgehobenen Richtlinien nicht als Versicherungsunternehmen anzusehen und somit auch von der PIE-Definition ausgeschlossen war. Entfällt die Ausnahme für den entsprechenden VVaG mangels Entsprechungsnorm in der Solvency II-Richtlinie, ist der VVaG im Ergebnis von der PIE-Definition nunmehr erfasst.

Zu beachten ist in diesem Zusammenhang jedoch, dass § 61 der Verordnung über die Rechnungslegung von Versicherungsunternehmen (RechVersV) bestimmte VVaG u. a. von der Prüfungspflicht befreit (vgl. § 61 Abs. 1 Nr. 1 RechVersV). Für diese Versicherungsunternehmen sind demnach die Regelungen der EU-VO zur Abschlussprüfung von PIE insoweit irrelevant, als diese eine Prüfungspflicht voraussetzen.

Zu der Frage, wann Versicherungsvereine auf Gegenseitigkeit nicht als Unternehmen von öffentlichem Interesse gem. § 316a Satz 2 Nr. 3 HGB anzusehen sind, vgl. auch die gleichlautende APAS-Verlautbarung Nr. 14 vom 13.12.2021.

Konkret sind Versicherungsunternehmen u. a. mit den folgenden Tätigkeiten grds. als PIE einzustufen:
- Lebensversicherungen sowie Zusatzversicherungen zur Lebensversicherung (z. B. Berufsunfähigkeit) und Rentenversicherungen,
- Schadenversicherungen.

Darüber hinaus gelten Unternehmen, die das Rückversicherungsgeschäft betreiben, als PIE.

Nicht zu den PIE gehören dagegen u. a. Sterbekassen i. S. v. § 218 Abs. 1 VAG sowie Pensionskassen i. S. v. § 232 Abs. 1 VAG und Pensionsfonds i. S. v. § 236 Abs. 1 VAG.

Exchange-Traded Funds
Exchange-Traded Funds (ETF) sind grds. keine PIE: Sondervermögen sind keine kapitalmarktorientierten Unt i.S.d. § 264d HGB. § 108 Abs. 2 Satz 2 KAGB regelt, dass § 264d HGB auf Anlageaktien einer extern verwalteten Investmentaktiengesellschaft mit veränderlichem Kapital nicht anzuwenden ist. Nur intern verwaltete Investmentaktiengesellschaften mit veränderlichem Kapital, deren Anlageaktien an einem organisierten Markt i.S.d. § 2 Abs. 11 WpHG notiert sind, sind kapitalmarktorientiert i.S.d. § 264d HGB und damit PIE."[4]

3 Abschlussprüfung (Satz 1)

Der durch das AReG neu geschaffene § 317 Abs. 3a HGB trug dem Umstand Rechnung, dass ab dem 17.6.2016 für Abschlussprüfungen bei Unt, die kapitalmarktorientiert i.S.v. § 264d HGB, aber keine Kreditinstitute oder VersicherungsUnt sind, die unmittelbar geltende EU-Verordnung für spezifische Anforderungen bei Unt von öffentlichem Interesse[5] anzuwenden war. Die Vorschrift ist im Zuge des FISG nunmehr nach § 316a HGB verschoben worden.. Die EU-Verordnung gilt für Jahres- und Konzernabschlussprüfungen von Unt des öffentlichen Interesses, sog. Public Interest Entity (PIE). Sie dient dem Ziel, die Unabhängigkeit und die Vermeidung von Interessenskonflikten bei Abschlussprüfern dieser Unt zu fördern und enthält Vorschriften für die Überwachung der Einhaltung dieser Anforderungen durch Abschlussprüfer (Art. 1 EU-Verordnung Nr. 537/2014).

Titel II der EU-Verordnung Nr. 537/2014 nennt die nachfolgend überblicksartig dargestellten Bedingungen für die Durchführung von Abschlussprüfungen bei PIE. Art. 4 der EU-Verordnung Nr. 537/2014 bestimmt, dass die **Prüfungshonorare** für die Abschlussprüfung nicht ergebnisabhängig sein dürfen und für sog. Nichtprüfungsleistungen eine Begrenzung (Cap) auf 70 % des Durchschnitts der in den letzten drei aufeinander folgenden Gj für die Abschlussprüfung des geprüften Unt (und seiner verbundenen Unt) gezahlten Honorare zu beachten ist. Überschreiten die insg. von einem PIE an den Abschlussprüfer gezahlten Honorare in drei aufeinander folgenden Gj 15 % der insg. von dem Abschlussprüfer vereinnahmten Honorare, hat der Abschlussprüfer den Prüfungsausschuss des geprüften Unt zu informieren, der über eine Gefährdung der Unabhängigkeit des Abschlussprüfers zu beraten hat und entscheiden muss, ob ggf. eine auftragsbegleitende Qualitätssicherung durch einen anderen Abschlussprüfer durchzuführen ist.

Art. 5 der EU-Verordnung Nr. 537/2014 kodifiziert ein Verbot der Erbringung von **Nichtprüfungsleistungen**. Die dort enthaltene sog. Blacklist kann von den Mitgliedstaaten erweitert werden, wobei der deutsche Gesetzgeber dies i.R.d. AReG nicht vorgenommen hat. Die in der Blacklist genannten Steuerberatungsleistungen und Bewertungsleistungen können von den Mitgliedstaaten unter bestimmten Bedingungen erlaubt werden. Hiervon hat der deutsche Gesetzgeber im AReG Gebrauch gemacht, indem § 319a Abs. 1 Nrn. 2 und 3 HGB entspre-

---

[4] Die Passage ist entnommen aus: IDW, IDW Positionspapier zu Inhalten und Zweifelsfragen der EU-Verordnung und der Abschlussprüferrichtlinie (6. Aufl., Stand: 30.6.2021 mit Ergänzungen v. 16.11.2021 und 4.4.2022), S. 15f., www.idw.de/IDW/Medien/Positionspapier/Downloads-IDW/IDW-Positionspapier-Zweifelsfragen-6-Auflage.pdf, Abruf 6.6.2024.
[5] Abschlussprüferverordnung – EU-Verordnung Nr. 537/2014, ABl. EU L 158/77 v. 27.5.2014.

12 Art. 6 der EU-Verordnung Nr. 537/2014 betrifft die Vorbereitung des Abschlussprüfers auf die Abschlussprüfung und die Beurteilung **der Gefährdungen für die Unabhängigkeit**. Danach hat der Abschlussprüfer vor Mandatsannahme zu dokumentieren, dass er die Unabhängigkeitsvorschriften erfüllt. Der Abschlussprüfer hat ggü. dem Prüfungsausschuss des PIE eine schriftliche Unabhängigkeitserklärung abzugeben und mit dem Prüfungsausschuss Gefährdungen seiner Unabhängigkeit sowie angewendete Schutzmaßnahmen zu erörtern.

13 Der Abschlussprüfer eines PIE hat gem. Art. 7 der EU-Verordnung Nr. 537/2014 **Unregelmäßigkeiten** dem geprüften Unt mitzuteilen. Bereits zuvor bestand für Unregelmäßigkeiten eine Mitteilungspflicht nach § 321 Abs. 1 Satz 3 HGB bzw. IDW PS 270. Die in der EU-Verordnung definierten Unregelmäßigkeiten sind einerseits enger gefasst, als die nach § 321 Abs. 1 Satz 3 HGB,[6] andererseits wird eine Mitteilungspflicht des Abschlussprüfers ggü. der von den Mitgliedstaaten bestimmten Behörde kodifiziert (Art. 12 EU-Verordnung Nr. 537/2014). Dazu hat der Abschlussprüfer zunächst das Unt aufzufordern, geeignete Maßnahmen zum Umgang mit den vermuteten Unregelmäßigkeiten und zur Vermeidung einer Wiederholung zu treffen. Erfolgt dies nicht, ist die zuständige Behörde vom Abschlussprüfer zu informieren. Welche Behörde in Deutschland für die Entgegennahme von Informationen über Unregelmäßigkeiten zuständig sein wird, ist nunmehr im FISG eindeutig geregelt. § 323 Abs. 5 HGB bestimmt, dass diese Mitteilung an die BaFin zu richten ist. Für Kreditinstitute und VersicherungsUnt galt auch bislang schon die BaFin als zuständige Behörde.[7]

14 Die von der EU-Verordnung vorgeschriebene Durchführung einer **auftragsbegleitenden Qualitätssicherung** (Art. 8 der EU-Verordnung Nr. 537/2014) ist grds. nicht neu, da § 24d Abs. 2 BS WP/vBP a. F. dies bereits vorgeschrieben hatte. Neuerungen ergeben sich insoweit, als sich durch den erweiterten Kreis der Unt, die als PIE gelten (z. B. Einschluss von nicht kapitalmarktorientierten Kreditinstituten und VersicherungsUnt), der Anwendungsbereich erweitert hat. Ferner ist die Aufbewahrungspflicht für die Ergebnisse der auftragsbegleitenden Qualitätssicherung gem. Art. 8 Abs. 7 EU-Verordnung Nr. 537/2014 zu beachten, die inhaltlich bislang schon über die VO 1/2006, Tz 152, geregelt war. Neu ist insoweit, dass das Aufbewahrungserfordernis nicht nur für den Abschlussprüfer, sondern auch explizit für den auftragsbegleitenden Qualitätssicherer gilt.

15 Die EU-Verordnung Nr. 537/2014 enthält in Art. 9 eine Regelung in den Bereichen Prüfungsverfahren, Unabhängigkeit und interne Qualitätssicherung **internationale Prüfungsstandards (ISA)** verbindlich vorzugeben, soweit diese von

---

[6] Zu Einzelheiten vgl. IDW, IDW Positionspapier zu Inhalten und Zweifelsfragen der EU-Verordnung und der Abschlussprüferrichtlinie (6. Aufl., Stand: 30.6.2021 mit Ergänzungen vom 16.11.2021 und 4.4.2022), S. 69, www.idw.de/IDW/Medien/Positionspapier/Downloads-IDW/IDW-Positionspapier-Zweifelsfragen-6-Auflage.pdf, Abruf 10.6.2024.

[7] Vgl. IDW, IDW Positionspapier zu Inhalten und Zweifelsfragen der EU-Verordnung und der Abschlussprüferrichtlinie (6. Aufl., Stand: 30.6.2021 mit Ergänzungen v. 16.11.2021 und 4.4.2022), S. 71, www.idw.de/IDW/Medien/Positionspapier/Downloads-IDW/IDW-Positionspapier-Zweifelsfragen-6-Auflage.pdf, Abruf 10.6.2024.

der EU-Kommission im Wege delegierter Rechtsakte angenommen wurden. § 317 Abs. 5 HGB enthält eine entsprechende Regelung bereits seit längerem, ohne dass bislang von der EU-Kommission die ISA für verbindlich erklärt wurden. Unter dem Begriff „internationale Prüfungsstandards" werden die von der IFAC über den IAASB herausgegebenen ISA, der ISQC 1 und andere damit zusammenhängende Standards zusammengefasst. Der IESBA-Code of Ethics fällt dagegen nicht darunter.[8]

Die EU-Verordnung enthält weiterhin spezielle Anforderungen an den **Bestätigungsvermerk** bei PIE (Art. 10 EU-Verordnung Nr. 537/2014). Diese betreffen im Einzelnen: 16

- Angaben zur Bestellung des Abschlussprüfers (Zuständigkeit für die Bestellung; Datum der Bestellung; bisherige ununterbrochene Mandatsdauer, einschl. bereits erfolgter Verlängerungen und erneuter Bestellungen);
- eine Beschreibung der bedeutsamsten beurteilten Risiken wesentlicher falscher Darstellungen, eine Zusammenfassung der Reaktion des Prüfers auf diese Risiken und ggf. wichtige Feststellungen, die sich in Bezug auf diese Risiken ergeben;
- Erklärung, dass keine verbotenen Nichtprüfungsleistungen nach Art. 5 Abs. 1 EU-Verordnung Nr. 537/2014 erbracht wurden und der Abschlussprüfer die Unabhängigkeitsanforderungen erfüllt;
- Angabe von Leistungen, die zusätzlich zur Abschlussprüfung für das geprüfte Unt und für von diesem beherrschte Unt erbracht wurden, falls dies nicht schon im Abschluss oder im Lagebericht angegeben wurde.

Die EU-Verordnung Nr. 537/2014 fordert in Art. 11 die Vorlage eines **zusätzlichen Berichts an den Prüfungsausschuss**. Diese Vorgabe ist an den deutschen Prüfungsbericht nach § 321 HGB angelehnt, der international früher nicht üblich war. Die Berichterstattungserfordernisse gehen z.T. über die bislang nach § 321 HGB bekannten Berichtsinhalte hinaus. So sind etwa anzugeben: 17

- eine Beschreibung der (bei der Prüfung) verwendeten Methode, u.a. dahingehend, welche Kategorien der Bilanz direkt überprüft wurden und welche Kategorien dabei System- und Zuverlässigkeitsprüfungen unterzogen wurden;
- die Darlegung der quantitativen Wesentlichkeitsgrenze für den Abschluss als Ganzes und ggf. von spezifischen Wesentlichkeitsgrenzen sowie die Darlegung der qualitativen Faktoren, die bei der Festlegung der Wesentlichkeitsgrenzen berücksichtigt wurden.

Die früher in § 55c WPO a.F.[9] geregelte Pflicht, jährlich einen **Transparenzbericht** zu erstatten, ergibt sich für Abschlussprüfer von PIE unmittelbar aus Art. 13 der EU-Verordnung Nr. 537/2014. Ggü. dem früheren Transparenzbericht sind insb. folgende Punkte zu beachten:[10] 18

---

[8] Vgl. IDW, IDW Positionspapier zu Inhalten und Zweifelsfragen der EU-Verordnung und der Abschlussprüferrichtlinie (6. Aufl., Stand: 30.6.2021 mit Ergänzungen v. 16.11.2021 und 4.4.2022), S. 73, www.idw.de/IDW/Medien/Positionspapier/Downloads-IDW/IDW-Positionspapier-Zweifelsfragen-6-Auflage.pdf, Abruf 10.6.2024.

[9] Aufgehoben i.R.d. APAReG mit Wirkung zum 17.6.2016. § 55c WPO enthält seitdem Regelungen zur Bestellung eines Praxisabwicklers.

[10] Vgl. IDW, IDW Positionspapier zu Inhalten und Zweifelsfragen der EU-Verordnung und der Abschlussprüferrichtlinie (6. Aufl., Stand: 30.6.2021 mit Ergänzungen v. 16.11.2021 und 4.4.2022), S. 61, www.idw.de/IDW/Medien/Positionspapier/Downloads-IDW/IDW-Positionspapier-Zweifelsfragen-6-Auflage.pdf, Abruf 10.6.2024.

- Bei den Angaben zum Netzwerk sind alle Netzwerkmitglieder namentlich unter Angabe des Landes, in dem das jeweilige Mitglied als Abschlussprüfer tätig werden darf bzw. seinen Hauptsitz hat, aufzuführen. Außerdem ist der Gesamtumsatz anzugeben, den die Netzwerkmitglieder mit der Prüfung von Jahres- und Konzernabschlüssen erzielt haben.
- Die Angaben zur Aufschlüsselung des Gesamtumsatzes des Abschlussprüfers brauchen nur zu erfolgen, wenn diese Angaben nicht in dem veröffentlichten Jahresabschluss des Abschlussprüfers enthalten sind. Der Gesamtumsatz ist aufzuschlüsseln in Einnahmen aus der Jahres- und Konzernabschlussprüfung von PIE und von TU eines PIE, Einnahmen aus der Jahres- und Konzernabschlussprüfung anderer Unt, Einnahmen aus zulässigen Nichtprüfungsleistungen für vom Abschlussprüfer geprüfte Unt und Einnahmen aus Nichtprüfungsleistungen an andere Unt.
- Es sind die Grundsätze zu beschreiben, nach denen die interne Rotation gem. Art. 17 Abs. 7 der EU-Verordnung Nr. 537/2014 vorgenommen wird.

19 Art. 14 der EU-Verordnung Nr. 537/2014 verpflichtet die Abschlussprüfer von PIE ggü. der für sie zuständigen Behörde (in Deutschland ist dies die APAS; § 66a Abs. 2 WPO) jährlich eine **Liste der geprüften Unt von öffentlichem Interesse** vorzulegen. In dieser Liste sind die von den PIE bezogenen Einnahmen des Abschlussprüfers aufzuschlüsseln nach:
- Einnahmen aus der Abschlussprüfung,
- Einnahmen aus zulässigen Nichtprüfungsleistungen, die nach Unionsrecht oder nationalem (deutschen) Recht erforderlich sind und
- Einnahmen aus zulässigen Nichtprüfungsleistungen, die nach Unionsrecht oder nationalem (deutschen) Recht nicht erforderlich sind.

20 In Art. 15 der EU-Verordnung Nr. 537/2014 werden **Aufbewahrungspflichten** für die in der EU-Verordnung in den verschiedenen Artikeln genannten Unterlagen und Informationen von fünf Jahren vorgegeben, allerdings vorbehaltlich ggf. längerer nationaler Bestimmungen. Da in Deutschland der durch das APAReG neu gefasste § 51b WPO eine Aufbewahrungsfrist von zehn Jahren vorgibt, ist dies die in Deutschland materiell maßgebliche Frist.

21 Teil III der EU-Verordnung betrifft die Bestellung von Abschlussprüfern. Art. 16 der EU-Verordnung Nr. 537/2014 regelt die **Bestellung des Abschlussprüfers durch Unternehmen von öffentlichem Interesse**. Der Prüfungsausschuss ist für die Auswahl und insb. für das für viele PIE obligatorische Auswahlverfahren[11] zuständig. Der Prüfungsausschuss hat nach Abschluss des Auswahlverfahrens dem Aufsichtsrat eine Empfehlung für die Bestellung des Abschlussprüfers vorzulegen, die begründet werden und mind. zwei Vorschläge sowie die Präferenz des Prüfungsausschusses enthalten muss. Der Aufsichtsrat unterbreitet auf dieser Basis der Hauptversammlung den Wahlvorschlag, der auch die Empfehlung und Präferenz

---

[11] PIE mit geringer Marktkapitalisierung sind gem. Art. 16 Abs. 4 EU-Verordnung Nr. 537/2014 von einem Auswahlverfahren befreit. Der Kreis der nicht dem Auswahlverfahren unterliegenden PIE wird durch Art. 2 Abs. 1 Buchst. f und t der Richtlinie 2003/71/EG vorgegeben.

des Prüfungsausschusses enthalten muss; der Wahlvorschlag des Aufsichtsrats ist aber nicht an die Empfehlung des Prüfungsausschusses gebunden.[12] Vorschläge für die Ausgestaltung des Auswahlverfahrens liegen vor.[13]

Die EU-Verordnung Nr. 537/2014 enthält in Art. 17 Vorgaben zur **externen und internen Rotation** des Abschlussprüfers. Die externe Rotation durch das AReG in § 318 Abs. 1a HGB wurde nunmehr durch Wegfall der Vorschrift im Zuge des FISG eliminiert, sodass hier die allg. Regelung in Art. 17 Abs. 1 der EU-Verordnung Nr. 537/2014 zur Anwendung kommt. Diese sieht eine Höchstdauer des Prüfungsmandats von zehn Jahren vor.[14] Weiterhin möglich bleibt die Verlängerung der Höchstlaufzeit nach Maßgabe von Art. 17 Abs. 6 der Abschlussprüferverordnung. Hiernach kann die zuständige Behörde – in Deutschland die APAS – auf Antrag des Unt von öffentlichem Interesse in Ausnahmefällen gestatten, dass der Abschlussprüfer nach Ablauf der Höchstlaufzeit für höchstens zwei Jahre bestellt wird, sofern die Voraussetzungen des Art. 17 Abs. 4 Buchs. a oder b der Abschlussprüferverordnung erfüllt sind, also entweder ein öffentliches Ausschreibungsverfahren im Einklang mit Art. 16 Abs. 2 bis 5 der Abschlussprüferverordnung durchgeführt oder eine Gemeinschaftsprüfung beauftragt wurde.

Art. 17 Abs. 7 der EU-Verordnung Nr. 537/2014 bestimmt für die verantwortlichen Prüfungspartner eine Beendigung ihrer Teilnahme an der Abschlussprüfung eines PIE spätestens nach sieben Jahren. Frühestens drei Jahre[15] nach dieser Beendigung dürfen sie wieder an der Abschlussprüfung dieses Unt teilnehmen. Das in der EU-Verordnung vorgesehene Mitgliedstaatenwahlrecht zur Bestimmung eines kürzeren Zeitraums als sieben Jahre ist durch den deutschen Gesetzgeber nicht ausgeübt worden. Die Vorschriften zur internen Rotation des verantwortlichen Prüfungspartners sind personenbezogen, sodass bspw. ein Zusammenschluss zweier Prüfungsgesellschaften nicht zu einer Unterbrechung oder einem Neubeginn des Siebenjahreszeitraums führt. Gleiches gilt entsprechend, wenn ein verantwortlicher Prüfungspartner zu einer anderen Prüfungsgesellschaft wechselt.[16] Zu beachten ist, dass der Begriff „verantwortlicher Prüfungspartner" denjenigen bestimmt, der den Bestätigungsvermerk nach § 322 HGB unterzeichnet oder als Wirtschaftsprüfer von einer Wirtschaftsprüfungsgesellschaft als für die Durchführung der Abschlussprüfung vorrangig verantwortlich bestimmt worden ist. Auf Konzernebene gilt als verantwortlicher Prüfungspartner außerdem, wer als Wirtschaftsprüfer auf der Ebene bedeutender TU als für die Durchführung

---

[12] Vgl. IDW, IDW Positionspapier zu Inhalten und Zweifelsfragen der EU-Verordnung und der Abschlussprüferrichtlinie (6. Aufl., Stand: 30.6.2021 mit Ergänzungen v. 16.11.2021 und 4.4.2022), S. 42, www.idw.de/IDW/Medien/Positionspapier/Downloads-IDW/IDW-Positionspapier-Zweifelsfragen-6-Auflage.pdf, Abruf 10.6.2024.
[13] Vgl. IDW, IDW Positionspapier zur Ausschreibung der Abschlussprüfung von Unternehmen von öffentlichem Interesse (2. Aufl., Stand: 9.1.2018), www.idw.de/IDW/Medien/Positionspapier/Downloads-IDW/Down-Positionspapier-Ausschreibung-AP.pdf, Abruf 10.6.2024.
[14] Vgl. BT-Drs. 19/26966 v. 24.2.2021 S. 117.
[15] Nach § 319a Abs. 1 Nr. 4 HGB a.F. war früher eine Cooling-off-Periode von zwei Jahren zu beachten.
[16] Vgl. IDW, IDW Positionspapier zu Inhalten und Zweifelsfragen der EU-Verordnung und der Abschlussprüferrichtlinie (6. Aufl., Stand: 30.6.2021 mit Ergänzungen v. 16.11.2021 und 4.4.2022), S. 36, www.idw.de/IDW/Medien/Positionspapier/Downloads-IDW/IDW-Positionspapier-Zweifelsfragen-6-Auflage.pdf, Abruf 10.6.2024.

von deren Abschlussprüfungen vorrangig verantwortlich bestimmt worden ist. Häufig wird es bei einem PIE damit mehrere verantwortliche Prüfungspartner geben, für die jeweils die Vorschrift zur internen Rotation gilt.

23 Die in Art. 18 der EU-Verordnung Nr. 537/2014 geregelten **Übergabeakte** betreffen Informationspflichten des bisherigen Abschlussprüfers ggü. dem nachfolgenden Abschlussprüfer von PIE. Die Bereitstellung von Informationen hat auf Anforderung des neuen Abschlussprüfers zu erfolgen. Eine Pflicht des bisherigen Abschlussprüfers zum Tätigwerden besteht nicht.[17] Art. 18 bezieht sich auf die in Art. 11 EU-Verordnung Nr. 537/2014 genannten gesonderten Berichte an den Prüfungsausschuss (Prüfungsberichte) sowie die in Art. 12 der EU-Verordnung Nr. 537/2014 vorgesehenen Berichte des Abschlussprüfers an die zuständige Prüferaufsicht (in Deutschland: APAS). Folgende Unterlagen dürften zu den üblicherweise bereitzustellenden Informationen durch den bisherigen Abschlussprüfer gehören:

- Prüfungsberichte (regelmäßig dürften die letzten drei geprüften Jahresabschlüsse/Konzernabschlüsse genügen),
- Vollständigkeitserklärung der gesetzlichen Vertreter für den letzten vom bisherigen Abschlussprüfer geprüften Jahresabschluss/Konzernabschluss,
- Erklärung nicht gebuchter Prüfungsdifferenzen für den letzten vom bisherigen Abschlussprüfer geprüften Jahresabschluss/Konzernabschluss,
- ggf. Zusammenstellung im Prüfungsverlauf berichtigter Fehler für den letzten vom bisherigen Abschlussprüfer geprüften Jahresabschluss/Konzernabschluss,
- Kommunikation des bisherigen Abschlussprüfers an den Aufsichtsrat, insb. i.R.d. sog. Bilanzsitzung (§ 176 Abs. 2 Satz 1 und 2 AktG): Präsentationen oder verteilte Unterlagen für den letzten vom bisherigen Abschlussprüfer geprüften Jahresabschluss/Konzernabschluss,
- Management Letter für die letzte vom bisherigen Abschlussprüfer durchgeführte Jahresabschlussprüfung/Konzernabschlussprüfung.

Art. 18 Abs. 2 der EU-Verordnung Nr. 537/2014 spricht von der Zurverfügungstellung „jeglicher Information, die den zuständigen Behörden (Prüferaufsicht) gem. den Artikel 12 und 13 übermittelt werden". Hiervon nicht erfasst sind die zu internen Zwecken angefertigten Arbeitspapiere des bisherigen Abschlussprüfers.[18]

---

[17] Vgl. IDW, IDW Positionspapier zu Inhalten und Zweifelsfragen der EU-Verordnung und der Abschlussprüferrichtlinie (6. Aufl., Stand: 30.6.2021 mit Ergänzungen v. 16.11.2021 und 4.4.2022), S. 66, www.idw.de/IDW/Medien/Positionspapier/Downloads-IDW/IDW-Positionspapier-Zweifelsfragen-6-Auflage.pdf, Abruf 10.6.2024.

[18] Vgl. IDW, IDW Positionspapier zu Inhalten und Zweifelsfragen der EU-Verordnung und der Abschlussprüferrichtlinie (6. Aufl., Stand: 30.6.2021 mit Ergänzungen v. 16.11.2021 und 4.4.2022), S. 67, www.idw.de/IDW/Medien/Positionspapier/Downloads-IDW/IDW-Positionspapier-Zweifelsfragen-6-Auflage.pdf, Abruf 10.6.2024.

§ 317 Gegenstand und Umfang der Prüfung

(1) ¹In die Prüfung des Jahresabschlusses ist die Buchführung einzubeziehen. ²Die Prüfung des Jahresabschlusses und des Konzernabschlusses hat sich darauf zu erstrecken, ob die gesetzlichen Vorschriften und sie ergänzende Bestimmungen des Gesellschaftsvertrags oder der Satzung beachtet worden sind. ³Die Prüfung ist so anzulegen, daß Unrichtigkeiten und Verstöße gegen die in Satz 2 aufgeführten Bestimmungen, die sich auf die Darstellung des sich nach § 264 Abs. 2 ergebenden Bildes der Vermögens-, Finanz- und Ertragslage der Kapitalgesellschaft wesentlich auswirken, bei gewissenhafter Berufsausübung erkannt werden.

(2) ¹Der Lagebericht und der Konzernlagebericht sind darauf zu prüfen, ob der Lagebericht mit dem Jahresabschluß, gegebenenfalls auch mit dem Einzelabschluss nach § 325 Abs. 2a und der Konzernlagebericht mit dem Konzernabschluß sowie mit den bei der Prüfung gewonnenen Erkenntnissen des Abschlußprüfers in Einklang stehen und ob der Lagebericht insgesamt ein zutreffendes Bild von der Lage der Kapitalgesellschaft und der Konzernlagebericht insgesamt ein zutreffendes Bild von der Lage des Konzerns vermittelt. ²Dabei ist auch zu prüfen, ob die Chancen und Risiken der künftigen Entwicklung zutreffend dargestellt sind. ³Die Prüfung des Lageberichts und des Konzernlageberichts hat sich auch darauf zu erstrecken, ob die gesetzlichen Vorschriften zur Aufstellung des Lage- oder Konzernlageberichts beachtet worden sind. ⁴Im Hinblick auf die Vorgaben nach den §§ 289b bis 289e und den §§ 315b und 315c ist nur zu prüfen, ob die nichtfinanzielle Erklärung oder der gesonderte nichtfinanzielle Bericht, die nichtfinanzielle Konzernerklärung oder der gesonderte nichtfinanzielle Konzernbericht vorgelegt wurde. ⁵Im Fall des § 289b Absatz 3 Satz 1 Nummer 2 Buchstabe b ist vier Monate nach dem Abschlussstichtag eine ergänzende Prüfung durch denselben Abschlussprüfer durchzuführen, ob der gesonderte nichtfinanzielle Bericht oder der gesonderte nichtfinanzielle Konzernbericht vorgelegt wurde; § 316 Absatz 3 Satz 2 gilt entsprechend mit der Maßgabe, dass der Bestätigungsvermerk nur dann zu ergänzen ist, wenn der gesonderte nichtfinanzielle Bericht oder der gesonderte nichtfinanzielle Konzernbericht nicht innerhalb von vier Monaten nach dem Abschlussstichtag vorgelegt worden ist. ⁶Die Prüfung der Angaben nach § 289f Absatz 2 und 5 sowie § 315d ist darauf zu beschränken, ob die Angaben gemacht wurden.

(3) ¹Der Abschlußprüfer des Konzernabschlusses hat auch die im Konzernabschluß zusammengefaßten Jahresabschlüsse, insbesondere die konsolidierungsbedingten Anpassungen, in entsprechender Anwendung des Absatzes 1 zu prüfen.² Sind diese Jahresabschlüsse von einem anderen Abschlussprüfer geprüft worden, hat der Konzernabschlussprüfer dessen Arbeit zu überprüfen und dies zu dokumentieren.

(3a) ¹Bei einer Kapitalgesellschaft, die als Inlandsemittent (§ 2 Absatz 14 des Wertpapierhandelsgesetzes) Wertpapiere (§ 2 Absatz 1 des Wertpapierhandelsgesetzes) begibt und keine Kapitalgesellschaft i.S.d. § 327a ist, hat der Abschlussprüfer im Rahmen der Prüfung auch zu beurteilen, ob die für Zwecke der Offenlegung erstellte Wiedergabe des Jahresabschlusses und die für Zwecke der Offenlegung erstellte Wiedergabe des Lageberichts den Vorgaben des § 328

Absatz 1 entsprechen. ²Bei einer Kapitalgesellschaft i.S.d. Satzes 1 hat der Abschlussprüfer des Konzernabschlusses im Rahmen der Prüfung auch zu beurteilen, ob die für Zwecke der Offenlegung erstellte Wiedergabe des Konzernabschlusses und die für Zwecke der Offenlegung erstellte Wiedergabe des Konzernlageberichts den Vorgaben des § 328 Absatz 1 entsprechen.
(3b) Der Abschlussprüfer des Jahresabschlusses hat im Rahmen der Prüfung auch zu beurteilen, ob die Kapitalgesellschaft
1. für das Geschäftsjahr, das demjenigen Geschäftsjahr vorausging, für dessen Schluss der zu prüfende Jahresabschluss aufgestellt wird, zur Offenlegung eines Ertragsteuerinformationsberichts gem. § 342m Absatz 1 oder 2 verpflichtet war und
2. im Falle der Nummer 1 ihre dort genannte Verpflichtung zur Offenlegung erfüllt hat.
(4) Bei einer börsennotierten Aktiengesellschaft ist außerdem im Rahmen der Prüfung zu beurteilen, ob der Vorstand die ihm nach § 91 Abs. 2 des Aktiengesetzes obliegenden Maßnahmen in einer geeigneten Form getroffen hat und ob das danach einzurichtende Überwachungssystem seine Aufgaben erfüllen kann.
(4a) Soweit nichts anderes bestimmt ist, hat die Prüfung sich nicht darauf zu erstrecken, ob der Fortbestand der geprüften Kapitalgesellschaft oder die Wirksamkeit und Wirtschaftlichkeit der Geschäftsführung zugesichert werden kann.
(5) Bei der Durchführung einer Prüfung hat der Abschlussprüfer die internationalen Prüfungsstandards anzuwenden, die von der Europäischen Kommission in dem Verfahren nach Artikel 26 Absatz 3 der Richtlinie 2006/43/EG des Europäischen Parlaments und des Rates vom 17. Mai 2006 über Abschlussprüfungen von Jahresabschlüssen und konsolidierten Abschlüssen, zur Änderung der Richtlinien 78/660/EWG und 83/349/EWG des Rates und zur Aufhebung der Richtlinie 84/253/EWG des Rates (ABl. EU Nr. L 157 S. 87), die zuletzt durch die Richtlinie 2014/56/EU (ABl. L 158 vom 27.5.2014, S. 196) geändert worden ist, angenommen worden sind.
(6) Das Bundesministerium der Justiz wird ermächtigt, im Einvernehmen mit dem Bundesministerium für Wirtschaft und Klimaschutz durch Rechtsverordnung, die nicht der Zustimmung des Bundesrates bedarf, zusätzlich zu den bei der Durchführung der Abschlussprüfung nach Absatz 5 anzuwendenden internationalen Prüfungsstandards weitere Abschlussprüfungsanforderungen vorzuschreiben, wenn dies durch den Umfang der Abschlussprüfung bedingt ist und den in den Absätzen 1 bis 4 genannten Prüfungszielen dient.

Inhaltsübersicht	Rz
1 Überblick	1–27
1.1 Inhalt und Zweck	1–11
1.2 Anwendungsbereich und Normenzusammenhang	12–27
2 Prüfung des Jahresabschlusses (Abs. 1 und Abs. 4a)	28–48
2.1 Gegenstand (Abs. 1 Satz 1 und Abs. 4a)	28–35
2.2 Umfang (Abs. 1 Satz 2 und 3)	36–48
3 Prüfung des Konzernabschlusses (Abs. 1, 3 und 4a)	49–84
3.1 Gegenstand	49–52
3.2 Umfang	53–58

3.3 Prüfung der zusammengefassten Jahresabschlüsse	59–76
3.3.1 Geprüfte Jahresabschlüsse von Tochterunternehmen	59–73
3.3.2 Ungeprüfte Jahresabschlüsse von Tochterunternehmen	74–76
3.4 Prüfung der konsolidierungsbedingten Anpassungen	77–84
3.4.1 Überleitung der Handelsbilanz I zur Handelsbilanz II.	77–79
3.4.2 Konsolidierungsmaßnahmen	80–84
4 Prüfung des Lageberichts und Konzernlageberichts (Abs. 2) . . .	85–123
4.1 Gegenstand und Umfang.	85–86
4.2 Einklangprüfung (Abs. 2 Satz 1)	87–101
4.3 Chancen und Risiken der künftigen Entwicklung (Abs. 2 Satz 2).	102–118
4.4 Angaben nach § 289f HGB (Abs. 2 Satz 6)	119–123
5 ESEF-Prüfung für Inlandsemittenten (Abs. 3a)	124–129
6 Prüfung des Ertragsteuerinformationsberichts (Abs. 3b)	130
7 Prüfung des Risikofrüherkennungssystems (Abs. 4)	131–144
7.1 Prüfungspflicht	131–134
7.2 Prüfungsdurchführung	135–140
7.3 Berichterstattung	141–144
8 International Standards on Auditing-Anwendung (Abs. 5)	145–150
9 Rechtsverordnung (Abs. 6)	151–154
10 CSRD-Umsetzungsgesetz	155

1 Überblick

1.1 Inhalt und Zweck

§ 317 HGB regelt Gegenstand und Umfang der gesetzlichen Abschlussprüfung. Die Vorschrift legt die Durchführung der Abschlussprüfung fest bzw. welche Anforderungen an die Verrichtung der Prüfung gestellt werden. Der Zweck der Vorschrift liegt somit in der Sicherstellung der Qualität der Abschlussprüfung. Aus theoretischer Sicht dient eine Abschlussprüfung i.S.v. § 317 HGB dem Abbau von Informationsasymmetrien zwischen dem Management und allen am Unternehmenserfolg Beteiligten.[1]

Abs. 1 definiert in den Sätzen 1 und 2 die Prüfungsgegenstände für Jahresabschlussprüfungen und Konzernabschlussprüfungen. Satz 3 beschreibt die Zielsetzung der Abschlussprüfung, nämlich das Erkennen wesentlicher Unrichtigkeiten und Verstöße i.R.d. anwendbaren Normensysteme (im Regelfall HGB, bei Konzernabschluss nach § 315e HGB auch IFRS, wie sie in der EU anzuwenden sind).

Das Einklangerfordernis des Lageberichts mit dem Jahresabschluss (ggf. auch mit dem IFRS-Einzelabschluss) bzw. des Konzernlageberichts mit dem Konzernabschluss wird in **Abs. 2** der Vorschrift postuliert. Außerdem ist zu prüfen, ob im Lagebericht bzw. Konzernlagebericht die Chancen und Risiken der künftigen

---

[1] Vgl. Marten/Quick/Ruhnke, Wirtschaftsprüfung, 6. Aufl. 2020, S. 48.

Entwicklung zutreffend dargestellt sind. Satz 3 stellt klar, dass die Erklärung zur Unternehmensführung (§ 289f HGB) nicht Gegenstand der Abschlussprüfung ist.

4 Besondere Bestimmungen für den Konzernabschlussprüfer enthält **Abs. 3**. Dieser hat die im Konzernabschluss zusammengefassten Jahresabschlüsse sowie insb. die konsolidierungsbedingten Anpassungen zu prüfen. Die Regelung soll die volle Verantwortlichkeit des Konzernabschlussprüfers für die Konzernabschlussprüfung betonen. Eine Verwertung der von Abschlussprüfern der TU durchgeführten Abschlussprüfung ist zulässig. Der Konzernabschlussprüfer hat in diesen Fällen die Arbeiten von Abschlussprüfern einbezogener TU zu überprüfen und dies zu dokumentieren.

5 Der frühere **Abs. 3a** enthielt die „Öffnungsklausel" zur EU-Verordnung für Abschlussprüfer von Public Interest Entities (PIE). Im Zuge des FISG[2] wurden diese Regelungen in den neu geschaffenen § 316a HGB verschoben (§ 316a Rz 9). Da auch die weiteren Änderungen des § 317 HGB durch das FISG rein klarstellender Natur sind, hat der Gesetzgeber keine Übergangsregelung für die Änderungen durch das FISG in Art. 86 EGHGB vorgesehen.

6 **Abs. 3a** (vor dem FISG Abs. 3b) betrifft die Umsetzung der Transparenzrichtlinie-Änderungsrichtlinie im Hinblick auf ein einheitliches elektronisches Format für Jahresfinanzberichte (ESEF-UmsG).[3] Betroffen von der Vorschrift sind ausschl. Inlandsemittenten (§ 2 Abs. 14 WpHG). Die Vorschrift wurde mit Wirkung vom 19.8.2020 eingefügt und war erstmals für das nach dem 31.12.2019 beginnende Gj anzuwenden (Art. 84 EGHGB).

7 Durch das Gesetz zur Umsetzung der Richtlinie (EU) 2021/2101 im Hinblick auf die Offenlegung von Ertragsteuerinformationen durch bestimmte Unternehmen und Zweigniederlassungen[4] wurde mit Wirkung zum 22.6.2023 § 317 HGB um einen Absatz 3b ergänzt. Gem. Art 90 EGHGB ist die Erstellung eines Ertragsteuerinformationsberichts erstmals für nach dem 21.6.2024 beginnende Gj aufzustellen. Absatz 3b ist gem. Satz 3 der Vorschrift erstmals auf das danach folgende Gj anzuwenden, d. h. bei kalendergleichem Gj erstmals für das Gj 2026.

8 Die Prüfung des Risikofrüherkennungssystems bei börsennotierten AG ist in **Abs. 4** geregelt.

9 **Abs. 4a** hat nur klarstellenden Charakter. Der Abschlussprüfer stellt i. R. d. Abschlussprüfung keine (eigenständige) Prüfung der Fortführungsannahme des Unt oder Beurteilungen hinsichtlich der Wirksamkeit oder Wirtschaftlichkeit der Geschäftsführung an.

10 **Abs. 5** regelt die direkte Anwendbarkeit derjenigen International Standards of Auditing (ISA), die von der EU angenommen worden sind. Die Regelung ist im Zuge der Umsetzung der 8. EU-RL geschaffen worden. Da bislang keine ISA von der EU angenommen worden sind, hat die Regelung derzeit noch keine materielle Bedeutung (Rz 146).

11 **Abs. 6** steht im Zusammenhang mit der direkten Anwendung der ISA. Die Vorschrift ermächtigt das BMJV, im Einvernehmen mit dem BMWi eine Rechts-

---

[2] V. 3.6.2021, BGBl 2021 I S. 1534.
[3] Gesetz zur weiteren Umsetzung der Transparenzrichtlinie-Änderungsrichtlinie im Hinblick auf ein einheitliches elektronisches Format für Jahresfinanzberichte v. 12.8.2020, BGBl 2020 I S. 1874.
[4] BGBl 2023 I Nr. 154 v. 21.6.2023.

verordnung zu erlassen, in der neben den ISA zusätzliche Anforderungen an die Abschlussprüfung (z. B. zur Berücksichtigung deutscher Besonderheiten, die in den ISA nicht oder nicht ausreichend geregelt sind) gestellt werden können. Durch das AReG ist die bislang grds. bestehende Möglichkeit der Nichtanwendung von Teilen der von der EU übernommenen ISA nunmehr gestrichen worden. Auch diese Vorschrift ist mangels Vorliegen einer derartigen Rechtsverordnung bislang noch ohne praktische Relevanz.

1.2 Anwendungsbereich und Normenzusammenhang

§ 317 HGB ist auf alle gesetzlichen Abschlussprüfungen anzuwenden. Betroffen sind somit KapG und haftungsbeschränkte Personenhandelsgesellschaften, die den zweiten Abschnitt des dritten Buchs des HGB zu beachten haben. Eigentlich „Betroffene" sind aber nicht die prüfungspflichtigen Ges., sondern deren Abschlussprüfer, die diese Vorschrift i. R. ihrer Abschlussprüfung zu beachten haben.

> **Wichtig**
> Seit Ende 2017 erfolgt keine Transformation von ISA in deutsche Prüfungsstandards. Vielmehr wurden vom IDW deutsche Übersetzungen der ISA veröffentlicht, die um sog. D-Textziffern ergänzt sind, die Besonderheiten des deutschen Rechtsrahmens aufgreifen. Diese wurden in einem sog. Omnibusstandard zusammengefasst. Darüber hinaus werden deutsche Prüfungsstandards nur für solche Bereiche entwickelt, für die aufgrund abweichender rechtlicher Rahmenbedingungen gesonderte bzw. zusätzliche Regelungen erforderlich sind (z. B. IDW PS 400er-Reihe zum Bestätigungsvermerk), bzw. für die die ISA keine Regelungen enthalten (z. B. IDW 350 n. F. – Prüfung des Lageberichts).
> Aufgrund der Corona-Pandemie und den Auswirkungen für Abschlussprüfer hat der HFA des IDW am 26.3.2020 beschlossen, den eigentlich ein Jahr vorher vorgesehenen Anwendungszeitpunkt der ISA-DE nochmals zu verschieben. Am 19.5.2022 hat der HFA beschlossen, die verpflichtende Anwendung der ISA-DE um ein weiteres Jahr zu verschieben, um Entlastungen für Abschlussprüfer von KMU zu erreichen.[5] Zur Entlasung von Abschlussprüfern von KMU hat das IDW nunmehr spezielle Prüfungsstandards für kleinere, weniger komplexe Unt (sog. IDW-KMU) entwickelt, die in insgesamt neun Modulen (IDW PS KMU 1–9) vorliegen. Der Abschlussprüfer kann sich nunmehr entscheiden, ob er die Abschlussprüfung nach dem Voll-ISA-Modell oder den IDW PS KMU-Modell vornimmt, soweit für Letztere die Voraussetzungen für die Anwendung erfüllt sind.
> Die ISA-DE sind demnach erstmals verpflichtend anzuwenden für die Prüfung von Abschlüssen für Berichtszeiträume, die am oder nach dem 15.12.2022 beginnen, mit der Ausnahme von Rumpf-Gj, die vor dem 31.12.2023 enden. Bei einem kalendergleichen Gj sind die ISA-DE (oder alternativ die IDW PS KMU) somit erstmals für die Abschlussprüfung des Gj 2023 anzuwenden.[6]

---

[5] Vgl. IDW Life 6/2022, S. 491.
[6] Die „Öffnungsklausel" für IDW PS KMU findet sich in ISA [DE] 200.D.2.1.

> Eine vorzeitige Anwendung war bereits zulässig für Prüfungen von Abschlüssen für Berichtszeiträume, die am oder nach dem 15.12.2019 beginnen, mit der Ausnahme von Rumpf-Gj, die vor dem 31.12.2020 enden, wenn sämtliche in der Anlage D.1 von ISA DE 200 genannten Standards angewendet werden. Die Entscheidung für eine solche frühzeitige Anwendung ist in der Auftragsdokumentation bzw. an zentraler Stelle in der Wirtschaftsprüfer-Praxis festzuhalten.[7]

13 Die Vorschrift ist auch anzuwenden bei der Prüfung von **nach internationalen Rechnungslegungsstandards aufgestellten Konzernabschlüssen** (§ 315e HGB) sowie bei der Prüfung eines **IFRS-Einzelabschlusses** (§ 324a i.V.m. § 325 Abs. 2a HGB). Allerdings ist zu beachten, dass bei Abschlussprüfungen von PIE neben den handelsrechtlichen Regelungen die strengeren Vorschriften der EU-Verordnung Nr. 537/2014 zu beachten sind.

14 Das Zusammenspiel der Vorschriften des HGB zur Abschlussprüfung verdeutlicht Abb. 1.

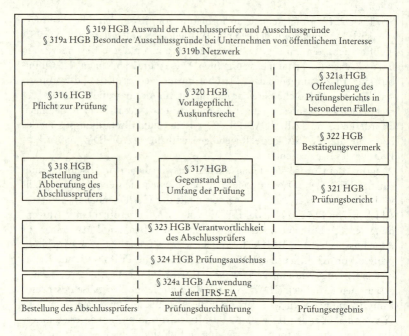

Abb. 1: Vorschriften des HGB zur Abschlussprüfung

15 Neben den handelsrechtlichen Regelungen zur Abschlussprüfung haben Wirtschaftsprüfer/vereidigte Buchprüfer sowie Wirtschaftsprüfergesellschaften/Buchprüfungsgesellschaften die Vorschriften der WPO und der Berufssatzung für Wirtschaftsprüfer/vereidigte Buchprüfer zu beachten.

---

[7] Vgl. ISA [DE] 200, Tz D.10.2.

Abschlussprüfer von Kredit- und Finanzdienstleistungsinstituten sowie von **VersicherungsUnt und Pensionsfonds** unterliegen durch die Verweise in § 340k Abs. 1 bzw. § 341k Abs. 1 HGB ebenfalls den Regelungen des § 317 HGB. Außerdem haben Abschlussprüfer dieser Unt branchenspezifische Erweiterungen des Prüfungsgegenstands zu berücksichtigen. Bei Kredit- und Finanzdienstleistungsinstituten hat bspw. eine Prüfung der wirtschaftlichen Verhältnisse, Groß-, Millionen- und Organkredite (§§ 13–15 KWG) sowie eine Depotprüfung (§ 29 Abs. 2 Satz 2 KWG) zu erfolgen. VersicherungsUnt und Pensionsfonds sind an die Formblattverordnungen gebunden. 16

Nach **PublG** prüfungspflichtige Unt haben § 317 HGB durch die Verweise in § 6 Abs. 1 PublG (Jahresabschluss) bzw. § 14 Abs. 1 PublG (Konzernabschluss) gleichermaßen zu beachten. Der Gegenstand der Abschlussprüfung umfasst für Vereine, Stiftungen und Körperschaften den Jahresabschluss (Bilanz, GuV und Anhang) sowie den Lagebericht. Einzelkaufleute und PersG sind jedoch von der Aufstellung eines Anhangs und Lagebericht befreit (§ 5 Abs. 2 Satz 1 PublG). Unt i.S.d. § 264d HGB, die unter das PublG fallen, haben unabhängig von ihrer Rechtsform den Jahresabschluss um einen Anhang zu erweitern (§ 5 Abs. 2a PublG). 17

Auch für **Genossenschaften** findet die Regelung Anwendung, da § 53 Abs. 2 GenG auf § 317 HGB verweist. Allerdings beschränkt sich die Anwendung auf § 317 Abs. 1 Satz 2 und 3, Abs. 2 (alle Genossenschaften) sowie auf die Abs. 5 und 6 für große Genossenschaften i.S.v. § 58 Abs. 2 GenG (der wiederum auf die Größenmerkmale in § 267 Abs. 3 HGB Bezug nimmt). Bei Genossenschaften ist der Gegenstand der Abschlussprüfung über § 317 HGB hinaus erweitert, da eine Prüfung der wirtschaftlichen Verhältnisse und der Ordnungsmäßigkeit der Geschäftsführung vorzunehmen ist (§ 53 Abs. 1 GenG). 18

KapG, an denen Gebietskörperschaften mehrheitlich beteiligt sind, haben über § 317 HGB hinaus die Ordnungsmäßigkeit der Geschäftsführung prüfen zu lassen (**§ 53 HGrG**).[8] Unt, die unter das Eigenbetriebsgesetz fallen, haben eine Prüfung der wirtschaftlichen Verhältnisse vornehmen zu lassen. 19

Für **freiwillige Abschlussprüfungen** gilt § 317 HGB nicht. Soweit allerdings bei freiwilligen Abschlussprüfungen ein Bestätigungsvermerk gem. § 322 HGB erteilt werden soll, ist § 317 HGB anzuwenden.[9] Anderenfalls darf bei freiwilligen Abschlussprüfungen nur eine Bescheinigung erteilt werden (§ 322 Rz 183). 20

Verstöße des Abschlussprüfers gegen § 317 HGB können zivilrechtlich, berufsrechtlich und strafrechtlich sanktioniert werden. 21

Die **zivilrechtliche Haftung** des Abschlussprüfers ergibt sich aus § 323 HGB, der eine lex specialis zu den Regelungen des BGB darstellt (§ 323 Rz 79 ff.). 22

Berufsrechtlich können Verstöße gegen § 317 HGB i.R.d. Berufsaufsicht bzw. der Berufsgerichtsbarkeit mit den dort zur Verfügung stehenden Maßnahmen geahndet werden. Diese sind 23
- Belehrung (abgeleitet aus § 57 Abs. 2 Nr. 1 WPO),[10]
- Rüge (§ 68 Abs. 1 Nr. 1 WPO),
- Geldbuße bis zu 500.000 EUR (§ 68 Abs. 1 Nr. 2 WPO),

---

[8] Zu Einzelheiten vgl. IDW PS 720.
[9] Vgl. IDW PS 400.3 n.F.
[10] Vgl. Marten/Köhler/Neubeck, in Baetge/Kirsch/Thiele, Bilanzrecht, § 317 HGB Rz 183, Stand: 7/2019.

- zeitlich befristetes Verbot der Ausübung bestimmter Tätigkeiten (§ 68 Abs. 1 Nr. 3 WPO),
- zeitlich befristetes Verbot bei Unt des öffentlichen Interesses nach § 319a Abs. 1 Satz 1 HGB tätig zu werden (§ 68 Abs. 1 Nr. 4 WPO),
- Berufsverbot von einem bis zu fünf Jahren (§ 68 Abs. 1 Nr. 5 WPO),
- Ausschließung aus dem Beruf des Wirtschaftsprüfers (§ 68 Abs. 1 Nr. 6 WPO) sowie
- Feststellung, dass der Bestätigungsvermerk nicht den Anforderungen des § 322 HGB bzw. des Art. 10 der EU-Verordnung Nr. 537/2014 entspricht (§ 68 Abs. 1 Nr. 7 WPO).

24 Berufsrechtliche Pflichtverletzungen können i.R.d. für gesetzliche Abschlussprüfer verbindlichen externen Qualitätskontrollen (§ 57a WPO), der für Abschlussprüfer von Unt des öffentlichen Interesses i.S.v. § 316a HGB obligatorischen Inspektionen der Abschlussprüferaufsichtsstelle (APAS) (§ 62b WPO) oder i.R. sonstiger Erkenntnisse der Berufsaufsicht (z.B. durch die Bundesanzeigerdurchsicht der Wirtschaftsprüferkammer, durch Mitteilungen der BaFin [§ 37r Abs. 2 Satz 1 WpHG]) festgestellt und sanktioniert werden.

25 **Strafrechtliche Sanktionen** für Verstöße gegen § 317 HGB enthält § 332 Abs. 1 HGB implizit, da die Erteilung eines unrichtigen Bestätigungsvermerks i.S.v. § 322 HGB einen Verstoß gegen § 317 HGB bedingt (§ 332 Rz 27).

26 Hinsichtlich der **zeitlichen Anwendung** der durch das AReG geänderten Vorschriften des § 317 HGB enthält Art. 79 EGHGB keine Übergangsvorschriften. Demzufolge gilt Art. 15 Abs. 1 des AReG, wonach die geänderte Fassung des § 317 HGB am 17.6.2016 in Kraft getreten ist. Da die Generaldirektion Binnenmarkt der EU-Kommission in ihren am 3.9.2014 veröffentlichen Fragen und Antworten die Ansicht vertreten hat, die Regelungen seien erstmals für Gj anzuwenden, die ab dem 17.6.2016 beginnen, wird dies wohl auch für die Erstanwendung von § 317 HGB i.d.F. des AReG gelten.[11]

27 Die Änderungen an § 317 HGB durch das FISG sind mit Inkrafttreten des FISG am 1.7.2021[12] anzuwenden. Da die Änderungen nur klarstellender Natur sind, hat der Gesetzgeber davon abgesehen, in Art. 86 EGHGB eine Übergangsregelung für § 317 HGB aufzunehmen.
Zur zeitlichen Anwendung des neuen Abs. 3b in § 317 HGB vgl. Rz 7.

2 Prüfung des Jahresabschlusses (Abs. 1 und Abs. 4a)

2.1 Gegenstand (Abs. 1 Satz 1 und Abs. 4a)

28 Der in § 316 Abs. 1 HGB formulierte Prüfungsgegenstand bestimmt u.a. den Jahresabschluss als Gegenstand der Abschlussprüfung. § 317 Abs. 1 Satz 1 HGB postuliert die Einbeziehung der **Buchführung** (§§ 238, 239 HGB) in die Prüfung des Jahresabschlusses. Hierzu rechnen nicht nur die eigentliche Finanzbuchführung, sondern auch die rechnungslegungsbezogenen Teile der Nebenbuchhaltungen, wie bspw.:

---

[11] Gl.A. IDW, IDW Positionspapier zu Inhalten und Zweifelsfragen der EU-Verordnung und der Abschlussprüferrichtlinie (6. Aufl., Stand: 30.6.2021 mit Ergänzungen v. 16.11.2021 und 4.4.2022), S. 12, www.idw.de/blob/131250/1ec597c4d666b5843ccf2b7c8257eede/down-positionspapier-zweifelsfragen-6-auflage-data.pdf, Abruf 10.10.2024.
[12] Art. 27 Abs. 1 FISG.

- Anlagenbuchhaltung,
- Lohn- und Gehaltsbuchhaltung,
- Lagerbuchhaltung,
- Debitoren- und Kreditorenbuchhaltung.

Zur Prüfung der Buchführung rechnet zwar nicht unmittelbar die **Kostenrechnung**, sodass diese nicht der Prüfung unterliegt. Die Kostenrechnung wird aber häufig i.R.d. Jahresabschlussprüfung zumindest in Teilen in die Prüfungshandlungen des Abschlussprüfers eingebunden, da aus ihr Informationen zur Aufstellung des Jahresabschlusses (z.B. Bewertung von Vorräten, § 255 Rz 112 ff.) oder zur Gliederung von Jahresabschlussbestandteilen (z.B. Aufstellung der GuV nach dem UKV, § 275 Rz 17) stammen. 29

Explizit in der Vorschrift nicht genannt ist das **Inventar** (§ 240 HGB), das aber ebenfalls Gegenstand der Jahresabschlussprüfung ist, da es eine notwendige Zwischenstufe zwischen Buchführung und Jahresabschluss darstellt (§ 240 Rz 2). 30

Der **Jahresabschluss** besteht im Regelfall aus den Bestandteilen: 31
- Bilanz,
- GuV und
- Anhang.

Bei **kapitalmarktorientierten KapG** i.S.v. § 264d HGB, die keinen Konzernabschluss aufstellen müssen, bestimmt § 264 Abs. 1 Satz 2 HGB, dass diese zusätzlich eine Kapitalflussrechnung und einen EK-Spiegel als Bestandteile des Jahresabschlusses aufstellen müssen; fakultativ können diese Ges. auch eine Segmentberichterstattung als Bestandteil des Jahresabschlusses aufnehmen (§ 264 Rz 33). 32

Eine **Beschränkung** des gesetzlichen Prüfungsgegenstands durch den Abschlussprüfer oder durch Regelungen im Prüfungsvertrag ist unzulässig.[13] Dagegen sind **Erweiterungen des Prüfungsgegenstands** durch den Auftraggeber zulässig. 33

> **Praxis-Beispiel**
> Der Aufsichtsrat erteilt dem Abschlussprüfer der prüfungspflichtigen AG gem. § 111 Abs. 2 Satz 3 AktG den Prüfungsauftrag und gibt ihm in diesem Zusammenhang auf, das interne Kontrollsystem im Zusammenhang mit der Bewertung von Beteiligungen intensiv zu prüfen und darüber in der Bilanzsitzung des Aufsichtsrats zu berichten.

Nicht zum **Prüfungsgegenstand** der Prüfung des Jahresabschlusses zählen branchenspezifische gesetzliche Erweiterungen der Abschlussprüfung (Rz 16) sowie die Prüfung des Versicherungsschutzes der Ges. 34

Durch den i.R.d. AReG eingefügten **Abs. 4a** wird klargestellt, dass sich die Abschlussprüfung ebenfalls nicht darauf zu erstrecken hat, ob der Fortbestand des geprüften Unt oder die Wirksamkeit und Wirtschaftlichkeit der Geschäftsführung zugesichert werden kann. Es handelt sich um die Umsetzung von Art. 25a EU-RL 2014/56/EU und soll den Verantwortungsbereich des Abschlussprüfers von dem der Geschäftsführung abgrenzen.[14] Änderungen ggü. der früheren Rechtslage ergaben sich durch Abs. 4a nicht. 35

---

[13] Vgl. IDW, WPH Edition, Wirtschaftsprüfung & Rechnungslegung, 18. Aufl. 2023, Kap. L Tz 12.
[14] Vgl. BT-Drs. 18/7219 v. 11.1.2016 S. 38.

2.2 Umfang (Abs. 1 Satz 2 und 3)

36 Der Umfang der Prüfung des Jahresabschlusses wird in Abs. 1 Satz 2 und 3 nur indirekt geregelt, indem dort bestimmte Aussagen über den Prüfungsgegenstand gefordert werden.[15]

37 Satz 2 der Vorschrift verlangt vom Abschlussprüfer die Prüfung, ob der Jahresabschluss den gesetzlichen Vorschriften und den ergänzenden Vorschriften des Gesellschaftsvertrags bzw. der Satzung entspricht. Zu den **gesetzlichen Vorschriften** zählen in erster Linie die Vorschriften des HGB:
- zur Buchführung (§§ 238, 239, 257 HGB),
- zum Inventar (§§ 240–241 HGB) und
- zur Aufstellung des Jahresabschlusses (§§ 242–288 HGB sowie die maßgeblichen Übergangsregelungen des EGHGB).

38 Darüber hinaus sind **rechtsformspezifische Bestimmungen** zu beachten:
- für die AG/KGaA/SE (§§ 56, 71–71e, 58, 150, 152, 158, 160, 161, 286, 288 AktG),
- für die GmbH (§§ 29–33, 42 GmbHG),
- für haftungsbeschränkte Personenhandelsgesellschaften (§§ 120–121, 128a, 167–168, 172a, 264a-c HGB),
- für Genossenschaften (§§ 336–338 HGB, §§ 33, 48 GenG).

39 **Branchenspezifische Regelungen** sehen die folgenden gesetzlichen Bestimmungen vor:
- Kredit- und Finanzdienstleistungsinstitute (§§ 340a–340h HGB, Verordnung über die Rechnungslegung der Kreditinstitute und Finanzdienstleistungsinstitute[16]),
- VersicherungsUnt (§§ 341a–341h HGB, Verordnung über die Rechnungslegung von Versicherungsunternehmen[17], Verordnung über die Rechnungslegung von Pensionsfonds[18]),
- Zahlungsinstitute (Verordnung über die Rechnungslegung der Zahlungsinstitute[19]),
- Kapitalanlagegesellschaften (§§ 19d, 44 InvG, Verordnung über Inhalt, Umfang und Darstellung der Rechnungslegung von Sondervermögen, Investmentaktiengesellschaften und Investmentkommanditgesellschaften sowie über die Bewertung der zu dem Investmentvermögen gehörenden VG (KARBV)[20]),
- Investmentaktiengesellschaften (§ 110 InvG),
- Unternehmensbeteiligungsgesellschaften (§ 8 UBGG),
- VerkehrsUnt (Verordnung über die Gliederung des Jahresabschlusses von Verkehrsunternehmen),[21]
- WohnungsUnt (Verordnung über Formblätter für die Gliederung des Jahresabschlusses von Wohnungsunternehmen),[22]

---

[15] Vgl. Baetge/Stellbrink/Janko, in Küting/Weber, HdR-E, § 317 HGB Rz 5, Stand: 7/2011.
[16] BGBl 1998 I S. 3658, zuletzt geändert am 7.8.2021, BGBl 2021 I S. 3311.
[17] BGBl 1994 I S. 3378, zuletzt geändert am 10.8.2021, BGBl 2021 I S. 3436.
[18] BGBl 2003 I S. 246, zuletzt geändert am 10.8.2021, BGBl 2021 I S. 3436.
[19] BGBl 2009 I S. 3680, zuletzt geändert am 7.8.2021, BGBl 2021 I S. 3311.
[20] BGBl 2013 I S. 2483, zuletzt geändert am 3.6.2021, BGBl 2021 I, S. 1498.
[21] BGBl 1968 I S. 193, zuletzt geändert am 7.8.2021, BGBl 2021 I S. 3311.
[22] BGBl 2023 I S. 152.

- Krankenhäuser (Verordnung über die Rechnungs- und Buchführungspflichten von Krankenhäusern[23]),[24]
- Pflegeeinrichtungen (Verordnung über die Rechnungs- und Buchführungspflichten der Pflegeeinrichtungen[25]),
- Werkstätten für behinderte Menschen (Verordnung zur Durchführung des Schwerbehindertengesetzes[26]).[27]

In Insolvenz befindliche Unt haben weiterhin die **Rechnungslegungsvorschriften der InsO** zu beachten (§§ 66, 155 InsO). Unter das **PublG** fallende Unt unterliegen den Regelungen des § 5 PublG. 40

Zu den gesetzlichen Vorschriften zählen auch die **GoB**, unabhängig davon, ob diese kodifiziert sind (§ 243 Abs. 1 HGB) oder nicht. Dies erfordert für den Abschlussprüfer die Verpflichtung zur laufenden Auseinandersetzung mit fachlichen Entwicklungen. Bei Zweifelsfragen hat er alles Geeignete zu tun, um sich Klarheit zu verschaffen. Er hat darüber hinaus die höchstrichterliche handelsrechtliche Rechtsprechung in Deutschland und der EU zu berücksichtigen.[28] 41

Neben den gesetzlichen Vorschriften hat der Abschlussprüfer auch **ergänzende Bestimmungen des Gesellschaftsvertrags bzw. der Satzung**, soweit sie sich auf Buchführung, Inventar und Jahresabschluss beziehen, zu berücksichtigen. Derartige Bestimmungen sind bei KapG und PersG häufig anzutreffen und umfassen bspw.: 42

- Regelungen zur Gewinnverwendung (z.B. obligatorische Rücklagendotierungen bei PersG),
- Regelungen zur Inanspruchnahme zweckgebundener Rücklagen,
- den Verzicht auf größenabhängige Erleichterungen bei Aufstellung und/oder Offenlegung des Jahresabschlusses,
- Regelungen zur Verzinsung von Gesellschafterkonten,
- Bestimmungen zu Vergütungen von Gesellschaftern und Organen (z.B. Haftungsvergütung des Komplementärs, Bezüge des Aufsichtsrats).

Satz 3 der Vorschrift verlangt vom Abschlussprüfer, dass die Prüfung so angelegt wird, dass Unrichtigkeiten und Verstöße gegen die gesetzlichen Vorschriften (Rz 37–Rz 41) und ggf. ergänzende Bestimmungen des Gesellschaftsvertrags bzw. der Satzung (Rz 42) bei gewissenhafter Berufsausübung erkannt werden. Allerdings sind nur solche Unrichtigkeiten und Verstöße bei gewissenhafter Berufsausübung vom Abschlussprüfer zu erkennen, die sich wesentlich auf die Vermögens-, Finanz- und Ertragslage des zu prüfenden Jahresabschlusses auswirken. Bestimmungen, wann eine Unrichtigkeit oder ein Verstoß wesentlich oder was unter gewissenhafter Berufsausübung zu verstehen ist, enthält § 317 HGB nicht (zur Definition von Unrichtigkeiten und Verstößen siehe § 321 Rz 67 ff.). Mit Satz 3 der Vorschrift hat der Gesetzgeber über die reine Ordnungsmäßigkeitsprüfung gem. Satz 1 und 2 hinaus die **Problemorientierung der Abschlussprüfung** betont.[29] 43

---

[23] BGBl 1987 I S. 1045, zuletzt geändert am 7.8.2021, BGBl 2021 I S. 3311.
[24] Vgl. zu Einzelheiten IDW RS KHFA 1.
[25] BGBl 1995 I S. 1528, zuletzt geändert am 7.8.2021, BGBl 2021 I S. 3311.
[26] BGBl 1980 I S. 1365, zuletzt geändert am 2.6.2021, BGBl 2021 I S. 1387.
[27] Zu Einzelheiten vgl. IDW RS KHFA 2.
[28] Vgl. IDW, WPH Edition, Wirtschaftsprüfung & Rechnungslegung, 18. Aufl. 2023, Kap. L Tz 10.
[29] Vgl. Marten/Köhler/Neubeck, in Baetge/Kirsch/Thiele, Bilanzrecht, § 317 HGB Rz 63, Stand: 7/2019.

44 Der Umfang der Abschlussprüfung wird zwar durch Anforderungen in anderen gesetzlichen Bestimmungen zur Abschlussprüfung weiter konkretisiert (z. B. in § 321 Abs. 2 Satz 4 HGB bzgl. im Prüfungsbericht vorzunehmender Ausführungen zu wesentlichen Bewertungsgrundlagen und der Ausübung von Bilanzierungs- und Bewertungswahlrechten). Eine hinreichende Konkretisierung des Umfangs der Abschlussprüfung wird aber vom Gesetzgeber nicht vorgenommen. Durch das Abstellen auf die **gewissenhafte Berufsausübung** in Satz 3 der Vorschrift wird deutlich, dass der Umfang der Abschlussprüfung je nach Prüfungssituation vom Abschlussprüfer so zu bestimmen ist, dass wesentliche Unrichtigkeiten und Verstöße von ihm erkannt werden.[30] Zur Verdeutlichung des Zusammenhangs zwischen Ordnungsmäßigkeitsprüfung und Problemorientierung der Abschlussprüfung vgl. Abb. 2 zum Umfang der Abschlussprüfung.

Abb. 2: Umfang der Abschlussprüfung

45 Die in § 317 Abs. 1 Satz 3 HGB angesprochene gewissenhafte Berufsausübung des Abschlussprüfers konkretisiert sich in den **Grundsätzen ordnungsmäßiger Abschlussprüfung (GoA)**, die den vom Gesetzgeber gesteckten Rahmen ausfüllen (zu den gesetzlichen Öffnungsklauseln zur direkten Anwendung der ISA bzw. ergänzender deutscher Prüfungsgrundsätze siehe Rz 145–Rz 151).

---

[30] Vgl. hierzu auch IDW PS 200.2.

Die nunmehr in Deutschland gültigen GoA sind in ISA [DE] 200 grundlegend dargestellt. Der Umfang der durchzuführenden Prüfungshandlungen wird demnach bestimmt durch die maßgebenden Rechnungslegungsgrundsätze und die vom Gesetzgeber geforderten Angaben zum Prüfungsgegenstand.[31] Das Ziel der Abschlussprüfung – die geforderten Aussagen – bestimmt somit letztlich den Umfang der Abschlussprüfung. Der Abschlussprüfer hat berufliche und fachliche Prüfungsgrundsätze zu berücksichtigen. Die **beruflichen Grundsätze** umfassen:[32]

- bestimmte handelsrechtliche Vorschriften zur Abschlussprüfung (§§ 318, 319–319b, 323–324 HGB; Rz 14),
- die maßgeblichen Vorschriften der WPO (§§ 43, 44 und 49 WPO),
- die Regelungen der Berufssatzung für Wirtschaftsprüfer/vereidigte Buchprüfer (insb. §§ 28–44 BS WP/vBP) und
- die Anforderungen an die Qualitätssicherung in der Wirtschaftsprüferpraxis (IDW QS 1).

Fachliche Prüfungsgrundsätze stellen dar:[33]

- handelsrechtliche Vorschriften zur Abschlussprüfung (§§ 316–317, 320–322 HGB; Rz 14),
- IDW Prüfungsstandards (ISA [DE] bzw. IDW PS KMU[34]) und
- IDW Prüfungshinweise (IDW PH).

Die Anlagen D.1-D.3 zu ISA [DE] 200 geben einen Überblick, welche ISA [DE] die vom IDW festgestellten GoA bilden bzw. welche speziellen IDW PS aufgrund deutscher Besonderheiten anzuwenden sind.

Für Abschlussprüfer von KMU liegen neun Module für Abschlussprüfungen von weniger komplexen Unt vor, mit folgenden Inhalten:

- Anwendung und Vorbemerkungen (IDW PS KMU 1),
- Übergreifende Anforderungen an eine Abschlussprüfung (IDW PS KMU 2),
- Auftragsannahme bei einer und vorbereitende Tätigkeiten für eine Abschlussprüfung (IDW PS KMU 3),
- Risikoidentifizierung und -beurteilung (IDW PS KMU 4),
- Reaktionen auf relevanteRisiken (IDW PS KMU 5),
- Abschließende Prüfungshandlungen, Kommunikation mit den für die Überwachung Verantwortlichen und Erlangung schriftlicher Erklärungen (IDW PS KMU 6),
- Prüfungsurteil, Berichterstattung und Archivierung (IDW PS KMU 7),
- Prüfung des Lageberichts (IDW PS KMU 8),
- Ergänzende Anforderungen für besondere Fälle (IDW PS KMU 9).

Zu beachten ist, dass diese nicht beliebig anzuwenden sind, sondern nur angewendet werden können, wenn die Voraussetzungen für wenig komplexe Einheiten vorliegen (z.B. max. mittelgroße Gesellschaft, keine Auslagerung von Geschäftsprozessen).[35]

---

[31] Vgl. ISA [DE] 200.8.
[32] Vgl. ISA [DE] 200.D.A16.1.
[33] Vgl. IDW PS 201.27.
[34] ISA-DE, vgl. Rz 12.
[35] Vgl. hierzu IDW PS KMU 1.24.

3 Prüfung des Konzernabschlusses (Abs. 1, 3 und 4a)

3.1 Gegenstand

49 Der i.R.e. Konzernabschlussprüfung durch den Konzernabschlussprüfer zu beurteilende Gegenstand setzt sich aus den Bestandteilen des Konzernabschlusses zusammen. Bei einem **HGB-Konzernabschluss** umfasst dies somit gem. § 297 Abs. 1 HGB:
- Konzernbilanz,
- Konzern-GuV,
- Konzernanhang,
- Kapitalflussrechnung,
- Eigenkapitalspiegel sowie
- fakultativ eine Segmentberichterstattung (§ 297 Rz 65 ff.).

50 Bei einem **nach internationalen Rechnungslegungsstandards aufgestellten Konzernabschluss** gem. § 315e HGB sind entsprechend die nach IFRS, wie sie in der EU anzuwenden sind, geforderten Abschlussbestandteile zu prüfen:[36]
- Konzernbilanz (Darstellung der Vermögenslage),
- Gesamtergebnisrechnung,
- GuV (soweit nicht in die Gesamtergebnisrechnung integriert),
- Eigenkapital-Veränderungsrechnung,
- Kapitalflussrechnung (Darstellung der Zahlungsströme),
- Konzernanhang.

51 § 317 Abs. 3 Satz 1 HGB ordnet die Prüfung der „konsolidierungsbedingten Anpassungen, in entsprechender Anwendung des Absatzes 1" an. Die **konsolidierungsbedingten Anpassungen** umfassen neben den Konsolidierungsmaßnahmen auch die Anpassungen in der HB II an die einheitlichen Bilanzierungs- und Bewertungsgrundsätze.[37]

52 Nicht Gegenstand der Konzernabschlussprüfung sind die in **Abs. 4a** der Vorschrift angesprochenen Sachverhalte (Rz 35).

3.2 Umfang

53 Wie bei der Jahresabschlussprüfung umfasst die Prüfung des Konzernabschlusses die Feststellung der Ordnungsmäßigkeit bzgl. der für den Konzernabschluss relevanten Aufstellungsvorschriften. Dies sind für einen HGB-Konzernabschluss in erster Linie die **§§ 290–314 HGB** sowie ggf. **ergänzende Vorschriften des Gesellschaftsvertrags bzw. der Satzung des MU**. Die Prüfung des Konzernabschlusses umfasst gem. § 317 Abs. 3 Satz 1:
- die im Konzernabschluss zusammengefassten Jahresabschlüsse (Rz 59 ff.),
- die Abgrenzung des Konsolidierungskreises,[38]
- die konsolidierungsbedingten Anpassungen (Rz 80 ff.).

---

[36] Vgl. Lüdenbach/Hoffmann/Freiberg, Haufe IFRS-Kommentar, 22. Aufl. 2024, § 2 Rz 4.
[37] Vgl. IDW, WPH Edition, Wirtschaftsprüfung & Rechnungslegung, 18. Aufl. 2023, Kap. L Tz 1400.
[38] Die Abgrenzung des Konsolidierungskreises wird in der Vorschrift nicht explizit genannt. Jedoch erfordert die Prüfung der im Konzernabschluss zusammengefassten Jahresabschlüsse auch die Prüfung, ob ggf. Jahresabschlüsse nicht im Konzernabschluss zusammengefasst (enthalten) sind, die aber nach §§ 294 Abs. 1, 296 HGB einbeziehungspflichtig wären. Gl. A. Schmidt/Almeling, in Beck Bil-Komm., 12. Aufl. 2020, § 317 HGB Rz 34.

Für **nach PublG konzernrechnungslegungspflichtige Kaufleute** umfasst die 54
Ordnungsmäßigkeitsprüfung die Beachtung der §§ 11–13 PublG sowie ggf.
ergänzender Vorschriften des Gesellschaftsvertrags bzw. der Satzung. Soweit
ein Einzelkaufmann oder eine PersG gem. § 5 Abs. 5 Satz 3 i.V.m. § 13 Abs. 3
Satz 2 PublG anstelle der Konzern-GuV die dort genannten Daten veröffentlichen möchte, hat der Konzernabschlussprüfer sowohl die Konzern-GuV als
auch die offenzulegende Anlage zur Konzernbilanz zu prüfen.

Die für bestimmte Rechtsformen maßgeblichen Spezialgesetze und branchen- 55
spezifischen Bilanzierungs-, Bewertungs- und Ausweisvorschriften gelten für
den Konzernabschluss analog (Rz 38 ff.).

Auch i.R.d. Konzernabschlussprüfung sind, wie bei der Jahresabschluss- 56
prüfung, bestehende **GoB** zu beachten (Rz 41). I.R.d. Konzernrechnungslegung
gelten die vom BMJV bekannt gemachten **Deutschen Rechnungslegungsstandards (DRS)** nach gesetzlicher Vermutung als GoB (§ 342q Abs. 2 HGB).

Bei einem nach **IFRS, wie sie in der EU anzuwenden sind**, aufgestellten 57
Konzernabschluss nach § 315e HGB sind die relevanten, von der EU übernommenen IFRS zu beachten[39] sowie darüber hinaus hierzu ergangene Interpretationen (IFRIC, SIC, DRSC AH) und fachliche Grundsätze.

Neben der Ordnungsmäßigkeitsprüfung, ob der Konzernabschluss den zu- 58
grunde liegenden Rechtsvorschriften entspricht, ist, wie bei der Jahresabschlussprüfung auch, der Konzernabschluss auf **Unregelmäßigkeiten** (Unrichtigkeiten und Verstöße) zu prüfen, die sich wesentlich auf die Darstellung
der Vermögens-, Finanz- und Ertragslage des Konzerns auswirken (Rz 43).

3.3 Prüfung der zusammengefassten Jahresabschlüsse

3.3.1 Geprüfte Jahresabschlüsse von Tochterunternehmen

§ 317 Abs. 3 HGB sieht vor, dass der Konzernabschlussprüfer die Arbeit eines 59
(anderen) Abschlussprüfers eines einbezogenen TU zu überprüfen und dies zu
dokumentieren hat.[40] Anstelle der früher zulässigen Übernahme ist lediglich eine
Verwertung des Prüfungsergebnisses eines lokalen Abschlussprüfers vorgesehen,
um die **volle Verantwortlichkeit des Konzernabschlussprüfers für die Konzernabschlussprüfung** zu betonen.

Die **Überprüfung der Arbeit eines anderen externen Abschlussprüfers** 60
erfolgt i.R.d. Eigenverantwortlichkeit des Konzernabschlussprüfers. Er hat zu
beurteilen, in welchem Ausmaß und mit welcher Gewichtung die Prüfungsergebnisse verwertet werden können.[41] Hierzu wird sich der Konzernabschlussprüfer insb. mit folgenden Aspekten beschäftigen:

- Bedeutung der vom anderen Abschlussprüfer geprüften Teileinheit für den Konzernabschluss,
- fachliche Kompetenz und berufliche Qualifikation des anderen Abschlussprüfers,

---

[39] Der jeweils aktuelle Endorsement-Status kann abgerufen werden unter www.efrag.org/en/financial-reporting/endorsement-status, Abruf 10.10.2024.
[40] Zu Auswirkungen auf die Qualitätssicherung bei Konzernabschlussprüfungen vgl. Niemann/Bruckner, DStR 2010, S. 345.
[41] Vgl. ISA [DE] 600.42.

- Grad der Beurteilung durch den anderen Abschlussprüfer, d.h., welches Prüfungsurteil dieser abgegeben hat:
  - Bestätigungsvermerk,
  - Bescheinigung nach prüferischer Durchsicht oder
  - Erstellung des Jahresabschlusses mit Plausibilitätsbeurteilungen der vorgelegten Unterlagen.[42]

61 Die Bedeutung der von einem anderen Abschlussprüfer geprüften Teileinheit für den Konzernabschluss bemisst sich nach den **Wesentlichkeitseinschätzungen** des Konzernabschlussprüfers.[43]

Üblicherweise kann ein Überschreiten eines Prozentsatzes von 15 % der konsolidierten VG, Schulden, Cashflows, des Konzernjahresüberschusses oder der Konzernumsatzerlöse als Anhaltspunkt für das Vorliegen einer bedeutsamen Teileinheit verwendet werden.

> **Praxis-Beispiel**
> Der Konzernabschlussprüfer prüft neben dem Konzernabschluss die Jahresabschlüsse des MU und der inländischen TU. Die ausländischen TU (USA, Frankreich, Spanien und Italien) werden jeweils von lokalen Abschlussprüfern geprüft. Bei Prüfungsplanung zur Konzernabschlussprüfung versucht der Konzernabschlussprüfer, sich einen Überblick über die Bedeutung der Teileinheiten zu verschaffen und stellt auf Basis der für das laufende Jahr aufgestellten Konzernplanung folgende Relationen zusammen:
>
> | | kons. Vermögen | kons. Schulden | kons. Cashflows | Konzernjahresüberschuss | Konzernumsatzerlöse |
> |---|---|---|---|---|---|
> | MU und inländische TU | 53 % | 70 % | 45 % | 37 % | 62 % |
> | USA | 12 % | 9 % | 22 % | 25 % | 27 % |
> | Frankreich | 10 % | 8 % | 14 % | 13 % | 5 % |
> | Spanien | 13 % | 5 % | 6 % | 12 % | 4 % |
> | Italien | 12 % | 8 % | 13 % | 13 % | 2 % |
>
> Auf Basis dieser Relationen und Anwendung der 15-%-Grenze ergäbe sich lediglich für das TU in den USA eine Klassifizierung als bedeutsam. Aufgrund der Erfahrungen aus der vergangenen Konzernabschlussprüfung, in deren Verlauf der Jahresabschluss der spanischen Ges. noch wesentlich verändert worden ist, entschließt sich der Konzernabschlussprüfer, auch die spanische Ges. als bedeutsam zu klassifizieren.

62 Die Bestimmung von bedeutsamen und nicht bedeutsamen Teileinheiten ist von den Einschätzungen des Konzernabschlussprüfers zur Wesentlichkeit und zum Vorliegen von Risiken abhängig. Dies ist letztlich Ausfluss des risikoorientierten Prüfungsansatzes.

---

[42] Vgl. IDW S 7.37ff.
[43] Vgl. ISA [DE] 600.A47.

Die **Feststellung der fachlichen Kompetenz und beruflichen Qualifikation** der anderen Abschlussprüfer wird sich der Konzernabschlussprüfer regelmäßig durch Vorlage geeigneter Nachweise (z.B. Teilnahmebescheinigung über eine durchgeführte externe Qualitätskontrolle) und sonstige Erklärungen (z.B. zu besonderen Branchenkenntnissen) des anderen Abschlussprüfers bestätigen lassen. 63

Der **Grad der Beurteilung durch den anderen Abschlussprüfer** ist Grundlage für die vom Konzernabschlussprüfer vorzunehmende Einschätzung der Verlässlichkeit der Prüfungsergebnisse. So kommt einem erteilten Bestätigungsvermerk (positive assurance) regelmäßig höhere Verlässlichkeit zu als einer Bescheinigung nach prüferischer Durchsicht (negative assurance). 64

Da der Konzernabschlussprüfer die volle Verantwortung für den Bestätigungsvermerk zum Konzernabschluss trägt, hat er sicherzustellen, dass i.R.d. Konzernabschlussprüfung wesentliche Verstöße gegen die maßgeblichen Rechnungslegungsvorschriften (Rz 53) erkannt werden. Hierzu wird er geeignete Maßnahmen zur **Kommunikation mit den anderen Abschlussprüfern** vornehmen müssen. In Betracht kommen dabei: 65

- Vorgabe von Art und Umfang vorzunehmender Prüfungshandlungen (audit instructions),
- Vorgabe von zu beachtenden Wesentlichkeitsgrenzen und mitteilungspflichtigen Prüfungsdifferenzen,[44]
- besondere Berichterstattungspflichten für spezielle Ereignisse (z.B. bei Vorliegen von bestandsgefährdenden Tatsachen oder Prüfungshemmnissen),
- Berichterstattungspflichten nach unmittelbarem Abschluss der Abschlussprüfungen für den anderen Abschlussprüfer (z.B. audit questionnaire),
- Berichterstattungspflichten kurz vor Abschluss der Konzernabschlussprüfung für den anderen Abschlussprüfer (z.B. zu Ereignissen nach dem Abschlussstichtag, subsequent events reporting).

Eine Differenzierung nach bedeutsamen oder nicht bedeutsamen Teileinheiten bietet sich an und ist nach ISA 600 ohnehin obligatorisch (zur unmittelbaren Anwendung der ISA vgl. Rz 145 ff.). Neben der Vorgabe von Berichterstattungspflichten an die anderen Abschlussprüfer wird der Konzernabschlussprüfer eigenverantwortlich **Art, Umfang und Intensität seiner eigenen Prüfungshandlungen** zur Beurteilung der Arbeiten anderer Abschlussprüfer bestimmen. Da der Konzernabschlussprüfer über ein umfassendes Auskunftsrecht ggü. dem MU, den TU und den Abschlussprüfern der TU verfügt (§ 320 Rz 43) kann er über das Lesen des Prüfungsberichts und weiterer ihm vom anderen Abschlussprüfer zur Verfügung gestellter Informationen (Rz 65) hinaus auch direkt an der Abschlussprüfung des anderen Abschlussprüfers teilnehmen (z.B. Teilnahme an der Inventurbeobachtung oder Schlussbesprechung), einzelne TU besuchen **(site visits)** und Befragungen anstellen oder auch die Arbeitspapiere des anderen Abschlussprüfers durchsehen (**working paper review**) (§ 320 Rz 45). Einen Überblick zur Bestimmung von Art und Umfang der Prüfungshandlungen in Teileinheiten des Konzerns, deren Jahresabschluss nicht vom Konzernabschlussprüfer geprüft werden, zeigt Abb. 3. 66

---

[44] Zu Einzelheiten bzgl. Prüfungsdifferenzen vgl. Ruhnke, WPg 2009, S. 677.

Bestimmung von Art und Umfang der Prüfungshandlungen in den Teileinheiten des Konzerns

Abb. 3: Bestimmung von Art und Umfang der Prüfungshandlungen in den Teileinheiten des Konzerns, vgl. ISA DE 600.A47

Die Verantwortlichkeit des Konzernabschlussprüfers für den Bestätigungsvermerk zur Konzernabschlussprüfung bedeutet aber nicht nur, dass er die Überleitung der HB I zur HB II zu prüfen hat. Vielmehr stellt die Anweisung in § 317 Abs. 3 Satz 1 HGB klar, dass die Jahresabschlüsse einbezogener TU „in entsprechender Anwendung des Absatzes 1 zu prüfen" sind. Die Tatsache, dass ein anderer Abschlussprüfer die HB I geprüft hat, kann (und wird im Regelfall) der Konzernabschlussprüfer für sein eigenes Urteil verwerten, ohne dass ihn dies aber von seiner Verantwortlichkeit entbindet.

67

I.R.d. Konzernabschlussprüfung hat der Konzernabschlussprüfer auch zu beurteilen, wie mit etwaigen **Beanstandungen oder Prüfungshemmnissen der lokalen Abschlussprüfer** umzugehen ist. Hat der lokale Abschlussprüfer den Bestätigungsvermerk zur Handelsbilanz I (HB I) eingeschränkt, so muss der Konzernabschlussprüfer entscheiden, inwieweit dies Relevanz für sein eigenes Prüfungsurteil hat. Bspw. kann eine derartige Einschränkung auf Ebene der Konzernabschlussprüfung unterhalb der (Konzern-)Wesentlichkeitsgrenze liegen, sodass sie aus Konzernsicht nicht zu einer wesentlichen Beanstandung i.R.d. Konzernabschlussprüfung führt oder es handelt sich um eine Beanstandung, die i.R.d. Überleitung der HB I zur HB II beseitigt worden ist.

68

> **Praxis-Beispiel**
> Der lokale Abschlussprüfer des US-amerikanischen TU hat den Bestätigungsvermerk zu der nach US-Recht aufgestellten HB I eingeschränkt, weil die in der Bilanz enthaltenen Forderungen aus Teilgewinnrealisierung nach der Percentage-of-completion-Methode nicht hinreichend nachgewiesen werden konnten. I.R.d. Überleitung der HB I auf die HB II sind diese Forderungen, die im HGB-Konzernabschluss nicht angesetzt werden dürfen, eliminiert worden, sodass der Konzernabschlussprüfer hieraus keine Beanstandung für seinen Bestätigungsvermerk zur Konzernabschlussprüfung zu ziehen hat. Eine Berichterstattung im Prüfungsbericht zur Konzernabschlussprüfung ist gleichwohl geboten, da es sich um für den Aufsichtsrat des MU überwachungsrelevante Informationen handelt, wenn bei einem TU der Bestätigungsvermerk eingeschränkt worden ist.[45]

Ist eine Beanstandung auf Ebene eines TU auch für die Beurteilung des Konzernabschlusses wesentlich, so wirkt sie sich auch auf den Bestätigungsvermerk zur Konzernabschlussprüfung aus. Allerdings steht die Beurteilung der Wesentlichkeit im Ermessen des Konzernabschlussprüfers. Eine Bindungswirkung aus der Beurteilung des Sachverhalts auf Ebene eines TU durch den Abschlussprüfer des TU besteht für den Konzernabschlussprüfer entsprechend nicht.

69

Wird ein geprüfter **Jahresabschluss** eines einbezogenen TU nach Abschluss der Konzernabschlussprüfung nochmals **geändert**, erfordert dies eine Änderung des Konzernabschlusses nur dann, wenn die Änderung für den Konzernabschluss wesentlich ist.

70

---

[45] Vgl. IDW PS 450.128 n.F.

> **Praxis-Beispiel**
> In den Konzernabschluss auf den 31.12.01 der M-GmbH ist der Jahresabschluss der T-GmbH als vollkonsolidiertes TU einbezogen worden. Der Konzern-Abschlussprüfer erteilt am 15.3.02 einen uneingeschränkten Bestätigungsvermerk zum Konzernabschluss der M-GmbH. Im Mai 02 wird der Jahresabschluss der T-GmbH nochmals (zulässigerweise)[46] geändert und einer Nachtragsprüfung durch den Abschlussprüfer unterzogen. Der Abschlussprüfer erteilt wiederum einen uneingeschränkten Bestätigungsvermerk zum geänderten Jahresabschluss der T-GmbH.
> Der Konzernabschlussprüfer hat nach Bekanntwerden der Änderung des Jahresabschlusses der T-GmbH zu beurteilen, welche Auswirkungen diese Änderungen auf den zum Konzernabschluss erteilten Bestätigungsvermerk haben. Wenn diese Änderungen (aus Konzernsicht) nicht wesentlich sind, braucht er die gesetzlichen Vertreter der M-GmbH nicht aufzufordern, den Konzernabschluss ebenfalls zu ändern und einer Nachtragsprüfung zu unterziehen.

71 Der Konzernabschlussprüfer hat nach § 317 Abs. 3 Satz 2 HGB nicht nur die Arbeiten der Abschlussprüfer von Jahresabschlüssen einbezogener TU zu überprüfen, sondern diese Überprüfung auch zu dokumentieren. Diese **Dokumentation** umfasst die Arbeitspapiere des Konzernabschlussprüfers, die seine Planungshandlungen, Prüfungshandlungen und die Kommunikation mit anderen Abschlussprüfer enthalten.[47] Er hat darüber hinaus auch im **Prüfungsbericht** zur Konzernabschlussprüfung die Verwertung und Einschätzung von für die Beurteilung wesentlichen Arbeiten anderer Abschlussprüfer darzustellen (zu Einzelheiten der Darstellung im Prüfungsbericht vgl. § 321 Rz 170).

72 Zu beachten ist weiterhin § 51b Abs. 6 WPO. Danach kann die Wirtschaftsprüferkammer (WPK) vom Konzernabschlussprüfer schriftlich die **Unterlagen von externen Prüfern aus Drittstaaten über die Prüfung eines in den Konzernabschluss einbezogenen TU** anfordern. Als Drittstaaten gelten Staaten, die nicht Mitglied der EU, des Abkommens über den Europäischen Wirtschaftsraum (EWR) oder der Schweiz sind. Dies gilt aber nicht für solche Abschlussprüfer aus Drittstaaten, die bei der WPK in Deutschland gem. § 134 Abs. 1 WPO registriert sind[48] oder deren Sitzstaat ein Gegenseitigkeitsabkommen mit der WPK gem. § 57 Abs. 9 Satz 5 Nr. 3 WPO abgeschlossen hat.

73 Für den Konzernabschlussprüfer erfordert dies, mit externen Abschlussprüfern aus derartigen Drittstaaten Vereinbarungen zu treffen, die den Zugang der WPK zu diesen Unterlagen in angemessener Frist sicherstellen, sofern diese Unterlagen nicht Bestandteil der eigenen Arbeitspapiere des Konzernabschlussprüfers sind. Zweckmäßigerweise sollte sich der Konzernabschlussprüfer dieses Zugriffsrecht i. R. d. Anerkennung der Prüfungsvorgaben (audit instructions) durch die externen Abschlussprüfer ausdrücklich bestätigen lassen.

---

[46] Zur Zulässigkeit von Änderungen an Jahresabschlüssen vgl. IDW RS HFA 6.4 ff.
[47] Vgl. ISA [DE] 600.50.
[48] Informationen zu Details der Registrierung ausländischer Abschlussprüfer bei der WPK abrufbar unter www.wpk.de/eng/members/registration-of-auditors-from-third-countries/, Abruf 10.10.2024.

3.3.2 Ungeprüfte Jahresabschlüsse von Tochterunternehmen

Soweit Jahresabschlüsse von TU nicht geprüft sind, hat der Konzernabschlussprüfer diese gem. § 317 Abs. 3 Satz 1 HGB „in entsprechender Anwendung des Absatzes 1 zu prüfen". Diese Prüfung entspricht hinsichtlich Umfang und Gegenstand einer **Vollprüfung**, allerdings ohne Prüfungsbericht und Bestätigungsvermerk. Durch die nicht erfolgte Bezugnahme auf § 317 Abs. 4 und § 316 HGB wird deutlich, dass diese Prüfung nicht das Risikofrüherkennungssystem und den Lagebericht des TU umfasst.[49] Der Konzernabschlussprüfer kann außerdem i. R. v. Wesentlichkeitsüberlegungen die Intensität und den Umfang der Prüfung des Jahresabschlusses eines TU aus Konzernsicht bestimmen, sodass für den Konzern gänzlich unbedeutende TU überhaupt nicht geprüft werden müssen.[50]

74

Bei dieser Wesentlichkeitsüberlegungen hat der Konzernabschlussprüfer außerdem eigenverantwortlich zu entscheiden, von welchen TU er **Vollständigkeitserklärungen der gesetzlichen Vertreter** einholt (§ 320 Rz 46). Darüber hinaus kann es im Einzelfall geboten sein, zu bestimmten Einzelsachverhalten über die Vollständigkeitserklärung hinaus schriftliche Erklärungen der gesetzlichen Vertreter eines TU einzuholen.

75

Ein Jahresabschluss eines TU, der einer **prüferischen Durchsicht** unterzogen wurde, ist geprüft, allerdings nur mit einer gewissen, nicht mit einer – für die Konzernabschlussprüfung erforderlichen – hinreichenden Sicherheit.[51]

76

3.4 Prüfung der konsolidierungsbedingten Anpassungen

3.4.1 Überleitung der Handelsbilanz I zur Handelsbilanz II

Da im Konzernabschluss die Jahresabschlüsse einbezogener TU nach den für das MU maßgeblichen Bilanzierungs- und Bewertungsvorschriften zusammenzufassen sind (§ 308 Abs. 1 HGB), ergibt sich mindestens bei ausländischen TU das Erfordernis der Prüfung der sog. **Handelsbilanz II (HB II)**. Ausgangspunkt hierzu stellen die einheitlichen Bilanzierungs- und Bewertungsregeln des MU dar, die häufig in einer Konzernbilanzrichtlinie (group accounting manual) o. Ä. zusammengefasst sind. Die **Beurteilung der Angemessenheit der Konzernbilanzrichtlinie** ist eine wesentliche Prüfungshandlung des Konzernabschlussprüfers, da eine unangemessene Konzernbilanzrichtlinie (z. B. widersprüchliche oder schwer verständliche Ausführungen, Unvollständigkeit) das Einhalten einheitlicher Rechnungslegungsregeln im Konzern erschwert bzw. im Extremfall verhindert. Ist keine (schriftliche) **Konzernbilanzrichtlinie** vorhanden, muss der Konzernabschlussprüfer beurteilen, durch welche Maßnahmen das MU sichergestellt hat, dass die TU einheitliche Regelungen befolgen. In einfachen Konzernstrukturen mit z. B. ausschl. inländischen TU dürfte das Aufstellen einer Konzernbilanzrichtlinie nicht zwingend erforderlich sein, wenn über wesentliche Bilanzierungs- und Bewertungswahlrechte konzernweite Absprachen zur einheitlichen Ausübung vorliegen.

77

Die auf Basis der Konzernbilanzrichtlinie aufgestellte HB II des TU ist ein wesentliches Prüfungsobjekt i. R. d. Konzernabschlussprüfung. In der Praxis

78

---

[49] Vgl. Marten/Köhler/Neubeck, in Baetge/Kirsch/Thiele, Bilanzrecht, § 317 HGB Rz 131, Stand: 7/2019.
[50] Vgl. Justenhoven/Küster/Bernhardt, in Beck Bil-Komm., 13. Aufl. 2022, § 317 HGB Rz 37.
[51] Vgl. IDW PS 900.6.

erfolgt die Prüfung der Überleitung der HB I (nach lokalem Recht aufgestellte und geprüfte Handelsbilanz) zur HB II (nach den konzerneinheitlichen Bilanzierungs- und Bewertungsmethoden aufgestellte Handelsbilanz) häufig durch den lokalen Abschlussprüfer des TU. Dieser verfügt aufgrund seiner Abschlussprüfung der HB I zumeist über die notwendigen Kenntnisse, welche Abweichungen sich zur konzerneinheitlichen Bilanzierung und Bewertung ergeben, sodass auch aus Kostengesichtspunkten der lokale Abschlussprüfer die Prüfung der Überleitung der HB I auf die HB II vornimmt. In Konstellationen, in denen die Einhaltung der konzerneinheitlichen Bilanzierungs- und Bewertungswahlrechte unsicher erscheint, ist die Prüfung der Überleitung der HB I zur HB II durch den Konzernabschlussprüfer zweckmäßig.

> **Praxis-Beispiel**
> Der deutsche Wirtschaftsprüfer ist Konzernabschlussprüfer der A-AG mit Sitz in Köln. Die A-AG hält 100 % der Anteile an einem TU in Brasilien. Die nach brasilianischen Rechnungslegungsvorschriften aufgestellte HB I wird von einem brasilianischen Abschlussprüfer geprüft. Nach den Feststellungen des Konzernabschlussprüfers verfügt der brasilianische Abschlussprüfer über keine ausreichenden Kenntnisse zur Prüfung der nach deutschem Handelsrecht aufzustellenden HB II des TU.
> Da es sich bei dem brasilianischen TU um eine bedeutsame Teileinheit des Konzerns handelt, prüft der Konzernabschlussprüfer die HB II selbst. Hierzu muss er sich ausreichende Kenntnisse über die nach brasilianischen Grundsätzen aufgestellte HB I verschaffen. Er bindet daher einen ihm bekannten Wirtschaftsprüfer als freien Mitarbeiter in sein Prüfungsteam ein, der über die entsprechenden Kenntnisse verfügt.

79 Soweit bei in den Konzernabschluss einbezogenen TU **ein vom Konzernabschlussstichtag abweichender Abschlussstichtag** vorliegt, kann die Überleitung der HB I auf die HB II auch die Prüfung der Überleitung auf einen **Zwischenabschluss** (§ 299 Abs. 2 HGB) bzw. die Beurteilung von besonderen Vorgängen zwischen dem Abschlussstichtag des Tochterunternehmens und dem Konzernabschlussstichtag (§ 299 Abs. 3 HGB) erfordern (§ 299 Rz 31).

3.4.2 Konsolidierungsmaßnahmen

80 Die Prüfung der Konsolidierungsmaßnahmen umfasst das Nachvollziehen folgender Schritte:
- Kapitalkonsolidierung (§§ 301, 309 HGB),
- Schuldenkonsolidierung (§ 303 HGB),
- Zwischenergebniseliminierung (§ 304 HGB),
- Aufwands- und Ertragskonsolidierung (§ 305 HGB),
- Ansatz latenter Steuern auf Konsolidierungsmaßnahmen (§ 306 HGB),
- Ausweis von Eigenkapitalanteilen anderer Gesellschafter (§ 307 HGB),
- quotale Einbeziehung von GemeinschaftsUnt (§ 310 HGB),
- Equity-Bewertung von assoziierten Unt (§§ 311, 312 HGB).

81 Die Durchführung dieser Konsolidierungsmaßnahmen erfolgt häufig durch eine zentrale Konzernbuchführungsstelle. In größeren Konzernstrukturen sind hier aber

auch dezentrale Strukturen („Tannenbaumprinzip" bei Teil-Konzernabschlüssen) möglich. Der Konzernabschlussprüfer wird hier regelmäßig die Verfahren zur Erfassung der für die Durchführung der Konsolidierungsmaßnahmen erforderlichen Daten prüfen. Dies betrifft sehr häufig **Konzern-Packages**, mit denen die TU dem MU die für die Erstellung des Konzernabschlusses benötigten Informationen bereitstellen. Die Prüfungshandlungen des Konzernabschlussprüfers werden sich bzgl. der Konzern-Packages häufig auf die Beurteilung der Angemessenheit (Aufbau, Inhalt, Verständlichkeit) sowie die zutreffende Verarbeitung in der Konzernbuchführungsstelle konzentrieren. Diese Konzern-Packages enthalten weitergehende Informationen über die HB II, z. B.

- zu konzerninternen Lieferungen und Leistungen (zur Aufwands- und Ertragskonsolidierung),
- zu konzerninternen Margen aus Lieferungen und Leistungen (zur Zwischenergebniseliminierung bei VG des AV bzw. des UV),
- zu konzerninternen Forderungen und Verbindlichkeiten (Schuldenkonsolidierung),
- zu latenten Steuern auf Ebene der HB II,
- zu für den Konzernanhang, die Konzern-Kapitalflussrechnung und den Eigenkapitalspiegel benötigten Informationen.

Die inhaltliche Prüfung der von den TU an das MU zu liefernden Konzern-Packages erfolgt regelmäßig durch den Abschlussprüfer, der die HB II prüft, häufig also den lokalen Abschlussprüfer des TU. Dieser wird zumeist auch eine Bescheinigung über das Ergebnis seiner Prüfung an den Konzernabschlussprüfer und/oder das MU abgeben.[52] 82

Die von der Konzernbuchführungsstelle vorzunehmende Verarbeitung der Konzern-Packages in der Konzernbuchführung zur Durchführung der Konsolidierungsmaßnahmen wird häufig einen Schwerpunkt der Prüfungshandlungen des Konzernabschlussprüfers darstellen. Nur mittels der aus den Konzern-Packages zur Verfügung gestellten Daten kann bspw. vom Konzernabschlussprüfer beurteilt werden, ob das Unterlassen einer Zwischenergebniseliminierung wegen Unwesentlichkeit für die Vermögens-, Finanz- und Ertragslage des Konzerns nach § 304 Abs. 2 HGB zulässig ist. 83

Bestimmte Konsolidierungsmaßnahmen werden häufig direkt vom MU bzw. der zentralen Konzernbuchführungsstelle vorgenommen. Hiervon betroffen sind insb. Maßnahmen der Kapitalkonsolidierung, z. B. 84

- Ermittlung des Reinvermögens eines erworbenen Anteils an einem TU im Erwerbszeitpunkt gem. § 301 Abs. 1 Satz 2 HGB (**Kaufpreisallokation**),
- Fortführung von i. R. e. Kapitalkonsolidierung aufgedeckten stillen Reserven und Lasten (z. B. Abschreibung aufgedeckter stiller Reserven im AV),
- planmäßige und außerplanmäßige Abschreibung aktivierter Geschäftswerte aus der Kapitalkonsolidierung,
- Auflösung eines passiven Unterschiedsbetrags nach § 309 Abs. 2 HGB,
- Ermittlung des (Konzern-)Abgangserfolgs bei Anteilsveräußerungen von TU bzw. Anteilen an assoziierten Unt (**Entkonsolidierung**).

Auch diese Konsolidierungsmaßnahmen sind vom Konzernabschlussprüfer i. R. seiner Konzernabschlussprüfung zu beurteilen.

---

[52] Vgl. ISA [DE] 600 Anlage 4.

4 Prüfung des Lageberichts und Konzernlageberichts (Abs. 2)

4.1 Gegenstand und Umfang

85 **Gegenstand** der Prüfung nach § 317 Abs. 2 HGB ist der Lagebericht gem. § 289 HGB sowie der Konzernlagebericht nach § 315 HGB. Der **Umfang** der Prüfung des Lageberichts bzw. Konzernlageberichts bezieht sich nach der Vorschrift
- auf den Einklang mit dem Jahresabschluss/Konzernabschluss sowie den bei der Abschlussprüfung gewonnenen Erkenntnissen und der Vermittlung eines zutreffenden Bildes[53] von der Lage der Ges./des Konzerns (Abs. 2 Satz 1; Rz 87),
- auf die Prüfung der zutreffenden Darstellung der Chancen und Risiken der künftigen Entwicklung (Abs. 2 Satz 2; Rz 102),
- jedoch **nicht** auf die Angaben nach § 289f HGB (Abs. 2 Satz 3; Rz 119).

86 Gesetzliche Vorgaben zum Umfang der Prüfung des Lageberichts bestehen darüber hinaus auch gem. § 321 und § 322 HGB. Die in § 321 Abs. 1 Satz 2 vorgesehene Berichterstattung des Abschlussprüfers über bestandsgefährdende und entwicklungsbeeinträchtigende Tatsachen konkretisiert den Prüfungsumfang gem. § 317 Abs. 2 Satz 2 HGB zur Prüfung der Chancen und Risiken der künftigen Entwicklung. § 321 Abs. 2 Satz 1 HGB verlangt die weitergehende Feststellung des Abschlussprüfers im Prüfungsbericht, ob der Lagebericht/Konzernlagebericht den gesetzlichen Vorschriften und ggf. ergänzenden Bestimmungen in Gesellschaftsvertrag bzw. Satzung entspricht. Zu Einzelheiten zur Berichterstattung im Prüfungsbericht über die Prüfung des Lageberichts vgl. § 321 Rz 49, Rz 102 und Rz 147.

§ 322 Abs. 6 HGB enthält die Anforderung, dass sich die **Beurteilung des Prüfungsergebnisses** auch auf die **Einklangprüfung** zwischen Jahresabschluss und Lagebericht und zudem die Einhaltung der gesetzlichen Vorschriften zur Aufstellung des Lageberichts/Konzernlageberichts zu erstrecken hat. Weiterhin ist die zutreffende Darstellung der Chancen und Risiken der zukünftigen Entwicklung im Lagebericht/Konzernlagebericht zu beurteilen. Während § 322 Abs. 6 HGB damit nahezu wortgleich die Regelungen von § 317 Abs. 2 Satz 1 und 2 HGB aufgreift, betont § 322 Abs. 2 Satz 3 HGB das besondere Gewicht der Feststellung bestandsgefährdender Tatsachen, auf die dann auch im Bestätigungsvermerk selbst einzugehen ist. § 322 Abs. 2 Satz 4 HGB stellt für die Prüfung des Konzernlageberichts klar, dass auf bestandsgefährdende Risiken von für den Konzern unbedeutenden TU im Bestätigungsvermerk zur Konzernabschlussprüfung nicht einzugehen ist. Zu Einzelheiten bzgl. bestandsgefährdender Risiken im Bestätigungsvermerk vgl. § 322 Rz 100, zur Beurteilung der Prüfung des Lageberichts im Bestätigungsvermerk vgl. § 322 Rz 46 und Rz 54.

Der HFA des IDW hat sich dafür ausgesprochen, die unter dem 29.10.2021 verabschiedete Fassung von IDW PS 350 n.F. erstmalig auf die Prüfung von Lageberichten für Berichtszeiträume anzuwenden, die am oder nach dem 15.12.2021 beginnen, mit der Ausnahme von Rumpfgeschäftsjahren, die vor dem 31.12.2022 enden.[54]

---

[53] Redaktionell geändert durch das BilRUG, zuvor wurde eine zutreffende „Vorstellung" gefordert. Die Änderung diente der Anpassung an die entsprechenden Formulierungen in § 289 Abs. 1 Satz 1 bzw. § 315 Abs. 1 Satz 1 HGB.
[54] Vgl. IDW PS 350.18 n.F.

4.2 Einklangprüfung (Abs. 2 Satz 1)

Prüfungsobjekt ist der Lagebericht gem. § 289 HGB bzw. der Konzernlagebericht gem. § 315 HGB. Die dortigen gesetzlichen Anforderungen werden durch GoB konkretisiert, die mit DRS 20 Konzernlagebericht kodifiziert sind (Rz 56). Auch wenn die DRS qua Gesetzesvermutung nur Konzern-GoB darstellen, liefern sie wegen der weitgehenden inhaltlichen Übereinstimmung der Gesetzesvorschriften von § 289 HGB mit § 315 HGB auch für den Lagebericht zweckdienliche Hinweise.[55]

Der Lagebericht ist mit derselben Intensität und Sorgfalt wie der Jahresabschluss zu prüfen, d.h., es sind dieselben Grundsätze (GoA) anzuwenden. Dies erfordert bei der Beurteilung des Prüfungsergebnisses die Erzielung einer hinreichenden Sicherheit, ob im Lagebericht wesentliche Falschaussagen enthalten sind. Alle Ausführungen im Lagebericht sind daraufhin zu prüfen, ob sie im Einklang stehen mit den im Jahresabschluss enthaltenen Informationen sowie den sonstigen i.R.d. Jahresabschlussprüfung gewonnenen Informationen.[56]

Dieses **Einklangerfordernis** kann sich primär nur auf Sachverhalte beziehen, die im abgelaufenen Gj realisiert und damit Eingang in das Zahlenwerk, den Jahresabschluss, gefunden haben. Der Abschlussprüfer hat daher vergangenheitsorientierte Zahlenangaben im Lagebericht/Konzernlagebericht mit ihrer Übereinstimmung mit dem Jahresabschluss/Konzernabschluss zu prüfen.

> **Praxis-Beispiel**
> Im Lagebericht der prüfungspflichtigen B-GmbH sind zahlenmäßige Angaben zu im Berichtsjahr getätigten Investitionen enthalten. Der Abschlussprüfer hat diese zahlenmäßigen Angaben i.R. seiner Einklangprüfung mit dem Anlagespiegel, sonstigen Unterlagen der B-GmbH zum Jahresabschluss (Anlagenbuchhaltung) bzw. seinen Arbeitspapieren zur Prüfung des AV abzustimmen. Ergeben diese Abstimmungen eine Übereinstimmung dieser Zahlen, stehen diese Zahlen des Lageberichts im Einklang mit dem Jahresabschluss.

Schon durch das in § 317 Abs. 2 Satz 1 HGB angesprochene Einklangerfordernis wird deutlich, dass die Prüfung des Lageberichts in engem Zusammenhang mit der Prüfung des Jahresabschlusses steht.[57] Daher hat der Abschlussprüfer bereits bei der **Prüfungsplanung** anhand der ihm vorliegenden Informationen die Lage des Unt bzw. des Konzerns vorläufig zu beurteilen, da dies wesentliche Grundlage seiner Risikobeurteilung und damit Schwerpunktsetzung i.R.d. Abschlussprüfung ist. Insb. sollte bereits in diesem Stadium eine vorläufige Beurteilung der Going-concern-Prämisse (§ 252 Abs. 1 Nr. 2 HGB) vorgenommen werden.

I.R.d. Prüfungsplanung zum Lagebericht hat der Abschlussprüfer gem. IDW PS 350 n.F. festzustellen, ob der Lagebericht **nicht prüfbare Angaben** enthält und ob er diese in seine Prüfung einbeziehen muss.[58] Die in IDW PS 350 n.F. enthaltenen Ausfüh-

---

[55] Vgl. IDW PS 350.5 n.F., 350.A2 n.F.
[56] Vgl. IDW, WPH Edition, Wirtschaftsprüfung & Rechnungslegung, 18. Aufl. 2022, Kap. L Tz 1187.
[57] Vgl. IDW PS 350.12, 350.A25 n.F.
[58] Eine Nichteinbeziehung kommt in Betracht, wenn das Unt die lageberichtsfremden Angaben eindeutig von den -typischen Angaben abgegrenzt hat oder sich der Abschlussprüfer gleichwohl dazu entscheidet, diese Angaben nicht zu prüfen. Vgl. IDW PS 350.24 n.F.

rungen zu lageberichtsfremden Angaben im Lagebericht und der Umgang des Abschlussprüfers damit kann wie folgt dargestellt werden:

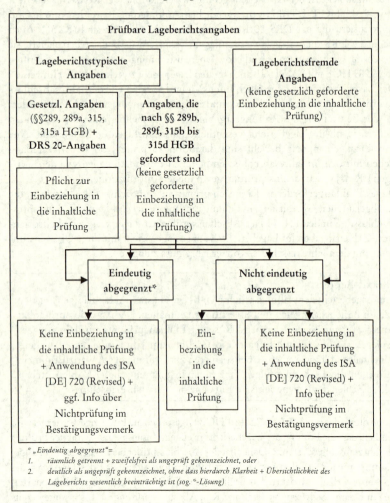

Abb. 4: Umgang mit prüfbaren lageberichtstypischen und -fremden Angaben[59]

Danach bemisst sich die Wesentlichkeit bzgl. der vergangenheitsorientierten quantitativen Finanzinformationen i.d.R. mit der für den Abschluss als Ganzes festgelegten Wesentlichkeit, es sei denn, für einzelne Abschlussposten sind spezifische Wesentlichkeiten bestimmt, sodass die für die Prüfung der korrespondierenden Lageberichtsangaben ebenfalls zu beachten sind.[60]

Weiterhin hat der Abschlussprüfer Wesentlichkeitsüberlegungen zumindest auf Ebene der Informationskategorien vorzunehmen. Das bedeutet allerdings nicht zwangsläufig,

---

[59] Vgl. IDW PS 350 n.F., Anlage 2.
[60] Vgl. IDW PS 350.29 n.F.

dass er auch Wesentlichkeitsgrenzen auf Ebene der Informationskategorien festlegen muss. Grund hierfür ist, dass Wesentlichkeitsgrenzen für qualitative Lageberichtsangaben i.R.d. Planung der Prüfung nicht festgelegt werden können. Sofern es sich bei einer wesentlichen Angabegruppe um einen kumulierten Betrag bzw. bei einer wesentlichen Einzelangabe um einen Betrag handelt, kann der Abschlussprüfer es für erforderlich halten, hierfür eine eigene Wesentlichkeitsgrenze festzulegen.[61]

Bspw. kann es auch zweckmäßig sein, eine Wesentlichkeitsgrenze für zukunftsgerichtete Finanzinformationen nicht auf Basis des Abschlusses als Ganzes, sondern auf Basis der Planungsrechnung des Unt festzulegen.

Da DRS 20 für den Konzernlagebericht als GoB gilt und diesem auch für den Lagebericht wesentliche Bedeutung zukommt, stellt sich dem Abschlussprüfer die Frage, wie bei einer Nichtbeachtung von Anforderungen des DRS 20 prüferisch zu verfahren ist. Abb. 5 illustriert das entsprechende Vorgehen:

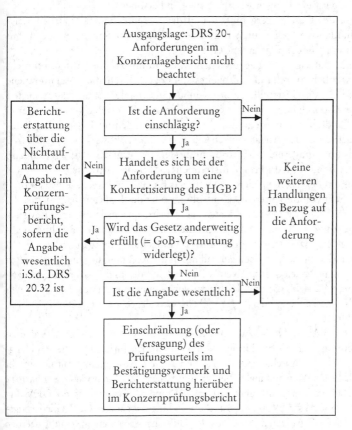

Abb. 5: Prüfungsschema bei Nichtbeachtung einer DRS-20-Anforderung im Konzernlagebericht[62]

---

[61] Vgl. IDW PS 350.A35 n.F.
[62] IDW PS 350 n.F., Anhang 1.

91 Zur **Prüfungsdurchführung** sehen die berufsständischen Grundsätze für die **vergangenheitsorientierte Prüfung** insb. folgende Prüfungshandlungen vor:[63]
- Analyse des globalen Umfelds, d. h. Analyse des gesamtwirtschaftlichen, des rechtlich-politischen, des wissenschaftlich-technischen sowie des ökologischen Umfelds als Rahmenbedingungen der Unternehmenstätigkeit,
- Analyse des Unternehmensumfelds, d. h. Analyse der Branchenentwicklung, der Marktbedingungen auf Absatz- und Beschaffungsmärkten sowie der Wettbewerbsverhältnisse,
- Analyse der unternehmensinternen Erfolgsfaktoren, d. h. Analyse der Leistungs- und Produktpalette, der Beschaffungs- und Absatzpolitik, der strategischen Ausrichtung des Unternehmens, des Rationalisierungspotenzials, der Finanzierungsstrategie etc.,
- Analyse der internen Organisation und Entscheidungsfindung,
- Analyse der Beziehungen zu nahestehenden Personen,
- Analyse des Geschäftsergebnisses und der wesentlichen finanziellen Leistungsindikatoren (z.B. durch Branchenvergleich oder Soll-Ist-Abgleich mit der Planung für das abgelaufene Gj),
- wertende Aussagen im Lagebericht sind daraufhin zu überprüfen, ob nicht trotz sachlich zutreffender Einzelfeststellungen durch die vorgenommene Wortwahl oder Darstellungsform ein unzutreffender Eindruck vermittelt wird (z.B. durch unzutreffende Gewichtung oder Weglassen von Aussagen).

92 Prüfungshandlungen zur Beurteilung der Ausführungen im Lagebericht/Konzernlagebericht zu den Angaben nach § 289 Abs. 2 Nr. 2 bzw. § 315 Abs. 2 Nr. 2 HGB (**Risikomanagementziele und -methoden sowie zu den Risiken in Bezug auf die Verwendung von Finanzinstrumenten**) können bspw. sein:[64]
- Durchsicht der internen Richtlinien für das Finanz- und Rechnungswesen,
- Durchsicht von Berichten des Controllings oder des Risikomanagements,
- Durchsicht von Prüfungsprogrammen und Arbeitspapieren der Internen Revision,
- Beobachtung der Einhaltung der internen Richtlinien und Kontrollmaßnahmen, ggf. ergänzt durch stichprobenweise Einzelfallprüfungen,
- Plausibilisierung der Angaben anhand der in der Rechnungslegung abgebildeten korrespondierenden quantitativen Werte, z.B. aus der Bildung von Bewertungseinheiten (§ 254 HGB) und der hierzu vorgenommenen Erläuterungen in Anhang/Konzernanhang oder Lagebericht/Konzernlagebericht (§ 285 Nr. 23 bzw. § 314 Nr. 15 HGB).

93 Die nach § 285 Abs. 2 Nr. 3 bzw. § 315 Abs. 2 Nr. 3 HGB erforderlichen **Angaben zu Forschung und Entwicklung** variieren branchenabhängig.[65] Die Einklangprüfung durch den Abschlussprüfer erfordert u.a. die Abstimmung mit den in der GuV enthaltenen Aufwendungen. Bei Unt mit hoher F&E-Intensität (z.B. Pharma-, Chemie-, Software- und Automotive-Branche) kann bei Anwendung des UKV und eines nach § 265 Abs. 5 HGB um F&E-Aufwendungen ergänzten GuV-Gliederungsschemas der F&E-Aufwand direkt aus der GuV abgelesen werden. Häufig werden aber wegen der überwiegenden Verbreitung des GKV die im Lagebericht angegebe-

---

[63] Vgl. IDW PS 350.49–51, 350.57–62, 350.A 53, 350.A 60–68 n.F.
[64] Vgl. IDW, WPH Edition, Wirtschaftsprüfung & Rechnungslegung, 15. Aufl. 2017, Kap. L Tz 1049ff. (Ausführungen in der 18. Aufl. des WP-Handbuchs nicht mehr enthalten).
[65] Zur Konkretisierung der GoB zur F&E-Berichterstattung im Konzernlagebericht vgl. DRS 20.48ff.

nen Zahlenangaben mit separaten Rechenwerken des bilanzierenden Unt, z.B. der Kostenrechnung, abzustimmen sein. Soweit Entwicklungskosten nach § 248 Abs. 2 Satz 1 HGB aktiviert worden sind, sind Abstimmungen mit den diesbzgl. Zahlenangaben lt. Anlagespiegel und Anhang (§ 285 Nr. 22 und § 314 Nr. 14 HGB) sowie den Detailangaben in der Anlagenbuchführung vorzunehmen.

Die im Lagebericht (nicht: Konzernlagebericht) nach § 285 Abs. 2 Nr. 4 HGB vorzunehmenden **Angaben zu Zweigniederlassungen** variieren in der Praxis zwischen einer reinen Auflistung (z.B. Liste mit Orten bzw. auch Tätigkeitsschwerpunkten) und weitergehenden Angaben, z.B. zu Umsatzerlösen, Ergebnisbeiträgen oder Mitarbeiterzahlen. Derartige Zahlenangaben sind mit den entsprechenden Zahlen des Jahresabschlusses i.R.d. Einklangprüfung abzustimmen. Die schlichte Auflistung der Niederlassungen der Ges. kann bzgl. der inländischen Niederlassungen mit den Eintragungen im HR der Ges. abgestimmt werden, auch wenn die Eintragung im HR nur deklaratorischen Charakter hat. Bei ausländischen Niederlassungen bestehen regelmäßig vom deutschen Recht abweichende Rechtsvorschriften zur Registrierung bzw. Eintragung, sodass nicht immer vom Vorliegen dem deutschen HR vergleichbarer Register ausgegangen werden kann. Soweit im Lagebericht die Berichterstattung auf die wesentlichen Zweigniederlassungen beschränkt ist oder wenn nicht angabepflichtige Geschäftsstellen, Vertriebsbüros o. Ä. mit angegeben werden, ist dies vom Abschlussprüfer nicht zu beanstanden. **94**

Bei börsennotierten AG sind gem. § 289 Abs. 2 Nr. 5 bzw. § 315 Abs. 2 Nr. 4 HGB die **Grundzüge des Vergütungssystems für die Gesellschaftsorgane** (Vorstand, Aufsichtsrat) anzugeben. Diese Angaben sind mit den entsprechenden Grundlagen (z.B. Vorstandsanstellungsverträge, Satzung) auf Richtigkeit und Vollständigkeit zu überprüfen. Soweit die Angaben nach § 285 Nr. 9 Buchst. a Satz 5–8 bzw. § 314 Abs. 1 Nr. 6 Buchst. a Satz 5–8 HGB anstelle im Anhang/Konzernanhang im Lagebericht/Konzernlagebericht enthalten sind, hat der Abschlussprüfer diese Zahlenangaben mit den im Jahresabschluss/Konzernabschluss enthaltenen Zahlenangaben (z.B. Personalaufwand lt. GuV, Pensionsrückstellungen, Rückstellungen für Tantieme) abzustimmen. **95**

§ 289 Abs. 3 bzw. § 315 Abs. 1 Satz 4 HGB fordert die **Angabe von nicht finanziellen Leistungsindikatoren** im Lagebericht von großen KapG/KapCo-Ges bzw. im Konzernlagebericht soweit diese für das **Verständnis** des Geschäftsverlaufs oder der Lage wesentlich sind. Der Ermessensspielraum des Vorstands bzw. der Geschäftsleitung bei Angabe dieser nicht finanziellen Leistungsindikatoren ist größer als bei finanziellen Leistungsindikatoren, bei denen die gesetzliche Vorschrift eine Angabepflicht bei wesentlicher **Bedeutung** (im Unterschied zu Verständnis) fordert. Soweit Zahlenangaben z.B. zu Mitarbeiterentwicklung, Umweltemissionen oder Investitionen in Umweltschutzanlagen gegeben werden, sind diese mit den entsprechenden Zahlenangaben des Jahresabschlusses/Konzernabschlusses oder anderen betrieblichen Statistiken abzustimmen. Weitere Konkretisierungen der Berichterstattungserfordernisse zu nicht finanziellen Leistungsindikatoren finden sich in DRS 20.107 ff. **96**

Die Berichterstattung für bestimmte börsennotierte AG/KGaA zu **übernahmerechtlichen Angaben und Erläuterungen** gem. § 289 Abs. 4 bzw. § 315 Abs. 4 HGB ist anhand der vertraglichen Regelungen (z.B. Stimmrechtsbindungsver- **97** träge) sowie durch Befragungen von Vorstand, Aufsichtsrat und ggf. anderen relevanten Auskunftspersonen (z. B. Rechtsberater der Ges.) zu prüfen.

98 Die Berichterstattungspflicht im Lagebericht von kapitalmarktorientierten KapG i. S. v. § 264d HGB zu den **wesentlichen Merkmalen des internen Kontroll- und Risikomanagementsystems im Hinblick auf den Rechnungslegungsprozess** (§ 289 Abs. 5, § 315 Abs. 2 Nr. 5 HGB) unterliegt ebenfalls der Einklangprüfung nach § 317 Abs. 2 Satz 1 HGB. Art und Umfang der Darstellung im Lagebericht war mangels konkreter Angaben im Gesetz bzw. der Gesetzesbegründung zunächst unklar. Durch die erfolgte Konkretisierung von GoB zu dieser Berichterstattungspflicht[66] haben sich in der Folge auch die Prüfungsanforderungen an den Abschlussprüfer weiter konkretisiert. „In Einklang stehen" bedeutet daher, dass der Lagebericht kein Bild von der Lage des Unt vermitteln darf, dass von dem abweicht, das durch den Jahresabschluss gegeben wird.

99 Gem. § 312 Abs. 3 Satz 3 AktG hat der Lagebericht einer abhängigen AG/KGaA die **Schlusserklärung zum Abhängigkeitsbericht** des Vorstands zu enthalten. Da der Abhängigkeitsbericht im Falle einer prüfungspflichtigen AG/KGaA ohnehin durch den Abschlussprüfer zu prüfen ist, ergibt sich hieraus keine Erweiterung des Prüfungsumfangs im Zusammenhang mit dem Lagebericht. Ist die Wiedergabe der Schlusserklärung zum Abhängigkeitsbericht nicht im Lagebericht enthalten, unvollständig oder fehlerhaft, ist allerdings der Bestätigungsvermerk zu modifizieren (einzuschränken).[67] Eine Wiedergabe der Schlusserklärung zum Abhängigkeitsbericht im Konzernlagebericht der abhängigen AG ist mangels gesetzlicher Regelung in § 312 Abs. 3 AktG nicht vorgesehen.

100 § 315 Abs. 3 HGB ermöglicht die **Zusammenfassung des Lageberichts des MU mit dem Konzernlagebericht**. In diesem Fall hat der Abschlussprüfer zu prüfen, ob im zusammengefassten Lagebericht der Ges. und des Konzerns die erforderlichen Angaben nach § 289 bzw. § 315 HGB sowohl für das MU wie auch für den Konzern enthalten sind.

101 § 317 Abs. 2 Satz 1 HGB erfordert die Einklangprüfung des Lageberichts nicht nur mit dem Jahresabschluss, sondern auch mit einem **IFRS-Einzelabschluss nach § 325 Abs. 2a HGB**. Auch wenn das Gesetz von einem einheitlichen Lagebericht ausgeht, wird es nicht zu beanstanden sein, wenn die Ges. zwei Lageberichte aufstellt, die sich lediglich in Bezug auf die Darstellung der Vermögens-, Finanz- und Ertragslage und die Beurteilung des Geschäftsergebnisses unterscheiden (§ 321 Rz 149, § 324a Rz 17).

> **Praxis-Beispiel**
> Die A-AG stellt einen handelsrechtlichen Jahresabschluss und für Zwecke der Offenlegung einen IFRS-Einzelabschluss nach § 325 Abs. 2a HGB auf. Zu beiden Abschlüssen wird jeweils ein Lagebericht aufgestellt. Beide Lageberichte unterscheiden sich inhaltlich nur bzgl. der Bezugnahme auf den handelsrechtlichen Jahresabschluss bzw. den IFRS-Einzelabschluss. Durch die Wortwahl in der Überschrift („Lagebericht zum IFRS-Einzelabschluss") wird dem Adressaten der Rechnungslegung verdeutlicht, dass

---

[66] Vgl. DRS 20.K169ff.
[67] Vgl. IDW, WPH Edition, Wirtschaftsprüfung & Rechnungslegung, 18. Aufl. 2023, Kap. M Tz 1176.

noch ein zweiter Lagebericht mit Bezugnahme (Einklang) zum handelsrechtlichen Jahresabschluss existiert.
I. R. d. Offenlegung sind gem. § 325 Abs. 2b HGB der Jahresabschluss, der IFRS-Einzelabschluss sowie beide Lageberichte und der Bestätigungsvermerk des Abschlussprüfers zum IFRS-Einzelabschluss zu veröffentlichen, um die für den IFRS-Einzelabschluss gewünschte Befreiungswirkung zu erzielen.

4.3 Chancen und Risiken der künftigen Entwicklung (Abs. 2 Satz 2)

Die im Lagebericht anzugebenden Chancen und Risiken der künftigen Entwicklung betreffen zukunftsgerichtete Aussagen. Regelmäßig sind hiervon der Prognose- und Risikobericht erfasst. 102

Der frühere **Nachtragsbericht** nach § 289 Abs. 2 Nr. 1 HGB a. F. wurde im Zuge des BilRUG durch eine Verlagerung in den Anhang (§ 285 Nr. 33 HGB) abgelöst. 103

Eine umfassende Prüfung der Geschäftsvorfälle nach dem Abschlussstichtag durch den Abschlussprüfer ist nicht erforderlich. Mögliche Prüfungshandlungen sind:[68] 104
- Durchsicht von Zwischenberichten (Monats- und Quartalsberichte),
- Durchsicht von Protokollen über Sitzungen der gesetzlichen Vertreter,
- Durchsicht von Protokollen über Sitzungen der Aufsichtsgremien,
- Durchsicht von Protokollen über Gesellschafterversammlungen,
- Befragungen der gesetzlichen Vertreter, des Aufsichtsrats und anderer Auskunftspersonen,
- Durchsicht von Berichten der Internen Revision,
- Durchsicht der Aufwendungen für Rechtsberatung und andere Sachverständige zwecks Erlangung von Hinweisen auf wichtige Verträge, Prozesse oder sonstige Ereignisse,
- Beschaffung von neuen Informationen über den Stand schwebender Geschäfte sowie über laufende bzw. drohende Rechtsstreitigkeiten (Aktualisierung der Rechtsanwaltsbestätigung),
- Beschaffung von Informationen über den Stand der steuerlichen Verhältnisse (Veranlagungen, Außenprüfung),
- Einholung und kritische Würdigung einer Vollständigkeitserklärung, die sich auch auf den Lagebericht bezieht.

Die Angaben zu **Chancen und Risiken der künftigen Entwicklung** können vom Abschlussprüfer nicht auf Einklang mit dem Jahresabschluss/Konzernabschluss geprüft werden, da sie zukünftige Zeiträume betreffen, die aufgrund des Stichtagsprinzips im Jahresabschluss/Konzernabschluss nicht abgebildet sind. Hier kann eine Einklangprüfung nur dahingehend erfolgen, ob die den Aussagen zugrunde liegenden Prämissen plausibel erscheinen. 105

Praxis-Beispiel
Der Abschlussprüfer der prüfungspflichtigen AG stellt für das abgelaufene Gj ggü. dem Vj einen Anstieg der Materialeinsatzquote aufgrund gestiegener Rohölpreise fest. Der Vorstand ist bei der Aufstellung der Planung für das

---

[68] Vgl. ISA [DE] 560.7.

> Folgejahr sowie der darauf aufbauenden Mehrjahresplanung davon ausgegangen, dass sich die Rohölpreise um rund 25 % ggü. dem Niveau zum Zeitpunkt der Planerstellung (im Oktober des abgelaufenen Gj) vermindern. Der Rohölpreis hat erhebliche Bedeutung für die Aufwandsstruktur der AG.
> Der Abschlussprüfer kann zu den diesbzgl. Ausführungen im Lagebericht keinen Einklang mit dem Jahresabschluss feststellen. Er kann aber feststellen, ob es Hinweise gibt, die die Annahme des Vorstands stützen, z.B. Branchenreporte und andere externe Quellen. Soweit nach diesen Feststellungen die erwartete Rohölpreisentwicklung als wesentliche Planannahme im Lagebericht angegeben und erläutert wurde, sind diese Darstellungen nicht zu beanstanden.

106 Aus der **fehlenden Möglichkeit der Einklangprüfung** mit dem Jahresabschluss/Konzernabschluss abzuleiten, die Prüfung dieser zukunftsbezogenen Angaben im Lagebericht wäre weniger streng oder intensiv als bei den übrigen Berichtsteilen, ist allerdings nicht zutreffend; die Prüfung ist in diesem Bereich vielmehr als qualitative Prüfung anzulegen. Die Prüfung dieser Angaben hat allerdings zu berücksichtigen, dass der rechnungslegenden Ges. bei den **prognostischen Angaben** ein **größerer Ermessensspielraum** zuzubilligen ist als z.B. bei der Darstellung des Geschäftsverlaufs im abgelaufenen Gj.
Für den Abschlussprüfer ist es aber erforderlich, eine Beurteilung der Vertretbarkeit der von den gesetzlichen Vertretern getroffenen Annahmen vorzunehmen.[69] Dies erfordert, die bedeutsamen Annahmen auf Basis angemessener und ausreichender Prüfungsnachweise nachzuvollziehen. Eine umfassende Beurteilung jeder einzelnen Planungsgrundlage, wie dies z.B. i.R.e. Unternehmensbewertung vorgenommen wird, ist jedoch nicht erforderlich.[70]

107 DRS 20.K169 ermöglicht einen zusammengefassten **Prognose-, Chancen- und Risikobericht**, in den auch die Berichterstattung in Bezug auf die Verwendung von Finanzinstrumenten sowie zum internen Kontrollsystem im Hinblick auf den (Konzern-)Rechnungslegungsprozess integriert werden kann. DRS 20.117 eröffnet den Unt allerdings eine Flexibilität der Berichterstattung, wobei der Grundsatz der Stetigkeit bei der Berichterstattung gleichwohl zu beachten ist. Es ist demnach ebenfalls zulässig, separate Berichtsabschnitte für den Prognose-, Chancen- und Risikobericht zu verwenden.

108 Die **Darstellungen** haben die wesentlichen Chancen und Risiken der künftigen Entwicklungen zu enthalten. Auch wenn in § 317 Abs. 2 Satz 2 HGB das Wort „wesentlich" nicht genannt wird, ergibt sich dies aus der maßgeblichen Rechnungslegungsvorschrift (§ 289 Abs. 1 Satz 4 HGB). Ebenso sind die Begriffspaare **„voraussichtliche Entwicklung"** (§ 289 Abs. 1 Satz 4 HGB) und **„künftige Entwicklung"** (§ 317 Abs. 2 Satz 2 HGB) synonym zu verstehen. Zu Einzelheiten zu den Berichtsinhalten vgl. § 289 Rz 43.

109 Für den Abschlussprüfer sind bei der Prüfung von Prognose-, Chancen- und Risikobericht insb. folgende Prüfungshandlungen relevant:[71]

---

[69] Vgl. IDW PS 350.66, 350.A 71–A 72 n.F.
[70] Vgl. IDW PS 350.A69.
[71] Vgl. IDW PS 350.63–70, 350.A 69–A 79.

- Bei **prognostischen und wertenden Angaben** beurteilt der Abschlussprüfer vor dem Hintergrund der Angaben im Jahresabschluss deren Plausibilität und Übereinstimmung mit seinen während der Abschlussprüfung gewonnenen Erkenntnissen.

110

Praxis-Beispiel
Der Prognosebericht nennt für das Folgejahr einen erwarteten Umsatzanstieg von 15 % bei dem Hauptumsatzträger. Der Abschlussprüfer hat festgestellt, dass der Hauptumsatzträger in den letzten drei Jahren kontinuierlich Umsatzrückgänge erzielt hat. Die dem Abschlussprüfer zugänglichen Informationen (ermittelt aus Gesprächen mit der Vertriebsleitung sowie aus internen Berichten, in denen negative Planabweichungen kommentiert werden) erklären den Umsatzrückgang v.a. mit einem technisch ausgereifteren Konkurrenzmodell. Soweit die Geschäftsführung nicht plausibel begründen kann, warum sie für das Folgejahr diese beachtlichen Zuwachsraten plant (z.B. gesteigerte Werbemaßnahmen, technische Überholung des Produkts), erscheinen die prognostischen Angaben nicht plausibel.

- Die Prüfung der prognostischen Angaben und Wertungen setzt zunächst voraus, dass der Abschlussprüfer sich von der **Zuverlässigkeit und Funktionsfähigkeit des unternehmensinternen Planungssystems** überzeugt, soweit dieses für die Herleitung der Angaben des Lageberichts von Bedeutung ist. Außerdem ist zu prüfen, ob Prognosen und Wertungen als solche gekennzeichnet sind und diesen die tatsächlichen Verhältnisse zugrunde liegen, d.h., ob die Prognosen und Wertungen wirklichkeitsnah sind. Zur Einschätzung der **Prognosesicherheit** des Unt ist ein Vergleich der Vj-Lageberichte mit der tatsächlich eingetretenen Entwicklung vorzunehmen.[72]

111

Praxis-Beispiel
Bereits i.R.d. im November 01 anberaumten Vorprüfung zur Jahresabschlussprüfung 01 setzt sich der Abschlussprüfer mit der unlängst vom Aufsichtsrat genehmigten Planungsrechnung für das Folgejahr auseinander. Im Gj 01 ist eine signifikante Planabweichung festzustellen, die auf den im Frühjahr 01 erfolgten Verlust eines Großkunden (durch Insolvenz) zurückzuführen ist. Hieraus ein unzuverlässiges Planungssystem abzuleiten, wäre eine vorschnelle Beurteilung. Der Abschlussprüfer führt daher einen mehrjährigen Plan-Ist-Vergleich zur Ermittlung der Planungstreue durch, da das Planungssystem sich im Laufe der letzten Jahre nicht grds. verändert hat.
Da dem Prozess der Planerstellung große Bedeutung für die Qualität der daraus abgeleiteten Prognosen zukommt, lässt sich der Abschlussprüfer durch Vorlage von Unterlagen und Befragungen von Mitarbeitern verdeutlichen, wie die Planungsrechnung zustande gekommen ist.
Die wesentlichen Planannahmen (geplante Umsatz- und Kostenentwicklung der bedeutendsten Kostenarten Material und Personal) werden vom Abschlussprüfer durch vom Unt zur Verfügung gestellte Unterlagen (periodi-

---

[72] Vgl. IDW PS 350.68 n.F.

scher Branchenreport des Industrieverbands, dessen Mitglied das prüfungspflichtige Unt ist) und eigene Internet-Recherchen plausibilisiert.

112 • Daneben sind die der Prognose zugrunde liegenden Annahmen über die zukünftige Entwicklung der wesentlichen Einflussfaktoren der wirtschaftlichen Lage vor dem Hintergrund der tatsächlichen Lage auf Vollständigkeit und Plausibilität zu prüfen. Die Prognosen im Lagebericht dürfen nicht von den internen Erwartungen des Unt abweichen. Die Erwartungen müssen realitätsnah sein und die Absichten sowie die Möglichkeiten der Unternehmensführung, bestimmte Handlungen durchzuführen, in angemessener Weise widerspiegeln. Sofern der Eintritt wesentlicher Annahmen nicht mit überwiegender Wahrscheinlichkeit erwartet wird, ist zu erwägen, ob alternative Betrachtungen und ihre Auswirkungen im Lagebericht darzustellen sind, damit die wirtschaftliche Lage ausreichend dargestellt wird.[73]

> **Praxis-Beispiel**
> Im Lagebericht der prüfungspflichtigen GmbH wird ausgeführt, dass für das Folgejahr mit einem Umsatzanstieg in einer Bandbreite von 15–20 % gerechnet wird. Diese Aussage stützt sich auf die im Herbst erstellte Planungsrechnung, die dem Abschlussprüfer plausibel erscheint. Im Prüfungszeitpunkt (Februar des Folgejahrs) stellt der Abschlussprüfer aufgrund der Entwicklung in den ersten beiden Monaten fest, dass ggf. eine deutlich schlechtere Umsatzentwicklung auftreten könnte, da der Auftragseingang bislang signifikant hinter den erwarteten Werten zurückbleibt. In einer ersten Wirkungsanalyse hat das Controlling ein ggü. der Planung um ca. 30 % reduziertes Vorsteuerergebnis als mögliche Konsequenz aufgezeigt.
> Nach den Feststellungen des Abschlussprüfers ist der Eintritt des geplanten Umsatzzuwachses nicht mehr überwiegend wahrscheinlich. Er fordert den Geschäftsführer der GmbH auf, im Lagebericht auf mögliche Unsicherheiten bei der Umsatzerwartung vor dem Hintergrund der neuesten Informationen hinzuweisen und das Alternativszenario aufzuzeigen.

113 • Schließlich ist zu prüfen, ob das verwendete **Prognosemodell** für die jeweilige Problemstellung sachgerecht ist und richtig gehandhabt wurde. So ist z. B. eine **Trendextrapolation** nur dann sinnvoll, wenn von einer relativen Konstanz der unterstellten Ursache-Wirkung-Beziehung ausgegangen werden kann und sich die wesentlichen Einflussgrößen nicht grds. geändert haben (etwa das Produktprogramm bei der Prognose der Umsatzentwicklung).[74]

> **Praxis-Beispiel**
> Die prüfungspflichtige GmbH führt die Hausmüllentsorgung im Stadtgebiet nebst näherem Umland einer süddeutschen Universitätsstadt durch. Laut Lagebericht der GmbH ist für das Folgejahr ein Anstieg der zu erwartenden

---

[73] Vgl. IDW PS 350.69 n. F. Weitergehende Prüfungshandlungen zur Beurteilung geschätzter Werte enthält ISA [DE] 540.A81 ff.
[74] Vgl. IDW PS 350.67, 350.A 76 n. F.

Unternehmensführung im Lagebericht selbst als „ungeprüft" kann nicht verlangt werden, wäre aber wohl nicht zu beanstanden.[84]

Auch wenn die Erklärung zur Unternehmensführung selbst nicht Gegenstand der Abschlussprüfung ist, ergeben sich für den Abschlussprüfer in gewissem Umfang **Prüfungspflichten**. Er hat für den Fall, dass der Lagebericht die Erklärung zur Unternehmensführung nicht enthält, zu prüfen, ob der nach § 289f Abs. 1 Satz 2 HGB erforderliche Verweis auf die Internetseite enthalten ist. Er hat darüber hinaus zu prüfen, ob die Erklärung zur Unternehmensführung **tatsächlich auf der Internetseite öffentlich zugänglich** gemacht worden ist.[85]

121

Ist die Erklärung zur Unternehmensführung Bestandteil des Lageberichts, hat der Abschlussprüfer festzustellen, ob sie in einem **eigenen Berichtsabschnitt**, eindeutig getrennt von den übrigen prüfungspflichtigen Angaben im Lagebericht dargestellt wird und ob sie die Angaben zur Frauenquote gem. § 289f Abs. 4 HGB enthält.[86]

122

Auch wenn die Erklärung zur Unternehmensführung nicht der Abschlussprüfung unterliegt, ist sie einer **kritischen Durchsicht durch den Abschlussprüfer** zu unterziehen.[87] ISA 720 (Revised) [DE] sieht für derartige Informationen („Sonstige Informationen") vor, dass diese vom Abschlussprüfer zu lesen und zu würdigen sind.[88]

123

Bestimmte Gesellschaften[89] müssen dem Lagebericht einen Bericht zur Gleichstellung und Entgeltgleichheit sowie den gem. § 162 AktG aufgestellten Vergütungsbericht beifügen. Für diese Berichte gelten die vorstehenden Regelungen analog.[90]

5 ESEF-Prüfung für Inlandsemittenten (Abs. 3a)

Der durch das ESEF-UmsG[91] vom 12.8.2020 neu geschaffene Abs. 3a[92] sieht eine Erweiterung der Abschlussprüfung von Inlandsemittenten vor. Danach hat der Abschlussprüfer bzw. Konzernabschlussprüfer i.R.d. Prüfung auch zu beurteilen, ob die für Zwecke der Offenlegung erstellten elektronischen Wiedergaben des Jahres- bzw. Konzernabschlusses und die für Zwecke der Offenlegung erstellten elektronischen Wiedergaben des (Konzern-)Lageberichts (sog. „ESEF-Unterlagen") den Vorgaben des § 328 Abs. 1 HGB in allen wesentlichen Belangen entsprechen („ESEF-Prüfung").

124

Inlandsemittenten sind solche Unt, die Wertpapiere auf einem regulierten Markt begeben. § 328 Abs. 1 Satz 4 HGB verpflichtet diese Unt, ihren Jahresabschluss, Konzernabschluss, Lagebericht, Konzernlagebericht und sowie ihre Bilanz- und Lageberichtseide in dem einheitlichen elektronischen Berichtsformat (European Single Electronic Format (ESEF) im XHTML-Format) und weitergehend ihren

125

---

[84] Vgl. Gelhausen/Fey/Kämpfer, BilMoG, 2009, Abschn. S Rz 16.
[85] Vgl. IDW PS 350.83, 350.A 90 n.F.
[86] Vgl. IDW PS 350.84–85 n.F.
[87] Vgl. IDW PS 350.84 n.F.; IDW PS 202.10a n.F.
[88] Vgl. IDW PS 350.82, 86; ISA [DE] 720.14.
[89] Vgl. § 22 Abs. 4 EntgTranspG.
[90] Vgl. IDW PS 350.89 n.F.
[91] Gesetz zur weiteren Umsetzung der Transparenzrichtlinie-Änderungsrichtlinie im Hinblick auf ein einheitliches elektronisches Format für Jahresfinanzberichte v. 12.8.2020, BGBl 2020 I S. 1874.
[92] Bis Inkrafttreten des FISG war dies Abs. 3b.

IFRS-Konzernabschluss zudem mit Auszeichnungen (sog. Tags) nach Maßgabe der Artikel 4 und 6 ESEF-VO offenzulegen.

126 Ausweislich des Gesetzestextes ist die Prüfung der ESEF-Konformität der ESEF-Unterlagen Bestandteil der gesetzlichen Abschlussprüfung von Emittenten, die nach den vom IDW festgestellten deutschen Grundsätzen ordnungsmäßiger Abschlussprüfung (GoA) durchzuführen sind. Prüfungen nach den GoA haben jedoch stets historische Finanzinformationen zum Gegenstand. Demgegenüber erstreckt sich die Prüfung der ESEF-Konformität auf die Beurteilung, ob die betroffenen Einzelinformationen des Abschlusses und des Lageberichts unter Beachtung bestimmter Vorgaben in allen wesentlichen Belangen ordnungsgemäß in ein elektronisches Wiedergabeformat (XHTML-Darstellung) überführt – ohne dass ein Prüfungsurteil über die in den ESEF-Unterlagen enthaltenen Informationen abgegeben wird – und zusätzlich, ob die betroffenen Einzelinformationen des IFRS-Konzernabschlusses nach bestimmten Vorgaben in allen wesentlichen Belangen ordnungsgemäß elektronisch ausgezeichnet worden sind.[93]

Demzufolge muss die Abschlussprüfung insoweit unter Zugrundelegung des ISAE 3000 (Revised) erfolgen. Aufgrund des weiten sachlichen Anwendungsbereichs des ISAE 3000 sind Konkretisierungen der dort sehr allgemein dargestellten Prüfungsanforderungen notwendig, um den betroffenen Abschlussprüfern Hilfestellung bei Durchführung und Berichterstattung dieses Teils der Abschlussprüfung zu gewähren. Mit dem zuletzt am 20.6.2022 verabschiedeten IDW PS 410 liegt eine solche Konkretisierung vor.

127 Der Abschlussprüfer hat bei Prüfung der ESEF-Unterlagen dieselben deutschen handelsrechtlichen und berufsrechtlichen Unabhängigkeitsvorschriften, dieselben Unabhängigkeitsvorschriften der EU-Abschlussprüferverordnung sowie dieselben sonstigen deutschen Berufspflichten einzuhalten, die auch für die Prüfung des Abschlusses und des Lageberichts gelten.[94]

128 Da es sich bei der Prüfung um eine gesetzliche Erweiterung der gesetzlichen Abschluss- bzw. Konzernabschlussprüfung handelt, bedarf die Prüfung der ESEF-Unterlagen keiner eigenständigen Bestellung, einschl. Beauftragung.[95]

129 Bei der Prüfungsplanung und -durchführung hat eine enge Abstimmung mit der Planung und Durchführung der Prüfung des Abschlusses und Lageberichts zu erfolgen. Insb. sind folgende Aspekte zu beachten:[96]
- Festlegung einer Prüfungsstrategie, wie z.B. Nutzung der Arbeit eines für den Abschlussprüfer tätigen Sachverständigen, Umgang mit freiwillig vorgenommenen iXBRL-Auszeichnungen;
- Wesentlichkeitsüberlegungen (technische Gültigkeit der geprüften ESEF-Unterlagen ist notwendige Voraussetzung für die ESEF-Konformität, Orientierung an den für die Prüfung von Abschluss und Lagebericht festgelegten Wesentlichkeitsgrenzen);
- Erlangung eines Verständnisses von den Umständen der Prüfung (interne Kontrollen zur Erfüllung der Vorgaben der ESEF-VO an die technische Gültig-

---

[93] Vgl. IDW PS 410.5.
[94] Vgl. IDW PS 410.17.
[95] Vgl. IDW PS 410.18.
[96] Vgl. im Einzelnen IDW PS 410.

keit der geprüften Unterlagen, interne Kontrollen zur Erstellung einer inhaltsgleichen XHTML-Wiedergabe des geprüften Abschlusses und Lageberichts);
- Identifizierung und Beurteilung der Risiken wesentlicher Verstöße (Verstöße hinsichtlich der technischen Gültigkeit der ESEF-Unterlagen, der XHTML-Wiedergabe sowie der iXBRL-Auszeichnung, wenn einschlägig);
- Erlangung von ausreichenden geeigneten Prüfungsnachweisen für die Wirksamkeit der internen Kontrollen bzgl. der Erstellung der ESEF-Unterlagen;
- Andere Prüfungshandlungen zur Reaktion auf die beurteilten Risiken wesentlicher Verstöße (Beurteilungen der technischen Gültigkeit der ESEF-Unterlagen, der XHTML-Wiedergabe und der iXBRL-Auszeichnung);
- Auswertung der Prüfungsfeststellungen und Bildung eines Prüfungsurteils;
- Berichterstattung (gesonderter Vermerk im Bestätigungsvermerk, Ergänzung des Prüfungsberichts);
- Kommunikation mit den für die Überwachung Verantwortlichen;
- Nachträgliche Ereignisse (angemessene Reaktion auf Sachverhalte die dem Abschlussprüfer erst nach dem Tag der Erteilung des Bestätigungsvermerks bekannt werden).

6 Prüfung des Ertragsteuerinformationsberichts (Abs. 3b)

Die in Jahr 2023 neu geschaffene Vorschrift verpflichtet den Abschlussprüfer zu prüfen, ob das Unt verpflichtet ist, gem. § 342m Abs. 1 oder 2 HGB für das dem zu prüfenden Gj vorhergehende Gj einen Ertragsteuerinformationsbericht offenzulegen und (nur für den Fall des § 342 Abs. 1 HGB) ob das Unt dieser Verpflichtung nachgekommen ist.

Aufgrund der Übergangsregelung in Art 90 EGHGB kommt die Vorschrift bei kalendergleichem Gj erstmals für das Gj 2026 zur Anwendung. Auf eine weitergehende Kommentierung wird zum jetzigen Zeitpunkt verzichtet, da es noch keine Anwendungsfälle gibt. Dies bleibt einer Folgeauflage vorbehalten.

7 Prüfung des Risikofrüherkennungssystems (Abs. 4)

7.1 Prüfungspflicht

§ 317 Abs. 4 HGB sieht für börsennotierte AG eine Beurteilung der nach § 91 Abs. 2 AktG zu treffenden Maßnahmen hinsichtlich deren Geeignetheit vor.

Börsennotiert bestimmt sich nach § 3 Abs. 2 AktG und setzt die Zulassung von Aktien zu einem von staatlich anerkannten Stellen geregelten und überwachten Markt voraus. Dieser Markt muss regelmäßig stattfinden und unmittelbar oder mittelbar für das Publikum zugänglich sein. In Deutschland erfüllt diese Kriterien der **regulierte Markt**. Nicht börsennotiert i.S.v. § 3 Abs. 2 AktG sind AG/KGaA/SE, die Aktien am Open Market (Freiverkehr) begeben haben, z.B. das Segment Scale der Börse Frankfurt oder M:access der Börse München. Für den Jahresabschluss von Unt, die Aktien am Open Market begeben haben, besteht somit keine Prüfungspflicht nach Abs. 4.

133 Eine **Prüfungspflicht** kann sich auch für nicht börsennotierte Ges. ergeben, wenn diese im Risikobericht des Lageberichts auf das **Risikofrüherkennungssystem** eingehen.[97] Allerdings ist diese Prüfung dann Teil der Prüfung des Lageberichts, was Konsequenzen für die Berichterstattung des Abschlussprüfers im Prüfungsbericht hat, da auch in diesen Fällen nicht in einem separaten Abschnitt des Prüfungsberichts gem. § 321 Abs. 4 HGB zu berichten ist (§ 321 Rz 133). Ist allerdings der Prüfungsauftrag bei nicht börsennotierten Ges. um die Prüfung des Risikofrüherkennungssystems erweitert, so hat die **Berichterstattung** in einem separaten Berichtsabschnitt zu erfolgen. Für eine derartige Erweiterung des Prüfungsauftrags bedarf es einer ausdrücklichen Vereinbarung im Prüfungsauftrag. Als Folge daraus ist das Risikofrüherkennungssystem in einem entsprechenden Umfang gem. Abs. 4 zu prüfen.[98]

134 § 91 Abs. 2 AktG gilt nicht nur für börsennotierte AG/KGaA/SE, sondern für sämtliche Ges. dieser Rechtsformen. Die vom Gesetzgeber in der Gesetzesbegründung bei Einführung von § 91 Abs. 2 AktG erwartete **Ausstrahlungswirkung** auf Geschäftsführer anderer Gesellschaftsformen – insb. die GmbH –, die eine vergleichbare Größe und Komplexität der Struktur aufweisen,[99] ist hinreichend diskutiert worden.[100] Während die Beurteilung von Risikofrüherkennungssystemen anderer Gesellschaftsformen als AG/KGaA/SE auch aus anderen Gründen für den Abschlussprüfer erforderlich sein kann (z.B. Beurteilung des Vorliegens von Unregelmäßigkeiten wegen Verletzung von Sorgfaltspflichten (§ 321 Rz 139) oder i.R.d. Prüfung der Ordnungsmäßigkeit der Geschäftsführung nach § 53 HGrG[101]), ist die Prüfungspflicht nach § 317 Abs. 4 HGB auf börsennotierte AG/KGaA/SE beschränkt und bei allen anderen Gesellschaftsformen nicht unmittelbarer Gegenstand der Abschlussprüfung.[102] Dies gilt auch für nicht in der Rechtsform der AG betriebene Kreditinstitute und VersicherungsUnt, die dennoch nach § 25a KWG bzw. § 34 Abs. 2 VAG explizit ein Risikofrüherkennungssystem entsprechend § 91 Abs. 2 AktG einzurichten haben.[103]

7.2 Prüfungsdurchführung

135 **Prüfungsobjekt** ist das **Risikofrüherkennungssystem** i.S.v. § 91 Abs. 2 AktG. Grundelemente der Maßnahmen nach § 91 Abs. 1 AktG sind:[104]
- **Risikokultur**: umfasst als Teil der Unternehmenskultur die grds. Einstellung und die Verhaltensweisen beim Umgang mit Risiken. Sie beeinflusst maßgeblich das Risikobewusstsein im Unt und bildet die Grundlage für die Schaffung angemessener und wirksamer Maßnahmen nach § 91 Abs. 2 AktG.

---

[97] Vgl. Marten/Köhler/Neubeck, in Baetge/Kirsch/Thiele, Bilanzrecht, § 317 HGB Rz 152.1, Stand: 7/2019.
[98] Vgl. Gelhausen, BFuP 1999, S. 395; Eggemann/Konradt, BB 2000, S. 506.
[99] Vgl. BT-Drs. 13/9712 28.1.1998 S. 15.
[100] Zustimmend Lück, DB 1998, S. 1925; ADS, Rechnungslegung und Prüfung der Unternehmen, 6. Aufl. 1995–2001, § 317 HGB Rz 18; Schmidt/Almeling, in Beck Bil-Komm., 12. Aufl. 2020, § 317 HGB Rz 76; ablehnend: Lenz/Ostrowski, BB 1997, S. 1527.
[101] Vgl. IDW PS 720.20, Fragenkreis 4.
[102] Vgl. IDW, WPH-Edition, Wirtschaftsprüfung & Rechnungslegung, 18. Aufl. 2023, Kap. O Tz 20.
[103] Vgl. Marten/Köhler/Neubeck, in Baetge/Kirsch/Thiele, Bilanzrecht, § 317 HGB Rz 156, Stand: 7/2019.
[104] Entnommen aus IDW PS 340.13–21 n.F.

- **Ziele der Maßnahmen**: Die Maßnahmen nach § 91 Abs. 2 AktG sind darauf ausgerichtet, diejenigen Entwicklungen frühzeitig zu identifizieren, die nach den gegebenen Umständen den Fortbestand des Unt gefährden. Dazu gehört, dass vor dem Hintergrund der unternehmensindividuellen Verhältnisse, die Risikotragfähigkeit des Unt bestimmt wird und dass analysiert und festgelegt wird, wie frühzeitig bestandsgefährdende Entwicklungen identifiziert werden.
- **Organisation der Maßnahmen**: Verantwortungsbereiche und Rollen in Bezug auf die Maßnahmen nach § 91 Abs. 2 AktG sind klar geregelt, abgegrenzt, kommuniziert und dokumentiert. Die Aufgabenträger erfüllen die erforderlichen persönlichen und fachlichen Voraussetzungen. Es stehen ausreichende Ressourcen für Maßnahmen zur frühzeitigen Identifizierung, Bewertung, Steuerung und Überwachung bestandsgefährdender Entwicklungen zur Verfügung. Die wesentlichen Regelungen zur Aufbau- und Ablauforganisation sind dokumentiert und verbindlich vorgegeben.
- **Risikoidentifikation**: Eine Risikoidentifikation als Grundelement der Maßnahmen nach § 91 Abs. 2 AktG umfasst die regelmäßige und systematische Identifizierung von Risiken, die einzeln oder im Zusammenwirken mit anderen Risiken zu bestandsgefährdenden Entwicklungen führen können. Die identifizierten Risiken werden in einem Risikoinventar systematisch dokumentiert.
- **Risikobewertung**: Identifizierte Risiken werden vor dem Hintergrund der Risikotragfähigkeit des Unt im Hinblick auf deren Eintrittswahrscheinlichkeit und mögliche Auswirkungen systematisch bewertet. Bewertungsverfahren und -kriterien sind eindeutig definiert. Risiken werden systematisch aggregiert. Interdependenzen werden analysiert und berücksichtigt.
- **Risikosteuerung**: Auf der Grundlage der identifizierten und bewerteten Risiken trifft der Vorstand Entscheidungen über geeignete Mittel zur Sicherung des Fortbestands des Unt (z.B. Risikovermeidung, Risikoreduktion, Risikoteilung bzw. -transfer).
- **Risikokommunikation**: Die Risikokommunikation gewährleistet einen angemessenen Informationsfluss im Zusammenhang mit bestandsgefährdenden Entwicklungen. Dies umfasst einen standardisierten Berichtsprozess auf der Basis konkreter Zuständigkeiten, Periodizitäten, Schwellenwerte und Berichtsformate sowie angemessene Informations- und Schulungsmaßnahmen. Für eilbedürftige Risikomeldungen ist ein Berichtsprozess etabliert, der eine unverzügliche Übermittlung der relevanten Informationen an den Vorstand sicherstellt. Für die Risikobewertung werden die entscheidungsrelevanten Informationen gesammelt, auf ihre Zuverlässigkeit überprüft und aktualisiert.
- **Überwachung und Verbesserung**: Die Einhaltung der getroffenen Maßnahmen nach § 91 Abs. 2 AktG wird durch eine prozessintegrierte und prozessunabhängige Überwachung sichergestellt. Die Ergebnisse der Überwachungsmaßnahmen werden in geeigneter Form berichtet und ausgewertet, erforderliche Verbesserungsmaßnahmen werden ergriffen und Mängel beseitigt. Die Aktualität und Angemessenheit der Maßnahmen nach § 91 Abs. 2 AktG wird regelmäßig überprüft.

136 > **Praxis-Beispiel**
> Die börsennotierte AG wird von einem wichtigen Kunden auf Schadenersatz wegen fehlerhafter Produkte (Nichteinhaltung von technischen Standards) verklagt. Zur Prüfung des Risikofrüherkennungssystems gehört die Beurteilung der eingerichteten Verfahrensweisen, die eine schnelle Identifikation und Bewertung des Risikos aus der Klage sicherstellen.
> Darüber hinaus ist aber auch der weitere Umgang mit den Risiken für den Abschlussprüfer von Bedeutung. Wenn bspw. durch geeignete Maßnahmen des Risikomanagements vom Vorstand ein Vergleich mit dem klagenden Kunden herbeigeführt werden kann, bevor von der Gegenseite öffentlichkeitswirksam das Verschulden der AG kommuniziert wird, kann dies Auswirkungen für den Abschlussprüfer hinsichtlich der Beurteilung der bilanziellen Behandlung des Risikos und der Darstellung des Risikos im Lagebericht haben.

137 Die **Prüfungsdurchführung** betrifft die Bereiche
- Feststellung der getroffenen Maßnahmen i. S. v. § 91 Abs. 2 AktG,
- Beurteilung der Eignung der getroffenen Maßnahmen und
- Prüfung der Einhaltung der vorgesehenen Maßnahmen (Wirksamkeit).

138 Die **Feststellung der getroffenen Maßnahmen** erfolgt anhand der **Dokumentation des Risikofrüherkennungssystems**, sofern diese nicht offensichtlich fehlerhaft ist. Der Abschlussprüfer hat sich u. a. durch Befragungen ein angemessenes Verständnis von der Grundeinstellung der Unternehmensleitung zum Umgang mit bestandsgefährdenden Entwicklungen unter Berücksichtigung der Risikotragfähigkeit sowie des Risikobewusstseins des Vorstands und der Mitarbeiter des Unt zu verschaffen.[105] Die **Dokumentation** des Risikofrüherkennungssystems obliegt dem Vorstand des zu prüfenden Unt. Regelmäßig bietet sich die Dokumentation in einem **Risikohandbuch** an, in dem die o.g. Maßnahmen beschrieben und damit nachvollziehbar dokumentiert sind. Der Abschlussprüfer sollte frühzeitig auf die Notwendigkeit einer Dokumentation hinweisen, um dem Unt ggf. die Möglichkeit zur nachträglichen Dokumentation vor Beginn der Abschlussprüfung zu geben. Eine **fehlende Dokumentation** des Risikofrüherkennungssystems wird von der Rechtsprechung als **schwerwiegender Verstoß** gegen die gesetzlichen Pflichten beurteilt.[106]

139 Die **Beurteilung der getroffenen Maßnahmen**, ob diese grds. geeignet sind, bestandsgefährdende Risiken rechtzeitig zu erkennen, umfasst Prüfungshandlungen zur Feststellung, ob alle wesentlichen Risikoarten systematisch erkannt, bewertet und kommuniziert werden und ob alle Risikofelder durch die identifizierten Risiken bzw. Risikoarten abgedeckt sind.[107] Dies kann auch die Hinzuziehung von Sachverständigen erfordern.

> **Praxis-Beispiel**
> Die Beurteilung, ob der Versicherungsschutz für bestimmte Risiken (z.B. Betriebsunterbrechungsversicherung) angemessen ist, erfordert häufig das Hinzuziehen eines Versicherungsfachmanns.

---

[105] Vgl. IDW PS 340.34 n. F.
[106] Vgl. LG München I, Urteil v. 5.4.2007, 5 HKO 15964/06, ZIP 2007, S. 1951.
[107] Vgl. IDW PS 340.39 n. F.

> In der Praxis wird dies zumeist vom Unt in der Form vorgenommen, dass regelmäßig die Angemessenheit des Versicherungsschutzes durch Versicherungsfachleute beurteilt wird. Der Abschlussprüfer wird sich in diesen Fällen insb. davon zu überzeugen haben, welche Konsequenzen aus der Beurteilung des Versicherungsfachmanns gezogen wurden, ob z. B. Versicherungssummen an ein gestiegenes Geschäftsvolumen angepasst wurden.

Die **Prüfung der Einhaltung der vorgesehenen Maßnahmen** zielt auf die Wirksamkeit der eingerichteten Maßnahmen ab. Übliche Prüfungshandlungen sind die Prüfung erfolgter Vorgänge sowie Befragung und Beobachtung. Als **Funktionsprüfungen** kommen in Betracht:[108] 140

- Durchsicht von Unterlagen zur Risikoerfassung, um beurteilen zu können, ob die zuständigen Stellen die ihnen zugewiesenen Aufgaben verstanden und wie vorgesehen wahrgenommen haben,
- Durchsicht der Unterlagen zur Risikokommunikation auf den verschiedenen hierarchischen Stufen und in unterschiedlichen Funktionsbereichen, um beurteilen zu können, ob die erkannten Risiken ordnungsgemäß analysiert und die Informationen an die zuständige Stelle weitergeleitet wurden,
- Befragungen und Beobachtungen zur Einhaltung der eingerichteten Kontrollmaßnahmen (z. B. Einhaltung von Meldegrenzen),
- Durchsicht von Prüfungsprogrammen und Arbeitspapieren der internen Revision.

7.3 Berichterstattung

§ 321 Abs. 4 HGB sieht die Berichterstattung des Abschlussprüfers über die Ergebnisse der Prüfung nach § 317 Abs. 4 HGB in einem gesonderten Abschnitt des **Prüfungsberichts** vor (§ 321 Rz 133). 141

Eine Berichterstattung im **Bestätigungsvermerk** kommt grds. nicht in Betracht, es sei denn, ein Prüfungshemmnis (§ 322 Rz 81) liegt vor oder festgestellte Mängel sind gleichzeitig als Mängel in der Buchführung zu qualifizieren. 142

Gegen die Nichtberücksichtigung festgestellter Mängel im Bestätigungsvermerk ist verschiedentlich Kritik vorgebracht worden, da dies das Ziel einer Abschlussprüfung, die Beseitigung der **Informationsasymmetrie** zwischen dem Management und allen am Unternehmenserfolg Beteiligten, nicht berücksichtige.[109] Hiergegen kann vorgebracht werden, dass dies vom Gesetzgeber aus gutem Grund nicht vorgenommen wurde, da der Bestätigungsvermerk, anders als der Prüfungsbericht, gerade auch für die Öffentlichkeit bestimmt ist (zu den Adressaten des Bestätigungsvermerks siehe § 322 Rz 11). Die Berichterstattung des Abschlussprüfers ist vom Gesetzgeber dreistufig vorgesehen, nämlich im Bestätigungsvermerk, im Prüfungsbericht und in der mündlichen Berichterstattung an den Aufsichtsrat gem. § 171 Abs. 1 AktG. Dem Bestätigungsvermerk kommt als komprimiertem Gesamturteil zur Abschlussprüfung die Aufgabe der Information der Öffentlichkeit über die Ordnungsmäßigkeit der Rechnungslegung zu. Nach der hier vertretenen Auffassung erscheint es sachgerecht, festgestellte Mängel im Risikofrüherkennungssystem nicht an derart prominenter Stelle in die Öffentlichkeit zu bringen, 143

---

[108] Vgl. IDW PS 340.43, PS 340.A48 n. F.
[109] Vgl. Marten/Quick/Ruhnke, Wirtschaftsprüfung, 6. Aufl. 2020, S. 329; Pollanz, DB 2001, S. 1325.

da dies auch eine ansonsten ordnungsgemäße Rechnungslegung in ihrer Wahrnehmung durch die Öffentlichkeit beeinträchtigen könnte. Soweit allerdings bestandsgefährdende Risiken festzustellen sind, hat der Abschlussprüfer – unabhängig davon, ob diese vom Risikofrüherkennungssystem rechtzeitig, verspätet oder gar nicht identifiziert, bewertet und kommuniziert wurden – hierauf im Bestätigungsvermerk einzugehen (§ 322 Abs. 2 Satz 3 HGB).

144 Da die angesprochene **Informationsasymmetrie** besteht, hat der Gesetzgeber die Berichterstattung im Lagebericht um die wesentlichen Merkmale des internen Kontroll- und Risikomanagementsystems im Hinblick auf den Rechnungslegungsprozess für kapitalmarktorientierte KapG vorgesehen (§ 289 Abs. 5 HGB) und auch die mündliche Berichterstattung des Abschlussprüfers an den Aufsichtsrat um die Berichterstattung über wesentliche Schwächen des internen Kontroll- und Risikomanagementsystems bezogen auf den Rechnungslegungsprozess ergänzt (§ 171 Abs. 1 Satz 2 AktG).

8 International Standards on Auditing-Anwendung (Abs. 5)

145 § 317 Abs. 5 HGB dient der Umsetzung von Art. 26 Abs. 1 der Abschlussprüferrichtlinie,[110] nach dem die EU-Mitgliedstaaten die Abschlussprüfer zu verpflichten haben, die nach Art. 48 Abs. 2 der Abschlussprüferrichtlinie von der EU übernommenen internationalen Prüfungsstandards bei der Durchführung von Abschlussprüfungen anzuwenden. Entsprechend diesen Vorgaben weist Abs. 5 den Abschlussprüfer an, die von der EU übernommenen **International Standards of Auditing (ISA)** bei der Durchführung von Abschlussprüfungen anzuwenden. Auch wenn in Abs. 5 HGB allgemein von „internationalen Prüfungsstandards" gesprochen wird, sind die in Art. 2 Nr. 11 der Abschlussprüferrichtlinie genannten **ISA** des IAASB der IFAC gemeint.[111] Abs. 5 wurde mit dem AReG redaktionell an den überarbeiteten Art. 26 der Abschlussprüferrichtlinie angepasst.

146 Bislang sind von der EU noch keine ISA übernommen worden, obwohl die der Regelung zugrunde liegende Abschlussprüferrichtlinie schon viele Jahre vorliegt. Der Hintergrund dafür war zunächst, dass vor Übernahme der ISA die Beendigung des sog. Clarity Project durch den die ISA erlassenden Standardsetter, das IAASB, abgewartet werden sollte. Mit dem Clarity Project wurden die ISA insgesamt harmonisiert und in diesem Zusammenhang entweder „redraftet" (neu strukturiert und formuliert) oder „revised and redrafted" (inhaltlich aktualisiert sowie neu strukturiert und formuliert). Nachdem das Clarity Project abgeschlossen war, wurden die sog. clarified ISA am 3.3.2009 vom PIOB (Public Interest Oversight Board), dem Aufsichtsorgan über das Standard-Setting-Verfahren des IAASB, genehmigt.[112]

147 Die ISA entfalten bereits seit Langem auch auf die deutschen Prüfungsgrundsätze Wirkung. Da sowohl IDW als auch WPK Mitglied der IFAC sind, werden die ISA seit 1998 i. R. d. Entwicklung der IDW PS in **deutsche Prüfungsgrundsätze** transformiert. Somit haben die clarified ISA auch ohne bislang erfolgte Über-

---

[110] Richtlinie 2006/43/EG des Europäischen Parlaments und des Rates v. 17.5.2006 über Abschlussprüfungen von Jahresabschlüssen und konsolidierten Abschlüssen, ABl. EU L 157/87 v. 9.6.2006.
[111] Vgl. BT-Drs. 16/10067 v. 30.7.2008 S. 87.
[112] Vgl. Ferlings, WPg 6/2009, S. M 1.

nahme durch die EU in den deutschen Prüfungsstandards eine inhaltliche Berücksichtigung gefunden.[113]
Die durch die vom IDW verabschiedeten ISA [DE] in Kombination mit den weiter anzuwendenden IDW PS sind vom Berufsstand anzuwenden, sodass auch ohne unmittelbare Rechtswirkung des § 317 Abs. 5 HGB Abschlussprüfungen in Deutschland ISA-konform durchzuführen sind. Dies gilt auch für nach den speziellen Regelungen für weniger komplexe Einheiten vorliegenden IDW PS KMU (Rz 48).

Die EU-weite Umsetzung der ISA-Anwendung ist derzeit nicht absehbar, sodass § 317 Abs. 5 HGB gesetzestechnisch wohl noch längere Zeit ohne Wirkung bleiben wird. Durch die vom Berufsstand vorgenommene Anwendung der ISA-DE sind die ISA materiell bereits in Deutschland anzuwenden.

Da auch bei **freiwilligen Abschlussprüfungen** regelmäßig ein Bestätigungsvermerk erteilt werden soll, gelten die vorgenannten Rechtsfolgen auch in diesen Fällen, anderenfalls darf kein Bestätigungsvermerk nach § 322 HGB, sondern lediglich eine Bescheinigung erteilt werden (§ 322 Rz 183).

Tab. 1 gibt einen Überblick über die Struktur der ISA.

ISA	Bezeichnung	
200–299	Allgemeine Grundsätze und Verantwortlichkeiten	
	200	Übergreifende Zielsetzungen des unabhängigen Prüfers und Grundsätze einer Prüfung in Übereinstimmung mit den ISA
	210	Vereinbarung der Auftragsbedingungen für Prüfungsaufträge
	220	Qualitätssicherung bei einer Abschlussprüfung
	230	Prüfungsdokumentation
	240	Die Verantwortung des Abschlussprüfers bei dolosen Handlungen
	250	Berücksichtigung von Auswirkungen von Gesetzen und anderen Rechtsvorschriften auf den Abschluss bei einer Abschlussprüfung
	260	Kommunikation mit den für die Überwachung Verantwortlichen
	265	Mitteilung über Mängel im internen Kontrollsystem an die für die Überwachung Verantwortlichen und das Management

---

[113] Vgl. Ferlings, WPg 6/2009, S. M 1.

ISA		Bezeichnung
300–499		**Risikobeurteilung und Reaktionen auf beurteilte Risiken**
	300	Planung einer Abschlussprüfung
	315	Identifizierung und Beurteilung der Risiken wesentlicher falscher Darstellungen aus dem Verstehen der Einheit und ihres Umfelds
	320	Die Wesentlichkeit bei der Planung und Durchführung einer Abschlussprüfung
	330	Die Reaktionen des Abschlussprüfers auf beurteilte Risiken
	402	Überlegungen bei der Abschlussprüfung von Einheiten, die Dienstleister in Anspruch nehmen
	450	Die Beurteilung der während der Abschlussprüfung festgestellten falschen Darstellungen
500–599		**Prüfungsnachweise**
	500	Prüfungsnachweise
	501	Prüfungsnachweise – besondere Überlegungen zu ausgewählten Sachverhalten
	505	Externe Bestätigungen
	510	Eröffnungsbilanzwerte bei Erstprüfungsaufträgen
	520	Analytische Prüfungshandlungen
	530	Stichprobenprüfungen
	540	Die Prüfung geschätzter Werte in der Rechnungslegung einschl. geschätzter Zeitwerte und der damit zusammenhängenden Abschlussangaben
	550	Nahestehende Personen
	560	Ereignisse nach dem Abschlussstichtag
	570	Fortführung der Unternehmenstätigkeit
	580	Schriftliche Erklärungen
600–699		**Verwertung der Arbeiten anderer**
	600	Besondere Überlegungen zu Konzernabschlussprüfungen (einschl. der Tätigkeit von Teilbereichsprüfern)
	610	Verwertung der Arbeit interner Prüfer
	620	Verwertung der Arbeit eines Sachverständigen des Abschlussprüfers

ISA	Bezeichnung
700–799	**Schlussfolgerungen der Abschlussprüfung und Erteilung des Vermerks**
	700 Bildung eines Prüfungsurteils und Erteilung eines Vermerks zum Abschluss
	701 Berichterstattung über besonders wichtige Prüfungssachverhalte
	705 Modifizierungen des Prüfungsurteils im Vermerk des unabhängigen Abschlussprüfers
	706 Hervorhebung eines Sachverhalts und Hinweis auf sonstige Sachverhalte durch Absätze im Vermerk des unabhängigen Abschlussprüfers
	710 Vergleichsinformationen – Vergleichszahlen und Vergleichsabschlüsse
	720 Die Pflichten des Abschlussprüfers im Zusammenhang mit sonstigen Informationen in Dokumenten, die den geprüften Abschluss enthalten
800–899	**Besondere Bereiche**
	800 Besondere Überlegungen bei Prüfungen von Abschlüssen, die aufgestellt sind in Übereinstimmung mit einem Regelwerk für einen speziellen Zweck
	805 Besondere Überlegungen bei Prüfungen von einzelnen Finanzaufstellungen und bestimmten Bestandteilen, Konten oder Posten einer Finanzaufstellung
	810 Auftrag zur Erteilung eines Vermerks zu einem verdichteten Abschluss

Tab. 1: Struktur der ISA[114]

9   Rechtsverordnung (Abs. 6)

§ 317 Abs. 6 HGB stellt eine Ermächtigung für das BMJV (zwischenzeitlich umbenannt in BMWi) dar, eine Rechtsverordnung zu erlassen, um zusätzlich zu den gem. Abs. 5 zwingend anzuwendenden ISA weitere Abschlussprüfungsanforderungen vorzuschreiben (sog. add-ons). Die vor dem AReG enthaltene Möglichkeit, die Nichtanwendung von Teilen der ISA vorzugeben, wenn dies durch den Umfang der Abschlussprüfung bedingt ist und den Prüfungszielen des § 317 Abs. 1–4 HGB dient (sog. carve-outs), ist mit dem AReG gestrichen worden. Der Erlass der Rechtsverordnung hat im Einvernehmen mit dem BMWi zu erfolgen und bedarf nicht der Zustimmung des Bundesrats.

---

[114] Vgl. IAASB-Handbook 2021, Übersetzungen aus ISA-DE.

152 Auch früher schon wäre der deutsche Gesetzgeber durch die EU-Vorgaben ermächtigt gewesen, eigene nationale Prüfungsgrundsätze vorzugeben, wie dies in anderen Ländern tw. erfolgt ist. Von dieser Ermächtigung hat der deutsche Gesetzgeber aber keinen Gebrauch gemacht, da er keinen Bedarf gesehen hat, über die vom Berufsstand entwickelten Prüfungsgrundsätze hinaus weitere Prüfungsvorgaben zu machen. Er hat allerdings in der Vergangenheit ergänzende Anforderungen in die gesetzlich vorgegebenen Prüfungsziele aufgenommen, indem er bspw. die Prüfung des Risikofrüherkennungssystems börsennotierter AG im Zuge des KonTraG als Prüfungsgegenstand definiert hat. Die im Gesetz angelegte Möglichkeit, zusätzliche nationale Anforderungen zu definieren, geht auf eine entsprechende Ermächtigung in Art. 26 Abs. 3 der Abschlussprüferrichtlinie zurück, die auch in den vorgeschlagenen Änderungen zur Abschlussprüferrichtlinie enthalten ist.

153 Unabhängig von der Übernahme der ISA durch die EU könnte das BMJV von der Ermächtigungsvorschrift bereits jetzt Gebrauch machen und zusätzliche Prüfungsanforderungen per Rechtsverordnung vorgeben. Derzeit ist aber nicht ersichtlich, dass hier entsprechende Absichten bestehen.

154 Während die Abschlussprüferrichtlinie die Mitgliedstaaten ermächtigt, nationale Prüfungsstandards, Prüfverfahren und Prüfungsanforderungen zur Berücksichtigung nationaler Besonderheiten als gesetzliche Regelungen vorzuschreiben, hat der deutsche Gesetzgeber in § 317 Abs. 6 HGB ausschl. zusätzliche Prüfungsanforderungen vorgesehen. Diese zusätzlichen Prüfungsanforderungen aufgrund nationaler Besonderheiten könnten bspw. auf die Prüfung des Risikofrüherkennungssystems bei börsennotierten AG abstellen, da es sich hierbei um deutsche Besonderheiten handelt. Die Beschränkung auf **Prüfungsanforderungen** bringt den Willen des deutschen Gesetzgebers zum Ausdruck, die bewährte Praxis im Berufsstand, Abschlussprüfungsverfahren und Prüfungsmethodik durch selbst auferlegte Vorgaben (IDW PS) zu bestimmen, beizubehalten.[115]

10 CSRD-Umsetzungsgesetz

155 Zum Zeitpunkt des Redaktionsschlusses dieser Kommentierung lag noch keine endgültige Gesetzesfassung des CSRD-Umsetzungsgesetzes vor. Auf Basis des Regierungsentwurfs zum CSRD-Umsetzungsgesetz sind folgende Änderungen in § 317 HGB vorgesehen:
Die Abs. 1, 3, 3a, 3b, 4a und 6 der Vorschrift bleiben unverändert.
In Abs. 2 werden aufgrund der geplanten Änderungen beim Lagebericht (§§ 289, 289a und 289f HGB) und Konzernlagebericht (§§ 315, 315a und 315d HGB) die Verweise auf die entsprechenden Normen geändert werden.
In Abs. 5 soll der Verweis auf die internationalen Prüfungsstandards, die von der EU nach Art. 26 Abs. 3 der Richtlinie 2006/43/EG angenommen worden sind, aktualisiert werden.

---

[115] Vgl. BT-Drs. 16/10067 v. 30.7.2008 S. 88.

§ 318 Bestellung und Abberufung des Abschlussprüfers

(1) ¹Der Abschlußprüfer des Jahresabschlusses wird von den Gesellschaftern gewählt; den Abschlußprüfer des Konzernabschlusses wählen die Gesellschafter des Mutterunternehmens. ²Bei Gesellschaften mit beschränkter Haftung und bei offenen Handelsgesellschaften und Kommanditgesellschaften i. S. d. § 264a Abs. 1 kann der Gesellschaftsvertrag etwas anderes bestimmen. ³Der Abschlußprüfer soll jeweils vor Ablauf des Geschäftsjahrs gewählt werden, auf das sich seine Prüfungstätigkeit erstreckt. ⁴Die gesetzlichen Vertreter, bei Zuständigkeit des Aufsichtsrats dieser, haben unverzüglich nach der Wahl den Prüfungsauftrag zu erteilen. ⁵Der Prüfungsauftrag kann nur widerrufen werden, wenn nach Absatz 3 ein anderer Prüfer bestellt worden ist.

(1a) Eine Vereinbarung, die die Wahlmöglichkeiten nach Absatz 1 auf bestimmte Kategorien oder Listen von Prüfern oder Prüfungsgesellschaften beschränkt, ist nichtig.

(2) ¹Als Abschlußprüfer des Konzernabschlusses gilt, wenn kein anderer Prüfer bestellt wird, der Prüfer als bestellt, der für die Prüfung des in den Konzernabschluß einbezogenen Jahresabschlusses des Mutterunternehmens bestellt worden ist. ²Erfolgt die Einbeziehung auf Grund eines Zwischenabschlusses, so gilt, wenn kein anderer Prüfer bestellt wird, der Prüfer als bestellt, der für die Prüfung des letzten vor dem Konzernabschlußstichtag aufgestellten Jahresabschlusses des Mutterunternehmens bestellt worden ist.

(3) ¹Auf Antrag der gesetzlichen Vertreter, des Aufsichtsrats oder von Gesellschaftern, deren Anteile bei Antragstellung zusammen den zwanzigsten Teil der Stimmrechte oder des gezeichneten Kapitals oder einen Börsenwert von 500.000 Euro erreichen, hat das Gericht nach Anhörung der Beteiligten und des gewählten Prüfers einen anderen Abschlussprüfer zu bestellen, wenn
1. dies aus einem in der Person des gewählten Prüfers liegenden Grund geboten erscheint, insbesondere wenn ein Ausschlussgrund nach § 319 Absatz 2 bis 5 oder nach § 319b besteht oder ein Verstoß gegen Artikel 5 Absatz 4 Unterabsatz 1 Satz 1 oder Absatz 5 Unterabsatz 2 Satz 2 der Verordnung (EU) Nr. 537/2014 vorliegt, oder
2. die Vorschriften zur Bestellung des Prüfers nach Artikel 16 der Verordnung (EU) Nr. 537/2014 oder die Vorschriften zur Laufzeit des Prüfungsmandats nach Artikel 17 der Verordnung (EU) Nr. 537/2014 nicht eingehalten worden sind.

²Der Antrag ist binnen zwei Wochen nach dem Tag der Wahl des Abschlussprüfers zu stellen; Aktionäre können den Antrag nur stellen, wenn sie gegen die Wahl des Abschlussprüfers bei der Beschlussfassung Widerspruch erklärt haben. ³Wird ein Grund zur Bestellung eines anderen Abschlussprüfers als des gewählten Prüfers erst nach dessen Wahl bekannt oder tritt ein solcher Grund erst nach dessen Wahl ein, ist der Antrag binnen zwei Wochen nach dem Tag zu stellen, an dem der Antragsberechtigte Kenntnis von den antragsbegründenden Umständen erlangt hat oder ohne grobe Fahrlässigkeit hätte erlangen müssen. ⁴Stellen Aktionäre den Antrag, so haben sie glaubhaft zu machen, dass sie seit mindestens drei Monaten vor dem Tag der Wahl des Abschlussprüfers Inhaber der Aktien sind. ⁵Zur Glaubhaftmachung genügt

eine eidesstattliche Versicherung vor einem Notar. [6]Unterliegt die Gesellschaft einer staatlichen Aufsicht, so kann auch die Aufsichtsbehörde den Antrag stellen. [7]Der Antrag kann nach Erteilung des Bestätigungsvermerks, im Fall einer Nachtragsprüfung nach § 316 Abs. 3 nach Ergänzung des Bestätigungsvermerks nicht mehr gestellt werden. [8]Gegen die Entscheidung ist die Beschwerde zulässig.

(4) [1]Ist der Abschlußprüfer bis zum Ablauf des Geschäftsjahrs nicht gewählt worden, so hat das Gericht auf Antrag der gesetzlichen Vertreter, des Aufsichtsrats oder eines Gesellschafters den Abschlußprüfer zu bestellen. [2]Gleiches gilt, wenn ein gewählter Abschlußprüfer die Annahme des Prüfungsauftrags abgelehnt hat, weggefallen ist oder am rechtzeitigen Abschluß der Prüfung verhindert ist und ein anderer Abschlußprüfer nicht gewählt worden ist. [3]Die gesetzlichen Vertreter sind verpflichtet, den Antrag zu stellen. [4]Gegen die Entscheidung des Gerichts findet die Beschwerde statt; die Bestellung des Abschlußprüfers ist unanfechtbar.

(5) [1]Der vom Gericht bestellte Abschlußprüfer hat Anspruch auf Ersatz angemessener barer Auslagen und auf Vergütung für seine Tätigkeit. [2]Die Auslagen und die Vergütung setzt das Gericht fest. [3]Gegen die Entscheidung findet die Beschwerde statt; die Rechtsbeschwerde ist ausgeschlossen. [4]Aus der rechtskräftigen Entscheidung findet die Zwangsvollstreckung nach der Zivilprozeßordnung statt.

(6) [1]Ein von dem Abschlußprüfer angenommener Prüfungsauftrag kann von dem Abschlußprüfer nur aus wichtigem Grund gekündigt werden. [2]Als wichtiger Grund ist es nicht anzusehen, wenn Meinungsverschiedenheiten über den Inhalt des Bestätigungsvermerks, seine Einschränkung oder Versagung bestehen. [3]Die Kündigung ist schriftlich zu begründen. [4]Der Abschlußprüfer hat über das Ergebnis seiner bisherigen Prüfung zu berichten; § 321 ist entsprechend anzuwenden.

(7) [1]Kündigt der Abschlußprüfer den Prüfungsauftrag nach Absatz 6, so haben die gesetzlichen Vertreter die Kündigung dem Aufsichtsrat, der nächsten Hauptversammlung oder bei Gesellschaften mit beschränkter Haftung den Gesellschaftern mitzuteilen. [2]Den Bericht des bisherigen Abschlußprüfers haben die gesetzlichen Vertreter unverzüglich dem Aufsichtsrat vorzulegen. [3]Jedes Aufsichtsratsmitglied hat das Recht, von dem Bericht Kenntnis zu nehmen. [4]Der Bericht ist auch jedem Aufsichtsratsmitglied oder, soweit der Aufsichtsrat dies beschlossen hat, den Mitgliedern eines Ausschusses auszuhändigen. [5]Ist der Prüfungsauftrag vom Aufsichtsrat erteilt worden, obliegen die Pflichten der gesetzlichen Vertreter dem Aufsichtsrat einschließlich der Unterrichtung der gesetzlichen Vertreter.

(8) Die Wirtschaftsprüferkammer ist unverzüglich und schriftlich begründet durch den Abschlussprüfer und die gesetzlichen Vertreter der geprüften Gesellschaft von der Kündigung oder dem Widerruf des Prüfungsauftrages zu unterrichten.

Inhaltsübersicht

	Rz
1 Überblick	1–7
2 Bestellung des Abschlussprüfers für den Jahres- und den Konzernabschluss (Abs. 1)	8–48
2.1 Überblick	8–10
2.2 Wahl des Abschlussprüfers	11–15
2.2.1 Wahlverfahren bei der AG	11
2.2.2 Wahlverfahren bei der KGaA	12
2.2.3 Wahlverfahren bei der GmbH	13
2.2.4 Wahlverfahren bei § 264a-HGB-Gesellschaften	14
2.2.5 Wahlverfahren für den Konzernabschluss	15
2.3 Zeitpunkt der Wahl	16
2.4 Wählbarer Personenkreis	17
2.5 Erteilung, Annahme und Widerruf des Prüfungsauftrags	18–23
2.6 Bestellung des Abschlussprüfers bei der Europäischen AG	24
2.7 Prüfungsvertrag	25–37
2.7.1 Allgemeines	25
2.7.2 Auftragsbestätigung i.S.v. ISA [DE] 210	26–37
2.7.2.1 Grundsätze	26–28
2.7.2.2 Regelungen zum Prüfungsauftrag in einem Auftragsbestätigungsschreiben	29–32
2.7.2.3 Inhalt des Prüfungsauftrags	33–34
2.7.2.4 Besonderheiten bei Folgeprüfungen	35–37
2.8 Exkurs: Prüfungsauftrag des Abschlussprüfers im Insolvenzfall	38
2.9 Externe Rotation bei Unternehmen des öffentlichen Interesses	39–45
2.9.1 Externe Rotation	39–43
2.9.2 Übergangsfristen	44
2.9.3 Ausnahmen von der externen Rotation	45
2.10 Keine Beschränkung bei der Auswahl des Abschlussprüfers (Abs. 1a)	46–48
3 Fiktion der Bestellung des Jahresabschlussprüfers zum Konzernabschlussprüfer (Abs. 2)	49–52
4 Ersetzung des Abschlussprüfers durch das Gericht (Abs. 3)	53–68
4.1 Allgemeines	53–55
4.2 Antragsberechtigter Personenkreis	56–58
4.3 Antragsfrist	59
4.4 Antragsverfahren	60
4.5 Antragsgründe	61–68
5 Bestellung des Abschlussprüfers durch das Gericht (Abs. 4)	69–76
5.1 Allgemeines	69
5.2 Antragsberechtigter Personenkreis	70
5.3 Antragsvoraussetzungen	71–76
5.3.1 Fehlende Wahl des Abschlussprüfers	71–72
5.3.2 Sonstige Antragsgründe	73–76
6 Vergütung des gerichtlich bestellten Abschlussprüfers (Abs. 5)	77

7	Kündigung des Prüfungsauftrags (Abs. 6)	78–95
	7.1 Allgemeines	78–80
	7.2 Kündigungsgrund	81–87
	7.3 Kündigungserklärung	88
	7.4 Wirkung der Kündigung	89–95
8	Mitteilungs- und Vorlagepflichten als Konsequenz der Kündigung des Abschlussprüfers (Abs. 7)	96–98
	8.1 Allgemeines	96
	8.2 Kündigungsfolgen	97–98
9	Information der Wirtschaftsprüferkammer bei Kündigung oder Widerruf des Prüfungsauftrags (Abs. 8)	99–100
10	CSRD-Umsetzungsgesetz: Änderungen	101

1 Überblick

1 § 318 HGB regelt Zuständigkeit und Form für die Bestellung und Abberufung des Abschlussprüfers (AP) bei allen prüfungspflichtigen KapG und KapCoGes. Weiterhin regelt die Vorschrift das Kündigungsrecht des **AP** sowie eine Informationspflicht an die WPK bei Kündigung oder Widerruf. § 318 HGB gilt unmittelbar für die Prüfung des Jahres- und Konzernabschlusses sowie über § 324a Abs. 1 HGB auch für den IFRS-Einzelabschluss nach § 325 Abs. 2a HGB.

2 § 318 HGB folgt im Gesetz den Vorschriften zur Prüfungspflicht und zu den Prüfungsgegenständen (§§ 316, 317 HGB).

3 Durch die **Reform der Abschlussprüfung in der EU** wurden die gesetzlichen Vorschriften zur Prüfung in erheblichem Umfang geändert bzw. überlagert. Am 27.5.2014 wurden die Änderungsrichtlinie zur Abschlussprüferrichtlinie und die EU-Verordnung zur Abschlussprüfung im Amtsblatt der EU veröffentlicht (EU-RL 2014/56/EU v. 16.4.2014 zur Änderung der Abschlussprüferrichtlinie 2006/43/EG[1] und EU-VO Nr. 537/2014 v. 16.4.2014[2]). Sowohl die überarbeitete Abschlussprüferrichtlinie als auch die EU-VO Nr. 537/2014 sind am 16.6.2014 in Kraft getreten. Die EU-VO Nr. 537/2014 gilt seit dem 17.6.2016 unmittelbar. Daher wurden durch das AReG lediglich Mitgliedstaatenwahlrechte in das HGB aufgenommen. Dies erfolgte durch den neu eingefügten § 318 Abs. 1a HGB. Die überarbeitete Abschlussprüferrichtlinie ist bis zum 17.6.2016 in nationales Recht umzusetzen gewesen. Auch dies ist durch das AReG erfolgt. Betroffen sind der neu eingefügte § 318 Abs. 1b HGB sowie Änderungen in § 318 Abs. 3 Satz 1 HGB. Sowohl die EU-VO Nr. 537/2014 als auch das AReG waren grds. ab dem 17.6.2016 anwendbar.[3]

4 Die **überarbeitete Abschlussprüferrichtlinie** enthält Vorschriften, die – nach Umsetzung durch die Mitgliedstaaten – bei allen **gesetzlichen Abschlussprüfungen** anzuwenden sind. Die **EU-VO Nr. 537/2014** regelt die Abschluss-

---

[1] ABl. EU L 158 v. 27.5.2014, S. 196.
[2] ABl. EU L 158 v. 27.5.2014, S. 77.
[3] Vgl. dazu IDW, IDW Positionspapier zu Inhalten und Zweifelsfragen der EU-Verordnung und der Abschlussprüferrichtlinie, 6. Aufl., Stand: 30.6.2021 mit Ergänzungen v. 16.11.2021 und 4.4.2022, www.idw.de/IDW/Medien/Positionspapier/Downloads-IDW/IDW-Positionspapier-Zweifelsfragen-6-Auflage.pdf, Abruf 9.10.2024.

prüfung bei **Unt von öffentlichem Interesse**. Unt von öffentlichem Interesse werden in Art. 2 Nr. 13 der überarbeiteten Abschlussprüferrichtlinie definiert: Dazu zählen kapitalmarktorientierte Unt, Kreditinstitute, Versicherungen und Unt, die von den Mitgliedstaaten als solche bestimmt worden sind. Nach dem durch das FISG neu geschaffenen § 316a HGB sind Unt von öffentlichem Interesse:
- Unt, die kapitalmarktorientiert i.S.d. § 264d HGB sind,
- CRR-Kreditinstitute i.S.d. § 1 Abs. 3d Satz 1 KWG
- Versicherungsunt i.S.d. Art. 2 Abs. 1 Richtlinie 91/674 EWG.

Vgl. hierzu im Einzelnen § 316a Rz 5 ff.

Mit dem Finanzmarktintegritätsstärkungsgesetz v. 3.6.2021 (BGBl 2021 I S. 1534) wurde § 318 Abs. 1a HGB (Verlängerung der Mandatsdauer über 10 Jahre) aufgehoben und § 318 Abs. 3 HGB (Ersetzungsverfahren) geringfügig modifiziert. Der bisherige Abs. 1b wurde nunmehr zu Abs. 1a.

Abs. 3 Satz 1 Nr. 2 wurde mit Wirkung zum 22.6.2023 durch das Gesetz zur Einführung des Ertragsteuerinformationsberichts v. 19.6.2023[4] redaktionell geändert. Die Änderung betrifft ausschl. die Verlinkung auf die maßgebliche VO (EU) Nr. 537/2014.

2 Bestellung des Abschlussprüfers für den Jahres- und den Konzernabschluss (Abs. 1)

2.1 Überblick

Zur Bestellung des Abschlussprüfers (AP) bedarf es neben der **Wahl** des AP durch die Gesellschafter zusätzlich des Abschlusses eines **Prüfungsvertrags** zwischen dem AP und den gesetzlichen Vertretern des prüfungspflichtigen Unt. Der Begriff „Bestellung" umfasst also neben der Wahl des AP auch die Auftragserteilung durch die Vertreter der Ges. sowie die Auftragsannahme durch den AP.[5]

Das Bestellungsverfahren wurdebei **Unt von öffentlichem Interesse** durch die EU-Verordnung Nr. 537/2014 in mehrfacher Hinsicht modifiziert. Bei Unt von öffentlichem Interesse besteht eine Pflicht zur Ausschreibung der Abschlussprüfung sowohl bei einem Wechsel des AP als auch bei der Verlängerung der Höchstlaufzeit desselben Prüfungsmandants (Art. 16 Abs. 3 Verordnung (EU) Nr. 537/2014). Nach Art. 17 Abs. 1 Verordnung (EU) Nr. 537/2014 besteht eine Pflicht zur externen Rotation nach einer Höchstlaufzeit des Prüfungsmandats von grds. 10 Jahren. Eine Verlängerung ist unter gewissen Voraussetzungen möglich (Mitgliedstaatenwahlrecht, früher umgesetzt mit § 318 Abs. 1a HGB a.F.). Mit dem FISG wurde zum Ablauf des 30.6.2021 § 318 Abs. 1a HGB a.F. aufgehoben (§ 316a Rz 2).

Das Verfahren zur **Auswahl des AP bei Unt von öffentlichem Interesse** wird in Art. 16 Verordnung (EU) Nr. 537/2014 detailliert geregelt:
- Art. 16 Abs. 2: Der **Prüfungsausschuss** hat dem Aufsichtsrat eine **Empfehlung** für die Bestellung des AP vorzulegen; diese hat – abgesehen vom Fall der Erneuerung des Prüfungsmandats – mind. zwei Vorschläge und eine Präferenz mit Begründung zu enthalten. Darüber hinaus ist, sofern nicht die größenabhängige Erleichterung des Art. 16 Abs. 4 greift, das Unt verpflichtet,

---

[4] BGBl. v. 21.6.2023, Nr. 154.
[5] Zur Beauftragung des AP vgl. auch ISA (DE) 210.

ein **Ausschreibungsverfahren** nach den Regeln des Art. 16 Abs. 3 durchzuführen. Dieses ist die Grundlage für die Empfehlung des Prüfungsausschusses zur Wahl des AP.
- Art. 16 Abs. 3: Das geprüfte Unt ist bei der Ausgestaltung des Auswahlverfahrens und der Auswahl der AP grds. frei. Ein öffentliches Ausschreibungsverfahren i.S.d. Ausschreibung öffentlicher Aufträge ist nicht erforderlich, vielmehr muss die Ausschreibung öffentlich i.S.v. „bekannt" sein (z.B. Veröffentlichung im BAnz).[6] Den **regulatorischen Rahmen für Ausschreibungen** fasst das IDW wie folgt zusammen:[7] Soweit nicht ein bestehendes Mandant i.S.v. Art. 17 Abs. 1 und 2 Verordnung (EU) Nr. 537/2014 verlängert wird, hat das Ausschreibungsverfahren anhand folgender Vorgaben des Art. 16 Abs. 3 Unterabs. 1 Buchst. a)-f) zu erfolgen:[8]
  - Bei der Aufforderung von AP zur Abgabe eines Angebots ist darauf zu achten, dass eine Bestellung des AP nicht gegen die Regeln zur externen Rotation verstößt (Höchstlaufzeit und „Abkühlungsphase").
  - Die Aufforderung von AP darf in keiner Weise solche AP ausschließen, die im vorausgegangenen Kalenderjahr weniger als 15 % der von Unt von öffentlichem Interesse gezahlten Gesamthonorare erhalten haben.
  - Die Ausschreibungsunterlagen des Unt müssen es ermöglichen, dessen Geschäftstätigkeit und die Art der durchzuführenden Abschlussprüfung zu erfassen.
  - Das Unt kann das Auswahlverfahren frei gestalten und im Laufe des Verfahrens direkte Verhandlungen mit interessierten Bietern führen.
  - Die Ausschreibungsunterlagen müssen die Qualitätsstandards enthalten, deren Erfüllung von der Aufsichtsbehörde verlangt werden.
  - Die Angebote der AP sind anhand der in den Ausschreibungsunterlagen festgelegten Auswahlkriterien zu beurteilen; in einem Bericht sind die im Auswahlverfahren gezogenen Schlussfolgerungen zu nennen, wobei alle Erkenntnisse und Schlussfolgerungen der von der zuständigen Aufsichtsbehörde veröffentlichten Inspektionsberichte über die bietenden AP zu berücksichtigen sind.
  - Das Unt muss in der Lage sein, auf Verlangen der Aufsichtsbehörde darzulegen, dass das Auswahlverfahren auf faire Weise durchgeführt wurde.
- Art. 16 Abs. 5: Der **Wahlvorschlag an die Hauptversammlung** muss die Empfehlung und Präferenz des Prüfungsausschusses enthalten. Dabei ist es grds. ausreichend, wenn der Aufsichtsrat der Hauptversammlung lediglich einen AP vorschlägt. Hat der Aufsichtsrat eine von der Empfehlung des Prüfungsausschusses abweichende Präferenz, muss er diese bei seinem Vorschlag begründen.
- Art. 16 Abs. 6: **Klauseln** in einem zwischen dem Unt von öffentlichem Interesse und einem Dritten geschlossenen Vertrag, die die Auswahlmöglich-

---

[6] IDW, IDW Positionspapier zu Inhalten und Zweifelsfragen der EU-Verordnung und der Abschlussprüferrichtlinie, 6. Aufl., Stand: 30.6.2021 mit Ergänzungen v. 16.11.2021 und 4.4.2022, www.idw.de/IDW/Medien/Positionspapier/Downloads-IDW/IDW-Positionspapier-Zweifelsfragen-6-Auflage.pdf, Abruf 9.10.2024.

[7] Zum Ausschreibungsprozess vgl. IDW, IDW Positionspapier zur Ausschreibung der Abschlussprüfung für Unternehmen von öffentlichem Interesse, Stand: 9.1.2018, www.idw.de/IDW/Medien/Positionspapier/Downloads-IDW/Down-Positionspapier-Ausschreibung-AP.pdf, Abruf 9.10.2024.

[8] D.h. keine Anwendung bei reiner Erneuerung i.S.e. Verlängerung des Prüfungsmandats (erneute Bestellung desselben AP vor Ablauf der Höchstlaufzeit von zehn Jahren).

keiten der Gesellschafter im Hinblick auf die Auswahl des AP beschränken, sind **nichtig**. Sofern ein Dritter versucht, eine solche Vertragsklausel durchzusetzen oder die Entscheidung über die Wahl des AP anderweitig zu beeinflussen, ist dies der Aufsichtsbehörde mitzuteilen.

2.2 Wahl des Abschlussprüfers

2.2.1 Wahlverfahren bei der AG

Das AktG schreibt zwingend die **Wahl** des AP **durch** die **Hauptversammlung** vor (§ 119 Abs. 1 Nr. 4 AktG). Hierdurch soll eine unparteiische, von den Organen der AG unabhängige Prüfung erreicht werden. Nur für das erste Gj wird der AP ausnahmsweise durch die Gründer gewählt (§ 30 Abs. 1 Satz 1 AktG).

Das Wahlrecht der Hauptversammlung ist dabei unbeschränkt. Die Hauptversammlung ist nicht an die Vorschläge des Aufsichtsrats gebunden.[9]

Der Wahlvorgang ist durch detaillierte aktienrechtliche Vorschriften geregelt. Für die Einberufung der Hauptversammlung ist der Vorstand zuständig, der auf Vorschlag des Aufsichtsrats die Wahl des AP als Tagesordnungspunkt bekannt zu machen hat. Wahlvorschläge können auch von den Aktionären unterbreitet werden.[10] Der Wahlbeschluss muss mit **einfacher Stimmenmehrheit** gefasst werden (§ 133 Abs. 1 AktG). Die Satzung kann allerdings abweichende Regelungen enthalten.[11]

Der Wahlbeschluss muss bei börsennotierten AG in der Hauptversammlung notariell beurkundet werden. Bei anderen AG reicht eine vom Aufsichtsratsvorsitzenden unterschriebene Niederschrift, sofern nicht aufgrund anderer Tagesordnungspunkte (z. B. Beschlussfassung über Kapitalmaßnahmen) eine notarielle Beurkundung erforderlich ist.

2.2.2 Wahlverfahren bei der KGaA

Die **Wahl** bei der KGaA erfolgt – nach Vorschlag durch den Aufsichtsrat – ebenfalls **durch** die **Hauptversammlung** (§ 285 Abs. 1 AktG). Dabei ist zu beachten, dass nach § 285 Abs. 1 Satz 2 Nr. 6 AktG die persönlich haftenden Gesellschafter ihr Stimmrecht bei der Wahl des AP nicht ausüben dürfen. Sinn und Zweck dieser Regelung ist es, einen Einfluss der Komplementäre, die den Jahresabschluss aufstellen, auf die Wahl des AP auszuschließen.[12]

Allerdings steht den Komplementären das Recht zu, Widerspruch zu erheben und die Ersetzung des AP durch das Gericht gem. § 318 Abs. 3 HGB zu betreiben.[13]

2.2.3 Wahlverfahren bei der GmbH

Auch bei der GmbH wird der AP im Regelfall von den **Gesellschaftern gewählt**. Allerdings kann der Gesellschaftsvertrag diese Kompetenz auch auf ein **anderes**

---

[9] Vgl. Justenhoven/Heinz, in Beck Bil-Komm., 13. Aufl. 2022, § 318 HGB Rz 12.
[10] Dazu müssen die Aktionäre spätestens zwei Wochen vor dem Tag der Hauptversammlung dem Vorstand einen Wahlvorschlag machen (§ 127 Satz 1 AktG).
[11] Vgl. Justenhoven/Heinz, in Beck Bil-Komm., 13. Aufl. 2022, § 318 HGB Rz 13; Baetge/Thiele, in Küting/Pfitzer/Weber, HdR-E, § 318 HGB Rz 9, Stand: 10/2010.
[12] Vgl. Justenhoven/Heinz, in Beck Bil-Komm., 13. Aufl. 2022, § 318 HGB Rz 15; Baetge/Thiele, in Küting/Pfitzer/Weber, HdR-E, § 318 HGB Rz 12, Stand: 10/2010.
[13] Vgl. Baetge/Thiele, in Küting/Pfitzer/Weber, HdR-E, § 318 HGB Rz 14, Stand: 10/2010.

Gremium (Aufsichtsrat, Beirat, Gesellschafterausschuss) übertragen, nicht aber auf die Geschäftsführung.[14]

Die Ausgestaltung des Wahlvorgangs liegt weitgehend in der Kompetenz der Gesellschafter bzw. in der Gestaltungsfreiheit des Gesellschaftsvertrags. So ist etwa auch eine rein schriftliche Beschlussfassung („Umlaufverfahren") grds. zulässig.[15]

2.2.4 Wahlverfahren bei § 264a-HGB-Gesellschaften

14 Im Fall der KapCoGes nach § 264a HGB wird der AP von den **Gesellschaftern gewählt**, bei der KG unter Einbeziehung der Kommanditisten. Wie bei der GmbH ist es aber auch bei KapCoGes zulässig, die Wahlkompetenz auf ein anderes Gremium zu übertragen.[16]

2.2.5 Wahlverfahren für den Konzernabschluss

15 Das Wahlverfahren ist identisch mit der Wahl des AP für den Jahresabschluss des MU. Erfolgt keine gesonderte Wahl des Konzernabschlussprüfers, gilt der **Prüfer** des Jahresabschlusses des **MU** als bestellter Konzernabschlussprüfer (§ 318 Abs. 2 Satz 1 HGB).

2.3 Zeitpunkt der Wahl

16 Die Wahl des AP soll jeweils **vor Ablauf des Gj**, auf das sich die Prüfungstätigkeit des AP erstreckt, erfolgen (§ 318 Abs. 1 Satz 3 HGB). AP können nur für ein Gj bestellt werden: Das in § 318 Abs. 1 Satz 3 HGB verwendete Wort „jeweils" bedeutet, dass ein AP jedes Jahr neu gewählt und immer nur für die Prüfung des jeweiligen Abschlusses bestellt werden darf.[17] Eine nicht vor Ablauf des Gj erfolgte Wahl kann für die Gesellschafter den Verlust des Wahlrechts bedeuten, weil nach § 318 Abs. 4 HGB die gesetzlichen Vertreter der prüfungspflichtigen Ges. verpflichtet sind, unmittelbar nach Ablauf des Gj beim Gericht einen Antrag auf Bestellung eines AP zu stellen.[18]

2.4 Wählbarer Personenkreis

17 Als AP ist der in § 319 Abs. 1 HGB genannte Personenkreis wählbar, also **Wirtschaftsprüfer** (WP) und **WPG**. Für die Prüfung mittelgroßer GmbH und KapCoGes können auch vBP und BPG gewählt werden. AP eines Konzernabschlusses können nur WP und WPG sein.[19]

---

[14] Zu abweichenden Regelungen im Gesellschaftsvertrag vgl. Baetge/Thiele, in Küting/Pfitzer/Weber, HdR-E, § 318 HGB Rz 28 ff., Stand: 10/2010.
[15] Vgl. dazu etwa Baetge/Thiele, in Küting/Pfitzer/Weber, HdR-E, § 318 HGB Rz 18, Stand: 10/2010.
[16] Weiterführend Justenhoven/Heinz, in Beck Bil-Komm., 13. Aufl. 2022, § 318 HGB Rz 20.
[17] Vgl. Baetge/Thiele, in Küting/Weber, HdR, § 318 HGB Rz 38, Stand: 10/2010.
[18] Die Wahl nach Ablauf des Gj ist aber so lange zulässig, als eine gerichtliche Bestellung noch nicht erfolgt ist; vgl. Justenhoven/Heinz, in Beck Bil-Komm., 13. Aufl. 2022, § 318 HGB Rz 27; ADS, Rechnungslegung und Prüfung der Unternehmen, 6. Aufl. 1995–2001, § 318 HGB Rz 136.
[19] Wird jemand gewählt, der nicht nach § 319 Abs. 1 HGB AP sein darf, ist die Wahl nichtig. Nicht zur Nichtigkeit des Wahlbeschlusses führen dagegen Verstöße gegen die §§ 319 Abs. 2–4, 319a, 319b HGB oder die EU-VO Nr. 537/2014 (§ 256 Abs. 1 Nr. 3 AktG). Hier wäre vielmehr das Ersetzungsverfahren nach § 318 Abs. 3 HGB einschlägig.

Wählbar sind auch mehrere AP mit dem Auftrag, entweder eine gemeinsame oder eine voneinander unabhängige Prüfung durchzuführen. Bei einer gemeinsamen Prüfung müssen alle AP gemeinsam bestellt werden.[20]

2.5 Erteilung, Annahme und Widerruf des Prüfungsauftrags

Das zuständige Organ der prüfungspflichtigen Ges. muss dem AP unverzüglich nach dessen Wahl den **Prüfungsauftrag erteilen**. Bei der AG und der KGaA liegt diese Kompetenz beim Aufsichtsrat (§ 111 Abs. 2 Satz 3 AktG). Dies gilt auch für die GmbH, sofern bei dieser ein Aufsichtsrat eingerichtet ist (§ 52 Abs. 1 GmbHG i. V. m. § 111 Abs. 2 Satz 3 AktG). Im Übrigen sind die gesetzlichen Vertreter für die Auftragserteilung zuständig. 18

Der Prüfungsauftrag wird durch **Annahme** des gewählten AP wirksam. Die Annahme ist zwar formlos möglich, sollte aber schriftlich erfolgen. Eine Ablehnung durch den AP muss unverzüglich erfolgen (§ 51 WPO). Eine Begründung der Ablehnung ist zwar vom Gesetzeswortlaut her nicht erforderlich, nach der hier vertretenen Auffassung jedoch empfehlenswert. 19

Der Prüfer darf den **Auftrag nicht annehmen**, wenn der Annahme gesetzliche Bestimmungen entgegenstehen oder der Prüfer den Auftrag voraussichtlich nicht ordnungsgemäß ausführen kann. Der **AP hat in jedem Fall vor Annahme gewissenhaft zu prüfen**, ob nach den Berufspflichten ein Prüfungsauftrag angenommen werden darf und ob die besonderen Kenntnisse und Erfahrungen vorliegen, um die Prüfung sachgerecht durchführen zu können. Der AP hat sich insb. **zu vergewissern**, dass dem Prüfungsauftrag keine Ausschlussgründe nach §§ 319, 319a, 319b HGB, §§ 49 und 53 WPO sowie §§ 20ff. BS WP/vBP entgegenstehen.[21] 20

Des Weiteren sind nunmehr die Ausschlussgründe der EU-VO Nr. 537/2014 zu beachten. 21

Der AP hat zu prüfen, ob die **Bestellung ordnungsgemäß** erfolgt ist, und bis zur Beendigung der Prüfung weiter darauf zu achten, ob zwischenzeitlich Umstände eingetreten sind, die eine Pflicht zur Kündigung begründen. Werden Mängel der Wahl oder Beauftragung festgestellt, sind diese durch Nachholung der entsprechenden Maßnahmen spätestens bis zur Unterzeichnung des Bestätigungsvermerks zu beseitigen. 22

Nach Annahme des Prüfungsauftrags sind sowohl der AP als auch die zu prüfende Ges. an den abgeschlossenen Prüfungsvertrag gebunden. § 318 Abs. 1 Satz 5 HGB lässt einen **Widerruf** des Prüfungsauftrags nur unter der Voraussetzung zu, dass gem. § 318 Abs. 3 HGB ein neuer AP bestellt worden ist. Dies bedeutet, dass die Ges. einen einmal bestellten AP nur wechseln kann, wenn dies aus einem in der Person des AP liegenden Grund geboten erscheint, insb. wenn Besorgnis der Befangenheit besteht (§ 318 Abs. 3 Satz 1 HGB; Rz 53ff.). Der AP selbst darf den Prüfungsvertrag nur dann kündigen, wenn ein wichtiger Grund vorliegt (§ 318 Abs. 6 Satz 1 HGB; Rz 78ff.). 23

---

[20] Weiterführend Justenhoven/Heinz, in Beck Bil-Komm., 13. Aufl. 2022, § 318 HGB Rz 31; Baetge/Thiele, in Küting/Weber, HdR-E, § 318 HGB Rz 47f., Stand: 10/2010. Zum Vorgehen beim „Joint Audit" vgl. IDW PS 208.
[21] Vgl. ISA [DE] 220.16. Anders sind die Fälle z.B. bei Ausschreibungen oder bei kapitalmarktorientierten Unt gelagert: Dort erfolgt die entsprechende Prüfung des AP nicht erst bei Auftragsannahme, sondern zeitlich vorverlegt.

2.6 Bestellung des Abschlussprüfers bei der Europäischen AG

24 Auch bei der SE wird der AP von der Hauptversammlung gewählt. Die VO Statut SE verweist diesbezüglich auf die Regelungen für AG. Der Prüfungsauftrag wird vom Aufsichtsrat (SE mit dualistischem System) oder vom Verwaltungsrat (SE mit monistischem System) erteilt.

2.7 Prüfungsvertrag

2.7.1 Allgemeines

25 Der Prüfungsvertrag sollte die wichtigsten Voraussetzungen des Vertragsverhältnisses beschreiben. Dazu gehören etwa:
- Honorarvereinbarungen,
- Beschreibung der Leistungspflichten, die i. R. d. Pflichtprüfungsauftrags vom AP erbracht werden sollen,
- Pflichten des prüfungspflichtigen Unt,
- Folgen bei Verletzung der Pflichten beider Vertragsparteien,
- Haftung des AP.

Das Auftragsverhältnis ist zivilrechtlicher Natur. Vertragsinhalt ist eine Geschäftsbesorgung (§ 675 BGB) mit überwiegend werkvertraglichen Elementen.[22]

2.7.2 Auftragsbestätigung i. S. v. ISA [DE] 210

2.7.2.1 Grundsätze

26 Hinsichtlich der Ausgestaltung des Prüfungsvertrags in Form eines **Auftragsbestätigungsschreibens** finden sich Hinweise für den AP in **ISA [DE] 210**.

27 Das Gesetz selbst enthält keine Regelungen hinsichtlich der für den Abschluss des Prüfungsauftrags erforderlichen Erklärungen. Das Unt und der AP haben sich über die Inhalte des Prüfungsauftrags zu einigen, soweit nicht das Gesetz zwingende Regelungen enthält. **Wesentliche Abreden** sind **schriftlich** zu treffen, um Zweifel zu vermeiden, mit welchem Inhalt der Prüfungsauftrag zustande kommt.

Folgende **Fallgestaltungen** können unterschieden werden:
- Das Unt erteilt dem AP den Auftrag zur Durchführung der Jahresabschlussprüfung. Enthält die Erklärung des Unt bereits sämtliche erforderlichen Vertragsbestandteile, wird dieses Angebot durch ein Auftragsbestätigungsschreiben angenommen.
- In vielen Fällen wird das Schreiben des AP zusätzliche Bestandteile für den Auftragsinhalt aufweisen. In diesem Fall bedarf es der Annahme dieses veränderten Angebots durch das Unt. Dieses kann zwar konkludent geschehen, sollte aber aus Gründen der Rechtssicherheit ausdrücklich erklärt werden. Hierzu empfiehlt sich die Rücksendung des vom Unt gegengezeichneten Auftragsschreibens.
- Gibt der AP nach entsprechender Aufforderung vor der Wahl ein Angebot zur Durchführung der Jahresabschlussprüfung ab, das alle wesentlichen Bestandteile enthält, kann dieses Angebot von dem Unt ohne zusätzliche weitere

---

[22] So Justenhoven/Heinz, in Beck Bil-Komm., 13. Aufl. 2022, § 318 HGB Rz 35. Ausführlich zum Prüfungsvertrag ADS, Rechnungslegung und Prüfung der Unternehmen, 6. Aufl. 1995–2001, § 318 HGB Rz 191 ff.; Baetge/Thiele, in Küting/Weber, HdR-E, § 318 HGB Rz 61 ff., Stand: 10/2010.

Absprache durch Erklärung nach der Wahl zum AP angenommen werden. Dadurch wird der Prüfungsauftrag mit dem Inhalt des Angebots wirksam.
Auch für **freiwillige Jahresabschlussprüfungen** ist eine **Vereinbarung** zwischen dem Unt und dem AP **abzuschließen**. Dabei handelt das Unt durch einen zur Vertretung Berechtigten. Die Auswahl des AP obliegt als Grundlagengeschäft dem Unternehmensinhaber oder den Gesellschaftern, sofern im Gesellschaftsvertrag nichts anderes bestimmt ist.[23]

28

2.7.2.2 Regelungen zum Prüfungsauftrag in einem Auftragsbestätigungsschreiben

Auftragsbestätigungsschreiben können vertragsrechtlich unterschiedliche Bedeutung haben: Sie können der **Dokumentation** getroffener Vereinbarungen dienen oder lediglich eine **Willenserklärung** zum Vertragsabschluss darstellen bzw. dokumentieren. Diese Auftragsbestätigungsschreiben enthalten die Festlegungen zu **Ziel und Umfang** der Abschlussprüfung, zu den Pflichten des AP gegenüber dem Auftraggeber und zur **Form der Berichterstattung**.

29

Im Fall der gesetzlichen Abschlussprüfung ergeben sich wesentliche Inhalte für den Auftrag bereits aus dem Gesetz. Doch ist auch in diesen Fällen ein entsprechendes Auftragsbestätigungsschreiben zur Verdeutlichung des Prüfungsauftrags und zur Vermeidung von Missverständnissen und falschen Erwartungen beim Auftraggeber sinnvoll.[24]

30

Ergibt sich aus der Beauftragung, dass die Abschlussprüfung nicht erweitert, sondern durch einen **zusätzlichen Auftrag** ergänzt werden soll, ist es sachgerecht, diesen gesondert zu bestätigen.[25]

Gilt der AP des MU zugleich als **AP des Konzerns**, so ist hierauf im Auftragsbestätigungsschreiben ausdrücklich hinzuweisen. Ist der AP des MU zugleich AP von TU, ist i.d.R. für Letzteres der Auftrag gesondert zu bestätigen, da insoweit selbstständige Auftragsverhältnisse bestehen. Dies schließt nicht aus, dass ggf. die Auftragsbestätigungen in einem Schreiben erfolgen können.

31

Im Fall der **Nachtragsprüfung** (§ 316 Abs. 3 HGB) bedarf es keiner erneuten Bestellung (Wahl und Beauftragung), weil sich der ursprüngliche Prüfungsauftrag dem Grunde nach auch hierauf erstreckt. Ergänzende Vereinbarungen sind zu treffen, soweit dies wegen veränderter Umstände erforderlich ist, z.B. für Einzelheiten der Prüfungsdurchführung oder bzgl. der Anpassung der Vergütung. Der AP wird tätig, wenn das Unt den geänderten Abschluss zur Prüfung vorlegt.[26]

32

2.7.2.3 Inhalt des Prüfungsauftrags

Bei gesetzlichen Abschlussprüfungen ergeben sich die Pflichten des AP aus §§ 317 ff. HGB und der Berufsauffassung, die insb. in IDW PS festgelegt ist. Zur Verdeutlichung empfiehlt es sich, auch insoweit den **wesentlichen Auftragsinhalt** ausdrücklich in die Auftragsformulierung aufzunehmen. Bei freiwilligen

33

---

[23] Zu beachten ist bei freiwilligen Jahresabschlussprüfungen, dass keine gesetzliche Haftungsbeschränkung besteht. Vgl. zur Haftung des AP die Ausführungen zu § 323 HGB.
[24] Vgl. ISA [DE] 220.9.
[25] Denkbar ist etwa die Prüfung nach § 53 HGrG.
[26] Vgl. ISA [DE] 220.D.9.1.

Abschlussprüfungen muss der Umfang der Prüfung entsprechend §§ 317 ff. HGB vereinbart werden. Hierfür empfiehlt sich eine Bezugnahme auf die gesetzliche Regelung.

34 Die in einem Auftragsbestätigungsschreiben regelmäßig anzusprechenden Punkte sind in ISA [DE] 210.10 und A23-A27. aufgeführt.

2.7.2.4 Besonderheiten bei Folgeprüfungen

35 Die Bestellung zum AP muss auch bei Folgeprüfungen für jedes Gj neu erfolgen. Der AP hat stets **erneut zu klären**, ob der Prüfungsauftrag angenommen werden darf.

36 Bei jeder Bestellung ist eine **neue Vereinbarung** erforderlich. Dabei sollten die **wesentlichen Vertragsmerkmale** bei jeder Beauftragung vereinbart und aus Gründen der Klarheit eine Bezugnahme auf frühere Abreden vermieden werden. Der AP kann zur Vermeidung von Wiederholungen im Auftragsbestätigungsschreiben auf die sonstigen Bedingungen für den Auftrag bei vorherigen Prüfungen Bezug nehmen.

37 Die Regelungen zu Form und Inhalt von Auftragsbestätigungsschreiben sind grds. auch bei Folgeprüfungen zu beachten. Der AP hat in diesem Zusammenhang insb. abzuwägen, ob Umstände vorliegen, die eine Änderung der Bedingungen für den Auftrag erfordern, oder ob die Notwendigkeit besteht, den Auftraggeber auf bestimmte bestehende Vereinbarungen ausdrücklich hinzuweisen.[27]

2.8 Exkurs: Prüfungsauftrag des Abschlussprüfers im Insolvenzfall

38 Umstritten ist das Vorgehen im **Insolvenzfall**. Nach einem Urteil des OLG Dresden endet der zwischen einem prüfungspflichtigen Unt und dem AP geschlossene Prüfungsvertrag, wenn nicht das Gj vor der Eröffnung des Insolvenzverfahrens betroffen ist, jedenfalls dann mit der Eröffnung des Insolvenzverfahrens, wenn der Insolvenzverwalter nicht die Erfüllung wählt. Für davorliegende Gj hat die Bestellung nach § 155 Abs. 3 Satz 1 InsO auf Antrag des Insolvenzverwalters durch das Registergericht zu erfolgen.[28] Das Gericht hat in seiner Entscheidung offengelassen, ob der Prüfungsvertrag gem. §§ 115, 116 InsO erlischt oder – weil die Geschäftsbesorgung sich nicht auf das zur Masse gehörende Vermögen bezieht – dessen Schicksal nach § 103 InsO von der Erfüllungswahl des Insolvenzverwalters abhängt.

2.9 Externe Rotation bei Unternehmen des öffentlichen Interesses

2.9.1 Externe Rotation

39 Im Mittelpunkt der Reform der Abschlussprüfung und auf europäischer Ebene am heftigsten diskutiert war die externe Pflichtrotation der WPG/des AP. Gem. Art. 17 Abs. 1 Verordnung (EU) Nr. 537/2014 darf bei Unt von öffentlichem Interesse das Prüfungsmandat grds. nicht länger als zehn Jahre laufen (Grundrotationsperiode). Nach Ablauf der Höchstlaufzeit dürfen weder die WPG/der AP noch ihr/sein Netzwerk innerhalb der folgenden vier Jahre die Abschlussprüfung wieder übernehmen (Art. 17 Abs. 3 Verordnung (EU) Nr. 537/2014, sog. „Abkühlungsphase").[29]

---

[27] Vgl. ISA [DE] 210.D.13.1.
[28] OLG Dresden, Beschluss v. 30.9.2009, 13 W 281/09, ZInsO 2010 S. 46.
[29] Sog. „externe Rotation". Dagegen ist bei der sog. „internen Rotation" nur der verantwortliche Prüfungspartner auszutauschen (Art. 17 Abs. 7 Unterabs. 1 Verordnung (EU) Nr. 537/2014).

Die Dauer des Prüfungsmandats wird dabei vom ersten Gj an berechnet, für dessen Jahresabschluss der AP erstmals die Abschlussprüfung durchgeführt hat (Art. 17 Abs. 8 Verordnung (EU) Nr. 537/2014).
Diese Regelungen sind unmittelbar geltendes Recht.
Art. 17 Abs. 4 Verordnung (EU) Nr. 537/2014 gewährt Mitgliedstaatenwahlrechte zur Verlängerung der Rotationsfristen bei einem öffentlichen Ausschreibungsverfahren (auf 20 Jahre) sowie bei Joint Audits (auf 24 Jahre). Diese Wahlrechte sind durch den nationalen Gesetzgeber umzusetzen. Durch das FISG wurde der bisherige § 318 Abs. 1a HGB a.F. aufgehoben, sodass alleinig die Regelungen der EU-Verordnung maßgeblich sind (§ 316a Rz 22).

Weiterhin möglich bleibt die Verlängerung der Höchstlaufzeit nach Maßgabe von Art. 17 Abs. 6 Verordnung (EU) Nr. 537/2014. Danach kann die zuständige Behörde (APAS) auf Antrag des geprüften Unt in Ausnahmefällen gestatten, dass der AP für zwei zusätzliche Jahre bestellt wird. Dazu muss entweder ein öffentliches Ausschreibungsverfahren (gem. Art. 16 Abs. 2–5 Verordnung (EU) Nr. 537/2014) durchgeführt werden oder eine Gemeinschaftsprüfung beauftragt werden.[30]   **40**

Mit Art. 86 Abs. 2 EGHGB n.F. bestand für § 318 Abs. 1a HGB eine Übergangsvorschrift. In den Fällen, in denen bis zum Ablauf des 30.6.2021 die Voraussetzungen für eine Verlängerung der Höchstlaufzeit des Prüfungsmandats nach § 318 Abs. 1a HGB geschaffen wurden (Ausschreibungsverfahren oder Gemeinschaftsprüfung), konnten Prüfungsaufträge übergangsweise noch für bis zu zwei weitere Gj an den bisherigen AP erteilt werden. Für den Fall des § 318 Abs. 1a Satz 2 HGB a.F. bedeutete dies, dass das Prüfungsmandat nur dann für zwei weitere Gj erteilt werden kann, wenn in beiden Gj Gemeinschaftsprüfer bestellt werden.[31]   **41**

Kapitalmarktorientierte Ges. i.S.d. § 264d HGB können nach § 318 Abs. 1a HGB die Grundrotationsperiode wie folgt verlängern: **42**

- Bei Durchführung eines Auswahl- und Vorschlagsverfahrens (Rz 10) nach Art. 16 Verordnung (EU) Nr. 537/2014 verlängert sich die Grundrotationszeit von zehn auf 20 Jahre. Dieses Auswahl- und Vorschlagsverfahren muss dabei nur im elften zu prüfenden Gj durchgeführt werden.[32] Die Ausschreibung muss dabei so rechtzeitig erfolgen, dass die Bestellung des AP im elften Jahr verwirklicht wird.
- Werden ab dem elften Gj Gemeinschaftsprüfungen (Joint Audits)[33] durchgeführt, verlängert sich die Grundrotationszeit von zehn auf 24 Jahre. Das Joint Audit muss dabei ab dem elften Gj ununterbrochen durchgeführt werden.[34]

Von der Verlängerung der Grundrotationszeit ausgenommen sind Kreditinstitute (§ 340k Abs. 1 Satz 1 2. HS HGB) und VersicherungsUnt (§ 341k Abs. 1 Satz 2 HGB). Der Gesetzgeber begründet diese Sonderbestimmungen mit deren besonderer Bedeutung für den Finanzmarkt.[35]   **43**

---

[30] Vgl. BT-Drs. 19/26966 v. 24.2.2021 S. 101.
[31] Vgl. BT-Drs. 19/26966 v. 24.2.2021 S. 111.
[32] Vgl. BT-Drs. 18/6282 v. 8.10.2015 S. 46.
[33] Vgl. zum Vorgehen beim Joint Audit IDW PS 208.
[34] Vgl. BT-Drs. 18/6282 v. 8.10.2015 S. 46.
[35] Vgl. BT-Drs. 18/6282 v. 8.10.2015 S. 46.

2.9.2 Übergangsfristen

44 Ausgangspunkt für die externe Rotation war das Inkrafttreten der EU-Verordnung Nr. 537/2014 (16.6.2014). Für die Rotationsfristen sieht Art. 41 Verordnung (EU) Nr. 537/2014 abgestufte Übergangsverfahren vor:
- „Langläufer" (Mandatslaufzeit von mind. 20 Jahren zum 16.6.2014, Art. 41 Abs. 1 Verordnung (EU) Nr. 537/2014): Die Übergangsfrist beträgt sechs Jahre, d.h., ab dem 17.6.2020 konnte der bisherige AP nicht mehr bestellt werden.
- „Mittelläufer" (Mandatslaufzeit von mind. elf und weniger als 20 Jahren zum 16.6.2014, Art. 41 Abs. 2 Verordnung (EU) Nr. 537/2014): Die Übergangsfrist beträgt neun Jahre, d.h., ab dem 17.6.2023 kann der bisherige AP nicht mehr bestellt werden.
- „Kurzläufer" (Mandatslaufzeit von weniger als elf Jahren zum 16.6.2014, Art. 41 Abs. 3 Verordnung-EU Nr. 537/2014): Bestehende Prüfungsmandatsverhältnisse können bis zum Ablauf der Grundrotationsperiode von grds. zehn Jahren wahrgenommen werden. Es besteht die Möglichkeit zur Verlängerung um zehn Jahre (öffentliche Ausschreibung) bzw. 14 Jahre (Joint Audit).

2.9.3 Ausnahmen von der externen Rotation

45 In Ausnahmefällen können Unt von öffentlichem Interesse eine externe Rotation vermeiden. Nach Art. 17 Abs. 6 Verordnung (EU) Nr. 537/2014 wäre bei der zuständigen Aufsichtsbehörde (in Deutschland die APAS) eine Verlängerung der Mandatsdauer – um max. zwei weitere Jahre – zu beantragen. Möglich wäre dies nach Ablauf der Grundrotationsdauer von zehn Jahren und nach in Anspruch genommener Verlängerungsoption. Denkbare Ausnahmefälle könnten bei Zusammenschlüssen oder erfolglosen Ausschreibungsprozessen vorliegen.[36]

2.10 Keine Beschränkung bei der Auswahl des Abschlussprüfers (Abs. 1a)

46 Durch das FISG wurde § 318 Abs. 1b HGB durch die Aufhebung von § 318 Abs. 1a HGB zum 1.7.2021 zu § 318 Abs. 1a HGB n.F.

47 § 318 Abs. 1a HGB dient der Umsetzung des Art. 37 Abs. 3 der überarbeiteten Abschlussprüferrichtlinie; die an Unt von öffentlichem Interesse gerichtete Regelung in Art. 16 Abs. 6 Verordnung (EU) Nr. 537/2014 gilt bereits unmittelbar. § 318 Abs. 1a HGB regelt explizit, dass eine **Einschränkung** der Grundgesamtheit, aus der ein zu bestellender **AP** ausgewählt werden kann, nicht erlaubt ist. Das zu prüfende Unt darf insb. keine vertraglichen Regelungen mit Dritten treffen, die zu einer Beeinflussung der Auswahl des AP führen. Dieses Verbot umfasst sowohl den AP des Jahresabschlusses als auch den AP des Konzernabschlusses.[37]

48 § 318 Abs. 1a HGB ist durch den nationalen Gesetzgeber weitgehend an die für Unt von öffentlichem Interesse geltende Regelung der EU-Verordnung Nr. 537/2014 angelehnt worden. Eine Ausnahme besteht in der fehlenden

---

[36] IDW, IDW Positionspapier zu Inhalten und Zweifelsfragen der EU-Verordnung und der Abschlussprüferrichtlinie, 6. Aufl., Stand: 30.6.2021 mit Ergänzungen v. 16.11.2021 und 4.4.2022, www.idw.de/IDW/Medien/Positionspapier/Downloads-IDW/IDW-Positionspapier-Zweifelsfragen-6-Auflage.pdf, Abruf 9.10.2024.
[37] Vgl. BT-Drs. 18/6282 v. 8.10.2015 S. 46.

Mitteilungspflicht gegenüber der **Aufsichtsbehörde**. Allerdings bleibt es den Betroffenen unbenommen, sich aus eigenem Antrieb an die Aufsichtsbehörden zu wenden.[38]

3 Fiktion der Bestellung des Jahresabschlussprüfers zum Konzernabschlussprüfer (Abs. 2)

Der Gesetzgeber geht davon aus, dass der **Abschlussprüfer (AP) des Jahresabschlusses** des MU i.d.R. auch den Konzernabschluss prüft. Der AP des Jahresabschlusses gilt als zum Konzernabschlussprüfer gewählt, wenn keine separate Wahl erfolgt (**Wahl kraft Fiktion**, § 318 Abs. 2 Satz 1 HGB). Für eine Prüfung des Konzernabschlusses durch den AP des MU spricht, dass er die Verhältnisse des MU und häufig auch der wichtigsten Konzernunternehmen am ehesten kennt.[39]

Vor einem Wahlvorschlag, der auf eine gesonderte Wahl eines Konzernabschlussprüfers verzichtet, haben sich die Vorschlagenden davon zu überzeugen, dass der Prüfer des Jahresabschlusses auch die Konzernabschlussprüfung ordnungsmäßig durchführen kann. Sie haben hierzu insb. die **personelle** und **sachliche Ausstattung** des Prüfers zu berücksichtigen. Der Prüfer muss von der zu prüfenden Gesellschaft über den Umfang der einzubeziehenden Abschlüsse, insb. der Abschlüsse ausländischer TU, informiert werden, damit er beurteilen kann, ob er personell und sachlich dem Prüfungsauftrag gerecht werden kann und ob er die **Kenntnisse** besitzt, die zur Durchführung dieser speziellen **Konzernabschlussprüfung** erforderlich sind. Die „automatische" Bestellung des Jahresabschlussprüfers zum Konzernabschlussprüfers entbindet die im zu prüfenden Unt für die Bestellung des AP zuständigen Gremien somit nicht von ihrer Pflicht, die **Eignung** des vorgesehenen AP für die anstehende Konzernabschlussprüfung **zu beurteilen**.

Ein Konzernabschlussprüfer ist gem. § 318 Abs. 2 HGB auch dann bestellt, wenn die gesetzlichen Vertreter bzw. die Gesellschafter des MU versehentlich annehmen, dass ein Konzernabschluss weder aufzustellen noch zu prüfen ist.[40] Der Prüfer des Jahresabschlusses hat alle Rechte eines Konzernabschlussprüfers und muss beurteilen, ob ggf. ein Konzernabschluss aufzustellen und zu prüfen ist.

Es ist denkbar, dass auch lediglich der Konzernabschluss, nicht aber der Jahresabschluss des MU prüfungspflichtig ist, weil Letzterer die relevanten Größenkriterien nach § 267 HGB nicht überschreitet. Eine automatische Bestellung des Jahresabschlussprüfers zum Konzernabschlussprüfer greift in diesem Fall nicht, da die freiwillige Prüfung des Jahresabschlusses anderen Regelungen unterliegt als die Pflichtprüfung des Konzernabschlusses.[41] Insofern empfiehlt sich hier die gesonderte Wahl eines Konzernabschlussprüfers.

---

[38] Vgl. BT-Drs. 18/6282 v. 8.10.2015 S. 46.
[39] Vgl. Baetge/Thiele, in Küting/Pfitzer/Weber, HdR-E, § 318 HGB Rz 76, Stand: 10/2010.
[40] Vgl. Baetge/Thiele, in Küting/Pfitzer/Weber, HdR, § 318 HGB Rz 78, Stand: 10/2010.
[41] Vgl. Baetge/Thiele, in Küting/Pfitzer/Weber, HdR-E, § 318, HGB Rz 78, Stand: 10/2010. ADS sehen diesen Fall dagegen vom Wortlaut des § 318 Abs. 2 HGB erfasst: ADS, Rechnungslegung und Prüfung der Unternehmen, 6. Aufl. 1995–2001, § 318 HGB Rz 292a.

52 Die Wahl des **Konzernabschlussprüfers** kann bei einer **GmbH** oder einer **PersG** ebenso wie die Wahl des Jahresabschlussprüfers im Gesellschaftsvertrag abweichend von den gesetzlichen Vorgaben geregelt sein (§ 318 Abs. 1 Satz 2 HGB). Dabei kann die Zusammensetzung des den Konzernabschlussprüfer wählenden Personenkreises von der für den Jahresabschluss relevanten Regelung abweichen. In diesem Fall geht die gesellschaftsvertragliche Regelung, die die Kompetenz zur Wahl der verschiedenen AP bewusst unterschiedlich regelt, der gesetzlichen Fiktion der Bestellung des Jahresabschlussprüfers zum Konzernabschlussprüfer vor. Dies hat zur Folge, dass § 318 Abs. 2 HGB in diesem Fall nicht greift. Der Jahresabschlussprüfer ist auch dann, wenn kein Konzernabschlussprüfer bestellt wird, nicht automatisch zum Konzernabschlussprüfer bestellt. Dasselbe gilt, wenn bspw. gesellschaftsvertraglich festgelegt ist, dass Jahresabschluss und Konzernabschluss von unterschiedlichen AP zu prüfen sind und nur ein Jahresabschlussprüfer bestellt wird.

4 Ersetzung des Abschlussprüfers durch das Gericht (Abs. 3)

4.1 Allgemeines

53 Auf Antrag hat das Gericht einen anderen Abschlussprüfer (AP) zu bestellen, wenn dies aus einem **in der Person des gewählten AP** liegenden Grund geboten erscheint, insb. wenn ein Ausschlussgrund nach §§ 319 Abs. 2–5, 319b HGB besteht oder (eingefügt durch das AReG) ein Verstoß gegen Art. 5 Abs. 4 Unterabs. 1 oder Art. 5 Abs. 5 Unterabs. 2 Satz 2 Verordnung (EU) Nr. 537/2014 oder die Vorschriften zur Bestellung des Prüfers nach Art. 16 oder zur Laufzeit des Prüfungsmandats nach Art. 17 Verordnung (EU) Nr. 537/2014 nicht eingehalten worden sind. **Ersetzung bedeutet**, dass der bisherige AP abberufen und ein neuer AP bestellt wird.

54 Ist der Jahresabschluss nicht kraft Gesetzes, sondern aufgrund der Satzung/des Gesellschaftsvertrags von einem AP zu prüfen, ist in den Fällen des § 318 Abs. 3 HGB nicht das Gericht zuständig, sondern das gem. Satzung/Gesellschaftsvertrag zuständige Wahlgremium.

55 Durch das FISG wurde § 318 Abs. 3 HGB zum 1.7.2021 (weitgehend redaktionell) geändert.

4.2 Antragsberechtigter Personenkreis

56 Die Antragsberechtigten sind im Gesetz abschließend genannt: die **gesetzlichen Vertreter**, der **Aufsichtsrat**, die **Gesellschafter**. Das Antragsrecht steht dem jeweiligen **Organ insgesamt** zu. Daher ist ein entsprechender Beschluss des Organs erforderlich.[42]

Das Verfahren konnte bei der GmbH und der GmbH & Co. KG von jedem Gesellschafter eingeleitet werden. Bei **Aktionären** mussten weitere Bedingungen erfüllt sein:
- Die Aktionäre müssen gegen die Wahl des AP bei der Beschlussfassung Widerspruch erklärt haben.

---

[42] Vgl. Justenhoven/Heinz, in Beck Bil-Komm., 13. Aufl. 2022, § 318 HGB Rz 80 m. w. N.

- Ihre Anteile am Grundkapital müssen 5 % des Grundkapitals oder einen Börsenwert von 500 TEUR betragen.
- Sie müssen seit mind. drei Monaten vor dem Tag der Wahl des AP Inhaber dieser Aktien sein.

In Umsetzung von Art. 38 Abs. 3 der überarbeiteten Abschlussprüferrichtlinie durch das AReG sind die Voraussetzungen für einen vonseiten der Gesellschafter gestellten Antrag geändert worden. Nunmehr müssen unabhängig von der Rechtsform die **Anteile der antragstellenden Gesellschafter** 5 % des Grundkapitals erreichen. Die Anteile an den Stimmrechten werden dabei dem Anteil am Grundkapital gleichgesetzt. Beibehalten wird die Alternative des Erreichens eines Börsenwerts von 500 TEUR.[43]

Durch das FISG wurde § 318 Abs. 3 Satz 1 HGB n. F. insofern geändert, als dass der Begriff „Grundkapital" durch „gezeichnetes Kapital" als Bezugsgröße des 5-%-Quorums ersetzt wird. Hintergrund ist, dass neben AGs auch GmbHs oder PersG i. S. d. § 264a HGB erfasst sein sollen.[44]

4.3 Antragsfrist

Der Antrag ist binnen **zwei Wochen** seit dem Tag der Wahl des AP zu stellen. Es handelt sich um eine zwingende Ausschlussfrist. Wird der Antrag nicht rechtzeitig gestellt, ist die Antragstellung nicht mehr möglich.[45] Die Antragsfrist verschiebt sich entsprechend, wenn ein Befangenheitsgrund erst nach der Wahl bekannt wird oder erst nach der Wahl eintritt.

4.4 Antragsverfahren

Für den Antrag nach § 318 Abs. 3 HGB ist **örtlich** und **sachlich** das Amtsgericht am Sitz des zu prüfenden Unt **zuständig**. **Antragsteller** sind die in § 318 Abs. 3 Satz 1 oder Satz 6 HGB genannten Personen. **Antragsgegner** ist die Ges., vertreten durch ihre gesetzlichen Vertreter. Ebenfalls **Beteiligter** ist der gewählte AP. Allen Beteiligten ist rechtliches Gehör zu gewähren.

Gibt das Gericht dem Antrag statt, hat es gleichzeitig einen AP zu bestellen. Es kann dabei Vorschlägen der Beteiligten folgen.

4.5 Antragsgründe

§ 318 Abs. 3 Satz 1 HGB besagt, dass das Gericht einen anderen AP zu bestellen hat, wenn dies aus einem **in der Person des gewählten AP** liegenden Grund geboten erscheint, insb. wenn ein **Ausschlussgrund**
- nach § 319 Abs. 2–5 HGB oder
- nach § 319b HGB

besteht (§ 318 Abs. 1 Satz 1 Nr. 1 1. HS HGB). Durch das AReG wurden die Antragsgründe um die Ausschlussgründe
- Verstoß gegen Art. 5 Abs. 4 Unterabs. 1 oder Abs. 5 Unterabs. 2 Satz 2 Verordnung (EU) Nr. 537/2014 (§ 318 Abs. 1 Satz 1 Nr. 1 2. HS HGB) und

---

[43] Vgl. BT-Drs. 18/6282 v. 8.10.2015 S. 47.
[44] Vgl. BT-Drs. 19/26966 v. 24.2.2021 S. 101.
[45] Vgl. ADS, Rechnungslegung und Prüfung der Unternehmen, 6. Aufl. 1995–2001, § 318 HGB Rz 340.

- Nichteinhaltung der Vorschriften zur Bestellung des AP nach Art. 16 Verordnung (EU) Nr. 537/2014 oder der Vorschriften zur Laufzeit des Prüfungsmandats nach Art. 17 Verordnung (EU) Nr. 537/2014 (§ 318 Abs. 1 Satz 1 Nr. 2 HGB)

erweitert.

Durch das FISG wurde zum 1.7.2021 § 318 Abs. 1 Satz 1 Nr. 1 1. Hs HGB n. F. redaktionell an die Aufhebung von § 319a HGB angepasst.

Der Antrag an das Gericht muss die **Gründe erläutern**, derentwegen die Bestellung eines anderen AP verlangt wird. Die Antragsgründe müssen Zweifel begründen, dass der AP eine ordnungsgemäße Durchführung der Prüfung im Interesse der Gesellschaft und der Öffentlichkeit gewährleistet.[46]

Das Gesetz verlangt ausdrücklich, dass nur in der Person des Prüfers liegende Gründe die gerichtliche Ersetzung rechtfertigen. Der in § 318 Abs. 3 Satz 1 HGB genannte Begriff „Befangenheit" ist dabei als umfassender, generalisierter Tatbestand zu interpretieren.[47]

62 Der in § 318 Abs. 3 Satz 1 HGB verwendete Begriff der **Besorgnis der Befangenheit** findet sich ebenfalls in der WPO und der BS WP/vBP.

Dort wird auf „nahe Beziehungen" zu einem Beteiligten oder zum Gegenstand der Beurteilung abgestellt. Der AP muss nach § 49 WPO seine Tätigkeit versagen, wenn ein **unabhängiger Dritter** bei objektiver Betrachtung **Zweifel** an der Unbefangenheit des AP haben könnte. Dabei kommt es also nicht darauf an, ob der Prüfer sich subjektiv für befangen hält, sondern darauf, ob die Besorgnis der Befangenheit bei anderen zu Recht besteht. Eine gerichtliche Ersetzung muss damit aus der Sicht eines verständigen Dritten geboten sein.[48]

63 **Anhaltspunkte**, die bei objektiver Betrachtung die Besorgnis der Befangenheit rechtfertigen, können etwa freundschaftliche oder verwandtschaftliche Beziehungen mit den gesetzlichen Vertretern des zu prüfenden Unt, geschäftliche Interessen oder wirtschaftliche Abhängigkeiten sein.

64 Wird ein Unt in jährlich aufeinanderfolgenden Prüfungen von **demselben Prüfer** geprüft, so liegt dagegen **keine Besorgnis** der Befangenheit vor.[49] Gleiches gilt, wenn der AP gleichzeitig TU oder Konkurrenzunternehmen prüft.[50]

65 Ob **mangelnde fachliche Qualifikation**, fehlende Spezialkenntnisse des AP, **mangelnde personelle** oder **sachliche Ausstattung** seine Befangenheit begründen, richtet sich danach, ob der AP objektiv in der Lage ist, die Durchführung der Abschlussprüfung zu überwachen und sich das Prüfungsergebnis zu eigen macht, auch wenn er zulässigerweise sachkundige Dritte oder andere Hilfskräfte hinzuzieht.[51]

66 **Berufsgerichtliche Verfahren**, die zu einer schweren Bestrafung des AP geführt haben, ohne dass ein Berufsausschluss erfolgt ist, können ein Antragsgrund sein, soweit ernsthaft zu erwarten ist, dass die berufsgerichtliche Be-

---

[46] Vgl. Justenhoven/Heinz, in Beck Bil-Komm., 13. Aufl. 2022, § 318 HGB Rz 93.
[47] Vgl. Baetge/Thiele, in Küting/Pfitzer/Weber, HdR-E, § 318 HGB Rz 99, Stand: 10/2010.
[48] Vgl. ADS, Rechnungslegung und Prüfung der Unternehmen, 6. Aufl. 1995–2001, § 318 HGB Rz 353.
[49] Zur Begrenzung der Höchstlaufzeit des Prüfungsmandats bei Unt von öffentlichem Interesse vgl. die Ausführungen in Rz 39 ff.
[50] Vgl. Baetge/Thiele, in Küting/Pfitzer/Weber, HdR-E, § 318 HGB Rz 103, Stand: 10/2010. Die Prüfung von Konkurrenzunternehmen wird allerdings zum Teil von Unt kritisch gesehen.
[51] Vgl. Justenhoven/Heinz, in Beck Bil-Komm., 13. Aufl. 2022, § 318 HGB Rz 98 f.

strafung im Zusammenhang mit anderen Gründen zu einer Beeinträchtigung der Abschlussprüfung führt.[52]

Durch das **BilMoG** ist § 318 Abs. 3 Satz 1 HGB um einen Verweis auf § 319b HGB ergänzt worden. Hintergrund ist die Ausdehnung von Ausschlussgründen auf Netzwerkmitglieder in dem in das HGB eingefügten § 319b HGB. Mit der Ergänzung des § 318 Abs. 3 Satz 1 HGB wurden die Antragsgründe des **gerichtlichen Ersetzungsverfahrens erweitert**. Das Gericht hat auch dann einen neuen AP zu bestellen, wenn die Voraussetzungen des § 319b HGB vorliegen, also ein Mitglied des Netzwerks des AP einen der Ausschlussgründe nach §§ 319 HGB erfüllt, der den Ausschluss des AP von der Abschlussprüfung nach sich zieht. 67

§ 318 Abs. 3 Satz 1 HGB hat bereits früher konkretisiert, wann ein wichtiger Grund für eine gerichtliche Abberufungsmöglichkeit besteht. Durch die **Neufassung der Ausschlussgründe** durch die EU-Verordnung Nr. 537/2014 wurde der Katalog des § 318 Abs. 3 Satz 1 HGB insoweit um Verstöße gegen die Vorgaben zum Auswahl- oder Bestellungsverfahren nach den Art. 16 und 17 Verordnung (EU) Nr. 537/2014, die verbotene Erbringung von Nichtprüfungsleistungen (Art. 5 Abs. 4 Unterabs. 1 Verordnung (EU) Nr. 537/2014) sowie die Fortsetzung der Abschlussprüfung entgegen den Vorgaben des Art. 5 Abs. 5 Unterabs. 2 Satz 2 Verordnung (EU) Nr. 537/2014 erweitert (Umsetzung ist erfolgt durch das AReG, § 318 Abs. 3 Satz 1 Nr. 1 2. HS und Nr. 2 HGB). Ausweislich der Regierungsbegründung führen diese Verstöße **nicht zur Nichtigkeit** der Bestellung des AP.[53] 68

5 Bestellung des Abschlussprüfers durch das Gericht (Abs. 4)

5.1 Allgemeines

Sinn und Zweck des gerichtlichen Bestellungsverfahrens ist es, die rechtzeitige Durchführung der Abschlussprüfung zu gewährleisten. Der Vorrang der Bestellung durch das Unt gilt so lange, bis das Gericht seinerseits einen Abschlussprüfer (AP) bestellt hat. Das **Gericht interveniert** in den Fällen der **Untätigkeit** des Wahlorgans der Ges., der **Unwirksamkeit** der Wahl oder bei **sonstigen Ereignissen**, die eine Durchführung der Abschlussprüfung durch den gewählten AP verhindern. § 318 Abs. 4 HGB greift also dann ein, wenn 69
- bis zum Ende des Gj kein AP gewählt ist (Abs. 4 Satz 1),
- der gewählte AP den Auftrag ablehnt (Abs. 4 Satz 2 1. Alt.),
- der gewählte AP aus anderen Gründen wegfällt (Abs. 4 Satz 2 2. Alt.) oder
- der gewählte AP verhindert ist (Abs. 4 Satz 2 3. Alt.).

Im Unterschied zu § 318 Abs. 3 HGB zielt das Verfahren nach § 318 Abs. 4 HGB also nicht darauf ab, eine Bestellung durch die Ges. zu überprüfen und ggf. zu korrigieren.

Das HGB verpflichtet die **gesetzlichen Vertreter**, den **Antrag unverzüglich** nach Ablauf des Gj zu stellen, wenn ein Tatbestand nach § 318 Abs. 4 Satz 1 oder

---

[52] Vgl. Baetge/Thiele, in Küting/Pfitzer/Weber, HdR-E, § 318 HGB Rz 108, Stand: 10/2010; ADS, Rechnungslegung und Prüfung der Unternehmen, 6. Aufl. 1995–2001, § 318 HGB Rz 373.
[53] Vgl. BT-Drs. 18/6282 v. 8.10.2015 S. 47. § 256 Abs. 1 Nr. 3 AktG wurde diesbezüglich durch das AReG angepasst. In diesen Fällen geht die Anwendbarkeit des Ersetzungsverfahrens der Anwendbarkeit der Nichtigkeitsgründe vor.

Satz 2 HGB gegeben ist. Der Kreis der **Antragsberechtigten** ist im Gesetz abschließend genannt. Während die **Leitungsorgane** den Antrag nach § 318 Abs. 4 Satz 3 HGB stellen müssen, ist die Antragstellung durch den Aufsichtsrat oder die Gesellschafter fakultativ. Abweichend zu § 318 Abs. 3 HGB steht das Antragsrecht jedem Aktionär zu, auch dem Vorzugsaktionär, nicht aber dem Inhaber von Genussscheinen oder Obligationen.[54]

Gegen die Entscheidung des Gerichts kann **sofortige Beschwerde** eingelegt werden (§ 318 Abs. 4 Satz 4 HGB). Darüber hinaus ist eine Anfechtung der Bestellung des AP nicht zulässig. Bis zur Bestellung durch das Gericht kann der AP durch eine, wenn auch verspätet einberufene, Hauptversammlung oder Gesellschafterversammlung gewählt werden.

5.2 Antragsberechtigter Personenkreis

70 Der **antragsberechtigte Personenkreis** umfasst die gesetzlichen Vertreter der Ges., den Aufsichtsrat oder einzelne Gesellschafter.[55] Andere Personen als die genannten sind nicht antragsberechtigt. Im Fall der Insolvenz der Ges. bestellt das Registergericht den AP auf Antrag des Insolvenzverwalters. § 318 Abs. 4 Satz 3 HGB statuiert eine **Antragspflicht** nur für die gesetzlichen Vertreter der Ges. Entsteht aus der Pflichtverletzung ein Schaden für die Ges., sind die gesetzlichen Vertreter ersatzpflichtig (§ 93 AktG, § 43 GmbHG).

5.3 Antragsvoraussetzungen

5.3.1 Fehlende Wahl des Abschlussprüfers

71 Der AP ist nicht gewählt, wenn
- das Wahlorgan untätig geblieben ist oder
- der Wahlbeschluss nichtig gewesen ist oder
- die Wahl erfolgreich angefochten worden ist.

Die Anfechtung muss im Verfahren nach § 246 AktG im Wege einer Anfechtungsklage geltend gemacht werden. Gem. § 248 AktG steht infolge der Urteilswirkung dann fest, dass ein AP nicht wirksam gewählt worden ist. Auf die GmbH finden die Regelungen in §§ 246 f. AktG analog Anwendung.[56]

72 Der **Antrag** auf gerichtliche Bestellung eines AP kann erst **nach Ablauf des Gj** gestellt werden. Dies gilt auch, wenn abzusehen ist, dass das zuständige Gremium sein Recht nicht fristgemäß ausüben wird.

Eine außerordentliche Hauptversammlung oder Gesellschafterversammlung muss nicht zwangsläufig immer dann einberufen werden, wenn die ordentliche Hauptversammlung oder Gesellschafterversammlung keinen Wahlbeschluss gefasst hat. Der Vorstand einer AG oder die Geschäftsführung einer GmbH müssen vielmehr zwischen dem für die Einberufung und Abhaltung einer Hauptversammlung/

---

[54] Vgl. Justenhoven/Heinz, in Beck Bil-Komm., 13. Aufl. 2022, § 318 HGB Rz 105.
[55] Für die Antragsberechtigung der Gesellschafter kommt es auf die Höhe ihrer Beteiligung nicht an, vgl. Justenhoven/Heinz, in Beck Bil-Komm., 13. Aufl. 2022, § 318 HGB Rz 108; ADS, 6. Aufl. 1995–2001, § 318 HGB Rz 390.
[56] Gegen die Beschlüsse einer KapCoGes ist dagegen keine Anfechtungsklage, sondern nur eine allgemeine Feststellungsklage zulässig, vgl. Justenhoven/Heinz, in Beck Bil-Komm., 13. Aufl. 2022, § 318 HGB Rz 110.

Gesellschafterversammlung entstehenden Aufwand und der – allerdings erheblichen – Bedeutung der AP-Bestellung durch die Ges. abwägen.[57]
Die Wahlbefugnis des zuständigen Organs endet mit der Bestellung des AP durch das Gericht. Eine danach durchgeführte Wahl ist nicht wirksam. Jedoch kann ein **Ersatzprüfer** gewählt werden für den Fall, dass der gerichtlich bestellte AP wegfällt. Entscheidender Zeitpunkt für das Erlöschen der Wahlbefugnis der Gesellschafter ist der Zeitpunkt des Ergehens der gerichtlichen Entscheidung.[58]

5.3.2 Sonstige Antragsgründe

Nach § 318 Abs. 2 Satz 2 HGB liegen „sonstige Gründe" vor, wenn
- der gewählte AP die Auftragsannahme abgelehnt hat oder
- der gewählte und ordnungsgemäß bestellte AP nachträglich weggefallen ist oder
- der gewählte und bestellte AP an der rechtzeitigen Beendigung der Abschlussprüfung verhindert ist.

Aufgrund des Verweises auf § 318 Abs. 4 Satz 1 HGB kann der Antrag auf gerichtliche Bestellung aus sonstigen Gründen ebenfalls erst nach Ablauf des Gj gestellt werden.

Die **Ablehnung des Prüfungsauftrags** muss gem. § 51 WPO durch den AP unverzüglich erfolgen, sodass i.d.R. genug Zeit für die Wahl eines anderen AP bleibt. Bei nicht unverzüglicher Ablehnung macht sich der AP schadensersatzpflichtig (§ 51 Satz 2 WPO). Eine gerichtliche Bestellung des AP kommt dann infrage, wenn nach Ablehnung durch den ursprünglich vorgesehenen AP kein neuer AP gewählt wird.

Gründe für den **nachträglichen Wegfall** des gewählten Prüfers sind Tod oder Geschäftsunfähigkeit sowie Erlöschen, Rücknahme oder Widerruf der Bestellung als Wirtschaftsprüfer (WP) (§§ 19, 20 WPO) und die Kündigung des Prüfungsauftrags gem. § 318 Abs. 6 HGB. Der Wegfall des gewählten Prüfers schließt alle tatsächlichen oder rechtlichen Gründe ein, die eine Weiterführung der Prüfung durch den gewählten Prüfer verhindern.[59]

In § 318 Abs. 4 HGB nicht ausdrücklich geregelt sind die Fälle, in denen der Bestellungsakt insgesamt nichtig ist. Auch in diesen Fällen fällt der AP nachträglich weg. Das Gleiche gilt, wenn der Wahlakt der Hauptversammlung/Gesellschafterversammlung z.B. wegen Besorgnis der Befangenheit angefochten wird und die Anfechtungsklage Erfolg hat. In diesen beiden Fällen erfolgt die „Vernichtung" des Bestellungsakts erst nach der Hauptversammlung/Gesellschafterversammlung, sodass diese nicht mehr reagieren kann. § 318 Abs. 4 HGB dürfte daher entsprechend anzuwenden sein.

Eine **nicht rechtzeitige Beendigung** der Prüfung kann sich durch Krankheit, Zeitmangel, Mitarbeitermangel oder anderweitigen Ausfall des AP ergeben. Ein Antragsgrund nach § 318 Abs. 4 Satz 2 3. Alt. HGB ist allerdings nur gegeben, wenn die Verzögerung nicht durch das zu prüfende Unt zu vertreten ist. Eine fehlende Prüfungsbereitschaft bzw. eine fehlende Mitwirkung des prüfungs-

---

[57] Vgl. ADS, Rechnungslegung und Prüfung der Unternehmen, 6. Aufl. 1995–2001, § 318 HGB Rz 402.
[58] Weiterführend Justenhoven/Heinz, in Beck Bil-Komm., 13. Aufl. 2022, § 318 HGB, Rz 114; ADS, Rechnungslegung und Prüfung der Unternehmen, 6. Aufl. 1995–2001, § 318 HGB Rz 405.
[59] Vgl. Baetge/Thiele, in Küting/Pfitzer/Weber, HdR-E, § 318 HGB Rz 132, Stand: 10/2010.

pflichtigen Unt wäre vom AP in seinem Prüfungsergebnis (Prüfungsbericht und/oder Bestätigungsvermerk) zu berücksichtigen.[60]
Im Fall der Verhinderung des gewählten AP erlischt sein Mandat. Der durch das Gericht zu bestellende AP tritt regelmäßig aus Gründen der Rechtssicherheit an die Stelle des verhinderten AP.[61]

6 Vergütung des gerichtlich bestellten Abschlussprüfers (Abs. 5)

77 § 318 Abs. 5 HGB regelt die **Ansprüche** des nach § 318 Abs. 3 oder Abs. 4 HGB vom Gericht bestellten Abschlussprüfer (AP). Er ersetzt **auf Antrag** die allgemeinen vertraglichen Regelungen in §§ 612, 632 BGB. Nach Bestellung durch das Gericht und Annahme durch den AP kommt zwischen der zu prüfenden Ges. und dem AP ein Prüfungsvertrag zustande, der den üblichen Regelungen des Prüfungsvertrags entspricht (Rz 25 ff.).
Der gerichtlich bestellte AP kann wie der gewählte AP mit der zu prüfenden Ges. Vereinbarungen über das Honorar und den Auslagenersatz treffen. Es gilt dabei der übliche Grundsatz der Vertragsfreiheit. Wenn eine solche besondere Vergütungsvereinbarung geschlossen wird, entfällt regelmäßig die Veranlassung, das Beschlussverfahren nach § 318 Abs. 5 HGB zu beantragen.[62]

7 Kündigung des Prüfungsauftrags (Abs. 6)

7.1 Allgemeines

78 Grds. gelten für das Auftragsverhältnis zwischen Wirtschaftsprüfer (WP) und Unt die Regelungen des BGB und somit auch die Vorschriften über die Kündigung nach §§ 626, 627, 649 BGB. Eine Ausnahme von der Möglichkeit der Kündigung nach den vorgenannten Paragrafen besteht für den Bereich der gesetzlich vorgeschriebenen Abschlussprüfung. Dem gem. § 318 Abs. 1 HGB bestellten Abschlussprüfer (AP) kann der Auftrag nicht durch Kündigung seitens des zu prüfenden Unt entzogen werden. Der AP kann vielmehr nur aus den in § 318 Abs. 3 HGB genannten Gründen auf Antrag der insoweit Berechtigten durch das Gericht abberufen werden. Demgegenüber kann der WP den angenommenen Prüfungsauftrag kündigen, allerdings nur aus wichtigem Grund.

79 § 318 Abs. 6 HGB regelt die **Kündigung des Prüfungsauftrags** durch den AP. Eine Kündigung ist nur aus **wichtigem Grund** möglich. Meinungsverschiedenheiten über Inhalt, Einschränkung oder Versagung des Bestätigungsvermerk sind ausdrücklich als Kündigungsgrund ausgeschlossen (§ 318 Abs. 6 Satz 2 HGB).

---

[60] Vgl. Baetge/Thiele, in Küting/Pfitzer/Weber, HdR-E, § 318 HGB Rz 133, Stand: 10/2010. Zu Prüfungshemmnissen und deren Auswirkung auf Prüfungsbericht und Bestätigungsvermerk vgl. IDW PS 405.19 ff., sowie IDW PS 450.59.
[61] Nach Justenhoven/Heinz, in Beck Bil-Komm., 13. Aufl. 2022, § 318 HGB Rz 114, wäre es bei einem sehr weit fortgeschrittenen Prüfungsablauf denkbar, dass das Gericht ausnahmsweise dem gewählten AP einen anderen AP zur Seite stellt, wenn gewährleistet ist, dass der Ablauf dadurch beschleunigt oder die Verwertung der bereits vorhandenen Prüfungsergebnisse ermöglicht wird.
[62] Für den Fall der Nichtleistung der Vergütung durch die geprüfte Ges. ist die Forderung im Wege der Leistungsklage vor dem ordentlichen Gericht durchzusetzen. S. dazu Justenhoven/Heinz, in Beck Bil-Komm., 13. Aufl. 2022, § 318 HGB Rz 126.

Dem **prüfungspflichtigen Unt** steht **kein Kündigungsrecht** zu. Daher kann es den Prüfungsauftrag auch nicht wegen pflichtwidrigen Verhaltens des AP kündigen. Hier wäre das Unt auf das Ersetzungsverfahren nach § 318 Abs. 3 HGB angewiesen. 80

7.2 Kündigungsgrund

Der AP kann den Prüfungsauftrag aus wichtigem Grund kündigen, wenn ihm die Fortsetzung seiner Tätigkeit nicht zugemutet werden kann. 81
Persönliche Differenzen zwischen AP und prüfungspflichtigem Unt berechtigen i. d. R. nicht zur Kündigung.[63] 82
Sachliche Differenzen über die zutreffende Beurteilung des Prüfungsobjekts sind ebenfalls kein zulässiger Kündigungsgrund, da § 318 Abs. 6 Satz 2 HGB ausdrücklich Differenzen über die Art und den Inhalt des Bestätigungsvermerks ausschließt. 83
Auch eine **Verletzung der Vorlage- und Auskunftspflichten** des prüfungspflichtigen Unt stellt keinen wichtigen Grund dar. § 320 HGB verpflichtet prüfungspflichtige Unt, dem AP alle für die Prüfung notwendigen Unterlagen zur Verfügung zu stellen. Bei Verstößen gegen § 320 HGB hat der Prüfer zum einen im Prüfungsbericht gesondert auf diese Umstände hinzuweisen, zum anderen den Bestätigungsvermerk des prüfungspflichtigen Unt einzuschränken oder zu versagen (zu „modifizieren").[64] 84
Zweifel an der Vertrauenswürdigkeit des geprüften Unt werden sich im Regelfall auch eher im Prüfungsergebnis niederschlagen. In besonderen Extremfällen, in denen z. B. eine kriminelle Betätigung entdeckt wird, dürfte jedoch eine Kündigung aus wichtigem Grund gerechtfertigt sein.[65] 85
Ein Kündigungsgrund liegt dagegen vor, wenn für den AP die **Durchführung der Abschlussprüfung unmöglich** geworden ist. Ein Beispiel dafür ist eine schwerwiegende Erkrankung des AP. Aber auch wenn der AP erst während der Abschlussprüfung erkennt, dass ihm die nötigen Kenntnisse oder Fähigkeiten zur Durchführung der Abschlussprüfung fehlen und er dieses Problem nicht beheben kann, ist ein wichtiger Grund zur Kündigung des Prüfungsauftrags gegeben.[66] 86
Schließlich stellt es einen wichtigen Grund dar, wenn der AP bei einer Fortführung der Abschlussprüfung gegen **gesetzliche Vorschriften** verstoßen würde und dies nicht anders als durch eine Kündigung des Prüfungsauftrags verhindert werden kann. Der wichtigste Fall ist ein sich erst während der Prüfung ergebender Verstoß gegen die Unabhängigkeitsanforderungen der §§ 319, 319b HGB und der EU-Verordnung Nr. 537/2014. 87

7.3 Kündigungserklärung

Die Kündigung kann formlos, also auch mündlich erklärt werden. Allerdings muss der AP die Kündigung gem. § 318 Abs. 6 Satz 3 HGB schriftlich begrün- 88

---

[63] Vgl. Baetge/Thiele, in Küting/Pfitzer/Weber, HdR-E, § 318 HGB Rz 150, Stand: 10/2010; Justenhoven/Heinz, in Beck Bil-Komm., 13. Aufl. 2022, § 318 HGB Rz 132.
[64] Vgl. IDW PS 405.A17., sowie IDW PS 450.59 n. F.
[65] Vgl. ADS, Rechnungslegung und Prüfung der Unternehmen. 6. Aufl. 1995–2001, § 318 HGB Rz 440 m. w. N.
[66] Vgl. Baetge/Thiele, in Küting/Pfitzer/Weber, HdR, § 318 HGB Rz 148, Stand: 10/2010.

den; dabei muss der **Kündigungsgrund** schriftlich deutlich gemacht werden. Die Kündigung ist dem Gesellschaftsorgan gegenüber zu erklären, das den Prüfungsauftrag erteilt hat.

7.4 Wirkung der Kündigung

89 Mit der Kündigung des AP endet seine Stellung als gesetzlicher AP; zugleich **endet** der **Prüfungsvertrag**. Es muss ein neuer AP gewählt bzw. vom Gericht bestellt werden.
Der AP hat nach der Kündigung unter bestimmten Voraussetzungen einen **Vergütungsanspruch** für seine Tätigkeit. Kündigt der AP aus einem in der Verantwortung des Unt liegenden Grund, hat er Anspruch auf eine angemessene Vergütung für seine bisher geleistete Arbeit.[67]

90 Kündigt der AP den Prüfungsauftrag aus wichtigem Grund (§ 318 Abs. 6 und 7 HGB), ist gem. § 318 Abs. 6 Satz 4 HGB über das Ergebnis der bisherigen Prüfung gegenüber den Organen der zu prüfenden Ges. zu berichten. Für diesen Bericht sind die Grundsätze des IDW PS 450 entsprechend anzuwenden.[68]

91 Die Berichtspflicht gilt nur für **Kündigungen nach § 318 Abs. 6 und 7 HGB**, nicht jedoch für Kündigungen durch die zu prüfende Ges. in den Fällen des § 318 Abs. 1 Satz 5 i. V. m. Abs. 3 HGB nach gerichtlicher Ersetzung oder in den Sonderfällen der Kündigung bei nichtiger Prüferwahl und Wegfall des Prüfers.

92 Die Angaben zum **Prüfungsauftrag** müssen klar erkennen lassen, dass es sich um einen **Bericht anlässlich einer Kündigung** des Prüfungsauftrags handelt. Daher empfiehlt es sich, die Begründung der Kündigung des Prüfungsauftrags nach § 318 Abs. 6 Satz 3 HGB in diesen Abschnitt des Berichts aufzunehmen.[69]

93 Die Berichterstattungspflichten erstrecken sich grds. auf die **nach IDW PS 450 n. F. bestehenden Berichtspflichten**, soweit dies dem AP nach den bis zur Kündigung des Prüfungsauftrags durchgeführten Prüfungshandlungen möglich ist. Ob und inwieweit der AP die geforderten Feststellungen treffen kann, ist nach den Verhältnissen des Einzelfalls zu entscheiden. Insb. die Berichterstattung nach § 321 Abs. 1 Satz 3 und Abs. 2 Satz 2 HGB wird nur in Ausnahmefällen, wenn eine Kündigung erst gegen Ende der Prüfung erfolgt, vorgenommen werden können.[70]

94 Der AP hat darauf hinzuweisen, wenn bestimmte Vorgänge bis zum Ende der Prüfungshandlungen noch **nicht abschließend beurteilt** werden konnten, diese sich nach Einschätzung des AP aber auf die Ordnungsmäßigkeit der Rechnungslegung auswirken können.

95 Nach erklärter Kündigung hat der AP **über das bisherige Ergebnis** seiner bisherigen Prüfungshandlungen **Bericht zu erstatten**. Dieser Prüfungsbericht muss den gesetzlichen Vertretern oder dem Aufsichtsrat vorgelegt werden. Im Prüfungsbericht sollten für jedes Prüffeld, das der kündigende Prüfer geprüft hat, Urteile enthalten sein. Alle außergewöhnlichen Sachverhalte müssen aufgeführt

---

[67] Vgl. Baetge/Thiele, in Küting/Pfitzer/Weber, HdR-E, § 318 HGB Rz 155, Stand: 10/2010.
[68] Vgl. IDW PS 450.150 ff.
[69] Vgl. IDW PS 450.151.
[70] Vgl. IDW PS 450.152.

werden, um dem neuen Prüfer eine schnelle Einarbeitung zu ermöglichen. Der scheidende AP ist verpflichtet, dem neuen AP verlangte Auskünfte zu erteilen.[71]

8 Mitteilungs- und Vorlagepflichten als Konsequenz der Kündigung des Abschlussprüfers (Abs. 7)

8.1 Allgemeines

Kündigt der Abschlussprüfer (AP) gem. § 318 Abs. 6 HGB aus wichtigem Grund, so hat im prüfungspflichtigen Unt das Organ, an das die Kündigungserklärung gerichtet ist, bestimmte, in § 318 Abs. 7 HGB geregelte **Mitteilungs- und Vorlagepflichten**. Diese Pflichten treffen grds. die **gesetzlichen Vertreter** des prüfungspflichtigen Unt. Wenn allerdings der Prüfungsauftrag vom **Aufsichtsrat** erteilt worden ist, ist dieser auch Adressat der Kündigungserklärung. Den Aufsichtsrat treffen dann auch die entsprechenden Folgepflichten.

96

8.2 Kündigungsfolgen

Der jeweilige Adressat der Kündigungserklärung hat die Kündigung dem Aufsichtsrat, der nächsten Hauptversammlung bzw. bei der GmbH den **Gesellschaftern mitzuteilen**. Ist der Aufsichtsrat Adressat der Kündigungserklärung, hat dieser die gesetzlichen Vertreter zu unterrichten.

97

Der Empfänger der Kündigungserklärung ist ferner zur Vorlage des **Berichts des AP** verpflichtet. Dieser ist nach § 318 Abs. 7 Satz 2 HGB unverzüglich dem Aufsichtsrat vorzulegen.[72] Jedes Aufsichtsratsmitglied hat das Recht, den Bericht nach § 318 Abs. 7 Satz 3 HGB zur Kenntnis zu nehmen und außerdem den Bericht des AP zu erhalten, sofern der Aufsichtsrat nicht nach § 318 Abs. 7 Satz 4 HGB beschlossen hat, den Prüfungsbericht nur an die Mitglieder eines Ausschusses auszuhändigen.[73]

Auch der **neue AP** hat Anspruch auf Aushändigung des Prüfungsberichts seines Vorgängers. Früher war dies zwar gesetzlich nicht explizit geregelt. Dennoch gehörte der Prüfungsbericht schon bisher zu den Unterlagen, die die prüfungspflichtige Ges. dem AP nach § 320 HGB aushändigen musste. Durch die **Ergänzung** von § 320 HGB um einen **Abs. 4** i.R.d. **BilMoG** wurde dies auch ausdrücklich im Gesetz geregelt.[74] Danach hat der neue AP gegenüber dem bisherigen AP jetzt auch einen direkten, gesetzlich normierten Anspruch auf die Aushändigung des Prüfungsberichts.

98

Auf die Einsicht in den Prüfungsbericht seines Vorgängers darf der neue AP nicht verzichten, da er sonst gegen die Verpflichtung zur gewissenhaften Prüfung nach § 323 Abs. 1 HGB bzw. § 43 WPO verstoßen würde. Dazu gehört zwingend auch die Einsicht in die schriftliche Kündigungsbegründung seines Vorgängers.[75]

---

[71] Vgl. ADS, Rechnungslegung und Prüfung der Unternehmen, 6. Aufl. 1995–2001, § 318 HGB Rz 451 ff. Nach § 26 Abs. 3 BS WP/vBP ist der bisherige AP verpflichtet, dem neuen AP die Kündigung und den Prüfungsbericht zu erläutern, wenn dem die Verschwiegenheitspflicht, andere gesetzliche Bestimmungen oder berechtigte Interessen des bisherigen AP nicht entgegenstehen. Die Einsichtnahme in die Arbeitspapiere des scheidenden AP dürfte von der Auskunftspflicht nicht umfasst sein.
[72] Vgl. Justenhoven/Heinz, in Beck Bil-Komm., 13. Aufl. 2022, § 318 HGB Rz 137.
[73] Vgl. Baetge/Thiele, in Küting/Pfitzer/Weber, HdR-E, § 318 HGB Rz 159, Stand: 10/2010.
[74] Vgl. die Ausführungen zu § 320 Abs. 4 HGB.
[75] Hinsichtlich der Pflichten bei vorzeitiger Beendigung eines Prüfungsauftrags enthält § 26 BS WP/vBP konkrete berufsrechtliche Gebote.

9 Information der Wirtschaftsprüferkammer bei Kündigung oder Widerruf des Prüfungsauftrags (Abs. 8)

99 Mit § 318 Abs. 8 HGB wurde durch das BilMoG Art. 38 Abs. 2 der (früheren) Abschlussprüferrichtlinie 2006/43/EG in nationales Recht umgesetzt.

Der **Zweck** von § 318 Abs. 8 HGB besteht darin, zu verhindern, dass sich der Abschlussprüfer (AP) und das zu prüfende Unt während der Laufzeit des Prüfungsvertrags unzulässigerweise – und unbemerkt – möglicherweise sogar einvernehmlich trennen.

Die Beendigung eines bestehenden Prüfungsauftrags ist für den AP und das zu prüfende Unt zum Schutz der Unabhängigkeit des AP im Fall der gesetzlichen Abschlussprüfung nur sehr eingeschränkt – nämlich grds. allein durch Widerruf oder Kündigung – möglich. Der Widerruf eines bestehenden Prüfungsauftrags nach § 318 Abs. 1 Satz 5 HGB setzt die Bestellung eines anderen AP voraus, die nur unter den einschränkenden Voraussetzungen des § 318 Abs. 3 HGB überhaupt möglich ist. Die Kündigung eines bestehenden Prüfungsauftrags ist gem. § 318 Abs. 6 Satz 2 HGB nur aus wichtigem Grund und nur durch den AP möglich.

100 Neben diesen sehr stark eingeschränkten Möglichkeiten der Beendigung eines bestehenden Prüfungsauftrags zur Durchführung einer gesetzlich vorgeschriebenen Abschlussprüfung tritt das Erfordernis, die zuständige Stelle mit einer ausreichenden Begründung unverzüglich über die Beendigung zu unterrichten. Nach den Vorgaben der Abschlussprüferrichtlinie muss die entsprechende **zuständige Stelle** – in Deutschland die WPK – über die Abberufung bzw. den Rücktritt eines Prüfers **unverzüglich informiert** werden. Die **Unterrichtung** hat **sowohl durch den Wirtschaftsprüfer als auch durch die gesetzlichen Vertreter** der Ges. zu erfolgen.[76] Eine Beendigung eines laufenden Prüfungsvertrages ist schriftlich und ausführlich zu begründen, um die WPK in die Lage zu versetzen, die Rechtmäßigkeit dieser Beendigung zu überprüfen.[77] In der Begründung sollen beide Seiten ihre Einschätzung der Lage darlegen, damit die WPK die Argumente hinreichend würdigen kann. Durch die Einbeziehung der WPK soll der Prozess der Kündigung bzw. des Widerrufs stärker objektiviert werden.[78]

10 CSRD-Umsetzungsgesetz: Änderungen

101 Zum Zeitpunkt des Redaktionsschlusses dieses Beitrags lag noch keine verabschiedete Gesetzesfassung des CSRD-Umsetzungsgesetzes vor. Auf Basis des Regierungsentwurfs zum CSRD-Umsetzungsgesetz sind folgende Änderungen zu erwarten.
- Die Abs. 1–5 und 7 sollen unverändert bleiben.
- In Abs. 6 soll anstelle der bisher schriftlich zu begründenden Kündigung des Abschlussprüfers aus besonderem Grund zukünftig hier die Kündigung in Textform, z. B. per E-Mail, ausreichend sein.
- Gleiches gilt für die Anzeige der Kündigung bei der Wirtschaftsprüferkammer, die zukünftig ebenfalls in Textform zulässig sein soll.

---

[76] Da diese gesetzliche Anforderung dem betroffenen Unt zumindest nicht immer bekannt sein dürfte, ist ein diesbezüglicher Hinweis des AP an die gesetzlichen Vertreter empfehlenswert.

[77] Gefordert ist eine detaillierte Darlegung des zugrunde liegenden Sachverhalts nebst der hieraus gezogenen Schlussfolgerung.

[78] Zum Verfahren der WPK bei Mitteilungen nach § 318 Abs. 8 HGB vgl. WPK Magazin, 2/2010, S. 30.

§ 319 Auswahl der Abschlussprüfer und Ausschlussgründe

(1) ¹Abschlussprüfer können Wirtschaftsprüfer und Wirtschaftsprüfungsgesellschaften sein. ²Abschlussprüfer von Jahresabschlüssen und Lageberichten mittelgroßer Gesellschaften mit beschränkter Haftung (§ 267 Abs. 2) oder von mittelgroßen Personenhandelsgesellschaften i.S.d. § 264a Abs. 1 können auch vereidigte Buchprüfer und Buchprüfungsgesellschaften sein. ³Die Abschlussprüfer nach den Sätzen 1 und 2 müssen über einen Auszug aus dem Berufsregister verfügen, aus dem sich ergibt, dass die Eintragung nach § 38 Nummer 1 Buchstabe h oder Nummer 2 Buchstabe f der Wirtschaftsprüferordnung vorgenommen worden ist; Abschlussprüfer, die erstmalig eine gesetzlich vorgeschriebene Abschlussprüfung nach § 316 des Handelsgesetzbuchs durchführen, müssen spätestens sechs Wochen nach Annahme eines Prüfungsauftrages über den Auszug aus dem Berufsregister verfügen. ⁴Die Abschlussprüfer sind während einer laufenden Abschlussprüfung verpflichtet, eine Löschung der Eintragung unverzüglich gegenüber der Gesellschaft anzuzeigen.

(2) Ein Wirtschaftsprüfer oder vereidigter Buchprüfer ist als Abschlussprüfer ausgeschlossen, wenn während des Geschäftsjahres, für dessen Schluss der zu prüfende Jahresabschluss aufgestellt wird, oder während der Abschlussprüfung Gründe, insbesondere Beziehungen geschäftlicher, finanzieller oder persönlicher Art, vorliegen, nach denen die Besorgnis der Befangenheit besteht.

(3) ¹Ein Wirtschaftsprüfer oder vereidigter Buchprüfer ist insbesondere von der Abschlussprüfung ausgeschlossen, wenn er oder eine Person, mit der er seinen Beruf gemeinsam ausübt,
1. Anteile oder andere nicht nur unwesentliche finanzielle Interessen an der zu prüfenden Kapitalgesellschaft oder eine Beteiligung an einem Unternehmen besitzt, das mit der zu prüfenden Kapitalgesellschaft verbunden ist oder von dieser mehr als zwanzig vom Hundert der Anteile besitzt;
2. gesetzlicher Vertreter, Mitglied des Aufsichtsrats oder Arbeitnehmer der zu prüfenden Kapitalgesellschaft oder eines Unternehmens ist, das mit der zu prüfenden Kapitalgesellschaft verbunden ist oder von dieser mehr als zwanzig vom Hundert der Anteile besitzt;
3. über die Prüfungstätigkeit hinaus bei der zu prüfenden oder für die zu prüfende Kapitalgesellschaft in dem zu prüfenden Geschäftsjahr oder bis zur Erteilung des Bestätigungsvermerks
    a) bei der Führung der Bücher oder der Aufstellung des zu prüfenden Jahresabschlusses mitgewirkt hat,
    b) bei der Durchführung der internen Revision in verantwortlicher Position mitgewirkt hat,
    c) Unternehmensleitungs- oder Finanzdienstleistungen erbracht hat oder
    d) eigenständige versicherungsmathematische oder Bewertungsleistungen erbracht hat, die sich auf den zu prüfenden Jahresabschluss nicht nur unwesentlich auswirken,
sofern diese Tätigkeiten nicht von untergeordneter Bedeutung sind; dies gilt auch, wenn eine dieser Tätigkeiten von einem Unternehmen für die zu

prüfende Kapitalgesellschaft ausgeübt wird, bei dem der Wirtschaftsprüfer oder vereidigte Buchprüfer gesetzlicher Vertreter, Arbeitnehmer, Mitglied des Aufsichtsrats oder Gesellschafter, der mehr als zwanzig vom Hundert der den Gesellschaftern zustehenden Stimmrechte besitzt, ist;
4. bei der Prüfung eine Person beschäftigt, die nach den Nummern 1 bis 3 nicht Abschlussprüfer sein darf;
5. in den letzten fünf Jahren jeweils mehr als dreißig vom Hundert der Gesamteinnahmen aus seiner beruflichen Tätigkeit von der zu prüfenden Kapitalgesellschaft und von Unternehmen, an denen die zu prüfende Kapitalgesellschaft mehr als zwanzig vom Hundert der Anteile besitzt, bezogen hat und dies auch im laufenden Geschäftsjahr zu erwarten ist; zur Vermeidung von Härtefällen kann die Wirtschaftsprüferkammer befristete Ausnahmegenehmigungen erteilen.
²Dies gilt auch, wenn der Ehegatte oder der Lebenspartner einen Ausschlussgrund nach Satz 1 Nr. 1, 2 oder 3 erfüllt.

(4) ¹Wirtschaftsprüfungsgesellschaften und Buchprüfungsgesellschaften sind von der Abschlussprüfung ausgeschlossen, wenn sie selbst, einer ihrer gesetzlichen Vertreter, ein Gesellschafter, der mehr als zwanzig vom Hundert der den Gesellschaftern zustehenden Stimmrechte besitzt, ein verbundenes Unternehmen, ein bei der Prüfung in verantwortlicher Position beschäftigter Gesellschafter oder eine andere von ihr beschäftigte Person, die das Ergebnis der Prüfung beeinflussen kann, nach Absatz 2 oder Absatz 3 ausgeschlossen sind. ²Satz 1 gilt auch, wenn ein Mitglied des Aufsichtsrats nach Absatz 3 Satz 1 Nr. 2 ausgeschlossen ist oder wenn mehrere Gesellschafter, die zusammen mehr als zwanzig vom Hundert der den Gesellschaftern zustehenden Stimmrechte besitzen, jeweils einzeln oder zusammen nach Absatz 2 oder Absatz 3 ausgeschlossen sind.

(5) Absatz 1 Satz 3 sowie die Absätze 2 bis 4 sind auf den Abschlussprüfer des Konzernabschlusses entsprechend anzuwenden.

Inhaltsübersicht	Rz
1 Überblick	1–12
1.1 Anwendungsbereich und Normenzusammenhang	1–5
1.2 Grundlagen der Vorschriften zur Unabhängigkeit des AP	6–7
1.3 Grundstruktur der Vorschrift	8–12
2 Voraussetzungen für die Eignung als Abschlussprüfer (Abs. 1)	13–21
2.1 Als Abschlussprüfer zugelassener Personenkreis (Abs. 1 Sätze 1 und 2)	13–18
2.2 Teilnahme an der Qualitätskontrolle (Abs. 1 Satz 3)	19–21
3 Allgemeiner Ausschlussgrund: Besorgnis der Befangenheit (Abs. 2)	22–35
4 Besondere Ausschlussgründe (Abs. 3)	36–72
4.1 Gemeinsame Berufsausübung (Abs. 3 Satz 1)	36–38
4.2 Finanzielle Interessen (Abs. 3 Satz 1 Nr. 1)	39–44
4.3 Organzugehörigkeit und Arbeitnehmereigenschaft in der zu prüfenden Kapitalgesellschaft (Abs. 3 Satz 1 Nr. 2)	45–48

4.4	Ausübung bestimmter Tätigkeiten (Abs. 3 Satz 1 Nr. 3) . .	49–64
	4.4.1 Allgemeines.	49–50
	4.4.2 Buchführung und Aufstellung des Jahresabschlusses	51–56
	4.4.3 Interne Revision	57
	4.4.4 Unternehmensleitungs- und Finanzdienstleistungen	58–60
	4.4.5 Versicherungsmathematische oder Bewertungsleistungen.	61–64
4.5	Einsatz von befangenen Personen (Abs. 3 Satz 1 Nr. 4) . . .	65–68
4.6	Umsatzabhängigkeit (Abs. 3 Satz 1 Nr. 5).	69–71
4.7	Ehegatten und Lebenspartner	72
5	Ausschlussgründe für Prüfungsgesellschaften (Abs. 4).	73–78
6	Ausschlussgründe für Konzernabschlussprüfer (Abs. 5)	79–81
7	Rechtsfolgen bei Verstößen gegen § 319 HGB.	82–86
8	CSRD-Umsetzungsgesetz: Änderungen	87

1 Überblick

1.1 Anwendungsbereich und Normenzusammenhang

§ 319 HGB regelt die bei gesetzlich vorgeschriebenen Abschlussprüfung an die Unabhängigkeit des AP zu stellenden Anforderungen. Die Vorschrift gilt für alle Abschlussprüfungen, bei denen ein Bestätigungsvermerk erteilt wird, und ist von den betreffenden AP und den beauftragenden Organen der prüfungspflichtigen Unt zu beachten.

Der vorgesehene AP hat vor Annahme eines Mandats zur Durchführung einer Abschlussprüfung sowie während der gesamten Dauer der Auftragsdurchführung zu prüfen, ob die Unbefangenheit gefährdende Umstände vorliegen bzw. ein gesetzlicher Ausschlusstatbestand erfüllt ist (§ 29 Abs. 5 BS WP/vBP).

Bei § 319 HGB handelt es sich um **zwingendes Recht**. Durch Satzungsbestimmungen bzw. gesonderte Regelungen können keine nach § 319 HGB ausgeschlossenen Personen als AP zugelassen werden. Dagegen sind über das HGB hinausgehende gesonderte Bestimmungen hinsichtlich des AP soweit zulässig, als sie mit dem Prüfungszweck im Einklang stehen und die Auswahl des Abschlussprüfers nicht wesentlich einengen.[1]

Über § 319 HGB hinausgehend, sind bei Abschlussprüfungen von Unt von öffentlichem Interesse weitergehende Anforderungen an die Unabhängigkeit des AP zu stellen, die in der EU-APrVO geregelt sind. Durch die mit dem FISG erfolgte Aufhebung des § 319a HGB gilt der in Art. 5 Abs. 1 der EU-APrVO enthaltene Katalog an verbotenen Nichtprüfungsleistungen dabei uneingeschränkt.

Durch § 319b HGB wird die Anwendung der Unabhängigkeitsvorschriften von § 319 HGB unter bestimmten Voraussetzungen auf sog. Netzwerke ausgedehnt.

---

[1] Vgl. Justenhoven/Nagel, in Beck Bil-Komm., 14. Aufl. 2024, § 319 HGB Rz 6.

1.2 Grundlagen der Vorschriften zur Unabhängigkeit des AP

6 Die Vorschriften zur Unabhängigkeit des AP gehen zurück auf Art. 24 und 25 der **8. EU-RL** (84/253/EWG). Diese verpflichten die Mitgliedstaaten dazu, Regelungen zu treffen, dass AP eine Pflichtprüfung weder in eigenem noch im Namen einer Prüfungsgesellschaft durchführen dürfen, wenn sie nach dem Recht des betreffenden Mitgliedstaats nicht unabhängig sind.

Als Grundlage für die Harmonisierung der Unabhängigkeitsvorschriften in den EU-Mitgliedstaaten hatte die EU-Kommission dazu im Mai 2002 eine Empfehlung veröffentlicht, nach der ein AP eine gesetzlich vorgeschriebene Abschlussprüfung nicht durchführen darf, wenn zwischen ihm und dem zu prüfenden Unt finanzielle, geschäftliche oder sonstige Beziehungen bestehen, die einen sachverständigen und informierten Dritten veranlassen würden, die Unabhängigkeit des AP infrage zu stellen.[2] Als die Unabhängigkeit des AP gefährdende Faktoren werden in der Empfehlung genannt:
- Eigeninteresse,
- Überprüfung eigener Leistungen,
- Interessenvertretung,
- Vertrautheit oder Vertrauen,
- Einschüchterung.

Wenn diese Faktoren vorliegen, hat der AP geeignete Maßnahmen zu ergreifen, um die Besorgnis der Befangenheit zu vermeiden oder auf ein akzeptables Maß zu reduzieren. Sofern dies nicht möglich ist, hat er seine Tätigkeit zu versagen.

7 Die Umsetzung der wesentlichen Punkte dieser EU-Empfehlung in nationales Recht ist durch den deutschen Gesetzgeber mit dem BilReG erfolgt, wobei in § 319 HGB Unabhängigkeitsanforderungen aufgenommen wurden, die bei allen Pflichtprüfungen gelten, und in § 319a HGB solche, die nur bei der Prüfung von Unt von öffentlichem Interesse zu beachten sind. Beide Vorschriften sind durch das AReG geändert worden.

Mit dem BilMoG wurde die Anwendung der Unabhängigkeitsvorschriften durch die Einfügung von § 319b HGB bei entsprechender Zugehörigkeit des AP unter bestimmten Voraussetzungen auf Netzwerke ausgedehnt.

1.3 Grundstruktur der Vorschrift

8 Abs. 1 bestimmt, dass AP nur Wirtschaftsprüfer oder WPG sowie für bestimmte Unt auch vBP oder BPG sein dürfen, die zudem über einen Auszug aus dem Berufsregister verfügen müssen, aus dem sich ergibt, dass die Eintragung nach § 38 Nr. 1 Buchst. h oder Nr. 2 Buchst. f WPO als AP vorgenommen worden ist.

9 Abs. 2 enthält als **allgemeinen Ausschlusstatbestand** den Grundsatz, dass ein Wirtschaftsprüfer oder vBP als AP ausgeschlossen ist, wenn die **Besorgnis der Befangenheit** besteht.

10 In Abs. 3 wird der allgemein in Abs. 2 definierte **Unabhängigkeitsgrundsatz** durch die Aufzählung einzelner, nicht mit der Unabhängigkeit des AP zu vereinbarender Sachverhalte konkretisiert. Bei Vorliegen einer der in Abs. 3 aufgeführten

---

[2] Empfehlung der Kommission vom 16.5.2002, Unabhängigkeit der Abschlussprüfer in der EU: Grundprinzipien (2002/590/EG), ABl. EG L 191 v. 19.7.2002, S. 22.

Tatbestände besteht die unwiderlegbare Vermutung, dass der betreffende Wirtschaftsprüfer bzw. vBP als AP ausgeschlossen ist.
Bei nicht in der Liste des Abs. 3 aufgeführten Sachverhalten, die aber von Abs. 2 erfasst werden, ist dagegen nach den Umständen des Einzelfalls zu entscheiden, ob eine Besorgnis der Befangenheit vorliegt.
In Abs. 4 wird die Anwendung der Ausschlusstatbestände der Abs. 2 und 3 auf WPG und BPG übertragen. 11
Abs. 5 bestimmt die entsprechende Anwendung des Abs. 1 Satz 3 sowie der Abs. 2 und 4 auf die Konzernabschlussprüfung. 12

2 Voraussetzungen für die Eignung als Abschlussprüfer (Abs. 1)

2.1 Als Abschlussprüfer zugelassener Personenkreis (Abs. 1 Sätze 1 und 2)

Gem. Abs. 1 sind als AP generell nur **Wirtschaftsprüfer** und **WPG** sowie für die Prüfung mittelgroßer GmbH (§ 267 Abs. 2 HGB) und mittelgroßer KapCoGes (§ 264a HGB) auch **vBP** und **BPG** zugelassen. 13
Mit der Reform des GmbH-Rechts durch das MoMiG[3] ist die Möglichkeit einer vereinfachten Gründung von UnternehmerGes. in das GmbHG aufgenommen worden. Da es sich bei der UnternehmerGes. um eine besondere Form der GmbH handelt, für die spezielle Regeln gelten, können Jahresabschlüsse mittelgroßer UnternehmerGes. auch von vBP und BPG geprüft werden.
Wirtschaftsprüfer bzw. vBP werden öffentlich bestellt (§ 1 Abs. 1 WPO). WPG bzw. BPG unterliegen einem Anerkennungsverfahren (§ 1 Abs. 3 WPO). Alle WP, WPG, vBP und BPG sind Pflichtmitglieder der WPK und werden von dieser in einem öffentlichen Berufsregister geführt.[4] 14
Die **Bestellung** zum Wirtschaftsprüfer bzw. vBP oder die **Anerkennung** als WPG bzw. BPG muss zum Zeitpunkt der Wahl und danach bis zum Abschluss der Prüfung, d.h. bis zur Erteilung des Bestätigungsvermerks bzw. zur Auslieferung des Prüfungsberichts, gegeben sein. 15
Gem. § 27 WPO können WPG in der Rechtsform der AG, SE, KGaA, GmbH, OHG, KG, als KapCoGes oder als Partnerschaftsgesellschaft anerkannt werden. 16
Eine BGB-Ges. kann nicht als WPG anerkannt werden (§ 27 WPO), weshalb eine **Sozietät** mehrerer Wirtschaftsprüfer oder vBP, die i.d.R. als BGB-Ges. betrieben wird, nicht als AP gewählt werden kann. 17
Für Unt, die Ende 1989 als gemeinnützige Wohnungsunternehmen oder als Organe der staatlichen Wohnungspolitik anerkannt waren, darf gem. Art. 25 Abs. 1 EGHGB auch der zuständige Prüfungsverband als AP bestellt werden. 18

2.2 Teilnahme an der Qualitätskontrolle (Abs. 1 Satz 3)

Nach § 57a Abs. 1 WPO sind WP/WPG/vBP/BPG, die gesetzlich vorgeschriebene Abschlussprüfungen oder von der BaFin beauftragte betriebswirtschaftliche Prüfungen durchführen, verpflichtet, sich einer **externen Qualitätskontrolle** zu unterziehen. Die Qualitätskontrolle dient der Überwachung, ob das in der Praxis des AP eingerichtete Qualitätssicherungssystem angemessen ist und 19

---

[3] Gesetz zur Modernisierung des GmbH-Rechts und zur Bekämpfung von Missbräuchen v. 23.10.2008, BGBl 2008 I S. 2026.
[4] Vgl. www.wpk.de/register/, Abruf 1.10.2024.

die Regelungen des Qualitätssicherungssystems eingehalten werden (§ 57a Abs. 2 Satz 1 WPO). Sie wird von bei der WPK registrierten Prüfern für Qualitätskontrolle durchgeführt (§ 57a Abs. 3 Satz 1 WPO), die in einem Qualitätskontrollbericht über die Durchführung der Qualitätskontrolle und deren Ergebnisse zu berichten haben (§ 57a Abs. 5 Satz 1 WPO). In seinem Prüfungsurteil, das Bestandteil des Qualitätskontrollberichts ist, stellt der Prüfer für Qualitätskontrolle fest, ob Sachverhalte bekannt geworden sind, die gegen die Annahme sprechen, dass das in der Prüfungspraxis eingeführte Qualitätssicherungssystem im Einklang mit den gesetzlichen Vorschriften und der Berufssatzung steht und mit hinreichender Sicherheit eine ordnungsgemäße Abwicklung von Abschlussprüfungen nach § 316 HGB und von betriebswirtschaftlichen Prüfungen, die von der BaFin beauftragt werden, gewährleistet (Negativabgrenzung) werden (§ 57a Abs. 5 Satz 4 WPO). Sofern das Prüfungsurteil des Prüfers für Qualitätskontrolle nicht versagt wurde, hat die WPK nach der bis zum 16.6.2016 geltenden Rechtslage nach Vorlage des Qualitätskontrollberichts eine Teilnahmebescheinigung erteilt (§ 57a Abs. 6 Satz 7 WPO a. F.).

Mit dem in Kraft treten des APAReG ist das System der Teilnahmebescheinigungen ab dem 17.6.2016 auf ein Registrierungssystem umgestellt worden, bei dem Wirtschaftsprüfer bzw. WPG und vBP bzw. BPG, die gesetzliche Abschlussprüfungen nach § 316 HGB durchführen, dies bei der WPK anzeigen müssen, um daraufhin im Berufsregister entsprechend registriert und in das System der Qualitätskontrolle einbezogen zu werden (§ 57a Abs. 1 i. V. m. § 38 Nr. 1 Buchst. h oder Nr. 2 Buchst. f WPO).

Gem. § 40 Abs. 3 WPO übermittelt die WPK der geprüften Praxis auf Antrag einen entsprechenden Auszug aus dem Berufsregister.

Die Registrierung als AP wird im Berufsregister gelöscht, wenn
- die Qualitätskontrolle nicht innerhalb der von der Kommission für Qualitätskontrolle (KfQK) vorgegebenen Frist durchgeführt worden ist,
- wesentliche Prüfungshemmnisse festgestellt worden sind oder
- wesentliche Mängel im Qualitätssicherungssystem festgestellt worden sind, die das Qualitätssicherungssystem als unangemessen oder unwirksam erscheinen lassen (§ 57a Abs. 6a WPO).

20 Nach Abs. 1 Satz 3 müssen AP über einen Auszug aus dem Berufsregister verfügen, aus dem sich ergibt, dass die Eintragung nach § 38 Nr. 1 Buchst. h oder Nr. 2 Buchst. f WPO (Anzeige der Tätigkeit als gesetzlicher AP) vorgenommen worden ist.

21 Bei AP die erstmalig eine gesetzlich vorgeschriebene Abschlussprüfung durchführen, ist die für die Registrierung notwendige Anzeige bei der WPK erst spätestens zwei Wochen nach der Annahme des ersten Prüfungsauftrags vorzunehmen (§ 57a Abs. 1 WPO) und der Auszug aus dem Berufsregister muss dem AP erst sechs Wochen nach der Annahme des Prüfungsantrags vorliegen.

Für den Fall, dass die Registrierung als AP nach § 57e Abs. 2 Satz 3 i. V. m. § 57a Abs. 6a WPO aufgrund einer entsprechenden Entscheidung der KfQK vor Beendigung der Abschlussprüfung im Berufsregister gelöscht wird, liegt ein wichtiger Kündigungsgrund nach § 318 Abs. 6 HGB vor und der AP ist aus berufsrechtlichen Gründen zur Kündigung des Prüfungsauftrags verpflichtet.

3 Allgemeiner Ausschlussgrund: Besorgnis der Befangenheit (Abs. 2)

Gem. Abs. 2 ist ein Wirtschaftsprüfer bzw. vBP als AP ausgeschlossen, wenn Gründe vorliegen, nach denen die Besorgnis der Befangenheit besteht. Dies können insb. Beziehungen geschäftlicher, finanzieller oder persönlicher Art sein. Es handelt sich hierbei um den allgemeinen Grundsatz der Unabhängigkeit des AP. In der Vorschrift sind Sachverhalte aufgeführt, aus denen sich die Besorgnis der Befangenheit ergeben kann. Eine Aussage zu den Wirkungsmechanismen, durch die die Freiheit der Urteilsbildung beeinträchtigt werden kann, ist dagegen in der Vorschrift nicht enthalten.[5]

Folgende **Faktoren** (Wirkungsmechanismen) sind bei der Beurteilung, ob **Besorgnis der Befangenheit** vorliegt, relevant:[6]

- wirtschaftliches oder sonstiges Eigeninteresse des AP von nicht nur untergeordneter Bedeutung am Ergebnis der Prüfung,
- Darstellungen im Abschluss, an deren Gestaltung der AP mitgewirkt hat (Selbstprüfung),
- Vertretung der Interessen für oder gegen das zu prüfende Unt durch den AP,
- übermäßiges Vertrauen bzw. Vertrautheit des AP durch Beziehungen zur Unternehmensleitung,
- besondere Einflussnahmen durch das zu prüfende Unt.

Dies sind auch die Faktoren, die den in Abs. 3 geregelten Katalogtatbeständen zugrunde liegen.

Ob im Einzelfall eine **Besorgnis der Befangenheit** besteht, bestimmt sich nicht danach, ob tatsächlich Befangenheit gegeben ist oder der AP sich selbst für befangen hält, sondern nach der Sicht eines vernünftigen und sachverständigen Dritten und nach Art und Umfang objektiver Gründe, die bei dem Dritten Zweifel an der Unvoreingenommenheit des AP wecken können (**independence in appearance**).[7] Der Anwendungsbereich des Abs. 2 setzt sich dabei nur aus Sachverhalten zusammen, die entweder nicht in Abs. 3, § 319a und § 319b HGB genannt oder die zwar vom Grunde her von diesen Vorschriften erfasst sind, bei denen aber aufgrund des Nichterreichens von darin festgelegten quantitativen Grenzen (z.B. im Zusammenhang mit den Vorschriften zur Umsatzabhängigkeit oder zur internen Rotation) die diesen Katalogtatbeständen immanente unwiderlegbare Vermutung, dass die Besorgnis der Befangenheit besteht, nicht gegeben ist. Dazu wird in § 31 Abs. 3 BS WP/vBP ausgeführt, dass in Fällen, in denen die Tatbestandsmerkmale der §§ 319 Abs. 3, 319a HGB nicht vollständig erfüllt sind, Besorgnis der Befangenheit nur dann bestehen kann, wenn zusätzliche Umstände (z.B. eine besondere wirtschaftliche Bedeutung des betreffenden Sachverhalts) eine nicht unbedeutende Gefährdung der Unbefangenheit begründen.

§ 2 BS WP/vBP konkretisiert den Grundsatz der Unabhängigkeit als **allgemeine Berufspflicht** des WP/vBP gem. § 43 Abs. 1 WPO. Dort werden in Abs. 2 Tatbestände genannt, die mit dem Grundsatz der Unabhängigkeit nicht vereinbar und damit berufswidrig sind.

---

[5] Vgl. Justenhoven/Nagel, in Beck Bil-Komm., 14. Aufl. 2024, § 319 HGB Rz 21.
[6] Vgl. BT-Drs. 15/3419 v. 24.6.2004 S. 38.
[7] Vgl. BT-Drs. 15/3419 v. 24.6.2004 S. 38.

Praxis-Beispiel
Im Einzelnen sind dies:
- Vereinbarung von **Erfolgshonoraren**

Beispiel
Der AP und das zu prüfende Unt vereinbaren, dass sich das Prüfungshonorar um 15 % des unter normalen Umständen abrechenbaren Honorarvolumens erhöht, wenn der in dem geprüften JA ausgewiesene Jahresüberschuss einen bestimmten Betrag übersteigt.

Ergebnis
Es besteht die Besorgnis der Befangenheit, weil der AP ein wirtschaftliches Eigeninteresse am Ergebnis der Abschlussprüfung hat.

- **Verknüpfung** der Honorarvereinbarung für die Abschlussprüfung mit weiteren Bedingungen

Beispiel
Der AP akzeptiert ein besonders niedriges Honorar für die Durchführung der Abschlussprüfung unter der Bedingung, dass er durch Beratungsaufträge ein bestimmtes zusätzliches Honorarvolumen von dem zu prüfenden Unt erhält.

Ergebnis
Es besteht die Besorgnis der Befangenheit, weil in der Verknüpfung der Abschlussprüfung mit den zusätzlichen Beratungsaufträgen ein besonderes wirtschaftliches Eigeninteresse des AP zum Ausdruck kommt.

- Entgegennahme oder Zahlung von **Vermittlungsprovisionen**

Beispiel
Der AP und ein Dritter vereinbaren, dass der Dritte für die Vermittlung eines Prüfungsmandats 5 % der für dieses Mandat abgerechneten Honorarumsätze erhält.

Ergebnis
Es besteht die Besorgnis der Befangenheit, weil in der Bereitschaft des AP, eine Vermittlungsprovision zu zahlen, ein besonderes wirtschaftliches Eigeninteresse an der Durchführung der Prüfung zum Ausdruck kommt.

- Übernahme von **Mandantenrisiken**

Beispiel
Der AP übernimmt gegenüber dem geprüften Unt oder einem Dritten die Garantie, dass der Wert bestimmter im JA bilanzierter VG einen bestimmten Betrag nicht unterschreitet (Ausbietungsgarantie).

Ergebnis
Aufgrund übernommener Mandantenrisiken besteht die Besorgnis der Befangenheit, weil der AP dadurch ein wirtschaftliches Eigeninteresse am Ergebnis der Prüfung hat und darüber hinaus in der Risikoübernahme eine besondere Nähe zum geprüften Unt zum Ausdruck kommt.

> - Annahme von **Versorgungsbezügen**
>
> **Beispiel**
> Der AP und das geprüfte Unt vereinbaren anstelle eines festen Prüfungshonorars, dass der AP mit Vollendung des 65. Lebensjahrs monatliche Versorgungsbezüge in einer bestimmten Höhe erhält.
>
> **Ergebnis**
> Durch die Vereinbarung von Versorgungsbezügen besteht die Besorgnis der Befangenheit, weil sich der AP durch die lange wirtschaftliche Bindung in eine besondere Nähe zu dem geprüften Unt begibt.

Nach § 29 Abs. 2 Satz 4 BS WP/vBP können sich bei der **Durchführung von Prüfungen** Umstände, die eine Besorgnis der Befangenheit begründen, insb. aus Beziehungen geschäftlicher, finanzieller oder persönlicher Art ergeben. In § 29 Abs. 2 Satz 2 BS WP/vBP werden als Umstände in diesem Sinne hervorgehoben: 25
- Eigeninteresse (Rz 26 ff.),
- Selbstprüfung (Rz 29),
- Interessenvertretung (Rz 30),
- persönliche Vertrautheit (Rz 31),
- Einschüchterung (Rz 32).

In § 29 Abs. 2 Satz 3 BS WP/vBP wird klargestellt, dass eine Beeinträchtigung der Unbefangenheit nur dann gegeben sein kann, wenn die Umstände selbst für die Urteilsbildung offensichtlich nicht unwesentlich oder auch unter Berücksichtigung von Schutzmaßnahmen insgesamt nicht unbedeutend sind.

In § 32 BS WP/vBP werden Tatbestände genannt, bei denen **Eigeninteressen** vorliegen können. Dabei werden finanzielle Eigeninteressen und Eigeninteressen sonstiger Art unterschieden. 26

Als Tatbestände, die auf **finanzielle Eigeninteressen** hindeuten, werden in Abs. 1 angeführt: 27
- kapitalmäßige oder sonstige finanzielle Bindungen (Rz 40 ff.),
- übermäßige Umsatzabhängigkeit (Rz 69 ff.),
- über normalen Geschäfts- und Lieferverkehr mit Dritten hinausgehende Leistungsbeziehungen.

> **Praxis-Beispiel**
> Das geprüfte Unt ist Autohändler und liefert dem AP einen neuen Pkw. Dabei gewährt es dem AP einen Rabatt von 20 % auf den Listenpreis. Üblich sind Rabatte bis zu 12 % vom Listenpreis.
>
> **Ergebnis**
> Bei der Beurteilung, ob Besorgnis der Befangenheit besteht, ist zu prüfen, ob derartige Konditionen auch fremden Dritten gewährt werden. Wenn dem AP, wie in dem Beispiel dargestellt, besonders begünstigende, ungewöhnliche Konditionen eingeräumt werden, besteht die Besorgnis der Befangenheit.

- Forderungen aus einem **Kredit- oder Bürgschaftsverhältnis**
Beispiel
Der AP hat dem geprüften Unt ein Darlehen über 1 Mio. EUR zu einem marktüblichen Zinssatz gewährt. Sicherheiten sind nicht vereinbart.
Ergebnis
Es besteht die Besorgnis der Befangenheit, weil der AP in seinem Prüfungsurteil durch die Befürchtung negativer Konsequenzen auf die Solvenz des geprüften Unt beeinflusst sein könnte. Bei der Beurteilung sind insb. auch die Bedeutung des Betrags für die Vermögensverhältnisse des AP und die bestehenden Sicherheiten zu würdigen.
Beispiel
Der AP hat bei dem geprüften Unt (Kreditinstitut) ein Darlehen i.H.v. 1 Mio. EUR zu marktüblichen Konditionen aufgenommen.
Ergebnis
Eine Besorgnis der Befangenheit des AP besteht nicht. Nur wenn der Gläubiger aufgrund besonderer Konditionen die Möglichkeit hätte, einen erheblichen wirtschaftlichen Druck auf den AP auszuüben, könnte sich daraus eine Besorgnis der Befangenheit ableiten.

- Erhebliche und über einen längeren Zeitraum **offenstehende Honorarforderungen**
Beispiel
Aus den vorangegangenen beiden Abschlussprüfungen stehen Honorarforderungen des AP i.H.v. 1 Mio. EUR aus, die 30 % des EK und 20 % des Jahresergebnisses des AP ausmachen.
Ergebnis
Bei derart lange ausstehenden Honorarforderungen, die für die Vermögensverhältnisse des AP offensichtlich von Bedeutung sind, besteht Besorgnis der Befangenheit.

28 Gem. § 32 Abs. 2 BS WP/vBP können **Eigeninteressen sonstiger Art** insb. bei den folgenden Tatbeständen vorliegen:

Praxis-Beispiel

- **Pflichtverletzungen** aus vorangegangenen Prüfungen, sofern ein Verdeckungsrisiko besteht
Beispiel
Bei der Prüfung des Vorjahresabschlusses hat der AP einen wesentlichen Fehler bei der Bewertung der Pensionsrückstellungen nicht bemerkt. Nach der Wiederwahl zum AP hat das zu prüfende Unt den AP darauf aufmerksam gemacht und die Korrektur im laufenden JA vorgenommen.
Ergebnis
Da der Fehler im vom AP zu prüfenden JA des laufenden Jahres korrigiert wurde, besteht kein Verdeckungsrisiko und damit auch keine Besorgnis der Befangenheit. Nur wenn der AP einen in der Vorjahresprüfung nicht erkannten wesentlichen Fehler in der Rechnungslegung nicht offenbart, besteht ein

> Verdeckungsrisiko bei der laufenden bzw. anstehenden Abschlussprüfung. Bei erheblichem materiellem Gewicht des Fehlers könnte sich daraus die Besorgnis der Befangenheit ableiten.
>
> - Offene **Rechtsstreitigkeiten** über Regress- oder Gewährleistungsfragen aus früheren Aufträgen
>
> **Beispiel**
> Das geprüfte Unt macht gegen den AP wegen in Vorjahren durchgeführter fehlerhafter Beratungsleistungen erhebliche Schadenersatzansprüche geltend.
>
> **Ergebnis**
> Eine Besorgnis der Befangenheit kann in diesem Fall dadurch begründet sein, dass das zu prüfende Unt mit der Durchsetzung behaupteter Ansprüche für den Fall droht, dass der AP sich in wesentlichen Bilanzierungsfragen nicht der Meinung des Unt anschließt. Für den Fall, dass die Schadenersatzansprüche bereits gerichtsanhängig sind, wird aufgrund der Tatsache, dass auf die richterliche Entscheidung kein Einfluss ausgeübt werden kann, von einer wesentlich verminderten Möglichkeit, auf den AP Druck auszuüben, auszugehen sein.

Das **Selbstprüfungsverbot** wird in § 33 BS WP/vBP konkretisiert. Danach liegt Selbstprüfung vor, wenn ein Sachverhalt zu beurteilen ist, an dessen Entstehung der Prüfer selbst unmittelbar beteiligt war und diese Beteiligung nicht von untergeordneter Bedeutung ist. In der Begründung zur BS WP/vBP wird als Grund für das Selbstprüfungsverbot angeführt, dass in Fällen, in denen der Wirtschaftsprüfer selbst unmittelbar an der Entstehung des Prüfungsgegenstands mitgewirkt hat, die Gefahr besteht, dass bei der Prüfung Fehler nicht erkannt (fachliche Voreingenommenheit) oder aber zur Vermeidung von Nachteilen nicht offenbart werden (Selbstschutz). Wenn es sich bei der früheren Befassung mit der Tätigkeit um eine Prüfung gehandelt hat, kommt eine Besorgnis der Befangenheit nicht in Betracht (§ 33 Abs. 2 BS WP/vBP). Von einem generellen Verdeckungsrisiko bei Feststellung eines objektiven Fehlers i.R.e. Folgeprüfung kann danach nicht ausgegangen werden.[8]

Weitere Tatbestände, bei denen ein Verstoß gegen das Selbstprüfungsverbot vorliegen kann, werden in § 33 Abs. 3–6 BS WP/vBP aufgeführt. Im Wesentlichen entsprechen diese Tatbestände den in § 319 Abs. 3 Nr. 3 HGB genannten Ausschlussgründen (Rz 49 ff.).

In § 34 Abs. 1 BS Wp/vBP wird zur **Interessenvertretung** ausgeführt, dass die Unbefangenheit dann gefährdet sein kann, wenn der Wirtschaftsprüfer in anderer Angelegenheit beauftragt war, Interessen für oder gegen das zu prüfende Unt zu vertreten. Eine Interessenvertretung für das zu prüfende Unt liegt nach Abs. 2 insb. vor, wenn der Wirtschaftsprüfer einseitig und nachhaltig für das zu prüfende Unt eintritt, für das Unt Werbung betreibt oder dessen Produkte vertreibt, weil dadurch persönliche Gewinn- und Honorarinteressen begründet werden und eine besonders enge berufliche Verflechtung mit dem Unt eingegangen wird. Als problematisch werden insb. solche Fälle angesehen, in denen

---

[8] Vgl. Begründung zu § 33 BS WP/vBP.

der Wirtschaftsprüfer als oder wie ein Generalbevollmächtigter des Unt auftritt. Steuerliche und rechtliche Vertretung sind dagegen unschädlich. Eine Interessenvertretung gegen das Unt liegt insb. bei einseitiger und nachhaltiger Wahrnehmung von gegen das Unt gerichteten Interessen Dritter oder von Treuhandfunktionen im Auftrag von einzelnen Gesellschaftern oder Gesellschafter-Gruppen vor. Unschädlich sind dagegen treuhänderische Tätigkeiten für alle Gesellschafter oder die Übernahme ergänzender Kontrollaktivitäten (z.B. Bucheinsicht nach § 166 HGB und § 51a GmbHG oder die Prüfung der Verwendung eingezahlter Gelder) im Auftrag einzelner Gesellschafter, sofern die anderen Gesellschafter ihre Zustimmung erteilt haben.[9]

31 Nach § 35 BS WP/vBP liegt **persönliche Vertrautheit** vor, wenn der Wirtschaftsprüfer enge persönliche Beziehungen zu dem zu prüfenden Unt, den Mitgliedern der Unternehmensleitung oder Personen, die auf den Prüfungsgegenstand Einfluss haben, unterhält. Dabei werden allerdings nicht alle Fälle persönlicher Vertrautheit erfasst. Entscheidend ist nach der Begründung zur BS WP/vBP das Gesamtbild der Verhältnisse, das zu der Annahme einer übermäßigen Vertrautheit führen kann, durch welche die Urteilsbildung des AP beeinflusst wird. Dabei kommt es v.a. auf die Art (z.B. nahe Verwandtschaft, Freundschaft oder Bekanntschaft), die Dauer und die Intensität der Beziehung an. Bedeutsam ist auch die Funktion, die von dem anderen im zu prüfenden Unt in Bezug auf die Abschlussprüfung ausgeübt wird.[10]

> **Praxis-Beispiel 1**
> Der Schwager des AP ist in dem zu prüfenden Unt in der Verwaltungsabteilung als Elektriker beschäftigt.
>
> **Ergebnis**
> Durch die verwandtschaftliche Beziehung kann in dem vorliegenden Fall eine persönliche Vertrautheit zwischen dem AP und seinem Schwager angenommen werden. Aufgrund der untergeordneten und rechnungslegungsfernen Funktion des Schwagers im zu prüfenden Unt ist kein Grund zur Besorgnis der Befangenheit anzunehmen.

> **Praxis-Beispiel 2**
> Der Schwager des AP ist Leiter der Verwaltung des zu prüfenden Unt.
>
> **Ergebnis**
> In diesem Fall führt die durch die verwandtschaftliche Beziehung anzunehmende persönliche Vertrautheit dazu, dass die Besorgnis der Befangenheit besteht, weil der Schwager des AP als Verwaltungsleiter zumindest in für die Rechnungslegung relevante Teilbereiche involviert sein wird.

32 In § 36 Satz 1 BS WP/vBP wird Einschüchterung als eine Situation beschrieben, in der der WP/vBP vermeintlich oder tatsächlich Druck oder unangemessener Einflussnahme ausgesetzt ist, um ihn von einer sachgerechten Urteilsbildung abzuhal-

---

[9] Vgl. Begründung zu § 34 Abs. 1 BS WP/vBP.
[10] Vgl. Begründung zu § 35 BS WP/vBP.

ten. In Satz 2 dieser Vorschrift wird klargestellt, dass Einschüchterung als ein die Besorgnis der Befangenheit begründender Umstand nicht in Betracht kommt, wenn durch gesetzliche Regelungen (z.B. § 318 Abs. 1 Satz 5 oder Abs. 6 Satz 2 HGB) sicher gestellt ist, dass eine Drucksituation nicht entstehen kann.

Im Unterschied zu den von § 319 Abs. 3 HGB erfassten Sachverhalten, bei denen Schutzmaßnahmen nicht berücksichtigt werden können (§ 31 Abs. 2 BS WP/vBP), kann der vorgesehene AP im Anwendungsbereich des Abs. 2 Schutzmaßnahmen ergreifen, um der Besorgnis der Befangenheit entgegenzuwirken. Solche Schutzmaßnahmen sind zu unterscheiden von Maßnahmen, die den Grund für die Besorgnis der Befangenheit beseitigen (Vermeidungsmaßnahmen). Vermeidungsmaßnahmen verhindern die Erfüllung der Tatbestandsvoraussetzungen für die Besorgnis der Befangenheit und können sowohl im Geltungsbereich von Abs. 2 als auch für Abs. 3 zum Tragen kommen.

Die Erläuterung zu § 30 BS WP/vBP nennt folgende Beispiele für **Schutzmaßnahmen:**[11]

Praxis-Beispiel
- Erörterungen mit dem Aufsichtsgremium

Beispiel
Die Honorarforderungen des AP sind in einer für die Vermögensverhältnisse des AP bedeutenden Höhe noch nicht beglichen.
Der AP erörtert diesen Sachverhalt mit dem Aufsichtsratsvorsitzenden und setzt bei der Durchführung der Abschlussprüfung einen nicht an der Prüfung beteiligten Wirtschaftsprüfer zur auftragsbegleitenden Qualitätssicherung ein.

Ergebnis
Durch die ausstehenden Honorarforderungen besteht aufgrund des daraus resultierenden wirtschaftlichen Eigeninteresses des AP die Besorgnis der Befangenheit. Diese wird durch die ergriffenen Schutzmaßnahmen auf ein akzeptables Maß reduziert.

- Erörterungen mit **Aufsichtsstellen** außerhalb des Unt (z.B. BaFin oder Rechnungshöfe)

Beispiel
Der zur Wahl vorgesehene AP hat das zu prüfende Unt der öffentlichen Hand im laufenden Geschäftsjahr beim Erwerb einer Beteiligung beraten.
Der vorgesehene AP legt Art und Umfang dieser Beratungstätigkeit i.R.d. von der öffentlichen Hand zu betreibenden Abstimmungsverfahrens gegenüber dem zuständigen Rechnungshof offen.

Ergebnis
Im Hinblick auf das Selbstprüfungsverbot könnte in Bezug auf die Bewertung der von dem zu prüfenden Unt erworbenen Beteiligung die Besorgnis der Befangenheit bestehen. Durch die Offenlegung dieses Sachverhalts gegenüber dem zuständigen Rechnungshof hat dieser die Möglichkeit, die Frage der Besorgnis der Befangenheit für sich zu prüfen und die Zustimmung zur

---

[11] In der BS WP/vBP in der Fassung vom 21.6.2016 waren diese Beispiele noch in § 30 Abs. 1 Satz 2 enthalten.

Bestellung des AP nur zu erteilen, wenn nach seiner Auffassung keine Besorgnis der Befangenheit besteht.

- **Transparenzregelungen** (z. B. Offenlegung von Honoraren)

Beispiel
Der bestellte AP erbringt regelmäßig in großem Umfang Beratungsleistungen für das zu prüfende Unt. Diese sind einschl. der dafür angefallenen Honorare zum einen grds. im Anhang anzugeben und zum anderen i. d. R. Gegenstand einer jährlichen Berichterstattung gegenüber den Aufsichtsgremien des geprüften Unt.

Ergebnis
Der durch die umfangreiche Beratungstätigkeit hervorgerufenen Besorgnis der Befangenheit in Bezug auf Selbstprüfung und wirtschaftliche Interessen kann durch die systematische Herstellung von Transparenz gegenüber den Aufsichtsgremien entgegengewirkt werden. Ob die Besorgnis der Befangenheit hierdurch beseitigt wird, ist nach den Gesamtumständen des Einzelfalls zu beurteilen.

- Einschaltung von Personen in den Prüfungsauftrag, die nicht schon anderweitig damit befasst waren

Beispiel
Ein enger Schulfreund des Prüfungsleiters wirkt an der Aufstellung des zu prüfenden JA mit. Als Reaktion darauf setzt der AP bei der Durchführung der Abschlussprüfung einen nicht an der Prüfung beteiligten Wirtschaftsprüfer zur auftragsbegleitenden Qualitätssicherung ein.

Ergebnis
Durch die Mitwirkung des Schulfreunds des Prüfungsleiters an der Aufstellung des JA besteht im Hinblick auf eine besondere Vertrautheit die Besorgnis der Befangenheit. Diese wird durch die als Schutzmaßnahme eingerichtete auftragsbegleitende Qualitätssicherung auf ein akzeptables Maß reduziert.

- Beratung mit Kollegen, die in Fragen der Unbefangenheit erfahren sind

Beispiel
Ein Mitglied des Prüfungsteams wechselt zum zu prüfenden, nicht börsennotierten Unt und wird dort Leiter des Rechnungswesens. Der AP berät sich mit einem erfahrenen Kollegen über Art und Umfang der zu ergreifenden Schutzmaßnahmen. Der Kollege schlägt vor, der durch den Wechsel des Mitarbeiters begründeten besonderen Vertrautheit dadurch Rechnung zu tragen, dass das Prüfungsteam mit Personen besetzt wird, die bisher möglichst wenig mit dem wechselnden Mitarbeiter zusammengearbeitet haben, und dass schwierige Bilanzierungsfragen mit dem Mandanten auch auf der dem Rechnungswesenleiter übergeordneten Ebene besprochen werden. Außerdem werden die Arbeitsergebnisse des wechselnden Mitarbeiters einer internen Nachschau unterzogen.

Ergebnis
Der Wechsel des Mitarbeiters zum zu prüfenden Unt begründet die Besorgnis der Befangenheit aufgrund der dadurch entstehenden besonderen Vertrautheit. Durch die Konsultation eines erfahrenen Kollegen werden wirksame

> Schutzmaßnahmen ergriffen, um die Besorgnis der Befangenheit auf ein akzeptables Maß zu reduzieren.
>
> - Personelle und organisatorische Maßnahmen, durch die sichergestellt wird, dass Informationen aus der zusätzlichen Tätigkeit, die zu einer Befangenheit als AP führen können, den für die Abschlussprüfung Verantwortlichen nicht zur Kenntnis gelangen (sog. „Firewalls").
>
> **Beispiel**
> Ein Mitarbeiter des Rechnungswesen des zu prüfenden Unt wechselt zum AP. Bei der Abschlussprüfung wird der Mitarbeiter ausschl. in Bereichen eingesetzt, für die er auf Seiten des zu prüfenden Unt nicht zuständig war.
>
> **Ergebnis**
> Im Hinblick auf die durch den Wechsel des Mitarbeiters verursachte besondere Vertrautheit und durch die Gefahr der Selbstprüfung besteht die Besorgnis der Befangenheit. Diese kann durch die beschriebenen organisatorischen Schutzmaßnahmen im Einzelfall auf ein akzeptables Maß reduziert werden. Die Besorgnis der Befangenheit könnte in dem vorliegenden Fall gänzlich vermieden werden, wenn der wechselnde Mitarbeiter überhaupt nicht bei der Abschlussprüfung des Unt eingesetzt wird, von dem er zum AP wechselt.

Ob ein Sachverhalt nach § 319 Abs. 2 HGB die Besorgnis der Befangenheit begründet, ist regelmäßig einzelfallabhängig zu würdigen und entzieht sich einer typisierenden Betrachtungsweise. Die Beurteilung hat unter Berücksichtigung von Art und Bedeutung des Sachverhalts, des dargestellten Bezugsrahmens, der getroffenen Vermeidungs- und Schutzmaßnahmen sowie der möglichen Auswirkungen des Sachverhalts auf die Sichtweise eines objektiven und verständigen Dritten für den jeweiligen Einzelfall zu erfolgen. Wenn die Besorgnis der Befangenheit nicht durch Vermeidungs- oder Schutzmaßnahmen beseitigt oder in ausreichendem Maß gemindert werden kann, ist die Annahme bzw. Fortführung des Prüfungsauftrags ausgeschlossen.[12]

4 Besondere Ausschlussgründe (Abs. 3)

4.1 Gemeinsame Berufsausübung (Abs. 3 Satz 1)

Ein WP/vBP ist von der Abschlussprüfung ausgeschlossen, wenn er die Tatbestandsvoraussetzungen des Abs. 3 erfüllt. Nach dieser Vorschrift liegt ein Ausschlussgrund auch dann vor, wenn die Tatbestandsvoraussetzungen von einer Person erfüllt werden, mit der der WP/vBP seinen Beruf gemeinsam ausübt. Mit dieser **Sozietätsklausel** sollen Umgehungen der einzelnen Tatbestände des Abs. 3 verhindert werden. Die Begründung für diese Klausel liegt in der Gleichgerichtetheit der Interessen, die zwischen den in derselben Praxis freiberuflich oder im Angestelltenverhältnis tätigen Wirtschaftsprüfer und den bei der Abschlussprüfung beschäftigten Personen grds. anzunehmen sind.[13]

---

[12] Vgl. Justenhoven/Nagel, in Beck Bil-Komm., 14. Aufl. 2024, § 319 HGB Rz 30.
[13] Vgl. Begründungsteil der BT-Drs. 10/317 v. 26.8.1983 S. 96.

Die Sozietätsklausel ist auch auf RA, StB oder andere Angehörige freier Berufe, mit denen der WP-Beruf gemeinsam ausgeübt wird, anzuwenden, da eine Gleichrichtung der Interessen in wirtschaftlicher Hinsicht zumindest bei vereinbartem Gewinn-Pooling auch dann gegeben ist, wenn eine Sozietät mit einem Angehörigen eines anderen Berufs gebildet worden ist.[14] Eine gemeinsame Berufsausübung kommt auch mit einer juristischen Person in Betracht.

Nach dem Zweck der Vorschrift ist als gemeinsame Berufsausübung jede Zusammenarbeit zu verstehen, in der eine Gleichrichtung des wirtschaftlichen Interesses durch ganzes oder tw. Pooling der Einnahmen und Ausgaben erfolgt.[15] Dabei sind die gemeinsamen wirtschaftlichen Interessen jedoch nicht allein das entscheidende Kriterium, wesentlich ist auch ein gemeinsames Auftreten nach außen, z. B. als Sozietät.[16]

37 Auf reine **Bürogemeinschaften** ist die Sozietätsklausel nicht anwendbar, soweit keine gemeinsamen Prüfungs- und Beratungstätigkeiten ausgeübt werden. Lediglich die gemeinsame Nutzung der Büroräume und der Infrastruktur begründet mangels gemeinsamer wirtschaftlicher Interessen keinen Ausschlussgrund.[17]

38 Wegen der **Mitgliedschaft in einem Netzwerk** wird auf § 319b HGB verwiesen.

4.2 Finanzielle Interessen (Abs. 3 Satz 1 Nr. 1)

39 Wer Anteile oder andere nicht nur unwesentliche finanzielle Interessen an der zu prüfenden KapG/KapCoGes oder eine Beteiligung an einem Unt besitzt, das mit der zu prüfenden KapG/KapCoGes verbunden ist, oder von dieser mehr als 20 % der Anteile besitzt, darf nicht AP sein.

40 Als Anteilsbesitz gilt jede **Beteiligung am gezeichneten Kapital** der zu prüfenden KapG. Dies gilt auch für Beteiligungen an KapCoGes. Auf die Höhe der Beteiligung kommt es dabei nicht an. Bei einer **Personenhandelsgesellschaft** sind Gesellschafter die phG und die Kommanditisten.

41 Eine stille Beteiligung führt grds. nicht zu Anteilsbesitz i. S. v. Abs. 3 Satz 1 Nr. 1, da keine gesellschaftsrechtliche Beteiligung vorliegt.[18] Bei atypischen stillen Beteiligungen kann dies anders zu beurteilen sein, wenn der stille Gesellschafter Rechte hat, die denen eines Gesellschafters einer KapG entsprechen.[19]

42 Der Ausschlusstatbestand wird auch durch das **Halten von Gesellschafts-Anteilen** durch den AP als **Treuhänder** erfüllt, weil er die Interessen des Treugebers zu vertreten hat und dadurch sein Urteil beeinflusst werden könnte. Anders ist die Situation im Fall der Sicherungstreuhand, bei der die Funktionen des Treuhänders beschränkt sind. Wenn der Wirtschaftsprüfer Treugeber ist, sind ihm die vom Treuhänder gehaltenen Anteile zuzurechnen.[20]

43 Nach Abs. 3 Satz 1 Nr. 1 können auch **mittelbare Beteiligungen** am zu prüfenden Unt zum Ausschluss führen. Dies gilt allerdings nur dann, wenn es sich um Betei-

---

[14] Vgl. ADS, Rechnungslegung und Prüfung der Unternehmen, 6. Aufl. 1995–2001, § 319 HGB Rz 60; Brembt/Rausch, in Küting/Weber, HdR-E, § 319 HGB Rz 44 Stand: 4/2018.
[15] Vgl. ADS, Rechnungslegung und Prüfung der Unternehmen, 6. Aufl. 1995–2001, § 319 HGB Rz 5; Brembt/Rausch, in Küting/Weber, HdR-E, HGB § 319, Rz 46, Stand: 4/2018.
[16] Vgl. ADS, Rechnungslegung und Prüfung der Unternehmen, 6. Aufl. 1995–2001, § 319 HGB Rz 58.
[17] Vgl. Begründung zu § 29 Abs. 4 Satz 1 BS WP/vBP.
[18] Vgl. Justenhoven/Nagel, in Beck Bil-Komm., 14. Aufl. 2024, § 319 HGB Rz 38.
[19] Vgl. ADS, Rechnungslegung und Prüfung der Unternehmen, 6. Aufl. 1995–2001, § 319 HGB Rz 75.
[20] Vgl. ADS, Rechnungslegung und Prüfung der Unternehmen, 6. Aufl. 1995–2001, § 319 HGB Rz 82.

ligungen an einem Unt handelt, das mit der zu prüfenden KapG/KapCoGes verbunden ist oder von dieser mehr als 20 % der Anteile besitzt. Der mittelbare Anteilsbesitz über Anteile an Wertpapier-Investmentfonds ist auch nach den Änderungen durch das BilReG kein gesetzlicher Ausschlussgrund.[21] Dies wird damit begründet, dass die Inhaber solcher Anteile – soweit es sich um Publikumsgesellschaften handelt – keine Einflussmöglichkeiten auf die Anlageentscheidungen des Fonds haben; zudem ist im Regelfall davon auszugehen, dass die finanziellen Interessen wegen der Zusammensetzung des Fondsvermögens nicht wesentlich sind.

Andere finanzielle Interessen sind z. B. Schuldverschreibungen, Schuldscheine, Optionen, Genussrechte oder sonstige Wertpapiere. Derartige finanzielle Interessen begründen nur dann die unwiderlegbare Vermutung der Besorgnis der Befangenheit, wenn sie nicht unwesentlich sind. Bei der Beurteilung der Wesentlichkeit wird es aus der Sicht eines verständigen und objektiven Dritten insb. darauf ankommen, ob es sich bei den finanziellen Interessen um unbedingte Forderungsrechte handelt oder ob die Höhe der Forderung von den wirtschaftlichen Verhältnissen des zu prüfenden Unt abhängt.[22] Danach dürften gesicherte Forderungen (z. B. Pfandbriefe und Kommunalobligationen) im Allgemeinen als unwesentlich einzustufen sein.[23] Andere kapitalmäßige oder finanzielle Bindungen, wie z. B. Darlehen oder langfristige Mietverträge, erfüllen den Ausschlusstatbestand im Regelfall nicht, wenn die Vereinbarungen wie unter fremden Dritten ausgestaltet sind.[24]

44

> **Praxis-Beispiel**
> Wirtschaftsprüfer A ist Inhaber einer nachrangigen Anleihe des zu prüfenden Unt über 1 Mio. EUR. Die Anleihe nimmt bis zur Höhe des Nennbetrags an den etwaigen Verlusten des zu prüfenden Unt teil. Die Verzinsung der Anleihe ist vom Ergebnis des Unt abhängig.
>
> **Ergebnis**
> Wirtschaftsprüfer A ist als AP des Unt ausgeschlossen, weil er durch die Höhe und die Ausgestaltung der von ihm gehaltenen nachrangigen Anleihe nicht nur unwesentliche sonstige finanzielle Eigeninteressen an dem zu prüfenden Unt besitzt.

4.3 Organzugehörigkeit und Arbeitnehmereigenschaft in der zu prüfenden Kapitalgesellschaft (Abs. 3 Satz 1 Nr. 2)

WP/vBP sind als AP ausgeschlossen, wenn sie gesetzliche Vertreter, Mitglied des Aufsichtsrats oder Arbeitnehmer der zu prüfenden KapG/KapCoGes sind.[25] Wenn der AP diese Funktionen bei einem mit dem Mandanten verbundenen Unt

45

---

[21] Vgl. ADS, Rechnungslegung und Prüfung der Unternehmen, 6. Aufl. 1995–2001, § 319 HGB Rz 71.
[22] Vgl. Justenhoven/Nagel, in Beck Bil-Komm., 14. Aufl. 2024, § 319 HGB Rz 41.
[23] Vgl. Gelhausen, in Freidank, Reform der Rechnungslegung und Corporate Governance in Deutschland und Europa, 2001, S. 170.
[24] Vgl. Justenhoven/Nagel, in Beck Bil-Komm., 14. Aufl. 2024, § 319 HGB Rz 41.
[25] Vgl. zur Anwendung auf KapCoGes Gelhausen/Buchenau, Besorgnis der Befangenheit bei Mitgliedschaft im Beirat der Komplementärgesellschaft der geprüften GmbH & Co. KG, Anmerkung zu LG Berlin v. 25.2.2010, WPKM, S. 42.

oder einer Ges. ausübt, die von der zu prüfenden Ges. mehr als 20 % der Anteile besitzt, wird der Ausschlussgrund ebenfalls verwirklicht. Abs. 3 Nr. 2 gilt auch, wenn der AP Liquidator, Insolvenzverwalter o. Ä. ist, weil er in dieser Funktion gesetzlicher Vertreter ist.[26]

46 Gesetzliche **Vertreter** sind bei der AG die Vorstandsmitglieder (§ 76 AktG), bei GmbH die Geschäftsführer (§ 35 GmbHG), bei KGaA die Komplementäre (§ 282 AktG), bei SE der Vorstand bzw. der Verwaltungsrat und bei Vereinen die Vorstandsmitglieder. Für KapCoGes gelten als gesetzliche Vertreter die Mitglieder des vertretungsberechtigten Organs der vertretungsberechtigten Ges. (§ 264a Abs. 2 HGB). Bei PersG ist von der Vorschrift die Stellung als phG erfasst.

47 Der WP/vBP ist auch von der Abschlussprüfung ausgeschlossen, wenn er Mitglied in einem gesetzlich vorgeschriebenen (§ 30 Abs. 1, § 95f. AktG) oder fakultativen **Aufsichtsrat** ist. Aufsichtsrat i.S.d. Abs. 3 Satz 1 Nr. 2 ist jedes unternehmenseigene Aufsichtsgremium, z.B. Beirat oder Kuratorium, das unternehmensinterne Überwachungsfunktionen ausübt. Durch eine Regelung, nach der ein WP/vBP als Mitglied des Überwachungsorgans für solche Sachverhalte, die den JA der Ges. betreffen, von der Abstimmung ausgeschlossen ist, kann die Besorgnis der Befangenheit nicht beseitigt werden, weil ihm als Organmitglied durch die Teilnahme am Meinungsbildungsprozess eine wesentliche Einflussmöglichkeit verbleibt.[27]

48 **Arbeitnehmer** sind alle Personen, die in einem festen Arbeitsverhältnis mit dem zu prüfenden Unt stehen (§ 611a BGB) und jeder Mitarbeiter in einem vergleichbaren Abhängigkeitsverhältnis. Kurzfristige Hospitanten- oder Praktikantentätigkeiten sowie freiberufliche Tätigkeiten werden von der Vorschrift grds. nicht erfasst.[28]

4.4 Ausübung bestimmter Tätigkeiten (Abs. 3 Satz 1 Nr. 3)

4.4.1 Allgemeines

49 Abs. 3 Satz 1 Nr. 3 konkretisiert das sog. **Selbstprüfungsverbot**. Danach können WP/vBP als AP einen Tatbestand nur beurteilen, wenn sie an dessen Zustandekommen über die Prüfungstätigkeit hinaus selbst nicht maßgeblich mitgewirkt haben. Deshalb darf der AP in dem zu prüfenden Gj und bis zur Erteilung des Bestätigungsvermerks nicht bei der Führung der Bücher oder der Aufstellung des JA sowie in verantwortlicher Position nicht an der internen Revision mitwirken sowie keine Bewertungsleistungen erbringen, wenn diese sich auf den zu prüfenden JA nicht nur unwesentlich auswirken.

Um eine Umgehung der entsprechenden Vorschriften zu verhindern, gilt dies nach Abs. 3 Satz 1 Nr. 3 Hs. 2 auch dann, wenn derartige Tätigkeiten von einem Unt für die zu prüfende KapG ausgeübt werden, auf das der WP/vBP einen maßgeblichen Einfluss hat (gesetzlicher Vertreter, Arbeitnehmer, Mitglied des Aufsichtsrats oder Gesellschafter mit einem Stimmrechtsanteil von mehr als 20 %).

50 Bei der Beurteilung der Beachtung des Selbstprüfungsverbots ist die **unzulässige Mitwirkung** an der Gestaltung des Prüfungsgegenstands von der **zulässigen Beratung** abzugrenzen. Bei einer eigenverantwortlichen Entscheidung des Lei-

---

[26] Vgl. Justenhoven/Nagel, in Beck Bil-Komm., 14. Aufl. 2024, § 319 HGB Rz 42.
[27] Vgl. LG Berlin, Beschluss v. 25.2.2010, WiL 18/09, WPKM, S. 54.
[28] Vgl. Justenhoven/Nagel, in Beck Bil-Komm., 14. Aufl. 2024, § 319 HGB Rz 45.

tungsorgans über den vom AP beratenen Gegenstand liegt eine unzulässige Mitwirkung, welche die Besorgnis der Befangenheit begründet, nicht vor. Eine Mitwirkung ist damit unzulässig, wenn der beratende AP dem Leitungsorgan nicht nur Handlungsalternativen aufzeigt, sondern ganz oder tw. unternehmerische Entscheidungen selbst trifft.[29] Kann aus faktischen Gründen keine Handlungsalternative aufgezeigt werden, ist auch ein alternativloser Entscheidungsvorschlag zulässig. Wenn sich aus einer Beratungstätigkeit des AP für den Prüfungsmandanten Haftungsrisiken ergeben, die den AP dazu bewegen können, i.R.d. Abschlussprüfung bestimmte Sachverhalte nicht pflichtgemäß zu würdigen, um mögliche Beratungsfehler zu verschleiern, kann sich daraus die Besorgnis der Befangenheit ableiten.[30] In solchen Fällen kann die Besorgnis der Befangenheit beseitigt werden, indem der Sachverhalt rechtzeitig gegenüber dem Auftraggeber offengelegt wird.[31]

4.4.2 Buchführung und Aufstellung des Jahresabschlusses

Eine Mitwirkung bei der Führung der Bücher oder der Aufstellung des zu prüfenden JA führt nach Buchst. a) zu einem Ausschluss von der Abschlussprüfung. Die technische Durchführung der Lohn- und Gehaltsabrechnung durch den AP (Durchführung der Datenverarbeitung, Erstellung der Lohn- und Gehaltsabrechnungen, DATEV-Eingaben) stellt keinen Ausschlussgrund dar, wenn die inhaltliche Verantwortung beim Mandanten verbleibt, d.h. er für die Kontierung der Belege verantwortlich ist. Dies gilt auch für die Meldungen an Sozialversicherungsträger und Krankenkassen.[32]

Die Beratung zum Aufbau der **Arbeits- und Ablauforganisation** ist dagegen weiterhin **zulässig**. Dazu gehören die Beratung
- bei der Ausgestaltung von Erfassungs-, Bearbeitungs- und Überwachungssystemen,
- bei der Entwicklung von Kontenplänen,
- von Inventuranweisungen,
- von Bilanzierungsanweisungen.

I.R.d. Prüfungstätigkeit muss vom AP auf **Fehler** bei der Erstellung des JA hingewiesen werden; der AP darf dabei beraten oder alternative Korrekturmöglichkeiten nennen, konkrete Hinweise geben oder Vorschläge machen.[33] Dies ist unschädlich, wenn nach dem Gesamtbild der Verhältnisse die Verarbeitung des Buchungsstoffs beim Unt verbleibt; unter dieser Voraussetzung ist auch eine größere Anzahl von Korrekturhinweisen unbedenklich. In der Erläuterung zu § 33 Abs. 3 BS WP/vBP wird dargelegt, dass eine Besorgnis der Befangenheit nicht ausgelöst wird, wenn der AP lediglich Hinweise zur möglichen oder rechtlich gebotenen Behandlung von Sachverhalten oder Geschäftsvorfällen gibt. Die prüfungsvorbereitende oder -begleitende Beratung entstammt dabei der Korrekturfunktion des AP, der dem geprüften Unt festgestellte Fehler mitzuteilen und

---

[29] Vgl. Brembt/Rausch, in Küting/Weber, HdR-E, § 319 HGB Rz 94, Stand: 4/2018.
[30] Vgl. BGH, Urteil v. 25.11.2002, II ZR 49/01, GmbHR 2003 S. 419.
[31] Vgl. Gelhausen/Kuss, NZG 2003, S. 425.
[32] Vgl. WPK, WPKM 3/2009, S. 36, unter Bezugnahme auf § 23a Abs. 6 Satz 2 BS WP/vBP a.F. sowie IDW Life 6/2020, S. 499f.
[33] Vgl. BGH, Urteil v. 30.4.1992, III ZR 151/91, DB 1992 S. 1466.

auf eine Korrektur hinzuwirken hat. Voraussetzung für die Zulässigkeit der prüfungsvorbereitenden oder prüfungsbegleitenden Beratung ist dass die Entscheidung im Verantwortungsbereich des zu prüfenden Unt bleibt.[34] Dies gilt auch für Beratungsleistungen im Bereich bilanzpolitischer Maßnahmen oder dem Aufbau des internen Kontrollsystems oder des Risikomanagementsystems.[35]

53 Eine **unzulässige Mitwirkung** nach Buchst. a) liegt vor, wenn der AP
- die laufenden Geschäftsvorfälle kontiert,
- die Konten abschließt und in den JA überführt,
- das Anlagenverzeichnis führt,
- die Abschreibungen auf das AV berechnet,
- die Vorratsinventur durchführt,
- die erforderlichen Abwertungen zum UV ermittelt,
- die zum Bilanzstichtag erforderlichen Rückstellungen berechnet,
- einen unfertigen JA selbst fertigstellt,
- den Anhang oder Lagebericht erstellt,[36]
- ein Sanierungsgutachten nach IDW S 6 für das zu prüfende Unt erstellt.[37]

54 In Buchst. a) ist die Mitwirkung des AP bei der **Aufstellung des Vorjahresabschlusses** nicht unmittelbar aufgeführt. Ein Ausschluss nach Abs. 3 kommt daher nicht in Betracht. Da die Prüfung des JA aber auch die Vergleichszahlen des Vj. einschließt, muss im Einzelfall untersucht werden, ob die Besorgnis der Befangenheit nach Abs. 2 begründet ist. Dies dürfte jedenfalls dann nicht der Fall sein, wenn der Vorjahresabschluss von einem anderen AP geprüft worden ist und damit einer unabhängigen Beurteilung unterlag.[38]

55 Im Hinblick auf das Selbstprüfungsverbot kann auch die Mitwirkung bei der **Einrichtung von Rechnungslegungsinformationssystemen** unzulässig sein. Bei der Beurteilung derartiger Sachverhalte ist allerdings zu berücksichtigen, dass der Gesetzgeber in § 319a Abs. 1 Satz 1 Nr. 3 HGB i.d.F. vom 22.12.2015 die grds. Unvereinbarkeit der Entwicklung, Einrichtung und Einführung von Rechnungslegungsinformationssystemen ausdrücklich nur für die Pflichtprüfung bei Unt von öffentlichem Interesse festgeschrieben hat. Es kann deshalb im Umkehrschluss davon ausgegangen werden, dass bei anderen Unt diese Beratungsleistungen unter Beachtung des Selbstprüfungsverbots grds. zulässig sind.[39]

56 Für die **Erbringung von Steuerberatungsleistungen** hat der Gesetzgeber in § 319a HGB ebenfalls eine Sonderregelung für Pflichtprüfungen bei Unt von öffentlichem Interesse getroffen, sodass in anderen Fällen Abschlussprüfungen und gleichzeitige Steuerberatung grds. vereinbar sind. Zu beachten ist allerdings auch in diesen Fällen das Selbstprüfungsverbot. Für den Fall, dass der AP die bilanziellen Auswirkungen von ihm ausgearbeiteter und von ihm beim Prüfungsmandanten eingeführter steuerrechtlicher Gestaltungen beurteilt, kann hierin

---

[34] Vgl. aber OLG Hamm, Urteil v. 27.1.2009, 25 U 57/08, DStR 2009 S. 1978, wonach die Überführung eines lückenhaften, unvollständigen oder unbrauchbaren Entwurfs in einen testierfähigen JA auch bei Entscheidungsverantwortung der Geschäftsführung hinsichtlich der vorgenommenen Korrekturen zu einer unzulässigen Mitwirkung des AP führt.
[35] Vgl. Justenhoven/Nagel, in Beck Bil-Komm., 14. Aufl. 2024, § 319 HGB Rz 49.
[36] Vgl. Justenhoven/Nagel, in Beck Bil-Komm., 14. Aufl. 2024, § 319 HGB Rz 47.
[37] Vgl. WPKM 4/2011, S. 45.
[38] Vgl. Justenhoven/Nagel, in Beck Bil-Komm., 14. Aufl. 2024, § 319 HGB Rz 52; vgl. auch WPKM 2/2019, S. 24.
[39] Vgl. Justenhoven/Nagel, in Beck Bil-Komm., 14. Aufl. 2024, § 319 HGB Rz 50.

eine unzulässige Mitwirkung an der Aufstellung des JA gesehen werden, wenn die Auswirkungen auf den JA wesentlich sind. Wenn neben der HB eine Steuerbilanz aufgestellt wird und der AP diese Steuerbilanz erstellt, sieht der BGH dies aufgrund des Vorrangs der HB unter der Voraussetzung als unschädlich an, dass die HB vom Leitungsorgan der KapG/KapCoGes alleinverantwortlich erstellt wird.[40] Allerdings sind auch dabei die Gesamtumstände des Einzelfalls im Hinblick auf das Selbstprüfungsverbot zu würdigen. Wenn eine vom AP erstellte Steuerbilanz i.R.d. eigenverantwortlichen Übernahmeentscheidung des Mandanten im Wesentlichen unverändert in die HB übernommen wird, hätte der AP sein eigenes Werk zu prüfen, so dass er in einer derartigen Konstellation von der Prüfung ausgeschlossen ist.[41]

Die **Berechnung der Steuerrückstellungen** für die HB durch den AP dürfte i.R.d. zulässigen Steuerberatung unschädlich sein.[42] Die Beratung durch den AP zu der Frage, ob geplante Rückstellungen in bestimmter Höhe steuerlich anerkannt werden, führt gleichermaßen nicht zum Ausschluss von der Abschlussprüfung.

4.4.3 Interne Revision

Die **Durchführung der internen Revision** in verantwortlicher Position ist mit der Abschlussprüfung nicht vereinbar (Buchst. b)), weil es sich dabei um die Übernahme einer Unternehmensleitungsaufgabe handelt. Durch diese Vorschrift ist lediglich die vollständige Übernahme oder Leitung der internen Revision durch den AP ausgeschlossen. Dies ergibt sich unmittelbar aus dem Gesetzestext, der die Durchführung der internen Revision „in verantwortlicher Position" ausschließt. Zulässig ist aber die Übernahme einzelner Prüfungsaufträge im Auftrag der internen Revision, und zwar unabhängig davon, ob sie i.R.d. Abschlussprüfung oder als eigenständige Prüfungsaufträge durchgeführt werden.[43]

57

4.4.4 Unternehmensleitungs- und Finanzdienstleistungen

In Buchst. c) wird bestimmt, dass die Erbringung von **Unternehmensleitungs- und Finanzdienstleistungen** zu einem Ausschluss als AP führen, wenn sie nicht von untergeordneter Bedeutung sind. Es handelt sich hierbei um Tätigkeiten, mit denen häufig eine nach außen erkennbare Interessenwahrung des Mandanten verbunden ist.[44]

58

Die Übernahme von **Unternehmensleitungsfunktionen** begründet nach Buchst. c) unwiderlegbar die Besorgnis der Befangenheit, weil mit solchen Funktionen eine Ausrichtung auf die Interessen des zu prüfenden Unt verbunden ist, die einer unbefangenen Abschlussprüfung entgegensteht. Außerdem kann in einem solchen Fall die Gefahr einer Selbstprüfung bestehen, wenn der AP die Auswirkungen von i.R.d. Ausübung der Unternehmensleitungsfunktion getroffenen Entscheidungen auf die Rechnungslegung zu beurteilen hat.

59

---

[40] Vgl. BGH, Urteil v. 21.4.1997, II ZR 317/95, WM 1997 S. 1385.
[41] Vgl. WPKM 2/2010, S 36.
[42] Vgl. IDW, WPH Edition, Wirtschaftsprüfung & Rechnungslegung, 18. Aufl. 2023, Kap. A Tz 116; a.A. Justenhoven/Nagel, in Beck Bil-Komm., 14. Aufl. 2024, § 319 HGB Rz 51.
[43] Vgl. IDW PS 321.28.
[44] Vgl. zum Folgenden Justenhoven/Nagel, in Beck Bil-Komm., 14. Aufl. 2024, § 319 HGB Rz 57.

Die Übernahme von Unternehmensleitungsfunktionen kann i. R. e. Dienstleistungsvertrags mit dem oder als Organ des zu prüfenden Unt erfolgen. Es kann sich um Führungsaufgaben in der Unternehmensleitung oder in nachgeordneten Bereichen handeln. Bei der Frage, ob eine im Vj. ausgeübte Unternehmensleitungsfunktion schädlich sein kann, kommt es darauf an, ob sich aus der Tätigkeit unmittelbare Auswirkungen im zu prüfenden Gj ergeben. Auch wenn Unternehmensleitungsfunktionen im Folgejahr vor Beendigung der Abschlussprüfung übernommen werden, wird im Allgemeinen die Besorgnis der Befangenheit begründet sein.

In der Erläuterung zu § 33 Abs. 5 BS WP/vBP wird darauf hingewiesen, dass die Übernahme von Unternehmensleitungsfunktionen durch einen beurlaubten Angestellten des AP unschädlich ist, wenn die vertraglichen Beziehungen ausschl. zwischen dem beurlaubten Angestellten und dem Unt bestehen. In diesem Fall hat der AP weder negative Folgen aus möglichen Pflichtverletzungen zu erwarten, noch ist er am Erfolg der Tätigkeit des beurlaubten Angestellten beteiligt.

60 Nach der Entstehungsgeschichte der deutschen Vorschriften in Anlehnung an die Regelungen der SEC[45] sind folgende **Finanzdienstleistungen** für Prüfungsmandanten ausgeschlossen:
- Tätigkeiten eines „broker-dealers"
- Entscheidungen über den Erwerb oder die Verwaltung von Finanzanlagen,
- Abwicklung von Geschäften über Kauf oder Verkauf von Finanzanlagen,
- Treuhandtätigkeiten,
- Werbung für Anlagen des Prüfungsmandanten.

Die Beratung im Zusammenhang mit dem Erwerb von Beteiligungen dürfte danach weiter zulässig sein, wenn die Abgrenzungskriterien zwischen unzulässiger Mitwirkung und zulässiger Beratung eingehalten werden (Rz 50).[46]

Auch bei den folgenden Dienstleistungen dürfte eine Besorgnis der Befangenheit nicht begründet sein, weil es sich nicht um Finanzdienstleistungen i. S. v. Buchst. c) handelt:
- Erarbeitung von Finanzierungskonzepten,
- Vorbereitung von Verhandlungen mit potenziellen Investoren,
- Shareholder-Value-Analysen, bei denen es sich nicht um Bewertungsleistungen mit unmittelbaren Auswirkungen auf die Rechnungslegung handelt,
- Wirtschaftlichkeitsanalysen im Bereich der Vermögensanlagen.

4.4.5 Versicherungsmathematische oder Bewertungsleistungen

61 Nach Buchst. d) ist die Erbringung eigenständiger **versicherungsmathematischer** oder **Bewertungsleistungen**, die sich auf den JA nicht nur unwesentlich auswirken, durch den AP ausgeschlossen. Die Berechnung der Pensionsrückstellungen oder – bei Versicherungsunternehmen – der Deckungsrückstellungen ist nach Buchstabe d) ausgeschlossen, wenn die Entwicklung und Umsetzung der Berechnungsmethodik sowie die Festlegung der maßgeblichen Annahmen beim AP liegt. Die formale Entscheidung der Unternehmensleitung über die Über-

---

[45] Vgl. SEC, Final Rule: Strengthening the Commissions Requirements Regarding Auditor Independence, www.sec.gov/rules/final/33-8183.htm, nicht mehr verfügbar.
[46] Vgl. Justenhoven/Nagel, in Beck Bil-Komm., 14. Aufl. 2024, § 319 HGB Rz 58.

nahme der Werte in den Abschluss hat dann für die Frage der Besorgnis der Befangenheit keine Bedeutung.[47]

In der Erläuterung zur BS WP/vBP werden folgende Bewertungsleistungen erörtert:[48]

62

Bewertungsleistung	Würdigung im Hinblick auf die mögliche Begründung der Besorgnis der Befangenheit
Bewertung einer zur Veräußerung bestimmten Beteiligung	Die Bewertung einer zur Veräußerung bestimmten Beteiligung begründet im Allgemeinen nicht die Besorgnis der Befangenheit, weil sich das Bewertungsergebnis nicht unmittelbar auf den zu prüfenden Abschluss auswirkt. Wenn die Beteiligung zum Abschlussstichtag noch nicht veräußert ist, erfolgt die Bewertung zu fortgeführten AK. Wurde die Beteiligung vor Ablauf des Gj veräußert, ist der Kaufpreis und nicht das Ergebnis der Bewertungsleistung für die Bilanzierung entscheidend. Die Bewertungsleistung wirkt sich in diesem Fall nicht unmittelbar auf den Abschluss aus. Sofern bei einer noch nicht veräußerten Beteiligung aufgrund der Bewertungsleistung ein Abschreibungsbedarf ersichtlich wird, ist dies unschädlich, wenn das Unt die Höhe der Abschreibung letztlich selbst festlegt; dies wird aufgrund der unterschiedlichen Bewertungsstichtage im Allgemeinen der Fall sein.
Bewertung einer zu erwerbenden Beteiligung	Die Bewertung einer zu erwerbenden Beteiligung kann die Besorgnis der Befangenheit begründen, wenn der Kaufpreis i. H. d. Gutachtenwerts vereinbart wird. I. R. d. Abschlussprüfung müsste dann der AP den von ihm selbst ermittelten Wert beurteilen (Selbstprüfung). Die Unabhängigkeitsgefährdung ist geringer oder ausgeschlossen, wenn die Bewertungsleistung keinen bestimmten Wert, sondern eine größere Bandbreite von Werten beinhaltet. Dies gilt auch dann, wenn keine Wertermittlung erfolgt, sondern nur wesentliche Parameter für die Bewertung ermittelt werden und wenn lediglich eine grobe indikative Einschätzung des Werts vorgenommen wird.

---

[47] Vgl. BS WP/vBP, Erläuterung zu § 33 Abs. 6 BS WP/vBP.
[48] Vgl. Erläuterung zu § 33 Abs. 6 BS WP/vBP.

Bewertungsleistung	Würdigung im Hinblick auf die mögliche Begründung der Besorgnis der Befangenheit
Bewertung für Zwecke der Abschlussprüfung	Für die Abschlussprüfung notwendige Bewertungsleistungen sind grds. unschädlich. Als Beispiel kann der Niederstwerttest genannt werden, bei dem die Werthaltigkeit von bilanzierten Vermögenswerten zu beurteilen ist. Eine solche Bewertungsleistung begründet auch dann keine Besorgnis der Befangenheit, wenn der Mandant selbst keine Bewertung vorgenommen hat. Stellt der AP Abschreibungsbedarf fest, kann aber eine unreflektierte Übernahme der Ergebnisse der Bewertungsleistung durch das Unt in den Abschluss schädlich sein.
Kaufpreisallokation	Die Aufteilung eines Gesamtkaufpreises auf einzelne VG und Schulden durch den AP begründet im Allgemeinen die Besorgnis der Befangenheit, weil sich das Ergebnis dieser Bewertungsleistung unmittelbar auf den zu prüfenden Abschluss auswirkt. Für die Unterstützung bei der Aufteilung in Form einer Erl. möglicher Methoden und der Diskussion von Zweifelsfragen gilt dies allerdings nicht.
Prüfung der Werthaltigkeit von Sacheinlagen nach §§ 33 f., 183 Abs. 3 AktG	Bei der Prüfung der Werthaltigkeit von Sacheinlagen handelt es sich nicht um eine Bewertungsleistung, sondern um eine Prüfungstätigkeit. Die nochmalige Beurteilung des Prüfungsgegenstands i. R. d. Abschlussprüfung begründet für sich betrachtet keine Besorgnis der Befangenheit. Etwas anderes gilt, wenn der AP den Wert der Sacheinlage selbst ermittelt und die Bilanzierung nicht nach den Tauschgrundsätzen erfolgsneutral erfolgt.
Bewertungsleistungen bei Umwandlungsvorgängen zur Ermittlung von Umtauschverhältnissen	Bewertungsleistungen zur Ermittlung von Umtauschverhältnissen können nur dann die Besorgnis der Befangenheit begründen, wenn sie sich unmittelbar auf die Bilanzierung des bewerteten Vermögens auswirken. Eine solche Auswirkung ergibt sich z. B. dann nicht, wenn von der Buchwertfortführung Gebrauch gemacht wird.

63 Nach dem Gesetzeswortlaut behandelt Abs. 3 nur Bewertungsleistungen des lfd. Gj. Bewertungsleistungen, die in einem früheren Gj erbracht wurden, fallen dagegen in den Anwendungsbereich des Abs. 2 und sind daraufhin zu beurteilen, ob sie sich wesentlich auf den zu prüfenden JA auswirken. Je weiter die Bewertungsleistung in der Vergangenheit liegt, desto unwahrscheinlicher ist es, dass sie eine Besorgnis der Befangenheit begründen könnte. In diesem Sinne dürften die Bewertungsleistungen des AP aus früheren Gj für die Frage der Besorgnis der Befangenheit keine Bedeutung mehr haben, wenn z. B. aktuelle Wertindikationen von Sachverständigen Dritten vorliegen. Außerdem ist zu berücksichtigen, ob zwischenzeitlich eine Prüfung des Bewertungsergebnisses durch einen anderen Prüfer erfolgt ist. Wenn dies geschehen ist, dürfte die Besorgnis der Befangenheit ebenfalls nicht begründet sein.[49]

Ob sich Bewertungsleistungen wesentlich auf den zu prüfenden Abschluss auswirken, ist für sämtliche Bewertungsleistungen mit Auswirkungen auf den Abschluss, die im Gj erbracht werden, einheitlich zu beurteilen.[50]

4.5 Einsatz von befangenen Personen (Abs. 3 Satz 1 Nr. 4)

Abs. 3 Satz 1 Nr. 4 bestimmt, dass bei der Prüfung keine Person beschäftigt sein darf, die nach den Nrn 1–3 als AP ausgeschlossen ist. Bei der Prüfung beschäftigt ist eine Person, deren Tätigkeit der Prüfung eindeutig zugeordnet werden kann und die Einfluss auf Umfang, Ablauf oder Ergebnis der Prüfung hat (Prüfungsplanung, Bearbeitung einzelner Prüffelder, Berichterstattung). Diese Vorschrift bezieht sich damit in erster Linie auf diejenigen **Fachkräfte**, die als Mitglieder des Prüfungsteams bei der Durchführung der Abschlussprüfungen eingesetzt sind. Dazu zählen die Prüfungsgehilfen, d.h. vom Prüfungsassistenten angefangen alle Mitarbeiter, die noch kein Berufsexamen abgelegt haben, und alle WP/vBP. Auch Mitarbeiter, die z.B. für die Durchführung von (IT-)Systemprüfungen und die Prüfung des Risikofrüherkennungssystems, für die Prüfung der steuerrechtlichen Verhältnisse und der Steuerrückstellungen oder i.R.v. speziellen Qualitätssicherungsmaßnahmen (z.B. materielle Berichtskritik oder auftragsbegleitende Qualitätssicherung nach § 48 Abs. 2 bzw. 3 BS WP/vBP) oder von Konsultationen zu schwierigen fachlichen Fragen in die Prüfung eingebunden sind, können von der Vorschrift erfasst werden. Dies gilt allerdings nur, soweit sie bei der Prüfung nicht nur punktuell eingebunden sind. Bei einer nur punktuellen Einbindung werden im Allgemeinen die Einflussmöglichkeiten auf die Ergebnisse der Prüfung zu gering sein, um eine Besorgnis der Befangenheit begründen zu können.[51]

Mit der Vorschrift wird der Tatsache Rechnung getragen, dass mit der Prüfung inhaltlich befasste Mitarbeiter (trotz der verantwortlichen Leitung der Abschlussprüfung durch WP/vBP und ihrer angemessenen Beaufsichtigung und Kontrolle) einen nicht unerheblichen Einfluss auf die Qualität der Prüfung haben können.[52]

Verwaltungskräfte (Schreib- und Sekretariatskräfte, Bibliothek, formelle Berichtskritik) sind lediglich formal mit der Abschlussprüfung befasst. Sie werden von der Vorschrift nicht erfasst. Als bei der Prüfung beschäftigte Personen gelten nicht nur Arbeitnehmer, sondern auch **freie Mitarbeiter**.[53]

Der Ausschlusstatbestand ist nur erfüllt, wenn der Wirtschaftsprüfer einen befangenen Arbeitnehmer i.R.d. betrieblichen Abschlussprüfung tatsächlich einsetzt.

---

[49] Vgl. Justenhoven/Nagel, in Beck Bil-Komm., 14. Aufl. 2024, § 319 HGB Rz 60.
[50] Vgl. Justenhoven/Nagel, in Beck Bil-Komm., 14. Aufl. 2024, § 319 HGB Rz 66.
[51] Vgl. Justenhoven/Nagel, in Beck Bil-Komm., 14. Aufl. 2024, § 319 HGB Rz 70.
[52] Vgl. ADS, Rechnungslegung und Prüfung der Unternehmen, 6. Aufl. 1995–2001, § 319 HGB Rz 144; Brembt/Rausch, in Küting/Weber, HdR-E, § 319 HGB Rz 112, Stand: 4/2018.
[53] Vgl. ADS, Rechnungslegung und Prüfung der Unternehmen, 6. Aufl. 1995–2001, § 319 HGB Rz 143; Brembt/Rausch, in Küting/Weber, HdR-E, § 319 HGB Rz 113, Stand: 4/2018.

Nicht relevant ist in diesem Zusammenhang die Tatsache, dass Mitarbeiter durch ihre hierarchische Stellung oder dadurch, dass sie in der gleichen Niederlassung beschäftigt sind, eine gewisse Nähe zu den bei einer Prüfung beschäftigten Mitarbeitern haben können. Ein Ausschlussgrund liegt ebenfalls in den Fällen nicht vor, in denen Mitarbeiter bei der Durchführung anderer Aufträge für den Prüfungsmandanten, nicht aber i. R. d. Abschlussprüfung tätig werden.

Das interne Qualitätssicherungssystem der WP-/vBP-Praxis muss für die von Abs. 3 Satz 1 Nr. 4 erfassten Fälle eine Analyse der möglichen Unabhängigkeitsgefährdung und Maßnahmen zu deren Beseitigung vorsehen. Im Zweifel darf die Fachkraft bei der betrieblichen Prüfung nicht eingesetzt werden.

4.6 Umsatzabhängigkeit (Abs. 3 Satz 1 Nr. 5)

69 Nach Abs. 3 Satz 1 Nr. 5 ist ein WP/vBP von der Abschlussprüfung ausgeschlossen, wenn er in den letzten 5 Jahren jeweils mehr als 30 % der Einnahmen seiner beruflichen Tätigkeit aus der Prüfung und Beratung der KapG/KapCoGes erzielt hat und auch im laufenden Gj voraussichtlich erzielen wird. Mit der Vorschrift wird die mögliche Unabhängigkeitsgefährdung durch das wirtschaftliche Eigeninteresse des WP/vBP berücksichtigt. Bei Meinungsverschiedenheiten über die Richtigkeit des JA wird es dem AP umso schwerer fallen, seine Auffassung durchzusetzen und notfalls die Beendigung des Auftragsverhältnisses in Kauf zu nehmen, je höher die damit verbundene finanzielle Einbuße ist.[54]

Als **Gesamteinnahmen** gelten alle Einnahmen, die aus beruflichen Tätigkeiten i. S. v. § 2 bzw. § 129 WPO erzielt werden. Besitzt der AP eine Zusatzqualifikation (z. B. Rechtsanwalt) sind auch die Einnahmen aufgrund dieser Qualifikation Bestandteil seiner Gesamteinnahmen. Sonstige Einnahmen aus Leistungsbeziehungen mit dem Mandanten, die nicht der beruflichen Tätigkeit zuzuordnen sind, z. B. Mieteinnahmen sowie Auslagenersatz[55] und Umsatzsteuer, werden nicht erfasst.[56]

Bei **gemeinsamer Berufsausübung** sind aufgrund der Sozietätsklausel die Einnahmen aller Personen, die mit dem AP den Beruf gemeinsam ausüben, zu addieren.[57]

Für die Berechnung der Einhaltung der Umsatzgrenze ist das gesamte aus dem **Bereich des geprüften Unt** bezogene Honorar maßgebend. Zu diesem Honorar gehört auch das Honorar von allen in- und ausländischen Unt, an denen die zu prüfende KapG/KapCoGes mehr als 20 % der Anteile besitzt, unabhängig davon, ob ein Konzernabschluss aufzustellen ist oder freiwillig aufgestellt wird. Das ist darin begründet, dass die zu prüfende KapG/KapCoGes in diesen Unt die Auftragsvergabe beeinflussen könnte.[58] Zur Bestimmung des Anteilsbesitzes kommt eine Durchrechnung der Quote (z. B. Prüfungsmandat hält an Unt A 60 %, Unt A an Unt B 40 %, durchgerechnete Quote ist 24 %) nicht in Betracht. Als dem MU zustehende Rechte werden nach § 290 Abs. 3 HGB auch die einem TU zustehenden Rechte und die den für Rechnung des MU oder von TU

---

[54] Vgl. Justenhoven/Nagel, in Beck Bil-Komm., 14. Aufl. 2024, § 319 HGB Rz 73.
[55] Soweit es sich nicht um Auslagenersatz i. R. d. Abschlussprüfung handelt.
[56] Vgl. ADS, Rechnungslegung und Prüfung der Unternehmen, 6. Aufl. 1995–2001, § 319 HGB Rz 152, 158.
[57] Vgl. ADS, Rechnungslegung und Prüfung der Unternehmen, 6. Aufl. 1995–2001, § 319 HGB Rz 161; Brembt/Rausch, in Küting/Weber, HdR-E, § 319 HGB Rz 124, Stand: 4/2018.
[58] Vgl. ADS, Rechnungslegung und Prüfung der Unternehmen, 6. Aufl. 1995–2001, § 319 HGB Rz 158; Brembt/Rausch, in Küting/Weber, HdR-E, § 319 HGB Rz 125; Stand: 4/2018.

handelnden Personen zustehenden Rechte berücksichtigt. Diese Vorschrift ist bei der Ermittlung des Gesamthonorars entsprechend anzuwenden.[59]
Nachdem die Umsatzabhängigkeit fünf Jahre hintereinander bestanden hat, entsteht der **Ausschlussgrund im sechsten Jahr**. Dem AP wird damit eine genügend lange Frist eingeräumt, das Überschreiten der kritischen Grenze durch geeignete Maßnahmen zu vermeiden. Die „fünf Jahre" betreffen jeweils das Gj des AP und beinhalten somit z. B. auch Rumpfgeschäftsjahre, sodass die „fünf Jahre" in derartigen Fällen bereits vor Ablauf von fünf Kj. erreicht sind.[60] Für das laufende Gj ist das erwartete Honoraraufkommen zu schätzen. Maßgebend für den Fristbeginn ist der Zeitpunkt der Wahl zum AP, nicht der der Auftragsannahme.[61]
Wenn die Umsatzgrenze z. B. im sechsten Jahr unterschritten wird, kann in den folgenden fünf Jahren grds. kein Ausschlussgrund nach Abs. 3 Satz 1 Nr. 5 eintreten. Dies gilt nicht, wenn durch gezielte Beeinflussung der Honorarzahlungen das Überschreiten der Schwelle in einem oder mehreren Jahr(en) bewusst verhindert wird. Außerdem muss die Art der Einkommensermittlung im Zeitablauf konsistent sein.
Zur **Vermeidung von Härtefällen** kann die WPK nach Nr. 5 letzter Hs. befristete Ausnahmegenehmigungen erteilen. Die Gewährung liegt im pflichtgemäßen Ermessen der WPK. Ein Härtefall kann insb. bei Eröffnung, Verlegung oder Schließung einer Praxis vorliegen.[62]

4.7 Ehegatten und Lebenspartner

Wenn der **Ehegatte** oder der **Lebenspartner** des AP einen Ausschlussgrund nach Satz 1 Nrn. 1–3 erfüllt, liegt nach Abs. 3 Satz 2 ebenfalls ein Ausschlussgrund vor. Nach § 1 Abs. 1 Satz 1 LPartG sind Lebenspartner zwei Personen gleichen Geschlechts, die persönlich, gegenseitig und bei gleichzeitiger Anwesenheit unter Abgabe übereinstimmender Willenserklärungen erklären, miteinander eine Partnerschaft auf Lebenszeit führen zu wollen.
Zu welchem Zeitpunkt die Ehegemeinschaft oder die Partnerschaft eingegangen wird, ist unerheblich. Es kommt ausschl. darauf an, dass sie während der Zeit, in der die Abschlussprüfung stattfindet, bestanden hat. Wird die Ehegemeinschaft oder Partnerschaft vor Beendigung der Prüfung aufgehoben, entfällt der Ausschlussgrund nach Abs. 3 Satz 2.[63]

5 Ausschlussgründe für Prüfungsgesellschaften (Abs. 4)

Durch Abs. 4 werden die Anforderungen der Abs. 2 und 3 in der Weise auf WPG/BPG übertragen, dass diese von der Abschlussprüfung ausgeschlossen sind, wenn sie selbst oder
- ein gesetzlicher Vertreter,
- ein Gesellschafter, der mehr als 20 % der den Gesellschaftern zustehenden Stimmrechte besitzt,
- ein verbundenes Unt,

---

[59] Vgl. ADS, Rechnungslegung und Prüfung der Unternehmen, 6. Aufl. 1995–2001, § 319 HGB Rz 155.
[60] Vgl. Brembt/Rausch, in Küting/Weber, HdR-E, § 319 HGB Rz 120, Stand: 12/2019.
[61] Vgl. ADS, Rechnungslegung und Prüfung der Unternehmen, 6. Aufl. 1995–2001, § 319 HGB Rz 155.
[62] Vgl. ADS, Rechnungslegung und Prüfung der Unternehmen, 6. Aufl. 1995–2001, § 319 HGB Rz 163; Brembt/Rausch, in Küting/Weber, HdR-E, § 319 HGB Rz 126, Stand: 4/2018.
[63] Vgl. Justenhoven/Nagel, in Beck Bil-Komm., 14. Aufl. 2024, § 319 HGB Rz 76.

- ein bei der Prüfung in verantwortlicher Position beschäftigter Gesellschafter,
- eine andere von ihr beschäftigte Person, die das Ergebnis der Prüfung beeinflussen kann,

einen der in den Abs. 2 und 3 definierten Ausschlusstatbestände verwirklicht. Dies gilt auch, wenn ein Mitglied des Aufsichtsrats nach Abs. 3 Satz 1 Nr. 2 ausgeschlossen ist (Organstellung beim Prüfungsmandanten, einem mit diesem verbundenen Unt oder einem Unt, von dem das zu prüfende Unt mehr als 20 % der Anteile besitzt). Der maßgebliche **Stimmrechtsanteil** eines Gesellschafters errechnet sich aus dem eigenen Anteilsbesitz und ggf. aus ihm zuzurechnenden Stimmrechten.[64] Im Fall von Treuhandschaften sind die Anteile grds. dem Treugeber zuzurechnen, es sei denn, der Treugeber verzichtet auf die Ausübung der ihm zustehenden Entscheidungs- und Weisungsrechte. Die Vorschrift ist nicht nur auf Fälle anzuwenden, in denen einzelne Gesellschafter, denen mehr als 20 % der Stimmrechte zuzurechnen sind, einen Ausschlusstatbestand erfüllen. Sie ist auch anzuwenden auf mehrere Gesellschafter, die zusammen mehr als 20 % der den Gesellschaftern zustehenden Stimmrechte besitzen, wenn diese jeweils einzeln oder zusammen einen der Ausschlusstatbestände nach Abs. 2 oder 3 erfüllen. Erfüllt ein Mitglied mit weniger als 20 % der Stimmrechte einen Ausschlusstatbestand nach Abs. 2 oder 3, ist die WPG/BPG als AP ausgeschlossen, wenn die ihm zuzurechnenden Stimmrechte zusammen mit den Stimmrechten der übrigen Sozietätsmitglieder die Quote von 20 % überschreiten. Aber auch, wenn ein solcher Gesellschafter einen Ausschlusstatbestand nur zusammen mit den anderen Gesellschaftern erfüllt, führt dies zu einem Ausschluss der WPG/BPG. Dies gilt z.B. für die Ermittlung der finanziellen Interessen nach Abs. 3 Satz 1 Nr. 1 und die Bestimmung der Grenze für die Umsatzabhängigkeit nach Abs. 3 Satz 1 Nr. 5.

> **Praxis-Beispiel**
> Wirtschaftsprüfer A und Wirtschaftsprüfer B halten jeweils 15 % der Anteile an der X WPGmbH. Beide Wirtschaftsprüfer sind zugleich Gesellschafter der Y StB GmbH, die den JA der prüfungspflichtigen Z GmbH unter der Leitung von Wirtschaftsprüfer A erstellt hat. Kann die X WPG GmbH bei der Z GmbH zum AP bestellt werden?
>
> **Ergebnis**
> Wirtschaftsprüfer A ist als Person von der Abschlussprüfung bei der Z GmbH ausgeschlossen, weil er an der Erstellung des zu prüfenden JA mitgewirkt hat. Für die Beurteilung der Frage, ob auch die X WPG GmbH von der Abschlussprüfung bei der Z GmbH ausgeschlossen ist, sind die Anteile der Wirtschaftsprüfer A und B. i.H.v. jeweils 15 % zusammen zu betrachten. Damit ist der Schwellenwert von 20 % der Stimmrechtsanteile überschritten und die X WPG GmbH als AP der Z GmbH ausgeschlossen.

74 Zur Auslegung des Begriffs „**verbundenes Unternehmen**" ist § 271 Abs. 2 HGB heranzuziehen (§ 271 Rz 32).

75 Als **in verantwortlicher Position beschäftigte Gesellschafter** werden zunächst diejenigen Gesellschafter einzustufen sein, die nach den internen Regelungen der

---

[64] Vgl. Justenhoven/Nagel, in Beck Bil-Komm., 14. Aufl. 2024, § 319 HGB Rz 80.

Prüfungsgesellschaft für die Abwicklung des Prüfungsauftrags verantwortlich sind und diese Verantwortung durch Unterzeichnung des Bestätigungsvermerks und des Prüfungsberichts auch erkennbar dokumentieren. Dabei handelt es sich um den sog. verantwortlichen Wirtschaftsprüfer und den Mitunterzeichner, soweit es sich bei diesen um Gesellschafter der Prüfungsgesellschaft handelt. Außerdem sind diesem Personenkreis solche Gesellschafter zuzurechnen, die für bestimmte Teilbereiche der Prüfung verantwortlich sind, z.B. für (IT-)Aufbau- und Funktionsprüfungen oder die Prüfung des Risikofrüherkennungssystems.

Darüber hinaus sind von Abs. 4 Satz 1 **von der WPG/BPG beschäftigte Personen erfasst, die das Ergebnis der Prüfung beeinflussen können**. Es handelt sich dabei um den gleichen Personenkreis, der in Abs. 3 Satz 1 Nr. 4 als „bei der Prüfung beschäftigt" bezeichnet wird. Damit werden von der Vorschrift alle Mitarbeiter erfasst, die dem Prüfungsteam angehören, einschl. der i.R. d. Prüfung eingesetzten Spezialisten für bestimmte Prüffelder oder für Bereiche, bei denen besondere Kenntnisse erforderlich sind (z.B. bei Risiken für Unregelmäßigkeiten oder bei Zweifeln an der Angemessenheit der Going-Concern-Annahme). Ausnahmsweise können hierzu auch Mitarbeiter aus fachlichen Kompetenzzentren zählen, wenn diese Stellungnahmen oder Gutachten zu Fachfragen erstellen und diese Mitwirkung über eine nur punktuelle Befassung hinausgeht (Rz 65 f.).

Nach Abs. 4 Satz 2 gilt für **Mitglieder des Aufsichtsrats** einer Prüfungsgesellschaft, dass ausschl. die Übernahme der Funktion eines gesetzlichen Vertreters, die Mitgliedschaft im Aufsichtsrat und die Stellung als Arbeitnehmer des zu prüfenden Unt zu einem Ausschluss der Prüfungsgesellschaft als AP führen.

> **Praxis-Beispiel**
> A hält sämtliche Anteile an der prüfungspflichtigen Z GmbH und ist zugleich Mitglied des Aufsichtsrates der X AG WPG. Kann die X AG WPG zum AP der Z GmbH bestellt werden?
>
> **Ergebnis**
> Da A weder gesetzlicher Vertreter noch Mitglied im Aufsichtsrat, noch Arbeitnehmer der Z GmbH ist, liegt kein Ausschlussgrund nach § 319 Abs. 4 HGB vor und die X AG WPG könnte insoweit zum AP bestellt werden. Zu prüfen bleibt in einem solchen Fall allerdings, ob sich nach dem Gesamtbild der Verhältnisse eine Besorgnis der Befangenheit nach Abs. 2 ergibt.

In Abs. 4 sind ausschl. Zurechnungsvorschriften enthalten. Für die einzelnen **Ausschlusstatbestände** und deren Auslegung gelten die Ausführungen zu Abs. 2 und 3. Durch den Verweis in Abs. 4 auf die Ausschlussgründe nach Abs. 3 ist auch bei WPG/BPG die Sozietätsklausel anzuwenden. Dies bedeutet, dass eine WPG/BPG z.B. dann als AP ausgeschlossen ist, wenn mehr als 20 % ihrer Stimmrechte von einem Gesellschafter gehalten werden, der gleichzeitig Sozius einer Anwaltssozietät ist, die den zu prüfenden JA erstellt hat.[65]

---

[65] Vgl. Justenhoven/Nagel, in Beck Bil-Komm., 14. Aufl. 2024, § 319 HGB Rz 77.

> **Beispiel 1**
> Die Bücher der prüfungspflichtigen Z GmbH werden von der Y GmbH StBG geführt, bei der es sich um ein verbundenes Unt der X AG WPG handelt. Kann die X AG WPG zum AP der Z GmbH bestellt werden?
> **Ergebnis**
> Aufgrund der Sozietätsklausel ist die X AG WPG von der Abschlussprüfung der Z GmbH ausgeschlossen (Abs. 4 i. V. m. Abs. 3 Satz 1 Nr. 3 Buchst. a).
>
> **Beispiel 2**
> Die Wirtschaftsprüfer A und B sind Gesellschafter-Geschäftsführer der X WPG mbH. Der JA der prüfungspflichtigen Z GmbH ist von der Y StB GmbH erstellt worden, an der die Ehefrauen der beiden Wirtschaftsprüfer sämtliche Anteile besitzen. Kann die X WPG mbH zum AP der Z GmbH bestellt werden?
> **Ergebnis**
> Aufgrund der Sozietätsklausel ist die X WPGmbH von der Abschlussprüfung der Z GmbH ausgeschlossen (Abs. 4 Satz 1 i. V. m. Abs. 3 Satz 2, Satz 1 Nr. 3 2. Hs., Nr. 3 1. Hs. Buchst. a).

6 Ausschlussgründe für Konzernabschlussprüfer (Abs. 5)

79 Gem. Abs. 5 gelten die Unvereinbarkeitsregelungen nach Abs. 2–4 für den AP des Konzernabschlusses entsprechend. Dies gilt auch für die Pflicht zur Teilnahme am Verfahren der Qualitätskontrolle nach § 57a WPO. Fehlt die Eintragung der Tätigkeit als gesetzlicher AP in das Berufsregister, führt dies nach Abs. 5 i. V. m. Abs. 1 Satz 3 zum Ausschluss, nicht nur als AP des MU, sondern auch als Konzernabschlussprüfer. Nach Abs. 5 i. V. m. Abs. 2–4 führen die Ausschlussgründe, die einen Ausschluss als AP des MU zur Folge haben, gleichzeitig zu einem Ausschluss als Konzernabschlussprüfer. Fraglich könnte sein, ob diese Folge auch eintritt, wenn Ausschlussgründe in Bezug auf einzelne in den Konzernabschluss einbezogene TU vorliegen. Bei nicht in den Konzernabschluss einbezogenen TU stellt sich diese Frage nicht, weil hier aufgrund der eingeschränkten Prüfungspflichten (insb. Prüfung der Abgrenzung des KonsKreises) eine Besorgnis der Befangenheit im Hinblick auf die Prüfung des Konzernabschlusses nicht erkennbar ist.[66]

80 Wenn in Bezug auf ein einbezogenes TU ein Ausschlussgrund nach den Abs. 2–4 vorliegt, dürfte dies grds. einen Ausschluss als Konzernabschlussprüfer zur Folge haben, weil sich Abs. 5 auf die Prüfung des Konzernabschlusses bezieht, der sich aus den Abschlüssen des MU und der TU zusammensetzt. Nach § 317 Abs. 3 HGB hat der Konzernabschlussprüfer im Fall der Prüfung der Jahresabschlüsse von einbezogenen TU durch andere AP deren Arbeit zu überprüfen,[67] mit der Folge, dass die gesetzlichen Ausschlusstatbestände auch in diesen Fällen greifen.
Diese Überlegungen gelten auch für die Prüfung der für Zwecke der Kons aufgestellten Handelsbilanzen II von ausländischen TU. Im Falle einer Prüfung des JA (HB I) von ausländischen TU führt die Erfüllung von Ausschlussgründen

---

[66] Vgl. Justenhoven/Nagel, in Beck Bil-Komm., 14. Aufl. 2024, § 319 HGB Rz 85.
[67] Vgl. Begründungsteil der BT-Drs. 16/10067 v. 30.7.2008 S. 87.

im Hinblick auf die HB II (z.B. Erstellung der HB II oder Erbringung von Bewertungsleistungen, die unmittelbar vom Mandanten in die HB II übernommen werden) zu einem Ausschluss als Konzernabschlussprüfer.
Ferner stellt sich die Frage, ob die Vorschriften der Abs. 2–4 auch von den AP von TU, die nicht Konzernabschlussprüfer sind, eingehalten werden müssen. Wenn der JA von in den Konzernabschluss einbezogenen TU nicht nach § 317 Abs. 3 Satz 1 HGB vom AP des Konzernabschlusses selbst, sondern zulässigerweise nach Satz 2 durch einen anderen AP geprüft wurde und der Konzernabschlussprüfer zu diesem Zweck dessen Arbeiten verwertet, sind die Anforderungen der ISA [DE] 600 zu beachten. Danach hat der Konzernabschlussprüfer die fachliche Kompetenz und berufliche Qualifikation dieses anderen AP nach Maßgabe der für den Konzernabschlussprüfer geltenden Erfordernisse der Unabhängigkeit, Gewissenhaftigkeit, Unparteilichkeit, Unbefangenheit und Eigenverantwortlichkeit sowie unter Berücksichtigung des Auftrags des anderen externen Prüfers zu beurteilen. In Bezug auf die Unabhängigkeit ist es in der Praxis der Konzernabschlussprüfung üblich, dass der Konzernabschlussprüfer i.R.d. Verwendung von Audit Instructions an die anderen AP auf die Einhaltung von Unabhängigkeitsvorschriften hinweist und sich deren Beachtung durch die anderen AP bestätigen lässt (§ 317 Rz 65). Dies gilt unabhängig davon, ob das TU seinen Sitz im Inland oder im Ausland hat.
In der Prüfungspraxis kann es sich für den Konzernabschlussprüfer empfehlen, mit ausländischen Prüfern von in den Konzernabschluss einbezogenen TU die Einhaltung der Unabhängigkeitsregeln des IFAC Code of Ethics zu vereinbaren. Diese entsprechen in allen wesentlichen Aspekten den Empfehlungen der EU-Kommission zur Unabhängigkeit des AP vom 16.5.2002. Auf eine ins Detail gehende Information der ausländischen Prüfer über die deutschen Unabhängigkeitsvorschriften kann in diesem Fall verzichtet werden.
Zu den einzelnen für Konzernabschlussprüfer entsprechend geltenden Ausschlussgründen wird auf die Erl. zu den Abs. 2–4 verwiesen.

7 Rechtsfolgen bei Verstößen gegen § 319 HGB

Bei den sich aus einem Verstoß gegen § 319 HGB ergebenden Folgen für den Wahlbeschluss und den JA ist danach zu unterscheiden, ob es bereits an der Qualifikation als WP bzw. vBP nach Abs. 1 fehlt oder ob ein Ausschlussgrund nach den Abs. 2–4 vorliegt.
Die Wahl einer Person zum AP, die bereits die Voraussetzungen des Abs. 1 nicht erfüllt, ist nichtig. Im Fall einer gesetzlichen Prüfungspflicht ist ein von dieser Person geprüfter JA nach § 256 Abs. 1 Nr. 3 AktG ebenfalls nichtig.
Liegt dagegen ein Verstoß gegen die Abs. 2–4 vor, sind gegen den Wahlbeschluss gerichtete Anfechtungs- und Nichtigkeitsklagen, die sich auf eine Befangenheit des gewählten AP stützen, unzulässig (§§ 243 Abs. 3, 249 Abs. 1 AktG). Die Prüfung einer möglichen Befangenheit des gewählten AP erfolgt insoweit unabhängig davon, zu welchem Zeitpunkt die Befangenheit eingetreten ist, ausschl. im Ersetzungsverfahren nach § 318 Abs. 3 HGB. Ein Verstoß gegen die Abs. 2–4 führt gem. § 256 Abs. 1 Nr. 3 AktG nicht zur Nichtigkeit des JA.

83 Bei Verstößen gegen § 319 HGB verliert der AP wegen der Nichtigkeit des schuldrechtlichen Prüfungsauftrags (§ 134 BGB) seinen vertraglichen Vergütungsanspruch.[68] Ein Anspruch aus ungerechtfertigter Bereicherung gem. § 817 Satz 2 BGB scheidet ebenfalls aus, wenn der AP vorsätzlich gegen ein gesetzliches Verbot verstoßen hat.[69] Dies dürfte in den eindeutigen Fällen des Abs. 3 regelmäßig der Fall sein, während hinsichtlich eines Verstoßes gegen die allgemeine Befangenheitsvorschrift des Abs. 2 wegen der Unbestimmtheit des verwendeten Rechtsbegriffs nicht zwangsläufig von vorsätzlichem Handeln ausgegangen werden kann. Letzteres gilt auch für die Fälle des Abs. 3, soweit diese durch Verwendung unbestimmter Rechtsbegriffe schwierige Abgrenzungsfragen aufwerfen.[70]

84 Aus **Delikt** können sich bei einem Verstoß gegen § 319 HGB Schadenersatzansprüche des Mandanten nur im Hinblick auf wirtschaftliche Nachteile wegen der notwendig gewordenen Bestellung eines anderen Prüfers ergeben, nicht dagegen aus inhaltlichen Prüfungsmängeln.[71] Dementsprechend kommt auch eine Haftung gegenüber Dritten nicht in Betracht (zur Dritthaftung des AP vgl. § 323 Rz 85 ff.).

85 Nach § 334 Abs. 2 HGB handelt der AP ordnungswidrig, wenn er trotz Vorliegens eines Ausschlussgrunds einen Bestätigungsvermerk erteilt, und kann daher mit einem **Bußgeld** belegt werden. Der Wirtschaftsprüfer kann den Bußgeldtatbestand jedoch dadurch vermeiden, dass er bestehende Ausschlussgründe vor Testaterteilung beseitigt, sofern es sich nicht der Sache nach um nachwirkende Ausschlussgründe handelt.[72] Die **Ordnungswidrigkeit** setzt Vorsatz voraus (§ 10 OWiG), wobei Eventualvorsatz genügt. Unkenntnis der gesetzlichen Ausschlussgründe exkulpiert nicht, weil diese Bestandteil der Berufsgrundsätze zur Unabhängigkeit sind, deren Unkenntnis nicht unvermeidbar (§ 11 Abs. 2 OWiG) ist. Unkenntnis des unterzeichnenden Wirtschaftsprüfers über das Vorliegen von Tatbestandsvoraussetzungen kann den Vorsatz ausschließen; dies kann auch der Fall sein, wenn die Inhabilität begründende Tatsachen zwar der Geschäftsführung oder dem Vorstand einer WPG/BPG, nicht hingegen dem unterzeichnenden Wirtschaftsprüfer bekannt sind.[73]

86 Wird trotz Vorliegens eines Ausschlussgrundes ein Bestätigungsvermerk erteilt, wird dies regelmäßig eine **Berufspflichtverletzung** darstellen, die nach §§ 67 ff. WPO berufsgerichtlich geahndet wird.[74]

---

[68] Vgl. zum Umfang des Vergütungsanspruchs BGH, Urteil v. 21.1.2010, Xa ZR 175/07, WPKM S. 46.
[69] Vgl. BGH, Urteil v. 30.4.1992, III ZR 151/91, DB 1992 S. 1466.
[70] Vgl. Justenhoven/Nagel, in Beck Bil-Komm., 14. Aufl. 2024, § 319 HGB Rz 96.
[71] Vgl. ADS, Rechnungslegung und Prüfung der Unternehmen, 6. Aufl. 1995–2001, § 319 HGB Rz 256.
[72] Vgl. ADS, Rechnungslegung und Prüfung der Unternehmen, 6. Aufl. 1995–2001, § 319 HGB Rz 258.
[73] Vgl. Justenhoven/Nagel, in Beck Bil-Komm., 14. Aufl. 2024, § 319 HGB Rz 98.
[74] Vgl. Justenhoven/Nagel, in Beck Bil-Komm., 14. Aufl. 2024, § 319 HGB Rz 99; LG Berlin, Beschluss v. 8.11.2011, WiL 2/11, WPKM 1/2012 S. 46 f.

8 CSRD-Umsetzungsgesetz: Änderungen

> **Hinweis**
> Die Kommentierung basiert auf dem **Regierungsentwurf eines CSRD-Umsetzungsgesetzes**.[75] Nach Veröffentlichung der finalen Fassung wird die Kommentierung in Ihrem Haufe HGB Bilanz Kommentar Online aktualisiert. Die **Online-Version** ist beim Kauf der Printausgabe inklusive.

In Abs. 3 Satz 1 Nr. 3 Buchst. a werden nach dem Wort „Jahresabschlusses" die Wörter „oder des zu prüfenden Lageberichts" eingefügt. Diese Änderung hat materielle Bedeutung für Fälle, in denen der AP des JA nicht auch der Prüfer des Nachhaltigkeitsberichts ist. Sie bewirkt, dass eine Mitwirkung bei der Aufstellung des Nachhaltigkeitsberichts, der Bestandteil des Lageberichts ist, zu einem Ausschluss von der Prüfung des JA führt. Die Vorschrift stellt insoweit systematisch kein Selbstprüfungsverbot dar, sondern definiert gesetzlich eine Fallkonstellation, in der die Besorgnis der Befangenheit besteht.

In Abs. 5 werden die Wörter „Abs. 1 Satz 3" durch „Abs. 1 Satz 3 und 4" ersetzt. Dadurch wird eine Regelungslücke geschlossen, indem zukünftig auch der Konzernabschlussprüfer verpflichtet ist, der geprüften Gesellschaft eine Löschung seiner Eintragung als AP unverzüglich anzuzeigen.

---

[75] Regierungsentwurf eines Gesetzes zur Umsetzung der Richtlinie (EU) 2022/2464 des Europäischen Parlaments und des Rates vom 14. Dezember 2022 zur Änderung der Verordnung (EU) Nr. 537/2014 und der Richtlinien 2004/109/EG, 2006/43/EG und 2013/34/EU hinsichtlich der Nachhaltigkeitsberichterstattung von Unternehmen, BT-Drs. 20/12787 v. 9.9.2024.

§ 319b Netzwerk

(1) ¹Ein Abschlussprüfer ist von der Abschlussprüfung ausgeschlossen, wenn ein Mitglied seines Netzwerks einen Ausschlussgrund nach § 319 Abs. 2, 3 Satz 1 Nr. 1, 2 oder Nr. 4, Abs. 3 Satz 2 oder Abs. 4 erfüllt, es sei denn, dass das Netzwerkmitglied auf das Ergebnis der Abschlussprüfung keinen Einfluss nehmen kann. ²Er ist ausgeschlossen, wenn ein Mitglied seines Netzwerks einen Ausschlussgrund nach § 319 Abs. 3 Satz 1 Nr. 3 erfüllt. ³Ein Netzwerk liegt vor, wenn Personen bei ihrer Berufsausübung zur Verfolgung gemeinsamer wirtschaftlicher Interessen für eine gewisse Dauer zusammenwirken.
(2) Absatz 1 ist auf den Abschlussprüfer des Konzernabschlusses entsprechend anzuwenden.

Inhaltsübersicht

		Rz
1	Überblick	1–3
2	Netzwerkdefinition	4–10
3	Ausschlussgründe bei Zugehörigkeit zu einem Netzwerk	11–18
	3.1 Ausschlussgründe mit Widerlegbarkeit des Netzwerkeinflusses	11–14
	3.2 Ausschlussgründe ohne Widerlegbarkeit des Netzwerkeinflusses	15–17
	3.3 Ausschlussgründe bei der Prüfung von Konzernabschlüssen (Abs. 2)	18
4	Rechtsfolgen von Verstößen gegen § 319b HGB	19
5	CSRD-Umsetzungsgesetz: Änderungen	20

1 Überblick

1 Mit der Einführung des § 319b HGB wird die in Art. 22 Abs. 2 der Abschlussprüferrichtlinie vorgeschriebene netzwerkweite Ausdehnung der Unabhängigkeitsvorschriften umgesetzt. Die Vorschrift soll sicherstellen, dass AP oder Prüfungsgesellschaften von der Durchführung einer Abschlussprüfung absehen, wenn zwischen ihnen oder ihrem Netzwerk und dem geprüften Unt unmittelbar oder mittelbar eine finanzielle oder geschäftliche Beziehung, ein Beschäftigungsverhältnis oder eine sonstige Verbindung besteht, aus der ein objektiver, verständiger und informierter Dritter den Schluss ziehen würde, dass ihre Unabhängigkeit gefährdet ist. Unter einer sonstigen Verbindung ist dabei auch die Erbringung zusätzlicher Leistungen zu verstehen, die keine Prüfungsleistungen sind.[1]

2 Wenn ein die Besorgnis der Befangenheit begründender Tatbestand nicht beim AP oder einer Prüfungsgesellschaft selbst, sondern bei einem Dritten vorliegt, war der AP bzw. die Berufsgesellschaft aufgrund der sog. Sozietätsklausel auch nach der früheren Rechtslage von einer gesetzlichen Abschlussprüfung ausgeschlossen (§ 319 Rz 36 ff.).[2] Durch § 319b HGB wird der persönliche Anwendungsbereich für einen

---

[1] Vgl. BT-Drs. 16/10067 v. 30.7.2008 S. 89.
[2] Vgl. BT-Drs. 16/10067 v. 30.7.2008 S. 89.

Teil der in § 319 und § 319a HGB kodifizierten Unabhängigkeitsvorschriften auf etwaige Netzwerkpartner ausgedehnt.[3]
In Abs. 1 Satz 3 wird der Begriff des Netzwerks definiert.
Durch Verweise auf § 319 HGB werden in Abs. 1 Satz 1 Ausschlussgründe für Netzwerkmitglieder bestimmt, bei denen die Möglichkeit besteht, die gesetzliche Vermutung der Besorgnis der Befangenheit zu widerlegen.
In Abs. 1 Satz 2 werden durch Bezugnahme auf § 319 und § 319a HGB Ausschlussgründe bestimmt, bei denen die Besorgnis der Befangenheit unwiderleglich vermutet wird.
Abs. 2 der Vorschrift regelt die entsprechende Anwendung von Abs. 1 auf den Konzernabschlussprüfer.

2 Netzwerkdefinition

Nach Abs. 1 Satz 3 liegt ein Netzwerk vor, wenn Personen bei ihrer Berufsausübung zur Verfolgung gemeinsamer wirtschaftlicher Interessen für eine gewisse Dauer zusammenwirken.

Gem. dieser Netzwerkdefinition müssen Personen bei ihrer Berufsausübung gemeinsam zusammenwirken. Nach der Gesetzesbegründung ist der Begriff „**Personen**" dem BGB entlehnt. Er umfasst sowohl natürliche als auch juristische Personen, wobei auch teilrechtsfähige Personenvereinigungen (z. B. GbR) unter den Begriff zu subsumieren sind.[4]

Dem Tatbestandsmerkmal **bei ihrer Berufsausübung** kommt **einschränkende** Bedeutung zu. Gemeinsame wirtschaftliche Interessen sind nur relevant, wenn sie bei der Berufsausübung verfolgt werden. Damit fällt – umgekehrt – die Verfolgung wirtschaftlicher Interessen gelegentlich der Berufsausübung nicht in die Netzwerkdefinition. Folglich werden Mitgliedschaften in Berufsverbänden oder Ähnlichem, die zwar dauerhaft eingegangen werden, aber die Berufsausübung lediglich flankieren, soweit sie nicht bereits mangels Verfolgung gemeinsamer wirtschaftlicher Interessen aus der Netzwerkdefinition herausfallen, von der Vorschrift nicht erfasst.[5]

Nach der Gesetzesbegründung soll durch die Verwendung des Begriffs „**zusammenwirken**" zum Ausdruck gebracht werden, dass es auf die rechtliche Ausgestaltung des Netzwerks – schon zur Vermeidung von Umgehungen – nicht ankommt, sondern jedes Zusammenwirken zur Begründung eines Netzwerks ausreichen kann. Darüber hinaus ist dem Begriff „Kooperation" immanent, dass das Zusammenwirken für eine gewisse Dauer erfolgen muss. Ein einmaliges oder nur gelegentliches Zusammenwirken genügt für die Annahme eines Netzwerks keinesfalls.[6]

Zur Auslegung des Tatbestandsmerkmals der **Verfolgung gemeinsamer wirtschaftlicher Interessen** ist auf die in Art. 2 Nr. 7 der Abschlussprüferrichtlinie aufgeführten Merkmale abzustellen. Danach ist als Netzwerk eine breitere Struktur definiert, die auf Kooperation ausgerichtet ist und der ein AP oder eine Prüfungsgesellschaft angehört und die eindeutig auf Gewinn- und Kostenteilung abzielt.

---

[3] Vgl. WPKM 2/2009, S. 4.
[4] Vgl. BT-Drs. 16/10067 v. 30.7.2008 S. 91.
[5] Vgl. BT-Drs. 16/10067 v. 30.7.2008 S. 91.
[6] Vgl. BT-Drs. 16/10067 v. 30.7.2008 S. 90.

Ein **Netzwerk** liegt nach dieser **Definition** auch vor bei
- gemeinsamem Eigentum,
- gemeinsamer Kontrolle,
- gemeinsamer Geschäftsführung,
- gemeinsamen Qualitätssicherungsmaßnahmen und -verfahren,
- einer gemeinsamen Geschäftsstrategie,
- der Verwendung einer gemeinsamen Marke,
- der Verwendung gemeinsamer fachlicher Ressourcen.

Nach dem Wortlaut der Abschlussprüferrichtlinie und der Gesetzesbegründung ist dabei schon ausreichend, wenn die Netzwerkmitglieder mit ihrem Zusammenwirken ein einziges der in Art. 2 Nr. 7 Spiegelstrich 2 genannten Kriterien verfolgen.[7]

Die WPK hat einen Fragebogen veröffentlicht, mit dem die o.g. Kriterien operationalisiert werden.[8]

9 Wird eine gemeinsame, den Außenauftritt bestimmende **Marke** verwandt, soll ohne Weiteres von einem Netzwerk ausgegangen werden können, weil dies als Indiz für das Vorliegen gemeinsamer wirtschaftlicher Interessen gewertet wird.[9]

Bei Marken spielen insb. Wortmarken (sprachliches Zeichen), Bildmarken (grafisches Zeichen) und Bild-/Wortmarken eine Rolle. Dabei ist es unerheblich, ob es sich um eine geschützte Marke handelt. Die WPK sieht das Merkmal einer gemeinsamen Marke als erfüllt an, wenn sich ein prägender Namensbestandteil des Zusammenschlusses in der Firma der Mitgliedsgesellschaften wiederfindet. Daneben ist die Verwendung einer gemeinsamen Marke immer dann gegeben, wenn der Außenauftritt durch ein gemeinsames Logo oder einen gleichlautenden Hinweis auf einen Zusammenschluss bestimmt wird. Dies ist nach Auffassung der WPK der Fall, wenn das Logo oder der Hinweis auf den Zusammenschluss auf dem Briefpapier bzw. im Internet auf der Startseite geführt wird oder dort mit „wenigen Seitenklicks" aufgerufen werden kann.[10] Die in der Praxis anzutreffende Verwendung eines gemeinsamen Logos (bspw. eines internationales Netzwerks) als Ganzes oder Teil des Firmennamens des AP dürfte danach unstreitig auf eine Verbindung mit den anderen Logoträgern in einem Netzwerk hindeuten. Hiervon abzugrenzen sind jedoch Organisationen, bei denen das gemeinsam geführte Logo (bspw. einer internationalen Assoziation oder Allianz, nicht eines Netzwerks) bereits eine Erläuterung bzw. eine selbsterklärende Kooperationsbezeichnung enthält, dass kein Netzwerk vorliegt (z.B. „unabhängiges Mitglied von ABC")[11] und Fälle, in denen das Logo nach dem Gesamtbild in einer den Außenauftritt nicht bestimmenden Art und Weise verwendet wird.

10 Die Verwendung des Begriffs „Netzwerk" oder „network" kann nach der Gesetzesbegründung bei einem objektiven, verständigen und informierten Dritten die Besorgnis der Befangenheit (§ 319 Abs. 2) hervorrufen, sofern diese Bezeich-

---

[7] Vgl. BT-Drs. 16/10067 v. 30.7.2008 S. 90; Fölsing, ZCG 2009, S. 761.
[8] Vgl. WPKM 1/2013, S. 22f.
[9] Vgl. BT-Drs. 16/10067 v. 30.7.2008 S. 90; WPKM 2/2009, S. 4.
[10] Vgl. WPKM 2/2010, S. 31.
[11] Vgl. WPKM 3/2010, S. 31.

nung werbend im Geschäftsverkehr verwandt wird. Danach würde jeder objektive, verständige und informierte Dritte bei Verwendung des Worts **Netzwerk** schließen, dass ein Netzwerk i.S.d. § 319b Abs. 1 Satz 3 HGB vorliegt.[12]

3 Ausschlussgründe bei Zugehörigkeit zu einem Netzwerk

3.1 Ausschlussgründe mit Widerlegbarkeit des Netzwerkeinflusses

Nach Abs. 1 Satz 1 ist ein AP von der Abschlussprüfung grds. ausgeschlossen, wenn ein Mitglied seines Netzwerks einen der folgenden Ausschlussgründe erfüllt: 11

- **Besorgnis der Befangenheit** nach § 319 Abs. 2 HGB (§ 319 Rz 22 ff.),
- **Finanzielle Interessen** gem. § 319 Abs. 3 Satz 1 Nr. 1 HGB (§ 319 Rz 39 ff.),
- **Organzugehörigkeit** oder **Arbeitnehmereigenschaft** in dem zu prüfenden Unt gem. § 319 Abs. 3 Satz 1 Nr. 2 HGB (§ 319 Rz 45 ff.),
- **Einsatz von befangenen Personen** gem. § 319 Abs. 3 Satz 1 Nr. 4 HGB (§ 319 Rz 65),
- Erfüllung der Ausschlusstatbestände durch **Ehegatten und Lebenspartner** gem. § 319 Abs. 3 Satz 2 HGB (§ 319 Rz 72).

Im Unterschied zu den Fällen des § 319 Abs. 3 HGB, in denen eine Besorgnis der Befangenheit unwiderlegbar vermutet wird, indizieren die in § 319b Abs. 1 Satz 1 HGB durch die Verweisung genannten Ausschlussgründe zwar eine Inhabilität, führen aber dann nicht zum Ausschluss als Abschlussprüfer, wenn der Netzwerkpartner auf das Ergebnis der Abschlussprüfung keinen Einfluss nehmen kann.[13] 12

Wie bei Vorliegen eines der genannten Ausschlussgründe das Nichtbestehen eines Einflusses des Netzwerkpartners nachzuweisen ist, lassen die Gesetzesmaterialien weitgehend offen. Zwar wird klargestellt, dass der AP darzulegen hat, warum der Netzwerkpartner keinen Einfluss nehmen kann. Außer einem Verweis auf ähnlich gelagerte Fälle bei der Abschlussprüfung von genossenschaftlichen Kreditinstituten (§ 340k Abs. 2 HGB) schweigen sich die Gesetzesmaterialien hierzu aus.[14] Es kann derzeit in Zweifelsfällen nur geraten werden, dass der AP in seinen Arbeitspapieren ausführliche Sachverhaltsdarstellungen und Beurteilungen insb. zu den Strukturen und deren Funktionsweise in seinem Netzwerk vornimmt.[15] Ein möglicher Anhaltspunkt kann die Quantifizierung von erbrachten Leistungen durch das Netzwerkmitglied (Honorarvolumen) sein, um deren Bedeutung für einen sachverständigen Dritten transparent darzulegen. Die weitere Rechtsauslegung in diesem Zusammenhang wird zu beobachten sein. 13

Durch die Verweisung in Abs. 1 Satz 1 auf § 319 Abs. 4 HGB gelten die Ausschlussgründe auch für Prüfungsgesellschaften (§ 319 Rz 73 ff.). Der pauschale Verweis auf § 319 Abs. 4 HGB führt dazu, dass nach dem Gesetzeswortlaut für alle Ausschlussgründe (z.B. auch bei einer Mitwirkung an der Erstellung) die Möglichkeit eröffnet wäre, eine fehlende Einflussmöglichkeit auf das Prüfungs- 14

---

12 Vgl. BT-Drs. 16/10067 v. 30.7.2008 S. 91; Petersen/Zwirner/Boecker, WPg 2010, S. 466.
13 Vgl. WPKM 2/2009, S. 4.
14 Vgl. BT-Drs. 16/10067 v. 30.7.2008 S. 90.
15 Vgl. Gelhausen/Fey/Kämpfer, Rechnungslegung und Prüfung nach dem Bilanzrechtsmodernisierungsgesetz, 2009, Teil T Tz. 181 ff.

ergebnis geltend zu machen.[16] Nach der Gesetzesbegründung zum BilMoG geht der Gesetzgeber aber ausdrücklich davon aus, dass die Erfüllung der Ausschlusstatbestände des § 319 Abs. 3 Satz 1 Nr. 3 HGB auch in einem Netzwerk zu einer unwiderlegbaren Vermutung der Besorgnis der Befangenheit führen muss.[17] Die pauschale Verweisung auf § 319 Abs. 4 HGB ist daher als ein gesetzestechnisches Versehen zu werten,[18] mit der Folge, dass in den betreffenden Fällen vom Vorliegen der Besorgnis der Befangenheit auszugehen ist.

3.2 Ausschlussgründe ohne Widerlegbarkeit des Netzwerkeinflusses

15 Von einem Ausschluss als AP ist nach dem Gesetzeswortlaut ohne Weiteres nur dann auszugehen, wenn die in § 319b Abs. 1 Satz 2 HGB genannten Ausschlussgründe nach § 319 Abs. 3 Satz 1 Nr. 3 HGB vorliegen.[19] Im Einzelnen sind damit folgende Ausschlussgründe von der Vorschrift erfasst:
- **Buchführung und Aufstellung des Jahresabschlusses** gem. § 319 Abs. 3 Satz 1 Nr. 3a) HGB (§ 319 Rz 51 ff.),
- **Interne Revision** gem. § 319 Abs. 3 Satz 1 Nr. 3b) HGB (§ 319 Rz 57),
- **Unternehmensleitungs- und Finanzdienstleistungen** gem. § 319 Abs. 3 Satz 1 Nr. 3c) HGB (§ 319 Rz 58 f.),
- **Versicherungsmathematische** oder **Bewertungsleistungen** gem. § 319 Abs. 3 Satz 1 Nr. 3d) HGB (§ 319 Rz 61 ff.).

Bei diesen Ausschlussgründen geht es um die Erbringung von Beratungs- oder Bewertungsleistungen, deren Ergebnis sich letztlich unabhängig von einem weiteren Zutun des Netzwerkmitglieds unmittelbar im handelsrechtlichen JA oder Konzernabschluss niederschlägt. Nach Auffassung des Gesetzgebers wird ein objektiver, verständiger und informierter Dritter in diesen Fällen immer den Schluss ziehen, dass der AP bei der Beurteilung der Leistung seines Netzwerkangehörigen befangen ist.[20]

16 Nach der Gesetzesbegründung ist die Erbringung von Beratungsleistungen durch den AP nur dann nicht zulässig, wenn sich das Ergebnis der Beratung unmittelbar im JA oder Konzernabschluss widerspiegelt. Damit soll es insb. mittelständischen AP weiterhin ermöglicht werden, sich i. R. e. Netzwerks mit Spezialisten auf dem Gebiet der Unternehmensberatung zusammenzuschließen und so eine breite Produktpalette anzubieten.[21]

17 Abs. 1 Satz 2 verweist nicht auf § 319 Abs. 4 HGB. Daraus könnte geschlossen werden, dass Prüfungsgesellschaften von den Bestimmungen dieser Vorschrift nicht erfasst werden. Dieses Ergebnis ist mit dem in der Gesetzesbegründung dokumentierten Willen des Gesetzgebers nicht vereinbar.[22] Danach sollen z. B. zu einem unwiderlegbaren Ausschluss diejenigen Fälle führen, in denen der Netzwerkpartner an der Erstellung des zu prüfenden JA oder in sonstiger Weise von nicht nur untergeordneter Bedeutung für diesen mitwirkt. Es ist daher von

---

16 Vgl. Fölsing, ZCG 2009, S. 76.
17 Vgl. BT-Drs. 16/10067 v. 30.7.2008 S. 90.
18 Vgl. Fölsing, ZCG 2009, S. 76.
19 Vgl. WPKM 2/2009, S. 6.
20 Vgl. BT-Drs. 16/10067 v. 30.7.2008 S. 90.
21 Vgl. BT-Drs. 16/10067 v. 30.7.2008 S. 90.
22 Vgl. BT-Drs. 16/10067 v. 30.7.2008 S. 89.

einem eindeutigen gesetzgeberischen Versehen auszugehen,[23] mit der Folge, dass in den betreffenden Fällen vom Vorliegen der Besorgnis der Befangenheit auszugehen ist.

3.3 Ausschlussgründe bei der Prüfung von Konzernabschlüssen (Abs. 2)

Abs. 1 ist auf den AP des Konzernabschlusses entsprechend anzuwenden. Die zu § 319 Abs. 2 HGB angestellten Überlegungen gelten daher sinngemäß (§ 319 Rz 79ff.). 18

Gerade bei Konzernabschlussprüfungen wird die Regelung des § 319b HGB vermutlich den breitesten Anwendungsbereich finden. Der Konzernabschlussprüfer hat durch geeignete Maßnahmen sicherzustellen, dass keine Ausschlussgründe von Netzwerkmitgliedern verwirklicht werden bzw. bestehende Ausschlussgründe erkannt und die erforderlichen Schritte (z.B. Schutzmaßnahmen, § 319 Rz 34) eingeleitet werden.

4 Rechtsfolgen von Verstößen gegen § 319b HGB

Zu den Rechtsfolgen von Verstößen gegen § 319b HGB wird auf § 319 Rz 82ff. verwiesen. 19

5 CSRD-Umsetzungsgesetz: Änderungen

> **Hinweis**
> Die Kommentierung basiert auf dem **Regierungsentwurf eines CSRD-Umsetzungsgesetzes**.[24] Nach Veröffentlichung der finalen Fassung wird die Kommentierung in Ihrem Haufe HGB Bilanz Kommentar Online aktualisiert. Die **Online-Version** ist beim Kauf der Printausgabe inklusive.

Nach dem vorliegenden RegE CSRD-UmsG sind keine Änderungen des § 319b HGB vorgesehen. Indirekt ergeben sich aber Auswirkungen durch die vorgesehene Änderung von § 319 Abs. 3 Satz 1 Nr. 3 Buchst. a. Insoweit wird auf § 319 Rz 87 verwiesen. 20

---

[23] Vgl. WPKM 2/2009, S. 6.
[24] Regierungsentwurf eines Gesetzes zur Umsetzung der Richtlinie (EU) 2022/2464 des Europäischen Parlaments und des Rates vom 14. Dezember 2022 zur Änderung der Verordnung (EU) Nr. 537/2014 und der Richtlinien 2004/109/EG, 2006/43/EG und 2013/34/EU hinsichtlich der Nachhaltigkeitsberichterstattung von Unternehmen, BT-Drs. 20/12787 v. 9.9.2024.

§ 320 Vorlagepflicht. Auskunftsrecht

(1) ¹Die gesetzlichen Vertreter der Kapitalgesellschaft haben dem Abschlußprüfer den Jahresabschluß und den Lagebericht unverzüglich nach der Aufstellung vorzulegen. ²Sie haben ihm zu gestatten, die Bücher und Schriften der Kapitalgesellschaft sowie die Vermögensgegenstände und Schulden, namentlich die Kasse und die Bestände an Wertpapieren und Waren, zu prüfen. ³Die gesetzlichen Vertreter einer Kapitalgesellschaft, die als Inlandsemittent (§ 2 Absatz 14 des Wertpapierhandelsgesetzes) Wertpapiere (§ 2 Absatz 1 des Wertpapierhandelsgesetzes) begibt und keine Kapitalgesellschaft i.S.d. § 327a ist, haben dem Abschlussprüfer auch die für Zwecke der Offenlegung nach den Vorgaben des § 328 Absatz 1 erstellte Wiedergabe des Jahresabschlusses und die nach diesen Vorgaben erstellte Wiedergabe des Lageberichts vorzulegen.

(2) ¹Der Abschlußprüfer kann von den gesetzlichen Vertretern alle Aufklärungen und Nachweise verlangen, die für eine sorgfältige Prüfung notwendig sind. ²Soweit es die Vorbereitung der Abschlußprüfung erfordert, hat der Abschlußprüfer die Rechte nach Absatz 1 Satz 2 und nach Satz 1 auch schon vor Aufstellung des Jahresabschlusses. ³Soweit es für eine sorgfältige Prüfung notwendig ist, hat der Abschlußprüfer die Rechte nach den Sätzen 1 und 2 auch gegenüber Mutter- und Tochterunternehmen.

(3) ¹Die gesetzlichen Vertreter einer Kapitalgesellschaft, die einen Konzernabschluß aufzustellen hat, haben dem Abschlußprüfer des Konzernabschlusses den Konzernabschluß, den Konzernlagebericht, die Jahresabschlüsse, Lageberichte und, wenn eine Prüfung stattgefunden hat, die Prüfungsberichte des Mutterunternehmens und der Tochterunternehmen vorzulegen. ²Der Abschlußprüfer hat die Rechte nach Absatz 1 Satz 2 und nach Absatz 2 bei dem Mutterunternehmen und den Tochterunternehmen, die Rechte nach Absatz 2 auch gegenüber den Abschlußprüfern des Mutterunternehmens und der Tochterunternehmen. ³Die gesetzlichen Vertreter einer Kapitalgesellschaft, die als Inlandsemittent (§ 2 Absatz 14 des Wertpapierhandelsgesetzes) Wertpapiere (§ 2 Absatz 1 des Wertpapierhandelsgesetzes) begibt und keine Kapitalgesellschaft i.S.d. § 327a ist, haben dem Abschlussprüfer auch die für Zwecke der Offenlegung nach den Vorgaben des § 328 Absatz 1 erstellte Wiedergabe des Konzernabschlusses und die nach diesen Vorgaben erstellte Wiedergabe des Konzernlageberichts vorzulegen.

(4) ¹Der bisherige Abschlussprüfer hat dem neuen Abschlussprüfer auf schriftliche Anfrage über das Ergebnis der bisherigen Prüfung zu berichten; § 321 ist entsprechend anzuwenden.

(5) ¹Ist die Kapitalgesellschaft als Tochterunternehmen in den Konzernabschluss eines Mutterunternehmens einbezogen, das seinen Sitz nicht in einem Mitgliedstaat der Europäischen Union oder einem anderen Vertragsstaat des Abkommens über den Europäischen Wirtschaftsraum hat, kann der Prüfer nach Absatz 2 zur Verfügung gestellte Unterlagen an den Abschlussprüfer des Konzernabschlusses weitergeben, soweit diese für die Prüfung des Konzernabschlusses des Mutterunternehmens erforderlich sind. ²Die Übermittlung personenbezogener Daten muss im Einklang mit den Vorgaben der

Vorlagepflicht. Auskunftsrecht § 320

Verordnung (EU) 2016/679 und den allgemeinen datenschutzrechtlichen Vorschriften stehen.

Inhaltsübersicht

	Rz
1 Überblick	1–10
1.1 Inhalt	1–3
1.2 Zweck	4–6
1.3 Anwendungsbereich	7–10
2 Jahresabschluss	11–36
2.1 Vorlagepflicht (Abs. 1 Satz 1)	11–13
2.2 Auskunftsrechte	14–36
2.2.1 Prüfungsrecht (Abs. 1 Satz 2)	14–21
2.2.2 Aufklärungen und Nachweise (Abs. 2 Sätze 1 und 2)	22–31
2.2.3 Rechte gegenüber Mutter- und Tochterunternehmen (Abs. 2 Satz 3)	32–36
3 Konzernabschluss (Abs. 3)	37–49
3.1 Vorlagepflicht (Abs. 3 Satz 1)	37–42
3.2 Auskunftsrechte (Abs. 3 Satz 2)	43–49
4 Durchsetzung und Grenzen der Auskunftsrechte	50–57
4.1 Durchsetzung der Auskunftsrechte	50–54
4.2 Grenzen der Auskunftsrechte	55–57
5 Berichterstattung an den Folgeprüfer (Abs. 4 und 5)	58–66
5.1 Grundsatz (Abs. 4)	58–63
5.2 Auskünfte an Konzern-Abschlussprüfer in Drittstaaten (Abs. 5)	64–66
6 CSRD-Umsetzungsgesetz: Änderungen	67

1 Überblick

1.1 Inhalt

§ 320 HGB verpflichtet die gesetzlichen Vertreter einer prüfungspflichtigen Ges. (§ 316 Rz 3), dem Jahres- bzw. Konzernabschlussprüfer die zu prüfenden Unterlagen (Jahresabschluss und Lagebericht bzw. Konzernabschluss und Konzernlagebericht) vorzulegen. Darüber hinaus sind dem Abschlussprüfer alle Bücher, Schriften und Unterlagen vorzulegen, alle notwendigen Auskünfte zu erteilen sowie alle sonstigen Informationen zur Verfügung zu stellen, die dieser für eine ordnungsgemäße Abschlussprüfung benötigt. 1

Abs. 4 der Vorschrift beinhaltet eine **Auskunftspflicht** des bisherigen Abschlussprüfers ggü. dem neuen Abschlussprüfer (**Folgeprüfer**), um diesem den Zugang zu relevanten Informationen zu gewähren. Er war gem. Art. 66 Abs. 2 EGHGB auf Abschlussprüfungen für nach dem 31.12.2008 beginnende Gj anzuwenden. Bei einem dem Kj. entsprechendem Gj war die Vorschrift somit erstmals auf Abschlussprüfungen des Gj 2009 anzuwenden. 2

Der durch das AReG eingeführte Abs. 5 regelt die **Zulässigkeit der Übermittlung von Prüfungsunterlagen** an den Konzernabschlussprüfer eines in einem Drittland ansässigen MU. 3

1.2 Zweck

4 § 320 HGB soll sicherstellen, dass der Abschlussprüfer alle Informationen, Unterlagen und Auskünfte erhält, damit er eine ordnungsgemäße Abschlussprüfung durchführen kann. Die Vorschrift sichert dem Abschlussprüfer die für eine unabhängige und gewissenhafte Abschlussprüfung erforderliche **starke Position ggü. den gesetzlichen Vertretern**. Eine ordnungsgemäße Abschlussprüfung erfordert die Durchführung angemessener Prüfungshandlungen, die Einholung aussagekräftiger Prüfungsnachweise und Auskünfte, die der Abschlussprüfer ohne die Verpflichtung zur Unterstützung für die gesetzlichen Vertreter der geprüften Ges. nur schwer durchführen bzw. erlangen kann.

5 Materiell etwa gleiche Rechte wie § 320 HGB gewährt § 145 Abs. 1–3 AktG dem Sonderprüfer bei der Prüfung von Vorgängen bei der Gründung einer AG oder der Geschäftsführung sowie bei Maßnahmen der Kapitalbeschaffung und -herabsetzung.[1]

6 Die starke Position des Abschlussprüfers aus § 320 HGB hat ihr Pendant in der umfassenden Pflicht zur Verschwiegenheit und dem Verbot der Verwertung von Geschäfts- und Betriebsgeheimnissen des geprüften Unt nach § 323 HGB (§ 323 Rz 74).

1.3 Anwendungsbereich

7 § 320 HGB gilt für **gesetzliche Jahres- und Konzernabschlussprüfungen** nach § 316 HGB. Die Vorschrift ist entsprechend auch bei **Nachtragsprüfungen** nach § 316 Abs. 3 HGB anzuwenden. Die Vorschrift ist darüber hinaus anzuwenden bei Abschlussprüfungen nach
- §§ 6 Abs. 1, 14 Abs. 1 PublG,
- § 324a HGB (IFRS-Einzelabschluss, § 324a Rz 8),
- § 340a Abs. 1 HGB (Kreditinstitute und Finanzdienstleistungsinstitute),
- § 341a Abs. 1 HGB (Versicherungsunternehmen und Pensionsfonds)

sowie sinngemäß bei Prüfungen
- des Abhängigkeitsberichts nach § 313 Abs. 1 Satz 3 AktG,[2]
- einer Kapitalerhöhung aus Gesellschaftsmitteln nach § 209 Abs. 4 Satz 2 AktG, §§ 57f. Abs. 3 Satz 2 GmbHG,
- einer Verschmelzungsprüfung nach § 11 Abs. 1 Satz 1 UmwG,
- einer prüferischen Durchsicht eines Halbjahresfinanzberichts gem. § 115 Abs. 5 Satz 7, Abs. 3 Satz 3 WpHG.[3]

8 Für **Genossenschaften** gilt § 320 HGB nicht, auch nicht im Wege des Analogieschlusses. Die speziellen genossenschaftlichen Regelungen in § 57 Abs. 1 GenG eröffnen dem Prüfer des Jahresabschlusses einer Genossenschaft allerdings materiell ähnliche Rechte wie dem Abschlussprüfer nach § 320 HGB.

---

[1] Vgl. Baetge/Brembt/Dücker, in Küting/Weber, HdR-E, § 320 HGB Rz 6, Stand: 3/2022.
[2] Vgl. IDW, WPH Edition, Wirtschaftsprüfung & Rechnungslegung, 18. Aufl. 2023, Kap. O Tz 74.
[3] Vgl. Störk/Küster/Koch, in Deubert/Förschle/Störk, Sonderbilanzen, 6. Aufl. 2021, Kap. G Rz 113.

Demgegenüber findet § 320 HGB bei **freiwilligen Prüfungen** grds. keine Anwendung.[4] Bei freiwilligen Prüfungen ist im Prüfungsvertrag die (analoge) Anwendung von § 320 HGB zu vereinbaren.[5]

In **zeitlicher Hinsicht** ist Abs. 5 mangels entsprechender Übergangsregelung im EGHGB ab dem 17.6.2016 anzuwenden.[6] Nach hier vertretener Auffassung ist die Vorschrift für ab dem 17.6.2016 beginnende Gj, d. h. bei kalendergleichem Gj ab dem Gj 2017, zu berücksichtigen.[7]

2 Jahresabschluss

2.1 Vorlagepflicht (Abs. 1 Satz 1)

Die Vorschrift verpflichtet die gesetzlichen Vertreter der prüfungspflichtigen Ges., dem Abschlussprüfer den zu prüfenden Jahresabschluss und Lagebericht **unverzüglich** vorzulegen. Die unverzügliche Vorlage, d. h. ohne schuldhaftes Zögern (§ 121 Abs. 1 Satz 1 BGB), gründet auf der Vorstellung, dass zunächst die gesetzlichen Vertreter Jahresabschluss und Lagebericht aufstellen und erst dann der Abschlussprüfer mit seiner Prüfung beginnt. Diese eher „klassische Sichtweise" ist in der Praxis oftmals nicht mehr anzutreffen.

Die Komplexität der Rechnungslegung für den Jahresabschluss und Konzernabschluss, verbunden mit dem zunehmenden Termindruck (**fast close**) bei Abschlusserstellung und -prüfung, haben zu einer **zeitlichen Überlappung von Erstellung und Prüfung** geführt, sodass im Zuge der Abschlussprüfung von den gesetzlichen Vertretern vorgelegte Unterlagen auch bis zum Abschluss der Abschlussprüfung wieder geändert werden können. Hier wird die **Korrektivfunktion des Abschlussprüfers** deutlich, der bei der Abschlussprüfung festgestellte Fehler, die von der geprüften Ges. berichtigt werden, nicht in sein Prüfungsurteil einzubeziehen hat.[8]

> **Praxis-Beispiel**
> Der Abschlussprüfer der prüfungspflichtigen GmbH stellt während der Abschlussprüfung fest, dass für einen laufenden Rechtsstreit keine Rückstellung gebildet worden ist, obwohl nach seinen Feststellungen eine Rückstellung nach § 249 Abs. 1 Satz 1 HGB geboten ist.
> Nachdem der Abschlussprüfer dem Geschäftsführer der GmbH diese Feststellung mitgeteilt hat, entscheidet der Geschäftsführer, den Jahresabschluss zu ändern und eine Rückstellung für den Rechtsstreit (sowie die gebotenen Folgeänderungen, z. B. Steuerrückstellung, Tantiemeaufwand) in den Jahresabschluss aufzunehmen. Da der endgültig geprüfte Jahresabschluss den festgestellten Fehler nicht mehr enthält, hat der Abschlussprüfer keine Auswirkungen auf den Bestätigungsvermerk zu berücksichtigen.

---

[4] Vgl. Justenhoven/Heinz, in Beck Bil-Komm., 13. Aufl. 2022, § 320 HGB Rz 5.
[5] Vgl. ISA [DE] 210.A24.
[6] Vgl. Art. 15 Abs. 1 AReG.
[7] Vgl. IDW, IDW Positionspapier zu Inhalten und Zweifelsfragen der EU-Verordnung und der Abschlussprüferrichtlinie, 6. Aufl., Stand: 30.6.2021, www.idw.de/IDW/Medien/Positionspapier/Downloads-IDW/IDW-Positionspapier-Zweifelsfragen-6-Auflage.pdf, Abruf 6.10.2024.
[8] Vgl. IDW PS 400.52.

13 § 320 Abs. 2 Satz 2 HGB stellt die gesetzliche Grundlage dieser Korrektivfunktion des Abschlussprüfers dar, da hiermit dem Abschlussprüfer auch schon vor Aufstellung des Jahresabschlusses die Auskunftsrechte zugestanden werden (Rz 23).

2.2 Auskunftsrechte

2.2.1 Prüfungsrecht (Abs. 1 Satz 2)

14 Die Vorschrift gibt dem Abschlussprüfer das Recht zur Prüfung der Bücher und Schriften der zu prüfenden Ges. sowie der VG und Schulden. Da § 317 Abs. 1 HGB den Abschlussprüfer verpflichtet, den Jahresabschluss nicht nur auf formale, sondern auch auf materielle Richtigkeit zu prüfen (§ 317 Rz 28), müssen ihm neben den prüfungspflichtigen Unterlagen selbst (Jahresabschluss und Lagebericht) auch die diesen zugrunde liegenden Aufzeichnungen zugänglich sein.

15 Abs. 1 Satz 2 ist umfassend auszulegen. Der Abschlussprüfer kann Zugang zu sämtlichen Unterlagen der zu prüfenden Ges. verlangen; die im Gesetz vorgenommene Aufzählung von VG ist als beispielhaft zu verstehen.[9] Da der Abschlussprüfer eine Prüfung durchführt, gewährt ihm das Prüfungsrecht die Durchführung aller dafür von ihm als notwendig erachteten Prüfungshandlungen, z.B.
- Einsichtnahme,
- Inaugenscheinnahme (z.B. Zutritt zu den Geschäftsräumen des zu prüfenden Unt, Inaugenscheinnahme von durchgeführten Investitionen in das Sachanlagevermögen),
- Beobachtung (z.B. der Vorratsinventur),
- Berechnung,
- Nachvollziehen.

16 Welche Aufzeichnungen für die Prüfung des Jahresabschlusses und Lagebericht vorgelegt werden müssen bzw. sollen, liegt im Ermessen des Abschlussprüfers, nicht etwa der gesetzlichen Vertreter der zu prüfenden Ges.

> **Praxis-Beispiel**
> Der Abschlussprüfer der prüfungspflichtigen GmbH fordert Einblick in die Reisekostenabrechnungen des Geschäftsführers. Der kaufmännische Leiter möchte die Reisekostenabrechnungen nicht vorlegen, da sie nach seiner Ansicht nicht wesentlich für die Prüfung des Jahresabschlusses und Lageberichts sind.
> Es liegt ein Verstoß gegen das Prüfungsrecht nach § 320 Abs. 1 Satz 2 HGB vor. Der Abschlussprüfer kann von dem Geschäftsführer die Vorlage der Reisekostenabrechnungen fordern. Kommt der Geschäftsführer dieser Aufforderung nicht nach, liegt ein Prüfungshemmnis vor, das ggf. Auswirkungen auf den Bestätigungsvermerk haben kann.

---

[9] Vgl. Baetge/Brembt/Dücker, in Küting/Weber, HdR-E, § 320 HGB Rz 13f., Stand: 3/2022.

Der im Gesetzestext angeführte Begriff **Bücher** umfasst neben dem Grund- und Hauptbuch auch sämtliche Nebenbücher der Buchführung, also z.B. auch die Betriebsbuchhaltung (Kostenrechnung, Kalkulation) und andere Aufzeichnungen (zum Begriff der Bücher vgl. § 238 Rz 43). Unter den Begriff fallen auch Arbeitsanweisungen und andere Organisationsunterlagen, da diese für eine Aufbau- und Funktionsprüfung des rechnungslegungsbezogenen IKS unerlässlich sind.[10] Da die Bücher regelmäßig in großem Umfang elektronisch geführt werden, sind von dem Begriff auch die Prüfung der verwendeten EDV-Systeme sowie erforderliche Maßnahmen zur Lesbarmachung von Daten erfasst. 17

Der zeitliche Umfang der vorzulegenden Bücher ist nicht nur auf das zu prüfende Gj beschränkt. Vielmehr darf der Abschlussprüfer auch die Vorjahresbücher einsehen und hat gleichfalls Zugriffsrechte auf zukunftsgerichtete Unterlagen, z.B. Planungsrechnungen, Finanzpläne. 18

Der Begriff **Schriften** umfasst z.B.[11] 19
- alle Arten von Geschäftspapieren (Briefe, E-Mails, Verträge, Bestellungen, Rechnungen, Lieferscheine, Frachtpapiere und sonstiger Schriftverkehr),
- Unterlagen zu Rechtsstreitigkeiten,
- Unterlagen zu Haftungsverhältnissen,
- Personalunterlagen,
- Unterlagen zu Vorstands- und Aufsichtsratssitzungen sowie Gesellschafterversammlungen (Protokolle, Vorlagen etc.),
- Steuerbescheide und Steuererklärungen, Schriftverkehr mit Finanzbehörden (z.B. zu Rechtsbehelfsverfahren),
- Unterlagen zu Finanzinstrumenten (Verträge, Abrechnungen, Nettingvereinbarungen, Dokumentation von Bewertungseinheiten, vgl. § 254 Rz 48),
- Unterlagen der internen Revision,
- Unterlagen zum rechnungslegungsrelevanten IKS (z.B. Organisationshandbücher, Arbeitsanweisungen, Stellenbeschreibungen, Ablaufdiagramme, Dokumentationen von vorgenommenen Zertifizierungen [z.B. ISO 9001]).

Der Gesetzeswortlaut spricht von **Vermögensgegenständen** und **Schulden**. Gleichwohl umfasst das Prüfungsrecht auch solche Posten des Jahresabschlusses, die nicht diesen Begriff erfüllen, also z.B. EK, RAP, GoF. Dementsprechend sind die in Abs. 1 Satz 2 explizit aufgeführten VG **Kasse** und **Bestände an Wertpapieren und Waren** nur exemplarisch zu verstehen (Rz 15). 20

Das Prüfungsrecht des Abschlussprüfers umfasst auch das Recht, **Kopien** von Unterlagen anzufertigen und **Saldenbestätigungen** von Kreditinstituten (Bankbestätigungen), Rechtsanwälten, Debitoren/Kreditoren u.a. einzuholen.[12] 21

2.2.2 Aufklärungen und Nachweise (Abs. 2 Sätze 1 und 2)

Das Prüfungsrecht wird durch Abs. 2 Satz 1 ergänzt, mit dem die gesetzlichen Vertreter zur aktiven Unterstützung des Abschlussprüfers verpflichtet werden. Unter **Aufklärungen** sind insb. Auskünfte, Erklärungen und Begründungen zu verstehen.[13] Auch wenn das Gesetz nur von den gesetzlichen Vertretern spricht, 22

---

[10] Vgl. Baetge/Brembt/Dücker, in Küting/Weber, HdR-E, § 320 HGB Rz 11, Stand: 3/2022.
[11] Vgl. Ruhnke/Schmidt, in Baetge/Kirsch/Thiele, Bilanzrecht, § 320 HGB Rz 33, Stand: 8/2021.
[12] Vgl. ISA [DE] 330.A4 ff.
[13] Vgl. Justenhoven/Heinze, in Beck Bil-Komm., 13. Aufl. 2022, § 320 HGB Rz 25.

fallen hierunter nach h. M. auch die von diesen beauftragten Mitarbeiter oder sonstigen Auskunftspersonen (z. B. StB der Ges.).[14] **Nachweise** sind alle für die verlangten Aufklärungen erheblichen Unterlagen, d. h. i. d. R. schriftliche Unterlagen. Die Beschaffung von Unterlagen von Dritten, wie z. B. Grundbuch- oder Handelsregisterauszüge, zählt ebenfalls hierzu.

23 Abs. 2 Satz 2 stellt klar, dass die Auskunftsrechte des Abschlussprüfers auch schon vor der (endgültigen) Aufstellung des Jahresabschlusses bestehen. Die Vorschrift ermöglicht es ihm, ab dem Zeitpunkt der Bestellung (§ 318 Rz 8) erforderliche Prüfungshandlungen durchzuführen. In der Praxis hat diese Regelung große Bedeutung, da eine Reihe von Prüfungshandlungen aus Gründen der zeitlichen Entzerrung des zumeist engen Terminplans einer Abschlussprüfung zeitlich vorgelagert wird. In **Vorprüfungen** oder **Zwischenprüfungen** werden regelmäßig folgende Prüfungshandlungen durchgeführt:
- Prüfungshandlungen zur Risikobeurteilung (inkl. Aufbauprüfung des rechnungslegungsbezogenen IKS),
- Prüfung der Wirksamkeit des rechnungslegungsbezogenen IKS (Funktionsprüfung) und abschließende Beurteilung der Fehlerrisiken,
- Prüfung organisatorischer Umstellungen (z. B. Wechsel des IT-Systems),
- Prüfung der Vorratsinventur (Inventurbeobachtung),
- Prüfung des Risikofrüherkennungssystems nach § 317 Abs. 4 HGB.

24 Oftmals stellen Auskünfte oder Erklärungen der gesetzlichen Vertreter einen wichtigen Prüfungsnachweis zur Erlangung hinreichender Prüfungssicherheit dar. Für den Abschlussprüfer bedeutsame Erklärungen der gesetzlichen Vertreter hat der Abschlussprüfer nicht nur mündlich (z. B. im Rahmen der Schlussbesprechung), sondern auch schriftlich einzuholen. In der Praxis erfolgt dies zumeist durch die **Vollständigkeitserklärung** der gesetzlichen Vertreter, mittels derer sich der Abschlussprüfer zum Abschluss der Abschlussprüfung die Vollständigkeit der erteilten Erklärungen und Nachweise durch die gesetzlichen Vertreter der geprüften Ges. bestätigen lässt.[15] Ob aus § 320 HGB eine Verpflichtung der gesetzlichen Vertreter zur Abgabe einer Vollständigkeitserklärung abgeleitet werden kann, kann dahingestellt bleiben, da regelmäßig die zu prüfende Ges. über die im Auftragsschreiben des Abschlussprüfers vereinbarten AAB die Abgabe einer Vollständigkeitserklärung vertraglich vereinbart hat.

In der Praxis werden regelmäßig vom Berufsstand entwickelte standardisierte Formulare verwendet, die für verschiedene Arten von Abschlussprüfungen vorliegen und mit optionalen Modulen kombinierbar sind.[16] In diesen Vollständigkeitserklärungen wird nicht nur die Vollständigkeit der erteilten Erklärungen und Nachweise bestätigt, sondern sind darüber hinaus vom Abschlussprüfer einzuholende schriftliche Auskünfte bzw. Erklärungen der gesetzlichen Vertreter vorgesehen. Dies betrifft z. B.:

---

[14] Vgl. ADS, Rechnungslegung und Prüfung der Unternehmen, 6. Aufl. 1995–2001, § 320 HGB Rz 70.
[15] Vgl. ISA [DE] 580.10 und D-A20.1.
[16] Vgl. IDW Verlag GmbH, www.idw.de/idw-verlag.

> Da im (endgültig) geprüften Jahresabschluss kein Fehler mehr enthalten ist, hat der Abschlussprüfer keine Erklärung über nicht korrigierte Prüfungsdifferenzen einzuholen.

Neben der **Vollständigkeitserklärung** ist die **Schlussbesprechung** ein in der Praxis wesentliches Element der Auskunftserteilung. In der Schlussbesprechung berichtet der Abschlussprüfer über seine getroffenen Feststellungen und lässt sich von den gesetzlichen Vertretern im Prüfungsverlauf aufgetretene Zweifelsfragen oder wichtige Aussagen (z. B. zu Ereignissen nach dem Abschlussstichtag) nochmals bestätigen. Regelmäßig stellt die Schlussbesprechung das Ende der materiellen Prüfungshandlungen dar, weshalb dann die Vollständigkeitserklärung und der Bestätigungsvermerk auf diesen Tag datiert werden.[27]

30

Soweit zwischen dem Datum der Vollständigkeitserklärung und der Auslieferung des Bestätigungsvermerks bzw. Prüfungsberichts ein **längerer Zeitraum** liegt, hat der Abschlussprüfer mündliche oder schriftliche Erklärungen der gesetzlichen Vertreter über diesen Zeitraum einzuholen.[28] Was unter einem längeren Zeitraum zu verstehen ist, kann nicht allgemeinverbindlich festgelegt werden, sondern ist an den Verhältnissen des Einzelfalls auszurichten. In unproblematischen Fällen können zwischen dem Datum der Vollständigkeitserklärung und Auslieferung des Bestätigungsvermerks durchaus mehrere Wochen liegen. Bestehen aber z. B. wirtschaftliche Schwierigkeiten mit Unsicherheiten bzgl. der weiteren Unternehmensfinanzierung, können bereits wenige Tage verstrichene Zeit Anlass geben, eine aktualisierte Erklärung der gesetzlichen Vertreter einzuholen.[29]

31

2.2.3 Rechte gegenüber Mutter- und Tochterunternehmen (Abs. 2 Satz 3)

Der Abschlussprüfer erhält nach Abs. 2 Satz 3 der Vorschrift die Auskunftsrechte zu Aufklärungen und Nachweisen gem. Abs. 2 Satz 1 und 2 auch in Bezug zu MU und TU der zu prüfenden Ges. Es besteht hinsichtlich der MU und TU demgegenüber kein Prüfungsrecht i. S. v. Abs. 1 Satz 2 der Vorschrift, sodass den Aufklärungen und Nachweisen von MU und TU besondere Bedeutung zukommt.[30] Bedeutsam ist dies insb. in solchen Fällen, in denen der Abschlussprüfer des zu prüfenden Unternehmens nicht der Konzernabschlussprüfer ist, da ihm die Prüfungsrechte nach § 317 Abs. 3 HGB in Bezug auf MU und TU der zu prüfenden Ges. nicht zustehen.

32

Materiell entsprechen die Auskunftsrechte nach Abs. 2 Satz 3 denen nach Abs. 2 Satz 1 und 2 (Rz 22 ff.) vollinhaltlich, sodass der Abschlussprüfer z. B. auch Einsicht in Kalkulationsunterlagen oder Planungsrechnungen des TU nehmen darf.

33

Auskunftsverpflichtet sind die gesetzlichen Vertreter des TU im Zeitpunkt des Auskunftsbegehrens. Ein Auskunftsrecht ggü. ehemaligen Organmitgliedern des TU eröffnet § 320 Abs. 2 Satz 3 HGB nicht. Es kann aber im Einzelfall erforder-

34

---

[27] Vgl. IDW PS 400.81.
[28] Vgl. IDW PS 303.30 n. F.
[29] Vgl. IDW, IDW-FN 2009, S. 7 zu Sonderkündigungsrechten von Gläubigern bei Verletzung von Kreditvereinbarungen (Covenants).
[30] Vgl. Baetge/Brembt/Dücker, in Küting/Weber, HdR-E, § 320 HGB Rz 18, Stand: 3/2022.

lich sein, das TU zu veranlassen, aus dem Anstellungsvertrag des ehemaligen Organmitglieds Auskunftsansprüche durchzusetzen.[31]

35 Die Begriffe **MU** und **TU** bestimmen sich nach § 290 HGB (§ 290 Rz 17ff.). Die Auskunftsrechte bestehen unabhängig davon, ob das betreffende TU in den Konzernabschluss einbezogen ist oder gem. § 296 HGB nicht konsolidiert wird. Das Auskunftsrecht ist daran gekoppelt, dass es sich um ein TU handelt, sodass es auch dann Anwendung findet, wenn die Unternehmensverbindung nicht während des gesamten Gj bestand (z.B. Erwerb des TU im laufenden Gj). Allerdings gilt das Auskunftsrecht erst ab dem Zeitpunkt, zu dem die betreffende Ges. TU geworden ist.

36 Gegenüber **assoziierten Unt** (§ 311 HGB), **GemeinschaftsUnt** (§ 310 HGB) und **BeteiligungsUnt** (§ 271 Abs. 1 HGB) bestehen die Auskunftsrechte nicht.

3 Konzernabschluss (Abs. 3)

3.1 Vorlagepflicht (Abs. 3 Satz 1)

37 Die gesetzlichen Vertreter des MU haben dem Konzernabschlussprüfer folgende Unterlagen vorzulegen:
- Konzernabschluss,
- Konzernlagebericht,
- Jahresabschlüsse der TU,
- Lageberichte der TU,
- Prüfungsberichte der Abschlussprüfer von prüfungspflichtigen oder freiwillig geprüften Jahresabschlüssen oder Handelsbilanz II der TU.

38 Die **Vorlagepflicht** besteht unmittelbar nur für die gesetzlichen Vertreter des MU, nicht für die der TU. § 294 Abs. 3 HGB verpflichtet jedoch die gesetzlichen Vertreter der TU, dem MU den Jahresabschluss, Lagebericht, (Teil-)Konzernabschluss, (Teil-)Konzernlagebericht, die entsprechenden Prüfungsberichte der Abschlussprüfer sowie einen etwaigen Zwischenabschluss unverzüglich zur Verfügung zu stellen (§ 294 Rz 28). Auch wenn in Abs. 3 nicht explizit erwähnt, gilt die Vorlagepflicht ggü. dem Konzernabschlussprüfer genauso **unverzüglich**, wie ggü. dem Abschlussprüfer des Jahresabschlusses gem. Abs. 1 (Rz 11).[32]

39 Von der Vorlagepflicht erfasst sind auch die **Konsolidierungsunterlagen**, d.h. die Unterlagen, die Grundlage der Konzernbuchführung darstellen, aus denen sich Details zur Durchführung der Konsolidierungsmaßnahmen sowie zur Erstellung des Konzernanhangs ergeben (sog. **Konzern-Package**), die Überleitung von nach abweichendem Recht erstellten Jahresabschlüssen auf die konzerneinheitlichen Bilanzierungs- und Bewertungsmethoden (sog. **HB II**) und die im Zuge der Neubewertungsmethode bei der Kapitalkonsolidierung aufgestellte Zeitwertbilanz von erworbenen TU (sog. **HB III**).

40 Die Definition von **MU und TU** knüpft wiederum an § 290 HGB an. Die Vorlagepflicht besteht unabhängig davon, ob die TU in den Konzernabschluss einbezogen werden oder nicht. Es ist auch unerheblich, ob der Konzernabschluss nach HGB oder nach IFRS, wie sie in der EU anzuwenden sind (§ 315e HGB), aufgestellt ist.

---

[31] Vgl. Justenhoven/Heinz, in Beck Bil-Komm., 13. Aufl. 2022, § 320 HGB Rz 37.
[32] Vgl. ADS, Rechnungslegung und Prüfung der Unternehmen, 6. Aufl. 1995–2001, § 320 HGB Rz 61.

Für nach PublG konzernrechnungslegungspflichtige Unt ergibt sich die Vorlagepflicht aus dem gesetzlichen Verweis in § 14 Abs. 1 PublG auf § 320 HGB (Rz 7). 41

Für **freiwillige Konzernabschlussprüfungen** ist § 320 Abs. 3 HGB nicht anwendbar. Der Konzernabschlussprüfer sollte sich daher die entsprechenden Auskunfts- und Prüfungsrechte im Prüfungsvertrag zusichern (Rz 9). 42

3.2 Auskunftsrechte (Abs. 3 Satz 2)

Die Auskunftsrechte des Konzernabschlussprüfers bestehen ggü. 43
- dem MU,
- den TU,
- dem Abschlussprüfer des MU (soweit nicht identisch mit Konzernabschlussprüfer) und
- den Abschlussprüfer der TU.

Gegenüber dem MU und den TU bestehen sowohl **Auskunfts- als auch Prüfungsrechte**, während ggü. den Abschlussprüfer des MU bzw. der TU ein **Auskunftsrecht** besteht. Diese Unterscheidung hat spätestens seit dem Wegfall der früher zulässigen gesetzlichen Übernahme von geprüften Jahresabschlüssen einbezogener TU (§ 317 Rz 66) keine größere praktische Bedeutung mehr, da dem Konzernabschlussprüfer die Verantwortung für den Bestätigungsvermerk zum Konzernabschluss obliegt[33] und er bei der Konzernabschlussprüfung entscheiden und dokumentieren muss, inwieweit er die Prüfungsergebnisse von lokalen Abschlussprüfer in den Konzernabschluss einbezogener TU verwertet.[34] Die Dokumentationspflichten bestehen nicht nur für die Arbeitspapiere des Konzernabschlussprüfers, sondern in bestimmtem Umfang auch für den Prüfungsbericht des Konzernabschlussprüfers (§ 321 Rz 173). 44

I. R. v. Konzernabschlussprüfung kommt der zeitlichen Planung eine besondere Bedeutung zu, da der Konzernabschlussprüfer sicherstellen muss, dass er rechtzeitig die benötigten Informationen erhält. Daher werden regelmäßig folgende Maßnahmen zu ergreifen sein (§ 317 Rz 65 ff.):[35] 45
- Erstellung von **Prüfungsvorgaben (audit instructions)** an die lokalen Abschlussprüfer (Regelungen zu zeitlichen Vorgaben, Berichterstattungserfordernissen [audit questionnaire], Prüfungsschwerpunkten, Wesentlichkeitsüberlegungen),
- Vorgabe von **Berichterstattungspflichten** des lokalen Abschlussprüfers bei besonderen Ereignissen (z. B. Prüfungshemmnisse, Einschränkungen oder Versagungen des Bestätigungsvermerks, Ereignisse nach dem Abschlussstichtag),[36]
- **Planung vorzunehmender Prüfungshandlungen** bei der Prüfung von Jahresabschlüssen einbezogener TU in Abhängigkeit von Wesentlichkeitsüberlegungen, und der Tatsache, ob die Jahresabschlüsse dieser TU geprüft oder nicht geprüft werden. Infrage kommen
  - Beurteilung der Qualifikation des lokalen Abschlussprüfers und der von diesem angewandten Prüfungsstandards,
  - Durchsicht von Prüfungsberichten lokaler Abschlussprüfer,

---

[33] Vgl. Oser/Roß/Wader/Drögemöller, WPg 2008, S. 110.
[34] Vgl. Heininger, BB 25/2009, S. M 1; WPK, WPKM 2/2009, S. 7.
[35] Vgl. Link/Giese/Kunellis, BB 2008, S. 380; Niemann/Bruckner, DStR 2010, S. 348.
[36] Zu Einzelheiten vgl. ISA [DE] 600.41.

- zeitweise Teilnahme an der Abschlussprüfung des lokalen Abschlussprüfers (z. B. Inventurbeobachtung, Schlussbesprechung),
- Einsichtnahme von Arbeitspapieren des lokalen Abschlussprüfers (**working paper review**).

46 Das Auskunftsrecht des Konzernabschlussprüfers betrifft auch die Einholung von Vollständigkeitserklärungen von gesetzlichen Vertretern von TU. Der Abschlussprüfer hat zu entscheiden, für welche TU er Vollständigkeitserklärungen einholen möchte. Ein Kriterium hierfür kann sein, dass der Jahresabschluss des TU bereits von einem Abschlussprüfer geprüft und in diesem Zusammenhang von dem lokalen Abschlussprüfer eine Vollständigkeitserklärung eingeholt wurde.

> **Praxis-Beispiel**
> In den KonsKreis der konzernrechnungslegungspflichtigen AG werden fünf TU einbezogen, deren Jahresabschluss der Konzernabschlussprüfer nicht selbst geprüft hat. Von diesen fünf TU sind bei zwei – für den Konzernabschluss wesentlichen – TU die Jahresabschlüsse von einem lokalen Abschlussprüfer geprüft und mit einem uneingeschränkten Bestätigungsvermerk versehen worden. Bei den drei nicht geprüften Jahresabschlüssen handelt es sich um eine operativ tätige GmbH & Co. KG, deren Komplementärgesellschaft sowie eine unbedeutende Vorrats-GmbH.
> Der Konzernabschlussprüfer entscheidet aus Risiko- und Wesentlichkeitsüberlegungen, von den gesetzlichen Vertretern der operativ tätigen GmbH & Co. KG, nicht aber der Komplementärgesellschaft und der Vorrats-GmbH eine Vollständigkeitserklärung einzuholen. Darüber hinaus holt er von den gesetzlichen Vertretern der zwei durch lokale Abschlussprüfer geprüften TU eine Vollständigkeitserklärung ein.

47 Für die Prüfungspraxis bedeutsam ist in diesem Zusammenhang auch, dass die WPK vom Konzernabschlussprüfer nach § 51b Abs. 6 WPO die Vorlage von Unterlagen über die Arbeit anderer externer Abschlussprüfer aus Drittstaaten[37] verlangen kann (§ 317 Rz 72).

48 Für **assoziierte Unt** oder **GemeinschaftsUnt** besteht kein Auskunftsrecht nach § 320 Abs. 3 HGB, sodass sich der Konzernabschlussprüfer in derartigen Fällen an die gesetzlichen Vertreter des MU zu wenden hat, damit diese die Informationsrechte auf gesellschaftsrechtlicher Grundlage geltend machen.[38] Allerdings besteht die Vorlagepflicht gem. Abs. 3 Satz 1 auch für die Abschlüsse dieser Gesellschaften, da der Abschlussprüfer prüfen muss, ob die Einbeziehung nach § 311 HGB bzw. § 310 HGB zu Recht erfolgt ist.[39]

49 Für die auskunftspflichtigen Abschlussprüfer des MU und der TU stellt § 320 Abs. 3 Satz 2 HGB eine gesetzliche Durchbrechung von der **Verschwiegenheitspflicht** nach § 323 Abs. 1 Satz 1 HGB dar (§ 323 Rz 63).

---

[37] Externe Prüfer aus Drittstaaten sind Abschlussprüfer oder Abschlussprüfungsgesellschaften, die ihren Sitz in einem Staat haben, der nicht Mitgliedstaat der Europäischen Union oder des EWR ist.
[38] Vgl. IDW, WPH Edition, Wirtschaftsprüfung & Rechnungslegung, 18. Aufl. 2023, Kap. M Tz 633.
[39] Vgl. Ruhnke/Schmidt, in Baetge/Kirsch/Thiele, Bilanzrecht, § 320 HGB Rz 84, Stand: 8/2021.

4 Durchsetzung und Grenzen der Auskunftsrechte

4.1 Durchsetzung der Auskunftsrechte

Die Rechte aus § 320 HGB haben für den Abschlussprüfer zum Jahresabschluss und Konzernabschluss elementare Bedeutung, sodass deren Durchsetzung gegen die gesetzlichen Vertreter große praktische Bedeutung zukommt. 50

§ 331 Nr. 4 HGB sieht zwar für eine **Verletzung der Auskunftspflicht** (unrichtige Angaben, unrichtige Wiedergabe oder Verschleierung) eine Freiheitsstrafe von bis zu drei Jahren oder Geldstrafe vor. Mit dieser „Drohgebärde" von den gesetzlichen Vertretern verweigerte Auskunftsrechte durchzusetzen, ist für den Abschlussprüfer wohl nur im Ausnahmefall möglich. Dem Abschlussprüfer steht als wesentliches Element zur Durchsetzung der Auskunftsrechte die Einschränkung des Prüfungsurteils (im Extremfall auch die Erteilung eines Versagungsvermerks) zu. Verweigerte Auskunftserteilung oder die Weigerung, die Durchführung erforderlicher Prüfungshandlungen zu dulden, stellen **Prüfungshemmnisse** dar, die vom Abschlussprüfer zu würdigen sind und – bei Wesentlichkeit – zu einer Einschränkung des Prüfungsurteils oder Nichtabgabe eines Prüfungsurteils führen müssen.[40] 51

Die Weigerung der gesetzlichen Vertreter zur Abgabe einer Vollständigkeitserklärung hat die Erteilung eines Versagungsvermerks zur Folge.[41]

Die Vollständigkeitserklärung kann im Übrigen notwendige Prüfungshandlungen des Abschlussprüfers nicht ersetzen. Weigern sich die gesetzlichen Vertreter, eine Vollständigkeitserklärung abzugeben, muss der Abschlussprüfer durch geeignete alternative Prüfungshandlungen versuchen, hinreichende Sicherheit zu erlangen. Erst wenn dies nicht gelingt, liegt ein Prüfungshemmnis vor.

> **Praxis-Beispiel**
> Im Jahresabschluss der prüfungspflichtigen GmbH & Co KG wird eine Beteiligung an einer französischen Ges. ausgewiesen, die vor zwei Jahren von der GmbH & Co. KG erworben wurde. Zur Beurteilung der Werthaltigkeit der unverändert zu AK bewerteten Beteiligung fordert der Abschlussprüfer von den gesetzlichen Vertretern der GmbH & Co. KG die Vorlage des letzten Jahresabschlusses nebst Prüfungsbericht des französischen Abschlussprüfers. Die Geschäftsführer der Komplementär-GmbH verweigern die Vorlage dieser Unterlagen und sind auch nach mehrfachen (zuletzt auch schriftlich vorgetragenen) Nachfragen nicht bereit, dem Abschlussprüfer diese oder andere Informationen zu der Beteiligung zur Verfügung zu stellen. „Die Beteiligung haben wir vor gut zwei Jahren zu den in der Bilanz ausgewiesenen AK erworben und die ist sie auch heute noch wert" ist die lapidare Auskunft, die der Abschlussprüfer in der Schlussbesprechung erhält.
>
> Da er auch durch alternative Prüfungshandlungen keine hinreichende Prüfungssicherheit hinsichtlich der Bewertung der Beteiligung erzielen kann, liegt ein Prüfungshemmnis vor, das – bei unterstellter Wesentlichkeit für den Jahresabschluss – zu einer Modifizierung (Einschränkung) des Prüfungsurteils führt.

---

[40] Vgl. IDW PS 405.31/37 n. F.
[41] Vgl. IDW PS 303.27 n.F; a. A.: Justenhoven/Heinz, in Beck Bil-Komm., 13. Aufl. 2022, § 320 HGB Rz 28.

52 Der Abschlussprüfer hat zur Vermeidung des Vorliegens eines Prüfungshemmnisses alle ihm zumutbaren Möglichkeiten zur Erlangung hinreichender Sicherheit auszuschöpfen. So kann er den **Aufsichtsrat** auffordern, die gesetzlichen Vertreter nach § 90 Abs. 3 AktG zur Auskunftserteilung zu veranlassen.[42] Der Aufsichtsrat kann die Auskunftserteilung auch aus seinem eigenen Prüfungsrecht gem. § 111 Abs. 2 Satz 1 AktG fordern. Über § 52 GmbHG gelten diese Regelungen auch für einen fakultativen Aufsichtsrat mit Überwachungsfunktion bei einer GmbH.

53 Soweit eine AG einen Abhängigkeitsbericht nach § 311 Abs. 1 AktG aufstellen und nach § 313 Abs. 1 AktG durch den Abschlussprüfer prüfen lassen muss, gibt § 407 Abs. 1 AktG die Möglichkeit der **Festsetzung eines Zwangsgelds** gegen den Vorstand, falls dieser den Auskunftspflichten für den Abhängigkeitsbericht (Rz 7) nicht nachkommt.

54 Eine **Kündigung des Prüfungsauftrags** kann vom Abschlussprüfer nur aus einem wichtigen Grund erfolgen (§ 318 Abs. 6 HGB). Da § 322 Abs. 2 Nr. 4, Abs. 5 HGB die Erteilung eines Versagungsvermerks aufgrund der Unmöglichkeit der Abgabe eines Prüfungsurteils vorsieht (§ 322 Rz 95) bzw. eine Einschränkung aufgrund eines Prüfungshemmnisses möglich ist,[43] wird ein solcher wichtiger Grund im Regelfall nicht gegeben sein (§ 318 Rz 81). Soweit das prüfungspflichtige Unt aber keinerlei Bereitschaft zur Mitwirkung zeigt, dem Abschlussprüfer sämtliche Auskunfts- und Prüfungsrechte verweigert und darüber hinaus Prüfungshandlungen behindert, Täuschungen vornimmt o. Ä., dürfte ein wichtiger Grund für eine Kündigung des Prüfungsauftrags nach § 318 Abs. 6 HGB gegeben sein.[44] Auch die fachlichen Regeln für die Durchführung von Abschlussprüfungen sehen in Fällen fehlender Vertrauensgrundlage und/oder Täuschung die Möglichkeit einer Kündigung nach § 318 Abs. 6 HGB vor.[45]

4.2 Grenzen der Auskunftsrechte

55 Die in Abs. 2 Satz 1 und Satz 3 enthaltene einschränkende Formulierung „soweit für eine sorgfältige Prüfung notwendig" stellt die Grenzen der Auskunftsrechte dar. Der Abschlussprüfer ist nur soweit auskunftsberechtigt, wie dies für eine Aufgabenbewältigung nach §§ 316, 317 HGB erforderlich ist. Was im Einzelnen für eine sorgfältige Prüfung notwendig ist, entscheidet der Abschlussprüfer eigenverantwortlich; er ist auch nicht ggü. den gesetzlichen Vertretern begründungspflichtig.

56 Durch die in den letzten Jahren vom Gesetzgeber vorgenommene Erweiterung der Prüfungsgegenstände gerade im Hinblick auf den Lagebericht bzw. Konzernlagebericht dürften sich sachliche Gründe für eine Weigerung der gesetzlichen Vertreter zur Vorlage von Unterlagen bzw. Erteilung von Auskünften nur selten finden lassen.[46] Vorgebrachte Einwände des geprüften Unt gegen die **Einsichtnahme in Vorstands-, Aufsichtsrats- oder Gesellschafterprotokollen**

---

[42] Vgl. Baetge/Brembt/Dücker, in Küting/Weber, HdR-E, § 320 HGB Rz 53, Stand: 3/2022.
[43] Vgl. IDW PS 400.50f.
[44] Vgl. Burg/Müller, in Kölner Kommentar zum HGB, 2011, § 320 HGB Rz 48; a. A. Baetge/Brembt/Dücker, in Küting/Weber, HdR-E, § 320 HGB Rz 56, Stand: 3/2022.
[45] Vgl. ISA [DE] 240.39.
[46] Vgl. Ruhnke/Schmidt, in Baetge/Kirsch/Thiele, Bilanzrecht, § 320 HGB Rz 72, Stand: 8/2021.

werden zumeist mit der strengen Geheimhaltungsbedürftigkeit begründet. Diese wird für den Abschlussprüfer und dessen Gehilfen über § 323 Abs. 1 HGB sichergestellt (§ 323 Rz 22), sodass hierin kein sachlicher Grund für die Verweigerung der Einsichtnahme zu sehen ist,[47] zumal derartige Protokolle häufig wesentliche Anhaltspunkte für die vom Abschlussprüfer vorzunehmende Beurteilung der Fehlerrisiken liefern.

Letztlich findet das Auskunftsrecht Grenzen durch die Grundsätze von Treu und Glauben (§ 242 BGB), insb. durch das Schikaneverbot des § 226 BGB. 57

5 Berichterstattung an den Folgeprüfer (Abs. 4 und 5)

5.1 Grundsatz (Abs. 4)

Abs. 4 der Vorschrift räumt dem **Folgeprüfer** ein unmittelbar ggü. dem bisherigen Abschlussprüfer geltendes Informationsrecht ein. Dieses Informationsrecht gilt nicht nur für einen regulären Prüferwechsel, sondern auch für einen vorzeitigen Abschlussprüferwechsel (gerichtliche Ersetzung, Kündigung aus wichtigem Grund). 58

Die Vorschrift kodifiziert nicht nur ein Auskunftsrecht des Folgeprüfers, sondern auch eine Auskunftspflicht des bisherigen Abschlussprüfers. Der Auskunftspflicht hat der bisherige Abschlussprüfer aber nur dann nachzukommen, wenn er vom Folgeprüfer hierzu **schriftlich aufgefordert** wird. Sofern keine Zweifel an der Identität des neuen Abschlussprüfers bestehen, wird neben der gesetzlich geforderten Schriftform (§ 126a BGB) auch eine Anforderung per Telefax oder E-Mail zulässig sein.[48] 59

Umfang und Form der Berichterstattung erfordern eine schriftliche Berichterstattung i.S.v. § 321 HGB, wie der 2. Hs. der Vorschrift verdeutlicht. Die Berichterstattung hat somit die Grundsätze ordnungsmäßiger Berichterstattung bei Abschlussprüfungen zu berücksichtigen.[49] Im Fall eines regulären Prüferwechsels hat die Vorschrift keine größere praktische Relevanz, da dem Folgeprüfer regelmäßig der Prüfungsbericht des bisherigen Abschlussprüfers von der zu prüfenden Ges. zur Verfügung gestellt wird. 60

> **Praxis-Beispiel**
> Die prüfungspflichtige GmbH hat Wirtschaftsprüfer A zum Abschlussprüfer des Jahresabschlusses zum 31.12.01 bestellt. Wirtschaftsprüfer A hat die Abschlussprüfung durchgeführt, einen uneingeschränkten Bestätigungsvermerk erteilt und einen Prüfungsbericht nach § 321 HGB erstattet. Die Gesellschafterversammlung, die über die Feststellung des Jahresabschlusses zum 31.12.01 befindet, wählt zum Abschlussprüfer des Jahresabschlusses zum 31.12.02 Wirtschaftsprüfer B.
> Wirtschaftsprüfer B hat ggü. Wirtschaftsprüfer A ein Auskunftsrecht nach § 320 Abs. 4 HGB und Wirtschaftsprüfer A entsprechend eine Auskunftspflicht ggü. Wirtschaftsprüfer B. Da die GmbH den Prüfungsbericht für das Gj 01 Wirtschaftsprüfer B zur Verfügung stellt, wird Wirtschaftsprüfer B von seinem Auskunftsrecht keinen Gebrauch machen.

---

[47] Vgl. Baetge/Brembt/Dücker, in Küting/Weber, HdR-E, § 320 HGB Rz 44, Stand: 3/2022.
[48] Vgl. Gelhausen/Fey/Kämpfer, BilMoG, 2009, Abschn. S Rz 47.
[49] Vgl. IDW PS 450.150.

61 Das Auskunftsrecht des Folgeprüfers bzw. die Auskunftspflicht des bisherigen Abschlussprüfers umfasst den Prüfungsbericht, nicht jedoch die Arbeitspapiere des bisherigen Abschlussprüfers.[50] Derartige **Einsichtnahmen in Arbeitspapiere**[51] gehen über die gesetzliche Regelung hinaus und setzen ein gegenseitiges Einvernehmen sowie insb. die Entbindung des bisherigen Abschlussprüfers von der Verschwiegenheitspflicht durch die geprüfte Ges. voraus (§ 323 Rz 70 ff.).[52]

62 Das gesetzliche Recht auf Auskunftsverweigerung bei Gefahr der Selbstbelastung (§ 323 Rz 68) bleibt durch § 320 Abs. 4 HGB unberührt.
Praktische Bedeutung erlangt die Vorschrift vor allem in Fällen der vorzeitigen Beendigung von Prüfungsaufträgen, die auftreten können bei:
- Wegfall des bisherigen Abschlussprüfers (§ 318 Abs. 4 Satz 2 HGB),
- gerichtlicher Ersetzung des Abschlussprüfers (§ 318 Abs. 3 HGB),
- Kündigung des Prüfungsauftrags aus wichtigem Grund durch den Abschlussprüfer (§ 318 Abs. 6 HGB).

63 Da für den Fall der Kündigung des Prüfungsauftrags aus wichtigem Grund handelsrechtlich nach § 318 Abs. 6 Satz 4 HGB sowie berufsrechtlich nach § 42 Abs. 3 BS WP/vBP ohnehin Berichtspflichten des bisherigen Abschlussprüfers bestehen, ergibt sich auch in diesen Fällen durch Abs. 4 der Vorschrift keine materielle Verschärfung der Berichtspflicht.
Einzig in dem **Fall der gerichtlichen Ersetzung** des Abschlussprüfers nach § 318 Abs. 3 HGB schafft § 320 Abs. 4 HGB **materiell neue Berichtspflichten**.[53] Dem trägt § 26 BS WP/vBP entsprechend Rechnung.[54] Die Berichterstattung hat sich an den zu § 318 Abs. 6 HGB entwickelten Grundsätzen zu orientieren (§ 318 Rz 89 ff.).[55]

5.2 Auskünfte an Konzern-Abschlussprüfer in Drittstaaten (Abs. 5)

64 Der durch das AReG neu eingefügte Abs. 5 dient der Umsetzung von Art. 23 Abs. 5 Unterabs. 1 und 3 der überarbeiteten Abschlussprüferrichtlinie. Die Regelung normiert eine Übermittlungsbefugnis (keine Übermittlungspflicht) des Abschlussprüfers an den Konzernabschlussprüfer des in einem Drittland ansässigen MU und entspricht somit den Regelungen des Abs. 4.

65 Besonderheiten ggü. Abs. 4 ergeben sich aus möglicherweise in den betreffenden Drittländern nicht ausreichend bestehenden Datenschutzbestimmungen. Die Vorschrift stellt in Abs. 5 Satz 2 klar, dass bei Übermittlung personenbezogener Daten die EU-DSGVO und die allgemeinen datenschutzrechtlichen Bestimmungen gelten. Der Abschlussprüfer des TU trägt als übermittelnde Stelle (§ 4b BDSG) die Verantwortung für die Zulässigkeit der Datenübermittlung. Soweit dem betreffenden Drittland von der EU-Kommission ein angemessenes Datenschutzniveau konstatiert wurde – sog. „Whitelist" – ist dies unproblematisch. In allen übrigen Fällen muss der Abschlussprüfer durch vertragliche Regelungen

---

[50] Vgl. IDW PS 205.12.
[51] Zum Anspruch auf Herausgabe der Arbeitspapiere an staatliche Stellen und dem Mandanten vgl. Gutmann, BB 2010, S. 171.
[52] Vgl. Erchinger/Melcher, DB 2009, Beil. 5, S. 94.
[53] Vgl. WPK, WPKM 2/2009, S. 7; IDW PS 450.150.
[54] Vgl. Gelhausen/Precht, WPKM 1/2010, S. 33.
[55] Gl. A.: Gelhausen/Fey/Kämpfer, BilMoG, 2009, Abschn. S Rz 45.

mit dem Konzernabschlussprüfer sicherstellen, dass geeignete Garantien einschl. verbindlicher interner Datenschutzvorschriften bestehen (Art. 46, 47 EU-DSGVO) oder einer der Ausnahmefälle des Art. 49 EU-DSGVO einschlägig ist.[56]

Die von der Regelung erfassten Unterlagen beziehen sich inhaltlich auf die dem Abschlussprüfer des TU nach Abs. 2 zur Verfügung gestellten Unterlagen. Somit sind die Arbeitspapiere des Abschlussprüfers hiervon nicht erfasst. Für Abschlussprüfer von PIE regelt Art. 18 EU-AprVO die sog. Übergabe (§ 316a Rz 23).

6 CSRD-Umsetzungsgesetz: Änderungen

> **Hinweis**
> Die Kommentierung basiert auf dem **Regierungsentwurf eines CSRD-Umsetzungsgesetzes**.[57] Nach Veröffentlichung der finalen Fassung wird die Kommentierung in Ihrem Haufe HGB Bilanz Kommentar Online aktualisiert. Die **Online-Version** ist beim Kauf der Printausgabe inklusive.

In Abs. 1 wird das bisherige Wort „Jahresabschluß" durch „Jahresabschluss" ersetzt (rein formale Anpassung).

Abs. 2 bleibt unverändert.

Abs. 3: Entsprechend wird das Wort „Konzernabschluß" in „Konzernabschluss" geändert. Darüber hinaus werden nunmehr im Aufzählungswege die vorzulegenden Unterlagen benannt, die bislang im Text integriert waren. Gegenüber den bisher genannten Unterlagen werden zusätzlich die Berichte über die Prüfung der Nachhaltigkeitsberichterstattung des MU und der Tochtergesellschaften genannt, falls solche Prüfungen stattgefunden haben.

Abs. 4 sieht für die Berichterstattung des bisherigen Abschlussprüfers an den Folgeprüfer nunmehr eine Berichterstattung in Textform (z.B. E-Mail) vor, während bislang ausschließlich die schriftliche Berichterstattung vorgesehen ist.

---

[56] Vgl. Justenhoven/Heinz, in Beck Bil-Komm., 13. Aufl. 2022, § 320 HGB Rz 71.
[57] Regierungsentwurf eines Gesetzes zur Umsetzung der Richtlinie (EU) 2022/2464 des Europäischen Parlaments und des Rates vom 14. Dezember 2022 zur Änderung der Verordnung (EU) Nr. 537/2014 und der Richtlinien 2004/109/EG, 2006/43/EG und 2013/34/EU hinsichtlich der Nachhaltigkeitsberichterstattung von Unternehmen, BT-Drs. 20/12787 v. 9.9.2024.

§ 321 Prüfungsbericht

(1) ¹Der Abschlußprüfer hat über Art und Umfang sowie über das Ergebnis der Prüfung zu berichten; auf den Bericht sind die Sätze 2 und 3 sowie die Absätze 2 bis 4a anzuwenden. ²Der Bericht ist schriftlich und mit der gebotenen Klarheit abzufassen; in ihm vorweg zu der Beurteilung der Lage der Kapitalgesellschaft oder Konzerns durch die gesetzlichen Vertreter Stellung zu nehmen, wobei insbesondere auf die Beurteilung des Fortbestandes und der künftigen Entwicklung der Kapitalgesellschaft unter Berücksichtigung des Lageberichts und bei der Prüfung des Konzernabschlusses von Mutterunternehmen auch des Konzerns unter Berücksichtigung des Konzernlageberichts einzugehen ist, soweit die geprüften Unterlagen und der Lagebericht oder der Konzernlagebericht eine solche Beurteilung erlauben. ³Außerdem hat der Abschlussprüfer über bei Durchführung der Prüfung festgestellte Unrichtigkeiten oder Verstöße gegen gesetzliche Vorschriften sowie Tatsachen zu berichten, die den Bestand der geprüften Kapitalgesellschaft oder des Konzerns gefährden oder seine Entwicklung wesentlich beeinträchtigen können oder die schwerwiegende Verstöße der gesetzlichen Vertreter oder von Arbeitnehmern gegen Gesetz, Gesellschaftsvertrag oder die Satzung erkennen lassen.

(2) ¹Im Hauptteil des Prüfungsberichts ist festzustellen, ob die Buchführung und die weiteren geprüften Unterlagen, der Jahresabschluss, der Lagebericht, der Konzernabschluss und der Konzernlagebericht den gesetzlichen Vorschriften und den ergänzenden Bestimmungen des Gesellschaftsvertrags oder der Satzung entsprechen. ²In diesem Rahmen ist auch über Beanstandungen zu berichten, die nicht zur Einschränkung oder Versagung des Bestätigungsvermerks geführt haben, soweit dies für die Überwachung der Geschäftsführung und der geprüften Kapitalgesellschaft von Bedeutung ist. ³Es ist auch darauf einzugehen, ob der Abschluss insgesamt unter Beachtung der Grundsätze ordnungsmäßiger Buchführung oder sonstiger maßgeblicher Rechnungslegungsgrundsätze ein den tatsächlichen Verhältnissen entsprechendes Bild der Vermögens-, Finanz- und Ertragslage der Kapitalgesellschaft oder des Konzerns vermittelt. ⁴Dazu ist auch auf wesentliche Bewertungsgrundlagen sowie darauf einzugehen, welchen Einfluss Änderungen in den Bewertungsgrundlagen einschließlich der Ausübung von Bilanzierungs- und Bewertungswahlrechten und der Ausnutzung von Ermessensspielräumen sowie sachverhaltsgestaltende Maßnahmen insgesamt auf die Darstellung der Vermögens-, Finanz- und Ertragslage haben. ⁵Hierzu sind die Posten des Jahres- und des Konzernabschlusses aufzugliedern und ausreichend zu erläutern, soweit diese Angaben nicht im Anhang enthalten sind. ⁶Es ist darzustellen, ob die gesetzlichen Vertreter die verlangten Aufklärungen und Nachweise erbracht haben.

(3) ¹In einem besonderen Abschnitt des Prüfungsberichts sind Gegenstand, Art und Umfang der Prüfung zu erläutern. ²Dabei ist auch auf die angewandten Rechnungslegungs- und Prüfungsgrundsätze einzugehen.

(4) ¹Ist im Rahmen der Prüfung eine Beurteilung nach § 317 Abs. 4 abgegeben worden, so ist deren Ergebnis in einem besonderen Teil des Prüfungsberichts darzustellen. ²Es ist darauf einzugehen, ob Maßnahmen erforderlich sind, um das interne Überwachungssystem zu verbessern.

(4a) Der Abschlussprüfer hat im Prüfungsbericht seine Unabhängigkeit zu bestätigen.
(5) ¹Der Abschlußprüfer hat den Bericht unter Angabe des Datums zu unterzeichnen und den gesetzlichen Vertretern vorzulegen; § 322 Absatz 7 Satz 3 und 4 gilt entsprechend. ²Hat der Aufsichtsrat den Auftrag erteilt, so ist der Bericht ihm und gleichzeitig einem eingerichteten Prüfungsausschuss vorzulegen. ³Im Fall des Satzes 2 ist der Bericht unverzüglich nach Vorlage dem Geschäftsführungsorgan mit Gelegenheit zur Stellungnahme zuzuleiten.

Inhaltsübersicht	Rz
1 Überblick	1–24
1.1 Inhalt	1–4
1.2 Normenzusammenhang und Zweck	5–24
2 Allgemeine Berichtsgrundsätze	25–41
2.1 Vorbemerkungen	25
2.2 Schriftlichkeit	26–28
2.3 Klarheit	29–32
2.4 Wahrheit	33–34
2.5 Vollständigkeit	35–40
2.6 Unparteilichkeit	41
3 Inhalt des Prüfungsberichts	42–149
3.1 Prüfungsauftrag und Erklärung der Unabhängigkeit (Abs. 4a)	42–46
3.2 Grundsätzliche Feststellungen (Abs. 1)	47–80
3.2.1 Lage des Unternehmens	49–66
3.2.1.1 Stellungnahme zur Lagebeurteilung (Abs. 1 Satz 2)	49–58
3.2.1.2 Bestandsgefährdende und entwicklungsbeeinträchtigende Tatsachen (Abs. 1 Satz 3 Teilsatz 2)	59–66
3.2.2 Falsche Darstellungen und sonstige Verstöße (Abs. 1 Satz 3 Teilsatz 1 und 3)	67–80
3.2.2.1 Falsche Darstellungen in der Rechnungslegung	72–76
3.2.2.2 Sonstige Verstöße	77–80
3.3 Gegenstand, Art und Umfang (Abs. 3)	81–93
3.4 Feststellungen und Erläuterungen zur Rechnungslegung (Abs. 2)	94–132
3.4.1 Ordnungsmäßigkeit der Rechnungslegung	95–113
3.4.1.1 Buchführung und weitere geprüfte Unterlagen	95–103
3.4.1.2 Jahresabschluss	104–109
3.4.1.3 Lagebericht	110–113
3.4.2 Gesamtaussage des Jahresabschlusses	114–132
3.4.2.1 Feststellungen zur Gesamtaussage	114–117
3.4.2.2 Bewertungsgrundlagen	118–123
3.4.2.3 Änderungen in den Bewertungsgrundlagen	124–127

	3.4.2.4 Sachverhaltsgestaltende Maßnahmen ...	128–129
	3.4.2.5 Aufgliederungen und Erläuterungen....	130–132
3.5	Feststellungen zum Risikofrüherkennungssystem (Abs. 4)	133–139
3.6	Feststellungen aus der Erweiterung des Prüfungsauftrags .	140–144
3.7	Wiedergabe des Bestätigungsvermerks (§ 322 Abs. 7 Satz 2)	145–147
3.8	Anlagen zum Prüfungsbericht.....................	148
3.9	Besonderheiten bei einem IFRS-Einzelabschluss nach § 325 Abs. 2a HGB	149
4 Unterzeichnung und Vorlage (Abs. 5)..................		150–164
5 Prüfungsbericht bei Konzernabschlussprüfungen		165–190
5.1	Prüfungsauftrag und Erklärung der Unabhängigkeit.....	166
5.2	Grundsätzliche Feststellungen	167–169
5.3	Gegenstand, Art und Umfang der Prüfung	170–175
5.4	Feststellungen und Erläuterungen zur Konzernrechnungslegung.......................................	176–190
6 Sonderfragen der Berichterstattung.....................		191–237
6.1	Freiwillige Prüfungen	191–197
6.2	Erstattung von Teilberichten......................	198–201
6.3	Erstprüfungen.................................	202–204
6.4	Berichterstattung bei Prüfung von nach internationalen Rechnungslegungsnormen aufgestellten Abschlüssen	205–210
6.5	Nachtragsprüfungen............................	211–219
6.6	Gemeinschaftsprüfungen (joint audit)................	220
6.7	Prüfungsbericht in fremder Sprache	221–225
6.8	Prüfungen nach internationalen Prüfungsgrundsätzen....	226–228
6.9	Zusammengefasster Prüfungsbericht.................	229–231
6.10	Kündigung des Prüfungsauftrags...................	232–233
6.11	Mängel des Prüfungsberichts......................	234–237
7 CSRD-Umsetzungsgesetz............................		238

1 Überblick

1.1 Inhalt

1 § 321 HGB ist eine für alle nach HGB prüfungspflichtigen Ges. (große und mittelgroße KapG, KapCoGes) zu beachtende Vorschrift. Eigentlich „Betroffener" der Regelung ist aber nicht der Bilanzierende, sondern dessen Abschlussprüfer. Die Vorschrift regelt die Mindestinhalte für den Prüfungsbericht, die der Gesetzgeber dem gesetzlichen Abschlussprüfer auferlegt hat.

2 Der Prüfungsbericht dient im Unterschied zum Bestätigungsvermerk nicht der Information der Allgemeinheit, sondern einem begrenzten Adressatenkreis (i. d. R. Prüfungsausschuss, Aufsichtsrat, Gesellschafterversammlung).

3 Die Vorschrift des § 321 HGB wird für den Abschlussprüfer ergänzt um die berufsüblichen Grundsätze ordnungsmäßiger Berichterstattung bei Abschlussprüfungen.[1]

---

[1] Vgl. IDW PS 450 n. F.

Mit Stand vom 28.10.2021 wurde IDW PS 450 n.F. redaktionell an die Änderungen durch das FISG angepasst. Zur zeitlichen Anwendung war vorgesehen, dass diese Neufassung erstmals auf das nach dem 15.12.2021 beginnende Kj anzuwenden war. Durch die am 19.5.2022 vom HFA beschlossene Verschiebung der Anwendung der neuen Grundsätze ordnungsmäßiger Abschlussprüfung[2] um ein weiteres Jahr ergibt sich somit eine Erstanwendung von IDW PS 450 n.F. (Stand: 28.10.2021) für nach dem 15.12.2022 beginnende Gj, d.h. für kalendergleiche Gj erstmals für das Gj 2023. In der folgenden Kommentierung ist daher mit Fokus auf die Prüfung der Jahres- und Konzernabschlüsse 2024 der anzuwendende Stand vom 28.10.2021 zugrunde gelegt.

Soweit es sich um die gesetzliche Prüfung von Abschlüssen eines PIE handelt, war IDW PS 450 n.F. (Stand: 15.9.2017) bereits für Berichtszeiträume anwendbar, die nach dem 16.6.2016 beginnen.

In zeitlicher Hinsicht war der durch das AReG geänderte § 321 HGB erstmals auf das nach dem 16.6.2016 beginnende Gj, d.h. bei kalendergleichem Gj erstmals auf das Gj 2017 anzuwenden.[3]

Zu den Änderungen durch das CSRD-Umsetzungsgesetz Rz 238.

1.2 Normenzusammenhang und Zweck

§ 321 HGB ist für alle gesetzlichen Abschlussprüfungen (Jahresabschlussprüfung, Konzernabschlussprüfung) anzuwenden. In den §§ 316–324a HGB sind die **gesetzlichen Grundlagen für die Abschlussprüfung** kodifiziert. Etliche andere Gesetze verweisen auf diese und lehnen sich dementsprechend an die handelsrechtlichen Grundsätze an (z.B. § 6 Abs. 1 PublG, § 34 KHG NRW, § 6b Abs. 1 EnWG). Neben § 321 HGB sind tw. branchenspezifische Sonderregelungen zu beachten, etwa die Prüfungsberichtsverordnung für **Kreditinstitute und Finanzdienstleistungsinstitute (PrüfbV)**[4] sowie Stellungnahmen der BaFin und die Prüfungsberichteverordnung (**PrüfV**) für **VersicherungsUnt**.[5]

Für Abschlussprüfer von PIE ist über § 316 HGB hinaus auch Art. 11 der EU-APrVO unmittelbar zu beachten, der einen Bericht an den Prüfungsausschuss vorsieht, der mind. folgende Inhalte aufweisen muss:[6]

- die Erklärung, dass der Abschlussprüfer, die Prüfungspartner und Mitglieder der höheren Führungsebene und das Leitungspersonal des Abschlussprüfers, die die Abschlussprüfung durchführen, unabhängig vom geprüften Unt sind,
- die Angabe jedes an der Prüfung beteiligten verantwortlichen Prüfungspartners,
- ggf. Hinweise zu von anderen Abschlussprüfern oder externen Sachverständigen durchgeführten Arbeiten sowie zu deren Unabhängigkeit,

---

[2] Vgl. IDW Life 06/2022, S. 491.
[3] Vgl. Art. 79 Abs. 1 EGHGB.
[4] Verordnung über die Prüfung der Jahresabschlüsse der Kreditinstitute und Finanzdienstleistungsinstitute sowie die darüber zu erstellenden Berichte (Prüfungsberichtsverordnung – PrüfbV) v. 11.6.2015, BGBl 2015 I S. 930, zuletzt geändert 3.6.2021, BGBl 2021 I S. 1568.
[5] Verordnung über den Inhalt der Prüfungsberichte zu den Jahresabschlüssen und den Solvabilitätsübersichten von VersicherungsUnt (Prüfungsberichteverordnung – PrüfV) v. 19.7.2017, BGBl I 2017, S. 2846, zuletzt geändert 19.3.2020, BGBl 2020, S. 529.
[6] Vgl. Art. 11 Abs. 2 EU-APrVO.

- eine Beschreibung der Art, der Häufigkeit und des Umfangs der Kommunikation mit dem Prüfungsausschuss und bestimmten anderen Gremien des geprüften Unt,
- eine Beschreibung des Umfangs und des Zeitplans der Prüfung,
- eine Beschreibung der (bei der Prüfung) verwendeten Methode, u. a. dahingehend, welche Kategorien der Bilanz direkt überprüft wurden und welche Kategorien dabei System- und Zuverlässigkeitsprüfungen unterzogen wurden,
- die Darlegung der quantitativen Wesentlichkeitsgrenze für den Abschluss als Ganzes und ggf. von spezifischen Wesentlichkeitsgrenzen sowie die Darlegung der qualitativen Faktoren, die bei der Festlegung der Wesentlichkeitsgrenze berücksichtigt wurden,
- Angaben zu bestimmten im Laufe der Prüfung festgestellten Ereignissen oder Gegebenheiten, die erhebliche Zweifel an der Fähigkeit des Unt zur Fortführung der Geschäftstätigkeit aufwerfen können, sowie dazu, ob diese Ereignisse oder Gegebenheiten eine wesentliche Unsicherheit darstellen; ferner eine Zusammenfassung von unterstützenden Maßnahmen (bspw. Garantien, Patronatserklärungen), die bei der Beurteilung der Fortführungsfähigkeit berücksichtigt wurden,
- die Angabe bedeutsamer Mängel im internen Finanzkontrollsystem oder Rechnungslegungssystem des Unt einschl. der Angabe, ob diese Mängel beseitigt wurden,
- die Angabe von im Laufe der Prüfung festgestellten bedeutsamen Sachverhalten im Zusammenhang mit der Nichteinhaltung von Rechtsvorschriften oder des Gesellschaftsvertrags, soweit sie für die Fähigkeit des Prüfungsausschusses, seine Aufgaben wahrzunehmen, als relevant betrachtet werden,
- die Angabe und Beurteilung der bei verschiedenen Posten des Abschlusses angewandten Bewertungsmethoden einschl. etwaiger Auswirkungen von Änderungen an diesen Methoden,
- ggf. die Angabe, welche Prüfungsarbeiten von Drittstaatenprüfern oder von Abschlussprüfern, bei denen es sich nicht um Mitglieder desselben Netzwerks wie das des Prüfers des Konzernabschlusses handelt, im Zusammenhang mit der Konzernabschlussprüfung ausgeführt wurden,
- Angaben über
  - etwaige bedeutsame Schwierigkeiten während der Abschlussprüfung,
  - etwaige sich aus der Abschlussprüfung ergebende bedeutsame Sachverhalte, die mit dem Management erörtert wurden, und
  - etwaige sonstige Sachverhalte, die aus Sicht des Prüfers für die Aufsicht über den Rechnungslegungsprozess bedeutsam sind.

Die EU-APrVO gilt ab dem 17.6.2016. Die erstmalige Anwendung galt für Gj, die nach dem 16.6.2016 beginnen, d. h. bei kalendergleichem Gj erstmals für das Gj 2017.[7]

---

[7] Vgl. IDW, Positionspapier zu Inhalten und Zweifelsfragen der EU-Verordnung und der Abschlussprüferrichtlinie (6. Aufl., Stand: 30.6.2021 mit Ergänzungen v. 16.11.2021 und 4.4.2022), S. 12, www.idw.de/IDW/Medien/Positionspapier/Downloads-IDW/IDW-Positionspapier-Zweifelsfragen-6-Auflage.pdf, Abruf 7.10.2024.

Die WPO enthält **berufsrechtliche Vorschriften**, die der Wirtschaftsprüfer (auch) bei Abschlussprüfungen zu beachten hat (z.B. §§ 43–44, 48, 50–51c, 53–54a, 55b–56, 57a WPO). Darüber hinaus sind die Vorschriften der gem. § 57 Abs. 3 WPO erlassenen BS WP/vBP zu beachten, in der besondere Berufspflichten bei der Durchführung von Prüfungen und der Erstattung von Gutachten niedergelegt sind (§§ 28–44 BS WP/vBP).

Neben den gesetzlichen Vorschriften existieren für Abschlussprüfer die **berufsständischen Grundsätze**. Dies sind in Deutschland die vom IDW veröffentlichten Prüfungsstandards und Prüfungshinweise, die im Wesentlichen auf den entsprechenden internationalen Vorgaben, den ISA, beruhen und darüber hinaus auf Besonderheiten der deutschen Rechtslage eingehen, sowie den IDW QSM 1 und 2. Zu Einzelheiten zur Anwendung der ISA-DE vgl. § 317 Rz 12. Zum Grad der Verbindlichkeit von PS und PH für den Abschlussprüfer enthielt IDW PS 201 diesbzgl. Hinweise.[8] ISA [DE] 200.D.2.1 stellt klar, dass der Abschlussprüfer als deutsche Prüfungsgrundsätze die ISA [DE] sowie die für die Prüfung des Abschlusses relevanten IDW PS und den für die Prüfung des Lageberichts relevanten IDW PS 350 n. F. sowie die IDW PS KMU zu beachten hat. Darüber hinaus sind IDW QSM 1 und 2 Bestandteil der deutschen GoA. Nachfolgende Übersicht zeigt die anzuwendenden GoA.[9]

In dieser Tabelle sind die ISA [DE] und *IDW PS* bzw. *IDW QS 1* genannt, die insgesamt die vom IDW festgestellten deutschen GOA bilden:

Überblick über die Standards, die zusammen die vom IDW festgestellten deutschen Grundsätze ordnungsgemäßer Abschlussprüfung bilden	
ISA [DE]	
ISA [DE] 200	„Übergeordnete Ziele des unabhängigen Prüfers und Grundsätze einer Prüfung in Übereinstimmung mit den International Standards on Auditing"
ISA [DE] 210	„Vereinbarung der Auftragsbedingungen für Prüfungsaufträge"
ISA [DE] 230	„Prüfungsdokumentation"
ISA [DE] 240	„Verantwortlichkeiten des Abschlussprüfers bei dolosen Handlungen"
ISA [DE] 250	„Berücksichtigung von Gesetzen und anderen Rechtsvorschriften bei einer Abschlussprüfung"
ISA [DE] 300	„Planung einer Abschlussprüfung"
ISA [DE] 315	(Revised) „Identifizierung und Beurteilung der Risiken wesentlicher falscher Darstellungen aus dem Verständnis von der Einheit und ihrem Umfeld"
ISA [DE] 320	„Wesentlichkeit bei der Planung und Durchführung einer Abschlussprüfung"

---

[8] Vgl. im Einzelnen IDW PS 201.20ff.
[9] Vgl. ISA [DE] 200 Anlage 1.

Überblick über die Standards, die zusammen die vom IDW festgestellten deutschen Grundsätze ordnungsgemäßer Abschlussprüfung bilden	
ISA [DE] 330	„Reaktionen des Abschlussprüfers auf beurteilte Risiken"
ISA [DE] 402	„Überlegungen bei der Abschlussprüfung von Einheiten, die Dienstleister in Anspruch nehmen"
ISA [DE] 450	„Beurteilung der während der Abschlussprüfung identifizierten falschen Darstellungen"
ISA [DE] 500	„Prüfungsnachweise"
ISA [DE] 501	„Prüfungsnachweise – Besondere Überlegungen zu ausgewählten Sachverhalten"
ISA [DE] 505	„Externe Bestätigungen"
ISA [DE] 510	„Eröffnungsbilanzwerte bei Erstprüfungsaufträgen"
ISA [DE] 520	„Analytische Prüfungshandlungen"
ISA [DE] 530	„Stichprobenprüfungen"
ISA [DE] 540	(Revised) „Prüfung geschätzter Werte in der Rechnungslegung und der damit zusammenhängenden Abschlussangaben"
ISA [DE] 550	„Nahe stehende Personen"
ISA [DE] 560	„Nachträgliche Ereignisse"
ISA [DE] 580	„Schriftliche Erklärungen"
ISA [DE] 600	„Besondere Überlegungen zu Konzernabschlussprüfungen (einschließlich der Tätigkeit von Teilbereichsprüfern)"
ISA [DE] 610	(Revised 2013) „Nutzung der Tätigkeit interner Revisoren"
ISA [DE] 620	„Nutzung der Tätigkeit eines Sachverständigen des Abschlussprüfers"
ISA [DE] 710	„Vergleichsinformationen – Vergleichsangaben und Vergleichsabschlüsse"
ISA [DE] 720	(Revised) „Verantwortlichkeiten des Abschlussprüfers im Zusammenhang mit sonstigen Informationen"
Für die Prüfung des Abschlusses relevante IDW PS	
IDW Prüfungsstandard:	*Rechnungslegungs- und Prüfungsgrundsätze für die Abschlussprüfung (IDW PS 201)*
IDW Prüfungsstandard:	*Zur Durchführung von Gemeinschaftsprüfungen (Joint Audit) (IDW PS 208)*

Überblick über die Standards, die zusammen die vom IDW festgestellten deutschen Grundsätze ordnungsgemäßer Abschlussprüfung bilden	
IDW Prüfungsstandard:	*Die Beurteilung der Fortführung der Unternehmenstätigkeit im Rahmen der Abschlussprüfung (IDW PS 270 n. F.)*
IDW Prüfungsstandard:	*Die Prüfung des Risikofrüherkennungssystems nach § 317 Abs. 4 HGB (IDW PS 340)*
IDW Prüfungsstandard:	*Auswirkungen des Deutschen Corporate Governance Kodex auf die Abschlussprüfung (IDW PS 345)*
IDW Prüfungsstandard:	*Bildung eines Prüfungsurteils und Erteilung eines Bestätigungsvermerks (IDW PS 400 n. F.)*
IDW Prüfungsstandard:	*Mitteilung besonders wichtiger Prüfungssachverhalte im Bestätigungsvermerk (IDW PS 401)*
IDW Prüfungsstandard:	*Modifizierungen des Prüfungsurteils im Bestätigungsvermerk (IDW PS 405)*
IDW Prüfungsstandard:	*Hinweise im Bestätigungsvermerk (IDW PS 406)*
IDW Prüfungsstandard:	*Prüfung der für Zwecke der Offenlegung erstellten elektronischen Wiedergaben von Abschlüssen und Lageberichten nach § 317 Abs. 3a HGB (IDW PS 410 (10.2021))*
IDW Prüfungsstandard:	*Grundsätze ordnungsgemäßer Erstellung von Prüfungsberichten (IDW PS 450 n. F.)*
IDW Prüfungsstandard:	*Grundsätze für die Kommunikation mit den für die Überwachung Verantwortlichen (IDW PS 470 n. F.)*
IDW Prüfungsstandard:	*Mitteilung von Mängeln im internen Kontrollsystem an die für die Überwachung Verantwortlichen und das Management (IDW PS 475)*
Für die Prüfung des Lageberichts relevanter IDW PS	
IDW Prüfungsstandard:	*Prüfung des Lageberichts im Rahmen der Abschlussprüfung (IDW PS 350 n. F.)*

Abb. 1: ISA [DE] 200 Anlage D.1

Der Abschlussprüfer führt seine Prüfung aufgrund einer **öffentlich-rechtlichen Verpflichtung des Bilanzierenden** durch. Das Ergebnis der Abschlussprüfung wird den zuständigen Organen des geprüften Unt in der mündlichen Berichterstattung an den Aufsichtsrat[10] sowie mittels des Prüfungsberichts mitgeteilt. Der Prüfungsbericht ist aufgrund seiner Vertraulichkeit im Regelfall nicht für die Öffentlichkeit bestimmt (zu Ausnahmen § 321a Rz 3), sondern nur einem be-

---

[10] Bedeutsame Schwächen des rechnungslegungsbezogenen internen Kontrollsystems sind dem Aufsichtsrat **schriftlich** in angemessener Zeit mitzuteilen, vgl. IDW PS 470.A54 n. F., IDW PS 475.13.

schränkten Kreis von Adressaten zugänglich. Zum Kreis der gesetzlichen Adressaten vgl. Rz 10. In Erfüllung der öffentlich-rechtlichen Verpflichtung erteilt der Abschlussprüfer darüber hinaus einen Bestätigungsvermerk bzw. einen Versagungsvermerk gem. § 322 HGB. Dieser ist insb. für die Öffentlichkeit bestimmt, weshalb er vom prüfungspflichtigen Bilanzierenden i. R. d. Offenlegung gem. § 325 HGB dem Betreiber des BAnz einzureichen ist (§ 325 Rz 69).

10 Der Prüfungsbericht richtet sich **originär an das Überwachungsorgan** des geprüften Unt, also den Aufsichtsrat oder ähnliche Einrichtungen (z. B. Beirat). Soweit mangels gesetzlicher Verpflichtung kein derartiges Organ besteht, richtet sich der Prüfungsbericht an das Organ, das den Abschlussprüfer gewählt hat (i. d. R. die GesV, zu Einzelheiten § 318 Rz 8 ff.).

11 Bei **Kreditinstituten und Finanzdienstleistungsinstituten, Zahlungsinstituten** sowie **VersicherungsUnt und Pensionsfonds** besteht zudem für den Abschlussprüfer die Verpflichtung, der BaFin und der Deutschen Bundesbank den Prüfungsbericht zuzuleiten sowie darüber hinaus für Erläuterungen gegenüber der BaFin zur Verfügung zu stehen (§ 26 Abs. 1 Satz 3 KWG, § 17 Abs. 1 Satz 3 ZAG, § 59 Sätze 1 und 2 VAG).

12 Bei Prüfungen von **Unt der öffentlichen Hand** zählen ferner Prüfungsämter sowie Rechnungshöfe aufgrund verschiedener länderspezifischer Regelungen zum Empfängerkreis.

13 Bei **kapitalmarktorientierten Kapitalgesellschaften** führt die BaFin Prüfungen gem. § 106 WpHG dahin gehend durch, ob der zuletzt festgestellte Jahresabschluss und Lagebericht bzw. der zuletzt gebilligte Konzernabschluss und Konzernlagebericht den gesetzlichen Vorschriften entsprechen (sog. **Enforcement**).

14 Bei **externen Qualitätskontrollen** gem. § 57a WPO nimmt der Prüfer für Qualitätskontrolle Einsicht in die vom Abschlussprüfer erstatteten Prüfungsberichte.[11]

15 Bei **Inspektionen** der APAS gem. § 62b WPO bei Abschlussprüfungen von PIE wird die Einhaltung der Berufspflichten beurteilt. Hierzu gehört regelmäßig auch die Einsichtnahme in die Prüfungsberichte.

16 Auch die **Finanzverwaltung** hat Zugriff auf den Prüfungsbericht des Abschlussprüfers, da gem. § 150 Abs. 4 AO und § 60 Abs. 3 EStDV ein gesetzliches Einsichtnahmerecht besteht.

17 Regelmäßig wird der Prüfungsbericht darüber hinaus vom prüfungspflichtigen Unt an ausgewählte Dritte, insb. **Fremdkapitalgeber**, weitergegeben. Kreditgebende Banken sind i. R. d. Prüfung der wirtschaftlichen Verhältnisse gem. § 18 KWG verpflichtet, den Prüfungsbericht des Abschlussprüfers zu den Kreditunterlagen zu nehmen. Aber auch andere Fremdkapitalgeber (z. B. Genussrechtskapitalgeber, Stille Gesellschafter) lassen sich oftmals ein vertragliches Recht zur Einsichtnahme in den Prüfungsbericht einräumen. Für den Abschlussprüfer bestehen hier Haftungsrisiken, da ggf. ein Vertrag mit Schutzwirkung zugunsten Dritter oder sogar ein Auskunftsvertrag zwischen Abschlussprüfer und dem Fremdkapitalgeber zustande kommen kann. Es ist dem Abschlussprüfer anzuraten, den Prüfungsbericht nur dann selbst an Dritte weiterzuleiten, wenn er zuvor mit diesen einen Auskunftsvertrag abgeschlossen hat, in den die AAB für Wirt-

---

[11] Vgl. IDW PS 140.74 n. F.

schaftsprüfer und Wirtschaftsprüfungsgesellschaften in der jeweils gültigen Fassung ausdrücklich einbezogen werden (§ 323 Rz 92).

Soweit das prüfungspflichtige Unt in einen Konzernabschluss einbezogen wird, besteht gem. § 294 Abs. 3 Satz 1 HGB die Verpflichtung des geprüften Unt, den Prüfungsbericht dem **MU** einzureichen. 18

Der **Wirtschaftsausschuss** eines Unt kann die Vorlage des Prüfungsberichts fordern, wenn ein entsprechender Beschluss der Einigungsstelle nach § 109 BetrVG vorliegt.[12] 19

Dem Prüfungsbericht kommen mehrere Funktionen zu, die am Empfängerkreis ausgerichtet sind:[13] 20

- **Unterstützungsfunktion:** Der Prüfungsbericht soll den Aufsichtsrat bzw. die Gesellschafterversammlung des geprüften Unt bei der Unternehmensüberwachung unterstützen.
- **Unterrichtungsfunktion:** Aufsichtsbehörden (z.B. BaFin) werden durch den Prüfungsbericht unterrichtet und hierdurch in ihrer Aufsichtsfunktion unterstützt.
- **Dokumentations- und Nachweisfunktion:** Der Abschlussprüfer ist aufgrund der berufsrechtlichen Anforderungen zum Nachweis der von ihm durchgeführten Abschlussprüfungen verpflichtet. Im Prüfungsbericht werden neben den Arbeitspapieren des Abschlussprüfers Prüfungshandlungen und -feststellungen dokumentiert.

Verstößt der Abschlussprüfer gegen die Berichtspflicht des § 321 HGB, hat er zivilrechtlich Schadensersatzpflichten gem. § 323 HGB (§ 323 Rz 79), strafrechtlich Freiheits- oder Geldstrafen gem. § 332 HGB und § 403 AktG (§ 332 Rz 47) sowie berufsrechtlich ggf. Maßnahmen gem. §§ 67, 68 WPO zu beachten. 21

Abs. 4a der Vorschrift zur Erklärung der Unabhängigkeit im Prüfungsbericht (Rz 42) war gem. Art. 66 Abs. 2 Satz 1 EGHGB erstmals auf Abschlussprüfungen von Gj anzuwenden, die nach dem 31.12.2008 beginnen. 22

Da auch § 317 Abs. 3 Satz 2 HGB erstmals auf Abschlussprüfungen von Gj anzuwenden war, die nach dem 31. 12. 2008 beginnen, kann entsprechend für davor liegende Gj die bis dahin geltende Fassung der Vorschrift, die bei Konzernabschlussprüfungen die **gesetzliche Übernahme von geprüften Jahresabschlüssen einbezogener TU** vorsah, angewandt werden. 23

Die im Zuge des FISG zum 1.7.2021 vorgenommenen Änderungen in Abs. 1 Satz 2 und 3 sowie Abs. 2 Satz 2 haben nur klarstellenden Charakter und stellen keine materielle Änderung dar, weshalb der Gesetzgeber auch keine Übergangsregelung hierzu erlassen hat. 24

---

[12] Vgl. BAG, Beschluss v. 8.8.1989, 1 ABR 61/88, DB 1989, S. 2621.
[13] Vgl. Orth/Schäfer, in Baetge/Kirsch/Thiele, Bilanzrecht, § 321 HGB Rz 9, Stand: 7/2018.

2 Allgemeine Berichtsgrundsätze

2.1 Vorbemerkungen

25 Abs. 1 Satz 1 der Vorschrift enthält einige, längst nicht aber alle der an einen Prüfungsbericht zu stellenden Grundanforderungen. Die aus den allgemeinen Berufsgrundsätzen des Wirtschaftsprüfers abgeleiteten Grundanforderungen sind:[14]
- Schriftlichkeit (Rz 26),
- Klarheit (Rz 29),
- Wahrheit (Rz 33),
- Vollständigkeit (Rz 35),
- Unparteilichkeit (Rz 41).

2.2 Schriftlichkeit

26 Der Prüfungsbericht ist gem. Abs. 1 Satz 1 **schriftlich** zu erstatten. Schriftlichkeit hat zur Folge, dass Wesentliches nicht etwa deshalb weggelassen werden darf, weil der Abschlussprüfer darüber bereits in anderer Form (z.B. i.R.d. Berichterstattung an den Aufsichtsrat[15]) berichtet hat.[16]

Die Berichterstattung im Prüfungsbericht darf nicht im Widerspruch zu der mündlichen Berichterstattung an den Aufsichtsrat stehen.[17]

Für PIE-Prüfungen fordert Art. 10 Abs. 2 Buchst. e) EU-APrVO darüber hinaus eine Widerspruchsfreiheit zwischen den Aussagen und Beurteilungen im Prüfungsbericht und denen im Bestätigungsvermerk.[18] Dieses Erfordernis gilt für alle anderen Abschlussprüfungen ebenfalls, folgend aus dem Grundsatz der Klarheit.

27 Schriftlichkeit bedeutet auch, dass der Prüfungsbericht regelmäßig in **Papierform** vorzulegen ist. Dies begründet sich in dem Erfordernis der eigenhändigen Unterzeichnung und der Siegelführung (Rz 153).

Durch die in 2016 erfolgte Änderung der BS WP/vBP[19] ist seitdem auch eine rein elektronische Unterzeichnung und Siegelung des Prüfungsberichts möglich.[20]

Für PIE-Prüfungen fordert Art. 11 Abs. 2 EU-APrVO explizit die schriftliche Form.

28 In der Praxis werden häufig von Auftraggebern elektronische Ausfertigungen des Prüfungsberichts (**pdf-Dateien**) gewünscht. Dies ist aus haftungsrechtlicher Sicht problematisch, da die Gefahr besteht, dass nicht mehr nachvollzogen werden kann, wie viele Berichtsexemplare herausgegeben wurden und an wen (zur Dritthaftung § 323 Rz 87 ff.). Derartige pdf-Dateien sollten gegen Änderungen und das Kopieren und Entnehmen von Inhalten durch entsprechende Programmeinstellungen

---

[14] Vgl. IDW PS 450.8 ff. n.F.
[15] Neben der mündlichen Berichterstattung (vgl. IDW PS 470 n.F.) sind dem Aufsichtsrat bedeutsame Schwächen des rechnungslegungsbezogenen internen Kontrollsystems **schriftlich** mitzuteilen, vgl. IDW PS 261.89 n.F.
[16] Vgl. IDW PS 450.17 n.F.
[17] Vgl. IDW PS 450.10a n.F.
[18] Vgl. IDW PS 450.P8/1 n.F.
[19] Vgl. § 20 Abs. 2 Satz 2 BS WP/vBP.
[20] Zu Einzelheiten, vgl. WPK Magazin, 1/2017, S. 17.

geschützt sowie mit einem Passwortschutz versehen werden. Zusätzlich empfiehlt sich ein Hinweis, dass es sich insoweit nur um eine elektronische Kopie handelt und nur der Prüfungsbericht in Papierform maßgeblich ist.[21]

2.3 Klarheit

Der Grundsatz der Klarheit ist in Abs. 1 Satz 1 explizit angesprochen. Der Grundsatz verlangt eine verständliche, eindeutige und problemorientierte Berichterstattung. Hierzu gehört eine übersichtliche, möglichst kontinuierliche Gliederung, die nach den Berufsgrundätzen wie folgt empfohlen wird:[22]

- Prüfungsauftrag,
- Grds. Feststellungen,
- Gegenstand, Art und Umfang der Prüfung,
- Feststellungen und Erläuterungen zur Rechnungslegung,
- Feststellungen zum Risikofrüherkennungssystem,
- Feststellungen aus Erweiterungen des Prüfungsauftrags,
- Wiedergabe des Bestätigungsvermerks.

Die Wiedergabe des Bestätigungsvermerks kann auch an anderer Stelle im Prüfungsbericht, z. B. innerhalb des Abschnitts zu „Grundsätzlichen Feststellungen" oder als separater dritter Abschnitt, erfolgen.

Es ist ein **sachlicher Stil** zu verwenden und eine **Beschränkung auf das Wesentliche** vorzunehmen. Zu Letzterem empfiehlt der Berufsstand, über die gesetzlichen Pflichtbestandteile hinausgehende Darstellungen in die Anlagen zum Prüfungsbericht aufzunehmen, damit sie die gesetzlich verlangten wesentlichen Feststellungen und Sachverhalte nicht überlagern. Dies gilt insb., wenn umfangreiche Zahlentabellen oder andere Zusammenstellungen (z. B. zu rechtlichen, steuerlichen oder wirtschaftlichen Verhältnissen) aufgenommen werden sollen.

Der Abschlussprüfer hat eine **eindeutige Berichterstattung** im Prüfungsbericht vorzunehmen. Dies erfordert Formulierungen, die Fehldeutungen und Fehlinterpretationen durch den Berichtsleser ausschließen. Ein Verstoß gegen den Grundsatz der Klarheit liegt dann vor, wenn Aussagen nur verschlüsselt, versteckt oder beschönigend gemacht werden.[23] Im Haftungsfall wird sich der Abschlussprüfer nicht auf versteckte Vorbehalte berufen können, wenn im Prüfungsbericht ein beanstandungsfreies Bild von der Rechnungslegung bzw. der Lage der Ges. dargestellt wird.[24]

Das **Gebot der Verständlichkeit** des Prüfungsberichts ist **einzelfallbezogen** an den Adressaten des Prüfungsberichts auszurichten. Der Abschlussprüfer kann dabei von einem Grundverständnis für die wirtschaftlichen Gegebenheiten des Unt und für die Grundlagen der Rechnungslegung ausgehen. Für besonders komplexe betriebswirtschaftliche und rechtliche Sachverhalte besteht die Gele-

---

[21] Vgl. WPK, WPKM 4/2008, S. 37; IDW, WPH Edition, Wirtschaftsprüfung & Rechnungslegung, 18. Aufl. 2023, Kap. M Tz 564. Die BaFin besteht in Bezug auf die ihr in elektronischer Form zur Verfügung gestellten pdf-Dateien auf eine unverschlüsselte und somit technisch bearbeitbare Fassung.
[22] Vgl. IDW PS 450.12 n. F.
[23] Vgl. IDW, WPH Edition, Wirtschaftsprüfung & Rechnungslegung, 18. Aufl. 2023, Kap. M Tz 162.
[24] Vgl. Grewe, in Kirsch, Rechnungslegung, § 321 HGB Rz 29.

32 Nicht allgemein gebräuchliche Fachausdrücke, Fremdwörter und Abkürzungen sollten an geeigneter Stelle erläutert werden,[26] z.B. durch Verwendung eines Abkürzungsverzeichnisses.

2.4 Wahrheit

33 Der Grundsatz der Wahrheit des Prüfungsberichts erfordert, dass der Inhalt des Prüfungsberichts den tatsächlichen Gegebenheiten entsprechen muss. Der Abschlussprüfer hat im Prüfungsbericht darzustellen, wenn er sich im Zuge einer eigenverantwortlichen Verwertung auf die Ergebnisse anderer Abschlussprüfer (z.B. durchgeführte Abschlussprüfungen von Tochtergesellschaften), der Internen Revision oder sachverständiger Dritter (z.B. versicherungsmathematischer Gutachter) gestützt hat.

34 Der Abschlussprüfer muss von der **Richtigkeit** seiner Feststellungen und den daraus abgeleiteten **Schlussfolgerungen** überzeugt sein. Insb. darf der Prüfungsbericht nicht den Eindruck erwecken, dass Sachverhalte geprüft wurden, obwohl deren Prüfung (noch) nicht möglich war.[27] Zu Meinungsverschiedenheiten bei sog. joint audits vgl. Rz 220.

Zum Grundsatz der Wahrheit gehört eine gewissenhafte Berichterstattung. Der Inhalt des Prüfungsberichts hat wahrheitsgetreu zu sein und nach der Überzeugung des Abschlussprüfers den tatsächlichen Gegebenheiten zu entsprechen.[28]

2.5 Vollständigkeit

35 Der Grundsatz der Vollständigkeit beinhaltet die Forderung, dass der Prüfungsbericht alle in den jeweiligen gesetzlichen Vorschriften oder vertraglichen Vereinbarungen geforderten Feststellungen enthält. Der Grundsatz der Vollständigkeit wird durch den Grundsatz der Klarheit begrenzt. Daher sind insb. **wesentliche Feststellungen und Ergebnisse der Prüfung** darzustellen. Wesentlich sind dabei solche Feststellungen, die für eine ausreichende Information der Berichtsadressaten für die Vermittlung eines klaren Bildes über das Prüfungsergebnis von Bedeutung sind.

Für Abschlussprüfer von PIE fordert Art. 11 Abs. 2 EU-APrVO u.a., dass der Prüfungsbericht eine Erläuterung der Ergebnisse der durchgeführten Prüfung enthalten muss.

36 Der Umfang der Berichterstattung hat sich an dem Adressatenkreis zu orientieren. Ein Berichtsadressat, der über die zum Verständnis einer gesetzlichen Rechnungslegung erforderlichen Kenntnisse verfügt, sollte sich anhand des Prüfungsberichts ein eigenes Urteil über die Ordnungsmäßigkeit von Buchführung, Jahresabschluss und Lagebericht sowie über die wirtschaftliche Lage des Unt bilden können. Daher ist es bei Abfassung des Prüfungsberichts im Einzelfall

---

[25] Vgl. Böcking/Orth, BFuP 1999, S. 426.
[26] Vgl. Kuhner/Päßler, in Küting/Weber, HdR-E, § 321 HGB Rz 12, Stand: 12/2019.
[27] Vgl. IDW, WPH Edition, Wirtschaftsprüfung & Rechnungslegung, 18. Aufl. 2023, Kap. M Tz 141.
[28] Vgl. IDW PS 450.9 n.F.

erforderlich, die Struktur des Empfängerkreises des Prüfungsberichts zu berücksichtigen (**Adressatenbezug** des Prüfungsberichts). Nach Sinn und Zweck der Durchführung einer Abschlussprüfung ist es geboten, über Sachverhalte, deren Ordnungsmäßigkeit festgestellt wird, eher knapp zu berichten, während bei problematischen oder zu beanstandenden Sachverhalten eine ausführliche Berichterstattung vorzunehmen ist.[29]

Da der Prüfungsbericht nur einem eingeschränkten Adressatenkreis zugänglich ist, sind auch **vertrauliche Angaben** in den Prüfungsbericht aufzunehmen, falls dies für eine angemessene Information der Adressaten erforderlich ist. Der Abschlussprüfer darf insb. nicht abwägen zwischen dem Wert einer Angabe für die Information des Aufsichtsorgans und dem der Gefährdung ihrer Vertraulichkeit. Der Abschlussprüfer muss vielmehr davon ausgehen, dass die Mitglieder des Aufsichtsorgans ihre Verschwiegenheitspflicht[30] kennen und beachten. Der Gesetzgeber hat im Übrigen auch keine Schutzklausel (etwa vergleichbar § 286 HGB für den Anhang) vorgesehen. 37

Wünsche des Auftraggebers nach Einschränkung der Berichterstattung dürfen nicht gegen den Grundsatz der Vollständigkeit verstoßen. Ein **Schweigerecht** besteht für den Prüfungsbericht über eine gesetzliche Abschlussprüfung nicht.[31] Die Bedeutung des Verschweigens erheblicher Umstände (sog. **negativer Inhalt**, § 321a Rz 47) wird deutlich an den dafür vorgesehenen Strafen (§ 332 Rz 23, vgl. auch § 403 Abs. 1 AktG). 38

Der Grundsatz der Vollständigkeit umfasst auch das Gebot der **Einheitlichkeit** des Prüfungsberichts. Etwaige Teil-, Zwischen- oder Sonderberichte sind daher als einheitliches Ganzes anzusehen, soweit sie sich auf die Pflichtprüfung des gleichen Zeitraums beziehen. Daher ist im Prüfungsbericht auf diese Berichte hinzuweisen und deren Ergebnis aufzunehmen. 39

Praxis-Beispiel
Der Abschlussprüfer führt im November 01 eine Vorprüfung bei dem von ihm geprüften Maschinenbau-Unt durch. I. R. d. Vorprüfung werden insb. Aufbau- und Funktionsprüfungen des rechnungslegungsbezogenen internen Kontrollsystems, hier im Bereich Umsatzrealisierung, vorgenommen. Der Abschlussprüfer stellt hierbei Schwachstellen fest, da mangels Kenntnis der rechtlichen Bedeutung von Lieferungsbedingungen (sog. Incoterms) zu früh fakturiert wird. Diese Schwachstellen teilt er der Geschäftsführung unmittelbar nach Abschluss der Vorprüfung mit; der Aufsichtsrat wird ebenfalls von ihm in Kenntnis gesetzt.
Bei der Hauptprüfung im März 02 kann der Abschlussprüfer durch Ausweitung des Stichprobenumfangs trotz der festgestellten Schwachstellen eine hinreichende Sicherheit bei der Prüfung der Forderungen aus L&L/Umsatzerlöse erzielen, zumal das Unt aufgrund vom Abschlussprüfer getroffener Feststellungen zu zwei unzutreffend in 01 als Umsatz berücksichtigten Lieferungen den Jahresabschluss entsprechend korrigiert hat. Aufgrund dieser Korrekturen sinkt der Umsatz für 01 gegenüber den

---

[29] Vgl. IDW, WPH Edition, Wirtschaftsprüfung & Rechnungslegung, 18. Aufl. 2023, Kap. M Tz 145.
[30] Vgl. z. B. § 116 Satz 2 AktG.
[31] Vgl. ADS, Rechnungslegung und Prüfung der Unternehmen, 6. Aufl. 1995–2001, § 321 HGB Rz 43.

> vorgelegten Zahlen um rund 15 %, obwohl die Geschäftsführung diesen mit dem Vorbehalt der noch nicht beendeten Abschlussprüfung bereits dem zuständigen Firmenkundenberater der Hausbank mitgeteilt hatte. Der Abschlussprüfer erteilt als Ergebnis seiner Prüfungsfeststellungen einen uneingeschränkten Bestätigungsvermerk.
>
> Auch wenn die getroffenen Beanstandungen zum Prüfungsende behoben sind, sind diese für das Aufsichtsorgan wesentlich, da sie Schwächen im internen Kontrollsystem betreffen. Dies auch vor dem Hintergrund, dass die Hausbank bereits vorläufige Umsatzzahlen erhalten hat, die nunmehr nach unten zu korrigieren sind. Die Schwächen im internen Kontrollsystem sind in den Prüfungsbericht aufzunehmen, auch wenn der Abschlussprüfer den Aufsichtsrat bereits darüber informiert hat. Die Tatsache, dass der Hausbank bereits Umsatzzahlen genannt wurden, die von den testierten abweichen, wird den Abschlussprüfer erst recht veranlassen, die Schwächen im Prüfungsbericht zu benennen, da die Hausbank hiervon keine Kenntnis haben kann (Empfängerbezogenheit) und der Abschlussprüfer davon ausgehen kann, dass der Hausbank der Prüfungsbericht vorgelegt werden wird.

40 In einem **Management Letter** sind ergänzende, z. B. organisatorische Hinweise des Abschlussprüfers enthalten, die anlässlich der Prüfung festgestellt worden sind. Der Management Letter kann aber kein (tw.) Ersatz für den Prüfungsbericht sein; für die Adressaten notwendige Informationen sind zwingend im Prüfungsbericht darzulegen. Der Management Letter ist auch kein Teilbericht und daher nicht in den Prüfungsbericht aufzunehmen.[32]

2.6 Unparteilichkeit

41 Der Grundsatz der Unparteilichkeit wird in § 323 Abs. 1 HGB, § 43 Abs. 1 Satz 2 WPO sowie in § 28 BS WP/vBP explizit betont. Er verlangt, dass der Abschlussprüfer alle getroffenen Feststellungen unter Berücksichtigung der verfügbaren Informationen sachlich und unvoreingenommen darzulegen hat und verpflichtet ihn damit zu einer objektiven Berichterstattung.[33]

Zum Grundsatz der Unparteilichkeit gehört auch, dass der Abschlussprüfer auf ggf. abweichende Auffassungen der gesetzlichen Vertreter hinweist.[34]

3 Inhalt des Prüfungsberichts

3.1 Prüfungsauftrag und Erklärung der Unabhängigkeit (Abs. 4a)

42 § 321 HGB verlangt keine Angaben zum Prüfungsauftrag. Gleichwohl sind sie aus dem Grundsatz der Klarheit abzuleiten. Die berufsständischen Vorgaben sehen in dem Abschnitt Prüfungsauftrag regelmäßig Angaben vor zu:[35]
- Adressierung des Prüfungsberichts,
- Firma und Sitz des geprüften Unternehmens,

---

[32] Vgl. IDW PS 450.17 n. F.
[33] Vgl. Justenhoven/Deicke, in Beck Bil-Komm., 13. Aufl. 2022, § 321 HGB Rz 26.
[34] Vgl. IDW PS 450.11 n. F.
[35] Vgl. IDW PS 450.21–25 n. F.

- Abschlussstichtag (bei Rumpfgeschäftsjahren Beginn und Ende),
- Hinweis darauf, dass es sich um eine Abschlussprüfung handelt,
- Angaben zur Wahl und Beauftragung des Abschlussprüfers,
- Erklärung der Unabhängigkeit des Abschlussprüfers,
- Hinweis darauf, dass die Berichterstattung gem. IDW PS 450 n. F. erfolgt,
- Hinweis auf die dem Prüfungsauftrag zugrunde gelegten Auftragsbedingungen (regelmäßig: Allgemeine Auftragsbedingungen für Wirtschaftsprüfer und Wirtschaftsprüfungsgesellschaften in der jeweils bei Auftragsbestätigung gültigen Fassung).

Bei gesetzlichen Abschlussprüfungen sollte – wie bei freiwilligen Abschlussprüfungen – klargestellt werden, dass der Prüfungsbericht an die geprüfte Ges. gerichtet ist.[36]

Soweit der Abschlussprüfer neben der Abschlussprüfung des Jahresabschlusses und Lageberichts auch die Prüfung des Konzernabschlusses und Konzernlageberichts und/oder die Prüfung des Abhängigkeitsberichts vorgenommen hat, empfiehlt es sich, auf diese separaten Prüfungsberichte im Abschnitt Prüfungsauftrag hinzuweisen.

Abs. 4a dient der Dokumentation der Beachtung der **Unabhängigkeitsgrundsätze** der §§ 319–319b, § 43 Abs. 1 WPO, §§ 2, 20–24 BS WP/vBP. Der Abschlussprüfer ist gem. § 51b Abs. 4 WPO verpflichtet, in seinen Arbeitspapieren diejenigen Maßnahmen darzustellen, die er zur Überprüfung seiner Unabhängigkeit ergriffen hat. Darüber hinaus hat er in den Arbeitspapieren etwaige Umstände, die seine Unabhängigkeit gefährden können, sowie die ergriffenen Schutzmaßnahmen zur Beseitigung dieser Gefährdung darzustellen.[37] Abs. 4a ergänzt diese internen Dokumentationspflichten des Abschlussprüfers und verlangt, auch gegenüber den Adressaten des Prüfungsberichts die Einhaltung der Grundsätze der Unabhängigkeit zu dokumentieren (**Erklärung zur Unabhängigkeit**).

Für die Erklärung zur Unabhängigkeit wird folgende Formulierung empfohlen.[38] „Ich/Wir bestätige/n hiermit gem. § 321 Abs. 4a HGB, dass wir bei unserer Abschlussprüfung die anwendbaren Vorschriften zur Unabhängigkeit beachtet haben".[39]

3.2 Grundsätzliche Feststellungen (Abs. 1)

Die sog. Vorwegberichterstattung verlangt, dass der Abschlussprüfer zur Beurteilung der Lage durch die gesetzlichen Vertreter Stellung zu nehmen hat. Dabei ist insb. auf die Beurteilung des Fortbestands und der zukünftigen Entwicklung des Unt unter Berücksichtigung des Lageberichts einzugehen.[40] Außerdem ist i. R. d. sog. **Redepflicht** über bei der Durchführung der Abschlussprüfung festgestellte Tatsachen zu berichten, die

---

[36] Vgl. IDW PS 450.21 n. F.
[37] Vgl. WPK, WPKM 2/2009, S. 6.
[38] Vgl. IDW PS 450.23a n. F.
[39] Bei gesetzlichen Abschlussprüfungen von PIE ist darüber hinaus zu ergänzen: „Des Weiteren erklären wir gem. Artikel 6 Abs. 2 Buchst. a) der Verordnung (EU) 537/2014, dass die Prüfungsgesellschaft, Prüfungspartner und Mitglieder der höheren Führungsebene und das Leitungspersonal, die die Abschlussprüfung durchführen, unabhängig vom geprüften Unternehmen sind." Vgl. IDW PS 450.P23a/1 n. F.
[40] Vgl. IDW, WPH Edition, Wirtschaftsprüfung & Rechnungslegung, 18. Aufl. 2023, Kap. M Tz 190 ff.

- den Bestand des Unt gefährden können,
- die Entwicklung des geprüften Unt wesentlich beeinträchtigen können,
- Unrichtigkeiten oder Verstöße gegen gesetzliche Vorschriften darstellen,
- schwerwiegende Verstöße der gesetzlichen Vertreter oder von Arbeitnehmern gegen Gesetz, Gesellschaftsvertrag oder Satzung erkennen lassen.

48 Die Tatsache, dass der Abschlussprüfer nicht an beliebiger Stelle im Prüfungsbericht, sondern **vorweg** über die wirtschaftliche Lage sowie über festgestellte Unregelmäßigkeiten zu berichten hat, zeigt, welche Bedeutung der Gesetzgeber diesem Berichtsteil zugemessen und die problemorientierte Sicht des Prüfungsberichts normiert hat.[41] Hiermit wird bezweckt, dass die Berichtsadressaten durch den Abschlussprüfer über eine negative Unternehmensentwicklung oder festgestellte Unregelmäßigkeiten informiert werden, damit rechtzeitig geeignete Maßnahmen eingeleitet werden können. Durch die Stellungnahme eines unabhängigen Dritten zu den möglicherweise subjektiv gefärbten Darlegungen des Vorstands zur Lage des Unt soll dem Berichtsadressaten eine Objektivierung der Lagebeurteilung ermöglicht werden.[42]

3.2.1 Lage des Unternehmens

3.2.1.1 Stellungnahme zur Lagebeurteilung (Abs. 1 Satz 2)

49 Der Abschlussprüfer hat in seiner Stellungnahme zur Lagebeurteilung durch die gesetzlichen Vertreter deren wesentliche Aussagen im Lagebericht zu würdigen. Im Vordergrund hierbei steht die **Beurteilung des Fortbestands** und der **zukünftigen Entwicklung** des Unt, wie sie im Jahresabschluss und Lagebericht ihren Ausdruck gefunden haben.[43] Gelangt der Abschlussprüfer bei seiner diesbzgl. Prüfung zu keiner anderen Einschätzung als die gesetzlichen Vertreter, so genügt für den Fall einer **positiven** Fortbestands- und Entwicklungsprognose grds. eine **knappe Feststellung im Prüfungsbericht**.[44] Bei **unsicherer** oder **negativer Fortbestandsprognose** der gesetzlichen Vertreter sind **regelmäßig ausführliche Darstellungen** des Abschlussprüfers unter expliziter Bezugnahme auf die Angaben und Ausführungen der gesetzlichen Vertreter im Anhang und Lagebericht erforderlich.[45]

50 In seinen Ausführungen im Prüfungsbericht zur Lagebeurteilung durch die gesetzlichen Vertreter hat der Abschlussprüfer die für die Berichtsadressaten **wesentlichen Aussagen** des Lageberichts **hervorzuheben**. Diese Hervorhebungen können durch analysierende Darstellungen wesentlicher Aspekte der wirtschaftlichen Lage ergänzt werden.[46] Grds. sind verbale Ausführungen hierzu ausreichend. Im Einzelfall ist es aber zweckmäßig oder sogar geboten, zahlenmäßige Darstellungen vorzunehmen, wenn diese quantitativen Angaben für die Beurteilung durch die Berichtsadressaten von besonderer Bedeutung sind. Mit der Verwendung von zahlenmäßigen Darstellungen sollte im Einzelfall maßvoll umgegangen werden, um zu vermeiden, dass die Berichtsadressaten mit zu vielen

---

41 Vgl. BT-Drs. 13/9712 v. 28.1.1998 S. 28.
42 Vgl. Hommelhoff, BB 1998, S. 2571.
43 Vgl. IDW PS 450.28 n. F.
44 Vgl. IDW, WPH Edition, Wirtschaftsprüfung & Rechnungslegung, 18. Aufl. 2023, Kap. M Tz 209.
45 Vgl. hierzu im Einzelnen IDW PS 270 n. F.
46 Vgl. IDW PS 450.29 n. F.

Details belastet werden. Andererseits kann sich eine knapp gehaltene zahlenmäßige Aufbereitung zur Veranschaulichung von Entwicklungstendenzen anbieten. Als Grundlage für die Lagebeurteilung können sich zusammenfassende Übersichten unter Angabe von Vorjahreszahlen zur Struktur von Bilanz und GuV empfehlen.[47]

Die Hervorhebungspflicht des Abschlussprüfers umfasst eine **kurze Darstellung der Kernaussagen** des Lageberichts zur wirtschaftlichen Lage und zum Geschäftsverlauf. Anhaltspunkte für wesentliche Angaben zur wirtschaftlichen Lage und zum Geschäftsverlauf können z. B. folgende Bereiche betreffen:[48] 51
- Entwicklung von Gesamtwirtschaft und Branche sowie Entwicklung des Unt im Branchenvergleich (z. B. Marktanteile, Umsatzwachstum),
- Umsatz- und Auftragsentwicklung,
- Produktion (z. B. Änderung von Make-or-buy-Entscheidungen, Änderungen des Produktsortiments, Rationalisierungsmaßnahmen),
- Beschaffung (z. B. Preisrisiken, Lieferantenabhängigkeiten),
- Investitionen (durchgeführte und verschobene bzw. gestrichene),
- Finanzierung (z. B. Kreditlinien, Maßnahmen zur EK- und FK-Beschaffung),
- Personal- und Sozialbereich (z. B. besondere Vergütungsvereinbarungen, Tarifverträge, Betriebsvereinbarungen),
- wichtige Kennzahlen zur Vermögens-, Finanz- und Ertragslage und deren Entwicklung im Zeitablauf sowie benchmarking,
- wichtige Segmente/Sparten.

Hervorheben bedeutet Auswahl und Wiedergabe solcher Angaben des Jahresabschlusses und Lageberichts, die wichtige Veränderungen und Entwicklungstendenzen aufzeigen.[49] **Analysierende Darstellungen** umfassen v. a. vertiefende Erläuterungen wesentlicher Angaben, die Beschreibung von Ursachen sowie die kritische Würdigung von Annahmen, wobei diese unabhängig davon hervorzuheben und zu analysieren sind, ob sie eine positive oder negative Entwicklung des Unt betreffen.[50] 52

Zu beachten ist auch der unterschiedliche Adressatenkreis von Lagebericht und Prüfungsbericht. Der Lagebericht ist (auch) für die Öffentlichkeit bestimmt, da er im BAnz offenzulegen ist (§ 325 Rz 69). Demgegenüber ist der Prüfungsbericht lediglich einem sehr begrenzten Adressatenkreis zugänglich (Rz 9). Der Abschlussprüfer hat also im Einzelfall die Möglichkeit, aus Vertraulichkeitsüberlegungen zulässigerweise nicht im Lagebericht enthaltene Angaben in seiner Stellungnahme zur Lagebeurteilung aufzugreifen. 53

Beurteilungsspielräume können **unterschiedliche Lageeinschätzungen** zur Folge haben. Auch wenn die Lageeinschätzung durch die gesetzlichen Vertreter vom Abschlussprüfer als grds. vertretbar beurteilt wird, kann auf die mit dieser Beurteilung verbundenen alternativen Einschätzungen einzugehen sein.[51] Wird allerdings die Lagebeurteilung der gesetzlichen Vertreter durch den Abschlussprüfer als nicht mehr vertretbar beurteilt, so ist dies im Prüfungsbericht zu 54

---

[47] Vgl. IDW PS 450.30 n. F.
[48] Vgl. Plendl, HWRP, Sp. 1782.
[49] Vgl. IDW, WPH Edition, Wirtschaftsprüfung & Rechnungslegung, 18. Aufl. 2023, Kap. M Tz 202.
[50] Vgl. Forster, 1997, S. 947.
[51] Vgl. IDW, WPH Edition, Wirtschaftsprüfung & Rechnungslegung, 18. Aufl. 2023, Kap. M Tz 212.

erläutern und ggf. das Prüfungsurteil zum Lagebericht im Bestätigungsvermerk zu modifizieren. Der Abschlussprüfer kann eigene Feststellungen zur Lage des Unt treffen. Er ist aber nicht verpflichtet, anstelle der gesetzlichen Vertreter sämtliche im Einzelfall im Lagebericht erforderlichen Angaben vorzunehmen.[52]

55 Besondere Bedeutung kommt der im Lagebericht vorzunehmenden Einschätzung der zukünftigen Entwicklung des Unt zu. Gerade in wirtschaftlich schwierigen Zeiten sind prognostische und wertende Angaben der gesetzlichen Vertreter im Lagebericht besonders kritisch zu würdigen.[53] In diesem Fall sind erforderlichenfalls die für die Prüfung im Hinblick auf **Überschuldung bzw. Zahlungsunfähigkeit** entwickelten Grundsätze der Beurteilung des Vorliegens von Insolvenzeröffnungsgründen heranzuziehen.[54]

56 Wird zulässigerweise kein Lagebericht aufgestellt, besteht keine Verpflichtung des Abschlussprüfers, anstelle der gesetzlichen Vertreter zur Beurteilung der wirtschaftlichen Lage des Unt die ansonsten im Lagebericht auszuführenden Angaben im Prüfungsbericht vorzunehmen. Allerdings kann es geboten sein, auf bestehende Zweifel an der von den gesetzlichen Vertretern unterstellten Fortführungsannahme wegen bestandsgefährdender oder entwicklungsbeeinträchtigender Tatsachen hinzuweisen (Rz 59 ff.).[55]

57 Wird von den gesetzlichen Vertretern unzulässigerweise[56] kein Lagebericht aufgestellt, gilt das Vorstehende analog. Der Abschlussprüfer hat in diesen Fällen zu Beginn der Vorwegberichterstattung festzustellen, dass die gesetzlichen Vertreter unzulässigerweise keinen Lagebericht aufgestellt haben und dass deshalb eine Stellungnahme zur Beurteilung der Lage durch die gesetzlichen Vertreter nach § 321 Abs. 1 Satz 2 HGB nicht möglich war[57] (zu den Auswirkungen auf den Bestätigungsvermerk § 322 Rz 99).

58 Soweit eine börsennotierte und bestimmte andere AG die **Erklärung zur Unternehmensführung** gem. § 289f Abs. 1 Satz 1 HGB in einen gesonderten Abschnitt des Lageberichts aufgenommen hat, ist hierauf nicht einzugehen, da diese Erklärung nicht der Prüfung durch den Abschlussprüfer unterliegt (§ 317 Rz 120). Zur Abgrenzung des Prüfungsgegenstands in derartigen Fällen vgl. Rz 82.

3.2.1.2 Bestandsgefährdende und entwicklungsbeeinträchtigende Tatsachen (Abs. 1 Satz 3 Teilsatz 2)

59 Eine **Bestandsgefährdung** liegt nach allgemeiner Auffassung grds. dann vor, wenn ernsthaft damit zu rechnen ist, dass das Unt in absehbarer Zeit seinen Geschäftsbetrieb nicht mehr fortführen kann und ggf. Insolvenz anmelden oder in Liquidation gehen muss.[58] Als „absehbare Zeit" wird nach berufsständischen Grundsätzen ein Zeitraum von mind. zwölf Monaten, gerechnet vom Abschlussstichtag, angenommen.[59] In Einzelfällen sowie insb. für Unt mit längeren Produktionszyklen

---

[52] Vgl. IDW PS 450.33 n.F.
[53] Vgl. IDW, IDW-FN 2009, S. 11.
[54] Vgl. IDW S 11.
[55] Vgl. IDW PS 450.34 n.F.
[56] Unzulässigkeit ist auch dann gegeben, wenn eine kleine KapG/KapCoGes aufgrund gesellschaftsvertraglicher oder satzungsmäßiger Regelung zur Aufstellung eines Lageberichts verpflichtet ist.
[57] Vgl. IDW PS 450.34 n.F.
[58] Vgl. Orth/Schäfer, in Baetge/Kirsch/Thiele, Bilanzrecht, § 321 HGB Rz 61, Stand: 7/2018.
[59] Vgl. IDW PS 270.18 n.F.

müssen auch deutlich längere Zeiträume in Betracht gezogen werden. Die Gefährdung muss sich auf den rechtlichen Bestand des Unt beziehen, nicht nur auf Zweigniederlassungen oder andere abgrenzbare Unternehmensteile.
Indikatoren für eine Bestandsgefährdung können z. B. sein:[60]
- nicht kostendeckende Fertigungen,
- häufige Liquiditätsengpässe,
- drohender Abzug von Fremdkapital ohne Ersatzaussichten,
- Nichteinhaltung von Darlehenskonditionen (Covenants),
- ständige Zuschüsse der Anteilseigner,
- erhebliche laufende Verluste,
- nachhaltige Preisveränderungen im Beschaffungs- oder Absatzbereich,
- Ausfall wesentlicher Forderungen,
- Unterbilanz oder der Verlust der Hälfte des Grund- oder Stammkapitals (§ 92 Abs. 1 AktG, § 49 Abs. 3 GmbHG),
- bilanzielle Überschuldung.

In Einzelfällen kann es aus Gründen der Eilbedürftigkeit erforderlich sein, vorab einen gesonderten **Teilbericht** zu erstatten. Aufgrund der Bedeutung der Kenntnis über Bestandsgefährdungen oder Entwicklungsbeeinträchtigungen sind diese Teilberichte vollständig in den Prüfungsbericht aufzunehmen[61] und um bis zum Prüfungsende erfolgte weitere Entwicklungen zu ergänzen.

60

> **Praxis-Beispiel**
> Der Abschlussprüfer stellt i. R. d. Vorprüfung im November 01 fest, dass aufgrund des im laufenden Gj bislang erzielten Verlusts das Stammkapital der prüfungspflichtigen GmbH zu mehr als 50 % aufgezehrt ist. Eine gemeinsam mit der Geschäftsführung vorgenommene überschlägige Hochrechnung ergibt, dass zum 31.12.01 durch den Verlust die mit einem Kreditinstitut vereinbarten Covenants aus einem Darlehensvertrag, nämlich die Eigenkapitalquote, nicht eingehalten werden können, sodass dem Kreditinstitut ein Sonderkündigungsrecht für das Darlehen zustünde.
> Der Abschlussprüfer informiert die Gesellschafterversammlung, die vom Geschäftsführer gem. § 49 Abs. 3 GmbHG unverzüglich einberufen wurde, in Form eines Teilberichts. Die Gesellschafter führen noch vor dem Abschlussstichtag der GmbH weiteres EK zu.
> Bei der im März 02 erfolgenden Hauptprüfung stellt der Abschlussprüfer fest, dass aufgrund der Eigenkapitalzufuhr die Covenants zum 31.12.01 nunmehr nicht verletzt wurden. Wie er dem zwischenzeitlichen Schriftverkehr des Geschäftsführers mit der Hausbank sowie der von ihm eingeholten Saldenbestätigung entnehmen kann, bestehen keine Hinweise, dass die Hausbank die Finanzierung nicht mehr in dem bislang vorgenommenen Umfang vornimmt. Für das Gj 02 wird zum Prüfungsende aufgrund einer zwischenzeitlich seit Jahresbeginn eingetretenen Erhöhung der Auftragseingänge mit einem leicht positiven, mind. aber einem ausgeglichenen Ergebnis gerechnet. Auch wenn der Abschlussprüfer zum Abschluss seiner Prüfung keine konkreten Entwicklungsbeeinträchtigungen oder Bestandsgefährdungen (mehr)

---

[60] Vgl. IDW PS 270.A5 n. F.
[61] Vgl. IDW PS 450.41 n. F.

> erkennen kann, hat er in seinem Prüfungsbericht den erstatteten Teilbericht sowie die weitere Entwicklung bis zum Prüfungsende darzustellen.

61 **Entwicklungsbeeinträchtigende Tatsachen** beziehen sich auf Brüche in der Kontinuität der wirtschaftlichen Entwicklung des geprüften Unt.[62] Zwischen bestandsgefährdenden und entwicklungsbeeinträchtigenden Tatsachen ist keine objektivierte Grenzziehung möglich. Daher kommen grds. dieselben Tatbestände wie bei einer Bestandsgefährdung in Betracht, wobei die Berichtspflicht schon durch weniger schwerwiegende Auswirkungen, die zu mehr als nur zu einer angespannten Lage des Unt führen, ausgelöst wird.[63] Weitere Indikatoren für entwicklungsbeeinträchtigende Tatsachen können bspw. sein:[64]
- drohende längerfristige Dividendenlosigkeit,
- deutliche Verschlechterung der Rentabilität,
- Verkauf von Beteiligungen oder Teilbetrieben zur Deckung kurzfristiger Liquidität,
- Umsatzrückgang wegen des Verlusts wichtiger Märkte oder generellem Nachfragerückgang,
- drohende Sanierungsmaßnahmen,
- Regulierungen mit langfristigen Auswirkungen auf die Rentabilität (z.B. Verschärfung behördlicher Umweltauflagen, Auslaufen von zeitlich befristeten Genehmigungen ohne konkrete Aussicht auf Verlängerung).

62 **Entwicklungsbeeinträchtigende Tatsachen** treten oftmals zeitlich vorgelagert vor bestandsgefährdenden Tatsachen auf. Daher sind derartige Tatsachen bereits dann zu nennen, wenn sie eine Entwicklungsbeeinträchtigung oder eine Gefährdung der Unternehmensfortführung zur Folge haben können, nicht erst dann, wenn die Entwicklungsbeeinträchtigung bereits eingetreten ist.[65] Ziel dieser vom Gesetzgeber gewollten Berichterstattung ist eine frühzeitige Information der Überwachungsgremien, damit ausreichend Zeit für Maßnahmen bleibt, den Entwicklungsbeeinträchtigungen zu begegnen und ggf. Bestandsgefährdungen zu verhindern. Daher sollte der **Abschlussprüfer im Zweifel** über die festgestellten Tatsachen **berichten**. Hierfür spricht auch, dass der Gesetzgeber mit dem im Zuge des BilReG geschaffenen § 321a HGB den Gesellschaftern und Gläubigern ein Einsichtnahmerecht in die Prüfungsberichte der letzten drei Gj eröffnet hat, um feststellen zu können, ob der Abschlussprüfer rechtzeitig auf erkennbare Entwicklungen hingewiesen hat (§ 321a Rz 3).

63 Die Berichterstattung erfolgt durch Schilderung der betreffenden Sachverhalte und den sich daraus möglicherweise ergebenden Auswirkungen. Bestehen größere Beurteilungsrisiken über zukünftige Sachverhalte oder Entwicklungen, ist darüber ebenfalls zu berichten. Es empfiehlt sich, die Ausführungen zu bestandsgefährdenden und entwicklungsbeeinträchtigenden Tatsachen in einem gesonderten Abschnitt des Prüfungsberichts vorzunehmen. Soweit dies nicht erfolgt und die Ausführungen mit denen zur Stellungnahme zur Lagebeurteilung durch die gesetz-

---

[62] Vgl. Kuhner/Päßler, in Küting/Weber, HdR-E, § 321 HGB Rz 36, Stand: 12/2019.
[63] Vgl. IDW PS 450.36 n.F.
[64] Vgl. ADS, Rechnungslegung und Prüfung der Unternehmen, 6. Aufl. 1995–2001, § 321 HGB Rz 77.
[65] Vgl. IDW PS 450.36 n.F.

lichen Vertreter zusammengefasst werden, ist eindeutig darauf hinzuweisen, dass es sich um nach § 321 Abs. 1 Satz 3 HGB berichtspflichtige Tatsachen handelt.[66]
Die **Berichterstattung des Abschlussprüfers** kann nur Tatsachen bzw. Sachverhalte umfassen, die von ihm im **Prüfungsverlauf** festgestellt worden sind. Allerdings sind im Prüfungsverlauf die Prüfungsintensität und Schwerpunktsetzung anzupassen, sodass bei Unt in wirtschaftlich angespannten Verhältnissen oder bei festgestellten Schwächen im internen Kontrollsystem regelmäßig erhöhte Aufmerksamkeit des Abschlussprüfers geboten sein wird. Der Abschlussprüfer darf auch unternehmensextern gewonnene Tatsachen berücksichtigen, es sei denn, sie unterliegen seiner Verschwiegenheitsverpflichtung.[67]

64

> **Praxis-Beispiel**
> Der Abschlussprüfer der prüfungspflichtigen A-GmbH stellt im Zuge der Prüfung des Jahresabschlusses zum 31.12.01 fest, dass in den Forderungen aus L&L eine wesentliche Forderung gegen den Hauptauftraggeber, die B-GmbH, ausgewiesen wird. Die Forderung ist nicht wertberichtigt, da der A-GmbH keine Erkenntnisse bekannt sind, die für eine Wertberichtigung sprechen könnten. Der Abschlussprüfer ist zufällig auch bei der betreffenden B-GmbH zum Abschlussprüfer bestellt und weiß, dass sich die B-GmbH in erheblichen Liquiditätsschwierigkeiten befindet und eine Insolvenz nicht auszuschließen ist.
> Der Abschlussprüfer darf die Kenntnis von den Liquiditätsschwierigkeiten der B-GmbH i.R.d. Abschlussprüfung der A-GmbH nicht verwenden und im Prüfungsbericht ggf. als entwicklungsbeeinträchtigende Tatsache aufführen, da er als Abschlussprüfer der B-GmbH der Verschwiegenheitspflicht nach § 323 HGB unterliegt.

Der Abschlussprüfer hat nur über festgestellte Bestandsgefährdungen oder Entwicklungsbeeinträchtigungen zu berichten. Eine **Negativerklärung** ist nicht erforderlich. Eine positive Feststellung, dass keine berichtspflichtigen Tatsachen vorliegen, kann der Abschlussprüfer nicht abgeben.[68]

65

Bei Abschlussprüfungen von PIE ist Art. 11 Abs. 2 Buchst. i) EU-APrVO zu beachten. Danach hat der Abschlussprüfer, wenn er Ereignisse oder Gegebenheiten festgestellt hat, die erhebliche Zweifel an der Fortführungsfähigkeit des Unt begründen, die Maßnahmen, die bei der Beurteilung der Fortführungsfähigkeit berücksichtigt wurden, im Prüfungsbericht darzustellen.[69]
Dies erfordert die Zusammenfassung aller Garantien, Comfort Letters (Prüfbescheinigungen), Hilfszusagen der öffentlichen Hand und anderer unterstützender Maßnahmen.

66

---

[66] Vgl. IDW PS 450.40 n.F.
[67] Vgl. IDW PS 450.37 n.F.
[68] Vgl. IDW PS 450.39 n.F.
[69] Vgl. IDW PS 450. P35/1 n.F.

3.2.2 Falsche Darstellungen und sonstige Verstöße (Abs. 1 Satz 3 Teilsatz 1 und 3)

67 In die **Vorwegberichterstattung** einzubeziehen sind auch im Verlauf der Abschlussprüfung gewonnene Erkenntnisse über falsche Darstellungen oder sonstige Verstöße gegen gesetzliche Vorschriften sowie Tatsachen, die schwerwiegende Verstöße der gesetzlichen Vertreter oder von Arbeitnehmern gegen Gesetz, Gesellschaftsvertrag oder die Satzung erkennen lassen (Abs. 1 Satz 3).

68 **Unrichtigkeiten** i. S. d. Vorschrift sind zum einen **unbewusste Fehler** (z. B. Schreib- und Rechenfehler, Fehleinschätzungen, unbeabsichtigt falsche Anwendung von Rechnungslegungsgrundsätzen in Buchführung, Jahresabschluss und Lagebericht). In Anlehnung an das international gebräuchliche Vokabular spricht man bei Unrichtigkeiten nunmehr von falschen Darstellungen aufgrund von Irrtümern.[70] **Verstöße** sind demgegenüber **bewusste Handlungen und Unterlassungen**, die im Widerspruch zu Gesetzen oder sonstigen Vorschriften stehen und auch als dolose Handlungen bezeichnet werden.[71]

69 Eine Berichtspflicht für Unrichtigkeiten und Verstöße besteht nur, soweit der Abschlussprüfer solche feststellt. Eine **Negativerklärung**, dass keine berichtspflichtigen Unregelmäßigkeiten vorliegen, sollte nicht abgegeben werden.[72]

70 Bei festgestellten falschen Darstellungen und sonstigen Verstößen hat der Abschlussprüfer die daraus ggf. bestehenden Auswirkungen auf den Bestätigungsvermerk zu erläutern.

71 Die für bestandsgefährdende oder entwicklungsbeeinträchtigende Tatsachen bestehende Pflicht zur Erstattung von Teilberichten bei Eilbedürftigkeit (Rz 60) ist auch auf Unregelmäßigkeiten anzuwenden;[73] insb. dann, wenn es sich um von der Geschäftsführung durchgeführte bzw. veranlasste Unregelmäßigkeiten (sog. top management fraud) handelt.

3.2.2.1 Falsche Darstellungen in der Rechnungslegung

72 Bei der Berichterstattung über falsche Darstellungen gegen Vorschriften zur Rechnungslegung sind neben den **gesetzlichen Vorschriften** auch die (kodifizierten oder nicht kodifizierten) **GoB** zu beachten.[74] Zu den GoB rechnen gem. der Fiktion des § 342q Abs. 2 HGB die vom DRSC verabschiedeten und vom BMJV bekannt gemachten DRS. Weiterhin können auch **rechnungslegungsbezogene Vorschriften des Gesellschaftsvertrags bzw. der Satzung** zu beachten sein. Beispiele für solche Regelungen sind:
- verkürzte Frist zur Aufstellung des Jahresabschlusses und Lageberichts,
- Regelungen bei Personengesellschaften zur Verzinsung von Gesellschafterkonten oder zur Berechnung der Haftungsvergütung der Komplementärin,
- Satzungsregelungen bei KGaA zur Berechnung von Vergütungen (Tätigkeitsvergütungen, Gewinnanteil, Tantieme) des phG,
- gesellschaftsrechtliche Regelungen bei Personengesellschaften über die Dotierung von Rücklagen bei Aufstellung des Jahresabschlusses.

---

[70] Vgl. IDW PS 450.42.
[71] Vgl. ISA [DE] 240.D.3.1.
[72] Vgl. IDW PS 450.43 n. F.
[73] Vgl. IDW PS 210.62.
[74] Vgl. BT-Drs. 13/9712 v. 28.1.1998 S. 28.

Das **Gebot der Wesentlichkeit** erfordert, nicht sämtliche festgestellten falschen Darstellungen, sondern nur die für die Überwachungstätigkeit der Geschäftsführung bzw. der geprüften Ges. **bedeutsamen im Prüfungsbericht** aufzuführen. Im Verlaufe der Abschlussprüfung behobene Fehler im Jahresabschluss sind entsprechend grds. nicht berichtspflichtig.[75]

73

> **Praxis-Beispiel**
> Der Abschlussprüfer stellt bei seiner Prüfung fest, dass Aufwendungen für Personaleinstellungen i. H. v. 100 EUR unter den Löhnen und Gehältern, die sich insgesamt auf 1.500 TEUR belaufen, ausgewiesen werden. Es handelt sich um eine Unrichtigkeit, da ein Ausweis unter Sonstige betriebliche Aufwendungen geboten ist.
> Der Fehler liegt unterhalb der Wesentlichkeits- und Nichtaufgriffsgrenze des Abschlussprüfers, sodass für das Prüfungsergebnis keine Konsequenzen zu ziehen waren. Die Unrichtigkeit ist für die Überwachung der Geschäftsführung von keiner bzw. sehr geringer Relevanz, sodass im Prüfungsbericht unter Unregelmäßigkeiten in der Rechnungslegung keine Ausführungen erforderlich sind.

Die **Wesentlichkeit** bestimmt sich in derartigen Fällen nicht allein an den betragsmäßigen Auswirkungen einer Unrichtigkeit, wie nachfolgendes Beispiel illustriert:

74

> **Praxis-Beispiel**
> Im Zuge der Prüfung des internen Kontrollsystems im Bereich Personal stellt der Abschlussprüfer bei Auswertung seiner Stichproben fest, dass der Allein-Geschäftsführer mehrfach gegen die Reisekostenrichtlinien der prüfungspflichtigen GmbH verstoßen und überhöhte Spesenabrechnungen von insgesamt 2.000 EUR vorgenommen hat. Auf Befragen erklärt der Geschäftsführer, dass ihm diese Fehler bislang nicht bekannt waren und er sich die Sachverhalte nur als Versehen erklären kann.
> Der eigentlich zu bilanzierende Rückforderungsanspruch gegen den Geschäftsführer liegt unter der Wesentlichkeitsgrenze des Abschlussprüfers, sodass keine Konsequenzen für das Prüfungsergebnis (Bestätigungsvermerk) zu ziehen sind. Infrage kann aber trotz der betragsmäßig geringen Höhe eine Berichterstattung als Unregelmäßigkeit kommen. Dies ist vom Abschlussprüfer eigenverantwortlich unter Berücksichtigung des Empfängerkreises des Prüfungsberichts (existiert ein Aufsichtsrat, ist der Geschäftsführer gleichzeitig Alleingesellschafter?) zu entscheiden.

Grds. sind nur solche falschen Darstellungen berichtspflichtig, die bis zum Prüfungsende nicht behoben sind. Soweit aber falsche Darstellungen im Prüfungsverlauf behoben wurden, kann der Abschlussprüfer eigenverantwortlich gleichwohl darüber berichten, wenn dies nach seinem Ermessen für die Überwachungsfunktion des

75

---

[75] Vgl. IDW PS 450.47 n. F.

Aufsichtsrats wesentlich erscheint. Dies betrifft insb. solche falschen Darstellungen, die auf Schwächen im internen Kontrollsystem der Ges. hindeuten.[76]

76 Eine Berichtspflicht kann sich auch dadurch ergeben, dass trotz Auskunftsbereitschaft des Unt vom Abschlussprüfer nicht festgestellt werden kann, ob eine Täuschung, Vermögensschädigung oder ein Gesetzesverstoß vorliegt.[77]

3.2.2.2 Sonstige Verstöße

77 Hierunter sind solche Verstöße der gesetzlichen Vertreter oder Arbeitnehmer gegen Gesetz, Gesellschaftsvertrag oder Satzung zu erfassen, die sich nicht unmittelbar auf die Rechnungslegung beziehen. Es sind bereits solche Tatsachen berichtspflichtig, die einen substanziellen Hinweis auf schwerwiegende Verstöße enthalten, ohne dass der Abschlussprüfer eine abschließende rechtliche Würdigung zu treffen hat.[78]

78 Derartige Verstöße betreffen Gesetze, die das Unt oder deren Organe als solche verpflichten oder i. R. d. Tätigkeit der gesetzlichen Vertreter als Arbeitnehmer für die Ges. anfallen.[79] Demgegenüber sind Verstöße der gesetzlichen Vertreter oder Arbeitnehmer, die deren Privatbereich betreffen, nicht von der Berichtspflicht erfasst. **Beispiele** für **berichtspflichtige Gesetzesverstöße** sind:
- Verstoß gegen Vorschriften der Kapitalerhaltung (z. B. entgegen § 92 Abs. 2 AktG, § 49 Abs. 3 GmbHG keine Einberufung einer Haupt- bzw. Gesellschafterversammlung bei Verlust i. H. v. 50 % des Grund- bzw. Stammkapitals),
- Verstoß gegen Aufstellungsvorschriften (z. B. Nichtaufstellung eines Konzernabschlusses),
- Verstoß gegen Offenlegungsvorschriften,
- bei börsennotierten Unt: Tatsachen, die erkennen lassen, dass die nach § 161 AktG abgegebene Entsprechenserklärung zum DCGK inhaltlich unzutreffend ist,
- Maßnahmen der Geschäftsführung, die ohne die erforderliche Zustimmung der Gesellschafterversammlung oder des Aufsichtsrats durchgeführt werden (zustimmungspflichtige Rechtsgeschäfte),
- Nichtdurchführung einer erforderlichen Pflichtprüfung nach § 316 HGB des Vorjahresabschlusses (und damit Nichtigkeit des Vorjahresabschlusses),
- Verstöße gegen das Geldwäschegesetz, Steuergesetze, Insolvenzrecht, Strafrecht (z. B. Untreue), BetrVG, MitbestG,
- Nichterstellung oder Nichtveröffentlichung eines Entgeltberichts nach § 21 Abs. 1 Satz 1 EntgTranspG.

79 Bei Abschlussprüfungen von PIE besteht aufgrund Art. 11 Abs. 1 EU-APrVO eine entsprechende Berichterstattungspflicht. Im Unterschied zu § 321 Abs. 1 Satz 3 HGB beschränkt sich die dortige Berichterstattungspflicht nicht auf Verstöße der gesetzlichen Vertreter oder von Arbeitnehmern. Entscheidend ist vielmehr, ob die Berichterstattung für den Prüfungsausschuss für die Wahrnehmung seiner Aufgaben relevant ist.[80]

---

[76] Vgl. IDW PS 450.47 n. F.
[77] Vgl. Justenhoven/Deicke, in Beck Bil-Komm., 13. Aufl. 2022, § 321 HGB Rz 48.
[78] Vgl. BT-Drs. 14/8769 v. 11.4.2002 S. 28.
[79] Vgl. IDW, WPH Edition, Wirtschaftsprüfung & Rechnungslegung, 18. Aufl. 2023, Kap. M Tz 260.
[80] Vgl. IDW PS 450.P50/1 n. F.

Soweit der Abschlussprüfer bedeutsame Schwächen in den nicht auf den Jahresabschluss oder Lagebericht bezogenen Bereichen des internen Kontrollsystems festgestellt hat, hat er hierüber ebenfalls nach § 321 Abs. 1 Satz 3 HGB zu berichten.[81]
Es wird empfohlen in derartigen Fällen darauf hinzuweisen, dass diese Schwächen zwar als Ergebnis der Prüfungshandlungen festgestellt wurden, die Prüfung aber nicht darauf gerichtet ist, das interne Kontrollsystem unbeschadet einer Erweiterung des Prüfungsauftrags weitergehend zu beurteilen, als dies für die Beurteilung von Jahresabschluss und Lagebericht erforderlich ist.[82]

80

3.3 Gegenstand, Art und Umfang (Abs. 3)

Abs. 3 der Vorschrift verpflichtet den Abschlussprüfer, in einem besonderen Abschnitt des Prüfungsberichts Gegenstand, Art und Umfang der Abschlussprüfung zu erläutern. Darüber hinaus ist im Prüfungsbericht auch auf die angewandten Rechnungslegungs- und Prüfungsgrundsätze einzugehen. Aufgrund der Adressatenausrichtung des Prüfungsberichts sind hier zur Schaffung einer besseren Beurteilungsmöglichkeit der Prüfungstätigkeit des Abschlussprüfers[83] detailliertere Erläuterungen zu geben, als dies in dem für die Öffentlichkeit bestimmten Bestätigungsvermerk erfolgt. Ziel ist es, das Aufsichtsorgan bei seiner eigenen Prüfung des Jahresabschlusses und Lageberichts (vgl. § 171 Abs. 1 AktG) zu unterstützen, indem der Abschlussprüfer seine Vorgehensweise darzulegen hat.

81

Gegenstand der Abschlussprüfung sind gem. § 317 HGB
- die Buchführung,
- der Jahresabschluss,
- der Lagebericht sowie
- ggf. das Risikofrüherkennungssystem nach § 91 Abs. 2 AktG (nur bei börsennotierten AG/KGaA/SE).

Bei börsennotierten und bestimmten anderen AG, die nach § 289f HGB in einem gesonderten Abschnitt des Lageberichts eine Erklärung zur Unternehmensführung bzw. die Angabe der Internetseite aufzunehmen haben, auf der die Erklärung dauerhaft öffentlich zugänglich gemacht wird, ist darauf hinzuweisen, dass dieser Abschnitt des Lageberichts gem. § 317 Abs. 2 Satz 4 HGB nicht in die Prüfung einzubeziehen ist; insoweit ist in der Prüfung lediglich festzustellen, ob diese Angaben gemacht wurden.[84]
In derartigen Fällen sind diese sog. sonstigen Informationen[85] gem. ISA [DE] 720 (Revised) kritisch zu lesen. Entsprechend ist im Hinblick auf die Vorgaben nach den §§ 289b bis 289e HGB zur nichtfinanziellen Berichterstattung darauf hinzuweisen, dass der Abschlussprüfer gem. § 317 Abs. 2 Satz 4 HGB nur zu prüfen hat, ob die nichtfinanzielle Erklärung oder der gesonderte nichtfinanzielle Bericht

82

---

[81] Vgl. IDW PS 261.93 n.F.
[82] Vgl. IDW PS 450.50a n.F.
[83] BT-Drs. 13/9712 v. 28.1.1998 S. 29.
[84] Vgl. IDW PS 450.52a n.F.
[85] Vgl. IDW PS 400.10h) n.F.

vorgelegt wurden. Auch hier ist entsprechend ISA [DE] 720 (Revised) zu berücksichtigen, d. h. diese sonstigen Informationen sind kritisch zu lesen.[86]
Anders ist es bei dem von bestimmten Ges. gem. § 22 Abs. 4 EntgTranspG dem Lagebericht als Anlage beizufügenden Bericht zur Gleichstellung und Entgeltgleichheit (Entgeltbericht). Dieser ist nicht Gegenstand der Abschlussprüfung, worauf im Prüfungsbericht hinzuweisen ist.[87]

83 Der Abschlussprüfer hat anzugeben, nach welchen **Rechnungslegungsgrundsätzen** der Jahresabschluss aufgestellt wurde. Dies können bspw. sein:
- deutsche handelsrechtliche Vorschriften,[88]
- IFRS, wie sie in der EU anzuwenden sind („EU-IFRS" gem. § 315e Abs. 1 HGB),
- vollständige IFRS („full IFRS"),
- IFRS for SME,
- US-GAAP oder
- andere nationale Rechnungslegungsstandards.

84 Ist aufgrund größenabhängiger, rechtsform- oder wirtschaftszweigspezifischer gesetzlicher Regelungen (z.B. § 53 GenG, § 29 KWG, § 57 VAG) oder i.R.d. Auftragserteilung der Gegenstand der Abschlussprüfung gegenüber § 317 HGB erweitert worden, ist **auf Erweiterungen des Prüfungsgegenstands** im Prüfungsbericht einzugehen, unabhängig davon, ob auf diese Erweiterungen im Bestätigungsvermerk einzugehen ist oder nicht.[89]

85 Bei KapG bzw. KapCoGes, die als TU unter Inanspruchnahme von § 264 Abs. 3 oder 4 bzw. § 264b HGB ausschl. die für alle Kfl. geltenden Vorschriften beachten, aber die Prüfungserleichterung nicht in Anspruch nehmen (Pflichtprüfung[90]), kann darauf hingewiesen werden, dass der Jahresabschluss nach den Vorschriften des Ersten Abschnitts des Dritten Buchs des HGB aufgestellt wurde. Zweckmäßig erscheint in diesem Zusammenhang darüber hinaus der Hinweis, dass im Zeitpunkt der Beendigung der Abschlussprüfung die Erfüllung der Voraussetzungen des § 264 Abs. 3 oder Abs. 4 HGB insoweit nicht beurteilt werden konnte, als diese Voraussetzungen ihrer Art nach erst zu einem späteren Zeitpunkt erfüllbar sind; die fehlenden Voraussetzungen sollten hierbei genannt werden (zu Auswirkungen auf den Bestätigungsvermerk, § 322 Rz 114).

86 Es empfiehlt sich, in diesem Berichtsabschnitt darauf hinzuweisen, dass für die Rechnungslegung, den dazu eingerichteten internen Kontrollen sowie die Angaben gegenüber dem Abschlussprüfer die gesetzlichen Vertreter die Verantwortung tragen und die Aufgabe des Abschlussprüfers darin besteht, die Unterlagen, die zugrunde liegende Buchführung sowie die gemachten Angaben zu prüfen.[91]

87 Soweit der Abschlussprüfer vorab Teilberichte über Prüfungsergebnisse erstattet hat (Rz 198), hat er eine Übersicht der erstatteten Teilberichte und deren Gegenstand zu geben.[92]

88 Weiterhin hat der Abschlussprüfer Angaben zu **Art und Umfang** der Abschlussprüfung vorzunehmen. Hierbei sind zunächst die angewandten **Prüfungsgrundsätze**

---

[86] Vgl. IDW PS 450.52b n.F.
[87] Vgl. IDW PS 450.52c n.F.
[88] Vgl. IDW PS 201.5 ff.
[89] Vgl. IDW PS 450.54 n.F.
[90] Vgl. IDW PH 9.200.1.4.
[91] Vgl. IDW PS 450.53 n.F.
[92] Vgl. IDW PS 450.60 n.F.

zu bezeichnen. Dies werden im Regelfall die vom IDW festgestellten Grundsätze ordnungsmäßiger Abschlussprüfung sein. Sofern ergänzend andere Prüfungsgrundsätze, insb. die ISA, angewandt wurden, sollte dies ebenfalls angegeben werden (Rz 226).[93] Bzgl. der Angabepflichten zu den angewandten Prüfungsgrundsätzen im Bestätigungsvermerk vgl. § 322 Rz 44. Soweit der Abschlussprüfer in sachlich begründeten Einzelfällen von den deutschen Prüfungsgrundsätzen abweicht, hat er dies im Prüfungsbericht darzulegen und zu begründen.[94]

Der Abschlussprüfer hat darüber hinaus seine **Prüfungsstrategie** und seine Prüfungsdurchführung näher zu erläutern, wobei auch Angaben zur zeitlichen Durchführung, insb. bei längeren Unterbrechungen z.B. wegen fehlender Prüfungsbereitschaft des Unt, empfohlen werden.[95] Im Einzelnen können folgende Angaben in Betracht kommen:[96]

- Prüfung des rechnungslegungsbezogenen internen Kontrollsystems,
- Prüfungsschwerpunkte (auch solche, die mit dem Aufsichtsrat vereinbart wurden),
- Zielsetzung und Verwendung von Auswahlverfahren (Vollerhebung, bewusste Auswahl und Stichprobe),
- Angaben zu den Bestandsnachweisen (z.B. Anlagenkartei, Grundbuchauszüge, Teilnahme an Inventuren durch den Abschlussprüfer, Einholung von Saldenbestätigungen und andere Bestätigungen Dritter),
- Prüfung von rechnungslegungsbezogenen organisatorischen Umstellungen (z.B. im Berichtsjahr erfolgter IT-Systemwechsel),
- Verwendung der Prüfungsergebnisse Dritter (z.B. Abschlussprüfer von TU),
- Prüfung von Zweigniederlassungen, Werken, Betriebsstätten,
- Prüfung der Angaben im Lagebericht, insb. prognostischer Angaben,
- Zusammenarbeit mit der internen Revision,
- Auswirkungen aus dem Vorjahresabschluss (z.B. bei nicht geprüftem Vorjahresabschluss),
- Besonderheiten bei Erstprüfungen[97] (Rz 202),
- Auswirkungen eines erweiterten Prüfungsauftrags.

Unbeachtet der Pflichten nach IDW PS 270 n.F. hat sich die Prüfung nicht darauf zu erstrecken, ob der Fortbestand des geprüften Unt oder die Wirksamkeit und Wirtschaftlichkeit der Geschäftsführung zugesichert werden kann (§ 317 Abs. 4a HGB). Es empfiehlt sich, hierauf im Prüfungsbericht hinzuweisen.[98]

Eine Darstellung einzelner Prüfungshandlungen oder eine Begründung des Prüfungsvorgehens ist nicht erforderlich, zumal dies ggf. die Effizienz und Vertraulichkeit von Folgeprüfungen beeinträchtigen könnte.[99]

Die Darstellung muss so angelegt sein, dass das Überwachungsgremium erkennen kann, auf welche **externen Nachweise** sich der Abschlussprüfer gestützt und wie die **Grundzüge des Prüfungsvorgehens** erfolgt sind, um ggf. Konsequenzen

---

[93] Vgl. Orth/Schäfer, in Baetge/Kirsch/Thiele, Bilanzrecht, § 321 HGB Rz 105, Stand: 7/2018.
[94] Vgl. IDW PS 450.55 n.F.
[95] Vgl. Kuhner/Päßler, in Küting/Weber, HdR-E, § 321 HGB Rz 73, Stand: 12/2019.
[96] Vgl. IDW PS 450.57 n.F.
[97] Vgl. IDW PS 205.17ff.
[98] Vgl. IDW PS 450.56 n.F.
[99] Vgl. Kuhner/Päßler, in Küting/Weber, HdR-E, § 321 HGB Rz 75, Stand: 12/2019.

92 Gem. § 321 Abs. 2 Satz 6 HGB hat der Abschlussprüfer im Prüfungsbericht anzugeben, ob die gesetzlichen Vertreter die verlangten **Auskünfte und Nachweise** erbracht haben. Kommen die gesetzlichen Vertreter ihren Auskunfts- und Nachweispflichten gem. § 320 Abs. 2 HGB nach, genügt eine Feststellung, dass alle erbetenen Auskünfte und Nachweise erbracht wurden. Außerdem ist auf die Abgabe einer **Vollständigkeitserklärung** durch die gesetzlichen Vertreter hinzuweisen. Soweit der Abschlussprüfer Zweifel an der Richtigkeit von Auskünften hat oder wenn Nachweise oder Auskünfte nicht oder nur verzögert erteilt bzw. vorgelegt worden sind, hat der Abschlussprüfer darzulegen, inwieweit sich dadurch Auswirkungen auf eine abschließende und verlässliche Beurteilung der Prüfungsgegenstände und damit auch auf den Bestätigungsvermerk ergeben haben.[102]

für die eigene Überwachungstätigkeit erkennen zu können.[100] Wenn trotz ggf. durchgeführter alternativer Prüfungshandlungen eine Beurteilung wesentlicher Sachverhalte aufgrund von Prüfungshemmnissen nicht oder nicht mit der hinreichenden Sicherheit möglich ist, ist dies im Prüfungsbericht darzulegen.[101]

93 Abschlussprüfer von PIE haben darüber hinaus folgende Angabepflichten aufgrund der EU-APrVO zu beachten:
- Art. 11 Abs. 2 Buchst. b) und e) EU-APrVO fordert die Angabe jedes an der Prüfung beteiligten Prüfungspartners sowie eine Beschreibung des Umfangs und des Zeitplans der Prüfung;
- Art. 10 Abs. 2 Buchst. c) EU-APrVO erfordert eine Beschreibung der bedeutsamsten beurteilten Risiken wesentlicher falscher Darstellungen, einschl. der beurteilten Risiken wesentlicher falscher Darstellungen aufgrund von Betrug, eine Zusammenfassung der Reaktion des Abschlussprüfers auf diese Risiken und ggf. wichtige Feststellungen, die sich in Bezug auf diese Risiken ergeben;
- nach Art. 11 Abs. 2 Buchst. c) EU-APrVO hat ggf. ein Hinweis darauf zu erfolgen, dass der Abschlussprüfer Vorkehrungen getroffen hat, dass bestimmte seiner Tätigkeiten von einem anderen Abschlussprüfer, der nicht demselben Netzwerk angehört, durchgeführt werden, oder dass auf die Arbeit externer Sachverständiger zurückgegriffen wird, sowie die Bestätigung, dass der Abschlussprüfer seitens des anderen Abschlussprüfers und/oder des externen Sachverständigen eine Bestätigung hinsichtlich ihrer Unabhängigkeit erhalten hat;
- Art. 11 Abs. 2 Buchst. g) EU-APrVO sieht eine Beschreibung der verwendeten Methode vor, u. a. dahingehend, welche Kategorien der Bilanz direkt überprüft wurden und welche Kategorien dabei System- und Zuverlässigkeitsprüfungen unterzogen wurden, einschl. einer Erläuterung wesentlicher Veränderungen bei der Gewichtung von System- und Zuverlässigkeitsprüfungen gegenüber dem Vj., selbst wenn der Vj.-Abschluss von einem anderen Abschlussprüfer geprüft wurde;
- Art. 11 Abs. 2 Buchst. h) EU-APrVO erfordert die Darlegung der quantitativen Wesentlichkeitsgrenze, die bei der Durchführung der Abschlussprüfung für den Abschluss als Ganzes zugrunde gelegt wurde, sowie ggf. angewandte spezi-

---

[100] Vgl. IDW PS 450.56 n. F.
[101] Vgl. IDW, WPH Edition, Wirtschaftsprüfung & Rechnungslegung, 18. Aufl. 2023, Kap. M Tz 333.
[102] Vgl. IDW, WPH Edition, Wirtschaftsprüfung & Rechnungslegung, 18. Aufl. 2023, Kap. M Tz 340; IDW PS 450.59 n. F.

fische Wesentlichkeitsgrenzen sowie die Darlegung der qualitativen Faktoren, die bei der Festlegung der Wesentlichkeitsgrenze berücksichtigt wurden;
- nach Art. 11 Abs. 2 Buchst. p) i) EU-APrVO sind etwaige bedeutsame Schwierigkeiten, die während der Abschlussprüfung aufgetreten sind, aufzuführen;
- nach Art. 11 Abs. 2 Buchst. p) ii) EU-APrVO sind etwaige sich aus der Abschlussprüfung ergebende bedeutsame Sachverhalte, die besprochen wurden oder Gegenstand des Schriftverkehrs mit dem Management waren, aufzuführen;
- nach Art. 11 Abs. 2 Buchst. p) iii) EU-APrVO sind etwaige sonstige sich aus der Abschlussprüfung ergebende Sachverhalte, die nach Einschätzung des Abschlussprüfers für die Aufsicht über den Rechnungslegungsprozess bedeutsam sind;
- die Angabe, ob das geprüfte Unt alle verlangten Erläuterungen und Unterlagen geliefert hat (Art. 11 Abs. 2 Buchst. o) EU-APrVO) sowie
- eine Beschreibung der Art, der Häufigkeit und des Umfangs der Kommunikation mit dem Prüfungsausschuss, dem Unternehmensleitungsorgan und dem Verwaltungs- oder Aufsichtsorgan, einschl. der Zeitpunkte der Zusammenkünfte mit diesen Organen (Art. 11 Abs. 2 Buchst. b) EU-APrVO).

3.4 Feststellungen und Erläuterungen zur Rechnungslegung (Abs. 2)

Abs. 2 Satz 1 verpflichtet den Abschlussprüfer festzustellen, ob die Buchführung und die weiteren geprüften Unterlagen, der Jahresabschluss sowie der Lagebericht den gesetzlichen Vorschriften und den ergänzenden Vorschriften des Gesellschaftsvertrags bzw. der Satzung entsprechen. Da es sich um die **Feststellung der Ordnungsmäßigkeit** handelt, kann auf die Darstellung von unwesentlichen und unproblematischen Teilen des Jahresabschlusses verzichtet werden.[103]

Abs. 2 Satz 2 verlangt demgegenüber eine Berichterstattung über solche Beanstandungen, die zwar nicht zu einer Einschränkung oder Beanstandung des Bestätigungsvermerks (genauer: Modifizierung eines Prüfungsurteils im Bestätigungsvermerk) geführt haben, für die Überwachung der Geschäftsführung und des geprüften Unt aber von Bedeutung sind.[104] In Betracht kommen hierbei wohl insb. Feststellungen zu Schwachstellen im rechnungslegungsbezogenen internen Kontrollsystem (Rz 98).

Abs. 2 Satz 3 fordert das Eingehen darauf, ob der Abschluss insgesamt unter Beachtung der GoB oder sonstiger maßgeblicher Rechnungslegungsgrundsätze ein den tatsächlichen Verhältnissen entsprechendes Bild der Vermögens-, Finanz- und Ertragslage der Ges. vermittelt.[105]

Abs. 2 Satz 4 verpflichtet den Abschlussprüfer zur Beurteilung der Gesamtaussage des Jahresabschlusses unter besonderer Berücksichtigung von
- wesentlichen Bewertungsgrundlagen,
- Änderungen in den Bewertungsgrundlagen und
- sachverhaltsgestaltenden Maßnahmen.

Abs. 2 Satz 5 erfordert angemessene Aufgliederungen und Erläuterungen einzelner Posten des Jahresabschlusses, soweit diese Angaben nicht im Anhang enthalten sind.

94

---

[103] BT-Drs. 14/8769 v. 14/8769 S. 28.
[104] Vgl. IDW PS 450.62 n.F.
[105] Vgl. IDW, WPH Edition, Wirtschaftsprüfung & Rechnungslegung, 18. Aufl. 2023, Kap. M Tz 344.

3.4.1 Ordnungsmäßigkeit der Rechnungslegung

3.4.1.1 Buchführung und weitere geprüfte Unterlagen

95 Die Beurteilung der Ordnungsmäßigkeit der Buchführung betrifft die Verpflichtungen aus §§ 238–241 HGB. Hierzu gehören:
- die Organisation und das System der Buchführung,
- das Beleg- und Ablagewesen,
- die zeitnahe, vollständige und fortlaufende Erfassung von Geschäftsvorfällen,
- die Bestandsnachweise,
- die Herleitung des Abschlusses aus der Buchführung,
- das rechnungslegungsrelevante interne Kontrollsystem.

In Betracht kommen nicht sämtliche der angesprochenen Punkte, sondern die für den Berichtsadressaten aus Sicht des Abschlussprüfers relevanten. Daher werden insb. Veränderungen gegenüber dem Vorjahr (z. B. organisatorische Veränderungen, Wechsel des Buchführungssystems) anzusprechen sein.[106]

96 Die Beurteilung der Ordnungsmäßigkeit der Buchführung erfordert keine Feststellungen zum gesamten Rechnungswesen, sondern zur **Finanzbuchführung**, soweit auf ihr der Jahresabschluss aufbaut. Bestandteile der Finanzbuchführung sind das Hauptbuch, die verschiedenen Nebenbücher (z. B. Anlagenbuchhaltung, Debitoren- und Kreditorenbuchhaltung, Lohn- und Gehaltsbuchhaltung), das Bestandswesen sowie Inventare und Saldenlisten.[107]

97 Hierzu werden regelmäßig auch Ausführungen zum verwendeten **IT-System** erforderlich sein. Soweit im Zuge der Abschlussprüfung Mängel hinsichtlich der Sicherheit der für Zwecke der Rechnungslegung verarbeiteten Daten festgestellt werden, sind diese im Prüfungsbericht darzustellen.[108] Eine Negativerklärung, dass derartige Mängel nicht festgestellt worden sind, ist nicht gefordert.

98 Soweit bei der Abschlussprüfung im Rechnungswesen wesentliche Mängel festgestellt worden sind, die auf **organisatorische Schwächen** (z. B. mangelnde Sorgfalt, mangelnde Anweisung und Ausbildung von Mitarbeitern, fehlende Abstimmung von IT-Systemen) hindeuten, ist über diese zu berichten, auch wenn sie bis zum Prüfungsende behoben sind.[109] Sind derartige Feststellungen oder Mängel nach Einschätzung des Abschlussprüfers für die Berichtsadressaten nicht von Bedeutung, kann er von einer Aufnahme in den Bericht absehen und auf sie stattdessen mündlich oder in einem Management Letter (Rz 40) hinweisen.

99 Besondere Bedeutung in der Berichterstattung des Abschlussprüfers haben festgestellte **wesentliche Mängel des internen Kontrollsystems**, z. B. fehlende Funktionstrennung, fehlende Kontrollmaßnahmen. Eine Berichterstattungspflicht besteht in besonderem Maße, wenn die festgestellten Mängel im internen Kontrollsystem auf eine Verletzung der Sorgfaltspflicht der gesetzlichen Vertreter schließen lassen.[110]

100 Für Abschlussprüfer von PIE ist Art. 11 Abs. 2 Buchst. j) EU-APrVO zu beachten, wonach die Angabe bedeutsamer Mängel im internen Finanzkontrollsystem des geprüften Unt oder im Rechnungslegungssystem obligatorisch ist. Dabei ist im

---

[106] Vgl. Kuhner/Päßler, in Küting/Weber, HdR-E, § 321 HGB Rz 49, Stand: 12/2019.
[107] Vgl. IDW, WPH Edition, Wirtschaftsprüfung & Rechnungslegung, 18. Aufl. 2023, Kap. M Tz 347.
[108] Vgl. IDW PS 450.65 n. F.
[109] Vgl. IDW, WPH Edition, Wirtschaftsprüfung & Rechnungslegung, 18. Aufl. 2023, Kap. M Tz 354.
[110] Vgl. IDW, WPH Edition, Wirtschaftsprüfung & Rechnungslegung, 18. Aufl. 2023, Kap. M Tz 356.

Prüfungsbericht auch darauf einzugehen, ob diese festgestellten bedeutsamen Schwächen zwischenzeitlich vom Unt beseitigt worden sind oder nicht.[111]

Es empfiehlt sich für den Abschlussprüfer auch über festgestellte wesentliche Mängel in den nicht rechnungslegungsbezogenen Bereichen des internen Kontrollsystems zu berichten und hierbei darauf hinzuweisen, dass Systemschwächen zwar als Prüfungsergebnis festgestellt wurden, die Abschlussprüfung aber nicht darauf gerichtet ist, die Wirksamkeit des internen Kontrollsystems für Geschäftsführungszwecke zu beurteilen.

Bei den **weiteren geprüften Unterlagen** handelt es sich um solche Unterlagen, die der Abschlussprüfer bei seiner Prüfung der Ordnungsmäßigkeit der Rechnungslegung ergänzend herangezogen hat. Dies können bspw. sein:
- Kostenrechnung, BAB,
- Planungsrechnungen,
- Verträge,
- Protokolle von Aufsichtsrats- oder Gesellschafterversammlungen,
- Unternehmensinternes Reporting an Geschäftsführung, Aufsichtsrat, GesV.

Der Abschlussprüfer hat hinsichtlich dieser weiteren geprüften Unterlagen festzustellen, ob die aus ihnen hervorgehenden Informationen zu einer ordnungsgemäßen Abbildung in Buchführung, Jahresabschluss und Lagebericht geführt haben.

3.4.1.2 Jahresabschluss

Der Abschlussprüfer hat gem. Abs. 2 Satz 1 auszuführen, ob der Jahresabschluss den gesetzlichen Vorschriften und den ergänzenden Bestimmungen des Gesellschaftsvertrags bzw. der Satzung entspricht.

Dies umfasst die Beurteilung, ob im Jahresabschluss die maßgeblichen gesetzlichen Vorschriften einschl. der GoB und alle größenabhängigen, rechtsformgebundenen oder wirtschaftszweigspezifischen Regelungen sowie Jahresabschluss-bezogene Regelungen des Gesellschaftsvertrags oder der Satzung beachtet worden sind.[112]

Die Aussage bezieht sich auf die Bestandteile des Jahresabschlusses, d.h. Bilanz, GuV und Anhang. Bei kapitalmarktorientierten Gesellschaften i.S.d. § 264d HGB, die nicht konzernrechnungslegungspflichtig sind, umfasst der Jahresabschluss darüber hinaus eine KFR und einen Eigenkapitalspiegel sowie fakultativ eine Segmentberichterstattung (§ 264 Rz 33).

In diesem Berichtsabschnitt ist auch einzugehen auf etwaige Durchbrechungen der Ansatz- und Bewertungsstetigkeit[113] sowie auf fehlende oder eingeschränkte Vergleichbarkeit zum Vorjahresabschluss.[114]

Bzgl. des **Anhangs** ist festzustellen, ob dieser alle gesetzlich vorgeschriebenen Pflichtangaben enthält. Im Fall einer Zusammenfassung von Anhang/Konzernanhang nach § 298 Abs. 3 HGB sollte dies sowohl für die Pflichtangaben des Anhangs wie auch des Konzernanhangs erfolgen. Nimmt der Bilanzierende im Anhang eine eingeschränkte Berichterstattung unter Bezugnahme auf § 286 HGB oder § 160 Abs. 2 AktG vor, so hat der Abschlussprüfer darzustellen, ob

---

[111] Vgl. IDW PS 450.P65/2 n.F.
[112] Vgl. IDW PS 450.67 n.F.
[113] Zur Zulässigkeit vgl. IDW RS HFA 38.15.
[114] Vgl. hierzu ISA [DE] 710.

dies zu Recht erfolgt ist.¹¹⁵ Weiterhin ist im Fall einer zulässigen Inanspruchnahme der Befreiungsregelung nach § 285 Nr. 17 letzter Satzteil HGB (Nichtangabe des Abschlussprüfer-Honorars wegen Angabe im Konzernabschluss) darauf einzugehen, wenn im Zeitpunkt der Beendigung der Abschlussprüfung nicht beurteilt werden konnte, ob alle im Konzernabschluss zu machenden Angaben zur Inanspruchnahme der Befreiungsregelung dort enthalten sind.¹¹⁶

108 Handelt es sich bei dem zu prüfenden Unt um eine KleinstKapG (§ 267a HGB) und verzichtet diese auf die Erstellung eines Anhangs, ist im Prüfungsbericht darzustellen, ob alle erforderlichen Angaben unter der Bilanz (oder als Anlage zur Bilanz) gemacht sind, um der gesetzlichen Vermutung des § 264 Abs. 2 Satz 5 HGB in Bezug auf die Erfüllung der Generalnorm zu genügen.¹¹⁷

109 Soweit der geprüfte Jahresabschluss **nicht korrigierte Fehler** enthält, ist gem. Abs. 2 Satz 2 der Vorschrift hier (auch) darüber zu berichten (zur Berichterstattung über Unregelmäßigkeiten in der Rechnungslegung vgl. Rz 72). Ein Verweis auf die ggf. ausführlichere Berichterstattung i. R. d. Darstellung von Unrichtigkeiten und Verstößen erscheint zweckmäßig. Soweit der Abschlussprüfer eine **Abweichung von IDW RS** toleriert, hat er dies im Prüfungsbericht darzulegen und zu begründen, auch wenn als Grund für die Abweichung eine höchstrichterliche Rechtsprechung angegeben wird.¹¹⁸

3.4.1.3 Lagebericht

110 Da bereits in der Vorwegberichterstattung eine Beurteilung der Lageberichterstattung der gesetzlichen Vertreter erfolgt ist (Rz 49), erstreckt sich die hier vorzunehmende Beurteilung auf die Einhaltung der gesetzlichen Vorschrift von § 289 HGB.¹¹⁹ Liegen **Mängel** vor, hat der Abschlussprüfer diese hier darzulegen (zur Berichterstattung über Unrichtigkeiten und Verstöße in der Rechnungslegung vgl. Rz 72), unabhängig davon, ob sie zu einer Modifizierung (Einschränkung) des Bestätigungsvermerks geführt haben oder nicht.¹²⁰

111 Sofern im Lagebericht bspw. entsprechend DRS 20.104 die Berechnung finanzieller Leistungsindikatoren (z. B. ein um Sondereffekte bereinigtes EBITDA) erläutert wird, ist dies nicht zu beanstanden (und dementsprechend nicht im Prüfungsbericht explizit zu erwähnen).¹²¹

112 Wird im Lagebericht ausgeführt, dass dieser unter Beachtung von DRS 20 aufgestellt wurde und stellt der Abschlussprüfer fest, dass nicht alle einschlägigen Anforderungen des DRS 20 beachtet wurden, hat der Abschlussprüfer diese Abweichungen zu würdigen und bei Wesentlichkeit einen Mangel festzustellen, der eine Einschränkung des Bestätigungsvermerks in einem zusätzlichen Prüfungsurteil erfordert.¹²²

113 Der Abschlussprüfer hat darzulegen, ob nach dem Ergebnis seiner Prüfung der Lagebericht den gesetzlichen Vorschriften entspricht.¹²³

---

115 Vgl. IDW PS 450.69 n. F.
116 Vgl. IDW PH 9.200.2.8.
117 Vgl. IDW PS 450.69a n. F.
118 Vgl. IDW, WPH Edition, Wirtschaftsprüfung & Rechnungslegung, 18. Aufl. 2023, Kap. M Tz 368.
119 Vgl. Orth/Schäfer, in Baetge/Kirsch/Thiele, Bilanzrecht, § 321 HGB Rz 91, Stand: 7/2018.
120 Vgl. IDW, WPH Edition, Wirtschaftsprüfung & Rechnungslegung, 18. Aufl. 2023, Kap. M Tz 383.
121 Vgl. IDW, Berichterstattung über die 232. Sitzung des HFA, FN-IDW 2013, S. 359.
122 Vgl. IDW PS 350.117 n. F.
123 Vgl. IDW PS 450.71 n. F.

Im Fall einer Zusammenfassung von Lagebericht und Konzernlagebericht (§§ 315 Abs. 3, 298 Abs. 3 HGB) sollte festgestellt werden, ob sowohl für den Lagebericht als auch für den Konzernlagebericht die Pflichtangaben enthalten sind.

3.4.2 Gesamtaussage des Jahresabschlusses

3.4.2.1 Feststellungen zur Gesamtaussage

Abs. 2 Satz 3 der Vorschrift verlangt vom Abschlussprüfer ein Eingehen auf die Einhaltung der Generalnorm des § 264 Abs. 2 HGB. Danach hat der Abschluss unter Beachtung der GoB oder sonstiger maßgeblicher Rechnungslegungsgrundsätze insgesamt ein den tatsächlichen Verhältnissen entsprechendes Bild der Vermögens-, Finanz- und Ertragslage der Ges. zu vermitteln. 114

Die Einhaltung der Generalnorm ist nicht automatisch gegeben, wenn i.R.d. Darstellung der Ordnungsmäßigkeit der Rechnungslegung (Rz 95 ff.) keine Mängel festgestellt wurden. Soweit nämlich bspw. KapG die Erleichterungen des § 264 Abs. 3 HGB zulässigerweise tw. in Anspruch nehmen und keinen Anhang aufstellen, entspricht dies – bei Vorliegen der übrigen Voraussetzungen – zwar den Rechnungslegungsvorschriften; die Einhaltung der Generalnorm ist in diesen Fällen aber nur durch zusätzliche Angaben gewährleistet.[124] 115

Die Gesamtaussage bezieht sich ausschl. auf den Jahresabschluss, nicht auf den Lagebericht, sodass auf Letzteren in diesem Berichtsteil nicht einzugehen ist. Über das Ergebnis der Beurteilung ist im Prüfungsbericht zu berichten, auch wenn sich keine Besonderheiten ergeben haben.[125] Damit der Berichtsadressat die Beurteilung des Abschlussprüfers zur Gesamtaussage nachvollziehen kann, hat er diese zu begründen und dabei auf die in Abs. 2 Satz 4 der Vorschrift genannten Erläuterungen einzugehen. Diese Erläuterungen werden nachfolgend dargestellt: 116

Abb. 2: Erläuterungen gem. § 321 Abs. 2 Satz 4 HGB[126]

Ergibt die Beurteilung der Gesamtaussage keine Besonderheiten, ist es ausreichend, in diesem Berichtsabschnitt festzustellen, dass der Jahresabschluss ins-

---

[124] Zu Einzelheiten vgl. IDW PH 9.200.1.10.
[125] Vgl. IDW PS 450.72.
[126] Vgl. IDW PS 450.74 n.F.

117 gesamt unter Beachtung der GoB ein den tatsächlichen Verhältnissen entsprechendes Bild der Vermögens-, Finanz- und Ertragslage der Ges. vermittelt.[127]

117 Kommt der Abschlussprüfer zu der Beurteilung, dass kein Bestätigungsvermerk, sondern ein Versagungsvermerk bzw. die Nichtabgabe des Prüfungsurteils im Bestätigungsvermerk erteilt werden muss, sind keine weiteren Erläuterungen zur Beurteilung der Gesamtaussage erforderlich. Bei einem modifizierten (eingeschränkten) Bestätigungsvermerk sind dagegen Erläuterungen zur Beurteilung der Gesamtaussage erforderlich und sinnvoll.[128]

3.4.2.2 Bewertungsgrundlagen

118 Hierunter werden **Bilanzierungs- und Bewertungsmethoden** und **wertbestimmende Faktoren** erfasst. Die Erläuterungspflicht umfasst demgemäß das Eingehen auf die Ausübung von Ansatz- und Bewertungswahlrechten und die Bestimmung maßgeblicher Faktoren (Parameter, Annahmen, Ausübung von Ermessensspielräumen). Die Erläuterungspflicht verlangt nicht eine Wiederholung der bereits im Anhang enthaltenen Bilanzierungs- und Bewertungsmethoden für sämtliche Posten des Abschlusses. Vielmehr sind die für den Berichtsadressaten **relevanten Bewertungsgrundlagen** darzustellen und hierbei insb. auf **bestehende Ermessensspielräume** (z.B. aufgrund von Bandbreiten für Schätzungen) hinzuweisen. Insb. bei einseitiger Ausübung von Ermessensspielräumen zur Beeinflussung der Gesamtaussage sind vom Abschlussprüfer zahlenmäßige Erläuterungen der Auswirkungen vorzunehmen; eine Beurteilung der wirtschaftlichen Zweckmäßigkeit der Bilanzierungs- und Bewertungsentscheidungen obliegt allerdings nicht dem Abschlussprüfer. Diese sind vielmehr als geschäftspolitische Entscheidungen der gesetzlichen Vertreter durch die Berichtsadressaten zu beurteilen.

> **Praxis-Beispiel**
> Ein Unt bildet im Jahresabschluss zum 31.12.01 eine Rückstellung für einen Schadensersatzprozess, in dem das Unt von einem Kunden auf die Zahlung eines Gesamtschadens von 1.000 TEUR verklagt worden ist. Für die zu erwartende Schadensersatzzahlung ist im Jahresabschluss eine Rückstellung i.H.v. 200 TEUR gebildet. Bei seiner Abschlussprüfung hat der Abschlussprüfer, gestützt auf Auskünfte des Rechtsanwalts des Unt, die Höhe der Rückstellung als noch zulässig erachtet. Nach seinen Feststellungen beläuft sich der zulässige Ermessensspielraum für die Rückstellung auf 200–350 TEUR. Die im Gj 01 gebildete Rückstellung hat wesentliche Auswirkungen auf die Ertragslage der Ges. gehabt, da unter Berücksichtigung der Rückstellung ein Ergebnis vor Steuern von 100 TEUR erzielt wurde.
> I.R.d. Berichtserstattung über die Bewertungsgrundlagen hat der Abschlussprüfer darzulegen, dass die Bewertung der Rückstellung mit dem unteren Ende des zulässigen Ermessensspielraums bemessen wurde und dass bei vorsichtigerer Einschätzung des Risikos durch die gesetzlichen Vertreter sich ein Vorsteuerverlust im Gj 01 ergeben hätte.

---

[127] Vgl. IDW, WPH Edition, Wirtschaftsprüfung & Rechnungslegung, 18. Aufl. 2023, Kap. M Tz 389.
[128] Vgl. IDW PS 450.77 n.F.

Bilanzierungs- und Bewertungswahlrechte ergeben sich insb. bei folgenden Bilanzpositionen bzw. Sachverhalten:[129]
- Aktivierung von selbst geschaffenen immateriellen VG des AV,
- gemildertes Niederstwertprinzip beim AV,
- Festwert bei Sachanlagen oder bestimmten Vorräten,
- Anwendung von Verbrauchsfolgeverfahren,
- Vollkosten oder Teilkosten bei Vorräten und bei selbst geschaffenen immateriellen VG des AV,
- Ansatz eines Aktivüberhangs von latenten Steuern,
- Behandlung eines Disagios,
- Passivierung von sog. Altzusagen bei Pensionsrückstellungen und Unterdeckungen bei mittelbaren Verpflichtungen.

119

Soweit ein Bilanzierender unter Bezugnahme auf § 246 Abs. 3 Satz 2 HGB eine zulässige Durchbrechung der **Ansatzstetigkeit** geltend macht, wird hierüber im Prüfungsbericht zu berichten sein, soweit es sich um wesentliche Auswirkungen handelt.

120

Parameter sind i. d. R. durch Marktpreise oder allgemein akzeptierte Standardwerte objektivierte Faktoren.[130] Beispiele für **wertbestimmende Parameter** sind:[131]
- Wechselkurse,
- Börsenkurse,
- Steuersätze,
- Zinssätze,
- biometrische Rechnungsgrundlagen,
- Vertragslaufzeiten.

121

Wertbestimmende Annahmen der gesetzlichen Vertreter zur Ausübung von Ermessensspielräumen sind z. B.:[132]
- künftige Auslastung des Unt,
- Nutzungsdauern,
- Restwerte und Abbruchkosten,
- künftige Zahlungsein- oder -ausgänge,
- Fluktuationsraten,
- Gehaltsentwicklung,
- künftige Preisentwicklungen von Vorleistungen (Rohstoffe, Dienstleistungen),
- Inflationsraten,
- Wahrscheinlichkeit künftiger Inanspruchnahme (z. B. Gewährleistungen, Prozessrisiken).

122

Für Abschlussprüfer von PIE sieht Art. 11 Abs. 2 Buchst. l) EU-APrVO die Angabe und Beurteilung der bei den verschiedenen Posten des Jahresabschlusses angewandten Bewertungsmethoden, einschl. etwaiger Auswirkungen von Änderungen an diesen Methoden, vor. Im Unterschied zum Wortlaut des § 321 HGB beschränkt sich die EU-APrVO nicht auf die wesentlichen Bewertungsgrundlagen und fordert zudem eine Beurteilung. Diese Beurteilung führt zu

123

---

[129] Vgl. IDW PS 450.79 n. F.; IDW, WPH Edition, Wirtschaftsprüfung & Rechnungslegung, 18. Aufl. 2023, Kap. M Tz 399.
[130] Vgl. IDW, WPH Edition, Wirtschaftsprüfung & Rechnungslegung, 18. Aufl. 2023, Kap. M Tz 400.
[131] Vgl. IDW PS 450.82 n. F.
[132] Vgl. IDW PS 450.83 n. F.

Feststellungen, die allerdings keine Teilurteile sind und dementsprechend auch nicht als solche formuliert werden dürfen. Das Wort „Beurteilung" ist demnach i. S. e. „Einschätzung" auszulegen.[133]

3.4.2.3 Änderungen in den Bewertungsgrundlagen

124 Für Bewertungsmethoden ist in § 252 Abs. 1 Nr. 6 HGB ein Stetigkeitsgebot kodifiziert. Der Gesetzgeber lässt nur in sachlich begründeten Ausnahmefällen eine Durchbrechung der Bewertungsstetigkeit gem. § 252 Abs. 2 HGB zu (§ 252 Rz 141 ff.). Ein Abweichen von bisher angewandten Bewertungsmethoden kommt demnach nur in sehr eingeschränktem Umfang in Betracht,[134] sodass hierzu im Prüfungsbericht Stellung zu nehmen ist. Dabei geht es weniger um die Zulässigkeit der Durchbrechung, die unter der Ordnungsmäßigkeit des Jahresabschlusses zu beurteilen ist (Rz 104), als vielmehr um die Auswirkungen auf die Gesamtaussage des Abschlusses.

125 Da die Bewertungsgrundlagen auch die Ausübung von Ermessensspielräumen umfassen (Rz 118), ist über deren Änderungen durch die gesetzlichen Vertreter zu berichten.[135]

> **Praxis-Beispiel**
> Sachverhalt wie im Ausgangsbeispiel (Rz 118). Bei Aufstellung des Jahresabschlusses zum 31.12.02 ist der Schadensersatzprozess aufgrund umfänglicher Beweisaufnahmen immer noch anhängig. Die Auskünfte des Rechtsanwalts des Unt sind bzgl. der Risikoeinschätzung unverändert gegenüber dem Vorjahr. Der Abschlussprüfer erachtet wiederum einen Ermessensspielraum von 200–350 TEUR als zulässig.
> Im Jahresabschluss zum 31.12.02 wird die Vorjahresrückstellung von 200 TEUR auf nunmehr 350 TEUR erhöht. Unter Berücksichtigung dieser Rückstellungsdotierung beläuft sich das Vorsteuerergebnis für das Gj 02 auf 750 TEUR.
> Der Abschlussprüfer sollte – auch wenn die veränderte Ausübung des Ermessensspielraums durch die gesetzlichen Vertreter durch ihn nicht beanstandet wird – im Prüfungsbericht die geänderte Ausübung darzustellen. Hierbei empfiehlt es sich auch, darzustellen, wie die Vorsteuerergebnisse der Gj 01 und 02 ausgefallen wären, wenn in beiden Gj der Ermessensspielraum in gleicher Weise ausgeübt worden wäre.

126 Nicht immer verfügt der Abschlussprüfer über eindeutig zahlenmäßig bestimmbare Informationen, wie in dem vorstehenden Beispiel. Soweit quantitative Aussagen wegen bestehender Unsicherheiten nicht aussagefähig erscheinen, sollte der Abschlussprüfer zumindest tendenzielle Aussagen zu den Auswirkungen auf die Gesamtaussage des Abschlusses treffen, ohne hierbei Wertungen der Änderungen vorzunehmen.[136]

127 In zeitlicher Hinsicht ist die Berichterstattung dergestalt beschränkt, dass nur die Änderungen des zu prüfenden Gj, nicht die in Vorjahren vorgenommenen,

---

[133] Vgl. IDW PS 450.P84/2 n. F.
[134] Vgl. IDW RS HFA 38.14; vertiefend hierzu vgl. Löffler/Roß, WPg 2012, S. 366.
[135] Vgl. IDW PS 450.90 n. F.
[136] Vgl. IDW PS 450.92, 93 n. F.

darzustellen sind. Daher sind nur zukünftige Umkehreffekte darzustellen und soweit möglich zu quantifizieren.[137]

3.4.2.4 Sachverhaltsgestaltende Maßnahmen

Sachverhaltsgestaltende Maßnahmen können die Momentaufnahme des Jahresabschlusses über die Bilanzierungs- und Bewertungswahlrechte hinaus zielorientiert beeinflussen.[138] Hierunter sind Maßnahmen zu verstehen, die sich auf **Ansatz** oder **Bewertung** von VG und Schulden auswirken, sofern 128
- sie von der üblichen Gestaltung abweichen, die nach Einschätzung des Abschlussprüfers den Erwartungen der Abschlussadressaten entspricht, und
- sich die Abweichung von der üblichen Gestaltung auf die Gesamtaussage des Jahresabschlusses wesentlich auswirkt.[139]

Häufig werden sachverhaltsgestaltende Maßnahmen nicht ausschl. zur Beeinflussung des betreffenden Jahresabschlusses durchgeführt, sondern beruhen auf unternehmerischen Entscheidungen. Gleichwohl ist darüber zu berichten, wenn sie geeignet sind, die Darstellung der Vermögens-, Finanz- und Ertragslage wesentlich zu beeinflussen.[140] Beispiele für sachverhaltsgestaltende Maßnahmen sind:[141] 129
- Forderungsverkäufe bei asset-backed-securities-Transaktionen,
- Pensionsgeschäfte (§ 340b HGB),
- Sale-and-lease-back-Transaktionen,
- Gestaltungen mit dem Ergebnis der Aktivierung von Entwicklungskosten oder anderen selbst geschaffenen immateriellen VG,
- window dressing, d.h. abschlussstichtagsbezogene Beeinflussung der Gesamtaussage des Jahresabschlusses (z.B. Tilgung von Verbindlichkeiten kurz vor dem Abschlussstichtag bei Neuaufnahme der Verbindlichkeiten kurz nach dem Abschlussstichtag),
- Übergang von Kauf zu Leasing bei der Anschaffung von VG,
- der Einsatz von Zweckgesellschaften (special purpose entities, z.B. Leasingobjektgesellschaften),
- Tauschumsätze,
- die Ausgestaltung von Aktienoptionsplänen,
- Factoring,
- konzerninterne Transaktionen bzw. solche mit nahestehenden Personen.

3.4.2.5 Aufgliederungen und Erläuterungen

Die in Abs. 2 Satz 5 der Vorschrift geforderte Aufgliederung und Erläuterung von Abschlussposten sind nur dann obligatorisch, wenn durch die Aufgliederung und Erläuterung eine wesentliche Verbesserung des Verständnisses der Gesamtaussage erreicht wird.[142] Sofern einzelne Posten aufgegliedert werden, sind sie 130

---

[137] Vgl. Orth/Schäfer, in Baetge/Kirsch/Thiele, Bilanzrecht, § 321 HGB Rz 96.9, Stand: 7/2018.
[138] Vgl. Justenhoven/Deicke, in Beck Bil-Komm., 13. Aufl. 2022, § 321 HGB Rz 107.
[139] Vgl. IDW PS 450.94 n.F.
[140] Die in IDW ERS HFA 13 n.F. aufgeführten Fallkonstellationen zum Übergang des wirtschaftlichen Eigentums sowie zur Gewinnrealisierung nach HGB stellen ebenfalls mögliche Berichtspunkte dar, die im Einzelfall hier anzugeben sind.
[141] Vgl. IDW, WPH Edition, Wirtschaftsprüfung & Rechnungslegung, 18. Aufl. 2023, Kap. M Tz 416f.
[142] Vgl. Orth/Schäfer, in Baetge/Kirsch/Thiele, Bilanzrecht, § 321 HGB Rz 97.1, Stand: 7/2018.

auch zu erläutern. Dies erfordert regelmäßig Ausführungen, welchen Einfluss bspw. die geänderte Ausübung eines Wahlrechts oder die Durchführung einer Sachverhaltsgestaltung auf Ansatz, Bewertung oder Zusammensetzung einzelner Abschlussposten hat.[143] Hierzu kann es bspw. empfehlenswert sein, über die Darstellungen im Anhang hinaus auf Rechte Dritter an bilanzierten VG (Verfügungsbeschränkungen, Belastungen) einzugehen.[144] Da die gesetzlich geforderten Aufgliederungen und Erläuterungen in direktem Zusammenhang mit der Gesamtaussage stehen, werden sie regelmäßig bei den Ausführungen zu den Bilanzierungs- und Bewertungsmethoden und deren Änderungen sowie den sachverhaltsgestaltenden Maßnahmen und nicht in einem separaten Berichtsabschnitt vorgenommen.

131 Von den gesetzlich erforderlichen Aufgliederungen und Erläuterungen sind weitergehende sonstige Aufgliederungen und Erläuterungen zu unterscheiden. Aufgrund gesonderter Beauftragung oder den Erwartungen der Berichtsadressaten wird der Abschlussprüfer eine Analyse des Jahresabschlusses vornehmen, indem die **Vermögens-, Finanz- und Ertragslage** – oftmals die einzelnen Lagen jeweils separat – **in Strukturdarstellungen** aufbereitet, Veränderungen analysiert und daraus abgeleitete oder auch weitergehende Kennzahlen dargestellt werden.[145] Diese Analyse ist dem Gebot der Klarheit der Berichterstattung folgend (Rz 29) in einem von den Ausführungen zur Gesamtaussage getrennten Berichtsabschnitt (z.B. im Anschluss an die Ausführungen zur Gesamtaussage oder in einer Anlage zum Prüfungsbericht) vorzunehmen.[146] Ein Verzicht auf eine Darstellung der Vermögens-, Finanz- und Ertragslage ist insb. in folgenden Konstellationen denkbar:[147]

- Anhang und Lagebericht enthalten bereits entsprechend detaillierte Darstellungen, sodass eine (erneute) Aufnahme in den Prüfungsbericht lediglich eine Wiederholung wäre,
- i.R.d. Stellungnahme zur Lagebeurteilung (Rz 49) oder i.R.d. Darstellung der Erläuterungen i.S.v. § 321 Abs. 2 Satz 4 HGB (Rz 116 ff.) sind bereits entsprechend aussagekräftige Darstellungen im Prüfungsbericht enthalten,
- bei einem Prüfungsbericht über den Jahresabschluss eines TU, das in den Konzernabschluss des MU einbezogen wird und dessen wirtschaftliche Lage im Wesentlichen von den Verhältnissen des MU geprägt ist; dabei ist zusätzlich vorauszusetzen, dass im Prüfungsbericht über die Konzernabschlussprüfung des MU die wirtschaftliche Lage ausreichend dargestellt wird,
- wenn auf die Darstellung der Vermögens-, Finanz- und Ertragslage im Prüfungsbericht auftragsgemäß (insb. bei freiwilligen Abschlussprüfungen) verzichtet werden soll; dies ist jedoch nur zulässig, soweit sich das betreffende Unt nicht in einer wirtschaftlichen Schieflage befindet und der Abschlussprüfer sich im Übrigen von der Funktionsfähigkeit des internen Informationssystems überzeugt hat.

---

[143] Vgl. IDW PS 450.98 n.F.
[144] Vgl. ADS, Rechnungslegung und Prüfung der Unternehmen, 6. Aufl. 1995–2001, § 321 HGB Rz 115.
[145] Zu Einzelheiten über Möglichkeiten der Darstellung vgl. IDW, WPH Edition, Wirtschaftsprüfung & Rechnungslegung, 18. Aufl. 2023, Kap. M Tz 429 ff.
[146] Vgl. IDW PS 450.112 n.F.
[147] Vgl. IDW, WPH Edition, Wirtschaftsprüfung & Rechnungslegung, 18. Aufl. 2023, Kap. M Tz 428.

Eine **detaillierte Aufgliederung aller Posten der Bilanz und GuV** zur Sicherung der Unternehmensdokumentation hat in einer Anlage zum Prüfungsbericht oder ggf. in einem separaten Anlagenband zu erfolgen. Bei mittelständischen Unt ohne ausgeprägte eigene Dokumentation können diese Aufgliederungen und Erläuterungen ein wichtiges Informations- und Kontrollinstrument darstellen.[148] Zu beachten ist hierbei, dass der Abschlussprüfer mit der Aufnahme dieser Aufgliederungen und Erläuterungen auch die Verantwortlichkeit für deren Richtigkeit übernimmt, wodurch sich regelmäßig eine Ausweitung der Prüfungshandlungen i.R.d. Abschlussprüfung ergibt, da ein reines Übernehmen von unternehmensinternen Aufstellungen unzulässig ist.[149] Zu beachten ist außerdem, dass durch die Aufgliederungen der Posten der Bilanz und der GuV die Wesentlichkeitsgrenze für die Prüfungsfeststellungen im Zusammenhang mit diesen Aufgliederungen und Erläuterungen ggf. anzupassen ist.

132

3.5 Feststellungen zum Risikofrüherkennungssystem (Abs. 4)

Bei einer börsennotierten AG (§ 3 Abs. 2 AktG) umfasst der Prüfungsgegenstand gem. § 317 Abs. 4 HGB auch die dem Vorstand nach § 91 Abs. 2 AktG obliegenden Maßnahmen (Risikofrüherkennungssystem). Abs. 4 der Vorschrift verpflichtet den Abschlussprüfer, in einem gesonderten Abschnitt des Prüfungsberichts auszuführen, ob der Vorstand die nach § 91 Abs. 2 AktG erforderlichen Maßnahmen getroffen, insb. ein **Risikofrüherkennungssystem** eingerichtet hat, und ob das Überwachungssystem seine Aufgaben erfüllen kann. Zur Prüfung des Risikofrüherkennungssystems vgl. § 317 Rz 131.

133

Die Berichterstattungspflicht betrifft somit die Prüfungsberichte von börsennotierten AG. Da sich die Vorschrift auf die geprüfte Gesellschaft bezieht und folglich das Risikofrüherkennungssystem lediglich Bestandteil der Jahresabschlussprüfung ist, ist ein Abschnitt im Prüfungsbericht lediglich zur Jahresabschlussprüfung dieser Ges. zwingend, auch wenn die Ausgestaltung des Risikofrüherkennungssystems konzernweit zu erfolgen hat. Insb. bei börsennotierten AG, die zugleich MU eines (Teil-)Konzerns sind, braucht der Konzern-Abschlussprüfer im Prüfungsbericht zum (Teil-)Konzernabschluss grds. keine Feststellungen zum Risikofrüherkennungssystem des MU zu treffen.[150]

134

Der Abschlussprüfer hat festzustellen, ob das Risikofrüherkennungssystem geeignet ist, den Fortbestand der Ges. gefährdende Entwicklungen frühzeitig zu erkennen, und ob Maßnahmen zu dessen Verbesserung erforderlich sind. Konkrete **Verbesserungsvorschläge** sind nicht Gegenstand der Berichterstattung, es sind lediglich die betreffenden Bereiche zu benennen.[151] Der Abschlussprüfer hat auch keine Darstellung des Risikofrüherkennungssystems vorzunehmen.

135

Soweit **keine Beanstandungen** festgestellt werden, empfiehlt sich folgende Formulierung:[152] „Unsere Prüfung hat ergeben, dass der Vorstand die nach § 91 Abs. 2 AktG geforderten Maßnahmen, insb. zur Einrichtung eines Überwachungssystems, in

136

---

[148] Vgl. IDW PS 450.99 n.F.
[149] Vgl. Gross/Möller, WPg 2004, S. 323.
[150] Vgl. IDW, WPH Edition, Wirtschaftsprüfung & Rechnungslegung, 18. Aufl. 2023, Kap. M Tz 468, 667.
[151] Vgl. IDW PS 450.106 n.F.
[152] Vgl. IDW PS 450.105 n.F.

geeigneter Weise getroffen hat und dass das Überwachungssystem geeignet ist, Entwicklungen, die den Fortbestand der Gesellschaft gefährden, frühzeitig zu erkennen."

137 Soweit das Risikofrüherkennungssystem **offenkundig völlig unzureichende Maßnahmen** des Vorstands umfasst, handelt es sich um eine sonstige Unregelmäßigkeit, über die gem. § 321 Abs. 1 Satz 3 HGB zu berichten ist (Rz 77).[153]

138 Diese Redepflicht besteht für alle AG, da die Vorschrift des § 91 Abs. 2 AktG keine Differenzierung hinsichtlich Börsennotierung nach § 3 Abs. 2 AktG vornimmt.

139 Nach h. M. entfaltet § 91 Abs. 2 AktG eine **Ausstrahlungswirkung** auf Ges. anderer Rechtsform, da die Implementierung eines angemessenen Überwachungssystems zu den Sorgfaltspflichten der gesetzlichen Vertreter zu zählen ist.[154] Eine Berichterstattung als Unregelmäßigkeit bei diesen Ges. kann dann in Betracht kommen, wenn die Geschäftsführung i. R. d. Risikoberichts bzw. Prognoseberichts als Teil des Lageberichts (vgl. DRS 20) keine angemessenen Instrumentarien zur Risikofrüherkennung implementiert hat und der Lagebericht deshalb in den genannten Bereichen unvollständig sein kann.

3.6 Feststellungen aus der Erweiterung des Prüfungsauftrags

140 Soweit der Prüfungsauftrag **aufgrund gesellschaftsvertraglicher bzw. satzungsmäßiger Regelung** oder aufgrund **freiwilliger Beauftragung** erweitert ist und sich diese Erweiterung nicht auf den Jahresabschluss oder Lagebericht bezieht, ist über das Ergebnis dieser Erweiterung in einem separaten Abschnitt des Prüfungsberichts zu berichten.[155]
Über diejenigen Erweiterungen des Prüfungsauftrags, die sich auf den Jahresabschluss oder Lagebericht beziehen, ist nicht hier, sondern i. R. d. Ordnungsmäßigkeit der Rechnungslegung (Rz 104 ff.) zu berichten.

141 In Betracht kommen insb. Prüfungen nach § 53 HGrG (Prüfung der Ordnungsmäßigkeit der Geschäftsführung und der wirtschaftlichen Verhältnisse), Prüfung einer REIT-AG nach § 11 Abs. 4 REITG,[156] Prüfung der Angaben zum DCGK oder Prüfung der Entflechtung der Rechnungslegung gem. § 6b Abs. 5 EnWG.[157] Wichtig ist eine klare Trennung von eigenständigen Prüfungsaufträgen, wie z. B. Prüfung des Abhängigkeitsberichts und Prüfung von Lizenzentgelten an Duale Systeme, über die separat zu berichten ist. Die Abgrenzung zwischen der Erweiterung des Prüfungsauftrags und eigenständiger Prüfung kann im Einzelfall von den mit dem Auftraggeber getroffenen Vereinbarungen abhängen.[158]

142 Die Berichterstattung umfasst die Darstellung der **wesentlichen Ergebnisse**. Bei einer Prüfung nach § 53 HGrG ist auf die Beantwortung der Fragen des betr. Fragenkatalogs zu verweisen, der als Anlage dem Prüfungsbericht beizufügen ist.[159] Weiterhin sind Angaben zur Berücksichtigung der Vorjahresbeanstandungen und -empfehlungen zu machen.[160]

---

[153] Vgl. IDW PS 450.107 n. F.
[154] Vgl. Orth/Schäfer, in Baetge/Kirsch/Thiele, Bilanzrecht, § 321 HGB Rz 119, Stand: 7/2018, m. w. N.
[155] Vgl. IDW PS 450.108 n. F.
[156] Zu Einzelheiten vgl. IDW PH 9.950.2.
[157] Zu Einzelheiten vgl. IDW PS 610 n. F.
[158] Vgl. IDW PS 450.19 n. F.
[159] Vgl. IDW PS 720.15.
[160] Vgl. IDW PH 9.450.1.5.

Über das Ergebnis der bei Inlandsemittenten gesetzlich vorgeschriebenen Prüfung der elektronischen Wiedergabe von Jahresabschluss und Lagebericht auf ESEF-Konformität ist in einem gesonderten Abschnitt zu berichten und zumindest ein Verweis auf den im Bestätigungsvermerk enthaltenen ESEF-Vermerk vorzunehmen.[161] Hinweise zu weiteren Berichtsinhalten in diesem Zusammenhang enthält IDW PS 410.49.

143

Eine Prüfung nach § 53 HGrG umfasst auch die Prüfung des Risikofrüherkennungssystems der Gesellschaft. Da diese Prüfungspflicht aber nicht auf § 317 Abs. 4 HGB beruht, sollte hierüber ebenfalls in dem Abschnitt über die Erweiterung des Prüfungsauftrags und nicht in dem Abschnitt über die Prüfung des Risikofrüherkennungssystems (Rz 133) berichtet werden.[162]

144

3.7 Wiedergabe des Bestätigungsvermerks (§ 322 Abs. 7 Satz 2)

Der Bestätigungsvermerk bzw. der Versagungsvermerk sind gem. § 322 Abs. 7 Satz 2 HGB in den Prüfungsbericht aufzunehmen. Hierbei handelt es sich um eine Wiedergabe des an anderer Stelle erteilten Bestätigungsvermerks, der nicht im Prüfungsbericht selbst enthalten sein darf.[163] Die Ursache dieser scharfen Trennung liegt in dem unterschiedlichen Adressatenkreis von Prüfungsbericht und Bestätigungsvermerk. Der Prüfungsbericht ist nur einem eingeschränkten Adressatenkreis zugänglich (Rz 9), während der Bestätigungsvermerk für die Öffentlichkeit bestimmt ist. Daher wird in der Praxis zumeist ein sog. **Testatsexemplar**, bestehend aus Bestätigungsvermerk, Jahresabschluss, Lagebericht und AAB, ausgefertigt. In diesen Fällen ist der Bestätigungsvermerk dem Prüfungsbericht nicht als Anlage beizufügen. Wird kein Testatsexemplar ausgefertigt, ist das Original des Bestätigungsvermerks als Anlage zum Prüfungsbericht beizufügen[164] (Rz 148).

145

Die Wiedergabe des Bestätigungsvermerks im Prüfungsbericht ist unter Angabe von Ort der Niederlassung, Datum der Unterzeichnung und Name des bzw. der unterzeichnenden Wirtschaftsprüfer vorzunehmen, allerdings nicht gesondert zu unterzeichnen und nicht zu siegeln.[165] Hiervon zu unterscheiden sind die zumeist direkt im Anschluss erfolgende Unterzeichnung und Siegelung des Prüfungsberichts selbst (Rz 150).

146

Wird der Prüfungsbericht von denselben Personen unterzeichnet, die auch den Bestätigungsvermerk gezeichnet haben (Regelfall), kann bei der Wiedergabe des Bestätigungsvermerks auf die Angabe der Namen der den Bestätigungsvermerk zeichnenden Wirtschaftsprüfer verzichtet werden. Gleiches gilt für die Angabe des Ortes der Niederlassung und des Datums der Erteilung des Bestätigungsvermerks, wenn diese Angaben identisch zu den Angaben im Prüfungsbericht sind (Regelfall).[166] Da Prüfungsbericht und Bestätigungsvermerk zeitgleich auszuliefern sind,[167] wird es nur in seltenen Fällen zu Abweichungen bei den zeichnenden Wirtschaftsprüfern des Bestätigungsvermerks und des Prüfungsberichts kommen.

147

---

[161] Vgl. IDW PS 410.73.
[162] Gl. A. Justenhoven/Deicke, in Beck Bil-Komm., 13. Aufl. 2022, § 321 HGB Rz 167.
[163] Vgl. IDW PH 9.450.2.4.
[164] Vgl. IDW PH 9.450.2.3.
[165] Vgl. IDW PS 450.109 n. F.
[166] Vgl. IDW, WPH Edition, Wirtschaftsprüfung & Rechnungslegung, 18. Aufl. 2021, Kap. M Tz 527.
[167] Vgl. IDW PS 400.72 n. F.; IDW PS 450.116.

3.8 Anlagen zum Prüfungsbericht

148 Zu unterscheiden sind obligatorische und fakultative Anlagen zum Prüfungsbericht. **Obligatorische Anlagen** zum Prüfungsbericht sind:
- geprüfter Jahresabschluss,
- geprüfter Lagebericht,
- Fragenkatalog des IDW PS 720 bei Erweiterung des Prüfungsauftrags nach § 53 HGrG (Rz 137).

An **fakultativen Anlagen** kommen in Betracht:
- Bestätigungsvermerk (soweit kein Testatsexemplar ausgefertigt wurde, Rz 145),
- AAB des Wirtschaftsprüfers (Anlage ist zwar fakultativ, sollte für den Wirtschaftsprüfer aber obligatorisch sein),
- Darstellung der rechtlichen, steuerlichen und wirtschaftlichen Verhältnisse,[168]
- Analyse der Vermögens-, Finanz- und Ertragslage (Rz 132),
- Aufgliederungen und Erläuterungen der Posten von Bilanz und GuV (Rz 132),
- weitere Anlagen nach individueller Vereinbarung mit dem Auftraggeber.

3.9 Besonderheiten bei einem IFRS-Einzelabschluss nach § 325 Abs. 2a HGB

149 Nach § 325 HGB offenlegungspflichtige Unt können anstelle ihres nach handelsrechtlichen Grundsätzen aufgestellten und geprüften Jahresabschluss auch einen Einzelabschluss nach den in § 315e Abs. 1 HGB bezeichneten internationalen Rechnungslegungsstandards aufstellen, prüfen lassen und offenlegen (§ 325 Rz 128). Für diesen IFRS-Einzelabschluss gilt gem. § 324a Abs. 1 HGB die Vorschrift des § 321 HGB. Für den Prüfungsbericht zum IFRS-Einzelabschluss ergeben sich im Einzelnen folgende Besonderheiten:[169]
- Als **Rechnungslegungsgrundsätze** sind die „IFRS, wie sie in der EU anzuwenden sind," zu bezeichnen.
- **Prüfungsgegenstand** sind die nach den EU-IFRS geforderten Unterlagen, d.h. neben Bilanz, GuV und Anhang auch die KFR, der Eigenkapitalspiegel, ggf. die SegmBer. Auch der Lagebericht gehört zum Prüfungsgegenstand.

Es ist festzustellen, ob der IFRS-Einzelabschluss ordnungsgemäß aufgestellt wurde und die geprüften Unterlagen den IFRS, wie sie in der EU anzuwenden sind, entsprechen. Weiterhin ist festzustellen, ob die gem. § 325 Abs. 2a Satz 3 HGB genannten Vorschriften beachtet wurden.
- Ein IFRS-Einzelabschluss ist nicht an die handelsrechtlichen GoB gebunden. Insoweit ist bei der Berichterstattung ausschl. darauf einzugehen, ob der IFRS-Einzelabschluss ein den tatsächlichen Verhältnissen entsprechendes Bild der Vermögens-, Finanz- und Ertragslage vermittelt.
- Bei der Stellungnahme zur Beurteilung der Darstellung der Lage der Ges. durch die gesetzlichen Vertreter ist zu beachten, dass, soweit ein einheitlicher Lagebericht erstellt wird, dieser in erforderlichem Umfang auch auf den IFRS-Einzelabschluss Bezug nehmen muss. Es wird aber nicht zu beanstanden sein, wenn die Ges. zwei Lageberichte aufstellt, die sich lediglich in Bezug auf die Darstellung der Vermögens-, Finanz- und Ertragslage und des Geschäftsergebnisses unterscheiden (§ 324a Rz 17).

---

[168] Vgl. zu Einzelheiten möglicher Berichterstattung IDW, WPH Edition, Wirtschaftsprüfung & Rechnungslegung, 18. Aufl. 2023, Kap. M Tz 544 ff.
[169] Vgl. Justenhoven/Deicke, in Beck Bil-Komm., 13. Aufl. 2022, § 321 HGB Rz 185.

- Der Prüfungsbericht zum IFRS-Einzelabschluss kann gem. § 324a Abs. 2 Satz 2 HGB mit dem Prüfungsbericht zum Jahresabschluss, Konzernabschluss oder IFRS-Konzernabschluss zusammengefasst werden. Dies erscheint allerdings nur in solchen Fällen zweckmäßig und den Grundsätzen einer klaren Berichterstattung entsprechend, wenn es sich bei dem Konzernabschluss um einen gem. § 315e HGB nach IFRS aufgestellten Konzernabschluss handelt (§ 324a Rz 18).

4 Unterzeichnung und Vorlage (Abs. 5)

Abs. 5 der Vorschrift betrifft die Unterzeichnung und Vorlage des Prüfungsberichts durch den Abschlussprüfer. 150

Die Unterzeichnung des Prüfungsberichts ist zu unterscheiden von der Unterzeichnung des Bestätigungsvermerks; es handelt sich um zwei separate Elemente der Berichterstattung mit unterschiedlichem Adressatenkreis (Rz 9).

Der Prüfungsbericht ist unter Angabe von Ort der Niederlassung und Datum zu unterzeichnen.[170] Bei gesetzlichen Abschlussprüfungen ist außerdem das Berufssiegel zu führen (§ 48 Abs. 1 Satz 1 WPO, § 19 Abs. 1 BS WP/vBP). Bei freiwilligen Abschlussprüfungen kann das Siegel geführt werden (§ 48 Abs. 1 Satz 2 WPO, § 19 Abs. 2 BS WP/vBP). Zur elektronischen Siegelung des Prüfungsberichts vgl. Rz 27. 151

Die mit dem AReG vorgenommene Umformulierung von Abs. 5 Satz 1 der Vorschrift hatte materiell nur klarstellenden Charakter. Auch früher schon war aufgrund der GoA die Angabe des **Datums der Unterzeichnung** obligatorisch. 152

Die Unterzeichnung hat eigenhändig zu erfolgen. Es wird als ausreichend angesehen, wenn zumindest ein Exemplar des Prüfungsberichts vom Wirtschaftsprüfer eigenhändig unterzeichnet wird. Für weitere Ausfertigungen genügen auch mechanische Vervielfältigungen der Unterschrift. Zur elektronischen Unterzeichnung des Prüfungsberichts vgl. Rz 27.[171] 153

Der unterzeichnende Wirtschaftsprüfer hat die **Bezeichnung** „Wirtschaftsprüfer/Wirtschaftsprüferin" zu verwenden (§ 18 Abs. 1 Sätze 1 u. 2 WPO). vBP haben entsprechend die Berufsbezeichnung „vereidigter Buchprüfer/vereidigte Buchprüferin" zu verwenden (§ 128 Abs. 2 WPO). Eine Hinzufügung anderer Berufsbezeichnungen bei Mehrfachqualifikation ist nur zulässig, wenn es sich um einen amtlich verliehenen **ausländischen Prüfertitel** handelt (§ 18 Abs. 1 Satz 3 WPO), wie z. B. dem US-amerikanischen CPA. 154

In aller Regel werden Prüfungsbericht und Bestätigungsvermerk durch den bzw. dieselben Personen unterzeichnet. Ein Abweichen hiervon ist rechtlich zwar nicht ausgeschlossen, in der Praxis aber sehr ungewöhnlich, da Prüfungsbericht und Bestätigungsvermerk eng aufeinander bezogen sind.[172] 155

Bei **Berufsgesellschaften** als Abschlussprüfer erfolgt die Unterzeichnung durch vertretungsberechtigte natürliche Personen, die Wirtschaftsprüfer bzw. vBP (bei Prüfungen von mittelgroßen Ges. i. S. v. § 267 HGB) sind. Die Unterzeichnung durch einen Wirtschaftsprüfer und einen sonstigen mit der Abschlussprüfung betrauten Mitarbeiter ist unzulässig (§ 32 Satz 2 WPO). Vertretungsberechtigte Personen können nicht nur die gesetzlichen Vertreter der Berufsgesellschaft (z. B. 156

---

[170] Vgl. IDW PS 450.116 n. F.
[171] Vgl. Orth/Schäfer, in Baetge/Kirsch/Thiele, Bilanzrecht, § 321 HGB Rz 121, Stand: 7/2018 m. w. N.
[172] Vgl. Gelhausen, WPKM 2/2007, S. 61. Auch bei der Prüfung von PIE werden im Regelfall die Unterzeichner von Prüfungsbericht und Bestätigungsvermerk identisch sein; vgl. IDW PS 450.P115/1 n. F.

157 Vorstandsmitglieder, Geschäftsführer, persönlich haftende Gesellschafter), sondern auch rechtsgeschäftlich bevollmächtigte Vertreter (insb. Prokuristen) sein.[173] Satz 1, 2. HS der Vorschrift erfordert durch Verweis auf § 322 Abs. 7 Satz 3 und 4, dass **der für den Auftrag verantwortliche Wirtschaftsprüfer** einer WPG den Prüfungsbericht zu unterzeichnen hat.

158 Der Prüfungsbericht ist gem. Abs. 5 Satz 1 den gesetzlichen Vertretern vorzulegen. Soweit der Aufsichtsrat den Auftrag erteilt hat, ist gem. Abs. 5 Satz 2 der Prüfungsbericht diesem vorzulegen. Dieser Verpflichtung wird durch die Vorlage an den Aufsichtsratsvorsitzenden entsprochen.[174] Die Regelung ist analog auch für Beiräte und andere Aufsichtsgremien anzuwenden, soweit diese dem Abschlussprüfer den Prüfungsauftrag erteilt haben. Zu beachten ist die durch das AReG erfolgte Änderung, den Prüfungsbericht neben dem Aufsichtsrat gleichzeitig einem eingerichteten Prüfungsausschuss vorzulegen.

159 Abs. 5 Satz 2 verpflichtet den Abschlussprüfer, vor Zuleitung des Prüfungsberichts an den Aufsichtsrat dem Vorstand Gelegenheit zur Stellungnahme zu geben. In der Praxis erfolgt dies üblicherweise durch Übersendung eines **Vorabexemplars** (auch bezeichnet als Entwurfsexemplar, Leseexemplar) des Prüfungsberichts. Die Übersendung eines Vorabexemplars dient nicht nur der Gelegenheit zur Stellungnahme des Vorstands, sondern auch zur Beseitigung letzter Unrichtigkeiten aus der Berichterstattung.[175] Vorabexemplare sind zur Vermeidung von Missbräuchen eindeutig als solche zu bezeichnen.[176]

Abs. 5 Satz 3 stellt klar, dass die Geschäftsführungsorgane unverzüglich nach Vorlage des Prüfungsberichts an Aufsichtsrat und Prüfungsausschuss die Gelegenheit erhalten sollen, zum Prüfungsbericht Stellung zu nehmen. Die Gesetzesmaterialien lassen darüber hinaus auch eindeutig erkennen, dass die Praxis der Versendung eines Vorabentwurfs des Prüfungsberichts an die Geschäftsführung auch im Falle der Erteilung des Prüfungsauftrags durch den Aufsichtsrat zulässig ist.[177]

160 Die **Anzahl auszufertigender Prüfungsberichte** wird vom Auftraggeber bestimmt. Gem. den AAB[178] besteht Anspruch auf fünf Exemplare. Bzgl. der Besonderheiten bei Prüfungsberichten als pdf-Dateien vgl. Rz 28.

161 Die Auslieferung des Prüfungsberichts stellt die **Beendigung der Abschlussprüfung** dar. Die Auslieferung des Prüfungsberichts darf nicht später als die Auslieferung des Bestätigungsvermerks erfolgen.[179] Erst dann liegen die Voraussetzungen des § 316 Abs. 1 Satz 2 HGB vor, sodass erst ab diesem Zeitpunkt eine Feststellung des Jahresabschlusses vorgenommen werden kann.[180]

---

[173] Vgl. Gelhausen, WPKM 2/2007, S. 59.
[174] Vgl. IDW PS 450.117 n. F.
[175] Vgl. Ebke, in MünchKomm. HGB, 5. Aufl. 2024, § 321 HGB Rz 95.
[176] Vgl. IDW, WPH Edition, Wirtschaftsprüfung & Rechnungslegung, 18. Aufl. 2023, Kap. M Tz 561.
[177] Vgl. BT-Drs. 18/7219 v. 11.1.2016 S. 51.
[178] Vgl. IDW-Verlag, Ziff. 10.3 der Allgemeinen Auftragsbedingungen für Wirtschaftsprüfer und Wirtschaftsprüfungsgesellschaften nach dem Stand v. 1.1.2024.
[179] Vgl. IDW PS 450.117 n. F.
[180] Vgl. OLG Stuttgart v. 1.7.2009, 20 U 8/08, IDW-FN 2010, S. 52, bestätigt vom BGH mit Beschluss v. 21.6.2010, II ZR 166/09, BB 2010, S. 1649. Das OLG Stuttgart hat es als Mindestanforderung an den Prüfungsbericht für zulässig erachtet, wenn ein zuvor übersandtes Entwurfsexemplar des Prüfungsberichts vor der Beschlussfassung des Aufsichtsrats vom Abschlussprüfer unterzeichnet wird und der Abschlussprüfer gegenüber dem Aufsichtsrat erkennen lässt, dass dieser unterzeichnete Entwurfsbericht als rechtsverbindliche Erklärung gelten solle.

Die gesetzlichen Vertreter haben den Prüfungsbericht der Gesellschafterversammlung vorzulegen (vgl. z.B. § 42a Abs. 1 Satz 2 GmbHG), während bei einer AG/KGaA die Hauptversammlung – auch wenn diese gem. § 173 AktG den Jahresabschluss feststellt – den Prüfungsbericht nicht erhält. TU haben gem. § 294 Abs. 3 ihren Prüfungsbericht dem MU einzureichen.

162

Bei der Prüfung von **Kreditinstituten und Finanzdienstleistungsinstituten** hat der Abschlussprüfer gem. § 26 Abs. 1 Satz 3 KWG den Prüfungsbericht unmittelbar der BaFin und der Deutschen Bundesbank zu übermitteln. Gleiches gilt für Abschlussprüfer von **Zahlungsinstituten** gem. § 17 Abs. 1 Satz 3 ZAG. **Versicherungsunternehmen und Pensionsfonds** haben den Prüfungsbericht der BaFin vorzulegen (§ 59 VAG).

163

Abschlussprüfer von PIE haben gem. Art. 11 Abs. 5 EU-APrVO den zuständigen Behörden i.S.d. Art. 20 Abs. 1 EU-APrVO den zusätzlichen Bericht (Prüfungsbericht) auf Verlagen und im Einklang mit dem nationalen Recht zur Verfügung zu stellen. Gem. § 66a Abs. 2 WPO ist die APAS die zuständige Behörde in Deutschland.[181]

164

5 Prüfungsbericht bei Konzernabschlussprüfungen

Für Konzernabschlussprüfungen gelten die in Rz 25–Rz 161 dargestellten Grundsätze analog, da § 321 HGB auch auf Konzernabschlussprüfungen i.S.v. § 316 Abs. 2 HGB anzuwenden ist. Im Folgenden wird lediglich auf konzernspezifische Besonderheiten eingegangen. Die Konzernabschlussprüfung stellt einen eigenständigen Prüfungsauftrag dar. Daher ist grds. ein separater Prüfungsbericht zu erstatten (zu Ausnahmen Rz 229).

165

5.1 Prüfungsauftrag und Erklärung der Unabhängigkeit

Bei der Ausführungen zur Wahl und Beauftragung des Konzern-Abschlussprüfers ist – sofern kein Konzern-Abschlussprüfer gewählt ist – auf die Fiktion des § 318 Abs. 2 HGB einzugehen.[182]

166

5.2 Grundsätzliche Feststellungen

Die Berichterstattungspflicht bezieht sich auch auf entwicklungsbeeinträchtigende oder bestandsgefährdende Tatsachen sowie Unregelmäßigkeiten der in dem Konzernabschluss zusammengefassten Jahresabschluss. Im Konzernabschluss zusammengefasst sind vollkonsolidierte TU und nach der QuotenKons einbezogene TU. At equity bewertete Unt fallen demnach grds. nicht hierunter. Insb. in Konstellationen, bei denen zukünftig zu erwartende negative Ergebnisbeiträge von assoziierten Unt wesentliche Größenordnungen für die Ertragslage des Konzerns ausmachen, ist aber auch hier eine Berichterstattung des Konzern-Abschlussprüfers erforderlich, soweit die Voraussetzungen für die Vorwegberichterstattung (Entwicklungsbeeinträchtigung, Bestandsgefährdung) gegeben sind.

167

Für den Konzern-Abschlussprüfer gilt einerseits zu beachten, dass auf Ebene der Jahresabschlussprüfung eines einbezogenen TU berichtspflichtige Tatsachen auf Konzern-Ebene ggf. keine Berichterstattung mehr begründen. Andererseits hat der

168

---

[181] Vgl. IDW PS 450.P117/4 n.F.
[182] Vgl. IDW PS 450.119 n.F.

Konzern-Abschlussprüfer zu beachten, dass der Zeitpunkt der Aufstellung des Konzernabschlusses regelmäßig später als die der einbezogenen TU liegt, sodass der Konzern-Abschlussprüfer auch solche berichtspflichtigen Sachverhalte und Tatsachen von TU aufzunehmen hat, die ggf. erst nach Aufstellung des Jahresabschlusses des TU auftreten bzw. bekannt werden. Stellt der Konzern-Abschlussprüfer fest, dass die Voraussetzungen für die Inanspruchnahme von § 264 Abs. 3 HGB bzw. § 264b HGB für ein TU nicht vorgelegen haben, hat er darüber zu berichten.

> **Praxis-Beispiel**
> In den Konzernabschluss des MU wird eine Vielzahl in- und ausländischer TU einbezogen. Im Prüfungsbericht zum Jahresabschluss eines in den Konzernabschluss einbezogenen, gleichwohl unbedeutenden TU hat der lokale Abschlussprüfer i. R. d. Vorwegberichterstattung ausgeführt, dass aufgrund eines unerwarteten Verlusts im abgelaufenen Gj das Stammkapital von 25 TEUR zu mehr als 50 % durch Verluste aufgezehrt ist und die Geschäftsführung zwischenzeitlich eine Gesellschafterversammlung einberufen hat, in der eine Dotierung einer Kapitalrücklage zum Ausgleich des Bilanzverlustes durch den Alleingesellschafter beschlossen wurde.
> Bei der Berichterstattung zur Konzernabschlussprüfung hat der Konzern-Abschlussprüfer zu entscheiden, ob es sich aus Konzernsicht ebenfalls um berichtspflichtige Tatsachen i. S. v. § 321 Abs. 1 Satz 3 HGB handelt. Häufig wird dies in der geschilderten Konstellation nicht der Fall sein, sodass keine Ausführungen im Prüfungsbericht zur Konzernabschlussprüfung vorzunehmen sind.

169 Soweit im Bericht über die Jahresabschlussprüfung des MU eine Vorwegberichterstattung über bestandsgefährdende oder entwicklungsbeeinträchtigende Tatsachen bzw. falsche Darstellungen und sonstige Verstöße erfolgt ist, ist eine Nichtaufnahme dieser Feststellungen in den Prüfungsbericht zur Konzernabschlussprüfung unter Hinweis auf die bereits zum Jahresabschluss des MU erfüllte Berichtspflicht nur zulässig, wenn der Konzern-Abschlussprüfer zugleich Abschlussprüfer des Jahresabschlusses des MU ist.[183]

5.3 Gegenstand, Art und Umfang der Prüfung

170 Zum Gegenstand der Konzernabschlussprüfung ist anzugeben, nach welchen Rechnungslegungsgrundsätzen der Konzernabschluss und der Konzernlagebericht aufgestellt wurden. Darüber hinaus sind Angaben zum Prüfungsgegenstand erforderlich betreffend die Prüfung[184]
- der Abgrenzung des Konsolidierungskreises,
- der Ordnungsmäßigkeit der in den Konzernabschluss einbezogenen Jahresabschlüsse,
- der Konsolidierungsmaßnahmen,
- der Beachtung der gesetzlichen Vorschriften und der sie ergänzenden Regelungen des Gesellschaftsvertrags bzw. der Satzung des MU, wenn im Konzernabschluss zusammengefasste Jahresabschlüsse bisher ungeprüft sind,

---

[183] Vgl. IDW PS 450.121 n. F.
[184] Vgl. IDW PS 450.123 n. F.

- der Überleitung der im Konzernabschluss zusammengefassten Jahresabschlüsse auf die für den Konzernabschluss geltenden Vorschriften (sog. HB II bzw. Reporting Packages).

Abs. 2 Satz 6 der Vorschrift fordert explizit die Feststellung, ob die verlangten Aufklärungen und Nachweise erbracht wurden. Im Falle einer Konzernabschlussprüfung bezieht sich dies auf die in § 320 Abs. 3 HGB geregelten Vorlage-, Duldungs- und Auskunftspflichten der gesetzlichen Vertreter des MU und der TU sowie der Abschlussprüfer dieser Unt. Im Allgemeinen genügt eine positive Feststellung, dass die erbetenen Aufklärungen und Nachweise erbracht worden sind. Wurden allerdings Auskünfte nicht erteilt oder Unterlagen nicht vorgelegt, ist dieses im Prüfungsbericht anzugeben.[185]

171

Das Auskunftsrecht des § 320 Abs. 3 HGB umfasst nach dem Gesetzeswortlaut nicht assoziierte Unt sowie GemeinschaftsUnt. Gleichwohl wird i.R. e. ordnungsgemäßen Durchführung der Konzernabschlussprüfung der Abschlussprüfer das MU ggf. veranlassen, benötigte Auskünfte einzuholen oder eine unmittelbare Kontaktaufnahme zwischen Konzern-Abschlussprüfer und den gesetzlichen Vertretern dieser Unt bzw. deren Abschlussprüfern herzustellen.[186]

172

Der Konzern-Abschlussprüfer hat bei der Beschreibung seiner **Prüfungsstrategie** auch darzulegen, wie er die Verwertung von einbezogenen Abschlüssen, die von lokalen Abschlussprüfern geprüft worden sind, vorgenommen hat. In diesem Zusammenhang kann es sich empfehlen auf i.R.d. Prüfungsplanung versandte **audit instructions** und vorgenommene Prüfungshandlungen einzugehen, wie z.B.

173

- Auswertung der Prüfungsberichte,
- Einholung und Auswertung von weitergehenden Berichterstattungen des lokalen Abschlussprüfers an den Konzern-Abschlussprüfer (z.B. Konsolidierungsfragebogen),
- Teilnahme an Besprechungen oder Inventuren i.R.d. lokalen Abschlussprüfung,
- Einsichtnahme in die Arbeitspapiere des lokalen Abschlussprüfers.

Bei Abschlussprüfungen von PIE ist gem. Art. 11 Abs. 2 Buchst. n) EU-APrVO zu erläutern, welche Prüfungsarbeiten von Teilbereichsprüfern

174

- aus Nicht-EU-Ländern, die auch nicht infolge einer Zulassung gem. den Art. 3 und 44 EU-APrRiLi in der EU registriert sind, bzw.
- aus EU-Ländern, sofern diese Teilbereichsprüfer nicht dem Netzwerk des Konzernabschlussprüfers angehören,

durchgeführt worden sind.[187]

Bei MU, die in einem gesonderten Abschnitt des Konzernlageberichts eine **Erklärung zur Unternehmensführung** bzw. die Angabe der Internetseite aufzunehmen haben, auf der die Erklärung dauerhaft zugänglich gemacht wird, ist hier darauf hinzuweisen, dass die Angaben nach § 315 Abs. 5 i.V.m. § 289a HGB gem. § 317 Abs. 2 Satz 4 HGB nicht in die Prüfung einzubeziehen sind.

175

---

[185] Vgl. IDW, WPH Edition, Wirtschaftsprüfung & Rechnungslegung, 18. Aufl. 2023, Kap. M Tz 629f.. Bei Abschlussprüfungen von PIE ist immer die Angabe erforderlich, ob das geprüfte Unt alle verlangten Erläuterungen und Nachweise erbracht hat; vgl. IDW PS 450.P124/1 n.F.

[186] Vgl. IDW, WPH Edition, Wirtschaftsprüfung & Rechnungslegung, 18. Aufl. 2023, Kap. M Tz 633.

[187] Vgl. IDW PS 450.P123/1 n.F.

Bei der Abschlussprüfung ist insoweit lediglich festzustellen, ob diese Angaben gemacht wurden.[188]

Entsprechendes gilt im Hinblick auf die Vorgaben nach den §§ 315b bis 315c HGB zur **nichtfinanziellen Berichterstattung**. Der Abschlussprüfer hat hier darauf hinzuweisen, dass er gem. § 317 Abs. 2 Satz 4 HGB nur zu prüfen hat, ob die nichtfinanzielle Konzernerklärung oder der gesonderte nichtfinanzielle Konzernbericht vorgelegt wurden.[189]

5.4 Feststellungen und Erläuterungen zur Konzernrechnungslegung

176 I. R. d. **Berichtspflichten** nach Abs. 2 Satz 1 hat der Abschlussprüfer zu folgenden Bereichen Ausführungen in den Prüfungsbericht aufzunehmen:
- Konsolidierungskreis und Konzernabschlussstichtag,
- Ordnungsmäßigkeit der in den Konzernabschluss einbezogenen Abschlüsse,
- Ordnungsmäßigkeit des Konzernabschlusses.

177 Bzgl. des **Konsolidierungskreises** ist – da entsprechende Angaben im Konzernanhang ohnehin enthalten sind – festzustellen, ob die diesbzgl. Anhangangaben zutreffend sind. Es empfiehlt sich auf Veränderungen im Konsolidierungskreises gegenüber dem Vorjahr einzugehen. Der Abschlussprüfer hat außerdem festzustellen, ob bei der Abgrenzung des Konsolidierungskreises das Gebot der Stetigkeit (§ 297 Abs. 3 Satz 2 HGB) sowie die Vorschriften zur Nichteinbeziehung (§ 296 HGB), zur Quotenkonsolidierung (§ 310 HGB) und zur Equity-Bilanzierung (§§ 311, 312 HGB) eingehalten wurden.[190]

178 Bei Konzernabschlussprüfungen bei PIE ist gem. Art. 11 Abs. 2 Buchst. m) EU-APrVO im Prüfungsbericht eine Erläuterung des Umfangs der Konsolidierung und der vom geprüften Unt auf etwaige nicht konsolidierte Unt angewandte Ausschlusskriterien vorzunehmen sowie die Angabe, ob die angewandten Kriterien im Einklang mit den Rechnungslegungsregelungen stehen. Diese Erläuterungspflicht ist somit weitergehender als die nach § 321 HGB hinreichende Feststellung der Gesetzeskonformität.[191]

179 Weicht bei einbezogenen TU der Stichtag des Jahresabschlusses vom **Konzernabschlussstichtag** ab und ist von dem TU kein Zwischenabschluss aufgestellt worden (§ 299 Abs. 2 Satz 2 HGB), so hat der Abschlussprüfer festzustellen, ob die Voraussetzungen hierfür vorgelegen haben. Ergänzend ist in diesen Fällen darauf einzugehen, ob sich Vorgänge von besonderer Bedeutung auf die Vermögens-, Finanz- und Ertragslage des TU zwischen diesen beiden Stichtagen ergeben haben.[192]

180 Im Konzernprüfungsbericht ist auf die Prüfung der **Ordnungsmäßigkeit der einbezogenen Jahresabschlüsse** von TU einzugehen. In Abhängigkeit von der Größe des Konsolidierungskreises kann es sich empfehlen, im Prüfungsbericht diejenigen Prüfungsberichte bzw. Bestätigungsvermerke von anderen Abschlussprüfern anzugeben, die vom Konzern-Abschlussprüfer verwertet wurden. Im Interesse der Klarheit der Berichterstattung empfiehlt es sich darzulegen, wie der Konzern-Abschlussprüfer mit einbezogenen Abschlüssen prüferisch umgegan-

---

[188] Vgl. IDW PS 450.123a n. F.
[189] Vgl. IDW PS 450.123b n. F.
[190] Vgl. IDW PS 450.126 n. F.
[191] Vgl. IDW PS 450.P125/1 n. F.
[192] Vgl. IDW, WPH Edition, Wirtschaftsprüfung & Rechnungslegung, 18. Aufl. 2023, Kap. M Tz 639.

gen ist, die entweder von einem lokalen Abschlussprüfer geprüft wurden oder gar keiner Abschlussprüfung unterlegen haben.
Im Konzernprüfungsbericht sind bedeutsame Ergebnisse der Prüfung dieser Jahresabschlüsse anzugeben.

181

> **Praxis-Beispiel**
> Der Konzern-Abschlussprüfer stellt fest, dass der lokale Abschlussprüfer eines in den Konzernabschluss einbezogenen US-amerikanischen TU den Bestätigungsvermerk eingeschränkt hat, da er die im lokalen US-amerikanischen Jahresabschluss aktivierten Forderungen aus Teilgewinnrealisierung (percentage-of-completion-Methode) als fehlerhaft beurteilt hat.
> Im Zuge der Erstellung der nach deutschen handelsrechtlichen Grundsätzen erstellten HB II sind diese aktivierten Forderungen eliminiert worden, da im Konzernabschluss die Umsatzrealisierung erst nach Fertigstellung und Abnahme erfolgt (completed-contract-Methode). Der Konzern-Abschlussprüfer kommt zum Ergebnis, dass die Einschränkung des Bestätigungsvermerks bei dem TU keine Auswirkungen auf die Ordnungsmäßigkeit der einbezogenen HB II und damit auf die Ordnungsmäßigkeit des Konzernabschlusses hat. Im Prüfungsbericht erfolgt eine Berichterstattung über den Sachverhalt und die Begründung, warum die Ordnungsmäßigkeit des einbezogenen Abschlusses gleichwohl gegeben ist.

Soweit Einwendungen von lokalen Abschlussprüfern gegen Jahresabschlüsse einbezogener TU nicht wie in dem vorstehenden Beispiel aufgrund von Konsolidierungsmaßnahmen gegenstandslos werden, ist eine Einschätzung der Wesentlichkeit der Einwendungen für die Aussage des Konzernabschlusses vorzunehmen. Besonderheiten aus der Prüfung dieser Jahresabschlüsse sind in den Konzern-Prüfungsbericht aufzunehmen.[193]

182

In diesem Berichtsabschnitt ist außerdem anzugeben, ob die Anpassungen der Jahresabschlüsse der einbezogenen TU an die konzerneinheitlichen Bilanzierungs- und Bewertungsmethoden (HB II bzw. Reporting Packages) ordnungsgemäß durchgeführt wurde (§ 300 Rz 13).[194] Hierzu empfiehlt es sich, auf organisatorische Maßnahmen zur Sicherstellung der einheitlichen Bilanzierung und Bewertung (z. B. Konsolidierungsrichtlinie) einzugehen.

183

I. R. d. Berichterstattung über die **Ordnungsmäßigkeit des Konzernabschlusses** hat der Konzern-Abschlussprüfer das System der **Konzernbuchführung** darzulegen.[195] Im Einzelnen können folgende Aspekte darzustellen sein:[196]
- konzerneinheitlicher Kontenplan,
- Konsolidierungsrichtlinie,
- Internes Berichts- und Formularwesen,
- dezentrale oder zentrale Erstellung der HB II,
- mehrstufige oder einstufige Konsolidierungsmethodik,
- Konsolidierungssoftware.[197]

184

---

193 Vgl. IDW, WPH Edition, Wirtschaftsprüfung & Rechnungslegung, 18. Aufl. 2023, Kap. M Tz 641.
194 Vgl. IDW PS 450.130 n. F.
195 Vgl. Orth/Schäfer, in Baetge/Kirsch/Thiele, Bilanzrecht, § 321 HGB Rz 137, Stand: 7/2018.
196 Vgl. Justenhoven/Deicke, in Beck Bil-Komm., 13. Aufl. 2022, § 321 HGB Rz 215.
197 Vgl. hierzu IDW RS FAIT 4.

185 Die Berichterstattung über die Ordnungsmäßigkeit des Konzernabschlusses erfordert die Feststellung, ob der Konzernabschluss den gesetzlichen Vorschriften und den ergänzenden Bestimmungen des Gesellschaftsvertrags bzw. der Satzung des MU entspricht.[198] Weiterhin ist einzugehen auf:
- Übereinstimmung der angewandten Konsolidierungsmethoden mit den gesetzlichen Vorschriften,
- zutreffende Berücksichtigung der Vortragsbuchungen des Vorjahres-Konzernabschlusses,
- Angaben im Konzernanhang vollständig und zutreffend,
- KFR in Übereinstimmung mit DRS 21,
- Konzerneigenkapitalspiegel in Übereinstimmung mit DRS 24,
- Segmentberichterstattung in Übereinstimmung mit DRS 3.

186 Soweit gesetzliche Wahlrechte (z. B. Beibehaltung der Buchwertmethode bei der Kapitalkonsolidierung für Altfälle vor dem Inkrafttreten des BilMoG, Art. 66 Abs. 3 Satz 4 EGHGB) durch einen DRS eingeschränkt werden, ist im Prüfungsbericht über eine zulässige Abweichung von den DRS zu berichten, auch wenn dies keine Auswirkungen auf den Bestätigungsvermerk hat.[199]

187 Bei der Berichterstattung zur **Gesamtaussage des Konzernabschlusses** wird insb. auf i. R. d. Konsolidierungsmaßnahmen ausgeübte Wahlrechte und Ermessensspielräume sowie sachverhaltsgestaltende Maßnahmen einzugehen sein, die sich auf die Vermögens-, Finanz- und Ertragslage des Konzerns auswirken. Beispiele hierfür sind:[200]
- Abgrenzung des Konsolidierungskreises,
- Behandlung von Differenzen aus der Zwischenergebniseliminierung und Schuldenkonsolidierung,
- Ermittlung und Behandlung von Geschäfts- und Firmenwerten (Kaufpreisallokation, Bestimmung der Nutzungsdauer des Geschäfts- oder Firmenwerts),
- Behandlung eines Aktivüberhangs latenter Steuern gem. § 274 Abs. 2 HGB.

188 Die bei mittelständischen Konzernen oftmals gewünschte Dokumentation sämtlicher Konsolidierungsmaßnahmen geht über die gesetzlichen Anforderungen zu **Aufgliederungen und Erläuterungen** gem. § 321 Abs. 2 Satz 5 HGB hinaus und sollte daher im Bedarfsfall in einer Anlage zum Prüfungsbericht vorgenommen werden. Je nach Empfängerkreis kann sich eine **Analyse des Konzernabschlusses** innerhalb des Prüfungsberichts – aber in einem von den Ausführungen zur Gesamtaussage getrennten Berichtsabschnitt – oder in einer Anlage zum Prüfungsbericht empfehlen.

189 Zur Zusammenfassung des Prüfungsberichts zum Jahresabschluss und Konzernabschluss vgl. Rz 229.

190 Sofern i. R. d. Prüfung des **Konzernlageberichts** festgestellt worden ist, dass DRS 20-Anforderungen nicht beachtet worden sind, hat der Abschlussprüfer das Prüfungsurteil im Bestätigungsvermerk zum Konzernlagebericht einzuschränken oder zu versagen, wenn[201]
- die DRS 20-Anforderungen einschlägig sind,
- die DRS 20-Anforderungen Konkretisierungen des HGB darstellen,
- die gesetzlichen Anforderungen nicht anderweitig erfüllt werden und

---

[198] Vgl. IDW PS 450.132 n. F.
[199] Vgl. IDW PS 450.134 n. F.
[200] Vgl. IDW PS 450.137 n. F.
[201] Vgl. IDW PS 450.137a n. F.; IDW PS 350.116 n. F.

- es sich um falsche Angaben im Konzernlagebericht handelt, die wesentlich i.S.d. IDW PS 350 n.F. sind.

Erfüllt der Konzernlagebericht einzelne einschlägige Anforderungen des DRS 20 nicht,
- die nach DRS 20.32 wesentlich sind und
- bei denen es sich nicht um eine Konkretisierung des HGB handelt oder die gesetzlichen Anforderungen anderweitig erfüllt werden,

hat der Abschlussprüfer über die Nichtbeachtung der Anforderungen des DRS 20 unter Würdigung der Begründung der gesetzlichen Vertreter für die Abweichung von DRS 20 ausschl. im Prüfungsbericht zu berichten.[202]

6 Sonderfragen der Berichterstattung

6.1 Freiwillige Prüfungen

Bei freiwilligen Abschlussprüfungen können Prüfungsgegenstand, Prüfungsdurchführung und Berichterstattung über die Prüfung zwischen Auftraggeber und Abschlussprüfer grds. frei vereinbart werden. Soweit allerdings ein Bestätigungsvermerk nach § 322 HGB bei solchen Prüfungen erteilt werden soll, sind die für gesetzliche Abschlussprüfungen geltenden Regelungen analog zu beachten (§ 322 Rz 183). Darüber hinaus ist dann auch ein Prüfungsbericht zu erstellen, der den für gesetzliche Jahresabschlussprüfungen zu beachtenden Vorschriften des § 321 HGB entspricht. In diesen Fällen darf mit dem Auftraggeber keine Berichterstattung mit einem geringeren Umfang („Kurzbericht") vereinbart werden.[203]

191

Freiwillige Abschlussprüfungen werden bei solchen Unt durchgeführt, die keiner gesetzlichen Abschlussprüfungspflicht (auch nicht nach §§ 6, 14 PublG) unterliegen, z.B.:
- Einzelunternehmen,
- Personenhandelsgesellschaften, die nicht § 264a HGB unterliegen,
- kleine KapG/KapCoGes,
- Konzernabschlüsse von MU i.S.v. § 290 HGB, die die Voraussetzungen von § 293 HGB erfüllen.

192

Bei KapG, die unter § 264 Abs. 3 HGB fallen, oder KapCoGes, die unter § 264b HGB fallen, können die Befreiungsvorschriften auch nur tw. in Anspruch genommen werden. Soweit bei diesen Unt eine Abschlussprüfung durchgeführt wird, handelt es sich um eine Pflichtprüfung.[204]

193

> **Praxis-Beispiel**
> Eine mittelgroße KapCoGes, die in einen Konzernabschluss eines übergeordneten MU einbezogen wird, lässt ihren Jahresabschluss durch einen Abschlussprüfer prüfen. Für Offenlegungszwecke nimmt die KapCoGes die Befreiungsvorschrift des § 264b HGB in Anspruch. Bzgl. Aufstellung und Prüfung des Abschlusses werden die Befreiungsregelungen nicht in Anspruch genommen. Es handelt sich um eine gesetzliche Abschlussprüfung i.S.v. § 316 Abs. 1 HGB, über die gem. § 321 HGB zu berichten ist.

---

[202] Vgl. IDW PS 450.137b n.F.; IDW PS 350.114 n.F.
[203] Vgl. IDW PS 450.20 n.F.
[204] Vgl. IDW, WPH Edition, Wirtschaftsprüfung & Rechnungslegung, 18. Aufl. 2023, Kap. M Tz 733.

194 Besonderheiten des Prüfungsberichts zu **freiwilligen Abschlussprüfungen** sind:
- Bei zulässigem Wegfall bestimmter Rechnungslegungsbestandteile entfallen die hierauf gerichteten Berichtsteile, z. B. bei Nichtaufstellung eines Lageberichts gem. § 264 Abs. 1 Satz 3 HGB entfällt die Stellungnahme zur Lagebeurteilung durch die gesetzlichen Vertreter. Die Regelungen zur Redepflicht bei entwicklungsbeeinträchtigenden und bestandsgefährdenden Tatsachen sowie zu Unregelmäßigkeiten bleiben auch in diesen Fällen bestehen (Rz 67 ff.).
- Soweit bei Nichtkapitalgesellschaften zulässigerweise kein Anhang aufgestellt wird, ist i. R. d. Ausführungen zur Gesamtaussage darauf einzugehen, inwieweit ggf. auf andere Weise die Angaben gemacht werden, die unter Beachtung der GoB erforderlich sind, damit ein zutreffendes Bild der Vermögens-, Finanz- und Ertragslage durch den Abschluss vermittelt wird.[205] Gleiches gilt auch für KapG/KapCoGes, die die Aufstellungserleichterungen von § 264 Abs. 3 bzw. § 264b HGB in Anspruch nehmen.[206]
- Falls das zu prüfende Unt keinen Anhang aufstellen muss (z. B. nach § 5 Abs. 1 PublG) oder nicht der Generalnorm des § 264 Abs. 2 HGB unterliegt, hat der Abschlussprüfer im Prüfungsbericht die Bewertungsgrundlagen, ihre Änderungen und sachverhaltsgestaltende Maßnahmen insoweit darzustellen, als dies im Interesse einer Einschätzung der Aussage des Jahresabschlusses erforderlich ist. Hierdurch sollen die Gesellschafter und ein evtl. freiwillig gebildetes Aufsichtsorgan in die Lage versetzt werden, die erforderlichen Grundsatzentscheidungen zu treffen bzw. vorzubereiten.[207]

195 Prüfungsberichte über freiwillige Abschlussprüfungen, die von einer WPG als Abschlussprüfer erstattet werden, sind durch einen vertretungsberechtigten Wirtschaftsprüfer zu **unterzeichnen**. Im Unterschied zu Pflichtprüfungen darf neben einem Wirtschaftsprüfer auch ein Nicht-Wirtschaftsprüfer den Prüfungsbericht unterzeichnen.[208] Gleiches gilt entsprechend bei BPG für vBP. Eine **Siegelführung** ist zulässig, aber gem. § 48 Abs. 1 Satz 2 WPO nicht obligatorisch (Rz 151).

196 Die Prüfung eines IFRS-Einzelabschlusses (Rz 206) stellt eine gesetzliche Abschlussprüfung dar.

197 Zu Prüfungsberichten bei freiwilligen Abschlussprüfungen, bei denen lediglich eine Bescheinigung erteilt werden soll, wird auf das einschlägige berufsständische Schrifttum verwiesen.[209]

6.2 Erstattung von Teilberichten

198 Eine Erstattung von Teilberichten kommt insb. dann in Betracht, wenn aus Gründen der Eilbedürftigkeit vor Abschluss der Prüfung bestimmte Feststellungen dem Aufsichtsrat mitzuteilen sind. Dies betrifft v. a. die **Ausübung der Redepflicht** zu
- bestandsgefährdenden oder entwicklungsbeeinträchtigenden Tatsachen (Rz 59) und
- Unregelmäßigkeiten und Verstößen (Rz 67).

---

[205] Vgl. IDW, WPH Edition, Wirtschaftsprüfung & Rechnungslegung, 18. Aufl. 2023, Kap. M Tz 747.
[206] Vgl. IDW PH 9.200.1.10.
[207] Vgl. IDW PS 450.76 n. F.
[208] Vgl. IDW, WPH Edition, Wirtschaftsprüfung & Rechnungslegung, 18. Aufl. 2023, Kap. M Tz 751; § 44 Abs. 2 Satz 1 BS WP/vBP.
[209] Vgl. IDW, WPH Edition, Wirtschaftsprüfung & Rechnungslegung, 18. Aufl. 2023, Kapr. M Tz 754; IDW S 7; IDW PS 900.

6.5 Nachtragsprüfungen

§ 316 Abs. 3 Satz 2 HGB verpflichtet den Abschlussprüfer, über eine durchgeführte **Nachtragsprüfung** zu berichten. Es handelt sich nicht um einen eigenständigen Prüfungsauftrag, sondern infolge vorgenommener Änderungen am geprüften Jahresabschluss und Lagebericht um die „Wiederaufnahme" des eigentlich schon beendeten Prüfungsauftrags. Gleichwohl wird im Regelfall ein eigenständiger Nachtragsprüfungsbericht vom Abschlussprüfer erstellt (§ 316 Rz 43).

211

Der Verzicht auf einen eigenständigen **Nachtragsprüfungsbericht**, indem der ursprüngliche Prüfungsbericht ergänzt wird, wobei sichergestellt sein muss, dass sämtliche Exemplare (Originale und Mehrfertigungen) des ursprünglich erstatteten Prüfungsberichts diese Ergänzung erfahren, wird wohl nur in sehr seltenen Ausnahmefällen vorkommen.[217]

212

Für den Nachtragsprüfungsbericht gilt ebenfalls der Grundsatz der **Schriftlichkeit** (Rz 26). Der Nachtragsprüfungsbericht hat einen Hinweis darauf zu enthalten, dass er nur gemeinsam mit dem Prüfungsbericht verwendet werden darf. Dies begründet sich damit, dass im Nachtragsprüfungsbericht ausschl. auf die vorgenommenen Änderungen Bezug genommen wird, die zu der Nachtragsprüfung geführt haben, sodass die **allgemeinen Gliederungsanforderungen** der Prüfungsberichterstattung grds. **nicht anzuwenden** sind.[218]

213

Im Nachtragsprüfungsbericht sind zunächst einleitend **Angaben zum Auftrag** an den Abschlussprüfer vorzunehmen. Hinweise zur Wahl des Nachtragsprüfers entfallen, da die Nachtragsprüfung zwingend durch den Abschlussprüfer durchzuführen ist (§ 316 Abs. 3 HGB).[219]

214

Anschließend sind die **vorgenommenen Änderungen** an Jahresabschluss und Lagebericht darzulegen, wobei es sich empfiehlt, auf die Verantwortlichkeit der gesetzlichen Vertreter für die vorgenommenen Änderungen hinzuweisen. Weiterhin sind Angaben über **Art und Umfang** der Nachtragsprüfung vorzunehmen. Art und Umfang der Nachtragsprüfung sind abhängig vom Umfang der vorgenommenen Änderungen sowie vom zeitlichen Abstand der Nachtragsprüfung zur Abschlussprüfung.

215

> **Praxis-Beispiel**
> Die mittelgroße GmbH stellt im März 01 Jahresabschluss und Lagebericht auf. Der Abschlussprüfer testiert im April 01 und liefert ebenfalls im April 01 seinen Prüfungsbericht aus. Im Mai 01 wird der Jahresabschluss durch die Gesellschafterversammlung festgestellt. Der Jahresabschluss ist wesentlich beeinflusst von einer für einen Schadensersatzprozess gebildeten Rückstellung. Im August 01 werden Tatsachen bekannt, die die Geschäftsführung veranlassen, den Jahresabschluss und Lagebericht nochmals zu ändern.
> Da seit der im April abgeschlossenen Abschlussprüfung mehrere Monate vergangen sind, holt der Abschlussprüfer zur Beurteilung der vorgenommenen Änderungen aktualisierte Rechtsanwaltsbestätigungsschreiben ein. Auch die vorgenommenen Änderungen im Lagebericht erfordern Prüfungshandlungen, um die seit April eingetretenen Veränderungen würdigen zu können.

---

[217] Vgl. Orth/Schäfer, in Baetge/Kirsch/Thiele, Bilanzrecht, § 321 HGB Rz 153, Stand: 7/2018.
[218] Vgl. IDW PS 450.145 n. F.
[219] Vgl. IDW PS 450.146 n. F.

> Die Grundsätze einer ordnungsgemäßen Berichterstattung erfordern, dass diese Prüfungshandlungen – zumindest in Grundzügen – im Nachtragsprüfungsbericht angegeben werden.

216 Der Abschlussprüfer hat im **Nachtragsprüfungsbericht** darzulegen, ob die an Jahresabschluss und Lagebericht vorgenommenen Änderungen den **gesetzlichen Vorschriften** und den **Vorschriften des Gesellschaftsvertrags bzw. der Satzung** entsprechen und ob der geänderte Abschluss insgesamt unter Beachtung der GoB ein den tatsächlichen Verhältnissen entsprechendes Bild der Vermögens-, Finanz- und Ertragslage der Gesellschaft vermittelt.[220]

217 Wenn der Lagebericht geändert wurde, ist eine erneute **Stellungnahme zur Lagebeurteilung der gesetzlichen Vertreter** nach § 321 Abs. 1 Satz 2 HGB abzugeben; gleichermaßen ist die Beurteilung des Lageberichts entsprechend § 317 Abs. 2 HGB zu erneuern.[221]

218 Im **Nachtragsprüfungsbericht** ist der ergänzte bzw. ggf. geänderte Bestätigungsvermerk wiederzugeben. Während ergänzte bzw. ggf. geänderte Bestätigungsvermerke mit einem **Doppeldatum** versehen werden (§ 322 Rz 166), gilt dies für den Nachtragsprüfungsbericht nunmehr nur noch für den (Ausnahme-)Fall, dass die Berichterstattung durch eine Ergänzung des ursprünglichen Prüfungsberichts erfolgt.[222] Im Regelfall ist daher ausschl. das Datum der Beendigung der Nachtragsprüfung anzugeben.

219 Als obligatorische **Anlagen** zum Nachtragsprüfungsbericht sind der geänderte Jahresabschluss und Lagebericht beizufügen. Es empfiehlt sich, darüber hinaus die AAB mit beizufügen.

6.6 Gemeinschaftsprüfungen (joint audit)

220 Bei Gemeinschaftsprüfungen ist ein gemeinsamer Prüfungsbericht der Gemeinschaftsprüfer zu erstatten.[223] Folgende Besonderheiten gilt es zu berücksichtigen:[224]
- Die Ausführungen zum Prüfungsauftrag müssen Angaben zur gemeinsamen Bestellung mehrerer WP/vBP bzw. WPG/BPG enthalten.
- Da die Gemeinschaftsprüfer jeweils die Gesamtverantwortung für das Prüfungsergebnis haben, sind bei Art und Umfang der Abschlussprüfungen keine Darstellungen über die sachliche und/oder zeitliche Aufteilung von Prüfungsgebieten auf die Gemeinschaftsprüfer vorzunehmen.[225]
- Soweit zwischen den Gemeinschaftsprüfern **Meinungsverschiedenheiten** über Prüfungsfeststellungen bestehen, die bis zur Erstattung des Prüfungsberichts nicht ausgeräumt werden können, ist dies im Prüfungsbericht darzustellen. Hierbei kann es sich empfehlen, dies in einem separaten Berichtsabschnitt

---

[220] Vgl. IDW, WPH Edition, Wirtschaftsprüfung & Rechnungslegung, 18. Aufl. 2023, Kap. N Tz 36.
[221] Vgl. Kuhner/Päßler, in Küting/Weber, HdR-E, § 321 HGB Rz 99, Stand: 12/2019.
[222] Vgl. IDW PS 450.145 n. F.
[223] Vgl. IDW PS 208.21.
[224] Vgl. IDW PS 208.22 ff.
[225] Dies gilt ausdrücklich nicht bei Gemeinschaftsprüfungen von PIE, da Art. 11 Abs. 2 Buchst. f) EU-APrVO die Beschreibung der Aufgabenverteilung zwischen den Gemeinschaftsprüfern fordert; vgl. IDW PS 450.P56/5 n. F.

vorzunehmen, in dem diese Meinungsverschiedenheiten sowie deren Auswirkungen auf den geprüften Abschluss und Lagebericht dargestellt werden.[226]
- Stellen die Gemeinschaftsprüfer Beanstandungen fest, ist dies in der Vorwegberichterstattung (Rz 67) darzustellen. Dies gilt auch, wenn die Beanstandung nur von einem der Gemeinschaftsprüfer erhoben wird.
- Kommen die Gemeinschaftsprüfer zu einem unterschiedlichen Prüfungsergebnis, haben die Gemeinschaftsprüfer einen **gemeinsamen Bestätigungsvermerk** zu erstatten, der beide Prüfungsurteile enthält (§ 322 Rz 203). Im Prüfungsbericht ist dieser gemeinsame Bestätigungsvermerk wiederzugeben. Die abweichenden Auffassungen sind im Prüfungsbericht zu erläutern.

6.7 Prüfungsbericht in fremder Sprache

Die Berichterstattung über eine gem. § 316 HGB durchgeführte Abschlussprüfung erfolgt regelmäßig in deutscher Sprache. Aufgrund der Adressatenorientierung des Prüfungsberichts (Rz 36) stellt sich oftmals das Erfordernis, den Prüfungsbericht auch in fremder Sprache zu erstatten. Hierbei sind zwei Möglichkeiten zu unterscheiden:
- Übersetzung des in deutscher Sprache erstatteten Prüfungsberichts in eine fremde Sprache,
- Erstattung des originären Prüfungsberichts in fremder Sprache.

Soweit der Prüfungsbericht in deutscher Sprache erstattet ist und darüber hinaus eine **Übersetzung des in deutscher Sprache erstatteten Prüfungsberichts in eine fremde Sprache** vorgenommen wird, ist es erforderlich, dass aus dem übersetzten Prüfungsbericht ersichtlich wird, dass es sich um eine Übersetzung aus der deutschen Sprache handelt. Dies hat nicht nur deklaratorischen Charakter, sondern es sollte vielmehr klargestellt werden, dass nur der in deutscher Sprache erstattete Prüfungsbericht rechtlich verbindlich ist.[227]

Der im Prüfungsbericht wiedergegebene Bestätigungsvermerk wird in diesem Fall gleichfalls übersetzt und daher nur in der fremden Sprache wiedergegeben. Der übersetzte Prüfungsbericht sollte weder gesiegelt noch unterschrieben werden, da hierdurch die Gefahr besteht, dass der Empfänger davon ausgeht, dass der siegelnde und unterschreibende Abschlussprüfer die mit der Übersetzung des Prüfungsberichts wiedergegebenen Aussagen in der fremden Sprache bestätigt – gerade dies soll aber durch den Hinweis auf die Übersetzung in die fremde Sprache vermieden werden.

Grds. ist auch **die Erstattung des originären Prüfungsberichts in fremder Sprache** zulässig. Dies folgt allein schon aus der Adressatenorientierung des Prüfungsberichts. Etwas anderes gilt für den Bestätigungsvermerk, der genauso wie der zu prüfende Jahresabschluss nach § 244 HGB in deutscher Sprache zu erteilen ist (§ 322 Rz 207). Das sog. Testatsexemplar (Rz 145) enthält somit den in deutscher Sprache abgefassten Jahresabschluss und Lagebericht sowie den Bestätigungsvermerk. Im originär in fremder Sprache abgefassten Prüfungsbericht kann die Wiedergabe des Bestätigungsvermerks in fremder Sprache erfolgen. Als Anlage zum Prüfungsbericht sind aber obligatorisch der geprüfte Jahresabschluss und Lagebericht beizufügen, die wie dargestellt in deutscher Sprache abgefasst sind. In

---

[226] Entsprechendes gilt für Gemeinschaftsprüfer von PIE, da Art. 11 Abs. 3 EU-APrVO dies explizit fordert; vgl. IDW PS 450.P56/6 n. F.
[227] Vgl. Orth/Schäfer, in Baetge/Kirsch/Thiele, Bilanzrecht, § 321 HGB Rz 166, Stand: 7/2018.

derartigen Fällen können dem Prüfungsbericht fakultativ Übersetzungen des Jahresabschlusses und Lageberichts beigefügt werden.

225 Grds. empfiehlt sich nach der hier vertretenen Auffassung allein schon aus Haftungsgesichtspunkten die Abfassung des Prüfungsberichts in deutscher Sprache und die Zurverfügungstellung von Übersetzungen des Prüfungsberichts für nicht der deutschen Sprache mächtige Adressaten.

6.8 Prüfungen nach internationalen Prüfungsgrundsätzen

226 Die Berichterstattung über Prüfungen nach internationalen Prüfungsgrundsätzen folgt den dort hierfür maßgeblichen Grundsätzen.[228]

227 Die Berichterstattung über nach **ISA** durchgeführte Abschlussprüfungen richtet sich nach ISA 700, 701, 705 und 706. Nach ISA 700 hat der Abschlussprüfer ein Prüfungsurteil in Form eines sog. **Bestätigungsberichts**, dem sog. Auditor's Report, abzugeben, der durch Anpassung der gesetzlichen Regelungen zum Bestätigungsvermerk im Zuge des BilReG auch in Deutschland Eingang gefunden hat und durch die Neufassung der sog. IDW PS 400er-Reihe auch in Deutschland Anwendung findet (§ 322 Rz 1). Einen Prüfungsbericht analog § 321 HGB kennen die ISA (bislang) nicht.

228 Ähnlich sind die Regelungen nach den US-Generally Accepted Auditing Standards (**US-GAAS**) des AICPA und nach den Auditing Standards des PCAOB, die ebenfalls nur den Bestätigungsbericht des Abschlussprüfers kennen. Es finden sich zwar in einzelnen Prüfungsvorschriften Berichterstattungspflichten des Abschlussprüfers, wie insb. nach SAS 61 bzw. AU 380, wonach der Abschlussprüfer dem Audit Committee bzw. einem vergleichbar eingerichteten Organ (in Deutschland: Aufsichtsrat oder Prüfungsausschuss des Aufsichtsrats) über bestimmte Fragen der Abschlussprüfung zu berichten hat. Die Form dieser Berichterstattung ist aber nicht bestimmt, d.h., der Abschlussprüfer kann gem. AU 380.51 mündlich oder schriftlich berichten.[229]

6.9 Zusammengefasster Prüfungsbericht

229 § 325 Abs. 3a Halbsatz 2 HGB gestattet die Zusammenfassung des Prüfungsberichts zum Jahresabschluss mit dem Prüfungsbericht zum Konzernabschluss, wenn Jahresabschluss und Konzernabschluss zusammen im BAnz veröffentlicht werden. Zudem ist es erforderlich, dass der Abschlussprüfer des Jahresabschlusses zugleich auch Konzern-Abschlussprüfer ist. § 324 Abs. 2 Satz 2 HGB erlaubt zudem die Zusammenfassung des Prüfungsberichts zum Jahresabschluss mit dem Prüfungsbericht zum IFRS-Einzelabschluss (§ 324a Rz 16).

230 Die Zusammenfassung von Prüfungsberichten widerspricht eigentlich dem Grundsatz der Klarheit der Berichterstattung (Rz 29). Deshalb wird hiervon **in der Praxis nur selten Gebrauch** gemacht und sollte nach der hier vertretenen Auffassung nur bei ausdrücklichem Wunsch des Auftraggebers vorgenommen werden. Der Berufsstand empfiehlt eine Zusammenfassung nur dann vorzunehmen, wenn die Rechnungslegung gemeinsame Teile aufweist, z.B. zusammenge-

---

[228] Vgl. Justenhoven/Deicke, in Beck Bil-Komm., 13. Aufl. 2022, § 321 HGB Rz 270.
[229] Vgl. Orth/Schäfer, in Baetge/Kirsch/Thiele, Bilanzrecht, § 321 HGB Rz 611, Stand: 7/2018.

fasster Anhang/Konzernanhang nach § 298 Abs. 2 HGB bzw. zusammengefasster Lagebericht/Konzernlagebericht nach § 315 Abs. 3 HGB.[230]

Im Fall eines zusammengefassten Prüfungsberichts muss dieser die gesetzlich geforderten Feststellungen (z.B. Vorwegberichterstattung, Ordnungsmäßigkeit, Gesamtaussage) sowohl für den Jahresabschluss als auch für den Konzernabschluss enthalten.[231]

6.10 Kündigung des Prüfungsauftrags

Erfolgt durch den Abschlussprüfer eine Kündigung des Prüfungsauftrags aus wichtigem Grund (§ 318 Abs. 6 und 7 HGB) hat er gem. § 318 Abs. 6 Satz 4 HGB über das Ergebnis der bisherigen Prüfung gegenüber den Organen der zu prüfenden Ges. zu berichten.[232] Zu Einzelheiten der Berichterstattung vgl. § 318 Rz 89ff.

Neben den gesetzlichen Vertretern hat der Abschlussprüfer gem. § 320 Abs. 4 HGB dem neuen Abschlussprüfer über das Ergebnis der bisherigen Prüfung zu berichten. Eine Berichterstattungspflicht besteht grds. nicht für die Kündigungen durch die zu prüfende Ges. in den Fällen des § 318 Abs. 1 Satz 5 i.V.m. Abs. 3 HGB nach gerichtlicher Ersetzung oder in den Sonderfällen der Kündigung bei nichtiger Prüferwahl und Wegfall des Prüfers. Jedoch greift auch in diesen Fällen die Regelung des § 320 Abs. 4 HGB, wonach der bisherige Abschlussprüfer bei einem Prüferwechsel verpflichtet ist, nach schriftlicher Anfrage über das Ergebnis der bisherigen Prüfung zu berichten.[233]

6.11 Mängel des Prüfungsberichts

Der Abschlussprüfer hat den gesetzlichen Vertretern einen fachlich einwandfreien und den Grundsätzen des § 321 HGB entsprechenden Prüfungsbericht vorzulegen. Enthält der Prüfungsbericht demgegenüber Sachverhaltsfehler oder fachliche Mängel, so hat der Auftraggeber nach allgemeinen Grundsätzen **Anspruch auf Mängelbeseitigung** durch den Abschlussprüfer (§ 633 BGB).[234] Ein wesentliches Hilfsmittel zur Vermeidung von Sachverhaltsfehlern stellen die sog. Vorab- oder Entwurfsexemplare (Rz 159) dar.

Enthält der Prüfungsbericht Mängel, so hat der Abschlussprüfer sämtliche Ausfertigungen des mangelbehafteten Prüfungsberichts zurückzufordern und gegen mangelfreie Berichtsexemplare zu ersetzen. Die AAB sehen gem. Ziff. 8 vor, dass der Mangelbeseitigungsanspruch unverzüglich schriftlich geltend gemacht werden muss und nach Ablauf von zwölf Monaten ab dem gesetzlichen Verjährungsbeginn verjährt. In der Praxis besonders problematisch sind Fälle, in denen der mangelbehaftete Prüfungsbericht neben der Aushändigung in Papierform als pdf-Datei in elektronischer Form zur Verfügung gestellt wurde, da nicht nachvollzogen werden kann, wie viele Exemplare der Mandant tatsächlich herausgegeben hat und an wen.[235]

Kommt der Abschlussprüfer dem Verlangen nach Mängelbeseitigung nicht nach oder schlägt diese fehl, wären nach allgemeinem Werkvertragsrecht die Gewähr-

---

[230] Vgl. IDW PS 450.138 n.F.
[231] Vgl. IDW PS 450.138 n.F.
[232] Vgl. IDW PS 450.150 n.F.
[233] Vgl. IDW PS 450.150 n.F.; § 42 BS WP/vBP.
[234] Vgl. IDW, WPH Edition, Wirtschaftsprüfung & Rechnungslegung, 18. Aufl. 2023, Kap. M Tz 771.
[235] Vgl. WPK, WPKM 4/2008, S. 37.

leistungsansprüche des § 634 BGB (Rücktritt vom Vertrag, Minderung der Vergütung, Schadensersatz) anzuwenden. Eine Herabsetzung der Vergütung kann der Auftraggeber nach Ziff. 7 Abs. 1 der AAB allerdings nur bei fehlgeschlagener Nachbesserung verlangen. Ein Rücktritt vom Vertrag auf Initiative des Auftraggebers ist nur in den engen Grenzen des § 318 Abs. 1 Satz 5 HGB möglich und somit im Fall eines mangelhaften Prüfungsberichts ausgeschlossen.

237 Zu haftungsrechtlichen, berufsrechtlichen und strafrechtlichen Konsequenzen einer mangelhaften Berichterstattung vgl. Rz 21.

7 CSRD-Umsetzungsgesetz

238 Zum Zeitpunkt des Redaktionsschlusses für die vorliegende Kommentierung lag noch keine finale Gesetzesfassung des CSRD-Umsetzungsgesetzes vor. Auf Basis des Regierungsentwurfs zum CSRD-Umsetzungsgesetz sind folgende Änderungen beabsichtigt:
Die Überschrift des § 321 HGB soll geändert werden in „Abschlussprüfungsbericht".
In Abs. 1 sollen in Satz 3 die Worte „... oder seine Entwicklung wesentlich beeinträchtigen können" durch „die Entwicklung der geprüften Kapitalgesellschaft oder des Konzerns ..." ersetzt werden. Materiell ergeben sich hierdurch keine Änderungen.
In Abs. 2 soll anstelle des Worts „Prüfungsberichts" nunmehr „Bericht" genannt werden. Außerdem wird in Satz 1 bei der Bezugnahme auf die gesetzlichen Vorschriften ergänzt, dass diese „Maßstab der Prüfung sind". Auch hier handelt es sich um keine materielle Änderung.
In Abs. 3, 4 und 4a wird jeweils das Wort „Prüfungsbericht" durch „Bericht" ersetzt.
Abs. 5 der Vorschrift bleibt unverändert.

§ 321a Offenlegung des Prüfungsberichts in besonderen Fällen

(1) ¹Wird über das Vermögen der Gesellschaft ein Insolvenzverfahren eröffnet oder wird der Antrag auf Eröffnung des Insolvenzverfahren mangels Masse abgewiesen, so hat ein Gläubiger oder Gesellschafter die Wahl, selbst oder durch einen von ihm zu bestimmenden Wirtschaftsprüfer oder im Fall des § 319 Abs. 1 Satz 2 durch einen vereidigten Buchprüfer Einsicht in die Prüfungsberichte des Abschlussprüfers über die aufgrund gesetzlicher Vorschriften durchzuführende Prüfung des Jahresabschlusses der letzten drei Geschäftsjahre zu nehmen, soweit sich diese auf die nach § 321 geforderte Berichterstattung beziehen. ²Der Anspruch richtet sich gegen denjenigen, der die Prüfungsberichte in seinem Besitz hat.

(2) ¹Bei einer Aktiengesellschaft oder einer Kommanditgesellschaft auf Aktien stehen den Gesellschaftern die Rechte nach Absatz 1 Satz 1 nur zu, wenn ihre Anteile bei Geltendmachung des Anspruchs zusammen den einhundertsten Teil des Grundkapitals oder einen Börsenwert von 100.000 Euro erreichen. ²Dem Abschlussprüfer ist die Erläuterung des Prüfungsberichts gegenüber den in Absatz 1 Satz 1 aufgeführten Personen gestattet.

(3) ¹Der Insolvenzverwalter oder ein gesetzlicher Vertreter des Schuldners kann einer Offenlegung von Geheimnissen, namentlich Betriebs- oder Geschäftsgeheimnissen, widersprechen, wenn die Offenlegung geeignet ist, der Gesellschaft einen erheblichen Nachteil zuzufügen. ²§ 323 Abs. 1 und 3 bleibt im Übrigen unberührt. ³Unbeschadet des Satzes 1 sind die Berechtigten nach Absatz 1 Satz 1 zur Verschwiegenheit über den Inhalt der von ihnen eingesehenen Unterlagen nach Absatz 1 Satz 1 verpflichtet.

(4) Die Absätze 1 bis 3 gelten entsprechend, wenn der Schuldner zur Aufstellung eines Konzernabschlusses und Konzernlageberichts verpflichtet ist.

Inhaltsübersicht	Rz
1 Überblick	1–4
2 Einsichtnahme in den Prüfungsbericht (Abs. 1)	5–27
2.1 Einsichtnahmeberechtigter Personenkreis (Abs. 1 Satz 1)	5–9
2.2 Betroffene Gesellschaften (Abs. 1 Satz 1)	10–16
2.3 Geltendmachung des Einsichtsrechts (Abs. 1 Satz 2)	17–22
2.4 Umfang des Einsichtsrechts (Abs. 1 Satz 1)	23–27
3 Begrenzung des Einsichtnahmerechts und Erläuterungsrecht des Abschlussprüfers (Abs. 2)	28–38
3.1 Begrenzung des Einsichtnahmerechts (Abs. 2 Satz 1)	28–33
3.2 Erläuterungsrecht des Abschlussprüfers (Abs. 2 Satz 2)	34–38
4 Widerspruchsrecht und Verschwiegenheitspflicht	39–49
4.1 Widerspruchsrecht (Abs. 3 Satz 1)	39–43
4.2 Verschwiegenheitspflicht	44–49
4.2.1 Abschlussprüfer (Abs. 3 Satz 2)	44
4.2.2 Einsichtnehmende (Abs. 3 Satz 3)	45–49
5 Einsichtnahme in Prüfungsberichte zu Konzernabschlüssen (Abs. 4)	50–55
6 CSRD-Umsetzungsgesetz: Änderungen	56

1 Überblick

1 § 321a HGB regelt die **Offenlegung von Prüfungsberichten** in Insolvenzfällen. Der Gesetzgeber hat i.R.d. BilReG die Vorschrift neu geschaffen und damit Gläubigern und Gesellschaftern von insolventen Unt Zugriffsmöglichkeiten auf den Prüfungsbericht eingeräumt.

2 Hintergrund der Schaffung dieser Vorschrift war, in Fällen einer öffentlichen Diskussion über die **Qualität der Tätigkeit des Abschlussprüfers** im Zusammenhang mit einer insolventen Ges., diesen durch die Offenlegung des Prüfungsberichts von Vermutungen und Mutmaßungen zu entlasten.[1] Bis dahin war es dem Abschlussprüfer aufgrund der gesetzlichen Verschwiegenheitsverpflichtung (§ 323 Abs. 1 HGB) nicht möglich, gegenüber Anschuldigungen Stellung zu nehmen. Hierzu bedurfte es regelmäßig zunächst der Entbindung von der Verschwiegenheit durch das geprüfte Unt (§ 323 Rz 70).

3 Die Vorschrift verschafft einem begrenzten Personenkreis die Möglichkeit, nachzuprüfen, ob der Abschlussprüfer seinen gesetzlichen Berichterstattungspflichten nachgekommen ist. Hieraus ergibt sich zugleich eine **präventive Wirkung** für den Abschlussprüfer, damit dieser angehalten wird, seinen Prüfungsbericht entsprechend § 321 HGB zu erstatten, da er mit einer Offenlegung rechnen muss.

4 Art. 58 Abs. 3 Satz 1 EGHGB bestimmt, dass die Vorschrift **erstmals** auf das nach dem 31.12.2004 beginnende Gj **anzuwenden** war, d.h. bei Gj = Kj erstmals für das Gj 2005. Da sich das Einsichtsrecht gem. Abs. 1 Satz 1 der Vorschrift auf die Prüfungsberichte der letzten drei Gj bezieht, konnten somit Prüfungsberichte von Gj, die nach dem 31.12.2002 beginnen, in den zeitlichen Anwendungsbereich von § 321a HGB gelangen.

Soweit die Eröffnung des Insolvenzverfahrens oder die Ablehnung des Antrags mangels Masse vor dem 1.1.2005 erfolgte, entsteht auch nach diesem Zeitpunkt kein Einsichtsrecht i.S.v. § 321a HGB.[2]

2 Einsichtnahme in den Prüfungsbericht (Abs. 1)

2.1 Einsichtnahmeberechtigter Personenkreis (Abs. 1 Satz 1)

5 Das Einsichtnahmerecht besteht für Gläubiger und Gesellschafter des insolventen Unt. Unter **Gläubiger** sind alle Gläubiger der Ges. im zivilrechtlichen Sinne zu verstehen. Gläubiger sind somit auch die Inhaber von gewinnabhängigen Zahlungsansprüchen, wie z.B. aus Nachrangdarlehen, Genussrechten oder stille Ges.[3] Nicht zu den einsichtsberechtigten Gläubigern zählen somit Gläubiger von TU oder des MU, sodass in Fällen der Insolvenz eines Konzerns oder einer Unternehmensgruppe ein Gläubiger nur Prüfungsberichte derjenigen Ges. einsehen darf, bei denen er auch Gläubiger ist. Werden Forderungen abgetreten,[4] geht das Einsichtnahmerecht mit über.[5] Das Einsichtnahmerecht besteht für sämtliche Forderungen, unabhängig von deren Höhe oder zeitlicher Fälligkeit.[6]

---

[1] Vgl. Orth, in Baetge/Kirsch/Thiele, Bilanzrecht, § 321a HGB Rz 6, Stand: 7/2022.
[2] Vgl. Forster/Gelhausen/Möller, WPg 2007, S. 201.
[3] Vgl. Forster/Gelhausen/Möller, WPg 2007, S. 193.
[4] Z.B. gehen gem. § 9 Abs. 2 BetrAVG Pensionsansprüche und Pensionsanwartschaften auf den PSV über.
[5] Vgl. Forster/Gelhausen/Möller, WPg 2007, S. 193.
[6] Gem. § 41 Abs. 1 InsO gelten noch nicht fällige Forderungen auf den Eröffnungszeitpunkt des Insolvenzverfahrens als fällig.

Soweit ein Gläubiger jedoch seine Forderung vollumfänglich realisiert (z. B. wegen bestehender Aus- oder Absonderungsrechte), besteht kein berechtigtes Interesse mehr an einem Einsichtnahmerecht in die Prüfungsberichte.[7]
Gesellschafter des Unt sind alle direkt am EK der insolventen Ges. Beteiligten. Maßgeblicher Zeitpunkt der Gesellschafterstellung ist hierbei der Zeitpunkt der Geltendmachung des Einsichtsrechts.[8] Stille Gesellschafter rechnen nicht zum Kreis der Gesellschafter, da sie gem. § 230 HGB ihre Einlage dergestalt geleistet haben, dass diese in das Vermögen der (nunmehr insolventen) Ges. übergegangen ist. Sie sind aber Gläubiger des Unt und erhalten hierüber das entsprechende Einsichtsrecht (Rz 5). Darüber hinaus bestehen die in § 233 HGB genannten Kontrollrechte der stillen Gesellschafter. Handelt es sich bei dem Gesellschafter um eine juristische Person, kann diese nicht nur durch einen gesetzlichen Vertreter, sondern auch durch einen vertretungsberechtigten Mitarbeiter (z. B. Prokurist, Syndikusanwalt) vertreten werden. Es handelt sich hierbei nicht um einen Fall der Beauftragung eines Wirtschaftsprüfers (Rz 8), sondern um eine Einsichtnahme durch den Berechtigten selbst.[9]

Gläubiger und Gesellschafter können gem. Abs. 1 Satz 1 der Vorschrift ihr **Einsichtsrecht** auch durch einen **Wirtschaftsprüfer** oder vBP ausüben lassen. vBP können diese Funktion allerdings nur für mittelgroße Ges. i. S. v. § 267 HGB ausüben, wobei dies für jedes der drei Jahre separat zu beurteilen ist.[10]

> **Praxis-Beispiel**
> Die mittelgroße I-GmbH geht im Gj 04 insolvent. Bis einschl. Gj 02 handelte es sich um eine große KapG i. S. v. § 267 HGB. Ein Gläubiger bestimmt einen vBP zur Einsichtnahme in die Prüfungsberichte der Jahre 01–03. Der vBP darf die Einsichtnahme nur für die Prüfungsberichte der Gj vornehmen, in denen er die Voraussetzungen des § 319 Abs. 1 Satz 2 HGB erfüllt. Dies ist im vorliegenden Fall ausschl. für das Gj 03 erfüllt.

Das Einsichtnahmerecht kann auch auf WPG/BPG übertragen werden.[11] Die WPG ihrerseits wird regelmäßig die Auftragsverantwortung Mitarbeitern übertragen, die selbst WP bzw. vBP sind. Dies ist aber nicht zwingend, weil das Erfordernis aus Abs. 1 Satz 1 durch die Beauftragung der WPG/BPG erfüllt ist und die Mitarbeiter nach § 50 WPO zur Verschwiegenheit verpflichtet sind. Somit können auch von der WPG/BPG beauftragte Nicht-Berufsträger das Einsichtnahmerecht für die WPG/BPG ausüben.

Die Übertragung des Einsichtnahmerechts auf einen Wirtschaftsprüfer schließt zwar nach dem Gesetzeswortlaut („oder") die eigene Wahrnehmung des Einsichtnahmerechts durch den Gesellschafter oder Gläubiger aus. Nach Sinn und Zweck der Regelung dürfte aber eine Einsichtnahme sowohl durch den Gesellschafter bzw. Gläubiger und dessen Wirtschaftsprüfer möglich sein. Dies erscheint gerade in solchen Fällen sachgerecht, in denen zunächst der Berechtigte

---

[7] Vgl. Forster/Gelhausen/Möller, WPg 2007, S. 193.
[8] Vgl. Orth, in Baetge/Kirsch/Thiele, Bilanzrecht, § 321a HGB Rz 27, Stand: 7/2022.
[9] Vgl. Forster/Gelhausen/Möller, WPg 2007, S. 197.
[10] Gl. A. Pfitzer/Oser/Orth, Reform des Aktien-, Bilanz- und Aufsichtsrechts, 2. Aufl. 2006, S. 125.
[11] Vgl. BT-Drs. 15/3419 v. 24.6.2004 S. 43.

sein Einsichtsrecht selbst wahrnimmt und dabei zur Erkenntnis gelangt, dass er zum besseren Verständnis des Prüfungsberichts einen Wirtschaftprüfer (oder ggf. vBP) benötigt.[12] Bei derartigen sachlich begründeten Fällen wird somit auch eine **mehrfache Ausübung des Einsichtnahmerechts** in Betracht kommen.[13]

2.2 Betroffene Gesellschaften (Abs. 1 Satz 1)

10 Die Vorschrift findet gem. Abs. 1 Satz 1 Anwendung auf Fälle, in denen über das Vermögen der Ges. ein **Insolvenzverfahren eröffnet** (§ 27 Abs. 1 InsO) oder ein Antrag auf Eröffnung des Insolvenzverfahrens **mangels Masse abgelehnt** worden ist (§ 26 Abs. 1 InsO).[14]

11 Weitere Voraussetzung ist, dass bei der Ges. eine gesetzliche Pflichtprüfung erfolgt ist. Prüfungspflichtig nach Handelsrecht sind:
- große und mittelgroße KapG (AG, KGaA, GmbH, SE),
- große und mittelgroße KapCoGes.

12 Ges. i. S. v. § 1 PublG sind zwar **gem. § 6 Abs. 1 Satz 2 PublG** unter Verweis auf §§ 321–324 HGB **prüfungspflichtig**. Natürliche Personen als Einzelkaufleute und Personenhandelsgesellschaften mit natürlichen Personen als Vollhafter sind allerdings **nicht insolvenzfähig**, sodass die Voraussetzungen von Abs. 1 Satz 1 nicht erfüllt sind und kein Einsichtnahmerecht besteht.[15]

13 Bei **Genossenschaften** besteht zwar ebenfalls Prüfungspflicht aufgrund gesetzlicher Vorschriften (§§ 53 ff. GenG). Dort existiert aber keine dem Regelungsgehalt von § 321a HGB entsprechende Vorschrift oder eine Verweisung auf § 321a HGB, sodass bei Prüfungsberichten von Genossenschaften kein Einsichtnahmerecht besteht.

14 Soweit die **Prüfungspflicht aufgrund spezialgesetzlicher Regelung** mit Verweis auf die analoge Anwendung der Vorschriften über die handelsrechtliche Pflichtprüfung beruht, entsteht auch ein Einsichtnahmerecht gem. § 321a HGB. So ordnet § 8 Abs. 1 UBGG für kleine UBG in der Rechtsform der KapG an, dass für diese die für mittelgroße KapG geltenden Vorschriften, d. h. auch die zur Pflichtprüfung, anzuwenden sind.[16] Zum Umfang des Einsichtsrechts vgl. Rz 23.

15 Bei Ges., die unter Inanspruchnahme von **§ 264 Abs. 3 bzw. § 264b** HGB keinen Jahresabschluss haben prüfen lassen, erscheint es fraglich, ob die Gläubiger ein Einsichtsrecht für den Prüfungsbericht des befreienden Konzernabschlusses haben.[17] Der Konzernabschluss ist zwar in diesen Fällen das einzige Informationsinstrument für die Gläubiger. Wenn der Gesetzgeber hier aber Gläubigern von TU entgegen Abs. 4 der Vorschrift ein Einsichtsrecht gewähren wollte, hätte

---

12 Gl. A. Orth, in Baetge/Kirsch/Thiele, Bilanzrecht, § 321a HGB Rz 30, Stand: 7/2022.
13 Gl. A. Forster/Gelhausen/Möller, WPg 2007, S. 198.
14 Gleiches muss wohl auch im Fall der Einstellung eines bereits eröffneten Insolvenzverfahrens mangels Masse (§ 207 Abs. 1 InsO) gelten.
15 Vgl. Forster/Gelhausen/Möller, WPg 2007, S. 192.
16 Enger: Forster/Gelhausen/Möller, WPg 2007, S. 192, die ein Einsichtnahmerecht nur für Fälle vorsehen, bei denen die Prüfungspflicht nicht ausschließlich für Zwecke einer Aufsichtsbehörde, sondern auch im Interesse der Gläubiger und Gesellschafter besteht und als Indikator hierfür eine Publizitätspflicht des geprüften Jahresabschlusses und des Bestätigungsvermerks ansehen.
17 Bejahend: Forster/Gelhausen/Möller, WPg 2007, S. 200.

er dies regeln müssen. In den Fällen, in denen das den befreienden Konzernabschluss aufstellende MU selbst die Befreiung gem. § 264 Abs. 3 bzw. § 264b HGB für den Jahresabschluss in Anspruch nimmt, ist das Einsichtsrecht in den Konzernprüfungsbericht in Abs. 4 geregelt (Rz 50).

Freiwillige Abschlussprüfungen sind ebenfalls nicht vom Regelungsbereich des § 321a HGB erfasst,[18] sodass auch hier kein gesetzliches Einsichtnahmerecht besteht. Soweit der Insolvenzverwalter in Fällen freiwilliger Abschlussprüfung ungeachtet des Nichtbestehens eines gesetzlichen Einsichtsrechts den Prüfungsbericht Gläubigern, Gesellschaftern oder sonstigen Dritten zugänglich machen möchte, macht er sich ggf. **strafbar** (z.B. gem. § 404 Abs. 1 Nr. 1 AktG, § 85 Abs. 1 GmbHG).[19] Da auch bei freiwilligen Abschlussprüfungen dem Prüfungsvertrag regelmäßig allgemeine Auftragsbedingungen inkl. Haftungs- und Weitergabebeschränkungen[20] zugrunde liegen, macht er sich darüber hinaus gegenüber dem Abschlussprüfer ggf. **schadensersatzpflichtig**.

2.3 Geltendmachung des Einsichtsrechts (Abs. 1 Satz 2)

Die gesetzliche Formulierung, wonach sich das Einsichtsrecht „gegen denjenigen (richtet), der die Prüfungsberichte in seinem Besitz hat", lässt bewusst mehrere Möglichkeiten offen. Der Anspruch könnte sich demgemäß richten gegen
- den Insolvenzverwalter,
- sonstige Personen, die den Prüfungsbericht **für** die Ges. verwahren,
- den Abschlussprüfer,
- andere Personen, die Prüfungsberichte der Ges. in ihrem Besitz haben.

Mit der Eröffnung des Insolvenzverfahrens erhält der **Insolvenzverwalter** die Verfügungszuständigkeit für das Massevermögen (§ 80 Abs. 1 InsO). Zum Massevermögen rechnen auch die Prüfungsberichte (§ 36 Abs. 2 Nr. 1 InsO). Ein **vorläufiger Insolvenzverwalter** ist nicht zur Einsichtsgewährung befugt, da die Voraussetzung von Abs. 1 Satz 1 (Eröffnung des Insolvenzverfahrens oder Ablehnung des Antrags mangels Masse) nicht vorliegt. Entsprechendes muss für den Sachwalter im insolvenzrechtlichen Schutzschirmverfahren (§ 270 Abs. 1 InsO) gelten.

Neben dem Insolvenzverwalter können aber auch **sonstige Personen, die den Prüfungsbericht für die Ges. verwahren**, in Betracht kommen. Dies können die gesetzlichen Vertreter, im Fall der Liquidation die Liquidatoren (§§ 146 Abs. 1, 161 Abs. 2 HGB, § 66 Abs. 1 GmbHG) bzw. bei Abwicklung die Abwickler (§§ 265, 278 Abs. 3 AktG) sowie nach Beendigung der Liquidation bzw. Abwicklung ehemalige Gesellschafter, aber auch Dritte, denen die Unterlagen zur Erfüllung der handelsrechtlichen Aufbewahrungspflichten übergeben worden sind, sein.

Der **Abschlussprüfer** verfügt zwar regelmäßig über Belegexemplare der von ihm erstatteten Prüfungsberichte. Er verwahrt diese allerdings nicht für die geprüfte Ges., sondern aufgrund eigener gesetzlicher und berufsrechtlicher Aufbewahrungspflichten. Außerdem verfügt er auch nicht über das Widerspruchsrecht gem. Abs. 3 Satz 1 für Betriebs- und Geschäftsgeheimnisse, sodass dem Ab-

---

[18] Vgl. IDW PS 450.152c n.F.
[19] Vgl. IDW, WPH Edition, Wirtschaftsprüfung & Rechnungslegung, 18. Aufl. 2023, Kap. M Rz 43.
[20] Vgl. z.B. IDW-Verlag GmbH: Allgemeine Auftragsbedingungen für Wirtschaftsprüfer und Wirtschaftsprüfungsgesellschaften, Stand: 1.1.2024, Ziff. 6, 8, 9.

schlussprüfer kein Recht zur Einsichtsgewährung zusteht.[21] Es ist aber wohl nicht zu beanstanden, wenn der Abschlussprüfer in Abstimmung mit dem Insolvenzverwalter die Einsichtnahme gem. Abs. 1 Satz 1 gewährt. Hierbei sollte aber vom Abschlussprüfer zuvor die Ausübung des Widerspruchsrechts nach Abs. 3 Satz 1 mit dem Insolvenzverwalter erörtert werden (Rz 39 ff.).

20 **Andere Personen, die den Prüfungsbericht in ihrem Besitz haben,** sind bspw. ehemalige Gesellschafter oder Organe (Vorstände, Geschäftsführer, Aufsichtsrat). Da diese über kein Widerspruchsrecht i.S.v. Abs. 3 Satz 1 verfügen, haben sie kein Recht zur Einsichtsgewährung. Darüber hinaus gibt es weitere Personen, die im Besitz des Prüfungsberichts sind, z.B. das Finanzamt, DPR, WPK, APAS sowie insb. Fremdkapitalgeber (Kreditinstitute). Auch diese Personen dürfen keine Einsichtnahme gewähren, da sie die Prüfungsberichte nur für eigene, eng begrenzte Zwecke erhalten haben und ihre Aufgabenstellung sowie ihre Verschwiegenheitspflicht eine darüber hinaus gehende Verwendung nicht zulassen.[22] Zwar wird in der Gesetzesbegründung auf „sonstige Fälle" Bezug genommen, ohne diese aber näher zu spezifizieren.[23] Eine allzu extensive Auslegung würde gegen die Zielsetzung der Vorschrift und insb. gegen das Widerspruchsrecht aus Abs. 3 Satz 1 verstoßen.[24]

21 Die Vorschrift enthält keine Regelungen über die Art und den Ort der Geltendmachung der Einsichtsgewährung. Daher kommen die für die jeweiligen Rechtsformen gültigen Regelungen, wie, in welcher Form und wo die Einsicht zu gewähren ist, zur Anwendung (vgl. §§ 118, 166 HGB, §§ 52 Abs. 2, 175 Abs. 2, 179a Abs. 2, 293f, 319 Abs. 3 AktG, §§ 51a, 51b GmbHG, §§ 42, 47, 49 Abs. 2, 63 UmwG).[25] Das Einsichtnahmerecht wird an dem **Ort** ausgeübt, an dem die Prüfungsberichte aufbewahrt werden. In Fällen eines laufenden Insolvenzverfahrens hat der Insolvenzverwalter die Prüfungsberichte im Besitz, sodass dieser den Ort der Einsichtnahme bestimmt. Soweit das Insolvenzverfahren abgeschlossen oder mangels Masse gar nicht eröffnet wurde, wird das Einsichtnahmerecht dort ausgeübt, wo sich die Prüfungsberichte befinden. Die **Aufbewahrungspflicht** richtet sich auch in diesen Fällen nach rechtsformspezifischen Vorschriften (vgl. §§ 157 Abs. 2, 166 Abs. 2 HGB, §§ 273 Abs. 2, 278 Abs. 3 AktG, § 74 Abs. 2 GmbHG).

22 Der Gesetzgeber hat ein Einsichtnahmerecht geschaffen. I.d.R. wird die Einsichtnahme in ein Original des Prüfungsberichts in Betracht kommen; die Vorlage einer Kopie des Prüfungsberichts wird aber auch möglich sein. Der Einsichtnehmende hat **keinen Anspruch auf die Anfertigung und Mitnahme von Kopien**, da dies die Vertraulichkeit in hohem Maße gefährden würde.[26]

---

[21] Gl. A. Justenhoven/Deicke, in Beck Bil-Komm., 13. Aufl. 2022, § 321a HGB Rz 12; a.A.: Forster/Gelhausen/Möller, WPg 2007, S. 195.
[22] Vgl. Forster/Gelhausen/Möller, WPg 2007, S. 195.
[23] Vgl. BT-Drs. 15/3419 v. 24.6.2004 S. 43.
[24] Vgl. Pfitzer/Oser/Orth, DB 2004, S. 2593.
[25] Vgl. Forster/Gelhausen/Möller, WPg 2007, S. 198.
[26] Vgl. Pfitzer/Oser/Orth, DB 2004, S. 2593.

2.4 Umfang des Einsichtsrechts (Abs. 1 Satz 1)

Das Einsichtsrecht bezieht sich auf die Prüfungsberichte der **letzten drei Gj**. Hierbei kommen aber nur Prüfungsberichte in Betracht, bei denen es sich um die Berichterstattung über eine gesetzliche Abschlussprüfung handelt. Soweit wegen Unterschreitens der Größenkriterien gem. § 267 HGB keine Prüfungspflicht bestand, aber dennoch eine (freiwillige) Abschlussprüfung durchgeführt wurde, unterliegen diese Prüfungsberichte nicht dem Einsichtnahmerecht (Rz 16). 23

> **Praxis-Beispiel**
> Bei der mittelgroßen Z-GmbH wird im September 05 das Insolvenzverfahren eröffnet. Die Gj 01 bis 04 sind durch einen Abschlussprüfer geprüft worden. Bei der Abschlussprüfung für das Gj 02 und 03 handelte es sich um freiwillige Abschlussprüfungen; die Gj 01 und 04 betrafen Pflichtprüfungen.
> Es besteht ein Einsichtnahmerecht lediglich für den Prüfungsbericht des Gj 04. Bei den Gj 02 und 03 handelt es sich um freiwillige Prüfungen, bei denen kein Einsichtnahmerecht besteht. Der Prüfungsbericht für das Gj 01 betrifft zwar eine gesetzliche Abschlussprüfung, die allerdings einen mehr als drei Gj vor Insolvenzeröffnung liegenden Zeitraum betrifft.

Das Einsichtsrecht betrifft den Prüfungsbericht des Abschlussprüfers. Dieser umfasst die **gesetzlichen Bestandteile inklusive der obligatorischen Anlagen** (geprüfter Jahresabschluss und Lagebericht[27]). Damit hat der Einsichtsberechtigte auch Zugriff auf die Rechnungslegung für die betreffenden Gj, auch wenn diese – ggf. pflichtwidrig – nicht oder nur unter Ausnutzung von größenabhängigen Erleichterungen (§ 327 Rz 13) offengelegt wurden. Das Einsichtsrecht umfasst gleichermaßen den Prüfungsbericht über etwaig durchgeführte **Nachtragsprüfungen**.[28] Vorweg-, Lese- oder Entwurfsexemplare des Prüfungsberichts, die dem Vorstand bzw. der Geschäftsführung vom Abschlussprüfer überlassen wurden, unterliegen genauso wenig dem Einsichtnahmerecht wie ein Management Letter oder die Arbeitspapiere des Abschlussprüfers. 24

Soweit der Prüfungsauftrag über § 321 HGB hinaus erweitert wurde, greift die **inhaltliche Beschränkung des Einsichtsrechts** gem. Abs. 1 Satz 1 letzter Hs. der Vorschrift. Damit **unterliegen dem Einsichtsrecht** insb. **nicht** Berichtsteile über:[29] 25

- rechtsform- oder wirtschaftszweigspezifische Vorschriften,[30]
- sonstige gesetzliche Erweiterungen des Prüfungsauftrags, z.B. Prüfung nach § 53 HGrG,
- freiwillige Erweiterungen des Prüfungsauftrags, z.B. weitere Anlagen zum Prüfungsbericht (detaillierte Aufgliederungen und Erläuterungen der Posten des Jahresabschlusses, Darstellung rechtlicher, wirtschaftlicher und steuerlicher Verhältnisse).

---

[27] Vgl. IDW PS 450.110 n.F.
[28] Vgl. Forster/Gelhausen/Möller, WPg 2007, S. 195.
[29] Vgl. IDW PS 450.152c n.F.; gl.A. Forster/Gelhausen/Möller, WPg 2007, S. 196; a.A.: Justenhoven/Deicke, in Beck Bil-Komm., 13. Aufl. 2022, § 321a HGB Rz 8 betreffend die Berichterstattung nach § 53 HGrG.
[30] Z.B. Kreditbericht nach § 29 Abs. 4 KWG i.V.m. §§ 59ff. PrüfbV.

26 Derartige Berichtspassagen sind von dem Einsichtsgewährenden **von der Einsichtnahme auszuschließen** (z. B. durch Schwärzung, Herausnahme, Anfertigung von Teilkopien).[31]

27 Für den Prüfungsbericht zu einem **IFRS-Einzelabschluss nach § 325 Abs. 2a HGB** gilt dagegen das Einsichtsrecht, da § 324a Abs. 1 Satz 1 HGB auf § 321a HGB verweist.[32] Dies erscheint auch sachgerecht, da der IFRS-Einzelabschluss nach § 325 Abs. 2a HGB gerade für Offenlegungszwecke erstellt wird und diesem die Befreiungswirkung für Offenlegungszwecke auch nur zukommt, wenn zugleich der Bestätigungsvermerk des Abschlussprüfers offengelegt wird (§ 325 Rz 150).

3 Begrenzung des Einsichtnahmerechts und Erläuterungsrecht des Abschlussprüfers (Abs. 2)

3.1 Begrenzung des Einsichtnahmerechts (Abs. 2 Satz 1)

28 Die **Begrenzung des Einsichtnahmerechts** gilt für KapG in der Rechtsform der
- Aktiengesellschaft,
- Kommanditgesellschaft auf Aktien,
- SE (vgl. § 3 SEAG[33]).

29 Das Einsichtnahmerecht kann bei diesen Ges. nur von solchen **Gesellschaftern** ausgeübt werden, die mind.
- **1 % des Grundkapitals** oder
- einen **Börsenwert von 100.000 EUR**

auf sich vereinigen. Sinn und Zweck der Regelung ist es, bei Publikumsgesellschaften das Verfahren der Einsichtnahme mit Rücksicht auf die große Zahl von Gesellschaftern praktikabel zu halten.[34]

30 Die Grenzwerte sind an die in §§ 142 Abs. 2, 148 Abs. 1 AktG geregelten Grenzwerte für die gerichtliche Bestellung eines Sonderprüfers angelehnt und bewusst nicht an die 5-fach höheren Grenzwerte in § 318 Abs. 3 HGB zur gerichtlichen Ersetzung eines Abschlussprüfers. Begründet wird dies mit dem höheren Gewicht, dem eine Ersatzbestellung des Abschlussprüfers im Vergleich zur Einsichtnahme in den Prüfungsbericht zukommt.[35]

31 Der erforderliche Grenzwert muss bei Geltendmachung des Einsichtnahmerechts erreicht werden. Das Kriterium **Börsenwert** ist somit an den im Insolvenzfall regelmäßig stark gesunkenen Aktienkurs nach Eröffnung des Insolvenzverfahrens bzw. Ablehnung des Antrags auf Eröffnung mangels Masse gebunden. Gleichermaßen sind Anteilsübertragungen nach Eröffnung des Insolvenzverfahrens zu berücksichtigen, z.B. wenn ein Konkurrenzunternehmen zum Zweck der Einsichtnahme in die Prüfungsberichte nach Insolvenzeröffnung Aktien erwirbt.

---

[31] Vgl. Forster/Gelhausen/Möller, WPg 2007, S. 196.
[32] Gl. A. Orth, in Baetge/Kirsch/Thiele, Bilanzrecht, § 321a HGB Rz 11, Stand: 7/2022; Justenhoven/Deicke, in Beck Bil-Komm., 13. Aufl. 2022, § 321a HGB Rz 6.
[33] Die SE ist in § 321a Abs. 2 Satz 1 HGB nicht genannt. Bei Einführung der Vorschrift existierte das SE-AG noch nicht. Da selbst DAX-Unt zwischenzeitlich die Rechtsform der SE gewählt haben, erscheint die dargestellte Rechtsfolge zwingend.
[34] Vgl. BT-Drs. 15/3419 v. 24.6.2004 S. 43.
[35] Vgl. BT-Drs. 15/3419 v. 24.6.2004 S. 44.

Der für die Sonderprüfung nach § 142 Abs. 2 AktG maßgebliche 3-Monatszeitraum kommt mangels gesetzlichen Verweises nicht zur Anwendung.[36]

Für **nicht börsennotierte Ges.** kommt dem zweiten Grenzwert naturgemäß keine Bedeutung zu. Hier knüpft das Einsichtnahmerecht ausschl. an die 1-%-Grenze des Grundkapitals an. Ein Nichterreichen dieser Grenze erscheint in der Praxis lediglich bei ausgesprochen weit gefächerten Gesellschafterkreisen von Familiengesellschaften denkbar.

Die Beschränkung des Einsichtnahmerechts gilt nur für Gesellschafter, nicht aber für **Gläubiger**, die auch bei geringen Forderungen gegen das insolvente Unt einsichtnahmeberechtigt sind (Rz 5).

3.2 Erläuterungsrecht des Abschlussprüfers (Abs. 2 Satz 2)

Das Erläuterungsrecht des Abschlussprüfers stellt eine gesetzliche Ausnahme von der ansonsten bestehenden Verschwiegenheitsverpflichtung des Abschlussprüfers gem. § 323 Abs. 1 und 3 HGB dar. Der Abschlussprüfer benötigt kraft der gesetzlichen Regelung hierfür **keine Entbindung von der Verschwiegenheitsverpflichtung** durch die Unternehmensorgane. Diese können auch nur i.R. ihres Widerspruchsrechts nach Abs. 3 Satz 1 dagegen vorgehen (Rz 39 ff.).

Ziel des Erläuterungsrechts ist, dem Abschlussprüfer die Möglichkeit der Entlastung zu geben, wenn z.B. i.R. öffentlicher Berichterstattung Zweifel an der Qualität der durchgeführten Abschlussprüfung bzw. der Berichterstattung darüber geäußert werden. Der Abschlussprüfer erhält dieses Erläuterungsrecht erst, wenn das Einsichtnahmerecht gem. Abs. 1 Satz 1 ausgeübt wird, und es besteht auch nur gegenüber den Einsichtnehmenden. Es handelt sich um ein Recht des Abschlussprüfers, nicht um eine Verpflichtung, auch wenn dies von den Einsichtnehmenden gewünscht wird.

Da gem. Abs. 3 Satz 3 die Verschwiegenheitspflicht „im Übrigen" bestehen bleibt, wird das Erläuterungsrecht des Abschlussprüfers so zu verstehen sein, dass sich der Abschlussprüfer auf Berichtsteile beschränkt, die ggf. missverständlich oder die zum Verständnis der für die im Prüfungszeitpunkt bestandenen wirtschaftlichen Situation der geprüften Ges. erforderlich sind. Nicht zulässig wäre es somit, den gesamten Prüfungsbericht zu kommentieren oder ihn sogar den Einsichtnehmenden zu überlassen.[37]

Das Erläuterungsrecht des Abschlussprüfers wird weiter beschränkt durch das Widerspruchsrecht gem. Abs. 3 Satz 1 (Rz 39 ff.); es empfiehlt sich daher für den Abschlussprüfer, sich vor Ausübung des Erläuterungsrechts mit den Widerspruchsberechtigten abzustimmen, ob sie ihr Widerspruchsrecht ausüben.

Da auch der Prüfungsbericht den Einsichtnehmenden nicht überlassen oder in Kopie zur Verfügung gestellt werden darf (Rz 22), ist das Erläuterungsrecht **ausschl. mündlich** auszuüben.[38] Bei den Erläuterungen kann sich der Abschlussprüfer an den berufsüblichen Grundsätzen für die mündliche Berichterstattung

---

[36] Vgl. Forster/Gelhausen/Möller, WPg 2007, S. 194; a.A.: Orth, in Baetge/Kirsch/Thiele, Bilanzrecht, § 321a HGB Rz 65, Stand: 12/2012.
[37] Vgl. Forster/Gelhausen/Möller, WPg 2007, S. 199.
[38] A.A. Forster/Gelhausen/Möller, WPg 2007, S. 199, die auch eine schriftliche Erläuterung für zulässig erachten.

an den Aufsichtsrat orientieren.³⁹ Durch die Wahrnehmung des Erläuterungsrechts entsteht kein Auskunftsvertrag oder sonstiges Schuldverhältnis zwischen Abschlussprüfer und Einsichtsberechtigten. Gleichwohl erscheint es für den Abschlussprüfer zweckmäßig, vor einer Erläuterung des Prüfungsberichts Haftungsausschlüsse oder -begrenzungen mit dem Einsichtnehmenden zu vereinbaren.⁴⁰

4 Widerspruchsrecht und Verschwiegenheitspflicht

4.1 Widerspruchsrecht (Abs. 3 Satz 1)

39 Die Vorschrift eröffnet ein Widerspruchsrecht, das im Regelfall mehreren Personen zusteht, nämlich dem Insolvenzverwalter und den gesetzlichen Vertretern der insolventen Ges. Jede dieser Personen hat ein eigenes Widerspruchsrecht und darf dieses unabhängig von den anderen Widerspruchsberechtigten ausüben.

> **Praxis-Beispiel**
> Über das Vermögen der T-GmbH wird im August 01 das Insolvenzverfahren eröffnet. Im Oktober 01 meldet ein Gläubiger sein Einsichtnahmerecht beim Insolvenzverwalter an. Der Abschlussprüfer möchte sein Erläuterungsrecht ausüben und fragt den Insolvenzverwalter, ob dieser sein Widerspruchsrecht in Anspruch nimmt.
> Neben dem Insolvenzverwalter sind die Geschäftsführer der T-GmbH ebenfalls widerspruchsberechtigt. Da diese den Einsicht begehrenden Gläubiger üblicherweise besser kennen als der Insolvenzverwalter, können diese auch eher Gründe für einen Widerspruch erkennen, weil es sich bei dem Gläubiger z. B. gleichzeitig um einen direkten Konkurrenten handelt.

40 Sobald einer der Berechtigten Widerspruch erhebt, darf dem Einsichtnehmenden der Prüfungsbericht nur insoweit zugänglich gemacht werden, dass die geheimhaltungsbedürftigen Tatsachen nicht erkennbar sind. Dies kann bspw. durch Schwärzen bzw. Herausnahme der Berichtspassagen oder durch Vorlage von Teilkopien des Prüfungsberichts erreicht werden.

41 Den Widerspruchsberechtigten untereinander stehen gegenseitig keine Rechtsmittel zu, wenn sie der Auffassung sind, ein geltend gemachter Widerspruch sei unzulässig. Der einsichtnehmende Gläubiger oder Gesellschafter kann allerdings seinen Anspruch auf Einsichtnahme der durch Widerspruch entzogenen Berichtsteile durch Leistungsklage geltend machen.⁴¹ Ob auch Zwangsmittel wie ein Ordnungsgeld gem. § 335 HGB geltend gemacht werden können, ist strittig.⁴²

42 Obwohl es sich nach dem Gesetzeswortlaut um ein Widerspruchsrecht handelt, besteht in den Fällen, in denen die Einsichtnahme zugelassen und dadurch der im Gesetz genannte **erhebliche Nachteil** für die Ges. bewirkt wird, faktisch eine **Widerspruchspflicht**, da sich bei Nichtausübung des Widerspruchsrechts der

---

[39] Vgl. IDW PS 470 n. F.; gl. A. Justenhoven/Deicke, in Beck Bil-Komm., 13. Aufl. 2022, § 321a HGB Rz 11.
[40] Vgl. Orth, in Baetge/Kirsch/Thiele, Bilanzrecht, § 321a HGB Rz 8, Stand: 7/2022, der in außergewöhnlichen, sachverhaltsabhängigen Ausnahmefällen einen Dritthaftungsanspruch für möglich hält.
[41] Vgl. Forster/Gelhausen/Möller, WPg 2007, S. 197.
[42] Bejahend: Orth, in Baetge/Kirsch/Thiele, Bilanzrecht, § 321a HGB Rz 141, Stand: 7/2022; ablehnend: Forster/Gelhausen/Möller, WPg 2007, S. 197.

Insolvenzverwalter bzw. die gesetzlichen Vertreter gegenüber der insolventen Ges. ggf. schadensersatzpflichtig machen.

Das Widerspruchsrecht stellt ab auf **Geheimnisse**, insb. Betriebs- oder Geschäftsgeheimnisse, deren Offenlegung geeignet ist, der insolventen Ges. einen erheblichen Nachteil zuzufügen. Geheimnisse stellen wohl stets solche Informationen dar, die bei Offenlegung im regulären Geschäftsbetrieb zu einem Verstoß von Geheimhaltungsverpflichtungen der gesetzlichen Vertreter oder des Aufsichtsrates geführt hätten.[43] Dies können bspw. im Prüfungsbericht angeführte Herstellungsverfahren, Liefer- oder Absatzbeziehungen oder Kennzahlen (z. B. Deckungsbeiträge, Margen einzelner Produktlinien) sein. Der Begriff des **erheblichen Nachteils** ist gesetzlich nicht geregelt und daher auf den Einzelsachverhalt zu beziehen. Es dürfte im Regelfall ausreichend sein, die Eignung zur Nachteilszufügung geltend zu machen, um das Widerspruchsrecht auszuüben. Der Begriff ist eher eng auszulegen und es ist von einer hohen Wahrscheinlichkeit der Nachteilszufügung auszugehen.[44]

4.2 Verschwiegenheitspflicht

4.2.1 Abschlussprüfer (Abs. 3 Satz 2)

Die Verschwiegenheitspflicht des Abschlussprüfers und seiner Mitarbeiter richtet sich nach § 323 Abs. 1 und 3 HGB (§ 323 Rz 47), wie Satz 2 der Vorschrift nochmals klarstellt. Eine Ausnahme von dieser Regelung stellt die Regelung des Abs. 2 Satz 2 dar, die dem Abschlussprüfer das Erläuterungsrecht gegenüber den Einsichtnehmenden eröffnet (Rz 34), das jedoch wiederum durch das Widerspruchsrecht gem. Abs. 3 Satz 1 begrenzt werden kann (Rz 39).

4.2.2 Einsichtnehmende (Abs. 3 Satz 3)

Die Vorschrift verpflichtet alle Einsichtnehmenden zur Verschwiegenheit über sämtliche bei der Einsichtnahme gewonnenen Erkenntnisse. Die Verschwiegenheitsverpflichtung besteht somit nicht nur für einsichtnehmende Gläubiger oder Gesellschafter, sondern auch für von diesen beauftragte WP/vBp (Rz 7).

Die Verschwiegenheitsverpflichtung ergänzt das Widerspruchsrecht des Abs. 3 Satz 1 (Rz 39) insoweit, als die Einsichtnehmenden auch dann zur Verschwiegenheit verpflichtet sind, wenn ihnen Betriebs- und Geschäftsgeheimnisse durch die Einsichtnahme zur Kenntnis gelangen, weil die Widerspruchsberechtigten ihr Widerspruchsrecht nicht ausgeübt haben.[45]

Die Verschwiegenheitsverpflichtung der Einsichtnehmenden beinhaltet das Verbot der Weitergabe von Informationen an Dritte über den Inhalt der Prüfungsberichte. Dies umfasst auch den sog. **negativen Inhalt**, d. h. eigentlich erforderliche Inhalte des Prüfungsberichts (z. B. über entwicklungsbeeinträchtigende oder bestandsgefährdende Tatsachen), die aber tatsächlich fehlen. Außerdem sind die vom Abschlussprüfer ggf. gegebenen (mündlichen) Erläuterungen gem. Abs. 2 Satz 2 von der Verschwiegenheitspflicht umfasst.[46]

---

[43] Vgl. Kuhner, in Küting/Weber, HdR-E, § 321a HGB Rz 29; Stand: 12/2019.
[44] Vgl. Orth, in Baetge/Kirsch/Thiele, Bilanzrecht, § 321a HGB Rz 94, Stand: 7/2022.
[45] Vgl. Forster/Gelhausen/Möller, WPg 2007, S. 200.
[46] Vgl. Orth, in Baetge/Kirsch/Thiele, Bilanzrecht, § 321a HGB Rz 94, Stand: 7/2022.

48 Die Verschwiegenheitsverpflichtung gilt auch gegenüber anderen Einsichtnehmenden.[47]

49 Während dem Abschlussprüfer in § 323 Abs. 1 Satz 2 HGB die Verwertung von erlangten Erkenntnissen verboten ist, ist dies für die Einsichtsberechtigten nicht ausdrücklich gesetzlich geregelt. Nach dem Regelungsziel der Vorschrift scheint eine Verwertung zur Durchsetzung von Ansprüchen gegen Organmitglieder der insolventen Ges. oder den Abschlussprüfer wohl zulässig.[48] Bezüglich des Abschlussprüfers weist die Gesetzesbegründung jedoch ausdrücklich darauf hin, dass „keine über § 323 HGB hinaus gehenden Haftungsansprüche geschaffen werden"[49] sollen.

5 Einsichtnahme in Prüfungsberichte zu Konzernabschlüssen (Abs. 4)

50 Wenn die betroffene Ges. konzernrechnungslegungspflichtig ist, gelten die für den Jahresabschluss vorgesehenen Einsichtsrechte für den Konzernabschluss analog (Rz 23 ff.).

51 Einsichtsberechtigt sind allerdings nur die **Gesellschafter** des MU, nicht solche von TU (außenstehende Gesellschafter).

> **Praxis-Beispiel**
> Die mittelständische Unternehmensgruppe weist folgende Beteiligungsstruktur zu:
>
>
>
> MU ist insolvent. Einsichtnahmeberechtigt in den Prüfungsbericht des Konzernabschlussprüfers sind nur die Gesellschafter des MU, nicht diejenigen von TU2 (außenstehende Gesellschafter).

52 Auch für **Gläubiger** gilt, dass diese Gläubiger des MU sein müssen, da Abs. 4 der Vorschrift ausdrücklich von dem zur Konzernrechnungslegung verpflichteten Schuldner spricht. Eine Forderung gegen ein TU reicht mithin nicht aus (Rz 15).

53 Wie beim Jahresabschluss auch, betrifft das Recht zur Einsichtnahme nur gesetzliche Konzernabschlussprüfungen. Prüfungsberichte über **freiwillige Konzern-**

---

[47] Vgl. Orth, in Baetge/Kirsch/Thiele, Bilanzrecht, § 321a HGB Rz 94, Stand: 7/2022.
[48] Gl. A. Forster/Gelhausen/Möller, WPg 2007, S. 200.
[49] BT-Drs. 15/4054 v. 27.10.2004 S. 39.

abschlussprüfungen, z. B. von gem. § 291 Abs. 1 HGB nicht prüfungspflichtigen Teilkonzernen, sind somit von der Vorschrift nicht erfasst (Rz 16).[50]
Das Einsichtsrecht bezieht sich lediglich auf den Prüfungsbericht über die Konzernabschlussprüfung, nicht aber auf die Prüfungsberichte von in den Konzernabschluss einbezogenen **Tochtergesellschaften**. Hier würden von Seiten der Tochtergesellschaften berechtigte Interessen gegen die Einsichtnahme bestehen, da ihnen hierdurch ggf. erhebliche Nachteile entstehen könnten, zumal ihre gesetzlichen Vertreter nicht über das Widerspruchsrecht des Abs. 3 Satz 1 verfügen.[51] Besonders offensichtlich ist dies in Fällen, in denen zwar die Muttergesellschaft, nicht aber die Tochtergesellschaft insolvent ist. Zur Inanspruchnahme von § 264 Abs. 3 HGB bzw. § 264b HGB durch Tochtergesellschaften vgl. Rz 15.

54

Das **Widerspruchsrecht** gem. Abs. 3 Satz 1 steht dem Insolvenzverwalter bzw. den Organen des MU zu. Bei der Ausübung des Widerspruchsrechts haben diese aber nicht nur die Interessen des MU, sondern auch die Interessen von in den Konzernabschluss einbezogenen TU zu beachten.

55

6 CSRD-Umsetzungsgesetz: Änderungen

Zum Zeitpunkt des Redaktionsschlusses dieser Kommentierung lag noch keine finale Fassung des CSRD-Umsetzungsgesetzes vor. Auf Basis des Regierungsentwurfs zum CSRD-Umsetzungsgesetz soll die Vorschrift in Abs. 1 und Abs. 2 formal geändert werden, indem dort das Wort „Prüfungsbericht" durch das Wort „Bericht" ersetzt wird. Die Änderungen stehen im Zusammenhang mit der entsprechend vorgesehenen Änderung in § 321 HGB. Materiell ist die Änderung ohne Auswirkung.

56

---

[50] Vgl. Forster/Gelhausen/Möller, WPg 2007, S. 200.
[51] Vgl. Orth, in Baetge/Kirsch/Thiele, Bilanzrecht, § 321a HGB Rz 121, Stand: 7/2022.

§ 322 Bestätigungsvermerk

(1) ¹Der Abschlussprüfer hat das Ergebnis der Prüfung schriftlich in einem Bestätigungsvermerk zum Jahresabschluss oder zum Konzernabschluss zusammenzufassen. ²Der Bestätigungsvermerk hat Gegenstand, Art und Umfang der Prüfung zu beschreiben und dabei die angewandten Rechnungslegungs- und Prüfungsgrundsätze anzugeben; er hat ferner eine Beurteilung des Prüfungsergebnisses zu enthalten. ³In einem einleitenden Abschnitt haben zumindest die Beschreibung des Gegenstands der Prüfung und die Angabe zu den angewandten Rechnungslegungsgrundsätzen zu erfolgen. ⁴Über das Ergebnis der Prüfungen nach § 317 Absatz 3a und 3b ist jeweils in einem besonderen Abschnitt zu berichten.

(1a) ¹Bei der Erstellung des Bestätigungsvermerks hat der Abschlussprüfer die internationalen Prüfungsstandards anzuwenden, die von der Europäischen Kommission in dem Verfahren nach Artikel 26 Absatz 3 der Richtlinie 2006/43/EG angenommen worden sind.

(2) ¹Die Beurteilung des Prüfungsergebnisses muss zweifelsfrei ergeben, ob
1. ein uneingeschränkter Bestätigungsvermerk erteilt,
2. ein eingeschränkter Bestätigungsvermerk erteilt,
3. der Bestätigungsvermerk aufgrund von Einwendungen versagt oder
4. der Bestätigungsvermerk deshalb versagt wird, weil der Abschlussprüfer nicht in der Lage ist, ein Prüfungsurteil abzugeben.

²Die Beurteilung des Prüfungsergebnisses soll allgemein verständlich und problemorientiert unter Berücksichtigung des Umstandes erfolgen, dass die gesetzlichen Vertreter den Abschluss zu verantworten haben. ³Auf Risiken, die den Fortbestand der Kapitalgesellschaft oder eines Konzernunternehmens gefährden, ist gesondert einzugehen. ⁴Auf Risiken, die den Fortbestand eines Tochterunternehmens gefährden, braucht im Bestätigungsvermerk zum Konzernabschluss des Mutterunternehmens nicht eingegangen zu werden, wenn das Tochterunternehmen für die Vermittlung eines den tatsächlichen Verhältnissen entsprechenden Bildes der Vermögens-, Finanz- und Ertragslage des Konzerns nur von untergeordneter Bedeutung ist.

(3) ¹In einem uneingeschränkten Bestätigungsvermerk (Absatz 2 Satz 1 Nr. 1) hat der Abschlussprüfer zu erklären, dass die von ihm nach § 317 durchgeführte Prüfung zu keinen Einwendungen geführt hat und dass der von den gesetzlichen Vertretern der Gesellschaft aufgestellte Jahres- oder Konzernabschluss aufgrund der bei der Prüfung gewonnenen Erkenntnisse des Abschlussprüfers nach seiner Beurteilung den gesetzlichen Vorschriften entspricht und unter Beachtung der Grundsätze ordnungsmäßiger Buchführung oder sonstiger maßgeblicher Rechnungslegungsgrundsätze ein den tatsächlichen Verhältnissen entsprechendes Bild der Vermögens-, Finanz- und Ertragslage der Kapitalgesellschaft oder des Konzerns vermittelt. ²Der Abschlussprüfer kann zusätzlich einen Hinweis auf Umstände aufnehmen, auf die er in besonderer Weise aufmerksam macht, ohne den Bestätigungsvermerk einzuschränken.

(4) ¹Sind Einwendungen zu erheben, so hat der Abschlussprüfer seine Erklärung nach Absatz 3 Satz 1 einzuschränken (Absatz 2 Satz 1 Nr. 2)

oder zu versagen (Absatz 2 Satz 1 Nr. 3). ²Die Versagung ist in den Vermerk, der nicht mehr als Bestätigungsvermerk zu bezeichnen ist, aufzunehmen. ³Die Einschränkung oder Versagung ist zu begründen; Absatz 3 Satz 2 findet Anwendung. ⁴Ein eingeschränkter Bestätigungsvermerk darf nur erteilt werden, wenn der geprüfte Abschluss unter Beachtung der vom Abschlussprüfer vorgenommenen, in ihrer Tragweite erkennbaren Einschränkung ein den tatsächlichen Verhältnissen im Wesentlichen entsprechendes Bild der Vermögens-, Finanz- und Ertragslage vermittelt.

(5) ¹Der Bestätigungsvermerk ist auch dann zu versagen, wenn der Abschlussprüfer nach Ausschöpfung aller angemessenen Möglichkeiten zur Klärung des Sachverhalts nicht in der Lage ist, ein Prüfungsurteil abzugeben (Absatz 2 Satz 1 Nr. 4). ²Absatz 4 Satz 2 und 3 gilt entsprechend.

(6) ¹Die Beurteilung des Prüfungsergebnisses hat sich auch darauf zu erstrecken, ob der Lagebericht oder der Konzernlagebericht nach dem Urteil des Abschlussprüfers mit dem Jahresabschluss und gegebenenfalls mit dem Einzelabschluss nach § 325 Abs. 2a oder mit dem Konzernabschluss in Einklang steht, die gesetzlichen Vorschriften zur Aufstellung des Lage- oder Konzernlageberichts beachtet worden sind und der Lage- oder Konzernlagebericht insgesamt ein zutreffendes Bild von der Lage der Kapitalgesellschaft oder des Konzerns vermittelt. ²Dabei ist auch darauf einzugehen, ob die Chancen und Risiken der zukünftigen Entwicklung zutreffend dargestellt sind.

(6a) ¹Wurden mehrere Prüfer oder Prüfungsgesellschaften gemeinsam zum Abschlussprüfer bestellt, soll die Beurteilung des Prüfungsergebnisses einheitlich erfolgen. ²Ist eine einheitliche Beurteilung ausnahmsweise nicht möglich, sind die Gründe hierfür darzulegen; die Beurteilung ist jeweils in einem gesonderten Absatz vorzunehmen. ³Die Sätze 1 und 2 gelten im Fall der gemeinsamen Bestellung von

1. Wirtschaftsprüfern oder Wirtschaftsprüfungsgesellschaften,
2. vereidigten Buchprüfern oder Buchprüfungsgesellschaften sowie
3. Prüfern oder Prüfungsgesellschaften nach den Nummern 1 und 2.

(7) ¹Der Abschlussprüfer hat den Bestätigungsvermerk oder den Vermerk über seine Versagung unter Angabe des Ortes der Niederlassung des Abschlussprüfers und des Tages der Unterzeichnung zu unterzeichnen; im Fall des Absatzes 6a hat die Unterzeichnung durch alle bestellten Personen zu erfolgen. ²Der Bestätigungsvermerk oder der Vermerk über seine Versagung ist auch in den Prüfungsbericht aufzunehmen. ³Ist der Abschlussprüfer eine Wirtschaftsprüfungsgesellschaft, so hat die Unterzeichnung zumindest durch den Wirtschaftsprüfer zu erfolgen, welcher die Abschlussprüfung für die Prüfungsgesellschaft durchgeführt hat. ⁴Satz 3 ist auf Buchprüfungsgesellschaften entsprechend anzuwenden.

Inhaltsübersicht

	Rz
1 Überblick	1–23
1.1 Inhalt	1–3
1.2 Normenzusammenhang und Zweck	4–23
2 Aufbau und Bestandteile des Bestätigungsvermerks bei gesetzlichen Jahresabschlussprüfungen	24–57
2.1 Überschrift	24–25
2.2 Empfänger	26
2.3 Vermerk über die Prüfung des Abschlusses und des Lageberichts	27–57
2.3.1 Grundsätze	27–29
2.3.2 Prüfungsurteile	30–43
2.3.3 Grundlage für die Prüfungsurteile	44–45
2.3.4 Wesentliche Unsicherheit im Zusammenhang mit der Unternehmensfortführung	46
2.3.5 Besonders wichtige Prüfungssachverhalte in der Prüfung des Abschlusses	47–48
2.3.6 Sonstige Informationen	49–52
2.3.7 Verantwortung für den Abschluss und den Lagebericht	53
2.3.8 Verantwortung des Abschlussprüfers für die Prüfung des Abschlusses und des Lageberichts	54–56
2.3.9 Sonstige gesetzliche und andere rechtliche Anforderungen	57
3 Modifizierungen des Prüfungsurteils	58–99
3.1 Begriff	58–60
3.2 Eingeschränkter Bestätigungsvermerk (Abs. 4 Satz 1 1. Alt.)	61–88
3.2.1 Einschränkung aufgrund von Einwendungen	61–80
3.2.2 Einschränkung aufgrund von Prüfungshemmnissen	81–88
3.3 Versagungsvermerk (Abs. 4 Satz 1 2. Alt.)	89–94
3.4 Erklärung der Nichtabgabe eines Prüfungsurteils (Abs. 5)	95–99
4 Hinweise im Bestätigungsvermerk	100–115
4.1 Hinweis auf Bestandsgefährdungen (Abs. 2 Satz 3)	100–104
4.2 Hinweis zur Hervorhebung eines Sachverhalts bzw. auf einen sonstigen Sachverhalt (Abs. 3 Satz 2)	105–115
5 Erteilung des Bestätigungsvermerks (Abs. 7)	116–127
6 Bestätigungsvermerk bei Konzernabschlussprüfungen	128–142
6.1 Prüfungsurteile	129–135
6.2 Grundlage für die Prüfungsurteile	136
6.3 Verantwortung der gesetzlichen Vertreter	137
6.4 Verantwortung des Abschlussprüfers	138–139
6.5 Hinweise	140–142
7 Sonderfälle und Einzelfragen	143–214
7.1 Bestätigungsvermerk für den Abschluss eines Unternehmens von öffentlichem Interesse	143–156
7.2 Bedingte Erteilung von Bestätigungsvermerken	157–163
7.3 Tatsachen nach Erteilung des Bestätigungsvermerks	164–181

7.3.1	Nachtragsprüfungen	164–172
7.3.2	Widerruf von Bestätigungsvermerken	173–181
7.4	Freiwillige Abschlussprüfungen	182–192
7.5	Ergänzende Prüfung	193
7.6	Prüfungen nach PublG	194–196
7.7	Zusammengefasster Bestätigungsvermerk	197–201
7.8	Gemeinschaftsprüfungen (Abs. 6a)	202–203
7.9	Prüfungen nach internationalen Prüfungsgrundsätzen	204–206
7.10	Bestätigungsvermerk in fremder Sprache	207–210
7.11	Offenlegung des Bestätigungsvermerks	211–214
8	CSRD-Umsetzungsgesetz: Änderungen	215

1 Überblick

1.1 Inhalt

§ 322 HGB beinhaltet mit den Regelungen zum Bestätigungsvermerk den für die Öffentlichkeit wohl bedeutendsten Teil der Abschlussprüfung: den (auch) für die Öffentlichkeit bestimmten Bestätigungsvermerk als zusammenfassendes Prüfungsergebnis.

Mit Stand vom 29.10.2021 wurden IDW PS 400 n. F., IDW PS 401, IDW PS 405 und IDW PS 406 redaktionell an die Änderungen durch das FISG angepasst. Zur zeitlichen Anwendung war vorgesehen, dass diese Neufassung erstmals auf das nach dem 15.12.2021 beginnende Kj anzuwenden war. Durch die am 19.5.2022 vom HFA beschlossene Verschiebung der Anwendung der neuen Grundsätze ordnungsmäßiger Abschlussprüfung[1] um ein weiteres Jahr ergibt sich somit eine Erstanwendung von IDW PS 400 n. F. (Stand: 29.10.2021) für nach dem 15.12.2022 beginnende Gj, d. h. für kalendergleiche Gj erstmals für das Gj 2023. In der folgenden Kommentierung ist daher mit Fokus auf die Prüfung der Jahres- und Konzernabschlüsse 2024 der für 2024 anzuwendende Stand vom 29.10.2021 zugrunde gelegt.

Entsprechend internationalen Vorbildern ist der Bestätigungsvermerk in Form eines **Bestätigungsberichts** zu erteilen. Das frühere „Formeltestat", das sich nach Ansicht des Gesetzgebers nicht bewährt hatte, sollte einem frei formulierten Bestätigungsvermerk weichen.[2] Aufgrund der **hohen Außenwirkung** des Bestätigungsvermerks haben sich in der Praxis gleichwohl standardisierte Formulierungen für Bestätigungsvermerke herausgebildet,[3] sodass die (in der überwiegenden Anzahl) uneingeschränkten Testate in der Praxis einheitlich formuliert werden. Es entspricht den Erwartungen der Adressaten des Bestätigungsvermerks, dass in den „unproblematischen" Fällen eines uneingeschränkten Bestätigungsvermerks dieser in standardisierter Form erteilt wird. Die Möglichkeit zur freien Formulierung erhält insb. dann Relevanz, wenn es darum geht, auch bei uneingeschränkten Testaten ergänzende Hinweise abzugeben (Abs. 3 Satz 2) bzw. vorgenommene Einschränkungen (Modifikationen) des Bestätigungsvermerks zu begründen (Abs. 4 Satz 3). Hiermit wird der

---

[1] Vgl. IDW Life 06/2022, S. 491
[2] Vgl. BT-Drs. 13/9712 v. 28.1.1998 S. 29.
[3] Vgl. IDW PS 400 n. F., Anlagen 1–8.

international verwendete Grundsatz „emphasis of matter" auch im deutschen Recht abgebildet.[4]

3 § 322 HGB regelt **Mindestbestandteile** des Bestätigungsvermerks, die der Gesetzgeber dem Abschlussprüfer vorgeschrieben hat, um den problemorientierten Charakter des Bestätigungsvermerks zu stärken. Der Leser des Bestätigungsvermerks soll – wenn auch in stark komprimierter Form – erfahren, was Gegenstand der Abschlussprüfung war, welche Beurteilung der Abschlussprüfer vorgenommen hat, welche Bestandsgefährdungen vorliegen und welche ergänzenden Hinweise der Abschlussprüfer für erforderlich hält. Folgende Bestandteile des Bestätigungsvermerks sind zu unterscheiden:[5]

- Überschrift,
- Empfänger,
- Vermerk über die Prüfung des Abschlusses und des Lageberichts,
- sonstige gesetzliche und andere rechtliche Anforderungen,
- ggf. Hinweis auf Bestandsgefährdungen,
- ggf. Hinweis zur Hervorhebung eines Sachverhalts bzw. auf einen sonstigen Sachverhalt.

Die IDW PS 400er-Reihe zum Bestätigungsvermerk regelt nicht mehr in einem einzigen Prüfungsstandard die Vorgaben zum Bestätigungsvermerk, sondern stellt „nur" das Rahmenkonzept und Grundlagen dar. Besonderheiten, wie Modifizierungen des Prüfungsurteils (Einschränkung, Versagung, Nichterteilung eines Prüfungsurteils), Hinweise, besondere Unsicherheit bzgl. der Going-Concern-Prämisse und besonders wichtige Prüfungssachverhalte sind in separaten Prüfungsstandards geregelt. Die nachfolgende Abbildung zeigt die Hierarchie der betreffenden Prüfungsstandards:

Abb. 1: Hierarchie der Berichterstattungserfordernisse im Bestätigungsvermerk[6]

---

[4] Vgl. ISA 706: emphasis of matter paragraphs and other matter paragraphs in the independent auditor's report.
[5] Vgl. IDW PS 400.30ff. n.F.
[6] IDW PS 400.3 n.F.

1.2 Normenzusammenhang und Zweck

§ 322 HGB ist für alle gesetzlichen Abschlussprüfungen (Jahresabschlussprüfung, Konzernabschlussprüfung) anzuwenden. In den §§ 316–324a HGB sind die **gesetzlichen Grundlagen für die Abschlussprüfung** kodifiziert. Eine wichtige Ausnahme betreffen Abschlussprüfungen von Unternehmen von öffentlichem Interesse, sog. Public Interest Entities (PIE). Für diese sind für nach dem 16.6.2016 beginnende Gj die Regelungen der EU-APrVO unmittelbar anzuwenden (§ 316a Rz 9 ff.).[7] Weiterhin ist der durch das AReG neu eingefügte § 322 Abs. 1a HGB zu beachten, der den Vorrang der von der EU übernommenen ISA regelt (ähnlich wie der seit längerem existierende § 317 Abs. 5 HGB). Da die EU bislang keine ISA übernommen hat, hat Abs. 1a auch nach Inkrafttreten bislang keine praktische Relevanz.

Die im Zuge des FISG mit Wirkung zum 1.7.2021 vorgenommenen Änderungen an Abs. 1 Satz 4, Abs. 2 Satz 3, Abs. 3 Satz 1 und Abs. 6 Satz 1 haben nur klarstellenden Charakter und stellen keine materiellen Änderungen dar.

Durch das Gesetz zur Offenlegung von Ertragsteuerinformationen[8] wurde mit Wirkung zum 22.6.2023 § 322 Abs. 1 HGB ergänzt, wonach der Abschlussprüfer auch über die Feststellungen nach § 317 Abs. 3b HGB in einem gesonderten Abschnitt zu berichten hat. Gem. Art. 90 EGHGB ist die Erstellung eines Ertragsteuerinformationsberichts erstmals für nach dem 21.6.2024 beginnende Geschäftsjahre aufzustellen. § 322 Abs. 1 HGB ist gem. Satz 3 der Vorschrift erstmals auf das danach folgende Geschäftsjahr anzuwenden, d.h. bei kalendergleichem Geschäftsjahr erstmals für das Geschäftsjahr 2026. Da derzeit noch keine Anwendungsfälle hierzu vorliegen, wird diese Regelung in dieser Auflage nicht weiter kommentiert. Dies bleibt einer der Folgeauflagen vorbehalten.

§ 322 HGB ist gleichermaßen bei Abschlussprüfungen von **Kredit- und Finanzdienstleistungsinstituten** gem. § 340k HGB sowie bei **VersicherungsUnt und Pensionsfonds** gem. § 341k HGB anzuwenden. Für Genossenschaften sieht § 58 Abs. 2 GenG eine entsprechende Anwendung der Bestimmungen des § 322 HGB vor, sofern die **Genossenschaften** die Größenkriterien des § 267 Abs. 3 HGB für große Gesellschaften erfüllen. Etliche andere Gesetze verweisen auf diese gesetzlichen Grundlagen und lehnen sich dementsprechend an die handelsrechtlichen Grundsätze an (z. B. § 6 Abs. 1 PublG, § 34 KHG NRW, § 10 Abs. 1 EnWG).

Hinsichtlich der **zeitlichen Anwendung** gilt Folgendes zu beachten. Die durch das BilRUG vorgenommenen Änderungen in § 322 Abs. 1 Satz 3, Abs. 6 Satz 1 sowie die in Abs. 7 aufgenommenen Sätze 3 und 4 HGB waren erstmals auf das nach dem 31.12.2015 beginnende Gj anzuwenden (Art. 75 Abs. 1 EGHGB), d.h. bei kalendergleichem Gj auf das Gj 2016.

---

[7] Vgl. IDW, IDW Positionspapier zu Inhalten und Zweifelsfragen der EU-Verordnung und der Abschlussprüferrichtlinie (6. Aufl., Stand: 30.6.2021 mit Ergänzungen v. 16.11.2021 und 4.4.2022), S. 13, abrufbar unter www.idw.de/blob/131250/1ec597c4d666b5843ccf2b7c8257eede/down-positionspapier-zweifelsfragen-6-auflage-data.pdf, Abruf 27.9.2024.

[8] Gesetz zur Umsetzung der Richtlinie (EU) 2021/2101 im Hinblick auf die Offenlegung von Ertragsteuerinformationen durch bestimmte Unternehmen und Zweigniederlassungen sowie zur Änderung des Verbraucherstreitbeilegungsgesetzes und des Pflichtversicherungsgesetzes, BGBl. 2023 Nr. 154.

Die durch das AReG vorgenommenen Änderungen des § 322 in Abs. 1, 4 und 7 sowie die neu aufgenommenen Abs. 1a und 6a HGB waren erstmals auf Jahresabschlüsse und Konzernabschlüsse für das nach dem 16.6.2016 beginnende Gj anzuwenden. Demzufolge waren diese Änderungen bei kalendergleichem Gj erstmals in 2017 anzuwenden. Hinsichtlich der vorgesehenen Änderungen von § 322 HGB im Zuge des CSRD-Umsetzungsgesetzes vgl. Rz 215.

6 Die WPO enthält **berufsrechtliche Vorschriften**, die der Wirtschaftsprüfer (auch) bei Abschlussprüfungen zu beachten hat (z.B. §§ 43–44, 48, 50–51b, 53–54a, 55a–56, 57a WPO). Darüber hinaus sind die Vorschriften der gem. § 57 Abs. 3 WPO erlassenen Berufssatzung für Wirtschaftsprüfer/vereidigte Buchprüfer (BS WP/vBP) zu beachten, in der besondere Berufspflichten bei der Durchführung von Prüfungen und der Erstattung von Gutachten niedergelegt sind (§§ 28–44 BS WP/vBP).

7 Neben den gesetzlichen Vorschriften existieren für Abschlussprüfer die **berufsständischen Grundsätze**. Dies sind in Deutschland die vom IDW festgestellten Prüfungsstandards und Prüfungshinweise, die im Wesentlichen auf den entsprechenden internationalen Vorbildern, den ISA, beruhen und darüber hinaus auf Besonderheiten der deutschen Rechtslage eingehen, sowie IDW QS 1.

8 Der Abschlussprüfer führt seine Prüfung aufgrund einer öffentlich-rechtlichen Verpflichtung des Bilanzierenden durch. Das Ergebnis seiner Abschlussprüfung wird zunächst dem geprüften Unt mitgeteilt, zum einen in der mündlichen Berichterstattung an den Aufsichtsrat,[9] zum anderen in Form des Prüfungsberichts gem. § 321 HGB. Der Prüfungsbericht ist aufgrund seiner Vertraulichkeit im Regelfall nicht für die Öffentlichkeit bestimmt (zu Ausnahmen § 321a Rz 3), sondern nur einem beschränkten Kreis von Adressaten zugänglich (§ 321 Rz 9).

9 In Erfüllung der öffentlich-rechtlichen Verpflichtung erteilt der Abschlussprüfer darüber hinaus einen Bestätigungsvermerk bzw. einen Versagungsvermerk gem. § 322 HGB. Dieser ist insb. für die Öffentlichkeit bestimmt, weshalb er vom prüfungspflichtigen Bilanzierenden i.R.d. Offenlegung gem. § 325 HGB beim BAnz einzureichen ist (§ 325 Rz 69).

10 Ein weiterer Unterschied zum Prüfungsbericht liegt darin, dass ein Bestätigungsvermerk bzw. Versagungsvermerk nur erteilt wird, wenn die Abschlussprüfung abgeschlossen wird. Wird demgegenüber ein **Prüfungsauftrag aus wichtigem Grund gekündigt**, so ist weder ein Bestätigungsvermerk noch eine Bescheinigung zu erteilen, sondern nach Maßgabe von § 318 Abs. 6 Satz 4 HGB lediglich ein Bericht über das Ergebnis der bisherigen Prüfung zu erstatten (§ 318 Rz 89ff.).[10]

11 § 2 Abs. 1 WPO bestimmt, dass es zu den beruflichen Aufgaben eines Wirtschaftsprüfers gehört, Bestätigungsvermerke über die Vornahme und das Ergebnis durchgeführter Prüfungen von Jahresabschlüssen wirtschaftlicher Unt zu erteilen bzw. zu versagen.[11] Durch den Bestätigungsvermerk werden vom Abschlussprüfer auch diejenigen Adressaten der Rechnungslegung, die kein Recht zur Einsichtnahme in

---

[9] Vgl. IDW PS 470 n.F.
[10] Vgl. IDW PS 400.86 n.F.
[11] Vgl. Jansen/Pfitzer, in Dörner/Menold/Pfitzer, Reform des Aktienrechts, der Rechnungslegung und Prüfung, 1999, S. 679.

den Prüfungsbericht haben, über das Ergebnis der Prüfung unterrichtet.[12] Derartige externe **Adressaten des Bestätigungsvermerks** sind somit z. B.:
- nicht in den Prüfungsbericht einsichtsberechtigte Gesellschafter, z. B. Aktionäre,[13]
- Gläubiger des geprüften Unternehmens,
- (potenzielle) Geschäftspartner des Unternehmens,
- Ratingagenturen,
- Finanzanalysten,
- Wirtschaftsauskunfteien,
- Mitarbeiter des geprüften Unternehmens sowie
- die interessierte Öffentlichkeit.

Der Bestätigungsvermerk ist ein Positivbefund, der auch im Fall eines eingeschränkten Bestätigungsvermerks noch – mit Ausnahme der eingeschränkten Teilbereiche – eine positive Aussage zur Rechnungslegung vermittelt. Daher wird anstelle der gesetzlichen Bezeichnung „Bestätigungsvermerk" häufig auch der Begriff „**Testat**" verwendet.[14] Demgegenüber hat der Versagungsvermerk kein entsprechendes Pendant im Sprachgebrauch. Hier wird zumeist von einem „versagten Testat" gesprochen. 12

Der international verwendete Begriff „Vermerk" als Oberbegriff für „Bestätigungsvermerk" und „Versagungsvermerk" hat sich in Deutschland (noch) nicht durchgesetzt, da aufgrund der langjährigen Verwendung des Begriffs Bestätigungsvermerk der Gesetzgeber diesen (bislang) fortgeführt hat. Auch IDW PS 400 n. F. hält an dieser Begrifflichkeit fest.[15] 13

Der Bestätigungsvermerk dient dem Zweck, den Adressatenkreis über die **Gesetz- und Ordnungsmäßigkeit** des Jahresabschlusses und Lageberichts sowie der zugrunde liegenden Buchführung zu unterrichten. Er vermittelt somit eine Aussage über die **Verlässlichkeit der Rechnungslegung**. Darüber hinaus übt er eine **Warnfunktion** aus, um Marktteilnehmer bei Vorliegen bestimmter Anzeichen, z. B. bestandsgefährdende Risiken, frühzeitig auf etwaige wirtschaftliche „Schieflagen" hinzuweisen. 14

Aufgrund des weit gefassten Adressatenkreises haben sich unterschiedliche Vorstellungen über Inhalt und Tragweite des Bestätigungsvermerks herausgebildet. Unter der **Erwartungslücke** wird die Diskrepanz zwischen den Erwartungen der Informationsempfänger und dem gesetzlich normierten Zweck und Umfang der Jahresabschlussprüfung verstanden.[16] Ursachen der Erwartungslücke liegen oftmals in der fehlenden Kenntnis der Rechnungslegungs- und Prüfungsnormen. Die Aussagefähigkeit des Bestätigungsvermerks muss daher an den tatsächlichen Möglichkeiten gemessen werden. Die durch das KonTraG vorgenommenen Erweiterungen der Vorschriften zum Bestätigungsvermerk dienten u. a. dem Abbau der Erwartungslücke. Die öffentliche Diskussion im Zusammenhang mit Unternehmenszusammenbrüchen zeigt, dass trotz dieser Bestrebungen unverändert eine Erwartungslücke besteht. Angesichts der z. T. unreflektierten Be- 15

---

[12] Vgl. IDW, WPH Edition, Wirtschaftsprüfung & Rechnungslegung, 18. Aufl. 2023, Kap. M Tz 84.
[13] Anders bei der GmbH, da dort gem. § 42a Abs. 1 Satz 1 GmbHG der Prüfungsbericht der Gesellschafterversammlung vorzulegen ist.
[14] Vgl. Orth/Schaefer, in Baetge/Kirsch/Thiele, Bilanzrecht, § 322 HGB Rz 21.1, Stand: 2/2019.
[15] Vgl. IDW PS 400.A31 n. F.
[16] Vgl. IDW, WPH Edition, Wirtschaftsprüfung & Rechnungslegung, 18. Aufl. 2023, Kap. M Tz 962.

richterstattung in den Medien bei Unternehmensinsolvenzen darf bezweifelt werden, dass es gelingen wird, die Erwartungslücke aller Adressaten des Bestätigungsvermerks zu schließen. Aus rein ökonomischer Sicht obliegt der Abschlussprüfung und damit vor allem dem Bestätigungsvermerk die Funktion der Senkung von Transaktionskosten auf den Kapitalmärkten.[17]

16 Die **rechtliche Wirkung** des Bestätigungsvermerks ergibt sich unmittelbar aus dem Gesetz. § 316 Abs. 1 Satz 2 HGB stellt klar, dass bei gesetzlicher Prüfungspflicht ein ungeprüfter Jahresabschluss nicht festgestellt werden kann. Damit kann auch kein wirksamer Gewinnverwendungsbeschluss gefasst werden. Für den Konzernabschluss stellt § 316 Abs. 2 Satz 2 HGB gleichermaßen fest, dass dieser ohne eine gesetzlich vorgeschriebene Prüfung nicht gebilligt werden kann.

17 Eine **Änderung** eines geprüften Jahresabschlusses oder Konzernabschlusses führt kraft Gesetzes zu einer Nachtragsprüfung (§ 316 Abs. 3 HGB), für die dieselben rechtlichen Wirkungen gelten (Rz 164, § 316 Rz 38 ff.).

18 Soweit ein Bestätigungsvermerk eingeschränkt oder ein Versagungsvermerk erteilt wurde, kann sich dies nachteilig auf die **Entlastung** der für die Aufstellung des Jahresabschlusses und Lageberichts verantwortlichen Gesellschaftsorgane (Vorstand, Geschäftsführung) auswirken.[18] Soweit die Einschränkung oder Versagung allerdings auf Nichtigkeitsgründe des Jahresabschlusses zurückzuführen ist (§ 256 AktG), kann auch trotz Vorliegen eines Bestätigungsvermerks bzw. Versagungsvermerks kein wirksamer Gewinnverwendungsbeschluss getroffen werden.[19]

19 In folgenden Fällen hat die Erteilung eines uneingeschränkten Bestätigungsvermerks direkte, unmittelbare Bedeutung für die Wirksamkeit von Beschlüssen der Gesellschaftsorgane:
- **Ändert** die Hauptversammlung den Jahresabschluss, so werden ihre vor Beendigung der dann folgenden Nachtragsprüfung gefassten Beschlüsse über die Feststellung dieses Jahresabschlusses und die Gewinnverwendung nach § 173 Abs. 3 AktG erst wirksam, wenn der Abschlussprüfer binnen zwei Wochen seit der Beschlussfassung einen hinsichtlich der Änderungen uneingeschränkten Bestätigungsvermerk erteilt hat, anderenfalls werden sie nichtig.
- Dem Beschluss der Hauptversammlung über eine **Kapitalerhöhung aus Gesellschaftsmitteln** kann gem. § 209 Abs. 1 AktG die letzte Jahresbilanz nur zugrunde gelegt werden, wenn diese mit dem uneingeschränkten Bestätigungsvermerk des Abschlussprüfers versehen ist. Anderenfalls hat das Registergericht die Eintragung der Kapitalerhöhung abzulehnen.[20] Entsprechendes gilt für eine andere dem Kapitalerhöhungsbeschluss zugrunde gelegte Bilanz (z. B. Zwischenbilanz, § 290 Abs. 3 Satz 2 AktG).[21]
- Besteht ein **genehmigtes Kapital** und sieht die Satzung vor, dass die neuen Aktien an Arbeitnehmer der Gesellschaft ausgegeben werden können (§ 202 Abs. 4 AktG), so kann die auf diese Aktien zu leistende Einlage in bestimmten

---

17 Vgl. Orth/Schaefer, in Baetge/Kirsch/Thiele, Bilanzrecht, § 322 HGB Rz 5, Stand: 2/2019.
18 Vgl. Justenhoven/Küster/Bernhardt, in Beck Bil-Komm., 13. Aufl. 2022, § 322 HGB Rz 16.
19 Vgl. Orth/Schaefer, in Baetge/Kirsch/Thiele, Bilanzrecht, § 322 HGB Rz 24, Stand: 2/2019.
20 Vgl. Koch, AktG, 17. Aufl. 2023, § 210 AktG Rz 6.
21 Zur Prüfung solcher Zwischenbilanzen vgl. IDW PH 9.400.6.

Grenzen auch aus dem Jahresüberschuss gedeckt werden, wenn der betreffende Jahresabschluss mit dem uneingeschränkten Bestätigungsvermerk des Abschlussprüfers versehen ist (§ 204 Abs. 3 AktG).
- Nach § 57e Abs. 1 GmbHG gilt bei einer **Kapitalerhöhung aus Gesellschaftsmitteln einer GmbH** ebenfalls die Pflicht zur Vorlage einer mit einem uneingeschränkten Bestätigungsvermerk versehenen Jahresbilanz.[22]

Das geprüfte Unt hat Anspruch auf einen Bestätigungs- oder Versagungsvermerk, da § 322 Abs. 1 Satz 1 HGB den Abschlussprüfer hierzu eindeutig anweist. Dieser Rechtsanspruch kann gerichtlich verfolgt werden, es kommt auch eine Zwangsvollstreckung nach § 888 Abs. 1 ZPO in Betracht.

Soweit beim Abschlussprüfer Ausschlussgründe gem. §§ 319 Abs. 2–4, 319b Abs. 1 HGB vorliegen, führt dies nicht zur Nichtigkeit des Jahresabschlusses (§ 256 Abs. 1 Nr. 3 AktG). Verfügt der Abschlussprüfer aber nicht über die Qualifikation des § 319 Abs. 1 HGB, ist ein von diesem geprüfter Jahresabschluss nichtig und kann folglich keine Rechtswirkung entfalten. Wird der Jahresabschluss von einem WP/vBP bzw. einer WPG/BPG geprüft, der bzw. die nicht über die gem. § 319 Abs. 1 Satz 3 HGB erforderliche Registrierung als gesetzlicher Abschlussprüfer bei der WPK verfügt, führt dies zur Nichtigkeit des Jahresabschlusses (§ 319 Rz 82).

Wird die gerichtliche Bestellung des Abschlussprüfers später aufgehoben, bleibt ein bereits erteilter Bestätigungsvermerk wirksam.[23]

Für ein unrichtiges Testat i. S. v. § 322 HGB hat der Abschlussprüfer zivilrechtlich Schadensersatzpflichten gem. § 323 HGB (§ 323 Rz 79), strafrechtlich Freiheits- oder Geldstrafen gem. § 332 HGB (§ 332 Rz 47) sowie berufsrechtlich ggf. Maßnahmen gem. §§ 67, 68 WPO zu beachten.[24]

2 Aufbau und Bestandteile des Bestätigungsvermerks bei gesetzlichen Jahresabschlussprüfungen

2.1 Überschrift

§ 322 HGB enthält keine Anforderung an eine Überschrift für den Bestätigungsvermerk bzw. Versagungsvermerk. Damit ein Bestätigungsvermerk von anderen, abgeschwächteren Formen von Prüfungsurteilen (z. B. Bescheinigung) eindeutig unterschieden werden kann, hat sich in der Praxis die **Verwendung einer Überschrift** bewährt.

Angelehnt an die Bezeichnung der gesetzlichen Vorschrift des § 322 HGB empfiehlt der Berufsstand die Überschrift „Bestätigungsvermerk des unabhängigen Abschlussprüfers" bzw. „Versagungsvermerk des unabhängigen Abschlussprüfers".[25]

2.2 Empfänger

Im Unterschied zu der früheren Vorgehensweise des Berufsstands sind Bestätigungsvermerke generell zu adressieren,[26] während dies früher nur bei freiwilligen

---

22 Vgl. Noack/Servatius/Haas, Beck GmbHG-Kurzkomm., 23. Aufl. 2022, § 57e GmbHG Rz 2.
23 Vgl. OLG Düsseldorf, Urteil v. 26.2.1996, 3 Wx 279/95, DB 1996 S. 1178.
24 Vgl. zur Haftung eines WP wegen sittenwidrig erteiltem Testat: WPK, WPKM 3/2014, S. 55.
25 Vgl. IDW PS 400.31 n. F. bzw. IDW PS 405.21.
26 Vgl. IDW PS 400.32, A32 n. F.

Abschlussprüfungen vorgesehen war. Die Adressierung richtet sich regelmäßig an das geprüfte Unt, nicht etwa an dessen Organe oder Anteilseigner.

> **Formulierungs-Beispiel**
> An die ... [Gesellschaft]

Die Adressierung erfolgt unmittelbar nach der Überschrift.

2.3 Vermerk über die Prüfung des Abschlusses und des Lageberichts

2.3.1 Grundsätze

27 Nach § 322 Abs. 2 Satz 2 HGB hat die **Beurteilung des Prüfungsergebnisses** allgemeinverständlich und problemorientiert zu erfolgen. Einschränkungen der Prüfbarkeit (**Prüfungshemmnisse**) und Prüfungserschwernisse erfordern zusätzliche Ausführungen.

Unter Prüfungsergebnis sind die Prüfungsurteile zum
- Abschluss,
- Lagebericht sowie zu
- sonstigen Prüfungsgegenständen

zu verstehen.

Mit den neugefassten Bestätigungsvermerken werden separate Prüfungsurteile für die einzelnen Prüfungsgegenstände abgegeben, d. h., ein Prüfungsurteil zum Abschluss, eins zum Lagebericht und eins zu einem ggf. **sonstigen Prüfungsgegenstand**.[27]

Anwendungsfälle für sonstige Prüfungsgegenstände, über die im Bestätigungsvermerk zu berichten ist, sind:[28]
- § 6b EnWG zur Prüfung von Energieversorgungsunternehmen (IDW PS 610 n. F.),
- § 12 Abs. 3 Hessisches Stiftungsgesetz zur Prüfung der Erhaltung des Stiftungsvermögens und die satzungsmäßige Verwendung der Stiftungsmittel.

28 Der geprüfte (Jahres-)Abschluss ist nach den einschlägigen anzuwendenden Rechnungslegungsgrundsätzen aufzustellen (HGB oder IFRS). Es gibt auch Fälle, in denen der Abschluss sog. **zusätzliche Informationen** enthält. Hierbei handelt es sich um nach den maßgeblichen Rechnungslegungsgrundsätzen für den Abschluss nicht erforderliche, aber zulässige Informationen, die im oder zusammen mit dem geprüften Abschluss dargestellt werden.[29] Beispiele hierfür sind:
- der Jahresabschluss enthält neben den gesetzlichen Pflichtbestandteilen Bilanz, GuV und Anhang noch eine freiwillig aufgestellte Kapitalflussrechnung,
- der Anhang enthält neben den gesetzlich geforderten Pflichtangaben weitergehende Erläuterungen bzw. Aufgliederungen von Bilanz-/GuV-Posten.

---

[27] Unter einem sonstigen Prüfungsgegenstand werden Informationen bzw. Sachverhalte (über die im Jahresabschluss und Lagebericht nicht enthaltenen hinaus) verstanden, zu denen nach gesetzlichen Vorschriften im Bestätigungsvermerk ein gesondertes Prüfungsurteil abzugeben oder über die im Prüfungsbericht zu berichten ist; vgl. IDW PS 400.10 i) n. F.
[28] Vgl. Justenhoven/Küster/Bernhardt, in Beck Bil-Komm., 13. Aufl. 2022, § 322 HGB Rz 102.
[29] Vgl. IDW PS 400.10 j n. F.

Der Abschlussprüfer hat zu beurteilen, ob diese zusätzlichen Informationen integraler Bestandteil des Abschlusses sind. Dies ist in den vorstehenden Beispielen der Fall, sodass sie entsprechend in das Prüfungsurteil mit einzubeziehen sind. Ein Beispiel dafür, dass eine zusätzliche Information kein integraler Bestandteil des Abschlusses ist, wäre eine zusätzliche Aufstellung, in der bestimmte Aufwendungen oder Erträge aufgegliedert werden.[30] Zusätzliche Informationen sind zu unterscheiden von sonstigen Informationen (Rz 49). Die nachfolgende Abbildung gibt einen Überblick zu den zusätzlichen Informationen:[31]

29

Abb. 2: Kategorisierung zusätzlicher Informationen

2.3.2 Prüfungsurteile

Es existieren folgende Formen des Prüfungsurteils:

30

- uneingeschränktes Prüfungsurteil,
- eingeschränktes Prüfungsurteil,
- versagtes Prüfungsurteil,
- Nichtabgabe eines Prüfungsurteils.

Da bei einem eingeschränkten Bestätigungsvermerk zwischen Einwendungen und Prüfungshemmnissen als Grund für die Einschränkung differenziert wird, ergibt sich folgendes Schaubild:

31

---

[30] Vgl. IDW PS 400.A78 n.F.
[31] Vgl. IDW PS 400.A83 n.F.

Abb. 3: Arten des Prüfungsurteils

32 Wenn nach dem abschließenden Ergebnis der Prüfung der Abschlussprüfer keine wesentlichen Beanstandungen gegen den Jahresabschluss zu erheben hat, ist zum Jahresabschluss ein uneingeschränktes Prüfungsurteil abzugeben.[32] Entsprechendes gilt für das Prüfungsurteil zum Lagebericht.[33]
Ein uneingeschränktes Prüfungsurteil trifft somit die **positive Gesamtaussage** des Abschlussprüfers, dass[34]
- die von ihm durchgeführte Prüfung zu keinen Einwendungen geführt hat und dass **Buchführung und Jahresabschluss den gesetzlichen Vorschriften entsprechen**
- der Jahresabschluss unter Beachtung der GoB oder sonstiger maßgeblicher Rechnungslegungsgrundsätze ein den tatsächlichen Verhältnissen entsprechendes Bild der Vermögens-, Finanz- und Ertragslage der Ges. vermittelt (**Generalnorm** des § 264 Abs. 2 HGB),
- der **Lagebericht mit dem Jahresabschluss in Einklang** steht, den gesetzlichen Vorschriften entspricht und insg. ein zutreffendes Bild von der Lage der Ges. vermittelt,
- im Lagebericht die Chancen und Risiken der zukünftigen Entwicklung zutreffend dargestellt sind, sowie
- etwaige sonstige Prüfungsgegenstände, für die explizit Aussagen im Bestätigungsvermerk gefordert sind und die nicht aufgrund ihres Charakters i. R. d. Prüfungsurteile zum JA bzw. zum LB Berücksichtigung finden können, den in Bezug auf sie geltenden maßgebenden gesetzlichen Vorschriften entsprechen.

---

[32] Vgl. IDW PS 400.23 n. F.
[33] Vgl. IDW PS 400.27 n. F.
[34] IDW, WPH Edition, Wirtschaftsprüfung & Rechnungslegung, 18. Aufl. 2023, Kap. M Tz 1041.

Die Bestätigung, dass der Jahresabschluss der Generalnorm des § 264 Abs. 2 HGB entspricht, ist auch dann abzugeben, wenn kleine KapG gesetzliche Erleichterungen für die Aufstellung des Jahresabschlusses – z. B. Ausweis eines Rohergebnisses in der GuV nach § 276 Satz 1 HGB – wahrnehmen. Nehmen KapG/KapCoGes die Aufstellungserleichterungen gem. § 264 Abs. 3 HGB bzw. § 264b HGB in Anspruch und stellen keinen Anhang auf, kann die Generalnorm allerdings nicht bestätigt werden.[35] In diesen Fällen ist Satz 2 der empfohlenen Formulierung (Rz 186) somit wegzulassen. Gleiches gilt für Abschlussprüfungen von Ges., die aufgrund ihrer Rechtsform nicht verpflichtet sind, die Anforderungen der Generalnorm des § 264 Abs. 2 HGB zu erfüllen.[36] Grds. unterscheidet IDW PS 400 n. F. zwischen[37]

- **Rechnungslegungsgrundsätzen zur sachgerechten Gesamtdarstellung** und
- **Rechnungslegungsgrundsätzen zur Ordnungsmäßigkeit**.

Rechnungslegungsgrundsätze zur sachgerechten Gesamtdarstellung fordern Angaben im Abschluss, wenn sonst keine sachgerechte Gesamtdarstellung durch den Abschluss erreicht wird oder fordern explizit eine Abweichung von diesen Grundsätzen, wenn sonst in äußerst seltenen Fällen keine sachgerechte Gesamtdarstellung durch den Abschluss erreicht wird. Konkret bedeutet dies, dass der Abschluss neben den eigentlichen Finanzaufstellungen (Bilanz, GuV) auch einen Anhang enthalten muss. Entsprechend rechnen Jahres- und Konzernabschlüsse nach den für KapG geltenden handelsrechtlichen Vorschriften, nach IFRS oder nach US-GAAP zu dieser Kategorie.[38] Zur zweiten Kategorie zählen Abschlüsse, die ausschl. aus Finanzaufstellungen bestehen, wie die für alle Kaufleute maßgeblichen Vorschriften der §§ 238–256a HGB.

Die Einhaltung der Generalnorm des § 264 Abs. 2 HGB kann auch für Branchen bestätigt werden, die über spezielle Bewertungsvorschriften verfügen (z. B. Kreditinstitute und Finanzdienstleistungsinstitute sowie VersicherungsUnt und Pensionsfonds).

Ein uneingeschränktes Prüfungsurteil zum Abschluss setzt voraus, dass auf die Rechnungslegung bezogene **Vorschriften des Gesellschaftsvertrags bzw. der Satzung** eingehalten wurden.[39]

Praxis-Beispiel
Eine i. S. d. § 267 HGB mittelgroße GmbH nimmt bei Aufstellung des Jahresabschlusses die größenabhängigen Erleichterungen nach §§ 276 Satz 1, 288 Satz 2 HGB in Anspruch. Der Gesellschaftsvertrag der GmbH enthält die Regelung, dass der Jahresabschluss nach den für große KapG geltenden Vorschriften aufzustellen ist.

---

[35] Vgl. IDW PH 9.200.1.10; IDW PS 400.A35 n. F. Der Jahresabschluss ist in diesen Fällen nach Rechnungslegungsgrundsätzen zur Ordnungsmäßigkeit aufgestellt; vgl. IDW PS 400.A6 n. F.
[36] Zu Einzelheiten hinsichtlich der Einhaltung der Generalnorm vgl. IDW, WPH Edition, Wirtschaftsprüfung & Rechnungslegung, 16. Aufl. 2019 Kap. M Tz 979 ff.
[37] Vgl. IDW PS 400.10 d) n. F.
[38] Vgl. IDW PS 400.A3 n. F.
[39] Vgl. IDW PS 400.A3 n. F., d. h. bei Nichtbeachtung und unterstellter Wesentlichkeit des Verstoßes ist der Bestätigungsvermerk einzuschränken (vgl. IDW PS 405.A8 n. F.).

> Der Jahresabschluss ist nicht in Übereinstimmung mit dem Gesellschaftsvertrag aufgestellt worden. Der Abschlussprüfer hat ein eingeschränktes Prüfungsurteil zum Jahresabschluss zu erteilen.

36 Wurde bei Aufstellung des Jahresabschlusses eine **gesetzeswidrige Bestimmung** des Gesellschaftsvertrags oder Satzung angewandt (z.B. zur Rücklagendotierung entgegen § 58 AktG), ist bei Wesentlichkeit der Beanstandung das Prüfungsurteil zum Jahresabschluss einzuschränken oder ggf. zu versagen.[40]

37 Ist im Fall einer **Erstprüfung**[41] der Vorjahresabschluss nicht geprüft oder zu diesem ein Versagungsvermerk erteilt worden, schließt dies die Erteilung eines uneingeschränkten Prüfungsurteils zum Jahresabschluss nicht aus, sofern die Voraussetzungen (materielle Richtigkeit des Abschlusses) hierfür vorliegen.[42]

38 Die Bestätigung, dass der Lagebericht ein zutreffendes Bild von der Lage der Ges. vermittelt und die Chancen und Risiken der zukünftigen Entwicklung zutreffend darstellt, darf nur abgegeben werden, wenn der Lagebericht die Anforderungen von §§ 289, 289a HGB erfüllt. Dies wurde im Zuge des BilRUG durch eine Ergänzung in § 322 Abs. 6 Satz 1 gesetzlich kodifiziert. Werden nicht zur Lagedarstellung erforderliche gesetzliche Angabepflichten, die nach Beurteilung des Abschlussprüfers aber unwesentlich sind (z.B. zu F&E), weggelassen, steht dies einem uneingeschränkten Bestätigungsvermerk nicht entgegen.[43]

39 Der Bestätigungsvermerk bezieht sich beim Anhang auch auf freiwillige Angaben, die über die Mindestangaben hinaus aufgenommen werden. Da der Anhang in der aufgestellten Form nach § 317 Abs. 1 HGB Gegenstand der Abschlussprüfung ist, sind auch diese Angaben in den Bestätigungsvermerk mit einzubeziehen.[44] Gleiches gilt analog für freiwillige Angaben im Lagebericht. Ausnahmen hiervon stellen die entgegen den Willen des Gesetzgebers mit vollem Wortlaut in den Anhang oder Lagebericht aufgenommene Entsprechenserklärung nach § 161 AktG[45] sowie die Erklärung zur Unternehmensführung nach § 289f HGBdar.

40 Die **Formulierung** von uneingeschränkten Prüfungsurteilen zum Jahresabschluss und Lagebericht wird **wie folgt empfohlen**:

> **Prüfungsurteile**[46]
> Wir haben den Jahresabschluss der ... [Gesellschaft] – bestehend aus der Bilanz zum ... [Datum] und der Gewinn- und Verlustrechnung für das Geschäftsjahr vom ... [Datum] bis zum ... [Datum] sowie dem Anhang, einschließlich der Darstellung der Bilanzierungs- und Bewertungsmethoden – geprüft. Darüber hinaus haben wir den Lagebericht der ... [Gesellschaft] für das Geschäftsjahr vom ... [Datum] bis zum ... [Datum] geprüft. [...]

---

[40] Vgl. IDW PS 405.A8 n.F.
[41] Zum Begriff Erstprüfung vgl. ISA [DE] 510.4
[42] Vgl. IDW PS 405.A9 n.F.; zur Anpassung von Vorjahresfehlern in laufender Rechnung vgl. IDW RS HFA 6.16 ff.
[43] Vgl. IDW PS 350.A99 n.F.
[44] Vgl. IDW PS 400.A7 n.F.
[45] Vgl. IDW PS 345.22. Danach ist in derartigen Fällen im Abschnitt zum Prüfungsurteil ein Hinweis aufzunehmen, dass der Abschlussprüfer keine Prüfung der Entsprechenserklärung vorgenommen hat.
[46] Vgl. IDW PS 400 n.F., Anlage 1.1, Beispiel hier ohne Erklärung zur Unternehmensführung.

> Nach unserer Beurteilung aufgrund der bei der Prüfung gewonnenen Erkenntnisse
> - entspricht der beigefügte Jahresabschluss in allen wesentlichen Belangen den deutschen, für Kapitalgesellschaften geltenden handelsrechtlichen Vorschriften und vermittelt unter Beachtung der deutschen Grundsätze ordnungsmäßiger Buchführung ein den tatsächlichen Verhältnissen entsprechendes Bild der Vermögens- und Finanzlage der Gesellschaft zum ... [Datum] sowie ihrer Ertragslage für das Geschäftsjahr vom ... [Datum] bis zum ... [Datum] und
> - vermittelt der beigefügte Lagebericht insgesamt ein zutreffendes Bild von der Lage der Gesellschaft. In allen wesentlichen Belangen steht dieser Lagebericht in Einklang mit dem Jahresabschluss, entspricht den deutschen gesetzlichen Vorschriften und stellt die Chancen und Risiken der zukünftigen Entwicklung zutreffend dar. [...]
>
> Gemäß § 322 Abs. 3 Satz 1 HGB erklären wir, dass unsere Prüfung zu keinen Einwendungen gegen die Ordnungsmäßigkeit des Jahresabschlusses und des Lageberichts geführt hat.

Die Formulierungsempfehlung soll auch bei solchen gesetzlichen Jahresabschlussprüfungen angewandt werden, für die eine entsprechende (z. B. §§ 58 Abs. 2 GenG, 340k Abs. 1 Satz 1 HGB, 341k Abs. 1 Satz 1 HGB) oder sinngemäße (§ 6 Abs. 1 PublG) Anwendung der Vorschriften über den Bestätigungsvermerk vorgeschrieben ist.[47]

Ist der **Grundsatz der Fortführung des Unternehmens** (§ 252 Abs. 1 Nr. 2 HGB) unzweifelhaft nicht mehr gegeben (z. B. bei Zahlungsunfähigkeit), hat die Bewertung unter Veräußerungs- bzw. Liquidationsgesichtspunkten zu erfolgen. Außerdem sind ergänzende Hinweise im Anhang sowie eine Darlegung der Situation im Lagebericht erforderlich. Nur unter diesen Voraussetzungen kann in derartigen Fällen ein uneingeschränkter Bestätigungsvermerk erteilt werden (Rz 101).

Im Fall eines uneingeschränkten Prüfungsurteils bedarf es regelmäßig keiner weiteren Beurteilung. Zu ergänzenden Hinweisen wegen Bestandsgefährdungen vgl. Rz 100 oder zur Hervorhebung eines Sachverhalts bzw. zu einem sonstigen Sachverhalt vgl. Rz 110.

2.3.3 Grundlage für die Prüfungsurteile

Der Bestätigungsvermerk muss im unmittelbaren Anschluss an den Abschnitt zum Prüfungsurteil Ausführungen zur Grundlage für die Prüfungsurteile enthalten. Diese Informationen dienen dem Verständnis der Prüfungsurteile[48] und beinhalten Erklärungen des Abschlussprüfers, dass[49]

a) die Prüfung in Übereinstimmung mit § 317 HGB unter Beachtung der vom IDW festgestellten Grundsätze ordnungsmäßiger Abschlussprüfung durchgeführt wurde,

---

[47] Vgl. IDW PS 400.3 n.F.
[48] Vgl. IDW PS 400.41 n.F.
[49] Vgl. IDW PS 400.46–48 n.F.

b) auf den Abschnitt im Bestätigungsvermerk hingewiesen wird, der die Verantwortung des Abschlussprüfers nach diesen Vorschriften und Grundsätzen weiter beschreibt,
c) er in Übereinstimmung mit den deutschen handelsrechtlichen und berufsrechtlichen Vorschriften von dem Unt unabhängig ist und die sonstigen deutschen Berufspflichten in Übereinstimmung mit diesen Anforderungen erfüllt,
d) er der Auffassung ist, dass die von ihm erlangten Prüfungsnachweise ausreichend und geeignet sind, um als Grundlage für die Prüfungsurteile zum Abschluss und Lagebericht zu dienen.

> **Grundlage für die Prüfungsurteile[50]**
> Wir haben unsere Prüfung des Jahresabschlusses und des Lageberichts in Übereinstimmung mit § 317 HGB unter Beachtung der vom Institut der Wirtschaftsprüfer (IDW) festgestellten deutschen Grundsätze ordnungsmäßiger Abschlussprüfung durchgeführt. Unsere Verantwortung nach diesen Vorschriften und Grundsätzen ist im Abschnitt „Verantwortung des Abschlussprüfers für die Prüfung des Jahresabschlusses und des Lageberichts" unseres Bestätigungsvermerks weitergehend beschrieben. Wir sind von dem Unternehmen unabhängig in Übereinstimmung mit den deutschen handelsrechtlichen und berufsrechtlichen Vorschriften und haben unsere sonstigen deutschen Berufspflichten in Übereinstimmung mit diesen Anforderungen erfüllt. Wir sind der Auffassung, dass die von uns erlangten Prüfungsnachweise ausreichend und geeignet sind, um als Grundlage für unsere Prüfungsurteile zum Jahresabschluss und zum Lagebericht zu dienen

45 Soweit die Prüfung nach den IDW PS KMU durchgeführt worden ist, ist der Abschnitt wie folgt zu formulieren:

> **Grundlage für die Prüfungsurteile[51]**
> Wir haben unsere Prüfung des Jahresabschlusses und des Lageberichts in Übereinstimmung mit § 317 HGB unter Beachtung der vom Institut der Wirtschaftsprüfer (IDW) festgestellten deutschen Grundsätze ordnungsmäßiger Abschlussprüfung unter Anwendung der IDW Prüfungsstandards für weniger komplexe Einheiten durchgeführt. Unsere Verantwortung nach diesen Vorschriften und Grundsätzen ist im Abschnitt „Verantwortung des Abschlussprüfers für die Prüfung des Jahresabschlusses und des Lageberichts" unseres Bestätigungsvermerks weitergehend beschrieben. Wir sind von dem Unternehmen unabhängig in Übereinstimmung mit den deutschen handelsrechtlichen und berufsrechtlichen Vorschriften und haben unsere sonstigen deutschen Berufspflichten in Übereinstimmung mit diesen Anforderungen erfüllt. Wir sind der Auffassung, dass die von uns erlangten Prüfungsnachweise ausreichend und geeignet sind, um als Grundlage für unsere Prüfungsurteile zum Jahresabschluss und zum Lagebericht zu dienen.

---

[50] Vgl. IDW PS 400 n.F., Anlage 1.1
[51] Vgl. IDW PS KMU 7 Anlage 1.1.

2.3.4 Wesentliche Unsicherheit im Zusammenhang mit der Unternehmensfortführung

§ 322 Abs. 2 Satz 3 HGB erfordert das Eingehen auf Risiken im Zusammenhang mit der Unternehmensfortführung. Soweit eine wesentliche Unsicherheit (= bestandsgefährdendes Risiko) vorliegt, dieses aber im Jahresabschluss und Lagebericht angemessen angegeben bzw. darüber berichtet wird, hat der Abschlussprüfer im Bestätigungsvermerk einen gesonderten Abschnitt mit der Überschrift „Wesentliche Unsicherheiten im Zusammenhang mit der Fortführung der Unternehmenstätigkeit" aufzunehmen.[52]

46

> **Wesentliche Unsicherheit im Zusammenhang mit der Unternehmensfortführung**[53]
> Wir verweisen auf Angabe A im Anhang sowie die Angaben in Abschnitt B des Lageberichts, in denen die gesetzlichen Vertreter beschreiben, dass ... [bspw. sich die Gesellschaft in einer angespannten Liquiditätssituation befindet]. Wie in Angabe A und Abschnitt B dargelegt, deuten diese Ereignisse und Gegebenheiten [ggf. zusammen mit den anderen dort ausgeführten Sachverhalten] auf das Bestehen einer wesentlichen Unsicherheit hin, die bedeutsame Zweifel an der Fähigkeit der Gesellschaft zur Fortführung der Unternehmenstätigkeit aufwerfen kann und die ein bestandsgefährdendes Risiko i.S.d. § 322 Abs. 2 Satz 3 HGB darstellt. Unsere Prüfungsurteile sind bzgl. dieses Sachverhalts nicht modifiziert.

Der letzte Satz der vorstehenden Musterformulierung stellt klar, dass es sich um einen uneingeschränkten Bestätigungsvermerk handelt. Soweit die Darstellung im Jahresabschluss und Lagebericht unangemessen bzw. die Anwendung des Going-Concern-Grundsatzes unangemessen vorgenommen wurde, ergibt sich die Notwendigkeit, Modifizierungen an den Prüfungsurteilen vorzunehmen (Rz 58 ff.).
Es kann auch erforderlich sein, die wesentliche Unsicherheit als besonders wichtigen Prüfungssachverhalt zu bestimmen (vgl. nachfolgend Rz 47 ff.). In diesen Fällen könnte der Abschlussprüfer in die Beschreibung dieser besonders wichtigen Prüfungssachverhalte Aspekte der identifizierten Ereignisse oder Gegebenheiten aufnehmen, die im Lagebericht und ggf. im Abschluss angegeben sind (z.B. erhebliche betriebliche Verluste, verfügbare Kreditrahmen und mögliche Refinanzierung von Schulden oder Verstöße gegen Darlehensvereinbarungen und damit zusammenhängende mildernde Faktoren).[54]

2.3.5 Besonders wichtige Prüfungssachverhalte in der Prüfung des Abschlusses

Bei Abschlussprüfungen von Unternehmen von öffentlichem Interesse, sog. Public Interest Entities (PIE), ist der Abschlussprüfer verpflichtet, eine Beschreibung der bedeutsamsten beurteilten Risiken wesentlicher falscher Darstellungen, die auch als besonders wichtige Prüfungssachverhalte (internatio-

47

---

[52] Vgl. IDW PS 400.49 n.F.; IDW PS 270.30 n.F.
[53] Vgl. IDW PS 270 n.F., Anlage 1.
[54] Vgl. IDW PS 401.A40 n.F.

nal: KAM = Key Audit Matters) bezeichnet werden, im Bestätigungsvermerk darzulegen (Rz 145).[55]

48 Gleiches gilt, wenn der Abschlussprüfer außerhalb von PIE-Prüfungen aufgrund einer ausdrücklichen schriftlichen Vereinbarung mit dem Unt verpflichtet ist, besonders wichtige Prüfungssachverhalte in der Prüfung des Abschlusses im Bestätigungsvermerk mitzuteilen.[56] Dies erfolgt regelmäßig im Auftragsbestätigungsschreiben, in dem der Abschlussprüfer Art und Umfang der Berichterstattung anzusprechen hat.[57] Der Adressat des Auftragsbestätigungsschreibens ist somit derjenige, mit dem der Abschlussprüfer diese (außerhalb des PIE-Bereichs) freiwillige Erweiterung der Berichterstattung abzustimmen hat. Dieses ist nur zulässig, wenn der Abschlussprüfer zuvor von seiner diesbzgl. Verschwiegenheitspflicht entbunden wurde.

2.3.6 Sonstige Informationen

49 Sonstige Informationen sind im Geschäftsbericht eines Unt enthaltene Finanzinformationen oder nichtfinanzielle Informationen außerhalb des geprüften Abschlusses und der geprüften Lageberichtsangaben.[58] Bei sonstigen Informationen handelt es sich um nicht vom Abschlussprüfer geprüfte Informationen, auf die sich entsprechend die Prüfungsurteile im Bestätigungsvermerk nicht beziehen. Hierzu rechnen diejenigen Teile des Lageberichts, die vom Abschlussprüfer nicht geprüft werden.[59] Typische Anwendungsfälle für sonstige Informationen sind:
- die Erklärung zur Unternehmensführung (§ 289f, § 315d HGB),
- die nichtfinanzielle Erklärung bzw. der nichtfinanzielle Bericht (§ 289b, § 315b HGB),
- der Entgelttransparenzbericht (§ 21 EntgTranspG),
- der Corporate-Governance-Bericht (Ziff. 3 DCGK) und
- sonstige nicht prüfungspflichtige Teile des Geschäftsberichts.[60]

Ausdrücklich keine sonstigen Informationen i. S. v. ISA [DE] 720 (Revised) sind:[61]
- Vorläufige Ankündigungen von Finanzinformationen oder
- Unterlagen zum Angebot von Wertpapieren, einschl. Prospekte.

50 Die sonstigen Informationen sind vom Abschlussprüfer zu lesen und kritisch zu würdigen. Nicht zu verwechseln sind die sonstigen Informationen mit den zusätzlichen Informationen. Bei letzteren handelt es sich um solche Informationen, die Bestandteil des Abschlusses sind und somit vom Abschlussprüfer zu prüfen sind (Rz 28).
Sonstige Informationen sind nur solche, die der Abschlussprüfer bis zur Erteilung des Bestätigungsvermerks vorliegen hat. Der Abschlussprüfer ist zwar verpflichtet, mit dem Management des Unt geeignete Vorkehrungen zu treffen, um in angemessener Zeit die endgültige Version der sonstigen Informationen

---

[55] Vgl. IDW PS 400.50 n. F.; IDW PS 401.16 n. F.
[56] Vgl. IDW PS 400.51 n. F.
[57] Vgl. IDW PS 401.A9 n. F.
[58] Vgl. ISA [DE] 720 (Revised) , Tz 12 (c) i. V. m. Tz D.12.1.
[59] Vgl. ISA [DE] 720 (Revised), Tz D.12.1.
[60] Vgl. zu weiteren Beispielen für sonstige Informationen ISA 720 (Revised) (E-DE), Anlage 1.
[61] Vgl. ISA [DE] 720 (Revised), Tz 7.

zu erlangen. Dies wird aber nicht in allen Fällen möglich sein. Nicht vorliegende sonstige Informationen hindern den Abschlussprüfer nicht an der Datierung oder Erteilung des Bestätigungsvermerks.[62]

> **Praxis-Beispiel**
> Der Abschlussprüfer führt im März 02 die Abschlussprüfung des Jahres 01 der geprüften GmbH durch. In den Vj sind keine sonstigen Informationen aufgetreten und auch im Verlaufe der diesjährigen Abschlussprüfung bestehen keine Erkenntnisse, dass sonstige Informationen vorliegen. Der Abschlussprüfer erteilt am 15.3.02 den Bestätigungsvermerk, der keinen Abschnitt zu sonstigen Informationen enthält.
> Im Mai 02 erhält der Abschlussprüfer Kenntnis davon, dass die GmbH beabsichtigt, erstmals einen Geschäftsbericht zu erstellen, der ausgewählten Adressaten (Banken, Lieferanten) zur Verfügung gestellt werden soll.
> Der Abschlussprüfer hat keine nachträglichen Prüfungshandlungen vorzunehmen oder gar seinen Bestätigungsvermerk zu widerrufen.

Im Bestätigungsvermerk ist bei Vorliegen von sonstigen Informationen ein gesonderter Abschnitt mit der Überschrift „Sonstige Informationen" aufzunehmen. Dieser Abschnitt hat zu enthalten:[63] 51

a) eine Erklärung, dass das Management für die sonstigen Informationen verantwortlich ist,
b) eine Bezeichnung der:
(i) etwaigen vom Abschlussprüfer vor dem Datum des Bestätigungsvermerks erlangten sonstigen Informationen und
(ii) bei einer Prüfung des Abschlusses einer kapitalmarktorientierten Einheit, etwaigen sonstigen Informationen, deren Erlangung nach dem Datum des Bestätigungsvermerks erwartet wird,
c) eine Erklärung, dass sich die Prüfungsurteile nicht auf die sonstigen Informationen erstreckt und dass der Abschlussprüfer dementsprechend weder ein Prüfungsurteil noch irgendeine Form von Prüfungsschlussfolgerung hierzu zum Ausdruck bringt (oder bringen wird),
d) eine Beschreibung der nach ISA 720 (Revised) (E-DE) bestehenden Verantwortlichkeiten des Abschlussprüfers im Zusammenhang mit dem Lesen und der Würdigung sonstiger Informationen sowie der Berichterstattung hierüber im Bestätigungsvermerk und
e) wenn sonstige Informationen vor dem Datum des Bestätigungsvermerks erlangt wurden, entweder
(i) eine Erklärung, dass der Abschlussprüfer nichts zu berichten hat oder,
(ii) falls der Abschlussprüfer den Schluss gezogen hat, dass eine nicht korrigierte wesentliche falsche Darstellung der sonstigen Informationen vorliegt, eine die nicht korrigierte wesentlich falsche Darstellung der sonstigen Informationen beschreibende Erklärung.

---

[62] Vgl. ISA [DE] 720 (Revised), Tz A20.
[63] Vgl. ISA [DE] 720 (Revised), Tz 22.

Der in der vorstehenden Aufzählung unter (e) benannte Punkt darf nur dann in den Bestätigungsvermerk aufgenommen werden, wenn der Abschlussprüfer von seiner Verschwiegenheitspflicht (§ 43 Abs. 1 WPO; § 323 Abs. 1 Satz 1 HGB; § 203 Abs. 1 Nr. 3 StGB) wirksam entbunden wurde.[64]

52 Entsprechend lässt sich folgende Musterformulierung für den Abschnitt zu sonstigen Informationen im Bestätigungsvermerk ableiten:

> **Sonstige Informationen**[65]
> Die gesetzlichen Vertreter sind für die sonstigen Informationen verantwortlich. Die sonstigen Informationen umfassen [genaue Bezeichnung, z. B. „die nicht inhaltlich geprüften Bestandteile des Lageberichts", „die Erklärung zur Unternehmensführung nach § 289f Abs. 4 HGB (Angaben zur Frauenquote)" oder „den Corporate Governance Bericht nach Nr. 3.10 des Deutschen Corporate Governance Kodex"].
> Unsere Prüfungsurteile zum Jahresabschluss und Lagebericht erstrecken sich nicht auf die sonstigen Informationen, und dementsprechend geben wir weder ein Prüfungsurteil noch irgendeine andere Form von Prüfungsschlussfolgerung hierzu ab.
> Im Zusammenhang mit unserer Prüfung haben wir die Verantwortung, die sonstigen Informationen zu lesen und dabei zu würdigen, ob die sonstigen Informationen
> - wesentliche Unstimmigkeiten zum Jahresabschluss, Lagebericht oder unseren bei der Prüfung erlangten Kenntnissen aufweisen oder
> - anderweitig wesentlich falsch dargestellt erscheinen.
>
> [*Der nachfolgende Absatz ist nur einschlägig, wenn der Abschlussprüfer von der Verschwiegenheitspflicht entbunden worden ist.*] Falls wir auf Grundlage der von uns durchgeführten Arbeiten den Schluss ziehen, dass eine wesentliche falsche Darstellung dieser sonstigen Informationen vorliegt, sind wir verpflichtet, über diese Tatsache zu berichten. Wir haben in diesem Zusammenhang nichts zu berichten.

2.3.7 Verantwortung für den Abschluss und den Lagebericht

53 In diesem Abschnitt des Bestätigungsvermerks werden die Verantwortlichkeiten der gesetzlichen Vertreter für den Abschluss und Lagebericht dargestellt. Soweit das geprüfte Unt ein gesetzlich vorgeschriebenes Aufsichtsgremium (Aufsichtsrat einer AG) oder ein diesem nachgebildetes Aufsichtsgremium (freiwillig eingerichteter Aufsichtsrat oder Beirat einer GmbH mit Überwachungsfunktion) hat, ist das Aufsichtsgremium ebenfalls im Bestätigungsvermerk anzusprechen. Folgende Musterformulierung ist zu verwenden:

---

[64] Vgl. ISA [DE] 720 (Revised), Tz D.22.2.
[65] Vgl. ISA (DE) 720 (Revised), Anlage D.2 Beispiel 1. Es finden sich dort eine Reihe von weiteren Beispielen für kapitalmarktorientierte oder nicht-kapitalmarktorientierte Unt.

> **Verantwortung der gesetzlichen Vertreter [und des Aufsichtsrats] für den Jahresabschluss und Lagebericht[66]**
> Die gesetzlichen Vertreter sind verantwortlich für die Aufstellung des Jahresabschlusses, der den deutschen, für Kapitalgesellschaften geltenden handelsrechtlichen Vorschriften in allen wesentlichen Belangen entspricht, und dafür, dass der Jahresabschluss unter Beachtung der deutschen Grundsätze ordnungsmäßiger Buchführung ein den tatsächlichen Verhältnissen entsprechendes Bild der Vermögens-, Finanz- und Ertragslage der Gesellschaft vermittelt. Ferner sind die gesetzlichen Vertreter verantwortlich für die internen Kontrollen, die sie in Übereinstimmung mit den deutschen Grundsätzen ordnungsmäßiger Buchführung als notwendig bestimmt haben, um die Aufstellung eines Jahresabschlusses zu ermöglichen, der frei von wesentlichen falschen Darstellungen aufgrund von dolosen Handlungen (d.h. Manipulationen der Rechnungslegung und Vermögensschädigungen) oder Irrtümern ist.
> Bei der Aufstellung des Jahresabschlusses sind die gesetzlichen Vertreter dafür verantwortlich, die Fähigkeit der Gesellschaft zur Fortführung der Unternehmenstätigkeit zu beurteilen. Des Weiteren haben sie die Verantwortung, Sachverhalte in Zusammenhang mit der Fortführung der Unternehmenstätigkeit, sofern einschlägig, anzugeben. Darüber hinaus sind sie dafür verantwortlich, auf der Grundlage des Rechnungslegungsgrundsatzes der Fortführung der Unternehmenstätigkeit zu bilanzieren, sofern dem nicht tatsächliche oder rechtliche Gegebenheiten entgegenstehen.
> Außerdem sind die gesetzlichen Vertreter verantwortlich für die Aufstellung des Lageberichts, der insgesamt ein zutreffendes Bild von der Lage der Gesellschaft vermittelt sowie in allen wesentlichen Belangen mit dem Jahresabschluss in Einklang steht, den deutschen gesetzlichen Vorschriften entspricht und die Chancen und Risiken der zukünftigen Entwicklung zutreffend darstellt. Ferner sind die gesetzlichen Vertreter verantwortlich für die Vorkehrungen und Maßnahmen (Systeme), die sie als notwendig erachtet haben, um die Aufstellung eines Lageberichts in Übereinstimmung mit den anzuwendenden deutschen gesetzlichen Vorschriften zu ermöglichen, und um ausreichende geeignete Nachweise für die Aussagen im Lagebericht erbringen zu können.
> [Der Aufsichtsrat ist verantwortlich für die Überwachung des Rechnungslegungsprozesses der Gesellschaft zur Aufstellung des Jahresabschlusses und des Lageberichts.]

2.3.8 Verantwortung des Abschlussprüfers für die Prüfung des Abschlusses und des Lageberichts

In einem weiteren Abschnitt des Bestätigungsvermerks hat der Abschlussprüfer nunmehr seine eigenen Verantwortlichkeiten für die Prüfung des Abschlusses und des Lageberichts darzustellen. Dies dient der Klarheit der Berichterstattung, damit die Empfänger des Bestätigungsvermerks besser als beim bisherigen er-

---

[66] Vgl. IDW PS 400 n.F., Anlage 1.1.

kennen können, welche Verantwortungen der Abschlussprüfer hat und welche nicht (Reduzierung der Erwartungslücke).

55 Die Beschreibung der Verantwortlichkeiten des Abschlussprüfers nimmt einen gewissen Umfang ein. Der Abschlussprüfer hat drei Möglichkeiten, diese Beschreibung vorzunehmen:[67]
1. Beschreibung insg. innerhalb des Bestätigungsvermerks;
2. Beschreibung in einer Anlage zum Bestätigungsvermerk. In diesem Fall muss der Bestätigungsvermerk einen Verweis auf die Stelle enthalten, an der diese Anlage zu finden ist;
3. im Bestätigungsvermerk ist ein gesonderter Verweis auf die Stelle der Website des IDW aufzunehmen, an der diese Beschreibung zu finden ist.[68]

Wählt der Abschlussprüfer die Möglichkeit 3 (Verweis auf die IDW-Website), muss er sich vergewissern, dass die dortige Beschreibung die Anforderungen des IDW PS 400 n. F. enthält.

56 Nachfolgend wird die Musterformulierung für die „Langfassung" innerhalb des Bestätigungsvermerks (Möglichkeit 1) dargestellt. IDW PS 400 n. F. enthält in den Anlagen 1.2 und Anlagen 1.3 Formulierungsmuster für die Möglichkeiten 2 und 3 der obigen Aufstellung.

> **Verantwortung des Abschlussprüfers für die Prüfung des Jahresabschlusses und des Lageberichts**
>
> Unsere Zielsetzung ist, hinreichende Sicherheit darüber zu erlangen, ob der Jahresabschluss als Ganzes frei von wesentlichen falschen Darstellungen aufgrund von dolosen Handlungen und Irrtümern ist, und ob der Lagebericht insgesamt ein zutreffendes Bild von der Lage der Gesellschaft vermittelt sowie in allen wesentlichen Belangen mit dem Jahresabschluss sowie mit den bei der Prüfung gewonnenen Erkenntnissen in Einklang steht, den deutschen gesetzlichen Vorschriften entspricht und die Chancen und Risiken der zukünftigen Entwicklung zutreffend darstellt, sowie einen Bestätigungsvermerk zu erteilen, der unsere Prüfungsurteile zum Jahresabschluss und zum Lagebericht beinhaltet.
>
> Hinreichende Sicherheit ist ein hohes Maß an Sicherheit, aber keine Garantie dafür, dass eine in Übereinstimmung mit § 317 HGB unter Beachtung der vom Institut der Wirtschaftsprüfer (IDW) festgestellten deutschen Grundsätze ordnungsmäßiger Abschlussprüfung durchgeführte Prüfung eine wesentliche falsche Darstellung stets aufdeckt. Falsche Darstellungen können aus dolosen Handlungen oder Irrtümern resultieren und werden als wesentlich angesehen, wenn vernünftigerweise erwartet werden könnte, dass sie einzeln oder insgesamt die auf der Grundlage dieses Jahresabschlusses und Lageberichts getroffenen wirtschaftlichen Entscheidungen von Adressaten beeinflussen.

---

[67] Vgl. IDW PS 400.64 n. F.
[68] Auf der IDW-Website finden sich im Mitgliederbereich unter www.idw.de/idw/verlautbarungen/best aetigungsvermerk (Abruf 27.6.2024) für sieben verschiedene Fälle von Abschlussprüfungen die entsprechenden Beschreibungen. Im Bestätigungsvermerk muss jeweils die auf den jeweiligen Anwendungsfall passende Beschreibung mit der zugehörigen Website-Adresse verwiesen werden.

Während der Prüfung üben wir pflichtgemäßes Ermessen aus und bewahren eine kritische Grundhaltung. Darüber hinaus
- identifizieren und beurteilen wir die Risiken wesentlicher falscher Darstellungen im Jahresabschluss und im Lagebericht aufgrund von dolosen Handlungen oder Irrtümern, planen und führen Prüfungshandlungen als Reaktion auf diese Risiken durch sowie erlangen Prüfungsnachweise, die ausreichend und geeignet sind, um als Grundlage für unsere Prüfungsurteile zu dienen. Das Risiko, dass aus dolosen Handlungen resultierende wesentliche falsche Darstellungen nicht aufgedeckt werden, ist höher als das Risiko, dass aus Irrtümern resultierende wesentliche falsche Darstellungen nicht aufgedeckt werden, da dolose Handlungen kollusives Zusammenwirken, Fälschungen, beabsichtigte Unvollständigkeiten, irreführende Darstellungen bzw. das Außerkraftsetzen interner Kontrollen beinhalten können.
- gewinnen wir ein Verständnis von dem für die Prüfung des Jahresabschlusses relevanten internen Kontrollsystem und den für die Prüfung des Lageberichts relevanten Vorkehrungen und Maßnahmen, um Prüfungshandlungen zu planen, die unter den gegebenen Umständen angemessen sind, jedoch nicht mit dem Ziel, ein Prüfungsurteil zur Wirksamkeit dieser Systeme der Gesellschaft abzugeben.
- beurteilen wir die Angemessenheit der von den gesetzlichen Vertretern angewandten Rechnungslegungsmethoden sowie die Vertretbarkeit der von den gesetzlichen Vertretern dargestellten geschätzten Werte und damit zusammenhängenden Angaben.
- ziehen wir Schlussfolgerungen über die Angemessenheit des von den gesetzlichen Vertretern angewandten Rechnungslegungsgrundsatzes der Fortführung der Unternehmenstätigkeit sowie, auf der Grundlage der erlangten Prüfungsnachweise, ob eine wesentliche Unsicherheit im Zusammenhang mit Ereignissen oder Gegebenheiten besteht, die bedeutsame Zweifel an der Fähigkeit der Gesellschaft zur Fortführung der Unternehmenstätigkeit aufwerfen können. Falls wir zu dem Schluss kommen, dass eine wesentliche Unsicherheit besteht, sind wir verpflichtet, im Bestätigungsvermerk auf die dazugehörigen Angaben im Jahresabschluss und im Lagebericht aufmerksam zu machen oder, falls diese Angaben unangemessen sind, unser jeweiliges Prüfungsurteil zu modifizieren. Wir ziehen unsere Schlussfolgerungen auf der Grundlage der bis zum Datum unseres Bestätigungsvermerks erlangten Prüfungsnachweise. Zukünftige Ereignisse oder Gegebenheiten können jedoch dazu führen, dass die Gesellschaft ihre Unternehmenstätigkeit nicht mehr fortführen kann.
- beurteilen wir die Gesamtdarstellung, den Aufbau und den Inhalt des Jahresabschlusses einschließlich der Angaben sowie ob der Jahresabschluss die zugrunde liegenden Geschäftsvorfälle und Ereignisse so darstellt, dass der Jahresabschluss unter Beachtung der deutschen Grundsätze ordnungsmäßiger Buchführung ein den tatsächlichen Verhältnissen entsprechendes Bild der Vermögens-, Finanz- und Ertragslage der Gesellschaft vermittelt.
- beurteilen wir den Einklang des Lageberichts mit dem Jahresabschluss, seine Gesetzesentsprechung und das von ihm vermittelte Bild von der Lage des Unternehmens.

> - führen wir Prüfungshandlungen zu den von den gesetzlichen Vertretern dargestellten zukunftsorientierten Angaben im Lagebericht durch. Auf Basis ausreichender geeigneter Prüfungsnachweise vollziehen wir dabei insbesondere die den zukunftsorientierten Angaben von den gesetzlichen Vertretern zugrunde gelegten bedeutsamen Annahmen nach und beurteilen die sachgerechte Ableitung der zukunftsorientierten Angaben aus diesen Annahmen. Ein eigenständiges Prüfungsurteil zu den zukunftsorientierten Angaben sowie zu den zugrunde liegenden Annahmen geben wir nicht ab. Es besteht ein erhebliches unvermeidbares Risiko, dass künftige Ereignisse wesentlich von den zukunftsorientierten Angaben abweichen.
>
> Wir erörtern mit den für die Überwachung Verantwortlichen unter anderem den geplanten Umfang und die Zeitplanung der Prüfung sowie bedeutsame Prüfungsfeststellungen, einschließlich etwaiger Mängel im internen Kontrollsystem, die wir während unserer Prüfung feststellen.

Der letzte Satz der o. g. Musterformulierung ist in allen Fällen obligatorisch, also auch solchen, bei denen das geprüfte Unt keinen Aufsichtsrat oder ein diesem vergleichbares Aufsichtsgremium hat.[69]

Soweit die Abschlussprüfung nach den IDW PS KMU vorgenommen wird, ist dieselbe Formulierung wie in obigem Beispiel zu wählen.[70]

2.3.9 Sonstige gesetzliche und andere rechtliche Anforderungen

57 Dieser Abschnitt kommt zur Anwendung, wenn es sonstige Prüfungsgegenstände (Rz 27) gibt, die über den Abschluss und Lagebericht hinausgehen und die aufgrund gesetzlicher Vorschriften eine Einbeziehung in den Bestätigungsvermerk erfordern. Zu Anwendungsfällen vgl. Rz 27. Weitere, regelmäßige Anwendungsfälle sind Abschlussprüfungen von PIE, bei denen dieser Abschnitt aufgrund der Anforderungen der EU-APrVO obligatorisch ist (Rz 151).

In diesen Fällen ist der Bestätigungsvermerk nicht nur um einen weiteren Abschnitt zu ergänzen. Vielmehr ist auch ganz am Anfang des Bestätigungsvermerks eine weitere Zwischenüberschrift vorzusehen, mittels der der Vermerk über die Prüfung des Abschlusses und des Lageberichts von den sonstigen gesetzlichen und anderen rechtlichen Anforderungen getrennt wird.[71] Es ergibt sich in diesen Fällen folgende Gliederung des Bestätigungsvermerks:

---

[69] Vgl. weitergehend IDW PS 470.A4ff. n. F. zur Bestimmung der für die Überwachung Verantwortlichen.
[70] Vgl. IDW PS KMU 7 Anlage 1.1.
[71] Vgl. IDW PS 400.68 n. F.

> **BESTÄTIGUNGSVERMERK DES UNABHÄNGIGEN ABSCHLUSSPRÜFERS**[72]
> An die ... [Gesellschaft]
> VERMERK ÜBER DIE PRÜFUNG DES JAHRESABSCHLUSSES UND DES LAGEBERICHTS
> *Prüfungsurteile*
> ...
> *Verantwortung des Abschlussprüfers für die Prüfung des Jahresabschlusses und des Lageberichts*
> SONSTIGE GESETZLICHE UND ANDERE RECHTLICHE ANFORDERUNGEN

3 Modifizierungen des Prüfungsurteils

3.1 Begriff

§ 322 Abs. 4 Satz 1 sieht vor, dass der Bestätigungsvermerk einzuschränken oder zu versagen ist, wenn **Einwendungen** bestehen. Es werden darunter Beanstandungen verstanden, die sich i. R. d. Prüfungsdurchführung gegen die Rechnungslegung (Abschluss und Lagebericht) und ggf. einen sonstigen Prüfungsgegenstand (Rz 27) ergeben haben und bis zur Beendigung der Abschlussprüfung nicht behoben wurden. IDW PS 405.7a n. F. definiert Einwendungen anhand der bei gesetzlichen Abschlussprüfungen möglichen Prüfungsgegenstände als Schlussfolgerung des Abschlussprüfers auf der Grundlage der erlangten Prüfungsnachweise, dass

– der Abschluss als Ganzes falsche Darstellungen enthält, die einzeln oder kumuliert wesentlich sind, bzw.
– der (Konzern-)Lagebericht insg. nicht bzw. nur mit Ausnahmen in allen wesentlichen Belangen den maßgebenden Rechnungslegungsgrundsätzen entspricht, bzw.
– ein sonstiger Prüfungsgegenstand nicht bzw. nur mit Ausnahmen in allen wesentlichen Belangen den maßgebenden gesetzlichen Vorschriften entspricht.

Bei Einwendungen ist es gängige Praxis, dass nur solche Einwendungen zu einer Einschränkung oder Versagung des Bestätigungsvermerks führen, die wesentlich sind.[73] Sind Einwendungen nicht nur wesentlich, sondern umfassend, ist die Grenze zwischen Einschränkung und Versagung überschritten.[74] Neben Einwendungen existieren auch noch **Prüfungshemmnisse**. Hierbei handelt es sich um eine Schlussfolgerung des Abschlussprüfers, dass er nach Ausschöpfung aller angemessenen Möglichkeiten zur Klärung des Sachverhalts nicht in der Lage ist, ausreichend geeignete Prüfungsnachweise zu erlangen, um festzustellen, ob eine Einwendung zu erheben ist.[75] **Modifizierung** ist ein früher in der deutschen Prüfungswelt nicht verwendeter Begriff aus den ISA, der den Oberbegriff für ein eingeschränktes Prüfungsurteil, ein versagtes Prüfungsurteil und einer Erklärung über die Nichtabgabe eines Prüfungsurteils bildet. Unter Bezugnahme auf

---

[72] Vgl. IDW PS 400 n. F., Anlage 2.
[73] Vgl. IDW PS 405.10, 12 n. F.; vgl. weitergehend IDW PS 250 n. F.
[74] Zur Definition und Abgrenzung vgl. IDW PS 405.7 i) n. F.
[75] Vgl. IDW PS 405.7 g) n. F.

die vorgenannten Einwendungen und Prüfungshemmnisse ergeben sich folgende Arten von modifizierten Prüfungsurteilen:[76]

Art des Sachverhalts, der zu der Modifizierung führt	Beurteilung des Abschlussprüfers über den Umfang der tatsächlichen oder möglichen Auswirkungen auf den Abschluss, den Lagebericht oder den sonstigen Prüfungsgegenstand	
	Wesentlich, jedoch nicht umfassend	Wesentlich und umfassend
Einwendung	Eingeschränktes Prüfungsurteil	Versagtes Prüfungsurteil
Prüfungshemmnis	Eingeschränktes Prüfungsurteil	Erklärung der Nichtabgabe des Prüfungsurteils

Abb. 4: Arten von modifizierten Prüfungsurteilen

59 Wird zum geprüften Abschluss ein versagtes Prüfungsurteil oder eine Erklärung der Nichtabgabe eines Prüfungsurteils abgegeben, ist der Bestätigungsvermerk als „Versagungsvermerk des unabhängigen Abschlussprüfers" zu bezeichnen. In allen übrigen Fällen ist die Überschrift „Bestätigungsvermerk des unabhängigen Abschlussprüfers" zu verwenden.[77] Die nachfolgende Übersicht zeigt die zu verwendende Überschrift des Bestätigungs- bzw. Versagungsvermerks in Abhängigkeit von den Arten der modifizierten Prüfungsurteile:[78]

Prüfungsurteil zu(m)			Überschrift
Abschluss	Lagebericht	sonstigen Prüfungsgegenständen	
uneingeschränkt/ eingeschränkt	uneingeschränkt/ eingeschränkt/versagt/ Nichtabgabe erklärt	uneingeschränkt/ eingeschränkt/versagt/ Nichtabgabe erklärt	„Bestätigungsvermerk des unabhängigen Abschlussprüfers"
versagt/ Nichtabgabe erklärt	uneingeschränkt/ eingeschränkt/versagt/ Nichtabgabe erklärt	uneingeschränkt/ eingeschränkt/versagt/ Nichtabgabe erklärt	„Versagungsvermerk des unabhängigen Abschlussprüfers"

Abb. 5: Überschrift des Bestätigungs- bzw. Versagungsvermerks

60 Soweit die Modifizierung eines Prüfungsurteils in Betracht kommt, hat der Abschlussprüfer mit den für die Überwachung Verantwortlichen (z.B. Aufsichtsrat) die Umstände, die dazu geführt haben und den Wortlaut der beabsichtigten Modifizierung zu erörtern.[79] Hier zeigt sich die Korrektivfunktion

---

[76] Vgl. IDW PS 405.A1 n.F.
[77] Vgl. IDW PS 405.21 n.F.
[78] Vgl. IDW PS 405.A20 n.F.
[79] Vgl. IDW PS 405.57 n.F.; IDW PS 470.A54 n.F.

3.2 Eingeschränkter Bestätigungsvermerk (Abs. 4 Satz 1 1. Alt.)

3.2.1 Einschränkung aufgrund von Einwendungen

Eine Einschränkung ist nach § 322 Abs. 4 Satz 1 HGB geboten, wenn Einwendungen gegen die Rechnungslegung zu erheben sind und eine Versagung nicht in Betracht kommt.

61

Ob ein festgestellter Verstoß die Nichtigkeit des Jahresabschlusses bewirken kann, hat grds. keine Auswirkung darauf, ob eine Einschränkung oder eine Versagung vorzunehmen ist. Die notwendigen Schlussfolgerungen haben die Adressaten der Rechnungslegung zu ziehen; der Bestätigungsvermerk weist „lediglich" auf einen bestehenden Mangel hin.[80] Allerdings wird ein die Nichtigkeit des Jahresabschlusses bewirkender Verstoß wohl regelmäßig als so schwerwiegend anzusehen sein, dass der Abschlussprüfer den Bestätigungsvermerk einschränkt.[81]

62

Nicht jede Beanstandung, die der Abschlussprüfer bei seiner Abschlussprüfung zur Rechnungslegung feststellt, begründet eine Einschränkung. Die Beanstandung muss das **Wesentlichkeitskriterium** erfüllen, um zu einer Einschränkung des Bestätigungsvermerks zu berechtigen. Ob das Wesentlichkeitskriterium erfüllt ist, hat der Abschlussprüfer dabei nach pflichtgemäßem Ermessen zu beurteilen.[82]

63

Das Wesentlichkeitskriterium dürfte insb. dann erfüllt sein, wenn die Beanstandung wegen ihrer relativen Bedeutung zu einer unzutreffenden Beurteilung der Rechnungslegung führen kann.[83] Die Wesentlichkeit einer Beanstandung lässt sich somit häufig mittels einer **quantitativen Komponente**, d.h. der Relation zwischen der Auswirkung eines Fehlers und einer sinnvollen Bezugsgröße, ermitteln. Darüber hinaus kann bei Verstößen gegen besonders bedeutsame Einzelvorschriften das Wesentlichkeitskriterium mittels der **qualitativen Komponente** erfüllt sein. Zu beachten ist weiterhin, dass mehrere für sich genommen unwesentliche Mängel in ihrer Gesamtheit wesentlich sein können, sodass eine Einschränkung des Bestätigungsvermerks geboten ist.[84]

64

Aufgrund seiner Treuepflicht hat der Abschlussprüfer festgestellte Unrichtigkeiten zunächst der Gesellschaft anzuzeigen und zur Berichtigung der Mängel aufzufordern.[85] Werden fehlerhafte Ansatz-, Gliederungs- oder Bewertungsentscheidungen sowie Anhang- oder Lageberichtsangaben bis zum Prüfungsende korrigiert, führt dies nicht zu einer Einschränkung des Bestätigungsvermerks. Gleiches gilt für Vorjahresmängel, soweit die Durchführung der Korrektur im zu prüfenden Abschluss nicht zu beanstanden ist.[86]

65

---

[80] Vgl. Elkart/Naumann, WPg 1995, S. 403.
[81] Vgl. IDW PS 405.A11 n.F.
[82] Vgl. IDW, WPH Edition, Wirtschaftsprüfung & Rechnungslegung, 18. Aufl. 2023, Kap. M Tz 1089.
[83] Vgl. IDW PS 250.5 n.F.
[84] Vgl. IDW, WPH Edition, Wirtschaftsprüfung & Rechnungslegung, 18. Aufl. 2023, Kap. M Tz 1093.
[85] Vgl. Orth/Schaefer, in Baetge/Kirsch/Thiele, Bilanzrecht, § 322 HGB Rz 85, Stand: 2/2019.
[86] Vgl. IDW PS 405.A10 n.F.

66 Inwieweit das Kriterium der **Wesentlichkeit** auch **für Anhangangaben** gilt, ist nicht in allen Fällen eindeutig. I.R.d. Umsetzung des ISA-Wesentlichkeitskonzepts ist bzgl. Anhangangaben zwischen originären Informationen und Aufgliederungen bzw. Erläuterungen von Bilanz- oder GuV-Posten zu unterscheiden. **Originäre Informationen** sind solche, die originär nur im Anhang zu machen sind, während **Aufgliederungen bzw. Erläuterungen** dem besseren Verständnis eines **Bilanz- oder GuV-Postens** dienen. Wird weiter differenziert zwischen quantitativen und qualitativen Angaben, ergibt sich folgende Übersicht, anhand derer das Erfordernis einer Einschränkung beurteilt werden kann:[87]

Anhang/ Konzernanhang	Originäre Anhangangabe	Aufgliederung bzw. Erläuterung von Bilanz- oder GuV-Posten
Quantitative Angaben	**Unterlassene Angabe**, die Einblick in die Vermögens-, Finanz- und Ertragslage gewährt: Würdigung unter Berücksichtigung der Entscheidungsrelevanz für die Adressaten **Unterlassene Angabe**, die anderen Einblickszielen dient: grds. wesentlich **Fehlerhafte Angaben:** Würdigung unter Berücksichtigung der Entscheidungsrelevanz für die Adressaten und der Bedeutung der verletzten Rechtsnorm	Bilanz- oder GuV-Posten unwesentlich: Unterlassene oder fehlerhafte Anhangangaben sind grds. unwesentlich Bilanz- oder GuV-Posten wesentlich: • Unterlassene Anhangangaben sind grds. wesentlich • Fehlerhafte Anhangangaben: Würdigung unter Berücksichtigung der Entscheidungsrelevanz für die Adressaten
Qualitative Angaben	**Unterlassene Angabe**, die anderen Einblickszielen dient: grds. wesentlich **unvollständige oder fehlerhafte Details:** Nur dann nicht wesentlich, wenn zweifelsfrei unbeachtlich	

---

[87] Vgl. IDW PS 250.28 n.F.

> **Praxis-Beispiel**
> Bei der Prüfung des Anhangs einer großen GmbH stellt der Abschlussprüfer fest, dass die nach § 285 Nr. 4 HGB erfolgte Aufgliederung der Umsatzerlöse nach geographisch bestimmten Märken fehlerhaft ist. Die im Anhang erfolgte Aufgliederung und die nach den Feststellungen des Abschlussprüfers zutreffende Aufgliederung stellen sich wie folgt dar:
>
> | | Anhang | zutreffend |
> |---------|----------|------------|
> | Inland | 80 TEUR | 82 TEUR |
> | Ausland | 20 TEUR | 18 TEUR |
> | Gesamt | 100 TEUR | 100 TEUR |
>
> Es handelt sich um einen Verstoß gegen § 285 Nr. 4 HGB, der aber nach Einschätzung des Abschlussprüfers nicht wesentlich ist. Eine Einschränkung des Bestätigungsvermerks ist nach dem Ermessen des Abschlussprüfers daher nicht erforderlich.

Der Anwendungsbereich der quantitativen Wesentlichkeitsbetrachtung im Anhang ist vergleichsweise weit. Weitere mögliche Anwendungsfälle können z.B. sein: 67
- Gesamtbetrag der sonstigen finanziellen Verpflichtungen (§ 285 Nr. 3a HGB),
- durchschnittliche Beschäftigtenzahlen (§ 285 Nr. 7 HGB),
- Angabe von Materialaufwand und Personalaufwand bei Anwendung des UKV (§ 285 Nr. 8 HGB),
- Bezüge der Gesellschaftsorgane (§ 285 Nr. 9 HGB),
- Abschlussprüferhonorar (§ 285 Nr. 17 HGB),
- zahlenmäßige Angaben zu über ihrem beizulegenden Zeitwert ausgewiesenen Finanzanlagen (§ 285 Nr. 18 HGB) und zu nicht zum beizulegenden Zeitwert ausgewiesenen derivativen Finanzinstrumenten (§ 285 Nr. 19 HGB),
- Angaben zu Forschungs- und Entwicklungsaufwendungen (§ 285 Nr. 22 HGB),
- zahlenmäßige Angaben zu Bewertungseinheiten (§ 285 Nr. 23 HGB),
- zahlenmäßige Angaben zu Pensionsverpflichtungen sowie Deckungsvermögen (§ 285 Nr. 24, 25 HGB, Art. 67 Abs. 1 Satz 4 HGB).

Dass neben der quantitativen Komponente auch die qualitative Komponente der Wesentlichkeitsbetrachtung zu beachten ist, wird besonders deutlich an der Angabe des nach § 268 Abs. 8 HGB ausschüttungsgesperrten Betrags (§ 285 Nr. 28 HGB), da ein überhöhter Gewinnverwendungsbeschluss nach § 241 Nr. 3 AktG nichtig wäre.[88] Die **Beurteilung derartiger qualitativer Komponenten ist weitaus schwieriger** als bei quantitativen Überlegungen. Entsprechend verantwortungsvoll sollte der Abschlussprüfer mit derartigen Überlegungen umgehen und im Zweifel bei fehlerhaften oder unvollständigen Anhangangaben eher von Wesentlichkeit ausgehen und auf Korrektur des Anhangs drängen. 68

Während ein Verstoß gegen gesetzliche oder gesellschaftsvertragliche bzw. satzungsmäßige Einzelbestimmungen (z.B. fehlende Anhangangabe, Nichtberücksichtigung einer Satzungsregelung zur Rücklagendotierung bei Aufstellung des 69

---

[88] Vgl. Gelhausen/Althoff, WPg 2009, S. 590.

Jahresabschlusses) vergleichsweise einfach zu bestimmen ist, ist bei einem möglichen **Verstoß gegen die Generalklausel des § 264 Abs. 2 HGB** die Grenzziehung zwischen einem Verstoß und einem noch tolerierbaren Mangel schwer.

> **Praxis-Beispiel**
> Der zu prüfende Jahresabschluss einer mittelgroßen KapG ist durch Sachverhaltsgestaltungen nahe dem Abschlussstichtag (Tilgung von Gesellschafterdarlehen kurz vor dem Abschlussstichtag, Neuaufnahme der Darlehen kurz nach dem Abschlussstichtag) wesentlich beeinflusst. Die Eigenkapitalquote am Abschlussstichtag liegt infolge der niedrigeren Bilanzsumme deutlich höher, als dies während des überwiegenden Zeitraums des Gj der Fall ist. Es liegt kein Verstoß gegen Einzelvorschriften oder die GoB vor, gleichwohl ist fraglich, ob die Vermögenslage der Ges. zutreffend i.S.v. § 264 Abs. 2 HGB abgebildet ist. Der Abschlussprüfer hat eigenverantwortlich zu entscheiden, ob hier ergänzende Angaben nach § 264 Abs. 2 Satz 2 HGB geboten sind.

70 Nach der hier vertretenen Meinung stellt die (alleinige) Verletzung der Generalklausel des § 264 Abs. 2 HGB eher einen Ausnahmefall dar. Der handelsrechtliche Jahresabschluss ist durch wesentliche **Ansatzwahlrechte** (z.B. selbst geschaffene immaterielle VG, Aktivüberhang latenter Steuern, Altzusagen bei Pensionsrückstellungen) und faktische Bewertungswahlrechte (z.B. bei der Bestimmung von Eintrittswahrscheinlichkeiten für Risiken) geprägt. Die vom Gesetzgeber darüber hinaus geschaffenen Einzelregelungen zur Erläuterung im Anhang dienen dazu, trotz dieser Wahlrechtsmöglichkeiten den Anforderungen der Generalnorm zu entsprechen. Werden diese Einzelregelungen eingehalten, ist im Regelfall davon auszugehen, dass auch die Generalnorm des § 264 Abs. 2 HGB erfüllt ist. Nur in Ausnahmefällen bei Vorliegen besonderer Umstände wird daher ein (alleiniger) Verstoß gegen die Generalnorm festzustellen sein (§ 264 Rz 82).

71 **Beispiele für Einschränkungen** wegen wesentlicher Beanstandungen können sein:[89]
- **Buchführung:** Verstöße gegen §§ 238, 239 HGB, z.B. Fehlen erforderlicher Handelsbücher, Mängel der Ordnungsmäßigkeit, unzureichende Abstimmung bei mehreren EDV-Kreisen, Differenzen zwischen Haupt- und Nebenbüchern, Nichtbeachtung sonstiger Grundsätze für die Buchführungsdokumente (Belegprinzip, Aufbewahrungsfristen), Verstöße gegen Inventarvorschriften (§§ 240, 241 HGB), z.B. mangelhafte Bestandsnachweise.
- **Gliederungsvorschriften:** z.B. kein gesonderter Ausweis der Kapitalrücklage nach § 272 Abs. 2 HGB.
- **Ansatzvorschriften:** z.B. keine oder nicht ausreichende Bildung von notwendigen Rückstellungen für drohende Verluste aus schwebenden Geschäften.
- **Bewertungsvorschriften:** z.B. Überbewertung durch Nichtbeachtung des Niederstwertprinzips nach § 253 Abs. 4 HGB, wesentliche Unterbewertung von Rückstellungen.
- Verstoß gegen gesetzliche und gesellschaftsvertragliche Vorschriften zur Ergebnisverwendung und Rücklagendotierung.

---

[89] Vgl. Justenhoven/Küster/Bernhardt, in Beck Bil-Komm., 13. Aufl. 2022, § 322 HGB Rz 183.

- Die Nichtberücksichtigung von **nicht abschließend beurteilbaren Risiken** führt in der Praxis mitunter zu Einschränkungen unter Angabe des Risikopotenzials.
- **Anhang:** fehlende, fehlerhafte oder unvollständige Anhangangaben (Rz 66).
- **Lagebericht:** unvollständige, unrichtige oder irreführende Darstellung, soweit dadurch die Lage und/oder die voraussichtliche Entwicklung mit ihren wesentlichen Chancen und Risiken nicht zutreffend dargestellt sind.[90]
- Fehlende, fehlerhafte oder unvollständige **Schlusserklärung zum Abhängigkeitsbericht** im Lagebericht.
- Verstoß gegen die **Generalnorm des § 264 Abs. 2 HGB** (Rz 69 ff.).

§ 322 Abs. 4 Satz 3 und 4 HGB erfordert eine **Begründung der Einschränkung**, sodass die Tragweite der festgestellten Verstöße erkennbar wird.[91] Aus der Formulierung der Einschränkung muss der **Beanstandungsgrund** (Angabe der verletzten Rechtsvorschrift) eindeutig hervorgehen und die relative Bedeutung des Mangels ist erkennbar zu machen. Bei Jahresabschlüssen, die nach Rechnungslegungsgrundsätzen zur sachgerechten Gesamtdarstellung aufgestellt sind, und wesentliche falsche quantitative Darstellungen enthalten, hat der Abschlussprüfer eine Quantifizierung der Auswirkungen der falschen Darstellungen im Bestätigungsvermerk vorzunehmen, sofern dies erforderlich ist, um die Tragweite der Modifizierung zu verdeutlichen und dies praktisch durchführbar ist.[92] Praktisch nicht durchführbar ist die Aufnahme der quantitativen Angaben in das Prüfungsurteil z. B. dann, wenn die Abschlussangaben von den gesetzlichen Vertretern nicht ermittelt wurden oder anderweitig für den Abschlussprüfer nicht leicht verfügbar sind. Die Praxis zeigt, dass bei vergleichsweise häufig anzutreffenden Fällen der Nichtangabe der Geschäftsführerbezüge (§ 285 Nr. 9 Buchst. a) und b) HGB) regelmäßig im Bestätigungsvermerk zwar der Grund der Einschränkung, nicht aber die nicht angegebene Zahl selbst angeführt wird.[93] Da die Quantifizierung der fehlenden Anhangangabe nicht erforderlich ist, um die Tragweite der Modifizierung im Bestätigungsvermerk zu verdeutlichen, braucht in diesen Fällen keine Quantifizierung im Prüfungsurteil vorgenommen werden.[94]

Zur Darstellung der Tragweite der Einschätzung gehört grds. nicht das Eingehen auf Rechtsfolgen des Verstoßes (z. B. Nichtigkeit des Jahresabschlusses). Diese Würdigung ist nicht Aufgabe des Abschlussprüfers.

Der Forderung eines klaren und eindeutigen Prüfungsurteils entsprechend hat der Bestätigungsvermerk das Wort „Einschränkung" zu enthalten. Ein eingeschränktes Prüfungsurteil zum Abschluss oder zum Lagebericht wird daher schon in der Überschrift des Abschnitts zum Prüfungsurteil zum Ausdruck gebracht, indem das jeweils eingeschränkte Prüfungsurteil als solches bezeichnet wird:

---

[90] IDW PS 250.27c n.F. qualifiziert das Weglassen einer gesetzlichen Angabe im Lagebericht als i.d.R. wesentlich, während fehlerhafte Angaben unter dem Blickwinkel der Wesentlichkeit (Entscheidungsrelevanz für Rechnungslegungsadressaten) zu würdigen sind. Entsprechend auch IDW PS 350.A99 n.F.
[91] Vgl. zur fehlenden Begründung und Verdeutlichung der Tragweite einer Einschränkung, WPK, WPKM 4/2007, S. 39.
[92] Vgl. IDW PS 405.41 n.F.
[93] Vgl. Zusammenstellung der eingeschränkten oder ergänzten Bestätigungsvermerke für das Jahr 2023, www.wpk.de/oeffentlichkeit/berichte/berufsaufsicht/, Abruf 27.9.2024.
[94] Vgl. IDW PS 405 n.F., Anlage 1.

> Eingeschränktes Prüfungsurteil zum Jahresabschluss und Prüfungsurteil zum Lagebericht[95]

Demgegenüber bleibt die Überschrift des Bestätigungsvermerks auch im Falle von Einschränkungen unverändert.

75 Der sich anschließende Einschränkungsgrund ist nach den zuvor beschriebenen Aussagen zur **Tragweite** zu formulieren. Es können unterschieden werden:[96]
- Einschränkungen, die sich ausschl. auf die Ordnungsmäßigkeit des Abschlusses beziehen (Rz 76),
- Einschränkungen, die sich auf die Ordnungsmäßigkeit des Abschlusses einschl. der Generalnorm beziehen (Rz 77),
- Einschränkungen, die sich auf die Ordnungsmäßigkeit des Abschlusses einschl. der Generalnorm und des Lageberichts beziehen (Rz 78),
- Einschränkungen, die sich ausschl. auf den Lagebericht beziehen (Rz 79).

76 Einschränkungen, die sich **ausschl. auf die Gesetzmäßigkeit** beziehen, beinhalten Verstöße gegen Gesetz oder auf die Rechnungslegung bezogene Regelungen des Gesellschaftsvertrags bzw. der Satzung. Es handelt sich bei derartigen Verstößen zumeist um fehlende, fehlerhafte oder unvollständige Anhangangaben. Hierzu wird folgende Formulierung empfohlen:[97]

> **Eingeschränktes Prüfungsurteil zum Jahresabschluss und Prüfungsurteil zum Lagebericht**[98]
> Wir haben den Jahresabschluss der ... [Gesellschaft] – bestehend aus Bilanz zum ... [Datum] und der Gewinn- und Verlustrechnung für das Geschäftsjahr vom ... [Datum] bis zum ... [Datum] sowie dem Anhang, einschließlich der Darstellung der Bilanzierungs- und Bewertungsmethoden – geprüft. Darüber hinaus haben wir den Lagebericht der ... [Gesellschaft] für das Geschäftsjahr vom ... [Datum] bis zum ... [Datum] geprüft.
> Nach meiner/unserer Beurteilung aufgrund der bei der Prüfung gewonnenen Erkenntnisse
> - entspricht der beigefügte Jahresabschluss mit Ausnahme der Auswirkungen des im Abschnitt „Grundlage für das eingeschränkte Prüfungsurteil zum Jahresabschluss und für das Prüfungsurteil zum Lagebericht" beschriebenen Sachverhalts in allen wesentlichen Belangen den deutschen, für Kapitalgesellschaften geltenden handelsrechtlichen Vorschriften. Der Jahresabschluss vermittelt unter Beachtung der deutschen Grundsätze ordnungsmäßiger Buchführung ein den tatsächlichen Verhältnissen entsprechendes Bild der Vermögens-, Finanz- und Ertragslage der Gesellschaft.
> - vermittelt der Lagebericht insgesamt ein zutreffendes Bild von der Lage der Gesellschaft. In allen wesentlichen Belangen steht dieser Lagebericht im Einklang mit einem den deutschen gesetzlichen Vorschriften entsprechenden

---
[95] Vgl. IDW PS 405.23 ff. n.F.
[96] Vgl. IDW, WPH Edition, Wirtschaftsprüfung & Rechnungslegung, 18. Aufl. 2023, Kap. M Tz 1123; IDW PS 405.27 ff. n.F.
[97] Vgl. IDW PS 405.27 n.F.
[98] Vgl. IDW PS 405 n.F., Anlage 1.

> Jahresabschluss, entspricht den deutschen gesetzlichen Vorschriften und stellt die Chancen und Risiken der zukünftigen Entwicklung zutreffend dar.
> Gemäß § 322 Abs. 3 Satz 1 HGB erkläre ich/erklären wir, dass meine/unsere Prüfung mit Ausnahme der genannten Einschränkung des Prüfungsurteils zum Jahresabschluss zu keinen Einwendungen gegen die Ordnungsmäßigkeit des Jahresabschlusses und des Lageberichts geführt hat.
> *Grundlage für das eingeschränkte Prüfungsurteil zum Jahresabschluss und für das Prüfungsurteil zum Lagebericht*
> Entgegen § 285 Nr. 9 Buchst. a HGB wurden im Anhang die Gesamtbezüge der Geschäftsführer nicht angegeben.
> Wir haben unsere Prüfung des Jahresabschlusses und des Lageberichts in Übereinstimmung mit § 317 HGB unter Beachtung der vom Institut der Wirtschaftsprüfer (IDW) festgestellten deutschen Grundsätze ordnungsmäßiger Abschlussprüfung durchgeführt. Unsere Verantwortung nach diesen Vorschriften und Grundsätzen ist im Abschnitt „Verantwortung des Abschlussprüfers für die Prüfung des Jahresabschlusses und des Lageberichts" unseres Bestätigungsvermerks weitergehend beschrieben. Wir sind von dem Unternehmen unabhängig in Übereinstimmung mit den deutschen handelsrechtlichen und berufsrechtlichen Vorschriften und haben unsere sonstigen deutschen Berufspflichten in Übereinstimmung mit diesen Anforderungen erfüllt. Wir sind der Auffassung, dass die von uns erlangten Prüfungsnachweise ausreichend und geeignet sind, um als Grundlage für unser eingeschränktes Prüfungsurteil zum Jahresabschluss und unser Prüfungsurteil zum Lagebericht zu dienen.

Einschränkungen, die sich **auf die Ordnungsmäßigkeit des Abschlusses einschl. der Generalnorm** beziehen, sich aber nicht auf den Lagebericht auswirken, sind sehr selten, da die Analyse des Geschäftsverlaufs im Lagebericht das Eingehen auf die Vermögens-, Finanz- und Ertragslage erfordert, sodass Verstöße gegen die Generalnorm regelmäßig zu Auswirkungen auf den Lagebericht führen.

Einschränkungen, die sich **auf die Gesetzmäßigkeit einschl. der Generalnorm und des Lageberichts** beziehen, betreffen oftmals Verstöße im Zusammenhang mit Ansatz, Bewertung oder Ausweis von Posten der Bilanz und GuV, da sich derartige Verstöße regelmäßig auf die Darstellung der Vermögens-, Finanz- und Ertragslage und den Lagebericht auswirken. Sie können wie folgt formuliert werden:

> **Eingeschränkte Prüfungsurteile[99]**
> Wir haben den Jahresabschluss der ... [Gesellschaft] – bestehend aus Bilanz zum ... [Datum] und der Gewinn- und Verlustrechnung für das Geschäftsjahr vom ... [Datum] bis zum ... [Datum] sowie dem Anhang, einschließlich der Darstellung der Bilanzierungs- und Bewertungsmethoden – geprüft. Darüber hinaus haben wir den Lagebericht der ... [Gesellschaft] für das Geschäftsjahr vom ... [Datum] bis zum ... [Datum] geprüft.

---

[99] Vgl. IDW PS 405 n. F., Anlage 2.

Nach meiner/unserer Beurteilung aufgrund der bei der Prüfung gewonnenen Erkenntnisse
- entspricht der beigefügte Jahresabschluss mit Ausnahme der Auswirkungen des im Abschnitt „Grundlage für die eingeschränkten Prüfungsurteile" beschriebenen Sachverhalts in allen wesentlichen Belangen den deutschen, für Kapitalgesellschaften geltenden handelsrechtlichen Vorschriften. Der Jahresabschluss vermittelt unter Beachtung der deutschen Grundsätze ordnungsmäßiger Buchführung ein den tatsächlichen Verhältnissen entsprechendes Bild der Vermögens-, Finanz- und Ertragslage der Gesellschaft.
- vermittelt der Lagebericht mit Ausnahme der Auswirkungen des im Abschnitt „Grundlage für die eingeschränkten Prüfungsurteile" beschriebenen Sachverhalts insgesamt ein zutreffendes Bild von der Lage der Gesellschaft. In allen wesentlichen Belangen steht dieser Lagebericht im Einklang mit einem den deutschen gesetzlichen Vorschriften entsprechenden Jahresabschluss, entspricht den deutschen gesetzlichen Vorschriften und stellt die Chancen und Risiken der zukünftigen Entwicklung zutreffend dar.

Gemäß § 322 Abs. 3 Satz 1 HGB erkläre ich/erklären wir, dass meine/unsere Prüfung mit Ausnahme der genannten Einschränkungen der Prüfungsurteile zum Jahresabschluss und zum Lagebericht zu keinen Einwendungen gegen die Ordnungsmäßigkeit des Jahresabschlusses und des Lageberichts geführt hat.

Grundlage für die eingeschränkten Prüfungsurteile

In einer Größenordnung von ... TEUR werden Umsatzerlöse ausgewiesen, obwohl sie am Abschlussstichtag nicht i. S. v. § 252 Abs. 1 Nr. 4 HGB realisiert waren. Demzufolge sind insbesondere die Forderungen aus Lieferungen und Leistungen um rund ... TEUR sowie das Eigenkapital und der Jahresüberschuss um ca. ... TEUR zu hoch ausgewiesen.

Dieser Sachverhalt beeinträchtigt auch die im Lagebericht erfolgte Darstellung des Geschäftsverlaufs einschließlich des Geschäftsergebnisses und der Lage der Gesellschaft sowie die Darstellung der Chancen und Risiken der zukünftigen Entwicklung.

Wir haben unsere Prüfung des Jahresabschlusses und des Lageberichts in Übereinstimmung mit § 317 HGB unter Beachtung der vom Institut der Wirtschaftsprüfer (IDW) festgestellten deutschen Grundsätze ordnungsmäßiger Abschlussprüfung durchgeführt. Unsere Verantwortung nach diesen Vorschriften und Grundsätzen ist im Abschnitt „Verantwortung des Abschlussprüfers für die Prüfung des Jahresabschlusses und des Lageberichts" unseres Bestätigungsvermerks weitergehend beschrieben. Wir sind von dem Unternehmen unabhängig in Übereinstimmung mit den deutschen handelsrechtlichen und berufsrechtlichen Vorschriften und haben unsere sonstigen deutschen Berufspflichten in Übereinstimmung mit diesen Anforderungen erfüllt. Wir sind der Auffassung, dass die von uns erlangten Prüfungsnachweise ausreichend und geeignet sind, um als Grundlage für unsere eingeschränkten Prüfungsurteile zum Jahresabschluss und zum Lagebericht zu dienen.

Einschränkungen, die sich **ausschl. auf den Lagebericht** beziehen, sind wie folgt zu formulieren:

Prüfungsurteil zum Jahresabschluss und eingeschränktes Prüfungsurteil zum Lagebericht[100]

Wir haben den Jahresabschluss der ... [Gesellschaft] – bestehend aus der Bilanz zum ... [Datum] und der Gewinn- und Verlustrechnung für das Geschäftsjahr vom ... [Datum] bis zum ... [Datum] sowie dem Anhang, einschließlich der Darstellung der Bilanzierungs- und Bewertungsmethoden – geprüft. Darüber hinaus haben wir den Lagebericht der ... [Gesellschaft] für das Geschäftsjahr vom ... [Datum] bis zum ... [Datum] geprüft. Die Erklärung zur Unternehmensführung nach § 289f Abs. 4 HGB (Angaben zur Frauenquote) haben wir in Einklang mit den deutschen gesetzlichen Vorschriften nicht inhaltlich geprüft.

Nach unserer Beurteilung aufgrund der bei der Prüfung gewonnenen Erkenntnisse

- entspricht der beigefügte Jahresabschluss in allen wesentlichen Belangen den deutschen, für Kapitalgesellschaften geltenden handelsrechtlichen Vorschriften und vermittelt unter Beachtung der deutschen Grundsätze ordnungsmäßiger Buchführung ein den tatsächlichen Verhältnissen entsprechendes Bild der Vermögens- und Finanzlage der Gesellschaft zum ... [Datum] sowie ihrer Ertragslage für das Geschäftsjahr vom ... [Datum] bis zum ... [Datum] und
- vermittelt der beigefügte Lagebericht mit Ausnahme der Auswirkungen des im Abschnitt „Grundlage für das Prüfungsurteil zum Jahresabschluss und für das eingeschränkte Prüfungsurteil zum Lagebericht" beschriebenen Sachverhalts insgesamt ein zutreffendes Bild von der Lage der Gesellschaft. In allen wesentlichen Belangen, mit Ausnahme der Auswirkungen dieses Sachverhalts, steht der Lagebericht in Einklang mit dem Jahresabschluss, entspricht den deutschen gesetzlichen Vorschriften und stellt die Chancen und Risiken der zukünftigen Entwicklung zutreffend dar.

Gemäß § 322 Abs. 3 Satz 1 HGB erklären wir, dass unsere Prüfung mit Ausnahme der genannten Einschränkung des Prüfungsurteils zum Lagebericht zu keinen Einwendungen gegen die Ordnungsmäßigkeit des Jahresabschlusses und des Lageberichts geführt hat.

Grundlage für das Prüfungsurteil zum Jahresabschluss und für das eingeschränkte Prüfungsurteil zum Lagebericht

Entgegen § 289 Abs. 2 Nr. 1 Buchst. b) HGB sind die Preisänderungsrisiken aus Devisentermingeschäften im Lagebericht nicht dargestellt.

Wir haben unsere Prüfung des Jahresabschlusses und des Lageberichts in Übereinstimmung mit § 317 HGB unter Beachtung der vom Institut der Wirtschaftsprüfer (IDW) festgestellten deutschen Grundsätze ordnungsmäßiger Abschlussprüfung durchgeführt. Unsere Verantwortung nach diesen Vorschriften und Grundsätzen ist im Abschnitt „Verantwortung des Abschlussprüfers für die Prüfung des Jahresabschlusses und des Lageberichts"

---

[100] Vgl. IDW PS 405 n. F., Anlage 3, bei dem Einschränkungsgrund wurde die verletzte Rechtsnorm mit angegeben.

> unseres Bestätigungsvermerks weitergehend beschrieben. Wir sind von dem Unternehmen unabhängig in Übereinstimmung mit den deutschen handelsrechtlichen und berufsrechtlichen Vorschriften und haben unsere sonstigen deutschen Berufspflichten in Übereinstimmung mit diesen Anforderungen erfüllt. Wir sind der Auffassung, dass die von uns erlangten Prüfungsnachweise ausreichend und geeignet sind, um als Grundlage für unser Prüfungsurteil zum Jahresabschluss und unser eingeschränktes Prüfungsurteil zum Lagebericht zu dienen.

80 Eine Einschränkung des Bestätigungsvermerks wegen unzutreffender Annahme der Fortführungsprämisse ist unzulässig, da es sich hierbei nicht um eine auf einen abgrenzbaren Teilbereich bezogene Beanstandung handelt, sondern sie sich auf den Jahresabschluss insg. auswirkt. Daher ist in solchen Fällen ein Versagungsvermerk zu erteilen (Rz 94).[101]

3.2.2 Einschränkung aufgrund von Prüfungshemmnissen

81 Neben Einschränkungen aufgrund von Einwendungen sind auch Einschränkungen aufgrund von Prüfungshemmnissen möglich. Ein **Prüfungshemmnis** liegt dann vor, wenn der Abschlussprüfer nach Ausschöpfung aller angemessenen Möglichkeiten zu Klärung des Sachverhalts für abgrenzbare Teile der Rechnungslegung nicht in der Lage ist, ausreichende geeignete Prüfungsnachweise zu erlangen, um festzustellen, ob eine Einwendung zu erheben ist.[102]

82 Für Einschränkungen aufgrund von Prüfungshemmnissen kommen die für Einschränkungen aufgrund von Einwendungen geltenden Grundsätze analog zur Anwendung (Rz 61 ff.). Darüber hinaus gilt es folgende **Besonderheiten** zu beachten.

83 Im Gegensatz zu einer Einwendung besteht bei einem Prüfungshemmnis Unsicherheit, ob die Rechnungslegung in dem betreffenden Teilbereich zu beanstanden ist. Da die Zielsetzung der Jahresabschlussprüfung die Abgabe eines Positivbefunds zur Rechnungslegung darstellt, muss der Abschlussprüfer alle ihm zur Verfügung stehenden Möglichkeiten ausschöpfen, um diesen Positivbefund abzugeben. Erst wenn unter Ausschöpfung aller Möglichkeiten des Abschlussprüfers keine positive Aussage zu einem Teilbereich der Rechnungslegung möglich ist, darf eine Einschränkung aufgrund von Prüfungshemmnissen vorgenommen werden. Dies folgt aus dem Anspruch des geprüften Unt auf Erteilung eines Bestätigungs- oder Versagungsvermerks (Rz 20) sowie der aus den allgemeinen Berufsgrundsätzen abgeleiteten Treuepflicht des Abschlussprüfers gegenüber dem Auftraggeber. Der Abschlussprüfer hat demzufolge den Mandanten vor Erteilung eines derartigen Testats von dem Prüfungshemmnis zu unterrichten.

> **Praxis-Beispiel**
> Die prüfungspflichtige mittelgroße GmbH hat enge Termine bei Aufstellung und Prüfung ihres Jahresabschlusses zu beachten, da sie in den Konzernabschluss ihres MU einbezogen wird. Der Abschlussprüfer des Jahresabschlusses zum 31.12.01 der GmbH kann aufgrund krankheitsbedingtem

---

[101] Vgl. IDW PS 270.28 n.F.
[102] Vgl. IDW PS 405.7 g) n.F.

> Ausfalls des Buchhaltungsleiters erst zwei Wochen später als eigentlich geplant mit der Hauptprüfung beginnen. Der eigentlich für das Ende der KW 7/02 vorgesehene Abschluss der Abschlussprüfung inkl. Erteilung des Testats kann möglicherweise nicht eingehalten werden.
> Gegen Ende der KW 7/02 hat der Abschlussprüfer im Prüffeld Forderungen aus L&L, die einen wesentlichen Jahresabschluss-Posten darstellen, noch keine hinreichende Prüfungssicherheit erlangen können. Er teilt dem Geschäftsführer der GmbH mit, dass er aufgrund dieser noch nicht abschließend geprüften Position des Jahresabschlusses bis Ende der Woche kein Testat erteilen kann. Der Geschäftsführer möchte nach Rücksprache mit der Konzerngeschäftsführung den Abschlussprüfer veranlassen, ein eingeschränktes Testat abzugeben, in dem hinsichtlich der Forderungen aus L&L ein Prüfungshemmnis enthalten ist. Da die Forderungen aus L&L bezogen auf den Konzernabschluss des MU unwesentlich sind, werden daraus keine Konsequenzen für den Bestätigungsvermerk zum Konzernabschluss erwartet.
> Der Abschlussprüfer sollte nicht einfach dem Begehren des Geschäftsführers nachkommen, sondern ihn sowie ggf. die Gesellschafterversammlung der GmbH auf mögliche Konsequenzen eines eingeschränkten Testats hinweisen (z.B. Herabstufung der Kreditwürdigkeit bei Wirtschaftsauskunfteien oder Kreditinstituten, negative Konsequenzen für die von der Gesellschafterversammlung der GmbH vorzunehmende Entlastung des Geschäftsführers nach § 46 Nr. 5 GmbHG). Wird von der GmbH unverändert auf die Erteilung eines Testats bis Ende KW 7/02 bestanden, kann der Abschlussprüfer dann allerdings nur einen aufgrund des Prüfungshemmnisses eingeschränkten Bestätigungsvermerks erteilen.

Beispiele für Prüfungshemmnisse, die zu einer Einschränkung des Bestätigungsvermerks führen können, sind:

- vom Unternehmen **verweigerte direkte Kontaktaufnahme** mit Auskunftspersonen (z.B. Rechtsanwalt des Unternehmens, Sachverständige),[103]
- **Beschränkungen beim Einholen von Saldenbestätigungen** (z.B. Übermittlungsschwierigkeiten aufgrund von Poststreiks oder langen Postlaufzeiten, Beschränkungen bei der Zurverfügungstellung benötigter Daten und Informationen),
- **mangelnde Nachprüfbarkeit von Geschäftsvorfällen mit nahe stehenden Personen und Unternehmen** (z.B. wenn die Mitwirkung verweigert wird oder bei im Ausland ansässigen nahe stehenden Personen und Unternehmen wegen politischer Restriktionen die erforderlichen Prüfungsnachweise nicht eingeholt werden können),
- **unzureichende Erfüllung der Auskunfts- und Nachweispflichten des § 320 HGB**, die zu einer Nichtbeurteilung des zu prüfenden Sachverhalts führen (z.B. keine Vorlage benötigter Buchhaltungsunterlagen oder sonstiger Jahresabschluss-relevanter Dokumente [Verträge, Berechnungen, Inventurunterlagen], Verweigerung der Auskunftserteilung durch verbundene Unternehmen),

---

[103] Vgl. ISA [DE] 505.A8.

- **fehlende Verwertbarkeit** der Ergebnisse anderer Prüfer[104] und der Arbeitsergebnisse von Sachverständigen,[105]
- **mangelnde Aufklärbarkeit** von Unregelmäßigkeiten,
- **mangelnde Prüfungssicherheit aufgrund eines hohen Entdeckungsrisikos** (z. B. ist aufgrund eines hohen Fehlerrisikos in einem Prüffeld mit „Massendaten" die Erzielung einer hinreichenden Sicherheit durch weitergehende Prüfungshandlungen unmöglich).[106]

85 Bei Prüfungshemmnissen im Zusammenhang mit **nicht abschließend beurteilbaren Risiken** sind vom Abschlussprüfer die Auswirkungen auf die Rechnungslegung zu würdigen, z. B. ob bei Rechtsstreitigkeiten eine angemessene Rückstellungsbildung vorgenommen wurde oder Rückstellungen für drohende Verluste aus schwebenden Geschäften entsprechend den erkannten Sachverhalten in ausreichendem Umfang gebildet wurden. Auch in Fällen, in denen Wertansätze von Beteiligungen nicht ausreichend oder gar nicht geprüft werden können, stellt sich die Frage der Auswirkung auf den Bestätigungsvermerk. Hinweise in Anhang und Lagebericht allein sind in derartigen Fällen zumeist nicht ausreichend, sodass auch hier häufig eine Einschränkung des Bestätigungsvermerks geboten ist.

86 Prüfungshemmnisse sind nur solche, die sich im Verlauf der Abschlussprüfung bei der Prüfung einzelner Prüffelder ergeben. Legt der Auftraggeber bereits bei Auftragserteilung i. R. d. Auftragsbedingungen Beschränkungen fest, handelt es sich – auch wenn die Bezeichnung des Auftragsschreibens ggf. anders lautet – um eine Beauftragung zu einer freiwilligen Jahresabschlussprüfung, die einer gesetzlichen nach Art und Umfang nicht entspricht, mit der Folge, dass kein Bestätigungsvermerk, sondern nur eine Bescheinigung über die durchgeführten Tätigkeiten erteilt werden kann.

87 Bei Vorliegen von Prüfungshemmnissen zum Jahresabschluss und Lagebericht wird folgende Formulierung empfohlen:

Eingeschränkte Prüfungsurteile[107]

Wir haben den Jahresabschluss der ... [Gesellschaft] – bestehend aus der Bilanz zum ... [Datum] und der Gewinn- und Verlustrechnung für das Geschäftsjahr vom ... [Datum] bis zum ... [Datum] sowie dem Anhang, einschließlich der Darstellung der Bilanzierungs- und Bewertungsmethoden – geprüft. Darüber hinaus haben wir den Lagebericht der ... [Gesellschaft] für das Geschäftsjahr vom ... [Datum] bis zum ... [Datum] geprüft.

Nach unserer Beurteilung aufgrund der bei der Prüfung gewonnenen Erkenntnisse

- entspricht der beigefügte Jahresabschluss mit Ausnahme der möglichen Auswirkungen des im Abschnitt „Grundlage für die eingeschränkten Prüfungsurteile" beschriebenen Sachverhalts in allen wesentlichen Belangen den deutschen, für Kapitalgesellschaften geltenden handelsrechtlichen Vorschriften und vermittelt mit Ausnahme dieser möglichen Auswirkun-

---

[104] Vgl. ISA [DE] 600.43.
[105] Vgl. ISA [DE] 620.13.
[106] Vgl. Hell/Küster, in Küting/Weber, HdR-E, § 322 HGB Rz 34, Stand: 10/2010.
[107] Vgl. IDW PS 405 n. F., Anlage 5.

gen unter Beachtung der deutschen Grundsätze ordnungsmäßiger Buchführung ein den tatsächlichen Verhältnissen entsprechendes Bild der Vermögens- und Finanzlage der Gesellschaft zum ... [Datum] sowie ihrer Ertragslage für das Geschäftsjahr vom ... [Datum] bis zum ... [Datum] und
- vermittelt der beigefügte Lagebericht mit Ausnahme der möglichen Auswirkungen des im Abschnitt „Grundlage für die eingeschränkten Prüfungsurteile" beschriebenen Sachverhalts insgesamt ein zutreffendes Bild von der Lage der Gesellschaft. In allen wesentlichen Belangen, mit Ausnahme dieser möglichen Auswirkungen, steht der Lagebericht in Einklang mit einem den deutschen gesetzlichen Vorschriften entsprechenden Jahresabschluss, entspricht den deutschen gesetzlichen Vorschriften und stellt die Chancen und Risiken der zukünftigen Entwicklung zutreffend dar.

Gemäß § 322 Abs. 3 Satz 1 HGB erklären wir, dass unsere Prüfung mit Ausnahme der genannten Einschränkungen der Prüfungsurteile zum Jahresabschluss und zum Lagebericht zu keinen Einwendungen gegen die Ordnungsmäßigkeit des Jahresabschlusses und des Lageberichts geführt hat.

Grundlage für die eingeschränkten Prüfungsurteile

Das Vorhandensein der Vorräte in Höhe von ... TEUR ist nicht hinreichend nachgewiesen, weil wir die Inventur nicht beobachten und durch alternative Prüfungshandlungen keine hinreichende Sicherheit über deren Bestand gewinnen konnten. Wir können daher nicht ausschließen, dass Änderungen insbesondere am Ausweis der Vorräte, des Jahresergebnisses sowie des Eigenkapitals hätten vorgenommen werden müssen. Dieser Sachverhalt beeinträchtigt möglicherweise auch die Darstellung des Geschäftsverlaufs im Lagebericht einschließlich des Geschäftsergebnisses und der Lage der Gesellschaft sowie die Darstellung der Chancen und Risiken der zukünftigen Entwicklung.

Wir haben unsere Prüfung des Jahresabschlusses und des Lageberichts in Übereinstimmung mit § 317 HGB unter Beachtung der vom Institut der Wirtschaftsprüfer (IDW) festgestellten deutschen Grundsätze ordnungsmäßiger Abschlussprüfung durchgeführt. Unsere Verantwortung nach diesen Vorschriften und Grundsätzen ist im Abschnitt „Verantwortung des Abschlussprüfers für die Prüfung des Jahresabschlusses und des Lageberichts" unseres Bestätigungsvermerks weitergehend beschrieben. Wir sind von dem Unternehmen unabhängig in Übereinstimmung mit den deutschen handelsrechtlichen und berufsrechtlichen Vorschriften und haben unsere sonstigen deutschen Berufspflichten in Übereinstimmung mit diesen Anforderungen erfüllt. Wir sind der Auffassung, dass die von uns erlangten Prüfungsnachweise ausreichend und geeignet sind, um als Grundlage für unsere eingeschränkten Prüfungsurteile zum Jahresabschluss und zum Lagebericht zu dienen.

Einwendungen und Prüfungshemmnisse können neben dem Abschluss und Lagebericht auch einen **sonstigen Prüfungsgegenstand** (Rz 27) betreffen.

3.3 Versagungsvermerk (Abs. 4 Satz 1 2. Alt.)

Der Bestätigungsvermerk ist zu versagen, wenn aufgrund der zu erhebenden Einwendungen ein Positivbefund zur Rechnungslegung insg. nicht möglich ist (**nicht positive Gesamtaussage**).[108] Dieser Fall tritt auf, wenn wesentliche Beanstandungen gegen den Jahresabschluss zu erheben sind, die sich auf diesen als Ganzen auswirken und so bedeutend und zahlreich sind, dass nach der Beurteilung des Abschlussprüfers eine Einschränkung des Prüfungsurteils zum Jahresabschluss nicht mehr angemessen ist, um die missverständliche oder unvollständige Darstellung im Jahresabschluss zu verdeutlichen.[109]

90 Zur Abgrenzung zu einem wegen Einwendungen eingeschränkten Bestätigungsvermerks vgl. Rz 61 ff.

91 Gem. § 322 Abs. 4 Satz 3 HGB ist die **Versagung zu begründen**. Im Gegensatz zur Einschränkung ist eine Darstellung der Tragweite nicht gefordert. Da ein Versagungsvermerk die äußerste Stufe der Kritik darstellt, sind weitere Aussagen über die Tragweite entbehrlich. Auch wenn die Tragweite eines Versagungsvermerks aus sich heraus erkennbar und abschätzbar wäre, kann die Darstellung der Tragweite, insb. die Angabe von quantitativen Größen der Mängel, die zu der Versagung geführt haben, für die Adressaten des Versagungsvermerks von Interesse sein. Dies wird sich i. d. R. auch aus der allgemeinen Anforderung des § 322 Abs. 2 Satz 2 HGB nach einer klaren, eindeutigen und allgemein verständlichen Formulierung ergeben. Im Hinblick auf die trotz der Erteilung des Versagungsvermerks gegebene Möglichkeit zur Feststellung des Jahresabschlusses erscheint es sachgerecht, wenn der Abschlussprüfer eine Quantifizierung vornimmt, soweit ihm dies möglich ist.[110]

92 Anwendungsfälle **für einen Versagungsvermerk** können sein:[111]
- **Buchführung**: Wesentliche nicht behebbare Mängel, wie z. B. unvollständige Erfassung von wichtigen Geschäftsvorfällen bzw. Unmöglichkeit einer sicheren Beurteilung wegen fehlender Beweiskraft.
- **Gliederungsvorschriften**: Versagung nur, wenn die Klarheit und Übersichtlichkeit des Jahresabschlusses insb. bei mehreren Verstößen insg. nicht mehr gegeben sind. Zumeist wird bei Verstößen gegen Gliederungsvorschriften nur eine Einschränkung in Betracht kommen.
- **Ansatz- und Bewertungsvorschriften**: Wesentliche Überbewertung bei den Aktivposten oder Weglassen von Schuldposten mit gravierender Auswirkung auf das Bilanzergebnis. Aufstellen des Jahresabschlusses unter Fortführungsgesichtspunkten, obwohl diese unzweifelhaft nicht gegeben sind.[112]
- **Anhang**: Ein unvollständiger oder fehlerhafter Anhang ist danach zu gewichten, ob die mangelhaften Angaben noch ein positives Gesamturteil ermöglichen. Wird kein Anhang aufgestellt, erscheint nach § 322 Abs. 4 Satz 3 HGB eine Versagung zwingend, da keine positive Aussage zur Generalnorm mehr abgegeben werden kann.
- **Lagebericht**: Wird entgegen § 264 Abs. 1 HGB kein Lagebericht aufgestellt oder ist er in wesentlichen Teilen unvollständig oder fehlerhaft, ist eine Nichtabgabe eines Prüfungsurteils bzw. eine Einschränkung der Versagung vorzuziehen, da der Lagebericht nur einen Teil der Rechnungslegung darstellt

---

[108] Vgl. Hell/Küster, in Küting/Weber, HdR-E, § 322 HGB Rz 38, Stand: 10/2010.
[109] Vgl. IDW PS 405.7 i) n. F.
[110] Vgl. IDW, WPH Edition, Wirtschaftsprüfung & Rechnungslegung, 18. Aufl. 2023, Kap. M Tz 1140.
[111] Vgl. Justenhoven/Küster/Bernhardt, in Beck Bil-Komm., 13. Aufl. 2022, § 322 HGB Rz 194.
[112] Vgl. IDW PS 270.28 n. F.

und ein Versagungsvermerk nicht erkennen lässt, dass zum Jahresabschluss ggf. eine positive Aussage möglich ist.
- **Vollständigkeitserklärung**: Weigern sich die gesetzlichen Vertreter, eine Vollständigkeitserklärung gegenüber dem Abschlussprüfer abzugeben, mit der sie ihre Gesamtverantwortung für die Rechnungslegung dokumentieren, ist ein Versagungsvermerk zu erteilen.[113]

Eine Versagung kommt auch dann in Betracht, wenn mehrere Verstöße vorliegen, die einzeln betrachtet eine Einschränkung des Bestätigungsvermerks rechtfertigen würden, in ihrer Gesamtheit aber so weitreichend sind, dass ein Positivbefund zur Generalnorm nicht mehr möglich ist.

Für einen Versagungsvermerk wird folgende Formulierung vorgeschlagen:[114]

VERSAGUNGSVERMERK DES UNABHÄNGIGEN ABSCHLUSSPRÜFERS

An die ... [Gesellschaft]

Versagte Prüfungsurteile

Wir haben den Jahresabschluss der ... [Gesellschaft] – bestehend aus der Bilanz zum ... [Datum] und der Gewinn- und Verlustrechnung für das Geschäftsjahr vom ... [Datum] bis zum ... [Datum] sowie dem Anhang, einschließlich der Darstellung der Bilanzierungs- und Bewertungsmethoden – geprüft. Darüber hinaus haben wir den Lagebericht der ... [Gesellschaft] für das Geschäftsjahr vom ... [Datum] bis zum ... [Datum] geprüft.

Nach unserer Beurteilung aufgrund der bei der Prüfung gewonnenen Erkenntnisse

- entspricht der beigefügte Jahresabschluss wegen der Bedeutung des im Abschnitt „Grundlage für die versagten Prüfungsurteile" beschriebenen Sachverhalts nicht den deutschen, für Kapitalgesellschaften geltenden handelsrechtlichen Vorschriften und vermittelt unter Beachtung der deutschen Grundsätze ordnungsmäßiger Buchführung kein den tatsächlichen Verhältnissen entsprechendes Bild der Vermögens- und Finanzlage der Gesellschaft zum ... [Datum] sowie ihrer Ertragslage für das Geschäftsjahr vom ... [Datum] bis zum ... [Datum] und
- vermittelt der beigefügte Lagebericht wegen der Bedeutung des im Abschnitt „Grundlage für die versagten Prüfungsurteile" beschriebenen Sachverhalts insgesamt kein zutreffendes Bild von der Lage der Gesellschaft, steht der Lagebericht nicht in Einklang mit einem den deutschen gesetzlichen Vorschriften entsprechenden Jahresabschluss, entspricht nicht den deutschen gesetzlichen Vorschriften und stellt die Chancen und Risiken der zukünftigen Entwicklung nicht zutreffend dar.

Gemäß § 322 Abs. 3 Satz 1 HGB erklären wir, dass unsere Prüfung zu den genannten Einwendungen gegen die Ordnungsmäßigkeit des Jahresabschlusses und Lageberichts geführt hat und versagen daher den Bestätigungsvermerk.

Grundlage für die versagten Prüfungsurteile

Wie in Angabe A des Anhangs und in Angabe B des Lageberichts dargelegt, sind die Finanzierungsvereinbarungen der Gesellschaft ausgelaufen und der ausstehende

---

[113] Vgl. ISA [DE] 580.20.
[114] Vgl. IDW PS 270 n. F., Anlage 3.

> Betrag war am ... [Datum] fällig. Das Unternehmen war bislang nicht in der Lage, eine Prolongation zu erzielen oder eine Ersatzfinanzierung zu erhalten. Die gesetzlichen Vertreter haben den Jahresabschluss unter der Annahme der Fortführung der Unternehmenstätigkeit aufgestellt und berufen sich hierbei auf die finanzielle Unterstützung durch das Mutterunternehmen, die ... [Gesellschaft], haben uns jedoch bis zum Datum dieses Versagungsvermerks eine entsprechende Zusage nicht vorgelegt. Dementsprechend ist die Anwendung des Rechnungslegungsgrundsatzes der Fortführung der Unternehmenstätigkeit nicht angemessen. Dieser Sachverhalt hat umfassende Bedeutung auch für die im Lagebericht erfolgte Darstellung der Lage der Gesellschaft sowie die Darstellung der Chancen und Risiken der zukünftigen Entwicklung.
> Wir haben unsere Prüfung des Jahresabschlusses und des Lageberichts in Übereinstimmung mit § 317 HGB unter Beachtung der vom Institut der Wirtschaftsprüfer (IDW) festgestellten deutschen Grundsätze ordnungsmäßiger Abschlussprüfung durchgeführt. Unsere Verantwortung nach diesen Vorschriften und Grundsätzen ist im Abschnitt „Verantwortung des Abschlussprüfers für die Prüfung des Jahresabschlusses und des Lageberichts" unseres Versagungsvermerks weitergehend beschrieben. Wir sind von dem Unternehmen unabhängig in Übereinstimmung mit den deutschen handelsrechtlichen und berufsrechtlichen Vorschriften und haben unsere sonstigen deutschen Berufspflichten in Übereinstimmung mit diesen Anforderungen erfüllt. Wir sind der Auffassung, dass die von uns erlangten Prüfungsnachweise ausreichend und geeignet sind, um als Grundlage für unsere versagten Prüfungsurteile zum Jahresabschluss und zum Lagebericht zu dienen.

3.4 Erklärung der Nichtabgabe eines Prüfungsurteils (Abs. 5)

95 Neben der Versagung aufgrund von Einwendungen kann es in bestimmten Fällen vorkommen, dass der Bestätigungsvermerk versagt werden muss, da nach Ausschöpfung aller angemessenen Möglichkeiten zur Klärung des Sachverhalts der Abschlussprüfer nicht in der Lage ist, ein Prüfungsurteil abzugeben. In diesem Fall der Versagung aufgrund eines Prüfungshemmnisses werden die Auswirkungen des Prüfungshemmnisses auf den Jahresabschluss, den Lagebericht oder einen sonstigen Prüfungsgegenstand als so weitgehend erachtet, dass eine Einschränkung des Bestätigungsvermerks nicht ausreicht.

96 Die Abgrenzung von einer Einschränkung des Bestätigungsvermerks aufgrund von Prüfungshemmnissen ist an § 322 Abs. 4 Satz 3 HGB auszurichten, wonach eine Einschränkung nur dann in Betracht kommt, wenn insg. noch ein Positivbefund zur Generalnorm möglich ist (Rz 83).

97 Ist der Abschlussprüfer mangels Aufklärungen und Nachweisen trotz alternativer Prüfungshandlungen nicht in der Lage, ein Prüfungsurteil abzugeben, hat er die Nichtabgabe eines Prüfungsurteils zu erklären, wenn die möglichen Auswirkungen dieses Prüfungshemmnisses nicht nur wesentlich, sondern auch umfassend sein könnten.[115] Anwendungsfälle für derartige Konstellationen sind die

---

[115] Vgl. IDW PS 405.13 n. F.

bei den zum Versagungsvermerk aufgrund von Einwendungen dargestellten Anwendungsfälle (Rz 92) mit dem Unterschied, dass dem Abschlussprüfer eine Beurteilung nicht möglich ist. Dies gilt auch für den Fall, dass der Jahresabschluss unter der Annahme der Fortführung der Ges. aufgestellt wurde und der Abschlussprüfer nicht beurteilen kann, ob dies zutrifft.[116]

Folgende Formulierung wird für die Nichtabgabe eines Prüfungsurteils empfohlen, wenn die Angemessenheit der Annahme der Fortführung der Unternehmenstätigkeit nicht beurteilt werden kann:[117]

98

VERSAGUNGSVERMERK DES UNABHÄNGIGEN ABSCHLUSSPRÜFERS
An die ... [Gesellschaft]
Erklärung der Nichtabgabe von Prüfungsurteilen
Wir haben den Jahresabschluss der ... [Gesellschaft] – bestehend aus der Bilanz zum ... [Datum] und der Gewinn- und Verlustrechnung für das Geschäftsjahr vom ... [Datum] bis zum ... [Datum] sowie dem Anhang, einschließlich der Darstellung der Bilanzierungs- und Bewertungsmethoden – geprüft. Darüber hinaus haben wir den Lagebericht der ... [Gesellschaft] für das Geschäftsjahr vom ... [Datum] bis zum ... [Datum] geprüft.
Wir geben keine Prüfungsurteile zu dem beigefügten Jahresabschluss und dem beigefügten Lagebericht ab. Aufgrund der Bedeutung des im Abschnitt „Grundlage für die Erklärung der Nichtabgabe von Prüfungsurteilen" beschriebenen Sachverhalts sind wir nicht in der Lage gewesen, ausreichende geeignete Prüfungsnachweise als Grundlage für Prüfungsurteile zum Jahresabschluss und Lagebericht zu erlangen und versagen daher den Bestätigungsvermerk.
Grundlage für die Erklärung der Nichtabgabe von Prüfungsurteilen
Die Gesellschaft befindet sich in einer angespannten Liquiditätssituation. Die gesetzlichen Vertreter haben den Jahresabschluss unter der Annahme der Fortführung der Unternehmenstätigkeit aufgestellt. Sie berufen sich hierbei auf die finanzielle Unterstützung durch den Gesellschafter und haben uns eine entsprechende Zusage vorgelegt. Wir haben jedoch keine ausreichenden geeigneten Prüfungsnachweise dafür erlangen können, dass der Gesellschafter zu der erforderlichen finanziellen Unterstützung in der Lage ist. Wir waren daher nicht in der Lage, Schlussfolgerungen über die Angemessenheit des von den gesetzlichen Vertretern angewandten Rechnungslegungsgrundsatzes der Fortführung der Unternehmenstätigkeit zu ziehen.
Dieser Sachverhalt hat umfassende Bedeutung auch für die Beurteilbarkeit der im Lagebericht erfolgten Darstellung des Geschäftsverlaufs und der Lage des Unternehmens sowie der Darstellung der Chancen und Risiken der zukünftigen Entwicklung.
Verantwortung der gesetzlichen Vertreter (und des Aufsichtsrats) für den Jahresabschluss und den Lagebericht
[Formulierung wie im Fall eines uneingeschränkten Bestätigungsvermerks vgl. Rz 53]

---

[116] Vgl. IDW PS 270.A43 n.F.
[117] Vgl. IDW PS 270 n.F., Anlage 4.

> *Verantwortung des Abschlussprüfers für die Prüfung des Jahresabschlusses und des Lageberichts*
> Es liegt in unserer Verantwortung, eine Prüfung des Jahresabschlusses und des Lageberichts in Übereinstimmung mit § 317 HGB unter Beachtung der vom Institut der Wirtschaftsprüfer (IDW) festgestellten Grundsätze ordnungsmäßiger Abschlussprüfung bzw. Lageberichtsprüfung durchzuführen. Des Weiteren liegt es in unserer Verantwortung, einen Bestätigungsvermerk zu erteilen. Aufgrund des im Abschnitt „Grundlage für die Erklärung der Nichtabgabe von Prüfungsurteilen" beschriebenen Sachverhalts sind wir nicht in der Lage gewesen, ausreichende geeignete Prüfungsnachweise als Grundlage für Prüfungsurteile zu diesem Jahresabschluss und diesem Lagebericht abzugeben.
> Wir sind von dem Unternehmen unabhängig in Übereinstimmung mit den deutschen handelsrechtlichen und berufsrechtlichen Vorschriften und haben unsere sonstigen deutschen Berufspflichten in Übereinstimmung mit diesen Anforderungen erfüllt.

99 Die Nichtabgabe eines Prüfungsurteils kann sich nicht nur auf den Jahresabschluss, sondern auch auf den Lagebericht oder ggf. einen sonstigen Prüfungsgegenstand beziehen. In diesen Fällen richtet sich die Bezeichnung als Bestätigungsvermerk bzw. Versagungsvermerk nach dem für den Jahresabschluss abgegebenen Prüfungsurteil (Rz 59). Bei den Überschriften für die einzelnen Abschnitte sind wiederum entsprechende Anpassungen erforderlich. Nachfolgendes Beispiel zeigt einen eingeschränkten Bestätigungsvermerk mit Erklärung der Nichtabgabe eines Prüfungsurteils zum Lagebericht. Zu beachten ist hierbei, dass nicht nur die Abschnitte zu den Prüfungsurteilen und zu den Grundlagen für die Prüfungsurteile vom uneingeschränkten Bestätigungsvermerk abweichen, sondern die Verantwortlichkeiten des Abschlussprüfers in zwei eigenständigen Abschnitten, einer für den Jahresabschluss und einer für den Lagebericht, beschrieben werden.

> **BESTÄTIGUNGSVERMERK DES UNABHÄNGIGEN ABSCHLUSSPRÜFERS**[118]
> An die … [Gesellschaft]
> *Prüfungsurteil zum Jahresabschluss und Erklärung der Nichtabgabe eines Prüfungsurteils zum Lagebericht*
> Wir haben den Jahresabschluss der … [Gesellschaft] – bestehend aus der Bilanz zum … [Datum] und der Gewinn- und Verlustrechnung für das Geschäftsjahr vom … [Datum] bis zum … [Datum] sowie dem Anhang, einschließlich der Darstellung der Bilanzierungs- und Bewertungsmethoden – geprüft. Darüber hinaus waren wir beauftragt den Lagebericht der … [Gesellschaft] für das Geschäftsjahr vom … [Datum] bis zum … [Datum] zu prüfen.
> Nach unserer Beurteilung aufgrund der bei der Prüfung gewonnenen Erkenntnissen entspricht der beigefügte Jahresabschluss in allen wesentlichen Belangen den deutschen, für Kapitalgesellschaften geltenden handelsrechtlichen Vorschriften und vermittelt unter Beachtung der deutschen Grundsätze ordnungsmäßiger Buchführung ein den tatsächlichen Verhältnissen

---
[118] Vgl. IDW PS 405 n.F., Anlage 4.

entsprechendes Bild der Vermögens- und Finanzlage der Gesellschaft zum ... [Datum] sowie ihrer Ertragslage für das Geschäftsjahr vom ... [Datum] bis zum ... [Datum].
Wir geben kein Prüfungsurteil zum Lagebericht ab. Aufgrund der Bedeutung des im Abschnitt „Grundlage für das Prüfungsurteil zum Jahresabschluss und für die Erklärung der Nichtabgabe eines Prüfungsurteils zum Lagebericht" beschriebenen Sachverhalts sind wir nicht in der Lage gewesen, ausreichende geeignete Prüfungsnachweise als Grundlage für ein Prüfungsurteil zum Lagebericht zu erlangen.
Gemäß § 322 Abs. 3 Satz 1 HGB erklären wir, dass unsere Prüfung zu keinen Einwendungen gegen die Ordnungsmäßigkeit des Jahresabschlusses geführt hat.
Grundlage für das Prüfungsurteil zum Jahresabschluss und für die Erklärung der Nichtabgabe eines Prüfungsurteils zum Lagebericht
Da uns von den gesetzlichen Vertretern pflichtwidrig kein Lagebericht zur Prüfung vorgelegt wurde, geben wir kein Prüfungsurteil zum Lagebericht ab. Wir haben unsere Prüfung des Jahresabschlusses in Übereinstimmung mit § 317 HGB unter Beachtung der vom Institut der Wirtschaftsprüfer (IDW) festgestellten deutschen Grundsätze ordnungsmäßiger Abschlussprüfung durchgeführt. Unsere Verantwortung nach diesen Vorschriften und Grundsätzen ist im Abschnitt „Verantwortung des Abschlussprüfers für die Prüfung des Jahresabschlusses" unseres Bestätigungsvermerks weitergehend beschrieben. Wir sind von dem Unternehmen unabhängig in Übereinstimmung mit den deutschen handelsrechtlichen und berufsrechtlichen Vorschriften und haben unsere sonstigen deutschen Berufspflichten in Übereinstimmung mit diesen Anforderungen erfüllt. Wir sind der Auffassung, dass die von uns erlangten Prüfungsnachweise ausreichend und geeignet sind, um als Grundlage für unser Prüfungsurteil zum Jahresabschluss zu dienen.
Verantwortung der gesetzlichen Vertreter (und des Aufsichtsrats) für den Jahresabschluss und den Lagebericht
[Formulierung wie im Fall eines uneingeschränkten Bestätigungsvermerks vgl. Rz 53]
Verantwortung des Abschlussprüfers für die Prüfung des Jahresabschlusses
Unsere Zielsetzung ist, hinreichende Sicherheit darüber zu erlangen, ob der Jahresabschluss als Ganzes frei von wesentlichen falschen Darstellungen aufgrund von dolosen Handlungen und Irrtümern ist, sowie einen Bestätigungsvermerk zu erteilen, der unser Prüfungsurteil zum Jahresabschluss beinhaltet. Hinreichende Sicherheit ist ein hohes Maß an Sicherheit, aber keine Garantie dafür, dass eine in Übereinstimmung mit § 317 HGB unter Beachtung der vom Institut der Wirtschaftsprüfer (IDW) festgestellten deutschen Grundsätze ordnungsmäßiger Abschlussprüfung durchgeführte Prüfung eine wesentliche falsche Darstellung stets aufdeckt. Falsche Darstellungen können aus dolosen Handlungen oder Irrtümern resultieren und werden als wesentlich angesehen, wenn vernünftigerweise erwartet werden könnte, dass sie einzeln oder insgesamt die auf der Grundlage dieses Jahresabschlusses getroffenen wirtschaftlichen Entscheidungen von Adressaten beeinflussen.
Während der Prüfung üben wir pflichtgemäßes Ermessen aus und bewahren eine kritische Grundhaltung. Darüber hinaus

- identifizieren und beurteilen wir die Risiken wesentlicher falscher Darstellungen im Jahresabschluss aufgrund von dolosen Handlungen oder Irrtümern, planen und führen Prüfungshandlungen als Reaktion auf diese Risiken durch sowie erlangen Prüfungsnachweise, die ausreichend und geeignet sind, um als Grundlage für unser Prüfungsurteil zum Jahresabschluss zu dienen. Das Risiko, dass aus dolosen Handlungen resultierende wesentliche falsche Darstellungen nicht aufgedeckt werden, ist höher als das Risiko, dass aus Irrtümern resultierende wesentliche falsche Darstellungen nicht aufgedeckt werden, da dolose Handlungen kollusives Zusammenwirken, Fälschungen, beabsichtigte Unvollständigkeiten, irreführende Darstellungen bzw. das Außerkraftsetzen interner Kontrollen beinhalten können.
- gewinnen wir ein Verständnis von dem für die Prüfung des Jahresabschlusses relevanten internen Kontrollsystem, um Prüfungshandlungen zu planen, die unter den gegebenen Umständen angemessen sind, jedoch nicht mit dem Ziel, ein Prüfungsurteil zur Wirksamkeit dieses Systems der Gesellschaft abzugeben.
- beurteilen wir die Angemessenheit der von den gesetzlichen Vertretern angewandten Rechnungslegungsmethoden sowie die Vertretbarkeit der von den gesetzlichen Vertretern dargestellten geschätzten Werte und damit zusammenhängenden Angaben.
- ziehen wir Schlussfolgerungen über die Angemessenheit des von den gesetzlichen Vertretern angewandten Rechnungslegungsgrundsatzes der Fortführung der Unternehmenstätigkeit sowie, auf der Grundlage der erlangten Prüfungsnachweise, ob eine wesentliche Unsicherheit im Zusammenhang mit Ereignissen oder Gegebenheiten besteht, die bedeutsame Zweifel an der Fähigkeit der Gesellschaft zur Fortführung der Unternehmenstätigkeit aufwerfen können. Falls wir zu dem Schluss kommen, dass eine wesentliche Unsicherheit besteht, sind wir verpflichtet, im Bestätigungsvermerk auf die dazugehörigen Angaben im Jahresabschluss aufmerksam zu machen oder, falls diese Angaben unangemessen sind, unser Prüfungsurteil zum Jahresabschluss zu modifizieren. Wir ziehen unsere Schlussfolgerungen auf der Grundlage der bis zum Datum unseres Bestätigungsvermerks erlangten Prüfungsnachweise. Zukünftige Ereignisse oder Gegebenheiten können jedoch dazu führen, dass die Gesellschaft ihre Unternehmenstätigkeit nicht mehr fortführen kann.
- beurteilen wir die Gesamtdarstellung, den Aufbau und den Inhalt des Jahresabschlusses einschließlich der Angaben sowie ob der Jahresabschluss die zugrunde liegenden Geschäftsvorfälle und Ereignisse so darstellt, dass der Jahresabschluss unter Beachtung der deutschen Grundsätze ordnungsmäßiger Buchführung ein den tatsächlichen Verhältnissen entsprechendes Bild der Vermögens-, Finanz- und Ertragslage der Gesellschaft vermittelt.

Wir erörtern mit den für die Überwachung Verantwortlichen unter anderem den geplanten Umfang und die Zeitplanung der Prüfung sowie bedeutsame Prüfungsfeststellungen, einschließlich etwaiger Mängel im internen Kontrollsystem, die wir während unserer Prüfung feststellen.

Verantwortung des Abschlussprüfers für die Prüfung des Lageberichts
Es liegt in unserer Verantwortung, eine Prüfung des Lageberichts in Übereinstimmung mit § 317 HGB unter Beachtung der vom Institut der Wirtschaftsprüfer (IDW) festgestellten deutschen Grundsätze ordnungsmäßiger

> Abschlussprüfung durchzuführen sowie einen Bestätigungsvermerk zu erteilen. Aufgrund des im Abschnitt „Grundlage für das Prüfungsurteil zum Jahresabschluss und für die Erklärung der Nichtabgabe eines Prüfungsurteils zum Lagebericht" beschriebenen Sachverhalts sind wir nicht in der Lage gewesen, ausreichende geeignete Prüfungsnachweise als Grundlage für ein Prüfungsurteil zum Lagebericht zu erlangen.

4 Hinweise im Bestätigungsvermerk

4.1 Hinweis auf Bestandsgefährdungen (Abs. 2 Satz 3)

Während im Prüfungsbericht gem. § 321 Abs. 1 Satz 3 HGB auf bestandsgefährdende und entwicklungsbeeinträchtigende Risiken i. R. d. **Redepflicht** zu berichten ist, ergibt sich im Bestätigungsvermerk eine Hinweispflicht nur für bestandsgefährdende Risiken gem. § 322 Abs. 2 Satz 3 HGB.
Mit dieser Hinweispflicht hat der Gesetzgeber die **Warnfunktion** des Bestätigungsvermerks betont. Es erfolgt eine Hervorhebung der Bestandsgefährdung, die den Bestätigungsvermerk nicht einschränkt. Sie kann deshalb auch nicht eine unzureichende Risikodarstellung in Jahresabschluss und Lagebericht ersetzen, sondern soll an prominenter Stelle dem Leser des zusammen mit dem geprüften Jahresabschluss und Lagebericht offengelegten Bestätigungsvermerk die Situation der Ges. verdeutlichen.

100

Da ein **uneingeschränkter Bestätigungsvermerk** nur erteilt werden kann, wenn im Jahresabschluss die notwendigen Angaben enthalten und im Lagebericht die bestandsgefährdenden Risiken angemessen dargestellt worden sind, kann der Abschlussprüfer bei der Formulierung des Hinweises auf die Ausführungen im Jahresabschluss und Lagebericht Bezug nehmen. Der im Anschluss an den Abschnitt „Grundlage für die Prüfungsurteile" in einem gesonderten Abschnitt des Bestätigungsvermerks aufzunehmende Hinweis kann bspw. wie folgt formuliert werden:

101

> **Wesentliche Unsicherheit im Zusammenhang mit der Fortführung der Unternehmenstätigkeit**[119]
> Wir verweisen auf Angabe A im Anhang sowie die Angaben in Abschnitt B des Lageberichts, in denen die gesetzlichen Vertreter beschreiben, dass ... [bspw. sich die Gesellschaft in Liquiditätsschwierigkeiten befindet]. Wie in Angabe A und Abschnitt B dargelegt, deuten diese Ereignisse und Gegebenheiten [ggf. zusammen mit den anderen dort genannten Sachverhalten] auf das Bestehen einer wesentlichen Unsicherheit hin, die bedeutsame Zweifel an der Fähigkeit der Gesellschaft zur Fortführung der Unternehmenstätigkeit aufwerfen kann und die ein bestandsgefährdendes Risiko i. S. d. § 322 Abs. 2 Satz 3 HGB darstellt. Unsere Prüfungsurteile sind bez. dieses Sachverhalts nicht modifiziert.

Zu Beispielen für mögliche bestandsgefährdende Tatsachen vgl. § 321 Rz 59.
Soweit bestandsgefährdende Risiken **im Anhang und Lagebericht nicht dargestellt** sind, die Einschätzung der gesetzlichen Vertreter über die Anwendung

102

---

[119] Vgl. IDW PS 270 n. F., Anlage 1.

des Grundsatzes der Fortführung der Unternehmenstätigkeit im Jahresabschluss aber angemessen ist, hat der Abschlussprüfer im Bestätigungsvermerk die von ihm i.R.d. Abschlussprüfung festgestellten Bestandsrisiken und ihre möglichen Auswirkungen anzugeben und die Prüfungsurteile zum Jahresabschluss und Lagebericht einzuschränken.[120] Wird im Jahresabschluss und Lagebericht zwar über bestandsgefährdende Tatsachen berichtet, werden diese aber nicht deutlich und unter Nennung der Gründe bzw. Anhaltspunkte dargestellt, und wird durch die Darstellungsform und Wortwahl ein irreführendes Bild vermittelt, sodass die **Bestandsgefährdung nicht erkennbar** wird, erfolgt die Lagedarstellung nicht in Übereinstimmung mit den Anforderungen des § 289 Abs. 1 HGB, sodass die Prüfungsurteile zum Jahresabschluss und Lagebericht einzuschränken sind.[121]

103 Soweit im Einzelfall neben dem gesetzlich zwingenden Hinweis auf Bestandsgefährdung gem. § 322 Abs. 2 Satz 3 HGB ein weiterer Hinweis zur Hervorhebung eines Sachverhalts oder auf einem sonstigen Sachverhalt gem. Abs. 3 Satz 2 (Rz 105) im Bestätigungsvermerk aufgenommen werden soll, sollte zunächst der Hinweis auf die bestandsgefährdenden Risiken und dann im Anschluss der Hinweis zur Hervorhebung eines Sachverhalts oder auf einen sonstigen Sachverhalt gegeben werden.

104 Zu bestandsgefährdenden Risiken bei TU im Bestätigungsvermerk zum Konzernabschluss und Konzernlagebericht des MU vgl. Rz 142.

4.2 Hinweis zur Hervorhebung eines Sachverhalts bzw. auf einen sonstigen Sachverhalt (Abs. 3 Satz 2)

105 Die in § 322 Abs. 2 Satz 2 HGB enthaltene Anforderung nach einer allgemein verständlichen und problemorientierten Beurteilung wird ergänzt durch Abs. 3 Satz 2, wonach der Abschlussprüfer zusätzliche Hinweise auf Umstände aufnehmen kann, auf die er in besonderer Weise aufmerksam machen möchte. Mit diesen Regelungen wollte der Gesetzgeber dem Abschlussprüfer die Abkehr vom reinen „Formeltestat" zum problemorientierten Bestätigungsvermerk ermöglichen (Rz 2), indem über das eigentliche Prüfungsurteil hinaus eine weitere Beurteilung des Prüfungsergebnisses vorgenommen wird. Der Hinweis auf besondere Umstände wird gelegentlich auch als „sonstiger ergänzender Hinweis" bezeichnet.[122]

106 Es handelt sich bei der Regelung um eine **„Kann-Vorschrift"**, während der Hinweis auf Bestandsgefährdungen gem. § 322 Abs. 2 Satz 3 HGB obligatorisch ist (Rz 100). Die Formulierung „besondere Umstände" verdeutlicht, dass im Regelfall keine derartigen Hinweise erforderlich sind. In Einzelfällen können Hervorhebungen von Sachverhalten oder weitergehende Erläuterungen zum Inhalt der Rechnungslegung oder zur Tragweite des Prüfungsergebnisses sachgerecht sein. Zusätzliche Hinweise sind allerdings auf die Sachverhalte begrenzt, auf die der Abschlussprüfer trotz ordnungsgemäßer Darstellung in Jahresabschluss und Lagebericht aufmerksam machen möchte wegen verbleibender Unsicherheiten, die vom Ergebnis zukünftiger Vorgänge oder Ereignisse abhän-

---

[120] Vgl. IDW PS 270.39 n.F.
[121] Formulierungsbeispiel vgl. IDW PS 270 n.F., Anlage 2.
[122] Vgl. Justenhoven/Küster/Bernhardt, in Beck Bil-Komm. 13. Aufl. 2022, § 322 HGB Rz 210.

gen und nicht von der Gesellschaft unmittelbar beeinflusst werden können (z. B. noch laufende Verhandlungen, schwebende Rechtsstreitigkeiten).[123] Derartige Hinweise haben keinen Einfluss auf das Prüfungsurteil des Abschlussprüfers und können somit auch nicht eine Einschränkung oder Versagung des Bestätigungsvermerks ersetzen.[124] Daher ist für den Abschlussprüfer eine eindeutige Abgrenzung dieser Hinweise von Prüfungshemmnissen oder Einwendungen vorzunehmen.

Beispiele für derartige Hinweise auf besondere Umstände sind:[125]
- **verbleibende wesentliche Unsicherheiten:** z. B. laufende Verhandlungen, schwebende Prozesse, Risiken aus langfristigen Aufträgen, steuerliche Risiken, Risiken im Zusammenhang mit geschätzten Werten, Risiken bzgl. der Aufrechterhaltung wesentlichen Fremdkapitals.
- **Hinweis zur Erfüllung der Generalnorm:** In kritischen Grenzfällen, in denen es zweifelhaft sein könnte, ob die Rechnungslegung die Generalnorm erfüllt und in denen keine Einschränkung des Bestätigungsvermerks erforderlich ist, könnte es sachgerecht sein, bei der Beurteilung des Prüfungsergebnisses auf die Unsicherheit hinzuweisen.
- **Hinweis aufgrund ergänzender Rechnungslegungsnormen des Gesellschaftsvertrags oder der Satzung:** Gegenstand eines derartigen Hinweises könnten z. B. Unsicherheiten über die Auslegung von derartigen Vorschriften sein. Kann der Sachverhalt bis zum Abschluss der Prüfung nicht geklärt werden und erscheint die der Bilanzierung zugrunde liegende Interpretation der Regelung nicht unvertretbar, kann ein Hinweis durch den Abschlussprüfer sachgerecht sein.
- **Bedeutsame Ereignisse**: Soweit zwischen dem Abschlussstichtag und dem Tag der Erteilung des Bestätigungsvermerks bedeutsame Ereignisse eintreten, kann es sich empfehlen, im Bestätigungsvermerk darauf hinzuweisen, unabhängig von der Darstellung der gesetzlichen Vertreter in Jahresabschluss und Lagebericht.
- **Hinweis aufgrund prognostischer Angaben im Lagebericht:** Wenn der Abschlussprüfer seine Beurteilung von wesentlichen prognostischen Aussagen im Lagebericht weitgehend nur auf Erklärungen der gesetzlichen Vertreter der Ges. stützen kann, kann hierauf in Form eines Hinweises einzugehen sein.
- **Besondere Gegebenheiten**: Weist die Bilanz einen nicht durch Eigenkapital gedeckten Fehlbetrag aus („Unterbilanz"), ohne dass dieser i. Z. m. einer Gefährdung des Fortbestands des Unternehmens steht (z. B. wegen erheblicher stiller Reserven oder aufgrund zwischenzeitlich erfolgter Sanierungsmaßnahmen), kann ein Hinweis im Bestätigungsvermerk zur Verdeutlichung dieses Sachverhalts angezeigt sein. Ebenso könnte die Tatsache, dass es sich bei dem geprüften Unternehmen um ein sog. Start-up handelt, Grundlage für einen Hinweis auf somit immanent höhere (Planungs-)Risiken sein. Denkbar ist ferner, dass es der Abschlussprüfer für notwendig erachtet, auf die Korrektur von Fehlern in laufender Rechnung auf diesem Wege ausdrücklich aufmerksam zu machen.

---

[123] Vgl. IDW, WPH Edition, Wirtschaftsprüfung & Rechnungslegung, 18. Aufl. 2023, Kap. M Tz 901.
[124] Vgl. IDW PS 406.A10 n. F.
[125] Vgl. IDW, WPH Edition, Wirtschaftsprüfung & Rechnungslegung, 18. Aufl. 2023, Kap. M Tz 903.

- **Hinweis auf abweichende Prüfungsergebnisse bei Gemeinschaftsprüfungen:** Können sich die Gemeinschaftsprüfer nicht auf ein gemeinsames Prüfungsurteil einigen, hat jeder Gemeinschaftsprüfer sein Prüfungsurteil in einem eigenen Bestätigungsvermerk zu formulieren. In dem jeweiligen Bestätigungsvermerk ist i.R.d. Beurteilung des Prüfungsergebnisses auf die abweichenden Ergebnisse der anderen beteiligten Prüfer hinzuweisen (Rz 203).[126]

108 In Übereinstimmung mit ISA 706 (Revised) wird nunmehr unterschieden zwischen
- Hinweisen zur Hervorhebung eines Sachverhalts (Rz 109),
- Hinweisen auf einen sonstigen Sachverhalt (Rz 110).

109 Ein **Hinweis zur Hervorhebung eines Sachverhalts** betrifft einen im Bestätigungsvermerk enthaltenen Abschnitt, der sich auf einen im Jahresabschluss, – sofern einschlägig – im Lagebericht oder in einem sonstigen Prüfungsgegenstand angemessen dargestellten oder angegebenen Sachverhalt bezieht, der nach der Beurteilung des Abschlussprüfers von grundlegender Bedeutung für das Verständnis des betroffenen Prüfungsgegenstands durch die Adressaten ist.[127]
Ein Hinweis zur Hervorhebung eines Sachverhalts kommt allerdings dann nicht in Betracht, wenn[128]
- der Abschlussprüfer aufgrund des Sachverhalts das Prüfungsurteil zum Jahresabschluss, zum Lagebericht oder zu einem sonstigen Prüfungsgegenstand zu modifizieren hat,
- über den Sachverhalt als wesentliche Unsicherheit im Zusammenhang mit der Fortführung der Unternehmenstätigkeit (bestandsgefährdendes Risiko) zu berichten hat (Rz 100),
- der Sachverhalt als ein im Bestätigungsvermerk mitzuteilender besonders wichtiger Prüfungssachverhalt (KAM) bestimmt wurde, oder
- der Sachverhalt einen sonstigen Prüfungsgegenstand betrifft, bei dem nach gesetzlichen Vorschriften kein gesondertes Prüfungsurteil im Bestätigungsvermerk vorgesehen ist, sondern über den nur im Prüfungsbericht zu berichten ist.

110 Ein **Hinweis auf einen sonstigen Sachverhalt** betrifft demgegenüber einen im Bestätigungsvermerk enthaltenen Abschnitt auf einen weder im Jahresabschluss, im Lagebericht oder einem sonstigen Prüfungsgegenstand dargestellten oder angegebenen Sachverhalt, der nach der Beurteilung des Abschlussprüfers für das Verständnis der Adressaten von der Abschlussprüfung, der Verantwortung des Abschlussprüfers oder dem Bestätigungsvermerk relevant ist.[129] Beispiele für derartige Hinweise sind der o.g. Hinweis auf die zulässige Inanspruchnahme von § 264 Abs. 3 HGB oder der Fall, wenn der Jahresabschluss oder Lagebericht auch nach einem Widerruf des Bestätigungsvermerks nicht geändert wird und ein neuer Bestätigungsvermerk oder Versagungsvermerk unter Berücksichtigung der nachträglich gewonnen Erkenntnisse zu erteilen ist.[130]

111 Soweit der Abschlussprüfer beabsichtigt, einen Hinweis zur Hervorhebung eines Sachverhalts oder einen Hinweis auf einen sonstigen Sachverhalt in den Bestätigungsvermerk aufzunehmen, hat er dies sowie den Wortlaut des Hinweises mit den

---

[126] Vgl. IDW PS 208.29.
[127] Vgl. IDW PS 406.8 a) n.F.
[128] Vgl. IDW PS 406.10 n.F.
[129] Vgl. IDW PS 406.8 b) n.F.
[130] Vgl. IDW PS 406.A13 n.F.; IDW PS 400.92 f, 95. n.F.

für die Überwachung Verantwortlichen zu erörtern.¹³¹ Soweit es sich um eine Gesellschaft ohne Aufsichtsgremium handelt (z. B. GmbH ohne Aufsichtsrat), hat der Abschlussprüfer zu bestimmen, wer die für die Überwachung Verantwortlichen sind (z. B. die Geschäftsführung insg. oder die Gesellschafterversammlung).¹³²
Die Formulierung eines Hinweises auf besondere Umstände hat in einem gesonderten Abschnitt im Anschluss an den Abschnitt „Grundlage für die Prüfungsurteile" zu erfolgen. Dieser gesonderte Abschnitt ist mit der Überschrift „Hinweis zur Hervorhebung eines Sachverhalts" bzw. „Hinweis auf einen sonstigen Sachverhalt" zu versehen.

112

Hinweis zur Hervorhebung eines Sachverhalts – Auswirkungen eines Feuers¹³³
Wir verweisen auf die Ausführungen der gesetzlichen Vertreter in Abschnitt X des Anhangs und Abschnitt Y des Lageberichts, welche die Auswirkungen eines Feuers nach dem Abschlussstichtag in den Produktionsräumen der Gesellschaft auf die Fertigungskapazitäten, auf die Umsatzerlöse und [...] im neuen Geschäftsjahr beschreiben. Unsere Prüfungsurteile zum Jahresabschluss und zum Lagebericht sind diesbzgl. nicht modifiziert.

Bei einem Hinweis auf einen sonstigen Sachverhalt kann es sich im Einzelfall anbieten, diesen als gesonderten Abschnitt unmittelbar vor der Angabe von Ort und Datum der Unterzeichnung bzw. – bei PIE – unmittelbar vor der Angabe des verantwortlichen Wirtschaftsprüfers aufzunehmen.¹³⁴ Werden mehrere Hinweise in einen gesonderten Abschnitt aufgenommen, sind diese klar voneinander abzugrenzen.¹³⁵

113

Ein Formulierungsbeispiel für eine Aufnahme sowohl eines Hinweises zur Hervorhebung eines Sachverhalts wie auch eines Hinweises zu einem sonstigen Sachverhalt kann wie folgt lauten:

114

Hinweis zur Hervorhebung eines Sachverhalts¹³⁶
Wir machen auf die Ausführungen in Abschnitt X des Anhangs aufmerksam, in welchem die Hintergründe für die Nichtbildung einer Rückstellung im Zusammenhang mit einem vom Umweltbundesamt erlassenen Bußgeldbescheid beschrieben werden, gegen den die Gesellschaft Rechtsmittel eingelegt hat. Die Gesellschaft verweist hierbei auf juristische Sachverständigengutachten und weitere in den Verhandlungen gegen andere beschuldigte Unternehmen bekannt gewordene Tatsachen. Unser Prüfungsurteil zum Jahresabschluss ist diesbzgl. nicht modifiziert.
Hinweis auf einen sonstigen Sachverhalt
Unter Inanspruchnahme der Erleichterungsvorschrift des § 264 Abs. 3 HGB wurde kein Lagebericht aufgestellt. Im Zeitpunkt der Beendigung unserer Abschlussprüfung konnte nicht abschließend beurteilt werden, ob die Befrei-

---

¹³¹ Vgl. IDW PS 406.15 n. F.
¹³² Zu Einzelheiten vgl. IDW PS 470.A4 ff. n. F.
¹³³ Vgl. IDW PS 406.11, 13 n. F.
¹³⁴ Vgl. IDW PS 406.A19 n. F.
¹³⁵ Vgl. IDW PS 406.11 n. F.
¹³⁶ Vgl. IDW PS 406 n. F., Anlage 3. Ein Lagebericht ist unter Inanspruchnahme von § 264 Abs. 3 HGB nicht aufgestellt worden.

> ungsvorschrift des § 264 Abs. 3 HGB zu Recht in Anspruch genommen worden ist, weil die Voraussetzungen nach § 264 Abs. 3 ... [Satz 1 Nr. 3, Nr. 4 und Nr. 5 Buchst. c) bis e)] HGB ihrer Art nach erst zu einem späteren Zeitpunkt erfüllt werden können. Unser Prüfungsurteil zum Jahresabschluss ist diesbzgl. nicht modifiziert.

115 Zu einem Hinweis auf eine Nachtragsprüfung vgl. Rz 164.

5 Erteilung des Bestätigungsvermerks (Abs. 7)

116 Der Bestätigungsvermerk ist nach § 322 Abs. 7 Satz 1 HGB vom Abschlussprüfer unter Angabe von Ort und Tag zu unterzeichnen. **Ort** wird regelmäßig die Niederlassung des Abschlussprüfers bzw. der Prüfungsgesellschaft sein. Die Datierung des Bestätigungsvermerks hat an dem **Tag** zu erfolgen, an dem die **Abschlussprüfung materiell abgeschlossen** ist.[137] Dies ist erst dann der Fall, wenn sämtliche erforderlichen Auskünfte erteilt und Nachweise erbracht worden sind, sodass das Testatdatum zeitlich nicht vor der Durchführung einer Schlussbesprechung oder dem Datum der einzuholenden Vollständigkeitserklärung liegen darf.[138]

117 Liegt zwischen dem Datum des Bestätigungsvermerks und seiner Auslieferung ein längerer Zeitraum oder ist bis zur Auslieferung des Bestätigungsvermerks das Eintreten wesentlicher Ereignisse zu erwarten, hat der Abschlussprüfer ergänzende mündliche oder schriftliche Erklärungen der gesetzlichen Vertreter über die Vollständigkeit der erteilten Auskünfte und Nachweise für diesen Zeitraum einzuholen.[139]

> **Praxis-Beispiel**
> Am 20.2.01 findet die Schlussbesprechung zur Jahresabschlussprüfung 01 der prüfungspflichtigen GmbH statt. I. R. d. Schlussbesprechung erhält der Abschlussprüfer letzte noch benötigte Auskünfte. Wenige Tage nach der Schlussbesprechung erhält er die vom Geschäftsführer ausgefüllte und mit Datum vom 20.2.01 unterschriebene Vollständigkeitserklärung. Das Testatsdatum bestimmt der Abschlussprüfer mit dem 20.2.01.
> Infolge Arbeitsüberlastung kommt der Abschlussprüfer erst am 15.3.01 dazu, das Testatsexemplar auszufertigen und an den Auftraggeber zu schicken. Er hat sich vor der Auslieferung des Bestätigungsvermerks von dem Geschäftsführer bestätigen zu lassen, dass in der Zwischenzeit keine Ereignisse eingetreten sind, die eine Änderung des Jahresabschlusses oder Lageberichts erfordern oder die Auswirkungen auf den Bestätigungsvermerk haben.

118 Die **Unterzeichnung** des Bestätigungsvermerks erfolgt bei Berufsgesellschaften, die zum gesetzlichen Abschlussprüfer bestellt sind, gem. § 32 WPO durch vertretungsberechtigte WP bzw. im Fall der Prüfung einer mittelgroßen Gesellschaft auch durch vertretungsberechtigte vBP (zur Vertretungsberechtigung vgl. § 321 Rz 156).[140] Zu beachten sind darüber hinaus die Sätze 3 und 4 in Abs. 7

---

[137] Vgl. IDW PS 400.71, 74 n. F.
[138] Vgl. IDW PS 400.74 n. F.
[139] Vgl. IDW PS 400.A78 n. F. i. V. m. ISA [DE] 580.10–17, A11-D.A.20.1.
[140] Zur Verantwortlichkeit des Mitunterzeichners vgl. IDW, IDW-FN 2013, S. 294.

der Vorschrift. Danach ist bei gesetzlichen Abschlussprüfung von WPG/BPG der Bestätigungsvermerk zumindest von dem für die Auftragsdurchführung verantwortlichen WP/vBP zu unterzeichnen (§ 44 Abs. 1 BS WP/vBP). Sofern eine Sozietät zum Abschlussprüfer bestellt ist, ist der Bestätigungsvermerk von allen WP, die zum Zeitpunkt der Wahl des Abschlussprüfers der Sozietät als Sozien angehört haben, zu unterzeichnen. Daher empfiehlt sich aus praktischen Gründen, in derartigen Fällen nur einen Sozius zum Abschlussprüfer wählen zu lassen.[141]

Im Regelfall werden diejenigen WP, die den Bestätigungsvermerk unterzeichnen, dieselben sein, die den Prüfungsbericht unterzeichnen. Zu Ausnahmen vgl. § 321 Rz 155. **119**

Zu beachten ist weiterhin, dass der Abschlussprüfer den **Bestätigungsvermerk und Prüfungsbericht zeitgleich** vorzulegen hat.[142] Es ist somit nicht zulässig, zunächst den Bestätigungsvermerk zu erteilen und den Prüfungsbericht mit zeitlicher Verzögerung nachfolgen zu lassen. **120**

Die Unterzeichnung hat **eigenhändig** zu erfolgen, sodass die Verwendung von mechanischen, faksimilierten oder gescannten Unterschriften nicht ausreichend ist.[143] **121**

Allerdings ist nach § 20 Abs. 2 Satz 2 BS WP/vBP auch eine rein elektronische Siegelung eines Bestätigungsvermerks möglich.[144]

Der unterzeichnende WP hat die **Bezeichnung** „Wirtschaftsprüfer/Wirtschaftsprüferin" zu verwenden (§ 18 Abs. 1 Sätze 1 und 2 WPO). Unterzeichnende vBP haben entsprechend die Berufsbezeichnung „vereidigter Buchprüfer/vereidigte Buchprüferin" zu verwenden (§ 128 Abs. 2 WPO). Eine Hinzufügung anderer Berufsbezeichnungen bei Mehrfachqualifikation ist nur zulässig, wenn es sich um einen amtlich verliehenen ausländischen Prüfertitel handelt (§ 18 Abs. 1 Satz 3 WPO)[145], wie z.B. der US-amerikanische CPA oder der britische CA.[146] **122**

Oberhalb der Berufsbezeichnung ist der **Name** des WP in Druckschrift wiederzugeben, wobei grds. der Nachname ausreicht. Zur Vermeidung von Verwechslungen kann es u.U. sinnvoll sein, bei Namensidentität mehrerer WP in einer Wirtschaftsprüferpraxis auch die Vornamen oder eine Abkürzung des Vornamens mit anzuführen. Die Ergänzung um einen geschlechterspezifischen Zusatz „Frau" oder „Herr" sollte nicht erfolgen, auch wenn im Einzelfall aus dem Vornamen nicht auf das Geschlecht geschlossen werden kann.[147] **123**

Der Bestätigungsvermerk ist außerdem mit dem **Berufssiegel** nach § 48 Abs. 1 WPO zu versehen (zur Siegelführung bei freiwilligen Abschlussprüfungen vgl. Rz 190). **124**

Prüfungsbericht nach § 321 HGB und Bestätigungsvermerk nach § 322 HGB sind zwei unabhängige Berichterstattungselemente des Abschlussprüfers (Rz 8f.). Daher ist der Bestätigungsvermerk im Regelfall unabhängig vom Prü **125**

---

[141] Vgl. Orth/Schaefer, in Baetge/Kirsch/Thiele, Bilanzrecht, § 322 HGB Rz 146, Stand: 2/2019.
[142] Vgl. IDW PS 400.72 n.F.; IDW PS 450.117 n.F.
[143] Vgl. IDW, WPH Edition, Wirtschaftsprüfung & Rechnungslegung, 18. Aufl. 2023, Kap. M Tz 1009.
[144] Zu Einzelheiten vgl. WPK Magazin 1/2017, S. 17.
[145] Die Vorschrift wurde im Zuge des BARefG v. 3.9.2007 neu eingefügt, BGBl 2007 I S. 2178.
[146] Vgl. Uhlmann, in Ziegler/Gelhausen, WPO-Kommentar, 3. Aufl. 2018, § 18 WPO Rz 13.
[147] Vgl. Orth/Schaefer, in Baetge/Kirsch/Thiele, Bilanzrecht, § 322 HGB Rz 136.2, Stand: 2/2019.

fungsbericht zu erteilen. Die Anforderung der festen Verbindung mit dem Jahresabschluss und dem Lagebericht[148] erfolgt in der Praxis mittels eines sog. **Testatsexemplars**, bestehend aus Bestätigungsvermerk, Jahresabschluss, Lagebericht und AAB (§ 321 Rz 145).

126 Der Bestätigungsvermerk ist gem. § 322 Abs. 7 Satz 2 HGB im Prüfungsbericht wiederzugeben (§ 321 Rz 145 ff.). Wird kein Testatsexemplar erteilt, ist das Original des Bestätigungsvermerks als Anlage zum Prüfungsbericht beizufügen (§ 321 Rz 148).

127 Die Ausführungen zur Vorlage des Bestätigungsvermerks gelten für einen Versagungsvermerk analog.

6 Bestätigungsvermerk bei Konzernabschlussprüfungen

128 § 322 HGB gilt für Jahres- und Konzernabschlussprüfungen gleichermaßen, sodass die dargestellten Grundsätze zu Bestätigungs- und Versagungsvermerken bei gesetzlichen Jahresabschlussprüfungen für Konzernabschlussprüfungen analog anzuwenden sind. Darüber hinaus ergeben sich nachfolgende Besonderheiten.

6.1 Prüfungsurteile

129 Bei der Nennung des geprüften Unternehmens ist die Firma des MU, das den Konzernabschluss aufstellt, anzugeben. Die Beschreibung des Prüfungsgegenstands erfolgt durch Hinweis auf den Konzernabschluss und Konzernlagebericht, anstelle Jahresabschluss und Lagebericht. Die Bestandteile des Konzernabschlusses sind zu nennen, d. h. gem. § 297 Abs. 1 HGB Konzernbilanz, Konzern-GuV, Konzernanhang, Kapitalflussrechnung, Eigenkapitalspiegel und ggf. Segmentberichterstattung.[149]

130 Bei Prüfung eines Konzernabschlusses, der gleichzeitig Teilkonzern eines übergeordneten Konzernabschlusses ist, ist es zulässig, im Bestätigungsvermerk anstelle Konzernabschluss auch „Teilkonzernabschluss" anzugeben.

131 Soweit der Gesellschaftsvertrag bzw. die Satzung des MU ergänzende Vorschriften über den Konzernabschluss bzw. den Konzernlagebericht enthält, sind diese wie beim Bestätigungsvermerk zur Jahresabschlussprüfung nicht im Bestätigungsvermerk anzugeben.[150] Gleichermaßen sind auch Regelungen im Gesellschaftsvertrag bzw. in der Satzung des MU, die sich auf den Jahresabschluss beziehen, nicht anzusprechen.

132 Der Abschnitt im Bestätigungsvermerk zu den Prüfungsurteilen bei Konzernabschlussprüfungen kann wie folgt formuliert werden:

> **Prüfungsurteile**[151]
> Wir haben den Konzernabschluss der ... [Gesellschaft] und ihrer Tochtergesellschaften (der Konzern) – bestehend aus der Konzernbilanz zum... [Datum], der Konzern-Gewinn und Verlustrechnung, dem Konzerneigenkapitalspiegel und der Konzernkapitalflussrechnung [ggf.: sowie der Kon-

---

[148] Vgl. IDW PS 400.72 n. F.
[149] Vgl. IDW, WPH Edition, Wirtschaftsprüfung & Rechnungslegung, 18. Aufl. 2023, Kap. M Tz 1190 f.
[150] Vgl. IDW PS 400.A64 n. F.
[151] Vgl. IDW PS 400 n. F., Anlage 3.

> zernsegmentberichterstattung] für das Geschäftsjahr vom ... [Datum] bis zum ... [Datum] sowie dem Konzernanhang, einschließlich der Darstellung der Bilanzierungs- und Bewertungsmethoden – geprüft. Darüber hinaus haben wir den Konzernlagebericht der ... [Gesellschaft] für das Geschäftsjahr vom ... [Datum] bis zum ... [Datum] geprüft. [Die in der Anlage genannten Bestandteile des Konzernlageberichts haben wir in Einklang mit den deutschen gesetzlichen Vorschriften nicht inhaltlich geprüft.]
>
> Nach unserer Beurteilung aufgrund der bei der Prüfung gewonnenen Erkenntnisse
> - entspricht der beigefügte Konzernabschluss in allen wesentlichen Belangen den deutschen handelsrechtlichen Vorschriften und vermittelt unter Beachtung der deutschen Grundsätze ordnungsmäßiger Buchführung ein den tatsächlichen Verhältnissen entsprechendes Bild der Vermögens- und Finanzlage des Konzerns zum ... [Datum] sowie seiner Ertragslage für das Geschäftsjahr vom ... [Datum] bis zum ... [Datum] und
> - vermittelt der beigefügte Konzernlagebericht insgesamt ein zutreffendes Bild von der Lage des Konzerns. In allen wesentlichen Belangen steht dieser Konzernlagebericht in Einklang mit dem Konzernabschluss, entspricht den deutschen gesetzlichen Vorschriften und stellt die Chancen und Risiken der zukünftigen Entwicklung zutreffend dar. Unser Prüfungsurteil zum Konzernlagebericht erstreckt sich nicht auf den Inhalt der in der Anlage genannten Bestandteile des Konzernlageberichts.
>
> Gemäß § 322 Abs. 3 Satz 1 HGB erklären wir, dass unsere Prüfung zu keinen Einwendungen gegen die Ordnungsmäßigkeit des Konzernabschlusses und des Konzernlageberichts geführt hat.

Die Formulierung eines **eingeschränkten Bestätigungsvermerks** oder eines **Versagungsvermerks** zur Konzernabschlussprüfung entspricht den zur Jahresabschlussprüfung entwickelten Grundsätzen (Rz 61 und Rz 89). **Einwendungen** bei einer Konzernabschlussprüfung betreffen zumeist die Besonderheiten des Konzernabschlusses, z.B. Verstöße gegen:[152]
- die Abgrenzung des Konsolidierungskreises,
- allgemeine Konsolidierungsgrundsätze und Vollständigkeitsgebot, z.B. Kapital-, Schulden-, Aufwands- und Ertragskonsolidierung, Zwischenergebniseliminierung,
- die einheitliche Bewertung, z.B. Übernahme von nach abweichendem ausländischen Recht bewerteten Posten in die HB II,
- assoziierte Unt, z.B. Verstoß gegen die Vorschriften zum Wertansatz der Beteiligungen,
- Währungsumrechnung im Konzernabschluss,
- Gliederungsvorschriften,
- Konzernanhang,
- Kapitalflussrechnung,
- Eigenkapitalspiegel,
- Segmentberichterstattung,

---

[152] Vgl. IDW, WPH Edition, Wirtschaftsprüfung & Rechnungslegung, 18. Aufl. 2023, Kap. M Tz 1200.

- Konzernlagebericht,
- mangelhafte Aufbereitung der konsolidierten Jahresabschlüsse und eine nicht ausreichende Dokumentation der Konsolidierung und sie vorbereitende Maßnahmen,
- die Wahl eines vom Abschlussstichtag des MU abweichenden Abschlussstichtags,
- Vorlagepflicht oder Auskunftsrecht des Konzern-Abschlussprüfers in Bezug auf das MU und die TU.

134 Eine Einschränkung oder Versagung eines Bestätigungsvermerks eines in den Konzernabschluss einbezogenen Jahresabschlusses führt nur dann zu einer Einschränkung oder Versagung des Bestätigungsvermerks zum Konzernabschluss und Konzernlagebericht, wenn die festgestellten Mängel der Einzelabschlüsse nicht i. R. d. Konsolidierung behoben wurden und für den Konzernabschluss von wesentlicher Bedeutung sind.[153]

135 Zu Auswirkungen einer abweichenden Abgrenzung des Konsolidierungskreises bei freiwilligen Abschlussprüfung vgl. Rz 189.

6.2 Grundlage für die Prüfungsurteile

136 Bei Konzernabschlussprüfungen, bei denen es verschiedene relevante Berufspflichten gibt (z. B. zur Unabhängigkeit), erstreckt sich die Bezugnahme im Bestätigungsvermerk i. d. R. auf die relevanten Berufspflichten, die für das Konzernprüfungsteam maßgeblich sind.[154] Der entsprechende Abschnitt im Bestätigungsvermerk kann wie folgt formuliert werden:

> **Grundlage für die Prüfungsurteile**[155]
> Wir haben unsere Prüfung des Konzernabschlusses und des Konzernlageberichts in Übereinstimmung mit § 317 HGB unter Beachtung der vom Institut der Wirtschaftsprüfer (IDW) festgestellten deutschen Grundsätze ordnungsmäßiger Abschlussprüfung durchgeführt. Unsere Verantwortung nach diesen Vorschriften und Grundsätzen ist im Abschnitt „Verantwortung des Abschlussprüfers für die Prüfung des Konzernabschlusses und des Konzernlageberichts" unseres Bestätigungsvermerks weitergehend beschrieben. Wir sind von den Konzernunternehmen unabhängig in Übereinstimmung mit den deutschen handelsrechtlichen und berufsrechtlichen Vorschriften und haben unsere sonstigen deutschen Berufspflichten in Übereinstimmung mit diesen Anforderungen erfüllt. Wir sind der Auffassung, dass die von uns erlangten Prüfungsnachweise ausreichend und geeignet sind, um als Grundlage für unsere Prüfungsurteile zum Konzernabschluss und zum Konzernlagebericht zu dienen.

6.3 Verantwortung der gesetzlichen Vertreter

137 Dieser Abschnitt des Bestätigungsvermerks enthält die entsprechenden Ausführungen zu den gesetzlichen Vertretern sowie eines ggf. existierenden Aufsichtsgremiums und kann wie folgt formuliert werden:

---

[153] Vgl. ISA [DE] 600.41, 42.
[154] Vgl. IDW PS 400.A43 n. F.
[155] Vgl. IDW PS 400 n. F., Anlage 3.

> **Verantwortung der gesetzlichen Vertreter [und des Aufsichtsrats] für den Konzernabschluss und den Konzernlagebericht**[156]
>
> Die gesetzlichen Vertreter sind verantwortlich für die Aufstellung des Konzernabschlusses, der den deutschen handelsrechtlichen Vorschriften in allen wesentlichen Belangen entspricht, und dafür, dass der Konzernabschluss unter Beachtung der deutschen Grundsätze ordnungsmäßiger Buchführung ein den tatsächlichen Verhältnissen entsprechendes Bild der Vermögens-, Finanz- und Ertragslage des Konzerns vermittelt. Ferner sind die gesetzlichen Vertreter verantwortlich für die internen Kontrollen, die sie in Übereinstimmung mit den deutschen Grundsätzen ordnungsmäßiger Buchführung als notwendig bestimmt haben, um die Aufstellung eines Konzernabschlusses zu ermöglichen, der frei von wesentlichen falschen Darstellungen aufgrund von dolosen Handlungen (d.h. Manipulationen der Rechnungslegung und Vermögensschädigungen) oder Irrtümern ist.
>
> Bei der Aufstellung des Konzernabschlusses sind die gesetzlichen Vertreter dafür verantwortlich, die Fähigkeit des Konzerns zur Fortführung der Unternehmenstätigkeit zu beurteilen. Des Weiteren haben sie die Verantwortung, Sachverhalte in Zusammenhang mit der Fortführung der Unternehmenstätigkeit, sofern einschlägig, anzugeben. Darüber hinaus sind sie dafür verantwortlich, auf der Grundlage des Rechnungslegungsgrundsatzes der Fortführung der Unternehmenstätigkeit zu bilanzieren, sofern dem nicht tatsächliche oder rechtliche Gegebenheiten entgegenstehen.
>
> Außerdem sind die gesetzlichen Vertreter verantwortlich für die Aufstellung des Konzernlageberichts, der insgesamt ein zutreffendes Bild von der Lage des Konzerns vermittelt sowie in allen wesentlichen Belangen mit dem Konzernabschluss in Einklang steht, den deutschen gesetzlichen Vorschriften entspricht und die Chancen und Risiken der zukünftigen Entwicklung zutreffend darstellt. Ferner sind die gesetzlichen Vertreter verantwortlich für die Vorkehrungen und Maßnahmen (Systeme), die sie als notwendig erachtet haben, um die Aufstellung eines Konzernlageberichts in Übereinstimmung mit den anzuwendenden deutschen gesetzlichen Vorschriften zu ermöglichen, und um ausreichende geeignete Nachweise für die Aussagen im Konzernlagebericht erbringen zu können.
>
> [Der Aufsichtsrat ist verantwortlich für die Überwachung des Rechnungslegungsprozesses des Konzerns zur Aufstellung des Konzernabschlusses und Konzernlageberichts.]

6.4 Verantwortung des Abschlussprüfers

Hinweise auf die Verwertung von Prüfungsergebnissen anderer Abschlussprüfer (z.B. von ausländischen TU) sind nicht sachgerecht, da die Gesamtverantwortung beim Konzernabschlussprüfer verbleibt. Besonderheiten ergeben sich aber dadurch, dass hier die (zusätzliche) Verantwortung des Konzernabschlussprüfers beschrieben wird, dass[157]

- es die Pflicht des Konzernabschlussprüfers ist, ausreichende geeignete Prüfungsnachweise für die Rechnungslegungsinformationen der Unternehmen

---

[156] Angelehnt an IDW PS 400 n.F., Anlage 3.
[157] Vgl. IDW PS 400.60 c) n.F.

oder Geschäftstätigkeiten innerhalb des Konzerns einzuholen, um ein Prüfungsurteil zum Konzernabschluss abzugeben.
- der Konzernabschlussprüfer für die Anleitung, Überwachung und Durchführung der Konzernabschlussprüfung verantwortlich ist, und
- der Konzernabschlussprüfer die alleinige Verantwortung für das Prüfungsurteil trägt.

139 Dieser Abschnitt des Bestätigungsvermerks kann wiederum an drei verschiedenen Orten abgegeben werden:
- innerhalb des Bestätigungsvermerks,
- innerhalb einer Anlage zum Bestätigungsvermerk oder
- durch einen gesonderten Verweis auf die Stelle der Webseite des IDW, an der diese Beschreibung zu finden ist.

Zu Einzelheiten vgl. Rz 55. Das nachfolgende Beispiel enthält die erste der vorgenannte Varianten (Langfassung).

Verantwortung des Abschlussprüfers für die Prüfung des Konzernabschlusses und des Konzernlageberichts[158]

Unsere Zielsetzung ist, hinreichende Sicherheit darüber zu erlangen, ob der Konzernabschluss als Ganzes frei von wesentlichen falschen Darstellungen aufgrund von dolosen Handlungen oder Irrtümern ist, und ob der Konzernlagebericht insgesamt ein zutreffendes Bild von der Lage des Konzerns vermittelt sowie in allen wesentlichen Belangen mit dem Konzernabschluss sowie mit den bei der Prüfung gewonnenen Erkenntnissen in Einklang steht, den deutschen gesetzlichen Vorschriften entspricht und die Chancen und Risiken der zukünftigen Entwicklung zutreffend darstellt, sowie einen Bestätigungsvermerk zu erteilen, der unsere Prüfungsurteile zum Konzernabschluss und zum Konzernlagebericht beinhaltet.

Hinreichende Sicherheit ist ein hohes Maß an Sicherheit, aber keine Garantie dafür, dass eine in Übereinstimmung mit § 317 HGB unter Beachtung der vom Institut der Wirtschaftsprüfer (IDW) festgestellten deutschen Grundsätze ordnungsmäßiger Abschlussprüfung durchgeführte Prüfung eine wesentliche falsche Darstellung stets aufdeckt. Falsche Darstellungen können aus dolosen Handlungen oder Irrtümern resultieren und werden als wesentlich angesehen, wenn vernünftigerweise erwartet werden könnte, dass sie einzeln oder insgesamt die auf der Grundlage dieses Konzernabschlusses und Konzernlageberichts getroffenen wirtschaftlichen Entscheidungen von Adressaten beeinflussen.

Während der Prüfung üben wir pflichtgemäßes Ermessen aus und bewahren eine kritische Grundhaltung. Darüber hinaus
- identifizieren und beurteilen wir die Risiken wesentlicher falscher Darstellungen im Konzernabschluss und Konzernlagebericht aufgrund von dolosen Handlungen oder Irrtümern, planen und führen Prüfungshandlungen als Reaktion auf diese Risiken durch sowie erlangen Prüfungsnachweise, die ausreichend und geeignet sind, um als Grundlage für unsere Prüfungsurteile zu dienen. Das Risiko, dass aus dolosen Handlungen resultierende wesentliche falsche Darstellungen nicht aufgedeckt werden, ist höher als das Risiko,

---

[158] Vgl. IDW PS 400 n. F., Anlage 3.

dass aus Irrtümern resultierende wesentliche falsche Darstellungen nicht aufgedeckt werden, da dolose Handlungen kollusives Zusammenwirken, Fälschungen, beabsichtigte Unvollständigkeiten, irreführende Darstellungen bzw. das Außerkraftsetzen interner Kontrollen beinhalten können.
- gewinnen wir ein Verständnis von dem für die Prüfung des Konzernabschlusses relevanten internen Kontrollsystem und den für die Prüfung des Konzernlageberichts relevanten Vorkehrungen und Maßnahmen, um Prüfungshandlungen zu planen, die unter den gegebenen Umständen angemessen sind, jedoch nicht mit dem Ziel, ein Prüfungsurteil zur Wirksamkeit dieser Systeme abzugeben.
- beurteilen wir die Angemessenheit der von den gesetzlichen Vertretern angewandten Rechnungslegungsmethoden sowie die Vertretbarkeit der von den gesetzlichen Vertretern dargestellten geschätzten Werte und damit zusammenhängenden Angaben.
- ziehen wir Schlussfolgerungen über die Angemessenheit des von den gesetzlichen Vertretern angewandten Rechnungslegungsgrundsatzes der Fortführung der Unternehmenstätigkeit sowie, auf der Grundlage der erlangten Prüfungsnachweise, ob eine wesentliche Unsicherheit im Zusammenhang mit Ereignissen oder Gegebenheiten besteht, die bedeutsame Zweifel an der Fähigkeit des Konzerns zur Fortführung der Unternehmenstätigkeit aufwerfen können. Falls wir zu dem Schluss kommen, dass eine wesentliche Unsicherheit besteht, sind wir verpflichtet, im Bestätigungsvermerk auf die dazugehörigen Angaben im Konzernabschluss und im Konzernlagebericht aufmerksam zu machen oder, falls diese Angaben unangemessen sind, unser jeweiliges Prüfungsurteil zu modifizieren. Wir ziehen unsere Schlussfolgerungen auf der Grundlage der bis zum Datum unseres Bestätigungsvermerks erlangten Prüfungsnachweise. Zukünftige Ereignisse oder Gegebenheiten können jedoch dazu führen, dass der Konzern seine Unternehmenstätigkeit nicht mehr fortführen kann.
- beurteilen wir die Gesamtdarstellung, den Aufbau und den Inhalt des Konzernabschlusses einschließlich der Angaben sowie ob der Konzernabschluss die zugrunde liegenden Geschäftsvorfälle und Ereignisse so darstellt, dass der Konzernabschluss unter Beachtung der deutschen Grundsätze ordnungsmäßiger Buchführung ein den tatsächlichen Verhältnissen entsprechendes Bild der Vermögens-, Finanz- und Ertragslage des Konzerns vermittelt.
- holen wir ausreichende geeignete Prüfungsnachweise für die Rechnungslegungsinformationen der Unternehmen oder Geschäftstätigkeiten innerhalb des Konzerns ein, um Prüfungsurteile zum Konzernabschluss und zum Konzernlagebericht abzugeben. Wir sind verantwortlich für die Anleitung, Überwachung und Durchführung der Konzernabschlussprüfung. Wir tragen die alleinige Verantwortung für unsere Prüfungsurteile.
- beurteilen wir den Einklang des Konzernlageberichts mit dem Konzernabschluss, seine Gesetzesentsprechung und das von ihm vermittelte Bild von der Lage des Konzerns.

> - führen wir Prüfungshandlungen zu den von den gesetzlichen Vertretern dargestellten zukunftsorientierten Angaben im Konzernlagebericht durch. Auf Basis ausreichender geeigneter Prüfungsnachweise vollziehen wir dabei insbesondere die den zukunftsorientierten Angaben von den gesetzlichen Vertretern zugrunde gelegten bedeutsamen Annahmen nach und beurteilen die sachgerechte Ableitung der zukunftsorientierten Angaben aus diesen Annahmen. Ein eigenständiges Prüfungsurteil zu den zukunftsorientierten Angaben sowie zu den zugrunde liegenden Annahmen geben wir nicht ab. Es besteht ein erhebliches unvermeidbares Risiko, dass künftige Ereignisse wesentlich von den zukunftsorientierten Angaben abweichen.
>
> Wir erörtern mit den für die Überwachung Verantwortlichen unter anderem den geplanten Umfang und die Zeitplanung der Prüfung sowie bedeutsame Prüfungsfeststellungen, einschließlich etwaiger Mängel im internen Kontrollsystem, die wir während unserer Prüfung feststellen.

6.5 Hinweise

140 Ergeben sich wesentliche Unsicherheiten aus der Tatsache, dass ein Zwischenabschluss für ein in den Konzernabschluss einbezogenes TU gem. § 299 Abs. 2 HGB nicht aufgestellt wurde, ist dies in einem gesonderten Abschnitt als Hinweis zur Hervorhebung eines Sachverhalts (Rz 109) gem. § 322 Abs. 3 Satz 2 HGB anzugeben.

141 Ein Hinweis ist auch dann geboten, wenn der Konzern-Abschlussprüfer feststellt, dass die **Voraussetzungen für die Inanspruchnahme von § 264 Abs. 3 HGB bzw. § 264b HGB** durch ein TU hierfür nicht vorgelegen haben. Er hat den Verstoß im Prüfungsbericht darzulegen (§ 321 Rz 168) und im Bestätigungsvermerk einen Hinweis auf einen sonstigen Sachverhalt (Rz 114) aufzunehmen, ohne dass hierdurch das Prüfungsurteil zum Konzernabschluss modifiziert wird.[159]

142 Auf **bestandsgefährdende Risiken** ist analog zur Vorgehensweise bei einer Jahresabschlussprüfung einzugehen (Rz 100). Da der Konzern eine wirtschaftliche, aber keine rechtliche Einheit darstellt, beziehen sich die bestandsgefährdenden Risiken sowohl auf die rechtliche Einheit des MU wie auch der einbezogenen TU.[160] Bestandsgefährdende Risiken bei solchen TU, die für die Beurteilung der Vermögens-, Finanz- und Ertragslage des Konzerns von untergeordneter Bedeutung sind, brauchen gem. § 322 Abs. 2 Satz 4 HGB nicht angegeben werden. Der Beurteilungsmaßstab, wann ein TU für die Beurteilung der Vermögens-, Finanz- und Ertragslage des Konzerns von untergeordneter Bedeutung ist, entspricht den zu § 296 Abs. 2 HGB entwickelten Grundsätzen (§ 296 Rz 42).[161]

---

[159] Vgl. IDW PH 9.200.1.16.
[160] Vgl. IDW, WPH Edition, Wirtschaftsprüfung & Rechnungslegung, 18. Aufl. 2023, Kap. M Tz 1196.
[161] Vgl. BT-Drs. 15/3419 v. 24.6.2004 S. 44.

7 Sonderfälle und Einzelfragen

7.1 Bestätigungsvermerk für den Abschluss eines Unternehmens von öffentlichem Interesse

Bestätigungsvermerke für den Abschluss von Unternehmen von öffentlichem Interesse, sog. Public Interest Entities (PIE), müssen neben den Vorgaben von § 322 HGB auch die Vorgaben der EU-APrVO enthalten. Hieraus ergeben sich zusätzliche Anforderungen, die ebenfalls in der IDW PS 400er-Reihe umgesetzt worden sind.

Die für alle Bestätigungsvermerke geltende Anforderung (Rz 57), dass sonstige gesetzliche und andere rechtliche Anforderungen in einem separaten Abschnitt des Bestätigungsvermerks aufzunehmen sind, ist bei Abschlussprüfungen von PIE obligatorisch, weil die EU-APrVO entsprechende ergänzende Anforderungen fordert. Gleiches gilt für den separaten Abschnitt zur Benennung des verantwortlichen Wirtschaftsprüfers. Diese Anforderungen führen dazu, dass der Bestätigungsvermerk zu einem Abschluss eines PIE wie folgt zu gliedern ist:

BESTÄTIGUNGSVERMERK DES UNABHÄNGIGEN ABSCHLUSSPRÜFERS[162]
An die ... [Gesellschaft]
VERMERK ÜBER DIE PRÜFUNG DES JAHRESABSCHLUSSES UND DES LAGEBERICHTS
Prüfungsurteile
Grundlage für die Prüfungsurteile
Besonders wichtige Prüfungssachverhalte in der Prüfung des Jahresabschlusses
Sonstige Informationen
Verantwortung der gesetzlichen Vertreter und des Aufsichtsrats für den Jahresabschluss und den Lagebericht
Verantwortung des Abschlussprüfers für die Prüfung des Jahresabschlusses und des Lageberichts
Sonstige gesetzliche und andere rechtliche Anforderungen
Verantwortlicher Wirtschaftsprüfer
[Ort der Niederlassung des Abschlussprüfers]
[Datum]
[Unterschrift]
Wirtschaftsprüfer

Art. 10 Abs. 2 Buchst. c) EU-APrVO verpflichtet den Abschlussprüfer eines PIE, eine Beschreibung der bedeutsamsten beurteilten Risiken wesentlicher falscher Darstellungen (besonders wichtige Prüfungssachverhalte = Key Audit Matters (KAM)) im Bestätigungsvermerk darzulegen.[163] Diese **besonders wichtigen Prüfungssachverhalte (KAM)** sind in einem separaten Abschnitt des Bestätigungsvermerks aufzunehmen. Hierbei ist für jeden einzelnen Prüfungs-

---

[162] Vgl. IDW PS 400 n. F., Anlage 2.
[163] Vgl. IDW PS 400.50 n. F.

sachverhalt ein Verweis auf die entsprechenden Angaben im Jahresabschluss und im Lagebericht vorzunehmen und darzulegen, warum dieser Sachverhalt als besonders bedeutsam in der Abschlussprüfung bestimmt wurde. Außerdem ist in diesem Abschnitt darauf einzugehen, wie dieser Sachverhalt in der Abschlussprüfung berücksichtigt wurde, die Reaktionen der Abschlussprüfer auf diesen Sachverhalt (Prüfungshandlungen) und ggf. auch diesbzgl. wichtige Feststellungen („key observations").[164]

146 Zu beachten ist weiterhin, dass nur solche KAM in diesen gesonderten Abschnitt des Bestätigungsvermerks aufzunehmen sind, die **nicht**
- zu einer Modifizierung (Einschränkung, Versagung) des Prüfungsurteils zum Jahresabschluss geführt haben,
- eine wesentliche Unsicherheit im Zusammenhang mit der Fortführung der Unternehmenstätigkeit des Unternehmens begründen, oder
- die aufgrund von Gesetzen oder anderen Rechtsvorschriften die öffentliche Angabe des Sachverhalts ausschließen oder beschränken.[165]

Bei den beiden erstgenannten Punkten ist im Abschnitt „Besonders wichtige Prüfungssachverhalte" ein Querverweis auf den Abschnitt „Grundlage der Prüfungsurteile" bzw. „Wesentliche Unsicherheit im Zusammenhang mit der Fortführung der Unternehmenstätigkeit" aufzunehmen.[166] Hat der Abschlussprüfer allerdings die Nichtabgabe eines Prüfungsurteils zum Jahresabschluss erklärt, darf der Bestätigungsvermerk keinen Abschnitt zu den besonders wichtigen Prüfungssachverhalten enthalten, da dies nahelegen könnte, dass der Jahresabschluss in Bezug auf diese Sachverhalte zuverlässiger ist, als unter den Umständen angemessen war.[167]

147 Erfahrungen mit Abschlüssen von PIE zeigen, dass ca. drei bis fünf Sachverhalte als KAM identifiziert werden.[168]

Die Bestimmung, welche und wie viele der Sachverhalte am bedeutsamsten für die Abschlussprüfung war, ist eine Frage des pflichtgemäßen Ermessens. Die Anzahl kann von der Größe und Komplexität des Unt und der Art seiner Geschäftstätigkeit und seines Umfelds abhängen. Eine zu große Anzahl von KAM könnte aber im Widerspruch zu dem Konzept stehen, dass diese Sachverhalte am bedeutsamsten in der Abschlussprüfung sind.[169]

148 Die Schritte zur Identifizierung und Auswahl besonders wichtiger Prüfungssachverhalte sowie deren Mitteilung im Bestätigungsvermerk verdeutlicht nachfolgendes Schaubild:

---

[164] Vgl. IDW PS 401.14, 16 n.F.
[165] Die EU-APrVO schreibt die Mitteilung von besonders wichtigen Prüfungssachverhalten vor, womit die Verschwiegenheitspflicht des Abschlussprüfers gesetzlich durchbrochen wird. Es können jedoch Gesetze der anderen Rechtsvorschriften vorliegen, die die Offenlegung solcher Sachverhalte untersagen, um eine Untersuchung einer tatsächlichen oder vermuteten gesetzwidrigen Handlung durch eine zuständige Behörde nicht zu beeinträchtigen (z.B. im Zusammenhang mit Geldwäsche). Zu beachten sind in diesem Zusammenhang auch bestimmte Informations- bzw. Unterrichtungspflichten des Abschlussprüfers gegenüber zuständigen Behörden gem. Art. 7 Unterabs. 2 sowie Art. 12 Abs. 1 EU-APrVO; vgl. IDW PS 401.A51-A53.
[166] Vgl. IDW PS 401.18 n.F.
[167] Vgl. IDW PS 405.A25 n.F.
[168] Vgl. Scharr/Bernhardt/Koch, ZCG 2017, S.
[169] Vgl. IDW PS 401.A31 n.F.

Abb. 6: Bestimmung und Mitteilung besonders wichtiger Prüfungssachverhalte[170]

Im Einzelfall kann es sein, dass der Abschlussprüfer keine KAM mitzuteilen hat oder dass es sich bei den mitzuteilenden KAM ausschl. um solche Sachverhalte handelt, die aufgrund einer Modifikation oder eines Hinweises auf Bestandsgefährdung bereits an anderer Stelle im Bestätigungsvermerk angegeben sind. In diesen Fällen ist gleichwohl ein Abschnitt zu besonders wichtigen Prüfungssachverhalten in den Bestätigungsvermerk aufzunehmen, der wie folgt formuliert werden kann:

> **Besonders wichtige Prüfungssachverhalte in der Prüfung des ... [Jahres- / Konzernabschlusses][171]**
> Wir haben [mit Ausnahme des Sachverhalts, der im Abschnitt „... [Abschnitt, in dem die Grundlage für das eingeschränkte oder versagte Prüfungsurteil zum Abschluss dargestellt wird]" / Abschnitt „Wesentliche Unsicherheit im Zusammenhang mit der Fortführung der Unternehmenstätigkeit" beschrieben ist] bestimmt, dass es keine [weiteren] besonders wichtigen Prüfungssachverhalte gibt, die in unserem Bestätigungsvermerk (Versagungsvermerk) mitzuteilen sind.

---

[170] Vgl. IDW PS 401.11 n.F.
[171] Vgl. IDW PS 401.A55.

150 Soweit bei Abschlussprüfungen außerhalb von PIE eine Mitteilung von besonders wichtigen Prüfungssachverhalten im Bestätigungsvermerk erfolgen soll, stellt dies eine Durchbrechung der Verschwiegenheitspflicht dar und ist entsprechend nur zulässig, wenn der Abschlussprüfer zuvor vom Unt von der Verschwiegenheitspflicht entbunden wurde (Rz 48).[172]

151 Im Abschnitt „Sonstige gesetzliche und andere rechtliche Anforderungen" sind neben den für alle Bestätigungsvermerke maßgeblichen Regelungen (Rz 57) die übrigen Angaben gem. Art. 10 EU-APrVO in einem gesonderten Abschnitt anzugeben.[173]
Diese übrigen Angaben enthalten:
- die Angabe, von wem oder welchem Organ der Abschlussprüfer bzw. die Prüfungsgesellschaft bestellt wurde,[174]
- die Angabe des Datums der Bestellung des Abschlussprüfers bzw. der Prüfungsgesellschaft und der gesamten ununterbrochenen Mandatsdauer, einschl. bereits erfolgter Verlängerungen und erneuter Bestellungen,
- die Bestätigung, dass das Prüfungsurteil mit dem in Art. 11 EU-APrVO genannten zusätzlichen Bericht an den Prüfungsausschuss (Prüfungsbericht) in Einklang steht, und
- die Angabe der Leistungen, die vom Abschlussprüfer oder der Prüfungsgesellschaft für das geprüfte Unt oder das bzw. die von diesem beherrschte(n) Unt zusätzlich zur Abschlussprüfung erbracht wurden und die im Lagebericht oder im Jahresabschluss nicht angegeben wurden.[175]

Die Formulierung dieses Abschnitts kann wie folgt lauten:

SONSTIGE GESETZLICHE UND ANDERE RECHTLICHE ANFORDERUNGEN[176]
Übrige Angaben gem. Artikel 10 EU-APrVO
Wir wurden von der Hauptversammlung am ... [Datum] als Abschlussprüfer gewählt. Wir wurden am ... [Datum] vom Aufsichtsrat beauftragt. Wir sind ununterbrochen seit dem Geschäftsjahr ... als Abschlussprüfer der ... [Gesellschaft] tätig.
Wir erklären, dass die in diesem Bestätigungsvermerk enthaltenen Prüfungsurteile mit dem zusätzlichen Bericht an den Prüfungsausschuss nach Artikel 11 EU-APrVO (Prüfungsbericht) in Einklang stehen.
[Wir haben folgende Leistungen, die nicht im Jahresabschluss oder im Lagebericht des geprüften Unternehmens angegeben wurden, zusätzlich zur Abschlussprüfung für das geprüfte Unternehmen bzw. für die von diesem beherrschten Unternehmen erbracht: ...].

---

[172] Vgl. IDW PS 400.51, A46f n. F.; IDW PS 401.5 n. F.
[173] Vgl. IDW PS 400.69 n. F.
[174] Die Bestellung umfasst die Wahl und den Auftrag; zu Einzelheiten vgl. § 318 Rz 8ff.
[175] Soweit ein PIE im Anhang des Jahresabschlusses gem. § 285 Nr. 17 (letzter Satzteil) HGB das Honorar des Abschlussprüfers nicht angibt, sind entsprechende Angaben im Bestätigungsvermerk erforderlich. Ein Verweis im Bestätigungsvermerk auf den Konzernanhang ist nicht ausreichend. Es müssen aber zumindest bei den „anderen Bestätigungsleistungen" und „sonstigen Leistungen" (§ 285 Nr. 17 HGB) wesentliche Leistungsarten konkretisiert, d.h. benannt werden. Quantitative Angaben sind demgegenüber nicht erforderlich; es genügt, die erbrachte Leistung zu benennen; vgl. IDW PS 400.A68f n. F.
[176] Vgl. IDW PS 400 n. F., Anlage 2.

Bei Kapitalgesellschaften, die Inlandsemittenten (§ 2 Abs. 14 WpHG) und die Größenkriterien des § 327a HGB überschreiten, ist über das Ergebnis der Prüfung der ESEF-Unterlagen nach § 317 Abs. 3a HGB durch den Abschlussprüfer in einem gesonderten Abschnitt des Bestätigungsvermerks zu berichten. Da nicht alle PIE Inlandsemittenten sind, ist hier die Anwendbarkeit genau zu prüfen.

Der gesonderte Abschnitt ist im Abschnitt „Sonstige und andere rechtliche Anforderungen" mit der Überschrift „Vermerk über die Prüfung der für Zwecke der Offenlegung erstellten elektronischen Wiedergaben des Abschlusses und des Lageberichts nach § 317 Abs. 3a HGB" („ESEF-Vermerk") anzugeben. Dieser Vermerk wird gemeinsam mit dem Bestätigungsvermerk erteilt, ein gesondertes Datum für den ESEF-Vermerk ist nicht zulässig.[177]

Der ESEF-Vermerk beinhaltet:
– das Prüfungsurteil,
– die Grundlagen für das Prüfungsurteil,
– eine Beschreibung der Verantwortung der gesetzlichen Vertreter und der für die Überwachung Verantwortlichen für die ESEF-Unterlagen und
– eine Beschreibung der Verantwortung des Abschlussprüfers für die Prüfung der ESEF-Unterlagen.

SONSTIGE GESETZLICHE UND ANDERE RECHTLICHE ANFORDERUNGEN[178]

Vermerk über die Prüfung der für Zwecke der Offenlegung erstellten elektronischen Wiedergaben des Konzernabschlusses und Konzernlageberichts nach § 317 Abs. 3a HGB

Prüfungsurteil

Wir haben gem. § 317 Abs. 3a HGB eine Prüfung mit hinreichender Sicherheit durchgeführt, ob die in der [eindeutige Bezeichnung der [bereitgestellten] Datei mit den geprüften ESEF-Unterlagen] enthaltenen und für Zwecke der Offenlegung erstellten Wiedergaben des Konzernabschlusses und des Konzernlageberichts (im Folgenden auch als „ESEF-Unterlagen" bezeichnet) den Vorgaben des § 328 Abs. 1 HGB an das elektronische Berichtsformat („ESEF-Format") in allen wesentlichen Belangen entsprechen. In Einklang mit den deutschen gesetzlichen Vorschriften erstreckt sich diese Prüfung nur auf die Überführung der Informationen des Konzernabschlusses und des Konzernlageberichts in das ESEF-Format und daher weder auf die in diesen Wiedergaben enthaltenen noch auf andere in der oben genannten Datei enthaltene Informationen.

Nach unserer Beurteilung entsprechen die in der oben genannten [bereitgestellten] Datei enthaltenen und für Zwecke der Offenlegung erstellten Wiedergaben des Konzernabschlusses und des Konzernlageberichts in allen wesentlichen Belangen den Vorgaben des § 328 Abs. 1 HGB an das elektronische Berichtsformat. Über dieses Prüfungsurteil sowie unsere im voranstehenden „Vermerk über die Prüfung des Konzernabschlusses und des Konzernlageberichts" enthaltenen Prüfungsurteile zum beigefügten Kon-

---

[177] IDW PS 410.63.
[178] Vgl. IDW PS 410., Anlage.

zernabschluss und zum beigefügten Konzernlagebericht für das Geschäftsjahr vom [ ] bis zum [ ] hinaus geben wir keinerlei Prüfungsurteil zu den in diesen Wiedergaben enthaltenen Informationen sowie zu den anderen in der oben genannten Datei enthaltenen Informationen ab.

Grundlage für das Prüfungsurteil
Wir haben unsere Prüfung der in der oben genannten [bereitgestellten] Datei enthaltenen Wiedergaben des Konzernabschlusses und des Konzernlageberichts in Übereinstimmung mit § 317 Abs. 3a HGB unter Beachtung des *IDW Prüfungsstandards: Prüfung der für Zwecke der Offenlegung erstellten elektronischen Wiedergaben von Abschlüssen und Lageberichten nach § 317 Abs. 3a HGB (IDW PS 410 (6.2022)) [wenn für das Verständnis im internationalen Umfeld förderlich:* und des International Standard on Assurance Engagements 3000 (Revised)] durchgeführt. Unsere Verantwortung danach ist im Abschnitt „Verantwortung des Konzernabschlussprüfers für die Prüfung der ESEF-Unterlagen" weitergehend beschrieben. Unsere Wirtschaftsprüferpraxis hat die Anforderungen an das Qualitätssicherungssystem des *IDW Qualitätssicherungsstandards: Anforderungen an die Qualitätssicherung in der Wirtschaftsprüferpraxis (IDW QS 1)* angewendet.

Veranwortung der gesetzlichen Vertreter und des Aufsichtsrats für die ESEF-Unterlagen
Die gesetzlichen Vertreter der Gesellschaft sind verantwortlich für die Erstellung der ESEF-Unterlagen mit den elektronischen Wiedergaben des Konzernabschlusses und des Konzernlageberichts nach Maßgabe des § 328 Abs. 1 Satz 4 Nr. 1 HGB und für die Auszeichnung des Konzernabschlusses nach Maßgabe des § 328 Abs. 1 Satz 4 Nr. 2 HGB.

Ferner sind die gesetzlichen Vertreter der Gesellschaft verantwortlich für die internen Kontrollen, die sie als notwendig erachten, um die Erstellung der ESEF-Unterlagen zu ermöglichen, die frei von wesentlichen – beabsichtigten oder unbeabsichtigten – Verstößen gegen die Vorgaben des § 328 Abs. 1 HGB an das elektronische Berichtsformat sind.

Der Aufsichtsrat ist verantwortlich für die Überwachung des Prozesses der Erstellung der ESEF-Unterlagen als Teil des Rechnungslegungsprozesses.

Veranwortung des Konzernabschlussprüfers für die Prüfung der ESEF-Unterlagen
Unsere Zielsetzung ist, hinreichende Sicherheit darüber zu erlangen, ob die ESEF-Unterlagen frei von wesentlichen – beabsichtigten oder unbeabsichtigten – Verstößen gegen die Anforderungen des § 328 Abs. 1 HGB sind. Während der Prüfung üben wir pflichtgemäßes Ermessen aus und bewahren eine kritische Grundhaltung. Darüber hinaus

- identifizieren und beurteilen wir die Risiken wesentlicher – beabsichtigter oder unbeabsichtigter – Verstöße gegen die Anforderungen des § 328 Abs. 1 HGB, planen und führen Prüfungshandlungen als Reaktion auf diese Risiken durch sowie erlangen Prüfungsnachweise, die ausreichend und geeignet sind, um als Grundlage für unser Prüfungsurteil zu dienen.
- gewinnen wir ein Verständnis von den für die Prüfung der ESEF-Unterlagen relevanten internen Kontrollen, um Prüfungshandlungen zu planen, die

> - unter den gegebenen Umständen angemessen sind, jedoch nicht mit dem Ziel, ein Prüfungsurteil zur Wirksamkeit dieser Kontrollen abzugeben.
> - beurteilen wir die technische Gültigkeit der ESEF-Unterlagen, d. h. ob die die ESEF-Unterlagen enthaltende [bereitgestellte] Datei die Vorgaben der Delegierten Verordnung (EU) 2019/815 in der zum Abschlussstichtag geltenden Fassung an die technische Spezifikation für diese Datei erfüllt.
> - beurteilen wir, ob die ESEF-Unterlagen eine inhaltsgleiche XHTML-Wiedergabe des geprüften Konzernabschlusses und des geprüften Konzernlageberichts ermöglichen.
> - beurteilen wir, ob die Auszeichnung der ESEF-Unterlagen mit Inline XBRL-Technologie (iXBRL) nach Maßgabe der Artikel 4 und 6 der Delegierten Verordnung (EU) 2019/815 in der am Abschlussstichtag geltenden Fassung eine angemessene und vollständige maschinenlesbare XBRL-Kopie der XHTML-Wiedergabe ermöglicht.
>
> *Übrige Angaben gem. Artikel 10 EU-APrVO*

Bei PIE ist im Bestätigungsvermerk außerdem in einem gesonderten Abschnitt der **Name des verantwortlichen Wirtschaftsprüfers** anzugeben. Hierbei handelt es sich um denjenigen, welcher als für die Durchführung des Prüfungsauftrags und die Berichterstattung hierüber vorrangig verantwortlich bestimmt worden ist.

Eine Angabe mehrerer Personen ist unzulässig, auch wenn der Bestätigungsvermerk von mehreren Personen unterzeichnet wird.[179]

Die Formulierung dieses Abschnitts erfolgt dann entsprechend:

> **VERANTWORTLICHER WIRTSCHAFTSPRÜFER**[180]
> Der für die Prüfung verantwortliche Wirtschaftsprüfer ist … [Name].

Neben dem Namen kann auch der Vorname, ggf. abgekürzt und ein Titel (z. B. Prof., Dr.), nicht aber die Berufsbezeichnungen (WP, StB) angegeben werden.

Über die zur **Konzernabschlussprüfung** nach HGB erfolgten Ausführungen hinaus (Rz 128 ff.) ergeben sich folgende Besonderheiten:

Im Abschnitt zum Prüfungsurteil sind die dem Konzernabschluss zugrunde liegenden Rechtsvorschriften zu bezeichnen. Dies sind die nach den Art. 2, 3 und 6 der EG-VO[181] betreffend die Anwendung internationaler Rechnungslegungsstandards von der EU übernommenen IFRS.

Die Tatsache, dass der Konzernabschluss nach internationalen Rechnungslegungsstandards aufgestellt ist, hat keinen Einfluss darauf, dass dieser nach deutschen Prüfungsgrundsätzen zu prüfen ist (zur Prüfung nach internationalen Prüfungsgrundsätzen Rz 204). Daher ist auch im Bestätigungsvermerk zu einem nach § 315e HGB erstellten Konzernabschluss auf die deutschen Prüfungsgrundsätze Bezug zu nehmen. I. R. d. Grundlage für die Prüfungsurteile sind bei der

---

[179] Vgl. Justenhoven/Küster/Bernhardt, in Beck Bil-Komm., 13. Aufl. 2022, § 322 HGB Rz 162.
[180] Vgl. IDW PS 400 n. F., Anlage 2.
[181] Verordnung (EG) Nr. 1606/2002, ABl. EG L 243/1 v. 11.9.2002.

Aussage zur Generalnorm anstelle der GoB-Restriktion die **IFRS, wie sie in der EU anzuwenden sind,** und die ergänzenden Vorschriften des **§ 315e Abs. 1 HGB** zu nennen.[182]

156 Für einen uneingeschränkten Bestätigungsvermerk zu einem Konzernabschluss und Konzernlagebericht nach § 315e HGB empfiehlt sich folgende Formulierung:

BESTÄTIGUNGSVERMERK DES UNABHÄNGIGEN ABSCHLUSSPRÜFERS[183]
An die ... [Gesellschaft]
VERMERK ÜBER DIE PRÜFUNG DES KONZERNABSCHLUSSES UND DES KONZERNLAGEBERICHTS
Prüfungsurteile
Wir haben den Konzernabschluss der ... [Gesellschaft] und ihrer Tochtergesellschaften (der Konzern) – bestehend aus der Konzernbilanz zum ... [Datum], der Konzerngesamtergebnisrechnung, der Konzerneigenkapitalveränderungsrechnung und der Konzernkapitalflussrechnung für das Geschäftsjahr vom ... [Datum] bis zum ... [Datum] sowie dem Konzernanhang, einschließlich einer Zusammenfassung bedeutsamer Rechnungslegungsmethoden – geprüft. Darüber hinaus haben wir den Konzernlagebericht der ... [Gesellschaft] für das Geschäftsjahr vom ... [Datum] bis zum ... [Datum] geprüft. Die in der Anlage genannten Bestandteile des Konzernlageberichts haben wir in Einklang mit den deutschen gesetzlichen Vorschriften nicht inhaltlich geprüft.
Nach unserer Beurteilung aufgrund der bei der Prüfung gewonnenen Erkenntnisse

- entspricht der beigefügte Konzernabschluss in allen wesentlichen Belangen den IFRS, wie sie in der EU anzuwenden sind, und den ergänzend nach § 315e Abs. 1 HGB anzuwendenden deutschen gesetzlichen Vorschriften und vermittelt unter Beachtung dieser Vorschriften ein den tatsächlichen Verhältnissen entsprechendes Bild der Vermögens- und Finanzlage des Konzerns zum ... [Datum] sowie seiner Ertragslage für das Geschäftsjahr vom ... [Datum] bis zum ... [Datum] und
- vermittelt der beigefügte Konzernlagebericht insgesamt ein zutreffendes Bild von der Lage des Konzerns. In allen wesentlichen Belangen steht dieser Konzernlagebericht in Einklang mit dem Konzernabschluss, entspricht den deutschen gesetzlichen Vorschriften und stellt die Chancen und Risiken der zukünftigen Entwicklung zutreffend dar. Unser Prüfungsurteil zum Konzernlagebericht erstreckt sich nicht auf den Inhalt der in der Anlage genannten Bestandteile des Konzernlageberichts.

Gemäß § 322 Abs. 3 Satz 1 HGB erklären wir, dass unsere Prüfung zu keinen Einwendungen gegen die Ordnungsmäßigkeit des Konzernabschlusses und des Konzernlageberichts geführt hat.
Grundlage für die Prüfungsurteile
Wir haben unsere Prüfung des Konzernabschlusses und des Konzernlageberichts in Übereinstimmung mit § 317 HGB und der EU-Abschlussprüfer-

---

[182] Vgl. IDW, WPH Edition, Wirtschaftsprüfung & Rechnungslegung, 18. Aufl. 2023, Kap. M Tz 1240.
[183] Vgl. IDW PS 400 n.F., Anlage 4.

verordnung (Nr. 537/2014; im Folgenden „EU-APrVO") unter Beachtung der vom Institut der Wirtschaftsprüfer (IDW) festgestellten deutschen Grundsätze ordnungsmäßiger Abschlussprüfung durchgeführt. [Bei ergänzender Beachtung der ISA zusätzlich: Die Prüfung des Konzernabschlusses haben wir unter ergänzender Beachtung der International Standards on Auditing (ISA) durchgeführt.] Unsere Verantwortung nach diesen Vorschriften und Grundsätzen [bzw. bei ergänzender Beachtung der ISA stattdessen: nach diesen Vorschriften, Grundsätzen und Standards] ist im Abschnitt „Verantwortung des Abschlussprüfers für die Prüfung des Konzernabschlusses und des Konzernlageberichts" unseres Bestätigungsvermerks weitergehend beschrieben. Wir sind von den Konzernunternehmen unabhängig in Übereinstimmung mit den europarechtlichen sowie den deutschen handelsrechtlichen und berufsrechtlichen Vorschriften und haben unsere sonstigen deutschen Berufspflichten in Übereinstimmung mit diesen Anforderungen erfüllt. Darüber hinaus erklären wir gem. Artikel 10 Abs. 2 Buchst. f) EU-APrVO, dass wir keine verbotenen Nichtprüfungsleistungen nach Artikel 5 Abs. 1 EU-APrVO erbracht haben. Wir sind der Auffassung, dass die von uns erlangten Prüfungsnachweise ausreichend und geeignet sind, um als Grundlage für unsere Prüfungsurteile zum Konzernabschluss und zum Konzernlagebericht zu dienen.

Besonders wichtige Prüfungssachverhalte in der Prüfung des Konzernabschlusses
Besonders wichtige Prüfungssachverhalte sind solche Sachverhalte, die nach unserem pflichtgemäßen Ermessen am bedeutsamsten in unserer Prüfung des Konzernabschlusses für das Geschäftsjahr vom ... [Datum] bis zum ... [Datum] waren. Diese Sachverhalte wurden im Zusammenhang mit unserer Prüfung des Konzernabschlusses als Ganzem und bei der Bildung unseres Prüfungsurteils hierzu berücksichtigt; wir geben kein gesondertes Prüfungsurteil zu diesen Sachverhalten ab.
[Beschreibung jedes besonders wichtigen Prüfungssachverhalts in Übereinstimmung mit IDW PS 401]
Sonstige Informationen
[Formulierung in Übereinstimmung mit ISA 720 (Revised) (E-DE)]
Verantwortung der gesetzlichen Vertreter und des Aufsichtsrats für den Konzernabschluss und den Konzernlagebericht
Die gesetzlichen Vertreter sind verantwortlich für die Aufstellung des Konzernabschlusses, der den IFRS, wie sie in der EU anzuwenden sind, und den ergänzend nach § 315e Abs. 1 HGB anzuwendenden deutschen gesetzlichen Vorschriften in allen wesentlichen Belangen entspricht, und dafür, dass der Konzernabschluss unter Beachtung dieser Vorschriften ein den tatsächlichen Verhältnissen entsprechendes Bild der Vermögens-, Finanz- und Ertragslage des Konzerns vermittelt. Ferner sind die gesetzlichen Vertreter verantwortlich für die internen Kontrollen, die sie als notwendig bestimmt haben, um die Aufstellung eines Konzernabschlusses zu ermöglichen, der frei von wesentlichen falschen Darstellungen aufgrund von dolosen Handlungen (d. h. Manipulationen der Rechnungslegung und Vermögensschädigungen) oder Irrtümern ist.
Bei der Aufstellung des Konzernabschlusses sind die gesetzlichen Vertreter dafür verantwortlich, die Fähigkeit des Konzerns zur Fortführung der Unter-

nehmenstätigkeit zu beurteilen. Des Weiteren haben sie die Verantwortung, Sachverhalte in Zusammenhang mit der Fortführung der Unternehmenstätigkeit, sofern einschlägig, anzugeben. Darüber hinaus sind sie dafür verantwortlich, auf der Grundlage des Rechnungslegungsgrundsatzes der Fortführung der Unternehmenstätigkeit zu bilanzieren, es sei denn, es besteht die Absicht den Konzern zu liquidieren oder der Einstellung des Geschäftsbetriebs oder es besteht keine realistische Alternative dazu.

Außerdem sind die gesetzlichen Vertreter verantwortlich für die Aufstellung des Konzernlageberichts, der insgesamt ein zutreffendes Bild von der Lage des Konzerns vermittelt sowie in allen wesentlichen Belangen mit dem Konzernabschluss in Einklang steht, den deutschen gesetzlichen Vorschriften entspricht und die Chancen und Risiken der zukünftigen Entwicklung zutreffend darstellt. Ferner sind die gesetzlichen Vertreter verantwortlich für die Vorkehrungen und Maßnahmen (Systeme), die sie als notwendig erachtet haben, um die Aufstellung eines Konzernlageberichts in Übereinstimmung mit den anzuwendenden deutschen gesetzlichen Vorschriften zu ermöglichen, und um ausreichende geeignete Nachweise für die Aussagen im Konzernlagebericht erbringen zu können.

Der Aufsichtsrat ist verantwortlich für die Überwachung des Rechnungslegungsprozesses des Konzerns zur Aufstellung des Konzernabschlusses und des Konzernlageberichts.

Verantwortung des Abschlussprüfers für die Prüfung des Konzernabschlusses und des Konzernlageberichts

Unsere Zielsetzung ist, hinreichende Sicherheit darüber zu erlangen, ob der Konzernabschluss als Ganzes frei von wesentlichen falschen Darstellungen aufgrund von dolosen Handlungen oder Irrtümern ist, und ob der Konzernlagebericht insgesamt ein zutreffendes Bild von der Lage des Konzerns vermittelt sowie in allen wesentlichen Belangen mit dem Konzernabschluss sowie mit den bei der Prüfung gewonnenen Erkenntnissen in Einklang steht, den deutschen gesetzlichen Vorschriften entspricht und die Chancen und Risiken der zukünftigen Entwicklung zutreffend darstellt, sowie einen Bestätigungsvermerk zu erteilen, der unsere Prüfungsurteile zum Konzernabschluss und zum Konzernlagebericht beinhaltet.

Hinreichende Sicherheit ist ein hohes Maß an Sicherheit, aber keine Garantie dafür, dass eine in Übereinstimmung mit § 317 HGB und der EU-APrVO unter Beachtung der vom Institut der Wirtschaftsprüfer (IDW) festgestellten deutschen Grundsätze ordnungsmäßiger Abschlussprüfung [sowie unter ergänzender Beachtung der ISA] durchgeführte Prüfung eine wesentliche falsche Darstellung stets aufdeckt. Falsche Darstellungen können aus dolosen Handlungen oder Irrtümern resultieren und werden als wesentlich angesehen, wenn vernünftigerweise erwartet werden könnte, dass sie einzeln oder insgesamt die auf der Grundlage dieses Konzernabschlusses und Konzernlageberichts getroffenen wirtschaftlichen Entscheidungen von Adressaten beeinflussen.

Während der Prüfung üben wir pflichtgemäßes Ermessen aus und bewahren eine kritische Grundhaltung. Darüber hinaus

- identifizieren und beurteilen wir die Risiken wesentlicher falscher Darstellungen im Konzernabschluss und im Konzernlagebericht aufgrund von dolo-

sen Handlungen oder Irrtümern, planen und führen Prüfungshandlungen als Reaktion auf diese Risiken durch sowie erlangen Prüfungsnachweise, die ausreichend und geeignet sind, um als Grundlage für unsere Prüfungsurteile zu dienen. Das Risiko, dass aus dolosen Handlungen resultierende wesentliche falsche Darstellungen nicht aufgedeckt werden, ist höher als das Risiko, dass aus Irrtümern resultierende wesentliche falsche Darstellungen nicht aufgedeckt werden, da dolose Handlungen kollusives Zusammenwirken, Fälschungen, beabsichtigte Unvollständigkeiten, irreführende Darstellungen bzw. das Außerkraftsetzen interner Kontrollen beinhalten können.
- gewinnen wir ein Verständnis von dem für die Prüfung des Konzernabschlusses relevanten internen Kontrollsystem und den für die Prüfung des Konzernlageberichts relevanten Vorkehrungen und Maßnahmen, um Prüfungshandlungen zu planen, die unter den gegebenen Umständen angemessen sind, jedoch nicht mit dem Ziel, ein Prüfungsurteil zur Wirksamkeit dieser Systeme abzugeben.
- beurteilen wir die Angemessenheit der von den gesetzlichen Vertretern angewandten Rechnungslegungsmethoden sowie die Vertretbarkeit der von den gesetzlichen Vertretern dargestellten geschätzten Werte und damit zusammenhängenden Angaben.
- ziehen wir Schlussfolgerungen über die Angemessenheit des von den gesetzlichen Vertretern angewandten Rechnungslegungsgrundsatzes der Fortführung der Unternehmenstätigkeit sowie, auf der Grundlage der erlangten Prüfungsnachweise, ob eine wesentliche Unsicherheit im Zusammenhang mit Ereignissen oder Gegebenheiten besteht, die bedeutsame Zweifel an der Fähigkeit des Konzerns zur Fortführung der Unternehmenstätigkeit aufwerfen können. Falls wir zu dem Schluss kommen, dass eine wesentliche Unsicherheit besteht, sind wir verpflichtet, im Bestätigungsvermerk auf die dazugehörigen Angaben im Konzernabschluss und im Konzernlagebericht aufmerksam zu machen oder, falls diese Angaben unangemessen sind, unser jeweiliges Prüfungsurteil zu modifizieren. Wir ziehen unsere Schlussfolgerungen auf der Grundlage der bis zum Datum unseres Bestätigungsvermerks erlangten Prüfungsnachweise. Zukünftige Ereignisse oder Gegebenheiten können jedoch dazu führen, dass der Konzern seine Unternehmenstätigkeit nicht mehr fortführen kann.
- beurteilen wir die Gesamtdarstellung, den Aufbau und den Inhalt des Konzernabschlusses einschließlich der Angaben sowie, ob der Konzernabschluss die zugrunde liegenden Geschäftsvorfälle und Ereignisse so darstellt, dass der Konzernabschluss unter Beachtung der IFRS, wie sie in der EU anzuwenden sind, und der ergänzend nach § 315e Abs. 1 HGB anzuwendenden deutschen gesetzlichen Vorschriften ein den tatsächlichen Verhältnissen entsprechendes Bild der Vermögens-, Finanz- und Ertragslage des Konzerns vermittelt.
- holen wir ausreichende geeignete Prüfungsnachweise für die Rechnungslegungsinformationen der Unternehmen oder Geschäftstätigkeiten innerhalb des Konzerns ein, um Prüfungsurteile zum Konzernabschluss und zum Konzernlagebericht abzugeben. Wir sind verantwortlich für die Anleitung, Überwachung und Durchführung der Konzernabschlussprüfung. Wir tragen die alleinige Verantwortung für unsere Prüfungsurteile.

- beurteilen wir den Einklang des Konzernlageberichts mit dem Konzernabschluss, seine Gesetzesentsprechung und das von ihm vermittelte Bild von der Lage des Konzerns.
- führen wir Prüfungshandlungen zu den von den gesetzlichen Vertretern dargestellten zukunftsorientierten Angaben im Konzernlagebericht durch. Auf Basis ausreichender geeigneter Prüfungsnachweise vollziehen wir dabei insbesondere die den zukunftsorientierten Angaben von den gesetzlichen Vertretern zugrunde gelegten bedeutsamen Annahmen nach und beurteilen die sachgerechte Ableitung der zukunftsorientierten Angaben aus diesen Annahmen. Ein eigenständiges Prüfungsurteil zu den zukunftsorientierten Angaben sowie zu den zugrunde liegenden Annahmen geben wir nicht ab. Es besteht ein erhebliches unvermeidbares Risiko, dass künftige Ereignisse wesentlich von den zukunftsorientierten Angaben abweichen.

Wir erörtern mit den für die Überwachung Verantwortlichen unter anderem den geplanten Umfang und die Zeitplanung der Prüfung sowie bedeutsame Prüfungsfeststellungen, einschließlich etwaiger Mängel im internen Kontrollsystem, die wir während unserer Prüfung feststellen.

Wir geben gegenüber den für die Überwachung Verantwortlichen eine Erklärung ab, dass wir die relevanten Unabhängigkeitsanforderungen eingehalten haben, und erörtern mit ihnen alle Beziehungen und sonstigen Sachverhalte, von denen vernünftigerweise angenommen werden kann, dass sie sich auf unsere Unabhängigkeit auswirken, und die hierzu getroffenen Schutzmaßnahmen.

Wir bestimmen von den Sachverhalten, die wir mit den für die Überwachung Verantwortlichen erörtert haben, diejenigen Sachverhalte, die in der Prüfung des Konzernabschlusses für den aktuellen Berichtszeitraum am bedeutsamsten waren und daher die besonders wichtigen Prüfungssachverhalte sind. Wir beschreiben diese Sachverhalte im Bestätigungsvermerk, es sei denn, Gesetze oder andere Rechtsvorschriften schließen die öffentliche Angabe des Sachverhalts aus.

Sonstige gesetzliche und andere rechtliche Anforderungen
Übrige Angaben gem. Artikel 10 EU-APrVO
Wir wurden von der Hauptversammlung am … [Datum] als Konzernabschlussprüfer gewählt. Wir wurden am … [Datum] vom Aufsichtsrat beauftragt. Wir sind ununterbrochen seit dem Geschäftsjahr … als Konzernabschlussprüfer der … [Gesellschaft] tätig.

Wir erklären, dass die in diesem Bestätigungsvermerk enthaltenen Prüfungsurteile mit dem zusätzlichen Bericht an den Prüfungsausschuss nach Artikel 11 EU-APrVO (Prüfungsbericht) in Einklang stehen.

[Wir haben folgende Leistungen, die nicht im Konzernabschluss oder im Konzernlagebericht angegeben wurden, zusätzlich zur Abschlussprüfung für die Konzernunternehmen erbracht:
…]

Verantwortlicher Wirtschaftsprüfer
Der für die Prüfung verantwortliche Wirtschaftsprüfer ist … [Name]
[Ort der Niederlassung des Abschlussprüfers]
[Datum]
[Unterschrift]
Wirtschaftsprüfer

7.2 Bedingte Erteilung von Bestätigungsvermerken

Der Abschlussprüfer kann den Bestätigungsvermerk unter eine Bedingung stellen. Dabei kommt nur eine aufschiebende Bedingung in Betracht. Eine **auflösende Bedingung**, d.h. eine nachträglich wegfallende Wirksamkeit, ist im Hinblick auf das öffentliche Interesse an der Verlässlichkeit des Bestätigungsvermerks und aufgrund bestehender Rechtsfolgewirkungen (Feststellung des Jahresabschlusses) als **unzulässig** anzusehen.[184]

157

Eine Erteilung des Bestätigungsvermerks unter einer **aufschiebenden Bedingung** kommt dann in Betracht, wenn im geprüften Jahresabschluss Sachverhalte berücksichtigt wurden, die erst nach dem Ende der Abschlussprüfung abgeschlossen werden, entsprechend dem Stichtagsprinzip aber noch für das abgelaufene Geschäftsjahr Bedeutung haben.[185]

158

Voraussetzungen für die Erteilung eines aufschiebend bedingten Bestätigungsvermerks sind, dass[186]

159

- der noch nicht wirksame Sachverhalt nach Eintritt der Voraussetzung für seine Wirksamkeit auf den geprüften Jahresabschluss zurückwirkt,
- die zum Abschluss noch nicht erfüllte Bedingung in einem formgebundenen Verfahren inhaltlich bereits festgelegt ist und
- die anstehende Erfüllung der Voraussetzung mit an Sicherheit grenzender Wahrscheinlichkeit erwartet werden kann.

Anwendungsfälle für aufschiebend bedingte Bestätigungsvermerke können z.B. folgende Konstellationen darstellen:

160

Ausstehende Feststellung des Vorjahresabschlusses: Wurde der Vorjahresabschluss noch nicht festgestellt, steht dies jedoch an (und ist auch zu erwarten), so kann der Bestätigungsvermerk unter einer aufschiebenden Bedingung erteilt werden. Die Bedingung ist nicht erforderlich, wenn mit hinreichender Sicherheit davon ausgegangen werden kann, dass der noch nicht festgestellte Vorjahresabschluss ohne Feststellung beibehalten werden soll.[187]

161

> **Formulierungs-Beispiel**[188]
> Unter der Bedingung, dass der Jahresabschluss zum ... [Datum] in der Fassung festgestellt wird, die diesem Jahresabschluss zugrunde gelegt worden ist, erteile ich/erteilen wir den nachstehenden Bestätigungsvermerk:
> Bestätigungsvermerk des unabhängigen Abschlussprüfers ...

Erfolgt die Feststellung des Jahresabschlusses des laufenden Jahres (dessen Bestätigungsvermerk unter der aufschiebenden Bedingung der Feststellung des Vorjahresabschlusses steht) wird damit konkludent auch der Vorjahresabschluss festgestellt, sodass diesbzgl. Rechtssicherheit besteht.[189]

Sanierungen: Eine Bedingung kommt bzgl. der bei einer beabsichtigen Sanierung vorgesehenen Sanierungsmaßnahmen hinsichtlich der Beurteilung der An-

162

---

[184] Vgl. ADS, Rechnungslegung und Prüfung der Unternehmen, 6. Aufl. 1995–2001, § 322 HGB Rz 50.
[185] Vgl. Elkart/Naumann, WPg 1995, S. 363.
[186] Vgl. IDW PS 400.96 n.F.
[187] Vgl. IDW PS 400.A93 n.F.
[188] IDW, WPH Edition, Wirtschaftsprüfung & Rechnungslegung, 18. Aufl. 2023, Kap. M Tz 1299.
[189] Vgl. ADS, Rechnungslegung und Prüfung der Unternehmen, 6. Aufl. 1995–2001, § 322 HGB Rz 58.

nahme der Fortführung der Ges in Betracht. Da die Maßnahmen zwar in der Bilanz berücksichtigt, tatsächlich aber bei Erteilung des Bestätigungsvermerks noch nicht rechtlich vollzogen worden sind, kann dies über eine Bedingung kenntlich gemacht werden. Der Inhalt der Sanierungsmaßnahmen muss aber schon feststehen und ihre Rechtswirksamkeit darf nur noch von der Erfüllung formaler Voraussetzungen abhängen.[190]

> **Formulierungs-Beispiel**[191]
> Unter der Bedingung, dass die beschlossene, im Jahresabschluss berücksichtigte vereinfachte Kapitalherabsetzung mit anschließender Kapitalerhöhung im Handelsregister eingetragen wird, erteile ich/erteilen wir den nachstehenden Bestätigungsvermerk:
> Bestätigungsvermerk des unabhängigen Abschlussprüfers …

163 Ein unter einer aufschiebenden Bedingung erteilter Bestätigungsvermerk ist **schwebend unwirksam**, d.h., er kann keine Rechtskraft entfalten und somit kann der Jahresabschluss auch nicht festgestellt werden. Erst mit Bedingungseintritt ist der Bestätigungsvermerk erteilt und der Jahresabschluss geprüft.[192] Der Nachweis des Bedingungseintritts ist durch die Gesellschaft zu führen. Der Abschlussprüfer ist nicht verpflichtet, den Bedingungseintritt zu prüfen und zu bestätigen.[193] Zur Offenlegung eines unter einer aufschiebenden Bedingung erteilten Bestätigungsvermerks vgl. Rz 214.

7.3 Tatsachen nach Erteilung des Bestätigungsvermerks

7.3.1 Nachtragsprüfungen

164 Werden der geprüfte Jahresabschluss und Lagebericht bzw. Konzernabschluss und Konzernlagebericht nach Erteilung des Bestätigungsvermerks geändert, erfolgt gem. § 316 Abs. 3 HGB eine erneute Prüfung, soweit es die Änderung erfordert (§ 316 Rz 38). Die Nachtragsprüfung kann nur durch den bestellten Abschlussprüfer erfolgen (§ 316 Rz 44), bei Wegfall des bestellten Abschlussprüfers vgl. Rz 171.

165 Änderungen an der geprüften Rechnungslegung erfolgen im Regelfall durch die gesetzlichen Vertreter der Gesellschaft oder werden von der Gesellschafter- bzw. Hauptversammlung vorgenommen.[194] Allerdings kann die Initiative auch vom Abschlussprüfer ausgehen. Zwar ist er nach Auslieferung des Bestätigungsvermerks nicht verpflichtet, den geprüften Jahresabschluss und Lagebericht weiterzuverfolgen. Werden dem Abschlussprüfer aber nach Erteilung des Bestätigungsvermerks Tatsachen bekannt, die bereits zum Zeitpunkt der Testaterteilung bestanden und die zur Erteilung eines eingeschränkten Bestätigungsvermerks oder Versagungsvermerks geführt hätten, hat der Abschlussprüfer das Unternehmen zu veranlassen, den Abschluss zu ändern, woraus eine Nachtragsprüfung folgt.

---

[190] Vgl. Justenhoven/Küster/Bernhardt, in Beck Bil-Komm, 13. Aufl. 2022, § 322 HGB Rz 268; IDW PS 400.A91 n.F.
[191] Vgl. IDW PS 400.A95 n.F.
[192] Vgl. IDW PS 400.A90 n.F.
[193] Vgl. IDW, WPH Edition, Wirtschaftsprüfung & Rechnungslegung, 18. Aufl. 2023, Kap. M Tz 1296.
[194] Zu Voraussetzungen zu Änderungen von Jahresabschlüssen vgl. IDW RS HFA 6.6 ff.

Kommt das Unternehmen dieser Aufforderung nicht nach, kommt ein Widerruf des Bestätigungsvermerks (Rz 173) in Betracht.[195]

166 Eine Nachtragsprüfung ändert nichts an der Wirksamkeit des ursprünglich erteilten Bestätigungsvermerks. Dieser bleibt unverändert wirksam und ist nach Beendigung der Nachtragsprüfung entsprechend zu ergänzen (§ 316 Abs. 3 Satz 2 HGB). Unter die Formulierung „entsprechend zu ergänzen" fallen jedwede Änderungen am Bestätigungsvermerk, d.h. die Einschränkung oder Versagung eines bislang uneingeschränkten Prüfungsurteils genauso wie der Wegfall einer Einschränkung oder Versagung. Führt die Nachtragsprüfung zu dem Ergebnis, dass der ursprünglich erteilte Bestätigungsvermerk unverändert aufrecht gehalten werden kann, ändert sich der Wortlaut des Bestätigungsvermerks nicht. Es ist allerdings erforderlich, das Prüfungsurteil um einen **gesonderten Hinweis in einem separaten Abschnitt** zu ergänzen, um deutlich zu machen, dass sich der Bestätigungsvermerk auf einen geänderten Jahresabschluss und Lagebericht bezieht.[196] Für den gesonderten Abschnitt, der unmittelbar vor der Angabe von Ort und Datum der Unterzeichnung bzw. – bei PIE – unmittelbar vor der Angabe des verantwortlichen Wirtschaftsprüfers aufzunehmen ist,[197] wird folgende Formulierung empfohlen:

Hinweis zur Nachtragsprüfung[198]
Diesen Bestätigungsvermerk erteilen wir zu dem geänderten Jahresabschluss und geänderten Lagebericht aufgrund unserer pflichtgemäßen, am ... [Datum 1] abgeschlossenen Prüfung und unserer am ... [Datum 2] abgeschlossenen Nachtragsprüfung, die sich auf die Änderung(en) des/der ... [geänderte Posten bzw. Angaben] bezog. Auf die Darstellung der Änderung(en) durch die gesetzlichen Vertreter im geänderten Anhang, Abschnitt ... sowie im geänderten Lagebericht, Abschnitt ... wird verwiesen.
[Ort der Niederlassung des Abschlussprüfers]
[Datum 1] / Begrenzt auf die im Hinweis zur Nachtragsprüfung genannte[n] Änderung[en]: [Datum 2]
[Unterschrift]
Wirtschaftsprüfer

---

167 In der Praxis gibt es Fälle, in denen zwischen Abschluss der ursprünglichen Abschlussprüfung und Abschluss der Nachtragsprüfung nur ein kurzer Zeitraum liegt und die Änderung spätestens bis zur Feststellung des Jahresabschlusses durchgeführt wird. Nach der hier vertretenen Auffassung sollte auch in diesen Fällen im Interesse einer klaren und problemorientierten Berichterstattung der gesonderte Abschnitt aufgenommen werden.

168 Handelt es sich um den besonderen Fall einer Nachtragsprüfung nach § 173 Abs. 3 AktG i.V.m. § 316 Abs. 3 HGB (die Hauptversammlung ist für die Feststellung des Jahresabschlusses zuständig und ändert diesen), so ergibt sich die Notwendigkeit der Ergänzung des Bestätigungsvermerks bereits aus formalen

---

[195] Vgl. IDW PS 400.92 n.F.
[196] Vgl. IDW PS 400.89 n.F.
[197] Vgl. IDW PS 406.14 n.F.
[198] Vgl. IDW PS 406, Anlage 5.

Gründen, auch wenn die Nachtragsprüfung zu keiner Änderung des Prüfungsurteils geführt hat. Auch in diesen Fällen ist der o. g. Hinweis im Bestätigungsvermerk erforderlich, da nach h. M. eine explizite Aussage im Bestätigungsvermerk erforderlich ist, ob sich eventuelle Einwendungen des Abschlussprüfers auf die ursprüngliche Fassung oder eben gerade auf die Änderung des Jahresabschlusses durch die Hauptversammlung beziehen.[199]

169 Die vorgenommenen Änderungen an Jahresabschluss und Lagebericht können aber auch zu einer Änderung des Prüfungsurteils führen. Soweit ein bisher uneingeschränktes Prüfungsurteil infolge der am Jahresabschluss vorgenommenen Änderungen einzuschränken ist, ist der Wortlaut des Bestätigungsvermerks nach den Grundsätzen für Einschränkungen anzupassen (Rz 61 ff.). Der auch in diesen Fällen aufzunehmende gesonderte Abschnitt zur Nachtragsprüfung wäre dann wie folgt zu formulieren:[200]

> **Hinweis zur Nachtragsprüfung**
> Diesen Bestätigungsvermerk erteilen wir zu dem geänderten Jahresabschluss und geänderten Lagebericht aufgrund unserer pflichtgemäßen, am ... [Datum 1] abgeschlossenen Prüfung und unserer am ... [Datum 2] abgeschlossenen Nachtragsprüfung, die sich auf die Änderung(en) des/der ... [geänderte Posten bzw. Angaben] bezog. Auf die Darstellung der Änderung(en) durch die gesetzlichen Vertreter im geänderten Anhang, Abschnitt ... sowie im geänderten Lagebericht, Abschnitt ... wird verwiesen. **Die Einschränkung bezieht sich auf eine Änderung, die Gegenstand der Nachtragsprüfung war.**

170 Das bei der Unterzeichnung des Bestätigungsvermerks anzugebende Datum sollte im Fall einer Nachtragsprüfung ein sog. **Doppeldatum** sein. Es sind somit sowohl das Datum des Bestätigungsvermerks der ursprünglichen Abschlussprüfung als auch das Datum der Ergänzung des Bestätigungsvermerks i. R. d. Nachtragsprüfung anzugeben.

171 Es sind auch Konstellationen möglich, in denen der ursprüngliche Abschlussprüfer zwischenzeitlich weggefallen ist und die Nachtragsprüfung nicht durchführen kann (z. B. durch Tod oder das zwischenzeitliche Entstehen von Ausschlussgründen i. S. v. §§ 319–319b HGB). In derartigen Fällen greift das Verfahren der gerichtlichen Bestellung eines Nachtragsprüfers (§ 318 Rz 69). Fraglich ist, wie der Bestätigungsvermerk des nicht mit dem ursprünglichen Abschlussprüfers personenidentischen Nachtragsprüfers zu formulieren ist.

172 Der Nachtragsprüfer kann das **Prüfungsurteil** des ursprünglichen Abschlussprüfers insoweit übernehmen, als es sich nicht auf die Nachtragsprüfung bezieht.[201] Diese gesetzliche Übernahme des Prüfungsergebnisses ergibt sich aus Sinn und Zweck der Regelung von § 316 Abs. 3 HGB, da es nicht Aufgabe des Nachtragsprüfers sein soll, nochmals eine vollumfängliche Abschlussprüfung durchzuführen. Hierfür hätte der Gesetzgeber eine entsprechende Grundlage treffen müssen, wenn er dies beabsichtigt hätte. Für die geänderten Bereiche der Rechnungslegung kann der Nachtragsprüfer die Prüfungsergebnisse des ur-

---

[199] Vgl. Orth/Schaefer, in Baetge/Kirsch/Thiele, Bilanzrecht, § 322 HGB Rz 196, Stand: 2/2019.
[200] Vgl. IDW, WPH Edition, Wirtschaftsprüfung & Rechnungslegung, 18. Aufl. 2023, Kap. N Tz 45.
[201] Vgl. Orth/Schaefer, in Baetge/Kirsch/Thiele, Bilanzrecht, § 322 HGB Rz 198.2, Stand: 2/2019.

sprünglichen Abschlussprüfers zwar verwerten, nicht aber übernehmen. Die **Gesamtverantwortung für die Nachtragsprüfung** liegt somit beim Nachtragsprüfer. Im Ergebnis bedeutet dies, dass der Nachtragsprüfer i.R.d. von ihm zu erteilenden Bestätigungsvermerk nur insoweit das Prüfungsergebnis des bisherigen Abschlussprüfers verwerten darf, als es nicht Gegenstand der Nachtragsprüfung ist. Kommt der Nachtragsprüfer zu dem Ergebnis, dass die Nachtragsprüfung zu keinen Einwendungen geführt hat, kann der gesonderte Abschnitt zur Nachtragsprüfung bspw. wie folgt formuliert werden:[202]

> **Hinweis zur Nachtragsprüfung**
> Diesen Bestätigungsvermerk erteilen wir zu dem geänderten Jahresabschluss und geänderten Lagebericht aufgrund der durch … [bisheriger Abschlussprüfer] pflichtgemäßen, am … [Datum 1] abgeschlossenen Prüfung und unserer als gerichtlich bestellter Nachtragsprüfer pflichtgemäß am … [Datum 2] abgeschlossenen Nachtragsprüfung, die sich auf die Änderung(en) des/der … [geänderte Posten bzw. Angaben] bezog. Auf die Darstellung der Änderung(en) durch die gesetzlichen Vertreter im geänderten Anhang, Abschnitt … sowie im geänderten Lagebericht, Abschnitt … wird verwiesen.

7.3.2 Widerruf von Bestätigungsvermerken

Mangels gesetzlicher Regelung hat sich der unter bestimmten Voraussetzungen gebotene Widerruf eines Bestätigungsvermerks nach allgemeinen Rechtsgrundsätzen sowie Berufsgrundsätzen zu vollziehen.[203] Soweit der Abschlussprüfer erkennt, dass die Voraussetzungen zur Erteilung des von ihm abgegebenen Bestätigungsvermerk nicht vorgelegen haben und die geprüfte Gesellschaft nicht bereit ist, die notwendigen Schritte zu einer Änderung des geprüften Abschlusses (mit anschließender Nachtragsprüfung) vorzunehmen, ist er zum Widerruf des Bestätigungsvermerks verpflichtet,[204] es sei denn

- die Vermeidung eines falschen Eindrucks über das Ergebnis der Abschlussprüfung aufgrund von Informationen der Adressaten des Bestätigungsvermerks ist bereits auf andere Weise sichergestellt worden oder
- ein geänderter Jahresabschluss oder Lagebericht erreicht die Adressaten nicht wesentlich später als ein möglicher Widerruf oder
- der Mangel ist für die Adressaten nicht mehr von Bedeutung.

Die Entscheidung zum Widerruf hat nach pflichtgemäßem Ermessen und unter Wahrung des Verhältnismäßigkeitsgrundsatzes zu erfolgen. Danach ergibt sich eine Pflicht zum Widerruf aus der Schutzfunktion, die der Bestätigungsvermerk gegenüber solchen Adressaten der Rechnungslegung hat, die keine unmittelbare Einsichtnahmemöglichkeit in den Prüfungsbericht haben und im Vertrauen auf den Jahresabschluss vermögenswirksame Entscheidungen treffen.[205]

---

[202] In Anlehnung an Orth/Schaefer, in Baetge/Kirsch/Thiele, Bilanzrecht, § 322 HGB Rz 198.3, Stand: 2/2019.
[203] Vgl. Sarx, in Ballwieser/Moxter/Nonnenmacher, FS Clemm, 1996, S. 345; IDW, WPH Edition, Wirtschaftsprüfung & Rechnungslegung, 18. Aufl. 2023, Kap. N Tz 58.
[204] Vgl. IDW PS 400.92 n.F.
[205] Vgl. Kammergericht Berlin, Beschluss v. 19.9.2000, 2 W 5362/00, AG 2001, S. 187.

174 Eine Verpflichtung zum Widerruf ist grds. gegeben, wenn der Jahresabschluss oder Lagebericht einen bedeutungsvollen Fehler aufweist und die Nichtigkeit des Jahresabschlusses noch geltend gemacht werden kann.[206]
Gründe für einen Widerruf können sein:
- Der Abschlussprüfer gewinnt neue Erkenntnisse, die im Zeitpunkt der Testatserteilung schon vorlagen.
- Der Abschlussprüfer ist getäuscht worden.
- Der Abschlussprüfer hat i. R. d. Abschlussprüfung Tatsachen übersehen, die er bei gewissenhafter Prüfung nicht hätte übersehen dürfen.
- Der Abschlussprüfer hat bestimmte Sachverhalte falsch gewürdigt.

175 Keine Begründung für einen Widerruf stellen wertaufhellende Informationen dar, die erst nach Beendigung der Aufstellungsphase des Jahresabschlusses bekannt werden und die der Abschlussprüfer erst nach Testatserteilung erhält.[207]

176 Ein Widerruf ist dann nicht erforderlich, wenn die Vermeidung eines falschen Eindrucks über das Ergebnis der Abschlussprüfung aufgrund von Informationen der Adressaten des Bestätigungsvermerks bereits auf andere Weise sichergestellt ist.

> **Praxis-Beispiel**[208]
> Im Zuge der Prüfung des Jahresabschlusses 02 der prüfungspflichtigen GmbH stellt der Abschlussprüfer fest, dass der im Vorjahr uneingeschränkt testierte Jahresabschluss 01 einen wesentlichen Fehler enthielt (Überbewertung von Vorräten). Im Jahresabschluss 02 ist der Fehler offen korrigiert worden, indem im Anhang ergänzende Erläuterungen vorgenommen wurden.
> Ein Widerruf des Bestätigungsvermerks zum Jahresabschluss 01 ist nicht erforderlich, da die Adressaten des Bestätigungsvermerks über den Fehler im Folgeabschluss informiert werden.

177 Soweit im Zuge einer Überprüfung eines Jahresabschlusses bzw. Konzernabschlusses durch die **BaFin** Fehler in der Rechnungslegung festgestellt werden, kommt ebenfalls ein Widerruf in Betracht. Soweit aber die Ges. eine Fehlerkorrektur in Übereinstimmung mit IDW RS HFA 6 vornimmt, ist ein Widerruf nicht erforderlich.[209]

178 Die **Wirkung** eines Widerrufs liegt darin, dass die geprüfte Ges. den Bestätigungsvermerk nicht mehr verwenden darf. Erfolgt der Widerruf vor der Feststellung des Jahresabschlusses, kann keine Feststellung erfolgen, da kein geprüfter Jahresabschluss vorliegt. Erfolgt allerdings der Widerruf erst nach Feststellung des Jahresabschlusses, wird die Feststellung durch den Widerruf nicht unwirksam. Dies gilt allerdings nicht, soweit der materielle Grund für den Widerruf des Bestätigungsvermerks zu einer Nichtigkeit des Jahresabschlusses führt.[210]

179 Soweit ein Widerruf eines Bestätigungsvermerks vorgenommen wird, ist die Erteilung eines davon abweichenden Bestätigungsvermerks (bzw. ggf. eines

---

[206] Vgl. ADS, Rechnungslegung und Prüfung der Unternehmen, 6. Aufl. 1995–2001, § 322 HGB Rz 365.
[207] Vgl. Justenhoven/Küster/Bernhardt, in Beck Bil-Komm. 13. Aufl. 2022, § 322 HGB Rz 260.
[208] Vgl. IDW PS 400.A87 n. F.
[209] Vgl. IDW PH 9.400.11.9.
[210] Vgl. IDW, WPH Edition, Wirtschaftsprüfung & Rechnungslegung, 18. Aufl. 2023, Kap. N Tz 74.

Versagungsvermerks) vorzunehmen, da die geprüfte Ges. Anspruch auf Erteilung eines Bestätigungsvermerks hat (Rz 20).²¹¹

Der Widerruf durch den Abschlussprüfer ist dem Auftraggeber sowie dem geprüften Unt schriftlich zu begründen, sodass die Ges. die Begründung nachvollziehen und ggf. einer rechtlichen Überprüfung unterziehen kann.²¹² In der Begründung sind der Fehler und seine Auswirkung auf den Jahresabschluss darzustellen.

Die Unterrichtung von allen Personen, die von dem Bestätigungsvermerk Kenntnis haben (z.B. Gesellschafter, Fremdkapitalgeber), ist durch den Abschlussprüfer vorzunehmen, wobei sich eine zeitnahe Unterrichtung empfiehlt. Ist der Jahresabschluss nebst Bestätigungsvermerk bereits offengelegt, muss auch der Widerruf offengelegt werden.²¹³ Verweigert das Unt die Offenlegung des Widerrufs, kann der Abschlussprüfer den Widerruf selbst in geeigneter Weise bekannt machen. Es empfiehlt sich in jedem Fall, rechtlichen Rat einzuholen, angesichts der erheblichen Auswirkungen eines Widerrufs oder seiner Unterlassung.

7.4 Freiwillige Abschlussprüfungen

Freiwillige Abschlussprüfungen werden aufgrund gesellschaftsvertraglicher oder satzungsmäßiger Vorgaben, vertraglicher Vereinbarungen mit Kreditgebern, Vorgaben eines zur Aufstellung eines Konzernabschlusses verpflichteten MU oder sonstiger Gründe beauftragt. Der Anwendungsbereich betrifft z.B.:

- KapG/KapCoGes, die als klein i.S.v. § 267 HGB einzustufen sind,
- Konzernabschlüsse von Mutterunternehmen i.S.v. § 290 HGB, die die Größenkriterien von § 293 HGB nicht überschreiten,
- Personenhandelsgesellschaften, die nicht unter § 264a HGB fallen,
- Einzelkaufleute.

Bei freiwilligen Abschlussprüfung ist die Erteilung eines dem § 322 HGB entsprechenden Bestätigungsvermerks nur zulässig, wenn die Prüfung nach Art und Umfang der Pflichtprüfung nach §§ 316 ff. HGB entspricht.²¹⁴ Bei etwaigen Beschränkungen des Prüfungsumfangs (z.B. durch den Auftraggeber) oder der Berichterstattung im Prüfungsbericht (§ 321 Rz 186) ist lediglich die Erteilung einer Bescheinigung möglich.²¹⁵ Daher empfiehlt es sich bei einer freiwilligen Abschlussprüfung die Anwendung der §§ 316 ff. HGB ausdrücklich zu vereinbaren.²¹⁶

Für eine freiwillige Abschlussprüfung, zu der ein Bestätigungsvermerk erteilt werden soll, gelten die allgemeinen Grundsätze für die Erteilung von Bestätigungsvermerken (Rz 24 ff.). Besonderheiten ergeben sich aus folgenden Gesichtspunkten:

Bei KapG, die unter § 264 Abs. 3 HGB fallen, oder KapCoGes, die unter § 264b HGB fallen, können die Befreiungsvorschriften auch lediglich teilweise in An-

---

[211] Vgl. IDW PS 400.95 n.F.
[212] Vgl. Kammergericht Berlin, Beschluss v. 19.9.2000, 2 W 5362/00, AG 2001, S. 187.
[213] Vgl. IDW, WPH Edition, Wirtschaftsprüfung & Rechnungslegung, 18. Aufl. 2023, Kap. N Tz 76.
[214] Vgl. IDW PS 400.3 n.F.
[215] Zu Bescheinigungen vgl. IDW, WPH Edition, Wirtschaftsprüfung & Rechnungslegung, 18. Aufl. 2023, Kap. M Tz 1268; IDW S 7.
[216] Vgl. ISA [DE] 210.9.

spruch genommen werden. Soweit bei diesen Unternehmen eine Abschlussprüfung durchgeführt wird, handelt es sich um eine Pflichtprüfung.
Zur Inanspruchnahme von Aufstellungserleichterungen bei diesen Gesellschaften vgl. Rz 33.

186 Im **Abschnitt** zu den Prüfungsurteilen hat die Bezeichnung der Bestandteile des Jahresabschlusses auch etwaige freiwillige Bestandteile (z. B. Anhang oder Lagebericht von Personenhandelsgesellschaften, die nicht unter § 264a HGB fallen) zu umfassen, da auch diese in das Prüfungsurteil mit einzubeziehen sind.[217]

> **Praxis-Beispiel**
> Die Meier KG, bei der der Firmengründer, Herr Meier, Komplementär ist, lässt eine freiwillige Abschlussprüfung des Jahresabschlusses durchführen. Die pflichtgemäß nach § 242 HGB aufgestellte Bilanz und GuV hat die Meier KG freiwillig um einen Anlagespiegel als weiteren Bestandteil des Jahresabschlusses erweitert.
> Der Anlagespiegel ist als Bestandteil des Jahresabschlusses in die Prüfung und damit auch in das Prüfungsurteil des Abschlussprüfers mit einzubeziehen.

Bei freiwilligen Prüfungen ist darauf zu achten, um welche Art von Jahresabschlüssen sich handelt, ob dies ein Abschluss nach Rechnungslegungsgrundsätzen zur sachgerechten Gesamtdarstellung (nach HGB solche, die die ergänzenden Vorschriften für Kapitalgesellschaften berücksichtigen) oder um Rechnungslegungsgrundsätze zur Ordnungsmäßigkeit (nach HGB solche, die lediglich die für alle Kaufleute geltenden Vorschriften berücksichtigen) handelt. Während für die erstgenannten die für gesetzliche Abschlussprüfungen dargestellten Grundsätze bei der Formulierung des Bestätigungsvermerks gleichermaßen anzuwenden sind, sind bei Rechnungslegungsgrundsätzen zur Ordnungsmäßigkeit die Abschnitte zum Prüfungsurteil und zur Grundlage für das Prüfungsurteil wie folgt zu formulieren:

> **Prüfungsurteil**[218]
> Wir haben den Jahresabschluss der … [Gesellschaft] – bestehend aus der Bilanz zum … [Datum] und der Gewinn- und Verlustrechnung für das Geschäftsjahr vom … [Datum] bis zum … [Datum] geprüft.
> Nach unserer Beurteilung aufgrund der bei der Prüfung gewonnenen Erkenntnisse entspricht der beigefügte Jahresabschluss in allen wesentlichen Belangen den deutschen, für alle Kaufleute geltenden handelsrechtlichen Vorschriften.
> Gemäß § 322 Abs. 3 Satz 1 HGB erklären wir, dass unsere Prüfung zu keinen Einwendungen gegen die Ordnungsmäßigkeit des Jahresabschlusses geführt hat.
> *Grundlage für das Prüfungsurteil*
> Wir haben unsere Prüfung des Jahresabschlusses in Übereinstimmung mit § 317 HGB unter Beachtung der vom Institut der Wirtschaftsprüfer (IDW) festgestellten deutschen Grundsätze ordnungsmäßiger Abschlussprüfung

---

[217] Vgl. IDW PS 400.a78 n. F., sog. integrale Bestandteile.
[218] Vgl. IDW PS 400 n. F., Anlage 5.

> durchgeführt. Unsere Verantwortung nach diesen Vorschriften und Grundsätzen ist im Abschnitt „Verantwortung des Abschlussprüfers für die Prüfung des Jahresabschlusses" unseres Bestätigungsvermerks weitergehend beschrieben. Wir sind von dem Unternehmen unabhängig in Übereinstimmung mit den deutschen handelsrechtlichen und berufsrechtlichen Vorschriften und haben unsere sonstigen deutschen Berufspflichten in Übereinstimmung mit diesen Anforderungen erfüllt. Wir sind der Auffassung, dass die von uns erlangten Prüfungsnachweise ausreichend und geeignet sind, um als Grundlage für unser Prüfungsurteil zum Jahresabschluss zu dienen.

Bei kleinen KapG, die einen Anhang – unter Inanspruchnahme der größenabhängigen Erleichterungen – aufstellen, aber gem. § 264 Abs. 1 Satz 3 HGB **keinen Lagebericht** aufstellen, kann die Erfüllung der Generalnorm bestätigt werden. Die Formulierung entspricht der bei gesetzlichen Abschlussprüfungen (ohne Lagebericht).[219]

Auch bei freiwilligen Abschlussprüfungen, für die ein Bestätigungsvermerk erteilt werden soll, sind nach § 322 Abs. 2 Satz 3 HGB **bestandsgefährdende Risiken** im Bestätigungsvermerk zu nennen (Rz 100). Dies gilt auch, wenn die Gesellschaft zulässigerweise keinen Lagebericht aufgestellt hat.[220] Nach der hier vertretenen Auffassung ist dieser Hinweis gleichwohl zu empfehlen, da auch bei freiwilligen Abschlussprüfungen nicht ausgeschlossen werden kann, dass der Bestätigungsvermerk Personen zur Kenntnis gebracht wird, die keinen Zugang zum Prüfungsbericht haben (zur Redepflicht im Prüfungsbericht bei freiwilligen Abschlussprüfungen vgl. § 321 Rz 194).

Bei **freiwilligen Konzernabschlussprüfungen** kann ebenfalls ein Bestätigungsvermerk entsprechend § 322 HGB erteilt werden, sofern die für freiwillige Abschlussprüfung geltenden Voraussetzungen (Rz 183) erfüllt sind. Bei der Wahl eines von den gesetzlichen Vorschriften abweichenden Konsolidierungskreises (z.B. bei der Aufstellung eines Gruppen- oder Spartenabschlusses) kann ausnahmsweise dann von einer Einschränkung des Bestätigungsvermerks abgesehen werden, wenn die angewandten Abgrenzungsgrundsätze im Konzernanhang angegeben werden.[221] Im Bestätigungsvermerk ist die andere Abgrenzung des Konsolidierungskreises durch die Bezeichnung des Abschlusses (z.B. als Gruppen- oder Spartenabschluss) und durch klarstellende Hinweise im Abschnitt zum Prüfungsurteil sowie im Abschnitt zu den Grundlagen für die Prüfungsurteile zu verdeutlichen. Weitere Voraussetzung ist, dass für den abweichend abgegrenzten Konsolidierungskreis die Beherrschungsmöglichkeit (§ 290 Abs. 1 und 2 HGB) gegeben ist.

Bestätigungsvermerke über freiwillige Abschlussprüfungen, die von einer WPG als Abschlussprüfer erstattet werden, sind durch einen vertretungsberechtigten WP zu **unterzeichnen**. Neben einem WP kann auch ein Nicht-WP den Bestätigungsvermerk unterzeichnen.[222] Gleiches gilt entsprechend bei BPG für vBP. Eine **Siegelführung** ist zulässig, aber gem. § 48 Abs. 1 Satz 2 WPO nicht obligatorisch.

---

[219] Vgl. IDW PS 400 n. F., Anlage 5.
[220] Vgl. IDW PS 270.29 n. F.
[221] Vgl. IDW, WPH Edition, Wirtschaftsprüfung & Rechnungslegung, 18. Aufl. 2023, Kap. M Tz 1282; ADS, Rechnungslegung und Prüfung der Unternehmen, 6. Aufl. 1995–2001, § 322 HGB Rz 420.
[222] Vgl. § 44 Abs. 2 BS WP/vBP.

191 Die Prüfung eines **IFRS-Einzelabschlusses** stellt eine gesetzliche Abschlussprüfung dar. Wenn sich ein Unt für die – grds. freiwillige – Anwendung von § 325 Abs. 2a HGB entscheidet, besteht gem. § 324a Abs. 1 HGB Prüfungspflicht (§ 324a Rz 8).

192 Die Regelungen zur **Nachtragsprüfung** sind bei ausdrücklicher Vereinbarung der §§ 316ff. HGB bei freiwilligen Abschlussprüfungen ebenfalls anwendbar.[223]

7.5 Ergänzende Prüfung

193 Erstellt die Ges. einen **gesonderten nichtfinanziellen (Konzern-)Bericht** und macht diesen durch Veröffentlichung auf der Internetseite öffentlich zugänglich (§ 289b Abs. 3 Satz 1 Nr. 2 Buchst. b HGB), hat der Abschlussprüfer nach § 317 Abs. 2 Satz 5 Halbsatz 1 HGB vier Monate nach dem Abschlussstichtag eine ergänzende Prüfung durchzuführen, ob der gesonderte nichtfinanzielle (Konzern-)Bericht vorgelegt wurde. Gem. § 317 Abs. 2 Satz 5 Halbsatz 2 HGB gilt § 316 Abs. 3 Satz 2 HGB entsprechend mit der Maßgabe, dass der Bestätigungsvermerk nur dann zu ergänzen ist, wenn der gesonderte nichtfinanzielle (Konzern-)Bericht nicht innerhalb von vier Monaten nach dem Abschlussstichtag vorgelegt worden ist. Die Pflichten des Abschlussprüfers nach ISA 720 (Revised) (E-DE) bleiben unberührt.[224]

7.6 Prüfungen nach PublG

194 Die Regelung von § 322 HGB gilt gem. § 6 Abs. 1 Satz 2 PublG für nach dem PublG zur Rechnungslegung verpflichtete Unternehmen sinngemäß. Sinngemäß bedeutet, dass die für gesetzliche Abschlussprüfung entwickelten Grundsätze (Rz 24ff.) nur insoweit anzuwenden sind, als die nach PublG rechnungslegungspflichtigen Unternehmen entsprechende Rechnungslegungspflichten haben.

195 Die für freiwillige Abschlussprüfungen dargestellten Grundsätze zur Formulierung des Bestätigungsvermerks bei Unternehmen, die zulässigerweise keinen Anhang aufstellen bzw. keine entsprechende Angaben in Bilanz und GuV aufnehmen, nicht die Generalnorm des § 264 Abs. 2 HGB zu beachten haben oder die zulässigerweise keinen Lagebericht aufstellen (Rz 187ff.), gelten für nach PublG aufgestellte Jahresabschlüsse gleichermaßen.

196 Bei der Bezeichnung der **angewandten Rechnungslegungsvorschriften** im Abschnitt zum Prüfungsurteil des Bestätigungsvermerks ist eine Bezugnahme auf die Regelungen des PublG erforderlich, wenn § 5 PublG die z.T. sinngemäße Anwendung bestimmter Normen vorschreibt, die über die deutschen, für alle Kaufleute geltenden handelsrechtlichen Vorschriften hinausgehen bzw. in solche eingreifen.[225]

§ 5 Abs. 4 PublG schreibt vor, dass das **Privatvermögen** und die Privatschulden von Einzelkaufleuten sowie von Gesellschaftern von Personengesellschaften nicht im Jahresabschluss enthalten sein dürfen. Einer gesonderten Bestätigung bedarf es hierzu im Bestätigungsvermerk nicht.[226] Erkennt allerdings der Abschlussprüfer,

---

[223] Vgl. IDW, WPH Edition, Wirtschaftsprüfung & Rechnungslegung, 18. Aufl. 2023, Kap. N Tz 25.
[224] Vgl. IDW PS 400.91.6 n. F.
[225] Vgl. IDW, WPH Edition, Wirtschaftsprüfung & Rechnungslegung, 18. Aufl. 2023, Kap. M Tz 1231.
[226] Vgl. IDW, WPH Edition, Wirtschaftsprüfung & Rechnungslegung, 18. Aufl. 2023, Kap. M Tz 1236.

dass das Geschäftsvermögen des Kaufmanns durch private Schulden erheblich gefährdet ist, kann sich eine Hinweispflicht im Bestätigungsvermerk ergeben. Für den Konzernabschluss nach § 13 PublG gelten die vorstehenden Grundsätze gem. § 14 PublG entsprechend.

7.7 Zusammengefasster Bestätigungsvermerk

§ 325 Abs. 3a HGB ermöglicht die Zusammenfassung des Bestätigungsvermerks zum Konzernabschluss mit dem Bestätigungsvermerk zum Jahresabschluss oder dem Bestätigungsvermerk zum IFRS-Einzelabschluss. Voraussetzung hierfür ist, dass der Konzernabschluss und der Jahresabschluss bzw. IFRS-Einzelabschluss zusammen im BAnZ offengelegt werden. Bezüglich der dann ebenfalls erforderlichen Zusammenfassung der Prüfungsberichte s. § 321 Rz 229.

Die Zusammenfassung des Bestätigungsvermerks zum Jahresabschluss mit dem Bestätigungsvermerk zum IFRS-Einzelabschluss ist gesetzlich nicht geregelt und entspricht auch nicht den Berufsgrundsätzen.[227]

Auch wenn im Gesetz nicht angesprochen, ist weitere Voraussetzung, dass der Konzern-Abschlussprüfer zugleich auch Abschlussprüfer des Jahresabschlusses bzw. IFRS-Einzelabschlusses ist (zur Bestellungsfiktion des Konzern-Abschlussprüfers vgl. § 318 Rz 49ff.).

Eine Zusammenfassung der Bestätigungsvermerke ist nach der gesetzlichen Regelung auch zulässig, wenn sich die beiden zusammengefassten Bestätigungsvermerke auf nach unterschiedlichen Rechnungslegungsvorschriften aufgestellte Abschlüsse beziehen (z.B. Konzernabschluss nach IFRS, Jahresabschluss nach HGB).[228]

Eine Zusammenfassung kommt auch dann in Betracht, wenn zu einem Abschluss ein uneingeschränktes Prüfungsurteil, zu dem anderen ein eingeschränktes Prüfungsurteil erteilt worden ist.[229] Eine Zusammenfassung ist allerdings unzulässig, wenn zu einem der Abschlüsse ein Versagungsvermerk erteilt worden ist, da § 322 Abs. 4 HGB ausdrücklich bestimmt, dass ein Versagungsvermerk nicht als Bestätigungsvermerk bezeichnet werden darf.[230]

7.8 Gemeinschaftsprüfungen (Abs. 6a)

Soweit mehrere Wirtschaftsprüfer zum Gemeinschaftsprüfer bestellt worden sind (joint audits), werden diese im Regelfall einen gemeinsamen Bestätigungsvermerk erstatten, der dann von den Gemeinschaftsprüfern gemeinsam unterzeichnet wird.[231] Hierfür sind die allgemeinen Grundsätze für die Erstattung von Bestätigungsvermerken anzuwenden (Rz 24ff.).

Können sich die Gemeinschaftsprüfer nicht auf ein gemeinsames Prüfungsurteil einigen, ist dennoch ein **gemeinsamer Bestätigungsvermerk** zu erstatten, wobei die unterschiedlichen Prüfungsurteile dann gem. § 322 Abs. 6a HGB jeweils in einem gesonderten Absatz des gemeinsamen Bestätigungsvermerks zu formulieren sind.

---

[227] Gl. A. Justenhoven/Küster/Bernhardt, in Beck Bil-Komm., 13. Aufl. 2022, § 322 HGB Rz 275.
[228] Vgl. Justenhoven/Küster/Bernhardt, in Beck Bil-Komm., 13. Aufl. 2022, § 322 HGB Rz 275.
[229] Vgl. Justenhoven/Küster/Bernhardt, in Beck Bil-Komm., 13. Aufl. 2022, § 322 HGB Rz 276.
[230] Vgl. IDW, WPH Edition, Wirtschaftsprüfung & Rechnungslegung, 18. Aufl. 2023, Kap. M Tz 1254.
[231] Vgl. IDW PS 208.28.

7.9 Prüfungen nach internationalen Prüfungsgrundsätzen

204 Nachdem die Neufassung der IDW PS 400er-Reihe die maßgeblichen Regelungen der ISA enthält, bestehen materiell bei der Formulierung des Bestätigungsvermerks keine bzw. nur sehr geringe Unterschiede zwischen den ISA und den deutschen PS.[232]

205 Gleichwohl bestehen in der Prüfungsdurchführung noch kleinere Unterschiede. Aufgrund separater Beauftragung sind auch Prüfungen sowohl nach ISA als auch nach deutschen PS möglich. IDW PS 400 n. F. enthält zwei Formulierungsmuster für Konzernabschlüsse eines PIE bzw. eines Nicht-PIE, die eine ergänzende Beachtung der ISA berücksichtigen.[233]

206 Soweit keine deutschen Prüfungsgrundsätze, sondern ausschl. die ISA angewandt wurden, handelt es sich nicht um eine gesetzliche Abschlussprüfung, sondern um eine freiwillige.

7.10 Bestätigungsvermerk in fremder Sprache

207 Der Bestätigungsvermerk bezieht sich auf den geprüften Jahresabschluss, der wiederum nach § 244 HGB zwingend in deutscher Sprache aufzustellen ist. Damit ist nach h. M. auch der Bestätigungsvermerk nach § 322 HGB zwingend in deutscher Sprache zu erteilen.[234] Dies gilt auch für die Offenlegung gem. § 325 HGB.

208 Darüber hinaus besteht die Möglichkeit, **Übersetzungen** des Bestätigungsvermerks anzufertigen, wie dies zur Information der Organe oder der Öffentlichkeit oftmals erforderlich ist. Zur Vermeidung von Missverständnissen empfiehlt es sich bei derartigen Übersetzungen, auf die maßgebliche deutsche Fassung des Bestätigungsvermerks zu verweisen. Dies könnte z. B. folgendermaßen formuliert werden:[235]

> **Formulierungs-Beispiel**
> Zu dem vollständigen Jahresabschluss und Lagebericht habe ich/haben wir gem. § 322 HGB einen uneingeschränkten Bestätigungsvermerk erteilt. Die Übersetzung des Bestätigungsvermerks lautet wie folgt: ...

209 I.R. **freiwilliger Abschlussprüfungen** kann ein dem gesetzlichen Bestätigungsvermerk nachgebildeter Bestätigungsvermerk auch **originär in fremder Sprache** erteilt werden. Grds. sollte dies nur in der Sprache erfolgen, in der der geprüfte Abschluss (und ggf. Lagebericht) aufgestellt ist. Weitere Voraussetzung ist, dass der Abschlussprüfer sich der Tragweite und des Aussagegehalts seiner Ausführungen bewusst ist, um insb. einen Erklärungsirrtum zu vermeiden.[236] Nach der hier vertretenen Auffassung sollte von einer originären Erteilung in fremder Sprache nur in Ausnahmefällen Gebrauch gemacht werden und im Regelfall eine Übersetzung des in deutscher Sprache erteilten Bestätigungsvermerks für die nicht der deutschen Sprache mächtigen Adressaten angefertigt werden.

210 Zur Übersetzung des Prüfungsberichts in deutscher Sprache vgl. § 321 Rz 221.

---

[232] Zu Einzelheiten vgl. IDW PS 400.6 ff. n. F.
[233] Vgl. IDW PS 400 n. F., Anlagen 4 und 7.
[234] Vgl. Orth/Schaefer, in Baetge/Kirsch/Thiele, Bilanzrecht, § 322 HGB Rz 221, Stand: 2/2019.
[235] Vgl. IDW, WPH Edition, Wirtschaftsprüfung & Rechnungslegung, 18. Aufl. 2023, Kap. M T 1023.
[236] Vgl. Orth/Schaefer, in Baetge/Kirsch/Thiele, Bilanzrecht, § 322 HGB Rz 224, Stand: 2/2019.

7.11 Offenlegung des Bestätigungsvermerks

I.R.d. Offenlegung gem. § 325 HGB haben große und mittelgroße Gesellschaften i.S.v. § 267 HGB auch den Bestätigungsvermerk bzw. Versagungsvermerk beim BAnZ einzureichen. Mittelgroße KapG/KapCoGes können gem. § 327 HGB größenabhängige Erleichterungen für die Offenlegung in Anspruch nehmen. Der Bestätigungsvermerk bezieht sich auf den aufgestellten und geprüften Jahresabschluss. Nimmt die offenlegungspflichtige Ges. nur für Zwecke der Offenlegung die größenabhängigen Erleichterungen in Anspruch, ist darauf bei der Offenlegung des Bestätigungsvermerks gem. § 328 Abs. 1 Nr. 1 Satz 3 HGB hinzuweisen. 211

Soll als ergänzende Beauftragung durch den Auftraggeber die zutreffende Inanspruchnahme von Offenlegungserleichterungen im zur Offenlegung bestimmten Jahresabschluss geprüft werden, ist dies getrennt vom Bestätigungsvermerk in einer gesonderten Bescheinigung zu bestätigen, wobei folgende Formulierung empfohlen wird:[237] 212

> **Formulierungs-Beispiel**
> In dem vorstehenden, zur Offenlegung bestimmten verkürzten Jahresabschluss wurden die größenabhängigen Erleichterungen nach § 327 HGB zutreffend in Anspruch genommen. Zu dem vollständigen Jahresabschluss und dem Lagebericht haben wir am … [Datum des Bestätigungsvermerks] den folgenden Bestätigungsvermerk erteilt:
> Bestätigungsvermerk des unabhängigen Abschlussprüfers …

In analoger Weise kann die Inanspruchnahme von **Offenlegungserleichterungen** von kleinen KapG/KapCoGes bescheinigt werden, wobei anstelle von § 327 HGB der für diese Ges. maßgebliche § 326 HGB anzugeben ist. Bei derartigen freiwilligen Abschlussprüfungen besteht allerdings für den Abschlussprüfer keine gesetzliche Haftungsbegrenzung, sodass zu empfehlen ist, die – ohnehin gesetzlich nicht erforderliche – Offenlegung des Bestätigungsvermerks bei freiwilligen Abschlussprüfungen zu vermeiden. 213

Die Offenlegung eines Bestätigungsvermerks, der unter einer Bedingung erteilt worden ist (Rz 157 ff.), ist unter Angabe der Bedingung vorzunehmen, soweit diese zum Zeitpunkt der Offenlegung noch nicht eingetreten ist. Auch wenn damit ein Bestätigungsvermerk ohne Rechtswirkung offengelegt wird, entspricht dies dem Informationsbedürfnis der Adressaten. In den meisten Fällen wird aber im Zeitpunkt der Offenlegung des Bestätigungsvermerks die Bedingung eingetreten sein. Die früher mögliche fristwahrende Offenlegung des Bestätigungsvermerks mit Nennung der Bedingung ist durch die Neufassung von § 325 Abs. 1a und 1b HGB im Zuge des BilRUG nicht mehr möglich.[238] Der Abschlussprüfer ist nicht verpflichtet, den Eintritt der Bedingung zu prüfen und zu bestätigen. Es sollte jedoch nach Eintritt der Bedingung die Verwendung des Bestätigungsvermerks ohne Bedingungszusatz mit dem Abschlussprüfer abgestimmt werden.[239] Erkennt dieser, dass die Voraussetzungen zur Verwendung des Bestätigungsvermerks ohne Bedingungszusatz nicht vorliegen, hat er der Verwendung zu widersprechen. 214

---

[237] Vgl. IDW, WPH Edition, Wirtschaftsprüfung & Rechnungslegung, 18. Aufl. 2023, Kap. M Tz 1290.
[238] Vgl. Orth/Schaefer, in Baetge/Kirsch/Thiele, Bilanzrecht, § 322 HGB Rz 185, Stand: 2/2019.
[239] Vgl. IDW, WPH Edition, Wirtschaftsprüfung & Rechnungslegung, 18. Aufl. 2023, Kap. M Tz 1296.

8 CSRD-Umsetzungsgesetz: Änderungen

215 Zum Zeitpunkt des Redaktionsschlusses dieser Kommentierung liegt keine verabschiedete Gesetzesfassung für das CSRD-Umsetzungsgesetz vor. Auf Basis des Regierungsentwurfs zum CSRD-Umsetzungsgesetz sind folgende Änderungen beabsichtigt:
Die Abs. 1–5 und 6a sollen unverändert bleiben.
In Abs. 6 soll der Verweis „gesetzlichen Vorschriften zur Aufstellung des Lage- bzw. Konzernlageberichts" ersetzt werden und es soll nunmehr bei der Beurteilung des Prüfungsergebnisses darauf einzugehen sein, ob der Lagebericht gem. den §§ 289, 289a und 289f oder der Konzernlagebericht nach den §§ 315, 315a und 315d aufgestellt worden ist. Es ist davon auszugehen, dass nach endgültiger Verabschiedung des CSRD-Umsetzungsgesetzes vom IDW eine entsprechend geänderte Fassung von IDW PS 400, 401, 405 und 406 veröffentlicht werden wird.
In Abs. 7 soll der Begriff „Prüfungsbericht" durch „Abschlussprüfungsbericht" ersetzt werden. Diese Änderung steht im Zusammenhang mit der entsprechend vorgesehenen Änderung in § 321 HGB.

§ 323 Verantwortlichkeit des Abschlussprüfers

(1) ¹Der Abschlußprüfer, seine Gehilfen und die bei der Prüfung mitwirkenden gesetzlichen Vertreter einer Prüfungsgesellschaft sind zur gewissenhaften und unparteiischen Prüfung und zur Verschwiegenheit verpflichtet; gesetzliche Mitteilungspflichten bleiben unberührt. ²Sie dürfen nicht unbefugt Geschäfts- und Betriebsgeheimnisse verwerten, die sie bei ihrer Tätigkeit erfahren haben. ³Wer vorsätzlich oder fahrlässig seine Pflichten verletzt, ist der Kapitalgesellschaft und, wenn ein verbundenes Unternehmen geschädigt worden ist, auch diesem zum Ersatz des daraus entstehenden Schadens verpflichtet. ⁴Mehrere Personen haften als Gesamtschuldner.

(2) ¹Die Ersatzpflicht der in Absatz 1 Satz 1 genannten Personen für eine Prüfung ist vorbehaltlich der Sätze 2 bis 4 wie folgt beschränkt:
1. bei Kapitalgesellschaften, die ein Unternehmen von öffentlichem Interesse nach § 316a Satz 2 Nummer 1 sind: auf sechzehn Millionen Euro;
2. bei Kapitalgesellschaften, die ein Unternehmen von öffentlichem Interesse nach § 316a Satz 2 Nummer 2 oder 3, aber nicht nach § 316a Satz 2 Nummer 1 sind: auf vier Millionen Euro;
3. bei Kapitalgesellschaften, die nicht in den Nummern 1 und 2 genannt sind: auf eine Million fünfhunderttausend Euro.

²Dies gilt nicht für Personen, die vorsätzlich gehandelt haben, und für den Abschlussprüfer einer Kapitalgesellschaft nach Satz 1 Nummer 1, der grob fahrlässig gehandelt hat. ³Die Ersatzpflicht des Abschlussprüfers einer Kapitalgesellschaft nach Satz 1 Nummer 2, der grob fahrlässig gehandelt hat, ist abweichend von Satz 1 Nummer 2 auf zweiunddreißig Millionen Euro für eine Prüfung beschränkt. ⁴Die Ersatzpflicht des Abschlussprüfers einer Kapitalgesellschaft nach Satz 1 Nummer 3, der grob fahrlässig gehandelt hat, ist abweichend von Satz 1 Nummer 3 auf zwölf Millionen Euro für eine Prüfung beschränkt. ⁵Die Haftungshöchstgrenzen nach den Sätzen 1, 3 und 4 gelten auch, wenn an der Prüfung mehrere Personen beteiligt gewesen oder mehrere zum Ersatz verpflichtende Handlungen begangen worden sind, und ohne Rücksicht darauf, ob andere Beteiligte vorsätzlich oder grob fahrlässig gehandelt haben.

(3) Die Verpflichtung zur Verschwiegenheit besteht, wenn eine Prüfungsgesellschaft Abschlußprüfer ist, auch gegenüber dem Aufsichtsrat und den Mitgliedern des Aufsichtsrats der Prüfungsgesellschaft.

(4) Die Ersatzpflicht nach diesen Vorschriften kann durch Vertrag weder ausgeschlossen noch beschränkt werden.

(5) Die Mitteilung nach Artikel 7 Unterabsatz 2 der Verordnung (EU) Nr. 537/2014 ist an die Bundesanstalt für Finanzdienstleistungsaufsicht zu richten, bei dem Verdacht einer Straftat oder Ordnungswidrigkeit auch an die für die Verfolgung jeweils zuständige Behörde.

Inhaltsübersicht Rz
1 Überblick 1–20
  1.1 Inhalt 1–5
  1.2 Zweck 6–9
  1.3 Anwendungsbereich 10–20
2 Pflichten des Abschlussprüfers 21–78
  2.1 Kreis der Verpflichteten 21–26
  2.2 Gewissenhaftigkeit 27–42
  2.3 Unparteilichkeit 43–46
  2.4 Verschwiegenheitspflicht 47–73
      2.4.1 Reichweite 47–62
      2.4.2 Gesetzliche Ausnahmen 63–69
      2.4.3 Entbindung von der Verschwiegenheitspflicht 70–73
  2.5 Verbot der unbefugten Verwertung von Geschäfts- und Betriebsgeheimnissen 74–78
3 Haftung des Abschlussprüfers 79–108
  3.1 Haftung gegenüber Auftraggeber 79–86
  3.2 Haftung gegenüber Dritten 87–94
      3.2.1 Verbundene Unternehmen der geprüften Gesellschaft 87
      3.2.2 Sonstige Dritte 88–94
  3.3 Haftungsbegrenzung 95–107
      3.3.1 Haftsummen (Abs. 2) 95–105
      3.3.2 Haftungsausschluss oder Haftungsbegrenzung ... 106–107
  3.4 Verjährung 108
4 Freiwillige Abschlussprüfungen 109–112
5 CSRD-Umsetzungsgesetz: Änderungen 113

1 Überblick

1.1 Inhalt

1 § 323 HGB regelt die Pflichten des Abschlussprüfers bei der Durchführung von gesetzlichen Abschlussprüfungen und kodifiziert Haftungsregelungen bei etwaiger Pflichtverletzung des Abschlussprüfers. Der **Pflichtenrahmen** des gesetzlichen Abschlussprüfers umfasst demnach:
   - die Abschlussprüfung **gewissenhaft** und **unparteiisch** durchzuführen (Abs. 1 Satz 1),
   - die **Verschwiegenheitspflicht** (Abs. 1 Satz 1 und Abs. 3),
   - das **Verbot der unbefugten Verwertung** von gelegentlich bei der Abschlussprüfung erlangten **Geschäfts- und Betriebsgeheimnissen** der zu prüfenden Gesellschaft (Abs. 1 Satz 2).

2 Dieser Pflichtenrahmen ist dem Abschlussprüfer bereits aufgrund berufsrechtlicher Vorgaben auferlegt. So bestimmen die allgemeinen Berufspflichten (§ 43 Abs. 1 Satz 1 WPO), dass der Wirtschaftsprüfer seine Tätigkeit unabhängig, gewissenhaft, verschwiegen und eigenverantwortlich durchzuführen hat. § 43 Abs. 1 Satz 2 WPO verlangt insb. bei der Erstattung von Prüfungsberichten

oder Gutachten, dass sich der Wirtschaftsprüfer unparteiisch verhält. Die Berufssatzung für Wirtschaftsprüfer/vereidigte Buchprüfer (BS WP/vBP) enthält Konkretisierungen dieser allgemeinen Berufspflichten:
- § 4 BS WP/vBP: Gewissenhaftigkeit,
- § 10 BS WP/vBP: Verschwiegenheit,
- § 28 BS WP/vBP: Unparteilichkeit.

Während die berufsrechtlichen Regelungen in der WPO bzw. der BS WP/vBP den Pflichtenrahmen des Wirtschaftsprüfers zwar bestimmen, diesen aber „nur" mit berufsrechtlichen Sanktionen bewehren, verschafft § 323 HGB dem Auftraggeber der Abschlussprüfung eine vertragliche **Haftung** des Wirtschaftsprüfers und seiner Mitarbeiter, die auch nicht durch den Prüfungsvertrag ausgeschlossen werden kann (§ 323 Abs. 4 HGB).[1]

Soweit der Abschlussprüfer seinen Pflichtenrahmen verletzt, ist er **schadensersatzpflichtig**. Die Ersatzpflicht besteht ggü. der geprüften Gesellschaft sowie ihrer verbundenen Unt (§ 323 Abs. 1 Satz 3 HGB). Während für vorsätzliche Pflichtverletzungen keine Haftungsbeschränkungen vorgesehen sind, bestimmt § 323 Abs. 2 HGB Haftungshöchstsummen für fahrlässige Verstöße des Abschlussprüfers. Diese Haftung kann gem. § 323 Abs. 4 HGB nicht vertraglich abbedungen werden. Zur **Verjährung** der Ansprüche vgl. Rz 108.

Durch das FISG[2] wurden mit Wirkung zum 1.7.2021 die Haftungshöchstsummen erhöht und in bestimmten Bereichen eine Verschärfung des Ausschlusses der Haftungshöchstsummen vorgenommen (Rz 95 ff.).

1.2 Zweck

§ 323 HGB enthält spezielle zivilrechtliche Regelungen, die tw. „**Sondervertragsrecht" für den Prüfungsvertrag** zwischen Abschlussprüfer und geprüfter Ges. darstellen.[3] Der Pflichtenrahmen des Abschlussprüfers bestimmt sich dem Grund nach bereits aus den zivilrechtlichen Vorschriften (§§ 675 Abs. 1, 631, 633, 242 BGB); gleiches gilt für die Haftung (§ 280 Abs. 1 BGB). Beides wird von § 323 HGB aufgegriffen und modifiziert. Der Pflichtenrahmen gilt nicht nur für den Abschlussprüfer, sondern auch für seine Gehilfen sowie im Fall einer WPG/BPG auch deren gesetzliche Vertreter persönlich. Die Haftung des Abschlussprüfers ist der Höhe nach durch § 323 Abs. 2 HGB begrenzt (Rz 95); andererseits gibt es aber auch Haftungsberechtigte, die gar nicht Vertragspartner des Prüfungsvertrags sind, nämlich verbundene Unt der geprüften Ges.

Die Vorschrift des § 323 HGB ist zum **Schutz der geprüften Gesellschaft** erlassen worden. Deutlich wird dies an der Verschwiegenheitspflicht sowie an dem Verbot der Verwertung von Geschäfts- und Betriebsgeheimnissen. Die Tatsache, dass der Abschlussprüfer i.R. seiner Prüfung tiefe Einblicke in Unternehmensinterna erhält, ist nur tolerierbar, wenn der Abschlussprüfer im Gegenzug zur umfassenden Verschwiegenheit verpflichtet wird.[4]

---

[1] Vgl. Kuhner/Päßler, in Küting/Weber, HdR-E, § 323 HGB Rz 2, Stand: 6/2021.
[2] Finanzmarktintegritätsstärkungsgesetz v. 3.6.2021, BGBl. 2021 I S. 1534.
[3] Vgl. Hennrichs, in Baetge/Kirsch/Thiele, Bilanzrecht, § 323 HGB Rz 3, Stand: 12/2014.
[4] Vgl. IDW, WPH Edition, Wirtschaftsprüfung & Rechnungslegung, 18. Aufl. 2023, Kap. A Tz 177.

> **Praxis-Beispiel**
> Der Abschlussprüfer prüft den Jahresabschluss eines Unt. Dem Geschäftsführer des Unt ist bekannt, dass der Abschlussprüfer außerdem auch den Jahresabschluss eines wichtigen Kunden des Unt prüft.
> Aufgrund der Verschwiegenheitspflicht des § 323 Abs. 1 HGB kann der Geschäftsführer des Unt dem Abschlussprüfer Einblicke in die Kalkulationsgrundlagen der diesen Kunden betreffenden Aufträge gewähren, ohne dass er befürchten muss, dass Deckungsbeiträge, Margen etc. dem Kunden ggf. bekannt werden können.

8 § 323 HGB übt weiterhin einen **institutionellen Schutzcharakter** aus, indem durch die vertragliche Haftung eine präventive Wirkung zur Einhaltung der erforderlichen Prüfungsqualität und damit auch Sicherstellung der Qualität der Rechnungslegung der geprüften Ges. geschaffen wird.[5]

9 Das Haftungsrecht der Abschlussprüfer war europaweit auf dem Prüfstand. Die EU-Kommission hatte im Januar 2007 einen öffentlichen Konsultationsprozess zu europaweiten Überlegungen zur Reform der Haftungsbestimmungen für Abschlussprüfer eingeleitet. Die Ergebnisse der Konsultation wurden am 18.6.2007 veröffentlicht.[6] Als Konsequenz der daran anschließenden Diskussion veröffentlichte die EU-Kommission am 5.6.2008 eine Empfehlung zur Beschränkung der zivilrechtlichen Haftung von Abschlussprüfern und Prüfungsgesellschaften.[7] Danach sollten Haftungsgrenzen für Abschlussprüfer europaweit durchgesetzt werden, wie das in Deutschland mit § 323 HGB bereits der Fall ist. Die deutliche Verschärfung der Haftungssituation für deutsche Abschlussprüfer wurde durch das als Folge des Wirecard-Skandals umgesetzte FISG[8] zum 1.7.2021 vollzogen (Rz 93 ff.). Der deutsche Gesetzgeber hat hier einen Alleingang vorgenommen, da an der Abschlussprüferrichtlinie[9] keine Verschärfungen vorgenommen wurden und nach derzeitigem Stand auch nicht in nächster Zeit zu erwarten sind.

1.3 Anwendungsbereich

10 § 323 HGB gilt für gesetzliche Jahres- und Konzernabschlussprüfungen nach § 316 HGB. Darüber hinaus erfolgt bei vielen anderen gesetzlichen Prüfungen ein Verweis auf die Anwendung von § 323 HGB:
- Gründungsprüfung (§ 49 AktG),
- Nachgründungsprüfung (§ 53 AktG),
- Aktienrechtliche Sonderprüfungen (§§ 144, 258 Abs. 5 Satz 1 AktG),
- Prüfungen nach dem UmwG:
  – Verschmelzung (§§ 9, 11 Abs. 2 UmwG),
  – Spaltung (§ 125 UmwG),

---

[5] Vgl. Hennrichs, in Baetge/Kirsch/Thiele, Bilanzrecht, § 323 HGB Rz 5, Stand: 12/2014.
[6] Vgl. Konsultationsbericht über die Haftungsregelungen für Abschlussprüfer und ihre Auswirkungen auf die europäischen Kapitalmärkte, abrufbar unter https://finance.ec.europa.eu/capital-markets-union-and-financial-markets/company-reporting-and-auditing/auditing-companies-financial-statements_en, Abruf 7.10.2024.
[7] Vgl. RL 2008/473/EG, ABl. EU v. 21.6.2008 L 162/39.
[8] BGBl 2021 I S. 1534.
[9] RL 2014/56/EU, ABl. EU L 158/196 v. 27.5.2014.

- Vermögensübertragung (§ 176 Abs. 1 UmwG),
- Formwechsel (§ 197 UmwG),
• Prüfung einer Kapitalerhöhung aus Gesellschaftsmitteln (§ 209 Abs. 4 Satz 2 AktG, § 57f Abs. 3 Satz 2 GmbHG),
• Prüfung von Unternehmensverträgen (§ 293d Abs. 2 AktG),
• Prüfung von Eingliederungen (§ 320 Abs. 3 AktG),
• Prüfung bzw. prüferische Durchsicht von Halbjahres- oder Quartalsfinanzberichten (§§ 37w ff. WpHG),
• Prüfung des Jahresberichtes von Sondervermögen (§ 44 Abs. 5 InvG),
• Prüfung des Jahresabschlusses und Lageberichts einer Investmentaktiengesellschaft (§ 110a Abs. 2 InvG),
• externe Qualitätskontrolle (§ 57b Abs. 4 WPO).

Für die Prüfung von Jahresabschluss von **Genossenschaften** gilt § 323 HGB nicht. Hier enthält § 62 GenG eine Spezialregelung.

Nach h.M. gilt § 323 HGB auch ohne expliziten Gesetzesverweis bei allen anderen gesetzlich angeordneten Prüfungen,[10] so z.B. für die Prüfung des Abhängigkeitsberichts (§ 313 AktG), Prüfung nach § 53 HGrG und Prüfung nach § 1 Abs. 4 REITG.

Demgegenüber findet § 323 HGB bei **freiwilligen Prüfungen** keine Anwendung (Rz 109).[11] Gleiches gilt auch für Prüfungshandlungen, die über den gesetzlichen Pflichtrahmen hinausgehen und somit nicht mehr als Teil der gesetzlichen Abschlussprüfung angesehen werden können.[12]

§ 323 HGB war in der früheren Fassung seit 2004 anzuwenden. Mit dem Wirtschaftsprüfungsexamens-Reformgesetz (WPRRefG) wurde der frühere Abs. 5 der Vorschrift, der eine Sonderregelung zur Verjährung enthielt, mit Wirkung zum 1.1.2004 aufgehoben (vgl. zur Verjährung Rz 108). Mit dem FISG wurde § 323 HGB mit Wirkung zum 1.7.2021 geändert, wobei insb. die Änderungen in Abs. 2 zur Haftung weitgehend geändert wurden.

Art. 86 Abs. 1 EGHGB sieht vor, dass die Neufassung des § 323 Abs. 2 auf alle gesetzliche Abschlussprüfungen für das nach dem 31.12.2021 beginnende Gj anzuwenden ist, d.h. bei kalendergleichem Gj erstmals auf die Abschlussprüfung des Gj 2022. Abschlussprüfer sollten bei dieser Übergangsfrist darauf achten, dass sie in Ihren Auftragsbestätigungsschreiben und den hierzu regelmäßig eingesetzten Allgemeinen Auftragsbedingungen für die Abschlussprüfungen der Gj 2021 und 2022 auf den richtigen Gesetzesstand und die für das jeweilige Jahr anwendbaren Regelungen zur Haftungsbegrenzung verweisen.

Pflichtverstöße i.S.v. § 323 Abs. 1 und 3 HGB lösen nicht nur die in der Vorschrift angesprochenen zivilrechtlichen Haftungsfolgen (Rz 79) aus, sondern bewirken auch ggf. straf- und berufsrechtliche Konsequenzen.

Strafrechtliche Konsequenzen enthalten §§ 332 und 333 HGB. § 332 HGB regelt **Pflichtverletzungen gegen Berichterstattungspflichten** des Abschluss-

---

[10] Vgl. ADS, Rechnungslegung und Prüfung der Unternehmen, 6. Aufl. 1995–2001, § 323 HGB Rz 7; Justenhoven/Feldmüller, in Beck Bil-Komm., 13. Aufl. 2022, § 323 HGB Rz 3; Kuhner/Päßler, in Küting/Weber, HdR-E, § 323 HGB Rz 1, Stand: 6/2021.
[11] Vgl. ADS, Rechnungslegung und Prüfung der Unternehmen, 6. Aufl. 1995–2001, § 323 HGB Rz 9.
[12] Vgl. IDW, WPH Edition, Wirtschaftsprüfung & Rechnungslegung, 18. Aufl. 2023, Kap. A Tz 335.

prüfers (§ 332 Rz 19). § 333 HGB stellt die **Verletzung von Geheimhaltungspflichten** unter Strafe (§ 333 Rz 35).

16 **Berufsrechtlich** werden Pflichtverletzungen gleichermaßen geahndet, auch wenn ggf. keine zivilrechtlichen Schadensersatzansprüche vom geprüften Unt geltend gemacht werden.

> **Praxis-Beispiel**
> I. R. d. Durchsicht des BAnz stellt die WPK fest, dass der vom Abschlussprüfer mit einem uneingeschränkten Bestätigungsvermerk versehene Jahresabschluss und Lagebericht Fehler enthalten (unvollständige Angaben zum Beteiligungsbesitz). Nach Sachverhaltsermittlung durch Nachfrage beim Abschlussprüfer leitet die WPK ein berufsaufsichtliches Verfahren gegen den Abschlussprüfer ein.

17 Die von der WPK vorgenommene Berufsaufsicht verhängt gegen Wirtschaftsprüfer, die eine Pflichtverletzung begehen, eine berufsgerichtliche Maßnahme (§ 67 WPO). Danach kommen nach § 68 WPO als Maßnahmen bei Pflichtverstößen in Betracht:
- Rüge,
- Geldbußen bis zu 500.000 EUR,
- ein auf bestimmte Tätigkeitsgebiete beschränktes Tätigkeitsverbot für die Dauer von einem bis fünf Jahre,
- ein Berufsverbot von einem bis fünf Jahre,
- ein Ausschluss aus dem Beruf oder
- die Feststellung, dass der Bestätigungsvermerk nicht die Anforderungen nach § 322 HGB bzw. bei Geltung von § 319a HGB nicht die Anforderungen des Art. 10 der EU-Verordnung Nr. 537/2014 erfüllt.

Geldbuße und Tätigkeitsverbote bzw. Berufsverbote können auch nebeneinander verhängt werden.

18 Hat ein Wirtschaftsprüfer durch die Verurteilung in einem Strafprozess die Fähigkeit zur Bekleidung öffentlicher Ämter verloren, ist ein **Widerruf der Bestellung** nach § 20 Abs. 2 Nr. 2 WPO gesetzlich vorgeschrieben.[13]

19 Der frühere Abs. 5 der Vorschrift, der eine spezielle **fünfjährige Verjährungsfrist** vorsah, wurde durch Art. 6 des Wirtschaftsprüfungsexamens-Reformgesetzes (WPRefG) mit Wirkung ab 1.1.2004 aufgehoben. Die Übergangsregelung in Art. 55 EGHGB hierzu sieht vor, dass die neue Verjährungsregelung auch für alle am 1.1.2004 bestehenden und noch nicht verjährten Altansprüche anzuwenden ist.

20 In dem durch das FISG eingefügten Abs. 5 hat der Gesetzgeber die zuständigen Behörden für die Meldung von Unregelmäßigkeiten bei Abschlussprüfungen von Unternehmen von öffentlichem Interesse nach Art. 7 UAbs. 2 Abschlussprüfungs-VO benannt. Danach ist Adressat dieser Meldungen in allen Fällen die BaFin. Bei dem Verdacht einer Straftat oder Ordnungswidrigkeit ist darüber hinaus die für die Verfolgung jeweils zuständige Behörde (Staatsanwaltschaft oder Ordnungsbehörde) weiterer Adressat.

---

[13] Vgl. Kuhner/Päßler, in Küting/Weber, HdR-E, § 323 HGB Rz 51, Stand: 6/2021.

2 Pflichten des Abschlussprüfers

2.1 Kreis der Verpflichteten

§ 323 Abs. 1 Satz 1 HGB präzisiert den Kreis der durch die Vorschrift verpflichteten Personen. Danach sind vom Pflichtenrahmen des § 323 HGB direkt erfasst:
- der Abschlussprüfer,
- die Gehilfen des Abschlussprüfers und
- die bei der Prüfung mitwirkenden gesetzlichen Vertreter einer Prüfungsgesellschaft.

Abschlussprüfer i. S. d. Vorschrift ist der gem. § 318 HGB bestellte Abschlussprüfer. Dieser kann durch Wahl durch das zuständige Organ der zu prüfenden Ges. und anschließender Beauftragung, durch gerichtliche Bestellung (§ 318 Abs. 4 HGB) oder durch gerichtliche Ersetzung (§ 318 Abs. 3 HGB) bestellt worden sein (§ 318 Rz 11, Rz 69 und Rz 53). Im Fall einer WPG/BPG ist diese selbst Abschlussprüfer, auch wenn sie selbst nicht handeln kann, sondern durch ihre Organe vertreten wird.

Unter **Gehilfen des Abschlussprüfers** sind alle bei der Abschlussprüfung eingesetzten Personen zu verstehen, mit Ausnahme des Abschlussprüfers selbst bzw. der bei der Prüfung mitwirkenden gesetzlichen Vertreter einer Prüfungsgesellschaft. Hierunter fallen eingesetzte WP/vBP, Prüfungsassistenten und sonstige Personen, die Arbeiten im Zusammenhang mit der Abschlussprüfung erbringen, auch wenn sie keinen Einfluss auf das Prüfungsergebnis haben (z. B. reine Schreibarbeiten). Denn auch diese Personen erlangen Informationen über das geprüfte Unt, die unter die Verschwiegenheitspflicht von § 323 Abs. 1 HGB fallen.[14] Es ist im Übrigen unerheblich, ob die Personen in einem festen oder freien Anstellungsverhältnis stehen oder ggf. nur einmalig tätig werden. Es ist auch unerheblich, ob die Personen eine in § 50 WPO vorgesehene Verpflichtungserklärung zur Verschwiegenheit abgegeben haben, da § 323 Abs. 1 HGB die in § 50 WPO angesprochene gesetzliche Verschwiegenheitspflicht unmittelbar begründet.[15] Der Kreis der Verpflichteten geht somit über das eigentliche Prüfungsteam hinaus. Den Gehilfen des Abschlussprüfers steht das gesetzliche **Zeugnisverweigerungsrecht** zu (§§ 53a StPO, 102 Abs. 2 AO, 383 Abs. 1 Nr. 6 ZPO).

Gesetzliche Vertreter einer Prüfungsgesellschaft sind je nach Rechtsform der Prüfungsgesellschaft deren vertretungsberechtigte Organe:
- bei der AG der Vorstand,
- bei der GmbH die Geschäftsführer,
- bei einer Personenhandelsgesellschaft (OHG, KG) die zur Geschäftsführung berechtigten Gesellschafter,
- bei einer SE der Vorstand (dualistisches System) bzw. der Verwaltungsrat (monistisches System),
- bei einer KGaA der oder die persönlich haftenden Gesellschafter,

---

[14] Vgl. Hennrichs, in Baetge/Kirsch/Thiele, Bilanzrecht, § 323 HGB Rz 22, Stand: 12/2014; a. A: ADS, Rechnungslegung und Prüfung der Unternehmen, 6. Aufl. 1995–2001, § 323 HGB Rz 13 f., die nur solche Personen als Gehilfen des Abschlussprüfers betrachten, die inhaltlich am Zustandekommen des Prüfungsergebnisses beteiligt sind.

[15] Vgl. IDW, WPH Edition, Wirtschaftsprüfung & Rechnungslegung, 18. Aufl. 2023, Kap. A Tz 323.

- bei einer PartG die Partner,
- bei einer PersG oder KGaA, deren Geschäftsführung und Vertretung durch eine WPG/BPG als phG erfolgt, die für die Rechtsform dieser WPG/BPG betreffenden gesetzlichen Vertreter.

25 Die **Mitwirkung** der gesetzlichen Vertreter einer Prüfungsgesellschaft an einer Abschlussprüfung ist nicht erst dann gegeben, wenn sie unmittelbar an Prüfungshandlungen teilnehmen. Mitwirkung bei der Prüfung umfasst auch schon die Auswahl und Überwachung von Mitarbeitern.[16]

26 Zum Regelungsbereich des § 323 HGB in Bezug auf den Prüfer für Qualitätskontrolle (§ 57a Abs. 3 WPO) und dessen Gehilfen, Mitarbeitern der WPK und der APAK vgl. Rz 64.

2.2 Gewissenhaftigkeit

27 Gewissenhaftigkeit i. S. v. § 323 HGB stellt eine Konkretisierung der allgemeinen vertragsrechtlichen Sorgfaltspflicht des § 276 Abs. 2 BGB für die Abschlussprüfung dar. Gewissenhaftigkeit beinhaltet demnach zwei Merkmale, nämlich den Aspekt der **Sorgfalt** und das **Handeln nach bestem Wissen und Gewissen**. Die gesetzliche Anforderung nach Gewissenhaftigkeit erfordert somit einerseits die sorgfältige Beachtung der für die Abschlussprüfung geltenden gesetzlichen und fachlichen Regelungen sowie andererseits die Beurteilung im Einzelfall, ob und wie diese Regelungen anzuwenden sind.[17]

28 § 4 BS WP/vBP enthält eine Konkretisierung dessen, was unter Gewissenhaftigkeit zu verstehen ist. Danach fallen hierunter folgende Aspekte:
- **Bindung an das Gesetz und Beachtung** der für die Berufsausübung geltenden Bestimmungen sowie **fachlichen Regelungen** (Rz 29–Rz 37),
- Verbot der Auftragsannahme aufgrund **mangelnder Sachkunde** oder **nicht ausreichend verfügbarer Zeit** (Rz 38–Rz 40),
- Vornahme einer sachgerechten **Gesamtplanung** zur Sicherstellung einer ordnungsgemäßen und zeitgerechten Auftragsabwicklung (Rz 41),
- **Beendigung des Auftragsverhältnisses**, wenn nach Auftragsannahme Umstände eintreten, die zur Ablehnung des Auftrags hätten führen müssen (Rz 42).

29 Die WPO enthält **berufsrechtliche Vorschriften**, die der Wirtschaftsprüfer (auch) i. R. v. Abschlussprüfungen zu beachten hat (z. B. §§ 43–44, 48, 50–51c, 53–54a, 55a–56, 57a WPO). Darüber hinaus sind die Vorschriften der gem. § 57 Abs. 3 WPO erlassenen BS WP/vBP zu beachten, in der besondere Berufspflichten bei der Durchführung von Prüfungen und der Erstattung von Gutachten niedergelegt sind (§§ 28–49 BS WP/vBP).

30 **Fachliche Prüfungsgrundsätze** sind gesetzlich in den §§ 316–322 HGB niedergelegt. Daneben können i. R. v. Abschlussprüfungen wirtschaftszweigspezifische oder rechtsformabhängige Vorschriften, gesellschafterbezogene (§ 53 HGrG) sowie gesellschaftsvertragliche oder satzungsmäßige Bestimmungen zu beachten sein.[18]

---

[16] Vgl. Hennrichs, in Baetge/Kirsch/Thiele, Bilanzrecht, § 323 HGB Rz 23, Stand: 12/2014; Justenhoven/Feldmüller, in Beck Bil-Komm., 13. Aufl. 2022, § 323 HGB Rz 63.
[17] Vgl. Kuhner/Päßler, in Küting/Weber, HdR-E, § 323 HGB Rz 4, Stand: 6/2021.
[18] Vgl. IDW PS 201, Tz. 27.

Neben den gesetzlichen Vorschriften existieren für Abschlussprüfer die **fachlichen Grundsätze**. Dies sind in Deutschland die vom IDW festgestellten Prüfungsstandards (PS) und Prüfungshinweise (PH), die im Wesentlichen auf den International Standards on Auditing (ISA) beruhen und darüber hinaus auf Besonderheiten der deutschen Rechtslage eingehen, sowie dem IDW QS 1. Zum Grad der Verbindlichkeit von PS und PH für den Abschlussprüfer enthält IDW PS 201 Vorgaben. Danach ist eine **Abweichung von IDW PS nur in Ausnahmefällen** zulässig; eine Abweichung von einem IDW PS ohne Vorliegen gewichtiger Gründe kann i. R. d. Berufsaufsicht zum Nachteil des Abschlussprüfers ausgelegt werden.[19] Der Auffassung, dass mangels „Rechtssetzungsbefugnis eines privaten Standard-Setters [diesen Standards] keinerlei Rechtsnormqualität zukommt"[20], ist zwar rechtssystematisch zuzustimmen. Faktisch wird sich die Judikative im Fall der Beurteilung eines zivil- und haftungsrechtlich relevanten Verstoßes i. S. v. § 323 HGB auf die berufsrechtliche Beurteilung abstützen. Da ein Verstoß gegen das Gebot der Gewissenhaftigkeit regelmäßig im Weg eines berufsaufsichtlichen Verfahrens festgestellt wird (Rz 16) und hierbei die IDW PS – v. a. aufgrund des Verfahrens ihres Zustandekommens – hohe Bedeutung haben, begründen sie faktisch eine Umkehrung der Beweislast, d. h., der davon abweichende Abschlussprüfer hat darzulegen, dass er dennoch ordnungsgemäß geprüft hat.

IDW PH haben nicht den gleichen Verbindlichkeitsgrad wie IDW PS, sondern dienen der Orientierung des Abschlussprüfers; ihre Anwendung wird lediglich empfohlen.[21] Faktisch wird ein Abweichen von IDW PH gleichwohl auf einen Verstoß gegen die Gewissenhaftigkeit hindeuten, sodass es sich für den Abschlussprüfer empfiehlt, auch in derartigen Fällen angemessen zu dokumentieren, worin sich die Abweichung begründet und weshalb dennoch hinreichende Prüfungssicherheit erzielt wurde. Bspw. können im Einzelfall atypische Sachverhalte ein Abweichen von IDW PH erfordern.

Nunmehr wird in den IDW-Verlautbarungen zwischen bindenden IDW-Verlautbarungen und empfehlenden IDW-Verlautbarungen unterschieden. Zu den bindenden IDW-Verlautbarungen rechnen die ISA [DE], die weiterhin gültigen IDW PS, die IDW PS KMU, die IDW RS, die IDW S und IDW QMS.[22] Empfehlende IDW-Verlautbarungen sind entsprechend die IDW PH, IDW RH, IDW BewH. Darüber hinaus existieren sog. hilfestellende Verlautbarungen, mit denen die F&A zu GoA, F&A zu S und die IDW Praxishinweise und darüber hinaus noch diejenigen Fachgutachten und Stellungnahmen des IDW bis 1998, soweit diese noch nicht aufgehoben sind. Die Ausführungen in Rz 32 gelten analog.

Allerdings wäre es wohl zu weitgehend, IDW PS oder IDW PH Weisungscharakter zuzusprechen, zumal dies mit den Grundsätzen der Unabhängigkeit und Eigenverantwortlichkeit (§ 43 WPO) nicht vereinbar wäre.[23] IDW PS und IDW

---

[19] Vgl. im Einzelnen IDW PS 201, Tz. 27 ff.
[20] Hennrichs, in Baetge/Kirsch/Thiele, Bilanzrecht, § 323 HGB Rz 26, Stand: 12/2014.
[21] Vgl. IDW PS 201, Tz. 28.
[22] Vgl. auch ISA [DE] 200. Anlage D.1.
[23] Gl. A. Justenhoven/Feldmüller, in Beck Bil-Komm., 13. Aufl. 2022, § 323 HGB Rz 12.

PH stellen demzufolge auch keine Mindestanforderungen für den Abschlussprüfer dar, die in jedem Einzelfall vom Abschlussprüfer einzuhalten sind.[24]

35 Nach der derzeitigen Rechtslage sind für gesetzliche Abschlussprüfungen in Deutschland unverändert **deutsche Prüfungsgrundsätze** anzuwenden,[25] wobei nunmehr die ISA [DE] anzuwenden sind (§ 317 Rz 46–Rz 48). Zwar ist durch das BilMoG in § 317 Abs. 5 HGB eine „Öffnungsklausel" für die ISA bereits angelegt worden. Mangels bislang erfolgter Annahme der ISA durch die EU geht diese Regelung derzeit ins Leere (§ 317 Rz 148).[26]

36 Gegenstand einer Abschlussprüfung ist ein Jahresabschluss/Lagebericht bzw. Konzernabschluss/Konzernlagebericht, die nach bestimmten, im Regelfall handelsrechtlichen Rechnungslegungsstandards aufgestellt sind. Die handelsrechtlichen **Rechnungslegungsvorschriften** sind in §§ 238 ff. HGB dargelegt, sodass deren Kenntnis für den Abschlussprüfer ebenso Teil der Anforderungen zur Gewissenhaftigkeit darstellt, wie dies gleichermaßen für GoB, für vom DRSC verabschiedete und vom BMJV bekannt gemachte DRS sowie die vom IDW festgestellten IDW RS und IDW RH gilt.

37 Soweit der zu prüfende Jahresabschluss bzw. Konzernabschluss nach internationalen Rechnungslegungsstandards aufgestellt worden ist, ist dementsprechend die Kenntnis dieser Standards und hierzu ergangener Interpretationen für den Abschlussprüfer erforderlich. Für die **IFRS** sind dies neben den IAS und IFRS die IFRIC und SIC sowie die zu Fragestellungen der IFRS festgestellten IDW RS und IDW RH.

38 Das in § 4 Abs. 2 BS WP/vBP enthaltene Merkmal der Gewissenhaftigkeit hinsichtlich **ausreichender Sachkunde** steht eng im Zusammenhang mit § 5 BS WP/vBP, der die fachliche Fortbildung der WP/vBP selbst, sowie mit § 7 BS WP/vBP, der die Aus- und Fortbildung der Mitarbeiter des WP/vBP regelt. Nur durch ausreichende und angemessene Aus- und Fortbildung in den benötigten Fachgebieten kann die Sachkunde nachprüfbar nachgewiesen werden.

> **Praxis-Beispiel**
> Die quantitativen Anforderungen des § 5 BS WP/vBP (mind. 40 Stunden Fortbildung p.a.) kann ein Wirtschaftsprüfer durch die Belegung eines einwöchigen Seminars zum internationalen Steuerrecht erfüllen. Zum Nachweis der erforderlichen Sachkunde als Abschlussprüfer eines IFRS-Konzernabschlusses hilft ihm dieses Seminar aber nicht.

39 Erforderliche Sachkunde erfordert neben der Kenntnis fachlicher Regelungen auch eine **sachgerechte Organisation** der Abschlussprüfung. Dies schließt die ausreichende Einteilung von Mitarbeitern (Prüfungsleitern, Prüfungsassistenten) für den betreffenden Auftrag sowie die Überwachung der Mitarbeiter ein. Abschn. 4.6 des IDW QS 1 enthält diesbzgl. Konkretisierungen, die bei der Durchführung von betriebswirtschaftlichen Prüfungen zu beachten sind.

---

[24] A. A. Merkt, in Baumbach/Hopt, Beck HGB-Kurzkomm., 42. Aufl. 2023, § 323 HGB Rz 1.
[25] Vgl. Orth/Schaefer, in Baetge/Kirsch/Thiele, Bilanzrecht, § 322 HGB Rz 9, Stand: 2/2019.
[26] A. A. Marten/Quick/Ruhnke, Wirtschaftsprüfung, 5. Aufl. 2015, S. 120, die bei ggü. den deutschen Grundsätzen ordnungsmäßiger Abschlussprüfung im Ausnahmefall weitergehenden Anforderungen der ISA davon ausgehen, dass diese vom Abschlussprüfer bereits nach jetziger Rechtslage zu berücksichtigen sind.

Gewissenhaftigkeit erfordert nach § 4 Abs. 2 BS WP/vBP außerdem **ausreichend Zeit** zur ordnungsgemäßen Bearbeitung des Auftrags. Dies setzt eine angemessene Auftragsplanung durch den Abschlussprüfer sowie die Vereinbarung realistischer Zeitpläne mit dem Mandanten voraus. Zeitmangel ist kein Entschuldigungsgrund für eine nicht ordnungsgemäße Berufsausübung. Daher hat der Abschlussprüfer unverzüglich darauf hinzuweisen, wenn er eine Abschlussprüfung nicht in der gesetzten Frist durchführen kann. 40

Die Forderung nach einer angemessenen **Gesamtplanung** (§ 4 Abs. 3 BS WP/vBP) gründet sich auf denselben Überlegungen. Nur durch eine angemessene Gesamtplanung aller Aufträge ist der Abschlussprüfer in der Lage, mit der erforderlichen Sachkunde (insb. den erforderlichen Mitarbeitern) und ausreichender Zeit die Abschlussprüfung durchzuführen. Die Anforderung an eine angemessene Gesamtplanung ist abhängig von Größe und Struktur der Wirtschaftsprüfer-Praxis, sodass diesem Gesichtspunkt bei größeren Prüfungseinheiten größere Bedeutung zukommt, als z. B. bei einer Kanzlei eines Einzel-Wirtschaftsprüfers mit nur wenigen Mitarbeitern. Konkretisierungen zur Ausgestaltung der Gesamtplanung enthält Abschn. 4.4 des IDW QS 1.[27] 41

§ 4 Abs. 4 BS WP/vBP stellt klar, dass zur gewissenhaften Berufsausübung auch gehört, einen **Auftrag vorzeitig zu beenden**, wenn Umstände eintreten, die eine Auftragsannahme verhindert hätten. Auch hierzu enthält IDW QS 1 in Abschn. 4.2 weitergehende Konkretisierungen. Typische Anwendungsfälle sind das nachträgliche Auftreten von die Unabhängigkeit ausschließenden Sachverhalten oder das nachträgliche Bekanntwerden von Zweifeln an der Integrität des Mandanten. Vgl. zur Kündigung des Prüfungsauftrags aus wichtigem Grund auch § 318 Rz 78 ff. 42

2.3 Unparteilichkeit

Die Abschlussprüfung dient insb. dem öffentlichen Interesse. Daher bestimmt § 323 Abs. 1 Satz 1 HGB, dass eine Abschlussprüfung **unparteiisch** durchzuführen ist, womit v.a. gemeint ist, dass der Abschlussprüfer nicht allein die Interessen der zu prüfenden Ges. und deren Organe im Auge haben darf.[28] 43

§ 28 BS WP/vBP stellt klar, dass Unparteilichkeit bedeutet, **keinen der Beteiligten zu benachteiligen oder zu bevorzugen**, wobei dies bzgl. einer Abschlussprüfung insb. auf die Form der Berichterstattung, d.h. die Ausführungen im Prüfungsbericht, ankommt bzw. bei der mündlichen Berichterstattung an den Aufsichtsrat von Belang ist.[29] Da der Prüfungsbericht mehreren „Beteiligten" zugänglich ist, kommt der **unparteiischen Berichterstattung** große Bedeutung zu (zu den Adressaten des Prüfungsberichts vgl. § 321 Rz 9). Daher dürfen wesentliche Sachverhalte nicht verschwiegen oder verklausuliert dargestellt werden.[30] Es widerspricht aber nicht dem Gebot der Unparteilichkeit, eine Schlussbesprechung mit der Unternehmensleitung durchzuführen und dieser den Prüfungsbericht im Entwurf zu überlassen (§ 321 Rz 159). 44

Die Pflicht zur Unparteilichkeit korrespondiert mit dem persönlichen Ausschlussgrund der **Besorgnis der Befangenheit** (§ 319 Abs. 2 HGB), d.h. wenn 45

---

[27] Vgl. WPK/IDW, WPg 2006, S. 637.
[28] Vgl. ADS, Rechnungslegung und Prüfung der Unternehmen, 6. Aufl. 1995–2001, § 323 HGB Rz 28.
[29] Zur mündlichen Berichterstattung an den Aufsichtsrat vgl. IDW PS 470.8 ff.
[30] Vgl. Kuhner/Päßler, in Küting/Weber, HdR-E, § 323 HGB Rz 13, Stand: 6/2021.

die Unabhängigkeit des Abschlussprüfers durch geschäftliche, finanzielle oder persönliche Umstände beeinträchtigt wird.[31] Auch hierzu enthält die BS WP/vBP Konkretisierungen:
- Eigeninteressen (§ 32 BS WP/vBP),
- Selbstprüfung (§ 33 BS WP/vBP),
- Interessenvertretung (§ 34 BS WP/vBP),
- persönliche Vertrautheit (§ 35 BS WP/vBP) und
- Einschüchterung (§ 36 BS WP/vBP).

46 Besorgnis der Befangenheit kann nicht nur in der Person des Abschlussprüfers, sondern auch durch o. g. Umstände begründet werden, die im Verhältnis zu einer Person auftreten, mit der der Abschlussprüfer gemeinsam den Beruf ausübt oder die zur Teilnahme an der Abschlussprüfung vorgesehen bzw. eingesetzt ist (§ 29 Abs. 4 Satz 1 Nr. 1–6 BS WP/vBP). Dies gilt entsprechend auch für WPG/BPG bzgl. deren gesetzlichen Vertreter oder Gesellschafter, die einen maßgeblichen Einfluss ausüben können oder bei der Abschlussprüfung in verantwortlicher Position beschäftigt werden (§ 29 Abs. 4 Satz 2 BS WP/vBP). Einzelheiten zum Ausschlussgrund Besorgnis der Befangenheit vgl. § 319 Rz 22 ff.

2.4 Verschwiegenheitspflicht

2.4.1 Reichweite

47 Die in § 323 Abs. 1 Satz 1 HGB dem Abschlussprüfer auferlegte Verschwiegenheitspflicht ist ein zentraler Eckpfeiler zum Schutz der geprüften Ges. (Rz 7). Sie ist daher umfassend und **weit auszulegen** und bezieht sich grds. auf alles, was der Abschlussprüfer (und die übrigen der Verschwiegenheitspflicht unterliegenden Personen vgl. Rz 21) i. R. d. Durchführung der Abschlussprüfung bekannt geworden ist. Nur eine derartig weite Auslegung lässt das dem Abschlussprüfer zustehende Einblicks- und Informationsrecht i. S. v. § 320 HGB vertretbar erscheinen.[32] Auch die in § 43 WPO als allgemeine Berufspflicht bestehende Verschwiegenheitspflicht wird im Übrigen ähnlich weit ausgelegt (zum Verhältnis § 43 WPO zu § 323 HGB vgl. Rz 2).[33]

48 Die Reichweite der Verschwiegenheitspflicht findet ihre Grenzen, wenn es um Sachverhalte geht, die **allgemein bekannt oder jedermann ohne Weiteres zugänglich** sind. Hierunter fallen solche Sachverhalte und Tatsachen, die von der geprüften Ges. offiziell bekannt gemacht (z. B. im BAnz) oder in Form von Presseberichten, Pressemitteilungen erkennbar von der Ges. veranlasst oder bestätigt worden sind.[34] Ohne Weiteres zugänglich sind Informationen, die im Handelsregister eingetragen sind oder von der geprüften Ges. auf ihrer Internetseite publiziert werden. Nicht ohne Weiteres zugänglich sind Eintragungen im Grundbuch, da hier eine Einsichtnahme nur bei berechtigtem Interesse möglich ist (§ 12 Abs. 1 GBO). Entscheidend für die Reichweite der Verschwiegenheit ist weiterhin der wirkliche oder mutmaßliche Wille der geprüften Ges., bestimmte

---

31 Vgl. Hennrichs, in Baetge/Kirsch/Thiele, Bilanzrecht, § 323 HGB Rz 34, Stand: 12/2014.
32 Vgl. Mock, DB 2003, S. 1996.
33 Vgl. Reuss, in Hense/Ulrich/, WPO-Kommentar, 4. Aufl. 2022, § 43 WPO Rz 226 ff.
34 Vgl. Justenhoven/Feldmüller, in Beck Bil-Komm., 13. Aufl. 2022, § 323 HGB Rz 27.

Informationen nicht an Dritte weiterzugeben. Im Zweifel ist vom Bestehen der Verschwiegenheitspflicht auszugehen.

§ 10 BS WP/vBP konkretisiert die Anforderungen von § 43 WPO. Die in § 10 Abs. 3 BS WP/vBP vorgenommene Klarstellung, dass die Verschwiegenheitspflicht auch nach Beendigung des Auftragsverhältnisses fortbesteht, gilt für § 323 HGB gleichermaßen. Da der Prüfungsauftrag mit Auslieferung von Bestätigungsvermerk und Prüfungsbericht abgeschlossen ist (§ 321 Rz 161), ist evident, dass dann nicht bereits die Verschwiegenheitspflicht enden kann. Es entspricht h.M., dass die Verschwiegenheitspflicht i.S.v. § 323 Abs. 1 Satz 1 HGB **keine zeitliche Begrenzung** kennt.[35]

Sie endet bspw. auch nicht durch Untergehen der geprüften Ges., z.B. durch Löschung im Handelsregister infolge einer Ablehnung eines Antrags auf Insolvenzeröffnung mangels Masse (§ 26 Abs. 1 InsO i.V.m. § 394 Abs. 1 Satz 2 FGG). Im Fall einer Verschmelzung gehen die Ansprüche aus § 323 HGB auf die aufnehmende Ges. über, sodass auch nur diese Ges. den Abschlussprüfer erforderlichenfalls von der Verschwiegenheitspflicht entbinden kann (Rz 70).

Die Verschwiegenheitspflicht besteht ggü. **außenstehenden Dritten**, dagegen nicht ggü. den vertretungsberechtigten Organen der Ges. selbst. Hieraus zu folgern, der Vorstand der zu prüfenden AG sei laufend über den Stand der Abschlussprüfung zu unterrichten, würde zu weit gehen, da hierdurch die Kontrollfunktion der Abschlussprüfung beeinträchtigt werden könnte. Gegenüber Mitarbeitern der geprüften Ges., die von deren gesetzlichen Vertretern als Auskunftspersonen bestimmt worden sind, ist der Abschlussprüfer mitteilungsberechtigt.[36]

> **Praxis-Beispiel**
> Der Geschäftsführer der prüfungspflichtigen GmbH hat dem Abschlussprüfer als Auskunftsperson den Buchhalter Fleißig benannt. Der Abschlussprüfer ist berechtigt, dem Fleißig mitzuteilen, für welche ausgewählte Debitoren und Kreditoren Saldenbestätigungen einzuholen sind.

Gegenüber dem **Aufsichtsrat** oder dem **Prüfungsausschuss** der geprüften Ges. besteht keine Verschwiegenheitspflicht des Abschlussprüfers, da er diesem nach §§ 171 Abs. 1 Satz 2 AktG, 321 Abs. 5 Satz 2 HGB mündlich und schriftlich zu berichten hat.[37] Gleiches gilt bei einem überwachenden Aufsichtsrat einer GmbH bzw. vergleichbaren Überwachungsgremien bei Ges. anderer Rechtsformen.

Ggü. **Aktionären** einer AG oder KGaA ist der Abschlussprüfer zur Verschwiegenheit verpflichtet (§ 176 Abs. 2 Satz 3 AktG). **Gesellschafter einer GmbH** haben dagegen gem. § 42a Abs. 3 GmbHG ein Auskunftsrecht gegen den Abschlussprüfer. Zu beachten ist, dass dieses Auskunftsrecht nicht den einzelnen

---

[35] Vgl. ADS, Rechnungslegung und Prüfung der Unternehmen, 6. Aufl. 1995–2001, § 323 HGB Rz 37; Ebke, in MünchKomm. HGB, 4. Aufl. 2020, § 323 HGB Rz 51; Kuhner/Päßler, in Küting/Weber, HdR-E, § 323 HGB Rz 14, Stand: 6/2021; Hennrichs, in Baetge/Kirsch/Thiele, Bilanzrecht, § 323 HGB Rz 35, Stand: 12/2014.

[36] Vgl. Kuhner/Päßler, in Küting/Weber, HdR-E, § 323 HGB Rz 14, Stand: 6/2021.

[37] Vgl. zu Einzelheiten der mündlichen Berichterstattung an den Aufsichtsrat IDW PS 470 n.F. und zur Berichterstattung im Prüfungsbericht IDW PS 450 n.F.

54 Innerhalb des **Prüfungsteams** besteht keine Verschwiegenheitspflicht, da alle i. R. d. Prüfung beschäftigten Personen der Verschwiegenheitspflicht unterliegen (Rz 23). Für eine effiziente Prüfungsdurchführung sind eine umfassende und fortlaufende Information innerhalb des Prüfungsteams unerlässlich.

55 Nicht der Verschwiegenheitspflicht unterliegt eine innerhalb der Prüfungsgesellschaft durchgeführte **Konsultation** (§ 39 Abs. 3 BS WP/vBP), z.B. mit einer Grundsatzabteilung. Auch die hier eingesetzten WP/vBP bzw. Mitarbeiter sind über § 43 bzw. § 50 WPO zur Verschwiegenheit verpflichtet. Eine angemessene Konsultation erfordert die Darstellung des zugrunde liegenden Sachverhalts. Hierzu darf auch nicht unmittelbar mit dem Prüfungsauftrag befassten Mitarbeitern der Prüfungsgesellschaft Einblick in die Arbeitspapiere gewährt bzw. benötigte Informationen mitgeteilt werden.

56 Wird eine externe Konsultation z. B. bei einem Berufskollegen vorgenommen, so ist dieser entweder zur Verschwiegenheit zu verpflichten oder der von diesem zu beurteilende Sachverhalt ist vorher durch den Abschlussprüfer so zu anonymisieren, dass der Konsultierte keine der Verschwiegenheitspflicht entgegenstehenden Informationen erhält.

> **Praxis-Beispiel**
> Der Einzel-Wirtschaftsprüfer, der den Jahresabschluss der prüfungspflichtigen GmbH & Co. KG prüft, stößt im Zuge der Abschlussprüfung auf einen für ihn schwierig zu beurteilenden Sachverhalt im Zusammenhang mit einer Bewertungseinheit zwischen einem am Abschlussstichtag schwebenden Beschaffungsgeschäft und einem Devisentermingeschäft. Nachdem er den Sachverhalt aufgenommen und selbst beurteilt hat, möchte er aufgrund der Tragweite der Beurteilung für den zu prüfenden Jahresabschluss eine Konsultation durchführen. Er stellt eine fachliche Anfrage bei einem Fachreferenten des IDW, indem er den Sachverhalt anonymisiert darlegt und um grds. Beurteilung der konkreten Rechnungslegungsfrage zu Bewertungseinheiten bittet. Soweit die anonymisierte Darstellung des Sachverhalts keine Rückschlüsse auf die zu prüfende Ges. ermöglicht, liegt kein Verstoß gegen die Verschwiegenheitspflicht durch den Abschlussprüfer vor.

57 Auch ggü. Mitarbeitern der Prüfungsgesellschaft, die für die **laufende Qualitätssicherung** zuständig sind, besteht keine Verschwiegenheitspflicht. Hauptanwendungsfälle sind die auftragsbezogene Qualitätssicherung in Form der Berichtskritik (§ 48 Abs. 2 BS WP/vBP) und der auftragsbegleitenden Qualitätssicherung (§ 48 Abs. 3 und 4 BS WP/vBP) sowie die Nachschau zur Auftragsabwicklung, zu der Wirtschaftsprüfer verpflichtet sind (§ 49 BS WP/vBP).

58 Bei größeren Prüfungsverbünden werden Qualitätssicherungsmaßnahmen, wie z.B. die Nachschau, häufig gesellschaftsübergreifend durchgeführt. Soweit Mitarbeiter von anderen Prüfungsgesellschaften des Prüfungsverbunds auftragsbezogene Nachschauen bei einer Prüfungsgesellschaft durchführen, sind sie

zuvor zur Verschwiegenheit zu verpflichten, da sie insoweit wie ein freier Mitarbeiter zu behandeln sind.[38]

> **Praxis-Beispiel**
> Fünf Einzel-Wirtschaftsprüfer (A, B, C, D und E) haben aus Gründen der Effizienzsteigerung und Qualitätsverbesserung ein gemeinsames Qualitätssicherungssystem für die Durchführung von Abschlussprüfungen entwickelt. Ein Bestandteil dieses gemeinsamen Qualitätssicherungssystems stellt die gegenseitige Durchführung von Nachschauen von Prüfungsaufträgen dar. WP A soll bei WP B eine Nachschau für einen von B abgewickelten Prüfungsauftrag durchführen. WP B hat WP A gem. § 50 WPO zur Verschwiegenheit zu verpflichten.

Die Verschwiegenheitspflicht besteht nicht ggü. Mitgliedern des gesetzlichen Vertretungsorgans der Prüfungsgesellschaft (Rz 24).[39] Entweder gehören diese als an der Prüfung Mitwirkende ohnehin zum Kreis der der Verschwiegenheitspflicht unterliegenden Personen (Rz 23) oder sie sind aufgrund ihrer allumfassenden Zuständigkeit und Verantwortlichkeit für die WPG/BPG befugt, sich über die Prüfungstätigkeit der WPG/BPG zu informieren (zum Verwertungsverbot der hierdurch gewonnenen Erkenntnisse vgl. Rz 74). 59

Eine spezielle Regelung enthält § 323 Abs. 3 HGB für den **Aufsichtsrat und die Mitglieder des Aufsichtsrats einer Prüfungsgesellschaft**. Zu diesem Organ bzw. dessen Mitgliedern besteht eine explizite Verschwiegenheitspflicht der an dem Prüfungsauftrag beteiligten Personen (Rz 21). Durch die Vorschrift wird die Berichtspflicht des Vorstands der Prüfungsgesellschaft nach § 90 AktG eingeschränkt[40] und gleichermaßen die Überwachungstätigkeit des Aufsichtsrats zumindest partiell beeinträchtigt. Die Regelung ist bei einem **fakultativen Aufsichtsrat** oder Beirat gleichermaßen anzuwenden. 60

Gegenüber **Gesellschaftern der Prüfungsgesellschaft** gilt die Verschwiegenheitspflicht ebenfalls. Hier tritt das Kollisionsinteresse innerhalb der Prüfungsgesellschaft hinter die Interessen der zu prüfenden Ges. zurück.[41] 61

Die Verschwiegenheitspflicht umfasst nicht nur den Verzicht auf aktives Tun, sondern auch die Verhinderung der Einsichtnahme Dritter.[42] Daher hat der Abschlussprüfer geeignete Vorkehrungen zu treffen, die die unbefugte Einsichtnahme Dritter verhindern (§ 10 Abs. 2 BS WP/vBP). Hierzu können im Einzelnen Regelungen zur Aufbewahrung und Sicherung von Arbeitspapieren[43] und sonstigen mandantenbezogenen Informationen gehören.[44] 62

---

[38] Vgl. IDW, WPH Edition, Wirtschaftsprüfung & Rechnungslegung, 18. Aufl. 2023, Kap. D Tz 130.
[39] Vgl. Justenhoven/Feldmüller, in Beck Bil-Komm., 13. Aufl. 2022, § 323 HGB Rz 32.
[40] Vgl. Hennrichs, in Baetge/Kirsch/Thiele, Bilanzrecht, § 323 HGB Rz 81, Stand: 12/2014.
[41] Vgl. Poll, DZWiR 1995, S. 95 ff.
[42] Vgl. Kuhner/Päßler, in Küting/Weber, HdR-E, § 323 HGB Rz 20, Stand: 6/2021.
[43] Zum Anspruch auf die Herausgabe von Arbeitspapieren des Wirtschaftsprüfers vgl. Gutman, BB 2010, S. 171.
[44] Vgl. IDW QS 1.190 ff.; IDW PS 460.31 ff.

2.4.2 Gesetzliche Ausnahmen

63 Der Gesetzgeber hat verschiedene Ausnahmen von der Verschwiegenheitspflicht vorgesehen. Danach besteht eine Auskunftspflicht des gesetzlichen Abschlussprüfers
- ggü. dem **Konzern-Abschlussprüfer** nach § 320 Abs. 3 Satz 2 HGB (§ 320 Rz 49),
- ggü. dem **Sonderprüfer** einer AG nach § 258 Abs. 5 Satz 2 i.V.m. § 145 Abs. 2 AktG,
- in Form einer **Mitteilungspflicht an die BaFin und die Deutsche Bundesbank** bei Vorliegen bestimmter Tatsachen nach § 29 Abs. 3 KWG,[45]
- in Form einer **Offenlegung des Prüfungsberichts** nach § 321a HGB, wenn für die geprüfte Ges. ein Insolvenzverfahren eröffnet bzw. ein Antrag auf Eröffnung eines Insolvenzverfahrens mangels Masse abgelehnt wurde (§ 321a Rz 34, Rz 44),
- in Form einer Abgabe einer Verdachtsanzeige im Hinblick auf **Geldwäsche** nach § 11 Abs. 3 GwG,
- bei **Berufsaufsichtsverfahren** (z.B. Inspektionen gem. § 62b WPO) nach § 62 Abs. 3 WPO.

64 Die bisherige Fassung von § 323 HGB enthielt in Abs. 1 Satz 1 2. Hs. HGB über den Verweis auf § 57b WPO eine gesetzliche Ausnahme von der Verschwiegenheitspflicht i.R.d. für gesetzliche Abschlussprüfer obligatorischen **externen Qualitätskontrolle gem. § 57a WPO**. Die Vorschrift wurde mit dem FISG[46] geändert und ist mangels Übergangsregelung in Art. 86 EGHGB sofort anzuwenden. Der jetzige Gesetzestext ist weiter gefasst als bislang und bezieht die Öffnungsklausel allgemein auf „gesetzliche Mitteilungspflichten". Ausweislich der Regierungsbegründung zum FISG[47] sind damit neben dem o.g. § 57b WPO folgende gesetzliche Ausnahmen von der Verschwiegenheitspflicht angesprochen und – aufgrund des weit gefassten Wortlauts – öffnet gleichermaßen für zukünftig ggf. beschlossene weitere gesetzliche Ausnahmen von der Verschwiegenheitspflicht:

Mitteilungspflichten nach
- § 107 Abs. 5 Satz 1 WpHG,
- § 341k Abs. 2 HGB,
- § 35 Abs. 4 VAG,
- § 29 Abs. 3 KWG,
- § 258 Abs. 5 Satz 2 i.V.m. § 145 Abs. 2 AktG sowie
- Art. 7 UAbs. 2 und Art. 12 Absatz 1 UAbs. 1 und 2 der Abschlussprüferverordnung.

Es handelt sich um eine rein klarstellende Regelung und keine Verschärfung, weshalb es auch keiner Übergangsregelung für diese Änderung des § 323 HGB bedurfte. Neben den o.g. existieren weitere gesetzliche Ausnahmen, wie z.B. § 20 Abs. 4 HGB für den Bereich der Konzernabschlussprüfung, § 43 Abs. 31 GwG, § 18 Abs. 2 UStG oder § 138d Abs. 3 AO.[48]

§ 57b Abs. 3 WPO entbindet den Abschlussprüfer insoweit von der Verschwiegenheitspflicht, als er dem Prüfer für Qualitätskontrolle die für dessen Zwecke

---

[45] Vgl. IDW, IDW-FN 2012, S. 409.
[46] V. 3.6.2021, BGBl 2021 I S. 1534.
[47] BT-Drs. 19/26966 v. 24.2.2021.
[48] Vgl. IDW, WPH Edition, Wirtschaftsprüfung & Rechnungslegung, 18. Aufl. 2023, Kap. A Tz 196 ff.

benötigten Informationen zur Verfügung stellt. Der Prüfer für Qualitätskontrolle selbst, seine Mitarbeiter, die Bediensteten der WPK und die Mitglieder der Qualitätskontrollkommission unterliegen gem. § 57b Abs. 1 und 2 WPO ihrerseits einer Verschwiegenheitspflicht für i.R. ihrer Tätigkeiten erlangte Kenntnisse. Für die Mitglieder der Abschlussprüferaufsichtsstelle gilt gem. § 66b Abs. 1 WPO ebenfalls eine Verschwiegenheitspflicht.

Ob und inwieweit sich durch den **Public Company Accounting Oversight Board** (PCAOB) für dort registrierte deutsche WP bzw. WPG Auswirkungen auf eine weitere gesetzliche Ausnahme von der Verschwiegenheitspflicht ergeben werden, bleibt der weiteren Entwicklung vorbehalten. Derzeit können sich die dort registrierten WP bzw. WPG auf ihre Verschwiegenheitspflicht berufen. Soweit im Zuge sog. **joint inspections** i.R.e. Inspektion nach § 62b WPO auch ausländische Prüfaufsichten an diesen Untersuchungen teilnehmen, gilt für diesen Personenkreis unverändert die Verschwiegenheitspflicht; eine Einsichtnahme in Arbeitspapiere des Abschlussprüfers ist für diesen Personenkreis nur durch Entbindung von der Verschwiegenheitspflicht durch den Auftraggeber möglich, während für die deutschen Inspektoren eine gesetzliche Ausnahme von der Verschwiegenheitspflicht besteht. Hieran ändert auch der durch das APAReG neu gefasste § 66c WPO nichts, auch wenn Abs. 6 der Vorschrift den Abschlussprüfern die Möglichkeit eröffnet, Arbeitsunterlagen und andere Dokumente an den PCAOB herauszugeben, wenn sie zuvor die Abschlussprüferaufsichtsstelle darüber informiert haben und weitere Bedingungen gem. § 57 Abs. 9 Satz 5 WPO erfüllt sind.

Keine gesetzliche Ausnahme liegt vor, wenn sich ein Abschlussprüfer oder eine Prüfungsgesellschaft auf freiwilliger Basis einer **Zertifizierung nach ISO 9001** unterzieht. Soweit hierbei der Verschwiegenheitspflicht unterliegende Informationen dem Zertifizierer offengelegt werden müssen, ist zuvor eine Entbindung von der Verschwiegenheit von der geprüften Ges. einzuholen.

Weiterhin kann eine gesetzliche Ausnahme von der Verschwiegenheitspflicht in Betracht kommen, wenn dies zur Abwendung einer schweren Straftat nach § 138 StGB erforderlich ist.[49] Diskutiert wird auch, ob eine gesetzliche Ausnahme vorliegt, wenn für den Abschlussprüfer ein allgemeiner Rechtfertigungsgrund vorliegt (§§ 34, 193 StGB). Ein berechtigtes Eigeninteresse des Abschlussprüfers könne demnach in Regressprozessen oder Honorarstreitigkeiten vorliegen sowie in straf- oder bußgeldrechtlichen Verfahren.[50] In derartigen Fällen ist vom Abschlussprüfer eine Interessenabwägung vorzunehmen, da das öffentliche Interesse an die Verschwiegenheitspflicht des Abschlussprüfers ein hohes Gut darstellt und daher an die Zumutbarkeit für den Abschlussprüfer hohe Anforderungen zu stellen sind (Durchbrechung der Verschwiegenheitspflicht als ultima ratio).[51]

Für den Abschlussprüfer kann sich eine Auskunftspflicht als Zeuge bei Verfahren vor staatlichen Gerichten oder Ermittlungsbehörden ergeben. Die Verschwiegenheitspflicht nach § 323 Abs. 1 HGB hat allerdings Vorrang vor der grds. für jeden Bürger bestehenden Aussagepflicht (z.B. §§ 48, 51, 161a StPO). Prozessual

---

[49] Vgl. ADS, Rechnungslegung und Prüfung der Unternehmen, 6. Aufl. 1995–2001, § 323 HGB Rz 63.
[50] Vgl. Hennrichs, in Baetge/Kirsch/Thiele, Bilanzrecht, § 323 HGB Rz 40.1, Stand: 12/2014.
[51] Vgl. Ebke, in MünchKomm. HGB, 5. Aufl. 2024, § 323 HGB Rz 68.

wurde dies durch ein **Zeugnisverweigerungsrecht** hergestellt, das in folgenden Rechtsgebieten geregelt ist:
- im **Zivilprozessrecht** nach § 383 Abs. 1 Nr. 6 ZPO,
- im **Strafprozessrecht** nach § 53 Abs. 1 Nr. 3 StPO, das über § 161a Abs. 1 Satz 2 StPO auch für das staatsanwaltschaftliche Ermittlungsverfahren gilt,
- im **Steuerermittlungs- und Finanzgerichtsverfahren** nach § 102 Abs. 1 Nr. 3b AO i. V. m. § 84 FGO.

69 Das Recht zur Zeugnisverweigerung stellt für den Abschlussprüfer über § 323 Abs. 1 Satz 2 HGB, § 43 WPO, § 203 Abs. 1 Nr. 3 StGB, § 38 Abs. 1 Nr. 2c WpHG eine **Pflicht** dar. Wird der Abschlussprüfer allerdings von der Verschwiegenheitspflicht entbunden (Rz 70), entfällt hiermit auch das Zeugnisverweigerungsrecht, sodass der Abschlussprüfer dann nach § 385 Abs. 2 ZPO, § 53 Abs. 2 StPO, § 102 Abs. 3 AO i. V. m. § 84 FGO zur Aussage verpflichtet ist.

2.4.3 Entbindung von der Verschwiegenheitspflicht

70 Soweit keine gesetzliche Ausnahme von der Verschwiegenheitspflicht vorliegt, kann der der Verschwiegenheitspflicht unterliegende Personenkreis (Rz 21) nur durch den Auftraggeber von der Verschwiegenheitspflicht entbunden werden. Bestehen mehrere Auftraggeber, müssen alle Auftraggeber der Entbindung zustimmen. Die Entbindung von der Verschwiegenheitspflicht kann sich auf alle ihr unterliegenden Umstände oder nur auf Teile davon beziehen. Die Entbindung sollte aus Nachweisgründen schriftlich vorgenommen werden. Es empfiehlt sich außerdem, die Entbindung nur für einen **bestimmten Adressatenkreis** vorzunehmen.[52]

> **Praxis-Beispiel**
> Bei der prüfungspflichtigen GmbH bestehen Überlegungen, einen weiteren finanzkräftigen Gesellschafter hinsichtlich einer Kapitalerhöhung aufzunehmen. Der potenzielle Investor führt Untersuchungen über die GmbH in Bezug einer due diligence durch. I. R. d. Untersuchungen soll der Abschlussprüfer der GmbH ggü. dem Investor bzw. dessen Beratern Auskünfte zu dem von ihm geprüften Jahresabschluss der GmbH erteilen.
> Der Abschlussprüfer lässt sich von dem Geschäftsführer der GmbH eine schriftliche Entbindung von der Verschwiegenheitspflicht zur Erteilung von Auskünften geben. Hierin sind ggf. bestehende Begrenzungen der Entbindung sowie der Adressatenkreis benannt, ggü. dem der Abschlussprüfer Auskünfte geben darf (Investor und dessen Berater).
> Damit über den Kreis der Auskunftsberechtigten hinaus niemand die vom Abschlussprüfer gegebenen Auskünfte erhält sowie aus Haftungsgründen, lässt sich der Abschlussprüfer vor Erteilung der Auskünfte vom Investor und dessen Berater schriftlich bestätigen, dass sie die erhaltenen Informationen nicht weitergeben und nur für den vorgesehenen Zweck verwenden (sog. **hold-harmless-letter**).

71 Zuständig für die Entbindung von der Verschwiegenheitspflicht ist das für die Vertretung zuständige Organ, d. h. im Fall der AG – trotz § 111 Abs. 1 Satz 3

---

[52] Vgl. Justenhoven/Feldmüller, in Beck Bil-Komm., 13. Aufl. 2022, § 323 HGB Rz 43.

AktG – der Vorstand, da es sich hierbei um eine Geschäftsführungsmaßnahme handelt.[53] Die Entbindung von der Verschwiegenheit erfolgt durch die Mitglieder des Vertretungsorgans in der für die Vertretung erforderlichen Anzahl.

Im Fall der **Insolvenz** geht die Befugnis zur Entbindung von der Verschwiegenheitspflicht auf den Insolvenzverwalter über.[54]

Soweit eines der Organmitglieder ein **selbstständiges schutzwürdiges Interesse** an der Verschwiegenheit des Abschlussprüfers besitzt, wird auch dessen Zustimmung benötigt. Dies kann z. B. dann auftreten, wenn es um Tatsachen aus der persönlichen Sphäre des Organmitglieds geht (z. B. betreffend schuldrechtlicher Verträge, die das Organmitglied mit der geprüften Ges. geschlossen hat).

2.5 Verbot der unbefugten Verwertung von Geschäfts- und Betriebsgeheimnissen

§ 323 Abs. 1 Satz 2 HGB regelt eine unbefugte Verwertung von Geschäfts- und Betriebsgeheimnissen. Das Verwertungsverbot geht insoweit über die Verschwiegenheitspflicht hinaus, als es für Geschäfts- und Betriebsgeheimnisse neben der Verschwiegenheit auch die unbefugte Verwertung durch den verpflichteten Personenkreis (Rz 21) verbietet. Ein Verstoß gegen das Verwertungsverbot stellt somit immer dann auch einen Verstoß gegen die Verschwiegenheitspflicht dar, wenn die verwerteten Umstände zugleich Dritten bekannt werden.

Neben dem Verwertungsverbot gem. § 323 Abs. 1 Satz 2 HGB existieren weitere Verwertungsverbote:
- § 11 BS WP/vBP verbietet die Verwertung sämtlicher i. R. d. Berufsausübung (also nicht nur Abschlussprüfung) erhaltenen Kenntnisse über Tatsachen und Umstände des Auftraggebers oder Dritte;
- Art. 14 MMVO regelt das Verbot von **Insidergeschäften** mit Finanzinstrumenten.

Auch wenn die Vorschrift „nur" von Geschäfts- und Betriebsgeheimnissen spricht, ist dieser Begriff im Hinblick auf den Schutzzweck der Vorschrift (Rz 7) weit auszulegen, sodass der Umfang sich materiell nicht von den der Verschwiegenheitspflicht unterliegenden Tatsachen (Rz 48) unterscheidet.[55]

Verwertung stellt jede Form der wirtschaftlichen Nutzung dar, insb. Veräußerung an Dritte, Verwendung als Entscheidungsgrundlage bei Finanzanlagen oder anderen Vermögensdispositionen.[56] Unter das Verwertungsverbot fällt auch die Verwendung von Kenntnissen über die wirtschaftliche Situation des geprüften Unt in einer anderen Abschlussprüfung desselben Abschlussprüfers.

> **Praxis-Beispiel**
> Der Wirtschaftsprüfer prüft als Abschlussprüfer den Jahresabschluss der prüfungspflichtigen A-GmbH, die wirtschaftlich angeschlagen ist. Der Wirtschaftsprüfer ist außerdem Abschlussprüfer der B-GmbH, die beträchtliche Darlehen an die A-GmbH ausgereicht hat.

---

[53] Vgl. Hennrichs, in Baetge/Kirsch/Thiele, Bilanzrecht, § 323 HGB Rz 39, Stand: 12/2014.
[54] Vgl. Justenhoven/Feldmüller, in Beck Bil-Komm., 13. Aufl. 2022, § 323 HGB Rz 44.
[55] Vgl. Hennrichs, in Baetge/Kirsch/Thiele, Bilanzrecht, § 323 HGB Rz 42, Stand: 12/2014; Justenhoven/Feldmüller, in Beck Bil-Komm., 13. Aufl. 2022, § 323 HGB Rz 51.
[56] Vgl. Kuhner/Päßler, in Küting/Weber, HdR-E, § 323 HGB Rz 43, Stand: 6/2021.

> Seine Kenntnisse über die tatsächliche wirtschaftliche Situation der A-GmbH darf der Wirtschaftsprüfer nicht als Abschlussprüfer des Jahresabschlusses der B-GmbH verwerten, d.h., bei der Beurteilung der Werthaltigkeit der Darlehen der B-GmbH darf er sich nur auf die i.R.d. Abschlussprüfung der B-GmbH erhaltenen Informationen und Unterlagen stützen.

78 Für das Verbot unerheblich ist, ob die Verwertung im Interesse des Abschlussprüfers erfolgt oder ob dem geprüften Unt aus der Verwertung ein Schaden droht. Besteht eine Genehmigung der Verwertung durch die geprüfte Ges., ist es zweifelhaft, ob eine zivilrechtliche Haftung nach § 323 HGB noch besteht, da in der Vorschrift explizit nur **„unbefugte"** Verwertungen untersagt sind.[57] Soweit allerdings ein Verstoß gegen das Verbot von Insidergeschäften nach Art. 14 MMVO vorliegt, kann auch eine etwaige Genehmigung durch die geprüfte Ges. eine Sanktionierung nach Art. 30 MMVO nicht verhindern.

3 Haftung des Abschlussprüfers

3.1 Haftung gegenüber Auftraggeber

79 Soweit ein Verstoß gegen die Pflichten aus § 323 Abs. 1 Satz 1 und 2 HGB erfolgt, haftet der verpflichtete Personenkreis (Rz 21) nach Abs. 1 Satz 3 der Vorschrift der geprüften Gesellschaft. Ebenso wie bei den Pflichten des Abschlussprüfers beschränkt sich die Haftung nicht auf die Parteien des Prüfungsvertrags, sondern bezieht ausdrücklich mit ein:
- den Abschlussprüfer,
- die Gehilfen des Abschlussprüfers (Rz 23),
- im Fall einer WPG/BPG die bei der Prüfung mitwirkenden gesetzlichen Vertreter (Rz 24).

80 Die genannten Personen haften nach § 323 Abs. 1 Satz 4 HGB als **Gesamtschuldner** i.S.v. § 421 BGB, sodass auch die Haftungshöchstsummen nur einmal in Anspruch genommen werden können (Rz 105).

81 Eine Haftung kommt in Betracht, soweit von dem o.g. Personenkreis ein Pflichtverstoß **vorsätzlich** oder **fahrlässig** vorgenommen wurde. Kann Vorsatz nachgewiesen werden, entfällt die Haftungsbegrenzung nach § 323 Abs. 2 HGB (Rz 95) und es kommen strafrechtliche Konsequenzen in Betracht. Die Abgrenzung zwischen grober Fahrlässigkeit und bedingtem Vorsatz kann im Einzelfall schwer fallen, hat allerdings besondere Bedeutung wegen der Folgen auf die Haftungsbegrenzung.[58] Bei **umstrittenen Rechtsfragen** hat sich der Abschlussprüfer an der h.M., d.h. v.a. an einer höchst- oder obergerichtlichen Rechtsprechung zu orientieren.[59]

82 Wann ein solcher Pflichtverstoß vorliegt, bestimmt sich nach einem **objektiven Maßstab**; auf subjektive Vorstellungen des Geschädigten kommt es nicht an.[60]

---

[57] Zustimmend: Kuhner/Päßler, in Küting/Weber, HdR-E, § 323 HGB Rz 44, Stand: 6/2021; ablehnend: Merkt, in Baumbach/Hopt, Beck HGB-Kurzkomm., 42. Aufl. 2023, § 323 HGB Rz 5.
[58] Vgl. Justenhoven/Feldmüller, in Beck Bil-Komm., 13. Aufl. 2022, § 323 HGB Rz 101.
[59] Vgl. Bärenz, BB 2003, S. 1781f.
[60] Vgl. IDW, WPH Edition, Wirtschaftsprüfung & Rechnungslegung, 18. Aufl. 2023, Kap. A Tz 318.

Hat sich der o.g. Personenkreis so verhalten, wie es kompetente Fachleute als sachgerecht empfohlen haben, kann diesen i.d.R. kein Vorwurf einer Pflichtverletzung gemacht werden (zur Verbindlichkeit von IDW PS vgl. Rz 30).

> **Beispiele für derartige Pflichtverletzungen sind:**
> - Der Abschlussprüfer verzichtet generell auf die Einholung einer Saldenbestätigung,
> - i.R.e. Stichprobe aufgedeckte Fehler führen nicht zu einer Intensivierung der Prüfung bei diesem Prüffeld.

Im Haftungsprozess trägt der Antragssteller, d.h. die geprüfte Ges., die **Darlegungs- und Beweislast** für die Pflichtverletzung. Die Grundsätze des sog. Anscheinbeweises (Ableitung einer Pflichtverletzung aus der Tatsache des Schadenseintritts) sind aufgrund der Komplexität einer Abschlussprüfung nur in Ausnahmefällen anwendbar.[61]

Eine Schadensersatzpflicht des Abschlussprüfers setzt neben der Pflichtverletzung die hieraus verursachte Entstehung eines Schadens i.S.e. **Vermögensminderung** voraus (Kausalität).[62] Beispiele für eine derartige Vermögensminderung sind:
- Anstatt eines richtigerweise auszuweisenden Bilanzverlusts erteilt der Abschlussprüfer einer AG einen uneingeschränkten Bestätigungsvermerk zu einem Jahresabschluss, der einen Bilanzgewinn ausweist. Soweit die Hauptversammlung eine **Ausschüttung** beschließt und die Ausschüttung von den Aktionären nicht zurückverlangt werden kann (§ 62 Abs. 1 Satz 2 AktG), kann ein Schaden entstanden sein.
- Sind **Verstöße von Mitarbeitern der geprüften Ges.** aufgetreten, die zu einer Vermögensschädigung der Ges. geführt haben, und hat der Abschlussprüfer diese nicht erkannt, obwohl er sie bei ordnungsgemäßer Prüfung hätte erkennen müssen, kann hierin ebenfalls eine Schadenskausalität begründet liegen.[63]
- Der Abschlussprüfer erteilt ungerechtfertigterweise einen modifizierten (eingeschränkten) Bestätigungsvermerk oder einen Versagungsvermerk. Als Folge erhält die geprüfte Gesellschaft nur noch unter sehr erschwerten Bedingungen Fremdkapital.

Der Abschlussprüfer kann gem. § 254 Abs. 1 BGB der geprüften Ges. etwaiges **Mitverschulden** entgegenhalten.[64] Ein Mitverschulden kann zum vollständigen oder tw. Wegfall der Schadensersatzpflicht des Abschlussprüfers führen. In derartigen Konstellationen wird es daher regelmäßig auf den Grad des Mitverschuldens im Einzelfall ankommen. Während bei einer Täuschung des Abschlussprüfers durch Organe oder Mitarbeiter der geprüften Ges. das Mitverschulden als schadensursächlich anzusehen ist, ist in Fällen leichter Fahrlässigkeit beider (sowohl der Abschlussprüfer als auch die geprüfte Ges. verletzen ihre Sorgfaltspflichten) wohl eher ein überwiegendes Verschulden des Abschlussprüfers anzunehmen, insb. wenn es um die Beurteilung bilanzieller Sachverhalte geht.[65]

---

[61] Vgl. ADS, Rechnungslegung und Prüfung der Unternehmen, 6. Aufl. 1995–2001, § 323 HGB Rz 101 m.w.N.
[62] Vgl. IDW, WPH Edition, Wirtschaftsprüfung & Rechnungslegung, 18. Aufl. 2023, Kap. A Tz 325.
[63] Vgl. zur nicht entdeckten Unterschlagung eines Abschlussprüfer auch WPK, WPKM 1/2007, S. 50.
[64] Vgl. WPK, WPKM 1/2010, S. 40; Justenhoven/Feldmüller, in Beck Bil-Komm., 13. Aufl. 2022, § 323 HGB Rz 95; BGH, Urteil v. 10.12.2009, VII ZR 42/08, GmbHR 2010, S. 263.
[65] Vgl. Justenhoven/Feldmüller, in Beck Bil-Komm., 13. Aufl. 2022, § 323 HGB Rz 97.

86 Neben § 323 HGB gibt es weitere mögliche Anspruchsgrundlagen des Auftraggebers gegen den Abschlussprüfer. Bzgl. Ansprüchen aus den allgemeinen **bürgerlich-rechtlichen Haftungstatbeständen für vertragliche Leistungsstörungen** und **deliktischer Haftung** nach §§ 823 ff. BGB wird tw. die Auffassung vertreten, dass diese durch das „Sonderrecht" aus § 323 HGB verdrängt werden.[66] Die für Architekten, Rechtsanwälte und Steuerberater entwickelten Grundsätze zur sog. **Sekundärhaftung** sind für als Abschlussprüfer tätige Wirtschaftsprüfer nicht anwendbar.[67]

3.2 Haftung gegenüber Dritten

3.2.1 Verbundene Unternehmen der geprüften Gesellschaft

87 § 323 Abs. 1 Satz 3 HGB weist verbundenen Unt der geprüften Ges. einen direkten Schadensersatzanspruch gegen den Abschlussprüfer zu, soweit diese durch den Abschlussprüfer geschädigt wurden. Der Begriff verbundenes Unt bestimmt sich nach § 271 Abs. 2 HGB und ist unabhängig davon, ob das verbundene Unt auch tatsächlich in den Konzernabschluss einbezogen ist (§ 271 Rz 32).
Ein Schadensersatzanspruch des verbundenen Unt der geprüften Ges. wird nach Sinn und Zweck der Vorschrift des § 323 HGB nur anzunehmen sein, wenn der Abschlussprüfer i.R. seines Auskunftsrechts nach § 320 HGB seine Pflichten ggü. dem verbundenen Unt verletzt hat.[68]

3.2.2 Sonstige Dritte

88 Die Regelungen des § 323 HGB stellen abschließend die Haftung des Abschlussprüfers aus dem Prüfungsvertrag ggü. dem Auftraggeber und verbundenen Unt bei Pflichtprüfungen dar.[69] Eine Ausweitung der Haftung des Abschlussprüfers aus § 323 HGB im Weg der Auslegung oder eines Analogieschlusses auf Dritte ist nicht möglich.[70] § 323 HGB entfaltet aber auch keine allgemeine Sperrwirkung in Bezug auf Schadensersatzansprüche vertragsfremder Dritter.[71]

89 Es kommen Ansprüche Dritter gegen den Abschlussprüfer in Betracht mittels
- des Rechtsinstituts Vertrag mit Schutzwirkung zugunsten Dritter (Rz 90),
- Auskunftsvertrag (Rz 92) oder
- Ansprüchen aus rechtsgeschäftlichen und rechtsgeschäftsähnlichen Schuldverhältnissen nach § 311 Abs. 3 BGB (Rz 92).

90 Das Rechtsinstitut des **Vertrags mit Schutzwirkung zugunsten Dritter** stellt einen Analogieschluss zu § 328 Abs. 2 BGB dar.[72] An die Annahme einer vertraglichen Einbeziehung von Dritten (z.B. Gläubigern, Anteilseignern der geprüften

---

[66] Vgl. Kuhner/Päßler, in Küting/Weber, HdR-E, § 323 HGB Rz 60, Stand: 6/2021; a.A.: Hennrichs, in Baetge/Kirsch/Thiele, Bilanzrecht, § 323 HGB Rz 60, Stand: 12/2014.
[67] Vgl. BGH, Urteil v. 10.12.2009, VII ZR 42/08, DStR 2010, S. 340.
[68] Vgl. Justenhoven/Feldmüller, in Beck Bil-Komm., 13. Aufl. 2022, § 323 HGB Rz 89; a.A.: Hennrichs, in Baetge/Kirsch/Thiele, Bilanzrecht, § 323 HGB Rz 58, Stand: 12/2014.
[69] Vgl. Kuhner/Päßler, in Küting/Weber, HdR-E, § 323 HGB Rz 59, Stand: 6/2021.
[70] Vgl. OLG Düsseldorf, Urteil v. 19.11.1998, 5 U 59/98, IDW-FN 2000, S. 518.
[71] Vgl. OLG Köln, Urteil v. 24.2.2011, 8 U29/10, DStR 2012, S. 578; BGH, Urteil v. 2.4.1998, III ZR 245/96, DStR 1998, S. 823; vgl. auch BGH, Urteil v. 21.11.2018, VII ZR 3/18, Beck-RS 2018, 39375, der das Haftungsprivileg in diesem Fall betont.
[72] Vgl. IDW, WPH Edition, Wirtschaftsprüfung & Rechnungslegung, 18. Aufl. 2023, Kap. A Tz 342.

Ges.) sind strenge Anforderungen zu stellen, sodass eine stillschweigende Ausdehnung der Haftung des Abschlussprüfers auf Dritte grds. nicht anzunehmen ist. Vielmehr ist dies nur im Einzelfall möglich, wenn von dem Abschlussprüfer deutlich im Drittinteresse eine besondere Leistung erwartet wird.[73] Allein die Tatsache, dass der (auch) für die Öffentlichkeit bestimmte Bestätigungsvermerk zur Entscheidungsfindung über Vermögensdisposition von Eigen- und Fremdkapitalgebern dient, kann keine (auch nicht stillschweigende) Haftung auslösen. Denn grds. ist jeder Bestätigungsvermerk einer Pflichtprüfung auch zur Reduzierung der Unsicherheit potenzieller Kapitalgeber in Bezug auf die Verlässlichkeit der von der geprüften Ges. vorgelegten Rechnungslegung bestimmt. Jedem Abschlussprüfer ist auch bewusst, dass nicht nur der Bestätigungsvermerk, sondern auch häufig der Prüfungsbericht Kapitalgebern von der geprüften Ges. zur Verfügung gestellt wird, oftmals aufgrund vertraglicher Verpflichtung (Kreditverträge mit Kreditinstituten sehen regelmäßig die Vorlage des Prüfungsberichts des Abschlussprüfers vor). Hieraus eine generelle Dritthaftung des Abschlussprüfers vorzusehen, ginge an Sinn und Zweck der Vorschrift des § 323 HGB vorbei und wird auch von der Rechtsprechung so nicht gewürdigt.[74]

Eine Dritthaftung des Abschlussprüfers aus dem Rechtsinstitut des Vertrags mit Schutzwirkung zugunsten Dritter ist unter sehr strengen Voraussetzungen möglich; die Prüfungsleistung des Abschlussprüfers muss von vornherein erkennbar zum Gebrauch ggü. Dritten verwendet werden und nach dem Willen des Auftraggebers mit einer entsprechenden Beweiskraft ausgestattet sein. Kommt nach dem Vorgenannten ausnahmsweise eine Dritthaftung des Abschlussprüfers in Betracht, so gilt auch ggü. dem Dritten die gesetzliche Haftungsbegrenzung nach § 323 Abs. 2 HGB (Rz 95).[75]

91

Ein ggf. auch stillschweigend begründeter **Auskunftsvertrag** zwischen dem Abschlussprüfer und einem Dritten kann ebenfalls Grundlage einer Dritthaftung darstellen. Daher sind Auskünfte des Abschlussprüfers, der als Sachverständiger regelmäßig besonderes Vertrauen genießt, ggf. als schlüssiges Verhalten zum Abschluss eines Auskunftsvertrags zu werten. Mündliche oder schriftliche Auskünfte, Bestätigungen o. Ä. des Abschlussprüfers ggü. Kreditgebern des geprüften Unt sind daher besonders risikobehaftet, auch wenn nicht zwangsläufig eine Haftungsgrundlage entstehen muss.[76] Die Annahme eines derartigen Auskunftsvertrags erfordert eine direkte Kontaktaufnahme des Abschlussprüfers mit dem Dritten.[77] Aus diesem Grund sollte der Abschlussprüfer keine Prüfungsberichte oder Testatexemplare „zur Abkürzung des Postwegs" direkt an die Hausbank des geprüften Unt versenden.

92

Problematisch am Auskunftsvertrag ist weiterhin, dass dieser ein eigenständiges Vertragsverhältnis zwischen Abschlussprüfer und dem Dritten begründet, für

93

---

[73] Vgl. BGH, Beschluss v. 30.10.2008, III ZR 307/07, WPKM 1/2009, S. 31.
[74] Vgl. BGH, Urteil v. 15.12.2005, III ZR 424/04, WPKM 3/2006, S. 40; OLG Düsseldorf, Urteil v. 2.6.2009, I 23 U 108/08, DB 2009, S. 2369; OLG Stuttgart, Urteil v. 29.9.2009, 12 U 147/05, BB 2010, S. V.; Fischer, DB 2012, S. 1495; BGH, Urteil v. 24.4.2014, III ZR 156/13, DB 2014, S. 1126; BGH, Urteil v. 21.11.2018, VII ZR 3/18, Beck-RS 2018, 39375.
[75] Vgl. BGH, Urteil v. 2.4.1998, III ZR 245/96, DB 1998, S. 1075; gl. A. OLG Hamm, Urteil v. 9.4.2003, 25 U 1008/02, WPKM 1/2004, S. 50; OLG Düsseldorf, Urteil v. 12.6.2003, 1–6 U 244/02, WPKM 4/2004, S. 50.
[76] Vgl. WPK, WPKM 1/2009, S. 33.
[77] Vgl. IDW, WPH Edition, Wirtschaftsprüfung & Rechnungslegung, 18. Aufl. 2023, Kap. A Tz 353.

das die Haftungsbegrenzung von § 323 Abs. 2 HGB nicht gilt, d. h., die Haftung ist der Höhe nach unbegrenzt.[78] Ist eine Kontaktaufnahme mit Dritten unvermeidbar, z. B. weil der Auftraggeber darauf drängt, ist dem Abschlussprüfer anzuraten, einen Auskunftsvertrag mit dem Dritten schriftlich abzuschließen und dort u. a. auch die Allgemeinen Auftragsbedingungen für Wirtschaftsprüfer und Wirtschaftsprüfungsgesellschaften (AAB) unter besonderem Hinweis auf die dort genannten Haftsummenbegrenzungen einzubeziehen.[79]

94 Die im Zuge des Schuldrechtsmodernisierungsgesetzes gesetzlich kodifizierte **Dritthaftung aus § 311 Abs. 3 BGB** stellt eine zu § 323 HGB konkurrierende gesetzliche Haftungsregelung dar. Die überwiegende Auffassung in der Literatur sieht in § 311 Abs. 3 BGB – auch unter Bezug auf die Regierungsbegründung bei Einführung der Vorschrift[80] – keine generelle Dritthaftungsgrundlage ggü. dem Abschlussprüfer, sondern die Vorschrift dann als nicht anwendbar an, wenn die Grundsätze des Vertrags mit Schutzwirkung zugunsten Dritter (Rz 90) eingreifen.[81] Die praktische Bedeutung der Abgrenzung zwischen diesen beiden Anspruchsgrundlagen wird angezweifelt, da die Zurechnungskriterien einer Haftung nach § 311 Abs. 3 BGB und der Grundsätze des Vertrags mit Schutzwirkung zugunsten Dritter weithin vergleichbar sind, sodass es letztlich für den Abschlussprüfer und den Anspruchsgegner materiell unbedeutend ist, auf welcher dieser beiden Anspruchsgrundlagen die Haftung beruht.[82]

3.3 Haftungsbegrenzung

3.3.1 Haftsummen (Abs. 2)

95 § 323 Abs. 2 HGB sieht eine Haftungsobergrenze für den Abschlussprüfer vor. Diese greift nur für fahrlässige Pflichtverletzungen, nicht bei Vorsatz (Rz 81) sowie durch die Änderungen des FISG[83] in bestimmten Fällen bei grober Fahrlässigkeit. Ist eine WPG/BPG als Abschlussprüfer bestellt und handelt einer ihrer Mitarbeiter bei einer Pflichtverletzung vorsätzlich, so hat sich dies die WPG/BPG auch grds. zuzurechnen lassen. Soweit die WPG/BPG selbst kein eigenes Verschulden trifft, wäre es unbillig, sie für den Vorsatz des Mitarbeiters unbeschränkt haften zu lassen, sodass für die WPG/BPG die Haftungsbeschränkung zur Anwendung kommt. Für den vorsätzlich handelnden Mitarbeiter gilt dies nicht, er haftet unbeschränkt.[84] Handelt allerdings ein gesetzlicher Vertreter einer WPG/BPG vorsätzlich, haftet die WPG/BPG ohne Haftungsbegrenzung.[85]

96 Die Haftungsobergrenze betrug nach der früheren Fassung von Abs. 2 für
- Abschlussprüfungen von AG/KGaA/SE, deren Aktien zum Handel im regulierten Markt zugelassen sind: 4 Mio. EUR,
- alle übrigen gesetzlichen Abschlussprüfungen 1 Mio. EUR.

---

[78] Vgl. Justenhoven/Feldmüller, in Beck Bil-Komm. 13. Aufl. 2022, § 323 HGB Rz 198.
[79] Zur Haftungssituation zum Bericht der Abschlussprüfers im Zusammenhang mit der „Bankenabgabe" vgl. IDW, IDW-FN 2012, S. 405.
[80] Vgl. BT-Drs. 14/4040 4.9.2000 S. 162.
[81] Vgl. IDW, WPH Edition, Wirtschaftsprüfung & Rechnungslegung, 18. Aufl. 2023, Kap. A Tz 362.
[82] Vgl. Hennrichs, in Baetge/Kirsch/Thiele, Bilanzrecht, § 323 HGB Rz 124, Stand: 12/2014.
[83] V. 3.6.2021, BGBl 2021 I S. 1534.
[84] Vgl. ADS, Rechnungslegung und Prüfung der Unternehmen, 6. Aufl. 1995–2001, § 323 HGB Rz 131.
[85] Vgl. Justenhoven/Feldmüller, in Beck Bil-Komm., 13. Aufl. 2022, § 323 HGB Rz 102.

Zu beachten ist hierbei die Übergangsregelung des Art. 86 Abs. 1 EGHGB, wonach § 323 Abs. 2 in der bis einschl. 30.6.2021 geltenden Fassung letztmals anzuwenden war auf alle gesetzliche vorgeschriebenen Abschlussprüfungen für das vor dem 1.1.2022 beginnende Gj. Bei kalendergleichem Gj waren die vorgenannten Haftungshöchstsummen demnach letztmals für gesetzliche Abschlussprüfungen für das zum 31.12.2021 endende Gj anzuwenden. Bei abweichendem Gj oder Rumpfgeschäftsjahr entsprechend länger, soweit diese vor dem 1.1.2022 begonnen hatten.

Mit der Neufassung von Abs. 2 gelten seitdem folgende Haftungshöchstgrenzen: **97**
- Kapitalgesellschaften, die ein Unt von öffentlichem Interesse i.S.v. § 316a Satz 2 Nr. 1 sind: 16 Mio. EUR,
- Kapitalgesellschaften, die ein Unt von öffentlichem Interesse nach § 316a Satz 2 Nr. 2 oder 3, aber nicht nach Nr. 1 sind[86]: 4 Mio. EUR,
- Kapitalgesellschaften, die nicht zu den vorgenannten zwei Kategorien gehören: 1,5 Mio. EUR.

Weiterhin wurden für Pflichtverletzungen des Abschlussprüfers im Bereich der **98**
groben Fahrlässigkeit folgende Haftungsbeschränkungen durch das FISG kodifiziert:
- Für Abschlussprüfer von Kapitalgesellschaften, die ein Unt von öffentlichem Interesse i.S.v. § 316a Satz 2 Nr. 1 sind, besteht in diesen Fällen keine Haftungsbgerenzung (wie schon bei Vorsatz),
- Abschlussprüfer von Kapitalgesellschaften, die ein Unt von öffentlichem Interesse nach § 316a Satz 2 Nr. 2 oder 3, aber nicht nach Nr. 1 sind: 32 Mio. EUR,
- Abschlussprüfer von Kapitalgesellschaften, die nicht zu den vorgenannten zwei Kategorien gehören: 12 Mio. EUR.

Der Abgrenzung zwischen Fahrlässigkeit und grober Fahrlässigkeit kommt somit zukünftig hohe Brisanz zu. Der Gesetzgeber greift ausweislich der Gesetzesbegründung auf die BGH-Rechtsprechung aus 1992 zurück, wonach grobe Fahrlässigkeit dann gegeben ist, wenn die verkehrsübliche Sorgfalt in besonders schwerem Maße außer Acht gelassen und das nicht beachtet wurde, was sich im gegebenen Fall jedem aufgedrängt hätte.[87] Es darf hierzu in Zukunft neue Rechtsprechung zu erwarten sein.

Die Anhebung der Haftungshöchstsummen ist im Gesetzgebungsverfahren kontrovers diskutiert worden. Der Gesetzgeber begründet die Erhöhung der Haftungshöchstsummen für die Unt, die keine Unt im öffentlichen Interesse sind, damit, dass die Haftungshöchstsummen seit 1998 unverändert und im internationalen Vergleich niedrig sind. Die Anhebung bei den Unt von öffentlichem Interesse wird vom Gesetzgeber damit begründet, dass hier ein weitaus größerer Adressatenkreis auf eine sorgfältige Prüfung des Adressatenkreises vertraut.[88] Demgegenüber hat der Berufsstand der Wirtschaftsprüfer gegen die Erhöhung Bedenken vorgetragen, wonach diese Regelungen zu einer weiteren Verschärfung der Konzentration im Prüfungsmarkt führen wird und zudem Abschlussprüfer Probleme bekommen **99**

---

[86] Hierbei handelt es sich um Kreditinstitute und VersicherungsUnt, die nicht kapitalmarktorientiert sind.
[87] BT-Drs. 19/26966 v. 24.2.2021 BT-Drs. 19/26966 v. 24.2.2021 S. 104.
[88] BT-Drs. 19/26966 v. 24.2.2021 S. 103.

werden, adäquaten Versicherungsschutz von ihren Berufshaftpflichtversicherern zu erhalten.[89] Die weitere Entwicklung hierzu wird abzuwarten sein.

100 Unter **reguliertem Markt** sind von der EU regulierte Börsensegmente i.S.v. § 32 BörsG zu verstehen. In Deutschland rechnen hierzu der **Amtliche Markt** und der **Geregelte Markt**. Innerhalb des regulierten Markts bestehen unterschiedliche Transparenzlevel, die sich insb. hinsichtlich der Publizitätsanforderungen unterscheiden (z.B. bei der Frankfurter Wertpapierbörse General Standard und Prime Standard).

101 Nicht regulierter Markt liegt vor, wenn sich die Regulierung nicht nach EU-Recht (in Deutschland BörsG), sondern ausschl. nach von den jeweiligen Börsen vorgegebenen Regelungen richtet. In Deutschland ist dies der **Freiverkehr** (z.B. Frankfurter Wertpapierbörse: Scale-Standard, Börse München: M:access).

102 Maßgebender Beurteilungszeitpunkt, welche der beiden Höchstgrenzen zur Anwendung kommt, ist der Zeitpunkt der Beendigung der Abschlussprüfung.[90]

> **Praxis-Beispiel**
> Die AG hat die Zulassung von Aktien zum Handel im Geregelten Markt beantragt. Der Abschlussprüfer beendet seine Prüfung des Jahresabschlusses/Konzernabschlusses zum 31.12.01 am 12.3.02 mit der mündlichen Berichterstattung an den Aufsichtsrat bzw. Prüfungsausschuss. Am 20.3.02 erfolgt die Zulassung der Aktien zum Handel im Geregelten Markt.
> Die Haftungsobergrenze für die vom Abschlussprüfer durchgeführte Abschlussprüfung des Jahresabschlusses/Konzernabschlusses zum 31.12.01 beläuft sich nach § 323 Abs. 2 HGB auf 1 Mio. EUR.

103 Die Haftungsobergrenze von 1,5 Mio. EUR des § 323 Abs. 2 Satz 1 HGB ist identisch mit der berufsrechtlich vorgeschriebenen **Mindestversicherungssumme für die Haftpflichtversicherung**, da § 54 Abs. 4 WPO auf die in § 323 Abs. 2 Satz 1 HGB genannte Grenze verweist. Soweit WP bzw. WPG Abschlussprüfungen durchführen, auf die die Haftungsobergrenze von 4 Mio. EUR gem. § 323 Abs. 2 Satz 2 HGB anzuwenden ist, sind sie verpflichtet, entsprechende Mindestversicherungssummen bei ihrer Berufshaftpflichtversicherung vorzusehen. Diese Verpflichtung ergibt sich zwar nicht explizit aus § 54 WPO, lässt sich aber aus § 27 BS WP/vBP entnehmen, zumal dies auch dem Gebot der gewissenhaften Berufsausübung nach § 43 Abs. 1 WPO entspricht.

104 Wie in Rz 97 ausgeführt, sind die Haftungshöchstsummen in § 323 Abs. 2 durch das FISG erhöht worden. In diesem Zusammenhang ist auch § 54 WPO entsprechend angepasst worden, der hierzu nunmehr auf die Regelungen des § 323 HGB verweist. Die Mindestversicherungssumme beträgt nunmehr entsprechend 1,5 Mio. EUR.

105 Die Haftungshöchstsumme besteht **„für eine Prüfung"**. Sie gilt somit unabhängig von der Anzahl der Pflichtverletzungen, der Anzahl der an der Prüfung

---

[89] Vgl. WPK: Pressemitteilung v. 21.5.2021, www.wpk.de/neu-auf-wpkde/alle/2021/sv/pressemitteilung-das-fisg-geht-in-der-abschlusspruefung-am-selbstgesteckten-ziel-weitgehend-vorbei/, nicht mehr abrufbar; IDW: Meldung vom 19.5.2021, www.idw.de/idw/idw-aktuell/idw-fisg-wird-finanzplatz-schwaechen.html, Abruf 7.10.2024.
[90] Vgl. Kuhner/Päßler, in Küting/Weber, HdR-E, § 323 HGB Rz 34, Stand: 6/2021.

beteiligten Personen (Pflichtverletzer) oder der Anzahl der Geschädigten (geprüfte Ges. sowie deren verbundene Unt).[91] Jahres- und Konzernabschlussprüfung eines MU sind zwei eigenständige Prüfungen, für die jeweils die Haftungshöchstsumme zur Anwendung kommt. Dies gilt unabhängig davon, ob beide Abschlussprüfungen von demselben Abschlussprüfer vorgenommen wurden oder sich derselbe Fehler auf beide Abschlüsse auswirkt, sodass sich die Haftungshöchstsummen im letztgenannten Fall faktisch verdoppeln. Soweit sich ein Pflichtverstoß (z. B. die Beurteilung der Werthaltigkeit einer Beteiligung unter Missachtung der fachlichen Grundsätze) über mehrere Jahre bei der Abschlussprüfung einer Ges. wiederholt, gilt für jede dieser Abschlussprüfungen die Haftungshöchstsumme einmal.

3.3.2 Haftungsausschluss oder Haftungsbegrenzung

§ 323 Abs. 4 HGB dient der Klarstellung, dass die in den Abs. 1–3 vorgesehene Haftung des Abschlussprüfers nicht durch **vertragliche Vereinbarungen** ausgeschlossen oder begrenzt werden kann.[92] Etwaige entgegenstehende Vereinbarungen im Prüfungsvertrag sind nach § 134 BGB nichtig und damit unwirksam.[93] § 18 BS WP/vBP enthält darüber hinaus ein Verbot derartiger vertraglicher Abreden.

106

Eine etwaige vertraglich vereinbarte **Erweiterung der Haftung** für gesetzliche Abschlussprüfungen wäre zwar zivilrechtlich wirksam, verbietet sich aber aufgrund berufsrechtlicher Vorgaben, weil ein derartiger Wettbewerb um Prüfungsaufträge als unlauter und daher berufswidrig anzusehen ist.[94] Bei freiwilligen Abschlussprüfungen (Rz 109) und sonstigen Aufträgen des WP außerhalb des Anwendungsbereichs von § 323 HGB darf über die Haftungshöchstsummen von § 323 Abs. 2 HGB hinaus eine höhere Haftungssumme vertraglich vereinbart werden.[95]

107

3.4 Verjährung

Es gilt die regelmäßige Verjährungsfrist von **drei Jahren** nach § 195 BGB. Für den Verjährungsbeginn und die Höchstfristen ist § 199 BGB anzuwenden. Danach beginnt nach § 199 Abs. 1 BGB die Verjährungsfrist erst dann, wenn
- der Anspruch entstanden ist (Pflichtverletzung und Schadenskausalität) und
- der Gläubiger (geprüfte Ges. oder verbundenes Unt) von den den Anspruch begründenden Umständen Kenntnis erlangt oder ohne grobe Fahrlässigkeit hätte erlangen müssen.

108

Letztliche Sicherheit über die Verjährung kann also erst nach zehn bzw. 30 Jahren gem. § 199 Abs. 3 BGB bestehen.

4 Freiwillige Abschlussprüfungen

§ 323 HGB hat ausschl. Bedeutung für gesetzliche Abschlussprüfungen i. S. v. § 316 HGB bzw. bei Anwendung aufgrund eines gesetzlichen Verweises (Rz 10).

109

---

91 Vgl. Hennrichs, in Baetge/Kirsch/Thiele, Bilanzrecht, § 323 HGB Rz 73, Stand: 12/2014.
92 Zur Begrenzung der Dritthaftung bei Jahresabschlussprüfungen vgl. IDW, IDW-FN 2010, S. 179.
93 Vgl. Quick, BB 1992, S. 1678.
94 Vgl. IDW, WPH Edition, Wirtschaftsprüfung & Rechnungslegung, 18. Aufl. 2023, Kap. A Tz 334; § 18 BS WP/vBP.
95 Vgl. Maxl, in Ziegler/Gelhausen, WPO-Kommentar, 3. Aufl. 2020, § 54a WPO Rz 19 i. V. m. Rz 3.

Auf freiwillige Abschlussprüfungen findet § 323 HGB keine Anwendung (Rz 13), auch nicht im Weg des Analogieschlusses.

110 Art und Umfang der Haftungsbegrenzung bei freiwilligen Abschlussprüfungen richten sich somit einzig nach den **Regelungen im Prüfungsvertrag**. Dies gilt im Übrigen nicht nur für die Haftungsbegrenzung, sondern auch für den Prüfungsumfang, der grds. ggü. dem bei einer gesetzlichen Abschlussprüfung eingeschränkt werden kann. In derartigen Fällen ist dann aber lediglich die Erteilung einer Bescheinigung zulässig und nicht mehr die eines Bestätigungsvermerks (§ 322 Rz 183).

111 Im Regelfall zielt auch eine freiwillige Abschlussprüfung auf die Erteilung eines Bestätigungsvermerks ab. Dann hat diese aber nach dem für gesetzliche Abschlussprüfungen geltenden Umfang zu erfolgen.[96] Die Erteilung eines Bestätigungsvermerks spricht zwar dafür, dass der Abschlussprüfer die Prüfung nach den für Pflichtprüfungen maßgeblichen handelsrechtlichen Regelungen (§§ 316 ff. HGB) vorgenommen hat.[97] Gleichwohl ist bei freiwilligen Abschlussprüfungen darauf zu achten, dass der Auftragsumfang und die Auftragsbedingungen – zu denen auch die Haftungsbegrenzung gehört – eindeutig mit dem Auftraggeber abgestimmt werden. Der Berufsstand empfiehlt daher, bei freiwilligen Abschlussprüfungen im **Auftragsbestätigungsschreiben** den Auftragsumfang entsprechend § 317 HGB zu vereinbaren[98] und eine Vereinbarung zur Haftungsbegrenzung vorzunehmen.[99] In der Praxis werden bei freiwilligen Abschlussprüfungen regelmäßig die Allgemeinen Auftragsbedingungen für Wirtschaftsprüfer und Wirtschaftsprüfungsgesellschaften (**AAB**) und die darin enthaltene Haftungsbegrenzung, die die Haftungshöchstgrenzen des § 323 Abs. 2 HGB aufgreift,[100] verwendet. Berufsrechtlich handelt es sich dabei um eine vertragliche Begrenzung von Ersatzansprüchen nach § 54a Abs. 1 WPO. Von Bedeutung ist auch die nach Nr. 9 Abs. 3 AAB vorgesehene Ausschlussfrist zur Geltendmachung von Ansprüchen, die – im Unterschied zur Regelung bei gesetzlichen Abschlussprüfungen – binnen zwölf Monaten nach Kenntnis vom Schaden und schadenbegründendem Ereignis geltend zu machen sind.

112 Da bei freiwilligen Abschlussprüfungen das Sonderrecht des § 323 HGB nicht zur Anwendung kommt, richten sich auch die Folgen i. R. d. Abschlussprüfung auftretenden Pflichtverletzungen nach den vertraglich vereinbarten Regelungen. Ein direkter Anspruch gegen andere Personen als den Abschlussprüfer selbst (z.B. die Prüfungsgehilfen des Abschlussprüfers) kommt daher – anders als bei § 323 Abs. 1 Satz 1 HGB – nicht in Betracht.[101] Gleiches gilt für den Kreis der Geschädigten. Hier ist grds. nur die geprüfte Ges., nicht aber deren verbundene Unt anspruchsberechtigt (vgl. zu möglichen Anspruchsgrundlagen für Dritthaftung Rz 87 ff.).

---

[96] Vgl. IDW PS 400.3
[97] Vgl. Fischer, DB 2012, S. 1495.
[98] Vgl. IDW PS 220.18.
[99] Vgl. IDW PS 220.19.
[100] Vgl. AAB nach dem Stand v. 1.1.2024, Nr. 9.
[101] Gl. A. Justenhoven/Feldmüller, in Beck Bil-Komm. 13. Aufl. 2022, § 323 HGB Rz 130.

5 CSRD-Umsetzungsgesetz: Änderungen

Zum Zeitpunkt des Redaktionsschlusses dieser Kommentierung lag noch keine endgültige Gesetzesfassung des CSRD-Umsetzungsgesetzes vor. Auf Basis des Regierungsentwurfs zum CSRD-Umsetzungsgesetz sind folgende Änderungen beabsichtigt: 113

Abs. 1–4 bleiben unverändert.

Abs. 5 soll gestrichen werden.

§ 324 Prüfungsausschuss

(1) ¹Kapitalgesellschaften, die Unternehmen von öffentlichem Interesse (§ 316a Satz 2) sind und keinen Aufsichts- oder Verwaltungsrat haben, der die Voraussetzungen des § 100 Absatz 5 des Aktiengesetzes erfüllen muss, sind verpflichtet, einen Prüfungsausschuss nach Absatz 2 einzurichten, der sich insbesondere mit den in § 107 Absatz 3 Satz 2 und 3 des Aktiengesetzes beschriebenen Aufgaben befasst. ²Dies gilt nicht für Kapitalgesellschaften i. S. d. Satzes 1,
1. deren ausschließlicher Zweck in der Ausgabe von Wertpapieren i. S. d. § 2 Absatz 1 des Wertpapierhandelsgesetzes besteht, die durch Vermögensgegenstände besichert sind;
2. die Kreditinstitute i. S. d. § 340 Absatz 1 sind und einen organisierten Markt i. S. d. § 2 Absatz 11 des Wertpapierhandelsgesetzes nur durch die Ausgabe von Schuldtiteln i. S. d. § 2 Absatz 1 Nummer 3 Buchstabe a des Wertpapierhandelsgesetzes in Anspruch nehmen, wenn deren Nominalwert 100 Millionen Euro nicht übersteigt und keine Verpflichtung zur Veröffentlichung eines Prospekts nach der Verordnung (EU) 2017/1129 des Europäischen Parlaments und des Rates vom 14. Juni 2017 über den Prospekt, der beim öffentlichen Angebot von Wertpapieren oder bei deren Zulassung zum Handel an einem geregelten Markt zu veröffentlichen ist und zur Aufhebung der Richtlinie 2003/71/EG (ABl. L 168 vom 30.6.2017, S. 12), die zuletzt durch die Verordnung (EU) 2019/2146 (ABl. L 325 vom 16.12.2019, S. 43) geändert worden ist, besteht;
3. die Investmentvermögen i. S. d. § 1 Absatz 1 des Kapitalanlagegesetzbuchs sind.

³Im Fall des Satzes 2 Nummer 1 ist im Anhang darzulegen, weshalb ein Prüfungsausschuss nicht eingerichtet wird.

(2) ¹Die Mitglieder des Prüfungsausschusses sind von den Gesellschaftern zu wählen. ²Die Mehrheit der Mitglieder, darunter der Vorsitzende, muss unabhängig sein; im Übrigen ist § 100 Absatz 5 des Aktiengesetzes entsprechend anzuwenden. ³Der Vorsitzende des Prüfungsausschusses darf nicht mit der Geschäftsführung betraut sein. ⁴§ 107 Abs. 3 Satz 8, § 124 Abs. 3 Satz 2 und § 171 Abs. 1 Satz 2 und 3 des Aktiengesetzes sind entsprechend anzuwenden. ⁵Der Prüfungsausschuss hat den Gesellschaftern einen Vorschlag für die Wahl des Abschlussprüfers zu machen, wenn die Kapitalgesellschaft keinen Aufsichts- oder Verwaltungsrat hat oder wenn der Aufsichts- oder Verwaltungsrat für den Vorschlag nicht zuständig ist.

(3) ¹Die Abschlussprüferaufsichtsstelle beim Bundesamt für Wirtschaft und Ausfuhrkontrolle kann zur Erfüllung ihrer Aufgaben gem. Artikel 27 Absatz 1 Buchstabe c der Verordnung (EU) Nr. 537/2014 von einer Kapitalgesellschaft, die ein Unternehmen von öffentlichem Interesse (§ 316a Satz 2) ist, eine Darstellung und Erläuterung des Ergebnisses sowie der Durchführung der Tätigkeit seines Prüfungsausschusses verlangen. ²Die Abschlussprüferaufsichtsstelle soll zunächst auf Informationen aus öffentlich zugänglichen Quellen zurückgreifen.

Inhaltsübersicht   Rz
1 Überblick 1–10
   1.1 Hintergrund der gesetzlichen Regelung............... 1–5
   1.2 Allgemeine Vorbemerkungen zum Prüfungsausschuss ... 6–10
2 Aufgaben des Prüfungsausschusses 11–17
3 Persönlicher Anwendungsbereich des § 324 HGB........... 18–22
4 Zusammensetzung des Prüfungsausschusses (Abs. 2 Sätze 1–3) . 23–28
5 Der Prüfungsausschuss als Schnittstelle zwischen Abschlussprüfer und Aufsichtsrat (Abs. 2 Satz 4) 29–30
6 Prüfungsausschuss und Abschlussprüferaufsichtsstelle (Abs. 3). 31
7 Sanktionen bei Verstößen gegen prüfungsbezogene Pflichten .. 32–33
8 CSRD-Umsetzungsgesetz: Änderungen 34

1 Überblick

1.1 Hintergrund der gesetzlichen Regelung

§ 324 HGB mit der Bezeichnung „Prüfungsausschuss" wurde zum 1.1.2010 durch das BilMoG eingeführt. § 324 HGB i.d.F. d. BilMoG resultierte aus der Umsetzung des Art. 41 Abs. 1 Satz 1 der Abschlussprüferrichtlinie 2006/43/EG vom 17.5.2006. Nach dieser Vorschrift hat jedes Unt von öffentlichem Interesse einen Prüfungsausschuss zu bilden. Gem. Art. 2 Nr. 13 der Abschlussprüferrichtlinie sind Unt von öffentlichem Interesse Unt, die unter das Recht eines Mitgliedstaats fallen und deren übertragbare Wertpapiere zum Handel auf einem geregelten Markt eines Mitgliedstaats i.S.d. Art. 4 Abs. 1 Nr. 14 der RL 2004/39/EG (Finanzmarktrichtlinie), zugelassen sind. Art. 4 Abs. 1 Nr. 14 der Finanzmarktrichtlinie wurde mit § 2 Abs. 11 WpHG umgesetzt.   **1**

Durch das AReG vom 10.5.2016 wurde § 324 HGB erneut an EU-Recht angepasst. Die Änderungen des § 324 HGB resultierten aus der Umsetzung des Art. 1 Nr. 32 der EU-RL 2014/56/EU vom 16.4.2014, mit welchem Kapitel X der Abschlussprüferrichtlinie 2006/43/EG durch einen neuen Art. 39 zum Prüfungsausschuss ersetzt worden ist. Durch die Neufassung wurden der Anwendungsbereich, Vorgaben für die Mitglieder und die Aufgaben des Prüfungsausschusses geändert sowie Auskunftsrechte der APAS neu eingeführt. Im Zusammenhang mit der überarbeiteten Abschlussprüferrichtlinie sind durch das AReG auch § 100 Abs. 5 AktG und § 107 Abs. 3 und 4 AktG geändert worden.   **2**

§ 324 HGB i.d.F. d. AReG trat grds. am 17.6.2016 in Kraft. § 324 Abs. 2 Satz 2 HGB i.d.F. d. AReG muss allerdings so lange nicht angewendet werden, wie alle Mitglieder des Prüfungsausschusses vor dem 17.6.2016 bestellt worden sind (Art. 79 Abs. 2 EGHGB). Des Weiteren ist § 12 Abs. 5 EGAktG zu beachten. Danach fanden die §§ 100 Abs. 5 und 107 Abs. 4 AktG i.d.F. d. AReG keine Anwendung, solange alle Mitglieder des Aufsichtsrats und des Prüfungsausschusses vor dem 17.6.2016 bestellt worden sind.   **3**

Durch das ARUG II wurde § 324 HGB erneut angepasst. Allerdings handelte es sich lediglich um eine redaktionelle Folgeänderung an die Änderung von § 107 Abs. 3 AktG i.d.F. ARUG II.   **4**

5   Mit dem FISG ist § 324 HGB erneut geändert worden. Die Neuregelung trat zum 1.7.2021 in Kraft und ist seit dem 1.1.2022 anzuwenden (Art. 86 Abs. 3 Satz 1 EGHGB). Durch den Verweis auf das AktG bzw. EGAktG ergeben sich in der (neuen) personellen Zusammensetzung des Prüfungsausschusses Übergangsfristen. Soweit § 324 Abs. 2 Satz 2 HGB auf § 100 Abs. 5 AktG verweist, gelten die Übergangsvorschriften des § 12 Abs. 6 EGAktG (Art. 86 Abs. 3 Satz 2 EGHGB). In Einklang mit der überwiegenden Praxis müssen nunmehr alle PIE-AG zwingend einen Prüfungsausschuss einrichten (§ 107 Abs. 4 Satz 1 AktG). Dem Prüfungsausschuss müssen nunmehr zwei Finanzexperten angehören, von denen einer das Gebiet der Rechnungslegung und der andere das Gebiet der Abschlussprüfung abdecken muss (§ 100 Abs. 5 AktG). Dies hat entsprechende Auswirkungen auf die Zusammensetzung des Prüfungsausschusses nach § 324 HGB.

1.2 Allgemeine Vorbemerkungen zum Prüfungsausschuss

6   Wie bisher besteht für Aufsichtsräte deutscher AG **keine gesetzliche Verpflichtung, Ausschüsse** einzurichten (§ 107 Abs. 3 AktG: „Der Aufsichtsrat kann … Ausschüsse bestellen …"). In der Praxis haben allerdings insb. börsennotierte Ges. diverse Ausschüsse eingerichtet, darunter auch Prüfungsausschüsse.[1]
Durch den neu gefassten § 107 Abs. 4 HGB sind PIE-AG nunmehr verpflichtet (zumindest) einen Prüfungsausschuss einzurichten.

7   Dies dürfte auch auf die Bestimmungen des DCGK zurückzuführen sein.[2] Dieser regelt in Abschnitt D. die Bildung, Besetzung und allgemeinen Aufgaben von Aufsichtsratsausschüssen. Der **DCGK**, der sich in erster Linie an börsennotierte Ges. richtet, übernimmt in Grundsatz 14 die gesetzliche Pflicht zur Einrichtung eines Prüfungsausschusses. In Grundsatz 15 wird die gesetzliche Regelung übernommen, nach der mind. ein Mitglied des Prüfungsausschusses über Sachverstand auf dem Gebiet Rechnungslegung und mind. ein weiteres Mitglied des Prüfungsausschusses über Sachverstand auf dem Gebiet Abschlussprüfung verfügen muss. Nach der **Empfehlung D.3** des Kodex soll der Sachverstand auf dem Gebiet Rechnungslegung in besonderen Kenntnissen und Erfahrungen in der Anwendung von Rechnungslegungsgrundsätzen und interner Kontroll- und Risikomanagementsysteme bestehen und der Sachverstand auf dem Gebiet der Abschlussprüfung in besonderen Kenntnissen und Erfahrungen in der Abschlussprüfung. Zur Rechnungslegung und Abschlussprüfung gehören auch die Nachhaltigkeitsberichterstattung und deren Prüfung. Der Vorsitzende des Prüfungsausschusses soll zumindest auf einem der beiden Gebiete entsprechend sachverständig sein. Die Erklärung zur Unternehmensführung soll die betreffenden Mitglieder des Prüfungsausschusses nennen und nähere Angaben zu ihrem Sachverstand auf den genannten Gebieten enthalten. Der Aufsichtsratsvorsitzende soll nicht den Vorsitz im Prüfungsausschuss innehaben.

8   Bzgl. des **Qualifikationsprofils** verlangt der DCGK, dass fachlich qualifizierte Ausschüsse gebildet werden sollen (Empfehlung D.2).[3]

---

[1] Vgl. Eibelshäuser/Stein, DK 2008, S. 486.
[2] Der DCGK ist in 2019 umfassend überarbeitet und an ARUG II sowie in 2022 erneut überarbeitet und an das FISG angepasst worden. Der aktuelle DCGK v. 28.4.2022 hat die gesetzlichen Änderungen übernommen.
[3] Die aktuelle Fassung des DCGK ist abrufbar unter www.dcgk.de//files/dcgk/usercontent/de/download/kodex/220627_Deutscher_Corporate_Governance_Kodex_2022.pdf, Abruf 7.10.2024.

Die Neufassung von 2022 sieht unter C.1 vor, dass das Kompetenzprofil des Aufsichtsrats auch Expertise zu den für das Unt bedeutsamen Nachhaltigkeitsfragen umfassen soll.

Da es sich bei Einrichtung eines Prüfungsausschusses um eine Pflicht nur für PIE handelt und auch die Beachtung des DCGK nur für börsennotierte Unt verpflichtend ist, haben nicht-börsennotierte Unt keine Entsprechenserklärung gem. § 161 AktG abzugeben, wenn sie die empfohlenen, für sie aber nicht verpflichtenden Ausschüsse nicht eingerichtet haben.

Denn auch nach Inkrafttreten des BilMoG, des FISG und des AReG ist die Einrichtung eines Prüfungsausschusses nicht zur grds. Pflicht für alle Unt geworden. Lediglich bestimmte Unt müssen nach § 324 HGB und § 107 Abs. 4 AktG einen Prüfungsausschuss einrichten. Nach § 324 HGB ist ein (isolierter) Prüfungsausschuss nur verpflichtend, wenn kein Aufsichts- oder Verwaltungsrat vorhanden ist, der entsprechend der aktienrechtlichen Vorgaben besetzt ist.

2 Aufgaben des Prüfungsausschusses

§ 324 HGB steht weiterhin im Zusammenhang mit der Umsetzung von EU-Recht. Auch wenn ein Prüfungsausschuss eingerichtet ist, ist der Aufsichtsrat nicht dazu verpflichtet, die für einen Prüfungsausschuss empfohlenen Aufgaben in vollem Umfang an den Prüfungsausschuss weiterzugeben. Die in Art. 39 der Abschlussprüferrichtlinie formulierten Aufgaben können auch von einem Aufsichtsrat oder Verwaltungsrat selbst wahrgenommen werden. Da der deutsche Gesetzgeber von diesem Wahlrecht Gebrauch machen wollte, ist die Umsetzung im Wesentlichen im AktG erfolgt. § 324 HGB kommt nur die Funktion eines **Auffangtatbestands** zu. § 324 Abs. 1 Satz 1 HGB sieht die Verpflichtung vor, dass **kapitalmarktorientierte Ges.**, die **keinen Aufsichtsrat oder Verwaltungsrat** haben, der die Voraussetzungen des § 100 Abs. 5 AktG erfüllen muss (mind. ein Mitglied mit Sachverstand auf den Gebieten Rechnungslegung oder Abschlussprüfung, Vertrautheit aller Mitglieder mit der Branche des Unt), einen Prüfungsausschuss einzurichten haben, der die in § 107 Abs. 3 Sätze 2 und 3 AktG beschriebenen Aufgaben wahrnimmt. Diese **Aufgaben** sind die Überwachung

- des Rechnungslegungsprozesses,
- der Wirksamkeit der internen Kontrollsysteme,
- der Wirksamkeit der Risikomanagementsysteme,
- des internen Revisionssystems sowie
- der Abschlussprüfung (hier insb. der Auswahl und der Unabhängigkeit des Abschlussprüfers).

Des Weiteren finden sich Pflichten des Prüfungsausschusses in der EU-VO Nr. 537/2014, die unmittelbar – d.h. ohne Umsetzung durch den nationalen Gesetzgeber – Geltung entfalten. Hier ist insb. die Verpflichtung zur Durchführung eines Auswahlverfahrens für die Wahl des Abschlussprüfers und die damit einhergehende Empfehlung zur Auswahl des Abschlussprüfers nach Art. 16 Verordnung (EU) Nr. 537/2014 zu nennen.[4]

---

[4] Vgl. ausführlich Meyer/Mattheus, DB 2016, S. 695.

13 § 100 Abs. 5 AktG schreibt vor, dass mind. ein Aufsichtsratsmitglied über Sachverstand auf dem Gebiet der Rechnungslegung und mind. ein weiteres Mitglied über Sachverstand auf dem Gebiet der Abschlussprüfung verfügen muss. Weiterhin müssen alle Mitglieder des Aufsichtsrats mit der Branche des Unt vertraut sein. Nimmt der Aufsichtsrat die Aufgaben des Prüfungsausschusses bei Nicht-PIE zulässigerweise selbst wahr, gelten die entsprechenden Sachkenntnisanforderungen für ihn damit unmittelbar; hat der Aufsichtsrat dagegen einen Prüfungsausschuss nach § 107 Abs. 3 Satz 2 AktG bestellt oder besteht ein solcher nach § 324 HGB, sind die entsprechenden Anforderungen durch den Prüfungsausschuss zu erfüllen.

14 Es bleibt dem Aufsichtsrat unbenommen, bei Nicht-PIE einen Prüfungsausschuss einzurichten und diesem insb. die Überwachung des Rechnungslegungsprozesses, der Wirksamkeit der internen Kontrollsysteme, der Wirksamkeit des Risikomanagementsystems und des internen Revisionssystems sowie der Abschlussprüfung zu übertragen (§ 107 Abs. 3 Satz 2 AktG). Mit der Vorschrift wird gleichzeitig zum Ausdruck gebracht, dass die in § 107 Abs. 3 Satz 2 AktG bezeichneten Aufgaben bereits bisher Aufgaben des Aufsichtsrates sind, die lediglich auf den Prüfungsausschuss übertragen werden können, ohne dass der Aufsichtsrat in seiner Gesamtheit dadurch aus seiner Verantwortung entlassen werden würde. Richtet der Aufsichtsrat einen Prüfungsausschuss ein, hat er dafür Sorge zu tragen, dass zumindest ein Mitglied des Prüfungsausschusses über Sachverstand auf dem Gebiet der Rechnungslegung und zumindest ein weiteres Mitglied des Prüfungsausschusses über Sachverstand auf dem Gebiet der Abschlussprüfung verfügt (§ 107 Abs. 4 AktG).

15 Der Prüfungsausschuss kann Empfehlungen oder Vorschläge zur Gewährleistung der Integrität des Rechnungslegungsprozesses machen. Diese Vorschläge wären – der Systematik des AktG folgend – an den Aufsichtsrat zu erteilen.[5]

16 Der Prüfungsausschuss soll die ihm durch den Aufsichtsrat übertragenen **Aufgaben** zeitnäher und effizienter erledigen als dies im (relativ großen) AR-Plenum möglich ist. Dabei besteht die Möglichkeit, dass der Aufsichtsrat dem Prüfungsausschuss nur bestimmte Teilbereiche überträgt. Die übrigen Aufgaben hat der Aufsichtsrat dann selbst wahrzunehmen.

17 Insofern ist es konsequent, wenn angesichts des Aufgabenspektrums des Prüfungsausschusses zumindest ein Mitglied über einen entsprechenden Sachverstand verfügt und der gesamte Prüfungsausschuss Branchenkenntnisse haben muss.

3 Persönlicher Anwendungsbereich des § 324 HGB

18 § 324 Abs. 1 HGB wurde mit dem FISG durch den Verweis auf § 316a HGB n. F. erweitert. Nunmehr sind ausweislich der FISG-BegrRegE alle KapG und PersG i. S. d. § 264a HGB betroffen, die PIEs sind und keinen Aufsichtsrat oder Verwaltungsrat haben, der die Voraussetzungen des § 100 Abs. 5 AktG erfüllen muss. Der geänderte Abs. 1 soll sicherstellen, dass alle PIEs im Anwendungsbereich der Abschlussprüferrichtlinie einen Prüfungsausschuss einzurichten haben.[6]

---

[5] BT-Drs. 18/6282 v. 8.10.2015 S. 68.
[6] Vgl. BT-Drs. 19/26966 v. 24.2.2021 S. 104.

In § 324 Abs. 1 Satz 2 HGB werden bestimmte kapitalmarktorientierten Ges. aus dem **Anwendungsbereich** von § 324 Abs. 1 Satz 1 HGB **herausgenommen**. 19

§ 324 Abs. 1 Satz 2 Nr. 1 HGB erfasst solche **Ges.**, deren ausschl. Zweck in der **Ausgabe von Wertpapieren i. S. d. § 2 Abs. 1 Satz 1 WpHG** besteht, die **durch Vermögensgegenstände besichert** sind. Derartige Ges. – Emittenten von „Asset Back Securities" – dienen regelmäßig nur als Vehikel zur Liquiditätsbeschaffung und sind von der Verpflichtung zur Einrichtung eines Prüfungsausschusses befreit. Allerdings müssen sie im Anhang begründen, warum sie es nicht für erforderlich halten, einen Prüfungsausschuss einzurichten. Ob es dazu mehr als eines Hinweises auf die fehlende gesetzliche Pflicht bedarf, lässt sich aus den Gesetzesmaterialien nicht eindeutig entnehmen. Nach der hier vertretenen Auffassung reicht ein schlichter Verweis nicht aus, weil das Gesetz von „darlegen" spricht. Für diese Auslegung spricht im Übrigen auch der Grundsatz des „comply or explain" im DCGK. 20

Nach § 324 Abs. 1 Satz 2 Nr. 2 HGB sind zudem **Kreditinstitute**, die einen organisierten Markt i. S. d. § 2 Abs. 11 WpHG nur durch die Ausgabe von **Schuldtiteln i. S. d. § 2 Abs. 1 Satz 1 Nr. 3 Buchst. a WpHG** in Anspruch nehmen, von der Anwendung des § 324 Abs. 1 Satz 1 HGB befreit. Dies setzt aber voraus, dass der **Nominalwert** der ausgegebenen Wertpapiere **100 Mio. EUR nicht übersteigt** und keine Verpflichtung zur Veröffentlichung eines Prospekts nach dem Wertpapierprospektgesetz besteht. 21

Mit § 324 Abs. 1 Satz 2 Nr. 3 HGB soll sichergestellt werden, dass **Investmentvermögen** i. S. d. § 1 Abs. 1 KAGB von der verpflichtenden Einrichtung eines Prüfungsausschusses befreit bleiben.[7] 22

4 Zusammensetzung des Prüfungsausschusses (Abs. 2 Sätze 1–3)

§ 324 Abs. 2 Satz 2 HGB n. F. verweist hinsichtlich der Zusammensetzung des Prüfungsausschusses auf § 100 Abs. 5 AktG n. F. Durch den Verweis wird damit sichergestellt, dass auch im Prüfungsausschuss nach § 324 HGB n. F. Sachverstand sowohl bzgl. der Rechnungslegung als auch der Abschlussprüfung vorhanden ist und dass der Sachverstand auf zwei Mitglieder verteilt sein muss, die jeweils auf einem der beiden Gebiete über die entsprechende Expertise verfügen.[8] Damit müssen nunmehr mind. zwei „Finanzexperten" in den Prüfungsausschuss berufen werden. Weiterhin müssen die Mitglieder in ihrer Gesamtheit mit dem Sektor, in dem die Gesellschaft tätig ist, vertraut sein. D. h., der gesamte Prüfungsausschuss muss über „Branchenexpertise" verfügen. 23

In Bezug auf die Zusammensetzung des Prüfungsausschusses regelt § 12 Abs. 6 EGAktG, dass vor dem 1.7.2021 bestellte Mitglieder nicht sofort ausgetauscht werden müssen. Die neuen Vorgaben gelten für Aufsichtsratswahlen, die nach dem 1.7.2021 stattfinden. Begründet wird die Übergangsfrist damit, dass eine stichtagsbezogene Anwendung der neuen Vorschrift dazu führen könnte, dass wirksam bestellte Mitglieder des Aufsichtsrats vorzeitig ausgetauscht werden müssten.[9] 24

---

[7] Vgl. BT-Drs. 18/6282 v. 8.10.2015 S. 55.
[8] Vgl. BT-Drs. 19/26966 v. 24.2.2021 S. 104.
[9] Vgl. BT-Drs. 19/26966 v. 24.2.2021 S. 118.

25 Der neu eingefügte § 324 Abs. 2 Satz 5 HGB n. F. regelt (klarstellend), dass der Prüfungsausschuss den Gesellschaftern den Vorschlag zur Wahl eines Abschlussprüfers unterbreitet, wenn ein Aufsichtsrat oder Verwaltungsrat fehlt oder ein solcher nicht zuständig ist.[10]

26 **Sachverstand** setzt voraus, dass das Mitglied beruflich mit der Rechnungslegung oder der Abschlussprüfung aktuell befasst oder in der Vergangenheit gewesen ist. Dies ist z. B. für Finanzvorstände, leitende Angestellte aus dem Rechnungswesen oder für Angehörige der steuerberatenden oder wirtschaftsprüfenden Berufe anzunehmen. Der zweite zu berücksichtigende Aspekt ist die **Branchenkenntnis** des Gesamtprüfungsausschusses. Das Erfordernis der Vertrautheit der Mitglieder insgesamt mit der Branche, in der das Unt tätig ist, beruht auf Art. 39 Abs. 1 der Abschlussprüferrichtlinie. Eine Vertrautheit mit dem Geschäftsfeld des Unt kommt – neben praktischer Erfahrung – etwa dann in Betracht, wenn einzelne Mitglieder durch intensive Weiterbildungen Sektorkenntnisse erworben haben oder langjährig als Angehörige der beratenden Berufe einen tiefergehenden Einblick in die entsprechende Branche genommen haben.[11]

27 Die Vorgabe nach § 324 Abs. 2 Satz 3 HGB, wonach der Vorsitzende des Prüfungsausschusses nicht mit der Geschäftsführung betraut sein darf, kann eigentlich nur bei der monistisch strukturierten Europäischen Aktiengesellschaft bzw. bei entsprechend organisierten kapitalmarktorientierten Gesellschaften mit beschränkter Haftung praktische Bedeutung erlangen. Dasselbe gilt auch für die Wahl der Mitglieder des Prüfungsausschusses durch die Gesellschafter, da ansonsten grds. die Regelungen im Hinblick auf die interne Organisation des Aufsichtsrat nach den aktienrechtlichen Bestimmungen Gültigkeit haben.

28 § 324 Abs. 2 Satz 1 HGB erweitert in Umsetzung von Art. 39 Abs. 1 der Abschlussprüferrichtlinie das Erfordernis der Unabhängigkeit auf die Mehrheit der Mitglieder des Prüfungsausschusses, zu denen zumindest auch der Vorsitzende zählen muss.

5 Der Prüfungsausschuss als Schnittstelle zwischen Abschlussprüfer und Aufsichtsrat (Abs. 2 Satz 4)

29 Nach § 324 Abs. 2 Satz 4 HGB sind die §§ 124 Abs. 3 Satz 2 und 171 Abs. 1 Sätze 2 und 3 AktG entsprechend anzuwenden. Der Aufsichtsrat hat seinen Vorschlag zur Wahl des Abschlussprüfers auf die Empfehlung des Prüfungsausschusses zu stützen (§ 124 Abs. 3 Satz 2 AktG). Der Abschlussprüfer hat gegenüber dem Prüfungsausschuss eine verbindliche Auskunftspflicht (§ 171 Abs. 1 Satz 2 AktG). Nach § 171 Abs. 1 Satz 3 AktG muss der Abschlussprüfer den Prüfungsausschuss über seine Unabhängigkeit informieren.

30 § 324 Abs. 2 Satz 4 HGB verweist des Weiteren auf § 107 Abs. 3 Satz 8 AktG. Danach ist dem Aufsichtsrat regelmäßig über die Arbeit der Ausschüsse zu berichten. § 324 HGB findet zwar nur auf Unt Anwendung, die keinen Aufsichtsrat oder Verwaltungsrat haben, der die Voraussetzungen des § 100 Abs. 5 AktG erfüllen muss. Sofern jedoch ein (nicht den aktienrechtlichen Vorgaben besetzter) Aufsichtsrat oder Verwaltungsrat eingerichtet ist, ist auch dieser über

---

[10] Vgl. BT-Drs. 19/26966 v. 24.2.2021 S. 104.
[11] Vgl. BT-Drs. 18/6282 v. 8.10.2015 S. 67.

6 Prüfungsausschuss und Abschlussprüferaufsichtsstelle (Abs. 3)

Die APAS hat gem. Art. 27 Verordnung (EU) Nr. 537/2014 regelmäßig die Entwicklungen auf dem Markt für die Bereitstellung von Abschlussprüfungsleistungen für Unt von öffentlichem Interesse zu überwachen. Zu diesem Zweck sind u.a. die Tätigkeitsergebnisse der Prüfungsausschüsse zu bewerten. § 324 Abs. 3 HGB schafft dazu die Ermächtigungsgrundlage für die APAS. Adressat eines entsprechenden Informationsverlangens der APAS ist das Unt. § 324 Abs. 3 HGB erfasst dabei durch den Verweis auf § 316a HGB auf sämtliche Unt von öffentlichem Interesse, unabhängig von ihrer Rechtsform.

Zur Entlastung der betroffenen Unt soll die APAS ihre Informationen zunächst aus öffentlichen Quellen beschaffen.

7 Sanktionen bei Verstößen gegen prüfungsbezogene Pflichten

Sanktionsvorgaben resultieren aus Art. 30ff. der Abschlussprüferrichtlinie. Diese verlangen nicht nur eine Sanktionierung von Pflichtverletzungen von Abschlussprüfern, sondern ergänzend auch der jeweils zuständigen Organe der geprüften Unt. Für Ges. i.S.d. § 324 HGB erfolgt die Umsetzung in §§ 334 Abs. 2a, 333a HGB. Für die anderen Ges. erfolgen die Änderungen in den jeweils anzuwendenden Gesetzen, für die AG z.B. in §§ 404a, 405 Abs. 3b–3d AktG.

Sanktioniert werden nicht alle möglichen Verstöße, sondern nur solche, die in Zusammenhang mit der Auswahl und Überwachung des Abschlussprüfers stehen (vgl. dazu die Kommentierung zu § 334 HGB).

8 CSRD-Umsetzungsgesetz: Änderungen

> **Hinweis**
> Die Kommentierung basiert auf dem **Regierungsentwurf eines CSRD-Umsetzungsgesetzes**.[13] Nach Veröffentlichung der finalen Fassung wird die Kommentierung in Ihrem Haufe HGB Bilanz Kommentar Online aktualisiert. Die **Online-Version** ist beim Kauf der Printausgabe inklusive.

Auf Basis des RegE CSRD-UmsG sind folgende Änderungen beabsichtigt: Das CSRD-Umsetzungsgesetz sieht eine Streichung von § 324 HGB vor. Ersetzt wird diese durch die beabsichtigte Einführung eines § 324m HGB-E, der die entsprechenden Vorschriften zum Prüfungsausschuss aufgreift (§ 324m-E Rz 1).

---

[12] BT-Drs. 18/6282 v. 8.10.2015 S. 56.
[13] Regierungsentwurf eines Gesetzes zur Umsetzung der Richtlinie (EU) 2022/2464 des Europäischen Parlaments und des Rates vom 14. Dezember 2022 zur Änderung der Verordnung (EU) Nr. 537/2014 und der Richtlinien 2004/109/EG, 2006/43/EG und 2013/34/EU hinsichtlich der Nachhaltigkeitsberichterstattung von Unternehmen, BT-Drs. 20/12787 v. 9.9.2024.

§ 324a Anwendung auf den Einzelabschluss nach § 325 Abs. 2a

(1) ¹Die Bestimmungen dieses Unterabschnitts, die sich auf den Jahresabschluss beziehen, sind auf einen Einzelabschluss nach § 325 Abs. 2a entsprechend anzuwenden. ²An Stelle des § 316 Abs. 1 Satz 2 gilt § 316 Abs. 2 Satz 2 entsprechend.
(2) ¹Als Abschlussprüfer des Einzelabschlusses nach § 325 Abs. 2a gilt der für die Prüfung des Jahresabschlusses bestellte Prüfer als bestellt. ²Der Prüfungsbericht zum Einzelabschluss nach § 325 Abs. 2a kann mit dem Prüfungsbericht zum Jahresabschluss zusammengefasst werden.

Inhaltsübersicht	Rz
1 Überblick	1–7
2 Prüfungspflicht des IFRS-Einzelabschlusses nach § 325 Abs. 2a HGB (Abs. 1)	8–11
2.1 Anwendbare Vorschriften (Abs. 1 Satz 1)	8
2.2 Billigung (Abs. 1 Satz 2)	9–11
3 Bestellung des Abschlussprüfers und Prüfungsbericht (Abs. 2)	12–18
3.1 Bestellung des Abschlussprüfers (Abs. 2 Satz 1)	12–15
3.2 Prüfungsbericht (Abs. 2 Satz 2)	16–18

1 Überblick

1 § 324a HGB regelt die Abschlussprüfung eines gem. den in § 315e Abs. 1 HGB bezeichneten internationalen Rechnungslegungsstandards aufgestellten Einzelabschlusses. § 325 Abs. 2a HGB eröffnet offenlegungspflichtigen Bilanzierenden mit einer **großen KapG** die Möglichkeit, anstelle des nach handelsrechtlichen Grundsätzen aufgestellten Jahresabschlusses einen **nach den von der EU übernommenen IFRS aufgestellten Einzelabschluss** mit befreiender Wirkung offenzulegen. Der Gesetzgeber hat i.R.d. Ende 2004 beschlossenen BilReG die Vorschrift neu geschaffen, um zunächst allen nach § 325 HGB offenlegungspflichtigen Bilanzierenden auch für die einzelgesellschaftliche Rechnungslegung die Anwendung der IFRS zu ermöglichen, allerdings nur für **Informationszwecke**. Für Zwecke der Kapitalerhaltung, Ausschüttungsbemessung, Grundlage der Besteuerung sowie für aufsichtsrechtliche Zwecke ist unverändert der handelsrechtliche Jahresabschluss maßgeblich.[1] Mit dem DiRUG wurde die ursprüngliche Absicht des Gesetzgebers umgesetzt, mit Wirkung für Geschäftsjahre, die nach dem 31.12.2021 beginnen, diese Möglichkeit **nur großen KapG und denen über § 264a HGB gleichgestellten Personenhandelsgesellschaften gem. § 267 Abs. 3 HGB** zu eröffnen.[2]

2 Hintergrund der Schaffung dieser Vorschrift war, dass ein freiwillig aufgestellter und offen gelegter **IFRS-Einzelabschluss** nur dann nach § 325 Abs. 2b HGB

---

[1] Vgl. IDW, WPH Edition, Wirtschaftsprüfung & Rechnungslegung, 18. Aufl. 2023, Kap. K Rz 4.
[2] Vgl. Müller, in Baetge/Kirsch/Thiele, Bilanz-Kom, § 325 HGB, Rz. 102, Stand: 4/2022.

befreiende Wirkung für Offenlegungszwecke erlangt, wenn auch der Bestätigungsvermerk des Abschlussprüfers zum IFRS-Einzelabschluss bzw. der Vermerk über dessen Versagung zum Bundesanzeiger eingereicht wird. § 324a HGB bestimmt die für diese gesonderte Abschlussprüfung anwendbaren Rechtsvorschriften und, soweit aufgrund des Prüfungsgegenstands erforderlich, z.T. abweichende Regelungen.

Gem. Art. 58 Abs. 3 Satz 1 EGHGB war § 324a HGB **erstmals auf das nach dem 31.12.2004 beginnende Gj**, d.h. bei Gj = Kj erstmals für das Gj 2005, anzuwenden. 3

§ 324a HGB ist für **prüfungspflichtige KapG/KapCoGes** anzuwenden. Für **mittelgroße** KapG/KapCoGes sind bei Ausübung dieses Wahlrechts die Anforderungen des § 325 Abs. 2a Satz 2–6 HGB zu berücksichtigen, d.h., die für den handelsrechtlichen Jahresabschluss bestehenden größenabhängigen Offenlegungserleichterungen gem. § 327 HGB (§ 327 Rz 13ff.) kommen im Fall des IFRS-Einzelabschlusses nicht zur Anwendung. Dies erscheint auch sachgerecht, da bei einer freiwilligen Offenlegung eines IFRS-Einzelabschlusses kein Grund für die Gewährung von Offenlegungserleichterungen besteht. 4

Eine Anwendung für **nicht prüfungspflichtige kleine KapG/KapCoGes** ist nicht vorgesehen. Bei diesen kann keine Befreiungswirkung i.S.v. § 325 Abs. 2a HGB eintreten, da es überhaupt an einer Prüfungspflicht des Jahresabschlusses fehlt und somit die in § 325 Abs. 2b HGB genannten Voraussetzungen nicht erfüllt werden können. Gleichwohl können diese Gesellschaften einen IFRS-Einzelabschluss aufstellen, prüfen lassen und offenlegen. Für den in solchen Fällen beauftragten Abschlussprüfer ist zu beachten, dass er in den Auftragsbedingungen die Anwendung der §§ 316 ff. HGB vereinbart.[3] 5

Für **Genossenschaften** findet § 324a HGB infolge des Verweises in § 53 Abs. 2 Satz 2 GenG ebenfalls Anwendung. Zwar gelten für die Prüfung von Jahresabschlüssen von Genossenschaften spezielle Prüfungsvorschriften in § 53 GenG. Durch die Verweise in §§ 53 Abs. 2 Satz 2, 58 Abs. 1 und 2 GenG sind die dort genannten handelsrechtlichen Prüfungsvorschriften auch im Zuge der Prüfung eines IFRS-Einzelabschlusses von Genossenschaften anwendbar. 6

Kreditinstitute und Finanzdienstleistungsinstitute können gem. § 340l Abs. 1 Satz 1 i.V.m. Abs. 5 HGB ebenfalls von dem Wahlrecht zur befreienden Offenlegung eines IFRS-Einzelabschlusses Gebrauch machen. Ebenso **VersicherungsUnt und Pensionsfonds** gem. § 341l Abs. 1 Satz 1 i.V.m. Abs. 4 HGB. 7

2 Prüfungspflicht des IFRS-Einzelabschlusses nach § 325 Abs. 2a HGB (Abs. 1)

2.1 Anwendbare Vorschriften (Abs. 1 Satz 1)

Abs. 1 Satz 1 bestimmt, dass die für den Jahresabschluss geltenden **Prüfungsvorschriften** auch auf den IFRS-Einzelabschluss anzuwenden sind. Anwendbar für den IFRS-Einzelabschluss sind somit folgende Vorschriften des HGB: 8

---

[3] Vgl. IDW PS 220.18.

Vorschrift HGB	Regelungsbereich
§ 316 Abs. 1 Satz 1	Prüfungspflicht
§ 316 Abs. 3	Nachtragsprüfungspflicht
§ 317 Abs. 1	Gegenstand und Umfang der Prüfung des Jahresabschlusses
§ 317 Abs. 2	Gegenstand und Umfang der Prüfung des Lageberichts
§ 317 Abs. 5 und 6	Anwendung der von der EU angenommenen ISA und zusätzliche Prüfungsanforderungen auf Basis einer Rechtsverordnung (derzeit ohne praktische Relevanz)
§ 318 Abs. 1	Bestellung des Abschlussprüfers
§ 318 Abs. 3–8	Abberufung, gerichtliche Bestellung des Abschlussprüfers, Kündigung aus wichtigem Grund
§ 319 Abs. 1–4	Auswahl der Abschlussprüfer und Ausschlussgründe
§ 319b Abs. 1	Netzwerk
§ 320 Abs. 1	Vorlagepflicht
§ 320 Abs. 2	Auskunftspflicht
§ 320 Abs. 4	Berichterstattung des bisherigen an den neuen Abschlussprüfer
§ 321 Abs. 1–5	Prüfungsbericht (ergänzt durch Sonderregelung § 324a Abs. 2 Satz 2 HGB)
§ 321a Abs. 1–3	Offenlegung des Prüfungsberichts in besonderen Fällen
§ 322 Abs. 1–7	Bestätigungsvermerk
§ 323 Abs. 1–4	Verantwortlichkeit des Abschlussprüfers

Tab. 1: Anwendbare Vorschriften gem. § 324a HGB

Soweit sich aus der Anwendung der einzelnen Vorschriften auf die Prüfung eines IFRS-Einzelabschlusses Besonderheiten ergeben, sind diese bei den jeweiligen Vorschriften kommentiert.

2.2 Billigung (Abs. 1 Satz 2)

9   Die Vorschrift stellt klar, dass analog zum handelsrechtlichen Konzernabschluss der IFRS-Einzelabschluss nicht festzustellen, sondern vom je nach Rechtsform zuständigen Gremium (Rz 11) zu billigen ist. Dies ergibt sich auch aus der Zielsetzung des IFRS-Einzelabschlusses, der ausschl. Informationsvermittlung (Rz 1).

Die Vorschrift bestimmt weiterhin, dass bei unterlassener Prüfung des IFRS-Einzelabschlusses keine Billigung erfolgen kann. Damit entfaltet in diesen Fällen auch eine Offenlegung im Bundesanzeiger keine befreiende Wirkung nach § 325 Abs. 2b HGB.[4]

Welches **Organ** für die Billigung des IFRS-Einzelabschlusses zuständig ist, ergibt sich aus den rechtsformspezifischen Vorschriften:

- **AG**: Aufsichtsrat (§ 171 Abs. 4 i.V.m. Abs. 1 bis 3 AktG).
- **KGaA**: Hauptversammlung (§ 286 Abs. 1 AktG).
- **GmbH**: Gesellschafterbeschluss (§ 46 Nr. 1a i.V.m. § 42a Abs. 4 Satz 2 GmbHG[5]); soweit ein fakultativer Aufsichtsrat gem. § 52 Abs. 1 GmbHG existiert, für den die aktienrechtlichen Vorschriften zum Aufsichtsrat anwendbar sind,[6] ist durch den Verweis in § 53 Abs. 1 i.V.m. § 171 Abs. 4 AktG der Aufsichtsrat zuständig.
- **SE**: monistisches System: Verwaltungsrat (§ 47 Abs. 4 Satz 2 SEAG), dualistisches System: Aufsichtsrat (§ 3 SEAG i.V.m. § 171 Abs. 4 AktG).
- **Personenhandelsgesellschaften**: Soweit im Gesellschaftsvertrag Zuständigkeiten für die Feststellung des Jahresabschlusses bzw. Billigung des Konzernabschlusses festgelegt sind, gelten diese analog für den IFRS-Konzernabschluss. Im Regelfall wird dies in der Zuständigkeit der Gesellschafter liegen; enthält der Gesellschaftsvertrag keine Regelungen, gilt ebenfalls die Gesellschafterversammlung als zuständig, da es sich um ein Grundlagengeschäft handelt.

3 Bestellung des Abschlussprüfers und Prüfungsbericht (Abs. 2)

3.1 Bestellung des Abschlussprüfers (Abs. 2 Satz 1)

Die Vorschrift regelt, dass der Abschlussprüfer des handelsrechtlichen Jahresabschlusses kraft Gesetz zum Abschlussprüfer des IFRS-Einzelabschlusses bestellt wird. Hierbei handelt es sich um eine Durchbrechung der in Abs. 1 Satz 1 geregelten analogen Anwendung der §§ 316–324 HGB. Der Bilanzierende hat keine Möglichkeit, einen anderen Abschlussprüfer mit der Prüfung des IFRS-Einzelabschlusses zu beauftragen, um die Befreiungswirkung des § 325 Abs. 2a HGB für den IFRS-Einzelabschluss zu erlangen. Es kann auch nicht ein ggf. vom Abschlussprüfer des Jahresabschlusses abweichender Konzern-Abschlussprüfer in die Rolle des Abschlussprüfers gem. § 324 Abs. 2 Satz 2 HGB gelangen.[7]

In der Praxis bedeutet dies, dass bereits bei der Bestellung des Abschlussprüfers für den handelsrechtlichen Jahresabschluss vom zuständigen Organ mit dem vorgesehenen Abschlussprüfer geklärt werden muss, ob dieser fachlich und personell in der Lage ist, auch diesen Prüfungsauftrag durchzuführen. Denn

---

[4] Vgl. LG Berlin, Urteil v. 1.12.2006, GmbHR 2007 S. 92.
[5] § 42a Abs. 4 GmbHG verweist auf Abs. 2, der von Feststellung spricht. Gem. der Gesetzesbegründung und auch Literaturmeinung ist hiermit gleichwohl die Billigung des IFRS-EA gemeint, vgl. BT-Drucks. 15/3419 v. 24.6.2004 S. 55; Orth, in Baetge/Kirsch/Thiele, Bilanzrecht, § 324a HGB Rz 65, Stand: 10/2022.
[6] Dies kann allerdings durch Gesellschaftsvertrag abbedungen werden; vgl. § 52 Abs. 1 letzter Hs. GmbHG.
[7] Vgl. BR-Drs. 326/04 v. 30.4.2004 S. 97; Kirsch, in Kirsch, Rechnungslegung (alter Titel: Bonner Handbuch Rechnungslegung), § 324a HGB Anm. 11.

14 Soweit sich das Unt erst nach Bestellung des Abschlussprüfers zum handelsrechtlichen Jahresabschluss entschließt, einen befreienden IFRS-Einzelabschluss nach § 325 Abs. 2a HGB aufzustellen und prüfen zu lassen, und dann feststellt, dass der bestellte Abschlussprüfer diesen weiteren Auftrag nicht durchführen kann, bleibt als einziger Ausweg die **gerichtliche Ersetzung** durch einen anderen Abschlussprüfer gem. § 318 Abs. 3 Satz 1 HGB (§ 318 Rz 53).[8]

15 Soweit für die Prüfung des handelsrechtlichen Jahresabschlusses zwei Abschlussprüfer gemeinsam bestellt worden sind (**joint audit**), gelten diese aufgrund der Fiktion von Abs. 2 Satz 1 auch als gemeinsame Abschlussprüfer des IFRS-Einzelabschlusses.[9]

3.2 Prüfungsbericht (Abs. 2 Satz 2)

16 Da Abschlussprüfer des handelsrechtlichen Jahresabschlusses und des IFRS-Einzelabschlusses personenidentisch sind (Ausnahme s. Rz 14), hat der Gesetzgeber mit der Vorschrift die gesetzliche Möglichkeit zur **Zusammenfassung des Prüfungsberichts** geschaffen.

Bzgl. der Zusammenfassung des Prüfungsberichts über den handelsrechtlichen Jahresabschluss und den Konzernabschluss bestand schon länger – zunächst lediglich aufgrund berufsständischer Prüfungsgrundsätze[10], später aufgrund gesetzlicher Regelung (§ 325 Abs. 3a HGB) – die Möglichkeit der Zusammenfassung. Hierzu ist es einerseits erforderlich, dass es sich bei beiden Abschlussprüfungen um denselben Abschlussprüfer handelt, und andererseits, dass der Bilanzierende Anhang und Konzernanhang gem. § 298 Abs. 3 HGB sowie Lagebericht und Konzernlagebericht gem. § 315 Abs. 3 i.V.m. § 298 Abs. 3 HGB zusammengefasst hat.

17 In der praktischen Anwendung erfolgt die Zusammenfassung der Prüfungsberichte eher selten, da dies im Interesse der Klarheit der Berichterstattung von den Berichtsadressaten zumeist nicht gewünscht wird und für den Abschlussprüfer auch nicht unproblematisch ist.[11] Da sich IFRS-Einzelabschluss und handelsrechtlicher Jahresabschluss oftmals stark unterscheiden, wird von den betroffenen Unt z.T. auch nicht ein einheitlicher Lagebericht – wie eigentlich vom Gesetzgeber vorgesehen[12] – aufgestellt, sondern es werden **zwei Lageberichte** aufgestellt, die sich lediglich in Bezug auf die Darstellung der Vermögens-, Finanz- und Ertragslage und des Geschäftsergebnisses unterscheiden. Der eine Lagebericht nimmt auf den handelsrechtlichen Jahresabschluss Bezug, während der andere auf den IFRS-Einzelabschluss abstellt. I.S.d. von § 289 HGB geforderten klaren und übersichtlichen Berichterstattung erscheint dies zweckmäßig. Da gem. § 325 Abs. 2a und 2b HGB beide Abschlüsse und beide

---

[8] Gl. A. Orth, in Baetge/Kirsch/Thiele, Bilanzrecht, § 324a HGB Rz 76, Stand: 10/2022.
[9] Vgl. Hell/Pfirmann in Küting/Weber, HdR-E, § 324a HGB Rz 14, Stand: 5/2019.
[10] Vgl. IDW PS 450.138 n.F.
[11] Vgl. Pfitzer/Oser/Orth, DB 2004, S. 2602.
[12] Vgl. BT-Drs. 15/3419 v. 24.6.2004 S. 45.

Lageberichte offenzulegen sind, erscheint diese über den Gesetzestext hinausgehende Interpretation zulässig.

Gem. § 325 Abs. 3a HGB besteht auch die Möglichkeit, den Prüfungsbericht über den IFRS-Einzelabschluss mit dem **Prüfungsbericht über den Konzernabschluss** zusammenzufassen. Dies erscheint auch nur in solchen Fällen zweckmäßig und den Grundsätzen einer klaren Berichterstattung entsprechend, wenn es sich bei dem Konzernabschluss um einen gem. § 315e HGB nach IFRS aufgestellten Konzernabschluss handelt.

§ 324b-E Pflicht zur Prüfung des Nachhaltigkeitsberichts

> **Hinweis**
> Die Kommentierung basiert auf dem **Regierungsentwurf eines CSRD-Umsetzungsgesetzes**.[1] Nach Veröffentlichung der finalen Fassung wird die Kommentierung in Ihrem Haufe HGB Bilanz Kommentar Online aktualisiert. Die **Online-Version** ist beim Kauf der Printausgabe inklusive.
> Geplante Vorschriften für das EGHGB sind wie folgt bezeichnet: „nächster bei der Verkündung freier Artikel mit Zählbezeichnung" (RegE) als X1, „übernächster bei der Verkündung freier Artikel mit Zählbezeichnung" (RegE) als X2 usw.

Inhaltsübersicht

		Rz
1	Überblick	1–3
2	Nachhaltigkeitsbericht (Abs. 1)	4
3	Konzernnachhaltigkeitsbericht (Abs. 2)	5
4	Nachtragsprüfung (Abs. 3)	6

1 Überblick

1 § 324b HGB-E regelt die Pflicht zur Prüfung des Nachhaltigkeitsberichts und regelt diese nach dem Vorbild des § 316 HGB.
Die Tatsache, dass diese Prüfungspflicht eine andere ist als die Prüfung der Finanzberichterstattung (JA/LB bzw. KA/KLB) wird daran deutlich, dass der Gesetzgeber generell für die §§ 324b–m HGB-E einen separaten Unterabschnitt „Prüfung des Nachhaltigkeitsberichts" vorgesehen hat.

2 Art. X1 Abs. 1 EGHGB sieht die erstmalige Anwendung der §§ 324b–m HGB-E auf Unterlagen der Einzelrechnungslegung für ein nach dem 31.12.2023 beginnendes Gj für bestimmte große Unternehmen (u. a. Unt von öffentlichem Interesse i. S. d. § 316a Satz 2 HGB) vor. Für alle übrigen Unternehmen, die einen Nachhaltigkeitsbericht aufstellen und prüfen lassen müssen, gilt diese Verpflichtung gem. Art. X1 Abs. 3 EGHGB für das nach dem 31.12.2024 beginnende Gj, d. h. bei kalendergleichem Gj **erstmals für das Gj 2025**.
Art. X1 Abs. 4 EGHGB enthält zudem die Regelung, dass prüfungspflichtige Unt, die nicht bereits nach Abs. 1 und 3 der Vorschrift erfasst sind, erstmals für das nach dem 31.12.2026 beginnende Gj einen Nachhaltigkeitsbericht aufstellen und prüfen lassen müssen.
Art. X1 Abs. 6 EGHGB regelt eine zeitlich begrenzte **Befreiung von der Aufstellungs- und Prüfungspflicht** eines Nachhaltigkeitsberichts für solche Gj, die vor dem 7.1.2030 enden, wenn das betreffende Unt TU eines MU außerhalb des

---

[1] Regierungsentwurf eines Gesetzes zur Umsetzung der Richtlinie (EU) 2022/2464 des Europäischen Parlaments und des Rates vom 14. Dezember 2022 zur Änderung der Verordnung (EU) Nr. 537/2014 und der Richtlinien 2004/109/EG, 2006/43/EG und 2013/34/EU hinsichtlich der Nachhaltigkeitsberichterstattung von Unternehmen, BT-Drs. 20/12787 v. 9.9.2024.

EU-/EWR-Raums ist, oder alternativ von einem weiteren TU des MU ein Konzernnachhaltigkeitsbericht aufgestellt und geprüft wird, in das das Unt einbezogen wird.

Art. X2 Abs. 1 EGHGB sieht die erstmalige Anwendung der §§ 324b–m HGB-E auf Unterlagen der Konzernrechnungslegung für ein nach dem 31.12.2023 beginnendes Gj für bestimmte große Unt (u. a. Unt von öffentlichem Interesse i. S. d. § 316a Satz 2 HGB) vor. Für alle übrigen Unt, die einen Konzernnachhaltigkeitsbericht aufstellen und prüfen lassen müssen, gilt diese Verpflichtung gem. Art. X2 Abs. 3 EGHGB für das nach dem 31.12.2024 beginnende Gj, d. h. bei kalendergleichem Gj **erstmals für das Gj 2025**.

Art. X2 Abs. 4 EGHGB enthält zudem die Regelung, dass prüfungspflichtige Unt, die nicht bereits nach Abs. 1 und 3 der Vorschrift erfasst sind, erstmals für das nach dem 31.12.2026 beginnende Gj einen Konzernnachhaltigkeitsbericht aufstellen und prüfen lassen müssen.

Art. X2 Abs. 6 EGHGB regelt eine zeitlich begrenzte **Befreiung von der Aufstellungs- und Prüfungspflicht** eines Konzernnachhaltigkeitsberichts für solche Gj die vor dem 7.1.2030 enden, wenn das betreffende Unt TU eines MU außerhalb des EU-/EWR-Raums ist, oder alternativ von einem weiteren TU des MU ein Konzernnachhaltigkeitsbericht aufgestellt und geprüft wird, in das das Unt einbezogen wird.

2 Nachhaltigkeitsbericht (Abs. 1)

Abs. 1 der Vorschrift regelt die Pflicht der Prüfung eines Nachhaltigkeitsberichts. Die Prüfungspflicht knüpft dabei unmittelbar an die Aufstellungspflicht an, die in § 289b HGB geregelt ist. Soweit eine Aufstellungspflicht nach § 289b HGB[2] gegeben ist, besteht entsprechend Prüfungspflicht nach Abs. 1 der Vorschrift. Zur zeitlichen Anwendung der Vorschrift vgl. Rz 2.

3 Konzernnachhaltigkeitsbericht (Abs. 2)

Analog regelt Abs. 2 der Vorschrift die Prüfungspflicht eines Konzernnachhaltigkeitsberichts. Soweit eine Aufstellungspflicht gem. § 315b HGB[3] besteht, ist eine Prüfung des Konzernnachhaltigkeitsberichts obligatorisch. Zur zeitlichen Anwendung der Vorschrift vgl. Rz 3.

4 Nachtragsprüfung (Abs. 3)

Abs. 3 erklärt die Regelungen des § 316 Abs. 3 Satz 1 und 2 HGB zur Nachtragsprüfung auf die Prüfung eines Nachhaltigkeitsberichts bzw. Konzernnachhaltigkeitsberichts für entsprechend anwendbar. Erfolgt somit nach Prüfung eines (Konzern-)Nachhaltigkeitsberichts eine Änderung des jeweiligen Berichts, ist dieser vom Prüfer des Nachhaltigkeitsberichts erneut zu prüfen, allerdings nur in Bezug auf die vorgenommenen Änderungen. Zu Einzelheiten vgl. § 316 Rz 38 ff.

---

[2] Zu Einzelheiten zur Aufstellungspflicht vgl. § 289b Rz 25 ff.
[3] Zu Einzelheiten zur Aufstellungspflicht vgl. § 315b Rz 17 ff.

§ 324c-E Gegenstand und Umfang der Prüfung des Nachhaltigkeitsberichts

> **Hinweis**
> Die Kommentierung basiert auf dem **Regierungsentwurf eines CSRD-Umsetzungsgesetzes**.[1] Nach Veröffentlichung der finalen Fassung wird die Kommentierung in Ihrem Haufe HGB Bilanz Kommentar Online aktualisiert. Die **Online-Version** ist beim Kauf der Printausgabe inklusive.
> **Geplante Vorschriften für das EGHGB** sind wie folgt bezeichnet: „nächster bei der Verkündung freier Artikel mit Zählbezeichnung" (RegE) als X1, „übernächster bei der Verkündung freier Artikel mit Zählbezeichnung" (RegE) als X2 usw.

Inhaltsübersicht

	Rz
1 Überblick	1–3
2 Gegenstand und Umfang	4
3 Prüfung von Konzernnachhaltigkeitsberichten	5

1 Überblick

1 § 324c HGB-E enthält Regelungen zu Gegenstand und Umfang der Prüfung des Nachhaltigkeitsberichts. Während bislang nur zu prüfen war, ob die nichtfinanzielle Erklärung oder der gesonderte nichtfinanzielle Bericht vorgelegt wurden, erfolgt nunmehr eine **vollständige inhaltliche Prüfung**.[2]

2 Art. X1 Abs. 1 EGHGB sieht die erstmalige Anwendung der §§ 324b–m HGB-E auf Unterlagen der Einzelrechnungslegung für ein nach dem 31.12.2023 beginnendes Gj für bestimmte große Unt (u. a. Unt von öffentlichem Interesse i. S. d. § 316a Satz 2 HGB) vor. Für alle übrigen Unt, die einen Nachhaltigkeitsbericht aufstellen und prüfen lassen müssen, gilt diese Verpflichtung gem. Art. X1 Abs. 3 EGHGB für das nach dem 31.12.2024 beginnende Gj, d. h. bei kalendergleichem Gj **erstmals für das Gj 2025**.

Art. X1 Abs. 4 EGHGB enthält zudem die Regelung, dass prüfungspflichtige Unt, die nicht bereits nach Abs. 1 und 3 der Vorschrift erfasst sind, erstmals für das nach dem 31.12.2026 beginnende Gj einen Nachhaltigkeitsbericht aufstellen und prüfen lassen müssen.

Art. X1 Abs. 6 EGHGB regelt eine zeitlich begrenzte **Befreiung von der Aufstellungs- und Prüfungspflicht** eines Nachhaltigkeitsberichts für solche Gj, die vor dem 7.1.2030 enden, wenn das betreffende Unt TU eines MU außerhalb des EU-/EWR-

---

[1] Regierungsentwurf eines Gesetzes zur Umsetzung der Richtlinie (EU) 2022/2464 des Europäischen Parlaments und des Rates vom 14. Dezember 2022 zur Änderung der Verordnung (EU) Nr. 537/2014 und der Richtlinien 2004/109/EG, 2006/43/EG und 2013/34/EU hinsichtlich der Nachhaltigkeitsberichterstattung von Unternehmen, BT-Drs. 20/12787 v. 9.9.2024.
[2] Vgl. Gesetzesbegründung zum RegE CSRD-UmsG, S. 120.

Raums ist, oder alternativ von einem weiteren TU des MU ein Konzernnachhaltigkeitsbericht aufgestellt und geprüft wird, in den das Unt einbezogen wird.

Art. X2 Abs. 1 EGHGB sieht die erstmalige Anwendung der §§ 324b–m HGB-E auf Unterlagen der Konzernrechnungslegung für ein nach dem 31.12.2023 beginnendes Gj für bestimmte große Unt (u.a. Unt von öffentlichem Interesse i.S.d. § 316a Satz 2 HGB) vor. Für alle übrigen Unt, die einen Konzernnachhaltigkeitsbericht aufstellen und prüfen lassen müssen, gilt diese Verpflichtung gem. Art. X2 Abs. 3 EGHGB für das nach dem 31.12.2024 beginnende Gj, d.h. bei kalendergleichem Gj **erstmals für das Gj 2025**.

Art. X2 Abs. 4 EGHGB enthält zudem die Regelung, dass prüfungspflichtige Unt, die nicht bereits nach Abs. 1 und 3 der Vorschrift erfasst sind, erstmals für das nach dem 31.12.2026 beginnende Gj einen Konzernnachhaltigkeitsbericht aufstellen und prüfen lassen müssen.

Art. X2 Abs. 6 EGHGB regelt eine zeitlich begrenzte **Befreiung von der Aufstellungs- und Prüfungspflicht** eines Konzernnachhaltigkeitsberichts für solche Gj, die vor dem 7.1.2030 enden, wenn das betreffende Unt TU eines MU außerhalb des EU-/EWR-Raums ist, oder alternativ von einem weiteren TU des MU ein (Konzern-) Nachhaltigkeitsbericht aufgestellt und geprüft wird, in den das Unt einbezogen wird.

2 Gegenstand und Umfang

Abs. 1 der Regelung bestimmt, dass sich die Prüfung des (Konzern-)Nachhaltigkeitsberichts darauf zu erstrecken hat, ob der Lagebericht gem. den §§ 289b–e HGB bzw. der Konzernlagebericht gem. den §§ 315b und c HGB um einen (Konzern-) Nachhaltigkeitsbericht erweitert worden ist. Abs. 3 bestimmt darüber hinaus, dass bei der Prüfung die von der Europäischen Kommission angenommenen Standards für die Prüfung des Nachhaltigkeitsberichts anzuwenden sind.

Zum Zeitpunkt des Redaktionsschlusses dieser Kommentierung waren von der Europäischen Kommission noch keine Prüfungsstandards angenommen. Im internationalen Bereich liegt ISSA 5000 des IAASB vor, dessen Verabschiedung für Dezember 2024 vorgesehen ist. Klar ist aufgrund der Vorgaben der CSRD und der Gesetzesbegründung zum ReGE CSRD-UmsG, dass es sich um eine vollinhaltliche Prüfung handeln muss. Allerdings erfolgt die Prüfung für eine Übergangszeit mit begrenzter Sicherheit (zu Einzelheiten vgl. § 324i-E Rz 2).

3 Prüfung von Konzernnachhaltigkeitsberichten

Abs. 2 der Vorschrift bestimmt, dass die Regelungen des § 317 Abs. 3 Satz 2 HGB entsprechend anwendbar sind. § 317 Abs. 3 Satz 2 HGB bestimmt, dass der Konzernabschlussprüfer die Arbeiten von Teilbereichsprüfern zu überprüfen hat und dies zu dokumentieren ist. In Fällen der Prüfung von Konzernnachhaltigkeitsberichten bedeutet dies, dass analog zu der i.R.v. Konzernabschlussprüfungen üblichen Vorgehensweise, dass der Konzernabschlussprüfer dem Teilbereichsprüfer Prüfungsanweisungen erteilt und dessen Arbeiten zu überwachen hat, dies zukünftig auch bei der Prüfung von Konzernnachhaltigkeitsberichten anzuwenden ist, soweit für einzelne oder mehrere TU separate Nachhaltigkeitsprüfer bestellt worden sind.

Zur praktischen Durchführung liegen noch keine Vorgaben, Erfahrungswerte o.Ä. vor, sodass die weitere Entwicklung hier zu beobachten sein wird.

§ 324d-E Bestellung und Abberufung des Prüfers des Nachhaltigkeitsberichts

> **Hinweis**
> Die Kommentierung basiert auf dem **Regierungsentwurf eines CSRD-Umsetzungsgesetzes**.[1] Nach Veröffentlichung der finalen Fassung wird die Kommentierung in Ihrem Haufe HGB Bilanz Kommentar Online aktualisiert. Die **Online-Version** ist beim Kauf der Printausgabe inklusive.
> **Geplante Vorschriften für das EGHGB** sind wie folgt bezeichnet: „nächster bei der Verkündung freier Artikel mit Zählbezeichnung" (RegE) als X1, „übernächster bei der Verkündung freier Artikel mit Zählbezeichnung" (RegE) als X2 usw.

Inhaltsübersicht

		Rz
1	Überblick	1–3
2	Bestellung des Prüfers des Nachhaltigkeitsberichts	4
3	Abberufung des Prüfers des Nachhaltigkeitsberichts	5

1 Überblick

1 § 324d HGB-E regelt die Bestellung und Abberufung des Prüfers des Nachhaltigkeitsberichts. Hierzu wird im Wesentlichen auf die entsprechende Anwendung von § 318 HGB verwiesen. Auch wenn nicht explizit genannt, gilt die Vorschrift entsprechend auch für den Prüfer des Konzernnachhaltigkeitsberichts.

2 Art. X1 Abs. 1 EGHGB sieht die erstmalige Anwendung der §§ 324b–m HGB-E auf Unterlagen der Einzelrechnungslegung für ein nach dem 31.12.2023 beginnendes Gj für bestimmte große Unt (u. a. Unt von öffentlichem Interesse i. S. d. § 316a Satz 2 HGB) vor. Für alle übrigen Unt, die einen Nachhaltigkeitsbericht aufstellen und prüfen lassen müssen, gilt diese Verpflichtung gem. Art. X1 Abs. 3 EGHGB für das nach dem 31.12.2024 beginnende Gj, d. h. bei kalendergleichem Gj **erstmals für das Gj 2025**.

Art. X1 Abs. 4 EGHGB enthält zudem die Regelung, dass prüfungspflichtige Unt, die nicht bereits schon nach Abs. 1 und 3 der Vorschrift erfasst sind, erstmals für das nach dem 31.12.2026 beginnende Gj einen Nachhaltigkeitsbericht aufstellen und prüfen lassen müssen.

Art. X1 Abs. 6 EGHGB regelt eine zeitlich begrenzte **Befreiung von der Aufstellungs- und Prüfungspflicht** eines Nachhaltigkeitsberichts für solche Gj, die vor dem 7.1.2030 enden, wenn das betreffende Unt TU eines MU außerhalb des EU-/EWR-Raums ist, oder alternativ von einem weiteren TU des MU ein

---

[1] Regierungsentwurf eines Gesetzes zur Umsetzung der Richtlinie (EU) 2022/2464 des Europäischen Parlaments und des Rates vom 14. Dezember 2022 zur Änderung der Verordnung (EU) Nr. 537/2014 und der Richtlinien 2004/109/EG, 2006/43/EG und 2013/34/EU hinsichtlich der Nachhaltigkeitsberichterstattung von Unternehmen, BT-Drs. 20/12787 v. 9.9.2024.

Konzernnachhaltigkeitsbericht aufgestellt und geprüft wird, in den das Unt einbezogen wird.

Art. X1 Abs. 2 EGHGB enthält für die Fälle, bei denen für ein Gj, das vor dem 1.1.2025 beginnt, eine Fiktion wonach als Prüfer des Nachhaltigkeitsberichts der Prüfer als bestellt gilt, der für die JAP bestellt ist, soweit die Hauptversammlung bzw. Gesellschafterversammlung nicht explizit einen (anderen) Prüfer des Nachhaltigkeitsberichts bestellt. Diese Übergangsregelung ist i.S.d. Rechtssicherheit zu begrüßen, ansonsten hätten bei diesen Gesellschaften nach Inkrafttreten des CSRD-UmsG erneute Haupt- bzw. Gesellschafterversammlungen einberufen werden müssen, um einen Prüfer für den (Konzern-)Nachhaltigkeitsbericht zu wählen.

Art. X2 Abs. 1 EGHGB sieht die erstmalige Anwendung der §§ 324b–m HGB-E auf Unterlagen der Konzernrechnungslegung für ein nach dem 31.12.2023 beginnendes Gj für bestimmte große Unt (u.a. Unt von öffentlichem Interesse i.S.d. § 316a Satz 2 HGB) vor. Für alle übrigen Unt, die einen Konzernnachhaltigkeitsbericht aufstellen und prüfen lassen müssen, gilt diese Verpflichtung gem. Art. X2 Abs. 3 EGHGB für das nach dem 31.12.2024 beginnende Gj, d.h. bei kalendergleichem Gj **erstmals für das Gj 2025**. 3

Art. X2 Abs. 4 EGHGB enthält zudem die Regelung, dass prüfungspflichtige Unt, die nicht bereits schon nach Abs. 1 und 3 der Vorschrift erfasst sind, erstmals für das nach dem 31.12.2026 beginnende Gj einen Konzernnachhaltigkeitsbericht aufstellen und prüfen lassen müssen.

Art. X2 Abs. 6 EGHGB regelt eine zeitlich begrenzte **Befreiung von der Aufstellungs- und Prüfungspflicht** eines Konzernnachhaltigkeitsberichts für solche Geschäftsjahre, die vor dem 7.1.2030 enden, wenn das betreffende Unt TU eines MU außerhalb des EU-/EWR-Raums ist, oder alternativ von einem weiteren TU des MU ein Konzernnachhaltigkeitsbericht aufgestellt und geprüft wird, in den das Unt einbezogen wird.

Art. X2 Abs. 2 EGHGB enthält für die Fälle, bei denen für ein Gj, das vor dem 1.1.2025 beginnt, eine Fiktion, wonach als Prüfer des Konzernachhaltigkeitsberichts der Prüfer als bestellt gilt, der für die KAP bestellt ist, soweit die Hauptversammlung bzw. Gesellschafterversammlung nicht explizit einen (anderen) Prüfer des Konzernnachhaltigkeitsberichts bestellt. Diese Übergangsregelung ist i.S.d. Rechtssicherheit zu begrüßen, ansonsten hätten bei diesen Gesellschaften nach Inkrafttreten des CSRD-UmsG erneute Haupt- bzw. Gesellschafterversammlungen einberufen werden müssen, um einen Prüfer für den (Konzern-)Nachhaltigkeitsbericht zu wählen.

2 Bestellung des Prüfers des Nachhaltigkeitsberichts

Die Vorschrift verweist bzgl. der Bestellung des Prüfers des Nachhaltigkeitsberichts auf § 318 HGB (vgl. § 318 Rz 8ff.). § 318 Abs. 1 HGB sieht für die Bestellung des AP des JA die Wahl durch die Haupt- oder Gesellschafterversammlung sowie die Auftragserteilung durch die gesetzlichen Vertreter vor. Entsprechendes gilt nunmehr für den Prüfer des Nachhaltigkeitsberichts, sodass auch hier Wahl und Auftrag für die Bestellung erforderlich sind. 4

Entsprechendes gilt für die Bestellung des Prüfers des Konzernnachhaltigkeitsberichts. Hier ist § 318 Abs. 2 HGB entsprechend anzuwenden (vgl. § 318 Rz 49ff.).

3 Abberufung des Prüfers des Nachhaltigkeitsberichts

5 Auch hier wird auf die Regelung von § 318 HGB verwiesen, allerdings wird die Regelung für Zwecke des Prüfers des Nachhaltigkeitsberichts modifiziert. Die Regelungen des § 318 Abs. 3 HGB (vgl. insb. zum Kreis der Berechtigten § 318 Rz 53 ff.) zur Abberufung des Jahres- bzw. Konzernabschlussprüfers gelten analog mit der Modifikation, dass eine Abberufung aus einem in der Person des Nachhaltigkeitsprüfers liegenden Grund insb. geboten erscheint, wenn
1. ein Ausschlussgrund nach § 319 Abs. 2–5 HGB oder nach § 319b HGB (§ 319 Rz 22 ff. und § 319b Rz 11 ff.) besteht oder
2. ein Verstoß gegen § 43b WPO-E vorliegt.

§ 43b WPO-E ist im CSRD-UmsG vorgesehen. Er regelt das Verbot von Nichtprüfungsleistungen im Zusammenhang mit der Prüfung von Nachhaltigkeitsberichten bei Unt des öffentlichen Interesses (§ 316a HGB). Für alle übrigen Prüfer von Nachhaltigkeitsberichten gilt § 43b WPO-E nicht. Allerdings werden über § 319 Abs. 2–5 HGB und § 319b HGB mögliche Inhabilitätstatbestände für diese Prüfer umfassend erfasst.

Die Abberufung erfolgt entsprechend § 318 Abs. 3 HGB, sodass vom Gericht nicht nur der bisherige Prüfer des Nachhaltigkeitsberichts abberufen, sondern auch ein neuer Prüfer des Nachhaltigkeitsberichts bestimmt wird (sog. Ersetzung).

§ 324e-E Auswahl der Prüfer des Nachhaltigkeitsberichts und Ausschlussgründe

> **Hinweis**
> Die Kommentierung basiert auf dem **Regierungsentwurf eines CSRD-Umsetzungsgesetzes**.[1] Nach Veröffentlichung der finalen Fassung wird die Kommentierung in Ihrem Haufe HGB Bilanz Kommentar Online aktualisiert. Die **Online-Version** ist beim Kauf der Printausgabe inklusive.
> Geplante Vorschriften für das EGHGB sind wie folgt bezeichnet: „nächster bei der Verkündung freier Artikel mit Zählbezeichnung" (RegE) als X1, „übernächster bei der Verkündung freier Artikel mit Zählbezeichnung" (RegE) als X2 usw.

Inhaltsübersicht	Rz
1 Überblick	1–3
2 Auswahl und Ausschlussgründe	4–5
3 Abschlussprüfer	6

1 Überblick

§ 324e HGB-E sieht vor, dass für die Auswahl des Prüfers des Nachhaltigkeitsberichts § 319 HGB entsprechend anzuwenden ist. Dies gilt sowohl für den Prüfer des Nachhaltigkeitsberichts als auch des Konzernnachhaltigkeitsberichts.

Die in § 319 HGB enthaltenen Ausschlussgründe werden für § 342e HGB in gewissem Umfang modifiziert, um den durch das CSRD-UmsG geschaffenen zusätzlichen Anforderungen an die Registrierung der Nachhaltigkeitsprüfer Rechnung zu tragen.

§ 324e HGB-E ist einer der am meisten diskutierten Punkte im Gesetzgebungsverfahren. Der Berufsstand der WP hat darauf gedrängt, den Prüfer des Jahres- bzw. Konzernabschlusses als Prüfer des (Konzern-)Nachhaltigkeitsberichts vorzusehen. Andere Stakeholder haben demgegenüber darauf gedrängt, auch Nicht-WP als Prüfer des (Konzern-)Nachhaltigkeitsberichts zuzulassen. Der Gesetzgeber hat sich dafür entschieden, diese Prüfung als Vorbehaltsaufgabe des Berufsstands der WP zu belassen, weil andere mögliche Prüfer (z. B. Umweltgutachter) die gesetzlichen Anforderungen der CSRD an den Prüfer des Nachhaltigkeitsberichts derzeit nicht erfüllen können. Hierbei sind insb. Regelungen zur Praxisorganisation, Qualitätskontrolle und Unabhängigkeitsregelungen gemeint. Der Gesetzgeber hat allerdings in der Gesetzesbegründung zu § 324e HGB-E klargestellt, dass geprüft wird, ob i. R. e. späteren Gesetzesnovelle auch

---

[1] Regierungsentwurf eines Gesetzes zur Umsetzung der Richtlinie (EU) 2022/2464 des Europäischen Parlaments und des Rates vom 14. Dezember 2022 zur Änderung der Verordnung (EU) Nr. 537/2014 und der Richtlinien 2004/109/EG, 2006/43/EG und 2013/34/EU hinsichtlich der Nachhaltigkeitsberichterstattung von Unternehmen, BT-Drs. 20/12787 v. 9.9.2024.

andere Prüfer als WP bzw. WPG zukünftig als Prüfer des Nachhaltigkeitsberichts zugelassen werden, wie dies in anderen europäischen Ländern schon jetzt der Fall ist.[2]

2 Art. X1 Abs. 1 EGHGB sieht die erstmalige Anwendung der §§ 324b–m HGB-E auf Unterlagen der Einzelrechnungslegung für ein nach dem 31.12.2023 beginnendes Geschäftsjahr für bestimmte große Unt (u.a. Unt von öffentlichem Interesse i.S.d. § 316a Satz 2 HGB) vor. Für alle übrigen Unt, die einen Nachhaltigkeitsbericht aufstellen und prüfen lassen müssen, gilt diese Verpflichtung gem. Art. X1 Abs. 3 EGHGB für das nach dem 31.12.2024 beginnende Gj, d.h. bei kalendergleichem Gj **erstmals für das Gj 2025**.

Art. X1 Abs. 4 EGHGB enthält zudem die Regelung, dass prüfungspflichtige Unt, die nicht bereits nach Abs. 1 und 3 der Vorschrift erfasst sind, erstmals für das nach dem 31.12.2026 beginnende Gj einen Nachhaltigkeitsbericht aufstellen und prüfen lassen müssen.

Art. X1 Abs. 6 EGHGB regelt eine zeitlich begrenzte **Befreiung von der Aufstellungs- und Prüfungspflicht** eines Nachhaltigkeitsberichts für solche Geschäftsjahre, die vor dem 7.1.2030 enden, wenn das betreffende Unt TU eines MU außerhalb des EU-/EWR-Raums ist, oder alternativ von einem weiteren TU des MU ein Konzernnachhaltigkeitsbericht aufgestellt und geprüft wird, in den das Unt einbezogen wird.

3 Art. X2 Abs. 1 EGHGB sieht die erstmalige Anwendung der §§ 324b–m HGB-E auf Unterlagen der Konzernrechnungslegung für ein nach dem 31.12.2023 beginnendes Gj für bestimmte große Unt (u.a. Unt von öffentlichem Interesse i.S.d. § 316a Satz 2 HGB) vor. Für alle übrigen Unt, die einen Konzernnachhaltigkeitsbericht aufstellen und prüfen lassen müssen, gilt diese Verpflichtung gem. Art. X2 Abs. 3 EGHGB für das nach dem 31.12.2024 beginnende Gj, d.h. bei kalendergleichem Gj **erstmals für das Gj 2025**.

Art. X2 Abs. 4 EGHGB enthält zudem die Regelung, dass prüfungspflichtige Unt, die nicht bereits nach Abs. 1 und 3 der Vorschrift erfasst sind, erstmals für das nach dem 31.12.2026 beginnende Gj einen Konzernnachhaltigkeitsbericht aufstellen und prüfen lassen müssen.

Art. X2 Abs. 6 EGHGB regelt eine zeitlich begrenzte **Befreiung von der Aufstellungs- und Prüfungspflicht** eines Konzernnachhaltigkeitsberichts für solche Geschäftsjahre, die vor dem 7.1.2030 enden, wenn das betreffende Unt TU eines MU außerhalb des EU-/EWR-Raums ist, oder alternativ von einem weiteren TU des MU ein (Konzern-)Nachhaltigkeitsbericht aufgestellt und geprüft wird, in den das Unt einbezogen wird.

2 Auswahl und Ausschlussgründe

4 § 324e HGB-E verweist hinsichtlich der Auswahl des Prüfers des Nachhaltigkeitsberichts auf § 319 HGB (vgl. § 319 Rz Rz 13ff.). In § 319 Abs. 1 Satz 1 HGB bestimmt, dass dies WP und WPG sein können. Die Regelung in § 319 Abs. 1 Satz 2 HGB für vBP und BPG geht in Bezug auf § 324e HGB-E ins Leere, da es sich bei nachhaltigkeitsberichtserstattungspflichtigen Unt immer um große Gesellschaften i.S.v. § 267 HGB handeln muss.

---

[2] Vgl. Gesetzesbegründung zum CSRD-UmsG, RegE, S. 120.

§ 319 Satz 3 HGB wird von § 324e HGB-E dergestalt modifiziert, dass nur solche WP bzw. WPG als Prüfer des Nachhaltigkeitsberichts ausgewählt werden können, die über einen Auszug aus dem Berufsregister nach § 38 WPO verfügen, der eine Eintragung nach Nr. 1 Buchstabe g (WP) oder Nr. 2 Buchstabe k (WPG) erfordert. Hierbei handelt es sich um den Nachweis, dass der WP bzw. die WPG als Prüfer für Nachhaltigkeitsberichte registriert worden ist. Hintergrund ist, dass gem. den Vorgaben des CRSD-UmsG nur solche WP bzw. WPG als Prüfer des Nachhaltigkeitsberichts fungieren können, die über die vorgenannte zusätzliche Registrierung verfügen.

Die Ausschlussgründe des § 319 Abs. 2–5 HGB gelten für den Prüfer des (Konzern-)Nachhaltigkeitsberichts entsprechend (vgl. § 319 Rz 13 ff.). § 319b HGB wird in § 324e HGB-E nicht erwähnt, weil es hierzu eine eigenständige Regelung in § 324f HGB-E gibt (vgl. § 324f-E Rz 4 ff.).

3 Abschlussprüfer

§ 324e Abs. 2 HGB-E bestimmt, dass auch der AP des Jahresabschlusses Prüfer des Nachhaltigkeitsberichts sein kann. Diese (klarstellende) Regelung wird in der Praxis aller Voraussicht nach der Regelfall sein. Auch wenn nicht explizit angesprochen, gilt dies für den Konzern-AP und die Prüfung des Konzernnachhaltigkeitsberichts entsprechend.

§ 324f-E Netzwerk

> **Hinweis**
> Die Kommentierung basiert auf dem **Regierungsentwurf eines CSRD-Umsetzungsgesetzes**.[1] Nach Veröffentlichung der finalen Fassung wird die Kommentierung in Ihrem Haufe HGB Bilanz Kommentar Online aktualisiert. Die **Online-Version** ist beim Kauf der Printausgabe inklusive.
> **Geplante Vorschriften für das EGHGB** sind wie folgt bezeichnet: „nächster bei der Verkündung freier Artikel mit Zählbezeichnung" (RegE) als X1, „übernächster bei der Verkündung freier Artikel mit Zählbezeichnung" (RegE) als X2 usw.

Inhaltsübersicht	Rz
1 Überblick	1–3
2 Netzwerk	4

1 Überblick

1 § 324f HGB-E enthält als einzigen Regelungsinhalt, dass § 319b HGB entsprechend anzuwenden ist. Die Regelung ist im Zusammenspiel mit § 324e HGB-E zu sehen, der die entsprechende Anwendung von § 319 HGB für den Prüfer des (Konzern-)Nachhaltigkeitsberichts anordnet.
Warum es eines eigenen Paragrafen für die Regelung bedurfte und man nicht zweckmäßigerweise die Regelung in § 324e HGB-E mit aufgenommen hat, hat der Gesetzgeber nicht erläutert.

2 Art. X1 Abs. 1 EGHGB sieht die erstmalige Anwendung der §§ 324b–m HGB-E auf Unterlagen der Einzelrechnungslegung für ein nach dem 31.12.2023 beginnendes Gj für bestimmte große Unt (u.a. Unt von öffentlichem Interesse i.S.d. § 316a Satz 2 HGB) vor. Für alle übrigen Unt, die einen Nachhaltigkeitsbericht aufstellen und prüfen lassen müssen, gilt diese Verpflichtung gem. Art. X1 Abs. 3 EGHGB für das nach dem 31.12.2024 beginnende Gj, d.h. bei kalendergleichem Gj **erstmals für das Gj 2025**.
Art. X1 Abs. 4 EGHGB enthält zudem die Regelung, dass prüfungspflichtige Unt, die nicht bereits nach Abs. 1 und 3 der Vorschrift erfasst sind, erstmals für das nach dem 31.12.2026 beginnende Gj einen Nachhaltigkeitsbericht aufstellen und prüfen lassen müssen.
Art. X1 Abs. 6 EGHGB regelt eine zeitlich begrenzte **Befreiung von der Aufstellungs- und Prüfungspflicht** eines Nachhaltigkeitsberichts für solche Gj, die vor dem 7.1.2030 enden, wenn das betreffende Unt TU eines MU außerhalb des EU-/EWR-Raums ist, oder alternativ von einem weiteren TU des MU ein

---

[1] Regierungsentwurf eines Gesetzes zur Umsetzung der Richtlinie (EU) 2022/2464 des Europäischen Parlaments und des Rates vom 14. Dezember 2022 zur Änderung der Verordnung (EU) Nr. 537/2014 und der Richtlinien 2004/109/EG, 2006/43/EG und 2013/34/EU hinsichtlich der Nachhaltigkeitsberichterstattung von Unternehmen, BT-Drs. 20/12787 v. 9.9.2024.

Konzernnachhaltigkeitsbericht aufgestellt und geprüft wird, in den das Unt einbezogen wird.

Art. X2 Abs. 1 EGHGB sieht die erstmalige Anwendung der §§ 324b–m HGB-E auf Unterlagen der Konzernrechnungslegung für ein nach dem 31.12.2023 beginnendes Gj für bestimmte große Unt (u.a. Unt von öffentlichem Interesse i.S.d. § 316a Satz 2 HGB) vor. Für alle übrigen Unt, die einen Konzernnachhaltigkeitsbericht aufstellen und prüfen lassen müssen, gilt diese Verpflichtung gem. Art. X2 Abs. 3 EGHGB für das nach dem 31.12.2024 beginnende Gj, d.h. bei kalendergleichem Gj **erstmals für das Gj 2025**.

Art. X2 Abs. 4 EGHGB enthält zudem die Regelung, dass prüfungspflichtige Unt, die nicht bereits nach Abs. 1 und 3 der Vorschrift erfasst sind, erstmals für das nach dem 31.12.2026 beginnende Gj einen Konzernnachhaltigkeitsbericht aufstellen und prüfen lassen müssen.

Art. X2 Abs. 6 EGHGB regelt eine zeitlich begrenzte **Befreiung von der Aufstellungs- und Prüfungspflicht** eines Konzernnachhaltigkeitsberichts für solche Gj, die vor dem 7.1.2030 enden, wenn das betreffende Unt TU eines MU außerhalb des EU-/EWR-Raums ist, oder alternativ von einem weiteren TU des MU ein Konzernnachhaltigkeitsbericht aufgestellt und geprüft wird, in den das Unt einbezogen wird.

2 Netzwerk

§ 324f HGB-E verweist auf eine entsprechende Anwendung von § 319b HGB, der Unabhängigkeitsregelungen bei Vorliegen eines Netzwerks für den AP/Konzern-AP enthält. § 324f HGB-E nimmt keinerlei Modifikation vor, sodass auf die Kommentierung zu § 319b HGB verwiesen wird (§ 319b Rz 1 ff.).

§ 324g-E Vorlagepflicht

> **Hinweis**
> Die Kommentierung basiert auf dem **Regierungsentwurf eines CSRD-Umsetzungsgesetzes**.[1] Nach Veröffentlichung der finalen Fassung wird die Kommentierung in Ihrem Haufe HGB Bilanz Kommentar Online aktualisiert. Die **Online-Version** ist beim Kauf der Printausgabe inklusive.
> **Geplante Vorschriften für das EGHGB** sind wie folgt bezeichnet: „nächster bei der Verkündung freier Artikel mit Zählbezeichnung" (RegE) als X1, „übernächster bei der Verkündung freier Artikel mit Zählbezeichnung" (RegE) als X2 usw.

Inhaltsübersicht	Rz
1 Überblick	1–3
2 Vorlagepflicht	4

1 Überblick

1 § 324g HGB-E regelt die Vorlagepflichten des prüfungspflichtigen Unt. Die entsprechenden Regelungen des § 320 Abs. 1 und 3 HGB werden danach für entsprechend anwendbar erklärt. Einzig § 320 Abs. 1 Satz 3 und Abs. 3 Satz 3 HGB werden von der Geltung für die Prüfung des Nachhaltigkeitsberichts bzw. Konzernnachhaltigkeitsberichts ausgenommen.

2 Art. X1 Abs. 1 EGHGB sieht die erstmalige Anwendung der §§ 324b–m HGB-E auf Unterlagen der Einzelrechnungslegung für ein nach dem 31.12.2023 beginnendes Gj für bestimmte große Unt (u. a. Unt von öffentlichem Interesse i. S. d. § 316a Satz 2 HGB) vor. Für alle übrigen Unt, die einen Nachhaltigkeitsbericht aufstellen und prüfen lassen müssen, gilt diese Verpflichtung gem. Art. X1 Abs. 3 EGHGB für das nach dem 31.12.2024 beginnende Gj, d. h. bei kalendergleichem Gj **erstmals für das Gj 2025**.
Art. X1 Abs. 4 EGHGB enthält zudem die Regelung, dass prüfungspflichtige Unternehmen, die nicht bereits nach Abs. 1 und 3 der Vorschrift erfasst sind, erstmals für das nach dem 31.12.2026 beginnende Gj einen Nachhaltigkeitsbericht aufstellen und prüfen lassen müssen.
Art. X1 Abs. 6 EGHGB regelt eine zeitlich begrenzte **Befreiung von der Aufstellungs- und Prüfungspflicht** eines Nachhaltigkeitsberichts für solche Gj, die vor dem 7.1.2030 enden, wenn das betreffende Unt TU eines MU außerhalb des EU-/EWR-Raums ist, oder alternativ von einem weiteren TU des MU ein Konzernnachhaltigkeitsbericht aufgestellt und geprüft wird, in den das Unt einbezogen wird.

---

[1] Regierungsentwurf eines Gesetzes zur Umsetzung der Richtlinie (EU) 2022/2464 des Europäischen Parlaments und des Rates vom 14. Dezember 2022 zur Änderung der Verordnung (EU) Nr. 537/2014 und der Richtlinien 2004/109/EG, 2006/43/EG und 2013/34/EU hinsichtlich der Nachhaltigkeitsberichterstattung von Unternehmen, BT-Drs. 20/12787 v. 9.9.2024.

Art. X2 Abs. 1 EGHGB sieht die erstmalige Anwendung der §§ 324b–m HGB-E auf Unterlagen der Konzernrechnungslegung für ein nach dem 31.12.2023 beginnendes Gj für bestimmte große Unt (u.a. Unt von öffentlichem Interesse i.S.d. § 316a Satz 2 HGB) vor. Für alle übrigen Unt, die einen Konzernnachhaltigkeitsbericht aufstellen und prüfen lassen müssen, gilt diese Verpflichtung gem. Art. X2 Abs. 3 EGHGB für das nach dem 31.12.2024 beginnende Gj, d.h. bei kalendergleichem Gj **erstmals für das Gj 2025**.

Art. X2 Abs. 4 EGHGB enthält zudem die Regelung, dass prüfungspflichtige Unt, die nicht bereits nach Abs. 1 und 3 der Vorschrift erfasst sind, erstmals für das nach dem 31.12.2026 beginnende Gj einen Konzernnachhaltigkeitsbericht aufstellen und prüfen lassen müssen.

Art. X2 Abs. 6 EGHGB regelt eine zeitlich begrenzte **Befreiung von der Aufstellungs- und Prüfungspflicht** eines Konzernnachhaltigkeitsberichts für solche Gj, die vor dem 7.1.2030 enden, wenn das betreffende Unt TU eines MU außerhalb des EU-/EWR-Raums ist, oder alternativ von einem weiteren TU des MU ein Konzernnachhaltigkeitsbericht aufgestellt und geprüft wird, in den das Unt einbezogen wird.

2 Vorlagepflicht

§ 324g HGB-E sieht die entsprechende Anwendung von § 320 Abs. 1 Satz 1 und 2 HGB auf die Prüfung des Nachhaltigkeitsberichts vor. Gleiches gilt für die Prüfung des Konzernnachhaltigkeitsberichts nach § 320 Abs. 3 Satz 1 HGB. Danach haben die gesetzlichen Vertreter der prüfungspflichtigen Gesellschaft dem Prüfer des Nachhaltigkeitsberichts den zu prüfenden Bericht vorzulegen und ihm Einblick in die Bücher und Schriften der Gesellschaft zu gewähren.[2]

Der Gesetzgeber hat die Regelungen in § 320 Abs. 1 Satz 3 und Abs. 3 Satz 3 HGB von der entsprechenden Anwendung für die Prüfung des (Konzern-)Nachhaltigkeitsberichts ausgenommen. Hierbei handelt es sich um die Regelungen zur Offenlegung, die für Prüfungen der Nachhaltigkeitsberichterstattung wie vorstehend aufgezeigt nicht anzuwenden sind.

---

[2] Zu Einzelheiten vgl. § 320 Rz 11 ff.

§ 324h-E Auskunftsrechte

> **Hinweis**
> Die Kommentierung basiert auf dem **Regierungsentwurf eines CSRD-Umsetzungsgesetzes**.[1] Nach Veröffentlichung der finalen Fassung wird die Kommentierung in Ihrem Haufe HGB Bilanz Kommentar Online aktualisiert. Die **Online-Version** ist beim Kauf der Printausgabe inklusive.
> **Geplante Vorschriften für das EGHGB** sind wie folgt bezeichnet: „nächster bei der Verkündung freier Artikel mit Zählbezeichnung" (RegE) als X1, „übernächster bei der Verkündung freier Artikel mit Zählbezeichnung" (RegE) als X2 usw.

Inhaltsübersicht

	Rz
1 Überblick	1–3
2 Auskunftsrecht	4–5

1 Überblick

1 § 324h HGB-E regelt die Auskunftsrechte, die der Prüfer des Nachhaltigkeitsberichts bzw. Konzernnachhaltigkeitsberichts gegenüber den gesetzlichen Vertretern der prüfungspflichtigen Kapitalgesellschaft hat. Ebenso wie bei § 324g HGB-E wird auch hier ein Verweis auf die entsprechenden Regelungen in § 320 HGB vorgenommen.

§ 324h HGB-E steht in engem Zusammenspiel mit § 324g HGB-E. Der Gesetzgeber verweist in der Gesetzesbegründung darauf, dass die Trennung von Vorlagepflicht und Auskunftsrecht in zwei separate Paragrafen rein redaktionelle Gründe hatte.[2] Inhaltlich gehören beide zusammen.

2 Art. X1 Abs. 1 EGHGB sieht die erstmalige Anwendung der §§ 324b–m HGB-E auf Unterlagen der Einzelrechnungslegung für ein nach dem 31.12.2023 beginnendes Gj für bestimmte große Unt (u.a. Unt von öffentlichem Interesse i.S.d. § 316a Satz 2 HGB) vor. Für alle übrigen Unt, die einen Nachhaltigkeitsbericht aufstellen und prüfen lassen müssen, gilt diese Verpflichtung gem. Art. X1 Abs. 3 EGHGB für das nach dem 31.12.2024 beginnende Geschäftsjahr, d.h. bei kalendergleichem Gj **erstmals für das Gj 2025**.

Art. X1 Abs. 4 EGHGB enthält zudem die Regelung, dass prüfungspflichtige Unt, die nicht bereits nach Abs. 1 und 3 der Vorschrift erfasst sind, erstmals für das nach dem 31.12.2026 beginnende Gj einen Nachhaltigkeitsbericht aufstellen und prüfen lassen müssen.

---

[1] Regierungsentwurf eines Gesetzes zur Umsetzung der Richtlinie (EU) 2022/2464 des Europäischen Parlaments und des Rates vom 14. Dezember 2022 zur Änderung der Verordnung (EU) Nr. 537/2014 und der Richtlinien 2004/109/EG, 2006/43/EG und 2013/34/EU hinsichtlich der Nachhaltigkeitsberichterstattung von Unternehmen, BT-Drs. 20/12787 v. 9.9.2024.
[2] Vgl. Gesetzesbegründung zum CSRD-UmsG, S. 120.

Art. X1 Abs. 6 EGHGB regelt eine zeitlich begrenzte **Befreiung von der Aufstellungs- und Prüfungspflicht** eines Nachhaltigkeitsberichts für solche Gj, die vor dem 7.1.2030 enden, wenn das betreffende Unt TU eines MU außerhalb des EU-/EWR-Raums ist, oder alternativ von einem weiteren TU des MU ein Konzernnachhaltigkeitsbericht aufgestellt und geprüft wird, in den das Unt einbezogen wird.

Art. X2 Abs. 1 EGHGB sieht die erstmalige Anwendung der §§ 324b–m HGB-E auf Unterlagen der Konzernrechnungslegung für ein nach dem 31.12.2023 beginnendes Gj für bestimmte große Unt (u.a. Unt von öffentlichem Interesse i.S.d. § 316a Satz 2 HGB) vor. Für alle übrigen Unt, die einen Konzernnachhaltigkeitsbericht aufstellen und prüfen lassen müssen, gilt diese Verpflichtung gem. Art. X2 Abs. 3 EGHGB für das nach dem 31.12.2024 beginnende Gj, d.h. bei kalendergleichem Gj **erstmals für das Gj 2025**.

Art. X2 Abs. 4 EGHGB enthält zudem die Regelung, dass prüfungspflichtige Unt, die nicht bereits nach Abs. 1 und 3 der Vorschrift erfasst sind, erstmals für das nach dem 31.12.2026 beginnende Gj einen Konzernnachhaltigkeitsbericht aufstellen und prüfen lassen müssen.

Art. X2 Abs. 6 EGHGB regelt eine zeitlich begrenzte **Befreiung von der Aufstellungs- und Prüfungspflicht** eines Konzernnachhaltigkeitsberichts für solche Gj, die vor dem 7.1.2030 enden, wenn das betreffende Unt TU eines MU außerhalb des EU-/EWR-Raums ist, oder alternativ von einem weiteren TU des MU ein Konzernnachhaltigkeitsbericht aufgestellt und geprüft wird, in den das Unt einbezogen wird.

2 Auskunftsrecht

Während § 324g HGB-E die Vorlagepflicht der gesetzlichen Vertreter der prüfungspflichtigen Gesellschaft betrifft, gibt § 324h HGB-E dem Prüfer des Nachhaltigkeitsberichts umfassende Auskunftsrechte. Dieses umfassende Auskunfts- und Einsichtrecht wird flankiert durch die entsprechende Geltung von § 323 HGB (vgl. § 324j HGB-E), der die Verschwiegenheitsverpflichtung des Prüfers regelt.

Der Regelungsbereich der Vorschrift richtet sich auf die vollständige entsprechende Geltung der für den AP/Konzern-AP geltenden Vorschriften in § 320 Abs. 2 und Satz 2, Abs. 4 und 5 HGB. Insoweit wird bzgl. dieser Regelungen auf die dortige Kommentierung verwiesen.[3]

---

[3] Vgl. § 320 Rz 14 ff.

§ 324i-E Prüfungsvermerk über den Nachhaltigkeitsbericht

> **Hinweis**
> Die Kommentierung basiert auf dem **Regierungsentwurf eines CSRD-Umsetzungsgesetzes**.[1] Nach Veröffentlichung der finalen Fassung wird die Kommentierung in Ihrem Haufe HGB Bilanz Kommentar Online aktualisiert. Die **Online-Version** ist beim Kauf der Printausgabe inklusive.
> **Geplante Vorschriften für das EGHGB** sind wie folgt bezeichnet: „nächster bei der Verkündung freier Artikel mit Zählbezeichnung" (RegE) als X1, „übernächster bei der Verkündung freier Artikel mit Zählbezeichnung" (RegE) als X2 usw.

Inhaltsübersicht	Rz
1 Überblick	1–3
2 Inhalt und Ausschlussgründe (Abs. 1)	4
3 Prüfungsstandards (Abs. 2)	5
4 Prüfungsergebnis (Abs. 3)	6
5 Formen des Prüfungsergebnisses	7–11
5.1 Uneingeschränkter Prüfungsvermerk	8
5.2 Eingeschränkter Prüfungsvermerk	9
5.3 Versagter Prüfungsvermerk aufgrund von Einwendungen	10
5.4 Versagter Prüfungsvermerk aufgrund eines Prüfungshemmnisses	11
6 Erteilung des Prüfungsvermerks und weitere Regelungen	12

1 Überblick

1 § 324i HGB-E regelt den Prüfungsvermerk über den Nachhaltigkeitsbericht und setzt insoweit Art. 28a der Abschlussprüferrichtlinie (RL 2014/56/EU) in der durch die CSRD eingefügten Fassung um. Anders als noch im RefE sieht der RegE keinen (separaten) Prüfungsbericht zur Prüfung des Nachhaltigkeitsberichts mehr vor. Somit verbleibt als einziges Berichterstattungsinstrument der Prüfungsvermerk.

Abs. 1 der Vorschrift regelt die Inhalte des Prüfungsvermerks sowie Verweise auf die Ausschlussgründe in § 324e HGB-E und § 324f HGB-E.

Abs. 2 regelt, nach welchen Prüfungsstandards der Prüfer vorzugehen hat. Für eine Übergangszeit werden demnach Prüfungsstandards zur Erlangung begrenzter Prüfungssicherheit (Rz 2), und erst danach die in Abs. 2 bezeichneten Prüfungsstandards zur Erlangung hinreichender Prüfungssicherheit angewendet.

---

[1] Regierungsentwurf eines Gesetzes zur Umsetzung der Richtlinie (EU) 2022/2464 des Europäischen Parlaments und des Rates vom 14. Dezember 2022 zur Änderung der Verordnung (EU) Nr. 537/2014 und der Richtlinien 2004/109/EG, 2006/43/EG und 2013/34/EU hinsichtlich der Nachhaltigkeitsberichterstattung von Unternehmen, BT-Drs. 20/12787 v. 9.9.2024.

In Abs. 3 wird klargestellt, dass sich aus der Beurteilung des Prüfungsergebnisses zweifelsfrei ergeben muss, ob ein uneingeschränkter, eingeschränkter Prüfungsvermerk oder eine Versagung des Prüfungsvermerks aufgrund von Einwendungen bzw. von Prüfungshemmnissen vorliegt.
Die notwendigen Inhalte eines uneingeschränkten Prüfungsvermerks werden in Abs. 4 der Vorschrift vorgegeben.
Abs. 5 enthält Regelungen zu einem eingeschränkten Prüfungsvermerk und zu einem versagten Prüfungsvermerk aufgrund von Einwendungen.
In Abs. 6 werden Regelungen zu einer Versagung des Prüfungsvermerks aufgrund von Prüfungshemmnissen dargestellt.
Abs. 7 enthält Verweise auf entsprechend anzuwendende Regelungen des § 322 HGB zum Bestätigungsvermerk des AP.

Art. X1 Abs. 1 EGHGB sieht die erstmalige Anwendung der §§ 324b–m HGB-E auf Unterlagen der Einzelrechnungslegung für ein nach dem 31.12.2023 beginnendes Gj für bestimmte große Unt (u. a. Unt von öffentlichem Interesse i. S. d. § 316a Satz 2 HGB) vor. Für alle übrigen Unt, die einen Nachhaltigkeitsbericht aufstellen und prüfen lassen müssen, gilt diese Verpflichtung gem. Art. X1 Abs. 3 EGHGB für das nach dem 31.12.2024 beginnende Gj, d. h. bei kalendergleichem Gj **erstmals für das Gj 2025**.
Art. X1 Abs. 4 EGHGB enthält zudem die Regelung, dass prüfungspflichtige Unt, die nicht bereits nach Abs. 1 und 3 der Vorschrift erfasst sind, erstmals für das nach dem 31.12.2026 beginnende Gj einen Nachhaltigkeitsbericht aufstellen und prüfen lassen müssen.
Art. X4 EGHGB enthält zudem die Regelung, dass soweit die Europäische Kommission noch keine Standards zur Erlangung hinreichender Prüfungssicherheit für die Prüfung des Nachhaltigkeitsberichts angenommen hat, § 324i Abs. 2 und 4 Satz 1 HGB dergestalt anzuwenden sind, dass eine Prüfung zur Erlangung **begrenzter Prüfungssicherheit** durchzuführen ist. Es sind die von der EU-Kommission angenommenen Standards zur Erlangung begrenzter Prüfungssicherheit anzuwenden. Diese wichtige Übergangsregelung steht in Übereinstimmung mit der CSRD. Die Europäische Kommission wird in der Zukunft Prüfungsstandards zur Erlangung hinreichender Prüfungssicherheit annehmen, die dann nach Inkrafttreten anzuwenden sind. Bis dahin wird mit begrenzter Prüfungssicherheit geprüft, mit der Feststellung des Prüfers in Form einer Negativaussage, d. h. durch die Angabe, dass keine Sachverhalte bekannt geworden sind, die zur Annahme veranlassen, dass wesentliche falsche Darstellungen enthalten sind.[2]
Die Europäische Kommission hat bislang auch noch keine Prüfungsstandards zur Erlangung begrenzter Prüfungssicherheit angenommen, sodass die weitere Entwicklung hier abzuwarten bleibt. Insb. kann derzeit auch noch keine verlässliche Prognose abgegeben werden, wann die in § 324i Abs. 2 HGB-E vorgegebene Prüfung des Nachhaltigkeitsberichts mit Prüfungsstandards zur Erlangung hinreichender Prüfungssicherheit obligatorisch sein wird.
Art. X1 Abs. 6 EGHGB regelt eine zeitlich begrenzte **Befreiung von der Aufstellungs- und Prüfungspflicht** eines Nachhaltigkeitsberichts für solche Gj, die vor dem 7.1.2030 enden, wenn das betreffende Unt TU eines MU außerhalb des

---

[2] Vgl. Gesetzesbegründung CSRD-UmsG, S. 132.

EU-/EWR-Raums ist, oder alternativ von einem weiteren TU des MU ein Konzernnachhaltigkeitsbericht aufgestellt und geprüft wird, in den das Unt einbezogen wird.

3 Art. X2 Abs. 1 EGHGB sieht die erstmalige Anwendung der §§ 324b–m HGB-E auf Unterlagen der Konzernrechnungslegung für ein nach dem 31.12.2023 beginnendes Gj für bestimmte große Unt (u.a. Unt von öffentlichem Interesse i.S.d. § 316a Satz 2 HGB) vor. Für alle übrigen Unt, die einen Konzernnachhaltigkeitsbericht aufstellen und prüfen lassen müssen, gilt diese Verpflichtung gem. Art. X1 Abs. 3 EGHGB für das nach dem 31.12.2024 beginnende Gj, d.h. bei kalendergleichem Gj **erstmals für das Gj 2025**.
Art. X2 Abs. 4 EGHGB enthält zudem die Regelung, dass prüfungspflichtige Unt, die nicht bereits nach Abs. 1 und 3 der Vorschrift erfasst sind, erstmals für das nach dem 31.12.2026 beginnende Gj einen Konzernnachhaltigkeitsbericht aufstellen und prüfen lassen müssen.
Art. X2 Abs. 6 EGHGB regelt eine zeitlich begrenzte **Befreiung von der Aufstellungs- und Prüfungspflicht** eines Konzernnachhaltigkeitsberichts für solche Gj, die vor dem 7.1.2030 enden, wenn das betreffende Unt TU eines MU außerhalb des EU-/EWR-Raums ist, oder alternativ von einem weiteren TU des MU ein Konzernnachhaltigkeitsbericht aufgestellt und geprüft wird, in das das Unt einbezogen wird.

2 Inhalt und Ausschlussgründe (Abs. 1)

4 Der Prüfer des (Konzern-)Nachhaltigkeitsberichts hat das Ergebnis seiner Prüfung schriftlich in einem Prüfungsvermerk zusammenzufassen. Schriftlichkeit bedeutet, dass der Prüfungsvermerk neben der reinen Schriftform auch in elektronisch signierter Form erteilt werden darf (§ 126 Abs. 3 BGB).
In dem Prüfungsvermerk hat der Prüfer Art und Umfang der Prüfung zu beschreiben. Hierbei sind zum einen die angewandten Standards für den Nachhaltigkeitsbericht (regelmäßig: ESRS) sowie auch die angewandten Prüfungsstandards (Prüfungsgrundsätze) anzugeben. Diese Regelungen sind inhaltlich an § 322 HGB angelehnt. Entsprechend auch die Forderung, dass der Prüfer in dem Prüfungsvermerk eine Beurteilung des Prüfungsergebnisses vorzunehmen hat.
In einem einleitenden Abschnitt des Prüfungsvermerks ist zumindest der Gegenstand der Prüfung zu beschreiben und sind die angewandten Standards für den Nachhaltigkeitsbericht anzugeben.
Abs. 1 enthält zudem (nochmals) einen Verbotstatbestand für die Erteilung eines Prüfungsvermerks bei Vorliegen eines Ausschlussgrundes nach § 319 Abs. 2 bis 5 HGB oder § 319b HGB, indem hier Verweise auf die Vorschriften § 324e HGB-E und § 324f HGB-E erfolgt sind.

3 Prüfungsstandards (Abs. 2)

5 Abs. 2 der Vorschrift verpflichtet den Prüfer des Nachhaltigkeitsberichts, die von der Europäischen Kommission in dem Verfahren nach Art. 26a Abs. 3 RL 2006/43/EG angenommenen Prüfungsstandards anzuwenden. Hierbei handelt es sich um Prüfungsstandards zur Erlangung eines Prüfungsurteils mit hinreichender Sicherheit. Die Annahme solcher Prüfungsstandards durch die Europäische Kommission ist noch nicht erfolgt, sodass die Regelung derzeit ins Leere geht.

In Art. X4 EGHGB ist eine Übergangslösung hierfür vorgesehen (Rz 2), wonach die Prüfung derzeit nach den von der Europäischen Kommission angenommenen Prüfungsstandards zur Erlangung eines Prüfungsurteils mit begrenzter Sicherheit vorzunehmen ist (Rz 2). Auch hierzu liegt noch keine Annahme durch die Europäische Kommission vor, sodass auch die Übergangsregelung nach jetzigem Stand ins Leere geht. Vermutlich wird zumindest diese Lücke in absehbarer Zeit von der Europäischen Kommission geschlossen. Auch ohne diese Lücke sind Prüfungen mit begrenzter Sicherheit für Prüfer derzeit schon möglich. Als Beispiel können Aufträge zur prüferischen Durchsicht von Abschlüssen (IDW PS 900) herangezogen werden.

4 Prüfungsergebnis (Abs. 3)

§ 324i-E Abs. 3 HGB-E stellt klar, dass die Beurteilung des Prüfungsergebnisses zweifelsfrei ergeben muss, ob
- ein uneingeschränkter Prüfungsvermerk erteilt wird,
- ein eingeschränkter Prüfungsvermerk erteilt wird,
- der Prüfungsvermerk aufgrund von Einwendungen versagt wird, oder
- der Prüfungsvermerk aufgrund eines Prüfungshemmnisses versagt wird.

Ergänzend wird gefordert, dass die Beurteilung des Prüfungsergebnisses allgemein verständlich und problemorientiert erfolgen soll. Diese Regelung ist an § 322 HGB angelehnt, sodass auf die dortige Kommentierung hierzu verwiesen wird (§ 322 Rz 27 ff.).

5 Formen des Prüfungsergebnisses

Die in Abs. 4–6 enthaltenen Regelungen zu den Formen des Prüfungsergebnisses im Prüfungsvermerk betreffen Prüfungen nach Prüfungsstandards zur Erlangung einer hinreichenden Prüfungssicherheit (Rz 2). Bis auf absehbare Zeit werden Prüfungen von Nachhaltigkeitsberichten nach Prüfungsstandards mit begrenzter Sicherheit erfolgen, die zu entsprechend anderen Aussagen bei der Beurteilung des Prüfungsergebnisses kommen. Insoweit werden in Rz 8 ff. keine eingehenden Kommentierungen der gesetzlichen Regelungen vorgenommen, da diese derzeit und in absehbarer Zeit nicht anwendbar sind.

Es steht zu erwarten, dass vom Berufsstand in absehbarer Zeit Musterformulierungen für Prüfungsvermerke für Nachhaltigkeitsprüfungen mit begrenzter Prüfungssicherheit herausgegeben werden.

5.1 Uneingeschränkter Prüfungsvermerk

Die Regelung ist angelehnt an § 322 Abs. 3 HGB. Insoweit wird auf die dortige Kommentierung zu einem uneingeschränkten Bestätigungsvermerk (mit hinreichender Prüfungssicherheit) verwiesen (§ 322 Rz 30 ff.).

5.2 Eingeschränkter Prüfungsvermerk

Die Regelung ist angelehnt an § 322 Abs. 4 HGB. Insoweit wird auf die dortige Kommentierung zu einem eingeschränkten Bestätigungsvermerk (mit hinreichender Prüfungssicherheit) verwiesen (§ 322 Rz 61 ff.). Ein eingeschränktes Prüfungsurteil kommt dann in Betracht, wenn sich die Einwendungen auf abgrenzbare Teile des Nachhaltigkeitsberichts beziehen, die übrigen Teile des Nachhaltigkeitsberichts dann aber ohne Einwendungen geprüft wurden.

5.3 Versagter Prüfungsvermerk aufgrund von Einwendungen

10 Auch diese Regelung ist angelehnt an § 322 Abs. 4 HGB. Insoweit wird auf die dortige Kommentierung zu einem Versagungsvermerk (mit hinreichender Prüfungssicherheit) verwiesen (§ 322 Rz 89 ff.). Insb. kommt der Abgrenzung zwischen Einschränkung bzw. Versagung des Prüfungsergebnisses erhebliche Bedeutung zu.

5.4 Versagter Prüfungsvermerk aufgrund eines Prüfungshemmnisses

11 Abs. 6 der Vorschrift orientiert sich wiederum an § 322 Abs. 5 HGB. Insoweit wird auf die dortige Kommentierung zu einem Versagungsvermerk aufgrund von Prüfungshemmnissen (bei hinreichender Prüfungssicherheit) verwiesen (§ 322 Rz 95 ff.).

6 Erteilung des Prüfungsvermerks und weitere Regelungen

12 Abs. 7 verweist auf die entsprechende Anwendung von § 322 Abs. 6a und 7 Satz 1, 3 und 4 HGB. § 322 Abs. 6a HGB betrifft die Durchführung von Gemeinschaftsprüfungen (joint audits) (§ 322 Rz 202 ff.). § 322 Abs. 7 Satz 1, 3 und 4 HGB betreffen die Erteilung des Bestätigungsvermerks, weshalb auf die hierzu bestehende Kommentierung verwiesen wird (§ 322 Rz 116 ff.). § 322 Abs. 7 Satz 2 HGB kann nicht entsprechend angewendet werden, weil bei der Prüfung des Nachhaltigkeitsberichts kein Prüfungsbericht zu erstatten ist.

§ 324j-E Verantwortlichkeit des Prüfers des Nachhaltigkeitsberichts

> **Hinweis**
> Die Kommentierung basiert auf dem **Regierungsentwurf eines CSRD-Umsetzungsgesetzes**.[1] Nach Veröffentlichung der finalen Fassung wird die Kommentierung in Ihrem Haufe HGB Bilanz Kommentar Online aktualisiert. Die **Online-Version** ist beim Kauf der Printausgabe inklusive.
> **Geplante Vorschriften für das EGHGB** sind wie folgt bezeichnet: „nächster bei der Verkündung freier Artikel mit Zählbezeichnung" (RegE) als X1, „übernächster bei der Verkündung freier Artikel mit Zählbezeichnung" (RegE) als X2 usw.

Inhaltsübersicht	Rz
1 Überblick	1–3
2 Verantwortlichkeit des Prüfers	4

1 Überblick

§ 324j HGB-E regelt die Verantwortlichkeit des Prüfers des Nachhaltigkeitsberichts und verweist hierzu auf die entsprechende Anwendung von § 323 HGB, der für den AP gilt.

Art. X1 Abs. 1 EGHGB sieht die erstmalige Anwendung der §§ 324b–m HGB-E auf Unterlagen der Einzelrechnungslegung für ein nach dem 31.12.2023 beginnendes Gj für bestimmte große Unt (u.a. Unt von öffentlichem Interesse i.S.d. § 316a Satz 2 HGB) vor. Für alle übrigen Unt, die einen Nachhaltigkeitsbericht aufstellen und prüfen lassen müssen, gilt diese Verpflichtung gem. Art. X1 Abs. 3 EGHGB für das nach dem 31.12.2024 beginnende Gj, d.h. bei kalendergleichem Gj **erstmals für das Gj 2025**.

Art. X1 Abs. 4 EGHGB enthält zudem die Regelung, dass prüfungspflichtige Unt, die nicht bereits nach Abs. 1 und 3 der Vorschrift erfasst sind, erstmals für das nach dem 31.12.2026 beginnende Gj einen Nachhaltigkeitsbericht aufstellen und prüfen lassen müssen.

Art. X1 Abs. 6 EGHGB regelt eine zeitlich begrenzte **Befreiung von der Aufstellungs- und Prüfungspflicht** eines Nachhaltigkeitsberichts für solche Gj, die vor dem 7.1.2030 enden, wenn das betreffende Unt TU eines MU außerhalb des EU-/EWR-Raums ist, oder alternativ von einem weiteren TU des MU ein Konzernnachhaltigkeitsbericht aufgestellt und geprüft wird, in den das Unt einbezogen wird.

---

[1] Regierungsentwurf eines Gesetzes zur Umsetzung der Richtlinie (EU) 2022/2464 des Europäischen Parlaments und des Rates vom 14. Dezember 2022 zur Änderung der Verordnung (EU) Nr. 537/2014 und der Richtlinien 2004/109/EG, 2006/43/EG und 2013/34/EU hinsichtlich der Nachhaltigkeitsberichterstattung von Unternehmen, BT-Drs. 20/12787 v. 9.9.2024.

3 Art. X2 Abs. 1 EGHGB sieht die erstmalige Anwendung der §§ 324b–m HGB-E auf Unterlagen der Konzernrechnungslegung für ein nach dem 31.12.2023 beginnendes Gj für bestimmte große Unt (u.a. Unt von öffentlichem Interesse i.S.d. § 316a Satz 2 HGB) vor. Für alle übrigen Unt, die einen Konzernnachhaltigkeitsbericht aufstellen und prüfen lassen müssen, gilt diese Verpflichtung gem. Art. X2 Abs. 3 EGHGB für das nach dem 31.12.2024 beginnende Gj, d.h. bei kalendergleichem Gj **erstmals für das Gj 2025**.
Art. X2 Abs. 4 EGHGB enthält zudem die Regelung, dass prüfungspflichtige Unt, die nicht bereits nach Abs. 1 und 3 der Vorschrift erfasst sind, erstmals für das nach dem 31.12.2026 beginnende Gj einen Konzernnachhaltigkeitsbericht aufstellen und prüfen lassen müssen.
Art. X2 Abs. 6 EGHGB regelt eine zeitlich begrenzte **Befreiung von der Aufstellungs- und Prüfungspflicht** eines Konzernnachhaltigkeitsberichts für solche Gj, die vor dem 7.1.2030 enden, wenn das betreffende Unt TU eines MU außerhalb des EU-/EWR-Raums ist, oder alternativ von einem weiteren TU des MU ein Konzernnachhaltigkeitsbericht aufgestellt und geprüft wird, in den das Unt einbezogen wird.

2 Verantwortlichkeit des Prüfers

4 § 324j HGB-E hat als einzigen Regelungsgehalt den Verweis auf die entsprechende Anwendung von § 323 HGB, der für den AP des JA/LB bzw. KA/KLB gilt. Insoweit wird auf die dortige Kommentierung verwiesen (§ 323 Rz 1 ff.).
Da es sich bei der Prüfung des Nachhaltigkeitsberichts um eine eigenständige Prüfung handelt, gelten die Regelungen des § 323 HGB für die Prüfung des Nachhaltigkeitsberichts eigenständig. Bedeutung hat dies insb. bei den Haftungshöchstgrenzen des § 323 Abs. 2 HGB, die für die Prüfung des Nachhaltigkeitsberichts entsprechend gelten. Ist der Prüfer des Nachhaltigkeitsberichts gleichzeitig auch der AP des JA/LB der geprüften Gesellschaft, kommen die Haftungshöchstgrenzen also für beide dieser Prüfungen jeweils zur Anwendung.

§ 324k-E Bericht durch eine akkreditierte unabhängige dritte Partei

> **Hinweis**
> Die Kommentierung basiert auf dem **Regierungsentwurf eines CSRD-Umsetzungsgesetzes**.[1] Nach Veröffentlichung der finalen Fassung wird die Kommentierung in Ihrem Haufe HGB Bilanz Kommentar Online aktualisiert. Die **Online-Version** ist beim Kauf der Printausgabe inklusive.
> **Geplante Vorschriften für das EGHGB** sind wie folgt bezeichnet: „nächster bei der Verkündung freier Artikel mit Zählbezeichnung" (RegE) als X1, „übernächster bei der Verkündung freier Artikel mit Zählbezeichnung" (RegE) als X2 usw.

Inhaltsübersicht

	Rz
1 Überblick	1–3
2 Minderheitengesellschafterrecht	4
3 Akkreditierte dritte Partei	5

1 Überblick

§ 324k HGB-E regelt ein Minderheitengesellschafterrecht für einen Bericht an die Gesellschafter und setzt Art. 37 Abs. 3 Unterabs. 2 der Abschlussprüferrichtlinie in der durch die CSRD eingefügten Fassung um. Die dritte Partei muss einem gesetzlichen Akkreditierungsverfahren unterliegen. Jedenfalls WP, die mit Blick auf die Abschlussprüfung einer staatlichen Aufsicht unterliegen, können akkreditierte dritte Parteien sein.[2] 1

Art. X1 Abs. 1 EGHGB sieht die erstmalige Anwendung der §§ 324b–m HGB-E auf Unterlagen der Einzelrechnungslegung für ein nach dem 31.12.2023 beginnendes Gj für bestimmte große Unt (u.a. Unt von öffentlichem Interesse i.S.d. § 316a Satz 2 HGB) vor. Für alle übrigen Unt, die einen Nachhaltigkeitsbericht aufstellen und prüfen lassen müssen, gilt diese Verpflichtung gem. Art. X1 Abs. 3 EGHGB für das nach dem 31.12.2024 beginnende Gj, d.h. bei kalendergleichem Gj **erstmals für das Gj 2025**. 2

Art. X1 Abs. 4 EGHGB enthält zudem die Regelung, dass prüfungspflichtige Unt, die nicht bereits nach Abs. 1 und 3 der Vorschrift erfasst sind, erstmals für das nach dem 31.12.2026 beginnende Gj einen Nachhaltigkeitsbericht aufstellen und prüfen lassen müssen.

---

[1] Regierungsentwurf eines Gesetzes zur Umsetzung der Richtlinie (EU) 2022/2464 des Europäischen Parlaments und des Rates vom 14. Dezember 2022 zur Änderung der Verordnung (EU) Nr. 537/2014 und der Richtlinien 2004/109/EG, 2006/43/EG und 2013/34/EU hinsichtlich der Nachhaltigkeitsberichterstattung von Unternehmen, BT-Drs. 20/12787 v. 9.9.2024.

[2] Vgl. Gesetzesbegründung zum CSRD-UmsG, S. 121.

Art. X1 Abs. 6 EGHGB regelt eine zeitlich begrenzte **Befreiung von der Aufstellungs- und Prüfungspflicht** eines Nachhaltigkeitsberichts für solche Gj, die vor dem 7.1.2030 enden, wenn das betreffende Unt TU eines MU außerhalb des EU-/EWR-Raums ist, oder alternativ von einem weiteren TU des MU ein Konzernnachhaltigkeitsbericht aufgestellt und geprüft wird, in den das Unt einbezogen wird.

3 Art. X2 Abs. 1 EGHGB sieht die erstmalige Anwendung der §§ 324b–m HGB-E auf Unterlagen der Konzernrechnungslegung für ein nach dem 31.12.2023 beginnendes Gj für bestimmte große Unt (u. a. Unt von öffentlichem Interesse i. S. d. § 316a Satz 2 HGB) vor. Für alle übrigen Unt, die einen Konzernnachhaltigkeitsbericht aufstellen und prüfen lassen müssen, gilt diese Verpflichtung gem. Art. X2 Abs. 3 EGHGB für das nach dem 31.12.2024 beginnende Geschäftsjahr, d. h. bei kalendergleichem Gj **erstmals für das Gj 2025.**

Art. X2 Abs. 4 EGHGB enthält zudem die Regelung, dass prüfungspflichtige Unt, die nicht bereits schon nach Abs. 1 und 3 der Vorschrift erfasst sind, erstmals für das nach dem 31.12.2026 beginnende Gj einen Konzernnachhaltigkeitsbericht aufstellen und prüfen lassen müssen.

Art. X2 Abs. 6 EGHGB regelt eine zeitlich begrenzte **Befreiung von der Aufstellungs- und Prüfungspflicht** eines Konzernnachhaltigkeitsberichts für solche Geschäftsjahre, die vor dem 7.1.2030 enden, wenn das betreffende Unt TU eines MU außerhalb des EU-/EWR-Raums ist, oder alternativ von einem weiteren TU des MU ein Konzernnachhaltigkeitsbericht aufgestellt und geprüft wird, in den das Unt einbezogen wird.

2 Minderheitengesellschafterrecht

4 Die Vorschrift ermöglicht Minderheitengesellschaftern, die im Zeitpunkt der Antragstellung mind. 20 % der Stimmrechte oder des gezeichneten Kapitals des Unt erreichen, in der Gesellschafterversammlung oder Hauptversammlung darüber zu beschließen, ob durch eine akkreditierte dritte Partei ein zusätzlicher Bericht über bestimmte Bestandteile des Nachhaltigkeitsberichts auszuarbeiten und allen Gesellschaftern bzw. Aktionären zur Verfügung zu stellen ist.

Der Gesetzestext ist m. E. missverständlich. Nach dem Wortlaut können die Minderheitsgesellschafter nur beantragen, dass die Gesellschafterversammlung darüber beschließt. Wenn sie dann aber bei dieser Beschlussfassung von den Mehrheitsgesellschaftern überstimmt werden, ginge dieses Minderheitenrecht ins Leere. Daher ist die Regelung m. E. so zu verstehen, dass die Minderheitsgesellschafter dann auch das Recht haben, in der Gesellschafterversammlung den Beschluss zu fassen, dass der zusätzliche Bericht der akkreditierten dritten Partei auch erstellt wird.

Auffällig ist auch, dass hier nur von einem zusätzlichen Bericht über bestimmte Bestandteile des Nachhaltigkeitsberichts gesprochen wird. Gemeint sein dürfte hier ein zusätzlicher Bericht über die Prüfung bestimmter Bestandteile des Nachhaltigkeitsberichts durch eine dritte Partei.

Die Vorschrift ist nur anwendbar auf solche Ges., die einen Nachhaltigkeitsbericht (§ 289b Abs. 1 HGB) oder einen Konzernnachhaltigkeitsbericht (§ 315b Abs. 1 HGB) erstellen müssen und darüber hinaus kein Unt von öffentlichem Interesse i. S. v. § 316a HGB sind.

Die Gesetzesregelung verweist auf die unveränderte Gültigkeit der bestehenden Minderheitenrechte in § 126 AktG (Gegenanträge von Aktionären) und § 50 GmbHG (Minderheitsrechte von GmbH-Gesellschaftern).

3 Akkreditierte dritte Partei

Der Gesetzestext lässt nicht erkennen, was unter einer akkreditierten dritten Partei zu verstehen ist. **Akkreditierung** nennt man den Umstand, dass eine allgemein anerkannte Organisation einer anderen Organisation oder Person eine bestimmte Kompetenz bescheinigt.[3] Dies dürfte jedenfalls für solche WP/WPG gelten, die im Berufsregister die besondere Befähigung als Nachhaltigkeitsprüfer eingetragen haben (§ 38 Nr. 1 lit g oder Nr. 2 lit k WPO).[4]

Auch hier ist der Gesetzestext m. E. missverständlich. Es wird nicht gefordert, dass die dritte Partei unabhängig ist oder sie bei ihrer Prüfung die Regelungen der §§ 324b–j HGB-E entsprechend anzuwenden haben. Es wird lediglich klargestellt, dass die dritte Partei nicht Prüfer des Nachhaltigkeitsberichts sein darf und auch nicht dem Netzwerk des Prüfers des Nachhaltigkeitsberichts angehören darf.

---

[3] Vgl. Wikipedia: Akkreditierung.
[4] So auch die Gesetzesgebründung zum CSRD-UmsG, S. 121.

§ 324l-E Prüfung durch eine akkreditierte unabhängige dritte Partei

> **Hinweis**
> Die Kommentierung basiert auf dem **Regierungsentwurf eines CSRD-Umsetzungsgesetzes**.[1] Nach Veröffentlichung der finalen Fassung wird die Kommentierung in Ihrem Haufe HGB Bilanz Kommentar Online aktualisiert. Die **Online-Version** ist beim Kauf der Printausgabe inklusive.
> **Geplante Vorschriften für das EGHGB** sind wie folgt bezeichnet: „nächster bei der Verkündung freier Artikel mit Zählbezeichnung" (RegE) als X1, „übernächster bei der Verkündung freier Artikel mit Zählbezeichnung" (RegE) als X2 usw.

Inhaltsübersicht Rz
1 Überblick 1–3
2 Prüfungspflicht aufgrund von Unionsrecht 4

1 Überblick

1 Die Vorschrift regelt die Bereitstellung von Berichten akkreditierter unabhängiger dritter Parteien, falls das Unt aufgrund anderer Rechtsakte des Unionsrechts verpflichtet ist, Teile seiner Nachhaltigkeitsberichterstattung durch eine solche dritte Partei überprüfen zu lassen.

2 Art. X1 Abs. 1 EGHGB sieht die erstmalige Anwendung der §§ 324b–m HGB-E auf Unterlagen der Einzelrechnungslegung für ein nach dem 31.12.2023 beginnendes Gj für bestimmte große Unt (u. a. Unt von öffentlichem Interesse i. S. d. § 316a Satz 2 HGB) vor. Für alle übrigen Unt, die einen Nachhaltigkeitsbericht aufstellen und prüfen lassen müssen, gilt diese Verpflichtung gem. Art. X1 Abs. 3 EGHGB für das nach dem 31.12.2024 beginnende Gj, d. h. bei kalendergleichem Gj **erstmals für das Gj 2025**.

Art. X1 Abs. 4 EGHGB enthält zudem die Regelung, dass prüfungspflichtige Unt, die nicht bereits nach Abs. 1 und 3 der Vorschrift erfasst sind, erstmals für das nach dem 31.12.2026 beginnende Gj einen Nachhaltigkeitsbericht aufstellen und prüfen lassen müssen.

Art. X1 Abs. 6 EGHGB regelt eine zeitlich begrenzte **Befreiung von der Aufstellungs- und Prüfungspflicht** eines Nachhaltigkeitsberichts für solche Gj, die vor dem 7.1.2030 enden, wenn das betreffende Unt TU eines MU außerhalb des EU-/EWR-Raums ist, oder alternativ von einem weiteren TU des MU ein

---

[1] Regierungsentwurf eines Gesetzes zur Umsetzung der Richtlinie (EU) 2022/2464 des Europäischen Parlaments und des Rates vom 14. Dezember 2022 zur Änderung der Verordnung (EU) Nr. 537/2014 und der Richtlinien 2004/109/EG, 2006/43/EG und 2013/34/EU hinsichtlich der Nachhaltigkeitsberichterstattung von Unternehmen, BT-Drs. 20/12787 v. 9.9.2024.

Konzernnachhaltigkeitsbericht aufgestellt und geprüft wird, in den das Unt einbezogen wird.

Art. X1 Abs. 2 EGHGB enthält für die Fälle, bei denen für ein Gj, das vor dem 1.1.2025 beginnt, eine Fiktion, wonach als Prüfer des Nachhaltigkeitsberichts der Prüfer als bestellt gilt, der für die Prüfung des JA bestellt ist, soweit die Hauptversammlung bzw. Gesellschafterversammlung nicht explizit einen (anderen) Prüfer des Nachhaltigkeitsberichts bestellt. Diese Übergangsregelung ist i. S. d. Rechtssicherheit zu begrüßen, ansonsten hätten bei diesen Gesellschaften nach Inkrafttreten des CSRD-UmsG erneute Haupt- bzw. Gesellschafterversammlungen einberufen werden müssen, um einen Prüfer für den (Konzern-)Nachhaltigkeitsbericht zu wählen.

Art. X2 Abs. 1 EGHGB sieht die erstmalige Anwendung der §§ 324b–m HGB-E auf Unterlagen der Konzernrechnungslegung für ein nach dem 31.12.2023 beginnendes Gj für bestimmte große Unt (u. a. Unt von öffentlichem Interesse i. S. d. § 316a Satz 2 HGB) vor. Für alle übrigen Unt, die einen Konzernnachhaltigkeitsbericht aufstellen und prüfen lassen müssen, gilt diese Verpflichtung gem. Art. X2 Abs. 3 EGHGB für das nach dem 31.12.2024 beginnende Gj, d. h. bei kalendergleichem Gj **erstmals für das Gj 2025**.

Art. X2 Abs. 4 EGHGB enthält zudem die Regelung, dass prüfungspflichtige Unt, die nicht bereits nach Abs. 1 und 3 der Vorschrift erfasst sind, erstmals für das nach dem 31.12.2026 beginnende Gj einen Konzernnachhaltigkeitsbericht aufstellen und prüfen lassen müssen.

Art. X2 Abs. 6 EGHGB regelt eine zeitlich begrenzte **Befreiung von der Aufstellungs- und Prüfungspflicht** eines Konzernnachhaltigkeitsberichts für solche Gj, die vor dem 7.1.2030 enden, wenn das betreffende Unt TU eines MU außerhalb des EU-/EWR-Raums ist, oder alternativ von einem weiteren TU des MU ein Konzernnachhaltigkeitsbericht aufgestellt und geprüft wird, in den das Unt einbezogen wird.

Art. X2 Abs. 2 EGHGB enthält für die Fälle, bei denen für ein Gj, das vor dem 1.1.2025 beginnt, eine Fiktion, wonach als Prüfer des Konzernnachhaltigkeitsberichts der Prüfer als bestellt gilt, der für die Prüfung des Konzernabschlusses bestellt ist, soweit die Hauptversammlung bzw. Gesellschafterversammlung nicht explizit einen (anderen) Prüfer des Konzernnachhaltigkeitsberichts bestellt. Diese Übergangsregelung ist i. S. d. Rechtssicherheit zu begrüßen, ansonsten hätten bei diesen Gesellschaften nach Inkrafttreten des CSRD-UmsG erneute Haupt- bzw. Gesellschafterversammlungen einberufen werden müssen, um einen Prüfer für den (Konzernnachhaltigkeitsbericht zu wählen.

2 Prüfungspflicht aufgrund von Unionsrecht

Die Vorschrift greift solche eher seltenen Fälle auf, in denen neben der Prüfung des Nachhaltigkeitsberichts eine separate Prüfung einzelner Teile der Nachhaltigkeitsberichterstattung durch eine akkreditierte dritte Partei angeordnet wird. Die Gesetzesbegründung bringt hierzu als Beispiel eine Prüfung i. S. d. Verordnung (EU) 2017/821 des Europäischen Parlaments und des Rates vom 17.5.2017 zur Festlegung von Pflichten zur Erfüllung der Sorgfaltspflichten in der Lieferkette für Unionseinführer von Zinn, Tantal, Wolfram, deren Erzen und Gold aus Konflikt- und Hochrisikogebieten.[2]

Die Prüfung hat durch eine unabhängige akkreditierte dritte Partei zu erfolgen. Die Unabhängigkeitsanforderung bezieht sich zum einen auf die Unabhängigkeit zu der geprüften Gesellschaft, zum anderen aber wohl auch auf Unabhängigkeit gegenüber dem Prüfer des Nachhaltigkeitsberichts (§ 324k-E Rz 5). Damit darf die dritte Partei auch nicht dem Netzwerk des Prüfers des Nachhaltigkeitsberichts angehören.

Auch hier bleibt unklar, wie die Prüfung zu erfolgen hat, ob bspw. §§ 324b–j HGB-E entsprechend anzuwenden sind.

---

[2] Abl. L 130 v. 19.5.2017, S. 1.

§ 324m-E Prüfungsausschuss

> **Hinweis**
> Die Kommentierung basiert auf dem **Regierungsentwurf eines CSRD-Umsetzungsgesetzes**.[1] Nach Veröffentlichung der finalen Fassung wird die Kommentierung in Ihrem Haufe HGB Bilanz Kommentar Online aktualisiert. Die **Online-Version** ist beim Kauf der Printausgabe inklusive.
> Geplante Vorschriften für das EGHGB sind wie folgt bezeichnet: „nächster bei der Verkündung freier Artikel mit Zählbezeichnung" (RegE) als X1, „übernächster bei der Verkündung freier Artikel mit Zählbezeichnung" (RegE) als X2 usw.

Inhaltsübersicht Rz
1 Regelungsbereich 1–3

1 Regelungsbereich

§ 324m HGB-E übernimmt im Wesentlichen unverändert die bisher in § 324 HGB enthaltenen Regelungen zum Prüfungsausschuss. Insoweit wird auf die dortige Kommentierung verwiesen (§ 324 Rz 1ff.). Neben redaktionellen Anpassungen wird in § 324m Abs. 2 Satz 5 HGB-E die dort geregelte Verpflichtung des Prüfungsausschusses auf den Prüfer des Nachhaltigkeitsberichts erstreckt. 1

Art. X1 Abs. 1 EGHGB sieht die erstmalige Anwendung der §§ 324b–m HGB-E auf Unterlagen der Einzelrechnungslegung für ein nach dem 31.12.2023 beginnendes Gj für bestimmte große Unt (u. a. Unt von öffentlichem Interesse i. S. d. § 316a Satz 2 HGB) vor. Für alle übrigen Unt, die einen Nachhaltigkeitsbericht aufstellen und prüfen lassen müssen, gilt diese Verpflichtung gem. Art. X1 Abs. 3 EGHGB für das nach dem 31.12.2024 beginnende Gj, d. h. bei kalendergleichem Gj **erstmals für das Gj 2025**. 2

Art. X1 Abs. 4 EGHGB enthält zudem die Regelung, dass prüfungspflichtige Unt, die nicht bereits nach Abs. 1 und 3 der Vorschrift erfasst sind, erstmals für das nach dem 31.12.2026 beginnende Gj einen Nachhaltigkeitsbericht aufstellen und prüfen lassen müssen.

Art. X1 Abs. 6 EGHGB regelt eine zeitlich begrenzte **Befreiung von der Aufstellungs- und Prüfungspflicht** eines Nachhaltigkeitsberichts für solche Gj, die vor dem 7.1.2030 enden, wenn das betreffende Unt TU eines MU außerhalb des EU-/EWR-Raums ist, oder alternativ von einem weiteren TU des MU ein Konzernnachhaltigkeitsbericht aufgestellt und geprüft wird, in den das Unt einbezogen wird.

---

[1] Regierungsentwurf eines Gesetzes zur Umsetzung der Richtlinie (EU) 2022/2464 des Europäischen Parlaments und des Rates vom 14. Dezember 2022 zur Änderung der Verordnung (EU) Nr. 537/2014 und der Richtlinien 2004/109/EG, 2006/43/EG und 2013/34/EU hinsichtlich der Nachhaltigkeitsberichterstattung von Unternehmen, BT-Drs. 20/12787 v. 9.9.2024.

3 Art. X2 Abs. 1 EGHGB sieht die erstmalige Anwendung der §§ 324b–m HGB-E auf Unterlagen der Konzernrechnungslegung für ein nach dem 31.12.2023 beginnendes Gj für bestimmte große Unt (u.a. Unt von öffentlichem Interesse i.S.d. § 316a Satz 2 HGB) vor. Für alle übrigen Unt, die einen Konzernnachhaltigkeitsbericht aufstellen und prüfen lassen müssen, gilt diese Verpflichtung gem. Art. X2 Abs. 3 EGHGB für das nach dem 31.12.2024 beginnende Gj, d.h. bei kalendergleichem Gj **erstmals für das Gj 2025**.

Art. X2 Abs. 4 EGHGB enthält zudem die Regelung, dass prüfungspflichtige Unt, die nicht bereits nach Abs. 1 und 3 der Vorschrift erfasst sind, erstmals für das nach dem 31.12.2026 beginnende Gj einen Konzernnachhaltigkeitsbericht aufstellen und prüfen lassen müssen.

Art. X2 Abs. 6 EGHGB regelt eine zeitlich begrenzte **Befreiung von der Aufstellungs- und Prüfungspflicht** eines Konzernnachhaltigkeitsberichts für solche Gj, die vor dem 7.1.2030 enden, wenn das betreffende Unt TU eines MU außerhalb des EU-/EWR-Raums ist, oder alternativ von einem weiteren TU des MU ein Konzernnachhaltigkeitsbericht aufgestellt und geprüft wird, in den das Unt einbezogen wird.

§ 325 Offenlegung

(1) ¹Die Mitglieder des vertretungsberechtigten Organs einer Kapitalgesellschaft haben für die Gesellschaft folgende Unterlagen, sofern sie aufzustellen oder zu erstellen sind, in deutscher Sprache offenzulegen:
1. den festgestellten Jahresabschluss, den Lagebericht, den Bestätigungsvermerk oder den Vermerk über dessen Versagung und die Erklärungen nach § 264 Absatz 2 Satz 3 und § 289 Absatz 1 Satz 5 sowie
2. den Bericht des Aufsichtsrats und die nach § 161 des Aktiengesetzes vorgeschriebene Erklärung.

²Die Unterlagen sind der das Unternehmensregister führenden Stelle elektronisch zur Einstellung in das Unternehmensregister zu übermitteln.

(1a) ¹Die Unterlagen nach Absatz 1 Satz 1 sind spätestens ein Jahr nach dem Abschlussstichtag des Geschäftsjahrs zu übermitteln, auf das sie sich beziehen. ²Liegen die Unterlagen nach Absatz 1 Satz 1 Nummer 2 nicht innerhalb der Frist vor, sind sie unverzüglich nach ihrem Vorliegen nach Absatz 1 offenzulegen.

(1b) ¹Wird der Jahresabschluss oder der Lagebericht geändert, so ist auch die Änderung nach Absatz 1 Satz 1 offenzulegen. ²Ist im Jahresabschluss nur der Vorschlag für die Ergebnisverwendung enthalten, ist der Beschluss über die Ergebnisverwendung nach seinem Vorliegen nach Absatz 1 Satz 1 offenzulegen.

(2) *(weggefallen)*

(2a) ¹Bei der Offenlegung nach Absatz 1 in Verbindung mit § 8b Absatz 2 Nummer 4 kann bei großen Kapitalgesellschaften (§ 267 Absatz 3) an die Stelle des Jahresabschlusses ein Einzelabschluss treten, der nach den in § 315e Absatz 1 bezeichneten internationalen Rechnungslegungsstandards aufgestellt worden ist. ²Ein Unternehmen, das von diesem Wahlrecht Gebrauch macht, hat die dort genannten Standards vollständig zu befolgen. ³Auf einen solchen Abschluss sind § 243 Abs. 2, die §§ 244, 245, 257, 264 Absatz 1a, 2 Satz 3, § 285 Nr. 7, 8 Buchstabe b, Nr. 9 bis 11a, 14 bis 17, § 286 Absatz 1 und 3 anzuwenden. ⁴Die Verpflichtung, einen Lagebericht offenzulegen, bleibt unberührt; der Lagebericht nach § 289 muss in dem erforderlichen Umfang auch auf den Einzelabschluss nach Satz 1 Bezug nehmen. ⁵Die übrigen Vorschriften des Zweiten Unterabschnitts des Ersten Abschnitts und des Ersten Unterabschnitts des Zweiten Abschnitts gelten insoweit nicht. ⁶Kann wegen der Anwendung des § 286 Abs. 1 auf den Anhang die in Satz 2 genannte Voraussetzung nicht eingehalten werden, entfällt das Wahlrecht nach Satz 1.

(2b) ¹Die befreiende Wirkung der Offenlegung des Einzelabschlusses nach Absatz 2a tritt ein, wenn
1. statt des vom Abschlussprüfer zum Jahresabschluss erteilten Bestätigungsvermerks oder des Vermerks über dessen Versagung der entsprechende Vermerk zum Abschluss nach Absatz 2a in die Offenlegung nach Absatz 1 einbezogen wird,
2. der Vorschlag für die Verwendung des Ergebnisses und gegebenenfalls der Beschluss über seine Verwendung unter Angabe des Jahresüberschusses oder Jahresfehlbetrags in die Offenlegung nach Absatz 1 einbezogen werden und
3. der Jahresabschluss mit dem Bestätigungsvermerk oder dem Vermerk über dessen Versagung in deutscher Sprache nach Maßgabe des Absatzes 1a

Satz 1 und des Absatzes 4 der das Unternehmensregister führenden Stelle elektronisch zur Einstellung in das Unternehmensregister durch dauerhafte Hinterlegung übermittelt wird.

(3) Die Absätze 1 bis 1b Satz 1 und Absatz 4 Satz 1 gelten entsprechend für die Mitglieder des vertretungsberechtigten Organs einer Kapitalgesellschaft, die einen Konzernabschluss und einen Konzernlagebericht aufzustellen haben.

(3a) Wird der Konzernabschluss zusammen mit dem Jahresabschluss des Mutterunternehmens oder mit einem von diesem aufgestellten Einzelabschluss nach Absatz 2a offengelegt, können die Vermerke des Abschlussprüfers nach § 322 zu beiden Abschlüssen zusammengefasst werden; in diesem Fall können auch die jeweiligen Prüfungsberichte zusammengefasst werden.

(4) ¹Bei einer Kapitalgesellschaft im Sinn des § 264d beträgt die Frist nach Absatz 1a Satz 1 längstens vier Monate. ²Für die Wahrung der Fristen nach Satz 1 und Absatz 1a Satz 1 ist der Zeitpunkt der Übermittlung der Unterlagen maßgebend.

(5) Auf Gesetz, Gesellschaftsvertrag oder Satzung beruhende Pflichten der Gesellschaft, den Jahresabschluss, den Einzelabschluss nach Absatz 2a, den Lagebericht, den Konzernabschluss oder den Konzernlagebericht in anderer Weise bekannt zu machen, einzureichen oder Personen zugänglich zu machen, bleiben unberührt.

(6) Die §§ 11 und 12 Absatz 2 gelten entsprechend für die Unterlagen, die an die das Unternehmensregister führende Stelle zur Einstellung in das Unternehmensregister zu übermitteln sind; § 325a Absatz 1 Satz 5 und § 340l Absatz 2 Satz 6 bleiben unberührt.

Inhaltsübersicht

		Rz
1	Überblick	1–35
	1.1 Regelungszweck und Inhalt	1–10
	1.2 Anwendungsbereich	11–29
	1.3 Normenzusammenhänge	30–35
2	Offenlegungspflicht (Abs. 1)	36–89
	2.1 Einreichungspflicht beim Unternehmensregister	36–48
	2.2 Zu übermittelnde Unterlagen	49–89
	2.2.1 Allgemeine Grundsätze	49–59
	2.2.2 Jahresabschluss	60–68
	2.2.3 Bestätigungs- bzw. Versagungsvermerk	69–78
	2.2.4 Lagebericht	79
	2.2.5 Erklärungen der Vertreter des vertretungsberechtigten Organs	80
	2.2.6 Bericht des Aufsichtsrats	81–86
	2.2.7 Erklärung zum Corporate Governance Kodex	87–89
3	Offenlegungsfrist	90–124
	3.1 Einreichungsfrist (Abs. 1a Satz 1)	90–101
	3.2 Nachreichungspflichten und Fristwahrung (Abs. 1a Satz 2)	102–105
	3.3 Offenlegung von Änderungen (Abs. 1b Satz 1)	106–111

3.4 Offenlegung des Gewinnverwendungsvorschlags (Abs. 1b Satz 2) 112–123
3.5 Formvorschriften 124
4 Bekanntmachungspflicht im Bundesanzeiger (Abs. 2 a.F.) 125–127
5 Offenlegung eines internationalen Einzelabschlusses mit befreiender Wirkung (Abs. 2a und 2b) 128–153
   5.1 Anforderungen an den Abschluss 131–148
      5.1.1 Allgemeine Grundsätze 131–134
      5.1.2 Anwendung von HGB-Vorschriften 135–145
      5.1.3 Nichtanwendung von Vorschriften 146
      5.1.4 Suspendierung des Wahlrechts 147–148
   5.2 Weitere Voraussetzungen für die befreiende Wirkung 149–153
6 Offenlegung von Konzernabschluss und Konzernlagebericht (Abs. 3 und 3a) 154–165
   6.1 Offenlegungspflicht 154–162
   6.2 Zusammenfassungsmöglichkeiten 163–165
7 Fristverkürzung für kapitalmarktorientierte Unternehmen (Abs. 4) 166–169
8 Ergänzende Regelungen in Gesetz, Gesellschaftsvertrag oder Satzung (Abs. 5) 170–171
9 Anforderungen an die Unterlagen 172–175
10 Sanktionen 176–186
   10.1 Verstoß gegen die Offenlegungspflicht 182–185
   10.2 Unrichtige Darstellung 186
11 Gestaltungen zur Vermeidung oder Begrenzung der Offenlegung 187–217
   11.1 Wechsel der Rechtsform 190–196
   11.2 „Vollhafter-Modell" 197–203
   11.3 Erlangung der Befreiungstatbestände gem. §§ 264 Abs. 3 bzw. 264b HGB 204–209
   11.4 Schaffung von kleineren Unternehmensteilen 210–213
   11.5 Größenabhängige Überlegungen 214–216
   11.6 Betrieb einer inländischen Zweigniederlassung eines Unternehmens aus einem Drittstaat 217
12 CSRD-Umsetzungsgesetz: Änderungen 218–221

1 Überblick

1.1 Regelungszweck und Inhalt

Die Norm schafft die Voraussetzung, damit interessierte Kreise **Einsicht in die** 1
Rechnungslegung des Unt erlangen können, um der Gläubigerschutzfunktion der
externen Rechnungslegung zu genügen.[1] Bereits die Erste EG-Richtlinie[2] verpflichtete

---

[1] Vgl. Dollerer, BB 1958, S. 1281 ff., sowie zu einer Analyse der Auswirkungen auf die Steuerung eines Unternehmens Meier-Schatz, Wirtschaftsrecht und Unternehmenspublizität, 1989, S. 161 ff.
[2] RL 68/151/EWG, ABl. EG L 65/8 ff. v. 14.3.1968.

die Mitgliedstaaten, für Ges. die offenlegungspflichtigen Unterlagen zu sammeln und Interessenten auf schriftliches Verlangen Abschriften hiervon zu übersenden.[3] Damit sollen nicht nur die Gesellschafter, sondern auch außenstehende Dritte zeitnah über die Entwicklung des Unt informiert werden. Hieraus hat der EuGH in seinem Beschluss vom 23.9.2004[4] abgeleitet, dass diese Informationen jeder interessierten Person zugänglich zu machen sind. Die früher geltende Beschränkung des Antragsrechts nach § 335a HGB a.F. wurde als nicht richtlinienkonform erklärt.

2 Der durch das MicroBilG[5] geschaffene § 326 Abs. 2 HGB trägt der Umsetzung der sog. Micro-Richtlinie[6] Rechnung.[7] Danach können die Staaten KapG, die bestimmte Größenkriterien nicht überschreiten, von bestimmten Rechnungslegungs- und Offenlegungspflichten entbinden.[8] Da es sich um ein Wahlrecht handelt, das vom jeweiligen Mitgliedstaat auszuüben ist, muss einer möglichen unterschiedlichen Ausgestaltung in den anderen Mitgliedstaaten Rechnung getragen werden. Die in § 326 Abs. 2 HGB vorgesehene Hinterlegung ist ggü. der Offenlegung vorrangig, sodass in diesen Fällen eine Hinterlegung, aber keine weitergehende Offenlegung zu erfolgen hat.

3 Nach Auffassung des Gesetzgebers gibt es einen Zusammenhang zwischen der Begrenzung der Haftung der Gesellschafter für die Verbindlichkeiten der Ges. und der Unternehmenspublizität. Danach ist die **Offenlegung „der Preis" für die Haftungsbeschränkung.**[9] Hieraus erklärt sich, dass nur KapG und KapCoGes unter diese Regelung fallen. Hingegen sind andere PersG, wie insb. BGB- oder Partnerschaftsges., hiervon nicht betroffen.[10]

> **Praxis-Beispiel**
> Die A-GmbH und die B-GmbH schließen sich zu einer BGB-Ges. zusammen, um gemeinsam einen Autobahnabschnitt als Arbeitsgemeinschaft zu bauen. Offenlegungspflichtig sind die A-GmbH und die B-GmbH, nicht aber die BGB-Ges., weil diese keine Personenhandelsgesellschaft ist.

Allerdings wird dieser Grundsatz nicht konsequent umgesetzt, weil aufgrund von § 9 Abs. 1 PublG für den Jahresabschluss und § 15 Abs. 1 PublG für den Konzernabschluss (Rz 16) auch Ges. in den Anwendungsbereich der Norm fallen können, deren Gesellschafter einer vollumfänglichen persönlichen Haftung für die Verbindlichkeiten der Ges. unterliegen.

Der Gesetzgeber hat am 15.7.2013 ein Gesetz zur Einführung einer Partnerschaftsgesellschaft mit beschränkter Berufshaftung und zur Änderung des Be-

---

[3] Vgl. zur Rechtsentwicklung Zicke/Hütten, in Küting/Weber, HdR-E, Einf. §§ 325–329 HGB Rz 6 ff., Stand: 01/2023.
[4] C-435/02, Axel Springer AG/Zeitungsverlag Niederrhein GmbH & Co. Essen KG, C-103/03, Hans-Jürgen Weske, Slg. 2004, I-10823; vgl. zu einer Analyse z.B. Kiesel/Grimmen, DStR 2004, S. 2210 ff.
[5] V. 20.12.2012, BGBl 2012 I S. 2751.
[6] RL 2012/6/EU, ABl. L 81/3 v. 21.3.2012.
[7] Vgl. zu einem Überblick z.B. Fey/Deubert/Lewe, BB 2013, S. 107 ff.; Meyer, DStR 2013, S. 931 ff.; Zwirner/Busch/Froschhammer, StuB 2013, S. 318.
[8] Vgl. z.B. Zwirner/Froschhammer, Stbg 2013, S. 227 ff.; Haller/Groß, DB 2012, S. 2109 ff.
[9] Vgl. BT-Drs. 14/1806 v. 15.10.1999 S. 16; BT-Drs. 14/2353 v. 14.12.1999 S. 26.
[10] Zur Diskussion um die Offenlegungspflichten von Universitätskliniken vgl. OLG Köln, Urteil v. 31.8.2021, 28 Wx 29/20, GmbHR 2023 S. 70.

rufsrechts der Rechtsanwälte, Patentanwälte und Steuerberater beschlossen.[11] Obwohl danach eine Haftungsbeschränkung erfolgen kann, führt dies nicht zu einer Veränderung der Offenlegungspflicht dieser Ges. nach § 325 HGB. Vielmehr bleiben auch diese haftungsbeschränkten Ges. nicht offenlegungspflichtig. Durch die Offenlegung wird erreicht, dass eine größere Zahl von Personen Einsicht in die Lage und Entwicklung der Ges. erhalten kann. Hiermit ist eine gewisse **Selbstkontrolle** verbunden, weil die Unternehmensleitung sich bewusst sein muss, dass sie die Ergebnisse ihres Handelns offenlegen muss. Dieser Effekt ist bei kapitalmarkorientierten Ges. besonders ausgeprägt, weil zu erwarten ist, dass die Marktteilnehmer auf die Entwicklung des Unt reagieren[12] und sich z. B. von Anteilen an der Ges. trennen werden. Hieraus können erhebliche Kursrückgänge resultieren, sodass auch andere Gesellschafter auf Änderungen durch die Unternehmensleitung drängen werden.

Die Bundesregierung hat mit Schreiben v. 11.5.2018[13] Zahlen zu den Offenlegungen und den gem. § 335 HGB gezahlten Ordnungsgeldern veröffentlicht. Danach stieg seit der Einführung des EHUG die Quote der korrekt offenlegenden Unt von 10 % auf 90 %. Für die restlichen 10 % kommt es zur (einmaligen oder wiederholten) Festsetzung von Ordnungsgeldern. Insgesamt unterliegen rd. 1,6 Mio. Unt einer grds. Offenlegungspflicht, wobei sich rd. 300.000 Unt auf die Befreiungen nach § 264 Abs. 3 HGB und § 264b HGB berufen, sodass im Ergebnis rd. 1,3 Mio. offenlegungspflichtige Unt verbleiben.

Obwohl der vierte Unterabschnitt mit **Offenlegung** überschrieben ist, wird dieser **Begriff** gesetzlich nicht definiert. Hierunter sind für Zwecke der Rechnungslegung „nur" die Übermittlung an die das Unternehmensregister führende Stelle (für Unterlagen, die das Gj betreffen, die vor dem 31.12.2021 begonnen haben, Einreichung zur Bekanntmachung im **Bundesanzeiger** (https://www.bundesanzeiger.de) in elektronischer Form und die Veranlassung der Bekanntmachung) zu verstehen. Hingegen wird an anderen Gesetzesstellen ein weiteres Verständnis verwendet (so etwa in § 339 HGB bei Genossenschaften, bei denen auch die Bekanntmachung hierunter fällt, oder in § 18 KWG). Diese – durch das Gesetz über elektronische Handelsregister und Genossenschaftsregister sowie das Unternehmensregister (EHUG)[14] geschaffenen – Regelungen ersetzen die bis 2006 dahin geltende Offenlegungskonzeption, die aus der Einreichung von Unterlagen zum Handelsregister und einer Bekanntmachung im (realen) Bundesanzeiger (BAnz) bestand. Unterlagen der Gj 2007 bis 2021 waren dann nur beim BAnz zur Bekanntmachung einzureichen – bei KleinstKapG i. S. v. § 267a HGB ist hierunter die Einreichung zur Hinterlegung in elektronischer Form zum BAnz zu verstehen (§ 326 Rz 24 ff.). Unterlagen ab dem Gj 2022 sind nun direkt an den Betreiber des Unternehmensregisters zu übermitteln (Rz 9).

Der Gesetzgeber hat durch das BilRUG insb. den bisherigen § 325 Abs. 1 HGB neu gefasst.

---

[11] BGBl 2013 I S. 2390.
[12] Vgl. zu einer empirischen Analyse Grottke/Löffelmann/Späth/Haendel, DStR 2012, S. 94 ff.
[13] Vgl. BT-Drs. 19/2094 v. 11.5.2018 S. 2 ff.
[14] V. 10.11.2006, BGBl 2006 I S. 2553.

8 Durch das CSR-Richtlinie-Umsetzungsgesetz[15] wurden in § 325 HGB Änderungen vorgenommen. Diese haben im Wesentlichen redaktionelle Bedeutung und keine inhaltlichen Auswirkungen. Hierbei wurde insb. die Bezeichnung der „gesetzlichen Vertreter" durch die Mitglieder des vertretungsberechtigten Organs ersetzt. Dies gilt auch für die Änderungen durch das ARUG II.[16]

9 Das **Gesetz zur Umsetzung der Digitalisierungsrichtlinie (DiRUG)** ist am 13.8.2021 im Bundesgesetzblatt veröffentlicht worden.[17] Damit wird das Unternehmensregister zum **„One-Stop-Shop für Unternehmensinformationen"** und wird mit allen weiteren relevanten Registern in Deutschland und tw. auch innerhalb der EU vernetzt. Dadurch gibt es v. a. in vier Bereichen nachhaltige Veränderungen: die Einführung der Möglichkeit digitaler Beglaubigungen für die Gründung von GmbHs und die Registeranmeldung, eine Veränderung des Bekanntmachungswesens, eine Umstellung der Offenlegung von Rechnungslegungsunterlagen sowie eine Verbesserung des europäischen Informationsaustausches.

> **Hinweis**
> Mit der Änderung des Offenlegungsmediums verbunden ist die Pflicht zur einmaligen elektronischen Identitätsprüfung für die Übermittler der offenlegungspflichtigen Unterlagen. Ohne elektronische Identifikation können seit dem 1.8.2022 keine Datenübermittlungen an das Unternehmensregister mehr vorgenommen werden.[18]

Auch wenn an dem Begriff der Bekanntmachung festgehalten wird, wird ihm i. R. d. DiRUG eine neue Bedeutung gegeben. Unter der Bekanntmachung ist nunmehr gem. § 10 Abs. 1 HGB die erstmalige Abrufbarkeit der Eintragung in das HR über das nach § 9 Abs. 1 HGB n. F. bestimmte **elektronische Informations- und Kommunikationssystem** zu verstehen. Die bisherige gesetzliche Trennung zwischen dem Informations- und Kommunikationssystem und dem System für den Abruf von Handelsregisterdaten wird somit aufgehoben. Die Bekanntmachung über das separate Bekanntmachungsportal ist für **Unterlagen ab dem Gj 2022** nicht mehr erforderlich. Um diese kostenlose Bekanntmachung über das Portal auszugleichen, ist zukünftig der Abruf von Handelsregistereinträgen kostenlos.[19] Über Verweisungen gilt das veränderte Bekanntmachungswesen auch für das Partnerschafts-, Genossenschafts- und Vereinsregister.[20]

Konkret ändert sich dadurch in § 325 HGB für Rechnungslegungsunterlagen, die nach dem 31.12.2021 beginnende Gj betreffen (Art. 88 Abs. 2 EGHGB), der Einreichungsweg. Die **neu als Übermittlung bezeichnete Einreichung ist elektronisch direkt bei dem Unternehmensregister vorzunehmen** (https://publikations-plattform.de/sp/wexsservlet#b). Auf eine zusätzliche Veröffentlichung im

---

[15] V. 11.4.2017, BGBl 2017 I S. 802.
[16] V. 12.12.2019, BGBl 2019 I 2637.
[17] BGBl 2021 I S. 3338 ff.
[18] https://publikations-plattform.de/sp/wexsservlet#b, Abruf 1.10.2024.
[19] Vgl. BT-Drs. 19/28177 v. 31.3.2021 S. 93.
[20] Vgl. BT-Drs. 19/28177 v. 31.3.2021 S. 86.

Bundesanzeiger wird verzichtet, um die Funktion des Unternehmensregisters als „One-Stop-Shop für Unternehmensinformationen" zu unterstreichen.[21]
Die Gesetzesänderung wird überdies zum Anlass genommen, auch weitere Klarstellungen vorzunehmen. So wird in § 325 Abs. 1 Satz 1 HGB wieder die Einschränkung „sofern sie aufzustellen oder zu erstellen sind" für die Liste der zu übermittelnden Unterlagen explizit eingefügt, was allerdings schon bislang so auszulegen war (Rz 51).
Darüber hinaus gibt es weitere materielle Änderungen. So wird klargestellt, dass der **Anwendungsbereich des § 325 Abs. 2a HGB** bez. der Möglichkeit der Verwendung eines Einzelabschlusses nach den IFRS für die Offenlegung – entsprechend der ursprünglichen Intention des Gesetzgebers[22] – **auf große KapG i.S.v. § 267 Abs. 3 HGB beschränkt** ist. Zudem wird die bisherige parallele Offenlegung des Jahresabschlusses nach HGB im Unternehmensregister in derartigen Fällen ab dem Gj 2022 durch die Notwendigkeit einer **Hinterlegung des HGB-Abschlusses** beim Unternehmensregister parallel zum frei zugänglichen IFRS-Einzelabschluss geändert.
Lediglich eine formale Korrektur stellt im § 325 Abs. 4 HGB das Streichen des Hinweises auf die **bestimmten kapitalmarktorientierten KapG nach § 327a HGB** dar, da sich bereits aus § 327a HGB selbst ergibt, dass die verkürzte Offenlegungsfrist des § 325 Abs. 4 Satz 1 HGB auf kapitalmarktorientierte KapG i.S.v. § 327a HGB keine Anwendung findet.

Mit Veröffentlichung des Gesetzes zur Umsetzung der Richtlinie (EU) 2021/2101 im Hinblick auf die Offenlegung von Ertragsteuerinformationen durch bestimmte Unternehmen und Zweigniederlassungen sowie zur Änderung des Verbraucherstreitbeilegungsgesetzes und des Pflichtversicherungsgesetzes wurde § 325 HGB redaktionell geändert.[23] § 325 Abs. 3 HGB verweist nun richtigerweise auf die Absätze 1 bis 1b Satz 1, anstatt auf den mit dem DiRUG entfallenen Absatz 2 dieser Norm.

1.2 Anwendungsbereich

Die Regelung gilt unmittelbar für **KapG** und infolge von § 264a HGB auch für **KapCoGes**. Hierbei ist zu beachten, dass die Einbeziehung Letzterer auf die Rechtsprechung des EuGH zurückzuführen ist.[24] Im Schrifttum wird diskutiert, inwieweit die Vorschrift gegen das Grundrecht des **Datenschutzes** verstößt.[25] Dies gilt speziell für den Fall, dass eine Ges. nur einen oder wenige Gesellschafter hat. Bisher ist weder der EuGH noch die nationale Rechtsprechung[26] dieser Auffassung gefolgt. Auf die **Offenlegungserleichterung** in Abs. 1 Satz 4 a.F.

---

[21] Vgl. BT-Drs. 19/28177 v. 31.3.2021 S. 63.
[22] Vgl. BT-Drs. 15/3419 v. 24.6.2004 S. 45.
[23] v. 19.6.2023, BGBl. 2023 I Nr. 154
[24] Vgl. EuGH, Beschluss v. 23.9.2004, C-435/02, Axel Springer AG/Zeitungsverlag Niederrhein GmbH & Co. Essen KG, C-103/03, Hans-Jürgen Weske, Slg. 2004, I-10823.
[25] Vgl. z.B. Starck, DStR 2008, S. 2035; Leible, ZHR 162 (1998), S. 617; Großfeld, NJW 1986, S. 960; Gustavus, GmbHR 1987, S. 254; Dietrich, NJ 2010, S. 108ff., sowie zu einer verfassungsrechtlichen Würdigung vor dem Hintergrund der Funktion des Jahresabschlusses Brete, GmbHR 2009, S. 617ff.
[26] Vgl. z.B. LG Bonn, Urteil v. 19.2.2007, 11 T 19/05.

für die GmbH (Rz 113 ff.) wird verwiesen.[27] Tw. werden grundlegend verfassungsrechtliche Bedenken geäußert.[28]
Über diese Frage wäre im Wege einer Verfassungsbeschwerde zu entscheiden. Hingegen ist es nicht zulässig, diese Frage bei einer gerichtlichen Überprüfung von Billigkeitsmaßnahmen nach dem Erlass von Ordnungsgeldforderungen zu problematisieren. Ein solches Vorbringen wäre schon formal unzulässig.[29]

12   I. R. e. Verfahrens zur Verfassungsmäßigkeit des Ordnungsgelds in Fällen bis zu den Änderungen durch das EHUG haben die Beschwerdeführer hilfsweise darauf hingewiesen, dass die Offenlegungspflicht nach § 325 HGB gegen Art. 2 Abs. 1 i. V. m. Art. 14 Abs. 1 GG verstoße. Das BVerfG hat in seinem Beschluss über die Nichtannahme der Verfassungsbeschwerde vom 11.2.2009[30] dieser Argumentation keine Bedeutung geschenkt. Vielmehr ging das Gericht davon aus, dass die Verfassungsbeschwerde keine hinreichende Aussicht auf Erfolg habe und lehnte diese deshalb ab. Zwar setzt sich das Gericht in seinem Beschluss nicht mit einem möglichen Verstoß gegen Recht auf informationelle Selbstbestimmung Art. 2 Abs. 1 i. V. m. Art. 14 Abs. 1 GG auseinander, gleichwohl sieht es keine verfassungsrechtlichen Bedenken. Neben der Analyse einer Reihe von Fragen, die für die Weitergeltungsregelungen des **Ordnungsgeldverfahrens** bedeutsam sind, wurde im Übrigen auf § 93d Abs. 1 Satz 3 BVerfGG verwiesen. Dieser sieht vor, dass die Ablehnung der Annahme einer Verfassungsbeschwerde keiner Begründung bedarf. In einer ganzen Reihe von folgenden Beschlüssen hat das BVerfG die Annahme von Verfahren gegen die Pflicht aus § 325 HGB abgelehnt. Dabei geht das Gericht in nunmehr ständiger Rechtsprechung davon aus, dass, selbst wenn ein Eingriff in die Grundrechte gegeben sei, dieser gerechtfertigt wäre. Hierzu wird insb. auf den im Allgemeininteresse liegenden Schutz des Wirtschaftsverkehrs der Marktteilnehmer und eine Kontrollmöglichkeit der betroffenen Ges. vor dem Hintergrund deren nur beschränkter Haftung verwiesen.[31]

13   Zumindest nach Auffassung des LG Bonn[32] verstoßen diese Regelungen auch nicht gegen Unionsrecht. Die **ordnungsgeldbewehrte Offenlegungspflicht** sei im Hinblick auf die Haftungsbeschränkung der KapG insb. zum Gläubigerschutz und zur Gewährleistung der Markttransparenz geeignet, erforderlich und verhältnismäßig. Dies gelte auch für kleinere KapG, für die die offenzulegenden Jahresabschlussunterlagen beschränkt sind. Die anderen Auskunftsmöglichkeiten ersetzten die Offenlegung der Jahresabschlussunterlagen nicht. Dies schließt nicht aus, dass im Einzelfall der Erlass eines bereits verhängten Ordnungsgelds zu erfolgen hat. Hierfür bestehen jedoch strenge Anforderungen. Ein solcher Anspruch auf Erlass soll nur

---

[27] Der Gesetzgeber begründet diese Annahme mit dem Datenschutzgedanken, vgl. BT-Drs. 12/7912 v. 15.6.1994 S. 23 f.
[28] Vgl. zu einer Analyse Friauf, GmbHR 1985, S. 245 ff.; Meilicke, DB 1986, S. 2445 ff.; Meilicke, StBJb 1986/87, S. 256 ff.; Kuntze-Kaufhold, GmbHR 2009, S. 75 ff., sowie speziell zu den personenbezogenen Ges. Dietrich, NJ 2010, S. 108 ff.
[29] Vgl. OVerwG NRW, Urteil v. 21.11.2018, 4 A 2426/15.
[30] BVerfG, Beschluss v. 11.2.2009, 1 BvR 3582/08, BB 2009 S. 1122.
[31] Vgl. BVerfG, Beschlüsse v. 11.3.2009, 1 BvR 3413/08, NJW 2009 S. 2588; v. 10.9.2009, 1 BvR 1636/09; v. 1.2.2011, 2 BvR 1236/10, WM 2011 S. 614 (mit Anm. Kleinmanns, BB 2011, S. 1138); v. 11.2.2009, 1 BvR 3582/08, NZG 2009 S. 515; v. 18.4.2011, 1 BvR 874/11; v. 18.4.2011, 1 BvR 956/11; v. 13.4.2011, 1 BvR 822/11, BFH/NV 2011 S. 1277; v. 24.3.2011, 1 BvR 555/11; v. 24.3.2011, 1 BvR 488/11; v. 16.3.2011, 1 BvR 441/11; v. 16.3.2011, 1 BvR 412/11.
[32] LG Bonn, Beschluss v. 7.10.2008, 30 T 122/08, GmbHR 2009 S. 95.

bestehen, wenn das Ordnungsgeld eine besondere Härte darstellt. Eine solche ist nur anzunehmen, wenn sich der Anspruchsgegner in einer unverschuldeten wirtschaftlichen Notlage befindet und zu befürchten ist, dass die Weiterverfolgung des Anspruchs zu einer Existenzgefährdung führen würde und eine Stundung nicht in Betracht kommt. Damit werden hohe Hürden für einen Erlass verlangt.[33]

Durch die Änderung des Registerwesens ist die **öffentliche Diskussion** über das Maß an Offenlegung wieder aufgeflammt. So positioniert sich der Verband der Familienunternehmer deutlich: „Während der Umgang mit personenbezogenen Daten im Rahmen der DSGVO penibel kontrolliert und sanktioniert (!) wird, scheint für Unternehmer der Datenschutz nicht zu zählen. Stellen Sie sich vor was los wäre, würden die Privatanschrift und das Geburtsdatum von Angestellten frei im Internet kursieren – oder ihre Personalausweis-Scans downloadbar sein. Das ist ein riesiges Problem und öffnet Tür und Tor für Missbrauch, Industriespionage und die persönliche Sicherheit von Unternehmern. Angesichts dieser veränderten Lage – Zugriffsmöglichkeiten ohne Beschränkungen von überall auf der Welt – ist eine neue Güterabwägung zwischen öffentlichem Interesse und dem Schutz personenbezogener Daten nötig. Es gilt zu überdenken, welche Informationen für einen Eintrag im Handelsregister wirklich notwendig sind. Die Privatsphäre der Unternehmer gilt es zu schützen und darf dabei nicht geopfert werden."[34] Die konkrete Entwicklung bleibt hier abzuwarten, dürfte aber zumindest für die Offenlegung der Rechnungslegungsunterlagen keine Relevanz haben.

Gem. § 264 Abs. 3 HGB braucht eine KapG (u.a.) die Regelungen über die Offenlegung bzw. Hinterlegung **nicht zu beachten**, wenn kumulativ:
1. alle Gesellschafter des TU der Befreiung für das jeweilige Gj zugestimmt haben und der Beschluss nach § 325 Abs. 1 bis 1b HGB offengelegt worden ist,
2. das MU zur Übernahme der bis zum Abschlussstichtag eingetretenen Verluste nach § 302 AktG verpflichtet ist oder eine solche Verpflichtung freiwillig übernommen hat und diese Erklärung nach § 325 Abs. 1 bis 1b HGB offengelegt worden ist,
3. das TU in einen Konzernabschluss eines MU mit Sitz innerhalb eines Mitgliedstaats der EU oder eines anderen Vertragsstaats des Abkommens über den EWR einbezogen worden ist und
4. die Befreiung des TU von der Offenlegung nach § 325 HGB im Anhang des Konzernabschlusses des MU anzugeben ist und dies nach § 325 Abs. 1 bis 1b HGB offengelegt ist.

In der **Gestaltungsberatung** könnte versucht werden, durch das gezielte Schaffen dieser Voraussetzungen die Offenlegungspflichten zu vermeiden (Rz 187ff.).[35] Eine Berufung auf diese Regelung setzt voraus, dass das MU einen Konzernabschluss aufgestellt und offengelegt hat, dessen Anhang den Anforderungen des § 264 Abs. 3 Nr. 4 Buchst. a HGB a.F. (§ 264 Rz 105) bzw. seit dem BilRUG § 264 Abs. 3 Nr. 3 HGB entspricht (§ 264 Rz 115).[36]

---

[33] Vgl. VG Köln, Urteil v. 6.9.2018, 8 K 7781/16.
[34] Verband der Familienunternehmen, Wochenthema 34/2022, https://www.familienunternehmer.eu/, Abruf 1.10.2024; vgl. FAZ v. 29.8.2022.
[35] Kritisch zu den hiermit verbundenen Erleichterungen für die Prüfung Marten/Zürn, BB 2004, S. 1615ff.
[36] Vgl. LG Bonn, Beschluss v. 9.11.2012, 38 T 285/12, NZG 2013 S. 433.

16 Diese Möglichkeit besteht auch für KapG, die **TU** eines **nach § 11 PublG** zur Aufstellung eines **Konzernabschlusses** verpflichteten MU sind. Dies setzt jedoch voraus, dass von dem Wahlrecht des § 13 Abs. 3 Satz 1 PublG kein Gebrauch gemacht wird (§ 264 Rz 123). Daher müssen die Regelungen zu den Pflichtangaben über die Bezüge der Organmitglieder (§ 314 Abs. 1 Nr. 6 HGB) beachtet werden.

17 Für haftungsbeschränkte **Personengesellschafter** sieht § 264b HGB vor, dass eine Offenlegung bzw. Hinterlegung unterbleiben kann, wenn kumulativ:

1. sie in den Konzernabschluss eines MU mit Sitz in einem Mitgliedstaat der EU oder einem anderen Vertragsstaat des Abkommens über den EWR oder in den Konzernabschluss eines anderen Unt, das persönlich haftender Gesellschafter dieser PersG ist, einbezogen wird;
2. der Konzernabschluss sowie der Konzernlagebericht im Einklang mit der Richtlinie über den konsolidierten Abschluss[37] und der Richtlinie über die Zulassung der mit der Pflichtprüfung der Rechnungslegungsunterlagen beauftragten Personen[38] in ihren jeweils geltenden Fassungen nach dem für das den Konzernabschluss aufstellende Unt maßgeblichen Recht aufgestellt, von einem zugelassenen Abschlussprüfer geprüft und offengelegt worden ist, und
3. die Befreiung der PersG
   a) im Anhang des von dem MU aufgestellten und nach § 325 HGB durch Einreichung beim Betreiber des BAnz offengelegten Konzernabschlusses angegeben und
   b) zusätzlich im BAnz für die Personenhandelsgesellschaft unter Bezugnahme auf diese Vorschrift und unter Angabe des MU mitgeteilt worden ist (§ 264b Rz 3 ff.).

18 Hierbei ist auf eine sehr sorgfältige Erfüllung der Tatbestandsvoraussetzungen für diese Ausnahmeregelung zu achten. Das LG Bonn hat[39] die Verhängung eines Ordnungsgeldes wegen Nichteinreichung des Jahresabschlusses in einem Fall bestätigt, in dem eine Ges. zwar in einen Konzernabschluss einbezogen, dieser aber nicht im BAnz offengelegt wurde.

19 Diese Befreiung von der Offenlegungs- bzw. Hinterlegungspflicht erstreckt sich nicht nur auf die in den Konzernabschluss einbezogenen TU, sondern auch auf den von dem MU aufzustellenden Einzelabschluss.[40] Daher muss nur der Konzernabschluss offengelegt werden. Hingegen scheidet eine Befreiung aus, wenn der Konzernabschluss nicht zum BAnz eingereicht wird bzw. nunmehr nicht an die das Unternehmensregister führende Stelle übermittelt wird.[41]

20 § 325 HGB ordnet zunächst die Offenlegungspflicht dem Grund und dem Umfang nach an. Durch § 326 HGB werden **Erleichterungen** für kleine KapG (einschl. Kleinst-KapG i.S.v. § 267a HGB) kodifiziert.[42] § 327 HGB schafft für mittelgroße KapG die Möglichkeit der Aggregation von Bilanzpositionen. § 328 HGB enthält Vorgaben für

---

[37] RL 83/349/EWG, ABl. EG L 193/1 v. 18.7.1983.
[38] RL 84/253/EWG, ABl. EG L 126/20 v. 12.5.1984.
[39] LG Bonn, Urteil v. 8.12.2010, 31 T 652/10, NJW-Spezial 2011 S. 113.
[40] Vgl. LG Bonn, Urteil v. 30.9.2009, 30 T 848/09, BB 2010 S. 1208 (mit Anm. Kleinmanns, BB 2010, S. 1210).
[41] Vgl. LG Bonn, Urteil v. 27.3.2012, 35 T 693/11.
[42] Offenbar besteht oder zumindest bestand hier auch bei vielen Steuerberatern nicht die notwendige „Offenlegungskompetenz", um diese Erleichterungen für die Bilanzierenden nutzbar zu machen, vgl. Kräußlein, DStR 2009, S. 872 ff., sowie Hofmann, DStR 2009, S. 925.

Form, Format und Inhalt der Offenlegung und § 329 HGB Regelungen zur Prüfungs- und Unterrichtungspflicht für die das Unternehmensregister betreibende Stelle.
Weitergehende Befreiungen sieht das Gesetz nicht vor. Folglich müssen grds. **alle genannten Ges.** der Offenlegungs- bzw. Hinterlegungspflicht nachkommen (zu möglichen Sanktionen der Nichtbefolgung s. Rz 176 ff.). Dies gilt unabhängig von der Tätigkeit, sodass z. B. auch Ges., die sich ausschl. **vermögensverwaltend** betätigen oder keine gewerbliche Betätigung verfolgen, unter diese Regelung fallen. Erfasst sind grds. auch sog. **Vorratsges.**, die bisher noch keiner Geschäftstätigkeit nachgehen, oder Mantelges., die ihre Tätigkeit inzwischen eingestellt haben. Ferner gilt dies für Ges., über deren Vermögen ein **Insolvenzverfahren** eröffnet wurde (zur personellen Zuständigkeit s. Rz 42). Dies gilt sowohl für die Alt-Abschlüsse aus früheren Jahren vor der Insolvenz als auch für die Abschlüsse während des laufenden Insolvenzverfahrens. Die Pflichten beziehen sich auf das nicht zur Insolvenzmasse gehörende Vermögen, sodass i. d. R. eine Nullbilanz abzugeben ist.[43] Eine Ausnahme wurde hiervon lediglich in dem Fall zugelassen, dass Zahlungsunfähigkeit gegeben ist.[44] Allerdings werden in diesen Fällen häufig die Voraussetzungen des § 326 Abs. 2 HGB erfüllt sein, sodass statt der Offenlegung nur eine Übermittlung zur Hinterlegung in elektronischer Form bei der das Unternehmensregister führenden Stelle erfolgen muss.

Eine **Befreiung** von der Offenlegungs- bzw. Hinterlegungspflicht in anderen Fällen ist grds. **nicht möglich**. Dies gilt auch für eine Ges., die sich in **Liquidation** befindet. Diese Pflicht endet nicht mit der Offenlegung bzw. Hinterlegung der Liquidationsbilanz, wenn die Ges. als Liquidationsges. fortbesteht.

> **Praxis-Beispiel**[45]
> Die Gesellschafter der A-GmbH beschließen die Auflösung der Ges. zum 30.6.01. Bis zum 30.6.02 wird auch die Liquidationsbilanz nach § 325 HGB offengelegt. In der Folgezeit kommt es zu Streitigkeiten zwischen den Gesellschaftern über die Verteilung des Vermögens. Aus diesem Grund erfolgt zunächst keine Auskehrung des Vermögens der A-GmbH, sondern dessen zinsbringende Anlage am Kapitalmarkt. Da unverändert eine unternehmerische Betätigung – wenn auch „nur" in Form der Kapitalanlage – durchgeführt wird, ist die Offenlegungspflicht auch künftig nicht entfallen.

In § 9 PublG wird für den Jahresabschluss und in § 15 PublG für den Konzernabschluss auf § 325 HGB verwiesen. Allerdings finden diese Regelungen nur insoweit Anwendung, wie infolge der Besonderheiten von Einzelunternehmen und PersG keine Abweichungen geboten sind. Ferner wird der Umfang der offenlegungspflichtigen Unterlagen begrenzt, um einen Ausgleich mit den Interessen der Gesellschafter auf Schutz ihrer Privatsphäre zu erreichen. Außerdem besteht diese Verpflichtung nur, wenn die Größenmerkmale des § 1 Abs. 1 PublG überschritten werden.

Durch die sog. Micro-Richtlinie[46] sollen KleinstUnt von den Belastungen infolge der Offenlegung von umfangreichen Bilanzen entlastet werden und eine Anpassung der

---

[43] Vgl. LG Bonn, Urteil v. 22.4.2008, 11 T 28/07, ZIP 2008 S. 1082.
[44] Vgl. LG Bonn, Urteil v. 25.5.2009, 36 T 68/08, ZIP 2009 S. 1242 und v. 16.9.2009, 30 T 366/09, ZIP 2009 S. 2107.
[45] In Anlehnung an LG Bonn, Urteil v. 23.7.2010, 11 T 246/10, NZG 2010 S. 1276.
[46] RL 2012/6/EU, ABl. EU L 81 v. 21.3.2012.

Berichtpflichten an den tatsächlichen Bedarf der Nutzer und Ersteller von Abschlüssen erfolgen. Im Bereich der Offenlegung müssen KleinstUnt ihre Rechnungslegungsunterlagen nicht mehr einer breiten Öffentlichkeit im elektronischen Wege zugänglich machen. Vielmehr erhalten die Mitgliedstaaten die Möglichkeit, die Jahresabschlüsse dieser Unt an ein Register zu übersenden, wo sie nur bei Nachfragen zur Herausgabe von Informationen an Dritte verpflichtet werden. Hingegen unterbleibt eine Veröffentlichung. Ein solches KleinstUnt liegt nach der Erhöhung der Schwellenwerte[47] rückwirkend für nach dem 31.12.2022 beginnende Gj vor, wenn zwei der drei nachfolgenden Schwellenwerte nicht überschritten werden:
- Bilanzsumme von 450.000 EUR,
- Nettoumsatzerlöse von 900.000 EUR,
- durchschnittliche Zahl der Beschäftigten während des Gj: 10.

Diese Grenzwerte gelten für alle Mitgliedstaaten in gleicher Weise, unabhängig von der jeweiligen Wirtschaftskraft. Dies hat zur Folge, dass die Bedeutung dieser Regelungen in den einzelnen Mitgliedstaaten sehr unterschiedlich ist. Ein vergleichbares Problem stellt sich jedoch bei allen unionsweit geltenden Grenzwerten. Dies führt nicht zur Unionsrechtswidrigkeit der Regelung.

25 Der neu geschaffene § 326 Abs. 2 HGB (§ 326 Rz 24 ff.) setzt diese Vorgaben in nationales Recht um. Diese Regelungen sind vorrangig zur Offenlegung nach § 325 HGB.

26 Durch das BilRUG wurden die Erleichterungen für KleinstKapG i.S.v. § 267a HGB mit Wirkung ab dem Gj 2016 auf Genossenschaften ausgedehnt.

27 I.R.d. **IFRS** bestehen keine vergleichbaren Regelungen, weil sich die Offenlegung nach den jeweiligen nationalen Vorschriften richten soll. Folglich findet § 325 HGB auch Anwendung, wenn ein deutsches Unt zulässigerweise einen IFRS-Abschluss erstellt (Rz 128 ff.).

28 Unt des öffentlichen Interesses oder Public Interest Entities (PIE) haben für Gj ab dem 1.1.2017 eine nichtfinanzielle Erklärung offenzulegen.

29 Mit der Umsetzung der CSRD soll auch der § 325 HGB geändert werden (Rz 218).

1.3 Normenzusammenhänge

30 Die Regelungen bauen auf den **gesellschaftsrechtlichen Vorgaben** auf. Diese sehen vor, dass die Mitglieder des vertretungsberechtigten Organs verpflichtet sind, einen Jahresabschluss aufzustellen.[48] Mit diesem muss sich der Aufsichtsrat bzw. die Gesellschafterversammlung auseinandersetzen (§ 42 Abs. 2 GmbHG, § 111 Abs. 2 AktG). Neben diesen „internen" Informationsempfängern sollen auch **Außenstehende** die Möglichkeit bekommen, sich über die wirtschaftlichen Verhältnisse der Ges. zu informieren.

31 § 325 HGB lässt **speziellere Regelungen** für weitergehende Offenlegungspflichten unberührt. Dies gilt insb. für § 340l HGB für Kreditinstitute und § 341l HGB für VersicherungsUnt (Rz 171 ff.) sowie über § 342 ff. HGB für bestimmte umsatzstarke multinationale Unternehmen und Konzerne. Soweit wie etwa in §§ 289b ff.

---

[47] Zweites Gesetz zur Änderung des DWD-Gesetzes sowie zur Änderung handelsrechtlicher Vorschriften, BGBl. v. 16.4.2024, Nr. 120.
[48] Vgl. § 41 GmbHG, § 91 AktG oder § 33 GenG sowie implizit § 120 HGB (ggf. i.V.m. § 161 Abs. 2 HGB) sowie BGH, Urteil v. 29.3.1996, II ZR 263/94, BGHZ 132 S. 263 und v. 24.3.1980, II ZR 88/79, BGHZ 76 S. 338, 342 zur Aufstellung des Jahresabschlusses als Geschäftsführungsmaßnahme.

HGB spezielle Vorgaben zur Erweiterung der Inhalte des Lageberichts (etwa um eine nichtfinanzielle Erklärung für Unternehmen des öffentlichen Interesses) vorgesehen sind, gelten diese Regelungen auch bei der Offenlegung nach § 325 HGB.

Das HGB räumt kleinen und mittleren KapG und entsprechenden KapCoGes an unterschiedlichen Stellen **Erleichterungen** ein (so z. B. in § 266 Abs. 1 Satz 3 HGB). Werden diese Möglichkeiten genutzt, entfalten sie auch für die Offenlegung Wirkung, sodass die **vereinfachten Unterlagen** offenzulegen bzw. zu übermitteln sind. Das Unt muss auf Aufforderung nachweisen, dass die Voraussetzungen für eine Nutzung von Erleichterungen tatsächlich vorlagen. Reagiert das Unt auf diese Aufforderung nicht, darf die das Unternehmensregister führende Stelle unterstellen, dass diese Erleichterungen zu Unrecht genutzt wurden.[49] Zu den Regelungen für KleinstUnt i. S. v. § 267a Rz 9 sowie zur Ausdehnung auf Genossenschaften Rz 21.

32

Infolge von steuerlichen Außenprüfungen kommt es häufig zu einer Bilanzberichtigung. **§ 4 Abs. 2 Satz 2 EStG** sieht in diesem Zusammenhang die Möglichkeit einer **Bilanzänderung** vor, sofern sich diese auf den gleichen Veranlagungszeitraum wie die Bilanzänderung bezieht.[50] Damit wird es u. U. möglich, ein steuerliches Mehrergebnis aus einer Betriebsprüfung zu neutralisieren.[51] Fraglich war, ob eine erneute Offenlegung der dann geänderten Bilanz nach § 325 HGB Voraussetzung für die steuerliche Anerkennung der Bilanzänderung ist. Dieser Frage kommt schon vor dem Hintergrund des Maßgeblichkeitsprinzips in § 5 Abs. 1 Satz 1 EStG besondere Bedeutung zu. Das FinMin Schleswig-Holstein führt hierzu aus,[52] dass für eine wirksame Änderung der Handelsbilanz (HB) als Voraussetzung für die Änderung der Steuerbilanz eine Offenlegung der geänderten Bilanz nicht erfolgt sein muss. Dieser Auffassung ist zu folgen. Einerseits ist § 4 Abs. 2 EStG ebenso wenig wie § 5 Abs. 1 EStG die wirksame Änderung der HB nicht ohne Weiteres als formale Voraussetzung zu entnehmen. Dies würde auch zu einer Einschränkung der Änderungsmöglichkeiten durch die Betriebsprüfung führen, was nicht sachgerecht wäre, weil damit systemwidrige Grenzen für eine steuerlich gebotene Korrektur aufgebaut würden. Schließlich müsste eine solche Änderung auch einer Nachtragsprüfung durch den Abschlussprüfer unterzogen werden und hierüber wäre entsprechend zu berichten. Andererseits folgt die Änderung der HB anderen Grundregeln. I. d. R. ist eine Änderung ausgeschlossen, wenn bereits eine Ausschüttung vorgenommen wurde. Hingegen hat eine Offenlegung nach § 325 Abs. 1b Satz 1 HGB zu erfolgen, wenn eine gesellschaftsrechtlich ordnungsgemäße Änderung der HB vorgenommen wurde. Auch vom Sinn und Zweck her kann nicht verlangt werden, eine Offenlegung nach § 325 HGB als Voraussetzung für eine Änderung der Steuerbilanz zu machen. Schließlich ist die offengelegte HB nur die Grundlage für die anschließend erfolgende eigenständige steuerliche Gewinnermittlung. Insoweit steht eine nicht erfolgte handelsrechtliche Änderung und deren unterbliebene Offenlegung bzw. Hinterlegung bzw. Einreichung einer Bilanzänderung nach § 4 Abs. 2 Satz 2 EStG nicht entgegen.

33

---

49 Vgl. Christ/Müller-Helle, Veröffentlichungspflichten nach dem neuen EHUG, 2007, S. 103.
50 Vgl. zum Merkmal des sachlichen Zusammenhangs BMF, Schreiben v. 18.5.2000, BStBl 2000 I S. 587.
51 Vgl. hierzu eingehend Kaminski/Scheidmann, DStR 2017, S. 2692 ff. und DStR 2017, S. 2716 ff.
52 FinMin Schleswig-Holstein, Verfügung v. 30.6.2011, VI 304 – S 2141–011.

34 Der Gesetzgeber hat mit dem Steuerbürokratieabbaugesetz[53] die Verpflichtung geschaffen, dass Unt zusammen mit ihrer Steuererklärung umfangreiche Daten der Bilanz und GuV gem. § 5b EStG an das Finanzamt elektronisch übermitteln müssen, die sog. **E-Bilanz**.[54] Diese Regelung steht neben der Verpflichtung aus § 325 HGB und ersetzt diese nicht. Umgekehrt kann ein Steuerpflichtiger unter Hinweis auf die erfolgte elektronische Einreichung zur Einstellung in die das Unternehmensregister führende Stelle seiner Verpflichtung zur Datenübermittlung nach § 5b EStG nicht entgehen. Als problematisch erweist sich, dass diese Regelungen nicht mit den Erleichterungen für KleinstKapG i.S.v. § 267a HGB (Rz 11 ff.) abgestimmt sind und dadurch diese Erleichterungen konterkariert werden.

35 Fraglich könnte sein, ob die Pflicht zur Offenlegung des Jahresabschlusses vor dem Hintergrund des Verbots, sich zu einer Selbstbezichtigung zwingen zu müssen (Art. 2 Abs. 1 GG und Art. 6 Abs. 1 EMRK), zu einem Verwertungsverbot im **Strafverfahren** führt.[55] Dies ist m.E. nicht der Fall, auch dann nicht, wenn sich aus dem offengelegten Jahresabschluss Hinweise auf eine (Steuer-)Straftat ergeben oder herleiten lassen. Ursächlich hierfür ist, dass die Strafverfolgungsbehörden den Jahresabschluss grds. auch auf andere Weise (insb. durch Beschlagnahme i.R. e. Durchsuchung) erlangen können. Insoweit führt die Offenlegung nur zu einer veränderten Publizität, aber nicht zur Begründung eines neuen Zwangs zur Selbstbezichtigung, auch wenn dadurch das Entdeckungsrisiko möglicherweise vergrößert wird. Dies gilt unabhängig davon, dass der Beschuldigte im Strafverfahren ein Aussageverweigerungsrecht (u.a. gem. § 136 StPO) hat.

2 Offenlegungspflicht (Abs. 1)

2.1 Einreichungspflicht beim Unternehmensregister

36 Der Gesetzeswortlaut stellt seit den Änderungen durch das CSR-Richtlinie-Umsetzungsgesetz auf die Mitglieder des vertretungsberechtigten Organs der **KapG** ab. Bis dahin wurde von den gesetzlichen Vertretern gesprochen. Diese Formulierung ist historisch zu erklären, weil die Norm ursprünglich nur für KapG galt und später auf die KapCoGes ausgeweitet wurde. Diese sind vom Wortlaut ebenfalls erfasst. Damit hat die Änderung nur redaktionellen Charakter.[56] Die Offenlegungspflicht für **inländische Zweigniederlassungen** ausländischer KapG und Personenhandelsgesellschaften i.S.v. § 264a HGB sind in **§ 325a HGB** gesondert geregelt. Obwohl der Gesetzgeber durch das BilRUG den § 325 Abs. 1 HGB a.F. grundlegend neu strukturiert hat, wurde diese Bezugnahme nicht geändert.

37 Handelt es sich bei der ausländischen Ges. um eine **Scheingesellschaft**, richtet sich deren Offenlegungspflicht nach § 325 HGB und nicht nach § 325a HGB. Dies gilt unabhängig davon, ob nach dem Recht des Ansässigkeitsstaats ebenfalls eine Qualifikation als Scheinges. erfolgt.[57]

---

[53] Gesetz zur Modernisierung und Entbürokratisierung des Steuerverfahrens v. 20.12.2008, BGBl 2008 I S. 2850.
[54] Vgl. hierzu im Detail Liekenbrock, in Herrmann/Heuer/Raupach, EStG/KStG, § 5b EStG, Stand: 5/2024 m.w.N.
[55] Vgl. eingehend Weiß, DB 2010, S. 1744 ff.
[56] Vgl. auch die Regierungsbegründung in BR-Drs. 547/16 v. 23.9.2016 S. 64.
[57] Vgl. LG Bonn, Urteil v. 22.1.2013, 37 T 1161/11. Dies ist sinnvoll, weil damit den tatsächlichen wirtschaftlichen Verhältnissen Rechnung getragen wird.

Die Neuregelung durch das CSR-Richtlinie-Umsetzungsgesetz stellt auf die **38** Mitglieder des vertretungsberechtigten Organs ab. Hierbei ist entscheidend, wer die Ges. im laufenden Geschäftsverkehr vertritt. Hingegen kommt es nicht darauf an, wer etwa die AG ggü. der Geschäftsführung, also den Vorständen, vertritt. Das Gesetz weist die Zuständigkeit jeweils dem **Organ als Ganzem** zu, also etwa **39** „dem" Vorstand. Üblicherweise gibt es innerhalb des Organs Absprachen über die **Aufgabenverteilung**. Dies ist auch für Zwecke der Offenlegung zulässig. Gleichwohl werden damit die übrigen Organmitglieder nicht von ihren Aufgaben befreit. Vielmehr bleiben sie verpflichtet, auf eine ordnungs- und fristgemäße Offenlegung hinzuwirken.[58] Kommt es zu einem Verstoß gegen die gesetzlichen Pflichten, können auch gegen die übrigen Organmitglieder Sanktionen (Rz 176 ff.) verhängt werden.

Ergeben sich bei den benannten Personen **im Zeitablauf Veränderungen**, so ist **40** die Person zuständig, die zum Zeitpunkt der Offenlegungspflicht gesetzlicher Vertreter ist. Dies gilt z.B. auch, wenn sie zum Zeitpunkt, auf den sich die offenlegungspflichtigen Unterlagen beziehen, noch nicht für die Ges. tätig war.[59]

Die nach dem Gesetz zuständigen Personen haben die Möglichkeit, sich bei der **41** Erfüllung ihrer Offenlegungspflicht **Dritter zu bedienen**. Dies gilt insb. für den Steuerberater des Unt oder qualifizierte eigene Mitarbeiter. Allerdings führt dies nicht dazu, dass damit eine vollständige Suspendierung von der gesetzlichen Pflicht erfolgt oder etwa die Haftung ausgeschlossen wird. Vielmehr geht die Rechtsprechung davon aus, dass es nach einer entsprechenden Beauftragung zu einer **Überwachungspflicht** kommt.[60] Diese ist so auszugestalten, dass Unregelmäßigkeiten bei der Pflichterfüllung des Beauftragten über einen längeren Zeitraum nicht verborgen bleiben.[61] Hierbei ist davon auszugehen, dass dieser Pflicht nur genügt wird, wenn überprüft wird, ob die Unterlagen rechtzeitig an die das Unternehmensregister führende Stelle übermittelt wurden und dort auch eingehen. Ferner ist zu prüfen, inwieweit auf evtl. Rückfragen oder gar verhängte Ordnungsgelder reagiert wurde.[62]

Die Offenlegungspflicht bleibt auch mit der Beantragung eines **Insolvenzverfahrens** besteht. Hinsichtlich der Verantwortlichkeit ist zu unterscheiden: **42**

- Wird das Verfahren **mangels Masse** gar nicht erst eröffnet oder später eingestellt, haben die gesetzlichen Vertreter für eine Liquidation der Ges. zu sorgen. Folglich gelten die Grundsätze, die für dieses Verfahren anzuwenden sind.
- Wird vom Gericht ein **Insolvenzverwalter** eingesetzt, hat dieser gem. § 155 Abs. 1 Satz 2 InsO die unverändert bestehenden handels- (und steuer-)rechtlichen Rechnungslegungspflichten zu erfüllen. Folglich muss er auch für die Offenlegung sorgen.[63] Allerdings besteht die Publizitätspflicht der insolventen KapG und ihrer gesetzlichen Vertreter nur hinsichtlich des insolvenzfreien Vermögens. Da KapG – abgesehen von den Fällen der echten Freigabe – über kein insolvenzfreies Vermögen verfügen, entfällt damit insoweit die Offenlegungspflicht. Es ist davon auszugehen, dass auch keine sog. „Nullbilanzen" erforderlich sind, nur um formal eine Offenlegung vorzunehmen. Dies schließt jedoch nicht aus, dass bei insolvenz-

---

58 Vgl. ADS, Rechnungslegung und Prüfung der Unternehmen, 6. Aufl. 1995–2001, § 325 HGB Rz 17.
59 So auch Zicke/Hütten, in Küting/Weber, HdR-E, § 325 HGB Rz 12, Stand: 01/2023.
60 Vgl. LG Bonn, Urteil v. 21.3.2011, 35 T 1620/10, DStR 2011 S. 780.
61 Vgl. FG Nürnberg, Urteil v. 12.6.2007, II 144/2004, auch zu möglichen Ausnahmen.
62 Vgl. LG Bonn, Urteil v. 20.1.2010, 31 T 1398/09.
63 Vgl. z.B. LG Frankfurt (Oder), Urteil v. 4.9.2006, 32 T 12/05, NZI 2007 S. 294, und aus der Literatur z.B. Schlauß, DB 2007, S. 2194.

freien Vermögen auch die bisherigen gesetzlichen Vertreter weiterhin zur Offenlegung verpflichtet sein können.[64] Ferner bleibt die Ges. in diesen Fällen weiterhin der Adressat für die Androhung und Festsetzung des Ordnungsgelds.[65] Häufig wird in diesen Fällen eine Berufung auf § 326 Abs. 2 HGB erfolgen können.

43 Soll die Ges. **liquidiert** werden, geht die Vertretungsmacht auf die Abwickler bzw. Liquidatoren über (§§ 269, 278 Abs. 2, 290 AktG bzw. § 70 GmbHG). Folglich müssen sie für die Erfüllung der Offenlegungspflicht sorgen.

44 Einzureichen sind die Unterlagen bei der das Unternehmensregister führenden Stelle, was weiterhin die Bundesanzeiger Verlag GmbH bleibt.[66] Die Unterlagen sind in **elektronischer Form** vorzulegen. Dies hat so zu geschehen, dass eine Bekanntmachung möglich wird. Hierfür wurde eine spezielle Serviceplattform eingerichtet, die die Abwicklung erleichtern soll und trotz der Änderung vom Bundesanzeiger zum Unternehmensregister grds. unverändert geblieben ist.[67] Hingegen ist eine Einreichung beim Bundesamt für Justiz nicht zulässig und entfaltet folglich keine befreiende Wirkung.

45 Für die Einreichung stehen **unterschiedliche Formate** zur Verfügung (Rz 101).

46 Die „**Vorlage an die Gesellschafter**" ist rechtsformspezifisch geregelt. Abzustellen ist auf die Vorlage, nicht etwa auf das Abhalten einer Gesellschafterversammlung oder dgl., auch wenn diese regelmäßig erst nach Vorlage des Jahresabschlusses durchgeführt wird. Hierfür sind im Einzelnen die folgenden Fristen vorgesehen:

Rechtsform	Frist	Rechtsgrundlage
AG/KGaA	Zur ordentlichen HV, die in den ersten acht Monaten des Gj durchzuführen ist	§ 175 Abs. 1 Satz 2 AktG
SE	a) **Dualistisches System mit Leitungs- und Aufsichtsorgan** Recht des Sitzstaats, wobei die HV binnen sechs Monaten nach Abschluss des Gj zusammentreten muss	§ 175 Abs. 2 AktG i.V.m. Art. 54 SE-VO
	b) **Monistisches System mit Verwaltungsrat** Die geschäftsführenden Direktoren haben den Jahresabschluss und den Lagebericht unverzüglich nach ihrer Aufstellung dem Verwaltungsrat vorzulegen.	§ 47 Abs. 1 SEAG

---

64 Vgl. LG Bonn, Urteil v. 22.4.2008, 11 T 28/07, ZIP 2008 S. 1082.
65 Vgl. LG Bonn, Urteil v. 13.11.2008, 30 T 275/08, GmbHR 2009 S. 94; vgl. auch Blank, ZInsO 2009, S. 2186.
66 Bundesanzeiger Verlagsgesellschaft mbH, Amsterdamer Straße 192, 50735 Köln.
67 Diese findet sich im Internet unter https://publikations-plattform.de/sp/wexsservlet#b, Abruf 1.10.2024.

Rechtsform	Frist	Rechtsgrundlage
GmbH (einschl. UG haftungsbeschränkt)	Die Gesellschafter haben spätestens bis zum Ablauf der ersten acht Monate, bei kleinen Ges. i.S.d. § 267 Abs. 1 HGB der ersten elf Monate, über die Ergebnisverwendung zu beschließen.	§ 42a Abs. 2 GmbHG
Haftungsbeschränkte OHG	Keine gesetzliche Regelung, Bestimmung im Gesellschaftsvertrag möglich	–
Haftungsbeschränkte KG	Keine gesetzliche Regelung, Bestimmung im Gesellschaftsvertrag möglich	–

Tab. 1: Vorlagefristen für den Jahresabschluss an die Gesellschafter

Weitere **Voraussetzungen** müssen **nicht erfüllt** sein. So kann z.B. eine Offenlegung nicht mit dem Hinweis unterbleiben, dass der Bericht des Aufsichtsrats noch nicht vorliegt. Schließlich enthält § 325 Abs. 1a Satz 2 HGB für diesen Fall eine besondere Fristenregelung. Ferner können z.B. Hinweise auf noch nicht abgegebene steuerliche Erklärungen oder noch nicht durchgeführte Betriebsprüfungen keine Verzögerung rechtfertigen. Dies gilt z.B. auch für schwebende Anfechtungs- oder Nichtigkeitsklagen.[68] Die gesetzlichen Vertreter müssen vor der Offenlegung nicht erst gesondert zur Aufstellung des Jahresabschlusses aufgefordert werden.[69] Folglich hat auch die vom Gesetzgeber i.R.d. Gesetzes zur Modernisierung des Besteuerungsverfahrens[70] und zuletzt durch das 4. Corona-Steuerhilfegesetz[71] beschlossene Verlängerung der Abgabefristen von Steuererklärungen und der zugleich erschwerten Möglichkeit zur Erlangung einer weiteren Fristverlängerung[72] keinen Einfluss auf die handelsrechtliche Offenlegung.

In der Praxis liegen die einzureichenden Unterlagen i.d.R. nicht zu einem einheitlichen Zeitpunkt vor, sondern werden während eines – regelmäßig **begrenzten Zeitraums** – erstellt. Fraglich ist, ob in einem solchen Fall die einzelnen Unterlagen gesondert zu übermitteln sind oder ob gewartet werden kann, bis alle Unterlagen vorliegen, um diese gemeinsam offenzulegen. Dies ist zumindest in den Fällen zu bejahen, in denen mit einer zeitnahen Ergänzung der Unterlagen zu rechnen ist. Auch der Rechtsausschuss des Deutschen Bundestags ging davon aus, dass die Pflicht zur unverzüglichen Offenlegung nicht dadurch verletzt wird, dass die Feststellung des Jahresabschlusses durch die Gesellschafter abgewartet wird.[73] Schließlich wird sich für Außenstehende ein umfassendes Bild über die

---

[68] Vgl. Grottel, in Beck Bil-Komm., 14. Aufl. 2024, § 325 HGB Rz 101.
[69] Vgl. OLG Köln, Urteil v. 28.8.2000, 2 Wx 55/99, GmbHR 2000 S. 1104.
[70] V. 18.7.2016, BGBl 2016 I S. 1679.
[71] V. 19.6.2022, BGBl 2022 I S. 911.
[72] Vgl. Kaminski, AktStR 2016, S. 371.
[73] Vgl. BT-Drs. 10/4268 v. 18.11.1985 S. 120. Hingegen sind Maul/Seidler, in Noack, Das neue Gesetz über elektronische Handels- und Unternehmensregister – EHUG, 2007, S. 147 der Auffassung, dass eine solche Vorgehensweise nach Verabschiedung des EHUG nicht mehr zulässig sein soll.

Lage der Gesellschaft i.d.R. erst auf Grundlage sämtlicher Unterlagen ergeben können, sodass auch deren Informationsgewinn bei einer tw. vorzeitigen Offenlegung von Unterlagen als zweifelhaft angesehen werden muss. Andererseits ergibt sich aus Abs. 1a Satz 1, dass dies nicht zu einer Überschreitung der Frist von zwölf Monaten (bzw. vier Monaten in den Fällen des Abs. 4) führen darf. Sollte sich herausstellen, dass eine ursprünglich erwartete zeitnahe Vervollständigung der Unterlagen zeitnah nicht (mehr) zu erwarten ist, muss insoweit eine tw. Offenlegung erfolgen und ergänzend Abs. 1a beachtet werden.

2.2 Zu übermittelnde Unterlagen

2.2.1 Allgemeine Grundsätze

49 Der Gesetzgeber hat eine einheitliche Aufzählung der offenlegungspflichtigen Unterlagen geschaffen. Diese umfasst gem. § 325 Abs. 1 Satz 1 Nr. 1 HGB:
- den festgestellten oder gebilligten Jahresabschluss (Rz 60 ff.),
- den Lagebericht (Rz 79 f.),
- den Bestätigungsvermerk bzw. Versagungsvermerk für den Abschluss (Rz 69 ff.) (mit dem CSRD-UmsG ist zusätzlich der Bericht über die Prüfung des Nachhaltigkeitsberichts offenzulegen (Rz 218 ff.)) und
- die Erklärungen der Vertreter des vertretungsberechtigten Organs (Rz 80)

sowie gem. § 325 Abs. 1 Satz 1 Nr. 2 HGB:
- den Bericht des Aufsichtsrats (Rz 81 ff.) und
- die Erklärung zum Corporate Governance Kodex nach § 161 AktG (Rz 87 ff.).

50 Dieser Katalog ist **abschließend**, sodass allenfalls eine **freiwillige Erweiterung** vorgenommen werden kann. Sofern sich aufgrund von gesellschaftsrechtlichen Regelungen weitere Einreichungspflichten ergeben, sind diese nicht nach den Vorgaben dieses Unterabschnitts zu behandeln, insb. führen Verstöße gegen diese nicht zu den unter Rz 176 ff. erläuterten Sanktionen. Dies schließt andere Konsequenzen nicht aus, wie z. B. die Berichtspflicht des Abschlussprüfers nach § 321 Abs. 1 Satz 3 HGB wegen eines Verstoßes gegen Vorschriften der Satzung.

51 Diese Unterlagen sind nur offenlegungs- bzw. hinterlegungspflichtig, wenn sie tatsächlich vorliegen. § 325 HGB begründet **keine Verpflichtung**, Unterlagen **extra zu erstellen** oder erstellen zu lassen, um deren Offenlegung bzw. Hinterlegung vornehmen zu können. Folglich variieren Umfang und Inhalt der Offenlegung bzw. Hinterlegung bei den Unt in Abhängigkeit von dem Kapitalmarktzugang, der Größe und der Rechtsform sowie ggf. späteren Änderungen.

> **Praxis-Beispiel**
> Eine kleine GmbH ist nicht prüfungspflichtig und hat keinen Aufsichtsrat. § 325 HGB führt nicht zu einer Prüfungspflicht für den Jahresabschluss durch einen Abschlussprüfer. Vielmehr ergibt sich diese aus § 316 HGB (und ggf. ergänzenden Satzungsbestimmungen). Ferner entsteht keine Verpflichtung, einen Aufsichtsrat zu bilden, sofern sich eine solche Notwendigkeit nicht aus einer Satzungsvorgabe der GmbH ergibt.

Ist eine Ges. gesetzlich nicht verpflichtet, eine der in Rz 49 genannten Unterlagen zu erstellen, geschieht dies jedoch **freiwillig**, besteht keine Offenlegungspflicht. Gleichwohl hat die Gesellschaft die **Möglichkeit**, weitergehende Unterlagen offenzulegen bzw. zu hinterlegen. Dabei ist darauf zu achten, dass Außenstehende nicht über den Inhalt der Unterlagen getäuscht werden (können). Wurde z.B. eine freiwillige Abschlussprüfung durchgeführt und der hierüber erteilte Bestätigungsvermerk offengelegt, muss aus diesem ersichtlich sein, inwieweit diese Prüfung mit einer gesetzlichen Pflichtprüfung vergleichbar und was tatsächlich Gegenstand der Prüfung war. Dies ist regelmäßig unproblematisch, weil die Berufsgrundsätze der Wirtschaftsprüfer zur Erteilung von Bestätigungsvermerken[74] entsprechende Vorgaben enthalten. 52

Es besteht keine Verpflichtung, einen **Negativbericht** in dem Sinne zu erstellen und offenzulegen, dass und ggf. warum einige der im Gesetz genannten Unterlagen nicht erstellt werden mussten. Vielmehr sind nur die Unterlagen offenzulegen bzw. zu hinterlegen, die erstellt werden müssen. Dies schließt nicht aus, dass das Unt auf Nachfrage des Bundesamts für Justiz in der Lage sein muss zu begründen, warum bestimmte Unterlagen nicht offengelegt bzw. hinterlegt wurden. 53

Durch das BilRUG ist klargestellt worden, dass die Unterlagen in deutscher Sprache offenzulegen sind. Diese Regelung hat lediglich klarstellenden Charakter. Sie soll gewährleisten, dass die vom Gesetzgeber angestrebten Einsichtsmöglichkeiten nicht dadurch umgangen werden können, dass die Unterlagen in einer fremden – möglicherweise sehr exotischen und damit wenig verbreiteten – Sprache offengelegt werden.[75] Stellt das Unt seinen Jahresabschluss oder andere der in § 325 Abs. 1 Satz 1 HGB genannten Dokumente in einer anderen Sprache als Deutsch auf, sind diese zwingend zu übersetzen. Hierfür gibt es keine näheren Vorgaben, sodass eine eigene Übersetzung durch das Unt ausreichend ist und insb. keine amtliche Übersetzung zu erfolgen hat. Hiervon unberührt bleibt die Möglichkeit einer ergänzenden freiwilligen Offenlegung in einer anderen Sprache. Diese richtet sich nach § 325 Abs. 6 i.V.m. §§ 11 und 12 HGB. 54

Die Unterlagen sind gem. § 325 Abs. 1 HGB von den gesetzlichen Vertretern der KapG in deutscher Sprache an die das Unternehmensregister führende Stelle zu übermitteln. Wird dies hingegen in einer ausländischen Sprache vorgenommen, genügt dies auch dann nicht den gesetzlichen Anforderungen, wenn es sich um die „Konzernsprache" handelt.[76] 55

Seit dem BilRuG hat der Gesetzgeber im HGB immer wieder neue Regelungen implementiert, nach denen bestimmte Unt neben den in Abs. 1 genannten Unterlagen, noch weitere Unterlagen offenlegen müssen. 56

Seit dem BilRuG sind Unt die gem. §§ 341q ff. HGB in der mineralgewinnenden Industrie bzw. im Holzeinschlag in Primärwäldern tätig sind und gleichzeitig die in § 267 Abs. 3 HGB geregelten Größenklassenkriterien erfüllen, dazu verpflichtet, bis spätestens ein Jahr nach dem Abschlussstichtag einen Zahlungsbericht in deutscher Sprache offenzulegen (§ 264 HGB Rz. 138 ff.). Bei Unt die als kapitalmarktorientiert i.S.v. § 264d HGB gelten, gilt gem. § 341w Abs. 1 Satz 2 HGB eine verkürzte Frist von sechs Monaten. 57

---

[74] Vgl. IDW PS 400.
[75] Bisher ergab sich dies nach einhelliger Auffassung schon aus § 244 HGB, vgl. dazu z.B. Justenhoven/Meyer, in Beck Bil-Komm., 14. Aufl. 2024, § 244 HGB Rz 3.
[76] Vgl. auch Zwirner/Vormeier, BC 2018, S. 115 f.

58 Seit dem CSR-Richtlinie-Umsetzungsgesetz, müssen bestimmte Unt von öffentlichem Interesse, sog. Public Interest Entity – PIE, mit mehr als 500 Mitarbeitern, den Lagebericht um eine nichtfinanzielle Erklärung nach § 289b HGB erweitern (§ 289b Rz 1 ff.). Zumindest solange wie sie ihre Offenlegungspflicht nicht durch die Offenlegung eines gesonderten nichtfinanziellen Berichts gem. § 289 Abs. 3 HGB erfüllen (289b HGB Rz. 17 ff.). Mit dem CSRD-UmsG ist ein Nachhaltigkeitsbericht als Teil des Lageberichts offenzulegen (Rz 218 ff.).

59 Mit dem Gesetz zur Umsetzung der Richtlinie (EU) 2021/2101 im Hinblick auf die Offenlegung von Ertragsteuerinformationen durch bestimmte Unternehmen und Zweigniederlassungen sowie zur Änderung des Verbraucherstreitbeilegungsgesetzes und des Pflichtversicherungsgesetzes, sind bestimmte Unt für Geschäftsjahre, die nach dem 21.6.2024 beginnen, verpflichtet einen Ertragsteuerinformationsbericht zu erstellen und spätestens ein Jahr nach dem Ende des Berichtszeitraums in deutscher Sprache offenzulegen.

2.2.2 Jahresabschluss

60 Erfasst wird der Abschluss nach § 242 Abs. 3 HGB (§ 242 Rz 7 ff.). Folglich umfasst er die **Bilanz** und die **GuV**. Dieser wird gem. § 264 Abs. 1 HGB für alle KapG und KapCoGes um den **Anhang** ergänzt. Unerheblich ist, ob es sich um ein volles Gj oder um ein **Rumpf-Gj** handelt. Ferner zählen hierzu die Jahresbilanz i.R.d. Liquidation, die Abwicklungsbilanz nach § 279 Abs. 2 Satz 2 AktG und Jahresabschlüsse, die Schlussbilanzen einer übertragenen Ges. sind, sowie die DM-Eröffnungsbilanz.[77]

61 Hierbei handelt es sich um die **endgültige Fassung** des Jahresabschlusses, sodass evtl. Probeabschlüsse nicht erfasst sind. Dies ist auch bei der Wahrung der Offenlegungsfristen (Rz 90 ff.) zu beachten, sodass bereits der endgültige Abschluss vorliegen muss. Dieses Verständnis bestätigt auch die durch das BilRUG angepasste Formulierung. Danach wird auf die festgestellte oder gebilligte Bilanz abgestellt. Auch die Regierungsbegründung[78] zur Neufassung durch das BilRUG ordnet an, dass es zur Wahrung der Offenlegungspflicht nicht zulässig ist, zunächst den ungeprüften Jahresabschluss und Lagebericht einzureichen und später den Bestätigungsvermerk nachzureichen. Vielmehr ist jetzt auch der Bestätigungsvermerk innerhalb der Frist nach § 325 Abs. 1a HGB einzureichen. Zugleich muss eine Feststellung oder Billigung erfolgt sein. Eine frühere Offenlegung wäre weder mit dem Gesetzeswortlaut noch der Vorgabe aus Art. 30 Abs. 1 der Richtlinie 2013/34/EU zu vereinbaren.

62 Die Zuständigkeit für die Feststellung ergibt sich aus den gesellschaftsrechtlichen Vorgaben und ist wie folgt geregelt:

Rechtsform	Organ	Rechtsgrundlage
AG/KGaA	Aufsichtsrat bzw. Hauptversammlung	§§ 172 f.; 286 AktG
SE	Leitungsorgan/ Aufsichtsrat bzw. HV	Art. 61 SE-VO; vgl. auch § 47 SEAG
GmbH (einschl. UG haftungsbeschränkt)	Gesellschafterversammlung	§ 42a GmbHG

---

[77] Vgl. LG Chemnitz, Urteil v. 17.8.1995, 1 O 2428/95, ZIP 1995 S. 1612.
[78] Vgl. BT-Drs. 18/4050 v. 20.2.2015 S. 77.

Rechtsform	Organ	Rechtsgrundlage
Haftungsbeschränkte OHG	Gesellschafterversammlung	§ 120 HGB
Haftungsbeschränkte KG	Gesellschafterversammlung	§ 167 HGB
Genossenschaft	Generalversammlung	§ 48 GenG

Tab. 2: Zuständigkeiten für die Feststellung bzw. Billigung der Bilanz

Die Differenzierung zwischen Feststellung und Billigung erklärt sich daraus, dass eine Feststellung bislang nur bei KapG vorgesehen ist. Hingegen gibt es eine solche bei haftungsbeschränkten PersG bislang nicht, sodass insoweit eine Differenzierung vorgenommen werden musste. Andernfalls hätte dies zu der Frage geführt, ob bei den entsprechenden PersG keine Offenlegungspflicht besteht, weil es bei diesen keinen festgestellten Jahresabschluss gibt. Mit dem MoPeG[79] besteht ab dem 1.1.2024 nach § 121 HGB auch bei Personengesellschaften die Notwendigkeit zur Feststellung von Jahresabschlüssen.

63

Das Gesetz enthält keine Vorgabe zur Offenlegung der **Aufstellung des Anteilsbesitzes**, da dies Teil des Anhangs ist.

64

Nicht von der Regelung erfasst sind „**Sonderbilanzen**" i.w.S. und andere Rechenwerke, die für einen speziellen Zweck aufgestellt werden. Dies gilt insb. für

65

- Abhängigkeitsberichte,
- Abschreibungspläne,
- Aktionärsbriefe,
- Aktionärszeitschriften,
- Betriebsabrechnungsbögen,
- Einbringungsbilanzen,
- Eröffnungsbilanzen,
- Finanzpläne,
- Gründungsbilanzen,
- Handelsbilanzen II und evtl. III,
- Hilfs- und Nebenrechnungen gem. § 3 BsGaV,
- Inventare,
- Kapitalerhöhungsbilanzen,
- Liquidationsbilanzen,
- Presseinformationen,
- Probebilanzen,
- Quartalsberichte,
- Sanierungsbilanzen,
- Spaltungsbilanzen,
- steuerliche Ergänzungsbilanzen bei haftungsbeschränkten Personengesellschaften,
- steuerliche Sonderbilanzen bei haftungsbeschränkten Personengesellschaften,
- Summen- und Saldenlisten,
- Überschuldungsstatus,

---

[79] Gesetz zur Modernisierung des Personengesellschaftsrechts, BGBl 2021 I S. 3436 ff.

- Überleitungsrechnung zwischen HGB- und IFRS-Abschluss oder umgekehrt (Rz 151),
- Umwandlungsbilanzen,
- Unternehmenspräsentationen (insb. im Zusammenhang mit Roadshows),
- Vermögensaufstellungen,
- Verschmelzungsbilanzen,
- Vorbelastungsbilanz,
- Zwischenberichterstattung.[80]

66 Das LG Bonn hatte zum alten Recht entschieden, dass eine sog. Nullbilanz ausreichend sein sollte, um einer Offenlegungspflicht zu genügen.[81]
Dieser Auffassung war die h. M. gefolgt.[82]
Allerdings wurde tw. eine solche Vorgehensweise als problematisch angesehen, wenn die falschen Angaben nicht vom Katalog des § 334 HGB erfasst wurden.[83]

67 Streitig ist, inwieweit eine solche Vorgehensweise auch nach den Änderungen durch das BilRUG noch zulässig ist. Dies wird in der Literatur unterschiedlich beurteilt. So wird einerseits vorgetragen, dass ein offengelegter Jahresabschluss geprüft und festgestellt bzw. gebilligt sein muss. Daran fehle es bei der Nullbilanz.[84]
Hingegen wird diese Vorgehensweise auch nach der geänderten Rechtslage für zulässig gehalten.[85]
Soweit ersichtlich, liegt hierzu bisher keine Rechtsprechung vor.[86]

68 M. E. ist es zwar zutreffend, dass die Nullbilanz von den zuständigen Organen der Ges. aufgestellt wird und damit insoweit den formalen Anforderungen genügt. Gleichwohl unterlag sie keiner Prüfungspflicht und keiner Feststellung oder Billigung. Damit erfüllt sie die Anforderungen an eine offenzulegende Bilanz gerade nicht. Diese Auffassung wird auch durch einen Rückgriff auf den Sinn und Zweck der Norm bestätigt. Danach soll gezielt eine Offenlegung der wirtschaftlichen Verhältnisse erfolgen. Diese Intention würde durch die Anerkennung einer Nullbilanz konterkariert. Hierbei wird der Zielsetzung des Gesetzgebers nur entsprochen, wenn eine zeitnahe Information erfolgt. Daher ist es m. E. auch nicht zulässig, zunächst eine solche Nullbilanz offenzulegen und diese später durch die zutreffende Bilanz zu ersetzen.[87]

2.2.3 Bestätigungs- bzw. Versagungsvermerk

69 Der Bestätigungsvermerk bzw. Versagungsvermerk des AP ist offenzulegen, wobei eine **vollständige Wiedergabe** – einschl. des Datums und des Orts sowie der Namen der unterschreibenden Person(en) – geboten ist. Dadurch wird unterbunden, dass

---

[80] Vgl. hierzu z. B. Müller/Kirsch/Meth/Gimpel-Henning, in Baetge/Kirsch/Thiele, Bilanzrecht, § 325 Rz 801 ff. m. w. N., Stand: 4/2022.
[81] LG Bonn, Urteil v. 15.3.2013, 37 T 730/12, BB 2013 S. 2033.
[82] Vgl. z. B. Grottel, in Beck Bil-Komm., 14. Aufl. 2024, § 325 HGB Rz 355; Kleinmanns, BB 2013, S. 2033; Kunze-Kaufhold, GmbHR 2013, S. 988; Lüdenbach, StuB 2013, S. 664; Zwirner, BC 2014, S. 55; Zwirner/Forschhammer, StuB 2015, S. 925.
[83] Vgl. Lüdenbach, StuB 2013, S. 665.
[84] Vgl. Zwirner, BC 2016, S. 472; Zwirner/Vodermeier, BC 2018, S. 115.
[85] Vgl. Gottel, in Beck Bil-Komm., 14. Aufl. 2024, § 325 HGB Rz 355.
[86] Vgl. zur Diskussion auch Merkt/Osbahr, DB 2018, S. 1477 ff. (die Zulässigkeit bejahend) und Schneider, DB 2018, S. 2946 ff. (die Zulässigkeit verneinend).
[87] A. A. Merkt/Osbahr, DB 2018, S. 1477 ff.

Teile des Vermerks verändert oder sein Sinn entstellt werden kann. Zugleich können Hinweise darauf erlangt werden, inwieweit eine zeitnahe Offenlegung – und ggf. eine zeitnahe Vorlage an die Gesellschafter – erfolgt ist. Es bleibt abzuwarten, inwieweit das Bundesamt für Justiz wesentliche Abweichungen sanktionieren wird. Mit dem CSRD-UmsG ist zusätzlich der Bericht über die Prüfung des Nachhaltigkeitsberichts offenzulegen (Rz 218 ff.).

Die Offenlegung ist unabhängig davon, ob der **Bestätigungsvermerk uneingeschränkt oder eingeschränkt** erteilt oder ggf. **versagt** wurde. Gem. § 322 Abs. 4 Satz 3 HGB muss die Einschränkung oder Versagung begründet werden. Aufgrund der vollständigen Offenlegung des Testats werden die Gründe transparent, welche die Einschränkung bzw. Versagung motiviert haben. 70

Wurde der Bestätigungsvermerk versagt, resultiert hieraus keine besondere oder zusätzliche Hinweispflicht für die gesetzlichen Vertreter. Vielmehr erfüllen diese mit der Offenlegung des Testats insoweit ihre Verpflichtungen. 71

Wurden der Jahresabschluss und/oder der Lagebericht nach Erteilung des Bestätigungsvermerks geändert (Rz 106 ff.), ist gem. § 316 Abs. 3 HGB eine **Nachtragsprüfung** durchzuführen. Dies bedingt, dass auch der Bestätigungs- oder Versagungsvermerk erneut offenzulegen ist. Dies gilt unabhängig davon, ob er zu einem anderen materiellen Ergebnis kommt. 72

Die Pflicht zur Offenlegung des Bestätigungsvermerks i. S. v. § 322 HGB betrifft nur die Fälle, in denen eine **gesetzliche Pflichtprüfung** stattgefunden hat. Hieraus folgt, dass bei einer evtl. **freiwilligen oder gesellschaftsvertraglich angeordneten Prüfung** keine Offenlegungspflicht besteht. Gleichwohl kann freiwillig eine Offenlegung erfolgen oder sich eine solche Pflicht aus der Satzung ergeben. Hierbei muss der Umfang der Prüfung hinreichend deutlich werden. 73

Besonderheiten entstehen, wenn der geprüfte Jahresabschluss nicht dem offengelegten Jahresabschluss entspricht. Dies ist der Fall, wenn von den Erleichterungsmöglichkeiten der §§ 326 ff. HGB Gebrauch gemacht wurde. In diesen Fällen muss darauf hingewiesen werden, dass sich der Bestätigungsvermerk auf den geprüften und nicht auf den offengelegten Jahresabschluss bezieht (§ 322 Rz 211 ff.). 74

Da **kleine KapG** und Ges. i. S. v. § 264a HGB nicht prüfungspflichtig sind, entfällt diese Offenlegung für sie immer. Da es sich bei den KleinstKapG i. S. v. § 267a HGB um eine Teilmenge der kleinen KapG handelt, gilt dies für sie entsprechend. Hierbei ist die Ausdehnung dieser Regelungen auf Genossenschaften durch das BilRUG zu beachten. 75

Nicht zu den offenlegungspflichtigen Unterlagen gehören der **Prüfungsbericht** und die **Arbeitspapiere** des Abschlussprüfers sowie ein evtl. **Management-Letter**. Dies gilt auch, wenn eine Prüfung – sei es aufgrund der Erfassung bei einer Stichprobe oder aufgrund einer Veranlassung – des Jahresabschlusses, des Lageberichts, des Konzernabschlusses oder des Konzernlageberichts durch die BaFin vorgenommen und hierüber ein Bericht verfasst wird. 76

Wird der Prüfungsauftrag erweitert und schlägt sich dies in einem ausführlichen Bestätigungsvermerk nieder, ist gleichwohl das vollständige Testat in unveränderter Fassung offenzulegen und zwar auch mit den Teilen, die sich auf die Erweiterung beziehen. Auf die Grundlage für die Erweiterung des Prüfungsauftrags kommt es nicht an, sodass es sich hierbei sowohl um gesetzliche als auch gesellschaftsvertragliche Regelungen handeln kann. 77

> **Praxis-Beispiel**
> Eine GmbH befindet sich vollständig im Eigentum eines Bundeslandes. Nach § 53 HGrG i. V. m. § 65 LHO ist der Prüfungsauftrag dahingehend zu ergänzen, dass auch die Ordnungsmäßigkeit der Geschäftsführung zum Gegenstand der Jahresabschlussprüfung wird. Da i. R. d. Testats auch auf die Ergebnisse dieser Prüfung eingegangen wird, liegt insoweit ein erweiterter Text vor. Dieser ist vollständig offenzulegen. Andernfalls hätte der Gesetzgeber nicht eine Erweiterung der Prüfung des handelsrechtlichen Jahresabschlusses angeordnet, sondern eine Sonderprüfung.

78 Erfolgt eine freiwillige Ergänzung des Prüfungsauftrags und schlägt sich dies im Testat nieder, hat gleichwohl eine vollständige Wiedergabe des Wortlauts zu erfolgen. Dies gilt ungeachtet des Umstands, dass eine freiwillige Ergänzung des Prüfungsauftrags erfolgt ist. Entscheidend ist, dass andernfalls die Möglichkeit einer Veränderung bestünde und diese Möglichkeit Diskussionen auslösen könnte, inwieweit eine zutreffende Veränderung des Bestätigungsvermerks erfolgt ist. Zugleich wäre damit die Möglichkeit zur Kommunikation zwischen dem Abschlussprüfer und dem Leser des Jahresabschlusses beeinträchtigt.

2.2.4 Lagebericht

79 Der Inhalt des Lageberichts ergibt sich aus § 289 HGB. Der Lagebericht ist **vollständig** offenzulegen, d. h. auch, soweit eine Verpflichtung zur Erstellung dazu besteht, künftig der Nachhaltigkeitsbericht als Teil des Lageberichts (Rz 218 ff.).
Kleine KapG (einschl. KleinstKapG i. S. v. § 267a HGB und seit dem BilRUG entsprechende Genossenschaften) und gleichgestellte PersG i. S. v. § 264a HGB sind von der Pflicht zur Aufstellung eines Lageberichts gem. § 264 Abs. 1 Satz 3 HGB befreit. Wird dennoch ein Lagebericht erstellt (z. B. auf **freiwilliger** Basis oder einer obligatorischen Anordnung in der Satzung), kann dieser offengelegt werden, er ist jedoch nicht offenlegungspflichtig. Das CSR-Richtlinie-Umsetzungsgesetz verpflichtet bestimmte große Unt von öffentlichem Interesse, sog. PIEs, dazu, ihren Lage- bzw. Konzernlagebericht für nach dem 31.12.2016 beginnende Gj um eine sog. nichtfinanzielle Erklärung zu erweitern (§ 289 Rz 40 ff.). Diese ist dann Bestandteil des Lageberichts und entsprechend mit zu übermitteln.[88]

2.2.5 Erklärungen der Vertreter des vertretungsberechtigten Organs

80 Für Inlandsemittenten i. S. d. § 2 Abs. 14 WpHG, die keine KapG nach § 327a HGB sind, sind die nach § 264 Abs. 2 Satz 3 HGB bzw. § 289 Abs. 1 Satz 5 HGB geforderten Versicherungen („**Bilanzeid**", „**Lageberichtseid**") als gesonderte Erklärungen neben Jahresabschluss bzw. Lagebericht offenzulegen (§ 264 Rz 121 ff.; § 289 Rz 70 ff.). Die Form der gesonderten Erklärung ist für Gj, die nach dem 31.12.2019 begonnen haben, notwendig, um eine elektronische Veröffentlichung nach dem einheitlichen europäischen elektronischen Format (European Single Electronic Format, ESEF) zu ermöglichen (§ 328 Rz 28 ff.).

---

[88] Vgl. zu alternativen Ausweismöglichkeiten Kajüter, DB 2017, S. 617 ff.

Bis dahin waren diese Erklärungen jeweils in Jahresabschluss und Lagebericht integriert und mussten daher nicht gesondert aufgeführt werden. Mit der Umsetzung der CSRD soll es zu einer erneuten Änderung dahingehend kommen, dass die Vorschriften jeweils für Einzel- und Konzernabschluss zusammengezogen werden, ohne dass dies aber wesentliche inhaltliche Auswirkungen hätte (Rz 218 ff.).

2.2.6 Bericht des Aufsichtsrats

Eine **Offenlegungspflicht** für den Bericht des Aufsichtsrats[89] gibt es nur, wenn dieses Gremium zwingend zu bilden ist. Fehlt es – wie regelmäßig bei KapCoGes – an einem solchen Organ, besteht keine Offenlegungspflicht. Zu einer freiwilligen Bildung eines solchen Organs s. Rz 83. 81

Unerheblich ist, aufgrund welcher Regelungen ein Aufsichtsrat errichtet wird, wenn seine Kompetenzen den gesetzlichen Anforderungen entsprechen. Dies ist bei der AG und der KGaA der Fall. Bei einer **GmbH** ist entscheidend, ob der Gesellschaftsvertrag abweichende Regelungen trifft, die hinter den gesetzlichen Vorgaben zurückbleiben. Ist dies nicht der Fall oder enthält die Satzung keine nähere Regelung, obwohl sie die Bildung eines Aufsichtsrats anordnet, gilt infolge des § 52 Abs. 1 GmbHG das aktienrechtliche Konzept entsprechend. Dies ist auch der Fall, wenn sich aufgrund anderer gesetzlicher Regelungen die Verpflichtung ergibt, einen Aufsichtsrat zu bilden, wie z. B. §§ 77 Abs. 1 BetrVG 1952, 25 Abs. 1 MitbestG 1976, 2, 3 Abs. 1 MitbestErgG, 3 AGG. In diesen Fällen ist der Bericht des Aufsichtsrats offenzulegen. Sieht die Satzung hingegen eingeschränkte Kompetenzen vor, liegt **keine Prüfungspflicht** i. S. d. Gesetzes vor und der Prüfungsbericht des Aufsichtsrats **muss nicht** offengelegt werden. 82

Bei KapCoGes besteht keine gesetzliche Pflicht zur Bildung eines Aufsichtsrats. Gleichwohl kann dieser – oder ein **anderes Aufsichtsgremium** – freiwillig gebildet werden. Sofern dies geschieht und ein Prüfungsbericht vorgelegt wird, ist dieser nicht offenlegungspflichtig.[90] Etwas anderes gilt, wenn bei einer KapCoGes dem Aufsichtsrat die Rechte und Pflichten nach Maßgabe des AktG zugewiesen werden. In diesem Fall wäre der Bericht des Aufsichtsrats über seine Prüfung offenlegungspflichtig. 83

Gem. § 171 Abs. 1 AktG hat der Aufsichtsrat den Jahresabschluss, den Lagebericht und den Gewinnverwendungsvorschlag zu prüfen. Der Vorstand ist gem. § 170 Abs. 1 AktG verpflichtet, den Jahresabschluss und den Lagebericht, „unverzüglich" (Rz 91) dem Aufsichtsrat nach deren Aufstellung vorzulegen. Zwar trifft diese Prüfungspflicht das Organ „Aufsichtsrat", doch ist jedes Mitglied verpflichtet, sich aufgrund eigener Prüfung ein Urteil zu bilden. Hierbei kann der Bericht eines evtl. bestehenden Prüfungsausschusses (§ 107 Abs. 3 Satz 2 AktG) in die Prüfung einbezogen werden, jedoch darf keine ungeprüfte Übernahme der Ergebnisse erfolgen. 84

---

[89] Vgl. AK Corporate Governance Reporting, DB 2024, S. 405.
[90] Vgl. z. B. Fehrenbacher, in MünchKomm. HGB, 5. Aufl. 2024, § 325 HGB Rz 29; Grottel, in Beck Bil-Komm., 14. Aufl. 2024, § 325 HGB Rz 41.

85 Gesetzliche Vorgaben zum Umfang der Prüfung bestehen nicht. Inhaltlich hat sich die Prüfung auf die Rechtmäßigkeit und die Zweckmäßigkeit der Handlungen des Vorstands und der hiermit verbundenen Ergebnisse zu beziehen.[91]

86 Über das Ergebnis seiner Prüfung hat der Aufsichtsrat schriftlich an die Hauptversammlung gem. § 171 Abs. 2 AktG zu berichten.[92] Dieser Bericht ist von den gesetzlichen Vertretern (Rz 36 ff.) offenzulegen. Er muss Aussagen enthalten, in welcher Art und in welchem Umfang der Aufsichtsrat die Geschäftsführung geprüft hat. Bei börsennotierten AG sind weitere Angaben geboten (Art und Zahl der Ausschüsse sowie die Zahl der Sitzungen von Aufsichtsrat und Ausschüssen). Bei prüfungspflichtigen KapG hat der Aufsichtsrat zum Ergebnis der Prüfung Stellung zu nehmen. Ferner ist am Ende zu erklären, ob Einwendungen zu erheben sind und ob der vom Vorstand aufgestellte Jahresabschluss gebilligt wird.

2.2.7 Erklärung zum Corporate Governance Kodex

87 Seit dem TransPuG[93] müssen börsennotierte KapG zusätzlich die Entsprechenserklärung nach § 161 AktG offenlegen. Darin müssen Vorstand und Aufsichtsrat erklären, inwieweit sie die Regelungen des **Deutschen Corporate Governance Kodex** (DCGK) in der jeweils aktuellen Fassung (2022)[94] beachtet haben (§ 285 Rz 110f.), insb. welche der dort genannten Regelungen nicht berücksichtigt wurden. Durch die Offenlegung soll der Schutzzweck der Erklärung erfüllt werden.[95] Andererseits werden aus der hiermit verbundenen Konsequenz für die Notwendigkeit zur Befolgung des Kodex verfassungsrechtliche Bedenken hergeleitet.[96]

88 Für alle **anderen Ges.** besteht keine entsprechende Verpflichtung. Dies gilt unabhängig davon, dass der DCGK allgemeine Grundsätze guter Unternehmensführung enthält und sich der Gesetzgeber trotz der Normierung im AktG positive Auswirkungen auch auf die Unternehmensführung bei anderen Rechtsformen versprach.[97] Vgl. zur Erklärung zur Unternehmensführung auch § 289f Rz 12ff.

89 Gem. § 285 Nr. 16 HGB (§ 285 Rz 110f.) ist im Anhang anzugeben, dass die Erklärung nach § 161 AktG abgegeben wurde und wo diese öffentlich zugänglich ist. Hingegen soll – nach Auffassung des Gesetzgebers – die Erklärung selbst nicht in den Anhang aufgenommen werden,[98] allerdings ist sie Teil der Erklärung zur Unternehmensführung, die aber nach § 289f Abs. 1 Satz 2 HGB auch aus dem Lagebericht auf die Internetseite der jeweiligen Gesellschaft ausgelagert werden kann.[99] Durch die Offenlegung i. R. d. § 325 HGB wird der Zielsetzung Rechnung getragen, die rechnungslegungsbezogenen Informationen über die Ges. an einer Stelle offenzulegen, um den Zugriff durch Außenstehende zu erleichtern.

---

[91] Vgl. Clemm, ZGR 1980, S. 457.
[92] Vgl. zum Umfang dieser Berichtspflicht ADS, Rechnungslegung und Prüfung der Unternehmen, 6. Aufl. 1995–2001, § 171 AktG Rz 39ff.
[93] V. 19.7.2002, BGBl 2002 I S. 2681.
[94] Abrufbar unter https://www.dcgk.de/de/kodex.html, Abruf 1.10.2024.
[95] Vgl. BT-Drs. 14/8769 v. 11.4.2002 S. 29.
[96] Vgl. Tröger, ZHR 175 (2011), S. 758.
[97] Vgl. die Präambel des Kodex.
[98] Vgl. BT-Drs. 14/8769 v. 11.4.2002 S. 25.
[99] Zur Kritik vgl. Müller, in Baetge/Kirsch/Thiele, Bilanzrecht, § 325 Rz 50, Stand: 4/2022. Zur Frage der unterjährigen Aktualisierung vgl. Leuering, ZGR 2023, S. 302f.

3 Offenlegungsfrist

3.1 Einreichungsfrist (Abs. 1a Satz 1)

Die offenlegungspflichtigen Unterlagen nach Abs. 1 Satz 1 sind spätestens ein Jahr nach dem Abschluss des Gj, auf das sie sich beziehen, an die das Unternehmensregister führende Stelle zu übermitteln. Sofern die Unterlagen nach Abs. 1 Nr. 2 (Rz 49) nicht innerhalb dieser Frist vorliegen, sind sie „unverzüglich" nach ihrem Vorliegen offenzulegen.

„Unverzüglich" ist unter Rückgriff auf § 121 Abs. 1 Satz 1 BGB i.S.v. „ohne schuldhaftes Zögern" auszulegen. Da die gesetzlichen Vertreter verpflichtet sind, für eine ordnungsgemäße Organisation des Rechnungswesens zu sorgen, sind strenge Anforderungen zu stellen. Es ist zu erwarten, dass diese Organisationsmaßnahmen dazu führen, dass zeitnah zur Vorlage an die Gesellschafter offengelegt wird. In der Praxis wird diese Frist häufig überschritten. So sollen noch im Jahr 2011 rund 57 % der Unt ihre Abschlüsse erst im ersten Quartal des übernächsten Gj erfüllen.

Fraglich ist, wie diese Regelung auszulegen ist, wenn die Umstellung eines Gj erfolgt. Hier kann der nächste Abschlussstichtag durchaus deutlich früher als innerhalb der nächsten zwölf Monate erreicht werden. M. E. ist davon auszugehen, dass in diesen Fällen auf das ursprüngliche Ende des folgenden Gj unter Vernachlässigung der Änderung des Abschlussstichtags abzustellen ist. Andernfalls könnte eine so zeitnahe Einreichung verlangt werden, dass die gesetzlichen Vertreter gar nicht in der Lage wären, diese Pflicht zu erfüllen. Außerdem ist kein Grund ersichtlich, warum die Umstellung eines Gj und die damit verbundene Einführung eines Rumpf-Gj zu einer veränderten Offenlegung führen sollte. Unabhängig davon fallen die in Rz 49 genannten Dokumente, die sich auf das Rumpf-Gj beziehen, auch unter die Offenlegungspflicht.

Die im Gesetz genannten Fristen sind **nicht verlängerbar**. Vielmehr führt deren Überschreitung zu Sanktionen (Rz 176ff.). Hierbei ist es möglich, Sanktionen auch dann zu verhängen, wenn zwar die absolute Frist von zwölf Monaten (bei Abs. 4: von vier Monaten) gewahrt ist, aber keine „unverzügliche" Vorlage vorgenommen wird. Allerdings dürfte in diesen Fällen dem Bundesamt für Justiz der Nachweis der verspäteten Vorlage schwerer fallen. Damit wird der Zielsetzung des Gesetzgebers nach einer zeitnahen Information Rechnung getragen. Dies gilt insb. auch in den Fällen, in denen der Steuerberater mit der Erstellung und Offenlegung der Bilanz beauftragt wurde und für steuerliche Zwecke eine Fristverlängerung gewährt wird.[100] Seit den Änderungen durch das Gesetz zur Modernisierung des Besteuerungsverfahrens (Rz 47) werden solche Verlängerungen nur noch unter den Voraussetzungen des § 110 AO gewährt, sodass diese Frage für die Praxis deutlich an Bedeutung verloren hat.

Die in der Praxis zu beobachtende Tendenz der vollständigen Ausschöpfung der Zwölf-Monatsfrist kann vor dem Hintergrund der Zielsetzung der Norm als diskutabel eingestuft werden, da diese auf eine zeitnahe Offenlegung abzielt.

---

[100] Vgl. hierzu etwa für das Jahr 2015 die gleichlautenden Erlasse der obersten Finanzbehörden der Länder vom 4.1.2016, 3 – S 0320/53, BStBl 2016 I S. 38.

Gleichwohl ist sie nach dem Gesetzeswortlaut zulässig und mit dem Handlungsmaßstab eines ordentlichen und gewissenhaften Geschäftsleiters zu vereinbaren.[101]

95 § 236 AktG enthält eine Spezialvorschrift, die in Fällen der **vereinfachten Kapitalherabsetzung** nach §§ 229 ff. AktG vorsieht, dass der Jahresabschluss erst offenzulegen ist, wenn die vereinfachte Kapitalherabsetzung gem. § 324 AktG im Handelsregister (HR) eingetragen ist. Damit sollen unterschiedliche Informationen über die Höhe des Eigenkapitals vermieden werden. Durch diese Regelung kann es auch zu einer Überschreitung der Zwölf-Monatsfrist (in den Fällen des Abs. 4: der Vier-Monatsfrist) kommen. Wird zusammen mit der Kapitalherabsetzung eine Kapitalerhöhung beschlossen, darf die Offenlegung erst vorgenommen werden, wenn auch diese im HR eingetragen ist. Damit wird dem Umstand Rechnung getragen, dass diese Kapitalmaßnahmen erst mit ihrer Eintragung im HR wirksam werden.

96 Nach seinem Wortlaut suspendiert § 236 AktG die Offenlegung „des Jahresabschlusses". Sinn und Zweck der Regelung gebieten es, diesen Begriff für Zwecke dieser Norm in Abweichung von dem in Rz 60 ff. dargestellten Verständnis weiter zu interpretieren.[102] Deshalb müssen hierunter alle offenlegungspflichtigen Unterlagen verstanden werden, in denen das Eigenkapital ausgewiesen wird. Andernfalls würde die vom Gesetzgeber intendierte Zielsetzung nicht erreicht.

97 Für die **GmbH** enthält § 58a Abs. 4 GmbHG eine dem § 236 AktG entsprechende Regelung für den Fall der vereinfachten Kapitalherabsetzung gem. §§ 58a ff. GmbHG. § 58f Abs. 3 GmbHG sieht einen Aufschub für die vereinfachte Kapitalherabsetzung mit anschließender Kapitalerhöhung vor.

98 Durch das BilRUG ist insoweit eine Änderung vorgenommen worden, weil sich das „unverzüglich" (Rz 91) nicht mehr auf alle offenlegungspflichtigen Unterlagen bezieht, sondern nur auf den Fall, dass Unterlagen i.S.v. Abs. 1 Satz 1 Nr. 2 nicht innerhalb der Frist nach Abs. 1a Satz 1 vorgelegt werden können.

99 Sofern ein Unt seinen Steuerberater mit der Erstellung des Jahresabschlusses beauftragt, umfasst dies nicht automatisch dessen Offenlegung. Vielmehr ist hierfür ein gesonderter Auftrag erforderlich.[103] Allerdings ist der Steuerberater aufgefordert, den Mandanten auf die Offenlegungspflicht hinzuweisen. Aus Sicht des Steuerberaters ist zu beachten, dass es sich nicht um eine Hilfeleistung in steuerlichen Angelegenheiten handelt, die nicht unter die Steuerberatergebührenverordnung fällt. Folglich muss hierfür eine Vergütung gesondert vereinbart werden.

100 Einzureichen sind die Unterlagen bei der das Unternehmensregister führenden Stelle, was weiterhin die Bundesanzeiger Verlag GmbH ist.[104] Die Unterlagen sind in elektronischer Form vorzulegen. Dies hat so zu geschehen, dass eine Bekanntmachung möglich wird. Hierfür wurde eine spezielle Serviceplattform eingerichtet, die die Abwicklung erleichtern soll und trotz der Änderung vom Bundesanzeiger zum Unternehmensregister grds. unverändert geblieben ist.[105]

---

[101] Vgl. A. A. Hartmann, Das neue Bilanzrecht und der Gesellschaftsvertrag der GmbH, S. 238, der davon ausgeht, dass die Zwölf-Monatsfrist stets voll ausgeschöpft werden kann.
[102] Gl. A. Zicke/Hütten, in Küting/Weber, HdR-E, § 325 HGB Rz 99, Stand: 01/2023.
[103] Vgl. Look, DStR 2007, S. 2231.
[104] Bundesanzeiger Verlagsgesellschaft mbH, Amsterdamer Straße 192, 50735 Köln.
[105] Abrufbar unter https://publikations-plattform.de/sp/wexsservlet#b, Abruf 1.10.2024.

Hingegen ist eine Einreichung beim Bundesamt für Justiz nicht zulässig und entfaltet folglich keine befreiende Wirkung.

Für die Einreichung stehen unterschiedliche Formate zur Verfügung, wobei die Veröffentlichung bei einer Lieferung der Daten im Format XML (= Extensible Markup Language) am kostengünstigsten ist. Der BAnz, das Unternehmensregister und das Handelsregister kommunizieren bislang und auch weiterhin in diesem Datenformat.[106] Allerdings ist auch eine Einreichung in den Datenformaten MS-Excel, MS-Word oder RTF (= Rich Text Format) möglich. Bei diesen Formaten sind Embleme, Abbildungen und Schaubilder in die Dateien einzubinden, während Grafiken beim XML-Format gesondert übermittelt werden müssen.[107]

3.2 Nachreichungspflichten und Fristwahrung (Abs. 1a Satz 2)

Um die Wahrung der absoluten Fristen von zwölf bzw. vier Monaten (Abs. 4) zu ermöglichen, sah Satz 5 a. F. vor, zunächst den Jahresabschluss (Rz 60 ff.) und den Lagebericht (Rz 79 ff.) offenzulegen. Die übrigen Unterlagen mussten dann „unverzüglich" (Rz 91) nach ihrem Vorliegen eingereicht werden. Hierbei war auf die noch fehlenden Unterlagen hinzuweisen, wobei es ausreichte, die fehlenden Unterlagen zu benennen. Auf ohnehin nicht offenlegungspflichtige – weil nicht zu erstellende – Unterlagen musste nicht hingewiesen werden.

Zur **Fristwahrung** reichte die Offenlegung eines (noch) ungeprüften Jahresabschlusses aus. Allerdings ist zu beachten, dass Änderungen i. R. d. Prüfung oder im Vorfeld der Feststellung des Jahresabschlusses eine erneute Offenlegungspflicht (Rz 36 ff.) auslösen. Allerdings wird es in vielen Fällen nicht gewollt sein, dass auf diese Art und Weise ersichtlich wird, welche Änderungen am Jahresabschluss auf Intervention des Abschlussprüfers vorgenommen wurden. Um dies zu vermeiden, ist eine zeitliche Abstimmung mit dem Abschlussprüfer geboten, die eine Offenlegung des noch ungeprüften Jahresabschlusses entbehrlich macht.

Unterschiedliche Auffassungen bestehen darüber, ob die zunächst noch fehlenden Unterlagen sofort offengelegt werden müssen oder ob gewartet werden kann, bis sämtliche Unterlagen vorliegen, um diese gemeinsam offenzulegen.[108] M. E. kann es – gerade nach der Umstellung auf eine elektronische Veröffentlichung – nicht darum gehen, mithilfe dieser Regelung eine Verzögerung der Offenlegung bzw. Hinterlegung zu ermöglichen. Vielmehr kommt im Gesetzeswortlaut die Vorstellung des Gesetzgebers zum Ausdruck, dass zeitnah offenzulegen ist. Gerade angesichts der modernen schnellen Kommunikationsformen und den hiermit verbundenen (geringen) Kosten sind hohe Anforderungen an eine Begründung für die weitere zeitliche Aufschiebung zu stellen. Danach wird eine **zusammengefasste Offenlegung** nur in Betracht kommen, wenn sehr zeitnah sämtliche Unterlagen vorliegen. Da die gesetzlichen Fristen seitens des Unt bereits ausgenutzt wurden, ist für die Gewährung weiterer Erleichterungen eine besondere Rechtfertigung erforderlich. Gegen diese Auffassung mag die hiermit verbundene **Kostenbelastung** (insb. die Personalkosten für die damit betrauten Mitarbeiter) sprechen. Gleichwohl sind diese Kosten vor dem Hintergrund der

---

[106] Vgl. Maul/Seidler, in Noack, Das neue Gesetz über elektronische Handels- und Unternehmensregister – EHUG, 2007, S. 141.
[107] Vgl. Müller, in Baetge/Kirsch/Thiele, Bilanzrecht, § 325 HGB Rz. 50.1, Stand: 4/2022.
[108] Vgl. zur Diskussion m. w. N. z. B. Grottel, in Beck Bil-Komm., 14. Aufl. 2024, § 325 HGB Rz 110 f.

vom Gesetzgeber verfolgten Zielsetzung zu beurteilen. Daher sind bei **Wirtschaftlichkeitsüberlegungen** strenge Maßstäbe anzusetzen, wenn diese als Rechtfertigung für eine verzögerte Offenlegung herangezogen werden sollen. Außerdem wurde für KleinstKapG i. S. v. § 267a HGB mit § 326 Abs. 2 HGB mit der Möglichkeit der Hinterlegung (Rz 24 ff.) eine besondere Erleichterung geschaffen.

105 Diese Konzeption wurde durch das BilRUG geändert. Nunmehr wird die Frist für die Offenlegung grds. auf den Zeitraum bis zum Ende des folgenden Geschäftsjahres begrenzt (zur Ermittlung s. Rz 92 ff.). Damit ist klargestellt, dass diese Frist vollständig ausgenutzt werden kann. Aufgrund der Formulierung des Gesetzes („spätestens") kann eine frühere Offenlegung erfolgen. Allerdings ist es nicht zu beanstanden, wenn, vorbehaltlich des Abs. 4, diese Frist vollständig ausgenutzt wird.

3.3 Offenlegung von Änderungen (Abs. 1b Satz 1)

106 Erfolgt eine nachträgliche Änderung von **bereits offengelegten bzw. hinterlegten Unterlagen**, ist dies offenzulegen bzw. eine erneute Hinterlegung vorzunehmen. Hierbei stellt der Wortlaut auf „die Änderung" ab. Hieraus ist jedoch nicht zu folgern, dass nur die Änderung als solche an die das Unternehmensregister führende Stelle zu übermitteln ist. Vielmehr muss sich dies nach dem Sinn und Zweck der Regelung auf das gesamte Dokument beziehen. Für die notwendige Transparenz muss deutlich werden, worauf sich die Änderung erstreckt und was für diese ursächlich war. Diese Regelungen finden sich nach der Neufassung durch das BilRUG in § 325 Abs. 1b HGB.

107 Von einer **Änderung** ist auszugehen, wenn sich Inhalt oder Form des Jahresabschlusses nach seiner Auf- oder Feststellung geändert hat.[109] Eine **Wesentlichkeitsgrenze** gibt es nicht, sodass jede Änderung eine erneute Offenlegung bzw. Hinterlegung bedingt. Etwas anderes gilt lediglich für die Korrektur von Schreib-, Druck- und/oder Rechenfehlern. Redaktionelle Klarstellungen sind nur zulässig, wenn sie tatsächlich keine materielle Änderung beinhalten. Hierbei sind strenge Maßstäbe zu beachten. M. E. sollte aus Gründen der Transparenz und der gebotenen Objektivität auf die Berichtigung (etwa in einer Fußnote) hingewiesen werden, sodass erkennbar wird, worauf sich diese bezog und ob diese tatsächlich nur redaktionellen Charakter hatte. Der Zeitraum zwischen der ursprünglichen Offenlegung bzw. Hinterlegung und der Änderung ist unerheblich. Denkbar ist, dass dieser mehrere Jahre umfasst, wobei auch zu prüfen ist, inwieweit sich Änderungen bei anderen offenlegungs- bzw. hinterlegungspflichtigen Unterlagen und in anderen Jahren Korrekturnotwendigkeiten ergeben.

108 Eine Änderung ist bei einer **nachträglichen Abschlussprüfung** oder einer späteren Feststellung möglich. Dies kann insb. der Fall sein, wenn der Jahresabschluss vor seiner Feststellung eingereicht und offengelegt wurde. Dass solche Änderungen möglich sind, ergibt sich auch aus § 316 Abs. 3 HGB und § 173 Abs. 3 AktG. Zu beachten ist, dass diese Änderung regelmäßig eine **Nachtragsprüfung** durch den Abschlussprüfer auslöst (§ 316 Abs. 3 HGB). M. E. muss davon ausgegangen werden, dass auch der Bestätigungsvermerk über die Nach-

---

[109] Vgl. auch Fehrenbacher, MünchKomm. HGB, 5. Aufl. 2024, § 325 HGB Rz 40.

tragsprüfung mit offenzulegen ist. Nur so wird dem Auftrag aus § 325 Abs. 1 Satz 1 Nr. 1 HGB genügt, nach dem der Bestätigungsvermerk offenzulegen ist. Zu prüfen ist außerdem, inwieweit sich aus der Änderung des Jahresabschlusses Auswirkungen auf den Lagebericht und den Vorschlag für die Gewinnverwendung ergeben. Sind auch diese betroffen, ist eine **erneute Offenlegung** geboten. Waren bisher einzelne Unterlagen noch nicht offengelegt, so ist es ausreichend, wenn die korrigierte Fassung offengelegt wird. Eine Offenlegung der Entwürfe ist nicht geboten. Aus Transparenzgründen ist zu berichten, wenn andere Unterlagen aufgrund der Änderung in korrigierter Form offengelegt werden bzw. welche Konsequenzen sich aus der Korrektur für den Inhalt dieser Unterlagen ergeben.

Kommt es zu einem **Widerruf eines früher erteilten Bestätigungsvermerks**, etwa weil der Abschlussprüfer getäuscht wurde und die Rechnungslegung einen bedeutsamen Fehler enthält, nachdem der Bestätigungsvermerk bereits offengelegt wurde, ist dies von den vertretungsberechtigten Organen der Ges. offenzulegen. Hierbei sollte darauf hingewiesen werden, aus welchen Gründen der Widerruf erfolgte. Der Abschlussprüfer wird von den gesetzlichen Vertretern die Offenlegung der Widerrufung des Testats verlangen. Kommen diese der Forderung nicht innerhalb einer angemessenen Frist nach, wird er den Widerruf selbst in geeigneter Weise bekannt machen. 109

Die „**Übermittlung**" folgt den allgemeinen Grundsätzen, sodass eine elektronische und elektronisch verwertbare Form zu bewahren ist. Dies ist geboten, um eine möglichst zeitnahe Berichtigung der nunmehr unzutreffenden Unterlagen zu gewährleisten. Es ist mit hinreichender Klarheit auf die Änderung hinzuweisen, sodass es dem externen Adressaten der Unterlagen problemlos möglich ist, zwischen den ursprünglichen und den nunmehr geänderten Unterlagen zu differenzieren. Hierbei ist die Einreichung in deutscher Sprache vorzunehmen (Rz 54). 110

Die elektronische Form führt dazu, dass sämtliche Erklärungen nicht eigenhändig unterschrieben werden können. Dies gilt sowohl für die Bilanz, das Testat als auch die übrigen Erklärungen. Es wird den Anforderungen genügt, wenn entweder das unterschriebene Dokument eingescannt oder statt der **Unterschrift** nur die Namensangabe (ggf. mit dem Zusatz „gez." oder „Im Original unterschrieben") verwendet wird.[110] 111

3.4 Offenlegung des Gewinnverwendungsvorschlags (Abs. 1b Satz 2)

Gem. § 268 Abs. 1 HGB hat die Ges. die Möglichkeit, den Jahresabschluss bereits unter Berücksichtigung der – vollständigen oder tw. – Verwendung des Jahresergebnisses aufzustellen. Durch spezielle Angaben in der Bilanz wird dafür gesorgt, dass die Gewinnverwendung transparent wird. § 325 Abs. 1 Satz 2 HGB a.F. enthielt Vorgaben, wenn von § 268 Abs. 1 HGB kein Gebrauch gemacht, also die Gewinnverwendung im Jahresabschluss nicht berücksichtigt wurde. Hieraus erklärt sich, warum auch nach geltender Rechtslage eine Offenlegung des Gewinnverwendungsvorschlags zwingend notwendig ist, wobei dieser allerdings inzwischen als Teil des Anhangs nach § 285 Nr. 34 HGB bzw. des 112

---

[110] Vgl. ADS, Rechnungslegung und Prüfung der Unternehmen, 6. Aufl. 1995–2001, § 325 HGB Rz 70.

Konzernanhangs nach § 314 Abs. 1 Nr. 26 HGB gefordert wird, was eine gesonderte Offenlegung obsolet macht.

113 Nach § 325 Abs. 1b Satz 2 HGB muss eine gesonderte Offenlegung des Beschlusses nur erfolgen, wenn im Jahresabschluss nur der Vorschlag für die Ergebnisverwendung enthalten ist.

114 Eine gesonderte Offenlegung kann **unterbleiben, wenn** ein Gewinnverwendungsvorschlag bzw. -beschluss **nicht notwendig** ist. Dies gilt insb. bei Ergebnisabführungsverträgen gem. §§ 291 ff. AktG (ggf. analog für die GmbH), bei denen die Abführung des gesamten Jahresüberschusses dazu führt, dass das Ergebnis der beherrschten Ges. i.d.R. null beträgt, oder wenn ein Bilanzverlust ausgewiesen wird und keine ausschüttungsfähigen Gewinnrücklagen vorhanden sind. Die übrigen Offenlegungspflichten bleiben hiervon unberührt.

115 Ist keine zuvor genannte Befreiungsregelung anzuwenden, muss gem. § 325 Abs. 1b HGB der Beschluss für die Gewinnverwendung offengelegt werden, wenn im Anhang nur der Vorschlag wiedergegeben war. Bei einer AG/KGaA ergibt sich die Pflicht zur Aufstellung eines Gewinnverwendungsvorschlags für den Vorstand aus § 170 Abs. 2 AktG und § 176 Abs. 1 Satz 1 AktG; dieser ist dem Aufsichtsrat und der Hauptversammlung vorzulegen.

116 Besonderheiten gelten bei einer GmbH, die über einen Aufsichtsrat verfügt. Während für den **obligatorischen Aufsichtsrat** nicht auf § 170 AktG verwiesen wird, geschieht dies in § 52 Abs. 1 GmbHG für den fakultativen Aufsichtsrat. Ein solches Ergebnis ist wenig überzeugend, weil damit die eigentlich strengeren Verpflichtungen zu weniger strengen Regelungen führen. Dies hat zur Folge, dass bei einer GmbH eine Offenlegung des Gewinnverwendungsvorschlags geboten ist, wenn ein fakultativer Aufsichtsrat besteht, nicht aber bei einem obligatorischen.[111]

117 Erfolgt – zeitlich später – die Beschlussfassung über die Gewinnverwendung, ist auch dieser Beschluss elektronisch offenzulegen. Hierbei muss der Jahresüberschuss bzw. Jahresfehlbetrag angegeben werden. Die Zuständigkeit für die Beschlussfassung über die Gewinnverwendung liegt bei der AG/KGaA gem. § 174 AktG bei der Hauptversammlung, bei der GmbH gem. § 42 Abs. 2 GmbHG bei der Gesellschafterversammlung.

118 Satz 4 a.F. enthielt für die **GmbH** eine wichtige Ausnahme: Danach sind **keine Aussagen** über die Ergebnisverwendung zu machen, „wenn sich anhand dieser Angaben die **Gewinnanteile von natürlichen Personen feststellen** lassen". Hiermit sollten persönliche Daten der Gesellschafter geschützt werden.[112] Diese Ausnahme bezog sich sowohl auf Vorschläge für die Gewinnverwendung als auch auf die Beschlussfassung. Ein gesonderter Hinweis, dass diese Möglichkeit genutzt wurde, musste nicht aufgenommen werden, konnte aber der Transparenz dienen. Seit der Verabschiedung des BilRUG besteht diese Möglichkeit direkt aus § 325 HGB nicht mehr.

Allerdings sind kleine KapG nach § 288 Abs. 1 HGB von der Angabe des Vorschlags und des Beschlusses über die Ergebnisverwendung befreit. Zudem dürfen nach der Gesetzesbegründung Angaben zu den Bezugsberechtigten der

---

[111] Nach Auffassung von Ziegler, Rpfleger 1989, S. 92, soll eine analoge Anwendung der aktienrechtlichen Regelungen geboten sein.
[112] Vgl. BT-Drs. 12/7912 v. 15.6.1994 S. 23.

Gewinnausschüttung weiterhin unterbleiben, um damit die Belange des Datenschutzes zu wahren. **Wie im bisherigen Recht müssen die Bezüge einzelner natürlicher Personen aus ihrer Gesellschafterstellung nicht offengelegt werden.**[113] Gleichwohl finden sich in der Literatur auch Stimmen, die die Streichung mit einer deutlichen Einschränkung gleichsetzen.[114]

Aus dem Ziel dieser Regelung folgt, dass sie bereits dann anzuwenden ist, wenn **bei einem Gesellschafter** diese Möglichkeit besteht.[115] Gem. § 40 Abs. 1 GmbHG haben die Geschäftsführer eine Gesellschafterliste zu führen und evtl. Veränderungen zum Handelsregister einzureichen. Damit wird es möglich zu erkennen, wer in welchem Umfang an der Ges. beteiligt ist. Sofern für einen Gesellschafter festgestellt werden kann, wie hoch seine Gewinnanteile sind, lässt sich damit der Gewinnanteil der anderen Gesellschafter errechnen.[116] Folglich ist eine Berufung auf diese Regelungen bereits immer dann möglich, wenn bei einem der Gesellschafter diese Gefahr besteht.

119

> **Praxis-Beispiel**
> An der D-GmbH sind der Gesellschafter A und die B-GmbH beteiligt. Ausweislich der Gesellschafterliste ist A zu 60 % und die B-GmbH zu 40 % an der D-GmbH beteiligt. Würde offengelegt, welchen Gewinnanteil die B-GmbH bekommt, kann ermittelt werden, wie hoch die Ausschüttungen an den Gesellschafter A sind.

Der Begriff der **natürlichen Person** erfasst nicht nur die direkte Beteiligung durch eine solche Person, sondern auch die mittelbare über eine PersG; wenn im Übrigen die Voraussetzungen erfüllt wären, können auch stille Beteiligungen dazu gehören. Bei einem mehrstufigen Personengesellschaftskonzern kann streitig sein, ob eine Berufung auf diese Regelung erfolgen kann. Vor dem Hintergrund der ggf. drohenden Sanktionen sind diejenigen, die sich auf solche Erleichterungen berufen, gut beraten, mithilfe einer aussagefähigen Dokumentation einen entsprechenden Nachweis zu führen.

120

Für die Gliederung des **Gewinnverwendungsvorschlags** bietet es sich an, auf das Schema in § 170 Abs. 2 Satz 2 AktG zurückzugreifen. Bei AktG und KGaA ist dies zwingend, bei den anderen Rechtsformen ist dies ebenfalls sinnvoll, wobei eine terminologische Anpassung geboten sein kann. Auf jeden Fall muss deutlich werden, wie hoch der Betrag ist, der an die Gesellschafter verteilt wird, der in die Gewinnrücklagen eingestellt wird und der auf neue Rechnung vorgetragen wird.

121

Bei KapCoGes werden die **Gewinnanteile** bereits bei der Bilanzerstellung den Kapitalkonten der Gesellschafter anteilig zugeschrieben. Folglich kann ein **Gewinnverwendungsvorschlag** oder die **Beschlussfassung** hierüber nur Bedeutung haben, wenn im Gesellschaftsvertrag insoweit abweichende Regelungen getroffen werden. Ist dies nicht der Fall, hat diese Vorgabe für die genannten PersG keine Bedeutung.

122

---

[113] Vgl. BR-Drs. 23/15 v. 23.1.2015 S. 81 f.
[114] M.w.N. z.B. Grottel, in Beck Bil-Komm., 14. Aufl. 2024, § 285 HGB Rz 972.
[115] HM, vgl. z.B. ADS, Rechnungslegung und Prüfung der Unternehmen, 6. Aufl. 1995–2001, § 325 HGB Rz 64.
[116] Vgl. Pfitzer/Wirth, DB 1994, S. 1940.

123 Die Neufassung des Abs. 1 durch das BilRUG hat dazu geführt, dass der Gewinnverwendungsvorschlag nicht mehr in der Liste der offenlegungspflichtigen Unterlagen enthalten ist. Dies rechtfertigt sich daraus, dass für mittelgroße und große KapG die Pflicht geschaffen wurde, im Anhang bzw. im Konzernanhang den Vorschlag oder ggf. den Beschluss über die Verwendung des Ergebnisses auszuweisen. Damit sind diese Informationen bereits aus dem Anhang ersichtlich, sodass eine gesonderte Offenlegung mit Wirkung ab dem Gj 2016 entfallen kann. Hierbei wird im Regelfall ein Vorschlag zur Gewinnverwendung vorliegen. Wird später ein Gewinnverwendungsbeschluss getroffen, ist dieser unverzüglich nach seinem Vorliegen offenzulegen.[117]

3.5 Formvorschriften

124 Durch § 325 Abs. 1 Satz 2 HGB wird angeordnet, dass die Offenlegung in einer Form geboten ist, die eine elektronische Offenlegung ermöglicht. Hiermit soll erreicht werden, dass die Daten übernommen und nicht erneut erfasst werden müssen. Damit wird es möglich, die Kosten der Offenlegung zu senken und dieses Verfahren zu beschleunigen sowie Fehler zu vermeiden.

Die Offenlegung hat mithilfe des Internet-Portals der das Unternehmensregister führenden Stelle, aktuell dem Bundesanzeiger-Verlag, zu erfolgen, der dazu die Publikationsplattform eingerichtet hat.

4 Bekanntmachungspflicht im Bundesanzeiger (Abs. 2 a.F.)

125 Um die gewünschte Publizität zu erreichen, verpflichtete § 325 Abs. 2 HGB a.F. die Mitglieder des vertretungsberechtigten Organs (Rz 36 ff.) zur „unverzüglichen" Bekanntmachung im Anschluss an die Einreichung beim BAnz. Mit dem DiRUG wurde dieser zweistufige Prozess abgeschafft, da die Übermittlung der Unterlagen, die die nach dem 31.12.2021 beginnenden Gj betreffen, nun unmittelbar zur Einstellung in das Unternehmensregister führt (§ 8b HGB).

126 Der Gesetzgeber nahm bis zum Gj. 2021 eine sprachliche Differenzierung vor: Gem. Abs. 1 hat eine „**Einreichung**" der Unterlagen zum Betreiber des BAnz zu erfolgen, in Abs. 2 und Abs. 3a wird von einer „**Bekanntmachung**" gesprochen. Hiermit wurden zwei unterschiedliche Pflichten erfasst: Während die gesetzlichen Vertreter die Einreichung selber vornehmen können, kann die Bekanntmachung im BAnz nicht durch das Unt selbst, sondern nur durch dessen Betreiber erfolgen. Insoweit kann das Unt nur veranlassen, dass eine solche Bekanntmachung vorgenommen wird. Allerdings kommt diesem Unterschied in der Praxis keine wesentliche Bedeutung zu, denn i.d.R. werden die gesetzlichen Vertreter mit der Einreichung zum BAnz dessen Betreiber bitten, für eine Bekanntmachung zu sorgen.[118]

127 Unter „**unverzüglich**" ist nach allgemeinem Verständnis ohne schuldhaftes Zögern zu verstehen (Rz 91). Hieraus folgt, dass nur solche zeitlichen Verzögerungen hinzunehmen sind, für die die gesetzlichen Vertreter kein Verschulden trifft. Im Allgemeinen ist zu erwarten, dass die organisatorischen Vorkehrungen getroffen werden, um dieser Verpflichtung zeitnah nachkommen zu können. Um

---

[117] Vgl. BT-Drs. 18/4050 v. 20.2.2015 S. 78.
[118] Gl. A. Maul/Seidler, in Noack, Das neue Gesetz über elektronische Handels- und Unternehmensregister – EHUG, 2007, S. 140.

5 Offenlegung eines internationalen Einzelabschlusses mit befreiender Wirkung (Abs. 2a und 2b)

Durch das BilReG hat der Gesetzgeber die Möglichkeit geschaffen, anstelle des offenzulegenden HGB-Einzelabschlusses einen Einzelabschluss nach internationalen Rechnungslegungsstandards zu verwenden. Mit diesen Regelungen wird Art. 5 der IAS-Verordnung[119] umgesetzt. Dies gilt jedoch **nur für Zwecke der Offenlegung**. Hiervon unberührt bleibt die Notwendigkeit, einen Jahresabschluss nach Maßgabe der HGB-Vorschriften zu erstellen.[120] Dieser bildet weiterhin die Grundlage für die Ausschüttungsbemessung, die steuerliche Gewinnermittlung, die Kapitalerhaltung, die Verlustanzeigepflichten[121] usw. Um zusätzliche bürokratische Belastungen für die Unt zu vermeiden, bildet die Regelung ein Wahlrecht. 128

Um einen Verlust von Informationen zu vermeiden, hat der Gesetzgeber in § 325 Abs. 2a HGB angeordnet, welche **Anforderungen dieser Jahresabschluss** zu erfüllen hat. Einerseits sind die internationalen Vorgaben vollständig anzuwenden, wodurch eine tw. Anwendung des HGB und ein partieller Rückgriff auf internationale Rechnungslegungsstandards ausgeschlossen werden.[122] Andererseits finden ausgewählte HGB-Vorschriften ergänzend Anwendung. Zugleich müssen weitere, in Abs. 2b normierte Anforderungen erfüllt werden, damit der Abschluss befreiende Wirkung entfalten kann. 129

Mit dem DiRUG wurde § 325 Abs. 2a Satz 1 HGB dahingehend geändert, dass bei der Offenlegung von Unterlagen von Gj, die nach dem 31.12.2021 beginnen, nach den Vorgaben des § 325 Abs. 1 Satz 2 HGB nun gem. § 8b Abs. 2 Nr. 4 HGB unmittelbar die Zugänglichmachung der Unterlage über die Internetseite des Unternehmensregisters erfolgt und damit an die Stelle des Jahresabschlusses ein Einzelabschluss nach § 325 Abs. 2a HGB treten kann. Dies begründet der Gesetzgeber damit, es auch künftig den Unt zu ermöglichen, ihre Informationspolitik besser zu steuern.[123] 130

Mit dem DiRUG hat der Gesetzgeber für Gj, die nach dem 31.12.2021 beginnen, klargestellt, dass der Anwendungsbereich des § 325 Abs. 2a HGB – entsprechend seiner ursprünglichen Intention[124] – **auf große Kapitalgesellschaften** und diesen gleichgestellte Personenhandelsgesellschaften nach § 264a HGB i.S.d. § 267 Abs. 3 HGB **beschränkt** ist.[125]

---

[119] ABl. EG L 243/1 v. 19.7.2002.
[120] Vgl. Lüdenbach/Hoffmann/Freiberg, Haufe IFRS-Kommentar, 22. Aufl. 2024, § 7 Rz 8.
[121] Vgl. § 92 Abs. 1 AktG bzw. § 49 Abs. 3 GmbHG.
[122] Ein solcher Abschluss würde nicht den gesetzlichen Anforderungen genügen; vgl. BT-Drs. 15/3419, S. 46.
[123] RegE DiRUG, S. 116, https://www.bmj.de/SharedDocs/Downloads/DE/Gesetzgebung/RegE/RegE_Entwurf_Gesetzes_Umsetzung_Digitalisierungrichtlinie.pdf?__blob=publicationFile&v=3>, Abruf 1.10.2024.
[124] Vgl. BT-Drs. 15/3419. v. 24.6.2004 S. 45.
[125] Vgl. Müller/Potthast/Reinke, PiR 2021, S. 341 ff.

5.1 Anforderungen an den Abschluss
5.1.1 Allgemeine Grundsätze

131 Eine befreiende Wirkung kann nur eintreten, wenn der Jahresabschluss den in § 315e Abs. 1 HGB bezeichneten Standards genügt. Hierbei handelt es sich um die von der EU-Kommission im Wege des Komitologieverfahrens übernommenen IFRS. Hingegen hat ein IFRS-Abschluss keine befreiende Wirkung, wenn er nicht nur die von der EU anerkannten Standards berücksichtigt, sondern alle. Andernfalls würde der Wortlaut des § 315e HGB nicht ausreichend beachtet.[126]

132 Der IFRS-Jahresabschluss hat die folgenden Bestandteile:
- Bilanz,
- Gesamtergebnisrechnung,
- GuV (sofern diese nicht in die Gesamtergebnisrechnung integriert ist),
- Eigenkapitalspiegel,
- Kapitalflussrechnung und
- Anhang.
- Sofern es sich um ein kapitalmarktorientiertes Unt handelt, muss der Anhang eine Segmentberichterstattung und die GuV Angaben zu den „earnings per share" enthalten.

133 Gem. § 171 Abs. 4 Satz 2 AktG muss der Aufsichtsrat den Jahresabschluss „billigen", bevor dieser vom Vorstand offengelegt werden kann. Der Gesetzgeber hat darauf verzichtet, wie beim Konzernabschluss alternativ eine Billigung durch die Hauptversammlung vorzusehen. Entscheidend hierfür waren die hiermit verbundenen Verzögerungen bei der Offenlegung.[127] Dieses Vorgehen verdeutlicht, dass der Gesetzgeber nicht nur eine Information der Öffentlichkeit erreichen wollte, sondern dieser die Daten auch zeitnah zur Verfügung stehen sollen.

134 Bei einer GmbH führt § 52 Abs. 1 GmbHG zu einer entsprechenden Anwendung von § 171 AktG, sodass der Abschluss den Gesellschaftern und ggf. dem Aufsichtsrat vorzulegen ist (Rz 46 ff.). Die Billigung setzt eine Prüfung durch den Aufsichtsrat voraus. Hierüber ist ein Bericht zu erstellen, der gem. § 325 Abs. 1 Satz 1 Nr. 2 HGB offenzulegen ist.

5.1.2 Anwendung von HGB-Vorschriften

135 Der Gesetzgeber ordnet aus drei Gründen die ergänzende Anwendung von HGB-Vorschriften zu den IFRS an:[128]
- Vorschriften, die **unabhängig** von den zu befolgenden **Rechnungslegungsvorschriften** immer Gültigkeit besitzen,
- Vorschriften, die ausgewählte Regelungen der **Bilanzrichtlinie umsetzen**, und
- Vorschriften, die dem **öffentlichen Interesse** dienen oder Angaben **vervollständigen**, die für den Nutzer relevant sind.

136 Zur ersten Gruppe gehören:
- § 243 Abs. 2 HGB: Grundsatz der Klarheit und Übersichtlichkeit (§ 243 Rz 20ff.),
- § 244 HGB: Aufstellung in deutscher Sprache und in EUR (§ 244 Rz 4ff.),[129]

---

[126] Vgl. Fey/Geubert, KoR 2006, S. 95.
[127] Vgl. BT-Drs. 15/3419, v. 24.6.2004 S. 54.
[128] Vgl. BT-Drs. 15/3419 v. 24.6.2004 S. 47f.
[129] Kritisch Hüttche, DStR 2004, S. 1190.

- § 245 HGB: Pflicht zur Unterzeichnung (§ 245 Rz 1 ff.) und
- § 257 HGB: Aufbewahrungsvorschriften (§ 257 Rz 1 ff.).

Zur zweiten Gruppe gehören: 137
- § 285 Satz 1 Nr. 7 HGB: Anhangangabe zur Beschäftigtenzahl (§ 285 Rz 37 ff.),
- § 285 Satz 1 Nr. 8b HGB: Anhangangabe zum Personalaufwand (§ 285 Rz 44 ff.),
- § 285 Satz 1 Nr. 9 HGB: Anhangangabe zu den Bezügen der (ehemaligen) Organmitglieder sowie zu den ihnen gewährten Krediten und Vorschüssen (§ 285 Rz 49 ff.); hierbei konnte bis einschl. des Gj 2020 unter den Voraussetzungen des § 286 Abs. 6 HGB[130] auf die in § 285 Satz 1 Nr. 9 Buchst. a Sätze 5–8 HGB a. F. verlangten Angaben verzichtet werden, ab dem Gj 2021 sind diese Angabepflichten ohne Befreiungsmöglichkeit mit dem ARUG II in § 162 AktG verschoben worden (§ 315d Rz 3 ff.),
- § 285 Satz 1 Nr. 11 HGB: Anhangangabe zu den Unt, von denen die bilanzierende Ges. mind. 20 % der Anteile besitzt (§ 285 Rz 79 ff.),
- § 285 Satz 1 Nr. 11a HGB: Unt, deren unbeschränkt haftender Gesellschafter das bilanzierende Unt ist (§ 285 Rz 84 ff.).

Unter den Voraussetzungen des § 286 Abs. 3 HGB (§ 286 Rz 12 ff.) kann im Jahresabschluss nach internationalen Rechnungslegungsstandards auf die Angaben gem. § 285 Satz 1 Nr. 11 und 11a HGB verzichtet werden.

Zur dritten Gruppe gehören die folgenden Regelungen: 138
- § 285 Satz 1 Nr. 10 HGB: namentliche Nennung der Organmitglieder (§ 285 Rz 73 ff.),
- § 285 Satz 1 Nr. 15 HGB: Angaben zu den persönlich haftenden Gesellschaftern bei PersG nach § 264a HGB (§ 285 Rz 106 ff.),
- § 285 Satz 1 Nr. 16 HGB: Angaben zur Entsprechenserklärung gem. § 161 AktG (§ 285 Rz 110 ff.) und
- § 285 Satz 1 Nr. 17 HGB: Angaben zur Höhe der Vergütung des Abschlussprüfers (§ 285 Rz 113 ff.).

Sofern im Gesellschaftsrecht **weitere Vorgaben** zu Erläuterungen i. R. d. Anhangs bestehen, wie insb. zu den Rücklagen der AG gem. § 152 Abs. 2 und 3 AktG, sind diese nicht in den IFRS-Anhang aufzunehmen. Entscheidend hierfür ist, dass sich alle materiellen Fragen, wie insb. die Höhe der möglichen Ausschüttungen oder die Umwandlung von Rücklagen in Nennkapital, aus dem HGB-Jahresabschluss ergeben.   139

Der Lagebericht des Unt bezieht sich auf den HGB-Abschluss. Nutzt ein Unt das Wahlrecht des § 325 Abs. 2a HGB, ordnet Satz 4 die Bezugnahme im Lagebericht auf den internationalen Abschluss an. Dies ist jedoch nur insoweit erforderlich, wie sich die Angaben nicht bereits aus dem Anhang („notes") ergeben, weil sonst eine doppelte Berichterstattung erfolgte. Um dies zu verhindern, sollte im Lagebericht auf den Anhang verwiesen werden.[131] Diese Vorgehensweise hat den Vorzug, dass die von § 325 Abs. 2a Satz 2 HGB verlangte Vollständigkeit gewahrt bleibt. Dabei muss der Verweis eindeutig sein. Er darf nicht dazu führen, dass einem Außenstehenden der Einblick erschwert wird, sodass ein präziser Verweis unter Angabe der exakten Fundstelle in den „notes"   140

---

[130] Vgl. hierzu Klatte, BB 1995, S. 35 ff.; Pfitzer/Wirth, DB 1994, S. 1938 f.
[131] Gl. A. Fey/Deubert, KoR 2006, S. 98; Müller, in Baetge/Kirsch/Thiele, Bilanzrecht, § 325 HGB Rz 115, Stand: 4/2022.

geboten ist. Hingegen könnte eine umgekehrte Verweisung dazu führen, dass nicht alle Angaben in den „notes" enthalten sind. Dies ist nur zulässig, wenn ein IFRS-Standard den Verweis explizit erlaubt.[132]

141 In der Praxis werden tw. zwei eigenständige Lageberichte aufgestellt, die im Übrigen identisch sind, aber bei der Darstellung der Vermögens-, Finanz- und Ertragslage ein Lagebericht auf den HGB-Abschluss Bezug nimmt und der andere auf den IFRS-Abschluss (§ 324a Rz 17). Gem. § 325 Abs. 2a und 2b HGB sind dann beide Abschlüsse offenzulegen. Dies hat zur Konsequenz, dass kein Verlust an Informationen ggü. einer zusammengefassten Veröffentlichung eintritt. Daher ist davon auszugehen, dass diese Vorgehensweise zulässig ist.

142 Diese Erläuterungen haben sich – entsprechend dem **Grundsatz der Wesentlichkeit** – auf bedeutsame Änderungen bzw. Abweichungen zu beziehen. Ferner muss erkennbar bleiben, auf welchen Regelungskreis sich die Angaben im Lagebericht beziehen.

143 Als grundlegend problematisch erweist sich die „**Vermischung**" von internationalen und nationalen Vorgaben. Dies führt im Detail zu erheblichen Problemen, weil Begrifflichkeiten z. T. abweichend definiert werden.

> **Praxis-Beispiel**[133]
> Der Kreis der Arbeitnehmer wird nach den IFRS bzw. den HGB-Vorschriften unterschiedlich abgegrenzt. So zählen z.B. Vorstände und Geschäftsführer nach IAS 19.5 zu den employees, nicht aber zu den Arbeitnehmern gem. § 267 HGB.

144 Um die angestrebte Transparenz zu erlangen, kann es sich anbieten, i.R.d. Berichterstattung zu erläutern, nach Maßgabe welcher Regelungen eine Ermittlung vorgenommen wurde. Dies führt jedoch zwangsläufig dazu, dass entweder die IFRS nicht umfassend angewendet werden oder von den HGB-Regelungen abgewichen wird.

145 Durch das CSR-Richtlinie-Umsetzungsgesetz wurde § 325 Abs. 2a Satz 4 HGB präzisiert. Dadurch soll eine Klarstellung erfolgen, dass auch bei einer befreienden Offenlegung gem. dem den internationalen Rechnungslegungsstandards (IFRS) entsprechend aufgestellten Einzelabschluss der Lagebericht offenzulegen ist. Entscheidet sich das Unt für einen IFRS-Abschluss, soll dies nicht zur Folge haben, dass es keinen Lagebericht aufstellen muss. Hiervon bleibt die Verpflichtung unberührt, in den Lagebericht eine nichtfinanzielle Erklärung aufzunehmen.[134]

5.1.3 Nichtanwendung von Vorschriften

146 Durch § 325 Abs. 2a Satz 5 HGB werden die übrigen Vorschriften des Zweiten Unterabschnitts des Ersten Abschnitts und des Ersten Unterabschnitts des Zweiten Abschnitts des Dritten Buchs auf den Abschluss nach § 325 Abs. 2a HGB für nicht anwendbar erklärt. Hieraus folgt, dass die unter Rz 135 ff. genannte Aufzählung

---

[132] Vgl. Prigge, KoR 2006, S. 253; Fey/Deubert, KoR 2006, S. 98.
[133] In Anlehnung an Hüttche, DStR 2004, S. 1191.
[134] Vgl. BR-Drs. 547/16 v. 23.9.2016 S. 64.

5.1.4 Suspendierung des Wahlrechts

§ 286 Abs. 1 HGB ermöglicht es, insoweit auf eine Berichterstattung zu verzichten, als es „für das Wohl der Bundesrepublik Deutschland oder einer ihrer Länder erforderlich" ist (§ 286 Rz 4 ff.). Durch § 325 Abs. 2a Satz 6 HGB wird angeordnet, dass eine Berufung auf diese Ausnahmeregelung dazu führt, dass eine **befreiende Wirkung** des IFRS-Einzelabschlusses **nicht eintritt**. Vielmehr bleibt es bei der Offenlegungspflicht nach § 325 Abs. 2 HGB, sodass eine Anwendung der HGB-Vorschriften geboten ist. In diesem Rahmen ist zu entscheiden, inwieweit eine Berufung auf § 286 Abs. 1 HGB möglich ist. Damit wird erreicht, dass ein Verstoß gegen die IFRS wegen deren sonst unvollständiger Anwendung unterbunden wird.[135]

147

Der Gesetzgeber hat durch das ARUG II[136] den Verweis in § 325 Abs. 2a Satz 3 HGB auf § 286 Abs. 5 HGB aufgehoben. Hierbei handelt es sich um eine Folgeänderung aus der Aufhebung des § 286 Abs. 6 HGB (vgl. zur Erläuterung § 286 Rz 1).

148

Diese Änderung ist erstmals auf Jahres- und Konzernabschlüsse sowie Lage- und Konzernlageberichte für das nach dem 31.12.2020 beginnende Gj anzuwenden.[137]

5.2 Weitere Voraussetzungen für die befreiende Wirkung

Neben den Anforderungen hinsichtlich der materiell zu beachtenden Regelungen für eine befreiende Wirkung des Abschlusses von großen KapG nach § 325 Abs. 2a HGB definiert Abs. 2b **weitere Voraussetzungen**. Sind diese nicht erfüllt, hat der Abschluss – trotz Beachtung der Vorgaben des Abs. 2a – keine befreiende Wirkung. Dies sind im Einzelnen die folgenden Anforderungen, die **kumulativ** vorliegen müssen:

149

Aufgrund von § 324a Abs. 1 HGB (§ 324a Rz 8 ff.) besteht eine faktische Prüfungspflicht für den Abschluss, der nach § 325 Abs. 2a HGB befreiende Wirkung entfalten soll. Ist hingegen keine Prüfung erfolgt, hat die Offenlegung keine befreiende Wirkung. Dieser **Bestätigungsvermerk** bzw. der Vermerk über seine Versagung ist in die Offenlegung gem. § 325 Abs. 2 HGB einzubeziehen. Damit wird der entsprechende Vermerk zur Prüfung des HGB-Jahresabschlusses ersetzt.

150

Es sind der Vorschlag und ggf. der Beschluss über die **Ergebnisverwendung** (Rz 112 ff.) unter Angabe des Jahresüberschusses bzw. des Jahresfehlbetrags in die Offenlegung mit einzubeziehen. Der Gesetzgeber will damit die Bedeutung des HGB-Abschlusses für die Ausschüttungsbemessung und die Bedeutung der Ausschüttung für den Bilanzleser betonen.[138] Hingegen ist eine „Überleitungsrechnung" zwischen dem IFRS- und dem HGB-Ergebnis nicht vorgeschrieben. Sie kann sich aber anbieten, um den Einblick in die Vermögens-, Finanz- und Ertragslage der KapG zu verbessern.

151

Große KapG und große KapCoGes hatten – auch bei Anwendung des § 325 Abs. 2a HGB – letztmalig ihren Einzelabschluss des Gj 2021 zusammen mit dem

152

---

[135] Dies zöge auch eine Beanstandung gem. § 322 Abs. 4 HGB nach sich; vgl. BT-Drs. 15/3419 v. 24.6.2004 S. 46.
[136] V. 12.12.2019, BGBl 2019 I S. 2637.
[137] Art. 83 EGHGB n. F.
[138] Vgl. BT-Drs. 15/3419 v. 24.6.2004 S. 47.

Bestätigungsvermerk (bzw. dessen Versagung) beim Betreiber des BAnz elektronisch einzureichen. Ferner sind die unter Rz 128 genannten Unterlagen offenzulegen.

Gem. § 325 Abs. 2b Nr. 3 HGB i.d.F. des DiRUG für Gj, die nach dem 31.12.2021 beginnen, ist zur Erreichung der Offenlegung des Einzelabschlusses der **Jahresabschluss** mit dem **Bestätigungsvermerk** bzw. dem **Vermerk über Versagung** in deutscher Sprache nach Maßgabe des Abs. 1a Satz 1 und des Abs. 4 der das Unternehmensregister führenden Stelle elektronisch zur Einstellung in das Unternehmensregister durch **dauerhafte Hinterlegung zu übermitteln**. Damit senkt der Gesetzgeber die Anforderungen an die Offenlegung des Jahresabschlusses deutlich ab. Dieser ist somit nicht mehr frei im Internet abrufbar, sondern die Einstellung in das Unternehmensregister erfolgt nur durch dauerhafte Hinterlegung. Der Jahresabschluss kann in diesem Fall nur kostenpflichtig auf Antrag durch die Übermittlung einer Kopie eingesehen werden (§ 9 Abs. 6 Satz 3 HGB). Somit kann zwar weiterhin nur von einer „begrenzt befreienden" Wirkung der Offenlegung eines Einzelabschlusses nach § 325 Abs. 2a HGB gesprochen werden, doch ist durch die Hinterlegung die Hürde für den Einblick deutlich höher gelegt worden, was diese bislang kaum genutzte Form der Offenlegung ggf. attraktiver werden lässt.[139]

153 I.R.d. Neufassung des Abs. 1 durch das BilRUG war dem Gesetzgeber ein redaktioneller Fehler unterlaufen. In Abs. 2b Nr. 3 wurde auf Abs. 1 Satz 1 bis 4 verwiesen, um den Jahresabschluss mit dessen Bestätigungs- bzw. Versagungsvermerk in Bezug zu nehmen. Diese waren jedoch infolge der Neuregelungen dort nicht mehr geregelt. Durch das CSR-Richtlinie-Umsetzungsgesetz wurde dieser Verweis auf den Jahresabschluss mit dem dazugehörigen Vermerk auf Abs. 1 und Abs. 1a Satz 1 angepasst. Diese Regelung hat lediglich klarstellende Bedeutung, weil sich bereits sowohl aus dem Kontext als auch aus der Historie der Norm ergab, was der Gesetzgeber regeln wollte.

6 Offenlegung von Konzernabschluss und Konzernlagebericht (Abs. 3 und 3a)

6.1 Offenlegungspflicht

154 Die Regelungen zur Übermittlung an die das Unternehmensregister führende Stelle in elektronischer Form (§ 325 Abs. 1 bis 1b HGB) und die Verkürzung der Offenlegungspflicht von max. zwölf auf vier Monate für kapitalmarktorientierte Unt (Abs. 4) gelten auch für den **Konzernabschluss** und den **Konzernlagebericht**.

155 Diese Verpflichtung besteht für die gesetzlichen **Vertreter** bzw. Mitglieder des vertretungsberechtigten Organs (Rz 37 ff.) **der Konzernmuttergesellschaft**, weil § 290 HGB die Pflicht zur Aufstellung des Konzernabschlusses der Muttergesellschaft überträgt. Folglich ist nach diesen Grundsätzen zu entscheiden, ob ein Konzernabschluss aufzustellen ist (§ 290 Rz 17 ff.).

156 Da an die Pflicht zur Aufstellung des Konzernabschlusses angeknüpft wird, folgt hieraus, dass die Abs. 3 und 3a für solche **Unt** keine Bedeutung haben, die **keinen Konzernabschluss aufstellen** müssen. Die Regelung begründet keine eigenstän-

---

[139] Vgl. Müller, in Baetge/Kirsch/Thiele, Bilanzrecht, § 325 HGB Rz 125, Stand: 4/2022.

dige Konzernrechnungslegungspflicht. Unerheblich ist hierbei, ob die Nichterstellung aufgrund der nicht gegebenen Konzernkriterien oder der Berufung auf einen Befreiungstatbestand (wie z.B. § 291 oder § 293 HGB) erfolgt.

Die Verpflichtung bezieht sich auf den **Konzernabschluss** und den **Konzernlagebericht**. Ersterer besteht gem. § 297 Abs. 1 HGB aus der Konzernbilanz, der Konzern-GuV, dem Konzernanhang, der Kapitalflussrechnung und dem Eigenkapitalspiegel. Ferner kann er wahlweise um eine Segmentberichterstattung erweitert werden. Da es sich hierbei um ein Wahlrecht handelt, kann dieses m.E. für die Offenlegung unabhängig davon ausgeübt werden, ob eine solche Rechnung erstellt wurde. Folglich kann ein erstellter Segmentbericht nicht offengelegt werden. Außenstehende bekommen damit nicht weniger Informationen, als wenn das Unt von der Erweiterungsmöglichkeit keinen Gebrauch gemacht hätte. Eine **freiwillige Segmentberichterstattung** kann an die das Unternehmensregister führende Stelle übermittelt werden. 157

Die Verpflichtung besteht unabhängig davon, ob der Konzernabschluss nach Maßgabe der **HGB-Vorschriften** aufgestellt wird oder auf Grundlage von § 315e HGB **internationalen Rechnungslegungsstandards** folgt. Ist Letzteres der Fall, ist dieser „internationale" Abschluss offenzulegen. 158

Der **Konzernlagebericht** ist kein Bestandteil des Konzernabschlusses. Folgerichtig wird dieser im Gesetz gesondert aufgeführt. Sein Inhalt ergibt sich primär aus § 315 HGB (§ 315 Rz 1 ff.); mit der Umsetzung der CSRD ist der Konzernlagebericht um einen Konzernnachhaltigkeitsbericht als gesonderter Teil zu ergänzen (Rz 218 ff.). 159

Der Konzernabschluss steht neben dem Jahresabschluss der Muttergesellschaft. Diese Parallelität spiegelt sich bei der Offenlegung wider, denn es müssen beide Abschlüsse (zzgl. der Lagebericht) offengelegt werden. Mit dem TransPuG[140] wurde § 299 Abs. 1 HGB dahingehend geändert, dass der Stichtag des Jahresabschlusses des MU und des Konzernabschlusses übereinstimmen müssen. Die gemeinsame Offenlegung beider Abschlüsse ist sinnvoll. 160

Hieraus erklärt sich, dass die Unterlagen auf den Konzernabschluss und den Konzernlagebericht beschränkt sind. Die anderen in Satz 2 und 3 genannten Unterlagen werden schon i.R.d. Jahresabschlusses offengelegt. Sollte dies ausnahmsweise nicht der Fall sein, ist zu prüfen, ob aufgrund der „entsprechenden Anwendung" eine Offenlegung i.R.d. Konzernabschlusses geboten ist.[141] Allerdings kann der Konzerngewinn nicht ausgeschüttet werden, sodass es keine Vorschläge oder Beschlüsse über seine Verwendung geben kann. 161

Der Konzernabschluss wird nicht festgestellt, sondern „nur" gebilligt. Dies setzt jedoch voraus, dass er zuvor vom Aufsichtsrat geprüft wurde. Der **Bericht des Aufsichtsrats** ist gem. § 325 Abs. 1 Satz 1 Nr. 2 offenlegungspflichtig. Ist das MU eine GmbH ohne Aufsichtsrat, ist der Konzernabschluss gem. § 42a Abs. 4 GmbHG von der Gesellschafterversammlung zu billigen. 162

---

[140] V. 19.7.2002, BGBl 2002 I S. 2681.
[141] Gl.A. Maul/Seidler, in Noack, Das neue Gesetz über elektronische Handels- und Unternehmensregister – EHUG, 2007, S. 138.

6.2 Zusammenfassungsmöglichkeiten

163 § 322 HGB gibt die Möglichkeit, den Bestätigungsvermerk des Abschlussprüfers zusammenzufassen, wenn der Konzernabschluss zusammen mit dem Jahresabschluss der Mutter oder mit einem nach § 325 Abs. 2a HGB erstellten Abschluss, also einem Jahresabschluss unter Beachtung internationaler Rechnungslegungsstandards, bekannt gemacht wird. In diesem Fall kann der Abschlussprüfer einen gemeinsamen Bestätigungsvermerk für beide Abschlüsse erteilen. Folglich kann dieses Testat nur insgesamt mit beiden Abschlüssen offengelegt werden.

164 Der Begriff des **(Abschluss-)Prüfungsberichts** bezieht sich auf den des Aufsichtsrats, nicht den des Abschlussprüfers: erstens ist dessen Bericht ohnehin nicht offenlegungspflichtig (Rz 76) und zweitens ergibt sich dies aus der Stellung der Regelung. Sie bezieht sich – i.V.m. der durch Abs. 3 angeordneten sinngemäßen Anwendung – auf § 325 Abs. 1 Satz 1 Nr. 2 HGB. Gem. § 170 Abs. 1 Satz 2 AktG ist der Aufsichtsrat verpflichtet, den Konzernabschluss zu prüfen und hierüber in der Hauptversammlung zu berichten.[142]

165 Hinsichtlich der Prüfungspflicht durch den Aufsichtsrat bei anderen Rechtsformen, insb. bei einer GmbH, gelten die Ausführungen unter Rz 81 ff. entsprechend.

7 Fristverkürzung für kapitalmarktorientierte Unternehmen (Abs. 4)

166 Durch § 325 Abs. 4 Satz 1 HGB wird die **Frist** zur Offenlegung **auf vier Monate begrenzt**. Diese Regelung gilt für kapitalmarktorientierte Unt i.S.v. § 264d HGB (§ 264d Rz 4ff.), die keine KapG i.S.v. § 327a HGB sind. Dies sind Ges., die ausschl. zum Handel an einem organisierten Markt zugelassene Schuldtitel i.S.d. § 2 Abs. 1 Satz 1 Nr. 3 WpHG mit einer Mindeststückelung von 100 TEUR oder dem am Ausgabetag entsprechenden Gegenwert einer anderen Währung ausgeben (§ 327a Rz 2ff.). Die Erleichterung für die kapitalmarktorientierten Unt, die ausschl. zum Handel an einem organisierten Markt zugelassene Schuldtitel i.S.d. § 2 Abs. 1 Nr. 3 WpHG mit einer Mindeststückelung von 100 TEUR oder dem am Ausgabetag entsprechenden Gegenwert einer anderen Währung begeben haben, ist seit dem DiRUG nicht mehr im § 325 HGB genannt, da sich bereits aus § 327a HGB selbst ergibt, dass die verkürzte Offenlegungsfrist des § 325 Abs. 4 Satz 1 HGB auf kapitalmarktorientierte Kapitalgesellschaften i.S.d. § 327a HGB keine Anwendung findet.

Bei der Frist handelt es sich um den **max. zulässigen Zeitraum**, sodass eine frühere Offenlegung möglich ist. Dies ergibt sich schon aus der zeitlichen Vorgabe in § 325 Abs. 1a HGB, wo die dortige Frist von zwölf Monaten als äußerste Frist normiert (Rz 90) wird.

167 Für die **Berechnung der Fristen** gelten die allgemeinen Regelungen (Rz 90ff.). Eine Fristverlängerung ist nicht zulässig.

168 Inhaltlich erstreckt sich diese Pflicht auf den Jahresabschluss und den Bestätigungsvermerk bzw. Versagungsvermerk. Für die anderen offenlegungspflichtigen Unterlagen ergibt sich die Verpflichtung zur Offenlegung mit dem Jahresabschluss aus dem Wortlaut von § 325 Abs. 1 Satz 3 HGB a.F. („gleichzeitig") bzw. § 325 Abs. 1 Satz 1 Nr. 2 HGB n.F. Damit sind im Ergebnis alle Unterlagen i.S.d. Rz 49ff. innerhalb dieser Frist offenzulegen.

---

[142] Vgl. AK Corporate Governance Reporting, DB 2024, S. 405.

In § 325 Abs. 2 HGB wird den gesetzlichen Vertretern aufgegeben, unverzüglich nach der Einreichung der Unterlagen für deren **Bekanntmachung** zu sorgen. Infolge der Verkürzung der Frist auf vier Monate ergibt sich, dass auch früher bekannt zu machen ist, weil dies unverzüglich im Anschluss an die Einreichung zu erfolgen hat. 169

8 Ergänzende Regelungen in Gesetz, Gesellschaftsvertrag oder Satzung (Abs. 5)

§ 325 Abs. 5 HGB ordnet an, dass andere Publizitätspflichten von § 325 HGB unberührt bleiben. Die Quellen, aus denen sich weitere Offenlegungsverpflichtungen ergeben können, sind nicht abschließend. Weitergehende Verpflichtungen können sich z.b. aufgrund der Rechtsform (etwa bei Genossenschaften) oder infolge der Tätigkeit (etwa bei Kreditinstituten und VersicherungsUnt) ergeben. Diese Vorschriften führen dazu, dass eine Berufung auf die Regelung des § 325 HGB mit Wirkung für die gesetzliche Offenlegungspflicht eröffnet wird. So wäre es bspw. möglich, unter den Voraussetzungen des § 325 Abs. 2a (und 2b HGB) einen Abschluss i.S.v. § 315e Abs. 1 HGB offenzulegen und darüber hinausgehende Verpflichtungen auf anderer Grundlage zu erfüllen. Ob eine solche Vorgehensweise wirtschaftlich sinnvoll ist, wird im Einzelfall genau zu prüfen sein. 170

171

9 Anforderungen an die Unterlagen

Seit der Neuregelung durch das EHUG wird das Handelsregister in elektronischer Form geführt. Hieraus ergeben sich Rückwirkungen für die Offenlegung des Jahresabschlusses: dieser ist nunmehr in elektronischer Form vorzulegen. Dies ergibt sich aus dem Verweis in § 325 Abs. 6 HGB auf § 12 HGB. Dessen Abs. 2 ordnet an, dass die Dokumente in elektronischer Form zum Handelsregister einzureichen sind. Diese Regelungen gelten auch für Rechnungslegungsunterlagen, die beim BAnz einzureichen sind. Dies kommt bereits in Abs. 1 Satz 1 zum Ausdruck, der eine **„elektronische" Einreichung** anordnet. 172

Die Landesregierungen können gem. § 8a Abs. 2 Satz 2 HGB genaue Datenvorgaben für die elektronische Dateneinreichung bestimmen. Die Übergangsregelung zur Zulassung einer Einreichung in Papierform ist bereits zum 31.12.2009 abgelaufen. 173

Der Verweis auf § 11 HGB trägt der Publizitätsrichtlinie[143] Rechnung. Neben der obligatorischen Veröffentlichung kann eine freiwillige Offenlegung in der Amtssprache eines jeden Mitgliedstaats der EU erfolgen. Diese vom Unt eingereichte – neben dem deutschen Text – gestellte Übersetzung des Inhalts der Eintragung wird weder von Amts wegen geprüft noch wird eine beglaubigte Übersetzung verlangt. § 11 Abs. 2 HGB begrenzt die Publizitätswirkung dieser Übersetzung(en) auf die Fälle, in denen eine Diskrepanz zwischen der deutschen und der ausländischen Fassung besteht. Die Übersetzung kann einem Dritten durch das Unt nicht entgegengehalten werden, gleichwohl kann sich der Dritte hierauf berufen, sofern das Unt nicht nachweist, dass dem Dritten die Diskrepanz bekannt war. 174

---

[143] RL 68/151/EWG v. 9.3.1968 i.d.F. d. RL 2003/58/EG v. 15.7.2003, ABl. L 221/13.

175 Durch den letzten Hs. wird angeordnet, dass § 325a Abs. 1 Satz 3 und § 340l Abs. 2 Satz 6 HGB unberührt bleiben. Hieraus folgt, dass in den Fällen, in denen Deutsch nicht die Amtssprache (§ 325a Rz 38) im Staat der Hauptniederlassung ist, eine Veröffentlichung in Englisch möglich ist oder eine vom Handelsregister der Niederlassung beglaubigte Abschrift oder notfalls die Bescheinigung eines Wirtschaftsprüfers vorgelegt werden kann (§ 325a Rz 40 ff.).

10 Sanktionen

176 Die **Offenlegungsvorschriften** haben in Deutschland lange Zeit kaum Beachtung gefunden. In Schätzungen wurde davon ausgegangen, dass bis zu 95 % aller deutschen Unt ihren Offenlegungspflichten gar nicht, nicht vollständig oder nicht fristgerecht nachkamen.[144] Dieser Umstand hat dazu geführt, dass die EU-Kommission ein Vertragsverletzungsverfahren gegen die BRD einleitete und vor dem EuGH gegen die BRD obsiegte.[145] Hinzu kam ein zweites EuGH-Verfahren zur Offenlegungspflicht für KapG & Co. KG. Dies zeigte, dass die BRD die Europäischen Richtlinien nicht zutreffend in nationales Recht umgesetzt hatte.[146] Dies hat dazu geführt, dass der Gesetzgeber mit dem EHUG die **Sanktionen bei Nichtbeachtung** der Offenlegungsvorschriften grundlegend verändert hat.[147] Hierbei kommt es auf die Frage eines möglichen Verschuldens nicht an, vgl. zu Möglichkeiten einer zulässigen Vermeidung oder Begrenzung der Offenlegung Rz 187 ff.

177 Die seit 1.1.2007 geltenden Regelungen[148] sehen unterschiedliche Konsequenzen und Sanktionen vor. Sie zielen darauf ab, einerseits eine **zeitnahe** Offenlegung zu gewährleisten. Andererseits sollen Sanktionen angeordnet werden, wenn **unzutreffende** Angaben vorsätzlich oder leicht fahrlässig offengelegt werden.

178 Für den Abschlussprüfer ist fraglich, wie er zu verfahren hat, wenn er i.R.d. Jahresabschlussprüfung feststellt, dass die gesetzlichen Vertreter ihre Offenlegungspflicht nicht erfüllt haben. Nach Auffassung des IDW ist hierüber im Prüfungsbericht zu berichten.[149] Hierbei handelt es sich um einen Anwendungsfall des § 321 Abs. 1 Satz 3 HGB (§ 321 Rz 72 ff.). Dies gilt unabhängig davon, ob

---

[144] Vgl. zu empirischen Befunden z.B. Noack, Unternehmenspublizität, 2002, Rz 87; Heni, DStR 1999, S. 914; Marx/Dallmann, BB 2004, S. 929 ff.; Theile/Mitsche, WPg 2006, S. 1141 ff., sowie zu möglichen Sanktionen Baetge/Apelt, DB 1988, S. 1709 ff., insb. S. 1711 ff., sowie zur früheren Praxis Berndsen, Unternehmenspublizität – Eine empirische Untersuchung zur Messung des Publizitätsverhaltens großer börsennotierter Aktiengesellschaften und der Auswirkung auf die Anlageentscheidungen am Aktienmarkt, 1979, S. 23 ff., und zur Veränderung aufgrund des EHUG Henselmann/Kaya, WPg 2009, S. 498 ff.; Schauß, DB 2010, S. 153 ff.; speziell zu den Kapitalgesellschaften & Co. Buchheim, DB 2010, S. 1133 ff. Es ist nunmehr davon auszugehen, dass die Offenlegungsquote bei deutlich über 90 % liegt.
[145] Vgl. EuGH, Urteil v. 29.9.1998, C-191/95, Slg. 1998, I-05449. Grundlage hierfür bildete das Verfahren C-97/96 mit EuGH, Urteil v. 4.12.1997, Daihatsu-Händler e.V., Slg. 1997, I-06843. Vgl. hierzu z.B. de Weert, BB 1998, S. 366; Hirte, NJW 1999, S. 36 ff. Vgl. zu einer empirischen Untersuchung zur Nutzung der offengelegten Daten durch Unt Grottke/Löffelmann/Späth/Haende, DStR 2012, S. 94 ff.
[146] Vgl. EuGH, Urteil v. 23.9.2004, Rs. C-435/02, Axel Springer AG/Zeitungsverlag Niederrhein, und C-103/03, Weske, DStRE 2004, S. 1257; vgl. zu einer Analyse z.B. Kiesel/Grimmen, DStR 2004, S. 2210 ff.
[147] Vgl. zu den zunächst durch das KapCoRiLiG geschaffenen Antragsverfahren Zimmer/Eckhold, NJW 2000, S. 1361 ff., insb. die EU-rechtlichen Bedenken auf S. 1368.
[148] Vgl. zum alten Recht z.B. Weirich/Zimmermann, AG 1985, S. 272 ff. (speziell zur kleinen AG).
[149] Vgl. IDW PS 450.50 n.F.

es sich um einen einmaligen oder einen wiederholten Verstoß gegen die Offenlegungspflicht handelt. Besonderheiten gelten jedoch hinsichtlich der Offenlegung des Konzernabschlusses: Wird die Prüfung des Einzelabschlusses zu einem Zeitpunkt beendet, zu dem die Aufstellungsfrist für den Konzernabschluss noch nicht abgelaufen ist, besteht keine Berichtspflicht. Ist hingegen diese Frist schon abgelaufen, ist entsprechend zu berichten.[150]

Wird festgestellt, dass der Bestätigungsvermerk bzw. Versagungsvermerk einer vorherigen Prüfung durch das Unt verändert oder **unzutreffend offengelegt** wurde, hat der Prüfer einen Anspruch auf Unterlassung und muss auf eine Richtigstellung drängen. 179

Die im Folgenden erläuterten Sanktionen gelten aufgrund von § 335b HGB auch für KapCoGes. 180

Neben den im Weiteren dargestellten Sanktionen kann ein Verstoß gegen die Sorgfaltspflichten i.S.v. § 93 AktG bzw. § 43 GmbHG vorliegen. Ferner droht ggf. eine deliktische Schadensersatzhaftung gem. § 823 Abs. 2 BGB. 181

10.1 Verstoß gegen die Offenlegungspflicht

§ 335 HGB sieht vor, dass gegen die Mitglieder der vertretungsberechtigten Organe wegen der Nichtbefolgung von § 325 HGB ein Ordnungsgeldverfahren einzuleiten ist. Das Ordnungsgeld beträgt mind. 2.500 EUR, höchstens 25 TEUR.[151] Durch das Gesetz zur Änderung des HGB[152] wurden diese Mindestwerte für KleinstKapG i.S.v. § 267a HGB auf 500 EUR und für kleine KapG i.S.v. § 267 Abs. 1 HGB auf 1.000 EUR gesenkt.[153] Außerdem kann jeweils ein geringerer Betrag festgesetzt werden, wenn die Beteiligten die Sechswochenfrist (nach dem Zugang der Androhung) nur geringfügig überschreiten (§ 335 Abs. 4 Satz 2 Nr. 4 HGB). Dieses Verfahren ist auch durchzuführen, wenn der Jahresabschluss pflichtwidrig noch nicht erstellt ist. Es besteht auch die Möglichkeit eines Ordnungsgeldverfahrens gegen die Ges. (§ 335 Rz 1 ff.).[154] 182

Bei einem Verstoß gegen die Offenlegungspflichten aus § 341w HGB (Offenlegung von Zahlungsberichten) sieht § 341x HGB die Möglichkeit eines Ordnungsgeldes von bis zu 50 TEUR vor. 183

Bei einem Verstoß gegen die Offenlegungspflichten aus § 342m HGB (Offenlegung von Ertragssteuerinformationsberichten) sieht § 342o HGB die Möglichkeit eines Ordnungsgeldes von bis zu 250 TEUR vor. 184

Vertretungsberechtigte Organe sind die in Rz 34 ff. genannten gesetzlichen Vertreter. Hierzu gehören auch Aufsichtsratsmitglieder, wenn sie eine Position innehaben, die dem aktienrechtlichen Aufsichtsratkonzept entspricht. Dies ist bei einer AG und KGaA der Fall. Bei einer GmbH hängt dies von der Ausgestaltung des Aufsichtsrats ab. Sie haften für ein festgesetztes Ordnungsgeld als Gesamtschuldner. 185

---

[150] Vgl. Ammermann/Ravenstein, WPg 2009, S. 691.
[151] Vgl. zu einer möglichen Rückstellungsbildung für dieses Ordnungsgeld und die künftige Erfüllung der Offenlegungspflicht Althoff/Hoffmann, GmbHR 2010, S. 518.
[152] V. 4.10.2013, BGBl 2013 I S. 3746.
[153] Vgl. zu diesen Änderungen Meyer, DStR 2013, S. 931 ff.; Zwirner/Busch/Froschhammer, StuB 2013, S. 318.
[154] Vgl. zu einer Rechtsprechungsübersicht zu diesem Verfahren Stollenwerk/Kurpat, BB 2009, S. 150 ff.

10.2 Unrichtige Darstellung

186 Gem. § 331 HGB kann mit Freiheitsstrafe bis zu drei Jahren oder mit Geldstrafe bestraft werden, wer als Mitglied in einem vertretungsberechtigten Organ zur Erlangung der Befreiung nach § 325 Abs. 2a Satz 1, Abs. 2b HGB einen Jahresabschluss nach den in § 315e Abs. 1 HGB genannten internationalen Rechnungslegungsstandards vorsätzlich oder leichtfertig offenlegt, in dem die Verhältnisse der Ges. unrichtig wiedergegeben oder verschleiert worden sind (§ 331 Rz 1 ff.).

11 Gestaltungen zur Vermeidung oder Begrenzung der Offenlegung

187 Viele Unt befürchten durch die Offenlegung ihres Jahresabschlusses gravierende Nachteile.[155] Im Einzelnen werden insb. die Einblicke von Geschäftspartnern genannt, die zu Problemen bei künftigen Vertragsverhandlungen führen können (etwa wenn die Ertragslage des Unt sehr gut ist und die Vermutung nahe liegt, dass aus der bisherigen Geschäftsbeziehung eine hohe oder zumindest überdurchschnittliche Marge erzielt werden konnte). Ferner kommen persönliche Aspekte hinzu, etwa wenn nicht bekannt werden soll, wie eigenkapitalstark ein Unt ist und damit wie vermögend die hieran beteiligten Gesellschafter sind. Dies gilt entsprechend für besonders negative Werte und hieraus befürchtete negative Rückschlüsse auf die Dauerhaftigkeit einer Geschäftsbeziehung. Ein besonderes Problem bildete lange Zeit die Offenlegung der Höhe der Vergütungen der Leitungsorgane, was jedoch durch das Vorstandsvergütungs-Offenlegungsgesetz[156] einer tw. gesetzlichen Lösung zugeführt wurde.

188 Im konkreten Fall sind die Vor- und Nachteile sowie die **weiteren Auswirkungen** abzuwägen, um zu entscheiden, ob die Maßnahme für die Erleichterung bei der Offenlegung verhältnismäßig ist und ob möglicherweise entstehende Folgewirkungen hinnehmbar sind.

189 Im Folgenden werden Ansätze vorgestellt, die zu einer Vermeidung oder zumindest zu einer weniger umfangreichen Offenlegungspflicht führen könnten. Denkbar ist darüber hinaus, eine **Verzögerungsstrategie** zu verfolgen.[157] Diese zielt darauf ab, Informationen erst dann offenlegen zu müssen, wenn diese bereits tw. veraltet sind und damit die Einsichtsmöglichkeiten in das Unt erst zu einem Zeitpunkt gewährt werden, wenn die hiermit möglicherweise verbundenen Nachteile sich nicht mehr so negativ auswirken können. Diese Strategie zielt darauf ab, alle zeitlichen Spielräume auszuschöpfen, um so insgesamt die Voraussetzungen für eine Offenlegung erst möglichst spät zu erfüllen. Bei einer nicht fristgerechten Einreichung besteht eine Karenzzeit von sechs Wochen, innerhalb der nur eine Bearbeitungsgebühr von 50 EUR ausgelöst wird. Bei einer darüber hinausgehenden Fristüberschreitung wird das Ordnungsgeldverfahren eingeleitet. Nach einer empirischen Studie handelt es sich hierbei um das am häufigsten angewendete Instrument. Danach gaben 8 % der Unt an, sogar kontinuierlich

---

[155] Vgl. Grottke/Löffelmann/Späth/Haendel, DStR 2012, S. 94 ff.; Muzzu/Prystav/Stein, DStR 2013, S. 1304.
[156] V. 3.8.2005, BGBl 2005 I S. 2267.
[157] Vgl. Kußmaul/Ruiner, KoR 2007, S. 681; Kaya, Strategien zur Verminderung und Vermeidung der Jahresabschlusspublizität, 2010, S. 75.

Bußgelder in Kauf zu nehmen, um einer zeitnahen Offenlegung zu entgehen.[158] Allerdings ist zu prüfen, ob eine solche Vorgehensweise mit der Compliance-Strategie des Unt zu vereinbaren ist.

11.1 Wechsel der Rechtsform

Die Offenlegungspflichten gelten nur für KapG und KapCoGes. Folglich unterliegen klassische PersG und Einzelunternehmer nicht der Offenlegungspflicht gem. § 325 HGB. Für sie gelten allenfalls die Regelungen des § 9 PublG. Hiermit sind insb. die folgenden Vorteile verbunden: **190**

Die Offenlegungspflicht gilt nur, wenn nach Maßgabe des § 1 Abs. 1 PublG eine Rechnungslegungspflicht besteht. Tab. 3 stellt diese Größenmerkmale gegenüber. Es wird deutlich, dass eine Pflicht zur Rechnungslegung nach dem PublG **erst bei deutlich größeren Unt** eintritt. Folglich wird es möglich, der Offenlegungspflicht zu entgehen, sofern die Größenklassen des PublG nicht überschritten werden, zumal selbst kleine Ges. i.S.v. § 267 Abs. 1 HGB offenlegungspflichtig sind. Lediglich KleinstKapG i.S.v. § 267a HGB können sich auf die Erleichterungen in § 326 Abs. 2 HGB (Rz 24 und § 326 Rz 24 ff.) berufen, müssen dann allerdings eine Hinterlegung des Jahresabschlusses vornehmen. **191**

Der Gesetzgeber hat die monetären Schwellenwerte des § 267 HGB bereits mehrfach erhöht (§ 267 Rz 1), während die Regelungen im PublG nicht verändert wurden. Danach ergibt sich das folgende Verhältnis:

	§ 267 HGB	§ 1 Abs. 1 PublG	Faktor
Bilanzsumme	7,5 Mio. EUR	65 Mio. EUR	8,67
Umsatzerlöse	15 Mio. EUR	130 Mio. EUR	8,67
Arbeitnehmer	> 50	> 5.000	100

Tab. 3: Vergleich der Größenklassen zwischen HGB und PublG

Besteht infolge des Überschreitens der Größenklassen des PublG grds. eine Offenlegungspflicht, müssen zwar die für große KapG geltenden Regelungen beachtet werden. Allerdings können die Erleichterungen des § 5 Abs. 2 PublG genutzt werden. Danach brauchen die **GuV** und der Beschluss über die **Verwendung** des Ergebnisses **nicht** offengelegt zu werden, wenn die folgenden Angaben in einer Anlage zur Bilanz gemacht werden: **192**
1. die Umsatzerlöse i.S.d. § 277 Abs. 1 HGB,
2. die Erträge aus Beteiligungen,
3. die Löhne, Gehälter, sozialen Abgaben sowie Aufwendungen für Altersversorgung und Unterstützung,
4. die Bewertungs- und Abschreibungsmethoden einschl. wesentlicher Änderungen und
5. die Zahl der Beschäftigten.

---

[158] Vgl. Grottke/Löffelmann/Späth/Naendnel, DStR 2012, S. 98 f.

Ferner können die folgenden Positionen **zusammengefasst** und unter dem Eigenkapital ausgewiesen werden:
1. die Kapitalanteile der Gesellschafter,
2. die Rücklagen,
3. ein Gewinnvortrag und
4. ein Gewinn unter Abzug der nicht durch Vermögenseinlagen gedeckten Verlustanteile von Gesellschaftern, eines Verlustvortrags und eines Verlusts.

193 PersG und EKfl. sind von der Pflicht, einen Anhang zu erstellen und den Jahresabschluss um einen Lagebericht zu ergänzen, gem. § 5 Abs. 2 PublG befreit. Folglich muss auch deren Offenlegung nicht erfolgen, und zwar auch nicht, wenn freiwillig entsprechende Unterlagen erstellt werden. Etwas anderes gilt nur, wenn Angaben nicht in der Bilanz bzw. GuV gemacht werden, sondern in den Anhang verlagert werden.[159]

194 Im Ergebnis dürfte damit eine **deutliche Erleichterung der Offenlegungsproblematik** eintreten, selbst wenn es nicht gelingen sollte, unter den Grenzwerten zu bleiben und eine Offenlegung nach dem PublG damit ganz zu vermeiden. Fraglich ist, ob die Gesellschafter bereit sind, ausschl. zur Erreichung dieser Vorteile einen Rechtsformwechsel vorzunehmen. Für eine Rechtsform sprechen i.d.R. vielfältige Gründe, sodass die Wahl mit großer Sorgfalt getroffen wurde, wobei sowohl der Haftung als auch steuerlichen Überlegungen besondere Bedeutung zukommt. Insoweit ist fraglich, ob die hiermit verbundenen Auswirkungen verhältnismäßig zum erlangbaren Vorteil bei der Offenlegung sind.[160] Allerdings führt die Optionsmöglichkeit für Personenhandelsgesellschaften gem. § 1a KStG dazu, dass mögliche steuerliche Nachteile möglicherweise tw. begrenzt werden können.[161] Dies sollte bei der Aufstellung dieser Teile des Jahresabschlusses berücksichtigt werden, um Anhang und Lagebericht vermeiden zu können.

195 Dieser Überlegung kommt besondere Bedeutung zu, wenn eine freiberufliche Tätigkeit ausgeübt wird.[162] Sofern als Rechtsform keine KapG gewählt wird, sondern etwa eine BGB-Ges. (oder z.B. eine Partnerschaftsges.), kann damit die Offenlegungspflicht nach Maßgabe sowohl des HGB als auch des PublG vermieden werden. Dies gilt auch seit Umsetzung der Vorschläge für eine Partnerschaftsgesellschaft mit beschränkter Berufshaftung (PartG mbB)[163] (Rz 3). Entscheidend ist hierfür, dass die Offenlegung an die Rechtsform anknüpft und KapG und PersG erfasst, nicht aber jegliche Form von Ges. Ggf. kann durch die Auslagerung von entsprechenden Tätigkeiten in eine eigene Ges. für eine gewerbliche Tätigkeit eine mit weniger strengen Offenlegungspflichten verbundene Größenklasse i.S.v. § 267 HGB erreicht werden oder die Voraussetzungen geschaffen werden, um als KleinstKapG i.S.v. § 267a HGB qualifiziert zu werden, um so die Erleichterungen des § 326 Abs. 2 HGB (Rz 24) zu nutzen. Hierbei muss jedoch verhindert werden, dass eine Pflicht zur Aufstellung eines Konzernabschlusses entsteht.

---

[159] Vgl. z.B. ADS, Rechnungslegung und Prüfung der Unternehmen, 6. Aufl. 1995–2001, § 9 PublG Anm 20.
[160] Vgl. zum Wechsel in eine rechtsfähige Stiftung des privaten Rechts Dorozala/Söffing, DStR 2000, S. 1569f.
[161] Vgl. eingehend Kaminski, Stbg 2021, S. 456ff.
[162] Vgl. Christ/Müller-Helle, Veröffentlichungspflichten nach dem neuen EHUG, 2007, S. 157.
[163] Vgl. Gesetz zur Einführung einer Partnerschaftsgesellschaft mit beschränkter Berufshaftung und zur Änderung des Berufsrechts der Rechtsanwälte, Patentanwälte, Steuerberater und Wirtschaftsprüfer v. 15.7.2013, BGBl 2013 I S. 2390.

Ist an einer offenlegungspflichtigen Ges. eine natürliche Person beteiligt, kann durch einen Wechsel in die Rechtsform der GmbH erreicht werden, dass die Angaben über die Ergebnisverwendung nicht offengelegt werden müssen (Rz 118 ff.). Insoweit kann eine tw. Erleichterung bei der Offenlegung erreicht werden, ohne dass hiermit eine Aufgabe der Haftungsbeschränkung für die Gesellschafter verbunden ist. 196

11.2 „Vollhafter-Modell"

Ein weiterer Gestaltungsansatz ist für haftungsbeschränkte Personenhandelsges. besonders interessant. Dabei gilt es, den Umstand zu nutzen, dass die Offenlegungspflicht nur besteht, wenn keine natürliche Person als Komplementär an der Ges. beteiligt ist, wie dies bei der klassischen GmbH & Co. KG der Fall ist. Hierbei kann auf die Gestaltungsansätze zurückgegriffen werden, die genutzt wurden, um die Prüfungspflicht i.R.d. KapCoRiLiG zu verhindern (s. zu solchen Gestaltungsmöglichkeiten Rz 176 ff.). Der wohl bedeutendste Ansatz in diesem Bereich ist das sog. Vollhafter-Modell.[164] 197

Denkbar ist, dass KapG eine Umwandlung in eine PersG vornehmen, um so in den Anwendungsbereich dieses Ansatzes zu kommen. Allerdings haben bereits die Ausführungen unter Rz 192 ff. gezeigt, dass es sich hierbei um einen vergleichsweise grundlegenden Eingriff handelt. Vorteilhaft kann für die bisherigen Gesellschafter jedoch sein, dass sie in der neuen Ges. nicht zwingend die Stellung eines Komplementärs einnehmen müssen. Insoweit besteht möglicherweise eher die Bereitschaft, an einer solchen Umstrukturierung mitzuwirken. 198

An der Personenhandelsges. wird eine natürliche Person beteiligt, die unbeschränkt haftet. Da für die bisherigen Gesellschafter die Begrenzung ihrer persönlichen Haftung häufig ein wesentliches Motiv für die gewählte Struktur war, werden sie sich regelmäßig nicht bereit erklären, die Rolle des Vollhafters zu übernehmen. Folglich muss eine andere Person gefunden werden. Denkbar ist, eine vermögenslose Privatperson zu verwenden. Da diese i.d.R. keinen Einfluss auf die Geschäftsführung haben soll, wird sie im Innenverhältnis von der Geschäftsführung und Vertretung ausgeschlossen.[165] 199

Zumindest nach bisherigem Verständnis würde diese Vorgehensweise dazu führen, dass die Offenlegungspflicht vermieden wird. Bisher ist lediglich für Zwecke des § 264a HGB die Auffassung vertreten worden, dass die Hereinnahme einer natürlichen Person zur Vermeidung des § 264a HGB nicht ausreichend sein soll.[166] Dies entspricht jedoch nicht der hM und steht auch nicht im Einklang mit dem Gesetzeswortlaut. Für die Praxis wären mit dieser Auffassung vielfältige Schwierigkeiten verbunden, die eine praktikable Abgrenzung kaum möglich erscheinen lassen. Es müsste eine Grenze des Einflusses des Vollhafters festgelegt und abgegrenzt werden können, deren Unterschreiten als „schädlich" zu qualifizieren wäre. Da der Status des vollumfänglich persönlich haftenden Gesellschafters unabhängig von der Geschäftsführung und Vertretung der Ges. ist, könnten hierfür keine hohen Anforderungen gestellt werden, ohne dass auch eine Vielzahl von Fällen erfasst wird, bei denen diese Struktur aus anderen Gründen gewählt wurde. 200

---

[164] Vgl. z.B. Dorozala/Söffing, DStR 2000, S. 1568; Herrmann, WPg 2001, S. 271 ff.
[165] Waßmer, GmbHR 2002, S. 413 ff., spricht deshalb von einer GmbH & Stroh KG.
[166] Vgl. Waßmer, GmbHR 2002, S. 412, 420.

201 Gleichwohl besteht eine Reihe von **zivilrechtlichen Problemen**: Fraglich ist, ob dieses Modell zu einer Benachteiligung der Gläubiger der Ges. führt, was nicht nur bei einer evtl. Insolvenz, sondern auch i.R.d. laufenden Geschäftsverkehrs u.U. zu Problemen führen kann. Sofern der Gesellschafter ausscheidet, haftet er gem. §§ 160 ff. HGB für fünf Jahre für Verbindlichkeiten der Ges. fort. Ferner ist zu überlegen, wie bei einem evtl. Erbgang des Vollhafters zu verfahren ist, insb. inwieweit im Kreis der Erben die Bereitschaft besteht, die Funktion des Vollhafters zu übernehmen. Nicht auszuschließen ist eine Durchgriffshaftung, wenn der Vollhafter zwar nach außen als Geschäftsführer auftritt, im Innenverhältnis jedoch vollständig ggü. den beschränkt haftenden Ges. weisungsabhängig ist.

202 Ein Vorteil dieser Gestaltung besteht darin, dass mit ihr nicht nur die Offenlegung nach § 325 HGB vermieden wird, sondern auch die Prüfungspflicht gem. § 316 Abs. 1 und 2 i.V.m. § 264a HGB. Ob diese Vorteile und die sich hieraus ergebenden Kosteneinsparungen ausreichen, um die Nachteile auszugleichen, bedarf einer sorgfältigen Analyse des Einzelfalls, insb. vor dem Hintergrund möglicherweise als Vollhafter in Betracht kommender Personen.

203 Besondere **Vorsicht** ist geboten, wenn die Ges. bisher nicht originär gewerblich tätig, sondern **nur gewerblich geprägt** i.S.v. § 15 Abs. 3 Nr. 2 EStG war. Durch den Eintritt der natürlichen Person als Vollhafter entfällt die gewerbliche Prägung, sodass von einer Betriebsaufgabe und einem Übergang zu einer vermögensverwaltenden Tätigkeit auszugehen ist. Hiermit verbunden sind die Aufdeckung und Besteuerung der stillen Reserven.

11.3 Erlangung der Befreiungstatbestände gem. §§ 264 Abs. 3 bzw. 264b HGB

204 Die Pflicht zur Offenlegung nach § 325 HGB entfällt, wenn eine Einbeziehung in einen Konzernabschluss erfolgt und dieser bestimmten Anforderungen genügt (Rz 15 f.). Folglich zielt die Gestaltung darauf ab, die Voraussetzungen zu schaffen, um diese Befreiungsmöglichkeiten nutzen zu können.[167]

205 Gelingt dies, muss die Ges. zwar in den Konzernabschluss einbezogen werden, jedoch nicht selbst den Jahresabschluss offenlegen. Hiermit werden die Einblicke in das Unt deutlich eingeschränkt, indem nur stark verdichtete Daten offengelegt werden, von denen zusätzlich nicht erkennbar ist, inwieweit sie sich auf welche Konzernges. beziehen.[168]

206 Die Schwierigkeiten bei diesem Ansatz liegen in den Voraussetzungen für seine Nutzung. Es ist einerseits erforderlich, dass die Muttergesellschaft einen Konzernabschluss aufstellt und offenlegt. Damit kommt es nur zu einer Einschränkung der Offenlegungspflichten, nicht aber zu deren vollständiger Vermeidung. Allerdings wird damit der Einblick in die einzelne Ges. deutlich ungenauer, insb. wenn z.B. ertragstarke und ertragschwache Ges. in den Konzernabschluss einbezogen werden und sich damit die Zahlen u.U. tw. nivellieren.

207 Als problematisch erweist sich, dass § 264 Abs. 3 Nr. 2 HGB nur anzuwenden ist, wenn die Muttergesellschaft zur Verlustübernahme nach § 302 AktG verpflichtet ist oder eine solche Verpflichtung freiwillig übernommen hat. Folglich sind die **zivilrechtlichen Haftungsrisiken** ungleich größer, wenn sich der Ge-

---

[167] Vgl. Giese/Rabenhorst/Schindler, BB 2001, S. 511 ff.; Herrmann, WPg 2001, S. 273 ff.; Kuntze-Kaufhold, BB 2006, S. 428 ff.; Deilmann, BB 2006, S. 2347 ff.
[168] Vgl. Bitter/Grashoff, DB 2000, S. 838; Dorozala/Söffing, DStR 2000, S. 1568.

sellschafter auf diese Regelung beruft. Wirtschaftlich wird er vergleichbar einem unbeschränkt haftenden Gesellschafter einer PersG gestellt, wenngleich die Einwirkungsmöglichkeiten bei den aktienrechtlichen Regelungen insoweit andere sind. Dies hat zur Folge, dass die in vielen Fällen als wesentlich angesehene Begrenzung der persönlichen Haftung für Verbindlichkeiten der Ges. mit dieser Gestaltung aufgegeben wird.

Insgesamt ist der bei der Offenlegung erlangbare Vorteil vergleichsweise gering, weil sich anders als bei einem Wechsel zur PersG die Konzernrechnungslegungspflichten nach den Größenklassen des § 293 HGB richten und nicht nach den deutlich höheren Grenzwerten des PublG (s. a. die Tabellen in Rz 191). Außerdem ist zu beachten, dass die Erklärung zur Übernahme der Verluste durch einen Gesellschafter unter Zustimmung zu diesem Verlustausgleich durch die anderen Gesellschafter die Gläubiger nicht unbillig benachteiligen darf. Diese Gefahr bestünde, sofern sich eine weitgehend vermögenslose Person oder ein entsprechendes Unt zum Ausgleich der Verluste bereit erklärt, zumal hiermit i. d. R. entsprechende Beteiligungsstrukturen einhergehen müssten. 208

Andererseits wird gerade in Konzernverbünden häufig schon aus anderen Gründen – insb. um die Voraussetzungen für die ertragsteuerliche Organschaft zu erfüllen – ein entsprechender Unternehmensvertrag geschlossen. Insoweit wird die Vermeidung der Offenlegungspflicht eher eine positive „Nebenwirkung" dieses Vertrags sein als die hauptsächliche Motivation für diesen. 209

11.4 Schaffung von kleineren Unternehmensteilen

Eine weitere Gestaltung könnte darauf zielen, die größenabhängigen Erleichterungen zu nutzen. Wie unter Rz 20 dargestellt, sind kleine KapG i.S.d. § 267 Abs. 1 HGB und kleine KapCoGes nur verpflichtet, die Bilanz und den Anhang offenzulegen, nicht aber die GuV. Insoweit kann versucht werden, den Umfang der offenlegungspflichtigen Unterlagen zu begrenzen, um so die negativen Auswirkungen der Offenlegung zu beschränken. Schließlich könnte versucht werden, die Qualifikation als KleinstKapG i.S.v. § 267a HGB zu erlangen, um sich auf § 326 Abs. 2 HGB (Rz 24) berufen zu können. 210

Die Schwierigkeiten bei diesem Ansatz liegen einerseits in den relativ niedrigen Grenzwerten in § 267 HGB bzw. § 267a HGB, andererseits in den Kosten für die Implementierung und Unterhaltung dieser Struktur.

Zwar hat der Gesetzgeber die Grenzwerte für kleine KapG bereits mehrfach erhöht, doch erreichen die Änderungen insgesamt nicht einmal einen Inflationsausgleich (Rz 191). Diese Grenzwerte dürfen auch in den nächsten Jahren nicht überschritten werden, sofern diese Vorgehensweise nicht nur sehr kurzfristig zu Vorteilen führen soll. Es zeigt sich, dass Unternehmensstrukturen zu errichten sind, die relativ kleine Ges. umfassen, und laufend zu prüfen ist, inwieweit sich den gesetzlichen Grenzen genähert wurde, sodass eine Aufteilung auf mehrere Unt notwendig wird. 211

Dies führt zu einem Anstieg der Kosten, die mit dieser Struktur verbunden sind. Es stellt sich die Frage, ob die Überführung der Substanz des bisherigen Unt auf die neuen Ges. ohne hohe Transaktionskosten erfolgen kann. Eine Spaltung ist nur steuerneutral möglich, wenn die einzelnen Unternehmensteile Teilbetriebe sind und kein Betriebsvermögen vorhanden ist, das für mehrere Teilbetriebe als 212 wesentliche Betriebsgrundlage zu qualifizieren ist. Wäre dies nicht der Fall, würde eine steuerneutrale Spaltung ausscheiden. Ferner können weitere steuerliche Nachteile infolge des Untergangs von Verlust-, Zins- oder EBITDA-Vorträgen entstehen. Schließlich sind die laufenden Kosten einer solchen Struktur nicht zu unterschätzen, denn es muss eine Reihe von Ges. gegründet und koordiniert werden. Die hiermit verbundenen Verwaltungskosten werden tendenziell höher sein als im Fall des EinheitsUnt. Hinzu können weitere Folgebelastungen kommen, etwa indem die Möglichkeit zum sofortigen Verlustausgleich nicht mehr besteht, was u.a. Liquiditäts- und Zinsnachteile verursachen kann.

213 Auch bei dieser Gestaltung müssen andere Vor- und Nachteile berücksichtigt werden. Denkbar wäre, dass schon aus anderen Gründen vergleichsweise selbstständige Unternehmensteile bestehen, sodass die Mehrbelastung eher gering ist. Allerdings resultieren aus dieser Vorgehensweise vergleichsweise komplexe Unternehmensstrukturen, die tendenziell die Anpassungsmöglichkeit an veränderte Rahmenbedingungen in der Zukunft nachteilig beeinflussen. Schließlich wird möglicherweise eine Konzernrechnungslegungspflicht ausgelöst, die wiederum zu einer umfangreichen, allerdings stärker aggregierten Offenlegung führt.

11.5 Größenabhängige Überlegungen

214 Eine weitere Gestaltung könnte darauf abzielen, die **größenabhängigen Grenzwerte**, die rückwirkend für Gj, die nach dem 31.12.2022 begonnen haben, deutlich erhöht wurden (§ 267 Rz 1),[169] zu **unterschreiten**, sodass die jeweils **günstigeren Offenlegungsvorschriften** zur Anwendung kommen. Im Ergebnis wird damit versucht, große Ges. unter die Regelungen für mittelgroße fallen zu lassen und mittelgroße unter die Vorgaben für kleine Ges. Damit wird die Nutzung der größenabhängigen Erleichterungen möglich. Allerdings ist dieser Vorteil – verglichen mit einer vollständigen Vermeidung der Offenlegung – vergleichsweise gering.[170] Dankbar wäre auch, die Voraussetzungen für eine Nutzung des § 326 Abs. 2 HGB (Rz 24) zu schaffen, indem eine Qualifikation als KleinstKapG i.S.v. § 267a HGB erlangt wird.

215 Ansatzpunkte für diese Vorgehensweise bietet die klassische Bilanzpolitik, bei der entweder mithilfe von sachverhaltsdarstellenden oder sachverhaltsgestaltenden Maßnahmen versucht wird, eine gezielte Beeinflussung der Werte zu erreichen, die für die Einstufung i.S.d. § 267 HGB wesentlich sind.[171] Naturgemäß besteht bei der Zahl der Arbeitnehmer weniger Gestaltungsspielraum, sodass insb. den Maßnahmen zur Gestaltung der Höhe der Bilanzsumme und der Umsatzerlöse Bedeutung zukommt. Denkbar wäre z.B. durch den Abschluss von Leasing-Verträgen, die zu einer Bilanzierung beim Leasinggeber führen, eine niedrigere Bilanzsumme zu erreichen. Bei solchen Maßnahmen müssen die anderen bilanziellen Auswirkungen (z.B. auf das Bilanzbild) und darüber hinausgehende Konsequenzen (z.B. bei der Beurteilung hinsichtlich der Kreditwürdigkeit der Ges.) beachtet werden.

---

[169] BGBl. v. 16.4.2024, Nr. 120.
[170] Gl. A. Höfner, NJW 2004, S. 475.
[171] Vgl. zu einer ausführlichen Darlegung der Inhalte der als Grenzwerte herangezogenen Kriterien Christ/Müller-Helle, Veröffentlichungspflichten nach dem neuen EHUG, 2007, S. 124 ff.

KapG, die i.S.v. § 267 Abs. 1 und 2 HGB als klein oder mittel einzustufen sind und i.S.v. § 264d HGB als kapitalmarktorientiert gelten, müssen die neuen Vorgaben zur Nachhaltigkeitsberichterstattung erstmalig für Gj beachten, die nach dem 31.12.2025 beginnen (Art. 2 RegE CSRD-UmsG, S. 43). Die damit verbundenen Offenlegungspflichten müssten demnach bei kalendergleichen Gj erstmalig in der Berichtssaison 2027 beachtet werden. Hier ist jedoch im Blick zu behalten, dass die Erstanwendung, bei entsprechender Begründung um bis zu zwei Jahre verschoben werden kann, so dass auch die Beachtung der Offenlegungspflichten entsprechend später zum Tragen kommen kann.

§ 325a Zweigniederlassungen von Kapitalgesellschaften mit Sitz im Ausland

(1) ¹Bei inländischen Zweigniederlassungen von Kapitalgesellschaften mit Sitz in einem anderen Staat haben die in § 13e Absatz 2 Satz 5 Nummer 3 genannten angemeldeten Personen oder, wenn solche nicht vorhanden sind, die Mitglieder des vertretungsberechtigten Organs der Gesellschaft für diese die Unterlagen der Rechnungslegung der Hauptniederlassung, die nach dem für die Hauptniederlassung maßgeblichen Recht aufgestellt, geprüft und offengelegt worden sind, nach den §§ 325, 327a und 328 offenzulegen; § 329 ist anzuwenden. ²Bestehen mehrere inländische Zweigniederlassungen derselben Gesellschaft, brauchen die Unterlagen der Rechnungslegung der Hauptniederlassung nur von den nach Satz 1 verpflichteten Personen einer dieser Zweigniederlassungen offengelegt zu werden. ³In diesem Fall beschränkt sich die Offenlegungspflicht der übrigen Zweigniederlassungen auf die Angabe des Namens der Zweigniederlassung, des Registers sowie der Registernummer der Zweigniederlassung, für die die Offenlegung gem. Satz 2 bewirkt worden ist. ⁴Die Unterlagen sind in deutscher Sprache zu übermitteln. ⁵Soweit dies nicht die Amtssprache am Sitz der Hauptniederlassung ist, können die Unterlagen der Hauptniederlassung auch
1. in englischer Sprache oder
2. in einer von dem Register der Hauptniederlassung beglaubigten Abschrift oder,
3. wenn eine dem Register vergleichbare Einrichtung nicht vorhanden oder diese nicht zur Beglaubigung befugt ist, in einer von einem Wirtschaftsprüfer bescheinigten Abschrift, verbunden mit der Erklärung, dass entweder eine dem Register vergleichbare Einrichtung nicht vorhanden oder diese nicht zur Beglaubigung befugt ist,

übermittelt werden; von der Beglaubigung des Registers ist eine beglaubigte Übersetzung in deutscher Sprache zu übermitteln.

(2) Diese Vorschrift gilt nicht für Zweigniederlassungen, die von Kreditinstituten i. S. d. § 340 oder von Versicherungsunternehmen i. S. d. § 341 errichtet werden.

(3) ¹Bei der Anwendung von Absatz 1 ist für die Einstufung einer Kapitalgesellschaft als Kleinstkapitalgesellschaft (§ 267a) und für die Geltung von Erleichterungen bei der Rechnungslegung das Recht des anderen Staates maßgeblich. ²Darf eine Kleinstkapitalgesellschaft nach dem für sie maßgeblichen Recht die Offenlegungspflicht durch die Hinterlegung der Bilanz erfüllen, darf sie die Offenlegung nach Absatz 1 ebenfalls durch Hinterlegung bewirken. ³§ 326 Absatz 2 gilt entsprechend.

(4) Die das Unternehmensregister führende Stelle fordert die Kapitalgesellschaft zur unverzüglichen Offenlegung der Änderung der Unterlagen der Rechnungslegung gem. Absatz 1 auf, wenn zum Zeitpunkt eines Dateneingangs nach § 9b Absatz 4 Satz 2 die Änderung noch nicht offengelegt worden ist.

Inhaltsübersicht

	Rz
1 Überblick	1–23
1.1 Regelungszweck und Inhalt	1–8
1.2 Anwendungsbereich	9–21
1.2.1 Zeitlicher Anwendungsbereich	9
1.2.2 Persönlicher Anwendungsbereich	10–21
1.3 Normenzusammenhänge	22–23
2 Offenlegungs- bzw. Hinterlegungspflichten für inländische Zweigniederlassungen ausländischer Kapitalgesellschaften (Abs. 1)	24–55
2.1 Betroffene Personen	24–27
2.2 Betroffene Unterlagen	28–33
2.3 Anforderungen an die Offenlegung	34–43
2.4 Hinterlegung	44–48
2.5 Prüfung durch die das Unternehmensregister führende Stelle	49–50
2.6 Rechtsfolgen bei Verstößen	51–55
3 Rückausnahme für Zweigniederlassungen von Banken und Versicherungen (Abs. 2)	56
4 Sonderregelungen für Kleinstkapitalgesellschaften (Abs. 3)	57–60
5 Vorgaben für die das Unternehmensregister führende Stelle (Abs. 4)	61
6 Übergangsvorschriften	62–63
7 Gestaltungsmöglichkeiten	64
8 CSRD-Umsetzungsgesetz: Änderungen	65

1 Überblick

1.1 Regelungszweck und Inhalt

Die Regelung zielt darauf ab, diejenigen Personen **zu schützen**, die im Inland mit den **Niederlassungen ausländischer KapG** in Beziehungen treten.[1] Dies soll erreicht werden, indem die **ausländische Hauptniederlassung** der **inländischen Zweigniederlassung** verpflichtet wird, ihre nach dem für sie maßgeblichen Recht aufgestellten, geprüften und offengelegten „Unterlagen der Rechnungslegung" (Rz 28 ff.) im Inland unter Anwendung der §§ 325, 327a, 328, 329 HGB offenzulegen bzw. zu hinterlegen. Auf EU-Ebene erfolgte eine Verschmelzung der Vierten und Siebenten EU-Richtlinie[2], die keine Änderungen im Bereich der Offenlegung vorsehen.[3]

1

Die Globalisierung führt zu einem zunehmenden Engagement von ausländischen Unt in Deutschland, sodass das Bedürfnis nach einer **Informationsmöglichkeit**

2

---

[1] Vgl. auch BT-Drs. 12/3908 3.12.1992 S. 1 sowie zu den Zielen der Zweigniederlassungsrichtlinie Kindler, NJW 1993, S. 3302.
[2] RL 2013/34/EU, ABl. EU L 182 v. 29.6.2013.
[3] Vgl. Kreipl/Müller, Stbg 2012, S. 404.

des Rechtsverkehrs gesehen wurde.[4] Insb. aufgrund der Rechtsprechung des EuGH zur Anerkennung von nach ausländischem Recht gegründeten Ges. im Inland[5] war deren zunehmende Verbreitung in Deutschland festzustellen. Diese wickeln regelmäßig ihre gesamte Unternehmenstätigkeit über eine **deutsche Zweigniederlassung** ab, während die **ausländische Hauptniederlassung** eine „Hülle" ohne geschäftliche Betätigung ist. Durch die Regelungen sollen Personen geschützt werden, die über die Zweigniederlassung mit der ausländischen Ges. in Beziehungen treten. Dies gilt unabhängig davon, dass i.R.d. Begleitgesetzgebung zum BREXIT der Versuch unternommen wurde, deutsche Zweigniederlassungen von Gesellschaften in der Rechtsform einer britischen Ltd. auf eine deutsche Rechtsform zu überführen.[6]

3 Um diese Ziele zu erreichen, ordnet die Norm eine **Offenlegung bzw. Hinterlegung der nach ausländischem Recht offenzulegenden Unterlagen im Inland** an. Um die hieraus entstehenden Belastungen für die betroffenen Unt zu beschränken, werden Anforderungen definiert, unter denen Erleichterungen (insb. hinsichtlich der Sprache) genutzt werden können. Zugleich wurde die **Elfte EG-Richtlinie**[7] in deutsches nationales Recht umgesetzt. Damit soll erreicht werden, dass inländische Zweigniederlassungen ausländischer KapG innerhalb der EU den gleichen Publizitätspflichten unterliegen wie inländische KapG.[8] Hingegen ist eine gesonderte Rechnungslegung für die Aktivitäten der inländischen Zweigniederlassung handelsrechtlich nicht erforderlich.[9]

4 Durch das CSR-Richtlinie-Umsetzungsgesetz[10] wurden in § 325 HGB formale und redaktionelle Änderungen vorgenommen (§ 325 Rz 8). Diese können auch mittelbare Auswirkungen i.R.d. § 325a HGB haben. Hingegen ist eine unmittelbare Änderung dieser Norm unterblieben.

5 Der Gesetzgeber hat durch das ARUG II § 325a Abs. 1 HGB um einen Satz 2 und 3 ergänzt. Hierzu wird auf Rz 37 verwiesen. Diese Regelung hat deklaratorischen Charakter, weil damit die schon bisher vertretende Auffassung umgesetzt wird, dass bei mehreren inländischen Zweigniederlassungen eine Offenlegung durch eine der inländischen Zweigniederlassungen ausreichend ist und bei den übrigen Zweigniederlassungen lediglich der Name der Zweigniederlassung, des Registers sowie der Registernummer der Zweigniederlassung offenzulegen ist.

6 Die aktuelle Corona-Pandemie und die hiermit verbundenen Auswirkungen haben dazu geführt, dass die Abhängigkeit von ausländischen Mutterges. z.T. besonders deutlich geworden ist. Schließlich kann nicht ausgeschlossen werden, dass wirtschaftliche Probleme der Mutter auch andere Konzernges. erfassen oder

---

[4] Vgl. zur tatsächlichen Nutzung dieser Möglichkeit Grottke/Löffelmann/Späth/Haendel, DStR 2012, S. 97f.
[5] Vgl. insb. EuGH, Urteil v. 9.3.1999, Rs. C-212/97 (Centros), Slg. 1999, S. I-1459; Urteil v. 5.11.2002, Rs. C-208/00 (Überseering), Slg. 2002, S. I-09919; Urteil v. 30.9.2003, Rs. C-167/01 (Inspire Art), Slg. 2003, S. I-10155.
[6] Vgl. BT-Drs. 12/3908 3.12.1992 S. 1.
[7] Zweigniederlassungsrichtlinie – 89/666/EWG – v. 21.12.1989, ABl. EG L 395/36 v. 30.12.1989.
[8] Vgl. z.B. Veit, BB 1997, S. 461; Kaya/Zenk, KoR 2011, S. 96.
[9] Hiervon unabhängig bleibt die Frage, wie für steuerliche Zwecke das Einkommen zu ermitteln ist. Dies kann ggf. auch durch Einnahmeüberschussrechnung nach § 4 Abs. 3 EStG oder einen unvollständigen Betriebsvermögensvergleich nach § 4 Abs. 1 EStG geschehen.
[10] Gesetz zur Stärkung der nichtfinanziellen Berichterstattung der Unternehmen in ihren Lage- und Konzernlageberichten v. 11.4.2017, BGBl I 2017 S. 802.

die Frage virulent wird, inwieweit eine Mutterges. in der Lage ist, ihre (ausländischen) Tochterges. wirtschaftlich zu unterstützen (z.B. um eine Aufrechterhaltung der Lieferketten zu gewährleisten). Vor diesem Hintergrund bleibt abzuwarten, inwieweit es zu einer Anpassung dieser Regelungen kommen wird.

Durch den mit dem DiRUG[11] mit Wirkung vom 1.1.2022 eingefügten Abs. 4 soll gewährleistet werden, dass die Offenlegung auch unverzüglich umgesetzt wird, wenn sich Änderungen der Unterlagen der Rechnungslegung nach Abs. 1 ergeben haben.

Mit der Umsetzung der CSRD ist geplant, den § 325a HGB in § 328a HGB-E zu verschieben (Rz 65) (§ 328a-E Rz 1f.).

1.2 Anwendungsbereich

1.2.1 Zeitlicher Anwendungsbereich

Die zeitliche Anknüpfung ist im Gesetz nicht eindeutig definiert.[12] Auch wenn die Zweigniederlassung im Inland zur Buchführung oder zu einer anderen Form der Gewinnermittlung oder zur Vornahme von Aufzeichnungen verpflichtet ist,[13] kommt es für Zwecke des § 325a HGB nicht darauf an, für welchen Zeitraum sie ihre Rechnungslegung erstellt. Entscheidend ist vielmehr, ob zu dem Zeitpunkt, zu dem die Hauptniederlassung ihren Jahresabschluss bzw. Konzernabschluss offenlegt, eine Zweigniederlassung im Inland besteht.

1.2.2 Persönlicher Anwendungsbereich

Die Verpflichtung besteht für **inländische Zweigniederlassungen** (bzw. deren gesetzliche Vertreter). § 325a HGB definiert – wie schon die Zweigniederlassungsrichtlinie – den **Begriff** der Zweigniederlassung nicht. Folglich ist auf die allgemeine Definition zurückzugreifen. Für die Auslegung ist das deutsche Begriffsverständnis entscheidend, auch wenn dieses vom ausländischen Recht abweichen sollte. Da die Regelung im Zusammenhang mit den §§ 13d–13g HGB steht, ist ein einheitliches Begriffsverständnis zu verwenden.

Der Gesetzgeber benutzt diesen Begriff an unterschiedlichen Stellen, so z.B. in den §§ 13, 13d, 13e, 13f HGB, nimmt jedoch keine Definition vor. Auch im Steuerrecht wird in § 12 Satz 1 Nr. 2 AO dieser Ausdruck verwendet, aber nicht definiert.[14] Folglich hat seine Bestimmung durch Auslegung zu erfolgen.

Unter einer Zweigniederlassung wird ein **rechtlich unselbstständiger, räumlich getrennter und mit einer gewissen Selbstständigkeit versehener Teil der Ges.** verstanden. Die nicht nur vorübergehend betriebenen Geschäfte müssen dem Unternehmenszweck dienen.[15] Hierbei darf es sich nicht ausschließlich um eine völlig unbedeutende Hilfstätigkeit handeln. § 13e Abs. 2 Satz 1 HGB verpflichtet KapG zur Anmeldung einer Zweigniederlassung beim inländischen Handelsregister. Die Anmeldung ist jedoch kein Tatbestandsmerkmal

---

[11] Gesetz zur Umsetzung der Digitalisierungsrichtlinie v. 5.7.2021, BGBl 2021 I S. 3338.
[12] Vgl. hierzu auch ADS, Rechnungslegung und Prüfung der Unternehmen, 6. Aufl. 1995–2001, § 325a HGB Anm. 3.
[13] Denkbar ist hier insb. eine Einnahmeüberschussrechnung gem. § 4 Abs. 3 EStG.
[14] Vgl. zur dortigen Definition z.B. König, in König, AO, 5. Aufl. 2024, Rz 25.
[15] HM, vgl. z.B. Merkt, in Baumbach/Hopt, Beck HGB-Kurzkomm. 43. Aufl. 2024, § 13 HGB Rz 3; Kindler, NJW 1993, S. 3303; Seibert, GmbHR 1992, S. 738.

13 In der Praxis werden Zweigniederlassungen und Betriebsstätten i.S.v. § 12 AO häufig gleichgesetzt.[17] Dies ist jedoch unzutreffend, weil die Zweigniederlassung nur eine Möglichkeit von vielen zur Begründung einer Betriebsstätte ist. Allerdings ist gem. § 12 Satz 1 Nr. 2 AO jede Zweigniederlassung eine Betriebsstätte, aber nicht jede Betriebsstätte eine Zweigniederlassung. Daher darf insb. nicht die Schlussfolgerung gezogen werden, dass, nur weil keine inländische Zweigniederlassung besteht, keine (beschränkte) Steuerpflicht im Inland vorliegt.

der Zweigniederlassung, sodass durch die Nichtanmeldung § 325a HGB nicht umgangen werden kann. Zweigniederlassungen können wirtschaftlich auch Beteiligungen an anderen Ges. zugeordnet sein.[16]

14 Für die Beurteilung sind die Verhältnisse zum Zeitpunkt der **Entstehung der Offenlegungs- bzw. Hinterlegungspflicht** entscheidend. Folglich wirken spätere Ereignisse nicht auf diesen Zeitpunkt zurück.

> **Praxis-Beispiel**
> Eine inländische Zweigniederlassung einer ausländischen KapG (Gj = Kj) wird im März des folgenden Jahrs in eine KapG umgewandelt. Da bis zur Vorlage des ersten Abschlusses der inländischen KapG keine Informationen zur Verfügung stehen, verlangt der Zweck des § 325a HGB, dass gleichwohl eine Offenlegung der Unterlagen der ausländischen Hauptniederlassung im Inland zu erfolgen hat.

15 Für Geschäftsjahre, die bis zum 31.12.23 beginnen, stellt die Regelung nur auf **KapG** mit Hauptniederlassung in einem EU- oder EWR-Staat ab. Für Geschäftsjahre die nach dem 31.12.2023 beginnen, entfällt diese räumliche Beschränkung, da § 325a Abs. 1 Satz 1 HGB weiter gefasst wurde und nun auf inländische Zweigniederlassungen von KapG mit Sitz in einem anderen Staat abstellt.[18] Infolge von § 264a HGB gilt diese Vorschrift auch für **KapCoGes**.[19]

Ob eine ausländische Ges. unter diese Regelung fällt, richtet sich danach, ob ihre Rechtsform einer deutschen KapG oder KapCoGes vergleichbar ist.[20] Bei Ges. innerhalb der EU sind dies die in Art. 1 der 4. EG-RL[21] genannten Ges. Bei Ges. in den EWR-Staaten ist hierfür auf die Organisations- und Haftungsstruktur abzustellen.[22] Um eine der KapCoGes vergleichbare ausländische Ges. handelt es

---

[16] Vgl. hierzu und möglichen Auswirkungen i.R.e. ertragsteuerlichen Organschaft Richter/Braun, GmbHR 2012, S. 18.
[17] Vgl. zur Abgrenzung zwischen Zweigniederlassung und Teilbetrieb Biechele, StuB 2011, S. 878.
[18] Vgl. Gesetz zur Umsetzung der Richtlinie (EU) 2021/2101 im Hinblick auf die Offenlegung von Ertragsteuerinformationen durch bestimmte Unternehmen und Zweigniederlassungen sowie zur Änderung des Verbraucherstreitbeilegungsgesetzes und des Pflichtversicherungsgesetzes v. 19.6.2023, BGBl. 2023 I Nr. 154. Zum Anwendungsbeginn siehe Art. 90 Abs. 1 EGHGB.
[19] Wie hier z.B. Müller, in Baetge/Kirsch/Thiele, Bilanzrecht, § 325a HGB Rz 6, Stand: 4/2022; Grottel, in Beck Bil-Komm., 14. Aufl. 2024, § 325a HGB Rz 1; a.A. Hütten/Zicke, in Küting/Weber, HdR-E, § 325a HGB Rz 7, Stand: 01/2023; Fehrenbacher, in MünchKomm. HGB, 5. Aufl. 2024, § 325a HGB Rz 4.
[20] Unvollständige Übersichten finden sich für die GmbH in der 1. EG-Richtlinie (ABl. EG L 65/8 v. 14.3.1968) sowie für die AG und KGaA in Art. 1 der 4. EG-Richtlinie (ABl. EG L 222/1 v. 14.8.1978).
[21] RL 78/660/EWG, ABl. EG L 222/11 v. 14.8.1978 (i.d.F. von 2009).
[22] Vgl. z.B. Merkt, in Baumbach/Hopt, Beck HGB-Kurzkomm., 43. Aufl. 2024, § 13d HGB Rz 3; Hütten/Zicke, in Küting/Weber, HdR-E, § 325a HGB Rz 5, Stand: 1/2023.

sich, wenn deren Rechtscharakter der deutschen Rechtsform entspricht. Die Beschränkung auf diesen Kreis wird damit gerechtfertigt, dass Unt, die einer Haftungsbeschränkung unterliegen, hierfür einen Ausgleich in Form der Offenlegung von Rechnungslegungsunterlagen schaffen sollen.[23] Dies ist auch der Grund, warum es im PublG keine vergleichbare Regelung gibt und auch kein Verweis auf § 325a HGB erfolgt. Die Vorschrift findet auf Genossenschaften keine Anwendung, weil die §§ 336–339 HGB keine entsprechende Regelung und keinen Verweis enthalten.

Für die Verpflichtung nach § 325a HGB ist es unerheblich, in welche Größenklasse die Zweigniederlassung und/oder die Ges. fällt.[24] Etwas anderes gilt lediglich dann, wenn hieran Befreiungs- oder Erleichterungsregelungen anknüpfen. Vgl. zu den Sonderregelungen für KleinstKapG Rz 58 ff.

Die **Hauptniederlassung** ist der (einzige) räumliche Mittelpunkt des Unt, von dem aus die Geschäfte dauerhaft geleitet werden.[25] Dies ist bei Handelsgesellschaften der Sitz, der bei juristischen Personen durch Satzung bzw. Vertrag bestimmt wird.

Fraglich ist, was als **Sitz** i. S. d. Norm zu verstehen ist. Dieser kann entweder nach der Sitz- oder nach der Gründungstheorie determiniert werden.[26] Die Sitztheorie bestimmt als Gesellschaftsstatut das Recht des Staates, in dem die Ges. ihren tatsächlichen Verwaltungssitz hat, während die Gründungstheorie auf das Recht des Staates abstellt, nach dessen Recht die Ges. gegründet wurde. Hierbei ist zu beachten, dass ein grundlegender Wandel weg von der Sitztheorie hin zur Gründungstheorie erfolgt.[27] Der Gesetzgeber hat am 7.1.2008 einen Referentenentwurf zum Internationalen Privatrecht der Ges., Vereine und juristischen Personen vorgelegt.[28] Danach war vorgesehen, von der Sitz- zur Gründungstheorie zu wechseln. Dies hätte dann auch für Zwecke des § 325a HGB gegolten.[29] Hierbei ist zu beachten, dass dieser Theorie nicht nur in den EU- und EWR-Fällen, sondern auch bei Drittstaatenges. gefolgt werden sollte. Allerdings ist dieses Gesetzesvorhaben infolge der hiergegen geäußerten – insb. mitbestimmungsrechtlichen[30] – Bedenken bisher nicht abgeschlossen.[31]

Nach derzeitigem Recht wird wohl – schon aus europarechtlichen Gründen – ebenfalls von der Geltung der **Gründungstheorie** auszugehen sein.[32] Allerdings ist dies nicht unstreitig, weil zum Zeitpunkt der Einführung der Norm die Sitztheorie als wohl noch h.M. galt und von der Rechtsprechung des EuGH gebilligt wurde.[33] Allerdings darf hierbei die zwischenzeitliche Weiterentwick-

---

[23] Vgl. z.B. Roth, ZGR 2005, S. 356.
[24] Vgl. Grottel, in Beck Bil-Komm., 14. Aufl. 2024, § 325a HGB Rz 25.
[25] Vgl. Roth/Stelmaszczyk, in Koller et al., HGB, 10. Aufl. 2023, § 13 HGB Rz 5.
[26] Vgl. grds. zu diesen Kindler, in MünchKomm. BGB, 8. Aufl. 2021, Bd. 13, IntHGesR Rz 362 ff.
[27] Vgl. grundlegend EuGH, Urteil v. 5.11.2002, Rs. C-208/00 (Überseering), Slg. 2002, S. I-09919; BGH, Urteil v. 13.3.2003, VII ZR 370/98, BGHZ 154 S. 185.
[28] RefE eines Gesetzes zum Internationalen Privatrecht der Gesellschaften, Vereine und juristischen Personen; vgl. dazu auch v. Hein, in MünchKomm. BGB, 8. Aufl. 2020, Bd. 12, IntGesR Rz 163.
[29] Vgl. Kaya/Zenk, IWB 2010, S. 574.
[30] Vgl. Däubler/Heuschmid, NZG 2009, S. 493 ff.
[31] Vgl. insoweit zur Initiative auf EU-Ebene v. Hein , in MünchKomm. BGB, 8. Aufl. 2020, Bd. 12, IntGesR Rz 163 ff.
[32] Gl. A. Zetzsche, in Claussen/Scherrer, Kölner Kommentar zum Rechnungslegungsrecht, 2010, § 325a HGB Rz 16.
[33] Vgl. grundlegend EuGH, Urteil v. 27.9.1988, Rs. 81/87, Daily Mail, Slg. 1989, S. 5483.

lung des Gemeinschaftsrechts nicht unberücksichtigt bleiben, sodass von der Gründungstheorie auszugehen ist. Folglich kommt es darauf an, in welchem Staat sich der Satzungssitz der Ges. befindet, nicht darauf, wo die tatsächlichen Entscheidungen getroffen werden, auch wenn diese Orte häufig identisch sein werden.

19 Zu den Besonderheiten bei inländischen Zweigniederlassungen bei **Banken und Versicherungen** vgl. Rz 56.

20 Handelt es sich bei der ausländischen Ges. um eine Scheingesellschaft, richtet sich deren Offenlegungspflicht nach § 325 HGB und nicht nach § 325a HGB.[34] Dies ist sinnvoll, weil damit den tatsächlichen wirtschaftlichen Verhältnissen Rechnung getragen wird.

21 Zum Fall von mehreren inländischen Zweigniederlassungen eines ausländischen Unt vgl. Rz 37.

1.3 Normenzusammenhänge

22 Die Regelung lässt die **Buchführungspflicht** aufgrund von §§ 238 ff. HGB unberührt. Sofern die inländische Zweigniederlassung Kaufmannseigenschaft hat, entsteht hieraus eine selbstständige Buchführungspflicht.

23 Die generellen **Offenlegungsvorschriften** für inländische KapG gem. § 325 HGB werden durch § 325a HGB für inländische Zweigniederlassungen von Gesellschaften in einem anderen Staat ergänzt. Für Form und Inhalt der Unterlagen bei Offenlegung und Veröffentlichung wird auf § 328 HGB verwiesen, für die Prüfungspflicht des Registergerichts auf § 329 HGB. Aufgrund § 325a Abs. 2 HGB sind § 340i Abs. 2 und § 341l HGB vorrangig vor § 325a HGB. Der durch das MicroBilG[35] geschaffene Abs. 3 trägt der Umsetzung der sog. Micro-Richtlinie[36] Rechnung. Danach können die Staaten KapG, die bestimmte Größenkriterien nicht überschreiten, von bestimmten Rechnungslegungs- und Offenlegungspflichten entbinden.[37] Da es sich hierbei um ein Wahlrecht handelt, das vom jeweils anderen Staat auszuüben ist, muss einer möglichen unterschiedlichen Ausgestaltung in den anderen Staaten Rechnung getragen werden.

2 Offenlegungs- bzw. Hinterlegungspflichten für inländische Zweigniederlassungen ausländischer Kapitalgesellschaften (Abs. 1)

2.1 Betroffene Personen

24 Die **Zuständigkeit für die Offenlegung bzw. Hinterlegung** liegt bei den Personen, die als **ständige Vertreter** die Ges. in den Angelegenheiten der Zweigniederlassung (außergerichtlich und gerichtlich) vertreten können. Sie müssen bei Anmeldung der Zweigniederlassung benannt werden (§ 13e Abs. 2 Satz 4 Nr. 3 HGB). Handelsbevollmächtigte können nur als ständige Vertreter agieren, wenn sie eine

---

[34] Vgl. LG Bonn, Urteil v. 22.1.2013, 37 T 1161/11, BeckRS 2013, 05887.
[35] BGBl 2012 I, S. 2751.
[36] RL 2012/6/EU ABl. EU L 81/3 v. 21.3.2012.
[37] Vgl. zu einem Überblick z.B. Zwirner/Froschhammer, Stbg 2013, S. 227 oder Haller/Groß, DB 2012, S. 2109.

dauerhafte Prozessführungsbefugnis (§ 54 Abs. 2 HGB) und generelle Vertretungsmacht haben.[38] Hierbei wird es sich in erster Linie um Prokuristen handeln.[39]

Sind **keine** Personen als **Vertretungsberechtigte** eingetragen, liegt die Verpflichtung bei den **gesetzlichen Vertretern der Hauptniederlassung**. Dies sind diejenigen, die die ausländische Ges. vertreten können, unabhängig davon, welchen Bezug sie zur inländischen Zweigniederlassung oder zum Inland aufweisen. Die Zuordnung dieses Vertretungsrechts richtet sich nach ausländischem Gesellschaftsrecht.

25

> **Praxis-Beispiel**
> Der CFO einer maltesischen Ltd. hat noch nie die deutsche Zweigniederlassung der Ges. aufgesucht, gleichwohl kann er für die Erfüllung des § 325a HGB verantwortlich sein. Es obliegt der Ges., durch organisatorische Maßnahmen (wie z.B. die Beauftragung externen Dienstleister) die Erfüllung dieser Pflicht zu gewährleisten. Sanktionen wegen deren Nichterfüllung richten sich nach ausländischem Recht. Hierbei kann ein Verstoß gegen die gebotene Sorgfalt ggf. auch zu einer persönlichen Inanspruchnahme oder einer Nichtanwendbarkeit einer evtl. D&O-Versicherung führen.

Sind **mehrere Personen**[40] verpflichtet für eine Offenlegung bzw. Hinterlegung zu sorgen, tragen sie in gleichem Maß Verantwortung. Bestehen innerhalb eines Leitungsgremiums Absprachen über die Aufgabenverteilung, gelten diese nur im Innenverhältnis, nicht aber ggü. Dritten. Evtl. Rückgriffs- und Schadensersatzansprüche im Innenverhältnis der Beteiligten bleiben hiervon unberührt.

26

Während des **Insolvenzverfahrens** besteht die Verpflichtung aus § 325a HGB fort. Diese obliegt dem Insolvenzverwalter, der gem. § 155 Abs. 1 InsO die handels- und steuerrechtlichen Verpflichtungen der Ges. zu erfüllen hat. Sofern sich Teile des Vermögens bei den ständigen Vertretern befinden, können diese u.U. neben dem Insolvenzverwalter verpflichtet sein.[41] Folglich treffen sie auch mögliche Sanktionen (Rz 51 ff.), wenn die Offenlegung ganz oder tw. unterbleibt.

27

2.2 Betroffene Unterlagen

Offenzulegen bzw. zu hinterlegen sind die Unterlagen der Rechnungslegung der Hauptniederlassung, die nach **dem dort geltenden Recht erstellt, geprüft und offengelegt bzw. hinterlegt** wurden. Hieraus ergibt sich, dass keine gesonderte Erstellungspflicht oder eine Begrenzung von Angaben der Hauptniederlassung in dem anderen Staat auf die inländische Zweigniederlassung zu erfolgen hat. Es sind die im Ausland vorhandenen Unterlagen zu verwenden. Folglich sind für den Umfang der offenzulegenden Unterlagen die Vorgaben des ausländischen

28

---

[38] Vgl. BT-Drs. 12/3908 v. 3.12.1992 S. 16.
[39] Vgl. Seibert, DB 1993, S. 1706.
[40] Vgl. zum Fall mehrerer inländischer Zweigniederlassungen Rz 34.
[41] Vgl. LG Bonn, Beschluss v. 16.5.2008, 11 T 52/07, NZI 2008 S. 53.

Rechts entscheidend. Zumindest für EU- und EWR-Unt ist davon auszugehen, dass die Rechnungslegungs- und Prüfungsvorschriften in den betroffenen Staaten einander angeglichen sind.[42] Da die Vorschriften insb. aufgrund der den Mitgliedstaaten eingeräumten Wahlrechte jedoch nicht identisch ausgestaltet sind, hat dies zur Folge, dass die offenzulegenden Unterlagen zwischen den einzelnen Staaten variieren können.[43]

> **Praxis-Beispiel**
> Ein ausländisches Unt, das eine Zweigniederlassung in der Bundesrepublik Deutschland unterhält, wird in der Rechtsform eines EinzelUnt geführt. Die ausländische Rechtsordnung sieht für diese Unternehmensform Erleichterungen vor, die eine Offenlegung von personenbezogenen Daten verhindern sollen. Diese Erleichterungen gelten auch i. R. d. inländischen Offenlegungspflicht, unabhängig davon, ob das deutsche Recht vergleichbare Befreiungen vorsieht.

29 Zu den offenlegungs- bzw. hinterlegungspflichtigen Unterlagen gehören die Bilanz, die GuV, der Anhang, der Lagebericht, der Bestätigungsvermerk oder der Versagungsvermerk des Abschlussprüfers, ein Vorschlag zur Verwendung des Ergebnisses und der Beschluss über die Verwendung des Ergebnisses. Dies setzt jedoch jeweils voraus, dass diese Unterlagen nach dem nationalen Recht des Sitzstaates erstellt werden müssen. Besteht nach seinem Recht eine Befreiung (z. B. von der Pflicht zur Prüfung des Jahresabschlusses infolge des Nichterreichens bestimmter Größenklassen), müssen diese Unterlagen im Inland auch nicht offengelegt bzw. hinterlegt werden. Insoweit ist auch nach ausländischem Recht zu entscheiden, ob sich der Bilanzersteller zutreffenderweise auf bestimmte Befreiungs- oder Erleichterungsvorschriften beruft.

30 Unterlagen, die nicht nach ausländischem Recht offenlegungs-, hinterlegungs- oder prüfungspflichtig sind, fallen **nicht in den Anwendungsbereich** des § 325a HGB. Dies gilt insb. wenn das ausländische Recht **(größenabhängige) Erleichterungen** bei der Offenlegung, Hinterlegung oder Prüfung vorsieht. Etwas anderes gilt für Erweiterungen, die mit „den Unterlagen der Rechnungslegung" gemeinsam geprüft und offengelegt werden. Der Bestätigungs- bzw. Versagungsvermerk ist regelmäßig offenlegungspflichtig.

31 Die **Offenlegungspflicht** erfasst auch einen **Konzernabschluss**, wenn die Hauptniederlassung nach ihrem lokalen Recht einen solchen aufzustellen hat. Unterbleibt dies, weil sie ihrerseits in einen Konzernabschluss einbezogen wird, muss der „Mutterkonzernabschluss" offengelegt werden. Kann sich hingegen die ausländische Ges. zu Recht auf eine nationale Befreiungsvorschrift berufen (z. B. in Abhängigkeit von der Größe), die nicht auf einer Einbeziehung in einen anderen Konzernabschluss beruht, kann die Offenlegung im Inland unterbleiben. Dies kann dazu führen, dass ein „Mutterkonzernabschluss" offengelegt wird, der nach völlig anderen Regelungen

---

[42] Vgl. BT-Drs. 12/5170, S. 15 unter Hinweis auf die Verpflichtung zur Durchführung der Richtlinien der EG auch in den EWR-Staaten aufgrund des Abkommens über den Europäischen Wirtschaftsraum (ABl. EG, Nr. L 1/3–36 v. 3.1.1994).
[43] Zur Kritik am derzeitigen Harmonisierungstand in der EU, vgl. Mühlbauer, Harmonisierung der Rechnungslegung in der Europäischen Union durch die EU-Bilanzrichtlinie 2022, S. 423 ff.

aufgestellt wird, als dies in der Bundesrepublik Deutschland oder bei EWR-Staaten nach Maßgabe des europäischen Bilanzrechts geschehen müsste.

Aus der Bindung an die ausländischen Unterlagen folgt, dass eine **evtl. freiwillige Erweiterung** des ausländischen Abschlusses der Mutterges. im Inland ebenfalls offenzulegen bzw. zu hinterlegen ist. Daher darf keine Änderung der im Ausland offengelegten bzw. hinterlegten Unterlagen erfolgen.[44] Hierfür spricht auch der Wortlaut, wonach nicht auf die Prüfungspflicht abgestellt wird, sondern auf die Prüfung. Hingegen führt eine **freiwillige Offenlegung** im Ausland nicht dazu, dass diese Unterlagen beim Register der inländischen Zweigniederlassung einzureichen sind. Allerdings ist eine freiwillige Offenlegung möglich.

32

Werden die offen- bzw. hinterlegungspflichtigen Unterlagen geändert, unterliegen diese Änderungen ebenfalls der Publizität im Inland, sofern dies nach Maßgabe des ausländischen Rechts offenlegungs- oder hinterlegungspflichtig ist.

33

2.3 Anforderungen an die Offenlegung

Die Offenlegung hat nach Maßgabe des § 325 HGB zu erfolgen (§ 325 Rz 36 ff., sowie zu möglichen Formen § 325 Rz 124 f. und zu evtl. Erleichterungen § 325 Rz 15 ff.). Dies gilt jedoch nur, soweit das ausländische Recht keine Vorgabe enthält. Im Regelfall richtet sich damit die Offenlegung nach den **Vorschriften des Staats der Hauptniederlassung**. Ergänzend gilt § 325 HGB, sodass die Unterlagen an die das Unternehmensregister führende Stelle zu übermitteln sind.[45]

34

Besteht in Deutschland nur eine Zweigniederlassung, sind die Unterlagen an deren Sitz zum Handelsregister einzureichen. Liegen hingegen **mehrere inländische Zweigniederlassungen** vor, kann eine mehrfache Einreichung unterbleiben, wenn von der Möglichkeit des § 13e Abs. 5 HGB Gebrauch gemacht und ein Register als zuständig ausgewählt wurde. Infolge der Eintragung dieses zuständigen Registers in den Registern der anderen Zweigniederlassungen ist die Publizität gewahrt. Da diese Regelung nicht für ausländische haftungsbeschränkte PersG gilt, sollte in diesen Fällen eine Mitteilung an das Registergericht erfolgen, um so die notwendige Publizität und eine Beschränkung der Einreichung zu ermöglichen. Eine mehrfache Offenlegung der gleichen Unterlagen kann damit sachgerechterweise unterbleiben. Diese i.R. dieser Kommentierung schon bisher vertretene Auffassung hat der Gesetzgeber nunmehr durch das ARUG II[46] in § 325a Abs. 1 Sätze 2 f. HGB verankert. Vgl. zur Erläuterung Rz 37. Hierbei handelt es sich nach hier vertretenem Verständnis um eine ausschl. klarstellende Regelung, die der Schaffung von Rechtssicherheit dient.

35

Das Gesetz verweist auf die „Unterlagen der Rechnungslegung der Hauptniederlassung". Folglich richten sich auch evtl. **Erleichterungen** bei der Offenlegung nach ausländischem Recht. Die inländische Zweigniederlassung kann sich nur dann auf Erleichterungen berufen, wenn diese im Ausland genutzt wurden. Es ist nach ausländischem Recht zu entscheiden, ob eine Berufung auf diese Erleichterungen erfolgen kann. Geschieht dies zu unrecht, richten sich die entsprechenden

36

---

[44] Vgl. ADS, Rechnungslegung und Prüfung der Unternehmen, 6 Aufl. 1995–2001, § 325a HGB Rz 28 und 38.
[45] Vgl. Leuering, ZRP 2006, S. 205.
[46] V. 12.12.2019 BGBl 2019 I S. 2637.

37 Mit dem ARUG II[47] wurde klarstellend[48] nach Satz 1 eingefügt: „Bestehen mehrere inländische Zweigniederlassungen derselben Gesellschaft, brauchen die Unterlagen der Rechnungslegung der Hauptniederlassung nur von den nach Satz 1 verpflichteten Personen einer dieser Zweigniederlassungen offengelegt zu werden. In diesem Fall beschränkt sich die Offenlegungspflicht der übrigen Zweigniederlassungen auf die Angabe des Namens der Zweigniederlassung, des Registers sowie der Registernummer der Zweigniederlassung, für die die Offenlegung gem. Satz 2 bewirkt worden ist." Diese Änderung trat mit Änderung von Art. 83 Abs. 1 Satz 1 EGHGB mit dem Gesetz zur Umsetzung der zweiten Aktionärsrechterichtlinie[49] unmittelbar – und nicht erst für nach dem 31.12.2020 beginnende Gj – in Kraft.

Sanktionen nach ausländischem Recht. Kommt es infolge einer unzulässigen Berufung auf solche Regelungen zu einer späteren Korrektur der ausländischen Rechenwerke oder zu deren Ergänzung, sind diese auch in Deutschland offenzulegen und auf die Korrektur bzw. Ergänzung angemessen hinzuweisen.

38 § 325a Abs. 1 Satz 2 HGB beinhaltet zunächst den Grundsatz, dass die Unterlagen in **deutscher Sprache** einzureichen sind. Hierfür werden jedoch durch Satz 3 wichtige Ausnahmen für den Fall getroffen, dass Deutsch nicht die Amtssprache am Sitz der Hauptniederlassung ist. Dies ist – außer in Deutschland – nur in Österreich, in Liechtenstein sowie in 17 von 26 Kantonen der Schweiz der Fall. In Luxemburg ist Deutsch zusammen mit Luxemburgisch und Französisch und in Belgien zusammen mit Niederländisch und Französisch Amtssprache. In Südtirol ist Deutsch neben Italienisch und u. U. Ladinisch Amtssprache.

39 In allen anderen Fällen ist es zulässig, die Unterlagen in Englisch vorzulegen. Zusätzliche Voraussetzungen müssen hierfür nicht erfüllt werden. Alternativ kann auch eine vom ausländischen Register der Hauptniederlassung beglaubigte Abschrift vorgelegt werden. Da es sich hierbei um die beim Register der Hauptniederlassung eingereichten Unterlagen handelt, müssen auch die Vorgaben dieses Staates zur Einreichung der Unterlagen beachtet werden. Schreibt dieser Staat etwa vor, dass die Einreichung in der eigenen nationalen Sprache zu erfolgen hat, wäre diese auch für die Offenlegung in Deutschland zwingend, sofern nicht in deutscher oder englischer Sprache offengelegt wird.

> **Praxis-Beispiel**
> Ein in Italien ansässiges Unt unterhält in Deutschland eine Zweigniederlassung. Aufgrund der starken Verwurzelung der Ges. in Frankreich wird als Konzernsprache Französisch verwendet. Es wäre nicht zulässig, wenn die Offenlegung in Deutschland in Französisch erfolgt, sofern das italienische Recht nicht eine solche Möglichkeit eröffnen würde. Zu einer ggf. möglichen Einbeziehung in einen Konzernabschluss vgl. Rz 31.

---

[47] V. 12.12.2019 BGBl 2019 I S. 2637.
[48] Vgl. BT-Drs. 19/15153 v. 13.11.2019 S. 58.
[49] ARUG II, Gesetz v. 12.12.2019 BGBl 2019 I S. 2637.

Da im Ausland nicht zwingend ein solches Register besteht, bedarf es einer **Sonderregelung**. Diese kann nur genutzt werden, wenn das Ausland kein entsprechendes Register kennt oder dieses nicht zu einer entsprechenden Beglaubigung befugt ist. In diesem Fall kann eine von einem **Wirtschaftsprüfer bescheinigte Abschrift** vorgelegt werden. Der Gesetzgeber verwendet die Bezeichnung **Wirtschaftsprüfer**, gemeint ist der **ausländische Abschlussprüfer**. Hierbei bestimmen sich die an seine Person zu stellenden Anforderungen (z.B. hinsichtlich Qualifikation und Unabhängigkeit) nach dem ausländischen Recht. Hingegen kommt es nicht darauf an, ob der Prüfer einem deutschen Wirtschaftsprüfer vergleichbar ist. Ferner muss der Prüfer eine Erklärung abgeben, dass die registerrechtlichen Voraussetzungen für die Anwendung dieser Regelung erfüllt sind. M.E. ist dies auch der Fall, wenn das ausländische Register nicht bereit ist, eine entsprechende Bescheinigung auszustellen, z.B. weil hierfür im Ausland eine Rechtsgrundlage fehlt. 40

Das ausländische Recht ist auch für den **Zeitpunkt der Offenlegung bzw. Hinterlegung** entscheidend. Sieht es etwa längere Fristen für die Offenlegung bzw. Hinterlegung vor, können diese auch für die Offenlegung nach § 325a HGB genutzt werden. Andernfalls müsste für Zwecke der Offenlegung bzw. Hinterlegung im Inland eine frühere Offenlegung bzw. Hinterlegung im Ausland erfolgen. Dies ist nicht sachgerecht und würde die Wertungsentscheidung des ausländischen Gesetzgebers zur angemessenen Frist für die Offenlegung bzw. Hinterlegung ignorieren. Vor diesem Hintergrund muss auch die absolute Frist von zwölf Monaten (§ 325 Abs. 1 Satz 2 Alt. 2 HGB) bzw. von vier Monaten (§ 325 Abs. 4 Satz 1 HGB) zurücktreten. Mit der Umsetzung der Pflicht zur Offenlegung innerhalb eines Jahres nach Art. 30 der Richtlinie 2013/34 EU[50] durch die Mitgliedstaaten der Union wird dies zumindest in der EU deutlich an Bedeutung verlieren. Entsprechend führen kürzere ausländische Fristen zu einer früheren Offenlegung im Inland. Hieraus können sich auch mittelbare Auswirkungen ergeben, etwa wenn im Ausland aufgrund besonderer Umstände Erleichterungen bei der Offenlegung vorgesehen sind, weil die notwendigen Unterlagen nicht in der sonst üblichen Frist erstellt und/oder geprüft werden können. 41

Es ist eine beglaubigte Übersetzung der Beglaubigung des ausländischen Registers ins Deutsche vorzulegen. Diese Pflicht bezieht sich nur auf die **Registerbescheinigung**, nicht aber auf die gesamten Unterlagen. Ein Mindestumfang oder -inhalt für diesen Beglaubigungsvermerk ordnet das Gesetz nicht an, sodass geringe Anforderungen zu stellen sind. Andernfalls hätte der Gesetzgeber konkretere Vorgaben schaffen müssen. 42

Es gibt keine gesetzlichen Vorgaben zur **Währungsumrechnung**. Hieraus folgt, dass die ausländischen Rechnungslegungsunterlagen in der Währung des Staates der Hauptniederlassung vorzulegen sind. Wird zulässigerweise im Abschluss durch die Hauptniederlassung eine andere Währung verwendet, gilt diese auch für Zwecke des § 325a HGB. Besonderer Angaben zum Umrechnungskurs in Euro am Bilanz- und/oder Offenlegungsstichtag bedarf es nicht. 43

---

[50] RL 2013/34/EU, ABl. EU vom 29.6.2013 L 182/19.

2.4 Hinterlegung

44 Der durch das MicroBilG[51] geschaffene § 326 Abs. 2 HGB gibt KleinstKapG i.S.v. § 267a HGB die Möglichkeit, ihren Offenlegungspflichten nach § 325 HGB dadurch zu genügen, dass eine Hinterlegung der Bilanz bei der das Unternehmensregister führenden Stelle erfolgt. Hierbei wird lediglich die Bilanz in elektronischer Form übermittelt/eingereicht. Unabhängig von der Nutzung dieser Möglichkeit kann eine Berufung auf die Regelungen zur Verkürzung der Bilanz nach § 275 Abs. 5 HGB erfolgen. Allerdings kann hierauf auch verzichtet werden und die nach den allgemeinen Vorgaben in § 275 Abs. 2 oder 3 HGB vorgesehene Gliederung verwendet werden. Außerdem eröffnet § 266 Abs. 1 Satz 4 HGB die Möglichkeit zur Zusammenfassung von Bilanzpositionen, indem nur im Gliederungsschema mit Buchstaben versehene Posten ausgewiesen werden. Ferner besteht nach § 264 Abs. 1 Satz 5 HGB die Möglichkeit, unter bestimmten Voraussetzungen auf die Erstellung eines Anhangs zu verzichten.[52]

45 Eine Hinterlegung setzt kumulativ voraus, dass
- die gesetzlichen Vertreter der KleinstKapG i.S.v. § 267a HGB einen Hinterlegungsauftrag bei der das Unternehmensregister führenden Stelle einreichen und
- die KleinstKapG der das Unternehmensregister führenden Stelle mitteilt, zwei der drei Merkmale des § 267a HGB nicht überschritten zu haben. Hierfür sind keine quantitativen Angaben erforderlich.

46 Da in § 326 Abs. 2 HGB auch auf § 325 Abs. 1 Satz 2 und 6 HGB verwiesen wird, soll gewährleistet sein, dass die Hinterlegung innerhalb der Offenlegungsfrist erfolgt und ggf. auch eine nach Feststellung oder Prüfung geänderte Bilanz hinterlegt wird. Folglich muss diese unverzüglich nach Vorlage an die Gesellschafter, jedoch spätestens vor Ablauf des zwölften Monats des dem Abschlussstichtag nachfolgenden Gj erfolgen. Außerdem ist die Offenlegung um eine mögliche nachträgliche Änderung der Bilanz zu ergänzen (§ 326 Abs. 2 Satz 2 HGB).

47 Dritte erhalten nur auf Antrag an das Unternehmensregister eine Kopie der hinterlegten Bilanz eine KleinstKapG, vgl. § 9 Abs. 6 HGB. Eine solche Anfrage ist kostenpflichtig.

48 Zu einer eingehenden Erläuterung der Hinterlegung der Bilanz bei Kleinstkapitalgesellschaften und der hierbei zu beachtenden Sonderregelungen vgl. § 326 Rz 24 ff.

2.5 Prüfung durch die das Unternehmensregister führende Stelle

49 In § 325a Abs. 1 Satz 1 letzter Hs. HGB wird auf § 329 Abs. 1 HGB verwiesen. Auch wenn die gesetzliche Formulierung suggeriert, dies gelte nur für die Prüfung und Offenlegung, ist hiermit eine Prüfungspflicht durch die das Unternehmensregister führende Stelle verbunden. Da keine weitergehenden Vorgaben enthalten sind, richtet sich die Prüfung nach den **allgemeinen Grundsätzen** des § 329 HGB (§ 329 Rz 10 ff.).

---

[51] V. 20.12.2012, BGBl 2012 I S. 2751.
[52] Vgl. zu einem Überblick z.B. Haller/Groß, DB 2012, S. 2109 oder Zwirner/Froschhammer, Stbg 2013, S. 227.

Eine Besonderheit besteht darin, dass die Unterlagen im Ausland bereits einer Prüfung unterlagen. Nach Auffassung des Gesetzgebers kann die Prüfung der Vollzähligkeit erfolgen, indem sich das deutsche Registergericht auf eine vom Register der Hauptniederlassung **beglaubigte Abschrift der im Ausland veröffentlichten Unterlagen** verlässt. Andernfalls würde der Eindruck entstehen, als könne das Registergericht eine wirksame Prüfung der ausländischen Unterlagen vornehmen. Dies ist schon aufgrund der unterschiedlichen Rechnungslegungsvorschriften sowie der regelmäßig hohen Komplexität und Individualität der Sachverhalte jedoch gar nicht möglich. Daher war der Gesetzgeber gut beraten, wenn er den Eindruck einer solchen Prüfung vermeidet.

2.6 Rechtsfolgen bei Verstößen

Durch das BilMoG[53] ist der Verweis auf § 329 HGB um die Inbezugnahme des Abs. 4 erweitert worden. Daraus folgt, dass die das Unternehmensregister führende Stelle angehalten ist, den Verwaltungsbehörden Unt zu benennen, die ihre Unterlagen nicht oder unvollständig eingereicht haben. Damit wird die Grundlage geschaffen, um ein **Ordnungsgeldverfahren** nach § 335, § 340o oder § 341o HGB eröffnen zu können. Da die Zweigniederlassungen von Banken und Versicherungen ausgeschlossen sind (Rz 56), ist nur § 335 HGB von Bedeutung. Die Meldung hat an das Bundesamt für Justiz zu erfolgen. Hierbei können sowohl die Ges. als auch die gesetzlichen Vertreter, die zur Erfüllung der Offenlegungspflicht verpflichtet sind, in Anspruch genommen werden.

Wird gegen die Verpflichtung, die Unterlagen bei der das Unternehmensregister führenden Stelle einzureichen, oder gegen die gesetzlichen Prüfungspflichten verstoßen, ist gem. § 329 Abs. 4 HGB ein Ordnungsgeldverfahren einzuleiten. Dabei beträgt das Ordnungsgeld gem. § 335 Abs. 1 Satz 4 HGB mind. 2.500 EUR und höchstens 25.000 EUR. Das Ordnungsgeldverfahren kann sich direkt **gegen die Ges.** richten, ohne dass es zuvor erforderlich wäre, die Privatanschriften der gesetzlichen Vertreter zu ermitteln.[54]

Denkbar ist grds., dass eine Forderung aus einem Ordnungsgeldverfahren wegen nicht rechtzeitiger Offenlegung erlassen wird. Hierfür hat die Rechtsprechung jedoch hohe Hürden errichtet. So verlangt das VG Köln dass eine besondere Härte vorliegen muss. Diese soll nur anzunehmen sein, wenn sich das Unternehmen in einer unverschuldeten wirtschaftlichen Notlage befindet und zu befürchten ist, dass die Weiterverfolgung des Anspruchs zu einer Existenzgefährdung führen würde und eine Stundung nicht in Betracht kommt.[55]

Eine Berufung auf einen möglichen Verstoß des festgesetzten Ordnungsgeldes gegen Verfassungs- und Europarecht scheidet zumindest dann aus, wenn der Adressat gegen die Ordnungsgeldfestsetzungen zulässige Rechtsbehelfe nicht eingelegt hat.[56]

---

[53] V. 28.5.2009, BGBl 2009 I S. 1102.
[54] Vgl. Zetzsche, in Claussen/Scherrer, Kölner Kommentar zum Rechnungslegungsrecht, 2010, § 325a HGB Rz 3.
[55] VG Köln, Urteil v. 6.9.2018 8 K 7781/16.
[56] Vgl. OVerwG NRW, Urteil v. 21.11.2018, 4 A 2426/15.

54 Hierbei muss die Androhungsverfügung des Bundesamtes für Justiz hinreichend konkret sein. Daran fehlt es, wenn nicht konkret aufgeführt wird, dass und wann die vorgenommenen Einreichungen unzureichend waren und welche konkreten Maßnahmen nun von der Gesellschaft erwartet werden.[57]

55 Weitergehende Sanktionen sind nicht zulässig. Das LG Göttingen hat mit Beschluss v. 12.7.2005[58] entschieden, dass die **Handelsregistereintragung** einer englischen private limited company nicht deshalb unterbleiben kann, weil die Ges. die gesetzlich vorgeschriebenen Unterlagen i.S.v. § 325a HGB nicht vorgelegt hat. Dies gilt speziell, wenn die ausländische Ges. erst vor kurzem gegründet wurde und zeitnah hierzu eine inländische Zweigniederlassung eintragen lassen will.

3 Rückausnahme für Zweigniederlassungen von Banken und Versicherungen (Abs. 2)

56 Da für die inländischen Zweigstellen (Rz 12) von Banken und Versicherungen mit § 340l Abs. 2 bzw. §§ 341l, 341 Abs. 2 HGB **weitergehende Regelungen** bestehen, muss eine Ausgrenzung dieser Zweigniederlassungen aus dem Anwendungsbereich des § 325a HGB erfolgen, um eine unsinnige doppelte Offenlegung zu vermeiden. Hiervon werden die folgenden Zweigniederlassungen erfasst:
- inländische Zweigniederlassungen von **Kreditinstituten** i.S.v. § 340 HGB oder
- inländische Zweigniederlassungen von **Versicherungsunternehmen** i.S.v. § 341 HGB.

4 Sonderregelungen für Kleinstkapitalgesellschaften (Abs. 3)

57 Existieren in Staaten, die nicht zur EU oder dem EWR gehören, Vorgaben zur Einstufung von Unt als KleinstKapG sowie Sonderregelungen für diese, haben diese Vorrang vor den in Deutschland geltenden handelsrechtlichen Bestimmungen. Dieser Umstand kann im Einzelfall dazu führen, dass im Vergleich zum Offenlegungsumfang nach deutschem Recht, deutlich mehr oder weniger Informationen offengelegt werden müssen.

58 Für Unt in der EU richten sich die (Sonder-)Regelungen für KleinstKapG nach der Micro-Richtlinie.[59] Die Regelungen der Micro-Richtlinie sind von der EU als Wahlrecht für die einzelnen Mitgliedsstaaten ausgestaltet. Hieraus folgt, dass eine unterschiedliche Nutzung in den jeweiligen Mitgliedsstaaten denkbar ist. So wäre es etwa möglich, dass ein Land vollständig auf die Nutzung dieser Möglichkeiten verzichtet und den grds. erfassten KleinstKapG keine Erleichterungen gewährt. Deshalb verweist § 325a Abs. 3 Satz 1 HGB auf die Ausübung des Wahlrechts durch den Ansässigkeitsstaat der ausländischen Ges. Eine Hinterlegung bzw. eine Nutzung der übrigen Erleichterungen für KleinstKapG soll nur insoweit möglich sein, wie dies nach Maßgabe des ausländischen Rechts zulässig ist.

59 Durch diese Vorgehensweise gewährleistet der deutsche Gesetzgeber, dass für Zwecke der Offenlegung oder der Hinterlegung im Unternehmensregister der inländischen Zweigniederlassungen keine Veränderungen der EU- bzw. EWR-

---

[57] Vgl. LG Bonn, Beschl. v. 10.7.2017–36 T 42/17, NZG 2018, 1236.
[58] LG Göttingen, Beschluss v. 12.7.2005, 3 T 1/05, NotBZ 2006, S. 34–35, mit Anm. Wachter, EWiR 2005, S. 797–798.
[59] RL 2012/6/EU, ABl. EU v. 21.3.2012 L 81/3.

Rechnungslegung vorgenommen werden müssen, um eine Offenlegung bzw. Hinterlegung in Deutschland vornehmen zu können. Hiermit ist allerdings der Nachteil verbunden, dass die Analysemöglichkeiten dieser Abschlüsse erschwert werden. Schließlich müsste der Bilanzadressat wissen, in welcher Weise der EU- bzw. EWR-Staat die Regelungen der Micro-Richtlinie ausgeübt hat. Außerdem kommt erschwerend hinzu, dass als Vergleichsobjekte i.R.e. Bilanzanalyse inländische Abschlüsse nur eingeschränkt verwendet werden können, weil insoweit die Vergleichbarkeit nicht gegeben ist. Folglich können nur die jeweils im Inland offengelegten bzw. hinterlegten Abschlüssen von Unt aus dem jeweiligen Staat verwendet werden. Hierbei erweist sich die Möglichkeit der Hinterlegung als weitere Hürde für die Informationsbeschaffung. Schließlich muss eine gebührenpflichtige Herausgabe einer Kopie des Abschlusses beantragt werden. Zugleich bekommen damit die Unt die Möglichkeit, eine für jeden zugängliche Hinterlegung des Jahresabschlusses im Internet zu verhindern.

Durch § 325a Abs. 3 Satz 3 HGB wird § 326 Abs. 2 HGB für entsprechend anwendbar erklärt. Diese Regelung setzt Art. 1a Abs. 2 Buchst. e der Micro-Richtlinie[60] um und schafft damit die Möglichkeit, statt der Offenlegung nach § 325 HGB eine Hinterlegung vorzunehmen, vgl. Rz 44. Hierbei gelten die Ausführungen zur Form der Hinterlegung aus Rz 28 ff. entsprechend. Entscheidend sind jeweils die formalen Anforderungen nach ausländischem Recht. Eine Anpassung muss nicht erfolgen. Probleme können entstehen, wenn nach ausländischem Recht besondere Datenformate zu beachten sind. Es ist dann eine Übermittlung in der Form vorzunehmen, die eine Lesbarkeit bei der registerführenden Stelle gewährleistet.

5 Vorgaben für die das Unternehmensregister führende Stelle (Abs. 4)

§ 325a Abs. 4 HGB wurde mit Wirkung für Gj, die nach dem 31.12.2021 beginnen, eingefügt. Mit diesem wird der Umgang mit Änderungen der Unterlagen der Rechnungslegung bei der ausländischen KapG geregelt. Er ergänzt insoweit § 9b Abs. 4 Satz 2 HGB. Es wird verlangt, dass eine **Änderung von Unterlagen der Rechnungslegung** einer KapG, die dem Recht eines anderen Staates unterliegt und die eine Zweigniederlassung im Inland unterhält, unverzüglich offengelegt wird. Daher fordert die das Unternehmensregister führende Stelle die Ges. auf, unverzüglich der Offenlegungspflicht nach § 325a Abs. 1 Satz 1 i.V.m. § 325 Abs. 1b Satz 1 HGB nachzukommen, wenn zum Zeitpunkt eines Dateneingangs nach § 9b Abs. 4 Satz 2 HGB die Änderung noch nicht offengelegt worden ist.

6 Übergangsvorschriften

Zum zeitlichen Anwendungsbereich der Änderungen durch das ARUG II vom 12.12.2019 vgl. Rz 37.

---

[60] RL 2012/6/EU, ABl. EU v. 21.3.2012 L 81/3.

63 Die Ausweitung der in § 325a HGB enthaltenen Regelungen auf inländische Zweigniederlassungen von KapG/KapCoGes mit Sitz in einem anderen Staat, greift für Geschäftsjahre die nach dem 31.12.2023 beginnen.[61]

7 Gestaltungsmöglichkeiten

64 Wie die obigen Ausführungen gezeigt haben, findet eine strikte Anknüpfung an die Vorschriften zur Aufstellung des Abschlusses der Muttergers. der (deutschen) Zweigniederlassung statt. Dies hat zur Folge, dass alle Gestaltungsüberlegungen zum Umfang, zum Zeitpunkt und möglicherweise auch zur Prüfung sich nach den für diesen Abschluss geltenden Regelungen richten. Diese können hier nicht umfassend dargestellt werden, weil sie sich nach dem jeweils einschlägigen nationalem Recht richten. Unabhängig davon kann die Frage gestellt werden, ob mit der Nutzung dieser Möglichkeiten Image- und Reputationsschäden verbunden sind oder sein können, die die möglichen Vorteile einer solchen Maßnahme überkompensieren.

8 CSRD-Umsetzungsgesetz: Änderungen

> **Hinweis**
> Die Kommentierung basiert auf dem **Regierungsentwurf eines CSRD-Umsetzungsgesetzes**.[62] Nach Veröffentlichung der finalen Fassung wird die Kommentierung in Ihrem Haufe HGB Bilanz Kommentar Online aktualisiert. Die **Online-Version** ist beim Kauf der Printausgabe inklusive.

65 Infolge der anstehenden Umsetzung der CSRD in deutsches Recht, ist nach derzeitigem Stand des RegE davon auszugehen, dass § 325a HGB in den neuen § 328a HGB-E verschoben wird. Inhaltlich sollen sich die beiden Normen im Wesentlichen entsprechen. Aus rechtssystematischen Gründen wird der bisherige § 325a Abs. 2 HGB dabei in den § 328a Abs. 4 HGB-E verschoben. Dabei soll in § 328 Abs. 4 HGB-E mittels neu eingefügtem Verweis klargestellt werden, dass § 328a HGB-E sowohl für Kreditinstitute i. S. v. § 340 Abs. 1 HGB, als auch für Finanzdienstleistungsinstitute i. S. d. § 340 Abs. 4 HGB nicht gilt (§ 328a-E Rz 1 ff.).

---

[61] Vgl. Art. 90 Abs. 1 EGHGB.
[62] Regierungsentwurf eines Gesetzes zur Umsetzung der Richtlinie (EU) 2022/2464 des Europäischen Parlaments und des Rates vom 14. Dezember 2022 zur Änderung der Verordnung (EU) Nr. 537/2014 und der Richtlinien 2004/109/EG, 2006/43/EG und 2013/34/EU hinsichtlich der Nachhaltigkeitsberichterstattung von Unternehmen, BT-Drs. 20/12787 v. 9.9.2024.

§ 326 Größenabhängige Erleichterungen für kleine Kapitalgesellschaften und Kleinstkapitalgesellschaften bei der Offenlegung

(1) ¹Auf kleine Kapitalgesellschaften (§ 267 Abs. 1) ist § 325 Abs. 1 mit der Maßgabe anzuwenden, daß die Mitglieder des vertretungsberechtigten Organs nur die Bilanz und den Anhang zu übermitteln haben.² Der Anhang braucht die die Gewinn- und Verlustrechnung betreffenden Angaben nicht zu enthalten.

(2) ¹Auf Kleinstkapitalgesellschaften (§ 267a) ist § 325 Absatz 1 mit der Maßgabe anzuwenden, dass die Mitglieder des vertretungsberechtigten Organs nur die Bilanz zu übermitteln haben und dabei die Einstellung in das Unternehmensregister durch dauerhafte Hinterlegung verlangen können. ²Kleinstkapitalgesellschaften dürfen von dem in Satz 1 geregelten Recht nur Gebrauch machen, wenn sie gegenüber der das Unternehmensregister führenden Stelle mitteilen, dass sie zwei der drei in § 267a Absatz 1 genannten Merkmale für die nach § 267 Absatz 4 maßgeblichen Abschlussstichtage nicht überschreiten.

Inhaltsübersicht	Rz
1 Überblick	1–10
1.1 Inhalt und Regelungszweck	1–4
1.2 Anwendungsbereich	5–10
2 Offenlegungspflichten für kleine Kapitalgesellschaften (Abs. 1)	11–23
2.1 Offenlegungspflichtige Unterlagen	11–13
2.2 Offenlegung der Bilanz und Mindestumfang	14–18
2.3 Verkürzung des Anhangs und Mindestgliederung	19–23
3 Hinterlegung der Bilanz bei Kleinstkapitalgesellschaften (Abs. 2)	24–30
4 Unterzeichnung	31
5 Rechtsfolgen bei Pflichtverletzung	32

1 Überblick

1.1 Inhalt und Regelungszweck

§ 326 HGB räumt den Mitgliedern des vertretungsberechtigten Organs kleiner KapG i.S.d. § 267 Abs. 1 HGB (§ 267 Rz 2ff.) sowie den Mitgliedern des vertretungsberechtigten Organs von KleinstKapG (§ 267a Rz 1ff.) und ihnen jeweils gleichgestellten PersG i.S.v. § 264a HGB **größenabhängige Erleichterungen** bei der **Offenlegung** des Jahresabschlusses ein. Die gewährten Erleichterungen beschränken sich dabei auf die nach § 325 Abs. 1 HGB offenzulegenden Unterlagen der Rechnungslegung und die Hinterlegung der Bilanz bei KleinstKapG. 1

§ 326 Abs. 1 Satz 1 räumt den Mitgliedern des vertretungsberechtigten Organs der betroffenen Ges. die Möglichkeit ein, nur die **Bilanz** und den **Anhang** der das Unternehmensregister führenden Stelle zu übermitteln. Nach Satz 2 darf der Anhang zudem um Angaben zur GuV gekürzt werden. 2

Der Zeitpunkt der Veröffentlichung der übermittlungspflichtigen Unterlagen bestimmt sich nach Maßgabe des § 325 Abs. 1a HGB (§ 325 Rz 36ff., insb. § 325 Rz 48) aus den Fristen zur Übermittlung der Unterlagen. Mit Übermittlung der Daten gelten diese, seit der mit dem DiRUG umgesetzten europäischen Registerpublizität, durch die Einstellung in das Unternehmensregister umgehend als offengelegt.

§ 326 Abs. 2 HGB zielt auf die KleinstKapG ab, die als Untergruppe der kleinen KapG nur die Bilanz zu übermitteln haben und dabei die Einstellung in das Unternehmensregister durch dauerhafte Hinterlegung verlangen können. (Von der Erstellung des Anhangs sind diese Unt gem. § 264 Abs. 1 Satz 5 HGB unter bestimmten Voraussetzungen befreit.)

3 Ein Konflikt mit dem **höherrangigen Recht** auf „informelle Selbstbestimmung" (Art. 2 Abs. 1 i.V.m. Art. 1 GG) wurde sowohl vom BayOLG[1] als auch vom OLG Köln[2] verneint. Sowohl das als gering einzustufende **öffentliche Interesse** an Informationen dieser Unt als auch das große Interesse der Ges. an der Geheimhaltung der Rechnungslegungsinformationen rechtfertigen die Einschränkung der Informationsqualität- und -quantität.[3] Allerdings zeigen Untersuchungen des Bundesanzeigers, dass gerade Daten kleiner Unt überraschend häufig abgerufen werden.[4]

4 Eine befreiende Wirkung in Bezug auf die **Aufstellung** der Rechnungslegungsunterlagen nach § 325 Abs. 1 HGB besitzt § 326 HGB nicht. Die Pflicht zur **Vorlage vor dem Hauptorgan** (§ 176 Abs. 1 AktG, § 42a GmbHG sowie § 264 i.V.m. 264a HGB und dem Gesellschaftsvertrag bei OHG und KG) bleibt bestehen, wenngleich ungeachtet dessen im Gesetz verankerte **Aufstellungserleichterungen**[5] genutzt werden können. Während für GmbH-Gesellschafter das besondere Auskunfts- und Einsichtsrecht nach § 51a Abs. 1 GmbHG besteht, steht Aktionären gem. § 131 Abs. 1 Satz 3 AktG zu, die Vorlage des Jahresabschlusses in der Form zu verlangen, die ohne Inanspruchnahme der Erleichterungen zum Tragen gekommen wäre; hiervon ausgenommen ist lediglich § 274a HGB.

Gesellschaftsvertragliche Regelungen, die über die gesetzlichen Anforderungen hinaus gehen, wie etwa eine Vereinbarung zur Aufstellung des Jahresabschlusses nach den für große KapG geltenden Vorschriften, berührt die Möglichkeit zur Inanspruchnahme der Offenlegungserleichterungen des § 326 HGB nicht. Folglich ist eine verkürzte Offenlegung auch in diesen Fällen möglich.

---

[1] BayOLG, Urteil v. 24.11.1994, 3Z BR 180/94, DB 1995 S. 316.
[2] OLG Köln, Beschluss v. 8.3.1991–2 Wx 1/91, ZIP 1991 S. 1214.
[3] Müller, in Baetge/Kirsch/Thiele, Bilanzrecht, § 326 HGB Rz 2, Stand: 2/2024.
[4] „… Aufs Jahr hochgerechnet wären das ca. 42 Mio. Jahresabschlüsse. Geht man von etwa 1,1 Mio. veröffentlichungspflichtigen Unternehmen aus, würde dies, rein rechnerisch betrachtet, bedeuten, dass jedes Unternehmen ca. 38mal pro Jahr aufgerufen wird. Der weitaus größte Teil der Abrufe (über 80 Prozent) betrifft dabei gerade kleine Unternehmen, was angesichts der Tatsache, dass über kleine Unternehmen ansonsten – im Internet – wenig zu finden ist, nicht verwundert." www.bundesanzeiger.de/pub/Abrufe%20von%20Jahresabschluessen.pdf, Abruf 9.10.2024.
[5] Die §§ 266 Abs. 1 und 274a (verkürzte Bilanz und Befreiung von Anhangangaben), 276 (verkürzte GuV), 288 Satz 1 (verkürzter Anhang) HGB.

In der Praxis führen diese Regelungen zu einer erheblichen Abweichung zwischen der internen und der externen Berichterstattung.[6]

1.2 Anwendungsbereich

§ 326 HGB in der Fassung des BilRUG war analog zu den übrigen Vorschriften erstmals auf Jahresabschlüsse und Konzernabschlüsse für das nach dem 31.12.2015 beginnende Gj anzuwenden. Anders als die Vorschriften zur Erstellung entfalteten jene zur Offenlegung insofern faktisch zeitversetzt Bedeutung – erst die 2017 vorzunehmende Offenlegung des 2016er Abschlusses hatte unter Beachtung der nachfolgend dargestellten Vorschriften zu erfolgen.

Relevant ist die Regelung des § 326 Abs. 1 HGB nur für die Mitglieder des vertretungsberechtigten Organs **kleiner KapG** und **KapCoGes**. In Abs. 2 wird die Zielgruppe nochmals auf die Mitglieder des vertretungsberechtigten Organs von KleinstKapG eingeschränkt. Maßgeblich für die Zuordnung zum Kreis der „kleinen" Ges. sind die Schwellenwerte des § 267 Abs. 1 HGB. Zum Kreis der KleinstKapG sind dies die Schwellenwerte des § 267a Abs. 1 HGB i.V.m. dem Verbot zur Bilanzierung von VG zum beizulegenden Zeitwert (§ 267a Rz 1 ff.) sowie die Anforderung des § 267 Abs. 4 Satz 1 HGB, dass diese an zwei aufeinanderfolgenden Abschlussstichtagen nicht überschritten werden.

Die inflationsbedingt längst überfällige Erhöhung der monetären Schwellenwerte von § 267 HGB und § 267a HGB trat im Jahr 2024 – mit der Möglichkeit der rückwirkenden Anwendung für Gj, die nach dem 31.12.2022 begonnen haben – in Kraft. Mit der Anhebung soll verhindert werden, dass immer mehr Unt durch den Inflationseffekt in höhere Größenklassen rutschen, was deutlich erweiterte Rechnungslegungspflichten zur Folge hat. Infolge der Erhöhung werden sehr viele Unt (wieder) in eine niedrigere Größenklasse rutschen, was eine deutliche Reduzierung des bürokratischen Aufwands und erhebliche Kostensenkungen mit sich bringt.

Eine Inanspruchnahme der Erleichterungen ist jedoch gem. § 267 Abs. 3 Satz 2 HGB bei Vorliegen einer KM-Orientierung (§ 264d Rz 1) ausgeschlossen. Darüber hinaus schließt gem. § 267 Abs. 4 Satz 2 HGB ein Überschreiten der Schwellenwerte bei Neugründungen oder Umwandlungen bereits im ersten Jahr die Anwendung des § 326 HGB aus (§ 267 Rz 27 ff.).

Kreditinstitute und **VersicherungsUnt** haben grds. entsprechend großen KapG zu handeln und fallen daher gem. den §§ 340a Abs. 1, 341a Abs. 1 HGB nicht in den Anwendungsbereich des § 326 HGB.

Mit dem im Zuge des BilRUG neu eingeführten § 267a Abs. 3 HGB wird zudem festgelegt, dass
- **Investmentgesellschaften** i.S.d. § 1 Abs. 11 KAGB,
- **Unternehmensbeteiligungsgesellschaften** i.S.d. § 1a Abs. 1 UBGG und
- **Unt**, deren **einziger Zweck** darin besteht, **Beteiligungen** an anderen Unt zu erwerben sowie die Verwaltung und Verwertung dieser Beteiligungen wahrzunehmen, ohne dass sie unmittelbar oder mittelbar in die Verwaltung dieser

---

[6] Vgl. Fehrenbacher, in MünchKomm. HGB, 5. Aufl. 2024, § 326 HGB Rz 4; ADS, Rechnungslegung und Prüfung der Unternehmen, 6. Aufl. 1995–2001, § 326 HGB Rz 32 ff.

Unt eingreifen, wobei die Ausübung der ihnen als Aktionär oder Gesellschafter zustehenden Rechte außer Betracht bleibt,
nicht als KleinstKapG gelten und entsprechend ebenfalls von der Anwendung des § 326 HGB, konkret jener des § 326 Abs. 2 HGB, ausgeschlossen sind.

9 Unt, die nach dem **PublG** zur Rechnungslegung verpflichtet sind, dürfen die Erleichterungen des § 326 HGB nicht in Anspruch nehmen, da diese aufgrund der Größenkriterien stets nicht als klein gelten können.

10 Wird der Jahresabschluss dem **Betriebsrat** oder dem **Wirtschaftsausschuss** gem. § 108 Abs. 5 BetrVG vorgelegt, hat dieser der Form ohne Inanspruchnahme der Erleichterungen des § 326 HGB zu entsprechen.

Wenngleich § 65 Abs. 1 Nr. 4 BHO vorsieht, dass sich der **Bund** nur an **privatrechtlichen Ges.** beteiligt, die ihren Jahresabschluss entsprechend den Vorschriften für große KapG aufstellen und prüfen, können Unt mit der öffentlichen Hand als Gesellschafter die Erleichterungen des § 326 HGB anwenden. Die dem Bund zur Verfügung gestellten Informationen werden insofern auf Basis der internen Berichterstattung – und nicht des verkürzten, offengelegten Jahresabschlusses – erstellt.[7]

2 Offenlegungspflichten für kleine Kapitalgesellschaften (Abs. 1)

2.1 Offenlegungspflichtige Unterlagen

11 Von den in § 325 Abs. 1 HGB aufgeführten Rechnungslegungsunterlagen **müssen** die Mitglieder des vertretungsberechtigten Organs von Ges., die unter den Anwendungsbereich des § 326 Abs. 1 HGB fallen, **nur die Bilanz und den Anhang offenlegen**. Die weiteren in § 325 HGB bezeichneten Unterlagen müssen nicht an die das Unternehmensregister führende Stelle übermittelt werden. Die daraus resultierende Nichteinreichung der GuV hat – sofern das Wahlrecht in Anspruch genommen wird – die Übermittlung eines unvollständigen Jahresabschlusses an das Veröffentlichungsorgan zur Folge.

12 Die im HGB kodifizierten **Aufstellungserleichterungen** stehen nicht im **Konflikt** mit den in § 326 Abs. 1 HGB festgeschriebenen Erleichterungen im Zusammenhang mit der **Offenlegung**. Auf eine Offenlegung kann entsprechend den Maßgaben des § 326 Abs. 1 HGB verzichtet werden, wenngleich von dem Recht auf Verzicht der Aufstellung des jeweilig gleichen Sachverhalts nicht Gebrauch gemacht wurde. Umgekehrt bedingt eine freiwillige Offenlegung logischerweise eine Aufstellung.[8]

13 Weitere normierte Einreichungspflichten – etwa des AktG oder des GmbHG – bleiben von § 326 Abs. 1 HGB unberührt; ihnen ist weiterhin nachzukommen.[9]

2.2 Offenlegung der Bilanz und Mindestumfang

14 Die Bilanz ist in **vollem Umfang** offenzulegen. Die Aufstellung und Feststellung dürfen sowohl unter Rückgriff auf die Normalgliederung (§ 266 Abs. 1

---

[7] Vgl. ADS, Rechnungslegung und Prüfung der Unternehmen, 6. Aufl. 1995–2001, § 326 HGB Rz 9.
[8] Vgl. Farr, AG 1996, S. 158; Farr, GmbHR 1996, S. 188; Müller, in Baetge/Kirsch/Thiele, Bilanzrecht, § 326 HGB Rz 23, Stand: 2/2024; Grottel, in Beck Bil-Komm., 13. Aufl. 2022, § 326 HGB Rz 15; ADS, Rechnungslegung und Prüfung der Unternehmen, 6. Aufl. 1995–2001, § 326 HGB Rz 21.
[9] Vgl. Fehrenbacher, in MünchKomm. HGB, 5. Aufl. 2024, § 326 HGB Rz 4.

Satz 2 HGB) als auch auf das verkürzte Bilanzschema (§ 266 Abs. 1 Satz 3 HGB) erfolgen. Die Wahl kann bei der Offenlegung unabhängig von Aufstellung und Feststellung erneut getroffen werden (§ 326 Rz 12).

Sowohl für die Aufstellung als auch die Offenlegung der Bilanz sind folgende Einzelvorschriften sozusagen als **Mindestumfang** stets zu beachten:

- § 268 Abs. 1 HGB: Gewinn-/Verlustvortrag, wenn nicht im Bilanzgewinn/-verlust integriert (alternativ auch im Anhang)
- § 268 Abs. 3 HGB: Nicht durch EK gedeckter Fehlbetrag
- § 268 Abs. 4 Satz 1 HGB: Restlaufzeit bei Forderungen
- § 268 Abs. 5 Satz 1 HGB: Verbindlichkeiten mit einer Restlaufzeit von bis zu einem Jahr und der Betrag der Verbindlichkeiten mit einer Restlaufzeit von mehr als einem Jahr
- § 272 Abs. 1 Satz 2 HS 1 HGB: Nicht eingeforderte ausstehende Einlagen auf das gezeichnete Kapital
- § 272 Abs. 1 Satz 2 HS 2 HGB: Eingeforderte Einlagen auf das gezeichnete Kapital
- § 272 Abs. 1 Satz 2 HS 3 HGB: Eingeforderte ausstehende Einlagen

Für **kleine AG und KGaA** sind ferner zu berücksichtigen:

- § 272 Abs. 1a Satz 1 HGB: Nennbetrag/rechnerischer Wert von erworbenen eigenen Anteilen
- § 152 Abs. 1 AktG: Auf jede Aktiengattung entfallender Betrag des Grundkapitals, bedingtes Kapital sowie die Gesamtstimmenzahl der Mehrstimmrechtsaktien und die der übrigen Aktien, sofern vorhanden
- § 152 Abs. 2 AktG: Kapitalrücklage: Einstellungen und Entnahmen (alternativ auch im Anhang)
- § 152 Abs. 3 AktG: Gewinnrücklagen: Einstellungen und Entnahmen (alternativ auch im Anhang)

Von **kleinen GmbH** gesondert zu beachten:

- § 42 Abs. 2 Satz 2, 3 GmbHG: Eingeforderte Nachschüsse, soweit mit der Zahlung gerechnet werden kann, sowie die Kapitalrücklage
- § 42 Abs. 3 GmbHG: Ausleihungen, Forderungen und Verbindlichkeiten gegenüber Gesellschaftern (alternativ auch im Anhang)

Die Sondervorschriften für **kleine KapCoGes** wurden mit dem MicroBilG für Gj, die nach dem 30.12.2012 enden, gelockert. Demnach müssen die folgenden Sachverhalte zwar nach § 264c Abs. 5 HGB ermittelt werden:

- § 264c Abs. 1 HGB: Ausleihungen, Forderungen und Verbindlichkeiten gegenüber Gesellschaftern (alternativ auch im Anhang)
- § 264c Abs. 2 HGB: Kapitalanteile, Rücklagen, Gewinn-/Verlustvortrag und Jahresüberschuss/-fehlbetrag im EK
- § 264c Abs. 4 Satz 2 HGB: Ausgleichsposten für aktivierte eigene Anteile

I. R. d. Ausweises kann auf diese Posten dann jedoch verzichtet werden. Dem liegt die Auffassung der Bundesregierung zugrunde, dass dies für reine KapG ebenso gelte und kein Anlass für eine schärfere Regelung für KapCoGes gesehen wird.[10] Schließlich können die Bilanz und der Anhang ohne diese Angaben offengelegt werden.

---

[10] Vgl. BT-Drs. 17/11292 v. 5.11.2012 S. 17.

2.3 Verkürzung des Anhangs und Mindestgliederung

19 § 326 Abs. 1 Satz 2 HGB gewährt den Mitgliedern des vertretungsberechtigten Organs von kleinen KapG und ihnen gleichgestellten PersG die Möglichkeit zu Veröffentlichungszwecken auf die Anhangangaben, welche die GuV betreffen, zu verzichten. Satz 2 besitzt dabei nur klarstellenden Charakter, da eine Offenlegung der GuV bereits gem. Satz 1 ausbleiben darf.

20 Werden Aufstellungserleichterungen erst i.R.d. Offenlegung in Anspruch genommen, respektive wird auf GuV-Angaben bei der Offenlegung verzichtet, empfiehlt sich der Ausweis dieser in einem **gesonderten Abschnitt** bereits bei der Aufstellung. Auf diese Weise können die betroffenen Angaben im Zuge der Offenlegung leicht herausgenommen werden.[11]

21 **Freiwillige Zusatzangaben**, welche nicht die GuV, die Ergebnisverwendung oder Angaben betreffen, die bei der Anwendung einer Aufstellungserleichterung entfallen, unterliegen der Offenlegungspflicht, sofern sie bereits bei der Aufstellung angegeben wurden.

22 Nach Satz 2 verringern sich die Pflichtangaben in einem offengelegten Jahresabschluss über die bereits im Rahmen der Aufstellung geltenden Befreiungen in § 288 HGB hinaus.

> **Praxis-Beispiel**
> Für eine kleine GmbH ergeben sich nach Inanspruchnahme aller größenabhängigen Aufstellungs- und Offenlegungserleichterungen folgende Mindestangabepflichten im Anhang (soweit die Angabe nicht bereits an einem anderen Ort des Jahresabschlusses oder – soweit freiwillig erstellt – Lageberichts erfolgt und nur, wenn diese nicht die GuV betreffen):
> - § 264 Abs. 2 Satz 2: zusätzliche Angaben zur Vermögens-, Finanz- und Ertragslage
> - § 265 Abs. 1: Angaben zu Abweichungen der Form
> - § 265 Abs. 2: Angabe zu Vorjahreswerten
> - § 265 Abs. 3: Angaben zur Postenmitzugehörigkeit
> - § 265 Abs. 4: Angaben zu Gliederungsergänzungen (ohne Satz 2, gem. Aufstellungserleichterung in § 288 Abs. 1 Nr. 1 HGB)
> - § 268 Abs. 7: Angaben zu Haftungsverhältnissen
> - § 284 Abs. 2 Nr. 1: Angabe der auf die Posten der Bilanz angewandten Bilanzierungs- und Bewertungsmethoden
> - § 284 Abs. 2 Nr. 2: Angaben zu Abweichungen von Bilanzierungs- und Bewertungsmethoden
> - § 284 Abs. 2 Nr. 4: Angabe zur Einbeziehung von Fremdkapitalzinsen in die HK
> - § 285 Nr. 1: Zusatzangaben zu Verbindlichkeiten und Sicherungen
> - § 285 Nr. 3a: Gesamtbetrag der sonstigen finanziellen Verpflichtungen, die nicht in der Bilanz enthalten und die nicht nach § 268 Abs. 7 oder Nr. 3 HGB anzugeben sind

---

[11] So auch Farr, GmbHR 1996, S. 185; ADS, Rechnungslegung und Prüfung der Unternehmen, 6. Aufl. 1995–2001, § 326 HGB Rz 31; dies als Muss betrachtend Grottel, in Beck Bil-Komm., 13. Aufl. 2022, § 326 HGB Rz 25.

- § 285 Nr. 7: Durchschnittliche Zahl der während des Geschäftsjahrs beschäftigten Arbeitnehmer (nicht nach Gruppen getrennt, gem. § 288 Abs. 1 Nr. 2 HGB)
- § 285 Nr. 9c: Gewährte Vorschüsse an Organe
- § 285 Nr. 13: Erläuterung des Zeitraums, über den ein entgeltlich erworbener GoF abgeschrieben wird
- § 285 Nr. 14a: Name und Sitz eines ggf. vorhandenen MU (ohne Angaben zur Erhältlichkeit des Konzernabschlusses, gem. § 288 Abs. 1 Nr. 3 HGB)
- § 285 Nr. 16: Angaben zur nach § 161 AktG vorgeschriebene Erklärung
- § 285 Nr. 20: Angaben zu gem. § 340e Abs. 3 Satz 1 HGB mit dem beizulegenden Zeitwert bewerteten Finanzinstrumenten
- § 285 Nr. 23: Angaben zu Bewertungseinheiten
- § 285 Nr. 25: Angaben zu einem saldierten Planvermögen
- § 285 Nr. 31: Angaben zu Erträgen und Aufwendungen von außergewöhnlicher Größenordnung oder außergewöhnlicher Bedeutung

Rechtsformabhängig ergeben sich ggf. **weitere Angabepflichten**, wobei sich die Erleichterung der Offenlegung der GuV auch dort auswirkt. So ist z.B. bei **kleinen AG und KGaA** § 240 Satz 3 AktG nicht zu berücksichtigen, nach dem grundsätzlich die Angabe der Verwendung der aus der Kapitalherabsetzung und aus der Auflösung von Gewinnrücklagen gewonnenen Beträge gefordert wäre.

3 Hinterlegung der Bilanz bei Kleinstkapitalgesellschaften (Abs. 2)

Nach § 326 Abs. 2 HGB kann durch die Mitglieder des vertretungsberechtigten Organs von KleinstKapG statt der üblichen Offenlegung (d.h. die Bekanntmachung der Daten als jederzeit abrufbare Information im Internet durch die das Unternehmensregister führende Stelle) alternativ eine **Hinterlegung** verlangt werden. Bei einer Hinterlegung der Bilanz von KleinstKapG ist diese nur auf Antrag von der das Unternehmensregister führenden Stelle als kostenpflichtige elektronische Kopie erhältlich. Die Gebühren bestimmen sich nach dem Justizverwaltungskostengesetz zzgl. der gesetzlichen Umsatzsteuer. Ungeachtet dessen ist die Einsichtnahme und damit die Antragstellung jedermann gestattet. So sind etwa keine Begründungen oder Nachweise über ein begründetes Interesse für die Einsichtnahme vorzulegen. Allerdings hat vor der Antragstellung eine Registrierung beim Unternehmensregister über die Internetadresse www.unternehmensregister.de zu erfolgen.[12] Eine Übermittlung der registrierten Daten der Antragsteller bzw. der Anträge an die KleinstKapG erfolgt nicht. Damit bleiben die Antragsteller den hinterlegenden Unt gegenüber hinsichtlich Name und Anzahl anonym. Neben dem Verzicht auf die Aufstellung eines Anhangs kann diese Verfahrensänderung der Offenlegung der Rechnungslegungsunterlagen für KleinstKapG als zentrale Änderung des MicroBilG angesehen werden.

---

[12] Vgl. Allgemeine Nutzungsbedingungen für das Unternehmensregister, www.bundesanzeiger.de/pub/D088.pdf, Abruf 9.10.2024.

25 § 326 Abs. 2 Satz 1 HGB sieht vor, dass den Pflichten des HGB durch Übermittlung an die das Unternehmensregister führende Stelle und Erteilung eines Hinterlegungsauftrages entsprochen werden kann. Durch den weiterhin präzisen Verweis auf § 325 Abs. 1 HGB ergibt sich gegenüber der Altfassung vor dem 23.7.2015 eine Klarstellung hinsichtlich der Offenlegung eines etwaig durch eine KleinstKapG aufzustellenden Konzernabschlusses. Aus der Einschränkung des Verweises lediglich auf den ersten Absatz des § 325 HGB und damit die explizite Ausgrenzung der Vorschriften zur Offenlegung eines Konzernabschlusses (§ 325 Abs. 3 und 3a HGB) wird **präzisiert, dass KleinstKapG mit der Hinterlegung der Bilanz nur die Pflichten zur Offenlegung des Jahresabschlusses – nicht aber jene der Offenlegung eines Konzernabschlusses – erfüllen** können.

26 Die Mitglieder des vertretungsberechtigten Organs von KleinstKapG haben gem. § 326 Abs. 2 Satz 2 HGB zusätzlich zur Übermittlung der Bilanz, der das Unternehmensregister führenden Stelle gegenüber die Mitteilung zu machen, dass sie zwei der drei in § 267a Abs. 1 HGB genannten Merkmale für die nach § 267 Abs. 4 HGB maßgeblichen Abschlussstichtage nicht überschreiten.
Der Auftrag zur Hinterlegung erfolgt an die das Unternehmensregister führende Stelle. Im Zuge der Umsetzung der Hinterlegungsoption für KleinstKapG hatte sich die Bundesanzeiger Verlag GmbH dazu entschieden, die Einreichung zur Hinterlegung durch Nutzung des gesonderten Veröffentlichungsbereichs „Hinterlegen beim Bundesanzeiger" bzw. inzwischen „Hinterlegen im Unternehmensregister" auf der **Publikations-Plattform** (https://publikations-plattform.de) oder über den **Webservice** nebst den entsprechenden Feldern zur **Bestätigung der Gesellschaftsart und der Größenklassenzugehörigkeit** darzustellen. Die Auftragsübermittlung erfolgt weiterhin über die Publikations-Plattform oder die Massenschnittstelle (Webservice). Der Anforderung des § 326 Abs. 2 Satz 2 HGB – dass die Mitglieder des vertretungsberechtigten Organs von KleinstKapG von dem Recht auf Hinterlegung nur Gebrauch machen dürfen, wenn sie gegenüber der das Unternehmensregister führenden Stelle mitteilen, dass sie zwei der drei in § 267a Abs. 1 HGB genannten Merkmale für die nach § 267 Abs. 4 HGB maßgeblichen Abschlussstichtage nicht überschreiten – wird i. R. d. Hinterlegungsauftrags per Publikations-Plattform durch die Angaben unter dem Punkt „Weitere Auftragsdaten" entsprochen.
Eine Pflicht zur Übermittlung der konkreten Umsatz- und Mitarbeitergrößen des Unt ist nicht festgeschrieben, um die Unt von unnötigem Verwaltungsaufwand zu entlasten. Allerdings kann es durch die das Unternehmensregister führende Stelle zu Prüfungen und Nachfragen kommen.

27 Die Gebührenbeträge (Offenlegungsentgelte für Veröffentlichungen und Hinterlegungen) sind den jeweiligen Gebührentatbeständen im Kostenverzeichnis des JVKostG zu entnehmen.[13] Darüber hinaus müssen sich KleinstKapG gem. Nummer 1410 des Kostenverzeichnisses des JVKostG derzeit mit 3 EUR Jahresgebühr an den **Kosten des Unternehmensregisters** beteiligen.

28 Derzeit nimmt die das Unternehmensregister führende Stelle die folgenden elektronischen Formate entgegen:

---

[13] Vgl. Allgemeine Geschäftsbedingungen und Preise, Unternehmensregister, www.bundesanzeiger.de/pub/D051Preisliste.pdf, Abruf 9.10.2024.

- XML/XBRL (auf Basis einer nach Vorgaben des Bundesanzeiger Verlages bereitgestellten XSD oder auf Basis eines bundesanzeigerspezifischen Webformulars erstellte XML/XBRL-Daten).
- Einheitliches elektronisches Datenformat (XHTML/iXBRL).[14] Ist das Dateiformat ungeeignet zur Archivierung, so wandelt die das Unternehmensregister führende Stelle die Daten gegen Entgelt im Auftrag des Unt um. Die übermittelten Datenformate (bspw. MS-Word, MS-Excel, RTF, PDF) müssen dann den in den Allgemeinen Nutzungsbedingungen vorgegebenen technischen Anforderungen entsprechen.[15]

Hinsichtlich des Umfangs der zu übermittelnden Unterlagen ergeben sich die in Tab. 1 dargestellten Einreichungspflichten:

	KapG und PersG gem. § 264a HGB			
	kleinst	klein	mittel	groß
Bilanz	X mit Erleichterungen	X mit Erleichterungen	X mit Erleichterungen	X
GuV			X	X
Anhang		X mit Erleichterungen	X mit Erleichterungen	X
Lagebericht			X	X
Bericht des Aufsichtsrats			X	X
Erklärung nach § 161 AktG*				X
Gewinnverwendungsvorschlag			X mit Erleichterungen	X mit Erleichterungen
Bestätigungs-/Versagungsvermerk			X	X

*Soweit nicht aus dem eingereichten Jahresabschluss ersichtlich und die AG börsennotiert ist.

Tab. 1: Bei der das Unternehmensregister führenden Stelle einzureichende Unterlagen nach Größenklassen

---

[14] Vgl. Allgemeine Nutzungsbedingungen für das Unternehmensregister, www.bundesanzeiger.de/pub/D088.pdf, Abruf 9.10.2024.
[15] Vgl. Allgemeine Nutzungsbedingungen für das Unternehmensregister, www.bundesanzeiger.de/pub/D088.pdf; Allgemeine Geschäftsbedingungen und Preise: Gebühren und Entgelte für die Übermittlung von Unterlagen an das Unternehmensregister, www.bundesanzeiger.de/pub/D051 Preisliste.pdf, Abruf jew. 9.10.2024.

29 Eine **Pflicht zur Inanspruchnahme der Erleichterungen besteht grds. nicht.** Wenngleich das Wahlrecht nicht pflichtgemäß ausgeübt werden muss, wird unter Berufung auf die Interessenslage der Ges. bzw. der Gesellschafter, bei Fehlen einer entsprechenden Regelung in den Statuten der Ges., mitunter eine faktische Pflicht zur Inanspruchnahme des Wahlrechts gesehen oder eine solche zumindest für denkbar gehalten.[16] Dies widerspricht jedoch dem Sinn und Zweck eines handelsrechtlichen Wahlrechts und damit bereits dem Willen des Gesetzgebers, der in Bezug auf die Offenlegung oder Hinterlegung eben keine Pflicht zur Inanspruchnahme kodifiziert hat. Hier wird letztlich zudem explizit gegen die Informationsfunktion der Rechnungslegung argumentiert, ohne dass dafür eine gesetzliche Basis besteht und ohne dass sich diese Argumentation in der Bilanzierung deutscher Unt widerspiegelt.

Bei einer empirischen Untersuchung wurde festgestellt, dass die handelsrechtlich gewährten Aufstellungs- und/oder Offenlegungserleichterungen regelmäßig nicht genutzt werden. In Abhängigkeit einer Börsennotierung (Entry Standard – nicht kapitalmarktorientiert, s. Rz 5) schwankt die Quote kleiner und mittlerer Unt, die auf eine Inanspruchnahme dieser verzichten, zwischen 12,05 % und 62,50 %.[17] Offenbar verstehen immer mehr Unt den Jahresabschluss zunehmend als geeignetes Instrument zur fundierten Selbstdarstellung, der damit zu einer „Visitenkarte des Unternehmens" mutiert. Die negativen Folgen einer nicht erfolgten Inanspruchnahme der Erleichterungen sollten schließlich nicht übergewichtet werden, da sich eine Offenlegung auch positiv auf die Finanzierung, die Mitarbeitergewinnung sowie hinsichtlich des Kunden- und Lieferantenvertrauens auswirken kann.

30 Daher erscheint die **Hinterlegungsregelung** kontraproduktiv. Der Verwaltungs- bzw. Informationsbeschaffungsaufwand wird insb. auf Ebene der Abschlussadressaten (massiv) erhöht, während relevante Nutzenmomente nicht erkennbar sind. Offenlegungsscheue Unt können lediglich die Einsichtsbarrieren auf die Bilanz erhöhen, nicht aber eine Offenlegung gänzlich verhindern; während sich Abschlussadressaten, die sich hauptsächlich für die Jahresabschlüsse von Kleinst- und kleinen KapG interessieren, Mühen und Kosten ausgesetzt sehen. Insb. bei Kleinst- und kleinen KapG ist ein denkbares „Risiko" infolge einer Informationspreisgabe von relevanten/brisanten Daten in den offengelegten verkürzten Jahresabschlüssen gering. Von den mit dem MicroBilG umgesetzten weiteren Erleichterungen bzgl. einer Zusammenfassung der Bilanzpositionen bleiben somit lediglich Bilanzsumme und EK als Daten von Interesse übrig.

4 Unterzeichnung

31 Während sich § 325 Abs. 1–1b HGB auf die Offenlegung des Jahresabschlusses bezieht, der gem. § 245 Abs. 1 HGB unter Angabe des Datums zu unterzeichnen

---

[16] So etwa Grottel, in Beck Bil-Komm., 13. Aufl. 2022, § 326 HGB Rz 1; ADS, Rechnungslegung und Prüfung der Unternehmen, 6. Aufl. 1995–2001, § 326 HGB Rz 10.
[17] Vgl. Blümle/Kreipl/Panzer, Kommunikationsverhalten kleiner und mittlerer Unternehmen nach der Revision des Handelsrechts, in Meyer, Jahrbuch der KMU-Forschung und -Praxis, 2013, S. 273; zu empirischen Befunden Kreipl/Lange/Müller, in Bertram/Brinkmann/Kessler/Müller, Haufe HGB Bilanz Kommentar Erfahrungsbericht BilMoG, 2012, Rz 90ff. (Bilanz), Rz 337ff. (GuV) und Rz 459 (Anhang).

ist (§ 245 Rz 1 ff.), verkürzt sich die Einreichungspflicht, infolge der größenabhängigen Erleichterungen für Mitglieder des vertretungsberechtigten Organs von kleinen KapG und KleinstKapG bei der Offenlegung/Hinterlegung gem. § 326 HGB, auf die Bilanz und den Anhang bei kleine KapG bzw. die Bilanz bei KleinstKapG.

In der Praxis wird daraus mitunter abgeleitet, dass die Unterzeichnung aus den einzureichenden Unterlagen nicht ersichtlich bzw. nicht mit eingereicht sein muss. Dies wird entweder deshalb als zulässig erachtet, weil die Unterzeichnung regelmäßig unter der GuV bzw. am Ende des Anhangs platziert wird (§ 245 Rz 11) und eben jene Teile etwaig nicht offengelegt/hinterlegt bzw. erstellt werden müssen oder weil die Unterschrift/en (lediglich) als Teil des Jahresabschlusses im Gesamten gesehen werden.

Diese Auffassung verkennt zum einen, dass die Unterzeichnung u. a. die Dokumentation der Verantwortlichkeit für den Jahresabschluss bzw. vielmehr dessen Teile bezweckt. Wird auf die Offenlegung des Jahresabschlusses unter Inanspruchnahme der Erleichterungen des § 326 HGB teilweise verzichtet bzw. tritt infolgedessen an ihrer statt nur die Offenlegung/Hinterlegung der Bilanz – ggf. nebst Anhang –, so befreit dies nicht von der Dokumentation der Verantwortlichkeit für die offengelegten/hinterlegten Teile des Jahresabschlusses. Zum anderen wird mit der Unterzeichnung auch die Vollständigkeit des Jahresabschlusses (Aufstellung) – zunächst i. S. d. § 242 Abs. 3 HGB bestehend aus Bilanz und GuV, bei kleinen KapG zudem gem. § 264 Abs. 1 Satz 1 HGB um einen Anhang erweitert – bestätigt. Der mögliche Verzicht auf die Offenlegung der GuV – bei KleinstKapG zudem auf Erstellung eines Anhangs oder auf Offenlegung eines ggf. freiwillig erstellten Anhangs – befreit insofern nicht von der Bestätigung der Vollständigkeit per Unterschrift/en, nur weil diese unter der GuV oder dem ggf. freiwillig erstellten Anhang platziert wurde/n. Bei kleinen KapG, bei denen auch der Anhang Gegenstand der Unterzeichnung ist und die Unterschrift/en daher ohnehin regelmäßig am Ende des Anhangs platziert ist/sind, kann dieses Argument ohnehin nicht angeführt werden. Darüber hinaus wird/werden die Unterschrift/en durch Platzierung weder Teil der GuV oder des Anhangs noch nehmen sie Bezug auf das „Gesamtgebilde Jahresabschluss" sondern vielmehr auf alle pflichtgemäß oder freiwillig aufgestellten Bestandteile.

5 Rechtsfolgen bei Pflichtverletzung

Ein direkter Verstoß gegen § 326 HGB ist nicht möglich. Eine Pflichtverletzung kann nur im Zusammenhang mit der unrechtmäßigen Inanspruchnahme von Offenlegungserleichterungen erfolgen, die einen Verstoß gegen § 325 HGB bedingen. Entsprechend greifen die Rechtsfolgen des § 325 HGB (§ 325 Rz 182 ff.).

32

§ 327 Größenabhängige Erleichterungen für mittelgroße Kapitalgesellschaften bei der Offenlegung

Auf mittelgroße Kapitalgesellschaften (§ 267 Abs. 2) ist § 325 Abs. 1 mit der Maßgabe anzuwenden, daß die Mitglieder des vertretungsberechtigten Organs
1. ¹die Bilanz nur in der für kleine Kapitalgesellschaften nach § 266 Abs. 1 Satz 3 vorgeschriebenen Form der das Unternehmensregister führenden Stelle übermitteln müssen. ²In der Bilanz oder im Anhang sind jedoch die folgenden Posten des § 266 Abs. 2 und 3 zusätzlich gesondert anzugeben:

Auf der Aktivseite

A I 1	Selbst geschaffene gewerbliche Schutzrechte und ähnliche Rechte und Werte;
A I 2	Geschäfts- oder Firmenwert;
A II 1	Grundstücke, grundstücksgleiche Rechte und Bauten einschließlich der Bauten auf fremden Grundstücken;
A II 2	technische Anlagen und Maschinen;
A II 3	andere Anlagen, Betriebs- und Geschäftsausstattung;
A II 4	geleistete Anzahlungen und Anlagen im Bau;
A III 1	Anteile an verbundenen Unternehmen;
A III 2	Ausleihungen an verbundene Unternehmen;
A III 3	Beteiligungen;
A III 4	Ausleihungen an Unternehmen, mit denen ein Beteiligungsverhältnis besteht;
B II 2	Forderungen gegen verbundene Unternehmen;
B II 3	Forderungen gegen Unternehmen, mit denen ein Beteiligungsverhältnis besteht;
B III 1	Anteile an verbundenen Unternehmen.

Auf der Passivseite

C 1	Anleihen, davon konvertibel;
C 2	Verbindlichkeiten gegenüber Kreditinstituten;
C 6	Verbindlichkeiten gegenüber verbundenen Unternehmen;
C 7	Verbindlichkeiten gegenüber Unternehmen, mit denen ein Beteiligungsverhältnis besteht;

2. den Anhang ohne die Angaben nach § 285 Nr. 2 und 8 Buchstabe a, Nr. 12 der das Unternehmensregister führenden Stelle übermitteln dürfen.

Inhaltsübersicht

		Rz
1	Überblick	1–10
	1.1 Inhalt und Regelungszweck	1–4
	1.2 Anwendungsbereich	5–10
2	Offenlegungspflichten für mittelgroße Kapitalgesellschaften	11–17
	2.1 Offenlegungspflichtige Unterlagen	11–12
	2.2 Offenlegung der Bilanz und Mindestumfang	13–14
	2.3 Verkürzung des Anhangs	15–17
3	Rechtsfolgen bei Pflichtverletzung	18

1 Überblick

1.1 Inhalt und Regelungszweck

§ 327 HGB räumt den Mitgliedern des vertretungsberechtigten Organs mittelgroßer KapG i.S.d. § 267 Abs. 2 HGB (§ 267 Rz 10) **größenabhängige Erleichterungen** bei der **Offenlegung** des Jahresabschlusses ein. Die gewährten Erleichterungen beschränken sich dabei, analog zu § 326 HGB, auf die nach § 325 Abs. 1 HGB offenzulegenden Unterlagen der Rechnungslegung. Die weiteren Vorschriften des § 325 HGB werden nicht berührt. Eine Pflicht zur Inanspruchnahme der Erleichterungen besteht nicht. Wenngleich das Wahlrecht nicht pflichtgemäß ausgeübt werden muss, wird unter Berufung auf die Interessenlage der Ges., respektive der Gesellschafter, bei Fehlen einer entsprechenden Regelung in den Statuten der Ges. mitunter eine faktische Pflicht zur Inanspruchnahme des Wahlrechts für denkbar gehalten.[1] Dies widerspricht jedoch dem Sinn und Zweck eines handelsrechtlichen Wahlrechts und damit bereits dem Willen des Gesetzgebers, der in Bezug auf die Offenlegung eben keine Pflicht zur Inanspruchnahme kodifiziert hat. Hier wird letztlich zudem explizit gegen die Informationsfunktion der Rechnungslegung argumentiert, ohne dass dafür eine gesetzliche Basis besteht und ohne dass sich diese Argumentation in der Bilanzierung deutscher Unt widerspiegelt. Ferner werden die negativen Folgen einer Nicht-Inanspruchnahme der Erleichterungen übergewichtet. Eine Offenlegung kann sich aber bspw. bei der Finanzierung, der Mitarbeitergewinnung sowie hinsichtlich des Kunden- und Lieferantenvertrauens positiv auswirken. Entsprechend besteht m.E. grds. **keine Pflicht zur Inanspruchnahme**.

Bei einer empirischen Untersuchung wurde festgestellt, dass die handelsrechtlich gewährten Aufstellungs- und/oder Offenlegungserleichterungen regelmäßig nicht genutzt werden. In Abhängigkeit einer Börsennotierung (Entry Standard – nicht kapitalmarktorientiert, s. Rz 5) schwankt die Quote kleiner und mittlerer Unt, die auf eine Inanspruchnahme dieser verzichten, zwischen 12,05 % und 62,50 %.[2] Offenbar verstehen immer mehr Unt den Jahresabschluss zunehmend als geeignetes Kommunikationsmittel zur fundierten Selbstdarstellung, der damit zu einer „Visitenkarte des Unternehmens" mutiert.

§ 327 Satz 1 HGB räumt den betroffenen Mitgliedern des vertretungsberechtigten Organs der Ges. die Möglichkeit ein, die Bilanz lediglich in der für kleine KapG/KapCoGes bestimmten verkürzten Form nach § 266 Abs. 1 Satz 3 HGB offenzulegen. Wird von dem Wahlrecht Gebrauch gemacht, eine verkürzte Bilanz der das Unternehmensregister führenden Stelle zu übermitteln, sind gem. **Satz 2 Nr. 1** weitere Gliederungsposten entsprechend dem Schema nach § 266 Abs. 2 und 3 HGB entweder in der Bilanz oder im Anhang gesondert auszuweisen. Die betreffenden Gliederungsposten sind in § 327 Satz 2 Nr. 1 aufgelistet. Nach **Satz 2 Nr. 2** darf zudem der Anhang um Angaben verkürzt werden, welche die §§ 285 Nrn. 2, 8 Buchst. a sowie Nr. 12 HGB betreffen.

---

[1] So etwa Grottel, in Beck Bil-Komm., 13. Aufl. 2022, § 326 HGB Rz 1; ADS, Rechnungslegung und Prüfung der Unternehmen, 6. Aufl. 1995–2001, § 326 HGB Rz 10.

[2] Vgl. Blümle/Kreipl/Panzer, Kommunikationsverhalten kleiner und mittlerer Unternehmen nach der Revision des Handelsrechts, in Meyer, Jahrbuch der KMU-Forschung und -Praxis, 2013, S. 273.

3 Die an die das Unternehmensregister führende Stelle übermittelten Daten gelten durch die umgehende Einstellung in das Unternehmensregister als offengelegt.

4 Eine befreiende Wirkung in Bezug auf die Aufstellung der Rechnungslegungsunterlagen besitzt § 327 HGB nicht. Die Pflicht zur **Vorlage vor dem Hauptorgan** (§ 176 Abs. 1 AktG, § 42a GmbHG) bleibt bestehen, wenngleich im Gesetz verankerte **Aufstellungserleichterungen**[3] genutzt werden können. Während für GmbH-Gesellschafter das besondere Auskunfts- und Einsichtsrecht nach § 51a Abs. 1 GmbHG existiert, steht Aktionären gem. § 131 Abs. 1 Satz 3 AktG zu, die Vorlage des Jahresabschlusses in der Form zu verlangen, die ohne Inanspruchnahme der Erleichterungen zum Tragen gekommen wäre. Für TU ist § 264 Abs. 3 und 4 HGB respektive § 264b HGB zu beachten.

Gesellschaftsvertragliche Regelungen, die über die gesetzlichen Anforderungen hinausgehen, wie etwa eine Vereinbarung zur Aufstellung des Jahresabschlusses nach den für große KapG geltenden Vorschriften, berühren die Möglichkeit zur Inanspruchnahme der Offenlegungserleichterungen des § 327 HGB nicht, sodass eine verkürzte Offenlegung auch in diesen Fällen möglich ist.

In der Praxis führen diese Regelungen zu einer Abweichung zwischen der internen und der externen Berichterstattung.[4] Die Prüfung und Feststellung des Jahresabschlusses, der unter Rückgriff auf § 327 HGB aufgestellt wurde, ist nach h. M. nicht vorgeschrieben[5] – aber zulässig. Gem. § 328 Abs. 1a Satz 2 2. Hs. HGB ist bei der Offenlegung jedoch kenntlich zu machen, dass sich der Bestätigungsvermerk auf den vollständigen Abschluss bezieht (§ 328 Rz 38 ff.).

1.2 Anwendungsbereich

5 Relevant ist die Regelung des § 327 HGB nur für die Mitglieder des vertretungsberechtigten Organs **mittelgroßer KapG** und **KapCoGes**. Maßgeblich für die Zuordnung zum Kreis der „mittelgroßen" Gesellschaften sind die Schwellenwerte des § 267 Abs. 2 HGB (§ 267 Rz 1, 13 ff.) – deren längst überfällige Erhöhung im Jahr 2024, mit der Möglichkeit der rückwirkenden Anwendung für Gj, die nach dem 31.12.2022 begonnen haben, in Kraft getreten ist - sowie die Anforderung des § 267 Abs. 4 Satz 1 HGB, dass diese an zwei aufeinander folgenden Abschlussstichtagen nicht überschritten werden. Eine Kapitalmarktorientierung i. S. d. § 264d HGB schließt gem. § 267 Abs. 3 Satz 2 HGB, aufgrund der Zuordnung zu „großen" Kapitalgesellschaften, eine Inanspruchnahme der Erleichterungen grds. aus. Eine Ges. ist entsprechend dann kapitalmarktorientiert, wenn sie einen organisierten Markt i.S.d. § 2 Abs. 11 WpHG durch von ihr ausgegebene Wertpapiere i.S.d. § 2 Abs. 1 WpHG in Anspruch nimmt oder die Zulassung solcher Wertpapiere zum Handel an einem organisierten Markt beantragt hat (§ 264d Rz 1 ff.).

6 Sofern eine KapG die größenabhängigen Kriterien des § 327 HGB erfüllt, sie jedoch nach § 290 HGB dazu verpflichtet ist einen **Konzernabschluss** aufzustellen, kommen die Erleichterungen des § 327 HGB für diesen nicht zum Tragen.

---

[3] § 276 HGB (verkürzte GuV) und § 288 Abs. 2 HGB (verkürzter Anhang).
[4] Vgl. Fehrenbacher, in MünchKomm. HGB, 5. Aufl. 2024, § 326 HGB Rn 5.
[5] Gl. A. Grottel, in Beck Bil-Komm., 13. Aufl. 2022, § 327 HGB Rz 17; Müller, in Baetge/Kirsch/Thiele, Bilanzrecht, § 327 HGB Rz 34, Stand: 2/2024.

Der Konzernabschluss ist somit immer gem. § 325 Abs. 3 und 4 HGB zu publizieren.[6]

Kreditinstitute und **VersicherungsUnt** haben gem. den §§ 340a Abs. 1, 341a Abs. 1 HGB grds. entsprechend großen KapG zu handeln und fallen daher nicht in den Anwendungsbereich des § 327 HGB.

Unt, die nach dem **PublG** zur Rechnungslegung verpflichtet sind, dürfen aufgrund ihrer Größenmerkmale die Offenlegungserleichterungen des § 327 HGB nicht in Anspruch nehmen.

Wird der Jahresabschluss dem **Betriebsrat** oder dem **Wirtschaftsausschuss** vorgelegt, hat dieser gem. § 108 Abs. 5 BetrVG der Form ohne Inanspruchnahme der Erleichterungen des § 327 HGB zu entsprechen (§ 326 Rz 10).

Wenngleich § 65 Abs. 1 Nr. 4 BHO vorsieht, dass sich der **Bund** nur an privatrechtlichen Ges. beteiligt, die ihren Jahresabschluss entsprechend den Vorschriften für große KapG aufstellen und prüfen, können Unt mit der öffentlichen Hand als Gesellschafter die Erleichterungen des § 327 HGB anwenden. Die dem Bund zur Verfügung gestellten Informationen werden auf Basis der internen Berichterstattung – und nicht des verkürzten, offengelegten Jahresabschlusses – erstellt.

2 Offenlegungspflichten für mittelgroße Kapitalgesellschaften

2.1 Offenlegungspflichtige Unterlagen

Von den in § 325 Abs. 1 HGB aufgeführten **Rechnungslegungsunterlagen** müssen die Mitglieder des vertretungsberechtigten Organs der Ges., die unter den Anwendungsbereich des § 327 HGB fallen, **sämtliche Unterlagen offenlegen**, sofern sie aufgestellt wurden. Sie stehen den großen Ges. nahe; eine Möglichkeit zum Verzicht auf die Offenlegung einzelner Unterlagen wurde daher vom Gesetzgeber nicht vorgesehen.[7] Entsprechend müssen folgende Unterlagen von den Mitgliedern des vertretungsberechtigten Organs an die das Unternehmensregister führende Stelle übermittelt werden:

- Bilanz, GuV, Anhang (§ 325 Rz 60),
- Lagebericht (§ 325 Rz 79),
- Bestätigungsvermerk bzw. Versagungsvermerk (§ 325 Rz 69),
- Bericht des Aufsichtsrats (§ 325 Rz 81),
- ggf. Gewinnverwendungsbeschluss, wenn im Anhang nur der Gewinnverwendungsvorschlag angegeben wurde (§ 325 Rz 112),
- Änderung des Jahresabschlusses oder Bestätigungsvermerks (§ 325 Rz 106).

Anwender des § 327 HGB können jedoch **inhaltliche Erleichterungen** im Jahresabschluss in Anspruch nehmen (Rz 13 ff.).

Die mittelgroßen Ges. zur Verfügung stehenden **Aufstellungserleichterungen** stehen nicht im **Konflikt** mit den in § 327 HGB festgeschriebenen Erleichterungen im Zusammenhang mit der **Offenlegung**. Die Formulierung des § 327 HGB lässt eine Inanspruchnahme der Aufstellungserleichterungen i. R. d. Offenlegung zwar nicht direkt zu, nach h. M. kann eine Offenlegung, unter Berufung auf eine solche Aufstellungserleichterung, jedoch unterbleiben. Folglich kann -entsprechend den

---

[6] Vgl. ADS, Rechnungslegung und Prüfung der Unternehmen, 6. Aufl. 1995–2001, § 327 HGB Rz 10.
[7] Vgl. Fehrenbacher, in MünchKomm. HGB, 5. Aufl. 2024, § 327 HGB Rn 4.

Maßgaben des § 327 HGB (analog zu § 326 HGB) - auf die Offenlegung eines Sachverhalts verzichtet werden, auch wenn von dem Recht auf Verzicht der Aufstellung des jeweilig gleichen Sachverhalts nicht Gebrauch gemacht wurde.[8] Auf der anderen Seite besteht die Möglichkeit auf die Inanspruchnahme von Aufstellungserleichterungen zu verzichten und eine Offenlegung vorzunehmen.

> **Praxis-Beispiel**
> Wenngleich in § 327 HGB nicht kodifiziert, können sich so Offenlegungserleichterungen aus verfügbaren Aufstellungserleichterungen etwa für die GuV ergeben. In diesem Zusammenhang ist bspw. gem. § 276 Satz 1 HGB gestattet, die Positionen des § 275 Abs. 2 Nr. 1–5 HGB (GKV) sowie des § 275 Abs. 3 Nr. 1–3 und 6 HGB (UKV) zu einem Posten unter der Bezeichnung „Rohergebnis" zusammenzufassen.

Ferner kann gem. § 288 Abs. 2 HGB auf
- die Angaben zur Aufgliederung des Umsatzes nach § 285 Nr. 4 HGB,
- die Erläuterungen zu latenten Steuern nach § 285 Nr. 29 HGB sowie
- die Erläuterung der einzelnen Erträge und Aufwendungen, die einem anderen Gj zuzurechnen sind, nach § 285 Nr. 32 HGB verzichtet werden.

Angaben zu dem vom Abschlussprüfer für das Geschäftsjahr berechneten Gesamthonorar gem. § 285 Nr. 17 HGB dürfen unterbleiben. Unt sind dann jedoch verpflichtet, diese der Wirtschaftsprüferkammer auf deren schriftliche Anforderung zu übermitteln.

Ferner brauchen mittelgroße Kapitalgesellschaften die Angaben nach § 285 Nr. 21 HGB zu Geschäften, die nicht zu marktüblichen Bedingungen zustande gekommen sind, nur zu machen, sofern die Geschäfte direkt oder indirekt mit einem Gesellschafter, bzw. Unt, an denen die Ges. selbst eine Beteiligung hält, oder Mitgliedern des Geschäftsführungs-, Aufsichts- oder Verwaltungsorgans abgeschlossen wurden.

Angaben zu den Organbezügen gem. § 285 Nr. 9 Buchst. a und b HGB dürfen ebenfalls unterbleiben, sofern § 286 Abs. 4 HGB eine Nichtangabe gestattet (§ 286 Rz 17 f.). Dies gilt hinsichtlich der Angaben gem. § 285 Nr. 11 und 11b HGB gleichermaßen, sofern § 286 Abs. 3 HGB eine Nichtangabe gestattet. Wird auf die Angabe nach § 285 Nr. 11 und 11b unter Berufung auf § 286 Abs. 3 Satz 1 Nr. 2 HGB verzichtet, ist dies jedoch gem. § 286 Abs. 3 Satz 4 HGB im Anhang anzugeben.

§ 327 Satz 2 Nr. 2 HGB gewährt darüber hinaus weitere Verkürzungen der Anhangangaben (Rz 15 f.).

2.2 Offenlegung der Bilanz und Mindestumfang

13 § 327 Satz 1 Nr. 1 HGB räumt den Mitgliedern des vertretungsberechtigten Organs der betroffenen Ges. die Möglichkeit ein, die Bilanz lediglich in der für kleine KapG/KapCoGes bestimmten verkürzten Form nach § 266 Abs. 1 Satz 3 HGB (§ 266 Rz 9 f.) offenzulegen. Wird von dem Wahlrecht Gebrauch gemacht, der das

---

[8] Vgl. Farr, AG 1996, S. 158; Farr, GmbHR 1996, S. 188; Müller, in Baetge/Kirsch/Thiele, Bilanzrecht, § 326 HGB Rz 23, Stand: 2/2024.

Unternehmensregister führenden Stelle eine verkürzte Bilanz zu übermitteln, dann sind gem. § 327 Satz 2 HGB weitere Gliederungsposten entsprechend dem Schema nach § 266 Abs. 2 und 3 HGB (§ 266 Rz 10ff.) entweder in der Bilanz oder im Anhang gesondert auszuweisen. Ein gesonderter Ausweis kann hierbei mittels Integration in die entsprechenden Bilanzposten und Betragsangabe in der Hauptspalte, nebst Einführung eines zusätzlichen Postens „sonstige…" oder „übrige…", als auch in Form eines Davon-Vermerks vorgenommen werden.[9] Im Interesse einer Aufwandsminimierung empfiehlt es sich jedoch auf eine Anhangangabe zurückzugreifen.[10]

Nach § 284 Abs. 3 HGB hat - bei Rückgriff auf das verkürzte Bilanzschema - eine Übernahme der gem. § 327 Nr. 1 HGB zusätzlich aufzuführenden Posten in das im Anhang darzustellende Anlagegitter zu erfolgen, sofern diese das Anlagevermögen betreffen.

2.3 Verkürzung des Anhangs

§ 327 Satz 2 Nr. 2 HGB gewährt den Mitgliedern des vertretungsberechtigten Organs mittelgroßer KapG und ihnen gleichgestellten PersG die Möglichkeit, zu Veröffentlichungszwecken auf bestimmte Anhangangaben zu verzichten. Dies betrifft im Konkreten

- Angaben nach § 285 Nr. 2 HGB bzgl. der Aufgliederung bestimmter Verbindlichkeiten sowie
- Angaben nach § 285 Nr. 8 Buchst. a HGB zum Materialaufwand des Geschäftsjahres bei Anwendung des UKV und
- Erläuterungen zu Rückstellungen mit erheblichem Umfang, die in der Bilanz unter dem Posten „sonstige Rückstellungen" nicht gesondert ausgewiesen werden, gem. § 285 Nr. 12 HGB.

Im Falle, dass Aufstellungserleichterungen erst i.R.d. Offenlegung in Anspruch genommen werden, empfiehlt es sich, bereits bei der Aufstellung die betroffenen Angaben in einem **gesonderten Abschnitt** vorzunehmen, um diesen bei der Offenlegung leicht herausnehmen zu können.[11] **Freiwillige Zusatzangaben**, die keine Angaben betreffen, welche bei der Anwendung einer Aufstellungserleichterung entfallen, unterliegen der Offenlegungspflicht, sofern sie bereits bei der Aufstellung angegeben wurden (§ 326 Rz 21).

Nach Satz 2 Nr. 2 **entfällt** die Pflicht zur Offenlegung der folgenden **Angaben**:
- § 285 Nr. 2 HGB: die Aufgliederung der Angaben für jeden Posten der Verbindlichkeiten nach dem vorgeschriebenen Gliederungsschema.
- § 285 Nr. 8 Buchst. a HGB: Materialaufwand bei Anwendung des UKV.
- § 285 Nr. 12 HGB: Erläuterung der Rückstellungen mit erheblichem Umfang, die in der Bilanz unter dem Posten „sonstige Rückstellungen" nicht gesondert ausgewiesen werden.

---

[9] Gl.A. ADS, Rechnungslegung und Prüfung der Unternehmen, 6. Aufl. 1995–2001, § 327 HGB Rz 13.
[10] Gl.A. Grottel, in Beck Bil-Komm., 13. Aufl. 2022, § 327 HGB Rz 9.
[11] So auch Farr, GmbHR 1996, S. 188; ADS, Rechnungslegung und Prüfung der Unternehmen, 6. Aufl. 1995–2001, § 326 HGB Rz 31; dies als Muss betrachtend Grottel, in Beck Bil-Komm., 13. Aufl. 2022, § 326 HGB Rz 25.

3 Rechtsfolgen bei Pflichtverletzung

18 Ein direkter Verstoß gegen § 327 HGB ist nicht möglich. Eine Pflichtverletzung kann nur im Zusammenhang mit der unrechtmäßigen Inanspruchnahme von Offenlegungserleichterungen erfolgen, die einen **Verstoß gegen § 325 HGB** bedingt. Entsprechend greifen die Rechtsfolgen des § 325 HGB (§ 325 Rz 182 ff.).

§ 327a Erleichterung für bestimmte kapitalmarktorientierte Kapitalgesellschaften

§ 325 Abs. 4 Satz 1 ist auf eine Kapitalgesellschaft nicht anzuwenden, wenn sie ausschließlich zum Handel an einem organisierten Markt zugelassene Schuldtitel im Sinn des § 2 Absatz 1 Nummer 3 des Wertpapierhandelsgesetzes mit einer Mindeststückelung von 100.000 Euro oder dem am Ausgabetag entsprechenden Gegenwert einer anderen Währung begibt.

Inhaltsübersicht	Rz
1 Überblick	1–3
1.1 Inhalt und Regelungszweck	1
1.2 Anwendungsbereich und Normzusammenhänge	2–3
2 Erleichterung der Offenlegung	4–6
2.1 Offenlegungsfrist	4
2.2 Von der Erleichterung betroffene Unterlagen	5
2.3 Prüfung der fristgerechten Einreichung	6
3 Befreiung von Bilanz- und Lageberichtseid	7
4 Befreiung von der ESEF-VO	8
5 Rechtsfolgen bei Pflichtverletzung	9

1 Überblick

1.1 Inhalt und Regelungszweck

§ 327a HGB spricht kapitalmarktorientierten Ges., die lediglich **Schuldtitel** mit einer hohen Mindeststückelung (von 100 TEUR oder dem entsprechenden Gegenwert einer anderen Währung) emittieren (Rz 2), Erleichterungen zu. Ges., die unter den Anwendungsbereich des § 327a HGB fallen, werden von der gem. § 325 Abs. 4 Satz 1 HGB vorgesehenen verkürzten Offenlegungsfrist von vier Monaten entsprechend nicht tangiert. Der Zeitpunkt der Übermittlung der Unterlagen an die das Unternehmensregister führende Stelle bestimmt sich nach Maßgabe des § 325 Abs. 1a HGB (Rz 5). Die Regelung wurde im Kontext einer Erleichterung in das HGB aufgenommen, da dies nach Auffassung des Gesetzgebers die Verständlichkeit der Regelung fördert.[1] Die diesbzgl. tw. redundante Überschneidung mit § 325 Abs. 4 HGB wurde mit dem DiRUG aufgehoben. 1

In Verbindung mit § 264 Abs. 2 Satz 3 HGB, bzw. § 297 Abs. 2 Satz 4 HGB für den Konzernabschluss, ergibt sich zudem die Befreiung entsprechender Unt von der Abgabe des Bilanzeides. Gleiches gilt zudem über § 264 Abs. 2 Satz 3 HGB i.V.m. § 289 Abs. 1 Satz 5 HGB für den Lageberichtseid analog.

Darüber hinaus resultiert aus § 328 Abs. 1 Satz 4 HGB die Befreiung von der Beachtung der Formatvorgaben für die offenzulegenden Unterlagen kapitalmarktorientierter Unt aus der ESEF-VO.

---

[1] Vgl. BT-Drs. 16/2781 v. 27.9.2006 S. 81.

1.2 Anwendungsbereich und Normzusammenhänge

2 Relevant ist die Regelung des § 327a HGB nur für **kapitalmarktorientierte KapG**, die ausschl. zum Handel an einem organisierten Markt zugelassene Schuldtitel i.S.d. § 2 Abs. 1 Nr. 3 WpHG begeben. Organisierter Markt i.S.d. § 2 Abs. 11 WpHG ist „… ein im Inland, in einem anderen Mitgliedstaat der Europäischen Union oder einem anderen Vertragsstaat des Abkommens über den Europäischen Wirtschaftsraum betriebenes oder verwaltetes, durch staatliche Stellen genehmigtes, geregeltes und überwachtes multilaterales System, das die Interessen einer Vielzahl von Personen am Kauf und Verkauf von dort zum Handel zugelassenen Finanzinstrumenten innerhalb des Systems und nach nichtdiskretionären Bestimmungen in einer Weise zusammenbringt oder das Zusammenbringen fördert, die zu einem Vertrag über den Kauf dieser Finanzinstrumente führt." Der Handel entsprechender Schuldtitel an einem organisierten Markt eines nicht in § 2 Abs. 11 WpHG bezeichneten Drittlands berechtigt daher nicht zur Inanspruchnahme der Erleichterung des § 327a HGB. Schuldtitel in diesem Sinne sind insb. Genussscheine, Inhaberschuldverschreibungen und Orderschuldverschreibungen sowie Zertifikate, die Schuldtitel vertreten und sonstige Wertpapiere, die zum Erwerb oder zur Veräußerung von Wertpapieren berechtigen oder zu einer Barzahlung führen, die in Abhängigkeit von Wertpapieren, von Währungen, Zinssätzen oder anderen Erträgen, von Waren, Indices oder Messgrößen bestimmt wird.

Eine ergänzende Voraussetzung bildet die Anforderung, dass die Mindeststückelung 100.000 EUR oder einem am Ausgabetag entsprechenden Gegenwert einer anderen Währung entspricht. Zu den relevanten Schuldtiteln gehören insb. Genussscheine, Inhaberschuldverschreibungen und Orderschuldverschreibungen sowie Zertifikate, die Schuldtitel vertreten.

3 § 327a HGB in der Fassung des BilRUG ist analog zu den übrigen Vorschriften ohne Option auf vorzeitige Anwendung erstmals auf Jahresabschlüsse und Konzernabschlüsse für das nach dem 31.12.2015 beginnende Gj anzuwenden. Anders als die Vorschriften zur Erstellung entfalten jene zur Offenlegung insofern faktisch zeitversetzt Bedeutung – erst die 2017 vorzunehmende Offenlegung des 2016er Abschlusses hat unter Berücksichtigung der nachfolgend dargestellten Vorschriften unter Beachtung des BilRUG zu erfolgen. Allerdings waren die Änderungen an § 327a HGB lediglich formaler Natur, indem die Angabe „§ 2 Abs. 1 Satz 1 Nr. 3" durch die Wörter „§ 2 Absatz 1 Nummer 3" ersetzt wurde.[2]

2 Erleichterung der Offenlegung

2.1 Offenlegungsfrist

4 § 325 Abs. 4 Satz 1 HGB verlangt, dass KapG i.S.d. § 264d HGB die Offenlegung nach längstens **vier Monaten** vollziehen müssen (§ 325 Rz 166). Die Regelung, dass Unt, „die keine KapG i.S.d. § 327a HGB sind", von der Verkürzung ausgenommen sind, ist seit dem DiRUG nicht mehr direkt in § 325 Abs. 4 HGB verankert, wodurch die Dopplung mit § 327a HGB aufgehoben wurde.[3] Wird der Anwendungsbereich des § 327a HGB berührt, gilt zur Übermittlung

---

[2] Bilanzrichtlinie-Umsetzungsgesetz v. 17.7.2015, BGBl 2015 I S. 1254.
[3] Gesetz zur Umsetzung der Digitalisierungsrichtlinie v. 5.7.2021, BGBl 2021 I S. 3343.

der Unterlagen an die das Unternehmensregister führende Stelle (bzw. für Gj, die vor dem 1.1.2022 begannen, zur Einreichung der Unterlagen beim Betreiber des BAnz) die in § 325 Abs. 1a Satz 1 HGB festgeschriebene Höchstfrist von **zwölf Monaten** (§ 325 Rz 90ff.).

2.2 Von der Erleichterung betroffene Unterlagen

Die Erleichterung des § 327a HGB bezieht sich auf sämtliche gem. § 325 Abs. 1 HGB offenlegungspflichtigen Rechnungslegungsunterlagen (§ 325 Rz 49ff.). Über den Verweis in § 325 Abs. 3 HGB auf § 325 Abs. 1–2 HGB bezieht sich die Erleichterung auch auf einen ggf. zu erstellenden Konzernabschluss, der dann ebenfalls später eingereicht werden kann.[4]

2.3 Prüfung der fristgerechten Einreichung

Die Prüfung der fristgerechten Einreichung der Rechnungslegungsunterlagen erfolgt durch die das Unternehmensregister führende Stelle (bzw. für Gj, die vor dem 1.1.2022 begannen, durch den Betreiber des BAnz). Zur Durchführung der Berechtigungsprüfung kann die das Unternehmensregister führende Stelle (bzw. der Betreiber des BAnz) dazu gem. § 329 Abs. 2 Satz 1 HGB Angaben zur Eigenschaft als KapG i.S.d. § 327a HGB von der die Unterlagen einreichenden Ges. verlangen (§ 329 Rz 13ff.).

3 Befreiung von Bilanz- und Lageberichtseid

§ 264 Abs. 2 Satz 3 HGB sieht die Pflicht zur Versicherung (Bilanzeid) der Darstellung eines den tatsächlichen Verhältnissen entsprechenden Bilds der Vermögens-, Finanz- und Ertragslage nach bestem Wissen durch die gesetzlichen Vertreter einer KapG, die Inlandsemittent i.S.d. § 2 Abs. 14 WpHG ist, vor. KapG i.S.d. § 327a HGB sind davon explizit ausgenommen (§ 264 Rz 88ff.).[5] Für den Konzernabschluss sieht § 297 Abs. 2 Satz 4 HGB eine analoge Pflicht zur Abgabe eines Bilanzeids vor – ebenfalls unter expliziter Befreiung von KapG i.S.d. § 327a HGB (§ 297 Rz 89ff.).
Gleiches gilt zudem über § 264 Abs. 2 Satz 3 HGB i.V.m. § 289 Abs. 1 Satz 5 HGB für den Lageberichtseid (§ 289 Rz 70ff.).
Die Pflicht zur Unterzeichnung nach § 245 HGB (§ 245 Rz 1ff.) bleibt davon unberührt. In Konsequenz ändern sich hinsichtlich des Jahresabschlusses durch die Befreiung vom Bilanzeid die Rechtsfolgen (Rz 9). Inwieweit eine Pflicht zur Unterzeichnung des Lageberichts besteht ist umstritten (§ 245 Rz 2).

4 Befreiung von der ESEF-VO

§ 328 Abs. 1 Satz 4 HGB verweist auf die Notwendigkeit der Beachtung der Formatvorgaben für die offenzulegenden Unterlagen kapitalmarktorientierter Unt aus der ESEF-VO (§ 328 Rz 28 ff.). Unter § 327a HGB fallende Unt sind hiervon explizit befreit.

---

[4] Vgl. Fehrenbacher, in MünchKomm. HGB, 5. Aufl. 2024 § 327a HGB Rn 4.
[5] Vgl. Müller, in Baetge/Kirsch/Thiele, Bilanzrecht, § 327a HGB Rz 31, Stand: 4/2022.

5 Rechtsfolgen bei Pflichtverletzung

9 Ein direkter Verstoß gegen § 327a HGB ist nicht möglich. Eine Pflichtverletzung kann nur im Zusammenhang mit der unrechtmäßigen Inanspruchnahme von Offenlegungserleichterungen erfolgen, die einen **Verstoß gegen § 325 HGB** bedingt. Entsprechend greifen die Rechtsfolgen des § 325 HGB (§ 325 Rz 182). Gleiches gilt hinsichtlich der Befreiung von Bilanz- und Lageberichtseid. Während eine Verletzung der Pflicht zur Unterzeichnung lediglich eine Ordnungswidrigkeit i. S. v. § 334 Abs. 1 Nr. 1a HGB darstellt, erfüllt ein unrichtiger Bilanz- oder Lageberichtseid gem. § 331a Abs. 1 HGB die Voraussetzungen für eine Straftat. Neben einer Geldstrafe kommt auch eine Freiheitsstrafe von bis zu fünf Jahren in Betracht.

§ 328 Form, Format und Inhalt der Unterlagen bei der Offenlegung, Veröffentlichung und Vervielfältigung

(1) ¹Bei der Offenlegung des Jahresabschlusses, des Einzelabschlusses nach § 325 Absatz 2a, des Konzernabschlusses, des Lage- oder Konzernlageberichts oder der Erklärungen nach § 264 Absatz 2 Satz 3, § 289 Absatz 1 Satz 5, § 297 Absatz 2 Satz 4 oder § 315 Absatz 1 Satz 5 sind diese Abschlüsse, Lageberichte und Erklärungen so wiederzugeben, dass sie den für ihre Aufstellung maßgeblichen Vorschriften entsprechen, soweit nicht Erleichterungen nach den §§ 326 und 327 in Anspruch genommen werden oder eine Rechtsverordnung des Bundesministeriums der Justiz nach Absatz 4 hiervon Abweichungen ermöglicht. ²Sie haben in diesem Rahmen vollständig und richtig zu sein. ³Die Sätze 1 und 2 gelten auch für die teilweise Offenlegung sowie für die Veröffentlichung oder Vervielfältigung in anderer Form auf Grund des Gesellschaftsvertrages oder der Satzung. ⁴Eine Kapitalgesellschaft, die als Inlandsemittent (§ 2 Absatz 14 des Wertpapierhandelsgesetzes) Wertpapiere (§ 2 Absatz 1 des Wertpapierhandelsgesetzes) begibt und keine Kapitalgesellschaft i. S. d. § 327a ist, hat offenzulegen:
1. die in Absatz 1 Satz 1 bezeichneten Unterlagen in dem einheitlichen elektronischen Berichtsformat nach Maßgabe des Artikels 3 der Delegierten Verordnung (EU) 2019/815 der Kommission vom 17. Dezember 2018 zur Ergänzung der Richtlinie 2004/109/EG des Europäischen Parlaments und des Rates im Hinblick auf technische Regulierungsstandards für die Spezifikation eines einheitlichen elektronischen Berichtsformats (ABl. L 143 vom 29.5.2019, S. 1; L 145 vom 4.6.2019, S. 85) in der jeweils geltenden Fassung;
2. den Konzernabschluss mit Auszeichnungen nach Maßgabe der Artikel 4 und 6 der Delegierten Verordnung (EU) 2019/815.

(1a) ¹Das Datum der Feststellung oder der Billigung der in Absatz 1 Satz 1 bezeichneten Abschlüsse ist anzugeben. ²Wurde der Abschluss auf Grund gesetzlicher Vorschriften durch einen Abschlussprüfer geprüft, so ist jeweils der vollständige Wortlaut des Bestätigungsvermerks oder des Vermerks über dessen Versagung wiederzugeben; wird der Jahresabschluss wegen der Inanspruchnahme von Erleichterungen nur teilweise offengelegt und bezieht sich der Bestätigungsvermerk auf den vollständigen Jahresabschluss, ist hierauf hinzuweisen. ³Bei der Offenlegung von Jahresabschluss, Einzelabschluss nach § 325 Absatz 2a oder Konzernabschluss ist gegebenenfalls darauf hinzuweisen, dass die Offenlegung nicht gleichzeitig mit allen anderen nach § 325 offenzulegenden Unterlagen erfolgt.

(2) ¹Werden Abschlüsse in Veröffentlichungen und Vervielfältigungen, die nicht durch Gesetz, Gesellschaftsvertrag oder Satzung vorgeschrieben sind, nicht in der nach Absatz 1 vorgeschriebenen Form oder dem vorgeschriebenen Format wiedergegeben, so ist jeweils in einer Überschrift darauf hinzuweisen, daß es sich nicht um eine der gesetzlichen Form oder dem gesetzlichen Format entsprechende Veröffentlichung handelt. ²Ein Bestätigungsvermerk darf nicht beigefügt werden, wenn die Abschlüsse nicht in der nach Absatz 1 vorgeschriebenen Form wiedergegeben werden. ³Ist jedoch auf Grund gesetzlicher Vorschriften eine Prüfung durch einen Abschlußprüfer erfolgt, so ist anzugeben, zu welcher

der in § 322 Abs. 2 Satz 1 genannten zusammenfassenden Beurteilungen des Prüfungsergebnisses der Abschlussprüfer in Bezug auf den in gesetzlicher Form erstellten Abschluss gelangt ist und ob der Bestätigungsvermerk einen Hinweis nach § 322 Abs. 3 Satz 2 enthält. [4]Ferner ist anzugeben, ob die Unterlagen der das Unternehmensregister führenden Stelle übermittelt worden sind.
(3) [1]Absatz 1 Satz 1 bis 3 ist auf den Vorschlag für die Verwendung des Ergebnisses und den Beschluss über seine Verwendung entsprechend anzuwenden. [2]Werden die in Satz 1 bezeichneten Unterlagen oder der Lage- oder Konzernlagebericht nicht gleichzeitig mit dem Jahresabschluß oder dem Konzernabschluß offengelegt, so ist bei ihrer nachträglichen Offenlegung jeweils anzugeben, auf welchen Abschluß sie sich beziehen und wo dieser offengelegt worden ist; dies gilt auch für die nachträgliche Offenlegung des Bestätigungsvermerks oder des Vermerks über seine Versagung.
(4) Die Rechtsverordnung nach § 330 Abs. 1 Satz 1, 4 und 5 kann der Unternehmensregister führenden Stelle Abweichungen von der Kontoform nach § 266 Abs. 1 Satz 1 gestatten.
(5) Für die Hinterlegung der Bilanz einer Kleinstkapitalgesellschaft (§ 326 Absatz 2) gelten Absatz 1 Satz 1 bis 3 und Absatz 1a Satz 1 entsprechend.

Inhaltsübersicht	Rz
1 Überblick	1–15
1.1 Inhalt und Regelungszweck	1–9
1.2 Anwendungsbereich	10–13
1.3 Normenzusammenhänge	14–15
2 Offenlegung, Veröffentlichung und Vervielfältigung (Abs. 1)	16–21
3 Jahres-, Einzel- und Konzernabschluss sowie Lagebericht und Konzernlagebericht und Erklärungen – Pflichtpublizität (Abs. 1 und 1a)	22–41
3.1 Form und Inhalt – Vollständigkeit/Richtigkeit (Abs. 1 Satz 1–3)	22–27
3.2 Format (ESEF-VO/Abs. 1 Satz 4)	28–36
3.2.1 Format-Vorschriften	28–31
3.2.2 European Single Electronic Format (ESEF)	32–36
3.2.2.1 (X)HTML und XBRL – Grundlagen	32–34
3.2.2.2 XBRL – Taxonomien	35–36
3.3 Feststellung, Billigung, Bestätigungsvermerk sowie Gleichzeitigkeit mit anderen Unterlagen (Abs. 1a)	37–40
3.3.1 Feststellungs- und Billigungsdatum (Abs. 1a Satz 1)	37
3.3.2 Bestätigungsvermerk (Abs. 1a Satz 2)	38–40
3.4 Gleichzeitigkeit mit anderen Unterlagen (Abs. 1a Satz 3)	41
4 Jahres-, Einzel- und Konzernabschluss – freiwillige Publizität (Abs. 2)	42–47
4.1 Form	42–46
4.2 Format (ESEF-VO/Abs. 2)	47
5 Sonstige Unterlagen (Abs. 3)	48–54
5.1 Form und Inhalt (Abs. 3 Satz 1)	48–52
5.2 Nachträgliche Offenlegung (Abs. 3 Satz 2)	53–54

6 Abweichungen von der Kontoform (Abs. 4) 55
7 Hinterlegung (Abs. 5) 56–57
8 Rechtsfolgen bei Pflichtverletzung 58–60
9 CSRD Umsetzungsgesetz: Änderungen 61

1 Überblick

1.1 Inhalt und Regelungszweck

§ 328 HGB regelt **Form, Format** und **Inhalt** der Rechnungslegungsunterlagen, die nach Maßgabe der §§ 325 ff. HGB, des Gesellschaftsvertrags und/oder der Satzung offenzulegen oder zu hinterlegen sind.[1] Neben der **Offenlegung** definiert der Gesetzgeber in § 328 HGB dabei auch die Anforderung an die Publizitätsarten der **Veröffentlichung** und der **Vervielfältigung** (Rz 16 ff.). Von den Vorschriften des § 328 HGB werden - neben der pflichtgemäß zu erfüllenden Publizität - **auch freiwillig publizierte Unterlagen** berührt, wenngleich diese einem anderen Anforderungskatalog unterworfen sind. Über Form, Format und Inhalt hinausgehende eigenständige Publizitätspflichten regelt § 328 HGB nicht. 1

Infolge der EU-Verordnung 2019/815 vom 17.12.2018,[2] im Hinblick auf ein EU-einheitliches elektronisches Berichtsformat, sind von bestimmten kapitalmarktorientierten KapG bei Abschlüssen für Gj, die am oder nach dem 1.1.2020 beginnen, über Form und Inhalt hinaus auch Vorgaben hinsichtlich des **Berichtsformats** zu beachten. Die Übermittlung der Jahresabschlüsse und Konzernabschlüsse sowie der Lageberichte und Konzernlageberichte hat durch betroffene Unt im European Single Electronic Format, kurz ESEF, zu erfolgen. Für nach den IFRS erstellte Konzernabschlüsse gelten gem. der ESEF-VO zusätzliche Anforderungen. Hierbei erfolgt eine stufenweise Anhebung der von der elektronischen Berichterstattung umfassten Angaben aus nach den IFRS erstellten Konzernabschlüssen. Eine Umsetzung in deutsches Recht ist im Sommer 2020 erfolgt.[3] Ungeachtet des Gesetzgebungsstatus in Deutschland ist die Verordnung verbindlich und gilt unmittelbar in jedem Mitgliedstaat. 2

Neben den unterschiedlichen Publizitätsarten sind in **§ 328 Abs. 1 und 1a HGB** die Anforderungen in Bezug auf die pflichtgemäß zu erfüllende Offenlegung kodifiziert. Die Abschlüsse haben demnach den **für die Aufstellung maßgeblichen Vorschriften** zu entsprechen. Neben der Angabe des Feststellungs- oder Billigungsdatums sowie des Bestätigungsvermerks ist nach § 328 Abs. 1a HGB bei Rückgriff auf Erleichterungen der §§ 326 und 327 HGB die Grundlage des Vermerks des Abschlussprüfers zu benennen. Gem. **Abs. 5** gelten die Vorschriften nach § 328 Abs. 1 Satz 1–3 und Abs. 1a Satz 1 HGB auch für die Hinterlegung der Bilanz von KleinstKapG nach § 326 Abs. 2 HGB (§ 326 Rz 24). 3

Abs. 2 schreibt vor, dass Veröffentlichungen und Vervielfältigungen, die nicht durch Gesetz, Gesellschaftsvertrag oder Satzung vorgeschrieben sind und die nicht in der nach Abs. 1 vorgeschriebenen Form wiedergegeben werden, einen 4

---

[1] Mit Fallbeispiel BBK 2007, S. 671.
[2] Delegierte Verordnung (EU) 2019/815, ABl. EU L 143/1 v. 29.5.2019; L 145/85 v. 4.6.2019.
[3] Gesetz zur weiteren Umsetzung der Transparenzrichtlinie-Änderungsrichtlinie im Hinblick auf ein einheitliches elektronisches Format für Jahresfinanzberichte v. 12.8.2020, BGBl 2020 I S. 1874 ff.

entsprechenden Nicht-Anwendungshinweis enthalten müssen. Ein Bestätigungsvermerk darf in diesen Fällen nicht beigefügt werden. Abs. 2 enthält insofern ein Wahlrecht, als dass Abs. 1 freiwillig angewandt werden darf.

5 **Abs. 3** dehnt den Anwendungsbereich des Abs. 1 auf den Vorschlag für die Verwendung des Ergebnisses und den Beschluss über seine Verwendung aus. Zudem regelt Abs. 3 den Fall einer **nachträglichen Offenlegung** der vorausgehend genannten Unterlagen sowie des Lage- oder Konzernlageberichts, des Bestätigungsvermerks oder des Vermerks über seine Versagung. Der RegE CSRD-UmsG[4] sieht ferner eine inhaltliche Erweiterung des Anwendungsbereichs von Abs. 3 auf den Prüfungsvermerk über den Nachhaltigkeitsbericht vor. Da zum Zeitpunkt des Redaktionsschlusses dieser Kommentierung das CSRD-UmsG noch nicht in einer verabschiedeten Form vorlag, sind die auf Basis des RegE CSRD-UmsG zu erwartenden Änderungen gesondert in Kapitel 9 aufgeführt.

6 **Abs. 4** ermächtigt den Verordnungsgeber des § 330 Abs. 1 HGB dazu, der das Unternehmensregister führenden Stelle Abweichungen von der Kontoform nach § 266 Abs. 1 Satz 1 HGB zu gestatten.

7 Im Gesellschaftsvertrag oder in der Satzung festgeschriebene Änderungen der Publizitätsanforderungen des § 328 HGB in Bezug auf Form und Inhalt sind unzulässig.[5] Im Interesse einheitlicher und umfassend geltender Schutzvorschriften gilt dies auch für die freiwillige Publizität.[6] Bei Vorliegen rein satzungsmäßiger Publizitätspflichten müssen die Vorschriften des Abs. 1 jedoch keine Anwendung finden; lediglich die Regelungen des Abs. 2 sind zu beachten. Diese Ausweichmöglichkeit ist Stimmen in der Literatur zufolge sogar der Förderung der freiwilligen Publizität dienlich.[7]

8 Die Standardisierung von Form und Inhalt des Jahresabschlusses, des Einzelabschlusses nach § 325 Abs. 2a HGB, des Konzernabschlusses und der sonstigen Unterlagen dient dem **Schutz der Allgemeinheit**, der dadurch erreicht wird, dass Abschlussadressaten keine irreführenden oder schlecht verständlichen Informationen erhalten.

9 Obwohl Unt getrieben von der technischen Entwicklung bereits seit Langem auf eine EDV-gestützte Aufbereitung und Verbreitung von Informationen zurückgegriffen haben, bot ein Großteil der klassischen Bereitstellungsformate/-arten lediglich die Möglichkeit zur Darstellung der Daten, ohne dass eine (automatisierte) Weiterverwendung ihres Inhalts (durch Dritte) – etwa zur Abschlussanalyse – problemlos möglich war.[8] So bestand regelmäßig die Notwendigkeit, die Daten aus den elektronisch oder in Papierform vorliegenden Berichten zur Analyse manuell in die eigenen Applikationen zu überführen oder halb automatisiert mittels Texterkennungsverfahren zu übernehmen.

---

[4] Regierungsentwurf eines Gesetzes zur Umsetzung der Richtlinie (EU) 2022/2464 des Europäischen Parlaments und des Rates vom 14. Dezember 2022 zur Änderung der Verordnung (EU) Nr. 537/2014 und der Richtlinien 2004/109/EG, 2006/43/EG und 2013/34/EU hinsichtlich der Nachhaltigkeitsberichterstattung von Unternehmen, BT-Drs. 20/12787 v. 9.9.2024, https://dserver.bundestag.de/btd/20/127/2012787.pdf, Abruf 10.10.2024.
[5] Ebenso Fehrenbacher, in MünchKomm. HGB, 5. Aufl. 2024, § 328 HGB Rz 1; Grottel, in Beck Bil-Komm., 14. Aufl. 2024, § 328 HGB Rz 3, 6.
[6] Vgl. ADS, Rechnungslegung und Prüfung der Unternehmen, 6. Aufl. 1995–2001, § 328 HGB Rz 12.
[7] So ADS, Rechnungslegung und Prüfung der Unternehmen, 6. Aufl. 1995–2001, § 328 HGB Rz 74.
[8] Gl. A. Dreyer/Füglistaler, IRZ 2008, S. 297.

Um diesen Nachteil zu beheben und Anlegern, Behörden und Emittenten eine maschinelle Analyse der Finanzinformationen zu ermöglichen und diese unabhängig von Sprache, Struktur und Format vergleichbar zu machen, ist die ESEF-VO eingeführt worden.

1.2 Anwendungsbereich

Relevant ist die Regelung des § 328 HGB zunächst für alle **KapG**. Neben KapG müssen auch **KapCoGes** die Vorgaben des § 328 HGB einhalten. Beschränkungen auf einzelne Abschlüsse sind nicht existent. Die Norm gilt sowohl für den Jahresabschluss, den Einzelabschluss nach § 325 Abs. 2a HGB, den Konzernabschluss sowie den Lagebericht und den Konzernlagebericht sowie für die Erklärungen der gesetzlichen Vertreter nach § 264 Abs. 2 Satz 3, § 289 Abs. 1 Satz 5, § 297 Abs. 2 Satz 4 oder § 315 Abs. 1 Satz 5 HGB. Ob die Abschlüsse vollständig oder nur teilweise offengelegt werden, ist nicht von Belang; Erleichterungen von den Vorschriften des § 328 HGB bei nur teilweiser Offenlegung sind nicht vorgesehen.

Die Vorschriften der ESEF-VO, respektive des § 328 HGB betreffend deren Umsetzung, gelten zunächst für alle KapG, die als Inlandsemittenten i.S.d. § 2 Abs. 14 WpHG Wertpapiere i.S.d. § 2 Abs. 1 WpHG begeben. Ausgenommen sind jedoch KapG i.S.d. § 327a HGB, d.h. solche Inlandsemittenten, die ausschl. zum Handel an einem organisierten Markt zugelassene Schuldtitel i.S.d. § 2 Abs. 1 Nr. 3 WpHG mit einer Mindeststückelung von 100.000 EUR oder dem am Ausgabetag entsprechenden Gegenwert einer anderen Währung begeben.

Die Aufstellung eines Abschlusses nach den IFRS befreit nicht von der Pflicht zur Anwendung des § 328 HGB.[9] Ein nach § 291 HGB **befreiender Konzernabschluss** mit Lagebericht und Bestätigungsvermerk ist **nach Maßgabe des HGB offenzulegen** (§ 291 Rz 13). Damit meint der Gesetzgeber die Vorschriften der §§ 325 ff. HGB, wodurch die Offenlegung des befreienden Konzernabschlusses in den Anwendungsbereich des § 328 HGB fällt. Die freiwillig publizierten Unterlagen müssen dagegen nicht deutschen Rechtsanforderungen entsprechen. Auch die Aufstellung erfolgt nach dem für das MU gültigen Recht.

In anderen Gesetzen – wie etwa dem WpHG oder dem AktG – kodifizierte Offenlegungsvorschriften werden von § 328 HGB nicht berührt. Wenngleich nicht zwingend vorgeschrieben, empfiehlt sich eine Anwendung der Vorgaben des § 328 HGB bei diesen Veröffentlichungen jedoch, sofern dem keine spezifischen Vorschriften entgegenstehen.[10] Gleiches gilt für Veröffentlichungen von Unt, die grds. nicht in den Anwendungsbereich des § 328 HGB fallen.[11]

In diesem Zuge sind insb. die Offenlegungsvorschriften des § 114 WpHG zu nennen, die von Unt in Gestalt von Inlandsemittenten die Erstellung eines Jahresfinanzberichts für den Schluss eines jeden Gj und eine Veröffentlichung spätestens vier Monate nach Ablauf eines jeden Gj vorsehen, wenn die Unt nicht

---

[9] Vgl. Fehrenbacher, in MünchKomm. HGB, 5. Aufl. 2024, § 328 HGB Rz 4.
[10] Vgl. Fehrenbacher, in MünchKomm. HGB, 5. Aufl. 2024, § 328 HGB Rz 3 f.
[11] In § 328 Abs. 2 HGB allgemeine Grundsätze zur Veröffentlichung oder Vervielfältigung sehend ADS, Rechnungslegung und Prüfung der Unternehmen, 6. Aufl. 1995–2001, § 328 HGB Rz 8; betonend, dass Verwechslungen zwischen einem vollständigen Abschluss und einer publizierten gekürzten Fassung immer ausgeschlossen werden müssen, Zimmer, in Staub, Großkommentar Handelsgesetzbuch, 6. Aufl. 2023, § 328 HGB Rz 8.

nach den handelsrechtlichen Vorschriften zur Offenlegung der in § 114 Abs. 2 Nr. 1 bis 3 WpHG genannten Rechnungslegungsunterlagen verpflichtet sind.

13 **Kreditinstitute** und **VersicherungsUnt** unterliegen grds. eigenen Offenlegungsvorschriften. Aufgrund von Verweisen in den §§ 340l Abs. 1 Satz 1 und Abs. 2 Satz 1 sowie 341l Abs. 1 Satz 1 HGB sind die Vorschriften des § 328 HGB aber auch für Ges. dieser Gattung relevant. Gleiches gilt für eG (§ 339 Abs. 2 HGB) und Unt, die gem. **PublG** (§§ 9 Abs. 1 Satz 1 und 15 Abs. 2 PublG) einen Abschluss zu erstellen haben. Der Verweis in § 15 Abs. 2 PublG bezieht sich dabei entgegen den anderen Verweisen nicht nur auf die Offenlegung, sondern auch auf die Veröffentlichung und die Vervielfältigung.[12]

1.3 Normenzusammenhänge

14 § 328 HGB enthält keine eigenen Offenlegungsvorschriften. Relevant sind in diesem Zusammenhang neben den für Kreditinstitute, VersicherungsUnt, eG und Unt, die dem PublG unterliegen, geltenden Sondervorschriften in Bezug auf die **Offenlegung** (Rz 16) oder **Hinterlegung** (Rz 56) daher die Vorschriften der §§ 325–327 HGB.

15 Norminhärente Verpflichtungen zur **Veröffentlichung** respektive **Vervielfältigung**, die in einem Zusammenhang mit § 328 HGB stehen, sind etwa in den §§ 131 Abs. 1 Satz 3 AktG sowie 42a Abs. 1 und 4 GmbHG zu finden.

2 Offenlegung, Veröffentlichung und Vervielfältigung (Abs. 1)

16 § 328 HGB erfasst drei unterschiedliche **Publizitätsarten**: Offenlegung, Veröffentlichung und Vervielfältigung, wobei die hier getroffenen Regelungen der Offenlegung gem. Abs. 5 auch auf die Hinterlegung der Bilanz einer KleinstKapG (§ 326 Abs. 2 HGB) anzuwenden sind. Unter **Offenlegung** ist die Übermittlung von Unterlagen an die das Unternehmensregister führende Stelle und die damit verbundene Bekanntmachung zu verstehen.[13] Eine eindeutige Legaldefinition, wie sie früher der Überschrift des Vierten Unterabschnitts des Zweiten Abschnitts des Dritten Buchs des HGB zu entnehmen war, liefert das HGB heute nicht mehr. Letztlich ergibt sich die Definition des Begriffs der Offenlegung aus der Regelung des § 325 HGB.[14] Die **Hinterlegung** können die gesetzlichen Vertreter einer KleinstKapG bei der das Unternehmensregister führenden Stelle zusammen mit der Erklärung der Einhaltung der Schwellenwerte (§ 326 Rz 26) für diese kleinste Größenklasse beauftragen. Dann tritt an die Stelle der internetweiten Offenlegung der eingereichten Unterlagen, die sich bei diesen Unt auf die Bilanz beschränken kann, die kostenpflichtige Herausgabe nur auf Antrag. Das Antragsstellungsrecht ist nicht eingeschränkt und bedarf auch keiner Begründung.

---

[12] Gl. A. ADS, Rechnungslegung und Prüfung der Unternehmen, 6. Aufl. 1995–2001, § 328 HGB Rz 7; Grottel, in Beck Bil-Komm., 14. Aufl. 2024, § 328 HGB Rz 7; inzwischen auch Kersting, in Staub, Großkommentar Handelsgesetzbuch, 6. Aufl. 2023, § 328 HGB Rz 6–8.
[13] Vgl. Fehrenbacher, in MünchKomm. HGB, 5. Aufl. 2024, § 328 HGB Rz 7.
[14] Vgl. Grottel, in Beck Bil-Komm., 14. Aufl. 2024, § 328 HGB Rz 2; ADS, Rechnungslegung und Prüfung der Unternehmen, 6. Aufl. 1995–2001, § 328 HGB Rz 14.

Der Begriff der **Veröffentlichung** meint die Bekanntgabe an die Öffentlichkeit, die nach hM als unbegrenzter Personenkreis verstanden wird.[15] Die Offenlegung ist entsprechend als gesetzlich bzw. handelsrechtlich zu erfüllende Teilmenge der Veröffentlichung zu verstehen.

Der Begriff der **Vervielfältigung** umfasst die Reproduktion von Unterlagen zur Verbreitung dieser an einen bestimmten[16] Personenkreis. Beispielhaft können hier etwa Abschriften zur Vorlage während der HV aufgeführt werden.

Die Wahl des **Veröffentlichungsmediums** ist dabei nicht von Bedeutung.[17] Gleiches gilt grds. auch für die anderen Publizitätsarten, wobei insb. bei der Offenlegung die gesetzlichen Vorgaben zu beachten sind. Bei einem uneingeschränkten Personenkreis kommen bestimmte Datenträger sicher nicht in Betracht, das Internet aber wohl.

§ 328 HGB ist nicht auf die **Publikationen Dritter** anwendbar. Veröffentlichungen oder Vervielfältigungen fallen nur unter den Anwendungsbereich der Norm, sofern das publizierende Unt Urheber ist. Die Zurechnung zum Urheber umfasst allerdings auch Publikationen im Namen des oder mit ausdrücklicher Billigung durch den Urheber.[18]

Interne Mitteilungen, etwa an Mitarbeiter, fallen bereits aufgrund des in diesen Fällen eingeschränkten Adressatenkreises, nicht unter die Veröffentlichungen (zu Vorlagepflichten nach dem BetrVG vgl. § 267a Rz 18). Da § 328 HGB lediglich auf Publikationen nach außen anwendbar ist, sind interne Reproduktionen nicht unter Beachtung der Vorschriften der Norm zu publizieren.

3 Jahres-, Einzel- und Konzernabschluss sowie Lagebericht und Konzernlagebericht und Erklärungen – Pflichtpublizität (Abs. 1 und 1a)

3.1 Form und Inhalt – Vollständigkeit/Richtigkeit (Abs. 1 Satz 1–3)

Die Wiedergabe des Jahresabschlusses, des Einzelabschlusses nach § 325 Abs. 2a HGB und des Konzernabschlusses sowie des Lageberichts und des Konzernlageberichts sowie der Erklärungen der gesetzlichen Vertreter nach § 264 Abs. 2 Satz 3, § 289 Abs. 1 Satz 5, § 297 Abs. 2 Satz 4 oder § 315 Abs. 1 Satz 5 HGB erfordert gem. Abs. 1 Satz 2 in Bezug auf Form und Inhalt die Einhaltung des Gebots der **Vollständigkeit** und **Richtigkeit**. Die Pflichtpublizität muss nach Abs. 1 Satz 1 den für die Aufstellung maßgeblichen Vorschriften entsprechen, sofern nicht Erleichterungen nach den §§ 326 und 327 HGB in Anspruch genommen werden oder eine Rechtsverordnung hiervon Abweichungen ermöglicht.

Unter Richtigkeit ist in diesem Zusammenhang zu verstehen, dass Fehler bei der Wiedergabe nicht vorkommen. Fehler bei der Publizität, die nicht in den Originalunterlagen vorkommen, sind entsprechend zu korrigieren. Bei Ges., welche die Erleichterungen der §§ 326, 327 HGB in Anspruch nehmen, ist die entsprechende

---

[15] So auch Müller, in Baetge/Kirsch/Thiele, Bilanzrecht, § 328 HGB Rz 21, Stand: 07/2024; Grottel, in Beck Bil-Komm., 14. Aufl. 2024, § 328 HGB Rz 4; Fehrenbacher, in MünchKomm. HGB, 5. Aufl. 2024, § 328 HGB Rz 8.
[16] Ebenso Grottel, in Beck Bil-Komm., 14. Aufl. 2024, § 328 HGB Rz 4; einen ausgewählten Personenkreis voraussetzend Fehrenbacher, in MünchKomm. HGB, 5. Aufl. 2024, § 328 HGB Rz 9.
[17] Zur Publikation von Unterlagen in elektronischen Medien s. Noack, ZGR 1998, S. 592.
[18] Vgl. ADS, Rechnungslegung und Prüfung der Unternehmen, 6. Aufl. 1995–2001, § 328 HGB Rz 16.

gekürzte Fassung maßgebend. Der Grundsatz der Vollständigkeit und Richtigkeit wird durch die Inanspruchnahme von Erleichterungen i.R.d. Offenlegung nicht verletzt – er wird in gewisser Weise an die reduzierte Publizitätspflicht angepasst.[19] Auch dürfen Offenlegungserleichterungen bis zum Zeitpunkt der Offenlegung nachgeholt werden. Bei der Veröffentlichung oder Vervielfältigung dürfen die Erleichterungen dann nicht mehr nachgeholt werden.

23 In der Originalfassung enthaltene **Fehler** dürfen im Interesse der Kongruenz von Vorlage und Wiedergabe dem Gebot der Richtigkeit entsprechend nicht korrigiert werden. Das Korrekturverbot gilt dabei allerdings nur für materielle Fehler, nicht aber für Druckfehler sowie mit dem Publizitätsverfahren entstandene Fehler.[20] **Rundungen** sind zulässig.[21]

24 Das Gebot der Vollständigkeit bedingt ein Verbot zur Durchführung von **Kürzungen** sowie **Zusammenfassungen**. Es gilt sowohl bei der Offenlegung, der Veröffentlichung als auch der Vervielfältigung. Mit dem Gebot werden zudem **Umgliederungen** ausgeschlossen. Auch eine **nachträgliche Trennung** eines mit dem Konzernanhang zusammengefassten Anhangs des MU kommt nicht in Betracht. Gewählte Gestaltungsvarianten sind grds. beizubehalten.

25 **Erweiterungen** sind grds. gestattet, unterliegen jedoch einigen Anforderungen. Sie dürfen nicht im Widerspruch zu den Angaben des Abschlusses in der maßgeblichen Fassung stehen und müssen deutlich davon abgegrenzt werden.[22] Eine Trennung der Erweiterungen ist ferner von bereits bei der Aufstellung vorgenommenen freiwilligen Angaben erforderlich. Zudem ist eine räumliche Trennung empfehlenswert.

26 Sowohl die Unterlagen der Offenlegung als auch die gesetzlich vorgeschriebene Veröffentlichung und Vervielfältigung sind gem. § 325 Abs. 1 Satz 1 HGB in **deutscher Sprache** zu publizieren.[23] **Übersetzungen** fallen, sofern alle Unterlagen (inklusive des vollständigen Bestätigungsvermerks) analog zur maßgeblichen Fassung ohne Änderungen veröffentlicht werden und i.R. etwaiger Währungsumrechnungen ausreichende Erläuterungen beigefügt werden, nicht unter den Begriff der Wiedergabe i.S.d. § 328 HGB.

27 Die im Zuge der ESEF-Einführung erfolgte Erweiterung der betroffenen Unterlagen um die, den jeweiligen Unterlagen beizufügenden, schriftlichen Erklärungen nach bisher § 264 Abs. 2 Satz 3 (Bilanzeid), § 289 Abs. 1 Satz 5 (Lageberichtseid), § 297 Abs. 2 Satz 4 (Konzernbilanzeid) oder § 315 Abs. 1 Satz 5 HGB (Konzernlageberichtseid) folgte aus der notwendigen gesonderten Erstellung dieser Erklärungen und der Änderung der offenlegungspflichtigen Unterlagen nach § 325 Abs. 1 Satz 1 HGB.

Der RegE CSRD-UmsG sieht vor, dass die o.g. beizufügenden **Versicherungen** der Mitglieder des vertretungsberechtigten Organs von Inlandsemittenten hinsichtlich des Jahresabschlusses und des Lageberichts respektive des Konzernabschlusses und des Konzernlageberichts in den neuen §§ 289h und 315f HGB-E

---

[19] Ähnlich auch Grottel, in Beck Bil-Komm., 14. Aufl. 2024, § 328 HGB Rz 27.
[20] Vgl. Müller, in Baetge/Kirsch/Thiele, Bilanzrecht, § 328 HGB Rz 26, Stand: 07/2024; Grottel, in Beck Bil-Komm., 14. Aufl. 2024, § 328 HGB Rz 29.
[21] So etwa auch ADS, Rechnungslegung und Prüfung der Unternehmen, 6. Aufl. 1995–2001, § 328 HGB Rz 43.
[22] Vgl. Müller, in Baetge/Kirsch/Thiele, Bilanzrecht, § 328 Rz 29, Stand: 07/2024.
[23] Vgl. Grottel, in Beck Bil-Komm., 14. Aufl. 2024, § 328 HGB Rz 32.

zusammengeführt werden, woraus sich eine redaktionelle Änderung von § 328 Abs. 1 Satz 1 HGB insofern ergeben dürfte, dass die Wörter „§ 264 Absatz 2 Satz 3, § 289 Absatz 1 Satz 5, § 297 Absatz 2 Satz 4 oder § 315 Absatz 1 Satz 5" durch die Wörter „§ 289h Absatz 1 oder 2 oder § 315f Absatz 1 oder 2" ersetzt werden. Da zum Zeitpunkt des Redaktionsschlusses dieser Kommentierung das CSRD-UmsG noch nicht in einer verabschiedeten Form vorlag, sind die auf Basis des RegE CSRD-UmsG zu erwartenden Änderungen gesondert in Kapitel 9 aufgeführt.

3.2 Format (ESEF-VO/Abs. 1 Satz 4)

3.2.1 Format-Vorschriften

Für Abschlüsse, die Gj betreffen, welche am oder nach dem 1.1.2020 beginnen, haben Inlandsemittenten (§ 2 Abs. 14 WpHG), die Wertpapiere (§ 2 Abs. 1 WpHG) begeben und keine KapG i.S.d. § 327a HGB sind, ergänzend zu Form und Inhalt auch Vorgaben bzgl. des Berichtsformats zu beachten.[24]

Gem. § 328 Abs. 1 Satz 4 Nr. 1 HGB sind Inlandsemittenten entsprechend zur Offenlegung der Unterlagen im einheitlichen elektronischen Berichtsformat nach Maßgabe des Art. 3 ESEF-VO verpflichtet. Art. 3 ESEF-VO sieht zunächst vor, dass Unt im Anwendungskreis ihre gesamten Jahresfinanzberichte im XHTML-Format (Rz 32 ff.) zu erstellen haben.[25]

Art. 4 Abs. 1 i.V.m. Abs. 4 ESEF-VO sieht darüber hinaus vor, dass Jahresfinanzberichte, die konsolidierte Abschlüsse nach IFRS enthalten, mittels XBRL-Standards (Rz 31 ff.) direkt in der XHTML-Datei etikettiert werden müssen. Die Etikettierung hat dabei nach der vorgegebenen ESEF-Basistaxonomie (Etikett-Sammlung/Standardschemata) – und gem. Art. 4 Abs. 4 ESEF-VO ggf. nach einer selbst zu erstellenden Erweiterungstaxonomie – zu erfolgen, die sich an der IFRS-Taxonomie orientiert.

Dabei sind nach Art. 4 Abs. 2 ESEF-VO mind. die in Anhang II ESEF-VO spezifizierten Angaben zu etikettieren, sofern diese in den konsolidierten Abschlüssen nach IFRS vorhanden sind. Durch diese Etikettierung wird eine maschinelle Auslesbarkeit erreicht. Anhang II ESEF-VO sieht dabei eine stufenweise Anhebung der mittels XBRL zu etikettierenden Berichtsdaten vor.

Die Informationen aus Bilanz, Gesamtergebnisrechnung, Eigenkapitalveränderungsrechnung und Kapitalflussrechnung sind nach Anhang II Nr. 1 ESEF-VO, wie auch einige Anhangangaben gem. Anhang II Nr. 2 ESEF-VO, in allen konsolidierten IFRS-Abschlüssen für Gj, die am oder nach dem 1.1.2020 beginnen, zu etikettieren.

Für nach dem 1.1.2022 beginnende Gj wurde die Etikettierungspflicht nach Anhang II Nr. 3 ESEF-VO auf alle in anderen Teilen der Jahresfinanzberichte offengelegten Pflichtangaben ausgeweitet. Allerdings besteht die Möglichkeit, ganze Textblöcke mit nur einem Etikett zu versehen.

Art. 4 Abs. 3 ESEF-VO sieht die Option zur Etikettierung von Angaben vor, die über die Vorgaben des Anhang II ESEF-VO hinausgehen.

---

[24] Vgl. Zwirner, StuB 2020, S. 673–678; Müller, in Baetge/Kirsch/Thiele, Bilanzrecht, § 328 HGB Rz 30, Stand: 07/2024 sowie Liepe/Obst, in Haufe ESRS-Kommentar, 2. Aufl., 2024, § 20.
[25] Vgl. Delegierte Verordnung (EU) 2019/815, ABl. EU L 143/3 v. 29.5.2019. https://eur-lex.europa.eu/legal-content/DE/TXT/?uri=celex:32019R0815, Abruf 4.10.2024.

Wenn das nächststehende Element der Basistaxonomie die rechnungslegungsbezogene Bedeutung der Angaben falsch darstellen würde, ist gem. Art. 4 Abs. 1 i. V. m. Anhang IV Abs. 4 ESEF-VO eine Erweiterungstaxonomie zu erstellen und anzuwenden.

Art. 5 Abs. 1 ESEF-VO sieht die Option vor, nicht nur wie nach Art. 4 Abs. 3 ESEF-VO optional gestattet weitere Angaben, sondern auch weitere Teile der Jahresfinanzberichte, die nicht von der Etikettierungspflicht erfasst sind, zu etikettieren. Es wird jedoch vorausgesetzt, dass die Auszeichnungssprache XBRL und eine für diese Teile spezifische Taxonomie angewendet werden, die von dem Mitgliedstaat, in dem sie ihren Sitz haben, zur Verfügung gestellt wird. Emittenten mit Sitz in Drittstaaten sind von dieser Regelung nach Art. 5 Abs. 2 ESEF-VO hingegen ausgeschlossen.

30 Hinsichtlich der Etikettierung gem. Art. 4 ESEF-VO müssen die Emittenten nach Art. 6a ESEF-VO die in Anhang III ESEF-VO aufgeführten sog. Inline-XBRL-Spezifikationen berücksichtigen. Bei Inline-XBRL handelt es sich um eine direkt in HTML einbettbare XBRL-Variante. Zur Historie von HTML und XBRL sowie den technischen Details vgl. Rz 32 ff.

31 Der Konzernabschluss ist gem. § 328 Abs. 1 Satz 4 Nr. 2 HGB entsprechend mit den Etikettierungen nach Maßgabe der Art. 4 und 6 ESEF-VO offenzulegen.

3.2.2 European Single Electronic Format (ESEF)

3.2.2.1 (X)HTML und XBRL – Grundlagen

32 In Konsequenz genereller Entwicklungen und Trends hin zu globalisiertem wirtschaftlichem Handeln und insb. getrieben durch die Entwicklungen der Kommunikations- und Informationstechnologie haben sich nicht nur die Anforderungen an die Unternehmensberichterstattung selbst, sondern auch jene an die Informationsübermittlung und -verarbeitung erheblich gewandelt. Während Unt bereits seit Langem auf eine EDV-gestützte Aufbereitung und Verbreitung von Informationen zurückgreifen, bot ein Großteil der Bereitstellungsformate/-arten lediglich die Möglichkeit zur Darstellung der Daten, ohne dass eine (automatisierte) Weiterverwendung ihres Inhalts (durch Dritte) – etwa zur Abschlussanalyse – problemlos möglich war.[26] Ferner bestand aufgrund der Nutzung von unterschiedlichen Softwareprogrammen durch die Unt regelmäßig die Notwendigkeit, die Daten aus den elektronisch oder in Papierform vorliegenden Berichten zur Analyse manuell in die eigenen Applikationen zu überführen oder halb automatisiert mittels Texterkennungsverfahren zu übernehmen. Angesichts der existierenden technischen Möglichkeiten und vor dem Hintergrund der aufgezeigten Ineffizienzen, Transaktionskosten und Risiken erscheint diese Vorgehensweise antiquiert und fehleranfällig. Eine Option zur Lösung dieser Problematik besteht in der Verwendung einer standardisierten elektronischen Sprache für die Datenverarbeitung im Kontext des Financial Reporting bzw. konkreter der Erstellung sowie des Austauschs von (Finanz-)Informationen von und über Unt, wobei diese nicht nur als Technologie oder elektronische Sprache

---

[26] Gl. A. Dreyer/Füglistaler, IRZ 2008, S. 297.

verstanden werden sollte, sondern vielmehr als permanenter Dialog zur Verbesserung und Erweiterung der Wertschöpfungskette.[27]
Die Ursprünge der Sprachen zur Datenverarbeitung reichen bis in die 1960er-Jahre zurück. Mit dem Ziel der Vereinfachung der Generierung, Archivierung, Suche sowie des Managements von rechtlichen Dokumenten entwickelte IBM 1969 zunächst GML (Generalized Markup Language).[28][29] In einer weiteren Entwicklungsstufe wurde daraus SGML (Standard Generalized Markup Language). Hierbei handelt es sich um ein gemeinsames Format für die Festlegung und den Austausch von Markups bzw. einen Satz an Anweisungen für eine strukturierte Auszeichnungssprache, welches/r auch die Idee benutzer-/industriespezifischer – aber dennoch standardisierter – Spezifikationen aufbrachte. Anstatt proprietäre, kundenspezifische Markup-Sprachen zu verwenden, die nicht zwischen verschiedenen Systemen ausgetauscht werden können, wurde ein System entwickelt, das die Kommunikation verschiedener Systeme von unterschiedlichen, etwaig konkurrierenden, Anbietern ermöglicht. Mit fortschreitender Entwicklung wurde SGML jedoch immer umfassender und komplexer.[30] Entsprechend war sowohl die Erstellung als auch die Analyse von SGML-Dokumenten schwierig und komplex. Die verschiedenen Eigenschaften von SGML ließen seine Verbreitung zunehmend ins Stocken geraten, wobei der konfliktträchtige Einfluss von vielen widerstreitenden Industriegruppen erheblich dazu beigetragen hat. Doch das Vermächtnis von SGML lebt weiter. Zumindest in den Nachfolgeformaten, die – inspiriert vom Grundgedanken von SGML – allerdings durch den Versuch der Umgehung des Komplexitätsproblems geprägt waren und sind. Obwohl das Internet[31] bereits seit den späten 1960er-Jahren existiert, verhalf ihm erst die Entwicklung des World Wide Web mit seiner visuellen, interaktiven und einfachen Bedienung zu seiner aktuellen Bedeutung und Verbreitung. Den Grundstein dazu legte neben der Entwicklung des HTTP[32]-Kommunikationsprotokolls durch Roy Fielding, Tim Berners-Lee und anderen Forscher am CERN,[33] die 1989 von Tim Berners-Lee auf Basis von SGML entwickelte Hypertext Markup Language (HTML).
Infolge der ersten Machtkämpfe von Anbietern von Internet-Browsern und deren Versuchen der Erweiterung um proprietäre Elemente als auch insb. infolge der Grenzen von HTML, nämlich der Beschränkung auf die Darstellung von Informationen und damit auf Präsentations- und Layout-Aspekte, wurde bald klar, dass die Notwendigkeit einer (neuen) standardisierten Sprache zur Datenverarbeitung bestand. Aus einer Initiative unter Führung von Jon Bosak - mit dem Ziel, die besten Eigenschaften von SGML auf das Web zu adaptieren und einen neuen Standard für die Datenverarbeitung und Erweiterung dieser um Metadaten zu schaffen, ohne jedoch die Komplexität von SGML aufzuweisen –

---

[27] Vgl. Dreyer/Füglistaler, IRZ 2008, S. 296.
[28] Die Abkürzung entspricht gleichfalls den Anfangsbuchstaben der drei Erfinder Charles Goldfarb, Ed Mosher und Ray Lori.
[29] Vgl. Schmelzer u.a., XML and Web Services Unleashed, S. 13.
[30] Vgl. dazu und im Folgenden Schmelzer u.a., XML and Web Services Unleashed, S. 12 f.
[31] Internet ist nicht mit World Wide Web gleichzusetzen. Das Internet ist ein weltweiter Verbund von Rechnernetzwerken, das die Nutzung von Internetdiensten – etwa World Wide Web, E-Mail, FTP und anderen – erst ermöglicht.
[32] Hypertext Transfer Protocol.
[33] European Organization for Nuclear Research, abgeleitet aus dem Namen Conseil Européen pour la Recherche Nucléaire.

entstand folglich Web-SGML, die später in Extensible Markup Language (XML) umbenannt wurde. Wenngleich XML anfangs eine angepasste und vereinfachte Weiterentwicklung von SGML war, entwickelte sie sich infolge ihrer starken Verbreitung und Nutzung jedoch schnell zu einem eigenen Standard.

XHTML wiederum ist XML-gerechtes HTML mit den gleichen Elementen, Attributen und Verschachtelungsregeln wie bei HTML. Systembedingt bestehen, durch die Syntax von XML, technische Unterschiede im Detail.

34 Vor diesem Hintergrund und in Analogie zum Grundgedanken hinter SGML, HTML, XML und Co. wurde XBRL (eXtensible Business Reporting Language) beginnend 1998 von Charles Hoffmann entwickelt. Er baute auf XML auf und verfolgte das Ziel, eine frei verfügbare universelle elektronische Sprache für das Financial Reporting zu erschaffen und damit eine Vereinfachung und Vereinheitlichung der Datenerstellung und des Datenaustausches entlang der Supply-Chain für Finanzdaten zu erreichen.

Die Entwicklung des einheitlichen Standards für das eReporting wurde von Anfang an vom American Institute of Certified Public Accountants (AICPA) unterstützt. Nicht zuletzt deshalb wird XBRL mittlerweile als gefestigter Marktstandard[34] oder de facto Standard[35] bewertet. In den USA beginnend vollzog sich zudem die Entstehung der Organisation XBRL International.[36] Die aus allen Bereichen der Supply-Chain für Finanzdaten stammenden Mitgliedsunternehmen[37] haben sich darauf verpflichtet, zunächst die (Weiter-)Entwicklung und mittlerweile insb. die Verbreitung des XBRL-Standards nebst dessen effizientem Einsatz zu unterstützen. In Deutschland existiert seit Juli 2001 der Verein XBRL Deutschland.

In den vergangenen Jahren haben zahlreiche Standardsetter, Gesetzgeber, Behörden und Offenlegungsinstanzen etc. die Informationsbereitstellung durch Unternehmen mittels XBRL verpflichtend eingeführt oder zumindest gefördert. Aus der Perspektive deutscher Unternehmen sind neben der Taxonomie von XBRL Deutschland bisher insb. die IFRS-Taxonomie des IASB, die Übermittlung an die das Unternehmensregister führende Stelle per XBRL sowie die E-Bilanz relevant.[38]

3.2.2.2 XBRL – Taxonomien

35 Die meisten XBRL-Taxonomien ermöglichen bis heute insb. die Konsolidierung, Bereinigung und Aggregation von Transaktionsdaten unter Berücksichtigung standard-/normspezifischer Gegebenheiten/Konzepte respektive verbindlicher Normen und Standards sowie unter Berücksichtigung bereichsspezifischer Gegebenheiten. Jedes Konzept ist entsprechend speziell auf einen bestimmten Bereich der Berichterstattung (z. B. den Jahresabschluss oder branchenbezogene Berichte) und einen bestimmten Rechtskreis (z. B. Deutschland oder USA) bezogen.

---

[34] Müller, XML Namespaces, XML Vocabularies und XML Repositories, S. 215.
[35] Piechocki/Felden/Gräning/Debreceny, International Journal of Disclosure & Governance 2009, S. 224 ff.; Hoffman, Financial Reporting Using XBRL; Gray, XBRL: Potentials Opportunities and Issues for Internal Auditors.
[36] Gegründet wurde die Organisation unter dem Namen XBRL.org.
[37] Vgl. XBRL International (Hrsg.), An Introduction to XBRL, www.xbrl.org/the-standard/what/an-introduction-to-xbrl/, Abruf 4.10.2024.
[38] XBRL Deutschland (Hrsg.), https://de.xbrl.org/, Abruf 4.10.2024.

Der inhaltliche Aufbau von XBRL reicht korrespondierend i.d.R. (nur) bis auf die Ebene von Abschlussposten, Einzelkonten und für den Abschluss relevante Informationen.

Aus der Konsolidierung, Bereinigung und Aggregation – und dabei in besonderem Maße, wenn die Informationen vom Ursprungssystem in ein anderes verschoben werden – resultiert i.A. ein Verlust an einschlägigen Informationen.[39] Deshalb setzen Taxonomien vereinzelt bereits auf der Ebene von Buchungssätzen bzw. Transaktionen an.[40] Dadurch werden einerseits die Einsatzmöglichkeiten bei der Durchführung von originären Buchführungsaufgaben gesteigert und andererseits eine Möglichkeit zur Übertragung aller gespeicherten Informationen geschaffen.

Durch die Orientierung der Strukturen des Standardschemas an denen des Rechnungswesens werden dem Anwender das Verständnis des Aufbaus und die Nutzung erleichtert. Die Ausgestaltung des Standardschemas (also der Taxonomie) bestimmt den späteren Aufbau und möglichen Inhalt des zu erstellenden Berichts. Die Taxonomien können von allen an Geschäftsdaten interessierten Personen und Einrichtungen verwendet werden, wenn sie dem Datensender und -empfänger mind. bekannt sind, wobei auch eine Berücksichtigung spezieller Bedürfnisse durch Individualisierung, Detaillierung oder Verknüpfung von Taxonomien möglich ist.

Da jede Variable bzw. Position einer Taxonomie aus der jeweils übergeordneten Position abgeleitet wird, entsteht eine Hierarchie, in der jede untergeordnete Position auch alle Eigenschaften der ihr übergeordneten erhält. Hierdurch bleibt eine eindeutige Interpretationsmöglichkeit sowie Einordnungsmöglichkeit in das Gesamtschema jedes Datenelements bestehen.[41] Dabei werden gleichzeitig mögliche Bezugsverhältnisse zu anderen Positionen bestimmt, wodurch ein Navigieren innerhalb des Schemas ermöglicht wird.[42] Die Definition der Zuordnung muss nur einmal geschehen und ist danach auf alle Berichte anwendbar.

Betrachtet man den technischen Aufbau, so ist XBRL eine Open Source Spezifikation, die aus dem Standard-XML abgeleitet ist.[43] XBRL ist leicht zu implementieren und plattform- bzw. applikationsunabhängig verwendbar.

36

Ein XBRL-Dokument wird durch drei Hauptkomponenten/-schichten erstellt bzw. dargestellt: die Taxonomie mit Semantik, das Instanzendokument mit der Zuordnung von Inhalten zu den Positionen des Standardschemas sowie ein Style Sheet mit dem Layout der Datendarstellung.[44]

Zur Entwicklung der Komponenten ist eine XML-Spezifikation erforderlich, die einen Standard für den Aufbau der Dokumente bestimmt. Weiterhin existiert eine XBRL-Gesamtspezifikation, die sich aus der XML-Spezifikation ableitet und die Syntax und Semantik von Taxonomien sowie Instanzendokumenten standardisiert.

---

39 Vgl. XBRL International (Hrsg.), XBRL Global Ledger: Transactional Reporting, www.xbrl.org/the-standard/what/global-ledger/, Abruf 4.10.2024.
40 Vgl. Nutz/Strauß, Wirtschaftsinformatik 2002, S. 451. Bspw. die Taxonomie XBRL Global Ledger von XBRL International beginnt bereits auf der Ebene dieser Transaktionen.
41 Vgl. Meyer-Pries/Gröner, Finanz Betrieb 2002, S. 47.
42 Ein Beispiel für die Hierarchie einer XBRL-Taxonomie findet sich bei Meyer-Pries/Gröner, Finanz Betrieb 2002, S. 48.
43 Zu XML vgl. Behme/Minert, XML in der Praxis.
44 Vgl. Meyer-Pries/Gröner, Finanz Betrieb 2002, S. 46.

Die Taxonomie, welche die wichtigste Komponente eines XBRL-Dokuments darstellt, definiert wiederum die möglichen Elemente des XBRL-Dokuments durch Zuweisung etwa eines Namens, eines Datentyps und inhaltlicher Informationen zu Bilanzierungs- und Bewertungsmethoden sowie durch eine abschlussorientierte Einordnung und Beschreibung der Beziehungen zwischen Elementen.[45] Entsprechend enthält eine Taxonomie die Berichtselemente, wie etwa einen Jahresabschluss mit seinen Bestandteilen, und liefert eine Dokumentation von deren Eigenschaften und Beziehungen zueinander[46], wobei diese von den jeweiligen (Rechnungslegungs-)Normen/Standards abhängen.[47] In Abhängigkeit des Berichterstattungsszenarios kommen hinsichtlich der Taxonomie zwei verschiedene Varianten der XBRL-Berichterstattung zum Einsatz. Neben einer geschlossenen Berichterstattung, die strukturelle und inhaltliche Veränderungen an einer durch eine privatrechtliche oder eine normgebende Instanz zur Verfügung gestellten Taxonomie ausschließt und die beim Austausch ohne Änderung der Syntax und der Semantik übertragen wird, kommt auch der Einsatz einer offenen Berichterstattung in Betracht. Mit einer offenen Berichterstattung geht dabei die Möglichkeit zur kontextspezifischen Erweiterung einer Taxonomie einher. Eine derartige Taxonomie-Erweiterung kann einerseits in Ermangelung einer Abbildung von für die Berichterstattung erforderlichen – z.B. branchenbedingten – Kontexten in der Basis-Taxonomie notwendig werden.[48] Andererseits kann die individuelle Anpassung der zur Verfügung gestellten Taxonomie nötig sein, etwa um fakultative Berichtselemente (wie bspw. einen Nachhaltigkeitsbericht) abzubilden.

Als Referenz für den Inhalt des Instanzendokuments übernimmt die Taxonomie ferner die Aufgabe der Prüfung, ob ein Instanzendokument richtig mit Inhalt gefüllt wurde. Eine Prüfung der Richtigkeit bzw. Vollständigkeit des Inhalts kann indes nicht geleistet werden.

Eine automatisierte Überführung von Daten in verschiedene Standards, d.h. von einer Taxonomie zur anderen oder über mehrere hinweg, wird durch die Verknüpfung von Taxonomien ermöglicht. Diese erfolgt über eine Zuordnungstabelle (sog. Mapping-Tabelle), wobei eine regelmäßige Pflege dieser Tabelle notwendig ist, um die Aktualität der Zuordnungen auch bei Änderungen der Taxonomien zu gewährleisten.[49]

Durch die Trennung von Dateninhalten und Datendarstellung ergibt sich eine einfache Wiederverwendbarkeit von XBRL, da zur Neuerstellung von Berichten nur die Dateninhalte (das Instanzendokument) verändert werden müssen. Bei der Änderung von Rechnungslegungs- oder Darstellungsvorschriften muss dementsprechend nur die Definition der Dateninhalte (die Taxonomie) angepasst wer-

---

[45] Vgl. Nutz/Strauß, Wirtschaftsinformatik 2002, S. 452.
[46] Vgl. dazu sowie für einen tieferen Einblick Flickinger, XBRL in der betrieblichen Praxis, S. 29 ff.
[47] Vgl. dazu und im Folgenden Gräning, eXtensible Business Reporting Language, S. 5 f.; Debreceny u.a., XBRL for Interactive Data, S. 41 ff.
[48] Vgl. Hamscher u.a., Financial Reporting Taxonomies Architecture 1.0, S. 67, www.xbrl.org/technical/guidance/old/frta-2003–10-30.pdf, Abruf 4.10.2024.
[49] Vgl. Meyer-Pries/Gröner, Finanz Betrieb 2002, S. 48.

den. Dies gilt jedoch nur so lange, wie die alte und neue Taxonomie dieselbe Hierarchie bzw. dieselben Zuordnungen aufweisen.[50]

3.3 Feststellung, Billigung, Bestätigungsvermerk sowie Gleichzeitigkeit mit anderen Unterlagen (Abs. 1a)

3.3.1 Feststellungs- und Billigungsdatum (Abs. 1a Satz 1)

Zwecks Gewährleistung der Rechtssicherheit[51] ist gem. § 328 Abs. 1a Satz 1 HGB das **Datum der Feststellung** des Jahresabschlusses respektive **der Billigung** des Einzelabschlusses oder Konzernabschlusses anzugeben. Abschlussadressaten soll mittels der Offenlegung kenntlich gemacht werden, ob noch Änderungen an der publizierten Fassung des Abschlusses zu erwarten sind. Im Fall der Publikation eines Konzernabschlusses bezieht sich die Pflicht zur Datumsangabe nur auf die Billigung. Das Datum der Feststellung des Jahresabschlusses des MU muss nicht angegeben werden. Eine **Voraboffenlegung (vor Feststellung/Billigung)**, wie sie vor Einführung des BilRUG noch gestattet war, kommt nicht (mehr) in Betracht. 37

3.3.2 Bestätigungsvermerk (Abs. 1a Satz 2)

Wird ein Jahresabschluss, IFRS-Einzelabschluss oder Konzernabschluss pflichtgemäß publiziert und ist dieser der gesetzlichen Prüfungspflicht unterworfen (Jahresabschluss mittelgroßer und großer KapG sowie alle Konzernabschlüsse), so ist der Bestätigungsvermerk oder der Vermerk über dessen Versagung in **vollständigem Wortlaut** (§ 322 Rz 24 ff.) – also nebst Beschreibung des Gegenstands der Prüfung, Angaben zu den angewandten Rechnungslegungsgrundsätzen, Ergänzungen, Einschränkungs- oder Versagungsbegründung, Ort und Datum dessen Unterzeichnung sowie dem Namen des Prüfers und im Fall einer Anstellung des Prüfers bei einer WP-Ges. dessen Arbeitgeber – wiederzugeben. Gleiches gilt bei Zusammenfassung des Vermerks entsprechend § 325 Abs. 3a HGB für den gem. § 298 Abs. 2 HGB zusammengefassten Jahresabschluss und Konzernabschluss sowie für den IFRS-Einzelabschluss und -Konzernabschluss.[52] Eine Auftrennung des Vermerks bei nur vollständiger Offenlegung eines Abschlusses ist nicht zulässig; in diesem Fall sollte der Hinweis beigefügt werden, dass sich der Vermerk nicht nur auf den publizierten Abschluss bezieht. Bei erfolgter Nachtragsprüfung ist nur der auf Basis dieser Prüfung erteilte Bestätigungsvermerk beizufügen. 38

Gesellschaften, die sich einer **freiwilligen Abschlussprüfung** unterziehen, sind nicht dazu verpflichtet, den Bestätigungsvermerk wiederzugeben. Wird der Abschluss in geprüfter Fassung vollständig publiziert, ist die Wiedergabe des exakten Wortlauts allerdings gestattet.[53] Ein Hinweis nach Maßgabe des § 328 Abs. 2 Satz 3 HGB darf hingegen nicht erfolgen. Anders verhält es sich bei der freiwilligen Abschlussprüfung und einer Versagung oder Einschränkung des Bestätigungsvermerks, worauf hinzuweisen ist. 39

---

[50] Vgl. hierzu und weiterführend Saile, in Kußmaul/Müller, HdB, XBRL, Rz. 1 ff., 218. EL Stand: 10.7.2024.
[51] Vgl. BT-Drs. 10/317 v. 26.8.1983 S. 99.
[52] Vgl. Fehrenbacher, in MünchKomm. HGB, 5. Aufl. 2024, § 328 HGB Rz 21; Grottel, in Beck Bil-Komm., 14. Aufl. 2024, § 328 HGB Rz 40.
[53] Vgl. Grottel, in Beck Bil-Komm., 14. Aufl. 2024, § 328 HGB Rz 42.

40 Bei nur **teilweiser Offenlegung**, infolge der Inanspruchnahme von Offenlegungserleichterungen oder der Nachholung von Aufstellungserleichterungen bei der Offenlegung, ist von der publizierenden Ges. im Zusammenhang mit und zusätzlich zur vollständigen Wiedergabe des Vermerks darauf hinzuweisen, dass sich der Bestätigungsvermerk auf den vollständigen Jahresabschluss bezieht.[54] Der Hinweis entfällt, sofern der Abschlussprüfer auch den verkürzten Abschluss testiert und daraufhin eine Bescheinigung ausstellt[55] (ein zweiter Vermerk kann nicht erteilt werden), die dem vollständigen Vermerk bei Offenlegung vorzustehen hat.

Zu den Vorgaben in Bezug auf den Bestätigungsvermerk bei „**freiwilliger Publizität**" vgl. Rz 45.

3.4 Gleichzeitigkeit mit anderen Unterlagen (Abs. 1a Satz 3)

41 Erfolgt die **Offenlegung** des Jahresabschlusses, IFRS-Einzelabschlusses oder Konzernabschlusses nicht gleichzeitig mit allen anderen nach § 325 HGB offenzulegenden Unterlagen (u. a. Bericht des Aufsichtsrats, Erklärung gem. § 161 AktG zum Corporate Governance Kodex, den Prüfungsvermerk über den Nachhaltigkeitsbericht), so ist darauf hinzuweisen.

4 Jahres-, Einzel- und Konzernabschluss – freiwillige Publizität (Abs. 2)

4.1 Form

42 § 328 Abs. 2 HGB regelt die nicht auf Gesetz, Gesellschaftsvertrag oder Satzung beruhenden Veröffentlichungen und Vervielfältigungen von Jahresabschlüssen, Einzelabschlüssen nach § 325 Abs. 2a HGB und Konzernabschlüssen, die nicht den Vorschriften der Offenlegung des § 328 Abs. 1 HGB unterliegen und auch tatsächlich von der dort vorgeschriebenen Form abweichen. Abs. 2 enthält insofern ein Wahlrecht, als dass Abs. 1 freiwillig angewandt werden darf. Unter den Anwendungsbereich des § 328 Abs. 2 HGB fallende Veröffentlichungen und Vervielfältigungen sind etwa **Finanzanzeigen**, sog. **Geschäftsberichte**, sofern sie nicht auch zur Erfüllung aktienrechtlicher Vorlagepflichten dienen, oder **Werbeinformationen**, die wesentliche Abschlusskennzahlen enthalten.[56] **Börsenzulassungsprospekte** müssen dagegen mind. den **gesamten Jahresabschluss** nebst Lagebericht und Bestätigungsvermerk enthalten. Sie fallen daher nicht in den Anwendungsbereich des § 328 Abs. 2 HGB, sondern werden von Abs. 1 erfasst.

---

[54] Vgl. IDW, WPH Edition, Wirtschaftsprüfung & Rechnungslegung, 18. Aufl. 2023, Kap. N Tz 14 ff.; Fehrenbacher, in MünchKomm. HGB, 5. Aufl. 2024, § 328 HGB Rz 22; Müller, in Baetge/Kirsch/Thiele, Bilanzrecht, § 328 HGB Rz 36, Stand: 07/2024; Grottel in Beck Bil-Komm., 14. Aufl. 2024, § 328 HGB Rz 40.

[55] Vgl. IDW, WPH Edition, Wirtschaftsprüfung & Rechnungslegung, 18. Aufl. 2023, Kap. M Tz 1286; Müller, in Baetge/Kirsch/Thiele, Bilanzrecht, § 328 HGB Rz 36, Stand: 07/2024; Grottel, in Beck Bil-Komm., 14. Aufl. 2024, § 328 HGB Rz 41; Fehrenbacher, in MünchKomm. HGB, 5. Aufl. 2024, § 328 HGB Rz 23.

[56] Den von einigen Autoren geforderten Ausnahmen darf zwecks Vermeidung einer Normaushöhlung nur in engen Grenzen stattgegeben werden. Gl. A. ADS, Rechnungslegung und Prüfung der Unternehmen, 6. Aufl. 1995–2001, § 328 HGB Rz 82; mit einer differenzierteren Betrachtung Kersting, in Staub, Großkommentar Handelsgesetzbuch, 6. Aufl. 2023, § 328 HGB Rz 25, 28.

43 Besonderen **Form- sowie Formatsanforderungen** unterliegen die freiwillig publizierten Unterlagen nicht. Neben Kürzungen sind auch Zusammenfassungen oder Umgliederungen gestattet. Zu den Besonderheiten bei freiwilliger Publizität sonstiger Unterlagen vgl. Rz 51. Allerdings schreibt Abs. 2 vor, dass die Unterlagen einen entsprechenden Nicht-Anwendungshinweis in Bezug auf Abs. 1 enthalten müssen. Der Hinweis muss sich dabei aus der Überschrift ergeben.[57] Dies gilt, mit den Änderungen i. R. d. Gesetzes zur weiteren Umsetzung der Transparenzrichtlinie-Änderungsrichtlinie im Hinblick auf ein einheitliches elektronisches Format für Jahresfinanzberichte, gleichermaßen in Bezug auf Abweichungen hinsichtlich Form wie auch Format.[58]

> **Praxis-Beispiel**
> „Gekürzter Jahresabschluss zum …" oder
> „Erweiterter Jahresabschluss zum …".

Grenzen setzt den Abweichungen allerdings die Anforderung, dass es sich noch um einen Jahresabschluss (bzw. das entsprechend andere Dokument) handeln muss, der als solcher erkennbar ist.[59] Werden die zentralen Aussagen so verfälscht, dass sich daraus eine Täuschung von Adressaten ergeben kann, muss ein entsprechender Hinweis – etwa „Auszug aus dem Jahresabschluss" – aufgenommen werden.

44 Die mit **der Offenlegung zusammengelegte Wiedergabe** der freiwilligen Informationen ist grds. zulässig.[60] In diesem Fall hat allerdings eine geeignete Kennzeichnung der über die Offenlegung hinausgehenden Informationen zu erfolgen,[61] sodass eine Trennung für die Adressaten klar ersichtlich ist und sich so eine Vertrauensbasis bilden kann.

45 War bis zur Einführung des Gesetzes zur weiteren Umsetzung der Transparenzrichtlinie-Änderungsrichtlinie im Hinblick auf ein einheitliches elektronisches Format für Jahresfinanzberichte noch festgelegt, dass ein Bestätigungsvermerk nicht beigefügt werden darf, um etwaige Verwechslungen mit den unter Einhaltung der Offenlegungsvorschriften des § 328 Abs. 1 HGB veröffentlichten „vollständigen" Unterlagen zu verhindern,[62] gilt das Verbot nunmehr nur, wenn die Abschlüsse nicht in der nach Abs. 1 vorgeschriebenen Form wiedergegeben werden. Das Verbot beschränkt sich damit auf solche Wiedergaben von Abschlüssen in gesetzlich oder gesellschaftsvertraglich nicht vorgeschriebenen Veröffentlichungen oder Vervielfältigungen, die nicht der gesetzlichen Form entsprechen. Im Interesse der Reduzierung von Hürden bei der Kapitalmarktkommunikation[63]

---

[57] Vgl. Fehrenbacher, in MünchKomm. HGB, 5. Aufl. 2024, § 328 HGB Rz 31.
[58] Vgl. BT-Drs. 19/20137 v. 17.6.2020 S. 3.
[59] Vgl. Grottel, in Beck Bil-Komm., 14. Aufl. 2024, § 328 HGB Rz 153; ADS, Rechnungslegung und Prüfung der Unternehmen, 6. Aufl. 1995–2001, § 328 HGB Rz 88; Fehrenbacher, in MünchKomm. HGB, 5. Aufl. 2024, § 328 HGB Rz 30; Müller, in Baetge/Kirsch/Thiele, Bilanzrecht, § 328 HGB Rz 54, Stand: 07/2024.
[60] Anstatt vieler vgl. Grottel, in Beck Bil-Komm., 14. Aufl. 2024, § 328 HGB Rz 151.
[61] Etwa mit dem Vorschlag verschiedenfarbiges Papier zu verwenden Grottel, in Beck Bil-Komm., 14. Aufl. 2024, § 328 HGB Rz 151.
[62] Vgl. Müller, in Baetge/Kirsch/Thiele, Bilanzrecht, § 328 HGB Rz 55, Stand: 07/2024.
[63] Vgl. BT-Drs. 19/20137 v. 17.6.2020 S. 8.

ergibt sich daraus, dass eine Beifügung im Umkehrschluss möglich ist, wenn die Wiedergabe des Abschlusses in der gesetzlichen Form erfolgt. Die Einhaltung gesetzlicher Formatvorgaben ist dagegen explizit keine Voraussetzung für die Beifügung eines Bestätigungsvermerks. Die im RegE noch enthaltene Änderung des § 328 Abs. 2 Satz 3 HGB in Bezug auf das Format wird damit obsolet.
Ist aufgrund gesetzlicher Vorschriften eine Prüfung durch einen Abschlussprüfer erfolgt, gewährleistet § 328 Abs. 2 Satz 3 HGB, dass die Adressaten entsprechend über das Ergebnis Kenntnis erlangen. So ist anzugeben, zu welcher der in § 322 Abs. 2 Satz 1 HGB genannten zusammenfassenden Beurteilungen des Prüfungsergebnisses der Abschlussprüfer in Bezug auf den in gesetzlicher Form erstellten Abschluss gelangt ist und ob der Bestätigungsvermerk einen Hinweis nach § 322 Abs. 3 Satz 2 HGB enthält. Siehe dazu insb. auch § 322 Rz 105 ff., Rz 211 ff.

46 Den Unterlagen ist gem. § 328 Abs. 2 Satz 4 HGB ein **Offenlegungshinweis** beizufügen. Dieser hat kenntlich zu machen, ob die Unterlagen der das Unternehmensregister führenden Stelle übermittelt worden sind. Ort und Wortlaut sind nicht festgelegt.

4.2 Format (ESEF-VO/Abs. 2)

47 § 328 Abs. 2 HGB dehnt die bestehende Regelung zu nicht auf Gesetz, Gesellschaftsvertrag oder Satzung beruhenden Veröffentlichungen und Vervielfältigungen von Jahresabschlüssen, Einzelabschlüssen nach § 325 Abs. 2a HGB und Konzernabschlüssen, die nicht den Vorschriften der Offenlegung des § 328 Abs. 1 HGB unterliegen und auch tatsächlich von der dort vorgeschriebenen Form abweichen, mit Ausnahme der Regelungen betreffend einen Bestätigungsvermerk (Rz 45), auch auf das Format aus. Im Übrigen wird auf Rz 42–Rz 46 verwiesen.

5 Sonstige Unterlagen (Abs. 3)

5.1 Form und Inhalt (Abs. 3 Satz 1)

48 § 328 Abs. 3 HGB dehnt den Anwendungsbereich des Abs. 1 Satz 1 formal um den **Vorschlag** sowie den **Beschluss über die Verwendung des Ergebnisses** aus. Ein Verweis auf den für die freiwillige Publizität geltenden Abs. 2 ist nicht gesetzt.
Nach h.M. sind die Vorschriften des Abs. 1 (insb. Vollständigkeit und Richtigkeit) über den Verweis in Abs. 3 auch für den **Bericht des Aufsichtsrats** zu beachten (der zwar in § 325 HGB, jedoch nicht in § 328 Abs. 3 Satz 1 HGB aufgeführt ist);[64] die Nichterfassung in Abs. 3 dürfte auf einem Redaktionsversehen beruhen.

49 **Ergebnisverwendungsvorschlag und -beschluss** sind ohne Änderungen der internen Vorlage zu entnehmen und entsprechend der gesetzlichen Vorschriften zu publizieren. Einschlägig in Bezug auf Gliederung/Inhalt sind für AG/KGaA und über einen Verweis in § 52 GmbHG auch für GmbH mit einem Aufsichtsrat die Vorgaben des § 170 Abs. 2 AktG; nur für AG/KGaA zudem § 174 Abs. 2 AktG. Wenn § 170 Abs. 2 AktG nicht auf die jeweilige GmbH anzuwenden ist,

---

[64] Ebenso Grottel, in Beck Bil-Komm., 14. Aufl. 2024, § 328 HGB Rz 161; ADS, Rechnungslegung und Prüfung der Unternehmen, 6. Aufl. 1995–2001, § 328 HGB Rz 100.

dann bestehen keine Gliederungsanforderungen. Formanforderungen bestehen grds. nicht, sodass auch eine Darstellung im Anhang zulässig ist. Eine Zusammenfassung genügt den gesetzlichen Anforderungen, sofern Vorschlag und Beschluss identisch sind.[65]

Für den **Bericht des Aufsichtsrats** gilt analog das Gebot der Vollständigkeit und Richtigkeit (Rz 22). 50

Der fehlende Verweis auf § 328 Abs. 2 HGB wirft die Frage auf, inwieweit die von § 328 HGB nicht eingeschränkte und somit zulässige **freiwillige Publizität** sonstiger Unterlagen i. S. d. § 328 Abs. 3 HGB den formalen und inhaltlichen Anforderungen des Abs. 1 unterworfen ist bzw. lediglich den Anforderungen des § 328 Abs. 2 HGB unterliegt. Wenngleich strittig, sollten freiwillig publizierte Unterlagen mit Bezug zu den von § 328 Abs. 3 HGB tangierten Unterlagen dem Grundsatz der Vollständigkeit und Richtigkeit i. S. d. § 328 Abs. 1 HGB unterworfen werden. 51

Von der Ausdehnung des Anwendungsbereichs des Abs. 1 auf den **Vorschlag sowie Beschluss über die Verwendung des Ergebnisses** wird Abs. 1 Satz 4 durch Abs. 3 Satz 1 ausgenommen. Im Übrigen wird auf Rz 48–Rz 51 verwiesen. 52

5.2 Nachträgliche Offenlegung (Abs. 3 Satz 2)

§ 328 Abs. 3 Satz 2 HGB schreibt vor, wie bei einer **zeitversetzten** gesonderten **Offenlegung** von Unterlagen i. S. d. § 328 Abs. 3 Satz 1 HGB (Ergebnisverwendungsvorschlag und -beschluss) oder dem Lage- oder Konzernlagebericht zu verfahren ist. Veröffentlichungen oder Vervielfältigungen nach Gesellschaftsvertrag oder Satzung werden nicht erfasst. Werden die in § 328 Abs. 3 Satz 1 HGB genannten Unterlagen oder der Lage- oder Konzernlagebericht nachträglich offengelegt, ist jeweils anzugeben, auf welchen Abschluss sie sich beziehen und wo dieser offengelegt worden ist. 53

> **Praxis-Beispiel**
> Zur Kenntlichmachung des Abschlussbezugs sollten die Unterlagen mind. mit „… zum Jahres-/Konzernabschluss", Abschlussstichtag und Firmenname bezeichnet werden.[66]

Die Hinweispflicht gilt gem. Hs. 2 auch für die nachträgliche Offenlegung des **Bestätigungsvermerks** oder des Vermerks über seine Versagung. Eine vom Abschluss getrennte Offenlegung des Bestätigungsvermerks oder des Vermerks über seine Versagung ist umstritten. Einer teilweise strengen Auslegung in Anlehnung an § 322 Abs. 1 HGB folgend, bedarf es des Abschlusses nur bei der Erteilung, nicht aber der Offenlegung.[67] Die **alleinige Wiedergabe** des Bestätigungsvermerks ist bei Einhaltung der Anforderungen des § 328 Abs. 3 Satz 2 HGB ausreichend[68] und neben der erneuten Offenlegung des Abschlusses auch die einzige Möglichkeit, den Anforderungen des § 328 Abs. 3 HGB gerecht zu werden, da der Prüfer kaum ein Testatsexemplar ohne Abschluss ausstellen wird. 54

---

[65] Vgl. ADS, Rechnungslegung und Prüfung der Unternehmen, 6. Aufl. 1995–2001, § 328 HGB Rz 108.
[66] Vgl. Müller, in Baetge/Kirsch/Thiele, Bilanzrecht, § 328 HGB Rz 77, Stand: 7/2024.
[67] Vgl. ADS, Rechnungslegung und Prüfung der Unternehmen, 6. Aufl. 1995–2001, § 328 HGB Rz 119.
[68] So auch ADS, Rechnungslegung und Prüfung der Unternehmen, 6. Aufl. 1995–2001, § 328 HGB Rz 119; Fehrenbacher, in MünchKomm. HGB, 5. Aufl. 2024, § 328 HGB Rz 42.

6 Abweichungen von der Kontoform (Abs. 4)

55 § 328 Abs. 4 HGB ermächtigt den Verordnungsgeber des § 330 Abs. 1 HGB, das BMJ, im Einvernehmen mit dem BMF und dem BMWK dazu, der das Unternehmensregister führenden Stelle **Abweichungen von der Kontoform** nach § 266 Abs. 1 Satz 1 HGB zu gestatten. Die Regelung trägt etwaigen Darstellungsproblemen auf Computermonitoren Rechnung, die sich bei Verwendung der Kontenform ergeben könnten. Die Staffelform ist in Bezug darauf nicht probleminhärent.[69]

7 Hinterlegung (Abs. 5)

56 Obwohl nur explizit auf Abs. 1 Satz 1 bis 3 und Abs. 1a Satz 1 bezogen, wird mit Abs. 5 die Ausgestaltung der Hinterlegung der Bilanz von KleinstKapG den Regelungen für die Offenlegung bzgl. Form und Inhalt sowie wohl auch der übrigen in Abs. 1a–4 getroffenen Regelungen – sofern relevant – gleichgestellt. Somit gelten die zuvor vorgenommenen Kommentierungen auch für die auf Antrag einer KleinstKapG lediglich zu hinterlegende Bilanz (§ 326 Rz 24 ff.).

57 Von der Ausdehnung des Anwendungsbereichs des Abs. 1 auf die Hinterlegung wird Abs. 1 Satz 4 i.d.F. des ESEF ausgenommen, da die Formatvorgaben der ESEF VO EU/2019/815 KleinstKapG nicht betreffen können. Im Übrigen bleiben die Vorschriften des Abs. 5 unverändert – es wird auf Rz 56 verwiesen.

8 Rechtsfolgen bei Pflichtverletzung

58 Ein Verstoß gegen § 328 HGB hat – unabhängig davon, ob es sich um freiwillige oder pflichtgemäße Publikationen handelt – keine Auswirkungen auf die **Rechtswirksamkeit** der Rechnungslegungsunterlagen. Für die Wirksamkeit ist einzig die Feststellung bzw. in Bezug auf den Bestätigungsvermerk die Erteilung relevant.

59 Wenn in den Unternehmenspublikationen **Fehler oder Lücken** enthalten sind, dann sind diese dem Grundsatz der Vollständigkeit und Richtigkeit entsprechend zu korrigieren. Von der Korrektur identifizierbarer kleiner Druckfehler kann allerdings abgesehen werden. Bei anderen Korrekturen kommt die erneute Kundgebung der gesamten Unterlagen als auch die Herausgabe einer verständlichen Korrekturmeldung in der gleichen Form in Betracht. Gleiches gilt für freiwillig publizierte Unterlagen.

60 Liegt eine vorsätzliche Pflichtverletzung vor, handelt es sich um eine nach Maßgabe des § 334 Abs. 1 Nr. 2b HGB geahndete **Ordnungswidrigkeit**. Voraussetzung für das Vorliegen einer Ordnungswidrigkeit ist dabei, dass die Unterlagen bereits veröffentlicht wurden. Ein Verstoß gegen die Vorschriften des § 328 HGB ist dann regelmäßig bußgeldbewehrt. Die Geldbuße kann bis zu 50.000 EUR betragen. Entgegen der fristgerechten Einreichung ist die normkonforme Übermittlung entsprechend den Vorgaben von § 328 HGB nicht von der das Unternehmensregister führenden Stelle zu prüfen (§ 329 Rz 10 ff.). Bzgl. einer möglichen über das Bußgeld hinausgehenden Bestrafung der Mitglieder des

---

[69] Begründung im Entwurf eines Gesetzes über elektronische Handelsregister und Genossenschaftsregister sowie das Unternehmensregister, BR-Drs. 942/05 v. 30.12.2005 S. 122.

9 CSRD Umsetzungsgesetz: Änderungen

> **Hinweis**
> Die Kommentierung basiert auf dem **Regierungsentwurf eines CSRD-Umsetzungsgesetzes**.[70] Nach Veröffentlichung der finalen Fassung wird die Kommentierung in Ihrem Haufe HGB Bilanz Kommentar Online aktualisiert. Die Online-Version ist beim Kauf der Printausgabe inklusive.

Zum Zeitpunkt des Redaktionsschlusses dieser Kommentierung lag das CSRD-UmsG noch nicht in einer verabschiedeten Form vor. Die zu erwartenden Änderungen werden auf Basis des RegE CSRD-UmsG nachfolgend dargestellt: In Abs. 1 Satz 1 sollen die Wörter „§ 264 Absatz 2 Satz 3, § 289 Absatz 1 Satz 5, § 297 Absatz 2 Satz 4 oder § 315 Absatz 1 Satz 5" durch die Wörter „§ 289h Absatz 1 oder 2 oder § 315f Absatz 1 oder 2" ersetzt werden. Es handelt sich hierbei um eine Folgeänderung zur Zusammenführung der Versicherungen der Mitglieder des vertretungsberechtigten Organs von Inlandsemittenten hinsichtlich des Jahresabschlusses und des Lageberichts respektive des Konzernabschlusses und des Konzernlageberichts in den neuen §§ 289h und 315f HGB-E.
In Abs. 1 Satz 4 Nr. 1 sollen die Wörter „der Kommission vom 17. Dezember 2018 zur Ergänzung der Richtlinie 2004/109/EG des Europäischen Parlaments und des Rates im Hinblick auf technische Regulierungsstandards für die Spezifikation eines einheitlichen elektronischen Berichtsformats (ABl. L 143 vom 29.5.2019, S. 1; L 145 vom 4.6.2019, S. 85) in der jeweils geltenden Fassung" gestrichen werden. Hierbei handelt es sich um eine redaktionelle Anpassung.
Der Abs. 2 HGB soll unverändert bleiben.
In Abs. 3 Satz 2 sollen das Wort „Jahresabschluß" durch „Jahresabschluss", das Wort „Konzernabschluß" durch das Wort „Konzernabschluss" und das Wort „Abschluß" durch das Wort „Abschluss" ersetzt werden. Über diese redaktionellen Anpassungen hinaus werden nach dem Wort „Versagung" die Wörter „sowie des Prüfungsvermerks über den Nachhaltigkeitsbericht" eingefügt. Die Ergänzung ist infolge der Einführung der Prüfung des Nachhaltigkeitsberichts und des Prüfungsvermerks über den Nachhaltigkeitsbericht entsprechend erforderlich.
Der Abs. 4 der Vorschrift soll unverändert bleiben.
Abs. 5 soll wie folgt gefasst werden: „(5) Absatz 1 Satz 1 bis 3 und Absatz 1a Satz 1 sind auch auf die Offenlegung durch Hinterlegung der Bilanz einer Kleinstkapitalgesellschaft (§ 326 Absatz 2) anzuwenden." Mit der Änderung soll klarer zum Ausdruck gebracht werden, dass die Hinterlegung nur eine besondere Form der Offenlegung ist[71] und dass Abs. 5 mithin insgesamt nur klarstellende Bedeutung hat.

---

[70] Regierungsentwurf eines Gesetzes zur Umsetzung der Richtlinie (EU) 2022/2464 des Europäischen Parlaments und des Rates vom 14. Dezember 2022 zur Änderung der Verordnung (EU) Nr. 537/2014 und der Richtlinien 2004/109/EG, 2006/43/EG und 2013/34/EU hinsichtlich der Nachhaltigkeitsberichterstattung von Unternehmen, BT-Drs. 20/12787 v. 9.9.2024.
[71] Vgl. BT-Drs. 17/11292 v. 5.11.2012 S. 18.

§ 328a-E Offenlegung der Rechnungslegungsunterlagen von Kapitalgesellschaften mit Sitz im Ausland

> **Hinweis**
> Die Kommentierung basiert auf dem **Regierungsentwurf eines CSRD-Umsetzungsgesetzes**.[1] Nach Veröffentlichung der finalen Fassung wird die Kommentierung in Ihrem Haufe HGB Bilanz Kommentar Online aktualisiert. Die **Online-Version** ist beim Kauf der Printausgabe inklusive.

Inhaltsübersicht Rz
1 Überblick 1
2 CSRD-Umsetzungsgesetz: Änderungen 2
3 Anwendungszeitpunkt 3

1 Überblick

1 Mit der im Dezember 2022 im Amtsblatt der EU veröffentlichten Corporate Sustainability Reporting Directive (CSRD) wurden der Anwenderkreis und die Anforderungen für die Nachhaltigkeitsberichterstattung weiter ausgeweitet. Die CSRD ist bereits am 5.1.2023 in Kraft getreten und war bis zum **6.7.2024** in das nationale Recht der EU-Mitgliedstaaten umzusetzen. Für die Umsetzung der CSRD-Richtlinie in deutsches Recht hat das Bundesministerium für Justiz (BMJ) im März 2024 den entsprechenden Referentenentwurf veröffentlicht. Der Regierungsentwurf zum CSRD-UmsG folgte am 24.7.2024. Eine fristgerechte Umsetzung der CSRD in deutsches Recht konnte demnach nicht erreicht werden.[2]
Aufgrund der Ausweitung der Berichtspflichten für TU und Zweigniederlassungen von Unt mit Sitz in einem Drittstaat beinhaltet der Regierungsentwurf mit den §§ 328a und 328b HGB-E eine Neuregelung der Offenlegungsvorschriften für die Rechnungslegungsunterlagen von KapG mit Sitz im Ausland.[3]

2 CSRD-Umsetzungsgesetz: Änderungen

2 Die Offenlegungspflichten für KapG mit Sitz im Ausland werden bisher in § 325a HGB geregelt. S. daher **zur vor der CSRD-Umsetzung gültigen Fassung** § 325 Rz 1 ff.

---

[1] Regierungsentwurf eines Gesetzes zur Umsetzung der Richtlinie (EU) 2022/2464 des Europäischen Parlaments und des Rates vom 14. Dezember 2022 zur Änderung der Verordnung (EU) Nr. 537/2014 und der Richtlinien 2004/109/EG, 2006/43/EG und 2013/34/EU hinsichtlich der Nachhaltigkeitsberichterstattung von Unternehmen, BT-Drs. 20/12787 v. 9.9.2024.
[2] Vgl. Richtlinie (EU) 2022/2464, ABl. EU L 322/15 v. 16.12.2022. BMJ, Pressemitteilung v. 22.3.2024, abrufbar unter: www.bmj.de/SharedDocs/Pressemitteilungen/DE/2024/0322_CSRD-UmsG.html, Abruf 1.10.2024; BMJ, Pressemitteilung v. 24.7.2024, abrufbar unter: www.bmj.de/SharedDocs/Pressemitteilungen/DE/2024/0724_CSRD.html, Abruf 10.10.2024; Warnke/Müller, BC 2024, S. 222.
[3] Vgl. RegE CSRD-UmsG, BT-Drs. 20/12787 v. 9.9.2024 S. 28 f., https://dserver.bundestag.de/btd/20/127/2012787.pdf, Abruf 10.10.2024.

§ 325a HGB verpflichtet inländische Zweigniederlassungen zur Offenlegung der Rechnungslegungsunterlagen ihrer ausländischen Hauptniederlassung unter Anwendung der §§ 325, 328, 329 Abs. 1 und 4 HGB im Inland. Mit der **Umsetzung der CSRD** erweitert der Gesetzgeber die Berichtspflichten für TU und Zweigniederlassungen von Unt mit Sitz im Ausland um die Nachhaltigkeitsberichterstattung und plant infolgedessen auch eine Ausweitung und Neuregelung der Offenlegungspflichten. Die Offenlegungsvorschriften im vierten Unterabschnitt (§§ 325 bis 329 HGB) sollen im Zuge der Neuregelung klarer strukturiert und untergliedert werden. Während die §§ 325 bis 328 HGB die Pflichten zur Offenlegung der Rechnungslegungsunterlagen von KapG mit Sitz im Inland umfassen, sollen die Offenlegungsvorschriften für KapG mit Sitz im Ausland nunmehr in den neu in das HGB eingefügten §§ 328a und 328b HGB-E geregelt werden. § 328a HGB-E soll dabei im Wesentlichen die Regelungen des bisherigen § 325a HGB übernehmen, welcher i. R. d. Neuregelung aus rechtssystematischen Gründen an das Ende der neuen Vorschrift gestellt und somit hinter den § 328 HGB-E geschoben werden soll. Zusätzlich soll der neue § 328a Abs. 4 HGB-E eine ergänzende Klarstellung dahingehend enthalten, dass § 328a HGB-E neben den in § 325a Abs. 2 HGB genannten Kreditinstituten und Versicherungsunternehmen auch nicht für Finanzdienstleistungsinstitute i. S. d. § 340 Abs. 4 HGB gilt, da für diese Institute die besonderen Vorgaben des § 340l Abs. 2 HGB i. V. m. § 340 Abs. 4 Satz 1 HGB gelten und diese somit von den Regelungen des § 325a HGB bzw. § 328a HGB-E auszugrenzen sind. Neben den Regelungen des § 328a HGB-E für die Offenlegung der Rechnungsunterlagen von KapG mit Sitz im Ausland, hat der Gesetzgeber mit § 328b HGB-E zusätzlich spezielle Regelungen für die Offenlegung von Nachhaltigkeitsberichten von KapG mit Sitz im Ausland eingeführt und somit die Finanzberichterstattung von der Nachhaltigkeitsberichterstattung getrennt.

3 Anwendungszeitpunkt

Nach Maßgabe des RegE soll § 328a HGB-E erstmals auf Rechnungslegungsunterlagen **für ein nach dem 31.12.2023 beginnendes Gj** angewendet werden.[4] Damit kommt es zum nahtlosen Übergang der Offenlegungspflichten der Rechnungslegungsunterlagen von KapG mit Sitz im Ausland von § 325a HGB auf § 328a HGB-E. Die Trennung der Finanzberichterstattung von der Nachhaltigkeitsberichterstattung durch die Einführung des § 328b HGB-E dürfte weniger inhaltliche Gründe haben, als vielmehr den unterschiedlichen Anwendungszeitpunkten und Zielgruppen geschuldet sein (§ 328b-E Rz 1 ff.).

---

[4] Vgl. RegE CSRD-UmsG, BT-Drs. 20/12787 v. 9.9.2024, S. 47.

§ 328b-E Offenlegung der Nachhaltigkeitsberichte von Kapitalgesellschaften mit Sitz in einem Drittstaat

> **Hinweis**
> Die Kommentierung basiert auf dem **Regierungsentwurf eines CSRD-Umsetzungsgesetzes**.[1] Nach Veröffentlichung der finalen Fassung wird die Kommentierung in Ihrem Haufe HGB Bilanz Kommentar Online aktualisiert. Die **Online-Version** ist beim Kauf der Printausgabe inklusive.

Inhaltsübersicht Rz
1 Überblick 1–7
   1.1 Regelungszweck und Inhalt 1–3
   1.2 Anwendungsbereich 4–6
   1.3 Normenzusammenhänge 7
2 Offenlegungspflichten für Kapitalgesellschaften mit Sitz in einem Drittstaat 8–12
   2.1 Betroffener Personenkreis 8
   2.2 Offenzulegende Unterlagen 9–12
      2.2.1 Offenzulegende Unterlagen von inländischen Tochtergesellschaften 9
      2.2.2 Offenzulegende Unterlagen von inländischen Zweigniederlassungen 10–12
         2.2.2.1 Inländische Zweigniederlassungen unverbundener Unternehmen 10
         2.2.2.2 Inländische Zweigniederlassungen verbundener Unternehmen 11–12
3 Rechtsfolgen bei Pflichtverletzung 13

1 Überblick

1.1 Regelungszweck und Inhalt

1 Mit dem Ziel, die Europäische Union zu einer modernen, ressourcenschonenden und wettbewerbsfähigen Wirtschaft zu machen, erweiterte die im Januar 2023 in Kraft getretene Corporate Sustainability Reporting Directive (CSRD) den Anwenderkreis und die Anforderungen für die Nachhaltigkeitsberichterstattung.[2] Um sicherzustellen, dass ausländische Unternehmen die Verantwortung für ihre Auswirkungen auf soziale und ökologische Belange übernehmen und somit einen Binnenmarkt mit gleichen Wettbewerbsbedingungen zu schaffen, sieht die CSRD fortan auch eine Berichts- und Offenlegungspflicht für die Nachhaltig-

---

[1] Regierungsentwurf eines Gesetzes zur Umsetzung der Richtlinie (EU) 2022/2464 des Europäischen Parlaments und des Rates vom 14. Dezember 2022 zur Änderung der Verordnung (EU) Nr. 537/2014 und der Richtlinien 2004/109/EG, 2006/43/EG und 2013/34/EU hinsichtlich der Nachhaltigkeitsberichterstattung von Unternehmen, BT-Drs. 20/12787 v. 9.9.2024.

[2] Vgl. Richtlinie (EU) 2022/2464, ABl. EU v. 16.12.2022, L 322/15 ff.; Warnke/Müller, BC 2024, S. 222.

keitsinformationen von Unt mit Sitz in einem Drittstaat vor, die in einem erheblichen Umfang im Hoheitsgebiet der Europäischen Union tätig sind.[3]

In dem am 23.7.2024 veröffentlichten RegE CSRD-UmsG[4] folgt der Gesetzgeber den europäischen Vorgaben und plant mit der Einführung des § 328b HGB-E die Umsetzung des Art. 40a Abs. 3 und des Art. 40d der CSRD in nationales Recht. Neben den bisherigen Offenlegungspflichten des § 325a HGB (mit Umsetzung der CSRD zukünftig § 328a HGB) für die finanziellen Rechnungslegungsunterlagen von ausländischen KapG, verpflichtet der Gesetzgeber nunmehr KapG mit Sitz in Drittstaaten auch zur Offenlegung von (Konzern-)Nachhaltigkeitsberichten, sofern diese zur Nachhaltigkeitsberichterstattung nach den neu gefassten Vorschriften der §§ 315h, 315i oder 315j HGB-E verpflichtet sind.[5]

Die Unterlagen zur Nachhaltigkeitsberichterstattung sind, ebenso wie die Rechnungslegungsunterlagen des § 325a HGB bzw. des zukünftigen § 328a HGB-E, elektronisch der das Unternehmensregister führenden Stelle zur Einstellung in das Unternehmensregister zu übermitteln. Während § 328a Abs. 1 HGB-E die Offenlegung in der englischen Sprache ermöglicht, schließt § 328b HGB-E andere Sprachen explizit aus. Die Unterlagen sind somit grds. in deutscher Sprache einzureichen. Die Offenlegungsfrist beträgt ein Jahr und beginnt mit Ablauf des Berichtszeitraums.

1.2 Anwendungsbereich

Die Regelungen des § 328b HGB-E betreffen die drei Drittstaatskonstellationen, die nach den §§ 315h, 315i oder 315j HGB-E zur Nachhaltigkeitsberichterstattung verpflichtet sind. Die Vorschriften des § 328b Abs. 1 HGB-E gelten für große bzw. kapitalmarktorientierte inländischen KapG i.S.d. § 289b Abs. 4 HGB, die TU eines obersten MU mit Sitz in einem Drittstaat sind. Zudem erweitert der Gesetzgeber den Anwenderkreis auch auf inländische Zweigniederlassungen von KapG mit Sitz in einem Drittstaat, die verbundene Unt (§ 328b Abs. 3 HGB-E) bzw. nicht verbundene Unt (§ 328b Abs. 2 HGB-E) i.S.d. § 271 Abs. 2 HGB sind.

Bei den vorliegenden Drittstaatsunternehmen muss es sich nach § 328b HGB-E i.V.m. §§ 315h–315j HGB-E um eine Gesellschaft handeln, deren Rechtsform mit einer der im Anhang I der Richtlinie 3013/34/EU aufgeführten Rechtsformen, z.B. der deutschen GmbH oder AG, vergleichbar ist. Zusätzlich stellen die Regelungen nur auf ausländische Hauptniederlassungen ab, deren Sitz sich in einem Drittstaat befindet. Gesellschaften mit Sitz in einem Mitgliedstaat der Europäischen Union oder einem anderen Vertragsstaat des Abkommens über den Europäischen Wirtschaftsraum sind durch die Beschränkungen der §§ 315h–j HGB-E nicht von den Vorschriften des § 328b HGB-E betroffen.

Die Umsetzung der CSRD in das nationale Recht der Mitgliedstaaten sollte bis 6.7.2024 erfolgen. Eine fristgerechte Umsetzung in das deutsche Recht konnte nicht erreicht werden. Der RegE sieht im Gegensatz zu den Offenlegungspflichten des § 328a HGB-E, die bereits für Gj, die nach dem 31.12.2023 beginnen,

---

[3] Vgl. RL (EU) 2022/2464, ABl. EU v. 16.12.2022, L 322/20.
[4] RegE CSRD-UmsG, BT-Drs. 20/12787 v. 9.9.2024, https://dserver.bundestag.de/btd/20/127/2012787.pdf, Abruf 10.10.2024.
[5] Vgl. RegE CSRD-UmsG, BT-Drs. 20/12787 v. 9.9.2024, S. 122f.

anzuwenden sind, für die Offenlegung der Nachhaltigkeitsberichterstattung nach § 328b HGB-E eine erstmalige Anwendung für die **nach dem 31.12.2027 beginnenden Gj** vor.

1.3 Normenzusammenhänge

7 § 328b HGB bedingt eine Pflicht zur Nachhaltigkeitsberichterstattung nach den Vorschriften der §§ 315h, 315i oder 315j HGB-E. KapG mit Sitz im Ausland können demnach von den Berichts- und Offenlegungspflichten entbunden werden, wenn sie die Größenkriterien der §§ 315h Abs. 1, 315i Abs. 1 oder 315j Abs. 1 HGB-E nicht überschreiten. Die Vorschrift des § 315h HGB-E bezieht sich zudem nur auf KapG i.S.d. redaktionell überarbeiteten § 289b HGB-E, in welchem auf die Größenkriterien von großen KapG nach § 267 Abs. 3 HGB und auf die Eigenschaft von kapitalmarktorientierte Unt i.S.d. § 264d HGB verwiesen wird. Durch den Verweis in § 264a Abs. 1 HGB gelten die Regelungen entsprechend auch für haftungsbeschränkte PersG (s. § 325a Rz 14). § 328b HGB-E ergänzt die allgemeinen Offenlegungsvorschriften für inländische KapG des § 325 HGB sowie die speziellen Regelungen des § 328a HGB-E für die Offenlegung der Finanzberichterstattung von KapG mit Sitz im Ausland, um die Offenlegung der Nachhaltigkeitsberichterstattung von KapG mit Sitz im Ausland. Für die Form, das Format und den Inhalt der offenzulegenden Unterlagen verweist § 328a Abs. 4 HGB-E auf die allgemeinen Regelungen der §§ 11 und 328 HGB.

2 Offenlegungspflichten für Kapitalgesellschaften mit Sitz in einem Drittstaat

2.1 Betroffener Personenkreis

8 Die Offenlegung der Unterlagen ist für inländische KapG, die TU eines ausländischen obersten MU sind, nach § 328b Abs. 1 HGB-E grds. von den Mitgliedern des vertretungsberechtigten Organs der KapG vorzunehmen (zur Übersicht s. § 325 Rz 36). Für die Zweigniederlassungen ausländischer unverbundener bzw. verbundener KapG verpflichtet § 328b Abs. 2 und 3 HGB-E die in § 13e Abs. 2 Nr. 3 HGB genannten angemeldeten ständigen Vertreter, die dazu berechtigt sind, die Zweigniederlassungen gerichtlich und außergerichtlich zu vertreten, zur Offenlegung. Ist ein solcher ständiger Vertreter nicht vorhanden, sieht der Gesetzgeber die Offenlegung durch die Mitglieder des vertretungsberechtigten Organs der nach §§ 315i, 315j HGB-E zur Nachhaltigkeitsberichterstattung verpflichteten KapG vor.

2.2 Offenzulegende Unterlagen

2.2.1 Offenzulegende Unterlagen von inländischen Tochtergesellschaften

9 Nach § 328b Abs. 1 HGB-E sind folgende Unterlagen offenzulegen:
1. Der **Konzernnachhaltigkeitsbericht** des obersten MUs nach § 315h Abs. 1 Nr. 1 HGB-E und
2. das zugehörige **Bestätigungsurteil** eines Prüfers.

Der Konzernnachhaltigkeitsbericht ist dabei nach Maßgabe des § 315k Abs. 2 HGB-E zu erstellen, wodurch eine Kettenverweisung von § 315k HGB-E über § 315c HGB-E nach § 289c HGB-E vermieden werden soll.[6]

Das Bestätigungsurteil muss gem. § 315h Abs. 1 HGB-E von einer oder mehreren Personen oder Gesellschaften abgegeben worden sein, die nach dem Recht des Drittstaats, eines Mitgliedstaats der Europäischen Union oder eines anderen Vertragsstaats des Abkommens über den Europäischen Wirtschaftsraum zur Abgabe eines solchen Urteils zur Bestätigung der Nachhaltigkeitsberichterstattung befugt ist bzw. sind.

Die inländischen TU sind somit dazu angehalten, das oberste MU zur Bereitstellung der relevanten Unterlagen aufzufordern. Werden die erforderlichen Informationen nicht von dem obersten MU zur Verfügung gestellt und kann dadurch kein Konzernnachhaltigkeitsbericht nach § 315h Abs. 1 Nr. 1 HGB-E erstellt werden, sieht der Gesetzgeber nach § 328b Abs. 1 Satz 2 HGB-E die Offenlegung der **Erklärung nach § 315h Abs. 2 Nr. 1 HGB-E** vor, in welcher die Mitglieder des vertretungsberechtigten Organs ausführen, dass die erforderlichen Informationen nicht durch das oberste MU zur Verfügung gestellt wurden. Selbige verlangt der Gesetzgeber, wenn der zur Verfügung gestellte Konzernnachhaltigkeitsbericht nicht den gesetzlichen Vorgaben entspricht. Zusätzlich ist in diesem Fall ein **Konzernnachhaltigkeitsbericht nach § 315h Abs. 2 Nr. 2 HGB-E** offenzulegen. Dieser ist nach Maßgabe des § 315k Abs. 2 HGB-E zu erstellen und hat jene Angaben zu enthalten, über die die KapG selbst verfügt oder die sie beschaffen kann. Neben dem Konzernnachhaltigkeitsbericht hat das oberste MU auch das zugehörige Bestätigungsurteil zur Verfügung zu stellen. Wird das Bestätigungsurteil nicht von dem obersten MU übermittelt, ist stattdessen die **Erklärung nach § 315h Abs. 3 HGB-E** offenzulegen, aus welcher hervorgeht, dass kein Bestätigungsurteil zur Verfügung gestellt wurde.

2.2.2 Offenzulegende Unterlagen von inländischen Zweigniederlassungen

2.2.2.1 Inländische Zweigniederlassungen unverbundener Unternehmen

§ 328b Abs. 2 HGB-E verpflichtet inländische Zweigniederlassungen unverbundener Unt zur Offenlegung:

1. des **Nachhaltigkeitsberichts nach § 315i Abs. 1 Nr. 1 HGB-E**, welcher nach Maßgabe des § 315k Abs. 1 HGB-E erstellt wurde, der wiederum auf die Vorgaben zum Nachhaltigkeitsbericht nach § 289c HGB-E abstellt;
2. und des **Bestätigungsurteils zum Nachhaltigkeitsberichts nach § 315i Abs. 1 Nr. 2 HGB-E**, das von einer, nach europäischem Recht bzw. nach dem Recht des Drittstaats oder eines anderen Vertragsstaats des Abkommens über den Europäischen Wirtschaftsraums, zur Abgabe befugten Person oder Gesellschaft abgegeben wurde.

Die inländische Zweigniederlassung ist demnach zur Offenlegung des Nachhaltigkeitsberichts und des entsprechenden Bestätigungsurteils der Hauptniederlassung verpflichtet, zu der die Zweigniederlassung gehört.

Stellt die Hauptniederlassung die erforderlichen Unterlagen, trotz Aufforderung durch die Zweigniederlassung, nicht zur Verfügung oder entsprechen diese nicht

---

[6] Vgl. RegE CSRD-UmsG, BT-Drs. 20/12787 v. 9.9.2024, S. 141.

den gesetzlichen Vorgaben, haben die Verantwortlichen der Zweigniederlassung nach § 328b Abs. 2 Satz 2 Nr. 1 und 2 HGB-E die **Erklärung nach § 315i Abs. 2 Nr. 1 HGB-E** offenzulegen, in welcher diese die fehlenden bzw. nicht vorschriftsgemäßen Informationen erklären. Die Erklärung ist zusätzlich um den **Nachhaltigkeitsbericht der KapG nach § 315i Abs. 2 Nr. 2 HGB-E** zu erweitern, welcher diejenigen Angaben enthält, über die die Zweigniederlassung verfügt.

Stellt die Hauptniederlassung das in § 328b Abs. 2 Satz 1 Nr. 2 HGB-E geforderte Bestätigungsurteil nicht zur Verfügung, hat die Zweigniederlassung nach § 328b Abs. 2 Satz 3 HGB-E die nach **§ 315i Abs. 3 HGB-E erstellte Erklärung** offenzulegen.

2.2.2.2 Inländische Zweigniederlassungen verbundener Unternehmen

11 Während inländische Zweigniederlassungen unverbundener Unt zur Erstellung und Offenlegung eines Nachhaltigkeitsberichtes verpflichtet sind, sieht der Gesetzgeber für inländische Zweiniederlassungen verbundener Unt nach § 328b Abs. 3 HGB-E die Offenlegung
1. des **Konzernnachhaltigkeitsberichts des obersten MU nach § 315j Abs. 1 Nr. 1 HGB-E** und
2. des **Bestätigungsurteils nach § 315j Abs. 1 Nr. 2 HGB-E** vor.

Da es sich um einen Konzernnachhaltigkeitsbericht handelt, hat dieser die Angaben nach § 315k Abs. 2 HGB-E zu enthalten (Rz 9). Die Ansprüche an das Bestätigungsurteil entsprechen den Ausführungen aus § 328b Abs. 1 und 2 HGB-E.

Wird der Konzernnachhaltigkeitsbericht nicht von dem obersten MU zur Verfügung gestellt oder entspricht dieser nicht den gesetzlichen Vorgaben, tritt an seine Stelle die **Erklärung nach § 315j Abs. 2 Nr. 1 HGB-E** sowie der **Bericht nach § 315j Abs. 2 Nr. 2 HGB-E**, welche der Erklärung bzw. dem Bericht nach § 315h Abs. 2 Nr. 1 und 2 HGB-E gleichkommen.

Wird das zugehörige Bestätigungsurteil nicht durch das oberste MU zur Verfügung gestellt, ist stattdessen die **Erklärung nach § 315j Abs. 3 HGB-E** offenzulegen, aus welcher hervorgeht, dass das Bestätigungsurteil nicht zur Verfügung gestellt wurde.

12 Durch die Beschränkung in § 328b Abs. 3 Satz 1 HGB-E i.V.m. § 315j Abs. 1 HGB-E entfällt die Offenlegung des Konzernnachhaltigkeitsberichts, wenn das oberste MU ein TU hat, welches nach den Regelungen des § 315h HGB-E oder nach Maßgabe des Rechts eines anderen Mitgliedstaats der Europäischen Union bzw. eines anderen EWR-Staats zur Erstellung und somit auch Offenlegung eines Konzernnachhaltigkeitsberichts verpflichtet ist.

3 Rechtsfolgen bei Pflichtverletzung

13 Verstoßen die Verantwortlichen der KapG gegen die Offenlegungspflichten des § 328b HGB-E, sieht der Gesetzgeber eine Sanktionierung mittels Auferlegung eines Ordnungsgeldes vor. Nach § 335 Abs. 1 Nr. 3 HGB-E ist bei Nichtbefolgung der Pflicht zur Offenlegung des Nachhaltigkeitsberichts nach § 328b HGB-E, wegen des pflichtwidrigen Unterlassens der rechtzeitigen Offenlegung, vom Bundesamt für Justiz ein Ordnungsgeldverfahren durchzuführen. Das Ordnungsgeld beträgt dabei nach § 335 Abs. 1 Satz 4 HGB mind. **2.500 EUR** und höchstens **25.000 EUR**.

§ 329 Prüfungs- und Unterrichtungspflicht der das Unternehmensregister führenden Stelle

(1) ¹Die das Unternehmensregister führende Stelle prüft, ob die zu übermittelnden Unterlagen fristgemäß und vollzählig übermittelt worden sind. ²Soweit dies für die Erfüllung der Aufgaben nach Satz 1 erforderlich ist, darf die das Unternehmensregister führende Stelle die von den Landesjustizverwaltungen nach § 8b Absatz 3 Satz 2 übermittelten Daten verwenden.
(2) ¹Gibt die Prüfung Anlass zu der Annahme, dass von der Größe der Kapitalgesellschaft abhängige Erleichterungen oder die Erleichterung nach § 327a nicht hätten in Anspruch genommen werden dürfen, kann die das Unternehmensregister führende Stelle von der Kapitalgesellschaft innerhalb einer angemessenen Frist die Mitteilung der Umsatzerlöse (§ 277 Abs. 1) und der durchschnittlichen Zahl der Arbeitnehmer (§ 267 Abs. 5) oder Angaben zur Eigenschaft als Kapitalgesellschaft im Sinn des § 327a verlangen. ²Unterlässt die Kapitalgesellschaft die fristgemäße Mitteilung, gelten die Erleichterungen als zu Unrecht in Anspruch genommen.
(3) In den Fällen des § 325a Absatz 1 Satz 5 und des § 340l Absatz 2 Satz 6 kann im Einzelfall die Vorlage einer Übersetzung in die deutsche Sprache verlangt werden.
(4) Ergibt die Prüfung nach Absatz 1 Satz 1, dass die offen zu legenden Unterlagen nicht oder unvollständig übermittelt wurden, wird die jeweils für die Durchführung von Ordnungsgeldverfahren nach den §§ 335, 340o und 341o zuständige Verwaltungsbehörde unterrichtet.

Inhaltsübersicht	Rz
1 Überblick	1–9
1.1 Inhalt und Regelungszweck	1–5
1.2 Anwendungsbereich	6–9
2 Umfang der Prüfung (Abs. 1)	10–12
3 Mitteilungspflicht in Zweifelsfällen (Abs. 2)	13–17
4 Vorlage einer Übersetzung (Abs. 3)	18
5 Rechtsfolgen bei Pflichtverletzung (Abs. 4)	19
6 CSRD-Umsetzungsgesetz: Änderungen	20

1 Überblick

1.1 Inhalt und Regelungszweck

§ 329 HGB regelt die Prüfungs- und Unterrichtungspflicht der das Unternehmensregister führenden Stelle, die ist vorerst weiter der Betreiber des BAnz, der Bundesanzeiger Verlagsgesellschaft in Köln. Der Verlagsgesellschaft wird in § 329 Abs. 1 HGB dabei lediglich eine **beschränkte Prüfungspflicht** auferlegt,[1] die die Validierung der **Vollzähligkeit** der zu übermittelnden Unterlagen sowie der Einhaltung der **Übermittlungsfrist** beinhaltet (§ 329 Abs. 1 Satz 1 HGB). § 329 Abs. 1 Satz 2 HGB sieht vor, dass der das Unternehmensregister führenden

1

---

[1] Vgl. Fehrenbacher, in MünchKomm. HGB, 5. Aufl. 2024, § 329 HGB Rz 1.

Stelle sämtliche zur Prüfung erforderlichen Daten des Unternehmensregisters zur Verfügung stehen, wozu auch Dokumente des Handels-, Genossenschafts- und Partnerschaftsregisters sowie Bekanntmachungen der Insolvenzgerichte gehören. Eine von der Prüfung abweichende Verwendung dürfen die Daten gem. § 329 Abs. 1 Satz 2 HGB dabei nicht finden.

2 Die Prüfungspflicht der das Unternehmensregister führenden Stelle umfasst gem. § 329 Abs. 2 HGB auch, inwieweit die etwaige Inanspruchnahme größenabhängiger **Erleichterungen** sowie Erleichterungen nach Maßgabe des § 327a HGB berechtigt war. Besteht Anlass zur Annahme, dass Erleichterungen zu Unrecht beansprucht wurden, steht dem Betreiber ein auf die Mitteilung der Umsatzerlöse, der durchschnittlichen Zahl der Arbeitnehmer oder von Angaben zur Eigenschaft als KapG i. S. d. § 327a HGB **beschränktes Auskunftsrecht** zur Verfügung.

3 Aus Abs. 3 ergibt sich ein auf den Einzelfall beschränktes Recht bei Vorliegen von **Zweigniederlassungen** von KapG mit Sitz im Ausland zur Beanspruchung einer Übersetzung der Unterlagen der Hauptniederlassung.
Die beschränkte Prüfungspflicht bringt es mit sich, dass der das Unternehmensregister führenden Stelle im Fall eines Verstoßes keine **Zwangs- bzw. Sanktionierungsmittel** zur Verfügung stehen. Die Einleitung eines Ordnungsgeldverfahrens gem. § 335 HGB bzw. für Kreditinstitute und Versicherungen obliegt dem Bundesamt als zuständige Verwaltungsbehörde (Rz 19).

4 Die Publizität der Unternehmensrechnungslegung soll alle Interessierten dazu befähigen, sich einen Überblick über die wirtschaftlichen Verhältnisse des Unt zu verschaffen. Das ist insb. dann erforderlich, wenn den Gläubigern – wie etwa bei KapG – grds. nur das Gesellschaftsvermögen haftet. Die Pflicht zur Offenlegung ist somit als **Kehrseite der Haftungsbeschränkung** zu verstehen, kann sich aber auch aus dem Geschäftsgegenstand (z. B. bei Banken und VersicherungsUnt) ergeben.

5 **Weicht das Gj vom Kj ab**, kann es trotz noch nicht abgelaufener Offenlegungsfrist zur Zustellung einer Androhungsverfügung kommen, da diese Information nicht Bestandteil der Handelsregisterindexdaten ist. Ein Formblatt zur Mitteilung dieses Sachverhalts liegt dem Androhungsschreiben bei. Auch kann ein Vorabhinweis an den Betreiber des BAnz erfolgen, der vom Ministerium begrüßt wird.

1.2 Anwendungsbereich

6 Relevant sind die Regelungen des § 329 HGB für alle **KapG**. Neben KapG müssen auch KapCoGes die Vorgaben des § 329 HGB einhalten. Die Anwendung reicht über Jahresabschluss und Lagebericht hinaus auch auf die **Offenlegung von Zahlungsberichten**, da auf die Abs. 1, 3 und 4 des § 329 HGB verwiesen wird. Anders verhält es sich dagegen bei dem **nichtfinanziellen (Konzern-)Bericht** nach § 289b Abs. 3 HGB bzw. § 315b Abs. 3 HGB nach dem CSR-RL-Umsetzungsgesetz. Dieser kann alternativ zu der nichtfinanziellen (Konzern-)Erklärung gesondert vom (Konzern-)Lagebericht erstellt werden und ist dann auf der Internetseite des Unt zu veröffentlichen, was vom Abschlussprüfer und Aufsichtsrat zu prüfen ist. Der Nachhaltigkeitsbericht ändert sich dahingehend, dass dieser als Teil des Lageberichts behandelt wird.

7 Unter den Anwendungsbereich des § 329 HGB fallen über Verweise auch **Kreditinstitute** (§ 340l Abs. 1 HGB), **VersicherungsUnt** (§ 341l Abs. 1 HGB), **eG** (§ 339 Abs. 2 HGB) und bestimmte Unt, die dem **PublG** unterliegen (§§ 9 Abs. 1

Satz 2, 15 Abs. 2 PublG). Nach dem Publizitätsgesetz zur Offenlegung verpflichtete Unt sind dabei jene, die gem. § 1 PublG in drei aufeinanderfolgenden Gj zwei der drei nachfolgenden Merkmale erfüllen: Bilanzsumme über 65 Mio. EUR, Umsatzerlöse über 130 Mio. EUR, durchschnittlich über 5.000 Mitarbeiter.

Auch KapG mit Sitz im Ausland und **Zweigniederlassungen** in Deutschland unterliegen über einen Verweis in § 325a Abs. 1 Satz 1 HGB tw. den Vorschriften des § 329 HGB.

Mit dem **ARUG II**[2] wurde ab dem Gj. 2021 in § 325a Abs. 1 HGB die Erleichterung explizit aufgenommen, dass bei mehreren inländischen Zweigniederlassungen derselben Ges., die Unterlagen der Rechnungslegung der Hauptniederlassung nur von einer dieser Zweigniederlassungen offenzulegen sind. In diesem Fall beschränkt sich die Offenlegungspflicht der übrigen Zweigniederlassungen auf die Angabe des Namens der Zweigniederlassung, des Registers sowie der Registernummer der Zweigniederlassung, für die die Offenlegung bewirkt worden ist. Dies wurde im Verweis darauf in § 329 HGB entsprechend berücksichtigt.

Mit der **Umsetzung der Digitalisierungsrichtlinie** im DiRUG[3] hat der Gesetzgeber seit dem Gj 2022 die Offenlegung erneut neu geregelt. Nun sind die offenlegungspflichtigen Unterlagen von den gesetzlichen Vertretern der KapG an die das Unternehmensregister führende Stelle zu übermitteln. Bislang war eine Doppelpublizität vorgesehen: Die Rechnungslegungsunterlagen waren beim Bundesanzeiger einzureichen und wurden von diesem erst anschließend an das Unternehmensregister übermittelt. Nun gibt es die Verfahrensvereinfachungen der unmittelbaren Übermittlung an die das Unternehmensregister führende Stelle, bei dem diese dann zugänglich sind (§ 8b Abs. 2 Nr. 4 HGB). Damit erhält das Unternehmensregister die Funktion eines „One-Stop-Shop" für Unternehmensinformationen, wofür auch Änderungen in weiteren Gesetzen nachvollzogen wurden, um das Unternehmensregister als zentrale Stelle für rechnungslegungsbezogene Unterlagen zu etablieren.[4]

Im § 329 HGB waren daher Folgeänderungen notwendig, einerseits bzgl. des unmittelbaren Übermittlungsprozesses an die das Unternehmensregister führende Stelle und andererseits bzgl. der Änderung der Terminologie. Für Unterlagen, die das Gj 2021 betreffen, bleibt es bei der Formulierung „Einreichung der Unterlagen an den Betreiber des Bundesanzeigers zur Bekanntmachung" gem. § 325 HGB a. F. Mit der Umsetzung der CSRD ergeben sich Anpassungen und Ergänzungen in § 329 HGB (Rz 20).

Inwieweit Ges. **überhaupt eine Geschäftstätigkeit** entfalten, ist für die Gültigkeit von § 329 HGB nicht von Relevanz. Das Fehlen einer werbenden Tätigkeit stellt vom Gesetz her keinen Ausnahmegrund dar und die handelsrechtlichen Pflichten bestehen auch bei Unt in **Liquidation** oder bei **Insolvenzeröffnung** fort (§ 264 Rz 40).

---

[2] Gesetz zur Umsetzung der zweiten Aktionärsrechterichtlinie v. 12.12.2019, BGBl I 2019 S. 2637 ff.
[3] Gesetz zur Umsetzung der Digitalisierungsrichtlinie (DiRUG) v. 5.7.2021, BGBl 2021 I S. 3338.
[4] Vgl. Hoch, NWB 2021, S. 3820.

2 Umfang der Prüfung (Abs. 1)

10 Große Ges. (§ 267 Rz 10) müssen grds. sämtliche der in § 325 Abs. 1 HGB genannten Unterlagen an die das Unternehmensregister führende Stelle übermitteln. Mittelgroße Unt können von den Erleichterungen nach § 327 HGB und kleine Ges. von der Erleichterung des § 326 HGB Gebrauch machen. Zu übermitteln sind von kleinen Ges. entsprechend nur Bilanz und Anhang. Kommen keine Erleichterungen zum Tragen, sind – wenn die Unterlagen zu erstellen oder aufzustellen sind – zu übermitteln und **formell – nicht aber materiell**[5] – von der das Unternehmensregister führenden Stelle **auf Vollzähligkeit** zu prüfen:

- der Jahresabschluss (Bilanz, GuV sowie Anhang und Vorschlag oder Beschluss zur Ergebnisverwendung) mit dem Bestätigungs-/Versagungsvermerk[6] des Abschlussprüfers oder der Einzelabschluss nach internationalen Rechnungslegungsstandards;
- der Lagebericht (inkl. der ggf. abzugebenden Erklärung zur Unternehmensführung gem. § 289f HGB);
- die nach § 264 Abs. 2 Satz 3 HGB bzw. § 289 Abs. 1 Satz 5 HGB geforderten Versicherungen („**Bilanzeid**", „**Lageberichtseid**");
- der Bericht des Aufsichtsrats;
- die Entsprechenserklärung zum DCGK nach § 161 AktG;
- die Änderungen des Jahresabschlusses infolge einer nachträglichen Prüfung oder Feststellung sowie des Bestätigungs-/Versagungsvermerks bei erforderlicher Nachtragsprüfung.

Entsprechendes gilt für die Offenlegung eines **Konzernabschlusses** und eines Konzernlageberichts. Mit der Neufassung des § 325 HGB durch das BilRUG kommt es hier zu leicht anderen Prüfungen.

11 Inhaltliche Mängel schließen die Vollzähligkeit nur dann aus, wenn sie dazu führen, dass bei den übermittelten Unterlagen etwa nicht mehr von einem Jahresabschluss ausgegangen werden kann.[7]

12 Neben der Prüfung auf Vollzähligkeit obliegt der das Unternehmensregister führenden Stelle gem. § 329 Abs. 1 HGB auch die Kontrolle der **fristgerechten Übermittlung** der Unterlagen. Das Gesetz fordert eine Offenlegung innerhalb der 12- bzw. 4-Monatsfrist des § 325 Abs. 1a bzw. Abs. 4 HGB, auch wenn bis dahin die genannten Abschlüsse noch nicht geprüft oder festgestellt sind, was jedoch zu einer Hinweispflicht führt (§ 328 Rz 41). Wird der Jahresabschluss oder LB geändert, so ist die Änderung ebenfalls offenzulegen. Für den Fall, dass nur ein Vorschlag zur Ergebnisverwendung im Anhang nach § 285 Nr. 34 HGB enthalten ist, muss der Beschluss über die Ergebnisverwendung nach dem Vorliegen veröffentlicht werden (§ 325 Abs. 1b HGB). Werden erforderliche Unterlagen nicht fristgerecht übermittelt, sind diese unverzüglich nach ihrem Vorliegen an die das Unternehmensregister führende Stelle zu übermitteln (§ 325 Abs. 1a Satz 2 HGB).

---

[5] Dies gilt selbst dann, wenn der eingereichte Jahresabschluss offensichtlich nicht wirksam festgestellt wurde; vgl. Häfele, in Kußmaul/Müller, HdB, Offenlegung des Jahresabschlusses Rz 78, Stand: 17.1.2024; ADS, Rechnungslegung und Prüfung der Unternehmen, 6. Aufl. 1995–2001, § 329 HGB Rz 4.

[6] Sofern verpflichtend vorgeschrieben. Er bedingt zwar eine Prüfung abseits einer rein formellen Kontrolle, darf aufgrund seiner Zugehörigkeit zu den offenlegungspflichtigen Unterlagen jedoch nicht außen vor gelassen werden.

[7] Vgl. Fehrenbacher, in MünchKomm. HGB, 5. Aufl. 2024, § 329 HGB Rz 7.

Bei der sukzessiven Offenlegung ist auf diesen Umstand hinzuweisen (§ 328 Rz 53). Die Fristen markieren dabei den zulässigen Einreichungszeitpunkt, § 325 HGB verlangt seit dem BilRUG nicht mehr die auch zuvor nicht sanktionierte[8] Übermittlung unverzüglich nach Vorlage an die Gesellschafter, allerdings ist auch bei sukzessiver Offenlegung die in § 325 Abs. 1a bzw. Abs. 4 HGB eingeräumte Frist einzuhalten.

3 Mitteilungspflicht in Zweifelsfällen (Abs. 2)

§ 329 Abs. 2 HGB räumt der das Unternehmensregister führenden Stelle ein über das in Abs. 1 vorgesehene Maß hinausgehendes limitiertes **Informationsrecht** in bestimmten Fällen ein. Sofern ein übermittlungspflichtiges Unt bei der Offenlegung handelsrechtliche Erleichterungen in Anspruch nimmt und seitens der das Unternehmensregister führenden Stelle Zweifel über die Rechtmäßigkeit deren Inanspruchnahme bestehen, kann diese die Mitteilung der für die Übermittlungen maßgeblichen Kennzahlen/Informationen durch das übermittlungspflichtige Unt verlangen. Voraussetzung für das Auskunftsrecht bildet dabei der **Anlass zur Annahme** einer unrechtmäßigen Inanspruchnahme, der sich sowohl aus den übermittelten als auch aus den von den Landesjustizverwaltungen im Unternehmensregister zur Verfügung gestellten Dokumenten ergeben kann. Neben den für die Beurteilung in Bezug auf die Erleichterung des § 327a HGB relevanten Angaben ist das übermittlungspflichtige Unt zur Mitteilung der Umsatzerlöse (definiert in § 277 Abs. 1 HGB) sowie der durchschnittlichen Arbeitnehmerzahl (nach § 267 Abs. 5 HGB) verpflichtet (zur Ermittlung s. § 267 Rz 16 ff.). Die Bilanzsumme ist der das Unternehmensregister führenden Stelle durch die stets einzureichende Bilanz bekannt. 13

Ergibt sich der das Unternehmensregister führenden Stelle daraus, dass das Unt nicht der entsprechenden Größenklasse angehört oder nicht Unt i.S.d. § 327a HGB ist, gelten die Erleichterungen nach Ablauf der Frist in Bezug auf § 329 HGB – nicht jedoch auf andere handelsrechtliche Normen – als **zu Unrecht in Anspruch genommen** (§ 329 Abs. 2 Satz 2 HGB). Es handelt sich also um eine von den tatsächlichen Verhältnissen unabhängige Fiktion. Gleiches gilt, sofern das Unt der Pflicht zur Mitteilung der geforderten Zusatzangaben nicht oder nicht rechtzeitig nachkommt. Zu den Rechtsfolgen der daraus resultierenden unvollständigen bzw. nicht fristgerechten Einreichung der offenlegungspflichtigen Unterlagen s. § 329 Abs. 4 HGB (Rz 19). 14

Die Erleichterungen des **§ 327 HGB** sind für das Auskunftsrecht des § 329 Abs. 2 HGB nicht von Bedeutung, da sie rein inhaltlicher Natur sind und keine Verkürzungen in Bezug auf die von der das Unternehmensregister führenden Stelle zu prüfende Vollständigkeit der Unterlagen oder die Übermittlungsfristen enthalten. Anders verhält es sich bei den Erleichterungen des § 326 HGB. Da die Inanspruchnahme zur Kürzung um einen Jahresabschlussbestandteil an sich berechtigt, können in Konsequenz die Auskunftsrechte des § 329 Abs. 2 HGB ausgelöst werden. 15

Die reine Angabe der Informationen ist dabei ausreichend, einer **Begründung** bedarf es nicht. **Formalanforderungen** in Bezug auf die Nachlieferung der ent- 16

---

[8] Vgl. Fehrenbacher, in MünchKomm. HGB, 5. Aufl. 2024, § 329 HGB Rz 9.

sprechenden Angaben gibt es ebenfalls nicht, die Informationen müssen lediglich dazu geeignet sein, die notwendige sachgerechte Beurteilung zu ermöglichen.[9] Ergibt sich die Rechtmäßigkeit der Inanspruchnahme der Erleichterungen aus den anderen bereits eingereichten Unterlagen bzw. aus den von den Landesjustizverwaltungen in das Unternehmensregister übermittelten Informationen auch ohne die Angabe der Zusatzinformationen, entfällt die Mitteilungspflicht.[10]

17 Eine Veröffentlichung der Zusatzangaben erfolgt nicht. Für den Fall von festgestellten Verstößen s. Rz 19.

4 Vorlage einer Übersetzung (Abs. 3)

18 Sofern **Zweigniederlassungen** von KapG mit Sitz im Ausland vorliegen und § 325a Abs. 1 Satz 5 HGB tangiert wird, kann die das Unternehmensregister führende Stelle im Einzelfall die Vorlage einer **Übersetzung** in die deutsche Sprache verlangen. Eine Begründungspflicht sieht das Gesetz dabei nicht vor, der Formulierung „im Einzelfall" ist jedoch zu entnehmen, dass der Gesetzgeber eine restriktive Anwendung bezweckt, die dann auch regelmäßig einer Begründung bedürfen müsste. Gleiches gilt, sofern Kreditinstitute mit Zweigniederlassungen von § 340l Abs. 2 Satz 4–6 HGB Gebrauch machen. Eine beglaubigte Übersetzung ist nach Abs. 3 nicht gefordert.[11]

5 Rechtsfolgen bei Pflichtverletzung (Abs. 4)

19 Führt die Prüfung der fristgerechten Einreichung respektive der Vollständigkeit der eingereichten Unterlagen zu dem Ergebnis, dass die Ges. bzw. ihre vertretungsberechtigten Organe ihren gem. § 329 HGB vorgeschriebenen Pflichten nicht nachgekommen ist bzw. sind, wird von der das Unternehmensregister führenden Stelle i.d.R. zunächst ein Hinweis an die Ges. übermittelt; eine Hinweispflicht besteht dabei aber nicht.[12] Ist der Hinweis ohne Ergebnis oder wurde kein Hinweis gegeben, erfolgt gem. § 329 Abs. 4 HGB eine Mitteilung an das Bundesamt der Justiz[13], die als zuständige Verwaltungsbehörde ein **Ordnungsgeldverfahren nach § 335 HGB** (über einen Verweis in den §§ 340o, 341o HGB auch bei Kreditinstituten und VersicherungsUnt sowie über einen Verweis in § 21 PublG ebenfalls bei nach dem Publizitätsgesetz zur Offenlegung verpflichteten Ges.) und den dort genannten Vorschriften weiterer Instanzen[14] einleitet, das sich gegen die Mitglieder des vertretungsberechtigten Organs der zur Offenlegung verpflichteten Ges. als auch gegen die Ges. selbst richten kann (§ 335 Rz 1 ff.). In einer ganzen Reihe von folgenden Beschlüssen hat das Gericht die Annahme von Verfahren gegen die Offenlegungspflicht abgelehnt. Dabei geht das Gericht in nunmehr ständiger Rechtsprechung davon aus, dass der Eingriff in die Grundrechte der Gesellschafter durch die Offenlegung gerechtfertigt sei. Hierzu wird insb. auf den im Allgemeininteresse liegenden Schutz des

---

[9] Vgl. Fehrenbacher, in MünchKomm. HGB, 5. Aufl. 2024, § 329 HGB Rz 11.
[10] Beispielhaft eine Holding aufführend ADS, Rechnungslegung und Prüfung der Unternehmen, 6. Aufl. 1995–2001, § 329 HGB Rz 21.
[11] Vgl. Grottel, in Beck Bil-Komm., 14. Aufl. 2024, § 329 HGB, Rz 30.
[12] Vgl. Fehrenbacher, in MünchKomm. HGB, 5. Aufl. 2024, § 329 HGB Rz 16.
[13] Vgl. Häfele, in Kußmaul/Müller, HdB, Offenlegung des Jahresabschlusses Rz 83, Stand: 17.1.2024.
[14] FGG und VwVfG. S. dazu § 335 Rz 25.

Wirtschaftsverkehrs der Marktteilnehmer und einer Kontrollmöglichkeit der betroffenen Ges. vor dem Hintergrund deren nur beschränkter Haftung verwiesen.[15]

Zum Sonderfall einer Insolvenz s. § 335 Rz 62 ff.

6 CSRD-Umsetzungsgesetz: Änderungen

> **Hinweis**
>
> In § 329 HGB wird neben der Änderung in Abs. 3 mit dem Nachvollzug der Verschiebung der Offenlegungsvorgaben für Zweigniederlassungen von § 325a HGB nach § 328a HGB ein Abs. 3a ergänzt. Damit wird der das Unternehmensregister führenden Stelle erlaubt, für die Erfüllung der Prüfungsaufgaben auch von den nach § 315h Abs. 1, 2 oder 3 HGB oder § 315j Abs. 1, 2 oder 3 HGB verpflichteten Personen Informationen zu verlangen, ihr innerhalb einer angemessenen Frist die Umsatzerlöse der in den Konzernabschluss des obersten MUs einzubeziehenden Unt im Inland oder in den Mitgliedstaaten der Europäischen Union und den anderen Vertragsstaaten des EWR für die letzten beiden Geschäftsjahre mitzuteilen. Ebenso müssen die nach § 315i Abs. 1, 2 oder 3 HGB verpflichteten Personen der das Unternehmensregister führenden Stelle nach Aufforderung innerhalb einer angemessenen Frist die Umsatzerlöse der KapG im Inland oder in den Mitgliedstaaten der Europäischen Union und den anderen Vertragsstaaten des EWR für die letzten beiden Geschäftsjahre mitteilen. Damit werden die nötigen Nachhaltigkeitsberichterstattungen von TU mit Sitz im Inland von obersten MU mit Sitz in einem Drittstaat sowie inländischen Zweigniederlassungen unverbundener (§ 315i HGB-E) und verbundener (§ 315j HGB-E) Unt mit Sitz in einem Drittstaat in die Regelungen von § 329 HGB einbezogen und den übrigen offenzulegenden Rechnungslegungsunterlagen gleichgestellt.

20

Durch die CSRD-Umsetzung ergeben sich zudem weitere Folgeänderungen, etwa durch die Positionierung der Versicherungen („Bilanzeid", „Lageberichtseid") von Mitgliedern des vertretungsberechtigten Organs bestimmter Unt, die von § 264 Abs. 2 Satz 3 HGB bzw. § 289 Abs. 1 Satz 5 HGB neu in § 289h HGB-E verschoben werden.

---

[15] Vgl. BVerfG, Beschluss v. 11.3.2009, 1 BvR 3413/08, NJW 2009 S. 2588; BVerfG, Beschluss v. 10.9.2009, 1 BvR 1636/09; BVerfG, Beschluss v. 1.2.2011, 2 BvR 1236/10, WM 2011 S. 614 (mit Anm. Kleinmanns, BB 2011, S. 1138); BVerfG, Beschluss v. 11.2.2009, 1 BvR 3582/08, NZG 2009 S. 515; BVerfG, Beschluss v. 18.4.2011, 1 BvR 874/11; BVerfG, Beschluss v. 18.4.2011, 1 BvR 956/11; BVerfG, Beschluss v. 13.4.2011, 1 BvR 822/11, BFH/NV 2011, S. 1277; BVerfG, Beschluss v. 24.3.2011, 1 BvR 555/11; BVerfG, Beschluss v. 24.3.2011, 1 BvR 488/11; BVerfG, Beschluss v. 16.3.2011, 1 BvR 441/11; BVerfG, Beschluss v. 16.3.2011, 1 BvR 412/11.

§ 330 Verordnungsermächtigung für Formblätter und andere Vorschriften

(1) ¹Das Bundesministerium der Justiz wird ermächtigt, im Einvernehmen mit dem Bundesministerium der Finanzen und dem Bundesministerium für Wirtschaft und Klimaschutz durch Rechtsverordnung, die nicht der Zustimmung des Bundesrates bedarf, für Kapitalgesellschaften Formblätter vorzuschreiben oder andere Vorschriften für die Gliederung des Jahresabschlusses oder des Konzernabschlusses oder den Inhalt des Anhangs, des Konzernanhangs, des Lageberichts oder des Konzernlageberichts zu erlassen, wenn der Geschäftszweig eine von den §§ 266, 275 abweichende Gliederung des Jahresabschlusses oder des Konzernabschlusses oder von den Vorschriften des Ersten Abschnitts und des Ersten und Zweiten Unterabschnitts des Zweiten Abschnitts abweichende Regelungen erfordert. ²Die sich aus den abweichenden Vorschriften ergebenden Anforderungen an die in Satz 1 bezeichneten Unterlagen sollen den Anforderungen gleichwertig sein, die sich für große Kapitalgesellschaften (§ 267 Abs. 3) aus den Vorschriften des Ersten Abschnitts und des Ersten und Zweiten Unterabschnitts des Zweiten Abschnitts sowie den für den Geschäftszweig geltenden Vorschriften ergeben. ³Über das geltende Recht hinausgehende Anforderungen dürfen nur gestellt werden, soweit sie auf Rechtsakten des Rates der Europäischen Union beruhen. ⁴Die Rechtsverordnung nach Satz 1 kann auch Abweichungen von der Kontoform nach § 266 Abs. 1 Satz 1 gestatten. ⁵Satz 4 gilt auch in den Fällen, in denen ein Geschäftszweig eine von den §§ 266 und 275 abweichende Gliederung nicht erfordert.

(2) ¹Absatz 1 ist auf folgende Institute ungeachtet ihrer Rechtsform nach Maßgabe der Sätze 3 und 4 anzuwenden:
1. auf Kreditinstitute i. S. d. § 1 Absatz 1 des Kreditwesengesetzes, soweit sie nach dessen § 2 Absatz 1, 4 oder 5 von der Anwendung nicht ausgenommen sind,
2. auf Finanzdienstleistungsinstitute i. S. d. § 1 Absatz 1a des Kreditwesengesetzes, soweit sie nach dessen § 2 Absatz 6 oder 10 von der Anwendung nicht ausgenommen sind,
3. auf Wertpapierinstitute i. S. d. § 2 Absatz 1 des Wertpapierinstitutsgesetzes, soweit sie nach dessen § 3 von der Anwendung nicht ausgenommen sind, sowie
4. auf Institute i. S. d. § 1 Absatz 3 des Zahlungsdiensteaufsichtsgesetzes.

²Satz 1 ist auch auf Zweigstellen von Unternehmen mit Sitz in einem Staat anzuwenden, der nicht Mitglied der Europäischen Gemeinschaft und auch nicht Vertragsstaat des Abkommens über den Europäischen Wirtschaftsraum ist, sofern die Zweigstelle nach § 53 Abs. 1 des Gesetzes über das Kreditwesen als Kreditinstitut oder als Finanzinstitut gilt. ³Die Rechtsverordnung bedarf nicht der Zustimmung des Bundesrates; sie ist im Einvernehmen mit dem Bundesministerium der Finanzen und im Benehmen mit der Deutschen Bundesbank zu erlassen. ⁴In die Rechtsverordnung nach Satz 1 können auch nähere Bestimmungen über die Aufstellung des Jahresabschlusses und des Konzernabschlusses im Rahmen der vorgeschriebenen Formblätter für die Gliederung des Jahresabschlusses und des Konzernabschlusses sowie des Zwischenabschlusses gem.

§ 340a Abs. 3 und des Konzernzwischenabschlusses gem. § 340i Abs. 4 aufgenommen werden, soweit dies zur Erfüllung der Aufgaben der Bundesanstalt für Finanzdienstleistungsaufsicht oder der Deutschen Bundesbank erforderlich ist, insbesondere um einheitliche Unterlagen zur Beurteilung der von den Kreditinstituten und Finanzdienstleistungsinstituten durchgeführten Bankgeschäfte und erbrachten Finanzdienstleistungen sowie der von Wertpapierinstituten erbrachten Wertpapierdienstleistungen zu erhalten.

(3) ¹Absatz 1 ist auf Versicherungsunternehmen nach Maßgabe der Sätze 3 und 4 ungeachtet ihrer Rechtsform anzuwenden. ²Satz 1 ist auch auf Niederlassungen im Geltungsbereich dieses Gesetzes von Versicherungsunternehmen mit Sitz in einem anderen Staat anzuwenden, wenn sie zum Betrieb des Direktversicherungsgeschäfts der Erlaubnis durch die deutsche Versicherungsaufsichtsbehörde bedürfen. ³Die Rechtsverordnung bedarf der Zustimmung des Bundesrates und ist im Einvernehmen mit dem Bundesministerium der Finanzen zu erlassen. ⁴In die Rechtsverordnung nach Satz 1 können auch nähere Bestimmungen über die Aufstellung des Jahresabschlusses und des Konzernabschlusses im Rahmen der vorgeschriebenen Formblätter für die Gliederung des Jahresabschlusses und des Konzernabschlusses sowie Vorschriften über den Ansatz und die Bewertung von versicherungstechnischen Rückstellungen, insbesondere die Näherungsverfahren, aufgenommen werden. ⁵Die Zustimmung des Bundesrates ist nicht erforderlich, soweit die Verordnung ausschließlich dem Zweck dient, Abweichungen nach Absatz 1 Satz 4 und 5 zu gestatten.

(4) ¹In der Rechtsverordnung nach Absatz 1 in Verbindung mit Absatz 3 kann bestimmt werden, daß Versicherungsunternehmen, auf die die Richtlinie 91/674/EWG nach deren Artikeln 2 in Verbindung mit den Artikeln 4, 7 und 9 Nummer 1 und 2 sowie Artikel 10 Nummer 1 der Richtlinie 2009/138/EG des Europäischen Parlaments und des Rates vom 25. November 2009 betreffend die Aufnahme und Ausübung der Versicherungs- und der Rückversicherungstätigkeit (Solvabilität II) (ABl. L 335 vom 17.12.2009, S. 1) nicht anzuwenden ist, von den Regelungen des Zweiten Unterabschnitts des Vierten Abschnitts ganz oder teilweise befreit werden, soweit dies erforderlich ist, um eine im Verhältnis zur Größe der Versicherungsunternehmen unangemessene Belastung zu vermeiden; Absatz 1 Satz 2 ist insoweit nicht anzuwenden. ²In der Rechtsverordnung dürfen diesen Versicherungsunternehmen auch für die Gliederung des Jahresabschlusses und des Konzernabschlusses, für die Erstellung von Anhang und Lagebericht und Konzernanhang und Konzernlagebericht sowie für die Offenlegung ihrer Größe angemessene Vereinfachungen gewährt werden.

(5) Die Absätze 3 und 4 sind auf Pensionsfonds (§ 236 Abs. 1 des Versicherungsaufsichtsgesetzes) entsprechend anzuwenden.

Inhaltsübersicht

		Rz
1	Überblick	1–6
	1.1 Inhalt und Regelungszweck	1–5
	1.2 Anwendungsbereich	6
2	Allgemeine Verordnungsermächtigung (Abs. 1)	7–12
3	Sondervorschriften für Kreditinstitute (Abs. 2)	13–16
4	Sondervorschriften für Versicherungsunternehmen (Abs. 3 und 4)	17–22
5	Sondervorschriften für Pensionsfonds (Abs. 5)	23
6	Rechtsfolgen bei Pflichtverletzung	24–25

1 Überblick

1.1 Inhalt und Regelungszweck

1 § 330 HGB ermächtigt das BMJ im Einvernehmen mit weiteren Ministerien zum Erlass **geschäftszweigspezifischer Formblätter** oder **anderer Vorschriften** zur Berücksichtigung von Besonderheiten bei der Rechnungslegung. Die handelsrechtlichen Vorschriften zur Gliederung der Bilanz (§ 266 HGB) und der GuV (§ 275 HGB) sowie die Sondervorschriften für PersG (§ 264c HGB) tragen lediglich den Spezifika von Industrie- und HandelsUnt[1] Rechnung und sind nicht in vollem Umfang zur Darstellung eines den tatsächlichen Verhältnissen entsprechenden Bilds der Vermögens-, Finanz- und Ertragslage von Unt anderer Wirtschaftszweige geeignet.[2] Zwecks Gewährleistung einer tatsachengerechten Darstellung können unter Rückgriff auf § 330 HGB neben Formblättern auch Vorschriften für die Gliederung des Jahresabschlusses oder Konzernabschlusses, den Anhang oder den Konzernanhang sowie den Lagebericht oder den Konzernlagebericht vorgegeben werden.

> **Praxis-Beispiel**
> Auszug aus der Verordnung über die Rechnungs- und Buchführungspflichten von Krankenhäusern v. 24.3.1987[3] in Bezug auf die Gliederung der Bilanz:
> Aktivseite
> B.II. Forderungen und sonstige Vermögensgegenstände
> B.II.1. Forderungen aus Lieferungen und Leistungen (KGr. 12), ... davon mit einer Restlaufzeit von mehr als einem Jahr
> B.II.2. Forderungen an Gesellschafter bzw. den Krankenhausträger (KUGr. 160), ... davon mit einer Restlaufzeit von mehr als einem Jahr
> B.II.3. Forderungen nach dem Krankenhausfinanzierungsrecht (KGr. 151), ... davon nach der BPflV (KUGr. 151), ... davon mit einer Restlaufzeit von mehr als einem Jahr
> ...

---

[1] Vgl. Hucke, in Baetge/Kirsch/Thiele, Bilanzrecht, § 330 HGB Rz 2, Stand: 1/2021; den Begriff Produktionsunternehmen statt Industrieunternehmen verwendend Fehrenbacher, in MünchKomm. HGB, 5. Aufl. 2024, § 330 HGB Rn 2.
[2] Ebenso Hucke, in Baetge/Kirsch/Thiele, Bilanzrecht, § 330 HGB Rz 2, Stand: 1/2021; Fehrenbacher, in MünchKomm. HGB, 5. Aufl. 2024, § 330 HGB Rn 2.
[3] Krankenhaus-Buchführungs-Verordnung v. 24.3.1987, zuletzt geändert am 7.8.2021, BGBl 1987 I S. 1045 und BGBl 2021 I S. 3311.

Im Fall des § 330 Abs. 1 HGB, der sich grds. auf alle KapG und ihnen gleichgestellte PersG bezieht, benötigt der Adressat der Ermächtigung auch das Einverständnis des BMF sowie des BMWK. **§ 330 Abs. 2 HGB** sieht Besonderheiten für Kreditinstitute vor. Rechtsverordnungen i.S.d. Abs. 2 erfordern das Einverständnis des BMF und sind im Benehmen mit der Deutschen Bundesbank zu erlassen. Bei Anwendung des § 330 Abs. 3 und 4 HGB (Sondervorschriften für VersicherungsUnt) ist ebenfalls das Einvernehmen des BMF von Nöten. Rechtsverordnungen i.S.d. Abs. 3 bedürfen zudem der Zustimmung des Bundesrats. **§ 330 Abs. 5 HGB** verweist ohne weitere Angaben in Bezug auf etwaige Voraussetzungen auf die Abs. 3 und 4, sodass deren Hürden entsprechend gelten.

Da sich § 330 HGB nicht auf betriebsspezifische Abweichungen bezieht, sondern die einheitliche Berücksichtigung von Eigenheiten ganzer Geschäftszweige regelt, wird der **Anwendungsbereich des § 265 Abs. 5–7 HGB** (§ 265 Rz 17 ff.) nicht berührt.[4] Bei der **Bündelung mehrerer Formblätter** von Unt eines Konzerns ist § 265 Abs. 4 HGB analog anzuwenden (Rz 11).

Die einheitliche Verordnungsermächtigung für Formblätter des § 330 Abs. 1 HGB wurde mit dem **BiRiLiG**[5] eingeführt und setzt Teile der 4. und 7. EG-RL[6] in deutsches Recht um, geht mit der Regelung in Bezug auf Anhang und Lagebericht respektive das entsprechende Konzernpendant aber auch darüber hinaus. § 330 Abs. 2 HGB wurde mit dem **BaBiRiLiG**[7], § 330 Abs. 3 und 4 HGB mit dem **VersRiLiG**[8] und § 330 Abs. 5 HGB mit dem **Altersvermögensgesetz**[9] angefügt. Ein Rückgriff auf einzelne Spezialgesetze ist seither überflüssig.

Mit dem AReG[10] wurden in Abs. 4 lediglich die EU-Richtlinien für VersicherungsUnt aktualisiert. Mit dem Gesetz zur Umsetzung der Richtlinie (EU) 2019/2034 über die Beaufsichtigung von Wertpapierinstituten (WpIGEG) wurde der Abs. 2 bzgl. der Anwendung für Kreditinstitute mit Wirkung ab dem 26.6.2021 konkretisiert.

1.2 Anwendungsbereich

Relevant ist die Regelung des § 330 HGB grds. für alle **KapG**. Neben KapG müssen KapCoGes die Vorgaben des § 330 HGB einhalten. Aufgrund eines Verweises in § 336 Abs. 3 HGB ist § 330 Abs. 1 HGB auch auf **eG** anzuwenden. Für Unt, die gem. **PublG** einen Abschluss zu erstellen haben, sehen die §§ 5 Abs. 3, 13 Abs. 4 PublG eine entsprechende Anwendung der Bestimmungen des § 330 HGB vor.

2 Allgemeine Verordnungsermächtigung (Abs. 1)

Die allgemeine Verordnungsermächtigung des § 330 Abs. 1 HGB hat den Erlass **geschäftszweigspezifischer Formblätter** oder **anderer Vorschriften** zur Gliederung des Jahresabschlusses oder Konzernabschlusses, Anpassung des Inhalts

---

[4] Vgl. Hucke, in Baetge/Kirsch/Thiele, Bilanzrecht, § 330 HGB Rz 10, Stand: 1/2021; lediglich Abs. 4 und 5 aufführend Fehrenbacher, in MünchKomm. HGB, 5. Aufl. 2024, § 330 HGB Rn 2.
[5] Gesetz v. 19.12.1985, BGBl 1985 I S. 2355.
[6] Art. 4 Abs. 2 Satz 2 der 4. EG-RL v. 27.7.1978, ABl. EG L 222/11; Art. 17 Abs. 1 der 7. EG-RL v. 13.6.1983, ABl. EG L 193/1.
[7] Gesetz v. 30.11.1990, BGBl 1990 I S. 2570.
[8] Gesetz v. 24.6.1994, BGBl 1994 I S. 1377.
[9] Gesetz v. 26.6.2001, BGBl 2001 I S. 1310.
[10] Gesetz v. 10.6.2016, BGBl 2016 I S. 1142.

des Anhangs oder des Konzernanhangs sowie des Lageberichts oder des Konzernlageberichts zum Inhalt. Ein qualitativer Unterschied zwischen Formblättern und anderen Vorschriften besteht nicht.[11]

8 Abweichungen von Ansatz- oder Bewertungsvorschriften, den Vorgaben in Bezug auf die Abschlussprüfung und die Offenlegung sowie Sanktionen sind mit § 330 Abs. 1 HGB nicht zugelassen.[12]

9 **Voraussetzung** für den Erlass einer Rechtsverordnung i.S.d. § 330 Abs. 1 HGB ist, dass der Geschäftszweig von den handelsrechtlichen Standards abweichende Regelungen/Gliederungen zwecks der Darstellung eines den tatsächlichen Verhältnissen entsprechenden Bilds der Vermögens-, Finanz- und Ertragslage auch tatsächlich erfordert.[13]

> **Praxis-Beispiel**
> Auszug (§ 12 Abs. 1) aus der Verordnung über die Rechnungslegung von Kreditinstituten v. 11.12.1998[14]:
> Als Kassenbestand sind gesetzliche Zahlungsmittel einschl. der ausländischen Noten und Münzen sowie Postwertzeichen und Gerichtsgebührenmarken auszuweisen. Zu einem höheren Betrag als dem Nennwert erworbene Gedenkmünzen sowie Goldmünzen, auch wenn es sich um gesetzliche Zahlungsmittel handelt, und Barrengold sind im Posten „Sonstige Vermögensgegenstände" (Aktivposten Nr. 15) zu erfassen.

10 Die Vorgaben etwaiger Formblätter oder anderer Vorschriften sollen den für **große KapG** bzw. KapCoGes gültigen Vorgaben **gleichwertig** sein (§ 330 Abs. 1 Satz 2 HGB). Daraus ergibt sich, dass der Informationsgehalt nicht verringert werden darf und mittels der Formblätter etc. keine **Erleichterungen** eingeführt werden dürfen.[15] Die Begrenzung einzelner Posten führt aber nicht automatisch zu einer Erleichterung, sofern an anderer Stelle eine geschäftszweigspezifische Untergliederung erfolgt.[16]

> **Praxis-Beispiel**
> So haben etwa Zahlungsinstitute nach § 3 Abs. 2 RechZahlV im Formblatt 1 neu jeweils gesondert auszuweisen:
> 1. die verbrieften und unverbrieften Forderungen an verbundene Unternehmen zu den Posten „Forderungen an Kreditinstitute" (Aktivposten 2), „Forderungen an Kunden" (Aktivposten 3), „Forderungen an Institute i.S.d. § 1 Absatz 3 des Zahlungsdiensteaufsichtsgesetzes" (Aktivposten 4) und „Schuldverschreibungen und andere festverzinsliche Wertpapiere" (Aktivposten 5);

---

[11] Vgl. Kliem/Lawall, in Beck Bil-Komm., 14. Aufl. 2024, § 330 HGB Rz 12.
[12] Vgl. Fehrenbacher, in MünchKomm. HGB, 5. Aufl. 2024, § 330 HGB Rn 7; Kliem/Lawall, in Beck Bil-Komm., 14. Aufl. 2024, § 330 HGB Rz 11.
[13] Vgl. Hucke, in Baetge/Kirsch/Thiele, Bilanzrecht, § 330 HGB Rz 22, Stand: 1/2021; Fehrenbacher, in MünchKomm. HGB, 5. Aufl. 2024, § 330 HGB Rn 6.
[14] Verordnung über die Rechnungslegung von Kreditinstituten v. 10.2.1992. Neufassung v. 11.12.1998, zuletzt geändert am 7.8.2021, BGBl 1998 I S. 3658 und BGBl 2021 I S. 3311.
[15] Ebenso ADS, Rechnungslegung und Prüfung der Unternehmen, 6. Aufl. 1995–2001, § 330 HGB Rz 7f.
[16] Vgl. Fehrenbacher, in MünchKomm. HGB, 5. Aufl. 2024, § 330 HGB Rn 7.

> 2. die verbrieften und unverbrieften Forderungen an Unternehmen, mit denen ein Beteiligungsverhältnis besteht, zu den Posten „Forderungen an Kreditinstitute" (Aktivposten 2), „Forderungen an Kunden" (Aktivposten 3), „Forderungen an Institute i.S.d. § 1 Absatz 3 des Zahlungsdiensteaufsichtsgesetzes" (Aktivposten 4) und „Schuldverschreibungen und andere festverzinsliche Wertpapiere" (Aktivposten 5);
> 3. die verbrieften und unverbrieften Verbindlichkeiten gegenüber verbundenen Unternehmen zu den Posten „Verbindlichkeiten gegenüber Kreditinstituten" (Passivposten 1), „Verbindlichkeiten gegenüber Kunden" (Passivposten 2), „Verbindlichkeiten gegenüber Instituten i.S.d. § 1 Absatz 3 des Zahlungsdiensteaufsichtsgesetzes" (Passivposten 3) und „Nachrangige Verbindlichkeiten" (Passivposten 8);
> 4. die verbrieften und unverbrieften Verbindlichkeiten gegenüber Unternehmen, mit denen ein Beteiligungsverhältnis besteht, zu den Posten „Verbindlichkeiten gegenüber Kreditinstituten" (Passivposten 1), „Verbindlichkeiten gegenüber Kunden" (Passivposten 2), „Verbindlichkeiten gegenüber Instituten i.S.d. § 1 Absatz 3 des Zahlungsdiensteaufsichtsgesetzes" (Passivposten 3) und „Nachrangige Verbindlichkeiten" (Passivposten 8).

Über das geltende Recht[17] hinausgehende Anforderungen sind ebenfalls unzulässig. Eine Ausnahme bilden Vorgaben, die auf Rechtsakten des Rats der EU beruhen (§ 330 Abs. 1 Satz 3 HGB). Unter Rechtsakte i.S.v. § 330 Abs. 1 Satz 3 HGB fallen insb. EU-Richtlinien. Darüber hinaus ist die Vorschrift nur bedingt von praktischer Bedeutung. Allerdings ist zu bedenken, dass die Vorschrift auch künftige Rechtsakte des Rats der EU umfasst und es so zu einer Verschiebung der praktischen Bedeutung kommen kann. Gegen diesen dynamischen Verweis in die Zukunft bestehen allerdings verfassungsrechtliche Bedenken.[18]

Bei der **Bündelung mehrerer Formblätter** von Unt eines Konzerns als auch eines Unt mit mehreren Geschäftszweigen ist § 265 Abs. 4 HGB maßgebend, d.h., es sind die Posten nach Maßgabe eines Unt zu verwenden und um die Posten der anderen Formblatt-Unt zu erweitern.[19] Sofern Formblatt-Unt in Abschlüsse von **Konzernen** anderer Branchen einzubeziehen sind, gelten die Regelungen der §§ 300 Abs. 2 Satz 3, 308 Abs. 2 Satz 2 HGB sowie § 13 PublG. Für den umgekehrten Fall gelten die Vorschriften der §§ 340ff. oder 341ff. HGB.[20]

Derzeit bestehen aufgrund von § 330 HGB, § 16 Satz 1 Nr. 7 KHG sowie § 83 Abs. 1 Satz 1 Nr. 3 SGB XI folgende **Formblatt-Verordnungen**:

---

[17] Bilanzrecht des HGB nebst Spezialgesetzen.
[18] Vgl. BVerfG, Beschluss v. 1.3.1978, 1 BvR 786, 793/70, 168/71, 95/73, NJW 1978, S. 1475, das im behandelten Fall eine Auslegung als dynamischen Verweis aus verfassungsrechtlichen Gründen ablehnt; Sachs, NJW 1981, S. 1651.
[19] Vgl. Fehrenbacher, in MünchKomm. HGB, 5. Aufl. 2024, § 330 HGB Rn 8; Kliem/Lawall, in Beck Bil-Komm., 14. Aufl. 2024, § 330 HGB Rz 15.
[20] Vgl. Kliem/Lawall, in Beck Bil-Komm., 14. Aufl. 2024, § 330 HGB Rz 15.

Verordnung über die Gliederung des Jahresabschlusses von **WohnungsUnt (JAbschlWUV)** v. 14.6.2023	BGBl 2023 I Nr. 152
Krankenhaus-Buchführungsverordnung **(KHBV)** v. 24.3.1987 (zuletzt geändert am 7.8.2021)	BGBl 1987 I S. 1045 (BGBl 2021 I S. 3311)
Verordnung über die Gliederung des Jahresabschlusses von **VerkehrsUnt (JAbschlVUV)** v. 13.7.1988 (zuletzt geändert am 7.8.2021)	BGBl 1988 I S. 1057 (BGBl 2021 I S. 3311)
Verordnung über die Rechnungslegung von **Kreditinstituten (RechKredV)** v. 10.2.1992. Neufassung v. 11.12.1998 (zuletzt geändert am 7.8.2021)	BGBl 1998 I S. 3658 (BGBl 2021 I S. 3311)
Verordnung über die Rechnungslegung von **VersicherungsUnt (RechVersV)** v. 8.11.1994 (zuletzt geändert am 10.8.2021)	BGBl 1994 I S. 3378 (BGBl 2021 I S. 3436)
Verordnung über die Rechnungslegungs- und Buchführungspflichten der **Pflegeeinrichtungen (PBV)**[21] v. 22.11.1995 (zuletzt geändert am 7.8.2021)	BGBl 1995 I S. 1528 (BGBl 2021 I S. 3311)
Verordnung über die Rechnungslegung von **Pensionsfonds (RechPensV)** v. 25.2.2003 (zuletzt geändert am 10.8.2021)	BGBl 2003 I S. 246 (BGBl 2021 I S. 3436)
Verordnung über die Rechnungslegung der **Zahlungsinstitute und E-Geld-Institute (RechZahlV)**[22] v. 2.11.2009 (zuletzt geändert am 7.8.2021)	BGBl 2009 I S. 3680 (BGBl 2021 I S. 3311)

Tab. 1: Derzeit gültige Formblatt-Verordnungen

Am 19.6.2023 wurde die JAbschlWUV unter weitgehender Übernahme ihres Regelungsgehalts durch eine neue Verordnung über die Gliederung des Jahresabschlusses von Wohnungsunternehmen (JAbschlWUV) abgelöst. Die JAbschlWUV 1970 entsprach nach Meinung des Gesetzgebers unter sprachlichen sowie systematischen Gesichtspunkten nicht mehr den Anforderungen an ein modernes, anwenderfreundliches und den **Nachhaltigkeitszielen der UN-Agenda 2030** entsprechendes Recht. In materieller Hinsicht bildete der Begriff des Wohnungsunternehmens in § 1 Abs. 3 JAbschlWUV 1970 den Tätigkeitsumfang von Unt im Bereich der Wohnungswirtschaft nicht vollständig ab und erfasste auch nicht Personenhandelsgesellschaften i.S.d. § 264a Abs. 1 HGB, die im Bereich der Wohnungswirtschaft tätig sind. Jetzt werden die **Wohnungsunternehmen klassifiziert** als „Unternehmen, die in der Rechtsform einer Aktiengesellschaft, Kommanditgesellschaft auf Aktien, Gesellschaft mit beschränkter Haftung, Personen-

---

[21] Vgl. zur konkreten Umsetzung Grünenwald, ZfS 1996, S. 37 ff.
[22] Konkret haben Zahlungsinstitute und E-Geld-Institute abweichend von §§ 266 und 275 HGB gesonderte Gliederungen zu verwenden, wobei unter Zahlungsinstituten und E-Geld-Instituten Einrichtungen verstanden werden, die gewerbsmäßig oder in einem Umfang, der einen in kaufmännischer Weise eingerichteten Geschäftsbetrieb erfordert, Zahlungsdienste erbringen, ohne selbst Kreditinstitut zu sein. Einer von zahlreichen Anwendungsfällen wäre z.B. die Übermittlung von Geldbeträgen.

handelsgesellschaft i.S.d. § 264a Abs. 1 des Handelsgesetzbuchs oder eingetragenen Genossenschaft betrieben werden, und sich nach dem in ihrer Satzung oder ihrem Gesellschaftsvertrag festgesetzten Gegenstand oder nach ihrer überwiegenden tatsächlichen Geschäftstätigkeit mit dem Bau oder der Bewirtschaftung von Wohnungen im eigenen Namen befassen, Wohnungsbauten betreuen oder Eigenheime oder Eigentumswohnungen errichten und veräußern." Somit erstreckt sich der Anwendungsbereich der Verordnung künftig neben Kapitalgesellschaften und eingetragenen Genossenschaften auch auf **Personenhandelsgesellschaften i.S.d. § 264a Abs. 1 HGB**, d.h. Personenhandelsgesellschaften ohne eine natürliche Person in der Funktion eines Vollhafters. Auch wird der Anwendungsbereich der Verordnung auf rein wohnungsbewirtschaftende Unt, die die Wohnungen nicht selbst gebaut (sondern z. B. käuflich erworben) haben, erweitert. Geschlossen wird auch die Umgehungsmöglichkeit, da der Anwendungsbereich der Verordnung künftig auch Unt umschließt, die in tatsächlicher Hinsicht Tätigkeiten eines Wohnungsunternehmens erbringen, ohne dass der Unternehmensgegenstand in der Satzung oder im Gesellschaftsvertrag festgelegt ist. In materieller Hinsicht wurde das zu beachtende Formblatt dahingehend verändert, dass die **Bewirtschaftungs- und Betreuungstätigkeit von Wohnungsunternehmen auf der Passivseite** der Bilanz durch Aufgliederung des Postens „Verbindlichkeiten aus Lieferungen und Leistungen" besser abgebildet werden. Die neue Verordnung ist erstmals auf Jahresabschlüsse für ein Geschäftsjahr anzuwenden, das **nach dem 31.12.2023 beginnt**. Auf Jahresabschlüsse für Geschäftsjahre, die vor dem 1.1.2024 beginnen, bleibt die Verordnung über Formblätter für die Gliederung des Jahresabschlusses von Wohnungsunternehmen 1970, die zuletzt durch Artikel 23 des Gesetzes vom 5.7.2021 (BGBl. I S. 3338) geändert worden ist, in der bis einschl. 30.6.2023 geltenden Fassung weiter anwendbar.

3 Sondervorschriften für Kreditinstitute (Abs. 2)

§ 330 Abs. 2 Satz 1 HGB erweitert den Anwendungsbereich von Abs. 1 auf **Kredit- und Finanzdienstleistungsinstitute**. Die Ermächtigung ist auch auf Zweigstellen von Unt mit Sitz in einem Staat anzuwenden, der nicht Mitglied der EG und auch nicht Vertragsstaat des Abkommens über den EWR ist, gleichwohl als Institut nach § 53 Abs. 1 KWG gilt (§ 330 Abs. 2 Satz 2 HGB).

Für die Verordnungsermächtigung, die unabhängig von der Rechtsform anzuwenden ist, gelten etwaige Sondervorschriften des **KWG** (§ 330 Abs. 2 Satz 1 HGB).

Der Adressat der Ermächtigung, das BMJ, hat Rechtsverordnungen, die unter § 330 Abs. 2 HGB fallen, im Einvernehmen mit dem **BMF** zu erlassen. Rechtsverordnungen i.S.d. § 330 Abs. 2 Sätze 1 und 2 HGB sind gem. § 330 Abs. 2 Satz 3 HGB zudem im Benehmen mit der **Deutschen Bundesbank** zu erlassen, wodurch dieser ein qualifiziertes Anhörungsrecht zukommt.[23]

§ 330 Abs. 2 Satz 4 HGB gestattet in Bezug auf die Aufstellung des Jahresabschlusses und Konzernabschlusses sowie eines Zwischen- und Konzernzwischenabschlusses

---

[23] Vgl. Hucke, in Baetge/Kirsch/Thiele, Bilanzrecht, § 330 HGB Rz 32, Stand: 1/2021; Fehrenbacher, in MünchKomm. HGB, 5. Aufl. 2024, § 330 HGB Rn 11.

eine **inhaltliche Ausdehnung** der Rechtsverordnungen gem. § 330 Abs. 1 HGB. Voraussetzung für eine Erweiterung ist jedoch, dass diese zur Erfüllung der Aufgaben des Bundesaufsichtsamts für Kreditwesen oder der Deutschen Bundesbank erforderlich ist.

4 Sondervorschriften für Versicherungsunternehmen (Abs. 3 und 4)

17 § 330 Abs. 3 Satz 1 HGB erweitert den Anwendungsbereich von Abs. 1 auch auf **VersicherungsUnt**. Die rechtsformunabhängige Anwendung setzt voraus, dass die betroffenen Unt nach dem VAG zugelassen sind.[24] Die Ermächtigung ist gem. Satz 2 auch auf Niederlassungen von VersicherungsUnt mit Sitz in einem anderen Staat anzuwenden, wenn sie zum Betrieb des Direktversicherungsgeschäfts der Erlaubnis durch die deutsche Versicherungsaufsichtsbehörde bedürfen.

18 Der Adressat der Ermächtigung, das BMJ, hat Rechtsverordnungen, die unter § 330 Abs. 3 Sätze 1 und 2 HGB fallen, im Einvernehmen mit dem **BMF** zu erstellen (§ 330 Abs. 3 Satz 3 HGB). Diese Rechtsverordnungen bedürfen gem. Satz 3 zudem der Zustimmung des **Bundesrats**,[25] es sei denn, sie dienen ausschl. der Gewährung von Abweichungen von der Kontoform nach § 266 Abs. 1 Satz 1 HGB (§ 330 Abs. 3 Satz 5 HGB).

19 § 330 Abs. 3 Satz 4 HGB gestattet in Bezug auf die Aufstellung des Jahresabschlusses und Konzernabschlusses sowie auf Vorschriften über den Ansatz und die Bewertung von versicherungstechnischen Rückstellungen die **Aufnahme näherer Bestimmungen** in die Rechtsverordnungen, woraus sich eine Ausdehnung der handels- und spezialrechtlichen Vorschriften ergeben kann.[26]

20 § 330 Abs. 4 HGB sieht die Fortführung oder Einführung von **Befreiungen** (Satz 1) und **Erleichterungen** (Satz 2) für VersicherungsUnt vor, auf die die aufgelisteten EU-Richtlinien[27] nicht anzuwenden sind. Vereinfachungen dürfen sich auf die Gliederung des Jahresabschlusses und des Konzernabschlusses, die Erstellung von Anhang und Lagebericht sowie Konzernanhang und Konzernlagebericht als auch die Offenlegung beziehen.

21 Zu den Unt, die in den **Anwendungsbereich** des § 330 Abs. 4 HGB fallen, gehören etwa Pensionskassen sowie VersicherungsUnt mit räumlich und sachlich begrenztem Tätigkeitsbereich.[28]

22 **Voraussetzung** für den Erlass einer Rechtsverordnung i.S.d. § 330 Abs. 4 Satz 1 HGB ist, dass die Befreiungen erforderlich sind, um eine im Verhältnis zur Größe der VersicherungsUnt unangemessene Belastung zu vermeiden. Eine Rechtsverordnung i.S.d. § 330 Abs. 4 Satz 2 HGB setzt entsprechend voraus, dass die Erleichterungen der Größe angemessen sind.

---

[24] Vgl. Fehrenbacher, in MünchKomm. HGB, 4. Aufl. 2020, § 330 HGB Rn 12.
[25] Zum Schutz etwaiger Besteuerungsinteressen der Bundesländer; BT-Drs. 12/7646 v. 20.5.1994 S. 3.
[26] Vgl. zur konkreten Ausgestaltung Rohlfes/Savic/Will, Rechnungslegung und Controlling der Versicherungsunternehmen, 2019.
[27] Abs. 2 der Richtlinie 91/674/EWG i.V.m. Art. 4, 7 und 9 Nr. 1 und 2 sowie Art. 10 Nr. 1 der Richtlinie 2009/138/EG des Europäischen Parlaments und des Rates vom 25.11.2009 betreffend die Aufnahme und Ausübung der Versicherungs- und der Rückversicherungstätigkeit (Solvabilität II) (ABl. L 335/1 vom 17.12.2009).
[28] Vgl. Hucke, in Baetge/Kirsch/Thiele, Bilanzrecht, § 330 HGB Rz 42ff., Stand: 1/2021; Kliem/Lawall, in Beck Bil-Komm., 14. Aufl. 2024, § 330 HGB Rz 55f.

5 Sondervorschriften für Pensionsfonds (Abs. 5)

§ 330 Abs. 5 HGB sieht die analoge Anwendung der Regelungen für VersicherungsUnt des § 330 Abs. 3 und 4 HGB (Rz 17–Rz 22) für **Pensionsfonds** vor, die unter den Anwendungsbereich des § 112 VAG fallen. Da sie nach dem Altersvermögensgesetz[29] überwiegend wie VersicherungsUnt behandelt werden und dem VAG unterliegen (§ 1 Abs. 1 VAG), war die Ausdehnung des § 330 Abs. 3 und Abs. 5 HGB auf Pensionsfonds nur konsequent.

6 Rechtsfolgen bei Pflichtverletzung

Ein Verstoß gegen § 330 HGB erfüllt das Tatbestandsmerkmal einer Ordnungswidrigkeit, sofern eine Verordnung zu § 330 HGB explizit auf § 334 HGB verweist. Für die Mitglieder des vertretungsberechtigten Organs oder Aufsichtsrats ist die Ordnungswidrigkeit dann gem. § 334 Abs. 1 Nr. 6 HGB regelmäßig **bußgeldbewährt**. Liegt kein Verweis auf § 334 HGB vor, kann – mangels Tatbestand – kein Bußgeld verhängt werden. Für Kreditinstitute und VersicherungsUnt finden sich in den §§ 340o und 341o HGB in Bezug auf Pflichtverletzungen gesonderte Vorschriften, die den Regelungen/Verordnungen für diese Gesellschaften Rechnung tragen. Ein Verstoß kann dann nur nach § 335 HGB mit einem **Ordnungsgeld** belegt werden. Darüber hinaus sehen die Formblatt-Verordnungen mitunter weitere bußgeldbewährte Tatbestände vor.

Weitere Folgen einer **Missachtung von Formblättern** ergeben sich insb. aus § 256 AktG, dessen Regelungen auch bei GmbH Anwendung finden.[30] Zur **Nichtigkeit** oder **Anfechtbarkeit** eines Jahresabschlusses oder Konzernabschlusses führt ein Verstoß allerdings nur, wenn die Klarheit und Übersichtlichkeit wesentlich eingeschränkt sind.[31]

---

[29] Gesetz v. 26.6.2001, BGBl 2001 I S. 1310.
[30] Vgl. Fehrenbacher, in MünchKomm. HGB, 5. Aufl. 2024, § 330 HGB Rn 16.
[31] „Wegen Verstoßes gegen … sowie wegen der Nichtbeachtung von Formblättern, nach denen der Jahresabschluß zu gliedern ist, ist der Jahresabschluß nur nichtig, wenn seine Klarheit und Übersichtlichkeit dadurch wesentlich beeinträchtigt sind", § 256 Abs. 4 AktG.

§ 331 Unrichtige Darstellung

(1) Mit Freiheitsstrafe bis zu drei Jahren oder mit Geldstrafe wird bestraft, wer
1. als Mitglied des vertretungsberechtigten Organs oder des Aufsichtsrats einer Kapitalgesellschaft die Verhältnisse der Kapitalgesellschaft in der Eröffnungsbilanz, im Jahresabschluß, im Lagebericht einschließlich der nichtfinanziellen Erklärung, im gesonderten nichtfinanziellen Bericht oder im Zwischenabschluß nach § 340a Abs. 3 unrichtig wiedergibt oder verschleiert,
1a. als Mitglied des vertretungsberechtigten Organs einer Kapitalgesellschaft zum Zwecke der Befreiung nach § 325 Abs. 2a Satz 1, Abs. 2b einen Einzelabschluss nach den in § 315e Absatz 1 genannten internationalen Rechnungslegungsstandards, in dem die Verhältnisse der Kapitalgesellschaft unrichtig wiedergegeben oder verschleiert worden sind, offen legt,
2. als Mitglied des vertretungsberechtigten Organs oder des Aufsichtsrats einer Kapitalgesellschaft die Verhältnisse des Konzerns im Konzernabschluß, im Konzernlagebericht einschließlich der nichtfinanziellen Konzernerklärung, im gesonderten nichtfinanziellen Konzernbericht oder im Konzernzwischenabschluß nach § 340i Abs. 4 unrichtig wiedergibt oder verschleiert,
3. als Mitglied des vertretungsberechtigten Organs einer Kapitalgesellschaft zum Zwecke der Befreiung nach § 291 Abs. 1 und 2 oder nach § 292 einen Konzernabschluß oder Konzernlagebericht, in dem die Verhältnisse des Konzerns unrichtig wiedergegeben oder verschleiert worden sind, offenlegt oder
4. als Mitglied des vertretungsberechtigten Organs einer Kapitalgesellschaft oder als Mitglied des vertretungsberechtigten Organs oder als vertretungsberechtigter Gesellschafter eines ihrer Tochterunternehmen (§ 290 Abs. 1, 2) in Aufklärungen oder Nachweisen, die nach § 320 einem Abschlußprüfer der Kapitalgesellschaft, eines verbundenen Unternehmens oder des Konzerns zu geben sind, unrichtige Angaben macht oder die Verhältnisse der Kapitalgesellschaft, eines Tochterunternehmens oder des Konzerns unrichtig wiedergibt oder verschleiert.

(2) Handelt der Täter in den Fällen des Absatzes 1 Nummer 1a oder 3 leichtfertig, so ist die Strafe Freiheitsstrafe bis zu einem Jahr oder Geldstrafe.

Inhaltsübersicht	Rz
1 Überblick	1–8
1.1 Geschütztes Rechtsgut und Schutzbereich	1–4
1.2 Deliktsnatur	5–6
1.3 Normzusammenhang	7–8
2 Täterkreis	9–29
2.1 Mitglieder des vertretungsberechtigten Organs	10–25
2.1.1 Aktiengesellschaft	11
2.1.2 Kommanditgesellschaft auf Aktien	12
2.1.3 Gesellschaft mit beschränkter Haftung	13
2.1.4 Kapitalgesellschaft in Liquidation	14
2.1.5 Sonstige Personen	15
2.1.6 Faktische Betrachtungsweise	16–24

		2.1.7	Aus mehreren Personen bestehende vertretungsberechtigte Organe	25
	2.2		Mitglieder des Aufsichtsrats	26–28
	2.3		Vertretungsberechtigter Gesellschafter	29
3	Tathandlungen			30–64
	3.1		Unrichtige Darstellung der Unternehmensverhältnisse (Nr. 1)	31–45
		3.1.1	Tatmittel	31–33
		3.1.2	Unrichtige Wiedergabe	34–40
		3.1.3	Verschleierung	41
		3.1.4	Verhältnisse	42–45
	3.2		Offenlegung eines unrichtigen befreienden Einzelabschlusses (Nr. 1a)	46–50
	3.3		Unrichtige Darstellung im Konzernabschluss (Nr. 2)	51–54
	3.4		Offenlegung eines unrichtigen befreienden Konzernabschlusses oder Konzernlageberichts (Nr. 3)	55–58
		3.4.1	Unrichtiger Konzernabschluss	56
		3.4.2	Offenlegung	57–58
	3.5		Unrichtige Angaben gegenüber Abschlussprüfern (Nr. 4)	59–64
4	Subjektiver Tatbestand			65–71
	4.1		Nrn. 1, 2 und 4	65–67
	4.2		Nr. 1a	68–70
	4.3		Nr. 3	71
5	Rechtswidrigkeit und Schuld			72–74
6	Irrtum			75–77
7	Vollendung und Beendigung der Tat			78–84
	7.1		Vollendung	79–83
		7.1.1	Nr. 1	79
		7.1.2	Nr. 1a	80
		7.1.3	Nr. 2	81
		7.1.4	Nr. 3	82
		7.1.5	Nr. 4	83
	7.2		Beendigung	84
8	Konkurrenzen			85–91
	8.1		Mehrere unrichtige Darstellungen in einer Bilanz	85
	8.2		Mehrere unrichtige Darstellungen in mehreren Tatbestandsalternativen	86–88
	8.3		Verhältnis zu den Straftatbeständen des Strafgesetzbuches	89–90
	8.4		Verhältnis zu anderen Strafgesetzen	91
9	Strafverfolgung und Rechtsfolgen			92–96
	9.1		Verfahrensrechtliche Besonderheiten	92
	9.2		Rechtsfolgen	93–94
	9.3		Verjährung	95–96
10	CSRD-Umsetzungsgesetz: Änderungen			97

1 Überblick

1.1 Geschütztes Rechtsgut und Schutzbereich

1 Bei § 331 HGB handelt es sich um ein **Schutzgesetz i. S. d. § 823 Abs. 2 BGB**, weshalb die Einordnung als geschütztes Rechtssubjekt im Hinblick auf einen zivilrechtlichen Schadensersatz eine besondere Rolle spielt. Jeder Verstoß gegen § 331 HGB, der zugleich auch zu einem kausalen Schaden führt, verhilft dem geschützten Personenkreis zu einem Schadensersatzanspruch. Hierdurch wird der durch die Strafnorm vermittelte Schutz zivilrechtlich abgesichert.

2 **Geschütztes Rechtsgut** ist das Vertrauen in die Richtigkeit und die Vollständigkeit bestimmter Informationen über die Verhältnisse der KapG bzw. des Konzerns.[1] Dabei sind KapG nach der Überschrift zum zweiten Abschnitt des dritten Buches die AG, die KGaA und die GmbH. Hinzu kommt die SE.

3 Zu den durch die Norm **geschützten Rechtssubjekten** zählt nach h. M. auch die Ges. bzw. der Konzern selbst.[2] Daneben sind auch alle Personen, die mit der KapG oder dem Konzern in irgendeiner wirtschaftlichen und/oder rechtlichen Beziehung stehen oder solche Beziehungen eingehen wollen, in den Schutzbereich der Norm einbezogen. Hierzu zählen insb. aktuelle und potenzielle Gesellschafter, Vertragspartner, Gläubiger, potenzielle Kreditgeber und Arbeitnehmer.

4 Zuletzt wurde § 331 HGB durch das Finanzmarktintegritätsstärkungsgesetz (FISG)[3] vom 3.6.2021 geändert. Insoweit werden die Straftatbestände nach § 331 Nr. 3a HGB in den neuen § 331a HGB ausgegliedert. Die Leichtfertige Begehung der Taten nach Nr. 1a und 3 HGB wird nun in dem neu eingefügten Absatz 2 geregelt.

1.2 Deliktsnatur

5 Bei § 331 HGB handelt es sich um ein **abstraktes Gefährdungsdelikt**. Ein konkreter Erfolg, wie z. B. ein resultierender Schaden oder eine Vermögensgefährdung, ist für die Vollendung des Delikts nicht erforderlich. Das bloße Handeln des Täters genügt für die Strafbarkeit.

6 § 331 HGB ist in allen Tatbestandsalternativen ein **echtes Sonderdelikt**. Der Kreis der möglichen Täter wird durch das Gesetz selbst beschrieben und eingeschränkt. Andere Personen (z. B. Steuerberater und Abschlussprüfer) können daher lediglich Anstifter oder Gehilfe sein, selbst wenn sie mit der Bilanzerstellung beauftragt wurden. Insoweit ist auch die Strafe nach § 28 Abs. 1 StGB zu mildern, da es sich bei der Sonderdeliktseigenschaft um ein **besonderes persönliches Merkmal** handelt.

1.3 Normzusammenhang

7 Der sechste Unterabschnitt des HGB enthält in den §§ 331–335c HGB Sanktionen für die Verletzung der im HGB niedergelegten Pflichten, soweit sie KapG

---

[1] Vgl. Klinger, in MünchKomm. HGB, 5. Aufl. 2024, § 331 HGB Rz 1; Dannecker, in Staub, Großkommentar Handelsgesetzbuch, 5. Aufl. 2012, Band 7/2, § 331 HGB Rz 3; Tschesche, in Baetge/Kirsch/Thiele, Bilanzrecht, § 331 HGB, Rz 2, Stand: 6/2018; Eisolt, StuB 2010, 533.
[2] Ebenso Klinger, in MünchKomm. HGB, 5. Aufl. 2024, § 331 HGB Rz 2; Tschesche, in Baetge/Kirsch/Thiele, Bilanzrecht, § 331 HGB Rz 2, Stand: 6/2018; a. A. Dannecker, in Staub, Großkommentar Handelsgesetzbuch, 5. Aufl. 2012, Band 7/2, § 331 HGB Rz 5, der die KapG nur als Institution in den Schutzbereich einbezieht.
[3] Vom 3.6.2021 BGBl 2021 I S. 1534.

betreffen. Dabei stellen die §§ 331–333a HGB **Straftatbestände** (sog. „reine Bilanzdelikte"[4]) dar, während § 334 HGB **Ordnungswidrigkeiten** ahndet. Die Regelung des § 335 HGB ist eine **Ordnungsgeldvorschrift**, um die Erfüllung bestimmter Pflichten zu erzwingen.

Der Anwendungsbereich von § 331 HGB wird durch § 335b HGB auf PersG, die über keine natürliche Person als phG verfügen (KapCoGes.; § 264a HGB), erweitert. Die Vorschrift gilt demnach auch etwa für die GmbH & Co. KG. Zudem gilt die Vorschrift aufgrund besonderer Verweisungsvorschriften entsprechend für Kreditinstitute (§ 340m HGB) und Versicherungsunternehmen (§ 341m HGB) – jeweils unabhängig von deren Rechtsform. Vergleichbare Straftatbestände bzgl. Unt, die nicht in der Rechtsform einer KapG betrieben werden, finden sich in § 17 PublG und § 147 GenG.

2 Täterkreis

Als Täter kommen zunächst nur die in § 331 Abs. 1 HGB ausdrücklich genannten Personen in Betracht. Täter können demnach nur die Mitglieder des vertretungsberechtigten Organs einer KapG (Nrn. 1–4), die Mitglieder des Aufsichtsrats einer KapG (Nr. 1–2) und die vertretungsberechtigten Gesellschafter des TU einer KapG (Nr. 4) sein. Der Bilanzeid nach Nr. 3a ist auf die gesetzlichen Vertreter einer KapG, die ein kapitalmarktorientiertes Unt i.S.d. § 2 Abs. 14 WpHG ist, also auf sog. Inlandsemittenten, beschränkt (§§ 264 Abs. 2 Satz 3, 289 Abs. 1 Satz 5, 297 Abs. 2 Satz 4, 315 Abs. 1 Satz 5 i.V.m. 331 Abs. 1 Nr. 3a HGB). Inlandsemittenten sind Unt, die Aktien oder Schuldtitel ausgeben und an einem organisierten Markt in Deutschland teilnehmen, ohne dass sie Emittenten mit Herkunftsland Deutschland sein müssen.[5]

2.1 Mitglieder des vertretungsberechtigten Organs

Täter einer Straftat nach § 331 HGB kann nur eine natürliche Person sein, die **Mitglied des vertretungsberechtigten Organs** ist. Wer zu dem jeweiligen Personenkreis zählt, bestimmt sich nach der gesetzlichen Regelung für die jeweilige Gesellschaftsform.

2.1.1 Aktiengesellschaft

Mitglieder des vertretungsberechtigten Organs der AG sind die **Mitglieder des Vorstands**, § 76 Abs. 2 und 3 AktG. Soweit sie Vorstandsgeschäfte wahrnehmen, zählen hierzu auch die stellvertretenden Vorstandsmitglieder, § 94 AktG.[6]

2.1.2 Kommanditgesellschaft auf Aktien

Bei der KGaA sind die Mitglieder des vertretungsberechtigten Organs die **persönlich haftenden Gesellschafter**, §§ 278 Abs. 2, 283 AktG.

---

[4] Vgl. Spatschek/Wulf, DStR 2003, S. 173.
[5] Vgl. Klinger, in MünchKomm. HGB, 5. Aufl. 2024, § 331 HGB Rz 6; Ziemann, wistra 2007, S. 293.
[6] Vgl. Dannecker, in Staub, Großkommentar Handelsgesetzbuch, 5. Aufl. 2012, Band 7/2, § 331 HGB Rz 16; Grottel/Hoffmann, in Beck Bil-Komm., 14. Aufl. 2024, § 331 HGB Rz 18; Klinger, in MünchKomm. HGB, 5. Aufl. 2024, § 331 HGB Rz 9.

2.1.3 Gesellschaft mit beschränkter Haftung

13 Taugliche Täter bei der GmbH sind die **Geschäftsführer** (§ 35 Abs. 1 GmbHG) und die stellvertretenden Geschäftsführer (§ 44 GmbHG).[7]

2.1.4 Kapitalgesellschaft in Liquidation

14 Bei der KapG in Liquidation sind die Mitglieder des vertretungsberechtigten Organs der oder die Abwickler bzw. Liquidatoren (§§ 265 Abs. 1, 290 AktG, § 66 GmbHG).[8] Falls eine juristische Person als Liquidator bestellt ist, sind nach § 14 Abs. 1 Nr. 1, 1. Alt. StGB die Mitglieder von deren vertretungsberechtigtem Organ Normadressat des § 331 HGB.

2.1.5 Sonstige Personen

15 Andere als die im Gesetz ausdrücklich genannten Personen können nicht Täter sein. Für leitende, nicht zum Vorstand gehörende bzw. nicht zu Geschäftsführern bestellte **Angestellte, Prokuristen oder Handlungsbevollmächtigte** gilt dies entsprechend. Ebenso können Personen, denen die Bilanzerstellung rechtsgeschäftlich übertragen wurde, nicht Täter sein. Die Möglichkeit einer generellen Delegation von Unternehmenspflichten nach § 14 Abs. 2 Nr. 1 StGB oder einer speziellen Delegation nach § 14 Abs. 2 Nr. 2 StGB begründet auch keine strafrechtliche Verantwortung, weil die Bilanzerstellung eine höchstpersönliche Organpflicht ist, §§ 264 Abs. 1 Satz 2 HGB, 91 Abs. 1 AktG.[9]

2.1.6 Faktische Betrachtungsweise

16 Für die Frage der möglichen Täterschaft kommt es nicht allein auf die zivil- oder gesellschaftsrechtliche Wirksamkeit des Bestellungsaktes an. Vielmehr bestimmt sich der Begriff des vertretungsberechtigten Organs auch nach den tatsächlichen Kriterien.[10]

17 Bei einer **nicht wirksam entstandenen oder noch nicht bestehenden KapG** gibt es bereits Mitglieder des vertretungsberechtigten Organs, wenn ein solches Amt von einer natürlichen Person ausgeübt wird.[11]

18 Die **zivilrechtlich unwirksame oder mangelhafte Bestellung** zum Mitglied des Vertretungsorgans lässt die strafrechtliche Verantwortung bei tatsächlicher Übernahme und Ausübung des Amtes unberührt.[12] So kann auch eine Person, die kraft Gesetzes die Fähigkeit, ein Mitglied des vertretungsberechtigten Organs zu sein,

---

[7] Vgl. Dannecker, in Staub, Großkommentar Handelsgesetzbuch, 5. Aufl. 2012, Band 7/2, § 331 HGB Rz 21; Grottel/Hoffmann, in Beck Bil-Komm., 14. Aufl. 2024, § 331 HGB Rz 18; Klinger, in MünchKomm. HGB, 5. Aufl. 2024, § 331 HGB Rz 12.

[8] Vgl. Dannecker, in Staub, Großkommentar Handelsgesetzbuch, 5. Aufl. 2012, Band 7/2, § 331 HGB Rz 24; Grottel/Hoffmann, in Beck Bil-Komm., 14. Aufl. 2024, § 331 HGB Rz 18; Klinger, in MünchKomm. HGB, 5. Aufl. 2024, § 331 HGB Rz 14.

[9] Vgl. Dannecker, in Staub, Großkommentar Handelsgesetzbuch, 5. Aufl. 2012, Band 7/2, § 331 HGB Rz 25; Klinger, in MünchKomm. HGB, 5. Aufl. 2024, § 331 HGB Rz 15.

[10] Vgl. Spatscheck/Wulf, DStR 2003, S. 173; Dannecker, in Staub, Großkommentar Handelsgesetzbuch, 5. Aufl. 2012, Band 7/2, § 331 HGB Rz 26; Klinger, in MünchKomm. HGB, 5. Aufl. 2024, § 331 HGB Rz 16.

[11] Vgl. RGSt 34, 412; 37, 25; 43, 407; Dannecker, in Staub, Großkommentar Handelsgesetzbuch, 5. Aufl. 2012, Band 7/2, § 331 HGB Rz 31.

[12] Vgl. BGHSt 3, 32; Klinger, in MünchKomm. HGB, 5. Aufl. 2024, § 331 HGB Rz 18.

verloren hat (§§ 6 GmbHG, 76 AktG) weiterhin Täter sein, wenn sie ihre Organfunktion weiter ausübt.[13]

Die **Eintragung in das Handelsregister** stellt keine Strafbarkeitsvoraussetzung dar. Der tatsächliche Beginn der Tätigkeit vor der Eintragung begründet bereits die Tätereigenschaft.

> **Praxis-Beispiel**
> Fehlt es noch an einem **förmlichen Bestellungsakt**, erfolgt die Organtätigkeit aber mit Einverständnis oder auch nur mit der Duldung des für die Bestellung zuständigen Organs (GesV, HV, AR), ist ebenfalls die Tätereigenschaft gegeben.[14]

Die **rückwirkende Beendigung der Organstellung**, die zivilrechtlich möglich ist, lässt die Strafbarkeit unberührt. Der Täter bleibt, wenn er über den Zeitpunkt der Beendigung der Organstellung hinaus seine Aufgaben weiter wahrnimmt, bis zur tatsächlichen Amtsaufgabe tauglicher Täter.[15]

Wird ein Geschäftsführer bzw. Vorstand als sog. „Strohmann" in das HR eingetragen, ohne dass er tatsächlich Organfunktionen übernimmt und wahrnimmt, hat dies keinen Einfluss auf seine formelle Täterqualifikation. Zudem lässt dieses Vorschieben eines nur eingetragenen Dritten, dessen Organfunktionen tatsächlich aber vollständig von dem Hintermann, dem tatsächlichen Geschäftsführer bzw. Vorstand ausgeübt werden, die Täterschaft des Hintermanns unberührt. Täter kann in diesen Strohmann-Fällen damit sowohl das eingetragene Mitglied des vertretungsberechtigten Organs als auch der faktische Geschäftsführer/Vorstand sein.[16]

Bisher ungeklärt ist die Frage, wie weit die faktische Betrachtung reichen kann, wenn der Handelnde neben einem formell ordnungsgemäß bestellten und aktiven Vertretungsorgan seinerseits tätig ist. Der BGH[17] setzt als entscheidendes Kriterium zunächst eine „überragende Stellung" des **faktischen Vertretungsorgans** voraus, was die Ausübung von wesentlichen Geschäftsführungsaufgaben erfordert. Zu diesen **Geschäftsführungsaufgaben** gehören[18]

- die Bestimmung der Unternehmenspolitik,
- die Unternehmensorganisation,
- die Einstellung und Entlassung von Mitarbeitern einschl. des Ausstellens von Zeugnissen,
- die Gestaltung der Geschäftsbeziehungen zu Vertragspartnern der Ges. einschl. der Vereinbarung von Vertrags- und Zahlungsmodalitäten,
- die Entscheidung in Steuerangelegenheiten,
- die Verhandlungen mit Kreditgebern,
- die Steuerung von Buchhaltung und Bilanzierung sowie
- eine dem Geschäftsführergehalt entsprechende Vergütung.

---

[13] Vgl. Klinger, in MünchKomm. HGB, 5. Aufl. 2024, § 331 HGB Rz 19.
[14] Vgl. BGHSt 3, 32; 21, 101; 31, 118; OLG Düsseldorf NJW 1988, S. 3166.
[15] Vgl. Dannecker, in Staub, Großkommentar Handelsgesetzbuch, 5. Aufl. 2012, Band 7/2, § 331 HGB Rz 30; Klinger, in MünchKomm. HGB, 5. Aufl. 2024, § 331 HGB Rz 23.
[16] Vgl. RGSt 16, 269; 43, 407; 64, 81; 71, 112; BGHSt 6, 314; 28, 20; 34, 221; 34, 379; BGH, wistra 1990, S. 60; Klinger, in MünchKomm. HGB, 5. Aufl. 202, § 331 HGB Rz 24.
[17] Vgl. BGH, Urteil v. 22.9.1982, 3 StR 287/82, BGHSt 31 S. 118.
[18] Vgl. Dierlamm, NStZ 1996, S. 153.

24 Mit der **Übernahme und Ausübung dieser wesentlichen Geschäftsführungsaufgaben** durch das faktische Vertretungsorgan muss das für die Bestellung zuständige Organ einverstanden sein.[19] Darüber hinaus fordert das Schrifttum,[20] dass die Tätigkeit des faktischen Vertretungsorgans nach außen erkennbar und auf Dauer angelegt sein muss. Darüber hinaus ist eine faktische Organstellung aus strafrechtlicher Sicht abzulehnen. Die bloße Anmaßung einer Organstellung nach diesen Kriterien ist auch im Fall eines aktiven Allein- bzw. Mehrheitsgesellschafters nicht ausreichend, solange bestellte und tatsächlich als Gesellschaftsorgan nicht nur nachrangig tätige Dritte vorhanden sind.[21]

2.1.7 Aus mehreren Personen bestehende vertretungsberechtigte Organe

25 Besteht das **vertretungsberechtigte Organ** aus mehreren Personen, kann jede dieser Personen Täter i.S.d. § 331 HGB sein. Interne Zuständigkeitsverteilungen spielen dabei grds. keine Rolle.[22] Dies gilt, da sich die gesetzlichen Organpflichten nicht durch gesellschaftsinterne Organisationsregeln beseitigen lassen. Interne Zuständigkeiten können jedoch i.R.d. Vorsatzes und des Verschuldens bedeutsam werden.

2.2 Mitglieder des Aufsichtsrats

26 Mitglieder des Aufsichtsrats sind dann taugliche Täter, wenn es sich um einen **obligatorischen Aufsichtsrat** handelt. Ein solcher besteht bei der AG (§§ 95 ff. AktG) und der KGaA (§ 278 Abs. 3 AktG). Bei der GmbH besteht er nur in den Fällen der §§ 77 Abs. 1 BetrVG, 6 Abs. 1 Mitbestimmungsgesetz, 4 Montanmitbestimmungsgesetz, 5 Mitbestimmungs-ErgG und 3 KAGG.

27 Ansonsten kann bei einer GmbH ein Aufsichtsrat durch die Satzung vorgesehen werden, § 52 GmbHG (**fakultativer Aufsichtsrat**). Die Mitglieder eines solchen fakultativen Aufsichtsrats sind nur dann Normadressat des § 331 HGB, wenn ihnen die Prüfungspflichten der §§ 171, 337 AktG übertragen sind.[23] Dies ist nach § 52 GmbHG immer dann der Fall, wenn die Satzung nichts anderes bestimmt. Die Täterschaft entfällt jedoch, wenn dem fakultativen Aufsichtsrat nach der Satzung ausdrücklich nicht die Prüfungspflichten nach §§ 171, 337 AktG übertragen sind.[24] **Mitglieder sonstiger fakultativer Aufsichtsgremien** wie z.B. des Beirats oder des Verwaltungsrats kommen wegen des strafrechtlichen Analogieverbots nicht als Täter in Betracht.

---

[19] Vgl. Klinger, in MünchKomm. HGB, 5. Aufl. 2024, § 331 HGB Rz 25f.
[20] Vgl. Dierlamm, NStZ 1996, S. 153; Klinger, in MünchKomm. HGB, 5. Aufl. 2024, § 331 HGB Rz 27, Dannecker, in Staub, Großkommentar Handelsgesetzbuch, 5. Aufl. 2012, Band 7/2, § 331 HGB Rz 28.
[21] Vgl. Klinger, in MünchKomm. HGB, 5. Aufl. 2024, § 331 HGB Rz 27; Dannecker, in Staub, Großkommentar Handelsgesetzbuch, 5. Aufl. 2012, Band 7/2, § 331 HGB Rz 29.
[22] Vgl. Klinger, in MünchKomm. HGB, 5. Aufl. 2024, § 331 HGB Rz 29; Dannecker, in Staub, Großkommentar Handelsgesetzbuch, 5. Aufl. 2012, Band 7/2, § 331 HGB Rz 32; Spatscheck/Wulf, DStR 2003, S. 173.
[23] Ebenso Klinger, in MünchKomm. HGB, 5. Aufl. 2024, § 331 HGB Rz 35; Dannecker, in Staub, Großkommentar Handelsgesetzbuch, 5. Aufl. 2012, Band 7/2, § 331 HGB Rz 23; Tschesche, in Baetge/Kirsch/Thiele, Bilanzrecht, § 331 HGB Rz 23, Stand 6/2018; Spatscheck/Wulf, DStR 2003, S. 173; Grottel/Hoffmann, in Beck Bil-Komm., 14. Aufl. 2024, § 331 HGB Rz 18.
[24] Eisolt, StuB 2010, S. 533, 536.

Ersatzmitglieder eines Aufsichtsrats (§ 101 Abs. 3 Satz 2 AktG) sind erst dann taugliche Täter, wenn das bisherige Mitglied ausgeschieden und das Ersatzmitglied die Funktion als Aufsichtsratsmitglied tatsächlich ausübt.[25]

2.3 Vertretungsberechtigter Gesellschafter

Der Begriff des vertretungsberechtigten Gesellschafters in § 331 Nr. 4 HGB betrifft den Fall, dass es sich bei dem TU i.S.d. § 290 Abs. 1 und 2 HGB nicht um eine KapG handelt. In diesem Fall kann auch der vertretungsberechtigte Gesellschafter einer PersG tauglicher Täter sein. Täter kann dagegen nicht der Gesellschafter einer GmbH im Falle der Vakanz der Geschäftsführerposition sein, da dieser nicht an die Stelle des fehlenden Geschäftsführers tritt.

3 Tathandlungen

§ 331 Abs. 1 HGB differenziert formal zwischen sechs unterschiedlichen Tatbeständen.

3.1 Unrichtige Darstellung der Unternehmensverhältnisse (Nr. 1)

3.1.1 Tatmittel

§ 331 Abs. 1 Nr. 1 HGB betrifft die unrichtige Wiedergabe oder die Verschleierung der Verhältnisse der KapG in der **Eröffnungsbilanz** (§ 242 Abs. 1 HGB), im **Jahresabschluss** (§ 242 Abs. 3 HGB), im **Lagebericht** (§§ 264 Abs. 1, 289 HGB), einschl. der nichtfinanziellen Erklärung (§ 289b Abs. 1; § 289c HGB), im gesonderten nichtfinanziellen Bericht (§ 289b Abs. 3 HGB; zur Anwendung vgl. Rz 4) und im **Zwischenabschluss bei Kreditinstituten** (§ 340a Abs. 3 HGB).

Der Jahresabschluss besteht gem. § 242 Abs. 2 und 3 HGB aus der Bilanz sowie der GuV. Es stellt sich daher die Frage, inwieweit der Inhalt des **Anhangs** sowie ggf. der weiteren Pflichtbestandteile KFR und Eigenkapitalspiegel zum Jahresabschluss (§ 264 Abs. 1 HGB) zu den strafrechtlich relevanten Angaben zählt.

Da der Jahresabschluss für KapG durch § 264 HGB erweitert wird und Anhang sowie ggf. weitere Pflichtbestandteile eine Einheit bilden, ist von einer Einbeziehung der gesamten Bestandteile in § 331 Abs. 1 Nr. 1 HGB auszugehen. Dafür spricht überdies, dass Angaben im Anhang die Richtigkeit, Vollständigkeit und Klarheit von Bilanz und Gewinn- und Verlustrechnung betreffen. Insoweit spricht auch der Wortlaut des § 331 Abs. 1 Nr. 1 HGB nicht dagegen, da er sich nicht ausdrücklich auf die Legaldefinition des § 242 Abs. 3 HGB bezieht.[26]

3.1.2 Unrichtige Wiedergabe

Die Verhältnisse sind dann unrichtig wiedergegeben, wenn die Darstellung mit der Wirklichkeit nicht übereinstimmt.[27] Maßgeblich sind also objektive Faktoren

---

[25] Vgl. Klinger, in MünchKomm. HGB, 5. Aufl. 2024, § 331 HGB Rz 37; Dannecker, in Staub, Großkommentar Handelsgesetzbuch, 5. Aufl. 2012, Band 7/2, 331 HGB Rz 18 und 22.

[26] Vgl. Dannecker, in Staub, Großkommentar Handelsgesetzbuch, 5. Aufl. 2012, Band 7/2, § 331 HGB Rz 33; Klinger, in MünchKomm. HGB, 5. Aufl. 2024, § 331 HGB Rz 60; Spatscheck/Wulf, DStR 2003, S. 173.

[27] Vgl. Dannecker, in Staub, Großkommentar Handelsgesetzbuch, 5. Aufl. 2012, Band 7/2, § 331 HGB Rz 40; Klinger, in MünchKomm. HGB, 5. Aufl. 2024, § 331 HGB Rz 42; Tschesche, in Baetge/Kirsch/Thiele, Bilanzrecht, § 331 HGB Rz 28, Stand: 6/2018; Grottel/Hoffmann, in Beck Bil-Komm., 14. Aufl. 2024, § 331 HGB Rz 11; Spatscheck/Wulf, DStR 2003, S. 173.

und nicht die subjektive Vorstellung des Handelnden. Der Inhalt der Darstellung ist nach dem Empfängerhorizont auszulegen. Entscheidend ist dabei das Verständnis eines bilanzkundigen Lesers.[28]

35
> **Praxis-Beispiel**
> **Klassische Beispiele** für eine unrichtige Darstellung sind die Aktivierung nicht existenter oder der Ges. nicht (mehr) gehörender VG des AV, die Überbewertung von Forderungen oder Warenbeständen, das Verschweigen von Verbindlichkeiten, die Manipulation von Warenbeständen oder des AV.

36 Die Darstellung beschränkt sich dabei nicht nur auf unwahre Tatsachen, sondern erfasst auch (eventuell auf richtigen Tatsachen beruhende) Schlussfolgerungen, wie Bewertungen, Schätzungen und Prognosen.[29]
Unrichtige Schlussfolgerungen können daher sowohl auf falschen Tatsachen beruhen oder aber auch korrekte Tatsachen mit einer falschen Bewertung oder Beurteilung versehen. Maßstab bei solch unrichtigen Bewertungen und Beurteilungen sind dabei die Vorschriften des Bilanzrechts, die GoB und das Gebot, die Vermögens-, Finanz- und Ertragslage der KapG richtig auszuweisen.[30] Diese **Bewertungsvorschriften** geben ihrerseits auch wiederum **Ermessensspielräume** und **Gestaltungsmöglichkeiten** für den Bilanzierenden. Allerdings werden diese Spielräume durch Grenzwerte sowohl nach oben als auch nach unten begrenzt. Diese Grenzwerte sind Ergebnis von bestimmten, allgemein anerkannten Erfahrungssätzen. Werden diese Grenzwerte über- bzw. unterschritten, ist der Bilanzansatz unrichtig.

37 Eine **Schlussfolgerung** ist demnach **objektiv unrichtig**, wenn sie nach einheitlicher Meinung der Fachleute schlechthin unvertretbar ist.[31] Bei der Ausübung von Bewertungs- und Beurteilungsspielräumen ist eine **unrichtige Wiedergabe** nicht gegeben, wenn sich der Bilanzierende auf eine **wissenschaftliche Mindermeinung** beruft. In Betracht kommt in einem solchen Fall jedoch die Tatbestandsalternative des Verschleierns durch Unterlassen eines klarstellenden Hinweises.

38 Unrichtige Angaben i.S.d. § 331 Abs. 1 Nr. 1 HGB liegen auch dann vor, wenn es sich um freiwillige Angaben handelt.[32]

39 Besteht eine besondere Rechtspflicht zum Handeln, ist eine unrichtige Wiedergabe auch durch Unterlassen (§ 13 Abs. 1 StGB) möglich. Dies kommt in Betracht, wenn das materielle Bilanzrecht die Vollständigkeit der Darstellung wie in den §§ 246 Abs. 1, 284, 285, 300 Abs. 2 HGB vorschreibt oder wenn eine Angabe als falsch erkannt und ihre Richtigstellung unterlassen wird.

---

[28] Vgl. RGSt 68, 349; Dannecker, in Staub, Großkommentar Handelsgesetzbuch, 5. Aufl. 2012, Band 7/2, § 331 HGB Rz 40.
[29] Vgl. Dannecker, in Staub, Großkommentar Handelsgesetzbuch, 5. Aufl. 2012, Band 7/2, § 331 HGB Rz 40; Klinger, in MünchKomm. HGB, 5. Aufl. 2024, § 331 HGB Rz 49; Grottel/Hoffmann, in Beck Bil-Komm., 14. Aufl. 2024, § 331 HGB Rz 11.
[30] Vgl. Dannecker, in Staub, Großkommentar Handelsgesetzbuch, 5. Aufl. 2012, Band 7/2, § 331 HGB Rz 41.
[31] Vgl. Eisolt, StuB 2010, 533, 536; Klinger, in MünchKomm. HGB, 5. Aufl. 2024, § 331 HGB Rz 43; Dannecker, in Staub, Großkommentar Handelsgesetzbuch, 5. Aufl. 2012, Band 7/2, § 331 HGB Rz 42; LG Düsseldorf, Urteil v. 4.8.2009 (- 7 O 274/09); KG Berlin, wistra 2010, 235.
[32] Vgl. Dannecker, in Staub, Großkommentar Handelsgesetzbuch, 5. Aufl. 2012, Band 7/2, § 331 HGB Rz 44.

Unerheblich ist, ob die unrichtige Wiedergabe ein zu günstiges oder zu pessimistisches Bild der Gesellschaft vermittelt.[33]

3.1.3 Verschleierung

Eine Verschleierung der Verhältnisse liegt vor, wenn wirtschaftliche Verhältnisse zwar objektiv richtig dargestellt werden, einzelne Tatsachen aber so undeutlich und unkenntlich wiedergegeben werden, dass sich der wirkliche Tatbestand für den bilanzkundigen Leser nur schwer oder überhaupt nicht erkennen lässt und so die Gefahr einer Falschinterpretation entsteht.[34] Die Abweichung von einer in der Literatur einheitlich empfohlenen Darstellungsform stellt nicht unbedingt eine Verschleierung der Verhältnisse dar.[35]

> **Praxis-Beispiel**
> Als Beispiele für eine Verschleierung der Verhältnisse gelten etwa Verstöße gegen das Saldierungsverbot des § 246 Abs. 2 HGB, das Aktivierungsverbot eines selbst geschaffenen Kundenstamms oder das Zusammenziehen wesensfremder Posten.

3.1.4 Verhältnisse

Gegenstand der unrichtigen Wiedergabe oder des Verschleierns sind die Verhältnisse einer KapG. Der Begriff der Verhältnisse umfasst alle tatsächlichen Umstände, Vorgänge, Daten und Schlussfolgerungen jeder Art, die für die Beurteilung der gegenwärtigen Situation und wegen der Einbeziehung des Lageberichts auch der voraussichtlichen Entwicklung des Unt von Bedeutung sein können.[36] Hierzu zählen auch die Beziehungen zu verbundenen Unt.[37]

Der **Begriff der Verhältnisse** der Ges. ist – anders als bei § 265b StGB (Kreditbetrug) – nicht auf die wirtschaftlichen Verhältnisse begrenzt, sondern erfasst auch soziale, politische und sonstige Umstände.[38]

Insb. durch die Einbeziehung der nichtfinanziellen Erklärung und des nichtfinanziellen Berichts zählen nichtfinanzielle Belange wie Umweltschutz, Menschenrechte und Bekämpfung der Korruption zu den Verhältnissen der KapG.

---

[33] Vgl. Grottel/Hoffmann, in Beck Bil-Komm., 14. Aufl. 2024, § 331 HGB Rz 12, 13; Klinger, in MünchKomm. HGB, 5. Aufl. 2024, § 331 HGB Rz 47.

[34] Vgl. Dannecker, in Staub, Großkommentar Handelsgesetzbuch, 5. Aufl. 2012, Band 7/2, § 331 HGB Rz 48; Klinger, in MünchKomm. HGB, 5. Aufl. 2024, § 331 HGB Rz 48; Tschesche, in Baetge/Kirsch/Thiele, Bilanzrecht, § 331 HGB Rz 31, Stand: 6/2018; Grottel/Hoffmann, in Beck Bil-Komm., 14. Aufl. 2024, § 331 HGB Rz 15; Spatscheck/Wulf, DStR 2003, S. 173.

[35] Vgl. OLG Celle, Urteil v. 5.1.2000, 3 U 17/99, NZG 2000 S. 613; Spatscheck/Wulf, DStR 2003, S. 173.

[36] Vgl. Tschesche, in Baetge/Kirsch/Thiele, Bilanzrecht, § 331 HGB Rz 32, Stand: 6/2018; Klinger, in MünchKomm. HGB, 5. Aufl. 2024, § 331 HGB Rz 50; Spatscheck/Wulf, DStR 2003, S. 173.

[37] Vgl. Grottel/Hoffmann, in Beck Bil-Komm., 14. Aufl. 2024, § 331 HGB Rz 16; Tschesche, in Baetge/Kirsch/Thiele, Bilanzrecht, § 331 HGB Rz 32, Stand: 6/2018.

[38] Vgl. Grottel/Hoffmann, in Beck Bil-Komm., 14. Aufl. 2024, § 331 HGB Rz 17; Klinger, in MünchKomm. HGB, 5. Aufl. 2024, § 331 HGB Rz 60.

> **Praxis-Beispiel**
> Zu den sozialen, politischen und sonstigen Umstände zählen etwa die Aufgliederung der Arbeitnehmer nach Gruppen gem. § 285 Satz 1 Nr. 7 HGB oder die Angabe der Namen der Mitglieder des Geschäftsführungsorgans und eines Aufsichtsrats gem. § 285 Satz 1 Nr. 10 HGB.

44 Die Weite des Begriffs „Verhältnisse" ist im Hinblick auf das Bestimmtheitsgebot des Art. 103 Abs. 2 GG **verfassungsrechtlich** nicht unbedenklich. Diesen Bedenken ist nach richtiger Auffassung[39] dadurch Rechnung zu tragen, dass der Begriff unter Berücksichtigung der Strafwürdigkeit und Strafbedürftigkeit restriktiv ausgelegt wird. Wenn der Schutzbereich der Norm neben dem Schutz der Ges. auch dem Schutz derer dient, die in wirtschaftlicher und rechtlicher Beziehung zu der Ges. stehen oder in eine solche treten wollen, dann dürfen die Verhältnisse im Sinne dieser Norm auch nur solche sein, die einen wirtschaftlichen Bezug haben und daher für die Beurteilung der wirtschaftlichen Situation der Gesellschaft relevant sind.[40]

45 Eine weitere Restriktion erfährt der Straftatbestand des § 331 Abs. 1 Nr. 1 HGB durch das – dem Gesetzeswortlaut allerdings nicht zu entnehmende – Erfordernis der **Erheblichkeit**. Da die Verletzung bestimmter Rechnungslegungsvorschriften nach den Regelungen in § 334 Abs. 1 Nr. 1a–d HGB lediglich als Ordnungswidrigkeiten geahndet werden, ist eine Abgrenzung zu dem Straftatbestand des § 331 Abs. 1 Nr. 1 HGB erforderlich. Diese Abgrenzung ist nach h.M. in der **Erheblichkeit des Verstoßes** gegen Rechnungslegungsvorschriften zu finden. Erst wenn die Verletzung von Rechnungslegungsvorschriften so erheblich ist, dass sie zu einer Unrichtigkeit oder Unvollständigkeit der Darstellung als solcher führt, ist die Grenze der Strafbarkeit erreicht.[41]

3.2 Offenlegung eines unrichtigen befreienden Einzelabschlusses (Nr. 1a)

46 Der Straftatbestand wurde nach dem Vorbild des § 331 Abs. 1 Nr. 3 HGB mit der Einführung eines von der Bundesanzeigerpublizität des Jahresabschlusses befreienden Einzelabschlusses nach internationalen Rechnungslegungsstandards durch das BilReG[42] mit Wirkung vom 10.12.2004 eingefügt.

47 Die Aufnahme dieses Straftatbestands war notwendig, da nach § 325 Abs. 2a HGB für große KapG ein Wahlrecht besteht, statt des Jahresabschlusses nach § 242 HGB einen sog. **Einzelabschluss nach den in § 315e HGB** beschriebenen internationalen Regeln offenzulegen. Während der Jahresabschluss nach den handelsrechtlichen Vorschriften erfolgt, wird der Einzelabschluss nach den IFRS erstellt. Dieser IFRS-EA dient aber nur der Publizität der Rechnungslegung, verdrängt also nicht den HGB-Jahresabschluss in seiner gesellschaftsrechtlichen, steuerlichen und aufsichtsrechtlichen Bedeutung. In § 331 Abs. 1 Nr. 1 HGB sind nur die

---

[39] Vgl. Tschesche, in Baetge/Kirsch/Thiele, Bilanzrecht, § 331 HGB Rz 33, Stand: 6/2018; Klinger, in MünchKomm. HGB, 5. Aufl. 2024, § 331 HGB Rz 48.
[40] Vgl. Klinger, in MünchKomm. HGB, 5. Aufl. 2024, § 331 HGB Rz 50.
[41] Vgl. Dannecker, in Staub, Großkommentar Handelsgesetzbuch, 5. Aufl. 2012, Band 7/2, § 331 HGB Rz 43; Klinger, in MünchKomm. HGB, 5. Aufl. 2024, § 331 HGB Rz 53.
[42] BilReG v. 4.12.2004, BGBl 2004 I S. 3166.

dort genannten Abschlüsse, nicht jedoch der IFRS-EA geschützt. Dieser Schutz besteht nun seit Aufnahme des Tatbestandes des § 331 Abs. 1 Nr. 1a HGB.

Die Tathandlungen der **unrichtigen Wiedergabe** und des **Verschleierns** entsprechen den Tathandlungen nach § 331 Abs. 1 Nr. 1 HGB. Maßstab für die Unrichtigkeit im Hinblick auf die Abweichung zu den objektiven Gegebenheiten sind jedoch nicht die Bewertungsregelungen des HGB, sondern die von der EU geprüften und veröffentlichten IFRS-Regelungen i.V.m. den in § 315e Abs. 1 HGB genannten weiterhin anzuwendenden handelsrechtlichen Vorschriften.[43] 48

Das Tatbestandsmerkmal der Offenlegung bedeutet die Bekanntmachung des Einzelabschlusses im BAnz, § 325 Abs. 1 HGB. 49

Zudem ist erforderlich, dass die Offenlegung zum Zwecke der Befreiung nach § 325 Abs. 2a HGB erfolgt. Bei Verfolgung eines anderen Zweckes ist der Tatbestand des § 331 Abs. 1 Nr. 1a HGB nicht erfüllt.[44] 50

3.3 Unrichtige Darstellung im Konzernabschluss (Nr. 2)

§ 331 Abs. 1 Nr. 2 HGB stellt die unrichtige Darstellung bei der Aufstellung des Konzernabschlusses, des Konzernlageberichts, einschl. der nichtfinanziellen Konzernerklärung, des gesonderten nichtfinanziellen Konzernberichts und des Konzernzwischenabschlusses nach § 340i Abs. 4 HGB unter Strafe. 51

Die Norm setzt dementsprechend voraus, dass die Verhältnisse des Konzerns unrichtig wiedergegeben oder verschleiert werden. Die Tathandlungen **unrichtige Wiedergabe** und **Verschleiern** sind identisch mit den Tathandlungen in § 331 Abs. 1 Nr. 1 HGB. Insoweit wird auf die Ausführungen in Rz 31 ff. verwiesen. 52

Gegenstand der Tathandlung ist die Darstellung der **Verhältnisse des Konzerns**, wobei auch hier auf die i.R.d. § 331 Abs. 1 Nr. 1 HGB gemachten Ausführungen zu dem Tatbestandsmerkmal „Verhältnisse" verwiesen werden kann (Rz 42ff.). 53

Der Begriff des **Konzerns** ist in § 18 AktG legal definiert. Im Aktienrecht wird dabei zwischen dem Unterordnungskonzern (§ 18 Abs. 1 Satz 1 AktG), bei dem ein herrschendes und ein oder mehrere abhängige Unt zusammengefasst sind, und dem Gleichordnungskonzern (§ 18 Abs. 2 AktG), bei dem rechtlich selbstständige Unt unter einheitlicher Leitung zusammengefasst sind, ohne dass das eine Unt von dem anderen abhängig ist, differenziert. Aus **strafrechtlicher Sicht** spielt diese Unterscheidung jedoch keine Rolle, es ist das handelsrechtliche Verständnis des § 290 HGB zugrunde zu legen (§ 290 Rz 17ff.).[45] 54

3.4 Offenlegung eines unrichtigen befreienden Konzernabschlusses oder Konzernlageberichts (Nr. 3)

§ 331 Nr. 3 HGB erfasst die Fälle, in denen Mitglieder des vertretungsberechtigten Organs einer KapG einen befreienden Abschluss nach §§ 291, 292, 292a HGB offenlegen, der die Verhältnisse des Konzerns unrichtig wiedergibt oder verschleiert. Die Vorschrift knüpft damit an die Unterscheidung zwischen MU an, die nur verpflichtet sind, einen Konzernabschluss und Konzernlagebericht aufzustellen (§ 290 HGB), und MU, die einen befreienden Abschluss nach §§ 291, 55

---

[43] Vgl. Klinger, in MünchKomm. HGB, 5. Aufl. 2024, § 331 HGB Rz 62.
[44] Vgl. Klinger, in MünchKomm. HGB, 5. Aufl. 2024, § 331 HGB Rz 63.
[45] Vgl. Dannecker, in Staub, Großkommentar Handelsgesetzbuch, 5. Aufl. 2012, Band 7/2, § 331 HGB Rz 68; Klinger, in MünchKomm. HGB, 5. Aufl. 2024, § 331 HGB Rz 65.

292, 292a HGB zudem offenlegen. Die Offenlegung eines unrichtigen Konzernabschlusses oder Konzernlageberichts befreit ein MU auf niedriger Stufe von der Einhaltung der in § 331 Abs. 1 Nr. 2 HGB sanktionierten Vorschriften. § 331 Abs. 1 Nr. 2 HGB stellt daher die Einhaltung der Befreiungsvorschriften unter Strafe.[46]

3.4.1 Unrichtiger Konzernabschluss

56 Die Tathandlung des § 331 Abs. 1 Nr. 3 HGB setzt einen unrichtigen Konzernabschluss oder -lagebericht voraus. Ein solcher liegt vor, wenn die objektiven Tatbestandsvoraussetzungen des § 331 Abs. 1 Nr. 2 HGB erfüllt sind (Rz 51 ff.).

3.4.2 Offenlegung

57 Weiter setzt die Tathandlung die Offenlegung des unrichtigen Konzernabschlusses oder Konzernlageberichts voraus. Unter Offenlegung ist nach der Legaldefinition des § 325 Abs. 1 HGB die Übermittlung an die das Unternehmensregister führende Stelle bzw. für Unterlagen, die Gj betreffen, die vor dem 1.1.2022 begannen, Einreichung des Konzernabschlusses oder Konzernlageberichts (§ 325 Abs. 3 HGB) beim Betreiber des BAnz zu verstehen.

58 Die Offenlegung kann dabei sowohl durch das befreite TU als auch durch dessen MU erfolgen.[47] Täter können daher sowohl die Mitglieder des vertretungsberechtigten Organs des MU und des TU sein – je nachdem, wer die Offenlegung vornimmt. Aufsichtsratsmitglieder können nicht Täter sein.

3.5 Unrichtige Angaben gegenüber Abschlussprüfern (Nr. 4)

59 § 331 Abs. 1 Nr. 4 HGB umfasst zunächst die unrichtige Wiedergabe oder Verschleierung der Verhältnisse der KapG, eines TU oder des Konzerns gegenüber dem Abschlussprüfer. Darüber hinaus werden von § 331 Abs. 1 Nr. 4 HGB auch alle sonstigen unrichtigen Angaben erfasst. Dazu gehören alle Aufklärungen und Nachweise, die der Abschlussprüfer zur Durchführung und Erfüllung seiner Aufgabe nach § 320 Abs. 2 HGB von den gesetzlichen Vertretern verlangen kann. Die Strafbarkeit ist daher bedingt und begrenzt durch das Auskunftsrecht des § 320 HGB.[48]

60 **Aufklärungen und Nachweise** umfassen jegliche mündliche oder schriftliche Stellungnahme, die der Abschlussprüfer zur Durchführung der Abschlussprüfung benötigt und sich aus der Sicht des Täters auf das Prüfungsergebnis auswirken soll.[49] **Aufklärung** bedeutet die Klärung und das Ausräumen von Zweifeln, Unklarheiten und Widersprüchen. **Nachweise** sind die vom Prüfer herangezogenen, für die Prüfung erforderlichen Belege jeder Art.

61 **Unrichtige Angaben** sind überprüfbare Aussagen über Tatsachen, deren Inhalt mit der objektiven Wirklichkeit nicht übereinstimmen. Die Tatsachen können

---

[46] Vgl. Dannecker, in Staub, Großkommentar Handelsgesetzbuch, 5. Aufl. 2012, Band 7/2, § 331 HGB Rz 86; Klinger, in MünchKomm. HGB, 5. Aufl. 2024, § 331 HGB Rz 72; Tschesche, in Baetge/Kirsch/Thiele, Bilanzrecht, § 331 HGB Rz 51, Stand: 6/2018.
[47] Vgl. Grottel/Hoffmann, in Beck Bil-Komm., 14. Aufl. 2024, § 331 HGB Rz 32; Klinger, in MünchKomm. HGB, 5. Aufl. 2024, § 331 HGB Rz 75; Tschesche, in Baetge/Kirsch/Thiele, Bilanzrecht, § 331 HGB Rz 52, Stand: 6/2018.
[48] Vgl. Dannecker , in Staub, Großkommentar Handelsgesetzbuch, 5. Aufl. 2012, Band 7/2, § 331 HGB Rz 108; Klinger, in MünchKomm. HGB, 5. Aufl. 2024, § 331 HGB Rz 74.
[49] Vgl. Klinger, in MünchKomm. HGB, 5. Aufl. 2024, § 331 HGB Rz 77; Maul, DB 1989, S. 185.

sich auch auf Bewertungen, Erwartungen, Schätzungen oder Prognosen beziehen. Anders als bei den anderen Tatbestandsalternativen des § 331 HGB können die unrichtigen Angaben auch mündlich gemacht werden.[50]

Hinsichtlich der objektiven Tatbestandsmerkmale „unrichtige Wiedergabe" und „Verschleierung" der Verhältnisse kann auf die obigen Ausführungen zu § 331 Abs. 1 Nr. 1 HGB verwiesen werden (Rz 41 ff.). 62

Adressat der Angaben ist nach dem Gesetzeswortlaut ausschl. der Abschlussprüfer. Das ist nach § 319 Abs. 1 HGB ein Wirtschaftsprüfer oder ein vereidigter Buchprüfer. Im Gegensatz dazu werden in den §§ 332 und 333 HGB auch die Gehilfen des Abschlussprüfers erfasst. Daraus ist jedoch nicht zu folgern, dass unrichtige Angaben gegenüber einem Gehilfen des Abschlussprüfers im Falle des § 331 Abs. 1 Nr. 4 HGB straflos sind. Vielmehr kann sich der Abschlussprüfer zur Erfüllung seiner Aufgaben anderer Personen bedienen und sich beim Auskunftsverlangen vertreten lassen. Somit gelten solchen Personen gegenüber gemachte Angaben als gegenüber dem Abschlussprüfer gemacht. 63

Nicht unter § 331 Abs. 1 Nr. 4 HGB fällt die **Verweigerung** der von dem Prüfer nach § 320 Abs. 2 HGB verlangten Angaben. Geschützt werden soll nämlich nur die Richtigkeit, Vollständigkeit und Klarheit der Angaben für den Abschlussprüfer, nicht jedoch die Erfüllung der Auskunftspflicht.[51] 64

4 Subjektiver Tatbestand

4.1 Nrn. 1, 2 und 4

Der subjektive Tatbestand des § 331 Abs. 1 Nrn. 1, 2 und 4 HGB setzt **Vorsatz** (§ 15 StGB) voraus. Das bedeutet, dass der Täter wissen muss, dass die von ihm vorgelegte Rechenschaft nicht mit den Tatsachen übereinstimmt. § 331 HGB ist ein sog. **unechtes Blankettgesetz**. Dies bedeutet, dass die Vorschriften über die Rechnungslegung über das normative Tatbestandsmerkmal der unrichtigen Darstellung einbezogen werden.[52] Es genügt daher bereits bedingter Vorsatz (**dolus eventualis**), sodass es ausreicht, dass der Täter die Verwirklichung des jeweiligen Tatbestandes tatsächlich für möglich hält und dabei billigend in Kauf nimmt, dass die von ihm abgegebene Darstellung unrichtig ist.[53] 65

Der Tatbestand verlangt keine besondere **Täuschungsabsicht**. 66

Erkennt der Täter dagegen die Unrichtigkeit seiner Darstellung nicht, obwohl er sie hätte erkennen können, liegt nur eine straflose Fahrlässigkeit vor. 67

4.2 Nr. 1a

Der subjektive Tatbestand verlangt Vorsatz oder über § 331 Abs. 2 HGB Leichtfertigkeit. 68

Der **Vorsatz** muss sich auf alle objektiven Tatbestandsmerkmale beziehen, also auf die Unrichtigkeit des Einzelabschlusses und auf die Offenlegung zum Zwecke der 69

---

[50] Vgl. Tschesche, in Baetge/Kirsch/Thiele, Bilanzrecht, § 331 HGB Rz 64, Stand: 6/2018.
[51] Vgl. Klinger, in MünchKomm. HGB, 5. Aufl. 2024, § 331 HGB Rz 79.
[52] Vgl. Spatscheck/Wulf, DStR 2003, S. 173, 176.
[53] Vgl. Dannecker, in Staub, Großkommentar Handelsgesetzbuch, 5. Aufl. 2012, Band 7/2, § 331 HGB Rz 55; Klinger, in MünchKomm. HGB, 5. Aufl. 2024, § 331 HGB Rz 83; Grottel/Hoffmann, in Beck Bil-Komm., 14. Aufl. 2024, § 331 HGB Rz 23.

Befreiung.[54] Hinsichtlich der Unrichtigkeit des Einzelabschlusses genügt bereits **Eventualvorsatz** (dolus eventualis). Hinsichtlich der Befreiung verlangt § 331 Nr. 1a HGB dagegen **Absicht**.[55]

70 Bei der **Leichtfertigkeit** handelt es sich um einen besonders starken Grad der Fahrlässigkeit, der der groben Fahrlässigkeit im Zivilrecht entspricht.[56] Auch bei leichtfertigem Verhalten muss der Täter „zum Zwecke der Befreiung nach § 325 Abs. 2a Satz 1, Abs. 2b HGB...", also mit Absicht hinsichtlich der Befreiung handeln.[57]

4.3 Nr. 3

71 Die Vorschrift verlangt wie § 331 Abs. 1 Nr. 1a HGB **bedingten Vorsatz** oder **Leichtfertigkeit** (§ 331 Abs. 2 HGB) und die **Absicht** hinsichtlich des Merkmals „zum Zwecke der Befreiung...". Insoweit kann auf die obigen Ausführungen zu § 331 Abs. 1 Nr. 1a HGB verwiesen werden.

5 Rechtswidrigkeit und Schuld

72 Grds. indiziert die Tatbestandsmäßigkeit des Handelns dessen Rechtswidrigkeit. Da der umfassende Schutzzweck des § 331 HGB über einen Individualschutz hinausgeht, ist die Norm der Disposition der Gesellschafter oder des Aufsichtsrats entzogen. Eine Einwilligung oder Weisung der Gesellschafter, insb. Allein- oder Mehrheitsgesellschafter, des Aufsichtsrats oder anderer fakultativer Aufsichtsgremien kann daher kein Rechtfertigungsgrund sein.[58]

73 Ein **rechtfertigender Notstand nach § 34 StGB** kommt nach herrschender Ansicht nur in ganz atypischen Ausnahmesituationen in Betracht, wenn der Schutz anderer Interessen wesentlich überwiegt.[59]

74 Hinsichtlich der **Schuldfrage** gelten die allgemeinen strafrechtlichen Grundsätze. Es kann dabei entschuldigend wirken, wenn der Täter persönlich oder durch Mitarbeiter nicht in der Lage war, seinen bilanzrechtlichen Pflichten korrekt nachzukommen und auch keine Geldmittel zur Beauftragung von Fachkräften (z.B. Steuerberater, Wirtschaftsprüfer) zur Verfügung stand.[60]

6 Irrtum

75 Hinsichtlich der Irrtumslehre gelten die allgemeinen Grundsätze zu **Tatbestandsirrtum** (§ 16 StGB) und **Verbotsirrtum** (§ 17 StGB).

---

[54] Vgl. Klinger, in MünchKomm. HGB, 5. Aufl. 2024, § 331 HGB Rz 85.
[55] Vgl. Dannecker, in Staub, Großkommentar Handelsgesetzbuch, 5. Aufl. 2012, Band 7/2, § 331 HGB Rz 100; Grottel/Hoffmann, in Beck Bil-Komm., 14. Aufl. 2024, § 331 HGB Rz 33.
[56] Vgl. BGHSt 20, 323; 33, 67; Fischer, StGB, § 15 Rz 20 m.w.N.
[57] Vgl. Dannecker, in Staub, Großkommentar Handelsgesetzbuch, 5. Aufl. 2012, Band 7/2, § 331 HGB Rz 101.; Grottel/Hoffmann, in Beck Bil-Komm., 14. Aufl. 2024, § 331 HGB Rz 33.
[58] Vgl. Dannecker, in Staub, Großkommentar Handelsgesetzbuch, 5. Aufl. 2012, Band 7/2, § 331 HGB Rz 61; Klinger, in MünchKomm. HGB, 5. Aufl. 2024, § 331 HGB Rz 82; Tschesche, in Baetge/Kirsch/Thiele, Bilanzrecht, § 331 HGB Rz 81, Stand: 6/2018.
[59] Vgl. Dannecker, in Staub, Großkommentar Handelsgesetzbuch, 5. Aufl. 2012, Band 7/2, § 331 HGB Rz 61; Klinger, in MünchKomm. HGB, 5. Aufl. 2024, § 331 HGB Rz 82; die Möglichkeit eines Notstands ausschließend: Otto, in Heymann, HGB, 2. Aufl. 1999, § 331 HGB Rz 34; Spatscheck/Wulf, DStR 2003, S. 176.
[60] Vgl. BGH, DStR 1998, S. 500; Ehlers, DStR 1998, S. 1758; Tschesche, in Baetge/Kirsch/Thiele, Bilanzrecht, § 331 HGB Rz 82, Stand: 6/2018.

Irrt sich der Täter über den Inhalt der blankettausfüllenden Norm, geht er also rechtsirrig davon aus, dass die von ihm vorgenommene Bilanzierung nach den maßgeblichen Vorschriften zulässig sei, dann unterliegt er einem vorsatzausschließenden Tatbestandsirrtum (§ 16 StGB). Dies ist z.B. der Fall, wenn der Täter Vermögensgegenstände nicht bilanziert hat, da er in der irrigen Annahme war, diese seien nicht bilanzierungsfähig.[61]

Soweit sich der Täter jedoch über die Existenz der blankettausfüllenden Norm als solcher irrt, liegt ein Verbotsirrtum (§ 17 StGB) vor, der lediglich bei seiner Unvermeidbarkeit zur Straflosigkeit führt.

> **Praxis-Beispiel**
> Ein Verbotsirrtum wäre bspw. gegeben, wenn der Täter irrtümlich annimmt, er dürfe die Lage der Gesellschaft ausnahmsweise deshalb unrichtig darstellen, weil sonst die Kreditgeber nicht zur Sanierung überredet werden könnten.[62]

7 Vollendung und Beendigung der Tat

Bei § 331 HGB handelt es sich um ein Vergehen (§§ 12 Abs. 2, 23 Abs. 1 StGB), weshalb mangels ausdrücklicher Bestimmung der **Versuch** nicht strafbar ist.

7.1 Vollendung

7.1.1 Nr. 1

Die **Vollendung der Tat** liegt vor, wenn sämtliche Tatbestandsmerkmale erfüllt sind.[63] Dies ist der Fall, wenn die Eröffnungsbilanz, der Jahresabschluss, der Lagebericht oder der Zwischenabschluss einem der möglichen Adressaten zugegangen ist.[64] Die Kenntnisnahme durch den Empfänger ist nicht notwendig; § 331 Abs. 1 Nr. 1 HGB ist insoweit als Gefährdungsdelikt ausgestaltet. Auch ist nicht notwendig, dass sich der Empfänger durch das Rechenwerk oder den Lagebericht tatsächlich über die Verhältnisse der Ges. täuschen lässt.

7.1.2 Nr. 1a

Die Tat ist mit der Offenlegung **vollendet**. Dies ist der Fall, wenn die Bekanntmachung im BAnz/Unternehmensregister erfolgt und die Darstellung für die möglichen Adressaten zugänglich ist. Der erstrebte Zweck der Befreiung muss nicht eingetreten sein.

7.1.3 Nr. 2

Die Tat ist **vollendet**, wenn der Konzernabschluss, der Konzernlagebericht oder der Konzernzwischenabschluss einem der bestimmungsgemäßen Adressaten zugegangen sind.

---

[61] Vgl. Klinger, in MünchKomm. HGB, 5. Aufl., 2024 § 331 HGB Rz 93.
[62] Vgl. Dannecker, in Staub, Großkommentar Handelsgesetzbuch, 5. Aufl. 2012, Band 7/2, § 331 HGB Rz 60.
[63] Vgl. Fischer, Strafgesetzbuch und Nebengesetze, 68. Aufl. 2021, § 22 StGB, Rz 4.
[64] Vgl. Grottel/Hoffmann, in Beck Bil-Komm., 14. Aufl. 2024, § 331 HGB Rz 22; Dannecker, in Staub, Großkommentar Handelsgesetzbuch, 5. Aufl. 2012, Band 7/2, § 331 HGB Rz 62; Klinger, in MünchKomm. HGB, 5. Aufl. 2024, § 331 HGB Rz 94.

7.1.4 Nr. 3

82 Die Vollendung im Fall des § 331 Abs. 1 Nr. 3 HGB ist identisch mit § 331 Nr. 1a HGB, weshalb auf die dortigen Ausführungen (Rz 80) verwiesen wird.

7.1.5 Nr. 4

83 Die Tat ist **vollendet**, wenn der Abschlussprüfer oder einer seiner Gehilfen die für die Prüfung bestimmten Aufklärungen oder Nachweise erhalten haben.[65] Der bloße Zugang genügt. Eine Kenntnisnahme des Inhalts ist bei schriftlichen Erklärungen nicht notwendig; bei mündlichen Erklärungen dagegen schon.[66]

7.2 Beendigung

84 Die für die Verjährung entscheidende **Beendigung** der Tat tritt ein, wenn der Adressat (erstmalig) inhaltliche Kenntnis vom Rechenwerk bzw. dem Lagebericht nimmt.[67] Im Fall des § 331 Nr. 4 HGB ist die Tat beendet, wenn der Abschlussprüfer Kenntnis vom Inhalt der Aufklärungen und Nachweise genommen hat.

8 Konkurrenzen

8.1 Mehrere unrichtige Darstellungen in einer Bilanz

85 **Mehrere Falschangaben** in einer Bilanz sind zu einer natürlichen **Handlungseinheit** verknüpft und stellen daher nur **eine** strafbare Handlung dar.[68]

8.2 Mehrere unrichtige Darstellungen in mehreren Tatbestandsalternativen

86 Soweit der Täter Falschangaben in einem Jahresabschluss macht und dieser unrichtige Abschluss in einen Konzernabschluss eingeht, für den der Täter ebenfalls verantwortlich ist, kann je nach Sachverhalt zwischen diesen mehrfachen Tatbestandserfüllungen Tateinheit oder Tatmehrheit vorliegen.
Tateinheit nach § 52 StGB liegt vor, wenn der Jahresabschluss und der Konzernabschluss gleichzeitig gefertigt werden oder die Anfertigung des Jahresabschlusses Vorstufe des Konzernabschlusses ist, da die Arbeiten nahtlos übergehen.
Tatmehrheit ist gegeben, wenn die Abschlüsse praktisch getrennt erstellt werden, was insb. bei unterschiedlichen Wj gilt.

87 Das Gleiche gilt auch bei unrichtigen Rechenwerken, die erstellt werden, um diese zum Zweck der Befreiung nach § 291 HGB oder § 325 Abs. 2a HGB offenzulegen (§ 331 Abs. 1 Nrn. 1a und 3 HGB).
§ 331 Abs. 1 Nr. 4 HGB ist im Verhältnis zu § 331 Abs. 1 Nrn. 1 und 2 HGB die speziellere Norm und konsumiert diese daher.[69]

---

[65] Vgl. Grottel/Hoffmann, in Beck Bil-Komm., 14. Aufl. 2024, § 331 HGB Rz 45; Dannecker, in Staub, Großkommentar Handelsgesetzbuch, 5. Aufl. 2012, Band 7/2, § 331 HGB Rz 117; Klinger, in MünchKomm. HGB, 5. Aufl. 2024, § 331 HGB Rz 100.

[66] Vgl. Dannecker, in Staub, Großkommentar Handelsgesetzbuch, 5. Aufl. 2012, Band 7/2, § 331 HGB Rz 117.

[67] Vgl. Dannecker, in Staub, Großkommentar Handelsgesetzbuch, 5. Aufl. 2012, Band 7/2, § 331 HGB Rz 63; Klinger, in MünchKomm. HGB, 5. Aufl. 2024, § 331 HGB Rz 94.

[68] Vgl. BGH, wistra 1996, S. 348; Dannecker, in Staub, Großkommentar Handelsgesetzbuch, 5. Aufl. 2012, Band 7/2, § 331 HGB Rz 119; Klinger, in MünchKomm. HGB, 5. Aufl. 2024, § 331 HGB Rz 106.

[69] Vgl. Klinger, in MünchKomm. HGB, 5. Aufl. 2024, § 331 HGB Rz 108.

Der Bilanzeid nach § 331a HGB kann nur dann falsch sein, wenn auch die ihr zugrunde liegenden Abschlüsse bzw. Lageberichte falsch i.S.d. §§ 331 Abs. 1 Nrn. 1 und 2 HGB sind. Die Erstellung des Jahresabschlusses/Lageberichts findet zeitlich vor dem Bilanzeid statt, weshalb insoweit zwei verschiedene Tathandlungen vorliegen. Die §§ 331 Abs. 1 Nrn. 1 und 2 HGB einerseits und § 331a HGB andererseits stehen nicht im Verhältnis strafloser Vor-/Nachtat zueinander, sondern im Verhältnis der **Realkonkurrenz** gem. § 53 StGB.[70]

88

8.3 Verhältnis zu den Straftatbeständen des Strafgesetzbuches

Allgemeine Vermögens- und Wirtschaftsdelikte wie § 246 StGB (Unterschlagung), § 263 StGB (Betrug), § 263a StGB (Computerbetrug), § 264 StGB (Subventionsbetrug), § 264a StGB (Kapitalanlagebetrug), § 265b StGB (Kreditbetrug) oder § 266 StGB (Untreue) stehen in Tateinheit mit den Tatbeständen des § 331 HGB, wenn das Geschehen eine natürliche Handlung bildet. Eine Tatmehrheit zu diesen Straftatbeständen kann dann gegeben sein, wenn die einzelnen Handlungen nicht von einem einheitlichen Willensentschluss getragen werden, so bspw. wenn eine falsche Bilanz erstellt wird und erst danach eine Vorlage zur Krediterlangung erfolgt.[71]

89

Gesetzeskonkurrenz besteht zu den **Bankrottdelikten** der §§ 283 Abs. 1 Nr. 7a, 283b Abs. 1 Nr. 3a StGB. Diese Tatbestände konsumieren die Regelung des § 331 Abs. 1 Nr. 1 HGB, da sie die Falschbilanzierung in der Insolvenz zu einem eigenständigen Delikt machen, das im Falle des Handelns in der Krise mit einer höheren Strafandrohung belegt ist.

90

8.4 Verhältnis zu anderen Strafgesetzen

§ 82 Abs. 2 Nr. 2 GmbHG ist in Bezug auf die EB, den Jahresabschluss, den Lagebericht und den Zwischenabschluss kraft ausdrücklicher gesetzlicher Regelung gegenüber § 331 Nr. 1 HGB **subsidiär**. Ebenso sind § 400 Abs. 1 Nr. 1 AktG, § 147 Abs. 2 Nr. 1 GenG, § 17 PublG und § 313 Abs. 1 Nr. 1 UmwG **subsidiär** zu § 331 Nr. 1 HGB.[72]

91

9 Strafverfolgung und Rechtsfolgen

9.1 Verfahrensrechtliche Besonderheiten

Bei § 331 HGB handelt es sich um ein Offizialdelikt, weshalb bei hinreichendem Tatverdacht die Strafverfolgung von Amts wegen erfolgt.

92

Die Tatbestände des § 331 HGB sind Wirtschaftsstraftaten, für die nach § 74c Nr. 1 GVG am Landgericht die **Wirtschaftsstrafkammer** (in der Berufungsinstanz oder bei besonderer Bedeutung des Falls auch in der ersten Instanz) zuständig ist.

---

[70] Vgl. Klinger, in MünchKomm. HGB, 5. Aufl. 2024, § 331 HGB Rz 110.
[71] Vgl. Dannecker, in Staub, Großkommentar Handelsgesetzbuch, 5. Aufl. 2012, Band 7/2, § 331 HGB Rz 123; Klinger, in MünchKomm. HGB, 5. Aufl. 2024, § 331 HGB Rz 112–114.
[72] Vgl. Dannecker, in Staub, Großkommentar Handelsgesetzbuch, 5. Aufl. 2012, Band 7/2, § 331 HGB Rz 121; Klinger, in MünchKomm. HGB, 5. Aufl. 2024, § 331 HGB Rz 115.

9.2 Rechtsfolgen

93 Die **Strafe** ist alternativ Freiheitsstrafe von einem Monat bis zu drei Jahren (§ 38 Abs. 2 StGB) oder Geldstrafe. Im Falle der leichtfertigen Begehung in den Fällen des § 331 Abs. 2 HGB beträgt die Freiheitsstrafe höchstens ein Jahr. Nach § 40 Abs. 1 Satz 2 StGB beträgt die Geldstrafe mind. fünf und höchstens 360 Tagessätze.[73]
Bei einer Bereicherung des Täters kann neben einer Freiheitsstrafe zusätzlich eine Geldstrafe verhängt werden (§ 41 StGB). Ebenso ist die Anordnung des Verfalls gem. §§ 73 ff. StGB und die Einziehung nach §§ 74 ff. StGB denkbar.

94 Als Maßregel der Besserung kann zudem ein **Berufsverbot** nach § 70 StGB verhängt werden.

9.3 Verjährung

95 Die **Strafverfolgungsverjährung** tritt gem. § 78 Abs. 2 Nr. 4 StGB nach 5 Jahren ein. Sie beginnt mit der Beendigung der Tat (§ 78a StGB) und kann durch die in § 78c StGB genannten Handlungen unterbrochen werden. 10 Jahre nach Beendigung der Tat tritt die absolute Verjährung ein (§ 78 Abs. 3 Satz 2 StGB).

96 Die **Strafvollstreckungsverjährung** ist abhängig von der verhängten Strafe und bestimmt sich nach § 79 Abs. 3 Nrn. 3–5 StGB. Sie kann bei § 331 HGB 3, 5 oder 10 Jahre betragen und beginnt mit Rechtskraft der verurteilenden Entscheidung.

10 CSRD-Umsetzungsgesetz: Änderungen

> **Hinweis**
> Die Kommentierung basiert auf dem **Regierungsentwurf eines CSRD-Umsetzungsgesetzes**.[74] Nach Veröffentlichung der finalen Fassung wird die Kommentierung in Ihrem Haufe HGB Bilanz Kommentar Online aktualisiert. Die **Online-Version** ist beim Kauf der Printausgabe inklusive.

97 Abs. 1 soll in den Ziffern 1, 1a, und 2 lediglich sprachliche Anpassungen und berichtete Normenverweisungen erhalten. Während Ziffer 3 unverändert bleibt, werden in Ziffer 4 noch die Verweisungen zu § 324g HGB-E bzgl. der Vorlagepflicht des Prüfungsberichts des Nachhaltigkeitsberichts ergänzt. Ebenso wird der Tatbestand in Ziffer 4 um die Prüfung des Nachhaltigkeitsberichts ergänzt. Abs. 2 soll unverändert bleiben.

---

[73] Zur Berechnung der Geldstrafe vgl. Fischer, Strafgesetzbuch und Nebengesetze, 71. Aufl. 2024, § 40 StGB Rz 6.
[74] Regierungsentwurf eines Gesetzes zur Umsetzung der Richtlinie (EU) 2022/2464 des Europäischen Parlaments und des Rates vom 14. Dezember 2022 zur Änderung der Verordnung (EU) Nr. 537/2014 und der Richtlinien 2004/109/EG, 2006/43/EG und 2013/34/EU hinsichtlich der Nachhaltigkeitsberichterstattung von Unternehmen, BT-Drs. 20/12787 v. 9.9.2024.

§ 331a Unrichtige Versicherung

(1) Mit Freiheitsstrafe bis zu fünf Jahren oder mit Geldstrafe wird bestraft, wer entgegen § 264 Absatz 2 Satz 3, auch in Verbindung mit § 325 Absatz 2a Satz 3, entgegen § 289 Absatz 1 Satz 5, auch in Verbindung mit § 325 Absatz 2a Satz 4, oder entgegen § 297 Absatz 2 Satz 4 oder § 315 Absatz 1 Satz 5, jeweils auch in Verbindung mit § 315e Absatz 1, eine unrichtige Versicherung abgibt.
(2) Handelt der Täter leichtfertig, so ist die Strafe Freiheitsstrafe bis zu zwei Jahren oder Geldstrafe.

Inhaltsübersicht	Rz
1 Überblick	1–3
2 Täterkreis	4
3 Tathandlung	5–8
4 Subjektiver Tatbestand	9–11
5 Rechtswidrigkeit und Schuld	12
6 Irrtum	13
7 Vollendung und Versuch	14–16
8 Strafverfolgung und Rechtsfolgen	17–20
8.1 Verfahrensrechtliche Besonderheiten	17
8.2 Rechtsfolgen	18
8.3 Verjährung	19–20
9 CSRD-Umsetzungsgesetz: Änderungen	21

1 Überblick

Die Vorschrift des § 331a HGB wurde mit Wirkung ab dem 1.7.2021 durch das Finanzmarktintegritätsstärkungsgesetz (FISG) vom 3.6.2021 in das HGB eingefügt. Zuvor war die Regelung bereits durch das CSR-Richtlinien-Umsetzungsgesetz vom 9.3.2017 in § 331 Nr. 3a HGB eingefügt worden. 1

Bei der Vorschrift handelt es sich um ein **Schutzgesetz** i.S.d. § 823 Abs. 2 BGB. **Geschütztes Rechtsgut** ist das Vertrauen in die Richtigkeit und die Vollständigkeit von Informationen über die KapG bzw. des Konzerns.

Zu den durch die Norm **geschützten Rechtssubjekten** zählt auch die Ges. bzw. der Konzern selbst. Daneben sind auch alle Personen, die mit der KapG oder dem Konzern in irgendeiner wirtschaftlichen und/oder rechtlichen Beziehung stehen oder solche Beziehungen eingehen wollen, in den Schutzbereich der Norm einbezogen. Hierzu zählen insb. aktuelle und potenzielle Gesellschafter, Vertragspartner, Gläubiger, potenzielle Kreditgeber und Arbeitnehmer.

Bei § 331a HGB handelt es sich um ein **abstraktes Gefährdungsdelikt**. Ein konkreter Erfolg ist für die Vollendung des Delikts nicht erforderlich. Das bloße Handeln des Täters genügt für die Strafbarkeit. 2

§ 331a HGB ist in allen Tatbestandsalternativen ein **echtes Sonderdelikt**. Der Kreis der möglichen Täter wird durch das Gesetz selbst beschrieben und eingeschränkt. Andere Personen (z.B. StB und Abschlussprüfer) können daher ledig- 3 lich Anstifter oder Gehilfe sein, selbst wenn sie mit der Bilanzerstellung beauftragt wurden.

2 Täterkreis

4 Der Täterkreis ist auf die gesetzlichen Vertreter einer KapG, die ein kapitalmarktorientiertes Unt i. S. d. § 2 Abs. 14 WpHG ist, also auf sog. Inlandsemittenten, beschränkt (§§ 264 Abs. 2 Satz 3, 289 Abs. 1 Satz 5, 297 Abs. 2 Satz 4, 315 Abs. 1 Satz 5 HGB). Inlandsemittenten sind Unt, die Aktien oder Schuldtitel ausgeben und an einem organisierten Markt in Deutschland teilnehmen, ohne dass sie Emittenten mit Herkunftsland Deutschland sein müssen.[1]

Im Übrigen wird auf die Ausführungen zu § 331 Rz 9 ff. verwiesen.

3 Tathandlung

5 Der sog. Bilanzeid nach § 264 Abs. 2 Satz 3 HGB verpflichtet die gesetzlichen Vertreter eines kapitalmarktorientierten Unt i.S.d. § 2 Abs. 14 WpHG (sog. Inlandsemittent), eine Versicherung darüber abzugeben, dass in den **Finanzberichten** ein den **tatsächlichen Verhältnissen** entsprechendes Bild der Vermögens-, Finanz- und Ertragslage des Unt vermittelt wird (§ 264 Rz 65). § 331a HGB stellt die im Gesetzeswortlaut genannte Versicherung unter Strafe, soweit sie nicht richtig abgegeben werden. Die Tathandlung besteht alternativ in der Abgabe einer falschen Versicherung darüber, dass

- nach bestem Wissen der **Jahresabschluss** ein den tatsächlichen Verhältnissen entsprechendes Bild i.S.d. § 264 Abs. 2 Satz 1 HGB vermittelt oder der Anhang Angaben nach § 264 Abs. 2 Satz 2 HGB enthält;
- nach bestem Wissen im **Lagebericht** der Geschäftsverlauf einschl. des Geschäftsergebnisses und die Lage der KapG so dargestellt sind, dass ein den tatsächlichen Verhältnissen entsprechendes Bild vermittelt wird und dass die wesentlichen Chancen und Risiken i.S.d. § 289 Abs. 1 Satz 4 HGB beschrieben sind;
- nach bestem Wissen der **Konzernabschluss** ein den tatsächlichen Verhältnissen entsprechendes Bild i.S.d. § 297 Abs. 2 Satz 2 HGB vermittelt oder der Konzernanhang Angaben nach § 297 Abs. 2 Satz 3 HGB enthält;
- nach bestem Wissen im **Konzernlagebericht** der Geschäftsverlauf einschl. des Geschäftsergebnisses und die Lage des Konzerns so dargestellt sind, dass ein den tatsächlichen Verhältnissen entsprechendes Bild vermittelt wird und dass die wesentlichen Chancen und Risiken i.S.d. § 315 Abs. 1 Satz 4 HGB beschrieben sind.

6 Der Täter handelt demnach tatbestandsmäßig, wenn er eine unrichtige Versicherung abgibt (sog. **falsche Entsprechenserklärung**). Entgegen der abgegebenen Versicherung vermitteln danach der Jahres- bzw. Konzernabschluss kein den tatsächlichen Umständen entsprechendes Bild und enthalten hierzu keine zusätzlichen Angaben im Anhang. Genauso ist es beim Lage- bzw. Konzernlagebericht, wenn kein den tatsächlichen Verhältnissen entsprechendes Bild des Geschäftsverlaufs, des Geschäftsergebnisses und der Lage der KapG bzw. des Konzerns vermittelt wird und die wesentlichen Chancen und Risiken nicht richtig beschrieben sind.[2]

---

[1] Klinger, in MünchKomm. HGB, 5. Aufl. 2024, § 331a HGB Rn 6.
[2] Klinger, in MünchKomm. HGB, 5. Aufl. 2024, § 331a HGB Rn 8.

Die Nichtabgabe der geforderten Versicherung ist in § 331a HGB nicht unter Strafe gestellt, sondern wird als Ordnungswidrigkeit geahndet nach § 120 Abs. 2 Nr. 15 WpHG i. V. m. § 114 Abs. 2 Nr. 3 WpHG, § 115 Abs. 2 Nr. 3 WpHG.[3]
Die falsche Versicherung muss **schriftlich** und **höchstpersönlich** erfolgen.[4]

4 Subjektiver Tatbestand

Der subjektive Tatbestand verlangt **Vorsatz** (Abs. 1) oder **Leichtfertigkeit** (Abs. 2).

Eventualvorsatz reicht zur Erfüllung des subjektiven Tatbestands aus. Auch die in den blankettausfüllenden Normen enthaltene Formulierung „nach bestem Wissen" ist nicht im strafrechtlichen Sinne als direkter Vorsatz zu verstehen. Der Wissensvorbehalt soll nach dem Willen des Gesetzgebers lediglich eine Fahrlässigkeitshaftung ausschließen.[5]

Bei der **Leichtfertigkeit** nach § 331a Abs. 2 HGB handelt es sich um einen gesteigerten Grad der Fahrlässigkeit, der der groben Fahrlässigkeit im Zivilrecht entspricht. Auch die Leichtfertigkeit muss sich auf jedes einzelne Tatbestandsmerkmal beziehen.

5 Rechtswidrigkeit und Schuld

Die Tatbestandsmäßigkeit des Handelns indiziert grds. die Rechtswidrigkeit. Hinsichtlich der Möglichkeit eines rechtfertigenden Notstands wird auf § 331 Rz 73 verwiesen.

6 Irrtum

Hierzu wird auf die Ausführungen zu § 331 Rz 75–Rz 77 verwiesen.

7 Vollendung und Versuch

Vollendet ist die Tat mit Zugang der Versicherung an den berechtigten Adressatenkreis. Hierzu zählt auch die das Unternehmensregister führende Stelle nach § 325 Abs. 1 Satz 1 HGB.[6]
Einer Kenntnisnahme bedarf es nicht, da es sich um ein abstraktes Gefährdungsdelikt handelt.
Beendet ist die Tat mit der Kenntnisnahme bzw. der Bekanntmachung im Unternehmensregister.
Der Versuch ist nicht strafbar (§§ 23 Abs. 1, 12 Abs. 2 StGB).

---

[3] Ziemann, wistra 2007, S. 292.
[4] Ziemann, wistra 2007, S. 293; Klinger, in MünchKomm. HGB, 5. Aufl. 2024, § 331a HGB Rn 12.
[5] Ziemann, wistra 2007, S. 294; Fleischer, ZIP 2007, S. 102; ausführlich Altenhaun, WM 2008, S. 1141, 1145 und Klinger, in MünchKomm. HGB, 5. Aufl. 2024, § 331a HGB Rn 17.
[6] Klinger, in MünchKomm. HGB, 5. Aufl. 2024, § 331a HGB Rn 19; a. A. Grottel/Hoffmann, in Beck Bil-Komm., 14. Aufl. 2024, § 331a HGB Rz 10.

8 Strafverfolgung und Rechtsfolgen

8.1 Verfahrensrechtliche Besonderheiten

17 Bei § 331 HGB handelt es sich um ein Offizialdelikt, weshalb bei hinreichendem Tatverdacht die Strafverfolgung von Amts wegen erfolgt. Zuständig ist nach § 74c Nr. 1 GVG am Landgericht die **Wirtschaftsstrafkammer** (in der Berufungsinstanz oder bei besonderer Bedeutung des Falls auch in der ersten Instanz).

8.2 Rechtsfolgen

18 Die **Strafe** bei vorsätzlicher Begehung der Tat ist alternativ Freiheitsstrafe von einem Monat bis zu drei Jahren (§ 38 Abs. 2 StGB) oder Geldstrafe. Nach § 40 Abs. 1 Satz 2 StGB beträgt die Geldstrafe mind. fünf und höchstens 360 Tagessätze. Bei leichtfertiger Tatbegehung nach Abs. 2 beträgt die Strafe von einem Monat bis zu zwei Jahren oder Geldstrafe.

Bei einer Bereicherung des Täters kann neben einer Freiheitsstrafe zusätzlich eine Geldstrafe verhängt werden (§ 41 StGB). Ebenso ist die **Vermögensabschöpfung** gem. §§ 73 ff. StGB denkbar. Als Maßregel der Besserung kann zudem ein **Berufsverbot** nach § 70 StGB verhängt werden.

8.3 Verjährung

19 Die **Strafverfolgungsverjährung** tritt gem. § 78 Abs. 2 Nr. 4 StGB nach fünf Jahren ein. Sie beginnt mit der Beendigung der Tat (§ 78a StGB) und kann durch die in § 78c StGB genannten Handlungen unterbrochen werden. Zehn Jahre nach Beendigung der Tat tritt die absolute Verjährung ein (§ 78 Abs. 3 Satz 2 StGB).

20 Die **Strafvollstreckungsverjährung** ist abhängig von der verhängten Strafe und bestimmt sich nach § 79 Abs. 3 Nrn. 3–5 StGB. Sie kann bei § 331 HGB drei, fünf oder zehn Jahre betragen und beginnt mit Rechtskraft der verurteilenden Entscheidung.

9 CSRD-Umsetzungsgesetz: Änderungen

> **Hinweis**
> Die Kommentierung basiert auf dem **Regierungsentwurf eines CSRD-Umsetzungsgesetzes**.[7] Nach Veröffentlichung der finalen Fassung wird die Kommentierung in Ihrem Haufe HGB Bilanz Kommentar Online aktualisiert. Die **Online-Version** ist beim Kauf der Printausgabe inklusive.

21 In Abs. 1 soll anstatt auf § 264 Abs. 2 Satz 3 HGB auf § 289h Abs. 1 HGB-E, anstatt § 289 Abs. 1 Satz 5 HGB auf § 289h Abs. 2 HGB-E, anstatt § 297 Abs. 2 Satz 4 HGB auf § 315f Abs. 1 HGB-E und anstatt § 315 Abs. 1 Satz 5 HGB auf § 315f Abs. 2 HGB-E verwiesen werden, da die Versicherungen neu zusammengezogen werden sollen. Materielle Auswirkungen sind hieraus nicht zu erwarten.

---

[7] Regierungsentwurf eines Gesetzes zur Umsetzung der Richtlinie (EU) 2022/2464 des Europäischen Parlaments und des Rates vom 14. Dezember 2022 zur Änderung der Verordnung (EU) Nr. 537/2014 und der Richtlinien 2004/109/EG, 2006/43/EG und 2013/34/EU hinsichtlich der Nachhaltigkeitsberichterstattung von Unternehmen, BT-Drs. 20/12787 v. 9.9.2024.

§ 332 Verletzung der Berichtspflicht

(1) Mit Freiheitsstrafe bis zu drei Jahren oder mit Geldstrafe wird bestraft, wer als Abschlußprüfer oder Gehilfe eines Abschlußprüfers über das Ergebnis der Prüfung eines Jahresabschlusses, eines Einzelabschlusses nach § 325 Abs. 2a, eines Lageberichts, eines Konzernabschlusses, eines Konzernlageberichts einer Kapitalgesellschaft oder eines Zwischenabschlusses nach § 340a Abs. 3 oder eines Konzernzwischenabschlusses gem. § 340i Abs. 4 unrichtig berichtet, im Prüfungsbericht (§ 321) erhebliche Umstände verschweigt oder einen inhaltlich unrichtigen Bestätigungsvermerk (§ 322) erteilt.

(2) ¹Handelt der Täter gegen Entgelt oder in der Absicht, sich oder einen anderen zu bereichern oder einen anderen zu schädigen, so ist die Strafe Freiheitsstrafe bis zu fünf Jahren oder Geldstrafe. ²Ebenso wird bestraft, wer einen inhaltlich unrichtigen Bestätigungsvermerk erteilt zu dem Jahresabschluss, zu dem Einzelabschluss nach § 325 Absatz 2a oder zu dem Konzernabschluss einer Kapitalgesellschaft, die ein Unternehmen von öffentlichem Interesse nach § 316a Satz 2 ist.

(3) Handelt der Täter in den Fällen des Absatzes 2 Satz 2 leichtfertig, so ist die Strafe Freiheitsstrafe bis zu zwei Jahren oder Geldstrafe.

Inhaltsübersicht	Rz
1 Überblick	1–7
1.1 Geschütztes Rechtsgut und Schutzbereich	1–3
1.2 Deliktsnatur	4–5
1.3 Normzusammenhänge	6–7
2 Täterkreis	8–15
2.1 Abschlussprüfer	9–12
2.2 Gehilfe eines Abschlussprüfers	13–15
3 Tathandlung	16–28
3.1 Tatgegenstand	17–18
3.2 Handlung	19–28
3.2.1 Unrichtige Berichterstattung	19–22
3.2.2 Verschweigen erheblicher Umstände	23–25
3.2.3 Erteilen eines unrichtigen Bestätigungsvermerks	26–28
4 Subjektiver Tatbestand	29–30
5 Rechtswidrigkeit und Schuld	31–32
6 Irrtum	33
7 Vollendung und Beendigung der Tat	34–35
7.1 Vollendung	34
7.2 Beendigung	35
8 Qualifikationen	36–43
8.1 Handeln gegen Entgelt	38–39
8.2 Handeln in Bereicherungsabsicht	40
8.3 Handeln in Schädigungsabsicht	41
8.4 Unternehmen von öffentlichem Interesse	42–43
9 Konkurrenzen	44–46
9.1 Mehrere Tathandlungen	44

	9.2 Verhältnis zu den Straftatbeständen des Strafgesetzbuchs .	45
	9.3 Verhältnis zu anderen Strafgesetzen	46
10	Strafverfolgung und Rechtsfolgen	47
11	Verjährung	48
12	CSRD-Umsetzungsgesetz: Änderungen	49

1 Überblick

1.1 Geschütztes Rechtsgut und Schutzbereich

1 **Geschütztes Rechtsgut** des § 332 HGB ist nach h.M. das Vertrauen in die Richtigkeit und Vollständigkeit der Prüfung von Abschlüssen, Lageberichten und Zwischenabschlüssen durch ein unabhängiges Kontrollorgan.[1]

2 Zu den durch die Norm **geschützten Rechtssubjekten** zählen, ebenso wie bei § 331 HGB, zunächst auch die Ges. bzw. der Konzern selbst. Daneben schützt § 332 HGB auch alle Personen, die mit der KapG oder dem Konzern in wirtschaftlicher und/oder rechtlicher Beziehung stehen bzw. in eine solche Beziehung treten wollen (§ 331 Rz 2). Hierzu zählen insb. Gesellschafter, Arbeitnehmer, Vertragspartner, Gläubiger oder potenzielle Kreditgeber.

3 Bei § 332 HGB handelt es sich um ein **Schutzgesetz i.S.d. § 823 Abs. 2 BGB**.[2]

1.2 Deliktsnatur

4 Analog zu § 331 HGB handelt es sich bei § 332 HGB um ein **abstraktes Gefährdungsdelikt**. Ein konkreter Erfolg ist daher für die Vollendung des Delikts nicht erforderlich. Für die Strafbarkeit genügt das bloße Handeln des Täters.[3]

5 § 332 HGB ist in allen Tatbestandsalternativen ein **echtes Sonderdelikt**. Der Kreis der möglichen Täter wird durch das Gesetz selbst auf Abschlussprüfer und deren Gehilfen begrenzt (Rz 9).

1.3 Normzusammenhänge

6 § 332 HGB dient der Sicherung der Einhaltung zivilrechtlicher Bilanznormen. Die Vorschrift richtet sich nur an Abschlussprüfer und deren Gehilfen. Sie stellt damit die schärfste Sanktion im Sanktionssystem der berufsrechtlichen Verantwortung des Wirtschaftsprüfers dar.[4]

7 Der Anwendungsbereich von § 332 HGB wird durch § 335b HGB auf **PersG**, die über keine natürliche Person als phG verfügen, erweitert. Ebenso gilt die Norm aufgrund besonderer Verweisungen entsprechend für Kreditinstitute

---

[1] Vgl. Tschesche, in Baetge/Kirsch/Thiele, Bilanzrecht, § 332 HGB Rz 2, Stand: 9/2007; Klinger, in MünchKomm. HGB, 5. Aufl. 2024, § 332 HGB Rz 1; Dannecker, in Staub, Großkommentar Handelsgesetzbuch, 5. Aufl. 2012, § 332 HGB Rz 5.

[2] Vgl. BGH NJW 2013, S. 1878; OLG Düsseldorf, Urteil vom 19.11.1998, 8 U 59/98, NZG 1999, S. 903; OLG Karlsruhe, WM 1985, S. 940; Dannecker, in Staub, Großkommentar Handelsgesetzbuch, 5. Aufl. 2012, § 332 HGB Rz 8.

[3] Vgl. Dannecker, in Staub, Großkommentar Handelsgesetzbuch, 5. Aufl. 2012, § 332 HGB Rz 9; Dierlamm, NStZ 2000, S. 131.

[4] Vgl. Dannecker, in Staub, Großkommentar Handelsgesetzbuch, 5. Aufl. 2012, § 332 HGB Rz 1.

(§ 340m HGB) und Versicherungsunternehmen (§ 341m HGB) – jeweils unabhängig von deren Rechtsform.

2 Täterkreis

Taugliche Täter des § 332 HGB können nur Abschlussprüfer und deren Gehilfen sein. Personen, die diesem Täterkreis nicht angehören, können nur als Anstifter (§ 26 StGB) oder Gehilfen (§ 27 StGB) an der Tat teilnehmen.

2.1 Abschlussprüfer

Abschlussprüfer können nach § 319 HGB sein: Wirtschaftsprüfer, Wirtschaftsprüfungsgesellschaften und bei Jahresabschlüssen und Lageberichten mittelgroßer Ges. auch vereidigte Buchprüfer bzw. Buchprüfungsgesellschaften (§ 319 Rz 13 ff.).
Soweit eine **Wirtschafts- oder Buchprüfungsgesellschaft** zum Abschlussprüfer bestellt ist, kommt als Täter nur der für die bestellte Ges. persönlich handelnde Prüfer, der seinerseits über die Qualifikation eines Wirtschaftsprüfers oder vereidigten Buchprüfers verfügen muss, in Betracht.[5] Die **Haftung des Prüfers**, der zugleich Organ der Prüfungsgesellschaft ist, ergibt sich aus § 14 Abs. 1 StGB. Für angestellte Wirtschafts- oder Buchprüfer ergibt sich die persönliche Haftung aus § 14 Abs. 2 StGB.[6] Macht sich ein Organ der Prüfungsgesellschaft nach § 332 HGB strafbar, kann gegen die Ges. selbst eine Geldbuße gem. § 30 OWiG verhängt werden.

Mängel der Bestellung als Abschlussprüfer sind für die strafrechtliche Beurteilung unbedeutend, § 14 Abs. 3 StGB. Entscheidend ist vielmehr, ob die betreffende Person den Prüfungsauftrag übernommen und die Prüfung durchgeführt hat.

> **Praxis-Beispiel**
> So kann etwa ein vereidigter Buchprüfer, der entgegen § 319 HGB zum Abschlussprüfer einer großen GmbH gewählt wird, Täter nach § 332 HGB sein.[7]

Auch das Vorliegen von Ausschlussgründen des § 319 Abs. 2 und 3 HGB steht der Tätereigenschaft nicht entgegen. Ob eine wirksame Bescheinigung über die Teilnahme an der **Qualitätskontrolle nach § 57a WPO** bzw. eine Ausnahmegenehmigung vorliegt, ist für die strafrechtliche Beurteilung irrelevant.
Nicht ausreichend ist es hingegen, wenn eine Person oder Ges. zum Prüfer bestellt wurde, die die **Prüfungsqualifikationen erkennbar nicht besitzt** oder die Prüfertätigkeit „angemaßt" wird.[8]

---

[5] Vgl. Tschesche, in Baetge/Kirsch/Thiele, Bilanzrecht, § 332 HGB Rz 22, Stand: 9/2007; Klinger, in MünchKomm. HGB, 5. Aufl. 2024, § 332 HGB Rz 5, 6.
[6] Vgl. Spatschek/Wulf, DStR 2003, S. 177; Dannecker, in Staub, Großkommentar Handelsgesetzbuch, 5. Aufl. 2012, § 332 HGB Rz 15; Klinger, in MünchKomm. HGB, 5. Aufl. 2024, § 332 HGB Rz 6.
[7] Vgl. Grottel/Hoffmann, in Beck Bil-Komm., 14. Aufl. 2024, § 332 HGB Rz 35.
[8] Vgl. Klinger, in MünchKomm. HGB, 5. Aufl. 2024, § 332 HGB Rz 8; Tschesche, in Baetge/Kirsch/Thiele, Bilanzrecht, § 332 HGB Rz 23, Stand: 9/2007.

> **Praxis-Beispiel**
> Ein StB erteilt unter seiner Berufsbezeichnung ein Testat nach § 322 HGB.[9]

In diesen Fällen besteht kein durch § 332 HGB zu gewährleistender Vertrauensschutz.

2.2 Gehilfe eines Abschlussprüfers

13 Unter den Begriff des Gehilfen des Abschlussprüfers i.S.d. § 332 HGB fallen grds. alle Personen, die den Abschlussprüfer in irgendeiner Weise als **Angestellte oder freie Mitarbeiter** bei seiner Prüfungstätigkeit unterstützen. Der Begriff ist identisch mit dem des § 323 HGB (§ 323 Rz 23).

14 Dieser weite Begriff ist dahin gehend einzuschränken, dass Täter nur sein kann, wer eine prüfungsspezifische Tätigkeit ausübt und dadurch Einfluss auf das Prüfungsergebnis und die Erteilung des Bestätigungsvermerks hat.[10] Schreibkräfte, einfache Büroangestellte, Hilfskräfte etc. scheiden daher regelmäßig als taugliche Täter aus.[11]

15 Da die Prüfung und die damit einhergehenden prüferischen Tätigkeiten durch Dritte erfolgt, können Mitarbeiter der geprüften Ges. nicht Gehilfen des Abschlussprüfers sein.[12]

3 Tathandlung

16 § 332 Abs. 1 HGB enthält für gesetzliche Abschlussprüfer und deren Gehilfen drei **Tatbestände**:
– die unrichtige Berichterstattung,
– das **Verschweigen** erheblicher Umstände im Prüfungsbericht und
– das Erteilen eines **unrichtigen Bestätigungsvermerks**.
Diese drei Tatbestände werden unter dem Begriff „**Verletzung der Berichtspflicht**" zusammengefasst.

3.1 Tatgegenstand

17 Tauglicher Tatgegenstand ist nach § 332 Abs. 1 HGB der unrichtige oder unvollständige Bericht (§ 321 HGB) über die Prüfung von Jahresabschluss, Lagebericht, Konzernabschluss oder Konzernlagebericht einer KapG sowie zusätzlich der Bericht über Abschlüsse und Zwischenabschlüsse von Kreditinstituten (§§ 340a Abs. 3, 340i Abs. 4 i.V.m. 340k Abs. 2 HGB), unabhängig von deren Rechtsform, sowie der unrichtige oder unvollständige Bestätigungsvermerk. **Außerhalb des Prüfungsberichts** oder des Bestätigungsvermerks getroffene Äußerungen werden vom Tatbestand nicht erfasst.[13] Da der Abschlussprüfer gem. § 321 HGB über das Ergebnis der Prüfung schriftlich zu berichten hat, kann

---

[9] Vgl. Streck, DStR 1997, S. 75.
[10] Vgl. Grottel/Hoffmann, in Beck Bil-Komm., 14. Aufl. 2024, § 332 HGB Rz 36; Klinger, in Münch-Komm. HGB, 5. Aufl. 2024, § 332 HGB Rz 10.
[11] Zur Strafbarkeit der Hilfskräfte bei Verstoß gegen die Verschwiegenheitspflicht s. § 333 Rz 9.
[12] Vgl. Dannecker, in Staub, Großkommentar Handelsgesetzbuch, 5. Aufl. 2012, § 332 HGB Rz 20.
[13] Vgl. Dannecker, in Staub, Großkommentar Handelsgesetzbuch, 5. Aufl. 2012, § 332 HGB Rz. 21; Spatscheck/Wulf, DStR 2003, S. 177.

sich die Strafbarkeit nach h.M.[14] auch nur aus schriftlichen und nicht aus **mündlichen Äußerungen** des Prüfers ergeben.

Der Bericht über das Ergebnis anderer Prüfungen als der in § 332 Abs. 1 HGB genannten gesetzlichen Abschlussprüfungen i.S.d. § 316 HGB wird durch § 332 HGB nicht geschützt. Freiwillige Abschlussprüfungen[15] oder ein Due-Diligence-Bericht fallen nicht unter § 332 HGB.[16]

3.2 Handlung

3.2.1 Unrichtige Berichterstattung

Der Bericht über das Ergebnis der Prüfung ist unrichtig, wenn er von den wirklichen Prüfungsfeststellungen abweicht. Es ist also nicht entscheidend, ob das mitgeteilte Prüfungsergebnis von der Wirklichkeit abweicht, sondern allein ob der Bericht vom Ergebnis der Prüfung abweicht.

Der Prüfer, der aufgrund fehlerhafter Feststellungen einen objektiv unrichtigen Prüfungsbericht erstellt und darüber aber zutreffend berichtet, macht sich nicht nach § 332 HGB strafbar. Jedoch macht sich ein Prüfer strafbar, der einen objektiv richtigen Prüfungsbericht erstattet, dieser aber nicht mit seinen Prüfungsfeststellungen übereinstimmt. § 332 HGB will nur gewährleisten, dass der Prüfer auch über das berichtet, was er festgestellt hat.[17]

Unrichtig ist die Berichterstattung auch dann, wenn überhaupt **keine Prüfung** stattgefunden hat und der Prüfer eine solche nur vortäuscht und einen Prüfungsbericht erstellt.[18] Nicht nach § 332 HGB strafbar macht sich der Prüfer, der überhaupt keinen Prüfungsbericht erstellt.

Nach dem Wortlaut der Norm ist jede unrichtige Berichterstattung tatbestandsmäßig. In der Tatbestandsalternative des Verschweigens (Rz 23ff.) ist im Gegensatz nur das Verschweigen erheblicher Umstände tatbestandsmäßig (Rz 25). Zur Vermeidung sinnwidriger Ergebnisse muss daher auch die Strafbarkeit der unrichtigen Berichterstattung auf **erhebliche Unrichtigkeiten** beschränkt werden.[19] Geringfügige Unrichtigkeiten sind deshalb strafrechtlich dann unbeachtlich, wenn dadurch das ansonsten zutreffend wiedergegebene Prüfungsergebnis nicht verfälscht wird.

---

[14] Ebenso Dannecker, in Staub, Großkommentar Handelsgesetzbuch, 5. Aufl. 2012, § 332 HGB Rz 33; Grottel/Hoffmann, in Beck Bil-Komm., 14. Aufl. 2024, § 332 HGB Rz 9; Spatscheck/Wulf, DStR 2003, S. 177.
[15] So bspw. die freiwillige Prüfung einer kleinen GmbH i.S.d. § 267 HGB.
[16] Vgl. Spatscheck/Wulf, DStR 2003, S. 177.
[17] Vgl. Tschesche, in Baetge/Kirsch/Thiele, Bilanzrecht, § 332 HGB Rz 27, Stand: 9/2007; Spatscheck/Wulf, DStR 2003, S. 177.
[18] Vgl. OLG Karlsruhe, WM 1985, S. 942; Graf, BB 2001, S. 565.
[19] Ebenso Grottel/Hoffmann, in Beck Bil-Komm., 14. Aufl. 2024, § 332 HGB Rz 13; Klinger, in MünchKomm. HGB, 5. Aufl. 2024, § 332 HGB Rz 23; Dierlamm, NStZ 2000, S. 131; a.A. Tschesche, in Baetge/Kirsch/Thiele, Bilanzrecht, § 332 HGB Rz 28, Stand: 9/2007; Stahlschmidt, StB 2003, S. 65.

3.2.2 Verschweigen erheblicher Umstände

23 Ein Verschweigen erheblicher Umstände liegt vor, wenn der Prüfungsbericht durch die Nichterwähnung von erheblichen Umständen, die dem Prüfer bei der Prüfung bekannt geworden sind, unvollständig und lückenhaft wird.[20] Auch bei dieser Tatbestandsalternative kommt es daher auf die Diskrepanz zwischen dem Wissen des Prüfers und seiner Darstellung im Prüfungsbericht an.

24 Der Prüfer kann sich nicht dadurch entlasten, dass er die verschwiegenen Tatsachen mündlich oder außerhalb des Prüfungsberichts mitgeteilt hat. Die Aufdeckung des verschwiegenen Umstands kann nur im schriftlichen Prüfungsbericht selbst erfolgen.[21]

25 Verfolgt werden kann nur das Verschweigen erheblicher Umstände, also von Umständen, die für die Beurteilung der Unternehmenslage aus Sicht der Berichtsempfänger bedeutsam sind.[22]

3.2.3 Erteilen eines unrichtigen Bestätigungsvermerks

26 Der notwendige Inhalt des Bestätigungsvermerks ergibt sich aus § 322 Abs. 1 bis 3 und 6 HGB. Ein in dieser Form erteilter Bestätigungsvermerk ist dann unrichtig, wenn er nach dem Ergebnis der Abschlussprüfung nicht mit diesem Inhalt hätte abgegeben werden dürfen, sondern vielmehr eine Einschränkung des Bestätigungsvermerks oder gar dessen Versagung hätte erfolgen müssen.[23] Dies gilt nicht nur für den uneingeschränkten (§ 322 Abs. 2 Satz 1 Nr. 1 HGB), sondern auch für den eingeschränkten Bestätigungsvermerk (§ 322 Abs. 2 Satz 1 Nr. 2 HGB).

27 Wird der Bestätigungsvermerk zu Unrecht versagt und ein Versagungsvermerk erteilt, liegt keine strafbare Handlung vor, da der **Versagungsvermerk** nach § 322 Abs. 4 Satz 2 HGB ausdrücklich kein Bestätigungsvermerk ist.[24] Unter Umständen kann jedoch eine Strafbarkeit als unrichtige Berichterstattung (Rz 19 ff.) gegeben sein.

28 Die **Nichteinhaltung von Formalien** führt nicht zu einer Strafbarkeit nach § 332 HGB, wenn der Bestätigungsvermerk inhaltlich richtig ist.

> **Praxis-Beispiel**
> Unter die **Nichteinhaltung von Formalien** fallen etwa Fehler in der Orts- oder Datumsangabe oder die Unterzeichnung nicht durch den Prüfer, sondern den Gehilfen.

Entscheidend ist auch bei dieser Tatbestandsalternative ausschl. die inhaltliche Übereinstimmung von Prüfungsergebnis und Bestätigungsvermerk.

---

[20] Vgl. Dannecker, in Staub, Großkommentar Handelsgesetzbuch, 5. Aufl. 2012, § 332 HGB Rz 43; Klinger, in MünchKomm. HGB, 5. Aufl. 2024, § 332 HGB Rz 27.
[21] Vgl. Klinger, in MünchKomm. HGB, 5. Aufl. 2024, § 332 HGB Rz 28.
[22] Vgl. Spatscheck/Wulf, DStR 2003, S. 178.
[23] Vgl. Klinger, in MünchKomm. HGB, 5. Aufl. 2024, § 332 HGB Rz 29; Grottel/Hoffmann, in Beck Bil-Komm., 14. Aufl. 2024, § 332 HGB Rz 26; Tschesche, in Baetge/Kirsch/Thiele, Bilanzrecht, § 332 HGB Rz 30, Stand: 9/2007.
[24] Vgl. Grottel/Hoffmann, in Beck Bil-Komm., 14. Aufl. 2024, § 332 HGB Rz 28.

4 Subjektiver Tatbestand

Alle drei Tatbestandsalternativen des § 332 Abs. 1 HGB sind nur bei vorsätzlichem Verhalten strafbar. **Bedingter Vorsatz** (dolus eventualis) reicht dabei aus,[25] d. h., der Täter muss die Gefahr der Tatbestandsverwirklichung erkannt und dies zumindest billigend in Kauf genommen haben. Ausreichend für die Annahme des bedingten Vorsatzes ist, wenn der Abschlussprüfer Anhaltspunkte dafür hat, dass der Prüfungsbericht lückenhaft ist, er ihn aber trotzdem erstattet, ohne weitere Prüfungen vorzunehmen.[26]

Eine weitergehende **Täuschungs- oder Schädigungsabsicht** ist nicht erforderlich.

5 Rechtswidrigkeit und Schuld

Die Tatbestandsmäßigkeit des Handelns indiziert grds. dessen Rechtswidrigkeit. Die Rücksichtnahme auf Gesellschaftsinteressen kann eine Verletzung der Berichtspflicht nicht rechtfertigen. Insb. geht die Berichtspflicht der Geheimhaltungspflicht des § 333 HGB vor.[27] **Rechtfertigungsgründe** sind praktisch nicht vorstellbar.

Hinsichtlich der **Schuldfrage** gelten die allgemeinen strafrechtlichen Grundsätze.

6 Irrtum

Hinsichtlich der Irrtumslehre gelten die allgemeinen Grundsätze zu **Tatbestandsirrtum** (§ 16 StGB) und **Verbotsirrtum** (§ 17 StGB).

Irrt sich der Täter über den Sachverhalt, der die Unrichtigkeit des Prüfungsberichts oder des Bestätigungsvermerks begründet, liegt ein den Vorsatz ausschließender Tatbestandsirrtum vor. Dies gilt auch, wenn sich der Täter über die Bedeutung des normativen Tatbestandsmerkmals „Erheblichkeit" irrt.

Ein Verbotsirrtum liegt vor, wenn sich der Täter über die Rechtswidrigkeit seines Verhaltens irrt.[28]

7 Vollendung und Beendigung der Tat

7.1 Vollendung

Da es sich bei § 332 HGB um ein Vergehen (§§ 12 Abs. 2, 23 Abs. 1 StGB) handelt, ist der **Versuch** mangels ausdrücklicher Bestimmung nicht strafbar.

Bei den Tatbestandsalternativen der unrichtigen Berichterstattung und des Verschweigens erheblicher Umstände im Prüfungsbericht ist die Tat vollendet, wenn der Bericht dem gesetzlichen Adressaten gem. § 321 Abs. 5 HGB zugegangen ist. Eine Kenntnisnahme des Empfängers ist nicht erforderlich.

Bei der Tatbestandsalternative der Erteilung eines unrichtigen Bestätigungsvermerks ist gleichfalls der Zugang bei den gesetzlichen Empfängern erforderlich.

---

[25] Ebenso Klinger, in MünchKomm. HGB, 5. Aufl. 2024, § 332 HGB Rz 34; Grottel/Hoffmann, in Beck Bil-Komm., 14. Aufl. 2024, § 332 HGB Rz 41; Tschesche, in Baetge/Kirsch/Thiele, Bilanzrecht, § 332 HGB Rz 31, Stand: 9/2007; a. A. Dierlamm, NStZ 2000, S. 132, der hiergegen Bedenken äußert und tw. direkten Vorsatz fordert.

[26] Vgl. Grottel/Hoffmann, in Beck Bil-Komm., 14. Aufl. 2024, § 332 HGB Rz 41.

[27] Vgl. Klinger, in MünchKomm. HGB, 5. Aufl. 2024, § 332 HGB Rz 33; Tschesche, in Baetge/Kirsch/Thiele, Bilanzrecht, § 332 HGB Rz 34, Stand: 9/2007.

[28] Vgl. Dannecker, in Staub, Großkommentar Handelsgesetzbuch, 5. Aufl. 2012, § 332 HGB Rz 56.

Die Unterzeichnung des unrichtigen Bestätigungsvermerks reicht noch nicht aus, um Tatvollendung anzunehmen.[29]

7.2 Beendigung

35 Beendet ist die Tat, wenn alle bestimmungsgemäßen Empfänger den Prüfungsbericht erhalten und von ihm **Kenntnis genommen** haben.

8 Qualifikationen

36 In § 332 Abs. 2 S. 2 HGB wird der Strafrahmen von bis zu 3 Jahren auf bis zu 5 Jahre erhöht, wenn der Täter die Handlung gegen Entgelt oder in der Absicht, sich oder einen anderen zu bereichern oder einen anderen zu schädigen, vornimmt.

37 Durch Art. 11 des FISG wurde mit Wirkung zum 1.7.2021 die Norm um einen weiteren Qualifikationstatbestand erweitert. Nach § 332 Abs. 2 Satz 2 HGB gilt der erhöhte Strafrahmen auch, wenn der Täter einen unrichtigen Bestätigungsvermerk zum Jahres-, Einzel- oder Konzernabschluss einer KapG erteilt und diese ein Unt nach öffentlichem Interesse i. S. d. § 316a Satz 2 HGB ist. Hinsichtlich dieser Qualifikation ist auch eine leichtfertige Begehensweise strafbar. Der Strafrahmen beträgt dann eine Freiheitsstrafe bis zu zwei Jahren oder eine Geldstrafe.

8.1 Handeln gegen Entgelt

38 Entgelt ist nach der Legaldefinition des § 11 Abs. 1 Nr. 9 StGB jede in einem Vermögensvorteil bestehende Gegenleistung. Hierzu zählen alle **vermögenswerten Leistungen** (Geld, Schecks, Erlass von Schulden etc.), nicht aber immaterielle Vorteile oder sonstige Begünstigungen. Egal ist dabei, ob der Täter das Entgelt vor oder nach Begehung der Tat erhält. Es reicht bereits die Vereinbarung eines Entgelts und das darauf gerichtete Handeln des Täters aus, ohne dass es tatsächlich zur Zahlung des Entgelts kommt.[30]

39 Das Entgelt und die strafbare Handlung müssen in einem **gegenseitigen Abhängigkeitsverhältnis** stehen. Diese Voraussetzung ist nicht gegeben, wenn der Abschlussprüfer nur das **übliche Honorar** erhält oder, wenn es zur Vereinbarung des Entgelts erst nach der Tat kommt.[31]

---

[29] Vgl. Grottel/Hoffmann, in Beck Bil-Komm., 14. Aufl. 2024, § 332 HGB Rz 40.
[30] Vgl. Grottel/Hoffmann, in Beck Bil-Komm., 14. Aufl. 2024, § 332 HGB Rz 45; Klinger, in MünchKomm. HGB, 5. Aufl. 2024, § 332 HGB Rz 47; Dannecker, in Staub, Großkommentar Handelsgesetzbuch, 5. Aufl. 2012, § 332 HGB Rz 61.
[31] Vgl. Klinger, in MünchKomm. HGB, 5. Aufl. 2024, § 332 HGB Rz 49; Dannecker, in Staub, Großkommentar Handelsgesetzbuch, 5. Aufl. 2012, § 332 HGB Rz 62; Spatscheck/Wulf, DStR 2003, S. 180.

8.2 Handeln in Bereicherungsabsicht

Der Täter handelt mit Bereicherungsabsicht, wenn er durch die Tat für sich oder einen anderen einen rechtswidrigen Vermögensvorteil erstrebt.[32] Nicht notwendig ist, dass der angestrebte Vermögensvorteil auch tatsächlich eingetreten ist.

40

8.3 Handeln in Schädigungsabsicht

Schädigungsabsicht liegt vor, wenn das Handeln des Täters darauf gerichtet ist, einem anderen einen Nachteil zuzufügen. Die Schädigungsabsicht muss sich dabei nicht gegen die geprüfte KapG oder den geprüften Konzern richten, sondern kann jede andere natürliche oder juristische Person betreffen. Der Schadensbegriff beschränkt sich dabei nach h. M. nicht nur auf Vermögensschäden, sondern auch auf Schäden immaterieller Art.[33]

41

8.4 Unternehmen von öffentlichem Interesse

Straferhöhend wirkt sich aus, soweit der Täter einen inhaltlich unrichtigen Bestätigungsvermerk (Rz 26) zu dem Jahresabschluss oder dem Einzelabschluss nach § 325 Abs. 2a HGB oder zu dem Konzernabschluss einer KapG, die ein Unt von öffentlichem Interesse nach § 316a Satz 2 HGB ist, erteilt. Nicht unter diese Qualifikation fallen die beiden weiteren Tatbestandsalternativen der unrichtigen Berichterstattung und des Verschweigens erheblicher Umstände.

42

Erfolgt die Erteilung des inhaltlich unrichtigen Bestätigungsvermerks leichtfertig, beträgt der Strafrahmen bis zu zwei Jahren Freiheitsstrafe oder Geldstrafe. Leichtfertigkeit bedeutet einen erhöhten Grad an Fahrlässigkeit, welcher grober Fahrlässigkeit im Zivilrecht entspricht.[34]

43

In diesem Sinne dürfte der Täter leichtfertig handeln, wenn er sich um die inhaltliche Richtigkeit des Bestätigungsvermerks nur oberflächlich kümmert oder sich darüber keine ausreichenden Gedanken macht.

9 Konkurrenzen

9.1 Mehrere Tathandlungen

Bei mehreren Tathandlungen in ein und demselben Bericht wird § 332 HGB nur einmal verwirklicht, da die verschiedenen Tatalternativen eine **einheitliche Verletzung der Berichtspflicht** bilden. Dies gilt auch für den inhaltlich unrichtigen Bestätigungsvermerk, der sich auf einen unrichtigen oder unvollständigen Prüfungsbericht bezieht.

44

---

[32] Ebenso Dannecker, in Staub, Großkommentar Handelsgesetzbuch, 5. Aufl. 2012, § 332 HGB Rz 63; Grottel/Hoffmann, in Beck Bil-Komm., 14. Aufl. 2024, § 332 HGB Rz 47; Spatscheck/Wulf, DStR 2003, S. 180; a. A. Klinger, in MünchKomm. HGB, 5. Aufl. 2024, § 332 HGB Rz 50, der keine Rechtswidrigkeit des Vermögensvorteils verlangt.

[33] Vgl. Grottel/Hoffmann, in Beck Bil-Komm., 14. Aufl. 2024, § 332 HGB Rz 48; Klinger, in MünchKomm. HGB, 5. Aufl. 2024, § 332 HGB Rz 53; Dannecker, in Staub, Großkommentar Handelsgesetzbuch, 5. Aufl. 2012, § 332 HGB Rz 65.

[34] Fischer, Beck StGB-Kurzkomm., 71. Aufl. 2024, § 15 StGB Rz 20.

9.2 Verhältnis zu den Straftatbeständen des Strafgesetzbuchs

45 Die Tathandlung kann eine **tateinheitliche Beihilfehandlung** zu § 263 StGB (Betrug), § 264a StGB (Kapitalanlagebetrug), § 265b StGB (Kreditbetrug) etc. sein, wenn der Täter weiß, dass der testierte Jahresabschluss zur Erlangung eines Kredits etc. vorgelegt wird.

9.3 Verhältnis zu anderen Strafgesetzen

46 Gegenüber § 403 AktG ist § 332 HGB **lex specialis** bez. der in § 332 HGB erfassten Berichtsinstrumente. Dies gilt auch für die Vorschriften der §§ 18 PublG, 314 UmwG, 150 GenG und 137 VAG.

10 Strafverfolgung und Rechtsfolgen

47 Die Strafe beträgt entweder Freiheitsstrafe von einem Monat bis zu drei Jahren oder Geldstrafe. Liegen auch die Voraussetzungen der Tatbestandsqualifikation gem. § 332 Abs. 2 HGB vor, so erhöht sich das Höchstmaß des Strafrahmens auf fünf Jahre. Im Übrigen wird auf die Erläuterungen bei § 331 HGB (§ 331 Rz 92 ff.) verwiesen.

11 Verjährung

48 Hinsichtlich der Verjährung s. Erläuterungen zu § 331 HGB (§ 331 Rz 95 f.) verwiesen.

12 CSRD-Umsetzungsgesetz: Änderungen

> **Hinweis**
> Die Kommentierung basiert auf dem **Regierungsentwurf eines CSRD-Umsetzungsgesetzes**.[35] Nach Veröffentlichung der finalen Fassung wird die Kommentierung in Ihrem Haufe HGB Bilanz Kommentar Online aktualisiert. Die **Online-Version** ist beim Kauf der Printausgabe inklusive.

49 Abs. 1 soll zunächst eine sprachliche Erneuerung erfahren. So soll aus dem Abschlußprüfer der Abschlussprüfer und aus dem Prüfbericht der Abschlussprüfungsbericht werden. Letzteres, um die Prüfungen von Abschluss und Nachhaltigkeitsbericht sprachlich eindeutig zu trennen. Inhaltlich wird Abs. 1 um den neuen Tatbestand der Erteilung eines inhaltlich unrichtigen Prüfungsvermerks über den Nachhaltigkeitsbericht (§ 322a HGB-E) erweitert.
Weitere neue Tatbestände sollen durch Abs. 1a eingeführt werden. Danach soll sich ebenso strafbar machen, wer entgegen § 324h Abs. 1 S. 1 HGB-E über das Ergebnis der Prüfung des Nachhaltigkeitsberichts nicht richtig oder nicht vollständig berichtet (Abs. 1a Nr. 1) oder wer entgegen § 324i Abs. 4 S. 1 HGB-E eine dort genannte Erklärung nicht richtig oder nicht vollständig abgibt.
Keine Änderungen soll es hinsichtlich der Absätze 2 und 3 geben.

---

[35] Regierungsentwurf eines Gesetzes zur Umsetzung der Richtlinie (EU) 2022/2464 des Europäischen Parlaments und des Rates vom 14. Dezember 2022 zur Änderung der Verordnung (EU) Nr. 537/2014 und der Richtlinien 2004/109/EG, 2006/43/EG und 2013/34/EU hinsichtlich der Nachhaltigkeitsberichterstattung von Unternehmen, BT-Drs. 20/12787 v. 9.9.2024.

§ 333 Verletzung der Geheimhaltungspflicht

(1) Mit Freiheitsstrafe bis zu einem Jahr oder mit Geldstrafe wird bestraft, wer ein Geheimnis der Kapitalgesellschaft, eines Tochterunternehmens (§ 290 Abs. 1, 2), eines gemeinsam geführten Unternehmens (§ 310) oder eines assoziierten Unternehmens (§ 311), namentlich ein Betriebs- oder Geschäftsgeheimnis, das ihm in seiner Eigenschaft als Abschlußprüfer oder Gehilfe eines Abschlußprüfers bei Prüfung des Jahresabschlusses, eines Einzelabschlusses nach § 325 Abs. 2a oder des Konzernabschlusses bekannt geworden ist, unbefugt offenbart.

(2) ¹Handelt der Täter gegen Entgelt oder in der Absicht, sich oder einen anderen zu bereichern oder einen anderen zu schädigen, so ist die Strafe Freiheitsstrafe bis zu zwei Jahren oder Geldstrafe. ²Ebenso wird bestraft, wer ein Geheimnis der in Absatz 1 bezeichneten Art, namentlich ein Betriebs- oder Geschäftsgeheimnis, das ihm unter den Voraussetzungen des Absatzes 1 bekannt geworden ist, unbefugt verwertet.

(3) Die Tat wird nur auf Antrag der Kapitalgesellschaft verfolgt.

Inhaltsübersicht

	Rz
1 Überblick	1–5
1.1 Geschütztes Rechtsgut und Schutzbereich	1
1.2 Deliktsnatur	2–3
1.3 Normzusammenhänge	4–5
2 Täterkreis	6–9
2.1 Abschlussprüfer	7
2.2 Gehilfe eines Abschlussprüfers	8–9
3 Tathandlung	10–27
3.1 Tatgegenstand	10–18
3.1.1 Geheimnis	11–13
3.1.2 Fehlende Offenkundigkeit	14–15
3.1.3 Geheimhaltungsinteresse	16
3.1.4 Geheimhaltungswille	17–18
3.2 Handlung	19–27
3.2.1 Besondere Umstände der Kenntniserlangung	19–21
3.2.2 Unbefugtes Offenbaren (Abs. 1)	22–25
3.2.3 Unbefugtes Verwerten (Abs. 2 Satz 2)	26–27
4 Subjektiver Tatbestand	28–30
5 Rechtswidrigkeit und Schuld	31–32
6 Irrtum	33–34
7 Vollendung und Beendigung der Tat	35–38
7.1 Vollendung	36–37
7.2 Beendigung	38
8 Qualifikation	39–42
8.1 Offenbaren gegen Entgelt	40
8.2 Bereicherungsabsicht	41
8.3 Schädigungsabsicht	42

9	Konkurrenzen.	43–45
	9.1 Mehrere Tathandlungen	43
	9.2 Verhältnis zu Straftatbeständen des Strafgesetzbuchs.	44
	9.3 Verhältnis zu anderen Strafgesetzen	45
10	Strafverfolgung und Rechtsfolgen	46–50
	10.1 Strafantragsdelikt	46–49
	10.2 Rechtsfolgen.	50
11	Verjährung	51

1 Überblick

1.1 Geschütztes Rechtsgut und Schutzbereich

1 Der Straftatbestand des § 333 HGB dient, wie § 404 AktG und § 85 GmbHG, dem **Schutz von Wirtschaftsgeheimnissen** der KapG, der mit ihr in Verbindung stehenden Unt i.S.d. § 290 Abs. 1 HGB (MU/TU), § 310 HGB (Gemeinschafts-Unt) und § 311 HGB (assoziierte Unt). Geschützt werden damit auch die Aktionäre, Gesellschafter oder sonstigen Eigner der KapG und der genannten Unt. Nicht geschützt werden die Interessen der Gesellschaftsgläubiger und der Arbeitnehmer.[1] Die Benennung des § 290 Abs. 2 HGB im Gesetzestext ist durch das BilMoG insoweit obsolet, als MU und TU im Abs. 1 definiert werden; der Abs. 2 bestimmt lediglich den Beherrschungsbegriff genauer.

§ 333 HGB ist bezogen auf die KapG und ihre Gesellschafter ein Schutzgesetz i.S.d. § 823 Abs. 2 BGB.[2]

1.2 Deliktsnatur

2 Es handelt sich bei § 333 HGB um ein **abstraktes Gefährdungsdelikt**. Ein konkreter Erfolg ist daher nicht erforderlich. Für die Strafbarkeit genügt das bloße Handeln des Täters.[3]

3 § 333 HGB ist in allen Tatbestandsalternativen ein **echtes Sonderdelikt**, da nur die im Gesetz ausdrücklich genannten Personen als Täter in Betracht kommen.

1.3 Normzusammenhänge

4 Die Vorschrift sanktioniert die Verletzung der **Geheimhaltungsverpflichtung** durch Abschlussprüfer in ihrer Eigenschaft als Geheimnisträger. Die allgemeine Schweigepflicht des Abschlussprüfers ergibt sich aus § 323 HGB, die Verschwiegenheitspflicht der Beschäftigten einer Prüfstelle sind nicht mehr im HGB geregelt, da seit dem FISG die BaFin für das Enforcement zuständig ist und die Beschäftigten der BaFin über andere Gesetze, etwa § 9 KWG, zur Verschwiegenheit verpflichtet sind.

---

[1] Vgl. Dannecker, in Staub, Großkommentar Handelsgesetzbuch, 5. Aufl. 2012, § 333 HGB Rz 7; Klinger, in MünchKomm. HGB, 5. Aufl. 2024, § 333 HGB Rz 1.

[2] Vgl. Tschesche, in Baetge/Kirsch/Thiele, Bilanzrecht, § 333 HGB Rz 2, Stand: 9/2007; Dannecker, in Staub, Großkommentar Handelsgesetzbuch, 5. Aufl. 2012, § 333 HGB Rz 9.

[3] Vgl. Dannecker, in Staub, Großkommentar Handelsgesetzbuch, 5. Aufl. 2012, § 333 HGB Rz 10.

Soweit die Kenntnis eines Geheimnisses nicht i.R.d. Jahresabschlussprüfung erlangt wird, bleiben als strafrechtlicher Schutz nur die allgemeinen Strafvorschriften der §§ 203 und 204 StGB.[4]

Der Anwendungsbereich von § 333 HGB wird durch § 335b HGB auf **PersG**, die über keine natürliche Person als phG verfügen, erweitert. Ebenso gilt die Norm aufgrund besonderer Verweisungen entsprechend für Kreditinstitute (§ 340m HGB) und VersicherungsUnt (§ 341m HGB) – jeweils unabhängig von deren Rechtsform.

2 Täterkreis

Taugliche Täter des § 333 HGB können nach dem Gesetzeswortlaut nur Abschlussprüfer, deren Gehilfen sein. Personen, die diesem Täterkreis nicht angehören, können nur als Anstifter (§ 26 StGB) oder Gehilfen (§ 27 StGB) an der Tat teilnehmen.

2.1 Abschlussprüfer

Als möglicher Täter kommt der Abschlussprüfer in Betracht. Diesbzgl. kann auf die Ausführungen bei § 332 HGB (§ 332 Rz 8 ff.) verwiesen werden.

2.2 Gehilfe eines Abschlussprüfers

Hinsichtlich der Definition des Gehilfen des Abschlussprüfers gelten zunächst die Ausführungen bei § 332 HGB (§ 332 Rz 13 ff.).

Während jedoch bei der Tathandlung des § 332 HGB auf die Gehilfen eingegrenzt wurde, die eine prüfungsspezifische Tätigkeit ausüben und dadurch Einfluss auf das Prüfungsergebnis haben, ist eine solche Einschränkung bei § 333 HGB nicht dienlich. Denn gegen die Verschwiegenheitspflicht kann jeder Prüfungsgehilfe (auch bloße Schreib- und Hilfskräfte) verstoßen.[5]

3 Tathandlung

3.1 Tatgegenstand

Gegenstand der Tathandlung ist nach dem Wortlaut des Gesetzes zunächst ein Geheimnis unter besonderer Nennung des **Betriebs- und Geschäftsgeheimnisses**. Insoweit ist der Gesetzeswortlaut mit den Vorschriften der § 404 AktG und § 85 GmbHG identisch. Durch das Gesetz zum Schutz von Geschäftsgeheimnissen (GeschGehG) vom 18.4.2019 wurde eine neue Legaldefinition des Geschäftsgeheimnisses in § 2 Nr. 1 GeschGehG eingeführt. Darunter fallen somit alle Tatsachen, die im Zusammenhang mit dem Betrieb des Unt stehen, nur einem eng begrenzten Personenkreis bekannt, also nicht offenkundig sind, und nach dem bekundeten oder erkennbaren Willen des maßgeblichen Organs der Gesellschaft geheim gehalten werden sollen.

---

[4] Vgl. Tschesche, in Baetge/Kirsch/Thiele, Bilanzrecht, § 333 HGB Rz 4, Stand: 9/2007.
[5] Ebenso Grottel/Hoffmann, in Beck Bil-Komm., 14. Aufl. 2024, § 333 HGB Rz 17; Dannecker, in Staub, Großkommentar Handelsgesetzbuch, 5. Aufl. 2012, § 333 HGB Rz 15; a.A. Klinger, in MünchKomm. HGB, 5. Aufl. 2024, § 333 HGB Rz 8, § 332 HGB Rz 10.

3.1.1 Geheimnis

11 Trotz der besonderen Hervorhebung des Betriebs- und Geschäftsgeheimnisses in § 333 HGB ist jedes **Geheimnis** geschützt. Bei der namentlichen Nennung des Betriebs- und Geschäftsgeheimnisses handelt es sich lediglich um die Hervorhebung des praktisch wichtigsten Anwendungsgebiets.[6]

12 Ein Geheimnis ist eine **nicht offenkundige Tatsache**, die das Unt betrifft und bez. derer die Ges. ein objektiv anzuerkennendes **Geheimhaltungsinteresse** hat. Erforderlich ist zudem, dass auch die Ges. diese Tatsache nicht offenbaren will (**Geheimhaltungswille**).[7]

13 Durch § 333 HGB werden nicht nur Geheimnisse der geprüften Ges. geschützt, sondern auch Geheimnisse von TU i.S.d. § 290 HGB, GemeinschaftsUnt nach § 310 HGB oder assoziierten Unt gem. § 311 HGB.[8]

3.1.2 Fehlende Offenkundigkeit

14 Eine Tatsache ist dann offenkundig, wenn sie allgemein bekannt oder derart zugänglich ist, dass sie von einem außenstehenden Dritten jederzeit auf legalem Weg in Erfahrung gebracht werden kann.[9] Demnach fehlt es an der **Offenkundigkeit**, wenn bereits eine Tatsache nur einem eng begrenzten, noch überschaubaren Personenkreis bekannt ist.[10]

15 Auch dann wenn die Tatsache über den Kreis der Personen, für deren Kenntnis sie bestimmt ist, hinaus bekannt geworden ist, liegt noch ein Geheimnis vor, weil die Tatsache anderen Personen noch unbekannt ist (**relative Unbekanntheit**). Erst wenn die Tatsache dem **beliebigen, nicht mehr kontrollierbaren Zugriff Dritter** preisgegeben ist, liegt Offenkundigkeit und damit kein Geheimnis mehr vor.[11]

3.1.3 Geheimhaltungsinteresse

16 An der nicht offenkundigen Tatsache muss ein nach objektiven Kriterien festzustellendes **Geheimhaltungsinteresse** der KapG bestehen, welches durch Maßstäbe einer sachgemäßen Unternehmensführung bestimmt wird. Dies ist immer dann anzunehmen, wenn die Geheimhaltung geboten ist, um eine sonst drohende, materielle oder immaterielle Beeinträchtigung der Interessen der Ges. abzuwenden.[12]

---

[6] Vgl. Quick, BB 2004, S. 1490.
[7] Vgl. Dannecker, in Staub, Großkommentar Handelsgesetzbuch, 5. Aufl. 2012, § 333 HGB Rz 23; Klinger, in MünchKomm. HGB, 5. Aufl. 2024, § 333 HGB Rz 10.
[8] Vgl. Grottel/Hoffmann, in Beck Bil-Komm., 14. Aufl. 2024, § 333 HGB Rz 8; Quick, BB 2004, S. 1492.
[9] Vgl. Dannecker, in Staub, Großkommentar Handelsgesetzbuch, 5. Aufl. 2012, § 333 HGB Rz 24; Klinger, in MünchKomm. HGB, 5. Aufl. 2024, § 333 HGB Rz 12; Quick, BB 2004, S. 1491.
[10] Vgl. RGSt 74, S. 111; Dannecker, in Staub, Großkommentar Handelsgesetzbuch, 5. Aufl. 2012, § 333 HGB Rz 24; Quick, BB 2004, S. 1491.
[11] Vgl. Dannecker, in Staub, Großkommentar Handelsgesetzbuch, 5. Aufl. 2012, § 333 HGB Rz 24; Quick, BB 2004, S. 1491.
[12] Vgl. Dannecker, in Staub, Großkommentar Handelsgesetzbuch, 5. Aufl. 2012, § 333 HGB Rz 25; Quick, BB 2004, S. 1491, Klinger, in MünchKomm. HGB, 5. Aufl. 2024, § 333 HGB Rz 13.

> **Praxis-Beispiel**
> Eine materielle oder immaterielle Beeinträchtigung der Interessen der Ges. kann etwa bei Bedrohung der Wettbewerbsfähigkeit, Ansehensminderung oder Vertrauensverlust gegeben sein.

3.1.4 Geheimhaltungswille

Als weitere Voraussetzung des Geheimnisses muss die Geheimhaltung mit dem wirklichen oder vermutlichen Willen der KapG in Einklang stehen. Ein willkürlicher, durch keinerlei sachliche Gründe gebotener Geheimhaltungswille ist jedoch **nicht strafrechtlich geschützt**. Maßstab für die Anerkennung eines Geheimhaltungsinteresses ist insoweit die **sachgemäße Unternehmensführung**.

Bei der Bestimmung des Geheimhaltungswillens kommt es auf den Willen des zuständigen Organs der KapG an;[13] eine explizite Deklarierung als Geheimnis ist aber nicht erforderlich, denn der Geheimnisbegriff ist nicht formal, sondern inhaltlich-materiell bestimmt.[14]

> **Praxis-Beispiel**
> Als Beispiele für Betriebs- und Geschäftsgeheimnisse werden i. d. R. genannt: Jahresabschlüsse, Kundenlisten, Lieferantenlisten, Lohn- und Gehaltslisten, Personalakten, Kalkulationsunterlagen, Einkaufspreislisten, Herstellungsverfahren, Zahlungsbedingungen, Gesellschafterbeschlüsse, Protokolle von Vorstands- und Aufsichtsratssitzungen, Beteiligungsverhältnisse und dergleichen mehr.[15]

3.2 Handlung

3.2.1 Besondere Umstände der Kenntniserlangung

Dem Täter muss das Geheimnis **in seiner Eigenschaft** als Abschlussprüfer oder Gehilfe eines Abschlussprüfers **i. R. seiner Prüftätigkeit** bekannt werden. § 333 Abs. 1 HGB setzt also voraus, dass der Täter zum Zeitpunkt, in dem er Kenntnis von dem Geheimnis erhält, Abschlussprüfer oder Gehilfe ist. Ist er dies nicht, liegt kein Fall des § 333 HGB vor.[16]

Ebenso erfasst § 333 HGB nicht die Offenbarung von Geheimnissen, die zwar zeitgleich während einer Prüfung, aber **außerhalb der Prüfung** (z. B. bei gleichzeitiger Steuer- oder Unternehmensberatung) erlangt werden. In diesen Fällen kann jedoch die allgemeine Strafvorschrift des § 203 StGB greifen.[17]

Nicht erforderlich ist, dass der Täter im Zeitpunkt der Offenbarung bzw. Verwertung noch Abschlussprüfer oder Gehilfe ist.

---

[13] Vgl. Klinger, in MünchKomm. HGB, 5. Aufl. 2024, § 333 HGB Rz 14.
[14] Quick, BB 2004, S. 1491.
[15] S. auch die Beispiele bei Dannecker, in Staub, Großkommentar Handelsgesetzbuch, 5. Aufl. 2012, § 333 HGB Rz 32.
[16] Ebenso Grottel/Hoffmann, in Beck Bil-Komm., 14. Aufl. 2024, § 333 HGB Rz 11.
[17] Vgl. Grottel/Hoffmann, in Beck Bil-Komm., 14. Aufl. 2024, § 333 HGB Rz 11; Quick, BB 2004, S. 1492.

3.2.2 Unbefugtes Offenbaren (Abs. 1)

22 Offenbaren i.S.d. § 333 Abs. 1 HGB ist die schriftliche oder mündliche Weitergabe des Geheimnisses an eine oder mehrere Personen, denen dieses Geheimnis bisher noch nicht bekannt war. Es genügt bereits, wenn das Geheimnis dem Dritten zugänglich gemacht wird, ohne dass es auf die tatsächliche Kenntnisnahme durch diesen ankommt.[18]

23 Ausreichend ist bereits die **Bestätigung einer Vermutung oder eines Gerüchts**,[19] ebenso wie die Verbreitung des Geheimnisses als Gerücht.
Das Offenbaren kann auch durch **Unterlassen** erfolgen, wenn die Weitergabe des Geheimnisses zwar erkannt, aber nicht verhindert wird. Die Übernahme der Prüfungstätigkeit begründet zugleich die Garantenpflicht (§ 13 StGB).[20]

24 Die **Weitergabe des Geheimnisses** ist **unbefugt**, wenn der Täter hierzu weder berechtigt noch verpflichtet war. Eine solche Berechtigung liegt grds. für die Weitergabe von Informationen an das jeweilige vertretungsberechtigte Organ der KapG, nicht aber gegenüber einzelnen Mitgliedern vor. Soweit der Prüfer eigene Interessen gegenüber der Ges., wie z.B. die Durchsetzung eigener Honorarforderungen oder die Abwehr von Ansprüchen der Ges., verfolgt, ist er zur Offenbarung grds. befugt, soweit diese zu einer sachgerechten Interessenwahrnehmung erforderlich ist.[21] Auch eine Verdachtsmeldung i.R.d. Geldwäschegesetzes stellt kein unbefugtes Handeln dar.
Nicht unberechtigt ist die Weitergabe, wenn sie durch eine entsprechende rechtswirksame Entbindung von der Verschwiegenheitpflicht gedeckt ist.[22]

25 Offenbart der Abschlussprüfer i.R. seiner Überprüfung im Qualitätskontrollverfahren (**Peer Review**), bleibt er straffrei nach § 333 HGB, soweit die Offenbarung für die Durchführung des Qualitätskontrollverfahrens erforderlich ist. In diesem Fall ist auch die Verschwiegenheit des Abschlussprüfers gem. §§ 43 Abs. 1 Satz 1 WPO, 323 Abs. 1 Satz 1 HGB und 57b Abs. 3 WPO eingeschränkt.[23]

3.2.3 Unbefugtes Verwerten (Abs. 2 Satz 2)

26 Verwerten bedeutet jede wirtschaftliche Nutzung des Geheimnisses durch den Täter selbst mit dem Zweck der Gewinnerzielung für sich oder einen Dritten.[24] Die Verfolgung von ideellen oder politischen Zielen ist kein Verwerten i.S.d. § 333 Abs. 2 Satz 2 HGB.

---

[18] Ebenso Grottel/Hoffmann, in Beck Bil-Komm., 14. Aufl. 2024, § 333 HGB Rz 13; Dannecker, in Staub, Großkommentar Handelsgesetzbuch, 5. Aufl. 2012, § 333 HGB Rz 35; Quick, BB 2004, S. 1492; a.A. Klinger, in MünchKomm. HGB, 5. Aufl. 2024, § 333 HGB Rz 18, der die Kenntnisnahme des Dritten voraussetzt.

[19] Vgl. Dannecker, in Staub, Großkommentar Handelsgesetzbuch, 5. Aufl. 2012, § 333 HGB Rz 36; Quick, BB 2004, S. 1492.

[20] Vgl. Dannecker, in Staub, Großkommentar Handelsgesetzbuch, 5. Aufl. 2012, § 333 HGB Rz 37; Klinger, in MünchKomm. HGB, 5. Aufl. 2024, § 333 HGB Rz 19.

[21] Vgl. Quick, BB 2004, S. 1492.

[22] Zum Meinungsstand vgl. Grottel/Hoffmann, in Beck Bil-Komm., 14. Aufl. 2024, § 333 HGB Rz 14; Passarge, BB 2010, S. 591.

[23] Siehe hierzu Erläuterungen bei Grottel/Hoffmann, in Beck Bil-Komm., 14. Aufl. 2024, § 333 HGB Rz 36.

[24] Vgl. Dannecker, in Staub, Großkommentar Handelsgesetzbuch, 5. Aufl. 2012, § 333 HGB Rz 40; Klinger, in MünchKomm. HGB, 5. Aufl. 2024, § 333 HGB Rz 31.

Unerheblich ist, ob der Täter tatsächlich einen Gewinn erzielt hat. Ebenso kommt es nach hM nicht darauf an, ob der Ges. ein Schaden entstanden ist.[25]
Hinsichtlich des Merkmals „unbefugt" gelten die oben (Rz 24) dargestellten Grundsätze.

4 Subjektiver Tatbestand

Die Tatalternativen „Offenbarung" bzw. „Verwertung" sind nur bei vorsätzlichem Verhalten strafbar. Die Fahrlässigkeit ist mangels ausdrücklicher Strafandrohung (§ 15 StGB) nicht strafbar.

Hinsichtlich des **Offenbarens** ist bedingter Vorsatz (**dolus eventualis**) ausreichend, d.h., der Täter muss die Gefahr der Tatbestandsverwirklichung erkannt und dies zumindest billigend in Kauf genommen haben. Ausreichend für die Annahme des bedingten Vorsatzes ist z.B., wenn der AP geheime Unterlagen nicht sicher verwahrt und damit die Einsichtnahme durch Nichtberechtigte billigend in Kauf nimmt.[26]

Für das **unbefugte Verwerten** ist ein lediglich bedingter Vorsatz nicht ausreichend. Vielmehr ist zielgerichtetes Handeln erforderlich.[27]

5 Rechtswidrigkeit und Schuld

Die **Tatbestandsmäßigkeit des Handelns** indiziert grds. dessen **Rechtswidrigkeit**. In Eil- oder Notfällen, in denen eine Entscheidung des zuständigen Entscheidungsträgers nicht rechtzeitig eingeholt werden kann, kann der Rechtfertigungsgrund des **übergesetzlichen Notstands** gem. § 34 StGB vorliegen.[28] Voraussetzung hierfür ist, dass der Täter eigene schutzwürdige Interessen gegenüber der Ges. verfolgt und die Offenbarung des Geheimnisses zur Erreichung dieser Interessen erforderlich ist.

Hinsichtlich der **Schuldfrage** gelten die allgemeinen strafrechtlichen Grundsätze.

6 Irrtum

Es gelten die allgemeinen Grundsätze zu **Tatbestandsirrtum** (§ 16 StGB) und **Verbotsirrtum** (§ 17 StGB).
Irrt sich der Täter über den Geheimnischarakter der offenbarten Tatsache oder darüber, dass ihm das Geheimnis in seiner Funktion als Abschlussprüfer, Gehilfe oder Beschäftigter einer Prüfstelle bekannt geworden ist, liegt ein den Vorsatz ausschließender **Tatbestandsirrtum** vor. Dies gilt auch, wenn der Täter irrig davon ausgeht, dass ein von der Geheimhaltungspflicht befreiender Beschluss des vertretungsberechtigten Organs vorliegt.[29]

---

[25] Vgl. Dannecker, in Staub, Großkommentar Handelsgesetzbuch, 5. Aufl. 2012, § 333 HGB Rz 40; Klinger, in MünchKomm. HGB, 5. Aufl. 2024, § 333 HGB Rz 31.
[26] Vgl. Grottel/Hoffmann, in Beck Bil-Komm., 14. Aufl. 2024, § 333 HGB Rz 20; Quick, BB 2004, S. 1493.
[27] Vgl. Dannecker, in Staub, Großkommentar Handelsgesetzbuch, 5. Aufl. 2012, § 333 HGB Rz 40; Grottel/Hoffmann, in Beck Bil-Komm., 14. Aufl. 2024, § 333 HGB Rz 20.
[28] Vgl. Dannecker, in Staub, Großkommentar Handelsgesetzbuch, 5. Aufl. 2012, § 333 HGB Rz 64.
[29] Vgl. Grottel/Hoffmann, in Beck Bil-Komm., 14. Aufl. 2024, § 333 HGB Rz 21.

34 Irrt sich der Täter über die Schweigepflicht als solche oder geht er irrig vom Eingreifen eines Rechtfertigungsgrunds aus, so liegt lediglich ein **Verbotsirrtum** nach § 17 StGB vor, der nur im Fall der Unvermeidbarkeit zur Straflosigkeit führt.

7 Vollendung und Beendigung der Tat

35 Bei § 333 HGB handelt es sich um ein Vergehen (§§ 12 Abs. 2, 23 Abs. 1 StGB), weshalb mangels ausdrücklicher Bestimmung der **Versuch** nicht strafbar ist.

7.1 Vollendung

36 Die Tat der **Offenbarung** ist dann vollendet, wenn das Geheimnis bzw. die Erkenntnis mind. einem Unbekannten zugänglich gemacht worden ist. Der Täter hat dann alles aus seiner Sicht Erforderliche für die Kenntnisnahme des Empfängers getan.[30] Ob dieser dann von dem Geheimnis Kenntnis erlangt, ist irrelevant.

37 Die Vollendung der Tat im Fall des **Verwertens** liegt vor, wenn der Täter nach seiner Vorstellung das Geheimnis soweit genutzt hat, dass der Eintritt des erstrebten Vermögensvorteils/Schädigung ohne weiteres Zutun nach seiner Ansicht unmittelbar bevorsteht.[31] Es ist dabei unbedeutend, ob die Vermögensmehrung tatsächlich eintritt.

7.2 Beendigung

38 Die **unbefugte Offenbarung** ist beendet, wenn der unbefugte Dritte von dem Geheimnis Kenntnis genommen hat. Eine Beendigung des **Verwertens** liegt vor, wenn der erstrebte Vermögensvorteil beim Täter oder einem Dritten eingetreten ist.

8 Qualifikation

39 In § 333 Abs. 2 Satz 1 HGB wird der Strafrahmen von bis zu einem Jahr auf bis zu zwei Jahre erhöht, wenn der Täter die Handlung gegen Entgelt oder in der Absicht, sich oder einen anderen zu bereichern oder einen anderen zu schädigen, vornimmt. Die Qualifikationsmerkmale sind identisch mit denen des § 332 Abs. 2 HGB, weshalb auf die dort gemachten Ausführungen (§ 332 Rz 38 ff.) verwiesen wird.

8.1 Offenbaren gegen Entgelt

40 Entgelt ist nach der Legaldefinition des § 11 Abs. 1 Nr. 9 StGB jede in einem Vermögensvorteil bestehende Gegenleistung. Hierzu zählen alle **vermögenswerten Leistungen** (Geld, Schecks, Erlass von Schulden etc.), nicht aber immaterielle Vorteile oder sonstige Begünstigungen. Egal ist dabei, ob der Täter das Entgelt vor oder nach Begehung der Tat erhält. Es reichen bereits die Vereinbarung eines Entgelts und das darauf gerichtete Handeln des Täters aus, ohne

---

[30] Vgl. Dannecker, in Staub, Großkommentar Handelsgesetzbuch, 5. Aufl. 2012, § 333 HGB Rz 37; Grottel/Hoffmann, in Beck Bil-Komm., 14. Aufl. 2024, § 333 HGB Rz 19.
[31] Vgl. Dannecker, in Staub, Großkommentar Handelsgesetzbuch, 5. Aufl. 2012, § 333 HGB Rz 37; Grottel/Hoffmann, in Beck Bil-Komm., 14. Aufl. 2024, § 333 HGB Rz 19; Klinger, in Münch-Komm. HGB, 5. Aufl. 2024, § 333 HGB Rz 41.

dass es tatsächlich zur Zahlung des Entgelts kommt. Das Entgelt und die strafbare Handlung müssen in einem **gegenseitigen Abhängigkeitsverhältnis** stehen.[32]

8.2 Bereicherungsabsicht

Der Täter handelt mit Bereicherungsabsicht, wenn er durch die Tat für sich oder einen anderen einen **rechtswidrigen Vermögensvorteil** anstrebt. Dabei muss sich aber die Absicht auch auf die Rechtswidrigkeit des angestrebten Vermögensvorteils beziehen. Der Bereicherungserfolg muss nicht eingetreten sein.

41

8.3 Schädigungsabsicht

Schädigungsabsicht liegt vor, wenn das Handeln des Täters darauf gerichtet ist, einem anderen einen Nachteil zuzufügen. Der Schadensbegriff beschränkt sich dabei nicht nur auf Vermögensschäden, sondern auch auf immaterielle Schäden.

42

9 Konkurrenzen

9.1 Mehrere Tathandlungen

Das unbefugte Offenbaren und das unbefugte Verwerten sind selbstständige Delikte, die in **Tateinheit** und **Tatmehrheit** zueinander stehen können. Die Offenbarung gegen Entgelt stellt kein Verwerten i.S.d. § 333 Abs. 2 Satz 2 HGB dar, sondern erfüllt den Qualifikationstatbestand des § 333 Abs. 2 Satz 1 HGB. Wird ein Geheimnis gegenüber verschiedenen Personen mehrfach offenbart, liegt Tatmehrheit (§ 53 StGB) vor.

43

9.2 Verhältnis zu Straftatbeständen des Strafgesetzbuchs

Mit Delikten des Strafgesetzbuchs wie z.B. **Unterschlagung** (§ 246 StGB), **Untreue** (§ 266 StGB), **Landesverrat** (§ 94 StGB) oder **Offenbaren von Staatsgeheimnissen** (§ 95 StGB) steht § 333 HGB in Tateinheit, wenn das Geschehen eine natürliche Handlung bildet. Gegenüber §§ 203 und 204 StGB ist § 333 HGB **lex specialis**.[33]

44

9.3 Verhältnis zu anderen Strafgesetzen

§ 404 AktG, § 151 GenG, § 315 UmwG und § 138 VAG sind aufgrund der ausdrücklichen Anordnung des Gesetzgebers in diesen Vorschriften subsidiär zu § 333 HGB. § 19 PublG ist **lex specialis** zu § 333 HGB.[34]

§ 119 WpHG steht zu § 333 HGB in Idealkonkurrenz, wenn die Geheimhaltungspflichtverletzung gleichzeitig als Grundlage eines verbotenen Geschäfts dient.[35] Ebenso besteht Idealkonkurrenz zu § 42 BDSG, soweit durch die Tatbegehung auch Daten natürlicher Personen (z.B. Personalakten oder Kundenlisten) offenbart werden.[36]

45

---

[32] Vgl. zum Folgenden Dannecker, in Staub, Großkommentar Handelsgesetzbuch, 5. Aufl. 2012, § 333 HGB Rz 56 ff.
[33] Vgl. Klinger, in MünchKomm. HGB, 5. Aufl. 2024, § 333 HGB Rz 46.
[34] Vgl. Dannecker, in Staub, Großkommentar Handelsgesetzbuch, 5. Aufl. 2012, § 333 HGB Rz 68.
[35] Vgl. Klinger, in MünchKomm. HGB, 5. Aufl. 2024, § 333 HGB Rz 48.
[36] Vgl. Klinger, in MünchKomm. HGB, 5. Aufl. 2024, § 333 HGB Rz 47.

10 Strafverfolgung und Rechtsfolgen

10.1 Strafantragsdelikt

46 Nach § 333 Abs. 3 HGB wird die Verletzung der Geheimhaltungspflicht **nur auf Antrag** verfolgt. Der Strafantrag ist Strafverfolgungsvoraussetzung. Antragsberechtigt ist nur die KapG. **Kein Antragsrecht** haben TU, GemeinschaftsUnt und assoziierte Unt, auch wenn deren Geheimnisse verletzt wurden. Das Antragsrecht wird durch den gesetzlichen Vertreter der KapG ausgeübt.

47 Der Strafantrag ist nach § 77b Abs. 1 StGB binnen einer Frist von drei Monaten zu stellen. Diese **Frist** beginnt nach § 77b Abs. 2 Satz 1 StGB mit Ablauf des Tags, an dem das gesetzliche Vertretungsorgan von Tat und Person des Täters Kenntnis erlangt hat. Besteht das Vertretungsorgan aus mehreren Personen, so ist die Kenntnis aller Mitglieder erforderlich, soweit sie ihre Vertretung nur insgesamt ausüben können.[37]

48 Der **Strafantrag** ist nach § 158 Abs. 2 StPO schriftlich oder zu Protokoll bei einem Gericht oder der Staatsanwaltschaft zu stellen. Er kann bis zum rechtskräftigen Abschluss des Strafverfahrens nach § 77d Abs. 1 StGB **zurückgenommen** werden. Zu beachten ist dabei aber die **negative Kostenfolge** des § 470 Abs. 1 Satz 1 StPO. Ein erneuter Strafantrag bleibt zudem verwehrt, § 77d Abs. 1 StGB.

49 Durch Erklärung gegenüber dem Gericht oder der Staatsanwaltschaft ist ein **Strafantragsverzicht** möglich.

10.2 Rechtsfolgen

50 Die **Strafe** im Fall des unbefugten Bereicherns ist alternativ Freiheitsstrafe von einem Monat bis zu einem Jahr oder Geldstrafe.

Der Qualifikationstatbestand nach § 333 Abs. 2 Satz 1 HGB und der Fall des Verwertens sehen alternativ Freiheitsstrafe von einem Monat bis zu zwei Jahren oder Geldstrafe vor.

Im Übrigen wird auf die Erläuterungen bei § 331 HGB (§ 331 Rz 93 ff.) verwiesen.

11 Verjährung

51 Hinsichtlich der Verjährung wird ebenfalls auf die Erläuterungen zu § 331 HGB (§ 331 Rz 95 f.) verwiesen.

---

[37] Vgl. Klinger, in MünchKomm. HGB, 4. Aufl. 2020, § 333 HGB Rz 56; Dannecker, in Staub, Großkommentar Handelsgesetzbuch, 5. Aufl. 2012, § 333 HGB Rz 73; Grottel/Hoffmann, in Beck Bil-Komm., 13. Aufl. 2022, § 333 HGB Rz 22.

§ 333a Verletzung der Pflichten bei Abschlussprüfungen

Mit Freiheitsstrafe bis zu einem Jahr oder mit Geldstrafe wird bestraft, wer als Mitglied eines nach § 324 Absatz 1 Satz 1 eingerichteten Prüfungsausschusses
1. eine in § 334 Absatz 2a bezeichnete Handlung begeht und dafür einen Vermögensvorteil erhält oder sich versprechen lässt oder
2. eine in § 334 Absatz 2a bezeichnete Handlung beharrlich wiederholt.

Inhaltsübersicht	Rz
1 Überblick	1–2
2 Objektiver Tatbestand	3–7
2.1 Täterkreis	3
2.2 Tathandlung	4–7
3 Vorsatz	8
4 Rechtswidrigkeit und Schuld	9–10
5 Versuchsstrafbarkeit	11
6 Strafverfolgung und Rechtsfolgen	12–13
7 Verjährung	14
8 CSRD-Umsetzungsgesetz: Änderungen	15

1 Überblick

Die Vorschrift wurde mit dem AReG neu in das HGB eingeführt. Sie dient der Umsetzung der Art. 30 Abs. 1, 30a Abs. 1b, 30c und 30f der überarbeiteten Abschlussprüferrichtlinie. Die Vorschrift stellt die in § 334 Abs. 2a HGB benannten Ordnungswidrigkeiten bei Hinzutreten weiterer Tatbestandsmerkmale unter Strafe. 1

Der Anwendungsbereich von § 333a HGB wird durch § 335b HGB auf **PersG**, die über keine natürliche Person als phG verfügen, erweitert. 2

2 Objektiver Tatbestand

2.1 Täterkreis

Täter i.S.d. § 333a HGB können nur Mitglieder eines nach § 324 Abs. 1 Satz 1 HGB eingerichteten Prüfungsausschusses sein. Personen, die diesem Täterkreis nicht angehören, können nur als Anstifter (§ 26 StGB) oder Gehilfen (§ 27 StGB) an der Tat teilnehmen. Insoweit ist § 333a HGB in allen Tatbestandsalternativen ein **echtes Sonderdelikt**, da nur die im Gesetz ausdrücklich genannten Personen als Täter in Betracht kommen. 3

2.2 Tathandlung

Tathandlung i.S.d. § 333a Nr. 1 HGB ist die Verwirklichung einer Pflichtverletzung der in § 334 Abs. 2a HGB genannten Tatbestände (§ 334 Rz 29), um einen **Vermögensvorteil** zu erhalten oder sich versprechen zu lassen. Nach dem Wort- 4 laut der Vorschrift muss sich der Vermögensvorteil bei dem Täter als Mitglied des Prüfungsausschusses verwirklichen bzw. ihm versprochen werden.

5   Ein Vermögensvorteil ist jedweder geldwerte Vorteil. Er muss nicht in Geld bestehen, sondern kann auch in der Vermeidung einer Zahlung liegen. Nicht tatbestandsmäßig sind immaterielle Vorteile, sonstige Bevorzugungen oder persönliche Begünstigungen.[1]

6   Als Tatalternative normiert § 333a Nr. 2 HGB die **beharrliche Wiederholung** der in § 334 Abs. 2a HGB genannten Handlung.

7   Eine Wiederholung des Verhaltens ist eine Voraussetzung, reicht aber alleine nicht aus. Zusätzlich ist auch noch das Merkmal der Beharrlichkeit notwendig. Beharrlichkeit liegt vor bei einer in der Tatbegehung zum Ausdruck kommenden besonderen Hartnäckigkeit und damit gesteigerten Gleichgültigkeit des Täters, die zugleich die Gefahr weiterer Begehung indiziert. Indizien für eine Beharrlichkeit können die Dauer und Anzahl der Verstöße sein. Darüber hinaus kommt eine Beharrlichkeit in Betracht, wenn die Verstöße für sich schwer wiegen oder ein systematisches Vorgehen ersichtlich ist.

3 Vorsatz

8   Der subjektive Tatbestand setzt die vorsätzliche Begehung der Tat (§ 15 StGB) voraus. **Eventualvorsatz** reicht zur Erfüllung des subjektiven Tatbestands aus. Der Vorsatz muss sich auf alle objektiven Tatbestandsmerkmale beziehen, also auf die Pflichtverletzung nach § 334 Abs. 2a HGB und den Vermögensvorteil (Alt. 1) bzw. die beharrliche Wiederholung (Alt. 2).

4 Rechtswidrigkeit und Schuld

9   Grds. indiziert die Tatbestandsmäßigkeit des Handelns dessen Rechtswidrigkeit.
10 Betreffend die **Schuldfrage** gelten die allgemeinen strafrechtlichen Grundsätze.

5 Versuchsstrafbarkeit

11 Bei § 333a HGB handelt es sich um ein Vergehen (§§ 12 Abs. 2, 23 Abs. 1 StGB), weshalb mangels ausdrücklicher Bestimmung der **Versuch** nicht strafbar ist.

6 Strafverfolgung und Rechtsfolgen

12 Die Strafe beträgt entweder Freiheitsstrafe bis zu einem Jahr oder Geldstrafe. Im Übrigen wird auf die Erläuterungen bei § 331 HGB (§ 331 Rz 92ff.) verwiesen.

13 Bei Straftaten nach § 333a HGB hat die Staatsanwaltschaft, die das Strafverfahren abschließende Entscheidung sowie ggf. einen Hinweis auf ein gegen die Entscheidung eingelegtes Rechtsmittel an die Abschlussprüferaufsicht zu übermitteln. Hierzu wird auf die dortige Kommentierung verwiesen.

---

[1] Vgl. Klinger, in MünchKomm. HGB, 5. Aufl. 2024, § 333a HGB Rz 11.

7 Verjährung

Hinsichtlich der Verjährung wird auf die Erläuterungen zu § 331 HGB (§ 331 Rz 95 f.) verwiesen.

8 CSRD-Umsetzungsgesetz: Änderungen

> **Hinweis**
> Die Kommentierung basiert auf dem **Regierungsentwurf eines CSRD-Umsetzungsgesetzes**.[2] Nach Veröffentlichung der finalen Fassung wird die Kommentierung in Ihrem Haufe HGB Bilanz Kommentar Online aktualisiert. Die **Online-Version** ist beim Kauf der Printausgabe inklusive.

Zum Zeitpunkt des Redaktionsschlusses dieser Kommentierung lag das CSRD-UmsG noch nicht in einer verabschiedeten Form vor. Die zu erwartenden Änderungen werden daher auf Basis des Regierungsentwurfs zum CSRD-UmsG nachfolgend dargestellt:

Die Regelung soll nur eine einfache Anpassung der Normierung erfahren, sodass künftig Täter sein kann, wer als Mitglied eines nach § 324m Abs. 1 Satz 1 HGB-E eingerichteten Prüfungsausschusses handelt.

Materielle Änderungen sind nicht geplant.

---

[2] Regierungsentwurf eines Gesetzes zur Umsetzung der Richtlinie (EU) 2022/2464 des Europäischen Parlaments und des Rates vom 14. Dezember 2022 zur Änderung der Verordnung (EU) Nr. 537/2014 und der Richtlinien 2004/109/EG, 2006/43/EG und 2013/34/EU hinsichtlich der Nachhaltigkeitsberichterstattung von Unternehmen, BT-Drs. 20/12787 v. 9.9.2024, https://dserver.bundestag.de/btd/20/127/2012787.pdf, Abruf 11.10.2024.

§ 334 Bußgeldvorschriften

(1) ¹Ordnungswidrig handelt, wer als Mitglied des vertretungsberechtigten Organs oder des Aufsichtsrats einer Kapitalgesellschaft
1. bei der Aufstellung oder Feststellung des Jahresabschlusses einer Vorschrift
    a) des § 243 Abs. 1 oder 2, der §§ 244, 245, 246, 247, 248, 249 Abs. 1 Satz 1 oder Abs. 2, des § 250 Abs. 1 oder 2, des § 251 oder des § 264 Absatz 1a oder Absatz 2 über Form oder Inhalt,
    b) des § 253 Absatz 1 Satz 1, 2, 3, 4, 5 oder Satz 6, Abs. 2 Satz 1, auch in Verbindung mit Satz 2, Abs. 3 Satz 1, 2, 3, 4 oder Satz 5, Abs. 4 oder 5 des § 254 oder des § 256a über die Bewertung,
    c) des § 265 Abs. 2, 3, 4 oder 6, der §§ 266, 268 Absatz 3, 4, 5, 6 oder Absatz 7, der §§ 272, 274, 275 oder des § 277 über die Gliederung oder
    d) des § 284 oder des § 285 über die in der Bilanz, unter der Bilanz oder im Anhang zu machenden Angaben,
2. bei der Aufstellung des Konzernabschlusses einer Vorschrift
    a) des § 294 Abs. 1 über den Konsolidierungskreis,
    b) des § 297 Absatz 1a, 2 oder 3 oder des § 298 Abs. 1 in Verbindung mit den §§ 244, 245, 246, 247, 248, 249 Abs. 1 Satz 1 oder Abs. 2, dem § 250 Abs. 1 oder dem § 251 über Inhalt oder Form,
    c) des § 300 über die Konsolidierungsgrundsätze oder das Vollständigkeitsgebot,
    d) des § 308 Abs. 1 Satz 1 in Verbindung mit den in Nummer 1 Buchstabe b bezeichneten Vorschriften, des § 308 Abs. 2 oder des § 308a über die Bewertung,
    e) des § 311 Abs. 1 Satz 1 in Verbindung mit § 312 über die Behandlung assoziierter Unternehmen oder
    f) des § 308 Abs. 1 Satz 3, des § 313 oder des § 314 über die im Konzernanhang zu machenden Angaben,
3. bei der Aufstellung des Lageberichts oder der Erstellung eines gesonderten nichtfinanziellen Berichts einer Vorschrift des §§ 289 bis 289b Absatz 1, §§ 289c, 289d, 289e Absatz 2, auch in Verbindung mit § 289b Absatz 2 oder 3, oder des § 289f über den Inhalt des Lageberichts oder des gesonderten nichtfinanziellen Berichts,
3a. bei der Erstellung einer Erklärung zur Unternehmensführung einer Vorschrift des § 289f Absatz 4 Satz 3 in Verbindung mit Satz 1 und Absatz 2 Nummer 4 über den Inhalt,
4. bei der Aufstellung des Konzernlageberichts oder der Erstellung eines gesonderten nichtfinanziellen Konzernberichts einer Vorschrift der §§ 315 bis 315b Absatz 1, des § 315c, auch in Verbindung mit § 315b Absatz 2 oder 3, oder des § 315d über den Inhalt des Konzernlageberichts oder des gesonderten nichtfinanziellen Konzernberichts,
5. oder als in § 13e Absatz 2 Satz 5 Nummer 3 genannte angemeldete Person einer Kapitalgesellschaft bei der Offenlegung, Hinterlegung, Veröffentlichung oder Vervielfältigung einer Vorschrift des § 328, auch in Verbindung mit § 325a Absatz 1 Satz 1 erster Halbsatz, über Form, Format oder Inhalt oder

6. einer auf Grund des § 330 Abs. 1 Satz 1 erlassenen Rechtsverordnung, soweit sie für einen bestimmten Tatbestand auf diese Bußgeldvorschrift verweist, zuwiderhandelt. ²In den Fällen des Satzes 1 Nummer 3 und 3a wird eine Zuwiderhandlung gegen eine Vorschrift des § 289f Absatz 2 Nummer 4, auch in Verbindung mit Absatz 3 oder 4, nicht dadurch ausgeschlossen, dass die Festlegungen oder Begründungen nach § 76 Absatz 4 oder § 111 Absatz 5 des Aktiengesetzes oder nach § 36 oder § 52 Absatz 2 des Gesetzes betreffend die Gesellschaften mit beschränkter Haftung ganz oder zum Teil unterblieben sind. ³In den Fällen des Satzes 1 Nummer 4 wird eine Zuwiderhandlung gegen eine Vorschrift des § 315d in Verbindung mit § 289f Absatz 2 Nummer 4 nicht dadurch ausgeschlossen, dass die Festlegungen oder Begründungen nach § 76 Absatz 4 oder § 111 Absatz 5 des Aktiengesetzes ganz oder zum Teil unterblieben sind.

(2) ¹Ordnungswidrig handelt, wer einen Bestätigungsvermerk nach § 322 Absatz 1 erteilt zu dem Abschluss
1. einer Kapitalgesellschaft, die ein Unternehmen von öffentlichem Interesse nach § 316a Satz 2 Nummer 1 ist, oder
2. einer Kapitalgesellschaft, die nicht in Nummer 1 genannt ist,

obwohl nach § 319 Absatz 2 oder 3, jeweils auch in Verbindung mit Absatz 5, oder nach § 319b Absatz 1 Satz 1 oder 2, jeweils auch in Verbindung mit Absatz 2, er oder nach § 319 Absatz 4 Satz 1 oder 2, jeweils auch in Verbindung mit Absatz 5, oder nach § 319b Absatz 1 Satz 1 oder 2, jeweils auch in Verbindung mit Absatz 2, die Wirtschaftsprüfungsgesellschaft oder die Buchführungsgesellschaft, für die er tätig wird, nicht Abschlussprüfer sein darf. ²Ordnungswidrig handelt auch, wer einen Bestätigungsvermerk nach § 322 Absatz 1 erteilt zu dem Abschluss einer Kapitalgesellschaft, die ein Unternehmen von öffentlichem Interesse nach § 316a Satz 2 Nummer 1 ist, obwohl
1. er oder die Prüfungsgesellschaft, für die er tätig wird, oder ein Mitglied des Netzwerks, dem er oder die Prüfungsgesellschaft, für die er tätig wird, angehört, einer Vorschrift des Artikels 5 Absatz 4 Unterabsatz 1 Satz 1 oder Absatz 5 Unterabsatz 2 Satz 2 der Verordnung (EU) Nr. 537/2014 des Europäischen Parlaments und des Rates vom 16. April 2014 über spezifische Anforderungen an die Abschlussprüfung bei Unternehmen von öffentlichem Interesse und zur Aufhebung des Beschlusses 2005/909/EG der Kommission (ABl. L 158 vom 27.5.2014, S. 77; L 170 vom 11.6.2014, S. 66) zuwiderhandelt oder
2. er oder die Prüfungsgesellschaft, für die er tätig wird, nach Artikel 17 Absatz 3 der Verordnung (EU) Nr. 537/2014 die Abschlussprüfung nicht durchführen darf.

³Abschluss i.S.d. Sätze 1 und 2 ist ein Jahresabschluss, ein Einzelabschluss nach § 325 Absatz 2a oder ein Konzernabschluss, der aufgrund gesetzlicher Vorschriften zu prüfen ist.

(2a) Ordnungswidrig handelt, wer als Mitglied eines nach § 324 Absatz 1 Satz 1 eingerichteten Prüfungsausschusses einer Kapitalgesellschaft
1. die Unabhängigkeit des Abschlussprüfers oder der Prüfungsgesellschaft nicht nach Maßgabe des Artikels 4 Absatz 3 Unterabsatz 2, des Artikels 5 Absatz 4 Unterabsatz 1 Satz 1 oder des Artikels 6 Absatz 2 der Verordnung (EU) Nr. 537/2014 überwacht,

2. eine Empfehlung für die Bestellung eines Abschlussprüfers oder einer Prüfungsgesellschaft vorlegt, die den Anforderungen nach Artikel 16 Absatz 2 Unterabsatz 2 oder 3 der Verordnung (EU) Nr. 537/2014 nicht entspricht oder der ein Auswahlverfahren nach Artikel 16 Absatz 3 Unterabsatz 1 der Verordnung (EU) Nr. 537/2014 nicht vorangegangen ist, oder
3. den Gesellschaftern einen Vorschlag für die Bestellung eines Abschlussprüfers oder einer Prüfungsgesellschaft vorlegt, der den Anforderungen nach Artikel 16 Absatz 5 Unterabsatz 1 der Verordnung (EU) Nr. 537/2014 nicht entspricht.

(3) ¹Die Ordnungswidrigkeit kann in den Fällen des Absatzes 2 Satz 1 Nummer 1 und Satz 2 sowie des Absatzes 2a mit einer Geldbuße bis zu fünfhunderttausend Euro, in den Fällen der Absätze 1 und 2 Satz 1 Nummer 2 mit einer Geldbuße bis zu fünfzigtausend Euro geahndet werden. ²Ist die Kapitalgesellschaft kapitalmarktorientiert i. S. d. § 264d, beträgt die Geldbuße in den Fällen des Absatzes 1 höchstens den höheren der folgenden Beträge:
1. zwei Millionen Euro oder
2. das Zweifache des aus der Ordnungswidrigkeit gezogenen wirtschaftlichen Vorteils, wobei der wirtschaftliche Vorteil erzielte Gewinne und vermiedene Verluste umfasst und geschätzt werden kann.

(3a) ¹Wird gegen eine kapitalmarktorientierte Kapitalgesellschaft i. S. d. § 264d in den Fällen des Absatzes 1 eine Geldbuße nach § 30 des Gesetzes über Ordnungswidrigkeiten verhängt, beträgt diese Geldbuße höchstens den höchsten der folgenden Beträge:
1. zehn Millionen Euro,
2. 5 Prozent des jährlichen Gesamtumsatzes, den die Kapitalgesellschaft in dem der Behördenentscheidung vorausgegangenen Geschäftsjahr erzielt hat oder
3. das Zweifache des aus der Ordnungswidrigkeit gezogenen wirtschaftlichen Vorteils, wobei der wirtschaftliche Vorteil erzielte Gewinne und vermiedene Verluste umfasst und geschätzt werden kann.

²In den Fällen des Absatzes 3 Satz 1 in Verbindung mit Absatz 2 Satz 1 Nummer 1 oder Satz 2 ist § 30 Absatz 2 Satz 3 des Gesetzes über Ordnungswidrigkeiten anzuwenden.

(3b) ¹Gesamtumsatz i. S. d. Absatzes 3a Satz 1 Nummer 2 ist
1. im Falle von Kapitalgesellschaften, die ihren Jahresabschluss nach den handelsrechtlichen Vorschriften oder dem Recht eines anderen Mitgliedstaats der Europäischen Union oder eines anderen Vertragsstaats des Abkommens über den Europäischen Wirtschaftsraum im Einklang mit der Richtlinie 2013/34/EU aufstellen, der Betrag der Umsatzerlöse nach § 277 Absatz 1 oder der Betrag der Nettoumsatzerlöse nach Maßgabe des auf die Gesellschaft anwendbaren nationalen Rechts im Einklang mit Artikel 2 Nummer 5 der Richtlinie 2013/34/EU,
2. in allen Fällen, die nicht in Nummer 1 genannt sind, der Betrag der Umsatzerlöse, der sich bei Anwendung der Rechnungslegungsgrundsätze ergibt, die nach dem jeweiligen nationalen Recht für die Aufstellung des Jahresabschlusses der Kapitalgesellschaft gelten.

²Handelt es sich bei der Kapitalgesellschaft um ein Mutterunternehmen oder um ein Tochterunternehmen i. S. d. § 290, ist anstelle des Gesamtumsatzes der

Kapitalgesellschaft der Gesamtumsatz im Konzernabschluss des Mutterunternehmens maßgeblich, der für den größten Kreis von Unternehmen aufgestellt wird. ³Ist ein Jahres- oder Konzernabschluss für das maßgebliche Geschäftsjahr nicht verfügbar, ist der Jahres- oder Konzernabschluss für das unmittelbar vorausgehende Geschäftsjahr maßgeblich; ist auch dieser nicht verfügbar, kann der Gesamtumsatz geschätzt werden.

(4) ¹Verwaltungsbehörde i.S.d. § 36 Absatz 1 Nummer 1 des Gesetzes über Ordnungswidrigkeiten ist

1. die Bundesanstalt für Finanzdienstleistungsaufsicht in den Fällen des Absatzes 1 bei Kapitalgesellschaften, die kapitalmarktorientiert i.S.d. § 264d sind,
2. das Bundesamt für Justiz
   a) in den Fällen des Absatzes 1, in denen nicht die Bundesanstalt für Finanzdienstleistungsaufsicht nach Nummer 1 Verwaltungsbehörde ist, und
   b) in den Fällen des Absatzes 2a,
3. die Abschlussprüferaufsichtsstelle beim Bundesamt für Wirtschaft und Ausfuhrkontrolle in den Fällen des Absatzes 2.

(5) Die Absätze 1 bis 4 sind nicht anzuwenden auf:
1. Kreditinstitute i.S.d. § 340 Absatz 1 Satz 1,
2. Finanzdienstleistungsinstitute i.S.d. § 340 Absatz 4 Satz 1,
3. Wertpapierinstitute i.S.d. § 340 Absatz 4a Satz 1
4. Institute i.S.d. § 1 Absatz 3 des Zahlungsdiensteaufsichtsgesetzes,
5. Versicherungsunternehmen i.S.d. § 341 Absatz 1 und
6. Pensionsfonds i.S.d. § 341 Absatz 4 Satz 1.

Inhaltsübersicht

	Rz
1 Überblick	1–7
1.1 Regelungszweck und Inhalt	1–3
1.2 Anwendungsbereich	4
1.3 Normenzusammenhänge	5
1.4 Inhalt	6–7
2 Ordnungswidrigkeiten durch Organe der Kapitalgesellschaft (Abs. 1)	8–25
2.1 Täterkreis	8–9
2.2 Tathandlungen	10–25
2.2.1 Aufstellung und Feststellung des Jahresabschlusses (Abs. 1 Nr. 1)	12–16
2.2.1.1 Vorschriften über Form und Inhalt (Abs. 1 Nr. 1 lit. a)	13
2.2.1.2 Vorschriften über die Bewertung (Abs. 1 Nr. 1 lit. b)	14
2.2.1.3 Vorschriften über die Gliederung (Abs. 1 Nr. 1 lit. c)	15
2.2.1.4 Vorschriften über weitere Angaben in der Bilanz, unter der Bilanz und im Anhang (Abs. 1 Nr. 1 lit. d)	16

	2.2.2	Aufstellung des Konzernabschlusses (Abs. 1 Nr. 2)	17–22
		2.2.2.1 Vorschrift über den Konsolidierungskreis (Abs. 1 Nr. 2 lit. a)	18
		2.2.2.2 Vorschriften über Inhalt und Form (Abs. 1 Nr. 2 lit. b)	19
		2.2.2.3 Vorschrift über Konsolidierungsgrundsätze und das Vollständigkeitsgebot (Abs. 1 Nr. 2 lit. c)	20
		2.2.2.4 Vorschriften über die Bewertung (Abs. 1 Nr. 2 lit. d)	21
		2.2.2.5 Vorschrift über die Behandlung assoziierter Unternehmen (Abs. 1 Nr. 2 lit. e)	
		2.2.2.6 Vorschriften über Angaben im Konzernanhang (Abs. 1 Nr. 2 lit. f)	22
	2.2.3	Aufstellung des (Konzern-)Lageberichts und Erstellung des nichtfinanziellen (Konzern-)Berichts (Abs. 1 Nr. 3, 3a und 4)	23
	2.2.4	Offenlegung, Hinterlegung, Veröffentlichung und Vervielfältigung (Abs. 1 Nr. 5)	24
	2.2.5	Verordnungen gem. § 330 Abs. 1 Satz 1 HGB (Abs. 1 Nr. 6)	25
3	Ordnungswidrigkeit durch Abschlussprüfer (Abs. 2)		26–27
	3.1 Täterkreis		26
	3.2 Tathandlung		27
4	Ordnungswidrigkeiten durch Mitglieder eines Prüfungsausschusses (Abs. 2a)		28–29
	4.1 Täterkreis		28
	4.2 Tathandlung		29
5	Subjektiver Tatbestand		30
6	Rechtswidrigkeit		31
7	Vorwerfbarkeit		32
8	Irrtum		33
9	Vollendung und Beendigung		34–41
	9.1 Tatbestände nach Abs. 1 Nr. 1–4		35–37
		9.1.1 Aufstellung und Erstellung	36
		9.1.2 Feststellung	37
	9.2 Offenlegung, Hinterlegung, Veröffentlichung und Vervielfältigung (Abs. 1 Nr. 5)		38
	9.3 Verstoß gegen Formblatt-Verordnungen (Abs. 1 Nr. 6)		39
	9.4 Verstoß des Abschlussprüfers (Abs. 2)		40
	9.5 Verstoß des Prüfungsausschusses (Abs. 2a)		41
10	Konkurrenzen		42–44
	10.1 Konkurrierende Ordnungswidrigkeit		42
	10.2 Zusammentreffen von Straftat und Ordnungswidrigkeit		43–44
11	Sanktionen (Abs. 3–3b)		45–47
12	Verfahren		48–52
13	CSRD-Umsetzungsgesetz: Änderungen		53

1 Überblick

1.1 Regelungszweck und Inhalt

§ 334 HGB ahndet Verstöße gegen bestimmte Rechnungslegungsvorschriften zum Jahresabschluss und Konzernabschluss sowie zum Lagebericht und Konzernlagebericht von KapG als Ordnungswidrigkeit. Mit den Änderungen durch das **CSR-Richtlinien-Umsetzungsgesetz** werden die Bußgeldtatbestände des § 334 HGB auf Verstöße gegen Angabepflichten für die nichtfinanzielle Erklärung und den gesonderten nichtfinanziellen Bericht sowie entsprechende Erklärungen und Berichte auf Konzernebene und erweiterte Diversitätsangaben (§ 289f Abs. 2 Nr. 6; § 315d HGB) ausgeweitet. Zudem wurde der Bußgeldrahmen für kapitalmarktorientierte KapG erheblich erhöht.[1] Durch das Finanzmarktintegritätsstärkungsgesetzes (FISG) werden im Bilanzordnungswidrigkeitenrecht die Bußgeldvorschriften für Abschlussprüfer, die Unt von öffentlichen Interesse prüfen, inhaltlich ausgeweitet verbunden mit einer deutlichen Erhöhung des Bußgeldrahmens. Auch für Verstöße der Prüfungsausschussmitglieder gegen prüfungsbezogene Pflichten wird der Bußgeldrahmen merklich angehoben.[2] **Geschütztes Rechtsgut** ist das Vertrauen in die Richtigkeit und Vollständigkeit der Informationen über die Verhältnisse der Ges.[3] Die Rechtsgutsverletzung weist gegenüber den Fällen der §§ 331–333 HGB einen geringeren Unrechtsgehalt auf. Die Grenze zur Strafwürdigkeit und Strafbedürftigkeit wird dabei noch nicht überschritten,[4] der Ahndungswürdigkeit und Ahndungsbedürftigkeit wird nach Auffassung des Gesetzgebers durch Verhängung einer Geldbuße ausreichend Rechnung getragen.

Zum **geschützten Personenkreis** gehören neben den Aktionären und Gesellschaftern auch gegenwärtige und zukünftige Gläubiger der Ges.[5]

§ 334 HGB ist **Schutzgesetz i.S.d. § 823 Abs. 2 BGB**, da neben dem Schutz der Allgemeinheit auch die Interessen Einzelner in den Schutzbereich der Norm fallen.[6]

1.2 Anwendungsbereich

§ 334 HGB erfasst den gesamten **Ordnungswidrigkeitenbereich** hinsichtlich der Rechnungslegung von KapG.[7] § 335b HGB stellt klar, dass diese Vorschriften auch von KapCoGes zu beachten sind. Ausgenommen sind nach § 334 Abs. 5 HGB Kreditinstitute i.S.d. § 340 HGB, Finanzdienstleistungsinstitute i.S.d. § 340 Abs. 4 Satz 1 HGB, Wertpapierinstitute i.S.d. § 340 Abs. 4a Satz 1 HGB, Institute i.S.d. § 1 Abs. 3 ZAG, VersicherungsUnt i.S.d. § 341 Abs. 1 HGB und Pensionsfonds i.S.d. § 341 Abs. 4 Satz 1 HGB. Für diese gelten rechtsformunabhängig die Sonderregelungen nach den §§ 340n, 341n HGB. In der Praxis

---

1 Die Änderungen greifen für Gj, die nach dem 31.12.2016 beginnen.
2 Die Änderungen sind erstmals anwendbar auf gesetzlich vorgeschriebene Abschlussprüfungen für Gj, die nach dem 31.12.2021 beginnen.
3 Streitig für § 334 Abs. 2 HGB; vgl. Dannecker, in Staub, Großkommentar Handelsgesetzbuch, 5. Aufl. 2012, § 334 HGB Rz 16.
4 Vgl. BVerfGE 8, 197, 207; 18, 28.
5 Vgl. BayObLG, NJW 1988, S. 916.
6 Vgl. Tiedemann, in Scholz, GmbHG, 9. Aufl. 2000, vor § 82 Rz 84 (in der aktuellen Aufl. nicht mehr ausführlich kommentiert).
7 Vgl. Grottel/Hoffmann, in Beck Bil-Komm., 14. Aufl. 2024, § 334 HGB Rz 40.

dürfte sich der Anwendungsbereich des § 334 HGB weitgehend auf nicht prüfungspflichtige und nicht freiwillig geprüfte kleine KapG beschränken, da im Übrigen die über § 334 HGB sanktionierten Verstöße regelmäßig i. R. d. Jahresabschlussprüfung festgestellt und behoben werden.

1.3 Normenzusammenhänge

5 Als **Teil der Sanktionsvorschriften** des HGB wird § 334 HGB durch deren Normzusammenhänge bestimmt (§ 331 Rz 7). Weder im AktG noch im GmbHG existiert eine über § 334 HGB hinausgehende Regelung. Lediglich § 20 Abs. 1 PublG enthält eine dem § 334 Abs. 1 HGB im Inhalt und Aufbau entsprechende Vorschrift.[8]

In materiell-rechtlicher und prozessualer Hinsicht gelten für § 334 HGB die **Vorschriften des Ordnungswidrigkeitengesetzes**. Wesentliche Kriterien der mit Bußgeld bewehrten Ordnungswidrigkeit sind dabei, dass die Pflichtverletzung tatbestandsmäßig feststeht, das Verhalten rechtswidrig und die Verletzung der Vorschrift vorwerfbar sein muss.

Die Vorschrift ist als **Blankettvorschrift** ausgestaltet. Die Tathandlungen des § 334 HGB werden durch Verweise auf die entsprechenden Vorschriften zu Jahresabschluss, Konzernabschluss, Lagebericht und Konzernlagebericht konkretisiert.

1.4 Inhalt

6 Die Änderungen durch das BilRUG im Bereich des § 334 HGB betreffen ausschl. Ergänzungen und Anpassungen an die §§ 253, 264, 268, 289, 297 sowie 315 HGB, die folgerichtig auch für den Bereich der Bußgeldvorschriften umgesetzt wurden.[9]

7 Mit dem Gesetz zur weiteren Umsetzung der Transparenzrichtlinie-Änderungsrichtlinie im Hinblick auf ein einheitliches elektronisches Format für Jahresfinanzberichte wurden die Bußgeldvorschriften des § 334 HGB erweitert, sodass auch Verstöße gegen die Formatvorgaben durch WpHG-Inlandsemittenten geahndet werden können. Daneben wurden die Zuständigkeiten für die Verfolgung von Verstößen gegen § 334 Abs. 1 HGB der Mitglieder der zuständigen Organe von WpHG-Inlandsemittenten auf die Bundesaufsicht für Finanzdienstleistungen übertragen.[10]

2 Ordnungswidrigkeiten durch Organe der Kapitalgesellschaft (Abs. 1)

2.1 Täterkreis

8 Der Täter i. S. d. § 334 HGB kann nur einem eingeschränkten Personenkreis angehören; es handelt sich daher um **echte Sonderdelikte**. § 334 Abs. 1 HGB

---

[8] Hierzu im Einzelnen: Grottel/Hoffmann, in Beck Bil-Komm., 14. Aufl. 2024, § 334 HGB Rz 38.
[9] § 334 HGB i. d. F. d. BilRUG ist erstmals anzuwenden auf Jahresabschlüsse, Lageberichte, Konzernabschlüsse und Konzernlageberichte für Gj, die nach dem 31.12.2015 beginnen oder bei früherer freiwilliger Anwendungen der durch das BilRUG geänderten Vorschriften.
[10] Die Änderungen sind erstmals auf Jahresabschlüsse, Lageberichte, Konzernabschlüsse und Konzernlageberichte für nach dem 31.12.2019 beginnende Gj anzuwenden.

erfasst das Handeln von unternehmensinternen natürlichen Personen. **Handelnder** kann nur das Mitglied des vertretungsberechtigten Organs (§ 331 Rz 10 ff.) oder des Aufsichtsrats der KapG (§ 331 Rz 26 ff.) sein. Letztere können nur ordnungswidrig handeln, wenn sie für die Feststellung des Jahresabschlusses zuständig sind. Dies ist bei Mitgliedern eines obligatorischen Aufsichtsrats immer der Fall. Den Mitgliedern eines fakultativen Aufsichtsrats dagegen muss die Kompetenz zur Feststellung i. R. d. Gesellschaftsvertrags erteilt worden sein, da eine Vorschrift wie § 82 Abs. 2 Nr. 2 GmbHG für das Ordnungswidrigkeitenrecht fehlt.[11]

Im Ordnungswidrigkeitengesetz wird nicht nach Tätern und Beteiligten unterschieden. Nach § 14 Abs. 1 Satz 1 OWiG gilt die sog. **Einheitstäterlösung**, derzufolge jede Teilnahme als Täterschaft gewertet wird. Selbst wenn bei einem Tatbeteiligten die besonderen persönlichen Merkmale fehlen, die eine Ahndung erst begründen können, kann in der Person die tatbeteiligte Täterschaft gegeben sein, sofern die entsprechenden Merkmale bei einem der Täter vorliegen (§ 14 Abs. 1 Satz 2 OWiG). Damit reicht es aus, wenn nur einer der Täter zum Personenkreis des § 334 Abs. 1 HGB gehört.

2.2 Tathandlungen

Die Tathandlungen erfolgen bei § 334 Abs. 1 HGB bei der Aufstellung oder Feststellung des Jahresabschlusses (§ 334 Abs. 1 Nr. 1 HGB), der Aufstellung des Konzernabschlusses (§ 334 Abs. 1 Nr. 2 HGB), der Aufstellung des Lageberichts oder der Erstellung eines gesonderten nichtfinanziellen Berichts (§ 334 Abs. 1 Nr. 3 HGB), der Aufstellung des Konzernlageberichts oder der Erstellung eines gesonderten nichtfinanziellen Konzernberichts (§ 334 Abs. 1 Nr. 4 HGB), der Offenlegung, Veröffentlichung oder Vervielfältigung (§ 334 Abs. 1 Nr. 5 HGB) sowie bei Verstoß gegen eine Rechtsverordnung gem. § 330 Abs. 1 Satz 1 HGB (§ 334 Abs. 1 Nr. 6 HGB).

Die Regelung des § 334 Abs. 1 HGB ist **abschließend**. Verletzungen von Vorschriften außerhalb des Katalogs des Abs. 1 können daher nicht als Ordnungswidrigkeit geahndet werden.[12] Auch Zuwiderhandlungen in der Eröffnungsbilanz sowie bei sonstigen Abschlüssen und i. R. d. Buchführung außerhalb der Bilanz sind nicht von § 334 HGB erfasst.[13]

2.2.1 Aufstellung und Feststellung des Jahresabschlusses (Abs. 1 Nr. 1)

Durch § 334 Abs. 1 Nr. 1 HGB sind Verstöße gegen die meisten zwingenden Vorschriften der Aufstellung (§ 264 Abs. 1 HGB) und der Feststellung (§ 172 AktG, § 46 Nr. 1 GmbHG) des Jahresabschlusses mit Bußgeld belegt. § 334 Abs. 1 Nr. 1 HGB differenziert die Tathandlungen nach Zuwiderhandlungen gegen Vorschriften über die Form und den Inhalt (lit. a), die Bewertung (lit. b), die Gliederung von Bilanz und GuV (lit. c) und die in der Bilanz oder im Anhang zu machenden Angaben (lit. d).

---

[11] Vgl. Tschesche, in Baetge/Kirsch/Thiele, Bilanzrecht, § 334 HGB Rz 21, Stand: 8/2024; Grottel/Hoffmann, in Beck Bil-Komm., 14. Aufl. 2024, § 334 HGB Rz 10; Dannecker, in Staub, Großkommentar Handelsgesetzbuch, 5. Aufl. 2012, § 334 HGB Rz 34.

[12] Vgl. Grottel/Hoffmann, in Beck Bil-Komm., 14. Aufl. 2024, § 334 HGB Rz 17 ff. mit ausführlicher Begründung und Auflistung der nicht nach § 334 HGB mit Bußgeld bewehrten Bilanzierungsvorschriften.

[13] Vgl. Klinger, in MünchKomm. HGB, 5. Aufl. 2024, § 334 HGB Rz 9; Tschesche, in Baetge/Kirsch/Thiele, Bilanzrecht, § 334 HGB Rz 23, Stand: 8/2024.

2.2.1.1 Vorschriften über Form und Inhalt (Abs. 1 Nr. 1 lit. a)

13 Es werden folgende Vorschriften über Form und Inhalt geschützt:

§ 243 Abs. 1 HGB:	GoB; wegen des strafrechtlichen Bestimmtheitsgrundsatzes nur, soweit es eindeutig anerkannte, unbestrittene Grundsätze sind[14]
§ 243 Abs. 2 HGB:	Grundsatz der Klarheit und Übersichtlichkeit
§ 244 HGB:	Sprache und Währung
§ 245 HGB:	Unterzeichnung
§ 246 HGB:	Vollständigkeit und Verrechnungsverbot
§ 247 HGB:	Inhalt der Bilanz
§ 248 HGB:	Bilanzierungsverbote
§ 249 Abs. 1 Satz 1 HGB:	Verbindlichkeits- und Drohverlustrückstellungen
§ 249 Abs. 2 HGB:	Analogieverbot für Rückstellungen und Auflösungsverbot von Rückstellungen
§ 250 Abs. 1 HGB:	Aktive Rechnungsabgrenzungsposten
§ 250 Abs. 2 HGB:	Passive Rechnungsabgrenzungsposten
§ 251 HGB:	Haftungsverhältnisse
§ 264 Abs. 2 HGB:	Grundsatz des true and fair view und besondere Angabepflicht im Anhang

Zusätzlich für Gj ab 2016:

§ 264 Abs. 1a HGB (BilRUG):	Firma, Sitz, Registergericht, HR-Nummer und ggf. Liquidation oder Abwicklung

2.2.1.2 Vorschriften über die Bewertung (Abs. 1 Nr. 1 lit. b)

14 Es werden folgende Vorschriften über die Bewertung geschützt:

§ 253 Abs. 1 Satz 1 HGB:	Bewertung von Vermögensgegenständen
§ 253 Abs. 1 Satz 2 HGB:	Bewertung von Verbindlichkeiten und Rückstellungen
§ 253 Abs. 1 Satz 3 HGB:	Bewertung von bestimmten Pensionsrückstellungen
§ 253 Abs. 1 Satz 4 HGB:	Bewertung von Planvermögen
§ 253 Abs. 1 Satz 5, 6 HGB:	Verbot der Fair-Value-Bewertung für KleinstKapGes
§ 253 Abs. 2 Sätze 1, 2 HGB:	Abzinsung von Rückstellungen

---

[14] Vgl. Dannecker, in Staub, Großkommentar Handelsgesetzbuch, 5. Aufl. 2012, § 334 HGB Rz 41; Klinger, in MünchKomm. HGB, 5. Aufl. 2024, § 334 HGB Rz 24.

§ 253 Abs. 3 Sätze 1, 2, 3, 4 HGB:	Minderung der Anschaffungs- und Herstellungskosten um planmäßige Abschreibungen
§ 253 Abs. 3 Satz 5 HGB:	Minderung der Anschaffungs- und Herstellungskosten um außerplanmäßige Abschreibungen
§ 253 Abs. 4 HGB:	Abschreibungen auf Vermögensgegenstände des Umlaufvermögens
§ 253 Abs. 5 HGB:	Wertaufholungsgebot bei Wegfall früherer Abschreibungsgründe
§ 254 HGB:	Bildung von Bewertungseinheiten
§ 256a HGB:	Bewertung von Fremdwährungsforderungen und -verbindlichkeiten

2.2.1.3 Vorschriften über die Gliederung (Abs. 1 Nr. 1 lit. c)

Es werden folgende Vorschriften über die Gliederung geschützt: 15

§ 265 Abs. 2 HGB:	Angabe der entsprechenden Beträge des Vorjahrs und Erläuterungspflichten
§ 265 Abs. 3 HGB:	Vermerkpflicht bei der Mitzugehörigkeit zu mehreren Posten der Bilanz und Ausweis eigener Anteile
§ 265 Abs. 4 HGB:	Gliederung des Jahresabschlusses bei mehreren Geschäftszweigen, Angabe- und Begründungspflicht
§ 265 Abs. 6 HGB:	Angaben zur abweichenden Gliederung und Änderung von Bezeichnungen der einzelnen Posten zum Zweck der Aufstellung eines klaren und übersichtlichen Jahresabschlusses bei besonderen KapG
§ 266 HGB:	Gliederung der Bilanz
§ 268 Abs. 2 HGB:	Darstellung der Entwicklung des Anlagevermögens
§ 268 Abs. 3 HGB:	Ausweis eines nicht durch Eigenkapital gedeckten Fehlbetrags
§ 268 Abs. 4 HGB:	Vermerk des Betrags von Forderungen mit bestimmten Restlaufzeiten und Erläuterung von Aufwendungen für zukünftige Vermögensgegenstände
§ 268 Abs. 5 HGB:	Vermerk des Betrags von Verbindlichkeiten mit bestimmten Restlaufzeiten und Erläuterung von Aufwendungen für zukünftige Verbindlichkeiten und Ausweis von Anzahlungen

§ 268 Abs. 6 HGB:	Ausweis aktivierter Disagios im RAP
§ 268 Abs. 7 HGB:	Haftungsverhältnisse gegenüber verbundenen Unt
§ 272 HGB:	Ausweis des Eigenkapitals
§ 274 HGB:	gesonderter Ausweis der aktiven und passiven Steuerabgrenzung
§ 275 HGB:	Gliederung der GuV
§ 277 HGB:	Ausweis von einzelnen Posten der GuV

2.2.1.4 Vorschriften über weitere Angaben in der Bilanz, unter der Bilanz und im Anhang (Abs. 1 Nr. 1 lit. d)

16 Es werden folgende Vorschriften über weitere Angaben in der Bilanz, unter der Bilanz und im Anhang geschützt:

§ 284 HGB:	Erläuterung der Bilanz und der GuV
§ 285 HGB:	Sonstige Pflichtangaben

2.2.2 Aufstellung des Konzernabschlusses (Abs. 1 Nr. 2)

17 § 334 Abs. 1 Nr. 2 HGB erfasst sechs Fallgruppen von Bilanzierungsvorschriften, deren Nichtbeachtung zu einer Ordnungswidrigkeit führen. Es handelt sich um Vorschriften über den KonsKreis (§ 334 Abs. 1 Nr. 2 lit. a HGB), über Inhalt und Form (§ 334 Abs. 1 Nr. 2 lit. b HGB), über Konsolidierungsgrundsätze und das Vollständigkeitsgebot (§ 334 Abs. 1 Nr. 2 lit. c HGB), über die Bewertung (§ 334 Abs. 1 Nr. 2 lit. d HGB), über die Behandlung assoziierter Unt (§ 334 Abs. 1 Nr. 2 lit. e HGB) und über Angaben im Konzernanhang (§ 334 Abs. 1 Nr. 2 lit. f HGB).

2.2.2.1 Vorschrift über den Konsolidierungskreis (Abs. 1 Nr. 2 lit. a)

18 Es wird folgende Vorschrift über den KonsKreis geschützt:

§ 294 Abs. 1 HGB:	Grundsätze über die Einbeziehung des MU und der TU in den Konzernabschluss

2.2.2.2 Vorschriften über Inhalt und Form (Abs. 1 Nr. 2 lit. b)

19 Es werden folgende Vorschriften über Inhalt und Form geschützt:

§ 297 Abs. 2 HGB:	Grundsatz der Klarheit und Übersichtlichkeit, Grundsatz des true and fair view und besondere Angabepflicht im Konzernanhang

| § 297 Abs. 3 HGB: | Vermögens-, Finanz- und Ertragslage als wirtschaftliche Einheit, Grundsatz der Stetigkeit sowie Angabe und Begründung von Ausnahmefällen im Konzernanhang |

Zusätzlich für Gj ab 2016:

| § 297 Abs. 1a HGB (BilRUG): | Firma, Sitz, Angaben zum MU (Registergericht, HR-Nummer) und ggf. Liquidation oder Abwicklung |

i.V.m. § 298 Abs. 1 HGB:

- § 244 HGB: Sprache und Währung
- § 245 HGB: Unterzeichnung
- § 246 HGB: Vollständigkeit und Verrechnungsverbot
- § 247 HGB: Inhalt der Bilanz
- § 248 HGB: Bilanzierungsverbote
- § 249 Abs. 1 Satz 1 HGB: Verbindlichkeits- und Drohverlustrückstellungen
- § 249 Abs. 2 HGB: Analogieverbot für Rückstellungen und Auflösungsverbot von Rückstellungen
- § 250 Abs. 1 HGB: Aktive RAP
- § 251 HGB: Haftungsverhältnisse

2.2.2.3 Vorschrift über Konsolidierungsgrundsätze und das Vollständigkeitsgebot (Abs. 1 Nr. 2 lit. c)

Es wird folgende Vorschrift über Konsolidierungsgrundsätze und das Vollständigkeitsgebot geschützt:

| § 300 HGB: | Konsolidierungsgrundsätze und Vollständigkeitsgebot (Zusammenfassung der Jahresabschluss des MU und der TU, vollständige Einbeziehung der VG, Schulden, RAP und Sonderposten der TU) |

2.2.2.4 Vorschriften über die Bewertung (Abs. 1 Nr. 2 lit. d)

Es werden folgende Vorschriften über die Bewertung geschützt:

| § 308 Abs. 1 Satz 1 HGB: | Bewertung der Vermögensgegenstände der TU nach den Bewertungsmethoden des Jahresabschlusses für das MU |

§ 308 Abs. 2 HGB: Neubewertung nach der Bewertungsmethode des Konzernabschlusses bei abweichenden Bewertungsmethoden im Jahresabschluss des MU oder der TU, Beibehaltungswahlrechte, Angabe- und Begründungspflichten im Konzernanhang

§ 308a HGB: Umrechnung von auf fremde Währung lautenden Abschlüssen

2.2.2.5 Vorschrift über die Behandlung assoziierter Unternehmen (Abs. 1 Nr. 2 lit. e)

§ 311 Abs. 1 Satz 1 HGB
i. V. m. § 312 HGB: Ausweis der Beteiligung an assoziierten Unt

2.2.2.6 Vorschriften über Angaben im Konzernanhang (Abs. 1 Nr. 2 lit. f)

22 Es werden folgende Vorschriften über Angaben im Konzernanhang geschützt:

§ 308 Abs. 1 Satz 3 HGB: Angaben über Abweichungen von den im MU angewandten Bewertungsmethoden

§ 313 HGB: Erläuterungen zur Konzernbilanz und zur Konzern-GuV, Pflichtangaben, Aufstellung des Anteilsbesitzes

§ 314 HGB: sonstige Pflichtangaben

2.2.3 Aufstellung des (Konzern-)Lageberichts und Erstellung des nichtfinanziellen (Konzern-)Berichts (Abs. 1 Nr. 3, 3a und 4)

23 § 334 Abs. 1 Nr. 3, 3a und 4 HGB erfassen den **Pflichtinhalt** nach §§ 289–289f HGB des Lageberichts und für Gj, die nach dem 31.12.2016 beginnen, auch der nichtfinanziellen Erklärung oder des gesonderten nichtfinanziellen Berichts. Hierdurch soll die Einhaltung des **true und fair view** bei der Aufstellung des Lageberichts und der Erstellung der nichtfinanziellen Erklärung bzw. des gesonderten nichtfinanziellen Berichts geschützt werden. Die Darstellung des Geschäftsverlaufs und der Lage der KapG im Lagebericht hat derart zu erfolgen, dass ein den tatsächlichen Verhältnissen entsprechendes Bild der Ges. vermittelt wird. Hierbei sind auch die wesentlichen Chancen und Risiken der künftigen Entwicklung zu erläutern. In der nichtfinanziellen Erklärung bzw. dem gesonderten nichtfinanziellen Bericht sind mind. Angaben zu Umwelt-, Arbeitnehmer- und Sozialbelangen, zur Achtung der Menschenrechte und zur Bekämpfung von Korruption und Bestechung sowie diesbzgl. verfolgten Kon-

zepten, bestehenden wesentlichen Risiken und bedeutsamen nichtfinanziellen Leistungsindikatoren zu erläutern (§ 289c Rz 1 ff.).[15]
Maßstab für das Vorliegen eines Verstoßes ist hier wie bei § 331 HGB, ob sich der sachkundige, d. h. bilanzkundige Leser aufgrund der erteilten Informationen ein den tatsächlichen Verhältnissen entsprechendes Bild der KapG machen kann.[16] Entsprechendes gilt für die Pflichtinhalte des Konzernlageberichts und des gesonderten nichtfinanziellen Konzernberichts nach §§ 315–315d HGB, die von § 334 Abs. 1 Nr. 4 HGB erfasst werden.

2.2.4 Offenlegung, Hinterlegung, Veröffentlichung und Vervielfältigung (Abs. 1 Nr. 5)

§ 334 Abs. 1 Nr. 5 HGB bezieht sich auf die Vorschrift des § 328 HGB, auch in Verbindung mit § 325a Abs. 1 Satz 1 1. Hs. HGB, über Form, Format[17] und Inhalt der Unterlagen bei der Offenlegung, Hinterlegung, Veröffentlichung und Vervielfältigung des Jahresabschlusses und des Konzernabschlusses. Wird die Aufstellung des Jahresabschlusses durch das vertretungsberechtigte Organ vollständig unterlassen, greift § 335 Abs. 1 Nr. 6 HGB – mit der Möglichkeit, ein Zwangsgeld zu verhängen – ein. § 334 Abs. 1 Nr. 5 HGB erfasst dagegen Verstöße, die bei erfolgter Offenlegung begangen wurden.

24

2.2.5 Verordnungen gem. § 330 Abs. 1 Satz 1 HGB (Abs. 1 Nr. 6)

Soweit Rechtsverordnungen nach § 330 Abs. 1 Satz 1 HGB (Formblattverordnungen) für bestimmte Tatbestände auf § 334 HGB verweisen, sind Verstöße gegen die Rechtsverordnung als Ordnungswidrigkeiten zu verfolgen.

25

3 Ordnungswidrigkeit durch Abschlussprüfer (Abs. 2)

3.1 Täterkreis

Täter des § 334 Abs. 2 HGB können **Wirtschaftsprüfer und vereidigte Buchprüfer** sein, die selbst Jahres- oder Konzernabschlussprüfer sind oder für eine Wirtschaftsprüfungs- oder Buchführungsprüfungsgesellschaft handeln und für diese den Bestätigungsvermerk erteilen und unterzeichnen.[18] Andere gesetzliche Vertreter oder Prüfungsgehilfen kommen nicht als Täter in Betracht, da sie selbst den Bestätigungsvermerk nicht erteilen und unterzeichnen. Diese können jedoch als Tatbeteiligte der Ordnungswidrigkeit verfolgt werden (sog. Einheitstheorie (Rz 9). Nicht von § 334 Abs. 2 HGB erfasst ist die Erteilung eines Bestätigungsvermerks durch eine Person, die nicht Abschlussprüfer ist.[19]

26

---

[15] Eingefügt durch das CSR-Richtlinien-Umsetzungsgesetz v. 9.3.2017; die Neuregelung gilt für Gj, die nach dem 31.12.2016 beginnen.
[16] Vgl. Klinger, in MünchKomm. HGB, 5. Aufl. 2024, § 334 HGB Rz 39.
[17] Eingefügt durch das Gesetz zur weiteren Umsetzung der Transparenzrichtlinie-Änderungsrichtlinie im Hinblick auf ein einheitliches elektronisches Format für Jahresfinanzberichte vom 19.6.2020; erstmalig anzuwenden auf Jahresabschlüsse, Konzernjahresabschlüsse, Lageberichte und Konzernlageberichte für Gj, die nach dem 31.12.2019 beginnen.
[18] Vgl. Grottel/Hoffmann, in Beck Bil-Komm., 14. Aufl. 2024, § 334 HGB Rz 27.
[19] Vgl. Klinger, in MünchKomm. HGB, 5. Aufl. 2024, § 334 HGB Rz 54.

3.2 Tathandlung

27 § 334 Abs. 2 HGB bezieht sich auf **Verstöße des Abschlussprüfers gegen die gesetzlichen Ausschlussgründe** gem. §§ 319 und 319b HGB. Durch das FISG wurden die sanktionierten Handlungen erweitert. Bei unbefugter Erteilung eines Bestätigungsvermerks kann der Verstoß gegen das Verbot der Erbringungen von Nichtprüfungsleistungen[20] oder gegen die Vorschriften in der Abschlussprüferverordnung zu den externen und internen Prüferrotationen[21] durch den Abschlussprüfer selbst, die Prüfungsgesellschaft, für die er tätig wird, oder ein Mitglied des Netzwerks, dem er oder die Prüfungsgesellschaft, für die er tätig wird, angehören, nach § 334 Abs. 2 Satz 2 HGB mit einem Bußgeld belegt werden.[22] Auf diese Weise soll die Unabhängigkeit des Abschlussprüfers sichergestellt werden. Tathandlung ist die Erteilung eines Bestätigungsvermerks nach § 322 HGB durch den Abschlussprüfer, trotz der Besorgnis seiner Befangenheit. Die Erstellung des Prüfungsberichts gem. § 321 HGB durch einen ausgeschlossenen Prüfer ist dagegen nicht tatbestandsmäßig.[23] § 334 Abs. 2 HGB gilt nur für Jahresabschlüsse, Einzelabschlüsse nach § 325 HGB sowie Konzernabschlüsse, die aufgrund gesetzlicher Vorschriften zu prüfen sind.

4 Ordnungswidrigkeiten durch Mitglieder eines Prüfungsausschusses (Abs. 2a)

4.1 Täterkreis

28 Mitglieder eines nach § 324 Abs. 1 Satz 1 HGB eingerichteten Prüfungsausschusses können Täter i. S. d. § 334 Abs. 2a HGB sein.

4.2 Tathandlung

29 § 334 Abs. 2a HGB sanktioniert die Verletzung von Pflichten des Prüfungsausschusses einer KapG sowie in § 335b Satz 1 HGB genannten PersG für folgende Tatbestände:
- Mangelnde Überwachung der Unabhängigkeit des Abschlussprüfers durch Nichtbeachtung der 15-%-Honorargrenze,[24] durch unterlassene oder nicht ordnungsgemäße Billigung bei der Erbringung von Nichtprüfungsleistungen[25] und Unterlassen der Einholung der jährlichen Unabhängigkeitserklärung des Abschlussprüfers sowie der Erörterung möglicher Gefährdungen der Unabhängigkeit.[26]
- Nichtbeachtung des vorgegebenen Auswahlverfahrens durch Unterlassen oder nicht ordnungsgemäßer Durchführung der Ausschreibung[27] und Verstöße gegen die Vorgaben bei der Auswahl der vorzuschlagenden Abschlussprüfer.[28]

---

[20] Art. 5 Abs. 4 UAbs. 1 Satz 1 oder Abs. 5 UAbs. 2 Satz 2 Verordnung Nr. 537/2014/EU.
[21] Art. 17 Abs. 3 Verordnung Nr. 537/2014/EU.
[22] Erstmals anwendbar auf gesetzlich vorgeschriebene Abschlussprüfungen für Gj, die nach dem 31.12.2021 beginnen.
[23] Vgl. Tiedemann, in Scholz, GmbHG, 10. Aufl. 2010, Vor § 82 Rz 92 (in der aktuellen Aufl. nicht mehr ausführlich kommentiert).
[24] Art. 4 Abs. 3 UAbs. 2 Verordnung Nr. 537/2014/EU.
[25] Art. 5 Abs. 4 UAbs. 1 Satz 1 Verordnung Nr. 537/2014/EU.
[26] Art. 6 Abs. 2 Verordnung Nr. 537/2014/EU.
[27] Art. 16 Verordnung Nr. 537/2014/EU.
[28] Art. 16 Abs. 5 Verordnung Nr. 537/2014/EU.

5 Subjektiver Tatbestand

Eine Beteiligung an der Ordnungswidrigkeit ist nur möglich, wenn der Täter, der die Täterqualifikation des § 334 HGB erfüllt, und der Beteiligte vorsätzlich handeln. Handelt nur der Beteiligte vorsätzlich, liegt keine Beteiligung i.S.d. § 14 Abs. 1 OWiG vor.

6 Rechtswidrigkeit

Das Verhalten des Täters muss rechtswidrig sein. Die Verwirklichung des Unrechtstatbestands **indiziert** regelmäßig die Rechtswidrigkeit. Sie kann jedoch bei Vorliegen von Rechtfertigungsgründen (z. B. Notwehr, Nothilfe, gesetzlicher Notstand) fehlen. Hierbei gelten die allgemeinen strafrechtlichen Grundsätze.

7 Vorwerfbarkeit

Die Handlung ist grds. vorwerfbar, wenn sie vorsätzlich oder fahrlässig begangen wird. Mangels ausdrücklicher gesetzlicher Regelung ist i. R. d. § 334 HGB allerdings nur die **vorsätzliche Begehung** ahndbar (§ 10 OWiG). Bedingter Vorsatz ist hierbei ausreichend.[29]

8 Irrtum

Die Beurteilung von Tatbestands- und Verbotsirrtümern (§ 11 OWiG) entspricht den strafrechtlichen Grundsätzen (§ 331 Rz 75 ff.).

9 Vollendung und Beendigung

Mangels ausdrücklicher Regelung in § 334 HGB kann der Versuch der Tatbestandsverwirklichung nicht geahndet werden (§ 13 Abs. 2 OWiG).

9.1 Tatbestände nach Abs. 1 Nr. 1–4

Die Tathandlung nach § 334 Abs. 1 Nr. 1 bis 4 HGB erfolgt während des Aufstellens von Jahresabschluss oder Konzernabschluss, Lagebericht oder Konzernlagebericht, der Erstellung des gesonderten nichtfinanziellen Berichts bzw. der Feststellung des Jahresabschlusses.

9.1.1 Aufstellung und Erstellung

Nach dem Wortlaut des Gesetzes „bei der Aufstellung" bzw. „der Erstellung" tritt die Vollendung der Tathandlung ein, wenn die Ergebnisse der Buchführung in den Jahresabschluss, Lagebericht oder nichtfinanziellen Bericht übernommen werden. Vorausgehende Abschlussbuchungen i.R.d. Buchführung sind einer Sanktion als reine Vorbereitungshandlungen entzogen. Die Beendigung der Tat tritt mit dem Ende der Aufstellung bzw. Erstellung ein.[30]

---

[29] Vgl. Mansdörfer, in Heymann, HGB, 3. Aufl. 2019, § 334 HGB Rz 36.
[30] Vgl. Klinger, in MünchKomm. HGB, 5. Aufl. 2024, § 334 HGB Rz 76; Dannecker, in Staub, Großkommentar Handelsgesetzbuch, 5. Aufl. 2012, § 334 HGB Rz 81; Tschesche, in Baetge/Kirsch/Thiele, Bilanzrecht, § 334 HGB Rz 42, Stand: 8/2024.

> **Praxis-Beispiel**
> Ein Verstoß gegen die GoB erfüllt erst mit der Übernahme des Buchführungsergebnisses in den Jahresabschluss den Tatbestand des § 334 Abs. 1 Nr. 1a HGB.[31]

9.1.2 Feststellung

37 Das Feststellen des Jahresabschlusses stellt einen rechtsgeschäftlichen Akt dar, der durch die Willenserklärung der hierfür zuständigen Personen zustande kommt. Tathandlung ist die Abgabe der Willenserklärung bei der Abstimmung. Mit der Stimmabgabe wird die Tat vollendet. Beendigung liegt vor, wenn der Beschluss gefasst worden ist.[32]

9.2 Offenlegung, Hinterlegung, Veröffentlichung und Vervielfältigung (Abs. 1 Nr. 5)

38 Die Verletzung des § 328 HGB, auch in Verbindung mit § 325a Abs. 1 Satz 1 1. Hs. HGB, muss bei der Offenlegung, Hinterlegung, Veröffentlichung oder Vervielfältigung erfolgen. Der Täterkreis umfasst auch die ständigen Vertreter inländischer Zweigniederlassungen ausländische KapG (§ 13e Abs. 2 Satz 5 Nr. 3 HGB).[33] Der Tatbestand wird erst bei der Publizierung in einer der 4 genannten Weisen vollendet und zeitgleich beendet.[34]

9.3 Verstoß gegen Formblatt-Verordnungen (Abs. 1 Nr. 6)

39 Die Beurteilung der Tatvollendung richtet sich nach der jeweiligen Rechtsverordnung. Mit der unvollständigen oder unrichtigen Eintragung in das Formblatt wird die Tat regelmäßig vollendet und beendet.[35]

9.4 Verstoß des Abschlussprüfers (Abs. 2)

40 Für die Vollendung der Tat nach § 334 Abs. 2 HGB ist Voraussetzung, das der Bestätigungsvermerk einem gesetzlichen Vertreter zugegangen ist. Nicht erforderlich ist, dass der gesetzliche Vertreter tatsächlich Kenntnis nimmt. Die Erteilung des Bestätigungsvermerks durch Unterschrift ist dagegen nur eine sanktionslose Vorbereitungshandlung.[36] Die Tat ist beendet, sobald der Bestätigungsvermerk, der an die Öffentlichkeit gerichtet ist, im BAnz bzw. im Unternehmensregister veröffentlicht ist.

---

[31] Vgl. Klinger, in MünchKomm. HGB, 5. Aufl. 2024, § 334 HGB Rz 76.
[32] Vgl. Klinger, in MünchKomm. HGB, 5. Aufl. 2024, § 334 HGB Rz 77.
[33] Eingefügt durch das Gesetz zur Umsetzung der Richtlinien (EU) 2021/2101 im Hinblick auf die Offenlegung von Ertragsteuerinformationen durch bestimmte Unternehmen und Zweigniederlassungen sowie zur Änderung des Verbraucherstreitgesetzes und des Pflichtversicherungsgesetzes vom 21.6.2023; erstmalig anzuwenden auf Jahresabschlüsse, Konzernjahresabschlüsse, Lageberichte und Konzernlageberichte für Gj, die nach dem 31.12.2023 beginnen.
[34] Vgl. Klinger, in MünchKomm. HGB, 5. Aufl. 2024, § 334 HGB Rz 78.
[35] Vgl. Dannecker, in Staub, Großkommentar Handelsgesetzbuch, 5. Aufl. 2012, § 334 HGB Rz 85.
[36] Vgl. Dannecker, in Staub, Großkommentar Handelsgesetzbuch, 5. Aufl. 2012, § 334 HGB Rz 92.

9.5 Verstoß des Prüfungsausschusses (Abs. 2a)

Hat der Prüfungsausschuss die in § 334 Abs. 2a HGB aufgeführten Pflichten nicht erfüllt, ist die Tat mit Bestellung des Abschlussprüfers vollendet. **41**

10 Konkurrenzen

10.1 Konkurrierende Ordnungswidrigkeit

Werden durch eine Tathandlung mehrere Tatbestände des § 334 HGB erfüllt, liegt **Handlungseinheit** vor, die – wie im Strafrecht – nur als eine Ordnungswidrigkeit geahndet wird (§ 19 OWiG). Bei **Handlungsmehrheit**, d. h. wenn mehrere verschiedene Handlungen tatbestandsmäßig sind, wird für jeden Verstoß gesondert eine Geldbuße verhängt (§ 20 OWiG). Im Ordnungswidrigkeitenrecht gilt abweichend vom Strafrecht das Kumulationsprinzip, wonach die einzelnen Geldbußen zu einer Gesamtgeldbuße aufsummiert werden.[37] **42**

10.2 Zusammentreffen von Straftat und Ordnungswidrigkeit

Erfüllt eine Tathandlung sowohl einen Straftatbestand als auch den Tatbestand einer Ordnungswidrigkeit, findet nach dem **Subsidiaritätsprinzip** nur das jeweilige Strafgesetz Anwendung (§ 21 OWiG). Der Unrechtsgehalt der Ordnungswidrigkeit wird durch den Unrechtsgehalt des Strafgesetzes überlagert.[38] Bei der Bemessung der Strafe kann die Ordnungswidrigkeit jedoch unter Umständen straferhöhend berücksichtigt werden.[39] **43**

Bei **tatmehrheitlicher Begehung** einer Straftat und einer Ordnungswidrigkeit kann neben der Bestrafung nach der Strafnorm auch die Ordnungswidrigkeit geahndet werden (§ 82 Abs. 2 OWiG). **44**

11 Sanktionen (Abs. 3–3b)

Durch das FISG wurde der bisherige Bußgeldrahmen erhöht und zweistufig ausgestaltet.[40] **45**

Bei der unbefugten Erteilung eines Bestätigungsvermerks für den Abschluss einer KapG kann eine Geldbuße von **bis zu 50.000 EUR** verhängt werden. Handelt es sich bei der KapG um ein Unt von öffentlichem Interesse nach § 316a Satz 2 Nr. 1 HGB kann eine Geldbuße von **bis zu 500.000 EUR** festgesetzt werden. Bei Verstößen von Mitgliedern eines Prüfungsausschusses nach § 334 Abs. 2a HGB beträgt die max. Bußgeldhöhe 500.000 EUR.

Für kapitalmarktorientierte KapG gelten höhere Obergrenzen: Bei Verstößen gegen die Tatbestände des § 334 Abs. 1 HGB beträgt die Obergrenze 2 Mio. EUR oder das Zweifache des aus der Ordnungswidrigkeit gezogenen Vorteils, wobei der höhere der beiden Werte maßgeblich ist. Wird gegen eine kapitalmarktorientierte KapG eine Geldbuße nach § 30 OWiG verhängt (Rz 47), gilt als Obergrenze der höhere Betrag aus folgenden Beträgen: 10 Mio. EUR oder 5 %

---

[37] Vgl. Klinger, in MünchKomm. HGB, 5. Aufl. 2024, § 334 HGB Rz 85.
[38] Vgl. Dannecker, in Staub, Großkommentar Handelsgesetzbuch, 5. Aufl. 2012, § 334 HGB Rz 100.
[39] Vgl. BGHSt 23, 342, 345.
[40] Der erhöhte Bußgeldrahmen gilt für Gj, die nach dem 31.12.2021 beginnen.

des jährlichen Gesamtumsatzes i. S. d. Abs. 3b im Jahr vor der Entscheidung des BfJ oder das Zweifache des aus der Ordnungswidrigkeit gezogenen Vorteils.
§ 17 Abs. 1 OWiG bestimmt als Mindestmaß einen Betrag von 5 EUR. Bei geringfügigen Verstößen kann nach § 56 OWiG gegenüber den Betroffenen auch eine Verwarnung ausgesprochen werden.

46 Für die **Bemessung der Geldbuße** sind die Bedeutung der Ordnungswidrigkeit, die Schwere des Vorwurfs gegen den Täter und u. U. die wirtschaftliche Lage des Täters zugrunde zu legen (§ 17 Abs. 3 OWiG). Die Geldbuße soll den wirtschaftlichen Vorteil des Täters aus der Tat abschöpfen.[41] Reicht das gesetzliche Höchstmaß hierfür nicht aus, kann auch eine höhere Geldbuße verhängt werden (§ 17 Abs. 4 OWiG).

47 Nach § 30 OWiG kann neben den unmittelbaren Tätern auch **gegen die KapG isoliert** eine Geldbuße verhängt werden, wenn ein Mitglied des vertretungsberechtigten Organs der KapG eine Ordnungswidrigkeit begeht, durch die Pflichten der Ges. verletzt werden. Die Tathandlungen des § 334 HGB erfüllen regelmäßig die Voraussetzung des § 30 OWiG. Es steht daher im pflichtgemäßen Ermessen der Behörde, ob gegen das Organmitglied, die KapG oder beide eine Geldbuße verhängt wird. Ist gegen das Organmitglied eine angemessene Geldbuße wegen dessen wirtschaftlicher Verhältnisse nicht möglich, kann die Festsetzung einer Geldbuße auch gegenüber der KapG erfolgen, um dem Unrechtsgehalt der Tat bei der Bemessung der Geldbuße gerecht zu werden.[42]
Nach § 30 Abs. 1 OWiG kann bei Verstößen nach § 334 Abs. 2 HGB auch eine Verbandsgeldbuße gegen die als Abschlussprüfer bestellte Prüfungsgesellschaft festgesetzt werden. Nach § 334 Abs. 3a Satz 2 HGB i. V. m. § 30 Abs. 2 Satz 3 OWiG beträgt hierfür die Maximalhöhe des Bußgeldes 5 Mio. EUR in den Fällen, in denen der Bestätigungsvermerk unbefugt für den Abschluss einer KapG erteilt wird, die ein Unt von öffentlichen Interesse nach § 316a Satz 2 Nr. 1 HGB ist.

12 Verfahren

48 Für die Einleitung und Durchführung des Bußgeldverfahrens ist in den Fällen des Abs. 1 die **Bundesanstalt für Finanzdienstleistungen** bei kapitalmarktorientierten KapG i. S. d. § 264d HGB zuständig.[43] Bei Verstößen durch nicht kapitalmarktorientierte Ges. in den Fällen des Abs. 1 und in den Fällen des Abs. 2a ist das **Bundesamt für Justiz** zuständig. Für Verstöße nach Abs. 2 ist die **Abschlussprüferaufsichtsstelle** (APAS) beim Bundesamt für Wirtschaft und Ausfuhrkontrolle als zentrale Aufsichtsbehörde für Abschlussprüfer und Prüfungsgesellschaften zuständig.
Die **örtliche Zuständigkeit** richtet sich entweder nach dem Bezirk, in dem die Ordnungswidrigkeit begangen oder entdeckt wurde, oder nach dem Wohnsitz

---

41 Vgl. Tschesche, in Baetge/Kirsch/Thiele, Bilanzrecht, § 334 HGB Rz 61 f., Stand: 8/2024.
42 Vgl. Grottel/Hoffmann, in Beck Bil-Komm., 14. Aufl. 2024, § 334 HGB Rz 36.
43 Eingefügt durch das Gesetz zur weiteren Umsetzung der Transparenzrichtlinie-Änderungsrichtlinie in Hinblick auf ein einheitliches elektronisches Format für Jahresfinanzberichte vom 12.8.2020, BGBl 2020 I S. 1875. Für Verstöße für vor dem 1.1.2020 beginnende Gj bleibt es auch bei kapitalmarktorientierten Ges. bei der Zuständigkeit des Bundesamts für Justiz.

des Täters zum Zeitpunkt der Einleitung des Bußgeldverfahrens (§ 37 Abs. 1 Nrn. 1 und 2 OWiG).

Nach dem **Opportunitätsprinzip** (§ 47 OWiG) liegt es im pflichtgemäßen Ermessen der zuständigen Behörde, ob sie die Ordnungswidrigkeit verfolgt oder nach § 47 Abs. 1 OWiG einstellt. Entscheidet sich die Behörde für die Verfolgung der Ordnungswidrigkeit, so erfolgt diese **von Amts wegen**. 49

Das Bußgeld wird durch **Bußgeldbescheid** festgesetzt, gegen den der Betroffene innerhalb von zwei Wochen schriftlich oder zur Niederschrift **Einspruch** gegenüber der erlassenden Behörde erheben kann (§ 67 Abs. 1 Satz 1 OWiG). Gegen die Einspruchsentscheidung ist gem. § 79 Abs. 1 OWiG Rechtsbeschwerde zulässig. 50

Die **Verfolgungsverjährung** beträgt drei Jahre und beginnt mit der Beendigung der Handlung (Rz 34 ff.). 51

Bei einer rechtskräftig festgestellten Geldbuße von mehr als 5.000 EUR beträgt die **Vollstreckungsverjährung** fünf Jahre und bei einer Geldbuße bis zu 5.000 EUR drei Jahre (§ 34 Abs. 2 OWiG). 52

13 CSRD-Umsetzungsgesetz: Änderungen

> **Hinweis**
> Die Kommentierung basiert auf dem **Regierungsentwurf eines CSRD-Umsetzungsgesetzes**.[44] Nach Veröffentlichung der finalen Fassung wird die Kommentierung in Ihrem Haufe HGB Bilanz Kommentar Online aktualisiert. Die **Online-Version** ist beim Kauf der Printausgabe inklusive.

§ 334 HGB wird in Abs. 1 Satz 1 Nr. 3 und 4 geändert. Es handelt sich im Wesentlichen um Folgeänderungen zur Ersetzung der nichtfinanziellen Erklärung durch einen (Konzern-)Nachhaltigkeitsbericht, der künftig Bestandteil des (Konzern-)Lageberichts sein wird. Aufgrund unionsrechtlicher Bestimmtheitsvorgaben wird im Wege eines statischen Verweises Bezug auf einzelne Vorschriften für den (Konzern-)Lagebericht genommen, so dass bei vorsätzlichen Pflichtverstößen eine Sanktionierung erfolgen kann. 53

Zentrale Vorschriften für die Bewehrung einzelner Pflichtangaben der Nachhaltigkeitsberichterstattung sind § 334 Abs. 1 Satz 1 Nr. 3d und 4d HGB-E. Diese erfassen auch die Spezifikationen der in § 289c Abs. 6 Satz 1 HGB-E genannten, von der Europäischen Kommission im Wege delegierter Rechtsakte nach Art. 29b der BilanzRL erlassenen Standards für die Nachhaltigkeitsberichterstattung (ESRS). Die in den unmittelbar geltenden ESRS enthaltenen Detailregelungen zur Spezifizierung der in § 289c Abs. 2 Satz 1 HGB-E genannten Berichtsfelder der Nachhaltigkeitsberichterstattung können damit bei vorsätzlichen Pflichtverstößen sanktioniert werden.

§ 334 Abs. 1 Satz 2, Nr. 3i und Nr. 4h HGB-E enthalten Ordnungswidrigkeiten betreffend die Formatvorgaben der §§ 289g und 315e HGB-E.

---

[44] Regierungsentwurf eines Gesetzes zur Umsetzung der Richtlinie (EU) 2022/2464 des Europäischen Parlaments und des Rates vom 14. Dezember 2022 zur Änderung der Verordnung (EU) Nr. 537/2014 und der Richtlinien 2004/109/EG, 2006/43/EG und 2013/34/EU hinsichtlich der Nachhaltigkeitsberichterstattung von Unternehmen, BT-Drs. 20/12787 v. 9.9.2024.

§ 334 Abs. 1 Satz 1 Nr. 4a HGB-E wird infolge der Einführung der (Konzern-)Nachhaltigkeitsberichterstattung von TU und Zweigniederlassungen von Unt mit Sitz in einem Drittstaat ergänzt. Sanktioniert werden Zuwiderhandlungen gegen die Pflicht zur Nachhaltigkeitsberichterstattung von TU und Zweigniederlassungen von Unt mit Sitz in einem Drittstaat oder gegen die Vorgaben zum Inhalt einer solchen Nachhaltigkeitsberichterstattung.
In § 334 Abs. 1 Satz 1 Nr. 5 HGB-E wurde das Wort „Hinterlegung" gestrichen, da es sich hierbei lediglich um eine besondere Form der Offenlegung handelt und daher vom Merkmal „Offenlegung" bereits erfasst wird.
§ 334 Abs. 2b HGB-E regelt eine Bußgeldbewehrung des in § 324i Abs. 1 Satz 4 HGB-E geschaffenen Verbotsbestands für die Erteilung eines Prüfvermerks über den Nachhaltigkeitsbericht bei Vorliegen eines Ausschlussgrundes nach §§ 319 Abs. 2 bis 5 oder 319b HGB.
Bei den übrigen Änderungen handelt es sich um weitere redaktionelle Anpassungen, Folgeänderungen zur Verschiebung von § 324 HGB nach § 324m HGB-E und § 325a HGB nach § 328a HGB-E sowie um Korrekturen des Gesetzeswortlauts.

§ 335 Festsetzung von Ordnungsgeld; Verordnungsermächtigungen

(1) ¹Gegen die Mitglieder des vertretungsberechtigten Organs einer Kapitalgesellschaft, die
1. § 325 über die Pflicht zur Offenlegung des Jahresabschlusses, des Lageberichts, des Konzernabschlusses, des Konzernlageberichts und anderer Unterlagen der Rechnungslegung oder
2. § 325a über die Pflicht zur Offenlegung der Rechnungslegungsunterlagen der Hauptniederlassung

nicht befolgen, ist wegen des pflichtwidrigen Unterlassens der rechtzeitigen Offenlegung vom Bundesamt für Justiz (Bundesamt) ein Ordnungsgeldverfahren nach den Absätzen 2 bis 6 durchzuführen; im Fall der Nummer 2 treten die in § 13e Absatz 2 Satz 5 Nummer 3 genannten angemeldeten Personen, sobald sie angemeldet sind, an die Stelle der Mitglieder des vertretungsberechtigten Organs der Kapitalgesellschaft. ²Das Ordnungsgeldverfahren kann auch gegen die Kapitalgesellschaft durchgeführt werden, für die die Mitglieder des vertretungsberechtigten Organs die in Satz 1 Nr. 1 und 2 genannten Pflichten zu erfüllen haben. ³Dem Verfahren steht nicht entgegen, dass eine der Offenlegung vorausgehende Pflicht, insbesondere die Aufstellung des Jahres- oder Konzernabschlusses oder die unverzügliche Erteilung des Prüfauftrags, noch nicht erfüllt ist. ⁴Das Ordnungsgeld beträgt mindestens zweitausendfünfhundert und höchstens fünfundzwanzigtausend Euro. ⁵Eingenommene Ordnungsgelder fließen dem Bundesamt zu.

(1a) ¹Ist die Kapitalgesellschaft kapitalmarktorientiert i.S.d. § 264d, beträgt das Ordnungsgeld höchstens den höheren der folgenden Beträge:
1. zehn Millionen Euro,
2. 5 Prozent des jährlichen Gesamtumsatzes, den die Kapitalgesellschaft im der Behördenentscheidung vorausgegangenen Geschäftsjahr erzielt hat, oder
3. das Zweifache des aus der unterlassenen Offenlegung gezogenen wirtschaftlichen Vorteils; der wirtschaftliche Vorteil umfasst erzielte Gewinne und vermiedene Verluste und kann geschätzt werden.

²Wird das Ordnungsgeld einem Mitglied des gesetzlichen Vertretungsorgans der Kapitalgesellschaft angedroht, beträgt das Ordnungsgeld abweichend von Satz 1 höchstens den höheren der folgenden Beträge:
1. zwei Millionen Euro oder
2. das Zweifache des aus der unterlassenen Offenlegung gezogenen Vorteils; der wirtschaftliche Vorteil umfasst erzielte Gewinne und vermiedene Verluste und kann geschätzt werden.

(1b) ¹Gesamtumsatz i.S.d. Absatzes 1a Satz 1 Nummer 2 ist
1. im Falle von Kapitalgesellschaften, die ihren Jahresabschluss nach den handelsrechtlichen Vorschriften oder dem Recht eines anderen Mitgliedstaates der Europäischen Union oder eines anderen Vertragsstaats des Abkommens über den Europäischen Wirtschaftsraum im Einklang mit der Richtlinie 2013/34/EU aufstellen, der Betrag der Umsatzerlöse nach § 277 Absatz 1 oder der Betrag der Nettoumsatzerlöse nach Maßgabe des

auf die Gesellschaft anwendbaren nationalen Rechts im Einklang mit Artikel 2 Nummer 5 der Richtlinie 2013/34/EU,
2. in allen Fällen, die nicht in Nummer 1 genannt sind, der Betrag der Umsatzerlöse, der sich bei Anwendung der Rechnungslegungsgrundsätze ergibt, die nach dem jeweiligen nationalen Recht für die Aufstellung des Jahresabschlusses der Kapitalgesellschaft gelten.
²Handelt es sich bei der Kapitalgesellschaft um ein Mutterunternehmen oder um ein Tochterunternehmen i.S.v. § 290, ist anstelle des Gesamtumsatzes der Kapitalgesellschaft der Gesamtumsatz im Konzernabschluss des Mutterunternehmens maßgeblich, der für den größten Kreis von Unternehmen aufgestellt wird. ³Ist ein Jahresabschluss oder Konzernabschluss für das maßgebliche Geschäftsjahr nicht verfügbar, ist der Jahres- oder Konzernabschluss für das unmittelbar vorausgehende Geschäftsjahr maßgeblich; ist auch dieser nicht verfügbar, kann der Gesamtumsatz geschätzt werden.
(1c) Soweit dem Bundesamt Ermessen bei der Höhe eines Ordnungsgeldes zusteht, hat es auch frühere Verstöße der betroffenen Person zu berücksichtigen.
(1d) ¹Das Bundesamt unterrichtet die Bundesanstalt für Finanzdienstleistungsaufsicht unverzüglich über jedes Ordnungsgeld, das gem. Absatz 1 gegen eine Kapitalgesellschaft i.S.d. § 264d oder gegen ein Mitglied ihrer Vertretungsorgane festgesetzt wird. ²Wird gegen eine solche Ordnungsgeldfestsetzung Beschwerde eingelegt, unterrichtet das Bundesamt die Bundesanstalt für Finanzdienstleistungsaufsicht über diesen Umstand sowie über den Ausgang des Beschwerdeverfahrens.
(2) ¹Auf das Verfahren sind die §§ 15 bis 19 Absatz 1 und 3, § 40 Abs. 1, § 388 Abs. 1, § 389 Abs. 3, § 390 Abs. 2 bis 6 des Gesetzes über das Verfahren in Familiensachen und in den Angelegenheiten der freiwilligen Gerichtsbarkeit sowie im Übrigen § 11 Nr. 1 und 2, § 12 Abs. 1 Nr. 1 bis 3, Abs. 2 und 3, §§ 14, 15, 20 Abs. 1 und 3, § 21 Abs. 1, §§ 23 und 26 des Verwaltungsverfahrensgesetzes nach Maßgabe der nachfolgenden Absätze entsprechend anzuwenden. ²Das Ordnungsgeldverfahren ist ein Justizverwaltungsverfahren. ³Zur Vertretung der Beteiligten sind auch befugt
1. Wirtschaftsprüfer und vereidigte Buchprüfer,
2. Steuerberater und Steuerbevollmächtigte,
3. Personen und Vereinigungen i.S.d. §§ 3a und 3c des Steuerberatungsgesetzes im Rahmen ihrer Befugnisse nach § 3a des Steuerberatungsgesetzes,
4. zu beschränkter geschäftsmäßiger Hilfeleistung in Steuersachen nach den §§ 3d und 3e des Steuerberatungsgesetzes berechtigte Personen im Rahmen dieser Befugnisse sowie
5. Gesellschaften i.S.d. § 3 Satz 1 Nummer 2 und 3 des Steuerberatungsgesetzes, die durch Personen i.S.d. § 3 Satz 2 des Steuerberatungsgesetzes handeln.
(2a) ¹Die Akten einschließlich der Verfahrensakten in der Zwangsvollstreckung werden elektronisch geführt. ²Auf die elektronische Aktenführung und die elektronische Kommunikation ist § 110c des Gesetzes über Ordnungswidrigkeiten entsprechend anzuwenden, jedoch dessen Satz 1

1. nicht in Verbindung mit dessen Satz 2 und § 32b der Strafprozessordnung auf
   a) die Androhung eines Ordnungsgeldes nach Absatz 3 Satz 1,
   b) die Kostenentscheidung nach Absatz 3 Satz 2 und
   c) den Erlass von Zwischenverfügungen;
2. nicht in Verbindung mit den §§ 32d und 32e Absatz 3 Satz 1 und 2 der Strafprozessordnung auf das Verfahren insgesamt sowie
3. einschließlich dessen Sätze 2 und 3 nicht auf die Beitreibung nach dem Justizbeitreibungsgesetz.

³Satz 2 gilt entsprechend auch für Verfügungen i.S.d. Absätze 3 und 4, die automatisiert erlassen werden können.

(3) ¹Den in Absatz 1 Satz 1 und 2 bezeichneten Beteiligten ist unter Androhung eines Ordnungsgeldes in bestimmter Höhe aufzugeben, innerhalb einer Frist von sechs Wochen vom Zugang der Androhung an ihrer gesetzlichen Verpflichtung nachzukommen oder die Unterlassung mittels Einspruchs gegen die Verfügung zu rechtfertigen. ²Mit der Androhung des Ordnungsgeldes sind den Beteiligten zugleich die Kosten des Verfahrens aufzuerlegen. ³Der Einspruch kann auf Einwendungen gegen die Entscheidung über die Kosten beschränkt werden. ⁴Der Einspruch gegen die Androhung des Ordnungsgeldes und gegen die Entscheidung über die Kosten hat keine aufschiebende Wirkung. ⁵Führt der Einspruch zu einer Einstellung des Verfahrens, ist zugleich auch die Kostenentscheidung nach Satz 2 aufzuheben.

(4) ¹Wenn die Beteiligten nicht spätestens sechs Wochen nach dem Zugang der Androhung der gesetzlichen Pflicht entsprochen oder die Unterlassung mittels Einspruchs gerechtfertigt haben, ist das Ordnungsgeld festzusetzen und zugleich die frühere Verfügung unter Androhung eines erneuten Ordnungsgeldes zu wiederholen. ²Haben die Beteiligten die gesetzliche Pflicht erst nach Ablauf der Sechswochenfrist erfüllt, hat das Bundesamt das Ordnungsgeld wie folgt herabzusetzen:
1. auf einen Betrag von 500 Euro, wenn die Beteiligten vom Recht einer Kleinstkapitalgesellschaft nach § 326 Absatz 2 Gebrauch gemacht haben;
2. auf einen Betrag von 1 000 Euro, wenn es sich um eine kleine Kapitalgesellschaft i.S.d. § 267 Absatz 1 handelt;
3. auf einen Betrag von 2 500 Euro, wenn ein höheres Ordnungsgeld angedroht worden ist und die Voraussetzungen der Nummern 1 und 2 nicht vorliegen, oder
4. jeweils ein geringeren Betrag, wenn die Beteiligten die Sechswochenfrist nur geringfügig überschritten haben.

³Bei der Herabsetzung sind nur Umstände zu berücksichtigen, die vor der Entscheidung des Bundesamtes eingetreten sind.

(5) ¹Waren die Beteiligten unverschuldet gehindert, in der Sechswochenfrist nach Absatz 4 Einspruch einzulegen oder ihrer gesetzlichen Verpflichtung nachzukommen, hat ihnen das Bundesamt auf Antrag Wiedereinsetzung in den vorigen Stand zu gewähren. ²Das Verschulden eines Vertreters ist der vertretenen Person zuzurechnen. ³Ein Fehlen des Verschuldens wird vermutet, wenn eine Rechtsbehelfsbelehrung unterblieben ist oder fehlerhaft ist. ⁴Der Antrag auf Wiedereinsetzung ist binnen zwei Wochen nach Wegfall des Hindernisses schriftlich beim Bundesamt zu stellen. ⁵Die Tatsachen zur Begründung des Antrags sind bei der Antragstellung oder im Verfahren über den

Antrag glaubhaft zu machen. ⁶Die versäumte Handlung ist spätestens sechs Wochen nach Wegfall des Hindernisses nachzuholen. ⁷Ist innerhalb eines Jahres seit dem Ablauf der Sechswochenfrist nach Absatz 4 weder Wiedereinsetzung beantragt noch die versäumte Handlung nachgeholt worden, kann Wiedereinsetzung nicht mehr gewährt werden. ⁸Die Wiedereinsetzung ist nicht anfechtbar; § 335a Absatz 3 Satz 4 bleibt unberührt. ⁹Haben die Beteiligten Wiedereinsetzung nicht beantragt oder ist die Ablehnung des Wiedereinsetzungsantrags bestandskräftig geworden, können sich die Beteiligten mit der Beschwerde nicht mehr darauf berufen, dass sie unverschuldet gehindert waren, in der Sechswochenfrist Einspruch einzulegen oder ihrer gesetzlichen Verpflichtung nachzukommen.

(6) ¹Liegen dem Bundesamt in einem Verfahren nach den Absätzen 1 bis 5 keine Anhaltspunkte über die Einstufung einer Gesellschaft im Sinn des § 267 Absatz 1 bis 3 oder des § 267a vor, kann es den in Absatz 1 Satz 1 und 2 bezeichneten Beteiligten aufgeben, die Bilanzsumme nach Abzug eines auf der Aktivseite ausgewiesenen Fehlbetrags (§ 268 Absatz 3), die Umsatzerlöse (§ 277 Absatz 1) und die durchschnittliche Zahl der Arbeitnehmer (§ 267 Absatz 5) für das betreffende Geschäftsjahr und für diejenigen Geschäftsjahre, die für die Einstufung erforderlich sind, anzugeben. ²Unterbleiben die Angaben nach Satz 1, so wird für das weitere Verfahren vermutet, dass die Erleichterungen der §§ 326 und 327 nicht in Anspruch genommen werden können. ³Die Sätze 1 und 2 gelten für den Konzernabschluss und den Konzernlagebericht entsprechend mit der Maßgabe, dass an die Stelle der §§ 267, 326 und 327 der § 293 tritt.

(7) ¹Das Bundesministerium der Justiz kann zur näheren Ausgestaltung der elektronischen Aktenführung und elektronischen Kommunikation nach Absatz 2a in der ab dem 1. Januar 2018 geltenden Fassung durch Rechtsverordnung, die nicht der Zustimmung des Bundesrates bedarf,
1. die Weiterführung von Akten in Papierform gestatten, die bereits vor Einführung der elektronischen Aktenführung in Papierform angelegt wurden,
2. die organisatorischen und dem Stand der Technik entsprechenden technischen Rahmenbedingungen für die elektronische Aktenführung einschließlich der einzuhaltenden Anforderungen des Datenschutzes, der Datensicherheit und der Barrierefreiheit festlegen,
3. die Standards für die Übermittlung elektronischer Akten zwischen dem Bundesamt und einer anderen Behörde oder einem Gericht näher bestimmen,
4. die Standards für die Einsicht in elektronische Akten vorgeben,
5. elektronische Formulare einführen und
a) bestimmen, dass die in den Formularen enthaltenen Angaben ganz oder teilweise in strukturierter maschinenlesbarer Form zu übermitteln sind,
b) eine Kommunikationsplattform vorgeben, auf der die Formulare im Internet zur Nutzung bereitzustellen sind, und
c) bestimmen, dass eine Identifikation des Formularverwenders abweichend von Absatz 2a in Verbindung mit § 110c des Gesetzes über Ordnungswidrigkeiten und § 32a Absatz 3 der Strafprozessordnung durch Nutzung des elektronischen Identitätsnachweises nach § 18 des Personalausweisgesetzes, § 12 des eID-Karte-Gesetzes oder § 78 Absatz 5 des Aufenthaltsgesetzes erfolgen kann,

6. Formanforderungen und weitere Einzelheiten für den automatisierten Erlass von Entscheidungen festlegen,
7. die Einreichung elektronischer Dokumente, abweichend von Absatz 2a in Verbindung mit § 110c des Gesetzes über Ordnungswidrigkeiten und § 32a der Strafprozessordnung, erst zum 1. Januar des Jahres 2019 oder 2020 zulassen und
8. die Weiterführung der Akten in der bisherigen elektronischen Form bis zu einem bestimmten Zeitpunkt vor dem 1. Januar 2026 gestatten.

²Das Bundesministerium der Justiz kann die Ermächtigungen des Satzes 1 durch Rechtsverordnung ohne Zustimmung des Bundesrates auf das Bundesamt für Justiz übertragen.

Inhaltsübersicht

	Rz
1 Überblick	1–5
1.1 Regelungszweck und Inhalt	1
1.2 Anwendungsbereich	2–3
1.3 Normenzusammenhänge	4–5
1.3.1 Europäische Regelungen	4
1.3.2 Nationale Regelungen	5
2 Normadressat	6–11
2.1 Vertretungsberechtigtes Organ (Abs. 1 Satz 1 1. Hs.)	6–7
2.2 Ständiger Vertreter einer Zweigniederlassung (Abs. 1 Satz 1 2. Hs.)	8
2.3 Kapitalgesellschaft (Abs. 1 Satz 2)	9–11
3 Ordnungsbewehrte Pflichtverletzungen (Abs. 1 Satz 1 Nr. 1, 2)	12–17
4 Verschulden	18–20
5 Empfänger des Ordnungsgelds (Abs. 1 Satz 5)	21
6 Durchführung des Ordnungsgeldverfahrens	22–59
6.1 Zuständigkeit	22–23
6.2 Vorausgehende Pflichten (Abs. 1 Satz 3)	24
6.3 Höhe des Ordnungsgelds (Abs. 1 Satz 4, Abs. 1a–1c)	25
6.4 Informationspflicht (Abs. 1d)	26
6.5 Verfahrensgrundsätze (Abs. 2 Sätze 1, 2)	27
6.6 Erweiterung der Vertretungsbefugnis (Abs. 2 Satz 3)	28
6.7 Elektronische Aktenführung und Kommunikation (Abs. 2a)	29
6.8 Androhung des Ordnungsgelds (Abs. 3 Satz 1)	30–35
6.8.1 Inhaltliche Anforderungen	31–34
6.8.1.1 Bezeichnung der Verpflichtung	31
6.8.1.2 Fristsetzung	32
6.8.1.3 Einspruch	33
6.8.1.4 Betragsmäßige Angabe des Ordnungsgelds	34
6.8.2 Verfahrenskosten	35
6.9 Einspruchsverfahren	36–39
6.9.1 Zulässigkeit	36–37

	6.9.2 Begründetheit	38
	6.9.3 Keine aufschiebende Wirkung des Einspruchs	39
6.10	Festsetzung des Ordnungsgelds (Abs. 4)	40–46
	6.10.1 Keine Offenlegung und keine Rechtfertigung innerhalb der Sechswochenfrist	40
	6.10.2 Herabsetzung des Ordnungsgelds	41–43
	6.10.3 Änderungsbefugnis	44
	6.10.4 Unzureichende Offenlegung innerhalb der Sechswochenfrist	45–46
6.11	Wiedereinsetzung in den vorherigen Stand (Abs. 5)	47–59
	6.11.1 Verschulden	48–52
	6.11.2 Antrag, Antrags- und Handlungsfrist	53–55
	6.11.3 Ausschluss und Anfechtbarkeit der Wiedereinsetzung	56–58
	6.11.4 Präklusion	59
7	Feststellung der Größenklasse im Einspruchsverfahren (Abs. 6)	60
8	Vollstreckung	61
9	Sonderfall: Insolvenz	62–68
9.1	Grundlagen	62
9.2	Publizitätsverpflichtung des Insolvenzverwalters	63
9.3	Sanktionen nach § 335 HGB in der Insolvenz	64–68
	9.3.1 Ordnungsgeldverfahren gegen den Insolvenzverwalter	64–66
	9.3.2 Ordnungsgeldverfahren gegen die gesetzlichen Vertreter	67
	9.3.3 Ordnungsgeldverfahren gegen die Gesellschaft	68
10	CSRD-Umsetzungsgesetz: Änderungen	69

1 Überblick

1.1 Regelungszweck und Inhalt

1 Durch § 335 HGB erhält das Bundesamt für Justiz (BfJ) die Möglichkeit, Verstöße gegen Offenlegungspflichten durch KapG mittels Auferlegung eines Ordnungsgelds zu sanktionieren. Der Druck auf die Unt, die sich ihren Offenlegungsverpflichtungen entziehen möchten, hat sich durch die Verfahrenseinleitung von Amts wegen, die Auferlegung der Verfahrenskosten und die fehlende aufschiebende Wirkung der Rechtsbehelfe erheblich verstärkt. Durch das MicroBilG und zuletzt durch das Gesetz zur Änderung des Handelsgesetzbuchs wurden geänderte europäischen Vorgaben umgesetzt und das Ordnungsgeldverfahren modernisiert. Wesentliche Änderungen waren dabei die Absenkung der Offenlegungspflichten für KleinstKapG durch das MicroBilG und die Herabsetzung der Sanktionen für kleine und KleinstKapG durch das Gesetz zur Änderung des Handelsgesetzbuchs. Daneben wurde das Verfahren um die Möglichkeit der Wiedereinsetzung in den vorherigen Stand ergänzt und eine zweite gerichtliche Instanz in Form der Rechtsbeschwerde eingeführt. Zur besseren Verständlichkeit wurden die gerichtlichen

Verfahren zur Überprüfung der Entscheidungen des BfJ aus dem § 335 HGB herausgelöst und in einem neuen § 335a HGB zusammengefasst. Mit dem Gesetz zur Umsetzung der Transparenzrichtlinie-Änderungsrichtlinie (TRLÄndRLUmsG) wurden Regelungen für kapitalmarktorientierte KapG neu eingeführt, die den Ordnungsgeldrahmen für die Sanktionierung von Offenlegungsverstößen ausweiten und bei Offenlegungsverstößen eine Informationspflicht des BfJ gegenüber der BaFin auslösen.

1.2 Anwendungsbereich

Der Kreis der **offenlegungspflichtigen Unt** umfasst KapG gem. § 325 Abs. 1 Satz 1 HGB, PersG ohne eine natürliche Person als phG gem. § 264a Abs. 1, § 325 Abs. 1 Satz 1 HGB, eG gem. § 339 Abs. 1 Satz 1 HGB, Banken gem. § 340l Abs. 1 Satz 1 HGB, VersicherungsUnt gem. § 341l Abs. 1 Satz 1 HGB, Zweigniederlassungen ausländischer KapG mit Sitz in einem EU-Mitgliedstaat oder in einem EWR-Vertragsstaat gem. § 325a Abs. 1 Satz 1 HGB sowie nach dem PublG zur Offenlegung verpflichtete Unt (§ 9 PublG). Das EHUG hat zu keiner Veränderung beim Kreis der offenlegungspflichtigen Unt geführt.[1]

2

Die zur Veröffentlichung einzureichenden Unterlagen sind abhängig von der Größenklasse der Ges. nach §§ 267, 267a HGB. Mittelgroße und große KapG i.S.d. § 267 HGB müssen sämtliche in § 325 Abs. 1 HGB aufgezählten Unterlagen einreichen. Es handelt sich dabei um den Jahresabschluss – bestehend aus Bilanz, GuV –, erweitert um einen Anhang und ggf. KFR sowie Eigenkapitalspiegel, einen Lagebericht, einen Bericht des Aufsichtsrates, einen Ergebnisverwendungsvorschlag und -beschluss sowie ggf. die Entsprechungserklärung zum Corporate Governance Codex nach § 161 AktG. Nach § 325 Abs. 3 HGB gilt entsprechendes für den Konzernabschluss und den Konzernlagebericht. Kleine KapG müssen nach § 326 Abs. 1 HGB nur die Bilanz und den Anhang offenlegen. Die durch das MicroBilG eingeführte KleinstKapG kann auf die Erstellung eines Anhangs verzichten, soweit bestimmte Angaben unter der Bilanz erläutert werden; zu veröffentlichen bzw. zu hinterlegen ist in diesem Fall nur die Bilanz (§ 326 Rz 24 ff.). Daneben können Kleinst-, kleine und mittelgroße Ges. von den Erleichterungen nach § 326 HGB bzw. § 327 HGB Gebrauch machen. Unter den Voraussetzungen des § 264 Abs. 3 HGB brauchen TU ihren Einzelabschluss nicht offenzulegen (§ 264 Rz 92 ff.).

3

1.3 Normenzusammenhänge

1.3.1 Europäische Regelungen

Die nationalen Vorschriften über die Offenlegung von Jahresabschlüssen beruhen auf **gemeinschaftsrechtlichen Vorgaben**. Das EHUG dient der Umsetzung der **Publizitätsrichtlinie**[2] und der **Transparenzrichtlinie**[3] in nationales Recht. Die europa-

4

---

[1] Vgl. Schlauß, DB 2007, S. 2192.
[2] RL 2003/58/EG des Europäischen Parlaments und des Rates v. 15.7.2003 zur Änderung der RL 68/151EWG des Rates in Bezug auf die Offenlegungspflichten von Gesellschaften bestimmter Rechtsformen, ABl. EG L 221/13 v. 4.9.2003.
[3] RL 2004/109/EG des Europäischen Parlaments und des Rates v. 15.12.2004 zur Harmonisierung der Transparenzanforderungen in Bezug auf Informationen über Emittenten, deren Wertpapiere zum Handel auf einem geregelten Markt zugelassen sind, und zur Änderung der RL 2001/34/EG, ABl. EG L 390/38 v. 31.12.2004.

rechtskonforme Umsetzung des Art. 6a i. V. m. Art. 2 Abs. 1 lit. f der Publizitätsrichtlinie verpflichtet die Mitgliedsstaaten geeignete Sanktionsmaßnahmen bei Verletzung von Publizitätspflichten vorzusehen.[4] Die Erleichterungen für KleinstKapG durch das MicroBilG beruhen auf der Umsetzung der sog. Mirco-Richtlinie.[5]
Die Umsetzung der Transparenzrichtlinie-Änderungsrichtlinie[6] führt zu einer Verschärfung der Sanktionen bei Offenlegungsverstößen durch kapitalmarktorientierte KapGes.

1.3.2 Nationale Regelungen

5 Das Verfahren nach § 335 HGB wird von einer **Bundesbehörde**, dem BfJ,[7] durchgeführt. Soweit nicht in § 335 HGB eigene Regelungen getroffen wurden, wird ergänzend auf das Verfahren nach dem Gesetz über das Verfahren in Familiensachen und den Angelegenheiten der freiwilligen Gerichtsbarkeit (FamFG) und das Verwaltungsverfahrensgesetz (VwVfG) verwiesen.

2 Normadressat

2.1 Vertretungsberechtigtes Organ (Abs. 1 Satz 1 1. Hs.)

6 Das Ordnungsgeldverfahren ist nach § 335 Abs. 1 Satz 1 1. Hs. HGB gegen die **Mitglieder des vertretungsberechtigten Organs** (§ 331 Rz 10 ff.) der KapG zu führen. Dies sind die Vorstandsmitglieder einer AG (§§ 76 Abs. 1, 78 Abs. 1 AktG), die Geschäftsführer einer GmbH (§ 35 Abs. 1 GmbHG), die Vorstandsmitglieder einer KGaA (§ 283 AktG), die Vorstandsmitglieder einer EG (§ 22 Abs. 1 GenG) sowie die Vorstands- bzw. Verwaltungsratsmitglieder einer SE (§§ 76 Abs. 1, 78 Abs. 1 AktG bzw. § 22 Abs. 1 SEAG).

7 Bei einer offenlegungspflichtigen GmbH & Co. KG ist das Ordnungsgeldverfahren gegen den bzw. die Geschäftsführer der Komplementär-GmbH zu richten.[8]
Besteht das Gesellschaftsorgan aus mehreren Mitgliedern, so kann das Verfahren gegen alle Mitglieder eröffnet werden. Die Geschäftsverteilung innerhalb des Organs ist unerheblich.[9]

---

4 Vgl. EuGH, Urteil v. 4.12.1997, Rs. C-97/96 (Daihatsu), Slg. 1997, 1–6843; EuGH, Urteil v. 29.9.1998, Rs. C-191/95 (Kommission/Deutschland), Slg. 1998, 1–5449.
5 RL 2012/6/EU des Europäischen Parlaments und des Rates v. 14.3.2013 zur Änderung der RL 78/660/EWG des Rates über den Jahresabschluss von Gesellschaften bestimmter Rechtsformen hinsichtlich Kleinstkapitalgesellschaften, ABl. EG L 81/3 v. 31.3.2012.
6 RL 2013/50/EU des Europäischen Parlaments und des Rates v. 22.10.2013 zur Änderung der RL 2004/109/EG des Europäischen Parlaments und des Rates v. 15.12.2004 zur Harmonisierung der Transparenzanforderungen in Bezug auf Informationen über Emittenten, deren Wertpapiere zum Handel auf einem geregelten Markt zugelassen sind, der RL 2003/71/EG des Europäischen Parlaments und des Rates betreffend den Prospekt, der beim öffentlichen Angebot von Wertpapieren oder bei deren Zulassung zum Handel zu veröffentlichen ist, sowie der RL 2007/14/EG der Kommission mit Durchführungsbestimmungen zu bestimmten Vorschriften der RL 2004/109/EG, ABl. EU L 294/13 v. 6.11.2013.
7 www.bundesjustizamt.de.
8 Vgl. Müller-Helle, in Christ/Müller-Helle, Veröffentlichungspflichten nach dem neuen EHUG – Pflichten – Verfahren – Haftung, 2007, S. 174.
9 Vgl. LG Trier, Beschluss v. 16.10.2003, 7 HK T 4/03, GmbHR 2004 S. 502.

2.2 Ständiger Vertreter einer Zweigniederlassung (Abs. 1 Satz 1 2. Hs.)

In den Fällen des § 335 Abs. 1 Satz 1 2. Hs. HGB treten an die Stelle der vertretungsberechtigten Organe die **ständigen Vertreter der inländischen Zweigniederlassung** (§ 13e Abs. 2 Satz 5 Nr. 3 HGB), wenn diese zum HR am Sitz der Zweigniederlassung angemeldet ist. Der Kreis dieser ständigen Vertreter umfasst Prokuristen, Generalbevollmächtigte und Handlungsbevollmächtigte mit der Befugnis, die Ges. gerichtlich und außergerichtlich zu vertreten.[10] Vor der Anmeldung verbleibt es bei § 335 Abs. 1 Satz 1 Hs. 1 HGB. 8

2.3 Kapitalgesellschaft (Abs. 1 Satz 2)

Nach § 335 Abs. 1 Satz 2 HGB kann das Ordnungsgeldverfahren auch gegen die KapG selbst durchgeführt werden, für die die gesetzlichen Vertreter die Offenlegungspflicht zu erfüllen haben. Dadurch wird es dem BfJ ermöglicht, Verfügungen im Ordnungsgeldverfahren stets an den Geschäftssitz der Ges. zuzustellen. Die **Zustellung** hat auch in diesem Fall an die gesetzlichen Vertreter zu erfolgen.[11] Diese Regelung soll die **Zustellung der Verfügung** erleichtern und sicherstellen, da nicht an die Privatadressen der Geschäftsführer und Vorstände, sondern an die leichter zu ermittelnde Geschäftsadresse zugestellt werden kann.[12] 9

Die Ges. wird als Adressat der Verfügung zusätzlich **materiell belastet**.[13] Die gesetzlichen Vertreter können jedoch bei pflichtwidrigem Unterlassen der Veröffentlichungspflicht nach § 43 Abs. 2 GmbHG bzw. § 93 Abs. 2 AktG durch die Ges. auf Schadensersatz in Anspruch genommen werden. 10

Die Verwendung des Worts „auch" in § 335 Abs. 1 Satz 2 HGB darf dabei nicht dahin gehend verstanden werden, dass zusätzlich zu einem Verfahren gegen die gesetzlichen Vertreter ein weiteres Verfahren gegen die Ges. eingeleitet werden kann. Dies würde zu einer unverhältnismäßigen Verdopplung der Sanktion führen und widerspräche dem erklärten Ziel des Gesetzgebers.[14] 11

3 Ordnungsbewehrte Pflichtverletzungen (Abs. 1 Satz 1 Nr. 1, 2)

Durch § 335 HGB wird der pflichtwidrige Verstoß gegen die **Veröffentlichungspflicht** nach §§ 325, 325a HGB sanktioniert. Für Kleinst-, kleine und mittelgroße KapG i.S.d. §§ 267, 267a HGB gelten nach §§ 326, 327 HGB größenabhängige Erleichterungen für die Offenlegung. Daneben können GmbH von der Regelung des § 325 Abs. 1 Satz 5 HGB Gebrauch machen. 12

Die notwendigen Unterlagen, die vor dem 1.1.2022 beginnende Gj betreffen, sind **unverzüglich nach der Vorlage an die Gesellschafter, spätestens nach Ablauf von zwölf Monaten** nach dem Stichtag des Jahresabschlusses beim Betreiber des

---

[10] Vgl. Sonnenschein/Weitemeyer, in Heymann, HGB, 2. Aufl. 2005, § 13e Rz 13.
[11] Vgl. LG Bonn, Beschluss v. 16.5.2008, 11 T 52/07.
[12] Vgl. BT-Drs. 16/2781 v. 27.9.2006 S. 82.
[13] Vgl. Schlauß, DB 2007, S. 2193; Grashoff, DB 2006, S. 2642, der in der Ausweitung des Adressatenkreises, begründet alleine mit der erleichterten Zustellung, einen Verstoß gegen das verfassungsrechtlich geschützte Übermaßverbot sieht.
[14] Ebenso Müller-Helle, in Christ/Müller-Helle, Veröffentlichungspflichten nach dem neuen EHUG – Pflichten – Verfahren – Haftung, 2007, S. 175; a. A. Schlauß, DB 2007, S. 2194.

BAnz einzureichen (§ 325 Abs. 1 HGB) und im BAnz zu veröffentlichen (§ 325 Abs. 2 HGB). Mit dem DiRUG ändert sich lediglich, dass Unterlagen, die nach dem 31.12.2021 beginnende Gj betreffen, an die das Unternehmensregister führende Stelle zu übermitteln sind. Für KleinstKapG besteht ein Wahlrecht, ob sie die Offenlegungsverpflichtung durch **Offenlegung** oder durch **Hinterlegung** des Jahresabschlusses beim BAnz/Unternehmensregister erfüllen.

13 > **Hinweis**
> Entscheidet sich die KleinstKapG für die Hinterlegung der Rechnungslegungsunterlagen, wird Dritten nur auf Antrag und gegen eine Gebühr Einsicht in diese gewährt. Die Unternehmensinformationen sind damit nicht mehr ohne weiteres für jedermann einsehbar.

14 Die Einreichungs- und Veröffentlichungsfrist beträgt im Regelfall 12 Monate (§ 325 Abs. 1 HGB). Für bestimmte kapitalmarktorientierte Unt gilt eine kürzere Frist von nur 4 Monaten (§ 325 Abs. 4 HGB). Die Frist für die Einreichung und Veröffentlichung ist dabei strikt von der Frist für die Erstellung des Jahresabschlusses nach § 264 Abs. 1 Satz 2, 3 HGB zu trennen.

15 > **Praxis-Beispiel**
> Die nicht kapitalmarktorientierte mittelgroße X-GmbH hat ein abweichendes Gj von Juni bis Mai. Der für den 31.5.2024 aufzustellende Jahresabschluss ist innerhalb von 6 Monaten, also bis spätestens 30.11.2024 zu erstellen. Spätestens am 31.5.2025 muss der Jahresabschluss an die das Unternehmensregister führende Stelle übermittelt.

16 Die Frist des § 325 Abs. 1 HBG ist **nicht verlängerbar**. Für die Einhaltung der Frist reicht aus, dass die Unterlagen **rechtzeitig beim BAnz** eingereicht bzw. an die das Unternehmensregister führende Stelle übermittelt werden. Dabei kommt es nicht darauf an, wann die Daten im BAnz/Unternehmensregister veröffentlicht werden, ausschlaggebend ist vielmehr der Zeitpunkt der Einreichung.[15]

17 Wie § 328 Abs. 1 Nr. 2 HGB zeigt, geht das Gesetz von einer Offenlegungspflicht innerhalb der 12- bzw. 4-Monatsfrist aus, auch wenn bis dahin die entsprechenden Abschlüsse noch nicht geprüft oder festgestellt sind. Werden zur **Wahrung der Frist** der Jahresabschluss und der Lagebericht ohne die anderen erforderlichen Unterlagen eingereicht, sind der Bericht des Aufsichtsrates und der Vorschlag für die Ergebnisverwendung nach ihrem Vorliegen, die Beschlüsse nach der Beschlussfassung und der Vermerk nach der Erteilung **unverzüglich nachzureichen** (§ 325 Abs. 1 Satz 5 HGB). Bei der **sukzessiven Offenlegung** ist auf diesen Umstand hinzuweisen (§ 328 Abs. 1 Nr. 2 letzter Hs. HGB). Für Gj, die nach dem 31.12.2015 beginnen, reicht es zur Fristwahrung nicht mehr aus, dass der noch nicht festgestellte und ungeprüfte Jahresabschluss veröffentlicht wird. Mit dem BilRUG wurde § 325 HGB dahingehend geändert, dass der festgestellte Jahresabschluss, der Lagebericht und der Bestätigungs- bzw.

---

[15] So auch das Bundesamt für Justiz auf seiner Internetseite – www.bundesjustizamt.de – unter „Fragen und Antworten zum Ordnungsgeldverfahren".

Versagungsvermerk innerhalb der Offenlegungsfrist einzureichen sind. Eine sukzessive Offenlegung in der bisherigen Weise ist damit nicht mehr möglich.

4 Verschulden

I. R. d. Neuregelung des § 335 HGB durch das EHUG wurde die Frage offengelassen, ob für die Festsetzung des Ordnungsgelds ein **Verschulden des Betroffenen am Pflichtenverstoß** erforderlich ist. Noch im Gesetzgebungsverfahren hat der Bundesrat sich gegen ein **Verschuldenserfordernis** ausgesprochen.[16] Dieser Auffassung folgen auch Teile der Literatur.[17] Nach der Rechtsprechung ist eine schuldhafte Pflichtverletzung nur für die Ordnungsgeldfestsetzung Voraussetzung, die Androhungsverfügung kann dagegen verschuldensunabhängig ergehen.[18] **Maßgeblicher Zeitpunkt** für die Beurteilung, ob schuldhaft gehandelt wurde, ist die Jahresfrist zur Offenlegung nach § 325 Abs. 1 Satz 2; Abs. 4 HGB; ob der Jahresabschluss in der Sechswochenfrist des § 335 Abs. 3 HGB erstellt werden kann, ist deshalb nicht von Bedeutung.[19] Die Unkenntnis von der Offenlegungspflicht lässt das Verschulden nicht entfallen;[20] dieser Umstand kann aber bei der Höhe des Ordnungsgelds berücksichtigt werden.[21]

Das Verschulden ist **positiv festzustellen**. Wegen des strafähnlichen Charakters des Ordnungsgelds greift eine Vermutung, wie sie in § 280 Abs. 1 Satz 2 BGB geregelt ist, nicht ein.[22] Da die Gründe für das Überschreiten der Frist i. d. R. für Dritte nicht erkennbar sind, trifft die Ges. bzw. die vertretungsberechtigten Organe die sekundäre Darlegungslast für die Umstände, die zur Fristüberschreitung geführt haben.[23] Verbleibende Zweifel wirken aber zu Gunsten des Betroffenen.[24]

Die Ges. bzw. die vertretungsberechtigten Organe müssen sich das Verschulden von **Erfüllungsgehilfen nicht nach § 278 BGB** zurechnen lassen. Bedient sich das Unt eines z. B. StB für die Erfüllung der Offenlegungsverpflichtung und leitet dieser den Jahresabschluss über IT-Dienstleister an den BAnz/das Unternehmensregister, ist bei Fristüberschreitung ein etwaiges Verschulden sowohl des StB wie auch der IT-Dienstleister nicht wie eigenes Verschulden nach § 278 BGB zurechenbar.[25] Es verbleibt jedoch bei einer Überwachungspflicht des Unt, ob der beauftragte Dritte rechtzeitig die Unterlagen an die das Unternehmensregister führende Stelle übermittelt hat. Verschulden liegt damit auch vor, wenn diese Überwachungspflicht verletzt wurde.[26]

---

[16] Vgl. BT-Drs. 16/960 v. 15.3.2006 S. 79.
[17] Vgl. Klinger, in MünchKomm. HGB, 5. Aufl. 2024, § 335 HGB Rz 26; Hucke, in Baetge/Kirsch/Thiele, Bilanzrecht, § 335 HGB Rz 26, Stand: 8/2024; de Weerth, NZI 2008, S. 714.
[18] Vgl. LG Bonn, Beschluss v. 16.9.2009, 30 T 366/09, unter Aufgabe der bisherigen Rechtsprechung zum Verschuldenserfordernis für die Androhungsverfügung.
[19] Vgl. LG Bonn, Beschluss v. 25.10.2007, 11 T 21/07.
[20] Vgl. LG Bonn, Beschluss v. 25.10.2007, 11 T 21/07.
[21] Vgl. LG Bonn, Beschluss v. 30.6.2008, 11 T 48/07.
[22] Vgl. LG Bonn, Beschluss v. 16.5.2008, 11 T 52/07.
[23] Vgl. LG Bonn, Beschluss v. 21.1.2011, 35 T 1158/10.
[24] So auch Waßmer, ZIS 2011, S. 658 unter Verweis auf BVerfG 9, 167, 170.
[25] Vgl. LG Bonn, Beschluss v. 21.1.2011, 35 T 1158/10, anders noch LG Bonn, Beschluss v. 29.10.2008, 30 T 104/08, DStR 2009 S. 451 m. Anm.
[26] Vgl. LG Bonn, Beschluss v. 21.1.2011, 35 T 1158/10.

20 Am **Verschulden fehlt** es insb. **nicht** bei
- **verzögerter Erstellung** des Jahresabschlusses wegen anhängiger Rechtsstreitigkeiten oder laufender Betriebsprüfungen;[27]
- **fehlender Liquidität** für die Erstellung des Jahresabschlusses[28] – vorrangige Erfüllung anderweitiger Verpflichtungen rechtfertigen sogar die Verhängung eines erhöhten Ordnungsgelds;[29]
- **fehlender Beschlussfähigkeit** der GesV;
- **personeller Unterbesetzung oder unzureichender technischer Ausstattung** der Buchführungsabteilung;[30]
- **fehlender Zuständigkeit** des Geschäftsführers für die Offenlegung nach dem internen Geschäftsverteilungsplan der Ges.;[31]
- **Beschlagnahme** von Buchhaltungsunterlagen durch die Staatsanwaltschaft.[32]

5 Empfänger des Ordnungsgelds (Abs. 1 Satz 5)

21 Dem BfJ entstehen bei der Verfolgung der Verstöße gegen Offenlegungsverpflichtungen beträchtliche Kosten.[33] Als Ausgleich legt § 335 Abs. 1 Satz 5 HGB fest, dass eingenommene Ordnungsgelder dem BfJ zufließen.

6 Durchführung des Ordnungsgeldverfahrens

6.1 Zuständigkeit

22 Das **BfJ** hat die Aufgabe nach § 335 Abs. 1 Satz 1 HGB, Verstöße gegen die Offenlegungspflichten aus §§ 325, 325a HGB durch Festsetzung von Ordnungsgeld zu sanktionieren. Es wird stets **von Amts wegen** tätig und muss ein Ordnungsgeldverfahren einleiten, wenn es von einem Verstoß gegen § 325 HGB erfährt. Stellt die **das Unternehmensregister betreibende Stelle**[34] fest, dass ein Unt seiner Publikationspflicht nicht oder nicht vollständig nachgekommen ist, muss er unverzüglich das BfJ hierüber informieren (§ 339 Abs. 4 HGB). Ein Antrag eines Dritten ist hierfür nicht mehr notwendig.[35] Dieses **Meldeverfahren** läuft völlig automatisiert während des gesamten Verfahrens im Wege eines ständigen elektronischen Datenaustausches zwischen den an der Offenlegung beteiligten Stellen. Hierdurch wird es dem BfJ ermöglicht, im Ordnungsgeldverfahren zeitnah zu reagieren.

23 Die **zentrale Zuständigkeit** des BfJ gilt nach den Übergangsvorschriften erstmals für Abschlüsse für die nach dem 31.12.2005 begonnenen Gj (Art. 61 Abs. 5 Satz 1 EGHGB und § 22 Abs. 2 PublG).

---

[27] Vgl. LG Bonn, Beschluss v. 1.12.2008, 37 T 288/08: § 326 Abs. 1 Satz 6 HGB regelt, dass eventuelle Änderungen des Jahresabschlusses nach Fertigstellung und Veröffentlichung einzureichen sind. Hieraus lässt sich schließen, dass die Offenlegungsverpflichtung auch die Möglichkeit von vorläufigen Jahresabschlüssen kennt.
[28] Vgl. LG Bonn, Beschluss v. 30.6.2008, 11 T 48/07: Die verantwortlichen Organe müssten frühzeitig Sorge für eine rechtzeitige Zuführung von Liquidität tragen. Etwas anderes kann nach Eröffnung des Insolvenzverfahrens gelten vgl. Rz 57.
[29] Vgl. LG Bonn, Beschluss v. 6.12.2007, 11 T 11/07.
[30] Vgl. LG Bonn, Beschluss v. 25.10.2007, 11 T 21/07.
[31] Vgl. LG Trier, Beschluss v. 16.10.2003, 7 HK T 4/03, GmbHR 2004 S. 502.
[32] Vgl. LG Bonn, Beschluss v. 28.7.2008, 30 T 52/08.
[33] Vgl. Grashoff, DB 2006, S. 2642.
[34] Bundesanzeiger Verlagsgesellschaft mbH mit Sitz in Köln; www.bundesanzeiger.de.
[35] Vgl. Schlauß, DB 2007, S. 2192.

6.2 Vorausgehende Pflichten (Abs. 1 Satz 3)

Für die Einleitung des Ordnungsgeldverfahrens ist gem. § 335 Abs. 1 Satz 3 HGB nicht erforderlich, dass eine der Offenlegung vorausgehende Pflicht, insbes. die Aufstellung des Jahresabschlusses oder Konzernabschlusses oder die unverzügliche Erteilung des Prüfauftrags, noch nicht erfüllt ist. Die Ahndung dieser Pflichtverletzungen kann mittelbar i. R. d. Ordnungsgeldverfahrens erfolgen.[36]

6.3 Höhe des Ordnungsgelds (Abs. 1 Satz 4, Abs. 1a–1c)

Das Ordnungsgeld beträgt **mind. 2.500 EUR bis zu 25.000 EUR**. Für **kapitalmarktorientierte KapG** gelten für Gj, die nach dem 31.12.2014 beginnen, erhöhte Obergrenzen: Für den Zeitraum vom 10.07.2015 bis 25.11.2015 beträgt die durch das Kleinanlegerschutzgesetz eingeführte Obergrenze **250.000 EUR**. Ab dem 26.11.2015 gelten die wesentlich höheren Obergrenzen, die mit dem Gesetz zur Umsetzung der Transparenzrichtlinie-Änderungsrichtlinie eingeführt wurden. Erfolgt die Androhung ggü. einer kapitalmarktorientierten KapG, bestimmt sich die Obergrenze mit dem höheren Wert aus folgenden Beträgen: **10 Mio. EUR oder 5 % des jährlichen Gesamtumsatzes oder das Zweifache des aus der unterlassenen Offenlegung gezogenen wirtschaftlichen Vorteils**. Wie die Ermittlung des maßgeblichen Gesamtumsatzes zu erfolgen hat, legt Abs. 1b fest. Bei einer Androhung gegen ein **Mitglied des Vertretungsorgans** der kapitalmarktorientierten KapG ergibt sich die Obergrenze aus dem höheren Betrag von entweder **2 Mio. EUR oder dem Zweifachen des aus der unterlassenen Offenlegung gezogenen Vorteils**.
Innerhalb dieser Grenzen steht die H. d. Ordnungsgelds **im Ermessen des BfJ**; hierbei sind nach Abs. 1c frühere Verstöße zu berücksichtigen. Daneben kann die wirtschaftliche Bedeutung der Offenlegung für ein Ordnungsgeld im oberen gesetzlichen Rahmen sprechen.[37]

6.4 Informationspflicht (Abs. 1d)

Das BfJ hat die **BaFin** unverzüglich über die Höhe des Ordnungsgeldes gegen kapitalmarktorientierte KapG oder einem Mitglied ihrer Vertretungsorgane und ggf. über die Umstände des Beschwerdeverfahrens und dessen Ausgang zu unterrichten.

6.5 Verfahrensgrundsätze (Abs. 2 Sätze 1, 2)

Nach § 335 Abs. 2 Satz 2 HGB ist das Ordnungsgeldverfahren ein **Justizverwaltungsverfahren** i. S. d. § 23 Abs. 1 EGGVG. Das Verfahren richtet sich gem. § 335 Abs. 2 Satz 1 HGB in weiten Teilen nach den Regelungen des **Gesetzes über das Verfahren in Familiensachen und in den Angelegenheiten der freiwilligen Gerichtsbarkeit (FamFG)**[38] sowie nach den Regelungen des **Verwaltungsverfahrensgesetzes (VwVfG)**. Der Verweis auf FamFG-Regelungen

---

[36] Vgl. hierzu auch die in der Stellungnahme des Bundesrats geäußerten Bedenken, BT-Drs. 16/960 v. 15.3.2006 S. 79f.
[37] Vgl. Müller-Helle, in Christ/Müller-Helle, Veröffentlichungspflichten nach dem neuen EHUG – Pflichten – Verfahren – Haftung, 2007, S. 176; Wenzel, BB 2008, S. 769.
[38] Durch das FGG-Reformgesetz v. 17.12.2009 wurde die Vorschrift des § 335 HGB angepasst. Mit Wirkung zum 1.9.2009 wurden die Verweiskette sowie die Terminologien des FGG durch das FamFG ersetzt.

umfasst die Bekanntmachung der Verfügung (§ 15 FamFG), die Berechnung der Fristen (§ 16 FamFG mit Verweis auf §§ 187, 188 BGB), den Antrag und die Entscheidung über die Wiedereinsetzung in den vorherigen Stand (§ 17–19 Abs. 1 und 3 FamFG), die Wirksamkeit der Verfügung (§ 40 FamFG), die Androhung und Festsetzung des Zwangsgelds (§§ 388 Abs. 1, 389 Abs. 3 FamFG) und das Verfahren bei Einspruch (§ 390 Abs. 2–6 FamFG). Das VwVfG findet Anwendung im Hinblick auf die Beteiligungsfähigkeit (§ 11 Nr. 1 und 2 VwVfG), die Handlungsfähigkeit (§ 12 Abs. 1 Nr. 1–3, Abs. 2 und 3 VwVfG), die Bevollmächtigten, Beistände und Empfangsbevollmächtigten (§§ 14, 15, 20 Abs. 1 und 3 VwVfG), die Besorgnis der Befangenheit (§ 21 Abs. 1 VwVfG), die Amtssprache (§ 23 VwVfG – deutsch) und die Beweismittel (§ 26 VwVfG).

6.6 Erweiterung der Vertretungsbefugnis (Abs. 2 Satz 3)

28 § 335 Abs. 2 Satz 3 HGB enthält eine Sonderregelung für die Vertretung der Beteiligten im Ordnungsgeldverfahren. Zur Vertretung sind danach auch befugt:
- Wirtschaftsprüfer,
- vereidigter Buchprüfer,
- Steuerberater,
- Steuerbevollmächtigte,
- Personen und Vereinigungen i. S. d. § 3 Nr. 4 StBerG[39] und
- Ges. i. S. d. § 3 Nr. 2, Nr. 3 StBerG: Partnerschafts-, Steuerberatungs-, Wirtschaftsprüfungs- und Buchprüfungsgesellschaften, die durch Personen i. S. d. § 3 Nr. 1 StBerG wie Steuerberater, Steuerbevollmächtigte, Rechtsanwälte, niedergelassene europäische Rechtsanwälte, Wirtschaftsprüfer und vereidigte Buchprüfer handeln.

Gerade diese Berufsstände sind mit den bilanziellen Angelegenheiten der publizitätspflichtigen Unt betraut. Die Vertretungsbefugnis folgt damit den Erfahrungen aus der Praxis.[40]

6.7 Elektronische Aktenführung und Kommunikation (Abs. 2a)

29 Für die elektronische Aktenführung und Kommunikation verweist § 335 Abs. 2a HGB auf die Regelungen des **Ordnungswidrigkeitengesetzes** (OWiG). Der Verweis umfasst die Erstellung und Einreichung formgebundener und anderer elektronischer Dokumente (§ 110a Abs. 1 OWiG), die elektronische Aktenführung (§ 110b Abs. 1 Satz 1, Abs. 2–4 OWiG), die Erstellung elektronischer Dokumente durch Behörden und Gerichte (§ 110c Abs. 1 OWiG) sowie den Aktenausdruck, die Akteneinsicht und die Aktenübersendung (§ 110d OWiG). Daneben werden **Ermächtigungen zum Erlass von Rechtsverordnungen** erteilt hinsichtlich des Zeitpunkts, von dem an elektronische Dokumente bei den Behörden und Gerichten eingereicht werden können, sowie der für die Bearbeitung der Dokumente geeigneten Form (§ 110a Abs. 2 Satz 1 OWiG), der Beschränkung der Zulassung der elektronischen Form auf einzelne Behörden, Gerichte oder Verfahren (§ 110a Abs. 2 Satz 3 OWiG), des Zeitpunkts, von dem

---

[39] Zwischenzeitlich aufgehoben durch das 8. Gesetz zur Änderung des Steuerberatungsgesetzes v. 8.4.2008, BGBl 2008 I S. 666.
[40] Vgl. BT-Drs. 16/2781 v. 27.9.2006 S. 82.

an die Akten elektronisch geführt werden oder im behördlichen Verfahren geführt werden können sowie der hierfür geltenden **organisatorisch-technischen Rahmenbedingungen** für die Bildung, Führung und Aufbewahrung der elektronisch geführten Akten (§ 110b Abs. 1 Satz 2 OWiG) und der Beschränkung der Zulassung der elektronischen Aktenführung auf einzelne Behörden, Gerichte oder Verfahren (§ 110b Abs. 1 Satz 4 OWiG).

6.8 Androhung des Ordnungsgelds (Abs. 3 Satz 1)

Das Ordnungsgeldverfahren beginnt mit der Androhung eines Ordnungsgelds durch das BfJ verbunden mit der Aufforderung, der gesetzlichen Offenlegungsverpflichtung nach § 325 HGB innerhalb einer Frist von sechs Wochen ab Zugang der Androhung nachzukommen. 30

6.8.1 Inhaltliche Anforderungen

6.8.1.1 Bezeichnung der Verpflichtung

Um einerseits die europakonforme Richtlinienumsetzung hinsichtlich der Durchsetzung der Offenlegung gewährleisten zu können und andererseits die Interessen des von der Androhung Betroffenen ausreichend zu berücksichtigen, ist für die Bestimmtheit der Androhung ausreichend, wenn sie die Anforderung „der in § 325 HGB genannten Rechnungslegungsunterlagen" unter Angabe des Abschlussstichtags enthält, wie dies auch derzeit vom BfJ praktiziert wird. Eine Einzelaufstellung der offenzulegenden Unterlagen ist nicht erforderlich.[41] 31

6.8.1.2 Fristsetzung

In der Androhung muss auf die gesetzliche **Sechswochenfrist** hingewiesen werden. 32

6.8.1.3 Einspruch

Das BfJ muss darauf hinweisen, dass gegen die Androhung innerhalb der Sechswochenfrist Einspruch erhoben werden kann. 33

6.8.1.4 Betragsmäßige Angabe des Ordnungsgelds

Der Betrag des angedrohten Ordnungsgelds muss sich aus der Androhung ergeben. Die Angabe des gesetzlichen Rahmens ist nicht ausreichend. Wird das Ordnungsgeld nicht beziffert, liegt keine Androhung i.S.d. § 335 Abs. 3 Satz 1 HGB vor. Ein **Einspruch** ist in diesem Fall **nicht statthaft**, aber mangels rechtswirksamer Verfügung auch nicht notwendig. 34

---

[41] Im Ergebnis auch Noack, Unternehmenspublizität, 2002, S. 95.

6.8.2 Verfahrenskosten

35 Zugleich mit der Androhung werden dem Adressaten die Verfahrenskosten[42] zzgl. Auslagen[43] auferlegt. Die Verfahrenskosten sind auch dann zu tragen, wenn die Offenlegung innerhalb der Sechswochenfrist nachgeholt wird. Erfolgt die Androhung gegen mehrere Mitglieder des vertretungsberechtigten Organs gleichzeitig, entstehen die Verfahrenskosten für jede Androhung gesondert.

6.9 Einspruchsverfahren
6.9.1 Zulässigkeit

36 Der Adressat des Ordnungsgeldverfahrens hat nach § 335 Abs. 3 Satz 1 HGB die Möglichkeit das Unterlassen der Offenlegung im Einspruchsverfahren zu rechtfertigen. Der Einspruch kann auf Einwendungen gegen die Kostenentscheidung beschränkt werden (§ 335 Abs. 3 Satz 3 HGB). Über die Zulässigkeit und Begründetheit des Einspruchs entscheidet das BfJ.

37 Der Einspruch ist innerhalb **der Sechswochenfrist schriftlich** oder zur Niederschrift der Geschäftsstelle beim BfJ als Ausgangsbehörde einzulegen. Eine Begründung des Einspruchs ist für dessen **Zulässigkeit** nicht erforderlich.[44] Ohne Begründung hat das BfJ nach § 390 Abs. 1 FamFG die Beteiligten zu hören, sofern der Einspruch sich nicht ohne Weiteres als begründet ergibt. Sofern die Beteiligten an der Anhörung nicht teilnehmen, kann eine Entscheidung nach Sachlage getroffen werden (§ 390 Abs. 2 FamFG). Für die Praxis ist daher zu empfehlen, eine Begründung einzureichen, um dem BfJ die Rechtsansicht des Beteiligten zu erläutern und dadurch das Verfahren zu beschleunigen.

6.9.2 Begründetheit

38 Die Androhung des Ordnungsgelds sowie die Kostenfestsetzung sind aufzuheben, wenn der Einspruch **begründet** ist (§ 390 Abs. 3 FamFG).
Ist der Einspruch nicht begründet, so ist dieser zu verwerfen und das angedrohte Ordnungsgeld nach Ablauf der Sechswochenfrist festzusetzen.[45] Das BfJ hat in diesem Fall zugleich eine **erneute Ordnungsgeldandrohung** auszusprechen, wenn die Offenlegung zu diesem Zeitpunkt noch nicht erfolgt ist. Dabei ist § 390 Abs. 5 FamFG zu beachten, so dass die Frist von sechs Wochen erst mit Eintritt der Rechtskraft der Verwerfung des Einspruchs zu laufen beginnt.[46]

---

[42] § 335 Abs. 3 HGB, Nr. 600 des Gebührenverzeichnisses der Justizverwaltungskostenordnung (JVKostO): 50 EUR; ab 1.8.2013: Nr. 1.200 des Kostenverzeichnisses des Justizverwaltungskostengesetzes (JVKostG): 100 EUR.
[43] § 5 JVKostO i. V. m. § 137 Abs. 1 Nr. 2 KostO; ab 1.8.2013: Nr. 9002 des Kostenverzeichnisses des Gerichtskostengesetzes (GKG).
[44] Vgl. Bumiller/Winkler, Freiwillige Gerichtsbarkeit, 13. Aufl. 2022, § 388 FG Rz 23.
[45] § 390 Abs. 4 FamFG geht zwar von einer einheitlichen Entscheidung aus, mit der Einspruch verworfen und das Ordnungsgeld festgesetzt wird, nach § 335 Abs. 2 Satz 1 HGB ist das FamFG aber nur „nach Maßgabe der nachfolgenden Absätze entsprechend anzuwenden", sodass der Ablauf der Sechswochenfrist als Voraussetzung der Festsetzung weiter zu beachten ist. Ebenso Wenzel, BB 2008, S. 772.
[46] Vgl. LG Bonn, Beschluss v. 8.2.2011, 31 T 791/10; Gleiches gilt für einen nicht offensichtlich unzulässigen Einspruch, LG Bonn, Beschluss v. 11.2.2011, 31 T 951/10.

Sofern die Umstände es rechtfertigen, kann das BfJ von der Festsetzung eines Ordnungsgelds **absehen** oder das Ordnungsgeld **geringer festsetzen** als ursprünglich angedroht (§ 390 Abs. 4 Satz 2 FamFG). Die Entscheidung hierüber liegt im Ermessen des BfJ.

6.9.3 Keine aufschiebende Wirkung des Einspruchs

Der Einspruch hat nach § 335 Abs. 3 Satz 4 HGB **keine aufschiebende Wirkung**, d. h., durch die Einlegung des Einspruchs gegen die Ordnungsgeldandrohung kann der Ablauf der Sechswochenfrist nicht gehemmt werden. Nach Ablauf der Sechswochenfrist kann das Ordnungsgeld unabhängig davon festgesetzt werden, ob über den Einspruch bereits entschieden worden ist. Die Frist zur Offenlegung lässt sich durch die Einlegung eines Einspruchs daher nicht zeitlich strecken.[47] Dies gilt ebenso für die Zahlungsverpflichtung hinsichtlich der Verfahrenskosten.

39

6.10 Festsetzung des Ordnungsgelds (Abs. 4)

6.10.1 Keine Offenlegung und keine Rechtfertigung innerhalb der Sechswochenfrist

Wird die Offenlegung nicht innerhalb der Sechswochenfrist nach Androhung des Ordnungsgelds nachgeholt oder die Unterlassung mittels Einspruch gerechtfertigt, wird das Ordnungsgeld durch das BfJ festgesetzt. Durch die Ordnungsgeldfestsetzung erledigt sich das **Ordnungsgeldverfahren** nicht, vielmehr wird mit der Festsetzung die frühere Verfügung unter Androhung eines weiteren und regelmäßig höheren Ordnungsgelds **wiederholt** und mit der Festsetzung des Ordnungsgelds verbunden (§ 335 Abs. 4 Satz 1 HGB). Das Verfahren kann solange fortgesetzt werden, bis das Unt bzw. die gesetzlichen Vertreter die Offenlegungsverpflichtung erfüllen oder die Nichterfüllung rechtfertigen. Ein **Freikaufen** von der Offenlegung ist daher nicht möglich. Die Festsetzung ist auch dann noch zulässig, wenn die Offenlegung zwar verspätet, aber noch vor der Festsetzung erfolgt.[48]
Bei wiederholter Festsetzung eines Ordnungsgelds sind die gesetzlichen Grenzen des § 335 Abs. 1 Satz 4 und Abs. 1a HGB für jede Androhung gesondert anzuwenden. Insgesamt können daher Ordnungsgelder über den gesetzlichen Obergrenzen festgesetzt werden.

40

6.10.2 Herabsetzung des Ordnungsgelds

Mit der Neuregelung des Ordnungsgeldverfahrens durch das Gesetz zur Änderung des HGB wurde die Verpflichtung zur Absenkung des Ordnungsgeldes nach verspäteter Offenlegung in bestimmten Fällen eingeführt.[49] Bei einer **Offenlegung nach der Sechswochenfrist** hat das BfJ das Ordnungsgeld nach § 335 Abs. 4 Satz 2 HGB wie folgt herabzusetzen:

41

---

[47] A. A. Wenzel, BB 2008, S. 771: Wurde ein zulässiger Einspruch eingelegt, könne das Bundesamt für Justiz ein Ordnungsgeld nur dann festsetzen, wenn es zuvor über die Begründetheit des Einspruchs entschieden habe, da das Nichteinlegen eines Einspruchs Voraussetzung für die Festsetzung des Ordnungsgelds sei. Insoweit führe der Einspruch zumindest faktisch zu einer aufschiebenden Wirkung.
[48] Vgl. BVerfG, Beschluss v. 11.3.2009, 1 BvR 3413/08.
[49] Zur Altfassung vgl. Bertram/Brinkmann/Kessler/Müller, Haufe HGB Bilanz Kommentar, 3. Aufl. 2012, § 335 HGB Rz 35 ff.

- bei Hinterlegung nach § 326 Abs. 2 HGB durch eine KleinstKapG auf 500 EUR (Nr. 1),
- bei kleinen KapG auf 1.000 EUR (Nr. 2),
- bei Ges., die keine Kleinst- oder kleine KapG ist, auf 2.500 EUR, wenn ein höheres Zwangsgeld angedroht wurde (Nr. 3) oder
- jeweils auf einen geringeren Betrag, wenn die Sechswochenfrist nur geringfügig überschritten wurde (Nr. 4).

42 Eine geringfügige Überschreitung der Sechswochenfrist liegt regelmäßig nur bei einer **Fristüberschreitung von höchstens zwei Wochen** vor.[50] I.R.d. Herabsetzung gem. Abs. 4 Satz 2 Nr. 4 ist eine Unterschreitung der jeweiligen gesetzlichen Mindestbeträge von 500 EUR/1.000 EUR/2.500 EUR möglich.[51] Liegt einer der Herabsetzungsgründe vor, besteht ein Anspruch auf die Herabsetzung. Ein Ermessensspielraum besteht aber hinsichtlich der Höhe der Herabsetzung.

43 Ein **Erlass** oder eine über die gesetzliche Regelung hinausgehende Herabsetzung des Ordnungsgelds aus Billigkeitsgesichtspunkten ist nicht möglich.[52]

6.10.3 Änderungsbefugnis

44 Eine einmal getroffene Ordnungsgeldfestsetzung kann vom BfJ außerhalb eines Rechtsbehelfsverfahrens nicht mehr geändert werden. Dies gilt unabhängig davon, ob die Änderung zugunsten oder zulasten des Adressaten ergeht.[53]

6.10.4 Unzureichende Offenlegung innerhalb der Sechswochenfrist

45 Erfolgt die Offenlegung innerhalb von sechs Wochen nach der Androhung nur unzureichend, wird die gesetzliche Verpflichtung des § 325 HGB nicht erfüllt und es liegen grds. die Voraussetzungen für die Festsetzung des Ordnungsgelds vor. Zur ausreichenden **Gewährung des rechtlichen Gehörs** muss in diesem Fall vor Erlass der Ordnungsgeldfestsetzung eine Mitteilung an den Betroffenen erfolgen, dass die Offenlegung als nicht ausreichend erachtet wird.[54]

46 Das BfJ hat sich i.R.d. § 335 HGB auf die Prüfung der Vollständigkeit und Vollzähligkeit der Unterlagen zu beschränken.[55] Ein inhaltlicher bzw. formeller Mangel führt selbst bei Veröffentlichung eines nichtigen Jahresabschluss nicht zu einer Verletzung der Offenlegungspflicht.[56]

6.11 Wiedereinsetzung in den vorherigen Stand (Abs. 5)

47 Der durch das Gesetz zur Änderung des Handelsgesetzbuchs neu eingefügte Abs. 5 regelt die Wiedereinsetzung in den vorherigen Stand im Ordnungsgeldverfahren. Hiernach ist demjenigen, der ohne Verschulden gehindert war, die Sechswochenfrist nach Abs. 4 einzuhalten, auf Antrag Wiedereinsetzung in den vorherigen Stand zu gewähren.

---

50 Vgl. LG Bonn, Beschluss v. 20.1.2010, 31 T 1398/09.
51 Vgl. BT-Drs. 17/13221 v. 23.4.2013 S. 7.
52 Vgl. BVerfG, Beschluss v. 1.2.2011, 2 BvR 1236/10, GmbHR 2011 S. 528.
53 Vgl. LG Bonn, Beschluss v. 24.3.2009, 30 T 658/08.
54 Vgl. Wenzel, BB 2008, S. 772.
55 Vgl. BayObLG, NJW-RR 2000, 1350.
56 Vgl. LG Bonn, Beschluss v. 15.03.2013, 37 T 730/12.

6.11.1 Verschulden

Abweichend vom Verschulden als Voraussetzung der Festsetzung des Ordnungsgelds (Rz 18 ff.) – maßgeblicher Zeitpunkt ist hier die Jahresfrist zur Offenlegung nach § 325 HGB (Rz 18) – ist für das Verschulden im Wiedereinsetzungsverfahren auf den Ablauf der Sechswochenfrist abzustellen. Nur wenn den Beteiligten zu diesem Zeitpunkt kein Verschulden an der unterbliebenen Offenlegung trifft, ist Wiedereinsetzung in den vorherigen Stand zu gewähren.

48

Der Begriff des Verschuldens wird im Gesetz nicht definiert. Aufgrund der bisher ergangen Rechtsprechung zum Verschuldensbegriff im Ordnungsgeldverfahren wird auch für die Wiedereinsetzung in den vorherigen Stand ein restriktiver Maßstab für fehlendes Verschulden angewandt werden.

49

> **Praxis-Beispiel**
> Eine unverschuldete Versäumnis der Sechswochenfrist liegt vor
> – bei schwerer Erkrankung oder Tod des Alleingeschäftsführers,
> – bei Verlust von Rechnungs- oder Buchführungsunterlagen infolge von Naturereignissen oder Bränden und
> – in Fällen, in denen Dritte – wie ehemalige Geschäftsführer oder Vorstandsmitglieder – die in ihrem Besitz befindlichen Rechnungslegungsunterlagen nicht an die Ges herausgeben und es so verhindern, dass Rechnungslegungsunterlagen erstellt oder offengelegt werden.

50

Anders als bei der Ordnungsgeldfestsetzung muss sich der Beteiligte das Verschulden eines Vertreters nach § 335 Abs. 5 Satz 2 HGB zurechnen lassen. Eine wirksame Vertretung setzt dabei entweder gesetzliche Vertretungsmacht oder rechtsgeschäftlich erteilte Vollmacht voraus (§§ 164, 167 BGB). Das Verschulden einer Hilfsperson, z. B. eines Boten, kann dem Beteiligten dagegen nicht zugerechnet werden, soweit er seiner Auswahl- und Überwachungspflicht nachgekommen ist.

51

Bei fehlerhafter oder fehlender Rechtsbehelfsbelehrung gilt die gesetzliche Vermutung des fehlenden Verschuldens (§ 335 Abs. 5 Satz 3 HGB).

52

6.11.2 Antrag, Antrags- und Handlungsfrist

Der Antrag auf Wiedereinsetzung ist **innerhalb von zwei Wochen nach Wegfall des Hindernisses schriftlich** beim BfJ zu stellen.

53

Die **Glaubhaftmachung** der Tatsachen zur Begründung der Wiedereinsetzung kann im Antrag oder auch noch im Verfahren über den Antrag erfolgen. Glaubhaftmachung bedeutet dabei ein herabgesetztes Beweismaß, so dass die Vermittlung der überwiegenden Wahrscheinlichkeit der behaupteten Tatsache ausreicht. Geeignetes Mittel ist hierbei die Versicherung an Eides statt (§ 31 FamFG).

54

Innerhalb von sechs Wochen nach Wegfall des Hindernisses ist die versäumte Handlung nachzuholen; es ist also Einspruch einzulegen oder der gesetzlichen Verpflichtung zur Offenlegung nachzukommen.

55

6.11.3 Ausschluss und Anfechtbarkeit der Wiedereinsetzung

56 Bei Vorliegen der Voraussetzungen der Wiedereinsetzung besteht **kein Ermessen** des BfJ. Der Beteiligte hat in diesem Fall einen Anspruch auf Wiedereinsetzung in den vorherigen Stand. Wurde jedoch innerhalb eines Jahrs seit Ablauf der Sechswochenfrist nach Abs. 4 weder Wiedereinsetzung beantragt noch die versäumte Handlung nachgeholt, ist eine Wiedereinsetzung ausgeschlossen.

57 > **Hinweis**
> Aufgrund der tw. sehr langen Verfahrensdauern beim BfJ kann es vorkommen, dass das Ordnungsgeld erst über ein Jahr nach Ablauf der Sechswochenfrist festgesetzt wird. In diesen Fällen ist eine Wiedereinsetzung in den vorherigen Stand nicht mehr möglich. Es sollte in derartigen Fällen daher auch ohne eine Festsetzung des Ordnungsgelds die Wiedereinsetzung beantragt werden.

58 Eine einmal erfolgte Wiedereinsetzung durch das BfJ ist nicht anfechtbar. Nach § 335a Abs. 3 Satz 4 HGB kann die Rechtsbeschwerde des BfJ gegen eine vom Landgericht gewährte Wiedereinsetzung zugelassen werden.

6.11.4 Präklusion

59 Wurde die Wiedereinsetzung nicht beantragt oder ist die Ablehnung der Wiedereinsetzung bestandskräftig geworden, können die Beteiligten im Beschwerdeverfahren nach § 335a Abs. 1 HGB nicht mehr vorbringen, dass es ihnen unverschuldet nicht möglich war, die Sechswochenfrist zu wahren.

7 Feststellung der Größenklasse im Einspruchsverfahren (Abs. 6)[57]

60 Liegen dem BfJ i.R.e. Verfahrens, in dem Einspruch eingelegt wurde, **keine ausreichenden Anhaltspunkte** dafür vor, wie die betroffene Ges. in die Größenklassen nach § 267 Abs. 1, 2 oder 3 HGB oder des § 267a HGB einzustufen ist, müssen **Unterlagen zum Nachweis der Größenklasse** eingereicht werden. Das BfJ hat in diesem Fall nach § 335 Abs. 6 HGB die Organmitglieder der Ges., die Ges. selbst oder die ständigen Vertreter aufzufordern, Angaben zur Bilanzsumme nach Abzug eines auf der Aktivseite ausgewiesenen Fehlbetrags (§ 268 Abs. 3 HGB), zu den Umsatzerlösen in den ersten zwölf Monaten vor dem Abschlussstichtag (§ 227 Abs. 1 HGB) und die durchschnittliche Arbeitnehmerzahl (§ 267 Abs. 5 HGB) für das vom Ordnungsgeldverfahren betroffene Gj sowie für die Gj, die für die Größenklasseneinstufung erforderlich sind, anzugeben. Macht das betroffene Unt innerhalb der Sechswochenfrist keine der angeforderten Angaben, besteht für das weitere Verfahren die **gesetzliche Vermutung**, dass die Erleichterungen für Kleinst-, kleine und mittelgroße Ges. nach den §§ 326 und 327 HGB nicht in Anspruch genommen werden können (§ 335 Abs. 6 Satz 2 HGB). Die Ges. muss sich in diesem Fall wie eine große

---

[57] § 335 Abs. 6 HGB ersetzt § 140a Abs. 3 FGG. Die beiden Normen sind dabei weitgehend deckungsgleich (BT-Drs. 16/2781 v. 27.9.2006 S. 83).

KapG behandeln lassen. Für den Konzernabschluss gilt hinsichtlich der größenabhängigen Befreiungen nach § 293 HGB Entsprechendes.

8 Vollstreckung

Für die Beitreibung **offener Forderungen aus Ordnungsgeldverfahren** ist die **Justizbeitreibungsstelle** zuständig. Aufgrund der Regelungen der Justizbeitreibungsordnung (JBeitrO) stehen der Justizbeitreibungsstelle **alle gesetzlichen Zwangsvollstreckungsmittel** zur Verfügung.

In der Praxis fordert die Justizbeitreibungsstelle vor der Einleitung der Zwangsvollstreckung durch Zahlungserinnerung zum Ausgleich der rückständigen Forderung innerhalb einer zweiwöchigen Nachfrist auf. Bei ungenutztem Fristablauf wird die Zwangsvollstreckung eingeleitet.

61

9 Sonderfall: Insolvenz

9.1 Grundlagen

Nach § 155 Abs. 1 Satz 1 InsO bleiben **die handels- und steuerrechtlichen Pflichten** des Schuldners zur Buchführung und zur Rechnungslegung in der Insolvenz **unberührt**. Für die Insolvenzmasse trifft die Rechnungslegungspflicht nach § 155 Abs. 1 Satz 2 InsO den Insolvenzverwalter sowohl bei Fortführung wie auch bei Schließung des Betriebs. Damit ist der Insolvenzverwalter regelmäßig verpflichtet, die Handelsbücher zu führen (§ 239 HGB), den Jahresabschluss aufzustellen (§ 242 HGB), die Ansatz- und Bewertungsvorschriften zu beachten (§§ 246 ff., 252 ff. HGB) und bei bestehender Prüfungspflicht[58] einen Abschlussprüfer mit der Prüfung des Jahresabschlusses zu beauftragen (§ 316 HGB).[59] Nach h.M.[60] treffen den Insolvenzverwalter diese Pflichten nach Eröffnung des Insolvenzverfahrens auch für den Zeitraum vor der Eröffnung.

62

9.2 Publizitätsverpflichtung des Insolvenzverwalters

Die Verpflichtung nach § 325 Abs. 1 Satz 1 HGB zur Offenlegung des Jahresabschlusses trifft originär die gesetzlichen Vertreter der KapG, nicht den **Insolvenzverwalter**, der nicht allgemeiner Vertreter des Schuldners ist.[61] Nach § 155 Abs. 1 und 2 Satz 2 InsO wird dem Insolvenzverwalter die Verpflichtung für die Offenlegung der Jahresabschlüsse jedoch zugewiesen, soweit sie die Insolvenzmasse betreffen. Die Offenlegungspflicht ist damit eine Annex der Rechnungslegungspflicht und vom Insolvenzverwalter zu erfüllen.[62]

Auf die **Befreiung von der Offenlegungspflicht** kann sich der Insolvenzverwalter aufgrund der **Annexfunktion** berufen, wenn keine Verpflichtung besteht, den Jahresabschluss der insolventen Gesellschaft selbst aufzustellen. Dies kann z.B. der Fall sein, wenn es sich um ein massearmes **Insolvenzverfahren** oder ein

63

---

[58] Zu einer möglichen Befreiung von der Prüfung des Jahresabschlusses in Analogie zu § 71 Abs. 3 Satz 1 GmbHG, den §§ 270 Abs. 3 Satz 1, 278 Abs. 3 AktG, vgl. Grashoff, NZI 2008, S. 68 sowie OLG München, Beschluss v. 9.1.2008, 31 Wx 066/07.
[59] Vgl. Stollenwerk/Krieg, GmbHR 2008, S. 577.
[60] Vgl. Stollenwerk/Krieg, GmbHR 2008, S. 577 m.w.N.
[61] Vgl. LG Frankfurt am Main, ZIP 2007, S. 2325.
[62] Vgl. Pink/Fluhme, ZInsO 2008, S. 818.

Verfahren, in dem keine oder nur unzureichende Buchhaltungsunterlagen vorhanden sind, handelt und es dem **Insolvenzverwalter** nicht zuzumuten ist, seiner Verpflichtung zur Rechnungslegung und Offenlegung nachzukommen.[63]

Nach Auffassung des BfJ wird das Ordnungsgeldverfahren nicht mehr weiter verfolgt, wenn das Insolvenzverfahren mangels Masse eingestellt oder die Masseverbindlichkeit angezeigt, oder der Antrag auf Insolvenzeröffnung mangels Masse abgewiesen wird. I. R. d. Einspruchsverfahrens sind die Gründe für die **Entbindung von der Offenlegungspflicht** vorzutragen und nachzuweisen.

9.3 Sanktionen nach § 335 HGB in der Insolvenz

9.3.1 Ordnungsgeldverfahren gegen den Insolvenzverwalter

64 Nach § 335 Abs. 1 HGB kann das Ordnungsgeldverfahren gegen die Mitglieder des vertretungsberechtigten Organs der KapG oder auch die KapG selbst durchgeführt werden.

Durch das Insolvenzverfahren wird der Insolvenzverwalter nicht zum Mitglied des vertretungsberechtigten Organs; er hat nach § 80 Abs. 1 InsO lediglich die Verwaltungs- und Verfügungsbefugnis inne und nimmt dabei seine Aufgaben im eigenen Namen, aber mit Wirkung für und gegen die Insolvenzmasse wahr.[64] Dem Wortlaut nach ist der Anwendungsbereich des § 335 HGB für den Insolvenzverwalter nicht eröffnet.[65] Gegen den Insolvenzverwalter selbst kann daher mangels gesetzlicher Grundlage kein Ordnungsgeldverfahren eingeleitet werden.[66]

65 Die **Verpflichtung des Insolvenzverwalters** zur Aufstellung und Veröffentlichung des Jahresabschlusses aus § 155 Abs. 1 Satz 2 InsO kann daher vom BfJ gegenüber dem Insolvenzverwalter nicht erzwungen werden.[67]

66 Der Insolvenzverwalter unterliegt jedoch der **Kontrolle des Insolvenzgerichts**. Nach § 58 Abs. 2 InsO kann das Insolvenzgericht gegen den Insolvenzverwalter im Fall der pflichtwidrigen Unterlassung der Offenlegung ein Zwangsgeld festsetzen. Daneben macht sich der Insolvenzverwalter nach § 60 InsO schadensersatzpflichtig, wenn er die Offenlegung des Jahresabschlusses pflichtwidrig versäumt.

9.3.2 Ordnungsgeldverfahren gegen die gesetzlichen Vertreter

67 Nach h. M.[68] ändert die Eröffnung des Insolvenzverfahrens nichts an der Rechtsnatur der Schuldnerin und an der Organstellung innerhalb der KapG. Da die Insolvenzgesellschaft nach § 155 Abs. 1 Satz 1 InsO weiterhin zur handelsrechtlichen Rechnungslegung verpflichtet ist, haben ihre weiterhin im Amt befindli-

---

[63] Vgl. Pink/Fluhme, ZInsO 2008, S. 819 – Eine Befreiung von der Offenlegung in Analogie zu § 71 Abs. 3 Satz 1 GmbHG, den §§ 270 Abs. 3 Satz 1, 278 Abs. 3 AktG ist mangels Regelungslücke nicht möglich; vgl. Grashoff, NZI 2008, S. 68.
[64] St. Rspr. – vgl. nur BGH, Beschluss v. 27.10.1983, I ARZ 334/83, BGHZ 88 S. 331.
[65] So das Bundesamt für Justiz auf seiner Internetseite – www.bundesjustizamt.de – unter „Fragen und Antworten zum Ordnungsgeldverfahren"; ebenso Stollenwerk/Krieg, GmbHR 2008, S. 578; Grashoff, NZI 2008, S. 69; Schlauß, BB 2008, S. 938; a. A. de Weerth, NZI 2008, S. 714.
[66] Ebenso Maus, ZInsO 2008, S. 9; a. A. de Weerth, NIZ 2008, S. 14.
[67] Vgl. Stollenwerk/Kurpat, BB 2009, S. 153.
[68] Vgl. Haas, in Gottwald, InsolvenzR-Hdb., 6. Aufl. 2020, § 91 Rz 29; Holzer, ZVI 2007, S. 403.

chen gesetzlichen Vertreter den Jahresabschluss für diese nach § 325 Abs. 1 und 2 HGB offenzulegen.[69]

Daneben regelt § 155 Abs. 2 Satz 2 InsO eine **eigene Verpflichtung** des Insolvenzverwalters **zur Offenlegung** in Bezug auf die Insolvenzmasse. Beide Pflichten stehen damit nebeneinander, auch wenn der Insolvenzverwalter bei Erfüllung seiner Verpflichtung nach § 155 Abs. 2 Satz 2 InsO auch die Pflicht nach § 325 HGB erfüllt. Stehen der Insolvenzges. aufgrund des Insolvenzbeschlags nach §§ 35, 80 InsO keine Rücklagen zur Aufbringung der Rechnungs- und Offenlegungskosten mehr zur Verfügung, ist die Unterlassung der Offenlegung nicht verschuldet; die im Amt befindlichen gesetzlichen Vertreter sind nicht verpflichtet, die Erfüllung der Offenlegungspflicht aus ihrem Privatvermögen zu finanzieren.[70] Die **Offenlegungspflicht** durch die gesetzlichen Vertreter beschränkt sich in der Praxis daher auf das nicht zur Insolvenzmasse gehörende Vermögen der Schuldnerin. Für dieses Vermögen ist die Verwaltungsbefugnis nicht nach § 80 Abs. 1 InsO auf den Insolvenzverwalter übergegangen, sodass nach Auffassung des LG Bonn[71] im Regelfall eine sog. **Nullbilanz** zu erstellen und offenzulegen ist, soweit nicht ohnehin aufgrund Freigabe durch den Insolvenzverwalter **insolvenzfreies Vermögen** vorhanden ist.

9.3.3 Ordnungsgeldverfahren gegen die Gesellschaft

Nach § 335 Abs. 1 Satz 2 HGB kann das Ordnungsgeldverfahren auch gegen die **Gesellschaft selbst** eingeleitet werden.

In der Praxis hat das BfJ zunächst dem Insolvenzverwalter die Androhung und Festsetzung des Ordnungsgelds an die Ges. „c/o" zugesandt. Hierbei fehlt es an einer Zustellung am Geschäftssitz der KapG. Der Geschäftssitz der Ges. befindet sich nicht an der Anschrift des Insolvenzverwalters. In diesen Fällen fehlt es an einer **ordnungsmäßigen Beteiligung** der Betroffenen am Ordnungsgeldverfahren.[72] Das BfJ verschickt nunmehr die Verfügungen an die insolvente Ges., „vertreten durch die Geschäftsführung". Entsprechend der Argumentation zu den Mitgliedern des vertretungsberechtigten Organs besteht auch hier die Offenlegungspflicht aufgrund möglichen insolvenzfreien Vermögens (Rz 63).

10 CSRD-Umsetzungsgesetz: Änderungen

> **Hinweis**
> Die Kommentierung basiert auf dem **Regierungsentwurf eines CSRD-Umsetzungsgesetzes**.[73] Nach Veröffentlichung der finalen Fassung wird die

---

[69] Vgl. LG Bonn, Beschluss v. 6.3.2008, 11 T 53/07, m. Anm. Weitzmann, EWiR 2008, S. 443; LG Bonn, Beschluss v. 16.5.2008, 11 T 52/07; LG Bonn, Beschluss v. 22.4.2008, 11 T 28/07.
[70] Vgl. LG Bonn, Beschluss v. 16.9.2009, 30 T 366/09.
[71] Vgl. LG Bonn, Beschluss v. 13.11.2008, 30 T 275/08.
[72] Vgl. LG Bonn, Beschluss v. 16.5.2008, 11 T 52/07.
[73] Regierungsentwurf eines Gesetzes zur Umsetzung der Richtlinie (EU) 2022/2464 des Europäischen Parlaments und des Rates vom 14. Dezember 2022 zur Änderung der Verordnung (EU) Nr. 537/2014 und der Richtlinien 2004/109/EG, 2006/43/EG und 2013/34/EU hinsichtlich der Nachhaltigkeitsberichterstattung von Unternehmen, BT-Drs. 20/12787 v. 9.9.2024.

> Kommentierung in Ihrem Haufe HGB Bilanz Kommentar Online aktualisiert. Die **Online-Version** ist beim Kauf der Printausgabe inklusive.

69 In Abs. 1 soll in Satz 1 folgende Nr. 3 eingefügt werden „3. § 328b über die Pflicht zur Offenlegung des Nachhaltigkeitsberichts". Entsprechend werden im Satzteil nach der Nr. 3 die Wörter „im Fall der Nummer 2" geändert in „in den Fällen der Nummern 2 und 3" und in Satz 2 die Angabe „Nr. 1 und 2" geändert in „Nummer 1 bis 3". Es handelt sich um Folgeänderungen zur Einführung der Pflicht zur Offenlegung von (Konzern-)Nachhaltigkeitsberichten von TU und Zweigniederlassungen von Unt mit Sitz im Drittland. Eine weitere Änderung in Abs. 1 Nr. 2 ist eine Folgeänderung zur Verschiebung von § 325a HGB nach § 328a HGB-E.

§ 335a Beschwerde gegen die Festsetzung von Ordnungsgeld; Rechtsbeschwerde; Verordnungsermächtigung

(1) ¹Gegen die Entscheidung, durch die das Ordnungsgeld festgesetzt oder der Einspruch oder der Antrag auf Wiedereinsetzung in den vorigen Stand verworfen wird, sowie gegen die Entscheidung nach § 335 Absatz 3 Satz 5 findet die Beschwerde nach den Vorschriften des Gesetzes über das Verfahren in Familiensachen und in den Angelegenheiten der freiwilligen Gerichtsbarkeit statt, soweit sich aus Satz 2 oder den nachstehenden Absätzen nichts anderes ergibt. ²Die Beschwerde hat aufschiebende Wirkung, wenn sie die Festsetzung eines Ordnungsgeldes zum Gegenstand hat.

(2) ¹Die Beschwerde ist binnen einer Frist von zwei Wochen einzulegen; über sie entscheidet das für den Sitz des Bundesamtes zuständige Landgericht. ²Zur Vermeidung von erheblichen Verfahrensrückständen oder zum Ausgleich einer übermäßigen Geschäftsbelastung wird die Landesregierung des Landes, in dem das Bundesamt seinen Sitz unterhält, ermächtigt, durch Rechtsverordnung die Entscheidung über die Rechtsmittel nach Satz 1 einem anderen Landgericht oder weiteren Landgerichten zu übertragen. ³Die Landesregierung kann diese Ermächtigung auf die Landesjustizverwaltung übertragen. ⁴Ist bei dem Landgericht eine Kammer für Handelssachen gebildet, so tritt diese Kammer an die Stelle der Zivilkammer. ⁵Entscheidet über die Beschwerde die Zivilkammer, so sind die §§ 348 und 348a der Zivilprozessordnung entsprechend anzuwenden; über eine bei der Kammer für Handelssachen anhängige Beschwerde entscheidet der Vorsitzende. ⁶Das Landgericht kann nach billigem Ermessen bestimmen, dass den Beteiligten die außergerichtlichen Kosten, die zur zweckentsprechenden Rechtsverfolgung notwendig waren, ganz oder teilweise aus der Staatskasse zu erstatten sind. ⁷Satz 6 gilt entsprechend, wenn das Bundesamt der Beschwerde abhilft. ⁸§ 91 Absatz 1 Satz 2 und die §§ 103 bis 107 der Zivilprozessordnung gelten entsprechend. ⁹§ 335 Absatz 2 Satz 3 ist anzuwenden.

(3) ¹Gegen die Beschwerdeentscheidung ist die Rechtsbeschwerde statthaft, wenn das Landgericht sie zugelassen hat. ²Für die Rechtsbeschwerde gelten die Vorschriften des Gesetzes über das Verfahren in Familiensachen und in den Angelegenheiten der freiwilligen Gerichtsbarkeit entsprechend, soweit sich aus diesem Absatz nichts anderes ergibt. ³Über die Rechtsbeschwerde entscheidet das für den Sitz des Landgerichts zuständige Oberlandesgericht. ⁴Die Rechtsbeschwerde steht auch dem Bundesamt zu und kann auch gegen eine vom Landgericht gewährte Wiedereinsetzung in die Sechswochenfrist nach § 335 Absatz 4 Satz 1 zur Erfüllung der gesetzlichen Offenlegungspflicht zugelassen werden. ⁵Vor dem Oberlandesgericht müssen sich die Beteiligten durch einen Rechtsanwalt vertreten lassen; dies gilt nicht für das Bundesamt. ⁶Absatz 1 Satz 2 und Absatz 2 Satz 6 und 8 gelten entsprechend.

(4) Auf die elektronische Aktenführung des Gerichts und die Kommunikation mit dem Gericht nach den Absätzen 1 bis 3 sind die folgenden Vorschriften entsprechend anzuwenden:

1. § 110a Absatz 1 Satz 1 und § 110c des Gesetzes über Ordnungswidrigkeiten sowie
2. § 110a Absatz 1 Satz 2 und 3, Absatz 2 Satz 1 und § 134 Satz 1 des Gesetzes über Ordnungswidrigkeiten mit der Maßgabe, dass die Landesregierung des Landes, in dem das Bundesamt seinen Sitz hat, die Rechtsverordnung erlässt und die Ermächtigungen durch Rechtsverordnung auf die Landesjustizverwaltung übertragen kann.

Inhaltsübersicht

	Rz
1 Überblick	1–3
1.1 Regelungszweck und Inhalt	1
1.2 Anwendungsbereich	2
1.3 Normenzusammenhänge	3
2 Beschwerde (Abs. 1, 2)	4–15
2.1 Zulässigkeit der Beschwerde	4–11
2.2 Wirkung der Beschwerde (Abs. 1 Satz 2)	12
2.3 Präklusion von Einwendungen	13
2.4 Beschwerdeentscheidung	14
2.5 Kosten des Verfahrens	15
3 Rechtsbeschwerde (Abs. 3)	16–22
3.1 Zulässigkeit der Rechtsbeschwerde	17–20
3.2 Entscheidung über die Rechtsbeschwerde	21
3.3 Kosten des Verfahrens	22
4 Elektronische Aktenführung	23

1 Überblick

1.1 Regelungszweck und Inhalt

1 I. R. d. Reform des handelsrechtlichen Ordnungsgeldverfahrens durch das Gesetz zur Änderung des Handelsgesetzbuches wurde § 335a HGB neu eingefügt. Hierbei wurden die bisher in § 335 Abs. 4, 5 und 5a HGB getroffenen Regelungen zur Überprüfung der Entscheidungen des BfJ in den § 335a HGB verschoben, verbunden mit der Einführung der Möglichkeit einer Rechtsbeschwerde gegen die Entscheidungen im Beschwerdeverfahren.[1] Durch die Konzentration der Regelungen zum gerichtlichen Verfahren in einer gesonderten Vorschrift soll die Verständlichkeit der Regelungen im Ordnungsgeldverfahren erhöht werden. Daneben soll durch die Einführung der Rechtsbeschwerde und damit einer Überprüfung von Beschwerdeentscheidungen in zweiter Instanz eine einheitliche Rechtsprechung sichergestellt werden. Die bisherigen Regelungen in § 335 Abs. 5 HGB a. F. führten zu einer Alleinzuständigkeit des LG Bonns, gegen dessen Entscheidungen keine Rechtsmittel statthaft waren. Da aufgrund der großen Anzahl von Verfahren mehrere Kammern mit den Ordnungsgeldentscheidungen befasst waren, kam es in der Vergangenheit zu differierenden

---

[1] Zur bis dahin gültigen Regelung in § 335 Abs. 4, 5 und 5a HGB vgl. Bertram/Brinkmann/Kessler/Müller, Haufe HGB Bilanz Kommentar, § 335 HGB, 3. Aufl. 2012.

Entscheidungen. Zur Vereinheitlichung der Rechtsprechung war die Einführung einer zweiten Instanz notwendig geworden.[2]

1.2 Anwendungsbereich

§ 335a HGB trifft abschließend Regelungen über das gerichtliche Rechtsmittelverfahren im Bereich des Ordnungsgeldverfahrens. § 335a Abs. 1, 2 und 4 HGB gelten für Jahres- und Konzernabschlüsse, aufgrund der Verschiebung aus § 335 HGB bereits fort- bzw. rückwirkend für Gj., die nach dem 30.12.2012 enden. Die Regelungen über die Rechtsbeschwerde in § 335a Abs. 3 HGB sind erstmals für Ordnungsgeldverfahren anzuwenden, die nach dem 31.12.2013 eingeleitet werden.[3]

2

1.3 Normenzusammenhänge

Die Regelungen des § 335a HGB sind Teil der Regelungen zum Ordnungsgeldverfahren, welche zur Erfüllung europarechtliche Vorgaben notwendig waren (§ 335 Rz 4). Sowohl für das Beschwerde- wie auch das Rechtsbeschwerdeverfahren wird neben den eigenen Verfahrensvorschriften ergänzend auf die Vorschriften des **Gesetzes über das Verfahren in Familiensachen und in Angelegenheiten der freiwilligen Gerichtsbarkeit (FamFG)** verwiesen.

3

2 Beschwerde (Abs. 1, 2)

2.1 Zulässigkeit der Beschwerde

Wurde das Ordnungsgeld durch das BfJ festgesetzt, kann diese Entscheidung mit der Beschwerde nach dem FamFG (§ 58 ff. FamFG) angegriffen werden. Daneben ist die Beschwerde statthaft gegen die Entscheidung, durch die der Einspruch oder der Antrag auf Wiedereinsetzung in den vorigen Stand verworfen wurde, sowie gegen die Entscheidung über die Kosten bei Einstellung des Verfahrens (§ 335 Abs. 3 Satz 5).

4

Die Beschwerde ist **innerhalb von zwei Wochen** (Abs. 2 Satz 1) ab Bekanntgabe der Ordnungsgeldfestsetzung oder Entscheidung des BfJ **schriftlich** oder zur Niederschrift beim **BfJ** einzulegen (§ 64 FamFG). Dieses kann der Beschwerde **selbst abhelfen**, sofern es die Beschwerde für begründet hält (§ 68 Abs. 1 FamFG).[4]

5

> **Hinweis**
> Die Einlegung des Rechtsmittels beim Beschwerdegericht wahrt die Frist nicht. Ein beim LG Bonn eingelegtes Rechtsmittel ist unverzüglich an das BfJ weiterzuleiten. Für die Wahrung der Beschwerdefrist ist der Zeitpunkt des Eingangs beim BfJ maßgeblich. Verzögerungen wirken sich in diesem Fall zum Nachteil des Beschwerdeführers aus.

6

Hilft das BfJ der Beschwerde nicht ab, hat es diese unverzüglich an das **Landgericht Bonn**, als dem örtlich und sachlich zuständigen Gericht (Abs. 2 Satz 1), weiterzuleiten (§ 68 Abs. 1 Satz 1 FamFG). Intern entscheidet der Vorsitzende der Handelskammer abschließend über die Beschwerde (Abs. 2 Satz 3). Durch

7

---

[2] Vgl. BT-Drs. 17/13221 v. 23.4.2013 S. 6 ff.
[3] Art. 70 Abs. 1, 3 EGHGB.
[4] Zur Anwendung von § 335 Abs. 5 Satz 11 und 12 HGB a. F. vgl. Bertram/Brinkmann/Kessler/Müller, Haufe HGB Bilanz Kommentar, 2. Aufl. 2010, § 335 HGB Rz 63.

Rechtsverordnung kann die Landesregierung des Landes, in dem das BfJ seinen Sitz hat, das Bundesland Nordrhein-Westfalen, zur Vermeidung von erheblichen Verfahrensrückständen oder zum Ausgleich einer übermäßigen Geschäftsbelastung durch Rechtsverordnung die Entscheidung über die Beschwerde einem anderen Landgericht oder weiteren Landgerichten übertragen.[5]

8 Die bisherige Regelung nach § 335 Abs. 5 Satz 4 HGB a.F., wonach eine Rechtsbeschwerde nicht statthaft war, wurde in den neuen § 335a HGB nicht aufgenommen. Die bisherige Alleinzuständigkeit des Landgerichts Bonn für gerichtliche Entscheidungen im Ordnungsgeldverfahren wurde durch die Einführung des Rechtsbeschwerdeverfahrens beendet.

9 **Beschwerdebefugt** ist derjenige, der durch die Entscheidung des BfJ belastet wird. **Nicht beschwerdebefugt** ist dagegen der **Insolvenzverwalter**, da dieser durch die Ordnungsgeldfestsetzung gegenüber den Mitgliedern des vertretungsberechtigten Organs oder gegenüber der KapG **nicht in eigenen Rechten verletzt** oder in seiner Rechtsposition als Verwalter beeinträchtigt wird. Durch die Verfügung an die Ges. oder deren Geschäftsführung wird keine Masseverbindlichkeit geschaffen.[6]

10 Zur **Vertretung** sind die unter § 335 Rz 28 genannten Personen und Ges. befugt.

11 Nach § 65 Abs. 1 FamFG **soll** die Beschwerde in Anlehnung an § 571 Abs. 1 ZPO **begründet werden**, so dass eine fehlende Begründung nicht zur Unzulässigkeit der Beschwerde führen kann. Dies gilt auch dann, wenn dem Beschwerdeführer eine Frist zur Begründung (§ 65 Abs. 2 FamFG) eingeräumt wurde.

2.2 Wirkung der Beschwerde (Abs. 1 Satz 2)

12 Die Beschwerde hat **aufschiebende Wirkung**, wenn sie die Festsetzung eines Ordnungsgelds zum Gegenstand hat.[7] Während des laufenden Beschwerdeverfahrens kann die Vollstreckung eines festgesetzten Ordnungsgelds nicht begonnen und nicht fortgesetzt werden. Auch die Verjährung gem. Art. 9 Abs. 2 Satz 4 Nr. 1 EGStGB ruht in dieser Zeit.[8]
Die Beschwerde hindert nicht die Fortführung des Ordnungsgeldverfahrens. Erneute Ordnungsgeldandrohungen und -festsetzungen durch das BfJ bleiben möglich.

2.3 Präklusion von Einwendungen

13 Legt der Beteiligte gegen die Androhungsverfügung keinen Einspruch ein, wird **bestandskräftig unterstellt, dass der Adressat zur Offenlegung verpflichtet war.** Der Prüfungsumfang der Beschwerde gegen die nachfolgende Festsetzung des Ordnungsgelds unterliegt insoweit den Beschränkungen des § 391 Abs. 2 FamFG. Eine Überprüfung von materiellen Mängeln der Androhung ist in

---

[5] Hierdurch soll die Gefahr von Verfahrensstaus und damit verbundenen längeren Bearbeitungszeiten bereits frühzeitig beseitigt werden können; vgl. BT-Drs. 16/12407 v. 24.3.2009 S. 187.
[6] Vgl. LG Bonn, Beschluss v. 22.4.2008, 11 T 28/07.
[7] Abs. 1 Satz 2 wurde mit dem Gesetz zur weiteren Umsetzung der Transparenzrichtlinie-Änderungsrichtlinie im Hinblick auf ein einheitliches elektronisches Format für Jahresfinanzberichte vom 12.8.2020, BGBl 2020 I S. 1876, mit Wirkung für nach dem 31.12.2019 beginnende Gj klarstellend ergänzt.
[8] Vgl. BT-Drs. 19/17343 v. 24.2.2020 S. 23.

diesem Fall aufgrund Präklusion im Verfahren der Beschwerde nicht mehr möglich. Diese Überprüfung findet ausschl. im Einspruchsverfahren statt.[9] Die Nachprüfungen im Beschwerdeverfahren haben sich darauf zu beschränken, ob Verfahrensfehler bei der Festsetzung vorliegen, d. h. des festgesetzten Ordnungsgelds angemessen ist, ein rechtzeitiger Einspruch nicht beachtet wurde oder die Offenlegungspflicht vor der Festsetzung erfüllt war.[10]

Daneben umfasst die Nachprüfung die Frage, ob die Verletzung der Offenlegungspflicht schuldhaft erfolgt ist,[11] soweit die Präklusion nach § 335 Abs. 5 Satz 9 HGB im Wiedereinsetzungsverfahren nicht greift (§ 335 Rz 60).

Eine sachlich falsche, aber bestandskräftige **Androhungsverfügung** muss nicht aus Billigkeitsgesichtspunkten korrigiert werden. Zur Vermeidung von Härten, die sich durch die Beschränkung des Prüfungsumfangs des Beschwerdeverfahrens ergeben können, bietet § 390 Abs. 6 FamFG eine ausreichende Ausgleichsmöglichkeit.[12]

2.4 Beschwerdeentscheidung

Die Entscheidung ergeht durch Beschluss, der nach § 69 Abs. 2 FamFG zu begründen ist. Auf Antrag kann die Sache nach § 69 Abs. 2,3 FamFG auf das BfJ zurückverwiesen werden, wenn sie im Vorverfahren Unzulässigkeit abgelehnt wurde oder an einem schweren Verfahrensfehler leidet und es zur Entscheidung einer umfangreichen und aufwendigen Beweisaufnahme bedarf.

2.5 Kosten des Verfahrens

Hinsichtlich der Kosten kann das Landgericht nach billigem Ermessen bestimmen, dass die **außergerichtlichen Kosten** der Beteiligten, die zur zweckentsprechenden Rechtsverfolgung notwendig waren, ganz oder teilweise **aus der Staatskasse** erstattet werden (Abs. 2 Satz 6). Dies wird insb. dann geboten sein, wenn eine behördliche Androhung erfolgte, ohne dass eine Verpflichtung des Unt zur Offenlegung zum konkreten Stichtag vorlag und wenn sich die Beteiligten eines Beistands bedient haben. In einem solchen Fall wäre es unbillig, das Unt, welches sich in der Beschwerdeinstanz z.B. von einem RA hat vertreten lassen, die insoweit verursachten Kosten selbst tragen zu lassen.[13] Für die Kosten und Kostenfestsetzung sind § 91 Abs. 1 Satz 2 ZPO und die §§ 103–107 ZPO entsprechend anzuwenden.

3 Rechtsbeschwerde (Abs. 3)

Durch das Gesetz zur Änderung des Handelsgesetzbuchs wurde die Möglichkeit der Rechtsbeschwerde gegen die Beschwerdeentscheidung des LG Bonn neu in das Gesetz aufgenommen. Das Verfahren richtet sich nach § 70 ff. FamFG, soweit nicht in Abs. 3 abweichende Regelungen getroffen wurden.

---

9 Vgl. Wenzel, BB 2008, S. 772.
10 Vgl. LG Bonn, Beschluss v. 24.6.2008, 30 T 40/08; LG Bonn, Beschluss v. 27.10.2008, 30 T 187/08.
11 Vgl. LG Bonn, Beschluss v. 16.9.2009, 30 T 366/09.
12 Vgl. LG Bonn, Beschluss v. 24.6.2008, 30 T 40/08.
13 Vgl. BT-Drs. 16/2781 v. 27.9.2006 S. 83.

3.1 Zulässigkeit der Rechtsbeschwerde

17 Die Rechtsbeschwerde ist nur **statthaft**, soweit sie in erster Instanz durch das LG Bonn mit Beschluss **zugelassen** wurde. Die Rechtsbeschwerde eröffnet damit keine vollständige zweite Instanz, sondern beschränkt sich auf Rechtssachen von grundsätzlicher Bedeutung oder Fälle, in denen die Fortbildung des Rechts oder die Sicherung einer einheitlichen Rechtsprechung eine Entscheidung des Rechtsbeschwerdegerichts erfordern (§ 70 Abs. 2 FamFG). Auch gegen eine vom LG gewährte Wiedereinsetzung in die Sechs-Wochenfrist nach § 335 Abs. 4 Satz 1 HGB zur Erfüllung der Offenlegungsfrist kann die Rechtsbeschwerde zugelassen werden.[14] Das Rechtsbeschwerdegericht ist an die Zulassung des Beschwerdegerichts gebunden.

18 Die Rechtsbeschwerde ist **innerhalb eines Monats** nach schriftlicher Bekanntgabe des Beschlusses über die Zulassung mittels **Beschwerdeschrift** beim zuständigen Rechtsbeschwerdegericht einzureichen (§ 71 FamFG). Über die Rechtsbeschwerde entscheidet das **OLG Köln** als das zuständige OLG für den Gerichtsbezirk Bonn. Wurde bisher das Ordnungsgeldverfahren in der Praxis ausschl. durch die Entscheidungen des LG Bonn beeinflusst, wird hier in Zukunft das OLG Köln die wesentlichen Vorgaben prägen. Die Rechtsbeschwerde kann auch durch das BfJ eingelegt werden.

19 Im Rechtsbeschwerdeverfahren haben sich die Beteiligten – mit Ausnahme des BfJ – zwingend durch einen Rechtsanwalt vertreten lassen (Abs. 2 Satz 4).

20 **Hinweis**
Aufgrund des Anwaltszwanges im Rechtsbeschwerdeverfahren kann die Beschwerdeschrift – anders als im Beschwerdeverfahren – nur von einem Rechtsanwalt wirksam eingereicht werden.

3.2 Entscheidung über die Rechtsbeschwerde

21 Die Entscheidung des Rechtsbeschwerdegerichts ergeht durch Beschluss. Von einer Begründung kann abgesehen werden, soweit sich die Entscheidung nur zur Klärung grundsätzlicher Rechtsfragen, zur Fortbildung des Rechts oder zur Sicherung einer einheitlichen Rechtsprechung eignet (§ 74 Abs. 7 FamFG).

3.3 Kosten des Verfahrens

22 Für die Kosten des Verfahrens wird auf die Regelungen des Beschwerdeverfahrens verwiesen (Rz 15).

4 Elektronische Aktenführung

23 Über Abs. 4 wird auch bei den Gerichten die elektronische Aktenführung möglich. Die Regelung entspricht § 335 Abs. 2a HGB für die Aktenführung im Festsetzungsverfahren (§ 335 Rz 29).

---

[14] Für die Wiedereinsetzung in die Einspruchsfrist nach § 335 Abs. 4 Satz 1 HGB oder in die Beschwerdefrist nach § 335a Abs. 2 Satz 1 HGB ist eine gewährte Wiedereinsetzung in den vorigen Stand dagegen nicht anfechtbar.

§ 335b Anwendung der Straf- und Bußgeld- sowie der Ordnungsgeldvorschriften auf bestimmte offene Handelsgesellschaften und Kommanditgesellschaften

¹Die Strafvorschriften der §§ 331 bis 333a, die Bußgeldvorschrift des § 334 sowie die Ordnungsgeldvorschrift des § 335 gelten auch für offene Handelsgesellschaften und Kommanditgesellschaften im Sinn des § 264a Abs. 1. ²Das Verfahren nach § 335 ist in diesem Fall gegen die persönlich haftenden Gesellschafter oder gegen die Mitglieder der vertretungsberechtigten Organe der persönlich haftenden Gesellschafter zu richten. ³Es kann auch gegen die offene Handelsgesellschaft oder gegen die Kommanditgesellschaft gerichtet werden. ⁴§ 335a ist entsprechend anzuwenden.

Inhaltsübersicht	Rz
1 Allgemeines	1–2
2 Anwendbarkeit	3–4

1 Allgemeines

§ 335b HGB wurde durch das KapCoRiLiG[1] eingeführt. Nach § 335b HGB gelten die Strafvorschriften der §§ 331–333 HGB, die Bußgeldvorschriften des § 334 HGB und die Ordnungsgeldvorschriften des § 335 HGB, die nach dem Wortlaut dieser Vorschriften nur für KapG gelten, auch für oHG und KG i.S.d. § 264a HGB. Dies bedeutet, dass PersG, Stiftungen und eG, bei denen nur eine KapG phG ist, den KapG bzgl. der strengen Bilanzvorschriften gleichgestellt sind. **Mitglieder des vertretungsberechtigten Organs** i.S.d. §§ 331ff. HGB sind dann jeweils die Mitglieder des vertretungsberechtigten Organs der persönlich haftenden KapG, Stiftung oder eG, die die oHG oder KG vertritt. 1

2

2 Anwendbarkeit

Anwendbar sind die gesamten Vorschriften nach Art. 5 Nr. 2 Abs. 13.1 KapCo-RiLiG erstmals auf Jahresabschlüsse und Lageberichte bzw. Konzernabschlüsse und Konzernlagebericht von oHG oder KG i.S.d. § 264a HGB für das nach dem 31.12.1999 beginnende Gj. 3

Mit dem BilRUG wurde als Satz 4 ein Verweis auf § 335a HGB eingefügt, was lediglich der Klarstellung dient, dass auch für die in dieser Vorschrift angesprochenen Ges. die Möglichkeit der Beschwerde besteht. 4

---

[1] Gesetz v. 24.2.2000, BT-Drs. 14/1806 v. 15.10.1999.

§ 335c Mitteilungen an die Abschlussprüferaufsichtsstelle

(1) Das Bundesamt für Justiz übermittelt der Abschlussprüferaufsichtsstelle beim Bundesamt für Wirtschaft und Ausfuhrkontrolle alle Bußgeldentscheidungen nach § 334 Absatz 2a.
(2) ¹In Strafverfahren, die eine Straftat nach den §§ 332, 333 oder § 333a zum Gegenstand haben, übermittelt die Staatsanwaltschaft im Falle der Erhebung der öffentlichen Klage der Abschlussprüferaufsichtsstelle die das Verfahren abschließende Entscheidung. ²Ist gegen die Entscheidung ein Rechtsmittel eingelegt worden, ist die Entscheidung unter Hinweis auf das eingelegte Rechtsmittel zu übermitteln.

Inhaltsübersicht

		Rz
1	Überblick	1
2	Mitteilungspflichten	2–4

1 Überblick

1 § 335c HGB wurde mit dem AReG neu in das HGB eingefügt und dient der Umsetzung der Art. 30 Abs. 1, 30a Abs. 1b, 30c und 30f der überarbeiteten Abschlussprüferrichtlinie. Durch das Finanzmarktintegritätsstärkungsgesetz (FISG) wurde der Anwendungsbereich des § 335c HGB auf Straftaten nach den §§ 332 und 333 HGB ausgeweitet als Folge der Erweiterung der Bekanntmachungspflichten der Abschlussprüferaufsichtsstelle (APAS) gem. § 69 Abs. 1a Satz 1 Nr. 2 WPO.[1] Diese sehen die Veröffentlichung verhängter rechtskräftiger Sanktionen für Verstöße gegen prüfungsbezogene Pflichten der Mitglieder eines nach § 324 Abs. 1 Satz 1 HGB eingerichteten Prüfungsausschusses vor. Um den Marktteilnehmern die Informationsbeschaffung zu erleichtern, soll die Veröffentlichung der durch das BfJ verhängten Bußgeldentscheidungen sowie Verurteilungen von Straftaten nach den §§ 332, 333 oder 333a HGB einheitlich durch die Abschlussprüferaufsichtsstelle beim Bundesamt für Wirtschaft und Ausfuhrkontrolle erfolgen.

2 Mitteilungspflichten

2 Rechtskräftige[2] Bußgeldentscheidungen nach § 334 Abs. 2a HGB hat das BfJ an die Abschlussprüferaufsicht zu übermitteln.

3 Bei Straftaten nach den §§ 332, 333 oder 333a HBG hat die Staatsanwaltschaft, die das Strafverfahren abschließende Entscheidung sowie ggf. einen Hinweis auf ein gegen die Entscheidung eingelegtes Rechtsmittel an die Abschlussprüferaufsicht zu übermitteln.

---

[1] Die Neufassung gilt ab 1.7.2021.
[2] Vgl. Klinger, in MünchKomm. HGB, 5. Aufl. 2024, § 335c HGB Rn 3.

Die Art und Weise der Veröffentlichung der Bußgeldentscheidungen nach § 334 Abs. 2a HGB und der Straftaten nach den §§ 332, 333 und 333a HGB ist nicht im HGB geregelt, sondern richtet sich nach den Bekanntmachungsvorschriften für die Abschlussprüferaufsichtsstelle in § 69 WPO. Die öffentliche Bekanntmachung erfolgt auf der Internetseite der Abschlussprüferaufsichtsstelle beim Bundesamt für Wirtschaft und Ausfuhrkontrolle (BAFA).[3] Eine Bekanntmachung personenbezogener Daten erfolgt dabei nicht. Daneben ist nach § 69 Abs. 2 WPO eine Anonymisierung hinsichtlich des betroffenen Unternehmens möglich, wenn die Stabilität der Finanzmärkte oder strafrechtliche Ermittlungen gefährdet würden oder die Nennung des Unternehmens den Beteiligten einen unverhältnismäßig hohen Schaden zufügen würde.

§§ 336–341y (nicht kommentiert)

Diese ergänzenden Vorschriften zu den eingetragenen Genossenschaften, Kreditinstituten und Finanzdienstleistungsinstituten sowie Versicherungsunternehmen und Pensionsfonds werden nicht kommentiert.
Zu §§ 341q–341y sei verwiesen auf die Kommentierung in § 264 Rz 127 ff.

---

[3] Abrufbar unter www.apasbafa.bund.de/APAS/DE/Anlassbezogene_Berufsaufsicht/anlassbezogene_berufsaufsicht_node.html, Abruf 8.10.2024.

§§ 342–342p Ergänzende Vorschriften für bestimmte umsatzstarke multinationale Unternehmen und Konzerne [Ertragsteuerinformationsbericht]

1   Zur Verankerung des Ertragsteuerinformationsberichts hat der Gesetzgeber das **Gesetz zur Umsetzung der Richtlinie 2021/2101/EU**[1] im Hinblick auf die Offenlegung von länderbezogenen Ertragsteuerinformationen durch bestimmte Unternehmen und Zweigniederlassungen erlassen und in die §§ 342–342p HGB in das Handelsrecht integriert. Dieses wurde am 21.6.2023 im Bundesgesetzblatt veröffentlicht. Die EU-Richtlinie ergänzte die Bilanzrichtlinie 2013/34/EU wurde pünktlich in nationales Recht umgesetzt und wirkt auf nach dem 21.6.2024 beginnende Geschäftsjahre.[2]

2   Konkret werden zunächst im Inland ansässige konzernunverbundene Unt und oberste MU, deren Umsatzerlöse bzw. Konzernumsatzerlöse in zwei aufeinanderfolgenden Geschäftsjahren jeweils einen Betrag von **750 Mio. EUR** übersteigen (§§ 342b Abs. 1, 342c Abs. 1, 342m Abs. 1 HGB), zur Erstellung eines separaten Ertragsteuerinformationsberichts, der kein Bestandteil des (Konzern-)Abschlusses oder (Konzern-)Lageberichts ist, und zur Offenlegung auf ihrer Internetseite und im Unternehmensregister verpflichtet (§§ 342m, 342n HGB). Dies ähnelt dem Zahlungsbericht, der bislang allerdings nur von Unt, die in der mineralgewinnenden Industrie oder im Holzeinschlag in Primärwäldern tätig sind, zu erstellen ist und in dem länder-, stellen- und projektbezogen die Zahlungen an staatliche Stellen, also auch die Ertragsteuern, aufzugliedern sind.

Zudem sind aber auch inländische mittelgroße oder große TU oder Zweigniederlassungen mit jeweils **12 Mio. EUR Umsatzerlösen** in zwei aufeinanderfolgenden Geschäftsjahren von in Drittstaaten ansässigen konzernunverbundenen Unt und obersten MU mit 750 Mio. EUR Umsatzerlösen verpflichtet, einen Ertragsteuerinformationsbericht bei ihren obersten MU bzw. Hauptniederlassungen zu beschaffen und dann entsprechend offenzulegen (§§ 342d Abs. 1, 342e Abs. 1, 342f Abs. 1, 342m Abs. 2 Satz 1 und Abs. 3 Satz 1 HGB). Wenn das oberste MU einen Ertragsteuerinformationsbericht nicht zur Verfügung stellt oder der zur Verfügung gestellte Bericht nicht den gesetzlichen Vorgaben entspricht, haben die Mitglieder des vertretungsberechtigten Organs dieser Gesellschaft bzw. bei Zweigniederlassung die in § 13e Abs. 2 Satz 5 Nr. 3 HGB genannten angemeldeten Personen oder, wenn solche nicht vorhanden sind, die Mitglieder des vertretungsberechtigten Organs der Kapitalgesellschaft nach § 342d Abs. 2 HGB/§ 342e Abs. 2 HGB sowohl eine Erklärung darüber abzugeben, dass das oberste MU/die Hauptniederlassung einen Ertragsteuerinformationsbericht nicht zur Verfügung gestellt hat oder dass der zur Verfügung gestellte Bericht nicht den gesetzlichen Vorgaben entspricht, als auch einen Ertragsteuerinformationsbericht mit denjenigen Angaben, über die die Gesellschaft/Zweigniederlassung verfügt und die sie beschaffen kann, zu erstellen.

---

[1] BGBl v. 21.6.2023, Nr. 154.
[2] Vgl. auch im Folgenden Müller/Müller, IRZ 2022, S. 547 ff. Bachmann/Gebhardt/Seifert, DB 2023, S. 1440 ff. und Bachmann/Seifert, DB 2023, S. 1175 ff.; Vetter, NZG 2023, S. 347 ff.

Als Erleichterung braucht bei der Bestimmung der (Konzern-)Umsatzerlöse keine Anpassung an das HGB vorgenommen zu werden, es reichen die (Konzern-)Umsatzerlöse, die sich bei Anwendung der Rechnungslegungsgrundsätze ergeben, die nach dem jeweiligen nationalen Recht des aufstellenden Konzerns/Unt gelten. Für die ggf. nötige Währungsumrechnung der Umsatzerlöse von ausländischen Jahresabschlüssen/Konzernen gibt es eine starre Vorgabe. §§ 342d Abs. 1, 342e Abs. 1, 342f Abs. 1 HGB fordern eine **Umrechnung mit dem Wechselkurs vom 21.12.2021** und schreiben eine Aufrundung auf das nächste Tausend vor, um zu prüfen, ob die 750 Mio. EUR überschritten wurden.

Die Pflicht erlischt grds. nur dann, wenn die Umsatzerlöse **in zwei aufeinander folgenden Geschäftsjahren 750 Mio. EUR unterschreiten.** Wird die Umsatzerlös-Schwelle immer wieder abwechselnd unter- und überschritten, bleibt der Anwendungsbereich eröffnet. Somit gibt es hier anders als in den §§ 241a, 267, 267a und 293 HGB eine explizite Regelung, wie die Rechtsfolge der Vorschriften beendet wird.

Anders als beim Jahresabschluss nach § 264 HGB sind TU mit inländischen MU nicht von der Berichtspflicht betroffen.

Der Ertragsteuerinformationsbericht muss als Basisinformation den Namen des unverbundenen Unternehmens, bzw. des obersten MU, den Berichtszeitraum, die verwendete Währung und (soweit zutreffend) eine Liste aller TU mit Sitz in der EU oder einer Steueroase, also einem Steuerhoheitsgebiet, das im Anhang der überarbeiteten Liste nicht kooperativer Länder und Gebiete aufgeführt ist, enthalten (§ 342h Abs. 1 HGB).

Maßgeblich sind die Anhänge I und II der jeweils aktuellen Schlussfolgerungen des Rates zur überarbeiteten EU-Liste nicht kooperativer Länder und Gebiete für Steuerzwecke mit Stand vom 1.3. des Berichtszeitraums. Am 20.2.2024 wurden nach weiteren Änderungen im Oktober 2023 nun die Länder Bahamas, Belize, Seychellen sowie Turks- und Caicosinseln von dieser Liste gestrichen, sodass für das Geschäftsjahr 2024 nur noch über die „nicht-kooperativen" Länder Amerikanische Jungferninseln, Amerikanisch-Samoa, Anguilla, Antigua und Barbuda, Fidschi, Guam, Palau, Panama, Russland, Samoa, Trinidad und Tobago und Vanuatu unter Anhang I zu berichten ist.

Die EU-Liste nicht kooperativer Steuergebiete (Anhang I) enthält Länder, die entweder keinen konstruktiven Dialog mit der EU über verantwortungsvolles Handeln im Steuerbereich aufgenommen haben oder ihren Zusagen zur Umsetzung der erforderlichen Reformen nicht nachgekommen sind. Diese Reformen sollten darauf abzielen, eine Reihe objektiver Kriterien für verantwortungsvolles Handeln im Steuerbereich zu erfüllen, zu denen Steuertransparenz, Steuergerechtigkeit und die Umsetzung internationaler Standards gehören, mit denen Gewinnverkürzung und Gewinnverlagerung verhindert werden sollen.

In Anhang II finden sich aktuell für das Geschäftsjahr 2024 die Länder Armenien, Belize, Britische Jungferninseln, Costa Rica, Curacao, Eswatini, Malaysia, Seychellen, Türkei und Vietnam. Sowohl bei den Bahamas als auch bei den Turks- und Caicosinseln hat das OECD-Forum über schädliche Steuerpraktiken (Forum on Harmful Tax Practices, FHTP) seit Oktober 2022 Mängel bei der Durchsetzung der Anforderungen festgestellt, die aber nun als behoben angesehen werden, so dass diese von der Liste gestrichen wurden. Im Oktober 2023 wurden Belize und die Seychellen in die EU-Liste nicht kooperativer Länder und

Gebiete für Steuerzwecke aufgenommen, nachdem das Globale Forum der OECD in Bezug auf den Informationsaustausch auf Ersuchen eine negative Bewertung abgegeben hatte. Nach entsprechenden Änderungen der in diesen Ländern geltenden Vorschriften hat ihnen das Globale Forum eine ergänzende Überprüfung zugebilligt, die in naher Zukunft durchgeführt wird. Bis das Ergebnis dieser Überprüfung vorliegt, wurden Belize und die Seychellen in den entsprechenden Abschnitt von Anhang II aufgenommen.[3]

Die Anforderung zur Aufstellung einer Liste aller TU mit Sitz in der EU oder einer Steueroase entspricht § 313 Abs. 2 Nr. 1 HGB, wodurch der Erfüllungsaufwand für inländische oberste MU geringgehalten werden soll und sogar ein Querverweis im Ertragsteuerinformationsbericht auf die entsprechenden Angaben im Konzernanhang als vertretbar eingeschätzt wird.[4]

4 Für alle weiteren Informationen muss eine **Aufschlüsselung nach EU-Mitgliedstaaten und sog. Steueroasen**, in denen eine Geschäftstätigkeit ausgeübt wird, erfolgen. Für alle weiteren Steuergebiete sind die Angaben zusammengefasst auszuweisen (§ 342i Abs. 1 HGB). Eine Aufschlüsselung unter die Einzelgesellschaften eines Konzerns ist dagegen nicht notwendig.

5 Die Zuordnung ist zu demjenigen Steuerhoheitsgebiet vorzunehmen, **in dem sich die Niederlassung oder feste Geschäftseinrichtung befindet oder die dauerhafte Geschäftstätigkeit besteht**, auf die sich die Angaben jeweils beziehen. Maßgeblich ist, dass die steuerliche Veranlagung grds. möglich ist, nicht, ob Ertragsteuern tatsächlich abgeführt wurden. Angaben zu einbehaltenen Gewinnen sind der Hauptniederlassung und deren Steuerhoheitsgebiet zuzuordnen. Angaben zu einer Niederlassung dürfen nicht mehreren Gebieten zugeordnet werden. Die Angaben zu Unt, die sich in dem gleichen Steuerhoheitsgebiet befinden, werden zusammengefasst.

Diese Kontextinformationen umfassen gem. § 342h Abs. 2 HGB:
1. eine kurze Beschreibung der Art der Geschäftstätigkeit im Berichtszeitraum;
2. die Zahl der Arbeitnehmer im Berichtszeitraum;
3. die Erträge im Berichtszeitraum, einschl. der Erträge aus Geschäften mit nahestehenden Unternehmen und Personen;
4. der Gewinn oder Verlust vor Ertragsteuern im Berichtszeitraum;
5. die für den Berichtszeitraum zu zahlende Ertragsteuer;
6. die im Berichtszeitraum gezahlte Ertragsteuer auf Kassenbasis und
7. die einbehaltenen Gewinne am Ende des Berichtszeitraums.

6 Für die Bestimmung dieser Information macht § 342h Abs. 3 HGB weitere Maßgaben. Die Erträge sollen bestimmte Ertragsposten der GuV gem. der Bilanzrichtlinie EU 2013/34 umfassen. Dargestellt werden sollen nach § 342h Abs. 3 Nr. 2 HGB neben den Nettoumsatzerlösen und sonstigen betrieblichen Erträgen u. a. Beteiligungserträge und Zinserträge. „Nicht berücksichtigt werden die von verbundenen Unternehmen bezogenen Dividenden".[5] § 342h Abs. 3

---

[3] Der aktuelle Stand der Anhänge I und II, auf den in § 342h HGB verwiesen wird, findet sich unter www.consilium.europa.eu/de/policies/eu-list-of-non-cooperative-jurisdictions/, Abruf 13.8.2024.

[4] Vgl. Gesetzesbegründung RegE S. 65, www.bmj.de/SharedDocs/Downloads/DE/Gesetzgebung/RegE/RegE_Offenlegung_Ertragssteuerinformationen.pdf?__blob=publicationFile&v=2, Abruf 13.8.2024.

[5] Vgl. Gesetzesbegründung S. 67 https://bmj.de/SharedDocs/Downloads/DE/Gesetzgebung/RegE/RegE_Offenlegung_Ertragssteuerinformationen.pdf?__blob=publicationFile&v=2, Abruf 13.8.2024.

Nr. 3 HGB fordert den Gewinn oder Verlust vor Ertragsteuern in Anwendung der Rechnungslegungsgrundsätze zu bestimmen, auf deren Grundlage der jeweilige Jahresabschluss des einbezogenen Unt für den Berichtszeitraum aufgestellt wird. **Damit kommt es aus Konzernsicht zu einer Betrachtung auf Basis der Handelsbilanz i. d. h. des jeweiligen lokalen Rechts.** Bei der Globalen Mindestbesteuerung soll dagegen die Handelsbilanz II Ausgangspunkt für die (bereinigte) Darstellung sein. Für die Organisation der Konzernrechnungslegung bedeutet die Betrachtung der lokalen Werte, dass die Konzernpackages erheblich angepasst werden müssen, beziehen die sich doch grds. primär auf die Handelsbilanz-II-Ebene. Zudem bedeutet die Korrektur der innerkonzernlichen Gewinnausschüttung auch einen erheblichen Aufwand, um die Daten wie gefordert zu korrigieren. In bestimmten Konstellationen liegen der Konzernbilanzierung lediglich Teilkonzernabschlüsse zugrunde, die dann ebenfalls zu disaggregieren wäre.

Zudem wird hinsichtlich der geschuldeten Ertragsteuer konkretisiert, dass diese dem laufenden Steueraufwand für den Berichtszeitraum ohne latenten Steueraufwand entspricht. In der Bundesrepublik Deutschland sind unter Ertragsteuern die **Körperschaftsteuer und die Gewerbesteuer** zu berücksichtigen.[6] Die Ausklammerung der latenten Steuern kann zwar vor dem Hintergrund des bestehenden Wahlrechts für aktive latente Steuern nach § 274 Abs. 1 HGB verstanden werden, führt aber dazu, dass die gegebenen Informationen nicht zueinander passen. Die latenten Steuern sind gerade dafür da, die **Unterschiede zwischen der handelsrechtlichen und der steuerlichen Abbildung auszugleichen.** Nun wird den Erträgen sowie den Gewinnen/Verlusten, die nach den jeweiligen nationalen handelsrechtlichen Rechnungslegungsgrundsätzen oder ggf. nach den IFRS erstellt wurden, den gezahlten Steuern auf Basis der jeweiligen nationalen Steuergesetzgebung gegenübergestellt, die vielfach stark voneinander abweichende Bewertungs- und Bilanzierungsgrundsätzen folgen und damit in keiner Weise ins Verhältnis gesetzt werden können, was aber für die angestrebte „informierte öffentliche Debatte" unerlässlich wäre.[7] So drohen Debatten über Abbildungsunterschiede. Es ergeben sich zwangsläufig unterschiedliche Quoten bei Unt, die in Deutschland nach § 248 Abs. 2 HGB selbstgeschaffene immaterielle Vermögensgegenstände des Anlagevermögens aktivieren oder nicht – steuerlich wird das nicht akzeptiert. Auch gibt es große Zwangsunterschiede, etwa bei Drohverlustrückstellungen, die nach § 249 HGB und IAS 37 ansatzpflichtig sind, steuerlich in Deutschland aber auch nicht akzeptiert werden. Eine Begründung dazu findet sich in der Richtlinie und in der Gesetzesbegründung nicht.

Zu den Angaben zu den **geschuldeten und gezahlten Ertragsteuern** können in den Ertragsteuerinformationsbericht freiwillig zusätzliche qualitative Angaben aufgenommen werden, um etwaige wesentliche Unterschiede zwischen dem Betrag der im Berichtszeitraum gezahlten Ertragsteuer und dem Betrag der für den

---

[6] Vgl. Gesetzesbegründung S. 67, www.bmj.de/Shared Docs/Gesetzgebungsverfahren/Dokumente/RegE_Offenlegung_Ertragsteuerinformationen.pdf?__blob=publicationFile&v=2, Abruf 13.8.2024.
[7] Vgl. auch Bachmann/Gebhardt/Seifert, DB 2023, S. 1440 ff.

Berichtszeitraum zu zahlenden (geschuldeten) Ertragsteuer zu erläutern und **möglichen Fehlinterpretationen vorzubeugen**.[8]

9 Die Berichtspflichten entsprechen im Wesentlichen der **länderbezogenen Berichtspflicht gem. § 138a AO**. Die Angaben sollten so weit wie möglich einheitlich mit bereits geltenden Berichterstattungsvorgaben sein. Gem. § 342h Abs. 4 HGB dürfen die steuerlichen Berichterstattungsvorgaben auch dem Ertragsteuerinformationsbericht zugrunde gelegt werden, es besteht dahingehend ein Wahlrecht. Im Bericht ist anzugeben, auf Grundlage welcher Vorgaben die erforderlichen Angaben gemacht wurden (§ 342h Abs. 5 HGB).

10 Ein Unterschied liegt in der Offenlegung der **Erträge im Berichtszeitraum**. Gem. § 138a Abs. 1 Nr. 1 a) und b) AO sind die Umsatzerlöse und sonstigen Erträge aufzuteilen in solche, die mit nahestehenden Unt, und solche, die mit fremden Unt gemacht wurden. Dagegen ist i. R. d. handelsrechtlichen Berichtspflicht nur der Ertrag anzugeben, in dem die Erträge aus Geschäften mit nahestehenden Personen enthalten sind. Diese Unterscheidung soll die öffentlich zu machenden Angaben auf das erforderliche Maß beschränken. In der Folgenabschätzung der Kommission war diese zu dem Schluss gekommen, dass die Angaben zu den Erträgen mit nahestehenden Personen ein hohes Wettbewerbs- und Fehlinterpretationsrisiko darstellen könnten.[9]

11 Daneben unterscheidet sich auch die Berechnung der **Zahl der Arbeitnehmer**. Nach § 342h Abs. 3 Nr. 1 HGB ist die Arbeitnehmerzahl in Vollzeitäquivalenten auf Basis des Durchschnitts für das betreffende Geschäftsjahr anzugeben, womit die Vorgabe des Art. 48c Abs. 2 UA 1 lit. c der Bilanzrichtlinie erfüllt wird. Nach §§ 314 Abs. 1 Nr. 4, 285 Nr. 7 HGB ist hingegen die Anzahl der Personen anzugeben.

12 Anzugeben sind die Daten jeweils für das konzernunverbundene Unt oder den gesamten Konzern. Damit ist eine **Aufgliederung auf die Einzelgesellschaften eines Konzerns nicht nötig**. Ebenso vereinfachend etwa im Vergleich zur geplanten Globalen Mindestbesteuerung sind nur die in den Konsolidierungskreis des von der obersten MU aufgestellten Konzernabschlusses einbezogenen Unt relevant für die Datenerhebung. Damit wirken die Einbeziehungswahlrechte aus § 296 HGB auch für den Ertragsteuerinformationsbericht. Dennoch sind die Konzernpackages zu erweitern, da dort nun Daten auf Basis der nationalen Abbildungsnormen (HB I) an das MU weiterzugeben sind, damit der Ertragsteuerinformationsbericht erstellt werden kann.

13 Hinsichtlich der **Berichtswährung** wird nach § 342j HGB wieder unterschieden. Grds. ist Euro die Berichtswährung. Bei inländischen Zweigniederlassungen unverbundener Unt mit Sitz in einem Drittstaat (§ 342e HGB) in der Währung, in der der Jahresabschluss aufgestellt wurde. Bei TU mit Sitz im Inland von obersten MU mit Sitz in einem Drittstaat die Währung, in der der Konzernabschluss aufgestellt wurde. Anders als bei der Bestimmung der Berichtspflicht ist eine weitere Währungsumrechnung somit nicht nötig, es wird somit implizit auf die Währungsumrechnung im Konzern/in der Hauptniederlassung zurück-

---

[8] Vgl. Gesetzesbegründung S. 67, www.bmj.de/Shared Docs/Gesetzgebungsverfahren/Dokumente/RegE_Offenlegung_Ertragsteuerinformationen.pdf?__blob=publicationFile&v=2, Abruf 13.8.2024.
[9] Europäische Kommission, Impact Assessment assessing the potential for further transparency on income tax information, SWD(2016) 117 final, S. 20 f.

gegriffen. Dies impliziert große Unterschiede. Während nach HGB etwa mit Durchschnittssätzen bei Umrechnung der GuV-Positionen – und das wäre für die geforderten Ertragsteuerzahlungen sowie die Ergebnisangaben von Bedeutung – gearbeitet werden darf, gibt es etwa nach IAS 12 auch die Möglichkeit der Zeitbezugsmethode mit der Umrechnung zum Transaktionstag. Die Gewinnrücklagen werden dann zwar i.d.R. mit historischen Kursen umgerechnet, allerdings sind die unterschiedlich umgerechneten Jahresergebnisse dafür wieder die Basis.[10] Somit können auch hier keine vergleichbaren Ergebnisse geschaffen werden.

Von der Veröffentlichung der erforderlichen Angaben kann nur dann Abstand genommen werden, wenn ihre Offenlegung für das Unt einen **erheblichen Nachteil** nach sich ziehen könnte. In diesem Fall darf die entsprechende Angabe ausgelassen werden. Die Auslassung ist im Ertragsteuerinformationsbericht anzugeben und zu begründen (§ 342k HGB). Der geltend gemachte Nachteil muss eine erhebliche Beeinträchtigung für die Marktstellung des Unt darstellen,[11] wobei die Beeinträchtigung mit überwiegender Wahrscheinlichkeit eintreten muss.[12]

14

Für die Erstellung des Ertragsteuerinformationsberichts ist die Beachtung des von der EU festzulegenden **Musterformblatts** sowie des von der EU festzulegenden maschinenlesbaren elektronischen Formats zu beachten (§ 342k HGB). Am 1.8.2024 hat die Europäische Kommission einen Entwurf eines Durchführungsrechtsaktes zur länderbezogenen Ertragsteuerinformationsberichterstattung zur Konkretisierung der Angabepflichten nach der Richtlinie (EU) 2021/2101 und damit auch der §§ 342ff. HGB vorgelegt und zur Konsultation gestellt.[13] Die Konsultation lief bis zum 29.8.2024. Der Entwurf besteht aus einer Durchführungsverordnung mit drei Anhängen und konkretisiert die Form und das Format der Berichterstattung. Die Angaben sollen in einem Formblatt tabellarisch angeordnet berichtet werden, wobei auch Mitarbeiter, Umsätze und Gewinne vor Steuern neben den Steuern aufgegliedert werden sollen (Art. 3 Durchführungsverordnung-E), wobei der Bericht im XHTML-Format erstellt und maschinenlesbar ausgezeichnet werden soll (Art. 4 Durchführungsverordnung-E). Die EU bietet eine weitere Spalte für zusätzliche Informationen an, die für latente Steuern genutzt werden sollte, da der Vergleich des Gewinns vor Steuern mit den gezahlten Steuern erst durch die Ergänzung der latenten Steuer sinnvoll möglich ist. Durch die Verzögerungen bei der EU sollen die Vorschriften zur Konkretisierung erst für ab dem ersten Januar 2025 beginnende Geschäftsjahre gelten (Art. 5 Durchführungsverordnung-E), sodass für Unt, die bereits vorher nach dem Gesetz zur Erstellung des Berichts verpflichtet sind, einzig die Vorgaben aus dem Gesetz gelten.

15

---

[10] Vgl. Müller/Häfele, in Kußmaul/Müller, Handbuch der Bilanzierung, Währungsumrechnung nach HGB, EStG und IFRS, Rz 136ff., Stand 11.4.2024.
[11] RL (EU) 2021/2101, Erwägungsgrund 18.
[12] Vgl. Gesetzesbegründung S. 70, www.bmj.de/Shared Docs/Gesetzgebungsverfahren/Dokumente/RegE_Offenlegung_Ertragsteuerinformationen.pdf?__blob=publicationFile&v=2, Abruf 13.8.2024.
[13] Die Dokumente sowie der Zugang zur Konsultation findet sich unter https://ec.europa.eu/info/law/better-regulation/have-your-say/initiatives/13496-Tax-paid-by-multinationals-template-and-electronic-formats-for-country-by-country-reports_en, Abruf 13.8.2024.

Die Berichtswährung ist grds. der Euro, bei inländischen Zweigniederlassungen unverbundener Unt mit Sitz in einem Drittstaat (§ 342e HGB) die Währung, in der der Jahresabschluss, bzw. bei TU mit Sitz im Inland von obersten MU mit Sitz in einem Drittstaat die Währung, in der der Konzernabschluss aufgestellt wurde.

16 Der Abschlussprüfer muss prüfen, ob das Unt zur Offenlegung eines Ertragsteuerinformationsberichts verpflichtet war und seiner Pflicht nachgekommen ist (§ 317 Abs. 3b HGB). Der Bestätigungsvermerk gem. § 322 Abs. 1 HGB muss zwei gesonderte Abschnitte enthalten, die das Ergebnis dieser Prüfung darstellen. **Eine inhaltliche Prüfung des Berichts erfolgt durch den Abschlussprüfer nicht**. Die inhaltliche Prüfung obliegt dem Aufsichts- oder Verwaltungsrat. § 171 AktG wurde dahingehend geändert, dass neben dem nichtfinanziellen Konzernbericht auch der Ertragsteuerinformationsbericht durch den Aufsichtsrat geprüft werden muss und dieser über das Ergebnis der Prüfung schriftlich an die Hauptversammlung berichten muss, was durchaus kritisch zu sehen ist, da der Aufsichtsrat bislang nicht explizit über Steuerkompetenz verfügen muss.[14]

17 Der Bericht muss spätestens ein Jahr nach dem Ende des Berichtszeitraums veröffentlicht werden. Dies kann durch **Veröffentlichung auf der Internetseite der Gesellschaft** erfolgen (§ 342n HGB) oder durch Übermittlung an die das Unternehmensregister führende Stelle zur Einstellung (§ 342m HGB). Im zweiten Fall ist auf der Internetseite der Gesellschaft der Hinweis zu veröffentlichen, dass der Bericht über die Internetseite des Unternehmensregisters kostenlos zugänglich ist und die Pflicht zur Veröffentlichung auf der Unternehmenswebsite dadurch entfällt. Die Veröffentlichung muss in deutscher Sprache für mind. fünf Jahre erfolgen.

18 Ein Verstoß gegen die Berichtpflicht kann gem. §§ 342o, 342p HGB als **Ordnungswidrigkeit** mit Geldbußen von bis zu 250.000 EUR geahndet werden.

---

[14] Vetter, NRZ 2023, S. 351.

§ 342q Privates Rechnungslegungsgremium

(1) ¹Das Bundesministerium der Justiz kann eine privatrechtlich organisierte Einrichtung durch Vertrag anerkennen und ihr folgende Aufgaben übertragen:
1. Entwicklung von Empfehlungen zur Anwendung der Grundsätze über die Konzernrechnungslegung,
2. Beratung des Bundesministeriums der Justiz bei Gesetzgebungsvorhaben zu Rechnungslegungsvorschriften,
3. Vertretung der Bundesrepublik Deutschland in internationalen Standardisierungsgremien und
4. Erarbeitung von Interpretationen der internationalen Rechnungslegungsstandards im Sinn des § 315e Abs. 1.

²Es darf jedoch nur eine solche Einrichtung anerkannt werden, die aufgrund ihrer Satzung gewährleistet, daß die Empfehlungen und Interpretationen unabhängig und ausschließlich von Rechnungslegern in einem Verfahren entwickelt und beschlossen werden, das die fachlich interessierte Öffentlichkeit einbezieht. ³Soweit Unternehmen oder Organisationen von Rechnungslegern Mitglied einer solchen Einrichtung sind, dürfen die Mitgliedschaftsrechte nur von Rechnungslegern ausgeübt werden.

(2) Die Beachtung der die Konzernrechnungslegung betreffenden Grundsätze ordnungsmäßiger Buchführung wird vermutet, soweit vom Bundesministerium der Justiz bekanntgemachte Empfehlungen einer nach Absatz 1 Satz 1 anerkannten Einrichtung beachtet worden sind.

Inhaltsübersicht

	Rz
1 Historische Einordnung	1–5
2 Deutsches Rechnungslegungs Standards Committee (DRSC)	6–15
2.1 Ziele und Zwecke des DRSC	6–9
2.2 Organisation des DRSC	10–13
2.2.1 Mitglieder	10
2.2.2 Organe	11–12
2.2.3 Gremien	13
2.3 Entwicklung der Standards durch das DRSC	14–15
3 Aufgaben des Rechnungslegungsgremiums	16–40
3.1 Entwicklung von Empfehlungen zur Anwendung der Grundsätze über die Konzernrechnungslegung (Abs. 1 Nr. 1)	16–21
3.2 Beratung des BMJ bei Gesetzgebungsvorhaben zu Rechnungslegungsvorschriften (Abs. 1 Nr. 2)	22–24
3.3 Vertretung der Bundesrepublik Deutschland in internationalen Standardisierungsgremien (Abs. 1 Nr. 3)	25–32
3.4 Erarbeitung von Interpretationen der internationalen Rechnungslegungsstandards i. S. d. § 315e Abs. 1 HGB (Abs. 1 Nr. 4)	33–40
4 Bekanntmachung der Empfehlungen durch das BMJ (Abs. 2)	41–46

1 Historische Einordnung

1 Im April 1998 wurden mit dem Kapitalaufnahmeerleichterungsgesetz (KapAEG) und dem Gesetz zur Kontrolle und Transparenz im Unternehmensbereich (KonTraG) zwei Gesetze verabschiedet, die für die **Fortentwicklung der Rechnungslegung in Deutschland** entscheidende Bedeutung erlangen sollten. Sie bildeten den Abschluss einer länger andauernden Diskussion um das Für und Wider privatrechtlicher Rechnungslegungsgremien.[1]

2 Im Besonderen stimmt das **KonTraG**[2] die Schaffung eines Rechnungslegungsgremiums durch Einfügung der §§ 342 und 342a in das HGB (durch die Einfügung der §§ 342–342p HGB für den Ertragsteuerinformationsbericht nun § 342q und § 342r HGB) aufgegriffen. An die Anerkennung eines privaten Gremiums werden im Gesetzestext Anforderungen an dessen Besetzung und Arbeitsweise geknüpft: So dürfe „nur eine Einrichtung anerkannt werden, die aufgrund ihrer Satzung gewährleistet, dass die Empfehlungen unabhängig und ausschließlich von Rechnungslegern in einem Verfahren entwickelt und beschlossen werden, das die fachliche interessierte Öffentlichkeit einbezieht" (§ 342q Abs. 1 Satz 2 HGB a. F.).

3 Das DRSC wurde mit dem Standardisierungsvertrag vom 3.9.1998 durch das Bundesministerium der Justiz (BMJ) als privates Rechnungslegungsgremium und zuständige Standardisierungsorganisation für Deutschland anerkannt.

4 Nach Kündigung des Standardisierungsvertrags durch das DRSC und einer Restrukturierung des Standardsetzers wurde der **Standardisierungsvertrag Ende 2011** mit dem BMJ neu geschlossen.[3]

Der geänderten Binnenstruktur des DRSC entsprechend wurde das Fachorgan von Standardisierungs- in **Rechnungslegungsgremium** umbenannt. Mit der Neuorganisation seiner Facharbeit wurden der vormalige Deutsche Standardisierungsrat (DSR) und das Rechnungslegungs Interpretations Committee (RIC) durch zwei Fachausschüsse ersetzt, die gemeinsam das Rechnungslegungsgremium bilden.[4] Zudem wird das DRSC verpflichtet, bei der Erfüllung der übertragenen Aufgaben „das öffentliche, **insbesondere auch das gesamtwirtschaftliche Interesse** zu berücksichtigen." Der hervorgehobene und neue Einschub ist als Klarstellung zu verstehen, dass das DRSC keine Klientelpolitik betreiben, sondern bei der Standardsetzung sowie der Abgabe von Stellungnahmen die Sichtweisen aller Stakeholdergruppen berücksichtigen soll. Schließlich wird das

---

[1] S. stellvertretend Langenbucher/Blaum, DB 1995, S. 2325 ff.; Biener, in Ballwieser/Moxter/Nonnenmacher, Rechnungslegung – Warum ist und wie, 1996, S. 67 ff.; Böcking/Dutzi, in Baetge/Kirsch/Thiele, Bilanzrecht, § 342 HGB Rz. 2 ff., 43. EL Stand: 2012; Drescher, StuW 1998, S. 241 ff. sowie zum konkreten Entstehungsprozess der genannten Gesetze Budde/Steuber, DStR 1998, S. 1182 ff.; Paal, Rechnungslegung und das DRSC, 2001, S. 35 ff.; Zitzelsberger, WPg 1998, S. 246 ff.

[2] V. 30.4.1998, BGBl 1998 I S. 786 ff.

[3] S. www.drsc.de/app/uploads/2017/03/111202_SV_BMJ-DRSC.pdf, Abruf 1.10.2024. Zu den Umständen der Kündigung sowie zur Interimszeit s. stellvertretend Böcking/Dutzi, in Baetge/Kirsch/Thiele, Bilanzrecht, § 243 HGB Rz 17.2 f., 105. EL Stand: 2022; Fülbier/Gassen/Sellhorn, DRSC-Quartalsbericht 2/2010, S. 4 ff.; Weis, WPg 2011, S. I; Zwirner, StuB 2010, S. 627 ff.

[4] Vgl. § 6 Abs. 2 der Satzung des DRSC. S. die aktuell gültige Satzung vom 30.6.2021 unter www.drsc.de/app/uploads/2021/07/210630_Satzung.pdf, Abruf 1.10.2024.

DRSC verpflichtet, auch **Entwürfe** von Standards und Interpretationen **in öffentlicher Sitzung zu beraten** (und nicht nur zu beschließen).[5]

Im Juni 2021 änderte das DRSC mit Billigung des damaligen BMJV seine Satzung in der Art, dass angesichts der generell zunehmenden Bedeutung der Nachhaltigkeitsberichterstattung die Ausrichtung der Tätigkeit und der Organisationsstruktur des DRSC angepasst wurde. Damit wird die Nachhaltigkeitsberichterstattung als Teil der Rechnungslegung ausreichend berücksichtigt. Mit der Satzungsänderung berücksichtigte das DRSC die parallelen Entwicklungen auf EU- und internationaler Ebene und wurde somit i.R.d. Entwicklung von Standards zur Nachhaltigkeitsberichterstattung handlungsfähig.

2 Deutsches Rechnungslegungs Standards Committee (DRSC)

2.1 Ziele und Zwecke des DRSC

Der Präambel der aktuellen Vereinssatzung zufolge bestehen die mit dem DRSC verfolgten **Ziele** in derzeit vier Punkten. Danach sollen:

- die Fortentwicklung der Rechnungslegung – unter Rückgriff auf den präzisierten Standardisierungsvertrag – **im gesamtwirtschaftlichen Interesse** unter Beteiligung der fachlich interessierten Öffentlichkeit (insb. der an der Rechnungslegung Beteiligten) gefördert werden;
- das DRSC als **deutscher Standardsetzer** von der Bundesregierung anerkannt, in seinen Zielen unterstützt und als sachverständiger Ratgeber gehört werden, ohne dass hierdurch die Souveränität des Gesetzgebers und der Gerichte beeinträchtigt wird;
- die Interessen der deutschen Wirtschaft im Bereich der Rechnungslegung international vertreten werden; und
- die Entwicklung zu einem inhaltlich **breiter angelegten Verständnis von Rechnungslegung** fachlich begleitet und dieses Verständnis in die Arbeit der DRSC-Gremien integriert werden. Dabei sollen Initiativen, wie insb. aus dem Bereich der Nachhaltigkeitsberichterstattung, berücksichtigt werden.

Mit dieser Zielsetzung steckt das DRSC sein **Selbstverständnis als deutscher Standardsetzer auf dem Gebiet der Rechnungslegung** ab. Drei Aspekte seien zunächst hervorgehoben: Zum einen geht der Anspruch des DRSC inhaltlich über seine gesetzliche Beauftragung hinaus, indem es die Fortentwicklung der Rechnungslegung (und eben nicht nur der **Konzern**rechnungslegung) anspricht.[6] Des Weiteren äußert es die Hoffnung, als **der deutsche Standardsetzer** von der Bundesregierung **anerkannt und** als Ratgeber **gehört** zu werden. Schließlich sieht es sich als Vertreter der Rechnungslegungsinteressen der deutschen Wirtschaft im internationalen Raum; dabei dürften in erster Linie der International Accounting Standards Board (IASB) und die European Financial Reporting Advisory Group (EFRAG) gemeint sein.

Der vierte Aspekt hinsichtlich der fachlichen Begleitung der Nachhaltigkeitsberichterstattung spiegelt die sich seit der Umsetzung der EU-CSR-Richtlinie[7]

---

[5] Da die Sitzungen der Fachgremien des DRSC nach § 20 Abs. 2 der Satzung des DRSC ohnehin öffentlich sind, war der Hinweis zum Zeitpunkt der Verankerung im Standardisierungsvertrag von 2011 faktisch obsolet.

[6] So bereits Scheffler, BFuP 1999, S. 407.

[7] RL 2014/95/EU, ABl. EU v. 15.11.2014 L 330/1.

abzeichnende zunehmende Bedeutung der Nachhaltigkeitsberichterstattung als Teil der Rechnungslegung[8] wider. I. d. S. hat das DRSC im Oktober 2021 auch sein erstmals formuliertes Leitbild verfasst, das auf eine gleichwertige Behandlung von Fragen der Finanz- und Nachhaltigkeitsberichterstattung abzielt.[9] Die Entwicklungen um den EU Green Deal[10] haben die Bedeutung zuverlässiger Nachhaltigkeitsdaten der Unt insb. für Finanzmarktteilnehmer in den Vordergrund gerückt. Folgerichtig hatte die Europäische Kommission im April 2021 einen entsprechenden Richtlinienvorschlag (Corporate Sustainability Reporting Directive, CSRD)[11] zur Änderung der EU-Bilanzrichtlinie unterbreitet. Zur Unterstützung der deutschen Verhandlungsposition zur inzwischen veröffentlichten CSRD[12] hatte das DRSC im Februar 2021 eine Studie[13] zur Umsetzung der EU-CSR-Richtlinie in Deutschland vorgelegt und ggü. dem BMJV eine Reihe von Handlungsempfehlungen ausgesprochen. Gleichzeitig gab es bei der IFRS-Stiftung Bestrebungen zur Etablierung eines International Sustainability Standards Boards (ISSB), das sich neben dem IASB besonders um die internationale Standardsetzung im Nachhaltigkeitsbereich kümmern wird. Die Einrichtung des ISSB wurde von namhaften internationalen Institutionen wie der internationalen Vereinigung der Börsenaufsichtsbehörden IOSCO und den G7-Regierungen unterstützt.[14]

8 Die **Zwecke des DRSC** orientieren sich am gesetzlichen Auftrag nach § 342q Abs. 1 HGB, gehen aber in zwei Punkten darüber hinaus:[15] Zum einen verfolgt das DRSC im gesamtwirtschaftlichen Interesse eine Erhöhung der Qualität der Rechnungslegung, zum anderen setzt er sich für die Förderung von Forschung und Ausbildung „in den vorgenannten Bereichen" ein. Wie eine Erhöhung der Qualität der Rechnungslegung konkret erreicht werden soll, bleibt ebenso unausgesprochen wie die Frage, woran sich die Qualität der Rechnungslegung bemisst. Verbindet man diese Zwecksetzung mit den Zielen aus der Präambel, dann könnte die Erhöhung der Qualität als konkretere Teilausgestaltung der „Fortentwicklung der Rechnungslegung" interpretiert werden: Ziel werde es dann nicht nur sein, die Rechnungslegung weiterzuentwickeln (bspw. bestehende Regelungslücken zu füllen), sondern auch vorhandene Abbildungsprinzipien durch qualitativ hochwertigere zu ersetzen.

9 Nicht friktionsfrei ist die Forderung in § 2 Abs. 2 der Satzung, wonach das DRSC den **satzungsmäßigen Zielen seiner Mitglieder** i. R. seines Zwecks zu dienen hat. Was wie eine Normformulierung einer Vereinssatzung aussieht (und

---

[8] Zum sich aktuell wandelnden Verständnis der Rechnungslegerbegriffs vor dem Hintergrund der zunehmenden Bedeutung der Nachhaltigkeitsberichterstattung vgl. Lanfermann/Hommelhoff/Gundel, BB 2021, S. 1195 ff.
[9] Vgl. www.drsc.de/app/uploads/2021/10/211014_DRSC-Leitbild.pdf, Abruf 1.10.2024.
[10] Vgl. https://commission.europa.eu/strategy-and-policy/priorities-2019–2024/european-green-deal_de, nicht mehr verfügbar.
[11] Vgl. https://eur-lex.europa.eu/legal-content/EN/TXT/?uri=CELEX:52021PC0189, Abruf 1.10.2024.
[12] Richtlinie (EU) 2022/2464.
[13] Vgl. www.drsc.de/app/uploads/2021/06/210128_CSR-Studie_final.pdf, Abruf 1.10.2024.
[14] So IOSCO, Report on Sustainability-related Issuer Disclosures, www.iosco.org/library/pubdocs/pdf/IOSCOPD678.pdf; G7, G7 Finance Ministers and Central Bank Governors Communiqué, www.gov.uk/government/publications/g7-finance-ministers-meeting-june-2021-communique/g7-finance-ministers-and-central-bank-governors-communique, Abruf jew. 1.10.2024.
[15] Vgl. § 2 Abs. 1 der Satzung mit § 342q Abs. 1 HGB.

auch so gemeint ist), bekommt im Zusammenspiel mit der Forderung aus der Präambel, dass das DRSC **im gesamtwirtschaftlichen Interesse** agieren soll, mögliche Sprengkraft: Ungeachtet der Frage, wie sich das gesamtwirtschaftliche Interesse konkret artikulieren mag, ist unmittelbar evident, dass die Belange und Ziele der Mitglieder nicht zwingend synchron zu jenen der Gesamtwirtschaft verlaufen müssen, sodass sich die Frage stellt, wie sich das DRSC in Fällen konträrer Zielvorstellungen zu verhalten hat. Diese Frage ist auch insofern bedeutsam, als das DRSC für die Wahrnehmung seiner Aufgaben im gesamtwirtschaftlichen Interesse keine Mittel der öffentlichen Hand erhält, sondern seine Tätigkeit vollständig aus den Mitgliedsbeiträgen sowie durch Lizenzvergabe, Veröffentlichungen und sonstigen Einnahmen finanziert (Rz 32).

2.2 Organisation des DRSC

2.2.1 Mitglieder

Das DRSC ist ein eingetragener, selbstlos tätiger Verein,[16] dessen Mitglieder ausschl. **juristische Personen und Personenvereinigungen** sind, **die der gesetzlichen Pflicht zur Rechnungslegung unterliegen oder sich mit der Rechnungslegung befassen.**[17] Private Mitgliedschaften sind im Gegensatz zur Gründungssatzung nicht mehr vorgesehen, allerdings wurden zum Zeitpunkt der Reorganisation bestehende persönliche Mitglieder auch nicht ausgeschlossen. Die derzeitigen MitgliedsUnt und Verbände werden fünf Segmenten zugeordnet, die maßgeblich für die Besetzung des Verwaltungsrats und des Nominierungsausschusses des DRSC sind. Im Einzelnen handelt es sich um folgende Segmente:[18]

- Segment A: Kapitalmarktorientierte Industrieunternehmen und Verbände,
- Segment B: Nicht-kapitalmarktorientierte Industrieunternehmen und Verbände,
- Segment C: Banken und Verbände,
- Segment D: Versicherungen und Verbände,
- Segment E: Wirtschaftsprüfung und Verbände.

Für die Segmente A und B wird konkretisiert, dass unter den Begriff „Industrieunternehmen" auch HandelsUnt, Dienstleister etc. fallen. In Abgrenzung zu den Segmenten C und D wird deutlich, dass keine Finanzdienstleister darunterfallen.

2.2.2 Organe

Das DRSC hat als **Organe** neben der Mitgliederversammlung (dem Kollektiv aus allen seinen Mitgliedern) einen 20-köpfigen Verwaltungsrat, einen aus neun Mitgliedern bestehenden Nominierungsausschuss sowie das Präsidium, das die Geschäftsführung des Vereins übernimmt.[19] Die **Mitgliederversammlung** tagt im Regelfall einmal jährlich. Sie wählt und entlastet die Mitglieder des Verwaltungsrats und des Nominierungsausschusses, bestimmt die Höhe der Mitgliedsbeiträge,

---

[16] Vgl. § 2 Abs. 3 der Satzung des DRSC.
[17] Diese Formulierung weist eine bewusst gewählte Nähe zur Gesetzesanforderung an die Anerkennung eines privaten Gremiums in § 342q Abs. 1 Satz 2 und 3 HGB auf.
[18] Vgl. § 4 Abs. 1 der Satzung des DRSC. Die Unt resp. Verbände des jeweiligen Segments sind aus der Aufstellung auf der Internetseite des DRSC ersichtlich: www.drsc.de/mitgliedschaft, Abruf 1.10.2024.
[19] Vgl. § 6 Abs. 1 der Satzung des DRSC.

beschließt den Wirtschaftsplan, stellt den Jahresabschluss fest und wählt den Abschlussprüfer. Sie ist ferner zuständig für die Änderung und Ergänzung der Satzung sowie die Auflösung des Vereins.[20] Die Mitglieder des **Verwaltungsrats** werden für drei Jahre gewählt und nach einem Segmentschlüssel bestimmt (10–2–3–2–3), der Spiegelbild des Beitragsaufkommens des DRSC ist.[21] Der Verwaltungsrat tagt mind. dreimal im Jahr und hat neben der Festlegung der Grundsätze und Leitlinien für die Arbeit des DRSC,[22] die Mitglieder der Fachausschüsse zu wählen sowie das Präsidium zu bestellen, zu beraten und dessen Geschäfte zu überwachen.[23] Der **Nominierungsausschuss** ist mit mind. einem Vertreter pro Segment besetzt und zuständig für die Unterbreitung von Vorschlägen an den Verwaltungsrat für die Wahl der Mitglieder der Fachausschüsse und die Bestellung des Präsidiums. Auch wenn er nicht die Letztentscheidung über die von ihm Nominierten trifft, ist der Verwaltungsrat insoweit an die Empfehlung gebunden, als dass er nur vom Nominierungsausschuss vorgeschlagene Personen ernennen darf.[24]

12 Das **Präsidium** als gesetzlicher Vertreter des Vereins i.S.v. § 26 BGB wurde erst mit der Restrukturierung eingeführt, zuvor oblag die Geschäftsführung einem vierköpfigen Vorstand nebst Generalsekretär. Das Präsidium ist als aus zwei Personen bestehendes Organ angelegt (Präsident und Vizepräsident), die die Amtsgeschäfte des Vereins gemeinsam führen und jeweils einem Fachgremium vorstehen. Verzichtet der Verwaltungsrat auf die Berufung eines Vizepräsidenten, ist stattdessen ein Exekutivdirektor als besonderer Vertreter i.S.v. § 30 BGB zu berufen, der das Präsidium bei der Führung der Geschäfte unterstützt.[25] Neben der Geschäftsführung leitet das Präsidium die Sitzungen der Fachgremien, erstellt den Jahresbericht und stellt den Jahresabschluss sowie den Wirtschaftsplan auf.[26]

2.2.3 Gremien

13 Der Verein hat **zwei Gremien**:[27]
- die beiden aus je elf unabhängigen und sich als Rechnungsleger[28] qualifizierenden Mitgliedern bestehenden **Fachausschüsse** (als „das Rechnungslegungsgremium" i.S.d. Standardisierungsvertrags) sowie
- einen – bis dato nicht einberufenen – **Wissenschaftsbeirat**.

Im Zuge der Satzungsreform im Juni 2021 wurden die zuvor bestehenden HGB- und IFRS-Fachausschüsse zu einem Fachausschuss Finanzberichterstattung zusammengelegt. Im Zuge dessen wurde die Anzahl der Mitglieder von sieben auf elf erhöht. Daneben wurde ein neuer Fachausschuss Nachhaltigkeitsberichterstattung gebildet, der ebenfalls elf Mitglieder aufweist. Beide Fachausschüsse haben zum 1.12.2021 ihre Tätigkeit aufgenommen. Für die Besetzung der zwei

---

20 Vgl. § 9 der Satzung des DRSC.
21 Vgl. § 10 der Satzung des DRSC. S. zur aktuellen Zusammensetzung des Verwaltungsrats www.drsc.de/organe-und-gremien/#verwaltungsrat, Abruf 1.10.2024.
22 Vgl. die aktuelle Fassung unter www.drsc.de/app/uploads/2018/07/180702_GL.pdf, Abruf 1.10.2024.
23 Vgl. § 11 der Satzung des DRSC.
24 Vgl. § 14 der Satzung des DRSC; s. zur aktuellen Zusammensetzung www.drsc.de/organe-und-gremien/#nominierungsausschuss, Abruf 1.10.2024.
25 Vgl. § 16 Abs. 4 der Satzung des DRSC.
26 Vgl. § 17 der Satzung des DRSC.
27 Vgl. § 6 Abs. 2 der Satzung des DRSC i.V.m. § 4 Abs. 4 des Standardisierungsvertrags.
28 Zum Begriff des „Rechnungslegers" s. Lanfermann/Hommelhoff/Gundel, BB 2021, S. 1195ff.

Gremien gibt es keine festen Vorgaben oder Verteilungsschlüssel, sondern lediglich die Anforderung, dass „darauf zu achten [ist], dass die Interessen der Aufsteller, Prüfer und Nutzer der Rechnungslegung gewahrt sind. Mitglied eines Fachausschusses kann nur sein, wer über besondere Fachkompetenz und Erfahrung auf dem Gebiet der Rechnungslegung verfügt."[29] Das Instrument des sog. **Gemeinsamen Fachausschusses als weiteres Gremium, der seit Juni 2018** in den Statuten verankert ist, wird auch nach der Satzungsreform im Juni 2021 fortgeführt. Er setzt sich aus den Mitgliedern beider Fachausschüsse zusammen, ist also kein neben den Fachausschüssen eigenständig agierendes Gremium. Aufgabenseitig sind dem Gemeinsamen Fachausschuss nunmehr Fragestellungen zugewiesen, die gleichermaßen für Fragen der Finanz- als auch der Nachhaltigkeitsberichterstattung von Bedeutung sind.[30]

2.3 Entwicklung der Standards durch das DRSC

Die Anerkennung des DRSC als legitimierter Standardsetzer auf dem Gebiet der Rechnungslegung setzt voraus, dass die Verlautbarungen **satzungsgemäß** „unabhängig und ausschließlich von Rechnungslegern in einem Verfahren entwickelt und beschlossen werden, das die fachlich interessierte Öffentlichkeit einbezieht."[31] Mit dem in der Gesetzesnorm genannten Verfahren ist der **Konsultationsprozess** (Due Process) gemeint, wie er bei der Entwicklung internationaler Standards des IASB und vergleichbar aufgestellter Standardsetzer zur Anwendung kommt.[32] Im Bereich der Nachhaltigkeitsberichterstattung haben auf EU-Ebene EFRAG und auf internationaler Ebene der ISSB entsprechend ausgelegte Konsultationsprozesse im Frühjahr 2022 aufgenommen, die jedoch wegen ihrer Ausgestaltung in der Anfangsphase Kritik – auch seitens des DRSC – auf sich gezogen haben.[33] Die Eckpunkte dieses Verfahrens sind in § 4 Abs. 2 des Standardisierungsvertrags niedergelegt. Danach sind die Entwürfe der Verlautbarungen in öffentlicher Sitzung zu beraten und zu verabschieden, der Öffentlichkeit mit einer Frist von mind. sechs Wochen zur Stellungnahme zur Verfügung zu stellen und anschließend erneut in öffentlicher Sitzung zu beraten. Sollte im Falle einer wesentlichen Überarbeitung des ursprünglichen Entwurfs eine erneute Konsultation erforderlich werden, ist dafür eine Stellungnahmefrist von vier Wochen vorgesehen. Das DRSC hat diesen Prozess in seiner Satzung verankert und in folgender Hinsicht erweitert bzw. präzisiert:[34]

---

[29] § 19 Abs. 1 der Satzung des DRSC in Umsetzung von § 4 Abs. 4 Satz 1 des Standardisierungsvertrags.

[30] Vgl. § 22a der Satzung des DRSC. Zu den Aufgabengebieten von Finanz- & Nachhaltigkeitsfachausschuss vgl. §§ 21 und 22 der Satzung des DRSC. S. zur aktuellen Besetzung der Gremien www.drsc.de/organe-und-gremien/, Abruf 1.10.2024.

[31] § 342q Abs. 1 Satz 2 HGB. Im Standardisierungsvertrag wird ergänzend ausgeführt, dass „die Belange der Gesetzgebung, der öffentlichen Verwaltung und des Rechtsverkehrs zu berücksichtigen" sind, § 1 Abs. 1 Satz 5. Daraus ergibt sich unmissverständlich, dass die Standards im Einklang mit dem Bilanzrecht stehen müssen und sich nicht über das Gesetz hinwegsetzen dürfen, vgl. Hommelhoff/Schwab, in Ulmer, HGB-Bilanzrecht, 2002, § 342 HGB Rz. 35 m.w.N.

[32] Dies bestätigend Biener, in Küting/Langenbucher, Internationale Rechnungslegung, 1999, S. 457.

[33] Vgl. EFRAG, www.efrag.org/News/Project-581/EFRAG-issues-its-Due-Process-Procedures-for-Sustainability-Reporting-Standard-Setting; ISSB, www.ifrs.org/groups/due-process-oversight-committee/#about, zur DRSC-Kritik am EFRAG Due Process siehe, www.drsc.de/app/uploads/2021/07/210712_CL_ASCG_EFRAG_Due_Process_sustainability_reporting_rev.pdf, Abruf jew. 1.10.2024.

[34] Vgl. § 20 Abs. 3 der Satzung des DRSC.

- Die Frist sowohl für die Regel- als auch für eine etwaige Folgekonsultation wurde auf 45 Tage festgelegt (§ 20 Abs. 3 lit. a und c der Satzung des DRSC);
- die eingegangenen Stellungnahmen werden der Öffentlichkeit bekannt gemacht, soweit nicht um Vertraulichkeit gebeten wird (§ 20 Abs. 3 lit. b der Satzung des DRSC);
- für die Entwürfe wird (soweit sachgerecht) ein öffentliches Diskussionsforum geschaffen (§ 20 Abs. 3 lit. d i. V. m. Abs. 4 der Satzung des DRSC); und
- die Verlautbarungen werden öffentlich beraten, verabschiedet und nebst Begründung oder abweichender Voten veröffentlicht (§ 20 Abs. 3 lit. e und f der Satzung des DRSC).

15 Die **Wahrnehmung der Standardsetzung im Bereich der Finanzberichterstattung** fällt im DRSC nach der Satzungsreform im Juni 2021 dem Fachausschuss Finanzberichterstattung zu, der im Wesentlichen die bei den bisherigen IFRS- und HGB-Fachausschüssen angesiedelten Aufgaben fortführt. Im Bereich der Nachhaltigkeitsberichterstattung ist dies der **Fachausschuss Nachhaltigkeitsberichterstattung**. Auch dem **Gemeinsamen Fachausschuss** kommt bei Themen, die sowohl für die Finanz- als auch die Nachhaltigkeitsberichterstattung von Bedeutung sind, eine Standardsetzungskompetenz zu. Derzeit ist es angesichts der dynamischen Entwicklung auf EU- und internationaler Ebene noch nicht abschließend absehbar, inwieweit im deutschen Umfeld Handlungsbedarf hinsichtlich der Standardsetzung im Bereich der Nachhaltigkeitsberichterstattung besteht. Es ist jedoch davon auszugehen, dass zumindest Anpassungsbedarf im DRS 20 zum (Konzern-)Lagebericht notwendig wird.

3 Aufgaben des Rechnungslegungsgremiums

3.1 Entwicklung von Empfehlungen zur Anwendung der Grundsätze über die Konzernrechnungslegung (Abs. 1 Nr. 1)

16 Die Entwicklung von Empfehlungen zur Anwendung der Grundsätze über die Konzernrechnungslegung entspricht der **eigentlichen Standardisierungsfunktion** des privaten Rechnungslegungsgremiums. Durch sie erhält das DRSC die Berechtigung, national und international als Standardsetzer aufzutreten.[35]

17 Die **Beschränkung** der Standardisierungsfunktion auf das Feld der **Konzernrechnungslegung** war von Anbeginn beabsichtigt. Der Rechtsausschuss führt in seiner Beschlussempfehlung aus, dass „die Entwicklung der Empfehlungen in engem Zusammenhang mit der internationalen Standardisierungsarbeit des IASB [stehe]. Dessen Standards werden jedoch auf absehbare Zeit in Deutschland nur für Konzernabschlüsse, insbesondere börsennotierter Unternehmen, von Bedeutung sein."[36] Daneben werden an den Konzernabschluss – anders als an den Jahresabschluss – keinerlei Rechtsfolgen geknüpft; er hat insoweit eine reine Informations- und eben keine Zahlungsbemessungsfunktion: „Diese Beschränkung wurde bewusst getroffen, da es im Hinblick auf die Maßgeblichkeit der

---

[35] Die Berechtigung ist nicht als (demokratische) Legitimation im juristischen Sinne zu verstehen: „[A]us verfassungsrechtlichen Gründen [ist es] unmöglich [..], seinen Empfehlungen Allgemeinverbindlichkeit und somit Normcharakter zu verleihen." (Budde/Steuber, DStR 1998, S. 1186). S. a. Hommelhoff/Schwab, in Ulmer, HGB-Bilanzrecht, 2002, § 342 HGB Rz. 15 sowie Hellermann, NZG 2000, S. 1100, jeweils m. w. N.

[36] BT-Drs. 13/10038 v. 4.3.1998 S. 27.

Handelsbilanz für die steuerliche Gewinnermittlung (§ 5 Abs. 1 EStG) problematisch gewesen wäre, einem privaten Gremium Gestaltungs- und Mitwirkungsmöglichkeiten hinsichtlich des Einzelabschlusses einzuräumen. Diese Beschränkung ist auch von allen Beteiligten als sachgerecht angesehen worden."[37]
Die Standardsetzungsfunktion erscheint 20 Jahre nach Aufnahme in das HGB in einem etwas anderen Licht. Spätestens mit der Verabschiedung des BilMoG[38] steht nicht mehr die Heranführung des deutschen Konzernbilanzrechts an die internationalen Standards im Vordergrund, sondern die **Auslegung und Konkretisierung des verbindlich vorgeschriebenen Rechtsrahmens**. Dies mag sich für den flüchtigen Leser bereits aus der vorsichtigen Formulierung „Empfehlungen zur Anwendung der Grundsätze über die Konzernrechnungslegung" ergeben; es sei aber darauf hingewiesen, dass diese Wortwahl seit Inkrafttreten des KonTraG 1998 sprachlich im HGB nicht angepasst wurde, ergo muss sie anfangs inhaltlich anders belegt und verstanden worden sein. Seinerzeit ging es dem Normengeber auch um Empfehlungen **zu zukünftigem Recht**, also um eine Fortentwicklung der Grundsätze über die Konzernrechnungslegung (GoK) und deren Anwendung und nicht nur um den bloßen Rückgriff auf bereits entwickelte GoK, zu deren Anwendung **nach bereits geltendem Recht** Empfehlungen ausgesprochen werden sollten.[39] Natürlich musste und muss sich die konkrete Standardsetzung im gegebenen Rechtsrahmen bewegen und kann sich nicht über sie hinwegsetzen.[40] „Dies schließt es selbstverständlich nicht aus, die Grundsätze ordnungsmäßiger Buchführung **sinnvoll weiterzuentwickeln** und gegebenenfalls auch an international gültige Bilanzierungsgrundsätze anzunähern. Gesetzliche Lücken und Interpretationsspielräume können hier sinnvoll geschlossen und genutzt werden."[41]

18

Die in Rz 17 angesprochene Beschränkung der Standardisierung auf **GoK** führt zu der Frage, worin genau diese bestehen und wie sie sich gegen **allgemeine GoB** abgrenzen.[42] Wie in der Literatur zutreffend ausgeführt, umfassen die GoK nicht nur die Regelungen zur Konsolidierung, also der Einbeziehung von Unt in den Konzernabschluss des MU nach den §§ 300 ff. HGB, sondern dem Grunde nach alle Bilanzierungs- und Bewertungsgrundsätze, die gem. § 297 Abs. 2 HGB für den Konzernabschluss einschlägig sind.[43] Da der Gesetzgeber aber allgemein von den (für den

19

---

37 Ernst, WPg 1998, S. 1030 f. Ergänzend Havermann, WPg 2000, S. 125; Zitzelsberger, WPg 1998, S. 252 f.
38 V. 28.05.2009, BGBl 2009 I S. 1102 ff.
39 So auch Scheffler, BFuP 1999, S. 409, 412 f. sowie Baetge/Krumnow/Noelle, DB 2001, S. 770. Dagegen formulierten Hommelhoff/Schwab bereits 2002: „Der Standardisierungsrat hat folglich nicht die Schaffung neuer, sondern allenfalls die Interpretation bestehender GoB zu leisten. Selbst dort, wo die Anwendungsempfehlungen des DRSC sich auf neuartige Sachverhalte beziehen, werden keine neuen GoB geschaffen" (Hommelhoff/Schwab, in Ulmer, HGB-Bilanzrecht, 2002, § 342 HGB Rz 35). Ähnlich Kleindiek, in Hennrichs/Kleindiek/Watrin, Münchener Kommentar zum Bilanzrecht, Bd. 2, 2013, § 342 HGB Rz 12.
40 Dies ergibt sich explizit bereits aus § 4 Abs. 3 Satz 1 des Standardisierungsvertrags; s.a. Paal, in MünchKomm. HGB, 4. Aufl. 2020, § 342 HGB Rz 28; Hommelhoff/Schwab, in Ulmer, HGB-Bilanzrecht, 2002, § 342 HGB Rz 35.
41 Ernst, WPg 1998, S. 1030 (Herv. durch d. Verf.); ähnlich § 4 Abs. 3 Satz 2 des Standardisierungsvertrags. Es sei darauf hingewiesen, dass die DRS des DRSC anfänglich zuweilen einen (nicht durch das BMJ im Bundesanzeiger veröffentlichten) „de lege ferenda"-Anhang enthielten, vgl. Knorr, KoR 2001, S. 89; Niehus, DB 2001, S. 55.
42 S. dazu bereits Ballwieser, in Küting/Langenbucher, Internationale Rechnungslegung, 1999, S. 443 ff.; ausführlich Baetge/Kirsch/Thiele, Konzernbilanzen, 14. Aufl. 2021, S. 65 ff. m.w.N.
43 Vgl. Schmidt/Holland, in Beck Bil-Komm., 12. Aufl. 2020, § 342 HGB Rz. 9, Auffassung ab 13. Aufl. nicht mehr enthalten.

Einzelabschluss entwickelten) „Grundsätzen ordnungsmäßiger Buchführung" (und nicht von **Konzern**buchführung oder -rechnungslegung) spricht, stellt sich die Frage, ob doch dieselben Grundsätze gemeint sind, wie sie für den Jahresabschluss bestehen – nur, dass sie auf das Objekt „Konzernabschluss" angewendet und um konzernspezifische Sachverhalte wie die Konsolidierung erweitert werden.[44] Sachlogisch wäre auch kaum zu begründen, warum sich die Bilanzierungsgrundsätze für die Abbildung von Sachanlagen oder Rückstellungen in Jahres- und Konzernabschluss unterscheiden sollten; schließlich geht es um dasselbe abzubildende Datum. Unterschiedliche Abbildungsnormen könnten dann gerechtfertigt sein, wenn sich die Zielsetzung der Rechnungslegung in Jahres- und Konzernabschluss derart hinreichend unterscheidet, dass eigenständige Konzernrechnungslegungsgrundsätze sachgerecht wären. Eine derartige Trennung ergibt sich nicht aus dem Gesetzeswortlaut.[45] Durch die **mangelnde Abgrenzung zwischen allgemeinen GoB und speziellen GoK** dürfte gegen eine Anwendung der Empfehlungen, die der Standardsetzer für die Konzernrechnungslegung entwickelt, auf den Jahresabschluss so lange nichts einzuwenden sein, wie dem nicht zwingende sachliche Gründe entgegenstehen.[46]

20 Die Verlautbarungen des Standardsetzers werden im Gesetz als „Empfehlungen" bezeichnet, womit ihr rechtlicher **Status** eindeutig als **unverbindliche Leitlinien** festgelegt wird.[47] Mit dieser Festlegung bleibt der deutsche Gesetzgeber erkennbar hinter vergleichbaren Handhabungen in anderen – und nicht nur anglo-amerikanischen – Rechtskreisen zurück, in denen den von privaten Standardisierungsgremien entwickelten Grundsätzen ein Verpflichtungscharakter zugesprochen wird, bspw. in Frankreich, Großbritannien und Italien.[48] Wie in Deutschland können die privatrechtlich verfassten Organe nicht eigenständig Rechtsnormen setzen;[49] die von ihnen entwickelten Standards können aber in einem vorgegebenen und parlamentarisch legitimierten Verfahren mit einer rechtlichen Bindungswirkung versehen werden (vergleichbar einer Verordnung oder eines Erlasses). Der deutsche Normengeber baut demgegenüber auf

---

[44] In diese Richtung Böcking/Gros, in Wiedmann/Böcking/Gros, Bilanzrecht, 4. Aufl. 2019, § 342 HGB Rz. 14; Böcking/Orth, DB 1998, S. 1877; Moxter, DB 1998, S. 1426; Spanheimer, WPg 2000, S. 1001. S. a. Baetge/Krumnow/Noelle, DB 2001, S. 773.

[45] Die weithin singulär für den Jahresabschluss unterstellte Zahlungsbemessungsfunktion mag sich in ihrer strengen Ausgestaltung de jure ergeben; faktisch werden jedoch sowohl Steuer- als auch Dividendenpolitik üblicherweise an den Konzernverhältnissen und nicht am Ergebnis des einzelnen Unternehmens ausgerichtet. Zu den verschiedenen Funktionen des Abschlusses s. stellvertretend Coenenberg/Haller/Schultze, Jahresabschluss und Jahresabschlussanalyse, 26. Aufl. 2021, S. 18 ff. sowie Berberich, Ein Framework für das DRSC, 2002, S. 68 ff.

[46] So wohl auch Küting/Dürr/Zwirner, BC 2002, S. 198; a. A. offensichtlich Ballwieser, der den Gegenstandsbereich analytisch 1999 deutlich enger sah: „Was damit bleibt, ist bescheiden: Das DRSC kann Konzernrechnungslegungsregeln, die noch nicht als Einzelnormen in das HGB aufgenommen wurden, oder als GoB zu verstehen sind, diskutieren und dem Gesetzgeber vorschlagen. Es wird sich damit um die Regeln handeln, die aus dem Fundus der IAS oder US-GAAP stammen und spezifische Probleme für deutsche Konzerne darstellen" (in Küting/Langenbucher, Internationale Rechnungslegung, 1999, S. 445).

[47] Vgl. Biener, in Küting/Langenbucher, Internationale Rechnungslegung, 1999, S. 458; Paal, in MünchKomm. HGB, 4. Aufl. 2020, § 342 HGB Rz. 24 ff. m. w. N.

[48] Im Gegensatz zur Gründungszeit des DRSC haben sich mittlerweile private nationale Standardsetzer auch in Staaten etabliert, die nicht dem common law zuzurechnen sind; insofern lässt sich das seinerzeit häufig vorgebrachte Argument, man könne derartige Konstrukte nicht ohne weiteres übernehmen, in dieser Schärfe nicht aufrechterhalten; stellvertretend Budde/Steuber, DStR 1998, S. 1183; s. a. Biener, in Küting/Langenbucher, Internationale Rechnungslegung, 1999, S. 459; Löw, ZBB 2001, S. 23.

[49] Vgl. Drescher, StuW 1998, S. 243. Budde/Steuber sehen indes „aus rechtlichen Gründen [...] den Charakter einer Rechtsverordnung, [...] so daß sie als Normen zwingend zu beachten sind" (Budde/Steuber, DStR 1998, S. 1183 f.).

„eine starke ‚faktische Bindungswirkung rdquor;"[50] der Empfehlungen, sofern und soweit sie durch das BMJ bekanntgemacht werden (Rz 41 ff.). Ungeachtet der Formulierung im Gesetz werden die vom DRSC entwickelten Verlautbarungen als Deutsche Rechnungslegungs**standards** (DRS) bezeichnet.[51]

Das DRSC hat seit seiner Gründung **35 Standards entwickelt**, von denen gegenwärtig **noch 14 Regelungen in Kraft** sind. Dabei handelt es sich um folgende Verlautbarungen:

- DRS 13 – Grundsatz der Stetigkeit und Berichtigung von Fehlern,
- DRS 16 – Halbjahresfinanzberichterstattung,
- DRS 17 – Berichterstattung über die Vergütung der Organmitglieder,
- DRS 18 – Latente Steuern,
- DRS 19 – Pflicht zur Konzernrechnungslegung und Abgrenzung des Konsolidierungskreises,
- DRS 20 – Konzernlagebericht,
- DRS 21 – Kapitalflussrechnung,
- DRS 22 – Konzerneigenkapital,
- DRS 23 – Kapitalkonsolidierung (Einbeziehung von Tochterunternehmen in den Konzernabschluss),
- DRS 24 – Immaterielle Vermögensgegenstände im Konzernabschluss,
- DRS 25 – Währungsumrechnung im Konzernabschluss,
- DRS 26 – Assoziierte Unternehmen (Inkrafttreten 2020, Nachfolgeregelung zu DRS 8),
- DRS 27 – Anteilmäßige Konsolidierung (Inkrafttreten 2020, Nachfolgeregelung zu DRS 9),
- DRS 28 – Segmentberichterstattung (Inkrafttreten 2021, Nachfolgeregelung zu DRS 3).

Nicht alle Verlautbarungen tragen im Titel einen expliziten Verweis auf die Konzernrechnungslegung, und nur wenige Standards weisen einen eindeutigen Bezug zur Konsolidierung auf (DRS 19, 22, 23, 25, 26 und 27).

3.2 Beratung des BMJ bei Gesetzgebungsvorhaben zu Rechnungslegungsvorschriften (Abs. 1 Nr. 2)

Die zweite Aufgabe, die dem Rechnungslegungsgremium zugewiesen wird, besteht in der **Beratung des BMJ** bei Gesetzgebungsvorhaben zu Rechnungslegungsvorschriften. Diese Aufgabe dient der Möglichkeit, sich den **Zugriff auf die Rechnungslegungskompetenz** der (ursprünglich so nur) im Standardisierungsgremium vertretenen Personen nutzbar zu machen.[52] Sie ist im Standardisierungsvertrag gleichermaßen als **Bring- und Holschuld** ausgestaltet, bedeutet für den Standardsetzer somit sowohl das Recht als auch die Pflicht zur Beratung.[53] Das DRSC verpflichtet sich, das BMJ „durch sein Rechnungslegungsgremium über das nationale und internationale Standardisierungsgeschehen [zu informieren] und [...] sein Rechnungslegungsgremium für Beratungen und gutachtliche Stellungnahmen auf dem Gebiet der Rechnungslegung auf Wunsch unentgeltlich zur Verfügung"

---

[50] Ernst, WPg 1998, S. 1031.
[51] Vgl. § 21 lit. b der Satzung des DRSC.
[52] Vgl. Ballwieser, in Küting/Langenbucher, Internationale Rechnungslegung, 1999, S. 442.
[53] Vgl. § 5 Abs. 2 des Standardisierungsvertrags.

zu stellen.[54] Im Standardisierungsvertrag wird stets auf das **Rechnungslegungsgremium** abgestellt, die **Geschäftsstelle mit ihrem Stab an fachlichen Mitarbeitern** bleibt unerwähnt. Zu erklären ist dies allein dadurch, dass der Standardisierungsvertrag von 2011 weitgehend unverändert zur ursprünglichen Fassung von 1998 geblieben ist (Rz 4); dieser bezog sich aber auf eine andersartige Struktur des DRSC, in der zumindest in der Anfangszeit der Standardisierungsrat bestand, in welchem die Fachexpertise gebündelt war.

23 Aus dem Recht bzw. der Pflicht zur Beratung des BMJ bei Gesetzgebungsvorhaben leitet sich **keine weitergehende präferenzielle Behandlung des Rechnungslegungsgremiums** gegenüber anderen Konstituenten ab, die sich am Gesetzgebungsprozess beteiligen. Es ist somit ein Recht angehört, nicht aber zwingend berücksichtigt zu werden.[55] Gleichwohl würde eine konsequente Missachtung der fachlichen Expertise des DRSC zumindest mittelfristig „Fragen zur Arbeit und fachlichen Autorität des deutschen Standardsetters sowie dessen Anerkennung beim Gesetzgeber"[56] aufwerfen.

24 Im Gegensatz zur Standardisierungsfunktion ist die **Beratungsfunktion** zumindest dem Wortlaut des Gesetzes nach **nicht auf die Konzernrechnungslegung beschränkt**.[57] Hommelhoff/Schwab leiten daraus sogar unmittelbar ab, dass sich das Rechnungslegungsgremium „folglich in Zukunft **auch das Arbeitsfeld des Einzelabschlusses erschließen** können und **müssen** [wird]. Die grundstürzenden Neuerungen, welche sich aus der internationalen Rechtsentwicklung für das Bilanzrecht ergeben, werden nicht auf den Konzernabschluß beschränkt bleiben, und dementsprechend müssen Reformbestrebungen den Einzelabschluß mit einbeziehen; **die langfristige Perspektive dürfte in einer privaten Standardsetzung auch für den Einzelabschluß bestehen.**"[58] Dazu ist es bislang nicht gekommen, auch wenn bestimmte Regelungen immer wieder den Jahresabschluss tangiert haben – genannt seien stellvertretend die seinerzeit höchst umstrittenen Aussagen in DRS 10 zu latenten Steuern.

3.3 Vertretung der Bundesrepublik Deutschland in internationalen Standardisierungsgremien (Abs. 1 Nr. 3)

25 Dem Gesetzgeber war die **Mitwirkung** des privaten Standardisierungsgremiums **in internationalen Gremien** ein zentrales Anliegen: Der deutschen Stimme sollte Gehör bei der Entwicklung internationaler Rechnungslegungsnormen verschafft werden.

---

54 § 5 Abs. 1 des Standardisierungsvertrags.
55 Küting/Dürr/Zwirner halten mit Bezug auf das Gesetzgebungsverfahren zum TransPuG fest, dass das DRSC zwar 16 Änderungsvorschläge die Konzernrechnungslegung betreffend unterbreitet habe, davon jedoch nur ein Viertel Berücksichtigung fanden, vgl. Küting/Dürr/Zwirner, BC 2002, S. 201. Weis bekundet auf der anderen Seite, dass das BMJ im Zuge der Entwicklung des BilMoG regen Gebrauch von der Beratungsfunktion des DRSC gemacht habe, vgl. Weis, WPg 2011, S. I; s.a. Köhler/Marten/Schlereth, DB 2006, S. 2301 ff.
56 Küting/Dürr/Zwirner, BC 2002, S. 201, die diese Aussage auf die zuvor genannte Nichtberücksichtigung von Vorschlägen im Zuge des TransPuG trafen.
57 Vgl. Hommelhoff/Schwab, in Ulmer, HGB-Bilanzrecht, 2002, § 342 HGB Rz. 36.
58 Hommelhoff/Schwab, in Ulmer, HGB-Bilanzrecht, 2002, § 342 HGB 2002, Rz 36 (unter Auslassung der Fußnoten, Herv. durch d. Verf.). Ähnlich Baetge/Löw/Brüggemann, in Küting/Weber, HdR-E, Kap. 1 Rz. 447, Stand: 12/2010; Böcking/Dutzi, in Baetge/Kirsch/Thiele, Bilanzrecht, § 342 HGB, Rz. 96, 105. EL Stand: 2022; Ebke, ZIP 1999, S. 1196; Paal, in MünchKomm. HGB, 4. Aufl. 2020, § 342 HGB Rz 30; Kleindiek, in Hennrichs/Kleindiek/Watrin, Münchener Kommentar zum Bilanzrecht, Bd. 2, 2013, § 342 HGB Rz 14; Niehus, DB 2001, S. 57.

Wie auch in der Literatur zutreffend festgestellt, hat die Mitwirkung dem Grunde nach zwei Facetten: Zum einen bietet sie die Möglichkeit, sich in die (Weiter-)-Entwicklung des internationalen Bilanzrechts mit Argumenten und Denkansätzen einzubringen; auf der anderen Seite bedeutet sie, dass international erarbeitete Gedankengut national nutz- und anwendbar zu machen.[59]

Erstaunlicherweise (aber auch unerklärlicherweise) wird die Vertretungsaufgabe weder im Gesetz noch in der Begründung zu diesem noch im Standardisierungsvertrag näher erläutert, ausgestaltet oder mit einer **Sollvorstellung** belegt. Dem Standardsetzer wird faktisch ein Freifahrtschein erteilt.[60] Mag ein derartiges Tun im Lichte der Situation vor 20 Jahren noch nachvollziehbar erscheinen, weil die Diskussionen zur Errichtung eines nationalen Standardsetzers – zumindest mehrheitlich – in dieselbe Richtung gingen und die Einbringung auf internationaler Ebene eine Selbstverständlichkeit zu sein schien, muss dies bereits wenige Jahre später angesichts eines **völlig geänderten Umfelds** verwundern. Zum einen ist die Reform des International Accounting Standards Committee (IASC) zum IASB im Jahr 2001 zu nennen, zum anderen die deutlich stärkere Rolle Europas seit der Verabschiedung der EU-IAS-Verordnung[61] im Jahr darauf.

26

Im Gegensatz zum IASC ist die Nachfolgeorganisation als Stiftung US-amerikanischen Rechts ausgestaltet und besitzt als solche keine Mitgliederbasis. Auch ist der fachlich tätige Board mit unabhängigen Experten besetzt, die keine formelle Verbindung zu nationalen Rechnungslegungsinstanzen oder berufsständischen Organisationen aufweisen.[62] Einer **Vertretung von Deutschland**, wie sie im Gesetz angelegt ist, wurde damit zumindest auf Ebene des die internationalen Standards setzenden IASB **der Boden entzogen**. Eine Mitwirkung i.S.e. Zuarbeit bleibt davon unberührt, sei es über direkte Kontakte zu den Mitgliedern des IASB bzw. den Mitarbeitern der Stiftung oder mittelbar über Stellungnahmen und Eingaben. **Institutionell** wurde eine Mitwirkung nationaler Standardsetzer erst seit 2013 im **Accounting Standards Advisory Forum** (ASAF) wieder möglich.[63] Schon der Bezeichnung nach ist die Tätigkeit als beratende Funktion ausgestaltet und beinhaltet keine darüber hinausgehenden Mitwirkungs-, Einbindungs- oder Entscheidungsrechte.[64] Das beratende Forum hat zwölf Mitglieder, die sich aus den vier Regionalorganisationen der EFRAG, der Grupo Latinoamericano de Emisores de Información Financiera (Glenif/GLASS), der Pan-African Federation

27

---

[59] Vgl. Hommelhoff/Schwab, in Ulmer, HGB-Bilanzrecht, 2002, § 342 HGB Rz 37 f.; Baetge/Krumnow/Noelle, DB 2001, S. 772. Diesbzgl. sei nochmals auf § 5 Abs. 1 des Standardisierungsvertrags verwiesen, durch den das DRSC gehalten ist, dem BMJV über seine Beratungen auf internationaler Bühne Bericht zu erstatten.

[60] So auch Hoffmann, Das DRSC und die Regulierung der Rechnungslegung, 2003, S. 46 sowie § 6 Satz 2 und § 7 des Standardisierungsvertrags.

[61] Verordnung (EG) Nr. 1606/2002.

[62] S. a. Baetge/Krumnow/Noelle, DB 2001, S. 773.

[63] Nähere Informationen über das ASAF unter www.ifrs.org/groups/accounting-standards-advisory-forum, Abruf 1.10.2024.

[64] Dem Handbuch zum Konsultationsprozess zufolge bestehen aber Informationsrechte der Forumsmitglieder, vgl. IFRS Due Process Handbook, 2016, Tz. 3.50.

of Accountants (PAFA) sowie der Asian-Oceanian Standard Setters Group (AOSSG) sowie acht nationalen Standardsetzern zusammensetzen.[65] Das DRSC war Gründungsmitglied und behielt seinen Sitz bis 2018. Nach einer zwischenzeitlichen Mitgliedschaft im **IFRS Advisory Council**, der den IASB und die Treuhänder der Stiftung in Fragen der strategischen Ausrichtung und nicht bei der Entwicklung von Rechnungslegungsvorschriften berät,[66] ist das DRSC seit dem Frühjahr 2022 wieder im ASAF vertreten.

28 Hinsichtlich der Rolle des DRSC bei dem im November 2021 von der IFRS-Stiftung gebildeten ISSB gelten grds. die gleichen Aussagen wie zum IASB. Das ISSB hat sich zum Ziel gesetzt globale Mindeststandards zur Nachhaltigkeitsberichterstattung auszuarbeiten, die auch in die Erarbeitung von EU-Standards zur Nachhaltigkeitsberichterstattung einfließen sollen. Eine EU-weite Berücksichtigung globaler Mindeststandards wird in Deutschland und anderen EU-Mitgliedstaaten breit unterstützt.[67] Eine Besonderheit hinsichtlich der Stellung des DRSC ergibt sich daraus, dass die IFRS-Stiftung i. R. e. Multi-Location-Ansatzes **als Sitz des ISSB und des ISSB Chairman die Stadt Frankfurt am Main bestimmt** hatte. Insofern unterstützte das DRSC aktiv die Ansiedlung des ISSB in Frankfurt am Main. Hierzu hatte das DRSC im April 2022 gemeinsam mit anderen Unterstützern aus Privatwirtschaft und öffentlicher Hand ein Memorandum of Understanding unterzeichnet, welches die entsprechenden Absichten von deutscher Seite und seitens der IFRS-Stiftung umreißt. In diesem Zusammenhang dient das DRSC auch als Sammelstelle für die deutschen Finanzierungsbeiträge für das ISSB von privater Seite – ähnlich der Rolle, die dem DRSC für die deutsche Finanzierung des IASB zukommt. Diese Rolle als Sammelstelle gewährt jedoch **keine unmittelbaren Mitspracherechte** bzgl. der Organisation oder inhaltlichen Arbeiten des ISSB. Im Mai 2022 hat das ISSB – ähnlich dem ASAF – die Einrichtung eines beratenden Forums, das **Sustainability Standards Advisory Forum (SSAF)**, bekannt gegeben. Das DRSC strebt an, zukünftig im SSAF Mitglied zu werden. Das DRSC hat sich darüber hinaus im April 2024 als assoziierter Partner an einer am Standort Frankfurt am Main etablierten Wissenschaftskooperation beteiligt.[68] Das ISSB und die Goethe-Universität hatten in einem Memorandum of Understanding (MoU) die Eckpfeiler ihrer Zusammenarbeit fixiert. Künftig sollen insb. das House of Finance, der Profilbereich Sustainability & Biodiversity sowie die Fachbereiche Wirtschaftswissenschaften und Biowissenschaften die Standardentwicklung des ISSB wissenschaftlich unterstützen. Hauptziele des MoU bilden
- jährlich ein bis zwei Konferenzen,
- eine Vernetzung mit den einschlägigen Forschungseinrichtungen in der Rhein-Main-Region,

---

[65] Nach den Terms of Reference für ASAF gibt es einen Regionalschlüssel, nach dem je drei Mitglieder aus Nord- & Südamerika, aus Europa und aus Asien/Ozeanien, ein Mitglied aus Afrika sowie zwei Mitglieder aus beliebigen Regionen kommen können, vgl. www.ifrs.org/-/media/feature/groups/asaf/terms-of-reference.pdf, Abruf 1.10.2024.
[66] Nähere Informationen zum IFRS Advisory Council unter www.ifrs.org/groups/ifrs-advisory-council, Abruf 1.10.2024.
[67] So auch der DRSC Verwaltungsrat, www.drsc.de/app/uploads/2021/10/211014_DRSC-Leitbild.pdf, Abruf 1.10.2024.
[68] Siehe www.drsc.de: "DRSC unterstützt als assoziierter Partner die Zusammenarbeit zwischen ISSB und Goethe-Universität", Abruf. 1.10.2024.

- Aus- und Weiterbildung im Hinblick auf die Entwicklung und Anwendung von Nachhaltigkeitsberichtsstandards.

Das DRSC bringt sich neben dem Leibniz Institut für Finanzmarktforschung SAFE, der Senckenberg Gesellschaft für Naturforschung, dem Institut für sozioökologische Forschung (ISOE) und dem Helmholtz-Zentrum für Umweltforschung als assoziierter Partner des MoU ein. Ziel ist, ein akademisches Netzwerk rund um das ISSB zu bilden.

Bereits im März 2023 hatte das DRSC einen Liaison Hub an der Goethe-Universität eröffnet, um wissenschaftliche Evidenz in der Standardsetzung zu fördern.[69] Eine erste Sustainability Standards Conference fand am 10. Juni 2024 statt.[70]

Auch auf EU-Ebene stellt sich die Gemengelage mittlerweile grundlegend anders dar als zu der Zeit, in der KapAEG und KonTraG beraten und verabschiedet wurden. Im Juli 2002 verabschiedeten die EU-Organe die **EU-IAS-Verordnung**, mit der der Rechtsrahmen für die Konzernrechnungslegung kapitalmarktorientierter Unt in Europa auf die IFRS festgeschrieben wurde. Die vom IASB entwickelten Standards und Interpretationen werden erst Teil des EU-Rechts, wenn sie formell durch einen weiteren Verordnungsvorgang übernommen werden (sog. Übernahme- oder **Endorsement-Verfahren**). Dazu bedient sich die Europäische Kommission der fachlichen Expertise der **EFRAG**. Im Bereich der Finanzberichterstattung hat das DRSC als einer von vier nationalen Standardsetzern einen **ständigen Sitz im Fachexpertenausschuss** (Technical Experts Group) **und im entscheidungsbefugten Board**. Die Beschlüsse des Boards münden in einer (positiven oder negativen) **Übernahmeempfehlung**, auf deren Grundlage die Europäische Kommission das eigentliche Übernahmeverfahren anstößt. Im sog. Regelungsausschuss für Rechnungslegung (Accounting Regulatory Committee, ARC), in welchem Vertreter aller EU-Mitgliedstaaten die Europäische Kommission hinsichtlich ihrer Haltung ggü. bilanzrechtlichen Fragen informieren, lässt sich die Bundesregierung indes nicht vom DRSC vertreten, sondern nimmt durch den zuständigen Ressortvertreter im BMJV selbst an den Sitzungen teil.[71] Dieses ist auch nicht verwunderlich, weil die Beratungen und Abstimmungen im ARC Vorentscheide für die zu erwartende Positionierung des jeweiligen EU-Mitgliedstaats im Europäischen Rat auf Ministerebene sind.

I. R. d. CSRD kommt **EFRAG** neben seiner Beratungsfunktion hinsichtlich der verbindlichen Annahme der IFRS auch die **Funktion als EU-Standardsetzer im Bereich der Nachhaltigkeitsberichterstattung** zu. Hierzu hatte die Europäische Kommission EFRAG zwei Mandate erteilt. Einerseits erging der Auftrag an eine EFRAG Project Task Force Entwürfe für EU-Standards zur Nachhaltigkeitsberichterstattung auszuarbeiten (European Sustainability Reporting Standards, ESRS), die der Europäischen Kommission als fachlicher Ratschlag zur Verfügung gestellt werden und nach der CSRD als delegierte Rechtsakte ver-

---

[69] S. www.drsc.de: „DRSC eröffnet Liaison Hub an der Goethe-Universität Frankfurt", Abruf 1.10.2024.
[70] S. www.drsc.de: „Sustainability Standards Conference 2024 – Einladung", Abruf 1.10.2024.
[71] Dessen ungeachtet stimmen sich BMJV und DRSC über die Agendapunkte ab und unterrichten sich über die jeweiligen Auffassungen.

pflichtend von insb. großen Kapitalgesellschaften anzuwenden sind.[72] Andererseits wurde der EFRAG-Präsident beauftragt, die Organisationsstruktur von EFRAG mit Blick auf die Ausweitung des Tätigkeitsgebietes anzupassen. Dazu wurde im Jahr 2022 die Satzung geändert und neben dem bestehenden Board und der bestehenden Technical Experts Group zur Finanzberichterstattung eine weitere, gleich strukturierte Säule zur Nachhaltigkeitsberichterstattung gebildet. Beaufsichtigt werden beide Boards und beide Technical Experts Groups durch ein Administrative Board, dem auch die Funktion eines gesetzlichen Vertreters von EFRAG zukommt. Das DRSC ist als einer der vier großen nationalen Standardsetzer **in allen fünf EFRAG-Gremien mit jeweils einem Vertreter aktiv**.

31 Selbst wenn das DRSC als deutsche Stimme in den internationalen Gremien und Zusammenkünften wahrgenommen und anerkannt wird, kann es das **Tun und Handeln der Bundesregierung nicht (vor)bestimmen** und Deutschland als souveränen Staat insoweit auch nicht vertreten.[73] Insoweit ist Ballwieser zuzustimmen: „[Es] ist unklar, weshalb dieses Gremium die Bundesrepublik Deutschland in internationalen Standardisierungsgremien vertreten kann. Es kann die Umsetzung dort entwickelter Vorschläge zur Veränderung deutscher Rechnungslegung nicht zusichern; es kann auch die Übereinstimmung bestimmter Regeln mit den GoB nicht entscheiden. Es ist lediglich geeignet, seine Fachkompetenz in die Diskussion über neue Regeln einzubringen."[74]

32 Neben der Veränderung der äußeren Umstände ist ferner die Frage zu stellen, ob ein **privatwirtschaftlicher Standardsetzer faktisch in der Lage sein kann**, für eine Gesellschaft mit mehr als 80 Mio. Einwohnern und einer höchst diversifizierten Wirtschaft zu sprechen. Die Aufforderung in § 1 Abs. 1 des Standardisierungsvertrags, „[b]ei der Erfüllung der übertragenen Aufgaben [sei] das öffentliche, insbesondere auch das gesamtwirtschaftliche Interesse zu berücksichtigen", kann als Leitidee noch verstanden werden; real umsetzbar kann sie immer nur in Grenzen sein. Scheffler wies 1999 zum Betrachtungspunkt „Zusammensetzung und Unabhängigkeit des DSR" bereits zutreffend darauf hin, dass eine institutionelle Einbindung aller an der Rechnungslegung interessierten Kreise die Arbeitsfähigkeit der Organisation zum Erliegen bringen würde.[75] Auf der anderen Seite stellt deren Nichteinbindung eine **latente Angriffsfläche für Kritik** an der Organisation per se dar.[76] Dabei ist dies zum einen die bereits gesetzlich gewollte, gezielte Ausblendung bestimmter Interessengruppen vom Prozess, die sich nicht als Rechnungsleger qualifizieren.[77] Zum anderen sind jene

---

[72] Geschätzt 49.000 Unt, davon 15.000 in Deutschland; vgl. Lanfermann/Schmotz/Schwedler, WPg 2021, S. 762 ff.
[73] Gl. A. Kleindiek, in Hennrichs/Kleindiek/Watrin, Münchener Kommentar zum Bilanzrecht, Bd. 2, 2013, § 342 HGB Rz. 17.
[74] Ballwieser, in Küting/Langenbucher, Internationale Rechnungslegung, 1999, S. 445 f.; s. a. Böcking/Dutzi, in Baetge/Kirsch/Thiele, Bilanzrecht, § 342 HGB Rz. 47, 105. EL Stand: 2022 m. w. N.
[75] Vgl. Scheffler, BFuP 1999, S. 410; s. a. Zitzelsberger, WPg 1998, S. 257.
[76] Diese flammt aktuell auch im Zusammenhang mit der zentralen Rolle des DRSC bei der Vertretung deutscher Interessen im Bereich der Nachhaltigkeitsberichterstattung auf; s. die Kritik ausgewählter Organisationen der Zivilgesellschaft in Form eines Rechtsgutachtens mit dem Zweck der Beeinflussung der politischen Debatte betreffend die Umsetzung der CSRD, vgl. Gutachten zur Legitimation des DRSC in der Nachhaltigkeitsberichterstattung und Anforderungen an eine Anpassung der Rechtsgrundlage, abrufbar unter www.germanwatch.org/de/90759, Abruf 1.10.2024.
[77] Vgl. § 342q Abs. 1 Satz 2 HGB.

Interessenten in Betracht zu ziehen, die sehr wohl Rechnungsleger i. S. d. Gesetzes sind, aber nicht über die Ressourcen und Möglichkeiten einer Einbringung verfügen.[78] Im Zuge der Diskussion über die deutschen Finanzierungsbeiträge zu internationalen Standardsetzungsinstitutionen hatte der Verwaltungsrat des DRSC im Februar 2022 eine mittelfristige Öffnung auch für andere Stakeholdergruppen und insb. die öffentliche Hand in Aussicht gestellt, um sich zumindest an Finanzierungsbeiträgen beteiligen zu können.

Seit der letzten Satzungsreform ist es zudem gelungen, sowohl im Nachhaltigkeits- als auch im Finanzberichterstattungsausschuss verstärkt Gremienmitglieder aus dem Bereich der Nutzer zu gewinnen, um in der Bestimmung der DRSC-Gremienpositionen in europäischen und internationalen Debatten, sei es bei EFRAG oder bei fachlichen Boards der IFRS Foundation, breiter aufgestellt zu sein.[79] Dies gilt bisher insb. für Vertreter der Finanzwirtschaft als auch für Arbeitnehmervertreter, wo diese Profile wiederholt besetzt werden konnten. Das Profil eines Vertreters der Zivilgesellschaft ist mehrfach ausgeschrieben worden.[80] Letztere Ausschreibungen fanden jedoch nicht ausreichend Resonanz in Form geeigneter Bewerbungen von Vertretern der Zivilgesellschaft, die sich vollumfänglich als Mitglied des Fachausschusses Nachhaltigkeitsberichterstattung einbringen möchten.[81] Zur verstärkten Stakeholdereinbindung in wenig aufwendiger Form hatte der Verwaltungsrat des DRSC im April 2024 die Einrichtung eines Stakeholder-Panels beschlossen und um entsprechende Interessensbekundungen der drei genannten Stakeholdergruppen geworben.[82, 83]

3.4 Erarbeitung von Interpretationen der internationalen Rechnungslegungsstandards i. S. d. § 315e Abs. 1 HGB (Abs. 1 Nr. 4)

Die letzte Aufgabe, die dem Standardsetzer übertragen wird, besteht in der Erarbeitung von **Interpretationen der IFRS**. Diese Aufgabe war im Aufgabenkatalog nach KonTraG 1998 nicht enthalten und erfolgte erst mit Verabschiedung des BilMoG im Jahr 2009. In der Zwischenzeit hatte das DRSC bereits das **Rechnungslegungs Interpretations Committee (RIC)** ins Leben gerufen, um ein Gegenstück zum IFRS Interpretations Committee (IFRS IC; seinerzeit International Financial Reporting Interpretations Committee, IFRIC) zu schaffen und dieses mit der Anwendung und Auslegung der internationalen Standards vor dem Hintergrund des deutschen Rechtsumfelds zu befassen.[84] Die gesetzliche

---

[78] Vgl. Fülbier/Gassen/Sellhorn, Quo vadis, DRSC? Kommentar im DRSC-Quartalsbericht 2/2010, S. 4f., sowie die Kritik von Schildbach, DStR 2010, S. 2051f.

[79] Die in der CSRD angelegte doppelte Wesentlichkeit, d. h. insb. die Einbeziehung der Impact-Perspektive, bringt ein breiteres Verständnis der Nutzer der Rechnungslegung mit sich. Hier kann die DRSC-Gremienarbeit zumindest für europäische Debatten von einer besseren Einbeziehung entsprechender Stakeholder profitieren. Bspw. kann die Sichtweise von Umweltorganisationen als Proxy für die Natur dienen, um die Impact-Perspektive besser zu erfassen.

[80] S. www.drsc.de:„ DRSC sucht neue Mitglieder für Fachausschüsse", Abruf 1.10.2024.

[81] Zur Diskussion der Einbindung von Vertretern der Zivilgesellschaft vgl. https://background.tagesspiegel.de/finance/briefing/drsc-sucht-rat-bei-ngos, Abruf 1.10.2024.

[82] S. www.drsc.de: DRSC-Verwaltungsrat beschließt Einrichtung eines Stakeholder-Panels; öffentlicher Aufruf zur Interessenbekundung, Abruf 1.10.2024.

[83] Vgl. www.drsc.de/app/uploads/2022/03/220217_Deutscher_Funding_Mechanismus-1.pdf, Abruf 1.10.2024.

[84] Ausführlich Schreiber, in Bruns u. a., Globale Finanzberichterstattung/Global Financial Reporting, 2008, S. 146 ff.

Verankerung dieser seit 2004 wahrgenommenen Aufgabe stellt eine formelle Anerkennung der Aufgabe und eine **Legitimation im Nachhinein** dar. Ungeachtet der Erweiterung des gesetzlichen Auftrags fand diese keine ausdrückliche Rezeption als Aufgabe im Standardisierungsvertrag von 2011; allerdings wurden Interpretationen in der Weise einbezogen, dass ihre Entwicklung demselben Konsultationsverfahren zu folgen habe, wie es für die Entwicklung von Standards gelte,[85] und dass die Auslegungen nicht im Widerspruch zu Rechtsvorschriften stehen dürften.[86]

34 Die Bestimmung im Standardisierungsvertrag, wonach Interpretationen **nicht im Widerspruch zu Rechtsvorschriften** stehen dürften, ist inhaltlich unscharf, weil nicht klar wird, um **welche Rechtsvorschriften und welches Rechtsregime** es sich handeln soll. Die Regelung bezog sich im ursprünglichen Standardisierungsvertrag (ausschl.) auf die Entwicklung von Standards – deren Entwicklung sollte nicht gegen das Gesetz erfolgen, eine sinnvolle Weiterentwicklung der GoB dadurch gleichwohl nicht ausgeschlossen sein. Die Vorschrift bezieht sich damit eindeutig auf das deutsche Bilanzrecht. Das Nachsetzen des dritten Satzes im Standardisierungsvertrag von 2011, wonach „Satz 1 [..] für Interpretationen entsprechend" gelte, führt zu einem seltsamen Bezug, sollen doch internationale Standards ausgelegt werden, die keine originäre Verbindung mit dem deutschen Bilanzrecht aufweisen. Sachlogisch kann es bei diesem Bezug also **nur um die IFRS** gehen: Nationale Interpretationen internationaler Standards dürfen nicht gegen das Regelwerk des IASB, einschl. der Interpretationsarbeit des eigentlich für diese Aufgabe berufenen IFRS IC, verstoßen. Darauf deutet auch die Regierungsbegründung zum BilMoG hin, in der zunächst unmissverständlich darauf hingewiesen wird, dass die Interpretation der IFRS Aufgabe des Interpretationsgremiums des IASB sei, gleichwohl interpretationsrelevante Themen existierten, derer sich dieses nicht annehme(n könne). Darunterfallend werden Fragestellungen gewertet, denen lediglich nationale Bedeutung zukomme und die infolge unterschiedlicher rechtlicher Rahmenbedingungen nicht in allgemein verbindlicher Weise ausgelegt werden könnten; beispielhaft werden insolvenz-, steuer- und arbeitsrechtliche Fragen genannt.[87]

35 Die Übertragung der **Interpretationshoheit für originär deutsche Sachverhalte**, deren Abbildung nach IFRS zu würdigen ist, stellt eine vom Gesetzgeber gewollte Begrenzung der Tätigkeit dar.[88] So nachvollziehbar sie klingen mag: sie ist **praktisch kaum umsetzbar**, weil die Beweislast dafür, ob und dass ein Sachverhalt nur in Deutschland auftritt, vermutlich beim nationalen Standardsetzer liegt. Da die IFRS mittlerweile weltweit verbreitet sind, wäre es nicht ungewöhnlich, wenn in anderen Staaten dieselbe Frage auftauchte. Hinzu kommt, dass sich der Wirkungsbereich einer Interpretation nicht auf ein Rechtsgebiet beschränken lässt, weil viele Konzerne weltweit tätig sind. Damit stellt sich das Problem der

---

85 Vgl. § 4 Abs. 1 Satz 2 und Abs. 2 des Standardisierungsvertrags. Allerdings wird in der Begründung zum RegE des BilMoG klargestellt, dass die Interpretationen keine Empfehlungen i.S.d. § 342q Abs. 2 HGB darstellen und insoweit keine Richtigkeitsvermutung unterstellt wird, s. BT-Drs. 16/10067 v. 30.7.2008 S. 97.
86 Vgl. § 4 Abs. 3 Satz 3 des Standardisierungsvertrags.
87 Vgl. Begründung RegE BilMoG: BT-Drs. 16/10067 v. 30.7.2008 S. 97; s.a. Barckow, Nationale IFRS-Interpretationen – ein Widerspruch? Kommentar im DRSC-Quartalsbericht 3/2018, S. 4.
88 S. a. Böcking/Dutzi, in Baetge/Kirsch/Thiele, Bilanzrecht, § 342 HGB Rz. 50.2, 105. EL Stand: 2022.

Festlegung des sachlichen und persönlichen Anwendungsbereichs einer Interpretation: Gilt sie für alle Unt, die im deutschen Rechtsgebiet tätig sind, ungeachtet der Tatsache, wo sie ansässig sind? Gilt sie für sämtliche Geschäfte eines Konzerns oder nur für jene, die in Deutschland getätigt werden? An Fragen wie diesen wird deutlich, dass es genuin nationale Interpretationen nicht geben kann.[89] Schon das RIC hatte diese Problematik gesehen und sich mit nationalen Auslegungen aus diesem Grund sehr zurückgehalten: In den knapp acht Jahren seiner Existenz hatte es gerade einmal drei Interpretationen und drei Anwendungshinweise veröffentlicht.[90] **Stattdessen hat das Komitee von Beginn an die Zusammenarbeit mit dem IFRS IC** gesucht[91] und diesem nicht zuletzt bei der Entwicklung von IFRIC 6 zu „Rückstellungspflichten aus der Teilnahme an bestimmten Märkten – Elektro- und Elektronik-Altgeräte" maßgeblich zugearbeitet.[92] Aus dieser Interpretationstätigkeit, die ausweislich des Titels nur das Teilgebiet der Altgeräte umfasst, hat das RIC zudem die Thematik ganzheitlich aufgearbeitet und als RIC 2 veröffentlicht und in ihr auch die internationale Interpretation gleichlautend rezipiert.

Die Entwicklung nationaler Auslegungen der internationalen Standards wird vom IASB mit Argwohn betrachtet. Zwar postuliert der Standardsetzer die einheitliche Anwendung der IFRS in der Welt (**consistent application**) als Leitmaxime seines Handelns und bedient sich zur Verbreitung und Umsetzung derselben der nationalen Standardsetzer;[93] die sachgerechte Auslegung der von ihm geschaffenen Verlautbarungen behält er sich aber vor, auch wenn der Alleinstellungsanspruch im Dezember 2018 aus dem Vorwort zu den IFRS gestrichen wurde.[94] Abgesehen davon, dass eine letztendliche Auslegungshoheit in vielen Rechtskreisen (so auch in Deutschland und der EU) ohnehin der Gerichtsbarkeit vorbehalten ist,[95] geht ein Ausschließlichkeitsanspruch an der Realität vorbei, weil Auslegungen – seien sie formal oder informell – permanent und durch sämtliche Akteure vorgenommen werden, die an der Rechnungslegung beteiligt sind: Unt werden ihre Lesart der Vorschriften ihrer konkreten Bilanzierung zugrunde legen; die Abschlussprüfer eine Beurteilung der Sachgerechtigkeit dieser Lesart vornehmen und ggf. eine eigene vorlegen; Regulatoren und Aufsichtsbehörden melden sich mit ihrer Sicht auf die Dinge zu Wort usw. Ergo wäre nicht nachvollziehbar, wenn man auf der alleinigen Auslegungshoheit beharrte – auch wenn den Auffassungen des IFRS IC zweifelsohne ein besonderes Gewicht zukommt.

36

---

[89] A.A. offenbar Kleindiek, der den Anwendungsbereich auf „den Konzernabschluss eines Unternehmens mit Sitz in Deutschland" sieht, Kleindiek, in Hennrichs/Kleindiek/Watrin, Münchener Kommentar zum Bilanzrecht, Bd. 2, 2013, Rz. 18.

[90] Vgl. Barckow, in Velte u.a., Rechnungslegung, Steuern, Corporate Governance, Wirtschaftsprüfung und Controlling, 2018, S. 41.

[91] Vgl. Schreiber, in Bruns u.a., Globale Finanzberichterstattung/Global Financial Reporting, 2008, S. 146.

[92] Vgl. IFRIC Update June 2004, S. 2.

[93] Vgl. Charter, The IASB and other accounting standard setters, 2014, Tz. 47; Charter abrufbar unter www.drsc.de/app/uploads/2017/03/140407_Charter-IASB-IFASS.pdf, Abruf 1.10.2024.

[94] Vgl. die aktuelle Satzung der IFRS Foundation, Tz. 42, und das Preface to IFRS Standards, 2019. Für den ursprünglichen Text vgl. Barckow, Nationale IFRS-Interpretationen – ein Widerspruch? Kommentar im DRSC-Quartalsbericht 3/2018, S. 4.

[95] Vgl. Barckow, Nationale IFRS-Interpretationen – ein Widerspruch? Kommentar im DRSC-Quartalsbericht 3/2018, S. 4.

37   Um die **Zusammenarbeit**, aber auch etwaige konfliktäre Zielsetzungen **von IASB und nationalen Standardsetzern** in einen gedeihlichen Prozess zu überführen, haben der internationale und die im International Forum of Accounting Standard Setters (IFASS) zweimal jährlich zusammenkommenden größten nationalen Standardsetzer im April 2014 eine Übereinkunft getroffen und in einer **Charter** verschriftlicht.[96] In dieser verpflichten sich die nationalen Standardsetzer, unter normalen Umständen auf die Erstellung und Herausgabe nationaler Interpretationen der IFRS zu verzichten und sich stattdessen an das IFRS IC zu wenden.[97] Von dieser Kernregelung sieht die Charter jedoch **zwei Ausnahmen** vor: Wird ein Sachverhalt nach gründlicher Prüfung als
   - **spezifisch für einen Rechtskreis** eingestuft und hat er aus diesem Grund geringe Aussicht, vom IFRS IC zur Behandlung angenommen zu werden, können nationale Standardsetzer auslegend tätig werden.[98]
   - **eilbedürftig** angesehen und kann die Klärung durch den nationalen Standardsetzer schneller herbeigeführt werden, können er ebenfalls mit einer Auslegung an den Markt gehen.[99]

   Auf die Schwierigkeit der Feststellung, wann ein Sachverhalt spezifisch für einen Rechtskreis ist, wurde in Rz 35 eingegangen. Vergleichbar subjektiv ist auch die Einschätzung der Eilbedürftigkeit – wer legt diese fest? Damit wird die Abwägung letztlich immer zu einer Ermessensentscheidung, gleichwohl mit einer (bewusst) hoch angelegten Eingangshürde.[100]

38   Liegt nach Auffassung eines nationalen Standardsetzers einer der beiden Ausnahmetatbestände vor und entwickelt er eine nationale Auslegung für eine IFRS-Regelung, ist er nach der Charter gehalten, sich hinreichend zu versichern, dass seine Auslegung im Einklang mit dem Regelwerk steht und **nicht unbeabsichtigt zu Problemen für Dritte** führt. Dies ließe sich bspw. über einen **vorab getätigten Review durch die IFASS-Mitglieder** sicherstellen;[101] das setzte allerdings voraus, dass die Interpretationstexte in englischer Sprache vorliegen, was keine Selbstverständlichkeit ist.[102] Das **DRSC** geht in seiner Vorgehensweise noch einen Schritt weiter und **bindet** bereits vor Veröffentlichung eines Entwurfs die maßgeblichen Parteien im **IASB mit ein**. Das beginnt mit dem Beschluss des in dieser Frage durch die Satzung mandatierten Fachausschusses Finanzberichterstattung – vor der Satzungsreform im Juni 2021 der IFRS-Fachausschuss,[103]

---

[96] Vgl. Barckow, in Velte u.a., Rechnungslegung, Steuern, Corporate Governance, Wirtschaftsprüfung und Controlling, 2018, S. 41.
[97] Vgl. Charter, Tz. 48.
[98] Vgl. Charter, Tz. 51(a). Zur Anrufung des IFRS IC muss in einer formellen Eingabe u.a. nachgewiesen werden, dass der Sachverhalt über den betreffenden Rechtskreis hinaus von Bedeutung ist (widespread) und tatsächlich oder wahrscheinlich unterschiedliche Handhabungen in der Praxis bestehen (diversity in practice). Zu den vollständigen Anforderungen www.ifrs.org/supporting-implementation/how-we-help-support-consistent-application/, Menüpunkt „Submit an enquiry to the Interpretations Committee", Abruf 1.10.2024.
[99] Vgl. Charter, Tz. 51(b).
[100] Vgl. Barckow, Nationale IFRS-Interpretationen – ein Widerspruch? Kommentar im DRSC-Quartalsbericht 3/2018, S. 5.
[101] Vgl. Charter, Tz. 52.
[102] So hat z.B. der norwegische Standardsetzer Auslegungen zur Fischzucht entwickelt, die ausschl. in norwegischer Sprache vorliegen und sich damit einer Kenntnisnahme durch die Bilanzierungswelt außerhalb Norwegens faktisch entziehen.
[103] Vgl. § 21 der Satzung des DRSC.

eine Auslegung erarbeiten zu wollen, setzt sich über eine laufende Berichterstattung zum Stand der Arbeiten fort und mündet in die Vorlage einer englischsprachigen Entwurfsfassung der Interpretation. Erst nach Erhalt einer **negative clearance** auf den vorgelegten Text wird das öffentliche Konsultationsverfahren gem. Standardisierungsvertrag und Satzung eingeleitet.[104]

Neben den Interpretationen hat sich das DRSC eine weitere Verlautbarungsform gegeben: den **Anwendungshinweis**.[105] Anwendungshinweise werden weder im Gesetz noch im Standardisierungsvertrag erwähnt, damit fällt ihre Entwicklung in den **nicht hoheitlich geregelten** Bereich der übrigen Veröffentlichungen nach § 20 Abs. 1 lit. d der Satzung des DRSC. Für diese Verlautbarungen gilt weder eine GoB-Vermutung noch müssen sie zwingend dem Konsultationsverfahren für Standards und Interpretationen folgen. Ausweislich der Satzung entscheidet der jeweilige Fachausschuss in dieser Frage nach Sachlage.[106] Als Mittel werden sie eingesetzt, wenn die deutsche Leserschaft über einen Sachverhalt informiert werden soll, bei dem es weniger um die Auslegung eines IFRS als mehr um dessen sachgerechte Anwendung geht, die Thematik nicht dieselbe Reichweite wie eine Interpretation besitzt (also bspw. nur bestimmte Unt, Branchen etc. betrifft) bzw. keinen der beiden in Rz 37 genannten Ausnahmefälle trifft. Anwendungshinweise stellen damit eine Alternative zur sich sonst ergebenden Nichtäußerung des Standardsetzers dar und haben aufgrund ihres strukturierten Aufbaus eine angemessenere Form als Pressemitteilungen, Bekanntmachungen auf der Internetseite o. Ä.

39

Das RIC und seit 2011 der IFRS-Fachausschuss als Vorgänger des heutigen Fachausschusses Finanzberichterstattung haben insg. **vier Interpretationen und vier Anwendungshinweise** erlassen, die allesamt noch in Kraft sind. Jeweils bis zur Ordnungsnummer 3 wurden die Verlautbarungen vom RIC entwickelt und trugen ursprünglich die Bezeichnung „Rechnungslegungs Interpretation (RIC)". Um dem Umstand Rechnung zu tragen, dass Interpretationen und Anwendungshinweise grds. auch in der Konzernrechnungslegung nach deutschem Recht denkbar sind (wenngleich von diesem Instrumentarium bis dato kein Gebrauch gemacht wurde und sie auch in der Satzung als mögliches Betätigungsfeld unerwähnt bleiben), tragen Interpretationen und Anwendungshinweise in Klammern das jeweilige Rechnungslegungsregime zur Kennzeichnung. Es handelt sich um folgende Verlautbarungen:

40

- DRSC Interpretation 1 (IFRS) – Bilanzgliederung nach Fristigkeit gem. IAS 1 „Darstellung des Abschlusses";
- DRSC Interpretation 2 (IFRS) – Verpflichtung zur Entsorgung von Elektro- und Elektronikgeräten;
- DRSC Interpretation 3 (IFRS) – Auslegungsfragen zu Instrumenten mit Gläubigerkündigungsrecht gem. IAS 32;
- DRSC Interpretation 4 (IFRS) – Bilanzierung ertragsteuerlicher Nebenleistungen nach IFRS;

---

[104] Vgl. Barckow, Nationale IFRS-Interpretationen – ein Widerspruch? Kommentar im DRSC-Quartalsbericht 3/2018, S. 5.
[105] In der Anfangszeit des RIC existierten noch weitere Verlautbarungsarten, vgl. Schreiber, in Bruns u.a., Globale Finanzberichterstattung/Global Financial Reporting, 2008, S. 162.
[106] Vgl. § 20 Abs. 4 der Satzung des DRSC.

- DRSC Anwendungshinweis 1 (IFRS) – Einzelfragen zur Bilanzierung von Altersteilzeitverhältnissen nach IFRS;
- DRSC Anwendungshinweis 2 (IFRS) – Bilanzierung von Ausgaben zur Registrierung nach der EU-Chemikalienverordnung REACH;
- DRSC Anwendungshinweis 3 (IFRS) – Ausgewählte IFRS-Bilanzierungsfragen unter besonderer Berücksichtigung gesamtwirtschaftlicher und unternehmensindividueller Krisensituationen;
- DRSC Anwendungshinweis 4 (IFRS) – In Eigenkapitalinstrumenten erfüllte anteilsbasierte Mitarbeitervergütungen mit Nettoerfüllungsvereinbarungen: Bilanzierung von Kompensationszahlungen.

Für alle vorstehenden Verlautbarungen gilt, dass sie nur so lange und insoweit Geltung besitzen, wie IASB und IFRS IC keine anderslautende Beschlussfassung tätigen. In diesem Fall ginge die nationale Verlautbarung im Rang nach und wäre tw. oder vollständig aufzuheben.

4 Bekanntmachung der Empfehlungen durch das BMJ (Abs. 2)

41 Werden vom DRSC entwickelte Standards durch das BMJ im Bundesanzeiger bekannt gemacht, wird vermutet, dass die die Konzernrechnungslegung betreffenden GoB beachtet werden. Diese Vermutungswirkung quasi per Dekret auszusprechen, setzte ein hohes Vertrauen in die fachliche Expertise und Qualität aller am Prozess Beteiligten seitens des Gesetzgebers voraus. Ausweislich der Beschlussempfehlung des Rechtsausschusses ist der Absatz aufgenommen worden, „um Empfehlungen zu einer stärkeren Durchsetzungskraft zu verhelfen."[107] Die **Vermutungswirkung** werde allerdings **nur bei durch das BMJ bekannt gemachten Standards** ausgelöst. Sachlich bedeutet dies zum einen, dass andere Verlautbarungen als die Standards – insb. Interpretationen und Anwendungshinweise – nicht von der Vermutungswirkung betroffen sind.[108] Gleiches gilt für die Veröffentlichung von Standards, wenn diese nicht vom BMJ, sondern vom DRSC selbst oder einem Dritten bekannt gemacht würden.

42 An kaum einer Regelung von § 342 HGB ist derart **viel Kritik** geübt worden wie an der **GoB-Vermutung von veröffentlichten Standards**.[109] V.a. in den Anfangsjahren sind auch schwere verfassungsrechtliche Bedenken ins Feld geführt worden:[110] Der Gesetzgeber würde (nur) ihm eingeräumte Kompetenzen an ein nicht legitimiertes Privatgremium abtreten, das sich selbst Standards in seinem Sinne schreibe. Auch wenn die Wortgefechte von einst verstummt sind, steht zu vermuten, dass die Kritik in der Sache weiterbestehen dürfte, zumal der Konflikt nicht abschließend durch richterlichen Beschluss in die eine oder andere Richtung entschieden wurde. Auf der anderen Seite hat das DRSC durch seine fachliche

---

[107] Beschlussempfehlung des Rechtsausschusses: BT-Drs. 13/10038 v. 4.3.1998 S. 27.
[108] Da gegenwärtig nur Interpretationen und Anwendungshinweise zu den IFRS bestehen, kann eine GoB-Vermutung für das HGB sachlogisch ohnehin nicht ausgesprochen werden.
[109] Vgl. Beisse, BB 1999, S. 2185 m.w.N.
[110] Vgl. stellvertretend Beisse, BB 1999, S. 2181; Budde/Steuber, DStR 1998, S. 1184; Paal, in MünchKomm. HGB, 4. Aufl. 2020, § 342 HGB Rz. 5; Hommelhoff/Schwab, BFuP 1998, S. 42; Hommelhoff/Schwab, in Ulmer, HGB-Bilanzrecht, 2002, § 342 HGB Rz. 89; Zitzelsberger, WPg 1998, S. 253, jeweils m.w.N.

Arbeit national und international breite Anerkennung gefunden,[111] sodass etwaige Legitimationsbedenken und -vorwürfe heute kaum mehr geäußert werden.[112] Feststellen lässt sich, dass die **Standards** des DRSC **nicht** allein durch ihre Veröffentlichung **zu rechtlich verbindlichen GoB werden** (und schon gar nicht zu Rechtsverordnungen).[113] Fraglich ist, ob die vom Gesetzgeber intendierte Vermutungswirkung durch den reinen Akt der Veröffentlichung überhaupt erfolgen kann oder ihnen nicht lediglich „eine starke ‚faktische Bindungswirkung'"[114] zukomt. Ersteres verneint Ballwieser: „Mit der Bekanntmachung durch das Bundesjustizministerium kann keine Vermutung der Richtigkeit der GoB-Anwendung verbunden sein, weil die Anerkennung als GoB in unserem System den Gerichten vorbehalten ist und eine Gerichtsentscheidung nicht vermutet werden kann."[115] Demgegenüber führt Ebke aus, dass es sich bei der im Gesetz genannten Vermutung nicht um eine Tatsachen-, sondern eine **Rechtsvermutung** handele, die dem deutschen Recht auch vor dem KonTraG nicht fremd gewesen sei.[116] Sie bedeutet, dass die vom DRSC entwickelten Standards aufgrund ihres Entstehungsprozesses bei Bekanntmachung durch das BMJ dem Gesetz zufolge die Vermutung für sich haben, dass die bestehenden GoB für die Konzernrechnungslegung sachgerecht ausgelegt und konkretisiert worden sind.[117] Beisse spricht zutreffend von **Fachnormen** anstelle von Rechtsnormen.[118]

43

Die Gesetzesvermutung ist allerdings **widerlegbar**, wenn auch mit hohem Aufwand, weil dafür der gerichtliche Weg zu beschreiten ist.[119] Die **Gerichte** sind als Letztinstanz nicht an die in den Standards enthaltene Rechtsnorminterpretation gebunden und können eine andere Rechtsauslegung entwickeln und diese für verbindlich erklären.[120] Die Standards stellen insoweit eine „qualifizierte Vorarbeit für die endgültige Rechtsfindung"[121] dar. Im Umkehrschluss bedeutet dies allerdings auch, dass ein konkreter Streitfall um die Richtigkeit eines DRS, der von den Gerichten rechtskräftig zugunsten des (mittelbar am Prozess beteiligten) Standardsetzers entschieden wird, nicht auf dem ursprünglichen Vermutungsniveau zurückbleiben kann, sondern dann tatsächlich zum GoB wird. Eine Nichtberücksichtigung eines solchen Standards hätte unweigerlich Folgen für

44

---

[111] Dies war 2009 noch nicht unumstritten der Fall, s. stellvertretend Pellens/Crasselt/Kemper, DB 2009, S. 241 ff.
[112] S. a. Paal, in MünchKomm. HGB, 4. Aufl. 2020, § 342 HGB Rz. 5.
[113] So schon Scheffler, BFuP 1999, S. 414; s. a. Ebke, ZIP 1999, S. 1201; Paal, in MünchKomm. HGB, 4. Aufl. 2020, § 342 HGB Rz. 24; Kleindiek, in Hennrichs/Kleindiek/Watrin, Münchener Kommentar zum Bilanzrecht, Bd. 2, 2013, Rz. 12 f.
[114] Ernst, WPg 1998, S. 1031.
[115] Ballwieser, in Küting/Langenbucher, Internationale Rechnungslegung, 1999, S. 445. Ähnlich Budde/Steuber, DStR 1998, S. 1184.
[116] Vgl. Ebke, ZIP 1999, S. 1202. A. A. Hommelhoff/Schwab, in Ulmer, HGB-Bilanzrecht, 2002, § 342 HGB Rz. 84.
[117] Vgl. Ebke, ZIP 1999, S. 1202; Kleindiek, in Hennrichs/Kleindiek/Watrin, Münchener Kommentar zum Bilanzrecht, Bd. 2, 2013, § 342 Rz 30.
[118] Vgl. Beisse, BB 1999, S. 2185.
[119] Vgl. Kleindiek, in Hennrichs/Kleindiek/Watrin, Münchener Kommentar zum Bilanzrecht, Bd. 2, 2013, § 342 Rz 31, der insoweit von einer Beweislastumkehr spricht. Ähnlich Hommelhoff/Schwab, BFuP 1998, S. 42.
[120] Vgl. Ernst, WPg 1998, S. 1031; Kleindiek, in Hennrichs/Kleindiek/Watrin, Münchener Kommentar zum Bilanzrecht, Bd. 2, 2013, § 342 Rz 31.
[121] Beisse, BB 1999, S. 2186.

das Testat des Abschlussprüfers und schüfe (Rz 46) ggf. Aufgriffsmöglichkeiten im Enforcement.[122]

45 Fraglich ist, ob dem **BMJ** die Aufgabe zukommt, vor einer Bekanntmachung eine **inhaltliche Prüfung** des zu veröffentlichenden Texts vorzunehmen.[123] Weder im Gesetz noch in der Beschlussempfehlung des Rechtsausschusses finden sich Aussagen dazu. Es wäre indes kaum mit der Sorgfaltspflicht der öffentlichen Hand zu vereinbaren, wenn nicht zumindest eine Art formelle Plausibilitätsprüfung dahingehend erfolgte, dass die Empfehlungen nicht im Widerspruch zu bestehenden Rechtsnormen stehen (also eine Negativprüfung).[124] Interessant ist die von Kleindiek aufgeworfene Frage, „inwieweit dem BMJ das Recht zusteht, vom privaten Rechnungslegungsgremium verabschiedete Standards zu überprüfen und die Bekanntmachung abzulehnen"[125] – dies insb., wenn eine formal-juristisch saubere Prüfung der Rechtskonformität bestätigt wird und insoweit keine Angriffsfläche bestünde. Da das DRSC kraft Standardisierungsvertrag verpflichtet ist, das BMJ laufend über seine Tätigkeit zu unterrichten und das BMJ ein ständiges Teilnahmerecht an den Sitzungen der Fachausschüsse hat, kämen fragwürdige (gleichwohl rechtskonforme) Auslegungen ohnehin frühzeitig und vermutlich schon vor der Verabschiedung eines Standardentwurfs zur Sprache. Bspw. übermittelte das BMJ i.R.e. Rechtmäßigkeitsprüfung Anmerkungen an das DRSC im Zuge der Überarbeitung des DRS 18 i.d.F. des DRÄS 11, die im Folgenden berücksichtigt wurden.[126]

46 Die GoB-Vermutung der Standards hat auch Auswirkungen auf die Arbeit des Abschlussprüfers. In den Prüfungsstandards IDW PS 201 n.F. und IDW PS 450 n.F. regelt der Berufsstand etwaige **Testats- und Berichtsfolgen bei Nichtbeachtung** von durch das BMJ veröffentlichten DRS. Im Einzelnen bestimmt er dabei Folgendes:

- Hat das DRSC ein gesetzlich zugestandenes **Wahlrecht eingeschränkt**, begründet eine Nichtbeachtung des veröffentlichten Standards „keine Einwendung des Konzernabschlussprüfers gegen die Ordnungsmäßigkeit der Konzernrechnungslegung", führt aber zu einem Hinweis des Prüfers im Prüfungsbericht.[127]
- Hat das DRSC **gesetzliche Anforderungen** an die Rechnungslegung **konkretisiert** und stellen diese Konkretisierungen Auslegungen der allgemeinen gesetzlichen Grundsätze dar, sind sie dem Grunde nach zu beachten. Erfolgt dies nicht, muss der Prüfer „nach den allgemeinen Grundsätzen […] beur-

---

[122] Vgl. Böcking/Gros, in Wiedmann/Böcking/Gros, Bilanzrecht, 4. Aufl. 2019, § 342 Rz. 12f.
[123] Vgl. Ebke, ZIP 1999, S. 1195. Dies bejahend Hommelhoff/Schwab, in Ulmer, HGB-Bilanzrecht, 2002, § 342 HGB Rz 94.
[124] So auch Paal, in MünchKomm. HGB, 4. Aufl. 2020, § 342 HGB Rz 29; Beisse, BB 1999, S. 2186; Hommelhoff/Schwab, in Ulmer, HGB-Bilanzrecht, 2002, § 342 HGB Rz 94; Kleindiek, in Hennrichs/Kleindiek/Watrin, Münchener Kommentar zum Bilanzrecht, Bd. 2, 2013, § 342 HGB Rz 35.
[125] Kleindiek, in Hennrichs/Kleindiek/Watrin, Münchener Kommentar zum Bilanzrecht, Bd. 2, 2013, § 342 HGB Rz 33.
[126] DRSC, Ergebnisbericht der 52. Sitzung des HGB-Fachausschusses vom 09. März 2021, www.drsc.de/app/uploads/2021/03/52_HGB_FA_EB.pdf, Abruf 1.10.2024.
[127] Vgl. IDW PS 201.14 n.F. und gleichlautend IDW PS 450.134 n.F. Fraglich ist, ob dem DRSC im Zuge seiner Standardisierungsaufgabe das Recht zusteht, gesetzliche Wahlrechte einzuschränken – dies ablehnend Böcking/Gros, in Wiedmann/Böcking/Gros, Bilanzrecht, 4. Aufl. 2019, § 342 HGB Rz. 13; a. A. offensichtlich Baetge/Krumnow/Noelle, DB 2001, S. 770; Knorr, KoR 2001, S. 89.

teilen, ob sich daraus Konsequenzen für die Berichterstattung bis hin zum Bestätigungsvermerk ergeben."[128]
- Besondere Regelungen bestehen für die Prüfung des Konzernlageberichts. Hier konkretisiert das IDW, dass der Abschlussprüfer
  a) „bei der **Nichtbeachtung von DRS 20-Anforderungen** im Konzernlagebericht das **Prüfungsurteil** zum Konzernlagebericht **im Bestätigungsvermerk einzuschränken oder zu versagen** [hat], wenn a) die DRS 20-Anforderungen einschlägig sind, b) die DRS 20-Anforderungen Konkretisierungen des HGB darstellen, c) die gesetzlichen Anforderungen nicht anderweitig erfüllt werden und d) es sich um falsche Darstellungen im Konzernlagebericht handelt, die wesentliche i. S. des IDW PS 350 n. F. (10.2021) sind";[129]
  b) bei der **Nichterfüllung einzelner einschlägiger Anforderungen des DRS 20** im Konzernlagebericht, „a) die nach DRS 20.32 wesentlich sind und b) **bei denen es sich nicht um eine Konkretisierung des HGB handelt** oder die gesetzlichen Anforderungen anderweitig erfüllt werden, [...] über die Nichtbeachtung der Anforderungen des DRS 20 unter Würdigung der Begründung der gesetzlichen Vertreter für die Abweichung von DRS 20 **ausschl. im Prüfungsbericht zu berichten** [hat]."[130]

---

[128] IDW PS 201.14 n. F.
[129] IDW PS 450.137a n. F. (Herv. durch d. Verf.).
[130] IDW PS 450.137b n. F. (Herv. durch d. Verf.).

§ 342r Rechnungslegungsbeirat

(1) Beim Bundesministerium der Justiz wird vorbehaltlich Absatz 9 ein Rechnungslegungsbeirat mit den Aufgaben nach § 342 Abs. 1 Satz 1 gebildet.
(2) Der Rechnungslegungsbeirat setzt sich zusammen aus
1. einem Vertreter des Bundesministeriums der Justiz als Vorsitzendem sowie je einem Vertreter des Bundesministeriums der Finanzen und des Bundesministeriums für Wirtschaft und Klimaschutz,
2. vier Vertretern von Unternehmen,
3. vier Vertretern der wirtschaftsprüfenden Berufe,
4. zwei Vertretern der Hochschulen.

(3) ¹Die Mitglieder des Rechnungslegungsbeirats werden durch das Bundesministerium der Justiz berufen. ²Als Mitglieder sollen nur Rechnungsleger berufen werden.
(4) ¹Die Mitglieder des Rechnungslegungsbeirats sind unabhängig und nicht weisungsgebunden. ²Ihre Tätigkeit im Beirat ist ehrenamtlich.
(5) Das Bundesministerium der Justiz kann eine Geschäftsordnung für den Beirat erlassen.
(6) Der Beirat kann für bestimmte Sachgebiete Fachausschüsse und Arbeitskreise einsetzen.
(7) ¹Der Beirat, seine Fachausschüsse und Arbeitskreise sind beschlußfähig, wenn mindestens zwei Drittel der Mitglieder anwesend sind. ²Bei Abstimmungen entscheidet die Stimmenmehrheit, bei Stimmengleichheit die Stimme des Vorsitzenden.
(8) Für die Empfehlungen des Rechnungslegungsbeirats gilt § 342 Abs. 2 entsprechend.
(9) Die Bildung eines Rechnungslegungsbeirats nach Absatz 1 unterbleibt, soweit das Bundesministerium der Justiz eine Einrichtung nach § 342 Abs. 1 anerkennt.

Inhaltsübersicht	Rz
1 Überblick	1–2
2 Rechnungslegungsbeirat	3–6
2.1 Zustandekommen und Aufgaben (Abs. 1 und Abs. 9)	3–4
2.2 Zusammensetzung und Organisation (Abs. 2 bis Abs. 7)	5
2.3 Empfehlungen (Abs. 8)	6

1 Überblick

1 Mit § 342r HGB wurde als § 342a HGB im Zuge des KonTraG vom Gesetzgeber Vorsorge getroffen, dass im Fall des Nichtzustandekommens eines privaten Rechnungslegungsgremiums i.S.v. § 342q HGB eine gesetzliche Regelung zur Schließung dieser Lücke besteht. Die Verschiebung erfolgte mit der Einfügung der §§ 342–342p HGB für den Ertragsteuerinformationsbericht.

2 Gesetzestechnisch stellt § 342a HGB somit einen **Auffangtatbestand** dar, der greift, falls kein privates Rechnungslegungsgremium vom BMJV gem. § 342

Abs. 1 HGB anerkannt wird. Da das DRSC seit vielen Jahren § 342 HGB mit Leben füllt, wird § 342a HGB wohl auch künftig ohne Anwendungsbereich bleiben.

2 Rechnungslegungsbeirat

2.1 Zustandekommen und Aufgaben (Abs. 1 und Abs. 9)

Abs. 1 weist dem BMJV die **Kompetenz zur Bildung eines Rechnungslegungsbeirats** zu. Der Vorbehalt auf Abs. 9 macht die derzeitige Funktion der Vorschrift deutlich, nämlich als Auffangtatbestand, falls kein privates Rechnungslegungsgremium anerkannt ist.

Der **Aufgabenbereich** des Rechnungslegungsbeirats entspricht dem des Standardisierungsgremiums, wie der Verweis auf § 342 Abs. 1 HGB verdeutlicht. Zu den Aufgabenbereichen im Einzelnen s. § 342q Rz 16.

2.2 Zusammensetzung und Organisation (Abs. 2 bis Abs. 7)

Die Abs. 2 bis 7 enthalten Vorgaben für die **Zusammensetzung** sowie die **Organisation** des Rechnungslegungsbeirats. Diese Vorgaben betreffen
- personelle Zusammensetzung (Abs. 2),[1]
- Qualifikation (Abs. 3),
- Unabhängigkeit (Abs. 4),
- Erlass einer Geschäftsordnung durch das BMJV (Abs. 5),
- Zulässigkeit der Bildung von Fachausschüssen und Arbeitskreisen (Abs. 6),
- Beschlussfähigkeit (Abs. 7).

2.3 Empfehlungen (Abs. 8)

Die vom Rechnungslegungsbeirat im Fall seiner Bildung abzugebenden Empfehlungen haben denselben Charakter wie die des DRSC, wie der Verweis auf § 342 Abs. 2 HGB klarstellt (§ 342q Rz 20).

---

[1] Hier gibt es Abweichungen zur personellen Besetzung des Standardisierungsrats (DSR), da bei diesem keine Vertreter der in § 342a Abs. 2 genannten Ministerien und auch keine Sitzverteilung auf bestimmte Rechnungslegergruppen vorgesehen sind.

Stichwortverzeichnis

Fett gesetzte Ziffern verweisen auf Paragrafen; magere auf die dazugehörige Randziffer.

A

Abbruchkosten
–, Rückstellung **249** 193
Abfallbeseitigung
–, Rückstellung **249** 194
Abfallrecycling
–, Rückstellung **249** 194
Abfindung
–, Arbeitslohn **275** 105
–, Kündigung **275** 105
–, Kündigungsschutz **275** 105
–, Rückstellung **249** 195
–, Schadensersatz **275** 105
–, Urlaubsabgeltung **275** 105
Abfindung scheidender Gesellschafter
–, Neubewertungsmethode **307** 47
Abführungssperre
–, Organschaft **274** 80
Abhängigkeitsbericht
–, Offenlegung **325** 65
abnutzbare und nicht abnutzbare Anlagen **266** 19
Abnutzung **253** 155
Abraumbeseitigung
–, Rückstellung **249** 186
Abrechnungsverpflichtung
–, Rückstellung **249** 196
Absatzgeschäft
–, Rückstellung **249** 155
Absatzmarkt **253** 289
Abschlussprüfer
–, Arbeitnehmereigenschaft **319** 45
–, Aufstellung Vorjahresabschluss **319** 54
–, Ausnahmegenehmigung Qualitätskontrolle **319** 20
–, Ausschlussgrund **319** 36
–, Ausschlusstatbestand **319** 9
–, Ausschreibungsverfahren **318** 9
–, Auswahl **318** 9, **319** 1
–, Befangenheit **319** 9 22 65
–, Berechnung Steuerrückstellung **319** 56
–, Berufsregister **319** 19
–, Bestellung **316a** 21, **318** 9 22
–, Bestellung für IFRS-Einzelabschluss **324a** 12
–, Bürogemeinschaft **319** 37
–, Ehegatte **319** 72
–, eigenverantwortliches Urteil **323** 27
–, Einrichtung Rechnungslegungsinformationssystem **319** 55
–, Erläuterungsrecht **321a** 34
–, 8. EU-Richtlinie **319** 6
–, Finanzdienstleistung **319** 60
–, finanzielles Eigeninteresse **319** 27
–, Führung der Bücher **319** 51
–, Geheimhaltungspflicht **333** 8
–, Gehilfe **323** 23, **333** 8
–, Gesamtplanung **323** 41
–, gewissenhafte Berufsausübung **317** 44
–, Gewissenhaftigkeit **323** 27
–, Haftung **323** 79
–, Honorar **285** 113, **314** 63
–, independence in appearance **319** 23
–, Interessenvertretung **319** 30
–, interne Revision **319** 57
–, keine Auswahlbeschränkung **318** 47
–, Konzernabschlussprüfer **319** 79
–, Lebenspartner **319** 72
–, Mitteilungspflicht **316a** 13
–, mittelbare Beteiligung **319** 43
–, Nachhaltigkeitsbericht **319** 87
–, Ordnungswidrigkeit **334** 26
–, Organzugehörigkeit **319** 45
–, persönliche Vertrautheit **319** 31
–, Personenkreis **318** 17, **319** 13
–, Pflichtenrahmen **323** 1
–, Pflichtverletzung **332** 9, **333a** 3
–, Prüfungshonorar **316a** 10
–, Qualitätskontrolle **319** 19
–, Richtlinie **264b** 19, **333a** 1
–, Rotation **316a** 22
–, sachgerechte Organisation **323** 39
–, Sachkunde **323** 38
–, Selbstprüfungsverbot **319** 29
–, Sozietät **319** 17
–, Sozietätsklausel **319** 36
–, stille Beteiligung **319** 41
–, Strafverfolgung **333a** 12
–, Treuhänder **319** 42
–, Übergabeakte **316a** 23
–, Übermittlungsbefugnis **320** 64
–, Unabhängigkeit **319** 6 45 2
–, Unabhängigkeitserklärung **316a** 12
–, Unabhängigkeitsgrundsatz **319** 10
–, Unparteilichkeit **323** 43
–, Unternehmensleitungsfunktion **319** 59
–, verbundenes Unternehmen **319** 74
–, Verletzung der Berichtspflicht **332** 1
–, Verschweigen erheblicher Umstände **332** 23
–, Verschwiegenheitspflicht **321a** 44, **323** 47
–, versicherungsmathematische Leistung **319** 61
–, Wahlverfahren **318** 8
–, Zeitpunkt der Wahl **318** 16
Abschlussprüferaufsichtsstelle
–, Mitteilungspflicht **335c** 1
Abschlussprüfergehilfe
–, Personenkreis **323** 23
–, Pflichtverletzung **332** 13

2948

Stichwortverzeichnis

Abschlussprüfung
–, allgemeine Auftragsbedingung 323 111
–, Auftragsbestätigung 318 26
–, berufliche Grundsätze 317 46
–, Bestätigungsvermerk 316a 16
–, Blacklist 316a 11
–, Einzelabschluss 324a 1
–, Ersetzungsverfahren 318 53
–, Folgeprüfung 318 35
–, freiwillige Prüfung 316 48
–, gerichtliche Bestellung 318 69
–, kapitalmarktorientiertes Unternehmen 316a 9
–, Nichtprüfungsleistung 316a 11
–, Pflichtprüfung 316 3
–, Prüfungsvertrag 318 8
–, Publizitätsgesetz 316 51
–, Qualitätssicherung 316a 14
–, Reform der Prüfung 318 3

Abschlussstichtag
–, Konzernabschluss 299 11
–, Konzernanhang, sonstige Pflichtangaben 314 133
–, Wechsel 240 47

Abschlussstichtag von Tochterunternehmen
–, abweichende Konzernabschlussprüfung 317 79

Abschreibung
–, Abschreibungsplan 253 160
–, Anschaffungskosten 253 163
–, außerplanmäßige Abschreibung 253 19
–, degressiv 253 177
–, Disagio 250 23
–, Einbeziehung in Herstellungskosten 255 132
–, Finanzanlage 275 169
–, geringwertiges Wirtschaftsgut 253 199
–, Gesamtkostenverfahren 275 117
–, Geschäfts- oder Firmenwert 253 203
–, Herstellungskosten 253 163
–, immaterieller Vermögensgegenstand 275 118
–, indikatorgestützte Prüfung 253 236
–, Komponentenansatz 253 192
–, lineare Abschreibung 253 175
–, Methode 253 173
–, Nutzungsdauer 253 167
–, progressiv 253 181
–, Restwert 253 164
–, Sachanlage 275 118
–, selbst geschaffener immaterieller Vermögensgegenstand 253 209
–, Umlaufvermögen 275 122
–, Vermögensgegenstand des Umlaufvermögens 253 278
–, Wahl der Abschreibungsmethode 253 186
–, Zeitraum 253 167

Abschreibungsplan
–, Änderung 253 189
–, Mehrschichtbetrieb 253 190
–, Offenlegung 325 65

Abwärtswechsel
–, Übergangskonsolidierung 301 224

Abzinsung
–, Altersversorgungsverpflichtung 253 142
–, Bruttomethode 253 137
–, Duration 253 136
–, Erträge und Aufwendungen 277 15
–, latente Steuern 274 110
–, Nettomethode 253 137
–, Rentenschuld 253 149
–, Rückstellungsabzinsungsverordnung 253 130

Abzinsungsgebot 253 127
Abzugsteuer 264c 35
additive Gesamtbilanz 274 67

Adressatenbezug
–, Prüfungsbericht 321 36

AG
–, Eigenkapital 272 4
–, Konzernlagebericht 315a 2

Agio
–, Eigenkapital 272 118
–, Genussrechtskapital 266 130

Aktienanleihe 246 81

aktienbasierte Vergütung
–, Anhang 285 60

Aktiengattung 272 22

Aktiengesetz
–, Sachverstand 324 13

Aktien mit Sonderrechten
–, Konzernlagebericht 315a 16

aktive latente Steuern 266 101, 274 28 112

aktiver Markt
–, beizulegender Zeitwert 255 226

aktiver Unterschiedsbetrag
–, aus Vermögensverrechnung 266 103
–, Erstkonsolidierung 301 106
–, Kapitalaufrechnung 312 28
–, Kapitalkonsolidierung 309 1

Aktivierungspflicht
–, Geschäfts- oder Firmenwert 246 89

Aktivierungswahlrecht
–, immaterieller Vermögensgegenstand 248 37
–, latente Steuern 274 25

Aktivüberhang
–, latente Steuern 274 28

allgemeiner Berichtsgrundsatz
–, Prüfungsbericht 321 25

Altauto
–, Rückstellung 249 199

Altbatterie
–, Rückstellung 249 199

Altersfreizeit
–, Rückstellung 249 200

Altersgrenze 253 80
Altersgrenzenanpassung 249 56
Altersmehrurlaub
–, Rückstellung 249 200
Altersteilzeitverpflichtung 253 114
–, Bewertung 253 115
–, Verrechnungsgebot 246 114
Altersversorgungsverpflichtung 253 74
–, Abweichung zwischen Handels- und Steuerbilanz 274 150
–, Abzinsung 253 142
–, Altersgrenze 253 80
–, Anpassung nach § 16 BetrAVG 253 89
–, Anwartschaftsbarwertverfahren 253 83
–, Berechnungsverfahren 253 81
–, Bewertungsmaßstab 253 74
–, Bewertungsstichtag 253 75
–, biometrische Wahrscheinlichkeit 253 76
–, Durchbuchungsmethode 253 112
–, Fluktuation 253 79
–, Fremdwährung 253 146
–, Gehalts- und Rententrend 253 86
–, Karrieretrend 253 94
–, Kostensteigerung 253 85
–, Mindestbetrag 253 104
–, nicht wertpapiergebundene Altersversorgungsverpflichtung 253 81
–, notwendiger Erfüllungsbetrag 253 74
–, Preissteigerung 253 85
–, Rückstellung 253 69
–, steuerliches Teilwertverfahren 253 82
–, Teilwertverfahren 253 83
–, Verrechnungsgebot 246 114
Altlastensanierungspflicht
–, Rückstellung 249 118
Analyse Geschäftsverlauf und Lage
–, Lagebericht 289 30
andere Gewinnrücklagen 266 119
–, AG 272 188
–, Entnahmen 272 193
–, GmbH 272 195
–, KGaA 272 194
Angaben zu Gesamtbezügen
–, Schutzbedürftigkeit 286 17
Angaben zum Anteilsbesitz
–, Voraussetzung für die Inanspruchnahme 286 14
–, wirtschaftlicher Nachteil 286 12
Angaben zu Umsatzerlösen
–, Befreiung von der Angabe 286 8
Anhang
–, Abweichung 284 45
–, AG, Pflichtangabe 284 22 45
–, aktienbasierte Vergütung 285 60
–, aktivierte Zinsen 284 86
–, Anforderungen 284 10
–, Anlagespiegel 284 56
–, Anreizwirkung 285 70
–, Arbeitnehmer, Abgrenzung 285 38

–, Arbeitnehmer, Pflichtangaben 285 37
–, Aufgliederung 284 10
–, Ausschüttungssperre, Pflichtangaben 285 166
–, Ausweis 284 10
–, Befreiung von der Berichterstattung 288
–, Begründung 284 10
–, beizulegender Zeitwert 255 219
–, Beteiligung 285 79
–, Bewertungseinheiten, Pflichtangaben 285 144
–, Bezüge der Organvertreter, Begriff 285 54
–, Bezüge der Organvertreter, Pflichtangaben 285 49
–, Bilanzierungsmethode 284 28 f.
–, Darstellung 284 f. 10
–, derivative Finanzinstrumente, Pflichtangaben 285 123
–, direktes Mutterunternehmen 285 105
–, eingeschränkte Berichterstattung 286 1
–, Entlastungsfunktion 264 24, 284 7
–, Entsprechenserklärung, Pflichtangaben 285 110
–, Ergänzungsfunktion 264 25
–, Ergebnisverwendung 285 177
–, Erläuterungsfunktion 264 23, 284 6
–, Erleichterungen für kleine Kapitalgesellschaften 288 4
–, Erleichterungen für mittelgroße Kapitalgesellschaften 288 6
–, Eventualverbindlichkeit, Pflichtangaben 285 161
–, Finanzinstrumente, Pflichtangaben 285 119
–, Formulierungsbeispiel 285 22 34
–, Formulierungsvorschlag 285 94
–, Form und Umfang 284 9
–, Forschungs- und Entwicklungskosten, Pflichtangaben 285 141
–, Fortführungsprämisse 284 28
–, freiwillige Angabe 284 25
–, Genussrechte 285 109
–, Geschäfts- oder Firmenwert, Pflichtangaben 285 93
–, Gliederung 284 12
–, going concern 284 28
–, größenabhängige Erleichterungen 288 1, 326 19
–, Gruppenbewertung 284 52
–, Investmentvermögen, Pflichtangaben 285 156
–, Jahresabschluss 317 31
–, Klarheit und Übersichtlichkeit 284 13
–, Kleinstkapitalgesellschaft 264 45
–, Konzernanhang, Pflichtangaben 313 25
–, Konzernlagebericht 315 20
–, Korrekturfunktion 264 26, 284 7
–, Kredit 285 66

–, latente Steuern, Pflichtangaben 285 167
–, Materialaufwand, Pflichtangaben 285 46
–, mezzanines Kapital 285 109
–, Mutterunternehmen mit Konzernabschluss, Pflichtangaben 285 95
–, nahestehende Unternehmen und Personen 285 132
–, nicht ausschüttbare Beträge, Pflichtangaben 285 166
–, nicht in der Bilanz enthaltene Geschäfte, Pflichtangaben 285 16
–, öffentliches Interesse 286 4
–, Offenlegung 284 5
–, Ordnungswidrigkeit 334 16
–, Organvertreter, Pflichtangaben 285 73
–, Pensionsrückstellung, Pflichtangaben 285 153
–, Pension, Zusagen 285 56
–, persönlich haftende Gesellschafter, Pflichtangaben 285 106
–, Personalaufwand, Pflichtangabe 285 47
–, Personengesellschaft, Pflichtangabe 284 22
–, Quotenkonsolidierung 310 19
–, Rechtsfolgen bei Pflichtverletzung 284 16
–, rechtsformunabhängig, Pflichtangabe 284 15
–, Risiken, Pflichtangaben 285 161
–, Risikoabsicherung, Pflichtangaben 285 143
–, Risikomanagement, Pflichtangaben 285 148
–, Rückstellungen, in der Bilanz nicht ausgewiesene 285 89
–, Schutzklausel 286 4
–, sonstige finanzielle Verpflichtungen, Gesamtbetrag 285 24
–, sonstige finanzielle Verpflichtungen, Pflichtangaben 285 21
–, sonstige Pflichtangabe 285 1
–, Stetigkeit 284 14
–, Steuern, Pflichtangaben 285 36
–, Struktur 284 11
–, Umsatzerlöse, Pflichtangaben 285 29 33
–, Umsatzkostenverfahren 275 19
–, Unterlassen von Angaben 286 1
–, Unternehmensbeteiligungen, Pflichtangaben 285 84
–, Unterschiedsbetrag 284 52
–, Verbindlichkeit 285 8 13
–, Verbindlichkeitenspiegel 285 14
–, Verbrauchsfolgeverfahren 284 52
–, Verrechnung von Vermögensgegenständen und Schulden, Pflichtangaben 285 154
–, Vorschuss 285 65
–, Wahlpflichtangabe 284 23
–, Wesentlichkeit 322 66

–, Wirtschaftsprüferhonorar, Pflichtangaben 285 113
Anlagen im Bau 266 49
Anlagespiegel
–, Abgang 284 70
–, Anhang 284 56
–, Anlagegitter 268 13
–, Befreiung kleine Kapitalgesellschaft 274a 3
–, Beteiligung 284 83
–, Festbewertung 284 81
–, Finanzanlage 284 82
–, geringwertiges Wirtschaftsgut 284 80
–, horizontale Gliederung 284 60
–, immaterielles Anlagevermögen 284 78
–, Konzernabschluss 298 56
–, Umbuchung 247 41, 284 71
–, Untergliederung 284 57
–, Zugang 284 66
–, Zuschreibung 284 72
Anlagevermögen
–, Abgrenzung vom Umlaufvermögen 247 17 25
–, abnutzbare und nicht abnutzbare Anlagen 266 19
–, Definition 247 20
–, sonstige Ausleihungen 266 63
–, Umbuchung 247 41
–, Umgliederung 247 40
–, Zweckbestimmung 247 39
–, Zwischenergebniseliminierung 304 36
Anpassungsverpflichtung
–, Rückstellung 249 205
Ansammlungsrückstellung 249 193
–, Begriff 253 65
Ansatzgebot, Vollständigkeitsgebot
–, Konsolidierung 300 31
Ansatzverbot
–, Beschaffung Eigenkapital 248 45
–, Drucktitel 248 50
–, Gründungsaufwand 248 42
–, Konsolidierung 300 30
–, Kundenliste 248 52
–, Marke 248 49
–, Verlagsrecht 248 51
Ansatzwahlrecht 246 136
Anschaffungskosten
–, Begriff 255 1
–, Konzern 304 16
–, nachträgliche Anschaffungskosten 255 64
–, Sacheinlage 255 51
–, Tausch 255 29
–, Umstrukturierung 255 54
–, unentgeltlicher Erwerb 255 34
–, Versteigerungsverfahren 255 49
Anschaffungskostenmethode
–, Equity-Methode 312 66
Anschaffungskostenminderung
–, Investitionszuschuss 255 74

Anschaffungskostenrestriktion 301 23
Anschaffungsnebenkosten 255 58
Anschaffungspreis
–, Umsatzsteuer 255 18
–, Währungsumrechnung 255 20
Anschaffungspreisminderung 255 70
Anschaffungs- und Herstellungskosten
–, fortgeführte 253 2
–, Rückstellung 249 206
Anteil am Mutterunternehmen
–, Konzernanhang, sonstige Pflichtangaben 314 57
Anteile anderer Gesellschafter
–, Abgrenzung 307 11
–, anteiliger Gewinn, Ausweis 307 57
–, Ausweis 264b 8, 307 65
–, Begriff 307 11 65
–, Ermittlung, Aufwand 307 40
–, Kommanditist 264b 8
–, Konzernabschluss, Ausweis 307 2
Anteile an sonstigen Unternehmen
–, Angabe Konzernanhang 313 91
Anteile an verbundenen Unternehmen
–, Ausweispflicht 266 91
–, dauerhafte Beteiligung 266 53
–, verbundene Unternehmen 266 51
Anteile nicht beherrschender Gesellschafter 307 11
anteiliger Gewinn, Ausweis
–, Anteile anderer Gesellschafter 307 57
Anteilsaufstockung
–, Konzernbilanzierung 301 188
Anteilsbesitz
–, Unabhängigkeit 319 40
–, Unterlassen von Angaben 286 12
Anteilserwerb
–, Einlagenrückgewähr 264c 45
anteilsmäßig einbezogene Unternehmen, Angaben
–, Konzernanhang 313 86
Anteilsreduktion
–, Konzernbilanzierung 301 188
antizipative Verbindlichkeiten 268 37
Antragsverfahren
–, Ersetzungsverfahren 318 60
Anwartschaft 249 52
Anwartschaftsbarwertverfahren 253 83
Anzahlung
–, schwebendes Geschäft 249 129
aperiodische Aufwendungen und Erträge 285 175
Arbeitnehmer
–, Arbeitnehmereigenschaft 285 38
–, Arbeitnehmervertreter 285 53
–, Informationsrecht 267a 18
–, Rückstellung 249 207
Arbeitslosengeld nach § 147a SGB II
–, Rückstellung 249 208

ARUG II
–, Konzernanhang, sonstige Pflichtangaben 314 6
–, nahestehende Person 314 87
asset backed securities 246 67
asset deal
–, Geschäfts- oder Firmenwert 306 24
–, latente Steuern 274 92, 306 24
assoziiertes Unternehmen
–, Befreiung 311 37
–, Begriff 294 16
–, Beteiligungsquote, Kapitalgesellschaft 312 19
–, Beteiligungsquote, Personengesellschaft 312 20
–, Equity-Methode 320 48
–, Erwerb weiterer Anteile 312 116
–, Konzernabschluss, Einbeziehung 312 104
–, maßgeblicher Einfluss, Wegfall durch Verkauf 312 121
–, Veräußerung von Anteilen 312 119
Assoziierungsvermutung
–, Begriff 311 23
–, Berechnung 311 25
–, maßgeblicher Einfluss 311 23
–, Prüfung 312 17
–, Widerlegung 311 29
Aufbewahrung
–, Frist 257 27
–, Frist, Ablaufhemmung 257 33
–, Frist, Berechnung 257 31
–, Original 257 18
–, Surrogat 257 19
–, Vernichtung nach Fristablauf 257 36
Aufbewahrungspflicht
–, Formen der Aufbewahrung 257 18
–, Gegenstand 257 10
–, Handelsrecht 257 1
–, Ort der Aufbewahrung 257 24
–, Pflichtverletzung 257 37
–, Prüfungsbericht 321a 21
–, Rückstellung 249 210
–, Steuerrecht 257 9
Aufgeld
–, Eigenkapital 272 118
Aufgliederung 264b 10
Aufsichtsrat
–, Bericht 325 49
–, Ordnungswidrigkeit 334 8
–, Prüfungsausschuss 324 14
–, Verantwortung 331 26
Aufsichtsratsvergütung
–, Rückstellung 249 211
Aufstellung
–, befreiender Konzernabschluss 291 19
–, Bilanz 270 4
–, Konzernabschluss, Ordnungswidrigkeit 334 17

Aufstellungsfrist
–, Handelsbilanz 243 34
–, Jahresabschluss 264 43
–, Rechtsfolgen bei Versäumung 243 37
–, Steuerbilanz 243 36
Aufstellungsgrundsatz
–, Grundsätze ordnungsmäßiger Buchführung 243 1
Aufstellungspflicht
–, Jahresabschluss 264 38
–, Konzernabschluss 290 26
Aufstellung und Feststellung des Jahresabschlusses
–, Ordnungswidrigkeit 334 12
Auftragsbestätigungsschreiben
–, freiwillige Abschlussprüfung 323 111
–, Willenserklärung 318 29
Auftragsvorbereitung
–, Kosten 255 151
Aufwands- und Ertragseliminierung
–, Währungsumrechnung 308a 40
Aufwands- und Ertragskonsolidierung
–, Begriff 305 1
–, latente Steuern 306 17
–, Zwischenabschluss 299 39
Aufwendungen
–, aus der Abzinsung 277 15
–, sonstige betriebliche (UKV) 275 247
Aufwendungen und Erträge, außergewöhnliche
–, Konzernanhang, sonstige Pflichtangaben 314 129
Aufwendungen und Erträge, periodenfremde 314 132
Aufzinsung
–, langfristige Ausleihungen 275 155
Ausgabeaufschlag 272 121
Ausgabedisagio
–, Rechnungsabgrenzungsposten 250 20
Ausgabe von Bezugsanteilen 272 123
Ausgleichsanspruch des Handelsvertreters
–, Rückstellung 249 212
Ausgleichsposten
–, Ausweis innerhalb des Eigenkapitals 307 53
–, Sonderposten 264c 39
Ausgleichszahlung
–, Begriff 307 62
–, Rückstellung 249 336
Ausgliederung 264b 10
–, Wahlrecht 315d 8
Auskünfte und Nachweise
–, Prüfungsbericht 321 92
Auskunftsrecht des Abschlussprüfers
–, Anwendungsbereich 320 7
–, assoziiertes Unternehmen 320 48
–, Aufklärung 320 22
–, Aufsichtsrat 320 52

–, Aufstellung nicht korrigierter Prüfungsdifferenzen 320 29
–, Durchsetzung 320 50
–, Festsetzung von Zwangsgeld 320 53
–, Gemeinschaftsunternehmen 320 48
–, Grenzen 320 55
–, Handelsbilanz II 320 39
–, Handelsbilanz III 320 39
–, Konzern-Package 320 39
–, Kündigung des Prüfungsauftrags 320 54
–, Mutterunternehmen 294 34
–, Nachweis 320 22
–, Prüfungshemmnis 320 51
–, Rechte gegenüber Mutter- und Tochterunternehmen 320 32
–, Schlussbesprechung 320 30
–, Vollständigkeitserklärung 320 24
–, Vorprüfung 320 23
–, Zwischenprüfung 320 23
Auskunftsrecht des Prüfers des Nachhaltigkeitsberichts 324h-E 4
Auskunftsvertrag
–, Haftung 323 92
ausländische Betriebsstätte
–, latente Steuern 274 93
ausländische Hauptniederlassung 325a 2, 328a-E 2
Ausleihung 275 153
Ausschüttungssperre
–, Anhang, Pflichtangaben 285 166
–, beizulegender Zeitwert 255 220
–, Bilanzvermerk 268 50
–, immaterieller Vermögensgegenstand 255 197
–, Rücklage 272 196
Außenverpflichtung
–, öffentlich-rechtliche Verpflichtung 249 28
–, privatrechtliche Verpflichtung 249 28
–, Rückstellung 249 9
außerbilanzielle Geschäfte
–, Anhang, sonstige Pflichtangaben 285 16
–, Konzernanhang, sonstige Pflichtangaben 314 14
außerplanmäßige Abschreibung 309 22
–, Abbildung in der Finanzbuchhaltung 253 299
–, Ausweispflicht 275 119
–, beizulegender Wert 253 220
–, Emissionsberechtigung 253 298
–, Festwert 253 255
–, Finanzanlage 253 259
–, Geschäfts- oder Firmenwert 253 245, 309 18 22
–, Gruppenbewertung 253 256
–, Handelsware 253 306
–, immaterielles Anlagevermögen 253 240
–, Sachanlage 253 246

–, unfertige Erzeugnisse und Leistungen 253 301
–, Wertpapiere des Anlagevermögens 253 269
–, Wertpapiere des Umlaufvermögens 253 325
ausstehende Einlagen
–, Bewertung 272 72
–, Eigenkapital 247 93
–, eingefordert 272 72
–, nicht eingefordert 272 72
Ausstrahlungswirkung
–, Risikofrüherkennungssystem 317 134
Ausweis
–, Anteile anderer Gesellschafter 307 65
–, Beteiligung 271 1 4
–, Genossenschaftsanteil 271 30
–, Haftungsverhältnis 251 49
–, latente Steuern 274 118
–, passiver Unterschiedsbetrag aus der Kapitalkonsolidierung 301 139
–, Privatvermögen 264c 35
–, Steueraufwand Personenhandelsgesellschaft 264c 36
Ausweiswahlrecht
–, Disagio 268 40
–, Ergebnisverwendung 268 5
Auszahlungsagio 253 24

B

badwill
–, passiver Unterschiedsbetrag, Kapitalkonsolidierung 301 161
Bankguthaben
–, Saldierung 266 98
Bareinlage 272 31
bargain purchase 301 115
Bar- und Verrechnungsscheck 266 99
Baulast
–, Rückstellung 249 217
Bausparguthaben 266 97
Befangenheit
–, Abschlussprüfer 319 22
–, Ausschlussgrund 319b 11
befreiender Konzernabschluss
–, Aufstellung 291 19
–, Drittstaaten 292 1
–, Handelsgesellschaften & Co. 264b 1
–, Nicht-EU-/EWR-Staat 292 1
–, Nicht-Mutterunternehmen 264b 11
–, Prüfung 291 19
befreiender Konzernlagebericht
–, Nicht-EU-/EWR-Staat 292 1
Befreiung
–, Konzernanhang 313 102
–, Konzernanhang, sonstige Pflichtangaben 314 148
–, Konzernbilanzierung 290 68
–, Konzernlagebericht 315 97

Befreiung kleine Kapitalgesellschaft
–, Anlagegitter 274a 3
–, latente Steuern 274a 3
Befreiungsmöglichkeit
–, Konzernanhang 313 7
–, nichtfinanzielle Konzernerklärung 315c 2
Befreiung von der Angabe
–, Angaben zu Umsatzerlösen 286 8
–, Inanspruchnahme der Befreiung 286 10
–, Kriterium der Erheblichkeit 286 10
–, Nachteil 286 10
Befreiung von der Berichterstattung
–, Anhang 288 1
Begründung
–, Konzernanhang 313 29
beherrschender Einfluss
–, Negativabgrenzung 311 10
Beherrschung
–, control-Konzept 290 19
–, dauerhafte Beherrschungsmöglichkeit 290 21
Beherrschungsvertrag
–, Gewinnrücklage 272 161
–, Pflicht zur Aufstellung 290 43
–, verbundene Unternehmen 271 34
Beihilfe
–, Rückstellung 249 219
beitragsorientierte Leistungszusage
–, Pensionsrückstellung 249 48
Beitragszusage mit Mindestleistung
–, Pensionsrückstellung 249 48
beizulegender Zeitwert
–, Ableitung 253 289
–, allgemein anerkannte Bewertungsmethode 255 241
–, Anhang 255 219
–, Anwendungsbereich 255 216
–, Ausschüttungssperre 255 220
–, beizulegender Wert, Abgrenzung 255 209
–, Bewertungshierarchie 255 225 247
–, Bewertungsmaßstab 253 286, 255 207
–, Ermittlung 255 223
–, fair value 246 119
–, Folgebewertung 255 217
–, Fortführung Anschaffungs- oder Herstellungskosten 255 253
–, Hilfswert 253 220
–, Kapitalwertverfahren 255 251
–, latente Steuern 255 214
–, Realisationsprinzip 255 211
–, Vergleichsverfahren 255 248
–, Zugangsbewertung 255 217
–, Zweck 255 210
Bekanntmachung
–, Offenlegung 325 6
Belegbuchführung 239 38
Belegfunktion 238 40
Benford-Gesetz
–, Prüfverfahren 239 20

Bereicherungsabsicht 332 40
Berichterstattung
–, Bestätigungsvermerk 317 142
–, Folgeprüfer 320 58
–, Grundsatz der doppelten Wesentlichkeit 289c 7
–, Grundsatz der Wesentlichkeit 289 86
–, Risikofrüherkennungssystem 317 133
–, Umfang und Form 320 60
–, unrichtige Berichterstattung 332 19
–, Verschwiegenheitspflicht 286 5
Berichtspflicht
–, doppelte Wesentlichkeit 289c 13
Berufsausbildung
–, Rückstellung 249 220
Beschaffungsmarkt 253 288
Beschränkung bei Übertragung von Aktien und Stimmrechtsausübung
–, Konzernlagebericht, Pflichtangaben 315a 7
Beschränkung der Rechtsausübung 296 12
Besserungsschein
–, aufschiebend bedingte Verbindlichkeit 247 120
–, Rückstellung 249 222
Bestätigungsvermerk
–, Bedingung 322 157
–, Berichterstattung 317 142
–, besonders wichtige Prüfungssachverhalte 322 145
–, Bestätigungsbericht 322 2
–, Doppeldatum 322 170
–, Einschränkung 316 29, 322 61
–, Einwendung 322 58
–, ergänzender Hinweis 322 105
–, Erstprüfung 322 37
–, Erteilung 322 116
–, Erwartungslücke 322 15
–, Formen des Prüfungsergebnisses 322 30
–, freiwillige Abschlussprüfung 322 182
–, Gemeinschaftsprüfung 322 202
–, going concern 322 42
–, Hinweis auf Bestandsgefährdung 322 100
–, Hinweis auf einen sonstigen Sachverhalt 322 110
–, Hinweis zur Hervorhebung eines Sachverhalts 322 109
–, Inhalt und Regelungszweck 328 4
–, International Standards of Auditing 322 204, 323 35
–, key audit matters 322 145
–, Konzernabschluss nach § 315e HGB 322 154
–, Konzernabschlussprüfung 322 128
–, Kündigung aus wichtigem Grund 322 10
–, Modifizierung 322 58
–, Nachtragsprüfung 322 164

–, Name des verantwortlichen Wirtschaftsprüfers 322 153
–, Offenlegung 322 211, 325 49 69, 328 38
–, Prüfung nach PublG 322 194
–, Prüfungshemmnis 322 58
–, rechtliche Wirkung 322 16
–, Satzungsregelung 322 35
–, Siegelpflicht 322 124
–, sonstige gesetzliche und andere rechtliche Anforderungen 322 151
–, sonstige Informationen 322 49
–, sonstiger Prüfungsgegenstand 322 27
–, Testatsexemplar 322 125
–, Überschrift 322 24
–, uneingeschränkter Bestätigungsvermerk 322 32
–, Unterzeichnung 322 118
–, Warnfunktion 322 14
–, weitere Voraussetzung 322 159
–, Widerruf 322 173
–, zusätzliche Informationen 322 28
–, zusammengefasster Bestätigungsvermerk 322 197
Bestand
–, Bestandsveränderung 277 1, 305 10
–, Gesamtkostenverfahren, Bestandserhöhung 275 68
–, Gesamtkostenverfahren, Bestandsminderung 275 68
–, Prüfungsbericht, Bestandsgefährdung 321 59
–, Umsatzkostenverfahren, Bestandserhöhung 275 227
–, Umsatzkostenverfahren, Bestandsminderung 275 226
Bestandspflege
–, Rückstellung 249 223
Beteiligung
–, Angaben 285 79
–, Anlagespiegel 284 83
–, Aufstockung, Eigenkapitaltransaktion 301 210, 307 46
–, außerplanmäßige Abschreibung 253 263
–, Ausweis 271 1
–, Begriff 271 6
–, Berechnung des Anteils 271 24
–, Beteiligungsabsicht 266 57
–, Beteiligungsidentität Kapitalgesellschaft & Co. 264b 9
–, Beteiligungskette 264a 14
–, Beteiligungsquote 266 57
–, Bewertung 253 263
–, Bilanzgliederung 271 4
–, dauernde Verbindung 271 13
–, Ertrag 275 143
–, Erwerbsvorgang 301 198
–, Förderung des eigenen Geschäftsbetriebs 271 16
–, Genossenschaftsanteil 271 29

–, indirekte Beteiligung 264a 14
–, Konzernabschluss 298 63
–, Mitzugehörigkeitsvermerk 271 28
–, Quote, Angaben 285 82
–, Quote, assoziiertes Unternehmen 312 19
–, Realisationszeitpunkt, Beteiligungsgewinne 252 129
–, Vermutung 271 1 20
–, Vermutung, Widerlegung 271 21
Beteiligung, Aktiengesellschaft
–, Konzernlagebericht, Pflichtangaben 315a 11
Beteiligung an assoziiertem Unternehmen
–, Bewertung 312 12
–, Bewertungsvorschriften, Anwendung 312 109
–, Erwerb weiterer Anteile 312 116
–, maßgeblicher Einfluss, Wegfall durch Verkauf 312 121
–, Veräußerung von Anteilen 312 119
Beteiligungsbuchwert
–, Änderung 301 212
–, Equity-Methode, Ausweis 312 74
–, Fortschreibung, Folgejahre 312 56
–, Fortschreibung, Jahresfehlbetrag 312 62
–, Gewinnausschüttung 312 73
–, Kapitalerhöhung 312 67
–, Kapitalherabsetzung 312 72
betriebliche Altersversorgung 255 144
betriebliche Steuern 275 221
Betriebsprüfung
–, Manipulation 239 20
–, Prüfverfahren 239 20
–, Rückstellung 249 224
Betriebsübergang
–, Pensionsverpflichtung 249 57
Betriebs- und Geschäftsausstattung
–, andere Anlagen 266 47
Beweiserhebung in Rechtsstreitigkeiten 258 1
Bewertung
–, beizulegender Zeitwert 255 207
–, Einheitlichkeit 308 11
–, going-concern-Prämisse 252 34
–, Grundsatz der Stetigkeit, Ausnahmen 308 33
–, Haftungsverhältnis 251 43
–, Informationsfunktion 308 1
–, latente Steuern 274 104, 306 34
–, Neubewertung 308 3
–, Ordnungswidrigkeit 334 14
–, Ordnungswidrigkeit, Konzernabschluss 334 21
–, Stetigkeit, Festwertverfahren 240 65
–, Unternehmensfortführung 252 34
–, Vereinheitlichung 308 1 17
–, Vereinheitlichung, Vorteil 308 26
Bewertungseinheit
–, Absatzgeschäft 254 61

–, absicherungsfähiges Risiko 254 11
–, Anforderung 254 10
–, Arten 254 8
–, Beendigung 254 63
–, Beschaffungsgeschäfte 254 60
–, Betragsidentität 254 34
–, Bilanzierung 254 54
–, crititcal term match 254 39
–, Dokumentation 254 48
–, dollar-offset-Methode 254 40
–, Durchbuchungsmethode 254 1 56
–, Durchhalteabsicht 254 10
–, Effektivität 254 1 16 32
–, Einfrierungsmethode 254 1 56
–, erwartete Transaktion 254 12
–, Fallbeispiele 254 68
–, Fristenkongruenz 254 36
–, Grundgeschäft 254 1 11
–, hypothetische Derivatemethode 254 40
–, IBOR-Reform 254 44
–, Inflationsrisiko 254 15
–, Konzernabschluss 298 38
–, Konzernanhang, sonstige Pflichtangaben 314 106
–, Macro-Hedging 254 8
–, Micro-Hedging 254 8
–, negative Zinsen 254 30
–, Portfolio-Hedging 254 8
–, prospektive Effektivität 254 37
–, Regelungszweck 254 1
–, Regressionsanalyse 254 41
–, retrospektive Effektivität 254 45
–, Risikoausgleich 254 31
–, Rückstellung 249 225
–, Sensitivitätsanalyse 254 42
–, Sicherungsinstrument 254 1 19
–, Teilabsicherung 254 14
–, Toleranzwert 254 47
–, vergleichbares Risiko 254 13 33
–, Wahlrecht 254 7
–, Warentermingeschäft 254 21
–, Wertänderung 254 54
–, Wirksamkeit 254 16 32
Bewertungsgrundsatz
–, Abweichung 252 155
–, explizit 252 1
–, implizit 252 162
Bewertungshierarchie
–, beizulegender Zeitwert 255 225 247
Bewertungsstichtag
–, Rückstellung 253 39
Bewertungsvereinfachungsverfahren
–, Festbewertung 256 5
–, Gruppenbewertung 256 5
–, Konzernabschluss 298 42
–, Niederstwertprinzip 256 16
–, Stetigkeitsgebot 256 9
–, Verbrauchsfolgeverfahren 256 5

Bewertungsvereinheitlichung
–, Ausnahmen 308 4
Bewertungsvorschriften, Anwendung
–, Beteiligung an assoziiertem Unternehmen 312 109
bezogene Ware 275 90
Bezüge Organvertreter
–, Anhang 285 54
Bezugsaktie 272 37
Bezugsanteil
–, Ausgabe 272 123
Bezugsrecht
–, mittelbar 272 122
BFH-Formel
–, Wahrscheinlichkeit der Inanspruchnahme 249 45
Bilanz
–, Aufstellung 270 4
–, Aufstellungsfrist 243 33
–, Bankzwischenkonto 247 75
–, Bilanzidentität 252 23
–, Billigung 270 4
–, Bundesbankguthaben 247 73
–, cash pool 247 74
–, Eigenkapital 247 79
–, Einlage stiller Gesellschafter 247 82
–, Erstausstattung an Ersatzteilen 247 28
–, Erstellung 270 4
–, Feststellung 270 4
–, Genussrechtskapital 247 81
–, Gliederung 266 1
–, Guthaben bei Kreditinstituten 247 73
–, Informationsbedürfnis der Adressaten 247 8
–, Jahresabschluss 317 31
–, Kassenbestand 247 72
–, Kontoform 243 24, 247 10, 266 6
–, Leerposten 247 12
–, Mindestgliederung 247 2 11
–, Ordnungswidrigkeit 334 16
–, Rechnungsabgrenzungsposten 247 78
–, Roh-, Hilfs- und Betriebsstoffe 247 53
–, Rückstellung 247 117
–, Scheck 247 77
–, Schulden 247 111
–, Staffelform 243 24, 247 10
–, Verbindlichkeit 247 118
–, Vorführwagen 247 31
–, Vorratsvermögen 247 52
–, Zusammenfassung Bilanzposten 265 26
Bilanzaufstellung
–, Bilanzaufstellung vor Ergebnisverwendung 275 259
–, Ergebnisverwendung 268 5
–, nach teilweiser Ergebnisverwendung 268 8, 275 259
–, vollständige Ergebnisverwendung 268 10
Bilanzeid 331a 5
–, Formulierung 315f-E 7

–, Jahresabschluss 264 88, **289h-E** 2
–, Konzernabschluss 297 89, **315f-E** 2
–, Lagebericht 264 11, **289h-E** 3
–, Offenlegung 325 80
–, Sanktionen **315f-E** 8
–, Sarbenes-Oxley Act 264 90
–, zusammengefasste Erklärung **289h-E** 4
Bilanzgewinn 266 125, 272 223
Bilanzgliederung
–, Form 266 1
Bilanzierung
–, doppelseitige Treuhand 246 22
–, Ermächtigungstreuhand 246 21
–, Leasingvertrag 246 51
–, Nießbrauch 246 84
–, Vollrechtstreuhand 246 20
Bilanzierungs- und Bewertungsmethoden
–, Konzernanhang, Abweichungen 313 54
–, Konzernanhang, Angaben 312 84
Bilanzpolitik
–, Offenlegung 325 215
Bilanzverlust 266 125, 272 223
Bilanzvermerk
–, Abkaufverpflichtung 251 30
–, Angabe Vorjahresbetrag 251 50
–, Ausbietungsgarantie 251 37
–, Betriebsergebnisgarantie 251 47
–, Bürgschaft 251 16
–, Dauerschuldverhältnis 251 45
–, Delkredere-Risiko 251 29
–, dingliche Sicherheit 251 39
–, Dividendengarantie 251 38
–, Erwerbsverpflichtung 251 30
–, Gewährleistungsvertrag 251 1 21
–, harte Patronatserklärung 251 33
–, Informationsfunktion 251 5
–, Konzernverrechnungsklausel 251 31
–, Kreditauftrag 251 16
–, Privatschulden 251 40
–, Scheckbürgschaft 251 19
Bilanz von Kleinstkapitalgesellschaften
–, Hinterlegung 326 24
biometrische Wahrscheinlichkeit 253 76
Blockmodell 253 115
Börsen- oder Marktpreis 253 283
Börsensegment 264 18
Bonitätsrisiko 246 68
Bonus 255 71
Briefkurs 255 239
Bruttoergebnis vom Umsatz 275 235
Bruttomethode
–, Befreiung Konzernrechnungslegung 293 10
–, selbst erstellter Vermögensgegenstand 275 76
Buchführung
–, Belegfunktion 239 48
–, Datenträger 239 39
–, EDV 239 41

–, Einnahmenüberschussrechnung **241a** 11
–, Form **239** 37
–, Gegenstand der Jahresabschlussprüfung **317** 28
–, Handelsbuch **239** 1
–, Journalfunktion **239** 53
–, Kameralistik **238** 44
–, Kontenfunktion **239** 54
–, Lesbarmachung **239** 56
–, Mikrofilm **239** 40
–, Prüfungsbericht **321** 95
–, Rückstellung **249** 226
–, Sprache **239** 10
–, Verfahrensdokumentation **239** 47
–, Verfügbarkeit **239** 56
Buchführungspflicht
–, Befreiung **241a** 1 11
–, Beginn **238** 30
–, Dauer des Wegfalls **241a** 18
–, Ende **238** 32
–, Gründungsjahr **241a** 19
–, Handelsgesellschaft **238** 27
–, Handelsgewerbe **238** 16
–, kaufmännische Buchführung **238** 1
–, Prüfungsschema **241a** 10
–, Rumpfgeschäftsjahr **241a** 14
–, Scheinkaufmann **238** 29
–, Verantwortlichkeit des Kaufmanns **238** 15
–, Verletzung der steuerlichen Buchführungspflicht **238** 13
–, Verzicht auf die Befreiung **241a** 19
Buchwertmethode
–, Equity-Methode **312** 25
–, Erstkonsolidierung **301** 127
–, Konzernabschluss **312** 2
Bürgschaft
–, Begriff **251** 15
–, Rückstellung **249** 227
Bundesanzeiger
s. Unternehmensregister führende Stelle
Bundesbankguthaben
–, Bilanz **266** 97
Bußgeld
–, Bußgeldbescheid **334** 50
–, nichtfinanzielle Erklärung **334** 1
–, Rückstellung **249** 228

C

Cashflow
–, Finanzierungstätigkeit, Berechnungsschema **297** 45
–, Investitionstätigkeit, Berechnungsschema **297** 38
–, Kapitalflussrechnung **297** 23
–, laufende Geschäftstätigkeit, Berechnungsschema **297** 29
cash pool
–, Bilanz **247** 74

cash pooling 297 20
Chartervertrag
–, Rückstellung **249** 229
Chi-Quadrat-Test
–, Prüfverfahren **239** 20
Cloud-Lösung
–, DV-System **239** 46
comply or explain
–, Corporate Governance Kodex **289f** 12
–, nichtfinanzielle Erklärung **289c** 11
Computerhardware 253 215
Conduits 290 46
Contractual Trust Arrangement
–, Entwidmung **253** 125
–, Verrechnungsgebot **246** 111
control-Konzept
–, Beherrschungskonzept **290** 19
–, verbundene Unternehmen **271** 41
Controlling
–, handelsrechtliche Abschlussprüfung **289** 65
Corona-Finanzhilfe 253 323
Corporate Governance
–, comply or explain **289f** 12
–, Entsprechenserklärung **289f** 12
–, Lagebericht **289** 4
–, Unternehmensüberwachung **289f** 4
CRR-Kreditinstitut 316a 7
CSDDD 315b 16
CSRD 289d 1
CSRD-Umsetzungsgesetz 289d 13, **325a** 65, **328** 61
–, Abschlussprüfer, Ausschlussgrund **319** 87
–, Abschlussprüfer, Netzwerk **319b** 20
–, Auswahl des Abschlussprüfers **319** 87
–, Bilanzeid **315f-E** 1
–, Bußgeldvorschriften **334** 53
–, Größenklassen für kapitalmarktorientierte Kapitalgesellschaft **264d** 11
–, kapitalmarktorientierte Kapitalgesellschaft **264d** 11
–, Konzernabschluss nach internationalen Rechnungslegungsstandards **315e** 4
–, Konzernnachhaltigkeitsbericht **315c** 10, **315k-E** 1
–, Lagebericht, Format **289g-E** 1
–, Maschinenlesbarkeit **315e-E** 1
–, Offenlegung **321a** 56, **328a-E** 2
–, Ordnungsgeld **335** 69
–, zusammengefasste Erklärung **289h-E** 4
CSR-Richtlinie
–, Aufstellungspflicht nichtfinanzieller Konzernbericht **290** 27
–, Auslagerung Erklärung **315b** 10
–, Bilanzeid **264** 88
–, Bußgeld **334** 1
–, Entfallen der Gründe für Nichtaufnahme **289e** 3

–, Erklärung zur Unternehmensführung **315d** 1
–, Inkraftsetzung **289c** 1
–, Lagebericht **264** 7
–, nachteilige Angaben **289e** 2
–, nichtfinanzielle Erklärung **289c** 1
–, nichtfinanzielle Konzernerklärung **315c** 1
–, Offenlegung **325** 8, **329** 6
–, Rahmenwerk **289d** 1
–, spezielle Offenlegungspflichten **325** 31
–, Wesentlichkeitsgrundsatz **252** 20

D

Darlegungs- und Beweislast
–, Haftung **323** 83
Darstellungsstetigkeit
–, Konzernabschluss **298** 45
Datenbereinigung
–, Rückstellung **249** 230
Datenschutz
–, Rückstellung **249** 231
Datenzugriff der Finanzverwaltung
–, Rückstellung **249** 232
Dauerhaftigkeit
–, Anteile an verbundenen Unternehmen **266** 53
–, Dauerhalteabsicht **271** 15
–, faktische Stimmrechtsmehrheit **290** 32
dauernde Verbindung
–, Beteiligung **271** 13
–, objektive Komponente **271** 13
–, subjektive Komponente **271** 13
Dauerschuldverhältnis
–, Haftungsverhältnis **251** 45
–, Realisationszeitpunkt **252** 122
–, Rückstellung **249** 159
Davon-Vermerk
–, Aufgliederung **264b** 10
–, Ausweis **264c** 14
–, Gliederung der Gewinn- und Verlustrechnung **275** 32
DCGK
–, Entsprechenserklärung **289f** 3
–, Erklärung zur Unternehmensführung **315d** 4
–, Prüfungsausschuss **324** 7
Deckungsbeitragsrechnung **255** 107
Deckungslücke
–, Pensionsverpflichtung **249** 66
Deckungsrückstellung **249** 105
Deckungsvermögen **253** 117
–, Contractual Trust Arrangement **253** 125
–, Entwidmung **253** 125
–, Saldierung **253** 124
–, Zeitwertänderung **253** 124
deferred compensation
–, Pensionsrückstellung **249** 48
Depotwechsel **266** 160

Deputatverpflichtung
–, Rückstellung **249** 234
Derivat
–, Definition **254** 20
–, strukturiertes Finanzinstrument **246** 80
derivative Finanzinstrumente
–, Anhang, Pflichtangaben **285** 123
deutsche Zweigniederlassung **325a** 2
Devisenkassamittelkurs **255** 21
Devisentermingeschäft
–, Rückstellung **249** 236
Dienstleistung
–, Realisationszeitpunkt **252** 119
direktes Mutterunternehmen
–, Anhang, Pflichtangabe **285** 105
Direktversicherung
–, Pensionsverpflichtung **249** 65
Disagio
–, Ausweis in der Bilanz **268** 41
–, Fälligkeitswert **268** 39, **275** 175
–, Genussrechtskapital **266** 130
–, Rechnungsabgrenzungsposten **250** 19
Diversitätsangaben
–, Erklärung zur Unternehmensführung **315d** 7
dollar-offset-Methode **254** 46
Doppeldatum
–, Bestätigungsvermerk **322** 170
Doppelerfassung
–, Vollkonsolidierung **300** 18
doppelseitige Treuhand
–, Bilanzierung **246** 22
doppelte Maßgeblichkeit **253** 287 306
downstream-Lieferung **304** 44
Dritthaftung **323** 88
Drittschuldverhältnis **303** 15
Drittstaat
–, Übermittlungsbefugnis **320** 65
Drohverlustrückstellung
–, Abgrenzung zu Verbindlichkeitsrückstellung **249** 133
–, Unzulässigkeit **249** 149
–, Vorrang von Abschreibungen **249** 136
DRS **342q** 21
–, Bekanntmachung **342q** 41
–, GoB-Vermutung **297** 8
–, Konzernrechnungslegung **317** 56
DRSC
–, Interpretation der IFRS **342q** 33
–, Interpretationen und Anwendungshinweise **342q** 40
Druckbeihilfe
–, Rückstellung **249** 237
Drucktitel
–, Ansatzverbot **248** 50
dualistisches System **290** 37
Duration **253** 136
Durchbuchungsmethode **253** 112

Durchgriffshaftung 264a 14
durchschnittlicher Konzernsteuersatz 306 35
Durchschnittsbewertung 256 19 32
Durchschnittspreisverfahren 256 17
DV-System
–, Cloud-Lösung 239 46
–, GoBD 239 44
–, Nachvollziehbarkeit 239 46
–, Verfahrensdokumentation 239 45

E

EFRAG 315b 16
eigene Anteile
–, Anschaffungsnebenkosten 272 85
–, Gewinnabführungsvertrag 272 83
–, ordentliche Kapitalherabsetzung 272 94
–, vereinfachte Kapitalherabsetzung 272 95
–, Verlängerungsrechnung 272 84
eigener Anteil 266 110
–, GmbH 272 97
Eigenherstellung 255 86
Eigeninteresse sonstiger Art 319 28
Eigenkapital
–, Abgrenzung von Schulden 272 228
–, Abzugsposten 264c 19
–, Ausgleichsposten 307 53
–, ausstehende Einlage 247 93
–, Ausweis 272 3 15
–, Ausweis, Erleichterungen 272 17
–, bedungene Einlage 247 87
–, Bilanz 247 79
–, Definition und Inhalt 272 1
–, Eigenkapitaldifferenz aus Währungsumrechnung 308a 17
–, Eigenkapitalspiegel, Einzelabschluss 264 32
–, Eigenkapitalspiegel, Ermittlung 297 51
–, Eigenkapitalspiegel, Funktion 297 50
–, Eigenkapitalspiegel, gezeichnetes Kapital 297 53
–, Eigenkapitalspiegel, Kapitalrücklage 297 56
–, Eigenkapitalspiegel, Konzernabschluss 297 6 50
–, Eigenkapitalspiegel, Konzernanhang 297 64
–, Eigenkapitalspiegel, kumuliertes übriges Konzernergebnis 297 60
–, Eigenkapitalspiegel, Minderheitsgesellschafter 297 61
–, Eigenkapitalspiegel, nicht eingeforderte ausstehende Einlage des Mutterunternehmens 297 55
–, Einlage 247 92 107
–, Einzelkaufmann 247 83
–, Entnahme 247 88 106
–, ergänzende Vorschriften, AG 272 4
–, ergänzende Vorschriften, GmbH 272 8
–, ergänzende Vorschriften, Kapitalgesellschaft 272 11
–, ergänzende Vorschriften, KGaA 272 7
–, ergänzende Vorschriften, UG 272 8
–, Gewinnanteil bei Personenhandelsgesellschaften 247 97
–, Gliederung der Bilanz 266 106
–, Haftsumme 247 87
–, Konzernabschluss 298 64
–, Nettoausweis 264c 19
–, Personenhandelsgesellschaft 247 86
–, Reinvermögen 247 80
–, Verlustanteil bei Personengesellschaften 247 102
–, Verlustdeckungspotenzial 247 86
–, Verlustsonderkonto 247 103
Eigenkapitalspiegel
–, Darstellung 297 50
eigenverantwortliches Urteil
–, Abschlussprüfer 323 27
Einbeziehungspflicht
–, Konsolidierung 300 13
Einbeziehungsverbot
–, Konzernabschluss 294 18
Einbeziehungswahlrecht 296 1
einbezogenes Unternehmen
–, Angabe Konzernanhang 313 67
Einbringungsbilanz
–, Offenlegung 325 65
Einfügung neuer Posten
–, Gliederung der Gewinn- und Verlustrechnung 275 32
eingeforderter Nachschuss 272 147
eingeschränkte Berichterstattung
–, ergänzende Vorschriften 286 1
–, Erleichterung für mittelgroße Kapitalgesellschaften 288 7
Einheitstheorie
–, Aufwands- und Ertragskonsolidierung 305 1
–, Begriff 308 1
–, Kapitalkonsolidierung 301 1
–, Konsolidierung 300 17
–, Konzernrechnungslegung 290 5
–, Schuldenkonsolidierung 303 1
–, wirtschaftliche Einheit 297 90
Einkaufskommission
–, wirtschaftliche Zurechnung 246 61
Einkaufskontrakt
–, Rückstellung 249 238
Einlage
–, ausstehende 247 107, 264c 19
–, Eigenkapital 247 92
–, stille Gesellschafter 266 131
Einlagenrückgewähr
–, Anteilserwerb 264c 45
Einnahmenüberschussrechnung 238 47
Einschränkung des Bestätigungsvermerks
–, Begründung 322 72

-, Gesetzmäßigkeit **322** 76
-, Konzern **322** 133
-, Lagebericht **322** 79
-, Prüfungshemmnis **322** 81
-, Tragweite **322** 75
-, Wesentlichkeitskriterium **322** 63
Einsichtnahme
-, Prüfungsbericht **321a** 5
-, Verschwiegenheitspflicht **321a** 45
Einsichtsrecht Prüfungsbericht
-, Begrenzung **321a** 28
-, Geltendmachung **321a** 17
-, Konzernabschluss **321a** 50
-, Umfang **321a** 23
-, Widerspruchspflicht **321a** 39
Einspruch
-, Ordnungsgeldverfahren **335** 36
Einstandspflicht
-, Zeitraum **264** 112
Einstandsverpflichtung
-, Kapitalgesellschaft & Co. **264b** 1
Einstellung gesetzliche Rücklage
-, Ausweis **272** 166
Eintragung
-, Handelsregister **264a** 12
-, Kapitalerhöhung **272** 40
Eintritt
-, Vollhafter **264a** 10
Einwendung
-, Bestätigungsvermerk **322** 61
Einzahlungsverpflichtung
-, Kommanditist **264c** 22
-, persönlich haftender Gesellschafter **264c** 21
Einzelabschluss
-, Abschlussprüfung **324a** 1
-, unrichtige Darstellung **331** 31
-, unrichtige Offenlegung **331** 46
-, unrichtige Wiedergabe **331** 34
-, Verschleierung **331** 41
Einzelabschlusswert **304** 29
Einzelbewertungsgrundsatz **252** 85
Einzelkaufmann
-, Eigenkapital **247** 83
Einzelkosten **255** 106
Einzelrechtsnachfolge
-, Pensionsverpflichtung **249** 57
Einzelwertberichtigung **253** 316
Einziehungshandlungen **272** 63
Einziehung von Geschäftsanteilen **272** 68
Einziehung von Nachschüssen **272** 106
elektronische Aktenführung **335** 29
Elektronische Auszeichnung
-, XBRL-Taxonomie **315e-E** 10
elektronische Kassenführung
-, Unveränderbarkeit der Daten **239** 36
Eliminierung
-, erfolgsneutral **305** 4

-, erfolgswirksam **305** 4
-, Zwischenergebnis **312** 85
-, Zwischengewinn **304** 28
-, Zwischenverlust **304** 28
Emissionsberechtigung **253** 298, **266** 66
emphasis of matter
-, Bestätigungsvermerk **322** 2
Endorsement **342q** 29
Entfernungsverpflichtung
-, Rückstellung **249** 242
Entgeltumwandlung
-, Pensionsrückstellung **249** 48
Entkonsolidierung
-, Ausscheidung Tochterunternehmen **301** 214
-, Erträge und Aufwendungen **299** 14
-, Notwendigkeit **301** 13
Entnahme
-, aus gesetzlicher Rücklage, Ausweis **272** 170
-, Eigenkapital **247** 88 106
-, Kapitalbetrag **264c** 21
Entschädigungsvereinbarung, Übernahmeangebot
-, Konzernlagebericht, Pflichtangaben **315a** 34
Entsorgungsverpflichtung
-, Rückstellung **249** 244
Entsprechenserklärung
-, Anhang, Pflichtangaben **285** 110
-, Corporate Governance Statements **289f** 12
-, Offenlegung **325** 87
Entsprechungserklärung
-, Erklärung zur Unternehmensführung **315d** 5
Entwicklungskosten **255** 122
Equity-Methode
-, Anschaffungskostenmethode **312** 66
-, assoziiertes Unternehmen, Verzicht **311** 44
-, Beteiligungsbuchwert **312** 74
-, Buchwertmethode **312** 24
-, Kapitalanteilsmethode **312** 127
-, Kapitalanteilsmethode, erstmalige Anwendung **312** 129
-, Kapitalanteilsmethode, Fortschreibung **312** 134
-, Kapitalaufrechnung **312** 24 38
-, Kapitalgesellschaft & Co. **264b** 16
-, Konzernabschluss **312** 1
-, Übergang Vollkonsolidierung **312** 123
-, Übergang von Quotenkonsolidierung **312** 124
ERA-Anpassungsfonds
-, Rückstellung **249** 245
Erbbaurecht
-, Rückstellung **249** 246
Ereignisse nach dem Stichtag **285** 176

Erfolgsermittlung
–, latente Steuern 266 101
–, Rechnungsabgrenzungsposten 266 100
Erfolgsprämie
–, Rückstellung 249 247
Erfüllungsbetrag
–, Bewertung Rückstellungen 253 32
–, Bewertung Verbindlichkeiten 253 20
–, Saldierung Deckungsvermögen 246 118
Erfüllungsrückstand
–, Rückstellung 249 33
Erfüllungsübernahme
–, Bilanzierung 246 86
Ergänzungsbilanz
–, latente Steuern 274 69, 306 22
–, Personenhandelsgesellschaften 306 22
Ergänzungsfunktion
–, Lagebericht 289 10
Ergebnisabführungsvertrag
–, Gewinnabführungsvertrag 305 14
Ergebnisrücklage 266 169
Ergebnisübernahme 305 13
Ergebnisverwendung
–, Angabe 285 177
–, Ausweisvarianten 268 5
–, Beschluss 328 49
–, Gewinnrücklage 270 19
–, Konzernanhang, sonstige Pflichtangaben 314 138
–, Vorschlag 328 49
Erhaltungsaufwand 255 66
erheblicher Nachteil
–, Begriff 321a 43
–, Unterlassen von Angaben 286 15
Erklärung der gesetzlichen Vertreter
–, Konzernabschluss 297 89, 315f-E 2
–, Konzernlagebericht 315f-E 4
–, Konzernnachhaltigkeitsbericht 315f-E 5
–, Offenlegung 325 80
Erklärung der Unabhängigkeit
–, Prüfungsbericht 321 45
Erklärung zum Corporate Governance Kodex
–, Konzernanhang, sonstige Pflichtangaben 314 62
–, Offenlegung 325 49
Erklärung zur Unternehmensführung
–, Anwenderkreis 315d 2
–, Anwendungsbereich 289f 9
–, Ausgestaltung 315d 3
–, Ausgliederungswahlrecht 315d 8
–, CSR-Richtlinie 315d 1
–, DCGK 315d 2
–, Diversitätsangaben 315d 7
–, Form 289f 33
–, Frauenanteil 315d 3
–, Lagebericht 289f 33

–, Pflichten des Abschlussprüfers 289f 36
–, Prüfung 317 119
–, zuständige Organe 315d 2
Erleichterungen für kleine Kapitalgesellschaften
–, Anhang 288 4
Erleichterungen für mittelgroße Kapitalgesellschaften
–, Anhang 288 6
–, eingeschränkter Umfang der Berichterstattung 288 7
Ermächtigungstreuhand
–, Bilanzierung 246 21
Erneuerungsverpflichtung
–, Rückstellung 249 248
Eröffnungsbilanz
–, Begriff 242 3
–, Eröffnungsinventar 240 3
–, Inventur 240 3
–, Offenlegung 325 65
–, Pflicht zur Aufstellung 242 1
Ersetzungsverfahren
–, Abschlussprüfung 318 53
–, Antragsberechtigte 318 56
–, Antragsfrist 318 59
–, Antragsverfahren 318 60
Erstattungskasse
–, Kassenführung 239 24
Erstellung
–, Bilanz 270 4
–, Konzernlagebericht 315 3
Erstkonsolidierung 308 43
–, Erwerbsmethode 301 127
–, Kapitalkonsolidierung 307 20
–, Unterschiedsbetrag 301 105
erstmaliger Ansatz
–, Geschäfts- oder Firmenwert 306 23
Erstprüfung
–, Prüfungsbericht 321 202
Erträge aus Beteiligungen
–, Bruttobasis 275 149
Erträge aus der Abzinsung 275 168, 277 15
Erträge und Aufwendungen
–, Entkonsolidierung 299 14
Ertragslage
–, Begriff 264 74
–, Konzernlagebericht 315 34
Ertragsteuerinformationsbericht 342-342p 1
Ertragswertverfahren 255 251
Erwartungslücke
–, Bestätigungsvermerk 322 15
Erwartungswert
–, Rückstellung 253 57
Erweiterung des Prüfungsauftrags
–, Prüfungsbericht 321 140
Erwerbsmethode 301 127

Erwerb weiterer Anteile
–, Beteiligungen an assoziierten Unternehmen 312 116
ESEF
–, (X)HTML 328 32
–, Konzernlagebericht 315e-E 2
–, Konzernnachhaltigkeitsbericht 315e-E 6
–, Verordnungsermächtigung 315e-E 9
–, XBRL 328 32
ESEF-Konformität 321 143
ESEF-Unterlagen 322 152
ESRS 289d 8, 315c 8
–, Berichtsanforderungen 315c 14
–, Grundlagen 289d 8
–, Non-EU-ESRS 315k-E 5
European Financial Reporting Advisory Group 315b 16
Eventualverbindlichkeit 251 2
Exchange-Traded Funds (ETF) 316a 8
externe Qualitätskontrolle
–, Verschwiegenheitspflicht 323 64
externe Rotation 318 39

F

fachliche Prüfungsgrundsätze 317 46, 323 30
Factoring
–, Begriff 246 53
–, echtes 246 54
–, stilles Verfahren 246 56
–, unechtes 246 55
Fahrlässigkeit
–, Pflichtverletzung 323 81
faktische Stimmrechtsmehrheit
–, Dauerhaftigkeit 290 32
faktische Verpflichtung
–, Rückstellung 249 30 117
falsche Entsprechenserklärung 331a 6
fast close
–, Jahresabschluss 320 12
–, Vorlagepflicht 320 12
Fehlbetrag
–, nicht durch Eigenkapital gedeckt 268 14
Fehlmaßnahme
–, Rückstellung 249 154 164
Fertigstellungszeitpunkt 255 101
Fertigungseinzelkosten 255 117
Fertigungsgemeinkosten 255 130
Festbewertung
–, Anlagespiegel 284 81
–, Anwendbarkeit 256 3
–, Jahresabschluss 256 32
Festgeld 266 97
Festsetzungsfrist 257 35
Feststellung
–, Bilanz 270 4
Feststellungs- und Billigungsdatum
–, Offenlegung 328 37

Festwertverfahren
–, Aufgabe des Festwerts 240 65
–, erstmalige Anwendung 240 62
–, GWG-Sammelposten 240 66
–, Inventurverfahren 240 50
–, körperliche Bestandsaufnahme 240 60
–, nachrangige Bedeutung 240 53
–, regelmäßiger Ersatz 240 58
–, Roh-, Hilfs- und Betriebsstoffe 240 53
–, Veränderungen von Größe, Wert und Zusammensetzung 240 57
–, Vermögensgegenstand 275 94
Fifo, first in – first out 256 17
–, Begriff 256 2
–, Silo-Prinzip 256 21
–, Verbrauchsfolgeverfahren 256 17
Finanzanlage
–, Anlagespiegel 284 82
–, außerplanmäßige Abschreibung 253 259
finanzielle Verflechtung 290 4
finanzielle Verpflichtung 285 22
Finanzinstrument
–, Konzernanhang, sonstige Pflichtangaben 314 75
Finanzinstrument, Bewertungsmethode
–, Anhang, Pflichtangaben 285 125
Finanzinstrument, derivativ
–, Konzernanhang, sonstige Pflichtangaben 314 79
Finanzinstrument, Handelsbestand
–, Bewertung 274 145
–, Konzernanhang, sonstige Pflichtangaben 314 83
Finanzinstrument, unterlassene Abschreibung
–, Anhang, Pflichtangaben 285 119
Finanzlage
–, Analyse 264 69
–, Konzernlagebericht 315 38
Finanzmittelfonds
–, Abgrenzung 297 18
–, Berechnungsschema 297 24
Finanzplan
–, Offenlegung 325 65
Finanzwechsel 266 159
FISG 331a 1
Fluktuation 253 79
Folgebewertung
–, beizulegender Zeitwert 255 217
–, Konzernabschluss 298 34
–, net of tax 306 28
–, Vermögen 253 4
–, Währungsumrechnung im Jahresabschluss 256a 18
Folgekonsolidierung
–, Kapitalkonsolidierung mit Geschäfts- oder Firmenwert 301 166
–, Kapitalkonsolidierung mit passivem Unterschiedsbetrag 301 178

–, Neubewertung **301** 13
–, Neubewertungsmethode **307** 24
Folgeprüfer 320 58
Forderung 266 77
Forderungen aus Lieferungen und Leistungen
–, außerplanmäßige Abschreibung **253** 310
Forderungen und sonstige Vermögensgegenstände
–, außerplanmäßige Abschreibung **253** 310
–, Fälligkeit **268** 18
Forderungsbewertung
–, Abzinsung **253** 311
–, Gesellschafterforderung **253** 314
–, Risiko **253** 310
–, Skonto **253** 312
–, Wertberichtigung **253** 319
Form
–, Anhang **284** 9
–, Erklärung zur Unternehmensführung **289f** 33
–, Konzernanhang **313** 19
–, Offenlegung **328** 1
formale Stimmrechtsmehrheit
–, materielle Stimmrechtsmehrheit **290** 33
Formblatt
–, Bündelung **330** 11
–, geschäftszweigspezifisch **330** 1
–, Kapitalgesellschaft **330** 6
–, Sondervorschrift, Kreditinstitut **330** 13
–, Sondervorschrift, Pensionsfonds **330** 23
–, Sondervorschrift, Versicherungsunternehmen **330** 17
–, Verordnung **330** 12
formelle Maßgeblichkeit 274 129
Formulierungsbeispiel
–, Anhang **285** 22 34
Formulierungsvorschlag
–, Anhang **285** 94
Formwechsel
–, latente Steuern **274** 102
–, Umwandlung **255** 55
Forschungskosten
–, Einbeziehungsverbot **255** 147
Forschungs- und Entwicklungskosten
–, Anhang, Pflichtangaben **285** 141
–, Konzernanhang, sonstige Pflichtangaben **314** 103
–, Konzernlagebericht **315** 74
Forschungszulage 253 324
Fortführungszeitraum
–, Einschätzung going-concern **252** 38
Fortschreibung
–, Unterschiedsbetrag **312** 47
Fortschreibung, Folgejahre
–, Beteiligungsbuchwert **312** 56
Fortschreibung, Jahresfehlbetrag
–, Beteiligungsbuchwert **312** 62

Forwards
–, Begriff **246** 75
Frauenanteil
–, Erklärung zur Unternehmensführung **315d** 3
Freistellungsphase 253 115
Freiware 275 50
freiwillige Abschlussprüfung
–, Besonderheiten Prüfungsbericht **321** 194
–, Haftung **323** 109
–, Insolvenz **321a** 16
–, Prüfungsbericht **321** 191
Fremdherstellung 255 86
Funktionsprüfung 317 140
Future
–, Begriff **246** 75

G

Gängigkeitsabschlag
–, Handelsware **253** 307
–, Roh-, Hilfs- und Betriebsstoffe **253** 296
Garantie
–, Rückstellung **249** 249
Gebäude 266 39
Gefährdungsdelikt
–, unrichtige Darstellung **331** 5
–, Verletzung der Berichtspflicht **332** 4
Gefahrenübergang 252 111
Gegenstand der Jahresabschlussprüfung
–, Buchführung **317** 28
–, Inventar **317** 30
–, Kostenrechnung **317** 29
Gehalts- und Rententrend 253 86
Geheimhaltungspflicht
–, Geheimnis **333** 11
–, Rechtsfolge bei Verletzung **333** 50
–, Schutz von Wirtschaftsgeheimnissen **333** 1
–, Tatbestandsirrtum **333** 33
–, unbefugtes Offenbaren **333** 22
–, unbefugtes Verwerten **333** 26
–, Verbotsirrtum **333** 33
–, Verletzung **333** 4
Gehilfe des Abschlussprüfers
–, Personenkreis **323** 23
–, Pflichtverletzung **332** 13
Geldkurs 255 239
geleistete Einlagen 266 128
Gemeinkosten 255 108
Gemeinschaftsprüfung
–, Bestätigungsvermerk **322** 202
–, Prüfungsbericht **321** 220
Gemeinschaftsunternehmen
–, Anzahl der gemeinschaftlich führenden Gesellschafter **310** 12
–, Begriff **294** 15
–, Intensität der Einflussnahme **310** 7
–, Joint Venture **305** 9, **320** 48
–, Methodenwahlrecht **310** 16
–, Quotenkonsolidierung **310** 25, **312** 17

–, Schuldenkonsolidierung 310 31
–, Zwischenergebniseliminierung 304 5, 310 34
Genderdiversität
–, Erklärung zur Unternehmensführung 315d 6
Genehmigungsvorbehalt
–, Gewinnrealisation 252 127
Generalnorm
–, Erweiterung Jahresabschluss 264 2
–, Jahresabschluss 264 50
–, Kapitalgesellschaft 264c 12
–, Konsolidierung 300 37, 308 17
Genossenschaftsanteil
–, Beteiligung 271 29
Genussrechte
–, Anhang 285 109
Genussrechtskapital
–, Agio 266 130
–, Bilanz 247 81
–, Disagio 266 130
–, Gestaltungsmöglichkeit 272 235
geregelter Markt
–, organisierter Markt 291 26
gerichtliche Bestellung
–, Antragsberechtigte 318 70
–, Vergütung 318 77
geringwertiges Wirtschaftsgut
–, Anlagespiegel 284 80
–, Begriff 253 199
Gesamtaussage
–, Prüfungsbericht 321 114
Gesamtkaufpreis
–, aufzuteilender 255 38
–, beizulegender Zeitwert 255 38
–, Einzelbewertungsgrundsatz 255 38
–, Zeitwert 255 38
Gesamtkostenverfahren
–, Aufwandsart 275 13
–, Aufwands- und Ertragskonsolidierung 305 4
–, Gliederung 275 9
–, Umsatzerlöse 305 10
Gesamtrechtsnachfolge
–, Pensionsverpflichtung 249 57
Gesamtschuld
–, Bilanzierung 246 87
Gesamtschuldverhältnis 246 130
Geschäfte mit Nahestehenden
–, Anhang, Pflichtangaben 285 129
–, Begriff 285 134
–, marktunübliche Geschäfte 285 129
Geschäftsbericht
–, Rückstellung 249 250
Geschäftsbetrieb
–, kaufmännische Buchführung 238 25
Geschäftsfähigkeit 264a 7
Geschäftsführung
–, Ausschluss 264a 9

–, Berechtigung 264a 9
–, Ordnungswidrigkeit 334 8
Geschäftsgeheimnis 333 10
Geschäftsjahr
–, Wechsel des Abschlussstichtags 240 47
Geschäftsmodell
–, nichtfinanzielle Erklärung 289c 2
Geschäfts- oder Firmenwert
–, Abschreibung 253 203
–, Aktivierungspflicht 246 89, 266 32
–, Anhang, Pflichtangaben 285 93
–, Ansatz 246 92
–, asset deal 306 24
–, außerplanmäßige Abschreibung 253 245, 309 18
–, Ausweis 309 11
–, Definition 309 11
–, derivativer 246 95
–, Ermittlung 246 95
–, Erstkonsolidierung 301 110
–, erstmaliger Ansatz 306 23
–, Konzernanhang, sonstige Pflichtangaben 314 118
–, Konzernbilanzierung 301 135
–, latente Steuern 306 23
–, negativer 246 97
–, Nutzungsdauer 309 15
–, passivischer Unterschiedsbetrag 306 23
–, planmäßige Abschreibung 309 14
–, share deal 306 24
–, Wertaufholungsverbot 309 23
–, Zuschreibungsverbot 253 336
–, Zweck 246 91
Geschäfts- oder Firmenwert, Unterschiedsbetrag
–, Kapitalkonsolidierung 306 10
Geschäfts- und Betriebsgeheimnis
–, Lagebericht 289 64
–, Verwertung 323 77
Geschäftsvorfall
–, Handelsbuch 239 17
Geschäftszweig 265 17
Gesellschaft
–, EU/EWR 325a 23
–, Haftung 325 3
–, Körperschaftsteuer 264c 35
–, Offenlegung 325 3
–, private Einkommensteuer 264c 35
Gesellschafter
–, Begriff 264c 8
–, Eintritt 264c 30
–, Kapitalkonto 264c 16
Gesellschafter-Geschäftsführer
–, Pensionsverpflichtung 249 99
Gesellschafter, persönlich haftende
–, Anhang, Pflichtangaben 285 106
Gesellschafterstellung
–, Stimmrechtsmehrheit 290 29

Gesellschafterverbindlichkeit
–, befristete **264c** 9
–, Kapitalüberlassung **264c** 9
–, Mietverhältnis **264c** 9
Gesellschafterversammlung
–, Offenlegung **325** 30
Gesellschafterwechsel
–, steuerlicher Verlustvortrag **274** 56
Gesellschaftskonstellation
–, mehrstöckige **264a** 14
Gesellschaftsvertrag
–, Rückstellung **249** 122
gesetzliche Rücklage
–, Gewinnrücklage **266** 115, **272** 100 150
Gewährleistung
–, Rückstellung **249** 253
Gewährleistungsvertrag
–, Bilanzvermerk **251** 21
Gewerbebetrieb
–, Buchführungspflicht **238** 16
–, Gewinnerzielungsabsicht **238** 22
–, selbstständige Tätigkeit **238** 20
Gewerbesteuer
–, Rückstellung **249** 254
gewerbliche Schutzrechte 266 28
Gewinnabführungsvertrag
–, Ergebnisabführungsvertrag **275** 207
–, Ergebnis aus Unternehmensverträgen **275** 197
–, Gewinnrücklage **272** 155
–, Realisationszeitpunkt **252** 131
Gewinnausschüttung
–, Beteiligungsbuchwert **312** 73
Gewinn- bzw. Verlustbeitrag
–, Zwischenergebniseliminierung **306** 12
Gewinngemeinschaft 275 197
Gewinnrealisierung
–, sale and lease back **246** 50
Gewinnrücklage
–, andere Gewinnrücklagen **272** 188
–, Begriff **270** 1
–, Ergebnis **270** 17, **272** 148
–, gesetzliche Rücklage **266** 115, **272** 150
–, Personengesellschaft **264c** 31
–, satzungsgemäße Rücklage **272** 152
Gewinn- und Verlustrechnung
–, Ausweis von Leerposten **275** 41
–, Grundstruktur **247** 135
–, Jahresabschluss **317** 31
–, Kleinstkapitalgesellschaft **275** 261
–, Kontoform **243** 24, **275** 7
–, latente Steuern **274** 121
–, Mindestgliederung **247** 132, **275** 1
–, Reihenfolge der Posten **275** 35
–, Staffelform **243** 24, **275** 1 7
–, stromgrößenorientierte Erfolgsermittlung **275** 5
–, Umsatzerlös **277** 1
–, Vergleichbarkeit **275** 40

–, verkürzte **276** 1
–, Vollständigkeitsgebot **246** 98
–, Zeitraumrechnung **275** 3
–, Zusammenfassung **265** 26
Gewinnveränderungsbeschluss
–, Bilanzidentität **252** 26
Gewinnverwendung
–, Bilanzgewinn-/verlust **266** 123
–, Jahresüberschuss/-fehlbetrag **266** 123
–, Zwischenabschluss **299** 23
Gewinnverwendungsrechnung 275 256
Gewinnverwendungsvorschlag
–, Gliederung **325** 121
–, Offenlegung **325** 112
Gewinnvortrag
–, Ausweis **272** 216
Gewissenhaftigkeit
–, Abschlussprüfer **323** 27
gewogener Durchschnitt 240 74
gezeichnetes Kapital
–, Begriff **272** 18
–, Eigenkapitalspiegel **297** 53
–, Grundkapital **266** 109
–, Konzernlagebericht, Pflichtangaben **315a** 5
–, Stammkapital **266** 109
–, Veränderung **272** 29
Gläubigerschutz 325 2
Gleichordnungskonzern 290 23
Gleitzeitguthaben
–, Rückstellung **249** 256
Gliederung
–, Änderung **265** 24
–, Anhang **284** 12
–, Konzernlagebericht **315** 17
–, Ordnungswidrigkeit **334** 15
–, Untergliederung **265** 21
–, Verbindlichkeit **266** 144
–, zusammengefasster Ausweis **265** 26
Gliederung der Bilanz
–, Eigenkapital **266** 106
–, Nichtigkeit **266** 170
–, Ordnungswidrigkeit **266** 172
–, Passivseite **266** 105
–, Schadensersatzforderung **266** 172
Gliederung der Gewinn- und Verlustrechnung
–, Einfügung neuer Posten **275** 32
Gliederungsstetigkeit 252 24
Gliederung, Vorschlag
–, Konzernanhang **313** 24
GmbH
–, Eigenkapital **272** 8
–, gezeichnetes Kapital **272** 27
GoBD
–, DV-System **239** 44
–, Verfahrensdokumentation **239** 43
GoB-konforme Wahlrechte 274 131
going-concern
–, Bestätigungsvermerk **322** 42

-, Grundsatz der Unternehmensfortführung 252 34
Gratifikation
-, Rückstellung 249 247
Gremienvorbehalt
-, Gewinnrealisation 252 127
größenabhängige Erleichterungen
-, Anhang 288 1, 326 19
-, Offenlegung 327 1
Größenklasse
-, Kleinstkapitalgesellschaft 267a 9
-, Kriterium 267 13
-, Umschreibung 267 1
Gründung
-, Kapitalgesellschaft 272 20
Gründungsaufwand
-, Ansatzverbot 248 42
Gründungsbilanz
-, Offenlegung 325 65
Gründungstheorie 325a 17
Grünstromzertifikat 266 66
Grundbuch 238 50
Grunddienstbarkeit 266 40
Grunderwerbsteuer
-, Rückstellung 249 258
Grundkapital 266 109
Grundsätze ordnungsmäßiger Abschlussprüfung 317 45 88
Grundsätze ordnungsmäßiger Bilanzierung 264 79
Grundsätze ordnungsmäßiger Buchführung
-, Aufstellungsgrundsatz 243 1
-, Aufstellungspflicht 264 79
-, Begriff 243 3
-, Bewertungsgrundsätze 252 1
-, Bewertungsvereinfachungsverfahren 256 13
-, Buchführungspflicht 238 34
-, deduktive Methode 243 5
-, Einfluss der IFRS 243 6
-, Grundsätze ordnungsmäßiger Konsolidierung 243 19
-, hermeneutische Methode 243 5
-, induktive Methode 243 5
-, Klarheit 275 25
-, Konzernabschluss 243 19
-, Korrekturvorschrift 264 82
-, Realisationsprinzip 243 18
-, Sprache 239 5
-, Steuerrecht 252 175
-, Übersichtlichkeit 275 25
-, Verrechnungsverbot 243 26
-, Vollständigkeit 275 25
Grundsätze ordnungsmäßiger Konsolidierung
-, Grundsätze ordnungsmäßiger Buchführung 243 19

Grundsätze ordnungsmäßiger Konzernbuchführung 297 86
Grundsätze ordnungsmäßiger Konzernrechnungslegung
-, Vollständigkeitsgebot 300 1
grundsätzliche Feststellungen
-, Prüfungsbericht 321 47
Grundsatz der Bilanzkontinuität und der Vergleichbarkeit 243 13
Grundsatz der einheitlichen Bewertung
-, Bewertung 308 11
-, Generalnorm 308 8
-, Rechtsfolgen bei Pflichtverletzung 308 62
Grundsatz der Klarheit und Übersichtlichkeit
-, Begriff 243 21
-, Geltungsbereich 243 20
-, Maßgeblichkeitsgrundsatz, Folgen 243 32
-, Rechtsfolgen bei Verstößen 243 31
Grundsatz der Stetigkeit 297 93
-, Bewertung, Ausnahmen 308 33
Grundsatz der Wahrheit
-, willkürfreie Berichterstattung 289 20
Grundsatz der Wesentlichkeit
-, untergeordnete Bedeutung 308 52
-, Verzicht auf Einbeziehung 296 42
Grundsatz der Wesentlichkeit und der Stetigkeit 243 14
Grundsteuer 275 191
grundstücksgleiche Rechte 266 40
Gruppenbewertung
-, Anwendbarkeit Jahresabschluss 256 3
-, Jahresabschluss 256 32
Gruppenbewertungsverfahren
-, Aufgabe 240 78
-, Bewertungsstetigkeit 240 75
-, Bewertungsvereinfachungsverfahren 240 79
-, Gleichartigkeit und annähernde Gleichwertigkeit 240 68
-, Inventurverfahren 240 50
-, Schulden 240 77
-, Vorratsvermögen 240 76
Guthaben bei Kreditinstituten
-, Begriff 266 97
-, Bilanz 247 73

H

Hafteinlage
-, Handelsregister 264c 28
-, Rückzahlung 264c 44
-, Schutzvorschrift 264c 44
Haftpflicht
-, Rückstellung 249 259
Haftpflichtversicherung
-, Mindestversicherungssumme 323 103
Haftung
-, Abschlussprüfer 323 79

–, Auskunftsvertrag 323 92
–, Ausschluss 323 106
–, Beschränkung 264a 2
–, Darlegungs- und Beweislast 323 83
–, freiwillige Abschlussprüfung 323 109
–, verbundene Unternehmen 323 87
–, Verjährung 323 108
–, Vertrag mit Schutzwirkung zugunsten Dritter 323 90
–, Wechselobligo 251 12
–, Zusammenhang Publizität 325 3
Haftungsbegrenzung
–, Abschlussprüfer 323 106
–, amtlicher Markt 323 95
–, geregelter Markt 323 95
–, regulierter Markt 323 95
Haftungsvergütung
–, Komplementär 264c 9
Haftungsverhältnis
–, aufschiebend bedingtes 251 10
–, Ausweis 251 49
–, Begriff 251 1
–, Bewertung 251 43
–, Bilanzvermerke 268 42
–, Gewährleistungsverpflichtung 251 47
–, Höchstbetragsbürgschaft 251 8
–, Konzernabschluss 298 28, 303 14
–, Konzernanhang, sonstige Pflichtangaben 314 117
–, Realisationsprinzip 251 6
–, Rückgriffsforderung 251 43
–, Saldierungsverbot 251 43
–, Schuldenkonsolidierung 303 14
–, Stichtagsprinzip 251 8
–, Vollständigkeitsgebot 251 9
–, Vorjahresbetrag 251 50
–, Vorsichtsprinzip 251 7
Halbjahresfinanzbericht
–, unterjährige Berichterstattung 264 13
–, verkürzter Abschluss 264 13
Handeln nach bestem Wissen und Gewissen 323 27
Handelsbilanz
–, Abweichung Steuerbilanz 274 134
–, Aufstellungsfrist 243 34
Handelsbilanz II
–, Konsolidierung 300 23
–, Offenlegung 325 65
–, Vorlagepflicht 320 39
Handelsbilanz III
–, Begriff 307 20
–, Handelsbilanz II, Abgrenzung 307 20
–, Neubewertung Bilanz Tochterunternehmen 301 130
–, Offenlegung 325 65
–, Vorlagepflicht 320 39
Handelsbuch
–, Aufbewahrungspflicht 257 10
–, Buchführung 239 1

–, Datenträger 239 1
–, Führung 239 1
–, Geschäftsvorfall 239 17
–, Sprache 239 1
–, Symbol 239 14
–, Unveränderlichkeit 239 1 31
–, Vollständigkeit 239 15
–, Zeitgerechtigkeit 239 23
–, Ziffer 239 14
Handelsgewerbe 238 16
handelsrechtliche Abschlussprüfung
–, Controlling 289 65
handelsrechtliches Gliederungsprinzip
–, Liquidierbarkeit 266 7
Handelsregister
–, Eintragung 264a 12
–, Hafteinlage 264c 28
–, Offenlegung 325 45
–, unterjährige Veränderung 264c 28
Handelsware
–, außerplanmäßige Abschreibung 253 306
Handlungseinheit 334 42
Handlungsmehrheit 334 42
Hauptbuch 238 51
Hauptniederlassung
–, EU/EWR 325a 15
–, Vertreter 325a 25
Hauptversammlung
–, Rückstellung 249 261
Heimfall
–, Rückstellung 249 262
Herstellungsbeginn 255 96
Herstellungsende 255 101
Herstellungskosten
–, Aktivierungszeitraum 255 192
–, Begriff 255 82
–, Beispiel Erfassung 255 170
–, Cloud-Lösung 255 188
–, Dokumentation 255 186
–, Einbeziehungsverbot 255 147
–, Einbeziehungswahlrecht 255 136
–, Einzelkosten 255 106
–, erfolgsrechnungsorientierter Ausweis 275 217
–, Ermittlung 255 79
–, Forschungs- und Entwicklungskosten 255 184
–, Fremdkapitalzins 255 199
–, Gemeinkosten 255 108
–, Herstellungszeitraum 255 96
–, Immaterialgüter 255 182
–, Konzern 304 19
–, Modifikation 255 196
–, Obergrenze 255 105
–, Release-Wechsel 255 198
–, Untergrenze 255 80 103
–, Wesensänderung 255 195
Herstellungszeitraum 255 99
Hifo, highest in – first out 256 2

Stichwortverzeichnis

Hinterlegung
–, Kleinstkapitalgesellschaft **326** 24

Höchstwertprinzip
–, Rückstellung **253** 60

Honorar
–, Anhang **285** 113

Honorar Abschlussprüfer
–, Konzernanhang, sonstige Pflichtangaben **314** 63

I

IAS-Verordnung
–, ergänzende Vorschriften für Pflichtanwender **315e** 17

IFRS-Einzelabschluss
–, Billigung **324a** 9
–, Lagebericht **324a** 17
–, Prüfungsbericht **321** 149, **324a** 16

IFRS Sustainability Disclosure Standards **289d** 12

IFRS-Umstellung
–, Rückstellung **249** 266

IFRS-Verordnung
–, Gleichstellung Antragsteller/Pflichtanwender **315e** 19
–, internationale Rechnungslegungsstandards **315e** 2
–, Konzernabschluss **315e** 2

Immaterieller Vermögensgegenstand
–, Aktivierungswahlrecht **248** 3 37
–, Bewertungsverfahren und -methoden **253** 244
–, Einzelverwertbarkeit **248** 19
–, Entwicklung **248** 23
–, Immaterialgut **266** 22
–, Kategorisierung **248** 11
–, nachträgliche Herstellungskosten **248** 24
–, selbstständige Verwertbarkeit **248** 13
–, Stetigkeitsgebot **248** 37
–, unentgeltlicher Erwerb **248** 3

Immaterielles Anlagevermögen
–, Anlagespiegel **284** 78

Immaterielle Vermögensgegenstände **248** 18

Immobilienleasing
–, Teilamortisationserlass **246** 49

Imparitätsprinzip **252** 102

Inanspruchnahme der Befreiung
–, Befreiung von der Angabe **286** 10

indirekte Rechte
–, Konzernbilanzierung **290** 58

Informationszweck
–, Konzernlagebericht **315** 2

Inhalt
–, nichtfinanzielle Konzernerklärung **315c** 5

inländischer Teilkonzern
–, Konzernrechnungslegung **291** 14

inländische Zweigniederlassung **325a** 1 10, **328a-E** 2

Innenverpflichtung
–, Rückstellung **249** 9

innerkonzernliche Ergebnisübernahme **305** 13

innerkonzernlicher Umsatzerlös **305** 10

Insidergeschäft **323** 75

Insolvenz
–, Eröffnungsgrund **252** 48
–, Offenlegung **325** 21, **335** 62
–, Verschwiegenheitspflicht **323** 72

Insolvenzschutz
–, Voraussetzung für Verrechnung mit Planvermögen **246** 108

Insolvenzverfahren
–, Einsichtnahme Prüfungsbericht **321a** 10
–, Nullbilanz **335** 67
–, Publizitätsverpflichtung **335** 63

Insolvenzverwalter **321a** 18

Instandhaltung
–, Rückstellung **249** 267

Interessentheorie **310** 18

internationale Rechnungslegungsstandards
–, Anwendungspflicht **315e** 2
–, Aufstellungswahlrecht bei Konzernabschluss **315e** 9 21
–, befreiende Wirkung des Konzernabschlusses **315e** 6
–, Einfluss auf Grundsätze ordnungsmäßiger Buchführung **243** 6
–, erweiterte Konzernrechnungslegungspflicht **315e** 19
–, geregelter Markt **315e** 14
–, Konsolidierungskreis **315e** 8
–, Konzernabschluss **315e** 1
–, Mutterunternehmen **315e** 10
–, nichtfinanzielle Erklärung **325** 145
–, Offenlegung **325** 27
–, Pflicht zur Aufstellung eines Konzernabschlusses **315e** 9
–, Rechtsentwicklung **315e** 3
–, Umfang der Konzernrechnungslegungspflicht **315e** 16
–, Umfang des Konzernabschlusses **315e** 21
–, Wertpapier **315e** 13

International Standards of Auditing
–, Anwendung **317** 145
–, Bestätigungsvermerk **322** 204, **323** 35
–, carve-outs **317** 151
–, Clarity Project **317** 146
–, Erstanwendungszeitpunkt **317** 150
–, freiwillige Abschlussprüfung **317** 149
–, Prüfungsbericht **321** 226
–, Rechtsverordnung **317** 151
–, Struktur **317** 150

interne Nachschau
–, Verschwiegenheitspflicht **323** 58

internes Kontrollsystem
–, Verfahrensdokumentation **239** 46

Inventar
–, Aufstellungsfrist 240 36
–, Eröffnungsinventar 240 3
–, Gegenstand der Jahresabschlussprüfung 317 30
–, Inventurpflicht 240 1
–, Offenlegung 325 65
–, Schlussinventar 240 5
–, Unterzeichnung 240 41
Inventur
–, Buchinventur 240 22
–, Einlagerungsinventur 2241 20
–, Eröffnungsinventur 240 3, 241a 22
–, Festwertverfahren 240 50
–, Grundsätze ordnungsmäßiger Inventur 240 9
–, Gruppenbewertungsverfahren 240 50
–, Inventurbeobachtung durch den Abschlussprüfer 240 29
–, Inventurdurchführung 240 25
–, Inventurpflicht 240 1
–, Inventurstichtag 240 16
–, Inventurvereinfachungsverfahren 2241 1
–, Inventurverfahren 240 18
–, Kombination von Inventurverfahren 2241 43
–, Niederstwerttest bei vorverlegter Stichtagsinventur 2241 40
–, permanente Inventur 2241 18
–, Schlussinventar 240 5
–, Stichprobeninventur 2241 2
–, systemgestützte Werkstattinventur 2241 27
–, vorverlegte, nachverlegte Stichtagsinventur 2241 1 28
–, Wechsel von Inventurverfahren 2241 43
Investitionszulage 255 78
Investitionszuschuss
–, Anschaffungskostenminderung 255 74
Investmentvermögen
–, Anhang, Pflichtangaben 285 156
ISSB
–, Rahmenwerk 289d 12

J

Jahresabschluss
–, Adressat 247 8
–, Anhang 317 31
–, Aufstellung in deutscher Sprache 244 4
–, Aufstellungsfrist 264 43
–, Aufstellungspflicht 264 38
–, Begriff 316 1
–, Bilanz 317 31
–, Einheitsthese 264 34
–, fast close 320 12
–, Generalnorm 264 50
–, Gewinn- und Verlustrechnung 317 31
–, Gliederung 242 10
–, Kapitalgesellschaft 264 1

–, Kapitalgesellschaft & Co. 264b 1
–, KG 264c 1
–, Offenlegung 264a 10, 325 49
–, OHG 264c 1
–, Prüfungspflicht 316 1
–, Rückstellung 249 270
–, true and fair view 264 51
–, Unterzeichnung 245 1
–, Vergleichbarkeit 284 47
–, Vollständigkeitsgebot 246 5
–, Vorlagepflicht 320 11
–, Währungseinheit 244 5
Jahresergebnis
–, Jahresüberschuss/-fehlbetrag 266 123
–, Verwendungsrechnung bei Personengesellschaften 247 140
Jahresüberschuss/-fehlbetrag 266 123, 272 220, 275 206
Jahresüberschuss Personenhandelsgesellschaft
–, Verwendung 264c 33
joint audit
–, Bestätigungsvermerk 322 202
–, gerichtliche Ersetzung 324a 14
–, IFRS-Einzelabschluss 324a 15
–, Prüfungsbericht 321 220
Joint Venture
–, Unternehmereigenschaft 271 7
Jubiläum
–, Rückstellung 249 271
Justizverwaltungsverfahren 264a 10

K

Kapitalanteil
–, negativer 264c 21
–, persönlich haftender Gesellschafter 272 25
–, Rücklagenverrechnung 264c 33
–, Verlustkürzung 264c 33
Kapitalanteilsmethode
–, Equity-Methode 312 127
–, Equity-Methode, erstmalige Anwendung 312 129
–, Equity-Methode, Fortschreibung 312 134
–, Konzernabschluss 312 2
Kapitalaufrechnung
–, Equity-Methode 312 24 38
Kapitalerhaltung 264 81, 272 18
Kapitalerhöhung
–, bedingte 272 35
–, Beteiligungsbuchwert 312 67
–, Gesellschaftsmittel 270 12, 272 46
–, ordentliche 272 29
Kapitalertragsteuer 275 182
Kapitalflussrechnung
–, Ausgestaltung, Empfehlungen 297 14
–, Auszahlung aus Erwerb von konsolidierten Unternehmen 297 43

–, Cashflow aus Finanzierungstätigkeit 297 45
–, Cashflow aus Investitionstätigkeit 297 38
–, Cashflow aus laufender Geschäftstätigkeit 297 29
–, Cashflow, Ermittlung 297 23
–, direkte Methode 297 27
–, Finanzmittelfonds, Abgrenzung 297 18
–, Finanzmittelfonds, Berechnungsschema 297 24
–, indirekte Methode 297 27
–, Instrument 264 28
–, Konzernabschluss, Bestandteil 297 6 14
–, Konzernanhang 313 34
–, Konzernanhang, Angaben 297 49
–, Vorjahresangabe 297 46
–, Währungsumrechnung im Konzernabschluss 308a 28
–, Zahlungsmittel, Zahlungsmitteläquivalent 297 19

Kapitalgesellschaft
–, Eigenkapital 272 11
–, Formblatt 330 6
–, Generalnorm 264c 12
–, Gründung 272 20
–, Jahresabschluss 264 1
–, kapitalmarktorientierte Kapitalgesellschaft 264d 1
–, Konzernrechnungslegung 290 8
–, unterlassene Pflichtprüfung 316 18
–, Verstoß gegen Veröffentlichungspflicht 335 12

Kapitalgesellschaft & Co.
–, Angabepflicht, erweiterte 264b 13
–, Einstandsverpflichtung 264b 1
–, Equity-Bewertung 264b 16
–, Jahresabschluss 264b 1
–, Konsolidierungsmethode 264b 7
–, Konzernrechnungslegung 290 8
–, Prüfungspflicht 316 6
–, Quotenkonsolidierung 264b 16

Kapitalgliederung
–, Personengesellschaft 264c 15

Kapitalherabsetzung 272 56
–, AG 272 47
–, Anhangangabe 272 50
–, Beteiligungsbuchwert 312 72
–, Einziehung von Aktien 272 61
–, GmbH 272 52 60
–, vereinfachte Kapitalherabsetzung 272 53

Kapitalkonsolidierung
–, Abschreibung stiller Reserven 301 163
–, Anschaffungskostenrestriktion 301 23
–, Auflösung stiller Reserven 301 163
–, Aufrechnungszeitpunkt 301 76
–, beizulegender Zeitwert 301 62
–, Einheitstheorie 301 1
–, Entkonsolidierung 301 13

–, Erstkonsolidierung 301 76, 307 20
–, Erwerbsmethode 301 50
–, Folgekonsolidierung 301 13
–, Geschäfts- oder Firmenwert, Unterschiedsbeträge 306 10
–, Interessenzusammenführungsmethode 301 4
–, Jahresfenster 301 95
–, Kaufpreisallokation 301 60
–, Kettenkonsolidierung 301 232
–, latente Steuern 306 9
–, Methodenüberblick 301 7
–, Methodik 301 23
–, Neubewertungsmethode 306 9, 307 20
–, passiver Unterschiedsbetrag 301 89 115
–, Simultankonsolidierung 301 230
–, sukzessiver Anteilserwerb 301 88
–, Übergangskonsolidierung 301 13
–, Währungsumrechnung 308a 31
–, Währungsumrechnung im Konzernabschluss 308a 28

Kapitalkonto
–, Gesellschafter 264c 16

kapitalmarktorientierte Gesellschaft
–, Konzernrechnungslegung 290 15

kapitalmarktorientierte Kapitalgesellschaft
–, Eigenkapital 264 20
–, Kapitalflussrechnung 264 20

kapitalmarktorientiertes Unternehmen
–, Abschlussprüfung 316a 9

Kapitalmarktorientierung
–, Konzernabschluss 315e 2

Kapitalrücklage
–, Auflösung 272 107
–, Ausgabe von Anteilen 272 118
–, Ausweis 272 114
–, Begriff 266 113, 270 1
–, Definition 270 10
–, Eigenkapital 272 101
–, Eigenkapitalspiegel 297 56
–, Einstellung 272 102
–, Einziehung von Nachschüssen 272 106
–, GmbH 272 109
–, Kapitalerhöhung aus Gesellschaftermitteln 272 110
–, KG 264c 30
–, Konzernabschluss 298 62
–, neuer Gesellschafter 264c 30
–, offene Rücklage 272 98
–, OHG 264c 30
–, Personengesellschaft 264c 31
–, vereinfachte Kapitalherabsetzung 272 103

Kapitalüberlassung
–, Gesellschafterverbindlichkeit 264c 9

Kapitalwertverfahren
–, beizulegender Zeitwert 255 251

KARBV
–, Kapitalanlage-Rechnungslegungs- und Bewertungsverordnung 317 39
Kassenbestand
–, Bilanz 247 72
Kassenführung
–, Erstattungskasse 239 24
Kaufmann
–, Buchführungspflicht 238 2
–, Einzelkaufmann 241a 6
–, freiwillige Eintragung im Handelsregister 241a 9
Kaufpreisallokation
–, beizulegender Zeitwert 301 62
–, Jahresfenster 301 95
–, Konsolidierungsmaßnahme 317 84
–, latente Steuern 301 73
Kautionswechsel 266 160
Kettenkonsolidierung
–, hierarchische Konsolidierung 301 232
–, mehrstufiger Konzern 307 29
key audit matters 322 47 145
KG
–, besondere Bestimmungen 264a 5
–, Jahresabschluss 264c 1
KGaA
–, Eigenkapital 272 7
–, Gewinnrücklage 272 174
–, gezeichnetes Kapital 272 24
Kifo, Konzern in – first out 256 2
Kilo, Konzern in – last out 256 2
Klarheit
–, Prüfungsbericht 321 29
kleine Kapitalgesellschaft
–, Eigenkapital 272 17
–, Offenlegung 326 1 11
–, passive latente Steuern 274a 10
–, verkürzte Gewinn- und Verlustrechnung 276 1
Kleinstkapitalgesellschaft
–, Anhang 264 45
–, Anwendungseinschränkungen 267a 20
–, Begriff 267a 1
–, Erleichterung 264 45
–, Gewinn- und Verlustrechnung 275 261
–, Hinterlegung Bilanz 326 24
–, Offenlegung 326 24
Körperschaftsteuer
–, fiktive Körperschaftsteuer 264c 37
–, Gesellschaft 264c 35
–, Rückstellung 249 272
–, Steuern vom Einkommen und Ertrag 275 182
Kommanditist
–, Privatkonto 264c 33
Kommissionsgeschäft 246 59

Kompetenzprofil
–, Erklärung zur Unternehmensführung 315d 4
Komplementär
–, Haftungsvergütung 264c 9
Komponentenansatz
–, Abschreibung 253 192
–, Vermögensgegenstand 252 92
Konkurrenz 331 85
Konsolidierung
–, Begriff 300 20
–, Beteiligungserträge 305 6
–, Einbeziehungspflicht 300 13
–, Einheitstheorie 300 17
–, Generalnorm 300 37, 308 17
–, Handelsbilanz II 300 23
–, Kapitalkonsolidierung 301 1
–, Konzernrechnungslegung 290 5
–, Kreditinstitut, Sondervorschrift 300 40, 308 44
–, ohne Kapitalanteil 290 54
–, Versicherungsunternehmen, Sondervorschrift 300 40, 308 44
–, Wahlrecht 294 18, 303 6
–, Zusammenfassung von Jahresabschlüssen 300 13
–, Zweck 300 20
Konsolidierung, Organisation
–, Kontenplan 300 15
Konsolidierungsgrundsatz
–, Ordnungswidrigkeit 334 20
Konsolidierungskreis
–, Änderung 294 20
–, Bestimmung 290 13, 294 1
–, Ordnungswidrigkeit 334 18
–, Prüfungsbericht 321 177
–, Weltabschluss 294 8
Konsolidierungsmethode
–, Abweichungen Konzernanhang 313 58
–, Angaben Konzernanhang 313 46
–, Kapitalgesellschaft & Co. 264b 7
Konsolidierungspflicht
–, Zweckgesellschaft 290 48
konsolidierungspflichtiges Eigenkapital 301 43
Konsolidierungswahlrecht 294 18, 303 6
Konsolidierung von assoziierten Unternehmen
–, latente Steuern 306 19
Konsultation
–, Verschwiegenheitspflicht 323 55
Kontamination
–, Rückstellung 249 119
Kontenplan
–, Konsolidierung, Organisation 300 15
Kontoform
–, Bilanz 243 24
–, Bilanzgliederung 266 6

–, Gewinn- und Verlustrechnung **243** 24, 275 7
–, Staffelform **328** 55
Kontroll- und Risikomanagementsystem
–, Konzernlagebericht **315** 87
Konzeption
–, nichtfinanzielle Erklärung **289c** 5
Konzern
–, Anschaffungskosten **304** 16
–, Herstellungskosten **304** 19
–, mehrstufiger Konzern **301** 229
–, Prüfungsbericht **321** 165
–, Prüfungspflicht **316** 10
–, Unternehmensfortführung **252** 34
–, Vereinheitlichung der Bewertung **308** 1
–, Zahlungsbericht **264** 152
Konzernabschluss
–, Abschlussstichtag **299** 11
–, abweichender Abschlussstichtag **299** 13
–, Anlagespiegel **298** 56
–, anteiliger Jahresfehlbetrag **312** 63
–, anzuwendende Vorschriften **298** 8
–, Aufstellung, Grundsätze **297** 81
–, Aufstellung, Ordnungswidrigkeit **334** 17
–, Aufstellung, Organe **297** 3
–, Aufstellungspflicht **290** 26
–, befreiender Konzernabschluss **264b** 1
–, befreiende Wirkung nach IFRS **315e** 6
–, Befreiung **291** 2, **292** 1
–, besondere Bestimmungen für Personengesellschaften i. S. d. § 264a HGB **298** 76
–, Beteiligung **298** 63
–, Bewertung Anpassung abweichender Wertansätze **312** 79
–, Bewertung Beteiligung an einem assoziierten Unternehmen **312** 12
–, Bewertung einheitliche Anwendung **312** 77
–, Bewertungseinheit **298** 38
–, Bewertungsvereinfachungsverfahren **298** 42
–, Bilanzeid **297** 89, **315f-E** 2
–, Bilanzenzusammenhang **298** 30
–, Bilanzierung, einheitliche Anwendung **312** 77
–, Bilanzierungsverbot, Bilanzierungswahlrecht **298** 24
–, Bilanz, Inhalt **298** 23
–, Billigung, Organe **297** 3
–, Buchwertmethode **312** 2
–, Darstellungsstetigkeit **298** 45
–, Durchschnittsbewertung **298** 42
–, Eigenkapital **298** 64
–, Eigenkapitalspiegel **297** 50
–, Eigenkapitalspiegel, Vorjahresbetrag **298** 51
–, Einbeziehung, assoziiertes Unternehmen **312** 98

–, Einbeziehung, assoziiertes Unternehmen, relevanter Jahresabschluss **312** 104
–, Einbeziehungsverbot **294** 18
–, Einheitstheorie **297** 90
–, Einsichtsrecht Prüfungsbericht **321a** 50
–, Equity-Methode **312** 1
–, Erklärung der gesetzlichen Vertreter **297** 89, **315f-E** 2
–, Erlangen der Verfügungsgewalt **298** 30
–, erwirtschaftetes Eigenkapital **298** 55
–, Festwert **298** 42
–, Folgebewertung **298** 34
–, Funktion **297** 2
–, Grundsätze ordnungsmäßiger Buchführung **243** 19
–, Grundsätze ordnungsmäßiger Konzernbuchführung **297** 86
–, Grundsatz der Klarheit und Übersichtlichkeit **297** 81
–, Grundsatz der Stetigkeit in der Konsolidierung **297** 93
–, Haftungsverhältnis **298** 28
–, IFRS-Verordnung **315e** 2
–, Informationsfunktion **297** 2
–, Inhalt **297** 1, **313** 2
–, Kapitalanteilsmethode **312** 2
–, Kapitalflussrechnung **297** 14
–, Kapitalflussrechnung, Vorjahresbetrag **298** 51
–, Kapitalgesellschaft & Co. **264b** 2
–, Kapitalmarktorientierung **315e** 2
–, Kapitalrücklage **298** 62
–, Konzernanhang **297** 11
–, Konzernbilanz **297** 9
–, Konzernbilanz, Gliederung **298** 54
–, Konzern-Gewinn- und Verlustrechnung **297** 10, **298** 72
–, Konzern-Gewinn- und Verlustrechnung, Umsatzerlöse **298** 74
–, Nicht-Mutterunternehmen **264b** 11
–, Offenlegung **325** 154
–, Offenlegungsfrist **290** 26
–, persönlich haftender Gesellschafter **264b** 3
–, Rechnungsabgrenzungsposten **298** 27
–, Rückstellung **298** 26
–, Segmentberichterstattung **297** 65
–, Sprache **298** 14
–, Stetigkeit **306** 39
–, Stichtag **299** 7
–, Stufenkonzeption **294** 13
–, unrichtige Darstellung **331** 51
–, unrichtige Offenlegung **331** 55
–, unrichtige Wiedergabe **331** 52
–, unterlassene Pflichtprüfung **316** 35
–, Unterzeichnung **298** 16
–, verbundene Unternehmen **298** 63
–, Vermögens-, Finanz- und Ertragslage **297** 84

–, Vermögens-, Finanz- und Ertragslage, Darstellung 297 2
–, Verrechnungsverbot 298 19
–, Verschleiern 331 52
–, Vollständigkeit 298 19
–, Vorjahresbetrag 298 46
–, Vorlagepflicht 320 37
–, Währungseinheit 298 14
–, Währungsumrechnung 298 44
–, Währungsumrechnung auf fremde Währung lautender Abschlüsse 308a 1
–, Zugangsbewertung 298 34
–, Zwischenabschluss, Erstellung 299 14
–, Zwischenabschluss, Verzicht 299 26
Konzernabschlussbefreiungsverordnung
–, Gleichwertigkeit 292 12
–, maßgebliches Recht 292 9
Konzernabschluss Kapitalgesellschaft & Co.
–, befreiender Konzernabschluss 264b 17
–, Ordnungsmäßigkeit 264b 19
Konzernabschluss nach § 315e HGB
–, Bestätigungsvermerk 322 154
Konzernabschluss nach IFRS
–, nicht kapitalmarktorientierte Unternehmen 315e 19
Konzernabschlussprüfer
–, Drittstaat 320 64
–, Unabhängigkeit 319 79
Konzernabschlussprüfung
–, abweichender Abschlussstichtag von Tochterunternehmen 317 79
–, bedeutsame Teileinheit 317 61
–, Bestätigungsvermerk 322 128
–, Deutsche Rechnungslegungsstandards 317 56
–, Entkonsolidierung 317 84
–, Feststellung der fachlichen Kompetenz und beruflichen Qualifikation 317 63
–, Fiktion der Bestellung 318 49
–, Gegenstand 317 49
–, Grundsätze ordnungsmäßiger Buchführung 317 56
–, Kaufpreisallokation 317 84
–, Kommunikation mit den anderen Abschlussprüfern 317 65
–, Konzernbilanzrichtlinie 317 77
–, Konzernbuchführung 317 51
–, Konzern-Package 317 81
–, Prüfungshandlungen in den Teileinheiten des Konzerns 317 66
–, Überprüfung der Arbeit eines anderen externen Abschlussprüfers 317 60
–, Umfang 317 53
–, Unterlagen von externen Prüfern aus Drittstaaten 317 72
–, Vollständigkeitserklärung 317 75
–, Zwischenabschluss von Tochterunternehmen 317 79

Konzernanhang
–, Angabepflicht 297 12
–, Anteile an sonstigen Unternehmen 313 9
–, anteilsmäßig einbezogenes Unternehmen 313 86
–, assoziiertes Unternehmen 313 79
–, Aufbau und Form 297 82
–, Aufgabe 313 3
–, Befreiungsmöglichkeit 313 7
–, Begründungspflicht 296 47
–, Bilanzierungs- und Bewertungsmethoden 313 41
–, Bilanzierungs- und Bewertungsmethoden, Abweichungen 313 54
–, Eigenkapital 297 64
–, einbezogene Unternehmen 313 67
–, Form 313 19
–, freiwillige Angabe 313 39
–, Generalnorm 297 84
–, Gliederung 297 82
–, Gliederung, Vorschlag 313 24
–, Kapitalflussrechnung 297 49, 313 34
–, Konsolidierungsmethoden 313 46
–, Konsolidierungsmethoden, Abweichungen 313 58
–, Konzernabschluss, Bestandteil 297 11
–, nicht publizitätspflichtige Unternehmen 313 103
–, Ordnungswidrigkeit 334 22
–, persönlicher Anwendungsbereich 313 6
–, Schutzklausel 313 104
–, Segmentberichterstattung 297 79
–, Segmentberichterstattung, Angaben 313 34
–, Tochterunternehmen, Angaben 313 72
–, Verzicht von Angaben 313 104
–, Vorgänge von besonderer Bedeutung 299 42
–, Währungsumrechnung, Angaben 308a 43
–, Zusammenfassung mit Anhang des Mutterunternehmens 298 88
–, Zweck 313 4
Konzernanhang, sonstige Pflichtangaben
–, Abschlussstichtag 314 133
–, Anteil am Mutterunternehmen 314 57
–, Aufwendungen und Erträge, außergewöhnliche 314 129
–, Aufwendungen und Erträge, periodenfremde 314 132
–, außerbilanzielles Geschäft 314 14
–, Befreiung 314 148
–, Bewertungseinheit 314 106
–, ehemaliges Organmitglied 314 50
–, Ergebnisverwendung 314 138
–, Erklärung zum Corporate Governance Kodex 314 62
–, Finanzinstrument 314 75
–, Finanzinstrument, derivativ 314 79

Stichwortverzeichnis

–, Finanzinstrument, Handelsbestand 314 83
–, Forschungs- und Entwicklungskosten 314 103
–, Geschäfts- oder Firmenwert 314 118
–, Haftungsverhältnis 314 117
–, latente Steuern 314 121
–, Mitarbeiterzahl 314 30
–, nahestehende Person 314 86
–, Organmitglieder, Bezüge 314 38
–, Organmitglieder, Gesamtbezüge 314 45
–, Organmitglieder, Rechtsgeschäfte 314 38
–, Organmitglieder, Vorschüsse 314 53
–, Pensionsverpflichtung 314 110
–, Personalaufwand 314 35
–, Planvermögen 314 111
–, Schutzklausel 314 149
–, Sondervermögen 314 113
–, Umsatzerlöse, Aufgliederung 314 24
–, Verbindlichkeit 314 10
–, Verpflichtungen, sonstige finanzielle 314 19

Konzernanhang, Wahlpflichtangaben 314 145

Konzernbilanz
–, Gliederung 298 54
–, Inhalt 298 23
–, Konzernabschluss, Bestandteil 297 6

Konzernbilanzeid 290 27

Konzernbilanzierung
–, Beteiligungsaufstockung als Eigenkapitaltransaktion 307 46

Konzernbilanzierungsverpflichtung
–, Organbestellungsrecht 290 36

Konzernbilanzrichtlinie 317 77

Konzernbuchführung
–, Grundsätze ordnungsmäßiger Konzernbuchführung 238 64
–, Prüfung 317 51
–, Prüfungsbericht 321 184

Konzerneigenkapital
–, Anhangangabe 297 64
–, sonstige Veränderungen 297 52

Konzerneigenkapitalspiegel 297 51

konzerneinheitliche Bewertung
–, Zwischenergebniseliminierung 304 25

Konzernerklärung
–, nichtfinanzielle Konzernerklärung 315b 5

Konzernerklärung zur Unternehmensführung 315d 1

Konzern-Gewinn- und Verlustrechnung
–, Konzernabschluss, Bestandteil 297 6
–, Umsatzerlöse 298 74

Konzernhaftung
–, Rückstellung 249 273

konzerninterne Lieferung und Leistung 305 4

konzerninterne Umwandlung 301 227

Konzernkapitalflussrechnung
–, Währungsumrechnung 308a 29

Konzernklausel
–, Haftungsverhältnis 251 39

Konzernlagebericht
–, AG, Aktien mit Sonderrechten 315a 16
–, AG, Beschränkungen 315a 7
–, AG, Beteiligung 315a 12
–, AG, gezeichnetes Kapital 315a 5
–, AG, Stimmrechtskontrolle bei Arbeitnehmerbeteiligungen 315a 18
–, Bedeutung 315 2
–, Befreiung 292 1, 315 97
–, Einklangprüfung 317 87
–, Einzelabschluss, Zusammenlegung 315 94
–, Entschädigungsvereinbarung, Übernahmeangebot 315a 34
–, Erklärung der gesetzlichen Vertreter 315f-E 4
–, Erstellung 315 3
–, Ertragslage 315 34
–, ESEF 315e-E 1
–, Finanzlage 315 38
–, Forschung und Entwicklung 315 74
–, Gliederung 315 17
–, Kontroll- und Risikomanagementsystem 315 87
–, Lagebericht 328 48
–, Lageberichtseid 315f-E 4
–, Ordnungswidrigkeit 334 23
–, Prognosebericht 315 48 60
–, Prüfung 317 116
–, Risikobericht 315 62
–, Sanktionen 315 100
–, Schutzklausel 315 98
–, Vermögenslage 315 36
–, Vorstand, Befugnisse 315a 23
–, wesentliche Vereinbarungen, Übernahmeangebot 315a 26
–, Zusammenfassung mit Lagebericht 317 100
–, Zweck 315 2
–, Zweigniederlassungsbericht 315 77

Konzernmindestwert 304 29

Konzernnachhaltigkeitsbericht 315c 10
–, Erklärung der gesetzlichen Vertreter 315f-E 5
–, ESEF 315e-E 6
–, Gegenstand und Umfang 324c-E 4
–, Lageberichtseid 315f-E 5
–, Nachtragsprüfung 324b-E 6
–, Pflicht zur Prüfung 324b-E 5
–, Prüfung 324c-E 5
–, Prüfung, Gegenstand und Umfang 324c-E 4

Konzern-Package 317 81, 320 39

Konzernrechnungslegung
–, Änderung Beteiligungsbuchwert 301 212

–, Anteile anderer Gesellschafter 301 149
–, Anteilsaufstockung jenseits Control 301 188
–, Auflösung passiver Unterschiedsbetrag 301 183
–, Aufstellungspflicht 290 1
–, badwill 301 138
–, Befreiung 290 68
–, Befreiung, Anforderungen 291 11
–, Befreiung, Antragsverfahren 291 27
–, Befreiung, ausländischer Konzernabschluss, Offenlegung 292 18
–, Befreiung, Ausnahmen 291 24
–, Befreiung, Ausschluss 291 27
–, Befreiung, Bruttomethode 293 10
–, Befreiung, Einbeziehung inländischer Teilkonzerne 291 14
–, Befreiung, Gleichordnungskonzern 291 8
–, Befreiung, inländischer Teilkonzern 291 7
–, Befreiung, internationale Rechnungslegungsstandards 291 8
–, Befreiung, Kreditinstitut 291 23
–, Befreiung, maßgebliches Recht 291 11
–, Befreiung, Mutter-Tochter-Beziehung 291 9
–, Befreiung, Nettomethode 293 10
–, Befreiung, Nicht-EU-/EWR-Staat 292 1
–, Befreiung, Offenlegung 292 18
–, Befreiung, organisierter Markt 291 24
–, Befreiung, Tannenbaumprinzip 291 1, 292 1
–, Befreiung, Versicherungsunternehmen 291 23
–, Befreiung, Voraussetzung 291 14, 292 1 8
–, Befreiung, Wegfall 291 2 24, 293 34
–, Beteiligungsaufstockung als Eigenkapitaltransaktion 301 210
–, Beteiligungsaufstockung als Erwerbsvorgang 301 198
–, Buchwertmethode 301 127
–, Einbeziehung, inländischer Teilkonzern 291 14
–, Einbeziehung Nicht-100 %-Tochter 301 151
–, Entkonsolidierung 301 214
–, Erwerbsmethode 301 127
–, Folgekonsolidierung 301 163
–, Geschäfts- oder Firmenwert 301 135
–, Handelsbilanz III 301 130
–, indirekte Rechte 290 58
–, Kapitalgesellschaft 290 8
–, Kapitalgesellschaft & Co. 290 8
–, Kapitalkonsolidierung Minderheitsanteile 301 148
–, kapitalmarktorientierte Gesellschaft 290 15
–, Konsolidierung 290 5

–, latente Steuern Kapitalkonsolidierung 301 143
–, lucky buy 301 138
–, Minderheitenschutz 291 27
–, Minderheitenvotum 291 27
–, Minderheitsgesellschafter 301 151
–, Neubewertungsmethode 301 127
–, Neubewertung Tochterunternehmen 301 130
–, Nicht-EU-/EWR-Staat 292 4 ff.
–, Normenzusammenhang 292 ff. 5
–, passiver Unterschiedsbetrag aus der Kapitalkonsolidierung 301 138 155
–, Personengesellschaft 290 10
–, Pflicht 290 1, 291 8
–, Rechtezurechnung 290 55
–, Rechtsentwicklung 292 4
–, Rückbeteiligung 301 123
–, Steuersatz latente Abgrenzung 301 143
–, Stimmrechtsmehrheit 290 64
–, Übergangskonsolidierung 301 218
–, Verpflichtung 290 6, 291 2, 315e 9
–, Vollkonsolidierung bei Minderheitsanteilen 301 148
–, Voraussetzung 292 6
–, Wahlrecht 292 5

Konzernsichtweise
–, nichtfinanzielle Konzernerklärung 315c

Konzernverrechnungsklausel
–, Bilanzvermerk 251 31

Korrektur Jahresabschluss
–, Bilanzidentität 252 30

Kostenartenrechnung 255 156
Kostenerstattung 275 63
Kostenrechnung
–, Gegenstand der Jahresabschlussprüfung 317 29

Kostenstellenrechnung 255 162
Kostenträgerrechnung 255 166
Kredit
–, Anhang 285 66

Kreditinstitut
–, Formblatt, Sondervorschrift 330 13
–, Konsolidierung, Sondervorschrift 300 40, 308 44
–, Konzernrechnungslegung, Befreiung 291 23
–, Prüfung 317 16
–, sonstige Pflichtangabe 285 4

Kreditlinie 266 97
Kriterium der Erheblichkeit
–, Befreiung von der Angabe 286 10
–, Wesentlichkeit 286 10

Kryptowährung 266 30 62 94
Kündigung aus wichtigem Grund
–, Bestätigungsvermerk 322 10

Kündigung des Prüfungsauftrags
–, Prüfungsbericht 321 232

ulanzleistung
  Rückstellung 249 191
umuliertes übriges Konzernergebnis
–, Eigenkapitalspiegel 297 60
undenliste
–, Ansatzverbot 248 52
uppelprodukt
–, Umsatzerlös 275 59
urzarbeitergeld
–, Rückstellung 249 275

L

agebericht
–, Abschlussprüfung 289 65
–, Analyse Geschäftsverlauf und Lage 289 30
–, Branchenzugehörigkeit 289 93
–, Chancen und Risiken der künftigen Entwicklung 317 102
–, CSRD-Umsetzungsgesetz 289 134
–, CSR-Richtlinie 264 7
–, Disclaimer 289 58
–, Einklang mit IFRS-Einzelabschluss 317 101
–, Einklangprüfung 317 87
–, Erklärung zur Unternehmensführung 289f 2 33
–, Format 289g-E 1
–, Forschungs- und Entwicklungsbericht 289 93
–, Fortführung 289 19
–, Gegenstand der Prüfung 317 85
–, Generalnorm 289 11
–, Geschäfts- und Betriebsgeheimnis 289 96
–, Geschäftsverlauf 289 23
–, Grundsatz der Wahrheit 289 18
–, IFRS-Einzelabschluss 324a 17
–, immaterielle Ressourcen 289 136
–, Informationsfunktion 289 10
–, Klarheit 289 22
–, Konzernlagebericht 328 48
–, Krise 289 19
–, Mindestumfang 289 11
–, Nachtragsbericht 289 82, 317 103
–, nichtfinanzielle Erklärung 289b 1, 289d 1, 315b 12
–, nichtfinanzielle Leistungsindikatoren 289 134
–, Offenlegung 325 49 79
–, Ordnungswidrigkeit 334 23
–, Pflicht zur Aufstellung 264 35
–, Prognosebericht 289 43
–, Prognosezeitraum 289 59
–, Prüfungsbericht 321 110
–, Prüfungsdurchführung 317 91
–, Prüfungsplanung 317 89
–, Prüfungsumfang 317 85
–, Rahmenwerk 289d 3
–, Risikobericht 289 43
–, Schlusserklärung zum Abhängigkeitsbericht 317 99
–, Stetigkeit 289 22
–, systematische Gliederung 289 22
–, Übernahmeinformation 289a 3
–, vergangenheitsorientierte Prüfung 317 91
–, Vergütungsbericht 289a 14
–, Vermögens-, Finanz- und Ertragslage 289 23
–, Versicherung der gesetzlichen Vertreter 289 79
–, Vollständigkeit 289 21
–, Wesentlichkeit 289 21
–, Wirtschaftsbericht 289 23
–, Zusammenfassung mit Konzernlagebericht 317 100
–, Zweigniederlassungsbericht 289 97
Lageberichtseid
–, Jahresfinanzbericht 289 70
–, Konzernlagebericht 315f-E 4
–, Konzernnachhaltigkeitsbericht 315f-E 5
–, Offenlegung 325 80
–, Sanktionen 315f-E 8
–, Sorgfaltspflicht 289 76
–, Wissensvorbehalt 289 76
landesrechtliche Vorschriften 263 1
langfristige Auftragsfertigung
–, Realisationszeitpunkt 252 116
langfristig gestundete Verbindlichkeiten 266 157
latente Steuern 308 42
–, Abzinsung 274 110
–, aktive latente Steuern 266 101, 274 112
–, Aktivierungswahlrecht 274 25
–, Aktivüberhang 274 28
–, Anhang 285 170
–, Anhangangabe 274 123
–, Anhang, Pflichtangaben 285 167
–, Ansatz 306 3
–, Ansatzfalle 274 33
–, Ansatzunterschied 274 21
–, asset deal 274 92, 306 24
–, Aufwands- und Ertragskonsolidierung 306 17
–, ausländische Betriebsstätte 274 93
–, Ausweis 274 118
–, Befreiung kleine Kapitalgesellschaft 274a 3
–, beizulegender Zeitwert 255 214
–, Bewertung 274 104, 306 34
–, Bewertungsdifferenz 274 21
–, bilanzpostenbezogene Betrachtung 274 45
–, chronisch defizitäres Unternehmen 274 89
–, Erfolgsermittlung 266 101
–, Ergänzungsbilanz 274 69, 306 22
–, Ermittlungsschema 274 36
–, Formwechsel 274 102
–, Gesamtdifferenzbetrachtung 274 35

–, Geschäfts- oder Firmenwert **306** 23
–, Gewinn- und Verlustrechnung **274** 121
–, Inventur **240** 6
–, Kapitalkonsolidierung **301** 143, **306** 9
–, Kaufpreisallokation **301** 73
–, Konsolidierung von assoziierten Unternehmen **306** 19
–, Konzernanhang, sonstige Pflichtangaben **314** 121
–, Mindestbesteuerung **274** 52
–, Mindeststeuergesetz **306** 33
–, Mitunternehmerschaft **274** 63
–, Mitzugehörigkeitsvermerk **274** 119
–, Organschaft **274** 74
–, Passivierungspflicht **274** 25 34
–, permanente Differenz **274** 16
–, quasi-permanente Differenz **274** 16
–, Rückstellung **249** 42
–, Schuldenkonsolidierung **303** 4, **306** 11
–, share deal **306** 24
–, Sonderbetriebsvermögen **306** 22
–, Sonderbilanz **274** 70
–, Spaltung **274** 103
–, Stetigkeit **306** 39
–, Steuerart **274** 3
–, Steuergutschrift **274** 62
–, steuerlicher Verlustvortrag **274** 47, **306** 20
–, Steuerplanungsrechnung **274** 117
–, Steuersatz **306** 34
–, Steuerwert **274** 18
–, temporary-Konzept **274** 1
–, Umwandlung **274** 99
–, unsaldierter Ausweis **274** 43
–, Unterschiedsbetrag, Geschäfts- oder Firmenwert **309** 35
–, Verschmelzung **274** 100
–, Währungsumrechnung **256a** 17
–, Zinsvortrag **274** 60
–, zusammengefasster Steuersatz **274** 107
–, Zwischenergebniseliminierung **304** 4, **306** 12
Leasing
–, Aufwand Leasingnehmer **275** 178
–, Begriff **246** 28
–, Bilanzierung **246** 51
–, Forderung, Haftungsverhältnis **251** 41
–, Immobilienleasing **246** 48
–, Leasingnehmer **246** 52
–, Leasingraten, Barwert **255** 42
–, Mobilienleasing **246** 38
–, Operating-Leasing **246** 31
–, Rückstellung **249** 277
–, sale and lease back **246** 50
–, Softwareleasing **246** 45
–, Spezialleasing **246** 37
–, Teilamortisation **246** 42
–, Vollamortisation **246** 41
–, Zurechnung von Leasinggegenständen **246** 34

lebende Sprache **239** 9
Lebensarbeitszeitmodell **253** 114
Leergut
–, Rückstellung **249** 278
Leerkosten
–, Rückstellung **253** 47
Leerposten
–, Ausweis **265** 29
–, Bilanz **247** 12
Leibrente **255** 47
Leistungsabschreibung **253** 183
leistungsorientierte Zusage
–, Pensionsrückstellung **249** 48
letter of intent
–, Rückstellung **249** 127
Lieferketten
–, nichtfinanzielle Konzernerklärung **315c**
Lieferungs- und Leistungsverflechtung **290** 4
Lifo, last in – first out
–, Begriff **256** 25
–, Bewertungsvereinfachungsverfahren **256** 2
–, Layer **256** 30
–, periodisches Verfahren **256** 28
–, permanentes Verfahren **256** 27
–, Verbrauchsfolgeverfahren **256** 17
Liquidationsbilanz
–, Offenlegung **325** 65
Liquidierbarkeit
–, handelsrechtliches Gliederungsprinzip **266** 7
Lizenz **266** 31
Löhne und Gehälter **275** 100
Lofo, lowest in – first out **256** 2
Lohnarbeit
–, Umsatzerlös **275** 59
Lohnfortzahlung
–, Rückstellung **249** 280
Lohnsteuer
–, Rückstellung **249** 281
lucky buy **301** 115

M
management approach
–, Segmentberichterstattung **297** 69
management letter
–, Prüfungsbericht **321** 40
Manipulation
–, Betriebsprüfung **239** 20
Marke
–, Ansatzverbot **248** 49
–, Netzwerk **319b** 9
Marktpreis
–, beizulegender Zeitwert **255** 208
–, Handelsplatz **253** 284
–, notierter Marktpreis **255** 235
marktübliche Verzinsung **272** 132

maßgeblicher Einfluss
–, assoziierte Unternehmen 311 2
–, Assoziierungsvermutung 311 23 29
–, Begriff 311 10
–, beherrschender Einfluss 311 10
–, Einfluss auf die Geschäftspolitik 311 13
–, Nachweis 311 31
–, tatsächliche Ausübung 311 15
–, Unternehmensverfassung 311 15
–, Wegfall durch Verkauf 312 121

Maßgeblichkeitsgrundsatz
–, Grundsatz der Klarheit und Übersichtlichkeit 243 32

Materialaufwand
–, Anhang, Pflichtangaben 285 46
–, Begriff 275 88

Materialeinzelkosten 255 112

Materialgemeinkosten 255 127

materielle Maßgeblichkeit 274 129

materielles Eigenkapital
–, Kriterien 271 9

materielle Stimmrechtsmehrheit
–, formale Stimmrechtsmehrheit 290 33

Mehrkomponentengeschäft
–, Realisationszeitpunkt 252 124

Mehrschichtbetrieb
–, Abschreibungsplan, Änderung 253 190

mehrstufiger Konzern
–, Ausweis der Anteile anderer Gesellschafter 307 14
–, Kapitalkonsolidierung 301 229
–, Kettenkonsolidierung 307 29
–, Simultankonsolidierung 307 29

Methodenbestimmtheit 252 163

mezzanines Kapital
–, Anhang 285 109

Mietverhältnis
–, Gesellschafterverbindlichkeit 264c 9

Mietvertrag
–, Rückstellung 249 284

Minderheitsgesellschafter
–, Eigenkapitalspiegel 297 61
–, Kommanditist 264b 8

Mindestaspekte
–, nichtfinanzielle Erklärung 289c 3

Mindestbesteuerung
–, latente Steuern 274 52

Mindestgliederung
–, Gewinn- und Verlustrechnung 275 1

Mindeststeuergesetz 306 35
–, latente Steuer 306 33

Mindestversicherungssumme
–, Haftpflichtversicherung 323 103

Mitarbeiterzahl
–, Anhang, Pflichtangaben 285 37
–, Konzernanhang, sonstige Pflichtangaben 314 30

mittelbare Bezugsrechte 272 122

Mittelkurs 255 239

Mitunternehmerschaft
–, latente Steuern 274 63

Mitzugehörigkeitsvermerk
–, Beteiligung 271 28

MoMiG 266 88

Mutterschutz
–, Rückstellung 249 286

Mutter-Tochter-Verhältnis 290 7 19

Mutterunternehmen
–, Auskunftsrecht 294 34
–, Beherrschungskriterien 271 37

Mutterunternehmen mit Konzernabschluss
–, Anhang, Pflichtangaben 285 95

N

Nachbetreuungsleistung
–, Rückstellung 249 287

Nachhaftungsfrist 264a 12

Nachhaltigkeitsbericht 289b 25, 324f-E 4
–, Abberufung des Prüfers 324d-E 5
–, Abschlussprüfer 319 87
–, Anwenderkreis 289b 22
–, Arbeitnehmereinbindung 289b 30
–, Auskunftsrecht 324h-E 4
–, Befreiung 289b 26
–, Bericht durch eine akkreditierte unabhängige dritte Partei 324k-E 5
–, Bestellung des Prüfers 324d-E 4
–, Bußgeldvorschriften 334 53
–, Drittstaatsunternehmen, unverbunden 315i-E 7
–, Drittstaatsunternehmen, verbunden 315j-E 6
–, Elektronische Auszeichnung 315e-E 1
–, Erleichterungen 289d 14
–, Gegenstand und Umfang 324c-E 4
–, Genossenschaft 289b 23
–, Kapitalgesellschaft 315h-E 7
–, Konzern 315c 10, 315j-E 6, 315k-E 1
–, Minderheitengesellschafterrecht 324k-E 4
–, Nachtragsprüfung 324b-E 6
–, öffentliches Unternehmen 289b 24
–, Offenlegung 325 218
–, Pflicht zur Prüfung 324b-E 4
–, Prüfer, Auswahl und Ausschlussgründe 324e-E 4
–, Prüfung 324e-E 6
–, Prüfung durch eine akkreditierte unabhängige dritte Partei 324l-E 4
–, Prüfung, Gegenstand und Umfang 324c-E 4
–, Prüfungsergebnis 324i-E 6
–, Prüfungsstandards 324i-E 5
–, Prüfungsvermerk 324i-E 4 6 f.
–, Selbstbefreiung 289b 29
–, Unternehmen aus Drittstaaten 315k-E 1
–, Verantwortlichkeit des Prüfers 324j-E 4
–, Vorlagepflicht 324g-E 4

Nachhaltigkeitsberichterstattung 289c 13
–, CSDDD **315b** 16
–, CSR-Richtlinie **315b** 1
Nachlaufkosten
–, Rückstellung **249** 288
Nachteil
–, Befreiung von der Angabe **286** 10
nachteilige Angaben
–, Entfallen der Gründe **289e** 3
–, Voraussetzungen **289e** 2
nachträgliche Anschaffungskosten
–, nachträgliche Änderung Kaufpreis **255** 64
nachträgliche Herstellungskosten
–, Modifikation **248** 24
–, Wesensänderung **248** 24
nachträgliche Offenlegung 328 53
Nachtragsbericht 285 176
Nachtragsprüfung
–, Begriff **316** 38
–, Berichterstattung **316** 43
–, Bestätigungsvermerk **316** 46, **322** 164
–, Hauptversammlung **316** 16
–, Nachtragsprüfungsbericht **321** 212
–, Offenlegung Bestätigungsvermerk **325** 72
–, Prüfungsbericht **321** 211
–, Tatbestand **316** 39
–, Umfang **316** 41
nahestehende Person
–, Konzernanhang, sonstige Pflichtangaben **314** 86
nahestehende Unternehmen und Personen
–, Anhang **285** 132
Nebenbezüge 275 103
Nebenbuch 238 52
Nebenkosten des Erwerbs 255 58
Nebenpflichten und Nebenleistung
–, Rückstellung **249** 32
negativer Inhalt
–, Prüfungsbericht **321** 38
Negativerklärung 251 24
negativer Unterschiedsbetrag
–, Auflösung **309** 27
–, Einstellung in die Rücklagen **309** 33
Nennbetrag 266 110
net of tax 306 28
Nettoausweis
–, Eigenkapital **264c** 19
–, gezeichnetes Kapital **266** 111
Nettomethode
–, Befreiung Konzernrechnungslegung **293** 10
–, erhaltene Anzahlungen auf Bestellungen **266** 154
–, selbst erstellte Vermögensgegenstände **275** 76
Netzwerk
–, Definition **319b** 4
–, gemeinsame Berufsausübung **319b** 6
–, Marke **319b** 9

–, Mitgliedschaft **319** 38
–, Verfolgung gemeinsamer wirtschaftlicher Interessen **319b** 8
Neubewertungsmethode
–, Abfindung der scheidenden Gesellschafter **307** 47
–, Anteile anderer Gesellschafter **307** 20
–, Erstkonsolidierung **301** 127, **307** 20
–, Folgekonsolidierung **307** 24
–, Kapitalkonsolidierung **301** 23, **306** 9
–, Quotenkonsolidierung **310** 26
Neubewertungsrücklage 301 143
Neuentwicklungskosten 255 121
nicht ausschüttbare Beträge
–, Anhang, Pflichtangaben **285** 166
nicht durch Eigenkapital gedeckter Fehlbetrag 272 224
nichtfinanzielle Erklärung
–, Auslagerung aus Konzernlagebericht **315b** 10
–, Befreiung **315b** 8
–, Beschreibung Geschäftsmodell **289c** 2
–, Bußgeld **334** 1
–, comply or explain **289c** 11
–, CSR-Richtlinie **289c** 1
–, erforderlich für Verständnis und Auswirkungen **289c** 4
–, Hintergrund **289b** 1
–, IFRS **325** 145
–, Konzeption **289c** 5
–, Mindestaspekte **289c** 3
–, mögliches Rahmenwerk **289d** 3
–, nachteilige Angaben **289e** 2
–, nichtfinanzielle Konzernerklärung **315c** 3
–, Offenlegung Ergebnis **315b** 12
–, Ordnungswidrigkeit **334** 23
–, Rahmenwerk **289d** 1
–, Unrichtigkeit und Verstoß **331** 4
–, Verpflichtung **315b** 5
nichtfinanzielle Konzernerklärung
–, Anwendung **315c** 2
–, Aufstellungspflicht **290** 27
–, Befreiungsmöglichkeiten **315c** 2
–, CSR-Richtlinie **315c** 1
–, doppelter Wesentlichkeitsvorbehalt **315c** 6
–, Inhalt **315c** 5
–, internationale Rahmenwerke **315c** 8
–, Konzernsichtweise **315c** 6
–, Lieferketten **315c** 7
–, Rahmenwerke **315c** 9
–, Verweis **315c** 3
–, Ziel **315c** 1
nichtfinanzieller Bericht
–, ergänzende Prüfung **322** 193
–, Wesentlichkeitsgrundsatz **252** 20
nicht in der Bilanz enthaltene Geschäfte
–, Anhang, Pflichtangaben **285** 16

icht korrigierte Prüfungsdifferenzen 320 29

Nicht-Mutterunternehmen
, befreiende Wirkung 264b 11
, Konzernabschluss 264b 11

Niederstwertprinzip
, außerplanmäßige Abschreibung 253 216
, Bewertungsvereinfachungsverfahren 256 16
, gemildertes Niederstwertprinzip 253 216

Nießbrauch
, Bilanzierung 246 84
, wirtschaftliches Eigentum 246 84

Nießbrauchrecht 266 40

Normalauslastung 253 303

Normalbeschäftigung
, Rückstellung 249 172

Normenzusammenhang
, Gliederungsvorschriften 275 2
, Quotenkonsolidierung 310 5
, Zwischenergebniseliminierung 304 9

notwendiger Erfüllungsbetrag
, Bewertung 253 32
, Schätzung 253 44

Novation 247 46 129

Nutzbarkeit
, wirtschaftlich selbstständige 252 87

Nutzungsdauer
, Abschreibungsplan 253 167
, Geschäfts- oder Firmenwert 309 15

O

öffentliches Interesse
, Anhang 286 4

öffentlich notierter Marktpreis 255 235

öffentlich-rechtliche Verpflichtung
, Rückstellung 249 28 113

Offenkundigkeit 333 14

Offenlegung
, Abhängigkeitsbericht 325 65
, Abschreibungsplan 325 65
, Aktionärsbrief 325 65
, Anforderungen an den internationalen Konzernabschluss 325 131
, Anhang 284 5
, befreiende Wirkung des IFRS-Abschlusses 325 128
, Beginn 325a 14
, Begrenzung der Offenlegungspflicht 325 187
, Bekanntmachung 325 6 169
, Bericht des Aufsichtsrats 325 49 81
, Bestätigungsvermerk 325 49 69, 328 38
, Betriebsabrechnungsbogen 325 65
, Bilanz, Mindestumfang 327 13
, Bilanzpolitik 325 215
, CSRD-Umsetzungsgesetz 321a 56
, CSR-Richtlinie 325 8, 329 6
, EHUG 325 6

, Einbringungsbilanz 325 65
, Einreichungspflicht 325 36
, elektronischer Bundesanzeiger 325 6
, Entsprechenserklärung 325 87
, Erklärung zum Corporate Governance Kodex 325 49
, Erleichterung 325 11
, Eröffnungsbilanz 325 65
, Feststellungs- und Billigungsdatum 328 37
, Finanzplan 325 65
, Format 328 2
, Form und Inhalt 328 1
, freiwillige Offenlegung 325 52
, Frist 325 166
, Frist, Erleichterungen 327a 4
, Frist, Konzernabschluss 290 26
, Geschäftsführer 325 119
, Gesellschafterliste 325 119
, Gesellschafterversammlung 325 30
, Gewinnverwendungsvorschlag 325 112
, Gründungsbilanz 325 65
, Haftungsbegrenzung 325 199
, Handelsbilanz II 325 65
, Handelsbilanz III 325 65
, IFRS 325 27
, Insolvenz 325 21, 335 62
, Insolvenzverfahren 325 42
, Inventar 325 65
, Jahresabschluss 264a 10, 325 49 60
, Kapitalerhöhung 325 95
, Kapitalerhöhungsbilanz 325 65
, kleine Kapitalgesellschaft 326 1
, Konzernabschluss, Konzernlagebericht 325 154
, Kreditinstitut, Versicherungsunternehmen 325 31
, Lagebericht 325 49 79
, Liquidationsbilanz 325 65
, Mindestumfang Bilanz 326 15
, mittelgroße Kapitalgesellschaft 327 1
, Nachhaltigkeitsbericht 325 218
, Nachtragsprüfung 325 72
, natürliche Person 325 120
, Negativbericht 325 54
, Nullbilanz 325 66
, Ordnungswidrigkeit 334 24
, Organ 325 39
, Pflicht 264a 10
, Probebilanz 325 65
, Prüfungsbericht 321a 1
, Quartalsbericht 325 65
, Rechnungslegung 325 36
, Rückstellung 249 290
, Sanierungsbilanz 325 65
, Schutz persönlicher Daten 325 118
, Serviceplattform 325 44
, Sonderbilanz 325 65
, Spaltungsbilanz 325 65

–, Sprache 325 174
–, steuerliche Ergänzungsbilanz 325 65
–, steuerliche Sonderbilanz 325 65
–, Überschuldungsstatus 325 65
–, Umfang 325 23
–, Umwandlungsbilanz 325 65
–, Veranlassung der Bekanntmachung 325 6
–, vereinfachte Kapitalherabsetzung 325 95
–, Verkürzung des Anhangs 327 17
–, Verlustübernahme 325 15
–, Vermeidung der Offenlegungspflicht 325 187 209
–, Vermögensaufstellung 325 65
–, Veröffentlichung und Vervielfältigung 328 16
–, Versagungsvermerk 325 49 69
–, Verschmelzungsbilanz 325 65
–, Verstoß 325 39
–, Vollständigkeit/Richtigkeit 328 22
–, Voraussetzung für Befreiung 264b 25
–, Vorbelastungsbilanz 325 65
–, Vorlage an die Gesellschafter 325 46
–, Wechsel der Rechtsform 325 190
–, Zeitpunkt 325 92, 325a 41
–, Zustimmung zur Befreiung 325 15
–, Zwischenberichterstattung 325 65
Offenlegungspflicht
–, Annexfunktion 335 63
–, Befreiung 335 63
–, kleine Kapitalgesellschaft 326 11
Offenlegungsversäumnis
–, Ordnungsgeldverfahren 329 19
Offenlegungsverstoß 335 1, 335a 1
OHG
–, besondere Bestimmungen 264a 3
–, Jahresabschluss 264c 1
one-line consolidation 312 1
Option
–, derivatives Finanzinstrument 254 20
–, Optionsanleihe 272 125
–, Optionsgeschäft 249 291
–, Optionsrecht 272 125
Ordnungsgeld
–, Adressat 335 6
–, Androhung 335 30
–, betragsmäßige Angabe 335 34
–, Bundesamt für Justiz 335 5, 335a 3
–, Empfänger 335 21
–, Festsetzung 335 40
–, Höhe 335 25
–, Verfahren 335 40
–, Verschulden 335 18
Ordnungsgeldverfahren
–, Durchführung 335 22
–, Einspruch 335 36
–, Offenlegungsversäumnis 329 19
–, Rechtsschutz 335 36
–, sofortige Beschwerde 335a 4

Ordnungsmäßigkeit der Rechnungslegung
–, Prüfungsbericht 321 95
Ordnungswidrigkeit
–, Abschlussprüfer 334 26
–, Aufstellung des Konzernabschlusses 334 17
–, Aufstellung und Feststellung des Jahresabschlusses 334 12
–, Bewertung 334 14
–, Bewertung Konzernabschluss 334 21
–, Bußgeldvorschriften 334 4
–, Gliederung 334 15
–, Inhalt und Form 334 19
–, Konsolidierungsgrundsatz 334 20
–, Konsolidierungskreis 334 18
–, Konzernanhang 334 22
–, Konzernlagebericht 334 23
–, Lagebericht 334 23
–, Offenlegung 334 24
–, Pflichtverletzung 328 15 60
–, Verjährung 334 51
–, Vorschriften über Form und Inhalt 334 13
–, weitere Angaben in der Bilanz und im Anhang 334 16
Organbestellungsrecht
–, Konzernbilanzierungsverpflichtung 290 36
Organgesellschaft 275 189
organisierter Markt
–, Begriff 255 228, 291 26
–, geregelter Markt 291 26
–, Legaldefiniton 264d 4
Organmitglieder
–, Bezüge 314 38
–, Rechtsgeschäfte 314 38
–, Vorschüsse 314 53
Organschaft
–, Abführungssperre 274 80
–, Beendigung 274 84
–, formale Betrachtungsweise 274 77
–, latente Steuern 274 74
–, push-down accounting 274 78
–, Steuerumlage 274 75
–, wirtschaftliche Betrachtungsweise 274 78
Organträger 275 188
Organvertreter
–, Bezüge 285 49 54
–, Personalien 285 73
outside basis differences
–, latente Steuern 274 93, 306 29

P

Pachterneuerungsverpflichtung
–, Rückstellung 249 292
pagatorische Kosten 255 83
partielle Entkonsolidierung 307 49

Stichwortverzeichnis

Passive latente Steuern
-, Angabe 285 170
-, Bilanzposten 266 167
-, kleine Kapitalgesellschaft 274a 10
-, Rückstellung 274a 10
Passiver Unterschiedsbetrag
-, Auflösung 301 183
-, Ausweis 301 139, 309 24
-, badwill 301 161
-, Beteiligung 312 36
-, Entstehungsursache 309 24
-, Geschäfts- oder Firmenwert 306 23
-, Kapitalaufrechnung 312 36
-, Kapitalkonsolidierung 301 115, 309 1
-, stille Lasten 312 25
Passivierungspflicht
-, Steuerlatenz 274 34
Passivseite
-, Gliederung der Bilanz 266 105
Patentverletzung
-, Rückstellung 249 293
Patronatserklärung 251 32
Pauschalwertberichtigung 253 318
pdf-Datei
-, Prüfungsbericht 321 28
Pensionen und ähnliche Verpflichtungen
-, Pensionsrückstellung 249 48
Pensionsfonds
-, Formblatt, Sondervorschrift 330 23
-, Pensionsverpflichtung 249 68
Pensionsgeschäft
-, Begriff 246 63
Pensionsrückstellung
-, Anhang, Pflichtangaben 285 153
-, beitragsorientierte Leistungszusage 249 48
-, Beitragszusage mit Mindestleistung 249 48
-, Bilanzposten 266 136
-, deferred compensation 249 48
-, Entgeltumwandlung 249 48
-, leistungsorientierte Zusage 249 48
-, Pensionen und ähnliche Verpflichtungen 249 48
Pensionssicherungsverein
-, Rückstellung 249 294
Pensionsverpflichtung
-, Abgrenzung zwischen Alt- und Neuzusagen 249 78
-, Altersgrenzenanpassung 249 56
-, Betriebsübergang 249 57
-, Blankettzusage 249 56
-, buchhalterische Methode 249 110
-, Deckungslücke 249 66
-, Einzelrechtsnachfolge 249 57
-, Erfüllungsübernahme 249 58
-, Fehlbetrag 249 88
-, Gesamtrechtsnachfolge 249 57

-, Gesellschafter-Geschäftsführer 249 99
-, Insolvenzsicherung 249 101
-, Inventur 249 59
-, Konzernanhang, sonstige Pflichtangaben 314 110
-, mündliche Zusage 249 54
-, Nichtarbeitnehmer 249 96
-, Pensionsfonds 249 68
-, plan assets 246 111
-, schriftliche Zusage 249 54
-, Schuldbeitritt 249 58
-, Unterstützungskasse 249 71
-, Verrechnungsgebot 246 114
-, versicherungsmathematische Methode 249 109
-, Verwaltungskosten 249 103
-, Zeitpunkt der Entstehung 249 55
-, Zusatzversorgungskasse 249 70
Percentage-of-completion-Methode
-, Umsatzrealisierung 275 51
periodenfremde Aufwendungen und Erträge 285 175
periodengerechte Gewinnermittlung 252 23
periodengleiche Gewinnvereinnahmung 252 129
periodengleiche Vereinnahmung 305 13
permanente Differenz 274 16
persönlich haftender Gesellschafter
-, Beteiligung 264b 4
-, Einzahlungsverpflichtung 264c 21
-, Konzernabschluss 264b 3
-, Rechtsfolgen des § 264a HGB 264a 6
-, Rechtsform 264b 6
Personalaufwand
-, Anhang, Pflichtangaben 285 47
-, Bilanzposten 275 100
-, Konzernanhang, sonstige Pflichtangaben 314 35
Personengesellschaft
-, Anteil 264c 38
-, Gewinnrücklage 264c 31
-, Kapitalgliederung 264c 15
-, Kapitalrücklage 264c 31
-, KG 264a 1, 264c 1
-, Konzernrechnungslegung 290 10
-, Nachhaltigkeitsbericht 289b 23
-, OHG 264a 1, 264c 1
-, Steueraufwand 264c 35
-, unterlassene Pflichtprüfung 316 22
Personenhandelsgesellschaft
-, Aufstellungspflicht, Jahresabschluss 264b 1
-, Befreiung 264b 1
-, Eigenkapital 247 86
-, Ergänzungsbilanz 306 22
-, Sonderbetriebsvermögen 306 22
-, Steueraufwand 264c 36
-, Tatbestandsmerkmal 264a 3

Pfand
–, Rückstellung **249** 279 296
Pflicht
–, Offenlegung **264a** 10
–, Publizität **264a** 1
Pflichtangabe, Anhang
–, Abschlussprüferhonorar **285** 113
–, Arbeitnehmeranzahl **285** 37
–, Ausschüttungssperre **285** 166
–, Entsprechenserklärung **285** 110
–, Forschungs- und Entwicklungskosten **285** 141
–, Geschäfte mit Nahestehenden **285** 129
–, Geschäfts- oder Firmenwert **285** 93
–, Investmentvermögen **285** 156
–, latente Steuern **285** 167
–, Materialaufwand **285** 46
–, Mutterunternehmen mit Konzernabschluss **285** 95
–, nicht in der Bilanz enthaltene Geschäfte **285** 16
–, Organvertreter, Personalien **285** 73
–, Pensionsrückstellung **285** 153
–, persönlich haftender Gesellschafter **285** 106
–, Personalaufwand **285** 47
–, Risikoabsicherung **285** 143
–, Steuern **285** 36
–, Verrechnung von Vermögensgegenständen und Schulden **285** 154
Pflichten des Abschlussprüfers
–, Erklärung zur Unternehmensführung **289f** 36
Pflichtenrahmen
–, Abschlussprüfer **323** 1
Pflichtverletzung
–, berufsgerichtliche Maßnahme **323** 17
–, Fahrlässigkeit **323** 81
–, Ordnungswidrigkeit **328** 15 60
–, Vorsatz **323** 81
phasenverschobene Gewinnvereinnahmung
–, Steuerlatenz **274** 73
PIE **316a** 7
planmäßige Abschreibung
–, abzuschreibende Vermögensgegenstände **253** 155
–, Geschäfts- oder Firmenwert **309** 14
–, Unterschiedsbetrag **309** 14
Planungssystem
–, Prüfung **317** 111
Planvermögen
–, Anhang, Pflichtangaben **285** 154
–, Deckungsvermögen **253** 118
–, Konzernanhang, sonstige Pflichtangaben **314** 111
Posten
–, Zusammenfassung **265** 26
Postenzuordnung
–, Mitzugehörigkeit **265** 14

Prämiensparvertrag
–, Rückstellung **249** 297
Präsenzmehrheit **290** 31
Preisnachlass
–, Rückstellung **249** 298
private Einkommensteuer
–, Gesellschaft **264c** 35
Privatkonto
–, Kommanditist **264c** 33
privatrechtliche Verpflichtung
–, Rückstellung **249** 28
Privatvermögen
–, Ausweis **264c** 35
Produkthaftung
–, Rückstellung **249** 299
Produktionsaufwand **275** 14
Produktverantwortung
–, Rückstellung **249** 300
Produzentenhaftung
–, Rückstellung **249** 301
Prognose
–, hinreichend sicher **252** 39
Prognosebericht
–, Konzernlagebericht **315** 48 60
–, Prüfung **317** 107
Prognosezeitraum
–, Lagebericht **289** 59
Prototyp
–, Bewertungsmaßstab **255** 123
Provision
–, Rückstellung **249** 302
Prozessrisiko
–, Rückstellung **249** 303
Prüfung
–, Assoziierungsvermutung **312** 17
–, Befragung **317** 140
–, befreiender Konzernabschluss **291** 19
–, Beobachtung **317** 140
–, Bestellung **318** 8
–, Durchsicht **317** 140
–, ergänzende Bestimmungen Gesellschaftsvertrag/Satzung **317** 42
–, Erklärung zur Unternehmensführung **317** 119
–, fachliche Prüfungsgrundsätze **317** 46
–, freiwillige **317** 20
–, Gegenstand **317** 28
–, gewissenhafte Berufsausübung **317** 44
–, HGB-Vorschriften, Überblick **317** 14
–, Konzernabschlussprüfung **317** 59
–, Konzernlagebericht **317** 116
–, Konzernnachhaltigkeitsbericht **324b-E** 5
–, Kündigung **318** 78
–, Lagebericht, s. dort
–, Nachhaltigkeitsbericht **324b-E** 4, **324e-E** 4 6, **324l-E** 4
–, Nachtragsbericht **317** 103
–, Problemorientierung **317** 43
–, Risikobericht **317** 107

–, risikoorientierter Prüfungsansatz 317 47
–, Umfang 317 44
–, Versicherung 317 16
–, Zwischenabschluss 299 25
Prüfungsauftrag
–, Annahme 318 19
–, Begriff 318 25
–, Erteilung 318 18
–, Erweiterung 317 33
–, Inhalt 318 33
–, Kündigung 318 78
–, Prüfungsbericht 321 42
–, Prüfungsvertrag 318 25
–, Widerruf 318 23
Prüfungsausschuss 324 18
–, Abschlussprüferrichtlinie 324 11
–, Aktiengesetz 324 13
–, DCGK 324 7
–, Sachverstand 324 17
–, Unabhängigkeit 324 17
Prüfungsbericht 321a 5
–, Adressat 321 10
–, Adressatenbezug 321 36
–, allgemeine Berichtsgrundsätze 321 25
–, analysierende Darstellung 321 52
–, Anhang 321 107
–, Art und Umfang der Abschlussprüfung 321 88
–, Aufbewahrungspflicht 321a 21
–, Aufgliederungen und Erläuterungen 321 130
–, ausgeweitete Berichterstattung 321 204
–, Auskunft und Nachweis 321 92
–, Berichtspflicht 321 176
–, Bestandsgefährdung 321 59
–, Bilanzierungs- und Bewertungswahlrechte 321 119
–, Buchführung 321 95
–, Dokumentations- und Nachweisfunktion 321 20
–, Durchbrechung der Bewertungsstetigkeit 321 124
–, eindeutige Berichterstattung 321 31
–, Einheitlichkeit 321 39
–, Einsichtnahmerecht 321a 5
–, Entwicklungsbeeinträchtigung 321 61
–, Erklärung der Unabhängigkeit 321 45
–, Erstprüfung 321 202
–, Erweiterung des Prüfungsauftrags 321 140
–, freiwillige Abschlussprüfung 321 191
–, fremde Sprache 321 221
–, Gebot der Wesentlichkeit 321 73
–, Gegenstand, Art und Umfang 321 81
–, Gemeinschaftsprüfung 321 220
–, Gesamtaussage 321 114
–, grundsätzliche Feststellungen 321 47
–, Hervorhebung 321 52
–, IFRS-Abschluss 321 205
–, IFRS-Einzelabschluss 321 149, 324a 16
–, International Standards on Auditing 321 226
–, IT-System 321 97
–, Jahresabschluss 321 104
–, Klarheit 321 29
–, Konsolidierungskreis 321 177
–, Konzern 321 165
–, Konzernbuchführung 321 184
–, Kündigung des Prüfungsauftrags 321 232
–, Lagebericht 321 110
–, Leseexemplar 321 159
–, Mängel des Internen Kontrollsystems 321 99
–, management letter 321 40
–, Nachtragsprüfung 321 211, 321a 24
–, negativer Inhalt 321 38, 321a 47
–, Offenlegung 321a 1
–, Ordnungsmäßigkeit der Rechnungslegung 321 95
–, organisatorische Schwächen 321 98
–, Papierform 321 27
–, pdf-Datei 321 28
–, Prüfungsauftrag 321 42
–, Prüfungsstrategie 321 89
–, Rechnungslegung 321 94
–, Risikofrüherkennungssystem 321 133
–, Schriftlichkeit 321 26
–, sonstige Unregelmäßigkeiten 321 77
–, Stellungnahme zur Lagebeurteilung 321 49
–, Teilbericht 321 60 198
–, Testatsexemplar 321 145
–, Unparteilichkeit 321 41
–, Unregelmäßigkeit 321 67
–, Unterrichtungsfunktion 321 20
–, Unterstützungsfunktion 321 20
–, Unterzeichnung 321 150
–, Vollständigkeit 321 35
–, Vollständigkeitserklärung 321 92
–, Vorabexemplar 321 159
–, Vorwegberichterstattung 321 47
–, Wahrheit 321 33
–, Wiedergabe des Bestätigungsvermerks 321 145
–, Wirtschaftsausschuss 321 19
–, Zusammenfassung 321 229, 324a 16
Prüfungsdurchführung
–, Lagebericht 317 91
Prüfungshemmnis
–, Auskunftsrecht 320 51
–, Bestätigungsvermerk 322 58 81
–, Einschränkung des Bestätigungsvermerks 322 81
–, Konzernabschlussprüfung 317 68
Prüfungsobjekt
–, Risikomanagementsystem 317 135
Prüfungspflicht
–, Einsichtsrecht 321a 14

2985

–, freiwillige Abschlussprüfung 321a 16
–, Jahresabschluss 316 1
–, Kapitalgesellschaft 316 3
–, Kapitalgesellschaft & Co. 316 6
–, Risikofrüherkennungssystem 317 131
–, unterlassene Pflichtprüfung 316 15
Prüfungsrecht 320 14
Prüfungsrisikomodell
–, Prüfungsansatz 317 47
Prüfungssachverhalt
–, besonders wichtig 322 47
Prüfungsstrategie
–, Prüfungsbericht 321 89
Prüfungsteam
–, Verschwiegenheitspflicht 323 54
Prüfungsvermerk
–, eingeschränkt 324i-E 9
–, Einwendung 324i-E 10
–, Erteilung 324i-E 12
–, Formen des Prüfungsergebnisses 324i-E 7
–, Inhalt und Ausschlussgründe 324i-E 4
–, Nachhaltigkeitsbericht 324i-E 4 7
–, Prüfungshemmnis 324i-E 11
–, Prüfungsstandards 324i-E 5
–, uneingeschränkt 324i-E 8
Prüfungsvertrag
–, Sondervertragsrecht 323 6
Prüfverfahren
–, Benford-Gesetz 239 20
–, Betriebsprüfung 239 20
–, Chi-Quadrat-Test 239 20
Public Company Accounting Oversight Board (PCAOB)
–, Verschwiegenheitspflicht 323 65
Publizität
–, freiwillige 328 42
–, Pflicht 264a 1
push-down accounting
–, Organschaft 274 78

Q

quasi-permanente Differenz 274 16
quoad sortem 246 13
quotale Eliminierung
–, Zwischenergebnis 310 34
Quotenkonsolidierung
–, Begriff 311 11
–, Durchführung 310 25
–, Equity-Methode, Übergang 312 124
–, Gemeinschaftsunternehmen 303 3, 305 8, 310 2 15, 312 17
–, Kapitalgesellschaft & Co. 264b 16
–, Neubewertungsmethode 310 26
–, Quote für die Einbeziehung 310 28
–, umfassende Darstellung des wirtschaftlichen Handelns 310 20

R

Rabatt
–, Belegschaftsrabatt 255 71
Rahmenwerk
–, nichtfinanzielle Konzernerklärung 315c
Rahmenwerke
–, ESRS 289d 8
Realisationsprinzip
–, beizulegender Zeitwert 255 211
–, Grundsätze ordnungsmäßiger Buchführung 243 18
–, Haftungsverhältnis 251 6
–, Regelungsinhalt 252 109
Realisationszeitpunkt 252 111
Realkonkurrenz 331 88
Rechnungsabgrenzungsposten
–, Abgrenzungsbetrag 250 6
–, Abweichung Handels- und Steuerbilanz 274 147
–, Auflösung 250 6
–, Ausgabebetrag 250 20
–, Ausgabedisagio 250 20
–, Begriff 246 7
–, Disagio 250 19
–, Erfolgsermittlung 266 100
–, Konzernabschluss 298 27
–, Rückzahlungsdisagio 250 20
–, transitorisch 250 1
–, Unterschiedsbetrag 250 20
Rechnungslegung
–, Einsicht 325 2
–, Formblatt, Besonderheiten 330 1
–, Grundsatz der Ordnungsmäßigkeit 322 33
–, Grundsatz der sachgerechten Gesamtdarstellung 322 33
–, Rechnungslegungsbeirat 342r 3
Rechtezurechnung
–, Konzernbilanzierung 290 55
rechtliche Entstehung
–, Rückstellung 249 35
Rechtsentwicklung
–, Unterschiedsbetrag 309 5
Rechtsfolgen bei Pflichtverletzung
–, Grundsatz der einheitlichen Bewertung 308 62
–, Vereinheitlichung der Ansätze 300 42
Rechtsstreit
–, gerichtliche Einsichtsrechte 258 1
–, Rückstellung 249 305
Rechtswirksamkeit 328 15 58
Registereintragung 264a 10
regulierter Markt 317 132, 323 100
Rekultivierung
–, Rückstellung 249 306
Rentenschuld 253 149
Rentenverpflichtung 253 150, 255 46
Restrukturierung
–, Rückstellung 249 307, 301 67

Stichwortverzeichnis

Restwert
–, Abschreibung 253 164
Richtigkeit 239 18
Richtlinie
–, Zweigniederlassung 325a 10
Richtlinienkonformität 264b 19
Risiken, Aufschlüsselung
–, Anhang, Pflichtangaben 285 161
Risiko
–, Begriff 289 47
–, Bewertungsgrundsatz 252 104
–, Lagebericht 289 47
Risiko, Absicherung
–, Anhang, Pflichtangaben 285 143
Risikobericht
–, Konzernlagebericht 315 62
Risikofrüherkennungssystem
–, Ausstrahlungswirkung 317 134, 321 139
–, Berichterstattung 317 133 141
–, Dokumentation 317 138
–, Prüfungsbericht 321 133
–, Prüfungsdurchführung 317 135
–, Prüfungspflicht 317 131
–, Risikohandbuch 317 138
Risikoinventur
–, Rückstellung 249 10
Risikomanagement
–, Anhang, Pflichtangaben 285 148
–, Lagebericht 289 87
risikoorientierter Prüfungsansatz
–, Risikomodell 317 47
Rohergebnis
–, Gesamtkostenverfahren 276 8
–, größenabhängige Erleichterung 276 4
–, Saldierungsverbot 275 26
–, Umsatzkostenverfahren 276 8
Roh-, Hilfs- und Betriebsstoffe
–, Begriff 275 90
–, Bilanz 247 53
–, Gängigkeitsabschlag 253 296
–, recycelter Rohstoff 266 67
–, vereinfachter Niederstwerttest 253 293
–, Wiederbeschaffungskosten 253 292
Rückbauverpflichtung
–, Rückstellung 249 308
Rückbeteiligung
–, Bilanzierungspflicht 272 197
–, Konzernbilanzierung 301 123
Rückdeckungsversicherung
–, Altersversorgungsverpflichtung 253 103
–, Bewertung 253 121
Rückgriffsanspruch
–, Rückstellung 249 253
Rückgriffsforderung
–, Haftungsverhältnis 251 43
Rücklage
–, frei verfügbare 268 56
Rücklagen
–, Anteile 266 117

–, gesetzliche 272 100
–, satzungsmäßige Rücklage 272 100
–, stille 272 99
–, umwandlungsfähige 272 43
Rücknahmeverpflichtung
–, Rückstellung 249 309
Rückstellung
–, Abbruchkosten 249 193
–, ABC 249 193
–, Abfallbeseitigung 249 194
–, Abfallrecycling 249 194
–, Abfindung 249 195, 253 72
–, Abraumbeseitigung 249 186
–, Abrechnungsverpflichtung 249 196
–, Absatzgeschäft 249 155
–, Abzinsungsgebot 253 3 127
–, Abzinsungssatz 253 129
–, ähnliche Verpflichtung 253 73
–, Altauto 249 199
–, Altbatterie 249 199
–, Altersfreizeit 249 200
–, Altersgrenze 253 80
–, Altersmehrurlaub 249 200
–, Altersteilzeit 249 201
–, Altersversorgungsverpflichtung 253 69 74
–, Altlastensanierungspflicht 249 118
–, Anpassungsverpflichtung 249 205
–, Ansammlungsrückstellung 253 65
–, Anschaffungs- und Herstellungskosten 249 206
–, Anwartschaftsbarwertverfahren 253 83
–, Arbeitnehmer 249 207
–, Arbeitslosengeld nach § 147a SGB II 249 208
–, Aufbewahrungspflicht 249 210
–, Auflösung 249 22
–, aufschiebende Bedingung 249 124
–, Aufsichtsratsvergütung 249 211
–, Ausgleichsanspruch des Handelsvertreters 249 212
–, Ausgleichszahlung 249 336
–, Auslandszuschlag 253 72
–, Außenverpflichtung 249 9 24
–, Baulast 249 217
–, Beihilfe 249 219
–, Berufsausbildung 249 220
–, Besserungsschein 249 222
–, Bestandspflege 249 223
–, Betriebsprüfung 249 224
–, Bewertung 253 32
–, Bewertungseinheit 249 146 225
–, Bewertungsobjekt 253 34
–, Bewertungsstichtag 253 39
–, Bilanzposten 266 135
–, biometrische Wahrscheinlichkeit 253 76
–, Buchführung 249 226
–, Bürgschaft 249 227
–, Bußgeld 249 228

- , Chartervertrag 249 229
- , Datenbereinigung 249 230
- , Datenschutz 249 231
- , Datenzugriff der Finanzverwaltung 249 232
- , Dauerschuldverhältnis 249 159
- , Deputatverpflichtung 249 234
- , Devisentermingeschäft 249 236
- , Druckbeihilfe 249 237
- , Duration 253 136
- , dynamische Bilanzauffassung 249 8
- , Einkaufskontrakt 249 238
- , Einzelbewertungsgrundsatz 253 34
- , Entfernungsverpflichtung 249 242
- , Entsorgungsverpflichtung 249 244
- , ERA-Anpassungsfonds 249 245
- , Erbbaurecht 249 246
- , Erfolgsprämie 249 247
- , Erfüllungsrückstand 249 33
- , Erneuerungsverpflichtung 249 248
- , Erträge aus dem Verbrauch 249 21
- , Erwartungswert 253 57
- , faktische Verpflichtung 249 30 117
- , Fehlmaßnahme 249 154 164
- , Fluktuation 253 79
- , Fortführungsverbot 249 182
- , Fremdwährungsschulden 253 133
- , Garantie 249 249
- , Geldleistungsverpflichtung 253 45
- , Geschäftsbericht 249 250
- , Gesellschaftsvertrag 249 122
- , Gewährleistung 249 191 253
- , Gewerbesteuer 249 254
- , Gleitzeitguthaben 249 256
- , Gratifikation 249 247
- , Haftpflicht 249 259
- , Hauptversammlung 249 261
- , Heimfall 249 262
- , Höchstwertprinzip 253 60
- , IFRS-Umstellung 249 266
- , Innenverpflichtung 249 9
- , Instandhaltung 249 267
- , Jahresabschluss 249 270
- , Jubiläum 249 271
- , Kapitalbindungsdauer 253 136
- , Körperschaftsteuer 249 272
- , kompensierender Anspruch 253 37
- , Kontamination 249 119
- , Konzernabschluss 298 26
- , Konzernhaftung 249 273
- , Kulanzleistung 249 191
- , Kurzarbeitergeld 249 275
- , latente Steuern 249 42
- , Leasingvertrag 249 277
- , Lebensarbeitszeitmodell 253 114
- , Leergut 249 278
- , Leerkosten 249 172, 253 47
- , Lohnfortzahlung 249 280
- , Lohnsteuer 249 281
- , Mietvertrag 249 284
- , Mutterschutz 249 286
- , Nachbetreuungsleistung 249 287
- , Nachlaufkosten 249 288
- , Nachsorgeverpflichtung 249 289
- , Nebenpflichten und Nebenleistung 249 32
- , nicht aktivierungsfähige Leistungen 249 153
- , Normalbeschäftigung 249 172
- , öffentlich-rechtliche Verpflichtung 249 28 113
- , Offenlegung 249 290
- , Optionsgeschäft 249 291
- , Pachterneuerungsverpflichtung 249 292
- , passive latente Steuern 274a 10
- , Patentverletzung 249 293
- , Pensionsrückstellung 249 48
- , Pensionssicherungsverein 249 294
- , Pfand 249 296
- , planmäßige Erfüllung 253 44
- , Prämiensparvertrag 249 297
- , Preisnachlass 249 298
- , Preis- und Kostenänderung 253 48
- , Preisverhältnisse im Erfüllungszeitpunkt 253 48
- , privatrechtliche Verpflichtung 249 28
- , Produkthaftung 249 299
- , Produktverantwortung 249 300
- , Produzentenhaftung 249 301
- , Provision 249 302
- , Prozessrisiko 249 303
- , Quantifizierung von Wahrscheinlichkeiten 249 45
- , rechtliche Entstehung 249 35
- , Rechtsstreit 249 305
- , Rekultivierung 249 306
- , Restlaufzeit 253 132
- , Restrukturierung 249 307
- , Risikoinventur 249 10
- , Rückbauverpflichtung 249 308
- , Rückgriffsanspruch 249 253, 253 36
- , Rücknahmeverpflichtung 249 309
- , Rückstellungsspiegel 253 141
- , Rückstellungsverbot 249 348
- , Rückverkaufsoption 249 310
- , Sachleistungsverpflichtung 249 311, 253 45
- , Sammelbewertung 253 35
- , Schadensersatz 249 312
- , Schadensrückstellung 249 313
- , Schätzung Restlaufzeit 253 140
- , Schutzrechtsverletzung 249 314
- , Schwerbehinderte 249 316
- , Serienaufträge 249 318
- , Sicherheitsinspektion 249 319
- , Sozialplan 249 321
- , statistische Bilanzauffassung 249 7
- , Steuererklärung 249 322

Strafe 249 323
Strafverteidiger 249 324
Substanzerhaltung 249 325
Swapgeschäft 249 326
Tantieme 249 327
teilweiser Verbrauch 253 140
Termingeschäft 249 328
Trendprojektion 253 50
Treuezahlung 253 72
typisierende Betrachtungsweise 249 47
Überbrückungsgeld 253 72
Übergangsbezüge 253 72
Übergangsgeld 253 72
Überschussbeteiligung der Versicherten 249 3
Umweltschutzverpflichtung 249 112 331
Unentziehbarkeitstheorem 249 47
ungewisse Verbindlichkeit 249 23
unterlassene Instandhaltung 249 175
Urheberrechtsverletzung 249 333
Urlaub 249 332
Verbot 249 348
Verbrauch 249 19
Verdienstsicherung 249 334
Verlustausgleichsverpflichtung 249 145 335
Verlustübernahmeverpflichtung 249 336
Verpflichtungsüberschuss 249 131 165
versicherungstechnische Rückstellung 249 3
Verteilungsrückstellung 253 65
verzinsliche Verpflichtung 253 134
Vollkosten 253 45
vorsichtige Bewertung 253 56
Vorsichtsprinzip 253 52
Wahrscheinlichkeit der Inanspruchnahme 249 43
Wechselobligo 249 341
Werkzeugkostenzuschuss 249 342
wertbegründende Tatsache 249 14 350
werterhellende Tatsache 249 14 350
Wesentlichkeitsgrundsatz 249 13
wirtschaftliche Verursachung 249 35
Zinssatzänderung 253 140
Zinsswap 249 344
Zulassungskosten 249 345
Zuwendung 249 347

Rückstellungen, in der Bilanz nicht ausgewiesene
-, Anhang, Pflichtangaben 285 89

Rückstellungsabzinsungsverordnung 253 130

Rückstellungsspiegel 253 141

Rückverkaufsoption
-, Rückstellung 249 310

Rückzahlung
-, Hafteinlage 264c 44

Rückzahlungsagio 253 23

Rückzahlungsdisagio
-, Rechnungsabgrenzungsposten 250 20

Rumpfgeschäftsjahr
-, Vergleichbarkeit 299 8

S

Sachanlage
-, außerplanmäßige Abschreibung 253 246

Sacheinlage
-, Anschaffungskosten 255 51
-, Aufgeld 272 120

Sachkunde
-, Abschlussprüfer 323 38

Sachleistungsverbindlichkeit 253 29

Sachleistungsverpflichtung
-, Rückstellung 249 311

Saldierung
-, Deckungsvermögen 246 118
-, Rohergebnis 275 26
-, Unterschiedsbetrag 309 34
-, Verbot 275 26
-, wirtschaftliche Belastung 246 118

Saldierungsverbot
-, Begriff 246 103
-, Erträge 275 161
-, Grundsatz 275 26
-, Haftungsverhältnis 251 43
-, Verbindlichkeiten aus Lieferungen und Leistungen 266 156
-, Verbindlichkeiten gegenüber Kreditinstituten 266 151

Saldierung von Vermögensgegenständen und Schulden
-, Anhang, Pflichtangaben 285 154

sale and lease back
-, Gewinnrealisierung 246 50
-, Leasing 246 50
-, Zurechnungsfrage 246 50

Sanktionen
-, Bilanzeid 315f-E 8
-, Konzernlagebericht 315 100
-, Lageberichtseid 315f-E 8

Sarbanes-Oxley Act 289 71

Satzung
-, vereinbartes Weisungsrecht 290 45

satzungsmäßige Rücklagen
-, Entnahme 272 183
-, gesetzlich vorgeschriebene Rücklagen 272 100
-, Gewinnrücklage 272 178
-, GmbH 272 187
-, KGaA 272 186

Schadensersatz
-, Rückstellung 249 312

Schadensrückstellung 249 313

Schädigungsabsicht 332 41

Scheck 266 99

Schenkung
-, Rückstellung 249 122

Schlussbesprechung 320 30
Schlusserklärung zum Abhängigkeitsbericht
–, Lagebericht 317 99
Schriftlichkeit
–, Prüfungsbericht 321 26
Schuldbeitritt 247 131, 251 28
Schulden
–, Abzinsung 253 127
Schuldenkonsolidierung
–, Beteiligungsverhältnis 310 31
–, Drittschuldverbindlichkeit 297 91
–, Gemeinschaftsunternehmen 310 31
–, Konzernabschluss 303 1
–, latente Steuern 306 11
–, Währungsumrechnung im Konzernabschluss 308a 36
–, Zwischenabschluss 299 39
Schuldmitübernahme
–, Bilanzierung 246 88
schuldrechtliche Vertragsverhältnisse
–, Ausleihungen an verbundene Unternehmen 266 54
Schuldübernahme 247 131, 251 28
Schutzbedürftigkeit
–, Angaben zu Gesamtbezügen 286 17
Schutzklausel
–, Anhang 286 4
–, Konzernanhang 313 104
–, Konzernanhang, sonstige Pflichtangaben 314 149
–, Konzernlagebericht 315 98
Schutzrechtsverletzung
–, Rückstellung 249 314
schwebendes Geschäft
–, Anzahlung 249 129
–, Begriff 249 121
–, Vorauszahlung 249 129
Schwellenwert
–, Kleinstkapitalgesellschaft 267a 9
Schwerbehinderte
–, Rückstellung 249 316
Segmentberichterstattung
–, Funktion 297 65
–, Instrument 264 33
–, Konzernabschluss, Bestandteil 297 6 65
–, Konzernanhang, Angaben 297 79, 313 34
–, Segmentangaben, Pflicht 297 77
–, Segmentbestimmung 297 69
–, Stetigkeitsgrundsatz 297 76
selbst erstellte immaterielle Vermögensgegenstände
–, ABC 248 30
–, Abschreibung 253 209
–, außerplanmäßige Abschreibung 253 243
–, Entwicklungskosten 248 26
–, Profisportler 248 32

selbst erstellter immaterieller Vermögensgegenstand
–, Software 248 28
Selbstkontrolle 325 4
Serienaufträge
–, Rückstellung 249 318
share deal
–, Geschäfts- oder Firmenwert 306 24
–, latente Steuern 306 24
–, Unternehmenserwerb 246 94
Sicherheitsinspektion
–, Rückstellung 249 319
Sicherungswechsel 266 160
Sichteinlage 266 97
Simultankonsolidierung
–, Gleichungsverfahren 301 230
–, Matrizenverfahren 301 231
–, mehrstufiger Konzern 307 29
site visits 317 66
Sitz
–, Begriff 325a 17
Sitztheorie 325a 17
Skonti
–, Kundenskonti (GuV Ausweis) 275 166
Skonto 255 71
sofortige Beschwerde
–, Ordnungsgeldverfahren 335a 4
Software 253 215
Solidaritätszuschlag 275 182
Sonderausweis 264c 8
Sonderbetriebsvermögen
–, latente Steuern 306 22
–, Personenhandelsgesellschaften 306 22
Sonderbilanz
–, latente Steuern 274 70
Sonderdelikt 331 6, 332 5
Sondereinzelkosten der Fertigung 255 11
Sondereinzelkosten des Vertriebs 275 238
Sonderposten
–, Ausgleichsposten 264c 39
–, Bilanzposten 266 134
–, Bildung 264c 42
Sonderprüfung
–, Bilanzidentität 252 33
Sonderrücklage 266 169, 272 116
Sondervermögen
–, Konzernanhang, sonstige Pflichtangaben 314 113
sonstige Ausleihungen
–, Anlagevermögen 266 63
sonstige betriebliche Aufwendung 275 130
sonstige Informationen 322 49
sonstiger betrieblicher Ertrag
–, Umsatzkostenverfahren 275 245
sonstige Rückstellungen 266 141
sonstige Zuzahlungen
–, Kapitalrücklage 272 141

orgfalt 323 27
ozialplan
-, Rückstellung 249 321
paltprodukt
-, Umsatzerlös 275 59
paltung
-, latente Steuern 274 103
pezialfonds 290 46
prache
-, Buchführung 239 10
-, Grundsätze ordnungsmäßiger Buchführung 239 5
taatsangehörigkeit 264a 9
taffelform
-, Bilanz 243 24
-, Gewinn- und Verlustrechnung 243 24, 275 1 7
-, Kontoform 328 55
tammkapital
-, gezeichnetes Kapital 266 109
tandardsoftware
-, Verfahrensdokumentation 239 46
tellungnahme zur Lagebeurteilung
-, Prüfungsbericht 321 49
tetigkeit
-, Anhang 284 14
-, Ansatzstetigkeit 246 3 134
-, Bewertungsstetigkeit 246 3
-, Darstellung 265 5
-, Konzernabschluss 306 39
-, latente Steuern 274 29 42, 306 39
tetigkeitsgebot
-, Darstellungsstetigkeit 256 9, 303 6
-, immaterieller Vermögensgegenstand 248 37
teueraufwand
-, Anhang 264c 36
-, Personengesellschaft 264c 35
-, Personenhandelsgesellschaft 264c 36
teuerberatungsleistung
-, Erbringung 319 56
teuerbilanz
-, Abweichung Handelsbilanz 274 133
-, Aufstellungsfrist 243 36
-, Ergänzungsbilanz 274 65
-, Gesamthand 274 64
-, Korrekturen, Bilanzidentität 252 32
-, Sonderbilanz 274 66
-, Überleitung 274 129
-, Wahlrechtsausübung 274 131
teuererklärung
-, Rückstellung 249 322
teuergutschrift
-, latente Steuern 274 62
teuerlatenz 274 1
teuerlicher Verlustvortrag
-, Gesellschafterwechsel 274 56
-, latente Steuern 274 47, 306 20

-, Temporary-Konzept 274 24
-, Verlustverrechnungszeitraum 306 20
-, zeitlicher Verfall 274 55
steuerliches Wahlrecht 274 132
Steuern
-, Anhang, Pflichtangaben 285 36
Steuerplanungsrechnung
-, latente Steuern 274 117
Steuersatz
-, latente Abgrenzung, Konzernbilanzierung 301 143
-, latente Steuern 306 34
Steuerumlage
-, Organschaft 274 75
Steuerwert
-, latente Steuern 274 18
Stichprobeninventur
-, anerkanntes mathematisch-statistisches Verfahren 2241 3
-, Einhaltung der Grundsätze ordnungsmäßiger Buchführung 2241 7
-, Inventurvereinfachungsverfahren 2241 1
-, Voraussetzung 2241 2
Stichtag
-, Konzernabschluss 299 7
Stichtagskursmethode
-, Eigenkapitaldifferenz 266 126
Stichtagsprinzip
-, Haftungsverhältnis 251 8
-, latente Steuern 274 57
-, Regelungsinhalt 252 60
stille Gesellschaft 272 239
stiller Gesellschafter
-, Einlagen 266 131
stille Rücklagen 272 99
Stimmrechtsanteil 319 73
Stimmrechtskontrolle bei Arbeitnehmerbeteiligungen, Aktiengesellschaft
-, Konzernlagebericht, Pflichtangaben 315a 18
Stimmrechtsmehrheit
-, Gesellschafterstellung 290 29
-, Konzernbilanzierung 290 64
Strafe
-, Rückstellung 249 323
Strafverteidiger
-, Rückstellung 249 324
strenges Niederstwertprinzip 253 278
Strohmann
-, Offenlegung 325 199
stromgrößenorientierte Erfolgsermittlung
-, Gewinn- und Verlustrechnung 275 5
strukturierte Geschäfte
-, Realisationszeitpunkt 252 125
Stückaktie 272 96
Stufenkonzept
-, Konsolidierung 310 1
-, Konzernabschluss 294 13

2991

subsidiäre Maßgeblichkeit 274 130
Substanzerhaltung
–, Rückstellung 249 325
sukzessiver Beteiligungserwerb 301 188
Summenabschluss 303 8
Summenbilanz 301 134
Summen-Gewinn- und Verlustrechnung 305 1
Swap
–, Begriff 246 76
–, Rückstellung 249 326

T

Täterkreis 331 9
Tagging
–, XBRL 315e-E 6
Tannenbaumprinzip 291 1, 292 1
Tantieme
–, Rückstellung 249 327
Tatbestandsirrtum
–, Geheimhaltungspflicht 333 33
Tateinheit 331 86
Tatmehrheit 331 86
tatsächliche Verhältnisse 331a 5
Tauschgeschäft
–, Anschaffungskosten 255 29
–, Buchwertfortführung 255 29
–, erfolgsneutrale Behandlung 255 32
–, Gewinnrealisierung 255 29
–, Sachleistungsverbindlichkeit 253 29
technische Anlagen und Maschinen
–, Leistungserstellung 266 45
–, Zweckbestimmung 266 45
Teilbericht
–, Prüfungsbericht 321 60
Teileinheit
–, Konzernabschlussprüfung 317 61
Teilgewinnabführungsvertrag
–, Gewinnrücklage 272 155
Teilrealisation 252 118
teilweise Verwendung des Jahresergebnisses 272 217
Teilwertverfahren 253 83
temporäre Differenz 274 21
Temporary-Konzept
–, latente Steuern 274 17
Termingeschäft
–, derivatives Finanzinstrument 254 20
–, Rückstellung 249 328
–, Swapsatz 254 26
Testat 322 12
Testatsexemplar
–, Bestätigungsvermerk 322 125
–, Prüfungsbericht 321 145
Timing-Konzept
–, latente Steuern 274 14
Tochterunternehmen
–, Befreiungsvoraussetzung 264 104
–, Begriff 294 10

–, Erleichterung 264 92
–, Konzernanhang, Angaben 313 72
–, Konzernzugehörigkeit 294 10
–, Veränderung Kapitalanteil 301 188
Transaktion zwischen Gesellschaftergruppe
–, Konzernbilanzierung 301 210, 307 46
Transformationsanweisung 256a 4
Transparenzbericht 316a 18
typisch stiller Gesellschafter 266 131

U

Übergangskonsolidierung
–, Abstockung 301 13
–, Abwärtskonsolidierung 301 13
–, Abwärtswechsel 301 224
–, Aufstockung 301 13
–, Aufwärtskonsolidierung 301 13
–, Wechsel der Einbeziehungsmethode 301 218
Übergangsvorschrift
–, Vorlagepflicht 320 2
Überleitung der Handelsbilanz I zur Handelsbilanz II 317 77
übernahmerechtliche Angaben 315a 2
Über-/Unterordnungsverhältnis 290 23
Umfang
–, Jahresabschlussprüfung 317 43
–, Konzernabschlussprüfung 317 53
umfassende Darstellung des wirtschaftlichen Handelns
–, Quotenkonsolidierung 310 20
Umlaufvermögen
–, Abgrenzung/Begriff 266 64
–, Abgrenzung vom Anlagevermögen 247 25
–, beizulegender Wert 253 286
–, verlustfreie Bewertung 253 289
–, Vorrat 247 52
Umsatzabhängigkeit 319 69
Umsatzaufwand
–, Umsatzkostenverfahren 275 17
Umsatzerlös
–, Definition 275 45, 277 1
–, innerkonzernlich 305 10
Umsatzerlöse
–, Konzern-Gewinn- und Verlustrechnung 298 74
Umsatzerlöse, Aufgliederung
–, Konzernanhang, sonstige Pflichtangaben 314 24
Umsatzkostenverfahren
–, andere aktivierte Eigenleistungen 275 232
–, Angabepflicht im Anhang 275 19
–, Aufwandsart 275 209
–, Gliederung 275 9
–, Umsatzaufwand 275 17
Umsatzrealisierung
–, Percentage-of-Completion-Methode 275 51

Stichwortverzeichnis

Umwandlung
 Bilanzidentität **252** 27
 Grundformen **255** 54
 Rücklage **272** 42
Umweltschutzverpflichtung
 Rückstellung **249** 112 331
Unabhängigkeit
 Abschlussprüfer **319** 6
 Anteilsbesitz **319** 40
 Aufstellung des Jahresabschlusses **319b** 15
 Ausschlussgründe bei Prüfungsgesellschaft **319** 73
 Buchführung **319b** 15
 Ehegatten und Lebenspartner **319b** 11
 interne Revision **319b** 15
 in verantwortlicher Position beschäftigter Gesellschafter **319** 75
 Konzernabschlussprüfer **319** 79
 Organzugehörigkeit **319b** 11
 Rechtsberatung **319b** 15
 Rechtsfolgen bei Verstoß **319** 82
 Schutzmaßnahme **319** 34
 Steuerberatung **319** 56, **319b** 15
 Stimmrechtsanteil Prüfungsgesellschaft **319** 73
 Umsatzabhängigkeit **319** 69
 versicherungsmathematische oder Bewertungsleistungen **319b** 15
unechte Gemeinkosten **255** 109
unentgeltlicher Erwerb **255** 33
Unparteilichkeit
 Abschlussprüfer **323** 43
–, Prüfungsbericht **321** 41
Unregelmäßigkeit
–, Prüfungsbericht **321** 67
unrichtige Berichterstattung **332** 19
unrichtige Darstellung
–, Einzelabschluss **331** 31
–, Konzernabschluss **331** 51
–, Rechtsfolge **331** 93
–, Schutzgesetz **331** 1
–, subjektiver Tatbestand **331** 65
–, Tatbestandsirrtum **331** 75
–, Verbotsirrtum **331** 75
–, Verjährung **331** 95
unrichtige Offenlegung
–, Einzelabschluss **331** 46
–, Konzernabschluss **331** 55
unrichtiger Bestätigungsvermerk **332** 26
unrichtige Versicherung
–, § 331a **331a** 1
unrichtige Wiedergabe
–, Einzelabschluss **331** 34
–, Konzernabschluss **331** 52
Unrichtigkeit und Verstoß
–, nichtfinanzielle Erklärung **331** 4
–, Umfang der Jahresabschlussprüfung **317** 43

unselbstständiges Sondervermögen **290** 51
untergeordnete Bedeutung
–, Einbeziehungswahlrecht Konzernabschluss **296** 42
–, Grundsatz der Wesentlichkeit **308** 52
unterjährige Berichterstattung **264** 13
unterlassene Instandhaltung
–, Rückstellung **249** 175
unterlassene Pflichtprüfung
–, Folgeabschluss **316** 26
–, Kapitalgesellschaft **316** 18
–, Konzernabschluss **316** 35
–, Nichtigkeit **316** 15
–, Personengesellschaft **316** 22
–, Rechtsfolge **316** 15
–, Vorjahresabschluss **316** 26
Unterlassen von Angaben
–, Anteilsbesitz **286** 12
–, erheblicher Nachteil **286** 15
Unternehmen, nicht publizitätspflichtige
–, Konzernanhang **313** 103
Unternehmensfortführung
–, Konzern **252** 34
–, Wegfall Prämisse **252** 50
Unternehmensführung
–, Erklärung **289f** 2
Unternehmensführungspraktik
–, Erklärung zur Unternehmensführung **315d** 5
Unternehmensleitungs- und Finanzdienstleistung **319b** 15
Unternehmensregister **325** 36
–, Bundesanzeiger **264b** 22
Unternehmensregister führende Stelle
–, Befreiung Kapitalgesellschaft & Co. **264b** 23 25
–, Einreichung Kapitalgesellschaft & Co. **264b** 25
–, Mitteilungspflicht in Zweifelsfällen **329** 13
–, Offenlegung **325** 5
–, Offenlegung Konzernabschluss Kapitalgesellschaft **264b** 25
–, Prüfungspflicht **329** 10
–, Übersetzung bei Zweigniederlassungen **329** 18
–, Unterrichtungspflicht **329** 1
Unternehmensumstrukturierung **255** 54
Unternehmensverfassung
–, maßgeblicher Einfluss **311** 15
Unternehmensvertrag **275** 197
Unternehmen von öffentlichem Interesse **316a** 5
Unternehmereigenschaft
–, Joint Venture **271** 7
Unternehmergesellschaft
–, Eigenkapital **272** 8
–, Gewinnrücklage **272** 176

–, haftungsbeschränkte Unternehmergesellschaft 272 28
Unterschiedsbetrag
–, Anhang 284 52
–, Definition 309 11
–, Fortschreibung 312 47
–, planmäßige Abschreibung 309 14
–, publizitätspflichtige Unternehmen 309 36
–, Rechnungsabgrenzungsposten 250 20
–, Rechtsentwicklung 309 5
–, Saldierung 309 25 34
–, Sanktionen bei Verletzung 309 37
–, Vermögensgegenstand 309 11
Unterschiedsbetrag, Geschäfts- oder Firmenwert
–, latente Steuern, Auswirkungen 309 35
Unterstützungskasse
–, Pensionsverpflichtung 249 71
Unterzeichnung
–, Einzelkaufmann 245 3
–, elektronisch 245 13
–, Jahresabschluss 245 1
–, Ort und Name 245 11
–, Prüfungsbericht 321 150
–, Zeitpunkt 245 14
Unveränderbarkeit der Daten
–, elektronische Kassenführung 239 36
upstream
–, Lieferung 304 45
–, Zwischenergebniseliminierung 312 88
Urheberrechtverletzung
–, Rückstellung 249 333
Urlaub
–, Rückstellung 249 332

V

Veräußerung von Anteilen
–, Beteiligungen an assoziierten Unternehmen 312 119
Verbindlichkeit
–, Abgrenzung zu Rückstellung 253 30
–, Anhang 285 8
–, Anhang, Aufgliederung 285 13
–, Anhang, Verbindlichkeitenspiegel 285 14
–, antizipative 274a 8
–, auflösend bedingte 247 121
–, Aufrechnung 247 128
–, aufschiebend bedingte 247 120
–, Auszahlungsagio 253 24
–, bedingte 251 2
–, bestrittene 247 125
–, Betriebsverpachtung 253 29
–, Bewertung 253 20
–, Bilanz 247 118
–, Erfüllung 247 127
–, Erfüllungsbetrag 253 20
–, Erlass 247 130
–, Fremdwährung 253 27

–, Gliederung 266 144
–, Konzernanhang, sonstige Pflichtangaben 314 10
–, Rangrücktritt 247 123
–, Rückzahlungsagio 253 23
–, Sachleistung 253 29
–, Skonto 253 22
–, soziale Sicherheit 266 165
–, Tauschgeschäft 253 29
–, Umsatzsteuer 253 21
–, Unternehmen, mit denen ein Beteiligungsverhältnis besteht 266 163
–, verbundene Unternehmen 266 162
–, Verjährung 247 122
–, Wertsicherungsklausel 253 31
–, Zerobond 253 25
Verbindlichkeiten aus Lieferungen und Leistungen
–, Saldierungsverbot 266 156
Verbindlichkeiten gegenüber Kreditinstituten
–, Saldierungsverbot 266 151
Verbindlichkeitenspiegel
–, Anhang, Darstellung 285 14
Verbindlichkeitsrückstellung
–, Abgrenzung zu Drohverlustrückstellung 249 133
Verbotsirrtum
–, Geheimhaltungspflicht 333 33
Verbrauchsfolgeverfahren
–, Bewertungsstetigkeit 256 15
–, Bewertungsvereinfachungsverfahren 256 5
–, Durchschnittspreisverfahren 256 17
–, Fifo 256 2 17 21
–, Gleichartigkeit Vorratsvermögen 256 10
–, Hifo 256 2
–, Kifo 256 2
–, Kilo 256 2
–, Lifo 256 2 17 25
–, Lofo 256 2
verbundene Unternehmen
–, Anteile an verbundenen Unternehmen 266 51
–, Banken und Versicherungen 290 12
–, Befreiungswirkung 271 42
–, Begriffsauslegung 271 43
–, Beherrschungsvertrag 271 34
–, Control-Konzept 271 41
–, Definition 271 2
–, Einbeziehungspflicht 271 40
–, Konzernabschluss 298 63
–, Mutterunternehmen 271 36
–, Tochterunternehmen 271 36
Verdienstsicherung
–, Rückstellung 249 334
Vereinheitlichung
–, Bewertung 308 1 17
–, Bewertung, Vorteil 308 26

Stichwortverzeichnis

Vereinheitlichung der Ansätze
-, Konzernabschluss 300 27
-, Rechtsfolgen bei Pflichtverletzung 300 42
Verfahrensdokumentation
-, Bestandteile 239 44
-, Buchführung 239 47
-, GoBD 239 43
-, internes Kontrollsystem 239 46
-, Nachvollziehbarkeit 239 46
-, Standardsoftware 239 46
Verfügungsbefugnis 246 68
Vergleichbarkeit
-, Rumpfgeschäftsjahr 299 8
Vergleichsverfahren
-, beizulegender Zeitwert 255 248
Vergütungsbericht
-, Vergütungssystem, Organmitglieder 315a 41
Verjährung
-, Bußgeldvorschrift 334 51
-, Ordnungswidrigkeit 334 51
-, Verbindlichkeit 247 122
Verkaufserlös
-, Gegenstände des Anlagevermögens 275 63
Verkaufsgeschäft
-, Realisationszeitpunkt 252 112
Verkaufskommission
-, wirtschaftliche Zurechnung 246 60
Verkürzung des Anhangs
-, Offenlegung 327 17
Verlängerungsrechnung
-, Gewinnrücklage 272 166
-, vereinfachte Kapitalherabsetzung 272 58
Verlagsrecht
-, Ansatzverbot 248 51
Verletzung der Berichtspflicht
-, Abschlussprüfer 332 1
-, Schutzgesetz 332 3
-, Strafe 332 36
-, subjektiver Tatbestand 332 29
-, Täterkreis 332 8
-, Tatbestand 332 16
-, Tatbestandsirrtum 332 33
-, Verbotsirrtum 332 33
-, Verjährung 332 48
verlorene Zuschüsse 272 145
Verlust
-, Begriff 252 104
Verlustanteil Personenhandelsgesellschaften
-, Abzug 264c 21
Verlustausgleichsverpflichtung
-, Rückstellung 249 145 335
verlustfreie Bewertung 253 289
Verlustübernahme 264a 8
Verlustübernahmeerklärung 264b 1
Verlustübernahmeverpflichtung
-, Befreiung Aufstellungspflicht, Jahresabschluss 264b 1
-, Rückstellung 249 122 336

Verlustverdoppelung 272 198
Verlustverrechnungszeitraum
-, steuerlicher Verlustvortrag 306 20
Verlustvorsorge 272 54
Verlustvortrag
-, Ausweis in der Bilanz 272 216
Verlustzurechnung 264c 21
Vermerk 322 13
Vermögen
-, Folgebewertung 253 4
Vermögens-, Finanz- und Ertragslage
-, Erläuterung 284 51
-, Konzernabschluss 297 84
-, Lagebericht 289 23
Vermögensgegenstand
-, Begriff 246 5
-, Beispiel wirtschaftlicher Eigentümer 255 5
-, Betriebsbereitschaft 255 8
-, Bewertung 253 17
-, Erweiterung 255 89
-, Verlust aus Abgang 275 132
-, Wertobergrenze 253 17
-, Wertuntergrenze 253 18
-, wesentliche Verbesserung 255 91
Vermögenslage
-, Bewertungsregel 264 66
-, Konzernlagebericht 315 36
Vermögensrechte 271 9
Veröffentlichungspflicht
-, Verstoß 335 12
Veröffentlichung und Vervielfältigung
-, Offenlegung, Vervielfältigung 328 16
Verpflichtungen, sonstige finanzielle
-, Konzernanhang, sonstige Pflichtangaben 314 19
Verpflichtungsüberschuss
-, Rückstellung 249 131 165
Verrechnung
-, Vermögensgegenstände und Schulden 285 154
-, verrechenbare Verluste 274 72
-, Verrechnungsgebot 246 104
-, Verrechnungspflicht 246 2
-, Verrechnungstechnik 312 91
-, Verrechnungsverbot, Begriff 246 2 103
-, Verrechnungsverbot, Grundsätze ordnungsmäßiger Buchführung 243 26
-, Verrechnungsverbot, Konzernabschluss 298 19
Verrechnung von Aufwendungen und Erträgen 246 122
Versagungsvermerk
-, Begründung 322 91
-, negative Gesamtaussage 322 89
-, Offenlegung 325 49 69
-, Prüfungshemmnis 322 95
Verschleiern
-, Einzelabschluss 331 41
-, Konzernabschluss 331 52

Verschmelzung
-, latente Steuern **274** 100
Verschweigen erheblicher Umstände
-, Abschlussprüfer **332** 23
Verschwiegenheitspflicht
-, Abschlussprüfer **321a** 44
-, Aufsichtsrat der Wirtschaftsprüfergesellschaft **323** 60
-, Berichterstattung **286** 5
-, Einsichtnehmender **321a** 45
-, Entbindung **321a** 34, **323** 70
-, externe Qualitätskontrolle **323** 64
-, gesetzliche Ausnahme **323** 63
-, Insolvenz **323** 72
-, interne Nachschau **323** 58
-, Konsultation **323** 55
-, Prüfungsteam **323** 54
-, Public Company Accounting Oversight Board **323** 65
-, Reichweite **323** 47
-, Zeugnisverweigerungsrecht **323** 68
Versendungsverkauf
-, Realisationszeitpunkt **252** 113
Versicherungsunternehmen 316a 8
-, Formblatt, Sondervorschrift **330** 17
-, Konsolidierung, Sondervorschrift **300** 40, **308** 44
-, Konzernrechnungslegung, Befreiung **291** 23
-, Prüfung **317** 16
-, sonstige Pflichtangabe **285** 4
Verstoß
-, Konzernanhang, sonstige Pflichtangaben **314** 152
Verstoß, Rechtsfolgen
-, Grundsatz der Klarheit und Übersichtlichkeit **243** 31
Verteilungsrückstellung
-, Annuitätenverfahren **253** 66
-, Barwertverfahren **253** 66
-, Begriff **249** 337, **253** 65
-, Gleichverteilungsverfahren **253** 66
Vertrag mit Schutzwirkung zugunsten Dritter
-, Haftung **323** 90
Vertretung
-, Ausschluss **264a** 9
-, Berechtigung **264a** 9
vertretungsberechtigter Gesellschafter 331 29
Vertriebseinzelkosten 275 237
Vertriebsgemeinkosten 275 237
Vertriebskosten
-, Ausweis **275** 224
-, Einbeziehungsverbot **255** 149
-, Umsatzkostenverfahren **275** 236
Verwaltungskosten 255 136, **275** 242
Verwaltungskraft 319 67
Verwaltungsrechte 271 9

Verweigerungsrecht 264b 1
Verwendung des Jahresergebnisses 266 121
Verwertung
-, Geschäfts- und Betriebsgeheimnis **323** 7
Verzicht von Angaben
-, Konzernanhang **313** 104
Verzinsung
-, marktübliche **272** 132
Vollhafter
-, Aufnahme **264a** 10
-, Eintritt **264a** 10
-, natürliche Person **264a** 6
Vollhaftung
-, mittelbare **264a** 14
Vollkonsolidierung
-, Equity-Methode, Übergang **312** 123
-, Gebot **294** 8
-, Kreis **294** 8
-, Problem der Doppelerfassung **300** 18
-, Schuldenkonsolidierung **303** 3
-, Zwischenergebniseliminierung **312** 94
Vollkosten
-, Rückstellung **253** 45
-, Zugang- und Folgebewertung **253** 303
Vollkostenansatz
-, Gewinn- und Verlustrechnung **275** 218
-, Zugang- und Folgebewertung **253** 45
Vollrechtstreuhand
-, Bilanzierung **246** 20
Vollständigkeit
-, Handelsbuch **239** 15
-, Konzernabschluss **298** 19
-, Prüfungsbericht **321** 35
-, wirtschaftliche Zurechnung **246** 1
Vollständigkeit/Richtigkeit
-, Richtigkeit/Offenlegung **328** 22
Vollständigkeitserklärung
-, Abschlussprüfer **320** 24
-, Konzernabschlussprüfung **317** 75
-, Prüfungsbericht **321** 92
-, Tochterunternehmen **320** 46
Vollständigkeitsgebot
-, Ansatzgebot, Konsolidierung **300** 31
-, Begriff **246** 5
-, Gewinn- und Verlustrechnung **246** 98
-, Jahresabschluss **246** 5
Voraussetzung für die Inanspruchnahme
-, Angaben zum Anteilsbesitz **286** 14
-, Anwendung der Ausnahmevorschrift **286** 14
Vorauszahlung
-, schwebendes Geschäft **249** 129
Vorjahresangabe
-, Kapitalflussrechnung **297** 46
Vorjahresbetrag
-, Konzernabschluss **298** 46
Vorlagepflicht
-, Anwendungsbereich **320** 7

fast close 320 12
Folgeprüfer 320 2
Jahresabschluss 320 11
Konzernabschluss 320 37
Nachhaltigkeitsbericht 324g-E 4
Übergangsvorschrift 320 2
Vorlegung im Rechtsstreit 258 1
Vorlegung von Handelsbüchern
-, Anwendungsbereich 258 2
-, Datenträger 261 1
-, gerichtliche Anordnung 258 4
-, Umfang der Einsichtnahme 259 1
-, Vermögensauseinandersetzungen 260 1
Vorrat 266 65
Vorratsvermögen
-, außerplanmäßige Abschreibung 253 292
-, Verwendungsfiktion 256 1
-, Zwischenergebniseliminierung 304 38
Vorsatz
-, Pflichtverletzung 323 81
Vorschaltzeit 249 78
Vorschriften über Form und Inhalt
-, Ordnungswidrigkeit 334 13
Vorschuss
-, Anhang 285 65
Vorschuss- und Abschlagszahlungen
-, Löhne und Gehälter 275 102
Vorsichtsprinzip
-, Einzelbewertung 252 85
-, Haftungsverhältnis 251 7
-, Marktpreis 255 234
-, Schulden 252 97
-, Vermögensgegenstände 252 97
Vorstand, Befugnisse
-, Konzernlagebericht, Pflichtangaben 315a 23
Vorwegberichterstattung
-, Prüfungsbericht 321 47
Vorzugsrechte 272 138

W

Währungsumrechnung
-, Absatzgeschäfte 256a 10
-, Angaben im Anhang 256a 38
-, Angaben im Lagebericht 256a 40
-, Anschaffungsgeschäfte 256a 11
-, Anschaffungspreis 255 21
-, Folgebewertung 256a 18
-, Handelsbestand 256a 24
-, Handelsrecht/Steuerrecht 274 146
-, Konzernabschluss 298 44, 308a 1
-, latente Steuern 256a 17 42
-, Realisationsprinzip 256a 21
-, Schuldenkonsolidierung 303 24
-, Tilgungsdarlehen 256a 21
-, Überblick 256a 1
-, Umrechnungserfolge in der Bilanz 256a 34

-, Umrechnungserfolge in der Gewinn- und Verlustrechnung 256a 35
-, Umrechnung zum Stichtagskurs 256a 24
-, unrealisierte Gewinne 256a 21
-, Zinsen 256a 12
-, Zugangsbewertung 256a 8
Währungsumrechnung im Konzernabschluss
-, Anhangangaben 308a 43
-, Aufwands- und Ertragseliminierung 308a 40
-, Ausscheiden Tochterunternehmen 308a 20
-, Differenz 308a 3
-, Entkonsolidierung 308a 20
-, Equity-Methode 308a 5 35
-, Geschäfts- oder Firmenwert 308a 33
-, Hochinflation 308a 41
-, Kapitalflussrechnung 308a 28
-, Kapitalkonsolidierung 308a 31
-, latente Steuern 308a 4
-, mehrstufiger Konzern 308a 27
-, Minderheitsgesellschafter 308a 19
-, modifizierte Stichtagskursmethode 308a 8
-, Quotenkonsolidierung 308a 5 34
-, Schuldenkonsolidierung 308a 36
-, Statusänderung 308a 34 f.
-, Statuswechsel 308a f. 4 24 28 40
-, Umrechnung Bilanzposten 308a 8
-, Umrechnung GuV 308a 12
-, Währungsumrechnungsdifferenzen 308a 17
-, Zwischenergebniseliminierung 308a 37
Währungsumrechnungsdifferenz 308a 17
Währungsumstellung im Jahresabschluss
-, Anzahlungen 256a 30
-, latente Steuern 256a 25
-, nicht-monetäre Posten 256a 31
-, Rechnungsabgrenzungsposten 256a 29
-, Rückstellungen 256a 25
-, Sorten 256a 27
Wahlrecht
-, GoB konform 274 131
Wahrheit
-, Prüfungsbericht 321 33
Wandelschuldverschreibung
-, Bezugsrechte 272 123
-, Erfüllungsbetrag 272 133
Warenwechsel 266 158
Wechsel
-, Depotwechsel, Kautionswechsel, Mobilisierungswechsel 251 14
Wechselobligo
-, Rückstellung 249 341
Wegfall Unternehmensfortführungsprämisse 252 50
Weltabschluss
-, Konsolidierungskreis 294 8

Werkzeugkostenzuschuss
–, Rechnungsabgrenzungsposten 250 2
–, Rückstellung 249 342
Wertaufhellung 252 62
–, Begriff 242 8
Wertaufholung 253 330
–, Wertaufholungsgebot 253 330
–, Wertaufholungsrücklage 266 169
–, Wertaufholungsverbot, Geschäfts- oder Firmenwert 309 23
Wertbegründung
–, Begriff 242 8
–, negative 252 62
–, Rückstellung 249 14
Wertberichtigung
–, pauschalierte Verfahren 253 315
werterhellende Tatsache
–, Rückstellung 249 14
Wertgarantien bei Veräußerungsgeschäften
–, Bilanzierung 246 83
Wertminderung
–, voraussichtlich dauernde 253 230
Wertobergrenze 253 17
Wertpapier
–, außerplanmäßige Abschreibung 253 325
–, Umlaufvermögen 247 69
–, Wertpapierertrag 275 153
Wertsicherungsklausel
–, Verbindlichkeit 253 31
Wertuntergrenze 253 18
wesentliche Verbesserung 255 91
wesentliche Vereinbarungen, Übernahmeangebot
–, Konzernlagebericht, Pflichtangaben 315a 26
Wesentlichkeit
–, Aufwands- und Ertragseliminierung 305 7
–, Grundsatz 252 171
–, Kriterium der Erheblichkeit 286 10
–, Rückstellung 249 13
–, Schuldenkonsolidierung 303 6
Wesentlichkeitsanalyse 289c 8, 289d 9
Widerlegungsklausel 296 1
Widerruf
–, Bestätigungsvermerk 322 173
Widerspruchspflicht
–, Einsichtsrecht Prüfungsbericht 321a 39
Widerspruchsrecht
–, Einsichtsrecht Prüfungsbericht 321a 39
Wiederbeschaffungskosten
–, Roh-, Hilfs- und Betriebsstoffe 253 292
Willkürverbot 252 164
wirtschaftlicher Nachteil
–, Angaben zum Anteilsbesitz 286 12
wirtschaftliches Eigentum
–, Begriff 246 16
–, dingliche Sicherungsrechte 246 58

–, Gesamtbild der Verhältnisse 246 18
–, Kommissionsgeschäft 246 59
–, Nießbrauch 246 84
–, Pensionsgeschäft 246 63
–, tatsächliche Sachherrschaft 246 17
wirtschaftliche Verursachung
–, Rückstellung 249 35
wirtschaftliche Zurechnung
–, Vollständigkeit 246 1
Wirtschaftlichkeit 252 166
wirtschaftlich selbstständige Nutzbarkeit 252 87
Wirtschaftsprüfer, Gesamthonorar
–, Anhang, Pflichtangaben 285 113
working paper review 317 66, 320 45

X

XBRL
–, Tagging 315e-E 6
–, Taxonomie 328 35
XBRL-Taxonomie
–, Elektronische Auszeichnung 315e-E 10
XHTML 315e-E 2

Z

Zahlungsbericht
–, Anwendungsbereich 264 128
–, Befreiung 264 134
–, Gliederung 264 148
–, Konzern 264 135 152
–, Offenlegung 264 132
–, Pflichtangabe 264 148
Zahlungsmittel
–, Kapitalflussrechnung 297 19
–, Zahlungsmitteläquivalent 297 19
Zeitgerechtigkeit 239 22
Zeitraumrechnung
–, Gewinn- und Verlustrechnung 275 3
Zeitrente 255 47
zeitversetzte Offenlegung 328 53
Zeitwertbewertung 253 2
Zerobond 253 25
Zeugnisverweigerungsrecht
–, Gehilfe des Abschlussprüfers 323 23
–, Verschwiegenheitspflicht 323 68
Zinsen
–, Einbeziehung in die Herstellungskosten 255 199
–, negative 275 164
–, sonstige 275 161
–, Zinsaufwand 275 173 221
–, Zinsschranke 274 60
–, Zinsswap, Rückstellung 249 344
–, Zinsvortrag, latente Steuern 274 60
Zinsen und ähnliche Aufwendungen
–, Umsatzkostenverfahren 275 253
Zugangsbewertung
–, beizulegender Zeitwert 255 217
–, Konzernabschluss 298 34

…lassungskosten
Rückstellung **249** 345
…rechnung
quoad sortem **246** 13
Schulden **246** 85
…rechnungsfrage
sale and lease back **246** 50
…sagen
Anhang **285** 56
…sammenfassung
Bilanzposten **265** 26
Gewinn- und Verlustrechnung **265** 26
Posten **265** 26
…sammenfassung von Jahresabschlüssen
Konsolidierung **300** 13
…sammengefasster Ausweis
Gliederung **265** 26
…usatzversorgungskasse
Pensionsverpflichtung **249** 70
…uschreibung
Anlagespiegel **284** 72
Zuschreibungsverbot **253** 336
… versteuernde temporäre Differenz **274** 23
…uwendung
Rückstellung **249** 347
…weck
Konzernanhang **313** 4
…weckgesellschaft
Konsolidierungspflicht **290** 48
…weigniederlassung
, Anmeldung **325a** 24
, Betriebsstätte **325a** 13
, EU/EWR **325a** 28
, Insolvenzverfahren **325a** 27
, Offenlegung **325a** 23 32
, Prüfungspflicht **325a** 23
, Prüfung Unternehmensregister führende Stelle **329** 8
, Registergericht **325a** 23 50
, Richtlinie **325a** 10
, Tatbestandsmerkmal **325a** 12
, Veröffentlichung **325a** 23
, Währungsumrechnung **325a** 43
, Zuständigkeit **325a** 24
…weigniederlassungsbericht
–, Konzernlagebericht **315** 77
…weites Führungspositionen-Gesetz
–, Erklärung zur Unternehmensführung **315d** 6
–, FüPoG II **315d** 6

Zwischenabschluss
–, Abgrenzung Ertragsteuern **299** 19
–, Abgrenzung Tantieme **299** 21
–, antizipative Ergebnisteile **299** 24
–, Aufwands- und Ertragskonsolidierung **299** 39
–, Erstellung **299** 14
–, Gewinnverwendung **299** 23
–, Inventur **240** 5
–, Prüfung **299** 25
–, Schuldenkonsolidierung **299** 39
–, Verzicht **299** 26
Zwischenbericht **264** 12
Zwischenberichterstattung **264** 13
Zwischenerfolg
–, Ermittlungsschema **304** 11
Zwischenergebnis
–, Bewertungsdifferenz **304** 2
–, Bewertungsvorschrift **304** 2
–, Konzern, Eliminierung **312** 85
–, Zwischenerfolgseliminierung **304** 2
Zwischenergebniseliminierung
–, Anlagevermögen **304** 36
–, Anwendung des § 304 HGB **312** 85
–, Gemeinschaftsunternehmen **304** 5, **310** 34
–, Gewinn- bzw. Verlustbeiträge **306** 12
–, Herstellungskosten-Mehrung **304** 22
–, Herstellungskosten-Minderung **304** 23
–, konzerneinheitliche Bewertung **304** 25
–, latente Steuerabgrenzung **304** 4
–, latente Steuern **306** 12
–, maßgeblicher Einzelabschlusswert **304** 14
–, maßgeblicher Konzernwert **304** 15
–, Normenzusammenhang **304** 9
–, quotale Eliminierung **310** 34
–, relevanter Konzernbestand **304** 12
–, upstream **312** 88
–, Verrechnung eliminierungspflichtiger Zwischenergebnisse **304** 31
–, Verrechnungstechnik **312** 91
–, Vollkonsolidierung, Verzicht **312** 94
–, Vorratsvermögen **304** 38
–, Währungsumrechnung **308a** 36 f.
–, Zwischenergebnis **304** f. 2
Zwischengesellschaft **264a** 14
Zwischengewinn
–, eliminierungsfähig **304** 28
–, eliminierungspflichtig **304** 28
Zwischenmitteilung **264** 16
Zwischenverlust
–, eliminierungspflichtig **304** 28